I CODICI *plus*
NELDIRITTO

CODICE TRIBUTARIO

a cura di
MAURIZIO GLIUBICH
e LILIANA RULLO

Neldiritto Editore

2023
IV edizione

FINITO DI STAMPARE NEL MESE DI FEBBRAIO 2023 DA:
TORGRAF
Galatina (LE)

ISBN 979-12-5470-365-6

I lettori che desiderano essere informati sulle novità di Neldiritto Editore possono visitare il sito web shop.enneditore.it o scrivere a info@neldiritto.it

AVVERTENZE
L'elaborazione dei testi, anche se curata con scrupolosa attenzione, non può comportare specifiche responsabilità per eventuali involontari errori o inesattezze.

L'autore e l'editore declinano, pertanto, ogni responsabilità, anche in relazione all'elaborazione dei testi normativi e per eventuali modifiche e/o variazioni degli schemi e delle tabelle allegate.

L'autore, pur garantendo la massima affidabilità dell'opera, non risponde di eventuali danni derivanti dai dati e delle notizie ivi contenute.

L'editore non risponde di eventuali danni causati da involontari errori o refusi di stampa.
Eventuali segnalazioni possono essere inviate a info@neldiritto.it

PREMESSA

Il **Codice tributario Plus** assicura un'originale e agevole consultazione della complessa disciplina tributaria, venendo così incontro a chi si accinge ad affrontare lo studio, la professione o le impegnative prove dei **concorsi superiori**.
L'Opera si apre con un ampio estratto della **Costituzione**, seguito, doverosamente, dalla **L. 212/2000** (**Statuto dei diritti del contribuente**, recante i principi generali della materia).
Segue, anteposto alla vasta raccolta normativa contenuta nella seconda parte dell'Opera, un "compendio" dei testi normativi costituenti il **nucleo essenziale** della materia, tra cui il **D.P.R. 600/1973** (recante la disciplina dei controlli e dell'accertamento delle imposte sui redditi), il **D.P.R. 917/1986** (Testo unico delle imposte sui redditi, recante la disciplina dell'I.r.p.e.f. e dell'I.r.e.s.), il **D.P.R 602/1973** (recante la disciplina della riscossione in materia di imposte sui redditi), e il **D. Lgs. 472/1997** (recante la disciplina generale delle sanzioni amministrative tributarie).

Un corposo **indice analitico** conclude il Codice, agevolando la ricerca delle fonti normative.
Questa Edizione, rivista alla luce della importante **riforma della giustizia e processo tributari** (**L. 31 agosto 2022, n. 130**) è **aggiornata,** fra le altre, alle seguenti novità normative:

- L. 29 dicembre 2022, n. 197 – Bilancio di previsione dello Stato per l'anno finanziario 2023 e bilancio pluriennale per il triennio 2023-2025. (**BILANCIO 2023**);
- D.L. 29 dicembre 2022, n. 198 – Disposizioni urgenti in materia di termini legislativi (**PROROGA TERMINI**);
- D.L. 18 novembre 2022 n. 176 – Decreto convertito, con modificazioni dal-la Legge 13 gennaio 2023, n. 6 – Misure urgenti di sostegno nel settore energetico e di finanza pubblica (**AIUTI *QUATER***).

Febbraio 2023

SOMMARIO

PARTE I
NORMATIVE FONDAMENTALI DI PARTE GENERALE
PRINCIPALI TRIBUTI DIRETTI ED INDIRETTI

NORME IN GENERALE

IMPOSTE DIRETTE

ACCERTAMENTO

RISCOSSIONE

SANZIONI

IMPOSTE INDIRETTE ED ALTRI TRIBUTI

VARIE

PARTE II
ALTRE NORMATIVE SOSTANZIALI E PROCEDIMENTALI
TRIBUTI VARI

IMPOSTE DIRETTE

RENDITE FINANZIARIE

IMPOSTE INDIRETTE

DOGANE - ACCISE - INTRATTENIMENTI, GIOCHI E SCOMMESSE

TRIBUTI LOCALI

ACCERTAMENTO

RISCOSSIONE

VIOLAZIONI

VARIE

INDICI

DIRITTO TRIBUTARIO

PARTE I

NORMATIVE FONDAMENTALI DI PARTE GENERALE – PRINCIPALI TRIBUTI DIRETTI ED INDIRETTI

NORME IN GENERALE

1. Costituzione della Repubblica Italiana

Approvata dall'Assemblea Costituente il 22 dicembre 1947, promulgata dal Capo provvisorio dello Stato il 27 dicembre 1947 ed entrata in vigore il 1° gennaio 1948 (1). (Estratto: artt. 2, 3, 5, 10, 11, 13, 14, 15, 20, 23, 24, 25, 28, 43, 53, 75, 76, 77, 81, 97, 103, 111, 113, 114, 117, 119, 120).

(1) *Pubblicata nella Gazz. Uff. del 27 dicembre 1947, n. 298. Edizione straordinaria.*

PRINCIPI FONDAMENTALI

Omissis.

2. – La Repubblica riconosce e garantisce i diritti inviolabili dell'uomo, sia come singolo sia nelle formazioni sociali ove si svolge la sua personalità, e richiede l'adempimento dei doveri inderogabili di solidarietà politica, economica e sociale.

3. – Tutti i cittadini hanno pari dignità sociale e sono eguali davanti alla legge, senza distinzione di sesso, di razza, di lingua, di religione, di opinioni politiche, di condizioni personali e sociali.

È compito della Repubblica rimuovere gli ostacoli di ordine economico e sociale, che, limitando di fatto la libertà e l'eguaglianza dei cittadini, impediscono il pieno sviluppo della persona umana e l'effettiva partecipazione di tutti i lavoratori all'organizzazione politica, economica e sociale del Paese.

Omissis.

5. – La Repubblica, una e indivisibile, riconosce e promuove le autonomie locali; attua nei servizi che dipendono dallo Stato il più ampio decentramento amministrativo; adegua i principi ed i metodi della sua legislazione alle esigenze dell'autonomia e del decentramento.

Omissis.

10. – L'ordinamento giuridico italiano si conforma alle norme del diritto internazionale generalmente riconosciute.

La condizione giuridica dello straniero è regolata dalla legge in conformità delle norme e dei trattati internazionali.

Lo straniero, al quale sia impedito nel suo paese l'effettivo esercizio delle libertà democratiche garantite dalla Costituzione italiana, ha diritto d'asilo nel territorio della Repubblica secondo le condizioni stabilite dalla legge.

Non è ammessa l'estradizione dello straniero per reati politici.

11. – L'Italia ripudia la guerra come strumento di offesa alla libertà degli altri popoli e come mezzo di risoluzione delle controversie internazionali; consente, in condizioni di parità con gli altri Stati, alle limitazioni di sovranità necessarie ad uno ordinamento che assicuri la pace e la giustizia fra le Nazioni; promuove e favorisce le organizzazioni internazionali rivolte a tale scopo.

Omissis.

PARTE PRIMA
Diritti e doveri dei cittadini

TITOLO I
Rapporti Civili

Omissis.

13. – La libertà personale è inviolabile. –Non è ammessa forma alcuna di detenzione, di ispezione o perquisizione personale, né qualsiasi altra restrizione della libertà personale, se non per atto motivato dell'autorità giudiziaria e nei soli casi e modi previsti dalla legge.

In casi eccezionali di necessità ed urgenza, indicati tassativamente dalla legge, l'autorità di pubblica sicurezza può adottare provvedimenti provvisori, che devono essere comunicati entro quarantotto ore all'autorità giudiziaria e, se questa non li convalida nelle successive quarantotto ore, si intendono revocati e restano privi di ogni effetto.

È punita ogni violenza fisica e morale sulle persone comunque sottoposte a restrizioni di libertà.

La legge stabilisce i limiti massimi della carcerazione preventiva.

14. – Il domicilio è inviolabile.

Non vi si possono eseguire ispezioni o perquisizioni o sequestri, se non nei casi e modi stabiliti dalla legge secondo le garanzie prescritte per la tutela della libertà personale.

Gli accertamenti e le ispezioni per motivi di sanità e di incolumità pubblica o a fini economici e fiscali sono regolati da leggi speciali.

15. – La libertà e la segretezza della corrispondenza e di ogni altra forma di comunicazione sono inviolabili.

La loro limitazione può avvenire soltanto per atto motivato dell'autorità giudiziaria con le garanzie stabilite dalla legge.

Omissis.

20. – Il carattere ecclesiastico e il fine di religione o di culto d'una associazione od istituzione non possono essere causa di speciali limitazioni legislative, né di speciali gravami fiscali per la sua costituzione, capacità giuridica e ogni forma di attività.

Omissis.

23. – Nessuna prestazione personale o patrimoniale può essere imposta se non in base alla legge.

24. – Tutti possono agire in giudizio per la tutela dei propri diritti e interessi legittimi.

La difesa è diritto inviolabile in ogni stato e grado del procedimento.

Sono assicurati ai non abbienti, con appositi istituti, i mezzi per agire e difendersi davanti ad ogni giurisdizione.

La legge determina le condizioni e i modi per la riparazione degli errori giudiziari.

25. – Nessuno può essere distolto dal giudice naturale precostituito per legge.

Nessuno può essere punito se non in forza di una legge che sia entrata in vigore prima del fatto commesso.

Nessuno può essere sottoposto a misure di sicurezza se non nei casi previsti dalla legge.

Omissis.

28. – I funzionari e i dipendenti dello Stato e degli enti pubblici sono direttamente responsabili, secondo le leggi penali, civili e amministrative, degli atti compiuti in violazione di diritti. In tali casi la responsabilità civile si estende allo Stato e agli enti pubblici.

Omissis.

TITOLO III
Rapporti economici

Omissis.

43. – A fini di utilità generale la legge può riservare originariamente o trasferire, mediante espropriazione e salvo indennizzo, allo Stato, ad enti pubblici o a comunità di lavoratori o di utenti determinate imprese o categorie di imprese, che si riferiscano a servizi pubblici essenziali o a fonti di energia o a situazioni di monopolio ed abbiano carattere di preminente interesse generale.

Omissis.

TITOLO IV
Rapporti Politici

Omissis.

53. – Tutti sono tenuti a concorrere alle spese pubbliche in ragione della loro capacità contributiva.

Il sistema tributario è informato a criteri di progressività.

Omissis.

TITOLO I
Il parlamento

Omissis.

Sezione II - La formazione delle leggi

75. - È indetto referendum popolare per deliberare la abrogazione, totale o parziale, di una legge o di un atto avente valore di legge, quando lo richiedono cinquecentomila elettori o cinque Consigli regionali.

Non è ammesso il referendum per le leggi tributarie e di bilancio, di amnistia e di indulto, di autorizzazione a ratificare trattati internazionali.

Hanno diritto di partecipare al referendum tutti i cittadini chiamati ad eleggere la Camera dei deputati.

La proposta soggetta a referendum è approvata se ha partecipato alla votazione la maggioranza degli aventi diritto, e se è raggiunta la maggioranza dei voti validamente espressi.

La legge determina le modalità di attuazione del referendum.

76. – L'esercizio della funzione legislativa non può essere delegato al Governo se non con determinazione di principi e criteri direttivi

77. – Il Governo non può, senza delegazione delle Camere, emanare decreti che abbiano valore di legge ordinaria.

Quando, in casi straordinari di necessità e d'urgenza, il Governo adotta, sotto la sua responsabilità, provvedimenti provvisori con forza di legge, deve il giorno stesso presentarli per la conversione alle Camere che, anche se sciolte, sono appositamente convocate e si riuniscono entro cinque giorni.

I decreti perdono efficacia sin dall'inizio, se non sono convertiti in legge entro sessanta giorni dalla loro pubblicazione. Le Camere possono tuttavia regolare con legge i rapporti giuridici sorti sulla base dei decreti non convertiti.

Omissis.

81. – Lo Stato assicura l'equilibrio tra le entrate e le spese del proprio bilancio, tenendo conto delle fasi avverse e delle fasi favorevoli del ciclo economico.

Il ricorso all'indebitamento è consentito solo al fine di considerare gli effetti del ciclo economico e, previa autorizzazione delle Camere adottata a maggioranza assoluta dei rispettivi componenti, al verificarsi di eventi eccezionali.

Ogni legge che importi nuovi o maggiori oneri provvede ai mezzi per farvi fronte.

Le Camere ogni anno approvano con legge il bilancio e il rendiconto consuntivo presentati dal Governo.

L'esercizio provvisorio del bilancio non può essere concesso se non per legge e per periodi non superiori complessivamente a quattro mesi.

Il contenuto della legge di bilancio, le norme fondamentali e i criteri volti ad assicurare l'equilibrio tra le entrate e le spese dei bilanci e la sostenibilità del debito del complesso delle pubbliche amministrazioni sono stabiliti con legge approvata a maggioranza assoluta dei componenti di ciascuna Camera, nel rispetto dei principi definiti con legge costituzionale.

Omissis.

TITOLO III
Il governo

Omissis.

Sezione II - La pubblica amministrazione

Omissis.

97. – Le pubbliche amministrazioni, in coerenza con l'ordinamento dell'Unione europea, assicurano l'equilibrio dei bilanci e la sostenibilità del debito pubblico.

I pubblici uffici sono organizzati secondo disposizioni di legge, in modo che siano assicurati il buon andamento e l'imparzialità dell'amministrazione.

Nell'ordinamento degli uffici sono determinate le sfere di competenza, le attribuzioni e le responsabilità proprie dei funzionari.

Agli impieghi nelle pubbliche amministrazioni si accede mediante concorso, salvo i casi stabiliti dalla legge.

Omissis.

TITOLO IV
La magistratura

Sezione I – Ordinamento giurisdizionale

Omissis.

103. – Il Consiglio di Stato e gli altri organi di giustizia amministrativa hanno giurisdizione per la tutela nei confronti della pubblica amministrazione degli interessi legittimi e, in particolari materie indicate dalla legge, anche dei diritti soggettivi.

La Corte dei conti ha giurisdizione nelle materie di contabilità pubblica e nelle altre specificate dalla legge.

I tribunali militari in tempo di guerra hanno la giurisdizione stabilita dalla legge. In tempo di pace hanno giurisdizione soltanto per i reati militari commessi da appartenenti alle Forze armate.

Omissis.

Sezione II – Norme sulla giurisdizione

111. – La giurisdizione si attua mediante il giusto processo regolato dalla legge.

Ogni processo si svolge nel contraddittorio tra le parti, in condizioni di parità, davanti a giudice terzo e imparziale. La legge ne assicura la ragionevole durata.

Nel processo penale, la legge assicura che la persona accusata di un reato sia, nel più breve tempo possibile, informata riservatamente della natura e dei motivi dell'accusa elevata a suo carico; disponga del tempo e delle condizioni necessari per preparare la sua difesa; abbia la facoltà, davanti al giudice, di interrogare o di far interrogare le persone che rendono dichiarazioni a suo carico, di ottenere la convocazione e l'interrogatorio di persone a sua difesa nelle stesse condizioni dell'accusa e l'acquisizione di ogni altro mezzo di prova a suo favore; sia assistita da un interprete se non comprende o non parla la lingua impiegata nel processo.

Il processo penale è regolato dal principio del contraddittorio nella formazione della prova. La colpevolezza dell'imputato non può essere provata sulla base di dichiarazioni rese da chi, per libera scelta, si è sempre volontariamente sottratto all'interrogatorio da parte dell'imputato o del suo difensore.

La legge regola i casi in cui la formazione della prova non ha luogo in contraddittorio per consenso dell'imputato o per accertata impossibilità di natura oggettiva o per effetto di provata condotta illecita.

Tutti i provvedimenti giurisdizionali devono essere motivati.

Contro le sentenze e contro i provvedimenti sulla libertà personale, pronunciati dagli organi giurisdizionali ordinari o speciali, è sempre ammesso ricorso in Cassazione per violazione di legge. Si può derogare a tale norma soltanto per le sentenze dei tribunali militari in tempo di guerra.

Contro le decisioni del Consiglio di Stato e della Corte dei conti il ricorso in Cassazione è ammesso per i soli motivi inerenti alla giurisdizione.

113. – Contro gli atti della pubblica amministrazione è sempre ammessa la tutela giurisdizionale dei diritti e degli interessi legittimi dinanzi agli organi di giurisdizione ordinaria o amministrativa.

Tale tutela giurisdizionale non può essere esclusa o limitata a particolari mezzi di impugnazione o per determinate categorie di atti.

La legge determina quali organi di giurisdizione possono annullare gli atti della pubblica amministrazione nei casi e con gli effetti previsti dalla legge stessa.

TITOLO V
Le regioni, le province, i comuni

114. La Repubblica è costituita dai Comuni, dalle Province, dalle Città metropolitane, dalle Regioni e dallo Stato.

I Comuni, le Province, le Città metropolitane e le Regioni sono enti autonomi con propri statuti, poteri e funzioni secondo i principi fissati dalla Costituzione.

Roma è la capitale della Repubblica. La legge dello Stato disciplina il suo ordinamento.

Articolo sostituito dall'art. 1 l. Cost. 18/10/2001, n. 3.

Omissis.

117. – La potestà legislativa è esercitata dallo Stato e dalle Regioni nel rispetto della Costituzione, nonché dei vincoli derivanti dall'ordinamento comunitario e dagli obblighi internazionali.

Lo Stato ha legislazione esclusiva nelle seguenti materie:

a) politica estera e rapporti internazionali dello Stato; rapporti dello Stato con l'Unione europea; diritto di asilo e condizione giuridica dei cittadini di Stati non appartenenti all'Unione europea;

b) immigrazione;

c) rapporti tra la Repubblica e le confessioni religiose;

d) difesa e Forze armate; sicurezza dello Stato; armi, munizioni ed esplosivi;

e) moneta, tutela del risparmio e mercati finanziari; tutela della concorrenza; sistema valutario; sistema tributario e contabile dello Stato; armonizzazione dei bilanci pubblici; perequazione delle risorse finanziarie;

f) organi dello Stato e relative leggi elettorali; referendum statali; elezione del Parlamento europeo;

g) ordinamento e organizzazione amministrativa dello Stato e degli enti pubblici nazionali;

h) ordine pubblico e sicurezza, ad esclusione della polizia amministrativa locale;

i) cittadinanza, stato civile e anagrafi;

l) giurisdizione e norme processuali; ordinamento civile e penale; giustizia amministrativa;

m) determinazione dei livelli essenziali delle prestazioni concernenti i diritti civili e sociali che devono essere garantiti su tutto il territorio nazionale;

n) norme generali sull'istruzione;

o) previdenza sociale;

p) legislazione elettorale, organi di governo e funzioni fondamentali di Comuni, Province e Città metropolitane;

q) dogane, protezione dei confini nazionali e profilassi internazionale;

r) pesi, misure e determinazione del tempo; coordinamento informativo statistico e informatico dei dati dell'amministrazione statale, regionale e locale; opere dell'ingegno;

s) tutela dell'ambiente, dell'ecosistema e dei beni culturali.

Sono materie di legislazione concorrente quelle relative a: rapporti internazionali e con l'Unione europea delle Regioni; commercio con l'estero; tutela e sicurezza del lavoro; istruzione, salva l'autonomia delle istituzioni scolastiche e con esclusione della istruzione e della formazione professionale; professioni; ricerca scientifica e tecnologica e sostegno all'innovazione per i settori produttivi; tutela della salute; alimentazione; ordinamento sportivo; protezione civile; governo del territorio; porti e aeroporti civili; grandi reti di trasporto e di navigazione; ordinamento della comunicazione; produzione, trasporto e distribuzione nazionale dell'energia; previdenza complementare e integrativa; [...] coordinamento della finanza pubblica e del sistema tributario; valorizzazione dei beni culturali e ambientali e promozione e organizzazione di attività culturali; casse di risparmio, casse rurali, aziende di credito a carattere regionale; enti di credito fondiario e agrario a carattere regionale. Nelle materie di legislazione concorrente spetta alle Regioni la potestà legislativa, salvo che per la determinazione dei principi fondamentali, riservata alla legislazione dello Stato.

Spetta alle Regioni la potestà legislativa in riferimento ad ogni materia non espressamente riservata alla legislazione dello Stato.

Le Regioni e le Province autonome di Trento e di Bolzano, nelle materie di loro competenza, partecipano alle decisioni dirette alla formazione degli atti normativi comunitari e provvedono all'attuazione e all'esecuzione degli accordi internazionali e degli atti dell'Unione europea, nel rispetto delle norme di procedura stabilite da legge dello Stato, che disciplina le modalità di esercizio del potere sostitutivo in caso di inadempienza.

La potestà regolamentare spetta allo Stato nelle materie di legislazione esclusiva, salva delega alle Regioni. La potestà regolamentare spetta alle Regioni in ogni altra materia. I Comuni, le Province e le Città metropolitane hanno potestà regolamentare in ordine alla disciplina dell'organizzazione e dello svolgimento delle funzioni loro attribuite.

Le leggi regionali rimuovono ogni ostacolo che impedisce la piena parità degli uomini e delle donne nella vita sociale, culturale ed economica e promuovono la parità di accesso tra donne e uomini alle cariche elettive.

La legge regionale ratifica le intese della Regione con altre Regioni per il migliore esercizio delle proprie funzioni, anche con individuazione di organi comuni.

Nelle materie di sua competenza la Regione può concludere accordi con Stati e intese con enti territoriali interni ad altro Stato, nei casi e con le forme disciplinati da leggi dello Stato.

Articolo sostituito dall'art. 3 l. Cost. 18/10/2001, n. 3. L'art. 3 l. Cost. 20/4/2012, n. 1, ha inserito le parole "armonizzazione dei bilanci pubblici" nel comma 2, lett. e) ed ha soppresso le parole "armonizzazione dei bilanci pubblici" nel comma 3.

Omissis.

119.[(1)] – I Comuni, le Province, le Città metropolitane e le Regioni hanno autonomia finanziaria di entrata e di spesa, nel rispetto dell'equilibrio dei relativi bilanci, e concorrono ad assicurare l'osservanza dei vincoli economici e finanziari derivanti dall'ordinamento dell'Unione europea.

I Comuni, le Province, le Città metropolitane e le Regioni hanno risorse autonome. Stabiliscono e applicano tributi ed entrate propri, in armonia con la Costituzione e secondo i principi di coordinamento della finanza pubblica e del sistema tributario. Dispongono di compartecipazioni al gettito di tributi erariali riferibile al loro territorio.

La legge dello Stato istituisce un fondo perequativo, senza vincoli di destinazione, per i territori con minore capacità fiscale per abitante.

Le risorse derivanti dalle fonti di cui ai commi precedenti consentono ai Comuni, alle Province, alle Città metropolitane e alle Regioni di finanziare integralmente le funzioni pubbliche loro attribuite.

Per promuovere lo sviluppo economico, la coesione e la solidarietà sociale, per rimuovere gli squilibri economici e sociali, per favorire l'effettivo esercizio dei diritti della persona, o per provvedere a scopi diversi dal normale esercizio delle loro funzioni, lo Stato destina risorse aggiuntive ed effettua interventi speciali in favore di determinati Comuni, Province, Città metropolitane e Regioni.

La Repubblica riconosce le peculiarità delle Isole e promuove le misure necessarie a rimuovere gli svantaggi derivanti dall'insularità.[(2)]

I Comuni, le Province, le Città metropolitane e le Regioni hanno un proprio patrimonio, attribuito secondo i principi generali determinati dalla legge dello Stato. Possono ricorrere all'indebitamento solo per finanziare spese di investimento, con la contestuale definizione di piani di ammortamento e a condizione che per il complesso degli enti di ciascuna Regione sia rispettato l'equilibrio di bilancio. È esclusa ogni garanzia dello Stato sui prestiti dagli stessi contratti.[(3)]

[(1)] *Articolo sostituito dall'art. 5 l. Cost. 18/10/2001, n. 3.*
[(2)] *Comma inserito dall'art. 1 l. cost. 7 novembre 2022, n. 2 .*
[(3)] *Ultimo comma così modificato dall'art. 4, della l. Cost. 20/4/2012, n. 1. L'art. 6, co. 1, di quest'ultima legge ha disposto che le modifiche si applicano a decorrere dall'esercizio finanziario relativo all'anno 2014.*

120. – La Regione non può istituire dazi di importazione o esportazione o transito tra le Regioni, né adottare provvedimenti che ostacolino in qualsiasi modo la libera circolazione delle persone e delle cose tra le Regioni, né limitare l'esercizio del diritto al lavoro in qualunque parte del territorio nazionale.

Il Governo può sostituirsi a organi delle Regioni, delle Città metropolitane, delle Province e dei Comuni nel caso di mancato rispetto di norme e trattati internazionali o della normativa comunitaria oppure di pericolo grave per l'incolumità e la sicurezza pubblica, ovvero quando lo richiedono la tutela dell'unità giuridica o dell'unità economica e in particolare la tutela dei livelli essenziali delle prestazioni concernenti i diritti civili e sociali, rescindendo dai confini territoriali dei governi locali. La legge definisce le procedure atte a garantire che i poteri sostitutivi siano esercitati nel rispetto del principio di sussidiarietà e del principio di leale collaborazione.

Articolo sostituito dall'art. 6 l. Cost. 18 ottobre 2001, n. 3.

Omissis.

2. L. 27 luglio 2000, n. 212

Disposizioni in materia di statuto dei diritti del contribuente. [1]

[1] *Pubblicata nella Gazz. Uff. del 31 luglio 2000, n. 177.*

1. Principi generali. – 1. Le disposizioni della presente legge, in attuazione degli articoli 3, 23, 53 e 97 della Costituzione, costituiscono principi generali dell'ordinamento tributario e possono essere derogate o modificate solo espressamente e mai da leggi speciali.

2. L'adozione di norme interpretative in materia tributaria può essere disposta soltanto in casi eccezionali e con legge ordinaria, qualificando come tali le disposizioni di interpretazione autentica.

3. Le regioni a statuto ordinario regolano le materie disciplinate dalla presente legge in attuazione delle disposizioni in essa contenute; le regioni a statuto speciale e le province autonome di Trento e di Bolzano provvedono, entro un anno dalla data di entrata in vigore della presente legge, ad adeguare i rispettivi ordinamenti alle norme fondamentali contenute nella medesima legge.

4. Gli enti locali provvedono, entro sei mesi dalla data di entrata in vigore della presente legge, ad adeguare i rispettivi statuti e gli atti normativi da essi emanati ai principi dettati dalla presente legge.

2. Chiarezza e trasparenza delle disposizioni tributarie. – 1. Le leggi e gli altri atti aventi forza di legge che contengono disposizioni tributarie devono menzionarne l'oggetto nel titolo; la rubrica delle partizioni interne e dei singoli articoli deve menzionare l'oggetto delle disposizioni ivi contenute.

2. Le leggi e gli atti aventi forza di legge che non hanno un oggetto tributario non possono contenere disposizioni di carattere tributario, fatte salve quelle strettamente inerenti all'oggetto della legge medesima.

3. I richiami di altre disposizioni contenuti nei provvedimenti normativi in materia tributaria si fanno indicando anche il contenuto sintetico della disposizione alla quale si intende fare rinvio.

4. Le disposizioni modificative di leggi tributarie debbono essere introdotte riportando il testo conseguentemente modificato.

3. Efficacia temporale delle norme tributarie[1]. – 1. Salvo quanto previsto dall'art. 1, comma 2, le disposizioni tributarie non hanno effetto retroattivo. Relativamente ai tributi periodici le modifiche introdotte si applicano solo a partire dal periodo d'imposta successivo a quello in corso alla data di entrata in vigore delle disposizioni che le prevedono [2].

2. In ogni caso, le disposizioni tributarie non possono prevedere adempimenti a carico dei contribuenti la cui scadenza sia fissata anteriormente al sessantesimo giorno dalla data della loro entrata in vigore o dell'adozione dei provvedimenti di attuazione in esse espressamente previsti.

3. I termini di prescrizione e di decadenza per gli accertamenti di imposta non possono essere prorogati [3].

[1] Per una deroga alle disposizioni di cui al presente articolo, vedi l'articolo 38, comma 13-quater, del D.L. 31 maggio 2010, n. 78, l'articolo 1, comma 16, della legge 13 dicembre 2010, n. 220, l'articolo 23, comma 6, del D.L. 6 luglio 2011, n. 98, l'articolo 88, comma 2, del D.L. 24 gennaio 2012, n. 1 e l'articolo 2, comma 2, del D.L. 30 novembre 2013, n. 133.

[2] In deroga alle disposizioni di cui al presente comma, vedi l'articolo 18, comma 4, della legge 23 dicembre 2000, n. 388, l'articolo 27, comma 9, della legge 28 dicembre 2001, n. 448, l'articolo 10, comma 1, della legge 27 dicembre 2002, n. 289, come modificato dall'articolo 5-bis, comma 1, lettera e), del D.L. 24 dicembre 2002, n. 282, l'articolo 1, comma 2-octies, del D.L. 24 giugno 2003, n. 143, l'articolo 2, comma 33, della legge 24 dicembre 2003, n. 350, l'articolo 1, commi 67, 424 e 464 della legge 30 dicembre 2004, n. 311, l'articolo 1-quater, comma 1, del D.L. 30 dicembre 2004, n. 314; l'articolo 1, comma 264, della legge 24 dicembre 2007, n. 244; l'articolo 1, comma 624, della Legge 23 dicembre 2014, n. 190 e l'articolo 157, comma 1, del del D.L. 19 maggio 2020, n. 34, convertito, con modificazioni, dalla Legge 17 luglio 2020, n. 77.

[3] Vedi quanto disposto dall'articolo 12 del D.Lgs. 24 settembre 2015, n. 159. In deroga a quanto disposto al presente comma vedi l'articolo 160, comma 1, del del D.L. 19 maggio 2020, n. 34, convertito, con modificazioni, dalla Legge 17 luglio 2020, n. 77 come modificato dall'articolo 1, comma 1, lettera a) del D.L. 15 gennaio 2021, n. 3. Il citato D.L. 3/2021 è stato abrogato dall'articolo 1, comma 2, della legge 26 febbraio 2021, n. 21. Per un'ulteriore deroga vedi l'articolo 5, comma 8, del D.L. 22 marzo 2021, n. 41, convertito, con modificazioni, in Legge 21 maggio 2021, n. 69 e da ultimo l'articolo 42, comma 4, del DL 9 agosto 2022, n. 115 , convertito con modificazione dalla Legge 21 settembre 2022, n. 142.

4. Utilizzo del decreto-legge in materia tributaria. – 1. Non si può disporre con decreto-legge l'istituzione di nuovi tributi nè prevedere l'applicazione di tributi esistenti ad altre categorie di soggetti.

5. Informazione del contribuente. – 1. L' amministrazione finanziaria deve assumere idonee iniziative volte a consentire la completa e agevole conoscenza delle disposizioni legislative e amministrative vigenti in materia tributaria, anche curando la predisposizione di testi coordinati e mettendo gli stessi a disposizione dei contribuenti presso ogni ufficio impositore. L'amministrazione finanziaria deve altresì assumere idonee iniziative di informazione elettronica, tale da consentire aggiornamenti in tempo reale, ponendola a disposizione gratuita dei contribuenti.

2. L'amministrazione finanziaria deve portare a conoscenza dei contribuenti tempestivamente e con i mezzi idonei tutte le circolari e le risoluzioni da essa emanate, nonchè ogni altro atto o decreto che dispone sulla organizzazione, sulle funzioni e sui procedimenti.

6. Conoscenza degli atti e semplificazione. – 1. L'amministrazione finanziaria deve assicurare l'effettiva conoscenza da parte del contribuente degli atti a lui destinati. A tale fine essa provvede comunque a comunicarli nel luogo di effettivo domicilio del contribuente, quale desumibile dalle informazioni in possesso della stessa amministrazione o di altre amministrazioni pubbliche indicate dal contribuente, ovvero nel luogo ove il contribuente ha eletto domicilio speciale ai fini dello specifico procedimento cui si riferiscono gli atti da comunicare. Gli atti sono in ogni caso comunicati con modalità idonee a garantire che il loro contenuto non sia conosciuto da soggetti diversi dal loro destinatario. Restano ferme le disposizioni in materia di notifica degli atti tributari.

2. L'amministrazione deve informare il contribuente di ogni fatto o circostanza a sua conoscenza dai quali possa derivare il mancato riconoscimento di un credito ovvero l'irrogazione di una sanzione, richiedendogli di integrare o correggere gli atti prodotti che impediscono il riconoscimento, seppure parziale, di un credito.

3. L'amministrazione finanziaria assume iniziative volte a garantire che i modelli di dichiarazione, le relative istruzioni, i servizi telematici, la modulistica e i documenti di prassi amministrativa siano messi a disposizione del contribuente, con idonee modalità di comunicazione e di pubblicità, almeno sessanta giorni prima del termine assegnato al contribuente per l'adempimento al quale si riferiscono [1].

3-bis. I modelli e le relative istruzioni devono essere comprensibili anche ai contribuenti sforniti di conoscenze in materia tributaria. L'amministrazione finanziaria assicura che il contribuente possa ottemperare agli obblighi tributari con il minor numero di adempimenti e nelle forme meno costose e più agevoli [2].

3-ter. Le amministrazioni interessate provvedono alle attività relative all'attuazione dei commi 3 e 3-bis nell'ambito delle risorse umane, finanziarie e strumentali disponibili a legislazione vigente e, comunque, senza nuovi o maggiori oneri per la finanza pubblica [3].

4. Al contribuente non possono, in ogni caso, essere richiesti documenti ed informazioni già in possesso dell'amministrazione finanziaria o di altre amministrazioni pubbliche indicate dal contribuente. Tali documenti ed informazioni sono acquisiti ai sensi dell'art. 18, commi 2 e 3, della legge 7 agosto 1990, n. 241, relativi ai casi di accertamento d'ufficio di fatti, stati e qualità del soggetto interessato dalla azione amministrativa.

5. Prima di procedere alle iscrizioni a ruolo derivanti dalla liquidazione di tributi risultanti da dichiarazioni, qualora sussistano incertezze su aspetti rilevanti della dichiarazione, l'amministrazione finanziaria deve invitare il contribuente, a mezzo del servizio postale o con mezzi telematici, a fornire i chiarimenti necessari o a produrre i documenti mancanti entro un termine congruo e comunque non inferiore a trenta giorni dalla ricezione della richiesta. La disposizione si applica anche qualora, a seguito della liquidazione, emerga la spettanza di un minore rimborso di imposta rispetto a quello richiesto. La disposizione non si applica nell'ipotesi di iscrizione a ruolo di tributi per i quali il contribuente non è tenuto ad effettuare il versamento diretto.

Sono nulli i provvedimenti emessi in violazione delle disposizioni di cui al presente comma [4].

5-bis. In caso di esercizio di attività istruttorie di controllo nei confronti del contribuente del cui avvio lo stesso sia stato informato, l'amministrazione finanziaria comunica al contribuente, in forma semplificata, entro il termine di sessanta giorni dalla conclusione della procedura di controllo, l'esito negativo di quest'ultima. L'amministrazione finanziaria, con proprio provvedimento, individua le modalità semplificate di comunicazione, anche mediante l'utilizzo di messaggistica di testo indirizzata all'utenza telefonica mobile del destinatario, della posta elettronica, anche non certificata, o dell'applicazione 'IO'. Con il medesimo provvedimento sono definite le modalità con le quali il contribuente fornisce all'amministrazione finanziaria i propri dati al fine di consentire la suddetta comunicazione in forma semplificata. La comunicazione dell'esito negativo della procedura di controllo non pregiudica l'esercizio successivo dei poteri di controllo dell'amministrazione finanziaria, ai sensi delle vigenti disposizioni. Le disposizioni del presente comma non si applicano alle liquidazioni di cui agli articoli 36-bis del decreto del Presidente della Repubblica 29 settembre 1973, n. 600, e 54-bis del decreto del Presidente della Repubblica 26 ottobre 1972, n. 633. [5]

(1) *Comma sostituito dall'articolo 4-septies, comma 4, lettera a), del D.L. 30 aprile 2019, n. 34, convertito, con modificazioni, dalla Legge 28 giugno 2019, n. 58.*
(2) *Comma inserito dall'articolo 4-septies, comma 4, lettera b), del D.L. 30 aprile 2019, n. 34, convertito, con modificazioni, dalla Legge 28 giugno 2019, n. 58.*
(3) *Comma inserito dall'articolo 4-septies, comma 4, lettera b), del D.L. 30 aprile 2019, n. 34, convertito, con modificazioni, dalla Legge 28 giugno 2019, n. 58.*
(4) *Vedi articolo 2-bis, comma 1 del D.L. 30 settembre 2005, n. 203, nel testo modificato dall'articolo 1, comma 62 della legge 27 dicembre 2006, n. 296.*
(5) *Comma inserito dall'articolo 6-bis, comma 1, del D.L. 21 giugno 2022, n. 73, convertito, con modificazioni, dalla Legge 4 agosto 2022, n. 122.*

7. Chiarezza e motivazione degli atti. – 1. Gli atti dell'amministrazione finanziaria sono motivati secondo quanto prescritto dall'art. 3 della legge 7 agosto 1990, n. 241, concernente la motivazione dei provvedimenti amministrativi, indicando i presupposti di fatto e le ragioni giuridiche che hanno determinato la decisione dell'amministrazione. Se nella motivazione si fa riferimento ad un altro atto, questo deve essere allegato all'atto che lo richiama.

2. Gli atti dell'amministrazione finanziaria e dei concessionari della riscossione devono tassativamente indicare:

a) l'ufficio presso il quale è possibile ottenere informazioni complete in merito all'atto notificato o comunicato e il responsabile del procedimento;

b) l'organo o l'autorità amministrativa presso i quali è possibile promuovere un riesame anche nel merito dell'atto in sede di autotutela;

c) le modalità, il termine, l'organo giurisdizionale o l'autorità amministrativa cui è possibile ricorrere in caso di atti impugnabili.

3. Sul titolo esecutivo va riportato il riferimento

all'eventuale precedente atto di accertamento ovvero, in mancanza, la motivazione della pretesa tributaria.

4. La natura tributaria dell'atto non preclude il ricorso agli organi di giustizia amministrativa, quando ne ricorrano i presupposti.

8. Tutela dell'integrità patrimoniale. – 1. L'obbligazione tributaria può essere estinta anche per compensazione.

2. È ammesso l'accollo del debito d'imposta altrui senza liberazione del contribuente originario.

3. Le disposizioni tributarie non possono stabilire nè prorogare termini di prescrizione oltre il limite ordinario stabilito dal codice civile.

4. L'amministrazione finanziaria è tenuta a rimborsare il costo delle fideiussioni che il contribuente ha dovuto richiedere per ottenere la sospensione del pagamento o la rateizzazione o il rimborso dei tributi. Il rimborso va effettuato quando sia stato definitivamente accertato che l'imposta non era dovuta o era dovuta in misura minore rispetto a quella accertata.

5. L'obbligo di conservazione di atti e documenti, stabilito a soli effetti tributari, non può eccedere il termine di dieci anni dalla loro emanazione o dalla loro formazione.

6. Con decreto del Ministro delle finanze, adottato ai sensi dell'art. 17, comma 3, della legge 23 agosto 1988, n. 400, relativo ai poteri regolamentari dei Ministri nelle materie di loro competenza, sono emanate le disposizioni di attuazione del presente articolo.

7. La pubblicazione e ogni informazione relative ai redditi tassati, anche previste dall'art. 15 della legge 5 luglio 1982, n. 441, sia nelle forme previste dalla stessa legge sia da parte di altri soggetti, deve sempre comprendere l'indicazione dei redditi anche al netto delle relative imposte.

8. Ferme restando, in via transitoria, le disposizioni vigenti in materia di compensazione, con regolamenti emanati ai sensi dell'art. 17, comma 2, della legge 23 agosto 1988, n. 400, è disciplinata l'estinzione dell'obbligazione tributaria mediante compensazione, estendendo, a decorrere dall'anno d'imposta 2002, l'applicazione di tale istituto anche a tributi per i quali attualmente non è previsto.

9. Rimessione in termini. – 1. Il Ministro delle finanze, con decreto da pubblicare nella Gazzetta Ufficiale, rimette in termini i contribuenti interessati, nel caso in cui il tempestivo adempimento di obblighi tributari è impedito da cause di forza maggiore. Qualora la rimessione in termini concerna il versamento di tributi, il decreto è adottato dal Ministro delle finanze di concerto con il Ministro del tesoro, del bilancio e della programmazione economica.

2. Con proprio decreto il Ministro delle finanze, sentito il Ministro del tesoro, del bilancio e della programmazione economica, può sospendere o differire il termine per l'adempimento degli obblighi tributari a favore dei contribuenti interessati da eventi eccezionali ed imprevedibili.

2-bis. La ripresa dei versamenti dei tributi sospesi o differiti, ai sensi del comma 2, avviene, senza applicazione di sanzioni, interessi e oneri accessori, relativi al periodo di sospensione, anche mediante rateizzazione fino a un massimo di diciotto rate mensili di pari importo, a decorrere dal mese successivo alla data di scadenza della sospensione. Con decreto del Ministro dell'economia e delle finanze sono definiti le modalità e i termini della ripresa dei versamenti, tenendo anche conto della durata del periodo di sospensione, nei limiti delle risorse preordinate allo scopo dal fondo previsto dall'articolo 1, comma 430, della legge 28 dicembre 2015, n. 208. I versamenti dei tributi oggetto di sospensione sono versati all'entrata del bilancio dello Stato per essere destinati al predetto fondo [1].

[*2-ter. Per i tributi non sospesi né differiti ai sensi del comma 2, nei limiti delle risorse preordinate allo scopo, i contribuenti residenti o aventi sede legale o sede operativa nei territori colpiti da eventi calamitosi con danni riconducibili all'evento e individuati con la medesima ordinanza della Presidenza del Consiglio dei ministri con la quale è dichiarato lo stato di emergenza possono chiedere la rateizzazione, fino a un massimo di diciotto rate mensili di pari importo, dei tributi che scadono nei sei mesi successivi alla dichiarazione dello stato di emergenza, con istanza da presentare al competente ufficio, secondo modalità e termini stabiliti con decreto del Ministro dell'economia e delle finanze, da adottare entro novanta giorni dalla data di entrata in vigore della presente disposizione.*] [2](S; S; 19-bis d.p.r. 29 settembre 1973, n. 602; S; 6[4], d.lgs. 18 dicembre 1997, n. 472; 12[1], l. 27 luglio 2000, n. 212; S).

[1] Comma aggiunto dall'articolo 1, comma 429, della Legge 28 dicembre 2015 n. 208 e successivamente sostituito dall'articolo 48, comma 15, lettera a) del D.L. 17 ottobre 2016, n. 189, convertito con modificazioni dalla Legge 15 dicembre 2016, n. 229.

[2] Comma aggiunto dall'articolo 1, comma 429, della Legge 28 dicembre 2015 n. 208 e successivamente abrogato dall'articolo 48, comma 15, lettera b), del D.L. 17 ottobre 2016, n. 189, convertito con modificazioni dalla Legge 15 dicembre 2016, n. 229.

10. Tutela dell'affidamento e della buona fede. Errori del contribuente. – 1. I rapporti tra contribuente e amministrazione finanziaria sono improntati al principio della collaborazione e della buona fede.

2. Non sono irrogate sanzioni né richiesti interessi moratori al contribuente, qualora egli si sia conformato a indicazioni contenute in atti dell'amministrazione finanziaria, ancorché successivamente modificate dall'amministrazione medesima, o qualora il suo comportamento risulti posto in essere a seguito di fatti direttamente conseguenti a ritardi, omissioni od errori dell'amministrazione stessa.

3. Le sanzioni non sono comunque irrogate quando la violazione dipende da obiettive condizioni di incertezza sulla portata e sull'ambito di applicazione della norma tributaria o quando si traduce in una mera violazione formale senza alcun debito di imposta; in ogni caso non determina obiettiva condizione di incertezza la pendenza di un giudizio in ordine alla legittimità della norma tributaria. Le violazioni di disposizioni di rilievo esclusivamente tributario non possono essere causa di nullità del contratto [1].

[1] Comma modificato dall'articolo 1 del D.L. 17 giugno 2005, n. 106.

10 *bis*. Disciplina dell'abuso del diritto o elusione fiscale [1]. – 1. Configurano abuso del diritto una o più operazioni prive di sostanza economica che, pur nel rispetto formale delle norme fiscali, realizzano essenzialmente vantaggi fiscali indebiti. Tali operazioni non sono opponibili all'amministrazione finanziaria, che ne disconosce i vantaggi determinando i tributi sulla base delle norme e dei principi elusi e tenuto conto di quanto versato dal contribuente per effetto di dette operazioni.

2. Ai fini del comma 1 si considerano:

a) operazioni prive di sostanza economica i fatti, gli atti e i contratti, anche tra loro collegati, inidonei a produrre effetti significativi diversi dai vantaggi fiscali. Sono indici di mancanza di sostanza economica, in particolare, la non coerenza della qualificazione delle singole operazioni con il fondamento giuridico del loro insieme e la non conformità dell'utilizzo degli strumenti giuridici a normali logiche di mercato;

b) vantaggi fiscali indebiti i benefici, anche non immediati, realizzati in contrasto con le finalità delle norme fiscali o con i principi dell'ordinamento tributario.

3. Non si considerano abusive, in ogni caso, le operazioni giustificate da valide ragioni extrafiscali, non marginali, anche di ordine organizzativo o gestionale, che rispondono a finalità di miglioramento strutturale o funzionale dell'impresa ovvero dell'attività professionale del contribuente.

4. Resta ferma la libertà di scelta del contribuente tra regimi opzionali diversi offerti dalla legge e tra operazioni comportanti un diverso carico fiscale.

5. Il contribuente può proporre interpello ai sensi dell'articolo 11, comma 1, lettera c), per conoscere se le operazioni costituiscano fattispecie di abuso del diritto [(2)].

6. Senza pregiudizio dell'ulteriore azione accertatrice nei termini stabiliti per i singoli tributi, l'abuso del diritto è accertato con apposito atto, preceduto, a pena di nullità, dalla notifica al contribuente di una richiesta di chiarimenti da fornire entro il termine di sessanta giorni, in cui sono indicati i motivi per i quali si ritiene configurabile un abuso del diritto.

7. La richiesta di chiarimenti è notificata dall'amministrazione finanziaria ai sensi dell'articolo 60 del decreto del Presidente della Repubblica 29 settembre 1973, n. 600, e successive modificazioni, entro il termine di decadenza previsto per la notificazione dell'atto impositivo. Tra la data di ricevimento dei chiarimenti ovvero di inutile decorso del termine assegnato al contribuente per rispondere alla richiesta e quella di decadenza dell'amministrazione dal potere di notificazione dell'atto impositivo intercorrono non meno di sessanta giorni. In difetto, il termine di decadenza per la notificazione dell'atto impositivo è automaticamente prorogato, in deroga a quello ordinario, fino a concorrenza dei sessanta giorni.

8. Fermo quanto disposto per i singoli tributi, l'atto impositivo è specificamente motivato, a pena di nullità, in relazione alla condotta abusiva, alle norme o ai principi elusi, agli indebiti vantaggi fiscali realizzati, nonché ai chiarimenti forniti dal contribuente nel termine di cui al comma 6.

9. L'amministrazione finanziaria ha l'onere di dimostrare la sussistenza della condotta abusiva, non rilevabile d'ufficio, in relazione agli elementi di cui ai commi 1 e 2. Il contribuente ha l'onere di dimostrare l'esistenza delle ragioni extrafiscali di cui al comma 3.

10. In caso di ricorso, i tributi o i maggiori tributi accertati, unitamente ai relativi interessi, sono posti in riscossione, ai sensi dell'articolo 68 del decreto legislativo 31 dicembre 1992, n. 546, e, successive modificazioni, e dell'articolo 19, comma 1, del decreto legislativo 18 dicembre 1997, n. 472.

11. I soggetti diversi da quelli cui sono applicate le disposizioni del presente articolo possono chiedere il rimborso delle imposte pagate a seguito delle operazioni abusive i cui vantaggi fiscali sono stati disconosciuti dall'amministrazione finanziaria, inoltrando a tal fine, entro un anno dal giorno in cui l'accertamento è divenuto definitivo ovvero è stato definito mediante adesione o conciliazione giudiziale, istanza all'Agenzia delle entrate, che provvede nei limiti dell'imposta e degli interessi effettivamente riscossi a seguito di tali procedure.

12. In sede di accertamento l'abuso del diritto può essere configurato solo se i vantaggi fiscali non possono essere disconosciuti contestando la violazione di specifiche disposizioni tributarie.

13. Le operazioni abusive non danno luogo a fatti punibili ai sensi delle leggi penali tributarie. Resta ferma l'applicazione delle sanzioni amministrative tributarie.

[(1)] Articolo aggiunto dall'articolo 1 del D.Lgs. 5 agosto 2015 n. 128, con la decorrenza stabilita dal comma 5 dell'articolo 1 del D.Lgs. 128/2015.
[(2)] Comma sostituito dall'articolo 7, comma 15, del D.lgs. 24 settembre 2015, n. 156.

11. Diritto di interpello [(1)(2)(3)]. – 1. Il contribuente può interpellare l'amministrazione per ottenere una risposta riguardante fattispecie concrete e personali relativamente a:

a) l'applicazione delle disposizioni tributarie, quando vi sono condizioni di obiettiva incertezza sulla corretta interpretazione di tali disposizioni e la corretta qualificazione di fattispecie alla luce delle disposizioni tributarie applicabili alle medesime, ove ricorrano condizioni di obiettiva incertezza e non siano comunque attivabili le procedure di cui all'articolo 31-ter del decreto del Presidente della Repubblica 29 settembre 1973, n. 600, introdotto dall'articolo 1 del decreto legislativo 14 settembre 2015, n. 147 e di cui all'articolo 2 del medesimo decreto legislativo 14 settembre 2015, n. 147;

b) la sussistenza delle condizioni e la valutazione della idoneità degli elementi probatori richiesti dalla legge per l'adozione di specifici regimi fiscali nei casi espressamente previsti;

c) l'applicazione della disciplina sull'abuso del diritto ad una specifica fattispecie.

2. Il contribuente interpella l'amministrazione finanziaria per la disapplicazione di norme tributarie che, allo scopo di contrastare comportamenti elusivi, limitano deduzioni, detrazioni, crediti d'imposta, o altre posizioni soggettive del soggetto passivo altrimenti ammesse dall'ordinamento tributario, fornendo la dimostrazione che nella particolare fattispecie tali effetti elusivi non possono verificarsi. Nei casi in cui non sia stata resa risposta favorevole, resta comunque ferma la possibilità per il contribuente di fornire la dimostrazione di cui al periodo precedente anche ai fini dell'accertamento in sede amministrativa e contenziosa.

3. L'amministrazione risponde alle istanze di cui alla lettera a) del comma 1 nel termine di novanta giorni e a quelle di cui alle lettere b) e c) del medesimo comma 1 ed a quelle di cui al comma 2 nel termine di centoventi giorni. La risposta, scritta e motivata, vincola ogni organo della amministrazione con esclusivo riferimento alla questione oggetto dell'istanza e limitatamente al richiedente. Quando la risposta non è comunicata al contribuente entro il termine previsto, il silenzio equivale a condivisione, da parte dell'amministrazione, della soluzione prospettata dal contribuente. Gli atti, anche a contenuto impositivo o sanzionatorio difformi dalla risposta, espressa o tacita, sono nulli. Tale efficacia si estende ai comportamenti successivi del contri-

buente riconducibili alla fattispecie oggetto di interpello, salvo rettifica della soluzione interpretativa da parte dell'amministrazione con valenza esclusivamente per gli eventuali comportamenti futuri dell'istante.

4. Non ricorrono condizioni di obiettiva incertezza quando l'amministrazione ha compiutamente fornito la soluzione per fattispecie corrispondenti a quella rappresentata dal contribuente mediante atti pubblicati ai sensi dell'articolo 5, comma 2.

5. La presentazione delle istanze di cui ai commi 1 e 2 non ha effetto sulle scadenze previste dalle norme tributarie, né sulla decorrenza dei termini di decadenza e non comporta interruzione o sospensione dei termini di prescrizione.

6. L'amministrazione provvede alla pubblicazione mediante la forma di circolare o di risoluzione delle risposte rese nei casi in cui un numero elevato di contribuenti abbia presentato istanze aventi ad oggetto la stessa questione o questioni analoghe fra loro, nei casi in cui il parere sia reso in relazione a norme di recente approvazione o per le quali non siano stati resi chiarimenti ufficiali, nei casi in cui siano segnalati comportamenti non uniformi da parte degli uffici, nonché in ogni altro caso in cui ritenga di interesse generale il chiarimento fornito. Resta ferma, in ogni caso, la comunicazione della risposta ai singoli istanti.

(1) Articolo sostituito dall'articolo 1, comma 1, del D.Lgs. 24 settembre 2015, n. 156, a decorrere dal 1° gennaio 2016.
(2) Vedi il Provvedimento 4 gennaio 2016.
(3) Per la sospensione dei termini di cui al presente articolo, vedi l'articolo 67, comma 1, del D.L. 17 marzo 2020, n. 18, convertito, con modificazioni, dalla Legge 24 aprile 2020, n. 27.

12. Diritti e garanzie del contribuente sottoposto a verifiche fiscali. – 1. Tutti gli accessi, ispezioni e verifiche fiscali nei locali destinati all'esercizio di attività commerciali, industriali, agricole, artistiche o professionali sono effettuati sulla base di esigenze effettive di indagine e controllo sul luogo. Essi si svolgono, salvo casi eccezionali e urgenti adeguatamente documentati, durante l'orario ordinario di esercizio delle attività e con modalità tali da arrecare la minore turbativa possibile allo svolgimento delle attività stesse nonché alle relazioni commerciali o professionali del contribuente.

2. Quando viene iniziata la verifica, il contribuente ha diritto di essere informato delle ragioni che l'abbiano giustificata e dell'oggetto che la riguarda, della facoltà di farsi assistere da un professionista abilitato alla difesa dinanzi agli organi di giustizia tributaria, nonché dei diritti e degli obblighi che vanno riconosciuti al contribuente in occasione delle verifiche.

3. Su richiesta del contribuente, l'esame dei documenti amministrativi e contabili può essere effettuato nell'ufficio dei verificatori o presso il professionista che lo assiste o rappresenta.

4. Delle osservazioni e dei rilievi del contribuente e del professionista, che eventualmente lo assista, deve darsi atto nel processo verbale delle operazioni di verifica.

5. La permanenza degli operatori civili o militari dell'amministrazione finanziaria, dovuta â verifiche presso la sede del contribuente, non può superare i trenta giorni lavorativi, prorogabili per ulteriori trenta giorni nei casi di particolare complessità dell'indagine individuati e motivati dal dirigente dell'ufficio. Gli operatori possono ritornare nella sede del contribuente, decorso tale periodo, per esaminare le osservazioni e le richieste eventualmente presentate dal contribuente dopo la conclusione delle operazioni di verifica ovvero, previo assenso motivato del dirigente dell'ufficio, per specifiche ragioni. Il periodo di permanenza presso la sede del contribuente di cui al primo periodo, così come l'eventuale proroga ivi prevista, non può essere superiore a quindici giorni lavorativi contenuti nell'arco di non più di un trimestre, in tutti i casi in cui la verifica sia svolta presso la sede di imprese in contabilità semplificata e lavoratori autonomi. In entrambi i casi, ai fini del computo dei giorni lavorativi, devono essere considerati i giorni di effettiva presenza degli operatori civili o militari dell'Amministrazione finanziaria presso la sede del contribuente (1).

6. Il contribuente, nel caso ritenga che i verificatori procedano con modalità non conformi alla legge, può rivolgersi anche al Garante del contribuente, secondo quanto previsto dall'art. 13.

7. Nel rispetto del principio di cooperazione tra amministrazione e contribuente, dopo il rilascio della copia del processo verbale di chiusura delle operazioni da parte degli organi di controllo, il contribuente può comunicare entro sessanta giorni osservazioni e richieste che sono valutate dagli uffici impositori. L'avviso di accertamento non può essere emanato prima della scadenza del predetto termine, salvo casi di particolare e motivata urgenza. Per gli accertamenti e le verifiche aventi ad oggetto i diritti doganali di cui all'articolo 34 del testo Unico delle disposizioni legislative in materia doganale approvato con del decreto del Presidente della Repubblica 23 gennaio 1973, n. 43, si applicano le disposizioni dell'articolo 11 del decreto legislativo 8 novembre 1990, n. 374 (2).

(1) Comma modificato dall'articolo 7, comma 2, lettera c), del D.L. 13 maggio 2011, n. 70.
(2) Comma modificato dall'articolo 92, comma 2, del D.L. 24 gennaio 2012, n. 1.

13. Garante del contribuente. – 1. Presso ogni direzione regionale delle entrate e direzione delle entrate delle province autonome è istituito il Garante del contribuente.

2. Il Garante del contribuente, operante in piena autonomia, è organo monocratico scelto e nominato dal presidente della commissione tributaria regionale o sua sezione distaccata nella cui circoscrizione è compresa la direzione regionale dell'Agenzia delle entrate, tra gli appartenenti alle seguenti categorie (1):

a) magistrati, professori universitari di materie giuridiche ed economiche, notai, sia a riposo sia in attività di servizio;

[*b) dirigenti dell'amministrazione finanziaria e ufficiali generali e superiori della Guardia di finanza, a riposo da almeno due anni, scelti in una terna formata, per ciascuna direzione regionale delle entrate, rispettivamente, per i primi, dal direttore generale al Dipartimento delle entrate e, per i secondi, dal Comandante generale della Guardia di finanza;*] (2)

c) avvocati, dottori commercialisti e ragionieri collegiati, pensionati, scelti in una terna formata, per ciascuna direzione regionale delle entrate, dai rispettivi ordini di appartenenza.

3. L'incarico ha durata quadriennale ed è rinnovabile tenendo presenti professionalità, produttività ed attività già svolta. [*Le funzioni di Presidente sono svolte dal componente scelto nell'ambito delle categorie di cui alla lettera a) del comma 2. Gli altri*

due componenti sono scelti uno nell'ambito delle categorie di cui alla lettera b) e l'altro nell'ambito delle categorie di cui alla lettera c) del comma 2] [3].

4. Per ogni Garante il compenso mensile lordo è fissato in euro 2.788,87. Al Garante del contribuente che risiede in un comune diverso da quello in cui ha sede l'organo compete il rimborso delle spese di trasferta previsto dalle norme vigenti per la partecipazione alle relative sedute. Analogo trattamento compete per gli accessi in uffici finanziari situati in comuni diversi da quelli in cui ha la residenza il Garante[4].

5. Le funzioni di segreteria e tecniche sono assicurate al Garante del contribuente dagli uffici delle direzioni regionali delle entrate presso le quali lo stesso è istituito.

6. Il Garante del contribuente, anche sulla base di segnalazioni inoltrate per iscritto dal contribuente o da qualsiasi altro soggetto interessato che lamenti disfunzioni, irregolarità, scorrettezze, prassi amministrative anomale o irragionevoli o qualunque altro comportamento suscettibile di incrinare il rapporto di fiducia tra cittadini e amministrazione finanziaria, rivolge richieste di documenti o chiarimenti agli uffici competenti, i quali rispondono entro trenta giorni, e attiva le procedure di autotutela nei confronti di atti amministrativi di accertamento o di riscossione notificati al contribuente. Il Garante del contribuente comunica l'esito dell'attività svolta alla direzione regionale o compartimentale o al comando di zona della Guardia di finanza competente nonchè agli organi di controllo, informandone l'autore della segnalazione.

7. Il Garante del contribuente rivolge raccomandazioni ai dirigenti degli uffici ai fini della tutela del contribuente e della migliore organizzazione dei servizi.

8. Il Garante del contribuente ha il potere di accedere agli uffici finanziari e di controllare la funzionalità dei servizi di assistenza e di informazione al contribuente nonchè l'agibilità degli spazi aperti al pubblico.

9. Il Garante del contribuente richiama gli uffici al rispetto di quanto previsto dagli articoli 5 e 12 della presente legge.

10. Il Garante del contribuente richiama gli uffici al rispetto dei termini previsti per il rimborso d'imposta.

11. Il Garante del contribuente individua i casi di particolare rilevanza in cui le disposizioni in vigore ovvero i comportamenti dell'amministrazione determinano un pregiudizio dei contribuenti o conseguenze negative nei loro rapporti con l'amministrazione, segnalandoli al direttore-regionale o compartimentale o al comandante di zona della Guardia di finanza competente e all'ufficio centrale per l'informazione del contribuente, al fine di un eventuale avvio del procedimento disciplinare. Prospetta al Ministro delle finanze i casi in cui possono essere esercitati i poteri di rimessione in termini previsti dall'art. 9.

12. Ogni sei mesi il Garante del contribuente presenta una relazione sull'attività svolta al Ministro delle finanze, al direttore regionale delle entrate, ai direttori compartimentali delle dogane e del territorio nonchè al comandante di zona della Guardia di finanza, individuando gli aspetti critici più rilevanti e prospettando le relative soluzioni.

13. Il Ministro delle finanze riferisce annualmente alle competenti Commissioni parlamentari in ordine al funzionamento del Garante del contribuente, all'efficacia dell'azione da esso svolta ed alla natura delle questioni segnalate nonchè ai provvedimenti adottati a seguito delle segnalazioni del Garante stesso.

13-bis. Con relazione annuale, il Garante fornisce al Governo ed al Parlamento dati e notizie sullo stato dei rapporti tra fisco e contribuenti nel campo della politica fiscale [5].

[1] *Alinea sostituito dall'articolo 4, comma 36, lett.a), n. 1) della L. 12 novembre 2011, n. 183, a decorrere dal 1° gennaio 2012, ai sensi dell'articolo 36, comma 1, della medesima L. 183/2011.*

[2] *Lettera abrogata dall'articolo 4, comma 36, lett.a), n. 2) della L. 12 novembre 2011, n. 183, a decorrere dal 1° gennaio 2012, ai sensi dell'articolo 36, comma 1, della medesima L. 183/2011.*

[3] *Comma così modificato dall'articolo 94, comma 7, della legge 27 dicembre 2002, n. 289 e successivamente dall'articolo 4, comma 36, lett.b) della L. 12 novembre 2011, n. 183, a decorrere dal 1° gennaio 2012, ai sensi dell'articolo 36, comma 1, della medesima L. 183/2011.*

[4] *Comma sostituito dall'articolo 19-septies, comma 1, lettera b), del D.L. 16 ottobre 2017, n. 148, convertito con modificazioni dalla Legge 4 dicembre 2017, n. 172.*

[5] *Comma aggiunto dall'articolo 94, comma 8, della legge 27 dicembre 2002, n. 289.*

14. Contribuenti non residenti. – 1. Al contribuente residente all'estero sono assicurate le informazioni sulle modalità di applicazione delle imposte, la utilizzazione di moduli semplificati nonché agevolazioni relativamente all'attribuzione del codice fiscale e alle modalità di presentazione delle dichiarazioni e di pagamento delle imposte.

2. Con decreto del Ministro delle finanze, adottato ai sensi dell'art. 17, comma 3, della legge 23 agosto 1988, n. 400, relativo ai poteri regolamentari dei Ministri nelle materie di loro competenza, sono emanate le disposizioni di attuazione del presente articolo.

15. Codice di comportamento per il personale addetto alle verifiche tributarie. – Il Ministro delle finanze, sentiti i direttori generali del Ministero delle finanze ed il Comandante generale della Guardia di finanza, emana un codice di comportamento che regoli le attività del personale addetto alle verifiche tributarie, aggiornandolo eventualmente anche in base alle segnalazioni delle disfunzioni operate annualmente dal Garante del contribuente.

16. Coordinamento normativo. – 1. Il Governo è delegato ad emanare, entro centottanta giorni dalla data di entrata in vigore della presente legge, previo parere delle competenti Commissioni parlamentari, uno o più decreti legislativi recanti le disposizioni correttive delle leggi tributarie vigenti strettamente necessarie a garantirne la coerenza con i principi desumibili dalle disposizioni della presente legge.

2. Entro il termine di cui al comma 1 il Governo provvede ad abrogare le norme regolamentari incompatibili con la presente legge.

17. Concessionari della riscossione. – Le disposizioni della presente legge si applicano anche nei confronti dei soggetti che rivestono la qualifica di concessionari e di organi indiretti dell'amministrazione finanziaria, ivi compresi i soggetti che esercitano l'attività di accertamento, liquidazione e riscossione di tributi di qualunque natura.

18. Disposizioni di attuazione. – 1. I decreti ministeriali previsti dagli articoli 8 e 11 devono essere emanati entro centottanta giorni dalla data di entrata in vigore della presente legge.

2. Entro il termine di cui al comma 1 sono nominati i componenti del Garante del contribuente di cui all'art. 13.

19. Attuazione del diritto di interpello del contribuente. – 1. L'amministrazione finanziaria, nel quadro dell'attuazione del decreto legislativo 30 luglio 1999, n. 300, adotta ogni opportuno adeguamento della struttura organizzativa ed individua l'occorrente riallocazione delle risorse umane, allo scopo di assicurare la piena operatività delle disposizioni dell'art. 11 della presente legge.

2. Per le finalità di cui al comma 1 il Ministro delle finanze è altresì autorizzato ad adottare gli opportuni provvedimenti per la riqualificazione del personale in servizio.

20. Copertura finanziaria. – 1. Agli oneri derivanti dall'attuazione dell'art. 13, valutati in euro 3.098.741,39 annue a decorrere dall'anno 2000, si provvede mediante utilizzo dello stanziamento iscritto, ai fini del bilancio triennale 2000-2002, nell'ambito dell'unità previsionale di base di parte corrente "Fondo speciale" dello stato di previsione del Ministero del tesoro, del bilancio e della programmazione economica per l'anno 2000, allo scopo parzialmente utilizzando l'accantonamento relativo al Ministero della pubblica istruzione.

2. Agli oneri derivanti dall'attuazione dell'art. 19, determinati nel limite massimo di euro 7.230.396,59 annue per il triennio 2000-2002, si provvede mediante utilizzo dello stanziamento iscritto, ai fini del bilancio triennale 2000-2002, nell'ambito dell'unità previsionale di base di parte corrente "Fondo speciale" dello stato di previsione del Ministero del tesoro, del bilancio e della programmazione economica per l'anno 2000, allo scopo parzialmente utilizzando l'accantonamento relativo al Ministero della pubblica istruzione.

3. Il Ministro del tesoro, del bilancio e della programmazione economica è autorizzato ad apportare, con proprio decreto, le occorrenti variazioni di bilancio.

21. Entrata in vigore. – 1. La presente legge entra in vigore il giorno successivo a quello della sua pubblicazione nella Gazzetta Ufficiale.

IMPOSTE DIRETTE

D.P.R. 22 dicembre 1986, n. 917

Approvazione del testo unico delle imposte sui redditi. (1)

(1) *Pubblicato nella Gazz. Uff. 31 dicembre, n. 302*

1. – 1. È approvato l'unito testo unico delle imposte sui redditi.

Il presente decreto, munito del sigillo dello Stato, sarà inserto nella Raccolta ufficiale delle leggi e dei decreti della Repubblica italiana.

È fatto obbligo a chiunque spetti di osservarlo e di farlo osservare.

TESTO UNICO DELLE IMPOSTE SUI REDDITI

TITOLO I
Imposta sul reddito delle persone fisiche

CAPO I
Disposizioni generali

1. Presupposto dell'imposta. – Presupposto dell' imposta sul reddito delle persone fisiche è il possesso di redditi in denaro o in natura rientranti nelle categorie indicate nell'articolo 6.

2. Soggetti passivi (1). – 1. Soggetti passivi dell'imposta sono le persone fisiche, residenti e non residenti nel territorio dello Stato.

2. Ai fini delle imposte sui redditi si considerano residenti le persone che per la maggior parte del periodo di imposta sono iscritte nelle anagrafi della popolazione residente o hanno nel territorio dello Stato il domicilio o la residenza ai sensi del codice civile.

2-bis. Si considerano altresì residenti, salvo prova contraria, i cittadini italiani cancellati dalle anagrafi della popolazione residente e trasferiti in Stati o territori diversi da quelli individuati con decreto del Ministro dell'economia e delle finanze, da pubblicare nella Gazzetta Ufficiale (2).

(1) *Il D.Lgs. 12 dicembre 2003, n. 344, ha disposto, con l'articolo 1, comma 1, la totale modifica del presente provvedimento, e ne ha ridefinito la struttura di titoli, capi e sezioni.*
(2) *Comma aggiunto dall'articolo 10, comma 1, della legge 23 dicembre 1998, n. 448 e successivamente sostituito dall'articolo 1, comma 83, lettera a), della legge 24 dicembre 2007, n. 244.*

3. Base imponibile. – 1. L'imposta si applica sul reddito complessivo del soggetto, formato per i residenti da tutti i redditi posseduti al netto degli oneri deducibili indicati nell'articolo 10 [*, nonché delle deduzioni effettivamente spettanti ai sensi degli articoli 11 e 12,*] e per i non residenti soltanto da quelli prodotti nel territorio dello Stato (1).

2. In deroga al comma 1 l'imposta si applica separatamente sui redditi elencati nell'art. 16, salvo quanto stabilito nei commi 2 e 3 dello stesso articolo.

3. Sono in ogni caso esclusi dalla base imponibile:

a) i redditi esenti dall'imposta e quelli soggetti a ritenuta alla fonte a titolo di imposta o ad imposta sostitutiva;

b) gli assegni periodici destinati al mantenimento dei figli spettanti al coniuge in conseguenza di separazione legale ed effettiva o di annullamento, scioglimento o cessazione degli effetti civili del matrimonio, nella misura in cui risultano da provvedimenti dell'autorità giudiziaria;

[*c) i redditi derivanti da lavoro dipendente prestato all'estero in via continuativa e come oggetto esclusivo del rapporto;*] (2)

d) gli assegni familiari e l'assegno per il nucleo familiare, nonché, con gli stessi limiti e alle medesime condizioni, gli emolumenti per carichi di famiglia comunque denominati, erogati nei casi consentiti dalla legge (3).

d-bis) La maggiorazione sociale dei trattamenti pensionistici prevista dall'articolo 1 della legge 29 dicembre 1988, n. 544(4).

d-ter) le somme corrisposte a titolo di borsa di studio dal Governo italiano a cittadini stranieri in forza di accordi e intese internazionali (5).

(1) *Comma modificato dall'articolo 2, comma 1, lettera a), della legge 27 dicembre 2002, n. 289, dall'articolo 1, comma 349, lettera a), della legge 30 dicembre 2004, n. 311, successivamente sostituito dall'articolo 36, comma 22, lettera a), del D.L. 4 luglio 2006, n. 223 e da ultimo modificato dall'articolo 1, comma 6, lettera a), della legge 27 dicembre 2006, n. 296.*
(2) *Lettera abrogata dall'articolo 5, comma 1, lettera a), numero 1), del D.Lgs. 2 settembre 1997, n. 314. Per l'interpretazione autentica delle disposizioni di cui alla presente lettera vedi l'articolo 38, comma 3, della legge 8 maggio 1998, n. 146.*
(3) *Lettera sostituita dall'articolo 5, comma 1, lettera a), numero 2), del D.Lgs. 2 settembre 1997, n. 314.*
(4) *Lettera aggiunta dall'articolo 3, comma 1, lettera a), della legge 23 dicembre 1998, n. 449.*
(5) *Lettera aggiunta dall'articolo 1, comma 336, della legge 27 dicembre 2006, n. 296.*

4. Coniugi e figli minori. – 1. Ai fini della determinazione del reddito complessivo o della tassazione separata:

a) i redditi dei beni che formano oggetto della comunione legale di cui agli articoli 177 e seguenti del codice civile sono imputati a ciascuno dei coniugi per metà del loro ammontare netto o per la diversa quota stabilita ai sensi dell'art. 210 dello stesso codice. I proventi dell'attività separata di ciascun coniuge sono a lui imputati in ogni caso per l'intero ammontare (1);

b) i redditi dei beni che formano oggetto del fondo patrimoniale di cui agli articoli 167 e seguenti del codice civile sono imputati per metà del loro ammontare netto a ciascuno dei coniugi. Nelle ipotesi previste nell'articolo 171 del detto codice i redditi dei beni che rimangano destinati al fondo sono imputati per l'intero ammontare al coniuge superstite o al coniuge cui sia stata esclusivamente attribuita l'amministrazione del fondo;

c) i redditi dei beni dei figli minori soggetti all'usufrutto legale dei genitori sono imputati per metà del loro ammontare netto a ciascun genitore. Se vi è un solo genitore o se l'usufrutto legale spetta ad un solo genitore i redditi gli sono imputati per l'intero ammontare.

(1) *Lettera modificata, con effetto a decorrere dal 1° gennaio 1988, dall'articolo 26, comma 1, del D.L. 2 marzo 1989, n. 69.*

5. Redditi prodotti in forma associata(1)(2). – 1. I redditi delle società semplici, in nome collettivo e in accomandita semplice residenti nel territorio dello Stato sono imputati a ciascun socio, indipendentemente dalla percezione, proporzionalmente alla sua quota di partecipazione agli utili.

2. Le quote di partecipazione agli utili si presumono proporzionate al valore dei conferimenti dei soci se non risultano determinate diversamente dall'atto pubblico o dalla scrittura privata autenticata di costituzione o da altro atto pubblico o scrittura autenticata di data anteriore all'inizio del periodo d'imposta; se il valore dei conferimenti non risulta determinato, le quote si presumono uguali[3].

3. Ai fini delle imposte sui redditi:

a) le società di armamento sono equiparate alle società in nome collettivo o alle società in accomandita semplice secondo che siano state costituite all'unanimità o a maggioranza;

b) le società di fatto sono equiparate alle società in nome collettivo o alle società semplici secondo che abbiano o non abbiano per oggetto l'esercizio di attività commerciali;

c) le associazioni senza personalità giuridica costituite fra persone fisiche per l'esercizio in forma associata di arti e professioni sono equiparate alle società semplici, ma l'atto o la scrittura di cui al comma 2 può essere redatto fino alla presentazione della dichiarazione dei redditi dell'associazione;

d) si considerano residenti le società e le associazioni che per la maggior parte del periodo di imposta hanno la sede legale o la sede dell'amministrazione o l'oggetto principale nel territorio dello Stato. L'oggetto principale è determinato in base all'atto costitutivo, se esistente in forma di atto pubblico o di scrittura privata autenticata, e, in mancanza, in base all'attività effettivamente esercitata.

4. I redditi delle imprese familiari di cui all'articolo 230-bis del codice civile, limitatamente al 49 per cento dell'ammontare risultante dalla dichiarazione dei redditi dell'imprenditore, sono imputati a ciascun familiare, che abbia prestato in modo continuativo e prevalente la sua attività di lavoro nell'impresa, proporzionalmente alla sua quota di partecipazione agli utili. La presente disposizione si applica a condizione:

a) che i familiari partecipanti all'impresa risultino nominativamente, con l'indicazione del rapporto di parentela o di affinità con l'imprenditore, da atto pubblico o da scrittura privata autenticata anteriore all'inizio del periodo di imposta, recante la sottoscrizione dell'imprenditore e dei familiari partecipanti;

b) che la dichiarazione dei redditi dell'imprenditore rechi l'indicazione delle quote di partecipazione agli utili spettanti ai familiari e l'attestazione che le quote stesse sono proporzionate alla qualità e quantità del lavoro effettivamente prestato nell'impresa, in modo continuativo e prevalente, nel periodo di imposta;

c) che ciascun familiare attesti, nella propria dichiarazione dei redditi, di aver prestato la sua attività di lavoro nell'impresa in modo continuativo e prevalente.

5. Si intendono, per familiari, ai fini delle imposte sui redditi, il coniuge, i parenti entro il terzo grado e gli affini entro il secondo grado.

[1] Comma sostituito dall'articolo 2, comma 1, della legge 25 marzo 1991, n. 102, con effetto a partire dalle dichiarazioni dei redditi da presentare nell'anno 1991.

6. Classificazione dei redditi. – 1. I singoli redditi sono classificati nelle seguenti categorie:

a) redditi fondiari;

b) redditi di capitale;

c) redditi di lavoro dipendente;

d) redditi di lavoro autonomo;

e) redditi di impresa;

f) redditi diversi.

2. I proventi conseguiti in sostituzione di redditi, anche per effetto di cessione dei relativi crediti, e le indennità conseguite, anche in forma assicurativa, a titolo di risarcimento di danni consistenti nella perdita di redditi, esclusi quelli dipendenti da invalidità permanente o da morte, costituiscono redditi della stessa categoria di quelli sostituiti o perduti. Gli interessi moratori e gli interessi per dilazione di pagamento costituiscono redditi della stessa categoria di quelli da cui derivano i crediti su cui tali interessi sono maturati [1].

3. I redditi delle società in nome collettivo e in accomandita semplice, da qualsiasi fonte provengano e quale che sia l'oggetto sociale, sono considerati redditi di impresa e sono determinati unitariamente secondo le norme relative a tali redditi.

[1] Comma modificato dall'articolo 1, comma 1, lettera a), del D.L. 30 dicembre 1993, n. 557.

7. Periodo di imposta. – 1. L'imposta è dovuta per anni solari, a ciascuno dei quali corrisponde un'obbligazione tributaria autonoma, salvo quanto stabilito nel comma 3 dell'articolo 8 e nel secondo periodo del comma 3 dell'art. 11.

2. L'imputazione dei redditi al periodo di imposta è regolata dalle norme relative alla categoria nella quale rientrano.

3. In caso di morte dell'avente diritto i redditi che secondo le disposizioni relative alla categoria di appartenenza sono imputabili al periodo di imposta in cui sono percepiti, determinati a norma delle disposizioni stesse, sono tassati separatamente a norma degli articoli 17 e 18, salvo il disposto del comma 3 dell'articolo 16, anche se non rientrano tra i redditi indicati nello stesso articolo 16, nei confronti degli eredi e dei legatari che li hanno percepiti.

8. Determinazione del reddito complessivo [1]. – 1. Il reddito complessivo si determina sommando i redditi di ogni categoria che concorrono a formarlo e sottraendo le perdite [*derivanti dall'esercizio di imprese commerciali di cui all'articolo 66 e quelle*] derivanti dall'esercizio di arti e professioni. Non concorrono a formare il reddito complessivo dei percipienti i compensi non ammessi in deduzione ai sensi dell'articolo 60[2].

2. Le perdite delle società in nome collettivo ed in accomandita semplice di cui all'articolo 5, nonché quelle delle società semplici e delle associazioni di cui allo stesso articolo derivanti dall'esercizio di arti e professioni, si sottraggono per ciascun socio o associato nella proporzione stabilita dall'articolo 5. Per le perdite della società in accomandita semplice che eccedono l'ammontare del capitale sociale la presente disposizione si applica nei soli confronti dei soci accomandatari.

3. Le perdite derivanti dall'esercizio di imprese commerciali e quelle derivanti dalla partecipazione in società in nome collettivo e in accomandita semplice sono computate in diminuzione dei relativi redditi conseguiti nei periodi

d'imposta e, per la differenza, nei successivi, in misura non superiore all'80 per cento dei relativi redditi conseguiti in detti periodi d'imposta e per l'intero importo che trova capienza in essi. Si applicano le disposizioni dell'articolo 84, comma 2, e, limitatamente alle società in nome collettivo ed in accomandita semplice, quelle di cui al comma 3 del medesimo articolo 84[3].

[1] *Articolo modificato dall'articolo 26, comma 3, del D.L. 2 marzo 1989, n. 69, dall'articolo 29, comma 1, lettera a), del D.L. 23 febbraio 1995, n. 41, dall'articolo 8, comma 1, lettera a), del D.Lgs. 8 ottobre 1997, n. 358, dall'articolo 1, comma 1, del D.Lgs. 12 dicembre 2003, n. 344 e successivamente sostituito dall'articolo 36, comma 27, del D.L. 4 luglio 2006, n. 223 e dall'articolo 1, comma 29, della legge 24 dicembre 2007, n. 244.*

[2] *Comma modificato dall'articolo 1, comma 23, lettera a) numero 1) della Legge 30 dicembre 2018, n. 145; per l'applicazione vedi l'articolo 1, comma 24 della medesima Legge n. 145/2018. Vedi altresì il comma 26 dell'articolo 1 della medesima Legge 145/2018.*

[3] *Comma modificato dall'articolo 1, comma 23, lettera a) numero 2) della Legge 30 dicembre 2018, n. 145; per l'applicazione vedi l'articolo 1, commi 24 e 25 della medesima Legge n. 145/2018.*

9. Determinazione dei redditi e delle perdite [1]. – 1. I redditi e le perdite che concorrono a formare il reddito complessivo sono determinati distintamente per ciascuna categoria, secondo le disposizioni dei successivi capi, in base al risultato complessivo netto di tutti i cespiti che rientrano nella stessa categoria.

2. Per la determinazione dei redditi e delle perdite i corrispettivi, i proventi, le spese e gli oneri in valuta estera sono valutati secondo il cambio del giorno in cui sono stati percepiti o sostenuti o del giorno antecedente più prossimo e, in mancanza, secondo il cambio del mese in cui sono stati percepiti o sostenuti; quelli in natura sono valutati in base al valore normale dei beni e dei servizi da cui sono costituiti. In caso di conferimenti o apporti in società o in altri enti si considera corrispettivo conseguito il valore normale dei beni e dei crediti conferiti. Se le azioni o i titoli ricevuti sono negoziati in mercati regolamentati italiani o esteri e il conferimento o l'apporto è proporzionale, il corrispettivo non può essere inferiore al valore normale determinato a norma del successivo comma 4, lettera a).

3. Per valore normale, salvo quanto stabilito nel comma 4 per i beni ivi considerati, si intende il prezzo o corrispettivo mediamente praticato per i beni e i servizi della stessa specie o similari, in condizioni di libera concorrenza e al medesimo stadio di commercializzazione, nel tempo e nel luogo in cui i beni o servizi sono stati acquisiti o prestati, e, in mancanza, nel tempo e nel luogo più prossimi. Per la determinazione del valore normale si fa riferimento, in quanto possibile, ai listini o alle tariffe del soggetto che ha fornito i beni o i servizi e, in mancanza, alle mercuriali e ai listini delle camere di commercio e alle tariffe professionali, tenendo conto degli sconti d'uso. Per i beni e i servizi soggetti a disciplina dei prezzi si fa riferimento ai provvedimenti in vigore.

4. Il valore normale è determinato:

a) per le azioni, obbligazioni e altri titoli negoziati in mercati regolamentati italiani o esteri, in base alla media aritmetica dei prezzi rilevati nell'ultimo mese;

b) per le altre azioni, per le quote di società non azionarie e per i titoli o quote di partecipazione al capitale di enti diversi dalle società, in proporzione al valore del patrimonio netto della società o ente, ovvero, per le società o enti di nuova costituzione, all'ammontare complessivo dei conferimenti;

c) per le obbligazioni e gli altri titoli diversi da quelli indicati alle lettere a) e b), comparativamente al valore normale dei titoli aventi analoghe caratteristiche negoziati in mercati regolamentati italiani o esteri e, in mancanza, in base ad altri elementi determinabili in modo obiettivo.

5. Ai fini delle imposte sui redditi le disposizioni relative alle cessioni a titolo oneroso valgono anche per gli atti a titolo oneroso che importano costituzione o trasferimento di diritti reali di godimento e per i conferimenti in società.

[1] *Articolo modificato dall'articolo 1, comma 1, del D.P.R. 4 febbraio 1988, n. 42, dall'articolo 1, comma 1, del D.L. 29 giugno 1994, n. 416, e successivamente sostituito dall'articolo 1, comma 1, del D.Lgs. 12 dicembre 2003, n. 344.*

10. Oneri deducibili [1][2]. **[TESTO POST RIFORMA 2004]** – 1. Dal reddito complessivo si deducono, se non sono deducibili nella determinazione dei singoli redditi che concorrono a formarlo, i seguenti oneri sostenuti dal contribuente:

a) i canoni, livelli, censi ed altri oneri gravanti sui redditi degli immobili che concorrono a formare il reddito complessivo, compresi i contributi ai consorzi obbligatori per legge o in dipendenza di provvedimenti della pubblica amministrazione; sono in ogni caso esclusi i contributi agricoli unificati;

b) le spese mediche e quelle di assistenza specifica necessarie nei casi di grave e permanente invalidità o menomazione, sostenute dai soggetti indicati nell'art. 3 della legge 5 febbraio 1992, n. 104, [*per la parte che eccede lire 500 mila*]. Si considerano rimaste a carico del contribuente anche le spese rimborsate per effetto di contributi o di premi di assicurazione da lui versati e per i quali non spetta la detrazione d'imposta o che non sono deducibili dal suo reddito complessivo né dai redditi che concorrono a formarlo; si considerano, altresì, rimaste a carico del contribuente le spese rimborsate per effetto di contributi o premi che, pur essendo versati da altri, concorrono a formare il suo reddito [3];

c) gli assegni periodici corrisposti al coniuge, ad esclusione di quelli destinati al mantenimento dei figli, in conseguenza di separazione legale ed effettiva, di scioglimento o annullamento del matrimonio o di cessazione dei suoi effetti civili, nella misura in cui risultano da provvedimenti dell'autorità giudiziaria;

d) gli assegni periodici corrisposti in forza di testamento o di donazione modale e, nella misura in cui risultano da provvedimenti dell'autorità giudiziaria, gli assegni alimentari corrisposti a persone indicate nell'art. 433 del codice civile;

d-bis) le somme restituite al soggetto erogatore, se assoggettate a tassazione in anni precedenti. L'ammontare, in tutto o in parte, non dedotto nel periodo d'imposta di restituzione può essere portato in deduzione dal reddito complessivo dei periodi d'imposta successivi; in alternativa, il contribuente può chiedere il rimborso dell'imposta corrispondente all'importo non dedotto secondo modalità definite con decreto del Ministro dell'economia e delle finanze [4];

e) i contributi previdenziali ed assistenziali versati in ottemperanza a disposizioni di legge, nonché quelli versati facoltativamente alla gestione della forma pensionistica obbligatoria di appartenenza, ivi compresi quelli per la ricongiunzione di periodi assicurativi. Sono altresì deducibili i contributi versati al fondo di cui all'art. 1 del decreto legislativo 16 settembre 1996, n. 565. I contributi di cui all'art. 30, comma 2, della legge 8 marzo 1989, n. 101, sono deducibili alle condizioni e nei limiti ivi stabiliti [5];

e-bis) i contributi versati alle forme pensionistiche complementari di cui al decreto legislativo 5 dicembre 2005, n. 252, alle condizioni e nei limiti previsti dall'articolo 8 del medesimo decreto, nonché ai sottoconti italiani di prodotti pensionistici individuali paneuropei (PEPP) di cui al regolamento (UE) 2019/1238, alle condizioni e nei limiti previsti dalle disposizioni nazionali di attuazione del medesimo regolamento. Alle medesime condizioni ed entro gli stessi limiti di cui al primo periodo sono deducibili i contributi versati alle forme pensionistiche complementari istituite negli Stati membri dell'Unione europea e negli Stati aderenti all'Accordo sullo spazio economico europeo che consentono un adeguato scambio di informazioni e ai sottoconti esteri di prodotti pensionistici individuali paneuropei (PEPP) di cui al regolamento (UE) 2019/1238 [6];

e-ter) i contributi versati ai fondi integrativi del Servizio sanitario nazionale istituiti o adeguati ai sensi dell'art. 9 del decreto legislativo 30 dicembre 1992, n. 502 e successive modificazioni, per un importo complessivo non superiore a lire 2.000.000 per gli anni 2001 e 2002. Per gli anni 2003 e 2004 il suddetto importo è fissato in lire 3 milioni, aumentato a lire 3.500.000 per gli anni 2005 e 2006 e a lire 4.000.000 a decorrere dal 2007. Per i contributi versati nell'interesse delle persone indicate nell'art. 12, che si trovino nelle condizioni ivi previste, la deduzione spetta per l'ammontare non dedotto dalle persone stesse, fermo restando l'importo complessivamente stabilito [7];

f) le somme corrisposte ai dipendenti, chiamati ad adempiere funzioni presso gli uffici elettorali, in ottemperanza alle disposizioni dell'art. 119 del decreto del Presidente della Repubblica 30 marzo 1957, n. 361, e dell'art. 1 della legge 30 aprile 1981, n. 178;

g) i contributi, le donazioni e le oblazioni erogati in favore delle organizzazioni non governative idonee ai sensi dell'art. 28 della legge 26 febbraio 1987, n. 49, per un importo non superiore al 2 per cento del reddito complessivo dichiarato;

h) le indennità per perdita dell'avviamento corrisposte per disposizioni di legge al conduttore in caso di cessazione della locazione di immobili urbani adibiti ad usi diversi da quello di abitazione;

i) le erogazioni liberali in denaro, fino all'importo di 2 milioni di lire, a favore dell'Istituto centrale per il sostentamento del clero della Chiesa cattolica italiana;

l) le erogazioni liberali in denaro di cui all'art. 29, comma 2, della legge 22 novembre 1988, n. 516, all'art. 21, comma 1, della legge 22 novembre 1988, n. 517, e all'art. 3, comma 2, della legge 5 ottobre 1993, n. 409, nei limiti e alle condizioni ivi previsti;

l- bis) il cinquanta per cento delle spese sostenute dai genitori adottivi per l'espletamento della procedura di adozione disciplinata dalle disposizioni contenute nel Capo I del Titolo III della legge 4 maggio 1983, n. 184 [8];

l-ter) le erogazioni liberali in denaro per il pagamento degli oneri difensivi dei soggetti ammessi al patrocinio a spese dello Stato, anche quando siano eseguite da persone fisiche [9];

l-quater) le erogazioni liberali in denaro effettuate a favore di università, fondazioni universitarie di cui all'articolo 59, comma 3, della legge 23 dicembre 2000, n. 388, del Fondo per il merito degli studenti universitari e di istituzioni universitarie pubbliche, degli enti di ricerca pubblici, ovvero degli enti di ricerca vigilati dal Ministero dell'istruzione, dell'università e della ricerca, ivi compresi l'Istituto superiore di sanità e l'Istituto superiore per la prevenzione e la sicurezza del lavoro, nonché degli enti parco regionali e nazionali [10].

2. Le spese di cui alla lettera b) del comma 1 sono deducibili anche se sono state sostenute per le persone indicate nell'art. 433 del codice civile. Tale disposizione si applica altresì per gli oneri di cui alla lettera e) del comma 1 relativamente alle persone indicate nel medesimo art. 433 del codice civile se fiscalmente a carico. Sono altresì deducibili, fino all'importo di lire 3.000.000, i medesimi oneri versati per gli addetti ai servizi domestici e all'assistenza personale o familiare. [*Per gli oneri di cui alla lettera e- bis) del comma 1, sostenuti nell'interesse delle persone indicate nell'art. 12 che si trovino nelle condizioni ivi previste, spetta la deduzione per l'ammontare non dedotto dalle persone stesse, fermo restando l'importo complessivamente stabilito*] [11].

2-bis. Le somme di cui alla lettera d-bis) del comma 1, se assoggettate a ritenuta, sono restituite al netto della ritenuta subita e non costituiscono oneri deducibili [12].

3. Gli oneri di cui alle lettere f), g) e h) del comma 1 sostenuti dalle società semplici di cui all'art. 5 si deducono dal reddito complessivo dei singoli soci nella stessa proporzione prevista nel medesimo art. 5 ai fini della imputazione del reddito. Nella stessa proporzione è deducibile, per quote costanti nel periodo d'imposta in cui avviene il pagamento e nei quattro successivi, l'imposta di cui all'art. 3 del decreto del Presidente della Repubblica 26 ottobre 1972, n. 643, corrisposta dalle società stesse.

3- bis. Se alla formazione del reddito complessivo concorrono il reddito dell'unità immobiliare adibita ad abitazione principale e quello delle relative pertinenze, si deduce un importo fino all'ammontare della rendita catastale dell'unità immobiliare stessa e delle relative pertinenze, rapportato al periodo dell'anno durante il quale sussiste tale destinazione ed in proporzione alla quota di possesso di detta unità immobiliare. [*L'importo della deduzione spettante non può comunque essere superiore all'ammontare del suddetto reddito di fabbricati.*] Sono pertinenze le cose immobili di cui all'art. 817 del codice civile, classificate o classificabili in categorie diverse da quelle ad uso abitativo, destinate ed effettivamente utilizzate in modo durevole a servizio delle unità immobiliari adibite ad abitazione principale delle persone fisiche. Per abitazione principale si intende quella nella quale la persona fisica, che la possiede a titolo di proprietà o altro diritto reale, o i suoi familiari dimorano abitualmente. Non si tiene conto della variazione della dimora abituale se dipendente da ricovero permanente in istituti di ricovero o sanitari, a condizione che l'unità immobiliare non risulti locata [13].

[1] *Il D.Lgs. 12 dicembre 2003, n. 344, ha disposto, con l'articolo 1, comma 1, la totale modifica del presente provvedimento, e ne ha ridefinito la struttura di titoli, capi e sezioni.*

[2] *Articolo modificato dall'articolo 9, comma 4, della legge 9 gennaio 1989, n. 13, dall'articolo 1, comma 1, del D.L. 27 aprile 1990, n. 90, dall'articolo 5, comma 1, della legge 29 dicembre 1990, n. 405, dall'articolo 1, comma 6, lettera a), del D.L. 1° ottobre 1991, n. 307, dall'articolo 11, comma 1, della legge 30 dicembre 1991, n. 413, dall'articolo 4, comma 1, del D.Lgs. 28 febbraio 1992, n. 263, dall'articolo 10, comma 3, del D.L. 19 settembre 1992, n. 384 e successivamente sostituito dall'articolo 2, comma 1, lettera a), del D.L. 31 maggio 1994, n.*

330.
(3) Lettera modificata, a decorrere dal periodo di imposta in corso alla data del 31 dicembre 1996, dall'articolo 3, comma 2, lettera a), della legge 23 dicembre 1996, n. 662.
(4) Lettera aggiunta dall'articolo 5, comma 1, lettera b), del D.Lgs. 2 settembre 1997, n. 314 e successivamente sostituita dall'articolo 1, comma 174, della Legge 27 dicembre 2013, n. 147; a norma del medesimo comma 174 dell'articolo 1, la disposizione si applica a decorrere dal periodo di imposta in corso al 31 dicembre 2013.
(5) Lettera modificata dall'articolo 13, comma 1, lettera a), numero 1), del D.Lgs. 18 febbraio 2000, n. 47.
(6) Lettera aggiunta dall'articolo 13, comma 4, del D.Lgs. 21 aprile 1993, n. 124, come modificato dall'articolo 11, comma 1, della legge 8 agosto 1995, n. 335, successivamente sostituita dall'articolo 1, comma 1, lettera a), numero 1), del D.Lgs. 18 febbraio 2000, n. 47, modificata, a decorrere dal 1° gennaio 2001, dall'articolo 1, comma 1, del D.Lgs. 12 aprile 2001, n. 168 e sostituita, a decorrere dal 1 gennaio 2008, dall'articolo 21, comma 2, del D.Lgs. 5 dicembre 2005, n. 252, come modificato dall'articolo 1, comma 314, della legge 27 dicembre 2006, n. 296 e da ultimo modificata dall'articolo 1, comma 83, lettera b), della legge 24 dicembre 2007, n. 244. Successivamente sostituita dall'articolo 16, comma 1, lettera a), del D.Lgs. 3 agosto 2022, n. 114.
(7) Lettera aggiunta dall'articolo 1, comma 1, lettera a), del D.Lgs. 18 febbraio 2000, n. 41.
(8) Lettera aggiunta dall'articolo 4, comma 1, della legge 31 dicembre 1998, n. 476.
(9) Lettera aggiunta dall'articolo 19, comma 1, lettera a), della legge 29 marzo 2001, n. 134.
(10) Lettera aggiunta dall'articolo 14, comma 7, del D.L. 14 marzo 2005, n. 35 e successivamente modificata dall'articolo 4, comma 10, della legge 30 dicembre 2010, n. 240.
(11) Comma modificato dagli articoli 1, comma 1, lettera a), numero 2), e 13, comma 1, lettera a), numero 2), del D.Lgs. 18 febbraio 2000, n. 47, successivamente sostituito dall'articolo 30, comma 1, della legge 21 novembre 2000, n. 342 e da ultimo modificato, a decorrere dal 1 gennaio 2008, dall'articolo 21, comma 3, lettera a), del D.Lgs. 5 dicembre 2005, n. 252.
(12) Comma inserito dall'articolo 150, comma 1, del D.L. 19 maggio 2020, n. 34, non ancora convertito in legge. Tale disposizione si applica alle somme restituite dal 1° gennaio 2020, ai sensi dell'articolo 150, comma 3, del D.L. n. 34/2020, non ancora convertito in legge, fatti salvi i rapporti già definiti alla data di entrata in vigore del medesimo decreto (19 maggio 2020).
(13) Comma aggiunto dall'articolo 6, comma 1, lettera a), della legge 23 dicembre 1999, n. 488 e successivamente modificato dall'articolo 2, comma 1, lettere a) e b), della legge 23 dicembre 2000, n. 388.

10 *bis*. Deduzione per assicurare la progressività dell'imposizione (1) – [*1. Dal reddito complessivo, aumentato del credito d'imposta di cui all'articolo 14 e al netto degli oneri deducibili di cui all'articolo 10, si deduce l'importo di 3.000 euro.*

2. Se alla formazione del reddito complessivo concorrono uno o più redditi di cui agli articoli 46, con esclusione di quelli indicati nel comma 2, lettera a), e 47, comma 1, lettere a), b), c), c-bis), d), h-bis) e l), la deduzione di cui al comma 1 è aumentata di un importo pari a 4.500 euro, non cumulabile con quello previsto dai commi 3 e 4, rapportato al periodo di lavoro nell'anno.

3. Se alla formazione del reddito complessivo concorrono uno o più redditi di cui all'articolo 46, comma 2, lettera a), la deduzione di cui al comma 1 è aumentata di un importo pari a 4.000 euro, non cumulabile con quello previsto dai commi 2 e 4, rapportato al periodo di pensione nell'anno.

4. Se alla formazione del reddito complessivo concorrono uno o più redditi di lavoro autonomo di cui al comma 1 dell'articolo 49 o di impresa di cui all'articolo 79, la deduzione di cui al comma 1 è aumentata di un importo pari a 1.500 euro, non cumulabile con quello previsto dai commi 2 e 3.

5. La deduzione di cui ai commi precedenti spetta per la parte corrispondente al rapporto tra l'ammontare di 26.000 euro, aumentato delle deduzioni indicate nei commi da 1 a 4 e degli oneri deducibili di cui all'articolo 10 e diminuito del reddito complessivo e del credito d'imposta di cui all'articolo 14, e l'importo di 26.000 euro. Se il predetto rapporto è maggiore o uguale a 1, la deduzione compete per intero; se lo stesso è zero o minore di zero, la deduzione non compete; negli altri casi, ai fini del predetto rapporto, si computano le prime quattro cifre decimali.]

(1) Articolo aggiunto dall'articolo 2, comma 1, lettera b), della legge 27 dicembre 2002, n. 289 e non più previsto nella nuova numerazione intervenuta con l'articolo 1, comma 1, del D.Lgs. 12 dicembre 2003, n. 344.

11. Determinazione dell'imposta (1)(2). – 1. L'imposta lorda è determinata applicando al reddito complessivo, al netto degli oneri deducibili indicati nell'articolo 10, le seguenti aliquote per scaglioni di reddito:

a) fino a 15.000 euro, 23 per cento;

b) oltre 15.000 euro e fino a 28.000 euro, 25 per cento;

c) oltre 28.000 euro e fino a 50.000 euro, 35 per cento;

d) oltre 50.000 euro, 43 per cento(5).

2. Se alla formazione del reddito complessivo concorrono soltanto redditi di pensione non superiori a 7.500 euro, goduti per l'intero anno, redditi di terreni per un importo non superiore a 185,92 euro e il reddito dell'unità immobiliare adibita ad abitazione principale e delle relative pertinenze, l'imposta non è dovuta.

2-bis. Se alla formazione del reddito complessivo concorrono soltanto redditi fondiari di cui all'articolo 25 di importo complessivo non superiore a 500 euro, l'imposta non è dovuta (3).

3. L'imposta netta è determinata operando sull'imposta lorda, fino alla concorrenza del suo ammontare, le detrazioni previste negli articoli 12, 13, 15, 16 e 16-bis nonché in altre disposizioni di legge (4).

4. Dall'imposta netta si detrae l'ammontare dei crediti d'imposta spettanti al contribuente a norma dell'articolo 165. Se l'ammontare dei crediti d'imposta è superiore a quello dell'imposta netta il contribuente ha diritto, a sua scelta, di computare l'eccedenza in diminuzione dell'imposta relativa al periodo d'imposta successivo o di chiederne il rimborso in sede di dichiarazione dei redditi.

(1) Articolo inserito nel presente decreto come articolo 10-bis dall'articolo 2, comma 1, lettera b), della legge 27 dicembre 2002, n. 289 e successivamente rinumerato e modificato dall'articolo 1 del D.Lgs. 12 dicembre 2003, n. 344.
(2) Articolo sostituito dall'articolo 1, comma 6, lettera b), della legge 27 dicembre 2006, n. 296.
(3) Comma aggiunto dall'articolo 1, comma 13, della legge 24 dicembre 2007, n. 244.
(4) Comma modificato dall'articolo 4, comma 1, lettera a), del D.L. 6 dicembre 2011, n. 201.
(5) Comma sostituito dall'articolo 1, comma 2, lettera a), della Legge 30 dicembre 2021, n. 234.

12. Detrazioni per carichi di famiglia (1). – 1. Dall'imposta lorda si detraggono per carichi di famiglia i seguenti importi:

a) per il coniuge non legalmente ed effettivamente separato:

1) 800 euro, diminuiti del prodotto tra 110 euro e l'importo corrispondente al rapporto fra reddito complessivo e 15.000 euro, se il reddito complessivo non supera 15.000 euro;

2) 690 euro, se il reddito complessivo è superiore a 15.000 euro ma non a 40.000 euro;

3) 690 euro, se il reddito complessivo è superiore a 40.000

euro ma non a 80.000 euro. La detrazione spetta per la parte corrispondente al rapporto tra l'importo di 80.000 euro, diminuito del reddito complessivo, e 40.000 euro;

b) la detrazione spettante ai sensi della lettera a) è aumentata di un importo pari a:

1) 10 euro, se il reddito complessivo è superiore a 29.000 euro ma non a 29.200 euro;

2) 20 euro, se il reddito complessivo è superiore a 29.200 euro ma non a 34.700 euro;

3) 30 euro, se il reddito complessivo è superiore a 34.700 euro ma non a 35.000 euro;

4) 20 euro, se il reddito complessivo è superiore a 35.000 euro ma non a 35.100 euro;

5) 10 euro, se il reddito complessivo è superiore a 35.100 euro ma non a 35.200 euro;

c) 950 euro per ciascun figlio, compresi i figli nati fuori del matrimonio riconosciuti, i figli adottivi o affidati, di età pari o superiore a 21 anni. [*La detrazione è aumentata a 1.220 euro per ciascun figlio di età inferiore a tre anni.*][*Le predette detrazioni sono aumentate di un importo pari a 400 euro per ogni figlio portatore di handicap ai sensi dell'articolo 3 della legge 5 febbraio 1992, n. 104.*] [*Per i contribuenti con più di tre figli a carico la detrazione è aumentata di 200 euro per ciascun figlio a partire dal primo.*] La detrazione spetta per la parte corrispondente al rapporto tra l'importo di 95.000 euro, diminuito del reddito complessivo, e 95.000 euro. In presenza di più figli che danno diritto alla detrazione, l'importo di 95.000 euro è aumentato per tutti di 15.000 euro per ogni figlio successivo al primo. La detrazione è ripartita nella misura del 50 per cento tra i genitori non legalmente ed effettivamente separati ovvero, previo accordo tra gli stessi, spetta al genitore che possiede un reddito complessivo di ammontare più elevato. In caso di separazione legale ed effettiva o di annullamento, scioglimento o cessazione degli effetti civili del matrimonio, la detrazione spetta, in mancanza di accordo, al genitore affidatario. Nel caso di affidamento congiunto o condiviso la detrazione è ripartita, in mancanza di accordo, nella misura del 50 per cento tra i genitori. Ove il genitore affidatario ovvero, in caso di affidamento congiunto, uno dei genitori affidatari non possa usufruire in tutto o in parte della detrazione, per limiti di reddito, la detrazione è assegnata per intero al secondo genitore. Quest'ultimo, salvo diverso accordo tra le parti, è tenuto a riversare all'altro genitore affidatario un importo pari all'intera detrazione ovvero, in caso di affidamento congiunto, pari al 50 per cento della detrazione stessa. In caso di coniuge fiscalmente a carico dell'altro, la detrazione compete a quest'ultimo per l'intero importo. Se l'altro genitore manca o non ha riconosciuto i figli nati fuori del matrimonio e il contribuente non è coniugato o, se coniugato, si è successivamente legalmente ed effettivamente separato, ovvero se vi sono figli adottivi, affidati o affiliati del solo contribuente e questi non è coniugato o, se coniugato, si è successivamente legalmente ed effettivamente separato, per il primo figlio si applicano, se più convenienti, le detrazioni previste alla lettera a)[(2)];

d) 750 euro, da ripartire pro quota tra coloro che hanno diritto alla detrazione, per ogni altra persona indicata nell'articolo 433 del codice civile che conviva con il contribuente o percepisca assegni alimentari non risultanti da provvedimenti dell'autorità giudiziaria , esclusi in ogni caso i figli, ancorché per i medesimi non spetti la detrazione ai sensi della lettera c). La detrazione spetta per la parte corrispondente al rapporto tra l'importo di 80.000 euro, diminuito del reddito complessivo, e 80.000 euro.[(8)]

[*1-bis. In presenza di almeno quattro figli a carico, ai genitori è riconosciuta un'ulteriore detrazione di importo pari a 1.200 euro. La detrazione è ripartita nella misura del 50 per cento tra i genitori non legalmente ed effettivamente separati. In caso di separazione legale ed effettiva o di annullamento, scioglimento o cessazione degli effetti civili del matrimonio, la detrazione spetta ai genitori in proporzione agli affidamenti stabiliti dal giudice. Nel caso di coniuge fiscalmente a carico dell'altro, la detrazione compete a quest'ultimo per l'intero importo*.][(3)].

2. Le detrazioni di cui al comma 1 spettano a condizione che le persone alle quali si riferiscono possiedano un reddito complessivo, computando anche le retribuzioni corrisposte da enti e organismi internazionali, rappresentanze diplomatiche e consolari e missioni, nonché quelle corrisposte dalla Santa Sede, dagli enti gestiti direttamente da essa e dagli enti centrali della Chiesa cattolica, non superiore a 2.840,51 euro, al lordo degli oneri deducibili. Per i figli di età non superiore a ventiquattro anni il limite di reddito complessivo di cui al primo periodo è elevato a 4.000 euro [(4)(5)].

3. Le detrazioni per carichi di famiglia sono rapportate a mese e competono dal mese in cui si sono verificate a quello in cui sono cessate le condizioni richieste. [*Qualora la detrazione di cui al comma 1-bis sia di ammontare superiore all'imposta lorda, diminuita delle detrazioni di cui al comma 1 del presente articolo nonché agli articoli 13, 15, 16 e 16-bis, nonché delle detrazioni previste da altre disposizioni normative, è riconosciuto un credito di ammontare pari alla quota di detrazione che non ha trovato capienza nella predetta imposta.*][*Con decreto del Ministro dell'economia e delle finanze, di concerto con il Ministro delle politiche per la famiglia, sono definite le modalità di erogazione del predetto ammontare*] [(6)].

4. Se il rapporto di cui al comma 1, lettera a), numero 1), è uguale a uno, la detrazione compete nella misura di 690 euro. Se i rapporti di cui al comma 1, lettera a), numeri 1) e 3), sono uguali a zero, la detrazione non compete. Se i rapporti di cui al comma 1, lettere c) e d), sono pari a zero, minori di zero o uguali a uno, le detrazioni non competono. Negli altri casi, il risultato dei predetti rapporti si assume nelle prime quattro cifre decimali.

4-bis. Ai fini del comma 1 il reddito complessivo è assunto al netto del reddito dell'unità immobiliare adibita ad abitazione principale e di quello delle relative pertinenze di cui all'articolo 10, comma 3-bis [(8)].

4-ter. Ai fini delle disposizioni fiscali che fanno riferimento alle persone indicate nel presente articolo, anche richiamando le condizioni ivi previste, i figli per i quali non spetta la detrazione ai sensi della lettera c) del comma 1 sono considerati al pari dei figli per i quali spetta tale detrazione. [(9)]

[(1)] *Articolo modificato dall'articolo 2, comma 2, del D.L. 14 marzo 1988, n. 70, dall'articolo 2, comma 1, del D.L. 2 marzo 1989, n. 69, dall'articolo 2 del D.P.C.M. 29 settembre 1989, dall'articolo 2 del D.P.C.M. 28 settembre 1990, dall'articolo 2, comma 5, del D.L. 30 dicembre 1991, n. 417, dall'articolo 9, comma 2, del D.L. 19 settembre 1992, n. 384, dall'articolo 3, comma 1, lettera b), del D.L. 31 maggio 1994, n. 330, dall'articolo 1 del D.P.C.M. 18 maggio 1995, dall'articolo 1, comma 1, del D.P.C.M. 27 settembre 1997 e successivamente sostituito dall'articolo 47, comma 1, del D.Lgs. 15 dicembre 1997, n. 446. Il presente articolo è stato ulteriormente modificato dall'articolo 6, comma 1, lettera c), della legge 23 dicembre 1999, n. 488, dall'articolo 2, comma 1, lettera d), della legge 23 dicembre 2000, n. 388, dall'articolo 2, comma 1, della legge 28 dicembre 2001, n. 448, dal D.Lgs. 12 dicembre 2003, n. 344, dall'articolo 1, comma 349, lettera b), della legge 30 dicembre 2004, n. 311 e da ultimo sostituito dall'articolo 1, comma 6, lettera c), della legge 27 dicembre 2006, n. 296.*

[2] *Lettera modificata dall'articolo 1, comma 483, della Legge 24 dicembre 2012, n. 228 e successivamente dall'articolo 105, comma 3, del D.Lgs. 28 dicembre 2013, n. 154, con la decorrenza indicata nell'articolo 108, comma 1, del medesimo decreto e, da ultimo, dall'articolo 10, comma 4, lettere a), b) e c), del D.Lgs. 29 dicembre 2021, n. 230, a decorrere dal 1° marzo 2022.*

[3] *Comma aggiunto dall'articolo 1, comma 15, lettera a), numero 1), della legge 24 dicembre 2007, n. 244 e, da ultimo, abrogato dall'articolo 10, comma 4, lettera d), del D.Lgs. 29 dicembre 2021, n. 230, a decorrere dal 1° marzo 2022.*

[4] *Comma modificato dall'articolo 1, comma 15, lettera a), numero 2), della legge 24 dicembre 2007, n. 244; dall'articolo 1, comma 255 della Legge 27 dicembre 2017, n. 205 , con efficacia a decorrere dal 1 gennaio 2019, come disposto del comma 253 della L. 205/2017 e, da ultimo, dall'articolo 10, comma 4, lettera e), del D.Lgs. 29 dicembre 2021, n. 230, a decorrere dal 1° marzo 2022.*

[5] *Periodo aggiunto dall'articolo 1, comma 255 della Legge 27 dicembre 2017, n. 205, con efficacia a decorrere dal 1 gennaio 2019, come disposto del comma 253 della L. 205/2017.*

[6] *Comma modificato dall'articolo 1, comma 15, lettera a), numero 3), della legge 24 dicembre 2007, n. 244 e successivamente dall'articolo 4, comma 1, lettera b), del D.L. 6 dicembre 2011, n. 201, da ultimo, dall'articolo 10, comma 4, lettera f), del D.Lgs. 29 dicembre 2021, n. 230, a decorrere dal 1° marzo 2022.*

[7] *Comma aggiunto dall'articolo 1, comma 15, lettera a), numero 4), della legge 24 dicembre 2007, n. 244.*

[8] *Lettera modificata dall'articolo 19, comma 6, lettera a) del D.L. 27 gennaio 2022, n. 4, convertito con modificazioni dalla Legge 28 marzo 2022, n. 25.*

[9] *Comma aggiunto dall'articolo 19, comma 6, lettera b) del D.L. 27 gennaio 2022, n. 4, convertito con modificazioni dalla Legge 28 marzo 2022, n. 25.*

13. Altre detrazioni [1][2][3]**. [TESTO POST RIFORMA 2004]** – 1. Se alla formazione del reddito complessivo concorrono uno o più redditi di cui agli articoli 49, con esclusione di quelli indicati nel comma 2, lettera a), e 50, comma 1, lettere a), b), c), c-bis), d), h-bis) e i), ad esclusione di quelli derivanti dagli assegni periodici indicati nell'articolo 10, comma 1, lettera c), fra gli oneri deducibili, spetta una detrazione dall'imposta lorda, rapportata al periodo di lavoro nell'anno, pari a [4]:

a) 1.880 euro, se il reddito complessivo non supera 15.000 euro. L'ammontare della detrazione effettivamente spettante non può essere inferiore a 690 euro. Per i rapporti di lavoro a tempo determinato, l'ammontare della detrazione effettivamente spettante non può essere inferiore a 1.380 euro [5] ;

b) 1.910 euro, aumentata del prodotto tra 1.190 euro e l'importo corrispondente al rapporto tra 28.000 euro, diminuito del reddito complessivo, e 13.000 euro, se l'ammontare del reddito complessivo è superiore a 15.000 euro ma non a 28.000 euro [6] ;

c) 1.910 euro, se il reddito complessivo è superiore a 28.000 euro ma non a 50.000 euro; la detrazione spetta per la parte corrispondente al rapporto tra l'importo di 50.000 euro, diminuito del reddito complessivo, e l'importo di 22.000 euro [7]

1.1. La detrazione spettante ai sensi del comma 1 è aumentata di un importo pari a 65 euro, se il reddito complessivo è superiore a 25.000 euro ma non a 35.000 euro [8] .

1-bis. Qualora l'imposta lorda determinata sui redditi di cui agli articoli 49, con esclusione di quelli indicati nel comma 2, lettera a), e 50, comma 1, lettere a), b), c), c-bis), d), h-bis) e l), sia di importo superiore a quello della detrazione spettante ai sensi del comma 1, compete un credito rapportato al periodo di lavoro nell'anno, che non concorre alla formazione del reddito, di importo pari a:

1) 960 euro, se il reddito complessivo non è superiore a 24.600 euro;

2) 960 euro, se il reddito complessivo è superiore a 24.600 euro ma non a 26.600 euro. Il credito spetta per la parte corrispondente al rapporto tra l'importo di 26.600 euro, diminuito del reddito complessivo, e l'importo di 2.000 euro [9][10][11] .

[*2. La detrazione spettante ai sensi del comma 1, lettera c), è aumentata di un importo pari a:*

a) 10 euro, se l'ammontare del reddito complessivo è superiore a 23.000 euro ma non a 24.000 euro;

b) 20 euro, se l'ammontare del reddito complessivo è superiore a 24.000 euro ma non a 25.000 euro;

c) 30 euro, se l'ammontare del reddito complessivo è superiore a 25.000 euro ma non a 26.000 euro;

d) 40 euro, se l'ammontare del reddito complessivo è superiore a 26.000 euro ma non a 27.700 euro;

e) 25 euro, se l'ammontare del reddito complessivo è superiore a 27.700 euro ma non a 28.000 euro.][12]

3. Se alla formazione del reddito complessivo concorrono uno o più redditi di pensione di cui all'articolo 49, comma 2, lettera a), spetta una detrazione dall'imposta lorda, non cumulabile con quella prevista al comma 1 del presente articolo, rapportata al periodo di pensione nell'anno, pari a:

a) 1.955 euro, se il reddito complessivo non supera 8.500 euro. L'ammontare della detrazione effettivamente spettante non può essere inferiore a 713 euro [13] ;

b) 700 euro, aumentata del prodotto fra 1.255 euro e l'importo corrispondente al rapporto fra 28.000 euro, diminuito del reddito complessivo, e 19.500 euro, se l'ammontare del reddito complessivo è superiore a 8.500 euro ma non a 28.000 euro [14] ;

c) 700 euro, se il reddito complessivo è superiore a 28.000 euro ma non a 50.000 euro. La detrazione spetta per la parte corrispondente al rapporto tra l'importo di 50.000 euro, diminuito del reddito complessivo, e l'importo di 22.000 euro [15][16] .

3-bis. La detrazione spettante ai sensi del comma 3 è aumentata di un importo pari a 50 euro, se il reddito complessivo è superiore a 25.000 euro ma non a 29.000 euro [17] .

[*4. Se alla formazione del reddito complessivo dei soggetti di età non inferiore a 75 anni concorrono uno o più redditi di pensione di cui all'articolo 49, comma 2, lettera a), spetta una detrazione dall'imposta lorda, in luogo di quella di cui al comma 3 del presente articolo, rapportata al periodo di pensione nell'anno e non cumulabile con quella prevista al comma 1, pari a:*

a) 1.880 euro, se il reddito complessivo non supera 8.000 euro. L'ammontare della detrazione effettivamente spettante non può essere inferiore a 713 euro [18] *;*

b) 1.297 euro, aumentata del prodotto fra 583 euro e l'importo corrispondente al rapporto fra 15.000 euro, diminuito del reddito complessivo, e 7.000 euro, se l'ammontare del reddito complessivo è superiore a 8.000 euro ma non a 15.000 euro [19] *;*

c) 1.297 euro, se il reddito complessivo è superiore a 15.000 euro ma non a 55.000 euro. La detrazione spetta per la parte corrispondente al rapporto tra l'importo di 55.000 euro, diminuito del reddito complessivo, e l'importo di 40.000 euro.] [20]

5. Se alla formazione del reddito complessivo concorrono uno o più redditi di cui agli articoli 50, comma 1, lettere e), f), g), h) e i), 53, 66 e 67, comma 1, lettere i) e l), spetta una detrazione dall'imposta lorda, non cumulabile con quelle previste ai commi 1, 2, 3 e 4 del presente articolo, pari a:

a) 1.265 euro, se il reddito complessivo non supera 5.500 euro [21] ;

b) 500 euro, aumentata del prodotto fra 765 euro e l'importo corrispondente al rapporto fra 28.000 euro, diminuito del reddito complessivo, e 22.500 euro, se l'ammontare del reddito complessivo è superiore a 5.500 euro ma non a 28.000 euro [22] ;

b-bis) 500 euro, se il reddito complessivo è superiore a 28.000 euro ma non a 50.000 euro. La detrazione spetta per la parte corrispondente al rapporto tra l'importo di 50.000 euro, diminuito del reddito complessivo, e l'importo di 22.000 euro [23] .

5-bis. Se alla formazione del reddito complessivo concorrono redditi derivanti dagli assegni periodici indicati fra gli oneri deducibili nell'articolo 10,, comma 1, lettera c), spetta una detrazione dall'imposta lorda, non cumulabile con quelle previste dai commi 1, 2, 3, 4 e 5, in misura pari a quelle di cui al comma 3, non rapportate ad alcun periodo nell'anno [24].

5-ter. La detrazione spettante ai sensi del comma 5 è aumentata di un importo pari a 50 euro, se il reddito complessivo è superiore a 11.000 euro ma non a 17.000 euro [25].

6. Se il risultato dei rapporti indicati nei commi 1, 3, 4 e 5 è maggiore di zero, lo stesso si assume nelle prime quattro cifre decimali.

6-bis. Ai fini del presente articolo il reddito complessivo è assunto al netto del reddito dell'unità immobiliare adibita ad abitazione principale e di quello delle relative pertinenze di cui all'articolo 10, comma 3-bis [26].

(1) Articolo modificato dall'articolo 1, comma 1, del D.P.R. 4 febbraio 1988, n. 42, dall'articolo 1, comma 1, del D.L. 14 marzo 1988, n. 70, dall'articolo 2, comma 2, del D.L. 2 marzo 1989, n. 69, dall'articolo 2 del D.P.C.M. 29 settembre 1989, dall'articolo 2 del D.P.C.M. 28 settembre 1990, dall'articolo 3, comma 1, lettera d), del D.L. 31 maggio 1994, n. 330, dall'articolo 1 del D.P.C.M. 18 maggio 1995, dall'articolo 1, comma 1, del D.P.C.M. 27 settembre 1997, sostituito dall'articolo 48, comma 1, del D.Lgs. 15 dicembre 1997, n. 446, modificato dall'articolo 3, comma 1, lettera b), della legge 23 dicembre 1998, n. 449, dall'articolo 6, comma 1, lettera d), numero 2), della legge 23 dicembre 1999, n. 488, dall'articolo 1, comma 2, lettera b), del D.L. 30 settembre 2000, n. 268, dall'articolo 34, comma 1, lettera c), della legge 21 novembre 2000, n. 342, dall'articolo 2, comma 1, lettera e), numero 4), della legge 23 dicembre 2000, n. 388 e da ultimo sostituito dall'articolo 2, comma 1, lettera d), della legge 27 dicembre 2002, n. 289.

(2) Nel testo precedente la riforma introdotta dal D.Lgs. 344/2003 le disposizioni contenute nel presente articolo erano previste dall'articolo 12, successivamente l'articolo 1, comma 349, lettera c), della legge 30 dicembre 2004, n. 311, ha disposto che il presente articolo diventi articolo 13.

(3) Articolo modificato, decorrere dal 1° gennaio 2003, dall'articolo 2, comma 57, lettera a), della legge 24 dicembre 2003, n. 350 e successivamente sostituito dall'articolo 1, comma 6, della legge 27 dicembre 2006, n. 296.

(4) Alinea modificato, a decorrere dal periodo d'imposta in corso al 31 dicembre 2007, dall'articolo 1, comma 11, lettera a), della legge 24 dicembre 2007, n. 244.

(5) Lettera modificata dall'articolo 1, comma 127, lettera a), della Legge 27 dicembre 2013, n. 147 e successivamente sostituita dall'articolo 1, comma 2, lettera b), numero 1), della Legge 30 dicembre 2021, n. 234.

(6) Lettera sostituita dall'articolo 1, comma 127, lettera b), della Legge 27 dicembre 2013, n. 147 e successivamente dall'articolo 1, comma 2, lettera b), numero 1), della Legge 30 dicembre 2021, n. 234.

(7) Lettera sostituita dall'articolo 1, comma 127, lettera b), della Legge 27 dicembre 2013, n. 147 e successivamente dall'articolo 1, comma 2, lettera b), numero 1), della Legge 30 dicembre 2021, n. 234.

(8) Comma inserito dall'articolo 1, comma 2, lettera b), numero 2), della Legge 30 dicembre 2021, n. 234.

(9) Comma inserito dall'articolo 1, comma 1, del D.L. 24 aprile 2014, n. 66, convertito, con modificazioni, dalla Legge 23 giugno 2014, n. 89; a norma del comma 3 del medesimo articolo le disposizioni di cui al presente comma si applicano per il solo periodo di imposta 2014; vedi anche quanto disposto nei commi 2, 4 e 5 del medesimo articolo 1; comma successivamente sostituito dall'articolo 1, comma 12, della Legge 23 dicembre 2014, n. 190; vedi anche quanto disposto dai commi 13, 15, 27 e 129 del medesimo articolo 1. Da ultimo modificato dall'articolo 1, comma 132, della Legge 27 dicembre 2017, n. 205.

(10) A norma dell'articolo 3, comma 1, del D.L. 5 febbraio 2020, n. 3, convertito, con modificazioni, dalla Legge 2 aprile 2020, n. 21, il presente comma è abrogato dal 1° luglio 2020.

(11) Vedi l'articolo 128 comma 1, del D.L. 19 maggio 2020, n. 34, convertito, con modificazioni, dalla Legge 17 luglio 2020, n. 77.

(12) Comma abrogato dall'articolo 1, comma 127, lettera c), della Legge 27 dicembre 2013, n. 147.

(13) Lettera sostituita dall'articolo 1, comma 2, lettera b), numero 3), della Legge 30 dicembre 2021, n. 234.

(14) Lettera sostituita dall'articolo 1, comma 2, lettera b), numero 3), della Legge 30 dicembre 2021, n. 234.

(15) Lettera sostituita dall'articolo 1, comma 2, lettera b), numero 3), della Legge 30 dicembre 2021, n. 234.

(16) Comma modificato dall'articolo 1, comma 290, lettera a), numeri 1) e 2) della Legge 28 dicembre 2015, n. 208 e, successivamente, sostituito dall'articolo 1, comma 210, della Legge 11 dicembre 2016, n. 232.

(17) Comma inserito dall'articolo 1, comma 2, lettera b), numero 4), della Legge 30 dicembre 2021, n. 234.

(18) Lettera modificata dall'articolo 1, comma 290, lettera b), numero 1) della Legge 28 dicembre 2015, n. 208.

(19) Lettera sostituita dall'articolo 1, comma 290, lettera b), numero 2) della Legge 28 dicembre 2015, n. 208.

(20) Comma soppresso per effetto della sostituzione degli originari commi 3 e 4 con l'attuale comma 3 dall'articolo 1, comma 210, della Legge 11 dicembre 2016, n. 232.

(21) Lettera sostituita dall'articolo 1, comma 2, lettera b), numero 5), della Legge 30 dicembre 2021, n. 234.

(22) Lettera sostituita dall'articolo 1, comma 2, lettera b), numero 5), della Legge 30 dicembre 2021, n. 234.

(23) Lettera inserita dall'articolo 1, comma 2, lettera b), numero 5), della Legge 30 dicembre 2021, n. 234.

(24) Comma aggiunto, a decorrere dal periodo d'imposta in corso al 31 dicembre 2007, dall'articolo 1, comma 11, lettera b), della legge 24 dicembre 2007, n. 244.

(25) Comma inserito dall'articolo 1, comma 2, lettera b), numero 6), della Legge 30 dicembre 2021, n. 234.

(26) Comma aggiunto a decorrere dal periodo d'imposta in corso al 31 dicembre 2007, dall'articolo 1, comma 15, lettera b), della legge 24 dicembre 2007, n. 244.

13 *bis*. Detrazioni per oneri [1][2]. – 1. Dall'imposta lorda si detrae un importo pari al 19 per cento dei seguenti oneri sostenuti dal contribuente, se non deducibili nella determinazione dei singoli redditi che concorrono a formare il reddito complessivo [3]:

a) gli interessi passivi e relativi oneri accessori, nonché le quote di rivalutazione dipendenti da clausole di indicizzazione, pagati a soggetti residenti nel territorio dello Stato o di uno Stato membro della Comunità europea ovvero a stabili organizzazioni nel territorio dello Stato di soggetti non residenti in dipendenza di prestiti o mutui agrari di ogni specie, nei limiti dei redditi dei terreni dichiarati;

b) gli interessi passivi, e relativi oneri accessori, nonché le quote di rivalutazione dipendenti da clausole di indicizzazione pagati a soggetti residenti nel territorio dello Stato o di uno Stato membro della Comunità europea ovvero a stabili organizzazioni nel territori dello Stato di soggetti non residenti in dipendenza di mutui garantiti da ipoteca su immobili contratti per l'acquisto dell'unità immobiliare da adibire ad abitazione principale entro un anno dall'acquisto stesso, per un importo non superiore a 7 milioni di lire. L'acquisto della unità immobiliare deve essere effettuato nell'anno precedente o successivo alla data della stipulazione del contratto di mutuo. Non si tiene conto del suddetto periodo nel caso in cui l'originario contratto è estinto e ne viene stipulato uno nuovo di importo non superiore alla residua quota di capitale da rimborsare, maggiorata delle spese e degli oneri correlati. In caso di acquisto di unità immobiliare locata, la detrazione spetta a condizione che entro tre mesi dall'acquisto sia stato notificato al locatario l'atto di intimazione di licenza o di sfratto per finita locazione e che entro un anno dal rilascio l'unità immobiliare sia adibita ad abitazione principale. Per abitazione principale si intende quella nella quale il contribuente o i suoi familiari dimorano abitualmente. La detrazione spetta non oltre il periodo d'imposta nel corso del quale è variata la dimora abituale; non si tiene conto delle variazioni dipendenti da trasferimenti per motivi di lavoro. Non si tiene conto, altresì, delle variazioni dipendenti da ricoveri permanenti in istituti di ricovero o sanitari, a condizione che l'unità immobiliare non risulti locata. Nel caso l'immobile acquistato sia oggetto di lavori di ristrutturazione edilizia, comprovata dalla relativa concessione edilizia o atto equivalente, la detrazione spetta a decorrere dalla data in cui l'unità immobiliare è adibita a dimora abituale, e comunque entro due anni dall'acquisto. In caso di contitolarità del contratto di mutuo o di più contratti di mutuo il limite di 7 milioni di lire è riferito all'ammontare complessivo degli interessi, oneri accessori e quote di rivalutazione sostenuti. La detrazione spetta, nello stesso limite complessivo e alle stesse condizioni, anche con riferimento alle somme corrisposte dagli assegnatari di alloggi di cooperative e dagli acquirenti di unità immobiliari di nuova costruzione, alla cooperativa o all'impresa costruttrice a titolo di rimborso degli interessi passivi, oneri accessori e quote di rivalutazione relativi ai mutui ipotecari contratti dalla stessa e ancora indivisi. Se il mutuo è intestato ad entrambi i coniugi, ciascuno di essi può fruire della detrazione unicamente per la propria quota di interessi; in caso di coniuge fiscalmente a carico dell'altro la detrazione spetta a quest'ultimo per entrambe le quote (4);

c) le spese sanitarie, per la parte che eccede lire 250 mila. Dette spese sono costituite esclusivamente dalle spese mediche e di assistenza specifica, diverse da quelle indicate nell'art. 10, comma 1, lettera b), e dalle spese chirurgiche, per prestazioni specialistiche e per protesi dentarie e sanitarie in genere. Le spese riguardanti i mezzi necessari all'accompagnamento, alla deambulazione, alla locomozione e al sollevamento e per sussidi tecnici e informatici rivolti a facilitare l'autosufficienza e le possibilità di integrazione dei soggetti di cui all'art. 3 della legge 5 febbraio 1992, n. 104, si assumono integralmente. Tra i mezzi necessari per la locomozione dei soggetti indicati nel precedente periodo, con ridotte o impedite capacità motorie permanenti, si comprendono i motoveicoli e gli autoveicoli di cui, rispettivamente, agli articoli 53, comma 1, lettere b), c) ed f), e 54, comma 1, lettere a), c), f) ed m) del decreto legislativo 30 aprile 1992, n. 285, anche se prodotti in serie e adattati in funzione delle suddette limitazioni permanenti delle capacità motorie. Tra i veicoli adattati alla guida sono compresi anche quelli dotati di solo cambio automatico, purché prescritto dalla commissione medica locale di cui all'art. 119 del decreto legislativo 30 aprile 1992, n. 285. Tra i mezzi necessari per la locomozione dei non vedenti sono compresi i cani guida e gli autoveicoli rispondenti alle caratteristiche da stabilire con decreto del Ministro delle finanze. Tra i mezzi necessari per la locomozione dei sordomuti sono compresi gli autoveicoli rispondenti alle caratteristiche da stabilire con decreto del Ministro delle finanze. La detrazione spetta una sola volta in un periodo di quattro anni, salvo i casi in cui dal Pubblico registro automobilistico risulti che il suddetto veicolo sia stato cancellato da detto registro, e con riferimento a un solo veicolo, nei limiti della spesa di lire trentacinque milioni o, nei casi in cui risultasse che il suddetto veicolo sia stato rubato e non ritrovato, nei limiti della spesa massima di lire trentacinque milioni da cui va detratto l'eventuale rimborso assicurativo. È consentito, alternativamente, di ripartire la predetta detrazione in quattro quote annuali costanti e di pari importo. La medesima ripartizione della detrazione in quattro quote annuali di pari importo è consentita, con riferimento alle altre spese di cui alla presente lettera, nel caso in cui queste ultime eccedano, complessivamente, il limite di lire 30 milioni annue. Si considerano rimaste a carico del contribuente anche le spese rimborsate per effetto di contributi o premi di assicurazione da lui versati e per i quali non spetta la detrazione d'imposta o che non sono deducibili dal suo reddito complessivo nè dai redditi che concorrono a formarlo. Si considerano, altresì, rimaste a carico del contribuente le spese rimborsate per effetto di contributi o premi che, pur essendo versati da altri, concorrono a formare il suo reddito, salvo che il datore di lavoro ne abbia riconosciuto la detrazione in sede di ritenuta (5);

c-bis) le spese veterinarie, fino all'importo di lire 750.000, limitatamente alla parte che eccede lire 250.000. Con decreto del Ministero delle finanze sono individuate le tipologie di animali per le quali spetta la detraibilità delle predette spese (6);

c-ter) le spese sostenute per i servizi di interpretariato dai soggetti riconosciuti sordomuti, ai sensi della legge 26 maggio 1970, n. 381 (7);

d) le spese funebri sostenute in dipendenza della morte di persone indicate nell'art. 433 del codice civile e di affidati o affiliati, per importo non superiore a 3 milioni di lire per ciascuna di esse (8);

e) le spese per frequenza di corsi di istruzione secondaria e universitaria, in misura non superiore a quella stabilita per le tasse e i contributi degli istituti statali;

f) i premi per assicurazioni aventi per oggetto il rischio di morte o di invalidità permanente non inferiore al 5 per cento da qualsiasi causa derivante, ovvero di non autosufficienza nel compimento degli atti della vita quotidiana, se l'impresa di assicurazione non ha facoltà di recesso dal contratto, per un importo complessivamente non superiore a lire 2 milioni e 500 mila. Con decreto del Ministero delle finanze, sentito l'Istituto per la vigilanza sulle assicurazioni private (ISVAP), sono stabilite le caratteristiche alle quali devono rispondere i contratti che assicurano il rischio di non autosufficienza. Per i percettori di redditi di lavoro dipendente e assimilato, si tiene conto, ai fini del predetto limite, anche dei premi di assicurazione in relazione ai quali il datore di lavoro ha effettuato la detrazione in sede di ritenuta (9);

g) le spese sostenute dai soggetti obbligati alla manutenzione, protezione o restauro delle cose vincolate ai sensi della legge 1° giugno 1939, n. 1089, e del decreto del Presidente della Repubblica 30 settembre 1963, n. 1409, nella misura effettivamente rimasta a carico. La necessità delle spese, quando non siano obbligatorie per legge, deve risultare da apposita certificazione rilasciata dalla competente soprintendenza del Ministero per i beni culturali e ambientali, previo accertamento della loro congruità effettuato d'intesa con il competente ufficio del territorio del Ministero delle finanze. La detrazione non spetta in caso di mutamento di destinazione dei beni senza la preventiva autorizzazione dell'Amministrazione per i beni culturali e ambientali, di mancato assolvimento degli obblighi di legge per consentire l'esercizio del diritto di prelazione dello Stato sui beni immobili e mobili vincolati e di tentata esportazione non autorizzata di questi ultimi. L'Amministrazione per i beni culturali ed ambientali dà immediata comunicazione al competente ufficio delle entrate del Ministero delle finanze delle violazioni che comportano la perdita del diritto alla detrazione; dalla data di ricevimento della comunicazione inizia a decorrere il termine per la rettifica della dichiarazione dei redditi;

h) le erogazioni liberali in denaro a favore dello Stato, delle regioni, degli enti locali territoriali, di enti o istituzioni pubbliche, di comitati organizzatori appositamente istituiti con decreto del Ministro per i beni culturali e ambientali, di fondazioni e associazioni legalmente riconosciute senza scopo di lucro, che svolgono o promuovono attività di studio, di ricerca e di documentazione di rilevante valore culturale e artistico o che organizzano e realizzano attività culturali, effettuate in base ad apposita convenzione, per l'acquisto, la manutenzione, la protezione o il restauro delle cose indicate nell'art. 1 della legge 1° giugno 1939, n. 1089, e nel decreto del Presidente delle Repubblica 30 settembre 1963, n. 1409, ivi comprese le erogazioni effettuate per l'organizzazione in Italia e all'estero di mostre e di esposizioni di rilevante interesse scientifico-culturale delle cose anzidette, e per gli studi e le ricerche eventualmente a tal fine necessari, nonché per ogni altra manifestazione di rilevante interesse scientifico-culturale anche ai fini didattico-promozionali, ivi compresi gli studi, le ricerche, la documentazione e la catalogazione, e le pubblicazioni relative ai beni culturali. Le iniziative culturali devono essere autorizzate, previo parere del competente comitato di settore del Consiglio nazionale per i beni culturali e ambientali, dal Ministero per i beni culturali e ambientali, che deve approvare la previsione di spesa ed il conto consuntivo. Il Ministero per i beni culturali e ambientali stabilisce i tempi necessari affinché le erogazioni liberali fatte a favore delle associazioni legalmente riconosciute, delle istituzioni e delle fondazioni siano utilizzate per gli scopi indicati nella presente lettera e controlla l'impiego delle erogazioni stesse. Detti termini possono, per causa non imputabile al donatorio, essere prorogati una sola volta. Le erogazioni liberali non integralmente utilizzate nei termini assegnati affluiscono all'entrata del bilancio dello Stato, o delle regioni e degli enti locali territoriali, nel caso di attività o manifestazioni in cui essi siano direttamente coinvolti, e sono destinate ad un fondo da utilizzare per le attività culturali previste per l'anno successivo. Il Ministero per i beni culturali e ambientali comunica, entro il 31 marzo di ciascun anno, al centro informativo del Dipartimento delle entrate del Ministero delle finanze l'elenco nominativo dei soggetti erogatori, nonchè l'ammontare delle erogazioni effettuate entro il 31 dicembre dell'anno precedente [10];

h -bis) il costo specifico o, in mancanza, il valore normale dei beni ceduti gratuitamente, in base ad apposita convenzione, ai soggetti e per le attività di cui alla lettera h)[11];

i) le erogazioni liberali in denaro, per importo non superiore al 30 per cento del reddito complessivo dichiarato, a favore di enti o istituzioni pubbliche, fondazioni e associazioni legalmente riconosciute che senza scopo di lucro svolgono esclusivamente attività nello spettacolo, effettuate per la realizzazione di nuove strutture, per il restauro ed il potenziamento delle strutture esistenti, nonché per la produzione nei vari settori dello spettacolo. Le erogazioni non utilizzate per tali finalità dal percipiente entro il termine di due anni dalla data del ricevimento affluiscono, nella loro totalità, all'entrata dello Stato [12];

i-bis) le erogazioni liberali in denaro, per importo non superiore a 4 milioni di lire, a favore delle organizzazioni non lucrative di utilità sociale (ONLUS), delle iniziative umanitarie, religiose o laiche, gestite da fondazioni, associazioni, comitati ed enti individuati con decreto del Presidente del Consiglio dei ministri, nei Paesi non appartenenti all'Organizzazione per la cooperazione e lo sviluppo economico (OCSE) nonché i contributi associativi, per importo non superiore a 2 milioni e 500 mila lire, versati dai soci alle società di mutuo soccorso che operano esclusivamente nei settori di cui all'art. 1 della legge 15 aprile 1886, n. 3818, al fine di assicurare ai soci un sussidio nei casi di malattia, di impotenza al lavoro o di vecchiaia, ovvero, in caso di decesso, un aiuto alle loro famiglie. La detrazione è consentita a condizione che il versamento di tali erogazioni e contributi sia eseguito tramite banca o ufficio postale ovvero mediante gli altri sistemi di pagamento previsti dall'art. 23 del decreto legislativo 9 luglio 1997, n. 241, e secondo ulteriori modalità idonee a consentire all'Amministrazione finanziaria lo svolgimento di efficaci controlli, che possono essere stabilite con decreto del Ministro delle finanze da emanarsi ai sensi dell'art. 17, comma 3, della legge 23 agosto 1988, n. 400 [13];

i-ter) le erogazioni liberali in denaro per un importo complessivo in ciascun periodo d'imposta non superiore a 1.500 euro, in favore delle società e associazioni sportive dilettantistiche, a condizione che il versamento di tali erogazioni sia eseguito tramite banca o ufficio postale ovvero secondo altre modalità stabilite con decreto del Ministro dell'economia e delle finanze, da adottare ai sensi dell'articolo 17, comma 3, della legge 23 agosto 1988, n. 400 [14];

i-quater) le erogazioni liberali in denaro, per importo non superiore a 4 milioni di lire, a favore delle associazioni di promozione sociale iscritte nei registri previsti dalle vigenti disposizioni di legge. Si applica l'ultimo periodo della lettera i-bis)[15].

1- bis. Dall'imposta lorda si detrae un importo pari al 22 per cento per le erogazioni liberali in denaro in favore dei partiti e movimenti politici per importi compresi tra 100.000 e 200 milioni di lire effettuate mediante versamento bancario o postale [16].

1- ter. Ai fini dell'imposta sul reddito delle persone fisiche, si detrae dall'imposta lorda, e fino alla concorrenza del suo ammontare, un importo pari al 19 per cento dell'ammontare complessivo non superiore a 5 milioni di lire degli interessi passivi e relativi oneri accessori, nonché delle quote di rivalutazione dipendenti da clausole di indicizzazione pagati a soggetti residenti nel territorio dello Stato o di uno Stato membro delle Comunità europee, ovvero a stabili organizzazioni nel territorio dello Stato di soggetti non residenti, in dipendenza di mutui contratti, a partire dal 1° gennaio 1998 e garantiti da ipoteca, per la costruzione dell'unità immobiliare da adibire ad abitazione principale. Con decreto del Ministro delle finanze sono stabilite le modalità e le condizioni alle quali è subordinata la detrazione di cui al presente comma [17].

1- quater. Dall'imposta lorda si detrae, nella misura forfettaria di lire un milione, la spesa sostenuta dai non vedenti per il mantenimento dei cani guida [18].

2. Per gli oneri indicati alle lettere c), e) e f) del comma 1 la detrazione spetta anche se sono stati sostenuti nell'interesse delle persone indicate nell'art. 12 che si trovino nelle condizioni ivi previste, fermo restando, per gli oneri di cui alla lettera f), il limite complessivo ivi stabilito. Per gli oneri di cui alla lettera c) del medesimo comma 1 sostenuti nell'interesse delle persone indicate nell'art. 12 che non si trovino nelle condizioni previste dal comma 3 del medesimo articolo, affette da patologie che danno diritto all'esenzione dalla partecipazione alla spesa sanitaria, la detrazione spetta per la parte che non trova capienza nell'imposta da esse dovuta, relativamente alle sole spese sanitarie riguardanti tali patologie, ed entro il limite annuo di lire 12.000.000 [19].

3. Per gli oneri di cui alle lettere a), g), h), h-bis), i), i-bis) e i-quater) del comma 1 sostenuti dalle società semplici di cui all'art. 5 la detrazione spetta ai singoli soci nella stessa proporzione prevista nel menzionato art. 5 ai fini della imputazione del reddito [20].

[1] *Il D.Lgs. 12 dicembre 2003, n. 344, ha disposto, con l'articolo 1, comma 1, la totale modifica del presente provvedimento, e ne ha ridefinito la struttura di titoli, capi e sezioni.*
[2] *Articolo aggiunto dall'articolo 3, comma 1, lettera e), del D.L. 31 maggio 1994, n. 330 e non più previsto nella nuova numerazione intervenuta con l'articolo 1, comma 1, del D.Lgs. 12 dicembre 2003, n. 344.*
[3] *Alinea modificato dall'articolo 18, comma 1, del D.L. 23 febbraio 1995, n. 41. Successivamente, a norma dell'articolo 49, comma 1, del D.Lgs. 15 dicembre 1997, n. 446, ai fini delle imposte sui redditi, la percentuale degli oneri sostenuti ammessa in detrazione dall'imposta lorda, è fissata al 19 per cento, a condizione che gli oneri stessi non siano deducibili nella determinazione dei singoli redditi che concorrono a formare il reddito complessivo.*
[4] *Lettera modificata dall'articolo 7, comma 3, della legge 23 dicembre 1998, n. 448 e successivamente, a decorrere dal 1° gennaio 2001, dall'articolo 2, comma 1, lettera f), della legge 23 dicembre 2000, n. 388.*
[5] *Lettera modificata, a decorrere dal periodo di imposta in corso alla data del 31 dicembre 1996, dall'articolo 3, comma 2, lettera b), della legge 23 dicembre 1996, n. 662, dall'articolo 1, comma 1, lettera a), del D.L. 31 dicembre 1996, n. 669, dall'articolo 8, comma 1, della legge 27 dicembre 1997, n. 449, dall'articolo 6, comma 1, lettera e), della legge 23 dicembre 1999, n. 488, dall'articolo 31, comma 1, della legge 21 novembre 2000, n. 342 e successivamente, a decorrere dal 1° gennaio 2001, dagli articoli 2, comma 1, lettera g), e 81, comma 3, della legge 23 dicembre 2000, n. 388.*
[6] *Lettera aggiunta, a partire dal periodo d'imposta 2000, dall'articolo 32, comma 1, della legge 21 novembre 2000, n. 342.*
[7] *Lettera aggiunta dall'articolo 2, comma 3, della legge 28 dicembre 2001, n. 448.*
[8] *Lettera modificata dall'articolo 6, comma 1, lettera f), della legge 23 dicembre 1999, n. 488.*
[9] *Lettera sostituita dall'articolo 13, comma 1, lettera b), del D.Lgs. 18 febbraio 2000, n. 47 e successivamente modificata, a decorrere dal 1° gennaio 2001, dall'articolo 10, comma 1, del D.Lgs. 12 aprile 2001, n. 168.*
[10] *Lettera sostituita dall'articolo 2, comma 10, lettera a), della legge 8 ottobre 1997, n. 352.*
[11] *Lettera aggiunta dall'articolo 2, comma 10, lettera b), della legge 8 ottobre 1997, n. 352.*
[12] *Lettera modificata dall'articolo 25, comma 2, del D.Lgs. 29 giugno 1996, n. 367 e dall'articolo 1, comma 2, della legge 18 febbraio 1999, n. 28.*
[13] *Lettera aggiunta dall'articolo 13, comma 1, lettera a), numero 1), del D.Lgs. 4 dicembre 1997, n. 460 e successivamente modificata dall'articolo 1, comma 1, lettera a), della legge 30 luglio 2002, n. 189.*
[14] *Lettera aggiunta dall'articolo 25, comma 5, della legge 13 maggio 1999, n. 133 e successivamente sostituita, a decorrere dal 1° gennaio 2000, dall'articolo 37, comma 1, lettera a), della legge 21 novembre 2000, n. 342 e dall'articolo 90, comma 9, lettera a), della legge 27 dicembre 2002, n. 289.*
[15] *Lettera aggiunta dall'articolo 22, comma 1, lettera a), numero 1), della legge 7 dicembre 2000, n. 383.*
[16] *Comma aggiunto dall'articolo 5, comma 1, della legge 2 gennaio 1997, n. 2 e successivamente modificato dall'articolo 4, comma 1, della legge 3 giugno 1999, n. 157.*
[17] *Comma aggiunto dall'articolo 3, comma 1, della legge 27 dicembre 1997, n. 449.*
[18] *Comma aggiunto dall'articolo 6, comma 1, lettera g), della legge 23 dicembre 1999, n. 488.*
[19] *Comma modificato dall'articolo 31, comma 2, della legge 21 novembre 2000, n. 342.*
[20] *Comma modificato dall'articolo 2, comma 10, lettera c), della legge 8 ottobre 1997, n. 352, dall'articolo 13, comma 1, lettera a), numero 2), del D.Lgs. 4 dicembre 1997, n. 460 e successivamente dall'articolo 22, comma 1, lettera a), numero 2), della legge 7 dicembre 2000, n. 383.*

14. Altre detrazioni. *Omissis.*

[1] *Articolo abrogato dall'articolo 1, comma 349, lettera d), della legge 30 dicembre 2004, n. 311.*

15. Detrazioni per oneri [1][2]**. [TESTO POST RIFORMA 2004]**– 1. Dall'imposta lorda si detrae un importo pari al 19 per cento dei seguenti oneri sostenuti dal contribuente, se non deducibili nella determinazione dei singoli redditi che concorrono a formare il reddito complessivo [3]:

a) gli interessi passivi e relativi oneri accessori, nonché le quote di rivalutazione dipendenti da clausole di indicizzazione, pagati a soggetti residenti nel territorio dello Stato o di uno Stato membro della Comunità europea ovvero a stabili organizzazioni nel territorio dello Stato di soggetti non residenti in dipendenza di prestiti o mutui agrari di ogni specie, nei limiti dei redditi dei terreni dichiarati;

b) gli interessi passivi, e relativi oneri accessori, nonché le quote di rivalutazione dipendenti da clausole di indicizzazione pagati a soggetti residenti nel territorio dello Stato o di uno Stato membro della Comunità europea ovvero a stabili organizzazioni nel territori dello Stato di soggetti non residenti in dipendenza di mutui garantiti da ipoteca su immobili contratti per l'acquisto dell'unità immobiliare da adibire ad abitazione principale entro un anno dall'acquisto stesso, per un importo non superiore a 4.000 euro. L'acquisto della unità immobiliare deve essere effettuato nell'anno precedente o successivo alla data della stipulazione del contratto di mutuo. Non si tiene conto del suddetto periodo nel caso in cui l'originario contratto è estinto e ne viene stipulato uno nuovo di importo non superiore alla residua quota di capitale da rimborsare, maggiorata delle spese e degli oneri correlati. In caso di acquisto di unità immobiliare locata, la detrazione spetta a condizione che entro tre mesi dall'acquisto sia stato notificato al locatario l'atto di intimazione di licenza o di sfratto per finita locazione e che entro un anno dal rilascio l'unità immobiliare sia adibita ad abitazione principale. Per abitazione principale si intende quella nella quale il contribuente o i suoi familiari dimorano abitualmente. La detrazione spetta non oltre il periodo d'imposta nel corso del quale è variata la dimora abituale; non si tiene conto delle variazioni dipendenti da trasferimenti per motivi di lavoro. Non si tiene conto, altresì, delle variazioni dipendenti da ricoveri permanenti in istituti di ricovero o sanitari, a condizione che l'unità immobiliare non risulti locata. Nel caso l'immobile acquistato sia oggetto di lavori di ristrutturazione edilizia, comprovata dalla relativa concessione edilizia o atto equivalente, la detrazione spetta a decorrere dalla data in cui l'unità immobiliare è adibita a dimora abituale, e comunque entro due anni dall'acquisto. In caso di contitolarità del contratto di mutuo o di più contratti di mutuo il limite di 4.000 euro è riferito all'ammontare complessivo degli interessi, oneri accessori e quote di rivalutazione sostenuti. La detrazione spetta, nello stesso limite complessivo e alle stesse condizioni, anche con riferimento alle somme corrisposte dagli assegnatari di alloggi di cooperative e dagli acquirenti di unità immobiliari di nuova costruzione, alla cooperativa o all'impresa costruttrice a titolo di rimborso degli interessi passivi, oneri accessori e quote di rivalutazione relativi ai mutui ipotecari contratti dalla stessa e ancora indivisi. Se il mutuo è intestato ad entrambi i coniugi, ciascuno di essi può fruire della detrazione unicamente per la propria quota di interessi; in caso di coniuge fiscalmente a carico dell'altro la detrazione spetta a quest'ultimo per entrambe le quote (4);

b-bis) dal 1° gennaio 2007 i compensi comunque denominati pagati a soggetti di intermediazione immobiliare in dipendenza dell'acquisto dell'unità immobiliare da adibire ad abitazione principale per un importo non superiore ad euro 1.000 per ciascuna annualità (5);

c) le spese sanitarie, per la parte che eccede lire 250 mila. Dette spese sono costituite esclusivamente dalle spese mediche e di assistenza specifica, diverse da quelle indicate nell'art. 10, comma 1, lettera b), e dalle spese chirurgiche, per prestazioni specialistiche e per protesi dentarie e sanitarie in genere, nonché dalle spese sostenute per l'acquisto di alimenti a fini medici speciali, inseriti nella sezione A1 del Registro nazionale di cui all'articolo 7 del decreto del Ministro della sanità 8 giugno 2001, pubblicato nella Gazzetta Ufficiale n. 154 del 5 luglio 2001, con l'esclusione di quelli destinati ai lattanti. Ai fini della detrazione la spesa sanitaria relativa all'acquisto di medicinali deve essere certificata da fattura o da scontrino fiscale contenente la specificazione della natura, qualità e quantità dei beni e l'indicazione del codice fiscale del destinatario. Le spese riguardanti i mezzi necessari all'accompagnamento, alla deambulazione, alla locomozione e al sollevamento e per sussidi tecnici e informatici rivolti a facilitare l'autosufficienza e le possibilità di integrazione dei soggetti di cui all'art. 3 della legge 5 febbraio 1992, n. 104, si assumono integralmente. Tra i mezzi necessari per la locomozione dei soggetti indicati nel precedente periodo, con ridotte o impedite capacità motorie permanenti, si comprendono i motoveicoli e gli autoveicoli di cui, rispettivamente, agli articoli 53, comma 1, lettere b), c) ed f), e 54, comma 1, lettere a), c), f) ed m) del decreto legislativo 30 aprile 1992, n. 285, anche se prodotti in serie e adattati in funzione delle suddette limitazioni permanenti delle capacità motorie. Tra i veicoli adattati alla guida sono compresi anche quelli dotati di solo cambio automatico, purché prescritto dalla commissione medica locale di cui all'art. 119 del decreto legislativo 30 aprile 1992, n. 285. Tra i mezzi necessari per la locomozione dei non vedenti sono compresi i cani guida e gli autoveicoli rispondenti alle caratteristiche da stabilire con decreto del Ministro delle finanze. Tra i mezzi necessari per la locomozione dei sordomuti sono compresi gli autoveicoli rispondenti alle caratteristiche da stabilire con decreto del Ministro delle finanze. La detrazione spetta una sola volta in un periodo di quattro anni, salvo i casi in cui dal Pubblico registro automobilistico risulti che il suddetto veicolo sia stato cancellato da detto registro, e con riferimento a un solo veicolo, nei limiti della spesa di lire trentacinque milioni o, nei casi in cui risultasse che il suddetto veicolo sia stato rubato e non ritrovato, nei limiti della spesa massima di lire trentacinque milioni da cui va detratto l'eventuale rimborso assicurativo. È consentito, alternativamente, di ripartire la predetta detrazione in quattro quote annuali costanti e di pari importo. La medesima ripartizione della detrazione in quattro quote annuali di pari importo è consentita, con riferimento alle altre spese di cui alla presente lettera, nel caso in cui queste ultime eccedano, complessivamente, il limite di lire 30 milioni annue. Si considerano rimaste a carico del contribuente anche le spese rimborsate per effetto di contributi o premi di assicurazione da lui versati e per i quali non spetta la detrazione d'imposta o che non sono deducibili dal suo reddito complessivo né dai redditi che concorrono a formarlo. Si considerano, altresì, rimaste a carico del contribuente le spese rimborsate per effetto di contributi o premi che, pur essendo versati da altri, concorrono a formare il suo reddito, salvo che il datore di lavoro ne abbia riconosciuto la detrazione in sede di ritenuta (6);

c-bis) le spese veterinarie, fino all'importo di euro 550, limitatamente alla parte che eccede euro 129,11. Con decreto del Ministero delle finanze sono individuate le tipologie di animali per le quali spetta la detraibilità delle predette spese (7);

c-ter) le spese sostenute per i servizi di interpretariato dai soggetti riconosciuti sordomuti, ai sensi della legge 26 maggio 1970, n. 381 (8);

d) le spese funebri sostenute in dipendenza della morte di persone, per importo non superiore a euro 1.550 per ciascuna di esse (9);

e) le spese per frequenza di corsi di istruzione universitaria presso università statali e non statali, in misura non superiore, per le università non statali, a quella stabilita annualmente per ciascuna facoltà universitaria con decreto del Ministero dell'istruzione, dell'università e della ricerca da emanare entro il 31 dicembre, tenendo conto degli importi medi delle tasse e contributi dovuti alle università statali (10);

e-bis) le spese per la frequenza di scuole dell'infanzia del primo ciclo di istruzione e della scuola secondaria di secondo grado del sistema nazionale di istruzione di cui all'articolo 1 della legge 10 marzo 2000, n. 62, e successive modificazioni, per un importo annuo non superiore a 564 euro per l'anno 2016, a 717 euro per l'anno 2017, a 786 euro per l'anno 2018 e a 800 euro a decorrere dall'anno 2019 per alunno o studente. Per le erogazioni liberali alle istituzioni scolastiche per l'ampliamento dell'offerta formativa rimane fermo il beneficio di cui alla lettera i-octies), che non è cumulabile con quello di cui alla presente lettera (11);

e-ter) le spese sostenute in favore dei minori o di maggiorenni, con diagnosi di disturbo specifico dell'apprendimento (DSA) fino al completamento della scuola secondaria di secondo grado, per l'acquisto di strumenti compensativi e di sussidi tecnici e informatici, di cui alla legge 8 ottobre 2010, n. 170, necessari all'apprendimento, nonché per l'uso di strumenti compensativi che favoriscano la comunicazione verbale e che assicurino ritmi graduali di apprendimento delle lingue straniere, in presenza di un certificato medico che attesti il collegamento funzionale tra i sussidi e gli strumenti acquistati e il tipo di disturbo dell'apprendimento diagnosticato (12);

e-quater) le spese, per un importo non superiore a 1.000 euro, sostenute da contribuenti con reddito complessivo non superiore a 36.000 euro per l'iscrizione annuale e l'abbonamento di ragazzi di età compresa tra 5 e 18 anni a conservatori di musica, a istituzioni di alta formazione artistica, musicale e coreutica (AFAM) legalmente riconosciute ai sensi della legge 21 dicembre 1999, n. 508, a scuole di musica iscritte nei registri regionali nonché a cori, bande e scuole di musica riconosciuti da una pubblica amministrazione, per lo studio e la pratica della musica (13);

f) i premi per assicurazioni aventi per oggetto il rischio di morte o di invalidità permanente non inferiore al 5 per cento da qualsiasi causa derivante, ovvero di non autosufficienza nel compimento degli atti della vita quotidiana, se l'impresa di assicurazione non ha facoltà di recesso dal contratto, per un importo complessivamente non superiore a euro 630 per il periodo d'imposta in corso alla data del 31 dicembre 2013, nonché a euro 530 a decorrere dal periodo d'imposta in corso al 31 dicembre 2014 e, a decorrere dallo stesso periodo d'imposta, a euro 1.291,14, limitatamente ai premi per assicurazioni aventi per oggetto il rischio di non autosufficienza nel compimento degli atti della vita quotidiana, al netto dei predetti premi aventi per oggetto il rischio di morte o di invalidità permanente. A decorrere dal periodo d'imposta in corso al 31 dicembre 2016, l'importo di euro 530 è elevato a euro 750 relativamente ai premi per assicurazioni aventi per oggetto il rischio di morte finalizzate alla tutela delle persone con disabilità grave come definita dall'articolo 3, comma 3, della legge 5 febbraio 1992, n. 104, accertata con le modalità di cui all'articolo 4 della medesima legge. Con decreto del Ministero delle finanze, sentito l'Istituto per la vigilanza sulle assicurazioni private (ISVAP), sono stabilite le caratteristiche alle quali devono rispondere i contratti che assicurano il rischio di non autosufficienza. Per i percettori di redditi di lavoro dipendente e assimilato, si tiene conto, ai fini del predetto limite, anche dei premi di assicurazione in relazione ai quali il datore di lavoro ha effettuato la detrazione in sede di ritenuta (14);

f-bis) i premi per assicurazioni aventi per oggetto il rischio di eventi calamitosi stipulate relativamente a unità immobiliari ad uso abitativo (15);

g) le spese sostenute dai soggetti obbligati alla manutenzione, protezione o restauro delle cose vincolate ai sensi della legge 1° giugno 1939, n. 1089, e del decreto del Presidente della Repubblica 30 settembre 1963, n. 1409, nella misura effettivamente rimasta a carico. La necessità delle spese, quando non siano obbligatorie per legge, deve risultare da apposita certificazione rilasciata dalla competente soprintendenza del Ministero per i beni culturali e ambientali, previo accertamento della loro congruità effettuato d'intesa con il competente ufficio del territorio del Ministero delle finanze. La detrazione non spetta in caso di mutamento di destinazione dei beni senza la preventiva autorizzazione dell'Amministrazione per i beni culturali e ambientali, di mancato assolvimento degli obblighi di legge per consentire l'esercizio del diritto di prelazione dello Stato sui beni immobili e mobili vincolati e di tentata esportazione non autorizzata di questi ultimi. L'Amministrazione per i beni culturali ed ambientali dà immediata comunicazione al competente ufficio delle entrate del Ministero delle finanze delle violazioni che comportano la perdita del diritto alla detrazione; dalla data di ricevimento della comunicazione inizia a decorrere il termine per la rettifica della dichiarazione dei redditi;

h) le erogazioni liberali in denaro a favore dello Stato, delle regioni, degli enti locali territoriali, di enti o istituzioni pubbliche, di comitati organizzatori appositamente istituiti con decreto del Ministro per i beni culturali e ambientali, di fondazioni e associazioni legalmente riconosciute senza scopo di lucro, che svolgono o promuovono attività di studio, di ricerca e di documentazione di rilevante valore culturale e artistico o che organizzano e realizzano attività culturali, effettuate in base ad apposita convenzione, per l'acquisto, la manutenzione, la protezione o il restauro delle cose indicate nell'art. 1 della legge 1° giugno 1939, n. 1089, e nel decreto del Presidente delle Repubblica 30 settembre 1963, n. 1409, ivi comprese le erogazioni effettuate per l'organizzazione in Italia e all'estero di mostre e di esposizioni di rilevante interesse scientifico-culturale delle cose anzidette, e per gli studi e le ricerche eventualmente a tal fine necessari, nonché per ogni altra manifestazione di rilevante interesse scientifico-culturale anche ai fini didattico-promozionali, ivi compresi gli studi, le ricerche, la documentazione e la catalogazione, e le pubblicazioni relative ai beni culturali. Le iniziative culturali devono essere autorizzate, previo parere del competente comitato di settore del Consiglio nazionale per i beni culturali e ambientali, dal Ministero per i beni culturali e ambientali, che deve approvare la previsione di spesa ed il conto consuntivo. Il Ministero per i beni culturali e ambientali stabilisce i tempi necessari affinché le erogazioni liberali fatte a favore delle associazioni legalmente riconosciute, delle istituzioni e delle fondazioni siano utilizzate per gli scopi indicati nella presente lettera e controlla l'impiego delle erogazioni stesse. Detti termini possono, per causa non imputabile al donatorio, essere prorogati una sola volta. Le erogazioni liberali non integralmente utilizzate nei termini assegnati affluiscono all'entrata del bilancio dello Stato, o delle regioni e degli enti locali territoriali, nel caso di attività o manifestazioni in cui essi siano direttamente coinvolti, e sono destinate ad un fondo da utilizzare per le attività culturali previste per l'anno successivo. Il Ministero per i beni culturali e ambientali comunica, entro il 31 marzo di ciascun anno, al centro informativo del Dipartimento delle entrate del Ministero delle finanze l'elenco nominativo dei soggetti erogatori, nonché l'ammontare delle erogazioni effettuate entro il 31 dicembre dell'anno precedente (16);

h -bis) il costo specifico o, in mancanza, il valore normale dei beni ceduti gratuitamente, in base ad apposita convenzione, ai soggetti e per le attività di cui alla lettera h)(17);

i) le erogazioni liberali in denaro, per importo non superiore al 30 per cento del reddito complessivo dichiarato, a favore di enti o istituzioni pubbliche, fondazioni e associazioni legalmente riconosciute che senza scopo di lucro svolgono esclusivamente attività nello spettacolo, effettuate per la realizzazione di nuove strutture, per il restauro ed il potenziamento delle strutture esistenti, nonché per la produzione nei vari settori dello spettacolo. Le erogazioni non utilizzate per tali finalità dal percipiente entro il termine di due anni dalla data del ricevimento affluiscono, nella loro totalità, all'entrata dello Stato (18);

[*i-bis) [le erogazioni liberali in denaro, per importo non superiore a 4 milioni di lire, a favore delle organizzazioni non lucrative di utilità sociale (ONLUS), delle iniziative umanitarie, religiose o laiche, gestite da fondazioni, associazioni, comitati ed enti individuati con decreto del Presidente del Consiglio dei ministri, nei Paesi non appartenenti*

IMPOSTE DIRETTE

all'Organizzazione per la cooperazione e lo sviluppo economico (OCSE) nonché] i contributi associativi, per importo non superiore a 2 milioni e 500 mila lire, versati dai soci alle società di mutuo soccorso che operano esclusivamente nei settori di cui all'art. 1 della legge 15 aprile 1886, n. 3818, al fine di assicurare ai soci un sussidio nei casi di malattia, di impotenza al lavoro o di vecchiaia, ovvero, in caso di decesso, un aiuto alle loro famiglie. La detrazione è consentita a condizione che il versamento di tali [*erogazioni e*] contributi sia eseguito tramite banca o ufficio postale ovvero mediante gli altri sistemi di pagamento previsti dall'art. 23 del decreto legislativo 9 luglio 1997, n. 241, e secondo ulteriori modalità idonee a consentire all'Amministrazione finanziaria lo svolgimento di efficaci controlli, che possono essere stabilite con decreto del Ministro delle finanze da emanarsi ai sensi dell'art. 17, comma 3, della legge 23 agosto 1988, n. 400;] [19]

i-ter) le erogazioni liberali in denaro per un importo complessivo in ciascun periodo d'imposta non superiore a 1.500 euro, in favore delle società e associazioni sportive dilettantistiche, a condizione che il versamento di tali erogazioni sia eseguito tramite banca o ufficio postale ovvero secondo altre modalità stabilite con decreto del Ministro dell'economia e delle finanze, da adottare ai sensi dell'articolo 17, comma 3, della legge 23 agosto 1988, n. 400 [20];

[*i-quater) le erogazioni liberali in denaro, per importo non superiore a 4 milioni di lire, a favore delle associazioni di promozione sociale iscritte nei registri previsti dalle vigenti disposizioni di legge. Si applica l'ultimo periodo della lettera i-bis)*] [21];

i-quinquies) le spese, per un importo non superiore a 210 euro, sostenute per l'iscrizione annuale e l'abbonamento, per i ragazzi di età compresa tra 5 e 18 anni, ad associazioni sportive, palestre, piscine ed altre strutture ed impianti sportivi destinati alla pratica sportiva dilettantistica rispondenti alle caratteristiche individuate con decreto del Presidente del Consiglio dei ministri, o Ministro delegato, di concerto con il Ministro dell'economia e delle finanze, e le attività sportive [22];

i-sexies) i canoni di locazione derivanti dai contratti di locazione stipulati o rinnovati ai sensi della legge 9 dicembre 1998, n. 431, e successive modificazioni, i canoni relativi ai contratti di ospitalità, nonché agli atti di assegnazione in godimento o locazione, stipulati con enti per il diritto allo studio, università, collegi universitari legalmente riconosciuti, enti senza fine di lucro e cooperative, dagli studenti iscritti ad un corso di laurea presso una università ubicata in un comune diverso da quello di residenza, distante da quest'ultimo almeno 100 chilometri e comunque in una provincia diversa, [*e comunque in una provincia diversa,*] per unità immobiliari situate nello stesso comune in cui ha sede l'università o in comuni limitrofi, per un importo non superiore a 2.633 euro. [*La disposizione di cui al periodo precedente si applica limitatamente ai periodi d'imposta in corso al 31 dicembre 2017 e al 31 dicembre 2018.*] Alle medesime condizioni ed entro lo stesso limite, la detrazione spetta per i canoni derivanti da contratti di locazione e di ospitalità ovvero da atti di assegnazione in godimento stipulati, ai sensi della normativa vigente nello Stato in cui l'immobile è situato, dagli studenti iscritti a un corso di laurea presso un'università ubicata nel territorio di uno Stato membro dell'Unione europea o in uno degli Stati aderenti all'Accordo sullo spazio economico europeo che sono inclusi nella lista di cui al decreto del Ministro dell'economia e delle finanze emanato ai sensi dell'articolo 168-bis [23];

i-sexies.01) limitatamente ai periodi d'imposta in corso al 31 dicembre 2017 e al 31 dicembre 2018, il requisito della distanza di cui alla lettera i-sexies) si intende rispettato anche all'interno della stessa provincia ed è ridotto a 50 chilometri per gli studenti residenti in zone montane o disagiate [24];

i-sexies.1) i canoni, e i relativi oneri accessori, per un importo non superiore a 8.000 euro, e il costo di acquisto a fronte dell'esercizio dell'opzione finale, per un importo non superiore a 20.000 euro, derivanti da contratti di locazione finanziaria su unità immobiliari, anche da costruire, da adibire ad abitazione principale entro un anno dalla consegna, sostenuti da giovani di età inferiore a 35 anni con un reddito complessivo non superiore a 55.000 euro all'atto della stipula del contratto di locazione finanziaria che non sono titolari di diritti di proprietà su immobili a destinazione abitativa; la detrazione spetta alle condizioni di cui alla lettera b)[25];

i-sexies.2) le spese di cui alla lettera i-sexies.1), alle condizioni ivi indicate e per importi non superiori alla metà di quelli ivi indicati, sostenute da soggetti di età non inferiore a 35 anni con un reddito complessivo non superiore a 55.000 euro all'atto della stipula del contratto di locazione finanziaria che non sono titolari di diritti di proprietà su immobili a destinazione abitativa [26];

i-septies) le spese, per un importo non superiore a 2.100 euro, sostenute per gli addetti all'assistenza personale nei casi di non autosufficienza nel compimento degli atti della vita quotidiana, se il reddito complessivo non supera 40.000 euro [27];

i-octies) le erogazioni liberali a favore degli istituti scolastici di ogni ordine e grado, statali e paritari senza scopo di lucro appartenenti al sistema nazionale di istruzione di cui alla legge 10 marzo 2000, n. 62, e successive modificazioni, nonché a favore degli istituti tecnici superiori di cui al decreto del Presidente del Consiglio dei ministri 25 gennaio 2008, pubblicato nella Gazzetta Ufficiale n. 86 dell'11 aprile 2008, delle istituzioni dell'alta formazione artistica, musicale e coreutica e delle università finalizzate all'innovazione tecnologica, all'edilizia scolastica e universitaria e all'ampliamento dell'offerta formativa; la detrazione spetta a condizione che il versamento di tali erogazioni sia eseguito tramite banca o ufficio postale ovvero mediante gli altri sistemi di pagamento previsti dall'articolo 23 del decreto legislativo 9 luglio 1997, n. 241 [28].

i-novies) le erogazioni liberali in denaro al Fondo per l'ammortamento dei titoli di Stato, di cui all'articolo 45, comma 1, lettera e), del testo unico di cui al decreto del Presidente della Repubblica 30 dicembre 2003, n. 398, effettuate mediante versamento bancario o postale ovvero secondo altre modalità stabilite con apposito decreto del Ministro dell'economia e delle finanze [29][30].

i-decies) le spese sostenute per l'acquisto degli abbonamenti ai servizi di trasporto pubblico locale, regionale e interregionale per un importo non superiore a 250 euro [31].

1.1 Dall'imposta lorda si detrae un importo pari al 24 per cento, per l'anno 2013, e al 26 per cento, a decorrere dall'anno 2014, per le erogazioni liberali in denaro, per importo non superiore a 30.000 euro annui, a favore delle organizzazioni non lucrative di utilità sociale (ONLUS), delle iniziative umanitarie, religiose o laiche, gestite da fondazioni, associazioni, comitati ed enti individuati con decreto del Presidente del Consiglio dei ministri, nei Paesi non appartenenti all'Organizzazione per la cooperazione e lo sviluppo economico (OCSE). La detrazione è consentita a condizione che il versamento di tali erogazioni sia eseguito tramite banca o ufficio postale ovvero mediante gli altri sistemi di pagamento previsti dall'articolo 23 del decreto legislativo 9 luglio 1997, n. 241, e secondo ulteriori modalità idonee a consentire all'Amministrazione finanziaria lo svolgimento di efficaci controlli, che possono essere stabilite con decreto del Ministro dell'economia e delle finanze da emanare ai sensi dell'articolo 17, comma 3, della legge 23 agosto 1988, n. 400 (32).

[*1- bis. Dall'imposta lorda si detrae un importo pari al 24 per cento, per l'anno 2013, e al 26 per cento, a decorrere dall'anno 2014, delle erogazioni liberali in denaro in favore dei partiti e dei movimenti politici che abbiano presentato liste o candidature elettorali alle elezioni per il rinnovo della Camera dei deputati o del Senato della Repubblica o dei membri del Parlamento europeo spettanti all'Italia, oppure che abbiano almeno un rappresentante eletto a un consiglio regionale o ai consigli delle province autonome di Trento e di Bolzano, per importi compresi fra 50 e 10.000 euro annui, a condizione che siano effettuate mediante versamento bancario o postale.*] (33)

1- ter. Ai fini dell'imposta sul reddito delle persone fisiche, si detrae dall'imposta lorda, e fino alla concorrenza del suo ammontare, un importo pari al 19 per cento dell'ammontare complessivo non superiore a 5 milioni di lire degli interessi passivi e relativi oneri accessori, nonché delle quote di rivalutazione dipendenti da clausole di indicizzazione pagati a soggetti residenti nel territorio dello Stato o di uno Stato membro delle Comunità europee, ovvero a stabili organizzazioni nel territorio dello Stato di soggetti non residenti, in dipendenza di mutui contratti, a partire dal 1° gennaio 1998 e garantiti da ipoteca, per la costruzione dell'unità immobiliare da adibire ad abitazione principale. La detrazione è ammessa a condizione che la stipula del contratto di mutuo da parte del soggetto possessore a titolo di proprietà o altro diritto reale dell'unità immobiliare avvenga nei sei mesi antecedenti, ovvero nei diciotto mesi successivi all'inizio dei lavori di costruzione. Con decreto del Ministro delle finanze sono stabilite le modalità e le condizioni alle quali è subordinata la detrazione di cui al presente comma (34).

1- quater. Dall'imposta lorda si detrae, nella misura forfetaria di euro 1.000 e nel limite di spesa di 510.000 euro per l'anno 2020 e di 290.000 euro annui a decorrere dall'anno 2021, la spesa sostenuta dai non vedenti per il mantenimento dei cani guida (35).

2. Per gli oneri indicati alle lettere c), e), e-bis), e-ter), e-quater, f), i-quinquies), i-sexies) e i-decies) del comma 1 la detrazione spetta anche se sono stati sostenuti nell'interesse delle persone indicate nell'art. 12 che si trovino nelle condizioni ivi previste, fermo restando, per gli oneri di cui alle lettere f) e i-decies), i limiti complessivi ivi stabiliti. Per gli oneri di cui alla lettera c) del medesimo comma 1 sostenuti nell'interesse delle persone indicate nell'art. 12 che non si trovino nelle condizioni previste dal comma 2 del medesimo articolo, affette da patologie che danno diritto all'esenzione dalla partecipazione alla spesa sanitaria, la detrazione spetta per la parte che non trova capienza nell'imposta da esse dovuta, relativamente alle sole spese sanitarie riguardanti tali patologie, ed entro il limite annuo di lire 12.000.000. Per le spese di cui alla lettera i-septies) del citato comma 1, la detrazione spetta, alle condizioni ivi stabilite, anche se sono state sostenute per le persone indicate nell'articolo 12 ancorché non si trovino nelle condizioni previste dal comma 2 del medesimo articolo (36).

3. Per gli oneri di cui alle lettere a), g), h), h-bis), i), i-bis) e i-quater) del comma 1 sostenuti dalle società semplici di cui all'art. 5 la detrazione spetta ai singoli soci nella stessa proporzione prevista nel menzionato art. 5 ai fini della imputazione del reddito (37).

3-bis. La detrazione di cui al presente articolo spetta:

a) per l'intero importo qualora il reddito complessivo non ecceda 120.000 euro;

b) per la parte corrispondente al rapporto tra l'importo di 240.000 euro, diminuito del reddito complessivo, e 120.000 euro, qualora il reddito complessivo sia superiore a 120.000 euro (38).

3-ter. Ai fini del comma 3-bis, il reddito complessivo è assunto al netto del reddito dell'unità immobiliare adibita ad abitazione principale e di quello delle relative pertinenze di cui all'articolo 10, comma 3-bis (39).

3-quater. La detrazione compete per l'intero importo, a prescindere dall'ammontare del reddito complessivo, per gli oneri di cui al comma 1, lettere a) e b), e al comma 1-ter, nonché per le spese sanitarie di cui al comma 1, lettera c)(40).

(1) Il D.Lgs. 12 dicembre 2003, n. 344, ha disposto, con l'articolo 1, comma 1, la totale modifica del presente provvedimento, e ne ha ridefinito la struttura di titoli, capi e sezioni. Nel testo precedente la riforma introdotta dal D.Lgs. 344/2003 le disposizioni contenute nel presente articolo erano previste dall'articolo 13-bis.

(2) Articolo aggiunto dall'articolo 3, comma 1, lettera e), del D.L. 31 maggio 1994, n. 330.

(3) Alinea modificato dall'articolo 18, comma 1, del D.L. 23 febbraio 1995, n. 41. Successivamente, a norma dell'articolo 49, comma 1, del D.Lgs. 15 dicembre 1997, n. 446, ai fini delle imposte sui redditi, la percentuale degli oneri sostenuti ammessa in detrazione dall'imposta lorda, è fissata al 19 per cento, a condizione che gli oneri stessi non siano deducibili nella determinazione dei singoli redditi che concorrono a formare il reddito complessivo.

(4) Lettera modificata dall'articolo 7, comma 3, della legge 23 dicembre 1998, n. 448, a decorrere dal 1° gennaio 2001, dall'articolo 2, comma 1, lettera f), della legge 23 dicembre 2000, n. 388 e successivamente dall'articolo 1, comma 202, della legge 24 dicembre 2007, n. 244. Per una proroga dei termini di cui alla presente lettera vedi l'articolo 1, comma 9-quinquies, del D.L. 12 maggio 2014, n. 74, convertito, con modificazioni dalla Legge 26 giugno 2014, n. 93.

(5) Lettera aggiunta dall'articolo 35, comma 22-bis, del D.L. 4 luglio 2006, n. 223.

(6) Lettera modificata, a decorrere dal periodo di imposta in corso alla data del 31 dicembre 1996, dall'articolo 3, comma 2, lettera b), della legge 23 dicembre 1996, n. 662, dall'articolo 1, comma 1, lettera a), del D.L. 31 dicembre 1996, n. 669, dall'articolo 8, comma 1, della legge 27 dicembre 1997, n. 449, dall'articolo 6, comma 1, lettera e), della legge 23 dicembre 1999, n. 488, dall'articolo 31, comma 1, della legge 21 novembre 2000, n. 342, a decorrere dal 1° gennaio 2001, dagli articoli 2, comma 1, lettera g), e 81, comma 3, della legge 23 dicembre 2000, n. 388 e successivamente, a decorrere dal 1° luglio 2007, dall'articolo 1, comma 28, lettera b), della legge 27 dicembre 2006, n. 296. Da ultimo modificata, limitatamente ai periodi d'imposta in corso al 31 dicembre 2017 e al 31 dicembre 2018, dall'articolo 5-quinques, comma 1, del D.L. 16 ottobre 2017, n. 148, convertito con modificazioni dalla Legge 4 dicembre 2017, n. 172

(7) Lettera aggiunta, a partire dal periodo d'imposta 2000, dall'articolo 32, comma 1, della legge 21 novembre 2000, n. 342 e successivamente modificata dall'articolo 1, comma 361 della Legge 27 dicembre 2019, n. 160 e successivamente dall'articolo 1, comma 333, della Legge 30 dicembre 2020, n. 178.

(8) Lettera aggiunta dall'articolo 2, comma 3, della legge 28 dicembre 2001, n. 448.

(9) Lettera modificata dall'articolo 6, comma 1, lettera f), della legge 23 dicembre 1999, n. 488 e successivamente sostituita dall'articolo 1, comma 954, lettera a), della Legge 28 dicembre 2015 n. 208.

(10) Lettera sostituita dall'articolo 1, comma 151, lettera a), della Legge 13 luglio 2015, n. 107 e successivamente dall'articolo 1, comma 954, lettera

b), della Legge 28 dicembre 2015 n. 208.

(11) *Lettera inserita dall'articolo 1, comma 151, lettera b), della Legge 13 luglio 2015, n. 107 e successivamente modificata dall'articolo 1, comma 617, della Legge 11 dicembre 2016, n. 232.*

(12) *Lettera inserita dall'articolo 1, comma 665, lettera a), della Legge 27 dicembre 2017, n. 205.*

(13) *Lettera inserita dall'articolo 1, comma 346, lettera a) della Legge 27 dicembre 2019, n. 160. A norma del successivo comma 347 dell'articolo 1 della medesima Legge 160/2019, la detrazione di cui al presente comma, al fine di sostenere le attività di contrasto alla povertà educativa minorile, spetta a decorrere dal periodo d'imposta in corso alla data del 1° gennaio 2021.*

(14) *Lettera sostituita dall'articolo 13, comma 1, lettera b), del D.Lgs. 18 febbraio 2000, n. 47, successivamente modificata, a decorrere dal 1° gennaio 2001, dall'articolo 10, comma 1, del D.Lgs. 12 aprile 2001, n. 168, dall'articolo 12, comma 1, del D.L. 31 agosto 2013, n. 102, convertito, con modificazioni, dalla Legge 28 ottobre 2013, n. 124 e, da ultimo, dall'articolo 5, comma 1, della Legge 22 giugno 2016, n. 112.*

(15) *Lettera inserita dall'articolo 1, comma 768, della Legge 27 dicembre 2017, n. 205.*

(16) *Lettera sostituita dall'articolo 2, comma 10, lettera a), della legge 8 ottobre 1997, n. 352. Vedi quanto disposto dall'articolo 1, commi da 1 a 4, del D.L. 31 maggio 2014, n. 83, convertito, con modificazioni dalla Legge 29 luglio 2014, n. 106.*

(17) *Lettera aggiunta dall'articolo 2, comma 10, lettera b), della legge 8 ottobre 1997, n. 352.*

(18) *Lettera modificata dall'articolo 25, comma 2, del D.Lgs. 29 giugno 1996, n. 367 e dall'articolo 1, comma 2, della legge 18 febbraio 1999, n. 28. Vedi quanto disposto dall'articolo 1, commi da 1 a 4, del D.L. 31 maggio 2014, n. 83, convertito, con modificazioni dalla Legge 29 luglio 2014, n. 106.*

(19) *Lettera aggiunta dall'articolo 13, comma 1, lettera a), numero 1), del D.Lgs. 4 dicembre 1997, n. 460 e successivamente modificata dall'articolo 1, comma 1, lettera a), della legge 30 luglio 2002, n. 189 e dall'articolo 15, comma 2, della Legge 6 luglio 2012, n. 96 e da ultimo abrogata dall'articolo 102, comma 1, lettera f), del D.Lgs. 3 luglio 2017, n. 117.*

(20) *Lettera aggiunta dall'articolo 25, comma 5, della legge 13 maggio 1999, n. 133 e successivamente sostituita, a decorrere dal 1° gennaio 2000, dall'articolo 37, comma 1, lettera a), della legge 21 novembre 2000, n. 342 e dall'articolo 90, comma 9, lettera a), della legge 27 dicembre 2002, n. 289.*

(21) *Lettera aggiunta dall'articolo 22, comma 1, lettera a), numero 1), della legge 7 dicembre 2000, n. 383e successivamente abrogata dall'articolo 102, comma 1, lettera f), del D.Lgs. 3 luglio 2017, n. 117.*

(22) *Lettera aggiunta dall'articolo 1, comma 319, lettera a), della legge 27 dicembre 2006, n. 296.*

(23) *Lettera aggiunta dall'articolo 1, comma 319, lettera a), della legge 27 dicembre 2006, n. 296, modificata dall'articolo 1, comma 208, della legge 24 dicembre 2007, n. 244 e successivamente, a decorrere dal periodo d'imposta in corso alla data del 1° gennaio 2012, dall'articolo 16, comma 1, della legge 15 dicembre 2011, n. 217. Da ultimo modificata dall'articolo 20, comma 8-bis, del D.L. 16 ottobre 2017, n. 148, convertito con modificazioni dalla Legge 4 dicembre 2017, n. 172 e dall'articolo 1, comma 23, lettera a), della Legge 27 dicembre 2017, n. 205.*

(24) *Lettera inserita dall'articolo 1, comma 23, lettera b), della Legge 27 dicembre 2017, n. 205.*

(25) *Lettera inserita dall'articolo 1, comma 82, della Legge 28 dicembre 2015, n. 208. A norma del comma 82 del medesimo articolo 1, la presente disposizione si applica dal 1° gennaio 2016 al 31 dicembre 2020.*

(26) *Lettera inserita dall'articolo 1, comma 82, della Legge 28 dicembre 2015, n. 208. A norma del comma 82 del medesimo articolo 1, la presente disposizione si applica dal 1° gennaio 2016 al 31 dicembre 2020.*

(27) *Lettera aggiunta dall'articolo 1, comma 319, lettera a), della legge 27 dicembre 2006, n. 296.*

(28) *Lettera aggiunta dall'articolo 13, comma 3, lettera a), del D.L. 31 gennaio 2007, n. 7; successivamente modificata dall'articolo 10, comma 3, del D.L. 12 settembre 2013, n. 104, convertito, con modificazioni, dalla Legge 8 novembre 2013, n. 128, con la decorrenza ivi indicata e, da ultimo, dall'articolo 1, comma 294, lettera a), della Legge 11 dicembre 2016, n. 232.*

(29) *Lettera aggiunta dall'articolo 1, comma 524, lettera a) della Legge 24 dicembre 2012, n. 228.*

(30) *Per la riduzione della misura della detrazione di cui al presente comma vedi l'articolo 1, comma 576, della Legge 27 dicembre 2013, n. 147.*

(31) *Lettera aggiunta dall'articolo 1, comma 28, lettera a), della Legge 27 dicembre 2017, n. 205.*

(32) *Comma aggiunto dall'articolo 15, comma 3, della legge 6 luglio 2012, n. 96 e successivamente modificato dall'articolo 1, comma 137, lettera a) della Legge 23 dicembre 2014, n. 190, a decorrere dal periodo di imposta successivo a quello in corso al 31 dicembre 2014.*

(33) *Comma aggiunto dall'articolo 5, comma 1, della legge 2 gennaio 1997, n. 2, successivamente modificato dall'articolo 4, comma 1, della legge 3 giugno 1999, n. 157, sostituito dall'articolo 7, comma 1, della Legge 6 luglio 2012, n. 96 e, da ultimo abrogato, a decorrere dal 1 gennaio 2014, dall'articolo 14, comma 5, del D.L. 28 dicembre 2013 n. 149, convertito con modificazioni, dalla Legge 21 febbraio 2014, n. 13.*

(34) *Comma aggiunto dall'articolo 3, comma 1, della legge 27 dicembre 1997, n. 449 e successivamente modificato dall'articolo 44, comma 4-ter, del D.L. 1° ottobre 2007, n. 159.*

(35) *Comma aggiunto dall'articolo 6, comma 1, lettera g), della legge 23 dicembre 1999, n. 488 e successivamente sostituito dall'articolo 1, comma 27, della Legge 30 dicembre 2018, n. 145.*

(36) *Comma modificato dall'articolo 31, comma 2, della legge 21 novembre 2000, n. 342; successivamente dall'articolo 1, comma 319, lettera b), della legge 27 dicembre 2006, n. 296, dall'articolo 1, comma 151, lettera c), della Legge 13 luglio 2015, n. 107, dall'articolo 1, comma 28, lettera a), numero 2), e comma 665, lettera b), della Legge 27 dicembre 2017, n. 205 e, da ultimo dall'articolo 1, comma 346, lettera b) della Legge 27 dicembre 2019, n. 160.*

(37) *Comma modificato dall'articolo 2, comma 10, lettera c), della legge 8 ottobre 1997, n. 352, dall'articolo 13, comma 1, lettera a), numero 2), del D.Lgs. 4 dicembre 1997, n. 460 e successivamente dall'articolo 22, comma 1, lettera a), numero 2), della legge 7 dicembre 2000, n. 383.*

(38) *Comma aggiunto dall'articolo 1, comma 629, della Legge 27 dicembre 2019, n. 160.*

(39) *Comma aggiunto dall'articolo 1, comma 629, della Legge 27 dicembre 2019, n. 160.*

(40) *Comma aggiunto dall'articolo 1, comma 629, della Legge 27 dicembre 2019, n. 160.*

16. Detrazioni per canoni di locazione (1). – 01. Ai soggetti titolari di contratti di locazione di unità immobiliari adibite ad abitazione principale, stipulati o rinnovati ai sensi della legge 9 dicembre 1998, n. 431, spetta una detrazione complessivamente pari a:

a) euro 300, se il reddito complessivo non supera euro 15.493,71;

b) euro 150, se il reddito complessivo supera euro 15.493,71 ma non euro 30.987,41.

1. Ai soggetti titolari di contratti di locazione di unità immobiliari adibite ad abitazione principale degli stessi, stipulati o rinnovati a norma degli articoli 2, comma 3, e 4, commi 2 e 3, della legge 9 dicembre 1998, n. 431, spetta una detrazione complessivamente pari a :

a) lire 960.000, se il reddito complessivo non supera lire 30.000.000 (2);

b) lire 480.000, se il reddito complessivo supera lire 30.000.000 ma non lire 60.000.000 (3).

1-bis. Ai lavoratori dipendenti che hanno trasferito o trasferiscono la propria residenza nel comune di lavoro o in uno di quelli limitrofi nei tre anni antecedenti quello di richiesta della detrazione, e siano titolari di contratti di locazione di unità immobiliari adibite ad abitazione principale degli stessi e situate nel nuovo comune di residenza, a non meno di 100 chilometri di distanza dal precedente e comunque al di fuori della propria regione, spetta una detrazione, per i primi tre anni complessivamente pari a:

a) lire 1.920.000, se il reddito complessivo non supera lire 30 milioni;

b) lire 960.000, se il reddito complessivo supera lire 30 milioni ma non lire 60 milioni(4).

1-ter. Ai giovani di età compresa fra i 20 e i 31 anni non compiuti, con un reddito complessivo non superiore a 15.493,71 euro, che stipulano un contratto di locazione ai sensi della legge 9 dicembre 1998, n. 431, per l'intera unità immobiliare o porzione di essa, da destinare a propria residenza, sempre che la stessa sia diversa dall'abitazione principale dei genitori o di coloro cui sono affidati dagli organi competenti ai sensi di legge, spetta, per i primi quattro anni di durata contrattuale, una detrazione dall'imposta lorda pari a euro 991,60, ovvero, se superiore, pari al 20 per cento dell'ammontare del canone di locazione e comunque entro il limite massimo di euro 2.000 (5).

1-quater. Le detrazioni di cui ai commi da 01 a 1-ter, da ripartire tra gli aventi diritto, non sono tra loro cumulabili e il contribuente ha diritto, a sua scelta, di fruire della detrazione più favorevole(6).

1-quinquies. Le detrazioni di cui ai commi da 01 a 1-ter sono rapportate al periodo dell'anno durante il quale l'unità immobiliare locata è adibita ad abitazione principale. Per abitazione principale si intende quella nella quale il soggetto titolare del contratto di locazione o i suoi familiari dimorano abitualmente (7).

1-quinquies.1. Ai coltivatori diretti e agli imprenditori agricoli professionali iscritti nella previdenza agricola di età inferiore ai trentacinque anni, spetta, nel rispetto della regola *de minimis* di cui al regolamento (UE) n. 1408/2013 della Commissione, del 18 dicembre 2013, relativo all'applicazione degli articoli 107 e 108 del trattato sul funzionamento dell'Unione europea agli aiuti «*de minimis*» nel settore agricolo, una detrazione del 19 per cento delle spese sostenute per i canoni di affitto dei terreni agricoli diversi da quelli di proprietà dei genitori, entro il limite di euro 80 per ciascun ettaro preso in affitto e fino a un massimo di euro 1.200 annui. A tal fine, il contratto di affitto deve essere redatto in forma scritta (8).

1-sexies. Qualora la detrazione spettante ai sensi del presente articolo sia di ammontare superiore all'imposta lorda diminuita, nell'ordine, delle detrazioni di cui agli articoli 12 e 13, è riconosciuto un ammontare pari alla quota di detrazione che non ha trovato capienza nella predetta imposta. Con decreto del Ministro dell'economia e delle finanze sono stabilite le modalità per l'attribuzione del predetto ammontare (9).

(1) Articolo aggiunto dall'articolo 6, comma 1, lettera h), della legge 23 dicembre 1999, n. 488.
(2) Lettera modificata dall'articolo 2, comma 1, lettera h), numero 1), della legge 23 dicembre 2000, n. 388.
(3) Lettera modificata dall'articolo 2, comma 1, lettera h), numero 2), della legge 23 dicembre 2000, n. 388.
(4) Comma aggiunto dall'articolo 2, comma 1, lettera h), numero 3), della legge 23 dicembre 2000, n. 388 e successivamente modificato, a decorrere dal periodo di imposta in corso al 31 dicembre 2007, dall'articolo 1, comma 9, lettera c), della legge 24 dicembre 2007, n. 244.
(5) Comma aggiunto, a decorrere dal periodo di imposta in corso al 31 dicembre 2007, dall'articolo 1, comma 9, lettera d), della legge 24 dicembre 2007, n. 244 e successivamente sostituito dall'articolo 1, comma 155, della Legge 30 dicembre 2021, n. 234.
(6) Comma aggiunto, a decorrere dal periodo di imposta in corso al 31 dicembre 2007, dall'articolo 1, comma 9, lettera d), della legge 24 dicembre 2007, n. 244.
(7) Comma aggiunto, a decorrere dal periodo di imposta in corso al 31 dicembre 2007, dall'articolo 1, comma 9, lettera d), della legge 24 dicembre 2007, n. 244.
(8) Comma inserito dall'articolo 7, comma 1, lettera a), del D.L. 24 giugno 2014, n. 91, convertito, con modificazioni, dalla Legge 11 agosto 2014, n. 116. A norma del comma 2 del medesimo articolo 7, la presente disposizione si applica a decorrere dal periodo d'imposta 2014, per il medesimo periodo d'imposta l'acconto relativo all'imposta sul reddito delle persone fisiche è calcolato senza tenere conto delle disposizioni di cui citato comma 1.
(9) Comma aggiunto, a decorrere dal periodo di imposta in corso al 31 dicembre 2007, dall'articolo 1, comma 9, lettera d), della legge 24 dicembre 2007, n. 244 e successivamente modificato dall' articolo 7, comma 1, lettera b), del D.L. 24 giugno 2014, n. 91, convertito, con modificazioni, dalla Legge 11 agosto 2014, n. 116. A norma del comma 2 del medesimo articolo 7, la disposizione di cui al comma 1 del suddetto D.L. si applica a decorrere dal periodo d'imposta 2014, per il medesimo periodo d'imposta l'acconto relativo all'imposta sul reddito delle persone fisiche è calcolato senza tenere conto delle disposizioni di cui citato comma 1.

16 *bis*. Detrazione delle spese per interventi di recupero del patrimonio edilizio e di riqualificazione energetica degli edifici (1). – 1. Dall'imposta lorda si detrae un importo pari al 36 per cento delle spese documentate, fino ad un ammontare complessivo delle stesse non superiore a 48.000 euro per unità immobiliare, sostenute ed effettivamente rimaste a carico dei contribuenti che possiedono o detengono, sulla base di un titolo idoneo, l'immobile sul quale sono effettuati gli interventi:

a) di cui alle lett. a) b), c) e d) dell'articolo 3 del decreto del Presidente della Repubblica 6 giugno 2001, n. 380, effettuati sulle parti comuni di edificio residenziale di cui all'articolo 1117 [, *n. 1)*,] del codice civile;

b) di cui alle lettere b), c) e d) dell'articolo 3 del decreto del Presidente della Repubblica 6 giugno 2001, n. 380, effettuati sulle singole unità immobiliari residenziali di qualsiasi categoria catastale, anche rurali, e sulle loro pertinenze;

c) necessari alla ricostruzione o al ripristino dell'immobile danneggiato a seguito di eventi calamitosi, ancorché non rientranti nelle categorie di cui alle lettere a) e b) del presente comma, sempreché sia stato dichiarato lo stato di emergenza, anche anteriormente alla data di entrata in vigore della presente disposizione;

d) relativi alla realizzazione di autorimesse o posti auto pertinenziali anche a proprietà comune;

e) finalizzati alla eliminazione delle barriere architettoniche, aventi ad oggetto ascensori e montacarichi, alla realizzazione di ogni strumento che, attraverso la comunicazione, la robotica e ogni altro mezzo di tecnologia più avanzata, sia adatto a favorire la mobilità interna ed esterna all'abitazione per le persone portatrici di handicap in situazione di gravità, ai sensi dell'articolo 3, comma 3, della legge 5 febbraio 1992, n. 104;

f) relativi all'adozione di misure finalizzate a prevenire il rischio del compimento di atti illeciti da parte di terzi;

g) relativi alla realizzazione di opere finalizzate alla cablatura degli edifici, al contenimento dell'inquinamento acustico;

h) relativi alla realizzazione di opere finalizzate al conseguimento di risparmi energetici con particolare riguardo all'installazione di impianti basati sull'impiego delle fonti rinnovabili di energia. Le predette opere possono essere realizzate anche in assenza di opere edilizie propriamente dette, acquisendo idonea documentazione attestante il conseguimento di risparmi energetici in applicazione della normativa vigente in materia (4);

i) relativi all'adozione di misure antisismiche con particolare riguardo all'esecuzione di opere per la messa in sicurezza statica, in particolare sulle parti strutturali, per la redazione della documentazione obbligatoria atta a comprovare la sicurezza statica del patrimonio edilizio, nonché per la realizzazione degli interventi necessari al rilascio della suddetta documentazione. Gli interventi relativi all'adozione di misure antisismiche e all'esecuzione di opere per la messa in sicurezza statica devono essere realizzati sulle parti strutturali degli edifici o complessi di edifici collegati strutturalmente e comprendere interi edifici e, ove riguardino i centri storici, devono essere eseguiti sulla base di progetti unitari e non su singole unità immobiliari;

l) di bonifica dall'amianto e di esecuzione di opere volte ad evitare gli infortuni domestici.

2. Tra le spese sostenute di cui al comma 1 sono comprese quelle di progettazione e per prestazioni professionali connesse all'esecuzione delle opere edilizie e alla messa a norma degli edifici ai sensi della legislazione vigente in materia[(5)(6)].

3. La detrazione di cui al comma 1 spetta anche nel caso di interventi di restauro e risanamento conservativo e di ristrutturazione edilizia di cui alle lettere c) e d) del comma 1 dell'articolo 3 del decreto del Presidente della Repubblica 6 giugno 2001, n. 380, riguardanti interi fabbricati, eseguiti da imprese di costruzione o ristrutturazione immobiliare e da cooperative edilizie, che provvedano entro diciotto mesi dalla data di termine dei lavori alla successiva alienazione o assegnazione dell'immobile. La detrazione spetta al successivo acquirente o assegnatario delle singole unità immobiliari, in ragione di un'aliquota del 36 per cento del valore degli interventi eseguiti, che si assume in misura pari al 25 per cento del prezzo dell'unità immobiliare risultante nell'atto pubblico di compravendita o di assegnazione e, comunque, entro l'importo massimo di 48.000 euro [(3)].

3-bis. La detrazione di cui al comma 1 spetta, nella misura del 50 per cento, anche per interventi di sostituzione del gruppo elettrogeno di emergenza esistente con generatori di emergenza a gas di ultima generazione [(7)].

4. Nel caso in cui gli interventi di cui al comma 1 realizzati in ciascun anno consistano nella mera prosecuzione di interventi iniziati in anni precedenti, ai fini del computo del limite massimo delle spese ammesse a fruire della detrazione si tiene conto anche delle spese sostenute negli stessi anni.

5. Se gli interventi di cui al comma 1 sono realizzati su unità immobiliari residenziali adibite promiscuamente all'esercizio dell'arte o della professione, ovvero all'esercizio dell'attività commerciale, la detrazione spettante è ridotta al 50 per cento.

6. La detrazione è cumulabile con le agevolazioni già previste sugli immobili oggetto di vincolo ai sensi del decreto legislativo 22 gennaio 2004, n. 42, ridotte nella misura del 50 per cento.

7. La detrazione è ripartita in dieci quote annuali costanti e di pari importo nell'anno di sostenimento delle spese e in quelli successivi.

8. In caso di vendita dell'unità immobiliare sulla quale sono stati realizzati gli interventi di cui al comma 1 la detrazione non utilizzata in tutto o in parte è trasferita per i rimanenti periodi di imposta, salvo diverso accordo delle parti, all'acquirente persona fisica dell'unità immobiliare. In caso di decesso dell'avente diritto, la fruizione del beneficio fiscale si trasmette, per intero, esclusivamente all'erede che conservi la detenzione materiale e diretta del bene.

9. Si applicano le disposizioni di cui al decreto del Ministro delle finanze di concerto con il Ministro dei lavori pubblici 18 febbraio 1998, n. 41, pubblicato nella Gazzetta Ufficiale 13 marzo 1998, n. 60, con il quale è stato adottato il "Regolamento recante norme di attuazione e procedure di controllo di cui all'articolo 1 della L. 27 dicembre 1997, n. 449, in materia di detrazioni per le spese di ristrutturazione edilizia".

10. Con successivo decreto del Ministro dell'economia e delle finanze possono essere stabilite ulteriori modalità di attuazione delle disposizioni di cui al presente articolo.

[(1)] Articolo aggiunto dall'articolo 21, comma 1, della legge 27 dicembre 1997, n. 449, modificato dall'articolo 1, comma 1, del D.Lgs. 23 dicembre 1999, n. 505, e non più previsto nella nuova numerazione intervenuta con l'articolo 1, comma 1, del D.Lgs. 12 dicembre 2003, n. 344.

[(2)] Articolo aggiunto dall'articolo 4, comma 1, lettera c), del D.L. 6 dicembre 2011, n. 201.

[(3)] Comma modificato dall'articolo 1, comma 48, della Legge 23 dicembre 2014, n. 190.

[(4)] Vedi l'articolo 119, commi 16-bis e 16-ter, del D.L. 19 maggio 2020, n. 34, convertito, con modificazioni, dalla Legge 17 luglio 2020, n. 77.

[(5)] Per una detrazione dall'imposta per le spese documentate, relative agli interventi di cui al presente comma, vedi l'articolo 11, comma 1, del D.L. 22 giugno 2012, n. 83.

[(6)] Vedi l'articolo 119, comma 5, del D.L. 19 maggio 2020, n. 34, convertito, con modificazioni, dalla Legge 17 luglio 2020, n. 77.

[(7)] Comma inserito dall'articolo 1, comma 60, della Legge 30 dicembre 2020, n. 178.

17. Tassazione separata. – 1. L'imposta si applica separatamente sui seguenti redditi:

a) trattamento di fine rapporto di cui all'art. 2120 del codice civile e indennità equipollenti, comunque denominate, commisurate alla durata dei rapporti di lavoro dipendente, compresi quelli contemplati alle lettere a), d) e g) del comma 1 dell'art. 47, anche nelle ipotesi di cui all'art. 2122 del codice civile; altre indennità e somme percepite una volta tanto in dipendenza della cessazione dei predetti rapporti, comprese l'indennità di preavviso, le somme risultanti dalla capitalizzazione di pensioni e quelle attribuite a fronte dell'obbligo di non concorrenza ai sensi dell'art. 2125 del codice civile nonché le somme e i valori comunque percepiti, al netto delle spese legali sostenute, anche se a titolo risarcitorio o nel contesto di procedure esecutive, a seguito di provvedimenti dell'autorità giudiziaria o di transazioni relativi alla risoluzione del rapporto di lavoro[(1)];

[a-bis) le prestazioni pensionistiche di cui alla lettera h-bis) del comma 1 dell'art. 47, erogate in forma di capitale, ", ad esclusione del riscatto della posizione individuale ai sensi dell'articolo 10, comma 1, lettera c), del decreto legislativo 21 aprile 1993, n. 124, diverso da quello esercitato a seguito di pensionamento o di cessazione del rapporto di lavoro per mobilità o per altre cause non dipendenti dalla volontà delle parti;] [(2)]

b) emolumenti arretrati per prestazioni di lavoro dipendente riferibili ad anni precedenti, percepiti per effetto di leggi, di contratti collettivi, di sentenze o di atti amministrativi sopravvenuti o per altre cause non dipendenti dalla volontà delle parti, compresi i compensi e le indennità di cui al comma 1 dell'art. 47 e al comma 2 dell'art. 46 [(3)(4)];

c) indennità percepite per la cessazione dei rapporti di collaborazione coordinata e continuativa, di cui al comma 2 dell'art. 49, se il diritto all'indennità risulta da atto di data certa anteriore all'inizio del rapporto nonchè, in ogni caso, le somme e i valori comunque percepiti, al netto delle spese legali sostenute, anche se a titolo risarcitorio o nel contesto di procedure esecutive, a seguito di provvedimenti dell'autorità giudiziaria o di transazioni relativi alla risoluzione dei rapporti di collaborazione coordinata e continuativa [(5)];

c- bis) indennità di mobilità di cui all'art. 7, comma 5, della legge 23 luglio 1991, n. 223, e trattamento di integrazione salariale di cui all'art. 1- bis del decreto-legge 10 giugno 1994, n. 357, convertito, con modificazioni, dalla legge 8 agosto 1994, n. 489, corrisposti anticipatamente (6);

d) indennità per la cessazione di rapporti di agenzia delle persone fisiche e delle società di persone (7);

e) indennità percepite per la cessazione da funzioni notarili;

f) indennità percepite dai lavoratori subordinati sportivi al termine dell'attività sportiva ai sensi dell'articolo 26, comma 4, del decreto legislativo 28 febbraio 2021, n. 36, se non rientranti tra le indennità indicate alla lettera a); (16)

g) plusvalenze, compreso il valore di avviamento, realizzate mediante cessione a titolo oneroso di aziende possedute da più di cinque anni e redditi conseguiti in dipendenza di liquidazione, anche concorsuale, di imprese commerciali esercitate da più di cinque anni (8);

g- bis) plusvalenze di cui alla lettera b) del comma 1 dell'art. 81 realizzate a seguito di cessioni a titolo oneroso di terreni suscettibili di utilizzazione edificatoria secondo gli strumenti urbanistici vigenti al momento della cessione (9);

g-ter) corrispettivi di cui all'articolo 54, comma 1-quater, se percepiti in unica soluzione (10);

h) indennità per perdita dell'avviamento spettanti al conduttore in caso di cessazione della locazione di immobili urbani adibiti ad usi diversi da quello di abitazione e indennità di avviamento delle farmacie spettanti al precedente titolare;

i) indennità spettanti a titolo di risarcimento, anche in forma assicurativa, dei danni consistenti nella perdita di redditi relativi a più anni;

l) redditi compresi nelle somme attribuite o nel valore normale dei beni assegnati ai soci delle società indicate nell'art. 5 nei casi di recesso, esclusione e riduzione del capitale o agli eredi in caso di morte del socio, e redditi imputati ai soci in dipendenza di liquidazione, anche concorsuale, delle società stesse, se il periodo di tempo intercorso tra la costituzione della società e la comunicazione del recesso o dell'esclusione, la deliberazione di riduzione del capitale, la morte del socio o l'inizio della liquidazione è superiore a cinque anni;

[m) redditi compresi nelle somme attribuite o nel valore normale dei beni assegnati ai soci di società soggette all'imposta sul reddito delle persone giuridiche nei casi di recesso, riduzione del capitale e liquidazione, anche concorsuale, se il periodo di tempo intercorso tra la costituzione della società e la comunicazione del recesso, la deliberazione, di riduzione del capitale o l'inizio della liquidazione è superiore a cinque anni;] (11)

n) redditi compresi nelle somme o nel valore normale dei beni attribuiti alla scadenza dei contratti e dei titoli di cui alle lettere a), b), f) e g) del comma 1 dell'art. 41, quando non sono soggetti a ritenuta alla fonte a titolo di imposta o ad imposta sostitutiva, se il periodo di durata del contratto o del titolo è superiore a cinque anni (12);

n-bis) somme conseguite a titolo di rimborso di imposte o di oneri dedotti dal reddito complessivo o per i quali si è fruito della detrazione in periodi di imposta precedenti. La presente disposizione non si applica alle spese rimborsate di cui all'art. 13- bis, comma 1, lettera c), quinto e sesto periodo (13).

2. I redditi indicati alle lettere da g) a n) del comma 1 sono esclusi dalla tassazione separata se conseguiti da società in nome collettivo o in accomandita semplice; se conseguiti da persone fisiche nell'esercizio di imprese commerciali, sono tassati separatamente a condizione che ne sia fatta richiesta nella dichiarazione dei redditi relativa al periodo di imposta al quale sarebbero imputabili come componenti del reddito di impresa.

3. Per i redditi indicati alle lettere da d) a f) del comma 1 e per quelli indicati alle lettere da g) a n-bis) non conseguiti nell'esercizio di imprese commerciali il contribuente ha facoltà di non avvalersi della tassazione separata facendolo constare espressamente nella dichiarazione dei redditi relativa al periodo di imposta in cui è avvenuta o ha avuto inizio la percezione. Per i redditi indicati alle lettere a), b), c) e c - bis) del comma 1 gli uffici provvedono a iscrivere a ruolo le maggiori imposte dovute con le modalità stabilite negli articoli 17 e 18 ovvero facendo concorrere i redditi stessi alla formazione del reddito complessivo dell'anno in cui sono percepiti, se ciò risulta più favorevole per il contribuente (14).

4. *Omissis* (15).

(1) *Lettera modificata dall'articolo 4, comma 3-bis, del D.L. 14 marzo 1988, n. 70 e successivamente dall'articolo 32, comma 1, lettera a), del D.L. 23 febbraio 1995, n. 41. Il richiamo all'articolo 47, di cui al presente comma, deve intendersi riferito all'attuale articolo 50 come disposto dall'articolo 2, comma 3, del D.Lgs. 12 dicembre 2003, n. 344.*

(2) *Lettera aggiunta dall'articolo 10, comma 1, lettera a), del D.Lgs. 18 febbraio 2000, n. 47, modificata dall'articolo 7, comma 1, del D.Lgs. 12 aprile 2001, n. 168 e successivamente abrogata, a decorrere dal 1° gennaio 2007, dall'articolo 21, comma 3, lettera b), del D.Lgs. 5 dicembre 2005, n. 252, come modificato dall'articolo 1, comma 749, della legge 27 dicembre 2006, n. 296.*

(3) *Lettera sostituita dall'articolo 3, comma 82, lettera a), numero 1), della legge 28 dicembre 1995, n. 549 e successivamente modificato dall'articolo 5, comma 1, lettera c), del D.Lgs. 2 settembre 1997, n. 314. Il richiamo all'articolo 47, di cui alla presente lettera, deve intendersi riferito all'attuale articolo 50, e il richiamo all'articolo 46 deve intendersi riferito all'attuale articolo 49, come disposto dall'articolo 2, comma 3, del D.Lgs. 12 dicembre 2003, n. 344.*

(4) *La Corte Costituzionale, con sentenza 22 luglio 1996, n. 287 (in Gazz. Uff., 31 luglio, n. 31), ha dichiarato l'illegittimità costituzionale della presente lettera, nella parte in cui non ricomprende tra i redditi ammessi a tassazione separata l'indennità di disoccupazione.*

(5) *Lettera modificata dall'articolo 32, comma 1, lettera b), del D.L. 23 febbraio 1995, n. 41. Il richiamo all'articolo 47, di cui al presente comma, deve intendersi riferito all'attuale articolo 50 come disposto dall'articolo 2, comma 3, del D.Lgs. 12 dicembre 2003, n. 344.*

(6) *Lettera aggiunta dall'articolo 3, comma 82, lettera a), numero 2), della legge 28 dicembre 1995, n. 549.*

(7) *Lettera modificata, a decorrere dal 1° gennaio 1988, dall'articolo 1, comma 1, del D.P.R. 4 febbraio 1988, n. 42 e successivamente dall'articolo 6, comma 1, della legge 23 dicembre 2000, n. 388.*

(8) *Lettera modificata, a decorrere dal 1° gennaio 1988, dall'articolo 1, comma 1, del D.P.R. 4 febbraio 1988, n. 42.*

(9) *Lettera aggiunta dall'articolo 11, comma 1, lettera c), della legge 30 dicembre 1991, n. 413. Il richiamo all'articolo 81 di cui al presente comma, deve intendersi riferito all'attuale articolo 67 come disposto dall'articolo 2, comma 3, del D.Lgs. 12 dicembre 2003, n. 344.*

(10) *Lettera aggiunta dall'articolo 36, comma 29, lettera b), del D.L. 4 luglio 2006, n. 223.*

(11) *Lettera modificata, a decorrere dal 1° gennaio 1988, dall'articolo 1, comma 1, del D.P.R. 4 febbraio 1988, n. 42. Successivamente abrogata dall'articolo 3, comma 1, del D.Lgs. 12 dicembre 2003, n. 344, a decorrere dal periodo di imposta che ha inizio successivamente al 1° gennaio 2004.*

(12) *Il richiamo all'articolo 41, di cui alla presente lettera, deve intendersi riferito all'attuale articolo 44 come disposto dall'articolo 2, comma 3, del D.Lgs. 12 dicembre 2003, n. 344.*

(13) *Lettera aggiunta dall'articolo 1, comma 2, lettera a), del D.L. 31 maggio 1994, n. 330 e successivamente modificata, a decorrere dal periodo di imposta in corso alla data del 31 dicembre 1996, dall'articolo 3, comma 2, lettera c), della legge 23 dicembre 1996, n. 662. Il richiamo all'articolo 13-bis, di cui alla presente lettera, deve intendersi riferito all'attuale articolo 15 come disposto dall'articolo 2, comma 3, del D.Lgs.*

12 dicembre 2003, n. 344.
(14) Comma modificato, a decorrere dal 1° gennaio 1988, dall'articolo 1, comma 1, del D.P.R. 4 febbraio 1988, n. 42 e successivamente dall'articolo 1, comma 2, lettera b), del D.L. 31 maggio 1994, n. 330 e dall'articolo 3, comma 82, lettera a), numero 3), della legge 28 dicembre 1995, n. 549. Il richiamo agli articoli 17 e 18, di cui al presente comma, deve intendersi riferito agli attuali 19 e 21 come disposto dall'articolo 2, comma 3, del D.Lgs. 12 dicembre 2003, n. 344.
(15) Comma trasferito, quale comma 5, nell'articolo 9, a norma dell'articolo 1, comma 1, del D.P.R. 4 febbraio 1988, n. 42, a decorrere dal 1° gennaio 1988.
(16) Lettera modificata dall'articolo 51, comma 2, lettera a), del D.Lgs. 28 febbraio 2021, n. 36, come modificato dall'articolo 29, comma 1, lettera a) del D.lgs 5 ottobre 2022, n. 163 a decorrere dal 1° gennaio 2023 come disposto dall'articolo 51, comma 1, del D.Lgs. 36/2021 citato, come modificato dall'articolo 10, comma 13-quater, lettera a) del D.L. 25 maggio 2021, n. 73, convertito, con modificazioni, dalla Legge 23 luglio 2021, n. 106 e dall'articolo 16, comma 1, lettera a), del D.L. 29 dicembre 2022, n. 198, non ancora convertito in legge. Per il testo in vigore fino al 30 giugno 2023, cfr. versione previgente.

17 bis. – [*1. Le prestazioni di cui alla lettera a-bis) del comma 1, dell'art. 16 sono soggette ad imposta mediante l'applicazione dell'aliquota determinata con i criteri previsti al comma 1, dell'art. 17, assumendo il numero degli anni e frazione di anno di effettiva contribuzione e l'importo imponibile della prestazione maturata, al netto [delle quote di trattamento di fine rapporto]* e dei redditi già assoggettati da imposta. Gli uffici finanziari provvedono a riliquidare l'imposta in base all'aliquota media di tassazione dei cinque anni precedenti a quello in cui è maturato il diritto di percezione. Si applicano le disposizioni previste dall'art. 17, comma 1- bis, iscrivendo a ruolo o rimborsando le maggiori o le minori imposte entro il 31 dicembre del terzo anno successivo a quello di presentazione della dichiarazione del sostituto d'imposta (1).

2. Se la prestazione è non superiore a un terzo dell'importo complessivamente maturato alla data di accesso alla prestazione stessa, l'imposta si applica sull'importo al netto dei redditi già assoggettati ad imposta. Tale disposizione si applica altresì nei casi previsti dall'art. 10, commi 3-ter e 3- quater, del decreto legislativo 21 aprile 1993, n. 124, nonché in caso di riscatto della posizione individuale ai sensi dell'articolo 10, comma 1, lettera c), del medesimo decreto legislativo, esercitato a seguito di pensionamento o di cessazione del rapporto di lavoro per mobilità o per altre cause non dipendenti dalla volontà delle parti, e comunque quando l'importo annuo della prestazione pensionistica spettante in forma periodica è inferiore al 50 per cento dell'assegno sociale di cui all'art. 3, commi 6 e 7, della legge 8 agosto 1995, n. 335 (2).

3. Salvo conguaglio all'atto della liquidazione definitiva della prestazione, le prestazioni pensionistiche erogate in caso di riscatto parziale di cui all'art. 10, comma 1- bis, del decreto legislativo 21 aprile 1993, n. 124, o a titolo di anticipazione, sono soggette ad imposta con l'aliquota determinata ai sensi del comma 1, primo periodo, per il loro intero importo (3)(4).]

(1) Comma modificato dall'articolo 7, comma 2, lettere a) e b), del D.Lgs. 12 aprile 2001, n. 168.
(2) Comma modificato dall'articolo 7, comma 2, lettera c), del D.Lgs. 12 aprile 2001, n. 168.
(3) Articolo aggiunto dall'articolo 10, comma 1, lettera b), del D.Lgs. 18 febbraio 2000, n. 47 e non previsto nella nuova numerazione intervenuta con l'articolo 1 del D.Lgs. 12 dicembre 2003, n. 344.
(4) Il D.Lgs. 12 dicembre 2003, n. 344, ha disposto, con l'articolo 1, comma 1, la totale modifica del presente provvedimento, e ne ha ridefinito la struttura di titoli, capi e sezioni.

18. Imposizione sostitutiva dei redditi di capitale di fonte estera (1)(2). – 1. I redditi di capitale corrisposti da soggetti non residenti a soggetti residenti nei cui confronti in Italia si applica la ritenuta a titolo di imposta o l'imposta sostitutiva di cui all'articolo 2, comma 1-bis, del decreto legislativo 1° aprile 1996, n. 239, sono soggetti ad imposizione sostitutiva delle imposte sui redditi con la stessa aliquota della ritenuta a titolo d'imposta. Il contribuente ha la facoltà di non avvalersi del regime di imposizione sostitutiva ed in tal caso compete il credito d'imposta per i redditi prodotti all'estero. La disposizione di cui al periodo precedente non si applica alle distribuzioni di utili di cui all'articolo 27, quarto comma, del decreto del Presidente della Repubblica 29 settembre 1973, n. 600 (3).

2. Si considerano corrisposti da soggetti non residenti anche gli interessi ed altri proventi delle obbligazioni e degli altri titoli di cui all'articolo 31 del decreto del Presidente della Repubblica 29 settembre 1973, n. 601, nonché di quelli con regime fiscale equiparato, emessi all'estero a decorrere dal 10 settembre 1992 (4).

(1) Il D.Lgs. 12 dicembre 2003, n. 344, ha disposto, con l'articolo 1, comma 1, la totale modifica del presente provvedimento, e ne ha ridefinito la struttura di titoli, capi e sezioni. Nel testo precedente la riforma introdotta dal D.Lgs. 344/2003 le disposizioni contenute nel presente articolo erano previste dall'articolo 16- bis.
(2) Articolo aggiunto dall'articolo 21, comma 1, della legge 27 dicembre 1997, n. 449.
(3) Comma modificato dall'articolo 1, comma 1, del D.Lgs. 23 dicembre 1999, n. 505, successivamente sostituito dall'articolo 1, comma 1, del D.Lgs. 12 dicembre 2003, n. 344 e successivamente modificato dall'articolo 2, comma 15, lettera a), del D.L. 13 agosto 2011, n. 138.
(4) Comma aggiunto dall'articolo 1, comma 1, del D.Lgs. 12 dicembre 2003, n. 344.

19. Indennità di fine rapporto (1). – 1. Il trattamento di fine rapporto costituisce reddito per un importo che si determina riducendo il suo ammontare delle rivalutazioni già assoggettate ad imposta sostitutiva. L'imposta è applicata con l'aliquota determinata con riferimento all'anno in cui è maturato il diritto alla percezione, corrispondente all'importo che risulta dividendo il suo ammontare, aumentato delle somme destinate alle forme pensionistiche di cui al decreto legislativo 21 aprile 1993, n. 124 e al netto delle rivalutazioni già assoggettate ad imposta sostitutiva, per il numero degli anni e frazione di anno preso a base di commisurazione, e moltiplicando il risultato per dodici. Gli uffici finanziari provvedono a riliquidare l'imposta in base all'aliquota media di tassazione dei cinque anni precedenti a quello in cui è maturato il diritto alla percezione, iscrivendo a ruolo le maggiori imposte dovute ovvero rimborsando quelle spettanti (2).

1-bis. Se in uno o più degli anni indicati al comma 1 non vi è stato reddito imponibile, l'aliquota media si calcola con riferimento agli anni in cui vi è stato reddito imponibile; se non vi è stato reddito imponibile in alcuno di tali anni, si applica l'aliquota stabilita dall'art. 11 per il primo scaglione di reddito (3).

1-ter. Qualora il trattamento di fine rapporto sia relativo a rapporti di lavoro a tempo determinato, di durata effettiva non superiore a due anni, l'imposta determinata ai sensi del comma 1 è diminuita di un importo pari a lire 120 mila per ciascun anno, per i periodi inferiori ad un anno, tale importo è rapportato a mese. Se il rapporto si svolge per un numero di ore inferiore a quello ordinario previsto dai contratti collettivi nazionali di lavoro, la somma è proporzionalmente ridotta [4].

2. Le altre indennità e somme indicate alla lettera a) del comma 1 dell'art. 16, anche se commisurate alla durata del rapporto di lavoro e anche se corrisposte da soggetti diversi dal datore di lavoro, sono imponibili per il loro ammontare complessivo, al netto dei contributi obbligatori dovuti per legge, con l'aliquota determinata agli effetti del comma 1. Tali indennità e somme, se corrisposte a titolo definitivo e in relazione ad un presupposto non connesso alla cessazione del rapporto di lavoro che ha generato il trattamento di fine rapporto, sono imponibili per il loro ammontare netto con l'aliquota determinata con i criteri di cui al comma 1 [5].

2-bis. Le indennità equipollenti, comunque denominate, commisurate alla durata dei rapporti di lavoro dipendente di cui alla lettera a), del comma 1, dell'art. 16, sono imponibili per un importo che si determina riducendo il loro ammontare netto di una somma pari a L. 600.000 per ciascun anno preso a base di commisurazione, con esclusione dei periodi di anzianità convenzionale; per i periodi inferiori all'anno la riduzione è rapportata a mese. Se il rapporto si svolge per un numero di ore inferiore a quello ordinario previsto dai contratti collettivi nazionali di lavoro, la somma è proporzionalmente ridotta. L'imposta è applicata con l'aliquota determinata con riferimento all'anno in cui è maturato il diritto alla percezione, corrispondente all'importo che risulta dividendo il suo ammontare netto, aumentato delle somme destinate alle forme pensionistiche di cui al decreto legislativo 21 aprile 1993, n. 124, per il numero degli anni e frazione di anno preso a base di commisurazione, e moltiplicando il risultato per dodici. L'ammontare netto delle indennità, alla cui formazione concorrono contributi previdenziali posti a carico dei lavoratori dipendenti e assimilati, è computato previa detrazione di una somma pari alla percentuale di tali indennità corrispondente al rapporto, alla data del collocamento a riposo o alla data in cui è maturato il diritto alla percezione, fra l'aliquota del contributo previdenziale posto a carico dei lavoratori dipendenti e assimilati e l'aliquota complessiva del contributo stesso versato all'ente, cassa o fondo di previdenza [6][7].

3. Se per il lavoro prestato anteriormente alla data di entrata in vigore della legge 29 maggio 1982, n. 297, il trattamento di fine rapporto risulta calcolato in misura superiore ad una mensilità della retribuzione annua per ogni anno preso a base di commisurazione, ai fini della determinazione dell'aliquota ai sensi del comma 1 non si tiene conto dell'eccedenza.

4. Salvo conguaglio all'atto della liquidazione definitiva, sulle anticipazioni e sugli acconti relativi al trattamento di fine rapporto e alle indennità equipollenti nonché sulle anticipazioni relative alle altre indennità e somme, si applica l'aliquota determinata, rispettivamente, a norma dei commi 1, 2 e 2- bis, considerando l'importo accantonato, aumentato dalle anticipazioni e degli acconti complessivamente erogati e al netto delle rivalutazioni già assoggettate ad imposta sostitutiva [8].

[*4- bis. Per le somme corrisposte in occasione della cessazione del rapporto al fine di incentivare l'esodo dei lavoratori che abbiano superato l'età di 50 anni se donne e di 55 anni se uomini, di cui all'art. 16, comma 1, lettera a), l'imposta si applica con l'aliquota pari alla metà di quella applicata per la tassazione del trattamento di fine rapporto e delle altre indennità e somme indicate alla richiamata lettera a) del comma 1 dell'art. 16.*] [9]

5. Nell'ipotesi di cui all'art. 2122 del codice civile e nell'ipotesi di cui al comma 3 dell'art. 7 l'imposta, determinata a norma del presente articolo, è dovuta dagli aventi diritto proporzionalmente all'ammontare percepito da ciascuno; nella seconda ipotesi la quota dell'imposta sulle successioni proporzionale al credito indicato nella relativa dichiarazione è ammessa in deduzione dall'ammontare imponibile di cui ai precedenti commi.

6. Con decreti del Ministro delle finanze sono stabiliti i criteri e le modalità per lo scambio delle informazioni occorrenti ai fini dell'applicazione del comma 2 tra i soggetti tenuti alla corresponsione delle indennità e delle altre somme in dipendenza della cessazione del medesimo rapporto di lavoro.

(1) Il D.Lgs. 12 dicembre 2003, n. 344, ha disposto, con l'articolo 1, comma 1, la totale modifica del presente provvedimento, e ne ha ridefinito la struttura di titoli, capi e sezioni. Nel testo precedente la riforma introdotta dal D.Lgs. 344/2003 le disposizioni contenute nel presente articolo erano previste dall'articolo 17.

(2) Comma modificato, con effetto dal 17 luglio 1986, dall'articolo 4, comma 3-ter, del D.L. 14 marzo 1988, n. 70, come modificato dall'articolo 6, comma 1-bis, del D.L. 30 maggio 1988, n. 173, dall'articolo 48, comma 2, del D.Lgs. 15 dicembre 1997, n. 446, successivamente sostituito dall'articolo 11, comma 1, lettera a), numero 1), del D.Lgs. 18 febbraio 2000, n. 47, dall'articolo 8, comma 1, lettera a), del D.Lgs. 12 aprile 2001, n. 168 e da ultimo modificato dall'articolo 37, comma 41, del D.L. 4 luglio 2006, n. 223.

(3) Comma aggiunto dall'articolo 11, comma 1, lettera a), numero 1), del D.Lgs. 18 febbraio 2000, n. 47.

(4) Comma aggiunto dall'articolo 11, comma 1, lettera a), numero 1), del D.Lgs. 18 febbraio 2000, n. 47 e successivamente modificato dall'articolo 8, comma 1, lettera b), del D.Lgs. 12 aprile 2001, n. 168.

(5) Comma modificato dall'articolo 4, comma 3-quater, del D.L. 14 marzo 1988, n. 70 e successivamente sostituito dall'articolo 11, comma 1, lettera a), numero 1), del D.Lgs. 18 febbraio 2000, n. 47. Il richiamo all'articolo 16, di cui alla presente lettera, deve intendersi riferito all'attuale articolo 17 come disposto dall'articolo 2, comma 3, del D.Lgs. 12 dicembre 2003, n. 344.

(6) Comma aggiunto dall'articolo 11, comma 1, lettera a), numero 1), del D.Lgs. 18 febbraio 2000, n. 47.

(7) Per la determinazione dell'aliquota dell'imposta sul reddito delle persone fisiche determinata ai sensi del presente comma, vedi l'articolo 24, comma 1, del D.L. 28 gennaio 2019, n. 4, convertito con modificazioni dalla Legge 28 marzo 2019, n. 26.

(8) Comma modificato dall'articolo 13, comma 4, del D.Lgs. 21 aprile 1993, n. 124, sostituito dall'articolo 5, comma 1, lettera d), numero 1), del D.Lgs. 2 settembre 1997, n. 314, successivamente modificato dall'articolo 1, comma 1, lettera b), del D.Lgs. 18 febbraio 2000, n. 47 e da ultimo sostituito dall'articolo 11, comma 1, lettera a), numero 2), del D.Lgs. 18 febbraio 2000, n. 47.

(9) Comma aggiunto dall'articolo 5, comma 1, lettera d), numero 2), del D.Lgs. 2 settembre 1997, n. 314 e successivamente abrogato dall'articolo 36, comma 23, del D.L. 4 luglio 2006, n. 223.

20. Prestazioni pensionistiche [1].

(1) Articolo abrogato, a decorrere dal 1° gennaio 2007, dall'articolo 21, comma 3, lettera c), del D.Lgs. 5 dicembre 2005, n. 252, come modificato dall'articolo 1, comma 749, della legge 27 dicembre 2006, n. 296.

20 *bis*. Redditi dei soci delle società personali in caso di recesso, esclusione, riduzione del capitale e liquidazione [1][2][3] —. Ai fini della determinazione dei redditi di partecipazione compresi nelle somme attribuite o nei beni assegnati ai soci o agli eredi, di cui all'articolo 17, comma 1, lettera l), si applicano, in quanto compatibili, le disposizioni dell'articolo 47, comma 7, indipendentemente dall'applicabilità della tassazione separata.

(1) *Il D.Lgs. 12 dicembre 2003, n. 344, ha disposto, con l'articolo 1, comma 1, la totale modifica del presente provvedimento, e ne ha ridefinito la struttura di titoli, capi e sezioni.*
(2) *Articolo aggiunto dall'articolo 30, comma 1, del D.L. 23 febbraio 1995, n. 41 non previsto nella nuova numerazione intervenuta con l'articolo 1 del D.Lgs. 12 dicembre 2003, n. 344.*
(3) *Articolo aggiunto dall'articolo 1, comma 1, del D.Lgs. 18 novembre 2005, n, 247.*

21. Determinazione dell'imposta per gli altri redditi tassati separatamente (1). – 1. Per gli altri redditi tassati separatamente, ad esclusione di quelli in cui alla lettera g) del comma 1 dell'articolo 17 e di quelli imputati ai soci in dipendenza di liquidazione, anche concorsuale, di cui alla lettera l) del medesimo comma 1 dell'articolo 17, l'imposta è determinata applicando all'ammontare percepito, l'aliquota corrispondente alla metà del reddito complessivo netto del contribuente nel biennio anteriore all'anno in cui è sorto il diritto alla loro percezione ovvero, per i redditi e le somme indicati, rispettivamente, nelle lettere b), c-bis) e n-bis) del comma 1 dell'articolo 17, all'anno in cui sono percepiti. Per i redditi di cui alla lettera g) del comma 1 dell'articolo 17 e per quelli imputati ai soci in dipendenza di liquidazione, anche concorsuale, di cui alla lettera l) del medesimo comma 1 dell'articolo 17, l'imposta è determinata applicando all'ammontare conseguito o imputato, l'aliquota corrispondente alla metà del reddito complessivo netto del contribuente nel biennio anteriore all'anno in cui i redditi sono stati rispettivamente conseguiti o imputati. Se per le somme conseguite a titolo di rimborso di cui alla lettera n-bis) del comma 1 dell'articolo 17 è stata riconosciuta la detrazione, l'imposta è determinata applicando un'aliquota non superiore al 27 per cento (2).

2. Nell'ipotesi di cui al comma 3 dell'art. 7 si procede alla tassazione separata nei confronti degli eredi e dei legatari: l'imposta dovuta da ciascuno di essi è determinata applicando all'ammontare percepito, diminuito della quota dell'imposta sulle successioni proporzionale al credito indicato nella relativa dichiarazione, l'aliquota corrispondente alla metà del suo reddito complessivo netto nel biennio anteriore all'anno in cui si è aperta la successione.

3. Se in uno dei due anni anteriori non vi è stato reddito imponibile si applica l'aliquota corrispondente alla metà del reddito complessivo netto dell'altro anno; se non vi è stato reddito imponibile in alcuno dei due anni si applica l'aliquota stabilita all'art. 11 per il primo scaglione di reddito.

4. Per gli emolumenti arretrati di cui alla lettera b) del comma 1 dell'art. 16 l'imposta determinata ai sensi dei precedenti commi è ridotta di un importo pari a quello delle detrazioni previste nell'art. 12 e nei commi 1 e 2 dell'art. 13 se e nella misura in cui non siano state fruite per ciascuno degli anni cui gli arretrati si riferiscono. Gli aventi diritto agli arretrati devono dichiarare al soggetto che li corrisponde l'ammontare delle detrazioni fruite per ciascuno degli anni cui si riferiscono (3).

5. Per i redditi indicati alle lettere c), d), e) ed f) del comma 1 dell'art. 16 l'imposta si applica anche sulle eventuali anticipazioni salvo conguaglio.

(1) *Il D.Lgs. 12 dicembre 2003, n. 344, ha disposto, con l'articolo 1, comma 1, la totale modifica del presente provvedimento, e ne ha ridefinito la struttura di titoli, capi e sezioni. Nel testo precedente la riforma introdotta dal D.Lgs. 344/2003 le disposizioni contenute nel presente articolo erano previste dall'articolo 18.*
(2) *Comma sostituito dall'articolo 11, comma 1, lettera d), della legge 30 dicembre 1991, n. 413 e successivamente modificato dall'articolo 10, comma 3, lettera c), del D.L. 19 settembre 1992, n. 384, dall'articolo 1, comma 2, lettera c), del D.L. 31 maggio 1994, n. 330, dall'articolo 3, comma 82, lettera b), della legge 28 dicembre 1995, n. 549 e dall'articolo 1, comma 1, del D.Lgs. 12 dicembre 2003, n. 344.*
(3) *Il richiamo all'articolo 16, di cui al presente comma, deve intendersi riferito all'attuale articolo 17 e il richiamo all'articolo 13 deve intendersi riferito all'attuale articolo 14 come disposto dall'articolo 2, comma 3, del D.Lgs. 12 dicembre 2003, n. 344.*

22. Scomputo degli acconti (1). – 1. Dall'imposta determinata a norma dei precedenti articoli si scomputano nell'ordine:

a) l'ammontare dei crediti per le imposte pagate all'estero secondo le modalità di cui all'articolo 165;

b) i versamenti eseguiti dal contribuente in acconto dell'imposta;

c) le ritenute alla fonte a titolo di acconto operate sui redditi che concorrono a formare il reddito complessivo e su quelli tassati separatamente. Le ritenute operate nell'anno successivo a quello di competenza dei redditi e anteriormente alla presentazione della dichiarazione dei redditi possono essere scomputate dall'imposta relativa al periodo d'imposta di competenza dei redditi o, alternativamente, dall'imposta relativa al periodo d'imposta nel quale sono state operate. Le ritenute operate dopo la presentazione della dichiarazione dei redditi si scomputano dall'imposta relativa al periodo d'imposta nel quale sono state operate. Le ritenute operate sui redditi delle società, associazioni e imprese indicate nell'articolo 5 si scomputano, nella proporzione ivi stabilita, dalle imposte dovute dai singoli soci, associati o partecipanti (2).

2. Se l'ammontare complessivo dei crediti di imposta, dei versamenti e delle ritenute, è superiore a quello dell'imposta netta sul reddito complessivo, il contribuente ha diritto, a sua scelta, di computare l'eccedenza in diminuzione dell'imposta del periodo d'imposta successiva o di chiederne il rimborso in sede di dichiarazione dei redditi. Per i redditi tassati separatamente, se l'ammontare delle ritenute, dei versamenti e dei crediti è superiore a quello dell'imposta netta di cui agli articoli 19 e 21, il contribuente ha diritto al rimborso dell'eccedenza.

(1) *Articolo sostituito dall'articolo 1, comma 1, del D.Lgs. 12 dicembre 2003, n. 344.*
(2) *Lettera sostituita dall'articolo 5, comma 2-bis, del D.L. 22 ottobre 2016, n. 193 convertito, con modificazioni dalla legge 1° dicembre 2016 n. 225.*

23. Applicazione dell'imposta ai non residenti. – 1. Ai fini dell'applicazione dell'imposta nei confronti dei non residenti si considerano prodotti nel territorio dello Stato:

a) i redditi fondiari;

b) i redditi di capitale corrisposti dallo Stato, da soggetti residenti nel territorio dello Stato o da stabili organizzazioni nel territorio stesso di soggetti non residenti, con esclusione degli interessi e altri proventi derivanti da depositi e conti correnti bancari e postali;

c) i redditi di lavoro dipendente prestato nel territorio dello Stato, compresi i redditi assimilati a quelli di lavoro dipendente di cui alle lettere a) e b) del comma 1 dell'articolo

50;

d) i redditi di lavoro autonomo derivanti da attività esercitate nel territorio dello Stato;

e) i redditi d'impresa derivanti da attività esercitate nel territorio dello Stato mediante stabili organizzazioni;

f) i redditi diversi derivanti da attività svolte nel territorio dello Stato e da beni che si trovano nel territorio stesso, nonché le plusvalenze derivanti dalla cessione a titolo oneroso di partecipazioni in società residenti, con esclusione:

1) delle plusvalenze di cui alla lettera c-bis) del comma 1, dell'articolo 67, derivanti da cessione a titolo oneroso di partecipazioni in società residenti negoziate in mercati regolamentati, ovunque detenute;

2) delle plusvalenze di cui alla lettera c-ter) del medesimo articolo derivanti da cessione a titolo oneroso ovvero da rimborso di titoli non rappresentativi di merci e di certificati di massa negoziati in mercati regolamentati, nonché da cessione o da prelievo di valute estere rivenienti da depositi e conti correnti;

3) dei redditi di cui alle lettere c-quater) e c-quinquies) del medesimo articolo derivanti da contratti conclusi, anche attraverso l'intervento d'intermediari, in mercati regolamentati;

g) i redditi di cui agli articoli 5, 115 e 116 imputabili a soci, associati o partecipanti non residenti[, nonché quelli di cui all'articolo 55-bis, comma 1, secondo periodo] (1)(2).

1-bis. I redditi diversi realizzati mediante la cessione a titolo oneroso di partecipazioni in società ed enti non residenti, il cui valore, per più della metà, deriva, in qualsiasi momento nel corso dei trecentosessantacinque giorni che precedono la loro cessione, direttamente o indirettamente, da beni immobili situati in Italia si considerano prodotti nel territorio dello Stato. La disposizione del primo periodo non si applica con riferimento alla cessione di titoli negoziati in mercati regolamentati (3).

2. Indipendentemente dalle condizioni di cui alle lettere c), d), e) e f) del comma 1 si considerano prodotti nel territorio dello Stato, se corrisposti dallo Stato, da soggetti residenti nel territorio dello Stato o da stabili organizzazioni nel territorio stesso di soggetti non residenti:

a) le pensioni, gli assegni ad esse assimilati e le indennità di fine rapporto di cui alle lettere a), c), d), e) e f) del comma 1 dell'art. 16;

b) i redditi assimilati a quelli di lavoro dipendente di cui alle lettere c), c-bis), f), h), h-bis), i) e l) del comma 1 dell'art. 47(4);

c) i compensi per l'utilizzazione di opere dell'ingegno, di brevetti industriali e di marchi d'impresa nonché di processi, formule e informazioni relativi ad esperienze acquisite nel campo industriale, commerciale o scientifico;

d) i compensi conseguiti da imprese, società o enti non residenti per prestazioni artistiche o professionali effettuate per loro conto nel territorio dello Stato(5).

(1) Comma modificato dall'articolo 26, comma 4, del D.L. 2 marzo 1989, n. 69, dall'articolo 1, comma 1, del D.Lgs. 21 novembre 1997, n. 461, dall'articolo 2, comma 1, lettera a), numero 1), del D.Lgs. 21 luglio 1999, n. 259 e successivamente sostituito dall'articolo 1, comma 1, del D.Lgs. 12 dicembre 2003, n. 344.
(2) Lettera modificata dall'articolo 1, comma 547, lettera a) della Legge 11 dicembre 2016, n. 232 e successivamente dall'articolo 1, comma 1055, lettera a), numero 1, della legge 30 dicembre 2018, n. 145.
(3) Comma inserito dall'articolo 1, comma 96, della Legge 29 dicembre 2022, n. 197.
(4) Lettera sostituita, a decorrere dal 1° gennaio 2001, dall'articolo 34, comma 1, lettera a), della legge 21 novembre 2000, n. 342.
(5) Lettera modificata, con effetto dal 1° gennaio 1988, dall'articolo 1, comma 1, del D.P.R. 4 febbraio 1988, n. 42. Il richiamo all'articolo 47, di cui al presente comma, deve intendersi riferito all'attuale articolo 50, come disposto dall'articolo 2, comma 3, del D.Lgs. 12 dicembre 2003, n. 344.

24. Determinazione dell'imposta dovuta dai non residenti. – 1. Nei confronti dei non residenti l'imposta si applica sul reddito complessivo e sui redditi tassati separatamente a norma dei precedenti articoli, salvo il disposto dei commi 2 e 3.

2. Dal reddito complessivo sono deducibili soltanto gli oneri di cui alle lettere a), g), h), i) e l) del comma 1 dell'art. 10 (1).

3. Dall'imposta lorda si scomputano le detrazioni di cui all'articolo 13 nonché quelle di cui all'articolo 15, comma 1, lettere a), b), g), h), h-bis) e i), e dell'articolo 16-bis. Le detrazioni per carichi di famiglia non competono (2).

3-bis. In deroga alle disposizioni contenute nel comma 1, nei confronti dei soggetti non residenti nel territorio italiano che assicuri un adeguato scambio di informazioni, l'imposta dovuta è determinata sulla base delle disposizioni contenute negli articoli da 1 a 23, a condizione che il reddito prodotto dal soggetto nel territorio dello Stato italiano sia pari almeno al 75 per cento del reddito dallo stesso complessivamente prodotto e che il soggetto non goda di agevolazioni fiscali analoghe nello Stato di residenza. Con decreto di natura non regolamentare del Ministro dell'economia e delle finanze sono adottate le disposizioni di attuazione del presente comma (3).

(1) Comma sostituito dall'articolo 2, comma 1, lettera b), del D.L. 31 maggio 1994, n. 330.
(2) Comma sostituito dall'articolo 3, comma 1, lettera f), del D.L. 31 maggio 1994, n. 330 e successivamente modificato dall'articolo 2, comma 10, lettera c), della legge 8 ottobre 1997, n. 352 e dall'articolo 36, comma 22, lettera b), del D.L. 4 luglio 2006, n. 223, sostituito dall'articolo 1, comma 6, lettera e), della legge 27 dicembre 2006, n. 296 e da ultimo ulteriormente modificato dall'articolo 4, comma 1, lettera d), del D.L. 6 dicembre 2011, n. 201.
(3) Comma aggiunto, a decorrere dal periodo d'imposta in corso al 31 dicembre 2014, dall'articolo 7, comma 1, della Legge 30 ottobre 2014, n. 161. Per l'attuazione del presente comma vedi il D.M. 21 settembre 2015. Da ultimo, modificato dall'articolo 1, comma 954, lettera c), della Legge 28 dicembre 2015 n. 208.

24 *bis*. Opzione per l'imposta sostitutiva sui redditi prodotti all'estero realizzati da persone fisiche che trasferiscono la propria residenza fiscale in Italia (1). – 1. Le persone fisiche che trasferiscono la propria residenza in Italia ai sensi dell'articolo 2, comma 2, possono optare per l'assoggettamento all'imposta sostitutiva, di cui al comma 2 del presente articolo, dei redditi prodotti all'estero individuati secondo i criteri di cui all'articolo 165, comma 2, a condizione che non siano state fiscalmente residenti in Italia, ai sensi dell'articolo 2, comma 2, per un tempo almeno pari a nove periodi d'imposta nel corso dei dieci precedenti l'inizio del periodo di validità dell'opzione. L'imposta sostitutiva non si applica ai redditi di cui all'articolo 67, comma 1, lettera c), realizzati nei primi cinque periodi d'imposta di validità dell'opzione, che rimangono soggetti al regime ordinario di imposizione di cui all'articolo 68, comma 3.

2. Per effetto dell'esercizio dell'opzione di cui al comma 1, relativamente ai redditi prodotti all'estero di cui al comma 1 è dovuta un'imposta sostitutiva dell'imposta sui redditi

delle persone fisiche calcolata in via forfetaria, a prescindere dall'importo dei redditi percepiti, nella misura di euro 100.000 per ciascun periodo d'imposta in cui è valida la predetta opzione. Tale importo è ridotto a euro 25.000 per ciascun periodo d'imposta per ciascuno dei familiari di cui al comma 6. L'imposta è versata in un'unica soluzione entro la data prevista per il versamento del saldo delle imposte sui redditi. Per l'accertamento, la riscossione, il contenzioso e le sanzioni si applicano, in quanto compatibili, le disposizioni previste per l'imposta sul reddito delle persone fisiche. L'imposta non è deducibile da nessun'altra imposta o contributo.

3. L'opzione di cui al comma 1 deve essere esercitata dopo aver ottenuto risposta favorevole a specifica istanza di interpello presentata all'Agenzia delle entrate, ai sensi dell'articolo 11, comma 1, lettera b), della legge 27 luglio 2000, n. 212, entro il termine per la presentazione della dichiarazione relativa al periodo d'imposta in cui viene trasferita la residenza in Italia ai sensi del comma 1 del presente articolo ed è efficace a decorrere da tale periodo d'imposta. Le persone fisiche di cui al comma 1 indicano nell'opzione la giurisdizione o le giurisdizioni in cui hanno avuto l'ultima residenza fiscale prima dell'esercizio di validità dell'opzione. L'Agenzia delle entrate trasmette tali informazioni, attraverso gli idonei strumenti di cooperazione amministrativa, alle autorità fiscali delle giurisdizioni indicate come luogo di ultima residenza fiscale prima dell'esercizio di validità dell'opzione.

4. L'opzione di cui al comma 1 è revocabile e comunque cessa di produrre effetti decorsi quindici anni dal primo periodo d'imposta di validità dell'opzione. Gli effetti dell'opzione cessano in ogni caso in ipotesi di omesso o parziale versamento, in tutto o in parte, dell'imposta sostitutiva di cui al comma 2 nella misura e nei termini previsti dalle vigenti disposizioni di legge. Sono fatti salvi gli effetti prodotti nei periodi d'imposta precedenti. La revoca o la decadenza dal regime precludono l'esercizio di una nuova opzione.

5. Le persone fisiche di cui al comma 1, per sé o per uno o più dei familiari di cui al comma 6, possono manifestare la facoltà di non avvalersi dell'applicazione dell'imposta sostitutiva con riferimento ai redditi prodotti in uno o più Stati o territori esteri, dandone specifica indicazione in sede di esercizio dell'opzione ovvero con successiva modifica della stessa. Soltanto in tal caso, per i redditi prodotti nei suddetti Stati o territori esteri si applica il regime ordinario e compete il credito d'imposta per i redditi prodotti all'estero. Ai fini dell'individuazione dello Stato o territorio estero in cui sono prodotti i redditi si applicano i medesimi criteri di cui all'articolo 23.

6. Su richiesta del soggetto che esercita l'opzione di cui al comma 1, l'opzione ivi prevista può essere estesa nel corso di tutto il periodo dell'opzione a uno o più dei familiari di cui all'articolo 433 del codice civile, purché soddisfino le condizioni di cui al comma 1. In tal caso, il soggetto che esercita l'opzione indica la giurisdizione o le giurisdizioni in cui i familiari a cui si estende il regime avevano l'ultima residenza prima dell'esercizio di validità dell'opzione. L'estensione dell'opzione può essere revocata in relazione a uno o più familiari di cui al periodo precedente. La revoca dall'opzione o la decadenza dal regime del soggetto che esercita l'opzione si estendono anche ai familiari. La decadenza dal regime di uno o più dei familiari per omesso o parziale versamento dell'imposta sostitutiva loro riferita non comporta decadenza dal regime per le persone fisiche di cui al comma 1.

(1) Articolo inserito dall'articolo 1, comma 152, della Legge 11 dicembre 2016, n. 232. Per l'applicazione della presente disposizione vedi inoltre il comma 159 del medesimo articolo 1 della Legge 232 del 2016.

24 ter. Opzione per l'imposta sostitutiva sui redditi delle persone fisiche titolari di redditi da pensione di fonte estera che trasferiscono la propria residenza fiscale nel Mezzogiorno(1). – 1. Fatte salve le disposizioni dell'articolo 24-bis, le persone fisiche, titolari dei redditi da pensione di cui all'articolo 49, comma 2, lettera a), erogati da soggetti esteri, che trasferiscono in Italia la propria residenza ai sensi dell'articolo 2, comma 2, in uno dei comuni appartenenti al territorio delle regioni Sicilia, Calabria, Sardegna, Campania, Basilicata, Abruzzo, Molise e Puglia, o in uno dei comuni di cui agli allegati 1, 2 e 2-bis al decreto-legge 17 ottobre 2016, n. 189, convertito, con modificazioni, dalla legge 15 dicembre 2016, n. 229, o in uno dei comuni interessati dagli eventi sismici del 6 aprile 2009, avente comunque una popolazione non superiore a 20.000 abitanti, possono optare per l'assoggettamento dei redditi di qualunque categoria, [percepiti da fonte estera o] prodotti all'estero, individuati secondo i criteri di cui all'articolo 165, comma 2, a un'imposta sostitutiva, calcolata in via forfettaria, con aliquota del 7 per cento per ciascuno dei periodi di imposta di validità dell'opzione (2).

2. L'opzione di cui al comma 1 è esercitata dalle persone fisiche che non siano state fiscalmente residenti in Italia ai sensi dell'articolo 2, comma 2, nei cinque periodi d'imposta precedenti a quello in cui l'opzione diviene efficace ai sensi del comma 5

Possono esercitare l'opzione di cui al comma 1 le persone fisiche che trasferiscono la residenza da Paesi con i quali sono in vigore accordi di cooperazione amministrativa.

3. Le persone fisiche di cui al comma 1 indicano la giurisdizione o le giurisdizioni in cui hanno avuto l'ultima residenza fiscale prima dell'esercizio di validità dell'opzione.

L'Agenzia delle entrate trasmette tali informazioni, attraverso gli idonei strumenti di cooperazione amministrativa, alle autorità fiscali delle giurisdizioni indicate come luogo di ultima residenza fiscale prima dell'esercizio di validità dell'opzione.

4. L'opzione di cui al comma 1 è valida per i primi nove periodi d'imposta successivi a quello in cui diviene efficace ai sensi del comma 5 (3).

5. L'opzione di cui al comma 1 è esercitata nella dichiarazione dei redditi relativa al periodo d'imposta in cui viene trasferita la residenza in Italia ai sensi del comma 1 ed è efficace a decorrere da tale periodo d'imposta.

6. L'imposta è versata in unica soluzione entro il termine previsto per il versamento del saldo delle imposte sui redditi. Per l'accertamento, la riscossione, il contenzioso e le sanzioni si applicano, in quanto compatibili, le disposizioni previste per l'imposta sui redditi. L'imposta non è deducibile da nessun'altra imposta o contributo.

7. L'opzione è revocabile dal contribuente. Nel caso di revoca da parte del contribuente sono fatti salvi gli effetti prodotti nei periodi d'imposta precedenti. Gli effetti dell'opzione non si producono laddove sia accertata l'insussistenza dei requisiti previsti dal presente articolo,

ovvero cessano al venir meno dei medesimi requisiti. Gli effetti dell'opzione cessano, altresì, in caso di omesso o parziale versamento dell'imposta sostitutiva di cui al comma 1 nella misura e nel termine previsti, salvo che il versamento dell'imposta sostitutiva venga effettuato entro la data di scadenza del pagamento del saldo relativo al periodo d'imposta successivo a quello a cui l'omissione si riferisce. Resta fermo il pagamento delle sanzioni di cui all'articolo 13, comma 1, del decreto legislativo 18 dicembre 1997, n. 471, e degli interessi. La revoca o la decadenza dal regime precludono l'esercizio di una nuova opzione [(4)].

8. Le persone fisiche di cui al comma 1 possono manifestare la facoltà di non avvalersi dell'applicazione dell'imposta sostitutiva con riferimento ai redditi prodotti in uno o più Stati o territori esteri, dandone specifica indicazione in sede di esercizio dell'opzione ovvero con successiva modifica della stessa. Soltanto in tal caso, per i redditi prodotti nei suddetti Stati o territori esteri si applica il regime ordinario e compete il credito d'imposta per i redditi prodotti all'estero. Ai fini dell'individuazione dello Stato o territorio estero in cui sono prodotti i redditi si applicano i medesimi criteri di cui all'articolo 23.

8-bis. Con provvedimento del direttore dell'Agenzia delle entrate sono stabilite le modalità del regime di cui al presente articolo [(5)].

[(1)] *Articolo inserito dall'articolo 1, comma 273, della Legge 30 dicembre 2018, n. 145. Vedi inoltre il comma 274, dell'articolo 1 della Legge 145/2018 medesima.*
[(2)] *Comma modificato dall'articolo 5-bis, comma 1, lettera a), del D.L. 30 aprile 2019, n. 34, convertito, con modificazioni, dalla Legge 28 giugno 2019, n. 58 e successivamente dall'articolo 9-ter, comma 1, del D.L. 24 ottobre 2019, n. 123, convertito, con modificazioni, dalla Legge 12 dicembre 2019, n. 156 e successivamente dall'articolo 6-ter, comma 1, del D.L. 27 gennaio 2022, n. 4, convertito con modificazioni dalla Legge 28 marzo 2022, n. 25.*
[(3)] *Comma modificato dall'articolo 5-bis, comma 1, lettera b), del D.L. 30 aprile 2019, n. 34, convertito, con modificazioni, dalla Legge 28 giugno 2019, n. 58.*
[(4)] *Comma sostituito dall'articolo 5-bis, comma 1, lettera c), del D.L. 30 aprile 2019, n. 34, convertito, con modificazioni, dalla Legge 28 giugno 2019, n. 58*
[(5)] *Comma aggiunto dall'articolo 5-bis, comma 1, lettera c), del D.L. 30 aprile 2019, n. 34, convertito, con modificazioni, dalla Legge 28 giugno 2019, n. 58.*

CAPO II
Redditi fondiari

25. Redditi fondiari. – 1. Sono redditi fondiari quelli inerenti ai terreni e ai fabbricati situati nel territorio dello Stato che sono o devono essere iscritti, con attribuzione di rendita, nel catasto dei terreni o nel catasto edilizio urbano.

2. I redditi fondiari si distinguono in redditi dominicali dei terreni, redditi agrari e redditi dei fabbricati.

26. Imputazione dei redditi fondiari[(1)]. – 1. I redditi fondiari concorrono, indipendentemente dalla percezione, a formare il reddito complessivo dei soggetti che possiedono gli immobili a titolo di proprietà, enfiteusi, usufrutto o altro diritto reale, salvo quando stabilito dall'art. 30, per il periodo di imposta in cui si è verificato il possesso. I redditi derivanti da contratti di locazione di immobili ad uso abitativo, se non percepiti, non concorrono a formare il reddito, purché la mancata percezione sia comprovata dall'intimazione di sfratto per morosità o dall'ingiunzione di pagamento. Ai canoni non riscossi dal locatore nei periodi d'imposta di riferimento e percepiti in periodi d'imposta successivi si applica l'articolo 21 in relazione ai redditi di cui all'articolo 17, comma 1, lettera n-bis). Per le imposte versate sui canoni venuti a scadenza e non percepiti come da accertamento avvenuto nell'ambito del procedimento giurisdizionale di convalida di sfratto per morosità è riconosciuto un credito di imposta di pari ammontare [(2)].

2. Nei casi di contitolarità della proprietà o altro diritto reale sull'immobile o di coesistenza di più diritti reali su di esso il reddito fondiario concorre a formare il reddito complessivo di ciascun soggetto per la parte corrispondente al suo diritto. [Ciascun contitolare deve indicare nella dichiarazione dei redditi le generalità degli altri.] [(3)]

3. Se il possesso dell'immobile è stato trasferito, in tutto o in parte, nel corso del periodo di imposta, il reddito fondiario concorre a formare il reddito complessivo di ciascun soggetto proporzionalmente alla durata del suo possesso. [Nella dichiarazione dei redditi relativa al periodo di imposta nel quale è cessato il possesso devono essere indicati il nuovo possessore e il titolo del trasferimento con gli estremi della trascrizione.] [(4)]

[(1)] *Il D.Lgs. 12 dicembre 2003, n. 344, ha disposto, con l'articolo 1, comma 1, la totale modifica del presente provvedimento, e ne ha ridefinito la struttura di titoli, capi e sezioni. Nel testo precedente la riforma introdotta dal D.Lgs. 344/2003 le disposizioni contenute nel presente articolo erano previste dall'articolo 23.*
[(2)] *Comma modificato dall'articolo 8, comma 5, della legge 9 dicembre 1998, n. 431. Il richiamo all'articolo 30, di cui al presente comma, deve intendersi riferito all'attuale articolo 33, come disposto dall'articolo 2, comma 3, del D.Lgs. 12 dicembre 2003, n. 344. Successivamente il presente comma è stato modificato dall'articolo 3-quinquies, comma 1, del D.L. 30 aprile 2019, n. 34, convertito, con modificazioni, dalla Legge 28 giugno 2019, n. 58. Per l'applicazione delle presenti disposizioni vedi l'articolo 3-quinquies, comma 2, del D.L. 34/2019 medesimo, convertito, con modificazioni, dalla Legge 28 giugno 2019, n. 58. A norma dell'articolo 6-septies, comma 2, del D.L. 22 marzo 2021, n. 41, convertito con modificazioni dalla Legge 21 maggio 2021, n. 69, le disposizioni cui al presente comma hanno effetto per i canoni derivanti dai contratti di locazione di immobili non percepiti a decorrere dal 1° gennaio 2020.*
[(3)] *Comma modificato dall'articolo 4, comma 1, lettera a), numero 1), del D.L. 31 maggio 1994, n. 330.*
[(4)] *Comma modificato dall'articolo 4, comma 1, lettera a), numero 2), del D.L. 31 maggio 1994, n. 330.*

27. Reddito dominicale dei terreni. – 1. Il reddito dominicale è costituito dalla parte dominicale del reddito medio ordinario ritraibile dal terreno attraverso l'esercizio delle attività agricole di cui all'art. 29 [(1)].

2. Non si considerano produttivi di reddito dominicale i terreni che costituiscono pertinenze di fabbricati urbani, quelli dati in affitto per usi non agricoli, nonché quelli produttivi di reddito di impresa di cui alla lettera c) del comma 2 dell'art. 51[(2)].

[(1)] *Il richiamo all'articolo 29, di cui al presente comma, deve intendersi riferito all'attuale articolo 32, come disposto dall'articolo 2, comma 3, del D.Lgs. 12 dicembre 2003, n. 344.*
[(2)] *Comma modificato dall'articolo 23, comma 1, lettera a), della legge 30 dicembre 1991, n. 413. Il richiamo all'articolo 51, di cui al presente comma, deve intendersi riferito all'attuale articolo 55, come disposto dall'articolo 2, comma 3, del D.Lgs. 12 dicembre 2003, n. 344.*

28. Determinazione del reddito dominicale. – 1. Il reddito dominicale è determinato mediante l'applicazione di tariffe d'estimo stabilite, secondo le norme della legge catastale, per ciascuna qualità e classe di terreno.

2. Le tariffe d'estimo sono sottoposte a revisione quando se ne manifesti l'esigenza per sopravvenute variazioni nelle quantità e nei prezzi dei prodotti e dei mezzi di produzione o nell'organizzazione e strutturazione aziendale, e comunque ogni dieci anni.

3. La revisione è disposta con decreto del Ministro delle finanze, previo parere della Commissione censuaria centrale e può essere effettuata, d'ufficio o su richiesta dei comuni interessati, anche per singole zone censuarie e per singole qualità e classi di terreni. Prima di procedervi gli uffici tecnici erariali devono sentire i comuni interessati.

4. Le modificazioni derivanti dalla revisione hanno effetto dall'anno successivo a quello di pubblicazione nella Gazzetta Ufficiale del nuovo prospetto delle tariffe d'estimo.

4- bis. Il reddito dominicale delle superfici adibite alle colture prodotte in serra o alla funghicoltura, in mancanza della corrispondente qualità nel quadro di qualificazione catastale, è determinato mediante l'applicazione della tariffa d'estimo più alta in vigore nella provincia[1].

[1] Comma aggiunto dall'articolo 1, comma 1, lettera d), del D.L. 27 aprile 1990, n. 90.

29. Variazioni del reddito dominicale. – 1. Dà luogo a variazioni del reddito dominicale in aumento la sostituzione della qualità di coltura allibrata in catasto con altra di maggiore reddito.

2. Danno luogo a variazioni del reddito dominicale in diminuzione:

a) la sostituzione della qualità di coltura allibrata in catasto con altra di minore reddito;

b) la diminuzione della capacità produttiva del terreno per naturale esaurimento o per altra causa di forza maggiore, anche se non vi è stato cambiamento di coltura, ovvero per eventi fitopatologici o entomologici interessanti le piantagioni.

3. Non si tiene conto delle variazioni dipendenti da deterioramenti intenzionali o da circostanze transitorie.

4. Le variazioni indicate nei commi 1 e 2 danno luogo a revisione del classamento dei terreni cui si riferiscono. Se a tali terreni non si possono attribuire qualità o classi già esistenti nel comune o nella sezione censuaria, si applicano le tariffe più prossime per ammontare fra quelle attribuite a terreni della stessa qualità di coltura ubicati in altri comuni o sezioni censuarie, purché in condizioni agrologicamente equiparabili. Tuttavia se detti terreni risultano di rilevante estensione o se la loro redditività diverge sensibilmente dalle tariffe applicate nel comune o nella sezione censuaria, si istituiscono per essi apposite qualità e classi, secondo le norme della legge catastale.

5. Quando si verificano variazioni a carattere permanente nello stato delle colture e in determinati comuni o sezioni censuarie, può essere in ogni tempo disposta con decreto del Ministro delle finanze, su richiesta della Commissione censuaria distrettuale o d'ufficio e in ogni caso previo parere della Commissione censuaria centrale, l'istituzione di nuove qualità e classi in sostituzione di quelle esistenti.

30. Denuncia e decorrenza delle variazioni. – 1. Le variazioni del reddito dominicale contemplate dai commi 1 e 2 dell'art. 26 devono essere denunciate dal contribuente all'ufficio tecnico erariale. Nella denuncia devono essere indicate la partita catastale e le particelle cui le variazioni si riferiscono; se queste riguardano porzioni di particelle deve essere unita la dimostrazione grafica del frazionamento[1].

2. Le variazioni in aumento devono essere denunciate entro il 31 gennaio dell'anno successivo a quello in cui si sono verificati i fatti indicati nel comma 1 dell'art. 26 e hanno effetto da tale anno.

3. Le variazioni in diminuzione hanno effetto dall'anno in cui si sono verificati i fatti indicati nel comma 2 dell'art. 26 se la denuncia è stata presentata entro il 31 gennaio dell'anno successivo; se la denuncia è stata presentata dopo, dall'anno in cui è stata presentata [4].

4. Le variazioni del reddito dominicale contemplate dal comma 5 dell'art. 26 hanno effetto dall'anno successivo a quello di pubblicazione del decreto nella Gazzetta Ufficiale.

[1] Il richiamo all'articolo 26, di cui al presente comma, deve intendersi riferito all'attuale articolo 29, come disposto dall'articolo 2, comma 3, del D.Lgs. 12 dicembre 2003, n. 344.

31. Perdite per mancata coltivazione e per eventi naturali. – [1. Se un fondo rustico costituito per almeno due terzi da terreni qualificati come coltivabili a prodotti annuali non sia stato coltivato, neppure in parte, per un'intera annata agraria e per cause non dipendenti dalla tecnica agraria, il reddito dominicale, per l'anno in cui si è chiusa l'annata agraria, si considera pari al 30 per cento di quello determinato a norma dei precedenti articoli.] [1]

2. In caso di perdita, se per eventi naturali, di almeno il 30 per cento del prodotto ordinario del fondo rustico preso a base per la formazione delle tariffe d'estimo, il reddito dominicale, per l'anno in cui si è verificata la perdita, si considera inesistente. L'evento dannoso deve essere denunciato dal possessore danneggiato entro tre mesi dalla data in cui si è verificato ovvero, se la data non sia esattamente determinabile, almeno quindici giorni prima dell'inizio del raccolto. La denuncia deve essere presentata all'ufficio tecnico erariale, che provvede all'accertamento della diminuzione del prodotto, sentito l'ispettorato provinciale dell'agricoltura, e la trasmette all'ufficio delle imposte.

3. Se l'evento dannoso interessa una pluralità di fondi rustici gli uffici tecnici erariali, su richiesta dei sindaci dei comuni interessati o di altri soggetti nell'interesse dei possessori danneggiati, sentiti gli ispettorati provinciali dell'agricoltura, provvedono alla delimitazione delle zone danneggiate e all'accertamento della diminuzione dei prodotti e trasmettono agli uffici delle imposte nel cui distretto sono situati i fondi le corografie relative alle zone delimitate, indicando le ditte catastali comprese in detta zona e il reddito dominicale relativo a ciascuna di esse.

4. Ai fini del presente articolo il fondo rustico deve essere costituito da particelle catastali riportate in una stessa partita e contigue l'una all'altra in modo da formare un unico appezzamento. La contiguità non si considera interrotta da strade, ferrovie e corsi di acqua naturali o artificiali eventualmente interposti.

[1] Comma abrogato dall'articolo 7, comma 3, del D.L. 24 giugno 2014, n. 91, convertito, con modificazioni, dalla Legge 11 agosto 2014, n. 116.

32. Reddito agrario. – 1. Il reddito agrario è costituito dalla parte del reddito medio ordinario dei terreni imputabile al capitale d'esercizio e al lavoro di organizzazione impiegati, nei limiti della potenzialità del terreno, nell'esercizio di attività agricole su di esso.

2. Sono considerate attività agricole:

a) le attività dirette alla coltivazione del terreno, e alla silvicoltura [1];

b) l'allevamento di animali con mangimi ottenibili per almeno un quarto dal terreno e le attività dirette alla produzione di vegetali tramite l'utilizzo di strutture fisse o mobili, anche provvisorie, se la superficie adibita alla produzione non eccede il doppio di quella del terreno su cui la produzione stessa insiste[2];

c) le attività di cui al terzo comma dell'articolo 2135 del codice civile, dirette alla manipolazione, conservazione, trasformazione, commercializzazione e valorizzazione, ancorché non svolte sul terreno, di prodotti ottenuti prevalentemente dalla coltivazione del fondo o del bosco o dall'allevamento di animali, con riferimento ai beni individuati, ogni due anni e tenuto conto dei criteri di cui al comma 1, con decreto del Ministro dell'economia e delle finanze su proposta del Ministro delle politiche agricole e forestali [3].

3. Con decreto del Ministro delle finanze, di concerto con il Ministro dell'agricoltura e delle foreste, è stabilito per ciascuna specie animale il numero dei capi che rientra nei limiti di cui alla lettera b) del comma 2, tenuto conto della potenzialità produttiva dei terreni e delle unità foraggere occorrenti a seconda della specie allevata.

4. Non si considerano produttivi di reddito agrario i terreni indicati nel comma 2 dell'art. 24 [4].

(1) Lettera modificata dall'articolo 3, comma 4, lettera a), numero 1), della legge 23 dicembre 1996, n. 662.
(2) Lettera modificata dall'articolo 31, comma 3, della legge 23 dicembre 1994, n. 724 e successivamente sostituita dall'articolo 3, comma 4, lettera a), numero 2), della legge 23 dicembre 1996, n. 662.
(3) Lettera sostituita dall'articolo 2, comma 6, lettera a), della legge 24 dicembre 2003, n. 350.
(4) Il richiamo all'articolo 24, di cui al presente comma, deve intendersi riferito all'attuale articolo 27, come disposto dall'articolo 2, comma 3, del D.Lgs. 12 dicembre 2003, n. 344.

33. Imputazione del reddito agrario. – 1. Se il terreno è dato in affitto per uso agricolo, il reddito agrario concorre a formare il reddito complessivo dell'affittuario, anziché quello del possessore, a partire dalla data in cui ha effetto il contratto.

2. Nei casi di conduzione associata, salvo il disposto dell'art. 5, il reddito agrario concorre a formare il reddito complessivo di ciascun associato per la quota di sua spettanza. Il possessore del terreno o l'affittuario deve allegare alla dichiarazione dei redditi un atto sottoscritto da tutti gli associati dal quale risultino la quota del reddito agrario spettante a ciascuno e la decorrenza del contratto. Mancando la sottoscrizione anche di un solo associato o l'indicazione della ripartizione del reddito si presume che questo sia ripartito in parti uguali.

2-bis. Sono considerate produttive di reddito agrario anche le attività di coltivazione di prodotti vegetali per conto terzi svolte nei limiti di cui all'articolo 32, comma 2, lettera b)[1].

(1) Comma aggiunto dall'articolo 1, comma 176, della legge 24 dicembre 2007, n. 244.

34. Determinazione del reddito agrario. – 1. Il reddito agrario è determinato mediante l'applicazione di tariffe d'estimo stabilite per ciascuna qualità e classe secondo le norme della legge catastale.

2. Le tariffe d'estimo sono sottoposte a revisione secondo le disposizioni dell'art. 25. Alle revisioni si procede contemporaneamente a quelle previste nel detto articolo agli effetti del reddito dominicale [1].

3. Le revisioni del classamento disposte ai sensi degli articoli 26 e 27 valgono anche per i redditi agrari. Per i terreni condotti in affitto o in forma associata le denunce di cui all'art. 27 possono essere presentate anche dall'affittuario o da uno degli associati [2].

4. Per la determinazione del reddito agrario delle superfici adibite alle colture prodotte in serra o alla funghicoltura si applica la disposizione del comma 4- bis dell'art. 25[3].

(1) Il richiamo all'articolo 25, di cui al presente comma, deve intendersi riferito all'attuale articolo 28, come disposto dall'articolo 2, comma 3, del D.Lgs. 12 dicembre 2003, n. 344.
(2) Il richiamo agli articoli 26 e 27, di cui al presente comma, deve intendersi riferito agl attuali 29 e 30, come disposto dall'articolo 2, comma 3, del D.Lgs. 12 dicembre 2003, n. 344.
(3) Comma sostituito dall'articolo 1, comma 1, lettera e), del D.L. 27 aprile 1990, n. 90.

35. Perdite per mancata coltivazione e per eventi naturali. – 1. Nelle ipotesi previste dall'art. 28 il reddito agrario si considera inesistente [1].

(1) Il richiamo all'articolo 28, di cui al presente comma, deve intendersi riferito all'attuale articolo 31, come disposto dall'articolo 2, comma 3, del D.Lgs. 12 dicembre 2003, n. 344.

36. Reddito dei fabbricati [1]. – 1. Il reddito dei fabbricati è costituito dal reddito medio ordinario ritraibile da ciascuna unità immobiliare urbana.

2. Per unità immobiliari urbane si intendono i fabbricati e le altre costruzioni stabili o le loro porzioni suscettibili di reddito autonomo. Le aree occupate dalle costruzioni e quelle che ne costituiscono pertinenze si considerano parti integranti delle unità immobiliari.

3. Non si considerano produttive di reddito, se non sono oggetto di locazione, le unità immobiliari destinate esclusivamente all'esercizio del culto, compresi i monasteri di clausura, purché compatibile con le disposizioni degli articoli 8 e 19 della Costituzione e le loro pertinenze. Non si considerano, altresì, produttive di reddito le unità immobiliari per le quali sono state rilasciate licenze, concessioni o autorizzazioni per restauro, risanamento conservativo o ristrutturazione edilizia, limitatamente al periodo di validità del provvedimento durante il quale l'unità immobiliare non è comunque utilizzata [1].

3-bis. Il reddito imputabile a ciascun condomino derivante dagli immobili di cui all'art. 1117, n. 2, del codice civile oggetto di proprietà comune, cui è attribuita o attribuibile un'autonoma rendita catastale, non concorre a formare il reddito del contribuente se d'importo non superiore a lire 50 mila [2].

(1) Comma modificato dall'articolo 23, comma 1, lettera b), della legge 30 dicembre 1991, n. 413 e successivamente dall'articolo 4, comma 1, lettera b), numero 1), del D.L. 31 maggio 1994, n. 330, a partire dal periodo d'imposta in corso alla data dell'8 dicembre 1993, da ultimo modificato dall'articolo 6, comma 1, della legge 18 febbraio 1999, n. 28.
(2) Comma aggiunto dall'articolo 4, comma 1, lettera b), numero 2), del D.L. 31 maggio 1994, n. 330, a partire dal periodo d'imposta in corso alla

data dell'8 dicembre 1993.

37. Determinazione del reddito dei fabbricati. – 1. Il reddito medio ordinario delle unità immobiliari è determinato mediante l'applicazione delle tariffe d'estimo, stabilite secondo le norme della legge catastale per ciascuna categoria e classe, ovvero, per i fabbricati a destinazione speciale o particolare, mediante stima diretta.

2. Le tariffe d'estimo e i redditi dei fabbricati a destinazione speciale o particolare sono sottoposti a revisione quando se ne manifesti l'esigenza per sopravvenute variazioni di carattere permanente nella capacità di reddito delle unità immobiliari e comunque ogni dieci anni. La revisione è disposta con decreto del Ministro delle finanze previo parere della Commissione censuaria centrale e può essere effettuata per singole zone censuarie. Prima di procedervi gli uffici tecnici erariali devono sentire i comuni interessati.

3. Le modificazioni derivanti dalla revisione hanno effetto dall'anno di pubblicazione nella Gazzetta Ufficiale del nuovo prospetto delle tariffe, ovvero, nel caso di stima diretta, dall'anno in cui è stato notificato il nuovo reddito al possessore iscritto in catasto. Se la pubblicazione o notificazione avviene oltre il mese precedente quello stabilito per il versamento dell'acconto di imposta, le modificazioni hanno effetto dall'anno successivo.

4. Il reddito delle unità immobiliari non ancora iscritte in catasto è determinato comparativamente a quello delle unità similari già iscritte.

4-bis. Qualora il canone risultante dal contratto di locazione, ridotto forfettariamente del 5 per cento, sia superiore al reddito medio ordinario di cui al comma 1, il reddito è determinato in misura pari a quella del canone di locazione al netto di tale riduzione. Per i fabbricati siti nella città di Venezia centro e nelle isole della Giudecca, di Murano e di Burano, la riduzione è elevata al 25 per cento. Per gli immobili riconosciuti di interesse storico o artistico, ai sensi dell'articolo 10 del codice di cui al decreto legislativo 22 gennaio 2004, n. 42, la riduzione è elevata al 35 per cento(1).

[4- ter. Se l'ammontare delle spese effettivamente sostenute in un anno e comprovate da idonea documentazione è superiore al 15 per cento del canone relativo all'anno medesimo, l'eccedenza può essere computata, sempre in misura tale da non superare complessivamente per ciascun periodo di imposta il predetto limite percentuale, in diminuzione dei canoni dei periodi di imposta successivi, ma non oltre il secondo.] (2)

[4- quater. Dall'ammontare complessivo del reddito dell'unità immobiliare adibita ad abitazione principale delle persone fisiche e di quello delle sue pertinenze si deduce, fino a concorrenza dell'ammontare stesso, l'importo di unmilionecentomila lire rapportato al periodo dell'anno durante il quale sussiste tale destinazione ed in proporzione alla quota di possesso. Sono ricomprese tra le pertinenze le unità immobiliari classificate o classificabili nelle categorie catastali C/2, C/6 e C/7, destinate ed effettivamente utilizzate in modo durevole a servizio delle unità immobiliari adibite ad abitazione principale delle persone fisiche. Per abitazione principale si intende quella nella quale la persona fisica che la possiede a titolo di proprietà, usufrutto o altro diritto reale e i suoi familiari dimorano abitualmente.] (3)

(1) Comma aggiunto dall'articolo 11, comma 1, lettera e), della legge 30 dicembre 1991, n. 413, sostituito dall'articolo 4, comma 1, lettera c), del D.L. 31 maggio 1994, n. 330, successivamente modificato, a decorrere dal periodo di imposta successivo a quello in corso al 31 dicembre 2011, dall'articolo 4, comma 5-sexies, lettera a), del D.L. 2 marzo 2012, n. 16 e, da ultimo, dall'articolo 4, comma 74, della legge 28 giugno 2012, n. 92.

(2) Comma aggiunto dall'articolo 11, comma 1, lettera e), della legge 30 dicembre 1991, n. 413 e successivamente abrogato dall'articolo 4, comma 3, del D.L. 31 maggio 1994, n. 330.

(3) Comma aggiunto dall'articolo 15, comma 1, della legge 24 dicembre 1993, n. 537, successivamente modificato dall'articolo 3, comma 49, della legge 23 dicembre 1996, n. 662 e da ultimo abrogato, con effetto dal periodo d'imposta 1999, dall'articolo 18, comma 4, della legge 13 maggio 1999, n. 133.

38. Variazioni del reddito dei fabbricati. – 1. Se per un triennio il reddito lordo effettivo di una unità immobiliare differisce dalla rendita catastale per almeno il 50 per cento di questa, l'ufficio tecnico erariale, su segnalazione dell'ufficio delle imposte o del comune o su domanda del contribuente, procede a verifica ai fini del diverso classamento dell'unità immobiliare, ovvero, per i fabbricati a destinazione speciale o particolare, della nuova determinazione della rendita. Il reddito lordo effettivo è costituito dai canoni di locazione risultanti dai relativi contratti; in mancanza di questi, è determinato comparativamente ai canoni di locazione di unità immobiliari aventi caratteristiche similari e ubicate nello stesso fabbricato o in fabbricati viciniori.

2. Se la verifica interessa un numero elevato di unità immobiliari di una zona censuaria, il Ministero delle finanze, previo parere della Commissione censuaria centrale, dispone per l'intera zona la revisione del classamento e la stima diretta dei redditi dei fabbricati a destinazione speciale o particolare.

39. Decorrenza delle variazioni. – Le variazioni del reddito risultanti dalle revisioni effettuate a norma dell'articolo 35 hanno effetto dal 1° gennaio dell'anno successivo al triennio in cui si sono verificati i presupposti per la revisione(1).

(1) Il richiamo all'articolo 35, di cui al presente comma, deve intendersi riferito all'attuale articolo 38, come disposto dall'articolo 2, comma 3, del D.Lgs. 12 dicembre 2003, n. 344.

40. Fabbricati di nuova costruzione. – 1. Il reddito dei fabbricati di nuova costruzione concorre a formare il reddito complessivo dalla data in cui il fabbricato è divenuto atto all'uso cui è destinato o è stato comunque utilizzato dal possessore.

41. Unità immobiliari non locate (1). – Se le unità immobiliari ad uso di abitazione, possedute in aggiunta a quelle adibite ad abitazione principale del possessore o dei suoi familiari o all'esercizio di arti e professioni o di imprese commerciali da parte degli stessi, sono utilizzate direttamente, anche come residenze secondarie, dal possessore o dai suoi familiari o sono comunque tenute a propria disposizione, il reddito è aumentato di un terzo.

(1) Articolo modificato dall'articolo 1, comma 5, del D.L. 23 gennaio 1993, n. 16 e successivamente sostituito dall'articolo 1, comma 5-bis, del D.L. 31 maggio 1994, n. 330.

42. Costruzioni rurali (1). – 1. Non si considerano produttive di reddito di fabbricati le costruzioni o porzioni di costruzioni rurali, e relative pertinenze, appartenenti al possessore o all'affittuario dei terreni cui servono e destinate:

a) alla abitazione delle persone addette alla coltivazione della terra, alla custodia dei fondi, del bestiame e degli edifici rurali e alla vigilanza dei lavoratori agricoli, nonché dei familiari conviventi a loro carico, sempre che le caratteristiche dell'immobile siano rispondenti alle esigenze delle attività esercitate [1];

b) al ricovero degli animali di cui alla lettera b) del comma 2 dell'art. 29 e di quelli occorrenti per la coltivazione;

c) alla custodia delle macchine, degli attrezzi e delle scorte occorrenti per la coltivazione;

d) alla protezione delle piante, alla conservazione dei prodotti agricoli e alle attività di manipolazione e trasformazione di cui alla lettera c) del comma 2 dell'art. 29 [2].

(1) Lettera sostituita dall'articolo 1, comma 1, lettera f), del D.L. 27 aprile 1990, n. 90.
(2) Il richiamo all'articolo 29, di cui al presente articolo, deve intendersi riferito all'attuale articolo 32, come disposto dall'articolo 2, comma 3, del D.Lgs. 12 dicembre 2003, n. 344.

43. Immobili non produttivi di reddito fondiario [1]. – 1. Non si considerano produttivi di reddito fondiario gli immobili relativi ad imprese commerciali e quelli che costituiscono beni strumentali per l'esercizio di arti e professioni.

2. Ai fini delle imposte sui redditi si considerano strumentali gli immobili utilizzati esclusivamente per l'esercizio dell'arte o professione o dell'impresa commerciale da parte del possessore. Gli immobili relativi ad imprese commerciali che per le loro caratteristiche non sono suscettibili di diversa utilizzazione senza radicali trasformazioni si considerano strumentali anche se non utilizzati o anche se dati in locazione o comodato salvo quanto disposto nell'art. 77, comma 1. Si considerano, altresì, strumentali gli immobili di cui all'ultimo periodo del comma 1-bis dell'articolo 62 per il medesimo periodo temporale ivi indicato [2].

(1) Comma modificato dall'articolo 2, comma 1, lettera d), del D.L. 27 aprile 1990, n. 90 e successivamente dall'articolo 145, comma 99, della legge 23 dicembre 2000, n. 388.
(2) I richiami agli articoli 77 e 62, di cui al presente comma, devono intendersi riferiti agli attuali articoli 65 e articoli 95, come disposto dall'articolo 2, comma 3, del D.Lgs. 12 dicembre 2003, n. 344.

CAPO III
Redditi di capitale

44. Redditi di capitale. – 1. Sono redditi di capitale:

a) gli interessi e altri proventi derivanti da mutui, depositi e conti correnti;

b) gli interessi e gli altri proventi delle obbligazioni e titoli similari, degli altri titoli diversi dalle azioni e titoli similari, nonché dei certificati di massa;

c) le rendite perpetue e le prestazioni annue perpetue di cui agli articoli 1861 e 1869 del codice civile;

d) i compensi per prestazioni di fideiussione o di altra garanzia;

d-bis) i proventi derivanti da prestiti erogati per il tramite di piattaforme di prestiti per soggetti finanziatori non professionali (piattaforme di Peer to Peer Lending)gestite da società iscritte all'albo degli intermediari finanziari di cui all'articolo 106 del testo unico delle leggi in materia bancaria e creditizia, di cui al decreto legislativo 1° settembre 1993, n. 385, o da istituti di pagamento rientranti nell'ambito di applicazione dell'articolo 114 del medesimo testo unico di cui al decreto legislativo n. 385 del 1993, autorizzati dalla Banca d'Italia[1];

e) gli utili derivanti dalla partecipazione al capitale o al patrimonio di società ed enti soggetti all'imposta sul reddito delle società, salvo il disposto della lettera d) del comma 2 dell'articolo 53; è ricompresa tra gli utili la remunerazione dei finanziamenti eccedenti di cui all'articolo 98 direttamente erogati dal socio o dalle sue parti correlate, anche in sede di accertamento;

f) gli utili derivanti da associazioni in partecipazione e dai contratti indicati nel primo comma dell'articolo 2554 del codice civile, salvo il disposto della lettera c) del comma 2 dell'articolo 53;

g) i proventi derivanti dalla gestione, nell'interesse collettivo di pluralità di soggetti, di masse patrimoniali costituite con somme di denaro e beni affidati da terzi o provenienti dai relativi investimenti

g-bis) i proventi derivanti da riporti e pronti contro termine su titoli e valute;

g-ter) i proventi derivanti dal mutuo di titoli garantito;

g-quater) i redditi compresi nei capitali corrisposti in dipendenza di contratti di assicurazione sulla vita e di capitalizzazione);

g-quinquies) i redditi derivanti dai rendimenti delle prestazioni pensionistiche di cui alla lettera h-bis) del comma 1 dell'articolo 50 erogate in forma periodica e delle rendite vitalizie aventi funzione previdenziale;

g-sexies) i redditi imputati al beneficiario di trust ai sensi dell'articolo 73, comma 2, anche se non residenti, nonché i redditi corrisposti a residenti italiani da trust e istituti aventi analogo contenuto, stabiliti in Stati e territori che con riferimento al trattamento dei redditi prodotti dal trust si considerano a fiscalità privilegiata ai sensi dell'articolo 47-bis, anche qualora i percipienti residenti non possono essere considerati beneficiari individuati ai sensi dell'articolo 73 [2];

h) gli interessi e gli altri proventi derivanti da altri rapporti aventi per oggetto l'impiego del capitale, esclusi i rapporti attraverso cui possono essere realizzati differenziali positivi e negativi in dipendenza di un evento incerto.

2. Ai fini delle imposte sui redditi:

a) si considerano similari alle azioni, i titoli e gli strumenti finanziari emessi da società ed enti di cui all'articolo 73, comma 1, lettere a), b) e d), la cui remunerazione è costituita totalmente dalla partecipazione ai risultati economici della società emittente o di altre società appartenenti allo stesso gruppo o dell'affare in relazione al quale i titoli e gli strumenti finanziari sono stati emessi. Le partecipazioni al capitale o al patrimonio, nonché i titoli e gli strumenti finanziari di cui al periodo precedente emessi da società ed enti di cui all'articolo 73, comma 1, lettera d), si considerano similari alle azioni a condizione che la relativa remunerazione sia totalmente indeducibile nella determinazione del reddito nello Stato estero di residenza del soggetto emittente; a tale fine l'indeducibilità deve risultare da una dichiarazione dell'emittente stesso o da altri elementi certi e precisi[3]

[b) le partecipazioni al capitale o al patrimonio delle società e degli enti di cui all'articolo 73, comma 1, lettera d), rappresentate e non rappresentate da titoli, si considerano similari rispettivamente alle azioni o alle quote di società a responsabilità limitata nel caso in cui la relativa remunerazione se corrisposta da una società residente sarebbe stata totalmente indeducibile nella determinazione del reddito d'impresa per effetto di quanto previsto dall'articolo 109, comma 9;] [4]

c) si considerano similari alle obbligazioni:

1) i buoni fruttiferi emessi da società esercenti la vendita a rate di autoveicoli, autorizzate ai sensi dell'articolo 29 del regio decreto-legge 15 marzo 1927, n. 436, convertito nella legge 19 febbraio 1928, n. 510;

2) i titoli di massa che contengono l'obbligazione incondizionata di pagare alla scadenza una somma non inferiore a quella in essi indicata, con o senza la corresponsione di proventi periodici, e che non attribuiscono ai possessori alcun diritto di partecipazione diretta o indiretta alla gestione dell'impresa emittente o dell'affare in relazione al quale siano stati emessi, né di controllo sulla gestione stessa.

[1] *Lettera inserita dall'articolo 1, comma 43, della Legge 27 dicembre 2017, n. 205.*

[2] *Lettera aggiunta dall'articolo 1, comma 75, della legge 27 dicembre 2006, n. 296 e successivamente modificata dall'articolo 13, comma 1, lettera a), del D.L. 26 ottobre 2019, n. 124, convertito con modificazioni dalla Legge 19 dicembre 2019 n. 157.*

[3] *Lettera sostituita, con effetto per i periodi di imposta che iniziano a decorrere dal 1° gennaio 2006, dall'articolo 2, comma 1, lettera a), del D.Lgs. 18 novembre 2005, n. 247.*

45. Determinazione del reddito di capitale[1]. – 1. Il reddito di capitale è costituito dall'ammontare degli interessi, utili o altri proventi percepiti nel periodo di imposta, senza alcuna deduzione. Nei redditi di cui alle lettere a), b), f), e g) del comma 1 dell'art. 41 è compresa anche la differenza tra la somma percepita o il valore normale dei beni ricevuti alla scadenza e il prezzo di emissione o la somma impiegata, apportata o affidata in gestione, ovvero il valore normale dei beni impiegati, apportati od affidati in gestione. I proventi di cui alla lettera g) del comma 1 dell'art. 41 sono determinati valutando le somme impiegate, apportate o affidate in gestione nonché le somme percepite o il valore normale dei beni ricevuti, rispettivamente, secondo il cambio del giorno in cui le somme o i valori sono impiegati o incassati. Qualora la differenza tra la somma percepita od il valore normale dei beni ricevuti alla scadenza e il prezzo di emissione dei titoli o certificati indicati nella lettera b) del comma 1 dell'art. 41 sia determinabile in tutto od in parte in funzione di eventi o di parametri non ancora certi o determinati alla data di emissione dei titoli o certificati, la parte di detto importo, proporzionalmente riferibile al periodo di tempo intercorrente fra la data di emissione e quella in cui l'evento od il parametro assumono rilevanza ai fini della determinazione della differenza, si considera interamente maturata in capo al possessore a tale ultima data. I proventi di cui alla lettera g-bis) del comma 1 dell'art. 41 sono costituiti dalla differenza positiva tra i corrispettivi globali di trasferimento dei titoli e delle valute. Da tale differenza si scomputano gli interessi e gli altri proventi dei titoli, non rappresentativi di partecipazioni, maturati nel periodo di durata del rapporto, con esclusione dei redditi esenti dalle imposte sui redditi. I corrispettivi a pronti e a termine espressi in valuta estera sono valutati, rispettivamente, secondo il cambio del giorno in cui sono pagati o incassati. Nei proventi di cui alla lettera g-ter) si comprende, oltre al compenso per il mutuo, anche il controvalore degli interessi e degli altri proventi dei titoli, non rappresentativi di partecipazioni, maturati nel periodo di durata del rapporto[2][3].

2. Per i capitali dati a mutuo gli interessi, salvo prova contraria, si presumono percepiti alle scadenze e nella misura pattuite per iscritto. Se le scadenze non sono stabilite per iscritto gli interessi si presumono percepiti nell'ammontare maturato nel periodo di imposta. Se la misura non è determinata per iscritto gli interessi si computano al saggio legale.

3. Per i contratti di conto corrente e per le operazioni bancarie regolate in conto corrente si considerano percepiti anche gli interessi compensati a norma di legge o di contratto.

4 . I capitali corrisposti in dipendenza di contratti di assicurazione sulla vita e di capitalizzazione costituiscono reddito per la parte corrispondente alla differenza tra l'ammontare percepito e quello dei premi pagati. Si considera corrisposto anche il capitale convertito in rendita a seguito di opzione. La predetta disposizione non si applica in ogni caso alle prestazioni erogate in forma di capitale ai sensi del decreto legislativo 21 aprile 1993, n. 124 e successive modificazioni ed integrazioni[4][5] .

[4- bis . Le somme od il valore normale dei beni distribuiti, anche in sede di riscatto o di liquidazione, dagli organismi d'investimento collettivo mobiliari [, soggetti ad imposta sostitutiva sul risultato di gestione], nonché le somme od il valore normale dei beni percepiti in sede di cessione delle partecipazioni ai predetti organismi costituiscono proventi per un importo corrispondente alla differenza positiva tra l'incremento di valore delle azioni o quote rilevato alla data della distribuzione, riscatto, liquidazione o cessione e l'incremento di valore delle azioni o quote rilevato alla data di sottoscrizione od acquisto. L'incremento di valore delle azioni o quote è rilevato dall'ultimo prospetto predisposto dalla società di gestione.] [6]

4-ter. I redditi di cui alla lettera g-quinquies) del comma 1 dell'articolo 41 sono costituiti dalla differenza tra l'importo di ciascuna rata di rendita o di prestazione pensionistica erogata e quello della corrispondente rata calcolata senza tener conto dei rendimenti finanziari [7].

4-quater. Qualora in relazione alle attribuzioni di trust esteri, nonché di istituti aventi analogo contenuto, a beneficiari residenti in Italia, non sia possibile distinguere tra redditi e patrimonio, l'intero ammontare percepito costituisce reddito [8].

[1] *Il D.Lgs. 12 dicembre 2003, n. 344, ha disposto, con l'articolo 1, comma 1, la totale modifica del presente provvedimento, e ne ha ridefinito la struttura di titoli, capi e sezioni. Nel testo precedente la riforma introdotta dal D.Lgs. 344/2003 le disposizioni contenute nel presente articolo erano previste dall'articolo 42.*

[2] *Comma modificato dall'articolo 2, comma 1, lettera a), del D.Lgs. 21 novembre 1997, n. 461 e successivamente dall'articolo 7, comma 2, lettera a), del D.Lgs. 16 giugno 1998, n. 201, dall'articolo 2, comma 1, lettera b), del D.Lgs. 21 luglio 1999, n. 259 e dall'articolo 9, comma 1, del D.Lgs. 23 dicembre 1999, n. 505.*

[3] *Il richiamo all'articolo 41, di cui al presente comma, deve intendersi riferito all'attuale articolo 44, come disposto dall'articolo 2, comma 3, del D.Lgs. 12 dicembre 2003, n. 344 .*

[4] *Comma modificato dall'articolo 11, comma 3, della legge 8 agosto 1995, n. 335 e successivamente dall'articolo 13, comma 1, lettera c), del D.Lgs. 18 febbraio 2000, n. 47 e dall'articolo 10, comma 2, del D.Lgs. 12 aprile 2001, n. 168.*

[5] *A norma dell'articolo 1, comma 5, del D.L. 31 dicembre 1996, n. 669, le disposizioni di cui all'ultimo periodo del presente comma, devono intendersi riferite esclusivamente ai destinatari iscritti alle forme pensionistiche complementari successivamente alla data di entrata in vigore del decreto legislativo n. 124 del 1993.*

(6) *Comma aggiunto dall'articolo 2, comma 1, lettera b), del D.Lgs. 21 novembre 1997, n. 461, successivamente modificato dall'articolo 1, comma 1, del D.Lgs. 16 giugno 1998, n. 201 e da ultimo abrogato, con effetto dal 1° luglio 2011, dall'articolo 2, comma 79, lettera d), del D.L. 29 dicembre 2010, n. 225.*
(7) *Comma aggiunto dall'articolo 10, comma 1, lettera d), del D.Lgs. 18 febbraio 2000, n. 47 e successivamente sostituito dall'articolo 7, comma 4, del D.Lgs. 12 aprile 2001, n. 168.*
(8) *Comma aggiunto dall'articolo 13, comma 1, lettera b), del D.L. 26 ottobre 2019, n. 124, convertito con modificazioni dalla Legge 19 dicembre 2019, n. 157.*

46. Versamenti dei soci. – 1. Le somme versate alle società commerciali e agli enti di cui all'articolo 73, comma 1, lettera b), dai loro soci o partecipanti si considerano date a mutuo se dai bilanci o dai rendiconti di tali soggetti non risulta che il versamento è stato fatto ad altro titolo[1].

2. La disposizione del comma 1 vale anche per le somme versate alle associazioni e ai consorzi dai loro associati o partecipanti.

(1) *Comma sostituito dall'articolo 1, comma 1, del D.Lgs. 12 dicembre 2003, n. 344.*

47. Utili da partecipazione [2]. – 1. [Salvi i casi di cui all'articolo 3, comma 3, lettera a), gli utili distribuiti in qualsiasi forma e sotto qualsiasi denominazione dalle società o dagli enti indicati nell'articolo 73, anche in occasione della liquidazione, concorrono alla formazione del reddito imponibile complessivo limitatamente al 40 per cento del loro ammontare.] Indipendentemente dalla delibera assembleare, si presumono prioritariamente distribuiti l'utile dell'esercizio e le riserve diverse da quelle del comma 5 per la quota di esse non accantonata in sospensione di imposta[2].

2. Nel caso di contratti di cui all'articolo 109, comma 9, lettera b), se l'associante determina il reddito in base alle disposizioni di cui all'articolo 66, gli utili concorrono alla formazione del reddito imponibile complessivo dell'associato nella misura del 58,14 per cento, qualora l'apporto sia superiore al 25 per cento della somma delle rimanenze finali di cui agli articoli 92 e 93 e del costo complessivo dei beni ammortizzabili determinato con i criteri di cui all'articolo 110 al netto dei relativi ammortamenti. Per i contratti stipulati con associanti non residenti, la disposizione del periodo precedente si applica nel rispetto delle condizioni indicate nell'articolo 44, comma 2, lettera a), ultimo periodo; ove tali condizioni non siano rispettate le remunerazioni concorrono alla formazione del reddito per il loro intero ammontare [3].

3. Nel caso di distribuzione di utili in natura, il valore imponibile è determinato in relazione al valore normale degli stessi alla data individuata dalla lettera a) del comma 2 dell'articolo 109.

4. Nonostante quanto previsto dai commi precedenti, concorrono integralmente alla formazione del reddito imponibile gli utili provenienti da imprese o enti residenti o localizzati in Stati o territori a regime fiscale privilegiato individuati in base ai criteri di cui all'articolo 47-bis, comma 1; a tali fini, si considerano provenienti da imprese o enti residenti o localizzati in Stati o territori a regime privilegiato gli utili relativi al possesso di partecipazioni dirette in tali soggetti o di partecipazioni di controllo, ai sensi del comma 2 dell'articolo 167, in società residenti all'estero che conseguono utili dalla partecipazione in imprese o enti residenti o localizzati in Stati o territori a regime privilegiato e nei limiti di tali utili. Le disposizioni di cui al periodo precedente non si applicano nel caso in cui gli stessi utili siano già stati imputati al socio ai sensi del comma 6 dell'articolo 167 o sia dimostrato, anche a seguito dell'esercizio dell'interpello di cui al comma 3 dell'articolo 47-bis, il rispetto, sin dal primo periodo di possesso della partecipazione, della condizione di cui al comma 2, lettera b), del medesimo articolo. Ove la dimostrazione operi in applicazione della lettera a) del comma 2 del medesimo articolo 47-bis, per gli utili di cui ai periodi precedenti, è riconosciuto al soggetto controllante, ai sensi del comma 2 dell'articolo 167, residente nel territorio dello Stato, ovvero alle sue controllate residenti percipienti gli utili, un credito d'imposta ai sensi dell'articolo 165 in ragione delle imposte assolte dall'impresa o ente partecipato sugli utili maturati durante il periodo di possesso della partecipazione, in proporzione degli utili conseguiti e nei limiti dell'imposta italiana relativa a tali utili. Ai soli fini dell'applicazione dell'imposta, l'ammontare del credito d'imposta di cui al periodo precedente è computato in aumento del reddito complessivo. Se nella dichiarazione è stato omesso soltanto il computo del credito d'imposta in aumento del reddito complessivo, si può procedere di ufficio alla correzione anche in sede di liquidazione dell'imposta dovuta in base alla dichiarazione dei redditi. Qualora il contribuente intenda far valere la sussistenza, sin dal primo periodo di possesso della partecipazione, della condizione indicata nella lettera b) del comma 2 dell'articolo 47-bis ma non abbia presentato l'istanza di interpello prevista dal comma 3 del medesimo articolo ovvero, avendola presentata, non abbia ricevuto risposta favorevole, la percezione di utili provenienti da partecipazioni in imprese o enti residenti o localizzati in Stati o territori a regime fiscale privilegiato individuati in base ai criteri di cui all'articolo 47-bis, comma 1, deve essere segnalata nella dichiarazione dei redditi da parte del socio residente; nei casi di mancata o incompleta indicazione nella dichiarazione dei redditi si applica la sanzione amministrativa prevista dall'articolo 8, comma 3-ter, del decreto legislativo 18 dicembre 1997, n. 471. Le disposizioni di cui al periodo precedente si applicano anche alle remunerazioni di cui all'articolo 109, comma 9, lettera b), relative a contratti stipulati con associanti residenti nei predetti Paesi o territori[4].

5. Non costituiscono utili le somme e i beni ricevuti dai soci delle società soggette all'imposta sul reddito delle società a titolo di ripartizione di riserve o altri fondi costituiti con sopraprezzi di emissione delle azioni o quote, con interessi di conguaglio versati dai sottoscrittori di nuove azioni o quote, con versamenti fatti dai soci a fondo perduto o in conto capitale e con saldi di rivalutazione monetaria esenti da imposta; tuttavia le somme o il valore normale dei beni ricevuti riducono il costo fiscalmente riconosciuto delle azioni o quote possedute.

6. In caso di aumento del capitale sociale mediante passaggio di riserve o altri fondi a capitale le azioni gratuite di nuova emissione e l'aumento gratuito del valore nominale delle azioni o quote già emesse non costituiscono utili per i soci. Tuttavia se e nella misura in cui l'aumento è avvenuto mediante passaggio a capitale di riserve o fondi diversi da quelli indicati nel comma 5, la riduzione del capitale esuberante successivamente deliberata è considerata distribuzione di utili; la riduzione si imputa con precedenza alla parte dell'aumento complessivo di capitale derivante dai passaggi

a capitale di riserve o fondi diversi da quelli indicati nel comma 5, a partire dal meno recente, ferme restando le norme delle leggi in materia di rivalutazione monetaria che dispongono diversamente.

7. Le somme o il valore normale dei beni ricevuti dai soci in caso di recesso, di esclusione, di riscatto e di riduzione del capitale esuberante o di liquidazione anche concorsuale delle società ed enti costituiscono utile per la parte che eccede il prezzo pagato per l'acquisto o la sottoscrizione delle azioni o quote annullate.

8. Le disposizioni del presente articolo valgono, in quanto applicabili, anche per gli utili derivanti dalla partecipazione in enti, diversi dalle società, soggetti all'imposta di cui al titolo II.

(1) Articolo modificato dall'articolo 1, comma 1, del D.P.R. 4 febbraio 1988, n. 42, dall'articolo 26, comma 5, del D.L. 2 marzo 1989, n. 69, dall'articolo 1, comma 1, lettera d), del D.L. 30 dicembre 1993, n. 557 e successivamente sostituito dall'articolo 1, comma 1, del D.Lgs. 12 dicembre 2003, n. 344.
(2) Comma modificato dall'articolo 1, comma 1004, lettera a), della Legge 27 dicembre 2017, n. 205.
(3) Comma modificato dall'articolo 2, comma 2, lettera a), del D.Lgs. 18 novembre 2005, n. 247 e successivamente sostituito dall'articolo 1, comma 1004, lettera b), della Legge 27 dicembre 2017, n. 205.
(4) Comma modificato dall'articolo 2, comma 2, lettera b), del D.Lgs. 18 novembre 2005, n. 247, dall'articolo 36, comma 3, del D.L. 4 luglio 2006, n. 223, dall'articolo 1, comma 83, lettera c), della legge 24 dicembre 2007, n. 244 e, da ultimo, dall'articolo 3, comma 1, lettera a), del D.Lgs. 14 settembre 2015, n. 147; a norma del comma 4 del medesimo articolo 3, la presente disposizione si applica a decorrere dal periodo di imposta in corso alla data di entrata in vigore del citato decreto, nonché agli utili distribuiti ed alle plusvalenze realizzate a decorrere dal medesimo periodo di imposta. Comma sostituito dall'articolo 5, comma 1, lettera a), del D.Lgs. 29 novembre 2018, n. 142; a norma all'articolo 13, comma 6, del D.Lgs. 29 novembre 2018, n. 142, le disposizioni di cui al presente comma si applicano a decorrere dal periodo di imposta successivo a quello in corso al 31 dicembre 2018, nonché agli utili percepiti e alle plusvalenze realizzate a decorrere dal medesimo periodo di imposta.

47 *bis*. Disposizioni in materia di regimi fiscali privilegiati[1]. – 1. I regimi fiscali di Stati o territori, diversi da quelli appartenenti all'Unione europea ovvero da quelli aderenti allo Spazio economico europeo con i quali l'Italia abbia stipulato un accordo che assicuri un effettivo scambio di informazioni, si considerano privilegiati:

a) nel caso in cui l'impresa o l'ente non residente o non localizzato in Italia sia sottoposto a controllo ai sensi dell'articolo 167, comma 2, da parte di un partecipante residente o localizzato in Italia, laddove si verifichi la condizione di cui al comma 4, lettera a), del medesimo articolo 167;

b) in mancanza del requisito del controllo di cui alla lettera a), laddove il livello nominale di tassazione risulti inferiore al 50 per cento di quello applicabile in Italia. A tali fini, tuttavia, si tiene conto anche di regimi speciali che non siano applicabili strutturalmente alla generalità dei soggetti svolgenti analoga attività dell'impresa o dell'ente partecipato, che risultino fruibili soltanto in funzione delle specifiche caratteristiche soggettive o temporali del beneficiario e che, pur non incidendo direttamente sull'aliquota, prevedano esenzioni o altre riduzioni della base imponibile idonee a ridurre il prelievo nominale al di sotto del predetto limite e sempreché, nel caso in cui il regime speciale riguardi solo particolari aspetti dell'attività economica complessivamente svolta dal soggetto estero, l'attività ricompresa nell'ambito di applicazione del regime speciale risulti prevalente, in termini di ricavi ordinari, rispetto alle altre attività svolte dal citato soggetto.

2. Ai fini dell'applicazione delle disposizioni del presente testo unico che fanno riferimento ai regimi fiscali privilegiati di cui al comma 1, il soggetto residente o localizzato nel territorio dello Stato che detenga, direttamente o indirettamente, partecipazioni di un'impresa o altro ente, residente o localizzato in Stati o territori a regime fiscale privilegiato individuati in base ai criteri di cui al comma 1, può dimostrare che:

a) il soggetto non residente svolga un'attività economica effettiva, mediante l'impiego di personale, attrezzature, attivi e locali;

b) dalle partecipazioni non consegua l'effetto di localizzare i redditi in Stati o territori a regime fiscale privilegiato di cui al comma 1.

3. Ai fini del comma 2, il contribuente può interpellare l'amministrazione ai sensi dell'articolo 11, comma 1, lettera b), della legge 27 luglio 2000, n. 212.

(1) Articolo inserito dall'art. 5, comma 1, lett. b), D.Lgs. 29 novembre 2018, n. 142; a norma dell'art. 13, comma 6, del medesimo D.Lgs. n. 142/2018, tali nuove disposizioni si applicano a decorrere dal periodo d'imposta successivo a quello in corso al 31 dicembre 2018, nonché agli utili percepiti e alle plusvalenze realizzate a decorrere dal medesimo periodo di imposta.

48. Redditi imponibili ad altro titolo [1]. – 1. Non costituiscono redditi di capitale gli interessi, gli utili e gli altri proventi di cui ai precedenti articoli conseguiti dalle società e dagli enti di cui all'articolo 73, comma 1, lettere a) e b), e dalle stabili organizzazioni dei soggetti di cui alla lettera d) del medesimo comma, nonché quelli conseguiti nell'esercizio di imprese commerciali.

2. I proventi di cui al comma 1, quando non sono soggetti a ritenuta alla fonte a titolo di imposta o ad imposta sostitutiva, concorrono a formare il reddito complessivo come componenti del reddito d'impresa.

(1) Articolo sostituito dall'articolo 1, comma 1, del D.Lgs. 12 dicembre 2003, n. 344.

48 *bis*. Determinazione dei redditi assimilati a quelli di lavoro dipendente [1]. – [1. Ai fini della determinazione dei redditi assimilati a quelli di lavoro dipendente si applicano le disposizioni dell'art. 48 salvo quanto di seguito specificato:

[a) ai fini della determinazione del reddito di cui alla lettera a) del comma 1 dell'art. 47, i contributi versati alle forme pensionistiche complementari previste dal decreto legislativo 21 aprile 1993, n. 124 dai lavoratori soci o dalle cooperative di produzione e lavoro non concorrono a formare il reddito fino ad un importo non superiore al 6 per cento, e comunque a 5 milioni di lire, dell'imponibile rilevante ai fini della contribuzione previdenziale obbligatoria;] [2]

a -bis) ai fini della determinazione del reddito di cui alla lettera e) del comma 1 dell'art. 47, i compensi percepiti dal personale dipendente del Servizio sanitario nazionale per l'attività libero-professionale intramuraria, esercitata presso studi professionali privati a seguito di autorizzazione del direttore generale dell'azienda sanitaria, costituiscono reddito nella misura del 75 per cento [3];

b) ai fini della determinazione delle indennità di cui alla lettera g) del comma 1 dell'art. 47, non concorrono, altresì, a formare il reddito le somme erogate ai titolari di cariche elettive pubbliche, nonchè a coloro che esercitano le funzioni di cui agli articoli 114 e 135 della Costituzione, a titolo di rimborso di spese, purchè l'erogazione di tali somme e i relativi criteri siano disposti dagli organi competenti a determinare i trattamenti dei soggetti stessi. Gli assegni vitalizi di cui alla predetta lettera g) del comma 1 dell'art. 47, sono assoggettati a tassazione per la quota parte che non deriva da fonti riferibili a trattenute effettuate al percettore già assoggettate a ritenute fiscali. Detta quota parte è determinata, per ciascun periodo d'imposta, in misura corrispondente al rapporto complessivo delle trattenute effettuate, assoggettate a ritenute fiscali, e la spesa complessiva per assegni vitalizi. Il rapporto va effettuato separatamente dai distinti soggetti erogatori degli assegni stessi, prendendo a base ciascuno i propri elementi;

c) per le rendite e gli assegni indicati alle lettere h) e i) del comma 1 dell'art. 47 non si applicano le disposizioni del predetto art. 48. [Le predette rendite e assegni si presumono percepiti, salvo prova contraria, nella misura e alle scadenze risultanti dai relativi titoli. Le rendite costituiscono reddito per il 60 per cento dell'ammontare lordo percepito nel periodo d'imposta] [(4)];

d) per le prestazioni pensionistiche di cui alla lettera h-bis) del comma 1, dell'art. 47, erogate in forma periodica non si applicano le disposizioni del richiamato art. 48. Le stesse si assumono al netto della parte corrispondente ai redditi già assoggettati ad imposta e di quelli di cui alla lettera g-quinquies) del comma 1, dell'art. 41, se determinabili[(5)];

d- bis) i compensi di cui alla lettera l) del comma 1 dell'art. 47, percepiti dai soggetti che hanno raggiunto l'età prevista dalla vigente legislazione per la pensione di vecchiaia e che possiedono un reddito complessivo di importo non superiore a lire 18 milioni al netto della deduzione prevista dall'art. 10, comma 3- bis per l'unità immobiliare adibita ad abitazione principale e per le relative pertinenze, costituiscono reddito per la parte che eccede complessivamente nel periodo d'imposta lire sei milioni [(6)];

d-ter) per le prestazioni pensionistiche di cui alla lettera h-bis) del comma 1, dell'art. 47, erogate in forma capitale a seguito di riscatto della posizione individuale ai sensi dell'art. 10, comma 1, lettera c), del decreto legislativo 21 aprile 1993, n. 124 diverso da quello esercitato a seguito di pensionamento o di cessazione del rapporto di lavoro per mobilità o per altre cause non dipendenti dalla volontà delle parti, non si applicano le disposizioni del richiamato art. 48. Le stesse assumono al netto dei redditi già assoggettati ad imposta, se determinabili [(7)].]

[(1)] Articolo aggiunto dall'articolo 4, comma 1, del D.Lgs. 2 settembre 1997, n. 314 e non più previsto nella nuova numerazione intervenuta con l'articolo 1, comma 1, del D.Lgs. 12 dicembre 2003, n. 344.
[(2)] Lettera soppressa dall'articolo 1, comma 1, lettera e), del D.Lgs. 18 febbraio 2000, n. 47.
[(3)] Lettera aggiunta dall'articolo 4, comma 1, lettera i), della legge 23 dicembre 1999, n. 488 e successivamente modificata dall'articolo 2, comma 1, lettera i), della legge 23 dicembre 2000, n. 388.
[(4)] Lettera modificata dall'articolo 13, comma 1, lettera c), del D.Lgs. 18 febbraio 2000, n. 47.
[(5)] Lettera aggiunta dall'articolo 10, comma 1, lettera f), del D.Lgs. 18 febbraio 2000, n. 47.
[(6)] Lettera aggiunta dall'articolo 13, comma 1, lettera c), del D.Lgs. 23 dicembre 1999, n. 505, a decorrere dal 1° gennaio 2000.
[(7)] Lettera aggiunta dall'articolo 10, comma 1, lettera f), del D.Lgs. 18 febbraio 2000, n. 47 e successivamente rinominata e modificata dall'articolo 7, comma 3, del D.Lgs. 12 aprile 2001, n. 168.

CAPO IV
Redditi di lavoro dipendente

49. Redditi di lavoro dipendente. – 1. Sono redditi di lavoro dipendente quelli che derivano da rapporti aventi per oggetto la prestazione di lavoro, con qualsiasi qualifica, alle dipendenze e sotto la direzione di altri, compreso il lavoro a domicilio quando è considerato lavoro dipendente secondo le norme della legislazione sul lavoro.

2. Costituiscono, altresì, redditi di lavoro dipendente:

a) le pensioni di ogni genere e gli assegni ad esse equiparati;

b) le somme di cui all'art. 429, ultimo comma, del codice di procedura civile [(1)](S; S; S; S; 2094 c.c.; S; S).

[(1)] Comma sostituito dall'articolo 1, comma 1, del D.Lgs. 2 settembre 1997, n. 314.

50. Redditi assimilati a quelli di lavoro dipendente. – 1. Sono assimilati a quello di lavoro dipendente:

a) i compensi percepiti, entro i limiti dei salari correnti maggiorati del 20 per cento, dai lavoratori soci delle cooperative di produzione e lavoro, delle cooperative di servizi, delle cooperative agricole e di prima trasformazione dei prodotti agricoli e delle cooperative della piccola pesca;

b) le indennità e i compensi percepiti a carico di terzi dai prestatori di lavoro dipendente per incarichi svolti in relazione a tale qualità, ad esclusione di quelli che per clausola contrattuale devono essere riversati al datore di lavoro e di quelli che per legge devono essere riservati allo Stato;

c) le somme da chiunque corrisposte a titolo di borsa di studio o di assegno, premio o sussidio per fini di studio o di addestramento professionale, se il beneficiario non è legato da rapporti di lavoro dipendente nei confronti del soggetto erogante;

c-bis) le somme e i valori in genere, a qualunque titolo percepiti nel periodo d'imposta, anche sotto forma di erogazioni liberali, in relazione agli uffici di amministratore, sindaco o revisore di società, associazioni e altri enti con o senza personalità giuridica, alla collaborazione a giornali, riviste, enciclopedie e simili, alla partecipazione a collegi e commissioni, nonchè quelli percepiti in relazione ad altri rapporti di collaborazione aventi per oggetto la prestazione di attività svolte senza vincolo di subordinazione a favore di un determinato soggetto nel quadro di un rapporto unitario e continuativo senza impiego di mezzi organizzati e con retribuzione periodica prestabilita, sempreché gli uffici o le collaborazioni non rientrino nei compiti istituzionali compresi nell'attività di lavoro dipendente di cui all'art. 46, comma 1, concernente redditi di lavoro dipendente, o nell'oggetto dell'arte o professione di cui all'art. 49, comma 1, concernente redditi di lavoro autonomo, esercitate dal contribuente [(1)];

d) le remunerazioni dei sacerdoti, di cui agli articoli 24,33, lettera a) e 34 della legge 20 maggio 1985, n. 222, nonchè le congrue e i supplementi di congrua di cui all'art. 33, primo comma, della legge 26 luglio 1974, n. 343;

e) i compensi per l'attività libero professionale intramuraria del personale dipendente del Servizio sanitario nazionale, del personale di cui all'art. 102 del decreto del Presidente della Repubblica 11 luglio 1980, n. 382 e del personale di cui all'art. 6, comma 5, del decreto legislativo 30 dicembre 1992,

n. 502 e successive modificazioni, nei limiti e alle condizioni di cui all'art. 1, comma 7, della legge 23 dicembre 1996, n. 662[2];

f) le indennità, i gettoni di presenza e gli altri compensi corrisposti dallo Stato, dalle regioni, dalle province e dai comuni per l'esercizio di pubbliche funzioni, sempreché le prestazioni non siano rese da soggetti che esercitano un'arte o professione di cui all'articolo 49, comma 1, e non siano state effettuate nell'esercizio di impresa commerciale, nonché i compensi corrisposti ai membri delle commissioni tributarie, [ai giudici di pace e] agli esperti del tribunale di sorveglianza, ad esclusione di quelli che per legge devono essere riversati allo Stato [3];

g) le indennità di cui all'art. 1 della legge 31 ottobre 1965, n. 1261, e all'art. 1 della legge 13 agosto 1979, n. 384, percepite dai membri del Parlamento nazionale e del Parlamento europeo e le indennità, comunque denominate, percepite per le cariche elettive e per le funzioni di cui agli articoli 114 e 135 della Costituzione e alla legge 27 dicembre 1985, n. 816 nonchè i conseguenti assegni vitalizi percepiti in dipendenza dalla cessazione delle suddette cariche elettive e funzioni e l'assegno del Presidente della Repubblica [4];

h) le rendite vitalizie e le rendite a tempo determinato, costituite a titolo oneroso, diverse da quelle aventi funzione previdenziale. Le rendite aventi funzione previdenziale sono quelle derivanti da contratti di assicurazione sulla vita stipulati con imprese autorizzate dall'Istituto per la vigilanza sulle assicurazioni private (ISVAP) ad operare nel territorio dello Stato, o quivi operanti in regime di stabilimento o di prestazioni di servizi, che non consentano il riscatto della rendita successivamente all'inizio dell'erogazione [5];

h-bis) le prestazioni pensionistiche di cui al decreto legislativo 21 aprile 1993, n. 124 e al decreto legislativo 5 dicembre 2005, n. 252, comunque erogate, nonché quelle derivanti dai prodotti pensionistici individuali paneuropei (PEPP) di cui al regolamento (UE) 2019/1238 [6];

i) gli altri assegni periodici, comunque denominati, alla cui produzione non concorrono attualmente nè capitale nè lavoro, compresi quelli indicati alle lettere c) e d) del comma 1 dell'art. 10 tra gli oneri deducibili ed esclusi quelli indicati alla lettera c) del comma 1 dell'art. 41 [7];

l) i compensi percepiti dai soggetti impegnati in lavori socialmente utili in conformità a specifiche disposizioni normative [8].

2. I redditi di cui alla lettera a) del comma 1 sono assimilati ai redditi di lavoro dipendente a condizione che la cooperativa sia iscritta nel registro prefettizio o nello schedario generale della cooperazione, che nel suo statuto siano inderogabilmente indicati i principi della mutualità stabiliti dalla legge e che tali principi siano effettivamente osservati.

3. Per i redditi indicati alle lettere e), f), g), h) e i) del comma 1 l'assimilazione ai redditi di lavoro dipendente non comporta le detrazioni previste dall'art. 13 [9].

[1] Lettera aggiunta dall'articolo 34, comma 1, lettera b), della legge 21 novembre 2000, n. 342, a decorrere dal 1° gennaio 2001. Il richiamo agli articoli 46 e 49, di cui alla presente lettera, devono intendersi riferiti agli attuali articoli 49 e 53, come disposto dall'articolo 2, comma 3, del D.Lgs. 12 dicembre 2003, n. 344.

[2] Lettera modificata dall'articolo 9, comma 20, del D.L. 1° ottobre 1996, n. 510 e successivamente sostituita dall'articolo 2, comma 1, lettera a), numero 1), del D.Lgs. 2 settembre 1997, n. 314.

[3] Lettera modificata dall'articolo 2, comma 1, lettera a), numero 2), del D.Lgs. 2 settembre 1997, n. 314 e successivamente sostituita dall'articolo 2, comma 36, della legge 24 dicembre 2003, n. 350. Il richiamo all'articolo 49, di cui alla presente lettera, deve intendersi riferito all'attuale articolo 53, come disposto dall'articolo 2, comma 3, del D.Lgs. 12 dicembre 2003, n. 344. Da ultimo modificata dall'articolo 26, comma 1, lettera a), del D.Lgs. 13 luglio 2017, n. 116.

[4] Lettera modificata dall'articolo 2, comma 1, lettera a), numero 3), del D.Lgs. 2 settembre 1997, n. 314.

[5] Lettera sostituita dall'articolo 13, comma 1, lettera d), del D.Lgs. 18 febbraio 2000, n. 47.

[6] Lettera aggiunta dall'articolo 13, comma 7, del D.Lgs. 21 aprile 1993, n. 124, come modificato dall'articolo 11, comma 1, della legge 8 agosto 1995, n. 335 e successivamente sostituita dall'articolo 10, comma 1, lettera e), del D.Lgs. 18 febbraio 2000, n. 47 e dall'articolo 16, comma 1, lettera b), del D.Lgs. 3 agosto 2022, n. 114.

[7] Lettera modificata dall'articolo 13, comma 1, lettera a), del D.Lgs. 23 dicembre 1999, n. 505, a decorrere dal 1° gennaio 2000. Il richiamo all'articolo 41, di cui alla presente lettera, deve intendersi riferito all'attuale articolo 44, come disposto dall'articolo 2, comma 3, del D.Lgs. 12 dicembre 2003, n. 344.

[8] Lettera aggiunta dall'articolo 1, comma 1, della legge 11 dicembre 1990, n. 381 e successivamente sostituita dall'articolo 2, comma 1, lettera a), numero 4), del D.Lgs. 2 settembre 1997, n. 314.

[9] Comma modificato dall'articolo 2, comma 1, lettera b), del D.Lgs. 2 settembre 1997, n. 314.

51. Determinazione del reddito di lavoro dipendente [1][2]. [TESTO POST RIFORMA 2004] – 1. Il reddito di lavoro dipendente è costituito da tutte le somme e i valori in genere, a qualunque titolo percepiti nel periodo d'imposta, anche sotto forma di erogazioni liberali, in relazione al rapporto di lavoro. Si considerano percepiti nel periodo d'imposta anche le somme e i valori in genere, corrisposti dai datori di lavoro entro il giorno 12 del mese di gennaio del periodo d'imposta successivo a quello cui si riferiscono.

2. Non concorrono a formare il reddito:

a) i contributi previdenziali e assistenziali versati dal datore di lavoro o dal lavoratore in ottemperanza a disposizioni di legge; i contributi di assistenza sanitaria versati dal datore di lavoro o dal lavoratore ad enti o casse aventi esclusivamente fine assistenziale in conformità a disposizioni di contratto o di accordo o di regolamento aziendale, che operino negli ambiti di intervento stabiliti con il decreto del Ministro della salute di cui all'articolo 10, comma 1, lettera e-ter), per un importo non superiore complessivamente ad euro 3.615,20. Ai fini del calcolo del predetto limite si tiene conto anche dei contributi di assistenza sanitaria versati ai sensi dell'articolo 10, comma 1, lettera e-ter)[3];

[b) le erogazioni liberali concesse in occasione di festività o ricorrenze alla generalità o a categorie di dipendenti non superiori nel periodo d'imposta a lire 500.000, nonchè i sussidi occasionali concessi in occasione di rilevanti esigenze personali o familiari del dipendente e quelli corrisposti a dipendenti vittime dell'usura ai sensi della legge 7 marzo 1996, n. 108, o ammessi a fruire delle erogazioni pecuniarie a ristoro dei danni conseguenti a rifiuto opposto a richieste estorsive ai sensi del decreto-legge 31 dicembre 1991, n. 419, convertito, con modificazioni, dalla legge 18 febbraio 1992, n. 172;] [4]

c) le somministrazioni di vitto da parte del datore di lavoro nonché quelle in mense organizzate direttamente dal datore di lavoro o gestite da terzi; le prestazioni sostitutive delle somministrazioni di vitto fino all'importo complessivo giornaliero di euro 4, aumentato a euro 8 nel caso in cui le stesse siano rese in forma elettronica; le indennità sostitutive delle somministrazioni di vitto corrisposte agli addetti ai cantieri edili, ad altre strutture lavorative a carattere temporaneo o ad unità produttive ubicate in zone dove manchino strutture o servizi di ristorazione fino all'importo complessivo giornaliero di euro 5,29 (5);

d) le prestazioni di servizi di trasporto collettivo alla generalità o a categorie di dipendenti; anche se affidate a terzi ivi compresi gli esercenti servizi pubblici;

d-bis) le somme erogate o rimborsate alla generalità o a categorie di dipendenti dal datore di lavoro o le spese da quest'ultimo direttamente sostenute, volontariamente o in conformità a disposizioni di contratto, di accordo o di regolamento aziendale, per l'acquisto degli abbonamenti per il trasporto pubblico locale, regionale e interregionale del dipendente e dei familiari indicati nell'articolo 12 che si trovano nelle condizioni previste nel comma 2 del medesimo articolo 12 (6);

e) i compensi reversibili di cui alle lettere b) ed f) del comma 1 dell'art. 47 (7);

f) l'utilizzazione delle opere e dei servizi riconosciuti dal datore di lavoro volontariamente o in conformità a disposizioni di contratto o di accordo o di regolamento aziendale, offerti alla generalità dei dipendenti o a categorie di dipendenti e ai familiari indicati nell'articolo 12 per le finalità di cui al comma 1 dell'articolo 100. (8)

f-bis) le somme, i servizi e le prestazioni erogati dal datore di lavoro alla generalità dei dipendenti o a categorie di dipendenti per la fruizione, da parte dei familiari indicati nell'articolo 12, dei servizi di educazione e istruzione anche in età prescolare, compresi i servizi integrativi e di mensa ad essi connessi, nonché per la frequenza di ludoteche e di centri estivi e invernali e per borse di studio a favore dei medesimi familiari (9);

f-ter) le somme e le prestazioni erogate dal datore di lavoro alla generalità dei dipendenti o a categorie di dipendenti per la fruizione dei servizi di assistenza ai familiari anziani o non autosufficienti indicati nell'articolo 12 (10);

f-quater) i contributi e i premi versati dal datore di lavoro a favore della generalità dei dipendenti o di categorie di dipendenti per prestazioni, anche in forma assicurativa, aventi per oggetto il rischio di non autosufficienza nel compimento degli atti della vita quotidiana, le cui caratteristiche sono definite dall'articolo 2, comma 2, lettera d), numeri 1) e 2), del decreto del Ministro del lavoro, della salute e delle politiche sociali 27 ottobre 2009, pubblicato nella Gazzetta Ufficiale n. 12 del 16 gennaio 2010, o aventi per oggetto il rischio di gravi patologie (11).

g) il valore delle azioni offerte alla generalità dei dipendenti per un importo non superiore complessivamente nel periodo d'imposta a lire 4 milioni, a condizione che non siano riacquistate dalla società emittente o dal datore di lavoro o comunque cedute prima che siano trascorsi almeno tre anni dalla percezione; qualora le azioni siano cedute prima del predetto termine, l'importo che non ha concorso a formare il reddito al momento dell'acquisto è assoggettato a tassazione nel periodo d'imposta in cui avviene la cessione (12);

[g-bis) la differenza tra il valore delle azioni al momento dell'assegnazione e l'ammontare corrisposto dal dipendente, a condizione che il predetto ammontare sia almeno pari al valore delle azioni stesse alla data dell'offerta; se le partecipazioni, i titoli o i diritti posseduti dal dipendente rappresentano una percentuale di diritti di voto esercitabili nell'assemblea ordinaria o di partecipazione al capitale o al patrimonio superiore al 10 per cento, la predetta differenza concorre in ogni caso interamente a formare il reddito;] (13)

h) le somme trattenute al dipendente per oneri di cui all'art. 10 e alle condizioni ivi previste, nonché le erogazioni effettuate dal datore di lavoro in conformità a contratti collettivi o ad accordi e regolamenti aziendali a fronte delle spese sanitarie di cui allo stesso art. 10, comma 1, lettera b). Gli importi delle predette somme ed erogazioni devono essere attestate dal datore di lavoro;

i) le mance percepite dagli impiegati tecnici delle case da gioco (*croupiers*) direttamente o per effetto del riparto a cura di appositi organismi costituiti all'interno dell'impresa nella misura del 25 per cento dell'ammontare percepito nel periodo d'imposta.

i-bis) le quote di retribuzione derivanti dall'esercizio, da parte del lavoratore, della facoltà di rinuncia all'accredito contributivo presso l'assicurazione generale obbligatoria per l'invalidità, la vecchiaia ed i superstiti dei lavoratori dipendenti e le forme sostitutive della medesima, per il periodo successivo alla prima scadenza utile per il pensionamento di anzianità, dopo aver maturato i requisiti minimi secondo la vigente normativa (14).

2- bis. Le disposizioni di cui alle lettere g) e g-bis) del comma 2 si applicano esclusivamente alle azioni emesse dall'impresa con la quale il contribuente intrattiene il rapporto di lavoro, nonchè a quelle emesse da società che direttamente o indirettamente, controllano la medesima impresa, ne sono controllate o sono controllate dalla stessa società che controlla l'impresa. La disposizione di cui alla lettera g-bis) del comma 2 si rende applicabile esclusivamente quando ricorrano congiuntamente le seguenti condizioni:

a) che l'opzione sia esercitabile non prima che siano scaduti tre anni dalla sua attribuzione;

b) che, al momento in cui l'opzione è esercitabile, la società risulti quotata in mercati regolamentati;

c) che il beneficiario mantenga per almeno i cinque anni successivi all'esercizio dell'opzione un investimento nei titoli oggetto di opzione non inferiore alla differenza tra il valore delle azioni al momento dell'assegnazione e l'ammontare corrisposto dal dipendente. Qualora detti titoli oggetto di investimento siano ceduti o dati in garanzia prima che siano trascorsi cinque anni dalla loro assegnazione, l'importo che non ha concorso a formare il reddito di lavoro dipendente al momento dell'assegnazione è assoggettato a tassazione nel periodo d'imposta in cui avviene la cessione ovvero la costituzione in garanzia (15).

3. Ai fini della determinazione in denaro dei valori di cui al comma 1, compresi quelli dei beni ceduti e dei servizi prestati al coniuge del dipendente o a familiari indicati nell'art. 12, o il diritto di ottenerli da terzi, si applicano le disposizioni relative alla determinazione del valore normale dei beni e dei servizi contenute nell'art. 9. Il valore normale dei generi in natura prodotti dall'azienda e ceduti ai dipendenti è determinato in misura pari al prezzo mediamente praticato dalla stessa azienda nelle cessioni al grossista. Non concorre a formare il reddito il valore dei beni ceduti e dei servizi prestati se complessivamente di importo non superiore nel periodo d'imposta a lire 500.000; se il predetto valore è superiore al citato limite, lo stesso concorre interamente a formare il reddito (26).

3-bis. Ai fini dell'applicazione dei commi 2 e 3, l'erogazione di beni, prestazioni, opere e servizi da parte del datore di lavoro può avvenire mediante documenti di legittimazione, in formato cartaceo o elettronico, riportanti un valore nominale (16).

4. Ai fini dell'applicazione del comma 3:

a) per gli autoveicoli indicati nell'articolo 54, comma 1, lettere a), c) e m), del codice della strada, di cui al decreto legislativo 30 aprile 1992, n. 285, i motocicli e i ciclomotori di nuova immatricolazione, con valori di emissione di anidride carbonica non superiori a grammi 60 per chilometro (g/km di CO2), concessi in uso promiscuo con contratti stipulati a decorrere dal 1° luglio 2020, si assume il 25 per cento dell'importo corrispondente ad una percorrenza convenzionale di 15.000 chilometri calcolato sulla base del costo chilometrico di esercizio desumibile dalle tabelle nazionali che l'Automobile club d'Italia deve elaborare entro il 30 novembre di ciascun anno e comunicare al Ministero dell'economia e delle finanze, che provvede alla pubblicazione entro il 31 dicembre, con effetto dal periodo d'imposta successivo, al netto degli ammontari eventualmente trattenuti al dipendente. La predetta percentuale è elevata al 30 per cento per i veicoli con valori di emissione di anidride carbonica superiori a 60 g/km ma non a 160 g/km. Qualora i valori di emissione dei suindicati veicoli siano superiori a 160 g/km ma non a 190 g/km, la predetta percentuale è elevata al 40 per cento per l'anno 2020 e al 50 per cento a decorrere dall'anno 2021. Per i veicoli con valori di emissione di anidride carbonica superiori a 190 g/km, la predetta percentuale è pari al 50 per cento per l'anno 2020 e al 60 per cento a decorrere dall'anno 2021 (17);

b) in caso di concessione di prestiti si assume il 50 per cento della differenza tra l'importo degli interessi calcolato al tasso ufficiale di sconto vigente al termine di ciascun anno e l'importo degli interessi calcolato al tasso applicato sugli stessi. Tale disposizione non si applica per i prestiti stipulati anteriormente al 1° gennaio 1997, per quelli di durata inferiore ai dodici mesi concessi, a seguito di accordi aziendali, dal datore di lavoro ai dipendenti in contratto di solidarietà o in cassa integrazione guadagni o a dipendenti vittime dell'usura ai sensi della legge 7 marzo 1996, n. 108, o ammessi a fruire delle erogazioni pecuniarie a ristoro dei danni conseguenti a rifiuto opposto a richieste estorsive ai sensi del decreto-legge 31 dicembre 1991, n. 419, convertito con modificazioni, dalla legge 18 febbraio 1992, n. 172 (18);

c) per i fabbricati concessi in locazione, in uso o in comodato, si assume la differenza tra la rendita catastale del fabbricato aumentata di tutte le spese inerenti il fabbricato stesso, comprese le utenze non a carico dell'utilizzatore e quanto corrisposto per il godimento del fabbricato stesso. Per i fabbricati concessi in connessione all'obbligo di dimorare nell'alloggio stesso, si assume il 30 per cento della predetta differenza. Per i fabbricati che non devono essere iscritti nel catasto si assume la differenza tra il valore del canone di locazione determinato in regime vincolistico o, in mancanza, quello determinato in regime di libero mercato, e quanto corrisposto per il godimento del fabbricato;

c-bis) per i servizi di trasporto ferroviario di persone prestati gratuitamente, si assume, al netto degli ammontari eventualmente trattenuti, l'importo corrispondente all'introito medio per passeggero/chilometro, desunto dal Conto nazionale dei trasporti e stabilito con decreto del Ministro delle infrastrutture e dei trasporti, per una percorrenza media convenzionale, riferita complessivamente ai soggetti di cui al comma 3, di 2.600 chilometri. Il decreto del Ministro delle infrastrutture e dei trasporti è emanato entro il 31 dicembre di ogni anno ed ha effetto dal periodo di imposta successivo a quello in corso alla data della sua emanazione (19).

[4-bis. Ai fini della determinazione dei valori di cui al comma 1, per gli atleti professionisti si considera altresì il costo dell'attività di assistenza sostenuto dalle società sportive professionistiche nell'ambito delle trattative aventi ad oggetto le prestazioni sportive degli atleti professionisti medesimi, nella misura del 15 per cento, al netto delle somme versate dall'atleta professionista ai propri agenti per l'attività di assistenza nelle medesime trattative.] (20)

5. Le indennità percepite per le trasferte o le missioni fuori del territorio comunale concorrono a formare il reddito per la parte eccedente lire 90.000 al giorno, elevate a lire 150.000 per le trasferte all'estero, al netto delle spese di viaggio e di trasporto; in caso di rimborso delle spese di alloggio, ovvero di quelle di vitto, o di alloggio o vitto fornito gratuitamente il limite è ridotto di un terzo. Il limite è ridotto di due terzi in caso di rimborso sia delle spese di alloggio che di quelle di vitto. In caso di rimborso analitico delle spese per trasferte o missioni fuori del territorio comunale non concorrono a formare il reddito i rimborsi di spese documentate relative al vitto, all'alloggio, al viaggio e al trasporto, nonchè i rimborsi di altre spese, anche non documentabili, eventualmente sostenute dal dipendente, sempre in occasione di dette trasferte o missioni, fino all'importo massimo giornaliero di lire 30.000, elevate a lire 50.000 per le trasferte all'estero. Le indennità o i rimborsi di spese per le trasferte nell'ambito del territorio comunale, tranne i rimborsi di spese di trasporto comprovate da documenti provenienti dal vettore, concorrono a formare il reddito (F).

6. Le indennità e le maggiorazioni di retribuzione spettanti ai lavoratori tenuti per contratto all'espletamento delle attività lavorative in luoghi sempre variabili e diversi, anche se corrisposte con carattere di continuità, le indennità di navigazione e di volo previste dalla legge o dal contratto collettivo, i premi agli ufficiali piloti dell'Esercito italiano, della Marina militare e dell'Aeronautica militare di cui all'articolo 1803 del codice dell'ordinamento militare, i premi agli ufficiali piloti del Corpo della Guardia di finanza di cui all'articolo 2161 del citato codice, nonchè le indennità di cui all'art. 133 del decreto del Presidente della Repubblica 15 dicembre 1959, n. 1229 concorrono a formare il reddito nella misura del 50 per cento del loro ammontare. Con decreto del Ministro delle finanze, di concerto con il Ministro del lavoro e della previdenza sociale, possono essere individuate categorie di lavoratori e condizioni di applicabilità della presente disposizione. (21)(22)

7. Le indennità di trasferimento, quelle di prima sistemazione e quelle equipollenti, non concorrono a formare il reddito nella misura del 50 per cento del loro ammontare per un importo complessivo annuo non superiore a lire 3 milioni per i trasferimenti all'interno del territorio nazionale e 9 milioni per quelli fuori dal territorio nazionale o a destinazione in quest'ultimo. Se le indennità in questione, con riferimento allo stesso trasferimento, sono corrisposte per più anni, la presente disposizione si applica solo per le indennità corrisposte per il primo anno. Le spese di viaggio, ivi comprese quelle dei familiari fiscalmente a carico ai sensi dell'art. 12, e di trasporto delle cose, nonchè le spese e gli

oneri sostenuti dal dipendente in qualità di conduttore, per recesso dal contratto di locazione in dipendenza dell'avvenuto trasferimento della sede di lavoro, se rimborsate dal datore di lavoro e analiticamente documentate, non concorrono a formare il reddito anche se in caso di contemporanea erogazione delle suddette indennità.

8. Gli assegni di sede e le altre indennità percepite per servizi prestati all'estero costituiscono reddito nella misura del 50 per cento (23). Se per i servizi prestati all'estero dai dipendenti delle amministrazioni statali la legge prevede la corresponsione di una indennità base e di maggiorazioni ad esse collegate concorre a formare il reddito la sola indennità base nella misura del 50 per cento nonché il 50 per cento delle maggiorazioni percepite fino alla concorrenza di ottantasette quarantesimi dell'indennità base o, limitatamente alle indennità di cui all'articolo 1808, comma 1, lettera b), del codice dell'ordinamento militare, di cui al decreto legislativo 15 marzo 2010, n. 66, due volte l'indennità base. Qualora l'indennità per servizi prestati all'estero comprenda emolumenti spettanti anche con riferimento all'attività prestata nel territorio nazionale, la riduzione compete solo sulla parte eccedente gli emolumenti predetti. L'applicazione di questa disposizione esclude l'applicabilità di quella di cui al comma 5 (24).

8- bis. In deroga alle disposizioni dei commi da 1 a 8, il reddito di lavoro dipendente, prestato all'estero in via continuativa e come oggetto esclusivo del rapporto da dipendenti che nell'arco di dodici mesi soggiornano nello Stato estero per un periodo superiore a 183 giorni, è determinato sulla base delle retribuzioni convenzionali definite annualmente con il decreto del Ministro del lavoro e della previdenza sociale di cui all'art. 4, comma 1, del decreto-legge 31 luglio 1987, n. 317, convertito, con modificazioni, dalla legge 3 ottobre 1987, n. 398 (25).

9. Gli ammontari degli importi che ai sensi del presente articolo non concorrono a formare il reddito di lavoro dipendente possono essere rivalutati con decreto del Presidente del Consiglio dei Ministri, previa deliberazione del Consiglio dei Ministri, quando la variazione percentuale del valore medio dell'indice dei prezzi al consumo per le famiglie di operai e impiegati relativo al periodo di dodici mesi terminante al 31 agosto supera il 2 per cento rispetto al valore medio del medesimo indice rilevato con riferimento allo stesso periodo dell'anno 1998. A tal fine, entro il 30 settembre, si provvede alla ricognizione della predetta percentuale di variazione. Nella legge finanziaria relativa all'anno per il quale ha effetto il suddetto decreto si farà fronte all'onere derivante dall'applicazione del medesimo decreto.

(1) *Il D.Lgs. 12 dicembre 2003, n. 344, ha disposto, con l'articolo 1, comma 1, la totale modifica del presente provvedimento, e ne ha ridefinito la struttura di titoli, capi e sezioni. Nel testo precedente la riforma introdotta dal D.Lgs. 344/2003 le disposizioni contenute nel presente articolo erano previste dall'articolo 48.*

(2) *Articolo modificato dall'articolo 3, comma 1, della legge 11 dicembre 1990, n. 381, dall'articolo unico, comma 1, della legge 11 agosto 1991, n. 268, dall'articolo 13, comma 3, del D.Lgs. 21 aprile 1993, n. 124, come modificato dall'articolo 11, comma 1, della legge 8 agosto 1995, n. 335, dall'articolo 14, comma 17, della legge 24 dicembre 1993, n. 537, dall'articolo 26, comma 2, della legge 23 dicembre 1994, n. 724, dall'articolo 33, comma 3, del D.L. 23 febbraio 1995, n. 41, dall'articolo 3, comma 190, della legge 28 dicembre 1995, n. 549, dall'articolo 3, comma 2, lettera d), della legge 23 dicembre 1996, n. 662, e successivamente sostituito dall'articolo 3, comma 1, del D.Lgs. 2 settembre 1997, n. 314.*

(3) *Lettera modificata dall'articolo 1, comma 1, lettera b), del D.Lgs. 18 febbraio 2000, n. 41, dall'articolo 1, comma 1, lettera c), del D.Lgs. 18 febbraio 2000, n. 47, dall'articolo 1, comma 123, della legge 23 dicembre 2005, n. 266, dall'articolo 1, comma 399, della legge 27 dicembre 2006, n. 296 e successivamente sostituita dall'articolo 1, comma 197, lettera b), della legge 24 dicembre 2007, n. 244.*

(4) *Lettera soppressa dall'articolo 2, comma 6, del D.L. 27 maggio 2008, n. 93.*

(5) *Lettera modificata dall'articolo 4, comma 1, del D.Lgs. 23 marzo 1998, n. 56 e successivamente dall'articolo 1, comma 16, della Legge 23 dicembre 2014, n. 190, a decorrere dal 1° luglio 2015. Da ultimo sostituita dall'articolo 1, comma 677, della Legge 27 dicembre 2019, n. 160.*

(6) *Lettera inserita dall'articolo 1, comma 28, lettera d), della Legge 27 dicembre 2017, n. 205.*

(7) *Il richiamo all'articolo 47, di cui al presente comma, deve intendersi riferito all'attuale articolo 50, come disposto dall'articolo 2, comma 3, del D.Lgs. 12 dicembre 2003, n. 344.*

(8) *Lettera sostituita dall'articolo 13, comma 1, lettera b), del D.Lgs. 23 dicembre 1999, n. 505, a decorrere dal 1° gennaio 2000 e successivamente dall'articolo 1, comma 190, lettera a), numero 1) della Legge 28 dicembre 2015, n. 208. A decorrere dal 1 gennaio 2017, a norma dell'articolo 1, comma 162 della Legge 11 dicembre 2016, n. 232, le disposizioni di cui alla presente lettera si interpretano nel senso che le stesse si applicano anche alle opere e servizi riconosciuti dal datore di lavoro, del settore privato o pubblico, in conformità a disposizioni di contratto collettivo nazionale di lavoro, di accordo interconfederale o di contratto collettivo territoriale.*

(9) *Lettera aggiunta dall'articolo 13, comma 1, lettera b), del D.Lgs. 23 dicembre 1999, n. 505, a decorrere dal 1° gennaio 2000 e successivamente sostituita dall'articolo 3, comma 6-bis, del D.L. 2 marzo 2012, n. 16 e, da ultimo, dall'articolo 1, comma 190, lettera a), numero 2) della Legge 28 dicembre 2015, n. 208.*

(10) *Lettera inserita dall'articolo 1, comma 190, lettera a), numero 3) della Legge 28 dicembre 2015, n. 208.*

(11) *Comma inserito dall'articolo 1, comma 161 della Legge 11 dicembre 2016, n. 232, a decorrere dal 1 gennaio 2017.*

(12) *Lettera sostituita dall'articolo 13, comma 1, lettera b), del D.Lgs. 23 dicembre 1999, n. 505, a decorrere dal 1° gennaio 2000.*

(13) *Lettera aggiunta dall'articolo 13, comma 1, lettera b), del D.Lgs. 23 dicembre 1999, n. 505, a decorrere dal 1° gennaio 2000 e successivamente abrogata dall'articolo 82, comma 23, del D.L. 25 giugno 2008, n. 112.*

(14) *Lettera aggiunta dall'articolo 1, comma 14, della legge 23 agosto 2004, n. 243.*

(15) *Comma aggiunto dall'articolo 13, comma 1, lettera b), del D.Lgs. 23 dicembre 1999, n. 505, a decorrere dal 1° gennaio 2000 e successivamente modificato dall'articolo 36, comma 25, del D.L. 4 luglio 2006, n. 223 e dall'articolo 2, comma 29, del D.L. 3 ottobre 2006, n. 262.*

(16) *Comma inserito dall'articolo 1, comma 190, lettera b) della Legge 28 dicembre 2015, n. 208.*

(17) *Lettera modificata dall'articolo 2, comma 71, lettera a), del D.L. 3 ottobre 2006, n. 262, dall'articolo 15-bis, comma 7, lettera a), del D.L. 2 luglio 2007, n. 81 e successivamente sostituita dall'articolo 1, comma 632, della Legge 27 dicembre 2019, n. 160. Vedi anche le disposizioni di cui al successivo comma 633 dell'articolo 1 della Legge 160/2019.*

(18) *Lettera modificata dall'articolo 13, comma 1, lettera b), del D.Lgs. 23 dicembre 1999, n. 505, a decorrere dal 1° gennaio 2000.*

(19) *Lettera aggiunta dall'articolo 75, comma 6, della legge 27 dicembre 2002, n. 289.*

(20) *Comma inserito dall'articolo 1, comma 160, lettera a), della Legge 27 dicembre 2013, n. 147. A norma del comma 161, del medesimo articolo 1, Legge 147/2013 le disposizioni di cui al presente comma si applicano dal periodo di imposta in corso al 31 dicembre 2013. Resta ferma l'applicazione delle previgenti disposizioni fiscali alle rettifiche di valore e alle variazioni della riserva sinistri relativa ai contratti di assicurazione dei rami danni iscritte in bilancio nei periodi di imposta precedenti. Da ultimo comma abrogato dall'articolo 1, comma 8, della Legge 28 dicembre 2015, n. 208.*

(21) *Comma modificato dall'articolo 2162, comma 1, del D.Lgs. 15 marzo 2010, n. 66 e dall'articolo 10, comma 5, del D.Lgs. 31 dicembre 2012, n. 248.*

(22) *Per l'interpretazione autentica delle disposizioni di cui al presente comma, vedi l'articolo 7-quinques, comma 1, del D.L. 22 ottobre 2016, n. 193, convertito con modificazioni dalla Legge 1° dicembre 2016, n. 225.*

(23) *A norma dell'articolo 1, comma 271 della Legge 27 dicembre 2017, n. 205 il presente periodo si si interpreta nel senso che le retribuzioni del personale di cui all'articolo 152 del decreto del Presidente della Repubblica 5 gennaio 1967, n. 18, e agli articoli da 31 a 33 del decreto legislativo 13 aprile 2017, n. 64, costituiscono reddito nella misura del 50*

per cento, anche ai fini della determinazione dei contributi e dei premi previdenziali dovuti ai sensi dell'articolo 158, primo e secondo comma, del decreto del Presidente della Repubblica 5 gennaio 1967, n. 18, e fermo restando quanto disposto dall'articolo 2, comma 3, del decreto legislativo 7 aprile 2000, n. 103.

(24) *Comma modificato dall'articolo 1, comma 319, della Legge 23 dicembre 2014, n. 190, a decorrere dal 1° luglio 2015 e, da ultimo, dall'articolo 5-bis, comma 1, del D.L. 21 ottobre 2021, n. 146, convertito, con modificazioni, dalla Legge 17 dicembre 2021, n. 215, a decorrere dal 1° gennaio 2022.*

(25) *Comma aggiunto dall'articolo 36, comma 1, della legge 21 novembre 2000, n. 342. Per l'interpretazione autentica delle disposizioni di cui al presente comma, vedi l'articolo 5, comma 5, della legge 16 marzo 2000, n. 88. Vedi, inoltre, il D.M. 25 gennaio 2016.*

(26) *Vedi inoltre l'articolo 112, comma 1, del D.L. 14 agosto 2020, n. 104, convertito con modificazioni dalla Legge 13 ottobre 2020, n. 126 , limitatamente al periodo d'imposta 2020, l'importo del valore dei beni ceduti e dei servizi prestati dall'azienda ai lavoratori dipendenti che non concorre alla formazione del reddito è elevato ad euro 516,46. Per l'anno 2022, vedi l'articolo 2, comma 1, del D.L 21 marzo 2022, n. 21, convertito con modificazioni dalla Legge 20 maggio 2022, n. 51. Per il periodo d'imposta 2022, vedi l'articolo 12, comma 1, del D.L. 9 agosto 2022, n. 115, convertito con modificazioni dalla Legge 21 settembre 2022, n. 142.*

52. Determinazione dei redditi assimilati a quelli di lavoro dipendente (1). – 1. Ai fini della determinazione dei redditi assimilati a quelli di lavoro dipendente si applicano le disposizioni dell'art. 48 salvo quanto di seguito specificato:

[a) ai fini della determinazione del reddito di cui alla lettera a) del comma 1 dell'art. 47, i contributi versati alle forme pensionistiche complementari previste dal decreto legislativo 21 aprile 1993, n. 124 dai lavoratori soci o dalle cooperative di produzione e lavoro non concorrono a formare il reddito fino ad un importo non superiore al 6 per cento, e comunque a 5 milioni di lire, dell'imponibile rilevante ai fini della contribuzione previdenziale obbligatoria;] (2)

a -bis) ai fini della determinazione del reddito di cui alla lettera e) del comma 1 dell'art. 47, i compensi percepiti dal personale dipendente del Servizio sanitario nazionale per l'attività libero-professionale intramuraria, esercitata presso studi professionali privati a seguito di autorizzazione del direttore generale dell'azienda sanitaria, costituiscono reddito nella misura del 75 per cento (3);

b) ai fini della determinazione delle indennità di cui alla lettera g) del comma 1 dell'art. 47, non concorrono, altresì, a formare il reddito le somme erogate ai titolari di cariche elettive pubbliche, nonchè a coloro che esercitano le funzioni di cui agli articoli 114 e 135 della Costituzione, a titolo di rimborso di spese, purchè l'erogazione di tali somme e i relativi criteri siano disposti dagli organi competenti a determinare i trattamenti dei soggetti stessi. Gli assegni vitalizi di cui alla predetta lettera g) del comma 1 dell'art. 47, sono assoggettati a tassazione per la quota parte che non deriva da fonti riferibili a trattenute effettuate al percettore già assoggettate a ritenute fiscali. Detta quota parte è determinata, per ciascun periodo d'imposta, in misura corrispondente al rapporto complessivo delle trattenute effettuate, assoggettate a ritenute fiscali, e la spesa complessiva per assegni vitalizi. Il rapporto va effettuato separatamente dai distinti soggetti erogatori degli assegni stessi, prendendo a base ciascuno i propri elementi;

c) per le rendite e gli assegni indicati alle lettere h) e i) del comma 1 dell'art. 47 non si applicano le disposizioni del predetto art. 48. [Le predette rendite e assegni si presumono percepiti, salvo prova contraria, nella misura e alle scadenze risultanti dai relativi titoli. Le rendite costituiscono reddito per il 60 per cento dell'ammontare lordo percepito nel periodo d'imposta] (4);

d) per le prestazioni pensionistiche di cui alla lettera h-bis) del comma 1 dell'articolo 50, comunque erogate, si applicano le disposizioni di cui all'articolo 11 e quelle di cui all'articolo 23, comma 6, del decreto legislativo 5 dicembre 2005, n. 252, e, per le prestazioni derivanti dai prodotti pensionistici individuali paneuropei (PEPP), quelle previste dalle disposizioni nazionali di attuazione del regolamento (UE) 2019/1238 (5);

d- bis) i compensi di cui alla lettera l) del comma 1 dell'art. 47, percepiti dai soggetti che hanno raggiunto l'età prevista dalla vigente legislazione per la pensione di vecchiaia e che possiedono un reddito complessivo di importo non superiore a lire 18 milioni al netto della deduzione prevista dall'art. 10, comma 3- bis per l'unità immobiliare adibita ad abitazione principale e per le relative pertinenze, costituiscono reddito per la parte che eccede complessivamente nel periodo d'imposta lire sei milioni(6)

[d-ter) per le prestazioni pensionistiche di cui alla lettera h-bis) del comma 1, dell'art. 47, erogate in forma capitale a seguito di riscatto della posizione individuale ai sensi dell'art. 10, comma 1, lettera c), del decreto legislativo 21 aprile 1993, n. 124 diverso da quello esercitato a seguito di pensionamento o di cessazione del rapporto di lavoro per mobilità o per altre cause non dipendenti dalla volontà delle parti, non si applicano le disposizioni del richiamatoart. 48. Le stesse assumono al netto dei redditi già assoggettati ad imposta, se determinabili.] (7)(8).

(1) *Articolo aggiunto dall'articolo 4, comma 1, del D.Lgs. 2 settembre 1997, n. 314.*

(2) *Lettera soppressa dall'articolo 1, comma 1, lettera e), del D.Lgs. 18 febbraio 2000, n. 47.*

(3) *Lettera aggiunta dall'articolo 4, comma 1, lettera i), della legge 23 dicembre 1999, n. 488 e successivamente modificata dall'articolo 2, comma 1, lettera i), della legge 23 dicembre 2000, n. 388.*

(4) *Lettera modificata dall'articolo 13, comma 1, lettera c), del D.Lgs. 18 febbraio 2000, n. 47.*

(5) *Lettera aggiunta dall'articolo 10, comma 1, lettera f), del D.Lgs. 18 febbraio 2000, n. 47 e successivamente sostituita dall'articolo 21, comma 1, del D.Lgs. 5 dicembre 2005, n. 252 con effetto a decorrere dal 1° gennaio 2007 ai sensi di quanto disposto dall'articolo 23 del medesimo Dlgs 252/2005 , come modificato dall'articolo 1 comma 749 della Legge 27 dicembre 2006, n. 296 e da ultimo dall'articolo 16, comma 1, lettera c), del D.Lgs. 3 agosto 2022, n. 114.*

(6) *Lettera aggiunta dall'articolo 13, comma 1, lettera c), del D.Lgs. 23 dicembre 1999, n. 505, a decorrere dal 1° gennaio 2000*

(7) *Lettera aggiunta dall'articolo 10, comma 1, lettera f), del D.Lgs. 18 febbraio 2000, n. 47, successivamente rinominata e modificata dall'articolo 7, comma 3, del D.Lgs. 12 aprile 2001, n. 168 e da ultimo abrogata, a decorrere dal 1° gennaio 2007, dall'articolo 21, comma 3, lettera d), del D.Lgs. 5 dicembre 2005, n. 252, come modificato dall'articolo 1, comma 749, della legge 27 dicembre 2006, n. 296.*

(8) *I richiami agli articoli 47 e 48, di cui al presente comma, devono intendersi riferiti rispettivamente agli attuali articoli 50 e 51, come disposto dall'articolo 2, comma 3, del D.Lgs. 12 dicembre 2003, n. 344.*

CAPO V
Redditi di lavoro autonomo

53. Redditi di lavoro autonomo. – 1. Sono redditi di lavoro autonomo quelli che derivano dall'esercizio di arti e professioni. Per esercizio di arti e professioni si intende l'esercizio per professione abituale, ancorchè non esclusiva, di attività di lavoro autonomo diverse da quelle considerate nel capo VI, compreso l'esercizio in forma associata di cui alla lettera c) del comma 3 dell'art. 5.

2. Sono inoltre redditi di lavoro autonomo:

a) i redditi derivanti dalle prestazioni sportive, oggetto di contratto diverso da quello di lavoro subordinato o da quello di collaborazione coordinata e continuativa, ai sensi del decreto legislativo 28 febbraio 2021, n. 36; [1]

b) i redditi derivanti dalla utilizzazione economica, da parte dell'autore o inventore di opere dell'ingegno, di brevetti industriali e di processi, formule o informazioni relativi ad esperienze acquisite in campo industriale, commerciale o scientifico, se non sono conseguiti nell'esercizio di imprese commerciali;

c) le partecipazioni agli utili di cui alla lettera f) del comma 1 dell'art. 41 quando l'apporto è costituito esclusivamente dalla prestazione di lavoro[2];

d) le partecipazioni agli utili spettanti ai promotori e ai soci fondatori di società per azioni, in accomandita per azioni e a responsabilità limitata;

e) le indennità per la cessazione di rapporti di agenzia;

f) i redditi derivanti dall'attività di levata dei protesti esercitata dai segretari comunali ai sensi della legge 12 giugno 1973, n. 349[3].

f-bis) le indennità corrisposte ai giudici onorari di pace e ai vice procuratori onorari [4].

[3. Per i redditi derivanti dalle prestazioni sportive oggetto di contratto di lavoro autonomo, di cui alla legge 23 marzo 1981, n. 91, si applicano le disposizioni relative ai redditi indicati alla lettera a) del comma 2.] [5]

[1] Lettera abrogata dall'articolo 34, comma 1, lettera d), della legge 21 novembre 2000, n. 342. Successivamente sostituita dall'articolo 51, comma 2, lettera b), del D.Lgs. 28 febbraio 2021, n. 36, come modificato dall'articolo 29, comma 1, lettera b) del D.lgs 5 ottobre 2022, n. 163, decorrere dal 1° gennaio 2023 come disposto dall'articolo 51, comma 1, del D.Lgs. 36/2021 citato come modificato dall'articolo 16, comma 1, lettera a), del D.L. 29 dicembre 2022, n. 198, non ancora convertito in legge. Per il testo in vigore fino al 30 giugno 2023, vedi versione previgente.

[2] Il richiamo all'articolo 41, di cui al presente comma, deve intendersi riferito all'attuale articolo 44, come disposto dall'articolo 2, comma 3, del D.Lgs. 12 dicembre 2003, n. 344.

[3] Lettera aggiunta, con effetto dal 1° gennaio 1973, dall'articolo 4, comma 1, lettera a), del D.L. 14 marzo 1988, n. 70.

[4] Lettera aggiunta dall'articolo 26, comma 1, lettera b), del D.Lgs. 13 luglio 2017, n. 116.

[5] Comma abrogato dall'articolo 51, comma 2, lettera c), del D.Lgs. 28 febbraio 2021, n. 36 a decorrere dal 1° gennaio 2023 come disposto dall'articolo 51, comma 1, del D.Lgs. 36/2021 citato come modificato dall'articolo 16, comma 1, lettera a), del D.L. 29 dicembre 2022, n. 198, non ancora convertito in legge. Per il testo in vigore fino al 30 giugno 2023, vedi versione previgente.

54. Determinazione del reddito di lavoro autonomo. – 1. Il reddito derivante dall'esercizio di arti e professioni è costituito dalla differenza tra l'ammontare dei compensi in denaro o in natura percepiti nel periodo di imposta, anche sotto forma di partecipazione agli utili, e quello delle spese sostenute nel periodo stesso nell'esercizio dell'arte o della professione, salvo quanto stabilito nei successivi commi. I compensi sono computati al netto dei contributi previdenziali e assistenziali stabiliti dalla legge a carico del soggetto che li corrisponde.

1-bis. Concorrono a formare il reddito le plusvalenze [e le minusvalenze] dei beni strumentali, esclusi [gli immobili e] gli oggetti d'arte, di antiquariato o da collezione, se:

a) sono realizzate mediante cessione a titolo oneroso;

b) sono realizzate mediante il risarcimento, anche in forma assicurativa, per la perdita o il danneggiamento dei beni;

c) i beni vengono destinati al consumo personale o familiare dell'esercente l'arte o la professione o a finalità estranee all'arte o professione [1].

1-bis.1. Le minusvalenze dei beni strumentali di cui al comma 1-bis sono deducibili se sono realizzate ai sensi delle lettere a) e b) del medesimo comma 1-bis [2].

1-ter. Si considerano plusvalenza o minusvalenza la differenza, positiva o negativa, tra il corrispettivo o l'indennità percepiti e il costo non ammortizzato ovvero, in assenza di corrispettivo, la differenza tra il valore normale del bene e il costo non ammortizzato [3].

1-quater. Concorrono a formare il reddito i corrispettivi percepiti a seguito di cessione della clientela o di elementi immateriali comunque riferibili all'attività artistica o professionale[4].

2. Per i beni strumentali per l'esercizio dell'arte o della professione, esclusi gli oggetti d'arte, di antiquariato o da collezione di cui al comma 5, sono ammesse in deduzione quote annuali di ammortamento non superiori a quelle risultanti dall'applicazione al costo dei beni dei coefficienti stabiliti, per categorie di beni omogenei, con decreto del Ministro dell'economia e delle finanze. È tuttavia consentita la deduzione integrale, nel periodo d'imposta in cui sono state sostenute, delle spese di acquisizione di beni strumentali il cui costo unitario non sia superiore a euro 516,4. La deduzione dei canoni di locazione finanziaria di beni strumentali è ammessa per un periodo non inferiore alla metà del periodo di ammortamento corrispondente al coefficiente stabilito nel predetto decreto; in caso di beni immobili, la deduzione è ammessa per un periodo non inferiore a dodici anni. Ai fini del calcolo delle quote di ammortamento deducibili dei beni immobili strumentali, si applica l'articolo 36, commi 7 e 7-bis, del decreto-legge 4 luglio 2006, n. 223, convertito, con modificazioni, dalla legge 4 agosto 2006, n. 248. Per i beni di cui all'articolo 164, comma 1, lettera b), la deducibilità dei canoni di locazione finanziaria è ammessa per un periodo non inferiore al periodo di ammortamento corrispondente al coefficiente stabilito a norma del primo periodo. I canoni di locazione finanziaria dei beni strumentali sono deducibili nel periodo d'imposta in cui maturano. Le spese relative all'ammodernamento, alla ristrutturazione e alla manutenzione di immobili utilizzati nell'esercizio di arti e professioni, che per le loro caratteristiche non sono imputabili ad incremento del costo dei beni ai quali si riferiscono, sono deducibili, nel periodo d'imposta di sostenimento, nel limite del 5 per cento del costo complessivo di tutti i beni materiali ammortizzabili, quale risulta all'inizio del periodo d'imposta dal registro di cui all'articolo 19 del decreto del Presidente della Repubblica 29 settembre 1973, n. 600, e successive modificazioni; l'eccedenza è deducibile in quote costanti nei cinque periodi d'imposta successivi [5].

3. Le spese relative all'acquisto di beni mobili diversi da quelli indicati nel comma 4 adibiti promiscuamente all'esercizio dell'arte o professione e all'uso personale o familiare del contribuente sono ammortizzabili, o deducibili se il costo unitario non è superiore a 1 milione di lire, nella misura del 50 per cento; nella stessa misura sono deducibili i canoni di locazione anche finanziaria e di noleggio e le spese relativi all'impiego di tali beni. Per gli immobili utilizzati promiscuamente, a condizione che il contribuente non disponga nel medesimo comune di altro immobile adibito

esclusivamente all'esercizio dell'arte o professione, è deducibile una somma pari al 50 per cento della rendita ovvero, in caso di immobili acquisiti mediante locazione, anche finanziaria, un importo pari al 50 per cento del relativo canone. Nella stessa misura sono deducibili le spese per i servizi relativi a tali immobili nonché quelle relative all'ammodernamento, ristrutturazione e manutenzione degli immobili utilizzati, che per le loro caratteristiche non sono imputabili ad incremento del costo dei beni ai quali si riferiscono (6).

3-bis. Le quote d'ammortamento, i canoni di locazione anche finanziaria o di noleggio e le spese di impiego e manutenzione relativi ad apparecchiature terminali per servizi di comunicazione elettronica ad uso pubblico di cui alla lettera gg) del comma 1 dell'articolo 1 del codice delle comunicazioni elettroniche, di cui al decreto legislativo 1° agosto 2003, n. 259, sono deducibili nella misura dell'80 per cento (7).

[4. Non sono deducibili le quote di ammortamento, i canoni di locazione anche finanziaria o di noleggio e le spese di impiego, custodia e manutenzione relativi agli aeromobili da turismo, alle navi o imbarcazioni da diporto, ai motocicli con motore di cilindrata superiore a 350 centimetri cubici e alle autovetture ed autoveicoli indicati nell'art. 54, comma 1, lettere a), c) e m), del decreto legislativo 30 aprile 1992, n. 285, con motore di cilindrata superiore a 2000 centimetri cubici o con motore diesel di cilindrata superiore a 2500 centimetri cubici. Per i ciclomotori, nonchè per i motocicli, le autovetture o autoveicoli di cilindrata non superiore a quella indicata nel periodo precedente, la deduzione è ammessa nella misura del 50 per cento e limitatamente a un solo automezzo o, nel caso di esercizio dell'arte o professione in forma associata o da parte di società semplici, a un solo automezzo per ciascun associato o socio.](8)

5. Le spese relative a prestazioni alberghiere e a somministrazioni di alimenti e bevande sono deducibili nella misura del 75 per cento e, in ogni caso, per un importo complessivamente non superiore al 2 per cento dell'ammontare dei compensi percepiti nel periodo di imposta. I limiti di cui al periodo precedente non si applicano alle spese relative a prestazioni alberghiere e di somministrazione di alimenti e bevande sostenute dall'esercente arte o professione per l'esecuzione di un incarico e addebitate analiticamente in capo al committente. Tutte le spese relative all'esecuzione di un incarico conferito e sostenute direttamente dal committente non costituiscono compensi in natura per il professionista Le spese di rappresentanza sono deducibili nei limiti dell'1 per cento dei compensi percepiti nel periodo di imposta. Sono comprese nelle spese di rappresentanza anche quelle sostenute per l'acquisto o l'importazione di oggetti di arte, di antiquariato o da collezione, anche se utilizzati come beni strumentali per l'esercizio dell'arte o professione, nonchè quelle sostenute per l'acquisto o l'importazione di beni destinati ad essere ceduti a titolo gratuito. Sono integralmente deducibili, entro il limite annuo di 10.000 euro, le spese per l'iscrizione a master e a corsi di formazione o di aggiornamento professionale nonché le spese di iscrizione a convegni e congressi, comprese quelle di viaggio e soggiorno. Sono integralmente deducibili, entro il limite annuo di 5.000 euro, le spese sostenute per i servizi personalizzati di certificazione delle competenze, orientamento, ricerca e sostegno all'auto-imprenditorialità, mirate a sbocchi occupazionali effettivamente esistenti e appropriati in relazione alle condizioni del mercato del lavoro, erogati dagli organismi accreditati ai sensi della disciplina vigente. Sono altresì integralmente deducibili gli oneri sostenuti per la garanzia contro il mancato pagamento delle prestazioni di lavoro autonomo fornita da forme assicurative o di solidarietà (9).

6. Tra le spese per prestazioni di lavoro deducibili si comprendono, salvo il disposto di cui al comma 6- bis, anche le quote delle indennità di cui alle lettere a) e c) del comma 1 dell'art. 16 maturate nel periodo di imposta. Le spese di vitto e alloggio sostenute per le trasferte effettuate fuori dal territorio comunale dai lavoratori dipendenti degli esercenti arti e professioni sono deducibili nelle misure previste dal comma 1- ter dell'art. 62 (10).

6- bis. Non sono ammesse deduzioni per i compensi al coniuge, ai figli, affidati o affiliati, minori di età o permanentemente inabili al lavoro, nonchè agli ascendenti dell'artista o professionista ovvero dei soci o associati per il lavoro prestato o l'opera svolta nei confronti dell'artista o professionista ovvero della società o associazione. I compensi non ammessi in deduzione non concorrono a formare il reddito complessivo dei percipienti (11).

[7. Se l'ammontare dei compensi percepiti nel periodo di imposta precedente non è superiore a 18 milioni di lire, il reddito è determinato, in deroga alle disposizioni dei precedenti commi, applicando all'ammontare dei compensi il coefficiente di redditività dell'82 per cento. Se nel corso del periodo di imposta l'ammontare dei compensi percepiti supera i 18 milioni di lire, il reddito imponibile, determinato ai sensi dei commi da 1 a 6, non può essere, in ogni caso, inferiore all'82 per cento di 18 milioni. Il contribuente può non avvalersi della presente disposizione optando per la determinazione del reddito nei modi ordinari nella dichiarazione dell'imposta sul valore aggiunto relativa al periodo di imposta precedente e, per l'anno di inizio dell'attività, nella dichiarazione di inizio dell'attività relativa alla predetta imposta. L'opzione ha effetto dall'inizio del periodo d'imposta nel corso del quale è esercitata, fino a quando non è revocata e, in ogni caso, per almeno un triennio.] (12)

8. [Il reddito derivante dai rapporti di collaborazione coordinata e continuativa di cui alla lettera a) del comma 2 dell'art. 49 è costituito dall'ammontare dei compensi in denaro o in natura percepiti nel periodo di imposta, anche sotto forma di partecipazione agli utili, con esclusione delle somme documentate e rimborsate per spese di viaggio, alloggio e vitto relative alle prestazioni effettuate fuori del territorio comunale, ridotto del 5 per cento a titolo di deduzione forfettaria delle altre spese; la riduzione è pari al 6 per cento, se alla formazione del reddito complessivo concorrono soltanto redditi di collaborazione coordinata e continuativa di importo complessivo non superiore a lire quaranta milioni e il reddito, non superiore alla deduzione prevista dall'art. 10, comma 3- bis, dell'unità immobiliare adibita ad abitazione principale e delle relative pertinenze; la riduzione non si applica alla parte dei compensi che supera l'ammontare di cento milioni di lire e alle indennità percepite per la cessazione del rapporto.] I redditi indicati alla lettera b) del comma 2 dell'art. 49 sono costituiti dall'ammontare dei proventi in denaro o in natura percepiti nel periodo di imposta, anche sotto forma di partecipazione agli utili, ridotto del 25 per cento a titolo di riduzione forfetaria delle spese, ovvero del 40 per cento se i relativi compensi sono

percepiti da soggetti di età inferiore a 35 anni; le partecipazioni agli utili e le indennità di cui alle lettere c), d) ed e) costituiscono reddito per l'intero ammontare percepito nel periodo di imposta. I redditi indicati alla lettera f) dello stesso comma sono costituiti dall'ammontare dei compensi in denaro o in natura percepiti nel periodo di imposta, ridotto del 15 per cento a titolo di deduzione forfetaria delle spese. I redditi indicati alla lettera f-bis) del comma 2 dell'articolo 53 sono costituiti dall'ammontare delle indennità in denaro o in natura percepite nel periodo di imposta [13].

8-bis. In deroga al principio della determinazione analitica del reddito, la base imponibile per i rapporti di cooperazione dei volontari e dei cooperanti è determinata sulla base dei compensi convenzionali fissati annualmente con decreto del Ministero degli affari esteri di concerto con il Ministero del lavoro e delle politiche sociali, indipendentemente dalla durata temporale e dalla natura del contratto purché stipulato da organizzazione non governativa riconosciuta idonea ai sensi dell'articolo 28 della legge 26 febbraio 1987, n. 49 [14].

[1] Comma aggiunto dall'articolo 36, comma 29, lettera a), numero 1), del D.L. 4 luglio 2006, n. 223 e successivamente modificato dall'articolo 1, comma 334, lettera a), della legge 27 dicembre 2006, n. 296.

[2] Comma aggiunto dall'articolo 1, comma 334, lettera b), della legge 27 dicembre 2006, n. 296.

[3] Comma aggiunto dall'articolo 36, comma 29, lettera a), numero 1), del D.L. 4 luglio 2006, n. 223.

[4] Comma aggiunto dall'articolo 36, comma 29, lettera a), numero 1), del D.L. 4 luglio 2006, n. 223.

[5] Comma modificato dall'articolo 26, comma 6, lettera a), del D.L. 2 marzo 1989, n. 69, dall'articolo 1, comma 1, lettera g), del D.L. 27 aprile 1990, n. 90, dall'articolo 14, comma 3, lettera a), della legge 24 dicembre 1993, n. 537, dall'articolo 31, comma 1, lettera a), del D.L. 23 febbraio 1995, n. 41, sostituito dall'articolo 1, comma 334, lettera c), della legge 27 dicembre 2006, n. 296, modificato dall'articolo 4-bis, comma 1, lettera a), del D.L. 2 marzo 2012, n. 16 e dall'articolo 1, comma 162, lettera a), della Legge 27 dicembre 2013, n. 147. La presente disposizione, a norma del comma 163 si applica ai contratti di locazione finanziaria stipulati a decorrere dalla data di entrata in vigore della Legge 147 del 2013.

[6] Comma modificato dall'articolo 26, comma 6, lettera a-bis), del D.L. 2 marzo 1989, n. 69 e successivamente dall'articolo 1, comma 1, lettera h), del D.L. 27 aprile 1990, n. 90, dall'articolo 31, comma 1, lettera b), del D.L. 23 febbraio 1995, n. 41 e dall'articolo 1, comma 334, lettera c), della legge 27 dicembre 2006, n. 296.

[7] Comma aggiunto dall'articolo 10, comma 1, lettera b), del D.L. 13 maggio 1991, n. 151 e successivamente sostituito, a decorrere dal periodo d'imposta successivo a quello in corso al 31 dicembre 2006, dall'articolo 1, comma 402, della legge 27 dicembre 2006, n. 296.

[8] Comma sostituito dall'articolo 26, comma 6, lettera b), del D.L. 2 marzo 1989, n. 69 e successivamente modificato dall'articolo 8, comma 1, lettera a), del D.L. 20 giugno 1996, n. 323 e dall'articolo 3, comma 21, lettera a), della legge 23 dicembre 1996, n. 662, e da ultimo abrogato, a decorrere dal periodo d'imposta in corso alla data del 31 dicembre 1997, dall'articolo 17, comma 2, lettera a), della legge 27 dicembre 1997, n. 449.

[9] Comma modificato dall'articolo 26, comma 6, lettera c), del D.L. 2 marzo 1989, n. 69, dall'articolo 31, comma 1, lettera c), del D.L. 23 febbraio 1995, n. 41, dall'articolo 36, comma 29, lettera a), numero 2), del D.L. 4 luglio 2006, n. 223 e, a partire dal periodo d'imposta successivo a quello in corso al 31 dicembre 2008, dall'articolo 83, comma 28-quater, del D.L. 25 giugno 2008, n. 112, modificato dall'articolo 10, comma 1, del D.Lgs. 21 novembre 2014, n. 175, a decorrere dal periodo d'imposta in corso al 31 dicembre 2015, modificato dall'articolo 7-quater, comma 5, del D.L. 22 ottobre 2016, n. 193,convertito, con modificazioni, dalla Legge 1° dicembre 2016 n. 225, a decorrere dal periodo d'imposta in corso al 31 dicembre 2017, ancora modificato dall'articolo 8, comma 1, della Legge 22 maggio 2017 n. 81; anorma dell'articolo 8, comma 2, della Legge 81/2017, le disposizioni di cui al presente comma si applicano a decorrere dal periodo d'imposta in corso al 31 dicembre 2017 e, da ultimo modificato dall'articolo 9, comma 1, della Legge 22 maggio 2017 n. 81. Vedi anche il comma 2 del medesimo articolo 9.

[10] Comma modificato dall'articolo 33, comma 2, del D.L. 23 febbraio 1995, n. 41 e successivamente dall'articolo 3, comma 21, lettera b), della legge 23 dicembre 1996, n. 662. I richiami agli articoli 16 e 62, di cui al presente comma, devono intendersi riferiti agli attuali articoli 17 e 95, come disposto dall'articolo 2, comma 3, del D.Lgs. 12 dicembre 2003, n. 344.

[11] Comma aggiunto dall'articolo 3, comma 21, lettera c), della legge 23 dicembre 1996, n. 662.

[12] Comma sostituito dall'articolo 6, comma 1, del D.L. 2 marzo 1989, n. 69 e successivamente abrogato dall'articolo 4, comma 4, della legge 30 dicembre 1991, n. 413.

[13] Comma modificato dall'articolo 4, comma 1, lettera b), del D.L. 14 marzo 1988, n. 70, e successivamente dall'articolo 14, comma 3, lettera b), della legge 24 dicembre 1993, n. 537, dall'articolo 8, comma 1, lettere b) e b-bis), del D.L. 20 giugno 1996, n. 323, dall'articolo 1, comma 1, lettera b), del D.L. 31 dicembre 1996, n. 669, a decorrere dal 1° gennaio 1999, dall'articolo 51, comma 3, della legge 23 dicembre 1999, n. 488, dall'articolo 34, comma 1, lettere e) ed f), della legge 21 novembre 2000, n. 342 e dall'articolo 1, comma 318, della legge 27, dicembre 2006, n. 296. Il richiamo all'articolo 49, di cui al presente comma, deve intendersi riferito all'attuale articolo 53, come disposto dall'articolo 2, comma 3, del D.Lgs. 12 dicembre 2003, n. 344. Comma da ultimo modificato dall'articolo 26, comma 1, lettera c), del D.Lgs. 13 luglio 2017, n. 116.

[14] Comma aggiunto dall'articolo 9, comma 5, della legge 28 dicembre 2001, n. 448.

CAPO VI
Redditi di impresa

55. Redditi di impresa[1]. – 1. Sono redditi d'impresa quelli che derivano dall'esercizio di imprese commerciali. Per esercizio di imprese commerciali si intende l'esercizio per professione abituale, ancorché non esclusiva, delle attività indicate nell'art. 2195 c.c., e delle attività indicate alle lettere b) e c) del comma 2 dell'art. 32 che eccedono i limiti ivi stabiliti, anche se non organizzate in forma d'impresa.

2. Sono inoltre considerati redditi d'impresa:

a) i redditi derivanti dall'esercizio di attività organizzate in forma d'impresa dirette alla prestazione di servizi che non rientrano nell'art. 2195 c.c.;

b) i redditi derivanti dall'attività di sfruttamento di miniere, cave, torbiere, saline, laghi, stagni e altre acque interne;

c) i redditi dei terreni, per la parte derivante dall'esercizio delle attività agricole di cui all'articolo 32, pur se nei limiti ivi stabiliti, ove spettino alle società in nome collettivo e in accomandita semplice nonché alle stabili organizzazioni di persone fisiche non residenti esercenti attività di impresa.

3. Le disposizioni in materia di imposte sui redditi che fanno riferimento alle attività commerciali si applicano, se non risulta diversamente, a tutte le attività indicate nel presente articolo.

[1] Articolo modificato dall'articolo 2, comma 1, lettera a), del D.L. 27 aprile 1990, n. 90, dall'articolo 9, comma 1, della legge 29 dicembre 1990, n. 408, dall'articolo 3, comma 4, lettera b), della legge 23 dicembre 1996, n. 662 e successivamente sostituito dall'articolo 1, comma 1, del D.Lgs. 12 dicembre 2003, n. 344.

55 *bis*. Imposta sul reddito d'impresa. – [Vigente dal 01/01/2019

[1. Il reddito d'impresa degli imprenditori individuali e delle società in nome collettivo e in accomandita semplice in regime di contabilità ordinaria, determinato ai sensi del presente capo, è escluso dalla formazione del reddito complessivo e assoggettato a tassazione separata con l'aliquota prevista dall'articolo 77. Dal reddito d'impresa sono ammesse in deduzione le somme prelevate, a carico dell'utile di esercizio e delle riserve di utili, nei limiti del reddito del periodo d'imposta e dei periodi d'imposta precedenti assoggettati a tassazione separata al netto delle perdite residue computabili in diminuzione dei redditi dei periodi d'imposta successivi, a favore dell'imprenditore, dei collaboratori familiari o dei soci.

2. In deroga all'articolo 8, comma 3, le perdite maturate nei periodi d'imposta di applicazione delle disposizioni di cui al comma 1 del presente articolo sono computate in diminuzione del reddito dei periodi d'imposta successivi per l'intero importo che trova capienza in essi. Le perdite non ancora utilizzate al momento di fuoriuscita dal regime di cui al presente articolo sono computabili in diminuzione dai redditi ai sensi dell'articolo 8, comma 3, considerando l'ultimo anno di permanenza nel regime come anno di maturazione delle stesse. Nel caso di società in nome collettivo e in accomandita semplice tali perdite sono imputate a ciascun socio proporzionalmente alla sua quota di partecipazione agli utili.

3. Le somme prelevate a carico dell'utile dell'esercizio e delle riserve di utili, nei limiti del reddito dell'esercizio e dei periodi d'imposta precedenti assoggettati a tassazione separata e non ancora prelevati, a favore dell'imprenditore, dei collaboratori familiari o dei soci costituiscono reddito d'impresa e concorrono integralmente a formare il reddito complessivo dell'imprenditore, dei collaboratori familiari o dei soci.

4. Gli imprenditori e le società in nome collettivo e in accomandita semplice in regime di contabilità ordinaria possono optare per l'applicazione delle disposizioni di cui al presente articolo. L'opzione ha durata pari a cinque periodi d'imposta, è rinnovabile e deve essere esercitata nella dichiarazione dei redditi, con effetto dal periodo d'imposta cui è riferita la dichiarazione.

5. L'applicazione del presente articolo esclude quella dell'articolo 5 limitatamente all'imputazione e alla tassazione del reddito indipendentemente dalla sua percezione.

6. Le disposizioni del presente articolo non si applicano alle somme prelevate a carico delle riserve formate con utili dei periodi d'imposta precedenti a quello dal quale ha effetto tale articolo; le riserve da cui sono prelevate le somme si considerano formate prioritariamente con utili di tali periodi d'imposta.

6-bis In caso di fuoriuscita dal regime di cui al presente articolo anche a seguito di cessazione dell'attività, le somme prelevate a carico delle riserve di utili formate nei periodi d'imposta di applicazione delle disposizioni del presente articolo, nei limiti in cui le stesse sono state assoggettate a tassazione separata, concorrono a formare il reddito complessivo dell'imprenditore, dei collaboratori o dei soci; ai medesimi soggetti è riconosciuto un credito d'imposta in misura pari all'imposta di cui al comma 1, primo periodo.] (2)

(1) *Articolo inserito dall'articolo 1, comma 547, lettera a), della Legge 11 dicembre 2016, n. 232 e successivamente abrogato dall'articolo 1, comma 1055, lettera a), numero 2), della legge 30 dicembre 2018, n. 145; a norma del comma 1055 del medesimo articolo 1 della Legge 145/2018, la presente disposizione si applica a decorrere dal periodo d'imposta successivo a quello in corso al 31 dicembre 2017.*

(2) *Comma aggiunto dall'articolo 58, comma 1, del D.L. 24 aprile 2017, n. 50, convertito, con modificazioni, dalla legge 21 giugno 2017, n. 96.*

56. Determinazione del reddito di impresa (1). – 1. Il reddito d'impresa è determinato secondo le disposizioni della sezione I del capo II del titolo II, salvo quanto stabilito nel presente capo. Le disposizioni della predetta sezione I e del capo VI del titolo II, relative alle società e agli enti di cui all'articolo 73, comma 1, lettere a) e b), valgono anche per le società in nome collettivo e in accomandita semplice (2).

2. Se dall'applicazione del comma 1 risulta una perdita, questa, al netto dei proventi esenti dall'imposta per la parte del loro ammontare che eccede i componenti negativi non dedotti ai sensi degli articoli 61 e 109, comma 5, è computata in diminuzione del reddito [complessivo] a norma dell'articolo 8. Per le perdite derivanti dalla partecipazione in società in nome collettivo e in accomandita semplice si applicano le disposizioni del comma 2 dell'articolo 8 (3).

3. Oltre ai proventi di cui alle lettere a) e b) dell'articolo 91, non concorrono alla formazione del reddito:

a) le indennità per la cessazione di rapporti di agenzia delle persone fisiche e delle società di persone;

b) le plusvalenze, le indennità e gli altri redditi indicati alle lettere da g) a n) del comma 1 dell'articolo 17, quando ne è richiesta la tassazione separata a norma del comma 2 dello stesso articolo.

4. Ai fini dell'applicazione del comma 2 non rileva la quota esente dei proventi di cui all'articolo 87, determinata secondo quanto previsto nel presente capo.

5. Nei confronti dei soggetti che esercitano attività di allevamento di animali oltre il limite di cui alla lettera b) del comma 2 dell'articolo 32 il reddito relativo alla parte eccedente concorre a formare il reddito d'impresa nell'ammontare determinato attribuendo a ciascun capo un reddito pari al valore medio del reddito agrario riferibile a ciascun capo allevato entro il limite medesimo, moltiplicato per un coefficiente idoneo a tener conto delle diverse incidenze dei costi. Le relative spese e gli altri componenti negativi non sono ammessi in deduzione. Il valore medio e il coefficiente di cui al primo periodo sono stabiliti ogni due anni con decreto del Ministro dell'economia e delle finanze, di concerto con il Ministro delle politiche agricole e forestali. Le disposizioni del presente comma non si applicano nei confronti dei redditi di cui all'articolo 55, comma 2, lettera c). Il coefficiente moltiplicatore non si applica agli allevatori che si avvalgono esclusivamente dell'opera di propri familiari quando, per la natura del rapporto, non si configuri l'impresa familiare. Il contribuente ha facoltà, in sede di dichiarazione dei redditi, di non avvalersi delle disposizioni del presente comma. Ai fini del rapporto di cui all'articolo 96, i proventi dell'allevamento di animali di cui al presente comma, si computano nell'ammontare ivi stabilito. Se il periodo d'imposta è superiore o inferiore a dodici mesi, i redditi di cui al presente comma sono ragguagliati alla durata di esso (4).

(1) *Articolo modificato dall'articolo 1, comma 1, lettera f), del D.L. 30 dicembre 1993, n. 557, dall'articolo 1, comma 1, lettera c), del D.L. 29 giugno 1994, n. 416 e successivamente sostituito dall'articolo 1, comma 1, del D.Lgs. 12 dicembre 2003, n. 344.*

(2) *Comma modificato dall'articolo 2, comma 217, della legge 24 dicembre 2007, n. 244.*

(3) *Comma modificato dall'articolo 1, comma 33, lettera a), della legge 24 dicembre 2007, n. 244; dall'articolo 1, comma 23, lettera b), della Legge 30 dicembre 2018, n. 145; a norma del comma 24 del medesimo articolo 1, della legge 145/2018, le modifiche al presente articolo, si applicano a decorrere dal periodo d'imposta successivo a quello in corso al 31 dicembre 2017.*

(4) *Comma modificato dall'articolo 3, comma 1, del D.Lgs. 18 novembre 2005, n. 247.*

56 *bis*. Altre attività agricole(1). – 1. Per le attività dirette alla produzione di vegetali esercitate oltre il limite di cui all'articolo 32, comma 2, lettera b), il reddito relativo alla parte eccedente concorre a formare il reddito di impresa nell'ammontare corrispondente al reddito agrario relativo alla superficie sulla quale la produzione insiste in proporzione alla superficie eccedente.

2. Per le attività dirette alla manipolazione, conservazione, trasformazione, valorizzazione e commercializzazione di prodotti diversi da quelli indicati nell'articolo 32, comma 2, lettera c), ottenuti prevalentemente dalla coltivazione del fondo o del bosco o dall'allevamento di animali, il reddito è determinato applicando all'ammontare dei corrispettivi delle operazioni registrate o soggette a registrazione agli effetti dell'imposta sul valore aggiunto, conseguiti con tali attività, il coefficiente di redditività del 15 per cento.

3. Per le attività dirette alla fornitura di servizi di cui al terzo comma dell'articolo 2135 del codice civile, il reddito è determinato applicando all'ammontare dei corrispettivi delle operazioni registrate o soggette a registrazione agli effetti dell'imposta sul valore aggiunto, conseguiti con tali attività, il coefficiente di redditività del 25 per cento.

3-bis. Per le attività dirette alla commercializzazione di piante vive e prodotti della floricoltura acquistate da imprenditori agricoli florovivaistici di cui all'articolo 2135 del codice civile, nei limiti del 10 per cento del volume di affari, da altri imprenditori agricoli florovivaistici, il reddito è determinato applicando all'ammontare dei corrispettivi delle operazioni registrate o soggette a registrazione agli effetti dell'imposta sul valore aggiunto il coefficiente di redditività del 5 per cento [2].

4. Le disposizioni di cui ai commi 1, 2 e 3 non si applicano ai soggetti di cui all'articolo 73, comma 1, lettere a), b) e d), nonché alle società in nome collettivo ed in accomandita semplice.

5. Il contribuente ha facoltà di non avvalersi delle disposizioni di cui al presente articolo. In tal caso l'opzione o la revoca per la determinazione del reddito nel modo normale si esercitano con le modalità stabilite dal regolamento recante norme per il riordino della disciplina delle opzioni in materia di imposta sul valore aggiunto e di imposte dirette, di cui al decreto del Presidente della Repubblica 10 novembre 1997, n. 442, e successive modificazioni.

(1) Articolo inserito dall'articolo 2 della legge 24 dicembre 2003, n. 350, come modificato dall'articolo 15 del D.Lgs. 29 marzo 2004 n. 99.
(2) Comma inserito dall'articolo 1, comma 225, della Legge 27 dicembre 2019, n. 160.

57. Ricavi[1]. – 1. Si comprende tra i ricavi di cui all'articolo 85 anche il valore normale dei beni ivi indicati destinati al consumo personale o familiare dell'imprenditore.

(1) Articolo modificato dall'articolo 1, comma 1, lettera l-ter), del D.L. 27 aprile 1990, n. 90, dall'articolo 1, comma 1, del D.L. 29 giugno 1994, n. 416, dall'articolo 3, comma 103, lettera a), della legge 28 dicembre 1995, n. 549 e successivamente sostituito dall'articolo 1, comma 1, del D.Lgs. 12 dicembre 2003, n. 344.

58. Plusvalenze [1]. – 1. Per le plusvalenze derivanti da cessione delle aziende, le disposizioni del comma 4 dell'articolo 86 non si applicano quando è richiesta la tassazione separata a norma del comma 2 dell'articolo 17. Il trasferimento di azienda per causa di morte o per atto gratuito non costituisce realizzo di plusvalenze dell'azienda stessa; l'azienda è assunta ai medesimi valori fiscalmente riconosciuti nei confronti del dante causa. I criteri di cui al periodo precedente si applicano anche qualora, a seguito dello scioglimento, entro cinque anni dall'apertura della successione, della società esistente tra gli eredi, la predetta azienda resti acquisita da uno solo di essi.

2. Le plusvalenze di cui all'articolo 87 non concorrono alla formazione del reddito imponibile in quanto esenti limitatamente al 60 per cento del loro ammontare.

3. Le plusvalenze dei beni relativi all'impresa concorrono a formare il reddito anche se i beni vengono destinati al consumo personale o familiare dell'imprenditore o a finalità estranee all'esercizio dell'impresa.

(1) Articolo modificato dall'articolo 1, comma 1, del D.P.R. 4 febbraio 1988, n. 42, dall'articolo 26, comma 7, lettera a), del D.L. 2 marzo 1989, n. 69, dall'articolo 1, comma 1, lettera l-ter), del D.L. 27 aprile 1990, n. 90, dall'articolo 14, comma 3, lettera c), della legge 24 dicembre 1993, n. 537, dall'articolo 1, comma 1, lettera f), numero 1), del D.L. 29 giugno 1994, n. 416, dall'articolo 3, comma 25, lettera a), della legge 23 dicembre 1996, n. 662, dall'articolo 21, comma 3, della legge 27 dicembre 1997, n. 449, dall'articolo 9, comma 21, della legge 28 dicembre 2001, n. 448 e successivamente sostituito dall'articolo 1, comma 1, del D.Lgs. 12 dicembre 2003, n. 344.

59. Dividendi [1]. – 1. Gli utili relativi alla partecipazione al capitale o al patrimonio delle società e degli enti di cui all'articolo 73, nonché quelli relativi ai titoli e agli strumenti finanziari di cui all'articolo 44, comma 2, lettera a), e le remunerazioni relative ai contratti di cui all'articolo 109, comma 9, lettera b), concorrono alla formazione del reddito complessivo, nella misura del 40 per cento del loro ammontare, nell'esercizio in cui sono percepiti. Si applica l'articolo 47, per quanto non diversamente previsto dal periodo precedente[2].

[2. Gli utili derivanti dai contratti di cui alla lettera f) del comma 1 dell'articolo 44 non concorrono alla formazione del reddito complessivo dell'esercizio in cui sono percepiti, in quanto esclusi, limitatamente al 60 per cento del loro ammontare.] [3]

(1) Articolo modificato dall'articolo 26, comma 8, del D.L. 2 marzo 1989, n. 69, dall'articolo 8, comma 6, del D.L. 27 aprile 1990, n. 90, dall'articolo 1, comma 1, lettera h), del D.L. 30 dicembre 1993, n. 557, dall'articolo 2, comma 1, del D.L. 29 aprile 1994, n. 260, dall'articolo 1, comma 1, lettera h), del D.L. 29 giugno 1994, n. 416 e successivamente sostituito dall'articolo 1, comma 1, del D.Lgs. 12 dicembre 2003, n. 344.
(2) Comma sostituito dall'articolo 3, comma 2, lettera a), del D.Lgs 18 novembre 2005, n. 247.
(3) Comma abrogato dall'articolo 3, comma 2, lettera b), del D.Lgs 18 novembre 2005, n. 247.

60. Spese per prestazioni di lavoro [1]. – 1. Non sono ammesse in deduzione a titolo di compenso del lavoro prestato o dell'opera svolta dall'imprenditore, dal coniuge, dai figli, affidati o affiliati minori di età o permanentemente inabili al lavoro e dagli ascendenti, nonché dai familiari partecipanti all'impresa di cui al comma 4 dell'articolo 5.

(1) Articolo modificato dall'articolo 26, comma 9, del D.L. 2 marzo 1989, n. 69, dall'articolo 14, comma 3, lettera e), della legge 24 dicembre 1993, n. 537, dall'articolo 33, comma 1, del D.L. 23 febbraio 1995, n. 41, dall'articolo 5, comma 1, lettera e), del D.Lgs. 2 settembre 1997, n. 314, dall'articolo 1, comma 1, del D.L. 22 giugno 2000, n. 167, dall'articolo 145, comma 98, della legge 23 dicembre 2000, n. 388, dall'articolo 21, comma 11, della legge 27 dicembre 2002, n. 289 e successivamente sostituito dall'articolo 1, comma 1, del D.Lgs. 12 dicembre 2003, n. 344.

61. Interessi passivi [(1)]. – 1. Gli interessi passivi inerenti all'esercizio d'impresa sono deducibili per la parte corrispondente al rapporto tra l'ammontare dei ricavi e altri proventi che concorrono a formare il reddito d'impresa o che non vi concorrono in quanto esclusi e l'ammontare complessivo di tutti i ricavi e proventi.

2. La parte di interessi passivi non deducibile ai sensi del comma 1 del presente articolo non dà diritto alla detrazione dall'imposta prevista alle lettere a) e b) del comma 1 dell'articolo 15.

(1) Articolo modificato dall'articolo 11, comma 5, della legge 14 agosto 1993, n. 344, dall'articolo 8, comma 6, del D.Lgs. 21 novembre 1997, n. 461 e successivamente sostituito dall'articolo 1, comma 1, D.Lgs. 12 dicembre 2003, n. 344 e dall'articolo 1, comma 33, lettera b), della legge 24 dicembre 2007, n. 244.

62. Pro rata patrimoniale [(1)]. – [1. Ai fini dell'applicazione dell'articolo 97, comma 1, il valore di libro delle partecipazioni di cui all'articolo 87, rileva nella stessa percentuale di cui all'articolo 58, comma 2. Ai fini dell'applicazione del comma 2, lettera b), numero 2), primo periodo, dell'articolo 97, si fa riferimento alle partecipazioni in società il cui reddito è imputato ai soci per effetto dell'articolo 116 [(2)].]

(1) Articolo sostituito dall'articolo 1, comma 1, del D.Lgs. 12 dicembre 2003, n. 344 e successivamente abrogato dall'articolo 1, comma 33, lettera c), della legge 24 dicembre 2007, n. 244.
(2) Comma modificato dall'articolo 3, comma 3, del D.Lgs. 18 novembre 2005, n. 247.

63. Contrasto all'utilizzo fiscale della sottocapitalizzazione delle imprese. – [1. Per l'applicazione della norma di cui all'articolo 98 alle imprese individuali il riferimento al socio si intende all'imprenditore e nelle imprese familiari anche ai soggetti di cui all'articolo 5, comma 5.][(1)]

(1) Articolo sostituito dall'articolo 1, comma 1, del D.Lgs. 12 dicembre 2003, n. 344 e successivamente abrogato dall'articolo 1, comma 33, lettera c), della legge 24 dicembre 2007, n. 244.

64. Norme generali sui componenti del reddito d'impresa [(1)]. – 1. Le minusvalenze realizzate relative a partecipazioni con i requisiti di cui all'articolo 87, comma 1, lettere b), c) e d), possedute ininterrottamente dal primo giorno del dodicesimo mese precedente quello dell'avvenuta cessione, considerando cedute per prime le azioni o quote acquisite in data più recente, ed i costi specificamente inerenti al realizzo di tali partecipazioni, sono indeducibili in misura corrispondente alla percentuale di cui all'articolo 58, comma 2 [(2)].

2. Le spese relative all'acquisto di beni mobili adibiti promiscuamente all'esercizio dell'impresa e all'uso personale o familiare dell'imprenditore sono ammortizzabili, o deducibili nell'ipotesi di cui al comma 5 dell'articolo 102, nella misura del 50 per cento; nella stessa misura sono deducibili i canoni di locazione, anche finanziaria e di noleggio e le spese relativi all'impiego di tali beni. Per gli immobili utilizzati promiscuamente è deducibile una somma pari al 50 per cento della rendita catastale o del canone di locazione, anche finanziaria, a condizione che il contribuente non disponga di altro immobile adibito esclusivamente all'esercizio dell'impresa.

(1) Articolo modificato dall'articolo 1, comma 1, del D.P.R. 4 febbraio 1988, n. 42, dall'articolo 2, comma 6-bis, del D.L. 27 aprile 1990, n. 90, dall'articolo 13-bis, comma 1, del D.L. 19 settembre 1992, n. 384, dall'articolo 5, comma 1, del D.P.R. 9 dicembre 1996, n. 695 e successivamente sostituito dall'articolo 1, comma 1, del D.Lgs. 12 dicembre 2003, n. 344.
(2) Comma sostituito dall'articolo 5, comma 1, lettera a), del D.L. 30 settembre 2005, n. 203.

65. Beni relativi all'impresa. – 1. Per le imprese individuali, ai fini delle imposte sui redditi, si considerano relativi all'impresa, oltre ai beni indicati alle lettere a) e b) del comma 1 dell'articolo 85, a quelli strumentali per l'esercizio dell'impresa stessa ed ai crediti acquisiti nell'esercizio dell'impresa stessa, i beni appartenenti all'imprenditore che siano indicati tra le attività relative all'impresa nell'inventario tenuto a norma dell'articolo 2217 del codice civile. Gli immobili di cui al comma 2 dell'articolo 43 si considerano relativi all'impresa solo se indicati nell'inventario; per i soggetti indicati nell'articolo 66, tale indicazione può essere effettuata nel registro dei beni ammortizzabili ovvero secondo le modalità di cui all'articolo 13 del decreto del Presidente della Repubblica 7 dicembre 2001, n. 435, e dell'articolo 2, comma 1, del decreto del Presidente della Repubblica 21 dicembre 1996, n. 695[(1)].

2. Per le società in nome collettivo e in accomandita semplice si considerano relativi all'impresa tutti i beni ad esse appartenenti, salvo quanto stabilito nel comma 3 per le società di fatto.

3. Per le società di fatto si considerano relativi all'impresa i beni indicati alle lettere a) e b) del comma 1 dell'art. 53, i crediti acquisiti nell'esercizio dell'impresa e i beni strumentali per l'esercizio dell'impresa, compresi quelli iscritti in pubblici registri a nome dei soci utilizzati esclusivamente come strumentali per l'esercizio dell'impresa [(2)].

3- bis. Per i beni strumentali dell'impresa individuale provenienti dal patrimonio personale dell'imprenditore è riconosciuto, ai fini fiscali, il costo determinato in base alle disposizioni di cui al decreto del Presidente della Repubblica 23 dicembre 1974, n. 689, da iscrivere tra le attività relative all'impresa nell'inventario di cui all'art. 2217 del codice civile ovvero, per le imprese di cui all'art. 79, nel registro dei cespiti ammortizzabili. Le relative quote di ammortamento sono calcolate a decorrere dall'esercizio in corso alla data dell'iscrizione.

(1) Comma sostituito dall'articolo 10-bis, comma 1, lettera a), del D.L. 2 marzo 1989, n. 69, modificato dall'articolo 2, comma 1, lettera e), del D.L. 27 aprile 1990, n. 90 e successivamente sostituito dall'articolo 58, comma 1, della legge 30 dicembre 1991, n. 413 e dall'articolo 1, comma 1, del D.Lgs. 12 dicembre 2003, n. 344.
(2) Comma aggiunto dall'articolo 10-bis, comma 1, lettera b), del D.L. 2 marzo 1989, n. 69.

66. Imprese minori. – 1. Il reddito d'impresa dei soggetti che, secondo le disposizioni del decreto del Presidente della Repubblica 29 settembre 1973, n. 600, applicano il regime di contabilità semplificata, è costituito dalla differenza tra l'ammontare dei ricavi di cui all'articolo 85 e degli altri proventi di cui all'articolo 89 percepiti nel periodo d'imposta e quello delle spese sostenute nel periodo stesso nell'esercizio dell'attività d'impresa. La differenza è aumentata dei ricavi di cui all'articolo 57, dei proventi di cui all'articolo 90, comma 1, delle plusvalenze realizzate ai sensi dell'articolo 86 e delle sopravvenienze attive di cui all'articolo 88 e diminuita delle minusvalenze e sopravvenienze passive di cui all'articolo 101 (1).

2. Le quote di ammortamento sono ammesse in deduzione, secondo le disposizioni degli articoli 64, comma 2, 102 e 103, a condizione che sia tenuto il registro dei beni ammortizzabili. L'indicazione di tali quote può essere effettuata anche secondo le modalità dell'articolo 13 del decreto del Presidente della Repubblica 7 dicembre 2001, n. 435, e dell'articolo 2, comma 1, del decreto del Presidente della Repubblica 21 dicembre 1996, n. 695. Le perdite di beni strumentali e le perdite su crediti sono deducibili a norma dell'articolo 101. Non è ammessa alcuna deduzione a titolo di accantonamento; tuttavia gli accantonamenti di cui all'articolo 105 sono deducibili a condizione che risultino iscritti nei registri di cui all'articolo 18 del decreto indicato al comma 1 (2).

3. Si applicano, oltre a quelle richiamate nei precedenti commi, le disposizioni di cui agli articoli 56, comma 5, 65, 91, 95, [96,] 100, 108, 90, comma 2, 99, commi 1 e 3, 109, commi 5, 7 e 9, lettera b), e 110, commi 1, 2, 5, 6 e 8. Si applica inoltre, con riferimento ai ricavi ed alle plusvalenze che concorrono a formare il reddito di impresa pur non risultando dalle registrazioni ed annotazioni nei registri di cui all'articolo 18 del decreto indicato nel comma 1, la disposizione dell'ultimo periodo del comma 4 dell'articolo 109. [I costi, concernenti contratti a corrispettivi periodici, relativi a spese di competenza di due periodi d'imposta, in deroga all'articolo 109, comma 2, lettera b), possono essere dedotti nell'esercizio nel quale è stato registrato il documento probatorio. Tale disposizione si applica solo nel caso in cui l'importo del costo indicato dal documento di spesa non sia superiore a euro 1.000] (3).

4. Per gli intermediari e i rappresentanti di commercio e per gli esercenti le attività indicate al primo comma dell'articolo 1 del decreto del Ministro delle finanze 13 ottobre 1979, pubblicato nella Gazzetta Ufficiale n. 288 del 22 ottobre 1979, il reddito d'impresa determinato a norma dei precedenti commi è ridotto, a titolo di deduzione forfetaria delle spese non documentate, di un importo pari alle seguenti percentuali dell'ammontare dei ricavi: 3 per cento dei ricavi fino a euro 6.197,48; 1 per cento dei ricavi oltre euro 6.197,48 e fino a euro 77.468,53; 0,50 per cento dei ricavi oltre euro 77.468,53 e fino a euro 92.962,24 (4).

5. Per le imprese autorizzate all'autotrasporto di merci per conto di terzi il reddito determinato a norma dei precedenti commi è ridotto, a titolo di deduzione forfetaria di spese non documentate, di euro 7,75 per i trasporti personalmente effettuati dall'imprenditore oltre il comune in cui ha sede l'impresa ma nell'ambito della regione o delle regioni confinanti e di euro 15,49 per quelli effettuati oltre tale ambito. Per le medesime imprese compete, altresì, una deduzione forfetaria annua di euro 154,94 per ciascun motoveicolo e autoveicolo avente massa complessiva a pieno carico non superiore a 3.500 chilogrammi. La deduzione spetta una sola volta per ogni giorno di effettuazione del trasporto, indipendentemente dal numero dei viaggi. Il contribuente deve predisporre e conservare un prospetto recante l'indicazione dei viaggi effettuati e della loro durata e località di destinazione nonché degli estremi dei relativi documenti di trasporto delle merci o, delle fatture o delle lettere di vettura di cui all'articolo 56 della legge 6 giugno 1974, n. 298; i documenti di trasporto, le fatture e le lettere di vettura devono essere conservate fino alla scadenza del termine per l'accertamento (5).

6. Il reddito imponibile non può in nessun caso essere determinato in misura inferiore a quello risultante dalla applicazione dei criteri previsti dal successivo art. 80 per un volume di ricavi fino a 18 milioni di lire (6).

6- bis. Per gli enti non commerciali e gli organismi di tipo associativo di cui agli articoli 108 e 111, che rientrano tra i soggetti disciplinati dal presente articolo, non si applicano le disposizioni del comma 6 (7).

7. Per gli intermediari e rappresentanti di commercio e per gli esercenti le attività indicate al primo comma dell'art. 1 del decreto del Ministro delle finanze 13 ottobre 1979, pubblicato nella Gazzetta Ufficiale n. 288 del 22 ottobre 1979, il reddito d'impresa determinato a norma dei precedenti commi è ridotto, a titolo di deduzione forfetaria delle spese non documentate, di un importo pari alle seguenti percentuali dell'ammontare dei ricavi: 3 per cento dei ricavi fino a 12 milioni di lire; 1 per cento dei ricavi oltre 12 e fino a 150 milioni di lire; 0,50 per cento dei ricavi oltre 150 e fino a 180 milioni di lire.

8. Per le imprese autorizzate all'autotrasporto di merci per conto di terzi il reddito determinato a norma dei precedenti commi è ridotto, a titolo di deduzione forfetaria di spese non documentate, di L. 45.500 per i trasporti personalmente effettuati dall'imprenditore oltre il comune in cui ha sede l'impresa ma nell'ambito della regione o delle regioni confinanti e di L. 81.000 per quelli effettuati oltre tale ambito. Per le medesime imprese compete, altresì, una deduzione forfetaria annua di lire 300.000 per ciascun motoveicolo e autoveicolo avente massa complessiva a pieno carico non superiore a 3.500 chilogrammi. La deduzione spetta una sola volta per ogni giorno di effettuazione del trasporto, indipendentemente dal numero dei viaggi. Alla dichiarazione dei redditi deve essere allegato un prospetto, sottoscritto dal dichiarante, recante l'indicazione dei viaggi effettuati e della loro durata e località di destinazione nonchè degli estremi delle relative bolle di accompagnamento delle merci o, in caso di esonero dall'obbligo di emissione di queste, delle fatture o delle lettere di vettura di cui all'art. 56 della legge 6 giugno 1974, n. 298; le bolle di accompagnamento, le fatture e le lettere di vettura devono essere conservate fino alla scadenza del termine per l'accertamento(8).

[9. Le disposizioni del presente articolo non si applicano alle società in nome collettivo e in accomandita semplice.] (9)

(1) *Comma sostituito dall'articolo 7, comma 2, lettera a), del D.L. 2 marzo 1989, n. 69. I richiami agli articoli 53,56,57,59,60,61,54,55 e 56, di cui al presente comma, devono intendersi riferiti rispettivamente agli attuali articoli 85 89, 90, 92, 93, 94, 86, 88 e 101, come disposto dall'articolo 2, comma 3, del D.Lgs 12. dicembre 2003, n. 344. Comma da ultimo sostituito dall'articolo 1, comma 17, lettera a), della Legge 11 dicembre* (2) *Comma abrogato dall'articolo 7, comma 2, lettera b), del D.L. 2 marzo 1989, n. 69 e successivamente sostituito dall'articolo 1, comma 1, del D.Lgs. 12 dicembre 2003, n. 344.*

(3) *Comma sostituito dall'articolo 7, comma 2, lettera c), del D.L. 2 marzo 1989, n. 69, dall'articolo 1, comma 1, del D.Lgs. 12 dicembre 2003, n. 344 e successivamente modificato dall'articolo 1, comma 33, lettera d), della legge 24 dicembre 2007, n. 244, dall'articolo 7, comma 2, lettera s), del D.L. 13 maggio 2011, n. 70 e successivamente, a decorrere dal periodo d'imposta in corso al 31 dicembre 2011, dall'articolo 3, comma 8, del D.L. 2 marzo 2012, n. 16. Comma da ultimo modificato dall'articolo 1, comma 17, lettera b), della Legge 11 dicembre 2016, n. 232, a norma del comma 23 dell'articolo 1 della Legge 232/2016 medesimo le disposizioni di cui al presente comma si si applicano a decorrere dal periodo d'imposta successivo a quello in corso al 31 dicembre 2016.*

(4) *Comma abrogato dall'articolo 7, comma 2, lettera d), del D.L. 2 marzo 1989, n. 69 e successivamente sostituito dall'articolo 1, comma 1, del*

D.Lgs. 12 dicembre 2003, n. 344.
(5) Comma modificato dall'articolo 1, comma 1, del D.P.R. 4 febbraio 1988, n. 42, con effetto dal 1° gennaio 1988 e successivamente sostituito dall'articolo 7, comma 2, lettera e), del D.L. 2 marzo 1989, n. 69 e dall'articolo 1, comma 1, del D.Lgs. 12 dicembre 2003, n. 344.
(6) Comma sostituito dall'articolo 7, comma 2, lettera f), del D.L. 2 marzo 1989, n. 69.
(7) Comma aggiunto dall'articolo 10, comma 2, della legge 30 dicembre 1991, n. 413.
(8) Comma modificato dall'articolo 13, comma 4, del D.L. 27 aprile 1990, n. 90, dall'articolo 8, comma 1, del D.L. 29 marzo 1993, n. 82 come modificato dall'articolo 2, comma 1, del D.L. 22 giugno 2000, n. 167, dall'articolo 1, comma 1, del D.L. 2 gennaio 1997, n. 1 e successivamente dall'articolo 6, comma 2, della legge 23 dicembre 2000, n. 388.
(9) Comma abrogato dall'articolo 7, comma 2, lettera f-bis), del D.L. 2 marzo 1989, n. 69.

CAPO VII
Redditi diversi

67. Redditi diversi. – 1. Sono redditi diversi se non costituiscono redditi di capitale ovvero se non sono conseguiti nell'esercizio di arti e professioni o di imprese commerciali o da società in nome collettivo e in accomandita semplice, nè in relazione alla qualità di lavoratore dipendente:

a) le plusvalenze realizzate mediante la lottizzazione di terreni, o l'esecuzione di opere intese a renderli edificabili, e la successiva vendita, anche parziale, dei terreni e degli edifici;

b) le plusvalenze realizzate mediante cessione a titolo oneroso di beni immobili acquistati o costruiti da non più di cinque anni, esclusi quelli acquisiti per successione [o donazione] e le unità immobiliari urbane che per la maggior parte del periodo intercorso tra l'acquisto o la costruzione e la cessione sono state adibite ad abitazione principale del cedente o dei suoi familiari, nonché, in ogni caso, le plusvalenze realizzate a seguito di cessioni a titolo oneroso di terreni suscettibili di utilizzazione edificatoria secondo gli strumenti urbanistici vigenti al momento della cessione. In caso di cessione a titolo oneroso di immobili ricevuti per donazione, il predetto periodo di cinque anni decorre dalla data di acquisto da parte del donante (1);

c) le plusvalenze realizzate mediante cessione a titolo oneroso di partecipazioni qualificate. Costituisce cessione di partecipazioni qualificate la cessione di azioni, diverse dalle azioni di risparmio, e di ogni altra partecipazione al capitale od al patrimonio delle società di cui all'articolo 5, escluse le associazioni di cui al comma 3, lettera c), e dei soggetti di cui all'articolo 73, comma 1, lettere a), b) e d), nonché la cessione di diritti o titoli attraverso cui possono essere acquisite le predette partecipazioni, qualora le partecipazioni, i diritti o titoli ceduti rappresentino, complessivamente, una percentuale di diritti di voto esercitabili nell'assemblea ordinaria superiore al 2 o al 20 per cento ovvero una partecipazione al capitale od al patrimonio superiore al 5 o al 25 per cento, secondo che si tratti di titoli negoziati in mercati regolamentati o di altre partecipazioni. Per i diritti o titoli attraverso cui possono essere acquisite partecipazioni si tiene conto delle percentuali potenzialmente ricollegabili alle predette partecipazioni. La percentuale di diritti di voto e di partecipazione è determinata tenendo conto di tutte le cessioni effettuate nel corso di dodici mesi, ancorché nei confronti di soggetti diversi. Tale disposizione si applica dalla data in cui le partecipazioni, i titoli ed i diritti posseduti rappresentano una percentuale di diritti di voto o di partecipazione superiore alle percentuali suindicate. Sono assimilate alle plusvalenze di cui alla presente lettera quelle realizzate mediante:

1) cessione di strumenti finanziari di cui alla lettera a) del comma 2 dell'articolo 44 quando non rappresentano una partecipazione al patrimonio;

2) cessione dei contratti di cui all'articolo 109, comma 9, lettera b), qualora il valore dell'apporto sia superiore al 5 per cento o al 25 per cento del valore del patrimonio netto contabile risultante dall'ultimo bilancio approvato prima della data di stipula del contratto secondo che si tratti di società i cui titoli sono negoziati in mercati regolamentati o di altre partecipazioni. Per le plusvalenze realizzate mediante la cessione dei contratti stipulati con associanti non residenti che non soddisfano le condizioni di cui all'articolo 44, comma 2, lettera a), ultimo periodo, l'assimilazione opera a prescindere dal valore dell'apporto(2);

3) cessione dei contratti di cui al numero precedente qualora il valore dell'apporto sia superiore al 25 per cento dell'ammontare dei beni dell'associante determinati in base alle disposizioni previste del comma 2 dell'articolo 47 del citato testo unico;

c-bis) le plusvalenze, diverse da quelle imponibili ai sensi della lettera c), realizzate mediante cessione a titolo oneroso di azioni e di ogni altra partecipazione al capitale o al patrimonio di società di cui all'articolo 5, escluse le associazioni di cui al comma 3, lettera c), e dei soggetti di cui all'articolo 73, nonché di diritti o titoli attraverso cui possono essere acquisite le predette partecipazioni. Sono assimilate alle plusvalenze di cui alla presente lettera quelle realizzate mediante:

1) cessione dei contratti di cui all'articolo 109, comma 9, lettera b), qualora il valore dell'apporto sia non superiore al 5 per cento o al 25 per cento del valore del patrimonio netto contabile risultante dall'ultimo bilancio approvato prima della data di stipula del contratto secondo che si tratti di società i cui titoli sono negoziati in mercati regolamentati o di altre partecipazioni (3);

2) cessione dei contratti di cui alla lettera precedente qualora il valore dell'apporto sia non superiore al 25 per cento dell'ammontare dei beni dell'associante determinati in base alle disposizioni previste dal comma 2 dell'articolo 47;

c-ter) le plusvalenze, diverse da quelle di cui alle lettere c) e c-bis), realizzate mediante cessione a titolo oneroso ovvero rimborso di titoli non rappresentativi di merci, di certificati di massa, di valute estere, oggetto di cessione a termine o rivenienti da depositi o conti correnti, di metalli preziosi, sempreché siano allo stato grezzo o monetato, e di quote di partecipazione ad organismi d'investimento collettivo. Agli effetti dell'applicazione della presente lettera si considera cessione a titolo oneroso anche il prelievo delle valute estere dal deposito o conto corrente;

c-quater) i redditi, diversi da quelli precedentemente indicati, comunque realizzati mediante rapporti da cui deriva il diritto o l'obbligo di cedere od acquistare a termine strumenti finanziari, valute, metalli preziosi o merci ovvero di ricevere o effettuare a termine uno o più pagamenti collegati a tassi di interesse, a quotazioni o valori di strumenti finanziari, di valute estere, di metalli preziosi o di merci e ad ogni altro parametro di natura finanziaria. Agli effetti dell'applicazione della presente lettera sono considerati strumenti finanziari anche i predetti rapporti;

c-quinquies) le plusvalenze ed altri proventi, diversi da quelli precedentemente indicati, realizzati mediante cessione a titolo oneroso ovvero chiusura di rapporti produttivi di redditi di capitale e mediante cessione a titolo oneroso ovvero rimborso di crediti pecuniari o di strumenti finanziari, nonché quelli realizzati mediante rapporti attraverso cui possono essere conseguiti differenziali positivi e negativi in dipendenza di un evento incerto;

c-sexies) le plusvalenze e gli altri proventi realizzati mediante rimborso o cessione a titolo oneroso, permuta o detenzione di cripto-attività, comunque denominate, non inferiori complessivamente a 2.000 euro nel periodo d'imposta. Ai fini della presente lettera, per "cripto-attività" si intende una rappresentazione digitale di valore o di diritti che possono essere trasferiti e memorizzati elettronicamente, utilizzando la tecnologia di registro distribuito o una tecnologia analoga. Non costituisce una fattispecie fiscalmente rilevante la permuta tra cripto-attività aventi eguali caratteristiche e funzioni; (4)

d) le vincite delle lotterie, dei concorsi a premio, dei giochi e delle scommesse organizzati per il pubblico e i premi derivanti da prove di abilità o dalla sorte nonché quelli attribuiti in riconoscimento di particolari meriti artistici, scientifici o sociali;

e) i redditi di natura fondiaria non determinabili catastalmente, compresi quelli dei terreni dati in affitto per usi non agricoli;

f) i redditi di beni immobili situati all'estero;

g) i redditi derivanti dall'utilizzazione economica di opere dell'ingegno, di brevetti industriali e di processi, formule e informazioni relativi ad esperienze acquisite in campo industriale, commerciale o scientifico, salvo il disposto della lettera b) del comma 2 dell'articolo 53;

h) i redditi derivanti dalla concessione in usufrutto e dalla sublocazione di beni immobili, dall'affitto, locazione, noleggio o concessione in uso di veicoli, macchine e altri beni mobili, dall'affitto e dalla concessione in usufrutto di aziende; l'affitto e la concessione in usufrutto dell'unica azienda da parte dell'imprenditore non si considerano fatti nell'esercizio dell'impresa, ma in caso di successiva vendita totale o parziale le plusvalenze realizzate concorrono a formare il reddito complessivo come redditi diversi;

h-bis) le plusvalenze realizzate in caso di successiva cessione, anche parziale, delle aziende acquisite ai sensi dell'articolo 58;

h-ter) la differenza tra il valore di mercato e il corrispettivo annuo per la concessione in godimento di beni dell'impresa a soci o familiari dell'imprenditore (5);

i) i redditi derivanti da attività commerciali non esercitate abitualmente;

l) i redditi derivanti da attività di lavoro autonomo non esercitate abitualmente o dalla assunzione di obblighi di fare, non fare o permettere;

m) le indennità di trasferta, i rimborsi forfetari di spesa, i premi e i compensi erogati ai direttori artistici ed ai collaboratori tecnici per prestazioni di natura non professionale da parte di cori, bande musicali e filodrammatiche che perseguono finalità dilettantistiche [, e quelli erogati nell'esercizio diretto di attività sportive dilettantistiche dal CONI, dalla società Sport e salute Spa, dalle Federazioni sportive nazionali, dall'Unione Nazionale per l'Incremento delle Razze Equine (UNIRE), dagli enti di promozione sportiva, dagli enti VSS (Verband der Südtiroler Sportvereine – Federazione delle associazioni sportive della Provincia autonoma di Bolzano) e USSA (Unione delle società sportive altoatesine) operanti prevalentemente nella provincia autonoma di Bolzano e da qualunque organismo, comunque denominato, che persegua finalità sportive dilettantistiche e che da essi sia riconosciuto. Tale disposizione si applica anche ai rapporti di collaborazione coordinata e continuativa di carattere amministrativo-gestionale di natura non professionale resi in favore di società e associazioni sportive dilettantistiche] [e di cori, bande e filodrammatiche da parte del direttore e dei collaboratori tecnici] (6);

n) le plusvalenze realizzate a seguito di trasformazione eterogenea di cui all'articolo 171, comma 2, ove ricorrono i presupposti di tassazione di cui alle lettere precedenti (7).

1- bis. Agli effetti dell'applicazione delle lettere c), c-bis) e c-ter) del comma 1, si considerano cedute per prime le partecipazioni, i titoli, gli strumenti finanziari, i contratti, i certificati e diritti, nonchè le valute ed i metalli preziosi acquisiti in data più recente; in caso di chiusura o di cessione dei rapporti di cui alla lettera c-quater) si considerano chiusi o ceduti per primi i rapporti sottoscritti od acquisiti in data più recente (8).

1- ter. Le plusvalenze derivanti dalla cessione a titolo oneroso di valute estere rivenienti da depositi e conti correnti concorrono a formare il reddito a condizione che nel periodo d'imposta la giacenza dei depositi e conti correnti complessivamente intrattenuti dal contribuente, calcolata secondo il cambio vigente all'inizio del periodo di riferimento sia superiore a cento milioni di lire per almeno sette giorni lavorativi continui (9).

1- quater. Fra le plusvalenze e i redditi di cui alle lettere c-ter), c-quater) e c-quinquies) si comprendono anche quelli realizzati mediante rimborso o chiusura delle attività finanziarie o dei rapporti ivi indicati, sottoscritti all'emissione o comunque non acquistati da terzi per effetto di cessione a titolo oneroso. Fra le plusvalenze di cui alla lettera c-ter) si comprendono anche quelle di rimborso delle quote o azioni di organismi di investimento collettivo del risparmio realizzate mediante conversione di quote o azioni da un comparto ad altro comparto del medesimo organismo di investimento collettivo (10).

(1) A norma dell'articolo 1, comma 496, della legge 23 dicembre 2005, n. 266, come modificato dall'articolo 1, comma 695, della Legge 27 dicembre 2019, n. 160, in caso di cessioni a titolo oneroso di beni immobili acquistati o costruiti da non più di cinque anni, sulle plusvalenze realizzate si applica un'imposta, sostituiva dell'imposta sul reddito, del 26 per cento. Per il modello di comunicazione dei dati relativi alle cessioni immobiliari indicate dalla presente lettera vedi provvedimento dell'Agenzia delle entrate 12 gennaio 2007. Successivamente la presente lettera è stata modificata dall'articolo 37, comma 38, del D.L. 4 luglio 2006, n. 223.

(2) Numero sostituito dall'articolo 4, comma 1, lettera a), del D.Lgs. 18 novembre 2005, n. 247.

(3) Numero modificato dall'articolo 4, comma 1, lettera b), del D.Lgs. 18 novembre 2005, n. 247.

(4) Lettera inserita dall'articolo 1, comma 126, lettera a), della Legge 29 dicembre 2022, n. 197.

(4) Lettera aggiunta dall'articolo 2, comma 36-terdecies, del D.L. 13 agosto 2011, n. 138.

(6) Lettera modificata dall'articolo 1, comma 253, della legge 30 dicembre 2004, n. 311 e successivamente dall'articolo 1, comma 299, della legge 27 dicembre 2006, n. 296, dall'articolo 1, comma 1121, della Legge 30 dicembre 2020, n. 178; dall'articolo 1, comma 1006, della Legge 30 dicembre 2021, n. 234 e, da ultimo, dall'articolo 52, comma 2-bis, del D.Lgs. 28 febbraio 2021, n. 36, come modificato dall'articolo 30, comma

1, lettera b), del D.lgs 5 ottobre 2022, n. 163 e dall'articolo 16, comma 1, lettera c), del D.L. 29 dicembre 2022, n. 198, non ancora convertito in legge.

(7) Comma modificato dall'articolo 7, comma 5, della legge 11 marzo 1988, n. 67 e dall'articolo 3, comma 6, del D.L. 28 gennaio 1991, n. 27, dall'articolo 11, comma 1, lettera f), della legge 30 dicembre 1991, n. 413, dall'articolo 3, comma 1, del D.L. 17 settembre 1992, n. 378, dall'articolo 67, comma 1, del D.L. 30 agosto 1993, n. 331, dall'articolo 3, comma 25, lettera b), della legge 23 dicembre 1996, n. 662, dall'articolo 3, comma 1, lettera a), numero 1), del D.Lgs. 21 novembre 1997, n. 461, dall'articolo 1, comma 1, lettera l), del D.L. 30 dicembre 1993, n. 557, dall'articolo 4, comma 2, del D.L. 29 settembre 1997, n. 328, come modificato dall'articolo 21, comma 23, della legge 27 dicembre 1997, n. 449, dall'articolo 3, comma 1, lettera a), numero 2), del D.Lgs. 21 novembre 1997, n. 461, dall'articolo 7, comma 2, lettera b), del D.Lgs. 16 giugno 1998, n. 201, dall'articolo 37, comma 1, lettera c), della legge 21 novembre 2000, n. 342, dall'articolo 90, comma 3, lettera a), della legge 27 dicembre 2002, n. 289 e successivamente sostituito dall'articolo 1, comma 1, del D.Lgs. 12 dicembre 2003, n. 344.

(8) Comma aggiunto dall'articolo 3, comma 1, lettera b), del D.Lgs. 21 novembre 1997, n. 461 e successivamente modificato dall'articolo 4, comma 1, lettera c), del D.Lgs. 18 novembre 2005, n. 247.

(9) Comma aggiunto dall'articolo 3, comma 1, lettera b), del D.Lgs. 21 novembre 1997, n. 461.

(10) Comma aggiunto dall'articolo 2, comma 1, lettera c), del D.Lgs. 21 luglio 1999, n. 259 e successivamente modificato dall'articolo 4, comma 1, del D.Lgs. 16 aprile 2012, n. 47.

68. Plusvalenze (1). – 1. Le plusvalenze di cui alle lettere a) e b) del comma 1 dell'articolo 67 sono costituite dalla differenza tra i corrispettivi percepiti nel periodo di imposta e il prezzo di acquisto o il costo di costruzione del bene ceduto, aumentato di ogni altro costo inerente al bene medesimo. Per gli immobili di cui alla lettera b) del comma 1 dell'articolo 67 acquisiti per donazione si assume come prezzo di acquisto o costo di costruzione quello sostenuto dal donante(2).

2. Per i terreni di cui alla lettera a) comma 1 dell'articolo 67 acquistati oltre cinque anni prima dell'inizio della lottizzazione o delle opere si assume come prezzo di acquisto il valore normale nel quinto anno anteriore. Il costo dei terreni stessi acquisiti gratuitamente e quello dei fabbricati costruiti su terreni acquisiti gratuitamente sono determinati tenendo conto del valore normale del terreno alla data di inizio della lottizzazione o delle opere ovvero a quella di inizio della costruzione. Il costo dei terreni suscettibili d'utilizzazione edificatoria di cui alla lettera b) del comma 1 dell'articolo 67 è costituito dal prezzo di acquisto aumentato di ogni altro costo inerente, rivalutato in base alla variazione dell'indice dei prezzi al consumo per le famiglie di operai e impiegati nonché dell'imposta comunale sull'incremento di valore degli immobili. Per i terreni acquistati per effetto di successione o donazione si assume come prezzo di acquisto il valore dichiarato nelle relative denunce ed atti registrati, od in seguito definito e liquidato, aumentato di ogni altro costo successivo inerente, nonché dell'imposta comunale sull'incremento di valore degli immobili e di successione.

[3. Le plusvalenze di cui alla lettera c) del comma 1 dell'articolo 67, diverse da quelle di cui al comma 4 del presente articolo, per il 40 per cento del loro ammontare, sono sommate algebricamente alla corrispondente quota delle relative minusvalenze; se le minusvalenze sono superiori alle plusvalenze l'eccedenza è riportata in deduzione, fino a concorrenza del 40 per cento dell'ammontare delle plusvalenze dei periodi successivi, ma non oltre il quarto, a condizione che sia indicata nella dichiarazione dei redditi relativa al periodo d'imposta nel quale le minusvalenze sono state realizzate.] (3)

4. Le plusvalenze realizzate mediante la cessione dei contratti stipulati con associanti non residenti che non soddisfano le condizioni di cui all'articolo 44, comma 2, lettera a), ultimo periodo, nonché le plusvalenze di cui alle lettere c) e c-bis) del comma 1 dell'articolo 67 realizzate mediante la cessione di partecipazioni al capitale o al patrimonio, titoli e strumenti finanziari di cui all'articolo 44, comma 2, lettera a), e contratti di cui all'articolo 109, comma 9, lettera b), emessi o stipulati da imprese o enti residenti o localizzati in Stati o territori a regime fiscale privilegiato individuati in base ai criteri di cui all'articolo 47-bis, comma 1, salvo la dimostrazione, anche a seguito dell'esercizio dell'interpello secondo le modalità del comma 3 dello stesso articolo 47-bis, del rispetto della condizione indicata nella lettera b) del comma 2 del medesimo articolo, concorrono a formare il reddito per il loro intero ammontare. La disposizione del periodo precedente non si applica alle partecipazioni, ai titoli e agli strumenti finanziari [di cui alla citata lettera c-bis), del comma 1, dell'articolo 67,] emessi da società i cui titoli sono negoziati nei mercati regolamentati. Le plusvalenze di cui ai periodi precedenti sono sommate algebricamente alle relative minusvalenze; se le minusvalenze sono superiori alle plusvalenze l'eccedenza è riportata in deduzione integralmente dall'ammontare delle plusvalenze dei periodi successivi, ma non oltre il quarto, a condizione che sia indicata nella dichiarazione dei redditi relativa al periodo d'imposta nel quale le minusvalenze sono state realizzate. Qualora il contribuente intenda far valere la sussistenza della condizione indicata nella lettera b) del comma 2 dell'articolo 47-bis, ma non abbia presentato l'istanza di interpello prevista dal comma 3 del medesimo articolo ovvero, avendola presentata, non abbia ricevuto risposta favorevole, la percezione di plusvalenze derivanti dalla cessione di partecipazioni in imprese o enti residenti o localizzati in Stati o territori a regime fiscale privilegiato individuati in base ai criteri di cui all'articolo 47-bis, comma 1, deve essere segnalata nella dichiarazione dei redditi da parte del socio residente; nei casi di mancata o incompleta indicazione nella dichiarazione dei redditi si applica la sanzione amministrativa prevista dall'articolo 8, comma 3-ter, del decreto legislativo 18 dicembre 1997, n. 471. Ai fini del presente comma, la condizione indicata nell'articolo 47-bis, comma 2, lettera b), deve sussistere, ininterrottamente, sin dal primo periodo di possesso; tuttavia, per i rapporti detenuti da più di cinque periodi di imposta e oggetto di realizzo con controparti non appartenenti allo stesso gruppo del dante causa, è sufficiente che tale condizione sussista, ininterrottamente, per i cinque periodi d'imposta anteriori al realizzo stesso. Ai fini del precedente periodo si considerano appartenenti allo stesso gruppo i soggetti residenti o non residenti nel territorio dello Stato tra i quali sussiste un rapporto di controllo ai sensi del comma 2 dell'articolo 167 ovvero che, ai sensi del medesimo comma 2, sono sottoposti al comune controllo da parte di altro soggetto residente o non residente nel territorio dello Stato(4).

4-bis. Per le plusvalenze realizzate su partecipazioni in imprese o enti residenti o localizzati in Stati o territori a regime fiscale privilegiato individuati in base ai criteri di cui all'articolo 47-bis, comma 1, per i quali sussiste la condizione di cui al comma 2, lettera a), del medesimo articolo, al cedente controllante, ai sensi del comma 2 dell'articolo 167, residente nel territorio dello Stato, ovvero alle cedenti residenti sue controllate, spetta un credito d'imposta ai sensi dell'articolo 165 in ragione delle imposte assolte dall'impresa o ente partecipato sugli utili maturati durante il periodo di possesso della partecipazione, in proporzione delle partecipazioni cedute e nei limiti dell'imposta italiana relativa a tali plusvalenze. La detrazione del credito d'imposta di cui al periodo precedente spetta per l'ammontare dello stesso non utilizzato dal cedente ai sensi dell'articolo 47, comma 4; tale ammontare, ai soli fini dell'applicazione dell'imposta, è computato in aumento del reddito complessivo. Se nella dichiarazione è stato omesso soltanto il computo del credito d'imposta in aumento del reddito complessivo, si può procedere di ufficio alla correzione anche in sede di liquidazione dell'imposta dovuta in base alla dichiarazione dei redditi(5).

5. Le plusvalenze di cui alle lettere c) e c-bis), diverse da quelle di cui al comma 4, e c-ter) del comma 1 dell'articolo 67 sono sommate algebricamente alle relative minusvalenze, nonché ai redditi ed alle perdite di cui alla lettera c-quater) e alle plusvalenze ed altri proventi di cui alla lettera c-quinquies) del comma 1 dello stesso articolo 67; se l'ammontare complessivo delle minusvalenze e delle perdite è superiore all'ammontare complessivo delle plusvalenze e degli altri redditi, l'eccedenza può essere portata in deduzione, fino a concorrenza, dalle plusvalenze e dagli altri redditi dei periodi d'imposta successivi ma non oltre il quarto, a condizione che sia indicata nella dichiarazione dei redditi relativa al periodo d'imposta nel quale le minusvalenze e le perdite sono state realizzate(6).

6. Le plusvalenze indicate nelle lettere c), c-bis) e c-ter) del comma 1 dell'articolo 67 sono costituite dalla differenza tra il corrispettivo percepito ovvero la somma od il valore normale dei beni rimborsati ed il costo od il valore di acquisto assoggettato a tassazione, aumentato di ogni onere inerente alla loro produzione, compresa l'imposta di successione e donazione, con esclusione degli interessi passivi. Nel caso di acquisto per successione, si assume come costo il valore definito o, in mancanza, quello dichiarato agli effetti dell'imposta di successione, nonché, per i titoli esenti da tale imposta, il valore normale alla data di apertura della successione. Nel caso di acquisto per donazione si assume come costo il costo del donante. Per le azioni, quote o altre partecipazioni acquisite sulla base di aumento gratuito del capitale il costo unitario è determinato ripartendo il costo originario sul numero complessivo delle azioni, quote o partecipazioni di compendio. Per le partecipazioni nelle società indicate dall'articolo 5, il costo è aumentato o diminuito dei redditi e delle perdite imputate al socio e dal costo si scomputano, fino a concorrenza dei redditi già imputati, gli utili distribuiti al socio. Per le valute estere cedute a termine si assume come costo il valore della valuta al cambio a pronti vigente alla data di stipula del contratto di cessione. Il costo o valore di acquisto è documentato a cura del contribuente. Per le valute estere prelevate da depositi e conti correnti, in mancanza della documentazione del costo, si assume come costo il valore della valuta al minore dei cambi mensili accertati ai sensi dell'articolo 110, comma 9, nel periodo d'imposta in cui la plusvalenza è realizzata. Le minusvalenze sono determinate con gli stessi criteri stabiliti per le plusvalenze.

6-bis. Le plusvalenze di cui alle lettere c) e c-bis) del comma 1, dell'articolo 67 derivanti dalla cessione di partecipazioni al capitale in società di cui all'articolo 5, escluse le società semplici e gli enti ad esse equiparati, e all'articolo 73, comma 1, lettera a), costituite da non più di sette anni, possedute da almeno tre anni, ovvero dalla cessione degli strumenti finanziari e dei contratti indicati nelle disposizioni di cui alle lettere c) e c-bis) relativi alle medesime società, rispettivamente posseduti e stipulati da almeno tre anni, non concorrono alla formazione del reddito imponibile in quanto esenti qualora e nella misura in cui, entro due anni dal loro conseguimento, siano reinvestite in società di cui all'articolo 5 e all'articolo 73, comma 1, lettera a), che svolgono la medesima attività, mediante la sottoscrizione del capitale sociale o l'acquisto di partecipazioni al capitale delle medesime, sempreché si tratti di società costituite da non più di tre anni(7).

6-ter. L'importo dell'esenzione prevista dal comma 6-bis non può in ogni caso eccedere il quintuplo del costo sostenuto dalla società le cui partecipazioni sono oggetto di cessione, nei cinque anni anteriori alla cessione, per l'acquisizione o la realizzazione di beni materiali ammortizzabili, diversi dagli immobili, e di beni immateriali ammortizzabili, nonché per spese di ricerca e sviluppo(8).

7. Agli effetti della determinazione delle plusvalenze e minusvalenze:

a) dal corrispettivo percepito o dalla somma rimborsata, nonché dal costo o valore di acquisto si scomputano i redditi di capitale maturati ma non riscossi, diversi da quelli derivanti dalla partecipazione in società ed enti soggetti all'imposta sul reddito delle società e dagli utili relativi ai titoli ed agli strumenti finanziari di cui all'articolo 44, comma 2, lettera a), e ai contratti di cui all'articolo 109, comma 9, lettera b)(9);

[b) qualora vengano superate le percentuali di diritti di voto o di partecipazione indicate nella lettera c) del comma 1 dell'articolo 67, i corrispettivi percepiti anteriormente al periodo d'imposta nel quale si è verificato il superamento delle percentuali si considerano percepiti in tale periodo;] (10)

c) per le valute estere prelevate da depositi e conti correnti si assume come corrispettivo il valore normale della valuta alla data di effettuazione del prelievo;

d) per le cessioni di metalli preziosi, in mancanza della documentazione del costo di acquisto, le plusvalenze sono determinate in misura pari al 25 per cento del corrispettivo della cessione;

e) per le cessioni a titolo oneroso poste in essere in dipendenza dei rapporti indicati nella lettera c-quater), del comma 1 dell'articolo 67, il corrispettivo è costituito dal prezzo di cessione, eventualmente aumentato o diminuito dei premi pagati o riscossi su opzioni;

f) nei casi di dilazione o rateazione del pagamento del corrispettivo la plusvalenza è determinata con riferimento alla parte del costo o valore di acquisto proporzionalmente corrispondente alle somme percepite nel periodo d'imposta.

8. I redditi di cui alla lettera c-quater) del comma 1 dell'articolo 67, sono costituiti dalla somma algebrica dei differenziali positivi o negativi, nonché degli altri proventi od oneri, percepiti o sostenuti, in relazione a ciascuno dei rapporti ivi indicati. Per la determinazione delle plusvalenze, minusvalenze e degli altri redditi derivanti da tali rapporti si applicano i commi 6 e 7. I premi pagati e riscossi su opzioni, salvo che l'opzione non sia stata chiusa anticipatamente o ceduta, concorrono a formare il reddito nel periodo

d'imposta in cui l'opzione è esercitata ovvero scade il termine stabilito per il suo esercizio. Qualora a seguito dell'esercizio dell'opzione siano cedute le attività di cui alle lettere c), c-bis) o c-ter), dell'articolo 67, i premi pagati o riscossi concorrono alla determinazione delle plusvalenze o minusvalenze, ai sensi della lettera e) del comma 7. Le plusvalenze e minusvalenze derivanti dalla cessione a titolo oneroso di merci non concorrono a formare il reddito, anche se la cessione è posta in essere in dipendenza dei rapporti indicati nella lettera c-quater) del comma 1 dell'articolo 67.

9. Le plusvalenze e gli altri proventi di cui alla lettera c-quinquies) del comma 1 dell'articolo 67, sono costituiti dalla differenza positiva tra i corrispettivi percepiti ovvero le somme od il valore normale dei beni rimborsati ed i corrispettivi pagati ovvero le somme corrisposte, aumentate di ogni onere inerente alla loro produzione, con esclusione degli interessi passivi. Dal corrispettivo percepito e dalla somma rimborsata si scomputano i redditi di capitale derivanti dal rapporto ceduto maturati ma non riscossi nonché i redditi di capitale maturati a favore del creditore originario ma non riscossi. Si applicano le disposizioni della lettera f) del comma 7 [11].

9-bis. Le plusvalenze di cui alla lettera c-sexies) del comma 1 dell'articolo 67 sono costituite dalla differenza tra il corrispettivo percepito ovvero il valore normale delle cripto-attività permutate e il costo o il valore di acquisto. Le plusvalenze di cui al primo periodo sono sommate algebricamente alle relative minusvalenze; se le minusvalenze sono superiori alle plusvalenze, per un importo superiore a 2.000 euro, l'eccedenza è riportata in deduzione integralmente dall'ammontare delle plusvalenze dei periodi successivi, ma non oltre il quarto, a condizione che sia indicata nella dichiarazione dei redditi relativa al periodo di imposta nel quale le minusvalenze sono state realizzate. Nel caso di acquisto per successione, si assume come costo il valore definito o, in mancanza, quello dichiarato agli effetti dell'imposta di successione. Nel caso di acquisto per donazione si assume come costo il costo del donante. Il costo o valore di acquisto è documentato con elementi certi e precisi a cura del contribuente; in mancanza il costo è pari a zero. I proventi derivanti dalla detenzione di cripto-attività percepiti nel periodo di imposta sono assoggettati a tassazione senza alcuna deduzione[12].

(1) Articolo modificato dall'articolo 3, comma 6-bis, del D.L. 28 gennaio 1991, n. 27, dall'articolo 11, comma 1, lettera g), della legge 30 dicembre 1991, n. 413, dall'articolo 4, comma 1, del D.Lgs. 21 novembre 1997, n. 461, dall'articolo 2, comma 1, lettera d), numero 1), del D.Lgs. 21 luglio 1999, n. 259, dall'articolo 10, comma 1, del D.Lgs. 23 dicembre 1999, n. 505, dall'articolo 3, comma 1, del D.Lgs. 19 luglio 2000, n. 221, dall'articolo 9, comma 1, lettera a), del D.L. 25 settembre 2001, n. 350 e successivamente sostituito dall'articolo 1, comma 1, del D.Lgs. 12 dicembre 2003, n. 344.

(2) Comma modificato dall'articolo 37, comma 39, del D.L. 4 luglio 2006, n. 223.

(3) Comma modificato dall'articolo 4, comma 2, lettera a), del D.Lgs. 18 novembre 2005, n. 247 e successivamente abrogato dall'articolo 1, comma 999, lettera a), della Legge 27 dicembre 2017, n. 205.

(4) Comma sostituito dall'articolo 4, comma 2, lettera b), del D.Lgs. 18 novembre 2005, n. 247 e successivamente modificato dall'articolo 1, comma 83, lettera d), della legge 24 dicembre 2007, n. 244 e dall'articolo 3, comma 1, lettera b), numero 1), del D.Lgs. 14 settembre 2015, n. 147; a norma del comma 4 del medesimo articolo 3, la presente disposizione si applica a decorrere dal periodo di imposta in corso alla data di entrata in vigore del citato decreto, nonché agli utili distribuiti ed alle plusvalenze realizzate a decorrere dal medesimo periodo di imposta. Da ultimo, il comma è stato modificato dall'articolo 5, comma 1, lettera,), del D.Lgs. 29 novembre 2018, n. 142.

(5) Comma inserito dall'articolo 3, comma 1, lettera a), numero 2), del D.Lgs. 14 settembre 2015, n. 147; a norma del comma 4 del medesimo articolo 3, la presente disposizione si applica a decorrere dal periodo di imposta in corso alla data di entrata in vigore del citato decreto, nonché agli utili distribuiti ed alle plusvalenze realizzate a decorrere dal medesimo periodo di imposta. Successivamente il comma è stato modificato dall'articolo 5, comma 1, lettera d), del D.Lgs. 29 novembre 2018, n. 142; a norma all'articolo 13, comma 6, del D.Lgs. 29 novembre 2018, n. 142, le disposizioni di cui al presente comma si applicano a decorrere dal periodo di imposta successivo a quello in corso al 31 dicembre 2018, nonché agli utili percepiti e alle plusvalenze realizzate a decorrere dal medesimo periodo di imposta.

(6) Comma modificato dall'articolo 4, comma 2, lettera c), del D.Lgs. 18 novembre 2005, n. 247 e successivamente dall'articolo 1, comma 999, lettera b), della Legge 27 dicembre 2017, n. 205.

(7) Comma aggiunto dall'articolo 3, comma 1, del D.L. 25 giugno 2008, n. 112. Successivamente, a norma dell'articolo 1, comma 583, lettera e), della Legge 27 dicembre 2013, n. 147, a partire dall'anno d'imposta 2014, sono abrogati le agevolazioni fiscali e i crediti di imposta, con la conseguente cancellazione dei relativi stanziamenti iscritti in bilancio, di cui al presente comma.

(8) Comma aggiunto dall'articolo 3, comma 1, del D.L. 25 giugno 2008, n. 112.Successivamente, a norma dell'articolo 1, comma 583, lettera e), della Legge 27 dicembre 2013, n. 147, a partire dall'anno d'imposta 2014, sono abrogati le agevolazioni fiscali e i crediti di imposta, con la conseguente cancellazione dei relativi stanziamenti iscritti in bilancio, di cui al presente comma.

(9) Lettera modificata dall'articolo 4, comma 2, lettera d), del D.Lgs. 18 novembre 2005, n. 247, con effetto per il periodo di imposta che inizia a decorrere dal 1° gennaio 2004.

(10) Lettera abrogata dall'articolo 1, comma 999, lettera c), della Legge 27 dicembre 2017, n. 205.

(11) A norma dell'articolo 5, comma 3, del D.Lgs. 14 settembre 2015, n. 147, il presente articolo si interpreta nel senso che per le cessioni di immobili e di aziende nonché per la costituzione e il trasferimento di diritti reali sugli stessi, l'esistenza di un maggior corrispettivo non è presumibile soltanto sulla base del valore anche se dichiarato, accertato o definito ai fini dell'imposta di registro di cui al decreto del Presidente della Repubblica 26 aprile 1986, n. 131, ovvero delle imposte ipotecaria e catastale di cui al decreto legislativo 31 ottobre 1990, n. 347.

(12) Comma aggiunto dall'articolo 1, comma 126, lettera b), della Legge 29 dicembre 2022, n. 197.

69. Premi, vincite e indennità. – 1. Fatte salve le disposizioni di cui al comma 1-bis, i premi e le vincite di cui alla lettera d) del comma l dell'articolo 67 costituiscono reddito per l'intero ammontare percepito nel periodo di imposta, senza alcuna deduzione [1].

1-bis. Le vincite corrisposte da case da gioco autorizzate nello Stato o negli altri Stati membri dell'Unione europea o in uno Stato aderente all'Accordo sullo Spazio economico europeo non concorrono a formare il reddito per l'intero ammontare percepito nel periodo di imposta [2]

Le indennità, i rimborsi forfettari, i premi e i compensi di cui alla lettera m) del comma 1 dell'articolo 67 non concorrono a formare il reddito per un importo non superiore complessivamente nel periodo d'imposta a 10.000 euro euro. Non concorrono, altresì, a formare il reddito i rimborsi di spese documentate relative al vitto, all'alloggio, al viaggio e al trasporto sostenute in occasione di prestazioni effettuate fuori dal territorio comunale [3][4].

(1) Comma sostituito dall'articolo 6, comma 1, della Legge 7 luglio 2016, n. 122.

(2) Comma inserito per effetto della sostituzione del comma 1, dall'articolo 6, comma 1, della Legge 7 luglio 2016, n. 122.

(3) Comma sostituito, a decorrere dal 1° gennaio 2000, dall'articolo 37, comma 1, lettera d), della legge 21 novembre 2000, n. 342 modificato dall'articolo 90, comma 3, lettera b), della legge 27 dicembre 2002, n. 289 e successivamente dall'articolo 1, comma 367, lettera a) e b) della Legge 27 dicembre 2017, n. 205.

(4) Il richiamo all'articolo 81, di cui al presente comma, deve intendersi

riferito all'attuale articolo 67, come disposto dall'articolo 2, comma 3, del D.Lgs. 12 dicembre 2003, n. 344.

70. Redditi di natura fondiaria. – 1. I censi, le decime, i quartesi e gli altri redditi di natura fondiaria non determinabili catastalmente, ancorchè consistenti in prodotti del fondo o commisurati ad essi, e i redditi dei beni immobili situati nel territorio dello Stato che non sono e non devono essere iscritti in catasto con attribuzione di rendita, concorrono a formare il reddito complessivo nell'ammontare e per il periodo di imposta in cui sono percepiti [(1)].

2. I redditi dei terreni e dei fabbricati situati all'estero concorrono alla formazione del reddito complessivo nell'ammontare netto risultante dalla valutazione effettuata nello Stato estero per il corrispondente periodo di imposta o, in caso di difformità dei periodi di imposizione, per il periodo di imposizione estero che scade nel corso di quello italiano. I redditi dei fabbricati non soggetti ad imposte sui redditi nello Stato estero concorrono a formare il reddito complessivo per l'ammontare percepito nel periodo di imposta, ridotto del 15 per cento a titolo di deduzione forfetaria delle spese [(2)].

[(1)] Comma modificato dall'articolo 1, comma 1, del D.P.R. 4 febbraio 1988, n. 42, con effetto dal 1° gennaio 1988.
[(2)] Comma modificato dall'articolo 7, comma 1, lettera a), del D.L. 31 maggio 1994, n. 330.

71. Altri redditi. – 1. I redditi di cui alla lettera g) del comma 1 dell'art. 81 costituiscono reddito per l'ammontare percepito nel periodo di imposta, ridotto del 25 per cento se i diritti dalla cui utilizzazione derivano sono stati acquistati a titolo oneroso[(1)].

2. I redditi di cui alle lettere h), i) e l) del comma 1 dell'art. 81 sono costituiti dalla differenza tra l'ammontare percepito nel periodo di imposta e le spese specificamente inerenti alla loro produzione. Le plusvalenze indicate alle lettere h) e h-bis) del predettoart. 81 sono determinate a norma dell'art. 54 [(2)]

2-bis. In deroga alla disposizione di cui al comma 2, per le operazioni di cui all'articolo 67, comma 1, lettera i), poste in essere dai soggetti che svolgono le attività di cui all'articolo 29, eccedenti i limiti di cui al comma 2, lettera c), del predetto articolo, si applicano le percentuali di redditività di cui ai commi 2 e 3 dell'articolo 56-bis. Le disposizioni del presente comma non incidono sull'esercizio della delega legislativa di cui alla legge 7 aprile 2003, n. 80 [(3)].

[(1)] Comma modificato dall'articolo 7, comma 1, lettera b), del D.L. 31 maggio 1994, n. 330.
[(2)] Comma modificato dall'articolo 3, comma 25, lettera c), della legge 23 dicembre 1996, n. 662.
[(3)] Comma aggiunto dall'articolo 2, comma 6, lettera c), della legge 24 dicembre 2003, n. 350, come modificato dall'articolo 15, comma 2, lettera c), del D.Lgs. 29 marzo 2004, n. 99.

TITOLO II
Imposta sul reddito delle società capo i
Soggetti passivi e disposizioni generali

72. Presupposto dell'imposta [(1)]. – 1. Presupposto dell'imposta sul reddito delle società è il possesso dei redditi in denaro o in natura rientranti nelle categorie indicate nell'articolo 6 (53[1] Cost.; S; S; S; S; S; S).

[(1)] Articolo sostituito dall'articolo 1, comma 1, del D.Lgs. 12 dicembre 2003, n. 344.

73. Soggetti passivi [(1)]. – 1. Sono soggetti all'imposta sul reddito delle società:

a) le società per azioni e in accomandita per azioni, le società a responsabilità limitata, le società cooperative e le società di mutua assicurazione, nonché le società europee di cui al regolamento (CE) n. 2157/2001 e le società cooperative europee di cui al regolamento (CE) n. 1435/2003 residenti nel territorio dello Stato [(2)];

b) gli enti pubblici e privati diversi dalle società, nonché i trust, residenti nel territorio dello Stato, che hanno per oggetto esclusivo o principale l'esercizio di attività commerciali [(3)];

c) gli enti pubblici e privati diversi dalle società, i trust che non hanno per oggetto esclusivo o principale l'esercizio di attività commerciale nonché gli organismi di investimento collettivo del risparmio, residenti nel territorio dello Stato [(4)];

d) le società e gli enti di ogni tipo, compresi i trust, con o senza personalità giuridica, non residenti nel territorio dello Stato [(6)].

2. Tra gli enti diversi dalle società, di cui alle lettere b) e c) del comma 1, si comprendono, oltre alle persone giuridiche, le associazioni non riconosciute, i consorzi e le altre organizzazioni non appartenenti ad altri soggetti passivi, nei confronti delle quali il presupposto dell'imposta si verifica in modo unitario e autonomo. Tra le società e gli enti di cui alla lettera d) del comma 1 sono comprese anche le società e le associazioni indicate nell'articolo 5. Nei casi in cui i beneficiari del trust siano individuati, i redditi conseguiti dal trust sono imputati in ogni caso ai beneficiari in proporzione alla quota di partecipazione individuata nell'atto di costituzione del trust o in altri documenti successivi ovvero, in mancanza, in parti uguali [(7)].

3. Ai fini delle imposte sui redditi si considerano residenti le società e gli enti che per la maggior parte del periodo di imposta hanno la sede legale o la sede dell'amministrazione o l'oggetto principale nel territorio dello Stato. Si considerano altresì residenti nel territorio dello Stato gli organismi di investimento collettivo del risparmio istituiti in Italia e, salvo prova contraria, i trust e gli istituti aventi analogo contenuto istituiti in Stati o territori diversi da quelli di cui al decreto del Ministro dell'economia e delle finanze emanato ai sensi dell'articolo 168-bis, in cui almeno uno dei disponenti ed almeno uno dei beneficiari del trust siano fiscalmente residenti nel territorio dello Stato. Si considerano, inoltre, residenti nel territorio dello Stato i trust istituiti in uno Stato diverso da quelli di cui al decreto del Ministro dell'economia e delle finanze emanato ai sensi dell'articolo 168-bis, quando, successivamente alla loro costituzione, un soggetto residente nel territorio dello Stato effettui in favore del trust un'attribuzione che importi il trasferimento di proprietà di beni immobili o la costituzione o il trasferimento di diritti reali immobiliari, anche per quote, nonché vincoli di destinazione sugli stessi [(8)].

4. L'oggetto esclusivo o principale dell'ente residente è determinato in base alla legge, all'atto costitutivo o allo statuto, se esistenti in forma di atto pubblico o di scrittura privata autenticata o registrata. Per oggetto principale si intende l'attività essenziale per realizzare direttamente gli scopi primari indicati dalla legge, dall'atto costitutivo o dallo statuto.

5. In mancanza dell'atto costitutivo o dello statuto nelle predette forme, l'oggetto principale dell'ente residente è determinato in base all'attività effettivamente esercitata nel territorio dello Stato; tale disposizione si applica in ogni caso agli enti non residenti.

5-bis. Salvo prova contraria, si considera esistente nel territorio dello Stato la sede dell'amministrazione di società ed enti, che detengono partecipazioni di controllo, ai sensi dell'articolo 2359, primo comma, del codice civile, nei soggetti di cui alle lettere a) e b) del comma 1, se, in alternativa:

a) sono controllati, anche indirettamente, ai sensi dell'articolo 2359, primo comma, del codice civile, da soggetti residenti nel territorio dello Stato;

b) sono amministrati da un consiglio di amministrazione, o altro organo equivalente di gestione, composto in prevalenza di consiglieri residenti nel territorio dello Stato [9].

5-ter. Ai fini della verifica della sussistenza del controllo di cui al comma 5-bis, rileva la situazione esistente alla data di chiusura dell'esercizio o periodo di gestione del soggetto estero controllato. Ai medesimi fini, per le persone fisiche si tiene conto anche dei voti spettanti ai familiari di cui all'articolo 5, comma 5 [10].

5-quater. Salvo prova contraria, si considerano residenti nel territorio dello Stato le società o enti il cui patrimonio sia investito in misura prevalente in quote o azioni di organismi di investimento collettivo del risparmio immobiliari, e siano controllati direttamente o indirettamente, per il tramite di società fiduciarie o per interposta persona, da soggetti residenti in Italia. Il controllo è individuato ai sensi dell'articolo 2359, commi primo e secondo, del codice civile, anche per partecipazioni possedute da soggetti diversi dalle società [11].

5-quinquies. I redditi degli organismi di investimento collettivo del risparmio istituiti in Italia, diversi dagli organismi di investimento collettivo del risparmio immobiliari, e di quelli con sede in Lussemburgo, già autorizzati al collocamento nel territorio dello Stato, di cui all'articolo 11-bis del decreto-legge 30 settembre 1983, n. 512, convertito, con modificazioni, dalla legge 25 novembre 1983, n. 649, e successive modificazioni, sono esenti dalle imposte sui redditi purché il fondo o il soggetto incaricato della gestione sia sottoposto a forme di vigilanza prudenziale. Le ritenute operate sui redditi di capitale sono a titolo definitivo. Non si applicano le ritenute previste dai commi 2 e 3 dell'articolo 26 del d.P.R. 29 settembre 1973, n. 600 e successive modificazioni, sugli interessi ed altri proventi dei conti correnti e depositi bancari, e le ritenute previste dai commi 3-bis e 5 del medesimo articolo 26 e dall'articolo 26-quinquies del predetto decreto nonché dall'articolo 10-ter della legge 23 marzo 1983, n. 77, e successive modificazioni [12].

[1] Articolo modificato dall'articolo 14, comma 2-bis, del D.L. 2 marzo 1989, n. 69, dall'articolo 1, comma 1, del D.Lgs. 4 dicembre 1997, n. 460 e successivamente sostituito dall'articolo 1, comma 1, del D.Lgs. 12 dicembre 2003, n. 344.

[2] Lettera modificata dall'articolo 1, comma 1, lettera a), del D.Lgs. 6 novembre 2007, n. 199. In riferimento alla presente lettera vedi anche l'articolo 1, comma 140, della Legge 27 dicembre 2013, n. 147 e l'articolo 1, comma 940, della Legge 30 dicembre 2018, n. 145 e l'articolo 1, comma 696 della Legge 27 dicembre 2019, n. 160.

[3] Lettera modificata dall'articolo 1, comma 74, lettera a), numero 1), della legge 27 dicembre 2006, n. 296. In rifermento alla presente lettera vedi anche l'articolo 1, comma 140, della Legge 27 dicembre 2013, n. 147 e l'articolo 1, comma 940, della Legge 30 dicembre 2018, n. 145 e l'articolo 1, comma 696 della Legge 27 dicembre 2019, n. 160.

[4] Lettera modificata dall'articolo 1, comma 74, lettera a), numero 1), della legge 27 dicembre 2006, n. 296 e successivamente sostituita dall'articolo 96, comma 1, lettera a), del D.L. 24 gennaio 2012, n. 1.

[5] Lettera modificata dall'articolo 1, comma 74, lettera a), numero 2), della legge 27 dicembre 2006, n. 296.

[6] Comma modificato dall'articolo 1, comma 74, lettera b), della legge 27 dicembre 2006, n. 296.

[7] Comma modificato dall'articolo 1, comma 74, lettera c), della legge 27 dicembre 2006, n. 296, dall'articolo 1, comma 83, lettera e), della legge 24 dicembre 2007, n. 244 e, da ultimo, dall'articolo 96, comma 1, lettera b), del D.L. 24 gennaio 2012, n. 1.

[8] Comma aggiunto dell'articolo 35, comma 13, del D.L. 4 luglio 2006, n. 223.

[9] Comma aggiunto dell'articolo 35, comma 13, del D.L. 4 luglio 2006, n. 223.

[10] Comma inizialmente aggiunto dall'articolo 82, comma 22, del D.L. 25 giugno 2008, n. 112 e successivamente modificato dall'articolo 12, comma 1, lettera a), del D.Lgs. 4 marzo 2014, n. 44.

[11] Comma aggiunto, con effetto a partire dal 1° luglio 2011, dall'articolo 2, comma 62, del D.L. 29 dicembre 2010, n. 225, successivamente sostituito, con effetto a decorrere dal 1° gennaio 2012, dall'articolo 2, comma 15, lettera b), del D.L. 13 agosto 2011, n. 138 e dall'articolo 96, comma 1, lettera c), del D.L. 24 gennaio 2012, n. 1 e, da ultimo, modificato dall'articolo 12, comma 1, lettera b), del D.Lgs. 4 marzo 2014, n. 44.

74. Stato ed enti pubblici [1][2]. – [Ex Art. 88]

1. Gli organi e le amministrazioni dello Stato, compresi quelli ad ordinamento autonomo, anche se dotati di personalità giuridica, i comuni, le unioni di comuni, i consorzi tra enti locali, le associazioni e gli enti gestori di demanio collettivo, le comunità montane, le province e le regioni non sono soggetti all'imposta [3].

2. Non costituiscono esercizio dell'attività commerciale:

a) l'esercizio di funzioni statali da parte di enti pubblici[4];

b) l'esercizio di attività previdenziali, assistenziali e sanitarie da parte di enti pubblici istituiti esclusivamente a tal fine, comprese le aziende sanitarie locali nonchè l'esercizio di attività previdenziali e assistenziali da parte di enti privati di previdenza obbligatoria [5].

[1] Il D.Lgs. 12 dicembre 2003, n. 344, ha disposto, con l'articolo 1, comma 1, la totale modifica del presente provvedimento, e ne ha ridefinito la struttura di titoli, capi e sezioni. Nel testo precedente la riforma introdotta dal D.Lgs. 344/2003 le disposizioni contenute nel presente articolo erano previste dall'articolo 88.

[2] Articolo modificato dall'articolo 4, comma 3-bis, del D.L. 31 ottobre 1990, n. 310, dall'articolo 22, comma 1, della legge 27 dicembre 1997, n. 449 e successivamente sostituito dall'articolo 1, comma 1, del D.Lgs. 12 dicembre 2003, n. 344.

[3] Comma modificato dall'articolo 57, comma 2-quinquiesdecies, del D.L. 26 ottobre 2019, n. 124, convertito con modificazioni dalla Legge 19 dicembre 2019, n. 157.

[4] In riferimento alla presente lettera, vedi le disposizioni di cui all'articolo 1, comma 721 della Legge 27 dicembre 2019, n. 160.

[5] Lettera modificata dall'articolo 38, comma 11, del D.L. 31 maggio 2010, n. 78.

75. Base imponibile [1][2][3]. – [Ex Art. 89]

1. L'imposta si applica sul reddito complessivo netto, determinato secondo le disposizioni della sezione I del capo II, per le società e gli enti di cui alle lettere a) e b) del comma 1 dell'articolo 73, del capo III, per gli enti non commerciali di cui alla lettera c) e dei capi IV e V, per le società e gli enti non residenti di cui alla lettera d).

2. Le società residenti di cui alla lettera a) del comma 1 dell'articolo 73 e quelle non residenti di cui alla lettera d) possono determinare il reddito secondo le disposizioni del capo VI.

[1] Il D.Lgs. 12 dicembre 2003, n. 344, ha disposto, con l'articolo 1, comma 1, la totale modifica del presente provvedimento, e ne ha ridefinito la struttura di titoli, capi e sezioni. Nel testo precedente la riforma introdotta dal D.Lgs. 344/2003 le disposizioni contenute nel

presente articolo erano previste dall'articolo 89.
(2) Articolo sostituito dall'articolo 1, comma 1, del D.Lgs. 12 dicembre 2003, n. 344.
(3) A norma dell'articolo 2, comma 36-quinques, del D.L. 13 agosto 2011, n. 138, l'aliquota dell'imposta sul reddito delle società di cui al presente articolo, è applicata con una maggiorazione di 10,5 punti percentuali.

76. Periodo di imposta (1)(2). [Ex Art. 90]

1. L'imposta è dovuta per periodi di imposta, a ciascuno dei quali corrisponde una obbligazione tributaria autonoma salvo quanto stabilito negli articoli 80 e 84.

2. Il periodo di imposta è costituito dall'esercizio o periodo di gestione della società o dell'ente, determinato dalla legge o dall'atto costitutivo. Se la durata dell'esercizio o periodo di gestione non è determinata dalla legge o dall'atto costitutivo, o è determinata in due o più anni, il periodo di imposta è costituito dall'anno solare.

[3. Se il periodo di imposta è superiore o inferiore a dodici mesi i redditi di cui agli articoli 90 e 56, comma 5, sono ragguagliati alla durata di esso. Il ragguaglio si effettua anche ai fini delle disposizioni di cui agli articoli 102, commi 2, 6 e 7, 104, 106 e 107, commi 1 e 2.] (3)

(1) Il D.Lgs. 12 dicembre 2003, n. 344, ha disposto, con l'articolo 1, comma 1, la totale modifica del presente provvedimento, e ne ha ridefinito la struttura di titoli, capi e sezioni. Nel testo precedente la riforma introdotta dal D.Lgs. 344/2003 le disposizioni contenute nel presente articolo erano previste dall'articolo 90.
(2) Articolo modificato dall'articolo 3, comma 103, lettera e), della legge 28 dicembre 1995, n. 549 e successivamente sostituito dall'articolo 1, comma 1, del D.Lgs. 12 dicembre 2003, n. 344.
(3) Comma abrogato, con effetto per il periodo di imposta che inizia a decorrere dal 1° gennaio 2004, dall'articolo 5, comma 1, del D.Lgs. 18 novembre 2005, n. 247.

77. Aliquota dell'imposta (1)(2). [TESTO POST RIFORMA 2004] – [Ex Art. 91]

1. L'imposta è commisurata al reddito complessivo netto con l'aliquota del 24 per cento (3)(4)(5)(6)(7)(8).

(1) Il D.Lgs. 12 dicembre 2003, n. 344, ha disposto, con l'articolo 1, comma 1, la totale modifica del presente provvedimento, e ne ha ridefinito la struttura di titoli, capi e sezioni. Nel testo precedente la riforma introdotta dal D.Lgs. 344/2003 le disposizioni contenute nel presente articolo erano previste dall'articolo 91.
(2) Articolo modificato dall'articolo 19, comma 1, del D.L. 23 febbraio 1995, n. 41, dall'articolo 4, comma 1, lettera b), della legge 23 dicembre 2000, n. 388, dall'articolo 4, comma 1, lettera b), della legge 27 dicembre 2002, n. 289 e successivamente sostituito dall'articolo 1, comma 1, del D.Lgs. 12 dicembre 2003, n. 344.
(3) Comma modificato, a decorrere dal periodo d'imposta successivo a quello in corso al 31 dicembre 2007, dall'articolo 1, comma 33, lettera e) della legge 24 dicembre 2007, n. 244.
(4) A norma dell'articolo 2, comma 2, del D.L. 30 novembre 2013, n. 133, per il periodo d'imposta in corso al 31 dicembre 2013, per gli enti creditizi e finanziari di cui al decreto legislativo 27 gennaio 1992, n. 87, per la Banca d'Italia e per le società e gli enti che esercitano attività assicurativa, l'aliquota di cui al presente articolo è applicata con una addizionale di 8,5 punti percentuali. L'addizionale non è dovuta sulle variazioni in aumento derivanti dall'applicazione dell'articolo 106, comma 3, del presente testo unico.
(5) Comma modificato dall'articolo 1, comma 61, della Legge 28 dicembre 2015, n. 208, a decorrere dal 1° gennaio 2017, con effetto per i periodi d'imposta successivi a quello in corso al 31 dicembre 2016.
(6) A norma dell'articolo 1, comma 65, della Legge 28 dicembre 2015, n. 208, per gli enti creditizi e finanziari di cui al decreto legislativo 27 gennaio 1992, n. 87, e per la Banca d'Italia, l'aliquota di cui al presente articolo è applicata con una addizionale di 3,5 punti percentuali, a decorrere dal periodo d'imposta successivo a quello in corso al 31 dicembre 2016.
(7) A norma dell'articolo 1, comma 716 della Legge 27 dicembre 2019, n. 160, al fine di realizzare interventi volti al miglioramento della rete infrastrutturale e dei trasporti, per i periodi d'imposta 2019, 2020 e 2021, l'aliquota prevista dal presente articolo, è maggiorata di 3,5 punti percentuali sul reddito derivante da attività svolte sulla base di: a) concessioni autostradali; b) concessioni di gestione aeroportuale; c) autorizzazioni e concessioni portuali rilasciate ai sensi degli articoli 16 e 18 della legge 28 gennaio 1994, n. 84; d) concessioni ferroviarie. Vedi anche le disposizioni di cui al successivo comma 718 dell'articolo 1 della Legge 160/2019.
(8) Cfr. con l'articolo 1, comma 717, della Legge 30 dicembre 2021, n. 234.
(1) Comma modificato dall'articolo 1, comma 1, della Legge 28 giugno 2019, n. 58, in sede di conversione.
(2) Comma modificato dall'articolo 1, comma 1, della Legge 28 giugno 2019, n. 58, in sede di conversione.

78. Detrazione di imposta per oneri (1)(2). – [Ex Art. 91-bis].

1. Dall'imposta lorda si detrae fino a concorrenza del suo ammontare un importo pari al 19 per cento dell'onere [per le erogazioni liberali in denaro in favore dei partiti e movimenti politici di cui all'articolo 15, comma 1-bis, per importi compresi tra 51,65 euro e 103.291,38 euro, limitatamente alle società e agli enti di cui all'articolo 73, comma 1, lettere a) e b), diversi dagli enti nei quali vi sia una partecipazione pubblica o i cui titoli siano negoziati in mercati regolamentati italiani o esteri, nonché dalle società ed enti che controllano, direttamente o indirettamente, tali soggetti, ovvero ne siano controllati o siano controllati dalla stessa società o ente che controlla i soggetti medesimi, nonché dell'onere] di cui all'articolo 15, comma 1, lettera i-ter)(3).

1-bis. Dall'imposta lorda si detrae, fino a concorrenza del suo ammontare, un importo pari al 19 per cento dell'onere di cui all'articolo 15, comma 1, lettera i-nonies)(4).

(1) Il D.Lgs. 12 dicembre 2003, n. 344, ha disposto, con l'articolo 1, comma 1, la totale modifica del presente provvedimento, e ne ha ridefinito la struttura di titoli, capi e sezioni. Nel testo precedente la riforma introdotta dal D.Lgs. 344/2003 le disposizioni contenute nel presente articolo erano previste dall'articolo 91-bis.
(2) Articolo aggiunto dall'articolo 6, comma 1, della legge 2 gennaio 1997, n. 2, modificato dall'articolo 2, comma 1, numero 4), del D.Lgs. 18 dicembre 1997, n. 467, dall'articolo 25, comma 6, della legge 13 maggio 1999, n. 133, dall'articolo 37, comma 1, lettera e), della legge 21 novembre 2000, n. 342 e successivamente sostituito dall'articolo 1, comma 1, del D.Lgs. 12 dicembre 2003, n. 344.
(3) Comma modificato dall'articolo 7, comma 4, della Legge 6 luglio 2012, n. 96 e successivamente, a decorrere dal 1 gennaio 2014, dall'articolo 14, comma 5, del D.L. 28 dicembre 2013 n. 149, convertito con modificazioni, dalla Legge 21 febbraio 2014, n. 13.
(4) Comma aggiunto dall'articolo 1, comma 524, lettera b) della Legge 24 dicembre 2012, n. 228.

78 *bis*.

Omissis (1).

(1) L'articolo 2, comma 6, della legge 24 dicembre 2003, n. 350, in vigore dal 1° gennaio 2004, ha inserito il presente articolo nel testo vigente anteriormente alle modifiche introdotte dal D.Lgs. 344/2003, successivamente quindi il presente articolo è stato rinumerato come articolo 56 bis.

79. Scomputo degli acconti (1)(2). – [Ex Art. 93]

1. I versamenti eseguiti dal contribuente in acconto dell'imposta e le ritenute alla fonte a titolo di acconto si scomputano dall'imposta a norma dell'articolo 22, salvo il disposto del comma 2 del presente articolo.

2. Le ritenute di cui al primo e al secondo comma dell'articolo 26 del decreto del Presidente della Repubblica 29 settembre 1973, n. 600, e all'articolo 1 del decreto-legge 2 ottobre 1981, n. 546, convertito, con modificazioni, dalla

legge 1° dicembre 1981, n. 692, applicabili a titolo di acconto, si scomputano nel periodo di imposta nel quale i redditi cui afferiscono concorrono a formare il reddito complessivo ancorché non siano stati percepiti e assoggettati alla ritenuta. L'importo da scomputare è calcolato in proporzione all'ammontare degli interessi e altri proventi che concorrono a formare il reddito.

(1) *Il D.Lgs. 12 dicembre 2003, n. 344, ha disposto, con l'articolo 1, comma 1, la totale modifica del presente provvedimento, e ne ha ridefinito la struttura di titoli, capi e sezioni. Nel testo precedente la riforma introdotta dal D.Lgs. 344/2003 le disposizioni contenute nel presente articolo erano previste dall'articolo 93.*
(2) *Articolo sostituito dall'articolo 1, comma 1, del D.Lgs. 12 dicembre 2003, n. 344.*

80. Riporto o rimborso delle eccedenze [1][2]. – [Ex Art. 94].

1. Se l'ammontare complessivo dei crediti per le imposte pagate all'estero, delle ritenute d'acconto e dei versamenti in acconto di cui ai precedenti articoli è superiore a quello dell'imposta dovuta il contribuente ha diritto, a sua scelta, di computare l'eccedenza in diminuzione dell'imposta relativa al periodo di imposta successivo, di chiederne il rimborso in sede di dichiarazione dei redditi ovvero di utilizzare la stessa in compensazione ai sensi dell'articolo 17 del decreto legislativo 9 luglio 1997, n. 241[3].

(1) *Il D.Lgs. 12 dicembre 2003, n. 344, ha disposto, con l'articolo 1, comma 1, la totale modifica del presente provvedimento, e ne ha ridefinito la struttura di titoli, capi e sezioni. Nel testo precedente la riforma introdotta dal D.Lgs. 344/2003 le disposizioni contenute nel presente articolo erano previste dall'articolo 94.*
(2) *Articolo modificato dall'articolo 2, comma 1, numero 5), del D.Lgs. 18 dicembre 1997, n. 467, dall'articolo 11, comma 1, lettera b), del D.Lgs. 23 dicembre 1999, n. 505 e successivamente sostituito dall'articolo 1, comma 1, del D.Lgs. 12 dicembre 2003, n. 344.*
(3) *Comma modificato, con effetto per il periodo di imposta che inizia a decorrere dal 1° gennaio 2004, dall'articolo 5, comma 2, del D.Lgs. 18 novembre 2005, n. 247.*

CAPO II
Determinazione della base imponibile delle società e degli enti commerciali residenti [1]

(1) *Rubrica modificata dall'articolo 1 del D.Lgs. 12 dicembre 2003, n. 344.*

Sezione I – Determinazione della base imponibile[1]

(1) *Sezione inserita dall'articolo 1 del D.Lgs. 12 dicembre 2003, n. 344.*

81. Reddito complessivo [1][2]. – [Ex Art. 95]

1. Il reddito complessivo delle società e degli enti commerciali di cui alle lettere a) e b) del comma 1 dell'articolo 73, da qualsiasi fonte provenga, è considerato reddito d'impresa ed è determinato secondo le disposizioni di questa sezione.

(1) *Il D.Lgs. 12 dicembre 2003, n. 344, ha disposto, con l'articolo 1, comma 1, la totale modifica del presente provvedimento, e ne ha ridefinito la struttura di titoli, capi e sezioni. Nel testo precedente la riforma introdotta dal D.Lgs. 344/2003 le disposizioni contenute nel presente articolo erano previste dall'articolo 95.*
(2) *Articolo modificato dall'articolo 2, comma 1, lettera c), del D.L. 27 aprile 1990, n. 90, dall'articolo 14, comma 3, lettera i), della legge 24 dicembre 1993, n. 537 e successivamente sostituito dall'articolo 1, comma 1, del D.Lgs. 12 dicembre 2003, n. 344.*

82. Cessioni obbligatorie di partecipazioni sociali [1][2]. – [Ex Art. 100]

1. Alle plusvalenze imponibili relative alle azioni o quote alienate a norma degli articoli 2357, quarto comma, 2357-bis, secondo comma, e 2359-ter, del codice civile e a norma dell'articolo 121 del decreto legislativo 24 febbraio 1998, n. 58, si applicano le disposizioni del comma 4 dell'articolo 86.

(1) *Il D.Lgs. 12 dicembre 2003, n. 344, ha disposto, con l'articolo 1, comma 1, la totale modifica del presente provvedimento, e ne ha ridefinito la struttura di titoli, capi e sezioni. Nel testo precedente la riforma introdotta dal D.Lgs. 344/2003 le disposizioni contenute nel presente articolo erano previste dall'articolo 100.*
(2) *Articolo sostituito dall'articolo 1, comma 1, del D.Lgs. 12 dicembre 2003, n. 344.*

83. Determinazione del reddito complessivo [1][2]. – 1. Il reddito complessivo è determinato apportando all'utile o alla perdita risultante dal conto economico, relativo all'esercizio chiuso nel periodo d'imposta, [aumentato o diminuito dei componenti che per effetto dei principi contabili internazionali sono imputati direttamente a patrimonio] le variazioni in aumento o in diminuzione conseguenti all'applicazione dei criteri stabiliti nelle successive disposizioni della presente sezione. In caso di attività che fruiscono di regimi di parziale o totale detassazione del reddito, le relative perdite fiscali assumono rilevanza nella stessa misura in cui assumerebbero rilevanza i risultati positivi. Per i soggetti che redigono il bilancio in base ai princìpi contabili internazionali di cui al regolamento (CE) n. 1606/2002 del Parlamento europeo e del Consiglio, del 19 luglio 2002, anche nella formulazione derivante dalla procedura prevista dall' articolo 4, comma 7-ter, del decreto legislativo 28 febbraio 2005, n. 38, e per i soggetti, diversi dalle micro-imprese di cui all'articolo 2435-ter del codice civile che non hanno optato per la redazione del bilancio in forma ordinaria, i quali redigono il bilancio in conformita' alle disposizioni del codice civile, valgono, anche in deroga alle disposizioni dei successivi articoli della presente sezione, i criteri di qualificazione, imputazione temporale e classificazione in bilancio previsti dai rispettivi principi contabili. I criteri di imputazione temporale di cui al terzo periodo valgono ai fini fiscali anche in relazione alle poste contabilizzate a seguito del processo di correzione degli errori contabili. La disposizione di cui al quarto periodo non si applica ai componenti negativi di reddito per i quali è scaduto il termine per la presentazione della dichiarazione integrativa di cui all'articolo 2, comma 8, del decreto del Presidente della Repubblica 22 luglio 1998, n. 322, e, sussistendo gli altri presupposti, opera soltanto per i soggetti che sottopongono il proprio bilancio d'esercizio a revisione legale dei conti [3].

1-bis. Ai fini del comma 1, ai soggetti, diversi dalle micro-imprese di cui all'articolo 2435-ter del codice civile, che redigono il bilancio in conformità alle disposizioni del codice civile, si applicano, in quanto compatibili, le disposizioni emanate in attuazione del comma 60 dell'articolo 1 della legge 24 dicembre 2007, n. 244, e del comma 7-quater dell'articolo 4 del decreto legislativo 28 febbraio 2005, n. 38 [4].

(1) *Il D.Lgs. 12 dicembre 2003, n. 344, ha disposto, con l'articolo 1, comma 1, la totale modifica del presente provvedimento, e ne ha ridefinito la struttura di titoli, capi e sezioni.*
(2) *Articolo sostituito dall'articolo 1, comma 1, del D.Lgs. 12 dicembre 2003, n. 344.*
(3) *Comma modificato dall'articolo 11, comma 1, lettera a), del D.Lgs. 28*

febbraio 2005, n. 38, dall'articolo 1, commi 33, lettera f), e 58, lettera a), della legge 24 dicembre 2007, n. 244, dall'articolo 2, comma 27, del D.L. 29 dicembre 2010, n. 225, convertito con modificazioni dalla Legge 26 febbraio 2011, n. 10, dall'articolo 13-bis, comma 2, lettera a), numero 1), del D.L. 30 dicembre 2016 n. 244, convertito con modificazioni dalla Legge 27 febbraio 2017, n. 19e successivamente dall'articolo 8, comma 1, lettera a), del D.L. 21 giugno 2022, n. 73, convertito, con modificazioni, dalla Legge 4 agosto 2022, n. 122. Per l'applicazione vedi l'articolo 8, comma 2, del D.L. 73/2022, medesimo. Vedi inoltre il comma 1-bis, del medesimo articolo 8. Comma da ultimo modificato dall'articolo 1, comma 273, della Legge 29 dicembre 2022, n. 197 a decorrere dal periodo d'imposta in corso alla data di entrata in vigore del decreto-legge 21 giugno 2022, n. 73, come disposto dall'articolo 1, comma 275 della L.197/2022 medesimo.

(4) *Comma inserito dall'articolo 13-bis, comma 2, lettera a), numero 2), del D.L. 30 dicembre 2016 n. 244, convertito con modificazioni dalla Legge 27 febbraio 2017, n. 19.*

84. Riporto delle perdite (1)(2). – [Ex Art 102]

1. La perdita di un periodo d'imposta, determinata con le stesse norme valevoli per la determinazione del reddito, può essere computata in diminuzione del reddito dei periodi d'imposta successivi in misura non superiore all'ottanta per cento del reddito imponibile di ciascuno di essi e per l'intero importo che trova capienza in tale ammontare. Per i soggetti che fruiscono di un regime di esenzione dell'utile la perdita è riportabile per l'ammontare che eccede l'utile che non ha concorso alla formazione del reddito negli esercizi precedenti. La perdita è diminuita dei proventi esenti dall'imposta diversi da quelli di cui all'articolo 87, per la parte del loro ammontare che eccede i componenti negativi non dedotti ai sensi dell'articolo 109, comma 5. Detta differenza potrà tuttavia essere computata in diminuzione del reddito complessivo in misura tale che l'imposta corrispondente al reddito imponibile risulti compensata da eventuali crediti di imposta, ritenute alla fonte a titolo di acconto, versamenti in acconto, e dalle eccedenze di cui all'articolo 80(3).

2. Le perdite realizzate nei primi tre periodi d'imposta dalla data di costituzione possono, con le modalità previste al comma 1, essere computate in diminuzione del reddito complessivo dei periodi d'imposta successivi entro il limite del reddito imponibile di ciascuno di essi e per l'intero importo che trova capienza nel reddito imponibile di ciascuno di essi a condizione che si riferiscano ad una nuova attività produttiva(4).

3. Le disposizioni del comma 1 non si applicano nel caso in cui la maggioranza delle partecipazioni aventi diritto di voto nelle assemblee ordinarie del soggetto che riporta le perdite venga trasferita o comunque acquisita da terzi, anche a titolo temporaneo e, inoltre, venga modificata l'attività principale in fatto esercitata nei periodi d'imposta in cui le perdite sono state realizzate. La modifica dell'attività assume rilevanza se interviene nel periodo d'imposta in corso al momento del trasferimento od acquisizione ovvero nei due successivi od anteriori. La limitazione si applica anche alle eccedenze oggetto di riporto in avanti di cui al comma 5 dell'articolo 96, relativamente agli interessi indeducibili, nonché a quelle di cui all'articolo 1, comma 4, del decreto-legge 6 dicembre 2011, n. 201, convertito, con modificazioni, dalla legge 22 dicembre 2011, n. 214, relativamente all'aiuto alla crescita economica. La limitazione non si applica qualora:

[a) le partecipazioni siano acquisite da società controllate dallo stesso soggetto che controlla il soggetto che riporta le perdite ovvero dal soggetto che controlla il controllante di questi;](5)

b) le partecipazioni siano relative a società che nel biennio precedente a quello di trasferimento hanno avuto un numero di dipendenti mai inferiore alle dieci unità e per le quali dal conto economico relativo all'esercizio precedente a quello di trasferimento risultino un ammontare di ricavi e proventi dell'attività caratteristica, e un ammontare delle spese per prestazioni di lavoro subordinato e relativi contributi, di cui all'articolo 2425 del codice civile, superiore al 40 per cento di quello risultante dalla media degli ultimi due esercizi anteriori. Al fine di disapplicare le disposizioni del presente comma il contribuente interpella l'amministrazione ai sensi dell'articolo 11, comma 2, della legge 27 luglio 2000, n. 212, recante lo Statuto dei diritti del contribuente(6).

(1) *Il D.Lgs. 12 dicembre 2003, n. 344, ha disposto, con l'articolo 1, comma 1, la totale modifica del presente provvedimento, e ne ha ridefinito la struttura di titoli, capi e sezioni. Nel testo precedente la riforma introdotta dal D.Lgs. 344/2003 le disposizioni contenute nel presente articolo erano previste dall'articolo 102.*

(2) *Articolo modificato dall'articolo 27, comma 1, del D.L. 2 marzo 1989, n. 69, dall'articolo 1, comma 1, lettera m), del D.L. 30 dicembre 1993, n. 557, dall'articolo 8, comma 1, lettera b), del D.Lgs. 8 ottobre 1997, n. 358 e successivamente sostituito dall'articolo 1, comma 1, del D.Lgs. 12 dicembre 2003, n. 344.*

(3) *Comma modificato, a decorrere dal periodo d'imposta successivo a quello in corso al 31 dicembre 2006, dall'articolo 1, comma 72, della legge 27 dicembre 2006, n. 296 dall'articolo 1, comma 33, lettera g), della legge 24 dicembre 2007, n. 244 e successivamente sostituito dall'articolo 23, comma 9, del D.L. 6 luglio 2011, n. 98.*

(4) *Comma modificato dall'articolo 36, comma 12, lettera a), del D.L. 4 luglio 2006, n. 223 e successivamente sostituito dall'articolo 23, comma 9, del D.L. 6 luglio 2011, n. 98.*

(5) *Comma abrogato dall'articolo 36, comma 12, lettera b), del D.L. 4 luglio 2006, n. 223.*

(6) *Comma modificato dall'articolo 7, comma 9, del D.lgs. 24 settembre 2015, n. 156.*

85. Ricavi (1)(2). – [Ex Art 53]

1. Sono considerati ricavi:

a) i corrispettivi delle cessioni di beni e delle prestazioni di servizi alla cui produzione o al cui scambio è diretta l'attività dell'impresa;

b) i corrispettivi delle cessioni di materie prime e sussidiarie, di semilavorati e di altri beni mobili, esclusi quelli strumentali, acquistati o prodotti per essere impiegati nella produzione;

c) i corrispettivi delle cessioni di azioni o quote di partecipazioni, anche non rappresentate da titoli, al capitale di società ed enti di cui all'articolo 73, che non costituiscono immobilizzazioni finanziarie, diverse da quelle cui si applica l'esenzione di cui all'articolo 87, anche se non rientrano fra i beni al cui scambio è diretta l'attività dell'impresa. Se le partecipazioni sono nelle società o enti di cui all'articolo 73, comma 1, lettera d), si applica il comma 2 dell'articolo 44;

d) i corrispettivi delle cessioni di strumenti finanziari similari alle azioni ai sensi dell'articolo 44 emessi da società ed enti di cui all'articolo 73, che non costituiscono immobilizzazioni finanziarie, diversi da quelli cui si applica l'esenzione di cui all'articolo 87, anche se non rientrano fra i beni al cui scambio è diretta l'attività dell'impresa;

e) i corrispettivi delle cessioni di obbligazioni e di altri titoli in serie o di massa diversi da quelli di cui alla lettere c) e d) precedenti che non costituiscono immobilizzazioni finanziarie, anche se non rientrano fra i beni al cui scambio è diretta l'attività dell'impresa;

f) le indennità conseguite a titolo di risarcimento, anche in forma assicurativa, per la perdita o il danneggiamento di beni di cui alle precedenti lettere;

g) i contributi in denaro, o il valore normale di quelli, in natura, spettanti sotto qualsiasi denominazione in base a contratto;

h) i contributi spettanti esclusivamente in conto esercizio a norma di legge.

2. Si comprende inoltre tra i ricavi il valore normale dei beni di cui al comma 1 assegnati ai soci o destinati a finalità estranee all'esercizio dell'impresa.

3. I beni di cui alle lettere c), d) ed e) del comma 1 costituiscono immobilizzazioni finanziarie se sono iscritti come tali nel bilancio [3].

3-bis. In deroga al comma 3, per i soggetti che redigono il bilancio in base ai princìpi contabili internazionali di cui al regolamento (CE) n. 1606/2002 del Parlamento europeo e del Consiglio, del 19 luglio 2002, si considerano immobilizzazioni finanziarie gli strumenti finanziari diversi da quelli detenuti per la negoziazione [4].

(1) *Il D.Lgs. 12 dicembre 2003, n. 344, ha disposto, con l'articolo 1, comma 1, la totale modifica del presente provvedimento, e ne ha ridefinito la struttura di titoli, capi e sezioni. Nel testo precedente la riforma introdotta dal D.Lgs. 344/2003 le disposizioni contenute nel presente articolo erano previste dall'articolo 53.*

(2) *Articolo modificato dall'articolo 1, comma 1, lettera l-ter), del D.L. 27 aprile 1990, n. 90, dall'articolo 1, comma 1, lettera d), del D.L. 29 giugno 1994, n. 416, dall'articolo 3, comma 103, lettera a), della legge 28 dicembre 1995, n. 549, e successivamente sostituito dall'articolo 1, comma 1, del D.Lgs. 12 dicembre 2003, n. 344.*

(3) *Comma sostituito dall'articolo 1, comma 58, lettera b), della legge 24 dicembre 2007, n. 244.*

(4) *Comma aggiunto dall'articolo 1, comma 58, lettera b), della legge 24 dicembre 2007, n. 244.*

86. Plusvalenze patrimoniali. - [Ex Art. 54]

1. Le plusvalenze dei beni relativi all'impresa, diversi da quelli indicati nel comma 1 dell'articolo 85, concorrono a formare il reddito:

a) se sono realizzate mediante cessione a titolo oneroso;

b) se sono realizzate mediante il risarcimento, anche in forma assicurativa, per la perdita o il danneggiamento dei beni;

c) se i beni vengono assegnati ai soci o destinati a finalità estranee all'esercizio dell'impresa.

2. Nelle ipotesi di cui alle lettere a) e b) del comma 1 la plusvalenza è costituita dalla differenza fra il corrispettivo o l'indennizzo conseguito, al netto degli oneri accessori di diretta imputazione, e il costo non ammortizzato. Concorrono alla formazione del reddito anche le plusvalenze delle aziende, compreso il valore di avviamento, realizzate unitariamente mediante cessione a titolo oneroso. Se il corrispettivo della cessione è costituito esclusivamente da beni ammortizzabili, anche se costituenti un complesso o ramo aziendale, e questi vengono complessivamente iscritti in bilancio allo stesso valore al quale vi erano iscritti i beni ceduti, si considera plusvalenza soltanto il conguaglio in denaro eventualmente pattuito.

3. Nell'ipotesi di cui alla lettera c) del comma 1, la plusvalenza è costituita dalla differenza tra il valore normale e il costo non ammortizzato dei beni.

4. Le plusvalenze realizzate, diverse da quelle di cui al successivo articolo 87, determinate a norma del comma 2, concorrono a formare il reddito, per l'intero ammontare nell'esercizio in cui sono state realizzate ovvero, se i beni sono stati posseduti per un periodo non inferiore a tre anni, o a un anno per le società sportive professionistiche, a scelta del contribuente, in quote costanti nell'esercizio stesso e nei successivi, ma non oltre il quarto. La predetta scelta deve risultare dalla dichiarazione dei redditi; se questa non è presentata la plusvalenza concorre a formare il reddito per l'intero ammontare nell'esercizio in cui è stata realizzata. Per i beni che costituiscono immobilizzazioni finanziarie, diverse da quelle di cui al successivo articolo 87, le disposizioni dei periodi precedenti si applicano per quelli iscritti come tali negli ultimi tre bilanci; si considerano ceduti per primi i beni acquisiti in data più recente.

4-bis. Per le plusvalenze realizzate su partecipazioni in imprese o enti residenti o localizzati in Stati o territori a regime fiscale privilegiato individuati in base ai criteri di cui all'articolo 47-bis, comma 1, per i quali sussiste la condizione di cui al comma 2, lettera a), del medesimo articolo, al cedente controllante, ai sensi del comma 2 dell'articolo 167, residente nel territorio dello Stato, ovvero alle cedenti residenti sue controllate, spetta un credito d'imposta ai sensi dell'articolo 165 in ragione delle imposte assolte dall'impresa o ente partecipato sugli utili maturati durante il periodo di possesso della partecipazione, in proporzione delle partecipazioni cedute e nei limiti dell'imposta italiana relativa a tali plusvalenze. La detrazione del credito d'imposta di cui al periodo precedente spetta per l'ammontare dello stesso non utilizzato dal cedente ai sensi dell'articolo 89, comma 3; tale ammontare, ai soli fini dell'applicazione dell'imposta, è computato in aumento del reddito complessivo. Se nella dichiarazione è stato omesso soltanto il computo del credito d'imposta in aumento del reddito complessivo, si può procedere di ufficio alla correzione anche in sede di liquidazione dell'imposta dovuta in base alla dichiarazione dei redditi[3].

5. La cessione dei beni ai creditori in sede di concordato preventivo non costituisce realizzo delle plusvalenze e minusvalenze dei beni, comprese quelle relative alle rimanenze e il valore di avviamento.

5-bis. Nelle ipotesi dell'articolo 47, commi 5 e 7, costituiscono plusvalenze le somme o il valore normale dei beni ricevuti a titolo di ripartizione del capitale e delle riserve di capitale per la parte che eccede il valore fiscalmente riconosciuto delle partecipazioni [4]

(1) *Il D.Lgs. 12 dicembre 2003, n. 344, ha disposto, con l'articolo 1, comma 1, la totale modifica del presente provvedimento, e ne ha ridefinito la struttura di titoli, capi e sezioni. Nel testo precedente la riforma introdotta dal D.Lgs. 344/2003 le disposizioni contenute nel presente articolo erano previste dall'articolo 54.*

(2) *Articolo modificato dall'articolo 1, comma 1, del D.P.R. 4 febbraio 1988, n. 42, dall'articolo 26, comma 7, lettera a), del D.L. 2 marzo 1989, n. 69, dall'articolo 1, comma 1, lettera l-ter), del D.L. 27 aprile 1990, n. 90, dall'articolo 14, comma 3, lettera c), della legge 24 dicembre 1993, n. 537, dall'articolo 1, comma 1, lettera f), numero 1), del D.L. 29 giugno 1994, n. 416, dall'articolo 3, comma 25, lettera a), della legge 23 dicembre 1996, n. 662, dall'articolo 21, comma 3, della legge 27 dicembre 1997, n. 449, dall'articolo 9, comma 21, della legge 28 dicembre 2001, n. 448 e successivamente sostituito dall'articolo 1, comma 1, del D.Lgs. 12 dicembre 2003, n. 344.*

(3) *Comma inserito dall'articolo 3, comma 1, lettera c), del D.Lgs. 14 settembre 2015, n. 147; a norma del comma 4 del medesimo articolo 3, la presente disposizione si applica a decorrere dal periodo di imposta in corso alla data di entrata in vigore del citato decreto, nonché agli utili distribuiti ed alle plusvalenze realizzate a decorrere dal medesimo periodo di imposta. Successivamente è stato modificato dall'articolo 5, comma 1, lettera e), del D.Lgs. 29 novembre 2018, n. 142; a norma all'articolo 13, comma 6, del D.Lgs. 29 novembre 2018, n. 142, le disposizioni di cui al presente comma si applicano a decorrere dal periodo di imposta successivo a quello in corso al 31 dicembre 2018,*

nonché agli utili percepiti e alle plusvalenze realizzate a decorrere dal medesimo periodo di imposta.
(4) *Comma aggiunto, com effetto per i periodi di imposta che iniziano a decorrere dal 1° gennaio 2004, dall'articolo 6, comma 1, del D.Lgs. 18 novembre 2005, n. 247.*

87. Plusvalenze esenti (1)(2). – 1. Non concorrono alla formazione del reddito imponibile in quanto esenti nella misura del 95 per cento le plusvalenze realizzate e determinate ai sensi dell'articolo 86, commi 1, 2 e 3, relativamente ad azioni o quote di partecipazioni in società ed enti indicati nell'articolo 5, escluse le società semplici e gli enti alle stesse equiparate, e nell'articolo 73, comprese quelle non rappresentate da titoli, con i seguenti requisiti:

a) ininterrotto possesso dal primo giorno del dodicesimo mese precedente quello dell'avvenuta cessione considerando cedute per prime le azioni o quote acquisite in data più recente (3);

b) classificazione nella categoria delle immobilizzazioni finanziarie nel primo bilancio chiuso durante il periodo di possesso;

c) residenza fiscale o localizzazione dell'impresa o ente partecipato in Stati o territori diversi da quelli a regime fiscale privilegiato individuati in base ai criteri di cui all'articolo 47-bis, comma 1, o, alternativamente, la dimostrazione, anche a seguito dell'esercizio dell'interpello di cui allo stesso articolo 47-bis, comma 3, della sussistenza della condizione di cui al comma 2, lettera b), del medesimo articolo. Qualora il contribuente intenda far valere la sussistenza di tale ultima condizione ma non abbia presentato la predetta istanza di interpello ovvero, avendola presentata, non abbia ricevuto risposta favorevole, la percezione di plusvalenze derivanti dalla cessione di partecipazioni in imprese o enti residenti o localizzati in Stati o territori a regime fiscale privilegiato individuati in base ai criteri di cui all'articolo 47-bis, comma 1, deve essere segnalata nella dichiarazione dei redditi da parte del socio residente; nei casi di mancata o incompleta indicazione nella dichiarazione dei redditi si applica la sanzione amministrativa prevista dall'articolo 8, comma 3-ter, del decreto legislativo 18 dicembre 1997, n. 471. Ai fini della presente lettera, la condizione indicata nell'articolo 47-bis, comma 2, lettera b), deve sussistere, ininterrottamente, sin dal primo periodo di possesso; tuttavia, per i rapporti detenuti da più di cinque periodi di imposta e oggetto di realizzo con controparti non appartenenti allo stesso gruppo del dante causa, è sufficiente che tale condizione sussista, ininterrottamente, per i cinque periodi d'imposta anteriori al realizzo stesso. Ai fini del precedente periodo si considerano appartenenti allo stesso gruppo i soggetti residenti o meno nel territorio dello Stato tra i quali sussiste un rapporto di controllo ai sensi del comma 2 dell'articolo 167 ovvero che, ai sensi del medesimo comma 2, sono sottoposti al comune controllo da parte di altro soggetto residente o meno nel territorio dello Stato(4)(5);

d) esercizio da parte della società partecipata di un'impresa commerciale secondo la definizione di cui all'articolo 55. Senza possibilità di prova contraria si presume che questo requisito non sussista relativamente alle partecipazioni in società il cui valore del patrimonio è prevalentemente costituito da beni immobili diversi dagli immobili alla cui produzione o al cui scambio è effettivamente diretta l'attività dell'impresa, dagli impianti e dai fabbricati utilizzati direttamente nell'esercizio d'impresa. Si considerano direttamente utilizzati nell'esercizio d'impresa gli immobili concessi in locazione finanziaria e i terreni su cui la società partecipata svolge l'attività agricola.

1-bis. Le cessioni delle azioni o quote appartenenti alla categoria delle immobilizzazioni finanziarie e di quelle appartenenti alla categoria dell'attivo circolante vanno considerate separatamente con riferimento a ciascuna categoria(6).

2. Il requisito di cui al comma 1, lettera c), deve sussistere, ininterrottamente, sin dal primo periodo di possesso; tuttavia, per i rapporti detenuti da più di cinque periodi di imposta e oggetto di realizzo con controparti non appartenenti allo stesso gruppo del dante causa, è sufficiente che tale condizione sussista, ininterrottamente, per i cinque periodi d'imposta anteriori al realizzo stesso. Ai fini del precedente periodo si considerano appartenenti allo stesso gruppo i soggetti residenti o meno nel territorio dello Stato tra i quali sussiste un rapporto di controllo ai sensi del comma 2 dell'articolo 167 ovvero che, ai sensi del medesimo comma 2, sono sottoposti al comune controllo da parte di altro soggetto residente o non residente nel territorio dello Stato. Il requisito di cui al comma 1, lettera d), deve sussistere ininterrottamente, al momento del realizzo, almeno dall'inizio del terzo periodo d'imposta anteriore al realizzo stesso(7).

3. L'esenzione di cui al comma 1 si applica, alle stesse condizioni ivi previste, alle plusvalenze realizzate e determinate ai sensi dell'articolo 86, commi 1, 2 e 3, relativamente alle partecipazioni al capitale o al patrimonio, ai titoli e agli strumenti finanziari similari alle azioni ai sensi dell'articolo 44, comma 2, lettera a) ed ai contratti di cui all'articolo 109, comma 9, lettera b). Concorrono in ogni caso alla formazione del reddito per il loro intero ammontare gli utili relativi ai contratti di cui all'articolo 109, comma 9, lettera b), che non soddisfano le condizioni di cui all'articolo 44, comma 2, lettera a), ultimo periodo(8).

4. Fermi rimanendo quelli di cui alle lettere a), b) e c), il requisito di cui alla lettera d) del comma 1 non rileva per le partecipazioni in società i cui titoli sono negoziati nei mercati regolamentati. Alle plusvalenze realizzate mediante offerte pubbliche di vendita si applica l'esenzione di cui ai commi 1 e 3 indipendentemente dal verificarsi del requisito di cui alla predetta lettera d).

5. Per le partecipazioni in società la cui attività consiste in via esclusiva o prevalente nell'assunzione di partecipazioni, i requisiti di cui alle lettere c) e d) del comma 1 si riferiscono alle società indirettamente partecipate e si verificano quando tali requisiti sussistono nei confronti delle partecipate che rappresentano la maggior parte del valore del patrimonio sociale della partecipante.

6. Le disposizioni del presente articolo si applicano anche alle plusvalenze di cui all'articolo 86, comma 5-bis (9).

[7. Nei casi di cui all'articolo 47, comma 7, l'esenzione di cui al presente articolo si applica, alle stesse condizioni di cui ai commi precedenti, alla differenza tra le somme o il valore normale dei beni ricevuti a titolo di ripartizione del capitale e delle riserve di cui all'articolo 47, comma 5, e il valore fiscalmente riconosciuto della partecipazione.] (10)

(1) *Il D.Lgs. 12 dicembre 2003, n. 344, ha disposto, con l'articolo 1, comma 1, la totale modifica del presente provvedimento, e ne ha ridefinito la struttura di titoli, capi e sezioni.*
(2) *Articolo sostituito dall'articolo 1, comma 1, del D.Lgs. 12 dicembre 2003, n. 344.*
(3) *Lettera modificata dall'articolo 5, comma 1, lettera b), del D.L. 30 settembre 2005, n. 203 e successivamente dall'articolo 1, comma 58,*

lettera c), della legge 24 dicembre 2007, n. 244.
(4) *Lettera sostituita dall'articolo 1, comma 83, lettera f), della legge 24 dicembre 2007, n. 244 e successivamente dall'articolo 3, comma 1, lettera d), del D.Lgs. 14 settembre 2015, n. 147; a norma del comma 4 del medesimo articolo 3, la presente disposizione si applica a decorrere dal periodo di imposta in corso alla data di entrata in vigore del citato decreto, nonché agli utili distribuiti ed alle plusvalenze realizzate a decorrere dal medesimo periodo di imposta.*
(5) *Lettera sostituita dall'articolo 5, comma 1, lettera f), del D.Lgs. 29 novembre 2018, n. 142; a norma all'articolo 13, comma 6, del D.Lgs. 29 novembre 2018, n. 142, le disposizioni di cui alla presente lettera si applicano a decorrere dal periodo di imposta successivo a quello in corso al 31 dicembre 2018, nonché agli utili percepiti e alle plusvalenze realizzate a decorrere dal medesimo periodo di imposta.*
(6) *Comma aggiunto dall'articolo 6, comma 2, lettera a), del D.Lgs. 18 novembre 2005, n. 247.*
(7) *Comma sostituito dall'articolo 5, comma 1, lettera f), del D.Lgs. 29 novembre 2018, n. 142; a norma all'articolo 13, comma 6, del D.Lgs. 29 novembre 2018, n. 142, le disposizioni di cui al presente comma si applicano a decorrere dal periodo di imposta successivo a quello in corso al 31 dicembre 2018, nonché agli utili percepiti e alle plusvalenze realizzate a decorrere dal medesimo periodo di imposta.*
(8) *Comma sostituito, con effetto per il periodo di imposta che inizia a decorrere dal 1° gennaio 2004, dall'articolo 6, comma 2, lettera b), del D.Lgs. 18 novembre 2005, n. 247.*
(9) *Comma sostituito, con effetto per il periodo di imposta che inizia a decorrere dal 1° gennaio 2004, dall'articolo 6, comma 2, lettera c), del D.Lgs. 18 novembre 2005, n. 247.*
(10) *Comma abrogato, con effetto per il periodo di imposta che inizia a decorrere dal 1° gennaio 2004, dall'articolo 6, comma 2, lettera d), del D.Lgs. 18 novembre 2005, n. 247.*

88. Sopravvenienze attive (1)(2). – 1. Si considerano sopravvenienze attive i ricavi o altri proventi conseguiti a fronte di spese, perdite od oneri dedotti o di passività iscritte in bilancio in precedenti esercizi e i ricavi o altri proventi conseguiti per ammontare superiore a quello che ha concorso a formare il reddito in precedenti esercizi, nonché la sopravvenuta insussistenza di spese, perdite od oneri dedotti o di passività iscritte in bilancio in precedenti esercizi.

2. Se le indennità di cui alla lettera b) del comma 1 dell'articolo 86 vengono conseguite per ammontare superiore a quello che ha concorso a formare il reddito in precedenti esercizi, l'eccedenza concorre a formare il reddito a norma del comma 4 del detto articolo.

3. Sono inoltre considerati sopravvenienze attive:

a) le indennità conseguite a titolo di risarcimento, anche in forma assicurativa, di danni diversi da quelli considerati alla lettera f) del comma 1 dell'articolo 85 e alla lettera b) del comma 1 dell'articolo 86(3);

b) i proventi in denaro o in natura conseguiti a titolo di contributo o di liberalità, esclusi i contributi di cui alle lettere g) e h) del comma 1 dell'articolo 85 e quelli per l'acquisto di beni ammortizzabili indipendentemente dal tipo di finanziamento adottato. Tali proventi concorrono a formare il reddito nell'esercizio in cui sono stati incassati o in quote costanti nell'esercizio in cui sono stati incassati e nei successivi ma non oltre il quarto. Sono fatte salve le agevolazioni connesse alla realizzazione di investimenti produttivi concesse nei territori montani di cui alla legge 31 gennaio 1994, n. 97, nonché quelle concesse ai sensi del testo unico delle leggi sugli interventi nel Mezzogiorno, approvato con decreto del Presidente della Repubblica 6 marzo 1978, n. 218, per la decorrenza prevista al momento della concessione delle stesse. Non si considerano contributi o liberalità i finanziamenti erogati dallo Stato, dalle Regioni e dalle Province autonome per la costruzione, ristrutturazione e manutenzione straordinaria ed ordinaria di immobili di edilizia residenziale pubblica concessi agli Istituti autonomi per le case popolari, comunque denominati, e agli enti aventi le stesse finalità sociali dei predetti Istituti, istituiti nella forma di società che rispondono ai requisiti della legislazione dell'Unione europea in materia di "*in house providing*" e che siano costituiti e operanti alla data del 31 dicembre 2013, nonché quelli erogati alle cooperative edilizie a proprietà indivisa e di abitazione per la costruzione, ristrutturazione e manutenzione ordinaria e straordinaria di immobili destinati all'assegnazione in godimento o locazione (4).

3-bis. Non costituiscono sopravvenienze attive, in quanto esclusi, i contributi percepiti a titolo di liberalità dai soggetti sottoposti alle procedure concorsuali previste dal Regio decreto 16 marzo 1942, n. 267, dal decreto legislativo 8 luglio 1999, n. 270, dal decreto-legge 23 dicembre 2003, n. 347, convertito, con modificazioni, dalla legge 18 febbraio 2004, n. 39, ovvero alle procedure di crisi di cui all'articolo 20 del decreto legislativo 16 novembre 2015, n. 180 nonché alla procedura di amministrazione straordinaria di cui agli articoli 70 e seguenti del decreto legislativo 1° settembre 1993, n. 385, ad esclusione di quelli provenienti da società controllate dall'impresa o controllate dalla stessa società che controlla l'impresa. Le disposizioni del precedente periodo si applicano anche ai contributi percepiti nei ventiquattro mesi successivi alla chiusura delle predette procedure (5).

4. Non si considerano sopravvenienze attive i versamenti in denaro o in natura fatti a fondo perduto o in conto capitale alle società e agli enti di cui all'articolo 73, comma 1, lettere a) e b), dai propri soci, né gli apporti effettuati dai possessori di strumenti similari alle azioni (6).

4-bis. La rinuncia dei soci ai crediti si considera sopravvenienza attiva per la parte che eccede il relativo valore fiscale. A tal fine, il socio, con dichiarazione sostitutiva di atto notorio, comunica alla partecipata tale valore; in assenza di tale comunicazione, il valore fiscale del credito è assunto pari a zero. Nei casi di operazioni di conversione del credito in partecipazioni si applicano le disposizioni dei periodi precedenti e il valore fiscale delle medesime partecipazioni viene assunto in un importo pari al valore fiscale del credito oggetto di conversione, al netto delle perdite sui crediti eventualmente deducibili per il creditore per effetto della conversione stessa (7).

4-ter. Non si considerano, altresì, sopravvenienze attive le riduzioni dei debiti dell'impresa in sede di concordato fallimentare o preventivo liquidatorio o di procedure estere equivalenti, previste in Stati o territori con i quali esiste un adeguato scambio di informazioni, o per effetto della partecipazione delle perdite da parte dell'associato in partecipazione. In caso di concordato di risanamento, di accordo di ristrutturazione dei debiti omologato ai sensi dell'articolo 182-bis del regio decreto 16 marzo 1942, n. 267, ovvero di un piano attestato ai sensi dell'articolo 67, terzo comma, lettera d), del citato regio decreto n. 267 del 1942, pubblicato nel registro delle imprese, o di procedure estere a queste equivalenti, la riduzione dei debiti dell'impresa non costituisce sopravvenienza attiva per la parte che eccede le perdite, pregresse e di periodo, di cui all'articolo 84, senza considerare il limite dell'ottanta per cento, la deduzione di periodo e l'eccedenza relativa all'aiuto alla crescita economica di cui all'articolo 1, comma 4, del decreto-legge 6 dicembre 2011, n. 201, convertito, con modificazioni, dalla legge 22 dicembre 2011, n. 214, e gli interessi passivi e gli oneri finanziari assimilati di cui al comma 4 dell'articolo 96 del presente testo unico. Ai fini del presente comma rilevano anche le perdite trasferite al consolidato nazionale di cui all'articolo 117 e non ancora utilizzate. Le disposizioni del presente comma si applicano anche per le operazioni di cui al comma 4-bis [8].

5. In caso di cessione del contratto di locazione finanziaria il valore normale del bene costituisce sopravvenienza attiva.

[1] *Il D.Lgs. 12 dicembre 2003, n. 344, ha disposto, con l'articolo 1, comma 1, la totale modifica del presente provvedimento, e ne ha ridefinito la struttura di titoli, capi e sezioni. Nel testo precedente la riforma introdotta dal D.Lgs. 344/2003 le disposizioni contenute nel presente articolo erano previste dall'articolo 55.*
[2] *Articolo modificato dall'articolo 1, comma 1, del D.P.R. 4 febbraio 1988, n. 42, dall'articolo 14, comma 3, lettera d), della legge 24 dicembre 1993, n. 537, dall'articolo 1, comma 1, lettera g), del D.L. 30 dicembre 1993, n. 557, dall'articolo 1, comma 1, lettera g), del D.L. 29 giugno 1994, n. 416, dall'articolo 3, comma 103, lettera b), della legge 28 dicembre 1995, n. 549, dall'articolo 9, comma 1, lettera a), del D.L. 20 giugno 1996, n. 323, dall'articolo 21, comma 4, lettera b), della legge 27 dicembre 1997, n. 449, dall'articolo 9, comma 1, della legge 18 febbraio 1999, n. 28, dall'articolo 80, comma 26, della legge 27 dicembre 2002, n. 289 e successivamente sostituito dall'articolo 1, comma 1, del D.Lgs. 12 dicembre 2003, n. 344.*
[3] *A norma dell'articolo 1, comma 431, della Legge 27 dicembre 2019, n. 160, la presente lettera si interpreta nel senso che non sono considerate indennità tassabili le somme indicate nel periodo precedente.*
[4] *Comma modificato dall'articolo 1, comma 90, della Legge 28 dicembre 2015, n. 208.*
[5] *Comma inserito dall'articolo 14, comma 1, del D.L. 14 febbraio 2016, n. 18, convertito con modificazioni dalla Legge 8 aprile 2016 n. 49; per l'applicazione delle presenti disposizioni vedi anche quanto disposto dal comma 2 del medesimo articolo 14.*
[6] *Comma modificato, con effetto per i periodi di imposta che iniziano a decorrere dal 1° gennaio 2004, dall'articolo 6, comma 3, del D.Lgs. 18 novembre 2005, n. 247 e successivamente sostituito dall'articolo 33, comma 4, del D.L. 22 giugno 2012, n. 83 e dall'articolo 13, comma 1, lettera a), del D.Lgs. 14 settembre 2015, n. 147; a norma del comma 2 del medesimo articolo, la presente disposizione si applica a decorrere dal periodo di imposta successivo alla data di entrata in vigore del citato decreto.*
[7] *Comma inserito dall'articolo 13, comma 1, lettera a), del D.Lgs. 14 settembre 2015, n. 147 per effetto della sostituzione del comma 4 con i commi 4, 4-bis e 4-ter; a norma del comma 2 del medesimo articolo, la presente disposizione si applica a decorrere dal periodo di imposta successivo alla data di entrata in vigore del citato decreto.*
[8] *Comma inserito dall'articolo 13, comma 1, lettera a), del D.Lgs. 14 settembre 2015, n. 147 per effetto della sostituzione del comma 4 con i commi 4, 4-bis e 4-ter; a norma del comma 2 del medesimo articolo, la presente disposizione si applica a decorrere dal periodo di imposta successivo alla data di entrata in vigore del citato decreto e, successivamente, modificato dall'articolo 1, comma 549, lettera a), della Legge 11 dicembre 2016, n. 232 1, comma 549, lettera b), della Legge 11 dicembre 2016, n. 232.*

89. Dividendi e interessi [1][2]. – 1. Per gli utili derivanti dalla partecipazione in società semplici, in nome collettivo e in accomandita semplice residenti nel territorio dello Stato si applicano le disposizioni dell'articolo 5.

2. Gli utili distribuiti, in qualsiasi forma e sotto qualsiasi denominazione, anche nei casi di cui all'articolo 47, comma 7, dalle società ed enti di cui all'articolo 73, comma 1, lettere a), b) e c), non concorrono a formare il reddito dell'esercizio in cui sono percepiti in quanto esclusi dalla formazione del reddito della società o dell'ente ricevente per il 95 per cento del loro ammontare. La stessa esclusione si applica alla remunerazione corrisposta relativamente ai contratti di cui all'articolo 109, comma 9, lettera b), e alla remunerazione dei finanziamenti eccedenti di cui all'articolo 98 direttamente erogati dal socio o dalle sue parti correlate, anche in sede di accertamento [3].

2-bis. In deroga al comma 2, per i soggetti che redigono il bilancio in base ai princìpi contabili internazionali di cui al regolamento (CE) n. 1606/2002 del Parlamento europeo e del Consiglio, del 19 luglio 2002, gli utili distribuiti relativi ad azioni, quote e strumenti finanziari similari alle azioni detenuti per la negoziazione concorrono per il loro intero ammontare alla formazione del reddito nell'esercizio in cui sono percepiti [4].

3. Verificandosi la condizione dell'articolo 44, comma 2, lettera a), ultimo periodo, l'esclusione del comma 2 si applica agli utili provenienti da soggetti di cui all'articolo 73, comma 1, lettera d), e alle remunerazioni derivanti da contratti di cui all'articolo 109, comma 9, lettera b), stipulati con tali soggetti, se diversi da quelli residenti o localizzati in Stati o territori a regime fiscale privilegiato individuati in base ai criteri di cui all'articolo 47-bis, comma 1, o, se ivi residenti o localizzati, sia dimostrato, anche a seguito dell'esercizio dell'interpello di cui al medesimo articolo 47-bis, comma 3, il rispetto, sin dal primo periodo di possesso della partecipazione, della condizione indicata nel medesimo articolo, comma 2, lettera b). Gli utili provenienti dai soggetti di cui all'articolo 73, comma 1, lettera d), residenti o localizzati in Stati o territori a regime fiscale privilegiato individuati in base ai criteri di cui all'articolo 47-bis, comma 1, e le remunerazioni derivanti dai contratti di cui all'articolo 109, comma 9, lettera b), stipulati con tali soggetti, non concorrono a formare il reddito dell'esercizio in cui sono percepiti in quanto esclusi dalla formazione del reddito dell'impresa o dell'ente ricevente per il 50 per cento del loro ammontare, a condizione che sia dimostrata, anche a seguito dell'esercizio dell'interpello di cui all'articolo 47-bis, comma 3, la sussistenza della condizione di cui al comma 2, lettera a), del medesimo articolo; in tal caso, è riconosciuto al soggetto controllante, ai sensi del comma 2 dell'articolo 167, residente nel territorio dello Stato, ovvero alle sue controllate residenti percipienti gli utili, un credito d'imposta ai sensi dell'articolo 165 in ragione delle imposte assolte dall'impresa o ente partecipato sugli utili maturati durante il periodo di possesso della partecipazione, in proporzione alla quota imponibile degli utili conseguiti e nei limiti dell'imposta italiana relativa a tali utili. Ai soli fini dell'applicazione dell'imposta, l'ammontare del credito d'imposta di cui al periodo precedente è computato in aumento del reddito complessivo. Se nella dichiarazione è stato omesso soltanto il computo del credito d'imposta in aumento del reddito complessivo, si può procedere di ufficio alla correzione anche in sede di liquidazione dell'imposta dovuta in base alla dichiarazione dei redditi. Ai fini del presente comma, si considerano provenienti da imprese o enti residenti o localizzati in Stati o territori a regime privilegiato gli utili relativi al possesso di partecipazioni dirette in tali soggetti o di partecipazioni di controllo, ai sensi del comma 2 dell'articolo 167, in società residenti all'estero che conseguono utili dalla partecipazione in imprese o enti residenti o localizzati in Stati o territori a regime privilegiato e nei limiti di tali utili. Qualora il contribuente intenda far valere la sussistenza, sin dal primo periodo di possesso della partecipazione, della condizione indicata nella lettera b) del comma 2 dell'articolo 47-bis ma non abbia presentato l'istanza di interpello prevista dal comma 3 del medesimo articolo ovvero, avendola presentata, non abbia ricevuto risposta favorevole, la percezione di utili provenienti da partecipazioni in imprese o enti

residenti o localizzati in Stati o territori a regime fiscale privilegiato individuati in base ai criteri di cui all'articolo 47-bis, comma 1, deve essere segnalata nella dichiarazione dei redditi da parte del socio residente; nei casi di mancata o incompleta indicazione nella dichiarazione dei redditi si applica la sanzione amministrativa prevista dall'articolo 8, comma 3-ter, del decreto legislativo 18 dicembre 1997, n. 471. Concorrono in ogni caso alla formazione del reddito per il loro intero ammontare gli utili relativi ai contratti di cui all'articolo 109, comma 9, lettera b), che non soddisfano le condizioni di cui all'articolo 44, comma 2, lettera a), ultimo periodo [5].

3-bis. L'esclusione di cui al comma 2 si applica anche:

a) alle remunerazioni sui titoli, strumenti finanziari e contratti indicati dall'articolo 109, comma 9, lettere a) e b), limitatamente al 95 per cento della quota di esse non deducibile ai sensi dello stesso articolo 109;

b) alle remunerazioni delle partecipazioni al capitale o al patrimonio e a quelle dei titoli e degli strumenti finanziari di cui all'articolo 44, provenienti dai soggetti che hanno i requisiti individuati nel comma 3-ter del presente articolo, limitatamente al 95 per cento della quota di esse non deducibile nella determinazione del reddito del soggetto erogante [6].

3-ter. La disposizione di cui alla lettera b) del comma 3-bis si applica limitatamente alle remunerazioni provenienti da una società che riveste una delle forme previste dall'allegato I, parte A, della direttiva 2011/96/UE del Consiglio, del 30 novembre 2011, nella quale è detenuta una partecipazione diretta nel capitale non inferiore al 10 per cento, ininterrottamente per almeno un anno, e che:

a) risiede ai fini fiscali in uno Stato membro dell'Unione europea, senza essere considerata, ai sensi di una convenzione in materia di doppia imposizione sui redditi con uno Stato terzo, residente al di fuori dell'Unione europea;

b) è soggetta, nello Stato di residenza, senza possibilità di fruire di regimi di opzione o di esonero che non siano territorialmente o temporalmente limitati, a una delle imposte elencate nell'allegato I, parte B, della citata direttiva o a qualsiasi altra imposta che sostituisca una delle imposte indicate [7].

4. Si applicano le disposizioni di cui agli articoli 46 e 47, ove compatibili.

5. Se la misura non è determinata per iscritto gli interessi si computano al saggio legale.

6. Gli interessi derivanti da titoli acquisiti in base a contratti «pronti contro termine» che prevedono l'obbligo di rivendita a termine dei titoli, concorrono a formare il reddito del cessionario per l'ammontare maturato nel periodo di durata del contratto. La differenza positiva o negativa tra il corrispettivo a pronti e quello a termine, al netto degli interessi maturati sulle attività oggetto dell'operazione nel periodo di durata del contratto, concorre a formare il reddito per la quota maturata nell'esercizio.

7. Per i contratti di conto corrente e per le operazioni bancarie regolate in conto corrente, compresi i conti correnti reciproci per servizi resi intrattenuti tra aziende e istituti di credito, si considerano maturati anche gli interessi compensati a norma di legge o di contratto.

(1) Il D.Lgs. 12 dicembre 2003, n. 344, ha disposto, con l'articolo 1, comma 1, la totale modifica del presente provvedimento, e ne ha ridefinito la struttura di titoli, capi e sezioni. Nel testo precedente la riforma introdotta dal D.Lgs. 344/2003 le disposizioni contenute nel presente articolo erano previste dall'articolo 56.

(2) Articolo modificato dall'articolo 26, comma 8, del D.L. 2 marzo 1989, n. 69, dall'articolo 8, comma 6, del D.L. 27 aprile 1990, n. 90, dall'articolo 1, comma 1, lettera h), del D.L. 30 dicembre 1993, n. 557, dall'articolo 2, comma 1, del D.L. 29 aprile 1994, n. 260, dall'articolo 1, comma 1, lettera h), del D.L. 29 giugno 1994, n. 416 e successivamente sostituito dall'articolo 1, comma 1, del D.Lgs. 12 dicembre 2003, n. 344.

(3) Comma modificato dall'articolo 6, comma 4, lettera a), del D.Lgs. 18 novembre 2005, n. 247.

(4) Comma aggiunto dall'articolo 1, comma 58, lettera d), della legge 24 dicembre 2007, n. 244.

(5) Comma sostituito dall'articolo 6, comma 4, lettera b), del D.Lgs. 18 novembre 2005, n. 247, modificato dall'articolo 36, comma 4-bis, del D.L. 4 luglio 2006, n. 223, dall'articolo 1, comma 83, lettera g), della legge 24 dicembre 2007, n. 244 e, da ultimo, dall'articolo 3, comma 1, lettera e), del D.Lgs. 14 settembre 2015, n. 147; a norma del comma 4 del medesimo articolo 3, la presente disposizione si applica a decorrere dal periodo di imposta in corso alla data di entrata in vigore del citato decreto, nonché agli utili distribuiti ed alle plusvalenze realizzate a decorrere dal medesimo periodo di imposta. Da ultimo modificato dall'articolo 1, comma 1009, della Legge 27 dicembre 2017, n. 205 e successivamente sostituito dall'articolo 5, comma 1, lettera g), del D.Lgs. 29 novembre 2018, n. 142; a norma all'articolo 13, comma 6, del D.Lgs. 29 novembre 2018, n. 142, le disposizioni di cui al presente comma si applicano a decorrere dal periodo di imposta successivo a quello in corso al 31 dicembre 2018, nonché agli utili percepiti e alle plusvalenze realizzate a decorrere dal medesimo periodo di imposta.

(6) Comma inserito dall'articolo 26, comma 1, della Legge 7 luglio 2016, n. 122. Le disposizioni di cui al presente comma si applicano alle remunerazioni corrisposte dal 1° gennaio 2016 a norma del comma 3 del medesimo articolo 26.

(7) Comma inserito dall'articolo 26, comma 1, della Legge 7 luglio 2016, n. 122. Le disposizioni di cui al presente comma si applicano alle remunerazioni corrisposte dal 1° gennaio 2016 a norma del comma 3 del medesimo articolo 26.

90. Proventi immobiliari [(1)(2)]. – 1. I redditi degli immobili che non costituiscono beni strumentali per l'esercizio dell'impresa, nè beni alla cui produzione o al cui scambio è diretta l'attività dell'impresa, concorrono a formare il reddito nell'ammontare determinato secondo le disposizioni del capo II del titolo I per gli immobili situati nel territorio dello Stato e a norma dell'articolo 70 per quelli situati all'estero. Tale disposizione non si applica per i redditi, dominicali e agrari, dei terreni derivanti dall'esercizio delle attività agricole di cui all'articolo 32, pur se nei limiti ivi stabiliti. Per gli immobili riconosciuti di interesse storico o artistico, ai sensi dell'articolo 10 del codice di cui al decreto legislativo 22 gennaio 2004, n. 42, il reddito medio ordinario di cui all'articolo 37, comma 1, è ridotto del 50 per cento e non si applica comunque l'articolo 41. In caso di immobili locati, qualora il canone risultante dal contratto di locazione ridotto, fino ad un massimo del 15 per cento del canone medesimo, dell'importo delle spese documentate sostenute ed effettivamente rimaste a carico per la realizzazione degli interventi di cui alla lettera a) del comma 1 dell'articolo 3 del decreto del Presidente della Repubblica 6 giugno 2001, n. 380, risulti superiore al reddito medio ordinario dell'unità immobiliare, il reddito è determinato in misura pari a quella del canone di locazione al netto di tale riduzione. Per gli immobili locati riconosciuti di interesse storico o artistico, ai sensi dell'articolo 10 del codice di cui al decreto legislativo 22 gennaio 2004, n. 42, qualora il canone risultante dal contratto di locazione ridotto del 35 per cento risulti superiore al reddito medio ordinario dell'unità immobiliare, il reddito è determinato in misura pari a quella del canone di locazione al netto di tale riduzione [(3)].

2. Le spese e gli altri componenti negativi relativi ai beni immobili indicati nel comma 1 non sono ammessi in deduzione.

(1) Il D.Lgs. 12 dicembre 2003, n. 344, ha disposto, con l'articolo 1, comma 1, la totale modifica del presente provvedimento, e ne ha ridefinito la struttura di titoli, capi e sezioni. Nel testo precedente la riforma introdotta dal D.Lgs. 344/2003 le disposizioni contenute nel presente articolo erano previste dall'articolo 57.
(2) Articolo sostituito dall'articolo 1, comma 1, del D.Lgs. 12 dicembre 2003, n. 344.
(3) Comma modificato dall'articolo 7, comma 1, lettera a), del D.L. 30 settembre 2005, n. 203 e successivamente, a decorrere dal periodo di imposta successivo a quello in corso al 31 dicembre 2011, dall'articolo 4, comma 5-sexies, lettera b), del D.L. 2 marzo 2012, n. 16, convertito con modificazioni dalla Legge 26 aprile 2012, n. 44.

91. Proventi e oneri non computabili nella determinazione del reddito [1][2]. – 1. Non concorrono alla formazione del reddito:

a) i proventi dei cespiti che fruiscono di esenzione dall'imposta;

b) i proventi soggetti a ritenuta alla fonte a titolo di imposta o ad imposta sostitutiva;

c) in caso di riduzione del capitale sociale mediante annullamento di azioni proprie, acquistate in attuazione della relativa deliberazione o precedentemente, la differenza positiva o negativa tra il costo delle azioni annullate e la corrispondente quota del patrimonio netto;

d) i sopraprezzi di emissione delle azioni o quote e gli interessi di conguaglio versati dai sottoscrittori di nuove azioni o quote.

(1) Il D.Lgs. 12 dicembre 2003, n. 344, ha disposto, con l'articolo 1, comma 1, la totale modifica del presente provvedimento, e ne ha ridefinito la struttura di titoli, capi e sezioni. Nel testo precedente la riforma introdotta dal D.Lgs. 344/2003 le disposizioni contenute nel presente articolo erano previste dall'articolo 58.
(2) Articolo modificato dall'articolo 1, comma 1, del D.P.R. 4 febbraio 1988, n. 42, e successivamente sostituito dall'articolo 1, comma 1, del D.Lgs. 12 dicembre 2003, n. 344.

91 *bis*. Detrazione di imposta per oneri [1][2]. – [1. Dall'imposta lorda si detrae fino a concorrenza del suo ammontare un importo pari al 22 per cento dell'onere di cui all'art. 13- bis, comma 1- bis, limitatamente alle società e agli enti di cui all'art. 87, comma 1, lettere a) e b), diversi dagli enti nei quali vi sia una partecipazione pubblica o i cui titoli siano negoziati in mercati regolamentati italiani o esteri, nonchè dalle società ed enti che controllano, direttamente o indirettamente, tali soggetti, ovvero ne siano controllati o siano controllati dalla stessa società o ente che controlla i soggetti medesimi, nonchè dell'onere di cui all'art. 13- bis, comma 1, lettera i-ter), ridotto alla metà, nonchè dell'onere di cui all'art. 13- bis, comma 1, lettera i-ter)[3].

[2. L'onere di cui al comma 1 non rileva ai fini della maggiorazione di conguaglio.] [4]]

(1) Il D.Lgs. 12 dicembre 2003, n. 344, ha disposto, con l'articolo 1, comma 1, la totale modifica del presente provvedimento, e ne ha ridefinito la struttura di titoli, capi e sezioni.
(2) Articolo aggiunto dall'articolo 6, comma 1, della legge 2 gennaio 1997, n. 2 e non più previsto nella nuova numerazione intervenuta con l'articolo 1, comma 1, del D.Lgs. 12 dicembre 2003, n. 344.
(3) Comma modificato dall'articolo 25, comma 6, della legge 13 maggio 1999, n. 133 e, dal 1° gennaio 2000, dall'articolo 37, comma 1, lettera e), della legge 21 novembre 2000, n. 342.
(4) Comma abrogato dall'articolo 2, comma 1, numero 4), del D.Lgs. 18 dicembre 1997, n. 467.

92. Variazioni delle rimanenze [1][2]. – [Ex Art. 59] 1. Le variazioni delle rimanenze finali dei beni indicati all'articolo 85, comma 1, lettere a) e b), rispetto alle esistenze iniziali, concorrono a formare il reddito dell'esercizio. A tal fine le rimanenze finali, la cui valutazione non sia effettuata a costi specifici o a norma dell'articolo 93, sono assunte per un valore non inferiore a quello che risulta raggruppando i beni in categorie omogenee per natura e per valore e attribuendo a ciascun gruppo un valore non inferiore a quello determinato a norma delle disposizioni che seguono.

2. Nel primo esercizio in cui si verificano, le rimanenze sono valutate attribuendo ad ogni unità il valore risultante dalla divisione del costo complessivo dei beni prodotti e acquistati nell'esercizio stesso per la loro quantità.

3. Negli esercizi successivi, se la quantità delle rimanenze è aumentata rispetto all'esercizio precedente, le maggiori quantità, valutate a norma del comma 2, costituiscono voci distinte per esercizi di formazione. Se la quantità è diminuita, la diminuzione si imputa agli incrementi formati nei precedenti esercizi, a partire dal più recente.

4. Per le imprese che valutano in bilancio le rimanenze finali con il metodo della media ponderata o del «primo entrato, primo uscito» o con varianti di quello di cui al comma 3, le rimanenze finali sono assunte per il valore che risulta dall'applicazione del metodo adottato.

5. Se in un esercizio il valore unitario medio dei beni, determinato a norma dei commi 2, 3 e 4, è superiore al valore normale medio di essi nell'ultimo mese dell'esercizio, il valore minimo di cui al comma 1, è determinato moltiplicando l'intera quantità dei beni, indipendentemente dall'esercizio di formazione, per il valore normale. Per le valute estere si assume come valore normale il valore secondo il cambio alla data di chiusura dell'esercizio. Il minor valore attribuito alle rimanenze in conformità alle disposizioni del presente comma vale anche per gli esercizi successivi sempre che le rimanenze non risultino iscritte nello stato patrimoniale per un valore superiore.

6. I prodotti in corso di lavorazione e i servizi in corso di esecuzione al termine dell'esercizio sono valutati in base alle spese sostenute nell'esercizio stesso, salvo quanto stabilito nell'articolo 93 per le opere, le forniture e i servizi di durata ultrannuale.

7. Le rimanenze finali di un esercizio nell'ammontare indicato dal contribuente costituiscono le esistenze iniziali dell'esercizio successivo.

8. Per gli esercenti attività di commercio al minuto che valutano le rimanenze delle merci con il metodo del prezzo al dettaglio si tiene conto del valore così determinato anche in deroga alla disposizione del comma 1, a condizione che nella dichiarazione dei redditi o in apposito allegato siano illustrati i criteri e le modalità di applicazione del detto metodo, con riferimento all'oggetto e alla struttura organizzativa dell'impresa.

(1) Il D.Lgs. 12 dicembre 2003, n. 344, ha disposto, con l'articolo 1, comma 1, la totale modifica del presente provvedimento, e ne ha ridefinito la struttura di titoli, capi e sezioni. Nel testo precedente la riforma introdotta dal D.Lgs. 344/2003 le disposizioni contenute nel presente articolo erano previste dall'articolo 59.
(2) Articolo modificato dall'articolo 1, comma 1, numero 1), del D.L. 29 giugno 1994, n. 416 e successivamente sostituito dall'articolo 1, comma 1, del D.Lgs. 12 dicembre 2003, n. 344.

92 *bis*. Valutazione delle rimanenze di alcune categorie di imprese [1]. – 1. La valutazione delle rimanenze finali dei beni indicati all'articolo 85, comma 1, lettere a) e b) è effettuata secondo il metodo della media ponderata o del "primo entrato primo uscito", anche se non adottati in bilancio, dalle imprese il cui volume di ricavi supera le soglie previste per l'applicazione degli studi di settore, esercenti le attività di:

a) ricerca e coltivazione di idrocarburi liquidi e gassosi;

b) raffinazione petrolio, produzione o commercializzazione di benzine, petroli, gasoli per usi vari, oli lubrificanti e residuati, di gas di petrolio liquefatto e di gas naturale.

2. La disposizione di cui al comma 1 si applica anche ai soggetti che redigono il bilancio in base ai principi contabili internazionali di cui al regolamento (CE) n. 1606/2002 del Parlamento europeo e del Consiglio, del 19 luglio 2002, ed anche a quelli che abbiano esercitato, relativamente alla valutazione dei beni fungibili, l'opzione di cui all'articolo 13, comma 4, del decreto legislativo 28 febbraio 2005, n. 38.

3. Per quanto non diversamente disposto dal presente articolo si applicano le disposizioni dei commi 1, 5 e 7, dell'articolo 92.

(1) *Articolo aggiunto dall'articolo 81, comma 19, del D.L. 25 giugno 2008, n. 112.*

93. Opere, forniture e servizi di durata ultrannuale (1)(2). – [Ex Art 60]

1. Le variazioni delle rimanenze finali delle opere, forniture e servizi pattuiti come oggetto unitario e con tempo di esecuzione ultrannuale, rispetto alle esistenze iniziali, concorrono a formare il reddito dell'esercizio. A tal fine le rimanenze finali, che costituiscono esistenze iniziali dell'esercizio successivo, sono assunte per il valore complessivo determinato a norma delle disposizioni che seguono per la parte eseguita fin dall'inizio dell'esecuzione del contratto, salvo il disposto del comma 4.

2. La valutazione è fatta sulla base dei corrispettivi pattuiti. Delle maggiorazioni di prezzo richieste in applicazione di disposizioni di legge o di clausole contrattuali si tiene conto, finché non siano state definitivamente stabilite, in misura non inferiore al 50 per cento. Per la parte di opere, forniture e servizi coperta da stati di avanzamento la valutazione è fatta in base ai corrispettivi liquidati.

[3. Il valore determinato a norma del comma 2 può essere ridotto per rischio contrattuale, a giudizio del contribuente, in misura non superiore al 2 per cento. Per le opere, le forniture ed i servizi eseguiti all'estero, se i corrispettivi sono dovuti da soggetti non residenti, la misura massima della riduzione è elevata al 4 per cento.] (3)

4. I corrispettivi liquidati a titolo definitivo dal committente si comprendono tra i ricavi e la valutazione tra le rimanenze, in caso di liquidazione parziale, è limitata alla parte non ancora liquidata. Ogni successiva variazione dei corrispettivi è imputata al reddito dell'esercizio in cui è stata definitivamente stabilita.

[5. In deroga alle disposizioni dei commi da 1 a 4, le imprese che contabilizzano in bilancio le opere, forniture e servizi, valutando le rimanenze al costo e imputando i corrispettivi all'esercizio nel quale sono consegnate le opere o ultimati i servizi e le forniture, possono essere autorizzate dall'ufficio dell'Agenzia delle entrate ad applicare lo stesso metodo anche ai fini della determinazione del reddito. La richiesta dell'autorizzazione è presentata all'ufficio dell'Agenzia delle entrate e s'intende accolta se l'ufficio non notifica avviso contrario entro tre mesi. L'autorizzazione ha effetto a partire dall'esercizio in corso alla data in cui è rilasciata. L'autorizzazione ha effetto a condizione che il contribuente adotti il metodo contabile previsto nel presente comma per tutte le opere, forniture e servizi.] (4)

6. Alla dichiarazione dei redditi deve essere allegato, distintamente per ciascuna opera, fornitura o servizio, un prospetto recante l'indicazione degli estremi del contratto, delle generalità e della residenza del committente, della scadenza prevista, degli elementi tenuti a base per la valutazione e della collocazione di tali elementi nei conti dell'impresa.

[7. Per i contratti di cui al presente articolo i corrispettivi pattuiti in valuta estera non ancora riscossi si considerano come crediti ancorché non risultanti in bilancio.] (5)

(1) *Il D.Lgs. 12 dicembre 2003, n. 344, ha disposto, con l'articolo 1, comma 1, la totale modifica del presente provvedimento, e ne ha ridefinito la struttura di titoli, capi e sezioni. Nel testo precedente la riforma introdotta dal D.Lgs. 344/2003 le disposizioni contenute nel presente articolo erano previste dall'articolo 60.*
(2) *Articolo modificato dall'articolo 1, comma 1, lettera l), del D.L. 29 giugno 1994, n. 416 e successivamente sostituito dall'articolo 1, comma 1, del D.Lgs. 12 dicembre 2003, n. 344.*
(3) *Comma abrogato dall'articolo 36, comma 20, del D.L. 4 luglio 2006, n. 223.*
(4) *Comma sostituito dall'articolo 6, comma 5, lettera a), del D.Lgs. 18 novembre 2005, n. 247 e successivamente abrogato dall'articolo 1, comma 70, della legge 27 dicembre 2006, n. 296.*
(5) *Comma abrogato, con effetto per i periodi di imposta che iniziano a decorrere dal 1° gennaio 2005, dall'articolo 6, comma 5, lettera b), del D.Lgs. 18 novembre 2005, n. 247.*

94. Valutazione dei titoli (1)(2). – Ex Art 61].

1. I titoli indicati nell'articolo 85, comma 1, lettere c), d), ed e), esistenti al termine di un esercizio, sono valutati applicando le disposizioni dell'articolo 92, commi 1, 2, 3, 4, 5 e 7 salvo quanto stabilito nei seguenti commi.

2. Le cessioni di titoli, derivanti da contratti di riporto o di «pronti contro termine» che prevedono per il cessionario l'obbligo di rivendita a termine dei titoli, non determinano variazioni delle rimanenze dei titoli.

3. Ai fini del raggruppamento in categorie omogenee non si tiene conto del valore e si considerano della stessa natura i titoli emessi dallo stesso soggetto ed aventi uguali caratteristiche.

4. Le disposizioni dell'articolo 92, comma 5, si applicano solo per la valutazione dei titoli di cui all'articolo 85, comma 1, lettera e); a tal fine il valore minimo è determinato:

a) per i titoli negoziati in mercati regolamentati, in base ai prezzi rilevati nell'ultimo giorno dell'esercizio ovvero in base alla media aritmetica dei prezzi rilevati nell'ultimo mese. Non si applica, comunque, l'articolo 109, comma 4, lettera b), secondo periodo;

b) per gli altri titoli, secondo le disposizioni dell'articolo 9, comma 4, lettera c).

4-bis. In deroga al comma 4, per i soggetti che redigono il bilancio in base ai princìpi contabili internazionali di cui al regolamento (CE) n. 1606/2002 del Parlamento europeo e del Consiglio, del 19 luglio 2002, la valutazione dei beni indicati nell'articolo 85, comma 1, lettere c), d) ed e), operata in base alla corretta applicazione di tali princìpi assume rilievo anche ai fini fiscali(3).

5. In caso di aumento del capitale della società emittente mediante passaggio di riserve a capitale il numero delle azioni ricevute gratuitamente si aggiunge al numero di quelle già possedute in proporzione alle quantità delle singole voci

della corrispondente categoria e il valore unitario si determina, per ciascuna voce, dividendo il costo complessivo delle azioni già possedute per il numero complessivo delle azioni.

6. L'ammontare dei versamenti fatti a fondo perduto o in conto capitale alla società dai propri soci o della rinuncia ai crediti nei confronti della società dagli stessi soci nei limiti del valore fiscale del credito oggetto di rinuncia, si aggiunge al costo dei titoli e delle quote di cui all'articolo 85, comma 1, lettera c), in proporzione alla quantità delle singole voci della corrispondente categoria; la stessa disposizione vale relativamente agli apporti effettuati dei detentori di strumenti finanziari assimilati alle azioni [4].

7. Le disposizioni dei commi precedenti si applicano anche per la valutazione delle quote di partecipazione in società ed enti non rappresentate da titoli, indicati nell'articolo 85, comma 1, lettera c).

(1) *Il D.Lgs. 12 dicembre 2003, n. 344, ha disposto, con l'articolo 1, comma 1, la totale modifica del presente provvedimento, e ne ha ridefinito la struttura di titoli, capi e sezioni. Nel testo precedente la riforma introdotta dal D.Lgs. 344/2003 le disposizioni contenute nel presente articolo erano previste dall'articolo 61.*

(2) *Articolo modificato dall'articolo 1, comma 1, del D.P.R. 4 febbraio 1988, n. 42, dall'articolo 1, comma 1, lettera i), del D.L. 30 dicembre 1993, n. 557, dall'articolo 1, comma 1, lettera m), del D.L. 29 giugno 1994, n. 416, dall'articolo 30, comma 8, della legge 23 dicembre 1994, n. 724, e successivamente sostituito dall'articolo 1, comma 1, del D.Lgs. 12 dicembre 2003, n. 344.*

(3) *Comma aggiunto dall'articolo 1, comma 58, lettera e), della legge 24 dicembre 2007, n. 244.*

(4) *Comma modificato dall'articolo 13, comma 1, lettera b), del D.Lgs. 14 settembre 2015, n. 147; a norma del comma 2 del medesimo articolo, la presente disposizione si applica a decorrere dal periodo di imposta successivo alla data di entrata in vigore del citato decreto.*

95. Spese per prestazioni di lavoro [1][2]. – 1. Le spese per prestazioni di lavoro dipendente deducibili nella determinazione del reddito comprendono anche quelle sostenute in denaro o in natura a titolo di liberalità a favore dei lavoratori, salvo il disposto dell'articolo 100, comma 1.

2. Non sono deducibili i canoni di locazione anche finanziaria e le spese relative al funzionamento di strutture recettive, salvo quelle relative a servizi di mensa destinati alla generalità dei dipendenti o a servizi di alloggio destinati a dipendenti in trasferta temporanea. I canoni di locazione anche finanziaria e le spese di manutenzione dei fabbricati concessi in uso ai dipendenti sono deducibili per un importo non superiore a quello che costituisce reddito per i dipendenti stessi a norma dell'articolo 51, comma 4, lettera c). Qualora i fabbricati di cui al secondo periodo siano concessi in uso a dipendenti che abbiano trasferito la loro residenza anagrafica per esigenze di lavoro nel comune in cui prestano l'attività, per il periodo d'imposta in cui si verifica il trasferimento e nei due periodi successivi, i predetti canoni e spese sono integralmente deducibili [3].

3. Le spese di vitto e alloggio sostenute per le trasferte effettuate fuori dal territorio comunale dai lavoratori dipendenti e dai titolari di rapporti di collaborazione coordinata e continuativa sono ammesse in deduzione per un ammontare giornaliero non superiore ad euro 180,76; il predetto limite è elevato ad euro 258,23 per le trasferte all'estero. Se il dipendente o il titolare dei predetti rapporti sia stato autorizzato ad utilizzare un autoveicolo di sua proprietà ovvero noleggiato al fine di essere utilizzato per una specifica trasferta, la spesa deducibile è limitata, rispettivamente, al costo di percorrenza o alle tariffe di noleggio relative ad autoveicoli di potenza non superiore a 17 cavalli fiscali, ovvero 20 se con motore diesel.

4. Le imprese autorizzate all'autotrasporto di merci, in luogo della deduzione, anche analitica, delle spese sostenute in relazione alle trasferte effettuate dal proprio dipendente fuori del territorio comunale, possono dedurre un importo pari a euro 59,65 al giorno, elevate a euro 95,80 per le trasferte all'estero, al netto delle spese di viaggio e di trasporto.

5. I compensi spettanti agli amministratori delle società ed enti di cui all'articolo 73, comma 1, sono deducibili nell'esercizio in cui sono corrisposti; quelli erogati sotto forma di partecipazione agli utili, anche spettanti ai promotori e soci fondatori, sono deducibili anche se non imputati al conto economico [4].

6. Fermo restando quanto disposto dall'articolo 109, comma 9, lettera b) le partecipazioni agli utili spettanti ai lavoratori dipendenti, e agli associati in partecipazione sono computate in diminuzione del reddito dell'esercizio di competenza, indipendentemente dalla imputazione al conto economico.

(1) *Il D.Lgs. 12 dicembre 2003, n. 344, ha disposto, con l'articolo 1, comma 1, la totale modifica del presente provvedimento, e ne ha ridefinito la struttura di titoli, capi e sezioni. Nel testo precedente la riforma introdotta dal D.Lgs. 344/2003 le disposizioni contenute nel presente articolo erano previste dall'articolo 62.*

(2) *Articolo modificato dall'articolo 26, comma 9, del D.L. 2 marzo 1989, n. 69, dall'articolo 14, comma 3, lettera e), della legge 24 dicembre 1993, n. 537, dall'articolo 33, comma 1, del D.L. 23 febbraio 1995, n. 41, dall'articolo 5, comma 1, lettera e), del D.Lgs. 2 settembre 1997, n. 314, dall'articolo 1, comma 1, del D.L. 22 giugno 2000, n. 167, dall'articolo 145, comma 98, della legge 23 dicembre 2000, n. 388, dall'articolo 21, comma 11, della legge 27 dicembre 2002, n. 289 e successivamente sostituito dall'articolo 1, comma 1, del D.Lgs. 12 dicembre 2003, n. 344.*

(3) *Comma modificato dall'articolo 6, comma 6, lettera a), del D.Lgs. 18 novembre 2005, n. 247.*

(4) *Comma modificato dall'articolo 6, comma 6, lettera b), del D.Lgs. 18 novembre 2005, n. 247.*

96. Interessi passivi. – 1. Gli interessi passivi e gli oneri finanziari assimilati, compresi quelli inclusi nel costo dei beni ai sensi dell'articolo 110, comma 1, lettera b), sono deducibili in ciascun periodo d'imposta fino a concorrenza dell'ammontare complessivo:

a) degli interessi attivi e proventi finanziari assimilati di competenza del periodo d'imposta;

b) degli interessi attivi e proventi finanziari assimilati riportati da periodi d'imposta precedenti ai sensi del comma 6.

2. L'eccedenza degli interessi passivi e degli oneri finanziari assimilati rispetto all'ammontare complessivo degli interessi attivi e proventi finanziari assimilati di cui alle lettere a) e b) del comma 1 è deducibile nel limite dell'ammontare risultante dalla somma tra il 30 per cento del risultato operativo lordo della gestione caratteristica del periodo d'imposta e il 30 per cento del risultato operativo lordo della gestione caratteristica riportato da periodi d'imposta precedenti ai sensi del comma 7. A tal fine si utilizza prioritariamente il 30 per cento del risultato operativo lordo della gestione caratteristica del periodo d'imposta e, successivamente, il 30 per cento del risultato operativo lordo della gestione caratteristica riportato da periodi d'imposta precedenti, a partire da quello relativo al periodo d'imposta meno recente.

3. La disciplina del presente articolo si applica agli interes-

si passivi e agli interessi attivi, nonché agli oneri finanziari e ai proventi finanziari ad essi assimilati, che sono qualificati come tali dai principi contabili adottati dall'impresa, e per i quali tale qualificazione è confermata dalle disposizioni emanate in attuazione dell'articolo 1, comma 60, della legge 24 dicembre 2007, n. 244, dell'articolo 4, commi 7-quater e 7-quinquies, del decreto legislativo 28 febbraio 2005, n. 38, e dell'articolo 13-bis, comma 11, del decreto-legge 30 dicembre 2016, n. 244, convertito, con modificazioni, dalla legge 27 febbraio 2017, n. 19, e che derivano da un'operazione o da un rapporto contrattuale aventi causa finanziaria o da un rapporto contrattuale contenente una componente di finanziamento significativa. Ai fini del presente articolo gli interessi attivi, come individuati ai sensi del primo periodo, assumono rilevanza nella misura in cui sono imponibili; assumono rilevanza come interessi attivi o interessi passivi anche i proventi e gli oneri che, pur derivando da strumenti finanziari che, in base alla corretta applicazione dei principi contabili adottati, sono qualificati come strumenti rappresentativi di capitale, sono imponibili o deducibili in capo, rispettivamente, al percettore o all'erogante. Nei confronti dei soggetti operanti con la pubblica amministrazione, ai fini del presente articolo, si considerano interessi attivi rilevanti anche gli interessi legali di mora calcolati ai sensi dell'articolo 5 del decreto legislativo 9 ottobre 2002, n. 231.

4. Per risultato operativo lordo della gestione caratteristica si intende la differenza tra il valore e i costi della produzione di cui all'articolo 2425 del codice civile, lettere A) e B), con esclusione delle voci di cui al numero 10), lettere a) e b), e dei canoni di locazione finanziaria di beni strumentali, assunti nella misura risultante dall'applicazione delle disposizioni volte alla determinazione del reddito di impresa. Per i soggetti che redigono il bilancio in base ai principi contabili internazionali si assumono le voci di conto economico corrispondenti.

5. Gli interessi passivi e gli oneri finanziari assimilati, che per effetto delle disposizioni dei commi 1 e 2 risultano indeducibili in un determinato periodo d'imposta, sono dedotti dal reddito dei successivi periodi d'imposta, per un ammontare pari all'eventuale differenza positiva tra:

a) la somma degli interessi attivi e dei proventi finanziari assimilati di competenza del periodo d'imposta e del 30 per cento del risultato operativo lordo della gestione caratteristica;

b) gli interessi passivi e gli oneri finanziari assimilati di competenza del periodo d'imposta.

6. Qualora in un periodo d'imposta l'importo degli interessi attivi e dei proventi finanziari assimilati di competenza sia superiore alla somma tra gli interessi passivi e gli oneri finanziari assimilati di competenza e gli interessi passivi e gli oneri finanziari assimilati riportati da periodi d'imposta precedenti ai sensi del comma 5, l'eccedenza può essere riportata nei periodi d'imposta successivi.

7. Qualora in un periodo d'imposta il 30 per cento del risultato operativo lordo della gestione caratteristica sia superiore alla somma tra l'eccedenza di cui al comma 2 e l'importo degli interessi passivi e degli oneri finanziari assimilati riportati da periodi d'imposta precedenti ai sensi del comma 5, la quota eccedente può essere portata ad incremento del risultato operativo lordo dei successivi cinque periodi d'imposta.

8. Le disposizioni dei commi da 1 a 7 non si applicano in relazione agli interessi passivi e agli oneri finanziari assimilati che presentano tutte le seguenti caratteristiche:

a) sono relativi a prestiti, utilizzati per finanziare un progetto infrastrutturale pubblico a lungo termine, che non sono garantiti né da beni appartenenti al gestore del progetto infrastrutturale pubblico diversi da quelli afferenti al progetto infrastrutturale stesso né da soggetti diversi dal gestore del progetto infrastrutturale pubblico;

b) il soggetto gestore del progetto infrastrutturale pubblico a lungo termine è residente, ai fini fiscali, in uno Stato dell'Unione europea;

c) i beni utilizzati per la realizzazione del progetto infrastrutturale pubblico a lungo termine e quelli la cui realizzazione, miglioramento, mantenimento costituiscono oggetto del progetto si trovano in uno Stato dell'Unione europea.

9. Se il progetto infrastrutturale pubblico a lungo termine è caratterizzato da un regime di segregazione patrimoniale rispetto alle altre attività e passività del gestore o il prestito utilizzato per finanziare tale progetto è rimborsato esclusivamente con i flussi finanziari attivi generati dal progetto stesso, gli interessi passivi e oneri finanziari assimilati di cui al comma 8 sono quelli che maturano sui prestiti oggetto di segregazione patrimoniale o su quelli destinati esclusivamente al finanziamento del progetto e rimborsati solo con i flussi generati da esso. Negli altri casi, gli interessi passivi e oneri finanziari assimilati di cui al comma 8 sono determinati moltiplicando l'ammontare complessivo degli interessi passivi e oneri finanziari assimilati per il rapporto tra l'ammontare di ricavi o l'ammontare di incremento delle rimanenze di lavori in corso su ordinazione derivante dalla realizzazione del progetto infrastrutturale pubblico a lungo termine e l'ammontare complessivo di ricavi o di incremento delle rimanenze.

10. Qualora si applichi il comma 8, il risultato operativo lordo della gestione caratteristica è determinato senza tenere conto del valore e dei costi della produzione afferenti al progetto infrastrutturale pubblico a lungo termine.

11. Ai fini dei commi da 8 a 10:

a) per progetto infrastrutturale pubblico a lungo termine si intende il progetto rientrante tra quelli cui si applicano le disposizioni della Parte V del decreto legislativo 18 aprile 2016, n. 50;

b) nel caso di costituzione di una società di progetto strumentale alla segregazione patrimoniale rispetto ad attività e passività non afferenti al progetto infrastrutturale medesimo sono integralmente deducibili gli interessi passivi e oneri finanziari relativi ai prestiti stipulati dalla società di progetto anche qualora assistiti da garanzie diverse da quelle di cui al comma 8, lettera a) utilizzati per finanziare progetti infrastrutturali pubblici di cui alle Parti III, IV e V, del decreto legislativo 18 aprile 2016, n. 50[(1)].

12. Le disposizioni dei commi da 1 a 7 non si applicano agli intermediari finanziari, alle imprese di assicurazione nonchè alle società capogruppo di gruppi assicurativi.

13. Gli interessi passivi sostenuti dalle imprese di assicurazione e dalle società capogruppo di gruppi assicurativi, nonchè dalle società di gestione dei fondi comuni d'investimento e dalle società di intermediazione mobiliare di cui al decreto legislativo 24 febbraio 1998, n. 58, sono deducibili nei limiti del 96 per cento del loro ammontare. Nell'ambito del consolidato nazionale di cui agli articoli da 117 a 129, l'ammontare complessivo degli interessi passivi

maturati in capo a soggetti partecipanti al consolidato a favore di altri soggetti partecipanti è integralmente deducibile sino a concorrenza dell'ammontare complessivo degli interessi passivi maturati in capo ai soggetti di cui al primo periodo partecipanti a favore di soggetti estranei al consolidato. La società o ente controllante opera la deduzione integrale degli interessi passivi di cui al secondo periodo nella dichiarazione dei redditi del consolidato di cui all'articolo 122, apportando la relativa variazione in diminuzione della somma algebrica dei redditi complessivi netti dei soggetti partecipanti.

14. In caso di partecipazione al consolidato nazionale di cui agli articoli da 117 a 129, l'eventuale eccedenza di interessi passivi ed oneri assimilati indeducibili generatasi in capo a un soggetto, ad esclusione di quella generatasi in periodi d'imposta anteriori all'ingresso nel consolidato nazionale, può essere portata in abbattimento del reddito complessivo di gruppo se e nei limiti in cui altri soggetti partecipanti al consolidato presentino, per lo stesso periodo d'imposta:

a) una quota eccedente di cui al comma 7, anche riportata da periodi d'imposta precedenti, purché non anteriori all'ingresso nel consolidato nazionale;

b) una eccedenza di interessi attivi e proventi finanziari assimilati di cui al comma 1, lettere a) e b), purché nel secondo caso si tratti di eccedenza di interessi attivi e proventi finanziari assimilati riportata da periodi d'imposta non anteriori all'ingresso nel consolidato nazionale.

15. Resta ferma l'applicazione prioritaria delle regole di indeducibilità assoluta previste dall'articolo 90, comma 2, e dall'articolo 110, comma 7, del presente testo unico e dall'articolo 1, comma 465, della legge 30 dicembre 2004, n. 311, in materia di interessi sui prestiti dei soci delle società cooperative[2][3][4].

[1] Comma sostituito dall'articolo 35, comma 1, del D.L. 26 ottobre 2019, n. 124, convertito con modificazioni dalla Legge 19 dicembre 2019, n. 157.

[2] Il D.Lgs. 12 dicembre 2003, n. 344, ha disposto, con l'articolo 1, comma 1, la totale modifica del presente provvedimento, e ne ha ridefinito la struttura di titoli, capi e sezioni. Nel testo precedente la riforma introdotta dal D.Lgs. 344/2003 le disposizioni contenute nel presente articolo erano previste dall'articolo 63.

[3] Articolo modificato dall'articolo 11, comma 5, della legge 14 agosto 1993, n. 344, dall'articolo 8, comma 6, del D.Lgs. 21 novembre 1997, n. 461, successivamente sostituito dall'articolo 1, comma 1, del D.Lgs. 12 dicembre 2003, n. 344, modificato dall'articolo 1, comma 33, lettera i), della legge 24 dicembre 2007, n. 244, dall'articolo 82, comma 1, del D.L. 25 giugno 2008, n. 112, dall'articolo 88, comma 1, del D.L. 24 gennaio 2012, n. 1, dall'articolo 4, comma 1, del D.Lgs. 14 settembre 2015, n. 147, dall'articolo 1, comma 67, della Legge 28 dicembre 2015, n. 208, come modificato dall'articolo 1, comma 49, lettera b), della Legge 11 dicembre 2016, n. 232, dall'articolo 1, comma 84, lettera b) della Legge 27 dicembre 2017, n. 205 con la medesima decorrenza di cui al comma 86 L 205/2017, dall'articolo 13-bis, comma 2, lettera b), del D.L. 30 dicembre 2016 n. 244, convertito con modificazioni dalla Legge 27 febbraio 2017, n. 19 e dall'articolo 1, comma 994, della Legge 27 dicembre 2017, n. 205. Da ultimo sostituito dall'articolo 1, comma 1, del D.Lgs. 29 novembre 2018, n. 142; a norma dell'articolo 13, comma 1, del D.Lgs. n. 142/2018 medesimo, le disposizioni di cui al presente articolo si applicano a decorrere dal periodo d'imposta successivo a quello in corso al 31 dicembre 2018. Vedi anche l'articolo 13, comma 2 e 3, del D.Lgs. n. 142/2018 medesimo.

[4] A norma dell'articolo 12, comma 1, lettera a), del D.Lgs. 29 novembre 2018, n. 142, nel testo in vigore fino al periodo d'imposta in corso al 31 dicembre 2018, il primo periodo del comma 5 del presente articolo, è sostituito dal seguente: «Le disposizioni dei commi precedenti non si applicano agli intermediari finanziari, alle imprese di assicurazione nonché alle società capogruppo di gruppi assicurativi». Vedi anche l'articolo 13, comma 9, del D.Lgs. 142/2018 medesimo.

96 *bis*. Dividendi distribuiti da società non residenti [1][2]. – [1. Gli utili distribuiti, in occasione diversa dalla liquidazione, da società non residenti aventi i requisiti di cui al comma successivo, se la partecipazione diretta nel loro capitale è non inferiore al 25 per cento ed è detenuta ininterrottamente per almeno un anno, non concorrono alla formazione del reddito della società o dell'ente ricevente per il 95 per cento del loro ammontare e, tuttavia, detto importo rileva agli effetti della determinazione dell'ammontare delle imposte di cui al comma 4 dell'art. 105, secondo i criteri previsti per i proventi di cui al n. 1 di tale comma[3].

2. La disposizione di cui al comma 1 si applica se la società non residente:

a) riveste una delle forme previste nell'allegato alla direttiva n. 90/435/CEE del Consiglio del 23 luglio 1990;

b) risiede, ai fini fiscali, in uno Stato membro della Comunità europea;

c) è soggetta nello Stato di residenza senza possibilità di fruire di regimi di opzione o di esonero che non siano territorialmente o temporalmente limitati ad una delle seguenti imposte:

impôt des sociétés/vennootschapsbelasting in Belgio;

selskabsskat in Danimarca;

Korperschaftsteuer in Germania;

doros eisodematos Nomikon prosopon kerdoskopikou caraktera impuesto sobre sociedades in Spagna;

impôt sur les sociétés in Francia;

corporation tax in Irlanda;

impôt sur le revenu des collectivités nel Lussemburgo;

vennootschapsbelasting nei Paesi Bassi;

imposto sobre o rendimento das pessoas colectivas in Portogallo;

corporation tax nel Regno Unito, o a qualsiasi altra imposta che venga a sostituire una delle imposte sopraindicate.

2-bis. A seguito dell'ingresso di nuovi Stati nella Comunità europea, con decreto del Ministro delle finanze è integrato l'elenco delle imposte di cui alla lettera c) del comma 2 [4].

2- ter. Le disposizioni del comma 1 possono essere applicate anche per le partecipazioni in società, residenti in Stati non appartenenti all'Unione europea, soggette ad un regime di tassazione non privilegiato in ragione dell'esistenza di un livello di tassazione analogo a quello applicato in Italia nonchè di un adeguato scambio di informazioni, da individuare con decreti del Ministro delle finanze da pubblicare nella Gazzetta Ufficiale. Con i medesimi decreti possono essere individuate modalità e condizioni per l'applicazione del presente comma [5].

[3. Ai fini delle disposizioni di cui agli articoli 105, 106 e 107, gli utili previsti al comma 1 possono essere distribuiti senza applicazione della maggiorazione di conguaglio.] [6]

[4. Le disposizioni degli articoli 11, comma 3, e 94, non sono applicabili relativamente all'eccedenza del credito di imposta di cui all'art. 14 per la parte del suo ammontare riferibile agli utili conseguiti fino alla concorrenza dei dividendi di cui al comma 1. I dividendi di cui al comma 1 concorrono alla formazione dell'utile per la parte che eccede l'utile che si sarebbe formato in assenza dei dividendi medesimi e si considerano distribuiti se la società non dispone di utili assoggettabili all'imposta sul reddito delle persone giuridiche e in ogni caso prima della distribuzione di utili assoggettati a maggiorazione di conguaglio. Gli utili che si considerano formati con i dividendi di cui al comma 1 devono essere indicati in apposito allegato alla dichiarazione dei redditi e, se distribuiti, separatamente evidenziati nei modelli di comunicazione di cui all'art. 7 della legge 29 dicembre 1962, n. 1745, o, in mancanza, in apposita comunicazione, salvo che la società li assoggetti a maggiorazione di conguaglio. L'eccedenza di cui al primo periodo si considera relativa ai dividendi di cui al comma 1 per ammontare pari a quello che non si sarebbe determinato in assenza dei predetti dividendi. Le disposizioni del presente comma si applicano ad ogni successivo percettore di utili direttamente o indirettamente formati con i dividendi di cui al comma 1.] (7)

5. Ai fini degli articoli 61 e 66, le minusvalenze non sono deducibili per la quota eventualmente determinatasi per effetto della distribuzione degli utili che non concorrono a formare il reddito ai sensi del presente articolo.

6. Ai fini dell'applicazione del comma 1 dell'art. 113 le disposizioni di cui ai commi precedenti sono applicabili solo alle stabili organizzazioni nel territorio dello Stato di società ed enti commerciali aventi i requisiti indicati nel comma 2 ovvero nel comma 2- ter(8).

[7. Alle società di cui al comma 1 che risultano controllate direttamente o indirettamente da uno o più soggetti non residenti in Stati della Comunità europea le disposizioni di cui al presente articolo si applicano a condizione che dimostrino di non essere state costituite allo scopo esclusivo o principale di beneficiare del regime in esame. A tal fine per l'assunzione delle prove da parte dell'Amministrazione finanziaria si applicano le procedure di cui ai commi 12 e 13 dell'art. 11 della legge 30 dicembre 1991, n. 413.] (9)

(1) *Il D.Lgs. 12 dicembre 2003, n. 344, ha disposto, con l'articolo 1, comma 1, la totale modifica del presente provvedimento, e ne ha ridefinito la struttura di titoli, capi e sezioni.*
(2) *Articolo aggiunto dall'articolo 1, comma 1, del D.Lgs. 6 marzo 1993, n. 136 e non più previsto nella nuova numerazione intervenuta con l'articolo 1, comma 1, del D.Lgs. 12 dicembre 2003, n. 344.*
(3) *Comma sostituito dall'articolo 2, comma 1, numero 8), del D.Lgs. 18 dicembre 1997, n. 467.*
(4) *Comma aggiunto dall'articolo 1, comma 1, della legge 8 maggio 1998, n. 146.*
(5) *Comma aggiunto dall'articolo 1, comma 1, lettera c), numero 1), della legge 21 novembre 2000, n. 342.*
(6) *Comma abrogato dall'articolo 2, comma 1, numero 9), del D.Lgs. 18 dicembre 1997, n. 467.*
(7) *Comma modificato dall'articolo 7, comma 1, lettera c), del D.L. 31 maggio 1994, n. 330 e successivamente abrogato dall'articolo 2, comma 1, numero 9), del D.Lgs. 18 dicembre 1997, n. 467.*
(8) *Comma modificato dall'articolo 1, comma 1, lettera c), numero 2), della legge 21 novembre 2000, n. 342.*
(9) *Comma abrogato dall'articolo 1, comma 1, lettera c), numero 3), della legge 21 novembre 2000, n. 342.*

97. Pro rata patrimoniale (1)(2). – [1. Nel caso in cui alla fine del periodo d'imposta il valore di libro delle partecipazioni di cui all'articolo 87 eccede quello del patrimonio netto contabile, la quota di interessi passivi che residua dopo l'applicazione delle disposizioni di cui all'articolo 98, al netto degli interessi attivi, è indeducibile per la parte corrispondente al rapporto fra tale eccedenza ed il totale dell'attivo patrimoniale ridotto dello stesso patrimonio netto contabile e dei debiti commerciali. La parte indeducibile determinata ai sensi del periodo precedente è ridotta in misura corrispondente alla quota imponibile dei dividendi percepiti relativi alle stesse partecipazioni di cui all'articolo 87.

1-bis. Agli effetti del comma 1, il requisito di cui all'articolo 87, comma 1, lettera a), si intende conseguito qualora le partecipazioni siano possedute ininterrottamente dal primo giorno del dodicesimo mese precedente quello della fine del periodo d'imposta (3).

2. Per il calcolo dell'eccedenza di cui al primo comma:

a) il patrimonio netto contabile, comprensivo dell'utile dell'esercizio, è rettificato in diminuzione con gli stessi criteri di cui all'articolo 98, comma 3, lettera e), numeri 1) e 3);

b) non rilevano:

1) le partecipazioni in società il cui reddito concorre insieme a quello della partecipante alla formazione dell'imponibile di gruppo di cui alle sezioni II e III del presente capo, salvo quanto previsto rispettivamente dagli articoli 124, comma 1, lettera a), e 138, comma 1, delle predette sezioni;

2) quelle in società il cui reddito è imputato ai soci anche per effetto dell'opzione di cui all'articolo 115. Tuttavia, nel caso in cui entro il terzo anno successivo all'acquisto avvenga la cessione di tali partecipazioni, il reddito imponibile è rettificato in aumento dell'importo corrispondente a quello degli interessi passivi dedotti nei precedenti esercizi per effetto della previsione di cui al primo periodo.] (4)

(1) *Il D.Lgs. 12 dicembre 2003, n. 344, ha disposto, con l'articolo 1, comma 1, la totale modifica del presente provvedimento, e ne ha ridefinito la struttura di titoli, capi e sezioni.*
(2) *Articolo sostituito dall'articolo 1, comma 1, del D.Lgs. 12 dicembre 2003, n. 344.*
(3) *Comma aggiunto dall'articolo 5, comma 1, lettera c), del D.L. 30 settembre 2005, n. 203.*
(4) *Articolo abrogato, a decorrere dal periodo d'imposta successivo a quello in corso al 31 dicembre 2007, dall'articolo 1, comma 33, lettera l), della legge 24 dicembre 2007, n. 244.*

98. Contrasto all'utilizzo fiscale della sottocapitalizzazione (1)(2). – [1. La remunerazione dei finanziamenti eccedenti di cui al comma 4, direttamente o indirettamente erogati o garantiti da un socio qualificato o da una sua parte correlata, computata al netto della quota di interessi indeducibili in applicazione dell'articolo 3, comma 115 della legge 28 dicembre 1995, n. 549, è indeducibile dal reddito imponibile qualora il rapporto tra la consistenza media durante il periodo d'imposta dei finanziamenti di cui al comma 4 e la quota di patrimonio netto contabile di pertinenza del socio medesimo e delle sue parti correlate, aumentato degli apporti di capitale effettuati dallo stesso socio o da sue parti correlate in esecuzione dei contratti di cui all'articolo 109, comma 9, lettera b), sia superiore a quello di quattro a uno.

2. Il comma 1 non si applica nel caso in cui:

a) l'ammontare complessivo dei finanziamenti di cui al comma 4 non eccede quattro volte il patrimonio netto contabile determinato con i criteri di cui alla lettera e) del comma 3;

b) il contribuente debitore fornisce la dimostrazione che l'ammontare dei finanziamenti di cui al comma 4 è giustificato dalla propria esclusiva capacità di credito e che conseguentemente gli stessi sarebbero stati erogati anche da terzi indipendenti con la sola garanzia del patrimonio sociale.

3. Ai fini dell'applicazione del comma 1:

a) si considerano eccedenti i finanziamenti di cui al comma 4 per la parte della loro consistenza media eccedente il rapporto di cui al comma 1;

b) si considerano parti correlate al socio qualificato le società da questi controllate ai sensi dell'articolo 2359 del codice civile e se persona fisica anche i familiari di cui all'articolo 5, comma 5;

c) il socio è qualificato quando:

1. direttamente o indirettamente controlla ai sensi dell'articolo 2359 del codice civile il soggetto debitore;

2. partecipa al capitale sociale dello stesso debitore con una percentuale pari o superiore al 25 per cento, alla determinazione della quale concorrono le partecipazioni detenute da sue parti correlate. Non si considerano soci qualificati i soggetti di cui all'articolo 74;

d) ai finanziamenti erogati o garantiti dal socio qualificato si aggiungono quelli erogati o garantiti da sue parti correlate;

e) per il calcolo della quota di pertinenza del socio qualificato e di sue parti correlate si considera il patrimonio netto contabile, così come risultante dal bilancio relativo all'esercizio precedente, comprensivo dell'utile dello stesso esercizio non distribuito, rettificato in diminuzione per tenere conto:

1) dei crediti risultanti nell'attivo patrimoniale relativi ad obblighi di conferimento ancora non eseguiti;

2) del valore di libro delle azioni proprie in portafoglio;

3) delle perdite subite nella misura in cui entro la data di approvazione del bilancio relativo al secondo esercizio successivo a quello cui le stesse si riferiscono non avvenga la ricostituzione del patrimonio netto mediante l'accantonamento di utili o l'esecuzione di conferimenti in danaro o in natura;

4) del valore di libro o, se minore del relativo patrimonio netto contabile, delle partecipazioni in società controllate e collegate di cui all'articolo 73, comma 1, lettera a) e di cui all'articolo 5, diverse da quelle di cui al successivo comma 5;

f) la consistenza media dei finanziamenti di cui al comma 4 si determina sommando il relativo ammontare complessivo esistente al termine di ogni giornata del periodo d'imposta e dividendo tale somma per il numero dei giorni del periodo stesso. Non concorrono alla determinazione della consistenza i finanziamenti infruttiferi erogati o garantiti dai soci qualificati o da sue parti correlate a condizione che la remunerazione media di cui alla lettera g) non sia superiore al tasso ufficiale di riferimento maggiorato di un punto percentuale;

g) la remunerazione dei finanziamenti eccedenti è calcolata applicando agli stessi il tasso che corrisponde al rapporto tra la remunerazione complessiva dei finanziamenti di cui al comma 4 maturata nel periodo d'imposta e la consistenza media degli stessi.

4. Ai fini della determinazione del rapporto di cui al comma 1 rilevano i finanziamenti erogati o garantiti dal socio qualificato o da sue parti correlate intendendo per tali quelli derivanti da mutui, da depositi di danaro e da ogni altro rapporto di natura finanziaria (3).

5. Ai fini della determinazione del rapporto di cui al comma 1 non rilevano i finanziamenti assunti nell'esercizio dell'attività bancaria o dell'attività svolta dai soggetti indicati nell'articolo 1 del decreto legislativo 27 gennaio 1992, n. 87, con esclusione delle società che esercitano in via esclusiva o prevalente l'attività di assunzione di partecipazioni.

6. Si intendono garantiti dal socio o da sue parti correlate i debiti assistiti da garanzie reali, personali e di fatto fornite da tali soggetti anche mediante comportamenti ed atti giuridici che, seppure non formalmente qualificandosi quali prestazioni di garanzia, ottengono lo stesso effetto economico.

7. Il presente articolo non si applica ai contribuenti il cui volume di ricavi non supera le soglie previste per l'applicazione degli studi settore. Si applica, in ogni caso, alle società che esercitano in via esclusiva o prevalente l'attività di assunzione di partecipazioni.] (4)

(1) Il D.Lgs. 12 dicembre 2003, n. 344, ha disposto, con l'articolo 1, comma 1, la totale modifica del presente provvedimento, e ne ha ridefinito la struttura di titoli, capi e sezioni.
(2) Articolo sostituito dall'articolo 1, comma 1, del D.Lgs. 12 dicembre 2003, n. 344.
(3) Comma modificato, con effetto per il periodo di imposta che inizia a decorrere dal 1° gennaio 2004, dall'articolo 6, comma 7, del D.Lgs. 18 novembre 2005, n. 247.
(4) Articolo abrogato, a decorrere dal periodo d'imposta successivo a quello in corso al 31 dicembre 2007, dall'articolo 1, comma 33, lettera l), della legge 24 dicembre 2007, n. 244.

99. Oneri fiscali e contributivi (1)(2). – 1. Le imposte sui redditi e quelle per le quali è prevista la rivalsa, anche facoltativa, non sono ammesse in deduzione. Le altre imposte sono deducibili nell'esercizio in cui avviene il pagamento.

2. Gli accantonamenti per imposte non ancora definitivamente accertate sono deducibili nei limiti dell'ammontare corrispondente alle dichiarazioni presentate, agli accertamenti o provvedimenti degli uffici e alle decisioni delle commissioni tributarie.

3. I contributi ad associazioni sindacali e di categoria sono deducibili nell'esercizio in cui sono corrisposti, se e nella misura in cui sono dovuti, in base a formale deliberazione dell'associazione.

(1) Il D.Lgs. 12 dicembre 2003, n. 344, ha disposto, con l'articolo 1, comma 1, la totale modifica del presente provvedimento, e ne ha ridefinito la struttura di titoli, capi e sezioni. Nel testo precedente la riforma introdotta dal D.Lgs. 344/2003 le disposizioni contenute nel presente articolo erano previste dall'articolo 64.
(2) Articolo modificato dall'articolo 1, comma 6, lettera b), del D.L. 1° ottobre 1991, n. 307 e successivamente sostituito dall'articolo 1, comma 1, del D.Lgs. 12 dicembre 2003, n. 344.

100. Oneri di utilità sociale (1)(2). – 1. Le spese relative ad opere o servizi utilizzabili dalla generalità dei dipendenti o categorie di dipendenti volontariamente sostenute per specifiche finalità di educazione, istruzione, ricreazione, assistenza sociale e sanitaria o culto, sono deducibili per un ammontare complessivo non superiore al 5 per mille dell'ammontare delle spese per prestazioni di lavoro dipendente risultante dalla dichiarazione dei redditi.

2. Sono inoltre deducibili:

a) le erogazioni liberali fatte a favore di persone giuridiche che perseguono esclusivamente finalità comprese fra quelle indicate nel comma 1 o finalità di ricerca scientifica, nonché i contributi, le donazioni e le oblazioni di cui all'articolo 10, comma 1, lettera g), per un ammontare complessivamente non superiore al 2 per cento del reddito d'impresa dichiarato (A);

b) le erogazioni liberali fatte a favore di persone giuridiche aventi sede nel Mezzogiorno che perseguono esclusivamente finalità di ricerca scientifica, per un ammontare complessivamente non superiore al 2 per cento del reddito d'impresa dichiarato;

[c) le erogazioni liberali a favore di università, fondazioni universitarie di cui all'articolo 59, comma 3, della legge 23 dicembre 2000, n. 388, e di istituzioni universitarie pubbliche, degli enti di ricerca pubblici, delle fondazioni e delle associazioni regolarmente riconosciute a norma del regolamento di cui al decreto del Presidente della Repubblica 10 febbraio 2000, n. 361, aventi per oggetto statutario lo svolgimento o la promozione di attività di ricerca scientifica, individuate con decreto del Presidente del Consiglio dei ministri, adottato su proposta del Ministro dell'economia e delle finanze e del Ministro dell'istruzione, dell'università e della ricerca, ovvero degli enti di ricerca vigilati dal Ministero dell'istruzione, dell'università e della ricerca, ivi compresi l'Istituto superiore di sanità e l'Istituto superiore per la prevenzione e la sicurezza del lavoro, nonché degli enti parco regionali e nazionali;] (3)

d) le erogazioni liberali a favore dei concessionari privati per la radiodiffusione sonora a carattere comunitario per un ammontare complessivo non superiore all'1 per cento del reddito imponibile del soggetto che effettua l'erogazione stessa;

e) le spese sostenute dai soggetti obbligati alla manutenzione, protezione o restauro delle cose vincolate ai sensi del decreto legislativo 29 ottobre 1999, n. 490 e del decreto del Presidente della Repubblica 30 settembre 1963, n. 1409, nella misura effettivamente rimasta a carico. La necessità delle spese, quando non siano obbligatorie per legge, deve risultare da apposita certificazione rilasciata dalla competente soprintendenza del Ministero per i beni e le attività culturali, previo accertamento della loro congruità effettuato d'intesa con il competente ufficio dell'Agenzia del territorio. La deduzione non spetta in caso di mutamento di destinazione dei beni senza la preventiva autorizzazione dell'Amministrazione per i beni e le attività culturali, di mancato assolvimento degli obblighi di legge per consentire l'esercizio del diritto di prelazione dello Stato sui beni immobili e mobili vincolati e di tentata esportazione non autorizzata di questi ultimi. L'Amministrazione per i beni e le attività culturali dà immediata comunicazione al competente ufficio dell'Agenzia delle entrate delle violazioni che comportano la indeducibilità e dalla data di ricevimento della comunicazione inizia a decorrere il termine per la rettifica della dichiarazione dei redditi;

f) le erogazioni liberali in denaro a favore dello Stato, di enti o istituzioni pubbliche, di fondazioni e di associazioni legalmente riconosciute che senza scopo di lucro svolgono o promuovono attività di studio, di ricerca e di documentazione di rilevante valore culturale e artistico, effettuate per l'acquisto, la manutenzione, la protezione o il restauro delle cose indicate nell'articolo 2 del decreto legislativo 29 ottobre 1999, n. 490, e nel decreto del Presidente della Repubblica 30 settembre 1963, n. 1409, ivi comprese le erogazioni effettuate per l'organizzazione di mostre e di esposizioni, che siano di rilevante interesse scientifico o culturale, delle cose anzidette, e per gli studi e le ricerche eventualmente a tal fine necessari. Le mostre, le esposizioni, gli studi e le ricerche devono essere autorizzati, previo parere del competente comitato di settore del Consiglio nazionale per i beni culturali e ambientali, dal Ministero per i beni e le attività culturali, che dovrà approvare la previsione di spesa ed il conto consuntivo. Il Ministero per i beni culturali e ambientali stabilisce i tempi necessari affinché le erogazioni fatte a favore delle associazioni legalmente riconosciute, delle istituzioni e delle fondazioni siano utilizzate per gli scopi preindicati, e controlla l'impiego delle erogazioni stesse. Detti termini possono, per causa non imputabile al donatario, essere prorogati una sola volta. Le erogazioni liberali non integralmente utilizzate nei termini assegnati, ovvero utilizzate non in conformità alla destinazione, affluiscono, nella loro totalità, all'entrata dello Stato(4);

g) le erogazioni liberali in denaro, per importo non superiore al 2 per cento del reddito d'impresa dichiarato, a favore di enti o istituzioni pubbliche, fondazioni e associazioni legalmente riconosciute che senza scopo di lucro svolgono esclusivamente attività nello spettacolo, effettuate per la realizzazione di nuove strutture, per il restauro ed il potenziamento delle strutture esistenti, nonché per la produzione nei vari settori dello spettacolo. Le erogazioni non utilizzate per tali finalità dal percipiente entro il termine di due anni dalla data del ricevimento affluiscono, nella loro totalità, all'entrata dello Stato(5);

h) le erogazioni liberali in denaro, per importo non superiore a 30.000 euro o al 2 per cento del reddito d'impresa dichiarato, a favore delle ONLUS, nonché le iniziative umanitarie, religiose o laiche, gestite da fondazioni, associazioni, comitati ed enti individuati con decreto del Presidente del Consiglio dei Ministri ai sensi dell'articolo 15, comma 1, lettera i-bis), nei Paesi non appartenenti all'OCSE(6);

i) le spese relative all'impiego di lavoratori dipendenti, assunti a tempo indeterminato, utilizzati per prestazioni di servizi erogate a favore di ONLUS, nel limite del cinque per mille dell'ammontare complessivo delle spese per prestazioni di lavoro dipendente, così come risultano dalla dichiarazione dei redditi;

[l) le erogazioni liberali in denaro, per importo non superiore a 1.549,37 euro o al 2 per cento del reddito di impresa dichiarato, a favore di associazioni di promozione sociale iscritte nei registri previsti dalle vigenti disposizioni di legge;] (7)

m) le erogazioni liberali in denaro a favore dello Stato, delle regioni, degli enti locali territoriali, di enti o istituzioni pubbliche, di fondazioni e di associazioni legalmente riconosciute, per lo svolgimento dei loro compiti istituzionali e per la realizzazione di programmi culturali nei settori dei beni culturali e dello spettacolo. Il Ministro per i beni e le attività culturali individua con proprio decreto periodicamente, sulla base di criteri che saranno definiti sentita la Conferenza unificata di cui all'articolo 8 del decreto legislativo 28 agosto 1997, n. 281, i soggetti e le categorie di soggetti che possono beneficiare delle predette erogazioni liberali; determina, a valere sulla somma allo scopo indicata, le quote assegnate a ciascun ente o soggetto beneficiario; definisce gli obblighi di informazione da parte dei soggetti erogatori e dei soggetti beneficiari; vigila sull'impiego delle erogazioni e comunica, entro il 31 marzo dell'anno successivo a quello di riferimento all'Agenzia delle entrate, l'elenco dei soggetti erogatori e l'ammontare delle erogazioni liberali da essi effettuate. Nel caso che, in un dato anno, le somme complessivamente erogate abbiano superato la somma allo scopo indicata o determinata, i singoli soggetti beneficiari che abbiano ricevuto somme di importo maggiore della quota assegnata dal Ministero per i beni e le attività culturali versano all'entrata dello Stato un importo pari al 37 per cento della differenza;

m-bis) le erogazioni liberali in denaro a favore dello Stato e dei comuni, per contributi volontari versati in seguito ad eventi sismici o calamitosi che hanno colpito l'ente in favore del quale si effettua il versamento. Il Ministro dell'economia e delle finanze, con proprio decreto, in seguito ad eventi sismici o calamitosi, sulla base di criteri da definire sentita la Conferenza unificata di cui all'articolo 8 del decreto legislativo 28 agosto 1997, n. 281, individua gli enti che possono beneficiare delle predette erogazioni liberali; determina, a valere sulla somma allo scopo indicata, le quote assegnate a ciascun ente o soggetto beneficiario; definisce gli obblighi di informazione da parte dei soggetti erogatori e dei soggetti beneficiari; vigila sull'impiego delle erogazioni e comunica, entro il 31 marzo dell'anno successivo a quello di riferimento, all'Agenzia delle entrate l'elenco dei soggetti erogatori e l'ammontare delle erogazioni liberali da essi effettuate" [8].

n) le erogazioni liberali in denaro a favore di organismi di gestione di parchi e riserve naturali, terrestri e marittimi, statali e regionali, e di ogni altra zona di tutela speciale paesistico-ambientale come individuata dalla vigente disciplina, statale e regionale, nonché gestita dalle associazioni e fondazioni private indicate nell'articolo 154, comma 4, lettera a), effettuate per sostenere attività di conservazione, valorizzazione, studio, ricerca e sviluppo dirette al conseguimento delle finalità di interesse generale cui corrispondono tali ambiti protetti. Il Ministro dell'ambiente e della tutela del territorio individua con proprio decreto, periodicamente, i soggetti e le categorie di soggetti che possono beneficiare delle predette erogazioni liberali; determina, a valere sulla somma allo scopo indicata, le quote assegnate a ciascun ente o soggetto beneficiario. Nel caso che in un dato anno le somme complessivamente erogate abbiano superato la somma allo scopo indicata o determinata i singoli soggetti beneficiari che abbiano ricevuto somme di importo maggiore della quota assegnata dal Ministero dell'ambiente e della tutela del territorio, versano all'entrata dello Stato un importo pari al 37 per cento della differenza;

o) le erogazioni liberali in denaro a favore dello Stato, delle regioni, degli enti territoriali, di enti o istituzioni pubbliche, di fondazioni e di associazioni legalmente riconosciute, per la realizzazione di programmi di ricerca scientifica nel settore della sanità autorizzate dal Ministro della salute con apposito decreto che individua annualmente, sulla base di criteri che saranno definiti sentita la Conferenza unificata di cui all'articolo 8 del decreto legislativo 28 agosto 1997, n. 281, i soggetti che possono beneficiare delle predette erogazioni liberali. Il predetto decreto determina altresì, fino a concorrenza delle somme allo scopo indicate, l'ammontare delle erogazioni deducibili per ciascun soggetto erogatore, nonché definisce gli obblighi di informazione da parte dei soggetti erogatori e dei soggetti beneficiari. Il Ministero della salute vigila sull'impiego delle erogazioni e comunica, entro il 31 marzo dell'anno successivo a quello di riferimento, all'Agenzia delle entrate, l'elenco dei soggetti erogatori e l'ammontare delle erogazioni liberali deducibili da essi effettuate;

o-bis) le erogazioni liberali a favore degli istituti scolastici di ogni ordine e grado, statali e paritari senza scopo di lucro appartenenti al sistema nazionale di istruzione di cui alla legge 10 marzo 2000, n. 62, e successive modificazioni, nonché a favore degli istituti tecnici superiori di cui al decreto del Presidente del Consiglio dei ministri 25 gennaio 2008, pubblicato nella Gazzetta Ufficiale n. 86 dell'11 aprile 2008, finalizzate all'innovazione tecnologica, all'edilizia scolastica e all'ampliamento dell'offerta formativa, nel limite del 2 per cento del reddito d'impresa dichiarato e comunque nella misura massima di 70.000 euro annui; la deduzione spetta a condizione che il versamento di tali erogazioni sia eseguito tramite banca o ufficio postale ovvero mediante gli altri sistemi di pagamento previsti dall'articolo 23 del decreto legislativo 9 luglio 1997, n. 241 [9].

o-ter) le somme corrisposte, anche su base volontaria al fondo istituito, con mandato senza rappresentanza, presso uno dei consorzi cui le imprese aderiscono in ottemperanza a obblighi di legge, in conformità alle disposizioni di legge o contrattuali, indipendentemente dal trattamento contabile ad esse applicato, a condizione che siano utilizzate in conformità agli scopi di tali consorzi [10].

3. Alle erogazioni liberali in denaro di enti o di istituzioni pubbliche, di fondazioni o di associazioni legalmente riconosciute, effettuate per il pagamento delle spese di difesa dei soggetti ammessi al patrocinio a spese dello Stato, non si applica il limite di cui al comma 1, anche quando il soggetto erogatore non abbia le finalità statutarie istituzionali di cui al medesimo comma 1.

4. Le erogazioni liberali diverse da quelle considerate nei precedenti commi e nel comma 1 dell'articolo 95 non sono ammesse in deduzione.

[1] Il D.Lgs. 12 dicembre 2003, n. 344, ha disposto, con l'articolo 1, comma 1, la totale modifica del presente provvedimento, e ne ha ridefinito la struttura di titoli, capi e sezioni. Nel testo precedente la riforma introdotta dal D.Lgs. 344/2003 le disposizioni contenute nel presente articolo erano previste dall'articolo 65.

[2] Articolo modificato dall'articolo 23, comma 1, della legge 6 agosto 1990, n. 223, dall'articolo 2, comma 1, lettera c), del D.L. 31 maggio 1994, n. 330, dall'articolo 25, comma 2, del D.Lgs. 29 giugno 1996, n. 367, dall'articolo 13, comma 1, lettera b), del D.Lgs. 4 dicembre 1997, n. 460, dall'articolo 37, comma 1, lettera b), della legge 21 novembre 2000, n. 342, dall'articolo 22, comma 1, lettera b), della legge 7 dicembre 2000, n. 383, dall'articolo 6, comma 20, della legge 23 dicembre 2000, n. 388, dall'articolo 19, comma 1, lettera b), della legge 29 marzo 2001, n. 134, dall'articolo 1, comma 1, lettera b), della legge 30 luglio 2002, n. 189, dall'articolo 90, comma 9, lettera b), della legge 27 dicembre 2002, n. 289 e successivamente sostituito dall'articolo 1, comma 1, del D.Lgs. 12 dicembre 2003, n. 344.

[3] Lettera sostituita dall'articolo 14, comma 7, del D.L. 14 marzo 2005, n. 35 e successivamente abrogata dall'articolo 1, comma 355, della legge 23 dicembre 2005, n. 266.

[4] Vedi quanto disposto dall'articolo 1, commi da 1 a 4, del D.L. 31 maggio 2014, n. 83, convertito, con modificazioni dalla Legge 29 luglio 2014, n. 106.

[5] Vedi quanto disposto dall'articolo 1, commi da 1 a 4, del D.L. 31 maggio 2014, n. 83, convertito, con modificazioni dalla Legge 29 luglio 2014, n. 106.

[6] Lettera modificata dall'articolo 1, comma 137, lettera b) della Legge 23 dicembre 2014, n. 190, a decorrere dal periodo di imposta successivo a quello in corso al 31 dicembre 2014

[7] Lettera abrogata dall'articolo 102, comma 1, lettera e), del D.Lgs. 3 luglio 2017, n. 117.

[8] Lettera inserita dall'articolo 17-bis, comma 1, del D.L. 17 ottobre 2016, n. 189, convertito con modificazioni dalla Legge 15 dicembre 2016, n. 229.

[9] Lettera aggiunta, con effetto a decorrere dal periodo di imposta in corso dal 1 gennaio 2007, dall'articolo 13, comma 3, lettera b), del D.L. 31 gennaio 2007, n. 7 e, successivamente, modificata dall'articolo 1, comma 294, lettera b), della Legge 11 dicembre 2016, n. 232.

[10] Lettera aggiunta dall'articolo 1, comma 987, della Legge 28 dicembre 2015 n. 208.

101. Minusvalenze patrimoniali, sopravvenienze passive e perdite [1][2]. – 1. Le minusvalenze dei beni relativi all'impresa, diversi da quelli indicati negli articoli 85, comma 1, e 87, determinate con gli stessi criteri stabiliti per la determinazione delle plusvalenze, sono deducibili se sono realizzate ai sensi dell'articolo 86, commi 1, lettere a) e b), e 2 [3].

[1-bis. Per i beni di cui all'articolo 87, fermi restando i requisiti ivi previsti al comma 1, lettere b), c) e d), l'applicazione del comma 1 del presente articolo è subordinata all'ininterrotto possesso dal primo giorno del dodicesimo mese precedente quello dell'avvenuta cessione, considerando cedute per prime le azioni o quote acquisite in data più recente.] [(4)]

2. Per la valutazione dei beni indicati nell'articolo 85, comma 1, lettere c), d) ed e), che costituiscono immobilizzazioni finanziarie si applicano le disposizioni dell'articolo 94; tuttavia, per i titoli di cui alla citata lettera e) negoziati nei mercati regolamentati italiani o esteri, le minusvalenze sono deducibili in misura non eccedente la differenza tra il valore fiscalmente riconosciuto e quello determinato in base alla media aritmetica dei prezzi rilevati nell'ultimo semestre[(5)].

2-bis. In deroga al comma 2, per i soggetti che redigono il bilancio in base ai princìpi contabili internazionali di cui al regolamento (CE) n. 1606/2002 del Parlamento europeo e del Consiglio, del 19 luglio 2002, la valutazione dei beni indicati nell'articolo 85, comma 1, lettere c), d) ed e), che si considerano immobilizzazioni finanziarie ai sensi dell'articolo 85, comma 3-bis, rileva secondo le disposizioni dell'articolo 110, comma 1- bis [(6)].

3. Per le immobilizzazioni finanziarie costituite da partecipazioni in imprese controllate o collegate, iscritte in bilancio a norma dell'articolo 2426, n. 4), del codice civile o di leggi speciali, non è deducibile, anche a titolo di ammortamento, la parte del costo di acquisto eccedente il valore corrispondente alla frazione di patrimonio netto risultante dall'ultimo bilancio dell'impresa partecipata.

4. Si considerano sopravvenienze passive il mancato conseguimento di ricavi o altri proventi che hanno concorso a formare il reddito in precedenti esercizi, il sostenimento di spese, perdite od oneri a fronte di ricavi o altri proventi che hanno concorso a formare il reddito in precedenti esercizi e la sopravvenuta insussistenza di attività iscritte in bilancio in precedenti esercizi diverse da quelle di cui all'articolo 87.

5. Le perdite di beni di cui al comma 1, commisurate al costo non ammortizzato di essi, e le perdite su crediti, diverse da quelle deducibili ai sensi del comma 3 dell'articolo 106, sono deducibili se risultano da elementi certi e precisi e in ogni caso, per le perdite su crediti, se il debitore è assoggettato a procedure concorsuali o ha concluso un accordo di ristrutturazione dei debiti omologato ai sensi dell'articolo 182-bis del regio decreto 16 marzo 1942, n. 267 o un piano attestato ai sensi dell'articolo 67, terzo comma, lettera d), del Regio decreto 16 marzo 1942, n. 267 o è assoggettato a procedure estere equivalenti, previste in Stati o territori con i quali esiste un adeguato scambio di informazioni. Ai fini del presente comma, il debitore si considera assoggettato a procedura concorsuale dalla data della sentenza dichiarativa del fallimento o del provvedimento che ordina la liquidazione coatta amministrativa o del decreto di ammissione alla procedura di concordato preventivo o del decreto di omologazione dell'accordo di ristrutturazione o del decreto che dispone la procedura di amministrazione straordinaria delle grandi imprese in crisi o, per le procedure estere equivalenti, dalla data di ammissione ovvero, per i predetti piani attestati, dalla data di iscrizione nel registro delle imprese. Gli elementi certi e precisi sussistono in ogni caso quando il credito sia di modesta entità e sia decorso un periodo di sei mesi dalla scadenza di pagamento del credito stesso. Il credito si considera di modesta entità quando ammonta ad un importo non superiore a 5.000 euro per le imprese di più rilevante dimensione di cui all'articolo 27, comma 10, del decreto-legge 29 novembre 2008, n. 185, convertito, con modificazioni, dalla legge 28 gennaio 2009, n. 2, e non superiore a 2.500 euro per le altre imprese. Gli elementi certi e precisi sussistono inoltre quando il diritto alla riscossione del credito è prescritto. Gli elementi certi e precisi sussistono inoltre in caso di cancellazione dei crediti dal bilancio operata in applicazione dei principi contabili [(7)].

5-bis. Per i crediti di modesta entità e per quelli vantati nei confronti di debitori che siano assoggettati a procedure concorsuali o a procedure estere equivalenti ovvero abbiano concluso un accordo di ristrutturazione dei debiti o un piano attestato di risanamento, la deduzione della perdita su crediti è ammessa, ai sensi del comma 5, nel periodo di imputazione in bilancio, anche quando detta imputazione avvenga in un periodo di imposta successivo a quello in cui, ai sensi del predetto comma, sussistono gli elementi certi e precisi ovvero il debitore si considera assoggettato a procedura concorsuale, sempreché l'imputazione non avvenga in un periodo di imposta successivo a quello in cui, secondo la corretta applicazione dei principi contabili, si sarebbe dovuto procedere alla cancellazione del credito dal bilancio [(8)].

6. Le perdite attribuite per trasparenza dalle società in nome collettivo e in accomandita semplice sono utilizzabili solo in abbattimento degli utili attribuiti per trasparenza [nei successivi cinque periodi d'imposta] dalla stessa società che ha generato le perdite [(9)].

7. I versamenti in denaro o in natura fatti a fondo perduto o in conto capitale alle società indicate al comma 6 dai propri soci e la rinuncia degli stessi soci ai crediti non sono ammessi in deduzione ed il relativo ammontare, nei limiti del valore fiscale del credito oggetto di rinuncia, si aggiunge al costo della partecipazione [(10)].

[(1)] *Il D.Lgs. 12 dicembre 2003, n. 344, ha disposto, con l'articolo 1, comma 1, la totale modifica del presente provvedimento, e ne ha ridefinito la struttura di titoli, capi e sezioni. Nel testo precedente la riforma introdotta dal D.Lgs. 344/2003 le disposizioni contenute nel presente articolo erano previste dall'articolo 66.*

[(2)] *Articolo modificato dall'articolo 26, comma 10, del D.L. 2 marzo 1989, n. 69, dall'articolo 1, comma 1, lettera n), del D.L. 29 giugno 1994, n. 416, dall'articolo 17, comma 2, lettera a), della legge 27 dicembre 1997, n. 449 e successivamente sostituito dall'articolo 1, comma 1, del D.Lgs. 12 dicembre 2003, n. 344.*

[(3)] *Comma modificato dall'articolo 36, comma 18, del D.L. 4 luglio 2006, n. 223.*

[(4)] *Comma aggiunto dall'articolo 5, comma 1, lettera d), del D.L. 30 settembre 2005, n. 203 e successivamente abrogato dall'articolo 1, comma 58, lettera f), numero 1), della legge 24 dicembre 2007, n. 244.*

[(5)] *Comma sostituito, con effetto per il periodo di imposta che inizia a decorrere dal 1° gennaio 2004, dall'articolo 6, comma 8, del D.Lgs. 18 novembre 2005, n. 247.*

[(6)] *Comma aggiunto dall'articolo 1, comma 58, lettera f), numero 2), della legge 24 dicembre 2007, n. 244.*

[(7)] *Comma sostituito dall'articolo 33, comma 5, del D.L. 22 giugno 2012, n. 83 e successivamente modificato dall'articolo 1, comma 160, lettera b), della Legge 27 dicembre 2013, n. 147. A norma del comma 161, del medesimo articolo 1, Legge 147/2013 le disposizioni di cui al presente comma si applicano dal periodo di imposta in corso al 31 dicembre 2013. Resta ferma l'applicazione delle previgenti disposizioni fiscali alle rettifiche di valore e alle variazioni della riserva sinistri relativa ai contratti di assicurazione dei rami danni iscritte in bilancio nei periodi di imposta precedenti. Comma da ultimo modificato dall'articolo 13, comma 1, lettera c), del D.Lgs. 14 settembre 2015, n. 147; a norma del comma 2 del medesimo articolo, la presente disposizione si applica a decorrere dal periodo di imposta in corso alla data di entrata in vigore del citato decreto.*

[(9)] *Comma aggiunto dall'articolo 13, comma 1, lettera d), del D.Lgs. 14 settembre 2015, n. 147; a norma del comma 2 del medesimo articolo, la presente disposizione si applica a decorrere dal periodo di imposta in corso alla data di entrata in vigore del citato decreto.*

[(10)] *Comma sostituito, a decorrere dal periodo d'imposta successivo a quello in corso al 31 dicembre 2007, dall'articolo 1, comma 33, lettera m), della legge 24 dicembre 2007, n. 244 e successivamente modificato dall'articolo 1, comma 23, lettera c), della Legge 30 dicembre 2018, n. 145; a norma del comma 24 del medesimo articolo, la presente disposizione si applica a decorrere dal periodo d'imposta successivo a quello in corso al 31 dicembre 2017.*

(11) *Comma modificato dall'articolo 13, comma 1, lettera e), del D.Lgs. 14 settembre 2015, n. 147; a norma del comma 2 del medesimo articolo, la presente disposizione si applica a decorrere dal periodo di imposta successivo alla data di entrata in vigore del citato decreto.*

102. Ammortamento dei beni materiali (1)(2). – 1. Le quote di ammortamento del costo dei beni materiali strumentali per l'esercizio dell'impresa sono deducibili a partire dall'esercizio di entrata in funzione del bene.

2. La deduzione è ammessa in misura non superiore a quella risultante dall'applicazione al costo dei beni dei coefficienti stabiliti con decreto del Ministro dell'economia e delle finanze pubblicato nella Gazzetta Ufficiale, ridotti alla metà per il primo esercizio. I coefficienti sono stabiliti per categorie di beni omogenei in base al normale periodo di deperimento e consumo nei vari settori produttivi.

[3. La misura massima indicata nel comma 2 può essere superata in proporzione alla più intensa utilizzazione dei beni rispetto a quella normale del settore. Fatta eccezione per i beni di cui all'articolo 164, comma 1, lettera b), la misura stessa può essere elevata fino a due volte per ammortamento anticipato nell'esercizio in cui i beni sono entrati in funzione e nei due successivi; nell'ipotesi di beni già utilizzati da parte di altri soggetti, l'ammortamento anticipato può essere eseguito dal nuovo utilizzatore soltanto nell'esercizio in cui i beni sono entrati in funzione. Con decreto del Ministro dell'economia e delle finanze, la indicata misura massima può essere variata, in aumento o in diminuzione, nei limiti di un quarto, in relazione al periodo di utilizzabilità dei beni in particolari processi produttivi.] (3)

4. In caso di eliminazione di beni non ancora completamente ammortizzati dal complesso produttivo, il costo residuo è ammesso in deduzione.

5. Per i beni il cui costo unitario non è superiore a 516,46 euro è consentita la deduzione integrale delle spese di acquisizione nell'esercizio in cui sono state sostenute.

6. Le spese di manutenzione, riparazione, ammodernamento e trasformazione, che dal bilancio non risultino imputate ad incremento del costo dei beni ai quali si riferiscono, sono deducibili nel limite del 5 per cento del costo complessivo di tutti i beni materiali ammortizzabili quale risulta all'inizio dell'esercizio dal registro dei beni ammortizzabili; per le imprese di nuova costituzione il limite percentuale si calcola, per il primo esercizio, sul costo complessivo quale risulta alla fine dell'esercizio [; per i beni ceduti, nonché per quelli acquisiti nel corso dell'esercizio, compresi quelli costruiti o fatti costruire, la deduzione spetta in proporzione alla durata del possesso ed è commisurata, per il cessionario, al costo di acquisizione]. L'eccedenza è deducibile per quote costanti nei cinque esercizi successivi. Per specifici settori produttivi possono essere stabiliti, con decreto del Ministro dell'economia e delle finanze, diversi criteri e modalità di deduzione. Resta ferma la deducibilità nell'esercizio di competenza dei compensi periodici dovuti contrattualmente a terzi per la manutenzione di determinati beni, del cui costo non si tiene conto nella determinazione del limite percentuale sopra indicato(4).

7. Per i beni concessi in locazione finanziaria l'impresa concedente che imputa a conto economico i relativi canoni deduce quote di ammortamento determinate in ciascun esercizio nella misura risultante dal relativo piano di ammortamento finanziario. Per l'impresa utilizzatrice che imputa a conto economico i canoni di locazione finanziaria, a prescindere dalla durata contrattuale prevista, la deduzione è ammessa per un periodo non inferiore alla metà del periodo di ammortamento corrispondente al coefficiente stabilito a norma del comma 2, in relazione all'attività esercitata dall'impresa stessa; in caso di beni immobili, la deduzione è ammessa per un periodo non inferiore a dodici anni. Per i beni di cui all'articolo 164, comma 1, lettera b), la deducibilità dei canoni di locazione finanziaria è ammessa per un periodo non inferiore al periodo di ammortamento corrispondente al coefficiente stabilito a norma del comma 2. La quota di interessi impliciti desunta dal contratto è soggetta alle regole dell'articolo 96 (5).

8. Per le aziende date in affitto o in usufrutto le quote di ammortamento sono deducibili nella determinazione del reddito dell'affittuario o dell'usufruttuario. Le quote di ammortamento sono commisurate al costo originario dei beni quale risulta dalla contabilità del concedente e sono deducibili fino a concorrenza del costo non ancora ammortizzato ovvero, se il concedente non ha tenuto regolarmente il registro dei beni ammortizzabili o altro libro o registro secondo le modalità di cui all'articolo 13 del decreto del Presidente della Repubblica 7 dicembre 2001, n. 435, e dell'articolo 2, comma 1, del decreto del Presidente della Repubblica 21 dicembre 1996, n. 695, considerando già dedotte, per il 50 per cento del loro ammontare, le quote relative al periodo di ammortamento già decorso. Le disposizioni di cui al presente comma non si applicano nei casi di deroga convenzionale alle norme dell'articolo 2561 del codice civile, concernenti l'obbligo di conservazione dell'efficienza dei beni ammortizzabili (6).

9. Le quote d'ammortamento, i canoni di locazione anche finanziaria o di noleggio e le spese di impiego e manutenzione relativi ad apparecchiature terminali per servizi di comunicazione elettronica ad uso pubblico di cui alla lettera gg) del comma 1 dell'articolo 1 del codice delle comunicazioni elettroniche, di cui al decreto legislativo 1° agosto 2003, n. 259, sono deducibili nella misura dell'80 per cento. La percentuale di cui al precedente periodo è elevata al 100 per cento per gli oneri relativi ad impianti di telefonia dei veicoli utilizzati per il trasporto di merci da parte di imprese di autotrasporto limitatamente ad un solo impianto per ciascun veicolo (7)(S; S; S; S; 2426[1 nn. 1,2,3,] c.c.; S; S).

(1) *Il D.Lgs. 12 dicembre 2003, n. 344, ha disposto, con l'articolo 1, comma 1, la totale modifica del presente provvedimento, e ne ha ridefinito la struttura di titoli, capi e sezioni. Nel testo precedente la riforma introdotta dal D.Lgs. 344/2003 le disposizioni contenute nel presente articolo erano previste dall'articolo 67.*

(2) *Articolo modificato dall'articolo 26, comma 11, lettera a), del D.L. 2 marzo 1989, n. 69, dall'articolo 2, comma 1-bis, del D.L. 2 giugno 1989, n. 212, dall'articolo 1, comma 1, lettera i), del D.L. 27 aprile 1990, n. 90, dall'articolo 10, comma 1, lettera a), del D.L. 13 maggio 1991, n. 151, dall'articolo 14, comma 3, lettera g), della legge 24 dicembre 1993, n. 537, dall'articolo 1, comma 1, lettera o), del D.L. 29 giugno 1994, n. 416, dall'articolo 3, comma 103, lettera c), della legge 28 dicembre 1995, n. 549, dall'articolo 9, comma 1, lettera b), del D.L. 20 giugno 1996, n. 323, dall'articolo 3, comma 33, lettera a), della legge 23 dicembre 1996, n. 662, dall'articolo 17, comma 2, lettera a), della legge 27 dicembre 1997, n. 449, dall'articolo 6, comma 21, della legge 23 dicembre 1999, n. 488, dall'articolo 15, comma 2, della legge 28 dicembre 2001, n. 448 e successivamente sostituito dall'articolo 1, comma 1, del D.Lgs. 12*

dicembre 2003, n. 344.

(3) *Comma modificato dall'articolo 36, comma 5, del D.L. 4 luglio 2006, n. 223 e successivamente abrogato, a decorrere dal periodo di imposta successivo a quello in corso al 31 dicembre 2007, dall'articolo 1, comma 33, lettera n), numero 1), della legge 24 dicembre 2007, n. 244.*

(4) *Comma modificato dall'articolo 6, comma 9, lettera a), del D.Lgs. 18 novembre 2005, n. 247 e successivamente dall'articolo 3, comma 16-quater, del D.L. 2 marzo 2012, n. 16.*

(5) *Comma modificato dall'articolo 11, comma 1, lettera b), del D.Lgs. 28 febbraio 2005, n. 38, dall'articolo 5-ter, comma 1, del D.L. 30 settembre 2005, n. 203, dall'articolo 36, comma 6-bis, del D.L. 4 luglio 2006, n. 223 e successivamente sostituito, a decorrere dai contratti stipulati a partire dal 1° gennaio 2008, dall'articolo 1, comma 33, lettera n), numero 2), della legge 24 dicembre 2007, n. 244, dall'articolo 4-bis, comma 1, lettera b), del D.L. 2 marzo 2012, n. 16 e dall'articolo 1, comma 162, lettera b), della Legge 27 dicembre 2013, n. 147. La presente disposizione, a norma del comma 163 si applica ai contratti di locazione finanziaria stipulati a decorrere dalla data di entrata in vigore della Legge 147 del 2013..*

(6) *Comma modificato dall'articolo 6, comma 9, lettera b), del D.Lgs. 18 novembre 2005, n. 247.*

(7) *Comma sostituito, a decorrere dal periodo d'imposta successivo a quello in corso al 31 dicembre 2006, dall'articolo 1, comma 401, della legge 27 dicembre 2006, n. 296.*

102 *bis*. Ammortamento dei beni materiali strumentali per l'esercizio di alcune attività regolate (1)(2). – 1. Le quote di ammortamento dei beni materiali strumentali per l'esercizio delle seguenti attività regolate sono deducibili nella misura determinata dalle disposizioni del presente articolo, ferma restando, per quanto non diversamente stabilito, la disciplina dell'articolo 102:

a) distribuzione e trasporto di gas naturale di cui all'articolo 2, comma 1, lettere n) e ii), del decreto legislativo 23 maggio 2000, n. 164, di attuazione della direttiva 98/30/CE relativa a norme comuni per il mercato interno del gas;

b) distribuzione di energia elettrica e gestione della rete di trasmissione nazionale dell'energia elettrica di cui all'articolo 2, commi 14 e 20, del decreto legislativo 16 marzo 1999, n. 79, di attuazione della direttiva 96/92/CE recante norme comuni per il mercato interno dell'energia elettrica.

2. Le quote di ammortamento del costo dei beni materiali strumentali per l'esercizio delle attività regolate di cui al comma 1 sono deducibili in misura non superiore a quella che si ottiene dividendo il costo dei beni per la durata delle rispettive vite utili così come determinate ai fini tariffari dall'Autorità per l'energia elettrica e il gas, e riducendo il risultato del 20 per cento:

a) nelle tabelle 1 e 2, rubricate "durata convenzionale tariffaria delle infrastrutture" ed allegate alle delibere 29 luglio 2005, n. 166, e 29 settembre 2004, n. 170, prorogata con delibera 30 settembre 2005, n. 206, rispettivamente per l'attività di trasporto e distribuzione di gas naturale. Per i fabbricati iscritti in bilancio entro l'esercizio in corso al 31 dicembre 2004 si assume una vita utile pari a 50 anni;

b) nell'appendice 1 della relazione tecnica alla delibera 30 gennaio 2004, n. 5, per l'attività di trasmissione e distribuzione di energia elettrica, rubricata "capitale investito riconosciuto e vita utile dei cespiti".

3. Per i beni di cui al comma 1, la vita utile cui fare riferimento ai fini di cui al comma 2 decorre dall'esercizio di entrata in funzione, anche se avvenuta presso precedenti soggetti utilizzatori, e non si modifica per effetto di eventuali successivi trasferimenti. Le quote di ammortamento del costo dei beni di cui al comma 1 sono deducibili a partire dall'esercizio di entrata in funzione del bene e, per i beni ceduti o devoluti all'ente concessionario, fino al periodo d'imposta in cui avviene il trasferimento e in proporzione alla durata del possesso.

[4. Non è ammessa alcuna ulteriore deduzione per ammortamento anticipato o per una più intensa utilizzazione dei beni rispetto a quella normale del settore.] (3)

5. Le eventuali modifiche delle vite utili di cui al comma 2, deliberate ai fini tariffari dall'Autorità per l'energia elettrica e il gas successivamente all'entrata in vigore della presente disposizione, rilevano anche ai fini della determinazione delle quote di ammortamento deducibili.

6. In caso di beni utilizzati in locazione finanziaria, indipendentemente dai criteri di contabilizzazione, la deduzione delle quote di ammortamento compete all'impresa utilizzatrice; alla formazione del reddito imponibile di quella concedente concorrono esclusivamente i proventi finanziari impliciti nei canoni di locazione finanziaria determinati in ciascun esercizio nella misura risultante dal piano di ammortamento finanziario.

7. Le disposizioni del presente articolo si applicano esclusivamente ai beni classificabili nelle categorie omogenee individuate dall'Autorità per l'energia elettrica e il gas. Per i beni non classificabili in tali categorie continua ad applicarsi l'articolo 102.

8. Per i costi incrementativi capitalizzati successivamente all'entrata in funzione dei beni di cui al comma 1 le quote di ammortamento sono determinate in base alla vita utile residua dei beni.

(1) *Articolo inserito dall'articolo 1, comma 325, della legge 23 dicembre 2005, n. 266.*

(2) *A norma dell'articolo 1, comma 327, della legge 23 dicembre 2005, n. 266 le disposizioni di cui al presente articolo si applicano a decorrere dal periodo d'imposta successivo a quello in corso al 31 dicembre 2005, ad eccezione delle disposizioni di cui al comma 6. Vedi inoltre le disposizioni di cui all'articolo 36, commi 7 e 8, del D.L. 4 luglio 2006, n. 223.*

(3) *Comma abrogato, a decorrere dal periodo d'imposta successivo a quello in corso al 31 dicembre 2007, dall'articolo 1, comma 33, lettera o), della legge 24 dicembre 2007, n. 244.*

103. Ammortamento dei beni immateriali (1)(2). – 1. Le quote di ammortamento del costo dei diritti di utilizzazione di opere dell'ingegno, dei brevetti industriali, dei processi, formule e informazioni relativi ad esperienze acquisite in campo industriale, commerciale o scientifico sono deducibili in misura non superiore al 50 per cento del costo; quelle relative al costo dei marchi d'impresa sono deducibili in misura non superiore ad un diciottesimo del costo (3).

2. Le quote di ammortamento del costo dei diritti di concessione e degli altri diritti iscritti nell'attivo del bilancio sono deducibili in misura corrispondente alla durata di utilizzazione prevista dal contratto o dalla legge.

3. Le quote di ammortamento del valore di avviamento iscritto nell'attivo del bilancio sono deducibili in misura non superiore a un diciottesimo del valore stesso(4).

3-bis. Per i soggetti che redigono il bilancio in base ai princìpi contabili internazionali di cui al regolamento (CE) n. 1606/2002 del Parlamento europeo e del Consiglio, del 19 luglio 2002, la deduzione del costo dei marchi d'impresa e dell'avviamento è ammessa alle stesse condizioni e con gli stessi limiti annuali previsti dai commi 1 e 3, a prescindere dall'imputazione al conto economico (5).

4. Si applica la disposizione del comma 8 dell'articolo 102.

(1) *Il D.Lgs. 12 dicembre 2003, n. 344, ha disposto, con l'articolo 1,*

comma 1, la totale modifica del presente provvedimento, e ne ha ridefinito la struttura di titoli, capi e sezioni. Nel testo precedente la riforma introdotta dal D.Lgs. 344/2003 le disposizioni contenute nel presente articolo erano previste dall'articolo 68.

(2) *Articolo modificato dall'articolo 11, comma 5, della legge 14 agosto 1993, n. 344, dall'articolo 8, comma 6, del D.Lgs. 21 novembre 1997, n. 461 e successivamente sostituito dall'articolo 1, comma 1, del D.Lgs. 12 dicembre 2003, n. 344.*

(3) *Comma modificato dall'articolo 37, comma 45, del D.L. 4 luglio 2006, n. 223.*

(4) *Comma modificato dall'articolo 5-bis, comma 1, del D.L. 30 settembre 2005, n. 203 e successivamente dall'articolo 1, comma 521, della legge 23 dicembre 2005, n. 266.*

(5) *Comma aggiunto dall'articolo 1, comma 58, lettera g), della legge 24 dicembre 2007, n. 244.*

103 *bis*. Enti creditizi e finanziari [1][2]. – 1. Alla formazione del reddito degli enti creditizi e finanziari indicati nell'art. 1 del decreto legislativo 27 gennaio 1992, n. 87, concorrono i componenti positivi e negativi che risultano dalla valutazione delle operazioni "fuori bilancio", in corso alla data di chiusura dell'esercizio, derivanti da contratti che hanno per oggetto titoli, valute o tassi d'interesse, o che assumono come parametro di riferimento per la determinazione della prestazione la quotazione di titoli o valute ovvero l'andamento di un indice su titoli, valute o tassi d'interesse.

2. La valutazione di cui al comma 1 è effettuata secondo i criteri previsti dagli articoli 15, comma 1, lettera c), 18, comma 3, 20, comma 3, e 21, commi 2 e 3, del decreto legislativo 27 gennaio 1992, n. 87. A tal fine i componenti negativi non possono essere superiori alla differenza tra il valore del contratto o della prestazione alla data della stipula o a quella di chiusura dell'esercizio precedente e il corrispondente valore alla data di chiusura dell'esercizio. Per la determinazione di quest'ultimo valore, si assume:

a) per i contratti uniformi a termine negoziati nei mercati regolamentati italiani o esteri, l'ultima quotazione rilevata entro la chiusura dell'esercizio;

b) per i contratti di compravendita di titoli, il valore determinato ai sensi delle lettere a) e c) del comma 3 dell'art. 61;

c) per i contratti di compravendita di valute, il valore determinato ai sensi delle lettere a) e b) del comma 2 dell'art. 21 del decreto legislativo 27 gennaio 1992, n. 87; d) in tutti gli altri casi, il valore determinato secondo i criteri di cui alla lettera c) del comma 4 dell'art. 9.

2- bis. I criteri di valutazione previsti dal comma 2 si applicano anche per i soggetti, diversi dagli enti creditizi e finanziari, che nei conti annuali valutano le operazioni fuori bilancio di cui al comma 1 [3].

3. Se le operazioni di cui al comma 1 sono poste in essere con finalità di copertura dei rischi relativi ad attività e passività produttive di interessi, i relativi componenti positivi e negativi concorrono a formare il reddito, secondo lo stesso criterio di imputazione degli interessi, se le operazioni hanno finalità di copertura di rischi connessi a specifiche attività e passività, ovvero secondo la durata del contratto, se le operazioni hanno finalità di copertura di rischi connessi ad insiemi di attività e passività. A tal fine l'operazione si considera di copertura quando ha l'obiettiva funzione di ridurre o trasferire il rischio di variazione del valore di singole attività e passività o di insiemi di attività e passività.

(1) *Il D.Lgs. 12 dicembre 2003, n. 344, ha disposto, con l'articolo 1, comma 1, la totale modifica del presente provvedimento, e ne ha ridefinito la struttura di titoli, capi e sezioni.*

(2) *Articolo aggiunto dall'articolo 1, comma 1, lettera s), del D.L. 29 giugno 1994, n. 416 e non più previsto nella nuova numerazione intervenuta con l'articolo 1, comma 1, del D.Lgs. 12 dicembre 2003, n. 344.*

(3) *Comma aggiunto, a decorrere dal periodo d'imposta in corso alla data del 31 dicembre 1999, dall'articolo 2, comma 1, della legge 21 novembre 2000, n. 342.*

104. Ammortamento finanziario dei beni gratuitamente evolvibili [1][2]. – [*Ex Art. 69*]

1. Per i beni gratuitamente devolvibili alla scadenza di una concessione è consentita, in luogo dell'ammortamento di cui agli articoli 102 e 103, la deduzione di quote costanti di ammortamento finanziario.

2. La quota di ammortamento finanziario deducibile è determinata dividendo il costo dei beni, diminuito degli eventuali contributi del concedente, per il numero degli anni di durata della concessione, considerando tali anche le frazioni. In caso di modifica della durata della concessione, la quota deducibile è proporzionalmente ridotta o aumentata a partire dall'esercizio in cui la modifica è stata convenuta.

3. In caso di incremento o di decremento del costo dei beni, per effetto di sostituzione a costi superiori o inferiori, di ampliamenti, ammodernamenti o trasformazioni, di perdite e di ogni altra causa, la quota di ammortamento finanziario deducibile è rispettivamente aumentata o diminuita, a partire dall'esercizio in cui si è verificato l'incremento o il decremento, in misura pari al relativo ammontare diviso per il numero dei residui anni di durata della concessione.

4. Per le concessioni relative alla costruzione e all'esercizio di opere pubbliche sono ammesse in deduzione quote di ammortamento finanziario differenziate da calcolare sull'investimento complessivo realizzato. Le quote di ammortamento sono determinate nei singoli casi [*con decreto del Ministro dell'economia e delle finanze*] in rapporto proporzionale alle quote previste nel piano economico-finanziario della concessione, includendo nel costo ammortizzabile gli interessi passivi anche in deroga alle disposizioni del comma 1 dell'articolo 110[3].

(1) *Il D.Lgs. 12 dicembre 2003, n. 344, ha disposto, con l'articolo 1, comma 1, la totale modifica del presente provvedimento, e ne ha ridefinito la struttura di titoli, capi e sezioni. Nel testo precedente la riforma introdotta dal D.Lgs. 344/2003 le disposizioni contenute nel presente articolo erano previste dall'articolo 69.*

(2) *Articolo modificato dall'articolo 1, comma 1, lettera c), numero 1), del D.L. 31 dicembre 1996, n. 669, e successivamente sostituito dall'articolo 1, comma 1, del D.Lgs. 12 dicembre 2003, n. 344.*

(3) *Comma modificato dall'articolo 26, comma 1, del D.Lgs. 21 novembre 2014, n. 175.*

105. Accantonamenti di quiescenza e previdenza[1][2]. – 1. Gli accantonamenti ai fondi per le indennità di fine rapporto e ai fondi di previdenza del personale dipendente istituiti ai sensi dell'articolo 2117 del codice civile, se costituiti in conti individuali dei singoli dipendenti, sono deducibili nei limiti delle quote maturate nell'esercizio in conformità alle disposizioni legislative e contrattuali che regolano il rapporto di lavoro dei dipendenti stessi.

2. I maggiori accantonamenti necessari per adeguare i fondi a sopravvenute modificazioni normative e retributive sono deducibili nell'esercizio dal quale hanno effetto le modificazioni o per quote costanti nell'esercizio stesso e nei due successivi.

3. L'ammontare del TFR annualmente destinato a forme

pensionistiche complementari è deducibile nella misura prevista dall'articolo 10, comma 1, del decreto legislativo 5 dicembre 2005, n. 252 [3].

4. Le disposizioni dei commi 1 e 2 valgono anche per gli accantonamenti relativi alle indennità di fine rapporto di cui all'articolo 17, comma 1, lettere c), d) e f)(S; S; S; S; 2120, 2117 c.c.; S; S).

[1] *Il D.Lgs. 12 dicembre 2003, n. 344, ha disposto, con l'articolo 1, comma 1, la totale modifica del presente provvedimento, e ne ha ridefinito la struttura di titoli, capi e sezioni. Nel testo precedente la riforma introdotta dal D.Lgs. 344/2003 le disposizioni contenute nel presente articolo erano previste dall'articolo 70.*
[2] *Articolo modificato dall'articolo 1, comma 1, lettera f), numero 1), del D.Lgs. 18 febbraio 2000, n. 47, dall'articolo 1, comma 2, del D.Lgs. 12 aprile 2001, n. 168 e successivamente sostituito dall'articolo 1, comma 1, del D.Lgs. 12 dicembre 2003, n. 344.*
[3] *Comma sostituito, a decorrere dal 1° gennaio 2007, dall'articolo 21, comma 4, del D.Lgs. 5 dicembre 2005, n. 252.*

105 *bis*. Versamenti integrativi [1][2]. – [*1. Ferma rimanendo la disposizione dell'art. 105, comma 3, ultimo periodo, ai fini della attribuzione del credito d'imposta di cui all'art. 14 le società e gli enti indicati alle lettere a) e b) del comma 1 dell'art. 87 possono incrementare l'ammontare indicato alla lettera a) del comma 1 dell'art. 105 di una imposta corrispondente al credito stesso. Se sono distribuiti riserve o fondi, l'imposta va assolta entro il termine per il versamento del saldo dell'imposta relativa al periodo nel quale la deliberazione di distribuzione è stata adottata. Se sono distribuiti gli utili di esercizio, l'imposta va assolta entro il termine per il versamento del saldo dell'imposta liquidata nella dichiarazione dei redditi di cui all'art. 105, comma 3, primo periodo. Si applicano le disposizioni dell'art. 105, comma 6, nonchè quelle degli articoli 9 e 92 del decreto del Presidente della Repubblica 29 settembre 1973, n. 602.*]

[1] *Il D.Lgs. 12 dicembre 2003, n. 344, ha disposto, con l'articolo 1, comma 1, la totale modifica del presente provvedimento, e ne ha ridefinito la struttura di titoli, capi e sezioni.*
[2] *Articolo aggiunto dall'articolo 2, comma 1, numero 11), del D.Lgs. 18 dicembre 1997, n. 467 e non più previsto nella nuova numerazione intervenuta con l'articolo 1, comma 1, del D.Lgs. 12 dicembre 2003, n. 344.*

106. Svalutazione dei crediti e accantonamenti per rischi su crediti [1][2]. – 1. Le svalutazioni dei crediti risultanti in bilancio, per l'importo non coperto da garanzia assicurativa, che derivano dalle cessioni di beni e dalle prestazioni di servizi indicate nel comma 1 dell'articolo 85, sono deducibili in ciascun esercizio nel limite dello 0,50 per cento del valore nominale o di acquisizione dei crediti stessi. Nel computo del limite si tiene conto anche di accantonamenti per rischi su crediti. La deduzione non è più ammessa quando l'ammontare complessivo delle svalutazioni e degli accantonamenti ha raggiunto il 5 per cento del valore nominale o di acquisizione dei crediti risultanti in bilancio alla fine dell'esercizio.

2. Le perdite sui crediti di cui al comma 1, determinate con riferimento al valore nominale o di acquisizione dei crediti stessi, sono deducibili a norma dell'articolo 101, limitatamente alla parte che eccede l'ammontare complessivo delle svalutazioni e degli accantonamenti dedotti nei precedenti esercizi. Se in un esercizio l'ammontare complessivo delle svalutazioni e degli accantonamenti dedotti eccede il 5 per cento del valore nominale o di acquisizione dei crediti, l'eccedenza concorre a formare il reddito dell'esercizio stesso.

3. Per gli intermediari finanziari, le svalutazioni e le perdite su crediti verso la clientela iscritti in bilancio a tale titolo e le perdite realizzate mediante cessione a titolo oneroso sono deducibili integralmente nell'esercizio in cui sono rilevate in bilancio. Ai fini del presente comma le svalutazioni e le perdite diverse da quelle realizzate mediante cessione a titolo oneroso si assumono al netto delle rivalutazioni dei crediti risultanti in bilancio [3].

[*3-bis. Per i nuovi crediti di cui al comma 3 erogati a decorrere dall'esercizio successivo a quello in corso al 31 dicembre 2009, limitatamente all'ammontare che eccede la media dei crediti erogati nei due periodi d'imposta precedenti, diversi da quelli assistiti da garanzia o da misure agevolative in qualsiasi forma concesse dallo Stato, da enti pubblici e da altri enti controllati direttamente o indirettamente dallo Stato, le percentuali di cui allo stesso comma sono elevate allo 0,50 per cento. L'ammontare delle svalutazioni eccedenti il detto limite è deducibile in quote costanti nei nove esercizi successivi*][4].

4. Per gli intermediari finanziari nell'ammontare dei crediti rilevanti ai fini del presente articolo si comprendono anche quelli impliciti nei contratti di locazione finanziaria [*nonché la rivalutazione delle operazioni «fuori bilancio» iscritte nell'attivo in applicazione dei criteri di cui all'articolo 112*][5].

[*5. Le perdite sui crediti di cui al comma 3 e di cui al comma 3-bis, determinate con riferimento al valore di bilancio dei crediti, sono deducibili, ai sensi dell'articolo 101, limitatamente alla parte che eccede l'ammontare dell'accantonamento per rischi su crediti dedotto nei precedenti esercizi. Se in un esercizio l'ammontare del predetto accantonamento eccede il 5 per cento del valore dei crediti risultanti in bilancio, l'eccedenza concorre a formare il reddito dell'esercizio stesso*][6].

[1] *Il D.Lgs. 12 dicembre 2003, n. 344, ha disposto, con l'articolo 1, comma 1, la totale modifica del presente provvedimento, e ne ha ridefinito la struttura di titoli, capi e sezioni. Nel testo precedente la riforma introdotta dal D.Lgs. 344/2003 le disposizioni contenute nel presente articolo erano previste dall'articolo 71.*
[2] *Articolo modificato dall'articolo 1, comma 1, lettera p), del D.L. 29 giugno 1994, n. 416, dall'articolo 3, comma 103, lettera d), della legge 28 dicembre 1995, n. 549, dall'articolo 23, comma 1, della legge 21 novembre 2000, n. 342 e successivamente dall'articolo 1, comma 1, del D.Lgs. 12 dicembre 2003, n. 344.*
[3] *Comma modificato dall'articolo 6, comma 3, del D.L. 30 settembre 2005, n. 203, dall'articolo 82, comma 11, del D.L. 25 giugno 2008, n. 112 e successivamente sostituito dall'articolo 1, comma 160, lettera c), numero 1), della Legge 27 dicembre 2013, n. 147. A norma del comma 161, del medesimo articolo 1, Legge 147/2013 le disposizioni di cui al presente comma si applicano dal periodo di imposta in corso al 31 dicembre 2013. Resta ferma l'applicazione delle previgenti disposizioni fiscali alle rettifiche di valore e alle variazioni della riserva sinistri relativa ai contratti di assicurazione dei rami danni iscritte in bilancio nei periodi di imposta precedenti. Comma da ultimo sostituito dall'articolo 16, comma 1, del D.L. 27 giugno 2015 n. 83, convertito, con modificazioni, dalla Legge 6 agosto 2015, n. 132; a norma del comma 2 del medesimo articolo le disposizioni di cui al comma 1 si applicano dal periodo di imposta in corso al 31 dicembre 2015, vedi anche quanto disposto dai commi 3, 4 e 5. Da ultimo, il citato comma 2 dell'articolo 16 del D.L. 83/2015, come modificato dall'articolo 3, comma 3, del D.L. 23 novembre 2015, n. 183, non convertito in legge, ha disposto che le disposizioni di cui al comma 1 si applicano dal periodo di imposta successivo a quello in corso al 31 dicembre 2014. Da ultimo, modificato dall'articolo 12, comma 1, lettera b), del D.Lgs. 29 novembre 2018, n. 142. Per l'applicazione delle presenti disposizioni vedi l'articolo 13, comma 9, del D.Lgs. 142/2018 medesimo.*
[4] *Comma aggiunto dall'articolo 7, comma 1, lettera a), del D.L. 1° luglio 2009, n. 78 e successivamente abrogato dall'articolo 1, comma 160, lettera c), numero 2), della Legge 27 dicembre 2013, n. 147. A norma del comma 161, del medesimo articolo 1, Legge 147/2013 le disposizioni di cui al presente comma si applicano dal periodo di imposta in corso al 31 dicembre 2013. Resta ferma l'applicazione delle previgenti disposizioni fiscali alle rettifiche di valore e alle variazioni della riserva sinistri relativa ai contratti di assicurazione dei rami danni iscritte in bilancio nei periodi di imposta precedenti.*
[5] *Comma modificato dall'articolo 1, comma 160, lettera c), numero 3),*

della Legge 27 dicembre 2013, n. 147. A norma del comma 161, del medesimo articolo 1, Legge 147/2013 le disposizioni di cui al presente comma si applicano dal periodo di imposta in corso al 31 dicembre 2013. Resta ferma l'applicazione delle previgenti disposizioni fiscali alle rettifiche di valore e alle variazioni della riserva sinistri relativa ai contratti di assicurazione dei rami danni iscritte in bilancio nei periodi di imposta precedenti. Da ultimo, modificato dall'articolo 12, comma 1, lettera b), del D.Lgs. 29 novembre 2018, n. 142. Per l'applicazione delle presenti disposizioni vedi l'articolo 13, comma 9, del D.Lgs. 142/2018 medesimo.

(6) *Comma modificato dall'articolo 7, comma 1, lettera b), del D.L. 1° luglio 2009, n. 78 e successivamente abrogato dall'articolo 1, comma 160, lettera c), numero 2), della Legge 27 dicembre 2013, n. 147. A norma del comma 161, del medesimo articolo 1, Legge 147/2013 le disposizioni di cui al presente comma si applicano dal periodo di imposta in corso al 31 dicembre 2013. Resta ferma l'applicazione delle previgenti disposizioni fiscali alle rettifiche di valore e alle variazioni della riserva sinistri relativa ai contratti di assicurazione dei rami danni iscritte in bilancio nei periodi di imposta precedenti.*

106 *bis*. Credito per le imposte pagate all'estero e credito d'imposta figurativo (1)(2). – [*1. L'imposta corrispondente al credito per le imposte pagate all'estero di cui all'art. 15, nonchè quella relativa ai redditi prodotti all'estero, per i quali in base alle convenzioni contro le doppie imposizioni sui redditi è riconosciuto il credito d'imposta figurativo, sono computate, fino a concorrenza dei predetti crediti, nell'ammontare delle imposte di cui al comma 4 dell'art. 105, recante adempimenti per l'attribuzione del credito di imposta ai soci o partecipanti sugli utili distribuiti, secondo i criteri previsti per gli utili di cui al n. 2) del predetto comma.*]

(1) *Il D.Lgs. 12 dicembre 2003, n. 344, ha disposto, con l'articolo 1, comma 1, la totale modifica del presente provvedimento, e ne ha ridefinito la struttura di titoli, capi e sezioni.*

(2) *Articolo aggiunto dall'articolo 2, comma 1, numero 13), del D.Lgs. 18 dicembre 1997, n. 467 e successivamente sostituito dall'articolo 1, comma 1, lettera d), della legge 21 novembre 2000, n. 342 e non più previsto nella nuova numerazione intervenuta con l'articolo 1, comma 1, del D.Lgs. 12 dicembre 2003, n. 344.*

107. Altri accantonamenti (1)(2). – 1. Gli accantonamenti a fronte delle spese per lavori ciclici di manutenzione e revisione delle navi e degli aeromobili sono deducibili nei limiti del 5 per cento del costo di ciascuna nave o aeromobile quale risulta all'inizio dell'esercizio dal registro dei beni ammortizzabili. La differenza tra l'ammontare complessivamente dedotto e la spesa complessivamente sostenuta concorre a formare il reddito, o è deducibile se negativa, nell'esercizio in cui ha termine il ciclo.

2. Per le imprese concessionarie della costruzione e dell'esercizio di opere pubbliche e le imprese subconcessionarie di queste sono deducibili gli accantonamenti a fronte delle spese di ripristino o di sostituzione dei beni gratuitamente devolvibili allo scadere della concessione e delle altre spese di cui al comma 6 dell'articolo 102. La deduzione è ammessa, per ciascun bene, nel limite massimo del cinque per cento del costo e non è più ammessa quando il fondo ha raggiunto l'ammontare complessivo delle spese relative al bene medesimo sostenute negli ultimi due esercizi. Per le imprese concessionarie di costruzione e gestione di autostrade e trafori la percentuale di cui al periodo precedente è pari all'1 per cento. Le spese sostenute in un esercizio sono superiori all'ammontare del fondo l'eccedenza è deducibile in quote costanti nell'esercizio stesso e nei cinque successivi. L'ammontare degli accantonamenti non utilizzati concorre a formare il reddito dell'esercizio in cui avviene la devoluzione (3).

3. Gli accantonamenti a fronte degli oneri derivanti da operazioni a premio e da concorsi a premio sono deducibili in misura non superiore, rispettivamente, al 30 per cento e al 70 per cento dell'ammontare degli impegni assunti nell'esercizio, a condizione che siano distinti per esercizio di formazione. L'utilizzo a copertura degli oneri relativi ai singoli esercizi deve essere effettuato a carico dei corrispondenti accantonamenti sulla base del valore unitario di formazione degli stessi e le eventuali differenze rispetto a tale valore costituiscono sopravvenienze attive o passive. L'ammontare dei fondi non utilizzato al termine del terzo esercizio successivo a quello di formazione concorre a formare il reddito dell'esercizio stesso.

4. Non sono ammesse deduzioni per accantonamenti diversi da quelli espressamente considerati dalle disposizioni del presente capo.

(1) *Il D.Lgs. 12 dicembre 2003, n. 344, ha disposto, con l'articolo 1, comma 1, la totale modifica del presente provvedimento, e ne ha ridefinito la struttura di titoli, capi e sezioni. Nel testo precedente la riforma introdotta dal D.Lgs. 344/2003 le disposizioni contenute nel presente articolo erano previste dall'articolo 73.*

(2) *Articolo modificato dall'articolo 14, comma 3, lettera h), della legge 24 dicembre 1993, n. 537, dall'articolo 1, comma 1, lettera d), del D.L. 31 dicembre 1996, n. 669 e successivamente sostituito dall'articolo 1, comma 1, del D.Lgs. 12 dicembre 2003, n. 344.*

(3) *Comma modificato dall'articolo 1, comma 71, della legge 27 dicembre 2006, n. 296 e successivamente dall'articolo 23, comma 10, del D.L. 6 luglio 2011, n. 98.*

108. Spese relative a più esercizi (1)(2). – . Le spese relative a più esercizi sono deducibili nel limite della quota imputabile a ciascun esercizio (3).

2. [*Le spese di pubblicità e di propaganda sono deducibili nell'esercizio in cui sono state sostenute o in quote costanti nell'esercizio stesso e nei quattro successivi.*] Le spese di rappresentanza sono deducibili nel periodo di imposta di sostenimento se rispondenti ai requisiti di inerenza stabiliti con decreto del Ministro dell'economia e delle finanze, anche in funzione della natura e della destinazione delle stesse. Le spese del periodo precedente sono commisurate all'ammontare dei ricavi e proventi della gestione caratteristica dell'impresa risultanti dalla dichiarazione dei redditi relativa allo stesso periodo in misura pari:

a) all'1,5 per cento dei ricavi e altri proventi fino a euro 10 milioni;

b) allo 0,6 per cento dei ricavi e altri proventi per la parte eccedente euro 10 milioni e fino a 50 milioni;

c) allo 0,4 per cento dei ricavi e altri proventi per la parte eccedente euro 50 milioni. Sono comunque deducibili le spese relative a beni distribuiti gratuitamente di valore unitario non superiore a euro 50 (4)

3. Le quote di ammortamento dei beni acquisiti in esito agli studi e alle ricerche sono calcolate sul costo degli stessi diminuito dell'importo già dedotto. Per i contributi corrisposti a norma di legge dallo Stato o da altri enti pubblici a fronte dei costi relativi a studi e ricerche si applica l'articolo 88, comma 3 (5).

4. Le spese di cui al presente articolo sostenute dalle imprese di nuova costituzione, comprese le spese di impianto, sono deducibili secondo le disposizioni dei commi 1 e 2 a partire dall'esercizio in cui sono conseguiti i primi ricavi (6).

4-bis. Ai fini dell'applicazione delle disposizioni di cui al comma 2, il contribuente può interpellare l'amministrazione, ai sensi dell'articolo 11, comma 1, lettera a), in ordine alla qualificazione di determinate spese, sostenute dal contribuente, tra quelle di pubblicità e di propaganda ovvero tra quelle di rappresentanza [7].

[1] *Il D.Lgs. 12 dicembre 2003, n. 344, ha disposto, con l'articolo 1, comma 1, la totale modifica del presente provvedimento, e ne ha ridefinito la struttura di titoli, capi e sezioni. Nel testo precedente la riforma introdotta dal D.Lgs. 344/2003 le disposizioni contenute nel presente articolo erano previste dall'articolo 74.*

[2] *Articolo modificato dall'articolo 26, comma 12, del D.L. 29 giugno 1989, n. 69, dall'articolo 1, comma 1, lettera q), del D.L. 29 giugno 1994, n. 416, dall'articolo 3, comma 93, della legge 28 dicembre 1995, n. 549 e successivamente sostituito dall'articolo 1, comma 1, del D.Lgs. 12 dicembre 2003, n. 344.*

[3] *Comma sostituito dall'articolo 13-bis, comma 2, lettera c), numero 1), del D.L. 30 dicembre 2016 n. 244, convertito con modificazioni dalla Legge 27 febbraio 2017, n. 19.*

[4] *Comma modificato, a decorrere dal periodo d'imposta successivo a quello in corso al 31 dicembre 2007, dall'articolo 1, comma 33, lettera p), della legge 24 dicembre 2007, n. 244 e successivamente dall'articolo 9, comma 1, del D.Lgs.14 settembre 2015, n. 147; a norma del comma 4, la presente disposizione si applica a decorrere dal periodo di imposta successivo a quello in corso alla data di entrata in vigore del citato decreto. Vedi, inoltre, quanto disposto dal comma 2 dello stesso articolo. Comma da ultimo modificato dall'articolo 13-bis, comma 2, lettera c), numero 2), del D.L. 30 dicembre 2016 n. 244, convertito con modificazioni dalla Legge 27 febbraio 2017, n. 19.*

[5] *Comma modificato dall'articolo 11, comma 1, lettera c), del D.Lgs. 28 febbraio 2005, n. 38 e successivamente sostituito dall'articolo 13-bis, comma 2, lettera c), numero 3), del D.L. 30 dicembre 2016 n. 244, convertito con modificazioni dalla Legge 27 febbraio 2017, n. 19.*

[6] *Comma modificato dall'articolo 13-bis, comma 2, lettera c), numero 4), del D.L. 30 dicembre 2016 n. 244, convertito con modificazioni dalla Legge 27 febbraio 2017, n. 19.*

[7] *Comma inserito dall'articolo 7, comma 8, del D.lgs. 24 settembre 2015, n. 156.*

109. Norme generali sui componenti del reddito d'impresa [1][2]. – 1. I ricavi, le spese e gli altri componenti positivi e negativi, per i quali le precedenti norme della presente Sezione non dispongono diversamente, concorrono a formare il reddito nell'esercizio di competenza; tuttavia i ricavi, le spese e gli altri componenti di cui nell'esercizio di competenza non sia ancora certa l'esistenza o determinabile in modo obiettivo l'ammontare concorrono a formarlo nell'esercizio in cui si verificano tali condizioni [A].

2. Ai fini della determinazione dell'esercizio di competenza:

a) i corrispettivi delle cessioni si considerano conseguiti, e le spese di acquisizione dei beni si considerano sostenute, alla data della consegna o spedizione per i beni mobili e della stipulazione dell'atto per gli immobili e per le aziende, ovvero, se diversa e successiva, alla data in cui si verifica l'effetto traslativo o costitutivo della proprietà o di altro diritto reale. Non si tiene conto delle clausole di riserva della proprietà. La locazione con clausola di trasferimento della proprietà vincolante per ambedue le parti è assimilata alla vendita con riserva di proprietà;

b) i corrispettivi delle prestazioni di servizi si considerano conseguiti, e le spese di acquisizione dei servizi si considerano sostenute, alla data in cui le prestazioni sono ultimate, ovvero, per quelle dipendenti da contratti di locazione, mutuo, assicurazione e altri contratti da cui derivano corrispettivi periodici, alla data di maturazione dei corrispettivi;

c) per le società e gli enti che hanno emesso obbligazioni o titoli similari la differenza tra le somme dovute alla scadenza e quelle ricevute in dipendenza dell'emissione è deducibile in ciascun periodo di imposta per una quota determinata in conformità al piano di ammortamento del prestito.

3. I ricavi, gli altri proventi di ogni genere e le rimanenze concorrono a formare il reddito anche se non risultano imputati al conto economico.

3-bis. Le minusvalenze realizzate ai sensi dell'articolo 101 sulle azioni, quote e strumenti finanziari similari alle azioni che non possiedono i requisiti di cui all'articolo 87 non rilevano fino a concorrenza dell'importo non imponibile dei dividendi, ovvero dei loro acconti, percepiti nei trentasei mesi precedenti il realizzo. Tale disposizione si applica anche alle differenze negative tra i ricavi dei beni di cui all'articolo 85, comma 1, lettere c) e d), e i relativi costi [3].

3-ter. Le disposizioni del comma 3-bis si applicano con riferimento alle azioni, quote e strumenti finanziari similari alle azioni acquisite nei trentasei mesi precedenti il realizzo, sempre che soddisfino i requisiti per l'esenzione di cui alle lettere c) e d) del comma 1 dell'articolo 87 [4].

3-quater. Resta ferma l'applicazione dell'articolo 37-bis del decreto del Presidente della Repubblica 29 settembre 1973, n. 600, anche con riferimento ai differenziali negativi di natura finanziaria derivanti da operazioni iniziate nel periodo d'imposta o in quello precedente sulle azioni, quote e strumenti finanziari similari alle azioni di cui al comma 3-bis [5].

3-quinquies. I commi 3-bis, 3-ter e 3- quater non si applicano ai soggetti che redigono il bilancio in base ai principi contabili internazionali di cui al regolamento (CE) n. 1606/2002 del Parlamento europeo e del Consiglio, del 19 luglio 2002 [6].

3-sexies. Al fine di disapplicare le disposizioni di cui ai commi 3-bis e 3-ter il contribuente interpella l'amministrazione ai sensi dell'articolo 11, comma 2, della legge 27 luglio 2000, n. 212, recante lo Statuto dei diritti del contribuente [7].

4. Le spese e gli altri componenti negativi non sono ammessi in deduzione se e nella misura in cui non risultano imputati al conto economico relativo all'esercizio di competenza. Si considerano imputati a conto economico i componenti imputati direttamente a patrimonio per effetto dei principi contabili adottati dall'impresa. Sono tuttavia deducibili [8]:

a) quelli imputati al conto economico di un esercizio precedente, se la deduzione è stata rinviata in conformità alle precedenti norme della presente sezione che dispongono o consentono il rinvio;

b) quelli che pur non essendo imputabili al conto economico, sono deducibili per disposizione di legge. [*Gli ammortamenti dei beni materiali e immateriali, le altre rettifiche di valore, gli accantonamenti, le spese relative a studi e ricerche di sviluppo e le differenze tra i canoni di locazione finanziaria di cui all'articolo 102, comma 7, e la somma degli ammortamenti dei beni acquisiti in locazione finanziaria e degli interessi passivi che derivano dai relativi contratti imputati a conto economico sono deducibili se in un apposito prospetto della dichiarazione dei redditi è indicato il loro importo complessivo, i valori civili e fiscali dei beni, delle spese di cui all'articolo 108, comma 1, e dei fondi. In caso di distribuzione, le riserve di patrimonio netto e gli utili d'esercizio, anche se conseguiti successivamente al periodo d'imposta cui si riferisce la deduzione, concorrono a formare il reddito se e nella misura in cui l'ammontare delle restanti riserve di patrimonio netto [, diverse dalla riserva legale,*] e dei restanti utili portati a nuovo risulti inferiore all'eccedenza degli ammortamenti, delle rettifiche di valore e degli accantonamenti dedotti rispetto a quelli imputati a conto economico, al netto del fondo imposte differite correlato agli importi dedotti.

La parte delle riserve e degli utili di esercizio distribuiti che concorre a formare il reddito ai sensi del precedente periodo è aumentata delle imposte differite ad essa corrispondenti. L'ammontare dell'eccedenza è ridotto degli ammortamenti, delle plusvalenze o minusvalenze, delle rettifiche di valore relativi agli stessi beni e degli accantonamenti, nonché delle riserve di patrimonio netto e degli utili d'esercizio distribuiti, che hanno concorso alla formazione del reddito.] Le spese e gli oneri specificamente afferenti i ricavi e gli altri proventi, che pur non risultando imputati al conto economico concorrono a formare il reddito, sono ammessi in deduzione se e nella misura in cui risultano da elementi certi e precisi [(9)].

5. Le spese e gli altri componenti negativi diversi dagli interessi passivi, tranne gli oneri fiscali, contributivi e di utilità sociale, sono deducibili se e nella misura in cui si riferiscono ad attività o beni da cui derivano ricavi o altri proventi che concorrono a formare il reddito o che non vi concorrono in quanto esclusi. Se si riferiscono indistintamente ad attività o beni produttivi di proventi computabili e ad attività o beni produttivi di proventi non computabili in quanto esenti nella determinazione del reddito sono deducibili per la parte corrispondente al rapporto tra l'ammontare dei ricavi e altri proventi che concorrono a formare il reddito d'impresa o che non vi concorrono in quanto esclusi e l'ammontare complessivo di tutti i ricavi e proventi. Le plusvalenze di cui all'articolo 87, non rilevano ai fini dell'applicazione del periodo precedente. Fermo restando quanto previsto dai periodi precedenti, le spese relative a prestazioni alberghiere e a somministrazioni di alimenti e bevande, diverse da quelle di cui al comma 3 dell'articolo 95, sono deducibili nella misura del 75 per cento [(10)].

[6. Qualora nell'esercizio siano stati conseguiti gli interessi e i proventi di cui al comma 3 dell'articolo 1996 che eccedono l'ammontare degli interessi passivi, fino a concorrenza di tale eccedenza non sono deducibili le spese e gli altri componenti negativi di cui al secondo periodo del precedente comma e, ai fini del rapporto previsto dal predetto articolo 96, non si tiene conto di un ammontare corrispondente a quello non ammesso in deduzione.] [(11)]

7. In deroga al comma 1 gli interessi di mora concorrono alla formazione del reddito nell'esercizio in cui sono percepiti o corrisposti.

8. In deroga al comma 5 non è deducibile il costo sostenuto per l'acquisto del diritto d'usufrutto o altro diritto analogo relativamente ad una partecipazione societaria da cui derivino utili esclusi ai sensi dell'articolo 89.

9. Non è deducibile ogni tipo di remunerazione dovuta:

a) su titoli, strumenti finanziari comunque denominati, di cui all'articolo 44, per la quota di essa che direttamente o indirettamente comporti la partecipazione ai risultati economici della società emittente o di altre società appartenenti allo stesso gruppo o dell'affare in relazione al quale gli strumenti finanziari sono stati emessi;

b) relativamente ai contratti di associazione in partecipazione ed a quelli di cui all'articolo 2554 del codice civile allorché sia previsto un apporto diverso da quello di opere e servizi.

(1) *Il D.Lgs. 12 dicembre 2003, n. 344, ha disposto, con l'articolo 1, comma 1, la totale modifica del presente provvedimento, e ne ha ridefinito la struttura di titoli, capi e sezioni. Nel testo precedente la riforma introdotta dal D.Lgs. 344/2003 le disposizioni contenute nel presente articolo erano previste dall'articolo 75.*

(2) *Articolo modificato dall'articolo 1, comma 1, del D.P.R. 4 febbraio 1988, n. 42, dall'articolo 2, comma 6-bis, del D.L. 27 aprile 1990, n. 90, dall'articolo 13-bis, comma 1, del D.L. 19 settembre 1992, n. 384, dall'articolo 5, comma 1, del D.P.R. 9 dicembre 1996, n. 695 e successivamente sostituito dall'articolo 1, comma 1, del D.Lgs. 12 dicembre 2003, n. 344.*

(3) *Comma aggiunto dall'articolo 5-quinques, comma 1, del D.L. 30 settembre 2005, n. 203.*

(4) *Comma aggiunto dall'articolo 5-quinques, comma 1, del D.L. 30 settembre 2005, n. 203.*

(5) *Comma aggiunto dall'articolo 5-quinques, comma 1, del D.L. 30 settembre 2005, n. 203.*

(6) *Comma aggiunto dall'articolo 1, comma 58, lettera h), della legge 24 dicembre 2007, n. 244.*

(7) *Comma aggiunto dall'articolo 7, comma 11, del D.lgs. 24 settembre 2015, n. 156*

(8) *Alinea modificato dall'articolo 11, comma 1, lettera d), del D.Lgs. 28 febbraio 2005, n. 38 e successivamente dall'articolo 13-bis, comma 2, lettera d), del D.L. 30 dicembre 2016 n. 244, convertito con modificazioni dalla Legge 27 febbraio 2017, n. 19.*

(9) *Lettera modificata dall'articolo 6, comma 10, del D.Lgs. 18 novembre 2005, n. 247, dall'articolo 37, comma 47, del D.L. 4 luglio 2006, n. 223 e successivamente, con effetto dal periodo d'imposta successivo a quello in corso al 31 dicembre 2007, dall'articolo 1, comma 33, lettera q), numero 1), della legge 24 dicembre 2007, n. 244.*

(10) *Comma modificato, a decorrere dal periodo d'imposta successivo a quello in corso al 31 dicembre 2007, dall'articolo 1, comma 33, lettera q), numero 2), della legge 24 dicembre 2007, n. 244 e successivamente a partire dal periodo d'imposta successivo a quello in corso al 31 dicembre 2008, dall'articolo 83, comma 28-quater, lettera a), del D.L. 25 giugno 2008, n. 112.*

(11) *Comma abrogato, a decorrere dal periodo d'imposta successivo a quello in corso al 31 dicembre 2007, dall'articolo 1, comma 33, lettera q), numero 3), della legge 24 dicembre 2007, n. 244.*

109 *bis*. Regime forfetario degli enti non commerciali [(1)(2)]. – *[1. Fatto salvo quanto previsto, per le associazioni sportive dilettantistiche, dalla legge 16 dicembre 1991, n. 398, e per le associazioni senza scopo di lucro e per le pro-loco, dall'art. 9- bis del decreto-legge 30 dicembre 1991, n. 417, convertito, con modificazioni, dalla legge 6 febbraio 1962, n. 66, gli enti non commerciali ammessi alla contabilità semplificata ai sensi dell'art. 18 del decreto del Presidente della Repubblica 29 settembre 1973, n. 600, possono optare per la determinazione forfetaria del reddito d'impresa, applicando all'ammontare dei ricavi conseguiti nell'esercizio di attività commerciali il coefficiente di redditività corrispondente alla classe di appartenenza secondo la tabella seguente ed aggiungendo l'ammontare dei componenti positivi del reddito di cui agli articoli 54, 55, 56 e 57:*

a) attività di prestazioni di servizi:

1) fino a lire 30.000.000, coefficiente 15 per cento;

2) da lire 30.000.001 a lire 600.000.000, coefficiente 25 per cento [(3)]*;*

b) altre attività:

1) fino a lire 50.000.000, coefficiente 10 per cento;

2) da lire 50.000.001 a lire 1.000.000.000, coefficiente 15 per cento.

2. Per i contribuenti che esercitano contemporaneamente prestazioni di servizi ed altre attività il coefficiente si determina con riferimento all'ammontare dei ricavi relativi all'attività prevalente. In mancanza della distinta annotazione dei ricavi si considerano prevalenti le attività di prestazioni di servizi.

3. Il regime forfetario previsto nel presente articolo si estende di anno in anno qualora i limiti indicati al comma 1 non vengano superati.

4. L'opzione è esercitata nella dichiarazione annuale dei redditi ed ha effetto dall'inizio del periodo d'imposta nel corso del quale è esercitata fino a quando non è revocata e comunque per un triennio. La revoca dell'opzione è effettuata nella dichiarazione annuale dei redditi ed ha effetto dall'inizio del periodo d'imposta nel corso del quale la dichiarazione stessa è presentata.

5. Gli enti che intraprendono l'esercizio d'impresa commerciale esercitano l'opzione nella dichiarazione da presentare ai sensi dell'art. 35 del decreto del Presidente della Repubblica 26 ottobre 1972, n. 633 e successive modificazioni.]

[1] Il D.Lgs. 12 dicembre 2003, n. 344, ha disposto, con l'articolo 1, comma 1, la totale modifica del presente provvedimento, e ne ha ridefinito la struttura di titoli, capi e sezioni.
[2] Articolo aggiunto dall'articolo 4, comma 1, del D.Lgs. 4 dicembre 1997, n. 460 e non più previsto nella nuova numerazione intervenuta con l'articolo 1, comma 1, del D.Lgs. 12 dicembre 2003, n. 344.
[3] Numero modificato dall'articolo 4, comma 1, del D.P.R. 12 aprile 2001, n. 222.

110. Norme generali sulle valutazioni [1][2]. – 1. Agli effetti delle norme del presente capo che fanno riferimento al costo dei beni senza disporre diversamente:

a) il costo è assunto al lordo delle quote di ammortamento già dedotte;

b) si comprendono nel costo anche gli oneri accessori di diretta imputazione, esclusi gli interessi passivi e le spese generali. Tuttavia per i beni materiali e immateriali strumentali per l'esercizio dell'impresa si comprendono nel costo gli interessi passivi iscritti in bilancio ad aumento del costo stesso per effetto di disposizioni di legge. Nel costo di fabbricazione si possono aggiungere con gli stessi criteri anche i costi diversi da quelli direttamente imputabili al prodotto; per gli immobili alla cui produzione è diretta l'attività dell'impresa si comprendono nel costo gli interessi passivi sui prestiti contratti per la loro costruzione o ristrutturazione [3];

c) Il costo dei beni rivalutati, diversi da quelli di cui all'articolo 85, comma 1, lettere a), b) ed e), non si intende comprensivo delle plusvalenze iscritte, ad esclusione di quelle che per disposizione di legge non concorrono a formare il reddito. Per i beni indicati nella citata lettera e) che costituiscono immobilizzazioni finanziarie le plusvalenze iscritte non concorrono a formare il reddito per la parte eccedente le minusvalenze dedotte [4];

d) il costo delle azioni, delle quote e degli strumenti finanziari similari alle azioni si intende non comprensivo dei maggiori o minori valori iscritti i quali conseguentemente non concorrono alla formazione del reddito, nè alla determinazione del valore fiscalmente riconosciuto delle rimanenze di tali azioni, quote o strumenti;

e) per i titoli a reddito fisso, che costituiscono immobilizzazioni finanziarie e sono iscritti come tali in bilancio, la differenza positiva o negativa tra il costo d'acquisto e il valore di rimborso concorre a formare il reddito per la quota maturata nell'esercizio.

1-bis. In deroga alle disposizioni delle lettere c), d) ed e) del comma 1, per i soggetti che redigono il bilancio in base ai princìpi contabili internazionali di cui al regolamento (CE) n. 1606/2002 del Parlamento europeo e del Consiglio, del 19 luglio 2002:

a) i maggiori o i minori valori dei beni indicati nell'articolo 85, comma 1, lettera e), che si considerano immobilizzazioni finanziarie ai sensi del comma 3-bis dello stesso articolo, imputati a conto economico in base alla corretta applicazione di tali princìpi, assumono rilievo anche ai fini fiscali;

b) la lettera d) del comma 1 si applica solo per le azioni, le quote e gli strumenti finanziari similari alle azioni che si considerano immobilizzazioni finanziarie ai sensi dell'articolo 85, comma 3-bis;

c) per le azioni, le quote e gli strumenti finanziari similari alle azioni, posseduti per un periodo inferiore a quello indicato nell'articolo 87, comma 1, lettera a), aventi gli altri requisiti previsti al comma 1 del medesimo articolo 87, il costo è ridotto dei relativi utili percepiti durante il periodo di possesso per la quota esclusa dalla formazione del reddito [5].

1-ter. Per i soggetti che redigono il bilancio in base ai princìpi contabili internazionali di cui al citato regolamento (CE) n. 1606/2002, i componenti positivi e negativi che derivano dalla valutazione, operata in base alla corretta applicazione di tali princìpi, delle passività assumono rilievo anche ai fini fiscali [6].

2. Per la determinazione del valore normale dei beni e dei servizi e, con riferimento alla data in cui si considerano conseguiti o sostenuti, per la valutazione dei corrispettivi, proventi, spese e oneri in natura o in valuta estera, si applicano, quando non è diversamente disposto, le disposizioni dell'articolo 9; tuttavia i corrispettivi, i proventi, le spese e gli oneri in valuta estera, percepiti o effettivamente sostenuti in data precedente, si valutano con riferimento a tale data. "La conversione in euro dei saldi di conto delle stabili organizzazioni all'estero si effettua secondo il cambio utilizzato nel bilancio in base ai corretti principi contabili e le differenze rispetto ai saldi di conto dell'esercizio precedente non concorrono alla formazione del reddito. Per le imprese che intrattengono in modo sistematico rapporti in valuta estera è consentita la tenuta della contabilità plurimonetaria con l'applicazione del cambio utilizzato nel bilancio in base ai corretti principi contabili ai saldi dei relativi conti [7].

3. La valutazione secondo il cambio alla data di chiusura dell'esercizio dei crediti e debiti in valuta, anche sotto forma di obbligazioni, di titoli cui si applica la disciplina delle obbligazioni ai sensi del codice civile o di altre leggi o di titoli assimilati, non assume rilevanza. Si tiene conto della valutazione al cambio della data di chiusura dell'esercizio delle attività e delle passività per le quali il rischio di cambio è coperto, qualora i contratti di copertura siano anche essi valutati in modo coerente secondo il cambio di chiusura dell'esercizio [8].

3-bis. In deroga alle norme degli articoli precedenti del presente capo e ai commi da 1 a 1-ter del presente articolo, non concorrono alla formazione del reddito i componenti positivi e negativi che risultano dalla valutazione delle cripto-attività alla data di chiusura del periodo di imposta a prescindere dall'imputazione al conto economico [9] .

[*4. Le minusvalenze relative ai singoli crediti ed ai singoli debiti in valuta estera, anche sotto forma di obbligazioni, i titoli cui si applica la disciplina della obbligazioni ai sensi del codice civile o di altre leggi o titoli assimilati alle obbligazioni, iscritti fra le immobilizzazioni sono deducibili per un importo non superiore alla differenza tra la valutazione di ciascun credito e di ciascun debito secondo il cambio alla data di chiusura dell'esercizio e la valutazione dello stesso debito o credito secondo il cambio del giorno in cui è sorto o del giorno antecedente più prossimo e in mancanza secondo il cambio del mese in cui è sorto. Non sono deducibili le minusvalenze relative a crediti o debiti per i quali esiste la copertura del rischio di cambio, salvo che il contratto di copertura non sia valutato in modo coerente. La minusvalenza dedotta concorre alla formazione del reddito imponibile quando per due esercizi consecutivi il cambio medio risulta più favorevole di quello utilizzato per la determinazione della minusvalenza dedotta. Ai fini della determinazione dell'importo da assoggettare a tassazione si tiene conto del cambio meno favorevole rilevato alla fine dei due esercizi considerati.*] [10]

5. I proventi determinati a norma dell'articolo 90 e i componenti negativi di cui ai commi 1 e 6 dell'articolo 102, agli articoli 104 e 106 e ai commi 1 e 2 dell'articolo 107 sono ragguagliati alla durata dell'esercizio se questa è inferiore o superiore a dodici mesi.

6. In caso di mutamento totale o parziale dei criteri di valutazione adottati nei precedenti esercizi il contribuente deve darne comunicazione all'agenzia delle entrate nella dichiarazione dei redditi o in apposito allegato.

7. I componenti del reddito derivanti da operazioni con società non residenti nel territorio dello Stato, che direttamente o indirettamente controllano l'impresa, ne sono controllate o sono controllate dalla stessa società che controlla l'impresa, sono determinati con riferimento alle condizioni e ai prezzi che sarebbero stati pattuiti tra soggetti indipendenti operanti in condizioni di libera concorrenza e in circostanze comparabili, se ne deriva un aumento del reddito. La medesima disposizione si applica anche se ne deriva una diminuzione del reddito, secondo le modalità e alle condizioni di cui all'articolo 31-quater del decreto del Presidente della Repubblica 29 settembre 1973, n. 600. Con decreto del Ministro dell'economia e delle finanze, possono essere determinate, sulla base delle migliori pratiche internazionali, le linee guida per l'applicazione del presente comma [11].

8. La rettifica da parte dell'ufficio delle valutazioni fatte dal contribuente in un esercizio ha effetto anche per gli esercizi successivi. L'ufficio tiene conto direttamente delle rettifiche operate e deve procedere a rettificare le valutazioni relative anche agli esercizi successivi.

9. Agli effetti delle norme del presente titolo che vi fanno riferimento il cambio delle valute estere in ciascun mese è accertato, su conforme parere dell'Ufficio italiano dei cambi, con provvedimento dell'Agenzia delle entrate, pubblicato nella Gazzetta Ufficiale entro il mese successivo. Sono tuttavia applicabili i tassi di cambio alternativi forniti da operatori internazionali indipendenti utilizzati dall'impresa nella contabilizzazione delle operazioni in valuta, purchè la relativa quotazione sia resa disponibile attraverso fonti di informazione pubbliche e verificabili [12].

9-bis. Le spese e gli altri componenti negativi derivanti da operazioni, che hanno avuto concreta esecuzione, intercorse con imprese residenti ovvero localizzate in Paesi o territori non cooperativi a fini fiscali sono ammessi in deduzione nei limiti del loro valore normale, determinato ai sensi dell'articolo 9. Si considerano Paesi o territori non cooperativi a fini fiscali le giurisdizioni individuate nell'allegato I alla lista UE delle giurisdizioni non cooperative a fini fiscali, adottata con conclusioni del Consiglio dell'Unione europea [13] .

9-ter. Le disposizioni del comma 9-bis non si applicano quando le imprese residenti in Italia forniscono la prova che le operazioni poste in essere rispondono a un effettivo interesse economico e che le stesse hanno avuto concreta esecuzione. Le spese e gli altri componenti negativi deducibili ai sensi del primo periodo del presente comma e ai sensi del comma 9-bis sono separatamente indicati nella dichiarazione dei redditi. L'Amministrazione, prima di procedere all'emissione dell'avviso di accertamento d'imposta o di maggiore imposta, deve notificare all'interessato un apposito avviso con il quale è concessa al medesimo la possibilità di fornire, nel termine di novanta giorni, le prove di cui al primo periodo. Ove l'Amministrazione non ritenga idonee le prove addotte, deve darne specifica motivazione nell'avviso di accertamento. A tale fine, il contribuente può interpellare l'Agenzia delle entrate ai sensi dell'articolo 11, comma 1, lettera b), della legge 27 luglio 2000, n. 212[14].

9-quater. Le disposizioni dei commi 9-bis e 9-ter non si applicano per le operazioni intercorse con soggetti non residenti cui risulti applicabile l'articolo 167, concernente disposizioni in materia di imprese estere controllate [15] .

9-quinquies. Le disposizioni dei commi 9-bis e 9-ter si applicano anche alle prestazioni di servizi rese dai professionisti domiciliati in Paesi o territori individuati ai sensi dello stesso comma 9-bis [16] .

[*10. Le spese e gli altri componenti negativi derivanti da operazioni, che hanno avuto concreta esecuzione, intercorse con imprese residenti ovvero localizzate in Stati o territori aventi regimi fiscali privilegiati sono ammessi in deduzione nei limiti del loro valore normale, determinato ai sensi dell'articolo 9. Si considerano privilegiati i regimi fiscali di Stati o territori individuati con decreto del Ministro dell'economia e delle finanze, in ragione della mancanza di un adeguato scambio di informazioni.*] [17]

[*11. Le disposizioni di cui al comma 10 non si applicano quando le imprese residenti in Italia forniscano la prova che [le imprese estere svolgono prevalentemente un'attività commerciale effettiva, ovvero che] le operazioni poste in essere rispondono ad un effettivo interesse economico e che le stesse hanno avuto concreta esecuzione. Le spese e gli altri componenti negativi deducibili ai sensi del primo periodo del presente comma e ai sensi del comma 10 sono separatamente indicati nella dichiarazione dei redditi. L'Amministrazione, prima di procedere all'emissione dell'avviso di accertamento d'imposta o di maggiore imposta, deve notificare all'interessato un apposito avviso con il quale viene concessa al medesimo la possibilità di fornire, nel termine di novanta giorni, le prove predette. Ove l'Amministrazione non ritenga idonee le prove addotte, dovrà darne specifica motivazione nell'avviso di accertamento. [La deduzione delle spese e degli altri componenti negativi di cui al comma 10 è comunque subordinata alla separata indicazione nella dichiarazione dei redditi dei relativi ammontari dedotti.] A tal fine il contribuente può interpellare l'amministrazione ai sensi dell'articolo 11, comma 1, lettera b), della legge 27 luglio 2000, n. 212, recante lo Statuto dei diritti del contribuente.*] [18]

[*12. Le disposizioni di cui ai commi 10 e 11 non si applicano per le operazioni intercorse con soggetti non residenti cui risulti applicabile gli articoli 167 [o 168], concernente disposizioni in materia di imprese estere partecipate.*] [19]

[*12-bis. Le disposizioni dei commi 10 e 11 si applicano anche alle prestazioni di servizi rese dai professionisti domiciliati in Stati o territori individuati con il decreto di cui al comma 10.*] [20]

(1) Il D.Lgs. 12 dicembre 2003, n. 344, ha disposto, con l'articolo 1, comma 1, la totale modifica del presente provvedimento, e ne ha ridefinito la struttura di titoli, capi e sezioni. Nel testo precedente la riforma introdotta dal D.Lgs. 344/2003 le disposizioni contenute nel presente articolo erano previste dall'articolo 76.

(2) Articolo modificato dall'articolo 1, comma 1, del D.P.R. 4 febbraio 1988, n. 42, dall'articolo 1, comma 1, lettera l-bis, del D.L. 27 aprile 1990, n. 90, dall'articolo 3, comma 1 del D.L. 15 settembre 1990, n. 261, dall'articolo 11, comma 12, della legge 30 dicembre 1991, n. 413, dall'articolo 1, comma 1, lettera r), numero 01), del D.L. 29 giugno 1994, n. 416, dall'articolo 21, comma 4, lettera a), della legge 27 dicembre 1997, n. 449, dall'articolo 11, comma 1, della legge 8 maggio 1998, n. 146, dall'articolo 1, comma 1, lettera b), numero 1), della legge 21 novembre 2000, n. 342, dall'articolo 9, comma 16, della legge 28 dicembre 2001, n. 448 e successivamente sostituito dall'articolo 1, comma 1, del D.Lgs. 12 dicembre 2003, n. 344.

(3) Lettera modificata dall'articolo 11, comma 1, lettera e), numero 1), del D.Lgs. 28 febbraio 2005, n. 38. Per l'ambito di applicazione cfr. con l'articolo 1, comma 1054, della Legge 30 dicembre 2020, n. 178, come modificato dall'articolo 3-quater, comma 1, lettera a) del D.L. 30 dicembre 2021, n. 228, convertito con modificazioni dalla Legge 25 febbraio 2022,

n. 15.
[4] Lettera sostituita dall'articolo 11, comma 1, lettera e), numero 1), del D.Lgs. 28 febbraio 2005, n. 38.
[5] Comma aggiunto dall'articolo 1, comma 58, lettera i), della legge 24 dicembre 2007, n. 244.
[6] Comma aggiunto dall'articolo 1, comma 58, lettera i), della legge 24 dicembre 2007, n. 244.
[7] Comma modificato dall'articolo 7-quater, comma 1, del D.L. 22 ottobre 2016, n.193,convertito, con modificazioni, dalla Legge 1° dicembre 2016 n. 225, con decorrenza dal periodo d'imposta successivo a quello in corso al 31 dicembre 2016 di cui al comma 3 del medesimo articolo 7-quater.
[8] Comma sostituito dall'articolo 11, comma 1, lettera e), numero 2), del D.Lgs. 28 febbraio 2005, n. 38.
[9] Comma inserito dall'articolo 1, comma 131, della Legge 29 dicembre 2022, n. 197. Vedi anche l'articolo l'articolo 1, comma 132, della Legge 29 dicembre 2022, n. 197.
[10]Comma abrogato dall'articolo 11, comma 1, lettera e), numero 3), del D.Lgs. 28 febbraio 2005, n. 38.
[11] Comma sostituito dall'articolo 59, comma 1, del D.L. 24 aprile 2017, n. 50, convertito, con modificazioni, dalla legge 21 giugno 2017, n. 96. Vedi anche quanto disposto dall'articolo 31-ter del D.P.R. 29 settembre 1973, n. 600, come inserito dal comma 2 del medesimo articolo 59.
[12] Comma modificato dall'articolo 13-bis, comma 2, lettera e), del D.L. 30 dicembre 2016 n. 244, convertito con modificazioni dalla Legge 27 febbraio 2017, n. 19.
[13] Comma aggiunto dall'articolo 1, comma 84, della Legge 29 dicembre 2022, n. 197.
[14]Comma aggiunto dall'articolo 1, comma 84, della Legge 29 dicembre 2022, n. 197.
[15] Comma aggiunto dall'articolo 1, comma 84, della Legge 29 dicembre 2022, n. 197.
[16]Comma aggiunto dall'articolo 1, comma 84, della Legge 29 dicembre 2022, n. 197.
[17]Comma sostituito dall'articolo 5, comma 1, lettera a), del D.Lgs. 14 settembre 2015, n. 147; a norma del comma 4 del medesimo articolo 5, le disposizioni del citato comma 1, si applicano a decorrere dal periodo di imposta in corso alla data di entrata in vigore del citato decreto. Da ultimo, comma abrogato dall'articolo 1, comma 142, lettera a), della Legge 28 dicembre 2015, n. 208 a decorrere dal periodo d'imposta successivo a quello in corso al 31 dicembre 2015.
[18] Comma modificato dall'articolo 1, comma 301, della legge 27 dicembre 2006, n. 296 e successivamente dall'articolo 5, comma 1, lettera b), del D.Lgs. 14 settembre 2015, n. 147; a norma del comma 4 del medesimo articolo 5, le disposizioni del citato comma 1, si applicano a decorrere dal periodo di imposta in corso alla data di entrata in vigore del citato decreto. Successivamente comma modificato dall'articolo 7, comma 1, del D.lgs. 24 settembre 2015, n. 156, a decorrere dal 1° gennaio 2016. Da ultimo, comma abrogato dall'articolo 1, comma 142, lettera a), della Legge 28 dicembre 2015, n. 208 a decorrere dal periodo d'imposta successivo a quello in corso al 31 dicembre 2015.
[19] Comma modificato dall'articolo 8, comma 3, del D.Lgs.14 settembre 2015, n. 147; a norma del comma 4 del medesimo articolo, la presente disposizione si applica a decorrere dal periodo di imposta in corso alla data di entrata in vigore del citato decreto. Da ultimo, comma abrogato dall'articolo 1, comma 142, lettera a), della Legge 28 dicembre 2015, n. 208 a decorrere dal periodo d'imposta successivo a quello in corso al 31 dicembre 2015.
[20] Comma aggiunto dall'articolo 1, comma 6, del D.L. 3 ottobre 2006, n. 262, modificato dall'articolo 1, comma 83, lettera h), numero 2), della Legge 24 dicembre 2007, n. 244 e, da ultimo, dall'articolo 5, comma 1, lettera c), del D.Lgs. 14 settembre 2015, n. 147; a norma del comma 4 del medesimo articolo 5, le disposizioni del citato comma 1, si applicano a decorrere dal periodo di imposta in corso alla data di entrata in vigore del citato decreto. Da ultimo, comma abrogato dall'articolo 1, comma 142, lettera a), della Legge 28 dicembre 2015, n. 208 a decorrere dal periodo d'imposta successivo a quello in corso al 31 dicembre 2015..

110 *bis*. Detrazioni d'imposta per oneri [1][2]. – [*1. Dall'imposta lorda si detrae, fino alla concorrenza del suo ammontare, un importo pari al 22 per cento degli oneri indicati alle lettere a), g), h), h-bis), i), i-bis) e i-quater) del comma 1 dell'art. 13- bis. La detrazione spetta a condizione che i predetti oneri non siano deducibili nella determinazione dei singoli redditi che concorrono a formare il reddito complessivo. In caso di rimborso degli oneri per i quali si è fruito della detrazione l'imposta dovuta per il periodo nel quale l'ente ha conseguito il rimborso è aumentata di un importo pari al 22 per cento dell'onere rimborsato* [3].]

[1] Il D.Lgs. 12 dicembre 2003, n. 344, ha disposto, con l'articolo 1, comma 1, la totale modifica del presente provvedimento, e ne ha ridefinito la struttura di titoli, capi e sezioni.
[2] Articolo aggiunto dall'articolo 3, comma 1, lettera g), del D.L. 31 maggio 1994, n. 330 e non più previsto nella nuova numerazione intervenuta con l'articolo 1, comma 1, del D.Lgs. 12 dicembre 2003, n. 344.
[3] Comma modificato dall'articolo 18, comma 1, del D.L. 23 febbraio 1995, n. 41, dall'articolo 2, comma 10, lettera c), della legge 8 ottobre 1997, n. 352, dall'articolo 13, comma 1, lettera c), del D.Lgs. 4 dicembre 1997, n. 460 e dall'articolo 22, comma 1, lettera c), della legge 7 dicembre 2000, n. 383.

111. Imprese di assicurazione [1][2]. – 1. Nella determinazione del reddito delle società e degli enti che esercitano attività assicurative concorre a formare il reddito dell'esercizio la variazione delle riserve tecniche obbligatorie fino alla misura massima stabilita a norma di legge, salvo quanto stabilito nei commi successivi.

1-bis. La variazione delle riserve tecniche obbligatorie relative al ramo vita concorre a formare il reddito dell'esercizio per la parte corrispondente al rapporto tra l'ammontare dei ricavi e degli altri proventi che concorrono a formare il reddito d'impresa e l'ammontare complessivo di tutti i ricavi e i proventi, anche se esenti o esclusi, ivi compresa la quota non imponibile dei dividendi di cui all'articolo 89, comma 2, e delle plusvalenze di cui all'articolo 87. In ogni caso, tale rapporto rileva in misura non inferiore al 95 per cento e non superiore al 98,5 per cento [3].

2. Gli utili di cui all'articolo 89, commi 2 e 3, i maggiori e i minori valori iscritti relativi alle azioni, alle quote di partecipazione e agli strumenti finanziari di cui all'articolo 85, comma 1, lettere c) e d), nonché le plusvalenze e le minusvalenze che fruiscono del regime previsto dall'articolo 87 concorrono a formare il reddito qualora siano relativi ad investimenti a beneficio di assicurati dei rami vita i quali ne sopportano il rischio. Ai fini dell'applicazione dell'articolo 165 i predetti utili si assumono nell'importo che in base all'articolo 89 concorre a formare il reddito [4].

3. La variazione della riserva sinistri relativa ai contratti di assicurazione dei rami danni, per la parte riferibile alla componente di lungo periodo, è deducibile in quote costanti nell'esercizio in cui è iscritta in bilancio e nei quattro successivi. È considerato componente di lungo periodo il 75 per cento della medesima riserva sinistri [5].

3-bis. Per le imprese di assicurazione che gestiscono sia il ramo danni che il ramo vita, la valutazione dei titoli e degli strumenti finanziari è attuata separatamente per ciascuno di essi [6].

4. Le provvigioni relative all'acquisizione dei contratti di assicurazione di durata poliennale stipulati nel periodo di imposta sono deducibili in quote costanti nel periodo stesso e nei due successivi; tuttavia per i contratti di assicurazione sulla vita possono essere dedotte per l'intero ammontare nel predetto periodo. Le provvigioni stesse, se iscritte tra gli elementi dell'attivo a copertura delle riserve tecniche, sono deducibili nei limiti dei corrispondenti caricamenti dei premi e per un periodo massimo pari alla durata di ciascun contratto e comunque non superiore a dieci anni.

[1] Il D.Lgs. 12 dicembre 2003, n. 344, ha disposto, con l'articolo 1, comma 1, la totale modifica del presente provvedimento, e ne ha ridefinito la struttura di titoli, capi e sezioni. Nel testo precedente la

riforma introdotta dal D.Lgs. 344/2003 le disposizioni contenute nel presente articolo erano previste dall'articolo 103.
(2) Articolo sostituito dall'articolo 1, comma 1, del D.Lgs. 12 dicembre 2003, n. 344.
(3) Comma aggiunto dall'articolo 38, comma 13-bis, del D.L. 31 maggio 2010, n. 78.
(4) Comma sostituito dall'articolo 6, comma 11, lettera a), del D.Lgs. 18 novembre 2005, n. 247.
(5) Comma modificato dall'articolo 6, comma 2, del D.L. 30 settembre 2005, n. 203 e successivamente dall'articolo 82, comma 6, del D.L. 25 giugno 2008, n. 112 e dall'articolo 1, comma 160, lettera d), della Legge 27 dicembre 2013, n. 147. A norma del comma 161, del medesimo articolo 1, Legge 147/2013 le disposizioni di cui al presente comma si applicano dal periodo di imposta in corso al 31 dicembre 2013. Resta ferma l'applicazione delle previgenti disposizioni fiscali alle rettifiche di valore e alle variazioni della riserva sinistri relativa ai contratti di assicurazione dei rami danni iscritte in bilancio nei periodi di imposta precedenti.
(6) Comma aggiunto dall'articolo 6, comma 11, lettera b), del D.Lgs. 18 novembre 2005, n. 247.

111 *bis*. Perdita della qualifica di ente non commerciale (1)(2). – [*1. Indipendentemente dalle previsioni statutarie, l'ente perde la qualifica di ente non commerciale qualora eserciti prevalentemente attività commerciale per un intero periodo d'imposta.*

2. Ai fini della qualificazione commerciale dell'ente si tiene conto anche dei seguenti parametri:

a) prevalenza delle immobilizzazioni relative all'attività commerciale, al netto degli ammortamenti, rispetto alle restanti attività;

b) prevalenza dei ricavi derivanti da attività commerciali rispetto al valore normale delle cessioni o prestazioni afferenti le attività istituzionali;

c) prevalenza dei redditi derivanti da attività commerciali rispetto alle entrate istituzionali, intendendo per queste ultime i contributi, le sovvenzioni, le liberalità e le quote associative;

d) prevalenza delle componenti negative inerenti all'attività commerciale rispetto alle restanti spese.

3. Il mutamento di qualifica opera a partire dal periodo d'imposta in cui vengono meno le condizioni che legittimano le agevolazioni e comporta l'obbligo di comprendere tutti i beni facenti parte del patrimonio dell'ente nell'inventario di cui all'art. 15 del decreto del Presidente della Repubblica 29 settembre 1973, n. 600. L'iscrizione nell'inventario deve essere effettuata entro sessanta giorni dall'inizio del periodo di imposta in cui ha effetto il mutamento di qualifica secondo i criteri di cui al decreto del Presidente della Repubblica 23 dicembre 1974, n. 689.

4. Le disposizioni di cui ai commi 1 e 2 non si applicano agli enti ecclesiastici riconosciuti come persone giuridiche agli effetti civili ed alle associazioni sportive dilettantistiche (3).]

(1) Il D.Lgs. 12 dicembre 2003, n. 344, ha disposto, con l'articolo 1, comma 1, la totale modifica del presente provvedimento, e ne ha ridefinito la struttura di titoli, capi e sezioni.
(2) Articolo aggiunto dall'articolo 6, comma 1, del D.Lgs. 4 dicembre 1997, n. 460 e non più previsto nella nuova numerazione intervenuta con l'articolo 1, comma 1, del D.Lgs. 12 dicembre 2003, n. 344.
(3) Comma modificato dall'articolo 90, comma 11, della legge 27 dicembre 2002, n. 289.

111 *ter*. Organizzazioni non lucrative di utilità sociale (1)(2). – [*1. Per le organizzazioni non lucrative di utilità sociale (ONLUS), ad eccezione delle società cooperative, non costituisce esercizio di attività commerciale lo svolgimento delle attività istituzionali nel perseguimento di esclusive finalità di solidarietà sociale.*

2. I proventi derivanti dall'esercizio delle attività direttamente connesse non concorrono alla formazione del reddito imponibile.]

(1) Il D.Lgs. 12 dicembre 2003, n. 344, ha disposto, con l'articolo 1, comma 1, la totale modifica del presente provvedimento, e ne ha ridefinito la struttura di titoli, capi e sezioni.
(2) Articolo aggiunto dall'articolo 12, comma 1, del D.Lgs. 4 dicembre 1997, n. 460 e non più previsto nella nuova numerazione intervenuta con l'articolo 1, comma 1, del D.Lgs. 12 dicembre 2003, n. 344.

112. Strumenti finanziari derivati (1)(2)(3). – [*1. Si considerano operazioni "fuori bilancio":*

a) i contratti di compravendita non ancora regolati, a pronti o a termine, di titoli e valute;

b) i contratti derivati con titolo sottostante;

c) i contratti derivati su valute;

d) i contratti derivati senza titolo sottostante collegati a tassi di interesse, a indici o ad altre attività.] (4)

2. Alla formazione del reddito concorrono i componenti positivi e negativi che risultano dalla valutazione degli strumenti finanziari derivati alla data di chiusura dell'esercizio (5).

3. I componenti negativi di cui al comma 2 non possono essere superiori alla differenza tra il valore del contratto o della prestazione alla data della stipula o a quella di chiusura dell'esercizio precedente e il corrispondente valore alla data di chiusura dell'esercizio. Per la determinazione di quest'ultimo valore, si assume:

a) per i contratti uniformi a termine negoziati in mercati regolamentari italiani o esteri, l'ultima quotazione rilevata entro la chiusura dell'esercizio;

b) per i contratti di compravendita di titoli il valore determinato ai sensi delle lettere a) e b) del comma 4 dell'articolo 94;

c) per i contratti di compravendita di valute, il tasso di cambio a pronti, corrente alla data di chiusura dell'esercizio, se si tratta di operazioni a pronti non ancora regolate, il tasso di cambio a termine corrente alla suddetta data per scadenze corrispondenti a quelle delle operazioni oggetto di valutazione, se si tratta di operazioni a termine;

d) in tutti gli altri casi, il valore determinato secondo i criteri di cui alla lettera c) del comma 4 dell'articolo 9.

3-bis. In deroga al comma 3, per i soggetti che redigono il bilancio in base ai princìpi contabili internazionali di cui al mento (CE) n. 1606/2002 del Parlamento europeo e del Consiglio, del 19 luglio 2002, e per i soggetti, diversi dalle micro-imprese di cui all'articolo 2435-ter del codice civile, che redigono il bilancio in conformità alle disposizioni del codice civile, i componenti negativi imputati al conto economico in base alla corretta applicazione di tali princìpi assumono rilievo anche ai fini fiscali (6).

4. Se gli strumenti finanziari derivati di cui al comma 2 sono iscritti in bilancio con finalità di copertura di attività o passività, ovvero sono coperte da attività o passività, i relativi componenti positivi e negativi derivanti da valutazione o da realizzo concorrono a formare il reddito secondo le medesime disposizioni che disciplinano i componenti positivi e negativi, derivanti da valutazione o da realizzo, delle attività o passività rispettivamente coperte o di copertura (7).

5. Se gli strumenti finanziari derivati di cui al comma 2 sono iscritti in bilancio con finalità di copertura dei rischi relativi ad attività e passività produttive di interessi, i relativi componenti positivi e negativi concorrono a formare il reddito, secondo lo stesso criterio di imputazione degli interessi, se le operazioni hanno finalità di copertura di rischi connessi a specifiche attività e passività, ovvero secondo la durata del contratto, se le operazioni hanno finalità di copertura di rischi connessi ad insiemi di attività e passività (8).

6. Ai fini del presente articolo lo strumento finanziario derivato si considera con finalità di copertura in base alla corretta applicazione dei principi contabili adottati dall'impresa [9].

[1] *Il D.Lgs. 12 dicembre 2003, n. 344, ha disposto, con l'articolo 1, comma 1, la totale modifica del presente provvedimento, e ne ha ridefinito la struttura di titoli, capi e sezioni.*
[2] *Articolo sostituito dall'articolo 1, comma 1, del D.Lgs. 12 dicembre 2003, n. 344 e successivamente dall'articolo 11, comma 1, lettera f), del D.Lgs. 28 febbraio 2005, n. 38.*
[3] *Rubrica sostituita dall'articolo 13-bis, comma 2, lettera f), numero 7), del D.L. 30 dicembre 2016 n. 244, convertito con modificazioni dalla Legge 27 febbraio 2017, n. 19.*
[4] *Comma abrogato dall'articolo 13-bis, comma 2, lettera f), numero 1), del D.L. 30 dicembre 2016 n. 244, convertito con modificazioni dalla Legge 27 febbraio 2017, n. 19.*
[5] *Comma modificato dall'articolo 13-bis, comma 2, lettera f), numero 2), del D.L. 30 dicembre 2016 n. 244, convertito con modificazioni dalla Legge 27 febbraio 2017, n. 19.*
[6] *Comma aggiunto dall'articolo 1, comma 58, lettera l), della legge 24 dicembre 2007, n. 244 e successivamente modificato dall'articolo 13-bis, comma 2, lettera f), numero 3), del D.L. 30 dicembre 2016 n. 244, convertito con modificazioni dalla Legge 27 febbraio 2017, n. 19.*
[7] *Comma modificato dall'articolo 13-bis, comma 2, lettera f), numero 4), del D.L. 30 dicembre 2016 n. 244, convertito con modificazioni dalla Legge 27 febbraio 2017, n. 19.*
[8] *Comma modificato dall'articolo 13-bis, comma 2, lettera f), numero 5), del D.L. 30 dicembre 2016 n. 244, convertito con modificazioni dalla Legge 27 febbraio 2017, n. 19.*
[9] *Comma sostituito dall'articolo 13-bis, comma 2, lettera f), numero 6), del D.L. 30 dicembre 2016 n. 244, convertito con modificazioni dalla Legge 27 febbraio 2017, n. 19.*

113. Partecipazioni acquisite per il recupero di crediti bancari [1][2]. – 1. Gli intermediari finanziari possono optare per la non applicazione del regime di cui all'articolo 87 alle partecipazioni acquisite nell'ambito degli interventi finalizzati al recupero di crediti o derivanti dalla conversione in azioni di nuova emissione dei crediti verso imprese in temporanea difficoltà finanziaria, nel rispetto delle diposizioni di vigilanza per le banche emanate da parte di Banca d'Italia ai sensi dell'articolo 23 della legge 28 dicembre 2005 n. 262[3].

2. L'opzione di cui al comma 1 può essere esercitata quando sussistono:

a) nel caso di acquisizione di partecipazioni per il recupero dei crediti, i motivi di convenienza rispetto ad altre forme alternative di recupero dei crediti, le modalità ed i tempi previsti per il recupero e, ove si tratti di partecipazioni dirette nella società debitrice, che l'operatività di quest'ultima sarà limitata agli atti connessi con il realizzo e la valorizzazione del patrimonio;

b) nel caso di conversione di crediti, gli elementi che inducono a ritenere temporanea la situazione di difficoltà finanziaria del debitore, ragionevoli le prospettive di riequilibrio economico e finanziario nel medio periodo ed economicamente conveniente la conversione rispetto ad altre forme alternative di recupero dei crediti; inoltre il piano di risanamento deve essere predisposto da più intermediari finanziari rappresentanti una quota elevata dell'esposizione debitoria dell'impresa in difficoltà[4].

3. L'opzione di cui al comma 1 comporta, nei confronti della società di cui si acquisisce la partecipazione, la rinuncia ad avvalersi delle opzioni di cui alle sezioni II e III del presente capo e della facoltà prevista dall'articolo 115 fino all'esercizio in cui mantenga il possesso delle partecipazioni di cui sopra.

4. Ove sussistano le condizioni di cui ai commi 1, 2 e 3, l'opzione di cui al comma 1 comporta, ai fini dell'applicazione degli articoli 101, comma 5, e 106, da parte degli originari creditori, l'equiparazione ai crediti estinti o convertiti delle partecipazioni acquisite e delle quote di partecipazioni successivamente sottoscritte per effetto dell'esercizio del relativo diritto d'opzione, a condizione che il valore dei crediti convertiti sia trasferito alle azioni ricevute.

5. Gli intermediari finanziari possono interpellare l'amministrazione ai sensi dell'articolo 11, comma 1, lettera b), della legge 27 luglio 2000, n. 212, recante lo Statuto dei diritti del contribuente. La relativa istanza deve indicare le condizioni di cui ai commi 2 e 3[5].

6. L'intermediario finanziario che non intende applicare il regime di cui all'articolo 87 ma non ha presentato l'istanza di interpello prevista dal comma 5, ovvero, avendola presentata, non ha ricevuto risposta positiva deve segnalare nella dichiarazione dei redditi gli elementi conoscitivi essenziali indicati con provvedimento del Direttore dell'Agenzia delle entrate[6].

[1] *Il D.Lgs. 12 dicembre 2003, n. 344, ha disposto, con l'articolo 1, comma 1, la totale modifica del presente provvedimento, e ne ha ridefinito la struttura di titoli, capi e sezioni.*
[2] *Articolo sostituito dall'articolo 1, comma 1, del D.Lgs. 12 dicembre 2003, n. 344 e successivamente dall'articolo 7, comma 1, del D.Lgs. 24 settembre 2015, n. 156, a decorrere dal 1° gennaio 2016.*
[3] *Comma modificato dall'articolo 12, comma 1, lettera c), numero 1), del D.Lgs. 29 novembre 2018, n. 142. Per l'applicazione delle presenti disposizioni vedi l'articolo 13, comma 9, del D.Lgs. 142/2018 medesimo.*
[4] *Lettera modificata dall'articolo 12, comma 1, lettera c), numero 2), del D.Lgs. 29 novembre 2018, n. 142. Per l'applicazione delle presenti disposizioni vedi l'articolo 13, comma 9, del D.Lgs. 142/2018 medesimo.*
[5] *Comma modificato dall'articolo 12, comma 1, lettera c), numero 1), del D.Lgs. 29 novembre 2018, n. 142. Per l'applicazione delle presenti disposizioni vedi l'articolo 13, comma 9, del D.Lgs. 142/2018 medesimo.*
[6] *Comma modificato dall'articolo 12, comma 1, lettera c), numero 3), del D.Lgs. 29 novembre 2018, n. 142. Per l'applicazione delle presenti disposizioni vedi l'articolo 13, comma 9, del D.Lgs. 142/2018 medesimo.*

114. Banca d'Italia e Ufficio italiano dei cambi [1][2]. – 1. Nella determinazione del reddito della Banca d'Italia e dell'Ufficio italiano dei cambi assumono rilevanza i bilanci compilati in conformità ai criteri di rilevazione e di redazione adottati dalla Banca Centrale Europea ai sensi dello Statuto del SEBC e alle raccomandazioni dalla stessa formulate in materia, e non si tiene conto degli utili e dei proventi da versare allo Stato in ottemperanza a disposizioni legislative, regolamentari, statutarie, a deliberazioni del Comitato interministeriale per il credito e il risparmio o a convenzioni con il Ministero dell'economia e delle finanze.

2. Salvo quanto previsto al comma 1, si applicano le disposizioni di cui agli articoli 110, comma 2, terzo periodo, 106 commi 3, 4 e 5, e 112.

[1] *Il D.Lgs. 12 dicembre 2003, n. 344, ha disposto, con l'articolo 1, comma 1, la totale modifica del presente provvedimento, e ne ha ridefinito la struttura di titoli, capi e sezioni. Nel testo precedente la riforma introdotta dal D.Lgs. 344/2003 le disposizioni contenute nel presente articolo erano previste dall'articolo 104.*
[2] *Articolo modificato dall'articolo 1, comma 1, lettera t), del D.L. 29 giugno 1994, n. 416 e successivamente sostituito dall'articolo 1, comma 1, del D.Lgs. 12 dicembre 2003, n. 344 e, con effetto per il periodo di imposta che inizia a decorrere dal 1° gennaio 2005, dall'articolo 6, comma 12, del D.Lgs. 18 novembre 2005, n. 247.*

115. Opzione per la trasparenza fiscale [1][2]. – 1.

Esercitando l'opzione di cui al comma 4, il reddito imponibile dei soggetti di cui all'articolo 73, comma 1, lettera a), al cui capitale sociale partecipano esclusivamente soggetti di cui allo stesso articolo 73, comma 1, lettera a), ciascuno con una percentuale del diritto di voto esercitabile nell'assemblea generale, richiamata dall'articolo 2346 del codice civile, e di partecipazione agli utili non inferiore al 10 per cento e non superiore al 50 per cento, è imputato a ciascun socio, indipendentemente dall'effettiva percezione, proporzionalmente alla sua quota di partecipazione agli utili. Ai soli fini dell'ammissione al regime di cui al presente articolo, nella percentuale di partecipazione agli utili di cui al periodo precedente non si considerano le azioni prive del predetto diritto di voto e la quota di utili delle azioni di cui all'articolo 2350, secondo comma, primo periodo, del codice civile, si assume pari alla quota di partecipazione al capitale delle azioni medesime. I requisiti di cui al primo periodo devono sussistere a partire dal primo giorno del periodo d'imposta della partecipata in cui si esercita l'opzione e permanere ininterrottamente sino al termine del periodo di opzione. L'esercizio dell'opzione non è consentito nel caso in cui:

a) i soci partecipanti fruiscano della riduzione dell'aliquota dell'imposta sul reddito delle società;

b) la società partecipata eserciti l'opzione di cui agli articoli 117 e 130 (3).

2. Nel caso in cui i soci con i requisiti di cui al comma 1 non siano residenti nel territorio dello Stato l'esercizio dell'opzione è consentito a condizione che non vi sia obbligo di ritenuta alla fonte sugli utili distribuiti.

3. L'imputazione del reddito avviene nei periodi d'imposta delle società partecipanti in corso alla data di chiusura dell'esercizio della società partecipata. Le ritenute operate a titolo d'acconto sui redditi di tale società, i relativi crediti d'imposta e gli acconti versati si scomputano dalle imposte dovute dai singoli soci secondo la percentuale di partecipazione agli utili di ciascuno. Le perdite fiscali della società partecipata relative a periodi in cui è efficace l'opzione sono imputate ai soci in proporzione alle rispettive quote di partecipazione ed entro il limite della propria quota del patrimonio netto contabile della società partecipata. Le perdite fiscali dei soci relative agli esercizi anteriori all'inizio della tassazione per trasparenza non possono essere utilizzate per compensare i redditi imputati dalle società partecipate (4).

4. L'opzione è irrevocabile per tre esercizi sociali della società partecipata e deve essere esercitata da tutte le società e comunicata all'Amministrazione finanziaria, con la dichiarazione presentata nel periodo d'imposta a decorrere dal quale si intende esercitare l'opzione. Al termine del triennio l'opzione si intende tacitamente rinnovata per un altro triennio a meno che non sia revocata, secondo le modalità e i termini previsti per la comunicazione dell'opzione. La disposizione di cui al periodo precedente si applica al termine di ciascun triennio (5).

5. L'esercizio dell'opzione di cui al comma 4 non modifica il regime fiscale in capo ai soci di quanto distribuito dalla società partecipata utilizzando riserve costituite con utili di precedenti esercizi o riserve di cui all'articolo 47, comma 5. Ai fini dell'applicazione del presente comma, durante i periodi di validità dell'opzione, salva una diversa esplicita volontà assembleare, si considerano prioritariamente distribuiti gli utili imputati ai soci ai sensi del comma 1. In caso di coperture di perdite, si considerano prioritariamente utilizzati gli utili imputati ai soci ai sensi del comma 1.

6. Nel caso vengano meno le condizioni per l'esercizio dell'opzione, l'efficacia della stessa cessa dall'inizio dell'esercizio sociale in corso della società partecipata. Gli effetti dell'opzione non vengono meno nel caso di mutamento della compagine sociale della società partecipata mediante l'ingresso di nuovi soci con i requisiti di cui al comma 1 o 2.

7. Nel primo esercizio di efficacia dell'opzione gli obblighi di acconto permangono anche in capo alla partecipata. Per la determinazione degli obblighi di acconto della partecipata stessa e dei suoi soci nel caso venga meno l'efficacia dell'opzione, si applica quanto previsto dall'articolo 124, comma 2. Nel caso di revoca dell'opzione, gli obblighi di acconto si determinano senza considerare gli effetti dell'opzione sia per la società partecipata, sia per i soci (6).

8. La società partecipata è solidalmente responsabile con ciascun socio per l'imposta, le sanzioni e gli interessi conseguenti all'obbligo di imputazione del reddito.

9. Le disposizioni applicative della presente norma sono stabilite dallo stesso decreto ministeriale di cui all'articolo 129.

10. Ai soggetti di cui al comma 1 si applicano le disposizioni di cui all'articolo 40, secondo comma, del decreto del Presidente della Repubblica 29 settembre 1973, n. 600.

11. Il socio ridetermina il reddito imponibile oggetto di imputazione rettificando i valori patrimoniali della società partecipata secondo le modalità previste dall'articolo 128, fino a concorrenza delle svalutazioni determinatesi per effetto di rettifiche di valore ed accantonamenti fiscalmente non riconosciuti, al netto delle rivalutazioni assoggettate a tassazione, dedotte dal socio medesimo nel periodo d'imposta antecedente a quello dal quale ha effetto l'opzione di cui al comma 4 e nei nove precedenti.

12. Per le partecipazioni in società indicate nel comma 1 il relativo costo è aumentato o diminuito, rispettivamente, dei redditi e delle perdite imputati ai soci ed è altresì diminuito, fino a concorrenza dei redditi imputati, degli utili distribuiti ai soci.

(1) Il D.Lgs. 12 dicembre 2003, n. 344, ha disposto, con l'articolo 1, comma 1, la totale modifica del presente provvedimento, e ne ha ridefinito la struttura di titoli, capi e sezioni.

(2) Articolo sostituito dall'articolo 1, comma 1, del D.Lgs. 12 dicembre 2003, n. 344.

(3) Comma aggiunto, con effetto per i periodi di imposta che iniziano a decorrere dal 1° gennaio 2005, dall'articolo 7, comma 1, del D.Lgs. 18 novembre 2005, n. 247.

(4) Comma modificato dall'articolo 36, comma 9, del D.L. 4 luglio 2006, n. 223.

(5) Comma modificato dall'articolo 16, comma 1, del D.Lgs. 21 novembre 2014, n. 175. A norma del comma 5, del predetto articolo 16, le disposizioni di cui al presente comma si applicano a decorrere dal periodo d'imposta successivo a quello in corso al 31 dicembre 2014. Comma modificato dall'articolo 7-quater, comma 27, lettera b), del D.L. 22 ottobre 2016, n.193, convertito, con modificazioni, dalla Legge 1° dicembre 2016 n. 225.

(6) Comma modificato dall'articolo 7-quater, comma 27, lettera a), del D.L. 22 ottobre 2016, n.193, convertito, con modificazioni, dalla Legge 1° dicembre 2016 n. 225. A norma del comma 30, del predetto articolo 7-quater, le disposizioni di cui al presente comma si applicano a decorrere dal periodo d'imposta successivo a quello in corso al 31 dicembre 2016.

116. Opzione per la trasparenza fiscale delle società a ristretta base proprietaria (1)(2)(3). – 1. L'opzione di cui all'articolo 115 può essere esercitata con le stesse modalità ed alle stesse condizioni, ad esclusione di quelle indicate nel comma 1 del medesimo articolo 115, dalle società a responsabilità limitata il cui volume di ricavi non supera le soglie previste per l'applicazione degli studi di settore e con una compagine sociale composta esclusivamente da persone fisiche in numero non superiore a 10 o a 20 nel caso di società cooperativa. [*L'opzione non può essere esercitata, o se esercitata perde efficacia, nel caso di possesso o di acquisto di una partecipazione con i requisiti di cui all'articolo 87.*] [(4)]

2. Si applicano le disposizioni del terzo e del quarto periodo del comma 3 dell'articolo 115 e quelle [*del primo e terzo periodo*] del comma 3 dell'articolo 8. Le plusvalenze di cui all'articolo 87 e gli utili di cui all'articolo 89, commi 2 e 3, concorrono a formare il reddito imponibile nella misura indicata, rispettivamente, nell'articolo 58, comma 2, e nell'articolo 59 [(5)].

[*2-bis. In alternativa a quanto disposto dai commi 1 e 2, le società ivi previste possono esercitare l'opzione per l'applicazione del regime di cui all'articolo 55-bis. Gli utili di esercizio e le riserve di utili derivanti dalle partecipazioni nelle società che esercitano l'opzione di cui all'articolo 55-bis si considerano equiparati alle somme di cui al comma 3 dello stesso articolo. Si applicano le disposizioni dell'articolo 84, comma 3. Per i soggetti che fruiscono di un regime di esenzione dell'utile, la perdita è riportabile nei limiti di cui all'articolo 84, comma 1, secondo periodo.*] [(6)(7)]

[(1)] Rubrica sostituita dall'articolo 1, comma 547, lettera c, numero 1), della Legge 11 dicembre 2016, n. 232, come modificato dall'articolo 1, comma 1063, della Legge 27 dicembre 2017, n. 205 e successivamente dall'articolo 1, comma 1055, lettera a), numero 3), della Legge 30 dicembre 2018, n. 145; a norma del comma 1055 del medesimo articolo 1 della Legge 145/2018, la presente disposizione si applica a decorrere dal periodo d'imposta successivo a quello in corso al 31 dicembre 2017.

[(2)] Il D.Lgs. 12 dicembre 2003, n. 344, ha disposto, con l'articolo 1, comma 1, la totale modifica del presente provvedimento, e ne ha ridefinito la struttura di titoli, capi e sezioni.

[(3)] Articolo sostituito dall'articolo 1, comma 1, del D.Lgs. 12 dicembre 2003, n. 344.

[(4)] Comma modificato dall'articolo 36, comma 16, del D.L. 4 luglio 2006, n. 223.

[(5)] Comma modificato dall'articolo 36, comma 10, del D.L. 4 luglio 2006, n. 223 e successivamente dall'articolo 1, comma 23, lettera d), numero 1), della Legge 30 dicembre 2018, n. 145; a norma del comma 24 del medesimo articolo 1 della Legge 145/2018, la presente disposizione si applica a decorrere dal periodo d'imposta successivo a quello in corso al 31 dicembre 2017.

[(6)] Comma aggiunto dall'articolo 1, comma 547, lettera c, numero 2), della Legge 11 dicembre 2016, n. 232, come modificato dall'articolo 1, comma 1063, della Legge 27 dicembre 2017, n. 205 e, da ultimo, modificato dall'articolo 1, comma 23, lettera d), numero 2), della Legge 30 dicembre 2018, n. 145; a norma del comma 24 del medesimo articolo 1 della Legge 145/2018, la presente disposizione si applica a decorrere dal periodo d'imposta successivo a quello in corso al 31 dicembre 2017.

[(7)] Comma abrogato dall'articolo 1, comma 1055, lettera a), numero 3), della Legge 30 dicembre 2018, n. 145; a norma del comma 1055 del medesimo articolo 1 della Legge 145/2018, la presente disposizione si applica a decorrere dal periodo d'imposta successivo a quello in corso al 31 dicembre 2017.

Sezione II- Consolidato nazionale [(1)]

[(1)] Sezione inserita dall'articolo 1 del d.lgs. 12 dicembre 2003, n. 344.

117. Soggetti ammessi alla tassazione di gruppo di imprese controllate residenti [(1)(2)]. – 1. La società o l'ente controllante e ciascuna società controllata rientranti fra i soggetti di cui all'articolo 73, comma 1, lettere a) e b), fra i quali sussiste il rapporto di controllo di cui all'articolo 2359, comma 1, numero 1), del codice civile, con i requisiti di cui all'articolo 120, possono congiuntamente esercitare l'opzione per la tassazione di gruppo.

2. I soggetti di cui all'articolo 73, comma 1, lettera d), possono esercitare l'opzione di cui al comma 1 [*precedente*] [*solo*] in qualità di controllanti ed a condizione:

a) di essere residenti in Paesi con i quali è in vigore un accordo per evitare la doppia imposizione;

b) di esercitare nel territorio dello Stato un'attività d'impresa, come definita dall'articolo 55, mediante una stabile organizzazione, come definita dall'articolo 162, che assume la qualifica di consolidante [(3)].

2-bis. I soggetti di cui all'articolo 73, comma 1, lettera d), privi del requisito di cui alla lettera b) del comma 2, residenti in Stati appartenenti all'Unione europea ovvero in Stati aderenti all'Accordo sullo Spazio economico europeo con il quale l'Italia abbia stipulato un accordo che assicuri un effettivo scambio di informazioni, che rivestono una forma giuridica analoga a quelle previste dall'articolo 73, comma 1, lettere a) e b), possono designare una società residente nel territorio dello Stato o non residente di cui al comma 2-ter, controllata ai sensi dell'articolo 2359, comma 1, numero 1), del codice civile con i requisiti di cui all'articolo 120, ad esercitare l'opzione per la tassazione di gruppo congiuntamente con ciascuna società residente o non residente di cui al comma 2-ter, su cui parimenti essi esercitano il controllo ai sensi dell'articolo 2359, comma 1, numero 1), del codice civile con i requisiti di cui all'articolo 120. La controllata designata non può esercitare l'opzione con le società da cui è partecipata. Agli effetti del presente comma:

a) la controllata designata, in qualità di consolidante, acquisisce tutti i diritti, obblighi ed oneri previsti dagli articoli da 117 a 127 per le società o enti controllanti;

b) i requisiti del controllo di cui al comma 1 devono essere verificati in capo al soggetto controllante non residente;

c) l'efficacia dell'opzione è subordinata alla condizione che il soggetto controllante non residente designi la controllata residente assumendo, in via sussidiaria, le responsabilità previste dall'articolo 127 per le società o enti controllanti;

d) in ipotesi di interruzione della tassazione di gruppo prima del compimento del triennio o di revoca dell'opzione, le perdite fiscali risultanti dalla dichiarazione di cui all'articolo 122 sono attribuite esclusivamente alle controllate che le hanno prodotte, al netto di quelle utilizzate, e nei cui confronti viene meno il requisito del controllo secondo i criteri stabiliti dai soggetti interessati [(4)];

e) se il requisito del controllo nei confronti della controllata designata cessa per qualsiasi motivo prima del compimento del triennio, il soggetto controllante non residente può designare, tra le controllate appartenenti al medesimo consolidato, un'altra controllata residente avente le caratteristiche di cui al presente comma senza che si interrompa la tassazione di gruppo. La nuova controllata designata assume le responsabilità previste dall'articolo 127 per le società o enti controllanti relativamente ai precedenti periodi d'imposta di validità della tassazione di gruppo, in solido con la società designata nei cui confronti cessa il requisito del controllo [(5)].

2-ter. I soggetti di cui all'articolo 73, comma 1, lettera d), controllati ai sensi dell'articolo 2359, comma 1, numero 1), del codice civile, possono esercitare l'opzione di cui al comma 1 in qualità di controllata mediante una stabile organizzazione come definita dal comma 1-bis dell'articolo 120

(6).

3. Permanendo il requisito del controllo di cui al comma 1, l'opzione ha durata per tre esercizi sociali ed è irrevocabile. Al termine del triennio l'opzione si intende tacitamente rinnovata per un altro triennio a meno che non sia revocata, secondo le modalità e i termini previsti per la comunicazione dell'opzione. La disposizione di cui al periodo precedente si applica al termine di ciascun triennio. In caso di rinnovo tacito dell'opzione la società o ente controllante può modificare il criterio utilizzato, ai sensi dell'articolo 124, comma 4, per l'eventuale attribuzione delle perdite residue, in caso di interruzione anticipata della tassazione di gruppo o di revoca dell'opzione, alle società che le hanno prodotte, nella dichiarazione dei redditi presentata nel periodo d'imposta a decorrere dal quale si intende rinnovare l'opzione. Nel caso venga meno il requisito del controllo di cui al comma 1 si determinano le conseguenze di cui all'articolo 124 (7)(8)(S; S; S; S; 2359[1,2] c.c.; S; S).

(1) *Il D.Lgs. 12 dicembre 2003, n. 344, ha disposto, con l'articolo 1, comma 1, la totale modifica del presente provvedimento, e ne ha ridefinito la struttura di titoli, capi e sezioni.*
(2) *Articolo sostituito dall'articolo 1, comma 1, del D.Lgs. 12 dicembre 2003, n. 344.*
(3) *Lettera sostituita, con effetto per i periodi di imposta che iniziano a decorrere dal 1° gennaio 2004, dall'articolo 8, comma 1, lettera a), numero 2), del D.Lgs. 18 novembre 2005, n. 247. Successivamente lettera modificata dall'articolo 6, comma 1, lettera a), numero 2), del D.Lgs. 14 settembre 2015, n. 147; a norma del comma 3 del medesimo articolo, la presente disposizione si applica a decorrere dal periodo di imposta in corso alla data di entrata in vigore del citato decreto.*
(4) *Comma modificato dall'articolo 7-quater, comma 27, lettera a), del D.L. 22 ottobre 2016, n.193, convertito, con modificazioni, dalla Legge 1° dicembre 2016 n. 225. A norma del comma 30, del predetto articolo 7-quater, le disposizioni di cui al presente comma si applicano a decorrere dal periodo d'imposta successivo a quello in corso al 31 dicembre 2016.*
(5) *Comma aggiunto dall'articolo 6, comma 1, lettera b), del D.Lgs. 14 settembre 2015, n. 147; a norma del comma 3 del medesimo articolo, la presente disposizione si applica a decorrere dal periodo di imposta in corso alla data di entrata in vigore del citato decreto.*
(6) *Comma aggiunto dall'articolo 6, comma 1, lettera b), del D.Lgs. 14 settembre 2015, n. 147; a norma del comma 3 del medesimo articolo, la presente disposizione si applica a decorrere dal periodo di imposta in corso alla data di entrata in vigore del citato decreto.*
(7) *Comma modificato, con effetto per i periodi di imposta che iniziano a decorrere dal 1° gennaio 2004, dall'articolo 8, comma 1, lettera b), del D.Lgs. 18 novembre 2005, n. 247 e, successivamente, dall'articolo 7-quater, comma 27, lettera c), del D.L. 22 ottobre 2016, n.193, convertito, con modificazioni, dalla Legge 1° dicembre 2016 n. 225. A norma del comma 30, del predetto articolo 7-quater, le disposizioni di cui al presente comma si applicano a decorrere dal periodo d'imposta successivo a quello in corso al 31 dicembre 2016.*
(8) *A norma dell'articolo 2, comma 3, del D.L. 30 novembre 2013, n. 133, convertito, con modificazioni, dalla Legge 29 gennaio 2014, n. 5, i soggetti che hanno esercitato l'opzione per la tassazione di gruppo di cui ala presente articolo, assoggettano autonomamente il proprio reddito imponibile all'addizionale prevista dal comma 2 del medesimo articolo 2 e provvedono al relativo versamento. Vedi anche quanto disposto dall'articolo 2, comma 4.*

118. Effetti dell'esercizio dell'opzione (1)(2). – 1. L'esercizio dell'opzione per la tassazione di gruppo di cui all'articolo 117 comporta la determinazione di un reddito complessivo globale corrispondente alla somma algebrica dei redditi complessivi netti da considerare, quanto alle società controllate, per l'intero importo indipendentemente dalla quota di partecipazione riferibile al soggetto controllante. Al soggetto controllante compete il riporto a nuovo della eventuale perdita risultante dalla somma algebrica degli imponibili, la liquidazione dell'unica imposta dovuta o dell'unica eccedenza rimborsabile o riportabile a nuovo.

1-bis. Ai fini della determinazione del credito d'imposta per i redditi prodotti all'estero di cui all'articolo 165:

a) per reddito complessivo deve intendersi il reddito complessivo globale;

b) la quota di imposta italiana fino a concorrenza della quale è accreditabile l'imposta estera è calcolata separatamente per ciascuno dei soggetti partecipanti al consolidato, e per ciascuno Stato;

c) nelle ipotesi di interruzione della tassazione di gruppo prima del compimento del triennio o di revoca dell'opzione il diritto al riporto in avanti e all'indietro dell'eccedenza di cui all'articolo 165, comma 6, compete ai soggetti che hanno prodotto i redditi all'estero (3).

2. Le perdite fiscali relative agli esercizi anteriori all'inizio della tassazione di gruppo di cui alla presente sezione possono essere utilizzate solo dalle società cui si riferiscono. Le eccedenze d'imposta riportate a nuovo relative agli stessi esercizi possono essere utilizzate dalla società o ente controllante o alternativamente dalle società cui competono. Resta ferma l'applicabilità delle disposizioni di cui all'articolo 43-ter del decreto del Presidente della Repubblica 29 settembre 1973, n. 602.

3. Gli obblighi di versamento a saldo ed in acconto competono esclusivamente alla controllante. L'acconto dovuto è determinato sulla base dell'imposta relativa al periodo precedente, al netto delle detrazioni e dei crediti d'imposta e delle ritenute d'acconto, come indicata nella dichiarazione dei redditi, presentata ai sensi dell'articolo 122. Per il primo esercizio la determinazione dell'acconto dovuto dalla controllante è effettuata sulla base dell'imposta, al netto delle detrazioni, dei crediti d'imposta e delle ritenute d'acconto, corrispondente alla somma algebrica dei redditi relativi al periodo precedente come indicati nelle dichiarazioni dei redditi presentate per il periodo stesso dalle società singolarmente considerate. Si applicano, in ogni caso, le disposizioni di cui all'articolo 4 del decreto-legge 2 marzo 1989, n. 69, convertito, con modificazioni, dalla legge 27 aprile 1989, n. 154.

4. Non concorrono alla formazione del reddito imponibile in quanto escluse le somme percepite o versate tra le società di cui al comma 1 in contropartita dei vantaggi fiscali ricevuti o attribuiti.

(1) *Il D.Lgs. 12 dicembre 2003, n. 344, ha disposto, con l'articolo 1, comma 1, la totale modifica del presente provvedimento, e ne ha ridefinito la struttura di titoli, capi e sezioni.*
(2) *Articolo sostituito dall'articolo 1, comma 1, del D.Lgs. 12 dicembre 2003, n. 344.*
(3) *Comma aggiunto, con effetto per i periodi di imposta che iniziano a decorrere dal 1° gennaio 2005, dall'articolo 8, comma 2, del D.Lgs. 18 novembre 2005, n. 247 e, successivamente, modificato dall''articolo 7-quater, comma 27, lettera a), del D.L. 22 ottobre 2016, n.193, convertito, con modificazioni, dalla Legge 1° dicembre 2016 n. 225. A norma del comma 30, del predetto articolo 7-quater, le disposizioni di cui al presente comma si applicano a decorrere dal periodo d'imposta successivo a quello in corso al 31 dicembre 2016.*

119. Condizioni per l'efficacia dell'opzione (1)(2). – 1. L'opzione può essere esercitata da ciascuna entità legale solo in qualità di controllante o solo in qualità di controllata e la sua efficacia è subordinata al verificarsi delle seguenti condizioni:

a) identità dell'esercizio sociale di ciascuna società controllata con quello della società o ente controllante;

b) esercizio congiunto dell'opzione da parte di ciascuna

controllata e dell'ente o società controllante;

c) elezione di domicilio da parte di ciascuna controllata presso la società o ente controllante ai fini della notifica degli atti e provvedimenti relativi ai periodi d'imposta per i quali è esercitata l'opzione prevista dall'articolo 117. L'elezione di domicilio è irrevocabile fino al termine del periodo di decadenza dell'azione di accertamento o di irrogazione delle sanzioni relative all'ultimo esercizio il cui reddito è stato incluso nella dichiarazione di cui all'articolo 122;

d) l'avvenuto esercizio congiunto dell'opzione deve essere comunicato all'Agenzia delle entrate con la dichiarazione presentata nel periodo d'imposta a decorrere dal quale si intende esercitare l'opzione [(3)].

2. Non viene meno l'efficacia dell'opzione nel caso in cui per effetto di operazioni di fusione, di scissione e di liquidazione volontaria si determinano all'interno dello stesso esercizio più periodi d'imposta. Il decreto di cui all'articolo 129 stabilisce le modalità e gli adempimenti formali da porre in essere per pervenire alla determinazione del reddito complessivo globale.

[(1)] *Il D.Lgs. 12 dicembre 2003, n. 344, ha disposto, con l'articolo 1, comma 1, la totale modifica del presente provvedimento, e ne ha ridefinito la struttura di titoli, capi e sezioni.*
[(2)] *Articolo sostituito dall'articolo 1, comma 1, del D.Lgs. 12 dicembre 2003, n. 344.*
[(3)] *Lettera modificata, con effetto per i periodi di imposta che iniziano a decorrere dal 1° gennaio 2006, dall'articolo 8, comma 3, del D.Lgs. 18 novembre 2005, n. 247, successivamente, dall'articolo 1, comma 33, lettera r), della legge 24 dicembre 2007, n. 244 e, da ultimo, dall'articolo 16, comma 2, del D.Lgs. 21 novembre 2014, n. 175. A norma del comma 5, del predetto articolo 16, le disposizioni di cui alla presente lettera si applicano a decorrere dal periodo d'imposta successivo a quello in corso al 31 dicembre 2014.*

120. Definizione del requisito di controllo [(1)(2)]. – 1. Agli effetti della presente sezione si considerano controllate le società per azioni, in accomandita per azioni, a responsabilità limitata:

a) al cui capitale sociale la società o l'ente controllante partecipa direttamente o indirettamente per una percentuale superiore al 50 per cento, da determinarsi relativamente all'ente o società controllante tenendo conto della eventuale demoltiplicazione prodotta dalla catena societaria di controllo, senza considerare le azioni prive del diritto di voto esercitabile nell'assemblea generale richiamata dall'articolo 2346 del codice civile;

b) al cui utile di bilancio la società o l'ente controllante partecipa direttamente o indirettamente per una percentuale superiore al 50 per cento da determinarsi relativamente all'ente o società controllante, tenendo conto della eventuale demoltiplicazione prodotta dalla catena societaria di controllo e senza considerare la quota di utile di competenza delle azioni prive del diritto di voto esercitabile nell'assemblea generale richiamata dall'articolo 2346 del codice civile.

1-bis. Si considerano altresì controllate le stabili organizzazioni nel territorio dello Stato, come definite dall'articolo 162, dei soggetti di cui all'articolo 73, comma 1, lettera d), residenti in Stati appartenenti all'Unione europea ovvero in Stati aderenti all'Accordo sullo Spazio economico europeo con il quale l'Italia abbia stipulato un accordo che assicuri un effettivo scambio di informazioni, che rivestono una forma giuridica analoga a quelle di cui al comma 1, con i requisiti di cui al medesimo comma [(3)].

2. Il requisito del controllo di cui all'articolo 117, comma 1 deve sussistere sin dall'inizio di ogni esercizio relativamente al quale la società o ente controllante e la società controllata si avvalgono dell'esercizio dell'opzione.

[(1)] *Il D.Lgs. 12 dicembre 2003, n. 344, ha disposto, con l'articolo 1, comma 1, la totale modifica del presente provvedimento, e ne ha ridefinito la struttura di titoli, capi e sezioni.*
[(2)] *Articolo sostituito dall'articolo 1, comma 1, del D.Lgs. 12 dicembre 2003, n. 344.*
[(3)] *Comma aggiunto dall'articolo 6, comma 2, del D.Lgs. 14 settembre 2015, n. 147; a norma del comma 3 del medesimo articolo, la presente disposizione si applica a decorrere dal periodo di imposta in corso alla data di entrata in vigore del citato decreto.*

121. Obblighi delle società controllate [(1)(2)]. – 1. Per effetto dell'esercizio congiunto dell'opzione di cui all'articolo 117, ciascuna società controllata, secondo quanto previsto dal decreto di cui all'articolo 129, deve:

a) compilare il modello della dichiarazione dei redditi al fine di comunicare alla società o ente controllante la determinazione del proprio reddito complessivo, delle ritenute subite, delle detrazioni e dei crediti d'imposta spettanti, compresi quelli compensabili ai sensi dell'articolo 17 del decreto legislativo 9 luglio 1997, n. 241, e degli acconti autonomamente versati. Al modello deve essere allegato il prospetto di cui all'articolo 109, comma 4, lettera b), con le indicazioni richieste relative ai componenti negativi di reddito dedotti;

b) fornire alla società controllante i dati relativi ai beni ceduti ed acquistati secondo il regime di neutralità fiscale di cui all'articolo 123, specificando la differenza residua tra valore di libro e valore fiscale riconosciuto;

c) fornire ogni necessaria collaborazione alla società controllante per consentire a quest'ultima l'adempimento degli obblighi che le competono nei confronti dell'Amministrazione finanziaria anche successivamente al periodo di validità dell'opzione.

[(1)] *Il D.Lgs. 12 dicembre 2003, n. 344, ha disposto, con l'articolo 1, comma 1, la totale modifica del presente provvedimento, e ne ha ridefinito la struttura di titoli, capi e sezioni.*
[(2)] *Articolo sostituito dall'articolo 1, comma 1, del D.Lgs. 12 dicembre 2003, n. 344.*

121 *bis*. Limiti di deduzione delle spese e degli altri componenti negativi relativi a taluni mezzi di trasporto a motore, utilizzati nell'esercizio di imprese, arti e professioni [(1)(2)]. – [*1. Le spese e gli altri componenti negativi relativi ai mezzi di trasporto a motore indicati nel presente articolo, utilizzati nell'esercizio di imprese, arti e professioni, ai fini della determinazione dei relativi redditi sono deducibili secondo i seguenti criteri:*

a) per l'intero ammontare relativamente:

1) agli aeromobili da turismo, alle navi e imbarcazioni da diporto, alle autovetture ed autocaravan, di cui alle lettere a) e m) del comma 1 dell'art. 54 del decreto legislativo 30 aprile 1992, n. 285, ai ciclomotori e motocicli destinati ad essere utilizzati esclusivamente come beni strumentali nell'attività propria dell'impresa;

2) ai veicoli adibiti ad uso pubblico o dati in uso promiscuo ai dipendenti per la maggior parte del periodo d'imposta;

b) nella misura del 50 per cento relativamente alle autovetture ed autocaravan, di cui alle citate lettere dell'art. 54 del citato decreto legislativo n. 285 del 1992, ai ciclomotori e motocicli il cui utilizzo è diverso da quello indicato alla lettera a), n. 1). Tale percentuale è elevata all'80 per cento per i veicoli utilizzati dai soggetti esercenti attività di agenzia o di rappresentanza di commercio. Nel caso di esercizio di arti e professioni in forma individuale, la deducibilità è ammessa, nella suddetta misura del 50 per cento, limitatamente ad un solo veicolo; se l'attività è svolta da società semplici e da associazioni di cui all'art. 5, la deducibilità è consentita soltanto per un veicolo per ogni socio o associato. Non si tiene conto: della parte del costo di acquisizione che eccede lire 35 milioni per le autovetture e gli autocaravan, lire 8 milioni per i motocicli, lire 4 milioni per i ciclomotori; dell'ammontare dei canoni proporzionalmente corrispondente al costo di detti veicoli che eccede i limiti indicati, se i beni medesimi sono utilizzati in locazione finanziaria; dell'ammontare dei costi di locazione e di noleggio che eccede lire 7 milioni per le autovetture e gli autocaravan, lire 1,5 milioni per i motocicli, lire ottocentomila per i ciclomotori. Nel caso di esercizio delle predette attività svolte da società semplici e associazioni di cui al citato art. 5, i suddetti limiti sono riferiti a ciascun socio o associato. I limiti predetti, che con riferimento al valore dei contratti di locazione anche finanziaria o di noleggio vanno ragguagliati ad anno, possono essere variati, tenendo anche conto delle variazioni dell'indice dei prezzi al consumo per le famiglie di operai e di impiegati verificatesi nell'anno precedente, con decreto del Ministro delle finanze, di concerto con il Ministro dell'industria, del commercio e dell'artigianato. Il predetto limite di 35 milioni di lire per le autovetture è elevato a 50 milioni di lire per gli autoveicoli utilizzati da agenti o rappresentanti di commercio.

2. Ai fini della determinazione del reddito d'impresa, le plusvalenze e le minusvalenze patrimoniali rilevano nella stessa proporzione esistente tra l'ammontare dell'ammortamento fiscalmente dedotto e quello complessivamente effettuato.

3. Ai fini della applicazione del comma 7 dell'art. 67, il costo dei beni di cui al comma 1, lettera b), si assume nei limiti rilevanti ai fini della deduzione delle relative quote di ammortamento.]

(1) *Il D.Lgs. 12 dicembre 2003, n. 344, ha disposto, con l'articolo 1, comma 1, la totale modifica del presente provvedimento, e ne ha ridefinito la struttura di titoli, capi e sezioni*
(2) *Articolo aggiunto dall'articolo 17, comma 1, della legge 27 dicembre 1997, n. 449 e non più previsto nella nuova numerazione intervenuta con l'articolo 1, comma 1, del D.Lgs. 12 dicembre 2003, n. 344.*

122. Obblighi della società o ente controllante [1][2]. – 1. La società o ente controllante presenta la dichiarazione dei redditi del consolidato, calcolando il reddito complessivo globale risultante dalla somma algebrica dei redditi complessivi netti dichiarati da ciascuna delle società partecipanti al regime del consolidato e procedendo alla liquidazione dell'imposta di gruppo secondo le disposizioni attuative contenute nel decreto ministeriale di cui all'articolo 129 e in quello di approvazione del modello annuale di dichiarazione dei redditi.

(1) *Il D.Lgs. 12 dicembre 2003, n. 344, ha disposto, con l'articolo 1, comma 1, la totale modifica del presente provvedimento, e ne ha ridefinito la struttura di titoli, capi e sezioni.*
(2) *Articolo sostituito dall'articolo 1, comma 1, del D.Lgs. 12 dicembre 2003, n. 344 e successivamente dall'articolo 1, comma 33, lettera s), della legge 24 dicembre 2007, n. 244.*

123. Regime di neutralità per i trasferimenti infragruppo [1][2]. – [*1. Fra le società che hanno esercitato l'opzione di cui alla presente sezione, le cessioni di beni diversi da quelli di cui agli articoli 85 e 87, possono avvenire in regime di continuità di valori fiscali riconosciuti su opzione congiunta della società cedente e cessionaria risultante dal relativo contratto stipulato in forma scritta ed a condizione che dalla dichiarazione dei redditi di cui all'articolo 122 risulti la differenza tra il valore di libro ed il valore fiscale riconosciuto del bene trasferito.*

2. Salvo l'accoglimento dell'istanza di cui al comma 8 dell'articolo 37-bis del decreto del Presidente della Repubblica 29 settembre 1973, n. 600, le perdite fiscali di cui all'articolo 118, comma 2, non possono essere utilizzate per compensare le plusvalenze realizzate dal cessionario con la successiva cessione o il successivo conferimento dei beni trasferiti secondo il regime di neutralità fiscale di cui al comma 1.

2-bis. Le perdite fiscali di cui all'articolo 118, comma 2, non possono essere utilizzate per compensare le plusvalenze realizzate dal cedente a seguito del trasferimento dei beni effettuato secondo il regime di neutralità fiscale di cui al comma 1 [3].] [4]

(1) *Il D.Lgs. 12 dicembre 2003, n. 344, ha disposto, con l'articolo 1, comma 1, la totale modifica del presente provvedimento, e ne ha ridefinito la struttura di titoli, capi e sezioni.*
(2) *Articolo sostituito dall'articolo 1, comma 1, del D.Lgs. 12 dicembre 2003, n. 344.*
(3) *Comma aggiunto, con effetto per i periodi di imposta che iniziano a decorrere dal 1° gennaio 2005, dall'articolo 8, comma 4, del D.Lgs. 18 novembre 2005, n. 247.*
(4) *Articolo abrogato dall'articolo 1, comma 33, lettera v), della legge 24 dicembre 2007, n. 244.*

123 *bis*. Scissione di società [1][2]. – [*1. La scissione totale o parziale di una società in altre preesistenti o di nuova costituzione non dà luogo a realizzo nè a distribuzione di plusvalenze e minusvalenze dei beni della società scissa, comprese quelle relative alle rimanenze e al valore di avviamento. Le plusvalenze e le minusvalenze risultanti dai progetti di scissione redatti a norma dell'art. 2504- octies del codice civile o dalle situazioni patrimoniali redatte a norma dell'art. 2504- novies dello stesso codice non si considerano iscritte in bilancio.*

2. Nella determinazione del reddito delle società partecipanti alla scissione non si tiene conto dell'avanzo o del disavanzo conseguenti al rapporto di cambio delle azioni o quote ovvero all'annullamento di azioni o quote a norma dell'art. 2504- novies del codice civile. In quest'ultima ipotesi non concorrono a formare il reddito di ciascuna società beneficiaria le plusvalenze iscritte in bilancio fino a concorrenza della differenza tra il costo delle azioni o quote delle società scisse annullate e il valore risultante dalle scritture contabili della corrispondente quota del patrimonio netto della società stessa.

3. Il cambio delle partecipazioni originarie non costituisce nè realizzo nè distribuzione di plusvalenze o di minusvalenze nè conseguimento di ricavi per i soci della società scissa, fatta salva l'applicazione del comma 3 dell'art. 44 in caso di conguaglio.

4. Dalla data in cui la scissione ha effetto, a norma del comma 11, le posizioni soggettive della società scissa, ivi compresa quella indicata nell'art. 54, comma 4 e i relativi obblighi strumentali sono attribuiti alle beneficiarie e, in caso di scissione parziale, alla stessa società scissa, in proporzione delle rispettive quote del patrimonio netto contabile trasferite o rimaste, salvo che trattasi di posizioni soggettive connesse specificamente o per insiemi agli elementi del patrimonio scisso, nel qual caso seguono tali elementi presso i rispettivi titolari.

5. Gli obblighi di versamento degli acconti relativi sia alle imposte proprie sia alle ritenute sui redditi altrui, restano in capo alla società scissa, in caso di scissione parziale, ovvero si trasferiscono alle società beneficiarie in caso di scissione totale, in relazione alle quote di patrimonio netto imputabile proporzionalmente a ciascuna di esse.

6. Il valore fiscalmente riconosciuto dei fondi di accantonamento della società scissa si considera già dedotto dalle beneficiarie, oltre che, in caso di scissione parziale, dalla suddetta società, per importi proporzionali alle quote in cui risultano attribuiti gli elementi del patrimonio ai quali, specificamente o per insiemi, hanno riguardo le norme tributarie che disciplinano il valore stesso. Se la scissione non ha effetto retroattivo, il fondo di cui all'art. 72 si imputa in proporzione ai rischi di cambio esistenti nel giorno in cui ha effetto la scissione; la valutazione deve essere effettuata secondo i criteri ivi previsti. Qualora non sia possibile correlare il valore dei fondi ai predetti elementi, l'attribuzione proporzionale è effettuata con riguardo alle quote di patrimonio netto attribuite alle società beneficiarie.

7. Se gli effetti della scissione sono fatti retroagire a norma del comma 11, per i beni di cui agli articoli 59 e 61 le disposizioni del precedente comma 4 trovano applicazione sommando proporzionalmente le voci individuate per periodo di formazione in capo alla società scissa all'inizio del periodo d'imposta alle corrispondenti voci, ove esistano, all'inizio del periodo medesimo presso le società beneficiarie.

8. In caso di scissione parziale e in caso di scissione non retroattiva in società preesistente i costi fiscalmente riconosciuti si assumono nella misura risultante alla data in cui ha effetto la scissione. In particolare:

a) i beni di cui al precedente comma ricevuti da ciascuna beneficiaria si presumono, in proporzione alle quantità rispettivamente ricevute, provenienti proporzionalmente dalle voci delle esistenze iniziali, distinte per esercizio di formazione, della società scissa e dalla eventuale eccedenza formatasi nel periodo d'imposta fino alla data in cui ha effetto la scissione;

b) le quote di ammortamento dei beni materiali e immateriali nonchè le spese di cui all'art. 67, comma 7, relative ai beni trasferiti vanno ragguagliate alla durata dell'utilizzo dei beni medesimi da parte della società scissa e delle società beneficiarie; detto criterio è altresì applicabile alle spese relative a più esercizi e agli accantonamenti.

9. I fondi in sospensione d'imposta iscritti nell'ultimo bilancio della società scissa debbono essere ricostituiti dalle beneficiarie secondo le quote proporzionali indicate al comma 4. In caso di scissione parziale, i fondi della società scissa si riducono in corrispondenza. Se la sospensione d'imposta dipende da eventi che riguardano specifici elementi patrimoniali della società scissa, i fondi debbono essere ricostituiti dalle beneficiarie che acquisiscono tali elementi. Nei riguardi della beneficiaria che abbia omesso la ricostituzione si applicano, per le rispettive quote, le disposizioni dettate per le fusioni dal comma 4 dell'art. 123 per la società incorporante o risultante dalla fusione.

10. Le perdite fiscali della società scissa sono attribuite a norma del comma 4, alle condizioni e con i limiti stabiliti dalle disposizioni del comma 5 dell'art. 123, riferendosi alla società scissa le disposizioni riguardanti le società fuse o incorporate e alle beneficiarie quelle riguardanti la società risultante dalla fusione o incorporante ed avendo riguardo all'ammontare del patrimonio netto quale risulta dall'ultimo bilancio o, se inferiore, dal progetto di scissione di cui all'art. 2504-octies ovvero dalla situazione patrimoniale di cui all'art. 2504- novies.

11. Ai fini delle imposte sui redditi, la decorrenza degli effetti della scissione è regolata secondo le disposizioni del comma 1 dell'art. 2504-decies del codice civile, ma la retrodatazione degli effetti, ai sensi dell'art. 2501- bis, numeri 5) e 6), dello stesso codice, opera limitatamente ai casi di scissione totale ed a condizione che vi sia coincidenza tra la chiusura dell'ultimo periodo di imposta della società scissa e delle beneficiarie e per la fase posteriore a tale periodo.

12. Gli obblighi tributari della società scissa riferibili a periodi di imposta anteriori alla data dalla quale l'operazione ha effetto sono adempiuti in caso di scissione parziale dalla stessa società scissa o trasferiti, in caso di scissione totale, alla società beneficiaria appositamente designata nell'atto di scissione.

13. I controlli, gli accertamenti e ogni altro procedimento relativo ai suddetti obblighi sono svolti nei confronti della società scissa o, nel caso di scissione totale, di quella appositamente designata, ferma restando la competenza dell'ufficio delle imposte dirette della società scissa. Se la designazione è omessa, si considera designata la beneficiaria nominata per prima nell'atto di scissione. Le altre società beneficiarie sono responsabili in solido per le imposte, le sanzioni pecuniarie, gli interessi e ogni altro debito e anche nei loro confronti possono essere adottati i provvedimenti cautelari previsti dalla legge. Le società coobbligate hanno facoltà di partecipare ai suddetti procedimenti e di prendere cognizione dei relativi atti, senza oneri di avvisi o di altri adempimenti per l'Amministrazione.

14. Ai fini dei suddetti procedimenti la società scissa o quella designata debbono indicare, a richiesta degli organi dell'Amministrazione finanziaria, i soggetti e i luoghi presso i quali sono conservate, qualora non le conservi presso la propria sede legale, le scritture contabili e la documentazione amministrativa e contabile relative alla gestione della società scissa, con riferimento a ciascuna delle parti del suo patrimonio trasferite o rimaste. In caso di conservazione presso terzi estranei alla operazione deve essere inoltre esibita l'attestazione di cui al comma 10 dell'art. 52 del decreto del Presidente della Repubblica 26 ottobre 1972, n. 633. Se la società scissa o quella designata non adempiono a tali obblighi o i soggetti a essa indicati si oppongono all'accesso o non esibiscono in tutto o in parte quanto ad essi richiesto, si applicano le disposizioni del comma 5 del suddetto articolo.

15. Nei confronti della società soggetta all'IRPEG beneficiaria della scissione di una società non soggetta a tale imposta e nei confronti della società del secondo tipo beneficiaria della scissione di una società del primo tipo si applicano anche, in quanto possibile, rispettivamente i commi 3 e 4 dell'art. 122, considerando a tal fine la società scissa come trasformata per la quota di patrimonio netto trasferita alla beneficiaria.

[16. Le disposizioni dell'art. 10 della legge 29 dicembre 1990, n. 408, sono da interpretare nel senso che si applicano anche alle operazioni di scissione, disconoscendosi in ogni caso i vantaggi tributari nell'ipotesi di scissioni non aventi per oggetto aziende o complessi aziendali, anche sotto forma di partecipazioni, ovvero in quelle di assegnazione ai partecipanti di ciascuno dei soggetti beneficiari di azioni o quote in misura non proporzionale alle rispettive partecipazioni nella società scissa.] (3)]

(1) *Il D.Lgs. 12 dicembre 2003, n. 344, ha disposto, con l'articolo 1, comma 1, la totale modifica del presente provvedimento, e ne ha ridefinito la struttura di titoli, capi e sezioni.*

(2) *Articolo aggiunto dall'articolo 1, comma 1, del D.Lgs. 30 dicembre 1992, n. 543 e non più previsto nella nuova numerazione intervenuta con l'articolo 1, comma 1, del D.Lgs. 12 dicembre 2003, n. 344.*

(3) *Comma soppresso dall'articolo 9, comma 6, del D.Lgs. 8 ottobre 1997, n. 358.*

124. Interruzione della tassazione di gruppo prima del compimento del triennio (1)(2). – 1. Se il requisito del controllo, così come definito dall'articolo 117, cessa per qualsiasi motivo prima del compimento del triennio, il reddito della società o dell'ente controllante, per il periodo d'imposta in cui viene meno tale requisito, viene aumentato o diminuito per un importo corrispondente:

a) agli interessi passivi dedotti o non dedotti nei precedenti esercizi del triennio per effetto di quanto previsto dall'articolo 97, comma 2;

b) alla residua differenza tra il valore di libro e quello fiscale riconosciuto dei beni acquisiti dalla stessa società o ente controllante o da altra società controllata secondo il regime di neutralità fiscale di cui all'articolo 123. Il periodo precedente si applica nel caso in cui il requisito del controllo venga meno anche nei confronti della sola società cedente o della sola società cessionaria (3).

2. Nel caso di cui al comma 1 entro trenta giorni dal venir

meno del requisito del controllo:

a) la società o l'ente controllante deve integrare quanto versato a titolo d'acconto se il versamento complessivamente effettuato è inferiore a quello dovuto relativamente alle società per le quali continua la validità dell'opzione;

b) ciascuna società controllata deve effettuare l'integrazione di cui alla lettera precedente riferita ai redditi propri, così come risultanti dalla comunicazione di cui all'articolo 121.

3. Ai fini del comma 2, entro lo stesso termine ivi previsto, con le modalità stabilite dal decreto di cui all'articolo 129, la società o l'ente controllante può attribuire, in tutto o in parte, i versamenti già effettuati, per quanto eccedente il proprio obbligo, alle controllate nei cui confronti è venuto meno il requisito del controllo.

4. Le perdite fiscali risultanti dalla dichiarazione di cui all'articolo 122, i crediti chiesti a rimborso e, salvo quanto previsto dal comma 3, le eccedenze riportate a nuovo permangono nell'esclusiva disponibilità della società o ente controllante. In alternativa a quanto previsto dal primo periodo, le perdite fiscali risultanti dalla dichiarazione di cui all'articolo 122 sono attribuite alle società che le hanno prodotte al netto di quelle utilizzate e nei cui confronti viene meno il requisito del controllo secondo i criteri stabiliti dai soggetti interessati. Il criterio utilizzato per l'eventuale attribuzione delle perdite residue, in caso di interruzione anticipata della tassazione di gruppo, alle società che le hanno prodotte è comunicato all'Agenzia delle entrate all'atto della comunicazione dell'esercizio dell'opzione o in caso di rinnovo tacito della stessa ai sensi dell'articolo 117, comma 3 (4).

4-bis. Entro lo stesso termine previsto dal comma 2, la società o l'ente controllante è tenuto a comunicare all'Agenzia delle entrate l'importo delle perdite residue attribuito a ciascun soggetto (5).

5. Le disposizioni dei commi precedenti si applicano anche nel caso di fusione di una società controllata in altra non inclusa nel consolidato. Nel caso di fusione della società o ente controllante con società o enti non appartenenti al consolidato, il consolidato può continuare ove la società o ente controllante sia in grado di dimostrare, anche dopo l'effettuazione di tali operazioni, la permanenza di tutti i requisiti previsti dalle disposizioni di cui agli articoli 117 e seguenti ai fini dell'accesso al regime. Ai fini della continuazione del consolidato, la società o ente controllante può interpellare l'amministrazione ai sensi dell'articolo 11, comma 1, lettera b), della legge 27 luglio 2000, n. 212 recante lo Statuto dei diritti del contribuente. Con il decreto di cui all'articolo 129 sono disciplinati gli eventuali ulteriori casi di interruzione anticipata del consolidato (6).

5-bis. La società o ente controllante che intende continuare ad avvalersi della tassazione di gruppo ma non ha presentato l'istanza di interpello prevista dal comma 5 ovvero, avendola presentata, non ha ricevuto risposta positiva deve segnalare detta circostanza nella dichiarazione dei redditi (7).

4. L'articolo 118, comma 4, si applica anche relativamente alle somme percepite o versate tra le società del comma 1 per compensare gli oneri connessi con l'interruzione della tassazione di gruppo relativi all'imposta sulle società.

(1) Il D.Lgs. 12 dicembre 2003, n. 344, ha disposto, con l'articolo 1, comma 1, la totale modifica del presente provvedimento, e ne ha ridefinito la struttura di titoli, capi e sezioni.

(2) Articolo sostituito dall'articolo 1, comma 1, del D.Lgs. 12 dicembre 2003, n. 344.

(3) Comma modificato dall'articolo 8, comma 5, lettera a), del D.Lgs. 18 novembre 2005, n. 247.

(4) Comma modificato dall'articolo 8, comma 5, lettera b), del D.Lgs. 18 novembre 2005, n. 247 e, successivamente dall'articolo 7-quater, comma 27, lettera d), numero 1), del D.L. 22 ottobre 2016, n. 193, convertito, con modificazioni, dalla Legge 1° dicembre 2016 n. 225. A norma del comma 30, del predetto articolo 7-quater, le disposizioni di cui al presente comma si applicano a decorrere dal periodo d'imposta successivo a quello in corso al 31 dicembre 2016.

(5) Comma inserito dall'articolo 7-quater, comma 27, lettera d), numero 2), del D.L. 22 ottobre 2016, n. 193, convertito, con modificazioni, dalla Legge 1° dicembre 2016 n. 225. A norma del comma 30, del predetto articolo 7-quater, le disposizioni di cui al presente comma si applicano a decorrere dal periodo d'imposta successivo a quello in corso al 31 dicembre 2016.

(6) Comma modificato dall'articolo 7, comma 2, lettera a), del D.lgs. 24 settembre 2015, n. 156.

(7) Comma inserito dall'articolo 7, comma 2, lettera b), del D.lgs. 24 settembre 2015, n. 156.

125. Revoca dell'opzione (1)(2)(3). – 1. Le disposizioni dell'articolo 124, comma 1, lettera b), si applicano sia nel caso di revoca dell'opzione di cui all'articolo 117, sia nel caso in cui la revoca riguardi almeno una delle società di cui alla predetta lettera b)(4).

2. Nel caso di revoca dell'opzione, gli obblighi di acconto si calcolano relativamente a ciascuna società singolarmente considerata con riferimento ai redditi propri così come risultanti dalle comunicazioni di cui all'articolo 121. Si applica la disposizione dell'articolo 124, comma 4. La società o l'ente controllante è tenuto a comunicare all'Agenzia delle entrate l'importo delle perdite residue attribuite a ciascun soggetto, secondo le modalità e i termini previsti per la comunicazione della revoca (5).

3. L'articolo 118, comma 4, si applica anche relativamente alle somme percepite o versate tra le società di cui al comma 1 per compensare gli oneri connessi con la revoca della tassazione di gruppo relativi all'imposta sulle società.

(1) Il D.Lgs. 12 dicembre 2003, n. 344, ha disposto, con l'articolo 1, comma 1, la totale modifica del presente provvedimento, e ne ha ridefinito la struttura di titoli, capi e sezioni.

(2) Articolo sostituito dall'articolo 1, comma 1, del D.Lgs. 12 dicembre 2003, n. 344.

(3) Rubrica modificata dall'articolo 7-quater, comma 27, lettera a), del D.L. 22 ottobre 2016, n.193, convertito, con modificazioni, dalla Legge 1° dicembre 2016 n. 225. A norma del comma 30, del predetto articolo 7-quater, le disposizioni di cui al presente comma si applicano a decorrere dal periodo d'imposta successivo a quello in corso al 31 dicembre 2016.

(4) Comma modificato dall'articolo 7-quater, comma 27, lettera e), numero 3, del D.L. 22 ottobre 2016, n.193, convertito, con modificazioni, dalla Legge 1° dicembre 2016 n. 225. A norma del comma 30, del predetto articolo 7-quater, le disposizioni di cui al presente comma si applicano a decorrere dal periodo d'imposta successivo a quello in corso al 31 dicembre 2016.

(5) Comma modificato dall'articolo 7-quater, comma 27, lettera a) ed e), numero 2, del D.L. 22 ottobre 2016, n.193, convertito, con modificazioni, dalla Legge 1° dicembre 2016 n. 225. A norma del comma 30, del predetto articolo 7-quater, le disposizioni di cui al presente comma si applicano a decorrere dal periodo d'imposta successivo a quello in corso al 31 dicembre 2016.

126. Limiti all'efficacia ed all'esercizio dell'opzione (1)(2). – 1. Non possono esercitare l'opzione di cui all'articolo 117 le società che fruiscono di riduzione dell'aliquota dell'imposta sui redditi delle società.

2. Nel caso di fallimento e di liquidazione coatta amministrativa, l'esercizio dell'opzione non è consentito e, se già avvenuto, cessa dall'inizio dell'esercizio in cui interviene la

dichiarazione del fallimento o il provvedimento che ordina la liquidazione.

(1) *Il D.Lgs. 12 dicembre 2003, n. 344, ha disposto, con l'articolo 1, comma 1, la totale modifica del presente provvedimento, e ne ha ridefinito la struttura di titoli, capi e sezioni.*
(2) *Articolo sostituito dall'articolo 1, comma 1, del D.Lgs. 12 dicembre 2003, n. 344.*

127. Responsabilità (1)(2). – 1. La società o l'ente controllante è responsabile:

a) per la maggiore imposta accertata e per gli interessi relativi, riferita al reddito complessivo globale risultante dalla dichiarazione di cui all'articolo 122;

b) per le somme che risultano dovute, con riferimento alla medesima dichiarazione, a seguito dell'attività di controllo prevista dall'articolo 36-ter del decreto del Presidente della Repubblica 29 settembre 1973, n. 600, riferita alle dichiarazioni dei redditi propria di ciascun soggetto che partecipa al consolidato e dell'attività di liquidazione di cui all'articolo 36-bis del medesimo decreto;

c) per l'adempimento degli obblighi connessi alla determinazione del reddito complessivo globale di cui all'articolo 122;

d) solidalmente per il pagamento di una somma pari alla sanzione di cui alla lettera b) del comma 2 irrogata al soggetto che ha commesso la violazione (3).

2. Ciascuna società controllata che partecipa al consolidato è responsabile:

a) solidalmente con l'ente o società controllante per la maggiore imposta accertata e per gli interessi relativi, riferita al reddito complessivo globale risultante dalla dichiarazione di cui all'articolo 122, in conseguenza della rettifica operata sul proprio reddito imponibile, e per le somme che risultano dovute, con riferimento alla medesima dichiarazione, a seguito dell'attività di controllo prevista dall'articolo 36-ter del decreto del Presidente della Repubblica 29 settembre 1973, n. 600, e dell'attività di liquidazione di cui all'articolo 36-bis del medesimo decreto, in conseguenza della rettifica operata sulla propria dichiarazione dei redditi;

b) per la sanzione correlata alla maggiore imposta accertata riferita al reddito complessivo globale risultante dalla dichiarazione di cui all'articolo 122, in conseguenza della rettifica operata sul proprio reddito imponibile, e alle somme che risultano dovute con riferimento alla medesima dichiarazione, a seguito dell'attività di controllo prevista dall'articolo 36-ter del decreto del Presidente della Repubblica 29 settembre 1973, n. 600, e dell'attività di liquidazione di cui all'articolo 36-bis del medesimo decreto, in conseguenza della rettifica operata sulla propria dichiarazione dei redditi;

c) per le sanzioni diverse da quelle di cui alla lettera b)(4).

[*3. Nel caso di omesso versamento dovuto in base alla dichiarazione dei redditi di cui all'articolo 122, le somme che risultano dovute sono richieste prioritariamente alla società o ente controllante.*] (5)

4. L'eventuale rivalsa della società o ente controllante nei confronti delle società controllate perde efficacia qualora il soggetto controllante ometta di trasmettere alla società controllata copia degli atti e dei provvedimenti entro il ventesimo giorno successivo alla notifica ricevuta anche in qualità di domiciliatario secondo quanto previsto dall'articolo 119.

(1) *Il D.Lgs. 12 dicembre 2003, n. 344, ha disposto, con l'articolo 1, comma 1, la totale modifica del presente provvedimento, e ne ha ridefinito la struttura di titoli, capi e sezioni.*
(2) *Articolo sostituito dall'articolo 1, comma 1, del D.Lgs. 12 dicembre 2003, n. 344.*
(3) *Comma sostituito, con effetto per i periodi di imposta che iniziano a decorrere dal 1° gennaio 2004, dall'articolo 8, comma 6, lettera a), del D.Lgs. 18 novembre 2005, n. 247.*
(4) *Comma sostituito, con effetto per i periodi di imposta che iniziano a decorrere dal 1° gennaio 2004, dall'articolo 8, comma 6, lettera b), del D.Lgs. 18 novembre 2005, n. 247.*
(5) *Comma abrogato, con effetto per i periodi di imposta che iniziano a decorrere dal 1° gennaio 2004, dall'articolo 8, comma 6, lettera c), del D.Lgs. 18 novembre 2005, n. 247.*

127 *bis*. Disposizioni in materia di imprese estere partecipate (1)(2). – [*1. Se un soggetto residente in Italia detiene, direttamente o indirettamente, anche tramite società fiduciarie o per interposta persona, il controllo di una impresa, di una società o di altro ente, residente o localizzato in Stati o territori con regime fiscale privilegiato, i redditi conseguiti dal soggetto estero partecipato sono imputati, a decorrere dalla chiusura dell'esercizio o periodo di gestione del soggetto estero partecipato, ai soggetti residenti in proporzione alle partecipazioni da essi detenute. Tali disposizioni si applicano anche per le partecipazioni in soggetti non residenti relativamente ai redditi derivanti da loro stabili organizzazioni assoggettati ai predetti regimi fiscali privilegiati.*

2. Le disposizioni del comma 1 si applicano alle persone fisiche residenti e ai soggetti di cui agli articoli 5 e 87, comma 1, lettere a), b) e c).

3. Ai fini della determinazione del limite del controllo di cui al comma 1, si applica l'art. 2359 del codice civile, in materia di società controllate e società collegate.

4. Si considerano privilegiati i regimi fiscali di Stati o territori individuati, con decreti del Ministro delle finanze da pubblicare nella Gazzetta Ufficiale, in ragione del livello di tassazione sensibilmente inferiore a quello applicato in Italia, della mancanza di un adeguato scambio di informazioni ovvero di altri criteri equivalenti.

5. Le disposizioni del comma 1 non si applicano se il soggetto residente dimostra che la società o altro ente non residente svolga un'effettiva attività industriale o commerciale, come sua principale attività, nello Stato o nel territorio nel quale ha sede; o dimostra altresì che dalle partecipazioni non consegue l'effetto di localizzare i redditi in Stati o territori in cui sono sottoposti a regimi fiscali privilegiati di cui al comma 4. Per i fini di cui al presente comma, il contribuente deve interpellare preventivamente l'amministrazione finanziaria, ai sensi dell'art. 11 della legge 27 luglio 2000, n. 212, recante lo statuto dei diritti del contribuente.

6. I redditi del soggetto non residente, imputati ai sensi del comma 1, sono assoggettati a tassazione separata con l'aliquota media applicata sul reddito complessivo del soggetto residente e, comunque, non inferiore al 27 per cento. I redditi sono determinati in base alle disposizioni del titolo I, capo VI, nonchè degli articoli 96, 96- bis, 102, 103, 103- bis; non si applicano le disposizioni di cui agli articoli 54, comma 4, e 67, comma 3. Dall'imposta così determinata sono ammesse in detrazione, ai sensi dell'art. 15, le imposte pagate all'estero a titolo definitivo.

7. Gli utili distribuiti, in qualsiasi forma, dai soggetti non residenti di cui al comma 1 non concorrono alla formazione del reddito dei soggetti residenti fino all'ammontare del reddito assoggettato a tassazione, ai sensi del medesimo comma 1, anche negli esercizi precedenti. Le imposte pagate all'estero, sugli utili che non concorrono alla formazione del reddito ai sensi del primo periodo del presente comma, sono ammesse in detrazione, ai sensi dell'art. 15, fino a concorrenza delle imposte applicate ai sensi del comma 6, diminuite degli importi ammessi in detrazione per effetto del terzo periodo del predetto comma.

8. Con decreto del Ministro delle finanze, da emanare ai sensi dell'art. 17, comma 3, della legge 23 agosto 1988, n. 400, sono stabilite le disposizioni attuative del presente articolo.]

(1) Il D.Lgs. 12 dicembre 2003, n. 344, ha disposto, con l'articolo 1, comma 1, la totale modifica del presente provvedimento, e ne ha ridefinito la struttura di titoli, capi e sezioni.
(2) Articolo aggiunto dall'articolo 1, comma 1, lettera a), della legge 21 novembre 2000, n. 342 e non più previsto nella nuova numerazione intervenuta con l'articolo 1, comma 1, del D.Lgs. 12 dicembre 2003, n. 344.

128. Norma transitoria (1)(2). – 1. Fino a concorrenza delle svalutazioni determinatesi per effetto di rettifiche di valore ed accantonamenti fiscalmente non riconosciuti, al netto delle rivalutazioni assoggettate a tassazione, dedotte nel periodo d'imposta antecedente a quello dal quale ha effetto l'opzione di cui all'articolo 117 e nei nove precedenti dalla società o ente controllante o da altra società controllata, anche se non esercente l'opzione di cui all'articolo 117, i valori fiscali degli elementi dell'attivo e del passivo della società partecipata se, rispettivamente, superiori o inferiori a quelli contabili sono ridotti o aumentati dell'importo delle predette svalutazioni in proporzione ai rapporti tra la differenza dei valori contabili e fiscali dell'attivo e del passivo e l'ammontare complessivo di tali differenze.

(1) Il D.Lgs. 12 dicembre 2003, n. 344, ha disposto, con l'articolo 1, comma 1, la totale modifica del presente provvedimento, e ne ha ridefinito la struttura di titoli, capi e sezioni.
(2) Articolo sostituito dall'articolo 1, comma 1, del D.Lgs. 12 dicembre 2003, n. 344.

129. Disposizioni applicative (1)(2). – 1. Con decreto di natura non regolamentare del Ministro dell'economia e delle finanze sono adottate le disposizioni applicative della presente sezione.

(1) Il D.Lgs. 12 dicembre 2003, n. 344, ha disposto, con l'articolo 1, comma 1, la totale modifica del presente provvedimento, e ne ha ridefinito la struttura di titoli, capi e sezioni.
(2) Articolo sostituito dall'articolo 1, comma 1, del D.Lgs. 12 dicembre 2003, n. 344.

Sezione III - Consolidato mondiale (1)

(1) Sezione inserita dall'articolo 1 del D.Lgs. 12 dicembre 2003, n. 344.

130. Soggetti ammessi alla determinazione della unica. – 1. Le società e gli enti di cui all'articolo 73, comma 1, lettere a) e b), possono esercitare l'opzione per includere proporzionalmente nella propria base imponibile, indipendentemente dalla distribuzione, i redditi conseguiti da tutte le proprie società controllate ai sensi dell'articolo 2359, primo comma, numero 1), del codice civile non residenti e rientranti nella definizione di cui all'articolo 133.

2. L'esercizio dell'opzione di cui al comma 1 è consentito alle società ed agli enti:

a) i cui titoli sono negoziati nei mercati regolamentati;

b) controllati ai sensi dell'articolo 2359, comma 1, n. 1) del codice civile esclusivamente dallo Stato o da altri enti pubblici, da persone fisiche residenti che non si qualifichino a loro volta, tenendo conto delle partecipazioni possedute da loro parti correlate, quali soggetti controllanti ai sensi dell'articolo 2359, comma 1, numeri 1) e 2), del codice civile di altra società o ente commerciale residente o non residente.

3. Per la verifica della condizione di cui alla lettera b) del comma 2, le partecipazioni possedute dai familiari di cui all'articolo 5, comma 5, si cumulano fra loro.

4. La società controllante che si qualifica per l'esercizio dell'opzione di cui al comma 1 non può quale controllata esercitare anche l'opzione di cui alla sezione precedente (S; S; S; S; 2359[1,2] c.c.; S; S).

(1) Il D.Lgs. 12 dicembre 2003, n. 344, ha disposto, con l'articolo 1, comma 1, la totale modifica del presente provvedimento, e ne ha ridefinito la struttura di titoli, capi e sezioni.
(2) Articolo sostituito dall'articolo 1, comma 1, del D.Lgs. 12 dicembre 2003, n. 344.

131. Effetti dell'esercizio dell'opzione (1)(2). – 1. L'esercizio dell'opzione consente di imputare al soggetto controllante indipendentemente dalla distribuzione i redditi e le perdite prodotti dalle controllate non residenti di cui all'articolo 133 per la quota parte corrispondente alla quota di partecipazione agli utili dello stesso soggetto controllante e delle società controllate residenti di cui al comma 2, tenendo conto della demoltiplicazione determinata dalla catena societaria di controllo.

2. Nel caso in cui la partecipazione in una controllata non residente sia detenuta in tutto o in parte per il tramite di una o più controllate residenti, per la validità dell'opzione di cui all'articolo 130 è necessario che la società controllante e ciascuna di tali controllate residenti esercitino l'opzione di cui alla sezione II. In tal caso la quota di reddito della controllata non residente da includere nella base imponibile del gruppo corrisponde alla somma delle quote di partecipazione di ciascuna società residente di cui al presente comma.

3. L'imputazione di cui al comma 1 avviene nel periodo d'imposta del soggetto controllante e delle società controllate di cui al comma 2 in corso alla data di chiusura dell'esercizio della società non residente. Nel caso in cui quest'ultima non abbia l'obbligo della redazione annuale del bilancio d'esercizio, l'imputazione avviene l'ultimo giorno del periodo cui si riferisce il bilancio volontario di cui all'articolo 132, comma 2.

4. Ai fini del comma 3 si considera la quota di partecipazione agli utili alla data di chiusura dell'esercizio della società non residente o se maggiore quella alla data di approvazione o revisione del relativo bilancio.

5. Gli obblighi di versamento a saldo ed in acconto competono alla controllante. L'acconto dovuto è determinato sulla base dell'imposta relativa al periodo precedente, al netto delle detrazioni e dei crediti d'imposta e delle ritenute d'acconto, come indicata nella dichiarazione dei redditi presentata ai sensi dell'articolo 130. Per il primo esercizio la determinazione dell'acconto dovuto dalla controllante è effettuata sulla base dell'imposta, al netto delle detrazioni, dei crediti d'imposta e delle ritenute d'acconto, corrispondente alla somma algebrica degli imponibili relativi al periodo precedente, come indicati nelle dichiarazioni dei redditi presentate per il periodo stesso dalle società residenti singolarmente considerate. Si applicano, in ogni caso, le disposizioni di cui all'articolo 4 del decreto-legge 2 marzo 1989, n. 69, convertito, con modificazioni, dalla legge 27 aprile 1989, n. 154.

(1) Il D.Lgs. 12 dicembre 2003, n. 344, ha disposto, con l'articolo 1, comma 1, la totale modifica del presente provvedimento, e ne ha

ridefinito la struttura di titoli, capi e sezioni.
(2) *Articolo sostituito dall'articolo 1, comma 1, del D.Lgs. 12 dicembre 2003, n. 344.*

132. Condizioni per l'efficacia dell'opzione (1)(2). – 1. Permanendo il requisito del controllo, come definito nell'articolo 133, l'opzione di cui all'articolo 131 ha durata per cinque esercizi del soggetto controllante ed è irrevocabile. Al termine del quinquennio l'opzione si intende tacitamente rinnovata per il successivo triennio a meno che non sia revocata, secondo le modalità e i termini previsti per la comunicazione dell'opzione. La disposizione di cui al periodo precedente si applica al termine di ciascun triennio (3).

2. L'efficacia dell'opzione è altresì subordinata al verificarsi delle seguenti condizioni:

a) il suo esercizio deve avvenire relativamente a tutte le controllate non residenti, così, come definite dall'articolo 133;

b) identità dell'esercizio sociale di ciascuna società controllata con quello della società o ente controllante, salvo nel caso in cui questa coincidenza non sia consentita dalle legislazioni locali;

c) revisione dei bilanci del soggetto controllante residente e delle controllate residenti di cui all'articolo 131, comma 2, e di quelle non residenti di cui all'articolo 133, da parte dei soggetti iscritti all'albo Consob previsto dal decreto legislativo 24 febbraio 1998, n. 58, o, per quanto riguarda le controllate non residenti, anche da altri soggetti a condizione che il revisore del soggetto controllante utilizzi gli esiti della revisione contabile dagli stessi soggetti effettuata ai fini del giudizio sul bilancio annuale o consolidato. Nel caso in cui la controllata non abbia l'obbligo della redazione annuale del bilancio, redazione a cura dell'organo sociale cui compete l'amministrazione della società di un bilancio volontario riferito ad un periodo di tempo corrispondente al periodo d'imposta della controllante, comunque soggetto alla revisione di cui al primo periodo;

d) attestazione rilasciata da ciascuna società controllata non residente secondo le modalità previste dal decreto di cui all'articolo 142 dalla quale risulti:

1) il consenso alla revisione del proprio bilancio di cui alla lettera c);

2) l'impegno a fornire al soggetto controllante la collaborazione necessaria per la determinazione dell'imponibile e per adempiere entro un periodo non superiore a 60 giorni dalla loro notifica alle richieste dell'Amministrazione finanziaria;

[*d-bis) l'esercizio dell'opzione è comunicato all'Agenzia delle entrate, secondo le modalità previste dal decreto di cui all'articolo 142, entro il mese successivo a quello di scadenza del termine previsto per la comunicazione della risposta all'interpello di cui al comma 3.*] (4)

3. Al ricorrere delle condizioni previste dagli articoli 130 e seguenti, la società controllante accede al regime previsto dalla presente sezione; la medesima società controllante può interpellare l'amministrazione ai sensi dell'articolo 11, comma 1, lettera b), della legge 27 luglio 2000, n. 212, recante lo Statuto dei diritti del contribuente, al fine di verificare la sussistenza dei requisiti per il valido esercizio dell'opzione. In particolare dall'istanza di interpello dovrà risultare:

a) la qualificazione soggettiva del soggetto controllante all'esercizio dell'opzione ai sensi dell'articolo 130, comma 2;

b) la puntuale descrizione della struttura societaria estera del gruppo con l'indicazione di tutte le società controllate;

c) la denominazione, la sede sociale, l'attività svolta, l'ultimo bilancio disponibile di tutte le controllate non residenti nonché la quota di partecipazione agli utili riferita alla controllante ed alle controllate di cui all'articolo 131, comma 2, l'eventuale diversa durata dell'esercizio sociale e le ragioni che richiedono tale diversità;

d) la denominazione dei soggetti cui è stato attribuito l'incarico per la revisione dei bilanci e le conferme dell'avvenuta accettazione di tali incarichi;

e) l'elenco delle imposte relativamente alle quali verrà presumibilmente richiesto il credito di cui all'articolo 165.

4. La risposta positiva dell'Agenzia delle entrate può essere subordinata all'assunzione da parte del soggetto controllante dell'obbligo ad altri adempimenti finalizzati ad una maggiore tutela degli interessi erariali. Con lo stesso interpello di cui al comma 3 il soggetto controllante può a sua volta richiedere, oltre a quelle già previste, ulteriori semplificazioni per la determinazione del reddito imponibile fra le quali anche l'esclusione delle società controllate di dimensioni non rilevanti residenti negli Stati o territori di cui al decreto del Ministro dell'economia e delle finanze emanato ai sensi dell'articolo 168- bis (5).

5. Le variazioni dei dati di cui al comma 3 possono essere comunicate all'Agenzia delle entrate con le modalità previste dallo stesso comma 3 entro il mese successivo alla fine del periodo d'imposta durante il quale si sono verificate. La società o ente controllante che intende accedere al regime previsto dalla presente sezione ma non ha presentato l'istanza di interpello prevista dal comma 3 ovvero, avendola presentata, non ha ricevuto risposta positiva deve segnalare detta circostanza nella dichiarazione dei redditi (6).

(1) *Il D.Lgs. 12 dicembre 2003, n. 344, ha disposto, con l'articolo 1, comma 1, la totale modifica del presente provvedimento, e ne ha ridefinito la struttura di titoli, capi e sezioni.*
(2) *Articolo sostituito dall'articolo 1, comma 1, del D.Lgs. 12 dicembre 2003, n. 344.*
(3) *Comma sostituito dall'articolo 7-quater, comma 27, lettera f), del D.L. 22 ottobre 2016, n.193, convertito, con modificazioni, dalla Legge 1° dicembre 2016 n. 225. A norma del comma 30, del predetto articolo 7-quater, le disposizioni di cui al presente comma si applicano a decorrere dal periodo d'imposta successivo a quello in corso al 31 dicembre 2016.*
(4) *Lettera aggiunta, con effetto per i periodi d'imposta che iniziano a decorrere dal 1° gennaio 2005, dall'articolo 9, comma 1, del D.Lgs. 18 novembre 2005, n. 247 e successivamente abrogata dall'articolo 7, comma 3, lettera a), del D.lgs. 24 settembre 2015, n. 156.*
(5) *Comma modificato dall'articolo 1, comma 83, lettera i), della legge 24 dicembre 2007, n. 244.*
(6) *Comma modificato dall'articolo 7, comma 3, lettera c), del D.lgs. 24 settembre 2015, n. 156.*

133. Definizione del requisito di controllo (1)(2). – 1. Agli effetti della presente sezione, si considerano controllate le società e gli enti di ogni tipo con o senza personalità giuridica non residenti nel territorio dello Stato le cui azioni, quote, diritti di voto e di partecipazione agli utili sono posseduti direttamente o indirettamente dalla società o ente controllante per una percentuale superiore al 50 per cento da determinarsi relativamente alla società controllante ed alle società controllate residenti di cui all'articolo 131, comma 2, tenendo conto della eventuale demoltiplicazione prodotta dalla catena societaria di controllo.

2. Le partecipazioni di cui al comma 1 devono sussistere alla fine dell'esercizio del soggetto controllante. Tuttavia i redditi e le perdite prodotti dalle società cui tali partecipazioni si riferiscono sono esclusi dalla formazione della base

imponibile di gruppo nel caso in cui il requisito del controllo di cui al comma precedente si sia verificato entro i sei mesi precedenti la fine dell'esercizio della società controllante [3].

[1] *Il D.Lgs. 12 dicembre 2003, n. 344, ha disposto, con l'articolo 1, comma 1, la totale modifica del presente provvedimento, e ne ha ridefinito la struttura di titoli, capi e sezioni.*
[2] *Articolo sostituito dall'articolo 1, comma 1, del D.Lgs. 12 dicembre 2003, n. 344.*
[3] *Comma, con effetto per i periodi di imposta che iniziano a decorrere dal 1° gennaio 2004, modificato dall'articolo 9, comma 2, del D.Lgs. 18 novembre 2005, n. 247.*

134. Obblighi della società od ente controllante e rettifiche di consolidamento [1][2]. – 1. L'ente o la società controllante provvede a calcolare il reddito imponibile di ciascuna controllata estera. A tale scopo il reddito risultante dai bilanci revisionati viene rideterminato secondo le norme di cui alla sezione I del presente capo e del titolo III in quanto compatibili con quelle di cui alla presente sezione e con le rettifiche di seguito previste:

[*a) esclusione della quota imponibile del dividendo distribuito da società incluse nella tassazione di gruppo anche se provenienti da utili di esercizi precedenti a quello di inizio dell'opzione di cui all'articolo 130;*] [3]

b) indipendentemente dai criteri adottati per la redazione dei singoli bilanci revisionati, adozione di un trattamento uniforme dei componenti positivi e negativi di reddito dagli stessi risultanti secondo i criteri di cui alla predetta sezione I, consentendo nell'esercizio di competenza la deducibilità dei componenti negativi non solo se imputati al conto economico di un esercizio precedente, ma anche successivo;

c) i valori risultanti dal bilancio relativo all'esercizio o periodo di gestione anteriore al primo cui si applicano le disposizioni della presente sezione sono riconosciuti ai fini dell'imposta sulle società a condizione che siano conformi a quelli derivanti dall'applicazione dei criteri contabili adottati nei precedenti esercizi e che siano adempiuti gli obblighi formali eventualmente previsti dal decreto di cui all'articolo 142 salvo quanto di seguito previsto:

1) i fondi per rischi ed oneri risultanti dal predetto bilancio istituiti con finalità analoghe a quelli previsti nella sezione I di questo capo si considerano riconosciuti ai fini dell'imposta sul reddito fino a concorrenza dell'importo massimo per gli stessi previsto;

2) qualora le norme della sezione I di questo capo non prevedano un importo massimo, gli stessi si considerano fiscalmente riconosciuti per intero o nel minor ammontare corrispondente agli accantonamenti che sarebbero stati deducibili secondo le norme della predetta sezione I a condizione che tale minore ammontare sia rideterminato dal soggetto controllante;

3) i fondi per rischi ed oneri risultanti dal predetto bilancio istituiti con finalità diverse da quelli previsti dalla stessa sezione I non si considerano fiscalmente riconosciuti [4];

4) il valore delle rimanenze finali dei beni indicati alle lettere a) e b) del comma 1 dell'articolo 85 si considera fiscalmente riconosciuto in misura non superiore al valore normale di cui all'articolo 92, comma 5.

d) esclusione dal reddito imponibile degli utili e delle perdite di cambio relativi a finanziamenti attivi e passivi di durata superiore a diciotto mesi stipulati fra le società non residenti o fra queste e quelle residenti incluse nella determinazione dell'unica base imponibile di cui alla presente sezione se denominati nella valuta utilizzata dal debitore o in quella utilizzata dal creditore per la redazione del proprio bilancio di cui all'articolo 132, comma 2;

e) i redditi rideterminati secondo i criteri di cui ai punti precedenti concorrono alla formazione dell'imponibile convertiti secondo il cambio del giorno di chiusura dell'esercizio o periodo di gestione della società non residente;

f) inapplicabilità delle norme di cui agli articoli 95, commi 2, 3 e 5, 98, 99, comma 1, secondo periodo, 100, 102, commi 6 e 9, 108, comma 2, secondo periodo e 164;

g) relativamente al reddito imponibile delle controllate estere l'art. 109, comma 4, lettera b) si applica nei limiti in cui analoghe deduzioni dal reddito imponibile sono riconosciute dalle legislazioni locali. In tal caso, è ammessa la deducibilità dei componenti negativi ivi previsti fino a concorrenza del minor importo tra la misura prevista dalla legislazione nazionale e quanto effettivamente dedotto dalla controllata estera secondo le modalità ed alle condizioni di cui al decreto previsto dall'articolo 142; in mancanza della predetta previsione nella legislazione locale e fermo restando quanto previsto dalla precedente lettera b), non sono deducibili dal reddito complessivo del gruppo i componenti negativi di reddito di cui al predetto articolo non imputati al conto economico della controllata estera cui si riferiscono.

2. Non rilevano le perdite delle controllate non residenti relative agli esercizi precedenti l'esercizio dell'opzione di cui all'articolo 130.

[1] *Il D.Lgs. 12 dicembre 2003, n. 344, ha disposto, con l'articolo 1, comma 1, la totale modifica del presente provvedimento, e ne ha ridefinito la struttura di titoli, capi e sezioni.*
[2] *Articolo sostituito dall'articolo 1, comma 1, del D.Lgs. 12 dicembre 2003, n. 344.*
[3] *Lettera abrogata dall'articolo 1, comma 33, lettera t), della legge 24 dicembre 2007, n. 244.*
[4] *Numero modificato, con effetto per i periodi di imposta che iniziano a decorrere dal 1° gennaio 2004, dall'articolo 9, comma 3, del D.Lgs. 18 novembre 2005, n. 247.*

135. Determinazione delle plusvalenze per i trasferimenti infragruppo [1][2]. – [*1. Le plusvalenze e le minusvalenze derivanti dalle cessioni, inclusi i conferimenti, di beni diversi da quelli di cui agli articoli 85 e 87, fra le società non residenti cui si riferisce l'opzione di cui alla presente sezione, concorrono alla formazione del reddito complessivo in misura corrispondente alla differenza tra la percentuale di partecipazione agli utili del soggetto controllante e delle società controllate residenti di cui all'articolo 131, comma 2, nella controllata cedente e quella se minore nella controllata acquirente* [3].

2. Il costo fiscalmente riconosciuto del bene trasferito alla società acquirente sarà pari a quello precedente il trasferimento maggiorato della quota di plusvalenza che ha concorso alla formazione del reddito imponibile ai sensi del comma 1.] [4]

[1] *Il D.Lgs. 12 dicembre 2003, n. 344, ha disposto, con l'articolo 1, comma 1, la totale modifica del presente provvedimento, e ne ha ridefinito la struttura di titoli, capi e sezioni.*
[2] *Articolo sostituito dall'articolo 1, comma 1, del D.Lgs. 12 dicembre 2003, n. 344.*
[3] *Comma modificato, con effetto per i periodi di imposta che iniziano a decorrere dal 1° gennaio 2004, dall'articolo 9, comma 4, del D.Lgs. 18 novembre 2005, n. 247.*
[4] *Articolo abrogato dall'articolo 1, comma 33, lettera v), della legge 24 dicembre 2007, n. 244.*

136. Determinazione dell'imposta dovuta [1][2]. – 1. La società controllante, effettuando la somma algebrica

IMPOSTE DIRETTE

del proprio imponibile e di quelli delle controllate estere determinati secondo i criteri di cui agli articoli precedenti, determina il reddito imponibile complessivo relativamente al quale calcola l'imposta corrispondente (3).

2. Dall'imposta determinata secondo il comma 1, oltre alle detrazioni, alle ritenute ed ai crediti d'imposta relativi al soggetto controllante, sono ammesse in detrazione le imposte sul reddito pagate all'estero a titolo definitivo secondo i criteri di cui all'articolo 165 e ai commi da 3 a 6.

3. Al fine di determinare la quota di imposta italiana relativa al reddito estero oggetto di imputazione alla formazione del reddito imponibile complessivo di cui al comma 1, concorrono prioritariamente i redditi prodotti dalle controllate estere, e la quota di imposta italiana fino a concorrenza della quale è accreditabile l'imposta estera è calcolata con riferimento a ciascuna controllata estera. L'eventuale eccedenza dell'imposta estera è utilizzabile nei periodi d'imposta precedenti o successivi secondo le disposizioni di cui all'articolo 165.

4. Fino a concorrenza della quota d'imposta italiana relativa al reddito prodotto da ciascuna controllata estera successivamente all'esercizio dell'opzione, il credito per imposte pagate all'estero viene riliquidato negli esercizi in cui avviene il pagamento a titolo definitivo di ulteriori imposte estere sullo stesso reddito anche se distribuito (4).

5. Ai fini dell'applicazione del comma 4, si considerano prioritariamente distribuiti i redditi prodotti negli esercizi più recenti.

6. Nel caso in cui nello stesso Paese estero siano presenti più società controllate e la legislazione locale preveda una forma di tassazione di gruppo analoga a quella di cui alla precedente sezione se, ricorrendone in concreto le condizioni, le società controllate non si avvalgono di tale forma di tassazione di gruppo nel Paese estero, ai fini dell'applicazione dell'articolo 165 si assume come imposta estera quella che sarebbe stata dovuta se tali società si fossero avvalse del consolidato. Le società ammesse alla tassazione di gruppo in tale Paese costituiscono, ai fini del presente articolo, una o più società a seconda che la compensazione dei singoli imponibili nel Paese estero sia consentita in modo totale o parziale (5).

(1) *Il D.Lgs. 12 dicembre 2003, n. 344, ha disposto, con l'articolo 1, comma 1, la totale modifica del presente provvedimento, e ne ha ridefinito la struttura di titoli, capi e sezioni.*
(2) *Articolo sostituito dall'articolo 1, comma 1, del D.Lgs. 12 dicembre 2003, n. 344.*
(3) *Comma modificato, con effetto per i periodi di imposta che iniziano a decorrere dal 1° gennaio 2004, dall'articolo 9, comma 5, lettera a), del D.Lgs. 18 novembre 2005, n. 247.*
(4) *Comma modificato, con effetto per i periodi di imposta che iniziano a decorrere dal 1° gennaio 2004, dall'articolo 9, comma 5, lettera b), del D.Lgs. 18 novembre 2005, n. 247.*
(5) *Comma sostituito, effetto per i periodi d'imposta che iniziano a decorrere dal 1° gennaio 2005, dall'articolo 9, comma 5, lettera c), del D.Lgs. 18 novembre 2005, n. 247.*

137. Interruzione della tassazione di gruppo prima del compimento del periodo di validità dell'opzione (1)(2). – 1. Nel caso in cui, prima del compimento del periodo di cui all'articolo 132, comma 1, venga meno la qualificazione soggettiva della società o ente controllante di cui all'articolo 130, comma 2, gli effetti dell'opzione esercitata cessano con effetto dal periodo d'imposta del soggetto controllante successivo a quello in corso al momento del venir meno della qualificazione soggettiva predetta. Il periodo precedente non si applica nel caso in cui il nuovo soggetto controllante abbia a sua volta esercitato l'opzione di cui alla presente sezione.

2. Nel caso di cui al comma 1, primo periodo, le perdite del soggetto controllante di cui all'articolo 84 non utilizzate alla fine del periodo d'imposta in cui viene meno la qualificazione soggettiva si riducono della misura corrispondente al rapporto tra le perdite prodotte nel periodo di validità dell'opzione da tutte le società non residenti il cui reddito ha concorso alla formazione dell'unico imponibile e quelle prodotte nello stesso periodo da tutte le società.

(1) *Il D.Lgs. 12 dicembre 2003, n. 344, ha disposto, con l'articolo 1, comma 1, la totale modifica del presente provvedimento, e ne ha ridefinito la struttura di titoli, capi e sezioni.*
(2) *Articolo aggiunto dall'articolo 1, comma 1, del D.Lgs. 12 dicembre 2003, n. 344.*

138. Interruzione della tassazione di gruppo limitatamente. – 1. Salvo quanto previsto nel comma 2, nel caso in cui il requisito del controllo venga meno relativamente ad una o più società controllate non residenti prima del compimento del periodo di cui all'articolo 132, comma 1, il reddito complessivo viene aumentato in misura corrispondente agli interessi passivi dedotti per effetto della disposizione di cui all'articolo 97, comma 2, nei due esercizi precedenti rientranti nel periodo di cui allo stesso art. 132, comma 1.

2. Nel caso in cui il requisito del controllo venga meno relativamente ad oltre due terzi delle società controllate non residenti oltre a quello di cui al comma 1 si verifica l'effetto di cui all'articolo 137, comma 2, da calcolare proporzionalmente alle perdite fiscali delle società non residenti di cui al presente comma.

(1) *Il D.Lgs. 12 dicembre 2003, n. 344, ha disposto, con l'articolo 1, comma 1, la totale modifica del presente provvedimento, e ne ha ridefinito la struttura di titoli, capi e sezioni.*
(2) *Articolo aggiunto dall'articolo 1, comma 1, del D.Lgs. 12 dicembre 2003, n. 344.*

139. Revoca dell'opzione (1)(2)(3). – 1. Nel caso di revoca dell'opzione si verifica l'effetto di cui al comma 2 dell'articolo 137 (4).

(1) *Il D.Lgs. 12 dicembre 2003, n. 344, ha disposto, con l'articolo 1, comma 1, la totale modifica del presente provvedimento, e ne ha ridefinito la struttura di titoli, capi e sezioni.*
(2) *Articolo aggiunto dall'articolo 1, comma 1, del D.Lgs. 12 dicembre 2003, n. 344.*
(3) *Rubrica modificato dall'articolo 7-quater, comma 27, lettera a), del D.L. 22 ottobre 2016, n.193,convertito, con modificazioni, dalla Legge 1° dicembre 2016 n. 225. A norma del comma 30, del predetto articolo 7-quater, le disposizioni di cui al presente comma si applicano a decorrere dal periodo d'imposta successivo a quello in corso al 31 dicembre 2016.*
(4) *Comma modificato dall'articolo 7-quater, comma 27, lettera a), del D.L. 22 ottobre 2016, n.193,convertito, con modificazioni, dalla Legge 1° dicembre 2016 n. 225. A norma del comma 30, del predetto articolo 7-quater, le disposizioni di cui al presente comma si applicano a decorrere dal periodo d'imposta successivo a quello in corso al 31 dicembre 2016.*

139 *bis*. Recupero delle perdite compensate (1). – Nell'ipotesi di interruzione o di revoca del consolidato mondiale, i dividendi o le plusvalenze derivanti dal possesso o dal realizzo delle partecipazioni nelle società consolidate, percepiti o realizzate dall'ente o società consolidante dal periodo d'imposta successivo all'ultimo periodo di consolidamento, per la parte esclusa o esente in base alle ordinarie regole, concorrono a formare il reddito, fino a concorrenza della differenza tra le perdite della società estera che si considerano dedotte e i redditi della stessa società inclusi nel consolidato. La stessa regola si applica durante il periodo di consolidamento in caso di riduzione della percentuale di possesso senza il venir meno del rapporto di controllo [(2)].

2. Con il decreto di cui all'articolo 142 sono stabilite le disposizioni attuative del comma 1 del presente articolo, anche per il coordinamento con gli articoli 137 e 138.

[(1)] Articolo aggiunto dall'articolo 1, comma 33, lettera z), della legge 24 dicembre 2007, n. 244.
[(2)] Comma modificato dall'articolo 7-quater, comma 27, lettera a), del D.L. 22 ottobre 2016, n.193, convertito, con modificazioni, dalla Legge 1° dicembre 2016 n. 225. A norma del comma 30, del predetto articolo 7-quater, le disposizioni di cui al presente comma si applicano a decorrere dal periodo d'imposta successivo a quello in corso al 31 dicembre 2016.

140. Coordinamento con l'articolo 167 [(1)(2)]. – 1. Le disposizioni di cui all'articolo 167 non si applicano relativamente alle controllate estere il cui imponibile viene incluso in quello della società controllante per effetto dell'opzione di cui all'articolo 130.

[(1)] Il D.Lgs. 12 dicembre 2003, n. 344, ha disposto, con l'articolo 1, comma 1, la totale modifica del presente provvedimento, e ne ha ridefinito la struttura di titoli, capi e sezioni.
[(2)] Articolo aggiunto dall'articolo 1, comma 1, del D.Lgs. 12 dicembre 2003, n. 344.

141. Norma transitoria [(1)(2)]. – 1. Fino a concorrenza delle svalutazioni determinatesi per effetto di rettifiche di valore ed accantonamenti fiscalmente non riconosciuti, al netto delle rivalutazioni assoggettate a tassazione, dedotte nel periodo d'imposta antecedente a quello dal quale ha effetto l'opzione di cui all'articolo 130 e nei nove precedenti dalla società o ente controllante o da altra società controllata, anche se non esercente l'opzione di cui all'articolo 130, i valori fiscali degli elementi dell'attivo e del passivo della società partecipata se, rispettivamente, superiori o inferiori a quelli contabili sono ridotti o aumentati dell'importo delle predette svalutazioni in proporzione ai rapporti tra la differenza dei valori contabili e fiscali dell'attivo e del passivo e l'ammontare complessivo di tali differenze.

[(1)] Il D.Lgs. 12 dicembre 2003, n. 344, ha disposto, con l'articolo 1, comma 1, la totale modifica del presente provvedimento, e ne ha ridefinito la struttura di titoli, capi e sezioni.
[(2)] Articolo aggiunto dall'articolo 1, comma 1, del D.Lgs. 12 dicembre 2003, n. 344.

142. Disposizioni applicative [(1)(2)]. – 1. Con decreto di natura non regolamentare del Ministro dell'economia e delle finanze sono adottate le disposizioni applicative della presente sezione.

2. Con il medesimo decreto di cui al comma 1, possono essere stabiliti i criteri per consentire la rivalutazione degli ammortamenti deducibili ai fini del calcolo del reddito delle società controllate residenti in Paesi ad alta inflazione. A questo scopo, saranno considerati tali quelli in cui la variazione dell'indice dei prezzi al consumo è superiore di almeno 10 punti percentuali allo stesso indice rilevato dall'ISTAT.

3. Fino all'emanazione dei criteri di cui al comma 2 non si applica quanto previsto dall'articolo 134, comma 1, lettera d).

[(1)] Il D.Lgs. 12 dicembre 2003, n. 344, ha disposto, con l'articolo 1, comma 1, la totale modifica del presente provvedimento, e ne ha ridefinito la struttura di titoli, capi e sezioni.
[(2)] Articolo aggiunto dall'articolo 1, comma 1, del D.Lgs. 12 dicembre 2003, n. 344.

CAPO III
Enti non commerciali residenti [(1)]

[(1)] Rubrica modificata dall'articolo 1 del D.Lgs. 12 dicembre 2003, n. 344.

143. Reddito complessivo [(1)(2)]. – 1. Il reddito complessivo degli enti non commerciali di cui alla lettera c) del comma 1 dell'articolo 73 è formato dai redditi fondiari, di capitale, di impresa e diversi, ovunque prodotti e quale ne sia la destinazione, ad esclusione di quelli esenti dall'imposta e di quelli soggetti a ritenuta alla fonte a titolo di imposta o ad imposta sostitutiva. Per i medesimi enti non si considerano attività commerciali le prestazioni di servizi non rientranti nell'articolo 2195 del codice civile rese in conformità alle finalità istituzionali dell'ente senza specifica organizzazione e verso pagamento di corrispettivi che non eccedono i costi di diretta imputazione.

2. Il reddito complessivo è determinato secondo le disposizioni dell'articolo 8.

3. Non concorrono in ogni caso alla formazione del reddito degli enti non commerciali di cui alla lettera c) del comma 1 dell'articolo 73:

a) i fondi pervenuti ai predetti enti a seguito di raccolte pubbliche effettuate occasionalmente, anche mediante offerte di beni di modico valore o di servizi ai sovventori, in concomitanza di celebrazioni, ricorrenze o campagne di sensibilizzazione;

b) i contributi corrisposti da Amministrazioni pubbliche ai predetti enti per lo svolgimento convenzionato o in regime di accreditamento di cui all'articolo 8, comma 7, del decreto legislativo 30 dicembre 1992, n. 502, come sostituito dall'articolo 9, comma 1, lettera g), del decreto legislativo 7 dicembre 1993, n. 517, di attività aventi finalità sociali esercitate in conformità ai fini istituzionali degli enti stessi.

[(1)] Il D.Lgs. 12 dicembre 2003, n. 344, ha disposto, con l'articolo 1, comma 1, la totale modifica del presente provvedimento, e ne ha ridefinito la struttura di titoli, capi e sezioni. Nel testo precedente la riforma introdotta dal D.Lgs. 344/2003 le disposizioni contenute nel presente articolo erano previste dall'articolo 108.
[(2)] Articolo modificato dall'articolo 2, comma 1, del D.Lgs. 4 dicembre 1997, n. 460 e successivamente sostituito dall'articolo 1, comma 1, del D.Lgs. 12 dicembre 2003, n. 344.

144. Determinazione dei redditi [(1)(2)]. – 1. I redditi e le perdite che concorrono a formare il reddito complessivo degli enti non commerciali sono determinati distintamente per ciascuna categoria in base al risultato complessivo di tutti i cespiti che vi rientrano. Si applicano, se nel presente capo non è diversamente stabilito, le disposizioni del titolo I relative ai redditi delle varie categorie. Per gli immobili riconosciuti di interesse storico o artistico, ai sensi dell'articolo 10 del codice di cui al decreto legislativo 22 gennaio 2004, n. 42, il reddito medio ordinario di cui all'articolo 37, comma 1, è ridotto del 50 per cento e non si applica comunque l'articolo 41. Per i redditi derivanti da immobili locati non relativi all'impresa si applicano comunque le disposizioni dell'articolo 90, comma 1, quarto e quinto periodo [3].

2. Per l'attività commerciale esercitata gli enti non commerciali hanno l'obbligo di tenere la contabilità separata.

3. Per l'individuazione dei beni relativi all'impresa si applicano le disposizioni di cui all'articolo 65, commi 1 e 3-bis.

4. Le spese e gli altri componenti negativi relativi a beni e servizi adibiti promiscuamente all'esercizio di attività commerciali e di altre attività, sono deducibili per la parte del loro importo che corrisponde al rapporto tra l'ammontare dei ricavi e altri proventi che concorrono a formare il reddito d'impresa e l'ammontare complessivo di tutti i ricavi e proventi; per gli immobili utilizzati promiscuamente è deducibile la rendita catastale o il canone di locazione anche finanziaria per la parte del loro ammontare che corrisponde al predetto rapporto.

5. Per gli enti religiosi di cui all'articolo 26 della legge 20 maggio 1985, n. 222, che esercitano attività commerciali, le spese relative all'opera prestata in via continuativa dai loro membri sono determinate con i criteri ivi previsti.

6. Gli enti soggetti alle disposizioni in materia di contabilità pubblica sono esonerati dall'obbligo di tenere la contabilità separata qualora siano osservate le modalità previste per la contabilità pubblica obbligatoria tenuta a norma di legge dagli stessi enti.

(1) Il D.Lgs. 12 dicembre 2003, n. 344, ha disposto, con l'articolo 1, comma 1, la totale modifica del presente provvedimento, e ne ha ridefinito la struttura di titoli, capi e sezioni. Nel testo precedente la riforma introdotta dal D.Lgs. 344/2003 le disposizioni contenute nel presente articolo erano previste dall'articolo 109.

(2) Articolo modificato dall'articolo 1, comma 1, del D.P.R. 4 febbraio 1988, n. 42, dall'articolo 10, comma 5, del D.L. 28 novembre 1988, n. 511, dall'articolo 14, comma 3, lettera l), della legge 24 dicembre 1993, n. 537, dall'articolo 3, comma 1, lettera a), del D.Lgs. 4 dicembre 1997, n. 460 e successivamente sostituito dall'articolo 1, comma 1, del D.Lgs. 12 dicembre 2003, n. 344.

(3) Comma modificato dall'articolo 7, comma 1, lettera b), del D.L. 30 settembre 2005, n. 203 e successivamente dall'articolo 4, comma 5-sexies, lettera c), del D.L. 2 marzo 2012, n. 16.

145. Regime forfetario degli enti non commerciali [1][2]. – 1. Fatto salvo quanto previsto, per le associazioni sportive dilettantistiche, dalla legge 16 dicembre 1991, n. 398, e, per le associazioni senza scopo di lucro e per le pro-loco, dall'articolo 9-bis del decreto-legge 30 dicembre 1991, n. 417, convertito, con modificazioni, dalla legge 6 febbraio 1962, n. 66, gli enti non commerciali ammessi alla contabilità semplificata ai sensi dell'articolo 18 del decreto del Presidente della Repubblica 29 settembre 1973, n. 600, possono optare per la determinazione forfetaria del reddito d'impresa, applicando all'ammontare dei ricavi conseguiti nell'esercizio di attività commerciali il coefficiente di redditività corrispondente alla classe di appartenenza secondo la tabella seguente ed aggiungendo l'ammontare dei componenti positivi del reddito di cui agli articoli 54, 55, 56 e 57 [3]:

a) attività di prestazioni di servizi:

1) fino a euro 15.493,71, coefficiente 15 per cento;

2) da euro 15.493,72 a euro 185.924,48, coefficiente 25 per cento [4];

b) altre attività:

1) fino a euro 25.822,84, coefficiente 10 per cento;

2) da euro 25.822,85 a euro 516.456,90, coefficiente 15 per cento.

2. Per i contribuenti che esercitano contemporaneamente prestazioni di servizi ed altre attività il coefficiente si determina con riferimento all'ammontare dei ricavi relativi all'attività prevalente. In mancanza della distinta annotazione dei ricavi si considerano prevalenti le attività di prestazioni di servizi.

3. Il regime forfetario previsto nel presente articolo si estende di anno in anno qualora i limiti indicati al comma 1 non vengano superati.

4. L'opzione è esercitata nella dichiarazione annuale dei redditi ed ha effetto dall'inizio del periodo d'imposta nel corso del quale è esercitata fino a quando non è revocata e comunque per un triennio. La revoca dell'opzione è effettuata nella dichiarazione annuale dei redditi ed ha effetto dall'inizio del periodo d'imposta nel corso del quale la dichiarazione stessa è presentata.

5. Gli enti che intraprendono l'esercizio d'impresa commerciale esercitano l'opzione nella dichiarazione da presentare ai sensi dell'articolo 35 del decreto del Presidente della Repubblica 26 ottobre 1972, n. 633, e successive modificazioni.

(1) Il D.Lgs. 12 dicembre 2003, n. 344, ha disposto, con l'articolo 1, comma 1, la totale modifica del presente provvedimento, e ne ha ridefinito la struttura di titoli, capi e sezioni. Nel testo precedente la riforma introdotta dal D.Lgs. 344/2003 le disposizioni contenute nel presente articolo erano previste dall'articolo 109-bis.

(2) Articolo aggiunto dall'articolo 4, comma 1, del D.Lgs. 4 dicembre 1997, n. 460.

(3) I richiami agli articoli 54, 55, 56 e 57 di cui al presente alinea, devono intendersi riferiti agli attuali articoli 86, 88, 89 e 90, come disposto dall'articolo 2, comma 3, del D.Lgs. 12 dicembre 2003, n. 344.

(4) Numero modificato dall'articolo 4, comma 1, del D.P.R. 12 aprile 2001, n. 222.

146. Oneri deducibili [1][2]. – 1. Dal reddito complessivo si deducono, se non sono deducibili nella determinazione del reddito d'impresa che concorre a formarlo, gli oneri indicati alle lettere a), f) e g) del comma 1 dell'articolo 10. In caso di rimborso degli oneri dedotti ai sensi del presente articolo, le somme corrispondenti concorrono a formare il reddito complessivo del periodo di imposta nel quale l'ente ha conseguito il rimborso.

(1) Il D.Lgs. 12 dicembre 2003, n. 344, ha disposto, con l'articolo 1, comma 1, la totale modifica del presente provvedimento, e ne ha ridefinito la struttura di titoli, capi e sezioni. Nel testo precedente la riforma introdotta dal D.Lgs. 344/2003 le disposizioni contenute nel presente articolo erano previste dall'articolo 110.

(2) Articolo modificato dall'articolo 1, comma 6, lettera c), del D.L. 1° ottobre 1991, n. 307 e successivamente sostituito dall'articolo 2, comma 1, lettera e), del D.L. 31 maggio 1994, n. 330 e dall'articolo 1, comma 1, del D.Lgs. 12 dicembre 2003, n. 344.

147. Detrazioni d'imposta per oneri [1][2]. – 1. Dall'imposta lorda si detrae, fino alla concorrenza del suo ammontare, un importo pari al 22 per cento degli oneri indicati alle lettere a), g), h), h-bis), i), i-bis), i-quater) e i-octies) del comma 1 dell'art. 13- bis. La detrazione spetta a condizione che i predetti oneri non siano deducibili nella determinazione dei singoli redditi che concorrono a formare il reddito complessivo. In caso di rimborso degli oneri per i quali si è fruito della detrazione l'imposta dovuta per il periodo nel quale l'ente ha conseguito il rimborso è aumentata di un importo pari al 22 per cento dell'onere rimborsato [3][4].

(1) *Il D.Lgs. 12 dicembre 2003, n. 344, ha disposto, con l'articolo 1, comma 1, la totale modifica del presente provvedimento, e ne ha ridefinito la struttura di titoli, capi e sezioni. Nel testo precedente la riforma introdotta dal D.Lgs. 344/2003 le disposizioni contenute nel presente articolo erano previste dall'articolo 110-bis.*
(2) *Articolo aggiunto dall'articolo 3, comma 1, lettera g), del D.L. 31 maggio 1994, n. 330.*
(3) *Comma modificato dall'articolo 18, comma 1, del D.L. 23 febbraio 1995, n. 41, dall'articolo 2, comma 10, lettera c), della legge 8 ottobre 1997, n. 352, dall'articolo 13, comma 1, lettera c), del D.Lgs. 4 dicembre 1997, n. 460, dall'articolo 22, comma 1, lettera c), della legge 7 dicembre 2000, n. 383 e dall'articolo 13, comma 3, lettera c), del D.L. 31 gennaio 2007, n. 7.*
(4) *Il richiamo all'articolo 13-bis, di cui al presente comma, deve intendersi riferito all'attuale articolo 15, come disposto dall'articolo 2, comma 3, del D.Lgs. 12 dicembre 2003, n. 344.*

148. Enti di tipo associativo (1)(2). – Vigente dal 30/06/2019 [*Ex Art. 111*]

1. Non è considerata commerciale l'attività svolta nei confronti degli associati o partecipanti, in conformità alle finalità istituzionali, dalle associazioni, dai consorzi e dagli altri enti non commerciali di tipo associativo. Le somme versate dagli associati o partecipanti a titolo di quote o contributi associativi non concorrono a formare il reddito complessivo.

2. Si considerano tuttavia effettuate nell'esercizio di attività commerciali, salvo il disposto del secondo periodo del comma 1 dell'articolo 143, le cessioni di beni e le prestazioni di servizi agli associati o partecipanti verso pagamento di corrispettivi specifici, compresi i contributi e le quote supplementari determinati in funzione delle maggiori o diverse prestazioni alle quali danno diritto. Detti corrispettivi concorrono alla formazione del reddito complessivo come componenti del reddito di impresa o come redditi diversi secondo che le relative operazioni abbiano carattere di abitualità o di occasionalità.

3. Per le associazioni politiche, sindacali e di categoria, religiose, assistenziali, culturali, sportive dilettantistiche, di promozione sociale e di formazione extra-scolastica della persona, nonché per le strutture periferiche di natura privatistica necessarie agli enti pubblici non economici per attuare la funzione di preposto a servizi di pubblico interesse, non si considerano commerciali le attività svolte in diretta attuazione degli scopi istituzionali, effettuate verso pagamento di corrispettivi specifici nei confronti degli iscritti, associati o partecipanti, di altre associazioni che svolgono la medesima attività e che per legge, regolamento, atto costitutivo o statuto fanno parte di un'unica organizzazione locale o nazionale, dei rispettivi associati o partecipanti e dei tesserati dalle rispettive organizzazioni nazionali, nonché le cessioni anche a terzi di proprie pubblicazioni cedute prevalentemente agli associati (3)(4).

4. La disposizione del comma 3 non si applica per le cessioni di beni nuovi prodotti per la vendita, per le somministrazioni di pasti, per le erogazioni di acqua, gas, energia elettrica e vapore, per le prestazioni alberghiere, di alloggio, di trasporto e di deposito e per le prestazioni di servizi portuali e aeroportuali nè per le prestazioni effettuate nell'esercizio delle seguenti attività:

a) gestione di spacci aziendali e di mense;

b) organizzazione di viaggi e soggiorni turistici;

c) gestione di fiere ed esposizioni a carattere commerciale;

d) pubblicità commerciale;

e) telecomunicazioni e radiodiffusioni circolari.

5. Per le associazioni di promozione sociale ricomprese tra gli enti di cui all'articolo 3, comma 6, lettera e), della legge 25 agosto 1991, n. 287, le cui finalità assistenziali siano riconosciute dal Ministero dell'interno, non si considerano commerciali, anche se effettuate verso pagamento di corrispettivi specifici, la somministrazione di alimenti e bevande effettuata, presso le sedi in cui viene svolta l'attività istituzionale, da bar ed esercizi similari e l'organizzazione di viaggi e soggiorni turistici, sempreché le predette attività siano strettamente complementari a quelle svolte in diretta attuazione degli scopi istituzionali e siano effettuate nei confronti degli stessi soggetti indicati nel comma 3.

6. L'organizzazione di viaggi e soggiorni turistici di cui al comma 5 non è considerata commerciale anche se effettuata da associazioni politiche, sindacali e di categoria, nonché da associazioni riconosciute dalle confessioni religiose con le quali lo Stato ha stipulato patti, accordi o intese, sempreché sia effettuata nei confronti degli stessi soggetti indicati nel comma 3.

7. Per le organizzazioni sindacali e di categoria non si considerano effettuate nell'esercizio di attività commerciali le cessioni delle pubblicazioni, anche in deroga al limite di cui al comma 3, riguardanti i contratti collettivi di lavoro, nonché l'assistenza prestata prevalentemente agli iscritti, associati o partecipanti in materia di applicazione degli stessi contratti e di legislazione sul lavoro, effettuate verso pagamento di corrispettivi che in entrambi i casi non eccedano i costi di diretta imputazione.

8. Le disposizioni di cui ai commi 3, 5, 6 e 7 si applicano a condizione che le associazioni interessate si conformino alle seguenti clausole, da inserire nei relativi atti costitutivi o statuti redatti nella forma dell'atto pubblico o della scrittura privata autenticata o registrata:

a) divieto di distribuire anche in modo indiretto, utili o avanzi di gestione nonché fondi, riserve o capitale durante la vita dell'associazione, salvo che la destinazione o la distribuzione non siano imposte dalla legge;

b) obbligo di devolvere il patrimonio dell'ente, in caso di suo scioglimento per qualunque causa, ad altra associazione con finalità analoghe o ai fini di pubblica utilità, sentito l'organismo di controllo di cui all'articolo 3, comma 190, della legge 23 dicembre 1996, n. 662, e salvo diversa destinazione imposta dalla legge;

c) disciplina uniforme del rapporto associativo e delle modalità associative volte a garantire l'effettività del rapporto medesimo, escludendo espressamente la temporaneità della partecipazione alla vita associativa e prevedendo per gli associati o partecipanti maggiori d'età il diritto di voto per l'approvazione e le modificazioni dello statuto e dei regolamenti e per la nomina degli organi direttivi dell'associazione;

d) obbligo di redigere e di approvare annualmente un rendiconto economico e finanziario secondo le disposizioni statutarie;

e) eleggibilità libera degli organi amministrativi, principio del voto singolo di cui all'articolo 2532, comma 2, del codice civile, sovranità dell'assemblea dei soci, associati o partecipanti e i criteri di loro ammissione ed esclusione, criteri e idonee forme di pubblicità delle convocazioni assembleari, delle relative deliberazioni, dei bilanci o rendiconti; è ammesso il voto per corrispondenza per le associazioni il cui atto costitutivo, anteriore al 1° gennaio 1997, preveda tale modalità di voto ai sensi dell'articolo 2532, ultimo comma, del codice civile e sempreché le stesse abbiano rilevanza a livello nazionale e siano prive di organizzazione a livello locale;

f) intrasmissibilità della quota o contributo associativo ad eccezione dei trasferimenti a causa di morte e non rivalutabilità della stessa.

9. Le disposizioni di cui alle lettere c) ed e) del comma 8 non si applicano alle associazioni religiose riconosciute dalle confessioni con le quali lo Stato ha stipulato patti, accordi o intese, nonché alle associazioni politiche, sindacali e di categoria.

(1) *Il D.Lgs. 12 dicembre 2003, n. 344, ha disposto, con l'articolo 1, comma 1, la totale modifica del presente provvedimento, e ne ha ridefinito la struttura di titoli, capi e sezioni. Nel testo precedente la riforma introdotta dal D.Lgs. 344/2003 le disposizioni contenute nel presente articolo erano previste dall'articolo 111.*
(2) *Articolo modificato dall'articolo 14, comma 14, della legge 24 dicembre 1993, n. 537, dall'articolo 5, comma 1, lettera a), del D.Lgs. 4 dicembre 1997, n. 460, dall'articolo 5, comma 2, del D.Lgs. 19 novembre 1998, n. 422 e successivamente sostituito dall'articolo 1, comma 1, del D.Lgs. 12 dicembre 2003, n. 344.*
(3) *Comma modificato dall'articolo 89, comma 4, del D.Lgs. 3 luglio 2017, n. 117, dall'articolo 1, comma 1, della Legge 30 dicembre 2018, n. 145 e successivamente dall'articolo 14, comma 1, del D.L. 30 aprile 2019, n. 34, convertito, con modificazioni, dalla Legge 28 giugno 2019, n. 58.*
(4) *A norma dell'articolo 89, del D.Lgs. 3 luglio 2017, n. 117, come modificato dall'articolo 14, comma 2, del D.L. 30 aprile 2019, n. 34, convertito, con modificazioni, dalla Legge 28 giugno 2019, n. 58, il testo del presente comma, è stato ulteriormente modificato come segue: le parole: "Per le associazioni politiche, sindacali e di categoria, religiose, assistenziali, culturali, sportive dilettantistiche, di promozione sociale e di formazione extra-scolastica della persona, nonché per le strutture periferiche di natura privatistica necessarie agli enti pubblici non economici per attuare la funzione di preposto a servizi di pubblico interesse" sono sostituite dalle seguenti: "Per le associazioni politiche, sindacali e di categoria, religiose, assistenziali, sportive dilettantistiche, nonché per le strutture periferiche di natura privatistica necessarie agli enti pubblici non economici per attuare la funzione di preposto a servizi di pubblico interesse".*

149. Perdita della qualifica di ente non commerciale (1)(2). – 1. Indipendentemente dalle previsioni statutarie, l'ente perde la qualifica di ente non commerciale qualora eserciti prevalentemente attività commerciale per un intero periodo d'imposta.

2. Ai fini della qualificazione commerciale dell'ente si tiene conto anche dei seguenti parametri:

a) prevalenza delle immobilizzazioni relative all'attività commerciale, al netto degli ammortamenti, rispetto alle restanti attività;

b) prevalenza dei ricavi derivanti da attività commerciali rispetto al valore normale delle cessioni o prestazioni afferenti le attività istituzionali;

c) prevalenza dei redditi derivanti da attività commerciali rispetto alle entrate istituzionali, intendendo per queste ultime i contributi, le sovvenzioni, le liberalità e le quote associative;

d) prevalenza delle componenti negative inerenti all'attività commerciale rispetto alle restanti spese.

3. Il mutamento di qualifica opera a partire dal periodo d'imposta in cui vengono meno le condizioni che legittimano le agevolazioni e comporta l'obbligo di comprendere tutti i beni facenti parte del patrimonio dell'ente nell'inventario di cui all'articolo 15 del decreto del Presidente della Repubblica 29 settembre 1973, n. 600. L'iscrizione nell'inventario deve essere effettuata entro sessanta giorni dall'inizio del periodo di imposta in cui ha effetto il mutamento di qualifica secondo i criteri di cui al decreto del Presidente della Repubblica 23 dicembre 1974, n. 689.

4. Le disposizioni di cui ai commi 1 e 2 non si applicano agli enti ecclesiastici riconosciuti come persone giuridiche agli effetti civili ed alle associazioni sportive dilettantistiche (3).

(1) *Il D.Lgs. 12 dicembre 2003, n. 344, ha disposto, con l'articolo 1, comma 1, la totale modifica del presente provvedimento, e ne ha ridefinito la struttura di titoli, capi e sezioni. Nel testo precedente la riforma introdotta dal D.Lgs. 344/2003 le disposizioni contenute nel presente articolo erano previste dall'articolo 111-bis.*
(2) *Articolo aggiunto dall'articolo 6, comma 1, del D.Lgs. 4 dicembre 1997, n. 460.*
(3) *Comma modificato dall'articolo 90, comma 11, della legge 27 dicembre 2002, n. 289.*

150. Organizzazioni non lucrative di utilità sociale (1)(2)(3). – 1. Per le organizzazioni non lucrative di utilità sociale (ONLUS), ad eccezione delle società cooperative, non costituisce esercizio di attività commerciale lo svolgimento delle attività istituzionali nel perseguimento di esclusive finalità di solidarietà sociale.

2. I proventi derivanti dall'esercizio delle attività direttamente connesse non concorrono alla formazione del reddito imponibile.

(1) *Il D.Lgs. 12 dicembre 2003, n. 344, ha disposto, con l'articolo 1, comma 1, la totale modifica del presente provvedimento, e ne ha ridefinito la struttura di titoli, capi e sezioni. Nel testo precedente la riforma introdotta dal D.Lgs. 344/2003 le disposizioni contenute nel presente articolo erano previste dall'articolo 111-ter.*
(2) *Articolo aggiunto dall'articolo 12, comma 1, del D.Lgs. 4 dicembre 1997, n. 460.*
(3) *Per l'abrogazione del presente articolo vedi articolo 102, comma 2, lettera c); del D.Lgs. 3 luglio 2017, n. 117, e articolo 104, comma 2, del D.Lgs. 3 luglio 2017, n. 117.*

CAPO IV
Società ed enti commerciali non residenti (1)

(1) *Rubrica modificata dall'articolo 1 del D.Lgs. 12 dicembre 2003, n. 344.*

151. Reddito complessivo delle società e degli enti commerciali non residenti (1)(2). – 1. Il reddito complessivo delle società e degli enti commerciali non residenti di cui alla lettera d) del comma 1 dell'articolo 73 è formato soltanto dai redditi prodotti nel territorio dello Stato, ad esclusione di quelli esenti da imposta e di quelli soggetti a ritenuta alla fonte a titolo di imposta o ad imposta sostitutiva.

2. Si considerano prodotti nel territorio dello Stato i redditi indicati nell'articolo 23.

3. Tali redditi, ad eccezione dei redditi d'impresa di cui all'articolo 23, comma 1, lettera e), ai quali si applicano le disposizioni di cui al successivo articolo 152, concorrono a formare il reddito complessivo e sono determinati secondo le disposizioni del Titolo I, relative alle categorie nelle quali rientrano. Dal reddito complessivo si deducono gli oneri indicati all'articolo 10, comma 1, lettere a) e g). In caso di rimborso degli oneri dedotti ai sensi del presente articolo, le somme corrispondenti concorrono a formare il reddito complessivo del periodo di imposta nel quale l'ente ha conseguito il rimborso. Si applicano le disposizioni dell'articolo 101, comma 6.

4. Dall'imposta lorda si detrae fino alla concorrenza del suo ammontare un importo pari al diciannove per cento degli oneri indicati alle lettere a), g), h), h-bis), i), i-bis), e i-quater) del comma 1, dell'articolo 15. In caso di rimborso di oneri per i quali si è fruito della detrazione l'imposta dovuta, per il periodo nel quale la società o l'ente ha conseguito il rimborso è aumentata di un importo pari al diciannove per cento dell'onere rimborsato.

5. Per le società commerciali di tipo diverso da quelli regolati nel codice civile si applicano le disposizioni di cui al commi 1, 2 e 3.

(1) *Il D.Lgs. 12 dicembre 2003, n. 344, ha disposto, con l'articolo 1, comma 1, la totale modifica del presente provvedimento, e ne ha ridefinito la struttura di titoli, capi e sezioni. Nel testo precedente la riforma introdotta dal D.Lgs. 344/2003 le disposizioni contenute nel presente articolo erano previste dall'articolo 112.*

(2) *Articolo modificato dall'articolo 27, comma 2, del D.L. 2 marzo 1989, n. 69 e dall'articolo 1, comma 2, del D.Lgs. 21 novembre 1997, n. 461 e successivamente sostituito dall'articolo 1, comma 1, del D.Lgs. 12 dicembre 2003, n. 344 e dall'articolo 7, comma 1, lettera a),del D.Lgs. 14 settembre 2015, n. 147; a norma del comma 4 del medesimo articolo, la presente disposizione si applica a decorrere dal periodo di imposta successivo a quello in corso alla data di entrata in vigore del citato decreto.*

152. Reddito di società ed enti commerciali non residenti derivante da attività svolte nel territorio dello Stato mediante stabile organizzazione [1][2]. – 1. Per le società e gli enti commerciali con stabile organizzazione nel territorio dello Stato, il reddito della stabile organizzazione è determinato in base agli utili e alle perdite ad essa riferibili, e secondo le disposizioni della Sezione I, del Capo II, del Titolo II, sulla base di un apposito rendiconto economico e patrimoniale, da redigersi secondo i principi contabili previsti per i soggetti residenti aventi le medesime caratteristiche, salva quella della emissione di strumenti finanziari ammessi alla negoziazione in mercati regolamentati di qualsiasi Stato membro dell'Unione europea ovvero diffusi tra il pubblico di cui all'articolo 116 testo unico delle disposizioni in materia di intermediazione finanziaria, di cui al decreto legislativo 24 febbraio 1998, n. 58.

2. Ai fini del comma 1, la stabile organizzazione si considera entità separata e indipendente, svolgente le medesime o analoghe attività, in condizioni identiche o similari, tenendo conto delle funzioni svolte, dei rischi assunti e dei beni utilizzati. Il fondo di dotazione alla stessa riferibile è determinato in piena conformità ai criteri definiti in sede OCSE, tenendo conto delle funzioni svolte, dei rischi assunti e dei beni utilizzati.

3. I componenti di reddito attribuibili alle stabili organizzazioni relativamente alle transazioni e alle operazioni tra la stabile organizzazione e l'entità cui la medesima appartiene sono determinati ai sensi dell'articolo 110, comma 7.

4. Le disposizioni del presente articolo si applicano anche alle società commerciali di tipo diverso da quelli regolati nel codice civile.

(1) *Il D.Lgs. 12 dicembre 2003, n. 344, ha disposto, con l'articolo 1, comma 1, la totale modifica del presente provvedimento, e ne ha ridefinito la struttura di titoli, capi e sezioni. Nel testo precedente la riforma introdotta dal D.Lgs. 344/2003 le disposizioni contenute nel presente articolo erano previste dall'articolo 113.*

(2) *Articolo modificato dall'articolo 1, comma 1, del D.P.R. 4 febbraio 1988, n. 42, dall'articolo 2, comma 1, lettera f), del D.L. 31 maggio 1994, n. 330, dall'articolo 18, comma 1, del D.L. 23 febbraio 1995, n. 41, dall'articolo 2, comma 10, lettera c), della legge 8 ottobre 1997, n. 352, dall'articolo 13, comma 1, lettera d), del D.Lgs. 4 dicembre 1997, n. 460, dall'articolo 22, comma 1, lettera d), della legge 7 dicembre 2000, n. 383 e successivamente sostituito dall'articolo 1, comma 1, del D.Lgs. 12 dicembre 2003, n. 344. Successivamente articolo modificato dall'articolo 1, comma 33, lettera u), della legge 24 dicembre 2007, n. 244 e, da ultimo, sostituito dall'articolo 7, comma 1, lettera b),del D.Lgs. 14 settembre 2015, n. 147; a norma del comma 4 del medesimo articolo, la presente disposizione si applica a decorrere dal periodo di imposta successivo a quello in corso alla data di entrata in vigore del citato decreto.*

CAPO V
Enti non commerciali non residenti [1]

(1) *Capo inserito dall'articolo 1 del D.Lgs. 12 dicembre 2003, n. 344.*

153. Reddito complessivo degli enti non commerciali non residenti[1][2]. – 1. Il reddito complessivo delle società e degli enti non commerciali non residenti di cui all'articolo 73, comma 1, lettera d), è formato soltanto dai redditi prodotti nel territorio dello Stato, ad esclusione di quelli esenti da imposta e di quelli soggetti a ritenuta alla fonte a titolo di imposta o ad imposta sostitutiva.

2. Si considerano prodotti nel territorio dello Stato i redditi indicati nell'articolo 23.

3. Il reddito complessivo degli enti non commerciali è determinato secondo le disposizioni del Titolo I, ad eccezione dei redditi d'impresa di cui all'articolo 23, comma 1, lettera e), ai quali si applicano le disposizioni dell'articolo 152. Dal reddito complessivo si deducono, se non sono deducibili nella determinazione del reddito d'impresa che concorre a formarlo, gli oneri indicati all'articolo 10, comma 1, lettere a) e g). Si applica la disposizione dell'articolo 146, comma 1, secondo periodo.

4. Dall'imposta lorda si detrae, fino alla concorrenza del suo ammontare, un importo pari al diciannove per cento degli oneri indicati all'articolo 15, comma 1, lettere a), g), h), h-bis), i), i-bis) e i-quater). La detrazione spetta a condizione che i predetti oneri non siano deducibili nella determinazione del reddito d'impresa che concorre a formare il reddito complessivo. Si applica la disposizione dell'articolo 147, comma 1, terzo periodo.

5. Agli enti non commerciali che esercitano attività commerciali mediante stabili organizzazioni nel territorio dello Stato, si applicano l'articolo 144, comma 5, e l'articolo 152.

6. Sono altresì deducibili:

a) le erogazioni liberali in denaro a favore dello Stato, di altri enti pubblici e di associazioni e di fondazioni private legalmente riconosciute, le quali, senza scopo di lucro, svolgono o promuovono attività dirette alla tutela del patrimonio ambientale, effettuate per l'acquisto, la tutela e la valorizzazione delle cose indicate all'articolo 139, comma 1, lettere a) e b), del decreto legislativo 29 ottobre 1999, n. 490, facenti parte degli elenchi di cui all'articolo 140, comma 1, del medesimo decreto legislativo o assoggettati al vincolo della inedificabilità in base ai piani di cui all'articolo 149 dello stesso decreto legislativo e al decreto-legge 27 giugno 1985, n. 312, convertito, con modificazioni, dalla legge 8 agosto 1985, n. 431, ivi comprese le erogazioni destinate all'organizzazione di mostre e di esposizioni, nonché allo svolgimento di studi e ricerche aventi ad oggetto le cose anzidette; il mutamento di destinazione degli immobili indicati alla lettera c) del presente comma, senza la preventiva autorizzazione del Ministro dell'ambiente, e della tutela del territorio, come pure il mancato assolvimento degli obblighi di legge per consentire l'esercizio del diritto di prelazione dello Stato sui beni immobili vincolati, determina la indeducibilità delle spese dal reddito. Il Ministro dell'ambiente e della tutela del territorio dà immediata comunicazione ai competenti uffici tributari delle violazioni che comportano la decadenza dalle agevolazioni; dalla data di ricevimento della comunicazione iniziano a decorrere i termini per il pagamento dell'imposta e dei relativi accessori;

b) le erogazioni liberali in denaro a favore di organismi di gestione di parchi e riserve naturali, terrestri e marittimi, statali e regionali, e di ogni altra zona di tutela speciale paesistico-ambientale come individuata dalla vigente disciplina, statale e regionale, nonché gestita dalle associazioni e fondazioni private indicate alla lettera a), effettuate per sostenere attività di conservazione, valorizzazione, studio, ricerca e sviluppo dirette al conseguimento delle finalità di interesse generale cui corrispondono tali ambiti protetti;

c) le spese sostenute dai soggetti obbligati alla manutenzione e alla protezione degli immobili vincolati ai sensi del decreto legislativo 29 ottobre 1999, n. 490, facenti parte degli elenchi di cui all'articolo 140, comma 1 del medesimo decreto legislativo o assoggettati al vincolo della inedificabilità in base ai piani di cui all'articolo 149 dello stesso decreto legislativo, e al decreto-legge 27 giugno 1985, n. 312, convertito, con modificazioni, dalla legge 8 agosto 1985, n. 431.

7. Il Ministro dell'ambiente e la tutela del territorio e la regione, secondo le rispettive attribuzioni e competenze, vigilano sull'impiego delle erogazioni di cui alle lettere a), b) e c) del comma 6 del presente articolo effettuate a favore di soggetti privati, affinché siano perseguiti gli scopi per i quali le erogazioni stesse sono state accettate dai beneficiari e siano rispettati i termini per l'utilizzazione concordati con gli autori delle erogazioni. Detti termini possono essere prorogati una sola volta dall'autorità di vigilanza, per motivi non imputabili ai beneficiari.

(1) *Il D.Lgs. 12 dicembre 2003, n. 344, ha disposto, con l'articolo 1, comma 1, la totale modifica del presente provvedimento, e ne ha ridefinito la struttura di titoli, capi e sezioni. Nel testo precedente la riforma introdotta dal D.Lgs. 344/2003 le disposizioni contenute nel presente articolo erano previste dall'articolo 112.*
(2) *Articolo modificato dall'articolo 27, comma 2, del D.L. 2 marzo 1989, n. 69 e dall'articolo 1, comma 2, del D.Lgs. 21 novembre 1997, n. 461, sostituito dall'articolo 1, comma 1, del D.Lgs. 12 dicembre 2003, n. 344 e, da ultimo, dall'articolo 7, comma 1, lettera c), del D.Lgs. 14 settembre 2015, n. 147; a norma del comma 4 del medesimo articolo, la presente disposizione si applica a decorrere dal periodo di imposta successivo a quello in corso alla data di entrata in vigore del citato decreto.*

154. Determinazione del reddito complessivo (1)(2). – [*1. Il reddito complessivo degli enti non commerciali è determinato secondo le disposizioni del Titolo I. Dal reddito complessivo si deducono, se non sono deducibili nella determinazione del reddito d'impresa che concorre a formarlo, gli oneri indicati alle lettere a) e g) del comma 1 dell'articolo 10. Si applica la disposizione dell'articolo 146, comma 1, secondo periodo.*

2. Dall'imposta lorda si detrae, fino alla concorrenza del suo ammontare, un importo pari al 19 per cento degli oneri indicati alle lettere a), g), h), h-bis), i), i-bis) e i-quater) del comma 1 dell'articolo 15. La detrazione spetta a condizione che i predetti oneri non siano deducibili nella determinazione del reddito d'impresa che concorre a formare il reddito complessivo. Si applica la disposizione dell'articolo 147, comma 1, terzo periodo (2).

3. Agli enti non commerciali che hanno esercitato attività commerciali mediante stabili organizzazioni nel territorio dello Stato, si applicano le disposizioni dei commi 2, 3 e 5 dell'articolo 144.

4. Sono altresì deducibili:

a) le erogazioni liberali in denaro a favore dello Stato, di altri enti pubblici e di associazioni e di fondazioni private legalmente riconosciute, le quali, senza scopo di lucro, svolgono o promuovono attività dirette alla tutela del patrimonio ambientale, effettuate per l'acquisto, la tutela e la valorizzazione delle cose indicate alle lettere a) e b), del comma 1, dell'articolo 139 del decreto legislativo 29 ottobre 1999, n. 490, facenti parte degli elenchi di cui al comma 1 dell'articolo 140 del medesimo decreto legislativo o assoggettati al vincolo della inedificabilità in base ai piani di cui all'articolo 149 dello stesso decreto legislativo e al decreto-legge 27 giugno 1985, n. 312, convertito, con modificazioni, dalla legge 8 agosto 1985, n. 431, ivi comprese le erogazioni destinate all'organizzazione di mostre e di esposizioni, nonché allo svolgimento di studi e ricerche aventi ad oggetto le cose anzidette; il mutamento di destinazione degli immobili indicati alla lettera c) del presente comma, senza la preventiva autorizzazione del Ministro dell'ambiente, e della tutela del territorio, come pure il mancato assolvimento degli obblighi di legge per consentire l'esercizio del diritto di prelazione dello Stato sui beni immobili vincolati, determina la indeducibilità delle spese dal reddito. Il Ministro dell'ambiente e della tutela del territorio dà immediata comunicazione ai competenti uffici tributari delle violazioni che comportano la decadenza dalle agevolazioni; dalla data di ricevimento della comunicazione iniziano a decorrere i termini per il pagamento dell'imposta e dei relativi accessori;

b) le erogazioni liberali in denaro a favore di organismi di gestione di parchi e riserve naturali, terrestri e marittimi, statali e regionali, e di ogni altra zona di tutela speciale paesistico-ambientale come individuata dalla vigente disciplina, statale e regionale, nonché gestita dalle associazioni e fondazioni private indicate alla lettera a), effettuate per sostenere attività di conservazione, valorizzazione, studio, ricerca e sviluppo dirette al conseguimento delle finalità di interesse generale cui corrispondono tali ambiti protetti;

c) le spese sostenute dai soggetti obbligati alla manutenzione e alla protezione degli immobili vincolati ai sensi del decreto legislativo 29 ottobre 1999, n. 490, facenti parte degli elenchi di cui al comma 1 dell'articolo 140 del medesimo decreto legislativo o assoggettati al vincolo della inedificabilità in base ai piani di cui all'articolo 149 dello stesso decreto legislativo, e al decreto-legge 27 giugno 1985, n. 312, convertito, con modificazioni, dalla legge 8 agosto 1985, n. 431.

5. Il Ministro dell'ambiente e della tutela del territorio e la regione, secondo le rispettive attribuzioni e competenze, vigilano sull'impiego delle erogazioni di cui alle lettere a), b) e c) del comma 4 del presente articolo effettuate a favore di soggetti privati, affinché siano perseguiti gli scopi per i quali le erogazioni stesse sono state accettate dai beneficiari e siano rispettati i termini per l'utilizzazione concordati con gli autori delle erogazioni. Detti termini possono essere prorogati una sola volta dall'autorità di vigilanza, per motivi non imputabili ai beneficiari.] (3)

(1) *Il D.Lgs. 12 dicembre 2003, n. 344, ha disposto, con l'articolo 1, comma 1, la totale modifica del presente provvedimento, e ne ha ridefinito la struttura di titoli, capi e sezioni. Nel testo precedente la riforma introdotta dal D.Lgs. 344/2003 le disposizioni contenute nel presente articolo erano previste dall'articolo 114.*
(2) *Articolo modificato dall'articolo 37, comma 1, della legge 6 dicembre 1991, n. 394, dall'articolo 2, comma 1, lettera g), del D.L. 31 maggio 1994, n. 330, modificato dall'articolo 18, comma 1, del D.L. 23 febbraio 1995, n. 41, dall'articolo 2, comma 10, lettera c), della legge 8 ottobre 1997, n. 352, dall'articolo 13, comma 1, lettera e), del D.Lgs. 4 dicembre 1997, n. 460, dall'articolo 22, comma 1, lettera e), della legge 7 dicembre 2000, n. 383, e successivamente sostituito dall'articolo 1, comma 1, del D.Lgs. 12 dicembre 2003, n. 344.*
(3) *Articolo abrogato dall'articolo 7, comma 1, lettera d), del D.Lgs. 14 settembre 2015, n. 147; a norma del comma 4 del medesimo articolo, la*

presente disposizione si applica a decorrere dal periodo di imposta successivo a quello in corso alla data di entrata in vigore del citato decreto.

CAPO VI
Determinazione della base imponibile per alcune imprese marittime (1)

(1) Capo inserito dall'articolo 1 del D.Lgs. 12 dicembre 2003, n. 344.

155. Ambito soggettivo ed oggettivo (1)(2). – 1. Il reddito imponibile dei soggetti di cui all'articolo 73, comma 1, lettera a), derivante dall'utilizzo [in traffico internazionale] delle navi indicate nell'articolo 8-bis, comma 1, lettera a), del decreto del Presidente della Repubblica 26 ottobre 1972, n. 633, e successive modificazioni, iscritte nel registro internazionale di cui al decreto-legge 30 dicembre 1997, n. 457, convertito, con modificazioni, dalla legge 27 febbraio 1998, n. 30, e dagli stessi armate, nonchè delle navi noleggiate il cui tonnellaggio non sia superiore al 50 per cento di quello complessivamente utilizzato, è determinato ai sensi della presente sezione qualora il contribuente comunichi un'opzione in tal senso all'Agenzia delle entrate con la dichiarazione presentata nel periodo d'imposta a decorrere dal quale si intende esercitare l'opzione. L'opzione è irrevocabile per dieci esercizi sociali. Al termine del decennio l'opzione si intende tacitamente rinnovata per un altro decennio a meno che non sia revocata, secondo le modalità e i termini previsti per la comunicazione dell'opzione. La disposizione di cui al periodo precedente si applica al termine di ciascun decennio. Al termine del decennio, l'opzione si intende tacitamente rinnovata per un altro decennio, a meno che non sia revocata secondo le modalità e i termini previsti per la comunicazione dell'opzione. La disposizione di cui al terzo periodo si applica al termine di ciascun decennio. L'opzione di cui al comma 1 deve essere esercitata relativamente a tutte le navi aventi i requisiti indicati nel medesimo comma 1, gestite dallo stesso gruppo di imprese alla cui composizione concorrono la società controllante e le controllate ai sensi dell'articolo 2359 del codice civile (3).

2. L'opzione consente la determinazione dell'imponibile secondo i criteri di cui all'articolo 156 delle navi di cui al comma 1 con un tonnellaggio superiore alle 100 tonnellate di stazza netta destinate all'attività di:

a) trasporto merci;

b) trasporto passeggeri;

c) soccorso, rimorchio, realizzazione e posa in opera di impianti ed altre attività di assistenza marittima da svolgersi in alto mare.

3. Sono altresì incluse nell'imponibile le attività direttamente connesse, strumentali e complementari a quelle indicate nelle lettere precedenti svolte dal medesimo soggetto e identificate dal decreto di cui all'articolo 161 (S; S; S; S; 2359[1,2] c.c.; S; S).

(1) Il D.Lgs. 12 dicembre 2003, n. 344, ha disposto, con l'articolo 1, comma 1, la totale modifica del presente provvedimento, e ne ha ridefinito la struttura di titoli, capi e sezioni.
(2) Articolo aggiunto dall'articolo 1, comma 1, del D.Lgs. 12 dicembre 2003, n. 344.
(3) Comma modificato dall'articolo 11-quaterdecies, comma 19, del D.L. 30 settembre 2005, n. 203, successivamente dall'articolo 2, comma 216, della legge 24 dicembre 2007, n. 244; dall'articolo 16, comma 3, del D.Lgs. 21 novembre 2014, n. 175. A norma del comma 5, del predetto articolo 16, le disposizioni di cui al presente comma si applicano a decorrere dal periodo d'imposta successivo a quello in corso al 31 dicembre 2014; dall'articolo 7-quater, comma 27, lettera g), del D.L. 22 ottobre 2016, n.193, convertito, con modificazioni, dalla Legge 1° dicembre 2016 n. 225. A norma del comma 30, del predetto articolo 7-quater, le disposizioni di cui al presente comma si applicano a decorrere dal periodo d'imposta successivo a quello in corso al 31 dicembre 2016 e, da ultimo, dall'articolo 6, comma 1, del D.Lgs. 29 ottobre 2016, n. 221, le disposizioni di cui al presente comma si applicano a decorrere dal periodo d'imposta successivo a quello in corso al 31 dicembre 2016. Vedi inoltre l'articolo 7, comma 1, del D.Lgs. 29 ottobre 2016, n. 221.

156. Determinazione del reddito imponibile (1)(2). – 1. Il reddito imponibile, determinato in via forfetaria ed unitaria sulla base del reddito giornaliero di ciascuna nave con i requisiti predetti, è calcolato sulla base degli importi in cifra fissa previsti per i seguenti scaglioni di tonnellaggio netto:

a) da 0 a 1.000 tonnellate di stazza netta: 0,0090 euro per tonnellata;

b) da 1.001 a 10.000 tonnellate di stazza netta: 0,0070 euro per tonnellata;

c) da 10.001 a 25.000 tonnellate di stazza netta: 0,0040 euro per tonnellata;

d) da 25.001 tonnellate di stazza netta: 0,0020 euro per tonnellata (3).

2. Agli effetti del comma precedente, non sono computati i giorni di mancata utilizzazione a causa di operazioni di manutenzione, riparazione ordinaria o straordinaria, ammodernamento e trasformazione della nave; sono altresì esclusi dal computo dei giorni di operatività quelli nei quali la nave è in disarmo temporaneo.

3. Dall'imponibile determinato secondo quanto previsto dai commi precedenti non è ammessa alcuna deduzione. Resta ferma l'applicazione dell'articolo 84.

(1) Il D.Lgs. 12 dicembre 2003, n. 344, ha disposto, con l'articolo 1, comma 1, la totale modifica del presente provvedimento, e ne ha ridefinito la struttura di titoli, capi e sezioni.
(2) Articolo aggiunto dall'articolo 1, comma 1, del D.Lgs. 12 dicembre 2003, n. 344.
(3) Comma sostituito dall'articolo 10, comma 1, del D.Lgs. 18 novembre 2005, n. 247.

157. Limiti all'esercizio dell'opzione ed alla sua efficacia (1)(2). – 1. L'opzione di cui all'articolo 155 non può essere esercitata e se esercitata viene meno con effetto dal periodo d'imposta in corso nel caso in cui oltre la metà delle navi complessivamente utilizzate viene locato dal contribuente a scafo nudo per un periodo di tempo superiore, per ciascuna unità, al 50 per cento dei giorni di effettiva navigazione per ciascun esercizio sociale.

2. In ogni caso l'opzione di cui all'articolo 155 non rileva per la determinazione del reddito delle navi relativamente ai giorni in cui le stesse sono locate a scafo nudo, da determinarsi in modo analitico per quanto attiene ai costi specifici, e secondo la proporzione di cui all'articolo 159 per quanto attiene quelli non suscettibili di diretta imputazione.

3. L'opzione di cui all'articolo 155 viene meno, altresì, nel caso di mancato rispetto dell'obbligo di formazione dei cadetti secondo le modalità stabilite nel decreto di cui all'articolo 161.

4. L'ammontare determinato ai sensi dell'articolo 156 non comprende i ricavi e qualsiasi altro componente positivo non derivante in via esclusiva dall'esercizio delle navi di cui all'articolo 155 e delle attività di cui al comma 2 dello stesso articolo.

5. Qualora per qualsiasi motivo venga meno l'efficacia dell'opzione esercitata, il nuovo esercizio della stessa non può avvenire prima del decorso del decennio originariamente previsto e, comunque, non prima del quinto periodo d'imposta successivo a quello in cui è venuta meno l'opzione di cui all'articolo 155 (3).

(1) *Il D.Lgs. 12 dicembre 2003, n. 344, ha disposto, con l'articolo 1, comma 1, la totale modifica del presente provvedimento, e ne ha ridefinito la struttura di titoli, capi e sezioni.*
(2) *Articolo aggiunto dall'articolo 1, comma 1, del D.Lgs. 12 dicembre 2003, n. 344.*
(3) *Comma modificato dall'articolo 24, comma 1, lettera a), del Legge 7 luglio 2016, n. 122; per l'applicazione della presente disposizione vedi il comma 2 del medesimo articolo 24.*

158. Plusvalenze e minusvalenze (1)(2). – 1. Nel caso di cessione a titolo oneroso di una o più navi relativamente alle quali è efficace l'opzione di cui all'articolo 155, l'imponibile determinato ai sensi dell'articolo 156 comprende anche la plusvalenza o minusvalenza realizzata. Tuttavia, qualora la cessione abbia ad oggetto un'unità già in proprietà dell'utilizzatore in un periodo d'imposta precedente a quello nel quale è esercitata l'opzione per l'applicazione del presente regime, all'imponibile determinato ai sensi dell'articolo 156 deve essere aggiunto un ammontare pari al minore importo tra la plusvalenza latente, data dalla differenza tra il valore normale della nave e il costo non ammortizzato della stessa rilevati nell'ultimo giorno dell'esercizio precedente a quello in cui l'opzione è esercitata, e la plusvalenza realizzata ai sensi dell'articolo 86, e, comunque, non inferiore alla plusvalenza latente diminuita dei redditi relativi alla nave oggetto di cessione determinati ai sensi del presente capo in ciascun periodo d'imposta di efficacia dell'opzione fino a concorrenza della stessa plusvalenza latente. Ai fini della determinazione della plusvalenza realizzata ai sensi dell'articolo 86, il costo non ammortizzato è determinato secondo i valori fiscali individuati sulla base delle disposizioni vigenti in assenza dell'esercizio dell'opzione di cui all'articolo 155 (3).

2. Nel caso in cui nel periodo d'imposta precedente quello di prima applicazione del regime di determinazione dell'imponibile previsto dalla presente sezione, al reddito prodotto dalla nave ceduta si rendeva applicabile l'agevolazione di cui all'articolo 145, comma 66, della legge 23 dicembre 2000, n. 388, l'importo determinato ai sensi del comma 1, secondo periodo, è aggiunto all'imponibile limitatamente al 20 per cento del suo ammontare (4).

3. Nel caso in cui le navi cedute costituiscano un complesso aziendale, per l'applicazione del comma 1 è necessario che tali navi rappresentino l'80 per cento del valore dell'azienda al lordo dei debiti finanziari.

(1) *Il D.Lgs. 12 dicembre 2003, n. 344, ha disposto, con l'articolo 1, comma 1, la totale modifica del presente provvedimento, e ne ha ridefinito la struttura di titoli, capi e sezioni.*
(2) *Articolo aggiunto dall'articolo 1, comma 1, del D.Lgs. 12 dicembre 2003, n. 344.*
(3) *Comma modificato dall'articolo 24, comma 1, lettera b), numero 1 del Legge 7 luglio 2016, n. 122; per l'applicazione della presente disposizione vedi il comma 3 del medesimo articolo 24.*
(4) *Comma modificato dall'articolo 24, comma 1, lettera b), numero 2 del Legge 7 luglio 2016, n. 122; per l'applicazione della presente disposizione vedi il comma 3 del medesimo articolo 24.*

159. Obblighi contabili (1)(2). – 1. Il reddito derivante dal contemporaneo svolgimento di attività imprenditoriali diverse da quelle indicate nell'articolo 155 non è ricompreso nell'imponibile determinato ai sensi dell'articolo 156 e deve essere determinato secondo le disposizioni contenute nella sezione I del capo II.

2. Agli effetti del comma 1 le spese e gli altri componenti negativi assumono rilievo se e nella misura in cui si riferiscano ad attività o beni da cui derivano ricavi ed altri proventi diversi da quelli ricompresi nella determinazione dell'imponibile, secondo i criteri di cui all'articolo 156; a tal fine è tenuta una contabilità separata secondo le modalità stabilite con il decreto di cui all'articolo 161.

3. Le spese e gli altri componenti negativi che si riferiscono indistintamente a componenti positivi di reddito ricompresi e non ricompresi nell'imponibile determinato ai sensi dell'articolo 156 sono deducibili per la parte corrispondente al rapporto tra l'ammontare complessivo dei ricavi ed altri proventi non ricompresi nell'imponibile determinato ai sensi dell'articolo 156 e l'ammontare complessivo di tutti i ricavi e proventi.

(1) *Il D.Lgs. 12 dicembre 2003, n. 344, ha disposto, con l'articolo 1, comma 1, la totale modifica del presente provvedimento, e ne ha ridefinito la struttura di titoli, capi e sezioni.*
(2) *Articolo aggiunto dall'articolo 1, comma 1, del D.Lgs. 12 dicembre 2003, n. 344.*

160. Ulteriori effetti dell'esercizio dell'opzione (1)(2). – 1. I soggetti che esercitano l'opzione di cui all'articolo 155 non possono esercitare quella di cui alle sezioni II e III del titolo II nè in qualità di controllanti, nè in qualità di controllati.

2. Alle cessioni di beni ed alle prestazioni di servizi fra le società il cui reddito è determinato anche parzialmente ai sensi dell'articolo 156 e le altre imprese, anche se residenti nel territorio dello Stato, si applica, ricorrendone le altre condizioni, la disciplina del valore normale prevista dall'articolo 110, comma 7. Resta ferma l'applicazione dell'articolo 156 (3).

(1) *Il D.Lgs. 12 dicembre 2003, n. 344, ha disposto, con l'articolo 1, comma 1, la totale modifica del presente provvedimento, e ne ha ridefinito la struttura di titoli, capi e sezioni.*
(2) *Articolo aggiunto dall'articolo 1, comma 1, del D.Lgs. 12 dicembre 2003, n. 344.*
(3) *Comma modificato dall'articolo 10, comma 2, del D.Lgs. 18 novembre 2005, n. 247.*

161. Disposizioni applicative (1)(2). – 1. Con decreto di natura non regolamentare del Ministro dell'economia e delle finanze sono adottate le disposizioni applicative della presente sezione (3).

2. Per tutto quanto non disciplinato nella presente sezione si applicano le disposizioni di cui alla sezione I.

(1) *Il D.Lgs. 12 dicembre 2003, n. 344, ha disposto, con l'articolo 1, comma 1, la totale modifica del presente provvedimento, e ne ha ridefinito la struttura di titoli, capi e sezioni.*
(2) *Articolo aggiunto dall'articolo 1, comma 1, del D.Lgs. 12 dicembre 2003, n. 344.*
(3) *Per l'attuazione del presente comma vedi D.M. 23 giugno 2005.*

TITOLO III
Disposizioni comuni

CAPO I
Disposizioni generali

162. Stabile organizzazione [1][2]. – 1. Fermo restando quanto previsto dall'articolo 169, ai fini delle imposte sui redditi e dell'imposta regionale sulle attività produttive di cui al decreto legislativo 15 dicembre 1997, n. 446, l'espressione «stabile organizzazione» designa una sede fissa di affari per mezzo della quale l'impresa non residente esercita in tutto o in parte la sua attività sul territorio dello Stato.

2. L'espressione «stabile organizzazione» comprende in particolare:

a) una sede di direzione;

b) una succursale;

c) un ufficio;

d) un'officina;

e) un laboratorio;

f) una miniera, un giacimento petrolifero o di gas naturale, una cava o altro luogo di estrazione di risorse naturali, anche in zone situate al di fuori delle acque territoriali in cui, in conformità al diritto internazionale consuetudinario ed alla legislazione nazionale relativa all'esplorazione ed allo sfruttamento di risorse naturali, lo Stato può esercitare diritti relativi al fondo del mare, al suo sottosuolo ed alle risorse naturali.

f-bis) una significativa e continuativa presenza economica nel territorio dello Stato costruita in modo tale da non fare risultare una sua consistenza fisica nel territorio stesso[3].

3. Un cantiere di costruzione o di montaggio o di installazione, ovvero l'esercizio di attività di supervisione ad esso connesse, è considerato «stabile organizzazione» soltanto se tale cantiere, progetto o attività abbia una durata superiore a tre mesi.

4. Fermi restando i commi da 1 a 3, la dizione "stabile organizzazione" non comprende:

a) l'uso di una installazione ai soli fini di deposito, di esposizione o di consegna di beni o merci appartenenti all'impresa;

b) la disponibilità di beni o merci appartenenti all'impresa immagazzinati ai soli fini di deposito, di esposizione o di consegna;

c) la disponibilità di beni o merci appartenenti all'impresa immagazzinati ai soli fini della trasformazione da parte di un'altra impresa;

d) la disponibilità di una sede fissa di affari utilizzata ai soli fini di acquistare beni o merci o di raccogliere informazioni per l'impresa;

e) la disponibilità di una sede fissa di affari utilizzata ai soli fini dello svolgimento, per l'impresa, di ogni altra attività;

f) la disponibilità di una sede fissa di affari utilizzata ai soli fini dell'esercizio combinato delle attività menzionate nelle lettere da a) ad e)[4].

4-bis. Le disposizioni del comma 4 si applicano a condizione che le attività di cui alle lettere da a) a e) o, nei casi di cui alla lettera f), l'attività complessiva della sede fissa d'affari siano di carattere preparatorio o ausiliario[5].

5. Il comma 4 non si applica ad una sede fissa d'affari che sia utilizzata o gestita da un'impresa se la stessa impresa o un'impresa strettamente correlata svolge la sua attività nello stesso luogo o in un altro luogo nel territorio dello Stato e lo stesso luogo o l'altro luogo costituisce una stabile organizzazione per l'impresa o per l'impresa strettamente correlata in base alle previsioni del presente articolo, ovvero l'attività complessiva risultante dalla combinazione delle attività svolte dalle due imprese nello stesso luogo, o dalla stessa impresa o da imprese strettamente correlate nei due luoghi, non sia di carattere preparatorio o ausiliario, purchè le attività svolte dalle due imprese nello stesso luogo, o dalla stessa impresa, o dalle imprese strettamente correlate nei due luoghi, costituiscano funzioni complementari che siano parte di un complesso unitario di operazioni d'impresa [6].

6. Ferme le disposizioni dei commi 1 e 2 e salvo quanto previsto dai commi 7, 7-ter e 7-quater, se un soggetto agisce nel territorio dello Stato per conto di un'impresa non residente e abitualmente conclude contratti o opera ai fini della conclusione di contratti senza modifiche sostanziali da parte dell'impresa e detti contratti sono in nome dell'impresa, oppure relativi al trasferimento della proprietà, o per la concessione del diritto di utilizzo, di beni di tale impresa o che l'impresa ha il diritto di utilizzare, oppure relativi alla fornitura di servizi da parte di tale impresa, si considera che tale impresa abbia una stabile organizzazione nel territorio dello Stato in relazione a ogni attività svolta dal suddetto soggetto per conto dell'impresa, a meno che le attività di tale soggetto siano limitate allo svolgimento delle attività di cui al comma 4 le quali, se esercitate per mezzo di una sede fissa di affari, non permetterebbero di considerare questa sede fissa una stabile organizzazione ai sensi delle disposizioni del medesimo comma 4 [7].

7. Il comma 6 non si applica quando il soggetto, che opera nel territorio dello Stato per conto di un'impresa non residente, svolge la propria attività in qualità di agente indipendente e agisce per l'impresa nell'ambito della propria ordinaria attività. Tuttavia, quando un soggetto opera esclusivamente o quasi esclusivamente per conto di una o più imprese alle quali è strettamente correlato, tale soggetto non è considerato un agente indipendente, ai sensi del presente comma, in relazione a ciascuna di tali imprese [8] .

7-bis. Ai soli fini del presente articolo, un soggetto è strettamente correlato ad un'impresa se, tenuto conto di tutti i fatti e di tutte le circostanze rilevanti, l'uno ha il controllo dell'altra ovvero entrambi sono controllati da uno stesso soggetto. In ogni caso, un soggetto è considerato strettamente correlato ad un'impresa se l'uno possiede direttamente o indirettamente piu' del 50 per cento della partecipazione dell'altra o, nel caso di una società, più del 50 per cento del totale dei diritti di voto e del capitale sociale, o se entrambi sono partecipati da un altro soggetto, direttamente o indirettamente, per più del 50 per cento della partecipazione, o, nel caso di una società, per più del 50 per cento del totale dei diritti di voto e del capitale sociale [9] .

7-ter. Ai fini del comma 7, al ricorrere delle condizioni di cui al comma 7-quater, si considera indipendente dal veicolo di investimento non residente il soggetto, residente o non residente anche operante tramite propria stabile organizzazione nel territorio dello Stato, che, in nome o per conto del veicolo di investimento non residente o di sue controllate, dirette o indirette, e anche se con poteri discrezionali, abitualmente concluda contratti di acquisto, di vendita o di negoziazione, o comunque contribuisca, anche tramite operazioni preliminari o accessorie, all'acquisto, alla vendita o alla negoziazione di strumenti finanziari, anche derivati e comprese le partecipazioni al capitale o al patrimonio, e di crediti. [10]

7-quater. Le disposizioni del comma 7-ter si applicano a condizione che:

a) il veicolo di investimento non residente e le relative controllate siano residenti o localizzati in uno Stato o territorio compreso nell'elenco di cui all'articolo 11, comma 4, lettera c), del decreto legislativo 1° aprile 1996, n. 239;

b) il veicolo di investimento non residente rispetti i requisiti di indipendenza stabiliti dal decreto previsto dal comma 7-quinquies;

c) il soggetto residente o non residente, che svolge l'attività nel territorio dello Stato in nome o per conto del veicolo di investimento non residente di cui alla lettera a), non ricopra cariche negli organi di amministrazione e di controllo del veicolo di investimento e di sue controllate, dirette o indirette, e non detenga una partecipazione ai risultati economici del veicolo d'investimento non residente superiore al 25 per cento. A tal fine si considerano anche le partecipazioni agli utili spettanti a soggetti appartenenti al medesimo gruppo di tale soggetto. Il decreto previsto dal comma 7-quinquies stabilisce le modalità di computo della partecipazione agli utili;

d) il soggetto residente, o la stabile organizzazione nel territorio dello Stato del soggetto non residente, che presta servizi nell'ambito di accordi con entità appartenenti al medesimo gruppo riceva, per l'attività svolta nel territorio dello Stato, una remunerazione supportata dalla documentazione idonea di cui all'articolo 1, comma 6, del decreto legislativo 18 dicembre 1997, n. 471. Con provvedimento dell'Agenzia delle entrate sono definite le linee guida per l'applicazione a tale remunerazione dell'articolo 110, comma 7. [11]

7-quinquies. Con decreto del Ministro dell'economia e delle finanze sono stabilite le disposizioni di attuazione della disciplina dei commi 7-ter e 7-quater. [12]

8. Nonostante quanto previsto dal comma 7, non costituisce stabile organizzazione dell'impresa il solo fatto che la stessa eserciti nel territorio dello Stato la propria attività per mezzo di un raccomandatario marittimo di cui alla legge 4 aprile 1977, n. 135, o di un mediatore marittimo di cui alla legge 12 marzo 1968, n. 478, che abbia i poteri per la gestione commerciale o operativa delle navi dell'impresa, anche in via continuativa [13].

9. Il fatto che un'impresa non residente con o senza stabile organizzazione nel territorio dello Stato controlli un'impresa residente, ne sia controllata, o che entrambe le imprese siano controllate da un terzo soggetto esercente o no attività d'impresa non costituisce di per sè motivo sufficiente per considerare una qualsiasi di dette imprese una stabile organizzazione dell'altra.

9-bis. Al ricorrere delle condizioni di cui al comma 7-quater, la sede fissa d'affari a disposizione di un'impresa residente che vi svolge la propria attività, utilizzando il proprio personale, non si considera, ai fini del comma 1, a disposizione del veicolo di investimento di cui alla lettera a) del comma 7-quater non residente per il solo fatto che l'attività dell'impresa residente reca un beneficio al predetto veicolo [14].

[1] Il D.Lgs. 12 dicembre 2003, n. 344, ha disposto, con l'articolo 1, comma 1, la totale modifica del presente provvedimento, e ne ha ridefinito la struttura di titoli, capi e sezioni.

[2] Articolo aggiunto dall'articolo 1, comma 1, del D.Lgs. 12 dicembre 2003, n. 344.

[3] Lettera aggiunta dall'articolo 1, comma 1010, lettera a), della Legge 27 dicembre 2017, n. 205.

[4] Comma sostituito dall'articolo 1, comma 1010, lettera b), della Legge 27 dicembre 2017, n. 205.

[5] Comma inserito dall'articolo 1, comma 1010, lettera b), della Legge 27 dicembre 2017, n. 205.

[6] Comma sostituito dall'articolo 1, comma 1010, lettera b), della Legge 27 dicembre 2017, n. 205.

[7] Comma sostituito dall'articolo 1, comma 1010, lettera b), della Legge 27 dicembre 2017, n. 205 e successivamente modificato dall'articolo 1, comma 255, lettera a), della Legge 29 dicembre 2022, n. 197.

[8] Comma sostituito dall'articolo 1, comma 1010, lettera b), della Legge 27 dicembre 2017, n. 205.

[9] Comma inserito dall'articolo 1, comma 1010, lettera b), della Legge 27 dicembre 2017, n. 205.

[10] Comma inserito dall'articolo 1, comma 255, lettera b), della Legge 29 dicembre 2022, n. 197.

[11] Comma inserito dall'articolo 1, comma 255, lettera b), della Legge 29 dicembre 2022, n. 197.

[12] Comma inserito dall'articolo 1, comma 255, lettera b), della Legge 29 dicembre 2022, n. 197.

[13] Comma modificato dall'articolo 1, comma 1010, lettera c), della Legge 27 dicembre 2017, n. 205.

[14] Comma aggiunto dall'articolo 1, comma 255, lettera c), della Legge 29 dicembre 2022, n. 197.

162 *bis*. Intermediari finanziari e società di partecipazione. – 1. Ai fini delle imposte sui redditi e dell'imposta regionale sulle attività produttive di cui al decreto legislativo 15 dicembre 1997, n. 446, si definiscono:

a) intermediari finanziari:

1) i soggetti indicati nell'articolo 2, comma 1, lettera c), del decreto legislativo 28 febbraio 2005, n. 38, e i soggetti con stabile organizzazione nel territorio dello Stato aventi le medesime caratteristiche;

2) i confidi iscritti nell'elenco di cui all'articolo 112-bis del decreto legislativo 1° settembre 1993, n. 385;

3) gli operatori del microcredito iscritti nell'elenco di cui all'articolo 111 del decreto legislativo 1° settembre 1993, n. 385;

4) i soggetti che esercitano in via esclusiva o prevalente l'attività di assunzione di partecipazioni in intermediari finanziari, diversi da quelli di cui al numero 1);

b) società di partecipazione finanziaria: i soggetti che esercitano in via esclusiva o prevalente l'attività di assunzione di partecipazioni in intermediari finanziari;

c) società di partecipazione non finanziaria e assimilati:

1) i soggetti che esercitano in via esclusiva o prevalente l'attività di assunzione di partecipazioni in soggetti diversi dagli intermediari finanziari;

2) i soggetti che svolgono attività non nei confronti del pubblico di cui al comma 2 dell'articolo 3 del regolamento emanato in materia di intermediari finanziari in attuazione degli articoli 106, comma 3, 112, comma 3 e 114 del decreto legislativo 1° settembre 1993, n. 385, nonchè dell'articolo 7-ter, comma 1-bis, della legge 30 aprile 1999, n. 130.

2. Ai fini del comma 1, l'esercizio in via prevalente di attività di assunzione di partecipazioni in intermediari finanziari sussiste, quando, in base ai dati del bilancio approvato relativo all'ultimo esercizio chiuso, l'ammontare complessivo delle partecipazioni in detti intermediari finanziari e altri elementi patrimoniali intercorrenti con gli stessi, unitariamente considerati, inclusi gli impegni ad erogare fondi e le garanzie rilasciate, sia superiore al 50 per cento del totale dell'attivo patrimoniale, inclusi gli impegni ad erogare fondi

e le garanzie rilasciate.

3. Ai fini del comma 1, l'esercizio in via prevalente di attività di assunzione di partecipazioni in soggetti diversi dagli intermediari finanziari sussiste, quando, in base ai dati del bilancio approvato relativo all'ultimo esercizio chiuso, l'ammontare complessivo delle partecipazioni in detti soggetti e altri elementi patrimoniali intercorrenti con i medesimi, unitariamente considerati, sia superiore al 50 per cento del totale dell'attivo patrimoniale[1].

[1] Articolo inserito dall'articolo 12, comma 1, lettera d), del D.Lgs. 29 novembre 2018, n. 142. Per l'applicazione delle presenti disposizioni vedi l'articolo 13, comma 9, del D.Lgs. 142/2018 medesimo.

163. Divieto della doppia imposizione [1]. – 1. La stessa imposta non può essere applicata più volte in dipendenza dello stesso presupposto, neppure nei confronti di soggetti diversi (531 Cost.; S; S; S; S; S; S).

[1] Il D.Lgs. 12 dicembre 2003, n. 344, ha disposto, con l'articolo 1, comma 1, la totale modifica del presente provvedimento, e ne ha ridefinito la struttura di titoli, capi e sezioni. Nel testo precedente la riforma introdotta dal D.Lgs. 344/2003 le disposizioni contenute nel presente articolo erano previste dall'articolo 127.

164. Limiti di deduzione delle spese e degli altri componenti negativi relativi a taluni mezzi di trasporto a motore, utilizzati nell'esercizio di imprese, arti e professioni [1][2]. – 1. Le spese e gli altri componenti negativi relativi ai mezzi di trasporto a motore indicati nel presente articolo, utilizzati nell'esercizio di imprese, arti e professioni, ai fini della determinazione dei relativi redditi sono deducibili solo se rientranti in una delle fattispecie previste nelle successive lettere a), b) e b-bis):

a) per l'intero ammontare relativamente:

1) agli aeromobili da turismo, alle navi e imbarcazioni da diporto, alle autovetture ed autocaravan, di cui alle lettere a) e m) del comma 1 dell'art. 54 del decreto legislativo 30 aprile 1992, n. 285, ai ciclomotori e motocicli destinati ad essere utilizzati esclusivamente come beni strumentali nell'attività propria dell'impresa;

2) ai veicoli adibiti ad uso pubblico [o dati in uso promiscuo ai dipendenti per la maggior parte del periodo d'imposta] [3];

b) nella misura del 20 per cento relativamente alle autovetture e autocaravan, di cui alle citate lettere dell'articolo 54 del citato decreto legislativo n. 285 del 1992, ai ciclomotori e motocicli il cui utilizzo è diverso da quello indicato alla lettera a), numero 1). Tale percentuale è elevata all'80 per cento per i veicoli utilizzati dai soggetti esercenti attività di agenzia o di rappresentanza di commercio. Nel caso di esercizio di arti e professioni in forma individuale, la deducibilità è ammessa, nella misura del 20 per cento, limitatamente ad un solo veicolo; se l'attività è svolta da società semplici e da associazioni di cui all'art. 5, la deducibilità è consentita soltanto per un veicolo per ogni socio o associato. Non si tiene conto: della parte del costo di acquisizione che eccede lire 35 milioni per le autovetture e gli autocaravan, lire 8 milioni per i motocicli, lire 4 milioni per i ciclomotori; dell'ammontare dei canoni proporzionalmente corrispondente al costo di detti veicoli che eccede i limiti indicati, se i beni medesimi sono utilizzati in locazione finanziaria; dell'ammontare dei costi di locazione e di noleggio che eccede lire 7 milioni per le autovetture e gli autocaravan, lire 1,5 milioni per i motocicli, lire ottocentomila per i ciclomotori. Nel caso di esercizio delle predette attività svolte da società semplici e associazioni di cui al citato art. 5, i suddetti limiti sono riferiti a ciascun socio o associato. I limiti predetti, che con riferimento al valore dei contratti di locazione anche finanziaria o di noleggio vanno ragguagliati ad anno, possono essere variati, tenendo anche conto delle variazioni dell'indice dei prezzi al consumo per le famiglie di operai e di impiegati verificatesi nell'anno precedente, con decreto del Ministro delle finanze, di concerto con il Ministro dell'industria, del commercio e dell'artigianato. I predetti limiti di 35 milioni di lire e di 7 milioni di lire sono elevati rispettivamente a euro 25.822,84 e a euro 5.164,57 per gli autoveicoli utilizzati da agenti o rappresentanti di commercio[4];

b-bis) nella misura del 70 per cento per i veicoli dati in uso promiscuo ai dipendenti per la maggior parte del periodo d'imposta [5].

1-bis. Le spese per carburante per autotrazione sono deducibili nella misura di cui al comma 1 se effettuate esclusivamente mediante carte di credito, carte di debito o carte prepagate emesse da operatori finanziari soggetti all'obbligo di comunicazione previsto dall'articolo 7, sesto comma, del decreto del Presidente della Repubblica 29 settembre 1973, n. 605 [6]

2. Ai fini della determinazione del reddito d'impresa, le plusvalenze e le minusvalenze patrimoniali rilevano nella stessa proporzione esistente tra l'ammontare dell'ammortamento fiscalmente dedotto e quello complessivamente effettuato.

3. Ai fini della applicazione del comma 7 dell'art. 67, il costo dei beni di cui al comma 1, lettera b), si assume nei limiti rilevanti ai fini della deduzione delle relative quote di ammortamento[7].

[1] Il D.Lgs. 12 dicembre 2003, n. 344, ha disposto, con l'articolo 1, comma 1, la totale modifica del presente provvedimento, e ne ha ridefinito la struttura di titoli, capi e sezioni. Nel testo precedente la riforma introdotta dal D.Lgs. 344/2003 le disposizioni contenute nel presente articolo erano previste dall'articolo 121-bis.

[2] Articolo aggiunto dall'articolo 17, comma 1, della legge 27 dicembre 1997, n. 449.

[3] Numero modificato dall'articolo 2, comma 71, lettera b), numero 2), del D.L. 3 ottobre 2006, n. 262.

[4] Lettera modificata dall'articolo 2, comma 71, lettera b), numero 3), del D.L. 3 ottobre 2006, n. 262 e successivamente, con effetto dal periodo d'imposta in corso alla data del 27 giugno 2007, dall'articolo 15-bis, comma 7, lettera b), del D.L. 2 luglio 2007, n. 81, dall'articolo 4, comma 72, lettera a), della legge 28 giugno 2012. n. 92 e, da ultimo, dall'articolo 1, comma 501, della Legge 24 dicembre 2012, n. 228. A norma dell'"articolo 1, comma 92, della Legge 28 dicembre 2015, n. 208, i limiti rilevanti per la deduzione delle quote di ammortamento e dei canoni di locazione finanziaria dei beni di cui alla presente lettera sono maggiorati del 40 per cento, fermo restando quanto disposto al comma 91 del medesimo articolo e solo per gli investimenti effettuati nello stesso periodo ivi previsto. Vedi inoltre quanto disposto dal comma 97 del citato articolo 1. Successivamente la presente lettera è stata modificata dall'articolo 1, comma 37, della Legge 11 dicembre 2016, n. 232

[5] Lettera aggiunta dall'articolo 2, comma 71, lettera b), numero 4), del D.L. 3 ottobre 2006, n. 262, successivamente sostituita, con effetto dal periodo d'imposta in corso alla data del 27 giugno 2007, dall'articolo 15-bis, comma 7, lettera c), del D.L. 2 luglio 2007, n. 81 e da ultimo modificata dall'articolo 4, comma 72, lettera b), della legge 28 giugno 2012. n. 92. Vedi inoltre l'articolo 1, comma 29, lettera b), della Legge 30 dicembre 2018, n. 145.

[6] Comma aggiunto dall'articolo 1, comma 922, della Legge 27 dicembre 2017, le disposizioni del presente comma si applicano a partire dal 1°luglio 2018, come disposto dall'articolo 1, comma 927, della Legge 205/2017.

(7) Il richiamo all'articolo 67, di cui al presente comma, deve intendersi riferito all'attuale articolo 102, come disposto dall'articolo 2, comma 3, del D.Lgs. 12 dicembre 2003, n. 344.

CAPO II
Disposizioni relative ai redditi prodotti all'estero ed ai rapporti internazionali

165. Credito di imposta per i redditi prodotti all'estero (1)(2). – 1. Se alla formazione del reddito complessivo concorrono redditi prodotti all'estero, le imposte ivi pagate a titolo definitivo su tali redditi sono ammesse in detrazione dall'imposta netta dovuta fino alla concorrenza della quota d'imposta corrispondente al rapporto tra i redditi prodotti all'estero ed il reddito complessivo al netto delle perdite di precedenti periodi d'imposta ammesse in diminuzione.

2. I redditi si considerano prodotti all'estero sulla base di criteri reciproci a quelli previsti dall'articolo 23 per individuare quelli prodotti nel territorio dello Stato.

3. [Salvo quanto previsto dal comma 6, ultimo periodo, e dall'articolo 136, commi 3 e 6,] se concorrono redditi prodotti in più Stati esteri, la detrazione si applica separatamente per ciascuno Stato (3).

4. La detrazione di cui al comma 1 deve essere calcolata nella dichiarazione relativa al periodo d'imposta cui appartiene il reddito prodotto all'estero al quale si riferisce l'imposta di cui allo stesso comma 1, a condizione che il pagamento a titolo definitivo avvenga prima della sua presentazione. Nel caso in cui il pagamento a titolo definitivo avvenga successivamente si applica quanto previsto dal comma 7.

5. [Per i redditi d'impresa prodotti all'estero mediante stabile organizzazione o da società controllate di cui alla sezione III del capo II del Titolo II,] la detrazione di cui al comma 1 può essere calcolata dall'imposta del periodo di competenza anche se il pagamento a titolo definitivo avviene entro il termine di presentazione della dichiarazione relativa al primo periodo d'imposta successivo. L'esercizio della facoltà di cui al periodo precedente è condizionato all'indicazione, nelle dichiarazioni dei redditi, delle imposte estere detratte per le quali ancora non è avvenuto il pagamento a titolo definitivo (4).

6. L'imposta estera pagata a titolo definitivo su redditi prodotti nello stesso Stato estero eccedente la quota di imposta italiana relativa ai medesimi redditi esteri, costituisce un credito d'imposta fino a concorrenza della eccedenza della quota d'imposta italiana rispetto a quella estera pagata a titolo definitivo in relazione allo stesso reddito estero, verificatasi negli esercizi precedenti fino all'ottavo. Nel caso in cui negli esercizi precedenti non si sia verificata tale eccedenza, l'eccedenza dell'imposta estera può essere riportata a nuovo fino all'ottavo esercizio successivo ed essere utilizzata quale credito d'imposta nel caso in cui si produca l'eccedenza della quota di imposta italiana rispetto a quella estera relativa allo stesso reddito di cui al primo periodo del presente comma. Le disposizioni di cui al presente comma relative al riporto in avanti e all'indietro dell'eccedenza si applicano anche ai redditi d'impresa prodotti all'estero dalle singole società partecipanti al consolidato nazionale e mondiale, anche se residenti nello stesso paese, salvo quanto previsto dall'articolo 136, comma 6 (5).

7. Se l'imposta dovuta in Italia per il periodo d'imposta nel quale il reddito estero ha concorso a formare l'imponibile è stata già liquidata, si procede a nuova liquidazione tenendo conto anche dell'eventuale maggior reddito estero, e la detrazione si opera dall'imposta dovuta per il periodo d'imposta cui si riferisce la dichiarazione nella quale è stata richiesta. Se è già decorso il termine per l'accertamento, la detrazione è limitata alla quota dell'imposta estera proporzionale all'ammontare del reddito prodotto all'estero acquisito a tassazione in Italia.

8. La detrazione non spetta in caso di omessa presentazione della dichiarazione o di omessa indicazione dei redditi prodotti all'estero nella dichiarazione presentata.

9. Per le imposte pagate all'estero dalle società, associazioni e imprese di cui all'articolo 5 e dalle società che hanno esercitato l'opzione di cui agli articoli 115 e 116 la detrazione spetta ai singoli soci nella proporzione ivi stabilita (6).

10. Nel caso in cui il reddito prodotto all'estero concorra parzialmente alla formazione del reddito complessivo, anche l'imposta estera va ridotta in misura corrispondente.

(1) Il D.Lgs. 12 dicembre 2003, n. 344, ha disposto, con l'articolo 1, comma 1, la totale modifica del presente provvedimento, e ne ha ridefinito la struttura di titoli, capi e sezioni. Nel testo precedente la riforma introdotta dal D.Lgs. 344/2003 le disposizioni contenute nel presente articolo erano previste dall'articolo 15.
(2) Articolo sostituito dall'articolo 1, comma 1, del D.Lgs. 12 dicembre 2003, n. 344.
(3) Comma modificato, con effetto per i periodi di imposta che iniziano a decorrere dal 1° gennaio 2004, dall'articolo 11, comma 1, lettera a), del D.Lgs. 18 novembre 2005, n. 247.
(4) Comma modificato dall'articolo 15, comma 1, lettera a), del D.Lgs.14 settembre 2015, n. 147; a norma del comma 3 del medesimo articolo, la presente disposizione si applica a decorrere dal periodo di imposta in corso alla data di entrata in vigore del citato decreto.
(5) Comma modificato, con effetto per i periodi di imposta che iniziano a decorrere dal 1° gennaio 2005, dall'articolo 11, comma 1, lettera b), del D.Lgs. 18 novembre 2005, n. 247 e successivamente dall'articolo 15, comma 1, lettera b), del D.Lgs.14 settembre 2015, n. 147; a norma del comma 3 del medesimo articolo, la presente disposizione si applica a decorrere dal periodo di imposta in corso alla data di entrata in vigore del citato decreto.
(6) Comma modificato, con effetto per i periodi di imposta che iniziano a decorrere dal 1° gennaio 2004, dall'articolo 11, comma 1, lettera c), del D.Lgs. 18 novembre 2005, n. 247.

166. Imposizione in uscita. – 1. Le disposizioni del presente articolo si applicano ai soggetti che esercitano imprese commerciali qualora si verifichi una delle seguenti ipotesi:

a) sono fiscalmente residenti nel territorio dello Stato e trasferiscono all'estero la propria residenza fiscale;

b) sono fiscalmente residenti nel territorio dello Stato e trasferiscono attivi ad una loro stabile organizzazione situata all'estero con riferimento alla quale si applica l'esenzione degli utili e delle perdite di cui all'articolo 168-ter;

c) sono fiscalmente residenti all'estero, possiedono una stabile organizzazione situata nel territorio dello Stato e trasferiscono l'intera stabile organizzazione alla sede centrale o ad altra stabile organizzazione situata all'estero;

d) sono fiscalmente residenti all'estero, possiedono una stabile organizzazione situata nel territorio dello Stato e trasferiscono attivi facenti parte del patrimonio di tale stabile organizzazione alla sede centrale o ad altra stabile organizzazione situata all'estero;

e) sono fiscalmente residenti nel territorio dello Stato e sono stati oggetto di incorporazione da parte di una società fiscalmente non residente oppure hanno effettuato una scissione a favore di una o più beneficiarie non residenti oppure hanno effettuato il conferimento di una stabile organizzazione o di un ramo di essa situati all'estero a favore di un soggetto fiscalmente residente all'estero.

2. Ai fini delle lettere b) e d) del comma 1, il trasferimento di attivi a una stabile organizzazione o da una stabile organizzazione si intende effettuato quando, in applicazione dei criteri definiti dall'OCSE, considerando la stabile organizzazione un'entità separata e indipendente, che svolge le medesime o analoghe attività, in condizioni identiche o similari, e tenendo conto delle funzioni svolte, dei rischi assunti e dei beni utilizzati, tali attività si considerano rispettivamente entrate nel patrimonio o uscite dal patrimonio di tale stabile organizzazione.

3. Nelle ipotesi di cui al comma 1 sono imponibili i seguenti redditi:

a) nel caso di cui alla lettera a) del comma 1 la plusvalenza, unitariamente determinata, pari alla differenza tra il valore di mercato complessivo e il corrispondente costo fiscalmente riconosciuto delle attività e passività del soggetto che trasferisce la residenza fiscale che non sono confluite nel patrimonio di una stabile organizzazione di tale soggetto situata nel territorio dello Stato;

b) nel caso di cui alla lettera b) del comma 1 la differenza tra il valore di mercato e il corrispondente costo fiscalmente riconosciuto degli attivi trasferiti alla stabile organizzazione situata all'estero;

c) nel caso di cui alla lettera c) del comma 1 la plusvalenza, unitariamente determinata, pari alla differenza tra il valore di mercato e il corrispondente costo fiscalmente riconosciuto delle attività e passività facenti parte del patrimonio della stabile organizzazione trasferita alla sede centrale o alla stabile organizzazione situata all'estero;

d) nel caso di cui alla lettera d) del comma 1 la differenza tra il valore di mercato e il corrispondente costo fiscalmente riconosciuto degli attivi trasferiti alla sede centrale o alla stabile organizzazione situata all'estero;

e) nel caso di cui alla lettera e) del comma 1 la plusvalenza, unitariamente determinata, pari alla differenza tra il valore di mercato complessivo e il corrispondente costo fiscalmente riconosciuto delle attività e passività che prima del perfezionamento dell'operazione facevano parte del patrimonio di un soggetto fiscalmente residente nel territorio dello Stato e che, successivamente a tale perfezionamento, non confluiscono nel patrimonio di una stabile organizzazione di un soggetto non residente situata nel territorio dello Stato.

4. Il valore di mercato di cui al comma 3 è determinato con riferimento alle condizioni e ai prezzi che sarebbero stati pattuiti tra soggetti indipendenti operanti in condizioni di libera concorrenza e in circostanze comparabili tenendo conto, qualora si tratti di valore riferibile a un complesso aziendale o a un ramo di azienda, del valore dell'avviamento, calcolato tenendo conto delle funzioni e dei rischi trasferiti. Ai fini della determinazione del valore di mercato si tiene conto delle indicazioni contenute nel decreto del Ministro dell'economia e delle finanze emanato ai sensi del comma 7 dell'articolo 110.

5. Nei casi di cui al comma 1, lettere a) ed e), sono altresì assoggettate alle imposte sui redditi le riserve in sospensione d'imposta, incluse quelle tassabili solo in caso di distribuzione, che risultano iscritte in bilancio al termine dell'ultimo periodo d'imposta di residenza o prima del perfezionamento dell'operazione se, e nella misura in cui, non sono ricostituite nel patrimonio contabile di una stabile organizzazione situata nel territorio dello Stato. Nel caso di cui alla lettera c) sono altresì assoggettate alle imposte sui redditi le riserve in sospensione d'imposta, incluse quelle tassabili solo in caso di distribuzione, che risultano iscritte nel rendiconto economico e patrimoniale di cui all'articolo 152, comma 1, nel momento in cui si considera effettuato il trasferimento dell'intera stabile organizzazione.

6. Nel caso di cui al comma 1, lettera a), qualora, successivamente al trasferimento di residenza, non rimanga nel territorio dello Stato una stabile organizzazione, le perdite realizzate fino al termine dell'ultimo periodo d'imposta di residenza sono in primo luogo compensate, senza applicazione del limite di cui all'articolo 84, comma 1, con il reddito di tale periodo d'imposta e, per la parte eventualmente eccedente, sono computate in diminuzione della plusvalenza di cui al comma 3, lettera a), senza applicazione del limite di cui al comma 1 dell'articolo 84. Nel caso di cui al comma 1, lettera a), qualora, successivamente al trasferimento di residenza, rimanga nel territorio dello Stato una stabile organizzazione, le perdite realizzate fino al termine dell'ultimo periodo d'imposta di residenza sono in primo luogo compensate, con applicazione del limite di cui all'articolo 84, comma 1, con il reddito di tale periodo d'imposta e, per la parte eventualmente eccedente, al netto della quota, determinata ai sensi dell'articolo 181 senza applicazione delle condizioni e del limite di cui all'articolo 172, riferibile alla stabile organizzazione, sono computate in diminuzione della plusvalenza di cui al comma 3, lettera a), senza applicazione del limite di cui all'articolo 84, comma 1. Nel caso di cui al comma 1, lettera c), le perdite realizzate fino al termine dell'ultimo periodo d'imposta di esistenza in Italia della stabile organizzazione sono in primo luogo compensate, senza applicazione del limite di cui all'articolo 84, comma 1, con il reddito di tale periodo d'imposta e, per la parte eventualmente eccedente, sono computate in diminuzione della plusvalenza di cui al comma 3, lettera c), senza applicazione del limite di cui all'articolo 84, comma 1. Qualora sia trasferito un ramo della stabile organizzazione le perdite realizzate fino al termine del periodo d'imposta precedente quello in cui si verifica il trasferimento sono in primo luogo compensate, con applicazione del limite di cui all'articolo 84, comma 1, con il reddito realizzato dalla stabile organizzazione nel periodo d'imposta in cui si verifica il trasferimento e, per la parte eventualmente eccedente, al netto della quota, determinata ai sensi dell'articolo 181 senza applicazione delle condizioni e del limite di cui all'articolo 172, riferibile alla stabile organizzazione, sono computate in diminuzione della plusvalenza di cui alla lettera c) del comma 3, senza applicazione del limite di cui all'articolo 84, comma 1. Nel caso di cui al comma 1, lettera e), qualora sia realizzata una delle operazioni di cui al comma 1, lettere a), b) e b-bis), dell'articolo 178 e, successivamente al perfezionamento dell'operazione, non rimanga nel territorio dello Stato una stabile organizzazione, le perdite realizzate fino al termine dell'ultimo periodo d'imposta prima del perfezionamento dell'operazione sono in primo luogo compensate, senza applicazione del limite di cui all'articolo 84, comma 1, con il reddito di tale periodo d'imposta e, per la parte eventualmente eccedente, sono computate in diminuzione della plusvalenza di cui, al

comma 3, lettera e), senza applicazione del limite di cui all'articolo 84, comma 1. Nel caso di cui al comma 1, lettera e), qualora sia realizzata una delle operazioni di cui al comma 1, lettere a), b) e b-bis) dell'articolo 178 e, successivamente al perfezionamento dell'operazione, rimanga nel territorio dello Stato una stabile organizzazione, le perdite realizzate fino al termine dell'ultimo periodo d'imposta prima del perfezionamento dell'operazione sono in primo luogo compensate, con applicazione del limite di cui all'articolo 84, comma 1, con il reddito di tale periodo d'imposta e, per la parte eventualmente eccedente, al netto della quota, determinata ai sensi dell'articolo 181, riferibile alla stabile organizzazione, sono computate in diminuzione della plusvalenza di cui al comma 3, lettera e), senza applicazione del limite di cui all'articolo 84, comma 1.

7. I redditi di cui al comma 3 sono determinati in via definitiva:

a) nel caso di cui alla lettera a), alla fine dell'ultimo periodo d'imposta di residenza fiscale in Italia;

b) nel caso di cui alla lettera b), nel momento in cui si considera effettuato il trasferimento alla stabile organizzazione situata all'estero;

c) nel caso di cui alla lettera c), nel momento in cui si considera effettuato il trasferimento dell'intera stabile organizzazione;

d) nel caso di cui alla lettera d), nel momento in cui si considera effettuato il trasferimento alla sede centrale o alla stabile organizzazione situata all'estero;

e) nel caso di cui alla lettera e), nel momento in cui ha effetto l'operazione.

8. Ai fini del comma 7, non si tiene conto delle minusvalenze o delle plusvalenze realizzate successivamente al momento in cui sono determinati in via definitiva i redditi ivi indicati.

9. L'imposta determinata sui redditi di cui al comma 3, diminuiti delle perdite di cui al comma 6, previa opzione e subordinatamente alla prestazione di eventuali garanzie, può essere versata in cinque rate annuali di pari importo se:

a) nel caso di cui comma 1, lettera a), la residenza fiscale è trasferita in uno Stato appartenente all'Unione europea oppure in uno Stato aderente all'Accordo sullo Spazio Economico Europeo incluso nella lista, prevista dall'articolo 11, comma 4, lettera c), del decreto legislativo 1° aprile 1996, n. 239, degli Stati che consentono un adeguato scambio di informazioni e con il quale l'Italia ha stipulato un accordo sulla reciproca assistenza in materia di riscossione dei crediti tributari comparabile a quella assicurata dalla direttiva 2010/24/UE;

b) nel caso di cui al comma 1, lettera b), gli attivi sono trasferiti a una stabile organizzazione situata in uno Stato di cui alla lettera a);

c) nel caso di cui al comma 1, lettera c), la stabile organizzazione è trasferita in uno Stato di cui alla lettera a);

d) nel caso di cui al comma 1, lettera d), gli attivi sono trasferiti alla sede centrale o a una stabile organizzazione situate in uno Stato di cui alla lettera a);

e) nel caso di cui al comma 1, lettera e), se la società incorporante, la società beneficiaria o la società conferitaria della stabile organizzazione sia fiscalmente residente in uno Stato di cui alla lettera a).

10. L'opzione di cui al comma 9 riguarda necessariamente l'intera imposta sui redditi di cui al comma 3, unitariamente determinata.

11. Nel caso si opti per la rateizzazione ai sensi del comma 9, sulle rate successive alla prima sono dovuti gli interessi nella misura prevista dall'articolo 20 del decreto legislativo 9 luglio 1997, n. 241.

12. Costituiscono ipotesi di decadenza dalla rateizzazione, e pertanto, comportano il versamento dell'imposta residua entro il termine previsto per il successivo versamento:

a) nel caso di cui al comma 9, lettera a), il successivo trasferimento della residenza fiscale in uno Stato diverso da quelli previsti da tale lettera;

b) nel caso di cui al comma 9, lettera b), il successivo trasferimento degli attivi a una stabile organizzazione situata in uno Stato diverso da quelli previsti dalla lettera a) del citato comma 9;

c) nel caso di cui al comma 9, lettera c), il successivo trasferimento della stabile organizzazione in uno Stato diverso da quelli previsti dalla lettera a) del citato comma 9;

d) nel caso di cui al comma 9, lettera d), il successivo trasferimento della sede centrale in uno Stato diverso da quelli previsti dalla lettera a) del citato comma 9 o il successivo trasferimento degli attivi a una stabile organizzazione situata in uno Stato diverso da quelli previsti dalla medesima lettera a);

e) nel caso di cui al comma 9, lettera e), il successivo trasferimento della residenza fiscale della società incorporante, della società beneficiaria o della società conferitaria della stabile organizzazione in uno Stato diverso da quelli previsti dalla lettera a) di tale comma;

f) la fusione, la scissione o il conferimento di azienda che comportano il trasferimento ad un soggetto residente in uno Stato diverso da quelli previsti dal comma 9, lettera a), delle attività e passività il cui valore di mercato ha concorso a formare la plusvalenza di cui al comma 3;

g) la cessione a terzi degli attivi il cui valore di mercato ha concorso a formare la plusvalenza di cui al comma 3, incluse le operazioni assimilate alla cessione ai sensi dell'articolo 9, il realizzo di tali attivi ai sensi dell'articolo 86, comma 1, lettera b), o il loro assoggettamento a una delle operazioni di cui al comma 1, lettera c);

h) la dichiarazione di fallimento o l'estinzione del soggetto che ha optato per la rateizzazione;

i) il mancato versamento di una rata che non sia regolarizzato entro 5 mesi dalla data di scadenza;

l) la cessione delle quote da parte dei soci delle società di cui all'articolo 5.

13. Per le imprese individuali e le società di persone si applica l'articolo 17, comma 1, lettere g) e l).

14. Il trasferimento all'estero della residenza fiscale di una società di capitali non comporta di per sè alcuna imposizione dei soci di tale società.

15. Con uno o più provvedimenti del Direttore dell'Agenzia delle Entrate possono essere emanate disposizioni di attuazione del presente articolo, finalizzate a individuare le modalità di esercizio dell'opzione di cui al comma 9, le circostanze in cui l'efficacia di tale opzione può essere subordinata alla prestazione di garanzie e l'entità e la forma tecnica di tali garanzie, nonchè le modalità di monitoraggio dell'eventuale verificarsi delle ipotesi di decadenza dalla rateazione di cui al comma 12[(1)(2)].

(1) *Il D.Lgs. 12 dicembre 2003, n. 344, ha disposto, con l'articolo 1, comma 1, la totale modifica del presente provvedimento, e ne ha*

ridefinito la struttura di titoli, capi e sezioni. Nel testo precedente la riforma introdotta dal D.Lgs. 344/2003 le disposizioni contenute nel presente articolo erano previste dall'articolo 20-bis.
(2) Articolo aggiunto dall'articolo 30, comma 1, del D.L. 23 febbraio 1995, n. 41, modificato dall'articolo 1, comma 1, del D.Lgs. 12 dicembre 2003, n. 344, dall'articolo 11, comma 2, del D.Lgs. 18 novembre 2005, n. 247, dall'articolo 1, comma 1, del D.Lgs. 6 novembre 2007, n. 199, dall'articolo 91, comma 1, del D.L. 24 gennaio 2012, n. 1, dall'articolo 11, comma 1, lettera a), del D.Lgs.14 settembre 2015, n. 147 e da ultimo sostituito dall'articolo 2, comma 1, del D.Lgs. 29 novembre 2018, n. 142; a norma dell'articolo 13, comma 1, del D.Lgs. n. 142/2018 medesimo, le disposizioni di cui al presente articolo si applicano a decorrere dal periodo d'imposta successivo a quello in corso al 31 dicembre 2018.

166 *bis*. Valori fiscali in ingresso. – 1. Le disposizioni del presente articolo si applicano alle seguenti ipotesi:

a) un soggetto che esercita un'impresa commerciale trasferisce nel territorio dello Stato la propria residenza fiscale;

b) un soggetto fiscalmente residente all'estero trasferisce attivi a una propria stabile organizzazione situata nel territorio dello Stato;

c) un soggetto fiscalmente residente all'estero trasferisce nel territorio dello Stato un complesso aziendale;

d) un soggetto fiscalmente residente nel territorio dello Stato che possiede una stabile organizzazione situata all'estero con riferimento alla quale si applica l'esenzione degli utili e delle perdite di cui all'articolo 168-ter trasferisce alla sede centrale attivi facenti parte del patrimonio di tale stabile organizzazione;

e) un soggetto fiscalmente residente all'estero che esercita un'impresa commerciale è oggetto di incorporazione da parte di un soggetto fiscalmente residente nel territorio dello Stato, effettua una scissione a favore di uno o più beneficiari residenti nel territorio dello Stato oppure effettua il conferimento di una stabile organizzazione situata al di fuori del territorio dello Stato a favore di un soggetto fiscalmente residente nel territorio dello Stato.

2. Ai fini del comma 1, lettere b) e d), il trasferimento di attivi a una stabile organizzazione o da una stabile organizzazione si intende effettuato quando, in applicazione dei criteri definiti dall'OCSE, considerando la stabile organizzazione un'entità separata e indipendente, che svolge le medesime o analoghe attività, in condizioni identiche o similari, e tenendo conto delle funzioni svolte, dei rischi assunti e dei beni utilizzati, tali attivi si considerano rispettivamente entrati nel patrimonio o usciti dal patrimonio di tale stabile organizzazione.

3. Nelle ipotesi di cui al comma 1, le attività e le passività facenti parte del patrimonio del soggetto che ha trasferito la propria residenza fiscale nel territorio dello Stato, quelle facenti parte del patrimonio del soggetto incorporato, di quello del soggetto scisso o della stabile organizzazione oggetto di conferimento, gli attivi trasferiti alla stabile organizzazione situata nel territorio dello Stato del soggetto non residente e quelli trasferiti dalla stabile organizzazione situata all'estero alla sede centrale situata in Italia, assumono quale valore fiscale il loro valore di mercato se:

a) il soggetto di cui al comma 1, lettera a), prima del trasferimento di residenza aveva la propria residenza fiscale in uno Stato appartenente all'Unione europea oppure in uno Stato incluso nella lista, prevista dall'articolo 11, comma 4, lettera c), del decreto legislativo 1° aprile 1996, n. 239, degli Stati che consentono un adeguato scambio di informazioni;

b) il soggetto di cui al comma 1, lettera b), ha la propria residenza fiscale in uno Stato di cui alla lettera a);

c) il soggetto di cui al comma 1, lettera c), ha la propria residenza fiscale in uno Stato di cui alla lettera a);

d) lo Stato sul cui territorio si trova la stabile organizzazione di cui alla lettera d) del comma 1 è uno di quelli previsti dalla lettera a);

e) il soggetto di cui al comma 1, lettera e), ha la propria residenza fiscale in uno Stato di cui alla lettera a).

4. Il valore di mercato di cui al comma 3 è determinato con riferimento alle condizioni e ai prezzi che sarebbero stati pattuiti tra soggetti indipendenti operanti in condizioni di libera concorrenza e in circostanze comparabili tenendo conto, qualora si tratti di valore riferibile a un complesso aziendale o a un ramo di azienda, del valore dell'avviamento, calcolato tenendo conto delle funzioni e dei rischi trasferiti. Ai fini della determinazione del valore di mercato si tiene conto delle indicazioni contenute nel decreto del Ministro dell'economia e delle finanze emanato ai sensi dell'articolo 110, comma 7.

5. Nelle ipotesi di cui al comma 1, se non sono rispettate le condizioni di cui al comma 3, le attività e le passività facenti parte del patrimonio del soggetto che ha trasferito la propria residenza fiscale nel territorio dello Stato, quelle facenti parte del patrimonio del soggetto incorporato, di quello del soggetto scisso o della stabile organizzazione oggetto di conferimento, gli attivi trasferiti alla stabile organizzazione situata nel territorio dello Stato del soggetto non residente e quelli trasferiti dalla stabile organizzazione situata all'estero alla sede centrale situata in Italia, assumono quale valore fiscale il loro valore di mercato, quale determinato in esito all'accordo preventivo di cui all'articolo 31-ter del decreto del Presidente della Repubblica 29 settembre 1973, n. 600. In assenza di tale accordo, il valore fiscale delle attività e delle passività è assunto, per le prime, in misura pari al minore tra il costo di acquisto, il valore di bilancio e il valore di mercato determinato ai sensi del comma 4, mentre per le seconde, in misura pari al maggiore tra questi.

6. Con provvedimento del Direttore dell'Agenzia delle Entrate sono stabilite le modalità di segnalazione dei valori delle attività e delle passività di cui ai commi 3 e 5. In caso di omessa o incompleta segnalazione, si applica la sanzione amministrativa prevista dall'articolo 8, comma 3-bis, del decreto legislativo 18 dicembre 1997, n. 471(1)(2).

(1) Articolo aggiunto dall'articolo 12, comma 1, del D.Lgs.14 settembre 2015, n. 147; a norma del comma 2 del medesimo articolo, la presente disposizione si applica a decorrere dal periodo di imposta in corso alla data di entrata in vigore del citato decreto.
(2) Articolo sostituito dall'articolo 3, comma 1, del D.Lgs. 29 novembre 2018, n. 142; a norma dell'articolo 13, comma 1, del D.Lgs. n. 142/2018 medesimo, le disposizioni di cui al presente articolo si applicano a decorrere dal periodo d'imposta successivo a quello in corso al 31 dicembre 2018.

167. Disposizioni in materia di imprese estere controllate. – 1. Le disposizioni del presente articolo si applicano alle persone fisiche e ai soggetti di cui agli articoli 5 e 73, comma 1, lettere a), b) e c), nonché, relativamente alle loro stabili organizzazioni italiane, ai soggetti di cui all'articolo 73, comma 1, lettera d), che controllano soggetti non residenti, come definiti ai commi 2 e 3.

2. Ai fini del presente articolo si considerano soggetti controllati non residenti le imprese, le società e gli enti non residenti nel territorio dello Stato, per i quali si verifica al-

IMPOSTE DIRETTE

meno una delle seguenti condizioni:

a) sono controllati direttamente o indirettamente, anche tramite società fiduciaria o interposta persona, ai sensi dell'articolo 2359 del codice civile, da parte di un soggetto di cui al comma 1;

b) oltre il 50 per cento della partecipazione ai loro utili è detenuto, direttamente o indirettamente, mediante una o più società controllate ai sensi dell'articolo 2359 del codice civile o tramite società fiduciaria o interposta persona, da un soggetto di cui al comma 1.

3. Ai fini del presente articolo, si considerano altresì soggetti controllati non residenti:

a) le stabili organizzazioni all'estero dei soggetti di cui al comma 2;

b) le stabili organizzazioni all'estero di soggetti residenti che abbiano optato per il regime di cui all'articolo 168-ter.

4. La disciplina del presente articolo si applica se i soggetti controllati non residenti integrano congiuntamente le seguenti condizioni:

a) sono assoggettati a tassazione effettiva inferiore alla metà di quella a cui sarebbero stati soggetti qualora residenti in Italia. Con provvedimento del Direttore dell'Agenzia delle entrate sono indicati i criteri per effettuare, con modalità semplificate, la verifica della presente condizione, tra i quali quello dell'irrilevanza delle variazioni non permanenti della base imponibile;

b) oltre un terzo dei proventi da essi realizzati rientra in una o più delle seguenti categorie:

1) interessi o qualsiasi altro reddito generato da attivi finanziari;

2) canoni o qualsiasi altro reddito generato da proprietà intellettuale;

3) dividendi e redditi derivanti dalla cessione di partecipazioni;

4) redditi da leasing finanziario;

5) redditi da attività assicurativa, bancaria e altre attività finanziarie;

6) proventi derivanti da operazioni di compravendita di beni con valore economico aggiunto scarso o nullo, effettuate con soggetti che, direttamente o indirettamente, controllano il soggetto controllato non residente, ne sono controllati o sono controllati dallo stesso soggetto che controlla il soggetto non residente;

7) proventi derivanti da prestazioni di servizi, con valore economico aggiunto scarso o nullo, effettuate a favore di soggetti che, direttamente o indirettamente, controllano il soggetto controllato non residente, ne sono controllati o sono controllati dallo stesso soggetto che controlla il soggetto non residente; ai fini dell'individuazione dei servizi con valore economico aggiunto scarso o nullo si tiene conto delle indicazioni contenute nel decreto del Ministro dell'economia e delle finanze emanato ai sensi del comma 7 dell'articolo 110.

5. Le disposizioni del presente articolo non si applicano se il soggetto di cui al comma 1 dimostra che il soggetto controllato non residente svolge un'attività economica effettiva, mediante l'impiego di personale, attrezzature, attivi e locali. Ai fini del presente comma, il contribuente può interpellare l'Agenzia delle Entrate ai sensi dell'articolo 11, comma 1, lettera b), della legge 27 luglio 2000, n. 212. Per i contribuenti che aderiscono al regime dell'adempimento collaborativo di cui all'articolo 3 del decreto legislativo 5 maggio 2015, n. 128, l'istanza di interpello di cui al secondo periodo può essere presentata indipendentemente dalla verifica delle condizioni di cui al comma 4, lettere a) e b).

6. Ricorrendo le condizioni di applicabilità della disciplina del presente articolo, il reddito realizzato dal soggetto controllato non residente è imputato ai soggetti di cui al comma 1, nel periodo d'imposta di questi ultimi in corso alla data di chiusura dell'esercizio o periodo di gestione del soggetto controllato non residente, in proporzione alla quota di partecipazione agli utili del soggetto controllato non residente da essi detenuta, direttamente o indirettamente. In caso di partecipazione indiretta per il tramite di soggetti residenti o di stabili organizzazioni nel territorio dello Stato di soggetti non residenti, i redditi sono imputati a questi ultimi soggetti in proporzione alle rispettive quote di partecipazione.

7. Ai fini del comma 6, i redditi del soggetto controllato non residente sono determinati a seconda delle sue caratteristiche, in base alle disposizioni valevoli ai fini dell'imposta sul reddito delle società per i soggetti di cui all'articolo 73, fatta eccezione per le disposizioni di cui agli articoli 30 della legge 23 dicembre 1994, n. 724, 2, comma 36-decies, del decreto-legge 13 agosto 2011, n. 138, convertito, con modificazioni, dalla legge 14 settembre 2011, n. 148, 62-sexies del decreto-legge 30 agosto 1993, n. 331, convertito, con modificazioni, dalla legge 29 ottobre 1993, n. 427, 1 del decreto-legge 6 dicembre 2011, n. 201, convertito, con modificazioni, dalla legge 22 dicembre 2011, n. 214, e 86, comma 4, del presente testo unico.

8. I redditi imputati e determinati ai sensi dei commi 6 e 7 sono assoggettati a tassazione separata con l'aliquota media applicata sul reddito del soggetto cui sono imputati e, comunque, non inferiore all'aliquota ordinaria dell'imposta sul reddito delle società.

9. Dall'imposta determinata ai sensi del comma 8 sono ammesse in detrazione, con le modalità e nei limiti di cui all'articolo 165, le imposte sui redditi pagate all'estero a titolo definitivo dal soggetto non residente.

10. Gli utili distribuiti, in qualsiasi forma, dai soggetti controllati non residenti non concorrono alla formazione del reddito dei soggetti di cui al comma 1 fino a concorrenza dei redditi assoggettati a tassazione ai sensi del comma 8, anche nei periodi d'imposta precedenti. La previsione del precedente periodo non si applica con riguardo a un organismo di investimento collettivo del risparmio non residente. In questo caso, tuttavia, le imposte pagate in Italia dai soggetti di cui al comma 1 si aggiungono al costo fiscalmente riconosciuto delle quote del predetto organismo. Le imposte pagate all'estero sugli utili che non concorrono alla formazione del reddito ai sensi del primo periodo sono ammesse in detrazione, con le modalità e nei limiti di cui all'articolo 165, fino a concorrenza dell'imposta determinata ai sensi del comma 8, diminuita degli importi ammessi in detrazione ai sensi del comma 9.

11. L'Agenzia delle Entrate, prima di procedere all'emissione dell'avviso di accertamento d'imposta o di maggiore imposta, deve notificare all'interessato un apposito avviso con il quale viene concessa al medesimo la possibilità di fornire, nel termine di novanta giorni, le prove per la disapplicazione delle disposizioni del presente articolo in base al comma 5. Qualora l'Agenzia delle Entrate non ritenga idonee le prove addotte dovrà darne specifica motivazione nell'avviso di accertamento. Fatti salvi i casi in cui la disciplina del presen-

te articolo sia stata applicata oppure non lo sia stata per effetto dell'ottenimento di una risposta favorevole all'interpello di cui al comma 5, il soggetto di cui al comma 1 deve segnalare nella dichiarazione dei redditi la detenzione di partecipazioni in soggetti controllati non residenti di cui ai commi 2 e 3, al ricorrere delle condizioni di cui al comma 4, lettere a) e b).

12. L'esimente prevista nel comma 5 non deve essere dimostrata in sede di controllo qualora il contribuente abbia ottenuto risposta positiva al relativo interpello, fermo restando il potere dell'Agenzia delle entrate di controllare la veridicità e completezza delle informazioni e degli elementi di prova forniti in tale sede.

13. Con decreto del Ministro dell'economia e delle finanze, possono essere adottate ai sensi dell'articolo 17, comma 3, della legge 23 agosto 1988, n. 400, disposizioni attuative del presente articolo[1][2].

[1] *Il D.Lgs. 12 dicembre 2003, n. 344, ha disposto, con l'articolo 1, comma 1, la totale modifica del presente provvedimento, e ne ha ridefinito la struttura di titoli, capi e sezioni. Nel testo precedente la riforma introdotta dal D.Lgs. 344/2003 le disposizioni contenute nel presente articolo erano previste dall'articolo 127-bis.*

[2] *Articolo aggiunto dall'articolo 1, comma 1, lettera a), della legge 21 novembre 2000, n. 342, dall'articolo 1, comma 1, del D.Lgs. 12 dicembre 2003, n. 344, modificato dall'articolo 1, della legge 24 dicembre 2007, n. 244, dall'articolo 13, comma 1, del D.L. 1° luglio 2009, n. 78, dall'articolo 8, comma 1, del D.Lgs.14 settembre 2015, n. 147, dall'articolo 7, comma 4, del D.lgs. 24 settembre 2015, n. 156, dall'articolo 1, comma 142, della Legge 28 dicembre 2015, n. 208. Da ultimo sostituito dall'articolo 4, comma 1, del D.Lgs. 29 novembre 2018, n. 142; a norma dell'articolo 13, comma 1, del D.Lgs. n. 142/2018 medesimo, le disposizioni di cui al presente articolo si applicano a decorrere dal periodo d'imposta successivo a quello in corso al 31 dicembre 2018.*

168. Disposizioni in materia di imprese estere collegate [1][2]. – [1. Salvo quanto diversamente disposto dal presente articolo, la norma di cui all'articolo 167, con l'esclusione di quanto disposto al comma 8-bis si applica anche nel caso in cui il soggetto residente in Italia detiene, direttamente o indirettamente, anche tramite società fiduciarie o per interposta persona, una partecipazione non inferiore al 20 per cento agli utili di un'impresa, di una società o di altro ente, residente o localizzato in Stati o territori diversi da quelli di cui al decreto del Ministro dell'economia e delle finanze emanato ai sensi dell'articolo 168- bis; tale percentuale è ridotta al 10 per cento nel caso di partecipazione agli utili di società quotate in borsa. La norma di cui al presente comma non si applica per le partecipazioni in soggetti residenti negli Stati o territori di cui al citato decreto relativamente ai redditi derivanti da loro stabili organizzazioni situate in Stati o territori diversi da quelli di cui al medesimo decreto [3].

2. I redditi del soggetto non residente oggetto di imputazione sono determinati per un importo corrispondente al maggiore fra:

a) l'utile prima delle imposte risultante dal bilancio redatto dalla partecipata estera anche in assenza di un obbligo di legge;

b) un reddito induttivamente determinato sulla base dei coefficienti di rendimento riferiti alle categorie di beni che compongono l'attivo patrimoniale di cui al successivo comma 3.

3. Per la determinazione forfettaria di cui al comma 2 si applicano i seguenti coefficienti:

a) l'1 per cento sul valore dei beni indicati nell'articolo 85, comma 1, lettere c), d) ed e), anche se costituiscono immobilizzazioni finanziarie, aumentato del valore dei crediti;

b) il 4 per cento sul valore delle immobilizzazioni costituite da beni immobili e da beni indicati nell'articolo 8-bis, comma 1, lettera a), del decreto del Presidente della Repubblica 26 ottobre 1972, n. 633, e successive modificazioni, anche in locazione finanziaria;

c) il 15 per cento sul valore delle altre immobilizzazioni, anche in locazione finanziaria.

4. Con decreto del Ministro dell'economia e delle finanze, da emanare ai sensi dell'articolo 17, comma 3, della legge 23 agosto 1988, n. 400, sono stabilite le disposizioni attuative del presente articolo.] [4]

[1] *Il D.Lgs. 12 dicembre 2003, n. 344, ha disposto, con l'articolo 1, comma 1, la totale modifica del presente provvedimento, e ne ha ridefinito la struttura di titoli, capi e sezioni.*

[2] *Articolo aggiunto dall'articolo 1, comma 1, del D.Lgs. 12 dicembre 2003, n. 344.*

[3] *Comma modificato dall'articolo 1, comma 83, lettera m), della legge 24 dicembre 2007, n. 244 e successivamente dall'articolo 13, comma 1, lettera d), del D.L. 1° luglio 2009, n. 78.*

[4] *Articolo abrogato dall'articolo 8, comma 3, del D.Lgs.14 settembre 2015, n. 147; a norma del comma 4 del medesimo articolo, la presente disposizione si applica a decorrere dal periodo di imposta in corso alla data di entrata in vigore del citato decreto; relativamente alla disposizione del suddetto comma 3, per gli utili distribuiti dal soggetto non residente a decorrere dal periodo di imposta in corso alla data di entrata in vigore del decreto legislativo 147/2015 continuano ad applicarsi le disposizioni dell'articolo 3, commi 3 e 4, del decreto del Ministro dell'economia e delle finanze 7 agosto 2006, n. 268. Ai soli fini del precedente periodo, gli utili distribuiti dal soggetto non residente si presumono prioritariamente formati con quelli assoggettati a tassazione separata.*

168 *bis*. Paesi e territori che consentono un adeguato scambio di informazioni. – [1. Con decreto del Ministro dell'economia e delle finanze sono individuati gli Stati e territori che consentono un adeguato scambio di informazioni, ai fini dell'applicazione delle disposizioni contenute negli articoli 10, comma 1, lettera e-bis), 73, comma 3, e 110, commi 10 e 12-bis, del presente testo unico, nell'articolo 26, commi 1 e 5, nonché nell'articolo 27, comma 3-ter, del decreto del Presidente della Repubblica 29 settembre 1973, n. 600, e successive modificazioni, nell'articolo 10-ter, commi 1 e 9, della legge 23 marzo 1983, n. 77, e successive modificazioni, negli articoli 1, comma 1, e 6, comma 1, del decreto legislativo 1° aprile 1996, n. 239, e successive modificazioni, nell'articolo 2, comma 5, del decreto-legge 25 settembre 2001, n. 351, convertito, con modificazioni, dalla legge 23 novembre 2001, n. 410.

2. Con lo stesso decreto di cui al comma 1 sono individuati gli Stati e territori che consentono un adeguato scambio di informazioni e nei quali il livello di tassazione non è sensibilmente inferiore a quello applicato in Italia, ai fini dell'applicazione delle disposizioni contenute negli articoli 47, comma 4, 68, comma 4, 87, comma 1, 89, comma 3, 132, comma 4, 167, commi 1 e 5, e 168, comma 1, del presente testo unico, nonché negli articoli 27, comma 4, e 37-bis, comma 3, del decreto del Presidente della Repubblica 29 settembre 1973, n. 600, e successive modificazioni.] [1]

[1] *Articolo aggiunto dall'articolo 1, comma 83, lettera n), della legge 24 dicembre 2007, n. 244, con la decorrenza prevista dal comma 88 del medesimo articolo 1 e successivamente abrogato dall'articolo 10, comma 1, del D.Lgs.14 settembre 2015, n. 147; a norma del comma 5 del medesimo articolo, la presente disposizione si applica a decorrere dal periodo di imposta in corso alla data di entrata in vigore del citato decreto.*

168 *ter*. Esenzione degli utili e delle perdite delle stabili organizzazioni di imprese residenti [(1)]. – 1. Un'impresa residente nel territorio dello Stato può optare per l'esenzione degli utili e delle perdite attribuibili a tutte le proprie stabili organizzazioni all'estero.

2. L'opzione è irrevocabile ed è esercitata al momento di costituzione della stabile organizzazione, con effetto dal medesimo periodo d'imposta.

3. Quando la stabile organizzazione soddisfa le condizioni di cui al comma 4 dell'articolo 167, l'opzione di cui al comma 1 si esercita, relativamente a tali stabili organizzazioni, a condizione che ricorra l'esimente di cui al comma 5 del citato articolo 167[(2)].

4. Le imprese che esercitano l'opzione di cui al comma 1 applicano alle proprie stabili organizzazioni, in assenza dell'esimente richiamata nel comma 3, le disposizioni dell'articolo 167[(3)].

5. Nel caso di esercizio dell'opzione di cui al comma 1 con riferimento alle stabili organizzazioni per le quali risulti integrato il requisito del comma 1 dell'articolo 47-bis e non si siano rese applicabili le disposizioni di cui all'articolo 167, si applicano, sussistendone le condizioni, le disposizioni degli articoli 47, comma 4, e 89, comma 3[(4)].

6. Per le stabili organizzazioni già esistenti, l'opzione di cui al comma 1 può essere esercitata entro il secondo periodo d'imposta successivo a quello in corso alla data di entrata in vigore delle presenti disposizioni, con effetto dal periodo d'imposta in corso a quello di esercizio della stessa. L'esercizio dell'opzione non determina in sé alcun realizzo di plusvalenze e minusvalenze.

7. Ai fini del comma 6, l'impresa indica separatamente nella dichiarazione dei redditi relativa al periodo d'imposta di esercizio dell'opzione, gli utili e le perdite attribuibili a ciascuna stabile organizzazione nei cinque periodi d'imposta antecedenti a quello di effetto dell'opzione. Se ne deriva una perdita fiscale netta, gli utili successivamente realizzati dalla stabile organizzazione sono imponibili fino a concorrenza della stessa. Dall'imposta dovuta si scomputano le eventuali eccedenze positive di imposta estera riportabili ai sensi dell'articolo 165, comma 6.

8. Le disposizioni del comma 7 relative al recupero delle perdite fiscali pregresse della stabile organizzazione si applicano anche quando venga trasferita a qualsiasi titolo la stabile organizzazione o parte della stessa ad altra impresa del gruppo che fruisca dell'opzione di cui al comma 1.

9. L'impresa cedente indica nell'atto di trasferimento della stabile organizzazione o di parte della stessa l'ammontare dell'eventuale perdita netta realizzata dalla medesima stabile organizzazione nei cinque periodi d'imposta precedenti al trasferimento.

10. In caso di esercizio dell'opzione, il reddito della stabile organizzazione va separatamente indicato nella dichiarazione dei redditi dell'impresa e ai fini della sua determinazione valgono i criteri di cui all'articolo 152, anche con riferimento alle transazioni intercorse tra l'impresa e la medesima stabile organizzazione, nonchè tra quest'ultima e le altre imprese del medesimo gruppo. Si applicano le disposizioni dell'articolo 26 del decreto-legge 31 maggio 2010, n. 78, convertito, con modificazioni, dalla legge 30 luglio 2000, n. 122.

11. Nel rispetto dei principi di trasparenza, correttezza e collaborazione cui deve essere improntato il rapporto con il contribuente, l'Agenzia delle entrate provvede a pubblicare a titolo esemplificativo sul proprio sito le fattispecie ritenute elusive delle precedenti disposizioni, da aggiornarsi periodicamente.

(1) Articolo inserito dall'articolo 14, comma 1, del D.Lgs. 14 settembre 2015, n. 147; a norma del comma 2 del medesimo articolo, la presente disposizione si applica a decorrere dal periodo di imposta successivo a quello in corso alla data di entrata in vigore del citato decreto.

(2) Comma sostituito dall'articolo 5, comma 1, lettera h), numero 1), del D.Lgs. 29 novembre 2018, n. 142; a norma all'articolo 13, comma 6, del D.Lgs. 29 novembre 2018, n. 142, la presente disposizione si applica a decorrere dal periodo di imposta successivo a quello in corso al 31 dicembre 2018, noncheèagli utili percepiti e alle plusvalenze realizzate a decorrere dal medesimo periodo di imposta.

(3) Comma modificato dall'articolo 5, comma 1, lettera h), numero 2), del D.Lgs. 29 novembre 2018, n. 142; a norma all'articolo 13, comma 6, del D.Lgs. 29 novembre 2018, n. 142, la presente disposizione si applica a decorrere dal periodo di imposta successivo a quello in corso al 31 dicembre 2018, nonchè agli utili percepiti e alle plusvalenze realizzate a decorrere dal medesimo periodo di imposta.

(4) Comma modificato dall'articolo 5, comma 1, lettera h), numero 3), del D.Lgs. 29 novembre 2018, n. 142; a norma all'articolo 13, comma 6, del D.Lgs. 29 novembre 2018, n. 142, la presente disposizione si applica a decorrere dal periodo di imposta successivo a quello in corso al 31 dicembre 2018, nonchè agli utili percepiti e alle plusvalenze realizzate a decorrere dal medesimo periodo di imposta.

169. Accordi internazionali [(1)]. – 1. Le disposizioni del presente testo unico si applicano, se più favorevoli al contribuente, anche in deroga agli accordi internazionali contro la doppia imposizione.

(1) Il D.Lgs. 12 dicembre 2003, n. 344, ha disposto, con l'articolo 1, comma 1, la totale modifica del presente provvedimento, e ne ha ridefinito la struttura di titoli, capi e sezioni. Nel testo precedente la riforma introdotta dal D.Lgs. 344/2003 le disposizioni contenute nel presente articolo erano previste dall'articolo 128.

CAPO III
Operazioni straordinarie

170. Trasformazione della società [(1)]. – 1. La trasformazione della società non costituisce realizzo nè distribuzione delle plusvalenze e minusvalenze dei beni, comprese quelle relative alle rimanenze e il valore di avviamento.

2. In caso di trasformazione di una società soggetta all'imposta di cui al Titolo II in società non soggetta a tale imposta, o viceversa, il reddito del periodo compreso tra l'inizio del periodo di imposta e la data in cui ha effetto la trasformazione è determinato secondo le disposizioni applicabili prima della trasformazione in base alle risultanze di apposito conto economico [(2)].

3. Nel caso di trasformazione di una società non soggetta all'imposta di cui al Titolo II in società soggetta a tale imposta le riserve costituite prima della trasformazione con utili imputati ai soci a norma dell'articolo 5, se dopo la trasformazione siano state iscritte in bilancio con indicazione della loro origine, non concorrono a formare il reddito dei soci in caso di distribuzione e l'imputazione di esse a capitale non comporta l'applicazione del comma 6 dell'articolo 47 [(3)].

4. Nel caso di trasformazione di una società soggetta all'imposta di cui al titolo II in società non soggetta a tale imposta le riserve costituite prima della trasformazione, escluse quelle di cui al comma 5 dell'articolo 47, sono imputate ai soci, a norma dell'articolo 5:

a) nel periodo di imposta in cui vengono distribuite o utilizzate per scopi diversi dalla copertura di perdite d'esercizio, se dopo la trasformazione siano iscritte in bilancio con indicazione della loro origine;

b) nel periodo di imposta successivo alla trasformazione, se non siano iscritte in bilancio o vi siano iscritte senza la detta indicazione [(4)].

5. Le riserve di cui al comma 4 sono assoggettate ad imposta secondo il regime applicabile alla distribuzione delle riserve delle società di cui all'articolo 73 [(5)].

(1) Il D.Lgs. 12 dicembre 2003, n. 344, ha disposto, con l'articolo 1, comma 1, la totale modifica del presente provvedimento, e ne ha ridefinito la struttura di titoli, capi e sezioni. Nel testo precedente la riforma introdotta dal D.Lgs. 344/2003 le disposizioni contenute nel presente articolo erano previste dall'articolo 122.
(2) Comma sostituito dall'articolo 1, comma 1, del D.Lgs. 12 dicembre 2003, n. 344.
(3) Comma sostituito dall'articolo 1, comma 1, del D.Lgs. 12 dicembre 2003, n. 344.
(4) Comma modificato dall'articolo 1, comma 1, del D.P.R. 4 febbraio 1988, n. 42, con effetto dal 1° gennaio 1988, dall'articolo 2, comma 1, numero 14), del D.Lgs. 18 dicembre 1997, n. 467 e successivamente sostituito dall'articolo 1, comma 1, del D.Lgs. 12 dicembre 2003, n. 344.
(5) Comma aggiunto dall'articolo 1, comma 1, del D.Lgs. 12 dicembre 2003, n. 344.

171. Trasformazione eterogenea [(1)(2)]. – 1. In caso di trasformazione, effettuata ai sensi dell'articolo 2500-septies del codice civile, di una società soggetta all'imposta di cui al Titolo II in ente non commerciale, i beni della società si considerano realizzati in base al valore normale, salvo che non siano confluiti nell'azienda o complesso aziendale dell'ente stesso. Le riserve costituite prima della trasformazione, escluse quelle di cui al comma 5 dell'articolo 47, sono assoggettate a tassazione nei confronti dei soci o associati:

a) nel periodo di imposta in cui vengono distribuite o utilizzate per scopi diversi dalla copertura di perdite d'esercizio, se dopo la trasformazione sono iscritte in bilancio con indicazione della loro origine;

b) nel periodo d'imposta successivo alla trasformazione, se non iscritte in bilancio ovvero iscritte senza la detta indicazione. In caso di trasformazione in comunione di azienda si applicano le disposizioni dell'articolo 67, comma 1, lettera h). Si applicano le disposizioni del comma 5 dell'articolo 170.

2. La trasformazione, effettuata ai sensi dell'articolo 2500-octies del codice civile, di un ente non commerciale in società soggetta all'imposta di cui al Titolo II si considera conferimento limitatamente ai beni diversi da quelli già compresi nell'azienda o complesso aziendale dell'ente stesso.

(1) Il D.Lgs. 12 dicembre 2003, n. 344, ha disposto, con l'articolo 1, comma 1, la totale modifica del presente provvedimento, e ne ha ridefinito la struttura di titoli, capi e sezioni.
(2) Articolo aggiunto dall'articolo 1, comma 1, del D.Lgs. 12 dicembre 2003, n. 344.

172. Fusione di società [(1)(2)]. – 1. La fusione tra più società non costituisce realizzo nè distribuzione delle plusvalenze e minusvalenze dei beni delle società fuse o incorporate, comprese quelle relative alle rimanenze e il valore di avviamento.

2. Nella determinazione del reddito della società risultante dalla fusione o incorporante non si tiene conto dell'avanzo o disavanzo iscritto in bilancio per effetto del rapporto di cambio delle azioni o quote o dell'annullamento delle azioni o quote di alcuna delle società fuse possedute da altre. I maggiori valori iscritti in bilancio per effetto dell'eventuale imputazione del disavanzo derivante dall'annullamento o dal concambio di una partecipazione, con riferimento ad elementi patrimoniali della società incorporata o fusa, non sono imponibili nei confronti dell'incorporante o della società risultante dalla fusione. Tuttavia i beni ricevuti sono valutati fiscalmente in base all'ultimo valore riconosciuto ai fini delle imposte sui redditi, facendo risultare da apposito prospetto di riconciliazione della dichiarazione dei redditi i dati esposti in bilancio ed i valori fiscalmente riconosciuti.

3. Il cambio delle partecipazioni originarie non costituisce nè realizzo nè distribuzione di plusvalenze o di minusvalenze nè conseguimento di ricavi per i soci della società incorporata o fusa, fatta salva l'applicazione, in caso di conguaglio, dell'articolo 47, comma 7 e, ricorrendone le condizioni, degli articoli 58 e 87[(3)].

4. Dalla data in cui ha effetto la fusione la società risultante dalla fusione o incorporante subentra negli obblighi e nei diritti delle società fuse o incorporate relativi alle imposte sui redditi, salvo quanto stabilito nei commi 5 e 7.

5. Le riserve in sospensione di imposta, iscritte nell'ultimo bilancio delle società fuse o incorporate concorrono a formare il reddito della società risultante dalla fusione o incorporante se e nella misura in cui non siano state ricostituite nel suo bilancio prioritariamente utilizzando l'eventuale avanzo da fusione. Questa disposizione non si applica per le riserve tassabili solo in caso di distribuzione le quali, se e nel limite in cui vi sia avanzo di fusione o aumento di capitale per un ammontare superiore al capitale complessivo delle società partecipanti alla fusione al netto delle quote del capitale di ciascuna di esse già possedute dalla stessa o da altre, concorrono a formare il reddito della società risultante dalla fusione o incorporante in caso di distribuzione dell'avanzo o di distribuzione del capitale ai soci; quelle che anteriormente alla fusione sono state imputate al capitale delle società fuse o incorporate si intendono trasferite nel capitale della società risultante dalla fusione o incorporante e concorrono a formarne il reddito in caso di riduzione del capitale per esuberanza.

6. All'aumento di capitale, all'avanzo da annullamento o da concambio che eccedono la ricostituzione e l'attribuzione delle riserve di cui al comma 5 si applica il regime fiscale del capitale e delle riserve della società incorporata o fusa, diverse da quelle già attribuite o ricostituite ai sensi del comma 5 che hanno proporzionalmente concorso alla sua formazione. Si considerano non concorrenti alla formazione dell'avanzo da annullamento il capitale e le riserve di capitale fino a concorrenza del valore della partecipazione annullata[(4)].

7. Le perdite delle società che partecipano alla fusione, compresa la società incorporante, possono essere portate in diminuzione del reddito della società risultante dalla fusione o incorporante per la parte del loro ammontare che non eccede l'ammontare del rispettivo patrimonio netto quale risulta dall'ultimo bilancio o, se inferiore, dalla situazione patrimoniale di cui all'articolo 2501-quater del codice civile, senza tener conto dei conferimenti e versamenti fatti negli ultimi ventiquattro mesi anteriori alla data cui si riferisce la situazione stessa, e sempre che dal conto economico della società le cui perdite sono riportabili, relativo all'esercizio

precedente a quello in cui la fusione è stata deliberata, risulti un ammontare di ricavi e proventi dell'attività caratteristica, e un ammontare delle spese per prestazioni di lavoro subordinato e relativi contributi, di cui all'articolo 2425 del codice civile, superiore al 40 per cento di quello risultante dalla media degli ultimi due esercizi anteriori. Tra i predetti versamenti non si comprendono i contributi erogati a norma di legge dallo Stato a da altri enti pubblici. Se le azioni o quote della società la cui perdita è riportabile erano possedute dalla società incorporante o da altra società partecipante alla fusione, la perdita non è comunque ammessa in diminuzione fino a concorrenza dell'ammontare complessivo della svalutazione di tali azioni o quote effettuata ai fini della determinazione del reddito dalla società partecipante o dall'impresa che le ha ad essa cedute dopo l'esercizio al quale si riferisce la perdita e prima dell'atto di fusione. Le disposizioni del presente comma si applicano anche agli interessi indeducibili oggetto di riporto in avanti di cui al comma 5 dell'articolo 96 del presente testo unico, nonché all'eccedenza relativa all'aiuto alla crescita economica di cui all'articolo 1, comma 4, del decreto-legge 6 dicembre 2011, n. 201, convertito, con modificazioni, dalla legge 22 dicembre 2011, n. 214. Le disposizioni del presente comma si applicano anche agli interessi indeducibili oggetto di riporto in avanti di cui al comma 4 dell'articolo 96. Al fine di disapplicare le disposizioni del presente comma il contribuente interpella l'amministrazione ai sensi dell'articolo 11, comma 2, della legge 27 luglio 2000, n. 212, recante lo Statuto dei diritti del contribuente[(5)].

8. Il reddito delle società fuse o incorporate relativo al periodo compreso tra l'inizio del periodo di imposta e la data in cui ha effetto la fusione è determinato, secondo le disposizioni applicabili in relazione al tipo di società, in base alle risultanze di apposito conto economico.

9. L'atto di fusione può stabilire che ai fini delle imposte sui redditi gli effetti della fusione decorrano da una data non anteriore a quella in cui si è chiuso l'ultimo esercizio di ciascuna delle società fuse o incorporate o a quella, se più prossima, in cui si è chiuso l'ultimo esercizio della società incorporante.

10. Nelle operazioni di fusione, gli obblighi di versamento, inclusi quelli relativi agli acconti d'imposta ed alle ritenute operate su redditi altrui, dei soggetti che si estinguono per effetto delle operazioni medesime, sono adempiuti dagli stessi soggetti fino alla data di efficacia della fusione ai sensi dell'articolo 2504-bis, comma 2, del codice civile; successivamente a tale data, i predetti obblighi si intendono a tutti gli effetti trasferiti alla società incorporante o comunque risultante dalla fusione.

10-bis. Il regime dell'imposta sostitutiva di cui al comma 2-ter dell'articolo 176 può essere applicato, con le modalità, le condizioni e i termini ivi stabiliti, anche dalla società incorporante o risultante dalla fusione per ottenere il riconoscimento fiscale dei maggiori valori iscritti in bilancio a seguito di tali operazioni[(6)].

(1) Il D.Lgs. 12 dicembre 2003, n. 344, ha disposto, con l'articolo 1, comma 1, la totale modifica del presente provvedimento, e ne ha ridefinito la struttura di titoli, capi e sezioni. Nel testo precedente la riforma introdotta dal D.Lgs. 344/2003 le disposizioni contenute nel presente articolo erano previste dall'articolo 123.

(2) Articolo modificato dall'articolo 7, comma 6, della legge 11 marzo 1988, n. 67, dall'articolo 28, comma 1, del D.L. 2 marzo 1989, n. 69 e successivamente dall'articolo 1, comma 1, del D.Lgs. 12 dicembre 2003, n. 344.

(3) Comma modificato, con effetto per i periodi di imposta che iniziano a decorrere dal 1° gennaio 2004, dall'articolo 12, comma 1, lettera a), del D.Lgs. 18 novembre 2005, n. 247.

(4) Comma sostituito, con effetto per i periodi d'imposta che hanno inizio a decorrere del 1° gennaio 2005, dall'articolo 12, comma 1, lettera b), del D.Lgs. 18 novembre 2005, n. 247.

(5) Comma modificato dall'articolo 35, comma 17, del D.L. 4 luglio 2006, n. 223, successivamente dall'articolo 1, comma 33, lettera aa), della legge 24 dicembre 2007, n. 244; dall'articolo 7, comma 10, del D.lgs. 24 settembre 2015, n. 156 e, da ultimo, articolo 1, comma 549, lettera c), della Legge 11 dicembre 2016, n. 232 1, comma 549, lettera a), della Legge 11 dicembre 2016, n. 232 e da ultimo dall'articolo 1, comma 2, del D.Lgs. 29 novembre 2018, n. 142. Per l'applicazione delle disposizioni di cui al presente comma vedi l'articolo 13, comma 1, del D.Lgs. n. 142/2018 medesimo.

(6) Comma aggiunto dall'articolo 1, comma 46, lettera a), della legge 24 dicembre 2007, n. 244. In riferimento al presente comma vedi: Risoluzione del Ministero dell'Economia e delle Finanze 6 dicembre 2010, n. 124/E.

173. Scissione di società [(1)(2)]. 1. La scissione totale o parziale di una società in altre preesistenti o di nuova costituzione non dà luogo a realizzo nè a distribuzione di plusvalenze e minusvalenze dei beni della società scissa, comprese quelle relative alle rimanenze e al valore di avviamento.

2. Nella determinazione del reddito delle società partecipanti alla scissione non si tiene conto dell'avanzo o del disavanzo conseguenti al rapporto di cambio delle azioni o quote ovvero all'annullamento di azioni o quote a norma dell'articolo 2506-ter del codice civile. In quest'ultima ipotesi i maggiori valori iscritti per effetto dell'eventuale imputazione del disavanzo riferibile all'annullamento o al concambio di una partecipazione, con riferimento ad elementi patrimoniali della società scissa, non sono imponibili nei confronti della beneficiaria. Tuttavia i beni ricevuti sono valutati fiscalmente in base all'ultimo valore riconosciuto ai fini delle imposte sui redditi, facendo risultare da apposito prospetto di riconciliazione della dichiarazione dei redditi, i dati esposti in bilancio ed i valori fiscalmente riconosciuti.

3. Il cambio delle partecipazioni originarie non costituisce nè realizzo nè distribuzione di plusvalenze o di minusvalenze nè conseguimento di ricavi per i soci della società scissa, fatta salva l'applicazione, in caso di conguaglio, dell'articolo 47, comma 7, e, ricorrendone le condizioni, degli articoli 58 e 87 [(A)].

4. Dalla data in cui la scissione ha effetto, a norma del comma 11, le posizioni soggettive della società scissa, ivi compresa quella indicata nell'articolo 86, comma 4, e i relativi obblighi strumentali sono attribuiti alle beneficiarie e, in caso di scissione parziale, alla stessa società scissa, in proporzione delle rispettive quote del patrimonio netto contabile trasferite o rimaste, salvo che trattisi di posizioni soggettive connesse specificamente o per insiemi agli elementi del patrimonio scisso, nel qual caso seguono tali elementi presso i rispettivi titolari.

5. Gli obblighi di versamento degli acconti relativi sia alle imposte proprie sia alle ritenute sui redditi altrui, restano in capo alla società scissa, in caso di scissione parziale, ovvero si trasferiscono alle società beneficiarie in caso di scissione totale, in relazione alle quote di patrimonio netto imputabile proporzionalmente a ciascuna di esse.

6. Il valore fiscalmente riconosciuto dei fondi di accantonamento della società scissa si considera già dedotto dalle beneficiarie, oltre che, in caso di scissione parziale, dalla suddetta società, per importi proporzionali alle quote in cui

risultano attribuiti gli elementi del patrimonio ai quali, specificamente o per insiemi, hanno riguardo le norme tributarie che disciplinano il valore stesso.

7. Se gli effetti della scissione sono fatti retroagire a norma del comma 11, per i beni di cui agli articoli 92 e 94 le disposizioni del precedente comma 4 trovano applicazione sommando proporzionalmente le voci individuate per periodo di formazione in capo alla società scissa all'inizio del periodo d'imposta alle corrispondenti voci, ove esistano, all'inizio del periodo medesimo presso le società beneficiarie.

8. In caso di scissione parziale e in caso di scissione non retroattiva in società preesistente i costi fiscalmente riconosciuti si assumono nella misura risultante alla data in cui ha effetto la scissione. In particolare:

a) i beni di cui al comma 7 ricevuti da ciascuna beneficiaria si presumono, in proporzione alle quantità rispettivamente ricevute, provenienti proporzionalmente dalle voci delle esistenze iniziali, distinte per esercizio di formazione, della società scissa e dalla eventuale eccedenza formatasi nel periodo d'imposta fino alla data in cui ha effetto la scissione;

b) le quote di ammortamento dei beni materiali e immateriali nonché le spese di cui all'articolo 102, comma 6, relative ai beni trasferiti vanno ragguagliate alla durata del possesso dei beni medesimi da parte della società scissa e delle società beneficiarie; detto criterio è altresì applicabile alle spese relative a più esercizi e agli accantonamenti.

9. Le riserve in sospensione d'imposta iscritte nell'ultimo bilancio della società scissa debbono essere ricostituite dalle beneficiarie secondo le quote proporzionali indicate al comma 4. In caso di scissione parziale, le riserve della società scissa si riducono in corrispondenza. Se la sospensione d'imposta dipende da eventi che riguardano specifici elementi patrimoniali della società scissa, le riserve debbono essere ricostituite dalle beneficiarie che acquisiscono tali elementi. Nei riguardi della beneficiaria ai fini della ricostituzione delle riserve in sospensione d'imposta e delle altre riserve si applicano, per le rispettive quote, le disposizioni dettate per le fusioni dai commi 5 e 6 dell'articolo 172 per la società incorporante o risultante dalla fusione.

10. Alle perdite fiscali, agli interessi indeducibili oggetto di riporto in avanti di cui al comma 5 dell'articolo 96 del presente testo unico, nonché all'eccedenza relativa all'aiuto alla crescita economica di cui all'articolo 1, comma 4, del decreto-legge 6 dicembre 2011, n. 201, convertito, con modificazioni, dalla legge 22 dicembre 2011, n. 214 delle società che partecipano alla scissione si applicano le disposizioni del comma 7 dell'articolo 172, riferendosi alla società scissa le disposizioni riguardanti le società fuse o incorporate e alle beneficiarie quelle riguardanti la società risultante dalla fusione o incorporante ed avendo riguardo all'ammontare del patrimonio netto quale risulta dall'ultimo bilancio o, se inferiore, dal progetto di scissione di cui all'articolo 2506-bis del codice civile, ovvero dalla situazione patrimoniale di cui all'articolo 2506-ter del codice civile[3].

11. Ai fini delle imposte sui redditi, la decorrenza degli effetti della scissione è regolata secondo le disposizioni del comma 1 dell'articolo 2506-quater del codice civile, ma la retrodatazione degli effetti, ai sensi dell'articolo 2501-ter, numeri 5) e 6), dello stesso codice, opera limitatamente ai casi di scissione totale ed a condizione che vi sia coincidenza tra la chiusura dell'ultimo periodo di imposta della società scissa e delle beneficiarie e per la fase posteriore a tale periodo.

12. Gli obblighi tributari della società scissa riferibili a periodi di imposta anteriori alla data dalla quale l'operazione ha effetto sono adempiuti in caso di scissione parziale dalla stessa società scissa o trasferiti, in caso di scissione totale, alla società beneficiaria appositamente designata nell'atto di scissione.

13. I controlli, gli accertamenti e ogni altro procedimento relativo ai suddetti obblighi sono svolti nei confronti della società scissa o, nel caso di scissione totale, di quella appositamente designata, ferma restando la competenza dell'ufficio dell'Agenzia delle entrate della società scissa. Se la designazione è omessa, si considera designata la beneficiaria nominata per prima nell'atto di scissione. Le altre società beneficiarie sono responsabili in solido per le imposte, le sanzioni pecuniarie, gli interessi e ogni altro debito e anche nei loro confronti possono essere adottati i provvedimenti cautelari previsti dalla legge. Le società coobbligate hanno facoltà di partecipare ai suddetti procedimenti e di prendere cognizione dei relativi atti, senza oneri di avvisi o di altri adempimenti per l'Amministrazione.

14. Ai fini dei suddetti procedimenti la società scissa o quella designata debbono indicare, a richiesta degli organi dell'Amministrazione finanziaria, i soggetti e i luoghi presso i quali sono conservate, qualora non le conservi presso la propria sede legale, le scritture contabili e la documentazione amministrativa e contabile relative alla gestione della società scissa, con riferimento a ciascuna delle parti del suo patrimonio trasferite o rimaste. In caso di conservazione presso terzi estranei alla operazione deve essere inoltre esibita l'attestazione di cui all'articolo 52, comma 10, del decreto del Presidente della Repubblica 26 ottobre 1972, n. 633. Se la società scissa o quella designata non adempiono a tali obblighi o i soggetti da essa indicati si oppongono all'accesso o non esibiscono in tutto o in parte quanto ad essi richiesto, si applicano le disposizioni del comma 5 del suddetto articolo.

15. Nei confronti della società soggetta all'imposta sulle società beneficiaria della scissione di una società non soggetta a tale imposta e nei confronti della società del secondo tipo beneficiaria della scissione di una società del primo tipo si applicano anche, in quanto compatibili, i commi 3, 4 e 5 dell'articolo 170, considerando a tal fine la società scissa come trasformata per la quota di patrimonio netto trasferita alla beneficiaria[4].

15-bis. Il regime dell'imposta sostitutiva di cui al comma 2-ter dell'articolo 176 può essere applicato, con le modalità, le condizioni e i termini ivi stabiliti, anche dalla società beneficiaria dell'operazione di scissione per ottenere il riconoscimento fiscale dei maggiori valori iscritti in bilancio a seguito di tali operazioni[5].

(1) Il D.Lgs. 12 dicembre 2003, n. 344, ha disposto, con l'articolo 1, comma 1, la totale modifica del presente provvedimento, e ne ha ridefinito la struttura di titoli, capi e sezioni. Nel testo precedente la riforma introdotta dal D.Lgs. 344/2003 le disposizioni contenute nel presente articolo erano previste dall'articolo 123-bis.

(2) Articolo aggiunto dall'articolo 1, comma 1, del D.Lgs. 30 dicembre 1992, n. 543, modificato dall'articolo 9, comma 6, del D.Lgs. 8 ottobre 1997, n. 358 e successivamente sostituito dall'articolo 1, comma 1, del D.Lgs. 12 dicembre 2003, n. 344.

(3) Comma modificato dall'articolo 1, comma 549, lettera d), della Legge 11 dicembre 2016, n. 232 e successivamente dall'articolo 1, comma 2, del D.Lgs. 29 novembre 2018, n. 142. Per l'applicazione delle

disposizioni di cui al presente comma vedi l'articolo 13, comma 1, del D.Lgs. n. 142/2018 medesimo.
[4] *Comma modificato, con effetto per i periodi di imposta che iniziano a decorrere dal 1° gennaio 2004, dall'articolo 12, comma 2, del D.Lgs. 18 novembre 2005, n. 247.*
[5] *Comma aggiunto dall'articolo 1, comma 46, lettera b), della legge 24 dicembre 2007, n. 244.*

174. Applicazione analogica [1][2]. – 1. Le disposizioni degli articoli 172 e 173 valgono, in quanto applicabili, anche nei casi di fusione e scissione di enti diversi dalle società.

[1] *Il D.Lgs. 12 dicembre 2003, n. 344, ha disposto, con l'articolo 1, comma 1, la totale modifica del presente provvedimento, e ne ha ridefinito la struttura di titoli, capi e sezioni. Nel testo precedente la riforma introdotta dal D.Lgs. 344/2003 le disposizioni contenute nel presente articolo erano previste dall'articolo 126.*
[2] *Articolo sostituito dall'articolo 1, comma 1, del D.Lgs. 12 dicembre 2003, n. 344.*

175. Conferimenti di partecipazioni di controllo o di collegamento [1][2][3]. – 1. Ai fini dell'applicazione delle disposizioni di cui all'articolo 86, fatti salvi i casi di esenzione di cui all'articolo 87, per i conferimenti [*di aziende e*] di partecipazioni di controllo o di collegamento ai sensi dell'articolo 2359 del codice civile, contenente disposizioni in materia di società controllate e collegate, effettuati tra soggetti residenti in Italia nell'esercizio di imprese commerciali, si considera valore di realizzo quello attribuito alle partecipazioni, ricevute in cambio dell'oggetto conferito, nelle scritture contabili del soggetto conferente ovvero, se superiore, quello attribuito [*all'azienda o*] alle partecipazioni conferite nelle scritture contabili del soggetto conferitario [4].

2. Le disposizioni del comma 1 non si applicano ed il valore di realizzo è determinato ai sensi dell'articolo 9 nel caso di conferimento di partecipazioni di controllo o di collegamento prive dei requisiti per l'esenzione di cui all'articolo 87 se le partecipazioni ricevute non sono anch'esse prive dei requisiti predetti, senza considerare quello di cui alla lettera a) del comma 1 del medesimo articolo 87.

[*3. Per i conferimenti di aziende situate nel territorio dello Stato, le disposizioni del comma 1 si applicano anche se il conferente o il conferitario è un soggetto non residente nel territorio stesso.*] [5]

[*4. Qualora il conferimento abbia ad oggetto l'unica azienda dell'imprenditore individuale, la successiva cessione delle partecipazioni ricevute a seguito del conferimento, è disciplinata dagli articoli 67, comma 1, lettera c) e 68 assumendo come costo delle partecipazioni il valore attribuito alle stesse ai sensi del presente articolo.*] [6].

[1] *Il D.Lgs. 12 dicembre 2003, n. 344, ha disposto, con l'articolo 1, comma 1, la totale modifica del presente provvedimento, e ne ha ridefinito la struttura di titoli, capi e sezioni.*
[2] *Articolo aggiunto dall'articolo 1, comma 1, del D.Lgs. 12 dicembre 2003, n. 344.*
[3] *Rubrica sostituita dall'articolo 1, comma 46, lettera c), numero 3), della legge 24 dicembre 2007, n. 244*
[4] *Comma modificato dall'articolo 1, comma 46, lettera c), numero 1), della legge 24 dicembre 2007, n. 244.*
[5] *Comma abrogato dall'articolo 1, comma 46, lettera c), numero 2), della legge 24 dicembre 2007, n. 244.*
[6] *Comma abrogato dall'articolo 1, comma 46, lettera c), numero 2), della legge 24 dicembre 2007, n. 244.*

176. Regimi fiscali del soggetto conferente e del soggetto conferitario [1][2]. – 1. I conferimenti di aziende effettuati tra soggetti residenti nel territorio dello Stato nell'esercizio di imprese commerciali, non costituiscono realizzo di plusvalenze o minusvalenze [*a condizione che il soggetto conferitario rientri fra quelli di cui all'articolo 73, comma 1, lettere a) e b)*]. Tuttavia il soggetto conferente deve assumere, quale valore delle partecipazioni ricevute, l'ultimo valore fiscalmente riconosciuto dell'azienda conferita e il soggetto conferitario subentra nella posizione di quello conferente in ordine agli elementi dell'attivo e del passivo dell'azienda stessa, facendo risultare da apposito prospetto di riconciliazione della dichiarazione dei redditi i dati esposti in bilancio e i valori fiscalmente riconosciuti [3].

2. Le disposizioni di cui al comma 1 si applicano anche se il conferente o il conferitario è un soggetto non residente, qualora il conferimento abbia ad oggetto aziende situate nel territorio dello Stato [4].

2-bis. In caso di conferimento dell'unica azienda dell'imprenditore individuale, la successiva cessione delle partecipazioni ricevute a seguito del conferimento è disciplinata dagli articoli 67, comma 1, lettera c), e 68, assumendo come costo delle stesse l'ultimo valore fiscale dell'azienda conferita [5].

2-ter. In luogo dell'applicazione delle disposizioni dei commi 1, 2 e 2-bis, la società conferitaria può optare, nella dichiarazione dei redditi relativa all'esercizio nel corso del quale è stata posta in essere l'operazione o, al più tardi, in quella del periodo d'imposta successivo, per l'applicazione, in tutto o in parte, sui maggiori valori attribuiti in bilancio agli elementi dell'attivo costituenti immobilizzazioni materiali e immateriali relativi all'azienda ricevuta, di un'imposta sostitutiva dell'imposta sul reddito delle persone fisiche, dell'imposta sul reddito delle società e dell'imposta regionale sulle attività produttive, con aliquota del 12 per cento sulla parte dei maggiori valori ricompresi nel limite di 5 milioni di euro, del 14 per cento sulla parte dei maggiori valori che eccede 5 milioni di euro e fino a 10 milioni di euro e del 16 per cento sulla parte dei maggiori valori che eccede i 10 milioni di euro. I maggiori valori assoggettati a imposta sostitutiva si considerano riconosciuti ai fini dell'ammortamento a partire dal periodo d'imposta nel corso del quale è esercitata l'opzione; in caso di realizzo dei beni anteriormente al quarto periodo d'imposta successivo a quello dell'opzione, il costo fiscale è ridotto dei maggiori valori assoggettati a imposta sostitutiva e dell'eventuale maggior ammortamento dedotto e l'imposta sostitutiva versata è scomputata dall'imposta sui redditi ai sensi degli articoli 22 e 79 [6].

3. Non rileva ai fini dell'articolo 37-bis del decreto del Presidente della Repubblica 29 settembre 1973, n. 600, il conferimento dell'azienda secondo i regimi di continuità dei valori fiscali riconosciuti o di imposizione sostitutiva di cui al presente articolo e la successiva cessione della partecipazione ricevuta per usufruire dell'esenzione [*totale*] di cui all'articolo 87, o di quella [*parziale*] di cui agli articoli 58 e 68, comma 3, [7].

4. Le aziende acquisite in dipendenza di conferimenti effettuati con il regime di cui al presente articolo si considerano possedute dal soggetto conferitario anche per il periodo di possesso del soggetto conferente. Le partecipazioni ricevute dai soggetti che hanno effettuato i conferimenti di cui al periodo precedente o le operazioni di cui all'articolo 178, in regime di neutralità fiscale, si considerano iscritte come immobilizzazioni finanziarie nei bilanci in cui risultavano iscritti i beni dell'azienda conferita o in cui risultavano iscrit-

te, come immobilizzazioni, le partecipazioni date in cambio.

5. Nelle ipotesi di cui ai commi 1, 2 e 2-bis, l'eccedenza in sospensione di imposta, ai sensi dell'articolo 109, comma 4, lettera b), relativa all'azienda conferita non concorre alla formazione del reddito del soggetto conferente e si trasferisce al soggetto conferitario a condizione che questi istituisca il vincolo di sospensione d'imposta previsto dalla norma predetta [(8)].

[*6. Quando il conferimento abbia ad oggetto l'unica azienda dell'imprenditore individuale si applica l'ultimo comma dell'articolo 175.*] [(9)]

(1) Il D.Lgs. 12 dicembre 2003, n. 344, ha disposto, con l'articolo 1, comma 1, la totale modifica del presente provvedimento, e ne ha ridefinito la struttura di titoli, capi e sezioni.
(2) Articolo aggiunto dall'articolo 1, comma 1, del D.Lgs. 12 dicembre 2003, n. 344.
(3) Comma aggiunto dall'articolo 1, comma 46, lettera d), della legge 24 dicembre 2007, n. 244.
(4) Comma sostituito dall'articolo 1, comma 46, lettera d), della legge 24 dicembre 2007, n. 244.
(5) Comma aggiunto dall'articolo 1, comma 46, lettera d), della legge 24 dicembre 2007, n. 244.
(6) Comma aggiunto dall'articolo 1, comma 46, lettera d), della legge 24 dicembre 2007, n. 244.
(7) Comma modificato, con effetto per i periodi di imposta che iniziano a decorrere dal 1° gennaio 2004, dall'articolo 12, comma 3, del D.Lgs. 18 novembre 2005, n. 247 e successivamente dall'articolo 1, comma 46, lettera d), della legge 24 dicembre 2007, n. 244.
(8) Comma modificato dall'articolo 1, comma 46, lettera d), della legge 24 dicembre 2007, n. 244.
(9) Comma abrogato dall'articolo 1, comma 46, lettera d), della legge 24 dicembre 2007, n. 244.

177. Scambi di partecipazioni [(1)(2)]. – 1. La permuta, mediante la quale uno dei soggetti indicati nell'articolo 73, comma 1, lettere a) e b), acquista o integra una partecipazione di controllo ai sensi dell'articolo 2359, comma 1, n. 1), del codice civile, contenente disposizioni in materia di società controllate e collegate ovvero incrementa, in virtù di un obbligo legale o di un vincolo statutario, la percentuale di controllo, in altro soggetto indicato nelle medesime lettere a) e b), attribuendo ai soci di quest'ultimo proprie azioni [*o quote*], non dà luogo a componenti positivi o negativi del reddito imponibile a condizione che il costo delle azioni o quote date in permuta sia attribuito alle azioni o quote ricevute in cambio. L'eventuale conguaglio in denaro concorre a formare il reddito del percipiente ferma rimanendo, ricorrendone le condizioni, l'esenzione totale di cui all'articolo 87 e quella parziale di cui agli articoli 58 e articolo 68, comma 3 [(3)].

2. Le azioni o quote ricevute a seguito di conferimenti in società, mediante i quali la società conferitaria acquisisce il controllo di una società ai sensi dell'articolo 2359, primo comma, n. 1), del codice civile, sono valutate, ai fini della determinazione del reddito del conferente, in base alla corrispondente quota delle voci di patrimonio netto formato dalla società conferitaria per effetto del conferimento [(4)].

2-bis. Quando la società conferitaria non acquisisce il controllo di una società, ai sensi dell'articolo 2359, primo comma, numero 1), del codice civile, né incrementa, in virtù di un obbligo legale o di un vincolo statutario, la percentuale di controllo, la disposizione di cui al comma 2 del presente articolo trova comunque applicazione ove ricorrano, congiuntamente, le seguenti condizioni:

a) le partecipazioni conferite rappresentano, complessivamente, una percentuale di diritti di voto esercitabili nell'assemblea ordinaria superiore al 2 o al 20 per cento ovvero una partecipazione al capitale o al patrimonio superiore al 5 o al 25 per cento, secondo che si tratti di titoli negoziati in mercati regolamentati o di altre partecipazioni;

b) le partecipazioni sono conferite in società, esistenti o di nuova costituzione, interamente partecipate dal conferente. Per i conferimenti di partecipazioni detenute in società a cui attività consiste in via esclusiva o prevalente nell'assunzione di partecipazioni, le percentuali di cui alla lettera a) del precedente periodo si riferiscono a tutte le società indirettamente partecipate che esercitano un'impresa commerciale, secondo la definizione di cui all'articolo 55, e si determinano, relativamente al conferente, tenendo conto della eventuale demoltiplicazione prodotta dalla catena partecipativa. Il termine di cui all'articolo 87, comma 1, lettera a), è esteso fino al sessantesimo mese precedente quello dell'avvenuta cessione delle partecipazioni conferite con le modalità di cui al presente comma [(5)].

3. Si applicano le disposizioni dell'articolo 175, comma 2.

(1) Il D.Lgs. 12 dicembre 2003, n. 344, ha disposto, con l'articolo 1, comma 1, la totale modifica del presente provvedimento, e ne ha ridefinito la struttura di titoli, capi e sezioni.
(2) Articolo aggiunto dall'articolo 1, comma 1, del D.Lgs. 12 dicembre 2003, n. 344.
(3) Comma modificato dall'articolo 12, comma 4, lettera b), del D.Lgs. 18 novembre 2005, n. 247 e successivamente dall'articolo 1, comma 1, lettera c), del D.Lgs. 6 novembre 2007, n. 199.
(4) Comma modificato dall'articolo 12, comma 4, lettera b), del D.Lgs. 18 novembre 2005, n. 247.
(5) Comma inserito dall'articolo 11-bis, comma 1, del D.L. 30 aprile 2019, n. 34, convertito, con modificazioni, dalla Legge 28 giugno 2019, n. 58.

CAPO IV
Operazioni straordinarie fra soggetti residenti in stati membri diversi dell'unione europea

178. Fusioni, scissioni conferimenti di attivo scambi di azioni concernenti società di Stati membri diversi [(1)(2)]. – 1. Le disposizioni del presente capo si applicano:

a) alle fusioni tra società per azioni, in accomandita per azioni, a responsabilità limitata, cooperative e di mutua assicurazione, enti pubblici e privati aventi per oggetto esclusivo o principale l'esercizio di attività commerciali, residenti nel territorio dello Stato, e soggetti residenti in altri Stati membri della Comunità economica europea, purché non si considerino, per convenzione in materia di doppia imposizione con Stati terzi, residenti fuori della Comunità, che appartengano alle categorie indicate nella tabella A allegata al presente testo unico, da considerare automaticamente aggiornata in conformità con eventuali modifiche dell'allegato alla direttiva del Consiglio delle Comunità europee n. 90/434 del 23 luglio 1990, e siano sottoposti a una delle imposte indicate nella tabella B allegata al presente testo unico o ad altra che in futuro la sostituisca, senza possibilità di opzione, sempre che nel concambio l'eventuale conguaglio in danaro ai partecipanti dei soggetti fusi o incorporati non superi il 10% del valore nominale della partecipazione ricevuta;

b) alle scissioni attuate mediante trasferimento dell'intero patrimonio di uno dei soggetti indicati nella lettera a) a due o più soggetti indicati nella stessa lettera, preesistenti o di nuova costituzione, alcuno dei quali sia residente in uno Stato della Comunità diverso da quello del primo, e limitatamente alla parte corrispondente dell'operazione, con assegnazione ai partecipanti delle azioni o quote di ciascuno dei soggetti beneficiari in misura proporzionale alle rispettive partecipazioni nel soggetto scisso, sempre che quest'ultimo o almeno uno dei beneficiari siano residenti nel territorio dello Stato, che la quota di patrimonio trasferita a ciascun beneficiario sia costituita da aziende o complessi aziendali relativi a singoli rami dell'impresa del conferente e che nel concambio l'eventuale conguaglio in danaro ai partecipanti della società scissa non superi il 10 per cento del valore nominale della partecipazione ricevuta;

b-bis) alle scissioni parziali mediante le quali uno dei soggetti indicati nella lettera a) trasferisce, senza essere sciolto, mantenendo almeno un'azienda o un complesso aziendale, una o più aziende o uno più complessi aziendali a uno o più soggetti indicati nella stessa lettera, preesistenti o di nuova costituzione, alcuno dei quali sia residente in uno Stato della Comunità diverso da quello del primo, e limitatamente alla parte corrispondente dell'operazione, con assegnazione ai propri partecipanti, secondo un criterio proporzionale, delle azioni o quote del soggetto o dei soggetti beneficiari, sempre che il soggetto scisso o uno dei beneficiari sia residente nel territorio dello Stato e che l'eventuale conguaglio in danaro ai partecipanti del soggetto scisso non superi il dieci per cento del valore nominale della partecipazione ricevuta in concambio [3];

c) ai conferimenti di aziende o di complessi aziendali relativi a singoli rami dell'impresa da uno ad altro dei soggetti indicati nella lettera a), residenti in Stati diversi della Comunità, sempre che uno dei due sia residente nel territorio dello Stato;

d) alle operazioni indicate nelle lettere precedenti tra soggetti di cui alla lettera a) non residenti nel territorio dello Stato, con riguardo alle stabili organizzazioni nel territorio dello Stato oggetto delle operazioni stesse;

e) alle permute e ai conferimenti di azioni o quote, mediante i quali uno dei soggetti indicati nella lettera a) acquisti o integri una partecipazione di controllo, ai sensi dell'articolo 2359, comma 1, n. 1), del codice civile, ovvero incrementi, in virtù di un obbligo legale o di un vincolo statutario, la percentuale di controllo in uno dei soggetti indicati nella stessa lettera, residente in uno Stato della Comunità diverso da quello del primo, attribuendo ai partecipanti proprie azioni o quote in cambio di quelle ricevute in permuta o conferimento ed un eventuale conguaglio in danaro non superiore al 10% del valore nominale delle suddette azioni o quote, sempre che alcuno dei partecipanti che effettuano lo scambio sia residente nel territorio dello Stato ovvero la partecipazione scambiata sia relativa ad una stabile organizzazione nel territorio dello Stato di un soggetto indicato nella lettera a)[4].

[1] Il D.Lgs. 12 dicembre 2003, n. 344, ha disposto, con l'articolo 1, comma 1, la totale modifica del presente provvedimento, e ne ha ridefinito la struttura di titoli, capi e sezioni.
[2] Articolo aggiunto dall'articolo 1, comma 1, del D.Lgs. 12 dicembre 2003, n. 344.
[3] Lettera aggiunta dall'articolo 1, comma 1, lettera d), del D.Lgs. 6 novembre 2007, n. 199.
[4] Lettera modificata dall'articolo 1, comma 1, lettera d), del D.Lgs. 6 novembre 2007, n. 199.

179. Regime di neutralità fiscale [1][2]. – 1. Alle operazioni indicate nelle lettere a), b) e b-bis) dell'articolo 178 si applicano le disposizioni di cui agli articoli 172 e 173[3].

2. Ai conferimenti di cui alla lettera c) del comma 1 dell'articolo 178 si applica l'articolo 176. Le disposizioni del comma 1 si applicano anche nei confronti del beneficiario non residente con riferimento alla stabile organizzazione nello Stato italiano, limitatamente agli elementi patrimoniali del conferente residente o, nell'ipotesi di cui alla lettera d) del comma 1 dell'articolo 178, non residente, in essa effettivamente confluiti.

3. Nelle operazioni indicate al comma 1, le plusvalenze della stabile organizzazione del conferente residente sono imponibili a titolo di realizzo al valore normale, con deduzione dalla relativa imposta, fino al suo totale assorbimento, dell'ammontare della imposta che lo Stato, dove è situata la stabile organizzazione, avrebbe effettivamente prelevato in assenza delle norme della direttiva comunitaria 23 luglio 1990, n. 90/434. Il beneficiario non residente subentra al conferente residente per tutti i diritti e gli obblighi tributari. Regole analoghe a quelle previste dai periodi precedenti si applicano nel caso in cui una società residente in Italia trasferisca la propria residenza fiscale in un altro Stato membro, assumendo, quale valore su cui calcolare la tassazione virtuale della stabile organizzazione all'estero, il valore normale che l'altro Stato membro avrebbe determinato in caso di realizzo al valore normale di detta stabile organizzazione[4].

4. Le operazioni di fusione, scissione e scambio di partecipazioni mediante permuta o conferimento, indicate nell'articolo 178, non comportano realizzo di plusvalenze nè di minusvalenze sulle azioni o quote date in cambio, il cui valore fiscale viene assunto dalle azioni o quote ricevute, ripartendosi tra tutte in proporzione dei valori alle stesse attribuiti ai fini della determinazione del rapporto di cambio. Gli eventuali conguagli concorrono a formare il reddito dei soci della società incorporata o fusa o dei soci della società scissa, fatta salva l'applicazione dell'articolo 47, comma 7, e, ricorrendone le condizioni, degli articoli 58 e 87, e dei percipienti nelle operazioni di scambio di partecipazioni mediante permuta o conferimento, ferma rimanendo, ricorrendone le condizioni, l'esenzione totale di cui all'articolo 87 e quella parziale di cui agli 58 e 68, comma 3[5].

5. Se è stata conferita da un soggetto una stabile organizzazione situata in un altro Stato membro, le relative plusvalenze sono imponibili nei confronti del conferente residente a titolo di realizzo al valore normale, con deduzione dalla relativa imposta, fino al suo totale assorbimento, dell'ammontare dell'imposta che lo Stato dove è situata la stabile organizzazione avrebbe prelevato in assenza delle norme della direttiva comunitaria 23 luglio 1990 n. 90/434. In tal caso la partecipazione ricevuta è valutata fiscalmente in base all'ultimo valore riconosciuto ai fini delle imposte sui redditi degli elementi patrimoniali conferiti, aumentato, agli effetti della disposizione di cui al precedente comma, di un importo pari all'imponibile corrispondente all'imposta dovuta a saldo.

[*6. Si considerano realizzati al valore normale i componenti dell'azienda o del complesso aziendale che abbiano formato oggetto delle operazioni indicate alle lettere da a) a d) del comma 1 dell'articolo 178, non confluiti in seguito a tali operazioni in una stabile organizzazione situata nel territorio dello Stato. La stessa disposizione si applica se successivamente alle predette operazioni i componenti conferi-*

ti nella stabile organizzazione situata nel territorio dello Stato ne vengano distolti. Si applicano, ove compatibili, le disposizioni dell'articolo 166, commi 2-quater e seguenti, anche ad operazioni verso Stati aderenti all'Accordo sullo Spazio economico europeo[6].][7]

(1) *Il D.Lgs. 12 dicembre 2003, n. 344, ha disposto, con l'articolo 1, comma 1, la totale modifica del presente provvedimento, e ne ha ridefinito la struttura di titoli, capi e sezioni.*
(2) *Articolo aggiunto dall'articolo 1, comma 1, del D.Lgs. 12 dicembre 2003, n. 344.*
(3) *Comma modificato dall'articolo 1, comma 1, lettera e), numero 1), del D.Lgs. 6 novembre 2007, n. 199.*
(4) *Comma modificato dall'articolo 1, comma 1, lettera e), numero 2), del D.Lgs. 6 novembre 2007, n. 199.*
(5) *Comma modificato, con effetto per i periodi di imposta che iniziano a decorrere dal 1° gennaio 2004, dall'articolo 12, comma 5, del D.Lgs. 18 novembre 2005, n. 247.*
(6) *Comma modificato dall'articolo 11, comma 1, lettera b), del D.Lgs.14 settembre 2015, n. 147; a norma del comma 2 del medesimo articolo, la presente disposizione si applica a decorrere dal periodo di imposta in corso alla data di entrata in vigore del citato decreto.*
(7) *Comma abrogato dall'articolo 14, comma 1, del D.lgs. 29 novembre 2018, n. 142 con effetto dal periodo d'imposta successivo a quello in corso al 31 dicembre 2018.*

180. Riserve in sospensione d'imposta [1][2]. – 1. Nelle fusioni, nelle scissioni e nei conferimenti di cui all'articolo 178 i fondi in sospensione di imposta iscritti nell'ultimo bilancio del conferente residente concorrono a formare il reddito della stabile organizzazione nel territorio dello Stato del soggetto non residente beneficiario nella misura in cui non siano stati ricostituiti nelle scritture contabili della stabile organizzazione.

(1) *Il D.Lgs. 12 dicembre 2003, n. 344, ha disposto, con l'articolo 1, comma 1, la totale modifica del presente provvedimento, e ne ha ridefinito la struttura di titoli, capi e sezioni.*
(2) *Articolo aggiunto dall'articolo 1, comma 1, del D.Lgs. 12 dicembre 2003, n. 344.*

181. Perdite fiscali [1][2]. – 1. Nelle operazioni di cui alle lettere a) e b), del comma 1, dell'articolo 178, le perdite fiscali, l'eccedenza di interessi indeducibili oggetto di riporto in avanti di cui al comma 5 dell'articolo 96 del presente testo unico, nonché l'eccedenza relativa all'aiuto alla crescita economica di cui all'articolo 1, comma 4, del decreto-legge 6 dicembre 2011, n. 201, convertito, con modificazioni, dalla legge 22 dicembre 2011, n. 214, sono ammesse in deduzione da parte del soggetto non residente alle condizioni e nei limiti di cui all'articolo 172, comma 7, proporzionalmente alla differenza tra gli elementi dell'attivo e del passivo effettivamente connessi alla stabile organizzazione sita nel territorio dello Stato risultante dall'operazione e nei limiti di detta differenza[3].

(1) *Il D.Lgs. 12 dicembre 2003, n. 344, ha disposto, con l'articolo 1, comma 1, la totale modifica del presente provvedimento, e ne ha ridefinito la struttura di titoli, capi e sezioni.*
(2) *Articolo aggiunto dall'articolo 1, comma 1, del D.Lgs. 12 dicembre 2003, n. 344.*
(3) *Comma modificato, con effetto per i periodi di imposta che iniziano a decorrere dal 1° gennaio 2004, dall'articolo 12, comma 6, del D.Lgs. 18 novembre 2005, n. 247 successivamente dall'articolo 1, comma 549, lettera e), della Legge 11 dicembre 2016, n. 232 1, comma 549, lettera a), della Legge 11 dicembre 2016, n. 232 da ultimo, dall'articolo 1, comma 2, del D.Lgs. 29 novembre 2018, n. 142. Per l'applicazione delle disposizioni di cui al presente comma vedi l'articolo 13, comma 1, del D.Lgs. n. 142/2018 medesimo.*

CAPO V
Liquidazione volontaria e procedure concorsuali

182. Liquidazione ordinaria [1][2]. – 1. In caso di liquidazione dell'impresa o della società il reddito di impresa relativo al periodo compreso tra l'inizio dell'esercizio e l'inizio della liquidazione è determinato in base ad apposito conto economico, ovvero a norma dell'articolo 66 o dell'articolo 3, comma 177, della legge 23 dicembre 1996, n. 662, se ne ricorrono i presupposti; il conto economico deve essere redatto, per le società, in conformità alle risultanze del conto della gestione prescritto dall'articolo 2277 del codice civile. Per le imprese individuali la data di inizio della liquidazione, ai fini delle imposte sui redditi, è quella indicata nella dichiarazione di cui all'articolo 35 del decreto del Presidente della Repubblica 26 ottobre 1972, n. 633.

2. Per le imprese individuali e per le società in nome collettivo e in accomandita semplice il reddito di impresa relativo al periodo compreso tra l'inizio e la chiusura della liquidazione è determinato in base al bilancio finale, che deve essere redatto anche nei casi di cui all'articolo 66. Se la liquidazione si protrae oltre l'esercizio in cui ha avuto inizio, il reddito relativo alla residua frazione di tale esercizio e a ciascun successivo esercizio intermedio è determinato in via provvisoria in base al rispettivo bilancio, ovvero a norma dell'articolo 66 se ne ricorrono i presupposti, salvo conguaglio in base al bilancio finale. Se la liquidazione si protrae per più di tre esercizi, compreso quello in cui ha avuto inizio, nonché in caso di omessa presentazione del bilancio finale, i redditi così determinati, ancorché già tassati separatamente a norma degli articoli 17 e 21, si considerano definitivi e ai fini dell'imposta sul reddito delle persone fisiche concorrono a formare il reddito complessivo dell'imprenditore, dei familiari partecipanti all'impresa o dei soci per i periodi di imposta di competenza. Se la liquidazione si chiude in perdita si applicano le disposizioni dell'articolo 8.

3. Per le società soggette all'imposta di cui al titolo II, il reddito relativo al periodo compreso tra l'inizio e la chiusura della liquidazione è determinato in base al bilancio finale. Se la liquidazione si protrae oltre l'esercizio in cui ha avuto inizio il reddito relativo alla residua frazione di tale esercizio e ciascun successivo esercizio intermedio è determinato in via provvisoria in base al rispettivo bilancio, liquidando la relativa imposta salvo conguaglio in base al bilancio finale; le perdite di esercizio anteriori all'inizio della liquidazione non compensate nel corso di questa ai sensi dell'articolo 84 sono ammesse in diminuzione in sede di conguaglio. Se la liquidazione si protrae per più di cinque esercizi, compreso quello in cui ha avuto inizio, nonché in caso di omessa presentazione del bilancio finale, i redditi determinati in via provvisoria si considerano definitivi e ai fini dell'imposta sul reddito delle persone fisiche i redditi compresi nelle somme percepite o nei beni ricevuti dai soci, ancorché già tassati separatamente a norma degli articoli 17 e 21, concorrono a formarne il reddito complessivo per i periodi di imposta di competenza.

(1) *Il D.Lgs. 12 dicembre 2003, n. 344, ha disposto, con l'articolo 1, comma 1, la totale modifica del presente provvedimento, e ne ha ridefinito la struttura di titoli, capi e sezioni. Nel testo precedente la riforma introdotta dal D.Lgs. 344/2003 le disposizioni contenute nel presente articolo erano previste dall'articolo 124.*
(2) *Articolo modificato dall'articolo 1, comma 1, del D.P.R. 4 febbraio*

1988, n. 42, con effetto dal 1° gennaio 1988 e successivamente sostituito dall'articolo 1, comma 1, del D.Lgs. 12 dicembre 2003, n. 344.

183. Fallimento e liquidazione coatta [1]. – 1. Nei casi di fallimento e di liquidazione coatta amministrativa il reddito di impresa relativo al periodo compreso tra l'inizio dell'esercizio e la dichiarazione di fallimento o il provvedimento che ordina la liquidazione è determinato in base al bilancio redatto dal curatore o dal commissario liquidatore. Per le imprese individuali e per le società in nome collettivo e in accomandita semplice il detto reddito concorre a formare il reddito complessivo dell'imprenditore, dei familiari partecipanti all'impresa o dei soci relativo al periodo di imposta in corso alla data della dichiarazione di fallimento o del provvedimento che ordina la liquidazione.

2. Il reddito di impresa relativo al periodo compreso tra l'inizio e la chiusura del procedimento concorsuale quale che sia la durata di questo ed anche se vi è stato esercizio provvisorio, è costituito dalla differenza tra il residuo attivo e il patrimonio netto dell'impresa o della società all'inizio del procedimento determinato in base a valori fiscalmente riconosciuti. Il patrimonio netto dell'impresa o della società all'inizio del procedimento concorsuale è determinato mediante il confronto secondo i valori riconosciuti ai fini delle imposte sui redditi, tra le attività e le passività risultanti dal bilancio di cui al comma 1, redatto e allegato alla dichiarazione iniziale del curatore o dal commissario liquidatore. Il patrimonio netto è considerato nullo se l'ammontare delle passività è pari o superiore a quello delle attività [2].

3. Per le imprese individuali e per le società in nome collettivo e in accomandita semplice la differenza di cui al comma 2 è diminuita dei corrispettivi delle cessioni di beni personali dell'imprenditore o dei soci compresi nel fallimento o nella liquidazione ed è aumentata dei debiti personali dell'imprenditore o dei soci pagati dal curatore o dal commissario liquidatore. Ai fini dell'imposta sul reddito delle persone fisiche il reddito che ne risulta, al netto dell'imposta locale sui redditi, è imputato all'imprenditore, ai familiari partecipanti all'impresa o ai soci nel periodo di imposta in cui si è chiuso il procedimento; se questo si chiude in perdita si applicano le disposizioni dell'articolo 8. Per i redditi relativi ai beni e diritti non compresi nel fallimento o nella liquidazione a norma dell'R.D. del 16 marzo 1942, n. 267, restano fermi, in ciascun periodo di imposta, gli obblighi tributari dell'imprenditore o dei soci.

4. L'imposta locale sui redditi afferente il reddito di impresa relativo al periodo di durata del procedimento è commisurata alla differenza di cui ai commi 2 e 3 ed è prelevata sulla stessa. Per i redditi di ciascuno degli immobili di cui all'art. 57, comma 1, e di quelli personali dell'imprenditore o dei soci compresi nel fallimento o nella liquidazione l'imposta è dovuta per ciascun anno di possesso rientrante nel periodo di durata del procedimento ed è prelevata, nel complessivo ammontare, sul prezzo ricavato dalla vendita [3][4].

5. La cessione dei beni ai creditori in sede di concordato preventivo non costituisce realizzo delle plusvalenze e minusvalenze dei beni, comprese quelle relative alle rimanenze e il valore di avviamento.

[1] Il D.Lgs. 12 dicembre 2003, n. 344, ha disposto, con l'articolo 1, comma 1, la totale modifica del presente provvedimento, e ne ha ridefinito la struttura di titoli, capi e sezioni. Nel testo precedente la riforma introdotta dal D.Lgs. 344/2003 le disposizioni contenute nel presente articolo erano previste dall'articolo 125.
[2] Comma modificato dall'articolo 1, comma 1, del D.P.R. 4 febbraio 1988, n. 42, con effetto dal 1° gennaio 1988.
[3] Comma modificato dall'articolo 12, comma 7, del D.Lgs. 18 novembre 2005, n. 247.
[4] Il richiamo all'articolo 57, di cui al presente comma, deve intendersi riferito all'attuale articolo 90, come disposto dall'articolo 2, comma 3, del D.Lgs. 12 dicembre 2003, n. 344.

184. Applicazione analogica [1][2]. – 1. Le disposizioni degli articoli 182 e 183 valgono, in quanto applicabili, anche nei casi di liquidazione e fallimento di enti diversi dalle società.

[1] Il D.Lgs. 12 dicembre 2003, n. 344, ha disposto, con l'articolo 1, comma 1, la totale modifica del presente provvedimento, e ne ha ridefinito la struttura di titoli, capi e sezioni. Nel testo precedente la riforma introdotta dal D.Lgs. 344/2003 le disposizioni contenute nel presente articolo erano previste dall'articolo 126.
[2] Articolo sostituito dall'articolo 1, comma 1, del D.Lgs. 12 dicembre 2003, n. 344.

TITOLO IV
Disposizioni varie, transitorie e finali

185. Terreni e fabbricati soggetti a regimi vincolistici [1]. – 1. Per i terreni dati in affitto per uso agricolo, se per effetto di regimi legali di determinazione del canone questo risulta inferiore per oltre un quinto alla rendita catastale, il reddito dominicale è determinato in misura pari a quella del canone di affitto.

2. In deroga all'articolo 37, per i fabbricati dati in locazione in regime legale di determinazione del canone, il reddito imponibile è determinato in misura pari al canone di locazione ridotto del 15 per cento. Per i fabbricati siti nella città di Venezia centro e nelle isole della Giudecca, di Murano e di Burano, la riduzione è elevata al 25 per cento [2].

[1] Il D.Lgs. 12 dicembre 2003, n. 344, ha disposto, con l'articolo 1, comma 1, la totale modifica del presente provvedimento, e ne ha ridefinito la struttura di titoli, capi e sezioni. Nel testo precedente la riforma introdotta dal D.Lgs. 344/2003 le disposizioni contenute nel presente articolo erano previste dall'articolo 129.
[2] Comma sostituito dall'articolo 11, comma 1, lettera h), della legge 30 dicembre 1991, n. 413, dall'articolo 4, comma 1, lettera e), del D.L. 31 maggio 1994, n. 330 e successivamente, con effetto per i periodi di imposta che iniziano a decorrere dal 1° gennaio 2004, dall'articolo 13, comma 1, del D.Lgs. 18 novembre 2005, n. 247.

186. Società civili [1]. – 1. Ai fini delle imposte sui redditi le società civili esistenti alla data di entrata in vigore del codice civile, di cui all'articolo 204, commi primo e secondo, del regio decreto 30 marzo 1942, n. 318, sono equiparate alle società in nome collettivo o alle società semplici secondo che abbiano o non abbiano per oggetto l'esercizio di attività commerciali. Alle società civili costituite in forma di società per azioni, di cui al terzo comma del predetto articolo 204, si applicano le disposizioni del presente testo unico relative a questo tipo di società (S; S; S; S; 204 r.d. 30 marzo 1942, n. 318; S; S).

[1] Il D.Lgs. 12 dicembre 2003, n. 344, ha disposto, con l'articolo 1, comma 1, la totale modifica del presente provvedimento, e ne ha ridefinito la struttura di titoli, capi e sezioni. Nel testo precedente la riforma introdotta dal D.Lgs. 344/2003 le disposizioni contenute nel presente articolo erano previste dall'articolo 130.

186. Eredità giacente [(1)]. – 1. Se la giacenza dell'eredità si protrae oltre il periodo di imposta nel corso del quale si è aperta la successione, il reddito dei cespiti ereditari è determinato in via provvisoria secondo le disposizioni del titolo I, sezione I, se il chiamato all'eredità è persona fisica, o non è noto, e secondo quelle del titolo II, capo III, se il chiamato è un soggetto diverso. Dopo l'accettazione dell'eredità il reddito di tali cespiti concorre a formare il reddito complessivo dell'erede per ciascun periodo di imposta, compreso quello in cui si è aperta la successione, e si procede alla liquidazione definitiva delle relative imposte. I redditi di cui all'articolo 7, comma 3, se il chiamato all'eredità è persona fisica o non è noto, sono in via provvisoria tassati separatamente con l'aliquota stabilita dall'articolo 12 per il primo scaglione di reddito, salvo conguaglio dopo l'accettazione dell'eredità [(2)].

2. Le disposizioni del comma 1 si applicano anche nei casi di delazione dell'eredità sotto condizione sospensiva o in favore di un nascituro non ancora concepito (S; S; S; S; S; 456, 528[1], 470[1] c.c.; S; S).

(1) Il D.Lgs. 12 dicembre 2003, n. 344, ha disposto, con l'articolo 1, comma 1, la totale modifica del presente provvedimento, e ne ha ridefinito la struttura di titoli, capi e sezioni. Nel testo precedente la riforma introdotta dal D.Lgs. 344/2003 le disposizioni contenute nel presente articolo erano previste dall'articolo 131.

(2) Il richiamo all'articolo 12, di cui al presente comma, deve intendersi riferito all'attuale articolo 11, come disposto dall'articolo 2, comma 3, del D.Lgs. 12 dicembre 2003, n. 344.

188. Campione d'Italia [(1)]. – 1. Ai fini dell'imposta sul reddito delle persone fisiche, i redditi delle persone fisiche iscritte nei registri anagrafici del Comune di Campione d'Italia prodotti in franchi svizzeri nel territorio dello stesso Comune per un importo complessivo non superiore a 200.000 franchi sono computati in euro, in deroga alle disposizioni dell'articolo 9, sulla base di un tasso convenzionale di cambio stabilito ogni tre anni con decreto del Ministro dell'economia e delle finanze, tenuto conto anche della variazione dei prezzi al consumo nelle zone limitrofe intervenuta nel triennio [(2)].

2. I soggetti di cui al presente articolo assolvono il loro debito d'imposta in euro [(3)].

3. Ai fini del presente articolo, si considerano iscritte nei registri anagrafici del Comune di Campione d'Italia anche le persone fisiche aventi domicilio fiscale nel medesimo Comune le quali, già residenti nel Comune di Campione d'Italia, sono iscritte all'anagrafe degli italiani residenti all'estero (AIRE) dello stesso Comune e residenti nel Canton Ticino della Confederazione elvetica [(4)(5)].

(1) Il D.Lgs. 12 dicembre 2003, n. 344, ha disposto, con l'articolo 1, comma 1, la totale modifica del presente provvedimento, e ne ha ridefinito la struttura di titoli, capi e sezioni. Nel testo precedente la riforma introdotta dal D.Lgs. 344/2003 le disposizioni contenute nel presente articolo erano previste dall'articolo 132.

(2) Comma sostituito dall'articolo 40, comma 2, lettera a), della legge 21 novembre 2000, n. 342 e successivamente modificato dall'articolo 15-quater, comma 1, lettera a), del D.L. 28 dicembre 2001, n. 452.

(3) Comma sostituito dall'articolo 40, comma 2, lettera b), della legge 21 novembre 2000, n. 342 e successivamente modificato dall'articolo 15-quater, comma 1, lettera b), del D.L. 28 dicembre 2001, n. 452.

(4) Comma sostituito dall'articolo 40, comma 2, lettera c), della legge 21 novembre 2000, n. 342.

(5) Articolo abrogato dall'articolo 36, comma 31, del D.L. 4 luglio 2006, n. 223, convertito, con modificazioni, dalla Legge 4 agosto 2006, n. 248. Successivamente ripristinato per effetto dell'abrogazione del predetto articolo 36, comma 31, D.L. n. 223/2006 ad opera dell'articolo 2, comma 27, del D.L. 3 ottobre 2006, n. 262, convertito, con modificazioni, dalla Legge 24 novembre 2006, n. 286.

188 *bis*. Campione d'Italia[(1)]. – 1. Ai fini dell'imposta sul reddito delle persone fisiche, i redditi, diversi da quelli d'impresa, delle persone fisiche iscritte nei registri anagrafici del Comune di Campione d'Italia, nonchè i redditi di lavoro autonomo di professionisti e con studi nel Comune di Campione d'Italia, prodotti in franchi svizzeri nel territorio dello stesso comune, e/o in Svizzera, sono computati in euro sulla base del cambio di cui all'articolo 9, comma 2, ridotto forfetariamente del 30 per cento.

2. I redditi d'impresa realizzati dalle imprese individuali, dalle società di persone e da società ed enti di cui all'articolo 73, [comma 1, lettere a), b) e c),] iscritti alla Camera di commercio, industria, artigianato e agricoltura di Como e aventi la sede sociale operativa, o un'unità locale, nel Comune di Campione d'Italia, prodotti in franchi svizzeri nel Comune di Campione d'Italia, sono computati in euro sulla base del cambio di cui all'articolo 9, comma 2, ridotto forfetariamente del 30 per cento. Nel caso in cui l'attività sia svolta anche al di fuori del territorio del Comune di Campione d'Italia, ai fini della determinazione del reddito per cui è possibile beneficiare delle agevolazioni di cui al primo periodo sussiste l'obbligo in capo all'impresa di tenere un'apposita contabilità separata. Le spese e gli altri componenti negativi relativi a beni e servizi adibiti promiscuamente all'esercizio dell'attività svolta nel Comune di Campione d'Italia e al di fuori di esso concorrono alla formazione del reddito prodotto nel citato comune per la parte del loro importo che corrisponde al rapporto tra l'ammontare dei ricavi o compensi e altri proventi che concorrono a formare il reddito prodotto dall'impresa nel territorio del Comune di Campione d'Italia e l'ammontare complessivo dei ricavi o compensi e degli altri proventi. [(2)]

3. I soggetti di cui al presente articolo assolvono il loro debito d'imposta in euro.

4. Ai fini del presente articolo si considerano iscritte nei registri anagrafici del Comune di Campione d'Italia anche le persone fisiche aventi domicilio fiscale nel medesimo comune le quali, già residenti nel Comune di Campione d'Italia, sono iscritte nell'anagrafe degli italiani residenti all'estero (AIRE) dello stesso comune e residenti nel Canton Ticino della Confederazione elvetica.

5. Tutti i redditi prodotti in euro dai soggetti di cui al presente articolo concorrono a formare il reddito complessivo al netto di una riduzione pari alla percentuale di abbattimento calcolata per i redditi in franchi svizzeri, in base a quanto previsto ai commi 1 e 2, con un abbattimento minimo di euro 26.000. Ai fini della determinazione dei redditi d'impresa in euro prodotti nel Comune di Campione d'Italia si applicano le disposizioni di cui al comma 2, secondo e terzo periodo.

6. Le agevolazioni di cui al presente articolo si applicano ai sensi e nei limiti del regolamento (UE) n. 1407/2013 della Commissione, del 18 dicembre 2013, relativo all'applicazione degli articoli 107 e 108 del Trattato sul funzionamento dell'Unione europea agli aiuti *de minimis*, del regolamento (UE) n. 1408/2013 della Commissione, del 18 dicembre 2013, relativo all'applicazione degli articoli 107 e 108 del Trattato sul funzionamento dell'Unione europea agli aiuti "*de minimis*" nel settore agricolo, e del regolamento (UE) n. 717/ 2014 della Commissione, del 27 giugno 2014, relativo all'applicazione degli articoli 107 e 108 del Trattato sul funzionamento dell'Unione europea agli aiuti "*de minimis*" nel settore della pesca e dell'acquacoltura [(3)(4)].

(1) Articolo inserito dall'articolo 2, comma 25, del D.L. 3 ottobre 2006, n. 262, con effetto a decorrere dall'anno 2007, come disposto dall'articolo 2, comma 26, del D.L. 3 ottobre 2006, n. 262, successivamente modificato dall'articolo 1, comma 631, della Legge 27 dicembre 2013, n. 147,

IMPOSTE DIRETTE

dall'articolo 1, comma 691, della Legge 23 dicembre 2014, n. 190, e da ultimo sostituito dall'articolo 25-octies, comma 4, del D.L. 23 ottobre 2018, n. 119, convertito con modificazioni dalla Legge 17 dicembre 2018, n. 136. Vedi anche il comma 7, dall'articolo 25-octies, del D.L. 23 ottobre 2018, n. 119, convertito con modificazioni dalla Legge 17 dicembre 2018, n. 136.

(2) *Comma modificato dall'articolo 1, comma 580, lettera a), della Legge 27 dicembre 2019, n. 160.*

(3) *Vedi anche l'articolo 2, comma 28, del D.L. 3 ottobre 2006, n. 262, il Provvedimento 13 febbraio 2015, il Provvedimento 9 febbraio 2016.*

(4) *Comma modificato dall'articolo 1, comma 580, lettera b), della Legge 27 dicembre 2019, n. 160.*

189. Riferimenti legislativi ad imposte abolite (1). – 1. Il riferimento contenuto nelle norme vigenti a redditi, o a determinati ammontari di reddito, assoggettati ad imposte abolite dal 1°gennaio 1974 va inteso come fatto agli stessi redditi nell'ammontare netto determinato ai fini delle singole categorie di reddito previste dall'imposta sul reddito delle persone fisiche.

2. Se il riferimento è fatto alla non assoggettabilità all'imposta complementare progressiva sul reddito complessivo, la condizione si considera soddisfatta quando il reddito complessivo netto determinato ai fini dell'imposta sul reddito delle persone fisiche, aumentato dei redditi esenti da tale imposta, diversi da quelli indicati nei primi tre commi dell'articolo 34 del decreto del Presidente della Repubblica 29 settembre 1973, n. 601, o assoggettati a ritenuta a titolo di imposta, non supera euro 495,80. Quando alla formazione del reddito complessivo concorrono redditi di lavoro dipendente di cui agli articoli 49 e 50, lettere a) e b), il predetto ammontare viene elevato di euro 185,92 per ogni reddito di lavoro dipendente considerato.

3. Se il riferimento è fatto ad un reddito complessivo netto agli effetti dell'imposta complementare progressiva sul reddito complessivo non superiore ad un determinato ammontare indicato nella legge, la condizione si considera soddisfatta quando il reddito complessivo netto determinato ai fini dell'imposta sul reddito delle persone fisiche, aumentato dei redditi esenti da tale imposta, diversi da quelli indicati nei primi tre commi dell'articolo 34 del decreto del Presidente della Repubblica 29 settembre 1973, n. 601, o assoggettati a ritenuta a titolo di imposta, non supera l'ammontare indicato nella legge stessa, aumentato come previsto nel comma 2 quando alla formazione del reddito complessivo concorrono redditi di lavoro dipendente.

4. Se il riferimento è fatto ad un ammontare dell'imponibile dell'imposta complementare progressiva sul reddito complessivo iscritto a ruolo, la condizione si considera soddisfatta se il reddito complessivo, determinato ai fini dell'imposta sul reddito delle persone fisiche, aumentato dei redditi esenti da tale imposta, diversi da quelli indicati nei primi tre commi dell'articolo 34 del decreto del Presidente della Repubblica 29 settembre 1973, n. 601, o assoggettati a ritenuta a titolo di imposta, non supera la somma indicata dalla legge, aumentata di euro 123,95 per il contribuente, di euro 51,65 per ciascun componente la famiglia che risulti a carico del contribuente al 31 dicembre dell'anno per il quale l'imposta è dovuta e di euro 185,92 per ogni reddito di lavoro dipendente.

5. Se il riferimento è fatto alla quota esente dall'imposta complementare progressiva sul reddito o ad un suo multiplo, tale ammontare è determinato in euro 123,95 o nel rispettivo multiplo.

6. Se il riferimento è fatto ad una quota o ad un determinato ammontare del reddito imponibile di una o più categorie dell'imposta di ricchezza mobile, il riferimento stesso va fatto per le categorie B e C/1 ai redditi netti di lavoro autonomo e di impresa determinati ai sensi del titolo I, capi V e VI, diminuiti di euro 185,92, e per la categoria C/2 ai redditi di lavoro dipendente ed assimilati determinati ai sensi dello stesso titolo I, capo IV, diminuiti di euro 433,82. Nelle ipotesi di cui all'articolo 5 il riferimento va fatto alla quota del reddito di impresa o di lavoro autonomo della società o associazione, diminuito di euro 185,92, imputabile all'interessato.

7. Se il riferimento è fatto alla non iscrizione nei ruoli dell'imposta sui redditi di ricchezza mobile, la condizione si intende soddisfatta se il contribuente non possiede redditi di impresa o redditi di lavoro autonomo di ammontare superiore a euro 185,92 ovvero redditi derivanti da capitali dati a mutuo o redditi diversi.

8. Se i benefici conseguiti consistono in somme che concorrono alla formazione del reddito complessivo ai fini dell'imposta sul reddito delle persone fisiche di esse somme non si tiene conto agli effetti della verifica dei limiti stabiliti dalle singole leggi per la concessione dei benefici medesimi.

9. Nelle domande agli uffici delle imposte volte ad ottenere certificati da cui risultino le condizioni previste nel presente articolo, il richiedente deve dichiarare se ed in quale misura possiede redditi assoggettati a ritenuta a titolo di imposta e redditi esenti dall'imposta sul reddito delle persone fisiche, diversi da quelli indicati nei primi tre commi dell'articolo 34 del decreto del Presidente della Repubblica 29 settembre 1973, n. 601.

10. Gli uffici delle imposte rilasciano i certificati di cui al comma 9 anche in base a dichiarazione attestante i fatti oggetto della certificazione, resa dall'interessato ad un funzionario dell'ufficio competente. Alla dichiarazione si applicano le disposizioni della legge 4 gennaio 1968, n. 15. Per il rilascio dei certificati sono in ogni caso dovuti i diritti previsti nei numeri 1) e 4) della tabella allegato A al decreto del Presidente della Repubblica 26 ottobre 1972, n. 648.

11. Le disposizioni di cui al comma 10 si applicano altresì per il rilascio di certificati concernenti la presentazione della dichiarazione dei redditi e la situazione reddituale da essa risultante.

(1) *Il D.Lgs. 12 dicembre 2003, n. 344, ha disposto, con l'articolo 1, comma 1, la totale modifica del presente provvedimento, e ne ha ridefinito la struttura di titoli, capi e sezioni. Nel testo precedente la riforma introdotta dal D.Lgs. 344/2003 le disposizioni contenute nel presente articolo erano previste dall'articolo 133.*

190. Redditi dei fabbricati (1). – 1. Per i periodi di imposta anteriori a quello in cui avranno effetto le modificazioni derivanti dalla prima revisione effettuata ai sensi del comma 2 dell'articolo 34 le rendite catastali dei fabbricati saranno aggiornate mediante l'applicazione di coefficienti stabiliti annualmente, per singole categorie di unità immobiliari urbane, con decreto del Ministro delle finanze su conforme parere della Commissione censuaria centrale.

2. Fino al termine di cui al comma 1, qualora il canone risultante dal contratto di locazione ridotto di un quarto sia superiore alla rendita catastale aggiornata per oltre un quinto di questa, il reddito è determinato in misura pari a quella del canone di locazione ridotto di un quarto. Per i fabbricati siti nella città di Venezia centro e nelle isole della Giudecca, di

Murano e di Burano la presente disposizione si applica con riferimento al canone di locazione ridotto di due quinti anziché di un quarto; per i fabbricati strumentali non suscettibili di diversa destinazione senza radicali trasformazioni, la presente disposizione si applica con riferimento al canone di locazione ridotto di un terzo, salvo il disposto del comma 2 dell'articolo 40. Fino al termine medesimo le disposizioni del comma 2 dell'articolo 185 si applicano con riferimento alla rendita catastale aggiornata [(2)].

3. L'aggiornamento delle rendite catastali degli immobili riconosciuti di interesse storico o artistico, ai sensi della legge 1° giugno 1939, n. 1089, e successive modificazioni e integrazioni, è effettuato mediante l'applicazione del minore tra i coefficienti previsti per i fabbricati. Qualora i predetti immobili risultino allibrati al catasto terreni, la relativa rendita catastale è ridotta a metà ai fini dell'applicazione delle imposte sui redditi. Il mutamento di destinazione degli immobili medesimi senza la preventiva autorizzazione dell'Amministrazione per i beni culturali e ambientali e il mancato assolvimento degli obblighi di legge per consentire l'esercizio del diritto di prelazione dello Stato sugli immobili vincolati determinano la decadenza dall'agevolazione tributaria, ferma restando ogni altra sanzione. L'Amministrazione per i beni culturali e ambientali ne dà al competente ufficio delle imposte immediata comunicazione, dal ricevimento della quale inizia a decorrere il termine per la rettifica della dichiarazione dei redditi.

[(1)] *Il D.Lgs. 12 dicembre 2003, n. 344, ha disposto, con l'articolo 1, comma 1, la totale modifica del presente provvedimento, e ne ha ridefinito la struttura di titoli, capi e sezioni. Nel testo precedente la riforma introdotta dal D.Lgs. 344/2003 le disposizioni contenute nel presente articolo erano previste dall'articolo 134.*
[(2)] *Il richiamo all'articolo 34, di cui al presente comma, deve intendersi riferito all'attuale articolo 37, come disposto dall'articolo 2, comma 3, del D.Lgs. 12 dicembre 2003, n. 344.*
[(3)] *Il richiamo all'articolo 40, di cui al presente comma, deve intendersi riferito all'attuale articolo 43, come disposto dall'articolo 2, comma 3, del D.Lgs. 12 dicembre 2003, n. 344.*

191. Disposizioni in materia di agevolazioni tributarie [(1)]. – 1. Restano ferme le agevolazioni tributarie previste dal decreto del Presidente della Repubblica 29 settembre 1973, n. 601, e successive modificazioni, e da leggi speciali.

[(1)] *Il D.Lgs. 12 dicembre 2003, n. 344, ha disposto, con l'articolo 1, comma 1, la totale modifica del presente provvedimento, e ne ha ridefinito la struttura di titoli, capi e sezioni. Nel testo precedente la riforma introdotta dal D.Lgs. 344/2003 le disposizioni contenute nel presente articolo erano previste dall'articolo 135.*

ACCERTAMENTO

D.P.R. 29 settembre 1973, n. 600
Disposizioni comuni in materia di accertamento delle imposte sui redditi

Pubblicato nella Gazz. Uff. del 16 ottobre 1973, n. 268

TITOLO I
Dichiarazione annuale

1. Dichiarazione dei soggetti passivi. – Ogni soggetto passivo deve dichiarare annualmente i redditi posseduti anche se non ne consegue alcun debito d'imposta. I soggetti obbligati alla tenuta di scritture contabili, di cui al successivo art. 13, devono presentare la dichiarazione anche in mancanza di redditi.

La dichiarazione è unica agli effetti dell'imposta sul reddito delle persone fisiche o sul reddito delle persone giuridiche e dell'imposta locale sui redditi e deve contenere l'indicazione degli elementi attivi e passivi necessari per la determinazione degli imponibili secondo le norme che disciplinano le imposte stesse. I redditi per i quali manca tale indicazione si considerano non dichiarati ai fini dell'accertamento e delle sanzioni.

La dichiarazione delle persone fisiche è unica per i redditi propri del soggetto e per quelli di altre persone a lui imputabili a norma dell'art. 4 del testo unico delle imposte sui redditi, approvato con decreto del Presidente della Repubblica 22 dicembre 1986, n. 917, e deve comprendere anche i redditi sui quali l'imposta si applica separatamente a norma degli articoli 16, comma 1, lettere da d) a n-bis), e 18 dello stesso testo unico. I redditi di cui alle lettere a), b), c) e c-bis) del comma 1 dell'art. 16 del predetto testo unico devono essere dichiarati solo se corrisposti da soggetti non obbligati per legge alla effettuazione delle ritenute di acconto (1).

Sono esonerati dall'obbligo della dichiarazione:

a) le persone fisiche che non possiedono alcun reddito sempre che non siano obbligate alla tenuta di scritture contabili;

b) le persone fisiche non obbligate alla tenuta di scritture contabili che possiedono soltanto redditi esenti e redditi soggetti a ritenuta alla fonte a titolo di imposta nonché redditi fondiari per un importo complessivo, al lordo della deduzione di cui all'art. 10, comma 3- bis, del testo unico delle imposte sui redditi, approvato con decreto del Presidente della Repubblica 22 dicembre 1986, n. 917, non superiore a lire 360.000 annue (2);

b-bis) le persone fisiche non obbligate alla tenuta di scritture contabili che possiedono soltanto redditi esenti, redditi soggetti a ritenuta alla fonte a titolo di imposta e il reddito fondiario dell'abitazione principale e sue pertinenze purché di importo non superiore a quello della deduzione di cui all'art. 10, comma 3- bis, del citato testo unico delle imposte sui redditi (3).

c) le persone fisiche non obbligate alla tenuta di scritture contabili che possiedono soltanto redditi esenti, redditi soggetti a ritenuta alla fonte a titolo di imposta, reddito fondiario dell'abitazione principale e sue pertinenze purché di importo non superiore a quello della deduzione di cui all'art. 10, comma 3- bis, del testo unico delle imposte sui redditi, approvato con decreto del Presidente della Repubblica 22 dicembre 1986, n. 917, nonché altri redditi per i quali la differenza tra l'imposta lorda complessiva e l'ammontare spettante delle detrazioni di cui agli articoli 12 e 13 del citato testo unico, e le ritenute operate risulta non superiore a lire 20 mila. Tuttavia detti contribuenti, ai fini della scelta della destinazione dell'8 per mille dell'imposta sul reddito delle persone fisiche prevista dall'art. 47 della legge 20 maggio 1985, n. 222, e dalle leggi che approvano le intese con le confessioni religiose di cui all'art. 8, comma 3, della Costituzione, possono presentare apposito modello, approvato con il decreto di cui all'art. 8, comma 1, ovvero con il certificato di cui all'art. 7- bis, con le modalità previste dall'art. 12 ed entro il termine stabilito per la presentazione della dichiarazione dei redditi (4);

[d) i possessori di redditi di lavoro dipendente e assimilati, indicati agli articoli 46 e 47, comma 1, lettere a) e d), del citato testo unico delle imposte sui redditi, compresi quelli soggetti a tassazione separata, certificati dall'ultimo sostituto di imposta, che, oltre tali redditi, possiedono soltanto redditi esenti e redditi soggetti a ritenuta alla fonte a titolo di imposta e quello derivante dall'abitazione principale e sue pertinenze purché di importo non superiore alla deduzione di cui all'art. 34, comma 4- quater, dello stesso testo unico. Tuttavia detti contribuenti possono presentare o spedire, con le modalità previste dall'art. 12 del presente decreto, entro il termine stabilito per la presentazione della dichiarazione, il certificato di cui al primo comma dell'art. 3 del presente decreto, redatto in conformità ad apposito modello approvato e pubblicato ai sensi dell'art. 8 del presente decreto, ai soli fini della scelta della destinazione dell'8 per mille dell'imposta sul reddito delle persone fisiche prevista dall'art. 47 della legge 20 maggio 1985, n. 222, e dalle leggi che approvano le intese con le confessioni religiose di cui all'art. 8, terzo comma, della Costituzione;] (5)

[e) i soggetti diversi dalle persone fisiche che non possiedono alcun reddito o possiedono soltanto redditi esenti e redditi soggetti a ritenuta alla fonte a titolo di imposta, sempre che non siano obbligati alla tenuta di scritture contabili;] (6)

[e-bis) le persone fisiche, diverse da quelle di cui alla lettera c), non obbligate alla tenuta di scritture contabili che possiedono un reddito complessivo al quale corrisponde un'imposta lorda non superiore all'ammontare delle detrazioni di cui agli articoli 12 e 13 del testo unico delle imposte sui redditi, approvato con decreto del Presidente della Repubblica 22 dicembre 1986, n. 917, a condizione che non sia dovuta l'imposta locale sui redditi. In tal caso l'esonero spetta anche se la differenza tra l'imposta dovuta e le predette detrazioni risulta non superiore a lire 20 mila. Tuttavia detti contribuenti, ai fini della scelta della destinazione dell'8 per mille dell'imposta sul reddito delle persone fisiche prevista dall'art. 47 della legge 20 maggio 1985, n. 222, e dalle leggi che approvano le intese con le confessioni religiose di cui all'art. 8, terzo comma, della Costituzione, possono presentare apposito modello approvato con il decreto di cui all'art. 8, primo comma, primo periodo, ovvero il certificato di cui ai commi 2 e 3 dell'art. 7- bis, con le modalità previste dall'art. 12 ed entro il termine stabilito per la presentazione della dichiarazione dei redditi.] (7)

[Ai fini della lettera c) del comma precedente sono assimilati ai redditi di lavoro dipendente soltanto i compensi dei lavoratori soci di cooperative e le somme indicati rispettivamente alle lettere a) e c) del comma 1 dell'art. 47 del citato testo unico delle imposte sui redditi.] (8)

Nelle ipotesi di esonero previste nel quarto comma il contribuente ha, tuttavia, facoltà di presentare la dichiarazione dei redditi [(9)].

Se più soggetti sono obbligati alla stessa dichiarazione, la dichiarazione fatta da uno di essi esonera gli altri.

Per le persone fisiche legalmente incapaci l'obbligo della dichiarazione spetta al rappresentante legale.

(1) Comma sostituito dall'articolo 1, comma 1, lettera a), del D.L. 31 maggio 1994, n. 330 e successivamente modificato dall'articolo 3, comma 83, della legge 28 dicembre 1995, n. 549. La Corte costituzionale, con sentenza 15 luglio 1976, n. 179, (in Gazz. Uff., 21 luglio 1976, n. 191), aveva dichiarato l'illegittimità costituzionale del presente comma.

(2) Lettera sostituita dall'articolo 2, comma 1, del D.P.R. 24 dicembre 1976, n. 920, dall'articolo 15, comma 2, lettera a), della legge 24 dicembre 1993, n. 537 e successivamente modificata dall'articolo 6, comma 7, della legge 23 dicembre 1999, n. 488.

(3) Lettera aggiunta dall'articolo 15, comma 2, lettera a), della legge 24 dicembre 1993, n. 537 e successivamente modificata dall'articolo 6, comma 7, della legge 23 dicembre 1999, n. 488.

(4) Lettera modificata dall'articolo 3, comma 1, del D.P.R. 28 marzo 1975, n. 60, successivamente sostituita dall'articolo 7, comma 1, della legge 13 aprile 1977, n. 114 e dall'articolo 7, comma 1, lettera a), del D.Lgs. 2 settembre 1997, n. 314 e da ultimo modificata dall'articolo 6, comma 7, della legge 23 dicembre 1999, n. 488.

(5) Lettera sostituita dall'articolo 7, comma 1, della legge 13 aprile 1977, n. 114, modificata dall'articolo 4, comma 1, del D.P.R. 5 aprile 1978, n. 131, successivamente sostituita dall'articolo 15, comma 2, lettera b), della legge 24 dicembre 1993, n. 537, ulteriormente modificata dall'articolo 1, comma 1, lettera a), del D.L. 31 maggio 1994, n. 330 e da ultimo abrogata dall'articolo 7, comma 1, lettera a), del D.Lgs. 2 settembre 1997, n. 314.

(6) Lettera aggiunta dall'articolo 3, comma 1, del D.P.R. 28 marzo 1975, n. 60 e successivamente abrogata dall'articolo 7, comma 1, lettera a), del D.Lgs. 2 settembre 1997, n. 314.

(7) Lettera aggiunta dall'articolo 1, comma 1, lettera a), del D.L. 31 maggio 1994, n. 330 e successivamente abrogata dall'articolo 7, comma 1, lettera a), del D.Lgs. 2 settembre 1997, n. 314.

(8) Comma sostituito dall'articolo 15, comma 2, lettera c), della legge 24 dicembre 1993, n. 537 e successivamente abrogato dall'articolo 7, comma 1, lettera a), del D.Lgs. 2 settembre 1997, n. 314.

(9) Comma aggiunto dall'articolo 1, comma 1, lettera a), del D.L. 31 maggio 1994, n. 330.

2. Contenuto della dichiarazione delle persone fisiche [(1)]. – La dichiarazione delle persone fisiche, oltre quanto stabilito nel secondo comma dell'art. 1, deve indicare i dati e gli elementi necessari per l'individuazione del contribuente, per la determinazione dei redditi e delle imposte dovute, nonché per l'effettuazione dei controlli e gli altri elementi, esclusi quelli che l'Amministrazione finanziaria è in grado di acquisire direttamente, richiesti nel modello di dichiarazione di cui all'art. 8, primo comma, primo periodo.

(1) Articolo modificato dall'articolo 1, comma 1, lettera a), della legge 30 dicembre 1991, n. 413 e successivamente sostituito dall'articolo 1, comma 1, lettera b), del D.L. 31 maggio 1994, n. 330.

3. Certificazioni e documenti riguardanti la dichiarazione delle persone fisiche [(1)]. – 1. Le persone fisiche che esercitano imprese commerciali ai sensi dell'articolo 51 del testo unico delle imposte sui redditi, approvato con decreto del Presidente della Repubblica 22 dicembre 1986, n. 917, anche se non obbligati da altre norme devono redigere e conservare, per il periodo indicato nell'art. 22, il bilancio, composto dallo stato patrimoniale e dal conto dei profitti e delle perdite, relativo al periodo d'imposta. I ricavi, i costi, le rimanenze e gli altri elementi necessari, secondo le disposizioni del capo VI del titolo I del citato testo unico, per la determinazione del reddito d'impresa devono essere indicati in apposito prospetto, qualora non risultanti dal bilancio.

2. Le disposizioni del comma 1 non si applicano ai soggetti che, ammessi a regimi contabili semplificati, non hanno optato per il regime di contabilità ordinaria.

3. I contribuenti devono conservare, per il periodo previsto dall'art. 43, le certificazioni dei sostituti di imposta, nonché i documenti probatori dei crediti di imposta, dei versamenti eseguiti con riferimento alla dichiarazione dei redditi e degli oneri deducibili o detraibili ed ogni altro documento previsto dal decreto di cui all'art. 8. Le certificazioni ed i documenti devono essere esibiti o trasmessi, su richiesta, all'ufficio competente.

(1) Articolo modificato dall'articolo 8, comma 1, della legge 13 aprile 1977, n. 114, dall'articolo 5, comma 1, lettera a), del D.L. 23 dicembre 1977, n. 936, dall'articolo 5, comma 2, lettera a), del D.L. 5 marzo 1986, n. 57, dall'articolo 1, comma 1, lettera c), del D.L. 31 maggio 1994, n. 330 e successivamente sostituito dall'articolo 1, comma 1, del D.Lgs. 9 luglio 1997, n. 241. A norma dell'articolo 9 del D.P.R. 22 luglio 1998, n. 322 le disposizioni di cui al presente articolo si applicano a far data dal 1° gennaio 1998.

4. Contenuto della dichiarazione dei soggetti all'imposta sul reddito delle persone giuridiche. – 1. La dichiarazione dei soggetti all'imposta sul reddito delle persone giuridiche, oltre quanto stabilito nel secondo comma dell'art. 1, deve indicare i dati e gli elementi necessari per l'individuazione del contribuente e di almeno un rappresentante, per la determinazione dei redditi e delle imposte dovute, nonché per l'effettuazione dei controlli e gli altri elementi, esclusi quelli che l'Amministrazione finanziaria è in grado di acquisire direttamente, richiesti nel modello di dichiarazione di cui all'art. 8, primo comma, primo periodo.

[2. *Le società o enti che non hanno la sede legale o amministrativa nel territorio dello Stato devono inoltre indicare l'indirizzo della stabile organizzazione nel territorio stesso, in quanto vi sia, e in ogni caso le generalità e l'indirizzo in Italia di un rappresentante per i rapporti tributari*] [(1)].

(1) Articolo sostituito dall'articolo 1, comma 1, lettera d), del D.L. 31 maggio 1994, n. 330 e successivamente abrogato dall'articolo 19, comma 1, del D.Lgs. 21 novembre 2014, n. 175.

5. Certificazioni e documentazioni riguardanti la dichiarazione dei soggetti all'imposta sul reddito delle persone giuridiche [(1)]. – 1. I soggetti all'imposta sul reddito delle persone giuridiche devono conservare, per il periodo indicato nell'art. 22, il bilancio o il rendiconto, nonché i relativi verbali e relazioni, cui sono obbligati dal codice civile, da leggi speciali o dallo statuto. I ricavi, i costi, le rimanenze e gli altri elementi necessari, secondo le disposizioni del capo VI del titolo I del testo unico delle imposte sui redditi, approvato con decreto del Presidente della Repubblica 22 dicembre 1986, n. 917, per la determinazione dell'imponibile devono essere indicati in apposito prospetto, qualora non risultanti dal bilancio o dal rendiconto.

2. Gli enti indicati alla lettera c) del comma 1 dell'articolo 87 del testo unico delle imposte sui redditi, approvato con decreto del Presidente della Repubblica 22 dicembre 1986, n. 917, devono conservare il bilancio relativo alle attività commerciali eventualmente esercitate. La disposizione non si applica agli enti che, ammessi a regimi contabili semplifi-

cati, non hanno optato per il regime ordinario.

3. Le società e gli enti indicati alla lettera d) del comma 1 dell'articolo 87 del testo unico delle imposte sui redditi, approvato con decreto del Presidente della Repubblica 22 dicembre 1986, n. 917, devono conservare il bilancio relativo alle attività esercitate nel territorio dello Stato mediante stabili organizzazioni. Non sono obbligati alla conservazione del bilancio le società semplici e le società o le associazioni equiparate né gli enti non commerciali che non esercitano nel territorio dello Stato attività commerciali o che, ammessi a regimi contabili semplificati, non hanno optato per il regime ordinario.

4. Le certificazioni dei sostituti d'imposta e i documenti probatori dei versamenti eseguiti con riferimento alle dichiarazioni dei redditi e degli oneri di cui agli articoli 110, 110-bis, 113 e 114 del testo unico delle imposte sui redditi, approvato con decreto del Presidente della Repubblica 22 dicembre 1986, n. 917, nonché ogni altro documento previsto dal decreto di cui all'art. 8 devono essere conservati per il periodo previsto dall'art. 43. Le certificazioni e i documenti devono essere esibiti o trasmessi, su richiesta, all'ufficio competente.

(1) Articolo modificato dall'articolo 3, comma 1, del D.P.R. 28 marzo 1975, n. 60, dall'articolo 19, comma 1, lettera a), della legge 30 dicembre 1991, n. 413, dall'articolo 1, comma 1, lettera e), numero 1), del D.L. 31 maggio 1994, n. 330 e successivamente sostituito dall'articolo 2, comma 1, del D.Lgs. 9 luglio 1997, n. 241. A norma dell'articolo 9 del D.P.R. 22 luglio 1998, n. 322 le disposizioni di cui al presente articolo si applicano a far data dal 1° gennaio 1998.

6. Dichiarazione delle società semplici, in nome collettivo, in accomandita semplice ed equiparate (1). – 1. Le società semplici, in nome collettivo e in accomandita semplice indicate nell'articolo 5 del testo unico delle imposte sui redditi approvato con decreto del Presidente della Repubblica 22 dicembre 1986, n. 917, le società e le associazioni ad esse equiparate a norma dello stesso articolo devono presentare la dichiarazione agli effetti dell'imposta locale sui redditi da esse dovuta e agli effetti dell'imposta sul reddito delle persone fisiche e dell'imposta sul reddito delle persone giuridiche dovute dai soci o dagli associati.

2. La dichiarazione deve contenere le indicazioni prescritte nel secondo comma dell'articolo 1 e nel primo comma dell'art. 4.

3. I soggetti di cui al comma 1, anche se non obbligati da altre norme devono redigere e conservare, per il periodo indicato nell'art. 22, il bilancio, composto dallo stato patrimoniale e dal conto dei profitti e delle perdite, relativo al periodo d'imposta. I ricavi, i costi, le rimanenze e gli altri elementi necessari, secondo le disposizioni del capo VI del titolo I del testo unico delle imposte sui redditi, approvato con decreto del Presidente della Repubblica 22 dicembre 1986, n. 917, per la determinazione dell'imponibile devono essere indicati in apposito prospetto, qualora non risultanti dal bilancio.

4. Le disposizioni del comma 3 non si applicano ai soggetti che, ammessi a regimi contabili semplificati, non hanno optato per il regime di contabilità ordinaria, nonché alle società semplici e alle società ed associazioni ad esse equiparate.

5. I soggetti di cui al comma 1 devono conservare, per il periodo previsto dall'art. 43, le certificazioni dei sostituti di imposta, i documenti probatori dei crediti di imposta, dei versamenti eseguiti con riferimento alla dichiarazione dei redditi e degli oneri deducibili o detraibili, nonché ogni altro documento previsto dal decreto di cui all'art. 8. Le certificazioni ed i documenti devono essere esibiti o trasmessi, su richiesta, all'ufficio competente.

(1) Articolo modificato dall'articolo 9, comma 1, della legge 13 aprile 1977, n. 114, dall'articolo 1, comma 1, lettera f), del D.L. 31 maggio 1994, n. 330 e successivamente sostituito dall'articolo 3, comma 1, del D.Lgs. 9 luglio 1997, n. 241. A norma dell'articolo 9 del D.P.R. 22 luglio 1998, n. 322 le disposizioni di cui al presente articolo si applicano a far data dal 1° gennaio 1998. Vedi le disposizioni di cui all'articolo 1, comma 218, della legge 24 dicembre 2007, n. 244.

7. Dichiarazione dei sostituti d'imposta (1). – [*1. I soggetti indicati nel titolo III, che corrispondono compensi, sotto qualsiasi forma, soggetti a ritenute alla fonte secondo le disposizioni dello stesso titolo, devono presentare annualmente apposita dichiarazione unica, anche ai fini dei contributi dovuti all'Istituto nazionale per la previdenza sociale (INPS) e dei premi dovuti all'Istituto nazionale per le assicurazioni contro gli infortuni sul lavoro (INAIL), relativa a tutti i percipienti. Si applica la disposizione dell'art. 12, comma 1, secondo periodo.*

2. La dichiarazione deve indicare i dati e gli elementi necessari per l'individuazione del sostituto d'imposta, per la determinazione dell'ammontare dei compensi, sotto qualsiasi forma corrisposti, delle ritenute, dei contributi e dei premi, nonché per l'effettuazione dei controlli e gli altri elementi richiesti nel modello di dichiarazione, esclusi quelli che l'amministrazione finanziaria, l'INPS e l'INAIL sono in grado di acquisire direttamente e sostituisce le dichiarazioni previste ai fini contributivi e assicurativi.

3. La dichiarazione è unica anche ai fini dei contributi dovuti ad altri enti e casse. Con decreto del Ministro delle finanze, emanato di concerto con i Ministri del tesoro e del lavoro e della previdenza sociale, sono stabilite le relative modalità di attuazione.

4. Le attestazioni comprovanti il versamento delle ritenute e ogni altro documento previsto dal decreto di cui all'art. 8 devono essere conservati per il periodo previsto dall'art. 43 e devono essere esibiti o trasmessi, su richiesta, all'ufficio competente. La conservazione delle attestazioni relative ai versamenti contributivi e assicurativi resta disciplinata dalle leggi speciali.

5. La dichiarazione non deve essere presentata per i compensi e le altre somme soggetti a ritenuta ai sensi dell'art. 29.] (2)

(1) Articolo modificato dall'articolo 5, comma 2, del D.L. 23 dicembre 1977, n. 936, dall'articolo 1, comma 7, del D.L. 21 dicembre 1982, n. 923, dall'articolo 2, comma 1, del D.L. 30 dicembre 1982, n. 953, dall'articolo 5, comma 2, lettera b), del D.L. 5 marzo 1986, n. 57, dall'articolo 1, comma 1, lettera g), del D.L. 31 maggio 1994, n. 330 e successivamente sostituito dall'articolo 4, comma 1, del D.Lgs. 9 luglio 1997, n. 241.

(2) Articolo abrogato, a decorrere dal 1° gennaio 1999, dall'articolo 9, comma 6, del D.P.R. 22 luglio 1998, n. 322. Dalla medesima data si applicano le disposizioni di cui agli articoli 2, comma 5 e 4 del D.P.R. 322/1998 medesimo.

7 *bis*. Certificazioni dei sostituti di imposta (1). – [*1. I soggetti indicati nel titolo III del presente decreto che corrispondono somme e valori soggetti a ritenute alla fonte secondo le disposizioni dello stesso titolo devono rilasciare una apposita certificazione unica anche ai fini dei contributi dovuti all'Istituto nazionale per la previdenza sociale (INPS) attestante l'ammontare complessivo delle dette somme e valori, l'ammontare delle ritenute operate, delle detrazioni di imposta effettuate e dei contributi previdenziali e assistenziali, nonché gli altri dati stabiliti con il decreto di cui all'art. 8, comma 1, secondo periodo. La certificazione è unica anche ai fini dei contributi dovuti* *agli altri enti e casse previdenziali; con decreto del Ministro delle finanze, emanato di concerto con i Ministri del tesoro e del lavoro e della previdenza sociale, sono stabilite le relative modalità di attuazione. La certificazione unica sostituisce quelle previste ai fini contributivi.*

2. I certificati, sottoscritti anche mediante sistemi di elaborazione automatica, sono consegnati agli interessati entro il mese di marzo dell'anno successivo a quello in cui le somme e i valori sono stati corrisposti ovvero entro dodici giorni dalla richiesta degli stessi in caso di interruzione del rapporto di lavoro. Nelle ipotesi di cui all'art. 27 il certificato può essere sostituito dalla copia della comunicazione prevista dagli articoli 7, 8, 9 e 11 della legge 29 dicembre 1962, n. 1745 (2).] (3)

(1) Articolo aggiunto dall'articolo 1, comma 1, lettera h), del D.L. 31 maggio 1994, n. 330 e successivamente sostituito dall'articolo 7, comma 1, lettera b), del D.Lgs. 2 settembre 1997, n. 314.
(2) Comma modificato dall'articolo 18, comma 1, del D.P.R. 7 dicembre 2001, n. 435.
(3) Articolo abrogato dall'articolo 6 del D.P.R. 16 aprile 2003, n. 126

8. Redazione e sottoscrizione delle dichiarazioni

(1). – [*1. Le dichiarazioni devono essere redatte, a pena di nullità, su stampati conformi ai modelli approvati con decreto del Ministro delle finanze, da pubblicare nella Gazzetta Ufficiale entro il 15 febbraio dell'anno in cui devono essere utilizzati. Il decreto di approvazione dei modelli di dichiarazione dei sostituti d'imposta di cui all'art. 7, comma 1, primo periodo, e dei modelli di dichiarazione di cui all'art. 78, comma 10, della legge 30 dicembre 1991, n. 413, è pubblicato nella Gazzetta Ufficiale entro il 31 ottobre dell'anno precedente a quello in cui i modelli stessi devono essere utilizzati.*

2. Gli stampati possono essere ritirati gratuitamente presso gli uffici comunali ovvero acquistati presso le rivendite autorizzate; tuttavia per particolari stampati il Ministro delle finanze può stabilire che la distribuzione sia fatta direttamente dagli uffici dell'amministrazione finanziaria ovvero mediante spedizione al contribuente. Il Ministro delle finanze stabilisce il prezzo degli stampati posti in vendita e l'aggio spettante ai rivenditori.

3. La dichiarazione deve essere sottoscritta, a pena di nullità, dal contribuente o da chi ne ha la rappresentanza legale o negoziale. La nullità è sanata se il contribuente provvede alla sottoscrizione entro trenta giorni dal ricevimento dell'invito da parte dell'ufficio delle entrate territorialmente competente.

4. La dichiarazione dei soggetti diversi dalle persone fisiche deve essere sottoscritta, a pena di nullità, dal rappresentante legale, e in mancanza da chi ne ha l'amministrazione anche di fatto, o da un rappresentante negoziale. La nullità è sanata se il soggetto tenuto a sottoscrivere la dichiarazione vi provvede entro trenta giorni dal ricevimento dell'invito da parte dell'ufficio delle entrate territorialmente competente.

5. La dichiarazione delle società e degli enti soggetti all'imposta sul reddito delle persone giuridiche, presso i quali esiste un organo di controllo, deve essere sottoscritta anche dalle persone fisiche che lo costituiscono o dal presidente se si tratta di organo collegiale. La dichiarazione priva di tale sottoscrizione è valida, salva l'applicazione della sanzione di cui all'art. 53.

6. In caso di presentazione della dichiarazione in via telematica da parte delle società menzionate nel comma 1 dell'art. 12, ovvero per il tramite dei soggetti incaricati ai sensi del comma 2 dello stesso articolo, le disposizioni dei commi 3, 4 e 5 del presente articolo si applicano con riferimento alla dichiarazione che gli stessi soggetti sono tenuti a conservare.] (2)

(1) Articolo modificato dall'articolo 4, comma 1, del D.P.R. 5 aprile 1978, n. 131, dall'articolo 19, comma 1, lettera b), della legge 30 dicembre 1991, n. 413, dall'articolo 9, comma 8, del D.L. 23 gennaio 1993, n. 16, dall'articolo 1, comma 1, lettera i), del D.L. 31 maggio 1994, n. 330 e successivamente sostituito dall'articolo 5, comma 1, del D.Lgs. 9 luglio 1997, n. 241.
(2) Articolo abrogato dall'articolo 9, comma 9, del D.P.R. 22 luglio 1998, n. 322.

9. Termini per la presentazione delle dichiarazioni

(1)(2). – [*1. Le persone fisiche e le società o le associazioni di cui all'art. 6 devono presentare la dichiarazione, compresa quella unificata annuale, tra il 1° maggio e il 30 giugno di ciascun anno. La presentazione della dichiarazione in via telematica deve essere effettuata entro il 30 settembre di ciascun anno, rispettando i termini e le modalità stabiliti con il decreto di cui all'art. 8.*

2. I soggetti all'imposta sul reddito delle persone giuridiche, tenuti all'approvazione del bilancio o del rendiconto entro un termine stabilito dalla legge o dall'atto costitutivo, devono presentare la dichiarazione, compresa quella unificata annuale, entro un mese dall'approvazione del bilancio o rendiconto. Se il bilancio non è stato approvato nel termine stabilito, la dichiarazione deve essere presentata entro un mese dalla scadenza del termine stesso. La presentazione della dichiarazione in via telematica deve essere effettuata entro due mesi dall'approvazione del bilancio o del rendiconto o dalla scadenza del termine stabilito per l'approvazione, rispettando i termini e le modalità stabiliti con il decreto di cui all'art. 8. Qualora il termine di due mesi scada anteriormente al 1° giugno la trasmissione in via telematica deve essere effettuata nel mese di giugno.

3. Gli altri soggetti all'imposta sul reddito delle persone giuridiche devono presentare la dichiarazione, compresa quella unificata annuale, entro sei mesi dalla fine del periodo d'imposta. La presentazione della dichiarazione in via telematica deve essere effettuata entro sette mesi dalla fine del periodo d'imposta, rispettando i termini e le modalità stabiliti con il decreto di cui all'art. 8.

4. I sostituti d'imposta che non sono tenuti alla presentazione della dichiarazione unificata annuale devono presentare la dichiarazione tra il 1° e il 30 aprile di ciascun anno per i pagamenti fatti nell'anno solare precedente ovvero per gli utili di cui all'art. 27, dei quali è stata deliberata la distribuzione nell'anno solare precedente. La presentazione della dichiarazione in via telematica deve essere effettuata entro il 31 maggio, rispettando i termini e le modalità stabiliti con il decreto di cui all'art. 8.

5. Per gli interessi, i premi e gli altri frutti soggetti alla ritenuta di cui ai primi tre commi dell'art. 26 e per quelli assoggettati alla ritenuta a titolo d'imposta ai sensi dell'ultimo comma dello stesso articolo, degli articoli 2 e 3 del decreto-legge 17 settembre 1992, n. 378, convertito, con modificazioni, dalla legge 14 novembre 1992, n. 437 e dell'art. 7, commi 1 e 2, del decreto-legge 20 giugno 1996, n. 323, convertito, con modificazioni, dalla legge 8 agosto 1996, n. 425, nonché per i premi e per le vincite di cui all'art. 30, la dichiarazione deve essere presentata contestualmente alla dichiarazione dei redditi propri.

6. Le dichiarazioni presentate entro un mese dalla scadenza del termine sono valide, salvo il disposto del sesto comma dell'art. 46. Le dichiarazioni presentate con ritardo superiore al mese si considerano omesse a tutti gli effetti, ma costituiscono titolo per la riscossione delle imposte dovute in base agli imponibili in esse indicati e delle ritenute indicate dai sostituti d'imposta.

7. La dichiarazione, diversa da quella di cui al comma 4, può essere integrata, salvo il disposto del quinto comma dell'art. 54, per correggere errori o omissioni mediante successiva dichiarazione da redigere e presentare secondo le modalità stabilite dagli articoli 8 e 12, entro il termine per la presentazione della dichiarazione per il secondo periodo d'imposta successivo, semprechè non siano iniziati accessi, ispezioni e verifiche o la violazione non sia stata comunque constatata ovvero non siano stati notificati gli inviti e le richieste di cui all'art. 32.] (4)

(1) *Articolo modificato dall'articolo 16, comma 2, della legge 13 aprile 1977, n. 114, dall'articolo 5-bis, comma 1, del D.L. 31 ottobre 1980, n. 693, dall'articolo 14, comma 1, lettera a), della legge 29 dicembre 1990, n. 408, dall'articolo 9, comma 1, del D.L. 23 gennaio 1993, n. 16, dall'articolo 62, comma 6, del D.L. 30 agosto 1993, n. 331, dall'articolo 3, comma 1, del D.L. 23 maggio 1994, n. 308, dall'articolo 1, comma 1, lettera l), del D.L. 31 maggio 1994, n. 330 e successivamente sostituito dall'articolo 6, comma 1, del D.Lgs. 9 luglio 1997, n. 241.*

(2) *Articolo abrogato dall'articolo 9, comma 9, del D.P.R. 22 luglio 1998, n. 322.*

(3) *Vedi ora l'articolo 2 del D.P.R. 22 luglio 1998, n. 322.*

10. Dichiarazione nei casi di liquidazione (1). – [*In caso di liquidazione di società o enti soggetti all'imposta sul reddito delle persone giuridiche e di società o associazioni di cui all'art. 5 del decreto del Presidente della Repubblica 29 settembre 1973, n. 597, il liquidatore [nominato con provvedimento dell'autorità giudiziaria]*, o in mancanza il rappresentante legale, deve presentare entro quattro mesi dalla data in cui ha effetto la deliberazione di messa in liquidazione la dichiarazione relativa al periodo compreso tra l'inizio del periodo d'imposta e la data stessa (2).

La dichiarazione relativa al risultato finale delle operazioni di liquidazione deve essere presentata entro quattro mesi dalla chiusura della liquidazione stessa o dal deposito del bilancio finale, se prescritto.

Se la liquidazione si prolunga oltre il periodo d'imposta in corso alla data indicata nel primo comma devono essere presentate, nei termini stabiliti dall'art. 9, la dichiarazione relativa alla residua frazione del detto periodo e quelle relative ad ogni successivo periodo d'imposta.

Nei casi di fallimento e di liquidazione coatta amministrativa le dichiarazioni di cui al primo e secondo comma devono essere presentate, anche se si tratta di imprese individuali, dal curatore o dal commissario liquidatore, rispettivamente entro quattro mesi dalla nomina ed entro quattro mesi dalla chiusura del fallimento e della liquidazione, e le dichiarazioni di cui al terzo comma devono essere presentate soltanto se vi è stato esercizio provvisorio.

Resta fermo, anche durante la liquidazione, l'obbligo di presentare le dichiarazioni prescritte dal quarto comma dell'art. 9 nei termini ivi indicati.] (3)(4)

(1) *Per la proroga dei termini di cui al presente comma, vedi l'articolo 1 del D.L. 23 maggio 1979, n. 149 e l'articolo 2 dell'O.M. 27 dicembre 1991, n. 2198.*

(2) *Comma modificato dall'articolo 8, comma 1, lettera a), del D.Lgs. 9 luglio 1997, n. 241. Successivamente l'articolo 9, comma 4, del D.P.R. 22 luglio 1998, n. 322, ha disposto l'abrogazione dall'articolo 8, comma 1, lettera a), del D.Lgs. 241/1997 medesimo.*

(3) *Articolo abrogato dall'articolo 9, comma 9, del D.P.R. 22 luglio 1998, n. 322.*

11. Dichiarazione nei casi di trasformazione e di fusione. – [*In caso di trasformazione di una società non soggetta all'imposta sul reddito delle persone giuridiche in società soggetta a tale imposta, o viceversa, deliberata nel corso del periodo d'imposta, deve essere presentata, entro quattro mesi dalla data in cui ha effetto la trasformazione, la dichiarazione relativa alla frazione di esercizio compresa tra l'inizio del periodo d'imposta e la data stessa.*

In caso di fusione di più società deve essere presentata dalla società risultante dalla fusione o incorporante, entro quattro mesi dalla data in cui ha effetto la fusione, la dichiarazione relativa alla frazione di esercizio delle società fuse o incorporate compresa tra l'inizio del periodo d'imposta e la data stessa.

Alla dichiarazione prescritta nei precedenti commi dev'essere allegato il conto dei profitti e delle perdite della frazione di esercizio cui si riferisce, redatto dagli amministratori e sottoscritto a norma dell'art. 8 (1).

In caso di scissione totale la società designata a norma del comma 14 dell'art. 123- bis del testo unico delle imposte sui redditi deve presentare la dichiarazione relativa alla frazione di periodo della società scissa entro quattro mesi dalla data in cui è stata eseguita l'ultima delle iscrizioni prescritte dall'art. 2504 del codice civile, indipendentemente da eventuali effetti retroattivi. Alla dichiarazione deve essere allegato un conto economico della frazione di periodo, redatto ai soli fini tributari dagli amministratori e sottoscritto a norma dell'art. 8 (2).

Le disposizioni dei commi precedenti, in quanto applicabili, valgono anche nei casi di trasformazione e di fusione di enti diversi dalle società.] (3)

(1) *Per la proroga dei termini di cui al presente comma, vedi l'articolo 1 del D.L. 23 maggio 1979, n. 149 e l'articolo 2 dell'O.M. 27 dicembre 1991, n. 2198.*

(2) *Comma aggiunto dall'articolo 2, comma 1, del D.Lgs. 30 dicembre 1992, n. 543.*

(3) *Articolo abrogato, a decorrere dal 1° gennaio 2002, dall'articolo 19, comma 2, del D.P.R. 7 dicembre 2001, n. 435.*

12. Presentazione delle dichiarazioni (1). – [*1. La dichiarazione è presentata all'Amministrazione finanziaria, per il tramite di una banca o di un ufficio dell'Ente poste italiane, convenzionati. I contribuenti con periodo di imposta coincidente con l'anno solare, obbligati alla presentazione della dichiarazione dei redditi, della dichiarazione annuale ai fini dell'imposta sul valore aggiunto e di quella del sostituto d'imposta, qualora abbiano effettuato ritenute alla fonte nei riguardi di non più di dieci soggetti, devono presentare la dichiarazione unificata annuale. Le società di cui all'art. 87, comma 1, lettera a), del testo unico delle imposte sui redditi, approvato con decreto del Presidente della Repubblica 22 dicembre 1986, n. 917, con capitale sociale superiore a 5 miliardi di lire devono presentare la dichiarazione in via telematica direttamente all'amministrazione finanziaria. I soggetti incaricati ai sensi del comma 2 presentano la dichiarazione in via telematica. Il collegamento telematico con l'amministrazione finanziaria è gratuito.*

2. Ai soli fini dell'applicazione del presente articolo si considerano soggetti incaricati della trasmissione della dichiarazione:

a) gli iscritti negli albi dei dottori commercialisti, dei ragionieri e periti commerciali e dei consulenti del lavoro;

b) i soggetti iscritti alla data del 30 settembre 1993 nei ruoli di periti ed esperti tenuti dalle camere di commercio, industria, artigianato e agricoltura per la subcategoria tributi, in possesso di diploma di laurea in giurisprudenza o in economia e commercio o equipollenti o di diploma di ragioneria;

c) le associazioni sindacali di categoria tra imprenditori indicate nell'art. 78, commi 1, lettere a) e b), e 2, della legge 30 dicembre 1991, n. 413, le quali possono provvedervi anche a mezzo di altri soggetti, individuati con decreto del Ministro delle finanze;

d) i centri autorizzati di assistenza fiscale per le imprese e per i lavoratori dipendenti e pensionati.

3. I soggetti di cui al comma 2 sono abilitati dall'amministrazione finanziaria alla trasmissione dei dati contenuti nelle dichiarazioni, subordinatamente alla stipulazione del contratto di assicurazione di cui al comma 9. L'abilitazione è revocata quando nello svolgimento dell'attività di trasmissione delle dichiarazioni vengono commesse gravi o ripetute irregolarità, ovvero in presenza di provvedimenti di sospensione irrogati dall'ordine di appartenenza del professionista o in caso di revoca dell'autorizzazione all'esercizio dell'attività da parte dei centri autorizzati di assistenza fiscale.

4. La dichiarazione può essere presentata all' amministrazione finanziaria anche mediante spedizione effettuata dall'estero, utilizzando il mezzo della raccomandata o altro equivalente dal quale risulti con certezza la data di spedizione.

5. Le banche e gli uffici postali devono rilasciare, anche se non richiesta, ricevuta di presentazione della dichiarazione. Il soggetto incaricato ai sensi del comma 2 rilascia al contribuente o al sostituto d'imposta, entro il termine previsto per la presentazione della dichiarazione per il tramite di una banca o di un ufficio postale, copia della dichiarazione contenente l'impegno a trasmettere in via telematica all' amministrazione finanziaria i dati in essa contenuti e, entro i quindici giorni successivi a quello in cui l'amministrazione finanziaria ha comunicato l'avvenuto ricevimento della dichiarazione, copia della relativa attestazione.

6. I soggetti di cui al comma 11 devono trasmettere in via telematica le dichiarazioni all'Amministrazione finanziaria entro cinque mesi dalla data di scadenza del termine di presentazione delle dichiarazioni stesse.

7. La dichiarazione si considera presentata nel giorno in cui è consegnata dal contribuente alla banca o all'ufficio postale ovvero trasmessa all'amministrazione finanziaria mediante procedure telematiche.

8. Le società che trasmettono la dichiarazione direttamente all'amministrazione finanziaria e i soggetti incaricati della predisposizione della dichiarazione conservano, per il periodo previsto dall'art. 43, la dichiarazione, della quale l'amministrazione finanziaria può chiedere l'esibizione o la trasmissione, debitamente sottoscritta e redatta su modello conforme a quello approvato con il decreto di cui all'art. 8. I documenti rilasciati dal soggetto incaricato di predisporre la dichiarazione devono essere conservati dal contribuente o dal sostituto d'imposta per il periodo previsto dall'art. 43.

9. Salva l'applicazione delle disposizioni sul mandato e sul contratto d'opera professionale, in caso di mancata o tardiva presentazione della dichiarazione o di indicazione nella stessa di dati difformi da quelli contenuti nella copia rilasciata al contribuente o al sostituto d'imposta, i soggetti indicati nel comma 2 devono tenere indenne il contribuente dalle sanzioni amministrative eventualmente irrogate nei suoi confronti. A tal fine essi devono stipulare idoneo contratto di assicurazione.

10. La prova della presentazione della dichiarazione è data dalla ricevuta della banca o dell'ufficio postale o della ricevuta di invio della raccomandata di cui al comma 4 ovvero dalla comunicazione dell'Amministrazione finanziaria attestante l'avvenuto ricevimento della dichiarazione presentata in via telematica. Nessuna altra prova può essere addotta in contrasto con le risultanze dei predetti documenti.

11. Le modalità di attuazione delle disposizioni del presente articolo sono stabilite con decreto del Ministro delle finanze da pubblicare nella Gazzetta Ufficiale. Le modalità di svolgimento del servizio di ricezione delle dichiarazioni da parte delle banche e dell'Ente poste italiane, comprese la misura del compenso spettante e le conseguenze derivanti dalle irregolarità commesse nello svolgimento del servizio, sono stabilite mediante distinte convenzioni, approvate con decreto del Ministro delle finanze, di concerto con il Ministro del tesoro. La misura del compenso è determinata tenendo conto dei costi del servizio e del numero complessivo delle dichiarazioni ricevute.

12. Le disposizioni del presente articolo si applicano anche alla presentazione delle dichiarazioni riguardanti imposte sostitutive delle imposte sui redditi.] (2)

(1) Articolo modificato dall'articolo 4, comma 1, del D.P.R. 5 aprile 1978, n. 131, dall'articolo 5, comma 2, del D.P.R. 28 novembre 1980, n. 787, dall'articolo 1, comma 1, lettera m), del D.L. 31 maggio 1994, n. 330 e successivamente sostituito dall'articolo 7, comma 1, del D.Lgs. 9 luglio 1997, n. 241.

(2) Articolo abrogato dall'articolo 9, comma 9, del D.P.R. 22 luglio 1998, n. 322.

12 *bis*. Trattamento dei dati risultanti dalla dichiarazione dei redditi e dell'imposta sul valore aggiunto (1). – 1. I sostituti d'imposta ed i soggetti comunque incaricati ai sensi dell'articolo 12 di trasmettere la dichiarazione all'Amministrazione finanziaria, possono trattare i dati connessi alle dichiarazioni per le sole finalità di prestazione del servizio e per il tempo a ciò necessario, adottando specifiche misure individuate nelle convenzioni di cui al comma 11 del predetto articolo 12, volte ad assicurare la riservatezza e la sicurezza delle informazioni anche con riferimento ai soggetti da essi designati come responsabili o incaricati ai sensi della legge 31 dicembre 1996, n. 675. Con il decreto di cui al comma 11 dell'articolo 12 sono individuate, altresì, le modalità per inserire nei modelli di dichiarazione l'informativa all'interessato e l'espressione del consenso relativo ai trattamenti, da parte dei soggetti di cui al precedente periodo, dei dati personali di cui all'articolo 22, comma 1, della legge 31 dicembre 1996, n. 675, connessi alle dichiarazioni.

2. Limitatamente alle dichiarazioni presentate nel 1998, l'informativa di cui all'articolo 10 della legge 31 dicembre 1996, n. 675, s'intende resa attraverso i modelli di dichiarazione ed il consenso di cui al comma 1 è validamente espresso con la sottoscrizione delle dichiarazioni.

(1) Articolo aggiunto dall'articolo 2, comma 1, del D.Lgs. 8 maggio 1998, n. 135.

TITOLO II
Scritture contabili

13. Soggetti obbligati alla tenuta di scritture contabili. – Ai fini dell'accertamento sono obbligati alla tenuta di scritture contabili, secondo le disposizioni di questo titolo:

a) le società soggette all'imposta sul reddito delle persone giuridiche;

b) gli enti pubblici e privati diversi dalle società soggetti all'imposta sul reddito delle persone giuridiche, nonché i trust, che hanno per oggetto esclusivo o principale l'esercizio di attività commerciali (1);

c) le società in nome collettivo, le società in accomandita semplice e le società ad esse equiparate ai sensi dell'art. 5 del D.P.R. 29 settembre 1973, n. 597;

d) le persone fisiche che esercitano imprese commerciali ai sensi dell'art. 51 del decreto indicato alla lettera precedente.

Sono inoltre obbligate alla tenuta di scritture contabili, a norma degli articoli 19 e 20:

e) le persone fisiche che esercitano arti e professioni, ai sensi dell'art. 9, commi primo e secondo del decreto indicato al primo comma, lettera c);

f) le società o associazioni fra artisti e professionisti di cui all'art. 5, lettera c), del decreto indicato alla precedente lettera;

g) gli enti pubblici e privati diversi dalle società, soggetti all'imposta sul reddito delle persone giuridiche, nonché i trust, che non hanno per oggetto esclusivo o principale l'esercizio di attività commerciali (2).

I soggetti obbligati ad operare ritenute alla fonte a titolo di acconto sui compensi corrisposti, di cui al successivo 21, devono tenere le scritture ivi indicate ai fini dell'accertamento del reddito dei percipienti.

I soggetti i quali, fuori dell'ipotesi di cui all'art. 28, lettera b), del D.P.R. 29 settembre 1973, n. 597, svolgono attività di allevamento di animali, devono tenere le scritture contabili indicate nell'articolo 18- bis (3).

(1) *Lettera modificata dall'articolo 1, comma 76, lettera a), della legge 27 dicembre 2006, n. 296.*
(2) *Lettera modificata dall'articolo 1, comma 76, lettera b), della legge 27 dicembre 2006, n. 296.*
(3) *Comma aggiunto dall'articolo 2, comma 1, del D.P.R. 5 aprile 1978, n. 132.*

14. Scritture contabili delle imprese commerciali, delle società e degli enti equiparati. – Le società, gli enti e gli imprenditori commerciali di cui al primo comma dell'art. 13 devono in ogni caso tenere:

a) il libro giornale e il libro degli inventari;

b) i registri prescritti ai fini dell'imposta sul valore aggiunto;

c) scritture ausiliarie nelle quali devono essere registrati gli elementi patrimoniali e reddituali, raggruppati in categorie omogenee, in modo da consentire di desumerne chiaramente e distintamente i componenti positivi e negativi che concorrono alla determinazione del reddito;

d) scritture ausiliarie di magazzino, tenute in forma sistematica e secondo norme di ordinata contabilità, dirette a seguire le variazioni intervenute tra le consistenze negli inventari annuali. Nelle scritture devono essere registrate le quantità entrate ed uscite delle merci destinate alla vendita; dei semilavorati, se distintamente classificati in inventario, esclusi i prodotti in corso di lavorazione; dei prodotti finiti nonchè delle materie prime e degli altri beni destinati ad essere in essi fisicamente incorporati; degli imballaggi utilizzati per il confezionamento dei singoli prodotti; delle materie prime tipicamente consumate nella fase produttiva dei servizi, nonchè delle materie prime e degli altri beni incorporati durante la lavorazione dei beni del committente. Le rilevazioni dei beni, singoli o raggruppati per categorie di inventario, possono essere effettuate anche in forma riepilogativa con periodicità non superiore al mese. Nelle stesse scritture possono inoltre essere annotati, anche alla fine del periodo d'imposta, i cali e le altre variazioni di quantità che determinano scostamenti tra le giacenze fisiche effettive e quelle desumibili dalle scritture di carico e scarico. Per le attività elencate ai numeri 1) e 2) del primo comma dell'art. 22 del decreto del Presidente della Repubblica 26 ottobre 1972, n. 633, e successive modificazioni, le registrazioni vanno effettuate solo per i movimenti di carico e scarico dei magazzini interni centralizzati che forniscono due o più negozi o altri punti di vendita, con esclusione di quelli indicati al punto 4 dell'art. 4 del decreto del Presidente della Repubblica 6 ottobre 1978, n. 627. Per la produzione di beni, opere, forniture e servizi la cui valutazione è effettuata a costi specifici o a norma dell'art. 63 del decreto del Presidente della Repubblica 29 settembre 1973, n. 597, e successive modificazioni, le scritture ausiliarie sono costituite da schede di lavorazione dalle quali devono risultare i costi specificamente imputabili; le registrazioni sulle schede di lavorazione sostituiscono le rilevazioni di carico e di scarico dei singoli beni specificamente acquistati per le predette produzioni. Dalle scritture ausiliarie di magazzino possono essere esclusi tutti i movimenti relativi a singoli beni o a categorie inventariali il cui costo complessivo nel periodo di imposta precedente non eccede il 20% di quello sostenuto nello stesso periodo per tutti i beni sopraindicati. I beni o le categorie inventariali che possono essere esclusi devono essere scelti tra quelli di trascurabile rilevanza percentuale (1).

I soggetti stessi devono inoltre tenere, in quanto ne ricorrano i presupposti, il registro dei beni ammortizzabili e il registro riepilogativo di magazzino di cui ai successivi articoli 16 e 17 e i libri sociali obbligatori di cui ai numeri 1 e seguenti dell'art. 2421 del codice civile.

[*I soggetti che adottano contabilità in codice sono obbligati alla tenuta di apposito registro nel quale devono essere riportati il codice adottato e le corrispondenti note interpretative.*] (2)

Le società e gli enti il cui bilancio o rendiconto è soggetto per legge o per statuto alla approvazione dell'assemblea o di altri organi possono effettuare nelle scritture contabili gli aggiornamenti conseguenziali all'approvazione stessa fino al termine stabilito per la presentazione della dichiarazione.

Le società, gli enti e gli imprenditori di cui al primo comma che esercitano attività commerciali all'estero mediante stabili organizzazioni e quelli non residenti che esercitano attività commerciali in Italia mediante stabili organizzazioni, devono rilevare nella contabilità distintamente i fatti di gestione che interessano le stabili organizzazioni, determinando separatamente i risultati dell'esercizio relativi a ciascuna di esse.

[*Le scritture ausiliarie di magazzino di cui alla lettera d) devono essere tenute a partire dal secondo periodo d'imposta successivo a quello in cui per la seconda volta consecutivamente l'ammontare dei ricavi di cui all'art. 53 del decreto del Presidente della Repubblica 29 settembre 1973, n. 597, ed il valore complessivo delle rimanenze di cui agli articoli 62 e 63 dello stesso decreto sono superiori rispettivamente a cinque miliardi e a due miliardi di lire. L'obbligo cessa a partire dal primo periodo di imposta successivo a quello in cui per la seconda volta consecutivamente l'ammontare dei ricavi o il valore delle rimanenze è inferiore a tale limite. Per i soggetti il cui periodo di imposta è diverso dall'anno solare l'ammontare dei ricavi deve essere ragguagliato all'anno. Ai fini della determinazione dei limiti sopra indicati non si tiene conto delle risultanze di accertamenti se l'incremento non supera di oltre il 15% i valori dichiarati* (3)] (4)(S; S; S; S; 2214, 2421[1] c.c.; S; S).

(1) *Lettera aggiunta dall'articolo 41, comma 1, del D.P.R. 30 dicembre 1980, n. 897 e successivamente sostituita dall'articolo 2, comma 1, del D.P.R. 4 novembre 1981, n. 664.*
(2) *Comma sostituito dall'articolo 10-quater, comma 1, del D.L. 2 marzo 1989, n. 69 e successivamente abrogato dall'articolo 6, comma 2, del D.L. 10 giugno 1994, n. 357.*
(3) *Comma aggiunto dall'articolo 3, comma 1, del D.P.R. 4 novembre 1981, n. 664.*
(4) *Comma abrogato dall'articolo 1, comma 2, del D.P.R. 9 dicembre 1996, n. 695.*

15. Inventario e bilancio. – Le società, gli enti e gli imprenditori commerciali di cui al primo comma dell'art. 13 devono in ogni caso redigere l'inventario e il bilancio con il conto dei profitti e delle perdite, a norma dell'articolo 2217 del codice civile, entro tre mesi dal termine per la presentazione della dichiarazione dei redditi ai fini delle imposte dirette (1).

L'inventario, oltre agli elementi prescritti dal codice civile o da leggi speciali, deve indicare la consistenza dei beni raggruppati in categorie omogenee per natura e valore e il valore attribuito a ciascun gruppo. Ove dall'inventario non si rilevino gli elementi che costituiscono ciascun gruppo e la loro ubicazione, devono essere tenute a disposizione dell'ufficio delle imposte le distinte che sono servite per la compilazione dell'inventario.

Nell'inventario degli imprenditori individuali devono essere distintamente indicate e valutate le attività e le passività relative all'impresa [2].

Il bilancio e il conto dei profitti e delle perdite, salve le disposizioni del codice civile e delle leggi speciali, possono essere redatti con qualsiasi metodo e secondo qualsiasi schema, purché conformi ai princìpi della tecnica contabile, salvo quanto stabilito nel secondo comma dell'art. 3 (s; s; s; s; 2217 c.c.; S; S).

[1] Comma modificato dall'articolo 8, comma 4, della legge 30 dicembre 1991, n. 413.
[2] Comma modificato dall'articolo 3, comma 1, del D.P.R. 28 marzo 1975, n. 60.

16. Registro dei beni ammortizzabili. – Le società, gli enti e gli imprenditori commerciali, di cui al primo comma dell'art. 13, devono compilare il registro dei beni ammortizzabili entro il termine stabilito per la presentazione della dichiarazione.

Nel registro devono essere indicati, per ciascun immobile e per ciascuno dei beni iscritti in pubblici registri, l'anno di acquisizione, il costo originario, le rivalutazioni, le svalutazioni, il fondo di ammortamento nella misura raggiunta al termine del periodo d'imposta precedente, il coefficiente di ammortamento effettivamente praticato nel periodo d'imposta, la quota annuale di ammortamento e le eliminazioni dal processo produttivo.

Per i beni diversi da quelli indicati nel comma precedente le indicazioni ivi richieste possono essere effettuate con riferimento a categorie di beni omogenee per anno di acquisizione e coefficiente di ammortamento. Per i beni di cui all'articolo 102-bis del testo unico delle imposte sui redditi, di cui al decreto del Presidente della Repubblica 22 dicembre 1986, n. 917, le indicazioni ivi richieste possono essere effettuate con riferimento a categorie di beni omogenee per anno di acquisizione e vita utile. Per i beni gratuitamente devolvibili deve essere distintamente indicata la quota annua che affluisce al fondo di ammortamento finanziario [1].

Se le quote annuali di ammortamento sono inferiori alla metà di quelle risultanti dall'applicazione dei coefficienti stabiliti ai sensi del secondo comma dell'art. 68 del D.P.R. 29 settembre 1973, n. 597, il minor ammontare deve essere distintamente indicato nel registro dei beni ammortizzabili.

I costi di manutenzione, riparazione, ammodernamento e trasformazione di cui all'ultimo comma del detto art. 68, che non siano immediatamente deducibili, non si sommano al valore dei beni cui si riferiscono ma sono iscritti in voci separate del registro dei beni ammortizzabili a seconda dell'anno di formazione (S; S; S; S; 2426[1 nn. 1), 2)], 102[1,2,4] d.p.r. 22 dicembre 1986, n. 917; S; S).

[1] Comma modificato dall'articolo 1, comma 326 della legge 23 dicembre 2005, n. 266.

17. Registro riepilogativo di magazzino. – [*Le società, gli enti e gli imprenditori commerciali, di cui al primo comma dell'art. 13, devono compilare il registro riepilogativo di magazzino entro il termine stabilito per la presentazione della dichiarazione.*

Nel registro devono essere distintamente indicate, per ciascuna delle categorie e voci di cui al primo comma dell'art. 62 del decreto del Presidente della Repubblica 29 settembre 1973, n. 597, le quantità esistenti all'inizio del periodo d'imposta, le quantità complessivamente entrate e uscite nel periodo e le quantità esistenti al termine del periodo stesso. Le quantità in entrata e in uscita devono essere distinte a seconda che siano state acquistate, rese da clienti, vendute, rese a fornitori. I soggetti che esercitano attività industriali dirette alla produzione di beni devono tenere distinte, nel registro, anche le quantità prodotte o passate in lavorazione.] [1]

[1] Articolo abrogato dall'articolo 6-bis del D.L. 23 dicembre 1977, n. 936, come modificato dalla legge 23 febbraio 1978, n. 38, in sede di conversione.

18. Contabilità semplificata per le imprese minori [1]. – 1. Le disposizioni dei precedenti articoli si applicano anche ai soggetti che, a norma del codice civile, non sono obbligati alla tenuta delle scritture contabili di cui allo stesso codice. Tuttavia, i soggetti indicati alle lettere c) e d) del primo comma dell'articolo 13, qualora i ricavi indicati agli articoli 57 e 85 del testo unico delle imposte sui redditi, di cui al decreto del Presidente della Repubblica 22 dicembre 1986, n. 917, percepiti in un anno intero, ovvero conseguiti nell'ultimo anno di applicazione dei criteri previsti dall'articolo 109, comma 2, del medesimo testo unico, non abbiano superato l'ammontare di 500.000 euro per le imprese aventi per oggetto prestazioni di servizi, ovvero di 800.000 euro per le imprese aventi per oggetto altre attività, sono esonerati per l'anno successivo dalla tenuta delle scritture contabili prescritte dai precedenti articoli, salvi gli obblighi di tenuta delle scritture previste da disposizioni diverse dal presente decreto. Per i contribuenti che esercitano contemporaneamente prestazioni di servizi e altre attività si fa riferimento all'ammontare dei ricavi relativi all'attività prevalente. In mancanza della distinta annotazione dei ricavi, si considerano prevalenti le attività diverse dalle prestazioni di servizi. Con decreto del Ministro dell'economia e delle finanze sono stabiliti i criteri per l'individuazione delle attività consistenti nella prestazione di servizi. [2]

2. I soggetti che fruiscono dell'esonero di cui al comma 1 devono annotare cronologicamente in un apposito registro i ricavi percepiti indicando per ciascun incasso: a) il relativo importo; b) le generalità, l'indirizzo e il comune di residenza anagrafica del soggetto che effettua il pagamento; c) gli estremi della fattura o altro documento emesso. Devono essere altresì annotate cronologicamente, in diverso registro e con riferimento alla data di pagamento, le spese sostenute nell'esercizio. Per ciascuna spesa devono essere fornite le indicazioni di cui alle lettere b) e c) del primo periodo.

3. I componenti positivi e negativi di reddito, diversi da quelli indicati al comma 2, sono annotati nei registri obbligatori di cui al medesimo comma 2 entro il termine di presentazione della dichiarazione dei redditi.

4. I registri tenuti ai fini dell'imposta sul valore aggiunto sostituiscono i registri indicati al comma 2, qualora vi siano iscritte separate annotazioni delle operazioni non soggette a registrazione ai fini della suddetta imposta. In luogo delle singole annotazioni relative a incassi e pagamenti, nell'ipotesi in cui l'incasso o il pagamento non sia avvenuto nell'anno di registrazione, nei registri deve essere riportato

l'importo complessivo dei mancati incassi o pagamenti con indicazione delle fatture cui le operazioni si riferiscono. In tal caso, i ricavi percepiti e i costi sostenuti devono essere annotati separatamente nei registri stessi nel periodo d'imposta in cui vengono incassati o pagati, indicando ai sensi del comma 2, lettera c), il documento contabile già registrato ai fini dell'imposta sul valore aggiunto.

5. Previa opzione, vincolante per almeno un triennio, i contribuenti possono tenere i registri ai fini dell'imposta sul valore aggiunto senza operare annotazioni relative a incassi e pagamenti, fermo restando l'obbligo della separata annotazione delle operazioni non soggette a registrazione ai fini della suddetta imposta. In tal caso, per finalità di semplificazione si presume che la data di registrazione dei documenti coincida con quella in cui è intervenuto il relativo incasso o pagamento.

6. I soggetti esonerati dagli adempimenti relativi all'imposta sul valore aggiunto ai sensi dell'articolo 34 del decreto del Presidente della Repubblica 26 ottobre 1972, n. 633, non sono tenuti ad osservare le disposizioni dei commi 2, 3 e 4 del presente articolo.

7. Il regime di contabilità semplificata previsto nel presente articolo si estende di anno in anno qualora non vengano superati gli importi indicati nel comma 1.

8. Il contribuente ha facoltà di optare per il regime ordinario. L'opzione ha effetto dall'inizio del periodo d'imposta nel corso del quale è esercitata fino a quando non è revocata e, in ogni caso, per il periodo stesso e per i due successivi.

9. I soggetti che intraprendono l'esercizio di impresa commerciale, qualora ritengano di percepire ricavi per un ammontare, ragguagliato ad un anno, non superiore ai limiti indicati al comma 1, possono, per il primo anno, tenere la contabilità semplificata di cui al presente articolo.

10. Per i rivenditori, in base a contratti estimatori, di giornali, di libri e di periodici, anche su supporti audiovideomagnetici, e per i distributori di carburante, ai fini del calcolo dei limiti di ammissione ai regimi semplificati di contabilità, i ricavi percepiti si assumono al netto del prezzo corrisposto al fornitore dei predetti beni. Per le cessioni di generi di monopolio, valori bollati e postali, marche assicurative e valori similari, si considerano ricavi gli aggi percepiti spettanti ai rivenditori.

11. Ai fini del presente articolo si assumono come ricavi conseguiti nel periodo d'imposta le somme incassate registrate nel registro di cui al comma 2, primo periodo, ovvero nel registro di cui al comma 4.

(1) Articolo modificato dall'articolo 16, comma 1, del D.P.R. 23 dicembre 1974, n. 689, dall'articolo 3, comma 1, del D.P.R. 28 marzo 1975, n. 60, dall'articolo 3, comma 1, del D.P.R. 30 novembre 1977, n. 888, dall'articolo 3, comma 1, della legge 29 febbraio 1980, n. 31, dall'articolo 2, comma 1, del D.L. 30 dicembre 1982, n. 953, dall'articolo 9, comma 3-bis, del D.L. 2 marzo 1989, n. 69, dall'articolo 4, comma 1, della legge 30 dicembre 1991, n. 413, sostituito dall'articolo 1, comma 1, del D.P.R. 12 aprile 2001, n. 222, successivamente modificato dall'articolo 7, comma 2, lettera m), del D.L. 13 maggio 2011, n. 70 e da ultimo sostituito dall'articolo 1, comma 22, della Legge 11 dicembre 2016, n. 232, a norma del comma 23 dell'articolo 1 della Legge 232/2016 medesimo le disposizioni di cui al presente comma si si applicano a decorrere dal periodo d'imposta successivo a quello in corso al 31 dicembre 2016

(2) Comma modificato dall'articolo 1, comma 276, della Legge 29 dicembre 2022, n. 197..

18 *bis*. Scritture contabili delle imprese di allevamento. – I soggetti i quali, fuori dell'ipotesi di cui all'art. 28, lettera b), del D.P.R. 29 settembre 1973, n. 597, svolgono attività di allevamento di animali devono tenere un registro cronologico di carico e scarico degli animali allevati, distintamente per specie e ciclo di allevamento, con l'indicazione degli incrementi e decrementi verificatisi per qualsiasi causa nel periodo d'imposta (1).

(1) Articolo aggiunto dall'articolo 2 del D.P.R. 5 aprile 1978, n. 132.

18 *ter*. Scritture contabili per le altre attività agricole (1). – I soggetti che si avvalgono dei regimi di cui all'articolo 56-bis del decreto del Presidente della Repubblica 22 dicembre 1986, n. 917, ed all'articolo 5 della legge 31 dicembre 1991, n. 413, devono tenere esclusivamente i registri previsti dal decreto del Presidente della Repubblica 26 ottobre 1972, n. 633.

(1) Articolo aggiunto dall'articolo 15 del D.L.gs. 29 marzo 2004, n. 99.

19. Scritture contabili degli esercenti arti e professioni. – Le persone fisiche che esercitano arti o professioni e le società o associazioni fra artisti e professionisti, di cui alle lettere e) ed f) dell'art. 13, devono annotare cronologicamente in un apposito registro le somme percepite sotto qualsiasi forma e denominazione nell'esercizio dell'arte o della professione, anche a titolo di partecipazione agli utili, indicando per ciascuna riscossione:

a) il relativo importo, al lordo e al netto della parte che costituisce rimborso di spese diverse da quelle inerenti alla produzione del reddito eventualmente anticipate per conto del soggetto che ha effettuato il pagamento, e l'ammontare della ritenuta d'acconto subita;

b) le generalità, il comune di residenza anagrafica e l'indirizzo del soggetto che ha effettuato il pagamento;

c) gli estremi della fattura, parcella, nota o altro documento emesso.

Nello stesso registro devono essere annotate cronologicamente, con le indicazioni di cui alle lettere b) e c), le spese inerenti all'esercizio dell'arte o professione delle quali si richiede la deduzione analitica ai sensi dell'art. 50 del D.P.R. 29 settembre 1973, n. 597. Deve essersi, inoltre annotato, entro il termine stabilito per la presentazione della dichiarazione, il valore dei beni per i quali si richiede la deduzione di quote di ammortamento ai sensi del detto articolo, raggruppati in categorie omogenee e distinti per anno di acquisizione.

[*I soggetti di cui al primo comma sono obbligati a tenere uno o più conti correnti bancari o postali ai quali affluiscono, obbligatoriamente, le somme riscosse nell'esercizio dell'attività e dai quali sono effettuati i prelevamenti per il pagamento delle spese* (1).]

[*I compensi in denaro per l'esercizio di arti e professioni sono riscossi esclusivamente mediante assegni non trasferibili o bonifici ovvero altre modalità di pagamento bancario o postale nonché mediante sistemi di pagamento elettronico, salvo per importi unitari inferiori a 100 euro* (2)(3).]

[*Il contribuente può tenere registri distinti per gli incassi e per i pagamenti, nel qual caso tali registri, se contengono tutti i dati richiesti dal decreto del Presidente della Repubblica 26 ottobre 1972, n. 633, e sono tenuti con le modalità ivi previste, sostituiscono a tutti gli effetti quelli prescritti ai fini dell'imposta sul valore aggiunto.*] (4)

[*I contribuenti indicati nel primo comma che nel periodo di imposta precedente hanno percepito compensi per un ammontare superiore a 360 milioni di lire sono soggetti a regime di contabilità ordinaria per il*

ACCERTAMENTO

periodo di imposta successivo e devono tenere:

a) il registro nel quale annotare cronologicamente le operazioni produttive di componenti positivi e negativi di reddito integrate dalle movimentazioni finanziarie inerenti all'esercizio dell'arte o professione, compresi gli utilizzi delle somme percepite, ancorché estranei all'esercizio dell'arte o professione nonché gli estremi dei conti correnti bancari utilizzati per le movimentazioni predette;

b) i registri obbligatori ai fini dell'imposta sul valore aggiunto;

c) il registro dei beni ammortizzabili con le modalità di cui all'articolo 16, primo, secondo e terzo comma;

d) apposite scritture nelle quali vanno indicati, con i criteri e le modalità di cui all'art. 21, i compensi e le altre somme erogate a soggetti che prestano, nei confronti dell'esercente l'arte o la professione, attività lavorativa non di lavoro dipendente.] (5)

Con decreti del Ministro delle finanze, da pubblicare nella Gazzetta Ufficiale, possono essere stabiliti appositi modelli dei registri di cui al comma precedente con classificazione delle categorie di componenti positivi e negativi rilevanti ai fini della determinazione del reddito, individuate anche in relazione a quelle risultanti dai modelli di dichiarazione dei redditi e possono essere prescritte particolari modalità per la tenuta meccanografica del registro (6)(S; S; S; S; 53¹ d.p.r. 22 dicembre 1986, n. 917; S; S).

(1) *Comma aggiunto dall'articolo 35, comma 12, del D.L. 4 luglio 2006, n. 223. Successivamente, per effetto dell'abrogazione del comma 12, articolo 35, del D.L. 2006/223 ad opera dell'articolo 32, comma 3, del D.L. 25 giugno 2008, n. 112, convertito, con modificazioni, dalla Legge 6 agosto 2008, n. 133, il presente comma deve ritenersi a sua volta abrogato.*
(2) *Comma aggiunto dall'articolo 35, comma 12, del D.L. 4 luglio 2006, n. 223. Successivamente, per effetto dell'abrogazione del comma 12, articolo 35, del D.L. 2006/223 ad opera dell'articolo 32, comma 3, del D.L. 25 giugno 2008, n. 112, convertito, con modificazioni, dalla Legge 6 agosto 2008, n. 133, il presente comma deve ritenersi a sua volta abrogato.*
(3) *A norma dell'articolo 35, comma 12-bis, del D.L. 4 luglio 2006, n. 223, come modificato dall'articolo 1, comma 69, della legge 27 dicembre 2006, n. 296, il limite di 100 euro di cui al presente comma, si applica a decorrere dal 1º luglio 2009.*
(4) *Comma abrogato dall'articolo 3, comma 3, del D.P.R. 9 dicembre 1996, n. 695.*
(5) *Comma aggiunto dall'articolo 8, comma 6-bis, del D.L. 27 aprile 1990, n. 90 e successivamente abrogato dall'articolo 3, comma 3, del D.P.R. 9 dicembre 1996, n. 695.*
(6) *Comma aggiunto dall'articolo 8, comma 6-bis, del D.L. 27 aprile 1990, n. 90.*

20. Scritture contabili degli enti non commerciali (1). – Le disposizioni degli artt. 14, 15, 16, 17 e 18 si applicano, relativamente alle attività commerciali eventualmente esercitate, anche agli enti soggetti all'imposta sul reddito delle persone giuridiche che non hanno per oggetto esclusivo o principale l'esercizio di attività commerciali.

Indipendentemente alla redazione del rendiconto annuale economico e finanziario, gli enti non commerciali che effettuano raccolte pubbliche di fondi devono redigere, entro quattro mesi dalla chiusura dell'esercizio, un apposito e separato rendiconto tenuto e conservato ai sensi dell'artt. 22, dal quale devono risultare, anche a mezzo di una relazione illustrativa, in modo chiaro e trasparente, le entrate e le spese relative a ciascuna delle celebrazioni, ricorrenze o campagne di sensibilizzazione indicate nell'articolo 108, comma 2-bis, lettera a), testo unico delle imposte sui redditi, approvato con decreto del Presidente della Repubblica 22 dicembre 1986, n. 917 (2).

Gli enti soggetti alla determinazione forfetaria del reddito ai sensi del comma 1 dell'articolo 109 - bis del testo unico delle imposte sui redditi, approvato con decreto del Presidente della Repubblica 22 dicembre 1986, n. 917, che abbiano conseguito nell'anno solare precedente ricavi non superiori euro 15.493,71, relativamente alle attività di prestazione di servizi, ovvero a euro 25.822,84 negli altri casi, assolvono gli obblighi contabili di cui all'18, secondo le disposizioni di cui al comma 166 dell'articolo 3 della legge 23 dicembre 1996, n. 662 (3).

(1) *Articolo sostituito dall'articolo 3, comma 1, del D.P.R. 28 marzo 1975, n. 60.*
(2) *Comma aggiunto dall'articolo 8, comma 1, del D.lgs. 4 dicembre 1997, n. 460.*
(3) *Comma aggiunto dall'articolo 8, comma 1, del D.lgs. 4 dicembre 1997, n. 460.*

20 *bis*. Scritture contabili delle organizzazioni non lucrative di utilità sociale. (1)

1. Le organizzazioni non lucrative di utilità sociale (ONLUS) diverse dalle società cooperative, a pena di decadenza di benefici fiscali per esse previsti, devono:

a) in relazione all'attività complessivamente svolta, redigere scritture contabili cronologiche e sistematiche atte ad esprimere con compiutezza ed analiticità le operazioni poste in essere in ogni periodo di gestione, e rappresentare adeguatamente in apposito documento, da redigere entro quattro mesi dalla chiusura dell'esercizio annuale, la situazione patrimoniale, economica e finanziaria della organizzazione, distinguendo le attività direttamente connesse da quelle istituzionali, con obbligo di conservare le stesse scritture e la relativa documentazione per un periodo non inferiore a quello indicato dall'artt. 22;

b) in relazione alle attività direttamente connesse tenere le scritture contabili previste dalle disposizioni di cui agli artt. 14, 15, 16 e 18; nell'ipotesi in cui l'ammontare annuale dei ricavi non sia superiore a euro 15.493,71, relativamente alle attività di prestazione di servizi, ovvero a euro 25.822,84 negli altri casi, gli adempimenti contabili possono essere assolti secondo le disposizioni di cui al comma 166 dell'articolo 3 della legge 23 dicembre 1996, n. 662.

2. Gli obblighi di cui al comma 1, lettera a), si considerano assolti qualora la contabilità consti del libro giornale e del libro degli inventari, tenuti in conformità alle disposizioni di cui agli articoli 2216 e 2217 del codice civile.

3. I soggetti richiamati al comma 1 che nell'esercizio delle attività istituzionali e connesse non abbiano conseguito in un anno proventi di ammontare superiore a euro 51.645,69, modificato annualmente secondo le modalità previste dall'articolo 1, comma 3, della legge 16 dicembre 1991, n. 398, possono tenere per l'anno successivo, in luogo delle scritture contabili previste al primo comma, lettera a), il rendiconto delle entrate e delle spese complessive, nei termini e nei modi di cui all'artt. 20.

4. In luogo delle scritture contabili previste al comma 1, lettera a), le organizzazioni di volontariato iscritte nei registri istituiti dalle regioni e dalle provincie autonome di Trento e di Bolzano ai sensi dell'articolo 6 della legge 11 agosto 1991, n. 266, le organizzazioni non governative riconosciute idonee ai sensi della legge 26 febbraio 1987, n. 49, possono tenere il rendiconto nei termini e nei modi di cui all'artt. 20.

5. Qualora i proventi superino per due anni consecutivi l'ammontare di euro 1.032.913,80, modificato annualmente secondo le modalità previste dall'articolo 1, comma 3, della

legge 16 dicembre 1991, n. 398, il bilancio deve recare una relazione di controllo sottoscritta da uno o più revisori iscritti nel registro dei revisori contabili [2].

[1] *Per l'abrogazione del presente articolo vedi articolo 102, comma 2, lettera b); del D.Lgs. 3 luglio 2017, n. 117, e articolo 104, comma 2, del D.Lgs. 3 luglio 2017, n. 117.*
[2] *Articolo aggiunto dall'articolo 25 del D.lgs. 4 dicembre 1997, n. 460.*

21. Scritture contabili dei sostituti d'imposta [1]. – 1. I soggetti indicati nel terzo comma dell'art. 13 devono indicare, per ciascun dipendente, nel libro matricola o in altri libri obbligatori tenuti ai sensi della vigente legislazione sul lavoro, le detrazioni di cui agli articoli 12 e 13 del testo unico delle imposte sui redditi, approvato con decreto del Presidente della Repubblica 22 dicembre 1986, n. 917, attribuite in base alla richiesta del dipendente effettuata a norma dell'art. 23. Le somme e i valori corrisposti a ciascun dipendente devono risultare dal libro paga o da documenti equipollenti tenuti ai sensi della vigente legislazione sul lavoro.

[1] *Articolo modificato dall'articolo 2, comma 1, del D.L. 30 dicembre 1982, n. 953, dall'articolo 6, comma 2, del D.L. 10 giugno 1994, n. 357 e successivamente sostituito dall'articolo 7, comma 1, lettera c), del D.lgs. 2 settembre 1997, n. 314*

22. Tenuta e conservazione delle scritture contabili. – Fermo restando quanto stabilito dal codice civile per il libro giornale e per il libro degli inventari e dalle leggi speciali per i libri e registri da esse prescritti, le scritture contabili di cui ai precedenti articoli, ad eccezione delle scritture ausiliarie di cui alla lettera c) e alla lettera d) del primo comma dell'articolo 14, devono essere tenute a norma dell'articolo 2219 del codice stesso e numerate progressivamente in ogni pagina, in esenzione dall'imposta di bollo. Le registrazioni nelle scritture cronologiche e nelle scritture ausiliarie di magazzino devono essere eseguite non oltre sessanta giorni [1].

Le strutture contabili obbligatorie ai sensi del presente decreto, di altre leggi tributarie, del codice civile o di leggi speciali devono essere conservate fino a quando non siano definiti gli accertamenti relativi al corrispondente periodo d'imposta, anche oltre il termine stabilito dall'art. 2220 del codice civile o da altra legge tributarie, salvo il disposto dell'art. 2457 del detto codice. Gli eventuali supporti meccanografici, elettronici e similari devono essere conservati fino a quando i dati contabili in essi contenuti non siano stati stampati sui libri e registri previsti dalle vigenti disposizioni di legge. L'autorità adita in sede contenziosa può limitare l'obbligo di conservazione alle scritture rilevanti per la risoluzione della controversia in corso [2].

Fino allo stesso termine di cui al precedente comma devono essere conservati ordinatamente, per ciascun affare, gli originali delle lettere, dei telegrammi e delle fatture ricevuti e le copie delle lettere e dei telegrammi spediti e delle fatture emesse.

Con decreti del ministro per le finanze potranno essere determinate modalità semplificative per la tenuta del registro dei beni ammortizzabili e del registro riepilogativo di magazzino, in considerazione delle caratteristiche dei vari settori di attività (S; S; S; S; 2219, 2220 c.c., 8^5, l. 27 luglio 2000, n. 212; S; S).

[1] *Comma sostituito dall'articolo 42, comma 1, del D.P.R. 30 dicembre 1980, n. 897 e successivamente dall'articolo 8, comma 3, della legge 18 ottobre 2001, n. 383.*
[2] *Comma sostituito dall'articolo 10-quinques, comma 1, del D.L. 2 marzo 1989, n. 69.*

TITOLO III
Ritenute alla fonte [1]

[1] *Per l'applicabilità in materia di ritenute alla fonte delle disposizioni contenute nel presente titolo, vedi l'art. 21, comma 15, legge 27 dicembre 1997, n. 449.*

23. Ritenute sui redditi di lavoro dipendente [1][2][3][4][5][6]. – 1 . Gli enti e le società indicati nell'art. 87, comma 1, del testo unico delle imposte sui redditi, approvato con decreto del Presidente della Repubblica 22 dicembre 1986, n. 917, le società e associazioni indicate nell'art. 5 del predetto testo unico e le persone fisiche che esercitano imprese commerciali, ai sensi dell'art. 51 del citato testo unico, o imprese agricole, le persone fisiche che esercitano arti e professioni il curatore fallimentare, il commissario liquidatore nonchè il condominio quale sostituto d'imposta, i quali corrispondono somme e valori di cui all'art. 48 dello stesso testo unico, devono operare all'atto del pagamento una ritenuta a titolo di acconto dell'imposta sul reddito delle persone fisiche dovuta dai percipienti, con obbligo di rivalsa. Nel caso in cui la ritenuta da operare sui predetti valori non trovi capienza, in tutto o in parte, sui contestuali pagamenti in denaro, il sostituito è tenuto a versare al sostituto l'importo corrispondente all'ammontare della ritenuta [7] .

1- bis . I soggetti che adempiono agli obblighi contributivi sui redditi di lavoro dipendente prestato all'estero di cui all'art. 48, concernente determinazione del reddito di lavoro dipendente, comma 8- bis , del testo unico delle imposte sui redditi, approvato con decreto del Presidente della Repubblica 22 dicembre 1986, n. 917, devono in ogni caso operare le relative ritenute [8] .

2. La ritenuta da operare è determinata:

a) sulla parte imponibile delle somme e dei valori, di cui all'art. 48 del testo unico delle imposte sui redditi, approvato con decreto del Presidente della Repubblica 22 dicembre 1986, n. 917, esclusi quelli indicati alle successive lettere b) e c), corrisposti in ciascun periodo di paga, con le aliquote dell'imposta sul reddito delle persone fisiche, ragguagliando al periodo di paga i corrispondenti scaglioni annui di reddito ed effettuando le detrazioni previste negli articoli 12 e 13 del citato testo unico, rapportate al periodo stesso. Le detrazioni di cui all'articolo 12, del citato testo unico sono riconosciute se il percipiente dichiara [*annualmente*] di avervi diritto, indica le condizioni di spettanza, il codice fiscale dei soggetti per i quali si usufruisce delle detrazioni e si impegna a comunicare tempestivamente le eventuali variazioni. [*La dichiarazione ha effetto anche per i periodi di imposta successivi*]. La dichiarazione ha effetto anche per i periodi di imposta successivi. L'omissione della comunicazione relativa alle variazioni comporta l'applicazione delle sanzioni previste dall'articolo 11 del decreto legislativo 18 dicembre 1997, n. 471, e successive modificazioni [9];

b) sulle mensilità aggiuntive e sui compensi della stessa natura, con le aliquote dell'imposta sul reddito delle persone fisiche, ragguagliando a mese i corrispondenti scaglioni annui di reddito;

c) sugli emolumenti arretrati relativi ad anni precedenti di cui all'art. 16, comma 1, lettera b), del citato testo unico, con i criteri di cui all'art. 18, dello stesso testo unico, intendendo per reddito complessivo netto l'ammontare globale dei redditi di lavoro dipendente corrisposti dal sostituto al sostituito nel biennio precedente, effettuando le detrazioni previste negli articoli 12 e 13 del medesimo testo unico [(10)];

d) sulla parte imponibile del trattamento di fine rapporto e delle indennità equipollenti e delle altre indennità e somme di cui all'art. 16, comma 1, lettera a), del citato testo unico con i criteri di cui all'art. 17, comma 1, secondo periodo, e comma 2- bis , terzo periodo, dello stesso testo unico [(11)];

[*d-bis) sulla parte imponibile delle prestazioni di cui all'art. 16, comma 1, lettera a-bis), del citato testo unico, con i criteri di cui all'art. 17- bis , [comma 1, primo periodo,*] dello stesso testo unico;] [(12)]

e) sulla parte imponibile delle somme e dei valori di cui all'art. 48, del citato testo unico, non compresi nell'art. 16, comma 1, lettera a), dello stesso testo unico, corrisposti agli eredi del lavoratore dipendente, con l'aliquota stabilita per il primo scaglione di reddito.

3 . I soggetti indicati nel comma 1 devono effettuare, entro il 28 febbraio dell'anno successivo e, in caso di cessazione del rapporto di lavoro, alla data di cessazione, il conguaglio tra le ritenute operate sulle somme e i valori di cui alle lettere a) e b) del comma 2, e l'imposta dovuta sull'ammontare complessivo degli emolumenti stessi, tenendo conto delle detrazioni eventualmente spettanti a norma degli articoli 12 e 13 del testo unico delle imposte sui redditi, di cui al decreto del Presidente della Repubblica 22 dicembre 1986, n. 917, e successive modificazioni, e delle detrazioni eventualmente spettanti a norma dell' articolo 15 dello stesso testo unico, e successive modificazioni, per oneri a fronte dei quali il datore di lavoro ha effettuato trattenute, nonchè, limitatamente agli oneri di cui al comma 1, lettere c) e f), dello stesso articolo, per erogazioni in conformità a contratti collettivi o ad accordi e regolamenti aziendali. In caso di incapienza delle retribuzioni a subire il prelievo delle imposte dovute in sede di conguaglio di fine anno entro il 28 febbraio dell'anno successivo il sostituito può dichiarare per iscritto al sostituto di volergli versare l'importo corrispondente alle ritenute ancora dovute, ovvero, di autorizzarlo a effettuare il prelievo sulle retribuzioni dei periodi di paga successivi al secondo dello stesso periodo di imposta. Sugli importi di cui è differito il pagamento si applica l'interesse in ragione dello 0,50 per cento mensile, che è trattenuto e versato nei termini e con le modalità previste per le somme cui si riferisce. L'importo che al termine del periodo d'imposta non è stato trattenuto per cessazione del rapporto di lavoro o per incapienza delle retribuzioni deve essere comunicato all'interessato che deve provvedere al versamento entro il 15 gennaio dell'anno successivo. [*Qualora le comunicazioni delle indennità e dei compensi di cui all'art. 47, comma 1, lettera b), del citato testo unico pervengano al sostituto oltre il termine del 12 gennaio del periodo d'imposta successivo, di esse lo stesso terrà conto ai fini delle operazioni di conguaglio del periodo d'imposta successivo.*] Se alla formazione del reddito di lavoro dipendente concorrono somme o valori prodotti all'estero le imposte ivi pagate a titolo definitivo sono ammesse in detrazione fino a concorrenza dell'imposta relativa ai predetti redditi prodotti all'estero. La disposizione del periodo precedente si applica anche nell'ipotesi in cui le somme o i valori prodotti all'estero abbiano concorso a formare il reddito di lavoro dipendente in periodi d'imposta precedenti. Se concorrono redditi prodotti in più Stati esteri la detrazione si applica separatamente per ciascuno Stato [(13)].

4 . Ai fini del compimento delle operazioni di conguaglio di fine anno il sostituito può chiedere al sostituto di tenere conto anche dei redditi di lavoro dipendente, o assimilati a quelli di lavoro dipendente, percepiti nel corso di precedenti rapporti intrattenuti. A tal fine il sostituito deve consegnare al sostituto d'imposta, entro il 12 del mese di gennaio del periodo d'imposta successivo a quello in cui sono stati percepiti, la certificazione unica concernente i redditi di lavoro dipendente, o assimilati a quelli di lavoro dipendente, erogati da altri soggetti, compresi quelli erogati da soggetti non obbligati ad effettuare le ritenute. [*Alla consegna della suddetta certificazione unica il sostituito deve anche comunicare al sostituto quale delle opzioni previste al comma precedente intende adottare in caso di incapienza delle retribuzioni a subire il prelievo delle imposte.*] La presente disposizione non si applica ai soggetti che corrispondono trattamenti pensionistici [(14)].

4-bis. Le forme pensionistiche complementari istituite alla data di entrata in vigore della legge 23 ottobre 1992, n. 421 , possono ricevere nuove adesioni anche con riferimento al finanziamento tramite conferimento del TFR a far data dal 1° gennaio 2007. Tali forme, ai fini del conferimento del TFR, devono adeguarsi, in conformità delle disposizioni emanate in attuazione dell' articolo 20 , comma 2, del presente decreto legislativo, entro il 31 maggio 2007 [(15)].

[*5 . Le disposizioni dei precedenti commi si applicano anche alle persone fisiche che esercitano arti e professioni, ai sensi dell'art. 49, del testo unico delle imposte sui redditi, approvato con decreto del Presidente della Repubblica 22 dicembre 1986, n. 917, quando corrispondono somme e valori di cui all'art. 48, dello stesso testo unico, deducibili ai fini della determinazione del loro reddito di lavoro autonomo.*] [(16)(17)].

(1) Articolo modificato dall'articolo 10, comma 1, della legge 13 aprile 1977, n. 114, dall'articolo 3, comma 4, del D.L. 30 dicembre 1982, n. 953, dagli articoli 1, comma 1, lettera n) e 3, comma 2, del D.L. 31 maggio 1994, n. 330, dall'articolo 3, comma 191, della legge 28 dicembre 1995, n. 549 e successivamente sostituito dall'articolo 7, comma 1, lettera d), del D.Lgs. 2 settembre 1997, n. 314.

(2) Per la sospensione dei versamenti da autoliquidazione di cui al presente articolo, vedi l'articolo 78, comma 2-quinquiesdecies, del D.L. 17 marzo 2020, n. 18, convertito, con modificazioni, dalla Legge 24 aprile 2020, n. 27.

(3) Per la sospensione dei termini che scadono nel mese di novembre, di cui al presente articolo, vedi l'articolo 13-ter, comma 1, del D.L. 28 ottobre 2020, n. 137, convertito, con modificazioni dalla Legge 18 dicembre 2020, n. 176.

(4) Per la sospensione dei termini che scadono nel mese di dicembre, di cui al presente articolo, vedi l'articolo 13-quater, comma 1, del D.L. 28 ottobre 2020, n. 137, convertito, con modificazioni dalla Legge 18 dicembre 2020, n. 176.

(5) Per la sospensione dei termini relativi ai versamenti delle ritenute alla fonte, di cui al presente articolo, vedi l'articolo 1, comma 36, della Legge 30 dicembre 2020, n. 178, successivamente l'articolo 1, comma 923, lettera a), della Legge 30 dicembre 2021, n. 234 e da ultimo l'articolo 1, comma 2, lettera a), del D.L. 27 gennaio 2022, n. 4, convertito con modificazioni dalla Legge 28 marzo 2022, n. 25.

(6) Per la proroga al 31 luglio 2022 dei versamenti relativi alle ritenute alla fonte di cui al presente articolo, vedi l'articolo 3, comma 6-quater, del D.L. 30 dicembre 2021, n. 228, convertito con modificazioni dalla Legge 25 febbraio 2022, n. 15

(7) Comma modificato dall'articolo 21, comma 11, lettera a), numero 1), della legge 27 dicembre 1997, n. 449 e successivamente dall'articolo 37, comma 1, del D.L. 4 luglio 2006, n. 223.

(8) Comma aggiunto dall'articolo 36, comma 3, della legge 21 novembre 2000, n. 342.

(9) Lettera modificata dall'articolo 2, comma 2, della legge 27 dicembre 2002, n. 289, dall'articolo 1, comma 353, lettera a), numero 1), della legge 30 dicembre 2004, n. 311, dall'articolo 1, comma 7, lettera a), della legge 27 dicembre 2006, n. 296, dall'articolo 1, comma 221, della legge 24 dicembre 2007, n. 244 e successivamente dall'articolo 7, comma 2,

lettera e), del D.L. 13 maggio 2011, n. 70.
(10) *Lettera modificata dall'articolo 1, comma 353, lettera a), numero 1), della legge 30 dicembre 2004, n. 311 e successivamente dall'articolo 1, comma 7, lettera b), della legge 27 dicembre 2006, n. 296.*
(11) *Lettera modificata dall'articolo 11, comma 2, del D.Lgs. 18 febbraio 2000, n. 47.*
(12) *Lettera aggiunta dall'articolo 10, comma 2, del D.Lgs. 18 febbraio 2000, n. 47, successivamente modificata dall'articolo 7, comma 5, del D.Lgs. 12 aprile 2001, n. 168 e da ultimo abrogata, a decorrere dal 1° gennaio 2007, dall'articolo 21, comma 6, del D.Lgs. 5 dicembre 2005, n. 252, come modificato dall'articolo 1, comma 749, della legge 27 dicembre 2006, n. 296.*
(13) *Comma modificato dall'articolo 14, comma 1, lettera a), del D.Lgs. 23 dicembre 1999, n. 505, dall'articolo 1, comma 353, lettera a), numero 2), della legge 30 dicembre 2004, n. 311 e successivamente dall'articolo 1, comma 7, lettera c), della legge 27 dicembre 2006, n. 296.*
(14) *Comma modificato dall'articolo 1, comma 353, lettera a), numero 3), della legge 30 dicembre 2004, n. 311.*
(15) *Comma aggiunto dall'articolo 1, comma 753, della legge 27 dicembre 2006, n. 296.*
(16) *Comma abrogato dall'articolo 21, comma 11, lettera a), numero 2), della legge 27 dicembre 1997, n. 449.*
(17) *Vedi l'articolo 8, comma 1, lettera a), del D.L. 2 marzo 2020, n. 9; successivamente il D.L. 9/2020 è stato abrogato dall'articolo 1, comma 2, della Legge 24 aprile 2020, n. 27. Restano validi gli atti ed i provvedimenti adottati e sono fatti salvi gli effetti prodottisi e i rapporti giuridici sorti sulla base del medesimo.*

24. Ritenuta sui redditi assimilati a quelli di lavoro dipendente (1)(2)(3)(4)(5). – 1 . I soggetti indicati nel comma 1, dell'art. 23, che corrispondono redditi di cui all'art. 47, comma 1, del testo unico delle imposte sui redditi, approvato con decreto del Presidente della Repubblica 22 dicembre 1986, n. 917, devono operare all'atto del pagamento degli stessi, con obbligo di rivalsa, una ritenuta a titolo di acconto dell'imposta sul reddito delle persone fisiche sulla parte imponibile di detti redditi, determinata a norma dell'art. 48- bis del predetto testo unico. Nel caso in cui la ritenuta da operare sui predetti redditi non trovi capienza, in tutto o in parte, sui contestuali pagamenti in denaro, il sostituito è tenuto a versare al sostituto l'importo corrispondente all'ammontare della ritenuta. Si applicano, in quanto compatibili, tutte le disposizioni dell'art. 23 e, in particolare, i commi 2, 3 e 4. Sulla parte imponibile dei redditi di cui all' art. 16, comma 1, lettera c) , del medesimo testo unico, la ritenuta è operata a titolo di acconto nella misura del 20 per cento (6).

1- bis . Sulla parte imponibile dei compensi di cui all'art. 48- bis , comma 1, lettera d- bis), del testo unico delle imposte sui redditi, approvato con decreto del Presidente della Repubblica 22 dicembre 1986, n. 917, è operata una ritenuta a titolo d'imposta con l'aliquota prevista per il primo scaglione di reddito, maggiorata delle addizionali vigenti (7).

1- ter . Sulla parte imponibile dei redditi di cui all' art. 47, comma 1, lettera c -bis), del testo unico delle imposte sui redditi, approvato con decreto del Presidente della Repubblica 22 dicembre 1986, n. 917 , in materia di redditi assimilati a quelli di lavoro dipendente, corrisposti a soggetti non residenti, deve essere operata una ritenuta a titolo d'imposta nella misura del 30 per cento (8).

1-quater. Sulla parte imponibile delle prestazioni pensionistiche complementari di cui all'articolo 50, comma 1, lettera h-bis) del TUIR è operata una ritenuta con l'aliquota stabilita dagli articoli 11 e 14 del decreto legislativo 5 dicembre 2005, n. 252 (9).

[*2 . Ai fini del conguaglio di cui al comma 3 dell'art. 23, i soggetti che corrispondono le indennità e i compensi di cui all'art. 47, comma 1, lettera b), del testo unico delle imposte sui redditi, approvato con decreto del Presidente della Repubblica 22 dicembre 1986, n. 917, devono comunicare, entro il 12 di gennaio del periodo d'imposta successivo, al datore di lavoro del percipiente, l'ammontare delle somme corrisposte, delle ritenute effettuate e dei relativi contributi.*] (10)(11)

(1) *Articolo modificato dall'articolo 1, comma 6, lettera a), del D.L. 31 dicembre 1996, n. 669 e successivamente sostituito dall'articolo 7, comma 1, lettera e), del D.Lgs. 2 settembre 1997, n. 314.*
(2) *Per la sospensione dei versamenti da autoliquidazione di cui al presente articolo, vedi l'articolo 78, comma 2-quinquiesdecies, del D.L. 17 marzo 2020, n. 18, convertito, con modificazioni, dalla Legge 24 aprile 2020, n. 27.*
(3) *Per la sospensione dei termini che scadono nel mese di novembre, di cui al presente articolo, vedi l'articolo 13-ter, comma 1, del D.L. 28 ottobre 2020, convertito, con modificazioni dalla Legge 18 dicembre 2020, n. 176.*
(4) *Per la sospensione dei termini che scadono nel mese di dicembre, di cui al presente articolo, vedi l'articolo 13-quater, comma 1, del D.L. 28 ottobre 2020, convertito, con modificazioni dalla Legge 18 dicembre 2020, n. 176.*
(5) *Per la sospensione dei termini relativi ai versamenti delle ritenute alla fonte, di cui al presente articolo, vedi l'articolo 1, comma 36, della Legge 30 dicembre 2020, n. 178, successivamente l'articolo 1, comma 923, lettera a), della Legge 30 dicembre 2021, n. 234 e da ultimo l'articolo 1, comma 2, lettera a), del D.L. 27 gennaio 2022, n. 4, convertito con modificazioni dalla Legge 28 marzo 2022, n. 25. Per la proroga al 31 luglio 2022 dei versamenti relativi alle ritenute alla fonte cfr. con l'articolo 3, comma 6-quater, del D.L. 30 dicembre 2021, n. 228, convertito con modificazioni dalla Legge 25 febbraio 2022, n. 15*
(6) *Comma modificato, a decorrere dal 1° gennaio 2001, dall'articolo 34, comma 2, lettera a), della legge 21 novembre 2000, n. 342.*
(7) *Comma aggiunto dall'articolo 14, comma 1, lettera b), del D.Lgs. 23 dicembre 1999, n. 505.*
(8) *Comma aggiunto, a decorrere dal 1° gennaio 2001, dall'articolo 34, comma 2, lettera b), della legge 21 novembre 2000, n. 342.*
(9) *Comma aggiunto, a decorrere dal 1° gennaio 2007, dall'articolo 21, comma 5, del D.Lgs. 5 dicembre 2005, n. 252, come modificato dall'articolo 1, comma 749, della legge 27 dicembre 2006, n. 296.*
(10) *Comma abrogato dall'articolo 14, comma 1, lettera b), del D.Lgs. 23 dicembre 1999, n. 505.*
(11) *Vedi l'articolo 8, comma 1, lettera a), del D.L. 2 marzo 2020, n. 9. Decreto abrogato dall'articolo 1, comma 2, della Legge 24 aprile 2020, n. 27. Restano validi gli atti ed i provvedimenti adottati e sono fatti salvi gli effetti prodottisi e i rapporti giuridici sorti sulla base del medesimo.*

25. Ritenuta sui redditi di lavoro autonomo e su altri redditi (1). – I soggetti indicati nel primo comma dell'art. 23, che corrispondono a soggetti residenti nel territorio dello Stato compensi comunque denominati, anche sotto forma di partecipazione agli utili, per prestazioni di lavoro autonomo, ancorchè non esercitate abitualmente ovvero siano rese a terzi o nell'interesse di terzi o per l'assunzione di obblighi di fare, non fare o permettere, devono operare all'atto del pagamento una ritenuta del 20 per cento a titolo di acconto dell'imposta sul reddito delle persone fisiche dovuta dai percipienti, con l'obbligo di rivalsa. La predetta ritenuta deve essere operata dal condominio quale sostituto d'imposta anche sui compensi percepiti dall'amministratore di condominio. La stessa ritenuta deve essere operata sulla parte imponibile delle somme di cui alla lettera b) e sull'intero ammontare delle somme di cui alle lettere a) e c) del terzo comma dell'art. 49 del decreto del Presidente della Repubblica 29 settembre 1973, n. 597. La ritenuta è elevata al 20% per le indennità di cui alle lettere f) e g) dell'art. 12 del decreto stesso. La ritenuta non deve essere operata per le prestazioni effettuate nell'esercizio di imprese (2)(3).

Salvo quanto disposto nell'ultimo comma del presente articolo, se i compensi e le altre somme di cui al comma precedente sono corrisposti a soggetti non residenti, deve essere operata una ritenuta a titolo d'imposta nella misura del 30 per cento, anche per le prestazioni effettuate nell'esercizio di imprese. Ne sono esclusi i compensi per prestazioni di lavoro autonomo effettuate all'estero e quelli corrisposti a stabili organizzazioni in Italia di soggetti non residenti (4).

Le disposizioni dei precedenti commi non si applicano ai compensi di importo inferiore a lire 50.000 corrisposti dai soggetti indicati nella lettera c) dell'art. 2 del decreto del Presidente della Repubblica 29 settembre 1973, n. 598, per prestazioni di lavoro autonomo non esercitato abitualmente e semprechè non costituiscano acconto di maggiori compensi.

I compensi di cui all'articolo 23, comma 2, lettera c), del testo unico delle imposte sui redditi, di cui al decreto del Presidente della Repubblica 22 dicembre 1986, n. 917, corrisposti a non residenti sono soggetti ad una ritenuta del trenta per cento a titolo di imposta sulla parte imponibile del loro ammontare. È operata, altresì, una ritenuta del trenta per cento a titolo di imposta sull'ammontare dei compensi corrisposti a non residenti per l'uso o la concessione in uso di attrezzature industriali, commerciali o scientifiche che si trovano nel territorio dello Stato. Ne sono esclusi i compensi corrisposti a stabili organizzazioni nel territorio dello Stato di soggetti non residenti (5)(6)(S; S; S; S; 53 d.p.r. 22 dicembre 1986, n. 917; S; S).

(1) Articolo modificato dall'articolo 12, comma 2, della legge 13 aprile 1977, n. 114, dall'articolo 4, comma 1, della legge 29 febbraio 1980, n. 31 e successivamente sostituito dall'articolo 43, comma 1, del D.P.R. 30 dicembre 1980, n. 897.

(2) A norma dell'articolo 5, comma 1, del D.L. 30 settembre 1982, n. 688, le ritenute del 15% e del 17% di cui al presente comma, sono rispettivamente elevate al 18% ed al 20%. Successivamente, a norma dell'articolo 33, comma 1, del D.L. 2 marzo 1989, n. 69, la ritenuta del 18% di cui al presente comma, è stata elevata al 19%. Da ultimo, il presente comma è stato modificato dall'articolo 21, comma 11, lettera b), della legge 27 dicembre 1997, n. 449.

(3) Comma modificato dall'articolo 36, comma 24, del D.L. 4 luglio 2006, n. 223, convertito, con modificazioni, dalla Legge 4 agosto 2006, n. 248.

(4) Comma modificato dall'articolo 21, comma 11, lettera b), della legge 27 dicembre 1997, n. 449.

(5) Comma modificato dall'articolo 1, comma 6, lettera b), del D.L. 31 dicembre 1996, n. 669 e successivamente sostituito dall'articolo 1, comma 1, lettera a), del D.Lgs. 30 maggio 2005, n. 143.

(6) A norma dell'articolo 1, comma 725, della Legge 23 dicembre 2014, n. 190, il secondo periodo del presente comma, si interpreta nel senso che per la sussistenza del requisito della territorialità non rileva l'articolo 4 del codice della navigazione.

25 *bis*. Ritenuta sulle provvigioni inerenti a rapporti di commissione, di agenzia, di mediazione, di rappresentanza di commercio e di procacciamento di affari (1). – I soggetti indicati nel primo comma dell'art. 23, escluse le imprese agricole, i quali corrispondono provvigioni comunque denominate per le prestazioni anche occasionali inerenti a rapporti di commissione, di agenzia, di mediazione, di rappresentanza di commercio e di procacciamento di affari, devono operare all'atto del pagamento una ritenuta [*del dieci per cento*] a titolo di acconto dell'imposta sul reddito delle persone fisiche o dell'imposta sul reddito delle persone giuridiche dovuta dai percipienti, con obbligo di rivalsa. L'aliquota della suddetta ritenuta si applica nella misura fissata dall'art. 11 del testo unico delle imposte sui redditi, approvato con decreto del Presidente della Repubblica 22 dicembre 1986, n. 917 e successive modificazioni, per il primo scaglione di reddito (2).

La ritenuta è commisurata al cinquanta per cento dell'ammontare delle provvigioni indicate nel primo comma. Se i percipienti dichiarano ai loro committenti, preponenti o mandanti che nell'esercizio della loro attività si avvalgono in via continuativa dell'opera di dipendenti o di terzi, la ritenuta è commisurata al venti per cento dell'ammontare delle stesse provvigioni.

La ritenuta di cui ai commi precedenti è scomputata dall'imposta relativa al periodo di imposta di competenza, purché già operata al momento della presentazione della dichiarazione annuale, o, alternativamente, dall'imposta relativa al periodo di imposta nel quale è stata operata. Qualora la ritenuta sia operata successivamente, la stessa è scomputata dall'imposta relativa al periodo di imposta in cui è stata effettuata (3).

Se le provvigioni, per disposizioni normative o accordi contrattuali, sono direttamente trattenute sull'ammontare delle somme riscosse, i percipienti sono tenuti a rimettere ai committenti, preponenti o mandanti l'importo corrispondente alla ritenuta. Ai fini del computo dei termini per il relativo versamento da parte dei committenti, preponenti o mandanti, la ritenuta si considera operata nel mese successivo a quello in cui le provvigioni sono state trattenute dai percipienti. I committenti, preponenti o mandanti possono tener conto di eventuali errori nella determinazione dell'importo della ritenuta anche in occasione di successivi versamenti, non oltre il terzo mese dell'anno successivo a quello in cui le provvigioni sono state trattenute dai percipienti.

Le disposizioni dei precedenti commi non si applicano alle provvigioni percepite dalle agenzie di viaggio e turismo, dai rivenditori autorizzati di documenti di viaggio relativi ai trasporti di persone, dai soggetti che esercitano attività di distribuzione di pellicole cinematografiche, dagli agenti di assicurazione per le prestazioni rese direttamente alle imprese di assicurazione, dai mediatori di assicurazione per i loro rapporti con le imprese di assicurazione e con gli agenti generali delle imprese di assicurazione pubbliche o loro controllate che rendono prestazioni direttamente alle imprese di assicurazione in regime di reciproca esclusiva; dalle aziende ed istituti di credito e dalle società finanziarie e di locazione finanziaria per le prestazioni rese nell'esercizio delle attività di collocamento e di compravendita di titoli e valute nonché di raccolta e di finanziamento, dagli agenti, raccomandatari e mediatori marittimi e aerei, dagli agenti e commissionari di imprese petrolifere per le prestazioni ad esse rese direttamente, dai mediatori e rappresentanti di produttori agricoli ed ittici e di imprese esercenti la pesca marittima, dai commissionari che operano nei mercati ortoflorofrutticoli, ittici e di bestiame, nonché dai consorzi e cooperative tra imprese agricole, commerciali ed artigiane non aventi finalità di lucro.

Per le prestazioni rese dagli incaricati alle vendite a domicilio di cui all'articolo 19 del decreto legislativo 31 marzo 1998, n. 114, la ritenuta è applicata a titolo d'imposta ed è commisurata all'ammontare delle provvigioni percepite ridotto del 22 per cento a titolo di deduzione forfetaria delle spese di produzione del reddito. Per le prestazioni derivanti da mandato di agenzia si applicano le disposizioni indicate nei commi che precedono (4).

Con decreto del Ministro dell'economia e delle finanze sono determinati i criteri, i termini e le modalità per la presentazione della dichiarazione indicata nel secondo comma. Tali modalità devono prevedere la trasmissione anche tramite posta elettronica certificata della predetta dichiarazione.

La dichiarazione non potrà avere limiti di tempo e sarà valida fino a revoca ovvero fino alla perdita dei requisiti da parte del contribuente. L'omissione della comunicazione relativa alle variazioni che comportano il venir meno delle predette condizioni comporta l'applicazione delle sanzioni previste dall'articolo 11, del decreto legislativo 18 dicembre 1997, n. 471, e successive modificazioni [5].

Le disposizioni dei precedenti commi si applicano anche alle provvigioni corrisposte a stabili organizzazioni nel territorio dello Stato di soggetti non residenti.

(1) Articolo aggiunto dall'articolo 2, comma 1, del D.L. 30 dicembre 1982, n. 953.
(2) Comma modificato dall'articolo 21, comma 11, lettera c), della legge 27 dicembre 1997, n. 449.
(3) Comma modificato dall'articolo 5, comma 2-ter, del D.L. 22 ottobre 2016, n. 193 convertito, con modificazioni dalla legge 1° dicembre 2016 n. 225.
(4) Comma modificato dall'articolo 14, comma 6, della legge 24 dicembre 1993, n. 537 e successivamente dall'articolo 2, comma 12, della legge 27 dicembre 2002, n. 289.
(5) Comma sostituito dall'articolo 27, comma 1, del D.Lgs. 21 novembre 2014, n. 175.

25 *ter*. Ritenute sui corrispettivi dovuti dal condominio all'appaltatore [1]. – 1. Il condominio quale sostituto di imposta opera all'atto del pagamento una ritenuta del 4 per cento a titolo di acconto dell'imposta sul reddito dovuta dal percipiente, con obbligo di rivalsa, sui corrispettivi dovuti per prestazioni relative a contratti di appalto di opere o servizi, anche se rese a terzi o nell'interesse di terzi, effettuate nell'esercizio di impresa.

2. La ritenuta di cui al comma 1 è operata anche se i corrispettivi sono qualificabili come redditi diversi ai sensi dell'articolo 67, comma 1, lettera i), del testo unico delle imposte sui redditi, di cui al decreto del Presidente della Repubblica 22 dicembre 1986, n. 917.

2-bis. Il versamento della ritenuta di cui al comma 1 è effettuato dal condominio quale sostituto d'imposta quando l'ammontare delle ritenute operate raggiunga l'importo di euro 500. Il condominio è comunque tenuto all'obbligo di versamento entro il 30 giugno e il 20 dicembre di ogni anno anche qualora non sia stato raggiunto l'importo stabilito al primo periodo [2].

2-ter. Il pagamento dei corrispettivi di cui al comma 1 deve essere eseguito dai condomìni tramite conti correnti bancari o postali a loro intestati ovvero secondo altre modalità idonee a consentire all'amministrazione finanziaria lo svolgimento di efficaci controlli, che possono essere stabilite con decreto del Ministro dell'economia e delle finanze da emanare ai sensi dell'articolo 17, comma 3, della legge 23 agosto 1988, n. 400. L'inosservanza della presente disposizione comporta l'applicazione delle sanzioni previste dal comma 1 dell'articolo 11 del decreto legislativo 18 dicembre 1997, n. 471 [3].

(1) Articolo inserito dall'articolo 1, comma 43, della legge 27 dicembre 2006, n. 296.
(2) Comma aggiunto dall'articolo 1, comma 36, della Legge 11 dicembre 2016, n. 232.
(3) Comma aggiunto dall'articolo 1, comma 36, della Legge 11 dicembre 2016, n. 232.

25 *quater*. Ritenuta sui compensi corrisposti ai raccoglitori occasionali di tartufi [1]. – I soggetti indicati nel primo comma dell'articolo 23 applicano ai compensi corrisposti ai raccoglitori occasionali di tartufi non identificati ai fini dell'imposta sul valore aggiunto, in relazione alle cessioni di tartufi, una ritenuta a titolo d'imposta, con obbligo di rivalsa. La suddetta ritenuta si applica all'aliquota fissata dall'articolo 11 del testo unico delle imposte sui redditi, di cui al decreto del Presidente della Repubblica 22 dicembre 1986, n. 917, e successive modificazioni, per il primo scaglione di reddito ed è commisurata all'ammontare dei corrispettivi pagati ridotto del 22 per cento a titolo di deduzione forfetaria delle spese di produzione del reddito.

(1) Articolo inserito dall'articolo 29, comma 2, della Legge 7 luglio 2016, n. 122; a norma del comma 4 del medesimo articolo 29, la presente disposizione si applica alle operazioni effettuate a decorrere dal 1° gennaio 2017.

26. Ritenute sugli interessi e sui redditi di capitale [1]. – 1. I soggetti indicati nel comma 1 dell'articolo 23, che hanno emesso obbligazioni, titoli similari e cambiali finanziarie, operano una ritenuta del 20 per cento, con obbligo di rivalsa, sugli interessi ed altri proventi corrisposti ai possessori [2][3].

2. L'Ente poste italiane e le banche operano una ritenuta del 27 per cento, con obbligo di rivalsa, sugli interessi ed altri proventi corrisposti ai titolari di conti correnti e di depositi, anche se rappresentati da certificati. La predetta ritenuta è operata dalle banche anche sui buoni fruttiferi da esse emessi. Non sono soggetti alla ritenuta [4]:

a) gli interessi e gli altri proventi corrisposti da banche italiane o da filiali italiane di banche estere a banche con sede all'estero o a filiali estere di banche italiane;

b) gli interessi derivanti da depositi e conti correnti intrattenuti tra le banche ovvero tra le banche e l'Ente poste italiane;

c) gli interessi a favore del Tesoro sui depositi e conti correnti intestati al Ministero del tesoro, del bilancio e della programmazione economica, nonché gli interessi sul "Fondo di ammortamento dei titoli di Stato" di cui al comma 1 dell'articolo 2 della legge 27 ottobre 1993, n. 43, e sugli altri fondi finalizzati alla gestione del debito pubblico.

3. Quando gli interessi ed altri proventi di cui al comma 2 sono dovuti da soggetti non residenti, la ritenuta ivi prevista è operata dai soggetti di cui all'art. 23 che intervengono nella loro riscossione. [*Qualora il rimborso delle obbligazioni e titoli similari con scadenza non inferiore a diciotto mesi emessi da soggetti non residenti, abbia luogo prima di tale scadenza, è dovuta dai percipienti una somma pari al 20 per cento degli interessi e degli altri proventi maturati fino al momento dell'anticipato rimborso. Tale somma è prelevata dai soggetti di cui all'art. 23 che intervengono nella riscossione degli interessi ed altri proventi ovvero nel rimborso nei confronti di soggetti residenti*] [5].

3-bis. I soggetti indicati nel comma 1 dell'articolo 23, che corrispondono i proventi di cui alle lettere g-bis) e g-ter) del comma 1, dell'articolo 44 del testo unico delle imposte sui redditi approvato con il decreto del Presidente della Repubblica 22 dicembre 1986, n. 917, ovvero intervengono nella loro riscossione operano sui predetti proventi una ritenuta con aliquota del 20 per cento ovvero con la minore aliquota prevista per le obbligazioni e gli altri titoli di cui all'articolo 31 del decreto del Presidente della Repubblica 29 settembre 1973, n. 601 ed equiparati e dalle obbligazioni emesse dagli Stati inclusi nella lista di cui al decreto emanato ai sensi dell'articolo 168-bis, comma 1, del medesimo testo unico n.

917 del 1986 e obbligazioni emesse da enti territoriali dei suddetti Stati. Nel caso dei rapporti indicati nella lettera g-bis), la predetta ritenuta è operata, in luogo della ritenuta di cui al comma 3, anche sugli interessi e gli altri proventi maturati nel periodo di durata dei predetti rapporti (6).

4. Le ritenute previste nei commi da 1 a 3- bis sono applicate a titolo di acconto nei confronti di: a) imprenditori individuali, se i titoli, i depositi e conti correnti, nonché i rapporti da cui gli interessi ed altri proventi derivano sono relativi all'impresa ai sensi dell'art. 77 del testo unico delle imposte sui redditi, approvato con decreto del Presidente della Repubblica 22 dicembre 1986, n. 917; b) società in nome collettivo, in accomandita semplice ed equiparate di cui all'art. 5 del testo unico delle imposte sui redditi; c) società ed enti di cui alle lettere a) e b) dell'art. 87 del medesimo testo unico e stabili organizzazioni nel territorio dello Stato delle società e degli enti di cui alla lettera d) del predetto articolo. La ritenuta di cui al comma 3- bis è applicata a titolo di acconto, qualora i proventi derivanti dai titoli sottostanti non sarebbero assoggettabili a ritenuta a titolo di imposta nei confronti dei soggetti a cui siano imputabili i proventi derivanti dai rapporti ivi indicati. Le predette ritenute sono applicate a titolo d'imposta nei confronti dei soggetti esenti dall'imposta sul reddito delle persone giuridiche ed in ogni altro caso. Non sono soggetti tuttavia a ritenuta i proventi indicati nei commi 3 e 3- bis corrisposti a società in nome collettivo, in accomandita semplice ed equiparate di cui all'art. 5 del testo unico, alle società ed enti di cui alle lettere a) e b) dell'art. 87 del testo unico delle imposte sui redditi approvato con decreto del Presidente della Repubblica 22 dicembre 1986, n. 917, e alle stabili organizzazioni delle società ed enti di cui alla lettera d) dello stesso art. 87 (7)(8).

5. I soggetti indicati nel primo comma dell'art. 23 operano una ritenuta del 12,50 per cento a titolo d'acconto, con obbligo di rivalsa, sui redditi di capitale da essi corrisposti, diversi da quelli indicati nei commi precedenti e da quelli per i quali sia prevista l'applicazione di altra ritenuta alla fonte o di imposte sostitutive delle imposte sui redditi. Se i percipienti non sono residenti nel territorio dello Stato o stabili organizzazioni di soggetti non residenti la predetta ritenuta è applicata a titolo d'imposta ed è operata anche sui proventi conseguiti nell'esercizio d'impresa commerciale. [*L'aliquota della ritenuta è stabilita al 27 per cento se i percipienti sono residenti negli Stati o territori diversi da quelli di cui al decreto ministeriale emanato ai sensi dell'articolo 168-bis del testo unico delle imposte sui redditi, di cui al decreto del Presidente della Repubblica 22 dicembre 1986, n. 917.*] La predetta ritenuta è operata anche sugli interessi ed altri proventi dei prestiti di denaro corrisposti a stabili organizzazioni estere di imprese residenti, non appartenenti all'impresa erogante, e si applica a titolo d'imposta sui proventi che concorrono a formare il reddito di soggetti non residenti ed a titolo d'acconto, in ogni altro caso (9).

5-bis. Ferme restando le disposizioni in tema di riserva di attività per l'erogazione di finanziamenti nei confronti del pubblico di cui al decreto legislativo 1° settembre 1993, n. 385, la ritenuta di cui al comma 5 non si applica agli interessi e altri proventi derivanti da finanziamenti a medio e lungo termine alle imprese erogati da enti creditizi stabiliti negli Stati membri dell'Unione europea, enti individuati all'articolo 2, paragrafo 5, numeri da 4) a 23), della direttiva 2013/36/UE, imprese di assicurazione costituite e autorizzate ai sensi di normative emanate da Stati membri dell'Unione europea o investitori istituzionali esteri, ancorchè privi di soggettività tributaria, di cui all'articolo 6, comma 1, lettera b), del decreto legislativo 1° aprile 1996, n. 239, soggetti a forme di vigilanza nei paesi esteri nei quali sono istituiti (10).

(1) *Articolo modificato dall'articolo 3, comma 1, del D.P.R. 28 marzo 1975, n. 60, dall'articolo 4, comma 1, del D.L. 23 dicembre 1977, n. 936, dall'articolo 32, comma 2, del D.L. 2 marzo 1989, n. 69, dall'articolo 3, comma 1, del D.L. 9 settembre 1992, n. 372, dall'articolo 5, comma 1, della legge 23 dicembre 1994, n. 725, dall'articolo 1-bis, comma 1, del D.L. 31 dicembre 1996, n. 669 e successivamente sostituito dall'articolo 12, comma 1, del D.Lgs. 21 novembre 1997, n. 461.*

(2) *Comma modificato dall'articolo 7, comma 3, lettera a), numero 1), del D.Lgs. 16 giugno 1998, n. 201, dall'articolo 2, comma 1, lettera a), numero 1), del D.Lgs. 23 dicembre 1999, n. 505, dall'articolo 1, comma 316, della legge 27 dicembre 2006, n. 296, successivamente dall'articolo 1, comma 84, lettera a), numero 1), della legge 24 dicembre 2007, n. 244 e da ultimo sostituito, a decorrere dal 1° gennaio 2012, dall'articolo 2, comma 13, lettera a), numero 1), del D.L. 13 agosto 2011, n. 138, come modificato dall'articolo 29, comma 3, del D.L. 29 dicembre 2011, n. 216.*

(3) *A norma dell'articolo 32, comma 9-bis, del D.L. 22 giugno 2012, n. 83, convertito, con modificazioni, dalla Legge 7 agosto 2012, n. 134, come modificato dall'articolo 12, comma 5, del D.L. 23 dicembre 2013, n. 145, convertito, con modificazioni, dalla Legge 21 febbraio 2014, n. 9, la ritenuta del 20 per cento di cui al presente comma non si applica sugli interessi e gli altri proventi delle obbligazioni e titoli similari, e delle cambiali finanziarie, corrisposti a organismi di investimento collettivo in valori mobiliari le cui quote siano detenute esclusivamente da investitori qualificati ai sensi dell'articolo 100 del decreto legislativo 24 febbraio 1998, n. 58, e il cui patrimonio sia investito prevalentemente in tali obbligazioni, titoli o cambiali finanziarie.*

(4) *Alinea modificato dall'articolo 7, comma 3, lettera a), numero 2), del D.Lgs. 16 giugno 1998, n. 201.*

(5) *Comma sostituito dall'articolo 2, comma 1, lettera a), numero 2), del D.Lgs. 23 dicembre 1999, n. 505 e successivamente modificato, a decorrere dal 1° gennaio 2012, dall'articolo 2, comma 13, lettera a), numero 2), del D.L. 13 agosto 2011, n. 138, come modificato dall'articolo 29, comma 3, del D.L. 29 dicembre 2011, n. 216.*

(6) *Comma sostituito, a decorrere dal 1° gennaio 2012, dall'articolo 2, comma 13, lettera a), numero 3), del D.L. 13 agosto 2011, n. 138, come modificato dall'articolo 29, comma 3, del D.L. 29 dicembre 2011, n. 216, dall'articolo 95, comma 1, lettera c), del D.L. 24 gennaio 2012, n. 1 e, da ultimo, dall'articolo 4, comma 7, del D.L. 24 aprile 2014, n. 66, convertito, con modificazioni, dalla Legge 23 giugno 2014, n. 89.*

(7) *Comma modificato dall'articolo 7, comma 3, lettera a), numero 3), del D.Lgs. 16 giugno 1998, n. 201.*

(8) *Per l'interpretazione autentica delle disposizioni di cui al terzo periodo del presente comma, vedi l'articolo 14, comma 1, della legge 18 febbraio 1999, n. 28.*

(9) *Comma modificato dall'articolo 1, comma 84, lettera a), numero 2), della legge 24 dicembre 2007, n. 244 e successivamente, a decorrere dal 1° gennaio 2012, dall'articolo 2, comma 13, lettera a), numero 4), del D.L. 13 agosto 2011, n. 138, come modificato dall'articolo 29, comma 3, del D.L. 29 dicembre 2011, n. 216.*

(10) *Comma inserito articolo 22, comma 1, del D.L. 24 giugno 2014, n. 91, convertito con modificazioni dalla Legge 11 agosto 2014, n. 116; successivamente modificato dall'articolo 10, comma 2, del D.L. 12 settembre 2014, n. 133, convertito con modificazioni dalla Legge 11 novembre 2014 n. 164 e dall'articolo 6, comma 1, del D.L. 24 gennaio 2015, n. 3, convertito, con modificazioni, dalla Legge 24 marzo 2015, n. 33. Da ultimo, modificato dall'articolo 17, comma 2, del D.L. 14 febbraio 2016, n. 18, convertito, con modificazioni, dalla Legge 8 aprile 2016 n. 49.*

26 *bis*. Esenzione dalle imposte sui redditi per i non residenti (1). – 1. Non sono soggetti ad imposizione i redditi di capitale derivanti dai rapporti indicati nelle lettere a), diversi dai depositi e conti correnti bancari e postali, con esclusione degli interessi ed altri proventi derivanti da prestiti di denaro, c), d), g-bis) e g-ter), dell'art. 41, comma 1, del testo unico delle imposte sui redditi, approvato con decreto del Presidente della Repubblica 22 dicembre 1986, n. 917, qualora siano percepiti da [2]:

a) soggetti residenti all'estero, di cui all'articolo 6, comma 1, del decreto legislativo 1 aprile 1996, n. 239, e successive modificazioni [3];

[*b) enti od organismi internazionali costituiti in base ad accordi internazionali resi esecutivi in Italia.*] [4]

1-bis. I requisiti di cui al comma 1 sono attestati mediante la documentazione di cui all'articolo 7, comma 2, del decreto legislativo 1 aprile 1996, n. 239 [5].

Qualora i rapporti di cui all'articolo 44, comma 1, lettere g-bis) e g-ter), del testo unico delle imposte sui redditi, di cui al decreto del Presidente della Repubblica 22 dicembre 1986, n. 917, abbiano ad oggetto azioni o strumenti finanziari similari alle azioni di cui allo stesso articolo 44, l'esenzione di cui al comma 1 non si applica sulla quota del provento corrispondente all'ammontare degli utili messi in pagamento nel periodo di durata del contratto [6].

(1) *Articolo inserito dall'articolo 12, comma 2, del D.Lgs. 21 novembre 1997, n. 461.*
(2) *Alinea modificato, a decorrere dal 1° gennaio 1999, dall'articolo 2, comma 2, del D.Lgs. 21 luglio 1999, n. 259.*
(3) *Lettera sostituita dall'articolo 10, comma 2, lettera a), del D.L. 25 settembre 2001, n. 350.*
(4) *Lettera da ritenersi abrogata in virtù della sostituzione di cui all'articolo 10, comma 2, lettera a), del D.L. 25 settembre 2001, n. 350.*
(5) *Comma aggiunto dall'articolo 10, comma 2, lettera b), del D.L. 25 settembre 2001, n. 350.*
(6) *Comma sostituita dall'articolo 2, comma 1, lettera a), del D.Lgs. 12 dicembre 2003, n. 344.*

26 *ter*. – 1. Sui redditi di cui all'articolo 41, comma 1, lettera g-quater) del testo unico delle imposte sui redditi, approvato con decreto del Presidente della Repubblica 22 dicembre 1986, n. 917, l'impresa di assicurazione applica una imposta sostitutiva delle imposte sui redditi nella misura prevista dall'articolo 7 del decreto legislativo 21 novembre 1997, n. 461.

2. Sui redditi di cui all'articolo 41, comma 1, lettera g-quinquies), del citato testo unico delle imposte sui redditi, i soggetti indicati nel primo comma dell'art. 23 applicano una imposta sostitutiva delle imposte sui redditi nella misura prevista dall'articolo 7 del decreto legislativo 21 novembre 1997, n. 461.

3. Sui redditi di capitale indicati nei commi 1 e 2, dovuti da soggetti non residenti e percepiti da soggetti residenti nel territorio dello Stato è dovuta un'imposta sostitutiva dell'imposta sui redditi con aliquota del 12,50 per cento. L'imposta sostitutiva può essere applicata direttamente dalle imprese di assicurazioni estere operanti nel territorio dello Stato in regime di libertà di prestazione di servizi ovvero da un rappresentante fiscale, scelto tra i soggetti indicati nell'art. 23, che risponde in solido con l'impresa estera per gli obblighi di determinazione e versamento dell'imposta e provvede alla dichiarazione annuale delle somme. Nel caso in cui l'imposta sostitutiva non sia applicata direttamente dalle imprese di assicurazione estere operanti nel territorio dello Stato in regime di libertà di prestazione di servizi ovvero da un rappresentante fiscale, l'imposta sostitutiva è applicata dai soggetti di cui all'articolo 23 attraverso i quali sono riscossi i redditi derivanti da tali contratti. Il percipiente è tenuto a comunicare, ove necessario, i dati e le informazioni utili per la determinazione dei redditi consegnando, anche in copia, la relativa documentazione o, in mancanza, una dichiarazione sostitutiva nella quale attesti i predetti dati ed informazioni. Nel caso in cui i redditi siano percepiti direttamente all'estero si applicano le disposizioni di cui all'articolo 16-bis del testo unico delle imposte sui redditi di cui al decreto del Presidente della Repubblica 22 dicembre 1986, n. 917 [1][2](S; S; S; S; 44 d.p.r. 22 dicembre 1986, n. 917; S; S).

(1) *Articolo aggiunto dall'articolo 14, comma 1, del D.Lgs. 18 febbraio 2000, n. 47.*
(2) *Comma sostituito dall'articolo 41-bis, comma 1, del D.L. 30 settembre 2003, n. 269, le disposizioni del presente comma si applicano per i redditi percepiti dal 1° gennaio 2004. Comma successivamente modificato dall'articolo 68, comma 1, del D.L. 22 giugno 2012, n. 83.*

26 *quater*. Esenzione dalle imposte sugli interessi e sui canoni corrisposti a soggetti residenti in Stati membri dell'Unione europea [1]. – 1. Gli interessi e i canoni pagati a società non residenti aventi i requisiti di cui al comma 4, lettera a), o a una stabile organizzazione, situata in un altro Stato membro, di società che hanno i suddetti requisiti sono esentati da ogni imposta quando tali pagamenti sono effettuati:

a) da società ed enti che rivestono una delle forme previste dall'allegato A, che risiedono, ai fini fiscali, nel territorio dello Stato e sono assoggettate, senza fruire di regimi di esonero, all'imposta sul reddito delle società;

b) da una stabile organizzazione, situata nel territorio dello Stato e assoggettata, senza fruire di regimi di esonero, all'imposta sul reddito delle società, di società non residenti aventi i requisiti di cui al comma 4, lettera a), qualora gli interessi o i canoni siano inerenti all'attività della stabile organizzazione stessa.

2. I soggetti beneficiari degli interessi e dei canoni hanno diritto all'esenzione se:

a) la società che effettua il pagamento o la società la cui stabile organizzazione effettua il pagamento, detiene direttamente una percentuale non inferiore al 25 per cento dei diritti di voto nella società che riceve il pagamento o nella società la cui stabile organizzazione riceve il medesimo pagamento;

b) la società che riceve il pagamento o la società la cui stabile organizzazione riceve il pagamento detiene direttamente una percentuale non inferiore al 25 per cento dei diritti di voto nella società che effettua il pagamento o nella società la cui stabile organizzazione effettua il medesimo pagamento;

c) una terza società avente i requisiti di cui alla lettera a) del comma 4 detiene direttamente una percentuale non inferiore al 25 per cento dei diritti di voto sia nella società che effettua il pagamento o nella società la cui stabile organizzazione effettua il pagamento sia nella società che riceve il pagamento o nella società la cui stabile organizzazione riceve il medesimo pagamento;

d) i diritti di voto di cui alle lettere a), b) e c), detenuti nelle società ed enti residenti nel territorio dello Stato, sono quelli esercitabili nell'assemblea ordinaria prevista dagli articoli 2364, 2364-bis e 2479-bis del codice civile;

e) le partecipazioni che attribuiscono i diritti di voto di cui alle lettere a), b) e c) sono detenute ininterrottamente per almeno un anno.

3. Ai fini del presente articolo:

a) si considerano canoni, i compensi di qualsiasi natura

percepiti per l'uso o la concessione in uso:

1) del diritto di autore su opere letterarie, artistiche o scientifiche, comprese le pellicole cinematografiche e il software;

2) di brevetti, marchi di fabbrica o di commercio, disegni o modelli, progetti, formule o processi segreti o per informazioni concernenti esperienze di carattere industriale, commerciale o scientifico;

3) di attrezzature industriali, commerciali o scientifiche;

b) si considerano interessi, i redditi da crediti di qualsiasi natura, garantiti o non da ipoteca e, in particolare, i redditi derivanti da titoli, da obbligazioni e da prestiti, compresi gli altri proventi derivanti dai suddetti titoli e prestiti;

c) non si considerano interessi:

1) le remunerazioni dei finanziamenti eccedenti di cui all'articolo 98 del testo unico delle imposte sui redditi, di cui al decreto del Presidente della Repubblica 22 dicembre 1986, n. 917, direttamente erogati dal socio o dalle sue parti correlate;

2) gli utili di cui all'articolo 44, comma 1, lettera f), del predetto testo unico;

3) le remunerazioni dei titoli e degli strumenti finanziari di cui agli articoli 44, comma 2, lettera a), e 109, comma 9, lettera a), del medesimo testo unico, anche per la quota che non comporta la partecipazione ai risultati economici della società emittente o di altre società appartenenti allo stesso gruppo o dell'affare in relazione al quale gli strumenti finanziari sono stati emessi;

4) i pagamenti relativi a crediti che autorizzano il creditore a rinunciare al suo diritto agli interessi in cambio del diritto a partecipare agli utili del debitore;

5) i pagamenti relativi a crediti che non contengono disposizioni per la restituzione del capitale o per i quali il rimborso debba essere effettuato trascorsi più di cinquanta anni dalla data di emissione.

4. La disposizione di cui al comma 1 si applica se:

a) le società beneficiarie dei redditi di cui al comma 3 e le società le cui stabili organizzazioni sono beneficiarie dei medesimi redditi, rivestono una delle forme previste dall'allegato A, risiedono ai fini fiscali in uno Stato membro, senza essere considerate, ai sensi di una Convenzione in materia di doppia imposizione sui redditi con uno Stato terzo, residenti al di fuori dell'Unione europea e sono assoggettate, senza fruire di regimi di esonero, ad una delle imposte indicate nell'allegato B ovvero a un'imposta identica o sostanzialmente simile applicata in aggiunta o in sostituzione di dette imposte;

b) gli interessi e i canoni pagati alle società non residenti di cui alla lettera a) sono assoggettati ad una delle imposte elencate nell'allegato B;

c) le società non residenti di cui alla lettera a) e le stabili organizzazioni situate in un altro Stato membro di società aventi i requisiti di cui alla lettera a) sono beneficiarie effettive dei redditi indicati nel comma 3; a tal fine, sono considerate beneficiarie effettive di interessi o di canoni:

1) le predette società, se ricevono i pagamenti in qualità di beneficiario finale e non di intermediario, quale agente, delegato o fiduciario di un'altra persona;

2) le predette stabili organizzazioni, se il credito, il diritto, l'utilizzo o l'informazione che generano i pagamenti degli interessi o dei canoni si ricollegano effettivamente a tali stabili organizzazioni e i suddetti interessi o canoni rappresentano redditi per i quali esse sono assoggettate nello Stato membro in cui sono situate ad una delle imposte elencate nell'allegato B o, in Belgio, all'«*impôt des non-residents/belasting der niet-verblijfhouders*», in Spagna all'«*impuesto sobre la Renta de no Residentes*» ovvero a un'imposta identica o sostanzialmente simile applicata in aggiunta o in sostituzione di dette imposte.

5. Se il soggetto che effettua il pagamento dei canoni e degli interessi di cui al comma 3 controlla o è controllato, direttamente o indirettamente, dal soggetto che è considerato beneficiario effettivo, ovvero entrambi i soggetti sono controllati, direttamente o indirettamente, da un terzo, e l'importo degli interessi o dei canoni è superiore al valore normale determinato ai sensi dell'articolo 110, comma 2, del testo unico delle imposte sui redditi, di cui al decreto del Presidente della Repubblica 22 dicembre 1986, n. 917, l'esenzione di cui al comma 1 si applica limitatamente al medesimo valore normale.

6. Ai fini dell'applicazione dell'esenzione di cui al comma 1, deve essere prodotta un'attestazione dalla quale risulti la residenza del beneficiario effettivo e, nel caso di stabile organizzazione, l'esistenza della stabile organizzazione stessa, rilasciata dalle competenti autorità fiscali dello Stato in cui la società beneficiaria è residente ai fini fiscali o dello Stato in cui è situata la stabile organizzazione, nonché una dichiarazione dello stesso beneficiario effettivo che attesti la sussistenza dei requisiti indicati nei commi 2 e 4. La suddetta documentazione va presentata ai soggetti di cui al comma 1, lettere a) e b), entro la data del pagamento degli interessi o dei canoni e produce effetti per un anno a decorrere dalla data di rilascio della documentazione medesima.

7. La documentazione di cui al comma 6 deve essere conservata fino a quando non siano decorsi i termini per gli accertamenti relativi al periodo di imposta in corso alla data di pagamento degli interessi o dei canoni, e comunque fino a quando non siano stati definiti gli accertamenti stessi. Con provvedimento del direttore dell'Agenzia delle entrate possono essere stabilite specifiche modalità di attuazione mediante approvazione di appositi modelli.

8. Con decreto del Ministro dell'economia e delle finanze sono apportate modifiche agli allegati A e B conformemente a quanto stabilito in sede comunitaria.

8-bis. In difetto dei requisiti indicati nel comma 4, lettera c), i soggetti di cui all'articolo 23 applicano una ritenuta del 5 per cento sugli interessi corrisposti a soggetti non residenti a condizione che gli interessi siano destinati a finanziare il pagamento di interessi e altri proventi su prestiti obbligazionari emessi dai percettori:

a) negoziati in mercati regolamentati degli Stati membri dell'Unione europea e degli Stati aderenti all'Accordo sullo spazio economico europeo che sono inclusi nella lista di cui al decreto del Ministro delle finanze 4 settembre 1996 e successive modificazioni e integrazioni;

b) garantiti dai soggetti di cui all'articolo 23 che corrispondono gli interessi ovvero dalla società capogruppo controllante ai sensi dell'articolo 2359 del codice civile ovvero da altra società controllata dalla stessa controllante [2].

(1) *Articolo inserito dall'articolo 1 comma 1, lettera b), del D.Lgs. 30 maggio 2005, n. 143.*

(2) *Comma aggiunto dall'articolo 23, comma 1, del D.L. 6 luglio 2011, n. 98.*

26 *quinquies*. Ritenuta sui redditi di capitale derivanti dalla partecipazione ad OICR italiani e lussemburghesi storici [1]**.** – 1. Sui proventi di cui alla lettera g) dell'articolo 44, comma 1, del testo unico delle imposte sui redditi, di cui al decreto del Presidente della Repubblica 22 dicembre 1986, n. 917, derivanti dalla partecipazione a organismi di investimento collettivo del risparmio (OICR) istituiti in Italia, diversi dagli OICR immobiliari, e a quelli istituiti in Lussemburgo, già autorizzati al collocamento nel territorio dello Stato, di cui all'articolo 11-bis del decreto-legge 30 settembre 1983, n. 512, convertito, con modificazioni, dalla legge 25 novembre 1983, n. 649, e successive modificazioni, limitatamente alle quote o azioni collocate nel territorio dello Stato, le società di gestione del risparmio, le SICAV, le SICAF, i soggetti incaricati del collocamento delle quote o azioni di cui al citato articolo 11-bis del decreto-legge 30 settembre 1983, n. 512, e quelli di cui all'articolo 23 del presente decreto incaricati della loro negoziazione, operano una ritenuta del 20 per cento. Qualora le quote o azioni dei predetti organismi siano immesse in un sistema di deposito accentrato gestito da una società autorizzata ai sensi dell'articolo 80 del testo unico di cui al decreto legislativo 24 febbraio 1998, n. 58, la ritenuta è applicata dai soggetti di cui all'articolo 23 del presente decreto presso i quali le quote o azioni sono state depositate, direttamente o indirettamente aderenti al suddetto sistema di deposito accentrato, nonché dai soggetti non residenti aderenti a detto sistema di deposito accentrato ovvero a sistemi esteri di deposito accentrato aderenti al medesimo sistema [2].

2. I soggetti non residenti di cui al comma 1, ultimo periodo, nominano quale loro rappresentante fiscale in Italia una banca o una società di intermediazione mobiliare, residente nel territorio dello Stato, una stabile organizzazione in Italia di banche o di imprese di investimento non residenti, ovvero una società di gestione accentrata di strumenti finanziari autorizzata ai sensi dell'articolo 80 del testo unico di cui al decreto legislativo 24 febbraio 1998, n. 58. Il rappresentante fiscale risponde dell'adempimento dei propri compiti negli stessi termini e con le stesse responsabilità previste per i soggetti di cui al comma 1 residenti in Italia e provvede a:

a) versare la ritenuta di cui al comma 1;

b) fornire, entro quindici giorni dalla richiesta dell'Amministrazione finanziaria, ogni notizia o documento utile per comprovare il corretto assolvimento degli obblighi riguardanti la suddetta ritenuta.

3. La ritenuta di cui al comma 1 si applica sui proventi distribuiti in costanza di partecipazione all'organismo di investimento e su quelli compresi nella differenza tra il valore di riscatto, di liquidazione o di cessione delle quote o azioni e il costo medio ponderato di sottoscrizione o acquisto delle quote o azioni medesime, al netto di una quota dei proventi riferibili alle obbligazioni e altri titoli di cui all'articolo 31 del decreto del Presidente della Repubblica 29 settembre 1973, n. 601, ed equiparati e alle obbligazioni emesse dagli Stati inclusi nella lista di cui al decreto emanato ai sensi dell'articolo 168-bis del testo unico delle imposte sui redditi approvato con il decreto del Presidente della Repubblica 22 dicembre 1986, n. 917 e alle obbligazioni emesse da enti territoriali dei suddetti Stati. Con decreto del Ministro dell'economia e delle finanze sono stabilite le modalità di individuazione della quota dei proventi di cui al periodo precedente. Il costo di acquisto deve essere documentato dal partecipante e, in mancanza della documentazione, il costo è documentato con una dichiarazione sostitutiva [3].

4. La ritenuta di cui al comma 1 è applicata a titolo di acconto nei confronti di:

a) imprenditori individuali, se le partecipazioni sono relative all'impresa ai sensi dell'articolo 65 del testo unico delle imposte sui redditi, di cui al decreto del Presidente della Repubblica 22 dicembre 1986, n. 917;

b) società in nome collettivo, in accomandita semplice ed equiparate di cui all'articolo 5 del predetto testo unico;

c) società ed enti di cui alle lettere a) e b) dell'articolo 73, comma 1, del medesimo testo unico e stabili organizzazioni nel territorio dello Stato delle società e degli enti di cui al comma 1, lettera d), del medesimo articolo. Nei confronti di tutti gli altri soggetti, compresi quelli esenti o esclusi dall'imposta sul reddito delle società, la ritenuta è applicata a titolo d'imposta.

5. Non sono soggetti ad imposizione i proventi di cui al comma 1 percepiti da soggetti non residenti come indicati nell'articolo 6 del decreto legislativo 1° aprile 1996, n. 239 e maturati nel periodo di possesso delle quote o azioni. Il predetto possesso è attestato dal deposito dei titoli presso un intermediario residente in Italia [4].

5-bis. La ritenuta di cui al comma 1 non si applica sui proventi spettanti alle imprese di assicurazione e relativi a quote o azioni comprese negli attivi posti a copertura delle riserve matematiche dei rami vita [5].

6. Ai fini dell'applicazione della ritenuta di cui al comma 1 si considera cessione anche il trasferimento di quote o azioni a rapporti di custodia, amministrazione o gestione intestati a soggetti diversi dagli intestatari dei rapporti di provenienza [*, salvo che il trasferimento sia avvenuto per successione o donazione*]. Ai medesimi fini si considera rimborso la conversione di quote o azioni da un comparto ad altro comparto del medesimo organismo di investimento collettivo. In questi casi, il contribuente fornisce al soggetto tenuto all'applicazione della ritenuta la necessaria provvista [6].

6-bis. Nel caso di società di gestione estera che istituisce e gestisce in Italia organismi di investimento collettivo del risparmio, la ritenuta di cui al comma 1 è applicata direttamente dalla società di gestione estera operante nel territorio dello Stato in regime di libera prestazione di servizi ovvero da un rappresentante fiscale scelto tra i soggetti indicati nell'articolo 23, che risponde in solido con l'impresa estera per gli obblighi di determinazione e versamento dell'imposta e provvede alla dichiarazione annuale delle somme. In caso di negoziazione la ritenuta è applicata dai soggetti di cui al citato articolo 23 incaricati della loro negoziazione. Qualora le quote o azioni dei predetti organismi siano immesse in un sistema di deposito accentrato gestito da una società autorizzata ai sensi dell'articolo 80 del testo unico di cui al decreto legislativo 24 febbraio 1998, n. 58, la ritenuta è applicata dai soggetti di cui all'articolo 23 del presente decreto presso i quali le quote o azioni sono state depositate, direttamente o indirettamente aderenti al suddetto sistema di deposito accentrato, nonché dai soggetti non residenti aderenti a detto sistema di deposito accentrato ovvero a sistemi esteri di deposito accentrato aderenti al medesimo sistema. Il percipiente è tenuto a comunicare, ove necessario, i dati e le informazioni utili per la determinazione dei redditi consegnando, anche in copia, la relativa documentazione o, in mancanza, una dichiarazione sostitutiva nella quale attesti i predetti dati e informazioni [7].

6-ter. I proventi di cui al comma 1 percepiti senza applicazione della ritenuta al di fuori dell'esercizio d'impresa commerciale sono assoggettati ad imposizione sostitutiva delle imposte sui redditi con la stessa aliquota della ritenuta a titolo d'imposta [8].

[1] *Articolo aggiunto dall'articolo 2, comma 63, del D.L. 29 dicembre 2010, n. 225.*
[2] *Comma modificato dall'articolo 10, comma 1, lettera a), del D.Lgs. 4 marzo 2014, n. 44.*
[3] *Comma inizialmente modificato, a decorrere dal 1° gennaio 2012, dall'articolo 2, comma 13, lettera b), del D.L. 13 agosto 2011, n. 138, successivamente sostituito dall'articolo 10, comma 1, lettera b), del D.Lgs. 4 marzo 2014, n. 44 e, da ultimo, modificato dall'articolo 4 comma 8, del D.L. 24 aprile 2014, n. 66, convertito, con modificazioni, dalla Legge 23 giugno 2014, n. 89.*
[4] *Comma modificato dall'articolo 2, comma 1, lettera a), del D.Lgs. 16 aprile 2012, n. 47.*
[5] *Comma inserito dall'articolo 4, comma 4, del D.L. 24 aprile 2014, n. 66, convertito, con modificazioni, dalla Legge 23 giugno 2014, n. 89.*
[6] *Comma modificato dall'articolo 2, comma 1, lettere b) e c), del D.Lgs. 16 aprile 2012, n. 47 e dall'articolo 10, comma 1, lettera c), del D.Lgs. 4 marzo 2014, n. 44.*
[7] *Comma inizialmente aggiunto dall'articolo 2, comma 1, lettera d), del D.Lgs. 16 aprile 2012, n. 47 e successivamente modificato dall'articolo 10, comma 1, lettera d), numeri 1) e 2), del D.Lgs. 4 marzo 2014, n. 44.*
[8] *Comma aggiunto dall'articolo 2, comma 1, lettera d), del D.Lgs. 16 aprile 2012, n. 47.*

27. Ritenuta sui dividendi [1]. – 1.Le società e gli enti indicati nelle lettere a) e b) del comma 1 dell'articolo 73 del testo unico delle imposte sui redditi, di cui al decreto del Presidente della Repubblica 22 dicembre 1986, n. 917, operano, con obbligo di rivalsa, una ritenuta del 26 per cento a titolo d'imposta sugli utili in qualunque forma corrisposti, anche nei casi di cui all'articolo 47, comma 7, del predetto testo unico, a persone fisiche residenti in relazione a partecipazioni qualificate e non qualificate ai sensi delle lettere c) e c-bis) del comma 1 dell'articolo 67 del medesimo testo unico nonché agli utili derivanti dagli strumenti finanziari di cui all'articolo 44, comma 2, lettera a), e dai contratti di associazione in partecipazione di cui all'articolo 109, comma 9, lettera b), del predetto testo unico, non relative all'impresa ai sensi dell'articolo 65 del medesimo testo unico. La ritenuta è applicata altresì dalle persone fisiche che esercitano imprese commerciali ai sensi dell'articolo 55 del testo unico delle imposte sui redditi e dalle società in nome collettivo e in accomandita semplice ed equiparate di cui all'articolo 5 del medesimo testo unico sugli utili derivanti dai contratti di associazione in partecipazione previsti nel precedente periodo, corrisposti a persone fisiche residenti; per i soggetti che determinano il reddito ai sensi dell'articolo 66 del predetto testo unico, in luogo del patrimonio netto si assume il valore individuato nel comma 2 dell'articolo 47 del medesimo testo unico[2].

1-bis. Nei casi di cui all'articolo 47, commi 5 e 7, del testo unico delle imposte sui redditi di cui al decreto del Presidente della Repubblica 22 dicembre 1986, n. 917, la ritenuta prevista dai commi 1 e 4 si applica sull'intero ammontare delle somme o dei valori corrisposti, qualora il percettore non comunichi il valore fiscalmente riconosciuto della partecipazione[3].

2. In caso di distribuzione di utili in natura i singoli soci o partecipanti, per conseguirne il pagamento, sono tenuti a versare alle società ed altri enti di cui alle lettere a) e b) del comma 1 dell'articolo 73 del predetto testo unico, l'importo corrispondente all'ammontare della ritenuta di cui al comma 1, determinato in relazione al valore normale dei beni ad essi attribuiti, quale risulta dalla valutazione operata dalla società emittente alla data individuata dalla lettera a) del comma 2 dell'articolo 109 del citato testo unico[4].

3. La ritenuta è operata a titolo d'imposta e con l'aliquota del 27 per cento sugli utili corrisposti a soggetti non residenti nel territorio dello Stato diversi dalle società ed enti indicati nel comma 3-ter, in relazione alle partecipazioni, agli strumenti finanziari di cui all'articolo 44, comma 2, lettera a), del testo unico delle imposte sui redditi, di cui al decreto del Presidente della Repubblica 22 dicembre 1986, n. 917, e ai contratti di associazione in partecipazione di cui all'articolo 109, comma 9, lettera b), del medesimo testo unico, non relative a stabili organizzazioni nel territorio dello Stato. [*L'aliquota della ritenuta è ridotta al 12,50 per cento per gli utili pagati ad azionisti di risparmio.*] L'aliquota della ritenuta è ridotta all'11 per cento sugli utili corrisposti ai fondi pensione istituiti negli Stati membri dell'Unione europea e negli Stati aderenti all'Accordo sullo spazio economico europeo inclusi nella lista di cui al decreto del Ministro dell'economia e delle finanze emanato ai sensi dell'articolo 168-bis del testo unico delle imposte sui redditi, di cui al decreto del Presidente della Repubblica 22 dicembre 1986, n. 917, e ai sottoconti esteri di prodotti pensionistici individuali paneuropei (PEPP) di cui al regolamento (UE) 2019/1238. I soggetti non residenti, diversi dagli azionisti di risparmio, dai fondi pensione e, dai sottoconti esteri di prodotti pensionistici individuali paneuropei (PEPP) di cui al secondo periodo e dalle società ed enti indicati nel comma 3-ter, hanno diritto al rimborso, fino a concorrenza degli undici ventiseiesimi della ritenuta, dell'imposta che dimostrino di aver pagato all'estero in via definitiva sugli stessi utili mediante certificazione del competente ufficio fiscale dello Stato estero. La ritenuta di cui al primo periodo non si applica sugli utili corrisposti a organismi di investimento collettivo del risparmio (OICR) di diritto estero conformi alla direttiva 2009/65/CE del Parlamento europeo e del Consiglio, del 13 luglio 2009, e a OICR, non conformi alla citata direttiva 2009/65/CE, il cui gestore sia soggetto a forme di vigilanza nel Paese estero nel quale è istituito ai sensi della direttiva 2011/61/UE del Parlamento europeo e del Consiglio, dell'8 giugno 2011, istituiti negli Stati membri dell'Unione europea e negli Stati aderenti all'Accordo sullo spazio economico europeo che consentono un adeguato scambio di informazioni [5].

3-bis. I soggetti cui si applica l'articolo 98 del testo unico delle imposte sui redditi, di cui al decreto del Presidente della Repubblica 22 dicembre 1986, n. 917, sono tenuti ad operare, con obbligo di rivalsa, la ritenuta di cui ai commi 3 e 3-ter sulla remunerazione di finanziamenti eccedenti prevista dal citato articolo 98 direttamente erogati dal socio o da una sua parte correlata, non residenti nel territorio dello Stato. A fini della determinazione della ritenuta di cui sopra, si computa in diminuzione la eventuale ritenuta operata ai sensi dell'articolo 26 riferibile alla medesima remunerazione. La presente disposizione non si applica alla remunerazione di finanziamenti eccedenti direttamente erogati dalle stabili organizzazioni nel territorio dello Stato di soggetti non residenti[6].

3-ter. La ritenuta è operata a titolo di imposta e con

l'aliquota dell'1,20 per cento sugli utili corrisposti alle società e agli enti soggetti ad un'imposta sul reddito delle società negli Stati membri dell'Unione europea e negli Stati aderenti all'Accordo sullo spazio economico europeo che sono inclusi nella lista di cui al decreto del Ministro dell'economia e delle finanze emanato ai sensi dell'articolo 168-bis del testo unico delle imposte sui redditi, di cui al decreto del Presidente della Repubblica 22 dicembre 1986, n. 917, ed ivi residenti, in relazione alle partecipazioni, agli strumenti finanziari di cui all'articolo 44, comma 2, lettera a), del predetto testo unico e ai contratti di associazione in partecipazione di cui all'articolo 109, comma 9, lettera b), del medesimo testo unico, non relativi a stabili organizzazioni nel territorio dello Stato [7].

4. Sulle remunerazioni corrisposte a persone fisiche residenti relative a partecipazioni al capitale o al patrimonio, titoli e strumenti finanziari di cui all'articolo 44, comma 2, lettera a), ultimo periodo, del testo unico delle imposte sui redditi e a contratti di cui all'articolo 109, comma 9, lettera b), del medesimo testo unico, in cui l'associante è soggetto non residente, qualificati e non qualificati ai sensi delle lettere c) e c-bis) del comma 1 dell'articolo 67 del testo unico e non relativi all'impresa ai sensi dell'articolo 65 dello stesso testo unico, è operata una ritenuta del 12,50 per cento a titolo d'imposta dai soggetti di cui al primo comma dell'articolo 23 che intervengono nella loro riscossione. La ritenuta è operata a titolo d'acconto [8]:

[*a) sulla quota imponibile delle remunerazioni corrisposte da soggetti non residenti in relazione a partecipazioni al capitale o al patrimonio, titoli e strumenti finanziari e a contratti di cui alla lettera c) del comma 1 dell'articolo 67 del citato testo unico, non relativi all'impresa ai sensi dell'articolo 65;*] [9]

b) sull'intero importo delle remunerazioni corrisposte, in relazione a partecipazioni, titoli, strumenti finanziari e contratti non relativi all'impresa ai sensi dell'articolo 65, da imprese o enti residenti o localizzati in Stati o territori a regime fiscale privilegiato individuati in base ai criteri di cui all'articolo 47-bis, comma 1 del citato testo unico, salvo che sia avvenuta la dimostrazione, anche a seguito dell'esercizio dell'interpello di cui al comma 3 dell'articolo 47-bis dello stesso testo unico, che è rispettata, sin dal primo periodo di possesso della partecipazione, la condizione di cui alla lettera b) del comma 2 del medesimo articolo 47-bis. La disposizione del periodo precedente non si applica alle partecipazioni, ai titoli e agli strumenti finanziari di cui all'articolo 44, comma 2, lettera a), ultimo periodo, emessi da società i cui titoli sono negoziati nei mercati regolamentati. La ritenuta è, altresì, operata sull'intero importo delle remunerazioni relative a contratti stipulati con associanti non residenti che non soddisfano le condizioni di cui all'articolo 44, comma 2, lettera a), ultimo periodo [10][11][12].

4-bis. Le ritenute del comma 4 sono operate al netto delle ritenute applicate dallo Stato estero. In caso di distribuzione di utili in natura si applicano le disposizioni di cui al comma 2 [13].

5. Le ritenute di cui ai commi 1 e 4, primo periodo, non sono operate qualora le persone fisiche residenti e gli associati in partecipazione dichiarino all'atto della percezione che gli utili riscossi sono relativi all'attività di impresa [*o ad una partecipazione qualificata ai sensi della lettera c) del comma 1 dell'articolo 67 del citato testo unico*]. Le ritenute di cui ai commi 1 e 4, sono operate con l'aliquota del 27 per cento ed a titolo d'imposta nei confronti dei soggetti esenti dall'imposta sul reddito delle società [14].

6. Per gli utili corrisposti a soggetti residenti ed assoggettati alla ritenuta a titolo d'imposta o all'imposta sostitutiva sul risultato maturato di gestione non si applicano le disposizioni degli articoli 5, 7, 8, 9 e 11, terzo comma, della legge 29 dicembre 1962, n. 1745.

[1] Articolo modificato dall'articolo 2, comma 1, lettera a), del D.Lgs. 6 marzo 1993, n. 136 e successivamente sostituito dall'articolo 12, comma 4, del D.Lgs. 21 novembre 1997, n. 461.

[2] Comma modificato dall'articolo 5, comma 3, del D.Lgs. 18 febbraio 2000, n. 47, dall'articolo 9, comma 4, del D.L. 25 settembre 2001, n. 351, successivamente sostituito dall'articolo 2, comma 1, lettera b), del D.Lgs. 12 dicembre 2003, n. 344 e da ultimo modificato dall'articolo 14 comma 1, lettera a), del D.Lgs. 18 novembre 2005, n. 247. Vedi inoltre il comma 2 dell'articolo 14 medesimo.

[3] Comma aggiunto dall'articolo 2, comma 1, lettera b), del D.Lgs. 12 dicembre 2003, n. 344 e successivamente sostituito dall'articolo 14 comma 1, lettera b), del D.Lgs. 18 novembre 2005, n. 247..

[4] Comma sostituito dall'articolo 2, comma 1, lettera b), del D.Lgs. 12 dicembre 2003, n. 344.

[5] Comma sostituito dall'articolo 2, comma 1, lettera b), del D.Lgs. 12 dicembre 2003, n. 344, successivamente modificato dall'articolo 1, comma 67, lettera a), della legge 24 dicembre 2007, n. 244 e da ultimo, ulteriormente sostituito dall'articolo 24, comma 1, della legge 7 luglio 2009, n. 88. Vedi inoltre il comma 2 dell'articolo 14 medesimo. Successivamente, il presente comma è stato modificato, a decorrere dal 1° gennaio 2012, dall'articolo 2, comma 13, lettera c), del D.L. 13 agosto 2011, n. 138; comma, da ultimo, modificato dall'articolo 3, comma 4, del D.L. 24 aprile 2014, n. 66, convertito, con modificazioni, dalla Legge 23 giugno 2014, n. 89. Vedi le disposizioni di cui all'articolo 3, comma 3, del D.L. 24 aprile 2014, n. 66, convertito, con modificazioni, dalla Legge 23 giugno 2014, n. 89; a norma dell'articolo 4, comma 1, le disposizioni di cui all'articolo 3 hanno effetto a decorrere dal 1° luglio 2014. Da ultimo, il presente comma è stato modificato dall'articolo 1, comma 631, della Legge 30 dicembre 2020, n. 178; per l'applicazione vedi l'articolo 1, comma 632, della Legge 178/2020 medesima e dall'articolo 16, comma 2, lettera a), del D.Lgs. 3 agosto 2022, n. 114.

[6] Comma aggiunto dall'articolo 1, comma 1, lettera c), del D.Lgs. 30 maggio 2005, n. 143 e successivamente modificato dall'articolo 1, comma 67, lettera a), della legge 24 dicembre 2007, n. 244.

[7] Comma aggiunto dall'articolo 1, comma 67, lettera a), della legge 24 dicembre 2007, n. 244. Vedi le disposizioni di cui all'articolo 3, comma 3, del D.L. 24 aprile 2014, n. 66, convertito, con modificazioni, dalla Legge 23 giugno 2014, n. 89; a norma dell'articolo 4, comma 1, le disposizioni di cui all'articolo 3 hanno effetto a decorrere dal 1° luglio 2014. Comma successivamente modificato dall'articolo 1, comma 62, della Legge 28 dicembre 2015, n. 208, a decorrere dal 1° gennaio 2017, con effetto per i periodi d'imposta successivi a quello in corso al 31 dicembre 2016.

[8] Alinea modificato dall'articolo 1, comma 1003, lettera b), della Legge 27 dicembre 2017, n. 205.

[9] Lettera abrogata dall'articolo 1, comma 1003, lettera c), della Legge 27 dicembre 2017, n. 205.

[10] Comma sostituito dall'articolo 2, comma 1, lettera b), del D.Lgs. 12 dicembre 2003, n. 344 e successivamente dall'articolo 14 comma 1, lettera c), del D.Lgs. 18 novembre 2005, n. 247. Vedi inoltre il comma 2 dell'articolo 14 medesimo.

27 *bis*. Rimborso della ritenuta sui dividendi distribuiti a soggetti non residenti [1]. – 1. Le società che detengono una partecipazione diretta non inferiore al 20 per cento del capitale della società che distribuisce gli utili, hanno diritto, a richiesta, al rimborso della ritenuta di cui ai commi 3, 3-bis e 3-ter dell'articolo 27, se [2]:

a) rivestono una delle forme previste nell'allegato della direttiva n. 435/90/CEE del Consiglio del 23 luglio 1990;

b) risiedono, ai fini fiscali, in uno Stato membro dell'Unione europea, senza essere considerate, ai sensi di una Convenzione in materia di doppia imposizione sui redditi con uno Stato terzo, residenti al di fuori dell'Unione europea;

c) sono soggette, nello Stato di residenza, senza fruire di

regimi di opzione o di esonero che non siano territorialmente o temporalmente limitati, ad una delle imposte indicate nella predetta direttiva;

d) la partecipazione sia detenuta ininterrottamente per almeno un anno [(3)].

1-bis. La disposizione del comma 1 si applica altresì alle remunerazioni di cui all'articolo 89, comma 3-bis, del testo unico di cui al decreto del Presidente della Repubblica 22 dicembre 1986, n. 917, in misura corrispondente alla quota non deducibile nella determinazione del reddito della società erogante, sempreché la remunerazione sia erogata a società con i requisiti indicati nel comma 1 [(4)].

2. Ai fini dell'applicazione del comma 1, deve essere prodotta una certificazione, rilasciata dalle competenti autorità fiscali dello Stato estero, che attesti che la società non residente possieda i requisiti indicati alle lettere a), b) e c) del comma 1, nonché una dichiarazione della società che attesti la sussistenza del requisito indicato alla lettera d) del medesimo comma [(5)].

3. Ove ricorrano le condizioni di cui al comma 1, a richiesta della società beneficiaria dei dividendi, i soggetti di cui all'art. 23 possono non applicare la ritenuta di cui ai commi 3, 3-bis e 3-ter dell'art. 27. In questo caso, la documentazione di cui al comma 2 deve essere acquisita entro la data del pagamento degli utili e conservata, unitamente alla richiesta, fino a quando non siano decorsi i termini per gli accertamenti relativi al periodo di imposta in corso alla data di pagamento dei dividendi e, comunque, fino a quando non siano stati definiti gli accertamenti stessi [(6)].

[*4. Resta impregiudicata l'applicazione di ritenute alla fonte previste da disposizioni convenzionali che accordano rimborsi di somme afferenti i dividendi distribuiti.*] [(7)]

5. La direttiva (UE) 2015/121 del Consiglio, del 27 gennaio 2015, è attuata dall'ordinamento nazionale mediante l'applicazione dell'articolo 10-bis della legge 27 luglio 2000, n. 212 [(8)].

(1) Articolo aggiunto dall'articolo 2, comma 1, lettera b), del D.Lgs. 6 marzo 1993, n. 136.

(2) Alinea modificato dall'articolo 1, comma 67, lettera b), della legge 24 dicembre 2007, n. 244.

(3) Comma modificato dall'articolo 15, comma 1, lettera a), della legge 18 febbraio 1999, n. 28, successivamente sostituito dall'articolo 2, comma 1, lettera c), del D.Lgs. 12 dicembre 2003, n. 344 e da ultimo ulteriormente modificato dall'articolo 1, comma 1, lettera a), del D.Lgs. 6 febbraio 2007, n. 49. Vedi inoltre l'articolo 2 del D.Lgs. 49/2007 medesimo.

(4) Comma aggiunto dall'articolo 1, comma 1, lettera b), del D.Lgs. 6 febbraio 2007, n. 49. Vedi inoltre l'articolo 2 del D.Lgs. 49/2007 medesimo. Successivamente sostituito dall'articolo 26, comma 2, lettera a) della Legge 7 luglio 2016, n. 122. Le disposizioni di cui al presente comma si applicano alle remunerazioni corrisposte dal 1° gennaio 2016 a norma del comma 3 del medesimo articolo 26.

(5) Comma modificato dall'articolo 15, comma 1, lettera b), della legge 18 febbraio 1999, n. 28 e successivamente sostituito dall'articolo 2, comma 1, lettera c), del D.Lgs. 12 dicembre 2003, n. 344 e dall'articolo 1, comma 1, lettera c), del D.Lgs. 6 febbraio 2007, n. 49. Vedi inoltre l'articolo 2 del D.Lgs. 49/2007 medesimo.

(6) Comma modificato dall'articolo 15, comma 1, lettera c), della legge 18 febbraio 1999, n. 28, e dall'articolo 1, comma 1, lettera d), del D.Lgs. 6 febbraio 2007, n. 49. Vedi inoltre l'articolo 2 del D.Lgs. 49/2007 medesimo. Il presente comma, è stato poi ulteriormente modificato dall'articolo 1, comma 67, lettera b), della legge 24 dicembre 2007, n. 244.

(7) Comma abrogato dall'articolo 1, comma 1, lettera e), del D.Lgs. 6 febbraio 2007, n. 49. Vedi inoltre l'articolo 2 del D.Lgs. 49/2007 medesimo.

(8) Comma modificato dall'articolo 1, comma 1, lettera f), del D.Lgs. 6 febbraio 2007, n. 49. Vedi inoltre l'articolo 2 del D.Lgs. 49/2007 medesimo. Successivamente sostituito dall'articolo 26, comma 2, lettera b) della Legge 7 luglio 2016, n. 122. Le disposizioni di cui al presente comma si applicano alle remunerazioni corrisposte dal 1° gennaio 2016 a norma del comma 3 del medesimo articolo 26.

27 ter. Azioni in deposito accentrato presso la Monte Titoli S.p.A. [(1)]. – 1. Sugli utili derivanti dalle azioni e dagli strumenti finanziari similari alle azioni di cui all'articolo 4428/11/031 del testo unico delle imposte sui redditi, di cui al decreto del Presidente della Repubblica 22 dicembre 1986, n. 917, immessi nel sistema di deposito accentrato gestito dalla Monte Titoli S.p.A. ai sensi della legge 19 giugno 1986, n. 289, è applicata, in luogo della ritenuta di cui ai commi 1, 3 e 3-ter dell'articolo 27, un'imposta sostitutiva delle imposte sui redditi con le stesse aliquote ed alle medesime condizioni previste dal predetto articolo [(2)].

2. L'imposta sostitutiva di cui al comma 1 è applicata dai soggetti presso i quali i titoli sono depositati, aderenti al sistema di deposito accentrato gestito dalla Monte Titoli S.p.A. ai sensi del regolamento CONSOB emanato in base all'art. 10 della legge 19 giugno 1986, n. 289, nonché dai soggetti non residenti che aderiscono a sistemi esteri di deposito accentrato aderenti al sistema Monte Titoli.

3. I soggetti di cui al comma 2 accreditano, con separata evidenza, l'ammontare dell'imposta sostitutiva applicata sugli utili di cui al comma 1 al conto unico istituito ai sensi del comma 1 dell'art. 3 del decreto legislativo 1° aprile 1996, n. 239, con valuta pari alla data dell'effettivo pagamento degli utili. I medesimi soggetti addebitano l'imposta sostitutiva ai percipienti, all'atto del pagamento, con valuta pari a quella con la quale sono riconosciuti gli utili stessi. Si applicano le disposizioni dell'art. 4 del decreto legislativo 1° aprile 1996, n. 239.

4. Per gli utili di cui al comma 1 spettanti a soggetti residenti in Stati con i quali siano in vigore convenzioni per evitare la doppia imposizione sul reddito, ai fini dell'applicazione dell'imposta sostitutiva nella misura prevista dalla convenzione i soggetti di cui al comma 2 acquisiscono:

a) una dichiarazione del soggetto non residente effettivo beneficiano degli utili, dalla quale risultino i dati identificativi del soggetto medesimo, la sussistenza di tutte le condizioni alle quali è subordinata l'applicazione del regime convenzionale e gli eventuali elementi necessari a determinare la misura dell'aliquota applicabile ai sensi della convenzione;

b) un'attestazione dell'autorità fiscale competente dello Stato ove l'effettivo beneficiano degli utili ha la residenza, dalla quale risulti la residenza nello Stato medesimo ai sensi della convenzione. L'attestazione produce effetti fino al 31 marzo dell'anno successivo a quello di presentazione.

Sugli utili di pertinenza di enti od organismi internazionali che godono dell'esenzione dalle imposte in Italia per effetto di leggi o di accordi internazionali resi esecutivi in Italia, i soggetti di cui al comma 2, non applicano l'imposta sostitutiva.

6. Ove ricorrano le condizioni previste dal comma 1, dell'articolo 27- bis, l'imposta sostitutiva di cui al comma 1, del presente articolo non è applicata, a condizione che i soggetti di cui al comma 2 acquisiscano:

a) la documentazione attestante la sussistenza delle condizioni di cui al comma 1 dell'articolo 27- bis;

b) una certificazione delle competenti autorità fiscali dello Stato estero, che attesti la ricorrenza dei requisiti di cui al comma 2 dell'art. 96- bis del testo unico delle imposte sui redditi.

7. I soggetti di cui al comma 2 conservano la documentazione di cui ai precedenti commi 4 e 6 fino a quando non siano decorsi i termini per gli accertamenti relativi al periodo d'imposta in corso alla data di pagamento degli utili, e comunque fino a quando non siano stati definiti gli accertamenti stessi.

8. Gli intermediari non residenti aderenti al sistema Monte Titoli e gli intermediari non residenti che aderiscono a sistemi esteri di deposito accentrato aderenti al sistema Monte Titoli nominano quale loro rappresentante fiscale in Italia una banca o una società di intermediazione mobiliare, residente nel territorio dello Stato, una stabile organizzazione in Italia di banche o di imprese di investimento non residenti, ovvero una società di gestione accentrata di strumenti finanziari autorizzata ai sensi dell'articolo 80 del decreto legislativo 24 febbraio 1998, n. 58. Il rappresentante fiscale risponde dell'adempimento dei propri compiti negli stessi termini e con le stesse responsabilità previste per i soggetti di cui al comma 2, residenti in Italia e provvede a [(3)]:

a) versare l'imposta sostitutiva di cui al presente articolo;

b) effettuare le comunicazioni di cui all'articolo 7 della legge 29 dicembre 1962, n. 1745;

c) conservare la documentazione prevista nei commi 4 e 6;

d) fornire, entro 15 giorni dalla richiesta dell' amministrazione finanziaria, ogni notizia o documento utile per comprovare il corretto assolvimento degli obblighi riguardanti l'imposta sostitutiva di cui al comma 1 [(4)].

9. Con uno o più decreti del Ministro delle finanze, da pubblicare nella Gazzetta Ufficiale, possono essere previste modalità semplificate per l'attribuzione ai soggetti non residenti del credito d'imposta sui dividendi, nei casi in cui detta attribuzione sia prevista dalla convenzione contro le doppie imposizioni stipulata fra l'Italia e il Paese di residenza del beneficiario e per l'acquisizione della documentazione di cui ai commi 4 e 6 nei casi in cui le azioni siano depositate presso organismi esteri di investimento collettivo aderenti al sistema Monte Titoli. Con gli stessi decreti possono essere approvati modelli uniformi per l'acquisizione dell' attestazione di cui al comma 4, lettera b) [, *anche attraverso l'utilizzo di supporti informatici*], e può essere previsto che la medesima attestazione produca effetti anche ai fini dell'applicazione delle disposizioni contenute negli articoli 6 e 7 del decreto legislativo 1° aprile 1996, n. 239, purché da essa risulti la sussistenza delle condizioni di cui all'art. 6 dello stesso decreto [(5)](S; S; S; S; 44, 671 lett. c), secondo periodo d.p.r. 22 dicembre 1986, n. 917; S; S).

(1) Articolo aggiunto dall'articolo 12, comma 5, del D.Lgs. 21 novembre 1997, n. 461.
(2) Comma sostituito dall'articolo 2, comma 1, lettera d), del D.Lgs. 12 dicembre 2003, n. 344 e successivamente modificato dall'articolo 1, comma 67, lettera c), della legge 24 dicembre 2007, n. 244.
(3) Alinea modificato dall'articolo 41, comma 3, del D.L. 30 settembre 2003, n. 269.
(4) A norma dell'articolo 12, comma 6, del D.Lgs. 21 novembre 1997, n. 461, le disposizioni di cui al presente comma si applicano con riferimento agli utili di cui è deliberata la distribuzione dal 1° gennaio 1998.
(5) Comma modificato dall'articolo 8, comma 3, del D.Lgs. 16 giugno 1998, n. 201.

28. Ritenuta sui compensi per avviamento commerciale e sui contributi degli enti pubblici. – I soggetti indicati nel primo comma dell'art. 23, quando corrispondono compensi per la perdita di avviamento in applicazione della legge 27 gennaio 1963, n. 19, devono operare all'atto del pagamento una ritenuta del quindici per cento, con l'obbligo di rivalsa, a titolo di acconto dell'imposta sul reddito delle persone fisiche o dell'imposta sul reddito delle persone giuridiche dovuta dal percipiente.

Le Regioni, le Provincie, i Comuni, gli altri enti pubblici e privati devono operare una ritenuta del quattro per cento a titolo di acconto delle imposte indicate nel comma precedente e con obbligo di rivalsa sull'ammontare dei contributi corrisposti ad imprese, esclusi quelli per l'acquisto di beni strumentali. n. 2 [(1)(2)(3)].

(1) A norma dell'articolo 2, comma 8, del D.L. 12 agosto 1983, n. 371, come modificato dall'articolo 1, comma 231, della legge 30 dicembre 2004, n. 311, la disposizione di cui al presente comma, va interpretata nel senso che, agli effetti dell'applicazione della ritenuta a titolo di acconto delle imposte sul reddito, non si considerano contributi le somme erogate dall'Agenzia per le erogazioni in agricoltura (AGEA) e dagli altri organismi pagatori istituiti ai sensi dell'articolo 3 del decreto legislativo 27 maggio 1999, n. 165 per gli interventi nel settore agricolo e dalle casse di conguaglio istituite ai sensi del decreto legislativo del Capo provvisorio dello Stato 15 settembre 1947, n. 896.
(2) Comma modificato dall'articolo 21, comma 11, lettera d), della legge 27 dicembre 1997, n. 449.
(3) In riferimento al presente comma vedi l'articolo 12, comma 1, del D.Lgs. 28 febbraio 2021, n. 36.

29. Ritenuta sui compensi e altri redditi corrisposti dallo Stato [(1)]. – 1. Le amministrazioni dello Stato, comprese quelle con ordinamento autonomo, che corrispondono le somme e i valori di cui all'art. 23, devono effettuare all'atto del pagamento una ritenuta diretta in acconto dell'imposta sul reddito delle persone fisiche dovuta dai percipienti. La ritenuta è operata con le seguenti modalità:

a) sulla parte imponibile delle somme e dei valori, di cui all'art. 48, del testo unico delle imposte sui redditi, approvato con decreto del Presidente della Repubblica 22 dicembre 1986, n. 917, esclusi quelli indicati alle successive lettere b) e c), aventi carattere fisso e continuativo, con i criteri e le modalità di cui al comma 2 dell'art. 23;

b) sulle mensilità aggiuntive e sui compensi della stessa natura, nonchè su ogni altra somma o valore diversi da quelli di cui alla lettera a) e sulla parte imponibile delle indennità di cui all'art. 48, commi 5, 6, 7 e 8, del citato testo unico, con la aliquota applicabile allo scaglione di reddito più elevato della categoria o classe di stipendio del percipiente all'atto del pagamento o, in mancanza, con l'aliquota del primo scaglione di reddito;

c) sugli emolumenti arretrati relativi ad anni precedenti di cui all'art. 16, comma 1, lettera b), del citato testo unico, con i criteri di cui all'art. 18, dello stesso testo unico, intendendo per reddito complessivo netto l'ammontare globale dei redditi di lavoro dipendente corrisposti dal sostituto al sostituito nel biennio precedente, al netto delle deduzioni di cui agli articoli 11 e 12, commi 1 e 2, del medesimo testo unico [(2)];

d) sulla parte imponibile del trattamento di fine rapporto e delle indennità equipollenti e delle altre indennità e somme di cui all'art. 16, comma 1, lettera a), del citato testo unico con i criteri di cui all'art. 17, dello stesso testo unico;

e) sulla parte imponibile delle somme e valori di cui all'art. 48, del citato testo unico, non compresi nell'art. 16, comma 1, lettera a), dello stesso testo unico, corrisposti agli eredi, con l'aliquota stabilita per il primo scaglione di reddito.

ACCERTAMENTO

2. Gli uffici che dispongono il pagamento di emolumenti aventi carattere fisso e continuativo devono effettuare entro il 28 febbraio o entro due mesi dalla data di cessazione del rapporto, se questa è anteriore all'anno, il conguaglio di cui al comma 3 dell'art. 23, con le modalità in esso stabilite. A tal fine, all'inizio del rapporto, il sostituito deve specificare quale delle opzioni previste al comma 3 dell'articolo 23 intende adottare. Ai fini delle operazioni di conguaglio i soggetti e gli altri organi che corrispondono compensi e retribuzioni non aventi carattere fisso e continuativo devono comunicare ai predetti uffici, entro la fine dell'anno e, comunque, non oltre il 12 gennaio dell'anno successivo, l'ammontare delle somme corrisposte, l'importo degli eventuali contributi previdenziali e assistenziali, compresi quelli a carico del datore di lavoro e le ritenute effettuate. Per le somme e i valori a carattere ricorrente la comunicazione deve essere effettuata su supporto magnetico secondo specifiche tecniche approvate con apposito decreto del Ministro del tesoro, di concerto con il Ministro delle finanze. Qualora, alla data di cessazione del rapporto di lavoro, l'ammontare degli emolumenti dovuti non consenta la integrale applicazione della ritenuta di conguaglio, la differenza è recuperata mediante ritenuta sulle competenze di altra natura che siano liquidate anche da altro soggetto in dipendenza del cessato rapporto di lavoro. Si applicano anche le disposizioni dell'art. 23, comma 4 [(3)].

3. Le amministrazioni della Camera dei deputati, del Senato e della Corte costituzionale, nonchè della Presidenza della Repubblica e degli organi legislativi delle regioni a statuto speciale, che corrispondono le somme e i valori di cui al comma 1, effettuano, all'atto del pagamento, una ritenuta d'acconto dell'imposta sul reddito delle persone fisiche con i criteri indicati nello stesso comma. Le medesime amministrazioni, all'atto del pagamento delle indennità e degli assegni vitalizi di cui all'art. 47, comma 1, lettera g), del testo unico delle imposte sui redditi, approvato con decreto del Presidente della Repubblica 22 dicembre 1986, n. 917, applicano una ritenuta a titolo di acconto dell'imposta sul reddito delle persone fisiche, commisurata alla parte imponibile di dette indennità e assegni, con le aliquote determinate secondo i criteri indicati nel comma 1. Si applicano le disposizioni di cui al comma 2.

4. Nel caso in cui la ritenuta da operare sui valori di cui ai commi precedenti non trovi capienza, in tutto o in parte, sui contestuali pagamenti in denaro, il sostituito è tenuto a versare al sostituto l'importo corrispondente all'ammontare della ritenuta.

5. Le amministrazioni di cui al comma 1, e quelle di cui al comma 3, che corrispondono i compensi e le altre somme di cui agli articoli 24, 25, 25- bis, 26 e 28 effettuano all'atto del pagamento le ritenute stabilite dalle disposizioni stesse [(4)(5)].

(1) Articolo modificato dall'articolo 11, comma 1, della legge 13 aprile 1977, n. 114, dall'articolo 5, comma 1, lettera b), del D.L. 23 dicembre 1977, n. 936, dall'articolo 1, comma 1, lettera o), del D.L. 31 maggio 1994, n. 330, dall'articolo 2, comma 1, del D.L. 30 dicembre 1982, n. 953 e successivamente sostituito dall'articolo 7, comma 1, lettera f), del D.Lgs. 2 settembre 1997, n. 314.

(2) Lettera modificata dall'articolo 1, comma 353, lettera b), numero 1), della legge 30 dicembre 2004, n. 311.

(3) Comma modificato dall'articolo 1, comma 353, lettera b), numero 2), della legge 30 dicembre 2004, n. 311.

(4) Comma modificato dall'articolo 3, comma 1, del D.Lgs. 28 dicembre 1998, n. 490.

(5) Vedi l'articolo 8, comma 1, lettera a), del D.L. 2 marzo 2020, n. 9, non convertito in legge dal Comunicato 2 maggio 2020.

30. Ritenuta sui premi e sulle vincite. – I premi derivanti da operazioni a premio assegnati a soggetti per i quali gli stessi assumono rilevanza reddituale ai sensi dell'art. 6 del testo unico delle imposte sui redditi, approvato con decreto del Presidente della Repubblica 22 dicembre 1986, n. 917, gli altri premi comunque diversi da quelli su titoli e le vincite derivanti dalla sorte, da giuochi di abilità, quelli derivanti da concorsi a premio, da pronostici e da scommesse, corrisposti dallo Stato, da persone giuridiche pubbliche o private e dai soggetti indicati nel primo comma dell'art. 23, sono soggetti a una ritenuta alla fonte a titolo di imposta, con facoltà di rivalsa, con esclusione dei casi in cui altre disposizioni già prevedano l'applicazione di ritenute alla fonte. Le ritenute alla fonte non si applicano se il valore complessivo dei premi derivanti da operazioni a premio attribuiti nel periodo d'imposta dal sostituto d'imposta al medesimo soggetto non supera l'importo di lire 50.000; se il detto valore è superiore al citato limite, lo stesso è assoggettato interamente a ritenuta. Le disposizioni del periodo precedente non si applicano con riferimento ai premi che concorrono a formare il reddito di lavoro dipendente [(1)].

L'aliquota della ritenuta è stabilita nel dieci per cento per i premi delle lotterie, tombole, pesche o banchi di beneficenza autorizzati a favore di enti e comitati di beneficenza, nel venti per cento sui premi dei giuochi svolti in occasione di spettacoli radio-televisivi, competizioni sportive o manifestazioni di qualsiasi altro genere nei quali i partecipanti si sottopongono a prove basate sull'abilità o sull'alea o su entrambe, nel venticinque per cento in ogni altro caso [(2)].

Se i premi sono costituiti da beni diversi dal denaro o da servizi, i vincitori hanno facoltà, se chi eroga il premio intende esercitare la rivalsa, di chiedere un premio di valore inferiore già prestabilito, differente per quanto possibile, rispetto al primo, di un importo pari all'imposta gravante sul premio originario. Le eventuali differenze sono conguagliate in denaro.

La ritenuta sulle vincite e sui premi del lotto, delle lotterie nazionali, dei giuochi di abilità e dei concorsi pronostici esercitati dallo Stato, è compresa nel prelievo operato dallo Stato in applicazione delle regole stabilite dalla legge per ognuna di tali attività di giuoco.

La ritenuta sulle vincite dei giuochi di abilità e dei concorsi pronostici esercitati dal Comitato olimpico nazionale italiano e dall'Unione nazionale incremento razze equine è compresa nell'imposta unica prevista dalle leggi vigenti.

L'imposta sulle vincite nelle scommesse al totalizzatore ed al libro è compresa nell'importo dei diritti erariali dovuti a norma di legge.

[*La ritenuta sulle vincite corrisposte dalle case da gioco autorizzate è compresa nell'imposta sugli spettacoli di cui all'art. 3 del decreto del Presidente della Repubblica 26 ottobre 1972, n. 640.*] [(3)].

(1) Comma sostituito dall'articolo 19, comma 2, della legge 27 dicembre 1997, n. 449.

(2) Comma modificato dall'articolo 3, comma 1, del D.P.R. 28 marzo 1975, n. 60.

(3) Comma aggiunto dall'articolo 10-ter, comma 1, del D.L. 31 dicembre 1996, n. 669 e successivamente abrogato dall'articolo 6, comma 2, della Legge 7 luglio 2016, n. 122.

TITOLO IV

Accertamento e controlli

31. Attribuzioni degli uffici delle imposte. – Gli uffici delle imposte controllano le dichiarazioni presentate dai contribuenti e dai sostituti d'imposta, ne rilevano l'eventuale omissione e provvedono alla liquidazione delle imposte o maggiori imposte dovute; vigilano sull'osservanza degli obblighi relativi alla tenuta delle scritture contabili e degli altri obblighi stabiliti nel presente decreto e nelle altre disposizioni relative alle imposte sui redditi; provvedono alla irrogazione delle pene pecuniarie previste nel Titolo V e alla presentazione del rapporto all'autorità giudiziaria per le violazioni sanzionate penalmente.

La competenza spetta all'ufficio distrettuale nella cui circoscrizione è il domicilio fiscale del soggetto obbligato alla dichiarazione alla data in cui questa è stata o avrebbe dovuto essere presentata.

[*L'Amministrazione finanziaria provvede allo scambio, con le altre autorità competenti degli Stati membri della Comunità economica europea, delle informazioni necessarie per assicurare il corretto accertamento delle imposte sul reddito e sul patrimonio. Essa, a tal fine, può autorizzare la presenza nel territorio dello Stato di funzionari delle amministrazioni fiscali degli altri Stati membri.*] (1)

[*L'Amministrazione finanziaria provvede alla raccolta delle informazioni da fornire alle predette autorità con le modalità ed entro i limiti previsti per l'accertamento delle imposte sul reddito.*] (2).

(1) *Comma aggiunto dall'articolo 1, comma 1, del D.P.R. 5 giugno 1982, n. 506 e successivamente abrogato dall'articolo 1, comma 1, lettera a), del D.Lgs. 19 settembre 2005, n. 215.*

(2) *Comma aggiunto dall'articolo 1, comma 1, del D.P.R. 5 giugno 1982, n. 506 e successivamente abrogato dall'articolo 1, comma 1, lettera a), del D.Lgs. 19 settembre 2005, n. 215.*

31 *bis*. Assistenza per lo scambio di informazioni tra le autorità competenti degli Stati membri dell'Unione europea (1). – 1. L'Amministrazione finanziaria provvede allo scambio, con le altre autorità competenti degli Stati membri dell'Unione europea, delle informazioni necessarie per assicurare il corretto accertamento delle imposte di qualsiasi tipo riscosse da o per conto dell'amministrazione finanziaria e delle ripartizioni territoriali, comprese le autorità locali. Essa, a tale fine, può autorizzare la presenza nel territorio dello Stato di funzionari delle amministrazioni fiscali degli altri Stati membri (2).

2. L'Amministrazione finanziaria provvede alla raccolta delle informazioni da trasmettere alle predette autorità con le modalità ed entro i limiti previsti per l'accertamento delle imposte sul reddito.

In sede di assistenza e cooperazione nello scambio di informazioni l'amministrazione finanziaria opera nel rispetto dei termini indicati agli articoli 7, 8, 8-bis, 8 bis bis, 8 bis ter e 10 della direttiva 2011/16/UE del 15 febbraio 2011 del Consiglio, che ha abrogato la direttiva 77/799/CEE del 19 dicembre 1977(3).

3. Le informazioni non sono trasmesse quando possono rivelare un segreto commerciale, industriale o professionale, un processo commerciale o un'informazione la cui divulgazione contrasti con l'ordine pubblico. La trasmissione delle informazioni può essere, inoltre, rifiutata quando l'autorità competente dello Stato membro richiedente, per motivi di fatto o di diritto, non è in grado di fornire lo stesso tipo di informazioni.

4. Le informazioni sono trattate e tenute segrete con i limiti e le modalità previsti dal CAPO IV, condizioni che disciplinano la cooperazione amministrativa, e VI, relazioni con i Paesi terzi, della direttiva 2011/16/UE (4).

5. Non è considerata violazione del segreto d'ufficio la comunicazione da parte dell'Amministrazione finanziaria alle autorità competenti degli altri Stati membri delle informazioni atte a permettere il corretto accertamento delle imposte sul reddito e sul patrimonio.

In sede di assistenza e cooperazione per lo scambio di informazioni, la presenza negli uffici amministrativi e la partecipazione alle indagini amministrative di funzionari delle amministrazioni fiscali degli altri stati membri dell'Unione europea, è disciplinata dall'articolo 11 della direttiva 2011/16/UE del 15 febbraio 2011 del Consiglio. Alla presenza dei funzionari dell'Amministrazione finanziaria, che esercitano il coordinamento delle indagini amministrative, i funzionari esteri possono interrogare i soggetti sottoposti al controllo ed esaminare la relativa documentazione, a condizione di reciprocità e previo accordo tra l'autorità richiedente e l'autorità interpellata. I funzionari dell'Amministrazione finanziaria utilizzano direttamente le informazioni scambiate durante le indagini svolte all'estero (5).

6. Quando la situazione di uno o più soggetti di imposta presenta un interesse comune o complementare con altri Stati membri, l'Amministrazione finanziaria può decidere di procedere a controlli simultanei con le Amministrazioni finanziarie degli altri Stati membri, ciascuno nel proprio territorio, allo scopo di scambiare le informazioni così ottenute quando tali controlli appaiano più efficaci di un controllo eseguito da un solo Stato membro.

7. L'Amministrazione finanziaria individua, autonomamente, i soggetti d'imposta sui quali intende proporre un controllo simultaneo, informando le autorità competenti degli altri Stati membri interessati circa i casi suscettibili di un controllo simultaneo. A tale fine, essa indica, per quanto possibile, i motivi per cui detti casi sono stati scelti e fornisce le informazioni che l'hanno indotta a proporli, indicando il termine entro il quale i controlli devono essere effettuati.

8. Qualora l'autorità competente di un altro Stato membro proponga di partecipare ad un controllo simultaneo, l'Amministrazione finanziaria comunica alla suddetta autorità l'adesione o il rifiuto ad eseguire il controllo richiesto, specificando, in quest'ultimo caso, i motivi che si oppongono all'effettuazione di tale controllo.

9. Nel caso di adesione alla proposta di controllo simultaneo avanzata dall'autorità competente di un altro Stato membro, l'Amministrazione finanziaria designa un rappresentante cui compete la direzione e il coordinamento del controllo.

10. Dall'attuazione del presente articolo non devono derivare nuovi o maggiori oneri per la finanza pubblica e l'Amministrazione competente provvede all'espletamento delle attività ivi previste con le risorse umane strumentali e finanziarie previste a legislazione vigente.

(1) *Articolo inserito dall'articolo 1, comma 1, lettera b), del D.lgs. 19 settembre 2005, n. 215.*

(2) *Comma modificato dall'articolo 11, comma 1, lettera a), del D.Lgs. 4 marzo 2014, n. 29.*

(3) *Comma inserito privo di numerazione dall'articolo 11, comma 1, lettera b), del D.Lgs. 4 marzo 2014, n. 29 e successivamente modificato dall'articolo 2, comma 1, lettera a), del D.Lgs. 15 marzo 2017, n. 32, con*

effetto a decorrere dal 1° gennaio 2017 e, da ultimo, dall'articolo 10, comma 1, del D.Lgs. 30 luglio 2020, n. 100.

(4) Comma sostituito dall'articolo 11, comma 1, lettera c), del D.Lgs. 4 marzo 2014, n. 29.

(5) Comma inserito privo di numerazione dall'articolo 11, comma 1, lettera d), del D.Lgs. 4 marzo 2014, n. 29.

31 *ter*. Accordi preventivi per le imprese con attività internazionale (1)(2). – 1. Le imprese con attività internazionale hanno accesso ad una procedura finalizzata alla stipula di accordi preventivi, con principale riferimento ai seguenti ambiti:

a) preventiva definizione in contraddittorio dei metodi di calcolo del valore normale delle operazioni di cui al comma 7, dell'articolo 110 del testo unico delle imposte sui redditi approvato con decreto del Presidente della Repubblica 22 dicembre 1986, n. 917, e dei valori di uscita o di ingresso in caso di trasferimento della residenza, rispettivamente, ai sensi degli articoli 166 e 166-bis del medesimo testo unico. Le imprese che aderiscono al regime dell'adempimento collaborativo hanno accesso alla procedura di cui al periodo precedente anche al fine della preventiva definizione in contraddittorio dei metodi di calcolo del valore normale delle operazioni di cui al comma 9-bis dell'articolo 110 del citato decreto del Presidente della Repubblica n. 917 del 1986 (3);

b) applicazione ad un caso concreto di norme, anche di origine convenzionale, concernenti l'attribuzione di utili e perdite alla stabile organizzazione in un altro Stato di un'impresa o un ente residente ovvero alla stabile organizzazione in Italia di un soggetto non residente;

c) valutazione preventiva della sussistenza o meno dei requisiti che configurano una stabile organizzazione situata nel territorio dello Stato, tenuti presenti i criteri previsti dall'articolo 162 del testo unico delle imposte sui redditi approvato con decreto del Presidente della Repubblica 22 dicembre 1986, n. 917, nonché dalle vigenti Convenzioni contro le doppie imposizioni stipulate all'Italia;

d) applicazione ad un caso concreto di norme, anche di origine convenzionale, concernenti l'erogazione o la percezione di dividendi, interessi e royalties e altri componenti reddituali a o da soggetti non residenti.

2. Gli accordi di cui al comma 1, qualora non conseguano ad altri accordi conclusi con le autorità competenti di Stati esteri a seguito delle procedure amichevoli previste dagli accordi o dalle convenzioni internazionali contro le doppie imposizioni, vincolano le parti per il periodo d'imposta nel corso del quale sono stipulati e per i quattro periodi d'imposta successivi, salvi mutamenti delle circostanze di fatto o di diritto rilevanti ai fini degli accordi sottoscritti e risultanti dagli stessi. Qualora le circostanze di fatto e di diritto alla base dell'accordo ricorrano per uno o più dei periodi di imposta precedenti alla stipulazione e per i quali i termini previsti dall'articolo 43 del presente decreto non sono ancora scaduti e a condizione che non siano iniziati accessi, ispezioni, verifiche o altre attività amministrative di accertamento delle quali il contribuente abbia avuto formale conoscenza, è concessa al contribuente la facoltà di far valere retroattivamente l'accordo stesso, provvedendo, ove si renda a tal fine necessario rettificare il comportamento adottato, all'effettuazione del ravvedimento operoso ovvero alla presentazione della dichiarazione integrativa ai sensi dell'articolo 2, comma 8, del regolamento di cui al decreto del Presidente della Repubblica 22 luglio 1998, n. 322, senza l'applicazione, in entrambi i casi, delle relative sanzioni (4).

3. Gli accordi di cui al comma 1, qualora conseguano ad altri accordi conclusi con le autorità competenti di Stati esteri a seguito delle procedure amichevoli previste dagli accordi o convenzioni internazionali contro le doppie imposizioni, vincolano le parti, secondo quanto convenuto con dette autorità, a decorrere da periodi di imposta precedenti alla data di sottoscrizione dell'accordo purché non anteriori al periodo d'imposta in corso alla data di presentazione della relativa istanza da parte del contribuente. È concessa al contribuente la facoltà di far retroagire gli effetti di tali accordi anche a periodi di imposta precedenti a quello in corso alla data di presentazione della relativa istanza e per i quali i termini previsti dall'articolo 43 non sono ancora scaduti, a condizione che: a) per tali periodi ricorrano le stesse circostanze di fatto e di diritto a base dell'accordo stipulato con le autorità competenti di Stati esteri; b) il contribuente ne abbia fatto richiesta nell'istanza di accordo preventivo; c) le autorità competenti di Stati esteri acconsentano a estendere l'accordo ad annualità precedenti; d) per tali periodi di imposta non siano iniziati accessi, ispezioni, verifiche o altre attività amministrative di accertamento delle quali il contribuente abbia avuto formale conoscenza. Qualora in applicazione del presente comma sia necessario rettificare il comportamento adottato, il contribuente provvede all'effettuazione del ravvedimento operoso ovvero alla presentazione della dichiarazione integrativa ai sensi dell'articolo 2, comma 8, del regolamento di cui al decreto del Presidente della Repubblica 22 luglio 1998, n. 322, senza l'applicazione delle eventuali sanzioni (5).

3-bis. L'ammissibilità della richiesta di accordo preventivo di cui al comma 3 è subordinata al versamento di una commissione pari a:

a) 10.000 euro nel caso in cui il fatturato complessivo del gruppo cui appartiene il contribuente istante sia inferiore a 100 milioni di euro;

b) 30.000 euro nel caso in cui il fatturato complessivo del gruppo cui appartiene il contribuente istante sia compreso tra 100 milioni e 750 milioni di euro;

c) 50.000 euro nel caso in cui il fatturato complessivo del gruppo cui appartiene il contribuente istante sia superiore a 750 milioni di euro (6).

3-ter. In caso di richiesta di rinnovo dell'accordo di cui al comma 3, le commissioni sono ridotte alla metà. Con provvedimento del Direttore dell'Agenzia delle entrate sono adottate le disposizioni di attuazione della disciplina contenuta nel presente comma (7).

[*4. In base alla normativa comunitaria, l'Amministrazione finanziaria invia copia dell'accordo all'autorità fiscale competente degli Stati di residenza o di stabilimento delle imprese con le quali i contribuenti pongono in essere le relative operazioni.*] (8)

5. Per i periodi d'imposta di validità dell'accordo, l'Amministrazione finanziaria esercita i poteri di cui agli articoli 32 e seguenti soltanto in relazione a questioni diverse da quelle oggetto dell'accordo medesimo.

6. La richiesta di accordo preventivo è presentata al competente Ufficio della Agenzia delle entrate, secondo quanto stabilito con provvedimento del Direttore della medesima Agenzia. Con il medesimo provvedimento sono definite le modalità con le quali il competente Ufficio procede alla verifica del rispetto dei termini dell'accordo e del sopravve-

nuto mutamento delle condizioni di fatto e di diritto su cui l'accordo si basa.

7. Qualunque riferimento all'articolo 8 del decreto-legge 30 settembre 2003, n. 269, convertito, con modificazioni, dalla legge 24 novembre 2003, n. 326, ovunque presente, deve intendersi effettuato al presente articolo.

(1) *Articolo inserito dall'articolo 1, comma 2, del D.Lgs. 14 settembre 2015, n. 147; a norma del comma 3 del medesimo articolo 1 le disposizioni dell'articolo 1 del Dlgs 147/2015 si applicano a decorrere dalla data fissata dal provvedimento del Direttore dell'Agenzia delle entrate di cui al comma 6 del presente articolo, da emanarsi, in sostituzione del provvedimento del 23 luglio 2004, entro novanta giorni dalla data di entrata in vigore del citato decreto legislativo.*

(2) *Per la sospensione dei termini di cui al presente articolo, vedi l'articolo 67, comma 1, del D.L. 17 marzo 2020, n. 18, convertito con modificazioni dalla Legge 24 aprile 2020, n. 27.*

(3) *Lettera modificata dall'articolo 1, comma 86, della Legge 29 dicembre 2022, n. 197.*

(4) *Comma sostituito dall'articolo 1, comma 1101, lettera a), della Legge 30 dicembre 2020, n. 178.*

(5) *Comma sostituito dall'articolo 1, comma 1101, lettera b), della Legge 30 dicembre 2020, n. 178.*

(6) *Comma inserito dall'articolo 1, comma 1101, lettera c), della Legge 30 dicembre 2020, n. 178.*

(7) *Comma inserito dall'articolo 1, comma 1101, lettera c), della Legge 30 dicembre 2020, n. 178.*

(8) *Comma abrogato dall'articolo 2, comma 1, lettera b), del D.Lgs. 15 marzo 2017, n. 32, con effetto a decorrere dal 1° gennaio 2017.*

31 *quater*. Rettifica in diminuzione del reddito per operazioni tra imprese associate con attività internazionale[1]. – 1. La rettifica in diminuzione del reddito di cui all'articolo 110, comma 7, secondo periodo, del testo unico delle imposte sui redditi approvato con decreto del Presidente della Repubblica 22 dicembre 1986, n. 917, può essere riconosciuta:

a) in esecuzione degli accordi conclusi con le autorità competenti degli Stati esteri a seguito delle procedure amichevoli previste dalle convenzioni internazionali contro le doppie imposizioni sui redditi o dalla Convenzione relativa all'eliminazione delle doppie imposizioni in caso di rettifica degli utili di imprese associate, con atto finale e dichiarazioni, fatta a Bruxelles il 23 luglio 1990, resa esecutiva con legge 22 marzo 1993, n. 99, nonché delle procedure di risoluzione delle controversie in materia fiscale disciplinate dalla direttiva (UE) 2017/1852, del Consiglio, del 10 ottobre 2017 [2];

b) a conclusione dei controlli effettuati nell'ambito di attività di cooperazione internazionale i cui esiti siano condivisi dagli Stati partecipanti;

c) a seguito di istanza da parte del contribuente da presentarsi secondo le modalità e i termini previsti con provvedimento del Direttore dell'Agenzia delle entrate, a fronte di una rettifica in aumento definitiva e conforme al principio di libera concorrenza effettuata da uno Stato con il quale è in vigore una convenzione per evitare le doppie imposizioni sui redditi che consenta un adeguato scambio di informazioni. Resta ferma, in ogni caso, la facoltà per il contribuente di richiedere l'attivazione delle procedure amichevoli di cui alla lettera a), ove ne ricorrano i presupposti [3].

(1) *Per la sospensione dei termini di cui al presente articolo, vedi l'articolo 67, comma 1, del D.L. 17 marzo 2020, n. 18, convertito con modificazioni dalla Legge 24 aprile 2020, n. 27.*

(2) *Lettera modificata dall'articolo 22, comma 4, del D.Lgs. 10 giugno 2020, n. 49.*

(3) *Articolo aggiunto dall'articolo 59, comma 2, del D.L. 24 aprile 2017, n. 50, convertito, con modificazioni, dalla legge 21 giugno 2017, n. 96.*

32. Poteri degli uffici. – Per l'adempimento dei loro compiti gli uffici delle imposte possono:

1) procedere all'esecuzione di accessi, ispezioni e verifiche a norma del successivo art. 33;

2) invitare i contribuenti, indicandone il motivo, a comparire di persona o per mezzo di rappresentanti per fornire dati e notizie rilevanti ai fini dell'accertamento nei loro confronti, anche relativamente ai rapporti ed alle operazioni, i cui dati, notizie e documenti siano stati acquisiti a norma del numero 7), ovvero rilevati a norma dell'articolo 33, secondo e terzo comma, o acquisiti ai sensi dell'articolo 18, comma 3, lettera b), del decreto legislativo 26 ottobre 1995, n. 504. I dati ed elementi attinenti ai rapporti ed alle operazioni acquisiti e rilevati rispettivamente a norma del numero 7) e dell'articolo 33, secondo e terzo comma, o acquisiti ai sensi dell'articolo 18, comma 3, lettera b), del decreto legislativo 26 ottobre 1995, n. 504, sono posti a base delle rettifiche e degli accertamenti previsti dagli articoli 38, 39, 40 e 41 se il contribuente non dimostra che ne ha tenuto conto per la determinazione del reddito soggetto ad imposta o che non hanno rilevanza allo stesso fine; alle stesse condizioni sono altresì posti come ricavi [*o compensi*] a base delle stesse rettifiche ed accertamenti, se il contribuente non ne indica il soggetto beneficiario e sempreché non risultino dalle scritture contabili, i prelevamenti o gli importi riscossi nell'ambito dei predetti rapporti od operazioni per importi superiori a euro 1.000 giornalieri e, comunque, a euro 5.000 mensili. Le richieste fatte e le risposte ricevute devono risultare da verbale sottoscritto anche dal contribuente o dal suo rappresentante; in mancanza deve essere indicato il motivo della mancata sottoscrizione. Il contribuente ha diritto ad avere copia del verbale [1][2];

3) invitare i contribuenti, indicandone il motivo, a esibire o trasmettere atti e documenti rilevanti ai fini dell'accertamento nei loro confronti, compresi i documenti di cui al successivo art. 34. Ai soggetti obbligati alla tenuta di scritture contabili secondo le disposizioni del titolo III può essere richiesta anche l'esibizione dei bilanci o rendiconti e dei libri o registri previsti dalle disposizioni tributarie. L'ufficio può estrarne copia ovvero trattenerli, rilasciandone ricevuta, per un periodo non superiore a sessanta giorni dalla ricezione. Non possono essere trattenute le scritture cronologiche in uso [3];

4) inviare ai contribuenti questionari relativi a dati e notizie di carattere specifico rilevanti ai fini dell'accertamento nei loro confronti nonché nei confronti di altri contribuenti con i quali abbiano intrattenuto rapporti, con invito a restituirli compilati e firmati [4];

5) richiedere agli organi e alle Amministrazioni dello Stato, agli enti pubblici non economici, alle società ed enti di assicurazione ed alle società ed enti che effettuano istituzionalmente riscossioni e pagamenti per conto di terzi [*, ovvero attività di gestione e intermediazione finanziaria, anche in forma fiduciaria,*] la comunicazione, anche in deroga a contrarie disposizioni legislative, statutarie o regolamentari, di dati e notizie relativi a soggetti indicati singolarmente o per categorie. Alle società ed enti di assicurazione, per quanto riguarda i rapporti con gli assicurati del ramo vita, possono essere richiesti dati e notizie attinenti esclusivamente alla durata del contratto di assicurazione, all'ammontare del premio e alla individuazione del soggetto tenuto a corrisponderlo. Le infor-

mazioni sulla categoria devono essere fornite, a seconda della richiesta, cumulativamente o specificamente per ogni soggetto che ne fa parte. Questa disposizione non si applica all'Istituto centrale di statistica, agli ispettorati del lavoro per quanto riguarda le rilevazioni loro commesse dalla legge, e, salvo il disposto del n. 7), alle banche, alla società Poste italiane Spa, per le attività finanziarie e creditizie, alle società ed enti di assicurazione per le attività finanziarie agli intermediari finanziari, alle imprese di investimento, agli organismi di investimento collettivo del risparmio, alle società di gestione del risparmio e alle società fiduciarie [(5)];

6) richiedere copie o estratti degli atti e dei documenti depositati presso i notai, i procuratori del registro, i conservatori dei registri immobiliari e gli altri pubblici ufficiali. Le copie e gli estratti, con l'attestazione di conformità all'originale, devono essere rilasciate gratuitamente;

6- bis) richiedere, previa autorizzazione del direttore centrale dell'accertamento dell'Agenzia delle entrate o del direttore regionale della stessa, ovvero, per il Corpo della guardia di finanza, del comandante regionale, ai soggetti sottoposti ad accertamento, ispezione o verifica il rilascio di una dichiarazione contenente l'indicazione della natura, del numero e degli estremi identificativi dei rapporti intrattenuti con le banche, la società Poste italiane Spa, gli intermediari finanziari, le imprese di investimento, gli organismi di investimento collettivo del risparmio, le società di gestione del risparmio e le società fiduciarie, nazionali o stranieri, in corso ovvero estinti da non più di cinque anni dalla data della richiesta. Il richiedente e coloro che vengono in possesso dei dati raccolti devono assumere direttamente le cautele necessarie alla riservatezza dei dati acquisiti [(6)];

7) richiedere, previa autorizzazione del direttore centrale dell'accertamento dell'Agenzia delle entrate o del direttore regionale della stessa, ovvero, per il Corpo della guardia di finanza, del comandante regionale, alle banche, alla società Poste italiane Spa, per le attività finanziarie e creditizie, alle società ed enti di assicurazione per le attività finanziarie, agli intermediari finanziari, alle imprese di investimento, agli organismi di investimento collettivo del risparmio, alle società di gestione del risparmio e alle società fiduciarie, dati, notizie e documenti relativi a qualsiasi rapporto intrattenuto od operazione effettuata, ivi compresi i servizi prestati, con i loro clienti, nonché alle garanzie prestate da terzi o dagli operatori finanziari sopra indicati e le generalità dei soggetti per i quali gli stessi operatori finanziari abbiano effettuato le suddette operazioni e servizi o con i quali abbiano intrattenuto rapporti di natura finanziaria. Alle società fiduciarie di cui alla legge 23 novembre 1939, n. 1966, e a quelle iscritte nella sezione speciale dell'albo di cui all'articolo 20 del testo unico delle disposizioni in materia di intermediazione finanziaria, di cui al decreto legislativo 24 febbraio 1998, n. 58, può essere richiesto, tra l'altro, specificando i periodi temporali di interesse, di comunicare le generalità dei soggetti per conto dei quali esse hanno detenuto o amministrato o gestito beni, strumenti finanziari e partecipazioni in imprese, inequivocamente individuati. La richiesta deve essere indirizzata al responsabile della struttura accentrata, ovvero al responsabile della sede o dell'ufficio destinatario che ne dà notizia immediata al soggetto interessato; la relativa risposta deve essere inviata al titolare dell'ufficio procedente [(7)];

7-bis) richiedere, con modalità stabilite con decreto di natura non regolamentare del Ministro dell'economia e delle finanze, da adottare d'intesa con l'Autorità di vigilanza in coerenza con le regole europee e internazionali in materia di vigilanza e, comunque, previa autorizzazione del direttore centrale dell'accertamento dell'Agenzia delle entrate o del direttore regionale della stessa, ovvero, per il Corpo della guardia di finanza, del comandante regionale, ad autorità ed enti, notizie, dati, documenti e informazioni di natura creditizia, finanziaria e assicurativa, relativi alle attività di controllo e di vigilanza svolte dagli stessi, anche in deroga a specifiche disposizioni di legge [(8)];

8) richiedere ai soggetti indicati nell'art. 13 dati, notizie e documenti relativi ad attività svolte in un determinato periodo d'imposta, rilevanti ai fini dell'accertamento, nei confronti di loro clienti, fornitori e prestatori di lavoro autonomo [(9)];

8- bis) invitare ogni altro soggetto ad esibire o trasmettere, anche in copia fotostatica, atti o documenti fiscalmente rilevanti concernenti specifici rapporti intrattenuti con il contribuente e a fornire i chiarimenti relativi [(10)];

8- ter) richiedere agli amministratori di condominio negli edifici dati, notizie e documenti relativi alla gestione condominiale [(11)].

Gli inviti e le richieste di cui al presente articolo devono essere notificati ai sensi dell'art. 60. Dalla data di notifica decorre il termine fissato dall'ufficio per l'adempimento, che non può essere inferiore a quindici giorni ovvero per il caso di cui al n. 7) a trenta giorni. Il termine può essere prorogato per un periodo di venti giorni su istanza dell'operatore finanziario, per giustificati motivi, dal competente direttore centrale o direttore regionale per l'Agenzia delle entrate, ovvero, per il Corpo della guardia di finanza, dal comandante regionale [(12)].

Le richieste di cui al primo comma, numero 7), nonché le relative risposte, anche se negative, devono essere effettuate esclusivamente in via telematica. Con provvedimento del direttore dell'Agenzia delle entrate sono stabilite le disposizioni attuative e le modalità di trasmissione delle richieste, delle risposte, nonché dei dati e delle notizie riguardanti i rapporti e le operazioni indicati nel citato numero 7)[(13)].

Le notizie ed i dati non addotti e gli atti, i documenti, i libri ed i registri non esibiti o non trasmessi in risposta agli inviti dell'ufficio non possono essere presi in considerazione a favore del contribuente, ai fini dell'accertamento in sede amministrativa e contenziosa. Di ciò l'ufficio deve informare il contribuente contestualmente alla richiesta [(14)].

Le cause di inutilizzabilità previste dal terzo comma non operano nei confronti del contribuente che depositi in allegato all'atto introduttivo del giudizio di primo grado in sede contenziosa le notizie, i dati, i documenti, i libri e i registri, dichiarando comunque contestualmente di non aver potuto adempiere alle richieste degli uffici per causa a lui non imputabile [(15)].

[(1)] *Numero sostituito dall'articolo 1, comma 1, del D.P.R. 15 luglio 1982, n. 463 e successivamente modificato dall'articolo 18, comma 1, lettera a), della legge 30 dicembre 1991, n. 413, dall'articolo 1, comma 402, lettera a), numero 1), della legge 30 dicembre 2004, n. 311; dall'articolo 2, comma 9, del D.L. 30 settembre 2005, n. 203 e, da ultimo, dall'articolo 7-quater, comma 1, lettere a) e b) del D.L. 22 ottobre 2016, n.193,convertito, con modificazioni, dalla Legge 1° dicembre 2016 n. 225.*

[(2)] *La Corte Costituzionale, con sentenza 6 ottobre 2014, n. 228 (in Gazz. Uff., 8 ottobre n. 42), ha dichiarato l'illegittimità costituzionale della presente lettera, secondo periodo, come modificata dall'art. 1, comma 402, lettera a), numero 1), della legge 30 dicembre 2004, n. 311,*

limitatamente alle parole «o compensi».
(3) *Numero modificato dall'articolo 19, comma 1, lettera c), della legge 30 dicembre 1991, n. 413.*
(4) *Numero modificato dall'articolo 37, comma 32, lettera a), del D.L. 4 luglio 2006, n. 223.*
(5) *Numero sostituito dall'articolo 1, comma 1, del D.P.R. 15 luglio 1982, n. 463 e successivamente modificato dall'articolo 18, comma 1, lettera b), della legge 30 dicembre 1991, n. 413, dall'articolo 1, comma 402, lettera a), numero 2), della legge 30 dicembre 2004, n. 311 e dall'articolo 23, comma 24, lettera a), del D.L. 6 luglio 2011, n. 98.*
(6) *Numero aggiunto dall'articolo 3, comma 178, della legge 28 dicembre 1995, n. 549 e successivamente modificato dall'articolo 1, comma 402, lettera a), numero 3), della legge 30 dicembre 2004, n. 311.*
(7) *Numero sostituito dall'articolo 1, comma 1, del D.P.R. 15 luglio 1982, n. 463, dall'articolo 18, comma 1, lettera c), della legge 30 dicembre 1991, n. 413 e successivamente modificato dall'articolo 1, comma 402, lettera a), numero 4), della legge 30 dicembre 2004, n. 311 e dall'articolo 23, comma 24, lettera b), del D.L. 6 luglio 2011, n. 98.*
(8) *Numero aggiunto dall'articolo 18, comma 8-quinques, del D.L. 1° luglio 2009, n. 78.*
(9) *Numero sostituito dall'articolo 18, comma 1, lettera c), della legge 30 dicembre 1991, n. 413 e successivamente modificato dall'articolo 37, comma 32, lettera b), del D.L. 4 luglio 2006, n. 223.*
(10) *Numero aggiunto dall'articolo 18, comma 1, lettera d), della legge 30 dicembre 1991, n. 413.*
(11) *Numero aggiunto dall'articolo 21, comma 11, lettera e), della legge 27 dicembre 1997, n. 449.*
(12) *Comma modificato dall'articolo 1, comma 2, del D.P.R. 15 luglio 1982, n. 463 e successivamente dall'articolo 1, comma 402, lettera b), della legge 30 dicembre 2004, n. 311.*
(13) *Comma aggiunto dall'articolo 1, comma 402, lettera c), della legge 30 dicembre 2004, n. 311.*
(14) *Comma aggiunto dall'articolo 25, comma 1, della legge 18 febbraio 1999, n. 28.*
(15) *Comma aggiunto dall'articolo 25, comma 1, della legge 18 febbraio 1999, n. 28.*

33. Accessi, ispezioni e verifiche. – Per la esecuzione di accessi, ispezioni e verifiche si applicano le disposizioni dell'art. 52 del D.P.R. 26 ottobre 1972, n. 633.

Gli uffici delle imposte hanno facoltà di disporre l'accesso di propri impiegati muniti di apposita autorizzazione presso le pubbliche amministrazioni e gli enti indicati al n. 5) dell'art. 32 allo scopo di rilevare direttamente i dati e le notizie ivi previste e presso gli operatori finanziari di cui al n. 7) dell'articolo 32 allo scopo di procedere direttamente alla acquisizione dei dati, notizie e documenti, relativi ai rapporti ed alle operazioni oggetto delle richieste a norma del n. 7) dello stesso art. 32, non trasmessi entro il termine previsto nell'ultimo comma di tale articolo o allo scopo di rilevare direttamente la completezza o l'esattezza delle risposte allorché l'ufficio abbia fondati sospetti che le pongano in dubbio (1).

La Guardia di finanza coopera con gli uffici delle imposte per l'acquisizione e il reperimento degli elementi utili ai fini dell'accertamento dei redditi e per la repressione delle violazioni delle leggi sulle imposte dirette procedendo di propria iniziativa o su richiesta degli uffici secondo le norme e con le facoltà di cui all'art. 32 e al precedente comma. Essa inoltre, previa autorizzazione dell'autorità giudiziaria che può essere concessa anche in deroga all'art. 329 del codice di procedura penale [*istruttorio*], utilizza e trasmette agli uffici delle imposte documenti, dati e notizie acquisiti [nei confronti dell'imputato], direttamente o riferiti ed ottenuti dalle altre Forze di polizia, nell'esercizio dei poteri di polizia giudiziaria, [anche al di fuori dei casi di deroga previsti dall'art. 35] (2).

Ai fini del necessario coordinamento dell'azione della guardia di finanza con quella degli uffici finanziari saranno presi accordi, periodicamente e nei casi in cui si debba procedere ad indagini sistematiche, tra la direzione generale delle imposte dirette e il comando generale della guardia di finanza e, nell'ambito delle singole circoscrizioni, fra i capi degli ispettorati e degli uffici e i comandi territoriali.

Gli uffici finanziari e i comandi della Guardia di finanza, per evitare la reiterazione di accessi, si devono dare immediata comunicazione dell'inizio delle ispezioni e verifiche intraprese. L'ufficio o il comando che riceve la comunicazione può richiedere all'organo che sta eseguendo la ispezione o la verifica l'esecuzione di specifici controlli e l'acquisizione di specifici elementi e deve trasmettere i risultati dei controlli eventualmente già eseguiti o gli elementi eventualmente già acquisiti, utili ai fini dell'accertamento. Al termine delle ispezioni e delle verifiche l'ufficio o il comando che li ha eseguiti deve comunicare gli elementi acquisiti agli organi richiedenti (3).

Gli accessi presso gli operatori finanziari di cui al n. 7) dell'articolo 32, di cui al secondo comma, devono essere eseguiti, previa autorizzazione, per l'Agenzia delle entrate, del Direttore centrale dell'accertamento o del Direttore regionale, ovvero, per la Guardia di finanza, del Comandante regionale, da funzionari con qualifica non inferiore a quella di funzionario tributario e da ufficiali della Guardia di finanza di grado non inferiore a capitano, e devono avvenire in orari diversi da quelli di sportello aperto al pubblico; le ispezioni e le rilevazioni debbono essere eseguite alla presenza del responsabile della sede o dell'ufficio presso cui avvengono o di un suo delegato e di esse è data immediata notizia a cura del predetto responsabile al soggetto interessato. Coloro che eseguono le ispezioni e le rilevazioni o vengono in possesso dei dati raccolti devono assumere direttamente le cautele necessarie alla riservatezza dei dati acquisiti (3).

Gli accessi previsti nel secondo e nel terzo comma debbono essere eseguiti da funzionari dell'Amministrazione finanziaria della carriera direttiva con qualifica non inferiore a quella di direttore aggiunto di prima classe e da ufficiali della Guardia di finanza di grado non inferiore a capitano, ricompresi in elenchi approvati ogni anno con decreto del Ministro delle finanze. Con decreto del Ministro delle finanze, di concerto con il Ministro del tesoro, sono determinate le modalità di esecuzione degli accessi con particolare riferimento al numero massimo dei funzionari e degli ufficiali da impegnare per ogni accesso; al rilascio e alle caratteristiche dei documenti di riconoscimento e di autorizzazione; alle condizioni di tempo, che non devono coincidere con gli orari di sportello aperto al pubblico, in cui gli accessi possono essere espletati e alla redazione dei processi verbali (4).

(1) *Comma sostituito dall'articolo 2, comma 1, del D.P.R. 15 luglio 1982, n. 463 e successivamente modificato dall'articolo 18, comma 1, lettera e), della legge 30 dicembre 1991, n. 413 e dall'articolo 23, comma 26, lettera a), del D.L. 6 luglio 2011, n. 98.*
(2) *Comma sostituito dall'articolo 2, comma 1, del D.P.R. 15 luglio 1982, n. 463 e successivamente modificato dall'articolo 5, comma 15, del D.L. 3 maggio 1991, n. 143, dall'articolo 18, comma 1, lettera f), della legge 30 dicembre 1991, n. 413 e dall'articolo 23, comma 1, del D.Lgs. 10 marzo 2000, n. 74.*
(3) *Comma sostituito dall'articolo 2, comma 2, del D.P.R. 15 luglio 1982, n. 463, successivamente modificato dall'articolo 18, comma 1, lettera g), della legge 30 dicembre 1991, n. 413 e da ultimo sostituito dall'articolo 23, comma 26, lettera b), del D.L. 6 luglio 2011, n. 98.*
(4) *Comma aggiunto dall'articolo 2, comma 2, del D.P.R. 15 luglio 1982, n. 463.*

34. Certificazione delle passività bancarie. – [*Se il*

contribuente afferma l'esistenza, nei confronti di aziende e istituti di credito, di componenti passivi del proprio reddito imponibile o di oneri deducibili, l'ufficio delle imposte può invitarlo a presentare, entro un termine non inferiore a sessanta giorni, la copia dei conti intrattenuti con l'ente creditore e un certificato dell'ente stesso attestante l'ammontare dei detti componenti ed oneri con la specificazione di tutti gli altri rapporti debitori o creditori nonchè dei riporti e delle garanzie prestate anche da terzi, in atto con lo stesso contribuente alla data in cui termina il periodo d'imposta e ad altre date anteriori o successive indicate dall'ufficio. Il certificato, controfirmato dal capo servizio o dal contabile addetto al servizio, deve essere rilasciato dall'ente creditore nel termine di trenta giorni dalla richiesta scritta del contribuente e deve contenere la esplicita menzione che è stato rilasciato su richiesta del contribuente ai sensi della presente disposizione e che riflette rapporti intrattenuti con tutte le sedi, agenzie, filiali o altre ripartizioni territoriali dell'azienda o istituto di credito.

Su richiesta del ministro per le finanze, il servizio di vigilanza sulle aziende di credito controlla l'esattezza delle attestazioni contenute nel certificato.] (1)

(1) *Articolo abrogato dall'articolo 18, comma 1, lettera h), della legge 30 dicembre 1991, n. 413.*

35. Deroghe al segreto bancario (1). – [*L'ufficio delle imposte dirette può richiedere i documenti, i dati e le notizie indicati al n. 7) dell'art. 32 su conforme parere dell'ispettorato compartimentale delle imposte dirette, previa autorizzazione del presidente della commissione tributaria di primo grado territorialmente competente e può accedere presso le aziende e istituti di credito e l'Amministrazione postale a norma del secondo comma dell'art. 33 previa autorizzazione del competente ispettore compartimentale nelle seguenti ipotesi:*

a) quando il contribuente non ha presentato la dichiarazione dei redditi e l'ufficio è in possesso di elementi dai quali risulta che nel periodo d'imposta ha conseguito ricavi o altre entrate o ha acquistato beni mobili o immobili per ammontare superiore a lire cento milioni;

b) quando da elementi certi in possesso dell'ufficio risulta che il contribuente ha conseguito nel periodo d'imposta ricavi o altre entrate, rilevanti per la determinazione dell'imponibile ed analiticamente individuati per ammontare superiore al quadruplo di quelli dichiarati, sempre che la differenza sia superiore a lire cento milioni;

c) quando il reddito complessivo fondatamente attribuibile al soggetto, in base ad elementi e a circostanze di fatto certi, ai sensi del quarto comma dell'art. 38 e salva la facoltà di cui al successivo quinto comma dello stesso articolo, non è inferiore a lire cento milioni ed al quadruplo di quello dichiarato per lo stesso periodo di imposta;

d) quando il contribuente non ha tenuto le scritture contabili prescritte dagli articoli 14, 18, 18- bis, 19 e 20 o quando le omissioni e le false o inesatte indicazioni accertate ai sensi del primo comma dell'art. 39 sono così gravi, numerose e ripetute da rendere inattendibili nel loro complesso le scritture stesse per mancanza delle garanzie proprie di una contabilità sistematica; la disposizione non si applica se dagli elementi in possesso dell'ufficio non risultano ricavi o altre entrate per ammontare superiore a lire cento milioni;

e) quando ricorre l'ipotesi prevista dalla lettera d) dell'art. 51- bis del decreto del Presidente della Repubblica 26 ottobre 1972, n. 633.

La richiesta può riguardare anche i conti successivi al periodo o ai periodi di imposta cui si riferiscono i fatti indicati nel precedente comma e può essere estesa ai conti intestati al coniuge non legalmente ed effettivamente separato ed ai figli minori conviventi. Nel caso previsto dalla precedente lettera e), se le fatture sono state emesse o utilizzate da una società che esercita l'attività di cui agli articoli 2135 e 2195 del codice civile, la richiesta può essere estesa ai conti intestati ai soci delle società di fatto nonché agli amministratori delle società in nome collettivo e in accomandita semplice in carica nel periodo o nei periodi di imposta in cui le fatture sono state emesse o utilizzate.

Con le richieste e nel corso degli accessi indicati nel primo comma non possono essere rilevati dagli uffici documenti, dati e notizie relativi a soggetti diversi dal contribuente. Tali documenti, dati e notizie sono tuttavia utilizzabili ai fini fiscali se forniti dal contribuente o, autonomamente, dalle aziende e istituti di credito.

L'ispettore compartimentale delle imposte dirette deve esprimersi sulla richiesta di autorizzazione all'accesso formulata dagli uffici entro il termine di giorni quindici dalla richiesta stessa.

Si applicano le disposizioni di cui al secondo comma dell'art. 34.]

(1) *Articolo sostituito dall'articolo 3, comma 1, del D.P.R. 15 luglio 1982, n. 463 e successivamente abrogato dall'articolo 18, comma 1, lettera h), della legge 30 dicembre 1991, n. 413.*

36. Comunicazione di violazioni tributarie (1). – [*Le società, comprese quelle in nome collettivo e in accomandita semplice, e gli enti diversi dalle società soggetti all'imposta sul reddito delle persone giuridiche devono inviare all'ufficio delle imposte competente per l'accertamento, entro tre mesi, copia dell'atto costitutivo e delle deliberazioni che lo modificano. La presentazione, nei casi in cui è richiesto l'atto pubblico, deve essere effettuata a cura del pubblico ufficiale che ha ricevuto l'atto. Per gli atti soggetti ad iscrizione nel registro delle imprese il termine decorre dalla data d'iscrizione.*] (2)

[*Nello stesso termine i soggetti indicati nel comma precedente devono dare comunicazione all'ufficio delle imposte della variazione dell'indirizzo della loro sede legale o amministrativa nonchè della stabile organizzazione in Italia se hanno sede all'estero*] (3)

[*Gli amministratori delle società ed enti di cui al primo comma devono, entro trenta giorni, inviare al competente ufficio delle imposte copia della deliberazione o del provvedimento con il quale la società o l'ente è posto in liquidazione.*] (4)

I soggetti pubblici incaricati istituzionalmente di svolgere attività ispettive o di vigilanza nonché gli organi giurisdizionali, requirenti e giudicanti, penali, civili e amministrativi e, previa autorizzazione, gli organi di polizia giudiziaria che, a causa o nell'esercizio delle loro funzioni, vengono a conoscenza di fatti che possono configurarsi come violazioni tributarie devono comunicarli direttamente ovvero, ove previste, secondo le modalità stabilite da leggi o norme regolamentari per l'inoltro della denuncia penale, al comando della Guardia di finanza competente in relazione al luogo di rilevazione degli stessi, fornendo l'eventuale documentazione atta a comprovarli (5).

(1) *Rubrica sostituita dall'articolo 37, comma 1, lettera a), della legge 24 novembre 2000, n. 340.*
(2) *Comma abrogato dall'articolo 37, comma 1, lettera b), della legge 24 novembre 2000, n. 340.*
(3) *Comma abrogato dall'articolo 37, comma 1, lettera b), della legge 24 novembre 2000, n. 340.*
(4) *Comma abrogato dall'articolo 37, comma 1, lettera b), della legge 24 novembre 2000, n. 340.*
(5) *Comma aggiunto dall'articolo 19, comma 1, lettera d), della legge 30 dicembre 1991, n. 413 e successivamente modificato dall'articolo 37, comma 31, del D.L. 4 luglio 2006, n. 223.*

36 *bis*. Liquidazioni delle imposte, dei contributi, dei premi e dei rimborsi dovuti in base alle dichiarazioni (1). – 1. Avvalendosi di procedure automatizzate, l'amministrazione finanziaria procede, entro l'inizio del periodo di presentazione delle dichiarazioni relative all'anno successivo, alla liquidazione delle imposte, dei contributi e dei premi dovuti, nonchè dei rimborsi spettanti in base alle dichiarazioni presentate dai contribuenti e dai sostituti d'imposta (2).

2. Sulla base dei dati e degli elementi direttamente desumibili dalle dichiarazioni presentate e di quelli in possesso dell'anagrafe tributaria, l'Amministrazione finanziaria provvede a:

a) correggere gli errori materiali e di calcolo commessi dai contribuenti nella determinazione degli imponibili, delle imposte, dei contributi e dei premi;

b) correggere gli errori materiali commessi dai contribuenti nel riporto delle eccedenze delle imposte, dei contributi e dei premi risultanti dalle precedenti dichiarazioni;

c) ridurre le detrazioni d'imposta indicate in misura superiore a quella prevista dalla legge ovvero non spettanti sulla base dei dati risultanti dalle dichiarazioni;

d) ridurre le deduzioni dal reddito esposte in misura superiore a quella prevista dalla legge;

e) ridurre i crediti d'imposta esposti in misura superiore a quella prevista dalla legge ovvero non spettanti sulla base dei dati risultanti dalla dichiarazione;

f) controllare la rispondenza con la dichiarazione e la tempestività dei versamenti delle imposte, dei contributi e dei premi dovuti a titolo di acconto e di saldo e delle ritenute alla fonte operate in qualità di sostituto d'imposta.

2-bis. Se vi è pericolo per la riscossione, l'ufficio può provvedere, anche prima della presentazione della dichiarazione annuale, a controllare la tempestiva effettuazione dei versamenti delle imposte, dei contributi e dei premi dovuti a titolo di acconto e di saldo e delle ritenute alla fonte operate in qualità di sostituto d'imposta (3).

3. Quando dai controlli automatici eseguiti emerge un risultato diverso rispetto a quello indicato nella dichiarazione, ovvero dai controlli eseguiti dall'ufficio, ai sensi del comma 2-bis, emerge un'imposta o una maggiore imposta, l'esito della liquidazione è comunicato al contribuente o al sostituto d'imposta per evitare la reiterazione di errori e per consentire la regolarizzazione degli aspetti formali [*e la comunicazione all'Amministrazione finanziaria di eventuali dati ed elementi non considerati nella liquidazione*]. Qualora a seguito della comunicazione il contribuente o il sostituto di imposta rilevi eventuali dati o elementi non considerati o valutati erroneamente nella liquidazione dei tributi, lo stesso può fornire i chiarimenti necessari all'amministrazione finanziaria entro i trenta giorni successivi al ricevimento della comunicazione (4).

3-bis. A seguito dello scomputo delle perdite dai maggiori imponibili effettuato ai sensi del secondo periodo del quarto comma dell'articolo 42 del presente decreto, del comma 3 dell'articolo 40-bis del presente decreto, del comma 1-ter dell'articolo 7 del decreto legislativo 19 giugno 1997, n. 218, del comma 2 dell'articolo 9-bis del decreto legislativo 19 giugno 1997, n. 218, l'amministrazione finanziaria provvede a ridurre l'importo delle perdite riportabili ai sensi dell'articolo 8 e dell'articolo 84 del decreto del Presidente della Repubblica 22 dicembre 1986, n. 917, nell'ultima dichiarazione dei redditi presentata. A seguito dello scomputo delle perdite dai maggiori imponibili effettuato ai sensi del primo periodo del quarto comma dell'articolo 42 del presente decreto, l'amministrazione finanziaria provvede a ridurre l'importo delle perdite riportabili ai sensi dell'articolo 8 e dell'articolo 84 del decreto del Presidente della Repubblica 22 dicembre 1986, n. 917, nelle dichiarazioni dei redditi successive a quella oggetto di rettifica e, qualora emerga un maggiore imponibile, procede alla rettifica ai sensi del primo e secondo comma dell'articolo 42 del presente decreto (5).

I dati contabili risultanti dalla liquidazione prevista nel presente articolo si considerano, a tutti gli effetti, come dichiarati dal contribuente e dal sostituto d'imposta.

(1) Articolo aggiunto dall'articolo 2, comma 1, del D.P.R. 24 dicembre 1976, n. 920, modificato dall'articolo 1, comma 1, del D.P.R. 27 settembre 1979, n. 506, dall'articolo 10-ter, comma 1, del D.L. 2 marzo 1989, n. 69, dall'articolo 1, comma 1, lettera p), del D.L. 31 maggio 1994, n. 330 e successivamente sostituito dall'articolo 13, comma 1, del D.Lgs. 9 luglio 1997, n. 241.

(2) A norma dell'articolo 28, comma 1, della legge 27 dicembre 1997, n. 449, il presente comma deve essere interpretato nel senso che il termine in esso indicato, avendo carattere ordinatorio, non è stabilito a pena di decadenza.

(3) Comma aggiunto dall'articolo 2, comma 10, lettera a), del D.L. 30 settembre 2005, n. 203.

(4) Comma modificato dall'articolo 1, comma 1, lettera a), del D.Lgs. 26 gennaio 2001, n. 32 e successivamente dall'articolo 2, comma 10, lettera b), del D.L. 30 settembre 2005, n. 203.

(5) Comma aggiunto dall'articolo 25, comma 3, del D.Lgs. 24 settembre 2015, n. 158, a decorrere dal 1° gennaio 2016, come indicato nel comma 5 del medesimo articolo.

36 *ter*. Controllo formale delle dichiarazioni (1). – Vigente dal 30/06/2019

1. Gli uffici periferici dell'amministrazione finanziaria, procedono, entro il 31 dicembre del secondo anno successivo a quello di presentazione, al controllo formale delle dichiarazioni presentate dai contribuenti e dai sostituti d'imposta, sulla base dei criteri selettivi fissati dal Ministro delle finanze, tenendo anche conto di specifiche analisi del rischio di evasione e delle capacità operative dei medesimi uffici (2).

2. Senza pregiudizio dell'azione accertatrice a norma degli articoli 37 e seguenti, gli uffici possono:

a) escludere in tutto o in parte lo scomputo delle ritenute d'acconto non risultanti dalle dichiarazioni dei sostituti d'imposta, dalle comunicazioni di cui all'art. 20, terzo comma, del decreto del Presidente della Repubblica 29 settembre 1973, n. 605, o dalle certificazioni richieste ai contribuenti ovvero delle ritenute risultanti in misura inferiore a quella indicata nelle dichiarazioni dei contribuenti stessi;

b) escludere in tutto o in parte le detrazioni d'imposta non spettanti in base ai documenti richiesti ai contribuenti o agli elenchi di cui all'articolo 78, comma 25, della legge 30 dicembre 1991, n. 413;

c) escludere in tutto o in parte le deduzioni dal reddito non spettanti in base ai documenti richiesti ai contribuenti o agli elenchi menzionati nella lettera b);

d) determinare i crediti d'imposta spettanti in base ai dati risultanti dalle dichiarazioni e ai documenti richiesti ai contribuenti;

e) liquidare la maggiore imposta sul reddito delle persone fisiche e i maggiori contributi dovuti sull'ammontare complessivo dei redditi risultanti da più dichiarazioni o certificati di cui all'art. 1, comma 4, lettera d), presentati per lo stesso anno dal medesimo contribuente;

f) correggere gli errori materiali e di calcolo commessi nelle dichiarazioni dei sostituti d'imposta.

3. Ai fini dei commi 1 e 2, il contribuente o il sostituto d'imposta è invitato, anche telefonicamente o in forma scrit-

ta o telematica, a fornire chiarimenti in ordine ai dati contenuti nella dichiarazione e ad eseguire o trasmettere ricevute di versamento e altri documenti non allegati alla dichiarazione o difformi dai dati forniti da terzi.

3-bis. Ai fini del controllo di cui al comma 1, gli uffici, ai sensi dell'articolo 6, comma 4, della legge 27 luglio 2000, n. 212, non chiedono ai contribuenti documenti relativi a informazioni disponibili nell'anagrafe tributaria o a dati trasmessi da parte di soggetti terzi in ottemperanza a obblighi dichiarativi, certificativi o comunicativi, salvo che la richiesta riguardi la verifica della sussistenza di requisiti soggettivi che non emergono dalle informazioni presenti nella stessa anagrafe ovvero elementi di informazione in possesso dell'amministrazione finanziaria non conformi a quelli dichiarati dal contribuente. Eventuali richieste di documenti effettuate dall'amministrazione per dati già in suo possesso sono considerate inefficaci (3).

4. L'esito del controllo formale è comunicato al contribuente o al sostituto d'imposta con l'indicazione dei motivi che hanno dato luogo alla rettifica degli imponibili, delle imposte, delle ritenute alla fonte, dei contributi e dei premi dichiarate, per consentire anche la segnalazione di eventuali dati ed elementi non considerati o valutati erroneamente in sede di controllo formale entro i trenta giorni successivi al ricevimento della comunicazione (4).

(A) In riferimento al presente articolo vedi: Circolare Agenzia delle Entrate 31 luglio 2013, n. 25/E.
(1) Articolo aggiunto dall'articolo 1, comma 1, del D.P.R. 14 aprile 1982, n. 309, modificato dall'articolo 10-ter, comma 2, del D.L. 2 marzo 1989, n. 69 e successivamente sostituito dall'articolo 13, comma 1, del D.Lgs. 9 luglio 1997, n. 241.
(2) Comma modificato dall'articolo 1, comma 17, della legge 13 dicembre 2010, n. 220.
(3) Comma inserito dall'articolo 4-bis, comma 1, del D.L. 30 aprile 2019, n. 34, convertito, con modificazioni, dalla Legge 28 giugno 2019, n. 58.
(4) Comma modificato dall'articolo 1, comma 1, lettera b), del D.Lgs. 26 gennaio 2001, n. 32.

37. Controllo delle dichiarazioni. – Gli uffici delle imposte procedono, sulla base di criteri selettivi fissati annualmente dal Ministro delle finanze tenendo anche conto delle loro capacità operative, al controllo delle dichiarazioni e alla individuazione dei soggetti che ne hanno omesso la presentazione sulla scorta dei dati e delle notizie acquisiti ai sensi dei precedenti articoli e attraverso le dichiarazioni previste negli articoli 6 e 7, di quelli raccolti e comunicati dall'anagrafe tributaria e delle informazioni di cui siano comunque in possesso. I criteri selettivi per l'attività di accertamento di cui al periodo precedente, compresa quella a mezzo di studi di settore, sono rivolti prioritariamente nei confronti dei soggetti diversi dalle imprese manifatturiere che svolgono la loro attività in conto terzi per altre imprese in misura non inferiore al 90 per cento (1).

In base ai risultati dei controlli e delle ricerche effettuati gli uffici delle imposte provvedono, osservando le disposizioni dei successivi articoli, agli accertamenti in rettifica delle dichiarazioni presentate e agli accertamenti d'ufficio nei confronti dei soggetti che hanno omesso la dichiarazione.

In sede di rettifica o di accertamento d'ufficio sono imputati al contribuente i redditi di cui appaiono titolari altri soggetti quando sia dimostrato, anche sulla base di presunzioni gravi, precise e concordanti, che egli ne è l'effettivo possessore per interposta persona (2).

Il contribuente può comunque richiedere un parere all'amministrazione in ordine all'applicazione delle disposizioni di cui al comma 3 al caso concreto, ai sensi dell'articolo 11, comma 1, lettera a), della legge 27 luglio 2000, n. 212, recante lo Statuto dei diritti del contribuente (3).

Le persone interposte, che provino di aver pagato imposte in relazione a redditi successivamente imputati, a norma del comma terzo, ad altro contribuente, possono chiederne il rimborso. L'amministrazione procede al rimborso dopo che l'accertamento, nei confronti del soggetto interponente, è divenuto definitivo ed in misura non superiore all'imposta effettivamente percepita a seguito di tale accertamento (4).

(1) Comma sostituito dall'articolo 6, comma 1, della legge 24 aprile 1980, n. 146 e successivamente modificato dall'articolo 1, comma 253, della legge 24 dicembre 2007, n. 244.
(2) Comma aggiunto dall'articolo 30, comma 1, del D.L. 2 marzo 1989, n. 69.
(3) Comma inserito dall'articolo 7, comma 7, del D.lgs. 24 settembre 2015, n. 156.
(4) Comma aggiunto dall'articolo 7, comma 3, del D.Lgs. 8 ottobre 1997, n. 358.

37 *bis*. Disposizioni antielusive (1). – [*1. Sono inopponibili all'amministrazione finanziaria gli atti, i fatti e i negozi, anche collegati tra loro, privi di valide ragioni economiche, diretti ad aggirare obblighi o divieti previsti dall'ordinamento tributario e ad ottenere riduzioni di imposte o rimborsi, altrimenti indebiti.*

2. L'amministrazione finanziaria disconosce i vantaggi tributari conseguiti mediante gli atti, i fatti e i negozi di cui al comma 1, applicando le imposte determinate in base alle disposizioni eluse, al netto delle imposte dovute per effetto del comportamento inopponibile all'amministrazione.

3. Le disposizioni dei commi 1 e 2 si applicano a condizione che, nell'ambito del comportamento di cui al comma 2, siano utilizzate una o più delle seguenti operazioni:

a) trasformazioni, fusioni, scissioni, liquidazioni volontarie e distribuzioni ai soci di somme prelevate da voci del patrimonio netto diverse da quelle formate con utili;

b) conferimenti in società, nonché negozi aventi ad oggetto il trasferimento o il godimento di aziende;

c) cessioni di crediti;

d) cessioni di eccedenze d'imposta;

e) operazioni di cui al decreto legislativo 30 dicembre 1992, n. 544, recante disposizioni per l'adeguamento alle direttive comunitarie relative al regime fiscale di fusioni, scissioni, conferimenti d'attivo e scambi di azioni, nonché il trasferimento della residenza fiscale all'estero da parte di una società (2)*;*

f) operazioni, da chiunque effettuate, incluse le valutazioni e le classificazioni di bilancio, aventi ad i beni ed i rapporti di cui all'art. 81, comma 1, lettere da c) a c-quinquies), del testo unico delle imposte sui redditi, approvato con decreto del Presidente della Repubblica 22 dicembre 1986, n. 917 (3)*;*

f-bis) cessioni di beni e prestazioni di servizi effettuate tra i soggetti ammessi al regime della tassazione di gruppo di cui all'articolo 117 del testo unico delle imposte sui redditi (4)*;*

f-ter) pagamenti di interessi e canoni di cui all'art. 26-quater, qualora detti pagamenti siano effettuati a soggetti controllati direttamente o indirettamente da uno o più soggetti non residenti in uno Stato dell'Unione europea (5)*;*

f-quater) pattuizioni intercorse tra società controllate e collegate ai sensi dell'articolo 2359 del codice civile, una delle quali avente sede legale in uno Stato o territorio diverso da quelli di cui al decreto ministeriale emanato ai sensi dell'articolo 168-bis del testo unico delle imposte sui redditi, di cui al decreto del Presidente della Repubblica 22 dicembre 1986, n. 917, aventi ad oggetto il pagamento di somme a titolo di clausola penale, multa, caparra confirmatoria o penitenziale (6).

4. L'avviso di accertamento è emanato, a pena di nullità, previa richiesta al contribuente anche per lettera raccomandata, di chiarimenti da inviare per iscritto entro 60 giorni dalla data di ricezione della richiesta nella quale devono essere indicati i motivi per cui si reputano applicabili i commi 1 e 2.

5. Fermo restando quanto disposto dall'art. 42, l'avviso d'accertamento deve essere specificamente motivato, a pena di nullità, in relazione alle giustificazioni fornite dal contribuente e le imposte o le maggiori imposte devono essere calcolate tenendo conto di quanto previsto al comma 2.

6. Le imposte o le maggiori imposte accertate in applicazione delle disposizioni di cui al comma 2 sono iscritte a ruolo, secondo i criteri di cui all'art. 68 del decreto legislativo 31 dicembre 1992, n. 546, concernente il pagamento dei tributi e delle sanzioni pecuniarie in pendenza di giudizio, unitamente ai relativi interessi, dopo la sentenza della commissione tributaria provinciale.

7. I soggetti diversi da quelli cui sono applicate le disposizioni dei commi precedenti possono richiedere il rimborso delle imposte pagate a seguito dei comportamenti disconosciuti dall'amministrazione finanziaria a tal fine detti soggetti possono proporre, entro un anno dal giorno in cui l'accertamento è divenuto definitivo o è stato definito mediante adesione o conciliazione giudiziale, istanza di rimborso all'amministrazione, che provvede nei limiti dell'imposta e degli interessi effettivamente riscossi a seguito di tali procedure.

8. Le norme tributarie che, allo scopo di contrastare comportamenti elusivi, limitano deduzioni, detrazioni, crediti d'imposta o altre posizioni soggettive altrimenti ammesse dall'ordinamento tributario, possono essere disapplicate qualora il contribuente dimostri che nella particolare fattispecie tali effetti elusivi non potevano verificarsi. A tal fine il contribuente deve presentare istanza al direttore regionale delle entrate competente per territorio, descrivendo compiutamente l'operazione e indicando le disposizioni normative di cui chiede la disapplicazione. Con decreto del Ministro delle finanze da emanare ai sensi dell'art. 17, comma 3, della legge 23 agosto 1988, n. 400, sono disciplinate le modalità per l'applicazione del presente comma.] (7)

(1) *Articolo aggiunto dall'articolo 7, comma 1, del D.Lgs. 8 ottobre 1997, n. 358.*
(2) *Lettera modificata dall'articolo 1, comma 2, del D.Lgs. 6 novembre 2007, n. 199. La disposizione di cui alla presente lettera, si applica ai trasferimenti effettuati a partire dal 1 gennaio 2008.*
(3) *Lettera modificata dall'articolo 7, comma 3, lettera b), del D.Lgs. 16 giugno 1998, n. 201 e successivamente dall'articolo 2, comma 1, lettera e), numero 1), del D.Lgs. 12 dicembre 2003, n. 344.*
(4) *Lettera aggiunta dall'articolo 2, comma 1, lettera e), numero 2), del D.Lgs. 12 dicembre 2003, n. 344 e successivamente modificata dall'articolo 18, comma 2, del D.Lgs. 18 novembre 2005, n. 247.*
(5) *Lettera aggiunta dall'articolo 1, comma 1, lettera d), del D.Lgs. 30 maggio 2005, n. 143.*
(6) *Lettera aggiunta, a decorrere dal periodo d'imposta in corso alla data del 1° gennaio 2007, dall'articolo 1, comma 65, della legge 27 dicembre 2006, n. 296 e successivamente modificata dall'articolo 1, comma 84, lettera c), della legge 24 dicembre 2007, n. 244.*
(7) *Articolo abrogato dall'articolo 1, comma 2, del D.Lgs. 5 agosto 2015 n. 128.*

38. Rettifica delle dichiarazioni delle persone fisiche. – L'ufficio delle imposte procede alla rettifica delle dichiarazioni presentate dalle persone fisiche quando il reddito complessivo dichiarato risulta inferiore a quello effettivo o non sussistono o non spettano, in tutto o in parte, le deduzioni dal reddito o le detrazioni d'imposta indicate nella dichiarazione.

La rettifica deve essere fatta con unico atto, agli effetti dell'imposta sul reddito delle persone fisiche e dell'imposta locale sui redditi, ma con riferimento analitico ai redditi delle varie categorie di cui all'art. 6 del decreto del Presidente della Repubblica 29 settembre 1973, n. 597.

L'incompletezza, la falsità e l'inesattezza dei dati indicati nella dichiarazione, salvo quanto stabilito nell'art. 39, possono essere desunte dalla dichiarazione stessa [*e dai relativi allegati*], dal confronto con le dichiarazioni relative ad anni precedenti e dai dati e dalle notizie di cui all'articolo precedente anche sulla base di presunzioni semplici, purché queste siano gravi, precise e concordanti (1).

L'ufficio, indipendentemente dalle disposizioni recate dai commi precedenti e dall'articolo 39, può sempre determinare sinteticamente il reddito complessivo del contribuente sulla base delle spese di qualsiasi genere sostenute nel corso del periodo d'imposta, salva la prova che il relativo finanziamento è avvenuto con redditi diversi da quelli posseduti nello stesso periodo d'imposta, o con redditi esenti o soggetti a ritenuta alla fonte a titolo di imposta o, comunque, legalmente esclusi dalla formazione della base imponibile (2).

La determinazione sintetica può essere altresì fondata sul contenuto induttivo di elementi indicativi di capacità contributiva individuato mediante l'analisi di campioni significativi di contribuenti, differenziati anche in funzione del nucleo familiare e dell'area territoriale di appartenenza, con decreto del Ministero dell'Economia e delle Finanze da pubblicare nella Gazzetta Ufficiale con periodicità biennale, sentiti l'Istituto nazionale di statistica (ISTAT) e le associazioni maggiormente rappresentative dei consumatori per gli aspetti riguardanti la metodica di ricostruzione induttiva del reddito complessivo in base alla capacità di spesa e alla propensione al risparmio dei contribuenti. In tale caso è fatta salva per il contribuente la prova contraria di cui al quarto comma (3).

La determinazione sintetica del reddito complessivo di cui ai precedenti commi è ammessa a condizione che il reddito complessivo accertabile ecceda di almeno un quinto quello dichiarato (4).

L'ufficio che procede alla determinazione sintetica del reddito complessivo ha l'obbligo di invitare il contribuente a comparire di persona o per mezzo di rappresentanti per fornire dati e notizie rilevanti ai fini dell'accertamento e, successivamente, di avviare il procedimento di accertamento con adesione ai sensi dell'articolo 5 del decreto legislativo 19 giugno 1997, n. 218. Dal reddito complessivo determinato sinteticamente sono deducibili i soli oneri previsti dall'articolo 10 del decreto del Presidente della Repubblica 22 dicembre 1986 n. 917; competono, inoltre, per gli oneri sostenuti dal contribuente, le detrazioni dall'imposta lorda previste dalla legge (5).

[*Le disposizioni di cui al quarto comma si applicano anche quando il contribuente non ha ottemperato agli inviti disposti dagli uffici ai sensi dell'art. 32, primo comma, numeri 2), 3) e 4).*] (6)(S; S; S; S; 6[1] d.p.r. 22 dicembre 1986, n. 917, 2727, 2728[1], 2729 c.c.; S; S).

(1) *Comma modificato dall'articolo 8, comma 1, lettera b), del D.Lgs. 9 luglio 1997, n. 241.*
(2) *Comma sostituito dall'articolo 1, comma 1, lettera b), della legge 30 dicembre 1991, n. 413, successivamente modificato dall'articolo 1, comma 1, lettera q), del D.L. 31 maggio 1994, n. 330 e da ultimo sostituito dall'articolo 22, comma 1, del D.L. 31 maggio 2010, n. 78.*
(3) *Comma aggiunto dall'articolo 1, comma 1, lettera b), della legge 30 dicembre 1991, n. 413, modificato dall'articolo 2, comma 14-quater, del*

D.L. 30 settembre 2005, n. 203, sostituito dall'articolo 22, comma 1, del D.L. 31 maggio 2010, n. 78, da ultimo modificato dall'articolo 10, comma 1 del D.L. 12 luglio 2018, n.87, convertito, con modificazioni, dalla Legge 9 agosto 2018, n. 96. Vedi anche l'articolo 10, comma 3, del D.L. 87/2018, convertito, con modificazioni, dalla Legge 9 agosto 2018, n. 96. Per il contenuto induttivo degli elementi indicativi di capacità contributiva sulla base dei quali può essere fondata la determinazione sintetica del reddito, vedi il D.M. 24 dicembre 2012.

(4) *Comma sostituito dall'articolo 22, comma 1, del D.L. 31 maggio 2010, n. 78.*

(5) *Comma sostituito dall'articolo 22, comma 1, del D.L. 31 maggio 2010, n. 78.*

(6) *Comma aggiunto dall'articolo 25, comma 2, della legge 18 febbraio 1999, n. 28. Comma da ritenersi abrogato per effetto della sostituzione di cui all'articolo 22, comma 1, del D.L. 31 maggio 2010, n. 78.*

39. Redditi determinati in base alle scritture contabili [1]. – Per i redditi d'impresa delle persone fisiche l'ufficio procede alla rettifica:

a) se gli elementi indicati nella dichiarazione non corrispondono a quelli del bilancio, del conto dei profitti e delle perdite e dell'eventuale prospetto di cui al comma 1 dell'articolo 3;

b) se non sono state esattamente applicate le disposizioni del titolo I, capo VI, del testo unico delle imposte sui redditi, di cui al decreto del Presidente della Repubblica 22 dicembre 1986, n. 917, e successive modificazioni;

c) se l'incompletezza, la falsità o l'inesattezza degli elementi indicati nella dichiarazione e nei relativi allegati risulta in modo certo e diretto dai verbali e dai questionari di cui ai numeri 2) e 4) del primo comma dell'articolo 32, dagli atti, documenti e registri esibiti o trasmessi ai sensi del numero 3) dello stesso comma, dalle dichiarazioni di altri soggetti previste negli articoli 6 e 7, dai verbali relativi ad ispezioni eseguite nei confronti di altri contribuenti o da altri atti e documenti in possesso dell'ufficio;

d) se l'incompletezza, la falsità o l'inesattezza degli elementi indicati nella dichiarazione e nei relativi allegati risulta dall'ispezione delle scritture contabili e dalle altre verifiche di cui all'articolo 33 ovvero dal controllo della completezza, esattezza e veridicità delle registrazioni contabili sulla scorta delle fatture e degli altri atti e documenti relativi all'impresa nonché dei dati e delle notizie raccolti dall'ufficio nei modi previsti dall'articolo 32. L'esistenza di attività non dichiarate o la inesistenza di passività dichiarate è desumibile anche sulla base di presunzioni semplici, purché queste siano gravi, precise e concordanti [2].

In deroga alle disposizioni del comma precedente l'ufficio delle imposte determina il reddito d'impresa sulla base dei dati e delle notizie comunque raccolti o venuti a sua conoscenza, con facoltà di prescindere in tutto o in parte dalle risultanze del bilancio e dalle scritture contabili in quanto esistenti e di avvalersi anche di presunzioni prive dei requisiti di cui alla lettera d) del precedente comma:

a) quando il reddito d'impresa non è stato indicato nella dichiarazione;

[*b) quando alla dichiarazione non è stato allegato il bilancio con il conto dei profitti e delle perdite;*] [3]

c) quando dal verbale di ispezione redatto ai sensi dell'art. 33 risulta che il contribuente non ha tenuto o ha comunque sottratto all'ispezione una o più scritture contabili prescritte dall'art. 14, ovvero quando le scritture medesime non sono disponibili per causa di forza maggiore;

d) quando le omissioni e le false o inesatte indicazioni accertate ai sensi del precedente comma ovvero le irregolarità formali delle scritture contabili risultanti dal verbale d'ispezione sono così gravi, numerose e ripetute da rendere inattendibili nel loro complesso le scritture stesse per mancanza delle garanzie proprie di una contabilità sistematica. Le scritture ausiliarie di magazzino non si considerano irregolari se gli errori e le omissioni sono contenuti entro i normali limiti di tolleranza delle quantità annotate nel carico o nello scarico e dei costi specifici imputati nelle schede di lavorazione ai sensi della lettera d) del primo comma dell'art. 14 del presente decreto [4];

d-bis) quando il contribuente non ha dato seguito agli inviti disposti dagli uffici ai sensi dell'art. 32, primo comma, numeri 3) e 4), del presente decreto o dell'art. 51, secondo comma, numeri 3) e 4), del decreto del Presidente della Repubblica 26 ottobre 1972, n. 633 [5];

d-ter) in caso di omessa presentazione dei modelli per la comunicazione dei dati rilevanti ai fini dell'applicazione degli studi di settore o di indicazione di cause di esclusione o di inapplicabilità degli studi di settore non sussistenti, nonché di infedele compilazione dei predetti modelli che comporti una differenza superiore al 15 per cento, o comunque ad euro 50.000, tra i ricavi o compensi stimati applicando gli studi di settore sulla base dei dati corretti e quelli stimati sulla base dei dati indicati in dichiarazione [6].

Le disposizioni dei commi precedenti valgono, in quanto applicabili, anche per i redditi delle imprese minori e per quelli derivanti dall'esercizio di arti e professioni, con riferimento alle scritture contabili rispettivamente indicate negli articoli 18 e 19. Il reddito d'impresa dei soggetti indicati nel quarto comma dell'art. 18, che non hanno provveduto agli adempimenti contabili di cui ai precedenti commi dello stesso articolo, è determinato in ogni caso ai sensi del secondo comma del presente articolo (S; S; S; S; 6[1], 53[1], 55 d.p.r. 22 dicembre 1986, n. 917, 2727, 2729 c.c.; S; S).

(1) *In riferimento al presente articolo vedi: Circolare del Ministero dell'Economia e delle Finanze 14 aprile 2010, n. 18/E.*

(2) *Comma modificato dall'articolo 62-sexies, comma 4, lettera a), del D.L. 30 agosto 1993, n. 331, dall'articolo 35, comma 3, del D.L. 4 luglio 2006, n. 223 e successivamente sostituito dall'articolo 24, comma 5, della legge 7 luglio 2009, n. 88.*

(3) *Lettera abrogata dall'articolo 8, comma 1, lettera c), del D.Lgs. 9 luglio 1997, n. 241.*

(4) *Lettera modificata dall'articolo 4, comma 1, del D.P.R. 4 novembre 1981, n. 664 e successivamente dall'articolo 62-sexies, comma 4, lettera b), del D.L. 30 agosto 1993, n. 331.*

(5) *Lettera aggiunta dall'articolo 25, comma 3, della legge 18 febbraio 1999, n. 28.*

(6) *Lettera aggiunta dall'articolo 23, comma 28, lettera c), del D.L. 6 luglio 2011, n. 98 e successivamente sostituita dall'articolo 8, comma 4, del D.L. 2 marzo 2012, n. 16. Vedi inoltre l'articolo 8, comma 5, del D.L. 16/2012 medesimo.*

40. Rettifica delle dichiarazioni dei soggetti diversi dalle persone fisiche. – Alla rettifica delle dichiarazioni presentate dai soggetti all'imposta sul reddito delle persone giuridiche si procede con unico atto agli effetti di tale imposta e dell'imposta locale sui redditi, con riferimento unitario al reddito complessivo imponibile ma tenendo distinti i redditi fondiari. Per quanto concerne il reddito complessivo imponibile si applicano le disposizioni dell'art. 39 relative al reddito d'impresa con riferimento al bilancio o rendiconto e se del caso ai prospetti di cui all'art. 5 e tenendo presenti, ai fini della lettera b) del secondo comma dell'art. 39, anche le disposizioni del D.P.R. 29 settembre 1973, n. 598, concernenti la determinazione del reddito complessivo imponibile.

Alla rettifica delle dichiarazioni presentate dalle società e associazioni indicate nell'art. 5 del D.P.R. 29 settembre 1973, n. 597, si procede con unico atto ai fini dell'imposta locale sui redditi dovuta dalle società stesse e ai fini delle imposte sul reddito delle persone fisiche o delle persone giuridiche dovute dai singoli soci o associati. Si applicano le disposizioni del primo comma del presente articolo o quelle dell'art. 38, secondo che si tratti di società in nome collettivo, in accomandita semplice ed equiparate ovvero di società semplici o di società o associazioni equiparate.

40 *bis*. Rettifica delle dichiarazioni dei soggetti aderenti al consolidato nazionale(1). – 1. Ai fini dell'imposta sul reddito delle società, il controllo delle dichiarazioni proprie presentate dalle società consolidate e dalla consolidante nonché le relative rettifiche, spettano all'ufficio dell'Agenzia delle entrate competente alla data in cui è stata presentata la dichiarazione.

2. Le rettifiche del reddito complessivo proprio di ciascun soggetto che partecipa al consolidato sono effettuate con unico atto, notificato sia alla consolidata che alla consolidante, con il quale è determinata la conseguente maggiore imposta accertata riferita al reddito complessivo globale e sono irrogate le sanzioni correlate. La società consolidata e la consolidante sono litisconsorti necessari.

Il pagamento delle somme scaturenti dall'atto unico estingue l'obbligazione sia se effettuato dalla consolidata che dalla consolidante.

3. La consolidante ha facoltà di chiedere che siano computate in diminuzione dei maggiori imponibili derivanti dalle rettifiche di cui al comma 2 le perdite di periodo del consolidato non utilizzate, fino a concorrenza del loro importo. A tal fine, la consolidante deve presentare un'apposita istanza, all'ufficio competente a emettere l'atto di cui al comma 2, entro il termine di proposizione del ricorso. In tale caso il termine per l'impugnazione dell'atto è sospeso, sia per la consolidata che per la consolidante, per un periodo di sessanta giorni. L'ufficio procede al ricalcolo dell'eventuale maggiore imposta dovuta, degli interessi e delle sanzioni correlate, e comunica l'esito alla consolidata ed alla consolidante, entro sessanta giorni dalla presentazione dell'istanza.

4. Le attività di controllo della dichiarazione dei redditi del consolidato e le relative rettifiche diverse da quelle di cui al comma 2, sono attribuite all'ufficio dell'Agenzia delle entrate competente nei confronti della società consolidante alla data in cui è stata presentata la dichiarazione.

5. Fino alla scadenza del termine stabilito nell'articolo 43 [*del decreto del Presidente della Repubblica 29 settembre 1973, n. 600, e successive modificazioni*], l'accertamento del reddito complessivo globale può essere integrato o modificato in aumento, mediante la notificazione di nuovi avvisi, in base agli esiti dei controlli di cui ai precedenti commi.

(1) *Articolo inserito dall'articolo 35, comma 1, del D.L. 31 maggio 2010, n. 78. Vedi il comma 4 dello stesso articolo.*

41. Accertamento d'ufficio. – Gli uffici delle imposte procedono all'accertamento d'ufficio nei casi di omessa presentazione della dichiarazione o di presentazione di dichiarazioni nulle ai sensi delle disposizioni del titolo I.

Nelle ipotesi di cui al precedente comma l'ufficio determina il reddito complessivo del contribuente, e in quanto possibile i singoli redditi delle persone fisiche soggetti all'imposta locale sui redditi, sulla base dei dati e delle notizie comunque raccolti o venuti a sua conoscenza, con facoltà di avvalersi anche di presunzioni prive di requisiti di cui al terzo comma dell'art. 38 e di prescindere in tutto o in parte dalle risultanze della dichiarazione, se presentata, e dalle eventuali scritture contabili del contribuente ancorché regolarmente tenute.

I redditi fondiari sono in ogni caso determinati in base alle risultanze catastali.

Se il reddito complessivo è determinato sinteticamente, non sono deducibili gli oneri di cui all'art. 10 del D.P.R. 29 settembre 1973, n. 597. Si applica il quinto comma dell'art. 38.

Agli effetti dell'imposta locale sui redditi il reddito complessivo delle persone fisiche determinato d'ufficio senza attribuzione totale o parziale alle categorie di redditi indicate nell'art. 6 del decreto indicato nel precedente comma è considerato reddito di capitale, salvo il disposto del terzo comma.

41 *bis*. Accertamento parziale (1). – 1. Senza pregiudizio dell'ulteriore azione accertatrice nei termini stabiliti dall'art. 43, i competenti uffici dell'Agenzia delle entrate, qualora dalle attività istruttorie di cui all'articolo 32, primo comma, numeri da 1) a 4), nonchè dalle segnalazioni effettuati dalla Direzione centrale accertamento, da una Direzione regionale ovvero da un ufficio della medesima Agenzia ovvero di altre Agenzie fiscali, dalla Guardia di finanza o da pubbliche amministrazioni ed enti pubblici oppure dai dati in possesso dell'anagrafe tributaria, risultino elementi che consentono di stabilire l'esistenza di un reddito non dichiarato o il maggiore ammontare di un reddito parzialmente dichiarato, che avrebbe dovuto concorrere a formare il reddito imponibile, compresi i redditi da partecipazioni in società, associazioni ed imprese di cui all'art. 5 del testo unico delle imposte sui redditi, approvato con decreto del Presidente della Repubblica 22 dicembre 1986, n. 917, o l'esistenza di deduzioni, esenzioni ed agevolazioni in tutto o in parte non spettanti, nonchè l'esistenza di imposte o di maggiori imposte non versate, escluse le ipotesi di cui agli articoli 36-bis e 36-ter, possono limitarsi ad accertare, in base agli elementi predetti, il reddito o il maggior reddito imponibili. Non si applica la disposizione dell'art. 44, ovvero la maggiore imposta da versare, anche avvalendosi delle procedure previste dal decreto legislativo 19 giugno 1997, n. 218 (2).

[2. *Le disposizioni del comma 1 possono applicarsi anche all'accertamento induttivo dei ricavi e dei compensi, di cui all'art. 12 del decreto-legge 2 marzo 1989, n. 69, convertito, con modificazioni, dalla legge 27 aprile 1989, n. 154 e successive modificazioni, tenendo conto della dimostrazione della non applicabilità dei coefficienti eventualmente fornita dal contribuente, con le modalità di cui all'ultimo periodo del comma 1 dello stesso art. 12. L'accertamento parziale avverrà utilizzando anche il coefficiente basato sul contributo diretto lavorativo determinato con i decreti di cui all'art. 11, comma 5, del citato decreto-legge n. 69 del 1989, convertito, con modificazioni, dalla legge n. 154 del 1989 e successive modificazioni. Le disposizioni del presente comma non sono applicabili nei riguardi dei contribuenti in regime di contabilità.ordinaria e nei casi in cui la detta dimostrazione della non applicabilità dei coefficienti risulti asseverata da uno dei*

ACCERTAMENTO

soggetti di cui all'art. 30, terzo comma, del decreto del Presidente della Repubblica 26 ottobre 1972, n. 636 e successive modificazioni. Nei confronti di questi ultimi si applicano, in caso di falsa indicazione dei fatti asseverati, ove non derivante da false o erronee informazioni fornite dal contribuente, le pene previste nell'art. 4 del decreto legge 10 luglio 1982, n. 429, convertito, con modificazioni, dalla legge 7 agosto 1982, n. 516, come sostituito dall'art. 6 del decreto-legge 16 marzo 1991, n. 83, convertito, con modificazioni, dalla legge 15 maggio 1991, n. 154.] (3)

(1) *Articolo aggiunto dall'articolo 1, comma 2, del D.P.R. 14 aprile 1982, n. 309, modificato dall'articolo 30, comma 2, del D.L. 2 marzo 1989, n. 69 e successivamente sostituito dall'articolo 2, comma 1, della legge 30 dicembre 1991, n. 413.*
(2) *Comma modificato dall'articolo 1, comma 405, della legge 30 dicembre 2004, n. 311 e successivamente dall'articolo 1, comma 17, della legge 13 dicembre 2010, n. 220.*
(3) *Comma modificato dall'articolo 11, comma 2, del D.L. 19 settembre 1992, n. 384 e successivamente abrogato dall'articolo 62-quinques, comma 1, del D.L. 30 agosto 1993, n. 331.*

41 ter. Accertamento dei redditi di fabbricati (1). – 1. Le disposizioni di cui agli art. 32, primo comma, numero 7), art. 38, art. 40 e 41-bis-bis non si applicano con riferimento ai redditi di fabbricati derivanti da locazione dichiarati in misura non inferiore ad un importo corrispondente al maggiore tra il canone di locazione risultante dal contratto ridotto del 15 per cento e il 10 per cento del valore dell'immobile.

2. In caso di omessa registrazione del contratto di locazione di immobili, si presume, salva documentata prova contraria, l'esistenza del rapporto di locazione anche per i quattro periodi d'imposta antecedenti quello nel corso del quale è accertato il rapporto stesso; ai fini della determinazione del reddito si presume, quale importo del canone, il 10 per cento del valore dell'immobile.

3. Ai fini di cui ai commi 1 e 2, il valore dell'immobile è determinato ai sensi dell'articolo 52, comma 4, del testo unico di cui al decreto del Presidente della Repubblica 26 aprile 1986, n. 131, e successive modificazioni (S; S; S; S; 36, 37[1,4-bis] d.p.r. 22 dicembre 1986, n. 917; S; S).

(1) *Articolo inserito dall'articolo 1, comma 342, della legge 30 dicembre 2004, n. 311. Per una deroga al presente articolo vedi articolo 1, comma 343, della medesima legge n. 311 del 2004.*

42. Avviso di accertamento. – Gli accertamenti in rettifica e gli accertamenti d'ufficio sono portati a conoscenza dei contribuenti mediante la notificazione di avvisi sottoscritti dal capo dell'ufficio o da altro impiegato della carriera direttiva da lui delegato.

L'avviso di accertamento deve recare l'indicazione dell'imponibile o degli imponibili accertati, delle aliquote applicate e delle imposte liquidate, al lordo e al netto delle detrazioni, delle ritenute di acconto e dei crediti d'imposta, e deve essere motivato in relazione ai presupposti di fatto e le ragioni giuridiche che lo hanno determinato e in relazione a quanto stabilito dalle disposizioni di cui ai precedenti articoli che sono state applicate con distinto riferimento ai singoli redditi delle varie categorie e con la specifica indicazione dei fatti e delle circostanze che giustificano il ricorso a metodi induttivi o sintetici e delle ragioni del mancato riconoscimento di deduzioni e detrazioni. Se la motivazione fa riferimento ad un altro atto non conosciuto né ricevuto dal contribuente, questo deve essere allegato all'atto che lo richiama salvo che quest'ultimo non ne riproduca il contenuto essenziale (1).

L'accertamento è nullo se l'avviso non reca la sottoscrizione, le indicazioni, la motivazione di cui al presente articolo e ad esso non è allegata la documentazione di cui all'ultimo periodo del secondo comma (2).

Fatte salve le previsioni di cui all'articolo 40-bis del presente decreto, sono computate in diminuzione dei maggiori imponibili di cui al secondo comma le perdite relative al periodo d'imposta oggetto di accertamento, fino a concorrenza del loro importo. Dai maggiori imponibili che residuano dall'eventuale computo in diminuzione di cui al periodo precedente, il contribuente ha facoltà di chiedere che siano computate in diminuzione le perdite pregresse non utilizzate, fino a concorrenza del loro importo. A tal fine, il contribuente deve presentare un'apposita istanza all'ufficio competente all'emissione dell'avviso di accertamento di cui al secondo comma, entro il termine di proposizione del ricorso. In tale caso il termine per l'impugnazione dell'atto è sospeso per un periodo di sessanta giorni. L'ufficio procede al ricalcolo dell'eventuale maggiore imposta dovuta, degli interessi e delle sanzioni correlate, e comunica l'esito al contribuente, entro sessanta giorni dalla presentazione dell'istanza. Ai fini del presente comma per perdite pregresse devono intendersi quelle che erano utilizzabili alla data di chiusura del periodo d'imposta oggetto di accertamento ai sensi dell'articolo 8 e dell'articolo 84 del decreto del Presidente della Repubblica 22 dicembre 1986, n. 917(3)(24[2,] 97[2], 113[1] Cost.; S; S; S; 3, l. 7 agosto 1990, n. 241; 7, l. 27 luglio 2000, n. 212, 19[1 lett. a)], dlgs. 31 dicembre 1992, n. 546; S; S).

(1) *Comma modificato dall'articolo 1, comma 1, lettera c), D.lgs. 26 gennaio 2001, n. 32.*
(2) *Comma modificato dall'articolo 1, comma 1, lettera c), D.lgs. 26 gennaio 2001, n. 32.*
(3) *Comma aggiunto dall'articolo 25, comma 1, del D.Lgs. 24 settembre 2015, n. 158, a decorrere dal 1° gennaio 2016, come indicato nel comma 5 del medesimo articolo.*

43. Termine per l'accertamento (1)(2). – 1. Gli avvisi di accertamento devono essere notificati, a pena di decadenza, entro il 31 dicembre del quinto anno successivo a quello in cui è stata presentata la dichiarazione.

2. Nei casi di omessa presentazione della dichiarazione o di presentazione di dichiarazione nulla l'avviso di accertamento può essere notificato entro il 31 dicembre del settimo anno successivo a quello in cui la dichiarazione avrebbe dovuto essere presentata.

3. Fino alla scadenza del termine stabilito nei commi precedenti l'accertamento può essere integrato o modificato in aumento mediante la notificazione di nuovi avvisi, in base alla sopravvenuta conoscenza di nuovi elementi da parte dell'Agenzia delle entrate. Nell'avviso devono essere specificamente indicati, a pena di nullità, i nuovi elementi e gli atti o fatti attraverso i quali sono venuti a conoscenza dell'ufficio delle imposte.

(1) *Articolo modificato dall'articolo 9-bis, comma 18, del D.L. 28 marzo 1997, n. 79, dall'articolo 15, comma 1, lettera a), del D.Lgs. 9 luglio 1997, n. 241 dall'articolo 5-bis, del D.L. 24 dicembre 2002, n. 282 dall'articolo 10, comma 1, della legge 27 dicembre 2002, n. 289, dall'articolo 37, comma 24, del D.L. 4 luglio 2006, n. 223, dall'articolo 12, comma 2-bis, del D.L. 1° luglio 2009, n. 78, dall'articolo 1, comma 3, del D.L. 30 dicembre 2009, n. 194, dall'articolo 10, comma 1, lettera e), del D.L. 6 dicembre 2011, n. 201, dall'articolo 2, comma 1, del D.Lgs. 5 agosto 2015 n. 128 e dall'articolo 5-quater, comma 5, del D.L. 28 giugno 1990,*

n. 167, come sostituito dall'articolo 2, comma 1, lettera a), numero 2), del D.L. 30 settembre 2015, n. 153. Da ultimo articolo sostituito dall'articolo 1, comma 131, della Legge 28 dicembre 2015, n. 208; per l'applicazione vedi il comma 132 del medesimo articolo.

(2) A norma dell'articolo 1, comma 9, del D.L. 23 ottobre 2018, n. 119, convertito con modificazioni dalla Legge 17 dicembre 2018, n. 136, i termini di cui al presente articolo sono prorogati di due anni.

44. Partecipazione dei comuni all'accertamento. I comuni partecipano all'accertamento dei redditi delle persone fisiche secondo le disposizioni del presente articolo e di quello successivo [1].

L'Agenzia delle entrate mette a disposizione dei comuni [*e dei consigli tributari*] le dichiarazioni di cui all'articolo 2 dei contribuenti in essi residenti; gli Uffici dell'Agenzia delle entrate, prima della emissione degli avvisi di accertamento, ai sensi dell'articolo 38, quarto comma e seguenti, inviano una segnalazione ai comuni di domicilio fiscale dei soggetti passivi che abbiano stipulato convenzioni con l'Agenzia delle entrate [*nonché ai relativi consigli tributari*] [2].

Il comune di domicilio fiscale del contribuente [*, o il consorzio al quale lo stesso partecipa, ed il consiglio tributario*] segnala all'Agenzia delle entrate qualsiasi integrazione degli elementi contenuti nelle dichiarazioni presentate dalle persone fisiche ai sensi dell'art. 2, indicando dati, fatti ed elementi rilevanti e fornendo ogni idonea documentazione atta a comprovarla. [*A tal fine il comune può prendere visione presso gli uffici delle imposte degli allegati alle dichiarazioni già trasmessegli in copia dall'ufficio stesso.*] Dati, fatti ed elementi rilevanti, provati da idonea documentazione, possono essere segnalati dal comune anche nel caso di omissione della dichiarazione [3].

Il comune di domicilio fiscale del contribuente, con riferimento agli accertamenti di cui al secondo comma [*, ed il consiglio tributario*] comunica entro trenta giorni da quello del ricevimento della segnalazione ogni elemento in suo possesso utile alla determinazione del reddito complessivo [4].

[*Le proposte di accertamento dell'ufficio delle imposte e le proposte di aumento del comune devono essere accompagnate da un elenco in duplice copia. Una delle copie, datata e sottoscritta, viene restituita in segno di ricevuta all'ufficio mittente.*] [5]

[*Decorso il termine di novanta giorni di cui al quarto comma l'ufficio delle imposte provvede alla notificazione degli accertamenti per i quali o non siano intervenute proposte di aumento da parte dei comuni o le proposte del comune siano state accolte dall'ufficio stesso.*] [6]

[*Le proposte di aumento non condivise dall'ufficio delle imposte devono essere trasmesse a cura dello stesso, con le proprie deduzioni, all'apposita commissione operante presso ciascun ufficio, la quale determina gli imponibili da accertare. Se la commissione non delibera entro quarantacinque giorni dalla trasmissione della proposta, l'ufficio delle imposte provvede all'accertamento dell'imponibile già determinato.*] [7]

Il comune per gli adempimenti previsti dal terzo e quarto comma può richiedere dati e notizie alle amministrazioni ed enti pubblici che hanno obbligo di rispondere gratuitamente [8].

Con decreto del Presidente del Consiglio dei Ministri, su proposta del Ministro dell'economia e delle finanze, d'intesa con la Conferenza Stato-Città ed autonomie locali, sono stabiliti criteri e modalità per la pubblicazione, sul sito del comune, dei dati aggregati relativi alle dichiarazioni di cui al comma secondo, con riferimento a determinate categorie di contribuenti ovvero di reddito. Con il medesimo decreto sono altresì individuati gli ulteriori dati che l'Agenzia delle entrate mette a disposizione dei comuni [*e dei consigli tributari*] per favorire la partecipazione all'attività di accertamento, nonché le modalità di trasmissione idonee a garantire la necessaria riservatezza [9].

(1) Comma sostituito dall'articolo 13, comma 1, della legge 13 aprile 1977, n. 114.

(2) Comma sostituito dall'articolo 13, comma 1, della legge 13 aprile 1977, n. 114, dall'articolo 5, comma 3, del D.P.R. 28 novembre 1980, n. 787, successivamente dall'articolo 18, comma 4, lettera a), del D.L. 31 maggio 2010, n. 78 e da ultimo modificato dall'articolo 1, comma 12-ter, lettera a), del D.L. 13 agosto 2011, n. 138, dall'articolo 11, comma 8, lettera a), del D.L. 6 dicembre 2011, n. 201 e dall'articolo 8, comma 8-bis, lettera a), del D.L. 2 marzo 2012, n. 16.

(3) Comma sostituito dall'articolo 13, comma 1, della legge 13 aprile 1977, n. 114, dall'articolo 18, comma 1, della legge 24 aprile 1980, n. 146 e successivamente modificato dall'articolo 18, comma 4, lettera b), del D.L. 31 maggio 2010, n. 78, dall'articolo 1, comma 12-ter, lettera b), del D.L. 13 agosto 2011, n. 138 e dall'articolo 11, comma 8, lettera a), del D.L. 6 dicembre 2011, n. 201.

(4) Comma aggiunto dall'articolo 13, comma 1, della legge 13 aprile 1977, n. 114, successivamente sostituito dall'articolo 18, comma 1, della legge 24 aprile 1980, n. 146 e dall'articolo 18, comma 4, lettera c), del D.L. 31 maggio 2010, n. 78 e da ultimo modificato dall'articolo 1, comma 12-ter, lettera c), del D.L. 13 agosto 2011, n. 138, dall'articolo 11, comma 8, lettera b), del D.L. 6 dicembre 2011, n. 201 e dall'articolo 8, comma 8-bis, lettera b), del D.L. 2 marzo 2012, n. 16.

(5) Comma abrogato dall'articolo 18, comma 4, lettera d), del D.L. 31 maggio 2010, n. 78.

(6) Comma sostituito dall'articolo 18, comma 1, della legge 24 aprile 1980, n. 146 e successivamente abrogato dall'articolo 18, comma 4, lettera d), del D.L. 31 maggio 2010, n. 78.

(7) Comma abrogato dall'articolo 18, comma 4, lettera d), del D.L. 31 maggio 2010, n. 78.

(8) Comma aggiunto dall'articolo 18, comma 1, della legge 24 aprile 1980, n. 146 e successivamente modificato dall'articolo 1, comma 12-ter, lettera d), del D.L. 13 agosto 2011, n. 138 e dall'articolo 11, comma 8, lettera c), del D.L. 6 dicembre 2011, n. 201.

(9) Comma aggiunto dall'articolo 1, comma 12-ter, lettera e), del D.L. 13 agosto 2011, n. 138 e successivamente modificato dall'articolo 11, comma 8, lettera d), del D.L. 6 dicembre 2011, n. 201.

45. Commissione per l'esame delle proposte del comune. – La commissione di cui al sesto comma dell'art. 44 è unica per ogni ufficio delle imposte, è presieduta dal capo dello stesso ufficio o da un impiegato della carriera direttiva da lui delegato ed è composta per metà da impiegati dell'ufficio e per metà da persone designate dal consiglio comunale di ciascuno dei comuni compresi nel distretto. Non possono essere designati coloro che esercitano professionalmente funzioni di assistenza e rappresentanza in materia tributaria.

Il numero dei componenti della commissione non può essere superiore, oltre al presidente, a otto per i comuni di prima classe, a sei per i comuni di seconda e terza classe e a quattro per i comuni di quarta e quinta classe. Non possono far parte della commissione gli impiegati dell'ufficio delle imposte che rivestono cariche elettive nei comuni del distretto e i componenti delle commissioni tributarie. Entro il 30 novembre di ciascun anno il sindaco comunica all'ufficio delle imposte i nominativi delle persone designate in rappresentanza del comune, le quali si intendono confermate di anno in anno qualora entro il detto termine il sindaco non abbia comunicato variazioni.

La convocazione della commissione è fatta dal presidente, almeno cinque giorni prima di quello fissato per la riunione, con avviso a mezzo di raccomandata diretto al sindaco del comune del quale si esaminano le proposte. L'avviso deve contenere l'indicazione nominativa dei contribuenti ai quali si riferiscono le proposte medesime.

La commissione determina l'ammontare dell'imponibile

da accertare sulla base degli atti in suo possesso deliberando a maggioranza di voti con l'intervento di almeno la metà più uno dei componenti; in caso di parità prevale il voto del presidente. Le sedute della commissione non sono pubbliche e ad esse non può intervenire il contribuente.

Il segretario della commissione redige il verbale della seduta nel quale devono essere indicati i nominativi degli intervenuti, le proposte esaminate e le decisioni adottate. Il verbale è sottoscritto anche dal presidente.

Ai compiti di segreteria della commissione provvede l'ufficio delle imposte. Le spese relative alla partecipazione dei rappresentanti dei comuni sono a carico dei comuni stessi.] (1)

(1) *Articolo abrogato dall'articolo 18, comma 4, lettera e), del D.L. 31 maggio 2010, n. 78.*

TITOLO V
Sanzioni

46. Omissione, incompletezza e infedeltà della dichiarazione (1). – [*Nel caso di omessa presentazione della dichiarazione di cui agli articoli da 1 a 6, 10 e 11 si applica la pena pecuniaria da due a quattro volte l'ammontare delle imposte dovute e comunque non inferiore a lire cinquantamila. Se non sono dovute imposte, la pena pecuniaria si applica nella misura di lire cinquantamila, elevabile fino a lire cinquecentomila nei confronti dei soggetti obbligati alla tenuta di scritture contabili; la pena pecuniaria può essere ridotta fino a lire diecimila nei confronti dei lavoratori dipendenti di cui alla lettera d) del terzo comma dell'art. 1 che non hanno presentato il certificato ivi previsto.*

Se nella dichiarazione presentata non sono compresi tutti i singoli redditi posseduti, si applica la pena pecuniaria da due a quattro volte l'ammontare delle imposte e delle maggiori imposte dovute in relazione ai redditi non dichiarati.

Se le omissioni previste nei precedenti commi riguardano anche redditi prodotti all'estero la pena pecuniaria è aumentata di un terzo.

Se nella dichiarazione, al di fuori dell'ipotesi di cui al secondo comma, è indicato ai fini delle singole imposte un reddito netto inferiore a quello accertatosi applica la pena pecuniaria da una a due volte l'ammontare della maggiore imposta o delle maggiori imposte dovute, anche se la differenza dipenda dalla indeducibilità di spese, passività e oneri. La pena pecuniaria, per la parte relativa a ciascuna imposta, è aumentata di un terzo se la differenza tra il reddito accertato e quello dichiarato riguarda anche i redditi prodotti all'estero, è ridotta alla metà se la maggiore imposta è inferiore a un quarto di quella accertata e non si applica quando la maggiore imposta accertata non è superiore a lire diecimila (2).

Per maggiore imposta si intende la differenza tra l'imposta liquidata in base all'accertamento e quella liquidata in base alla dichiarazione ai sensi dell'art. 36- bis ovvero ai sensi dell'art. 36- ter (3).

Se la dichiarazione è stata presentata con ritardo non superiore a un mese, si applicano le pene di cui al primo comma ridotte a un quarto.] (4)

(1) *La Corte costituzionale, con sentenza 15 luglio 1976, n. 179, (in Gazz. Uff., 21 luglio 1976, n. 191), ha dichiarato l'illegittimità costituzionale del presente articolo, nella parte in cui prevede che la dichiarazione delle persone fisiche è unica, oltreché per i redditi propri del soggetto passivo, per quelli della moglie a lui imputabili a norma dell'art. 4 del D.P.R. n. 597 del 1973.*
(2) *Comma sostituito dall'articolo 2, comma 1, del D.P.R. 24 dicembre 1976, n. 920.*
(3) *Comma sostituito dall'articolo 2, comma 1, del D.P.R. 24 dicembre 1976, n. 920 e successivamente dall'articolo 1, comma 3, del D.P.R. 14 aprile 1982, n. 309.*
(4) *Articolo abrogato dall'articolo 16, comma 1, lettera b), del D.lgs. 18 dicembre 1997, n. 471.*

47. Violazioni relative alla dichiarazione dei sostituti d'imposta. – [*Nel caso di omessa presentazione della dichiarazione prescritta dall'art. 7 si applica la pena pecuniaria da due a quattro volte l'ammontare complessivo delle ritenute relative ai compensi, interessi e altre somme non dichiarati.*

Se l'ammontare complessivo dei compensi, interessi e altre somme dichiarati è inferiore a quello definitivamente accertato, si applica la pena pecuniaria da due a quattro volte la differenza. Se la dichiarazione non comprende tutti i percipienti, si applica inoltre per ogni nominativo omesso la pena pecuniaria da lire cinquantamila a lire cinquecentomila.

Si applicano le disposizioni [del quinto e] del sesto comma dell'art. 46.] (1)] (2)

(1) *Comma modificato dall'articolo 2, comma 1, del D.P.R. 24 dicembre 1976, n. 920.*
(2) *Articolo abrogato dall'articolo 16, comma 1, lettera b), del D.lgs. 18 dicembre 1997, n. 471.*

48. Violazioni relative al contenuto e alla documentazione delle dichiarazioni. – [*Se la dichiarazione non è redatta in conformità al modello approvato dal ministro per le finanze o se non contiene tutti i dati ed elementi prescritti dagli articoli 2, primo e terzo comma, 4 e 6 si applica, ove le infrazioni non integrino le fattispecie di omessa, incompleta o infedele dichiarazione, la pena pecuniaria da lire cinquantamila a lire cinquecentomila.*

Se l'omissione o l'incompletezza riguarda gli elementi di cui al secondo comma dell'art. 2 e dell'art. 7, si applica la pena pecuniaria da lire centomila a lire un milione. La stessa pena si applica in caso di mancanza o incompletezza degli allegati di cui agli articoli 3, 5, 6, 7, 10 e 11.

In caso di omessa presentazione della copia della dichiarazione destinata al Comune di domicilio fiscale, ai sensi del quinto comma dell'art. 12, si applica la pena pecuniaria di lire ventimila. La stessa pena si applica quando la copia non è conforme all'originale.] (1)

(1) *Articolo abrogato dall'articolo 16, comma 1, lettera b), del D.lgs. 18 dicembre 1997, n. 471.*

49. Deduzioni e detrazioni indebite. – [*Se il contribuente ha esposto nella dichiarazione indebite detrazioni dall'imposta ovvero indebite deduzioni dal reddito di cui agli articoli 17 e 24 del decreto del Presidente della Repubblica 29 settembre 1973, n. 598, e all'art. 7 del decreto del Presidente della Repubblica 29 settembre 1973, n. 599, si applica la pena pecuniaria da due a quattro volte la maggiore imposta dovuta. La stessa pena si applica se le indebite detrazioni o deduzioni sono state conseguite per causa imputabile al contribuente, in sede di ritenuta alla fonte. Si applica il quinto comma dell'art. 55.* (1)] (2)

(1) *Comma modificato dall'articolo 2, comma 1, del D.P.R. 24 dicembre 1976, n. 920.*
(2) *Articolo abrogato dall'articolo 16, comma 1, lettera b), del D.lgs. 18 dicembre 1997, n. 471.*

50. Omessa denuncia delle variazioni dei redditi fondiari (1). – [*1. In caso di omessa denuncia, nel termine stabilito dall'art. 26 del decreto del Presidente della Repubblica 29 settembre 1973, n. 597, delle situazioni che danno luogo a variazioni in aumento del reddito dominicale dei terreni e del reddito agrario, si applica una pena pecuniaria da lire cinquecentomila a lire cinquemilioni.*] (2)

(1) *Articolo sostituito dall'articolo 11-bis, comma 2, del D.L. 14 marzo 1988, n. 70.*
(2) *Articolo abrogato dall'articolo 16, comma 1, lettera b), del D.lgs. 18 dicembre 1997, n. 471.*

51. Violazione degli obblighi relativi alla contabilità. – [*Se nel corso degli accessi di cui all'art. 32 viene rifiutata l'esibizione o comunque impedita l'ispezione delle scritture contabili e dei documenti la cui tenuta e conservazione è obbligatoria per legge o di cui risulta l'esistenza, si applica la pena pecuniaria da lire duecentomila a lire due milioni.*

La stessa pena si applica in caso di omessa tenuta o conservazione delle scritture contabili e dei documenti prescritti dagli articoli 14, 18, 19 e 21.

Qualora le scritture contabili e i documenti di cui al precedente comma non siano tenuti in conformità alle disposizioni dell'art. 22, si applica la pena pecuniaria da lire centomila a lire un milione.

Le pene previste nei precedenti commi sono irrogate anche se dai fatti non è derivato ostacolo all'accertamento, e sono raddoppiate se vengono accertate evasioni d'imposta per un ammontare complessivo superiore a lire cinque milioni.

Nell'ipotesi di cui al terzo comma la pena è ridotta al quinto del minimo se le irregolarità delle scritture contabili o i documenti mancanti sono di scarsa rilevanza.

Gli amministratori e i componenti degli organi di controllo delle società e degli enti soggetti all'imposta sul reddito delle persone giuridiche che sottoscrivono la dichiarazione senza denunciare la mancanza delle scritture contabili prescritte dal presente decreto sono puniti con la multa da lire duecentomila a lire due milioni. Nelle ipotesi di cui all'art. 75, comma 4, terzo periodo, del testo unico delle imposte sui redditi, approvato con decreto del Presidente della Repubblica 22 dicembre 1986, n. 917, ferme restando le sanzioni previste dall'art. 46, si applica la pena pecuniaria da uno a cinque decimi dell'ammontare delle spese ed oneri ammessi in deduzione (1).] (2)

(1) *Comma modificato dall'articolo 30, comma 3, del D.L. 2 marzo 1989, n. 69.*
(2) *Articolo abrogato dall'articolo 16, comma 1, lettera b), del D.lgs. 18 dicembre 1997, n. 471.*

52. Violazione degli obblighi delle aziende di credito. – [*Se i documenti trasmessi a norma dell'art. 32, primo comma, numero 7), non rispondono al vero o sono incompleti si applica la pena pecuniaria da lire 3.000.000 a lire 30.000.000 a carico dell'azienda o istituto di credito e la pena pecuniaria da lire 1.000.000 a lire 10.000.000 a carico di coloro che hanno sottoscritto le risposte. La pena a carico dell'azienda o istituto di credito si applica anche nel caso di omissione dell'invio dei documenti. Si considera omesso l'invio avvenuto oltre il termine di cui all'art. 32, ultimo comma; ove il ritardo non sia superiore a quindici giorni, la pena è ridotta della metà. Le stesse disposizioni si applicano anche nel caso di violazioni da parte delle società ed enti di assicurazione e delle società ed enti che effettuano istituzionalmente riscossioni e pagamenti per conto di terzi ovvero attività di gestione e intermediazione finanziaria, anche in forma fiduciaria, relativamente alle richieste di cui all'art. 32, primo comma, numero 5)*(1).

In caso di recidiva nelle infrazioni di cui al comma precedente, può essere disposto lo scioglimento degli organi amministrativi dell'azienda o istituto; in caso di eccezionale gravità può essere revocata l'autorizzazione all'esercizio del credito ai sensi delle leggi in vigore.

Nel caso in cui le infrazioni previste nel primo comma si riferiscono a richieste rivolte dagli uffici delle imposte all'amministrazione postale, si applica la pena pecuniaria da lire centomila a lire un milione a carico delle persone responsabili secondo l'ordinamento dell'amministrazione stessa.] (2)

(1) *Comma sostituito dall'articolo 1, comma 3, del D.P.R. 15 luglio 1982, n. 463 e successivamente dall'articolo 18, comma 1, lettera i), della legge 30 dicembre 1991, n. 413.*
(2) *Articolo abrogato dall'articolo 16, comma 1, lettera b), del D.lgs. 18 dicembre 1997, n. 471.*

53. Altre violazioni. – [*Sono punite con la pena pecuniaria da lire cinquantamila a lire cinquecentomila:*

1) l'omissione delle comunicazioni richieste dagli uffici delle imposte ai sensi del n. 5) dell'art. 32 o l'invio di tali comunicazioni con dati incompleti o non veritieri;

2) la mancata restituzione dei questionari previsti al n. 4) e al n. 7) dell'art. 32 o la restituzione di essi con risposte incomplete o non veritiere (1);

3) la inottemperanza all'invito di comparizione di cui al n. 2) dell'art. 32 ed a qualsiasi altra richiesta fatta dagli uffici delle imposte nell'esercizio dei poteri indicati nello stesso articolo;

4) ogni altra violazione di obblighi stabiliti dal presente decreto e dalle norme relative alle singole imposte sui redditi.

La stessa pena pecuniaria si applica a carico di coloro che nelle ipotesi previste nel quarto comma dell'art. 15 del decreto del Presidente della Repubblica 29 settembre 1973, n. 597, e nel quarto comma, lettera d), dell'art. 1 del decreto del Presidente della Repubblica 29 settembre 1973, n. 600, attestino fatti non rispondenti al vero, senza pregiudizio delle sanzioni penali eventualmente applicabili per la formazione, il rilascio e l'uso di tali attestazioni (2).

L'inosservanza dell'obbligo di comunicazione, previsto dal quarto comma dell'art. 36, è punita con la pena pecuniaria da lire 100.000 a lire 1.000.000 da irrogare con decreto del Ministro delle finanze (3).] (4)

(1) *Numero modificato dall'articolo 1, comma 4, del D.P.R. 15 luglio 1982, n. 463.*
(2) *Comma aggiunto dall'articolo 14, comma 1, della legge 13 aprile 1977, n. 114 e successivamente modificato dall'articolo 5, comma 2, lettera a), del D.L. 5 marzo 1986, n. 57.*
(3) *Comma aggiunto dall'articolo 19, comma 1, lettera e), della legge 30 dicembre 1991, n. 413.*
(4) *Articolo abrogato dall'articolo 16, comma 1, lettera b), del D.lgs. 18 dicembre 1997, n. 471.*

54. Determinazione delle pene pecuniarie. – [*Nella determinazione della misura della pena pecuniaria si deve tenere conto della gravità del danno o del pericolo per l'erario e della personalità dell'autore della violazione desunta dai suoi precedenti e dalle sue condizioni di vita individuale, familiare e sociale.*

La pena può essere aumentata fino alla metà nei confronti di chi nei tre anni precedenti sia incorso in un'altra violazione della stessa indole, per la quale sia stata inflitta la pena pecuniaria. Sono considerate violazioni della stessa indole non soltanto quelle che violano una stessa disposizione del presente decreto ma anche quelle che, pur essendo previste in più disposizioni, presentano in concreto, per la natura dei fatti che le costituiscono o dei motivi che le determinano, carattere fondamentale comune.

Le pene pecuniarie sono ridotte ad un quarto qualora la violazione consista nella inosservanza di un termine e l'obbligo venga adempiuto entro trenta giorni dalla scadenza di esso, a meno che la violazione non sia già stata constatata formalmente.

[Quando il reddito netto è definito per mancata impugnazione dell'accertamento dell'ufficio o per rinuncia al proposto gravame prima che sia intervenuta la decisione della commissione tributaria di primo

grado, le pene pecuniarie applicabili ai sensi degli articoli da 46 a 50 sono ridotte alla metà.] [1]

In caso di presentazione della dichiarazione integrativa entro il termine per la presentazione della dichiarazione per il periodo di imposta successivo, in luogo delle sanzioni previste negli articoli 46 e 49 si applica la soprattassa del 30 per cento della maggiore imposta che risulta dovuta. Se il versamento della maggiore imposta che risulterà dalla suddetta dichiarazione integrativa viene effettuato prima della presentazione della stessa nei termini previsti per i versamenti di acconto, la soprattassa è ridotta al 15 per cento. La soprattassa è aumentata al 60 per cento se la dichiarazione integrativa è presentata entro il termine relativo alla dichiarazione per il secondo periodo di imposta successivo [2].] [3]

[1] *Comma abrogato dall'articolo 17, comma 1, lettera c), del D.Lgs. 19 giugno 1997, n. 218.*
[2] *Comma aggiunto dall'articolo 14, comma 1, lettera b), della legge 29 dicembre 1990, n. 408.*
[3] *Articolo abrogato dall'articolo 16, comma 1, lettera b), del D.lgs. 18 dicembre 1997, n. 471.*

55. Applicazione delle pene pecuniarie. – [*Le pene pecuniarie previste per la violazione degli obblighi stabiliti dal presente decreto e dalle norme relative alle singole imposte sui redditi sono irrogate dall'ufficio delle imposte.*

Per le violazioni che danno luogo ad accertamenti in rettifica o d'ufficio l'irrogazione delle sanzioni è comunicata al contribuente con lo stesso avviso di accertamento.

Per le violazioni che non danno luogo ad accertamenti l'ufficio delle imposte può provvedere in qualsiasi momento con separati avvisi da notificare entro il 31 dicembre del quinto anno successivo a quello in cui è avvenuta la violazione. Se la violazione è stata constatata in occasione di accessi, ispezioni e verifiche eseguiti ai sensi dell'art. 33, la pena pecuniaria non può essere irrogata qualora, nel termine di trenta giorni dalla data del relativo verbale, sia stato eseguito versamento diretto all'esattoria di una somma pari ad un sesto del massimo della pena [1].

Se i ricavi o i compensi non annotati nelle scritture contabili sono specificamente indicati nella relativa dichiarazione dei redditi e sempre che le violazioni previste dall'art. 51 non siano già state constatate non si fa luogo all'applicazione delle relative pene pecuniarie qualora, anteriormente alla presentazione della dichiarazione, sia stato eseguito il versamento diretto al concessionario del servizio della riscossione di una somma pari ad un ventesimo dei ricavi o dei compensi non annotati [2].

Nei casi previsti dall'art. 52 l'ufficio delle imposte trasmette il processo verbale al ministro per le finanze, il quale provvede con proprio decreto alla irrogazione delle pene pecuniarie, sentiti, nella rispettiva competenza, il ministro per il tesoro e il ministro per le poste e telecomunicazioni. I provvedimenti previsti nel secondo comma dell'art. 52 sono adottati su proposta del ministro per le finanze di concerto con il ministro per il tesoro.

Gli organi del contenzioso tributario possono dichiarare non dovute le pene pecuniarie quando la violazione è giustificata da obiettive condizioni di incertezza sulla portata e sull'ambito di applicazione delle disposizioni alle quali si riferisce [3].] [4]

[1] *La Corte Costituzionale, con sentenza 15 ottobre 1987, n. 364 (in Gazz. Uff., 11 novembre 1987, n. 47), ha dichiarato l'illegittimità costituzionale del presente comma, limitatamente alle parole "Se la violazione è stata constatata in occasione di accessi, ispezioni e verifiche eseguiti ai sensi dell'art. 33".*
[2] *Comma aggiunto dall'articolo 4, comma 1, lettera d), della legge 30 dicembre 1991, n. 413.*
[3] *Comma aggiunto dall'articolo 2, comma 1, del D.P.R. 24 dicembre 1976, n. 920.*
[4] *Articolo abrogato dall'articolo 16, comma 1, lettera b), del D.lgs. 18 dicembre 1997, n. 471.*

56. Sanzioni penali [1]. – [*Chi non presenta la dichiarazione di cui agli articoli da 1 a 6, 10 e 11 o la presenta incompleta o infedele, quando l'imposta relativa al reddito accertato è superiore a cinque milioni di lire, è punito, oltre che con la pena pecuniaria prevista nell'art. 46, con l'arresto da tre mesi a tre anni. Se l'imposta dovuta è superiore a trenta milioni di lire, la pena dell'arresto non può essere inferiore ad un anno.*

Nei casi previsti dall'art. 47, quando l'ammontare complessivo delle somme non dichiarate è superiore a duecento milioni di lire, si applica, oltre la pena pecuniaria di cui allo stesso articolo, la pena dell'arresto da tre mesi ad un anno.

È punito con la reclusione da sei mesi a cinque anni e con la multa da lire duecentomila a lire due milioni, ferme restando le altre sanzioni eventualmente applicabili:

a) chiunque, essendo a conoscenza che negli inventari, bilanci o rendiconti è stata omessa l'iscrizione di attività o sono state iscritte passività inesistenti ovvero che sono state formate scritture o documenti fittizi o sono state alterate scritture o documenti contabili, sottoscrive la dichiarazione di cui al primo comma senza rettificare i dati conseguenti rilevanti ai fini della determinazione dell'imponibile;

b) chiunque, al di fuori dei casi previsti nella lettera a), indica nella dichiarazione di cui al primo comma passività inesistenti rilevanti ai fini della determinazione dell'imponibile;

c) chiunque, nella dichiarazione prescritta dall'art. 7 indica nomi immaginari o comunque diversi da quelli veri in modo che ne risulti impedita od ostacolata la identificazione degli effettivi percipienti;

d) chiunque nei certificati di cui all'art. 3 indica somme, al lordo delle ritenute, inferiori a quelle effettivamente corrisposte;

e) chiunque commette fatti fraudolenti al fine di sottrarre redditi alle imposte sul reddito.

Se i fatti indicati alle lettere a), b) ed e) del comma precedente comportano evasioni d'imposta per un ammontare complessivo eccedente cinque milioni di lire la multa è applicata in misura pari all'importo di tale ammontare e la reclusione non può essere inferiore a due anni. Si applica soltanto la multa se i fatti indicati nel terzo comma comportano un'evasione d'imposta di speciale tenuità.

Qualora la dichiarazione sia stata sottoscritta da un rappresentante negoziale, colui che ha conferito la rappresentanza è punito, fuori dei casi di concorso, con la reclusione da sei mesi a tre anni e con la multa da lire centomila a lire un milione se omette di esercitare il controllo necessario ad impedire che i fatti indicati alle lettere a), b) e c) del terzo comma vengano comunque commessi. Se i fatti indicati alle lettere a) e b) comportano evasioni d'imposta per un ammontare complessivo superiore a cinque milioni di lire la multa è pari alla metà di tale ammontare e la reclusione non può essere inferiore ad un anno. Si applica la sola multa se gli stessi fatti comportano evasioni d'imposta di speciale tenuità.

L'azione penale per i reati di cui ai commi precedenti non può essere iniziata o proseguita prima che l'accertamento dell'imposta sia divenuto definitivo. La prescrizione del reato è sospesa fino alla stessa data [2].] [3]

[1] *La Corte costituzionale, con sentenza 15 luglio 1976, n. 179, (in Gazz. Uff., 21 luglio 1976, n. 191), ha dichiarato l'illegittimità costituzionale del presente articolo, nella parte in cui prevede che la dichiarazione delle persone fisiche è unica, oltreché per i redditi propri del soggetto passivo, per quelli della moglie a lui imputabili a norma dell'art. 4 del D.P.R. n. 597 del 1973.*
[2] *La Corte costituzionale, con sentenza 15 luglio 1983, n. 247, (in Gazz. Uff., 3 agosto 1983, n. 212), ha dichiarato l'illegittimità costituzionale del presente comma nella parte in cui comporta che l'accertamento*

dell'imposta divenuto definitivo in conseguenza della decisione di una commissione tributaria vincoli il giudice penale, nella cognizione dei reati previsti in materia di imposte sui redditi, contestati a chi sia rimasto estraneo al giudizio tributario, perché non posto in condizioni di intervenirvi o di parteciparvi. Vedi inoltre Corte Costituzionale 9 gennaio 1989, n. 2 e Corte Costituzionale 23 maggio 1991, n. 258.

(3) *Articolo abrogato dall'articolo 13, comma 1, del D.L. 10 luglio 1982, n. 429.*

57. Sanzioni accessorie (1). – [*La condanna alla reclusione importa, per un periodo di tre anni, le interdizioni previste dagli articoli 28 e 30 del codice penale e l'incapacità prevista dall'art. 2641 del codice civile nonché la cancellazione, per lo stesso periodo, dall'albo nazionale dei costruttori e dagli albi o elenchi dei fornitori delle pubbliche amministrazioni. Le stesse pene accessorie possono essere applicate provvisoriamente durante l'istruzione o il giudizio a norma dell'art. 140 del codice penale.*] (2)

[*La condanna all'arresto o al pagamento di una multa per somma superiore a un milione di lire importa:*

1) la cancellazione dall'albo nazionale dei costruttori e dagli albi o elenchi dei fornitori delle pubbliche amministrazioni per un periodo di due anni;

2) la sospensione dall'esercizio della professione per un periodo non inferiore ad un mese e non superiore a un anno;

3) la decadenza da incarichi conferiti dall'autorità giudiziaria e da uffici onorari e l'esclusione fino a cinque anni da tali incarichi o uffici;

4) l'incompatibilità con l'ufficio di componente delle commissioni tributarie;

5) la decadenza dall'agevolazione di non prestare cauzione;

6) la decadenza da agevolazioni concesse dall'amministrazione in relazione alla tenuta della contabilità e ad altri obblighi formali;

7) la decadenza dagli uffici di componente di organi di amministrazione e di controllo delle persone giuridiche e l'esclusione fino a cinque anni dagli uffici stessi;

8) l'esclusione dalla borsa, per un periodo non inferiore a sei mesi e non superiore a due anni, degli agenti di cambio e dei commissionari di borsa.] (3)

[*L'applicazione della sola pena pecuniaria per ammontare superiore a lire dieci milioni importa:*

1) la sospensione dall'albo nazionale dei costruttori e dagli albi o elenchi dei fornitori delle pubbliche amministrazioni per un anno;

2) l'incompatibilità con l'ufficio di componente delle commissioni tributarie;

3) la decadenza dall'ufficio di componente di organi di amministrazione e di controllo delle persone giuridiche e l'esclusione per un anno dall'ufficio stesso.] (4)

L'applicazione della pena pecuniaria stabilita nell'art. 50 importa la decadenza dal diritto di fruire di contributi o altre provvidenze dello Stato e di altri enti pubblici previsti a titolo di incentivazione per l'esecuzione delle opere che hanno determinato le variazioni in aumento non denunciate.] (5)

(1) *La Corte costituzionale, con sentenza 15 luglio 1976, n. 179, (in Gazz. Uff., 21 luglio 1976, n. 191), ha dichiarato l'illegittimità costituzionale del presente articolo, nella parte in cui prevede che la dichiarazione delle persone fisiche è unica, oltreché per i redditi propri del soggetto passivo, per quelli della moglie a lui imputabili a norma dell'art. 4 del D.P.R. n. 597 del 1973.*

(2) *Comma abrogato dall'articolo 13, comma 1, del D.L. 10 luglio 1982, n. 429.*

(3) *Comma abrogato dall'articolo 13, comma 1, del D.L. 10 luglio 1982, n. 429.*

(4) *Comma abrogato dall'articolo 13, comma 1, del D.L. 10 luglio 1982, n. 429.*

(5) *Comma abrogato dall'articolo 16, comma 1, lettera b), D.lgs. 18 dicembre 1997, n. 471.*

TITOLO VI
Disposizioni varie

58. Domicilio fiscale (1). – Agli effetti dell'applicazione delle imposte sui redditi ogni soggetto si intende domiciliato in un comune dello Stato, giusta le disposizioni seguenti.

Le persone fisiche residenti nel territorio dello Stato hanno il domicilio fiscale nel Comune nella cui anagrafe sono iscritte. Quelle non residenti hanno il domicilio fiscale nel Comune in cui si è prodotto il reddito o, se il reddito è prodotto in più Comuni, nel Comune in cui si è prodotto il reddito più elevato. I cittadini italiani, che risiedono all'estero in forza di un rapporto di servizio con la pubblica amministrazione, nonchè quelli considerati residenti ai sensi dell'art. 2, comma 2- bis, del testo unico delle imposte sui redditi, approvato con decreto del Presidente della Repubblica 22 dicembre 1986, n. 917, hanno il domicilio fiscale nel Comune di ultima residenza nello Stato (2).

I soggetti diversi dalle persone fisiche hanno il domicilio fiscale nel Comune in cui si trova la loro sede legale o, in mancanza, la sede amministrativa; se anche questa manchi, essi hanno il domicilio fiscale nel comune ove è stabilita una sede secondaria o una stabile organizzazione e in mancanza nel Comune in cui esercitano prevalentemente la loro attività.

Negli atti, contratti, denunzie e dichiarazioni che vengono presentati agli uffici finanziari deve essere indicato il Comune di domicilio fiscale delle parti, con la precisazione dell'indirizzo solo ove espressamente richiesto (3).

Le cause di variazione del domicilio fiscale hanno effetto dal sessantesimo giorno successivo a quello in cui si sono verificate.

(1) *La Corte costituzionale, con sentenza 7 novembre 2007, n. 366 (in Gazz. Uff., 14 novembre 2007, n. 44), ha dichiarato l'illegittimità costituzionale del combinato disposto del presente articolo, primo comma e secondo periodo del secondo comma, nella parte in cui prevede, nel caso di notificazione a cittadino italiano avente all'estero una residenza conoscibile dall'amministrazione finanziaria in base all'iscrizione nell'Anagrafe degli Italiani Residenti all'Estero (AIRE), che le disposizioni contenute nell'articolo 142 del codice di procedura civile non si applicano (S; S; S; S; 31*[1,2] *d.p.r. 29 settembre 1973, n. 600, 162*[1] *d.p.r. 22 dicembre 1986, n. 917; S; S).*

(2) *Comma modificato dall'articolo 10, comma 2, della legge 23 dicembre 1998, n. 448.*

(3) *Comma modificato dall'articolo 2, comma 7, lettera a), del D.L. 2 marzo 2012, n. 16.*

59. Domicilio fiscale stabilito dall' amministrazione. – L'amministrazione finanziaria può stabilire il domicilio fiscale del soggetto, in deroga alle disposizioni dell'articolo precedente, nel comune dove il soggetto stesso svolge in modo continuativo la principale attività ovvero, per i soggetti diversi dalle persone fisiche, nel comune in cui è stabilita la sede amministrativa.

Quando concorrono particolari circostanze la amministrazione finanziaria può consentire al contribuente, che ne faccia motivata istanza, che il suo domicilio fiscale sia stabilito in un comune diverso da quello previsto dall'articolo precedente.

Competente all'esercizio delle facoltà indicate nei precedenti commi è la Direzione regionale o la Divisione contribuenti dell'Agenzia delle entrate a seconda che il provvedimento importi lo spostamento del domicilio fiscale nell'ambito della stessa regione o in altra regione (1).

Il provvedimento è in ogni caso definitivo, deve essere motivato e notificato all'interessato ed ha effetto dal periodo d'imposta successivo a quello in cui è stato notificato.

Quando il domicilio fiscale è stato modificato ai sensi del presente articolo, ogni successiva revoca ed eventuale ulteriore variazione del precedente provvedimento, anche richieste con istanza motivata del contribuente, sono stabilite con provvedimento dell'ufficio e hanno effetto dal sessantesimo giorno successivo a quello in cui il provvedimento stesso viene notificato. Competente all'esercizio della sola revoca è l'organo che ha emanato l'originario provvedimento. Quando alla revoca consegue una contestuale variazione del domicilio fiscale, competente a emanare il nuovo e unico provvedimento è la Direzione regionale o la Divisione contribuenti dell'Agenzia delle entrate a seconda che il provvedimento importi lo spostamento del domicilio fiscale nell'ambito della stessa regione o in altra regione [(2)].

(1) Comma modificato dall'articolo 4, comma 1, lettera a), del D.L. 21 giugno 2022, n. 73, convertito, con modificazioni, dalla Legge 4 agosto 2022, n. 122.
(2) Comma aggiunto dall'articolo 4, comma 1, lettera b), del D.L. 21 giugno 2022, n. 73, convertito, con modificazioni, dalla Legge 4 agosto 2022, n. 122.

60. Notificazioni. – La notificazione degli avvisi e degli altri atti che per legge devono essere notificati al contribuente è eseguita secondo le norme stabilite dagli articoli 137 e seguenti del codice di procedura civile, con le seguenti modifiche:

a) la notificazione è eseguita dai messi comunali ovvero dai messi speciali autorizzati dall'ufficio [*delle imposte*] [(1)];

b) il messo deve fare sottoscrivere dal consegnatario l'atto o l'avviso ovvero indicare i motivi per i quali il consegnatario non ha sottoscritto;

b-bis) se il consegnatario non è il destinatario dell'atto o dell'avviso, il messo consegna o deposita la copia dell'atto da notificare in busta che provvede a sigillare e su cui trascrive il numero cronologico della notificazione, dandone atto nella relazione in calce all'originale e alla copia dell'atto stesso. Sulla busta non sono apposti segni o indicazioni dai quali possa desumersi il contenuto dell'atto. Il consegnatario deve sottoscrivere una ricevuta e il messo dà notizia dell'avvenuta notificazione dell'atto o dell'avviso, a mezzo di lettera raccomandata [(2)];

c) salvo il caso di consegna dell'atto o dell'avviso in mani proprie, la notificazione deve essere fatta nel domicilio fiscale del destinatario [(3)];

d) è in facoltà del contribuente di eleggere domicilio presso una persona o un ufficio nel Comune del proprio domicilio fiscale per la notificazione degli atti o degli avvisi che lo riguardano. In tal caso l'elezione di domicilio deve risultare espressamente da apposita comunicazione effettuata al competente ufficio a mezzo di lettera raccomandata con avviso di ricevimento ovvero in via telematica con modalità stabilite con provvedimento del Direttore dell'Agenzia delle entrate [(4)];

e) quando nel Comune nel quale deve eseguirsi la notificazione non vi è abitazione, ufficio o azienda del contribuente, l'avviso del deposito prescritto dall'art. 140 del codice di procedura civile, in busta chiusa e sigillata, si affigge nell'albo del Comune e la notificazione, ai fini della decorrenza del termine per ricorrere, si ha per eseguita nell'ottavo giorno successivo a quello di affissione [(5)(6)];

e-bis) è facoltà del contribuente che non ha la residenza nello Stato e non vi ha eletto domicilio ai sensi della lettera d), o che non abbia costituito un rappresentante fiscale, comunicare al competente ufficio locale, con le modalità di cui alla stessa lettera d), l'indirizzo estero per la notificazione degli avvisi e degli altri atti che lo riguardano; salvo il caso di consegna dell'atto o dell'avviso in mani proprie, la notificazione degli avvisi o degli atti è eseguita mediante spedizione a mezzo di lettera raccomandata con avviso di ricevimento [(7)];

f) le disposizioni contenute negli articoli 142, 143, 146, 150 e 151 del codice di procedura civile non si applicano [(8)].

L'elezione di domicilio [*non risultante dalla dichiarazione annuale*] ha effetto dal trentesimo giorno successivo a quello della data di ricevimento delle comunicazioni previste alla lettera d) ed alla lettera e-bis) del comma precedente [(9)].

Le variazioni e le modificazioni dell'indirizzo [*non risultanti dalla dichiarazione annuale*] hanno effetto, ai fini delle notificazioni, dal trentesimo giorno successivo a quello dell'avvenuta variazione anagrafica, o per le persone giuridiche e le società ed enti privi di personalità giuridica, dal trentesimo giorno successivo a quello della ricezione da parte dell'ufficio della dichiarazione prevista dagli articoli 35 e 35-ter del decreto del Presidente della Repubblica 26 ottobre 1972, n. 633, ovvero del modello previsto per la domanda di attribuzione del numero di codice fiscale dei soggetti diversi dalle persone fisiche non obbligati alla presentazione della dichiarazione di inizio attività IVA. [*Se la comunicazione è stata omessa la notificazione è eseguita validamente nel Comune di domicilio fiscale risultante dall'ultima dichiarazione annuale*] [(10)(11)].

Salvo quanto previsto dai commi precedenti ed in alternativa a quanto stabilito dall'articolo 142 del codice di procedura civile, la notificazione ai contribuenti non residenti è validamente effettuata mediante spedizione di lettera raccomandata con avviso di ricevimento all'indirizzo della residenza estera rilevato dai registri dell'Anagrafe degli italiani residenti all'estero o a quello della sede legale estera risultante dal registro delle imprese di cui all'articolo 2188 del codice civile. In mancanza dei predetti indirizzi, la spedizione della lettera raccomandata con avviso di ricevimento è effettuata all'indirizzo estero indicato dal contribuente nelle domande di attribuzione del numero di codice fiscale o variazione dati e nei modelli di cui al terzo comma, primo periodo. In caso di esito negativo della notificazione si applicano le disposizioni di cui al primo comma, lettera e)[(12)].

La notificazione ai contribuenti non residenti è validamente effettuata ai sensi del quarto comma qualora i medesimi non abbiano comunicato all'Agenzia delle entrate l'indirizzo della loro residenza o sede estera o del domicilio eletto per la notificazione degli atti, e le successive variazioni, con le modalità previste con provvedimento del Direttore dell'Agenzia delle entrate. La comunicazione e le successive variazioni hanno effetto dal trentesimo giorno successivo a quello della ricezione [(13)].

Qualunque notificazione a mezzo del servizio postale si considera fatta nella data della spedizione; i termini che hanno inizio dalla notificazione decorrono dalla data in cui l'atto è ricevuto [(14)].

In deroga all'articolo 149-bis del codice di procedura civile e alle modalità di notificazione previste dalle norme relative alle singole leggi d'imposta non compatibili con quelle di cui al presente comma, la notificazione degli avvisi e degli altri atti che per legge devono essere notificati alle imprese individuali o costituite in forma societaria e ai professionisti iscritti in albi o elenchi istituiti con legge dello Stato può essere effettuata direttamente dal competente ufficio con le modalità previste dal regolamento di cui al decreto del Presidente della Repubblica 11 febbraio 2005, n. 68, a mezzo di posta elettronica certificata, all'indirizzo del destinatario risultante dall'indice nazionale degli indirizzi di posta elettronica certificata (INI-PEC). All'ufficio sono consentite la consultazione telematica e l'estrazione, anche in forma massiva, di tali indirizzi. Se la casella di posta elettronica risulta satura, l'ufficio effettua un secondo tentativo di consegna decorsi almeno sette giorni dal primo invio. Se anche a seguito di tale tentativo la casella di posta elettronica risulta satura oppure se l'indirizzo di posta elettronica del destinatario non risulta valido o attivo, la notificazione deve essere eseguita mediante deposito telematico dell'atto nell'area riservata del sito internet della società InfoCamere Scpa e pubblicazione, entro il secondo giorno successivo a quello di deposito, del relativo avviso nello stesso sito, per la durata di quindici giorni; l'ufficio inoltre dà notizia al destinatario dell'avvenuta notificazione dell'atto a mezzo di lettera raccomandata, senza ulteriori adempimenti a proprio carico. Ai fini del rispetto dei termini di prescrizione e decadenza, la notificazione si intende comunque perfezionata per il notificante nel momento in cui il suo gestore della casella di posta elettronica certificata gli trasmette la ricevuta di accettazione con la relativa attestazione temporale che certifica l'avvenuta spedizione del messaggio, mentre per il destinatario si intende perfezionata alla data di avvenuta consegna contenuta nella ricevuta che il gestore della casella di posta elettronica certificata del destinatario trasmette all'ufficio o, nei casi di cui al periodo precedente, nel quindicesimo giorno successivo a quello della pubblicazione dell'avviso nel sito internet della società InfoCamere Scpa. Nelle more della piena operatività dell'anagrafe nazionale della popolazione residente, per i soggetti diversi da quelli obbligati ad avere un indirizzo di posta elettronica certificata da inserire nell'INI-PEC, la notificazione può essere eseguita a coloro che ne facciano richiesta, all'indirizzo di posta elettronica certificata di cui sono intestatari, all'indirizzo di posta elettronica certificata di uno dei soggetti di cui all'articolo 12, comma 3, del decreto legislativo 31 dicembre 1992, n. 546, ovvero del coniuge, di un parente o affine entro il quarto grado di cui all'articolo 63, secondo comma, secondo periodo, del presente decreto, specificamente incaricati di ricevere le notifiche per conto degli interessati, secondo le modalità stabilite con provvedimento del direttore dell'Agenzia delle entrate. Nelle ipotesi di cui al periodo precedente, l'indirizzo dichiarato nella richiesta ha effetto, ai fini delle notificazioni, dal quinto giorno libero successivo a quello in cui l'ufficio attesta la ricezione della richiesta stessa. Se la casella di posta elettronica del contribuente che ha effettuato la richiesta risulta satura, l'ufficio effettua un secondo tentativo di consegna decorsi almeno sette giorni dal primo invio. Se anche a seguito di tale tentativo la casella di posta elettronica risulta satura oppure nei casi in cui l'indirizzo di posta elettronica del contribuente non risulta valido o attivo, si applicano le disposizioni in materia di notificazione degli avvisi e degli altri atti che per legge devono essere notificati al contribuente, comprese le disposizioni del presente articolo diverse da quelle del presente comma e quelle del codice di procedura civile dalle stesse non modificate, con esclusione dell'articolo 149-bis del codice di procedura civile [15].

[1] Lettera modificata dall'articolo 38, comma 4, lettera a), numero 1), del D.L. 31 maggio 2010, n. 78.

[2] Lettera inserita dall'articolo 37, comma 27, lettera a), del D.L. 4 luglio 2006, n. 223.

[3] La Corte Costituzionale, con sentenza 7 novembre 2007, n. 366 (in Gazz.Uff., 14 novembre, n. 44), ha dichiarato l'illegittimità costituzionale della presente lettera, nella parte in cui prevede, nel caso di notificazione a cittadino italiano avente all'estero una residenza conoscibile dall'amministrazione finanziaria in base all'iscrizione nell'Anagrafe degli Italiani Residenti all'Estero (AIRE), che le disposizioni contenute nell'articolo 142 del codice di procedura civile non si applicano.

[4] Lettera modificata dall'articolo 38, comma 4, lettera a), numero 2), del D.L. 31 maggio 2010, n. 78.

[5] Lettera modificata dall'articolo 37, comma 27, lettera b), del D.L. 4 luglio 2006, n. 223.

[6] La Corte Costituzionale, con sentenza 7 novembre 2007, n. 366 (in Gazz.Uff., 14 novembre, n. 44), ha dichiarato l'illegittimità costituzionale della presente lettera, nella parte in cui prevede, nel caso di notificazione a cittadino italiano avente all'estero una residenza conoscibile dall'amministrazione finanziaria in base all'iscrizione nell'Anagrafe degli Italiani Residenti all'Estero (AIRE), che le disposizioni contenute nell'articolo 142 del codice di procedura civile non si applicano.

[7] Lettera inserita dall'articolo 37, comma 27, lettera c), del D.L. 4 luglio 2006, n. 223.

[8] La Corte Costituzionale, con sentenza 7 novembre 2007, n. 366 (in Gazz.Uff., 14 novembre, n. 44), ha dichiarato l'illegittimità costituzionale della presente lettera, nella parte in cui prevede, nel caso di notificazione a cittadino italiano avente all'estero una residenza conoscibile dall'amministrazione finanziaria in base all'iscrizione nell'Anagrafe degli Italiani Residenti all'Estero (AIRE), che le disposizioni contenute nell'articolo 142 del codice di procedura civile non si applicano.

[9] Comma sostituito dall'articolo 37, comma 27, lettera d), del D.L. 4 luglio 2006, n. 223 e successivamente modificato dall'articolo 38, comma 4, lettera a), numero 3), del D.L. 31 maggio 2010, n. 78.

[10] La Corte Costituzionale, con sentenza 10 dicembre 2003, n. 360 (in Gazz. Uff., 24 dicembre 2003, n. 51), ha dichiarato l'illegittimità costituzionale del presente comma, nella parte in cui prevede che le variazioni e le modificazioni dell'indirizzo del contribuente, non risultanti dalla dichiarazione annuale, hanno effetto, ai fini delle notificazioni, dal sessantesimo giorno successivo a quello della avvenuta variazione anagrafica.

[11] Comma modificato dall'articolo 37, comma 27, lettera e), del D.L. 4 luglio 2006, n. 223 e successivamente dall'articolo 38, comma 4, lettera a), numero 4), del D.L. 31 maggio 2010, n. 78 e dall'articolo 2, comma 7, lettera b), del D.L. 2 marzo 2012, n. 16.

[12] Comma aggiunto dall'articolo 2, comma 1, lettera a), del D.L. 25 marzo 2010, n. 40.

[13] Comma aggiunto dall'articolo 2, comma 1, lettera a), del D.L. 25 marzo 2010, n. 40.

[14] Comma aggiunto dall'articolo 37, comma 27, lettera f), del D.L. 4 luglio 2006, n. 223.

[15] Comma aggiunto dall'articolo 7-quater, comma 6, del D.L. 22 ottobre 2016, n.193,convertito, con modificazioni, dalla Legge 1° dicembre 2016 n. 225. A norma dell'articolo 7-quater, comma 7, le disposizioni di cui al presente comma si applicano alle notificazioni degli avvisi e degli altri atti che per legge devono essere notificati ai contribuenti effettuate a decorrere dal 1° luglio 2017. Resta ferma per gli avvisi e gli altri atti che per legge devono essere notificati fino al 30 giugno 2017 la disciplina vigente prima della data di entrata in vigore della legge di conversione del presente decreto. Vedi inoltre il comma 8 dell'articolo 7-quater.

60 *bis*. [1] – 1. L'Amministrazione finanziaria può chiedere all'autorità competente di un altro Stato membro di notificare al destinatario, secondo le norme sulla notificazione dei corrispondenti atti vigenti nello Stato membro interpellato, tutti gli atti e le decisioni degli organi amministrativi dello Stato relativi all'applicazione della legislazione interna sulle imposte indicate nell'articolo 2 della direttiva 2011/16/UE del 15 febbraio 2011 del Consiglio, che ha abrogato la direttiva 77/799/CEE del 19 dicembre 1977 [2].

2. Su domanda dell'autorità competente di un altro Stato

membro, l'Amministrazione finanziaria procede, secondo le norme di legge in vigore per la notifica dei corrispondenti atti nel territorio nazionale, alla notifica al destinatario di tutti gli atti e le decisioni delle autorità amministrative dello Stato membro richiedente relativi all'applicazione, nel suo territorio, della legislazione sulle imposte indicate nell'articolo 2 della direttiva 2011/16/UE del 15 febbraio 2011 del Consiglio, che ha abrogato la direttiva 77/799/CEE del 19 dicembre 1977 [3].

L'amministrazione finanziaria può notificare un documento, secondo le modalità di cui all'articolo 60, direttamente ad una persona nel territorio di un altro Stato membro [4].

3. La domanda di notifica indica il contenuto dell'atto o della decisione da notificare e contiene il nome, l'indirizzo del destinatario e qualsiasi altro dato utile ai fini dell'identificazione dello stesso.

4. L'Amministrazione finanziaria informa immediatamente l'autorità richiedente circa il seguito dato alla domanda di notifica, comunicando la data in cui l'atto o la decisione sono stati notificati al destinatario.

(1) *Articolo inserito dall'articolo 1 del D.lgs. 19 settembre 2005, n. 215.*
(2) *Comma modificato dall'articolo 11, comma 1, lettera e), del D.Lgs. 4 marzo 2013, n. 29.*
(3) *Comma modificato dall'articolo 11, comma 1, lettera f), del D.Lgs. 4 marzo 2013, n. 29.*
(4) *Comma inserito privo di numerazione dall'articolo 11, comma 1, lettera g), del D.Lgs. 4 marzo 2013, n. 29.*

61. Ricorsi. – Il contribuente può ricorrere contro gli atti di accertamento e di irrogazione delle sanzioni secondo le disposizioni relative al contenzioso tributario di cui al D.P.R. 26 ottobre 1972, n. 636.

La nullità dell'accertamento ai sensi del terzo comma dell'art. 42 e del terzo comma dell'art. 43, e in genere per difetto di motivazione, deve essere eccepita a pena di decadenza in primo grado.

I contribuenti obbligati alla tenuta di scritture contabili non possono provare circostanze omesse nelle scritture stesse o in contrasto con le loro risultanze. Tuttavia è ammessa la prova, sulla base di elementi certi e precisi, delle spese e degli oneri di cui all'articolo 75, comma 4, terzo periodo, del testo unico delle imposte sui redditi, approvato con decreto del Presidente della Repubblica 22 dicembre 1986, n. 917, ferma restando la disposizione del comma 6 dello stesso articolo [1].

Il secondo e il terzo comma dell'art. 59 del decreto del Presidente della Repubblica 26 ottobre 1972, n. 633, sono sostituiti dai seguenti:

"La nullità degli avvisi per l'omissione o l'insufficienza delle indicazioni prescritte negli articoli 56 e 57, terzo comma, e in genere per difetto di motivazione, deve essere eccepita a pena di decadenza in primo grado.

I contribuenti obbligati alla tenuta di scritture contabili non possono provare circostanze omesse nelle scritture stesse o in contrasto con le loro risultanze".

(1) *Comma modificato dall'articolo 30, comma 4, del D.L. 2 marzo 1989, n. 69.*

62. Rappresentanza dei soggetti diversi dalle persone fisiche. – La rappresentanza dei soggetti diversi dalle persone fisiche, quando non sia determinabile secondo la legge civile, è attribuita ai fini tributari alle persone che ne hanno l'amministrazione anche di fatto.

63. Rappresentanza e assistenza dei contribuenti [1]. – Presso gli uffici finanziari il contribuente può farsi rappresentare da un procuratore generale o speciale, salvo quanto stabilito nel quarto comma.

La procura speciale deve essere conferita per iscritto con firma autenticata. L'autenticazione non è necessaria quando la procura è conferita al coniuge o a parenti e affini entro il quarto grado o a propri dipendenti da persone giuridiche. Quando la procura è conferita a persone iscritte in albi professionali o nell'elenco previsto dal terzo comma, a soggetti iscritti alla data del 30 settembre 1993 nei ruoli dei periti ed esperti tenuti dalle camere di commercio, industria, artigianato e agricoltura per la sub-categoria tributi, in possesso di diploma di laurea in giurisprudenza o in economia e commercio o equipollenti o di diploma di ragioneria ovvero ai soggetti indicati nell'articolo 4, comma 1, lettere e), f) ed i), del decreto legislativo 31 dicembre 1992, n. 545, o ai professionisti di cui alla norma UNI 11511 certificati e qualificati ai sensi della legge 14 gennaio 2013, n. 4, è data facoltà agli stessi rappresentanti di autenticare la sottoscrizione. Quando la procura è rilasciata ad un funzionario di un centro di assistenza fiscale o di una società di servizi di cui all'articolo 11 del regolamento di cui al decreto del Ministro delle finanze 31 maggio 1999, n. 164, essa deve essere autenticata dal responsabile dell'assistenza fiscale del predetto centro o dal legale rappresentante della predetta società di servizi [2].

Il Ministero dell'economia e delle finanze può autorizzare all'esercizio dell'assistenza tecnica davanti alle commissioni tributarie, se cessati dall'impiego dopo almeno venti anni di effettivo servizio di cui almeno gli ultimi dieci prestati a svolgere attività connesse ai tributi, gli impiegati delle carriere dirigenziale, direttiva e di concetto degli enti impositori e del Ministero nonché gli ufficiali e ispettori della guardia di finanza. L'autorizzazione può essere revocata o sospesa in ogni tempo con provvedimento motivato. Le attività connesse ai tributi sono individuate con il decreto di cui all'articolo 12, comma 4, del decreto legislativo 31 dicembre 1992, n. 546 [3].

Ai soggetti di cui al terzo comma, ancorché iscritti in un albo professionale, è vietato di esercitare funzioni di assistenza e di rappresentanza presso gli enti impositori e davanti le commissioni tributarie per un periodo di due anni dalla data di cessazione del rapporto d'impiego [4].

L'esercizio delle funzioni di rappresentanza e assistenza in violazione del presente articolo è punito con la sanzione amministrativa da euro mille a euro cinquemila [5].

(1) *In riferimento al presente articolo, vedi: Risoluzione del Ministero dell'Economia e delle Finanze 9 febbraio 2011, n. 13/E.*
(2) *Comma modificato dall'articolo 7-quater, comma 1, del D.L. 30 settembre 2005, n. 203; successivamente dall'articolo 1, comma 279, lettere a) e b), della Legge 27 dicembre 2013, n. 147 e, da ultimo, dall'articolo 6-bis, comma 1, del D.L. 22 ottobre 2016, n.193, convertito, con modificazioni, dalla Legge 1° dicembre 2016 n. 225.*
(3) *Comma modificato dall'articolo 42, comma 2, della legge 23 dicembre 2000, n. 388 e successivamente sostituito dall'articolo 10, comma 1, del D.lgs. 24 settembre 2015, n. 156, a decorrere dal 1° gennaio 2016.*
(4) *Comma sostituito dall'articolo 10, comma 1, del D.lgs. 24 settembre 2015, n. 156, a decorrere dal 1° gennaio 2016.*
(5) *Comma sostituito dall'articolo 10, comma 1, del D.lgs. 24 settembre 2015, n. 156, a decorrere dal 1° gennaio 2016.*

64. Sostituto e responsabile d'imposta. – Chi in forza di disposizioni di legge è obbligato al pagamento di imposte in luogo di altri, per fatti o situazioni a questi riferibili ed anche a titolo di acconto, deve esercitare la rivalsa se non è diversamente stabilito in modo espresso.

Il sostituto ha facoltà di intervenire nel procedimento di accertamento dell'imposta.

Chi in forza di disposizioni di legge è obbligato al pagamento dell'imposta insieme con altri, per fatti o situazioni esclusivamente riferibili a questi, ha diritto di rivalsa.

65. Eredi del contribuente. – Gli eredi rispondono in solido delle obbligazioni tributarie il cui presupposto si è verificato anteriormente alla morte del dante causa.

Gli eredi del contribuente devono comunicare all'ufficio delle imposte del domicilio fiscale del dante causa le proprie generalità e il proprio domicilio fiscale. La comunicazione può essere presentata direttamente all'ufficio o trasmessa mediante lettera raccomandata con avviso di ricevimento, nel quale caso si intende fatta nel giorno di spedizione.

Tutti i termini pendenti alla data della morte del contribuente o scadenti entro quattro mesi da essa, compresi il termine per la presentazione della dichiarazione e il termine per ricorrere contro l'accertamento, sono prorogati di sei mesi in favore degli eredi. I soggetti incaricati dagli eredi, ai sensi del comma 2, dell'art. 12, devono trasmettere in via telematica la dichiarazione entro il mese di gennaio dell'anno successivo a quello in cui è scaduto il termine prorogato [(1)].

La notifica degli atti intestati al dante causa può essere effettuata agli eredi impersonalmente e collettivamente nell'ultimo domicilio dello stesso ed è efficace nei confronti degli eredi che almeno trenta giorni prima, non abbiano effettuato la comunicazione di cui al secondo comma.

(1) Comma modificato dall'articolo 8, comma 1, lettera d), del D.lgs. 9 luglio 1997, n. 241.

66. Computo dei termini. – Per il computo dei termini si applicano le disposizioni dell'articolo 2963 del codice civile.

67. Divieto della doppia imposizione. – La stessa imposta non può essere applicata più volte in dipendenza dello stesso presupposto neppure nei confronti di soggetti diversi.

L'imposta personale pagata dal soggetto erogante a titolo definitivo a seguito di accertamento è scomputata dall' imposta dovuta dal percipiente il medesimo reddito [(1)]

(1) Comma aggiunto dall'articolo 8, comma 1, della legge 13 maggio 1999, n. 133.

68. Segreto d'ufficio. – È considerata violazione del segreto di ufficio qualunque informazione o comunicazione riguardante l'accertamento, data senza ordine del giudice, salvo i casi previsti dalla legge, a persone estranee alle rispettive amministrazioni, diverse dal contribuente o da chi lo rappresenta, dal personale dell'amministrazione finanziaria e dalla guardia di finanza nonché dai competenti delle commissioni di cui all'art. 45, dai membri dei consigli comunali e dei consigli tributari, dai membri dei comitati che esercitano il controllo di legittimità sugli atti dei comuni e dal personale dei comuni che partecipano all'accertamento. Non è considerata violazione del segreto d'ufficio la comunicazione dei dati contenuti nelle dichiarazioni dei redditi [(1)].

Qualora l'Amministrazione finanziaria si avvalga delle facoltà previste nel successivo art. 69, quarto comma, nell'art. 12 della legge 13 giugno 1952, n. 693, e nell'art. 12, sesto comma, del decreto del Presidente della Repubblica 29 settembre 1973, n. 602, non sono considerate violazioni del segreto di ufficio la trasmissione al consorzio obbligatorio tra gli esattori delle imposte dirette in carica delle dichiarazioni presentate dai contribuenti e la comunicazione di dati e notizie necessari per l'esecuzione dei compiti affidati al consorzio. Le persone che comunque attendono agli adempimenti relativi a tali compiti sono tenute a mantenere il segreto di ufficio [(2)].

[*Non è considerata violazione del segreto d'ufficio la comunicazione da parte dell'Amministrazione finanziaria alle competenti autorità degli Stati membri della Comunità economica europea delle informazioni atte a permettere il corretto accertamento delle imposte sul reddito e sul patrimonio, in attuazione della direttiva del Consiglio delle Comunità europee n. 77/799/CEE del 19 dicembre 1977, modificata dalla direttiva 79/1070 del 6 dicembre 1979.*] [(3)]

(1) Comma sostituito dall'articolo 6, comma 1, della legge 19 luglio 1977, n. 412. La disposizione dell'ultima parte del presente comma, ha effetto dal 1° gennaio 1974.
(2) Comma aggiunto dall'articolo 1, comma 1, del D.P.R. 30 settembre 1975, n. 483.
(3) Comma aggiunto dall'articolo 3, comma 1, del D.P.R. 5 giugno 1982, n. 506 e successivamente abrogato dall'articolo 1, comma 1, lettera d), del D.Lgs. 19 settembre 2005, n. 215.

69. Pubblicazione degli elenchi dei contribuenti [(1)]. – 1. Il Ministro delle finanze dispone annualmente la pubblicazione degli elenchi dei contribuenti il cui reddito imponibile è stato accertato dagli uffici delle imposte dirette e di quelli sottoposti a controlli globali a sorteggio a norma delle vigenti disposizioni nell'ambito dell'attività di programmazione svolta dagli uffici nell'anno precedente.

2. Negli elenchi deve essere specificato se gli accertamenti sono definitivi o in contestazione e devono essere indicati, in caso di rettifica, anche gli imponibili dichiarati dai contribuenti.

3. Negli elenchi sono compresi tutti i contribuenti che non hanno presentato la dichiarazione dei redditi, nonchè i contribuenti nei cui confronti sia stato accertato un maggior reddito imponibile superiore a 10 milioni di lire e al 20 per cento del reddito dichiarato, o in ogni caso un maggior reddito imponibile superiore a 50 milioni di lire.

4. Il centro informativo delle imposte dirette, entro il 31 dicembre dell'anno successivo a quello di presentazione delle dichiarazioni dei redditi, forma, per ciascun comune, i seguenti elenchi nominativi da distribuire agli uffici delle imposte territorialmente competenti:

a) elenco nominativo dei contribuenti che hanno presentato la dichiarazione dei redditi;

b) elenco nominativo dei soggetti che esercitano imprese commerciali, arti e professioni.

5. Con apposito decreto del Ministro delle finanze sono annualmente stabiliti i termini e le modalità per la formazione degli elenchi di cui al comma 4.

6. Gli elenchi sono depositati per la durata di un anno sia presso lo stesso ufficio delle imposte, sia presso i Comuni

interessati. Nel predetto periodo è ammessa la visione e l'estrazione di copia degli elenchi nei modi e con i limiti stabiliti dalla disciplina in materia di accesso ai documenti amministrativi di cui agli articoli 22 e seguenti della legge 7 agosto 1990, n. 241, e successive modificazioni, dalla relativa normativa di attuazione, nonché da specifiche disposizioni di legge. Per l'accesso non sono dovuti i tributi speciali di cui al decreto del Presidente della Repubblica 26 ottobre 1972, n. 648 (2).

6-bis. Fuori dei casi previsti dal comma 6, la comunicazione o diffusione, totale o parziale, con qualsiasi mezzo, degli elenchi o di dati personali ivi contenuti, ove il fatto non costituisca reato, è punita con la sanzione amministrativa del pagamento di una somma da cinquemila euro a trentamila euro. La somma può essere aumentata sino al triplo quando risulta inefficace in ragione delle condizioni economiche del contravventore (3).

Ai comuni che dispongono di apparecchiature informatiche, i dati potranno essere trasmessi su supporto magnetico ovvero mediante sistemi telematici.

(1) *Articolo modificato dall'articolo 1, comma 2, del D.P.R. 30 settembre 1975, n. 483, dall'articolo 11, comma 1, del D.P.R. 28 novembre 1980, n. 787 e successivamente sostituito dall'articolo 19, comma 1, lettera f), della legge 30 dicembre 1991, n. 413.*
(2) *Comma sostituito dall'articolo 42, comma 1, lettera a), del D.L. 25 giugno 2008, n. 112.*
(3) *Comma aggiunto dall'articolo 42, comma 1, lettera a), del D.L. 25 giugno 2008, n. 112.*

70. Norme applicabili. – Per quanto non è diversamente disposto dal presente decreto si applicano, in materia di accertamento delle violazioni e di sanzioni, le norme del codice penale e del codice di procedura penale, della Legge 7 gennaio 1929, n. 4 e del R.D.L. 3 gennaio 1926, n. 898 [*rectius : n. 63*], e successive integrazioni.

Il venti per cento dei proventi delle sanzioni pecuniarie è devoluto ai fondi costituiti presso l'amministrazione o il corpo cui appartengono gli accertatori con le modalità previste con il decreto del Ministro per le finanze. Si applica il quarto comma dell'art. 6 della legge 15 novembre 1973, n. 734 (1).

(1) *Comma aggiunto dall'articolo 3, comma 1, del D.P.R. 28 marzo 1975, n. 60.*

TITOLO VII
Disposizioni transitorie e finali

71. Dichiarazioni e scritture contabili. – Le disposizioni del presente decreto, salvo quanto è stabilito nei successivi articoli, si applicano per i periodi d'imposta che hanno inizio a partire dalla data di entrata in vigore del presente decreto comprese le frazioni di esercizio o periodi di gestione di cui all'art. 27 del D.P.R. 29 settembre 1973, n. 598.

Le scritture contabili relative a periodi di imposta nei quali ai fini delle imposte sui redditi non ne era obbligatoria la tenuta non sono soggette ad ispezioni ai fini dell'accertamento.

Le disposizioni degli articoli 46 e 56 si applicano anche per le dichiarazioni prescritte dal quarto comma dell'art. 27 del decreto indicato nel primo comma.

Le persone fisiche e le società o associazioni di cui all'art. 6 devono presentare la dichiarazione, relativamente ai redditi posseduti nell'anno 1974, entro il 30 aprile 1975 (1).

Sono prorogati al 15 maggio 1975 i termini per la presentazione della dichiarazione dei soggetti indicati all'art. 2 del D.P.R. 29 settembre 1973, n. 598, aventi scadenza entro il 14 maggio 1975 (2).

I sostituti d'imposta devono presentare la dichiarazione di cui al quarto comma dell'art. 9, relativamente ai pagamenti fatti e agli utili distribuiti nell'anno 1974, entro il 15 aprile 1975 (3).

(1) *Comma aggiunto dall'articolo 3, comma 1, del D.P.R. 28 marzo 1975, n. 60.*
(2) *Comma aggiunto dall'articolo 3, comma 1, del D.P.R. 28 marzo 1975, n. 60.*
(3) *Comma aggiunto dall'articolo 3, comma 1, del D.P.R. 28 marzo 1975, n. 60.*

72. Ritenuta sugli interessi delle obbligazioni. – Per le obbligazioni e titoli similari sottoscritti anteriormente alla data di entrata in vigore del presente decreto, la ritenuta prevista nel primo comma dell'art. 26 si applica in misura pari al minore tra l'ammontare determinato a norma del detto articolo e l'ammontare complessivo dell'imposta di ricchezza mobile e dell'imposta sulle obbligazioni e delle relative addizionali che avrebbero dovuto essere applicate secondo le disposizioni in vigore prima della data stessa. La rivalsa sarà esercitata soltanto se, in precedenza, veniva effettivamente esercitata per le suddette imposte.

La ritenuta non si applica sugli interessi e altri frutti delle obbligazioni e titoli similari sottoscritti e dei mutui contratti anteriormente alla data di entrata in vigore del presente decreto che fruiscono delle esenzioni previste dall'art. 37 e dal terzo comma dell'art. 40 del decreto del Presidente della Repubblica 29 settembre 1973, n. 601.

73. Ritenuta sui dividendi. – Le disposizioni dell'art. 27, concernenti la ritenuta alla fonte sugli utili distribuiti dalle società ivi indicate, si applicano per gli utili la cui distribuzione sia deliberata, anche a titolo di acconto, a partire dalla data di entrata in vigore del presente decreto.

In quanto non diversamente stabilito dal presente decreto e da altre norme emanate nell'esercizio della delega legislativa di cui alla legge 9 ottobre 1971, n. 825, e successive modificazioni, continuano ad applicarsi le disposizioni della legge 29 dicembre 1962, n. 1745, e successive modificazioni, comprese quelle degli articoli 10- bis e 10- ter.

In caso di ritardo nelle comunicazioni previste dagli articoli 7, 8, 9 e 11 della legge 29 dicembre 1962, n. 1745, si applica il terzo comma dell'art. 54 del presente decreto.

74. Nominatività obbligatoria dei titoli azionari. – Le azioni di tutte le società aventi sede nel territorio dello Stato devono essere nominative.

Le azioni al portatore emesse anteriormente all'entrata in vigore del presente decreto devono essere presentate alla conversione in nominative entro il 31 dicembre 1974. Gli utili degli esercizi chiusi dopo l'entrata in vigore del presente decreto non possono essere pagati ai possessori di azioni al portatore che non risultino presentate per la conversione in nominative e sono soggetti alla ritenuta alla fonte a norma dell'art. 27 del presente decreto. Gli utili degli esercizi chiusi prima sono soggetti alla ritenuta nella misura del trenta per cento a titolo d'imposta.

Si applicano in quanto compatibili, salvo il disposto del

precedente comma, le disposizioni degli articoli 6,7, 8 e 13, primo comma, del regio decreto-legge 25 ottobre 1941, n. 1148, convertito nella legge 9 febbraio 1942, n. 96, e quelle del regio decreto 29 marzo 1942, n. 239, e successive modificazioni, intendendo sostituite le date del 30 giugno e del 1° luglio 1942, stabilite in tali disposizioni, con quelle del 31 dicembre 1974 e del 1° gennaio 1975.

75. Accordi internazionali. – Nell'applicazione delle disposizioni concernenti le imposte sui redditi sono fatti salvi gli accordi internazionali resi esecutivi in Italia.

76. Abrogazione.– Con effetto dalla data di entrata in vigore del presente decreto sono abrogati, in quanto non sia diversamente stabilito con norma espressa, le disposizioni del testo unico delle leggi sulle imposte dirette approvato con il decreto del Presidente della Repubblica 29 gennaio 1958, n. 645, e successive modificazioni, e le disposizioni di altre leggi non compatibili con quelle del presente decreto.

Per i rapporti in corso alla data di entrata in vigore del presente decreto, relativi a tributi vigenti anteriormente alla data stessa continuano ad applicarsi le disposizioni in materia di accertamento e di sanzioni di cui al predetto testo unico.

77. Entrata in vigore. – Il presente decreto entra in vigore il 1° gennaio 1974.

RISCOSSIONE

D.P.R. 29 settembre 1973, n. 602

Disposizioni sulla riscossione delle imposte sul reddito

Pubblicato nella Gazz. Uff., 16 ottobre, n. 268

TITOLO I
Riscossione delle imposte

CAPO I
Versamenti diretti (1)

(1) partizione introdotta dall'art. 1, d.lg. 26 febbraio 1999, n. 46.

1. Modalità di riscossione. – Le imposte sui redditi sono riscosse mediante:

a) ritenuta diretta;

b) versamenti diretti del contribuente al concessionario e alle sezioni di tesoreria provinciale dello Stato;

c) iscrizione nei ruoli.

2. Riscossione per ritenuta diretta. – Le imposte sono pagate per ritenuta diretta nei casi indicati dalla legge e secondo le modalità previste dalle norme sulla contabilità generale dello Stato.

3. Riscossione mediante versamenti diretti. – Sono riscosse mediante versamento diretto all'esattoria:

1) le ritenute alla fonte effettuate, a norma degli articoli 23, 24, 25, 25- bis e 28 del decreto del Presidente della Repubblica 29 settembre 1973, n. 600, da parte di soggetti diversi da quelli indicati nel primo comma dell'art. 29 del predetto decreto e da quelli di cui al successivo comma del presente articolo(1);

[*2) gli acconti dovuti ai sensi dell'art. 4 per l'imposta sul reddito delle persone fisiche;*] (2)

3) l'imposta sul reddito delle persone giuridiche, nonché l'imposta sostitutiva di cui all'art. 16- bis del testo unico delle imposte sui redditi, approvato con decreto del Presidente della Repubblica 22 dicembre 1986, n. 917, dovute in base alla dichiarazione annuale (3);

[*4) le ritenute alla fonte applicabili sui redditi di cui all'art. 26, commi primo e secondo, e all'art. 30 del decreto indicato al n. 1), maturati nel periodo d'imposta ancorché non corrisposti;*] (4)

5) le ritenute alla fonte sui dividendi a norma degli articoli 27 e 73 del decreto indicato al n. 1);

6) l'imposta locale sui redditi dovuta in base alla dichiarazione annuale dei soggetti all'imposta sul reddito delle persone giuridiche che si avvalgono della facoltà di approvare il bilancio, a norma di leggi speciali, oltre sei mesi dalla data di chiusura dell'esercizio.

Sono riscosse mediante versamento diretto alle sezioni di tesoreria provinciale dello Stato:

a) le ritenute operate dalle amministrazioni della Camera dei deputati, del Senato e della Corte costituzionale a norma dell'art. 29, commi quarto e quinto, del decreto indicato al primo comma, n. 1;

b) le ritenute operate ai sensi del comma 4 dell'art. 27 del decreto indicato al primo comma, n. 1)(5);

c) l'imposta sul reddito delle persone fisiche dovuta in base alla dichiarazione annuale, nonché l'imposta sostitutiva di cui all'art. 16- bis del testo unico delle imposte sui redditi approvato con decreto del Presidente della Repubblica 22 dicembre 1986, n. 917, ad esclusione dell'imposta applicabile sui redditi soggetti a tassazione separata ai sensi dell'art. 16 del medesimo decreto (6);

d) le ritenute alla fonte applicabili sui redditi di cui all'art. 26, primo comma, del decreto indicato al n. 1), maturati nel periodo d'imposta ancorché non corrisposti (7);

e) le ritenute alla fonte sui redditi di cui all'art. 26, secondo comma, del decreto indicato al n. 1), maturati nel periodo d'imposta ancorché non corrisposti (8);

f) le ritenute sui redditi di cui all'art. 26, commi 3, 3- bis e 5, del decreto indicato nel n. 1, ivi compresa la somma dovuta in caso di anticipato rimborso di obbligazioni e titoli similari (9);

g) le ritenute alla fonte sui premi di cui all'art. 30 del decreto indicato al n. 1), maturati nel periodo d'imposta ancorché non corrisposti (10);

h) le ritenute alla fonte operate dalle aziende di credito e dagli istituti di credito a norma dell'art. 1 del decreto-legge 2 ottobre 1981, n. 546 (11);

h-bis) le ritenute operate dagli enti pubblici di cui alle tabelle A e B allegate alla legge 29 ottobre 1984, n. 720 (12).

(1) *Numero modificato dall'articolo 1-bis del D.L. 2 ottobre 1981, n. 546, convertito con modificazioni, in Legge 1° dicembre 1981, n. 692. A norma dell'articolo 1 del D.L. 30 dicembre 1981, n. 792, convertito con modificazioni in Legge 26 febbraio 1982, n. 55, le modifiche apportate al presente numero dall'articolo 1-bis del D.L. 546/1981, hanno effetto dal 1° gennaio 1982. Successivamente il presente numero è stato modificato dall'articolo 2, comma 2, del D.L. 30 dicembre 1982, n. 953, convertito con modificazioni, in Legge 28 febbraio 1983, n. 53.*

(2) *Numero soppresso dall'articolo 3 del D.P.R. 24 dicembre 1976, n. 920.*

(3) *Numero sostituito dall'articolo 12, comma 11, lettera a), del D.Lgs. 21 novembre 1997, n. 461.*

(4) *Numero soppresso dall'articolo 1-bis del D.L. 2 ottobre 1981, n. 546, convertito con modificazioni, in Legge 1° dicembre 1981, n. 692. A norma dell'articolo 1 del D.L. 30 dicembre 1981, n. 792, convertito con modificazioni in Legge 26 febbraio 1982, n. 55, le modifiche apportate al presente numero dall'articolo 1-bis del D.L. 546/1981, hanno effetto dal 1° gennaio 1982.*

(5) *Lettera sostituita dall'articolo 12, comma 11, lettera b), del D.Lgs. 21 novembre 1997, n. 461.*

(6) *Lettera aggiunta dall'articolo 3 del D.P.R. 24 dicembre 1976, n. 920 e successivamente sostituita dall'articolo 12, comma 11, lettera c), del D.Lgs. 21 novembre 1997, n. 461.*

(7) *Lettera aggiunta dall'articolo 1-bis del D.L. 2 ottobre 1981, n. 546, convertito con modificazioni, in Legge 1° dicembre 1981, n. 692. A norma dell'articolo 1 del D.L. 30 dicembre 1981, n. 792, convertito con modificazioni in Legge 26 febbraio 1982, n. 55, le modifiche apportate alla presente lettera dall'articolo 1-bis del D.L. 546/1981, hanno effetto dal 1° gennaio 1982.*

(8) *Lettera aggiunta dall'articolo 1-bis del D.L. 2 ottobre 1981, n. 546, convertito con modificazioni, in Legge 1° dicembre 1981, n. 692. A norma dell'articolo 1 del D.L. 30 dicembre 1981, n. 792, convertito con modificazioni in Legge 26 febbraio 1982, n. 55, le modifiche apportate alla presente lettera dall'articolo 1-bis del D.L. 546/1981, hanno effetto dal 1° gennaio 1982.*

(9) *Lettera aggiunta dall'articolo 1-bis del D.L. 2 ottobre 1981, n. 546, convertito con modificazioni, in Legge 1° dicembre 1981, n. 692. A norma dell'articolo 1 del D.L. 30 dicembre 1981, n. 792, convertito con modificazioni in Legge 26 febbraio 1982, n. 55, le modifiche apportate alla presente lettera dall'articolo 1-bis del D.L. 546/1981, hanno effetto dal 1° gennaio 1982. Successivamente la presente lettera è stata sostituita dall'articolo 12, comma 11, lettera d), del D.Lgs. 21 novembre 1997, n. 461.*

(10) *Lettera aggiunta dall'articolo 1-bis del D.L. 2 ottobre 1981, n. 546, convertito con modificazioni, in Legge 1° dicembre 1981, n. 692. A norma dell'articolo 1 del D.L. 30 dicembre 1981, n. 792, convertito con*

modificazioni in Legge 26 febbraio 1982, n. 55, le modifiche apportate alla presente lettera dall'articolo 1-bis del D.L. 546/1981, hanno effetto dal 1° gennaio 1982.

(11) *Lettera aggiunta dall'articolo 1-bis del D.L. 2 ottobre 1981, n. 546, convertito con modificazioni, in Legge 1° dicembre 1981, n. 692. A norma dell'articolo 1 del D.L. 30 dicembre 1981, n. 792, convertito con modificazioni in Legge 26 febbraio 1982, n. 55, le modifiche apportate alla presente lettera dall'articolo 1-bis del D.L. 546/1981, hanno effetto dal 1° gennaio 1982.*

(12) *Lettera aggiunta dall'articolo 34, comma 3, della Legge 23 dicembre 2000, n. 388.*

3 *bis*. Versamento diretto dell'imposta sul reddito delle persone fisiche [1]. – Il versamento dell'imposta sul reddito delle persone fisiche, di cui alla lettera c) del secondo comma dell'articolo precedente, deve effettuarsi alle sezioni di tesoreria provinciale dello Stato mediante delega irrevocabile del contribuente ad una delle aziende di credito di cui all'art. 54 del regolamento per l'amministrazione del patrimonio e per la contabilità generale dello Stato, approvato con R.D. 23 maggio 1924, n. 827, e successive modificazioni. La delega può essere conferita anche ad una delle casse rurali ed artigiane di cui al R.D. 26 agosto 1937, n. 1706, modificato con la L. 4 agosto 1955, n. 707, avente un patrimonio non inferiore a lire cento milioni. L'azienda delegata deve rilasciare al contribuente una attestazione recante l'indicazione dell'importo dell'ordine di versamento e della data in cui ha ricevuto e l'impegno di effettuare il versamento in tesoreria per conto del contribuente entro il quinto giorno successivo. Le caratteristiche e le modalità di rilascio dell'attestazione, nonché le modalità per l'esecuzione dei versamenti in tesoreria e la trasmissione dei relativi dati e documenti all'amministrazione e per i relativi controlli sono stabiliti con decreto del Ministro per le finanze di concerto con il Ministro per il tesoro.

Non si fa luogo al versamento di cui al precedente comma quando l'ammontare del versamento stesso non supera le lire mille[2].

(1) *Articolo aggiunto dall'articolo 3, comma 3, del D.P.R. 24 dicembre 1976, n. 920.*

(2) *Comma aggiunto dall'articolo 27 della Legge 13 aprile 1977, n. 114.*

4. Acconti di imposta. – [*A titolo di acconto dell'imposta sul reddito delle persone fisiche dovuta in base alla dichiarazione annuale è corrisposto, in due quote uguali, il quaranta per cento dell'imposta relativa all'imponibile dichiarato nell'anno precedente, depurata delle ritenute alla fonte.*

L'acconto è ridotto al venti per cento, da versare in un'unica quota, se il reddito complessivo netto dichiarato nell'anno è inferiore per oltre il sessanta per cento a quello indicato nella dichiarazione presentata nell'anno precedente.

L'acconto non è dovuto qualora la dichiarazione annuale non comporti obblighi di imposta, tenuto anche conto della ritenuta alla fonte, ovvero quando trattasi di prima dichiarazione.][1]

(1) *Articolo abrogato dall'articolo 16 della Legge 2 dicembre 1975, n. 576.*

5. Esattoria competente a ricevere il versamento diretto. – [*Il versamento diretto di cui al primo comma dell'art. 3 si esegue all'esattoria nella cui circoscrizione il contribuente ha il domicilio fiscale.*

Il versamento eventualmente effettuato all'esattoria incompetente è valido salva l'applicazione della sanzione di cui all'art. 93. L'esattoria che ha ricevuto il versamento deve informare l'ufficio delle imposte nella cui circoscrizione ha sede e darne contemporaneamente notizia al contribuente.][1]

(1) *Articolo abrogato dall'articolo 24 del D.Lgs. 9 luglio 1997, n. 241.*

5 *bis*. Versamento ad ufficio incompetente. – Il versamento diretto ad una sezione di tesoreria di imposte per le quali è prescritto il versamento ad un concessionario è valido, fermo restando il diritto del concessionario competente alla attribuzione dell'aggio, il cui pagamento verrà effettuato con ordinativo tratto su apertura di credito disposta a favore del competente intendente di finanza.

Il versamento diretto al concessionario di imposte per le quali è prescritto il versamento ad una sezione di tesoreria è valido. Al concessionario che ha ricevuto il versamento non compete alcun aggio a carico dello Stato.

Nelle ipotesi di cui ai commi precedenti si applica la sanzione di cui all'art. 93[1].

(1) *Articolo aggiunto dall'articolo 1 del D.P.R. 26 maggio 1979, n. 249.*

6. Distinta dei versamenti diretti. – Il versamento diretto è ricevuto dalle esattorie in base a distinta di versamento.

La distinta di versamento deve indicare le generalità del contribuente, domicilio fiscale, l'imposta e il periodo cui si riferisce il versamento; per i soggetti diversi dalle persone fisiche, in luogo delle generalità del contribuente, deve indicare la denominazione o la ragione sociale.

Per ogni imposta e per ogni scadenza deve essere compilata separata distinta di versamento.

Il concessionario rilascia quietanza di pagamento ed appone sulla distinta di versamento il numero della quietanza stessa.

La distinta di versamento e la quietanza debbono essere conformi ai modelli approvati con decreto del Ministro per le finanze da pubblicarsi nella Gazzetta Ufficiale.

Il concessionario non può rifiutare le somme che il contribuente intende versare sempreché nella distinta non risultino assolutamente incerti i dati di cui al secondo comma [1].

(1) *Comma modificato dall'articolo 3 del D.P.R. 24 dicembre 1976, n. 920.*

7. Versamento diretto mediante conti correnti postali. – Il versamento diretto può essere effettuato in danaro sull'apposito conto corrente postale intestato al concessionario su stampati conformi al modello approvato con decreto del Ministro per le finanze di concerto con il Ministro per le poste e le telecomunicazioni da pubblicarsi nella Gazzetta Ufficiale. In tal caso i certificati di allibramento e le ricevute relative ai versamenti debbono contenere le indicazioni previste dall'art. 6, secondo comma, per le distinte di versamento.

[*Il versamento all'ufficio postale deve avvenire almeno sei giorni prima di quello di scadenza del termine previsto per il versamento diretto.*] [1].

(1) *Comma abrogato, a decorrere dal 1° gennaio 1990, dall'articolo 3 del D.L. 15 settembre 1990, n. 261, convertito con modificazioni il Legge 12 novembre 1990, n. 331.*

8. Termini per il versamento diretto. – I versamenti diretti alle sezioni di tesoreria provinciale dello Stato e all'esattoria devono essere eseguiti:

1) entro i primi quindici giorni del mese successivo a quello in cui è stata operata la ritenuta prevista dall'art. 3, primo comma, n. 1) e dal secondo comma, lettere a), f) e h), e sono maturati i premi di cui alla lettera g) dello stesso secondo comma [(1)];

[*2) dal 10 al 18 aprile per la prima o per l'unica quota e dal 10 al 18 giugno per la seconda quota dei versamenti previsti dall'art. 3, primo comma, n. 2);*] [(2)]

3) nel termine stabilito per la presentazione della dichiarazione, per l'imposta sul reddito delle persone giuridiche e per l'imposta locale sui redditi nei casi previsti dai numeri 3) e 6) dell'art. 3, primo comma, ed entro il 31 maggio, per l'imposta sul reddito delle persone fisiche nel caso previsto dal medesimo art. 3, secondo comma, lettera c)[(3)];

3- bis) entro il sedicesimo giorno del secondo mese successivo alla chiusura del periodo d'imposta per i versamenti previsti dall'art. 3, secondo comma, lettera e)[(4)(5)];

3- ter) entro i primi quindici giorni del mese successivo a quello di scadenza delle cedole o a quello di ciascuna scadenza periodica di interessi, premi ed altri frutti per i versamenti previsti dall'art. 3, secondo comma, lettera d)[(6)];

[*4) entro i primi quindici giorni del mese successivo a quello in cui è deliberata la distribuzione degli utili o degli acconti per la parte della ritenuta commisurata al dieci per cento degli utili stessi ai sensi dell'art. 27, primo comma, del decreto del Presidente della Repubblica 29 settembre 1973, n. 600;*][(7)]

5) entro il 15 aprile, il 15 luglio, il 15 ottobre ed il 15 gennaio di ciascun anno per le ritenute operate e gli importi versati dai soci nel trimestre solare precedente in relazione agli utili di cui all'art. 27 del decreto del Presidente della Repubblica 29 settembre 1973, n. 600 [(8)].

5-bis) entro il termine per il versamento del saldo della dichiarazione dei redditi indicato nell'articolo 17 del decreto del Presidente della Repubblica 7 dicembre 2001, n. 435, per la ritenuta prevista dall'articolo 27, comma 3-bis, del decreto del Presidente della Repubblica 29 settembre 1973, n. 600 [(9)].

[*Per le ritenute di cui al secondo comma, lettera b), dell'art. 3, restano fermi i termini indicati nell'art. 11 della legge 29 dicembre 1962, n. 1745, e successive modificazioni.*] [(10)]

Le ritenute operate dall'Amministrazione postale ai sensi del secondo comma dell'art. 26 del decreto del Presidente della Repubblica 29 settembre 1973, n. 600, sono versate in tesoreria secondo modalità da stabilire con decreto del Ministro per le finanze di concerto con il Ministro per il tesoro [(11)].

(1) Numero sostituito, con effetto a decorrere dal 1° febbraio 1982, dall'articolo 1-bis, comma 2, del D.L. 2 ottobre 1981, n. 546, convertito con modificazioni, in Legge 1 dicembre 1981, n. 692.

(2) Numero soppresso dall'articolo 3, comma 5, del D.P.R. 24 dicembre 1976, n. 920.

(3) Numero sostituito dall'articolo 1, comma 1, del D.P.R. 23 dicembre 1974, n. 690, dall'articolo 3, comma 5, del D.P.R. 24 dicembre 1976, n. 920, dall'articolo 9, comma 2, del D.L. 23 gennaio 1993, n. 16, convertito con modificazioni in Legge 24 marzo 1993, n. 75 e successivamente dall'articolo 6, comma 1, lettera a), del D.L. 31 maggio 1994, n. 330, convertito con modificazioni in Legge 27 luglio 1994, n. 473.

(4) Numero aggiunto dall'articolo 1, comma 2, del D.P.R. 23 dicembre 1974, n. 690, e successivamente sostituito dall'articolo 2, comma 1, della Legge 4 novembre 1981, n. 626 e, con effetto a decorrere dal 1° febbraio 1982, dall'articolo 1-bis, comma 2, del D.L. 2 ottobre 1981, n. 546, convertito con modificazioni, in Legge 1 dicembre 1981, n. 692, ulteriormente sostituito dall'articolo 2, comma 1, del D.L. 30 dicembre 1981, n. 792, convertito con modificazioni, in Legge 26 febbraio 1982, n. 55 e da ultimo modificato dall'articolo 7, comma 6, del D.Lgs. 23 dicembre 1999, n. 505.

(5) A norma dell'articolo 1, ultimo comma, del D.L. 30 dicembre 1982, n. 953, convertito con modificazioni, in Legge 28 febbraio 1982, n. 53, in deroga al disposto di cui al presente numero, il versamento delle ritenute alla fonte sui redditi di cui all'articolo 26, secondo comma, del decreto del Presidente della Repubblica 29 settembre 1973, n. 600, maturati nell'anno 1982, ancorché non corrisposti, può essere effettuato nel termine di due mesi dalla chiusura del periodo di imposta dei soggetti eroganti. La disposizione ha effetto esclusivamente per i sostituti il cui periodo d'imposta coincide con l'anno solare.

(6) Numero aggiunto dall'articolo 2, comma 2, della Legge 4 novembre 1981, n. 626 e successivamente, con effetto a decorrere dal 1° febbraio 1982, dall'articolo 1-bis, comma 2, del D.L. 2 ottobre 1981, n. 546, convertito con modificazioni, in Legge 1 dicembre 1981, n. 692.

(7) Numero abrogato dall'articolo 12, comma 12, lettera a), del D.Lgs. 21 novembre 1997, n. 461.

(8) Numero modificato dall'articolo 3, comma 5, del D.P.R. 24 dicembre 1976, n. 920, dall'articolo 29, comma 3, del D.L. 2 marzo 1989, n. 69, convertito con modificazioni in Legge 27 aprile 1989, n. 154 e successivamente dall'articolo 12, comma 12, lettera a), del D.Lgs. 21 novembre 1997, n. 461.

(9) Numero aggiunto dall'articolo 2, comma 1, lettera a), del D.Lgs. 30 maggio 2005, n. 143.

(10) Comma abrogato dall'articolo 12, comma 12, lettera b), del D.Lgs. 21 novembre 1997, n. 461.

(11) Comma aggiunto dall'articolo 1, comma 3, del D.P.R. 23 dicembre 1974, n. 690.

9. Mancato o ritardato versamento diretto [(1)(2)]. –

[*Se non viene effettuato il versamento diretto nei termini stabiliti, sugli importi non versati o versati dopo la scadenza si applica l'interesse in ragione del dodici per cento annuo con decorrenza dal giorno successivo a quello di scadenza e fino alla data del pagamento o della scadenza della prima rata del ruolo in cui sono state iscritte le somme non versate*[(3)].

Qualora l'interesse non sia stato versato dal contribuente contestualmente all'imposta esso viene calcolato dall'ufficio ed iscritto a ruolo.

L'interesse si applica anche sul maggior ammontare delle imposte o ritenute alla fonte riscuotibili mediante versamento diretto liquidato dall'ufficio delle imposte ai sensi degli articoli 36- bis, secondo comma, e 36- ter del decreto del Presidente della Repubblica 29 settembre 1973, n. 600 [(4)].] [(5)]

(1) A norma dell'articolo 2, comma 2, del D.L. 4 marzo 1976, n. 30, convertito con modificazioni, in Legge 2 maggio 1976, n. 160, l'interesse stabilito dal presente articolo per l'omesso o ritardato versamento dell'imposta sul reddito delle persone giuridiche e dell'imposta sul reddito delle persone fisiche, è elevato al 12%.

(2) A norma dell'articolo 7, comma 3, della Legge 11 marzo 1988, n. 67, gli interessi per la riscossione o per il rimborso di imposte, previsti dal presente articolo, nella misura del 12 per cento annuo e del 6 per cento semestrale, sono dovuti, a decorrere dal 1° gennaio 1988, rispettivamente, nelle misure del 9 e del 4,5 per cento. Successivamente l'articolo 13, comma 1, del D.L. 30 dicembre 1993, n. 557, convertito con modificazioni, in Legge 26 febbraio 1994, n. 133, ha stabilito che gli interessi per la riscossione o per il rimborso di imposte previsti nelle misure del 9 per cento annuo e del 4,5 per cento semestrale, sono dovuti a decorrere dal 1° gennaio 1994, rispettivamente, nelle misure del 6 e del 3 per cento. Da ultimo, l'articolo 3, comma 141, della Legge 23 dicembre 1996, n. 662, ha previsto che gli interessi previsti nelle misure del 6 per cento annuo e del 3 per cento semestrale, sono dovuti, a decorrere dal 1° gennaio 1997, rispettivamente nelle misure del 5 e del 2,5 per cento.

(3) Comma modificato dall'articolo 3, comma 6, del D.P.R. 24 dicembre 1976, n. 920.

(4) Comma aggiunto dall'articolo 3, comma 6, del D.P.R. 24 dicembre 1976, n. 920 e successivamente modificato dall'articolo 2 del D.P.R. 14 aprile 1982, n. 309.

(5) Articolo abrogato dall'articolo 37, comma 1, del D.Lgs. 26 febbraio 1999, n. 46, come modificato dall'articolo 2, comma 1, lettera e), del D.Lgs. 17 agosto 1999, n. 326.

CAPO II
Riscossione mediante ruoli [1]

[1] *Partizione introdotta dall'art. 1, d.lg. 26 febbraio 1999, n. 46.*

10. Definizioni [1]. – Ai fini del presente decreto si intende per:

a) "concessionario": il soggetto cui è affidato in concessione il servizio di riscossione o il commissario governativo che gestisce il servizio stesso;

b) "ruolo": l'elenco dei debitori e delle somme da essi dovute formato dall'ufficio ai fini della riscossione a mezzo del concessionario.

[1] *Articolo sostituito dall'articolo 2 del D.Lgs. 26 febbraio 1999, n. 46.*

11. Oggetto e specie dei ruoli [1]. – 1. Nei ruoli sono iscritte le imposte, le sanzioni e gli interessi.

2. I ruoli si distinguono in ordinari e straordinari.

3. I ruoli straordinari sono formati quando vi è fondato pericolo per la riscossione.

[1] *Articolo modificato dall'articolo 3, comma 7, del D.P.R. 24 dicembre 1976, n. 920, dall'articolo 2, del D.P.R. 14 aprile 1982, n. 309 e, successivamente sostituito dall'articolo 3 del D.Lgs. 26 febbraio 1999, n. 46.*

12. Formazione e contenuto dei ruoli [1]. – 1. L'ufficio competente forma ruoli distinti per ciascuno degli ambiti territoriali in cui i concessionari operano. In ciascun ruolo sono iscritte tutte le somme dovute dai contribuenti che hanno il domicilio fiscale in comuni compresi nell'ambito territoriale cui il ruolo si riferisce.

2. Con decreto del Ministero delle finanze, di concerto con il Ministero del tesoro, del bilancio e della programmazione economica, sono stabiliti i dati che il ruolo deve contenere, i tempi e le procedure della sua formazione, nonchè le modalità dell'intervento in tali procedure del consorzio nazionale obbligatorio fra i concessionari.

3. Nel ruolo devono essere comunque indicati il numero del codice fiscale del contribuente, la specie del ruolo, la data in cui il ruolo diviene esecutivo e il riferimento all'eventuale precedente atto di accertamento ovvero, in mancanza, la motivazione, anche sintetica, della pretesa; in difetto di tali indicazioni non può farsi luogo all'iscrizione[2].

4. Il ruolo è sottoscritto, anche mediante firma elettronica, dal titolare dell'ufficio o da un suo delegato. Con la sottoscrizione il ruolo diviene esecutivo.

4-bis. L'estratto di ruolo non è impugnabile. Il ruolo e la cartella di pagamento che si assume invalidamente notificata sono suscettibili di diretta impugnazione nei soli casi in cui il debitore che agisce in giudizio dimostri che dall'iscrizione a ruolo possa derivargli un pregiudizio per la partecipazione a una procedura di appalto, per effetto di quanto previsto nell'articolo 80, comma 4, del codice dei contratti pubblici, di cui al decreto legislativo 18 aprile 2016, n. 50, oppure per la riscossione di somme allo stesso dovute dai soggetti pubblici di cui all'articolo 1, comma 1, lettera a), del regolamento di cui al decreto del Ministro dell'economia e delle finanze 18 gennaio 2008, n. 40, per effetto delle verifiche di cui all'articolo 48-bis del presente decreto o infine per la perdita di un beneficio nei rapporti con una pubblica amministrazione [3] .

[1] *Articolo modificato dall'articolo 2 del D.P.R. 30 settembre 1975, n. 483, dall'articolo 3, comma 8, del D.P.R. 24 dicembre 1976, n. 920, dall'articolo 24, comma 1, della Legge 27 dicembre 1997, n. 449, dall'articolo 31, comma 19, della Legge 23 dicembre 1998, n. 448 e successivamente sostituito dall'articolo 4, comma 1, del D.Lgs. 26 febbraio 1999, n. 46.*
[2] *Comma sostituito dall'articolo 8, comma 1, lettera a), del D.Lgs. 26 gennaio 2001, n. 32 e successivamente modificato dall'articolo 1, comma 417, lettera a), della Legge 30 dicembre 2004, n. 311.*
[3] *Comma aggiunto dall'articolo 3-bis del D.L. 21 ottobre 2021, n. 146, convertito con modificazioni dalla Legge 17 dicembre 2021, n. 215.*

12 *bis*. Importo minimo iscrivibile a ruolo [1]. – 1. Non si procede ad iscrizione a ruolo per somme inferiori a lire ventimila; tale importo può essere elevato con il regolamento previsto dall'articolo 16, comma 2, della legge 8 maggio 1998, n. 146.

[1] *Articolo aggiunto dall'articolo 4 del D.Lgs. 26 febbraio 1999, n. 46 a decorrere dal 1° luglio 1999.*

13. Termine per la formazione e l'invio dei ruoli all'intendenza [1]. – [*I ruoli principali e suppletivi sono di regola formati e consegnati all'intendenza di finanza entro il 15 febbraio, il 15 luglio, il 15 settembre e il 15 dicembre di ciascun anno.*
Dalla consegna dei ruoli all'intendenza di finanza è redatto processo verbale in duplice esemplare. Uno di tali esemplari deve restare affisso in apposito albo in locali aperti al pubblico presso l'ufficio delle imposte dal giorno 5 al giorno 15 del mese successivo a quello della consegna dei ruoli all'intendenza di finanza.]

[1] *Articolo sostituito dall'articolo 3, comma 9, del D.P.R. 24 dicembre 1976, n. 920 e successivamente abrogato dall'articolo 37, comma 1, del D.Lgs. 26 febbraio 1999, n. 46.*

14. Iscrizioni a ruolo a titolo definitivo [1]. – Sono iscritte a titolo definitivo nei ruoli:

a) le imposte e le ritenute alla fonte liquidate ai sensi degli articoli 36- bis e 36- ter del decreto del Presidente della Repubblica 29 settembre 1973, n. 600, al netto dei versamenti diretti risultanti dalle attestazioni allegate alle dichiarazioni [2];

b) le imposte, le maggiori imposte e le ritenute alla fonte liquidate in base ad accertamenti definitivi;

c) i redditi dominicali dei terreni e i redditi agrari determinati dall'ufficio in base alle risultanze catastali;

d) i relativi interessi, soprattasse e pene pecuniarie.

[1] *Articolo sostituito dall'articolo 3, comma 10, del D.P.R. 24 dicembre 1976, n. 920.*
[2] *Lettera sostituita dall'articolo 2 del D.P.R. 14 aprile 1982, n. 309.*

15. Iscrizioni nei ruoli in base ad accertamenti non definitivi [1]. – Le imposte, i contributi ed i premi corrispondenti agli imponibili accertati dall'ufficio ma non ancora definitivi, nonchè i relativi interessi, sono iscritti a titolo provvisorio nei ruoli, dopo la notifica dell'atto di accertamento, per un terzo degli ammontari corrispondenti agli imponibili o ai maggiori imponibili accertati [2].

Nel caso in cui sia stata presentata un'istanza di apertura di procedura amichevole ai sensi della direttiva (UE) 2017/1852 del Consiglio del 10 ottobre 2017, la sospensione del processo, disposta ai sensi dell'articolo 39, comma 1-ter, lettera b), del decreto legislativo del 31 dicembre 1992, n. 546, comporta la sospensione della riscossione degli importi di cui al comma 1. In tal caso, la sospensione della riscossione è effettuata dall'ufficio dell'Agenzia delle entrate competente ed opera sino a conclusione delle procedure previste dalla citata direttiva (UE) 2017/1852 (3).

La sospensione della riscossione degli importi di cui al primo comma opera altresì in caso di accoglimento dell'istanza di cui all' articolo 47 del decreto legislativo 31 dicembre 1992, n. 546. (8)

[*Se il contribuente ha prodotto ricorso, dette imposte sono iscritte a titolo provvisorio nei ruoli:*

a) dopo la decisione della commissione tributaria di primo grado, fino alla concorrenza della metà dell'imposta corrispondente all'imponibile o al maggior imponibile deciso dalla commissione stessa (4)*;*

b) dopo la decisione della commissione tributaria di secondo grado, fino alla concorrenza dei due terzi dell'imposta corrispondente all'imponibile o al maggior imponibile deciso da questa (5)*;*

c) dopo la decisione della commissione centrale o la sentenza della corte d'appello, per l'ammontare corrispondente all'imponibile o al maggior imponibile da queste determinato.] (6)

Le disposizioni dei commi precedenti si applicano anche per l'iscrizione a ruolo delle ritenute alla fonte dovute dai sostituti d'imposta in base ad accertamenti non ancora definitivi (7).

(1) *A norma dell'articolo 19 del D.Lgs. 26 febbraio 1999, n. 46, le disposizioni previste dal presente articolo si applicano alle sole imposte sui redditi.*

(2) *Comma modificato dall'articolo 62-quinques, comma 2, del D.L. 30 agosto 1993, n. 331, convertito con modificazioni in Legge 29 ottobre 1993, n. 427, successivamente sostituito dall'articolo 4, comma 1, del D.Lgs. 18 dicembre 1997, n. 462 e da ultimo modificato dall'articolo 7, comma 2-quinques, del D.L. 13 maggio 2011, n. 70, convertito con modificazioni in legge 12 luglio 2011, n. 106.*

(3) *Comma aggiunto dall'articolo 22, comma 3, del D.Lgs. 10 giugno 2020, n. 49.*

(4) *A norma dell'articolo 5, comma 7, del D.L. 27 aprile 1990, n. 90, convertito con modificazioni in Legge 26 giugno 1990, n. 165, la misura delle imposte o delle maggiori imposte prevista dalla presente lettera, è rispettivamente elevata a due terzi dell'imposta corrispondente all'imponibile o al maggior imponibile deciso dalla commissione tributaria di primo grado e a tre quarti di quella corrispondente all'imponibile o al maggior imponibile determinato dalla commissione tributaria di secondo grado.*

(5) *A norma dell'articolo 5, comma 7, del D.L. 27 aprile 1990, n. 90, convertito con modificazioni in Legge 26 giugno 1990, n. 165, la misura delle imposte o delle maggiori imposte prevista dalla presente lettera, è rispettivamente elevata a due terzi dell'imposta corrispondente all'imponibile o al maggior imponibile deciso dalla commissione tributaria di primo grado e a tre quarti di quella corrispondente all'imponibile o al maggior imponibile determinato dalla commissione tributaria di secondo grado.*

(6) *Comma abrogato dall'articolo 37, comma 1, del D.Lgs. 26 febbraio 1999, n. 46.*

(7) *Comma aggiunto dall'articolo 3, comma 11, del D.P.R. 24 dicembre 1976, n. 920.*

(8) *Comma inserito dall'articolo 4, comma 2, della Legge 31 agosto 2022, n. 130.*

15 *bis*. Iscrizioni nei ruoli straordinari. – 1. In deroga all'articolo 15, nei ruoli straordinari le imposte, gli interessi e le sanzioni sono iscritti per l'intero importo risultante dall'avviso di accertamento, anche se non definitivo(1).

(1) *Articolo aggiunto dall'art. 5, d.lg. 26 febbraio 1999, n. 46.*

15 *ter*. Inadempimenti nei pagamenti delle somme dovute a seguito dell'attività di controllo dell'Agenzia delle entrate (1). – 1. In caso di rateazione ai sensi dell'articolo 3-bis del decreto legislativo 18 dicembre 1997, n. 462, il mancato pagamento della prima rata entro il termine di trenta giorni dal ricevimento della comunicazione, ovvero di una delle rate diverse dalla prima entro il termine di pagamento della rata successiva, comporta la decadenza dal beneficio della rateazione e l'iscrizione a ruolo dei residui importi dovuti a titolo di imposta, interessi e sanzioni in misura piena.

2. In caso di rateazione ai sensi dell'articolo 8 del decreto legislativo 19 giugno 1997, n. 218, il mancato pagamento di una delle rate diverse dalla prima entro il termine di pagamento della rata successiva comporta la decadenza dal beneficio della rateazione e l'iscrizione a ruolo dei residui importi dovuti a titolo di imposta, interessi e sanzioni, nonché della sanzione di cui all'articolo 13 del decreto legislativo 18 dicembre 1997, n. 471, aumentata della metà e applicata sul residuo importo dovuto a titolo di imposta.

3. È esclusa la decadenza in caso di lieve inadempimento dovuto a:

a) insufficiente versamento della rata, per una frazione non superiore al 3 per cento e, in ogni caso, a diecimila euro;

b) tardivo versamento della prima rata, non superiore a sette giorni.

4. La disposizione di cui al comma 3 si applica anche con riguardo a:

a) versamento in unica soluzione delle somme dovute ai sensi dell'articolo 2, comma 2, e dell'articolo 3, comma 1, del decreto legislativo 18 dicembre 1997, n. 462;

b) versamento in unica soluzione o della prima rata delle somme dovute ai sensi dell'articolo 8, comma 1, del decreto legislativo 19 giugno 1997, n. 218.

5. Nei casi previsti dal comma 3, nonché in caso di tardivo pagamento di una rata diversa dalla prima entro il termine di pagamento della rata successiva, si procede all'iscrizione a ruolo dell'eventuale frazione non pagata, della sanzione di cui all'articolo 13 del decreto legislativo 18 dicembre 1997, n. 471, commisurata all'importo non pagato o pagato in ritardo, e dei relativi interessi.

6. L'iscrizione a ruolo di cui al comma 5 non è eseguita se il contribuente si avvale del ravvedimento di cui all'articolo 13 del decreto legislativo 18 dicembre 1997, n. 472, entro il termine di pagamento della rata successiva ovvero, in caso di ultima rata o di versamento in unica soluzione, entro 90 giorni dalla scadenza.

(1) *Articolo inserito dall'articolo 3, comma 1, del DLgs. 24 settembre 2015 n. 159. Per l'applicazione della presente disposizione vedi l'articolo 15, comma 4, del Dlgs 159/2015.*

16. Versamenti diretti non computati. – [*Se i versamenti diretti effettuati dal contribuente, ai sensi dell'art. 3, primo comma, n. 2), non sono stati dedotti, per qualunque causa, in sede di formazione del ruolo, l'ufficio delle imposte, su segnalazione dell'esattore o su istanza del contribuente, provvede allo sgravio dal ruolo della corrispondente somma. Per tale somma compete all'esattore soltanto l'aggio stabilito per la riscossione mediante versamenti diretti.*](1)

(1) *Articolo abrogato dall'articolo 3 del D.P.R. 24 dicembre 1976, n. 920.*

17. Termini di decadenza per l'iscrizione a ruolo (1). – [*1. Le somme dovute dai contribuenti sono iscritte in ruoli resi esecutivi a pena di decadenza:*

a) entro il 31 dicembre del secondo anno successivo a quello di presentazione della dichiarazione, per le somme che risultano dovute a seguito dell'attività di liquidazione prevista dall'art. 36- bis del decreto del Presidente della Repubblica 29 settembre 1973, n. 600;

b) entro il 31 dicembre del terzo anno successivo a quello di presentazione della dichiarazione, per le somme che risultano dovute a seguito dell'attività di controllo formale prevista dall'art. 36- ter del decreto del Presidente della Repubblica 29 settembre 1973, n. 600;

c) entro il 31 dicembre dell'anno successivo a quello in cui l'accertamento è divenuto definitivo, per le somme dovute in base agli accertamenti dell'ufficio.] (2)

(1) *Articolo modificato dall'articolo 16, comma 3, della Legge 2 dicembre 1975, n. 576 e successivamente sostituito dall'articolo 3, comma 13 del D.P.R. 24 dicembre 1976, n. 920 e dall'articolo 6, comma 1, del D.Lgs. 26 febbraio 1999, n. 46.*

(2) *Articolo abrogato dall'articolo 1, comma 5-ter, lettera a), numero 1), del D.L. 17 giugno 2005, n. 106, convertito con modificazioni in Legge 31 luglio 2005, n. 156.*

18. Ripartizione delle imposte in rate (1). – [*Le imposte iscritte nei ruoli, salvo quanto stabilito nei successivi commi, sono ripartite in due rate consecutive con scadenza al giorno 10 dei mesi di aprile e giugno per i ruoli di febbraio, dei mesi di settembre e novembre per i ruoli di luglio, dei mesi di novembre e febbraio per i ruoli di settembre e dei mesi di febbraio e aprile per i ruoli di dicembre.*

L'imposta locale sui redditi non determinati catastalmente dovuta dai soggetti all'imposta sul reddito delle persone giuridiche è iscritta nei ruoli principali e riscossa in unica soluzione il giorno 10 dei mesi di aprile, settembre, novembre e febbraio rispettivamente per i ruoli di febbraio, luglio, settembre e dicembre.

Le imposte iscritte nei ruoli speciali e nei ruoli straordinari sono riscosse in unica soluzione alla prima scadenza utile.

Le imposte liquidate ai sensi degli articoli 36- bis e 36- ter del decreto del Presidente della Repubblica 29 settembre 1973, n. 600, ed iscritte nei ruoli principali sono riscosse in unica soluzione il giorno 10 dei mesi di giugno, novembre, febbraio e aprile rispettivamente per i ruoli di febbraio, luglio, settembre e dicembre. Le ritenute alla fonte liquidate ai sensi del predetto art. 36- bis ed iscritte nei ruoli speciali sono riscosse in unica soluzione alla scadenza immediatamente successiva a quella prevista dal comma precedente(2).](3)

(1) *Articolo sostituito dall'articolo 3, comma 14, del D.P.R. 24 dicembre 1976, n. 920.*

(2) *Comma aggiunto dall'articolo 13, comma 1, del D.P.R. 28 novembre 1980, n. 787 e successivamente modificato dall'articolo 2 del D.P.R. 14 aprile 1982, n. 309.*

(3) *Articolo abrogato dall'articolo 37, comma 1, del D.Lgs. 26 febbraio 1999, n. 46.*

19. Dilazione del pagamento (1). – 1. L'agente della riscossione, su richiesta del contribuente che dichiara di versare in temporanea situazione di obiettiva difficoltà, concede per ciascuna richiesta la ripartizione del pagamento delle somme iscritte a ruolo, con esclusione dei diritti di notifica, fino ad un massimo di settantadue rate mensili. Nel caso in cui le somme iscritte a ruolo, comprese in ciascuna richiesta, siano di importo superiore a 120.000 euro, la dilazione può essere concessa se il contribuente documenta la temporanea situazione di obiettiva difficoltà (3).

1-*bis*. In caso di comprovato peggioramento della situazione di cui al comma 1, la dilazione concessa può essere prorogata una sola volta, per un ulteriore periodo e fino a settantadue mesi, a condizione che non sia intervenuta decadenza. [*In tal caso, il debitore può chiedere che il piano di rateazione preveda, in luogo della rata costante, rate variabili di importo crescente per ciascun anno*] (4).

1-*ter*. Il debitore può chiedere che il piano di rateazione di cui ai commi 1 e 1-bis preveda, in luogo di rate costanti, rate variabili di importo crescente per ciascun anno (5).

1-*quater*. A seguito della presentazione della richiesta di cui al comma 1 e fino alla data dell'eventuale rigetto della stessa richiesta ovvero dell'eventuale decadenza dalla dilazione ai sensi del comma 3:

a) sono sospesi i termini di prescrizione e decadenza;

b) non possono essere iscritti nuovi fermi amministrativi e ipoteche, fatti salvi quelli già iscritti alla data di presentazione;

c) non possono essere avviate nuove procedure esecutive (6)(7).

1-*quater*.1. Non può in nessun caso essere concessa la dilazione delle somme oggetto di verifica effettuata, ai sensi dell'articolo 48-bis, in qualunque momento antecedente alla data di accoglimento della richiesta di cui al comma 1. (8)(9).

1-*quater*.2. Il pagamento della prima rata determina l'estinzione delle procedure esecutive precedentemente avviate, a condizione che non si sia ancora tenuto l'incanto con esito positivo o non sia stata presentata istanza di assegnazione, ovvero il terzo non abbia reso dichiarazione positiva o non sia stato già emesso provvedimento di assegnazione dei crediti pignorati (10)(11).

1-*quinquies*. La rateazione prevista dai commi 1 e 1-bis, ove il debitore si trovi, per ragioni estranee alla propria responsabilità, in una comprovata e grave situazione di difficoltà legata alla congiuntura economica, può essere aumentata fino a centoventi rate mensili. Ai fini della concessione di tale maggiore rateazione, si intende per comprovata e grave situazione di difficoltà quella in cui ricorrono congiuntamente le seguenti condizioni:

a) accertata impossibilità per il contribuente di eseguire il pagamento del credito tributario secondo un piano di rateazione ordinario;

b) solvibilità del contribuente, valutata in relazione al piano di rateazione concedibile ai sensi del presente comma (12).

[*2 . La richiesta, di rateazione deve essere presentata, a pena di decadenza, prima dell'inizio della procedura esecutiva.*](13)

3 . In caso di mancato pagamento, [*della prima rata o, successivamente,*] nel corso del periodo di rateazione, di otto rate, anche non consecutive (14):

a) il debitore decade automaticamente dal beneficio della rateazione;

b) l'intero importo iscritto a ruolo ancora dovuto è immediatamente ed automaticamente riscuotibile in unica soluzione;

c) il carico non può essere nuovamente rateizzato (15).

3-*bis*. In caso di provvedimento amministrativo o giudiziale di sospensione totale o parziale della riscossione, emesso in relazione alle somme che costituiscono oggetto della dilazione, il debitore è autorizzato a non versare, limitatamente alle stesse, le successive rate del piano concesso. Allo scadere della sospensione, il debitore po' richiedere il pagamento dilazionato del debito residuo, comprensivo degli interessi fissati dalla legge per il periodo di sospensione, nello stesso numero di rate non versate del piano originario, ovvero in altro numero, fino a un massimo di settantadue (16).

3-*ter*. La decadenza dal beneficio della rateazione di uno o più carichi non preclude al debitore la possibilità di ottenere, ai sensi delle disposizioni del presente articolo, la dilazione del pagamento di carichi diversi da quelli per i quali è intervenuta la decadenza [17].

4 . Le rate mensili nelle quali il pagamento è stato dilazionato ai sensi del comma 1 scadono nel giorno di ciascun mese indicato nell'atto di accoglimento dell'istanza di dilazione ed il relativo pagamento può essere effettuato anche mediante domiciliazione sul conto corrente indicato dal debitore [18].

[*4-bis. Se, in caso di decadenza del contribuente dal beneficio della dilazione, l'eventuale fideiussore o il terzo datore d'ipoteca non versa l'importo garantito entro trenta giorni dalla notificazione di apposito invito, contenente l'indicazione delle generalità del fideiussore stesso, delle somme da esso dovute e dei presupposti di fatto e di diritto della pretesa, il concessionario può procedere alla riscossione coattiva nei suoi confronti sulla base dello stesso ovvero del terzo datore d'ipoteca ruolo emesso a carico del debitore secondo le disposizioni di cui al titolo II del presente decreto.* [19]] [20]

[1] *Articolo modificato dall'articolo 3, comma 15, del D.P.R. 24 dicembre 1976, n. 920, dall'articolo 3 del D.P.R. 27 settembre 1979, n. 506, dall'articolo 5, comma 4, lettera 0a), del D.L. 31 dicembre 1996, n. 669 convertito con modificazioni, in Legge 28 febbraio 1997, n. 30, dall'articolo 24, comma 2, della Legge 27 dicembre 1997, n. 449 e da ultimo sostituito dall'articolo 7, comma 1, del D.Lgs. 26 febbraio 1999, n. 46.*

[2] *Per debitori che siano incorsi in decadenza da piani di dilazione di cui al presente articolo vedi l'articolo 3, comma 2, del D.L. 21 ottobre 2021, n. 146, convertito con modificazioni dalla Legge 17 dicembre 2021, n. 215.*

[3] *Comma modificato dall'articolo 1, commi 126, e 145, della Legge 24 dicembre 2007, n. 244, dall'articolo 36, comma 2-bis, lettera a), del D.L. 31 dicembre 2007, n. 248, convertito con modificazioni in Legge 28 febbraio 2008, n. 31 e successivamente dall'articolo 83, comma 23, lettera a), del D.L. 25 giugno 2008, n. 112, convertito con modificazioni, in Legge 6 agosto 2008, n. 133. Da ultimo, comma sostituito dall'articolo 10, comma 1, lettera a), numero 1), del D.Lgs. 24 settembre 2015, n. 159. Per l'applicazione della presente disposizione vedi l'articolo 15, comma 5, del Dlgs 159/2015. Ulteriormente modificato dall'articolo 13-bis, comma 4, del D.L. 24 giugno 2016, n. 113, convertito con modificazioni dalla Legge 7 agosto 2016, n. 160. Per una deroga a quanto disposto dall'ultimo periodo del presente comma vedi l'articolo 13 decies , comma 3 del D.L. 28 ottobre 2020, n. 137, convertito con modificazioni dalla Legge 18 dicembre 2020, n. 176. Da ultimo il presente comma è stato modificato dall'articolo 15-bis, comma 1, lettera a), del D.L. 17 maggio 2022, n. 50, convertito, con modificazioni, dalla Legge 15 luglio 2022, n. 91. Per l'applicazione vedi, l'articolo 15-bis, comma 2, del D.L. 50/2022 medesimo.*

[4] *Comma inserito dall'articolo10, comma 13-bis, del D.L. 6 dicembre 2011, n. 201, convertito con modificazioni in Legge 22 dicembre 2011, n. 214 e successivamente modificato dall'articolo 1, comma 2, lettera a), del D.L. 2 marzo 2012, n. 16, convertito con modificazioni in Legge 26 aprile 2012, n. 44.*

[5] *Comma aggiunto dall'articolo 1, comma 2, lettera b), del D.L. 2 marzo 2012, n. 16, convertito con modificazioni in Legge 26 aprile 2012, n. 44.*

[6] *Comma aggiunto dall'articolo 1, comma 2, lettera b), del D.L. 2 marzo 2012, n. 16, convertito con modificazioni in Legge 26 aprile 2012, n. 44 e successivamente sostituito dall'articolo 10, comma 1, lettera a), numero 2), del D.Lgs. 24 settembre 2015, n. 159. Per l'applicazione della presente disposizione vedi l'articolo 15, comma 5, del Dlgs 159/2015. Da ultimo sostituito dall'articolo 7, comma 1, lettera a), del D.L. 30 novembre 2020, n. 157. Successivamente il D.L. 157/2020 è stato abrogato dall'abrogato dall'articolo 1, comma 2, della Legge 18 dicembre 2020, n. 176.*

[7] *Comma sostituito dall'articolo 13 decies, comma 1 , del D.L.28 ottobre 2020, n. 137, convertito con modificazioni dalla Legge 18 dicembre 2020, n. 176. Per l'applicazione vedi l'articolo 13 decies, comma 2 , del medesimo D.L.137/2020.*

[8] *Comma inserito dall'articolo 7, comma 1, lettera b), del D.L. 30 novembre 2020, n. 157. Successivamente il D.L. 157/2020 è stato abrogato dall'articolo 1, comma 2, della Legge 18 dicembre 2020, n. 176.*

[9] *Comma inserito dall'articolo 13 decies, comma 1 , del D.L.28 ottobre 2020, n. 137, convertito con modificazioni dalla Legge 18 dicembre 2020, n. 176. Per l'applicazione vedi l'articolo 13 decies, comma 2, del medesimo D.L.137/2020.*

[10] *Comma inserito dall'articolo 7, comma 1, lettera b), del D.L. 30 novembre 2020, n. 157. Successivamente il D.L. 157/2020 è stato abrogato dall'articolo 1, comma 2, della Legge 18 dicembre 2020, n. 176.*

[11] *Comma inserito dall'articolo 13 decies, comma 1 , del D.L.28 ottobre 2020, n. 137, convertito con modificazioni dalla Legge 18 dicembre 2020, n. 176. Per l'applicazione vedi l'articolo 13 decies, comma 2, del medesimo D.L.137/2020.*

[12] *Alinea modificato dall'articolo 1, comma 2, lettere c) e d), del D.L. 2 marzo 2012, n. 16, convertito con modificazioni in Legge 26 aprile 2012, n. 44 e successivamente dall'articolo 52, comma 1, lettera a), numero 2), del D.L. 21 giugno 2013, n. 69, convertito con modificazioni, in Legge 9 agosto 2013, n. 98. Da ultimo, alinea dall'articolo 10, comma 1, lettera a), numero 3), del D.Lgs. 24 settembre 2015, n. 159.*

[13] *Comma abrogato dall'articolo 36, comma 2-bis, lettera b), del D.L. 31 dicembre 2007, n. 248, convertito con modificazioni in Legge 28 febbraio 2008, n. 31.*

[14] *Alinea modificato dall'articolo 1, comma 2, lettere c) e d), del D.L. 2 marzo 2012, n. 16, convertito con modificazioni in Legge 26 aprile 2012, n. 44, successivamente dall'articolo 52, comma 1, lettera a), numero 2), del D.L. 21 giugno 2013, n. 69, convertito con modificazioni, in Legge 9 agosto 2013, n. 98, dall'articolo 10, comma 1, lettera a), numero 3), del D.Lgs. 24 settembre 2015, n. 159 e da ultimo, dall'articolo 15-bis, comma 1, lettera b), numero 1), del D.L. 17 maggio 2022, n. 50, convertito, con modificazioni, dalla Legge 15 luglio 2022, n. 91. Per l'applicazione vedi, l'articolo 15-bis, comma 2, del D.L. 50/2022 medesimo.*

[15] *Lettera sostituita dall'articolo 10, comma 1, lettera a), numero 3), del D.Lgs. 24 settembre 2015, n. 159 e successivamente dall'articolo 15-bis, comma 1, lettera b), numero 2), del D.L. 17 maggio 2022, n. 50, convertito, con modificazioni, dalla Legge 15 luglio 2022, n. 91. Per l'applicazione vedi, l'articolo 15-bis, comma 2, del D.L. 50/2022 medesimo.*

[16] *Comma inserito dall'articolo 10, comma 1, lettera a), numero 4), del D.Lgs. 24 settembre 2015, n. 159. Per l'applicazione della presente disposizione vedi l'articolo 15, comma 5, e 6 del Dlgs 159/2015.*

[17] *Comma inserito dall'articolo 15-bis, comma 1, lettera b), numero 3), del D.L. 17 maggio 2022, n. 50, convertito, con modificazioni, dalla Legge 15 luglio 2022, n. 91. Per l'applicazione vedi, l'articolo 15-bis, comma 2, del D.L. 50/2022 medesimo.*

[18] *Comma modificato dall'articolo 83, comma 23, lettera b), del D.L. 25 giugno 2008, n. 112, convertito con modificazioni, in Legge 6 agosto 2008, n. 133 e dall'articolo 10, comma 1, lettera a), numero 5), del D.Lgs. 24 settembre 2015, n. 159*

[19] *Comma aggiunto dall'articolo 1, comma 1, lettera a), del D.Lgs. 27 aprile 2001, n. 193, successivamente modificato dall'articolo 1, comma 417, lettera b), della Legge 30 dicembre 2004, n. 311, dall'articolo 1, comma 145, lettera b), della Legge 24 dicembre 2007, n. 244 e dall'articolo 36, comma 2-bis, lettera c), del D.L. 31 dicembre 2007, n. 248, convertito con modificazioni in Legge 28 febbraio 2008, n. 31.*

[20] *Comma abrogato dall'articolo 83, comma 23, lettera b), del D.L. 25 giugno 2008, n. 112, convertito con modificazioni, in Legge 6 agosto 2008, n. 133.*

19 *bis*. Sospensione della riscossione per situazioni eccezionali. – 1. Se si verificano situazioni eccezionali, a carattere generale o relative ad un'area significativa del territorio, tali da alterare gravemente lo svolgimento di un corretto rapporto con i contribuenti, la riscossione può essere sospesa, per non più di dodici mesi, con decreto del Ministero delle finanze [1].

[1] *Articolo aggiunto dall'articolo 7 del D.Lgs. 26 febbraio 1999, n. 46.*

20. Interessi per ritardata iscrizione a ruolo [1]. – Sulle imposte o sulle maggiori imposte dovute in base alla liquidazione ed al controllo formale della dichiarazione od all'accertamento d'ufficio si applicano, a partire dal giorno successivo a quello di scadenza del pagamento e fino alla data di consegna al concessionario dei ruoli nei quali tali imposte sono iscritte, gli interessi al tasso del cinque per cento annuo [2][3].

Nel caso in cui le imposte o le maggiori imposte sono dovute in esecuzione di accordi conclusi con le autorità competenti degli Stati esteri a seguito delle procedure amichevoli interpretative a carattere generale previste dalle Convenzioni contro le doppie imposizioni sui redditi, gli interessi di cui al periodo precedente si applicano a decorrere dalla data dei predetti accordi (4)(5).

(1) Articolo modificato dall'articolo 8, comma 1, del D.L. 6 luglio 1974, n. 260, convertito con modificazioni in Legge 14 agosto 1974, n. 354, dall'articolo 2, comma 1, del D.L. 4 marzo 1976, n. 30, convertito con modificazioni in Legge 2 maggio 1976, n. 160, dall'articolo 3, comma 16, del D.P.R. 24 dicembre 1976, n. 920, dall'articolo 7, comma 3, della Legge 11 marzo 1988, n. 67, dall'articolo 14, comma 2, della Legge 29 dicembre 1990, n. 408, dall'articolo 13, comma 1, del D.L. 30 dicembre 1993, n. 557, dall'articolo 3, comma 141, della Legge 23 dicembre 1996, n. 662 e da ultimo sostituito dall'articolo 8, comma 1, del D.Lgs. 26 febbraio 1999, n. 46
(2) Comma modificato dall'articolo 1, comma 1, del D.Lgs. 17 agosto 1999, n. 326.
(3) A norma dell'articolo 3 del D.M. 27 giugno 2003, gli interessi per ritardata iscrizione a ruolo, previsti dal presente articolo sono dovuti annualmente nella misura del 2,75 per cento a decorrere dal 1° luglio 2003, per i ruoli resi esecutivi dalla medesima data. Successivamente l'articolo 2 del D.M. 21 maggio 2009, ha stabilito che a decorrere dal 1° ottobre 2009, gli interessi per ritardata iscrizione a ruolo, previsti dal presente articolo, sono dovuti nella misura del 4 per cento annuo, per i ruoli resi esecutivi dalla medesima data.
(4) Periodo aggiunto dall'articolo 18, comma 4, del D.L. 30 novembre 2020, n. 157; successivamente il D.L 157/2020 è stato abrogato dall'articolo 1, comma 2, della Legge 18 dicembre 2020, n. 176.
(5) Periodo aggiunto dall'articolo 31-octies, comma 4, del D.L. 28 ottobre 2020, n. 137, convertito con modificazioni dalla Legge 18 dicembre 2020, n. 176.

21. Interessi per dilazione del pagamento (1). – Sulle somme il cui pagamento è stato rateizzato o sospeso ai sensi dell'art. 19, comma 1, si applicano gli interessi al tasso del sei per cento annuo (2).
L'ammontare degli interessi dovuti è determinato nel provvedimento con il quale viene accordata la prolungata rateazione dell'imposta ed è riscosso unitamente all'imposta alle scadenze stabilite.
I privilegi generali e speciali che assistono le imposte sui redditi sono estesi a tutto il periodo per il quale la rateazione è prolungata e riguardano anche gli interessi previsti dall'art. 20 e dal presente articolo(5).

(1) Rubrica sostituita dall'articolo 9, comma 1, lettera a), del D.Lgs. 26 febbraio 1999, n. 46.
(2) Comma modificato dall'articolo 3, comma 17, del D.P.R. 24 dicembre 1976, n. 920 e successivamente sostituito dall'articolo 9, comma 1, lettera b), del D.Lgs. 26 febbraio 1999, n. 46.

22. Attribuzione degli interessi. – Gli interessi di cui agli articoli 20 e 21 spettano all'ente destinatario del gettito delle imposte cui si riferiscono.

23. Esecutorietà dei ruoli (1). – [*1. Il visto di esecutorietà dei ruoli è apposto sul riassunto riepilogativo che ne costituisce parte integrante e viene inviato in copia alla competente ragioneria provinciale dello Stato. Il riassunto è redatto in conformità al modello approvato con decreto del Ministro delle finanze da pubblicare nella Gazzetta Ufficiale.*

2. Per i ruoli emessi dagli enti diversi dallo Stato e da amministrazioni statali diverse dal Ministero delle finanze il visto di esecutorietà è apposto direttamente dall'ente o dall'amministrazione che ha emesso il ruolo.

3. Con decreto del Ministro delle finanze sono individuati gli uffici dell'amministrazione finanziaria competenti all'apposizione del visto di esecutorietà.] (2)

(1) Articolo sostituito dall'articolo 15, comma 4, lettera a), della Legge 30 dicembre 1991, n. 413 e successivamente dall'articolo 24, comma 3, della Legge 27 dicembre 1997, n. 449.
(2) Articolo abrogato dall'articolo 37, comma 1, del D.Lgs. 26 febbraio 1999, n. 46.

24. Consegna del ruolo al concessionario (1). – 1. L'ufficio consegna il ruolo al concessionario dell'ambito territoriale cui esso si riferisce secondo le modalità indicate con decreto del Ministero delle finanze, di concerto con il Ministero del tesoro, del bilancio e della programmazione economica.

2. Con lo stesso o con separato decreto sono individuati i compiti che possono essere affidati al consorzio nazionale obbligatorio fra i concessionari relativamente alla consegna dei ruoli e le ipotesi nelle quali l'affidamento dei ruoli ai concessionari avviene esclusivamente con modalità telematiche.

(1) Articolo modificato dall'articolo 13, comma 2, del D.P.R. 28 novembre 1980, n. 787 e successivamente sostituito dall'articolo 10, comma 1, del D.Lgs. 26 febbraio 1999, n. 46.

25. Cartella di pagamento (1)(2). – 1 . Il concessionario notifica la cartella di pagamento, [*entro l'ultimo giorno del quarto mese successivo a quello di consegna del ruolo,*] al debitore iscritto a ruolo o al coobbligato nei confronti dei quali procede, a pena di decadenza, entro il 31 dicembre:

a) del terzo anno successivo a quello di presentazione della dichiarazione, ovvero a quello di scadenza del versamento dell'unica o ultima rata se il termine per il versamento delle somme risultanti dalla dichiarazione scade oltre il 31 dicembre dell'anno in cui la dichiarazione è presentata, per le somme che risultano dovute a seguito dell'attività di liquidazione prevista dall'articolo 36-*bis* del decreto del Presidente della Repubblica 29 settembre 1973, n. 600, nonché del quarto anno successivo a quello di presentazione della dichiarazione del sostituto d'imposta per le somme che risultano dovute ai sensi degli articoli 19 e 20 del testo unico di cui al decreto del Presidente della Repubblica 22 dicembre 1986, n. 917 (3)(4);

b) del quarto anno successivo a quello di presentazione della dichiarazione, per le somme che risultano dovute a seguito dell'attività di controllo formale prevista dall' articolo 36-ter del citato decreto del Presidente della Repubblica n. 600 del 1973 (5)(6);

c) del secondo anno successivo a quello in cui l'accertamento è divenuto definitivo, per le somme dovute in base agli accertamenti dell'ufficio (7)(8).

c-bis) del terzo anno successivo a quello di scadenza dell'ultima rata del piano di rateazione per le somme dovute a seguito degli inadempimenti di cui all'articolo 15-ter (9) .

1-bis. In deroga alle disposizioni del comma 1, il concessionario notifica la cartella di pagamento, a pena di decadenza:

a) per i crediti anteriori alla data di pubblicazione del ricorso per l'ammissione al concordato preventivo nel registro delle imprese, non ancora iscritti a ruolo, entro il 31 dicembre del terzo anno successivo:

1) alla pubblicazione del decreto che revoca l'ammissione al concordato preventivo ovvero ne dichiara la mancata approvazione ai sensi degli articoli 173 e 179 del regio decreto 16 marzo 1942, n. 267;

2) alla pubblicazione della sentenza che dichiara la risoluzione o l'annullamento del concordato preventivo ai sensi

del combinato disposto degli articoli 186, 137 e 138 del regio decreto 16 marzo 1942, n. 267;

b) per i crediti rientranti nell'accordo di ristrutturazione dei debiti di cui all'articolo 182-bis del regio decreto 16 marzo 1942, n. 267, non ancora iscritti a ruolo alla data di presentazione della proposta di transazione fiscale di cui all'articolo 182-ter, sesto comma, del regio decreto 16 marzo 1942, n. 267, entro il 31 dicembre del terzo anno successivo alla scadenza del termine di cui al settimo comma dell'articolo 182-ter del regio decreto 16 marzo 1942, n. 267, ovvero alla pubblicazione della sentenza che dichiara l'annullamento dell'accordo;

c) per i crediti non ancora iscritti a ruolo, anteriori alla data di pubblicazione della proposta di accordo di composizione della crisi da sovraindebitamento o della proposta di piano del consumatore, entro il 31 dicembre del terzo anno successivo:

1) alla pubblicazione del decreto che dichiara la risoluzione o l'annullamento dell'accordo di composizione della crisi da sovraindebitamento, ai sensi dell'articolo 14 della legge 27 gennaio 2012, n. 3, ovvero la cessazione degli effetti dell'accordo, ai sensi dell'articolo 11, comma 5, o dell'articolo 12, comma 4, della medesima legge n. 3 del 2012;

2) alla pubblicazione del decreto che revoca o dichiara la cessazione degli effetti del piano del consumatore, ai sensi dell'articolo 11, comma 5, e dell'articolo 12-ter, comma 4, della legge n. 3 del 2012 [10] .

1-ter. Se successivamente alla chiusura delle procedure di cui alle lettere a) e b) del comma 1-bis viene dichiarato il fallimento del debitore, il concessionario procede all'insinuazione al passivo ai sensi dell'articolo 87, comma 2, senza necessita' di notificare la cartella di pagamento [11].

2 . La cartella di pagamento, redatta in conformità al modello approvato con decreto del Ministero delle finanze, contiene l'intimazione ad adempiere l'obbligo risultante dal ruolo entro il termine di sessanta giorni dalla notificazione, con l'avvertimento che, in mancanza, si procederà ad esecuzione forzata [12][13].

2-bis. La cartella di pagamento contiene anche l'indicazione della data in cui il ruolo è stato reso esecutivo [14].

3 . Ai fini della scadenza del termine di pagamento il sabato è considerato giorno festivo [15] . (S; S; S; S; 7[2,3], l. 27 luglio 2000, n. 212, 191, lett. d), d.lgs. 31 dicembre 1992, n. 546; S; S).

[1][2] Articolo modificato dall'articolo 3, comma 18, del D.P.R. 24 dicembre 1976, n. 920, dall'articolo 13, comma 3, del D.P.R. 28 novembre 1980, n. 787, dall'articolo 24, comma 4, della Legge 27 dicembre 1997, n. 449 e successivamente sostituito dall'articolo 11, comma 1, del D.Lgs. 26 febbraio 1999, n. 46.

[3] Lettera sostituita dall'articolo 37, comma 40, del D.L. 4 luglio 2006, n. 223. Vedi quanto disposto dall'articolo 1, comma 640, lettera a), della Legge 23 dicembre 2014, n. 190.

[4] Per una proroga dei termini di decadenza per la notificazione delle cartelle di pagamento di cui alla presente lettera vedi l'articolo 157, comma 3, del D.L 19 maggio 2020, n. 34, convertito, con modificazioni, dalla Legge 17 luglio 2020, n. 77, come modificato dall'articolo 1, comma 1, lettera c) del D.L. 15 gennaio 2021, n. 3. Il citato D.L. 3/2021 è stato abrogato dall'articolo 1, comma 2, della legge 26 febbraio 2021, n. 21.Vedi inoltre l'articolo 5, comma 8, del D.L. 22 marzo 2021, n. 41, convertito, con modificazioni, in Legge 21 maggio 2021, n. 69.

[5] Vedi quanto disposto dall'articolo 1, comma 640, lettera a), della Legge 23 dicembre 2014, n. 190.

[6] Per una proroga dei termini di decadenza per la notificazione delle cartelle di pagamento di cui alla presente lettera vedi l'articolo 157, comma 3, del D.L 19 maggio 2020, n. 34, convertito, con modificazioni, dalla Legge 17 luglio 2020, n. 77, come modificato dall'articolo 1, comma 1, lettera c) del D.L. 15 gennaio 2021, n. 3. Il citato D.L. 3/2021 è stato abrogato dall'articolo 1, comma 2, della legge 26 febbraio 2021, n. 21. E da ultimo l'articolo 1, comma 158, della Legge 29 dicembre 2022, n. 197.

[7] Comma modificato dall'articolo 1, comma 1, lettera b), del D.Lgs. 27 aprile 2001, n. 193, dall'articolo 1, comma 417, lettera c), della Legge 30 dicembre 2004, n. 311 e successivamente dall'articolo 1, comma 5-ter, lettera a), del D.L. 17 giugno 2005, n. 106, convertito con modificazioni in Legge 31 luglio 2005, n. 156.

[8] A norma dell'articolo 23, del D.Lgs. 26 febbraio 1999, n. 46, come modificato dall'articolo 1, comma 5-ter, lettera b), del D.L. 17 giugno 2005, n. 106, convertito con modificazioni in Legge 31 luglio 2005, n. 156, i termini di decadenza di cui al presente articolo, si applicano anche all'imposta sul valore aggiunto.

[9] Lettera inserita dall' articolo 4, comma 1, lettera a) del DLgs. 24 settembre 2015 n. 159.

[10] Comma inserito dall' articolo 4, comma 1, lettera b) del DLgs. 24 settembre 2015 n. 159.

[11] Comma inserito dall' articolo 4, comma 1, lettera b) del DLgs. 24 settembre 2015 n. 159.

[12] In riferimento al presente comma vedi: Circolare ENPALS 9 febbraio 2010, n.5 .

[13] A norma dell'articolo 2, comma 1, del D.L. 21 ottobre 2021, n. 146, convertito con modificazioni dalla Legge 17 dicembre 2021, n. 215, con riferimento alle cartelle di pagamento notificate dall'agente della riscossione dal 1° settembre al 31 dicembre 2021, il termine per l'adempimento dell'obbligo risultante dal ruolo, previsto dal presente comma, è fissato in centottanta giorni.

A norma dell'articolo 1, comma 913, della Legge 30 dicembre 2021, n. 234, il termine per l'adempimento dell'obbligo risultante dal ruolo di cui al presente comma è fissato, ai fini di cui agli articoli 30 e 50, comma 1, dello stesso decreto, in centottanta giorni.

[14] Comma aggiunto dall'articolo 8, comma 1, lettera b), del D.Lgs. 26 gennaio 2001, n. 32.

[15] La Corte Costituzionale, con sentenza 7 luglio 2005, n. 280 (in Gazz. Uff. 20 luglio, n. 29), ha dichiarato l'illegittimità costituzionale del presente articolo, nella parte in cui non prevede un termine, fissato a pena di decadenza, entro il quale il concessionario deve notificare al contribuente la cartella di pagamento delle imposte liquidate ai sensi dell'art. 36-bis del d.P.R. 29 settembre 1973, n. 600 (Disposizioni comuni in materia di accertamento delle imposte sui redditi).

26. Notificazione della cartella di pagamento. – La cartella è notificata dagli ufficiali della riscossione o da altri soggetti abilitati dal concessionario nelle forme previste dalla legge ovvero, previa eventuale convenzione tra comune e concessionario, dai messi comunali o dagli agenti della polizia municipale; in tal caso, quando ai fini del perfezionamento della notifica sono necessarie più formalità, le stesse possono essere compiute, in un periodo di tempo non superiore a trenta giorni, da soggetti diversi tra quelli sopra indicati ciascuno dei quali certifica l'attività svolta mediante relazione datata e sottoscritta. La notifica può essere eseguita anche mediante invio di raccomandata con avviso di ricevimento; in tal caso, la cartella è notificata in plico chiuso e la notifica si considera avvenuta nella data indicata nell'avviso di ricevimento sottoscritto da una delle persone previste dal secondo comma o dal portiere dello stabile dove è l'abitazione, l'ufficio o l'azienda [1].

La notifica della cartella può essere eseguita, con le modalità di cui al decreto del Presidente della Repubblica 11 febbraio 2005, n. 68, a mezzo posta elettronica certificata, all'indirizzo del destinatario risultante dall'indice nazionale degli indirizzi di posta elettronica certificata (INI-PEC), ovvero, per i soggetti che ne fanno richiesta, diversi da quelli obbligati ad avere un indirizzo di posta elettronica certificata da inserire nell'INI-PEC, all'indirizzo dichiarato all'atto della richiesta. In tali casi, si applicano le disposizioni dell'articolo 60 del decreto del Presidente della Repubblica 29 settembre 1973, n. 600[2].

Quando la notificazione della cartella di pagamento avviene mediante consegna nelle mani proprie del destinatario o di persone di famiglia o addette alla casa, all'ufficio o all'azienda, non è richiesta la sottoscrizione dell'originale da parte del consegnatario.

Nei casi previsti dall'art. 140 del codice di procedura civile, la notificazione della cartella di pagamento si effettua con le modalità stabilite dall'art. 60 del decreto del Presidente della Repubblica 29 settembre 1973, n. 600, e si ha per eseguita nel giorno successivo a quello in cui l'avviso del deposito è affisso nell'albo del comune [(3)].

L'esattore deve conservare per cinque anni la matrice o la copia della cartella con la relazione dell'avvenuta notificazione o l'avviso di ricevimento ed ha l'obbligo di farne esibizione su richiesta del contribuente o dell'amministrazione.

Per quanto non è regolato dal presente articolo si applicano le disposizioni dell'art. 60 del predetto decreto; per la notificazione della cartella di pagamento ai contribuenti non residenti si applicano le disposizioni di cui al quarto e quinto comma dell'articolo 60 del decreto del Presidente della Repubblica 29 settembre 1973, n. 600 [(4)].

(1) Articolo modificato dall'articolo 3, comma 18, del D.P.R. 24 dicembre 1976, n. 920, dall'articolo 13, comma 3, del D.P.R. 28 novembre 1980, n. 787, dall'articolo 24, comma 4, della Legge 27 dicembre 1997, n. 449 e successivamente sostituito dall'articolo 11, comma 1, del D.Lgs. 26 febbraio 1999, n. 46.
(2) Lettera sostituita dall'articolo 37, comma 40, del D.L. 4 luglio 2006, n. 223. Vedi quanto disposto dall'articolo 1, comma 640, lettera a), della Legge 23 dicembre 2014, n. 190.
(3) Vedi l'articolo 157, comma 3, del D.L 19 maggio 2020, n. 34, non ancora convertito in legge.
(4) Vedi quanto disposto dall'articolo 1, comma 640, lettera a), della Legge 23 dicembre 2014, n. 190.
(5) Vedi l'articolo 157, comma 3, del D.L 19 maggio 2020, n. 34, non ancora convertito in legge.
(6) Comma modificato dall'articolo 1, comma 1, lettera b), del D.Lgs. 27 aprile 2001, n. 193, dall'articolo 1, comma 417, lettera c), della Legge 30 dicembre 2004, n. 311 e successivamente dall'articolo 1, comma 5-ter, lettera a), del D.L. 17 giugno 2005, n. 106, convertito con modificazioni in Legge 31 luglio 2005, n. 156.
(7) A norma dell'articolo 23, del D.Lgs. 26 febbraio 1999, n. 46, come modificato dall'articolo 1, comma 5-ter, lettera b), del D.L. 17 giugno 2005, n. 106, convertito con modificazioni in Legge 31 luglio 2005, n. 156, i termini di decadenza di cui al presente articolo, si applicano anche all'imposta sul valore aggiunto.
(8) Lettera inserita dall'articolo 4, comma 1, lettera a) del DLgs. 24 settembre 2015 n. 159.
(9) Comma inserito dall'articolo 4, comma 1, lettera b) del DLgs. 24 settembre 2015 n. 159.
(10) Comma inserito dall'articolo 4, comma 1, lettera b) del DLgs. 24 settembre 2015 n. 159.
(11) In riferimento al presente comma vedi: Circolare ENPALS 9 febbraio 2010, n.5.
(12) Comma aggiunto dall'articolo 8, comma 1, lettera b), del D.Lgs. 26 gennaio 2001, n. 32.
(13) La Corte Costituzionale, con sentenza 7 luglio 2005, n. 280 (in Gazz. Uff. 20 luglio, n. 29), ha dichiarato l'illegittimità costituzionale del presente articolo, nella parte in cui non prevede un termine, fissato a pena di decadenza, entro il quale il concessionario deve notificare al contribuente la cartella di pagamento delle imposte liquidate ai sensi dell'art. 36-bis del d.P.R. 29 settembre 1973, n. 600 (Disposizioni comuni in materia di accertamento delle imposte sui redditi).

27. Luogo e tempo del pagamento. – [*Il pagamento dell'imposta deve essere effettuato presso la sede dell'esattoria entro otto giorni dalla scadenza.*

Se ai sensi del capitolato d'appalto o del decreto istitutivo del consorzio esattoriale la riscossione deve avvenire in luoghi diversi dalla sede dell'esattoria, questa è tenuta a dare pubblica notizia, almeno otto giorni prima, del luogo, del giorno e dell'ora di inizio della riscossione.

L'adempimento dell'anzidetta pubblicità deve essere provato, quando ne sia fatta richiesta, mediante dichiarazione del sindaco.] [(1)]

(1) Articolo abrogato dall'articolo 37 del D.Lgs. 26 febbraio 1999, n. 46.

28. Modalità di pagamento [(1)]. – 1. Il pagamento delle somme iscritte a ruolo può essere effettuato presso gli sportelli del concessionario, le agenzie postali e le banche. In caso di versamento presso le agenzie postali e le banche i costi dell'operazione sono a carico del contribuente.

2. Fuori del territorio nazionale, il pagamento può essere effettuato mediante bonifico bancario sul conto corrente bancario indicato dal concessionario nella cartella di pagamento.

3. Con decreto del Ministero delle finanze sono stabilite le modalità di pagamento, anche con mezzi diversi dal contante; in ogni caso, tali modalità devono essere tali da assicurare l'indicazione del codice fiscale del contribuente e gli estremi identificativi dell'imposta pagata.

3-bis. Il pagamento effettuato con i mezzi diversi dal contante individuati ai sensi del comma 3 si considera omesso:

a) in caso di utilizzazione di un assegno, se l'assegno stesso risulta scoperto o comunque non pagabile;

b) in caso di utilizzazione di una carta di credito, se il gestore della carta non fornisce la relativa provvista finanziaria [(2)].

(1) Articolo modificato dall'articolo 5, comma 4, lettera a), del D.L. 31 dicembre 1996, n. 669, convertito con modificazioni, in Legge 28 febbraio 1996, n. 669 e successivamente sostituito dall'articolo 13, comma 1, del D.Lgs. 26 febbraio 1999, n. 46.
(2) Comma aggiunto dall'articolo 83, comma 23-bis, del D.L. 25 giugno 2008, n. 112, convertito con modificazioni in Legge 6 agosto 2008, n. 133.

28 *bis*. Pagamento delle imposte dirette mediante cessione di beni culturali [(1)]. – I soggetti tenuti al pagamento dell'imposta sul reddito delle persone fisiche, dell'imposta sul reddito delle persone giuridiche, dell'imposta locale sui redditi, dei tributi erariali soppressi di cui all'art. 82 del decreto del Presidente della Repubblica 29 settembre 1973, n. 597, e relativi interessi, soprattasse e pene pecuniarie possono cedere allo Stato, in pagamento totale o parziale delle imposte stesse e degli accessori, i beni indicati negli articoli 1, 2 e 5 della legge 1° giugno 1939, n. 1089, e successive modificazioni e integrazioni, gli archivi o singoli documenti dichiarati di notevole interesse storico a norma dell'art. 36 del decreto del Presidente della Repubblica 30 settembre 1963, n. 1409, nonchè le opere di autori viventi o la cui esecuzione risalga anche ad epoca inferiore al cinquantennio, di cui lo Stato sia interessato all'acquisizione. La disposizione non si applica ai sostituti d'imposta.

La proposta di cessione, contenente la descrizione dettagliata dei beni offerti corredata da idonea documentazione, deve essere presentata al Ministero per i beni culturali e ambientali.

L'Amministrazione per i beni culturali e ambientali attesta per ogni singolo bene l'esistenza delle caratteristiche previste dalla vigente legislazione di tutela e dichiara, per i beni e le opere di cui al primo comma, l'interesse dello Stato ad acquisirli [(2)].

Le condizioni ed il valore della cessione sono stabiliti con decreto del Ministro per i beni culturali e ambientali di concerto con il Ministro delle finanze, sentita un'apposita commissione nominata con decreto del Ministro per i beni culturali ed ambientali, presieduta dallo stesso Ministro o da un suo delegato e composta da due rappresentanti del Ministero per i beni culturali e ambientali, da due rappresentanti del Ministero delle finanze e da un rappresentante del Ministero del tesoro. Nella proposta di cessione l'interessato può chiedere di essere sentito dalla commissione, personalmente o a mezzo di un suo delegato.

[*Il Ministero per i beni culturali e ambientali, ricevuta la proposta di cessione, è tenuto a informarne gli enti pubblici territoriali nella cui circoscrizione trovansi i beni culturali offerti in cessione per acquisirne il parere. Su richiesta degli enti interessati, la commissione di cui al quarto comma è integrata da un rappresentante, con voto consultivo, per ciascuno degli enti richiedenti.*] (3)

La proposta di cessione non sospende il pagamento delle imposte di cui al primo comma.

L'interessato può revocare la propria proposta di cessione all'atto dell'audizione presso la commissione, ovvero nei quindici giorni successivi, con atto notificato al Ministero per i beni culturali e ambientali.

Il decreto di cui al quarto comma è emanato entro sei mesi dalla data di presentazione della proposta di cessione ed è notificato al richiedente. Entro i due mesi successivi dalla data di notifica del decreto il proponente notifica al Ministero per i beni culturali e ambientali, a pena di decadenza, la propria accettazione.

Nel caso di cessione di beni mobili, i beni devono essere consegnati entro i trenta giorni successivi alla notifica dell'accettazione. La consegna comporta il trasferimento della proprietà dei beni allo Stato.

Nel caso di cessione di beni immobili, il trasferimento allo Stato avviene a condizione che i beni siano liberi da ipoteche e da iscrizioni e trascrizioni pregiudizievoli. Il decreto di cui al quarto comma e la dichiarazione di accettazione, con firma autenticata, costituiscono titolo per la trascrizione del trasferimento nei registri immobiliari. Il trasferimento dei beni allo Stato ha effetto dalla data di notifica della dichiarazione di accettazione.

Dopo il trasferimento dei beni, l'interessato può chiedere il rimborso delle imposte eventualmente pagate nel periodo intercorrente tra la data di presentazione della proposta di cessione e quella della consegna dei beni o della trascrizione, ovvero può utilizzare, anche frazionatamente, l'importo dalla cessione per il pagamento delle imposte indicate nel primo comma, la cui scadenza è successiva al trasferimento dei beni.

Qualora l'interessato nei cinque anni successivi al trasferimento dei beni non abbia potuto utilizzare per il pagamento delle imposte indicate nel primo comma l'importo integrale della cessione, può chiedere il rimborso della differenza, senza corresponsione di interessi. Le disposizioni dei precedenti commi si applicano anche nei confronti degli eredi del cedente. Qualora l'Amministrazione dello Stato non intenda acquisire i beni offerti in cessione, il Ministro per i beni culturali e ambientali con proprio decreto, di concerto con il Ministro delle finanze, provvede ai sensi del precedente ottavo comma.

(1) Articolo aggiunto dall'articolo 7, comma 1, della Legge 2 agosto 1982, n. 512.
(2) Comma sostituito dall'articolo 14, comma 1, lettera a), della Legge 15 maggio 1997, n. 127.
(3) Comma abrogato dall'articolo 14, comma 1, lettera b), della Legge 15 maggio 1997, n. 127.

28 *ter*. Pagamento mediante compensazione volontaria con crediti d'imposta (1) (2). – 1. In sede di erogazione di un rimborso d'imposta, l'Agenzia delle entrate verifica se il beneficiario risulta iscritto a ruolo e, in caso affermativo, trasmette in via telematica apposita segnalazione all'agente della riscossione che ha in carico il ruolo, mettendo a disposizione dello stesso, sulla contabilità di cui all'articolo 2, comma 1, del decreto del Direttore generale del dipartimento delle entrate del Ministero delle finanze in data 1° febbraio 1999, pubblicato nella Gazzetta Ufficiale n. 28 del 4 febbraio 1999, le somme da rimborsare.

2. Ricevuta la segnalazione di cui al comma 1, l'agente della riscossione notifica all'interessato una proposta di compensazione tra il credito d'imposta ed il debito iscritto a ruolo, sospendendo l'azione di recupero ed invitando il debitore a comunicare entro sessanta giorni se intende accettare tale proposta.

3. In caso di accettazione della proposta, l'agente della riscossione movimenta le somme di cui al comma 1 e le riversa ai sensi dell'articolo 22, comma 1, del decreto legislativo 13 aprile 1999, n. 112, entro i limiti dell'importo complessivamente dovuto a seguito dell'iscrizione a ruolo.

4. In caso di rifiuto della predetta proposta o di mancato tempestivo riscontro alla stessa, cessano gli effetti della sospensione di cui al comma 2 e l'agente della riscossione comunica in via telematica all'Agenzia delle entrate che non ha ottenuto l'adesione dell'interessato alla proposta di compensazione.

5. All'agente della riscossione spetta il rimborso delle spese vive sostenute per la notifica dell'invito di cui al comma 2, nonché un rimborso forfetario pari a quello di cui all'articolo 24, comma 1, del regolamento di cui al decreto del Ministro delle finanze 28 dicembre 1993, n. 567, maggiorato del cinquanta per cento, a copertura degli oneri sostenuti per la gestione degli adempimenti attinenti la proposta di compensazione.

6. Con provvedimento del Direttore dell'Agenzia delle entrate sono approvate le specifiche tecniche di trasmissione dei flussi informativi previsti dal presente articolo e sono stabilite le modalità di movimentazione e di rendicontazione delle somme che transitano sulle contabilità speciali di cui al comma 1, nonché le modalità di richiesta e di erogazione dei rimborsi spese previsti dal comma 5.

(1) Articolo inserito dall'articolo 2, comma 13, del D.L. 3 ottobre 2006, n. 262. Vedi l'articolo 31, comma 1, del D.L. 31 maggio 2010, n. 78.
(2) Vedi l'articolo 145, comma 1, del D.L. 19 maggio 2020, n. 34, convertito, con modificazioni, dalla Legge 17 luglio 2020, n. 77, come modificato dall'articolo 5, comma 12, lettera a), del D.L. 22 marzo 2021, n. 41, convertito, con modificazioni, in Legge 21 maggio 2021, n. 69.

28 *quater*. Compensazioni di crediti con somme dovute a seguito di iscrizione a ruolo (1). – 1. A partire dal 1° gennaio 2011, i crediti non prescritti, certi, liquidi ed esigibili, maturati nei confronti delle amministrazioni pubbliche di cui all'articolo 1, comma 2, del decreto legislativo 30 marzo 2001, n. 165, e successive modificazioni per somministrazione, forniture, prestazioni professionali e appalti, possono essere compensati con le somme dovute a seguito di iscrizione a ruolo. Le disposizioni del primo periodo si applicano anche alle somme contenute nei carichi affidati all'agente della riscossione successivamente al 30 settembre 2013 e, in ogni caso, entro il 31 dicembre del secondo anno antecedente a quello in cui è richiesta la compensazione. Ai fini di cui al primo periodo, la certificazione prevista dall'articolo 9, comma 3-bis, del decreto-legge 29 novembre 2008, n. 185, convertito, con modificazioni, dalla legge 28 gennaio 2009, n. 2, e le certificazioni richiamate all'articolo 9, comma 3-ter, lettera b), ultimo periodo, del medesimo decreto, recanti la data prevista per il pagamento, emesse mediante l'apposita piattaforma elettronica, sono utilizzate, a richiesta del creditore, per il pagamento, totale o parziale, delle somme dovute a seguito dell'iscrizione a ruolo, effettuato in data antecedente a quella prevista per il pagamento del credito. L'estinzione del debito a ruolo e' condizionata alla verifica dell'esistenza e validita' della certificazione. Qualora la regione, l'ente locale o l'ente del Servizio sanitario nazionale non versi all'agente della riscossione l'importo oggetto della certificazione entro sessanta giorni dal termine nella stessa indicato, l'agente della riscossione ne dà comunicazione ai Ministeri dell'interno e dell'economia e delle finanze e l'importo oggetto della certificazione è recuperato mediante riduzione delle somme dovute dallo Stato all'ente territoriale a qualsiasi titolo, incluse le quote dei fondi di riequilibrio o perequativi e le quote di gettito relative alla compartecipazione a tributi erariali. Dai recuperi di cui al presente comma sono escluse le risorse destinate al finanziamento corrente del servizio sanitario nazionale. Nel caso in cui il recupero non sia stato possibile, l'agente della riscossione procede, sulla base del ruolo emesso a carico del titolare del credito, alla riscossione coattiva secondo le disposizioni di cui al titolo II del presente decreto. [*Le modalita' di attuazione del presente articolo sono stabilite con decreto del Ministero dell'economia e delle finanze anche al fine di garantire il rispetto degli equilibri programmati di finanza pubblica.*] (3).

(1) *Articolo aggiunto dall'articolo 31, comma 1-bis, del D.L. 31 maggio 2010, n. 78, convertito con modificazioni, in Legge 30 luglio 2010, n. 122.*
(2) *Vedi il D.M. 19 ottobre 2012*
(3) *Comma modificato dall'articolo 13-bis, comma 2, lettere a), b) e c), del D.L. 7 maggio 2012, n. 52, convertito con modificazioni dalla Legge 6 luglio 2012, n. 94; dall'articolo 16, comma 10, del D.L. 6 luglio 2012, n. 95, convertito con modificazioni, dalla Legge 7 agosto 2012, n. 135; dall'articolo 9, comma 01, del D.L. 8 aprile 2013, n. 35, convertito con modificazioni in Legge 6 giugno 2013, n. 64, dall'articolo 9, comma 1-bis, del D.L. 8 aprile 2013, n. 35, convertito, con modificazioni, dalla Legge 6 giugno 2013, n. 64 e, da ultimo, dall'articolo 39, comma 1 bis, del D.L. 24 aprile 2014, n. 66, convertito, con modificazioni, dalla Legge 23 giugno 2014, n. 89 e da ultimo dall'articolo 20-ter, comma 1, del D.L. 17 maggio 2022, n 50, convertito, con modificazioni, dalla Legge 15 luglio 2022, n. 91.*

28 *quinquies*. Compensazioni di crediti con somme dovute in base agli istituti definitori della pretesa tributaria e deflativi del contenzioso tributario (1). –

1. I crediti non prescritti, certi, liquidi ed esigibili, [*maturati al 31 dicembre 2012*] nei confronti delle amministrazioni pubbliche di cui all'articolo 1, comma 2, del decreto legislativo 30 marzo 2001, n. 165, e successive modificazioni per somministrazioni, forniture e appalti, possono essere compensati, solo su specifica richiesta del creditore, con l'utilizzo del sistema previsto dall'articolo 17, del decreto legislativo 9 luglio 1997, n. 241, ed esclusivamente attraverso i servizi telematici messi a disposizione dall'Agenzia delle entrate, con le somme dovute a seguito di accertamento con adesione ai sensi dell'articolo 8, del decreto legislativo 19 giugno 1997, n. 218, di definizione ai sensi dell'articolo 5, comma 1-bis, dell'articolo 5-bis, dell'articolo 11, comma 1-bis, e di acquiescenza ai sensi dell'articolo 15, dello stesso decreto legislativo, di definizione agevolata delle sanzioni ai sensi degli articoli 16 e 17, del decreto legislativo 18 dicembre 1997, n. 472, di conciliazione giudiziale ai sensi dell'articolo 48, del decreto legislativo 31 dicembre 1992, n. 546, di mediazione ai sensi dell'articolo 17-bis, dello stesso decreto. A tal fine è necessario che il credito sia certificato ai sensi dell'articolo 9, comma 3-bis, del decreto-legge 29 novembre 2008, n. 185, convertito, con modificazioni, dalla legge 28 gennaio 2009, n. 2, o ai sensi dell'articolo 9, comma 3-ter, lettera b), ultimo periodo, del medesimo decreto e che la relativa certificazione rechi l'indicazione della data prevista per il pagamento. La compensazione è trasmessa immediatamente con flussi telematici dall'Agenzia delle entrate alla piattaforma elettronica per la gestione telematica del rilascio delle certificazioni, predisposta dal Ministero dell'economia e delle finanze - Dipartimento della ragioneria generale dello Stato, con modalità idonee a garantire l'utilizzo univoco del credito certificato. Qualora l'ente pubblico nazionale, la regione, l'ente locale o l'ente del Servizio sanitario nazionale non versi sulla contabilità speciale numero 1778 "Fondi di bilancio" l'importo certificato entro sessanta giorni dal termine indicato nella certificazione, la struttura di gestione di cui all'articolo 22, comma 3, del decreto legislativo 9 luglio 1997, n. 241, trattiene l'importo certificato mediante riduzione delle somme dovute all'ente a qualsiasi titolo, a seguito della ripartizione delle somme riscosse ai sensi dell'articolo 17, del decreto legislativo 9 luglio 1997, n. 241. Nel caso in cui il recupero non sia possibile, la suddetta struttura di gestione ne dà comunicazione ai Ministeri dell'interno e dell'economia e delle finanze e l'importo è recuperato mediante riduzione delle somme dovute dallo Stato all'ente a qualsiasi titolo, incluse le quote dei fondi di riequilibrio o perequativi e le quote di gettito relative alla compartecipazione a tributi erariali. Qualora residuino ulteriori importi da recuperare, i Ministeri dell'interno e dell'economia e delle finanze formano i ruoli per l'agente della riscossione, che procede alla riscossione coattiva secondo le disposizioni di cui al titolo II (2).

2. I termini e le modalità di attuazione delle disposizioni di cui al comma 1, sono stabiliti, entro il 30 giugno 2013, con decreto del Ministro dell'economia e delle finanze.

(1) *Articolo inserito dall'articolo 9, comma 1, del D.L. 8 aprile 2013, n. 35, convertito, con modificazioni, dalla Legge 6 giugno 2013, n. 64.*
(2) *Comma modificato dall'articolo 39, commi 1 e 1-bis, del D.L. 24 aprile 2014, n. 66, convertito, con modificazioni, dalla Legge 23 giugno 2014, n. 89.*

29. Rilancio della quietanza. – Per ogni pagamento di imposte iscritte a ruolo il concessionario deve rilasciare quietanza al contribuente e deve farne annotazione nella scheda intestata al contribuente.

[*L'esattore può rilasciare la quietanza sulla cartella di pagamento. In tale caso la quietanza, oltre ad essere annotata nel ruolo o nella scheda, deve essere trascritta in apposito registro, numerato, timbrato e siglato in ogni foglio, prima dell'uso, dall'ufficio delle imposte*] (1).

Le quietanze possono essere firmate anche dai dipendenti del concessionario espressamente autorizzati dal titolare.

(1) *Comma abrogato dall'articolo 37 del D.Lgs. 26 febbraio 1999, n. 46.*

30. Interessi di mora (1). – 1. Decorso inutilmente il

termine previsto dall'art. 25, comma 2, sulle somme iscritte a ruolo, esclusi le sanzioni pecuniarie tributarie e gli interessi, si applicano, a partire dalla data della notifica della cartella e fino alla data del pagamento, gli interessi di mora al tasso determinato annualmente con decreto del Ministero delle finanze con riguardo alla media dei tassi bancari attivi [2][3][4].

(1) *Articolo modificato dall'articolo 13, comma 4, del D.P.R. 28 novembre 1980, n. 787, dall'articolo 2 del D.P.R. 14 aprile 1982, n. 309, dall'articolo 5, comma 4, lettera b), del D.L. 31 dicembre 1996, n. 669, convertito con modificazioni, in Legge 28 febbraio 1997, n. 30 e successivamente sostituito dall'articolo 14, comma 1, del D.Lgs. 26 febbraio 1999, n. 46.*

(2) *Comma modificato dall'articolo 7, comma 2-sexies, del D.L. 13 maggio 2011, n. 70, convertito con modificazioni, in Legge 12 luglio 2011, n. 106. In riferimento al presente comma vedi anche l'articolo 7, comma 2-septies, del D.L. 70/2011 medesimo e l'articolo articolo 6, comma 1, e 8 lettera b), del D.L. 22 ottobre 2016, n. 193 convertito, con modificazioni dalla legge 1° dicembre 2016 n. 225 e da ultimo, l'articolo 1, comma 230, della Legge 29 dicembre 2022, n. 197.*

(3) *Per la fissazione della misura degli interessi di mora per ritardato pagamento delle somme iscritte a ruolo ai sensi del presente articolo vedi il Provvedimento dell'Agenzia delle Entrate 10 aprile 2014; a decorrere dal 15 maggio 2015 vedi il Provvedimento 30 aprile 2015; a decorrere dal 15 maggio 2016 vedi il Provvedimento 27 aprile 2016.*

(4) *Per l'annullamento delle somme dovute a titolo di interessi per ritardata iscrizione a ruolo, di sanzioni e di interessi di mora di cui al presente comma vedi l'articolo 1, commi 227 228 e 230, della Legge 29 dicembre 2022, n. 197.*

31. Imputazione dei pagamenti. – Il concessionario non può rifiutare pagamenti parziali di rate scadute e pagamenti in acconto per rate di imposte non ancora scadute.

Tuttavia se il contribuente è debitore di rate scadute il pagamento non può essere imputato alle rate non scadute se non per la eventuale eccedenza sull'ammontare delle prime, comprese le indennità di mora, i diritti e le spese maturati a favore del concessionario.

Nei riguardi delle rate scadute l'imputazione è fatta, rata per rata, iniziando dalla più remota, al debito d'imposta, di soprattassa, di pena pecuniaria e poi al debito per indennità di mora e non può essere fatta ai diritti ed alle spese maturati a favore del concessionario se non dopo la completa estinzione del debito per le rate scadute e relative indennità di mora.

Per i debiti di imposta già scaduti l'imputazione è fatta con preferenza alle imposte o quote di imposta meno garantite e fra imposte o quote di imposta ugualmente garantite con precedenza a quella più remota.

Per quanto non è regolato dal presente articolo si applicano le norme degli articoli 1193 e 1194 del codice civile.

32. Responsabilità solidale dei nuovi possessori di immobili. – Agli effetti dell'imposta locale sui redditi i nuovi possessori di immobili a titolo di proprietà o di altri diritti reali rispondono, solidalmente con i precedenti possessori, delle imposte, soprattasse e interessi iscritti od iscrivibili a ruolo a nome di questi ultimi per il periodo di tempo successivo alla data del titolo che serve per base alla voltura catastale.

Tuttavia nei casi in cui la presentazione di domanda di voltura catastale non abbia avuto effetto nei ruoli, l'intendente di finanza dispone, su richiesta dell'interessato, che vengano escussi soltanto i nuovi possessori con espresso divieto al concessionario di compiere qualsiasi procedura sui beni dei precedenti.

33. Responsabilità solidale per l'imposta locale sui redditi. – Quando il presupposto dell'imposta locale sui redditi si verifica unitariamente nei confronti di più soggetti, ciascuno di essi è tenuto in solido al pagamento della imposta, soprattasse, pene pecuniarie e interessi iscritti a ruolo, salvo rivalsa nei confronti degli altri in proporzione alla quota di spettanza dei redditi.

La solidarietà di cui al precedente comma non opera se il possesso dei redditi spetta a più soggetti in forza di diritti reali di diversa natura

34. Responsabilità solidale per l'imposta sui redditi delle persone fisiche. – Le persone i cui redditi per l'accertamento dell'imposta sul reddito delle persone fisiche sono stati cumulati con quelli del soggetto iscritto a ruolo sono responsabili in solido con il soggetto medesimo per il pagamento dell'imposta, soprattasse, pene pecuniarie e interessi iscritti a nome di quest'ultimo.

La responsabilità solidale stabilita dal comma precedente opera anche nella ipotesi in cui non si fa luogo, ai sensi del D.P.R. 29 settembre 1973, n. 597, al computo cumulativo dei redditi ai soli fini della determinazione dell'aliquota.

Quando non ricorrono le ipotesi di cui ai commi precedenti le persone indicate nelle lettere a) e b) dell'articolo 4 del predetto decreto sono comunque solidalmente responsabili, limitatamente al valore dei beni ad esse ceduti a qualsiasi titolo dal soggetto passivo, per il pagamento delle imposte da questo dovute per l'anno in cui è avvenuta la cessione e per gli anni precedenti .

35. Solidarietà del sostituto di imposta. – Quando il sostituto viene iscritto a ruolo per imposte, soprattasse e interessi relativi a redditi sui quali non ha effettuato né le ritenute a titolo di imposta né i relativi versamenti, il sostituito è coobbligato in solido.

36. Responsabilità ed obblighi degli amministratori, dei liquidatori e dei soci. – I liquidatori dei soggetti all'imposta sul reddito delle persone giuridiche che non adempiono all'obbligo di pagare, con le attività della liquidazione, le imposte dovute per il periodo della liquidazione medesima e per quelli anteriori rispondono in proprio del pagamento delle imposte se non provano di aver soddisfatto i crediti tributari anteriormente all' assegnazione di beni ai soci o associati, ovvero di avere soddisfatto crediti di ordine superiore a quelli tributari. Tale responsabilità è commisurata all'importo dei crediti d'imposta che avrebbero trovato capienza in sede di graduazione dei crediti [1].

La disposizione contenuta nel precedente comma si applica agli amministratori in carica all'atto dello scioglimento della società o dell'ente se non si sia provveduto alla nomina dei liquidatori.

I soci o associati, che hanno ricevuto nel corso degli ultimi due periodi di imposta precedenti alla messa in liquidazione danaro o altri beni sociali in assegnazione dagli amministratori o hanno avuto in assegnazione beni sociali dai liquidatori durante il tempo della liquidazione, sono responsabili del pagamento dell'imposte dovute dai soggetti di cui al primo comma nei limiti del valore dei beni stessi, salvo le maggiori responsabilità stabilite dal codice civile. Il valore del denaro e dei beni sociali ricevuti in assegnazione si presume proporzionalmente equivalente alla quota di capitale detenuta dal socio od associato, salva la prova contraria [2].

Le responsabilità previste dai commi precedenti sono estese agli amministratori che hanno compiuto nel corso degli ultimi due periodi di imposta precedenti alla messa in liquidazione operazioni di liquidazione ovvero hanno occultato attività sociali anche mediante omissioni nelle scritture contabili.

La responsabilità di cui ai commi precedenti e accertata dall'ufficio delle imposte con atto motivato da notificare ai sensi dell'art. 60, D.P.R. 29 settembre 1973, n. 600.

Avverso l'atto di accertamento è ammesso ricorso secondo le disposizioni relative al contenzioso tributario di cui al D.P.R. 26 ottobre 1972, n. 636. Si applica il primo comma dell'art. 39 (3).

(1) *Comma sostituito dall'articolo 28, comma 5, lettera a), del D.Lgs. 21 novembre 2014, n. 175.*
(2) *Comma modificato dall'articolo 28, comma 5, lettera b), del D.Lgs. 21 novembre 2014, n. 175.*
(3) *Le disposizioni di cui al presente articolo si applicano alle sole imposte sui redditi (art. 19, d.lg. 26 febbraio 1999, n. 46).*

37. Rimborso di ritenute dirette. – Il contribuente assoggettato a ritenuta diretta può ricorrere all'intendente di finanza della provincia nella quale ha il domicilio fiscale, per errore materiale, duplicazione o inesistenza totale o parziale dell'obbligazione tributaria entro il termine di decadenza di quarantotto mesi chiedendo il rimborso (1).

Avverso la decisione dell'intendente di finanza, ovvero trascorsi novanta giorni dalla data di presentazione del ricorso senza che sia intervenuta la decisione dell'intendente di finanza, il contribuente può ricorrere alla commissione di primo grado secondo le disposizioni del D.P.R. 26 ottobre 1972, n. 636.

Al rimborso l'intendente di finanza provvede mediante ordinativo di pagamento entro il termine di trenta giorni dalla data in cui il provvedimento di accoglimento del ricorso si è reso definitivo (2).

(1) *Comma modificato dall'articolo 34 della Legge 23 dicembre 2000, n. 388.*
(2) *Le disposizioni di cui al presente articolo si applicano alle sole imposte sui redditi (art. 19, d.lg. 26 febbraio 1999, n. 46).*

38. Rimborso di versamenti diretti (1). – Il soggetto che ha effettuato il versamento diretto può presentare all'intendente di finanza nella cui circoscrizione ha sede l'esattoria presso la quale è stato eseguito il versamento istanza di rimborso, entro il termine di decadenza di quarantotto mesi dalla data del versamento stesso, nel caso di errore materiale, duplicazione ed inesistenza totale o parziale dell'obbligo di versamento.

L'istanza di cui al primo comma può essere presentata anche dal percipiente delle somme assoggettate a ritenuta entro il termine di decadenza di quarantotto mesi dalla data in cui la ritenuta è stata operata (2).

L'intendente di finanza, sentito l'ufficio delle imposte, provvede al rimborso mediante ordinativo di pagamento.

Si applicano il secondo e terzo comma dell'articolo precedente.

Quando l'importo del versamento diretto effettuato ai sensi del primo comma, n. 3), o del secondo comma, lettera c), dell'art. 3 è superiore a quello dell'imposta liquidata in base alla dichiarazione ai sensi dell'art. 36- bis del decreto del Presidente della Repubblica 29 settembre 1973, n. 600, l'intendente di finanza provvede al rimborso della differenza con ordinativo di pagamento, su proposta dell'ufficio(3).

I rimborsi delle imposte non dovute ai sensi dell'articolo 26-quater del decreto del Presidente della Repubblica 29 settembre 1973, n. 600, richiesti dalle società non residenti aventi i requisiti di cui alla lettera a) del comma 4 del citato articolo 26-quater o da stabili organizzazioni, situate in un altro Stato membro, di società che hanno i suddetti requisiti sono effettuati entro un anno dalla data di presentazione della richiesta stessa, che deve essere corredata dalla documentazione prevista dall'articolo 26-quater, comma 6, del citato decreto n. 600 del 1973 o dalla successiva data di acquisizione degli elementi informativi eventualmente richiesti (4).

Se i rimborsi non sono effettuati entro il termine di cui al precedente comma, sulle somme rimborsate si applicano gli interessi nella misura prevista dall'articolo 44, primo comma (5).

(1) *Le disposizioni di cui al presente articolo si applicano alle sole imposte sui redditi (art. 19 del D.Lgs. 26 febbraio 1999, n. 46).*
(2) *Comma modificato dall'articolo 34, comma 6, della Legge 23 dicembre 2000, n. 388.*
(3) *Comma modificato dall'articolo 3, comma 19, del D.P.R. 24 dicembre 1976, n. 920 e successivamente dall'articolo 1, comma 5, della Legge 13 maggio 1999, n. 133.*
(4) *Comma aggiunto dall'articolo 2, comma 1, lettera b), del D.Lgs. 30 maggio 2005, n. 143.*
85) Comma aggiunto dall'articolo 2, comma 1, lettera b), del D.Lgs. 30 maggio 2005, n. 143.

39. Sospensione amministrativa della riscossione (1). – 1. Il ricorso contro il ruolo di cui all'art. 19 del decreto legislativo 31 dicembre 1992, n. 546, non sospende la riscossione; tuttavia, l'ufficio delle entrate o il centro di servizio ha facoltà di disporla in tutto o in parte fino alla data di pubblicazione della sentenza della commissione tributaria provinciale, con provvedimento motivato notificato al concessionario e al contribuente. Il provvedimento può essere revocato ove sopravvenga fondato pericolo per la riscossione.

2. Sulle somme il cui pagamento è stato sospeso ai sensi del comma 1 e che risultano dovute dal debitore a seguito della sentenza della commissione tributaria provinciale si applicano gli interessi al tasso del sette per cento annuo [*; tali interessi sono riscossi mediante ruolo formato dall'ufficio che ha emesso il provvedimento di sospensione*](2).

(1) *Articolo modificato dall'articolo 3, comma 20, del D.P.R. 24 dicembre 1976, n. 920, dall'articolo 4 della Legge 28 febbraio 1980, n. 46, dall'articolo 7, comma 3, della Legge 11 marzo 1988, n. 67, dall'articolo 71, comma 1, del D.Lgs. 31 dicembre 1992, n. 546, dall'articolo 13, comma 1, del D.L. 30 dicembre 1993, n. 557 convertito con modificazioni in Legge 26 febbraio 1994, n. 133, dall'articolo 12, comma 1, lettera h), del D.L. 8 agosto 1996, n. 437, convertito con modificazioni, in Legge 24 ottobre 1996, n. 556, dall'articolo 3, comma 141, della Legge 23 dicembre 1996, n. 662, e da ultimo sostituito dall'articolo 15, comma 1, del D.Lgs. 26 febbraio 1999, n. 46.*
(2) *Comma modificato dall'articolo 10, comma 1, lettera b), del D.Lgs. 24 settembre 2015, n. 159.*

40. Rimborso dell'imposta a seguito di decisione delle commissioni tributarie (1). – [*1. Quando l'imposta iscrivibile a ruolo a seguito di decisione della commissione tributaria è inferiore a quella già iscritta a ruolo, il rimborso è disposto dall'ufficio delle entrate entro sessanta giorni dal ricevimento della decisione.*]

(1) *Articolo sostituito dall'articolo 4, del D.L. 29 aprile 1994, n. 260,*

convertito con modificazioni in Legge 27 giugno 1994, n. 413 e, successivamente, abrogato dall'articolo 37, comma 1, del D.Lgs. 26 febbraio 1999, n. 46.

41. Rimborso d'ufficio. – Quando emergono errori materiali o duplicazioni dovuti all'ufficio delle imposte, questo provvede ad effettuare il rimborso delle maggiori somme iscritte a ruolo.

La stessa disposizione si applica, per il rimborso della differenza, quando l'ammontare della ritenuta di acconto sugli importi che hanno concorso alla determinazione del reddito imponibile, risultanti dai certificati dei sostituti di imposta o quando questi non siano previsti, da altra idonea documentazione, allegati alla dichiarazione, è superiore a quello dell'imposta liquidata in base alla dichiarazione ai sensi dell'art. 36-bis del D.P.R. 29 settembre 1973, n. 600, nonché per i crediti di imposta derivanti dalla liquidazione delle dichiarazioni effettuata ai sensi dello stesso art. 36-bis[1].

Nel caso di cui al comma precedente al rimborso provvede, su proposta dell'ufficio delle imposte, l'intendente di finanza con ordinativo di pagamento entro il termine di trenta giorni dalla data di ricevimento della proposta .

(1) Comma sostituito dall'articolo 3 del D.P.R. 24 dicembre 1976, n. 920.

42. Esecuzione del rimborso. – Del rimborso disposto l'ufficio delle imposte dà avviso al contribuente nonché al cessionario nei casi previsti dall'art. 43-bis[1].

Il concessionario è tenuto a rimborsare anche l'indennità di mora eventualmente riscossa.

Le liquidazioni di rimborso sono trascritte in elenchi nominativi con l'indicazione della causa e dei documenti che le giustificano.

L'elenco di rimborso è consegnato al concessionario il quale, sulla base di esso, restituisce al contribuente le somme già riscosse ovvero le imputa alle rate scadute e non ancora riscosse.

Se il rimborso si riferisce a rate non ancora riscosse il concessionario annota nella scheda del contribuente l'avvenuta compensazione.

Sono ritenuti validi i rimborsi eseguiti dal concessionario sotto la propria responsabilità fino alla concorrenza di lire cinquantamila su quietanza di persona diversa dal nominativo iscritto nell'elenco di sgravio, previo ritiro, con rilascio di apposita ricevuta, della bolletta di pagamento totale o parziale dell'imposta cui lo sgravio si riferisce.

[*Non si fa luogo al rimborso di somme il cui importo non eccede lire mille.*] [2].

(1) Comma sostituito dall'articolo 3, comma 94, lettera a), della Legge 28 dicembre 1995, n. 549.
(2) Comma abrogato dall'articolo 37, comma 1, del D.Lgs. 26 febbraio 1999, n. 46.

42 *bis*. Esecuzione del rimborso d'ufficio tramite procedura automatizzata [1]. – Per l'esecuzione dei rimborsi previsti dall'art. 38, quinto comma, e dall'art. 41, secondo comma, emergenti a seguito della liquidazione delle imposte effettuate a norma dell'art. 36- bis del decreto del Presidente della Repubblica 29 settembre 1973, n. 600 e successive modificazioni, gli uffici delle imposte si avvalgono della procedura di cui al presente articolo [2].

Entro l'anno solare successivo alla data di scadenza del termine della presentazione della dichiarazione dei redditi gli uffici e i centri di servizio formano, per ciascun anno d'imposta, liste di rimborso che contengono, in corrispondenza di ciascun nominativo, le generalità dell'avente diritto, il numero di registrazione della dichiarazione originante il rimborso e l'ammontare dell'imposta da rimborsare, nonchè riassunti riepilogativi, sottoscritti dal titolare dell'ufficio o da chi lo sostituisce, che riportano gli estremi ed il totale delle partite di rimborso delle singole liste [3].

Il centro informativo della Direzione generale delle imposte dirette, sulla base delle liste di rimborso formate dagli uffici delle imposte, predispone gli elenchi di rimborso e determina per ciascuna partita l'ammontare degli interessi calcolati a norma del successivo art. 44- bis. Gli elenchi di rimborso sono sottoscritti dal direttore del centro informativo o da chi lo sostituisce che attesta la corrispondenza tra le partite incluse negli elenchi e quelle riportate nelle liste dagli uffici nonchè l'esattezza del computo degli interessi. Gli elenchi contengono, per ogni soggetto avente diritto, le generalità e il domicilio fiscale, nonchè l'ammontare dell'imposta da rimborsare e degli interessi e il numero di registrazione della dichiarazione originante il rimborso [4].

Sulla scorta degli elenchi di rimborso predisposti dal centro informativo, la Direzione generale delle imposte dirette, in base a decreto del Ministro delle finanze, emette, con imputazione al competente capitolo dello stato di previsione della spesa del Ministero delle finanze, uno o più ordinativi diretti collettivi di pagamento estinguibili mediante commutazione di ufficio in vaglia cambiari non trasferibili della Banca d'Italia, i cui numeri identificativi sono riportati negli elencati stessi, in corrispondenza di ogni partita da rimborsare. Gli elenchi di rimborso fanno parte integrante degli ordinativi di pagamento. La quietanza è redatta con l'indicazione del numero e dell'importo complessivo dei rimborsi e con riferimento ai dati identificativi dei vaglia emessi, riportati negli elenchi [5].

Gli ordinativi di pagamento possono essere estinti, a richiesta degli aventi diritto e secondo modalità indicate nel modello di dichiarazione dei redditi, mediante accreditamento in conto corrente bancario a norma dell'art. 1, lettera b), del decreto del Presidente della Repubblica 25 gennaio 1962, n. 71. Con decreto del Ministro delle finanze, di concerto con il Ministro del tesoro, sono stabiliti i termini ed i modi di estinzione mediante accreditamento [6].

I vaglia cambiari sono spediti per raccomandata ovvero, se di importo superiore a lire 10 milioni, per assicurata dalla competente sezione di tesoreria provinciale dello Stato all'indirizzo del domicilio fiscale degli aventi diritto, senza obbligo di avviso. I vaglia stessi, ai sensi dell'art. 51, lettera i), del decreto del Presidente della Repubblica 29 marzo 1973, n. 156, hanno corso mediante il pagamento, a carico dello Stato, delle tasse postali determinate secondo i criteri e modalità di cui al decreto del Presidente della Repubblica 9 febbraio 1972, n. 171 [7].

Non si fa luogo al rimborso di somme il cui importo non eccede L. 1.000.

Le operazioni di predisposizione degli elenchi di rimborso e quelle di emissione dei vaglia cambiari relativi ai singoli ordinativi di pagamento vengono realizzate mediante procedure automatizzate dal centro informativo della Direzione generale delle imposte dirette e dalla Banca d'Italia - Sezione di tesoreria provinciale dello Stato che emette i vaglia, secondo le modalità stabilite con apposito decreto del Ministro per le finanze di concerto con il Ministro per il tesoro.

(1) Articolo aggiunto dall'articolo 1 della Legge 31 maggio 1977, n. 247.
(2) Comma sostituito dall'articolo 15, comma 1, lettera a), della Legge 30 dicembre 1991, n. 413.
(3) Comma sostituito dall'articolo 10 del D.L. 30 dicembre 1979, n. 660, convertito con modificazioni in Legge 29 febbraio 1980, n. 31, modificato dall'articolo 15, comma 1, lettera b), della Legge 30 dicembre 1991, n. 413 e successivamente sostituito dall'articolo 62, comma 7, lettera a), del D.L. 30 agosto 1993, n. 331, convertito con modificazioni in Legge 29 ottobre 1993, n. 427.
(4) Comma sostituito dall'articolo 10 del D.L. 30 dicembre 1979, n. 660, convertito con modificazioni in Legge 29 febbraio 1980, n. 31 e successivamente modificato dall'articolo 15, comma 1, lettere c) e d), della Legge 30 dicembre 1991, n. 413.
(5) Comma aggiunto dall'articolo 10 del D.L. 30 dicembre 1979, n. 660, convertito con modificazioni in Legge 29 febbraio 1980, n. 31.
(6) Comma aggiunto dall'articolo 10 del D.L. 30 dicembre 1979, n. 660, convertito con modificazioni in Legge 29 febbraio 1980, n. 31.
(7) Comma modificato dall'articolo 62, comma 7, lettera b), del D.L. 30 agosto 1993, n. 331, convertito con modificazioni in Legge 29 ottobre 1993, n. 427.

43. Recupero di somme erroneamente, rimborsate (1). – L'ufficio provvede mediante iscrizione a ruolo al recupero delle somme erroneamente rimborsate e degli interessi eventualmente corrisposti. La relativa cartella di pagamento è notificata, a pena di decadenza, entro il 31 dicembre del terzo anno successivo a quello di esecuzione del rimborso o, se più ampio, entro il termine di cui all'articolo 43, primo comma, del decreto del Presidente della Repubblica 29 settembre 1973, n. 600, maggiorato di dodici mesi (2).

Se successivamente al rimborso viene notificato avviso di accertamento ai sensi dell'art. 42 del D.P.R. 29 settembre 1973, n. 600, le somme che in base all'avviso stesso risultano indebitamente rimborsate, anche in dipendenza della imposta o della maggiore imposta accertata, sono iscritte in ruolo speciale unitamente agli interessi eventualmente corrisposti, ferma restando per l'imposta o la maggiore imposta accertata l'applicazione degli interessi ai sensi dell'art. 20. Nell'avviso di accertamento deve essere espressamente indicato l'ammontare delle somme rimborsate e dei relativi interessi da iscriversi nel ruolo predetto.

L'intendente di finanza dà comunicazione all'ufficio delle imposte competente dei rimborsi eseguiti mediante ordinativo di pagamento.

(1) Articolo sostituito dall'articolo 2 della legge 31 maggio 1977, n. 247.
(2) Comma sostituito dall'articolo 1, comma 5-ter, lettera a), numero 1), del D.L. 17 giugno 2005, n. 106, convertito con modificazioni in Legge 31 luglio 2005, n. 156.

43 *bis*. Cessione dei crediti di imposta. – 1. Le disposizioni degli articoli 69 e 70 del R. D. 18 novembre 1923, n. 2440, si applicano anche alle cessioni dei crediti chiesti a rimborso nella dichiarazione dei redditi. Il cessionario non può cedere il credito oggetto della cessione. Gli interessi di cui al primo comma dell'art. 44 sono dovuti al cessionario.

2. Ferma restando nei confronti del contribuente che cede i crediti di cui al comma 1 l'applicazione delle disposizioni dell'art. 43, il cessionario risponde in solido con il contribuente fino a concorrenza delle somme indebitamente rimborsate, a condizione che gli siano notificati gli atti con i quali l'ufficio delle entrate o il centro di servizio procedono al recupero delle somme stesse.

3. L'atto di cessione deve essere notificato all'ufficio delle entrate o al centro di servizio nonché al concessionario del servizio della riscossione presso il quale è tenuto il conto fiscale di cui all'art. 78, commi 28 e seguenti, della L. 30 dicembre 1991, n. 413 (1).

(1) Articolo aggiunto dall'articolo 3, comma 94, lettera b), della Legge 28 dicembre 1995, n. 549.

43 *ter*. Cessione delle eccedenze nell'ambito del gruppo (1). – 1. Le eccedenze dell'imposta sul reddito delle persone giuridiche e dell'imposta locale sui redditi risultanti dalla dichiarazione dei redditi delle società o enti appartenenti ad un gruppo possono essere cedute, in tutto o in parte, a una o più società o all'ente dello stesso gruppo, senza l'osservanza delle formalità di cui agli articoli 69 e 70 del regio decreto 18 novembre 1923, n. 2440.

2. Nei confronti dell'amministrazione finanziaria la cessione delle eccedenze [*si considera effettuata alla data di presentazione della dichiarazione dei redditi da cui esse emergono ed*] è efficace a condizione che l'ente o società cedente indichi nella dichiarazione [*stessa*] gli estremi dei soggetti cessionari e gli importi ceduti a ciascuno di essi(2).

2-bis. In caso di cessione dell'eccedenza dell'imposta sul reddito delle società risultante dalla dichiarazione dei redditi del consolidato di cui all'articolo 122 del testo unico delle imposte sui redditi, approvato con decreto del Presidente della Repubblica 22 dicembre 1986, n. 917, la mancata indicazione degli estremi del soggetto cessionario e dell'importo ceduto non determina l'inefficacia ai sensi del secondo comma [*se il cessionario è lo stesso soggetto consolidante*]. In tale caso si applica la sanzione di cui all'articolo 8, comma 1, del decreto legislativo 18 dicembre 1997, n. 471, nella misura massima stabilita(3).

[*3. Le eccedenze di imposta cedute sono computate dai cessionari in diminuzione dei versamenti dell'imposta sul reddito delle persone giuridiche e dell'imposta locale sui redditi i cui termini scadono a partire dalla data in cui la cessione si considera effettuata ai sensi del comma 2.*] (4)

4. Agli effetti del presente articolo appartengono al gruppo l'ente o società controllante e le società da questo controllate; si considerano controllate le società per azioni, in accomandita per azioni e a responsabilità limitata le cui azioni o quote sono possedute dall'ente o società controllante o tramite altra società controllata da questo ai sensi del presente articolo per una percentuale superiore al 50 per cento del capitale, fin dall'inizio del periodo di imposta precedente a quello cui si riferiscono i crediti di imposta ceduti. Le disposizioni del presente articolo si applicano, in ogni caso, alle società e agli enti tenuti alla redazione del bilancio consolidato ai sensi del decreto legislativo 9 aprile 1991, n. 127, e del decreto legislativo 18 agosto 2015, n. 136, e alle imprese, soggette all'imposta sul reddito delle persone giuridiche, indicate nell'elenco di cui alla lettera a) del comma 2 dell'art. 38 del predetto decreto n. 127 del 1991 e nell'elenco di cui alla lettera a) del comma 2 dell'articolo 36 del predetto decreto n. 136 del 2015(5).

5. Si applicano le disposizioni del comma 2 dell'art. 43-bis.

(1) Articolo inserito dall'articolo 3, comma 94, lettera b), della Legge 28 dicembre 1995, n. 549.
(2) Comma modificato dall'articolo 11, comma 1, lettera e), numero 1), del D.P.R. 14 ottobre 1999, n. 542.

(3) *Comma aggiunto dall'articolo 2, comma 3, del D.L. 2 marzo 2012, n. 16, convertito con modificazioni in Legge 26 aprile 2012, n. 44.*
(4) *Comma soppresso dall'articolo 11, comma 1, lettera e), numero 2), del D.P.R. 14 ottobre 1999, n. 542.*
(5) *Comma modificato dall'articolo 12, comma 5, del D.Lgs. 29 novembre 2018, n. 142. Per l'applicazione delle presenti disposizioni vedi l'articolo 13, comma 9, del D.Lgs. 142/2018 medesimo.*

44. Interessi per ritardato rimborso di imposte pagate. – Il contribuente che abbia effettuato versamenti diretti o sia stato iscritto a ruolo per un ammontare di imposta superiore a quello effettivamente dovuto per lo stesso periodo ha diritto, per la maggior somma effettivamente pagata, all'interesse del 6% per ognuno dei semestri interi, escluso il primo, compresi tra la data del versamento o della scadenza dell'ultima rata del ruolo in cui è stata iscritta la maggiore imposta e la data dell'ordinativo emesso dall'intendente di finanza o dell'elenco di rimborso (1).

L'interesse di cui al primo comma è dovuto, con decorrenza dal secondo semestre successivo alla presentazione della dichiarazione, anche nelle ipotesi previste nell'art. 38, quinto comma e nell'art. 41, secondo comma (2).

L'interesse è calcolato dall'ufficio delle imposte, che lo indica nello stesso elenco di sgravio, o dall'intendente di finanza ed è a carico dell'ente destinatario del gettito dell'imposta.

(1) *Comma modificato dall'articolo 3, comma 22, del D.P.R. 24 dicembre 1976, n. 920.*
(2) *Comma sostituito dall'articolo 3, comma 22, del D.P.R. 24 dicembre 1976, n. 920.*

44 *bis*. Interessi per rimborsi eseguiti mediante procedura automatizzata (1). – Per i rimborsi effettuati con le modalità di cui all'art. 42- bis, l'interesse è dovuto con decorrenza dal secondo semestre solare successivo alla data di scadenza del termine di presentazione della dichiarazione fino alla data di emissione dell'ordinativo diretto collettivo di pagamento concernente il rimborso d'imposta, escludendo dal computo anche il semestre in cui tale ordinativo è emesso (2).

Per il pagamento degli interessi sono emessi, unitamente agli ordinativi di cui all'art. 42- bis, che dispongono il rimborso d'imposta, ordinativi diretti collettivi di pagamento tratti sul competente capitolo dello stato di previsione della spesa del Ministero delle finanze, estinguibili con la procedura indicata nello stesso art. 42- bis. Negli ordinativi concernenti il pagamento degli interessi è fatto riferimento agli elenchi dei creditori facenti parte integrante degli ordinativi che dispongono il rimborso d'imposta.

Sia per il rimborso d'imposta che per il pagamento degli interessi è emesso, per ciascun creditore, un unico vaglia cambiario.

La quietanza relativa all'ordinativo per il pagamento degli interessi è redatta con annotazione di riferimento alla quietanza riguardante il corrispondente ordinativo di rimborso di cui all'art. 42- bis, quarto comma (3).

[*Gli ordinativi che dispongono il rimborso d'imposta e quelli corrispondenti per il pagamento degli interessi sono estinguibili a decorrere dal primo giorno del semestre solare successivo a quello in cui gli ordinativi stessi sono stati emessi.*] (4)

(1) *Articolo inserito dall'articolo 3 della Legge 31 maggio 1977, n. 247.*
(2) *Comma modificato dall'articolo 11 del D.L. 30 dicembre 1979, n. 660, convertito con modificazioni in Legge 29 febbraio 1980, n. 31.*
(3) *Comma modificato dall'articolo 11 del D.L. 30 dicembre 1979, n. 660, convertito con modificazioni in Legge 29 febbraio 1980, n. 31.*
(4) *Comma abrogato dall'articolo 11 del D.L. 30 dicembre 1979, n. 660, convertito con modificazioni in Legge 29 febbraio 1980, n. 31.*

TITOLO II
Riscossione coattiva (1)

(1) *Titolo sostituito dall'art. 16, d.lg. 26 febbraio 1999, n. 46.*

CAPO I
Disposizioni generali

45. Riscossione coattiva. – 1. Il concessionario procede alla riscossione coattiva delle somme iscritte a ruolo, degli interessi di mora e delle spese di esecuzione secondo le disposizioni del presente titolo(1).

(1) *Articolo sostituito dall'articolo 16 del D.Lgs. 26 febbraio 1999, n. 46.*

46. Delega ad altro concessionario. – 1. Il concessionario cui è stato consegnato il ruolo, se l'attività di riscossione deve essere svolta fuori del proprio ambito territoriale, delega in via telematica per la stessa il concessionario nel cui ambito territoriale si deve procedere, fornendo ogni informazione utile in suo possesso circa i beni sui quali procedere. La delega può riguardare anche la notifica della cartella.

2. A seguito della delega, il pagamento delle somme iscritte a ruolo è eseguito al delegato (1).

(1) *Articolo sostituito dall'articolo 16 del D.Lgs. 26 febbraio 1999, n. 46.*

47. Gratuità delle trascrizioni, iscrizioni e cancellazioni di pignoramenti e ipoteche (1). – 1. I conservatori dei pubblici registri mobiliari ed immobiliari eseguono le trascrizioni e le cancellazioni dei pignoramenti e le iscrizioni e le cancellazioni di ipoteche richieste dal concessionario, nonchè la trascrizione dell'assegnazione prevista dall'art. 85 in esenzione da ogni tributo e diritto (2).

2. I conservatori sono altresì tenuti a rilasciare in carta libera e gratuitamente al concessionario l'elenco delle trascrizioni ed iscrizioni relative ai beni da lui indicati, contenente la specificazione dei titoli trascritti, dei crediti iscritti e del domicilio dei soggetti a cui favore risultano fatte le trascrizioni e le iscrizioni.

(1) *Articolo sostituito dall'articolo 16, comma 1, del D.Lgs. 26 febbraio 1999, n. 46.*
(2) *Comma modificato, a decorrere dal 1° luglio 1999, dall'articolo 1, comma 1, lettera d), del D.Lgs. 27 aprile 2001, n. 193.*

47 *bis*. Gratuità di altre attività e misura dell'imposta di registro sui trasferimenti coattivi di beni mobili (1). – 1. I competenti uffici dell'Agenzia del territorio rilasciano gratuitamente ai concessionari e ai soggetti da essi incaricati le visure ipotecarie e catastali relative agli immobili dei debitori iscritti a ruolo e dei coobbligati e svolgono gratuitamente le attività di cui all'articolo 79, comma 2(2).

2. Ai trasferimenti coattivi di beni mobili non registrati, la cui vendita è curata dai concessionari, l'imposta di registro si applica nella misura fissa di dieci euro.

(1) *Articolo aggiunto dall'articolo 3, comma 40, lettera a), del D.L. 30*

RISCOSSIONE

settembre 2005, n. 203, convertito con modificazioni in Legge 2 dicembre 2005, n. 248.

[2] *Comma modificato dall'articolo 83, comma 23-ter, del D.L. 25 giugno 2008, n. 112, convertito con modificazioni in Legge 6 agosto 2008, n. 133.*

48. Tasse e diritti per atti giudiziari. – 1. Le tasse e i diritti per atti giudiziari dovuti in occasione ed in conseguenza del procedimento di riscossione coattiva sono ridotti alla metà e prenotati a debito per il recupero nei confronti della parte soccombente, quando questa non sia il concessionario.

2. Nei casi previsti dal comma 1 il concessionario non può abbandonare il procedimento in seguito al pagamento del credito, ma deve proseguirlo ai fini del recupero delle tasse e dei diritti prenotati a debito. In difetto, ne risponde in proprio [1].

[1] *Articolo sostituito dall'articolo 16 del D.Lgs. 26 febbraio 1999, n. 46.*

48 *bis*. Disposizioni sui pagamenti delle pubbliche amministrazioni [1][2]. – 1. A decorrere dalla data di entrata in vigore del regolamento di cui al comma 2, le amministrazioni pubbliche di cui all'articolo 1, comma 2, del decreto legislativo 30 marzo 2001, n. 165, e le società a prevalente partecipazione pubblica, prima di effettuare, a qualunque titolo, il pagamento di un importo superiore a cinquemila euro, verificano, anche in via telematica, se il beneficiario è inadempiente all'obbligo di versamento derivante dalla notifica di una o più cartelle di pagamento per un ammontare complessivo pari almeno a tale importo e, in caso affermativo, non procedono al pagamento e segnalano la circostanza all'agente della riscossione competente per territorio, ai fini dell'esercizio dell'attività di riscossione delle somme iscritte a ruolo. La presente disposizione non si applica alle aziende o società per le quali sia stato disposto il sequestro o la confisca ai sensi dell'articolo 12-sexies del decreto-legge 8 giugno 1992, n. 306, convertito, con modificazioni, dalla legge 7 agosto 1992, n. 356, ovvero della legge 31 maggio 1965, n. 575, ovvero che abbiano ottenuto la dilazione del pagamento ai sensi dell'articolo 19 del presente decreto nonché ai risparmiatori di cui all'articolo 1, comma 494, della legge 30 dicembre 2018, n. 145, che hanno subito un pregiudizio ingiusto da parte di banche e loro controllate aventi sede legale in Italia, poste in liquidazione coatta amministrativa dopo il 16 novembre 2015 e prima del 16 gennaio 2018 [3].

2. Con regolamento del Ministro dell'economia e delle finanze, da adottare ai sensi dell'articolo 17, comma 3, della legge 23 agosto 1988, n. 400, sono stabilite le modalità di attuazione delle disposizioni di cui al comma 1.

2-bis. Con decreto di natura non regolamentare del Ministro dell'economia e delle finanze, l'importo di cui al comma 1 può essere aumentato, in misura comunque non superiore al doppio, ovvero diminuito [4].

[1] *Articolo aggiunto dall'articolo 2, comma 9, del D.L. 3 ottobre 2006, n. 262, convertito con modificazioni in Legge 24 novembre 2006, n. 286.*

[2] *Per le modalità di attuazione del presente articolo vedi il D.M. 18 gennaio 2008, n. 40. A norma dell'articolo 37, comma 7-ter, del D.L. 24 aprile 2014, n. 66, convertito, con modificazioni, dalla Legge 23 giugno 2014, n. 89, le verifiche di cui al presente articolo sono effettuate dalle pubbliche amministrazioni esclusivamente all'atto della certificazione dei crediti certi, liquidi ed esigibili maturati nei confronti delle pubbliche amministrazioni di cui all'articolo 1, comma 2, del decreto legislativo 30 marzo 2001, n. 165, per somministrazioni, forniture ed appalti e per obbligazioni relative a prestazioni professionali alla data del 31 dicembre 2013, tramite la piattaforma elettronica nei confronti dei soggetti creditori. Per il periodo di sospensione di cui all'articolo 68, commi 1 e 2-bis, del D.L. 17 marzo 2020, n. 18, convertito, con modificazioni, dalla Legge 24 aprile 2020, n. 27, vedi disposizioni di applicazione di cui all'articolo 153 del D.L. 19 maggio 2020, n. 34, non ancora convertito in legge. Per il periodo di sospensione di cui all'articolo 68, commi 1 e 2-bis, del D.L. 17 marzo 2020, n. 18, convertito, con modificazioni, dalla Legge 24 aprile 2020, n. 27, vedi disposizioni di applicazione di cui all'articolo 153 del D.L. 19 maggio 2020, n. 34, convertito con modificazioni dalla Legge 17 luglio 2020, n. 77.*

[3] *Comma modificato dall'articolo 19, comma 1, lettera a), del D.L. 1° ottobre 2007, n. 159, convertito con modificazioni in Legge 29 novembre 2007, n. 222, dall'articolo 2, comma 17, della Legge 15 luglio 2009, n. 94, dall'articolo 9, comma 1-bis, del D.L. 8 aprile 2013, n. 35, convertito con modificazioni in Legge 6 giugno 2013, n. 64, dall'articolo 1, comma 986, della Legge 27 dicembre 2017, n. 205 e successivamente dall'articolo 36, comma 2-undecies, del D.L. 30 aprile 2019, n. 34, convertito con modificazioni dalla Legge 28 giugno 2019, n. 58.*

[4] *Comma aggiunto dall'articolo 19, comma 1, lettera a), del D.L. 1° ottobre 2007, n. 159, convertito con modificazioni in Legge 29 novembre 2007, n. 222.*

CAPO II
Espropriazione forzata

Sezione I – Disposizioni generali

49. Espropriazione forzata [1]. – 1. Per la riscossione delle somme non pagate il concessionario procede ad espropriazione forzata sulla base del ruolo, che costituisce titolo esecutivo, [*fatto salvo il diritto del debitore di dimostrare, con apposita documentazione rilasciata ai sensi del comma 1-bis, l'avvenuto pagamento delle somme dovute ovvero lo sgravio totale riconosciuto dall'ente creditore;*] il concessionario può altresì promuovere azioni cautelari e conservative, nonchè ogni altra azione prevista dalle norme ordinarie a tutela del creditore [2].

1-bis. I pagamenti delle somme dovute all'ente creditore ovvero il riconoscimento dello sgravio da parte dell'ente creditore, effettuati in una data successiva a quella di iscrizione a ruolo, devono essere tempestivamente comunicati dall'ente creditore al concessionario della riscossione. [L'ente creditore rilascia al debitore, in triplice copia, una dichiarazione attestante l'avvenuto pagamento ovvero lo sgravio totale riconosciuto; la dichiarazione è opponibile al concessionario] [3].

[1-ter. Con decreto del Ministro dell'economia e delle finanze, da emanare entro trenta giorni dalla data di entrata in vigore della presente disposizione, sono stabilite le modalità di attuazione delle disposizioni di cui al comma 1-bis ed è approvato il modello di dichiarazione attestante l'avvenuto pagamento o lo sgravio totale. La dichiarazione deve essere rilasciata dall'ente creditore in triplice copia][4].

[1-quater. Nei casi di opposizione all'attività di riscossione di cui al comma 1-bis, il concessionario ha diritto al rimborso delle spese sostenute per l'attività di riscossione qualora l'ente creditore non abbia inviato la comunicazione dell'avvenuto pagamento o dello sgravio totale riconosciuto al debitore] [5]

2. Il procedimento di espropriazione forzata è regolato dalle norme ordinarie applicabili in rapporto al bene oggetto di esecuzione, in quanto non derogate dalle disposizioni del presente capo e con esso compatibili; gli atti relativi a tale procedimento sono notificati con le modalità previste

dall'articolo 26 [6].

3. Le funzioni demandate agli ufficiali giudiziari sono esercitate dagli ufficiali della riscossione.

(1) *Articolo sostituito dall'articolo 16, comma 1, del D.Lgs. 26 febbraio 1999, n. 46.*
(2) *Comma modificato dall'articolo 1, comma 415, della Legge 30 dicembre 2004, n. 311, dall'articolo 3, comma 3-bis, lettera a), del D.L. 25 marzo 2010, n. 40, convertito con modificazioni in Legge 22 maggio 2010, n. 73 e dall'articolo 1, comma 2, lettera a) del DLgs. 24 settembre 2015 n. 159.*
(3) *Comma aggiunto dall'articolo 3, comma 3-bis, lettera b), del D.L. 25 marzo 2010, n. 40, convertito con modificazioni in Legge 22 maggio 2010, n. 73 e successivamente modificato dall'articolo 1, comma 2, lettera a) del DLgs. 24 settembre 2015 n. 159.*
(4) *Comma aggiunto dall'articolo 3, comma 3-bis, lettera b), del D.L. 25 marzo 2010, n. 40, convertito con modificazioni in Legge 22 maggio 2010, n. 73 e successivamente abrogato dall'articolo 1, comma 2, lettera a) del DLgs. 24 settembre 2015 n. 159.*
(5) *Comma aggiunto dall'articolo 3, comma 3-bis, lettera b), del D.L. 25 marzo 2010, n. 40, convertito con modificazioni in Legge 22 maggio 2010, n. 73 e successivamente abrogato dall'articolo 1, comma 2, lettera a) del DLgs. 24 settembre 2015 n. 159.*
(6) *Comma modificato dall'articolo 1, comma 1, lettera e), del D.Lgs. 27 aprile 2001, n. 193.*

50. Termine per l'inizio dell'esecuzione [1]. – 1. Il concessionario procede ad espropriazione forzata quando è inutilmente decorso il termine di sessanta giorni dalla notificazione della cartella di pagamento, salve le disposizioni relative alla dilazione ed alla sospensione del pagamento.

2. Se l'espropriazione non è iniziata entro un anno dalla notifica della cartella di pagamento, l'espropriazione stessa deve essere preceduta dalla notifica, da effettuarsi con le modalità previste dall'articolo 26, di un avviso che contiene l'intimazione ad adempiere l'obbligo risultante dal ruolo entro cinque giorni[2].

3. L'avviso di cui al comma 2 è redatto in conformità al modello approvato con decreto del Ministero delle finanze e perde efficacia trascorso un anno dalla data della notifica [3].

(1) *Articolo sostituito dall'articolo 16, comma 1, del D.Lgs. 26 febbraio 1999, n. 46.*
(2) *Comma modificato dall'articolo 1, comma 1, lettera f), del D.Lgs. 27 aprile 2001, n. 193.*
(3) *Comma modificato dall'articolo 26, comma 18, del D.L. 16 luglio 2020, n. 76, conv., con modifiche, nella L. 11 settembre 2020, n. 120.*

51. Surroga del concessionario in procedimenti esecutivi già iniziati. – 1. Qualora sui beni del debitore sia già iniziato un altro procedimento di espropriazione, il concessionario può dichiarare al giudice dell'esecuzione di volersi surrogare al creditore procedente, indicando il credito in relazione al quale la surroga è esercitata. La dichiarazione è notificata al creditore procedente ed al debitore.

2. Se entro dieci giorni dalla notificazione il creditore procedente o il debitore non hanno corrisposto al concessionario l'importo del suo credito, il concessionario resta surrogato negli atti esecutivi già iniziati e li prosegue secondo le norme del presente titolo.

3. Il concessionario può esercitare il diritto di surroga fino al momento dell'aggiudicazione o dell'assegnazione [1].

(1) *Articolo sostituito dall'articolo 16 del D.Lgs. 26 febbraio 1999, n. 46.*

52. Procedimento di vendita [1]. – 1. La vendita dei beni pignorati è effettuata, mediante pubblico incanto o nelle altre forme previste dal presente decreto, a cura del concessionario, senza necessità di autorizzazione dell'autorità giudiziaria.

2. L'incanto è tenuto e verbalizzato dall'ufficiale della riscossione.

2-bis. Il debitore ha facoltà di procedere alla vendita del bene pignorato o ipotecato al valore determinato ai sensi degli articoli 68, 79 e 80, comma 2, lettera b), con il consenso dell'agente della riscossione, il quale interviene nell'atto di cessione e al quale è interamente versato il corrispettivo della vendita. L'eccedenza del corrispettivo rispetto al debito è rimborsata al debitore entro i dieci giorni lavorativi successivi all'incasso [2].

2-ter. Nel caso in cui il debitore eserciti la facoltà di cui al comma 2-bis, la vendita del bene deve aver luogo entro i cinque giorni antecedenti la data fissata, ai sensi degli articoli 66 e 78, per il primo incanto, ovvero la nuova data eventualmente fissata per effetto della nomina di cui all'articolo 80, comma 2, lettera b)[3].

2-quater. Se la vendita di cui al comma 2-ter non ha luogo nei cinque giorni antecedenti la data fissata per il primo incanto e vi è necessità di procedere al secondo, il debitore, entro il giorno che precede tale incanto, può comunque esercitare la facoltà prevista dal comma 2-bis al prezzo stabilito ai sensi degli articoli 69 e 81 [4].

2-quinquies. Nel caso in cui il debitore intenda procedere direttamente, ai sensi del comma 2-bis, alla vendita di immobili censibili nel catasto edilizio urbano senza attribuzione di rendita catastale, quali fabbricati in corso di costruzione, fabbricati collabenti, fabbricati in corso di definizione, lastrici solari e aree urbane, il medesimo debitore può procedere, con il consenso dell'agente della riscossione, alla vendita del bene pignorato o ipotecato, al valore determinato, in deroga al comma 2-bis, da perizia inoppugnabile effettuata dall'Agenzia delle entrate in base agli accordi stipulati con lo stesso agente della riscossione ai sensi dell'articolo 64, comma 3-bis, del decreto legislativo 30 luglio 1999, n. 300, e nei termini ivi stabiliti, su richiesta presentata dal debitore all'agente. Il rimborso dei costi sostenuti per l'effettuazione della perizia è posto a carico del debitore ed è versato all'agente della riscossione unitamente al corrispettivo della vendita di cui al comma 2-bis, ovvero, in mancanza di vendita, entro il termine di novanta giorni dalla consegna della perizia. Decorso tale termine in assenza di pagamento, l'agente della riscossione può procedere alla riscossione coattiva delle somme dovute unitamente alle spese esecutive di cui all'articolo 17, comma 3, lettera a), del decreto legislativo 13 aprile 1999, n. 112 [5].

(1) *Articolo modificato dall'articolo 5, comma 4, lettera b-bis), del D.L. 31 dicembre 1996, n. 669, convertito con modificazioni in Legge 28 febbraio 1997, n. 30 e successivamente sostituito dall'articolo 16 del D.Lgs. 26 febbraio 1999, n. 46.*
(2) *Comma aggiunto dall'articolo 10, comma 13-terdecies, del D.L. 6 dicembre 2011, n. 201, convertito con modificazioni in Legge 22 dicembre 2011, n. 214 e successivamente modificato dall'articolo 52, comma 1, lettera b), numero 1), del D.L. 21 giugno 2013, n. 69, convertito con modificazioni in Legge 9 agosto 2013, n. 98.*
(3) *Comma aggiunto dall'articolo 52, comma 1, lettera b), numero 2), del D.L. 21 giugno 2013, n. 69, convertito con modificazioni in Legge 9 agosto 2013, n. 98.*
(4) *Comma aggiunto dall'articolo 52, comma 1, lettera b), numero 2), del D.L. 21 giugno 2013, n. 69, convertito con modificazioni in Legge 9 agosto 2013, n. 98.*
(5) *Comma inserito dall'articolo 6-ter, comma 1, del D.L. 21 giugno 2022, n. 73, convertito, con modificazioni, dalla Legge 4 agosto 2022, n. 122. Per l'applicazione vedi il comma 2 del medesimo articolo 6-ter, del D.L. n.*

73 del 2022.

53. Cessazione dell'efficacia del pignoramento e cancellazione della trascrizione (1). – 1. Il pignoramento perde efficacia quando dalla sua esecuzione sono trascorsi duecento giorni senza che sia stato effettuato il primo incanto (2).

2. Se il pignoramento è stato trascritto in pubblico registro mobiliare o immobiliare, il concessionario, nell'ipotesi prevista dal comma 1 ed in ogni altro caso di estinzione del procedimento richiede entro dieci giorni al conservatore la cancellazione della trascrizione.

(1) *Articolo sostituito dall'articolo 16, comma 1, del D.Lgs. 26 febbraio 1999, n. 46.*
(2) *Comma modificato dall'articolo 52, comma 1, lettera c), del D.L. 21 giugno 2013, n. 69, convertito con modificazioni in Legge 9 agosto 2013, n. 98.*

54. Intervento dei creditori (1). – 1. I creditori che intendono intervenire nell'esecuzione debbono notificare al concessionario un atto contenente le indicazioni prescritte dal secondo comma dell'articolo 499 del codice di procedura civile.

2. L'intervento conferisce ai creditori soltanto il diritto di partecipare alla distribuzione della somma ricavata dalla vendita dei beni pignorati.

3. I creditori chirografari che intervengono oltre la data fissata per primo incanto o, nel caso di espropriazione presso terzi, per l'assegnazione del credito pignorato, concorrono alla distribuzione della parte della somma ricavata che sopravanza dopo che sono stati soddisfatti i diritti del concessionario, dei creditori aventi diritto di prelazione e dei creditori chirografari intervenuti prima di detta data.

(1) *Articolo sostituito dall'articolo 16, comma 1, del D.Lgs. 26 febbraio 1999, n. 46.*

55. Divieto per il concessionario di acquisto dei beni pignorati (1). – 1. Fermo il disposto degli articoli 539 e 553 del codice di procedura civile, il concessionario non può chiedere l'assegnazione dei beni pignorati, né rendersi acquirente dei medesimi negli incanti, neppure per interposta persona.

(1) *Articolo sostituito dall'articolo 16, comma 1, del D.Lgs. 26 febbraio 1999, n. 46.*

56. Deposito degli atti e del prezzo (1). – 1. Gli atti del procedimento di espropriazione, compresa la prova degli adempimenti prescritti dall'articolo 498 del codice di procedura civile, sono depositati, a cura del concessionario, nella cancelleria del giudice dell'esecuzione nel termine di dieci giorni dalla vendita.

2. Nello stesso termine, salvo quanto previsto dal comma 3, la somma ricavata dalla vendita è consegnata al cancelliere per essere depositata nella forma dei depositi giudiziari.

3. Se nell'esecuzione non sono intervenuti altri creditori aventi diritto ad essere soddisfatti con preferenza o in via concorrente rispetto al concessionario, ovvero se la somma ricavata è sufficiente a soddisfarli integralmente, il giudice dell'esecuzione autorizza il concessionario a trattenere l'ammontare del suo credito, depositando in cancelleria l'eventuale eccedenza, ovvero, se non sono intervenuti altri creditori, restituendola al debitore.

(1) *Articolo sostituito dall'articolo 16, comma 1, del D.Lgs. 26 febbraio 1999, n. 46.*

57. Opposizione all'esecuzione o agli atti esecutivi (1). – 1. Non sono ammesse:

a) le opposizioni regolate dall'articolo 615 del codice di procedura civile, fatta eccezione per quelle concernenti la pignorabilità dei beni (2);

b) le opposizioni regolate dall'articolo 617 del codice di procedura civile relative alla regolarità formale ed alla notificazione del titolo esecutivo.

2. Se è proposta opposizione all'esecuzione o agli atti esecutivi, il giudice fissa l'udienza di comparizione delle parti avanti a sé con decreto steso in calce al ricorso, ordinando al concessionario di depositare in cancelleria, cinque giorni prima dell'udienza, l'estratto del ruolo e copia di tutti gli atti di esecuzione.

(1) *Articolo sostituito dall'articolo 16, comma 1, del D.Lgs. 26 febbraio 1999, n. 46.*
(2) *La Corte Costituzionale, con sentenza 31 maggio 2018, n. 114 (in Gazz. Uff. 6 giugno 2018, n. 23), ha dichiarato l'illegittimità costituzionale del presente comma nella parte in cui non prevede che, nelle controversie che riguardano gli atti dell'esecuzione forzata tributaria successivi alla notifica della cartella di pagamento o all'avviso di cui all'art. 50 del d.P.R. n. 602 del 1973, sono ammesse le opposizioni regolate dall'art. 615 del codice di procedura civile.*

58. Opposizione di terzi (1). – 1. L'opposizione prevista dall'articolo 619 del codice di procedura civile deve essere promossa prima della data fissata per il primo incanto.

2. L'opposizione non può essere proposta quando i mobili pignorati nella casa di abitazione o nell'azienda del debitore iscritto a ruolo o dei coobbligati, o in altri luoghi a loro appartenenti, hanno formato oggetto di una precedente vendita nell'ambito di una procedura di espropriazione forzata promossa dal concessionario a carico del medesimo debitore o dei medesimi coobbligati (2).

3. Il coniuge, i parenti e gli affini fino al terzo grado del debitore iscritto a ruolo e dei coobbligati, per quanto riguarda i beni mobili pignorati nella casa di abitazione o nell'azienda del debitore o del coobbligato, o in altri luoghi a loro appartenenti, possono dimostrare la proprietà del bene esclusivamente con atti pubblici o scritture private di data certa anteriore:

a) alla presentazione della dichiarazione, se prevista e se presentata;

b) al momento in cui si è verificata la violazione che ha dato origine all'iscrizione a ruolo, se non è prevista la presentazione della dichiarazione o se la dichiarazione non è comunque stata presentata;

c) al momento in cui si è verificato il presupposto dell'iscrizione a ruolo, nei casi non rientranti nelle ipotesi di cui alle lettere a) e b).

(1) *Articolo sostituito dall'articolo 16, comma 1, del D.Lgs. 26 febbraio 1999, n. 46.*
(2) *Comma modificato dall'articolo 1, comma 1, lettera g), del D.Lgs. 27 aprile 2001, n. 193.*

59. Risarcimento dei danni (1). – 1. Chiunque si ritenga leso dall'esecuzione può proporre azione contro il concessionario dopo il compimento dell'esecuzione stessa ai fini del risarcimento dei danni.

2. Il concessionario risponde dei danni e delle spese del giudizio anche con la cauzione prestata, salvi i diritti degli enti creditori.

(1) Articolo sostituito dall'articolo 16, comma 1, del D.Lgs. 26 febbraio 1999, n. 46.

60. Sospensione dell'esecuzione (1). – 1. Il giudice dell'esecuzione non può sospendere il processo esecutivo, salvo che ricorrano gravi motivi e vi sia fondato pericolo di grave e irreparabile danno.

(1) Articolo modificato dall'articolo 5, comma 4, lettera b-ter), del D.L. 31 dicembre 1996, n. 669, convertito con modificazioni in Legge 28 febbraio 1997, n. 30 e successivamente sostituito dall'articolo 16, comma 1, del D.Lgs. 26 febbraio 1999, n. 46.

61. Estinzione del procedimento per pagamento del debito (1). – 1. Salvo quanto previsto dall'articolo 48, comma 1, il procedimento di espropriazione si estingue se il debitore o un terzo, in qualunque momento anteriore alla vendita, paga all'ufficiale della riscossione la somma portata dal ruolo, i relativi accessori e le spese, ovvero gli esibisce la prova dell'avvenuto pagamento (2).

(1) Articolo sostituito dall'articolo 16, comma 1, del D.Lgs. 26 febbraio 1999, n. 46.
(2) Comma modificato dall'articolo 1, comma 1, lettera h), del D.Lgs. 27 aprile 2001, n. 193.

Sezione II – Disposizioni particolari in materia di espropriazione mobiliare

62. Disposizioni particolari sui beni pignorabili (1). – 1. I beni di cui all'articolo 515, terzo comma, del codice di procedura civile, anche se il debitore è costituito in forma societaria ed in ogni caso se nelle attività del debitore risulta una prevalenza del capitale investito sul lavoro, possono essere pignorati nei limiti di un quinto, quando il presumibile valore di realizzo degli altri beni rinvenuti dall'ufficiale esattoriale o indicati dal debitore non appare sufficiente per la soddisfazione del credito (2).

1-bis. Nel caso di pignoramento dei beni di cui al comma 1, la custodia è sempre affidata al debitore ed il primo incanto non può aver luogo prima che siano decorsi trecento giorni dal pignoramento stesso. In tal caso, il pignoramento perde efficacia quando dalla sua esecuzione sono trascorsi trecentosessanta giorni senza che sia stato effettuato il primo incanto (3).

2. I frutti dei fondi del debitore soggetti al privilegio stabilito dall'art. 2771 del codice civile possono essere pignorati nelle forme dell'espropriazione presso il debitore ancorchè i fondi stessi siano affittati.

(1) Articolo sostituito dall'articolo 16, comma 1, del D.Lgs. 26 febbraio 1999, n. 46.
(2) Comma sostituito dall'articolo 52, comma, lettera d), numero 1), del D.L. 21 giugno 2013, n. 69, convertito con modificazioni in Legge 9 agosto 2013, n. 98.
(3) Comma aggiunto dall'articolo 52, comma, lettera d), numero 2), del D.L. 21 giugno 2013, n. 69, convertito con modificazioni in Legge 9 agosto 2013, n. 98.

63. Astensione dal pignoramento (1). – 1. L'ufficiale della riscossione deve astenersi dal pignoramento o desistere dal procedimento quando è dimostrato che i beni appartengano a persona diversa dal debitore iscritto a ruolo, dai coobbligati o dai soggetti indicati dall'articolo 58, comma 3, in virtù di titolo avente data anteriore all'anno cui si riferisce l'entrata iscritta a ruolo. Tale dimostrazione può essere offerta soltanto mediante esibizione di atto pubblico o scrittura privata autenticata, ovvero di sentenza passata in giudicato pronunciata su domanda proposta prima di detto anno.

(1) Articolo modificato dall'articolo 4, del D.P.R. 27 settembre 1979, n. 506 e successivamente sostituito dall'articolo 16, comma 1, del D.Lgs. 26 febbraio 1999, n. 46.

64. Custodia dei beni pignorati (1). – 1. Salvo quanto disposto dall'articolo 520, primo comma, del codice di procedura civile e dall'articolo 70, la custodia dei beni mobili pignorati è affidata allo stesso debitore o a un terzo. Il concessionario non può essere nominato custode.

2. Il concessionario può in ogni tempo disporre la sostituzione del custode.

3. In mancanza di persone idonee all'affidamento della custodia, i beni pignorati sono presi in consegna dal comune.

(1) Articolo sostituito dall'articolo 16, comma 1, del D.Lgs. 26 febbraio 1999, n. 46.

65. Notifica del verbale di pignoramento (1). – 1. Il verbale di pignoramento è notificato al debitore.

2. La notificazione, se al pignoramento assiste il debitore o un suo rappresentante, è eseguita mediante consegna allo stesso di una copia del verbale.

(1) Articolo modificato dall'articolo 5, comma 4, lettera c), del D.L. 31 dicembre 1996, n. 669, convertito con modificazioni in Legge 28 febbraio 1997, n. 30 e successivamente sostituito dall'articolo 16, comma 1, del D.Lgs. 26 febbraio 1999, n. 46.

66. Avviso di vendita dei beni pignorati (1). – 1. Per procedere alla vendita dei beni pignorati il concessionario affigge alla casa comunale, per cinque giorni consecutivi anteriori alla data fissata per il primo incanto, un avviso contenente la descrizione dei beni e l'indicazione del giorno, dell'ora e del luogo del primo e del secondo incanto(2).

2. Il primo incanto non può aver luogo prima che siano decorsi dieci giorni dal pignoramento. Il secondo incanto non può aver luogo nello stesso giorno stabilito per il primo e deve essere fissato non oltre il decimo giorno dalla data del primo incanto.

3. Su istanza del debitore o del concessionario, il giudice può ordinare che degli incanti, ferma la data fissata per gli stessi, sia data notizia al pubblico a mezzo di giornali o con altre idonee forme di pubblicità commerciale. Le spese sono anticipate dalla parte richiedente.

(1) Articolo sostituito dall'articolo 16, comma 1, del D.Lgs. 26 febbraio 1999, n. 46.
(2) Comma modificato dall'articolo 1, comma 1, lettera i), del D.Lgs. 27 aprile 2001, n. 193.

67. Incanto anticipato (1). – 1. Se vi è pericolo di deterioramento dei beni pignorati o quando la conservazione degli stessi risulta eccessivamente onerosa, il giudice dell'esecuzione può autorizzare il concessionario a procedere all'incanto in deroga ai termini previsti dall'articolo 66.

(1) *Articolo sostituito dall'articolo 16, comma 1, del D.Lgs. 26 febbraio 1999, n. 46.*

68. Prezzo base del primo incanto (1). – 1. Se il valore dei beni pignorati non risulta da listino di borsa o di mercato, il prezzo base del primo incanto è determinato dal valore ad essi attribuito nel verbale di pignoramento.

2. Tuttavia, quando il concessionario lo richiede, e in ogni caso per gli oggetti preziosi, il prezzo base è stabilito da uno stimatore designato dal giudice dell'esecuzione. Nello stesso modo si provvede, sentito il concessionario, se vi è richiesta del debitore e la nomina dello stimatore risulti opportuna in rapporto alle particolari caratteristiche dei beni pignorati.

(1) *Articolo sostituito dall'articolo 16, comma 1, del D.Lgs. 26 febbraio 1999, n. 46.*

69. Secondo incanto (1). – Nel secondo incanto, salvo quanto previsto dall'articolo 539 del codice di procedura civile, i beni sono venduti al miglior offerente ad un prezzo non inferiore alla metà del prezzo base del primo incanto.

(1) *Articolo sostituito dall'articolo 16, comma 1, del D.Lgs. 26 febbraio 1999, n. 46.*

70. Beni invenduti (1). – 1. Se i beni restano invenduti anche al secondo incanto, il concessionario entro tre mesi procede alla vendita a trattativa privata per un prezzo non inferiore alla metà del prezzo base del secondo incanto o ad un terzo incanto ad offerta libera.

2. I beni rimasti invenduti anche dopo l'applicazione delle disposizioni del comma 1 sono messi a disposizione del debitore, che, ove ne sia stato effettuato l'asporto, è invitato a ritirarli entro il termine di quindici giorni dalla notificazione dell'invito.

3. Decorso inutilmente il termine di cui al comma 2, i beni non ritirati sono distrutti o donati, senza liberazione del debitore, ad enti di beneficenza ed assistenza, secondo le determinazioni del concessionario, che ne redige verbale.

(1) *Articolo sostituito dall'articolo 16, comma 1, del D.Lgs. 26 febbraio 1999, n. 46.*

71. Intervento degli istituti vendite giudiziarie (1). – 1. Per l'asporto, la custodia e la vendita dei beni mobili, anche registrati, sottoposti a pignoramento, il concessionario può avvalersi degli istituti previsti dall'articolo 159 delle disposizioni di attuazione del codice di procedura civile.

2. Con decreto del Ministro delle finanze, di concerto con il Ministro della giustizia, sono stabilite le modalità di intervento dei predetti istituti nella procedura esecutiva e la remunerazione ad essi spettante.

(1) *Articolo sostituito dall'articolo 16, comma 1, del D.Lgs. 26 febbraio 1999, n. 46.*

Sezione III – Disposizioni particolari in materia di espropriazione presso terzi

72. Pignoramento di fitti o pigioni (1). – 1. L'atto di pignoramento di fitti o pigioni dovute da terzi al debitore iscritto a ruolo o ai coobbligati contiene, in luogo della citazione di cui al numero 4) dell'articolo 543 del codice di procedura civile, l'ordine all'affittuario o all'inquilino di pagare direttamente al concessionario i fitti e le pigioni scaduti e non corrisposti nel termine di quindici giorni dalla notifica ed i fitti e le pigioni a scadere alle rispettive scadenze fino a concorrenza del credito per cui il concessionario procede.

2. Nel caso di inottemperanza all'ordine di pagamento si procede, previa citazione del terzo intimato e del debitore, secondo le norme del codice di procedura civile.

(1) *Articolo sostituito dall'articolo 24, comma 5, della legge 27 dicembre 1997, n. 449 e, successivamente dall'articolo 16, comma 1, del D.Lgs. 26 febbraio 1999, n. 46.*

72 *bis*. Pignoramento dei crediti verso terzi (1). – 1. Salvo che per i crediti pensionistici e fermo restando quanto previsto dall'articolo 545, commi quarto, quinto e sesto, del codice di procedura civile, e dall'articolo 72-ter del presente decreto l'atto di pignoramento dei crediti del debitore verso terzi può contenere, in luogo della citazione di cui all'articolo 543, secondo comma, numero 4, dello stesso codice di procedura civile, l'ordine al terzo di pagare il credito direttamente al concessionario, fino a concorrenza del credito per cui si procede(2) :

a) nel termine di sessanta giorni dalla notifica dell'atto di pignoramento, per le somme per le quali il diritto alla percezione sia maturato anteriormente alla data di tale notifica (3);

b) alle rispettive scadenze, per le restanti somme.

1-bis. L'atto di cui al comma 1 può essere redatto anche da dipendenti dell'agente della riscossione procedente non abilitati all'esercizio delle funzioni di ufficiale della riscossione e, in tal caso, reca l'indicazione a stampa dello stesso agente della riscossione e non è soggetto all'annotazione di cui all'articolo 44, comma 1, del decreto legislativo 13 aprile 1999, n. 112 (4).

1. Nel caso di inottemperanza all'ordine di pagamento, si applicano le disposizioni di cui all'articolo 72, comma 2.

(1) *Articolo aggiunto dall'articolo 3, comma 40, lettera b), del D.L. 30 settembre 2005, n. 203, convertito con modificazioni in Legge 2 dicembre 2005, n. 248 e successivamente sostituito dall'articolo 2, comma 6, del D.L. 3 ottobre 2006, n. 262, convertito con modificazioni in Legge 24 novembre 2006, n. 286.*
(2) *Alinea modificato dall'articolo 3, comma 5, lettera a), del D.L. 2 marzo 2012, n. 16, convertito con modificazioni in Legge 26 aprile 2012, n. 44.*
(3) *Lettera modificata dall'articolo 52, comma 1, lettera e), del D.L. 21 giugno 2013, n. 69, convertito con modificazioni in Legge 9 agosto 2013, n. 98.*
(4) *Comma aggiunto dall'articolo 1, comma 141, della Legge 24 dicembre 2007, n. 244.*

72 *ter*. Limiti di pignorabilità (1). – 1. Le somme dovute a titolo di stipendio, di salario o di altre indennità relative al rapporto di lavoro o di impiego, comprese quelle dovute a causa di licenziamento, possono essere pignorate dall'agente della riscossione in misura pari ad un decimo per importi fino a 2.500 euro e in misura pari ad un settimo per importi superiori a 2.500 euro e non superiori a 5.000 euro.

2. Resta ferma la misura di cui all'articolo 545, quarto comma, del codice di procedura civile, se le somme dovute a titolo di stipendio, di salario o di altre indennità relative al

rapporto di lavoro o di impiego, comprese quelle dovute a causa di licenziamento, superano i cinquemila euro.

2-bis. Nel caso di accredito delle somme di cui ai commi 1 e 2 sul conto corrente intestato al debitore, gli obblighi del terzo pignorato non si estendono all'ultimo emolumento accreditato allo stesso titolo (2).

2-ter. Ai medesimi fini previsti dai commi precedenti, l'Agenzia delle entrate acquisisce le informazioni relative ai rapporti di lavoro o di impiego, accedendo direttamente, in via telematica, alle specifiche banche dati dell'Istituto nazionale della previdenza sociale(3).

(1) Articolo inserito dall'articolo 3, comma 5, lettera b), del D.L. 2 marzo 2012, n, 16.
(2) Comma aggiunto dall'articolo 52, comma 1, lettera f), del D.L. 21 giugno 2013, n. 69, convertito con modificazioni in Legge 9 agosto 2013, n. 98.
(3) Comma inserito dall'articolo 3, comma 2, del D.L. 22 ottobre 2016, n. 193, convertito, con modificazioni, dalla Legge 1 dicembre 2016, n. 225.

73. Pignoramento di cose del debitore in possesso di terzi (1). – 1. Salvo quanto previsto dal comma 1-bis, se il terzo, presso il quale il concessionario ha proceduto al pignoramento, si dichiara o [si] è dichiarato possessore di beni appartenenti al debitore iscritto a ruolo o ai coobbligati, il giudice dell'esecuzione ordina la consegna dei beni stessi al concessionario, che procede alla vendita secondo le norme del presente titolo (2).

1-bis. Il pignoramento dei beni di cui al comma 1 del presente articolo può essere effettuato dall'agente della riscossione anche con le modalità previste dall'articolo 72-bis; in tal caso, lo stesso agente della riscossione rivolge un ordine di consegna di tali beni al terzo, che adempie entro il termine di trenta giorni, e successivamente procede alla vendita (3).

(1) Articolo sostituito dall'articolo 16, comma 1, del D.Lgs. 26 febbraio 1999, n. 46.
(2) Comma modificato dall'articolo 1, comma 1, lettera l), del D.Lgs. 27 aprile 2001, n. 193 e successivamente dall'articolo 1, comma 142, lettera a), della Legge 24 dicembre 2007, n. 244.
(3) Comma aggiunto dall'articolo 1, comma 142, lettera b), della Legge 24 dicembre 2007, n. 244.

74. Vendita e assegnazione dei crediti pignorati (1). – 1. Il concessionario, per la vendita dei crediti pignorati e per la riscossione dei crediti a lui assegnati, si avvale della procedura prevista nel presente titolo(2).

2. Il concessionario, se diviene assegnatario di un credito verso lo Stato, pagabile a rate per un periodo che supera di quattro anni la scadenza del contratto di concessione, può cedere il credito all'erario e ha diritto al discarico della quota per inesigibilità.

3. Della cessione viene dato atto con verbale del cancelliere.

(1) Articolo sostituito dall'articolo 16, comma 1, del D.Lgs. 26 febbraio 1999, n. 46.
(2) Comma modificato dall'articolo 1, comma 1, lettera m), del D.Lgs. 27 aprile 2001, n. 193.

75. Pignoramenti presso pubbliche amministrazioni (1). – 1. Se il pignoramento di crediti verso lo Stato, le regioni, le province, i comuni ed ogni altro ente sottoposto al controllo della corte dei conti ha avuto, in tutto o in parte, esito negativo, gli enti indicati non possono effettuare pagamenti in favore dell'esecutato per un periodo di cinque anni dalla data della dichiarazione prevista dall'articolo 547 del codice di procedura civile, se egli non prova, con attestazione rilasciata dal concessionario, l'avvenuto pagamento del credito per il quale si è proceduto.

2. La disposizione del comma 1 non si applica ai pagamenti corrispondenti a crediti dichiarati impignorabili per legge.

(1) Articolo sostituito dall'articolo 16, comma 1, del D.Lgs. 26 febbraio 1999, n. 46.

75 bis. Dichiarazione stragiudiziale del terzo (1). – 1. Decorso inutilmente il termine di cui all'articolo 50, comma 1, l'agente della riscossione, prima di procedere ai sensi degli articoli 72 e 72-bis del presente decreto e degli articoli 543 e seguenti del codice di procedura civile ed anche simultaneamente all'adozione delle azioni esecutive e cautelari previste nel presente decreto, può chiedere a soggetti terzi, debitori del soggetto che è iscritto a ruolo o dei coobbligati, di indicare per iscritto, ove possibile in modo dettagliato, le cose e le somme da loro dovute al creditore.

2. Nelle richieste formulate ai sensi del comma 1 è fissato un termine per l'adempimento non inferiore a trenta giorni dalla ricezione. In caso di inadempimento, si applicano le disposizioni previste dall'articolo 10 del decreto legislativo 18 dicembre 1997, n. 471. All'irrogazione della relativa sanzione provvede, su documentata segnalazione dell'agente della riscossione procedente e con le modalità previste dall'articolo 16, commi da 2 a 7, del decreto legislativo 18 dicembre 1997, n. 472, l'ufficio locale dell'Agenzia delle entrate competente in ragione del domicilio fiscale del soggetto cui è stata rivolta la richiesta.

3. Gli agenti della riscossione possono procedere al trattamento dei dati acquisiti ai sensi del presente articolo senza rendere l'informativa prevista dall'articolo 13 del codice in materia di protezione dei dati personali, di cui al decreto legislativo 30 giugno 2003, n. 196.

(1) Articolo inserito dall'articolo 1, comma 425 della legge 30 dicembre 2004, n. 311 e successivamente sostituito dall'articolo 2, comma 8, del D.L. 3 ottobre 2006, n. 262.

Sezione IV – Disposizioni particolari in materia di espropriazione immobiliare

76. Espropriazione immobiliare (1). – 1. Ferma la facoltà di intervento ai sensi dell'articolo 499 del codice di procedura civile, l'agente della riscossione:

a) non dà corso all'espropriazione se l'unico immobile di proprietà del debitore, con esclusione delle abitazioni di lusso aventi le caratteristiche individuate dal decreto del Ministro per i lavori pubblici 2 agosto 1969, pubblicato nella Gazzetta Ufficiale n. 218 del 27 agosto 1969, e comunque dei fabbricati classificati nelle categorie catastali A/8 e A/9, è adibito ad uso abitativo e lo stesso vi risiede anagraficamente;

a-bis) non da' corso all'espropriazione per uno specifico paniere di beni definiti "beni essenziali" individuato ai sensi dell'articolo 514 del codice di procedura civile; (4)

b) nei casi diversi da quello di cui alla lettera a), può procedere all'espropriazione immobiliare se l'importo complessivo del credito per cui procede supera centoventimila euro.

L'espropriazione può essere avviata se è stata iscritta l'ipoteca di cui all'articolo 77 e sono decorsi almeno sei mesi dall'iscrizione senza che il debito sia stato estinto[2].

2. Il concessionario non procede all'espropriazione immobiliare se il valore dei beni, determinato a norma dell'art. 79 e diminuito delle passività ipotecarie aventi priorità sul credito per il quale si procede, è inferiore all'importo indicato nel comma 1[3].

[1] Articolo sostituito dall'articolo 16, comma 1, del D.Lgs. 26 febbraio 1999, n. 46.
[2] Comma modificato dall'articolo 1, comma 1, lettera n), del D.Lgs. 27 aprile 2001, n. 193, dall'articolo 16-bis, comma 1, lettera a), della Legge 27 dicembre 2002, n. 289, dall'articolo 3, comma 40, lettera b-bis), del D.L. 30 settembre 2005, n. 203, convertito con modificazioni, in Legge 2 dicembre 2005, n. 248, successivamente sostituito dall'articolo 7, comma 2, lettera gg-undecies), numero 1), del D.L. 13 maggio 2011, n. 70, convertito con modificazioni in Legge 12 luglio 2011, n. 106, dall'articolo 3, comma 5, lettera c), numero 1), del D.L. 2 marzo 2012, n. 16, convertito con modificazioni in Legge 26 aprile 2012, n. 44 e da ultimo dall'articolo 52, comma 1, lettera g), del D.L 21 giugno 2013, n. 69, convertito con modificazioni in Legge 9 agosto 2013, n. 98.
[3] Comma modificato dall'articolo 7, comma 2, lettera gg-undecies), numero 2), del D.L. 13 maggio 2011, n. 70, convertito con modificazioni in Legge 12 luglio 2011, n. 106, dall'articolo 3, comma 5, lettera c), numero 2), del D.L. 2 marzo 2012, n. 16, convertito con modificazioni in Legge 26 aprile 2012, n. 44 e successivamente dall'articolo 8, comma 1, del D.L. 24 aprile 2017, n. 50, convertito, con modificazioni, dalla legge 21 giugno 2017, n. 96.
[3] Lettera modificata dall'articolo 50, comma 1, del D.L. 6 novembre 2021, n. 152, convertito, con modificazioni dalla Legge 29 dicembre 2021, n. 233.

77. Iscrizione di ipoteca [1]. – 1. Decorso inutilmente il termine di cui all'art. 50, comma 1, il ruolo costituisce titolo per iscrivere ipoteca sugli immobili del debitore e dei coobbligati per un importo pari al doppio dell'importo complessivo del credito per cui si procede [2].

1-bis. L'agente della riscossione, anche al solo fine di assicurare la tutela del credito da riscuotere, può iscrivere la garanzia ipotecaria di cui al comma 1, anche quando non si siano ancora verificate le condizioni per procedere all'espropriazione di cui all'art. 76, commi 1 e 2, purché l'importo complessivo del credito per cui si procede non sia inferiore complessivamente a ventimila euro[3].

2. Se l'importo complessivo del credito per cui si procede non supera il cinque per cento del valore dell'immobile da sottoporre ad espropriazione determinato a norma dell'art. 79, il concessionario, prima di procedere all'esecuzione, deve iscrivere ipoteca. Decorsi sei mesi dall'iscrizione senza che il debito sia stato estinto, il concessionario procede all'espropriazione [4].

2-bis. L'agente della riscossione è tenuto a notificare al proprietario dell'immobile una comunicazione preventiva contenente l'avviso che, in mancanza del pagamento delle somme dovute entro il termine di trenta giorni, sarà iscritta l'ipoteca di cui al comma 1[5].

[1] Articolo sostituito dall'articolo 16, comma 1, del D.Lgs. 26 febbraio 1999, n. 46.
[2] Comma modificato dall'articolo 1, comma 1, lettera o), numero 1), del D.Lgs. 27 aprile 2001, n. 193.
[3] Comma inserito dall'articolo 3, comma 5, lettera d), del D.L. 2 marzo 2012, n. 16, convertito con modificazioni in Legge 26 aprile 2012, n. 44 e successivamente modificato dall'articolo 52, comma 1, lettera h), del D.L. 21 giugno 2013, n. 69, convertito con modificazioni in Legge 9 agosto 2013, n. 98.
[4] Comma modificato dall'articolo 1, comma 1, lettera o), numero 2), del D.Lgs. 27 aprile 2001, n. 193.
[5] Comma aggiunto dall'articolo 7, comma 2, lettera u-bis, del D.L. 13 maggio 2011, n. 70, convertito con modificazioni in Legge 13 luglio 2011, n. 106.

78. Avviso di vendita [1]. – 1. Il pignoramento immobiliare si esegue mediante la trascrizione, a norma dell'art. 555, secondo comma, del codice di procedura civile, di un avviso contenente:

a) le generalità del soggetto nei confronti del quale si procede;

b) la descrizione degli immobili con le indicazioni catastali e la precisazione dei confini;

c) l'indicazione della destinazione urbanistica del terreno risultante dal certificato di cui all'art. 18 della legge 28 febbraio 1985, n. 47;

d) il giorno, l'ora e il luogo del primo, del secondo e del terzo incanto, con intervallo minimo di venti giorni;

e) l'importo complessivo del credito per cui si procede, distinto per imposta, per periodo d'imposta, per interessi di mora e per spese di esecuzione già maturate [2];

f) il prezzo base dell'incanto;

g) la misura minima dell'aumento da apportare alle offerte;

h) l'avvertenza che le spese di vendita e gli oneri tributari concernenti il trasferimento sono a carico dell' aggiudicatario;

i) l'ammontare della cauzione ed il termine entro il quale deve essere prestata dagli offerenti;

l) il termine di versamento del prezzo di cui all'art. 82, comma 1;

m) l'ingiunzione ad astenersi da qualunque atto diretto a sottrarre alla garanzia del credito i beni assoggettati all'espropriazione e i frutti di essi.

2. Entro cinque giorni dalla trascrizione l'avviso di vendita è notificato al soggetto nei confronti del quale si procede. In mancanza della notificazione non può procedersi alla vendita.

2-bis. Se, per effetto delle nomine previste dall'articolo 80, comma 2, il primo incanto non può essere effettuato nella data indicata nell'avviso di vendita, l'agente della riscossione fissa i nuovi incanti e notifica al soggetto nei confronti del quale procede, il relativo avviso contenente le informazioni di cui al comma 1, lettera d) del presente articolo [3].

[1] Articolo modificato dall'articolo 5, comma 4, lettera d), del D.L. 31 dicembre 1996, n. 669, convertito con modificazioni in Legge 28 febbraio 1997, n. 30 e successivamente sostituito dall'articolo 16, comma 1, del D.Lgs. 26 febbraio 1999, n. 46.
[2] Lettera modificata dall'articolo 1, comma 1, lettera p), del D.Lgs. 27 aprile 2001, n. 193.
[3] Comma aggiunto dall'articolo 52, comma 1, lettera i), del D.L. 21 giugno 2013, n. 69, convertito, con modificazioni, dalla Legge 9 agosto 2013, n. 98.

79. Prezzo base e cauzione [1]. – 1. Il prezzo base dell'incanto è pari all'importo stabilito a norma dell'art. 52, comma 4, del testo unico delle disposizioni concernenti l'imposta di registro, approvato con decreto del Presidente della Repubblica 26 aprile 1986, n. 131, moltiplicato per tre [2].

2. Se non è possibile determinare il prezzo base secondo le disposizioni del comma 1, il concessionario richiede l'attribuzione della rendita catastale del bene stesso al competente ufficio del territorio, che provvede entro centoventi giorni; se si tratta di terreni per i quali gli strumenti urbani-

stici prevedono la destinazione edificatoria, il prezzo è stabilito con perizia dell'ufficio del territorio.

3. La cauzione prevista dall'art. 580 del codice di procedura civile è prestata al concessionario ed è fissata, per ogni incanto, nella misura del dieci per cento del prezzo base.

(1) *Articolo modificato dall'articolo 3, comma 23, del D.P.R. 24 dicembre 1976, n. 920, dall'articolo 76, comma 1, del D.P.R. 28 gennaio 1988, n. 43 e successivamente sostituito dall'articolo 16, comma 1, del D.Lgs. 26 febbraio 1999, n. 46.*
(2) *Comma modificato dall'articolo 83, comma 24, del D.L. 25 giugno 2008, n. 112, convertito con modificazioni in Legge 6 agosto 2008, n. 133.*

80. Pubblicazione e notificazione dell'avviso di vendita [1]. – 1. Almeno venti giorni prima di quello fissato per il primo incanto l'avviso di vendita è inserito nel foglio degli annunci legali della provincia ed è affisso, a cura dell'ufficiale della riscossione, alla porta esterna della cancelleria del giudice dell'esecuzione e all'albo del comune o dei comuni nel cui territorio sono situati gli immobili.

1-bis. Entro il termine di cui al comma 1, l'avviso di vendita è pubblicato sul sito internet dell'agente della riscossione [2].

2. Su istanza del soggetto nei confronti del quale si procede o dell'agente della riscossione, il giudice può disporre:

a) che degli incanti, ferma la data fissata per gli stessi, sia data notizia al pubblico a mezzo di giornali o con altre idonee forme di pubblicità commerciale;

b) la vendita al valore stimato con l'ausilio di un esperto da lui nominato, nel caso in cui ritenga che il valore del bene, determinato ai sensi dell'articolo 79, sia manifestamente inadeguato. Se l'agente della riscossione lo richiede, il giudice può nominare un ausiliario che riferisca sulle caratteristiche e sulle condizioni del bene pignorato, e può assegnare ad esso la funzione di custode del bene [3].

2-bis. Nei casi di cui al comma 2, le spese sono anticipate dalla parte richiedente e liquidate dal giudice in prededuzione. In deroga a quanto disposto dall'articolo 53, comma 1, il pignoramento non perde efficacia se, per effetto delle nomine di cui al comma 2 del presente articolo, il primo incanto non può essere effettuato entro duecento giorni dall'esecuzione del pignoramento stesso [4].

(1) *Articolo sostituito dall'articolo 16, comma 1, del D.Lgs. 26 febbraio 1999, n. 46.*
(2) *Comma inserito dall'articolo 52, comma 1, lettera l), numero 1), del D.L. 21 giugno 2013, n. 69, convertito, con modificazioni, dalla Legge 9 agosto 2013, n. 98.*
(3) *Comma sostituito dall'articolo 52, comma 1, lettera l), numero 2), del D.L. 21 giugno 2013, n. 69, convertito, con modificazioni, dalla Legge 9 agosto 2013, n. 98.*
(4) *Comma aggiunto dall'articolo 52, comma 1, lettera l), numero 3), del D.L. 21 giugno 2013, n. 69, convertito, con modificazioni, dalla Legge 9 agosto 2013, n. 98.*

81. Secondo e terzo incanto. – 1. Se la vendita non ha luogo al primo incanto per mancanza di offerte valide, si procede al secondo incanto nel giorno fissato dall'avviso di vendita e con un prezzo base inferiore di un terzo a quello precedente.

2. Qualora la vendita non abbia luogo nemmeno al secondo incanto, il concessionario procede ad un terzo incanto, con un prezzo base inferiore di un terzo a quello del precedente incanto [1].

(1) *Articolo sostituito dall'articolo 16, comma 1, del D.Lgs. 26 febbraio 1999, n. 46.*

82. Versamento del prezzo [1]. – 1. L'aggiudicatario deve versare il prezzo nel termine di trenta giorni dall'aggiudicazione.

2. Se il prezzo non è versato nel termine, il giudice dell'esecuzione con decreto dichiara la decadenza dell'aggiudicatario e la perdita della cauzione a titolo di multa; il concessionario procede a nuovo incanto per un prezzo base pari a quello dell'ultimo incanto. Se il prezzo che se ne ricava, unito alla cauzione confiscata, risulta inferiore a quello della precedente aggiudicazione, l'aggiudicatario inadempiente è tenuto al pagamento della differenza.

(1) *Articolo sostituito dall'articolo 16, comma 1, del D.Lgs. 26 febbraio 1999, n. 46.*

83. Progetto di distribuzione [1]. – 1.Se vi è intervento di altri creditori, il concessionario deposita nella cancelleria del giudice dell'esecuzione, nel termine di dieci giorni dal versamento del prezzo, unitamente agli atti del procedimento, un progetto di distribuzione delle somme ricavate.

(1) *Articolo sostituito dall'articolo 16, comma 1, del D.Lgs. 26 febbraio 1999, n. 46.*

84. Distribuzione della somma ricavata [1]. – 1. Il giudice dell'esecuzione, se non vi sono creditori intervenuti, provvede a norma dell'articolo 510, primo comma, del codice di procedura civile.

2. In caso di intervento di altri creditori, il giudice dell'esecuzione, apportate le eventuali variazioni al progetto di distribuzione presentato dal concessionario, provvede a norma dell'articolo 596 del codice di procedura civile.

(1) *Articolo modificato dall'articolo 9-bis, comma 20, del D.L. 28 marzo 1997, n. 79, convertito, con modificazioni, dalla L. 28 maggio 1997, n. 140 e, successivamente, sostituito dall'articolo 16, comma 1, del D.Lgs. 26 febbraio 1999, n. 46.*

85. Assegnazione dell'immobile allo Stato [1]. – 1. Se il terzo incanto ha esito negativo, il concessionario, nei dieci giorni successivi, chiede al giudice dell'esecuzione l'assegnazione dell'immobile allo Stato per il prezzo base del terzo incanto, depositando nella cancelleria del giudice dell'esecuzione gli atti del procedimento [2][3].

2. Il giudice dell'esecuzione dispone l'assegnazione, secondo la procedura prevista dall'art. 590 del codice di procedura civile. Il termine per il versamento del prezzo per il quale è stata disposta l'assegnazione non può essere inferiore a sei mesi [4].

3. In caso di mancato versamento del prezzo di assegnazione nel termine, il processo esecutivo si estingue se il concessionario, nei trenta giorni successivi alla scadenza di tale termine, non dichiara, su indicazione dell'ufficio che ha formato il ruolo, di voler procedere a un ulteriore incanto per un prezzo base inferiore di un terzo rispetto a quello dell'ultimo incanto. Il processo esecutivo si estingue comunque se anche tale incanto ha esito negativo [5].

(1) *Articolo sostituito dall'articolo 16, comma 1, del D.Lgs. 26 febbraio 1999, n. 46.*
(2) *La Corte Costituzionale, con sentenza 17 ottobre 2011, n. 281, (in*

Gazz. Uff., 2 novembre, n. 46), ha dichiarato l'illegittimità costituzionale del presente comma, nella parte in cui prevede che, se il terzo incanto ha esito negativo, l'assegnazione dell'immobile allo Stato ha luogo «per il minor prezzo tra il prezzo base del terzo incanto e la somma per la quale si procede», anziché per il prezzo base del terzo incanto.

(3) *Comma modificato dall'articolo 52, comma 1, lettera m), del D.L. 21 giugno 2013, n. 69, convertito con modificazioni in Legge 9 agosto 2013, n. 98.*

(4) *Comma modificato dall'articolo 3, comma 40, lettera b-ter), numero 1), del D.L. 30 settembre 2005, n. 203, convertito con modificazioni in Legge 2 dicembre 2005, n. 248.*

(5) *Comma modificato dall'articolo 3, comma 40, lettera b-ter), numero 1), del D.L. 30 settembre 2005, n. 203, convertito con modificazioni in Legge 2 dicembre 2005, n. 248.*

CAPO III
Disposizioni particolari in materia di espropriazione di beni mobili registrati

86. Fermo di beni mobili registrati [1]. – 1. Decorso inutilmente il termine di cui all'articolo 50, comma 1, il concessionario può disporre il fermo dei beni mobili del debitore o dei coobbligati iscritti in pubblici registri, dandone notizia alla direzione regionale delle entrate ed alla regione di residenza [2].

2. La procedura di iscrizione del fermo di beni mobili registrati è avviata dall'agente della riscossione con la notifica al debitore o ai coobbligati iscritti nei pubblici registri di una comunicazione preventiva contenente l'avviso che, in mancanza del pagamento delle somme dovute entro il termine di trenta giorni, sarà eseguito il fermo, senza necessità di ulteriore comunicazione, mediante iscrizione del provvedimento che lo dispone nei registri mobiliari, salvo che il debitore o i coobbligati, nel predetto termine, dimostrino all'agente della riscossione che il bene mobile è strumentale all'attività di impresa o della professione [3].

3. Chiunque circola con veicoli, autoscafi o aeromobili sottoposti al fermo è soggetto alla sanzione prevista dall'art. 214, comma 8, del decreto legislativo 30 aprile 1992, n. 285.

4. Con decreto del Ministro delle finanze, di concerto con i Ministri dell'interno e dei lavori pubblici, sono stabiliti le modalità, i termini e le procedure per l'attuazione di quanto previsto nel presente articolo.

(1) *Articolo sostituito dall'articolo 16, comma 1, del D.Lgs. 26 febbraio 1999, n. 46.*

(2) *Comma sostituito dall'articolo 1, comma 1, lettera q), del D.Lgs. 27 aprile 2001, n. 193.*

(3) *Comma sostituito dall'articolo 52, comma 1, lettera m), del D.L. 21 giugno 2013, n. 69, convertito con modificazioni in Legge 9 agosto 2013, n. 98.*

CAPO IV
Procedure concorsuali

Sezione I - Fallimento e liquidazione coatta amministrativa

87. Ricorso per la dichiarazione di fallimento e domanda di ammissione al passivo [1]. – 1. Il concessionario può, per conto dell'Agenzia delle entrate, presentare il ricorso di cui all'articolo 6 del regio decreto 16 marzo 1942, n. 267.

2. Se il debitore, a seguito del ricorso di cui al comma 1 o su iniziativa di altri creditori, è dichiarato fallito, ovvero sottoposto a liquidazione coatta amministrativa, il concessionario chiede, sulla base del ruolo, per conto dell'Agenzia delle entrate l'ammissione al passivo della procedura.

2-bis L'agente della riscossione cui venga comunicata la proposta di concordato, ai sensi degli articoli 125 o 126 del Regio decreto 16 marzo 1942, n. 267, la trasmette senza ritardo all'Agenzia delle entrate, anche in deroga alle modalità indicate nell'articolo 36 del decreto legislativo 13 aprile 1999, n. 112, e la approva, espressamente od omettendo di esprimere dissenso, solamente in base a formale autorizzazione dell'Agenzia medesima[2].

(1) *Articolo sostituito dall'articolo 16, comma 1, del D.Lgs. 26 febbraio 1999, n. 46 e successivamente dall'articolo 3, comma 1, del D.L. 8 luglio 2002, n. 138, convertito con modificazioni, in Legge 8 agosto 2002, n. 178.*

(2) *Comma aggiunto dall'articolo 29, comma 3, del D.L. 31 maggio 2010, n. 78, convertito con modificazioni in Legge 30 luglio 2010, n. 122.*

88. Ammissione al passivo con riserva. – 1. Se sulle somme iscritte a ruolo sorgono contestazioni, il credito è ammesso al passivo con riserva, anche nel caso in cui la domanda di ammissione sia presentata in via tardiva a norma dell'articolo 101 del regio decreto 16 marzo 1942, n. 267.

2. Nel fallimento, la riserva è sciolta dal giudice delegato con decreto, su istanza del curatore o del concessionario, quando è inutilmente decorso il termine prescritto per la proposizione della controversia davanti al giudice competente, ovvero quando il giudizio è stato definito con decisione irrevocabile o risulta altrimenti estinto.

3. Nella liquidazione coatta amministrativa, il commissario liquidatore provvede direttamente, o su istanza del concessionario, allo scioglimento della riserva nei casi indicati nel comma 2, apportando le conseguenti variazioni all'elenco dei crediti ammessi.

4. Il provvedimento di scioglimento della riserva è comunicato al concessionario dal curatore o dal commissario liquidatore mediante lettera raccomandata con avviso di ricevimento. Contro di esso il concessionario, nel termine di dieci giorni dalla comunicazione, può proporre reclamo al tribunale, che decide in camera di consiglio con decreto motivato, sentite le parti.

5. Se all'atto delle ripartizioni parziali o della ripartizione finale dell'attivo la riserva non risulta ancora sciolta si applicano, rispettivamente, il numero 3 dell'articolo 113 del regio decreto 16 marzo 1942, n. 267, ed il secondo periodo del secondo comma dell'articolo 117 della medesima legge [1].

(1) *Articolo sostituito dall'articolo 16, comma 1, del D.Lgs. 26 febbraio 1999, n. 46.*

89. Esenzione dell'azione revocatoria. – 1. I pagamenti di imposte scadute non sono soggetti alla revocatoria prevista dall'articolo 67 del regio decreto 16 marzo 1942, n. 267[1].

(1) *Articolo sostituito dall'articolo 16, comma 1, del D.Lgs. 26 febbraio 1999, n. 46.*

Sezione II - Concordato preventivo e amministrazione controllata

90. Ammissione del debitore al concordato preventivo o all'amministrazione controllata. – 1. Se il debitore è ammesso al concordato preventivo o all'amministrazione controllata, il concessionario compie, sulla base del ruolo, ogni attività necessaria ai fini dell'inserimento del credito da esso portato nell'elenco dei crediti della procedura.

2. Se sulle somme iscritte a ruolo sorgono contestazioni, il credito è comunque inserito in via provvisoria nell'elenco ai fini previsti agli articoli 176, primo comma, e 181, terzo comma, primo periodo del regio decreto 16 marzo 1942, n. 267 (1).

(1) *Articolo sostituito dall'articolo 16, comma 1, del D.Lgs. 26 febbraio 1999, n. 46.*

91. – *[All'espropriazione di navi e aeromobili si applicano le norme di questo titolo sull'espropriazione immobiliare.*

Il termine ad adempiere fissato nell'avviso di mora è ridotto a ventiquattro ore.

La trascrizione dell'avviso di vendita deve essere eseguita nei registri e con le modalità previste dal codice della navigazione per il pignoramento.

Il prezzo base dell'incanto è determinato dal pretore sentito, secondo i casi, il registro navale italiano o il registro aeronautico italiano.

Non è applicabile l'art. 87 del presente decreto.] (1)

(1) *Articolo soppresso dall'articolo 16, comma 1, del D.Lgs. 6 febbraio 1999, n. 46*

91 *bis*. Fermo dei veicoli a motore ed autoscafi. – *[1. Qualora in sede di riscossione coattiva di crediti iscritti a ruolo non sia possibile, per mancato reperimento del bene, eseguire il pignoramento dei veicoli a motore e degli autoscafi di proprietà del contribuente iscritti nei pubblici registri, la direzione regionale delle entrate ne dispone il fermo.*

2. Il provvedimento di fermo di cui al comma 1 si esegue mediante iscrizione nei registri mobiliari a cura del concessionario che provvede, altresì, a darne comunicazione al debitore.

3. Chiunque circoli con veicoli o autoscafi sottoposti al fermo è soggetto alla sanzione prevista dall'art. 214, comma 8, del decreto legislativo 30 aprile 1992, n. 285.

4. Con decreto del Ministro delle finanze, di concerto con i Ministri dell'interno e dei lavori pubblici, sono stabiliti le modalità, i termini e le procedure per l'attuazione di quanto previsto nel presente articolo.] (1)

(1) *Articolo aggiunto dall'articolo 5, comma 4, lettera e), del D.L. 31 dicembre 1996, n. 669 convertito con modificazioni in Legge 28 febbraio 1997, n. 30 e successivamente soppresso dall'articolo 16, comma 1, del D.Lgs. 26 febbraio 1999, n. 46.*

TITOLO III
Sanzioni

92. Ritardati od omessi versamenti diretti. – *[Chi non esegue entro le prescritte scadenze i versamenti diretti previsti dall'art. 3, primo comma, numeri 3) e 6) e secondo comma, lettera C), o li effettua in misura inferiore è soggetto alla sopratassa del quindici per cento delle somme non versate. La sopratassa è del cinquanta per cento nel caso che siano ritardati od omessi, in tutto o in parte, gli altri versamenti diretti previsti dall'art. 3. Le soprattasse si applicano anche sul maggiore ammontare delle imposte e delle ritenute alla fonte liquidato dall'ufficio delle imposte ai sensi degli articoli 36- bis, secondo comma, e 36- ter del decreto del Presidente della Repubblica 29 settembre 1973, n. 600* (1)

Le sopratasse di cui al comma precedente sono rispettivamente ridotte al tre per cento e al dieci per cento se il versamento diretto viene eseguito entro i tre giorni successivi a quello di scadenza.

[Chi nel corso di un anno solare non ha effettuato versamenti di ritenute alla fonte per un ammontare complessivo superiore a cinquanta milioni di lire è punito, indipendentemente dalle altre sanzioni, con la multa da un quarto alla metà della somma non versata. La stessa pena si applica se trattasi di singoli versamenti per ammontare superiore a cinquanta milioni di lire effettuati con un ritardo di oltre cinque giorni dalla scadenza.] (2)

È fatto salvo in ogni caso il pagamento degli interessi previsti dall'art. 9.] (3)

(1) *Comma modificato dall'articolo 3, comma 24, del D.P.R. 24 dicembre 1976, n. 920 e successivamente dall'articolo 2 del D.P.R. 14 aprile 1982, n. 309.*
(2) *Comma abrogato, con effetto dal 1° gennaio 1983, dall'articolo 13, comma 1, del D.L. 10 luglio 1982, n. 429, convertito con modificazioni in Legge 7 agosto 1982, n. 516.*
(3) *Articolo abrogato dall'articolo 16, comma 1, lettera c), del D.Lgs. 18 dicembre 1997, n. 471.*

92 *bis*. Mancata o irregolare documentazione probatoria (1). – *[1. È soggetto alla pena pecuniaria dal 40 al 120 per cento della maggiore imposta liquidata ai sensi dell'articolo 36-bis del decreto del Presidente della Repubblica 29 settembre 1973, n. 600, chi, a richiesta dell'ufficio, non esibisce o non trasmette idonea documentazione dei crediti di imposta spettanti e dei versamenti, nonché degli oneri deducibili, delle detrazioni d'imposta, e delle ritenute alla fonte che hanno concorso a determinare l'imposta o il rimborso indicati nella dichiarazione dei redditi. In tali casi non si applica la soprattassa di cui al primo comma dell'articolo 92.*] (2)

(1) *Articolo aggiunto dall'articolo 6, comma 1, lettera b), del D.L. 31 maggio 1994, n. 330, convertito con modificazioni in Legge 27 luglio 1994, n. 473.*
(2) *Articolo abrogato dall'articolo 16, comma 1, del D.Lgs. 18 dicembre 1997, n. 471.*

93. Versamenti ad ufficio incompetente (1). – *[È soggetto alla pena pecuniaria da un ventesimo a un decimo delle somme versate:*

a) chi esegue i versamenti diretti ad esattoria incompetente;

b) chi versa ad una sezione di tesoreria somme delle quali è prescritto il versamento diretto all'esattoria;

c) chi versa in esattoria somme delle quali è prescritto il versamento diretto ad una sezione di tesoreria.]

(1) *Articolo sostituito dall'articolo 2 del D.P.R. 26 maggio 1979, n. 249 e, successivamente, abrogato dall'articolo 16, comma 1, lettera c), del D.Lgs. 18 dicembre 1997, n. 471.*

94. Incompletezza delle distinte di versamento. – *[Nei casi di incompletezza della distinta prevista dall'art. 6 o del documento di conto corrente postale di cui all'art. 7 si applica a carico del soggetto d'imposta la pena pecuniaria da lire tremila a lire ventimila.*

L'esattore è tenuto a comunicare l'infrazione all'ufficio delle imposte.] (1)

(1) *Articolo abrogato dall'articolo 16, comma 1, lettera c), del D.Lgs. 18 dicembre 1997, n. 471.*

95. Violazione dell'obbligo delle ritenute alla fonte. – *[Chi non opera in tutto o in parte le ritenute alla fonte è soggetto alla soprattassa pari al venti per cento dell'ammontare non trattenuto, salva l'applicazione delle sanzioni previste dall'art. 92 quando sia stato omesso il versamento.]*(1).

RISCOSSIONE

(1) *Articolo abrogato dall'articolo 16, comma 1, lettera c), del D.Lgs. 18 dicembre 1997, n. 471.*

96. Pagamenti di crediti a contribuenti morosi. – [*Per l'inosservanza della disposizione dell'art. 77, primo comma, si applica la pena pecuniaria pari a un decimo della somma corrisposta*] (1).

(1) *Articolo abrogato dall'articolo 16, comma 1, lettera c), del D.Lgs. 18 dicembre 1997, n. 471.*

97. Morosità nel pagamento di imposte riscosse mediante ruoli. – [*Per il mancato pagamento di tutte o dell'unica rata di un medesimo ruolo quando il relativo ammontare è superiore alle lire 500.000 si applica la pena pecuniaria da lire 50.000 a lire 300.000.*] (1)

[*Del mancato pagamento l'esattore deve dare comunicazione all'ufficio delle imposte entro sessanta giorni dalla scadenza della rata dalla quale si è verificata la morosità* (2)

[*Se il mancato pagamento è posto in essere da soggetti esercenti imprese commerciali l'intendente di finanza promuove la dichiarazione di fallimento, ferma restando l'applicazione della pena pecuniaria di cui al primo comma* (3).] (4)

[*La dichiarazione di fallimento può essere promossa anche nei confronti dei responsabili solidali di cui all'art. 34 purchè si trovino nelle condizioni previste dal comma precedente.*] (5)

[*Non si fa luogo all'applicazione della pena pecuniaria se il contribuente prova che il mancato pagamento è stato determinato da impossibilità economica.*] (6)

[*Il contribuente che, al fine di sottrarsi al pagamento delle imposte, interessi, soprattasse e pene pecuniarie dovuti, ha compiuto, dopo che sono iniziati accessi, ispezioni e verifiche o sono stati notificati gli inviti e le richieste previsti dalle singole leggi di imposta ovvero sono stati notificati atti di accertamento o iscrizioni a ruolo, atti fraudolenti sui propri o su altrui beni che hanno reso in tutto o in parte inefficace la relativa esecuzione esattoriale, è punito con la reclusione fino a tre anni. La disposizione non si applica se l'ammontare delle somme non corrisposte non è superiore a lire 10 milioni.*] (7)

[*La condanna per il reato di cui al precedente comma importa, per un periodo di tre anni, le interdizioni previste negli articoli 28 e 30 del codice penale e l'incapacità prevista nell'art. 2641 del codice civile nonchè la cancellazione, per lo stesso periodo, dall'albo nazionale dei costruttori e dagli albi o elenchi dei fornitori delle pubbliche amministrazioni. Le stesse pene accessorie possono essere applicate provvisoriamente durante l'istruzione o il giudizio a norma dell'art. 140 del codice penale.*] (8)

(1) *Comma abrogato dall'articolo 16, comma 1, lettera c), del D.Lgs. 18 dicembre 1997, n. 471.*
(2) *Comma abrogato dall'articolo 16, comma 1, lettera c), del D.Lgs. 18 dicembre 1997, n. 471.*
(3) *La Corte Costituzionale, con sentenza 21 febbraio 1992, n. 89 (in Gazz. Uff., 18 marzo, n. 12), ha dichiarato l'illegittimità costituzionale del presente comma.*
(4) *Comma abrogato dall'articolo 16, comma 1, lettera c), del D.Lgs. 18 dicembre 1997, n. 471.*
(5) *Comma abrogato dall'articolo 16, comma 1, lettera c), del D.Lgs. 18 dicembre 1997, n. 471.*
(6) *Comma abrogato dall'articolo 16, comma 1, lettera c), del D.Lgs. 18 dicembre 1997, n. 471.*
(7) *Comma sostituito dall'articolo 15, comma 4, lettera b), della Legge 30 dicembre 1991, n. 413 e successivamente abrogato dall'articolo 25, comma 1, lettera a), del D.Lgs. 10 marzo 2000, n. 74.*
(8) *Comma abrogato dall'articolo 16, comma 1, lettera c), del D.Lgs. 18 dicembre 1997, n. 471.*

98. Applicazione delle sanzioni. – [*Gli uffici delle imposte provvedono, con provvedimento motivato notificato al contribuente, all'applicazione delle pene pecuniarie e della sopratassa e a fare rapporto all'autorità giudiziaria per le violazioni costituenti reato.*

Contro il provvedimento di irrogazione delle sanzioni è ammesso ricorso secondo le disposizioni relative al contenzioso tributario di cui al decreto del Presidente della Repubblica 26 ottobre 1972, n. 636.

Le pene pecuniarie e sopratasse irrogate dagli uffici delle imposte sono iscritte in ruoli speciali entro il 31 dicembre dell'anno successivo a quello in cui il provvedimento è divenuto definitivo.

Se è stato proposto ricorso secondo le disposizioni relative al contenzioso tributario, il provvedimento si considera definitivo dopo sessanta giorni dalla notificazione della decisione della commissione centrale o della sentenza della corte di appello o dell'ultima decisione non impugnata.

Le sopratasse dovute ai sensi dell'art. 92 sono iscritte direttamente in ruolo speciale in base alla dichiarazione alla quale i ritardati od omessi versamenti si riferiscono (1).

Al pagamento delle sopratasse o delle pene pecuniarie sono obbligati in solido con il soggetto passivo o con il soggetto inadempiente, coloro che ne hanno la rappresentanza.

L'ammontare delle pene pecuniarie e delle sopratasse spetta in ogni caso allo Stato.] (2)

(1) *Comma aggiunto dall'articolo 3, comma 25, del D.P.R. 24 dicembre 1976, n. 920.*
(2) *Articolo abrogato dall'articolo 16, comma 1, lettera c), del D.Lgs. 18 dicembre 1997, n. 471.*

TITOLO IV
Norme transitorie e finali

99. Versamento delle ritenute sui dividendi. – Le ritenute alla fonte sugli utili indicati nell'art. 1 della legge 29 dicembre 1962, n. 1745, la cui distribuzione è deliberata anteriormente al 1° gennaio 1974, sono versate alle sezioni di tesoreria provinciale dello Stato nella misura e nei termini stabiliti nella stessa legge.

100. Versamento in tesoreria e iscrizione a ruolo di tributi soppressi. – Le disposizioni degli articoli 168, 169, 170, 172, 260 e 264 del testo unico delle leggi sulle imposte dirette approvato con D.P.R. 29 gennaio 1958, n. 645, seguitano ad applicarsi per i versamenti ivi previsti e relativi ai periodi di imposta anteriori al 1° gennaio 1974.

Per le iscrizioni a ruolo di tributi soppressi in virtù dell'art. 82 del D.P.R. 29 settembre 1973, n. 597, e relativi a periodi d'imposta anteriori al 1° gennaio 1974, rimangono in vigore gli artt. 174, 175, 178, 180 e 183 del citato testo unico.

Per i ricorsi proposti dal 1° gennaio 1974 si applicano le disposizioni dell'art. 15 del presente decreto.

Le disposizioni dell'art. 176 del citato testo unico operano per le iscrizioni provvisorie relative ai periodi di imposta anteriori al 1° gennaio 1974.

La riscossione dei tributi di cui al secondo comma iscritti nei ruoli principali e suppletivi è ripartita in due rate consecutive con le scadenze indicate nell'art. 18(1).

Gli aggi della riscossione mediante ruolo dei tributi soppressi restano a carico del contribuente.

(1) *Comma modificato dall'articolo 3, comma 26, del D.P.R. 24 dicembre 1976, n. 920.*

100 *bis*. Acconti di imposte sui redditi dell'anno 1974. – I soggetti, che in base alla dichiarazione annuale dei redditi presentata nell'anno 1973 e alle risultanze dei registri catastali al 31 agosto dello stesso anno, risultano possessori di redditi imponibili di ricchezza mobile delle categorie B e C/1, di redditi dominicali dei terreni e di redditi di fabbricati sono tenuti al pagamento, nella misura e con le modalità stabilite nei seguenti articoli, di somme in acconto delle imposte sul reddito relative all'anno 1974 o al primo periodo d'imposta ricadente nell'anno stesso.

Gli acconti non sono dovuti per i redditi imponibili di ricchezza mobile delle categorie B e C/1 relativi ad attività delle quali sia stata denunciata la cessazione entro il 31 dicembre 1973 né per i redditi imponibili di ricchezza mobile delle società cooperative e loro consorzi esenti dall'imposta sul reddito delle persone giuridiche ai sensi dell'art. 10 e dell'art. 11, primo comma, del D.P.R. 29 settembre 1973, n. 601.

Sui redditi imponibili di ricchezza mobile delle categorie B e C/1 gli acconti non sono dovuti quando l'ammontare degli acconti stessi, determinato con le aliquote indicate nel successivo art. 100-ter, non supera le lire ventimila.

Nei casi di trasformazione o fusione di società, avvenute posteriormente alla presentazione della dichiarazione di cui al primo comma, al pagamento degli acconti, commisurati agli imponibili dei soggetti preesistenti, sono tenuti i soggetti risultanti dalla trasformazione o fusione, ancorché l'iscrizione a ruolo sia effettuata a nome dei soggetti preesistenti[1].

[1] *Articolo aggiunto dall'articolo 1, del D.P.R. 20 aprile 1974, n. 116.*

100 *ter*. Ammontare degli acconti. – Gli acconti d'imposta sono dovuti nella misura:

a) del 15 per cento sui redditi imponibili di ricchezza mobile di categoria B dei soggetti indicati nell'art. 8, terzo comma del D.P.R. 29 gennaio 1958 n. 645;

b) del 10 per cento sui redditi imponibili di ricchezza mobile di categoria B dei soggetti diversi di quelli di cui alla precedente lettera a);

c) del 10 per cento sui redditi imponibili di ricchezza mobile di categoria C/1 degli artisti e dei professionisti;

d) del 7 per cento sugli altri redditi imponibili di ricchezza mobile di categoria C/1;

e) del 12 per cento sui redditi dominicali dei terreni e sui redditi dei fabbricati.

L'aliquota di cui alla lettera a) è ridotta al 7,50 per cento per i soggetti indicati negli articoli 6 e 26 ultimo comma, del D.P.R. 29 settembre 1973, n. 601.

Le aliquote indicate nei precedenti commi si applicano sui redditi imponibili di ricchezza mobile di categoria B e C/1 risultanti dalle dichiarazioni annuali presentate nell'anno 1973 e sui redditi dominicali dei terreni e sui redditi dei fabbricati risultanti dai registri catastali al 31 agosto dello stesso anno.

Dall'ammontare degli acconti relativi agli imponibili di cui alla lettera c) del primo comma è dedotto un ammontare pari alle ritenute d'acconto operate ai sensi degli articoli 128 e 143 del D.P.R. 29 gennaio 1958, n. 645, sulle somme che hanno concorso a formare gli imponibili stessi[1].

[1] *Articolo aggiunto dall'articolo 1, del D.P.R. 20 aprile 1974, n. 116.*

100 *quater*. Imputazione degli acconti alle imposte sul reddito dovute per l'anno 1974 [1]. – Gli acconti di imposta commisurati ai redditi imponibili di ricchezza mobile delle categorie B e C/1 sono detratti dall'imposta sul reddito delle persone fisiche o dall'imposta sul reddito delle persone giuridiche dovute per l'anno 1974 o per il primo periodo d'imposta ricadente nell'anno stesso.

Gli acconti d'imposta commisurati ai redditi imponibili di società ed associazioni di cui all'art. 5 del D.P.R. 29 settembre 1973, n. 597 sono detratti, nella proporzione indicata nel primo comma dello stesso articolo, dall'imposta sul reddito delle persone fisiche dovuta da ciascun socio o associato.

Gli acconti d'imposta commisurati ai redditi dominicali dei terreni e ai redditi dei fabbricati sono detratti dall'imposta locale sui redditi dovuta per l'anno 1974.

Nei casi di trasformazione e di fusione di cui agli artt. 15, secondo comma, e 16 quarto comma del D.P.R. 29 settembre 1973, n. 598, gli acconti commisurati ai redditi imponibili di ricchezza mobile delle società trasformate, fuse o incorporate sono detratti dall'imposta sul reddito delle persone fisiche dovuta da ciascun socio o associato della società risultante dalla trasformazione o fusione o della società incorporante.

Se gli acconti d'imposta sono di ammontare superiore alle imposte, cui sono rispettivamente imputabili, dovute in base alla dichiarazione dei redditi dell'anno 1974 o agli accertamenti di ufficio ovvero alle risultanze dei registri catastali al 31 agosto dello stesso anno, il contribuente ha diritto al rimborso della differenza. Per i soggetti indicati nell'art. 27 del D.P.R. 29 settembre 1973, n. 598, il rimborso sarà effettuato solo se gli acconti risultino superiori alle imposte dovute per il periodo d'imposta costituito dalla frazione di esercizio posteriore al 31 dicembre 1973 e per il periodo d'imposta successivo.

[1] *Articolo aggiunto dall'articolo 1, del D.P.R. 20 aprile 1974, n. 116.*

100 *quinquies*. Riscossione degli acconti [1]. – Gli acconti d'imposta di cui all'art. 100- bis sono iscritti in ruoli straordinari riscuotibili in due rate con scadenza al giorno 10 dei mesi di settembre e novembre dell'anno 1974 o in unica soluzione a questa ultima scadenza. La formazione dei ruoli straordinari non è soggetta all'autorizzazione dell'intendente di finanza prevista dall'art. 11, sesto comma, del decreto del Presidente della Repubblica 29 settembre 1973, n. 602 [2].

La mancata iscrizione a ruolo degli acconti non fa venire meno il diritto alla riscossione dell'intero ammontare delle imposte dalle quali sono detraibili gli acconti medesimi.

Ai fini della riscossione degli acconti d'imposta vanno notificate speciali cartelle di pagamento recanti l'annotazione " acconti d'imposta per l'anno 1974".

Per la riscossione degli acconti d'imposta di cui all'art. 100- bis si applicano le disposizioni del presente decreto.

[1] *Articolo aggiunto dall'articolo 1, del D.P.R. 20 aprile 1974, n. 116.*
[2] *Comma sostituito dall'articolo 3 del D.L. 6 luglio 1974, n. 259, convertito con modificazioni in Legge 17 agosto 1974, n. 384.*

100 *sexies*. Iscrizione nei ruoli delle imposte dovute sui redditi dichiarati per l'anno 1974 [1]. – [*L'imposta sul reddito delle persone fisiche e l'imposta locale sui redditi*

RISCOSSIONE

dovute dalle persone fisiche e dalle società e associazioni di cui all'articolo 6 del D.P.R. 29 settembre 1973, n. 600, in base alle dichiarazioni dei redditi presentate nell'anno 1975, sono riscosse, oltre che nei termini stabiliti dagli artt. 11, 13, 17 e 18, in due rate consecutive con scadenza al giorno 10 dei mesi di novembre 1975 e febbraio 1976 o al giorno 10 dei mesi di febbraio ed aprile 1976 mediante iscrizione in ruoli principali da formare e trasmettere all'intendenza di finanza rispettivamente entro il 15 dei mesi di settembre e dicembre 1975.

Le imposte non iscritte, per qualsiasi motivo, nei ruoli principali di cui al precedente comma sono iscritte, senza la preventiva autorizzazione dell'intendente di finanza, in ruoli straordinari con scadenza non posteriore al giorno 10 del mese di aprile 1976.

Per l'iscrizione nei ruoli speciali delle somme di cui al secondo comma dell'art. 17, relative alle dichiarazioni presentate nell'anno 1975, il termine ivi previsto è prorogato di un anno.]

(1) *Articolo aggiunto dall'articolo 4, del D.P.R. 28 marzo 1975, n. 60 e, successivamente abrogato dall'articolo 16, comma 3, della Legge 2 dicembre 1975, n. 576.*

101. Termini per sgravi e rimborsi relativi a tributi soppressi. – I termini per proporre ricorsi o istanze pendenti al 1° gennaio 1974, decorrono da tale data e i ricorsi e le istanze sono proposti nei modi e nelle forme stabiliti dal presente decreto e dal D.P.R. 26 ottobre 1972, n. 636.

102. Responsabilità solidale e privilegi relativi a tributi soppressi. – Per i tributi di cui all'art. 100, secondo comma, seguitano ad applicarsi le disposizioni previste agli articoli 196, 197, 207, 211 e 232 del testo unico delle leggi sulle imposte dirette approvato con D.P.R. 29 gennaio 1958, n. 645.

103. Riscossione dei ruoli di enti diversi dallo Stato. – Le disposizioni di cui agli articoli 11 e 23 del presente decreto, concernenti rispettivamente la specie dei ruoli e l'esecutorietà dei medesimi, si applicano anche ai ruoli formati dagli enti locali per la riscossione dei tributi di propria pertinenza nonché ai ruoli di altri enti autorizzati per legge alla riscossione delle proprie entrate con tale procedura, ferma restando l'autonomia degli enti impositori che affidano per legge la riscossione delle proprie entrate agli esattori circa la ripartizione in rate dei carichi in riscossione [(1)].

(1) *Articolo modificato dall'articolo 1 del D.P.R. 13 dicembre 1977, n. 1119.*

104. Disposizioni abrogate. – A decorrere dal 1° gennaio 1974 sono abrogate le disposizioni di cui al titolo X e al titolo XI, capo II, del testo unico delle leggi sulle imposte dirette approvato con D.P.R. 29 gennaio 1958, n. 645, ed ogni altra disposizione non compatibile con le norme del presente decreto.

105. Entrata in vigore. – Il presente decreto entra in vigore il 1° gennaio 1974.

SANZIONI

D.Lgs. 18 dicembre 1997, n. 472

Disposizioni generali in materia di sanzioni amministrative per le violazioni di norme tributarie, a norma dell'articolo 3, comma 133, della legge 23 dicembre 1996, n. 662 (1)(2).

(1) *Pubblicato in Gazz. Uff., 8 gennaio, n. 5*

(2) *Vedi il D.M. 11 giugno 1998 e il D.M. 27 gennaio 2005, n. 54.*

(Omissis)

1. Oggetto. – 1. Il presente decreto stabilisce le disposizioni generali sulle sanzioni amministrative in materia tributaria.

2. Sanzioni amministrative. – 1. Le sanzioni amministrative previste per la violazione di norme tributarie sono la sanzione pecuniaria, consistente nel pagamento di una somma di denaro, e le sanzioni accessorie, indicate nell'articolo 21, che possono essere irrogate solo nei casi espressamente previsti.

2. La sanzione è riferibile alla persona fisica che ha commesso o concorso a commettere la violazione.

3. La somma irrogata a titolo di sanzione non produce interessi.

4. I limiti minimi e massimi e la misura della sanzione fissa possono essere aggiornati ogni tre anni in misura pari all'intera variazione accertata dall'ISTAT dell'indice dei prezzi al consumo per le famiglie di operai e impiegati verificatasi nei tre anni precedenti. A tal fine, entro il 30 giugno successivo al compimento del triennio, il Ministro dell'economia e delle finanze, fissa le nuove misure, determinandone la decorrenza (1).

(1) *Comma modificato dall'articolo 16, comma 1, lettera a), del D.Lgs. 24 settembre 2015, n. 158, con la decorrenza indicata nell'articolo 32, comma 1, del medesimo D.Lgs. n. 158 del 2015, come modificato dall'articolo 1, comma 133, della Legge 28 dicembre 2015, n. 208.*

3. Principio di legalità. – 1. Nessuno può essere assoggettato a sanzioni se non in forza di una legge entrata in vigore prima della commissione della violazione.

2. Salvo diversa previsione di legge, nessuno può essere assoggettato a sanzioni per un fatto che, secondo una legge posteriore, non costituisce violazione punibile. Se la sanzione è già stata irrogata con provvedimento definitivo il debito residuo si estingue, ma non è ammessa ripetizione di quanto pagato.

3. Se la legge in vigore al momento in cui è stata commessa la violazione e le leggi posteriori stabiliscono sanzioni di entità diversa, si applica la legge più favorevole, salvo che il provvedimento di irrogazione sia divenuto definitivo.

4. Imputabilità. – 1. Non può essere assoggettato a sanzione chi, al momento in cui ha commesso il fatto, non aveva, in base ai criteri indicati nel codice penale, la capacità di intendere e di volere.

5. Colpevolezza (1). – 1. Nelle violazioni punite con sanzioni amministrative ciascuno risponde della propria azione od omissione, cosciente e volontaria, sia essa dolosa o colposa. Le violazioni commesse nell'esercizio dell'attività di consulenza tributaria e comportanti la soluzione di problemi di speciale difficoltà sono punibili solo in caso di dolo o colpa grave.

[2. *Nei casi indicati nell'articolo 11, comma 1, se la violazione non è commessa con dolo o colpa grave, la sanzione, determinata anche in esito all'applicazione delle previsioni degli articoli 7, comma 3, e 12, non può essere eseguita nei confronti dell'autore, che non ne abbia tratto diretto vantaggio, in somma eccedente euro 51.645,69, salvo quanto disposto dagli articoli 16, comma 3, e 17, comma 2, e salva, per l'intero, la responsabilità prevista a carico della persona fisica, della società, dell'associazione o dell'ente indicati nel medesimo articolo 11, comma 1. L'importo può essere adeguato ai sensi dell'articolo 2, comma 4.*] (2)

3. La colpa è grave quando l'imperizia o la negligenza del comportamento sono indiscutibili e non è possibile dubitare ragionevolmente del significato e della portata della norma violata e, di conseguenza, risulta evidente la macroscopica inosservanza di elementari obblighi tributari. Non si considera determinato da colpa grave l'inadempimento occasionale ad obblighi di versamento del tributo.

4. È dolosa la violazione attuata con l'intento di pregiudicare la determinazione dell'imponibile o dell'imposta ovvero diretta ad ostacolare l'attività amministrativa di accertamento.

(1) *Articolo sostituito, a decorrere dal 1° aprile 1998, dall'articolo 2, comma 1, lettera a), del D.Lgs. 5 giugno 1998, n. 203.*

(2) *Comma abrogato dall'articolo 16, comma 1, lettera b), del D.Lgs. 24 settembre 2015, n. 158, con la decorrenza indicata nell'articolo 32, comma 1, del medesimo D.Lgs. n. 158 del 2015, come modificato dall'articolo 1, comma 133, della Legge 28 dicembre 2015, n. 208.*

6. Cause di non punibilità. – 1. Se la violazione è conseguenza di errore sul fatto, l'agente non è responsabile quando l'errore non è determinato da colpa. Le rilevazioni eseguite nel rispetto della continuità dei valori di bilancio e secondo corretti criteri contabili e le valutazioni eseguite secondo corretti criteri di stima non danno luogo a violazioni conseguenti a valutazioni estimative, ancorché relative alle operazioni disciplinate dal decreto legislativo 8 ottobre 1997, n. 358, se differiscono da quelle accertate in misura non eccedente il cinque per cento(1).

2. Non è punibile l'autore della violazione quando essa è determinata da obiettive condizioni di incertezza sulla portata e sull'ambito di applicazione delle disposizioni alle quali si riferiscono, nonché da indeterminatezza delle richieste di informazioni o dei modelli per la dichiarazione e per il pagamento.

3. Il contribuente, il sostituto e il responsabile d'imposta non sono punibili quando dimostrano che il pagamento del tributo non è stato eseguito per fatto denunciato all'autorità giudiziaria e addebitabile esclusivamente a terzi.

4. L'ignoranza della legge tributaria non rileva se non si tratta di ignoranza inevitabile.

5. Non è punibile chi ha commesso il fatto per forza maggiore.

5- bis. Non sono inoltre punibili le violazioni che non arrecano pregiudizio all'esercizio delle azioni di controllo e

SANZIONI

non incidono sulla determinazione della base imponibile, dell'imposta e sul versamento del tributo[2].

(1) *Comma modificato, a decorrere dal 1° aprile 1998, dall'articolo 2, comma 1, lettera b), del D.Lgs. 5 giugno 1998, n. 203.*
(2) *Comma aggiunto dall'articolo 7, comma 1, lettera a), del D.Lgs. 26 gennaio 2001, n. 32.*

7. Criteri di determinazione della sanzione. – 1. Nella determinazione della sanzione si ha riguardo alla gravità della violazione desunta anche dalla condotta dell'agente, all'opera da lui svolta per l'eliminazione o l'attenuazione delle conseguenze, nonché alla sua personalità e alle condizioni economiche e sociali.

2. La personalità del trasgressore è desunta anche dai suoi precedenti fiscali.

3. Salvo quanto previsto al comma 4, la sanzione è aumentata fino alla metà nei confronti di chi, nei tre anni precedenti, sia incorso in altra violazione della stessa indole non definita ai sensi degli articoli 13, 16 e 17 o in dipendenza di accertamento di mediazione e di conciliazione con adesione. Sono considerate della stessa indole le violazioni delle stesse disposizioni e quelle di disposizioni diverse che, per la natura dei fatti che le costituiscono e dei motivi che le determinano o per le modalità dell'azione, presentano profili di sostanziale identità [1].

4. Qualora concorrano [*eccezionali*] circostanze che rendono manifesta la sproporzione tra l'entità del tributo cui la violazione si riferisce e la sanzione, questa può essere ridotta fino alla metà del minimo[2].

4-bis. Salvo quanto diversamente disposto da singole leggi di riferimento, in caso di presentazione di una dichiarazione o di una denuncia entro trenta giorni dalla scadenza del relativo termine, la sanzione è ridotta della metà [3].

(1) *Comma modificato, a decorrere dal 1° aprile 1998, dall'articolo 2, comma 1, lettera c), del D.Lgs. 5 giugno 1998, n. 203 e successivamente dall'articolo 16, comma 1, lettera c), numero 1), del D.Lgs. 24 settembre 2015, n. 158, con la decorrenza indicata nell'articolo 32, comma 1, del medesimo D.Lgs. n. 158 del 2015, come modificato dall'articolo 1, comma 133, della Legge 28 dicembre 2015, n. 208.*
(2) *Comma modificato dall'articolo 16, comma 1, lettera c), numero 2), del D.Lgs. 24 settembre 2015, n. 158, con la decorrenza indicata nell'articolo 32, comma 1, del medesimo D.Lgs. n. 158 del 2015, come modificato dall'articolo 1, comma 133, della Legge 28 dicembre 2015, n. 208.*
(3) *Comma aggiunto dall'articolo 16, comma 1, lettera c), numero 3), del D.Lgs. 24 settembre 2015, n. 158, con la decorrenza indicata nell'articolo 32, comma 1, del medesimo D.Lgs. n. 158 del 2015, come modificato dall'articolo 1, comma 133, della Legge 28 dicembre 2015, n. 208.*

8. Intrasmissibilità della sanzione agli eredi. – 1. L'obbligazione al pagamento della sanzione non si trasmette agli eredi.

9. Concorso di persone. – 1. Quando più persone concorrono in una violazione, ciascuna di esse soggiace alla sanzione per questa disposta. Tuttavia, quando la violazione consiste nell'omissione di un comportamento cui sono obbligati in solido più soggetti, è irrogata una sola sanzione e il pagamento eseguito da uno dei responsabili libera tutti gli altri, salvo il diritto di regresso.

10. Tutore mediato. – 1. Salva l'applicazione dell'articolo 9 chi, con violenza o minaccia o inducendo altri in errore incolpevole ovvero avvalendosi di persona incapace, anche in via transitoria, di intendere e di volere, determina la commissione di una violazione ne risponde in luogo del suo autore materiale.

11. Responsabili per la sanzione amministrativa. – 1. Nei casi in cui una violazione che abbia inciso sulla determinazione o sul pagamento del tributo è commessa dal dipendente o dal rappresentante legale o negoziale di una persona fisica nell'adempimento del suo ufficio o del suo mandato ovvero dal dipendente o dal rappresentante o dall'amministratore, anche di fatto, di società, associazione od ente, con o senza personalità giuridica, nell'esercizio delle sue funzioni o incombenze, la persona fisica, la società, l'associazione o l'ente nell'interesse dei quali ha agito l'autore della violazione sono obbligati solidalmente al pagamento di una somma pari alla sanzione irrogata, salvo il diritto di regresso secondo le disposizioni vigenti. Se la violazione non è commessa con dolo o colpa grave, la sanzione, determinata anche in esito all'applicazione delle previsioni degli articoli 7, comma 3, e 12, non può essere eseguita nei confronti dell'autore, che non ne abbia tratto diretto vantaggio, in somma eccedente euro 50.000, salvo quanto disposto dagli articoli 16, comma 3, e 17, comma 2, e salva, per l'intero, la responsabilità prevista a carico della persona fisica, della società, dell'associazione o dell'ente. L'importo può essere adeguato ai sensi dell'articolo 2, comma 4 [1].

2. Fino a prova contraria, si presume autore della violazione chi ha sottoscritto ovvero compiuto gli atti illegittimi.

3. Quando la violazione è commessa in concorso da due o più persone, alle quali sono state irrogate sanzioni diverse, la persona fisica, la società, l'associazione o l'ente indicati nel comma 1 sono obbligati al pagamento di una somma pari alla sanzione più grave.

[*4. Il pagamento della sanzione da parte dell'autore della violazione e, nel caso in cui siano state irrogate sanzioni diverse, il pagamento di quella più grave estingue l'obbligazione indicata nel comma 1.*] [2]

5. Il pagamento della sanzione e, nel caso in cui siano state irrogate sanzioni diverse, il pagamento di quella più grave, da chiunque eseguito, estingue tutte le obbligazioni. Qualora il pagamento sia stato eseguito dall'autore della violazione, nel limite previsto dall'articolo 11, comma 1 la responsabilità della persona fisica, della società, dell' associazione o dell'ente indicati nel comma 1 è limitata all'eventuale eccedenza [3].

6. La persona fisica, la società, l'associazione o l'ente indicati nel comma 1 possono assumere il debito dell'autore della violazione [4].

7. La morte della persona fisica autrice della violazione, ancorché avvenuta prima della irrogazione della sanzione amministrativa, non estingue la responsabilità della persona fisica, della società o dell'ente indicati nel comma 1.

(1) *Comma modificato, a decorrere dal 1° aprile 1998, dall'articolo 2, comma 1, lettera d), del D.Lgs. 5 giugno 1998, n. 203 e successivamente dall'articolo 16, comma 1, lettera d), numero 1), del D.Lgs. 24 settembre 2015, n. 158, con la decorrenza indicata nell'articolo 32, comma 1, del medesimo D.Lgs. n. 158 del 2015, come modificato dall'articolo 1, comma 133, della Legge 28 dicembre 2015, n. 208.*
(2) *Comma abrogato dall'articolo 16, comma 1, lettera d), numero 2), del D.Lgs. 24 settembre 2015, n. 158, con la decorrenza indicata nell'articolo 32, comma 1, del medesimo D.Lgs. n. 158 del 2015, come modificato dall'articolo 1, comma 133, della Legge 28 dicembre 2015, n. 208.*
(3) *Comma modificato dall'articolo 16, comma 1, lettera d), numero 3), del D.Lgs. 24 settembre 2015, n. 158, con la decorrenza indicata nell'articolo 32, comma 1, del medesimo D.Lgs. n. 158 del 2015, come modificato dall'articolo 1, comma 133, della Legge 28 dicembre 2015, n. 208.*

[4] *Comma modificato dall'articolo 16, comma 1, lettera d), numero 4), del D.Lgs. 24 settembre 2015, n. 158, con la decorrenza indicata nell'articolo 32, comma 1, del medesimo D.Lgs. n. 158 del 2015, come modificato dall'articolo 1, comma 133, della Legge 28 dicembre 2015, n. 208.*

12. Concorso di violazioni e continuazione [1]. – 1. È punito con la sanzione che dovrebbe infliggersi per la violazione più grave, aumentata da un quarto al doppio, chi, con una sola azione od omissione, viola diverse disposizioni anche relative a tributi diversi ovvero commette, anche con più azioni od omissioni, diverse violazioni formali della medesima disposizione.

2. Alla stessa sanzione soggiace chi, anche in tempi diversi, commette più violazioni che, nella loro progressione, pregiudicano o tendono a pregiudicare la determinazione dell'imponibile ovvero la liquidazione anche periodica del tributo.

3. Nei casi previsti dai commi 1 e 2, se le violazioni rilevano ai fini di più tributi, si considera quale sanzione base cui riferire l'aumento, quella più grave aumentata di un quinto.

4. Le previsioni dei commi 1, 2 e 3 si applicano separatamente rispetto ai tributi erariali e ai tributi di ciascun altro ente impositore e, tra i tributi erariali, alle imposte doganali e alle imposte sulla produzione e sui consumi [2].

5. Quando violazioni della stessa indole vengono commesse in periodi di imposta diversi, si applica la sanzione base aumentata dalla metà al triplo. Se l'ufficio non contesta tutte le violazioni o non irroga la sanzione contemporaneamente rispetto a tutte, quando in seguito vi provvede determina la sanzione complessiva tenendo conto delle violazioni oggetto del precedente provvedimento. Se più atti di irrogazione danno luogo a processi non riuniti o comunque introdotti avanti a giudici diversi, il giudice che prende cognizione dell'ultimo di essi ridetermina la sanzione complessiva tenendo conto delle violazioni risultanti dalle sentenze precedentemente emanate[3].

6. Il concorso e la continuazione sono interrotti dalla constatazione della violazione.

7. Nei casi previsti dal presente articolo la sanzione non può essere comunque superiore a quella risultante dal cumulo delle sanzioni previste per le singole violazioni.

8. Nei casi di accertamento con adesione di mediazione tributaria e di conciliazione giudiziale, in deroga ai commi 3 e 5, le disposizioni sulla determinazione di una sanzione unica in caso di progressione si applicano separatamente per ciascun tributo e per ciascun periodo d'imposta. La sanzione conseguente alla rinuncia, all'impugnazione dell'avviso di accertamento [, *alla conciliazione giudiziale*] e alla definizione agevolata ai sensi degli articoli 16 e 17 del presente decreto non può stabilirsi in progressione con violazioni non indicate nell'atto di contestazione o di irrogazione delle sanzioni [4][5].

[1] *Articolo sostituito, a decorrere dal 1° aprile 1998, dall'articolo 2, comma 1, lettera e), del D.Lgs. 5 giugno 1998, n. 203.*
[2] *Comma sostituito dall'articolo 2, comma 1, lettera a), numero 1), del D.Lgs. 30 marzo 2000, n. 99. A norma dell'articolo 4, comma 1, del medesimo D.Lgs. 99 del 2000, le disposizioni dello stesso hanno effetto a decorrere dal 1° aprile 1998, salvo quelle che modificano il trattamento sanzionatorio in senso sfavorevole al contribuente.*
[3] *Comma sostituito dall'articolo 2, comma 1, lettera a), numero 2), del D.Lgs. 30 marzo 2000, n. 99. A norma dell'articolo 4, comma 1, del medesimo D.Lgs. 99 del 2000, le disposizioni dello stesso hanno effetto a decorrere dal 1° aprile 1998, salvo quelle che modificano il trattamento sanzionatorio in senso sfavorevole al contribuente.*
[4] *Vedi l'articolo 1, comma 3, del D.L. 25 marzo 2010 n. 40, l'articolo 8, comma 2, del D.L. 2 marzo 2012, n. 16, convertito, con modificazioni, dalla Legge 26 aprile 2012, n. 44, l'articolo 4, comma 6-quinquies, del D.P.R. 22 luglio 1998, n. 322, come modificato dall'articolo 2, comma 1, del D.Lgs. 21 novembre 2014, n. 175 e l'articolo 78, comma 26, della Legge 30 dicembre 1991, n. 413, come modificato dall'articolo 3, comma 1, lettera b), del D.Lgs. 21 novembre 2014, n. 175.*
[5] *Comma modificato dall'articolo 16, comma 1, lettera e), del D.Lgs. 24 settembre 2015, n. 158, con la decorrenza indicata nell'articolo 32, comma 1, del medesimo D.Lgs. n. 158 del 2015, come modificato dall'articolo 1, comma 133, della Legge 28 dicembre 2015, n. 208.*

13. Ravvedimento [1]. – 1. La sanzione è ridotta, sempreché la violazione non sia stata già constatata e comunque non siano iniziati accessi, ispezioni, verifiche o altre attività amministrative di accertamento delle quali l'autore o i soggetti solidalmente obbligati, abbiano avuto formale conoscenza:

a) ad un decimo del minimo nei casi di mancato pagamento del tributo o di un acconto, se esso viene eseguito nel termine di trenta giorni dalla data della sua commissione [2];

a-*bis*) ad un nono del minimo se la regolarizzazione degli errori e delle omissioni, anche se incidenti sulla determinazione o sul pagamento del tributo, avviene entro novanta giorni dalla data dell'omissione o dell'errore, ovvero se la regolarizzazione delle omissioni e degli errori commessi in dichiarazione avviene entro novanta giorni dal termine per la presentazione della dichiarazione in cui l'omissione o l'errore è stato commesso [3];

b) ad un ottavo del minimo, se la regolarizzazione degli errori e delle omissioni, anche se incidenti sulla determinazione o sul pagamento del tributo, avviene entro il termine per la presentazione della dichiarazione relativa all'anno nel corso del quale è stata commessa la violazione ovvero, quando non è prevista dichiarazione periodica, entro un anno dall'omissione o dall'errore [4];

b-*bis*) ad un settimo del minimo se la regolarizzazione degli errori e delle omissioni, anche se incidenti sulla determinazione o sul pagamento del tributo, avviene entro il termine per la presentazione della dichiarazione relativa all'anno successivo a quello nel corso del quale è stata commessa la violazione ovvero, quando non è prevista dichiarazione periodica, entro due anni dall'omissione o dall'errore [5];

b-*ter*) ad un sesto del minimo se la regolarizzazione degli errori e delle omissioni, anche incidenti sulla determinazione o sul pagamento del tributo, avviene oltre il termine per la presentazione della dichiarazione relativa all'anno successivo a quello nel corso del quale è stata commessa la violazione ovvero, quando non è prevista dichiarazione periodica, oltre due anni dall'omissione o dall'errore [6];

b-*quater*) ad un quinto del minimo se la regolarizzazione degli errori e delle omissioni, anche se incidenti sulla determinazione o sul pagamento del tributo, avviene dopo la constatazione della violazione ai sensi dell'articolo 24 della legge 7 gennaio 1929, n. 4, salvo che la violazione non rientri tra quelle indicate negli articoli 6, comma 2-bis, limitatamente all'ipotesi di omessa memorizzazione ovvero di memorizzazione con dati incompleti o non veritieri, comma 3, o 11, comma 5, del decreto legislativo 18 dicembre 1997, n. 471 [7];

c) ad un decimo del minimo di quella prevista per l'omissione della presentazione della dichiarazione, se questa viene presentata con ritardo non superiore a novanta giorni

SANZIONI

ovvero a un decimo del minimo di quella prevista per l'omessa presentazione della dichiarazione periodica prescritta in materia di imposta sul valore aggiunto, se questa viene presentata con ritardo non superiore a trenta giorni [(8)].

[*1-bis. Le disposizioni di cui al comma 1, lettere b-bis), b-ter) e b-quater), si applicano ai tributi amministrati dall'Agenzia delle entrate e, limitatamente alle lettere b-bis) e b-ter), ai tributi doganali e alle accise amministrati dall'Agenzia delle dogane e dei monopoli.*] [(9)].

1-ter. Ai fini dell'applicazione delle disposizioni di cui al presente articolo, per i tributi amministrati dall'Agenzia delle entrate non opera la preclusione di cui al comma 1, primo periodo, salva la notifica degli atti di liquidazione e di accertamento, comprese le comunicazioni recanti le somme dovute ai sensi degli articoli 36-bis e 36-ter del decreto del Presidente della Repubblica 29 settembre 1973, n. 600, e successive modificazioni, e 54-bis del decreto del Presidente della Repubblica 26 ottobre 1972, n. 633, e successive modificazioni. La preclusione di cui al comma 1, primo periodo, salva la notifica di avvisi di pagamento e atti di accertamento, non opera neanche per i tributi doganali e per le accise amministrati dall'Agenzia delle dogane e dei monopoli [(10)];

1-quater. Il pagamento e la regolarizzazione di cui al presente articolo non precludono l'inizio o la prosecuzione di accessi, ispezioni, verifiche o altre attività amministrative di controllo e accertamento [(11)].

2. Il pagamento della sanzione ridotta deve essere eseguito contestualmente alla regolarizzazione del pagamento del tributo o della differenza, quando dovuti, nonché al pagamento degli interessi moratori calcolati al tasso legale con maturazione giorno per giorno.

3. Quando la liquidazione deve essere eseguita dall'ufficio, il ravvedimento si perfeziona con l'esecuzione dei pagamenti nel termine di sessanta giorni dalla notificazione dell'avviso di liquidazione.

[*4. Nei casi di omissione o di errore, che non ostacolano un'attività di accertamento in corso e che non incidono sulla determinazione o sul pagamento del tributo, il ravvedimento esclude l'applicazione della sanzione, se la regolarizzazione avviene entro tre mesi dall'omissione o dall'errore.*] [(12)]

5. Le singole leggi e atti aventi forza di legge possono stabilire, a integrazione di quanto previsto nel presente articolo, ulteriori circostanze che importino l'attenuazione della sanzione.

(1) Articolo sostituito dall'articolo 2, comma 1, lettera f), del D.Lgs. 5 giugno 1998, n. 203. Vedi anche l'articolo 62, comma 6, della Legge 27 dicembre 2002, n. 289, l'articolo 1, comma 2, del D.L. 17 giugno 2005, n. 106, convertito, con modificazioni, dalla Legge 31 luglio 2005, n. 156, l'articolo 1, comma 514, della Legge 23 dicembre 2005, n. 266 e l'articolo 1, comma 1, del D.L. 7 giugno 2006, n. 206, convertito, con modificazioni, dalla Legge 17 luglio 2006, n. 234. In riferimento al presente articolo, vedi l'articolo 42, comma 1, del D.L. 9 agosto 2022, n. 115, convertito, con modificazioni dalla Legge 21 settembre 2022, n. 142.

(2) Lettera modificata dall'articolo 16, comma 5, lettera a), del D.L. 29 novembre 2008, n. 185 e dall'articolo 1, comma 20, lettera a), della Legge 13 dicembre 2010, n. 220, a decorrere dal 1° febbraio 2011, a norma del comma 22 del medesimo articolo 1 della Legge n. 220 del 2010.

(3) Lettera inserita dall'articolo 1, comma 637, lettera b), numero 1.1), della Legge 23 dicembre 2014, n. 190 e successivamente modificata dall'articolo 16, comma 1, lettera f) numero 1), del D.Lgs. 24 settembre 2015, n. 158, con la decorrenza indicata nell'articolo 32, comma 1, del medesimo D.Lgs. n. 158 del 2015, come modificato dall'articolo 1, comma 133, della Legge 28 dicembre 2015, n. 208.

(4) Lettera modificata dall'articolo 6, comma 1, lettera a), numero 1), del D.Lgs. 19 novembre 1998, n. 422, dall'articolo 2, comma 1, lettera b), numero 1), del D.Lgs. 30 marzo 2000, n. 99, dall'articolo 16, comma 5, lettera b), del D.L. 29 novembre 2008, n. 185 e dall'articolo 1, comma 20, lettera a), della Legge 13 dicembre 2010, n. 220, a decorrere dal 1° febbraio 2011, a norma del comma 22 del medesimo articolo 1 della Legge n. 220 del 2010.

(5) Lettera inserita dall'articolo 1, comma 637, lettera b), numero 1.2), della Legge 23 dicembre 2014, n. 190

(6) Lettera inserita dall'articolo 1, comma 637, lettera b), numero 1.2), della Legge 23 dicembre 2014, n. 190

(7) Lettera inserita dall'articolo 1, comma 637, lettera b), numero 1.2), della Legge 23 dicembre 2014, n. 190 e successivamente modificata dall'articolo 1, comma 1114, della Legge 30 dicembre 2020, n. 178.

(8) Lettera modificata dall'articolo 2, comma 1, del D.Lgs. 30 dicembre 1999, n. 506, dall'articolo 2, comma 1, lettera b), numero 2), del D.Lgs. 30 marzo 2000, n. 99, dall'articolo 16, comma 5, lettera c), del D.L. 29 novembre 2008, n. 185 e dall'articolo 1, comma 20, lettera a), della Legge 13 dicembre 2010, n. 220, a decorrere dal 1° febbraio 2011, a norma del comma 22 del medesimo articolo 1 della Legge n. 220 del 2010.

(9) Comma inserito dall'articolo 1, comma 637, lettera b), numero 2), della Legge 23 dicembre 2014, n. 190 e successivamente modificato dall'articolo 16, comma 1, lettera f) numero 2), del D.Lgs. 24 settembre 2015, n. 158, con la decorrenza indicata nell'articolo 32, comma 1, del medesimo D.Lgs. n. 158 del 2015, come modificato dall'articolo 1, comma 133, della Legge 28 dicembre 2015, n. 208 ed infine modificato dall'articolo 5, comma 1-bis, lettera a), del D.L. 22 ottobre 2016, n. 193 convertito, con modificazioni dalla Legge 1° dicembre 2016 n. 225. Da ultimo abrogato dall'articolo 10-bis, comma 1, del D.L. 26 ottobre 2019, n. 124, convertito con modificazioni dalla Legge 19 dicembre 2019, n. 157.

(10) Comma inserito dall'articolo 1, comma 637, lettera b), numero 2), della Legge 23 dicembre 2014, n. 190 e successivamente modificato dall'articolo 5, comma 1-bis, lettera b), del D.L. 22 ottobre 2016, n. 193 convertito, con modificazioni dalla Legge 1° dicembre 2016 n. 225.

(11) Comma inserito dall'articolo 1, comma 637, lettera b), numero 2), della Legge 23 dicembre 2014, n. 190

(12) Comma inizialmente sostituito dall'articolo 6, comma 1, lettera a), numero 2), del D.Lgs. 19 novembre 1998, n. 422, e successivamente abrogato dall'articolo 7, comma 1, lettera b), del D.Lgs. 26 gennaio 2001, n. 32.

13 *bis*. Ravvedimento parziale. – 1. L'articolo 13 si interpreta nel senso che è consentito al contribuente di avvalersi dell'istituto del ravvedimento anche in caso di versamento frazionato, purché nei tempi prescritti dalle lettere a), a-bis), b), b-bis), b-ter), b-quater) e c) del comma 1 del medesimo articolo 13. Nel caso in cui l'imposta dovuta sia versata in ritardo e il ravvedimento, con il versamento della sanzione e degli interessi, intervenga successivamente, la sanzione applicabile corrisponde a quella riferita all'integrale tardivo versamento; gli interessi sono dovuti per l'intero periodo del ritardo; la riduzione prevista in caso di ravvedimento è riferita al momento del perfezionamento dello stesso. Nel caso di versamento tardivo dell'imposta frazionata in scadenze differenti, al contribuente è consentito operare autonomamente il ravvedimento per i singoli versamenti, con le riduzioni di cui al precedente periodo, ovvero per il versamento complessivo, applicando in tal caso alla sanzione la riduzione individuata in base alla data in cui la stessa è regolarizzata.

2. Le disposizioni del presente articolo si applicano ai soli tributi amministrati dall'Agenzia delle entrate [(1)].

(1) Articolo inserito dall'articolo 4-decies, comma 1, del D.L. 30 aprile 2019, n. 34, convertito, con modificazioni, dalla Legge 28 giugno 2019, n. 58.

14. Cessione di azienda. – 1. Il cessionario è responsabile in solido, fatto salvo il beneficio della preventiva escussione del cedente ed entro i limiti del valore dell'azienda o del ramo d'azienda, per il pagamento dell'imposta e delle sanzioni riferibili alle violazioni commesse nell'anno in cui è avvenuta la cessione e nei due precedenti, nonché per quelle già irrogate e contestate nel medesimo periodo anche se riferite a violazioni commesse in epoca anteriore.

2. L'obbligazione del cessionario è limitata al debito risultante, alla data del trasferimento, dagli atti degli uffici dell'amministrazione finanziaria e degli enti preposti all'accertamento dei tributi di loro competenza.

3. Gli uffici e gli enti indicati nel comma 2 sono tenuti a rilasciare, su richiesta dell'interessato, un certificato sull'esistenza di contestazioni in corso e di quelle già definite per le quali i debiti non sono stati soddisfatti. Il certificato, se negativo, ha pieno effetto liberatorio del cessionario, del pari liberato ove il certificato non sia rilasciato entro quaranta giorni dalla richiesta.

4. La responsabilità del cessionario non è soggetta alle limitazioni previste nel presente articolo qualora la cessione sia stata attuata in frode dei crediti tributari, ancorché essa sia avvenuta con trasferimento frazionato di singoli beni.

5. La frode si presume, salvo prova contraria, quando il trasferimento sia effettuato entro sei mesi dalla constatazione di una violazione penalmente rilevante.

5-bis. Salva l'applicazione del comma 4, la disposizione non trova applicazione quando la cessione avviene nell'ambito di una procedura concorsuale, di un accordo di ristrutturazione dei debiti di cui all'articolo 182-bis del regio decreto 16 marzo 1942, n. 267, di un piano attestato ai sensi dell'articolo 67, terzo comma, lettera d), del predetto decreto o di un procedimento di composizione della crisi da sovraindebitamento o di liquidazione del patrimonio (1).

5-ter Le disposizioni del presente articolo si applicano, in quanto compatibili, a tutte le ipotesi di trasferimento di azienda, ivi compreso il conferimento (2).

(1) Comma aggiunto dall'articolo 16, comma 1, lettera g), del D.Lgs. 24 settembre 2015, n. 158, con la decorrenza indicata nell'articolo 32, comma 1, del medesimo D.Lgs. n. 158 del 2015, come modificato dall'articolo 1, comma 133, della Legge 28 dicembre 2015, n. 208.

(2) Comma aggiunto dall'articolo 16, comma 1, lettera g), del D.Lgs. 24 settembre 2015, n. 158, con la decorrenza indicata nell'articolo 32, comma 1, del medesimo D.Lgs. n. 158 del 2015, come modificato dall'articolo 1, comma 133, della Legge 28 dicembre 2015, n. 208.

15. Trasformazione, fusione e scissione di società. – 1. La società o l'ente risultante dalla trasformazione o dalla fusione, anche per incorporazione, subentra negli obblighi delle società trasformate o fuse relativi al pagamento delle sanzioni. Si applica l'articolo 2499 codice civile.

2. Nei casi di scissione anche parziale di società od enti, ciascuna società od ente è obbligato in solido al pagamento delle somme dovute per violazioni commesse anteriormente alla data dalla quale la scissione produce effetto.

16. Procedimento di irrogazione delle sanzioni. – 1. La sanzione amministrativa e le sanzioni accessorie sono irrogate dall'ufficio o dall'ente competenti all' accertamento del tributo cui le violazioni si riferiscono.

2. L'ufficio o l'ente notifica atto di contestazione con indicazione, a pena di nullità, dei fatti attribuiti al trasgressore, degli elementi probatori, delle norme applicate, dei criteri che ritiene di seguire per la determinazione delle sanzioni e della loro entità nonché dei minimi edittali previsti dalla legge per le singole violazioni. Se la motivazione fa riferimento ad un altro atto non conosciuto né ricevuto dal trasgressore, questo deve essere allegato all'atto che lo richiama salvo che quest'ultimo non ne riproduca il contenuto essenziale (1).

3. Entro il termine previsto per la proposizione del ricorso, il trasgressore e i soggetti obbligati in solido possono definire la controversia con il pagamento di un importo pari ad un terzo della sanzione indicata e comunque non inferiore ad un terzo dei minimi edittali previsti per le violazioni più gravi relative a ciascun tributo. La definizione agevolata impedisce l'irrogazione delle sanzioni accessorie(2).

4. Se non addivengono a definizione agevolata, il trasgressore e i soggetti obbligati in solido possono, entro lo stesso termine, produrre deduzioni difensive. In mancanza, l'atto di contestazione si considera provvedimento di irrogazione, impugnabile ai sensi dell'art. 18 [*sempre entro il termine di sessanta giorni dalla sua notificazione*] (3).

5. L'impugnazione immediata non è ammessa e, se proposta, diviene improcedibile qualora vengano presentate deduzioni difensive in ordine alla contestazione.

6. L'atto di contestazione deve contenere l'invito al pagamento delle somme dovute nel termine previsto per la proposizione del ricorso, con l'indicazione dei benefici di cui al comma 3 ed altresì l'invito a produrre nello stesso termine, se non si intende addivenire a definizione agevolata, le deduzioni difensive e, infine, l'indicazione dell'organo al quale proporre l'impugnazione immediata (4).

7. Quando sono state proposte deduzioni, l'ufficio, nel termine di decadenza di un anno dalla loro presentazione, irroga, se del caso, le sanzioni con atto motivato a pena di nullità anche in ordine alle deduzioni medesime. Tuttavia, se il provvedimento non viene notificato entro centoventi giorni, cessa di diritto l'efficacia delle misure cautelari concesse ai sensi dell'art. 22.

7-bis. Le sanzioni irrogate ai sensi del comma 7, qualora rideterminate a seguito dell'accoglimento delle deduzioni prodotte ai sensi del comma 4, sono definibili entro il termine previsto per la proposizione del ricorso, con il pagamento dell'importo stabilito dal comma 3 (5).

(1) Comma modificato dall'articolo 2, comma 1, lettera g), numero 1), del D.Lgs. 5 giugno 1998, n. 203, a decorrere dal 1° aprile 1998, e successivamente dall'articolo 7, comma 1, lettera c), del D.Lgs. 26 gennaio 2001, n. 32.

(2) Comma modificato dall'articolo 2, comma 1, lettere g), numero 2), ed m), del D.Lgs. 5 giugno 1998, n. 203 e dall'articolo 2, comma 1, lettera c), numero 1) del D.Lgs. 30 marzo 2000, n. 99, a decorrere dal 1° aprile 1998 e successivamente dall'articolo 1, comma 20, lettera b), della Legge 13 dicembre 2010, n. 220, a decorrere dal 1° febbraio 2011.

(3) Comma modificato dall'articolo 2, comma 1, lettera m), del D.Lgs. 5 giugno 1998, n. 203 e dall'articolo 2, comma 1, lettera c), numero 2) del D.Lgs. 30 marzo 2000, n. 99, a decorrere dal 1° aprile 1998.

(4) Comma modificato dall'articolo 2, comma 1, lettera c), numero 3) del D.Lgs. 30 marzo 2000, n. 99, a decorrere dal 1° aprile 1998.

(5) Comma aggiunto dall'articolo 23, comma 29, lettera a), del D.L. 6 luglio 2011 n. 98, convertito, con modificazioni, dalla Legge 15 luglio 2011, n. 111, con la decorrenza ivi prevista.

16 *bis*. Disposizioni per l'accelerazione dell'irrogazione delle sanzioni (1). – 1. L'atto di contestazione previsto dall'articolo 16, relativo alle violazioni previste dall'articolo 6, comma 3, e dall'articolo 11, commi 5 e 6, del decreto legislativo 18 dicembre 1997, n. 471, e successive modificazioni, è notificato al trasgressore entro novanta giorni dalla constatazione della violazione, ovvero entro centottanta giorni se la notifica deve essere eseguita nei confronti di soggetto non residente.

2. Per le violazioni previste al comma 1, il termine di decadenza di un anno previsto dall'articolo 16, comma 7, è ridotto alla metà.

3. Le disposizioni del presente articolo si applicano alle violazioni constatate a decorrere dal 1° aprile 2003.

(1) *Articolo inserito dall'articolo 5-bis, comma 2, del D.L. 24 dicembre 2002, n. 282.*

17. Irrogazione immediata. – 1. In deroga alle previsioni dell'art. 16, le sanzioni collegate al tributo cui si riferiscono sono irrogate, senza previa contestazione e con l'osservanza, in quanto compatibili, delle disposizioni che regolano il procedimento di accertamento del tributo medesimo, con atto contestuale all'avviso di accertamento o di rettifica, motivato a pena di nullità [(1)].

1-bis. All'accertamento doganale, disciplinato dall'articolo 247 del regolamento (CEE) n. 2454/1993 della Commissione, del 2 luglio 1993, e successive modificazioni, e dall'articolo 117 del regolamento (CE) n. 450/2008 del Parlamento europeo e del Consiglio, del 23 aprile 2008, effettuato con criteri di selettività nella fase del controllo che precede la concessione dello svincolo, restano applicabili le previsioni dell'articolo 16 del presente decreto[(2)].

2. È ammessa definizione agevolata con il pagamento di un importo pari ad un terzo della sanzione irrogata e comunque non inferiore ad un terzo dei minimi edittali previsti per le violazioni più gravi relative a ciascun tributo, entro il termine previsto per la proposizione del ricorso[(3)].

3. Possono essere irrogate mediante iscrizione a ruolo, senza previa contestazione, le sanzioni per omesso o ritardato pagamento dei tributi, ancorchè risultante da liquidazioni eseguite ai sensi degli articoli 36- bis e 36- ter del decreto del Presidente della Repubblica 29 settembre 1973, n. 600, concernente disposizioni comuni in materia di accertamento delle imposte sui redditi, e ai sensi degli articoli 54- bis e 60, sesto comma, del decreto del Presidente della Repubblica 26 ottobre 1972, n. 633, recante istituzione e disciplina dell'imposta sul valore aggiunto. Per le sanzioni indicate nel periodo precedente, in nessun caso si applica la definizione agevolata prevista nel comma 2 e nell'articolo 16, comma 3 [(4)].

(1) *Comma modificato dall'articolo 23, comma 29, lettera b), del D.L. 6 luglio 2011, n. 98, a decorrere dal 1° ottobre 2011.*
(2) *Comma inserito dall'articolo 9, comma 3-undecies, del D.L. 2 marzo 2012, n. 16, convertito, con modificazioni, dalla Legge 26 aprile 2012, n. 44.*
(3) *Comma modificato dall'articolo 2, comma 1, lettera h), numero 1), del D.Lgs. 5 giugno 1998, n. 203 e dall'articolo 2, comma 1, lettera d), del D.Lgs. 30 marzo 2000, n. 99, a decorrere dal 1° aprile 1998 e successivamente dall'articolo 1, comma 20, lettera c), della Legge 13 dicembre 2010, n. 220, a decorrere dal 1° febbraio 2011.*
(4) *Comma modificato dall'articolo 2, comma 1, lettera h), numero 2), del D.Lgs. 5 giugno 1998, n. 203, a decorrere dal 1° aprile 1998.*

18. Tutela giurisdizionale e ricorsi amministrativi. – 1. Contro il provvedimento di irrogazione è ammesso ricorso alle commissioni tributarie.

2. Se le sanzioni si riferiscono a tributi rispetto ai quali non sussiste la giurisdizione delle commissioni tributarie, è ammesso, nel termine di sessanta giorni dalla notificazione del provvedimento, ricorso amministrativo in alternativa all'azione avanti all'autorità giudiziaria ordinaria, che può comunque essere adita anche dopo la decisione amministrativa ed entro centottanta giorni dalla sua notificazione. Salvo diversa disposizione di legge, il ricorso amministrativo è proposto alla Direzione regionale delle entrate, competente in ragione della sede dell'ufficio che ha irrogato le sanzioni.

3. In presenza di più soggetti legittimati, se alcuno di essi adisce l'autorità giudiziaria, il ricorso amministrativo è improponibile, quello in precedenza proposto diviene improcedibile e la controversia pendente deve essere riproposta avanti al giudice ordinario nel termine di centottanta giorni dalla notificazione della decisione di improcedibilità.

4. Le decisioni delle commissioni tributarie e dell'autorità giudiziaria sono immediatamente esecutive nei limiti previsti dall'articolo 19.

19. Esecuzione delle sanzioni. – 1. In caso di ricorso alle commissioni tributarie, anche nei casi in cui non è prevista riscossione frazionata, si applicano le disposizioni dettate dall'articolo 68, commi 1 e 2, del decreto legislativo 31 dicembre 1992, n. 546, recante disposizioni sul processo tributario [(1)].

2. La commissione tributaria regionale può sospendere l'esecuzione applicando, in quanto compatibili, le previsioni dell'articolo 52 del decreto legislativo 31 dicembre 1992, ne 546 [(2)].

3. La sospensione deve essere concessa se viene prestata la garanzia di cui all'articolo 69 del decreto legislativo 31 dicembre 1992, n. 546 [(3)].

4. Quando non sussiste la giurisdizione delle commissioni tributarie la sanzione è riscossa provvisoriamente dopo la decisione dell'organo al quale è proposto ricorso amministrativo, nei limiti della metà dell'ammontare da questo stabilito. L'autorità giudiziaria ordinaria successivamente adita, se dall'esecuzione può derivare un danno grave ed irreparabile, può disporre la sospensione e deve disporla se viene offerta idonea garanzia.

5. Se l'azione viene iniziata avanti all'autorità giudiziaria ordinaria ovvero se questa viene adita dopo la decisione dell'organo amministrativo, la sanzione pecuniaria è riscossa per intero o per il suo residuo ammontare dopo la sentenza di primo grado, salva l'eventuale sospensione disposta dal giudice d'appello secondo le previsioni dei commi 2, 3 e 4.

6. Se in esito alla sentenza di primo o di secondo grado la somma corrisposta eccede quella che risulta dovuta, l'ufficio deve provvedere al rimborso ai sensi dell'articolo 68, comma 2, del decreto legislativo 31 dicembre 1992, n. 546.

7. Le sanzioni accessorie sono eseguite quando il provvedimento di irrogazione è divenuto definitivo [(5)].

(1) *Comma modificato, a decorrere dal 1° aprile 1998, dall'articolo 2, comma 1, lettera i), del D.Lgs. 5 giugno 1998, n. 203.*
(2) *Comma modificato dall'articolo 10, comma 3, lettera a), numero 1), del D.lgs. 24 settembre 2015, n. 156, a decorrere dal 1° gennaio 2016.*
(3) *Comma modificato dall'articolo 10, comma 3, lettera a), numero 2), del D.lgs. 24 settembre 2015, n. 156, a decorrere dal 1° gennaio 2016.*
(4) *Comma modificato dall'articolo 10, comma 3, lettera a), numero 3), del D.lgs. 24 settembre 2015, n. 156, a decorrere dal 1° gennaio 2016.*

20. Decadenza e prescrizione. – 1. L'atto di contestazione di cui all'articolo 16, ovvero l'atto di irrogazione, devono essere notificati, a pena di decadenza, entro il 31 dicembre del quinto anno successivo a quello in cui è avvenuta la violazione o nel diverso termine previsto per l'accertamento dei singoli tributi. Entro gli stessi termini devono essere resi esecutivi i ruoli nei quali sono iscritte le sanzioni irrogate ai sensi dell'articolo 17, comma 3 (2)(3)(4).

2. Se la notificazione è stata eseguita nei termini previsti dal comma 1 ad almeno uno degli autori dell'infrazione o dei soggetti obbligati in solido, il termine è prorogato di un anno (5).

3. Il diritto alla riscossione della sanzione irrogata si prescrive nel termine di cinque anni. L'impugnazione del provvedimento di irrogazione interrompe la prescrizione, che non corre fino alla definizione del procedimento.(6)(7)

(1) A norma dell'articolo 12, comma 2-ter, del D.L. 1° luglio 2009, n. 78, convertito, con modificazioni, dalla Legge 3 agosto 2009, n. 102, per le violazioni di cui ai commi 1, 2 e 3 dell'articolo 4 del decreto-legge 28 giugno 1990, n. 167, riferite agli investimenti e alle attività di natura finanziaria, i termini di cui al presente articolo, sono raddoppiati.

(2) Comma modificato, a decorrere dal 1° aprile 1998, dall'articolo 2, comma 1, lettera l), del D.Lgs. 5 giugno 1998, n. 203 e successivamente dall'articolo 2, comma 1, lettera e), del D.Lgs. 30 marzo 2000, n. 99.

(3) A norma dell'articolo 5-septies, comma 1, del D.L. 16 ottobre 2017, n. 148, convertito con modificazioni dalla Legge 4 dicembre 2017, n. 172, i termini di cui al presente articolo che scadono a decorrere dal 1° gennaio 2018, sono fissati al 30 giugno 2020.

(4) A norma degli articoli 1, comma 9, e9, comma 6, del D.L. 23 ottobre 2018, n.119, convertito con modificazioni dalla Legge 17 dicembre 2018, n. 136, i termini di cui al presente comma, sono prorogati di due anni e successivamente a norma dell'articolo 1, comma 171, della Legge 29 dicembre 2022, n. 197 i termini sono ulteriormente prorogati di due anni.

(5) Comma modificato, a decorrere dal 1° aprile 1998, dall'articolo 2, comma 1, lettera m), del D.Lgs. 5 giugno 1998, n. 203.

(6) Vedi anche l'articolo 31, comma 1, del D.L. 31 maggio 2010, n. 78, convertito, con modificazioni, dalla Legge 30 luglio 2010, n. 122.

(7) A norma dell'articolo 5-quater, comma 5, del D.L. 28 giugno 1990, n. 167, come sostituito dall'articolo 2, comma 1, lettera a), numero 2), del D.L. 30 settembre 2015, n. 153, convertito, con modificazioni, dalla Legge 20 novembre 2015, n. 187, al fine di assicurare la trattazione unitaria delle istanze e la data certa per la conclusione dell'intero procedimento, i termini di decadenza per la notifica dell'atto di contestazione di cui al presente articolo, che scadono a decorrere dal 31 dicembre 2015, limitatamente agli imponibili, alle imposte, alle ritenute, ai contributi, alle sanzioni e agli interessi relativi alla procedura di collaborazione volontaria e per tutte le annualità e le violazioni oggetto della procedura stessa, sono fissati, anche in deroga a quelli ordinari, al 31 dicembre 2016.

21. Sanzioni accessorie. – 1. Costituiscono sanzioni amministrative accessorie:

a) l'interdizione, per una durata massima di sei mesi, dalle cariche di amministratore, sindaco o revisore di società di capitali e di enti con personalità giuridica, pubblici o privati;

b) l'interdizione dalla partecipazione a gare per l'affidamento di pubblici appalti e forniture, per la durata massima di sei mesi;

c) l'interdizione dal conseguimento di licenze, concessioni o autorizzazioni amministrative per l'esercizio di imprese o di attività di lavoro autonomo e la loro sospensione, per la durata massima di sei mesi;

d) la sospensione, per la durata massima di sei mesi, dall'esercizio di attività di lavoro autonomo o di impresa diverse da quelle indicate nella lettera c).

2. Le singole leggi d'imposta, nel prevedere i casi di applicazione delle sanzioni accessorie, ne stabiliscono i limiti temporali in relazione alla gravità dell'infrazione e ai limiti minimi e massimi della sanzione principale.

22. Ipoteca e sequestro conservativo. – 1. In base all'atto di contestazione, al provvedimento di irrogazione della sanzione o al processo verbale di constatazione e dopo la loro notifica, l'ufficio o l'ente, quando ha fondato timore di perdere la garanzia del proprio credito, può chiedere, con istanza motivata, al presidente della commissione tributaria provinciale l'iscrizione di ipoteca sui beni del trasgressore e dei soggetti obbligati in solido, e l'autorizzazione a procedere, a mezzo di ufficiale giudiziario, al sequestro conservativo dei loro beni, compresa l'azienda. A tal fine l'Agenzia delle entrate si avvale anche del potere di cui agli articoli 32, primo comma, numero 7), del decreto del Presidente della Repubblica 29 settembre 1973, n. 600, e successive modificazioni, e 51, secondo comma, numero 7), del decreto del Presidente della Repubblica 26 ottobre 1972, n. 633, e successive modificazioni(1).

1-bis. Al fine di rafforzare le misure poste a garanzia del credito erariale e a sostegno delle relative procedure di riscossione, le istanze di cui al comma 1 possono essere inoltrate dal comandante provinciale della Guardia di finanza, in relazione ai processi verbali di constatazione rilasciati dai reparti dipendenti, dando tempestiva comunicazione alla direzione provinciale dell'Agenzia delle entrate, che esamina l'istanza e comunica le proprie eventuali osservazioni al presidente della commissione tributaria provinciale, nonché al comandante provinciale richiedente. Decorso il termine di venti giorni dal ricevimento dell'istanza, si intende acquisito il conforme parere dell'Agenzia delle entrate (2).

1-ter. Nei casi di cui al comma 1-bis, la Guardia di finanza fornisce all'Agenzia delle entrate ogni elemento richiesto ai fini dell'istruttoria e della partecipazione alla procedura di cui al presente articolo. In caso di richiesta di chiarimenti, è interrotto, per una sola volta, il termine di cui al comma 1-bis. (3)

2. Le istanze di cui al comma 1 devono essere notificate, anche tramite il servizio postale, alle parti interessate, le quali possono, entro venti giorni dalla notifica, depositare memorie e documenti difensivi.

3. Il presidente, decorso il termine di cui al comma 2, fissa con decreto la trattazione dell'istanza per la prima camera di consiglio utile, disponendo che ne sia data comunicazione alle parti almeno dieci giorni prima. Nel caso in cui la notificazione debba effettuarsi all'estero, il termine è triplicato. La commissione decide con sentenza(4).

4. Quando la convocazione della controparte potrebbe pregiudicare l'attuazione del provvedimento, il presidente provvede con decreto motivato assunte ove occorra sommarie informazioni. In tal caso fissa, con lo stesso decreto, la camera di consiglio entro un termine non superiore a trenta giorni assegnando all'istante un termine perentorio non superiore a quindici giorni per la notificazione del ricorso e del decreto. A tale udienza la commissione, con ordinanza, conferma, modifica o revoca i provvedimenti emanati con decreto(5).

[*5. Nei casi in cui non sussiste giurisdizione delle commissioni tributarie, le istanze di cui al comma 1 devono essere presentate al tribunale territorialmente competente in ragione della sede dell'ufficio richiedente, che provvede secondo le disposizioni del libro IV, titolo I, capo III, sezione I, del codice di procedura civile, in quanto applicabili.*] (6)

6. Le parti interessate possono prestare, in corso di giudizio, la garanzia di cui all'articolo 69, comma 2, del decreto legislativo 31 dicembre 1992, n. 546. In tal caso l'organo dinanzi al quale è in corso il procedimento può non adottare ovvero adottare solo parzialmente il provvedimento richiesto (7).

7. I provvedimenti cautelari pronunciati ai sensi del com-

ma 1 perdono efficacia:

a) se non sono eseguiti nel termine di sessanta giorni dalla comunicazione;

b) se, nel termine di centoventi giorni dalla loro adozione, non viene notificato atto impositivo, di contestazione o di irrogazione; in tal caso, il presidente della commissione su istanza di parte e sentito l'ufficio o l'ente richiedente, dispone la cancellazione dell'ipoteca;

c) a seguito della sentenza, anche non passata in giudicato, che accoglie il ricorso avverso gli atti di cui alla lettera b). La sentenza costituisce titolo per la cancellazione dell'ipoteca. In caso di accoglimento parziale, su istanza di parte, il giudice che ha pronunciato la sentenza riduce proporzionalmente l'entità dell'iscrizione o del sequestro; se la sentenza è pronunciata dalla Corte di cassazione, provvede il giudice la cui sentenza è stata impugnata con ricorso per cassazione (8).

(1) Comma modificato dall'articolo 2, comma 1, lettera m), del D.Lgs. 5 giugno 1998, n. 203, a decorrere dal 1° aprile 1998, e successivamente dall'articolo 15, comma 8-bis, del D.L. 1° luglio 2009, n. 78.
(2) Comma inserito dall'articolo 16-septies, comma 1, del D.L. 23 ottobre 2018, n. 119, convertito con modificazioni dalla Legge 17 dicembre 2018, n. 136.
(3) Comma inserito dall'articolo 16-septies, comma 1, del D.L. 23 ottobre 2018, n. 119, convertito con modificazioni dalla Legge 17 dicembre 2018, n. 136.
(4) Comma modificato dall'articolo 10, comma 1, lettera b), numero 1), del D.lgs. 24 settembre 2015, n. 156, a decorrere dal 1° gennaio 2016.
(5) Comma sostituito dall'articolo 10, comma 1, lettera b), numero 2), del D.lgs. 24 settembre 2015, n. 156, a decorrere dal 1° gennaio 2016.
(6) Comma soppresso dall'articolo 10, comma 1, lettera b), numero 3), del D.lgs. 24 settembre 2015, n. 156, a decorrere dal 1° gennaio 2016.
(7) Comma modificato dall'articolo 10, comma 1, lettera b), numero 4), del D.lgs. 24 settembre 2015, n. 156, a decorrere dal 1° gennaio 2016.
(8) Comma sostituito dall'articolo 10, comma 1, lettera b), numero 5), del D.lgs. 24 settembre 2015, n. 156, a decorrere dal 1° gennaio 2016.

23. Sospensione dei rimborsi e compensazione. – 1. Nei casi in cui l'autore della violazione o i soggetti obbligati in solido, vantano un credito nei confronti dell'amministrazione finanziaria, il pagamento può essere sospeso se è stato notificato atto di contestazione o di irrogazione della sanzione, o provvedimento con il quale vengono accertati maggiori tributi, ancorché non definitivi. La sospensione opera nei limiti di tutti gli importi dovuti in base all'atto o alla decisione della commissione tributaria ovvero dalla decisione di altro organo (1).

2. In presenza di provvedimento definitivo, l'ufficio competente per il rimborso pronuncia la compensazione del debito.

3. I provvedimenti di cui ai commi 1 e 2, che devono essere notificati all'autore della violazione e ai soggetti obbligati in solido, sono impugnabili avanti alla commissione tributaria, che può disporne la sospensione ai sensi dell'articolo 47 del decreto legislativo 31 dicembre 1992, n. 546 (2).

4. Se non sussiste giurisdizione delle commissioni tributarie, è ammessa azione avanti al tribunale, cui è rimesso il potere di sospensione.

(1) Comma modificato, a decorrere dal 1° aprile 1998, dall'articolo 2, comma 1, lettera n), del D.Lgs. 5 giugno 1998, n. 203 e dall'articolo 16, comma 1, lettera h), del D.Lgs. 24 settembre 2015, n. 158, con la decorrenza indicata nell'articolo 32, comma 1, del medesimo D.Lgs. n. 158 del 2015, come modificato dall'articolo 1, comma 133, della Legge 28 dicembre 2015, n. 208.
(2) Comma modificato, a decorrere dal 1° aprile 1998, dall'articolo 2, comma 1, lettera n), del D.Lgs. 5 giugno 1998, n. 203

24. Riscossione della sanzione. – 1. Per la riscossione della sanzione si applicano le disposizioni sulla riscossione dei tributi cui la violazione si riferisce.

2. L'ufficio o l'ente che ha applicato la sanzione può eccezionalmente consentirne, su richiesta dell'interessato in condizioni economiche disagiate, il pagamento in rate mensili fino ad un massimo di trenta. In ogni momento il debito può essere estinto in unica soluzione.

3. Nel caso di mancato pagamento anche di una sola rata, il debitore decade dal beneficio e deve provvedere al pagamento del debito residuo entro trenta giorni dalla scadenza della rata non adempiuta.

25. Disposizioni transitorie. – 1. Le disposizioni del presente decreto si applicano alle violazioni non ancora contestate o per le quali la sanzione non sia stata irrogata alla data della sua entrata in vigore.

2. Gli articoli 3, 4, 5, 6, 8 e 12 si applicano ai procedimenti in corso alla data indicata nel comma 1.

3. I procedimenti in corso possono essere definiti, quanto alle sanzioni, entro il 18 dicembre 1998, dagli autori della violazione e dai soggetti obbligati in solido con il pagamento di una somma pari al quarto dell'irrogato ovvero al quarto dell'ammontare risultante dall'ultima sentenza o decisione amministrativa. È comunque esclusa la ripetizione di quanto pagato. La definizione non si applica alle sanzioni contemplate nell'articolo 17, comma 3 (1).

3- *bis*. Nei casi di omissioni ed errori relativi alle dichiarazioni dei redditi, comprese quelle unificate, presentate nell'anno 1998, che non incidono sulla determinazione o sul pagamento del tributo, non si applicano le sanzioni previste se l'autore delle violazioni provvede alla loro regolarizzazione nel termine di trenta giorni dall'invito dell'ufficio (2).

3-*ter*. Nei casi di omissioni ed errori relativi alle dichiarazioni presentate nell'anno 1999, che non incidono sulla determinazione o sul pagamento del tributo, non si applicano le sanzioni previste se l'autore delle violazioni provvede alla loro regolarizzazione nel termine di trenta giorni dall'invito dell'ufficio (3).

3-*quater*. Le sanzioni relative alle somme iscritte in ruoli resi esecutivi entro il 31 dicembre 2000 a seguito di controllo formale delle dichiarazioni presentate negli anni dal 1994 al 1998 ai fini delle imposte sui redditi e negli anni dal 1995 al 1998 ai fini dell'imposta sul valore aggiunto, sono ridotte della metà per i contribuenti che aderiscono ad apposito invito al pagamento dei tributi dovuti, dei relativi interessi e delle sanzioni medesime, contenuto in una comunicazione inviata al debitore dai concessionari del servizio nazionale della riscossione entro il secondo mese successivo a quello di consegna del ruolo(4).

3-*quinquies*. Gli importi indicati nella comunicazione di cui al comma 3-quater, inviata tramite servizio postale, sono pagati entro l'ultimo giorno del mese successivo a quello di invio della comunicazione stessa(5).

3-*sexies*. Se le somme indicate nella comunicazione, o quelle eventualmente rideterminate in sede di autotutela, non sono integralmente corrisposte entro il termine di cui al comma 3-quater, il debitore è tenuto a pagare l'intero importo iscritto a ruolo previa notifica, da parte del concessionario, della relativa cartella (6).

3-*septies*. La remunerazione spettante al concessionario

sulle somme riscosse a seguito dell'invio della comunicazione di cui al comma 3-*quater* è determinata con decreto del Ministro delle finanze [7].

[1] *Comma modificato dall'articolo 2, comma 1, lettere m) ed n), del D.Lgs. 5 giugno 1998, n. 203, a decorrere dal 1° aprile 1998, e dall'articolo 6, comma 1, lettera b), del D.Lgs. 19 novembre 1998, n. 422.*
[2] *Comma inserito dall'articolo 6, comma 1, lettera b), del D.Lgs. 19 novembre 1998, n. 422.*
[3] *Comma aggiunto dall'articolo 2, comma 1, lettera f), del D.Lgs. 30 marzo 2000, n. 99, a decorrere dal 1° aprile 1998.*
[4] *Comma aggiunto dall'articolo 2, comma 1, lettera f), del D.Lgs. 30 marzo 2000, n. 99, a decorrere dal 1° aprile 1998.*
[5] *Comma aggiunto dall'articolo 2, comma 1, lettera f), del D.Lgs. 30 marzo 2000, n. 99, a decorrere dal 1° aprile 1998.*
[6] *Comma aggiunto dall'articolo 2, comma 1, lettera f), del D.Lgs. 30 marzo 2000, n. 99, a decorrere dal 1° aprile 1998.*
[7] *Comma aggiunto dall'articolo 2, comma 1, lettera f), del D.Lgs. 30 marzo 2000, n. 99, a decorrere dal 1° aprile 1998.*

26. Abolizione della soprattassa e della pena pecuniaria. – 1. Il riferimento alla soprattassa e alla pena pecuniaria, nonché ad ogni altra sanzione amministrativa, ancorché diversamente denominata, contenuto nelle leggi vigenti, è sostituito con il riferimento alla sanzione pecuniaria, di uguale importo.

2. I riferimenti contenuti nelle singole leggi di imposta a disposizioni abrogate si intendono effettuati agli istituti e alle previsioni corrispondenti risultanti dal presente decreto.

3. Salvo diversa espressa previsione, i procedimenti di irrogazione delle sanzioni disciplinati nel presente decreto si applicano all'irrogazione di tutte le sanzioni tributarie non penali.

27. Violazioni riferite a società, associazioni od enti. – Le violazioni riferite dalle disposizioni vigenti a società, associazioni od enti si intendono riferite alle persone fisiche che ne sono autrici, se commesse dopo l'entrata in vigore del presentò decreto.

28. Disposizioni di attuazione. – 1. Nel termine di quattro mesi dalla pubblicazione nella Gazzetta Ufficiale della Repubblica italiana sono stabilite, con uno o più decreti del Ministro delle finanze, le modalità di pagamento delle somme dovute a titolo di sanzione.

29. Disposizioni abrogate. – 1. Sono abrogati:

a) gli articoli da 1 a 8, 11, 12, 15, da 17 a 19, 20, limitatamente alle parole "e quelle che prevedono ogni altra violazione di dette leggi", da 26 a 29 e da 55 a 63 della legge 7 gennaio 1929, n. 4;

b) il 1 decreto ministeriale 1° settembre 1931;

c) i commi terzo, quarto, quinto e sesto, limitatamente alle parole "27, penultimo comma", dell'art. 39 della legge 24 novembre 1981, n. 689;

d) nell'art. 68 del decreto legislativo 31 dicembre 1992, n. 546:

1) nella rubrica, le parole "e delle sanzioni pecuniarie";

2) nel comma 3, le parole "e le sanzioni pecuniarie".

2. È inoltre abrogata ogni altra norma in materia di sanzioni amministrative tributarie, nonché della loro determinazione ed irrogazione, non compatibile con le disposizioni del presente decreto.

30. Entrata in vigore. – 1. Il presente decreto entra in vigore il 1° aprile 1998.

IMPOSTE INDIRETTE ED ALTRI TRIBUTI

1. D.P.R. 26 ottobre 1972, n. 633

Istituzione e disciplina dell'imposta sul valore aggiunto [1]

[1] *Pubblicato in Gazz. Uff., 11 novembre, n. 292*

TITOLO I
Disposizioni generali

1. Operazioni imponibili. – L'imposta sul valore aggiunto si applica sulle cessioni di beni e le prestazioni di servizi effettuate nel territorio dello Stato nell'esercizio di imprese o nell'esercizio di arti e professioni e sulle importazioni da chiunque effettuate [1]

[1] *Articolo modificato dall'articolo 1 del D.L. 6 luglio 1974, n. 260 e successivamente sostituito dall'articolo 1 del D.P.R. 29 gennaio 1979, n. 24.*

2. Cessioni di beni [1]. – Costituiscono cessioni di beni gli atti a titolo oneroso che importano trasferimento della proprietà ovvero costituzione o trasferimento di diritti reali di godimento su beni di ogni genere.

Costituiscono inoltre cessioni di beni:

1) le vendite con riserva di proprietà;

2) le locazioni con clausola di trasferimento della proprietà vincolante per ambedue le parti;

3) i passaggi dal committente al commissionario o dal commissionario al committente di beni venduti o acquistati in esecuzione di contratti di commissione;

4) le cessioni gratuite di beni ad esclusione di quelli la cui produzione o il cui commercio non rientra nell'attività propria dell'impresa se di costo unitario non superiore a ad euro cinquanta e di quelli per i quali non sia stata operata, all'atto dell'acquisto o dell'importazione, la detrazione dell'imposta a norma dell'art. 19, anche se per effetto dell'opzione di cui all'art. 36- bis [2];

5) la destinazione dei beni all'uso o al consumo personale o familiare dell'imprenditore o di coloro i quali esercitano un'arte o una professione o ad altre finalità estranee alla impresa o all'esercizio dell'arte o della professione, anche se determinata da cessazione dell'attività, con esclusione di quei beni per i quali non è stata operata, all'atto dell'acquisto, la detrazione dell'imposta di cui all'art. 19 [3];

6) le assegnazioni ai soci fatte a qualsiasi titolo da società di ogni tipo e oggetto nonché le assegnazioni o le analoghe operazioni fatte da altri enti privati o pubblici, compresi i consorzi e le associazioni o altre organizzazioni senza personalità giuridica.

Non sono considerate cessioni di beni:

a) le cessioni che hanno per oggetto denaro o crediti in denaro;

b) le cessioni e i conferimenti in società o altri enti, compresi i consorzi e le associazioni o altre organizzazioni, che hanno per oggetto aziende o rami di azienda [4];

c) le cessioni che hanno per oggetto terreni non suscettibili di utilizzazione edificatoria a norma delle vigenti disposizioni. Non costituisce utilizzazione edificatoria la costruzione delle opere indicate nell'art. 9 lettera a), della legge 28 gennaio 1977, n. 10;

d) le cessioni di campioni gratuiti di modico valore appositamente contrassegnati;

[*e) i conferimenti in società e altri enti, compresi i consorzi e le associazioni o altre organizzazioni a condizione che il soggetto conferitario abbia diritto ad esercitare la detrazione totale dell'imposta nei modi ordinari;*] [5]

f) i passaggi di beni in dipendenza di fusioni, scissioni o trasformazioni di società e di analoghe operazioni poste in essere da altri enti [6];

[*g) le assegnazioni di case di abitazione fatte ai soci da cooperative edilizie a norma del regio decreto 28 aprile 1938, n. 1165, recante il testo unico delle disposizioni sull'edilizia popolare ed economica, e successive modificazioni;*] [7]

[*h) le cessioni che hanno per oggetto beni acquistati o importati dal cedente senza poter detrarre la relativa imposta per effetto dell'art. 19, secondo comma, lettere da a) a e-quater);*] [8]

i) le cessioni di valori bollati e postali, marche assicurative e similari [9];

l) le cessioni di paste alimentari (v.d. 19.03); le cessioni di pane, biscotto di mare, e di altri prodotti della panetteria ordinaria, senza aggiunta di zuccheri miele, uova, materie grasse, formaggio o frutta (v.d. 19.07); le cessioni di latte fresco, non concentrato nè zuccherato, destinato al consumo alimentare, confezionato per la vendita al minuto, sottoposto a pastorizzazione o ad altri trattamenti previsti da leggi sanitarie [10]

m) le cessioni di beni soggette alla disciplina dei concorsi e delle operazioni a premio di cui al regio decreto-legge 19 ottobre 1938, n. 1933, convertito nella legge 5 giugno 1939, n. 937, e successive modificazioni ed integrazioni [11].

[1] *Articolo modificato dall'articolo 1 del D.P.R. 23 dicembre 1974, n. 687 e successivamente sostituito dall'articolo 1 del D.P.R. 29 gennaio 1979, n. 24.*
[2] *Numero sostituito dall'articolo 16-bis, comma 1, lettera a), del D.L. 23 febbraio 1995, n. 41, come modificato dall'articolo 4 del D.L. 2 ottobre 1995, n. 415 e successivamente modificato dall'articolo 30, comma 1, lettera a), del D.Lgs. 21 novembre 2014, n. 175.*
[3] *Numero sostituito dall'articolo 1, comma 1, del D.L. 30 dicembre 1991, n. 417.*
[4] *Lettera sostituita dall'articolo 1, comma 1, lettera a), del D.Lgs. 2 settembre 1997, n. 313.*
[5] *Lettera soppressa dall'articolo 1, comma 1, lettera b), del D.Lgs. 2 settembre 1997, n. 313.*
[6] *Lettera modificata dall'articolo 16, comma 10, della legge 24 dicembre 1993, n. 537.*
[7] *Lettera soppressa dall'articolo 34, comma 3, lettera b), del D.L. 2 marzo 1989, n. 69.*
[8] *Lettera modificata dall'articolo 10, comma 4, lettera a), del D.L. 20 giugno 1996, n. 323 e successivamente soppressa dall'articolo 34, comma 3, lettera b), del D.L. 2 marzo 1989, n. 69.*
[9] *Lettera aggiunta dall'articolo 9 del D.P.R. 31 marzo 1979, n. 94 e successivamente sostituita dall'articolo 34, comma 3, lettera a), del D.L. 2 marzo 1989, n. 69.*
[10] *Lettera aggiunta dall'articolo 2, comma 2, della legge 22 dicembre 1980, n. 889.*
[11] *Lettera aggiunta, a decorrere dal 1 aprile 1979, dall'articolo 1 del D.P.R. 31 dicembre 1981, n. 793.*

2 *bis*. Cessioni di beni facilitate dalle interfacce elettroniche [1][A]. – 1.Le seguenti cessioni di beni si considerano effettuate dal soggetto passivo che facilita le stesse tramite l'uso di un'interfaccia elettronica, quale un mercato virtuale, una piattaforma, un portale o mezzi analoghi:

a) le vendite a distanza intracomunitarie di beni di cui all'articolo 38-bis, commi 1 e 3, del decreto-legge 30 agosto 1993, n. 331, convertito, con modificazioni, dalla legge 29 ottobre 1993, n. 427, e le cessioni di beni con partenza e arrivo della spedizione o del trasporto nel territorio dello stesso Stato membro a destinazione di non soggetti passivi, effettuate da soggetti passivi non stabiliti nell'Unione europea;

b) le vendite a distanza di beni importati da territori terzi o da paesi terzi, di cui all'articolo 38-bis, commi 2 e 3, del decreto-legge 30 agosto 1993, n. 331, convertito, con modificazioni, dalla legge 29 ottobre 1993, n. 427, in spedizioni di valore intrinseco non superiore a 150 euro.

2. Il soggetto passivo che facilita tramite l'uso di un'interfaccia elettronica le cessioni di beni di cui al comma 1 si considera cessionario e rivenditore di detti beni.

(A) In riferimento alle cessioni di beni facilitate dalle interfacce elettroniche - rimborso IVA sugli acquisti, di cui al presente articolo, vedi: Risposta Agenzia delle Entrate 21 aprile 2022 n. 205.
(1) Articolo inserito dall'articolo 1, comma 1, lettera a), del D.Lgs. 25 maggio 2021, n. 83.Per l'applicazione, vedi l'articolo 10, comma 1, del D.Lgs. 83/2021 medesimo.

3. Prestazioni di servizi (1). – Costituiscono prestazioni di servizi le prestazioni verso corrispettivo dipendenti da contratti d'opera, appalto, trasporto, mandato, spedizione, agenzia, mediazione, deposito e in genere da obbligazioni di fare, di non fare e di permettere quale ne sia la fonte. [*Costituiscono prestazioni di servizi a titolo oneroso quelle effettuate per l'uso personale o familiare dell'imprenditore o di coloro i quali esercitano un'arte o una professione o per altre finalità estranee all'impresa o all'esercizio dell'arte o della professione*] (2).

Costituiscono inoltre prestazioni di servizi, se effettuate verso corrispettivo:

1) le concessioni di beni in locazione, affitto, noleggio e simili;

2) le cessioni, concessioni, licenze e simili relative a diritti d'autore, quelle relative ad invenzioni industriali, modelli, disegni, processi, formule e simili e quelle relative a marchi e insegne, nonchè le cessioni, concessioni, licenze e simili relative a diritti o beni similari ai precedenti (3);

3) I prestiti di denaro e di titoli non rappresentativi di merci, comprese le operazioni finanziarie mediante la negoziazione, anche a titolo di cessione pro-soluto, di crediti, cambiali o assegni. Non sono considerati prestiti i depositi di denaro presso aziende e istituti di credito o presso amministrazioni statali, anche se regolati in conto corrente (4);

4) le somministrazioni di alimenti e bevande;

5) le cessioni di contratti di ogni tipo e oggetto.

Le prestazioni indicate nei commi primo e secondo semprechè l'imposta afferente agli acquisti di beni e servizi relativi alla loro esecuzione sia detraibile, costituiscono per ogni operazione di valore superiore ad euro cinquanta, prestazioni di servizi anche se effettuate per l'uso personale o familiare dell'imprenditore, ovvero a titolo gratuito per altre finalità estranee all'esercizio dell'impresa, ad esclusione delle somministrazioni nelle mense aziendali e delle prestazioni di trasporto didattiche, educative e ricreative, di assistenza sociale e sanitaria, a favore del personale dipendente, nonchè delle operazioni di divulgazione pubblicitaria svolte a beneficio delle attività istituzionali di enti del Terzo settore di natura non commerciale, e delle diffusioni di messaggi, rappresentazioni, immagini o comunicazioni di pubblico interesse richieste o patrocinate dallo Stato o da enti pubblici. Le assegnazioni indicate al n. 6 dell'art. 2 sono considerate prestazioni di servizi quando hanno per oggetto cessioni, concessioni o licenze di cui ai numeri 1), 2) e 5) del comma precedente. Le prestazioni di servizi rese o ricevute dai mandatari senza rappresentanza sono considerate prestazioni di servizi anche nei rapporti tra il mandante e il mandatario (5).

Non sono considerate prestazioni di servizi:

a) le cessioni, concessioni, licenze e simili relative a diritti d'autore effettuate dagli autori e loro eredi o legatari, tranne quelle relative alle opere di cui ai numeri 5) e 6) dell'art. 2, L. 22 aprile 1941, n. 633, e alle opere di ogni genere utilizzate da imprese a fini di pubblicità commerciale;

b) i prestiti obbligazionari;

c) le cessioni dei contratti di cui alle lettere a), b) e c) del terzo comma dell'art. 2;

d) i conferimenti e i passaggi di cui alle lettere e) ed f) del terzo comma dell'art. 2;

e) le prestazioni di mandato e di mediazione relative ai diritti d'autore, tranne quelli concernenti opere di cui alla lettera a), e le prestazioni relative alla protezione dei diritti d'autore di ogni genere, comprese quelle di intermediazione nella riscossione dei proventi;

f) le prestazioni di mandato e di mediazione relative ai prestiti obbligazionari;

[*g) le assegnazioni in godimento di case di abitazione fatte ai soci da cooperative a proprietà indivisa a norma del testo unico sull'edilizia popolare ed economica approvato con regio decreto 28 aprile 1938, n. 1165, e successive modificazioni;*] (6)

h) le prestazioni dei commissionari relative ai passaggi di cui al n. 3) del secondo comma dell'art. 2 e quelle dei mandatari di cui al terzo comma del presente articolo.

Non costituiscono inoltre prestazioni di servizi le prestazioni relative agli spettacoli ed alle altre attività elencati nella tabella C allegata al presente decreto, rese ai possessori di titoli di accesso, rilasciati per l'ingresso gratuito di persone, limitatamente al contingente e nel rispetto delle modalità di rilascio e di controllo stabiliti ogni quadriennio con decreto del Ministro delle finanze:

a) dagli organizzatori di spettacoli, nel limite massimo del 5 per cento dei posti del settore, secondo la capienza del locale o del complesso sportivo ufficialmente riconosciuta dalle competenti autorità;

b) dal Comitato olimpico nazionale italiano e federazioni sportive che di esso fanno parte;

c) dall'Unione nazionale incremento razze equine;

d) dall'Automobile club d'Italia e da altri enti e associazioni a carattere nazionale (7).

Le disposizioni del primo periodo del terzo comma non si applicano in caso di uso personale o familiare dell'imprenditore ovvero di messa a disposizione a titolo gratuito nei confronti dei dipendenti:

a) di veicoli stradali a motore per il cui acquisto, pure sulla base di contratti di locazione, anche finanziaria, e di noleggio, la detrazione dell'imposta è stata operata in funzione della percentuale di cui alla lettera c) del comma 1 dell'articolo 19-bis 1;

b) delle apparecchiature terminali per il servizio radiomobile pubblico terrestre di telecomunicazioni e delle relative prestazioni di gestione, qualora sia stata computata in detrazione una quota dell'imposta relativa all'acquisto delle predette apparecchiature, pure sulla base di contratti di locazione, anche finanziaria, e di noleggio, ovvero alle suddette prestazioni di gestione, non superiore alla misura in cui tali beni e servizi sono utilizzati per fini diversi da quelli di cui all'articolo 19, comma 4, secondo periodo (8).

(1) Articolo modificato dall'articolo 1 del D.P.R. 23 dicembre 1974, n. 687 e successivamente sostituito dall'articolo 1 del D.P.R. 29 gennaio 1979, n. 24.

(2) Comma modificato dall'articolo 16-bis, comma 2, del D.L. 23 febbraio 1995, n. 41, convertito, con modificazioni, dalla Legge 22 marzo 1995, n. 85; successivamente il citato articolo 16-bis è stato sostituito dall'articolo 4, del D.L. 2 ottobre 1995, n. 415, non comprendendo nella nuova formulazione la suddetta modifica, pertanto le parole riportate fra parentesi devono ritenersi non più vigenti.

(3) Numero modificato dall'articolo 2, comma 1, lettera a), del D.L. 31 dicembre 1996, n. 669.

(4) Numero modificato dall'articolo 4, comma 1, lettera a), della legge 18 febbraio 1997, n. 28.

(5) Comma modificato dall'articolo 16-bis, comma 2, del D.L. 23 febbraio 1995, n. 41, come modificato dall'articolo 4, comma 1, lettera b), del D.L. 2 ottobre 1995, n. 415 e successivamente modificato dall'articolo 14, comma 1, lettera a), del D.Lgs. 4 dicembre 1997, n. 460, dall'articolo 30, comma 1, lettera b), del D.Lgs. 21 novembre 2014, n. 175 e da ultimo dall'articolo 89, comma 7, lettera a), del D.Lgs. 3 luglio 2017, n. 117.

(6) Lettera soppressa dall'articolo 34, comma 3, lettera c), del D.L. 2 marzo 1989, n. 69.

(7) Comma aggiunto dall'articolo 19, comma 3, del D.Lgs. 26 febbraio 1999, n. 60.

(8) Comma aggiunto dall'articolo 1, comma 261, lettera a), della legge 24 dicembre 2007, n. 244. A norma del comma 264, lettera c), del medesimo articolo 1, della legge 244/2007, le modifiche al presente articolo, si applicano a decorrere dal 1° gennaio 2008. Tuttavia, per le operazioni relative a veicoli stradali a motore, si applicano dal 28 giugno 2007.

4. Esercizio di imprese (1). – Per esercizio di imprese si intende l'esercizio per professione abituale, ancorché non esclusiva, delle attività commerciali o agricole di cui agli articoli 2135 e 2195 del codice civile, anche se non organizzate in forma di impresa, nonchè l'esercizio di attività, organizzate in forma d'impresa, dirette alla prestazione di servizi che non rientrano nell'art. 2195 del codice civile (2)(3).

Si considerano in ogni caso effettuate nell'esercizio di imprese:

1) le cessioni di beni e le prestazioni di servizi fatte dalle società in nome collettivo e in accomandita semplice, dalle società per azioni e in accomandita per azioni, dalle società a responsabilità limitata, dalle società cooperative, di mutua assicurazione e di armamento, dalle società estere di cui all'art. 2507 del codice civile e dalle società di fatto;

2) le cessioni di beni e le prestazioni di servizi fatte da altri enti pubblici e privati, compresi i consorzi, le associazioni o altre organizzazioni senza personalità giuridica e le società semplici, che abbiano per oggetto esclusivo o principale l'esercizio di attività commerciali o agricole.

Si considerano effettuate in ogni caso nell'esercizio di imprese, a norma del precedente comma, anche le cessioni di beni e le prestazioni di servizi fatte dalle società e dagli enti ivi indicati ai propri soci, associati o partecipanti.

Per gli enti indicati al n. 2) del secondo comma, che non abbiano per oggetto esclusivo o principale l'esercizio di attività commerciali o agricole, si considerano effettuate nel esercizio di imprese soltanto le cessioni di beni e le prestazioni di servizi fatte nell'esercizio di attività commerciali o agricole. Si considerano fatte nell'esercizio di attività commerciali anche le cessioni di beni e le prestazioni di servizi ai soci, associati o partecipanti verso pagamento di corrispettivi specifici, o di contributi supplementari determinati in funzione delle maggiori o diverse prestazioni alle quali danno diritto[, *ad esclusione di quelle effettuate in conformità alle finalità istituzionali da associazioni politiche, sindacali e di categoria, religiose, assistenziali, culturali sportive dilettantistiche, di promozione sociale e di formazione extra-scolastica della persona, anche se rese nei confronti di associazioni che svolgono la medesima attività e che per legge, regolamento o statuto fanno parte di una unica organizzazione locale o nazionale, nonché dei rispettivi soci, associati o partecipanti e dei tesserati dalle rispettive organizzazioni nazionali*]. [*Per le cessioni di beni e le prestazioni di servizio effettuate da associazioni culturali o sportive costituite ai sensi dell'art. 36 del codice civile, la disposizione si applica nei confronti degli associati o partecipanti minori d'età e, per i maggiorenni, a condizione che questi abbiano il diritto di voto per l'approvazione e le modificazioni dello statuto e dei regolamenti e per la nomina degli organi direttivi dell'associazione ed abbiano diritto a ricevere, nei casi di scioglimento della medesima, una quota del patrimonio sociale, se questo non è destinato a finalità di utilità generale*] (4). (B)

Agli effetti delle disposizioni di questo articolo sono considerate in ogni caso commerciali, ancorché esercitate da enti pubblici, le seguenti attività:

a) cessioni di beni nuovi prodotti per la vendita[, *escluse le pubblicazioni delle associazioni politiche, sindacali e di categoria, religiose, assistenziali, culturali sportive dilettantistiche, di promozione sociale e di formazione extra-scolastica della persona cedute prevalentemente ai propri associati*] (5);

b) erogazione di acqua e servizi di fognatura e depurazione, gas, energia elettrica e vapore (6);

c) gestione di fiere ed esposizioni a carattere commerciale;

d) gestione di spacci aziendali, gestione di mense e somministrazione di pasti;

e) trasporto e deposito di merci;

f) trasporto di persone;

g) organizzazione di viaggi e soggiorni turistici; prestazioni alberghiere o di alloggio;

h) servizi portuali e aeroportuali;

i) pubblicità commerciale;

l) telecomunicazioni e radiodiffusioni circolari.

Non sono invece considerate attività commerciali le operazioni effettuate dallo Stato, dalle regioni, dalle province, dai comuni e dagli altri enti di diritto pubblico nell'ambito di attività di pubblica autorità:

le operazioni relative all'oro e alle valute estere, compresi i depositi anche in conto corrente, effettuate dalla Banca d'Italia e dall'Ufficio italiano dei cambi; la gestione, da parte delle amministrazioni militari o dei corpi di polizia, di mense e spacci riservati al proprio personale ed a quello dei Ministeri da cui dipendono, ammesso ad usufruirne per particolari motivi inerenti al servizio (7);

la prestazione alle imprese consorziate o socie, da parte di consorzi o cooperative, di garanzie mutualistiche e di servizi concernenti il controllo qualitativo dei prodotti, compresa l'applicazione di marchi di qualità;

le cessioni di beni e le prestazioni di servizi effettuate in occasione di manifestazioni propagandistiche dai partiti politici rappresentati nelle Assemblee nazionali e regionali le cessioni di beni e prestazioni di servizi poste in essere dalla Presidenza della Repubblica, dal Senato della Repubblica, dalla Camera dei deputati e dalla Corte costituzionale, nel perseguimento delle proprie finalità istituzionali (8);

le prestazioni sanitarie soggette al pagamento di quote di

partecipazione alla spesa sanitaria erogate dalle unità sanitarie locali e dalle aziende ospedaliere del Servizio sanitario nazionale.

[*Non sono considerate, inoltre, attività commerciali, anche in deroga al secondo comma:*

a) il possesso e la gestione di unità immobiliari classificate o classificabili nella categoria catastale A e le loro pertinenze, ad esclusione delle unità classificate o classificabili nella categoria catastale A10, di unità da diporto, di aeromobili da turismo o di qualsiasi altro mezzo di trasporto ad uso privato, di complessi sportivi o ricreativi, compresi quelli destinati all'ormeggio, al ricovero e al servizio di unità da diporto, da parte di società o enti, qualora la partecipazione ad essi consenta, gratuitamente o verso un corrispettivo inferiore al valore normale, il godimento, personale, o familiare dei beni e degli impianti stessi, ovvero quando tale godimento sia conseguito indirettamente dai soci o partecipanti, alle suddette condizioni, anche attraverso la partecipazione ad associazioni, enti o altre organizzazioni;

b) il possesso, non strumentale nè accessorio ad altre attività esercitate, di partecipazioni o quote sociali, di obbligazioni o titoli similari, costituenti immobilizzazioni, al fine di percepire dividendi, interessi o altri frutti, senza strutture dirette ad esercitare attività finanziaria, ovvero attività di indirizzo, di coordinamento o altri interventi nella gestione delle società partecipate (9).]

[*Per le associazioni di promozione sociale ricomprese tra gli enti di cui all'art. 3, comma 6, lettera e), della legge 25 agosto 1991, n. 287, le cui finalità assistenziali siano riconosciute dal Ministero dell'interno, non si considera commerciale, anche se effettuata verso pagamento di corrispettivi specifici, la somministrazione di alimenti e bevande effettuata, presso le sedi in cui viene svolta l'attività istituzionale, da bar ed esercizi similari, semprechè tale attività sia strettamente complementare a quelle svolte in diretta attuazione degli scopi istituzionali e sia effettuata nei confronti degli stessi soggetti indicati nel secondo periodo del quarto comma* (10).]

[*Le disposizioni di cui ai commi quarto, secondo periodo, e sesto si applicano a condizione che le associazioni interessate si conformino alle seguenti clausole, da inserire nei relativi atti costitutivi o statuti redatti nella forma dell'atto pubblico o della scrittura privata autenticata o registrata:*

a) divieto di distribuire anche in modo indiretto, utili o avanzi di gestione nonché fondi, riserve o capitale durante la vita dell'associazione, salvo che la destinazione o la distribuzione non siano imposte dalla legge;

b) obbligo di devolvere il patrimonio dell'ente, in caso di suo scioglimento per qualunque causa, ad altra associazione con finalità analoghe o ai fini di pubblica utilità, sentito l'organismo di controllo di cui all'articolo 3, comma 190, della legge 23 dicembre 1996, n. 662, e salvo diversa destinazione imposta dalla legge;

c) disciplina uniforme del rapporto associativo e delle modalità associative volte a garantire l'effettività del rapporto medesimo, escludendo espressamente ogni limitazione in funzione della temporaneità della partecipazione alla vita associativa e prevedendo per gli associati o partecipanti maggiori d'età il diritto di voto per l'approvazione e le modificazioni dello statuto e dei regolamenti e per la nomina degli organi direttivi dell'associazione;

d) obbligo di redigere e di approvare annualmente un rendiconto economico e finanziario secondo le disposizioni statutarie;

e) eleggibilità libera degli organi amministrativi, principio del voto singolo di cui all'articolo 2532, secondo comma, del codice civile, sovranità dell'assemblea dei soci, associati o partecipanti e i criteri di loro ammissione ed esclusione, criteri e idonee forme di pubblicità delle convocazioni assembleari, delle relative deliberazioni, dei bilanci o rendiconti; è ammesso il voto per corrispondenza per le associazioni il cui atto costitutivo, anteriore al 1° gennaio 1997, preveda tale modalità di voto ai sensi dell'articolo 2532, ultimo comma, del codice civile e sempreché le stesse abbiano rilevanza a livello nazionale e siano prive di organizzazione a livello locale;

f) intrasmissibilità della quota o contributo associativo ad eccezione dei trasferimenti a causa di morte e non rivalutabilità della stessa (11).]

Le disposizioni di cui alle lettere c) ed e) del settimo comma non si applicano alle associazioni religiose riconosciute dalle confessioni con le quali lo Stato ha stipulato patti, accordi o intese, nonchè alle associazioni politiche, sindacali e di categoria (12).

Le disposizioni sulla perdita della qualifica di ente non commerciale di cui all'art. 111- bis del testo unico delle imposte sui redditi, approvato con decreto del Presidente della Repubblica 22 dicembre 1986, n. 917, si applicano anche ai fini dell'imposta sul valore aggiunto (13).

(A) *In riferimento al trattamento IRES e IVA applicabile all'attività di "Bar Didattico", vedi: Risposta Agenzia delle Entrate 29 ottobre 2019, n. 446.*
- in riferimento al trattamento IVA applicabile alle operazioni afferenti il conferimento di alcuni immobili (aree e impianti), vedi: Risposta Agenzia delle Entrate 29 ottobre 2019, n. 447.
- In riferimento al presente articolo, vedi: Risposta Agenzia delle Entrate 14 aprile 2022, n. 194.

(C) *In riferimento all'applicabilità delle disposizioni di cui al presente comma ad un contributo straordinario finalizzato alla partecipazione alle manifestazioni sportive, vedi: Risposta Agenzia delle Entrate 30 ottobre 2019, n. 453.*

(C) *In riferimento al presente comma vedi: Risoluzione dell'Agenzia delle Entrate 30 maggio 2014, n. 56/E. In riferimento alla certificazione dei corrispettivi per la vendita dei titoli di sosta, vedi: Risposta Agenzia delle Entrate 9 maggio 2019, n. 135.*

(1) *Articolo modificato dall'articolo 1 del D.P.R. 23 dicembre 1974, n. 687 e successivamente sostituito dall'articolo 1 del D.P.R. 29 gennaio 1979, n. 24.*

(2) *Vedi l'articolo 30 del D.L. 29 novembre 2008, n. 185, convertito con modificazioni dalla Legge 28 gennaio 2009, n. 2*

(3) *Comma sostituito, a decorrere dal 1° gennaio 1998, dall'articolo 1, comma 2, lettera a), del D.Lgs. 2 settembre 1997, n. 313.*

(4) *Comma sostituito dall'articolo 1 del D.P.R. 28 dicembre 1982, n. 954, successivamente modificato dall'articolo 14, comma 8, lettera a), della legge 24 dicembre 1993, n. 537 e dall'articolo 5, comma 2, lettera a), del D.Lgs. 4 dicembre 1997, n. 460, a decorrere dal 1° gennaio 1998 e, da ultimo, modificato dall'articolo 5, comma 15-quater, lettera a), numero 1), del D.L. 21 ottobre 2021, n. 146, convertito, con modificazioni, dalla Legge 17 dicembre 2021, n. 215,con applicazione a decorrere dal 1° gennaio 2024, come modificato dall'articolo 1, comma 683, della Legge 30 dicembre 2021, n. 234.*

(5) *Lettera modificata dall'articolo 5, comma 2, lettera b), del D.Lgs. 4 dicembre 1997, n. 460, a decorrere dal 1° gennaio 1998 , da ultimo, modificato dall'articolo 5, comma 15-quater, lettera a), numero 2), del D.L. 21 ottobre 2021, n. 146, convertito, con modificazioni, dalla Legge 17 dicembre 2021, n. 215,con applicazione a decorrere dal 1° gennaio 2024, come modificato dall'articolo 1, comma 683, della Legge 30 dicembre 2021, n. 234.*

(6) *Lettera modificata, a decorrere dal 1° gennaio 1999, dall'articolo 31, comma 30, della legge 23 dicembre 1998, n. 448.*

(7) *Capoverso modificato dall'articolo 3, comma 1, della legge 17 gennaio 2000, n. 7.*

(8) *Capoverso modificato dall'articolo 5, comma 15-quater, lettera a), numero 2, del D.L. 21 ottobre 2021, n. 146, convertito, con modificazioni, dalla Legge 17 dicembre 2021, n. 215, con applicazione a decorrere dal 1° gennaio 2024, come modificato dall'articolo 1, comma 683, della Legge 30 dicembre 2021, n. 234.*

(9) *Comma sostituito dall'articolo 9 del D.P.R. 31 marzo 1979, n. 94, successivamente modificato dall'articolo 8 della legge 22 dicembre 1980, n. 889 e dall'articolo 5-bis, del D.L. 1 ottobre 1982, n. 697, successivamente sostituito dall' articolo 1 del D.P.R. 28 dicembre 1982, n. 954 con effetto dal 1° gennaio 1973; dall'articolo 5 del D.L. 30 dicembre 1982, n. 953; dall'articolo 3, comma 121, della legge 28 dicembre 1995, n. 549; dall'articolo 1, comma 2, lettera b), del D.Lgs. 2 settembre 1997, n. 313; dall'articolo 38, comma 2, lettera a), del D.L. 18 ottobre 2012, n. 179 e, da ultimo, abrogato dall'articolo 5, comma 15-quater, lettera a), numero 3), del D.L. 21 ottobre 2021, n. 146, convertito, con modificazioni, dalla Legge 17 dicembre 2021, n. 215, con*

applicazione a decorrere dal 1° gennaio 2024, come modificato dall'articolo 1, comma 683, della Legge 30 dicembre 2021, n. 234.

(10) Comma aggiunto dall'articolo 5, comma 2, lettera c), del D.Lgs. 4 dicembre 1997, n. 460, a decorrere dal 1° gennaio 1998 e, da ultimo, abrogato dall'articolo 5, comma 15-quater, lettera a), numero 3), del D.L. 21 ottobre 2021, n. 146, convertito, con modificazioni, dalla Legge 17 dicembre 2021, n. 215, con applicazione a decorrere dal 1° gennaio 2024, come modificato dall'articolo 1, comma 683, della Legge 30 dicembre 2021, n. 234.

(11) Comma aggiunto, a decorrere dal 1° gennaio 1998, dall'articolo 5, comma 2, lettera c), del D.Lgs. 4 dicembre 1997, n. 460 e successivamente modificato dall'articolo 5, comma 3, del D.Lgs. 19 novembre 1998, n. 422 e, da ultimo, abrogato dall'articolo 5, comma 15-quater, lettera a), numero 3), del D.L. 21 ottobre 2021, n. 146, convertito, con modificazioni, dalla Legge 17 dicembre 2021, n. 215, con applicazione a decorrere dal 1° gennaio 2024, come modificato dall'articolo 1, comma 683, della Legge 30 dicembre 2021, n. 234.

(12) Comma aggiunto, a decorrere dal 1° gennaio 1998, dall'articolo 5, comma 2, lettera c), del D.Lgs. 4 dicembre 1997, n. 460.

(13) Comma aggiunto, a decorrere dal 1° gennaio 1998, dall'articolo 6, comma 2, del D.Lgs. 4 dicembre 1997, n. 460.

5. Esercizio di arti e professioni (1). – Per esercizio di arti e professioni si intende l'esercizio per professione abituale, ancorchè non esclusiva, di qualsiasi attività di lavoro autonomo da parte di persone fisiche ovvero da parte di società semplici o di associazioni senza personalità giuridica costituite tra persone fisiche per l'esercizio in forma associata delle attività stesse.

Non si considerano effettuate nell'esercizio di arti e professioni le prestazioni di servizi inerenti ai rapporti di collaborazione coordinata e continuativa di cui all'art. 49 del decreto del Presidente della Repubblica 29 settembre 1973, n. 597, nonché le prestazioni di lavoro effettuate dagli associati nell'ambito dei contratti di associazione in partecipazione di cui all'articolo 49, comma 2, lettera c), del testo unico delle imposte sui redditi, di cui al decreto del Presidente della Repubblica 22 dicembre 1986, n. 917, rese da soggetti che non esercitano per professione abituale altre attività di lavoro autonomo. Non si considerano altresì effettuate nell'esercizio di arti e professioni le prestazioni di servizi derivanti dall'attività di levata dei protesti esercitata dai segretari comunali ai sensi della legge 12 giugno 1973, n. 349, nonchè le prestazioni di vigilanza e custodia rese da guardie giurate di cui al regio decreto-legge 26 settembre 1935, n. 1952 (2).

(1) Articolo modificato dall'articolo 1, comma 2, del D.L. 6 luglio 1974, n. 260 e successivamente sostituito dall'articolo 1 del D.P.R. 23 dicembre 1974, n. 687 e dall'articolo 1 del D.P.R. 29 gennaio 1979, n. 24.

(2) Comma modificato dall'articolo 4, comma 2, del D.L. 14 marzo 1988, n. 70 e successivamente dall'articolo 2, comma 1, lettera a), del D.L. 30 dicembre 1993, n. 557 e dall'articolo 5, comma 2-bis, del D.L. 24 dicembre 2002, n. 282.

6. Effettuazione delle operazioni (1). – Le cessioni di beni si considerano effettuate nel momento della stipulazione se riguardano beni immobili e nel momento della consegna o spedizione se riguardano beni mobili. Tuttavia le cessioni i cui effetti traslativi o costitutivi si producono posteriormente, tranne quelle indicate ai numeri 1) e 2) dell'art. 2, si considerano effettuate nel momento in cui si producono tali effetti e comunque, se riguardano beni mobili, dopo il decorso di un anno dalla consegna o spedizione.

In deroga al precedente comma l'operazione si considera effettuata:

a) per le cessioni di beni per atto della pubblica autorità e per le cessioni periodiche o continuative di beni in esecuzione di contratti di somministrazione, all'atto del pagamento del corrispettivo;

b) per i passaggi dal committente al commissionario, di cui al n. 3) dell'art. 2, all'atto della vendita dei beni da parte del commissionario;

c) per la destinazione al consumo personale o familiare dell'imprenditore e ad altre finalità estranee all'esercizio dell'impresa, di cui al n. 5) dell'art. 2, all'atto del prelievo dei beni;

d) per le cessioni di beni inerenti a contratti estimatori, all'atto della rivendita a terzi ovvero, per i beni non restituiti, alla scadenza del termine convenuto tra le parti e comunque dopo il decorso di un anno dalla consegna o spedizione;

d -bis) per le assegnazioni in proprietà di case di abitazione fatte ai soci da cooperative edilizie a proprietà divisa, alla data del rogito notarile (2);

[*d -ter) per le assegnazioni in godimento di case di abitazione fatte ai soci da cooperative edilizie a proprietà indivisa, alla data della delibera di assegnazione definitiva.*] (3)

Le prestazioni di servizi si considerano effettuate all'atto del pagamento del corrispettivo. Quelle indicate nell'articolo 3, terzo comma, primo periodo, si considerano effettuate al momento in cui sono rese, ovvero, se di carattere periodico o continuativo, nel mese successivo a quello in cui sono rese. [*In ogni caso le prestazioni di servizi di cui all'articolo 7-ter, rese da un soggetto passivo stabilito in un altro Stato membro della Comunità nei confronti di un soggetto passivo stabilito nel territorio dello Stato, effettuate in modo continuativo nell'arco di un periodo superiore ad un anno e che non comportano versamenti di acconti o pagamenti anche parziali nel medesimo periodo, si considerano effettuate al termine di ciascun anno solare fino alla conclusione delle prestazioni medesime*] (4).

Se anteriormente al verificarsi degli eventi indicati nei precedenti commi o indipendentemente da essi sia emessa fattura, o sia pagato in tutto o in parte il corrispettivo, l'operazione si considera effettuata, limitatamente all'importo fatturato o pagato, alla data della fattura o a quella del pagamento.

L'imposta relativa alle cessioni di beni ed alle prestazioni di servizi diviene esigibile nel momento in cui le operazioni si considerano effettuate secondo le disposizioni dei commi precedenti e l'imposta è versata con le modalità e nei termini stabiliti nel titolo secondo. Tuttavia per le cessioni dei prodotti farmaceutici indicati nel numero 114) della terza parte dell'allegata tabella A effettuate dai farmacisti, per le cessioni di beni e le prestazioni di servizi ai soci, associati o partecipanti, di cui al quarto comma dell'art. 4, nonchè per quelle fatte allo Stato, agli organi dello Stato ancorchè dotati di personalità giuridica, agli enti pubblici territoriali e ai consorzi tra essi costituiti ai sensi dell'art. 25 della legge 8 giugno 1990, n. 142, alle camere di commercio, industria, artigianato e agricoltura, agli istituti universitari, alle unità sanitarie locali, agli enti ospedalieri, agli enti pubblici di ricovero e cura aventi prevalente carattere scientifico, agli enti pubblici di assistenza e beneficenza e a quelli di previdenza, l'imposta diviene esigibile all'atto del pagamento dei relativi corrispettivi, salva la facoltà di applicare le disposizioni del primo periodo. Per le cessioni di beni di cui all'articolo 21, comma 4, terzo periodo, lettera b), l'imposta diviene esigibile nel mese successivo a quello della loro effettuazione. [*Per le prestazioni di servizi effettuate dagli autotrasportatori di cose per conto di terzi iscritti nell'albo di cui alla legge 6 giugno 1974, n. 298,*

IMPOSTE INDIRETTE

l'imposta diviene esigibile all'atto del pagamento dei relativi corrispettivi, salva la facoltà di applicare le disposizioni di cui al primo periodo] [5].

In deroga al terzo e al quarto comma, le prestazioni di servizi di cui all'articolo 7-ter, rese da un soggetto passivo non stabilito nel territorio dello Stato a un soggetto passivo ivi stabilito, e le prestazioni di servizi diverse da quelle di cui agli articoli 7-quater e 7-quinquies, rese da un soggetto passivo stabilito nel territorio dello Stato ad un soggetto passivo che non è ivi stabilito, si considerano effettuate nel momento in cui sono ultimate ovvero, se di carattere periodico o continuativo, alla data di maturazione dei corrispettivi. Se anteriormente al verificarsi degli eventi indicati nel primo periodo è pagato in tutto o in parte il corrispettivo, la prestazione di servizi si intende effettuata, limitatamente all'importo pagato, alla data del pagamento. Le stesse prestazioni, se effettuate in modo continuativo nell'arco di un periodo superiore a un anno e se non comportano pagamenti anche parziali nel medesimo periodo, si considerano effettuate al termine di ciascun anno solare fino all'ultimazione delle prestazioni medesime [6].

In deroga al primo e al quarto comma, le cessioni di beni da parte di un soggetto passivo che si considera cessionario e rivenditore di detti beni ai sensi dell'articolo 2-bis, nonché le cessioni dei medesimi beni nei confronti di detto soggetto passivo, si considerano effettuate e l'imposta diviene esigibile nel momento in cui è accettato il pagamento del corrispettivo [7].

(1) Articolo modificato dall'articolo 1 del D.P.R. 23 dicembre 1974, n. 687, sostituito dall'articolo 1 del D.P.R. 29 gennaio 1979, n. 24, successivamente modificato dall'articolo 9 del D.P.R. 31 marzo 1979, n. 94 e da ultimo sostituito dall'articolo 2 del D.P.R. 30 dicembre 1981, n. 793.

(2) Lettera aggiunta dall'articolo 3, comma 1, lettera a), del D.L. 27 aprile 1990, n. 90.

(3) Lettera aggiunta dall'articolo 3, comma 1, lettera a), del D.L. 27 aprile 1990, n. 90 e successivamente soppressa dall'articolo 1, comma 2, lettera a), del D.L. 30 dicembre 1991, n. 417.

(4) Comma modificato dall'articolo 3, comma 1, lettera b), del D.L. 27 aprile 1990, n. 90, dall'articolo 1, comma 2, lettera b), del D.L. 30 dicembre 1991, n. 417, dall'articolo 16-bis, comma 1, lettera c), del D.L. 23 febbraio 1995, n. 41, come modificato dall'articolo 4, comma 1, lettera b), del D.L. 2 ottobre 1995, n. 415, dall'articolo 4-ter, comma 6, del D.L. 1° luglio 2009, n. 78, successivamente sostituito dall'articolo 1, comma 1, lettera a), del D.Lgs. 11 febbraio 2010, n. 18 e da ultimo modificato dall'articolo 8, comma 2, lettera a), numero 1), della Legge 15 dicembre 2011, n. 217.

(5) Comma sostituito dall'articolo 1, comma 3, del D.Lgs. 2 settembre 1997, n. 313 e successivamente modificato dall'articolo 1, comma 1, lettera a), del D.Lgs. 23 marzo 1998, n. 56 e dall'articolo 5, comma 1, lettera a), della legge 8 maggio 1998, n. 146, da ultimo l'articolo 5 della legge 146/1998 è stato sostituito dall'articolo 1-bis del D.L. 12 giugno 1998, n. 181 e nel nuovo testo la suddetta modifica non è più presente. Successivamente modificato dall'articolo 1, comma 330, lettera a), della legge 24 dicembre 2012, n. 228.

(6) Comma inserito dall'articolo 8, comma 2, lettera a), numero 2), della Legge 15 dicembre 2011, n. 217.

(7) Comma aggiunto dall'articolo 1, comma 1, lettera b), del D.Lgs. 25 maggio 2021, n. 83. Per l'applicazione, vedi l'articolo 10, comma 1, del D.Lgs. 83/2021 medesimo.

6 *bis*. Definizione di buono-corrispettivo. – 1. Ai fini del presente decreto, per buono-corrispettivo si intende uno strumento che contiene l'obbligo di essere accettato come corrispettivo o parziale corrispettivo a fronte di una cessione di beni o di una prestazione di servizi e che indica, sullo strumento medesimo o nella relativa documentazione, i beni o i servizi da cedere o prestare o le identità dei potenziali cedenti o prestatori, ivi incluse le condizioni generali di utilizzo ad esso relative[1].

(1) Articolo inserito dall'articolo 1, comma 1, lettera a), del D.Lgs. 29 novembre 2018, n. 141.

6 *ter*. Buono-corrispettivo monouso. – 1. Un buono-corrispettivo di cui all'articolo 6-bis si considera monouso se al momento della sua emissione è nota la disciplina applicabile ai fini dell'imposta sul valore aggiunto alla cessione dei beni o alla prestazione dei servizi a cui il buono-corrispettivo dà diritto.

2. Ogni trasferimento di un buono-corrispettivo monouso precedente alla cessione dei beni o alla prestazione dei servizi a cui il buono-corrispettivo dà diritto costituisce effettuazione di detta cessione o prestazione.

3. La cessione di beni o la prestazione di servizi a cui il buono-corrispettivo monouso dà diritto, se effettuata da un soggetto diverso da quello che ha emesso detto buono-corrispettivo, è rilevante ai fini dell'imposta sul valore aggiunto e si considera resa nei confronti del soggetto che ha emesso il buono-corrispettivo[1].

(1) Articolo inserito dall'articolo 1, comma 1, lettera a), del D.Lgs. 29 novembre 2018, n. 141.

6 *quater*. Buono-corrispettivo multiuso. – 1. Un buono-corrispettivo di cui all'articolo 6-bis si considera multiuso se al momento della sua emissione non è nota la disciplina applicabile ai fini dell'imposta sul valore aggiunto alla cessione dei beni o alla prestazione dei servizi a cui il buono-corrispettivo dà diritto.

2. Ogni trasferimento di un buono-corrispettivo multiuso precedente alla accettazione dello stesso come corrispettivo o parziale corrispettivo della cessione dei beni o della prestazione dei servizi a cui il buono-corrispettivo dà diritto non costituisce effettuazione di detta cessione o prestazione.

3. La cessione di beni o la prestazione di servizi a cui il buono-corrispettivo multiuso dà diritto si considera effettuata al verificarsi degli eventi di cui all'articolo 6 assumendo come pagamento l'accettazione del buono-corrispettivo come corrispettivo o parziale corrispettivo di detti beni o servizi.

4. Per i trasferimenti di un buono-corrispettivo multiuso diversi da quelli che intercorrono tra il soggetto che effettua le operazioni soggette ad imposta ai sensi del comma 3 e i soggetti nei cui confronti tali operazioni sono effettuate, i servizi di distribuzione e simili sono autonomamente rilevanti ai fini dell'imposta[1].

(1) Articolo inserito dall'articolo 1, comma 1, lettera a), del D.Lgs. 29 novembre 2018, n. 141.

7. Territorialità dell'imposta - Definizioni [1]. – 1. Agli effetti del presente decreto:

a) per "Stato" o "territorio dello Stato" si intende il territorio della Repubblica italiana, con esclusione dei comuni di Livigno e Campione d'Italia e delle acque italiane del Lago di Lugano;

b) per "Comunità" o "territorio della Comunità" si intende il territorio corrispondente al campo di applicazione del Trattato sul funzionamento dell'Unione europea con le seguenti esclusioni oltre quella indicata nella lettera a)[2]:

1) per la Repubblica ellenica, il Monte Athos;

2) per la Repubblica federale di Germania, l'isola di Helgoland ed il territorio di Büsingen;

3) per la Repubblica francese, i territori francesi di cui all'articolo 349 e all'articolo 355, paragrafo 1, del Trattato sul funzionamento dell'Unione europea [(3)];

4) per il Regno di Spagna, Ceuta, Melilla e le isole Canarie;

5) per la Repubblica di Finlandia, le isole Åland;

6) le isole Anglo-Normanne;

c) il Principato di Monaco, l'isola di Man e le zone di sovranità del Regno Unito di Akrotiri e Dhekelia si intendono compresi nel territorio rispettivamente della Repubblica francese, del Regno Unito di Gran Bretagna e Irlanda del Nord e della Repubblica di Cipro;

d) per "soggetto passivo stabilito nel territorio dello Stato" si intende un soggetto passivo domiciliato nel territorio dello Stato o ivi residente che non abbia stabilito il domicilio all'estero, ovvero una stabile organizzazione nel territorio dello Stato di soggetto domiciliato e residente all'estero, limitatamente alle operazioni da essa rese o ricevute. Per i soggetti diversi dalle persone fisiche si considera domicilio il luogo in cui si trova la sede legale e residenza quello in cui si trova la sede effettiva;

e) per "parte di un trasporto di passeggeri effettuata all'interno della Comunità", si intende la parte di trasporto che non prevede uno scalo fuori della Comunità tra il luogo di partenza e quello di arrivo del trasporto passeggeri; "luogo di partenza di un trasporto passeggeri", è il primo punto di imbarco di passeggeri previsto nella Comunità, eventualmente dopo uno scalo fuori della Comunità; "luogo di arrivo di un trasporto passeggeri", è l'ultimo punto di sbarco previsto nella Comunità, per passeggeri imbarcati nella Comunità, eventualmente prima di uno scalo fuori della Comunità; per il trasporto andata e ritorno, il percorso di ritorno è considerato come un trasporto distinto;

f) per "trasporto intracomunitario di beni" si intende il trasporto di beni il cui luogo di partenza e il cui luogo di arrivo sono situati nel territorio di due Stati membri diversi. "Luogo di partenza" è il luogo in cui inizia effettivamente il trasporto dei beni, senza tener conto dei tragitti compiuti per recarsi nel luogo in cui si trovano i beni; "luogo di arrivo" è il luogo in cui il trasporto dei beni si conclude effettivamente;

g) per "locazione, anche finanziaria, noleggio e simili, a breve termine di mezzi di trasporto" si intende il possesso o l'uso ininterrotto del mezzo di trasporto per un periodo non superiore a trenta giorni ovvero a novanta giorni per i natanti.

(1) Articolo modificato dall'articolo 1 del D.P.R. 23 dicembre 1974, n. 687, dall'articolo 1 del D.P.R. 29 gennaio 1979, n. 24, dall'articolo 9 del D.P.R. 31 marzo 1979, n. 94, dall'articolo 1 del D.P.R. 30 dicembre 1980, n. 897, dall'articolo 3 del D.P.R. 30 dicembre 1981, n. 793, dall'articolo 39, comma 1, della legge 29 dicembre 1990, n. 428, dall'articolo 57, comma 1, lettera a), del D.L. 30 agosto 1993, n. 331, dall'articolo 3, comma 120, della legge 28 dicembre 1995, n. 549, dall'articolo 2, comma 1, lettera b), del D.L. 31 dicembre 1996, n. 669, dall'articolo 2, comma 1, lettera a), della legge 18 febbraio 1997, n. 28, dall'articolo 2, comma 1, lettera a), del D.L. 29 settembre 1997, n. 328, dall'articolo 46, comma 1, della legge 21 novembre 2000, n. 342, dall'articolo 1, comma 1, del D.Lgs. 1° agosto 2003, n. 273, dall'articolo 1, comma 1, lettera a), del D.Lgs. 15 dicembre 2005, n. 294, dall'articolo 1, comma 325, della legge 27 dicembre 2006, n. 296, dall'articolo 24, comma 4, lettera a), della legge 7 luglio 2009, n. 88 e da ultimo sostituito dall'articolo 1, comma 1, lettera b), del D.Lgs. 11 febbraio 2010, n. 18.

(2) Lettera modificata dall'articolo 8, comma 2, lettera b), della Legge 15 dicembre 2011, n. 217.

(3) Numero sostituito dall'articolo 12, comma 1, della Legge 30 ottobre 2014, n. 161.

7 bis. Territorialità - Cessioni di beni [(1)]. – 1. Le cessioni di beni, diverse da quelle di cui ai commi 2 e 3, si considerano effettuate nel territorio dello Stato se hanno per oggetto beni immobili ovvero beni mobili nazionali, comunitari o vincolati al regime della temporanea importazione, esistenti nel territorio dello stesso ovvero beni mobili spediti da altro Stato membro installati, montati o assiemati nel territorio dello Stato dal fornitore o per suo conto.

2. Le cessioni di beni a bordo di una nave, di un aereo o di un treno nel corso della parte di un trasporto di passeggeri effettuata all'interno della Comunità, si considerano effettuate nel territorio dello Stato se il luogo di partenza del trasporto è ivi situato.

3. Le cessioni di gas attraverso un sistema di gas naturale situato nel territorio dell'Unione o una rete connessa a tale sistema, le cessioni di energia elettrica e le cessioni di calore o di freddo mediante le reti di riscaldamento o di raffreddamento si considerano effettuate nel territorio dello Stato [(2)]:

a) quando il cessionario è un soggetto passivo-rivenditore stabilito nel territorio dello Stato. Per soggetto passivo-rivenditore si intende un soggetto passivo la cui principale attività in relazione all'acquisto di gas, di energia elettrica, di calore o di freddo è costituita dalla rivendita di detti beni ed il cui consumo personale di detti prodotti è trascurabile [(3)];

b) quando il cessionario è un soggetto diverso dal rivenditore, se i beni sono usati o consumati nel territorio dello Stato. Se la totalità o parte dei beni non è di fatto utilizzata dal cessionario, limitatamente alla parte non usata o non consumata, le cessioni anzidette si considerano comunque effettuate nel territorio dello Stato quando sono poste in essere nei confronti di soggetti, compresi quelli che non agiscono nell'esercizio di impresa, arte o professioni, stabiliti nel territorio dello Stato; non si considerano effettuate nel territorio dello Stato le cessioni poste in essere nei confronti di stabili organizzazioni all'estero, per le quali sono effettuati gli acquisti da parte di soggetti domiciliati o residenti in Italia.

(1) Articolo inserito dall'articolo 1, comma 1, lettera c), del D.Lgs. 11 febbraio 2010, n. 18.

(2) Alinea modificato dall'articolo 8, comma 2, lettera c), numero 1), della Legge 15 dicembre 2011, n. 217.

(3) Lettera modificata dall'articolo 8, comma 2, lettera c), numero 2), della Legge 15 dicembre 2011, n. 217.

7 ter. Territorialità - Prestazioni di servizi [(1)]. – 1. Le prestazioni di servizi si considerano effettuate nel territorio dello Stato:

a) quando sono rese a soggetti passivi stabiliti nel territorio dello Stato;

b) quando sono rese a committenti non soggetti passivi da soggetti passivi stabiliti nel territorio dello Stato.

2. Ai fini dell'applicazione delle disposizioni relative al luogo di effettuazione delle prestazioni di servizi, si considerano soggetti passivi per le prestazioni di servizi ad essi rese:

a) i soggetti esercenti attività d'impresa, arti o professioni; le persone fisiche si considerano soggetti passivi limitatamente alle prestazioni ricevute quando agiscono nell'esercizio di tali attività;

b) gli enti, le associazioni e le altre organizzazioni di cui all'articolo 4, quarto comma, anche quando agiscono al di fuori delle attività commerciali o agricole;

c) gli enti, le associazioni e le altre organizzazioni, non soggetti passivi, identificati ai fini dell'imposta sul valore aggiunto.

(1) Articolo inserito dall'articolo 1, comma 1, lettera c), del D.Lgs. 11 febbraio 2010, n. 18.

7 quater. Territorialità - Disposizioni relative a particolari prestazioni di servizi (1)(2).

– 1. In deroga a quanto stabilito dall'articolo 7-ter, comma 1, lettera b), si considerano effettuate nel territorio dello Stato se rese a committenti non soggetti passivi:

a) le prestazioni di intermediazione in nome e per conto del cliente, quando le operazioni oggetto dell' intermediazione si considerano effettuate nel territorio dello Stato;

b) le prestazioni di trasporto di beni diverse dal trasporto intracomunitario, in proporzione alla distanza percorsa nel territorio dello Stato;

c) le prestazioni di trasporto intracomunitario di beni, quando la relativa esecuzione ha inizio nel territorio dello Stato;

d) le prestazioni di lavorazione, nonché le perizie, relative a beni mobili materiali e le operazioni rese in attività accessorie ai trasporti, quali quelle di carico, scarico, movimentazione e simili, quando sono eseguite nel territorio dello Stato;

e) le prestazioni di servizi di locazione, anche finanziaria, noleggio e simili, non a breve termine, di mezzi di trasporto diversi dalle imbarcazioni da diporto, quando il committente è domiciliato nel territorio dello Stato o ivi residente senza domicilio all'estero e sempre che siano utilizzate nel territorio della Comunità. Le medesime prestazioni se rese ad un soggetto domiciliato e residente al di fuori del territorio della Comunità si considerano effettuate nel territorio dello Stato quando sono ivi utilizzate (3);

e-bis) le prestazioni di cui alla lettera e) relative ad imbarcazioni da diporto, sempre che l'imbarcazione sia effettivamente messa a disposizione nel territorio dello Stato e la prestazione sia resa da soggetti passivi ivi stabiliti e sia utilizzata nel territorio della Comunità. Le medesime prestazioni, se l'imbarcazione da diporto è messa a disposizione in uno Stato estero fuori della Comunità ed il prestatore è stabilito in quello stesso Stato, si considerano effettuate nel territorio dello Stato quando sono ivi utilizzate. Alle medesime prestazioni, quando l'imbarcazione da diporto è messa a disposizione in uno Stato diverso da quello di stabilimento del prestatore, si applica la lettera e)(4);

[*f) le prestazioni di servizi rese tramite mezzi elettronici, quando il committente è domiciliato nel territorio dello Stato o ivi residente senza domicilio all'estero*] (5);

[*g) le prestazioni di telecomunicazione e di teleradiodiffusione, quando il committente è domiciliato nel territorio dello Stato o ivi residente senza domicilio all'estero e sempre che siano utilizzate nel territorio dell'Unione europea*] (6).

(1) A norma dell'articolo 8, comma 2, lettera o), della Legge 15 dicembre 2011, n. 217, i richiami alla "Comunità", contenuti nel presente articolo, devono intendersi riferiti all' "Unione europea".

(2) Articolo inserito dall' articolo 1, comma 1, lettera c), del D.Lgs. 11 febbraio 2010, n. 18; per l'applicazione di tale disposizione, vedi l'articolo 5, comma 1 del D.Lgs. 18/2010, medesimo.

(3) Lettera sostituita, a decorrere dal 1° gennaio 2013, dall'articolo 3, comma 2, del D.Lgs. 11 febbraio 2010, n. 18; per l'applicazione di tale disposizione, vedi inoltre l'articolo 5, comma 3 del D.Lgs. 18/2010, medesimo.

(4) Lettera aggiunta, a decorrere dal 1° gennaio 2013, dall'articolo 3, comma 2, del D.Lgs. 11 febbraio 2010, n. 18; per l'applicazione di tale disposizione, vedi inoltre l'articolo 5, comma 3 del D.Lgs. 18/2010, medesimo.

(5) Lettera sostituita dall'articolo 1, comma 1, lettera a), del D.Lgs. 31 marzo 2015, n. 42. Per l'applicazione della presente disposizione vedi l'articolo 8, comma 1, del D.Lgs. 42/2015 medesimo. Da ultimo, lettera soppressa dall'articolo 1, comma 1, lettera a), del D.Lgs. 1° giugno 2020, n. 45.

(6) Lettera sostituita dall'articolo 1, comma 1, lettera a), del D.Lgs. 31 marzo 2015, n. 42. Per l'applicazione della presente disposizione vedi l'articolo 8, comma 1, del D.Lgs. 42/2015 medesimo. Da ultimo, lettera soppressa dall'articolo 1, comma 1, lettera a), del D.Lgs. 1° giugno 2020, n. 45.

7 quinquies. Territorialità - Disposizioni relative alle prestazioni di servizi culturali, artistici, sportivi, scientifici, educativi, ricreativi e simili (1). – 1. In deroga a quanto stabilito dall'articolo 7-ter, comma 1:

a) le prestazioni di servizi relativi ad attività culturali, artistiche, sportive, scientifiche, educative, ricreative e simili, ivi comprese fiere ed esposizioni, le prestazioni di servizi degli organizzatori di dette attività, nonché le prestazioni di servizi accessorie alle precedenti rese a committenti non soggetti passivi, si considerano effettuate nel territorio dello Stato quando le medesime attività sono ivi materialmente svolte. La disposizione del periodo precedente si applica anche alle prestazioni di servizi per l'accesso alle manifestazioni culturali, artistiche, sportive, scientifiche, educative, ricreative e simili, nonché alle relative prestazioni accessorie;

b) le prestazioni di servizi per l'accesso a manifestazioni culturali, artistiche, sportive, scientifiche, educative, ricreative e simili, ivi comprese fiere ed esposizioni, nonché le prestazioni di servizi accessorie connesse con l'accesso, rese a committenti soggetti passivi si considerano effettuate nel territorio dello Stato quando ivi si svolgono le manifestazioni stesse.

(1) Articolo inserito dall'articolo 1, comma 1, lettera c), del D.Lgs. 11 febbraio 2010, n. 18 e successivamente sostituito a decorrere dal 1° gennaio 2011 dall'articolo 3, comma 1, del D.Lgs. 11 febbraio 2010, n. 18.

7 sexies. Territorialità - Disposizioni speciali relative a talune prestazioni di servizi rese a committenti non soggetti passivi (1). – 1. In deroga a quanto stabilito dall'articolo 7-ter, comma 1, lettera b), si considerano effettuate nel territorio dello Stato se rese a committenti non soggetti passivi:

a) le prestazioni di intermediazione in nome e per conto del cliente, quando le operazioni oggetto dell'intermediazione si considerano effettuate nel territorio dello Stato;

b) le prestazioni di trasporto di beni diverse dal trasporto intracomunitario, in proporzione alla distanza percorsa nel territorio dello Stato;

c) le prestazioni di trasporto intracomunitario di beni, quando la relativa esecuzione ha inizio nel territorio dello Stato;

d) le prestazioni di lavorazione, nonché le perizie, relative a beni mobili materiali e le operazioni rese in attività accessorie ai trasporti, quali quelle di carico, scarico, movimentazione e simili, quando sono eseguite nel territorio dello Stato;

e) le prestazioni di servizi di locazione, anche finanziaria, noleggio e simili, non a breve termine, di mezzi di trasporto diversi dalle imbarcazioni da diporto, quando il committente è domiciliato nel territorio dello Stato o ivi residente senza domicilio all'estero e sempre che siano utilizzate nel territorio della Comunità. Le medesime prestazioni se rese ad un soggetto domiciliato e residente al di fuori del territorio della Comunità si considerano effettuate nel territorio dello Stato quando sono ivi utilizzate (2);

e-bis) le prestazioni di cui alla lettera e) relative ad imbarcazioni da diporto, sempre che l'imbarcazione sia effettivamente messa a disposizione nel territorio dello Stato e la prestazione sia resa da soggetti passivi ivi stabiliti e sia utilizzata nel territorio della Comunità. Le medesime prestazioni, se l'imbarcazione da diporto è messa a disposizione in uno Stato estero fuori della Comunità ed il prestatore è stabilito in quello stesso Stato, si considerano effettuate nel territorio dello Stato quando sono ivi utilizzate. Alle medesime prestazioni, quando l'imbarcazione da diporto è messa a disposizione in uno Stato diverso da quello di stabilimento del prestatore, si applica la lettera e)(3);

[*f) le prestazioni di servizi rese tramite mezzi elettronici, quando il committente è domiciliato nel territorio dello Stato o ivi residente senza domicilio all'estero*] (4);

[*g) le prestazioni di telecomunicazione e di teleradiodiffusione, quando il committente è domiciliato nel territorio dello Stato o ivi residente senza domicilio all'estero e sempre che siano utilizzate nel territorio dell'Unione europea*] (5).

(1) *Articolo inserito dall'articolo 1, comma 1, lettera c), del D.Lgs. 11 febbraio 2010, n. 18.*
(2) *Lettera sostituita, a decorrere dal 1° gennaio 2013, dall'articolo 3, comma 2, del D.Lgs. 11 febbraio 2010, n. 18.*
(3) *Lettera aggiunta, a decorrere dal 1° gennaio 2013, dall'articolo 3, comma 2, del D.Lgs. 11 febbraio 2010, n. 18.*
(4) *Lettera sostituita dall'articolo 1, comma 1, lettera a), del D.Lgs. 31 marzo 2015, n. 42. Per l'applicazione della presente disposizione vedi l'articolo 8, comma 1, del D.Lgs. 42/2015 medesimo. Da ultimo, lettera soppressa dall'articolo 1, comma 1, lettera a), del D.Lgs. 1° giugno 2020, n. 45.*
(5) *Lettera sostituita dall'articolo 1, comma 1, lettera a), del D.Lgs. 31 marzo 2015, n. 42. Per l'applicazione della presente disposizione vedi l'articolo 8, comma 1, del D.Lgs. 42/2015 medesimo. Da ultimo, lettera soppressa dall'articolo 1, comma 1, lettera a), del D.Lgs. 1° giugno 2020, n. 45.*

7 septies. Territorialità - Disposizioni relative a talune prestazioni di servizi rese a non soggetti passivi stabiliti fuori della Comunità (1). – 1. In deroga a quanto stabilito dall'articolo 7-ter, comma 1, lettera b), non si considerano effettuate nel territorio dello Stato le seguenti prestazioni di servizi, quando sono rese a committenti non soggetti passivi domiciliati e residenti fuori della Comunità:

a) le prestazioni di servizi di cui all'articolo 3, secondo comma, numero 2);

b) le prestazioni pubblicitarie;

c) le prestazioni di consulenza e assistenza tecnica o legale nonché quelle di elaborazione e fornitura di dati e simili;

d) le operazioni bancarie, finanziarie ed assicurative, comprese le operazioni di riassicurazione ed escluse le locazioni di casseforti;

e) la messa a disposizione del personale;

f) le prestazioni derivanti da contratti di locazione, anche finanziaria, noleggio e simili di beni mobili materiali diversi dai mezzi di trasporto;

g) la concessione dell'accesso a un sistema di gas naturale situato nel territorio dell'Unione o a una rete connessa a un tale sistema, al sistema dell'energia elettrica, alle reti di riscaldamento o di raffreddamento, il servizio di trasmissione o distribuzione mediante tali sistemi o reti e la prestazione di altri servizi direttamente collegati (2);

[*h) i servizi di telecomunicazione e di teleradiodiffusione, esclusi quelli utilizzati nel territorio dello Stato ancorché resi da soggetti che non siano ivi stabiliti;*] (3)

[*i) i servizi prestati per via elettronica;*] (4)

l) le prestazioni di servizi inerenti all'obbligo di non esercitare interamente o parzialmente un'attività o un diritto di cui alle lettere precedenti.

(1) *Articolo inserito dall'articolo 1, comma 1, lettera c), del D.Lgs. 11 febbraio 2010, n. 18.*
(2) *Lettera sostituita dall'articolo 8, comma 2, lettera d), della Legge 15 dicembre 2011, n. 217.*
(3) *Lettera soppressa dall'articolo 1, comma 1, lettera b), del D.Lgs. 31 marzo 2015, n. 42. Per l'applicazione della presente disposizione vedi l'articolo 8, comma 1, del D.Lgs. 42/2015 medesimo.*
(4) *Lettera soppressa dall'articolo 1, comma 1, lettera b), del D.Lgs. 31 marzo 2015, n. 42. Per l'applicazione della presente disposizione vedi l'articolo 8, comma 1, del D.Lgs. 42/2015 medesimo.*

7 octies. Territorialità - Disposizioni relative alle prestazioni di servizi di telecomunicazione, di teleradiodiffusione ed elettronici rese a committenti non soggetti passivi (1). – 1. In deroga a quanto stabilito dall'articolo 7-*ter*, comma 1, lettera b), si considerano effettuate nel territorio dello Stato se rese a committenti non soggetti passivi:

a) le prestazioni di servizi rese tramite mezzi elettronici, quando il committente è domiciliato nel territorio dello Stato o ivi residente senza domicilio all'estero;

b) le prestazioni di telecomunicazione e di teleradiodiffusione, quando il committente è domiciliato nel territorio dello Stato o ivi residente senza domicilio all'estero e sempre che siano utilizzate nel territorio dell'Unione europea.

2. Qualora il prestatore sia un soggetto passivo stabilito in un altro Stato membro dell'Unione europea, la disposizione di cui al comma 1 non si applica, per i servizi resi a committenti stabiliti nel territorio dello Stato, ove concorrano unitariamente le seguenti condizioni:

a) il prestatore non è stabilito anche in un altro Stato membro dell'Unione europea;

b) l'ammontare complessivo, al netto dell'imposta sul valore aggiunto, delle prestazioni di servizi nei confronti di committenti non soggetti passivi stabiliti in Stati membri dell'Unione europea diversi da quello di stabilimento del prestatore e delle vendite a distanza intracomunitarie di beni nell'Unione europea, di cui all'articolo 38-bis, commi 1 e 3, del decreto-legge 30 agosto 1993, n. 331, convertito, con modificazioni, dalla legge 29 ottobre 1993, n. 427, effettuate nell'anno solare precedente, non ha superato 10.000 euro e fino a quando, nell'anno in corso, tale limite non è superato (2);

c) il prestatore non ha optato per l'applicazione dell'imposta nel territorio dello Stato.

3. Qualora il prestatore sia un soggetto passivo stabilito nel territorio dello Stato, la disposizione di cui al comma 1 non si applica, per i servizi resi a committenti stabiliti in un

altro Stato membro dell'Unione europea, ove concorrano unitariamente le seguenti condizioni:

a) il prestatore non è stabilito anche in un altro Stato membro dell'Unione europea;

b) l'ammontare complessivo, al netto dell'imposta sul valore aggiunto, delle prestazioni di servizi nei confronti di committenti non soggetti passivi stabiliti in Stati membri dell'Unione europea diversi dall'Italia e delle vendite a distanza intracomunitarie di beni nell'Unione europea di cui all'articolo 38-bis, commi 1 e 3, del decreto-legge 30 agosto 1993, n. 331, convertito dalla legge 29 ottobre 1993, n. 427, effettuate nell'anno solare precedente, non ha superato 10.000 euro e fino a quando, nell'anno in corso, tale limite non è superato [3];

c) il prestatore non ha optato per l'applicazione dell'imposta nell'altro Stato membro.

4. L'opzione di cui al comma 3 è comunicata all'ufficio nella dichiarazione relativa all'anno in cui la medesima è stata esercitata e ha effetto fino a quando non sia revocata e comunque per almeno due anni.

(1) *Articolo inserito dall'articolo 1, comma 1, lettera b), del D.Lgs. 1° giugno 2020, n. 45.*
(2) *Articolo inserito dall'articolo 1, comma 1, lettera b), del D.Lgs. 1° giugno 2020, n. 45.*
(3) *Lettera modificata dall'articolo 1, comma 1, lettera c), numero 1), del D.Lgs. 25 maggio 2021, n. 83. Per l'applicazione, vedi l'articolo 10, comma 1, del D.Lgs. 83/2021 medesimo.*
(4) *Lettera modificata dall'articolo 1, comma 1, lettera c), numero 1), del D.Lgs. 25 maggio 2021, n. 83. Per l'applicazione, vedi l'articolo 10, comma 1, del D.Lgs. 83/2021 medesimo.*

8. Cessioni all'esportazione[1]. – Costituiscono cessioni all'esportazione non imponibili [2]:

a) le cessioni, anche tramite commissionari, eseguite mediante trasporto o spedizione di beni fuori del territorio della Comunità economica europea, a cura o a nome dei cedenti o dei commissionari, anche per incarico dei propri cessionari o commissionari di questi. I beni possono essere sottoposti per conto del cessionario, ad opera del cedente stesso o di terzi, a lavorazione, trasformazione, montaggio, assiemaggio o adattamento ad altri beni. La esportazione deve risultare da documento doganale, o da vidimazione apposta dall'ufficio doganale su un esemplare della fattura ovvero su un esemplare della bolla di accompagnamento emessa a norma dell'art. 2 del decreto del Presidente della Repubblica 6 ottobre 1978, n. 627, o, se questa non è prescritta, sul documento di cui all'articolo 21, comma 4, terzo periodo, lettera a). Nel caso in cui avvenga tramite servizio postale l'esportazione deve risultare nei modi stabiliti con decreto del Ministro delle finanze, di concerto con il Ministro delle poste e delle telecomunicazioni [3];

b) le cessioni con trasporto o spedizione fuori del territorio della Comunità economica europea entro novanta giorni dalla consegna, a cura del cessionario non residente o per suo conto, ad eccezione dei beni destinati a dotazione o provvista di bordo di imbarcazioni o navi da diporto, di aeromobili da turismo o di qualsiasi altro mezzo di trasporto ad uso privato e dei beni da trasportarsi nei bagagli personali fuori del territorio della Comunità economica europea; l'esportazione deve risultare da vidimazione apposta dall'ufficio doganale o dall'ufficio postale su un esemplare della fattura [4];

b-bis) le cessioni con trasporto o spedizione fuori del territorio dell'Unione europea entro centottanta giorni dalla consegna, a cura del cessionario o per suo conto, effettuate, secondo modalità stabilite con decreto del Ministro dell'economia e delle finanze, nei confronti delle amministrazioni pubbliche e dei soggetti della cooperazione allo sviluppo iscritti nell'elenco di cui all'articolo 26, comma 3, della legge 11 agosto 2014, n. 125, in attuazione di finalità umanitarie, comprese quelle dirette a realizzare programmi di cooperazione allo sviluppo. La prova dell'avvenuta esportazione dei beni è data dalla documentazione doganale[5];

c) le cessioni, anche tramite commissionari, di beni diversi dai fabbricati e dalle aree edificabili, e le prestazioni di servizi rese a soggetti che, avendo effettuato cessioni all'esportazione od operazioni intracomunitarie, si avvalgono della facoltà di acquistare, anche tramite commissionari, o importare beni e servizi senza pagamento dell'imposta [6].

Le cessioni e le prestazioni di cui alla lettera c) sono effettuate senza pagamento dell'imposta ai soggetti indicati nella lettera a), se residenti, e dai soggetti che effettuano le cessioni di cui alla lettera b) del precedente comma su loro dichiarazione scritta e sotto la loro responsabilità, nei limiti dell'ammontare complessivo dei corrispettivi delle cessioni di cui alle stesse lettere dai medesimi fatte nel corso dell'anno solare precedente. I cessionari e i commissionari possono avvalersi di tale ammontare integralmente per gli acquisti di beni che siano esportati nello stato originario nei sei mesi successivi alla loro consegna e, nei limiti della differenza tra esso e l'ammontare delle cessioni dei beni effettuate nei loro confronti nello stesso anno ai sensi della lettera a), relativamente agli acquisti di altri beni o di servizi. I soggetti che intendono avvalersi della facoltà di acquistare beni e servizi senza pagamento dell'imposta devono darne comunicazione scritta al competente ufficio dell'imposta sul valore aggiunto entro il 31 gennaio ovvero oltre tale data, ma anteriormente al momento di effettuazione della prima operazione, indicando l'ammontare dei corrispettivi delle esportazioni fatte nell'anno solare precedente. Gli stessi soggetti possono optare, dandone comunicazione entro il 31 gennaio, per la facoltà di acquistare beni e servizi senza pagamento dell'imposta assumendo come ammontare di riferimento, in ciascun mese, l'ammontare dei corrispettivi delle esportazioni fatte nei dodici mesi precedenti. L'opzione ha effetto per un triennio solare e, qualora non sia revocata, si estende di triennio in triennio. La revoca deve essere comunicata all'ufficio entro il 31 gennaio successivo a ciascun triennio. I soggetti che iniziano l'attività o non hanno comunque effettuato esportazioni nell'anno solare precedente possono avvalersi per la durata di un triennio solare della facoltà di acquistare beni e servizi senza pagamento dell'imposta, dandone preventiva comunicazione all'ufficio, assumendo come ammontare di riferimento, in ciascun mese, l'ammontare dei corrispettivi delle esportazioni fatte nei dodici mesi precedenti.

[*I contribuenti che si avvalgono della facoltà di acquistare beni e servizi senza pagamento dell'imposta ai sensi del precedente comma devono annotare nei registri di cui agli articoli 23 o 24 ovvero 39, secondo comma entro ciascun mese, l'ammontare di riferimento delle esportazioni e quello degli acquisti fatti senza pagamento dell'imposta ai sensi della lettera c) del primo comma risultanti dalle fatture e bollette doganali registrate o soggette a registrazione entro il mese precedente. I contribuenti che fanno riferimento ai corrispettivi delle esportazioni fatte nei dodici mesi precedenti devono inviare all'ufficio dell'imposta sul valore aggiunto, entro il mese successivo a ciascun semestre solare, un prospetto analitico delle annotazioni del semestre.*] (7)

Nel caso di affitto di azienda, perchè possa avere effetto il trasferimento del beneficio di utilizzazione della facoltà di acquistare beni e servizi per cessioni all'esportazione, senza pagamento dell'imposta, ai sensi del terzo comma, è necessario che tale trasferimento sia espressamente previsto nel relativo contratto e che ne sia data comunicazione con lettera raccomandata entro trenta giorni all'ufficio IVA competente per territorio (8).

Ai fini dell'applicazione del primo comma si intendono spediti o trasportati fuori della Comunità anche i beni destinati ad essere impiegati nel mare territoriale per la costruzione, la riparazione, la manutenzione, la trasformazione, l'equipaggiamento e il rifornimento delle piattaforme di perforazione e sfruttamento, nonchè per la realizzazione di collegamenti fra dette piattaforme e la terraferma (9).

(1) Articolo sostituito dall'articolo 1 del D.P.R. 23 dicembre 1974, n. 687 e dall'articolo 1 del D.P.R. 29 gennaio 1979, n. 24, successivamente modificato dall'articolo 9 del D.P.R. 31 marzo 1979, n. 94 e da ultimo sostituito dall'articolo 2 del D.P.R. 30 dicembre 1980, n. 897.

(2) Alinea modificato dall'articolo 1, comma 1, lettera d), del D.Lgs. 11 febbraio 2010, n. 18, con la decorrenza prevista dall'articolo 5, comma 1, del D.Lgs. 18/2010 medesimo.

(3) Lettera modificata dall'articolo 57, comma 1, lettera b), del D.L. 30 agosto 1993, n. 331; dall'articolo 2, comma 1, lettera b), numero 1), della legge 18 febbraio 1997, n. 28 e, da ultimo, dall'articolo 1, comma 330, lettera b), della legge 24 dicembre 2012, n. 228.

(4) Lettera sostituita dall'articolo 4 del D.P.R. 30 dicembre 1981, n. 793 e successivamente modificata dall'articolo 57, comma 1, lettera b), del D.L. 30 agosto 1993, n. 331.

(5) Lettera inserita dall'articolo 9, comma 1, della Legge 20 novembre 2017, n. 167 (Legge europea 2017).

(6) Lettera modificata dall'articolo 57, comma 1, lettera c), del D.L. 30 agosto 1993, n. 331 e successivamente sostituita dall'articolo 2, comma 1, lettera b), numero 2), della legge 18 febbraio 1997, n. 28.

(7) Comma abrogato dall'articolo 3, comma 3, del D.L. 29 dicembre 1983, n. 746.

(8) Comma aggiunto dall'articolo 1, comma 5, del D.L. 30 dicembre 1991, n. 417.

(9) Comma aggiunto dall'articolo 57, comma 1, lettera d), del D.L. 30 agosto 1993, n. 331.

8 *bis*. Operazioni assimilate alle cessioni alla esportazione (1). – Sono assimilate alle cessioni all'esportazione, se non comprese nell'art. 8 (2):

a) le cessioni di navi adibite alla navigazione in alto mare e adibite alla navigazione in alto mare e destinate all'esercizio di attività commerciali o della pesca nonché le cessioni di navi adibite alla pesca costiera nonché le cessioni di navi adibite alla pesca costiera o ad operazioni di salvataggio o di assistenza in mare, ovvero alla demolizione, escluse le unità da diporto di cui alla L. 11 febbraio 1971, n. 50 (3);

a-bis) le cessioni di navi di cui agli articoli 239 e 243 del codice dell'ordinamento militare, di cui al decreto legislativo 15 marzo 2010, n. 66 (4);

b) le cessioni [*di navi e*] di aeromobili, compresi i satelliti, ad organi dello Stato ancorchè dotati di personalità giuridica (5);

c) le cessioni di aeromobili destinati a imprese di navigazione aerea che effettuano prevalentemente trasporti internazionali;

d) le cessioni di apparati motori e loro componenti e di parti di ricambio degli stessi e delle navi e degli aeromobili di cui alle lettere precedenti, le cessioni di beni destinati a loro dotazione di bordo e le forniture destinate al loro rifornimento e vettovagliamento, comprese le somministrazioni di alimenti e di bevande a bordo ed escluse, per le navi adibite alla pesca costiera, le provviste di bordo (6);

e) le prestazioni di servizi, compreso l'uso di bacini di carenaggio, relativi alla costruzione, manutenzione, riparazione, modificazione, trasformazione assiemaggio, allestimento, arredamento, locazione e noleggio delle navi e degli aeromobili di cui alle lettere a), a-bis), b) e c), degli apparati motori e loro componenti e ricambi e delle dotazioni di bordo, nonchè le prestazioni di servizi relativi alla demolizione delle navi di cui alle lettere a), a-bis) e b) (7).

e-bis) le prestazioni di servizi diverse da quelle di cui alla lettera e) direttamente destinate a sopperire ai bisogni delle navi e degli aeromobili di cui alle lettere a), a-bis) e c) e del loro carico (8).

Le disposizioni [*dell'ultimo comma dell'art. 7 e quelle*] del secondo e terzo comma dell'art. 8 si applicano, con riferimento all'ammontare complessivo dei corrispettivi delle operazioni indicate nel precedente comma, anche per gli acquisti di beni, diversi dai fabbricati e dalle aree edificabili, e di servizi fatti dai soggetti che effettuano le operazioni stesse nell'esercizio dell'attività propria dell'impresa (9).

Ai fini dell'applicazione del primo comma, una nave si considera adibita alla navigazione in alto mare se ha effettuato nell'anno solare precedente o, in caso di primo utilizzo, effettua nell'anno in corso un numero di viaggi in alto mare superiore al 70 per cento. Per viaggio in alto mare si intende il tragitto compreso tra due punti di approdo durante il quale è superato il limite delle acque territoriali, calcolato in base alla linea di bassa marea, a prescindere dalla rotta seguita. I soggetti che intendono avvalersi della facoltà di effettuare acquisti o importazioni senza pagamento dell'imposta attestano la condizione della navigazione in alto mare mediante apposita dichiarazione. La dichiarazione deve essere redatta in conformità al modello approvato con provvedimento del direttore dell'Agenzia delle entrate e deve essere trasmessa telematicamente all'Agenzia delle entrate, che rilascia apposita ricevuta telematica con indicazione del protocollo di ricezione. La dichiarazione può riguardare anche più operazioni tra le stesse parti. Gli estremi del protocollo di ricezione della dichiarazione devono essere indicati nelle fatture emesse in base ad essa, ovvero devono essere riportati dall'importatore nella dichiarazione doganale. I soggetti che dichiarano una percentuale determinata provvisoriamente, sulla base dell'uso previsto della nave, verificano, a conclusione dell'anno solare, la sussistenza della condizione dell'effettiva navigazione in alto mare (10).

(1) Articolo inserito dall'articolo 1 del D.P.R. 23 dicembre 1974, n. 687 e successivamente sostituito dall'articolo 1 del D.P.R. 29 gennaio 1979, n. 24.

(2) Alinea modificato dall'articolo 2, comma 1, lettera c), numero 1), della legge 18 febbraio 1997, n. 28.

(3) Lettera sostituita dall'articolo 3 del D.P.R. 30 dicembre 1980, n. 897 e successivamente modificata dall'articolo 8, comma 2, lettera e), numero 1), della legge 15 dicembre 2011, n. 217.

(4) Lettera inserita dall'articolo 8, comma 2, lettera e), numero 2), della legge 15 dicembre 2011, n. 217.

(5) Lettera modificata dall'articolo 8, comma 2, lettera e), numero 3), della legge 15 dicembre 2011, n. 217.

(6) Lettera sostituita dall'articolo 5 del D.P.R. 30 dicembre 1981, n. 793, con effetto a decorrere dal 1° aprile 1979 e successivamente modificata dall'articolo 8, comma 2, lettera e), numero 4), della legge 15 dicembre 2011, n. 217.

(7) Lettera sostituita dall'articolo 3 del D.P.R. 30 dicembre 1980, n. 897 e

successivamente modificata dall'articolo 8, comma 2, lettera e), numero 5), della legge 15 dicembre 2011, n. 217.

(8) Lettera inserita dall'articolo 8, comma 2, lettera e), numero 6), della legge 15 dicembre 2011, n. 217.

(9) Comma sostituito dall'articolo 9 del D.P.R. 31 marzo 1979, n. 94, dall'articolo 3 del D.P.R. 30 dicembre 1980, n. 897 e successivamente modificato dall'articolo 2, comma 1, lettera c), numero 2), della legge 18 febbraio 1997, n. 28 e dall'articolo 1, comma 1, lettera e), del D.Lgs. 11 febbraio 2010, n. 18.

(10) Comma aggiunto dall'articolo 1, comma 708, della Legge 30 dicembre 2020, n. 178; per l'applicazione vedi l'articolo 1, comma 712, della Legge 178/2020 medesima.

9. Servizi internazionali o connessi agli scambi internazionali (1). – Costituiscono servizi internazionali o connessi agli scambi internazionali non imponibili (2):

1) i trasporti di persone eseguiti in parte nel territorio dello Stato e in parte in territorio estero in dipendenza di unico contratto;

2) i trasporti relativi a beni in esportazione, in transito o in importazione temporanea, nonchè i trasporti relativi a beni in importazione i cui corrispettivi sono inclusi nella base imponibile ai sensi del primo comma dell'art. 69 (3);

3) i noleggi e le locazioni di navi, aeromobili, autoveicoli, vagoni ferroviari, cabine-letto, containers e carrelli, adibiti ai trasporti di cui al precedente n. 1), ai trasporti di beni in esportazione, in transito o in temporanea importazione nonchè a quelli relativi a beni in importazione semprechè i corrispettivi dei noleggi e delle locazioni siano assoggettati all'imposta a norma del primo comma dell'art. 69 (4);

4) i servizi di spedizione relativi ai trasporti di cui al precedente n. 1), ai trasporti di beni in esportazione, in transito o in temporanea importazione nonchè ai trasporti di beni in importazione semprechè i corrispettivi dei servizi di spedizione siano inclusi nella base imponibile ai sensi del primo comma dell'art. 69; i servizi relativi alle operazioni doganali (5);

4-bis) i servizi accessori relativi alle spedizioni, sempreché i corrispettivi dei servizi accessori abbiano concorso alla formazione della base imponibile ai sensi dell'articolo 69 del presente decreto e ancorché la medesima non sia stata assoggettata all'imposta (6);

5) i servizi di carico, scarico, trasbordo, manutenzione, stivaggio, disistivaggio, pesatura, misurazione, controllo, refrigerazione, magazzinaggio, deposito, custodia e simili, relativi ai beni in esportazione, in transito o in importazione temporanea ovvero relativi a beni in importazione semprechè i corrispettivi dei servizi stessi siano assoggettati ad imposta a norma del primo comma dell'art. 69 (7);

6) i servizi prestati nei porti, autoporti, aeroporti e negli scali ferroviari di confine che riflettono direttamente il funzionamento e la manutenzione degli impianti ovvero il movimento di beni o mezzi di trasporto, nonchè quelli resi dagli agenti marittimi raccomandatari;

7) i servizi di intermediazione relativi a beni in importazione, in esportazione o in transito, a trasporti internazionali di persone o di beni, ai noleggi e alle locazioni di cui al n. 3), nonché quelli relativi ad operazioni effettuate fuori del territorio della Comunità; le cessioni di licenze all'esportazione (8);

7- bis) i servizi di intermediazione resi in nome e per conto di agenzie di viaggio di cui all'art. 74- ter, relativi a prestazioni eseguite fuori del territorio degli Stati membri della Comunità economica europea (9);

8) le manipolazioni usuali eseguite nei depositi doganali a norma dell'articolo 152, primo comma, del testo unico approvato con decreto del Presidente della Repubblica 23 gennaio 1973, n. 43;

9) i trattamenti di cui all'art. 176 del testo unico approvato con decreto del Presidente della Repubblica 23 gennaio 1973, n. 43, eseguiti su beni di provenienza estera non ancora definitivamente importati, nonchè su beni nazionali nazionalizzati o comunitari destinati ad essere esportati da o per conto del prestatore del servizio o del committente non residente nel territorio dello Stato (10);

[*10) i servizi relativi alle telecomunicazioni internazionali, con esclusione delle comunicazioni telefoniche in partenza dallo Stato;*] (11)

[*11) il transito nei trafori internazionali;*] (12)

[*12) le operazioni di cui ai numeri da 1) a 4) dell'art. 10, effettuate nei confronti di soggetti residenti fuori dalla Comunità economica europea o relative a beni destinati ad essere esportati fuori dalla Comunità stessa*] (13)

Le prestazioni di cui al primo comma, numero 2), non comprendono i servizi di trasporto resi a soggetti diversi dall'esportatore, dal titolare del regime di transito, dall'importatore, dal destinatario dei beni o dal prestatore dei servizi di cui al numero 4) del medesimo primo comma. (14)

Le disposizioni [*dell'ultimo comma dell'art. 7 e quelle*] del secondo e terzo comma dell'art. 8 si applicano, con riferimento all'ammontare complessivo dei corrispettivi delle operazioni indicate nel precedente comma, anche per gli acquisti di beni, diversi dai fabbricati e dalle aree edificabili, e di servizi fatti dai soggetti che effettuano le operazioni stesse nell'esercizio dell'attività propria dell'impresa (C)(15).

(1) Articolo modificato dall'articolo 1 del D.P.R. 23 dicembre 1974, n. 687 e successivamente sostituito dall'articolo 1 del D.P.R. 29 gennaio 1979, n. 24, con efficacia, limitatamente alle attività turistiche internazionali, a decorrere dal 1° gennaio 1980.

(2) Alinea modificato dall'articolo 1, comma 1, lettera f), numero 1), del D.Lgs. 11 febbraio 2010, n. 18.

(3) Numero sostituito dall'articolo 4 del D.P.R. 30 dicembre 1980, n. 897 e successivamente modificato dall'articolo 11, comma 1, lettera a), della Legge 3 maggio 2019, n. 37 (Legge Europea 2018)

(4) Numero sostituito dall'articolo 4 del D.P.R. 30 dicembre 1980, n. 897.

(5) Numero sostituito dall'articolo 4 del D.P.R. 30 dicembre 1980, n. 897 e successivamente modificato dall'articolo 11, comma 1, lettera b), della Legge 3 maggio 2019, n. 37 (Legge Europea 2018).

(6) Numero aggiunto dall'articolo 12, comma 1, della Legge 29 luglio 2015, n. 115 (Legge europea 2014) e successivamente sostituito dall'articolo 11, comma 1, lettera c), della Legge 3 maggio 2019, n. 37 (Legge Europea 2018).

(7) Numero sostituito dall'articolo 4 del D.P.R. 30 dicembre 1980, n. 897.

(8) Numero sostituito, a decorrere dal 1° aprile 1979, dall'articolo 6 del D.P.R. 30 dicembre 1981, n. 793 e successivamente modificato dall'articolo 1, comma 1, lettera f), numero 2), del D.Lgs. 11 febbraio 2010, n. 18.

(9) Numero aggiunto dall'articolo 57, comma 1, lettera e), del D.L. 30 agosto 1993, n. 331.

(10) Numero modificato dall'articolo 36, comma 18, del D.L. 30 agosto 1993, n. 331.

(11) Numero abrogato dall'articolo 2, comma 1, lettera c), del D.L. 31 dicembre 1996, n. 669.

(12) Numero abrogato dall'articolo 21, comma 15, della legge 27 dicembre 2002, n. 289.

(13) Numero abrogato dall'articolo 1, comma 1, lettera f), numero 3), del D.Lgs. 11 febbraio 2010, n. 18.

(14) Comma aggiunto dall'articolo 5-septies, comma 1, del D.L. 21 ottobre 2021, n. 146, convertito, con modificazioni, dalla Legge 17 dicembre 2021, n. 215; per l'applicazione delle presenti disposizioni, vedi l'articolo 5-septies, comma 2, del D.L. 146/2021 medesimo

(15) Comma sostituito dall'articolo 9 del D.P.R. 31 marzo 1979, n. 94 , dall'articolo 4 del D.P.R. 30 dicembre 1980, n. 897 e successivamente modificato dall'articolo 2, comma 1, lettera d), della legge 18 febbraio 1997, n. 28 e dall'articolo 1, comma 1, lettera f), numero 4), del D.Lgs. 11 febbraio 2010, n. 18.

10. Operazioni esenti dall'imposta [1]. – Sono esenti dall'imposta:

1) le prestazioni di servizi concernenti la concessione e la negoziazione di crediti, la gestione degli stessi da parte dei concedenti e le operazioni di finanziamento; l'assunzione di impegni di natura finanziaria, l'assunzione di fideiussioni e di altre garanzie e la gestione di garanzie di crediti da parte dei concedenti; le dilazioni di pagamento, le operazioni, compresa la negoziazione, relative a depositi di fondi, conti correnti, pagamenti, giroconti, crediti e ad assegni o altri effetti commerciali, ad eccezione del recupero di crediti; la gestione di fondi comuni di investimento e di fondi pensione di cui al decreto legislativo 21 aprile 1993, n. 124, nonché di prodotti pensionistici individuali paneuropei (PEPP) di cui al regolamento (UE) 2019/1238, le dilazioni di pagamento e le gestioni similari e il servizio bancoposta[2];

2) le operazioni di assicurazione, di riassicurazione e di vitalizio [3];

3) le operazioni relative a valute estere aventi corso legale e a crediti in valute estere, eccettuati i biglietti e le monete da collezione e comprese le operazioni di copertura dei rischi di cambio [4];

4) le operazioni relative ad azioni, obbligazioni o altri titoli non rappresentativi di merci e a quote sociali, eccettuati la custodia e l'amministrazione dei titoli nonché il servizio di gestione individuale di portafogli; le operazioni relative a valori mobiliari e a strumenti finanziari diversi dai titoli, incluse le negoziazioni e le opzioni ed eccettuati la custodia e l'amministrazione nonché il servizio di gestione individuale di portafogli. Si considerano in particolare operazioni relative a valori mobiliari e a strumenti finanziari i contratti a termine fermo su titoli e altri strumenti finanziari e le relative opzioni, comunque regolati; i contratti a termine su tassi di interesse e le relative opzioni; i contratti di scambio di somme di denaro o di valute determinate in funzione di tassi di interesse, di tassi di cambio o di indici finanziari, e relative opzioni; le opzioni su valute, su tassi di interesse o su indici finanziari, comunque regolate [5];

5) le operazioni relative ai versamenti di imposte effettuati per conto dei contribuenti, a norma di specifiche disposizioni di legge, da aziende ed istituti di credito [6];

6) le operazioni relative all'esercizio del lotto, delle lotterie nazionali, dei giochi di abilità e dei concorsi pronostici riservati allo Stato e agli enti indicati nel decreto legislativo 14 aprile 1948, n. 496, ratificato con legge 22 aprile 1953, n. 342, e successive modificazioni, nonché quelle relative all'esercizio dei totalizzatori e delle scommesse di cui al regolamento approvato con decreto del Ministro per l'agricoltura e per le foreste 16 novembre 1955, pubblicato nella Gazzetta Ufficiale n. 273 del 26 novembre 1955, e alla legge 24 marzo 1942, n. 315, e successive modificazioni, ivi comprese le operazioni relative alla raccolta delle giocate [7];

7) le operazioni relative all'esercizio delle scommesse in occasione di gare, corse, giuochi, concorsi e competizioni di ogni genere, diverse da quelle indicate al numero precedente, nonchè quelle relative all'esercizio del giuoco nelle case da giuoco autorizzate e alle operazioni di sorte locali autorizzate [8];

8) le locazioni e gli affitti, relative cessioni, risoluzioni e proroghe, di terreni e aziende agricole, di aree diverse da quelle destinate a parcheggio di veicoli, per le quali gli strumenti urbanistici non prevedono la destinazione edificatoria, e di fabbricati, comprese le pertinenze, le scorte e in genere i beni mobili destinati durevolmente al servizio degli immobili locati e affittati, escluse le locazioni, per le quali nel relativo atto il locatore abbia espressamente manifestato l'opzione per l'imposizione, di fabbricati abitativi effettuate dalle imprese costruttrici degli stessi o dalle imprese che vi hanno eseguito, anche tramite imprese appaltatrici, gli interventi di cui all'articolo 3, comma 1, lettere c), d) ed f), del Testo Unico dell'edilizia di cui al decreto del Presidente della Repubblica 6 giugno 2001, n. 380, di fabbricati abitativi destinati ad alloggi sociali come definiti dal decreto del Ministro delle infrastrutture, di concerto con il Ministro della solidarietà sociale, il Ministro delle politiche per la famiglia ed il Ministro per le politiche giovanili e le attività sportive del 22 aprile 2008, e di fabbricati strumentali che per le loro caratteristiche non sono suscettibili di diversa utilizzazione senza radicali trasformazioni [9];

8-bis) le cessioni di fabbricati o di porzioni di fabbricato diversi da quelli di cui al numero 8-ter), escluse quelle effettuate dalle imprese costruttrici degli stessi o dalle imprese che vi hanno eseguito, anche tramite imprese appaltatrici, gli interventi di cui all'articolo 3, comma 1, lettere c), d) ed f), del Testo Unico dell'edilizia di cui al decreto del Presidente della Repubblica 6 giugno 2001, n. 380, entro cinque anni dalla data di ultimazione della costruzione o dell'intervento, ovvero quelle effettuate dalle stesse imprese anche successivamente nel caso in cui nel relativo atto il cedente abbia espressamente manifestato l'opzione per l'imposizione, e le cessioni di fabbricati di civile abitazione destinati ad alloggi sociali, come definiti dal decreto del Ministro delle infrastrutture 22 aprile 2008, pubblicato nella Gazzetta Ufficiale n. 146 del 24 giugno 2008, per le quali nel relativo atto il cedente abbia espressamente manifestato l'opzione per l'imposizione[10];

8-ter) le cessioni di fabbricati o di porzioni di fabbricato strumentali che per le loro caratteristiche non sono suscettibili di diversa utilizzazione senza radicali trasformazioni, escluse quelle effettuate dalle imprese costruttrici degli stessi o dalle imprese che vi hanno eseguito, anche tramite imprese appaltatrici, gli interventi di cui all'articolo 3, comma 1, lettere c), d) ed f), del Testo Unico dell'edilizia di cui al decreto del Presidente della Repubblica 6 giugno 2001, n. 380, entro cinque anni dalla data di ultimazione della costruzione o dell'intervento, e quelle per le quali nel relativo atto il cedente abbia espressamente manifestato l'opzione per l'imposizione [11];

9) le prestazioni di mandato, mediazione e intermediazione relative alle operazioni di cui ai numeri da 1 a 7, nonché quelle relative all'oro e alle valute estere, compresi i depositi anche in conto corrente, effettuate in relazione ad operazioni poste in essere dalla Banca d'Italia e dall'Ufficio italiano dei cambi, ai sensi dell'art. 4, quinto comma, del presente decreto [12];

[*10) le cessioni agli editori della carta destinata alla stampa di giornali quotidiani e le prestazioni agli stessi dei servizi relativi alla composizione e stampa di tali giornali;*] [13]

11) le cessioni di oro da investimento, compreso quello rappresentato da certificati in oro, anche non allocato, oppure scambiato su conti metallo, ad esclusione di quelle poste in essere dai soggetti che producono oro da investimento o che trasformano oro in oro da investimento, ovvero com-

merciano oro da investimento, i quali abbiano optato, con le modalità ed i termini previsti dal decreto del Presidente della Repubblica 10 novembre 1997, n. 442, anche in relazione a ciascuna cessione, per l'applicazione dell'imposta; le operazioni previste dall'art. 81, comma 1, lettere c-quater) e c-quinquies), del testo unico delle imposte sui redditi, approvato con decreto del Presidente della Repubblica 22 dicembre 1986, n. 917 e successive modificazioni, riferite all'oro da investimento; le intermediazioni relative alle precedenti operazioni. Se il cedente ha optato per l'applicazione dell'imposta, analoga opzione può essere esercitata per le relative prestazioni di intermediazione. Per oro da investimento si intende:

a) l'oro in forma di lingotti o placchette di peso accettato dal mercato dell'oro, ma comunque superiore ad 1 grammo, di purezza pari o superiore a 995 millesimi, rappresentato o meno da titoli;

b) le monete d'oro di purezza pari o superiore a 900 millesimi, coniate dopo il 1800, che hanno o hanno avuto corso legale nel Paese di origine, normalmente vendute a un prezzo che non supera dell'80 per cento il valore sul mercato libero dell'oro in esse contenuto, incluse nell'elenco predisposto dalla Commissione delle Comunità europee ed annualmente pubblicato nella Gazzetta Ufficiale delle Comunità europee, serie C, sulla base delle comunicazioni rese dal Ministero del tesoro, del bilancio e della programmazione economica, nonchè le monete aventi le medesime caratteristiche, anche se non comprese nel suddetto elenco (14);

12) le cessioni di cui al n. 4) dell'art. 2 fatte ad enti pubblici, associazioni riconosciute o fondazioni aventi esclusivamente finalità di assistenza, beneficenza, educazione, istruzione, studio o ricerca scientifica e alle ONLUS (15);

13) le cessioni di cui al n. 4 dell'art. 2 a favore delle popolazioni colpite da calamità naturali o catastrofi dichiarate tali ai sensi della legge 8 dicembre 1970, n. 996 o della legge 24 febbraio 1992, n. 225 (16);

14) prestazioni di trasporto urbano di persone effettuate mediante veicoli da piazza [*o altri mezzi di trasporto abilitati ad eseguire servizi di trasporto marittimo, lacuale, fluviale e lagunare*]. Si considerano urbani i trasporti effettuati nel territorio di un comune o tra comuni non distanti tra loro oltre cinquanta chilometri (17);

15) le prestazioni di trasporto con autoambulanze effettuate da imprese autorizzate e da enti del Terzo settore di natura non commerciale (18);

16) le prestazioni del servizio postale universale, nonché le cessioni di beni a queste accessorie, effettuate dai soggetti obbligati ad assicurarne l'esecuzione. Sono escluse le prestazioni di servizi e le cessioni di beni ad esse accessorie, le cui condizioni siano state negoziate individualmente (19);

[*17) le prestazioni di raccolta, trasporto e smaltimento dei rifiuti solidi urbani;*] (20)

18) le prestazioni sanitarie di diagnosi, cura e riabilitazione rese alla persona nell'esercizio delle professioni e arti sanitarie soggette a vigilanza, ai sensi dell'art. 99 del testo unico delle leggi sanitarie, approvato con regio decreto 27 luglio 1934, n. 1265 e successive modificazioni, ovvero individuate con decreto del Ministro della sanità, di concerto con il Ministro delle finanze (21);

19) le prestazioni di ricovero e cura rese da enti ospedalieri o da cliniche e case di cura convenzionate nonchè da società di mutuo soccorso con personalità giuridica e da enti del Terzo settore di natura non commerciale, compresa la somministrazione di medicinali, presidi sanitari e vitto, nonchè le prestazioni di cura rese da stabilimenti termali (22);

20) Le prestazioni educative dell'infanzia e della gioventù e quelle didattiche di ogni genere, anche per la formazione, l'aggiornamento, la riqualificazione e riconversione professionale, rese da istituti o scuole riconosciuti da pubbliche amministrazioni e da enti del Terzo settore di natura non commerciale, comprese le prestazioni relative all'alloggio, al vitto e alla fornitura di libri e materiali didattici, ancorchè fornite da istituzioni, collegi o pensioni annessi, dipendenti o funzionalmente collegati, nonchè le lezioni relative a materie scolastiche e universitarie impartite da insegnanti a titolo personale.. Le prestazioni di cui al periodo precedente non comprendono l'insegnamento della guida automobilistica ai fini dell'ottenimento delle patenti di guida per i veicoli delle categorie B e C1 (23);

21) le prestazioni proprie dei brefotrofi, orfanotrofi, asili, case di riposo per anziani e simili, delle colonie marine, montane e campestri e degli alberghi e ostelli per la gioventù di cui alla legge 21 marzo 1958, n. 326, comprese le somministrazioni di vitto, indumenti e medicinali, le prestazioni curative e le altre prestazioni accessorie;

22) le prestazioni proprie delle biblioteche, discoteche e simili e quelle inerenti alla visita di musei, gallerie, pinacoteche, monumenti, ville, palazzi, parchi, giardini botanici e zoologici e simili;

23) le prestazioni previdenziali e assistenziali a favore del personale dipendente;

24) le cessioni di organi, sangue e latte umani e di plasma sanguigno;

[*25) le cessioni di apparecchi di ortopedia (comprese le cinture medico-chirurgiche), di carrozzelle per mutilati e invalidi, di oggetti e apparecchi di protesi di ogni genere, di apparecchi per facilitare l'audizione ai sordi, di oggetti e apparecchi per fratture (docce, stecchi e simili) e di stimolatori cardiaci;*] (24)

[*26) le prestazioni dei servizi di vigilanza o custodia di cui al regio decreto-legge 26 settembre 1935, n. 1952;*] (25)

27) le prestazioni proprie dei servizi di pompe funebri;

27- *bis*) i canoni dovuti da imprese pubbliche, ivi comprese le aziende municipalizzate, o private per l'affidamento in concessione di costruzione e di esercizio di impianti, comprese le discariche, destinati allo smaltimento, al riciclaggio o alla distruzione dei rifiuti urbani, speciali, tossici o nocivi, solidi e liquidi (26);

27- *ter*) le prestazioni socio-sanitarie, di assistenza domiciliare o ambulatoriale, in comunità e simili, in favore degli anziani ed inabili adulti, di tossicodipendenti e di malati di AIDS, degli handicappati psicofisici, dei minori anche coinvolti in situazioni di disadattamento e di devianza, di persone migranti, senza fissa dimora, richiedenti asilo, di persone detenute, di donne vittime di tratta a scopo sessuale e lavorativo, rese da organismi di diritto pubblico, da istituzioni sanitarie riconosciute che erogano assistenza pubblica, previste all'art. 41 della legge 23 dicembre 1978, n. 833, o da enti aventi finalità di assistenza sociale e da di enti del Terzo settore di natura non commerciale [*, direttamente*] (27);

27-quater. Le prestazioni delle compagnie barracellari di cui all'art. 3 della legge 2 agosto 1897, n. 382 (28);

27-quinquies) le cessioni che hanno per oggetto beni acquistati o importati senza il diritto alla detrazione totale della relativa imposta ai sensi degli articoli 19, 19- bis 1 e 19- bis 2

[29];

27-sexies) le importazioni nei porti effettuate dalle imprese di pesca marittima, dei prodotti della pesca allo stato naturale o dopo operazioni di conservazione ai fini della commercializzazione, ma prima di qualsiasi consegna [30].

Sono altresì esenti dall'imposta le prestazioni di servizi effettuate nei confronti dei consorziati o soci da consorzi, ivi comprese le società consortili e le società cooperative con funzioni consortili, costituiti tra soggetti per i quali, nel triennio solare precedente, la percentuale di detrazione di cui all'articolo 19-bis, anche per effetto dell'opzione di cui all'articolo 36-bis, sia stata non superiore al 10 per cento, a condizione che i corrispettivi dovuti dai consorziati o soci ai predetti consorzi e società non superino i costi imputabili alle prestazioni stesse [31].

Sono, inoltre, esenti dall'imposta le cessioni di beni effettuate nei confronti di un soggetto passivo che si considera cessionario e rivenditore di detti beni ai sensi dell'articolo 2-bis, comma 1, lettera a)[32] .

L'esenzione dall'imposta si applica inoltre alle seguenti operazioni, a condizione di non provocare distorsioni della concorrenza a danno delle imprese commerciali soggette all'IVA:

1) le prestazioni di servizi e le cessioni di beni ad esse strettamente connesse, effettuate in conformità alle finalità istituzionali da associazioni politiche, sindacali e di categoria, religiose, assistenziali, culturali, di promozione sociale e di formazione extra-scolastica della persona, a fronte del pagamento di corrispettivi specifici, o di contributi supplementari fissati in conformità dello statuto, in funzione delle maggiori o diverse prestazioni alle quali danno diritto, nei confronti di soci, associati o partecipanti, di associazioni che svolgono la medesima attività e che per legge, regolamento o statuto fanno parte di un'unica organizzazione locale o nazionale, nonché dei rispettivi soci, associati o partecipanti e dei tesserati dalle rispettive organizzazioni nazionali;

2) le prestazioni di servizi strettamente connesse con la pratica dello sport o dell'educazione fisica rese da associazioni sportive dilettantistiche alle persone che esercitano lo sport o l'educazione fisica ovvero nei confronti di associazioni che svolgono le medesime attività e che per legge, regolamento o statuto fanno parte di un'unica organizzazione locale o nazionale, nonché dei rispettivi soci, associati o partecipanti e dei tesserati dalle rispettive organizzazioni nazionali;

3) le cessioni di beni e le prestazioni di servizi effettuate in occasione di manifestazioni propagandistiche dagli enti e dagli organismi di cui al numero 1) del presente comma, organizzate a loro esclusivo profitto;

4) la somministrazione di alimenti e bevande nei confronti di indigenti da parte delle associazioni di promozione sociale ricomprese tra gli enti di cui all'articolo 3, comma 6, lettera e), della legge 25 agosto 1991, n. 287, le cui finalità assistenziali siano riconosciute dal Ministero dell'interno, sempreché tale attività di somministrazione sia strettamente complementare a quelle svolte in diretta attuazione degli scopi istituzionali e sia effettuata presso le sedi in cui viene svolta l'attività [33] .

Le disposizioni di cui al quarto comma si applicano a condizione che le associazioni interessate abbiano il divieto di distribuire, anche in modo indiretto, utili o avanzi di gestione nonché fondi, riserve o capitale durante la vita dell'associazione, salvo che la destinazione o la distribuzione non siano imposte dalla legge, e si conformino alle seguenti clausole, da inserire nei relativi atti costitutivi o statuti redatti nella forma dell'atto pubblico o della scrittura privata autenticata o registrata, ovvero alle corrispondenti clausole previste dal codice del Terzo settore, di cui al decreto legislativo 3 luglio 2017, n. 117:

1) obbligo di devolvere il patrimonio dell'ente, in caso di suo scioglimento per qualunque causa, ad altra associazione con finalità analoghe o ai fini di pubblica utilità, sentito l'organismo di controllo e salva diversa destinazione imposta dalla legge;

2) disciplina uniforme del rapporto associativo e delle modalità associative volte a garantire l'effettività del rapporto medesimo, escludendo espressamente ogni limitazione in funzione della temporaneità della partecipazione alla vita associativa e prevedendo per gli associati o partecipanti maggiori d'età il diritto di voto per l'approvazione e le modificazioni dello statuto e dei regolamenti e per la nomina degli organi direttivi dell'associazione;

3) obbligo di redigere e di approvare annualmente un rendiconto economico e finanziario secondo le disposizioni statutarie;

4) eleggibilità libera degli organi amministrativi; principio del voto singolo di cui all'articolo 2538, secondo comma, del codice civile; sovranità dell'assemblea dei soci, associati o partecipanti e criteri di loro ammissione ed esclusione; criteri e idonee forme di pubblicità delle convocazioni assembleari, delle relative deliberazioni, dei bilanci o rendiconti; è ammesso il voto per corrispondenza per le associazioni il cui atto costitutivo, anteriore al 1° gennaio 1997, preveda tale modalità di voto ai sensi dell'articolo 2538, ultimo comma, del codice civile e sempreché le stesse abbiano rilevanza a livello nazionale e siano prive di organizzazione a livello locale;

5) intrasmissibilità della quota o contributo associativo ad eccezione dei trasferimenti a causa di morte e non rivalutabilità della stessa.

Le disposizioni di cui ai numeri 2) e 4) del quinto comma non si applicano alle associazioni religiose riconosciute dalle confessioni con le quali lo Stato ha stipulato patti, accordi o intese, nonché alle associazioni politiche, sindacali e di categoria [34] .

[1] *Articolo modificato dall'articolo 1 del D.P.R. 23 dicembre 1974, n. 687 e successivamente sostituito dall'articolo 1 del D.P.R. 29 gennaio 1979, n. 24.*

[2] *Numero sostituito dall'articolo 4, comma 1, lettera b), della legge 18 febbraio 1997, n. 28 e successivamente modificato, a decorrere dal 1° giugno 2000, dall'articolo 15, comma 1, del D.Lgs. 18 febbraio 2000, n. 47 e dall'articolo 16, comma 7, del D.Lgs. 3 agosto 2022, n. 114.*

[3] *In riferimento al presente numero, vedi: Circolare del Ministero dell'Economia e delle Finanze 17 febbraio 2011, n. 5/E.*

[4] *Numero sostituito dall'articolo 3, comma 122, della legge 28 dicembre 1995, n. 549.*

[5] *Numero sostituito dall'articolo 3, comma 122, della legge 28 dicembre 1995, n. 549 e successivamente modificato dall'articolo 1, comma 520, lettera a) della Legge 24 dicembre 2012, n. 228; per l'applicazione vedi quanto disposto dal comma 521 del medesimo articolo 1.*

[6] *Numero sostituito dall'articolo 38, comma 2, lettera b), del D.L. 18 ottobre 2012, n. 179.*

[7] *Numero sostituito dall'articolo 9 del D.P.R. 31 marzo 1979, n. 94, dall'articolo 36, comma 9, lettera a), numero 1), del D.L. 30 agosto 1993, n. 331, dall'articolo 3, comma 80, della legge 23 dicembre 1996, n. 662 e successivamente dall'articolo 30, comma 1, lettera a), della legge 23 dicembre 2000, n. 388.*

[8] *Numero sostituito dall'articolo 9 del D.P.R. 31 marzo 1979, n. 94.*

[9] *Numero sostituito dall'articolo 35-bis, comma 1, del D.L. 2 marzo 1989,*

n. 69, successivamente modificato dall'articolo 10, comma 4, lettera b), del D.L. 20 giugno 1996, n. 323, sostituito dall'articolo 35, comma 8, lettera a), numero 1), del D.L. 4 luglio 2006, n. 223, modificato dall'articolo 1, comma 330, lettera a), della legge 27 dicembre 2006, n. 296e, da ultimo, sostituito dall'articolo 57, comma 1, lettera a), del D.L. 24 gennaio 2012, n. 1 e dall'articolo 9, comma 1, lettera a), del D.L. 22 giugno 2012, n. 83. Vedi inoltre l'articolo 1, comma 19, lettera c), della Legge 30 dicembre 2018, n. 145.

(10) *Numero aggiunto dall'articolo 10, comma 4, lettera c), del D.L. 20 giugno 1996, n. 323, sostituito dall'articolo 35, comma 8, lettera a), numero 1), del D.L. 4 luglio 2006, n. 223, modificato dall'articolo 1, comma 330, lettera b), della legge 27 dicembre 2006, n. 296 e dall'articolo 1, comma 86, della legge 13 dicembre 2010, n. 220. Da ultimo, numero sostituito dall'articolo 57, comma 1, lettera b), del D.L. 24 gennaio 2012, n. 1 e dall'articolo 9, comma 1, lettera a), del D.L. 22 giugno 2012, n. 83.*

(11) *Numero inserito dall'articolo 35, comma 8, lettera a), numero 1), del D.L. 4 luglio 2006, n. 223 e successivamente sostituito dall'articolo 9, comma 1, lettera a), del D.L. 22 giugno 2012, n. 83.*

(12) *Numero sostituito dall'articolo 9 del D.P.R. 31 marzo 1979, n. 94 e successivamente modificato, a decorrere dal 1° aprile 1979, dall'articolo 3 del D.P.R. 28 dicembre 1982, n. 954 e dall'articolo 3, comma 3, lettera a), della legge 17 gennaio 2000, n. 7.*

(13) *Numero sostituito dall'articolo 9 del D.P.R. 31 marzo 1979, n. 94 e successivamente soppresso dall'articolo 34, comma 3, lettera d), del D.L. 2 marzo 1989, n. 69.*

(14) *Numero sostituito dall'articolo 3, comma 3, lettera b), della legge 17 gennaio 2000, n. 7 e successivamente modificato dall'articolo 42, comma 1, della legge 21 novembre 2000, n. 342.*

(15) *Numero modificato dall'articolo 14, comma 1, lettera b), numero 1), del D.Lgs. 4 dicembre 1997, n. 460.*

(16) *Numero modificato dall'articolo 6, comma 3-bis, del D.L. 24 novembre 1994, n. 646.*

(17) *Numero sostituito dall'articolo 5 del D.P.R. 30 dicembre 1980, n. 897 e dall'articolo 7 del D.P.R. 30 dicembre 1981, n. 793, modificato dall'articolo 3, comma 6, del D.L. 27 aprile 1990, n. 90, successivamente sostituito dall'articolo 2, comma 1, lettera b), del D.L. 29 settembre 1997, n. 328 e da ultimo modificato dall'articolo 1, comma 33, lettera a), della Legge 11 dicembre 2016, n. 232, a norma del comma 35 dell'articolo 1 della Legge 232/2016 medesimo, le disposizioni di cui al presente numero si applicano alle operazioni effettuate a decorrere dal 1° gennaio 2017.*

(18) *Numero modificato dall'articolo 14, comma 1, lettera b), numero 2), del D.Lgs. 4 dicembre 1997, n. 460 e dall'articolo 89, comma 7, lettera b), del D.Lgs. 3 luglio 2017, n. 117.*

(19) *Numero sostituito dall'articolo 11, comma 1, del D.L. 23 febbraio 1995, n. 41, dall'articolo 2, comma 4-bis, del D.L. 25 marzo 2010, n. 40 e dall'articolo 32-bis, comma 1, del D.L. 24 giugno 2014, n. 91, convertito, con modificazioni, dalla Legge 11 agosto 2014, n. 116, con la decorrenza indicata nel comma 2 del medesimo articolo.*

(20) *Numero abrogato dall'articolo 2, comma 1, lettera b), del D.L. 30 dicembre 1993, n. 557.*

(21) *Numero sostituito dall'articolo 30, comma 1, della legge 29 dicembre 1990, n. 428 e successivamente dall'articolo 36, comma 9, lettera a), numero 2), del D.L. 30 agosto 1993, n. 331.*

(22) *Numero modificato dall'articolo 14, comma 1, lettera b), numero 3), del D.Lgs. 4 dicembre 1997, n. 460 e dall'articolo 89, comma 7, lettera b), del D.Lgs. 3 luglio 2017, n. 117.*

(23) *Numero sostituito dall'articolo 14, comma 8, lettera b), della legge 24 dicembre 1993, n. 537 e successivamente modificato dall'articolo 14, comma 1, lettera b), numero 4), del D.Lgs. 4 dicembre 1997, n. 460. Per l'interpretazione del presente numero vedi l'articolo 2-bis, comma 1, del D.L. 24 aprile 2017, n. 50, convertito, con modificazioni, dalla Legge 21 giugno 2017, n. 96. Da ultimo ulteriormente modificato dall'articolo 89, comma 7, lettera b), del D.Lgs. 3 luglio 2017, n. 117 e, con efficacia dal 1° gennaio 2020, dall'articolo 32, comma 1, del D.L. 26 ottobre 2019, n. 124, convertito con modificazioni dalla Legge 19 dicembre 2019, n. 157.*

(24) *Numero soppresso dall'articolo 5, comma 2, della legge 22 dicembre 1980, n. 889.*

(25) *Numero sostituito dall'articolo 5 del D.L. 30 dicembre 1982, n. 953 e successivamente abrogato dall'articolo 2, comma 1, lettera b), del D.L. 30 dicembre 1993, n. 557.*

(26) *Numero aggiunto dall'articolo 9-undecies, comma 1, del D.L. 9 settembre 1988, n. 397.*

(27) *Numero aggiunto dall'articolo 36, comma 9, lettera a), numero 3), del D.L. 30 agosto 1993, n. 331, successivamente abrogato dall'articolo 2, comma 8, del D.L. 30 settembre 1994, n. 564 e da ultimo reinserito dall'articolo 4-bis, comma 1, del D.L. 2 ottobre 1995, n. 415 e successivamente ulteriormente modificato dall'articolo 17, comma 38, della legge 27 dicembre 1997, n. 449, dall'articolo 14, comma 1, lettera b), numero 5), del D.Lgs. 4 dicembre 1997, n. 460, dall'articolo 4 della legge 18 febbraio 1999, n. 28, dall'articolo 1, comma 312, della legge 27 dicembre 2006, n. 296 e dall'articolo 89, comma 7, lettera b), del D.Lgs. 3 luglio 2017, n. 117.*

(28) *Numero inserito dall'articolo 10, comma 22-bis, del D.L. 20 giugno 1996, n. 323.*

(29) *Numero inserito dall'articolo 1, comma 4, del D.Lgs. 2 settembre 1997, n. 313.*

(30) *Numero inserito dall'articolo 30, comma 1, lettera b), della legge 23 dicembre 2000, n. 388.*

(31) *Comma aggiunto, a decorrere dal 1° luglio 2008, dall'articolo 1, comma 261, lettera b), della legge 24 dicembre 2007, n. 244.*

(32) *Comma aggiunto dall'articolo 1, comma 1, lettera d), del D.Lgs. 25 maggio 2021, n. 83. Per l'applicazione, vedi l'articolo 10, comma 1, del D.Lgs. 83/2021 medesimo.*

(33) *Comma aggiunto dall'articolo 5, comma 15-quater, lettera b), del D.L. 21 ottobre 2021, n. 146, convertito, con modificazioni, dalla Legge 17 dicembre 2021, n. 215. Vedi inoltre il comma 15-sexies del medesimo articolo 5.*

(34) *Comma aggiunto dall'articolo 5, comma 15-quater, lettera b), del D.L. 21 ottobre 2021, n. 146, convertito, con modificazioni, dalla Legge 17 dicembre 2021, n. 215. Vedi inoltre il comma 15-sexies del medesimo articolo 5.*

11. Operazioni permutative e dazioni in pagamento. – Le cessioni di beni e le prestazioni di servizi effettuate in corrispettivo di altre cessioni di beni o prestazioni di servizi, o per estinguere precedenti obbligazioni, sono soggette all'imposta separatamente da quelle in corrispondenza delle quali sono effettuate.

La disposizione del comma precedente non si applica per la cessione al prestatore del servizio di residuati o sottoprodotti della lavorazione di materie fornite dal committente quando il valore dei residuati o sottoprodotti ceduti, determinato a norma dell'art. 14, non supera il cinque per cento del corrispettivo in denaro.

12. Cessioni e prestazioni accessorie (1). – Il trasporto, la posa in opera, l'imballaggio, il confezionamento, la fornitura di recipienti o contenitori e le altre cessioni o prestazioni accessorie ad una cessione di beni o ad una prestazione di servizi, effettuati direttamente dal cedente o prestatore ovvero per suo conto e a sue spese, non sono soggetti autonomamente all'imposta nei rapporti fra le parti dell'operazione principale.

Se la cessione o prestazione principale è soggetta all'imposta, i corrispettivi delle cessioni o prestazioni accessorie imponibili concorrono a formarne la base imponibile.

(1) *A norma dell'articolo 1, comma 4-quater, D.L. 24 aprile 2017, n. 50, convertito, con modificazioni, dalla Legge 21 giugno 2017, n. 96, le disposizioni di cui al presente articolo si interpretano nel senso che esse si applicano alle prestazioni di trasporto di veicoli al seguito di passeggeri in quanto accessorie rispetto alle prestazioni principali di trasporto di persone, assoggettate all'imposta sul valore aggiunto con le aliquote ridotte del 5 e del 10 per cento, ai sensi del numero 1-ter) della parte II-bis della tabella A e del numero 127-novies) della parte III della tabella A allegata al presente decreto, nonché, fino al 31 dicembre 2016, esenti dall'imposta ai sensi dell'articolo 10, primo comma, numero 14), del presente decreto.*

13. Base imponibile (1). – 1. La base imponibile delle cessioni di beni e delle prestazioni di servizi è costituita dall'ammontare complessivo dei corrispettivi dovuti al cedente o prestatore secondo le condizioni contrattuali, compresi gli oneri e le spese inerenti all'esecuzione e i debiti o altri oneri verso terzi accollati al cessionario o al committente, aumentato delle integrazioni direttamente connesse con i corrispettivi dovuti da altri soggetti.

2. Agli effetti del comma 1 i corrispettivi sono costituiti:

a) per le cessioni di beni e le prestazioni di servizi dipendenti da atto della pubblica autorità, dall'indennizzo comunque denominato;

b) per i passaggi di beni dal committente al commissionario o dal commissionario al committente, di cui al numero 3) del secondo comma dell'articolo 2, rispettivamente dal prezzo di vendita pattuito dal commissionario, diminuito della provvigione, e dal prezzo di acquisto pattuito dal commissionario, aumentato della provvigione; per le prestazioni di servizi rese o ricevute dai mandatari senza rappresentanza, di cui al terzo periodo del terzo comma dell'articolo 3, rispettivamente dal prezzo di fornitura del servizio pattuito dal mandatario, diminuito della provvigione, e dal prezzo di acquisto del servizio ricevuto dal mandatario, aumentato della provvigione;

c) per le cessioni indicate ai numeri 4), 5) e 6) del secondo comma dell'articolo 2, dal prezzo di acquisto o, in mancanza, dal prezzo di costo dei beni o di beni simili, determinati nel momento in cui si effettuano tali operazioni; per le prestazioni di servizi di cui al primo e al secondo periodo del terzo comma dell'articolo 3, nonché per quelle di cui al terzo periodo del sesto comma dell'articolo 6, dalle spese sostenute dal soggetto passivo per l'esecuzione dei servizi medesimi [(2)];

d) per le cessioni e le prestazioni di servizi di cui all'articolo 11, dal valore normale dei beni e dei servizi che formano oggetto di ciascuna di esse;

e) per le cessioni di beni vincolati al regime della temporanea importazione, dal corrispettivo della cessione diminuito del valore accertato dall'ufficio doganale all'atto della temporanea importazione.

3. In deroga al comma 1:

a) per le operazioni imponibili effettuate nei confronti di un soggetto per il quale l'esercizio del diritto alla detrazione è limitato a norma del comma 5 dell'articolo 19, anche per effetto dell'opzione di cui all'articolo 36-bis, la base imponibile è costituita dal valore normale dei beni e dei servizi se è dovuto un corrispettivo inferiore a tale valore e se le operazioni sono effettuate da società che direttamente o indirettamente controllano tale soggetto, ne sono controllate o sono controllate dalla stessa società che controlla il predetto soggetto;

b) per le operazioni esenti effettuate da un soggetto per il quale l'esercizio del diritto alla detrazione è limitato a norma del comma 5 dell'articolo 19, la base imponibile è costituita dal valore normale dei beni e dei servizi se è dovuto un corrispettivo inferiore a tale valore e se le operazioni sono effettuate nei confronti di società che direttamente o indirettamente controllano tale soggetto, ne sono controllate o sono controllate dalla stessa società che controlla il predetto soggetto;

c) per le operazioni imponibili, nonché per quelle assimilate agli effetti del diritto alla detrazione, effettuate da un soggetto per il quale l'esercizio del diritto alla detrazione è limitato a norma del comma 5 dell'articolo 19, la base imponibile è costituita dal valore normale dei beni e dei servizi se è dovuto un corrispettivo superiore a tale valore e se le operazioni sono effettuate nei confronti di società che direttamente o indirettamente controllano tale soggetto, ne sono controllate o sono controllate dalla stessa società che controlla il predetto soggetto;

d) per la messa a disposizione di veicoli stradali a motore nonché delle apparecchiature terminali per il servizio radiomobile pubblico terrestre di telecomunicazioni e delle relative prestazioni di gestione effettuata dal datore di lavoro nei confronti del proprio personale dipendente la base imponibile è costituita dal valore normale dei servizi se è dovuto un corrispettivo inferiore a tale valore.

Ai fini della determinazione della base imponibile i corrispettivi dovuti e le spese e gli oneri sostenuti in valuta estera sono computati secondo il cambio del giorno di effettuazione dell'operazione o, in mancanza di tale indicazione nella fattura, del giorno di emissione della fattura. In mancanza, il computo è effettuato sulla base della quotazione del giorno antecedente più prossimo. La conversione in euro, per tutte le operazioni effettuate nell'anno solare, può essere fatta sulla base del tasso di cambio pubblicato dalla Banca centrale europea[(3)].

5. Per le cessioni che hanno per oggetto beni per il cui acquisto o importazione la detrazione è stata ridotta ai sensi dell'articolo 19-bis.1 o di altre disposizioni di indetraibilità oggettiva, la base imponibile è determinata moltiplicando per la percentuale detraibile ai sensi di tali disposizioni l'importo determinato ai sensi dei commi precedenti.

5-bis. La base imponibile della operazione soggetta ad imposta ai sensi del comma 3 dell'articolo 6-quater è costituita dal corrispettivo dovuto per il buono-corrispettivo o, in assenza di informazioni su detto corrispettivo, dal valore monetario del buono-corrispettivo multiuso al netto dell'imposta sul valore aggiunto relativa ai beni ceduti o ai servizi prestati. Se il buono-corrispettivo multiuso è usato solo parzialmente, la base imponibile è pari alla corrispondente parte di corrispettivo o di valore monetario del buono-corrispettivo. La base imponibile, comprensiva dell'imposta, dei servizi di distribuzione e simili di cui al comma 4 dell'articolo 6-quater, qualora non sia stabilito uno specifico corrispettivo, è costituito dalla differenza tra il valore monetario del buono-corrispettivo e l'importo dovuto per il trasferimento del buono-corrispettivo medesimo[(4)].

(1) Articolo sostituito dall'articolo 1 del D.P.R. 29 gennaio 1979, n. 24, successivamente modificato dall'articolo 5 del D.L. 30 dicembre 1982, n. 953, dall'articolo 1, comma 5, lettera a), del D.L. 13 maggio 1991, n. 151 dall'articolo 16-bis, comma 1, lettera d), del D.L. 23 febbraio 1995, n. 41, come modificato dall'articolo 4 del D.L. 2 ottobre 1995, n. 415, dall'articolo 1, comma 261, lettera c), della legge 24 dicembre 2007, n. 244 e da ultimo sostituito dall'articolo 24, comma 4, lettera b), della legge 7 luglio 2009, n. 88.

(2) Lettera modificata dall'articolo 1, comma 1, lettera g), del D.Lgs. 11 febbraio 2010, n. 18 e successivamente dall'articolo 8, comma 2, lettera f), della Legge 15 dicembre 2011, n. 217.

(3) Comma sostituito dall'articolo 1, comma 325, lettera a), della legge 24 dicembre 2012, n. 228.

(4) Comma aggiunto dall'articolo 1, comma 1, lettera b), del D.Lgs. 29 novembre 2018, n. 141. Vedi anche l'articolo 2, comma 1, del D.Lgs. 141/2018 medesimo.

14. Determinazione del valore normale [(1)]. – 1. Per valore normale si intende l'intero importo che il cessionario o il committente, al medesimo stadio di commercializzazione di quello in cui avviene la cessione di beni o la prestazione di servizi, dovrebbe pagare, in condizioni di libera concorrenza, ad un cedente o prestatore indipendente per ottenere i beni o servizi in questione nel tempo e nel luogo di tale cessione o prestazione.

2. Qualora non siano accertabili cessioni di beni o presta-

zioni di servizi analoghe, per valore normale si intende:

a) per le cessioni di beni, il prezzo di acquisto dei beni o di beni simili o, in mancanza, il prezzo di costo, determinati nel momento in cui si effettuano tali operazioni;

b) per le prestazioni di servizi, le spese sostenute dal soggetto passivo per l'esecuzione dei servizi medesimi.

3. Per le operazioni indicate nell'articolo 13, comma 3, lettera d), con decreto del Ministro dell'economia e delle finanze sono stabiliti appositi criteri per l'individuazione del valore normale.

(1) Articolo modificato dall'articolo 1, comma 261, lettera d), della legge 24 dicembre 2007, n. 244 e successivamente sostituito dall'articolo 24, comma 4, lettera c), della legge 7 luglio 2009, n. 88 (Legge comunitaria 2008).

15. Esclusioni dal computo della base imponibile. – Non concorrono a formare la base imponibile:

1) le somme dovute a titolo di interessi moratori o di penalità per ritardi o altre irregolarità nell'adempimento degli obblighi del cessionario o del committente;

2) il valore normale dei beni ceduti a titolo di sconto, premio o abbuono in conformità alle originarie condizioni contrattuali, tranne quelli la cui cessione è soggetta ad aliquota più elevata;

3) le somme dovute a titolo di rimborso delle anticipazioni fatte in nome e per conto della controparte, purché regolarmente documentate;

4) l'importo degli imballaggi e dei recipienti, quando ne sia stato espressamente pattuito il rimborso alla resa;

5) le somme dovute a titolo di rivalsa dell'imposta sul valore aggiunto.

Non si tiene conto, in diminuzione dell'ammontare imponibile, delle somme addebitate al cedente o prestatore a titolo di penalità per ritardi o altre irregolarità nell'esecuzione del contratto [1].

(1) Articolo modificato, a decorrere dal 1° gennaio 1975, dall'articolo 1 del D.P.R. 23 dicembre 1974, n. 687 e successivamente sostituito dall'articolo 1 del D.P.R. 29 gennaio 1979, n. 24.

16. Aliquote dell'imposta [1]. – L'aliquota dell'imposta è stabilita nella misura del ventidue per cento della base imponibile dell'operazione. [2][3][4].

L'aliquota è ridotta al quattro, al cinque e al dieci per cento per le operazioni che hanno per oggetto i beni e i servizi elencati, rispettivamente, nella parte II, nella parte II bis e nella parte III dell'allegata tabella A, salvo il disposto dell'articolo 34 [5][6][7].

Per le prestazioni di servizi dipendenti da contratti d'opera, di appalto e simili che hanno per oggetto la produzione di beni e per quelle dipendenti da contratti di locazione finanziaria, di noleggio e simili, l'imposta si applica con la stessa aliquota che sarebbe applicabile in caso di cessione dei beni prodotti, dati con contratti di locazione finanziaria, noleggio e simili [8].

[*In caso di mutamento di aliquota le fatture emesse ai sensi dell'art. 21 con riferimento ai momenti di effettuazione di cui all'art. 6 commi primo, secondo e quarto, nei confronti dei soggetti indicati nell'ultimo comma dello stesso art. 6 non sono soggette a rettifica in relazione all'aliquota applicabile al momento del pagamento del corrispettivo dell'operazione.*] [9]

(1) Articolo modificato dall'articolo 1, comma 1, del D.L. 6 luglio 1974, n. 254, dall'articolo 1 del D.P.R. 23 dicembre 1974, n. 687, dall'articolo unico della legge 1° aprile 1975, n. 98, dall'articolo 13-bis, del D.L. 26 maggio 1978, n. 216 e successivamente sostituito dall'articolo 1 del D.P.R. 29 gennaio 1979, n. 24.

(2) Comma sostituito dall'articolo 2, comma 2-bis, lettera a), del D.L. 13 agosto 2011, n. 138 e successivamente dall'articolo 1, comma 960, lettera a), della Legge 28 dicembre 2015 n. 208.

(3) L'aliquota di cui al presente comma è stata così rideterminata dall'articolo 40, comma 1-ter, del D.L. 6 luglio 2011, n. 98, convertito, con modificazioni, dalla Legge 15 luglio 2011, n. 111, come, da ultimo, modificato dall'articolo 11, comma 1, lettera a), del D.L. 28 giugno 2013, n. 76, convertito, con modificazioni, dalla Legge 9 agosto 2013, n. 99.

(4) L'articolo 1, comma 718, lettera b) della Legge 23 dicembre 2014, n. 190, come modificato dall'articolo 1, comma 6, lettera b), della Legge 28 dicembre 2015, n. 208, ha disposto l'incremento dell'aliquota IVA del 22 per cento di due punti percentuali dal 1° gennaio 2017 e di un ulteriore punto percentuale dal 1° gennaio 2018.

(5) Aliquota di cui al presente comma è stata così elevata dall'articolo 10, comma 1, D.L. 23 febbraio 1995, n. 41. L'aliquota originaria del sei per cento era stata precedentemente elevata all'8 per cento, con effetto 1° gennaio 1981, dall'articolo 1, comma 3, della Legge 22 dicembre 1980, n. 889, elevata al 10 per cento, con effetto 5 agosto 1982, dall'articolo 1, comma 1, del D.L. 1° ottobre 1982, n. 697, ridotta al 9 per cento, con effetto 1° gennaio 1985, dall'articolo 1, comma 1, del D.L. 19 dicembre 1984, n. 853. In riferimento all'aliquota per le cessioni e le importazioni dei beni, vedi l'articolo 36, comma 5, del D.L. 30 agosto 1993, n. 331.

(6) Comma sostituito dall'articolo 1, comma 960, lettera a), della Legge 28 dicembre 2015 n. 208.

(7) Comma sostituito dall'articolo 7 della legge 29 febbraio 1980, n. 31.

(8) Comma aggiunto dall'articolo 8 del D.P.R. 30 dicembre 1981, n. 793 e successivamente abrogato dall'articolo 1, comma 5, del D.Lgs. 2 settembre 1997, n. 313.

17. Debitore d'imposta [1][2]. – L'imposta è dovuta dai soggetti che effettuano le cessioni di beni e le prestazioni di servizi imponibili, i quali devono versarla all'erario, cumulativamente per tutte le operazioni effettuate e al netto della detrazione prevista nell'art. 19, nei modi e nei termini stabiliti nel titolo secondo.

Gli obblighi relativi alle cessioni di beni e alle prestazioni di servizi effettuate nel territorio dello Stato da soggetti non residenti nei confronti di soggetti passivi stabiliti nel territorio dello Stato, compresi i soggetti indicati all'articolo 7-ter, comma 2, lettere b) e c), sono adempiuti dai cessionari o committenti. Tuttavia, nel caso di cessioni di beni o di prestazioni di servizi effettuate da un soggetto passivo stabilito in un altro Stato membro dell'Unione europea, il cessionario o committente adempie gli obblighi di fatturazione di registrazione secondo le disposizioni degli articoli 46 e 47 del decreto-legge 30 agosto 1993, n. 331, convertito, con modificazioni, dalla legge 29 ottobre 1993, n. 427 [3].

Nel caso in cui gli obblighi o i diritti derivanti dalla applicazione delle norme in materia di imposta sul valore aggiunto sono previsti a carico ovvero a favore di soggetti non residenti e senza stabile organizzazione nel territorio dello Stato, i medesimi sono adempiuti od esercitati, nei modi ordinari, dagli stessi soggetti direttamente, se identificati ai sensi dell'articolo 35-ter, ovvero tramite un loro rappresentante residente nel territorio dello Stato nominato nelle forme previste dall'articolo 1, comma 4, del decreto del Presidente della Repubblica 10 novembre 1997, n. 441. Il rappresentante fiscale risponde in solido con il rappresentato relativamente agli obblighi derivanti dall'applicazione delle norme in materia di imposta sul valore aggiunto. La nomina del rappresentante fiscale è comunicata all'altro contraente anteriormente all'effettuazione dell'operazione. Se gli obblighi derivano dall'effettuazione solo di operazioni non imponibili di trasporto ed accessorie ai trasporti, gli adempimenti sono limitati all'esecuzione degli obblighi relativi alla fatturazione di cui all'articolo 21 (4).

Le disposizioni del secondo e del terzo comma non si applicano per le operazioni effettuate da o nei confronti di soggetti non residenti, qualora le stesse siano rese o ricevute per il tramite di stabili organizzazioni nel territorio dello Stato (5).

In deroga al primo comma, per le cessioni imponibili di oro da investimento di cui all'art. 10, n. 11), nonchè per le cessioni di materiale d'oro e per quelle di prodotti semilavorati di purezza pari o superiore a 325 millesimi, al pagamento dell'imposta è tenuto il cessionario, se soggetto passivo d'imposta nel territorio dello Stato. La fattura, emessa dal cedente senza addebito d'imposta, con l'osservanza delle disposizioni di cui agli articoli 21 e seguenti e con l'annotazione "inversione contabile" e l'eventuale indicazione della norma di cui al presente comma, deve essere integrata dal cessionario con l'indicazione dell'aliquota e della relativa imposta e deve essere annotata nel registro di cui agli articoli 23 o 24 entro il mese di ricevimento ovvero anche successivamente, ma comunque entro quindici giorni dal ricevimento e con riferimento al relativo mese; lo stesso documento, ai fini della detrazione, è annotato anche nel registro di cui all'art. 25 (6).

Le disposizioni di cui al quinto comma si applicano anche:

a) alle prestazioni di servizi diversi da quelli di cui alla lettera a-ter), compresa la prestazione di manodopera, rese nel settore edile da soggetti subappaltatori nei confronti delle imprese che svolgono l'attività di costruzione o ristrutturazione di immobili ovvero nei confronti dell'appaltatore principale o di un altro subappaltatore. La disposizione non si applica alle prestazioni di servizi rese nei confronti di un contraente generale a cui venga affidata dal committente la totalità dei lavori (7);

a-bis) alle cessioni di fabbricati o di porzioni di fabbricato di cui ai numeri 8-bis) e 8-ter) del primo comma dell'articolo 10 per le quali nel relativo atto il cedente abbia espressamente manifestato l'opzione per l'imposizione (8);

a-ter) alle prestazioni di servizi di pulizia, di demolizione, di installazione di impianti e di completamento relative ad edifici (9);

a-quater) alle prestazioni di servizi rese dalle imprese consorziate nei confronti del consorzio di appartenenza che, ai sensi delle lettere b), c) ed e) del comma 1 dell'articolo 34 del codice di cui al decreto legislativo 12 aprile 2006, n. 163, e successive modificazioni, si è reso aggiudicatario di una commessa nei confronti di un ente pubblico al quale il predetto consorzio è tenuto ad emettere fattura ai sensi del comma 1 dell'articolo 17-ter del presente decreto. L'efficacia della disposizione di cui al periodo precedente è subordinata al rilascio, da parte del Consiglio dell'Unione europea, dell'autorizzazione di una misura di deroga ai sensi dell'articolo 395 della direttiva 2006/112/CE del Consiglio, del 28 novembre 2006, e successive modificazioni (10);

a-quinquies) alle prestazioni di servizi, diverse da quelle di cui alle lettere da a) ad a-quater), effettuate tramite contratti di appalto, subappalto, affidamento a soggetti consorziati o rapporti negoziali comunque denominati caratterizzati da prevalente utilizzo di manodopera presso le sedi di attività del committente con l'utilizzo di beni strumentali di proprietà di quest'ultimo o ad esso riconducibili in qualunque forma. La disposizione del precedente periodo non si applica alle operazioni effettuate nei confronti di pubbliche amministrazioni e altri enti e società di cui all'articolo 11-ter e alle agenzie per il lavoro disciplinate dal capo I del titolo II del decreto legislativo 10 settembre 2003, n. 276 (11);

b) alle cessioni di apparecchiature terminali per il servizio pubblico radiomobile terrestre di comunicazioni soggette alla tassa sulle concessioni governative di cui all'articolo 21 della tariffa annessa al decreto del Presidente della Repubblica 26 ottobre 1972, n. 641, come sostituita, da ultimo, dal decreto del Ministro delle finanze 28 dicembre 1995, pubblicato nella Gazzetta Ufficiale n. 303 del 30 dicembre 1995 [*, nonché dei loro componenti ed accessori*] (12);

c) alle cessioni di console da gioco, tablet PC e laptop, nonché alle cessioni di dispositivi a circuito integrato, quali microprocessori e unità centrali di elaborazione, effettuate prima della loro installazione in prodotti destinati al consumatore finale (13);

[*d) alle cessioni di materiali e prodotti lapidei, direttamente provenienti da cave e miniere.*] (14)(15)(16)

d-bis) ai trasferimenti di quote di emissioni di gas a effetto serra definite all'articolo 3 della direttiva 2003/87/CE del Parlamento europeo e del Consiglio, del 13 ottobre 2003, e successive modificazioni, trasferibili ai sensi dell'articolo 12 della medesima direttiva 2003/87/CE, e successive modificazioni (17);

d-ter) ai trasferimenti di altre unità che possono essere utilizzate dai gestori per conformarsi alla citata direttiva 2003/87/CE e di certificati relativi al gas e all'energia elettrica (18);

d-quater) alle cessioni di gas e di energia elettrica a un soggetto passivo-rivenditore ai sensi dell'articolo 7-bis, comma 3, lettera a)(19);

[*d-quinquies) alle cessioni di beni effettuate nei confronti degli ipermercati (codice attività 47.11.1), supermercati (codice attività 47.11.2) e discount alimentari (codice attività 47.11.3);*] (20)

Le disposizioni del quinto comma si applicano alle ulteriori operazioni individuate dal Ministro dell'economia e delle finanze, con propri decreti, in base agli articoli 199 e 199-bis della direttiva 2006/112/CE del Consiglio, del 28 novembre 2006, nonché in base alla misura speciale del meccanismo di reazione rapida di cui all'articolo 199-ter della stessa direttiva, ovvero individuate con decreto emanato ai sensi dell'articolo 17, comma 3, della legge 23 agosto 1988, n. 400, nei casi, diversi da quelli precedentemente indicati, in cui necessita il rilascio di una misura speciale di deroga ai sensi dell'articolo 395 della citata direttiva 2006/112/CE (21).

Le disposizioni di cui al sesto comma, lettere b), c), d-bis), d-ter) e d-quater), del presente articolo si applicano alle operazioni effettuate fino al 31 dicembre 2026(21).

Le pubbliche amministrazioni forniscono in tempo utile, su richiesta dell'amministrazione competente, gli elementi utili ai fini della predisposizione delle richieste delle misure speciali di deroga di cui all'articolo 395 della direttiva 2006/112/CE, anche in applicazione del meccanismo di reazione rapida di cui all'articolo 199-ter della stessa direttiva, nonché ai fini degli adempimenti informativi da rendere obbligatoriamente nei confronti delle istituzioni europee ai sensi dell'articolo 199-bis della direttiva 2006/112/CE (23).

(1) Articolo modificato dall'articolo 1 del D.P.R. 23 dicembre 1974, n. 687 e successivamente sostituito dall'articolo 1 del D.P.R. 29 gennaio

Imposte Indirette

1979, n. 24 e dall'articolo 9 del D.P.R. 30 dicembre 1981, n. 793.

(2) *Rubrica sostituita dall'articolo 1, comma 1, lettera a), del D.Lgs. 11 febbraio 2016, n. 24.*

(3) *Comma modificato dall'articolo 2, comma 1, lettera e), della legge 18 febbraio 1997, n. 28; successivamente sostituito dall'articolo 1, comma 1, lettera a), del D.Lgs. 19 giugno 2002, n. 191; dall'articolo 1, comma 1, lettera h), del D.Lgs. 11 febbraio 2010, n. 18 e, in seguito, modificato dall'articolo 8, comma 2, lettera g), della legge 15 dicembre 2011, n. 217 e, da ultimo, dall'articolo 1, comma 325, lettera b), numero 1), della legge 24 dicembre 2012, n. 228.*

(4) *Comma modificato dall'articolo 2, comma 1, lettera e), della legge 18 febbraio 1997, n. 28, sostituito dall'articolo 1, comma 1, lettera a), del D.Lgs. 19 giugno 2002, n. 191, successivamente modificato dall'articolo 1, comma 1, lettera b), del D.Lgs. 15 dicembre 2005, n. 294 e da ultimo sostituito dall'articolo 24, comma 4, lettera d), della legge 7 luglio 2009, n 88 e dall'articolo 1, comma 1, lettera h), del D.Lgs. 11 febbraio 2010, n. 18.*

(5) *Comma sostituito dall'articolo 1, comma 1, lettera h), del D.Lgs. 11 febbraio 2010, n. 18.*

(6) *Comma aggiunto dall'articolo 3, comma 4, della legge 17 gennaio 2000, n. 7 e, successivamente, modificato dall'articolo 1, comma 325, lettera b), numero 2), della legge 24 dicembre 2012, n. 228.*

(7) *Lettera modificata dall'articolo 1, comma 162, della legge 24 dicembre 2007, n. 244 e successivamente dall'articolo 1, comma 629, lettera a), numero 1), della Legge 23 dicembre 2014, n. 190.*

(8) *Lettera aggiunta dall'articolo 1, comma 156, lettera a), della legge 24 dicembre 2007, n. 244 e successivamente sostituita dall'articolo 9, comma 1, lettera b), del D.L. 22 giugno 2012, n. 83.*

(9) *Lettera inserita dall'articolo 1, comma 629, lettera a), numero 2), della Legge 23 dicembre 2014, n. 190.*

(10) *Lettera inserita dall'articolo 1, comma 128, della Legge 28 dicembre 2015, n. 208.*

(11) *Lettera inserita dall'articolo 4, comma 3, del D.L. 26 ottobre 2019, n. 124, convertito con modificazioni dalla Legge 19 dicembre 2019, n. 157.*

(12) *Lettera modificata dall'articolo 1, comma 1, lettera b), del D.Lgs. 11 febbraio 2016, n. 24.*

(13) *Lettera sostituita dall'articolo 1, comma 1, lettera c), del D.Lgs. 11 febbraio 2016, n. 24; a norma dell'articolo 2, comma 1, del medesimo decreto legislativo, le disposizioni di cui alla presente lettera, come sostituite dall'articolo 1, comma 1, lettera c), del citato decreto, si applicano alle operazioni effettuate a partire dal sessantesimo giorno successivo a quello dell'entrata in vigore del D.Lgs. 24/2016.*

(14) *Comma aggiunto dall'articolo 35, comma 5, del D.L. 4 luglio 2006, n. 223 e successivamente sostituito dall'articolo 1, comma 44, lettera a), della legge 27 dicembre 2006, n. 296.*

(15) *Per l'individuazione di una ulteriore operazione cui applicare il meccanismo del "reverse charge", ai sensi del presente comma, vedi il D.M. 25 maggio 2007.*

(16) *Lettera abrogata dall'articolo 1, comma 1, lettera d), del D.Lgs. 11 febbraio 2016, n. 24.*

(17) *Lettera aggiunta dall'articolo 1, comma 629, lettera a), numero 3), della Legge 23 dicembre 2014, n. 190; a norma del comma 631 del medesimo articolo 1, le disposizioni di cui all'articolo 1, comma 629, lettera a), numero 3), della Legge 23 dicembre 2014, n. 190 sono applicabili per un periodo di quattro anni.*

(18) *Lettera aggiunta dall'articolo 1, comma 629, lettera a), numero 3), della Legge 23 dicembre 2014, n. 190; a norma del comma 631 del medesimo articolo 1, le disposizioni di cui all'articolo 1, comma 629, lettera a), numero 3), della Legge 23 dicembre 2014, n. 190 sono applicabili per un periodo di quattro anni.*

(19 *Lettera aggiunta dall'articolo 1, comma 629, lettera a), numero 3), della Legge 23 dicembre 2014, n. 190; a norma del comma 631 del medesimo articolo 1, le disposizioni di cui all'articolo 1, comma 629, lettera a), numero 3), della Legge 23 dicembre 2014, n. 190 sono applicabili per un periodo di quattro anni.. Da ultimo lettera abrogata dall'articolo 1, comma 1, lettera d), del D.Lgs. 11 febbraio 2016, n. 24.*

(20) *Lettera aggiunta dall'articolo 1, comma 629, lettera a), numero 3), della Legge 23 dicembre 2014, n. 190; a norma del comma 631 del medesimo articolo 1, le disposizioni di cui all'articolo 1, comma 629, lettera a), numero 3), della Legge 23 dicembre 2014, n. 190 sono applicabili per un periodo di quattro anni; vedi anche quanto ulteriormente disposto dal comma 632 dell'articolo 1 della Legge 190/2014.*

(21) *Comma aggiunto dall'articolo 1, comma 44, lettera b), della legge 27 dicembre 2006, n. 296 e successivamente sostituito dall'articolo 1, comma 1, lettera e), del D.Lgs. 11 febbraio 2016, n. 24.*

(22) *Comma aggiunto dall'articolo 1, comma 1, lettera f), del D.Lgs. 11 febbraio 2016, n. 24 e successivamente modificato dall'articolo 2, comma 2-bis, del D.L. 23 ottobre 2018, n. 119, convertito con modificazioni dalla Legge 17 dicembre 2018, n. 136 e, da ultimo, modificato dall'articolo 22, comma 1 del DL 21 giugno 2022, n. 73,convertito, con modificazioni, dalla Legge 4 agosto 2022, n. 122.*

(23) *Comma aggiunto dall'articolo 1, comma 1, lettera f), del D.Lgs. 11 febbraio 2016, n. 24.*

17 *bis*. Acquisto di pubblicità on line (1).

– [*1. I soggetti passivi che intendano acquistare servizi di pubblicità e link sponsorizzati on line, anche attraverso centri media e operatori terzi, sono obbligati ad acquistarli da soggetti titolari di una partita IVA rilasciata dall'amministrazione finanziaria italiana.*

2. Gli spazi pubblicitari on line e i link sponsorizzati che appaiono nelle pagine dei risultati dei motori di ricerca (servizi di search advertising), visualizzabili sul territorio italiano durante la visita di un sito internet o la fruizione di un servizio on line attraverso rete fissa o rete e dispositivi mobili, devono essere acquistati esclusivamente attraverso soggetti, quali editori, concessionarie pubblicitarie, motori di ricerca o altro operatore pubblicitario, titolari di partita IVA rilasciata dall'amministrazione finanziaria italiana. La presente disposizione si applica anche nel caso in cui l'operazione di compravendita sia stata effettuata mediante centri media, operatori terzi e soggetti inserzionisti.]

(1) *Articolo inserito dall'articolo 1, comma 33, della Legge 27 dicembre 2013, n. 147. Successivamente il comma 33 del citatoarticolo 1 è stato abrogato dall'articolo 2, comma 1, lettera a), del D.L. 6 marzo 2014, n. 16, convertito, con modificazioni, dalla Legge 2 maggio 2014, n. 68.*

17 *ter*. Operazioni effettuate nei confronti di pubbliche amministrazioni e altri enti e società(1)(2).

– 1. Per le cessioni di beni e per le prestazioni di servizi effettuate nei confronti di amministrazioni pubbliche, come definite dall'articolo 1, comma 2, della legge 31 dicembre 2009, n. 196, e successive modificazioni e integrazioni, per le quali i cessionari o committenti non sono debitori d'imposta ai sensi delle disposizioni in materia d'imposta sul valore aggiunto, l'imposta è in ogni caso versata dai medesimi secondo modalità e termini fissati con decreto del Ministro dell'economia e delle finanze(3).

1-bis. Le disposizioni di cui al comma 1 si applicano anche alle operazioni effettuate nei confronti dei seguenti soggetti:

0a) enti pubblici economici nazionali, regionali e locali, comprese le aziende speciali e le aziende pubbliche di servizi alla persona;

0b) fondazioni partecipate da amministrazioni pubbliche di cui al comma 1 per una percentuale complessiva del fondo di dotazione non inferiore al 70 per cento;

a) società controllate, ai sensi dell'articolo 2359, primo comma, n. 2), del codice civile, direttamente dalla Presidenza del Consiglio dei ministri e dai Ministeri;

b) società controllate direttamente o indirettamente, ai sensi dell'articolo 2359, primo comma, n. 1), del codice civile, da amministrazioni pubbliche di cui al comma 1 o da enti e società di cui alle lettere 0a), 0b), a) e c);

c) società partecipate, per una percentuale complessiva del capitale non inferiore al 70 per cento, da amministrazioni pubbliche di cui al comma 1 o da enti e società di cui alle lettere 0a), 0b), a) e b);

d) società quotate inserite nell'indice FTSE MIB della Borsa italiana identificate agli effetti dell'imposta sul valore aggiunto; con il decreto del Ministro dell'economia e delle finanze di cui al comma 1 può essere individuato un indice alternativo di riferimento per il mercato azionario(4).

1-ter. Le disposizioni del presente articolo si applicano fino al termine di scadenza della misura speciale di deroga rilasciata dal Consiglio dell'Unione europea ai sensi dell'articolo 395 della direttiva 2006/112/CE [5].

1-quater. A richiesta dei cedenti o prestatori, i cessionari o i committenti di cui ai commi 1 e 1-bis devono rilasciare un documento attestante la loro riconducibilità a soggetti per i quali si applicano le disposizioni del presente articolo. I cedenti e prestatori in possesso di tale attestazione sono tenuti all'applicazione del regime di cui al presente articolo [6].

1-quinquies. Le disposizioni di cui al presente articolo non si applicano agli enti pubblici gestori di demanio collettivo, limitatamente alle cessioni di beni e alle prestazioni di servizi afferenti alla gestione dei diritti collettivi di uso civico[7].

1-sexies. Le disposizioni del presente articolo non si applicano alle prestazioni di servizi rese ai soggetti di cui ai commi 1, 1-bis e 1-quinquies, i cui compensi sono assoggettati a ritenute alla fonte a titolo di imposta sul reddito ovvero a ritenuta a titolo di acconto di cui all'articolo 25 del decreto del Presidente della Repubblica 29 settembre 1973, n. 600.[8]

[*2. Le disposizioni di cui al comma 1 non si applicano ai compensi per prestazioni di servizi assoggettati a ritenute alla fonte a titolo di imposta sul reddito.*] [9]

(1) Articolo inserito dall'articolo 1, comma 629, lettera b), della Legge 23 dicembre 2014, n. 190; vedi anche quanto disposto dai commi 632 e 633 del medesimo articolo 1.
(2) Rubrica sostituita dall'articolo 1, comma 1, lettera c-bis), del D.L. 24 aprile 2017, n. 50, convertito, con modificazioni, dalla legge 21 giugno 2017, n. 96; per l'applicazione delle presenti disposizioni vedi il comma 4 del medesimo articolo 1.
(3) Comma sostituito dall'articolo 1, comma 1, lettera a), del D.L. 24 aprile 2017, n. 50, convertito, con modificazioni, dalla legge 21 giugno 2017, n. 96; per l'applicazione delle presenti disposizioni vedi il comma 4 del medesimo articolo 1.
(4) Comma aggiunto dall'articolo 1, comma 1, lettera b), del D.L. 24 aprile 2017, n. 50, convertito, con modificazioni, dalla legge 21 giugno 2017, n. 96; per l'applicazione delle presenti disposizioni vedi il comma 4 del medesimo articolo 1. Successivamente sostituito, effetto a decorrere dal 1° gennaio 2018, dall'articolo 3, comma 1, del D.L. 16 ottobre 2017, n. 148, convertito con modificazioni dalla Legge 4 dicembre 2017, n. 172.
(5) Comma aggiunto dall'articolo 1, comma 1, lettera b), del D.L. 24 aprile 2017, n. 50, convertito, con modificazioni, dalla legge 21 giugno 2017, n. 96; per l'applicazione delle presenti disposizioni vedi il comma 4 del medesimo articolo 1.
(6) Comma aggiunto dall'articolo 1, comma 1, lettera b), del D.L. 24 aprile 2017, n. 50, convertito, con modificazioni, dalla legge 21 giugno 2017, n. 96; per l'applicazione delle presenti disposizioni vedi il comma 4 del medesimo articolo 1.
(7) Comma aggiunto dall'articolo 1, comma 1, lettera b), del D.L. 24 aprile 2017, n. 50, convertito, con modificazioni, dalla legge 21 giugno 2017, n. 96; per l'applicazione delle presenti disposizioni vedi il comma 4 del medesimo articolo 1.
(8) Comma aggiunto dall'articolo 12, comma 1, del D.L. 12 luglio 2018, n. 87, convertito, con modificazioni, dalla Legge 9 agosto 2018, n. 96; per l'applicazione delle presenti disposizioni vedi il comma 2 del medesimo articolo 12.
(9) Comma abrogato dall'articolo 1, comma 1, lettera c), del D.L. 24 aprile 2017, n. 50, convertito, con modificazioni, dalla legge 21 giugno 2017, n. 96; per l'applicazione delle presenti disposizioni vedi il comma 4 del medesimo articolo 1.

18. Rivalsa. – Il soggetto che effettua la cessione di beni o prestazione di servizi imponibile deve addebitare la relativa imposta, a titolo di rivalsa, al cessionario o al committente.

Per le operazioni per le quali non è prescritta l'emissione della fattura il prezzo o il corrispettivo si intende comprensivo dell'imposta. Se la fattura è emessa su richiesta del cliente il prezzo o il corrispettivo deve essere diminuito della percentuale indicata nel quarto comma dell'art. 27 [1].

La rivalsa non è obbligatoria per le cessioni di cui ai numeri 4) e 5) del secondo comma dell'articolo 2 e per le prestazioni di servizi di cui al terzo comma, primo periodo, dell'articolo 3 [2].

È nullo ogni patto contrario alle disposizioni dei commi precedenti.

Il credito di rivalsa ha privilegio speciale sui beni immobili oggetto della cessione o ai quali si riferisce il servizio ai sensi degli artt. 2758 e 2772 del codice civile e, se relativo alla cessione di beni mobili, ha privilegio sulla generalità dei mobili del debitore con lo stesso grado del privilegio generale stabilito nell'articolo 2752 del codice civile, cui tuttavia è posposto [3].

(1) Comma sostituito dall'articolo 1 del D.P.R. 23 dicembre 1974, n. 687.
(2) Comma aggiunto dall'articolo 1 del D.P.R. 23 dicembre 1974, n. 687 e successivamente sostituito dall'articolo 16-bis del D.L. 23 febbraio 1995, n. 41, come modificato dall'articolo 4 del D.L. 2 ottobre 1995, n. 415.
(3) Comma sostituito dall'articolo 1 del D.P.R. 23 dicembre 1974, n. 687.

19. Detrazione [1]. – 1. Per la determinazione dell'imposta dovuta a norma del primo comma dell'art. 17 o dell'eccedenza di cui al secondo comma dell'art. 30, è detraibile dall'ammontare dell'imposta relativa alle operazioni effettuate, quello dell'imposta assolta o dovuta dal soggetto passivo o a lui addebitata a titolo di rivalsa in relazione ai beni ed ai servizi importati o acquistati nell'esercizio dell'impresa, arte o professione. Il diritto alla detrazione dell'imposta relativa ai beni e servizi acquistati o importati sorge nel momento in cui l'imposta diviene esigibile ed è esercitato al più tardi con la dichiarazione relativa all'anno in cui il diritto alla detrazione è sorto ed alle condizioni esistenti al momento della nascita del diritto medesimo [2].

2. Non è detraibile l'imposta relativa all'acquisto o all'importazione di beni e servizi afferenti operazioni esenti o comunque non soggette all'imposta, salvo il disposto dell'art. 19- bis 2. In nessun caso è detraibile l'imposta relativa all'acquisto o all'importazione di beni o servizi utilizzati per l'effettuazione di manifestazioni a premio [3][4].

3. La indetraibilità di cui al comma 2 non si applica se le operazioni ivi indicate sono costituite da:

a) operazioni di cui agli articoli 8, 8- bis e 9 o a queste assimilate dalla legge, ivi comprese quelle di cui agli articoli 40 e 41 del decreto-legge 31 agosto 1993, n. 331, convertito, con modificazioni, dalla legge 29 ottobre 1993, n. 427;

a-bis) le operazioni di cui ai numeri da 1) a 4) dell'articolo 10, effettuate nei confronti di soggetti stabiliti fuori della Comunità o relative a beni destinati ad essere esportati fuori della Comunità stessa [6];

b) operazioni effettuate fuori dal territorio dello Stato le quali, se effettuate nel territorio dello Stato, darebbero diritto alla detrazione dell'imposta;

c) operazioni di cui all'art. 2, terzo comma, lettere a), b), d) ed f);

d) cessioni di cui all'art. 10, n. 11), effettuate da soggetti che producono oro da investimento o trasformano oro in oro da investimento [5];

d-bis) le cessioni di beni di cui all'articolo 10, terzo comma [10];

e) operazioni non soggette all'imposta per effetto delle di-

IMPOSTE INDIRETTE

sposizioni di cui al primo comma dell'articolo 74, concernente disposizioni relative a particolari settori [(6)];

[*e-bis) le operazioni inerenti e connesse all'organizzazione ed all'esercizio delle attività di cui all'articolo 10, numeri 6) e 7), e le prestazioni di mandato, mediazione e intermediazione relative a dette operazioni.*] [(7)]

4. Per i beni ed i servizi in parte utilizzati per operazioni non soggette all'imposta la detrazione non è ammessa per la quota imputabile a tali utilizzazioni e l'ammontare indetraibile è determinato secondo criteri oggettivi, coerenti con la natura dei beni e servizi acquistati. Gli stessi criteri si applicano per determinare la quota di imposta indetraibile relativa ai beni e servizi in parte utilizzati per fini privati o comunque estranei all'esercizio dell'impresa, arte e professione.

5. Ai contribuenti che esercitano sia attività che danno luogo ad operazioni che conferiscono il diritto alla detrazione sia attività che danno luogo ad operazioni esenti ai sensi dell'art. 10, il diritto alla detrazione dell'imposta spetta in misura proporzionale alla prima categoria di operazioni e il relativo ammontare è determinato applicando la percentuale di detrazionedi cui all'art. 19- bis. Nel corso dell'anno la detrazione è provvisoriamente operata con l'applicazione della percentuale di detrazione dell'anno precedente, salvo conguaglio alla fine dell'anno. I soggetti che iniziano l'attività operano la detrazione in base ad una percentuale di detrazione determinata presuntivamente, salvo conguaglio alla fine dell'anno. [*La disposizione di cui al presente comma non si applica alle operazioni di cui all'articolo 10, numeri 6) e 7), e alle prestazioni di mandato, mediazione e intermediazione relative a dette operazioni*] [(8)].

5- bis. Per i soggetti diversi da quelli di cui alla lettera d) del comma 3 la limitazione della detrazione di cui ai precedenti commi non opera con riferimento all'imposta addebitata, dovuta o assolta per gli acquisti, anche intracomunitari, di oro da investimento, per gli acquisti, anche intracomunitari, e per le importazioni di oro diverso da quello da investimento destinato ad essere trasformato in oro da investimento a cura degli stessi soggetti o per loro conto, nonchè per i servizi consistenti in modifiche della forma, del peso o della purezza dell'oro, compreso l'oro da investimento [(9)].

(1) Articolo modificato dall'articolo 1 del D.P.R. 23 dicembre 1974, n. 687, dall'articolo 13-bis, del D.L. 26 maggio 1978, n. 216, dall'articolo 1 del D.P.R. 29 gennaio 1979, n. 24, dall'articolo 9 del D.P.R. 31 marzo 1979, n. 94, dall'articolo 10, comma 3, del D.L. 31 ottobre 1980, n. 693, dall'articolo 6 del D.P.R. 30 dicembre 1980, n. 897, dall'articolo 9, comma 3, della legge 22 dicembre 1980, n. 889, dall'articolo 5, del D.L. 30 dicembre 1982, n. 953, dall'articolo 1, comma 9, del D.L. 19 dicembre 1984, n. 853, dall'articolo 22, comma 1, del D.L. 2 marzo 1989, n. 69, dall'articolo 4, comma 1, lettera a), del D.L. 27 aprile 1990, n. 90, dall'articolo 6, comma 6, della legge 29 dicembre 1990, n. 405, dall'articolo 1, comma 5, lettera b), del D.L. 13 maggio 1991, n. 151, dall'articolo 1, comma 8, del D.L. 30 dicembre 1991, n. 417, dall'articolo 36, comma 9, lettera b), del D.L. 30 agosto 1993, n. 331, dall'articolo 14, comma 8, lettera c), della legge 24 dicembre 1993, n. 537, dall'articolo 10, comma 1, del D.L. 20 giugno 1996, n. 323, e successivamente sostituito dall'articolo 2, comma 1, del D.Lgs. 2 settembre 1997, n. 313.

(2) Comma modificato dall'articolo 2, comma 1, del D.L. 24 aprile 2017, n. 50, convertito, con modificazioni, dalla Legge 21 giugno 2017, n. 96. A norma del comma 2-bis del medesimo articolo 2, la presente disposizione si applica alla fatture e alle bollette doganali emesse dal 1° gennaio 2017.

(3) Comma modificato dall'articolo 19, comma 1, della legge 27 dicembre 1997, n. 449.

(4) Lettera aggiunta dall'articolo 1, comma 1, lettera i), del D.Lgs. 11 febbraio 2010, n. 18.

(5) Lettera sostituita dall'articolo 3, comma 5, lettera a), della legge 17 gennaio 2000, n. 7.

(6) Lettera modificata dall'articolo 1, comma 1, lettera b), del D.Lgs. 23 marzo 1998, n. 56 e successivamente sostituita dall'articolo 41, comma 1, lettera a), della legge 21 novembre 2000, n. 342 e dall'articolo 35, comma 1, lettera a), del D.L. 30 settembre 2003, n. 269.

(7) Lettera aggiunta dall'articolo 11-quinquiesdecies, comma 7, lettera a), del D.L. 30 settembre 2005, n. 203. Successivamente l'articolo 11-quinquiesdecies, comma 7, è stato abrogato dall'articolo 1, comma 35, della legge 27 dicembre 2006, n. 296.

(8) Comma modificato dall'articolo 11-quinquiesdecies, comma 7, lettera b), del D.L. 30 settembre 2005, n. 203. Successivamente l'articolo 11-quinquiesdecies, comma 7, è stato abrogato dall'articolo 1, comma 35, della legge 27 dicembre 2006, n. 296.

(9) Comma aggiunto dall'articolo 3, comma 5, lettera b), della legge 17 gennaio 2000, n. 7.

(10) Lettera inserita dall'articolo 1, comma 1, lettera e), del D.Lgs. 25 maggio 2021, n. 83. Per l'applicazione, vedi l'articolo 10, comma 1, del D.Lgs. 83/2021 medesimo.

19 *bis*. Percentuale di detrazione [(1)]. – 1. La percentuale di detrazione di cui all'art. 19, comma 5, è determinata in base al rapporto tra l'ammontare delle operazioni che danno diritto a detrazione, effettuate nell'anno, e lo stesso ammontare aumentato delle operazioni esenti effettuate nell'anno medesimo. La percentuale di detrazione è arrotondata all'unità superiore o inferiore a seconda che la parte decimale superi o meno i cinque decimi.

2. Per il calcolo della percentuale di detrazione di cui al comma 1 non si tiene conto delle cessioni di beni ammortizzabili, dei passaggi di cui all'art. 36, ultimo comma, e delle operazioni di cui all'art. 2, terzo comma, lettere a), b), d) e f), delle operazioni esenti di cui all'art. 10, primo comma, n. 27- quinquies), e, quando non formano oggetto dell'attività propria del soggetto passivo o siano accessorie alle operazioni imponibili, delle altre operazioni esenti indicate ai numeri da 1) a 9) del predetto art. 10, ferma restando la indetraibilità dell'imposta relativa ai beni e servizi utilizzati esclusivamente per effettuare queste ultime operazioni.

(1) Articolo inserito, con efficacia a decorrere dal 1° aprile 1979, dall'articolo 1 del D.P.R. 29 gennaio 1979, n. 24, successivamente modificato dall'articolo 10 della Legge 22 dicembre 1980, n. 889, dall'articolo 5 del D.L. 30 dicembre 1982, n. 953, convertito con modificazioni dalla Legge 28 febbraio 1983, n. 53, dall'articolo 35-bis, comma 3 del D.L. 2 marzo 1989, n. 69, convertito con modificazioni dalla Legge 27 aprile 1989, n. 154, dall'articolo 2, comma 1, lettera c), numero 2), del D.L. 30 dicembre 1993, n. 557, convertito con modificazioni dalla Legge 26 febbraio 1994, n. 133, dall'articolo 4 del D.L. 2 ottobre 1995, n. 415, convertito con modificazioni dalla Legge 29 novembre 1995, n. 507 e da ultimo sostituito dall'articolo 2, comma 1, del D.Lgs. 2 settembre 1997, n. 313.

19 *bis*.1. Esclusione o riduzione della detrazione per alcuni beni e servizi [(1)]. – 1. In deroga alle disposizioni di cui all'art. 19:

a) l'imposta relativa all'acquisto o all'importazione di aeromobili e dei relativi componenti e ricambi è ammessa in detrazione se i beni formano oggetto dell'attività propria dell'impresa o sono destinati ad essere esclusivamente utilizzati come strumentali nell'attività propria dell'impresa ed è in ogni caso esclusa per gli esercenti arti e professioni [(2)];

b) l'imposta relativa all'acquisto o all'importazione dei beni elencati nell'allegata tabella B e delle navi e imbarcazioni da diporto nonché dei relativi componenti e ricambi è ammessa in detrazione soltanto se i beni formano oggetto dell'attività propria dell'impresa ed è in ogni caso esclusa per gli esercenti arti e professioni [(3)];

c) l'imposta relativa all'acquisto o all'importazione di veicoli stradali a motore, diversi da quelli di cui alla lettera f) dell'allegata tabella B, e dei relativi componenti e ricambi è ammessa in detrazione nella misura del 40 per cento se tali veicoli non sono utilizzati esclusivamente nell'esercizio dell'impresa, dell'arte o della professione. La disposizione non si applica, in ogni caso, quando i predetti veicoli formano oggetto dell'attività propria dell'impresa nonche ́ per gli agenti e rappresentanti di commercio. Per veicoli stradali a motore si intendono tutti i veicoli a motore, diversi dai trattori agricoli o forestali, normalmente adibiti al trasporto stradale di persone o beni la cui massa massima autorizzata non supera 3.500 kg e il cui numero di posti a sedere, escluso quello del conducente, non è superiore a otto [(4)];

d) l'imposta relativa all'acquisto o all'importazione di carburanti e lubrificanti destinati ad aeromobili, natanti da diporto e veicoli stradali a motore, nonché alle prestazioni di cui al terzo comma dell'articolo 16 e alle prestazioni di custodia, manutenzione, riparazione e impiego, compreso il transito stradale, dei beni stessi, è ammessa in detrazione nella stessa misura in cui è ammessa in detrazione l'imposta relativa all'acquisto o all'importazione di detti aeromobili, natanti e veicoli stradali a motore. L'avvenuta effettuazione dell'operazione deve essere provata dal pagamento mediante carte di credito, carte di debito o carte prepagate emesse da operatori finanziari soggetti all'obbligo di comunicazione previsto dall'articolo 7, sesto comma, del decreto del Presidente della Repubblica 29 settembre 1973, n. 605, o da altro mezzo ritenuto parimenti idoneo individuato con provvedimento del direttore dell'Agenzia delle entrate [(5)];

e) salvo che formino oggetto dell'attività propria dell'impresa, non è ammessa in detrazione l'imposta relativa [*a prestazioni alberghiere e a somministrazioni di alimenti e bevande, con esclusione di quelle inerenti alla partecipazione a convegni, congressi e simili, erogate nei giorni di svolgimento degli stessi, delle somministrazioni effettuate nei confronti dei datori di lavoro nei locali dell'impresa o in locali adibiti a mensa scolastica, aziendale o interaziendale e delle somministrazioni commesse da imprese che forniscono servizi sostitutivi di mense aziendali*], a prestazioni di trasporto di persone [*ed al transito stradale delle autovetture e autoveicoli di cui all'art. 54, lettere a) e c), del decreto legislativo 30 aprile 1992, n. 285*] [(6)];

f) non è ammessa in detrazione l'imposta relativa all'acquisto o all'importazione di alimenti e bevande ad eccezione di quelli che formano oggetto dell'attività propria dell'impresa o di somministrazione in mense scolastiche, aziendali o interaziendali o mediante distributori automatici collocati nei locali dell'impresa;

[*g) l'imposta relativa all'acquisto, all'importazione, alle prestazioni di servizi di cui al terzo comma dell'articolo 16, nonché alle spese di gestione, di apparecchiature terminali per il servizio radiomobile pubblico terrestre di comunicazioni soggette alla tassa sulle concessioni governative di cui all'articolo 21 della tariffa allegata al decreto del Presidente della Repubblica 26 ottobre 1972, n. 641, come sostituita dal decreto del Ministro delle finanze 28 dicembre 1995, pubblicato nella Gazzetta Ufficiale n. 303 del 30 dicembre 1995, è ammessa in detrazione nella misura del 50 per cento; la predetta limitazione non si applica agli impianti di telefonia dei veicoli utilizzati per il trasporto di merci da parte delle imprese di autotrasporto limitatamente ad un solo impianto per ciascun veicolo;*] [(7)]

h) non è ammessa in detrazione l'imposta relativa alle spese di rappresentanza, come definite ai fini delle imposte sul reddito, tranne quelle sostenute per l'acquisto di beni di costo unitario non superiore ad euro cinquanta [(8)];

i) non è ammessa in detrazione l'imposta relativa all'acquisto di fabbricati, o di porzione di fabbricato, a destinazione abitativa nè quella relativa alla locazione o alla manutenzione, recupero o gestione degli stessi, salvo che per le imprese che hanno per oggetto esclusivo o principale dell'attività esercitata la costruzione [*o la rivendita*] dei predetti fabbricati o delle predette porzioni. La disposizione non si applica per i soggetti che esercitano attività che danno luogo ad operazioni esenti di cui al n. 8) dell'art. 10 che comportano la riduzione della percentuale di detrazione a norma dell'art. 19, comma 5, e dell'art. 19- bis [(9)].

(1) Articolo inserito dall'articolo 3 del D.Lgs. 2 settembre 1997, n. 313.

(2) Lettera sostituita dall'articolo 1, comma 261, lettera e), della Legge 24 dicembre 2007, n. 244. A norma del comma 264, lettera c), del medesimo articolo 1, della legge 244/2007, le modifiche al presente articolo, si applicano a decorrere dal 1° gennaio 2008. Tuttavia, per le operazioni relative a veicoli stradali a motore, si applicano dal 28 giugno 2007.

(3) Lettera sostituita dall'articolo 1, comma 261, lettera e), della Legge 24 dicembre 2007, n. 244. A norma del comma 264, lettera c), del medesimo articolo 1, della legge 244/2007, le modifiche al presente articolo, si applicano a decorrere dal 1° gennaio 2008. Tuttavia, per le operazioni relative a veicoli stradali a motore, si applicano dal 28 giugno 2007.

(4) Lettera modificata dall'articolo 1, comma 2-bis, del D.L. 15 settembre 2006, n. 258, convertito con modificazioni dalla Legge 10 novembre 2006, n. 278 e successivamente sostituita dall'articolo 1, comma 261, lettera e), della Legge 24 dicembre 2007, n. 244. A norma del comma 264, lettera c), del medesimo articolo 1, della legge 244/2007, le modifiche al presente articolo, si applicano a decorrere dal 1° gennaio 2008. Tuttavia, per le operazioni relative a veicoli stradali a motore, si applicano dal 28 giugno 2007.

(5) Lettera sostituita dall'articolo 1, comma 261, lettera e), della Legge 24 dicembre 2007, n. 244. A norma del comma 264, lettera c), del medesimo articolo 1, della legge 244/2007, le modifiche al presente articolo, si applicano a decorrere dal 1° gennaio 2008. Tuttavia, per le operazioni relative a veicoli stradali a motore, si applicano dal 28 giugno 2007, successivamente modificata dall'articolo 1, comma 923, della Legge 27 dicembre 2017, n. 205, le disposizioni della presente lettera si applicano a partire dal 1°luglio 2018, come disposto dall'articolo 1, comma 927, della Legge 205/2017.

(6) Lettera modificata dall'articolo 1, comma 304, della Legge 27 dicembre 2006, n. 296 e successivamente dall'articolo 1, comma 261, lettera e), della Legge 24 dicembre 2007, n. 244. A norma del comma 264, lettera c), del medesimo articolo 1, della legge 244/2007, le modifiche al presente articolo, si applicano a decorrere dal 1° gennaio 2008. Tuttavia, per le operazioni relative a veicoli stradali a motore, si applicano dal 28 giugno 2007. Da ultimo modificato dall'articolo 83, comma 28-bis, del D.L. 25 giugno 2008, n. 112, convertito con modificazioni dalla Legge 6 agosto 2008, n. 133.

(7) Lettera modificata dall'articolo 31, comma 1, lettera a), della legge 23 dicembre 2000, n. 388, successivamente sostituita dall'articolo 15, comma 3, della Legge 28 dicembre 2001, n. 448 e da ultimo abrogata dall'articolo 1, comma 261, lettera e), della Legge 24 dicembre 2007, n. 244.

(8) Lettera modificata dall'articolo 31, comma 1, lettera a), della legge 23 dicembre 2000, n. 388 e successivamente dall'articolo 30, comma 1, lettera c), del D.Lgs. 21 novembre 2014, n. 175.

(9) Lettera modificata dall'articolo 3, comma 1, lettera a), del D.Lgs. 19 novembre 1998, n. 422 e successivamente dall'articolo 35, comma 8, lettera b), del D.L. 4 luglio 2006, n. 223, convertito con modificazioni dalla Legge 4 agosto 2006, n. 248.

19 *bis*.2. Rettifica della detrazione [(1)]. – 1. La detrazione dell'imposta relativa ai beni non ammortizzabili ed ai servizi è rettificata in aumento o in diminuzione qualora i beni ed i servizi medesimi sono utilizzati per effettuare operazioni che danno diritto alla detrazione in misura diversa da quella inizialmente operata. Ai fini di tale rettifica si tiene conto esclusivamente della prima utilizzazione dei beni e dei servizi.

2. Per i beni ammortizzabili, la rettifica di cui al comma 1 è eseguita in rapporto al diverso utilizzo che si verifica nell'anno della loro entrata in funzione ovvero nei quattro anni successivi ed è calcolata con riferimento a tanti quinti dell'imposta quanti sono gli anni mancanti al compimento del quinquennio.

3. Se mutamenti nel regime fiscale delle operazioni attive, nel regime di detrazione dell'imposta sugli acquisti o nell'attività comportano la detrazione dell'imposta in misura diversa da quella già operata, la rettifica è eseguita limitatamente ai beni ed ai servizi non ancora ceduti o non ancora utilizzati e, per i beni ammortizzabili, è eseguita se non sono trascorsi quattro anni da quello della loro entrata in funzione.

4. La detrazione dell'imposta relativa all'acquisto di beni ammortizzabili, nonché alle prestazioni di servizi relative alla trasformazione, al riattamento o alla ristrutturazione dei beni stessi, operata ai sensi dell'articolo 19, comma 5, è altresì, soggetta a rettifica, in ciascuno dei quattro anni successivi a quello della loro entrata in funzione, in caso di variazione della percentuale di detrazione superiore a dieci punti. La rettifica si effettua aumentando o diminuendo l'imposta annuale in ragione di un quinto della differenza tra l'ammontare della detrazione operata e quello corrispondente alla percentuale di detrazione dell'anno di competenza. Se l'anno o gli anni di acquisto o di produzione del bene ammortizzabile non coincidono con quello della sua entrata in funzione, la prima rettifica è eseguita, per tutta l'imposta relativa al bene, in base alla percentuale di detrazione definitiva di quest'ultimo anno anche se lo scostamento non è superiore a dieci punti. La rettifica può essere eseguita anche se la variazione della percentuale di detrazione non è superiore a dieci punti a condizione che il soggetto passivo adotti lo stesso criterio per almeno cinque anni consecutivi e ne dia comunicazione con la dichiarazione annuale nella quale inizia ad avvalersi di detta facoltà.

5. Ai fini del presente articolo non si considerano ammortizzabili i beni di costo unitario non superiore ad euro 516,46, né quelli il cui coefficiente di ammortamento stabilito ai fini delle imposte sul reddito è superiore al venticinque per cento.

6. In caso di cessione di un bene ammortizzabile durante il periodo di rettifica, la rettifica della detrazione va operata in un unica soluzione per gli anni mancanti al compimento del periodo di rettifica, considerando a tal fine la percentuale di detrazione pari al cento per cento se la cessione è soggetta ad imposta, ma l'ammontare dell'imposta detraibile non può eccedere quello dell'imposta relativa alla cessione del bene.

7. Se i beni ammortizzabili sono acquisiti in dipendenza di fusione, di scissione, di cessione o conferimento di aziende, compresi i complessi aziendali relativi a singoli rami dell'impresa, le disposizioni di cui ai commi precedenti si applicano con riferimento alla data in cui i beni sono stati acquistati dalla società incorporata o dalle società partecipanti alla fusione, dalla società scissa o dal soggetto cedente o conferente. I soggetti cedenti o conferenti i dati rilevanti ai fini delle rettifiche.

8. Le disposizioni del presente articolo relative ai beni ammortizzabili devono intendersi riferite anche ai beni immateriali di cui all'articolo 68 del testo unico delle imposte sui redditi, approvato con decreto del Presidente della Repubblica 22 dicembre 1986, n. 917. Agli effetti del presente articolo i fabbricati o porzioni di fabbricati sono comunque considerati beni ammortizzabili ed il periodo di rettifica è stabilito in dieci anni, decorrenti da quello di acquisto o di ultimazione. Per l'imposta assolta sull'acquisto di aree fabbricabili l'obbligo di rettifica decennale decorre dalla data di ultimazione dei fabbricati insistenti sulle aree medesime. L'imputazione dell'imposta relativa ai fabbricati ovvero alle singole unità immobiliari, soggette a rettifica, che siano compresi in edifici o complessi di edifici acquistati, costruiti o ristrutturati unitariamente, deve essere determinata sulla base di parametri unitari, costituiti dal metro quadrato o dal metro cubo, o da parametri similari, che rispettino la proporzionalità fra l'onere complessivo dell'imposta relativa ai costi di acquisto, costruzione o ristrutturazione, e la parte di costo dei fabbricati o unità immobiliari specificamente attribuibile alle operazioni che non danno diritto alla detrazione dell'imposta.

9. Le rettifiche delle detrazioni di cui ai commi precedenti sono effettuate nella dichiarazione relativa all'anno in cui si verificano gli eventi che le determinano, sulla base delle risultanze delle scritture contabili obbligatorie.

[1] Articolo inserito dall'articolo 3, comma 1, del D.Lgs. 2 settembre 1997, n. 313.

19 *ter*. Detrazione per gli enti non commerciali

[1]. – Per gli enti indicati nel quarto comma dell'art. 4 è ammessa in detrazione a norma degli articoli precedenti e con le limitazioni, riduzioni e rettifiche ivi previste, soltanto l'imposta relativa agli acquisti e alle importazioni fatti nell'esercizio di attività commerciali o agricole.

La detrazione spetta a condizione che l'attività commerciale o agricola sia gestita con contabilità separata da quella relativa all'attività principale e conforme alle disposizioni di cui agli articoli 20 e 20- bis del decreto del Presidente della Repubblica 29 settembre 1973, n. 600. L'imposta relativa ai beni e ai servizi utilizzati promiscuamente nell'esercizio dell'attività commerciale o agricola e dell'attività principale è ammessa in detrazione per la parte imputabile all'esercizio dell'attività commerciale o agricola [2].

La detrazione non è ammessa in corso di omessa tenuta, anche in relazione all'attività principale, della contabilità obbligatoria a norma di legge o di statuto, nè quando la contabilità stessa presenti irregolarità tali da renderla inattendibile. Per le regioni, province, comuni e loro consorzi, università ed enti di ricerca, la contabilità separata di di cui al comma precedente è realizzata nell'ambito e con l'osservanza delle modalità previste per la contabilità pubblica obbligatoria a norma di legge o di statuto [3]

Le disposizioni del precedente comma si applicano anche agli enti pubblici di assistenza e beneficenza ed a quelli di previdenza nonché all'Automobile club d'Italia e agli automobile clubs [5].

[1] Articolo aggiunto dall'articolo 1 del D.P.R. 29 gennaio 1979, n. 24.
[2] Comma modificato dall'articolo 14, comma 1, lettera c), del D.Lgs. 4 dicembre 1997, n. 460.
[3] Comma modificato dall'articolo 8 della legge 29 febbraio 1980, n. 31 e successivamente dall'articolo 2, comma 1, lettera b-bis), del D.L. 29 settembre 1997, n. 328.
[4] Comma aggiunto dall'articolo 4 del D.P.R. 28 dicembre 1982, n. 954.

20. Volume d'affari [(1)]. – Per volume d'affari del contribuente si intende l'ammontare complessivo delle cessioni di beni e delle prestazioni di servizi dallo stesso effettuate, registrate o soggette a registrazione con riferimento a un anno solare a norma degli articoli 23 e 24, tenendo conto delle variazioni di cui all'art. 26. Non concorrono a formare il volume d'affari le cessioni di beni ammortizzabili, compresi quelli indicati nell'articolo 2424 del codice civile, voci B.I.3) e B.I.4) dell'attivo dello stato patrimoniale, nonché i passaggi di cui al quinto comma dell'articolo 36 [(2)].

L'ammontare delle singole operazioni registrate o soggette a registrazione, ancorchè non imponibili o esenti, è determinato secondo le disposizioni degli articoli 13, 14 e 15. I corrispettivi delle operazioni imponibili registrati a norma dell'art. 24 sono computati al netto della diminuzione prevista nel quarto comma dell'art. 27.

[(1)] *Articolo modificato dall'articolo 1 del D.P.R. 30 novembre 1977, n. 888 e successivamente sostituito dall'articolo 1 del D.P.R. 29 gennaio 1979, n. 24.*

[(2)] *Comma sostituito dall'articolo 9 del D.P.R. 31 marzo 1979, n. 94, dall'articolo 7 del D.P.R. 30 dicembre 1980, n. 897 e successivamente modificato, a decorrere dal 1° luglio 1994, dall'articolo 3, comma 1, lettera a), del D.L. 30 dicembre 1993, n. 557, come modificato dall'articolo 5 del D.L. 23 maggio 1994, n. 308; dall'articolo 1, comma 1, lettera l), del D.Lgs. 11 febbraio 2010, n. 18 e, da ultimo, dall'articolo 1, comma 325,lettera c), della legge 24 dicembre 2012, n. 228.*

TITOLO II
Obbligo dei contribuenti

21. Fatturazione delle operazioni [(1)]. – 1. Per ciascuna operazione imponibile il soggetto che effettua la cessione del bene o la prestazione del servizio emette fattura, anche sotto forma di nota, conto, parcella e simili o, ferma restando la sua responsabilità, assicura che la stessa sia emessa, per suo conto, dal cessionario o dal committente ovvero da un terzo. Per fattura elettronica si intende la fattura che è stata emessa e ricevuta in un qualunque formato elettronico; il ricorso alla fattura elettronica è subordinato all'accettazione da parte del destinatario. L'emissione della fattura, cartacea o elettronica, da parte del cliente o del terzo residente in un Paese con il quale non esiste alcuno strumento giuridico che disciplini la reciproca assistenza è consentita a condizione che ne sia data preventiva comunicazione all'Agenzia delle entrate e purché il soggetto passivo nazionale abbia iniziato l'attività da almeno cinque anni e nei suoi confronti non siano stati notificati, nei cinque anni precedenti, atti impositivi o di contestazione di violazioni sostanziali in materia di imposta sul valore aggiunto. Con provvedimento del direttore dell'Agenzia delle entrate sono determinate le modalità, i contenuti e le procedure telematiche della comunicazione. La fattura, cartacea o elettronica, si ha per emessa all'atto della sua consegna, spedizione, trasmissione o messa a disposizione del cessionario o committente [(2)].

2. La fattura contiene le seguenti indicazioni:

a) data di emissione;

b) numero progressivo che la identifichi in modo univoco;

c) ditta, denominazione o ragione sociale, nome e cognome, residenza o domicilio del soggetto cedente o prestatore, del rappresentante fiscale nonché ubicazione della stabile organizzazione per i soggetti non residenti;

d) numero di partita IVA del soggetto cedente o prestatore;

e) ditta, denominazione o ragione sociale, nome e cognome, residenza o domicilio del soggetto cessionario o committente, del rappresentante fiscale nonché ubicazione della stabile organizzazione per i soggetti non residenti;

f) numero di partita IVA del soggetto cessionario o committente ovvero, in caso di soggetto passivo stabilito in un altro Stato membro dell'Unione europea, numero di identificazione IVA attribuito dallo Stato membro di stabilimento; nel caso in cui il cessionario o committente residente o domiciliato nel territorio dello Stato non agisce nell'esercizio d'impresa, arte o professione, codice fiscale;

g) natura, qualità e quantità dei beni e dei servizi formanti oggetto dell'operazione;

g-bis) data in cui è effettuata la cessione di beni o la prestazione di servizi ovvero data in cui è corrisposto in tutto o in parte il corrispettivo, sempreché tale data sia diversa dalla data di emissione della fattura [(3)];

h) corrispettivi ed altri dati necessari per la determinazione della base imponibile, compresi quelli relativi ai beni ceduti a titolo di sconto, premio o abbuono di cui all'articolo 15, primo comma, n. 2;

i) corrispettivi relativi agli altri beni ceduti a titolo di sconto, premio o abbuono;

l) aliquota, ammontare dell'imposta e dell'imponibile con arrotondamento al centesimo di euro;

m) data della prima immatricolazione o iscrizione in pubblici registri e numero dei chilometri percorsi, delle ore navigate o delle ore volate, se trattasi di cessione intracomunitaria di mezzi di trasporto nuovi, di cui all'articolo 38, comma 4, del decreto-legge 30 agosto 1993, n. 331, convertito, con modificazioni, dalla legge 29 ottobre 1993, n. 427;

n) annotazione che la stessa. è emessa, per conto del cedente o prestatore, dal cessionario o committente ovvero da un terzo [(4)].

3. Se l'operazione o le operazioni cui si riferisce la fattura comprendono beni o servizi soggetti all'imposta con aliquote diverse, gli elementi e i dati di cui al comma 2, lettere g), h) ed l), sono indicati distintamente secondo l'aliquota applicabile. Per le operazioni effettuate nello stesso giorno nei confronti di un medesimo soggetto può essere emessa una sola fattura. Nel caso di più fatture elettroniche trasmesse in unico lotto allo stesso destinatario da parte dello stesso cedente o prestatore le indicazioni comuni alle diverse fatture possono essere inserite una sola volta, purché per ogni fattura sia accessibile la totalità delle informazioni. Il soggetto passivo assicura l'autenticità dell'origine, l'integrità del contenuto e la leggibilità della fattura dal momento della sua emissione fino al termine del suo periodo di conservazione; autenticità dell'origine ed integrità del contenuto possono essere garantite mediante sistemi di controllo di gestione che assicurino un collegamento affidabile tra la fattura e la cessione di beni o la prestazione di servizi ad essa riferibile, ovvero mediante l'apposizione della firma elettronica qualificata o digitale dell'emittente o mediante sistemi EDI di trasmissione elettronica dei dati o altre tecnologie in grado di garantire l'autenticità dell'origine e l'integrità dei dati. Le fatture redatte in lingua straniera sono tradotte in lingua nazionale, a fini di controllo, a richiesta dell'amministrazione finanziaria [(5)].

4. La fattura è emessa entro dodici giorni dall'effettuazione dell'operazione determinata ai sensi

dell'articolo 6. La fattura cartacea è compilata in duplice esemplare di cui uno è consegnato o spedito all'altra parte. In deroga a quanto previsto nel primo periodo [6]:

a) per le cessioni di beni la cui consegna o spedizione risulta da documento di trasporto o da altro documento idoneo a identificare i soggetti tra i quali è effettuata l'operazione ed avente le caratteristiche determinate con decreto del Presidente della Repubblica 14 agosto 1996, n. 472, nonché per le prestazioni di servizi individuabili attraverso idonea documentazione, effettuate nello stesso mese solare nei confronti del medesimo soggetto, può essere emessa una sola fattura, recante il dettaglio delle operazioni, entro il giorno 15 del mese successivo a quello di effettuazione delle medesime;

b) per le cessioni di beni effettuate dal cessionario nei confronti di un soggetto terzo per il tramite del proprio cedente la fattura è emessa entro il mese successivo a quello della consegna o spedizione dei beni;

c) per le prestazioni di servizi rese a soggetti passivi stabiliti nel territorio di un altro Stato membro dell'Unione europea non soggette all'imposta ai sensi dell'articolo 7-ter, la fattura è emessa entro il giorno 15 del mese successivo a quello di effettuazione dell'operazione;

d) per le prestazioni di servizi di cui all'articolo 6, sesto comma, primo periodo, rese o ricevute da un soggetto passivo stabilito fuori dell'Unione europea, la fattura è emessa entro il giorno 15 del mese successivo a quello di effettuazione dell'operazione [7].

5. Nelle ipotesi di cui all'articolo 17, secondo comma, primo periodo, il cessionario o il committente emette la fattura in unico esemplare, ovvero, ferma restando la sua responsabilità, si assicura che la stessa sia emessa, per suo conto, da un terzo [8].

6. La fattura è emessa anche per le tipologie di operazioni sottoelencate e contiene, in luogo dell'ammontare dell'imposta, le seguenti annotazioni con l'eventuale indicazione della relativa norma comunitaria o nazionale:

a) cessioni relative a beni in transito o depositati in luoghi soggetti a vigilanza doganale, non soggette all'imposta a norma dell'articolo 7 -bis comma 1, con l'annotazione «operazione non soggetta»;

b) operazioni non imponibili di cui agli articoli 8, 8-bis, 9 e 38-quater, con l'annotazione «operazione non imponibile»;

c) operazioni esenti di cui all'articolo 10, eccetto quelle indicate al n. 6), con l'annotazione «operazione esente»;

d) operazioni soggette al regime del margine previsto dal decreto-legge 23 febbraio 1995, n. 41, convertito, con modificazioni, dalla legge 22 marzo 1995, n. 85, con l'annotazione, a seconda dei casi, «regime del margine - beni usati», «regime del margine - oggetti d'arte» o «regime del margine - oggetti di antiquariato o da collezione»;

e) operazioni effettuate dalle agenzie di viaggio e turismo soggette al regime del margine previsto dall'articolo 74-ter, con l'annotazione «regime del margine - agenzie di viaggio [9].

6-bis. I soggetti passivi stabiliti nel territorio dello Stato emettono la fattura anche per le tipologie di operazioni sotto elencate quando non sono soggette all'imposta ai sensi degli articoli da 7 a 7-septies e indicano, in luogo dell'ammontare dell'imposta, le seguenti annotazioni con l'eventuale specificazione della relativa norma comunitaria o nazionale:

a) cessioni di beni e prestazioni di servizi, diverse da quelle di cui all'articolo 10, nn. da 1) a 4) e 9), effettuate nei confronti di un soggetto passivo che è debitore dell'imposta in un altro Stato membro dell'Unione europea, con l'annotazione «inversione contabile»;

b) cessioni di beni e prestazioni di servizi che si considerano effettuate fuori dell'Unione europea, con l'annotazione "operazione non soggetta [10].

6-ter. Le fatture emesse dal cessionario di un bene o dal committente di un servizio in virtù di un obbligo proprio recano l'annotazione «autofatturazione [11].

7. Se il cedente o prestatore emette fattura per operazioni inesistenti, ovvero se indica nella fattura i corrispettivi delle operazioni o le imposte relative in misura superiore a quella reale, l'imposta è dovuta per l'intero ammontare indicato o corrispondente alle indicazioni della fattura [12].

8. Le spese di emissione della fattura e dei conseguenti adempimenti e formalità non possono formare oggetto di addebito a qualsiasi titolo.

(1) Articolo modificato dall'articolo 2, comma 1, del D.L. 6 luglio 1974, n. 260, dall'articolo 1 del D.P.R. 23 dicembre 1974, n. 687, sostituito dall'articolo 1 del D.P.R. 29 gennaio 1979, n. 24, ulteriormente modificato dall'articolo 9 del D.P.R. 31 marzo 1979, n. 94, dall'articolo 8 del D.P.R. 30 dicembre 1980, n. 897, dall'articolo 10 del D.P.R. 30 dicembre 1981, n. 793, dall'articolo 5 del D.P.R. 28 dicembre 1982, n. 954, dall'articolo 3, comma 1, lettera a), del D.L. 29 settembre 1997, n. 328, dall'articolo 1, comma 1, lettera a), del D.Lgs. 23 marzo 1998, n. 56 e da ultimo sostituito dall'articolo 1, comma 1 del D.Lgs. 20 febbraio 2004, n. 52.

(2) Comma sostituito dall'articolo 1, comma 325, lettera d), numero 1, della legge 24 dicembre 2012, n. 228.

(3) Lettera inserita, con applicazione a decorrere dal 1° luglio 2019, dall'articolo 11, comma 1, lettera a), del D.L. 23 ottobre 2018, n. 119, convertito con modificazioni dalla Legge 17 dicembre 2018, n. 136.

(4) Comma modificato dall'articolo 1, comma 1, lettera m), numero 1), del D.Lgs. 11 febbraio 2010, n. 18 e, successivamente sostituito dall'articolo 1, comma 325, lettera d), numero 1, della legge 24 dicembre 2012, n. 228.

(5) Comma sostituito dall'articolo 1, comma 325, lettera d), numero 1, della legge 24 dicembre 2012, n. 228.

(6) Alinea modificato, con applicazione a decorrere dal 1° luglio 2019, dall'articolo 11, comma 1, lettera b), del D.L. 23 ottobre 2018, n. 119, convertito con modificazioni dalla Legge 17 dicembre 2018, n. 136 e successivamente dall'articolo 12-ter, comma 1, del D.L. 30 aprile 2019, n. 34, convertito, con modificazioni, dalla Legge 28 giugno 2019, n. 58.

(7) Comma sostituito dall'articolo 1, comma 325, lettera d), numero 1, della legge 24 dicembre 2012, n. 228.

(8) Comma modificato dall'articolo 1, comma 1, lettera m), numero 2), del D.Lgs. 11 febbraio 2010, n. 18 e, successivamente sostituito dall'articolo 1, comma 325, lettera d), numero 1, della legge 24 dicembre 2012, n. 228.

(9) Comma modificato dall'articolo 1, comma 1, lettera m), numero 3), del D.Lgs. 11 febbraio 2010, n. 18 e, successivamente sostituito dall'articolo 1, comma 325, lettera d), numero 1, della legge 24 dicembre 2012, n. 228.

(10) Comma inserito dall'articolo 1, comma 325, lettera d), numero 2, della legge 24 dicembre 2012, n. 228.

(11) Comma inserito dall'articolo 1, comma 325, lettera d), numero 2, della legge 24 dicembre 2012, n. 228.

(12) Comma sostituito dall'articolo 31, comma 1, del D.Lgs. 24 settembre 2015, n. 158, con la decorrenza indicata nell'articolo 32, comma 1, del medesimo D.Lgs. n. 158 del 2015, come modificato dall'articolo 1, comma 133, della Legge 28 dicembre 2015, n. 208.

21 *bis*. Fattura semplificata [1]. – 1. Fermo restando quanto previsto dall'articolo 21, la fattura di ammontare complessivo non superiore a cento euro, nonché la fattura rettificativa di cui all'articolo 26, può essere emessa in modalità semplificata recando, in luogo di quanto previsto dall'articolo 21, almeno le seguenti indicazioni:

a) data di emissione;

b) numero progressivo che la identifichi in modo univoco;

c) ditta, denominazione o ragione sociale, nome e cognome, residenza o domicilio del soggetto cedente o prestatore, del rappresentante fiscale nonché ubicazione della stabile organizzazione per i soggetti non residenti;

d) numero di partita IVA del soggetto cedente o prestatore;

e) ditta, denominazione o ragione sociale, nome e cognome, residenza o domicilio del soggetto cessionario o committente, del rappresentante fiscale nonché ubicazione della stabile organizzazione per i soggetti non residenti; in alternativa, in caso di soggetto stabilito nel territorio dello Stato può essere indicato il solo codice fiscale o il numero di partita IVA, ovvero, in caso di soggetto passivo stabilito in un altro Stato membro dell'Unione europea, il solo numero di identificazione IVA attribuito dallo Stato membro di stabilimento;

f) descrizione dei beni ceduti e dei servizi resi;

g) ammontare del corrispettivo complessivo e dell'imposta incorporata, ovvero dei dati che permettono di calcolarla;

h) per le fatture emesse ai sensi dell'articolo 26, il riferimento alla fattura rettificata e le indicazioni specifiche che vengono modificate.

2. La fattura semplificata non può essere emessa per le seguenti tipologie di operazioni:

a) cessioni intracomunitarie di cui all'articolo 41 del decreto-legge 30 agosto 1993, n. 331, convertito, con modificazioni, dalla legge 29 ottobre 1993, n. 427;

b) operazioni di cui all'articolo 21, comma 6-bis, lettera a).

3. Con decreto di natura non regolamentare il Ministro dell'economia e delle finanze può innalzare fino a quattrocento euro il limite di cui al comma 1, ovvero consentire l'emissione di fatture semplificate anche senza limiti di importo per le operazioni effettuate nell'ambito di specifici settori di attività o da specifiche tipologie di soggetti per i quali le pratiche commerciali o amministrative ovvero le condizioni tecniche di emissione delle fatture rendono particolarmente difficoltoso il rispetto degli obblighi di cui agli articoli 13, comma 4, e 21, comma 2.

(1) *Articolo inserito dall'articolo 1, comma 325, lettera e), della legge 24 dicembre 2012, n. 228.*

22. Commercio al minuto e attività assimilate (1). – Vigente dal 30/06/2019

L'emissione della fattura non è obbligatoria, se non è richiesta dal cliente non oltre il momento di effettuazione dell'operazione:

1) per le cessioni di beni effettuate da commercianti al minuto autorizzati in locali aperti al pubblico, in spacci interni, mediante apparecchi di distribuzione automatica, per corrispondenza, a domicilio o in forma ambulante;

2) per le prestazioni alberghiere e le somministrazioni di alimenti e bevande effettuate dai pubblici esercizi, nelle mense aziendali o mediante apparecchi di distribuzione automatica;

3) per le prestazioni di trasporto di persone nonché di veicoli e bagagli al seguito;

4) per le prestazioni di servizi rese nell'esercizio di imprese in locali aperti al pubblico, in forma ambulante o nell'abitazione dei clienti;

5) per le prestazioni di custodia e amministrazione di titoli e per gli altri servizi resi da aziende o istituti di credito e da società finanziarie o fiduciarie;

6) per le operazioni esenti indicate ai numeri da 1) a 5) e ai numeri 7), 8), 9), 16) e 22) dell'art. 10, [*rientranti nell'attività propria delle imprese che le effettuano*] (2).

6-bis) per l'attività di organizzazione di escursioni, visite della città, giri turistici ed eventi similari, effettuata dalle agenzie di viaggi e turismo (3).

6-ter) per le prestazioni di servizi di telecomunicazione, di servizi di teleradiodiffusione e di servizi elettronici resi a committenti che agiscono al di fuori dell'esercizio d'impresa, arte o professione (4).

6-quater) per le prestazioni di gestione del servizio delle lampade votive nei cimiteri (5).

La disposizione del comma precedente può essere dichiarata applicabile, con decreto del Ministro delle finanze, ad altre categorie di contribuenti che prestino servizi al pubblico con caratteri di uniformità, frequenza e importo limitato tali da rendere particolarmente onerosa l'osservanza dell'obbligo di fatturazione e degli adempimenti connessi.

Gli imprenditori che acquistano beni che formano oggetto dell'attività propria dell'impresa da commercianti al minuto ai quali è consentita l'emissione della fattura sono obbligati a richiederla. Gli acquisti di carburante per autotrazione effettuati presso gli impianti stradali di distribuzione da parte di soggetti passivi dell'imposta sul valore aggiunto devono essere documentati con la fattura elettronica (6)(7)(8)(9)(10).

(1) *Articolo modificato dall'articolo 1 del D.P.R. 23 dicembre 1974, n. 687 e successivamente sostituito dall'articolo 1 del D.P.R. 29 gennaio 1979, n. 24.*

(2) *Numero sostituito dall'articolo 9 del D.P.R. 31 marzo 1979, n. 94 e successivamente modificato dall'articolo 3, comma 6, della legge 17 gennaio 2000, n. 7.*

(3) *Numero aggiunto dall'articolo 2, comma 13-ter, del D.L. 2 marzo 2012, n. 16, convertito con modificazioni dalla Legge 26 aprile 2012, n. 44.*

(4) *Numero aggiunto dall'articolo 1, comma 1, lettera c), del D.Lgs. 31 marzo 2015, n. 42. Per l'applicazione della presente disposizione vedi l'articolo 8, comma 1, del D.Lgs. 42/2015 medesimo.*

(5) *Numero aggiunto dall'articolo 12-bis, comma 1, del D.L. 30 aprile 2019, n. 34, convertito, con modificazioni, dalla Legge 28 giugno 2019, n. 58. Le disposizioni di cui al presente numero si applicano dal 1° gennaio 2019.*

(6) *A norma dell'articolo 37, comma 33, del D.L. 4 luglio 2006, n. 223, i soggetti di cui al presente articolo, compresi quelli indicati all'articolo 1, comma 429, della legge 30 dicembre 2004, n. 311, trasmettono telematicamente all'Agenzia delle entrate, distintamente per ciascun punto vendita, l'ammontare complessivo dei corrispettivi giornalieri delle cessioni di beni e delle prestazioni di servizi di cui agli articoli 2 e 3 del presente decreto n. 633 del 1972. Per l'efficacia delle disposizioni di cui al presente articolo vedi articolo 37, comma 37 del D.L. 4 luglio 2006, n. 223, come modificato dall'articolo 1, comma 327, della legge 27 dicembre 2006, n. 296.*

(7) *A norma dell'articolo 1, comma 363, della legge 24 dicembre 2007, n. 244, i soggetti di cui al presente articolo, in relazione alle cessioni di beni e alle prestazioni di servizi effettuate tramite distributori automatici, sono tenuti a memorizzare su supporto elettronico, distintamente per ciascun apparecchio, le singole operazioni. Per la decorrenza della modifica al presente articolo, vedi il comma 365 del medesimo articolo 1 della legge 244/2007.*

(8) *Vedi l'articolo 3, commi 1 e 2-bis, del D.L. 2 marzo 2012, n. 16*

(9) *Vedi l'articolo 2, comma 1, del DLgs. 05 agosto 2015, n. 127.*

(10) *Periodo aggiunto dall'articolo 1, comma 920, della Legge 27 dicembre 2017, n. 205, le disposizioni del presente periodo si applicano a partire dal 1°luglio 2018, come disposto dall'articolo 1, comma 927, della Legge 205/2017.*

23. Registrazione delle fatture (1). – Il contribuente deve annotare in apposito registro le fatture emesse, nell'ordine della loro numerazione, entro il giorno 15 del mese successivo a quello di effettuazione delle operazioni e con riferimento allo stesso mese di effettuazione delle operazioni. Le fatture di cui all'articolo 21, comma 4, terzo periodo, lettera b), sono registrate entro il giorno 15 del mese successivo a quello di emissione e con riferimento al medesimo mese (2).

Per ciascuna fattura devono essere indicati il numero progressivo e la data di emissione di essa, l'ammontare imponibile dell'operazione o delle operazioni e l'ammontare dell'imposta, distinti secondo l'aliquota applicata, e la ditta, denominazione o ragione sociale del cessionario del bene o del committente del servizio, ovvero, nelle ipotesi di cui al secondo comma dell'art. 17, del cedente o del prestatore(3).

Se l'altro contraente non è un'impresa, società o ente devono essere indicati, in luogo della ditta, denominazione o ragione sociale, il nome e il cognome. Per le fatture relative alle operazioni di cui all'articolo 21, commi 6 e 6-bis, devono essere indicati, in luogo dell'ammontare dell'imposta, il titolo di inapplicabilità di essa ed, eventualmente, la relativa norma (4).

[*Per le fatture di importo inferiore a lire cinquantamila può essere annotato, in luogo di ciascuna, un documento riepilogativo sul quale devono essere indicati i numeri delle fatture cui si riferisce, l'ammontare complessivo imponibile delle operazioni e l'ammontare dell'imposta, distinti secondo l'aliquota applicata.*] (5)

Nell'ipotesi di cui al quinto comma dell'art. 6 le fatture emesse devono essere registrate anche dal soggetto destinatario in apposito registro, bollato e numerato ai sensi dell'art. 39, secondo modalità e termini stabiliti con apposito decreto ministeriale (6).

(1) *Articolo modificato dall'articolo 2, comma 1, del D.L. 6 luglio 1974, n. 260, dall'articolo 1 del D.P.R. 23 dicembre 1974, n. 687 e successivamente sostituito dall'articolo 1 del D.P.R. 29 gennaio 1979, n. 24.*
(2) *Comma modificato dall'articolo 3, comma 1, lettera b), numero 1), del D.L. 30 dicembre 1993, n. 557, dall'articolo 3, comma 1, lettera b), del D.L. 29 settembre 1997, n. 328 e successivamente dall'articolo 12, comma 1, del D.L. 23 ottobre 2018, n. 119, convertito con modificazioni dalla Legge 17 dicembre 2018, n. 136.*
(3) *Comma modificato dall'articolo 3, comma 1, lettera b), numero 2), del D.L. 30 dicembre 1993, n. 557, successivamente dall'articolo 1, comma 1, lettera n), del D.Lgs. 11 febbraio 2010, n. 18 e, da ultimo, dall'articolo 1, comma 330, lettera c), della legge 24 dicembre 2012, n. 228.*
(4) *Comma modificato dall'articolo 1, comma 330, lettera d), della legge 24 dicembre 2012, n. 228.*
(5) *Comma abrogato dall'articolo 6, comma 9, lettera a), del D.P.R. 9 dicembre 1996, n. 695.*
(6) *Comma aggiunto dall'articolo 10-bis, del D.L. 23 febbraio 1995, n. 41.*

24. Registrazione dei corrispettivi (1). – I commercianti al minuto e gli altri contribuenti di cui all'art. 22, in luogo di quanto stabilito nell'articolo precedente, possono annotare in apposito registro, relativamente alle operazioni effettuate in ciascun giorno, l'ammontare globale dei corrispettivi delle operazioni imponibili e delle relative imposte, distinto secondo l'aliquota applicabile, nonchè l'ammontare globale dei corrispettivi delle operazioni di cui all'articolo 21, commi 6 e 6-bis, distintamente per ciascuna tipologia di operazioni ivi indicata. L'annotazione deve essere eseguita, con riferimento al giorno in cui le operazioni sono effettuate, entro il giorno non festivo successivo. [*Le operazioni assoggettate all'obbligo del rilascio della ricevuta fiscale devono essele annotate distintamente, secondo l'aliquota applicabile*] (2).

Nella determinazione dell'ammontare giornaliero dei corrispettivi devono essere computati anche i corrispettivi delle operazioni effettuate con emissione di fattura, comprese quelle relative ad immobili e beni strumentali e quelle indicate nel secondo comma dell'art. 17, ineludendo nel corrispettivo anche l'imposta (3).

Per determinate categorie di commercianti al minuto, che effettuano promiscuamente la vendita di beni soggetti ad aliquote d'imposta diverse, il Ministro delle finanze può consentire, stabilendo le modalità da osservare, che la registrazione dei corrispettivi delle operazioni imponibili sia fatta senza distinzione per aliquote e che la ripartizione dell'ammontare dei corrispettivi ai fini dil'applicazione delle diverse aliquote sia fatta in proporzione degli acquisti.

I commercianti al minuto che tengono il registro di cui al primo comma in luogo diverso da quello in cui svolgono l'attività di vendita devono eseguire le annotazioni prescritte nel primo comma, nei termini ivi indicati, anche in un registro di prima nota tenuto e conservato nel luogo o in ciascuno dei luoghi in cui svolgono l'attività di vendita. Le relative modalità sono stabilite con decreto del Ministro delle finanze.

(1) *Articolo modificato dall'articolo 1 del D.P.R. 23 dicembre 1974, n. 687 e successivamente sostituito dall'articolo 1 del D.P.R. 29 gennaio 1979, n. 24.*
(2) *Comma sostituito dall'articolo 9 del D.P.R. 30 dicembre 1980, n. 897, dall'articolo 11 del D.P.R. 30 dicembre 1981, n. 793 e successivamente modificato, a decorrere dal 1° luglio 1994, dall'articolo 3, comma 1, lettera c), del D.L. 30 dicembre 1993, n. 557, come modificato dall'articolo 5 del D.L. 23 maggio 1994, n. 308 in seguito modificato dall'articolo 6, comma 9, del D.P.R. 9 dicembre 1996, n. 695 e, da ultimo ulteriormente, modificato dall'articolo 1, comma 330, lettera e), della legge 24 dicembre 2012, n. 228..*
(3) *Comma modificato dall'articolo 1, comma 1, lettera o), del D.Lgs. 11 febbraio 2010, n. 18.*

25. Registrazione degli acquisti (1). – Il contribuente deve annotare in un apposito registro le fatture e le bollette doganali relative ai beni e ai servizi acquistati o importati nell'esercizio dell'impresa, arte o professione, comprese quelle emesse a norma del secondo comma dell'articolo 17, anteriormente alla liquidazione periodica nella quale è esercitato il diritto alla detrazione della relativa imposta e comunque entro il termine di presentazione della dichiarazione annuale relativa all'anno di ricezione della fattura e con riferimento al medesimo anno (2).

[*Il contribuente deve numerare in ordine progressivo le fatture e le bollette doganali relative ai beni e ai servizi acquistati o importati nell'esercizio dell'impresa, arte o professione, comprese quelle emesse a norma del terzo comma dell'art. 17, e deve annotarle in apposito registro entro il mese successivo a quello in cui ne è venuto in possesso.*] (3)

Dalla registrazione devono risultare la data della fattura o bolletta, [*il numero progressivo ad essa attribuito,*] la ditta, denominazione o ragione sociale del cedente del bene o prestatore del servizio ovvero il nome e cognome se non si tratta di imprese, società o enti, nonchè l'ammontare imponibile e l'ammontare dell'imposta distinti secondo l'aliquota. Per le fatture relative alle operazioni di cui all'articolo 21, commi 6 e 6-bis, devono essere indicati, in luogo dell'ammontare dell'imposta, il titolo di inapplicabilità di essa e, eventualmente, la relativa norma (4).

[*Per le fatture di importo inferiore a lire cinquantamila, che non siano relative a beni che formano oggetto dell'attività propria dell'impresa o dell'arte o professione, può essere annotato, in luogo delle singole fatture, un documento riepilogativo nel quale devono essere indicati i numeri, attribuiti dal destinatario, delle fatture cui si riferi-*

sce, l'ammontare imponibile complessivo delle operazioni e l'ammontare dell'imposta, distinti secondo l'aliquota.] (5)

La disposizione del comma precedente si applica anche per le fatture relative a prestazioni di trasporto e per quelle pervenute tramite spedizionieri o agenzie di viaggi, quale ne sia l'importo.

(1) *Articolo modificato dall'articolo 1 del D.P.R. 23 dicembre 1974, n. 687 e successivamente sostituito, a decorrere dal 1° gennaio 1973, dall'articolo 1 del D.P.R. 29 gennaio 1979, n. 24.*
(2) *Comma aggiunto dall'articolo 4, comma 1, lettera a), del D.Lgs. 2 settembre 1997, n. 313 e successivamente modificato dall'articolo 1, comma 1, lettera d), del D.Lgs. 23 marzo 1998, n. 56, dall'articolo 1, comma 1, lettera p), del D.Lgs. 11 febbraio 2010, n. 18 e dall'articolo 2, comma 2, del D.L. 24 aprile 2017, n. 50, convertito, con modificazioni, dalla Legge 21 giugno 2017, n. 96. A norma del comma 2-bis del medesimo articolo 2, la presente disposizione si applica alle fatture e alle bollette doganali emesse dal 1° gennaio 2017. Da ultimo ulteriormente modificato dall'articolo 13, comma 1, lettera a), del D.L. 23 ottobre 2018, n. 119, convertito con modificazioni dalla Legge 17 dicembre 2018, n. 136.*
(3) *Comma abrogato dall'articolo 6, comma 9, lettera c), del D.P.R. 9 dicembre 1996, n. 695.*
(4) *Comma modificato dall'articolo 1, comma 330, lettera f), della legge 24 dicembre 2012, n. 228 e successivamente dall'articolo 13, comma 1, lettera b), del D.L. 23 ottobre 2018, n. 119, convertito con modificazioni dalla Legge 17 dicembre 2018, n. 136.*
(5) *Comma abrogato dall'articolo 6, comma 9, lettera c), del D.P.R. 9 dicembre 1996, n. 695.*

26. Variazioni dell'imponibile o dell'imposta (1). – 1. Le disposizioni degli articoli 21 e seguenti devono essere osservate, in relazione al maggiore ammontare, tutte le volte che successivamente all' emissione della fattura o alla registrazione di cui agli articoli 23 e 24 l'ammontare imponibile di un'operazione o quello della relativa imposta viene ad aumentare per qualsiasi motivo, compresa la rettifica di inesattezze della fatturazione o della registrazione.

2. Se un'operazione per la quale sia stata emessa fattura, successivamente alla registrazione di cui agli articoli 23 e 24, viene meno in tutto o in parte, o se ne riduce l'ammontare imponibile, in conseguenza di dichiarazione di nullità, annullamento, revoca, risoluzione, rescissione e simili [*o per mancato pagamento in tutto o in parte a causa di procedure concorsuali o di procedure esecutive individuali rimaste infruttuose o a seguito di un accordo di ristrutturazione dei debiti omologato ai sensi dell'articolo 182-bis del regio decreto 16 marzo 1942, n. 267, ovvero di un piano attestato ai sensi dell'articolo 67, terzo comma, lettera d), del medesimo regio decreto n. 267 del 1942, pubblicato nel registro delle imprese*] o in conseguenza dell'applicazione di abbuoni o sconti previsti contrattualmente, il cedente del bene o prestatore del servizio ha diritto di portare in detrazione ai sensi dell'articolo 19 l'imposta corrispondente alla variazione, registrandola a norma dell'articolo 25 (2)(3).

3. La disposizione di cui al comma 2 non può essere applicata dopo il decorso di un anno dall'effettuazione dell'operazione imponibile qualora gli eventi ivi indicati si verifichino in dipendenza di sopravvenuto accordo fra le parti e può essere applicata, entro lo stesso termine, anche in caso di rettifica di inesattezze della fatturazione che abbiano dato luogo all'applicazione dell'articolo 21, comma 7.

3-bis. La disposizione di cui al comma 2 si applica anche in caso di mancato pagamento del corrispettivo, in tutto o in parte, da parte del cessionario o committente:

a) a partire dalla data in cui quest'ultimo è assoggettato a una procedura concorsuale o dalla data del decreto che omologa un accordo di ristrutturazione dei debiti di cui all'articolo 182-bis del Regio Decreto 16 marzo 1942, n. 267, o dalla data di pubblicazione nel registro delle imprese di un piano attestato ai sensi dell'articolo 67, terzo comma, lettera d), del regio decreto 16 marzo 1942, n. 267; (4)

b) a causa di procedure esecutive individuali rimaste infruttuose (5).

[*4. La disposizione di cui al comma 2 si applica anche in caso di mancato pagamento, in tutto o in parte, da parte del cessionario o committente:*

a) a partire dalla data in cui quest'ultimo è assoggettato a una procedura concorsuale o dalla data del decreto che omologa un accordo di ristrutturazione dei debiti di cui all' articolo 182-bis del regio decreto 16 marzo 1942, n. 267 , o dalla data di pubblicazione nel registro delle imprese di un piano attestato ai sensi dell' articolo 67, terzo comma, lettera d), del regio decreto 16 marzo 1942, n. 267 ;

b) a causa di procedure esecutive individuali rimaste infruttuose.] (6)

5. Ove il cedente o prestatore si avvalga della facoltà di cui al comma 2, il cessionario o committente, che abbia già registrato l'operazione ai sensi dell'articolo 25, deve in tal caso registrare la variazione a norma dell'articolo 23 o dell'articolo 24, nei limiti della detrazione operata, salvo il suo diritto alla restituzione dell'importo pagato al cedente o prestatore a titolo di rivalsa. L'obbligo di cui al primo periodo non si applica nel caso di procedure concorsuali di cui al comma 3-bis, lettera a). (7)(8)

5-bis. Nel caso in cui, successivamente agli eventi di cui al comma 3-bis, il corrispettivo sia pagato, in tutto o in parte, si applica la disposizione di cui al comma 1. In tal caso, il cessionario o committente che abbia assolto all'obbligo di cui al comma 5 ha diritto di portare in detrazione ai sensi dell'articolo 19 l'imposta corrispondente alla variazione in aumento (9).

[*6. Nel caso in cui, successivamente agli eventi di cui al comma 4, il corrispettivo sia pagato, in tutto o in parte, si applica la disposizione di cui al comma 1. In tal caso, il cessionario o committente che abbia assolto all'obbligo di cui al comma 5 ha diritto di portare in detrazione ai sensi dell'articolo 19 l'imposta corrispondente alla variazione in aumento.*] (10)

7. La correzione di errori materiali o di calcolo nelle registrazioni di cui agli articoli 23, 25 e 39 e nelle liquidazioni periodiche di cui all'articolo 27, all' articolo 1 del regolamento di cui al decreto del Presidente della Repubblica 23 marzo 1998, n. 100 , e successive modificazioni, e all' articolo 7 del regolamento di cui al decreto del Presidente della Repubblica 14 ottobre 1999, n. 542 , e successive modificazioni, deve essere fatta, mediante annotazione delle variazioni dell'imposta in aumento nel registro di cui all'articolo 23 e delle variazioni dell'imposta in diminuzione nel registro di cui all'articolo 25. Con le stesse modalità devono essere corretti, nel registro di cui all'articolo 24, gli errori materiali inerenti alla trascrizione di dati indicati nelle fatture o nei registri tenuti a norma di legge.

8. Le variazioni di cui ai commi 2, 3, 3-bis e 5 e quelle per errori di registrazione di cui al comma 7 possono essere effettuate dal cedente o prestatore del servizio e dal cessionario o committente anche mediante apposite annotazioni in rettifica rispettivamente sui registri di cui agli articoli 23 e 24 e sul registro di cui all'articolo 25 (11).

9. Nel caso di risoluzione contrattuale, relativa a contratti a esecuzione continuata o periodica, conseguente a inadempimento, la facoltà di cui al comma 2 non si estende a quelle cessioni e a quelle prestazioni per cui sia il cedente o presta-

tore che il cessionario o committente abbiano correttamente adempiuto alle proprie obbligazioni.

10. La facoltà di cui al comma 2 può essere esercitata, ricorrendo i presupposti di cui a tale disposizione, anche dai cessionari e committenti debitori dell'imposta ai sensi dell'articolo 17 o dell'articolo 74 del presente decreto ovvero dell' articolo 44 del decreto-legge 30 agosto 1993, n. 331 , convertito, con modificazioni, dalla legge 29 ottobre 1993, n. 427 , e successive modificazioni. In tal caso, si applica ai cessionari o committenti la disposizione di cui al comma 5.

10-bis. Ai fini del comma 3-bis, lettera a), il debitore si considera assoggettato a procedura concorsuale dalla data della sentenza dichiarativa del fallimento o del provvedimento che ordina la liquidazione coatta amministrativa o del decreto di ammissione alla procedura di concordato preventivo o del decreto che dispone la procedura di amministrazione straordinaria delle grandi imprese in crisi [12] .

[*11. Ai fini del comma 4, lettera a), il debitore si considera assoggettato a procedura concorsuale dalla data della sentenza dichiarativa del fallimento o del provvedimento che ordina la liquidazione coatta amministrativa o del decreto di ammissione alla procedura di concordato preventivo o del decreto che dispone la procedura di amministrazione straordinaria delle grandi imprese in crisi.*] [13]

12. Ai fini del comma 3-bis, lettera b), una procedura esecutiva individuale si considera in ogni caso infruttuosa [14]:

a) nell'ipotesi di pignoramento presso terzi, quando dal verbale di pignoramento redatto dall'ufficiale giudiziario risulti che presso il terzo pignorato non vi sono beni o crediti da pignorare;

b) nell'ipotesi di pignoramento di beni mobili, quando dal verbale di pignoramento redatto dall'ufficiale giudiziario risulti la mancanza di beni da pignorare ovvero l'impossibilità di accesso al domicilio del debitore ovvero la sua irreperibilità;

c) nell'ipotesi in cui, dopo che per tre volte l'asta per la vendita del bene pignorato sia andata deserta, si decida di interrompere la procedura esecutiva per eccessiva onerosità

[1]Articolo modificato dall'articolo 1 del D.P.R. 23 dicembre 1974, n. 687 e successivamente sostituito dall'articolo 1 del D.P.R. 29 gennaio 1979, n. 24, come modificato dall'Avviso di rettifica pubblicato nella Gazzetta ufficiale 26 febbraio 1979, n. 56, dall'articolo 12 del D.P.R. 30 dicembre 1981, n. 793 , dall'articolo 2, comma 1, lettera c-bis), del D.L. 31 dicembre 1996, n. 669 , dall'articolo 13-bis, comma 1, del D.L. 28 marzo 1997, n. 79 convertito con modificazioni dalla Legge 28 maggio 1997, n. 140 , dall' articolo 31, comma 1, del D.Lgs. 21 novembre 2014, n. 175 e, da ultimo, sostituito dall'articolo 1, comma 126, della Legge 28 dicembre 2015, n. 208; per l'applicazione delle presenti disposizioni vedi il comma 127 del medesimo articolo.

[2]Comma modificato dall'articolo 1, comma 567, lettera a), della Legge 11 dicembre 2016, n. 232e successivamente dall'articolo 18, comma 1, lettera a), del D.L. 25 maggio 2021, n. 73, convertito, con modificazioni, dalla Legge 23 luglio 2021, n. 106.

[3]Per l'interpretazione delle disposizioni di cui al presente comma, vedi l'articolo 1, comma 394, della Legge 27 dicembre 2017, n. 205.

[4]A norma dell'articolo 18, comma 2 del D.L. 25 maggio 2021, n. 73, convertito, con modificazioni, dalla Legge 23 luglio 2021, n. 106, come modificato dall'articolo 3 bis, comma 1, del D.L. 30 dicembre 2021, n. 228, convertito con modificazioni dalla Legge 25 febbraio 2022, n. 15, le disposizioni di cui alla presente lettera si applicano alle procedure concorsuali avviate dal 26 maggio 2021 compreso.

[5]Comma inserito dall'articolo 18, comma 1, lettera b), del D.L. 25 maggio 2021, n. 73, convertito, con modificazioni, dalla Legge 23 luglio 2021, n. 106.

[6]Comma abrogato dall'articolo 1, comma 567, lettera d), della Legge 11 dicembre 2016, n. 232.

[7]Comma modificato dall'articolo 1, comma 567, lettera d), della Legge 11 dicembre 2016, n. 232 e successivamente dall'articolo 18, comma 1, lettera c), del D.L. 25 maggio 2021, n. 73, convertito, con modificazioni, dalla Legge 23 luglio 2021, n. 106.

[8]Per l'interpretazione delle disposizioni di cui al presente comma, vedi l'articolo 1, comma 394, della Legge 27 dicembre 2017, n. 205. A norma dell'articolo 18, comma 2 del D.L. 25 maggio 2021, n. 73, convertito, con modificazioni, dalla Legge 23 luglio 2021, n. 106, come modificato dall'articolo 3 bis, comma 1, del D.L. 30 dicembre 2021, n. 228, convertito con modificazioni dalla Legge 25 febbraio 2022, n. 15, le disposizioni di cui al presente comma , secondo periodo, si applicano alle procedure concorsuali avviate dal 26 maggio 2021 compreso .

[9] Comma inserito dall'articolo 18, comma 1, lettera d), del D.L. 25 maggio 2021, n. 73, convertito, con modificazioni, dalla Legge 23 luglio 2021, n. 106.

[10] Comma abrogato dall'articolo 1, comma 567, lettera d), della Legge 11 dicembre 2016, n. 232.

[11] Comma modificato dall'articolo 1, comma 567, lettera b), della Legge 11 dicembre 2016, n. 232 e successivamente dall'articolo 18, comma 1, lettera e), del D.L. 25 maggio 2021, n. 73, convertito, con modificazioni, dalla Legge 23 luglio 2021, n. 106.

[12] Comma inserito dall'articolo 18, comma 1, lettera f), del D.L. 25 maggio 2021, n. 73, convertito, con modificazioni, dalla Legge 23 luglio 2021, n. 106.

[13] Comma abrogato dall'articolo 1, comma 567, lettera d), della Legge 11 dicembre 2016, n. 232.

[14] Alinea modificato dall'articolo 1, comma 567, lettera c), della Legge 11 dicembre 2016, n. 232 e successivamente dall'articolo 18, comma 1, lettera g), del D.L. 25 maggio 2021, n. 73, convertito, con modificazioni, dalla Legge 23 luglio 2021, n. 106.

27. Dichiarazioni e versamenti mensili [1]. – [*Entro il giorno 18 di ciascun mese il contribuente deve calcolare in apposita sezione del registro di cui all'art. 23 o del registro di cui all'art. 24, la differenza tra l'ammontare complessivo dell'imposta divenuta esigibile nel mese precedente e quello dell'imposta per la quale il diritto alla detrazione viene esercitato nello stesso mese ai sensi dell'art. 19.*] [2]

[*Entro il termine previsto dal primo comma il contribuente deve versare l'importo della differenza a norma dell'art. 38, annotando sul registro gli estremi della relativa attestazione. Qualora l'importo non superi il limite di lire cinquantamila il versamento dovrà essere effettuato insieme a quello relativo al mese successivo.*] [3]

Se dal calcolo risulta una differenza a favore del contribuente, il relativo importo è computato in detrazione nel mese successivo.

Per i commercianti al minuto e per gli altri contribuenti di cui all'articolo 22 l'importo da versare o da riportare al mese successivo è determinato sulla base dell'ammontare complessivo dell'imposta relativa ai corrispettivi delle operazioni imponibili registrate per il mese precedente ai sensi dell'articolo 24, calcolata su una quota imponibile ottenuta dividendo i corrispettivi stessi per 104 quando l'imposta è del quattro per cento, per 110 quando l'imposta è del dieci per cento, per 121 quando l'imposta è del ventuno per cento, moltiplicando il quoziente per cento ed arrotondando il prodotto, per difetto o per eccesso, al centesimo di euro [4].

[*Le detrazioni non computate per il mese di competenza non possono essere computate per i mesi successivi, ma soltanto in sede di dichiarazione annuale.*] [5]

[1] Articolo modificato dall'articolo 1, comma 2, del D.L. 6 luglio 1974, n. 254, dall'articolo 1 del D.P.R. 23 dicembre 1974, n. 687 dall'articolo 30, comma 4, del D.L. 18 marzo 1976, n. 46, dall'articolo 12, comma 4, del D.L. 7 febbraio 1977, n. 15 e successivamente sostituito dall'articolo 1 del D.P.R. 29 gennaio 1979, n. 24, come modificato dall'Avviso di rettifica pubblicato nella Gazzetta ufficiale 26 febbraio 1979, n. 56.

[2] Comma sostituito dall'articolo 7, comma 1, del D.L. 30 maggio 1988, n. 173, con la decorrenza prevista dal comma 2 dell'articolo 7 medesimo, successivamente modificato dall'articolo 8, comma 1, del D.L. 27 aprile 1990, n. 90, ulteriormente sostituito dall'articolo 6, comma 1, della legge 29 dicembre 1990, n. 405, modificato dall'articolo 1, comma 5, lettera c), del D.L. 13 maggio 1991, n. 151 e dall'articolo 3, comma 1, lettera d), numero 1), del D.L. 30 dicembre 1993, n. 557, successivamente sostituito dall'articolo 4, comma 1, lettera b), numero 1), del D.Lgs. 2

settembre 1997, n. 313 e da ultimo abrogato dall'articolo 2, comma 1, del D.P.R. 23 marzo 1998, n. 100.
[3] *Comma sostituito dall'articolo 10 del D.P.R. 30 dicembre 1980, n. 897, successivamente modificato dall'articolo 1, comma 5, lettera d), del D.L. 13 maggio 1991, n. 151 e da ultimo abrogato dall'articolo 2, comma 1, del D.P.R. 23 marzo 1998, n. 100.*
[4] *Comma modificato dall'articolo 12, comma 1, del D.L. 31 ottobre 1980, n. 693, dall'articolo 11 della legge 22 dicembre 1980, n. 889, dall'articolo 4, comma 1, del D.L. 1° ottobre 1982, n. 697, dall'articolo 1, comma 5, lettera e), del D.L. 13 maggio 1991, n. 151, dall'articolo 36, comma 7, del D.L. 30 agosto 1993, n. 331, successivamente, a decorrere dal 1° luglio 1994, dall'articolo 3, comma 1, lettera d, numeri 2) e 3), del D.L. 30 dicembre 1993, n. 557, come modificato dall'articolo 5 del D.L. 23 maggio 1994, n. 308 e da ultimo sostituito dall'articolo 2, comma 2-bis, lettera b), del D.L. 13 agosto 2011, n. 138.*
[5] *Comma abrogato dall'articolo 4, comma 1, lettera b), numero 2), del D.Lgs. 2 settembre 1997, n. 313.*

28. Dichiarazione annuale [1]. – [*1. Tra il 1° febbraio ed il 15 marzo di ciascun anno il contribuente presenta, in duplice esemplare, la dichiarazione relativa all'anno solare precedente, redatta in conformità al modello approvato con decreto del Ministro delle finanze da pubblicare nella Gazzetta Ufficiale entro il 20 dicembre dell'anno precedente a quello in cui deve essere utilizzato. Sono esonerati dalla presentazione della dichiarazione i contribuenti che nell'anno solare precedente hanno effettuato soltanto operazioni esenti ai sensi dell'art. 10 salvo che siano tenuti alle rettifiche delle detrazioni di cui all'art. 19- bis 2. I contribuenti con periodo d'imposta coincidente, agli effetti delle imposte sui redditi, con l'anno solare obbligati alla presentazione anche della dichiarazione dei redditi e di quella del sostituto d'imposta, qualora abbiano effettuato ritenute alla fonte nei riguardi di non più di dieci soggetti, devono presentare, entro il termine di cui all'art. 9 del decreto del Presidente della Repubblica 29 settembre 1973, n. 600, la dichiarazione unificata annuale, redatta in conformità all'art. 8 dello stesso decreto.*

2. La dichiarazione deve indicare i dati e gli elementi necessari per la individuazione del contribuente, per la determinazione dell'ammontare delle operazioni e dell'imposta, nonchè per l'effettuazione dei controlli e gli altri elementi richiesti nel modello di dichiarazione, esclusi quelli che l'amministrazione finanziaria è in grado di acquisire direttamente.

3. Il contribuente perde il diritto alle detrazioni non esercitate entro il termine stabilito dall'art. 19, comma 1, secondo periodo.

4. La dichiarazione annuale deve essere presentata anche dai contribuenti che non hanno effettuato operazioni imponibili.] [2]

[1] *Articolo modificato dall'articolo 1 del D.P.R. 23 dicembre 1974, n. 687, dall'articolo 1 del D.P.R. 30 novembre 1977, n. 888, dall'articolo 1 del D.P.R. 29 gennaio 1979, n. 24, dall'articolo 11, comma 4, lettera a), della legge 30 dicembre 1991, n. 413 dall'articolo 3, comma 1, lettera e), del D.L. 30 dicembre 1993, n. 557, come modificato dall'articolo 5 del D.L. 23 maggio 1994, n. 308, dall'articolo 1, comma 3, lettera a), del D.L. 31 maggio 1994, n. 330 e successivamente sostituito dall'articolo 11, comma 1, lettera a), del D.Lgs. 9 luglio 1997, n. 241 e da ultimo dall'articolo 4, comma 1, lettera c), del D.Lgs. 2 settembre 1997, n. 313.*
[2] *Articolo abrogato dall'articolo 9, comma 9, del D.P.R. 22 luglio 1998, n. 322.*

29. Elenchi dei clienti e dei fornitori [1]. – [*Entro il termine di presentazione della dichiarazione annuale deve essere compilato, in conformità al modello approvato con decreto del Ministro delle finanze, l'elenco dei clienti dal quale devono risultare la ditta, denominazione o ragione sociale, il numero di partita IVA, il domicilio o la residenza, la sede, nonché l'ubicazione della stabile organizzazione nello Stato per i non residenti, dei contribuenti nei cui confronti sono state emesse fatture registrate per l'anno precedente. Nell'elenco devono essere indicati per ciascun cliente, distintamente in base all'anno risultante dalla data delle anzidette fatture, l'ammontare complessivo le imposte addebitate e quello dei corrispettivi risultanti dalle fatture relative alle operazioni imponibili nonché l'ammontare dei corrispettivi risultanti dalle fatture relative alle operazioni non imponibili o esenti di cui al sesto comma dell'art. 21. Ai fini della compilazione dell'elenco i soggetti che acquistano beni o servizi nell'esercizio di imprese, di arti o professioni devono comunicare gli elementi necessari al soggetto obbligato ad emettere la fattura* [2].

Ai fini del precedente comma si tiene conto delle fatture emesse per le operazioni di cui all'art. 22 e registrate ai sensi dell'art. 24, tranne quelle indicate ai numeri 2) e 5) dell'art. 22. Non si tiene invece conto: 1) delle fatture emesse nei confronti di non residenti relative alle operazioni di cui alle lettere a) e b) dell'art. 8, dell'art. 9 e dell'art. 38-quater nonché delle fatture relative a cessioni intracomunitarie; 2) delle fatture annotate ai sensi del quarto comma dell'art. 23 e di quelle di importo non superiore a lire cinquantamila, annotate ai sensi dell'art. 24; 3) delle fatture emesse dalle agenzie di viaggio e turismo [3].

Entro il termine di cui al primo comma deve essere inoltre compilato, in conformità al modello approvato con decreto del Ministro delle finanze, l'elenco dei fornitori nel quale devono essere indicati, in base alle risultanze delle fatture ricevute e delle bollette doganali, la ditta, la denominazione o ragione sociale, il numero di partita IVA, il domicilio o la residenza, la sede, nonchè l'ubicazione della stabile organizzazione nello Stato per i non residenti, dei contribuenti che hanno ceduto beni o prestato servizi. Per ciascuno di essi devono essere specificati, distintamente in base all'anno risultante dalla data le fatture: il numero complessivo delle fatture ricevute e registrate nell'anno precedente, comprese quelle relative alle operazioni non imponibili o esenti di cui al sesto comma dell'art. 21 ed escluse quelle annotate ai sensi del quarto comma dell'art. 25; l'ammontare complessivo le operazioni imponibili e l'ammontare complessivo delle imposte addebitate; l'ammontare imponibile degli acquisti effettuati senza applicazione dell'imposta e, distintamente, quello degli acquisti fatti ai sensi del secondo comma dell'art. 8. L'elenco deve inoltre recare l'indicazione del numero complessivo delle bollette doganali registrate nell'anno precedente, del valore complessivo imponibile dei beni importati e delle relative imposte.

Le imprese indicate nel secondo comma dell'art. 22, che emettano le fatture in relazione ai servizi prestati, possono essere tuttavia dispensate, con decreto del Ministro delle finanze, dalla compilazione dell'elenco dei clienti.

I contribuenti che hanno effettuato operazioni non soggette all'imposta a norma delle lettere c), g) e h) del terzo comma dell'art. 2, delle lettere a), e) e g) del quarto comma dell'art. 3, e dell'ultimo comma dell'art. 4 devono elencarle in allegato alla dichiarazione, con i dati richiesti nel modello di cui al primo comma dell'art. 28.

Con apposito decreto emanato entro venti giorni dalla scadenza del termine per la presentazione della dichiarazione annuale il Ministro delle finanze può disporre, anche limitatamente a determinate categorie di contribuenti, che gli elenchi di cui al primo e terzo comma siano presentati, entro il 31 maggio dello stesso anno, al competente ufficio dell'imposta sul valore aggiunto; con lo stesso decreto può essere disposta anche la presentazione di uno o più degli elenchi di cui al decreto del Ministro delle finanze del 21 ottobre 1992, pubblicato nella Gazzetta Ufficiale n. 251 del 24 ottobre 1992. In tal caso i contribuenti che si avvalgono direttamente o tramite terzi di centri di elaborazione dati dotati di supporti magnetici, in luogo dell'allegazione degli elenchi, devono produrre, secondo modalità e termini stabiliti nel decreto stesso, i supporti magnetici contenenti i dati che avrebbero dovuto essere indicati negli elenchi [4].] [5]

[1] *Articolo modificato dall'articolo 1 del D.P.R. 23 dicembre 1974, n. 687, dall'articolo 1 del D.P.R. 5 aprile 1978, n. 131, successivamente sostituito, a partire dalla dichiarazione relativa all'anno 1980, dall'articolo 1 del D.P.R. 29 gennaio 1979, n. 24, ulteriormente modificato dall'articolo*

9 del D.P.R. 31 marzo 1979, n. 94, e da ultimo sostituito dall'articolo 11 del D.P.R. 30 dicembre 1980, n. 897.

(2) *Comma modificato, a decorrere dal 1° luglio 1994, dall'articolo 3, comma 1, lettera e), del D.L. 30 dicembre 1993, n. 557, come modificato dall'articolo 5 del D.L. 23 maggio 1994, n. 308.*

(3) *Comma sostituito dall'articolo 13 del D.P.R. 30 dicembre 1981, n. 793 e successivamente modificato dall'articolo 57, comma 1, lettera f), del D.L. 30 agosto 1993, n. 331.*

(4) *Comma modificato dall'articolo 11, comma 4, lettera b), della legge 30 dicembre 1991, n. 413 e successivamente dall'articolo 57, comma 1, lettera f), del D.L. 30 agosto 1993, n. 331.*

(5) *Articolo abrogato dall'articolo 6, comma 2, del D.L. 10 giugno 1994, n. 357.*

30. Versamento di conguaglio e rimborso dell'eccedenza (1). – [*La differenza tra l'ammontare dell'imposta dovuta in base alla dichiarazione annuale e l'ammontare delle somme già versate mensilmente ai sensi dell'art. 27 deve essere versata in unica soluzione entro il 15 marzo di ciascun anno ovvero entro il termine previsto per il pagamento delle somme dovute in base alla dichiarazione unificata annuale, maggiorando le somme da versare degli interessi nella misura dello 0,40 per cento per ogni mese o frazione di mese successivo alla predetta data.*] (2)

Se dalla dichiarazione annuale risulta che l'ammontare detraibile di cui al n. 3) dell'art. 28, aumentato delle somme versate mensilmente, è superiore a quello dell'imposta relativa alle operazioni imponibili di cui al n. 1) dello stesso articolo, il contribuente ha diritto di computare l'importo dell'eccedenza in detrazione nell'anno successivo [*annotandolo nel registro indicato nell'art. 25*], ovvero di chiedere il rimborso nelle ipotesi di cui ai commi successivi e comunque in caso di cessazione di attività (3).

Il contribuente può chiedere in tutto o in parte il rimborso dell'eccedenza detraibile, se di importo superiore a lire cinque milioni, all'atto della presentazione della dichiarazione:

a) quando esercita esclusivamente o prevalentemente attività che comportano l'effettuazione di operazioni soggette ad imposta con aliquote inferiori a quelle dell'imposta relativa agli acquisti e alle importazioni, computando a tal fine anche le operazioni effettuate a norma dell'articolo 17, quinto, sesto e settimo comma, nonché a norma dell'articolo 17-ter (4);

b) quando effettua operazioni non imponibili di cui agli articoli 8, 8- bis e 9 per un ammontare superiore al 25 per cento dell'ammontare complessivo di tutte le operazioni effettuate;

c) limitatamente all'imposta relativa all'acquisto o all'importazione di beni ammortizzabili, nonchè di beni e servizi per studi e ricerche;

d) quando effettua prevalentemente operazioni non soggette all'imposta per effetto degli articoli da 7 a 7-septies (5);

e) quando si trova nelle condizioni previste dal terzo comma dell'art. 17 (6).

Il contribuente anche fuori dei casi previsti nel precedente terzo comma può chiedere il rimborso dell'eccedenza detraibile, risultante dalla dichiarazione annuale, se dalle dichiarazioni dei due anni precedenti risultano eccedenze detraibili; in tal caso il rimborso può essere richiesto per un ammontare comunque non superiore al minore degli importi delle predette eccedenze (7).

Con decreto del Ministro delle finanze da pubblicare nella Gazzetta Ufficiale saranno stabiliti gli elementi, da indicare nella dichiarazione o in apposito allegato, che, in relazione all'attività esercitata, hanno determinato il verificarsi dell'eccedenza di cui si richiede il rimborso (8).

Agli effetti della norma di cui all'art. 73, ultimo comma, le disposizioni del secondo, terzo e quarto comma del presente articolo si intendono applicabili per i rimborsi richiesti dagli enti e dalle società controllanti (9).

(1) *Articolo modificato dall'articolo 1 del D.P.R. 23 dicembre 1974, n. 687 e successivamente sostituito dall'articolo 1 del D.P.R. 29 gennaio 1979, n. 24.*

(2) *Comma modificato dall'articolo 1, comma 3, lettera b), del D.L. 31 maggio 1994, n. 330 e successivamente dall'articolo 11, comma 1, lettera b), del D.Lgs. 9 luglio 1997, n. 241, come modificato dall'articolo 1 del D.Lgs. 24 marzo 1999, n. 81, e da ultimo soppresso dall'articolo 11, comma 1, lettera f), del D.P.R. 14 ottobre 1999, n. 542.*

(3) *Comma sostituito dall'articolo 4, comma 1, lettera b), del D.L. 27 aprile 1990, n. 90 e successivamente modificato dall'articolo 11, comma 2, del D.P.R. 7 dicembre 2001, n. 435.*

(4) *Lettera modificata dall'articolo 3, comma 7, della legge 17 gennaio 2000, n. 7, dall'articolo 35, comma 6-bis, del D.L. 4 luglio 2006, n. 223, dall'articolo 1, comma 156, lettera b), della legge 24 dicembre 2007, n. 244 e successivamente dall'articolo 1, comma 629, lettera c), della Legge 23 dicembre 2014, n. 190.*

(5) *Lettera modificata dall'articolo 1, comma 1, lettera q), numero 1), del D.Lgs. 11 febbraio 2010, n. 18.*

(6) *Lettera modificata dall'articolo 1, comma 1, lettera q), numero 2), del D.Lgs. 11 febbraio 2010, n. 18.*

(7) *Comma sostituito dall'articolo 9 del D.P.R. 31 marzo 1979, n. 94, dall'articolo 12 del D.P.R. 30 dicembre 1980, n. 897, dall'articolo 14 del D.P.R. 30 dicembre 1981, n. 793 e successivamente dall'articolo 4, comma 1, lettera b), del D.L. 27 aprile 1990, n. 90.*

(8) *Comma aggiunto dall'articolo 4, comma 1, lettera b), del D.L. 27 aprile 1990, n. 90.*

(9) *Comma aggiunto dall'articolo 4, comma 1, lettera b), del D.L. 27 aprile 1990, n. 90.*

30 *bis*. Registrazione, dichiarazione e versamento dell'imposta relativa agli acquisti effettuati dagli enti non commerciali (1). – 1. I soggetti di cui all'articolo 7-ter, comma 2, lettere b) e c), relativamente alle operazioni di acquisto di beni e servizi realizzate nello svolgimento di attività non commerciali, per le quali hanno applicato l'imposta ai sensi dell'articolo 17, secondo comma, adempiono gli obblighi di registrazione, dichiarazione e versamento secondo le modalità e nei termini previsti dagli articoli 47, comma 3, e 49 del decreto-legge 30 agosto 1993, n. 331, convertito, con modificazioni, dalla legge 29 ottobre 1993, n. 427.

(1) *Articolo inserito dall'articolo 1, comma 1, lettera r), del D.Lgs. 11 febbraio 2010, n. 18.*

30 *ter*. Restituzione dell'imposta non dovuta(1)

1. Il soggetto passivo presenta la domanda di restituzione dell'imposta non dovuta, a pena di decadenza, entro il termine di due anni dalla data del versamento della medesima ovvero, se successivo, dal giorno in cui si è verificato il presupposto per la restituzione.

2. Nel caso di applicazione di un'imposta non dovuta ad una cessione di beni o ad una prestazione di servizi, accertata in via definitiva dall'Amministrazione finanziaria, la domanda di restituzione può essere presentata dal cedente o prestatore entro il termine di due anni dall'avvenuta restituzione al cessionario o committente dell'importo pagato a titolo di rivalsa.

3. La restituzione dell'imposta è esclusa qualora il versamento sia avvenuto in un contesto di frode fiscale.

(1) *Articolo inserito dall'articolo 8, comma 1, della Legge 20 novembre 2017, n. 167 (Legge europea 2017).*

31. Applicazione dell'imposta per i contribuenti minimi [(1)]. – [*1. Per i contribuenti che nell'anno solare precedente hanno realizzato un volume d'affari, ragguagliato ad anno, non superiore a 18 milioni di lire, l'imposta dovuta è determinata riducendo l'ammontare dell'imposta sul valore aggiunto relativa alle operazioni imponibili effettuate, registrate nell'anno, della percentuale del 10 per cento se trattasi di esercizio di arti e professioni, del 23 per cento se trattasi di esercizio di impresa consistente nella prestazione di servizi, e del 48 per cento se trattasi di esercizio di impresa avente per oggetto altre attività. Per i soggetti che iniziano l'attività il volume di affari dichiarato in via presuntiva è ragguagliato ad anno.*

2. Le disposizioni di cui al comma 1 valgono agli effetti della dichiarazione annuale, delle liquidazioni periodiche e dei relativi versamenti di cui agli articoli 28, 30 e 33.

3. Per i contribuenti che esercitano attività in relazione alle quali sono previste percentuali diverse, l'imposta sul valore aggiunto è calcolata separatamente per ciascuna attività a condizione che le operazioni effettuate siano annotate distintamente nei registri di cui agli articoli 23 e 24. In mancanza della distinta annotazione si applica, relativamente a tutte le attività, la percentuale più elevata.

4. Se nel corso dell'anno il limite di 18 milioni di lire è superato, le disposizioni di cui ai precedenti commi cessano di avere applicazione dalla liquidazione relativa al trimestre nel corso del quale il limite è superato e l'imposta dovuta per l'anno è calcolata nei modi ordinari; tuttavia l'imposta dovuta per l'anno non può comunque essere inferiore all'importo determinato applicando il rapporto tra 18 milioni e l'ammontare complessivo delle operazioni effettuate, registrate nell'anno, all'ammontare dell'imposta relativa alle operazioni imponibili effettuate, registrate nell'anno, ulteriormente ridotto della percentuale di cui al comma 1 stabilita per il tipo di attività esercitata.

5. Le disposizioni di cui ai commi precedenti non si applicano alle società, agli enti e alle stabili organizzazioni in Italia di soggetti non residenti di cui all'art. 87, comma 1, lettere a), b) e d), del testo unico delle imposte sui redditi, approvato con decreto del Presidente della Repubblica 22 dicembre 1986, n. 917; non si applicano altresì per le attività di cui agli articoli 34, compresa quella di esercizio della pesca marittima, 74 e 74- ter del presente decreto.

6. I contribuenti che applicano l'imposta ai sensi del comma 1 non possono avvalersi della facoltà di acquistare o importare beni o servizi senza applicazione dell'imposta di cui ai commi primo, lettera c), e secondo dell'art. 8 e al comma secondo degli articoli 8- bis e 9 e all'art. 68, lettera a); le imprese manufatturiere che acquistano rottami o altri beni di cui al sesto comma dell'art. 74 sono tenute al pagamento della relativa imposta e devono a tal fine tenerne distintamente conto nella liquidazione relativa al periodo in cui sono state annotate le fatture ricevute o emesse.

7. Le disposizioni del presente articolo non si applicano ai soggetti che optano per l'applicazione dell'imposta nel modo normale nella dichiarazione annuale relativa all'anno precedente ovvero che esercitano tale opzione nella dichiarazione di inizio dell'attività. L'opzione vale per tutte le attività esercitate, salvo quanto disposto nel comma 5; essa ha effetto fino a quando non è revocata e in ogni caso per almeno un triennio.] [(2)]

(1) *Articolo sostituito dall'articolo 1 del D.P.R. 23 dicembre 1974, n. 687, dall'articolo 1 del D.P.R. 30 novembre 1977, n. 888, ulteriormente modificato dall'articolo 8, comma 2, del D.L. 23 dicembre 1977, n. 936, successivamente sostituito dall'articolo 1 del D.P.R. 29 gennaio 1979, n. 24, ulteriormente modificato dall'articolo 9 del D.P.R. 31 marzo 1979, n. 94 e da ultimo soppresso dall'articolo 5 del D.L. 30 dicembre 1982, n. 953. Successivamente l'articolo 5, comma 1, del D.L. 2 marzo 1989, n. 69 ha reinserito il presente articolo.*

(2) *Articolo abrogato dall'articolo 4, comma 3, lettera a), della legge del 30 dicembre 1991, n. 413*

32. Disposizione regolamentare concernente le semplificazioni per i contribuenti minori relative alla fatturazione e alla registrazione [(1)]. – 1. I contribuenti che, nell'anno solare precedente, hanno realizzato un volume d'affari non superiore a quattrocentomila euro per le imprese aventi per oggetto prestazioni di servizi e per gli esercenti arti e professioni, ovvero a settecentomila euro per le imprese aventi per oggetto altre attività, possono adempiere gli obblighi di fatturazione e registrazione di cui agli articoli 21 e 23, mediante la tenuta di un bollettario a madre e figlia. Si applica la disposizione dell'ultimo periodo del comma 1 dell'articolo 18 del decreto del Presidente della Repubblica 29 settembre 1973, n. 600, e successive modificazioni. Nei confronti dei contribuenti che esercitano contemporaneamente prestazioni di servizi ed altre attività e non provvedono alla distinta annotazione dei corrispettivi resta applicabile il limite di settecentomila euro relativamente a tutte le attività esercitate [(2)].

2. Le operazioni devono essere descritte, con le indicazioni di cui all'articolo 21, secondo comma, nelle due parti del bollettario; la parte figlia costituisce fattura agli effetti dell'articolo 21 e deve essere consegnata o spedita all'altro contraente ai sensi del quarto comma dello stesso articolo.

3. Il Ministro delle finanze, con propri decreti, può determinare le caratteristiche del bollettario, tenendo conto della disciplina stabilita per i contribuenti minori dal decreto del Presidente della Repubblica 29 settembre 1973, n. 600, contenente disposizioni comuni in materia di accertamento delle imposte sui redditi.

(1) *Articolo sostituito dall'articolo 1 del D.P.R. 23 dicembre 1974, n. 687, modificato dall'articolo 1 del D.P.R. 24 dicembre 1976, n. 872, dall'articolo 1 del D.P.R. 30 novembre 1977, n. 888, dall'articolo 3, comma 1, della legge 29 febbraio 1980, n. 31, dall'articolo 5, comma 1, lettera b), del D.L. 2 marzo 1989, n. 69 e dall'articolo 10, comma 1, lettera a), della legge 30 dicembre 1991, 413, come modificato dall'articolo 4, comma 1, lettera a), del D.L. 23 gennaio 1993, n. 16 e da ultimo sostituito dall'articolo 2, comma 1, del D.P.R. 12 aprile 2001, n. 222.*

(2) *Comma modificato dall'articolo 3, comma 4-quater, del D.L. 2 marzo 2012, n. 16.*

32 *bis*. Contribuenti minimi in franchigia [(1)]. – [*1. I contribuenti persone fisiche esercenti attività commerciali, agricole e professionali che, nell'anno solare precedente, hanno realizzato o, in caso di inizio di attività, prevedono di realizzare un volume di affari non superiore a 7.000 euro, e non hanno effettuato o prevedono di non effettuare cessioni all'esportazione, sono esonerati dal versamento dell'imposta e da tutti gli altri obblighi previsti dal presente decreto, ad eccezione degli obblighi di numerazione e di conservazione delle fatture di acquisto e delle bollette doganali e di certificazione e comunicazione telematica dei corrispettivi.*

2. I soggetti di cui al comma 1 non possono addebitare l'imposta a titolo di rivalsa e non hanno diritto alla detrazione dell'imposta assolta sugli acquisti, anche intracomunitari, e sulle importazioni.

3. Sono esclusi dal regime della franchigia i soggetti passivi che si avvalgono di regimi speciali di determinazione dell'imposta e i soggetti non residenti.

4. Le disposizioni del presente articolo non si applicano ai soggetti che in via esclusiva o prevalente effettuano cessioni di fabbricati o porzioni di fabbricato, di terreni edificabili di cui all'articolo 10, n. 8), del presente decreto e di mezzi di trasporto nuovi di cui all'articolo 53, comma 1, del decreto-legge 30 agosto 1993, n. 331, convertito, con modificazioni, dalla legge 29 ottobre 1993, n. 427.

5. A seguito della prima comunicazione dei dati, prevista dal decreto direttoriale di cui al comma 15, l'ufficio attribuisce un numero speciale di partita IVA.

6. I soggetti che, nell'intraprendere l'esercizio di imprese, arti o professioni, ritengono di versare nelle condizioni del comma 1 ne fanno comunicazione all'Agenzia delle entrate con la dichiarazione di inizio attività di cui all'articolo 35.

7. I soggetti che rientrano nel regime di cui al presente articolo possono optare per l'applicazione dell'imposta nei modi ordinari. L'opzione, valida per almeno un triennio, è comunicata con la prima dichiarazione annuale da presentare successivamente alla scelta operata. Trascorso il periodo minimo di permanenza nel regime normale, l'opzione resta valida per ciascun anno successivo, fino a quando permane la concreta applicazione della scelta operata. La revoca è comunicata con le stesse modalità dell'opzione ed ha effetto dall'anno in corso.

8. L'applicazione del regime di franchigia comporta la rettifica della detrazione ai sensi dell'articolo 19-bis 2. La stessa rettifica si applica se il contribuente transita, anche per opzione, al regime ordinario dell'imposta. In relazione al mutato regime fiscale delle stesse, l'imposta dovuta per effetto della rettifica di cui all'articolo 19-bis 2 è versata in tre rate annuali da corrispondere entro il termine previsto per il versamento del saldo a decorrere dall'anno nel quale è intervenuta la modifica. [La prima rata è versata entro il 27 dicembre 2006.] Il debito può essere estinto anche mediante compensazione ai sensi dell'articolo 17 del decreto legislativo 9 luglio 1997, n. 241, ovvero con l'utilizzo di eventuali crediti risultanti dalle liquidazioni periodiche. Il mancato versamento di ogni singola rata comporta l'applicazione dell'articolo 13 del decreto legislativo 18 dicembre 1997, n. 471, e costituisce titolo per la riscossione coattiva [(2)].

9. Nell'ultima dichiarazione annuale in cui l'imposta è applicata nei modi ordinari si tiene conto anche dell'imposta dovuta relativa alle operazioni indicate nell'ultimo comma dell'articolo 6 per le quali non si è ancora verificata l'esigibilità.

10. Ferme restando le ipotesi di rimborso previste dall'articolo 30, l'eccedenza detraibile emergente dall'ultima dichiarazione annuale IVA presentata dai soggetti di cui al comma 1 è utilizzata in compensazione ai sensi dell'articolo 17 del decreto legislativo 9 luglio 1997, n. 241, e successive modificazioni.

11. I soggetti di cui al comma 1, per gli acquisti intracomunitari e per le altre operazioni per le quali risultano debitori dell'imposta, integrano la fattura con l'indicazione dell'aliquota e della relativa imposta, che versano entro il giorno 16 del mese successivo a quello di effettuazione delle operazioni.

12. I soggetti ai quali si applica il regime fiscale di cui al presente articolo trasmettono telematicamente all'Agenzia delle entrate l'ammontare complessivo delle operazioni effettuate.

13. I contribuenti in regime di franchigia possono farsi assistere negli adempimenti tributari dall'ufficio locale dell'Agenzia delle entrate competente in ragione del domicilio fiscale. In tal caso devono munirsi di una apparecchiatura informatica, corredata di accessori idonei, da utilizzare per la connessione con il sistema informativo dell'Agenzia delle entrate.

14. Il regime di cui al presente articolo cessa di avere efficacia ed il contribuente è assoggettato alla disciplina di determinazione dell'imposta sul valore aggiunto nei modi ordinari:

a) a decorrere dall'anno solare successivo a quello in cui risulta superato uno dei limiti di cui al comma 1;

b) a decorrere dallo stesso anno solare in cui il volume d'affari dichiarato dal contribuente o rettificato dall'ufficio supera il limite di cui al comma 1 del cinquanta per cento del limite stesso; in tal caso sarà dovuta l'imposta relativa ai corrispettivi delle operazioni imponibili effettuate nell'intero anno solare, salvo il diritto alla detrazione dell'imposta sugli acquisti relativi al medesimo periodo.

15. Con provvedimento del Direttore dell'Agenzia delle entrate sono stabilite le modalità da osservare in occasione dell'opzione per il regime ordinario, i termini e le procedure di applicazione delle disposizioni del presente articolo.] [(3)]

(1) Articolo aggiunto dall'articolo 37, comma 15, del D.L. 4 luglio 2006, n. 223.
(2) Comma modificato dall'articolo 1, comma 291, della legge 27 dicembre 2006, n. 296.
(3) Articolo abrogato dall'articolo 1, comma 116, della legge 24 dicembre 2007, n. 244.

33. Semplificazioni per i contribuenti minori relative alle liquidazioni e ai versamenti [(1)]. – *[1. I contribuenti che nell'anno solare precedente hanno realizzato un volume d'affari non superiore a trecentosessantamilioni di lire per le imprese aventi per oggetto prestazioni di servizi e per gli esercenti arti e professioni, ovvero di lire un miliardo per le imprese aventi per oggetto altre attività, possono optare, dandone comunicazione all'ufficio competente nella dichiarazione relativa all'anno precedente, ovvero nella dichiarazione di inizio attività:*

a) per l'annotazione delle liquidazioni periodiche e dei relativi versamenti entro il giorno 5 del secondo mese successivo a ciascuno dei primi tre trimestri solari; qualora l'imposta non superi il limite di lire cinquantamila il versamento dovrà essere effettuato insieme a quella dovuta per il trimestre successivo;

b) per il versamento dell'imposta dovuta entro il 15 marzo di ciascun anno ovvero entro il termine previsto per il pagamento delle somme dovute in base alla dichiarazione unificata annuale, maggiorando le somme da versare degli interessi, nella misura dello 0,50 per cento per ogni mese o frazione di mese successivo alla predetta data [(2)].

2. Nei confronti dei contribuenti che esercitano contemporaneamente prestazioni di servizi ed altre attività e non provvedono alla distinta annotazione dei corrispettivi resta applicabile il limite di trecentosessantamilioni di lire relativamente a tutte le attività esercitate.

3. Per i soggetti che esercitano l'opzione di cui al comma 1, le somme da versare devono essere maggiorate degli interessi nella misura dell'1,50 per cento, previa apposita annotazione nei registri di cui agli articoli 23 e 24. L'opzione ha effetto a partire dall'anno in cui è esercitata e fino a quando non sia revocata. La revoca deve essere comunicata all'ufficio nella dichiarazione annuale ed ha effetto dall'anno in corso.] [(3)]

(1) Articolo sostituito dall'articolo 1 del D.P.R. 23 dicembre 1974, n. 687, modificato dall'articolo 1 del D.P.R. 24 dicembre 1976, n. 872, dall'articolo 1 del D.P.R. 30 novembre 1977, n. 888, dall'articolo 8, comma 2, lettera c), del D.L. 23 dicembre 1977, n. 936, dall'articolo 3, comma 1, della legge 29 febbraio 1980, n. 31, dall'articolo 13 del D.P.R. 30 dicembre 1980, n. 897, dall'articolo 5, comma 1, lettera b), del D.L. 2 marzo 1989, n. 69, dall'articolo 10, comma 1, lettera b), della legge 30 dicembre 1991, n. 413 e da ultimo sostituito dall'articolo 66, comma 10, lettera a), del D.L. 30 agosto 1993, n. 331.
(2) Lettera modificata dall'articolo 1, comma 3, lettera b), del D.L. 31

maggio 1994, n. 330, dall'articolo 11, comma 1, lettera c), del D.Lgs. 9 luglio 1997, n. 241 e successivamente dall'articolo 2, comma 2, del D.Lgs. 23 marzo 1998, n. 56.

(3) Articolo soppresso dall'articolo 11, comma 1, lettera f), del D.P.R. 14 ottobre 1999, n. 542.

34. Regime speciale per i produttori agricoli (1). – 1. Per le cessioni di prodotti agricoli e ittici compresi nella prima parte dell'allegata tabella A) effettuate dai produttori agricoli, la detrazione prevista nell'art. 19 è forfettizzata in misura pari all'importo risultante dall'applicazione, all'ammontare imponibile delle operazioni stesse, delle percentuali di compensazione stabilite, per gruppi di prodotti, con decreto del Ministro delle finanze di concerto con il Ministro per le politiche agricole. L'imposta si applica con le aliquote proprie dei singoli prodotti, salva l'applicazione delle aliquote corrispondenti alle percentuali di compensazione per i passaggi di prodotti ai soggetti di cui al comma 2, lettera c), che applicano il regime speciale e per le cessioni effettuate dai soggetti di cui al comma 6, primo e secondo periodo.

2. Si considerano produttori agricoli:

a) i soggetti che esercitano le attività indicate nell'art. 2135 del codice civile e quelli che esercitano attività di pesca in acque dolci, di piscicoltura, di mitilicoltura, di ostricoltura e di coltura di altri molluschi e crostacei, nonchè di allevamento di rane;

b) gli organismi agricoli di intervento, o altri soggetti per loro conto, che effettuano cessioni di prodotti in applicazione di regolamenti della Unione europea concernenti l'organizzazione comune dei mercati dei prodotti stessi;

c) le cooperative e loro consorzi di cui all'articolo 1, comma 2, del decreto legislativo 18 maggio 2001, n. 228; le associazioni e loro unioni costituite e riconosciute ai sensi della legislazione vigente, che effettuano cessioni di beni prodotti prevalentemente dai soci, associati o partecipanti, nello stato originario o previa manipolazione o trasformazione, nonché gli enti che provvedono per legge, anche previa manipolazione o trasformazione, alla vendita collettiva per conto dei produttori soci (2).

[*3. Ferma restando la loro applicazione nei confronti dei soggetti di cui alle lettere b) e c) del comma 2, le disposizioni del presente articolo non si applicano ai soggetti che nell'anno solare precedente hanno realizzato un volume di affari superiore a quaranta milioni di lire.*] (3)

4. La detrazione forfettizzata non compete per le cessioni dei prodotti indicati nel comma 1 il cui acquisto derivi da atto non assoggettato ad imposta [*ovvero da atto assoggettato ad imposta detraibile nei modi ordinari*], sempre che il cedente, il donante o il conferente, sia soggetto al regime ordinario (4).

5. Se il contribuente, nell'ambito della stessa impresa, ha effettuato anche operazioni imponibili diverse da quelle indicate nel comma 1, queste sono registrate distintamente e indicate separatamente in sede di liquidazione periodica e di dichiarazione annuale. Dall'imposta relativa a tali operazioni si detrae quella relativa agli acquisti e alle importazioni di beni non ammortizzabili e ai servizi esclusivamente utilizzati per la produzione dei beni e dei servizi che formano oggetto delle operazioni stesse.

6. I produttori agricoli che nell'anno solare precedente hanno realizzato o, in caso di inizio di attività, prevedono di realizzare un volume d'affari non superiore a 7.000 euro, costituito per almeno due terzi da cessioni di prodotti di cui al comma 1, sono esonerati dal versamento dell'imposta e da tutti gli obblighi documentali e contabili, compresa la dichiarazione annuale, fermo restando l'obbligo di numerare e conservare le fatture e le bollette doganali a norma dell'articolo 39. I cessionari e i committenti, se acquistano i beni o utilizzano i servizi nell'esercizio dell'impresa, devono emettere fattura, con le modalità e nei termini di cui all'articolo 21, indicandovi la relativa imposta, determinata applicando le aliquote corrispondenti alle percentuali di compensazione, consegnarne copia al produttore agricolo e registrarla separatamente a norma dell'articolo 25. Le disposizioni del presente comma cessano comunque di avere applicazione a partire dall'anno solare successivo a quello in cui è stato superato il limite di 7.000 euro a condizione che non sia superato il limite di un terzo delle cessioni di altri beni. I produttori agricoli hanno facoltà di non avvalersi delle disposizioni del presente comma. In tale caso, l'opzione o la revoca si esercitano con le modalità stabilite dal regolamento di cui al decreto del Presidente della Repubblica 10 novembre 1997, n. 442, e successive modificazioni (5).

7. I passaggi dei prodotti di cui al comma 1 agli enti, alle cooperative o agli altri organismi associativi indicati al comma 2, lettera c), ai fini della vendita, anche previa manipolazione o trasformazione, si considerano effettuati all'atto del versamento del prezzo ai produttori agricoli soci o associati. L'obbligo di emissione della fattura può essere adempiuto dagli enti stessi per conto dei produttori agricoli conferenti; in tal caso a questi è consegnato un esemplare della fattura ai fini dei successivi adempimenti prescritti nel presente titolo.

8. Le disposizioni del comma precedente si applicano anche ai passaggi di prodotti ittici provenienti da acque marittime, lagunari e salmastre effettuati dagli esercenti la pesca nelle predette acque alle cooperative fra loro costituite e relativi consorzi nonché alle società consortili e agli altri organismi associativi indicati al comma 2, lettera c)(6).

9. Ai soggetti di cui al comma 1 che effettuano le cessioni dei prodotti ivi indicati ai sensi degli articoli 8, primo comma, 38- quater e 72, nonché le cessioni intracomunitarie degli stessi compete la detrazione o il rimborso di un importo calcolato mediante l'applicazione delle percentuali di compensazione che sarebbero applicabili per analoghe operazioni effettuate nel territorio dello Stato.

[*10. Agli effetti delle disposizioni di cui all'art. 36, le attività svolte nell'ambito della medesima impresa agricola da cui derivano i prodotti assoggettati alla disciplina di cui al comma 1 sono in ogni caso unitariamente considerate.*] (7)

11. Le disposizioni del presente articolo non si applicano, salvo quella di cui al comma 7, ultimo periodo, ai soggetti di cui ai commi precedenti che optino per l'applicazione dell'imposta nei modi ordinari dandone comunicazione all'ufficio secondo le modalità previste dal regolamento di cui al decreto del Presidente della Repubblica 10 novembre 1997, n. 442 (8).

12. Con decreto del Ministro delle finanze, da adottare ai sensi dell'art. 17, comma 3, della legge 23 agosto 1988, n. 400, sono disciplinate le modalità di attuazione del presente articolo (9).

(1) Articolo modificato dall'articolo 1 del D.P.R. 23 dicembre 1974, n. 687; dall'articolo 1 del D.P.R. 29 gennaio 1979, n. 24; dall'articolo 9 del D.P.R. 31 marzo 1979, n. 94; dall'articolo 12 della legge 22 dicembre 1980, n. 889; dall'articolo 5, del D.L. 30 dicembre 1982, n. 953; dall'articolo 6,

comma 4, del D.L. 29 dicembre 1983, n. 746; dall'articolo 66, comma 10, lettera b), numero 1), del D.L. 30 agosto 1993, n. 331; dall'articolo 18, comma 8, lettera e), della legge 24 dicembre 1993, n. 537; dall'articolo 4 del D.L. 30 dicembre 1993, n. 557; dall'articolo 1, comma 3, lettera c), del D.L. 31 maggio 1994, n. 330; dall'articolo 2, comma 1, lettera c-ter), del D.L. 31 dicembre 1996, n. 669; dall'articolo 2, comma 1, lettera f), del D.Lgs. 18 febbraio 1997, n. 28 e da ultimo sostituito dall'articolo 5, comma 1, del D.Lgs. 2 settembre 1997, n. 313.

(2) *Lettera sostituita dall'articolo 10, comma 1, lettera a), del D.L. 14 marzo 2005, n. 35.*

(3) *Comma abrogato dall'articolo 10, comma 1, lettera b), del D.L. 14 marzo 2005, n. 35.*

(4) *Comma modificato dall'articolo 5, comma 1, lettera e), numero 1), del D.Lgs. 23 marzo 1998, n. 56 e successivamente dall'articolo 10, comma 1, lettera c), del D.L. 14 marzo 2005, n. 35.*

(5) *Comma modificato dall'articolo 5, comma 1, lettera e), numero 2), del D.Lgs. 23 marzo 1998, n. 56, dall'articolo 11, comma 1, lettera c), del D.P.R. 14 ottobre 1999, n. 542 e successivamente sostituito dall'articolo 2, comma 31, del D.L. 3 ottobre 2006, n. 262.*

(6) *Comma modificato dall'articolo 9, comma 10, della legge 28 dicembre 2001, n. 448.*

(7) *A norma dell'articolo 6-sexies, comma 1, del D.L. 30 dicembre 2004, n. 314, le disposizioni di cui al presente comma, si applica con decorrenza dal 1° gennaio 2006. Successivamente il presente comma è stato abrogato dall'articolo 10, comma 1, lettera d), del D.L. 14 marzo 2005, n. 35.*

(8) *Comma sostituito dall'articolo 10, comma 1, lettera e), del D.L. 14 marzo 2005, n. 35.*

(9) *Per la misura delle percentuali di compensazione di cui al presente articolo vedi l'articolo 1, comma 1, del D.M. 27 gennaio 2017, l'articolo 1, comma 1, del D.M 2 febbraio 2018, l'articolo 1, comma 1, del D.M. 29 marzo 2019, l'articolo 1, comma 1, del D.M. 5 giugno 2020 e da ultimo l'articolo 1, comma 1, del D.M. 10 febbraio 2021 e da ultimo l'articolo 1, comma 1, del D.M. 19 dicembre 2021.*

34 *bis*. Attività agricole connesse [1]. – 1. Per le attività dirette alla produzione di beni ed alla fornitura di servizi di cui al terzo comma dell'articolo 2135 del codice civile, l'imposta sul valore aggiunto è determinata riducendo l'imposta relativa alle operazioni imponibili in misura pari al 50 per cento del suo ammontare, a titolo di detrazione forfettaria dell'imposta afferente agli acquisti ed alle importazioni.

2. Il contribuente ha facoltà di non avvalersi della disposizione del presente articolo. In tal caso l'opzione o la revoca per la determinazione dell'imposta nel modo normale si esercitano con le modalità stabilite dal regolamento recante norme per il riordino della disciplina delle opzioni in materia di imposta sul valore aggiunto e di imposte dirette, di cui al decreto del Presidente della Repubblica 10 novembre 1997, n. 442, e successive modificazioni

(1) *Articolo aggiunto dall'articolo 2 della legge 24 dicembre 2003, n. 350.*

34 *ter*. Regime fiscale per raccoglitori occasionali [1]. – 1. I raccoglitori occasionali di prodotti selvatici non legnosi di cui alla classe ATECO 02.30, a cui si aggiungono i raccoglitori occasionali di piante officinali spontanee ai sensi dell'articolo 3 del decreto legislativo 21 maggio 2018, n. 75, che nell'anno solare precedente hanno realizzato un volume d'affari non superiore ad euro 7.000, sono esonerati dal versamento dell'imposta e da tutti gli obblighi documentali e contabili, compresa la dichiarazione annuale

(1) *Articolo aggiunto dall'articolo 1, comma 698, lettera a) della Legge 30 dicembre 2018, n. 145*

35. Disposizione regolamentare concernente le dichiarazioni di inizio, variazione e cessazione attività [1]. – 1. I soggetti che intraprendono l'esercizio di un'impresa, arte o professione nel territorio dello Stato, o vi istituiscono una stabile organizzazione, devono farne dichiarazione entro trenta giorni ad uno degli uffici locali dell'Agenzia delle entrate ovvero ad un ufficio provinciale dell'imposta sul valore aggiunto della medesima Agenzia; la dichiarazione è redatta, a pena di nullità, su modelli conformi a quelli approvati con provvedimento del direttore dell'Agenzia delle entrate. L'ufficio attribuisce al contribuente un numero di partita I.V.A. che resterà invariato anche nelle ipotesi di variazioni di domicilio fiscale fino al momento della cessazione dell'attività e che deve essere indicato nelle dichiarazioni, nella home-page dell'eventuale sito web e in ogni altro documento ove richiesto.

2. Dalla dichiarazione di inizio attività devono risultare:

a) per le persone fisiche, il cognome e nome, il luogo e la data di nascita, il codice fiscale, la residenza, il domicilio fiscale e l'eventuale ditta;

b) per i soggetti diversi dalle persone fisiche, la natura giuridica, la denominazione, ragione sociale o ditta, la sede legale, o in mancanza quella amministrativa, e il domicilio fiscale e deve essere inoltre indicato il codice fiscale per almeno una delle persone che ne hanno la rappresentanza;

c) per i soggetti residenti all'estero, anche l'ubicazione della stabile organizzazione;

d) il tipo e l'oggetto dell'attività e il luogo o i luoghi in cui viene esercitata anche a mezzo di sedi secondarie, filiali, stabilimenti, succursali, negozi, depositi e simili, il luogo o i luoghi in cui sono tenuti e conservati i libri, i registri, le scritture e i documenti prescritti dal presente decreto e da altre disposizioni;

e) per i soggetti che svolgono attività di commercio elettronico, l'indirizzo del sito web ed i dati identificativi dell'internet service provider;

e-bis) per i soggetti che intendono effettuare operazioni intracomunitarie di cui al Titolo II, Capo II del decreto-legge 30 agosto 1993, n. 331, convertito, con modificazioni, dalla legge 29 ottobre 1993, n. 427, la volontà di effettuare dette operazioni [2];

f) ogni altro elemento richiesto dal modello ad esclusione dei dati che l'Agenzia delle entrate è in grado di acquisire autonomamente.

3. In caso di variazione di alcuno degli elementi di cui al comma 2 o di cessazione dell'attività, il contribuente deve entro trenta giorni farne dichiarazione ad uno degli uffici indicati dal comma 1, utilizzando modelli conformi a quelli approvati con provvedimento del direttore dell'Agenzia delle entrate. Se la variazione comporta il trasferimento del domicilio fiscale essa ha effetto dal sessantesimo giorno successivo alla data in cui si è verificata. In caso di fusione, scissione, conferimenti di aziende o di altre trasformazioni sostanziali che comportano l'estinzione del soggetto d'imposta, la dichiarazione è presentata unicamente dal soggetto risultante dalla trasformazione.

4. In caso di cessazione dell'attività il termine per la presentazione della dichiarazione di cui al comma 3 decorre dalla data di ultimazione delle operazioni relative alla liquidazione dell'azienda, per le quali rimangono ferme le disposizioni relative al versamento dell'imposta, alla fatturazione, registrazione, liquidazione e dichiarazione. Nell'ultima dichiarazione annuale deve tenersi conto anche dell'imposta dovuta ai sensi del n. 5) dell'articolo 2, da determinare com-

putando anche le operazioni indicate nel quinto comma dell'articolo 6, per le quali non si è ancora verificata l'esigibilità dell'imposta (3).

5. I soggetti che intraprendono l'esercizio di un'impresa, arte o professione, se ritengono di realizzare un volume d'affari che comporti l'applicazione di disposizioni speciali ad esso connesse concernenti l'osservanza di adempimenti o di criteri speciali di determinazione dell'imposta, devono indicarlo nella dichiarazione di inizio attività da presentare a norma del presente articolo e devono osservare la disciplina stabilita in relazione al volume d'affari dichiarato.

6. Le dichiarazioni previste dal presente articolo sono presentate in via telematica secondo le disposizioni di cui ai commi 10 e seguenti ovvero, in duplice esemplare, direttamente ad uno degli uffici di cui al comma 1. Le dichiarazioni medesime possono, in alternativa, essere inoltrate in unico esemplare a mezzo servizio postale mediante raccomandata, con l'obbligo di garantire l'identità del soggetto dichiarante mediante allegazione di idonea documentazione; in tal caso si considerano presentate nel giorno in cui risultano spedite.

7. L'ufficio rilascia o invia al contribuente certificato di attribuzione della partita IVA o dell'avvenuta variazione o cessazione dell'attività e nel caso di presentazione diretta consegna la copia della dichiarazione al contribuente debitamente timbrata.

7-bis. L'opzione di cui al comma 2, lettera e-bis), determina l'immediata inclusione nella banca dati dei soggetti passivi che effettuano operazioni intracomunitarie, di cui all'articolo 17 del regolamento (CE) n. 904/2010, del Consiglio, del 7 ottobre 2010; fatto salvo quanto disposto dal comma 15-bis, si presume che un soggetto passivo non intende più effettuare operazioni intracomunitarie qualora non abbia presentato alcun elenco riepilogativo per quattro trimestri consecutivi, successivi alla data di inclusione nella suddetta banca dati. A tal fine l'Agenzia delle entrate procede all'esclusione della partita IVA dalla banca dati di cui al periodo precedente, previo invio di apposita comunicazione al soggetto passivo (4).

[*7-ter. Con provvedimento del direttore dell'Agenzia delle entrate sono stabilite le modalità di diniego o revoca dell'autorizzazione di cui al comma 7-bis.*] (5)

8. I soggetti tenuti all'iscrizione nel registro delle imprese ovvero alla denuncia al repertorio delle notizie economiche e amministrative (REA) ai sensi, rispettivamente, degli articoli 7 e 9 del decreto del Presidente della Repubblica 7 dicembre 1995, n. 581, concernente il regolamento di attuazione dell'articolo 8, della legge 29 dicembre 1993, n. 580, in materia di istituzione del registro delle imprese, possono assolvere gli obblighi di presentazione delle dichiarazioni di cui al presente articolo presentando le dichiarazioni stesse all'ufficio del registro delle imprese, il quale trasmette i dati in via telematica all'Agenzia delle entrate e rilascia apposita certificazione dell'avvenuta operazione. Nel caso di inizio dell'attività l'ufficio del registro delle imprese comunica al contribuente il numero di partita IVA attribuito in via telematica dall'Agenzia delle entrate.

9. Con provvedimento del direttore dell'Agenzia delle entrate può essere stabilita la data a decorrere dalla quale le dichiarazioni di inizio, variazione e cessazione attività sono presentate esclusivamente all'ufficio del registro delle imprese ovvero in via telematica secondo le disposizioni di cui ai commi successivi.

10. Le dichiarazioni previste dal presente articolo possono essere presentate in via telematica direttamente dai contribuenti o tramite i soggetti di cui all'articolo 3, commi 2-bis e 3, del decreto del Presidente della Repubblica n. 322 del 1998; in tal caso si considerano presentate nel giorno in cui sono trasmesse all'Agenzia delle entrate in via telematica e il procedimento di trasmissione si considera concluso nel giorno in cui è completata la ricezione da parte dell'Agenzia delle entrate. La prova della presentazione delle dichiarazioni è data dalla comunicazione dell'Agenzia delle entrate attestante l'avvenuto ricevimento delle dichiarazioni stesse.

11. I soggetti incaricati di cui all'articolo 3, commi 2-bis e 3, del decreto del Presidente della Repubblica n. 322 del 1998, restituiscono al contribuente una copia della dichiarazione attestante la data di consegna con l'impegno alla trasmissione in via telematica e rilasciano la certificazione restituita dall'Agenzia delle entrate attestante l'avvenuta operazione e contenente, in caso di inizio attività, il numero di partita IVA attribuito al contribuente.

12. In caso di presentazione delle dichiarazioni in via telematica si applicano ai fini della sottoscrizione le disposizioni di cui all'articolo 1, comma 6, del decreto del Presidente della Repubblica n. 322 del 1998.

13. I soggetti di cui al comma 3 dell'articolo 3 del decreto del Presidente della Repubblica n. 322 del 1998, incaricati della predisposizione delle dichiarazioni previste dal presente articolo, sono obbligati alla trasmissione in via telematica delle stesse.

14. Ai fini della conservazione delle dichiarazioni si applicano le disposizioni previste per la conservazione delle dichiarazioni annuali dal decreto del Presidente della Repubblica n. 322 del 1998.

15. Le modalità tecniche di trasmissione in via telematica delle dichiarazioni previste dal presente articolo ed i tempi di attivazione del servizio di trasmissione telematica sono stabiliti con provvedimento del direttore dell'Agenzia delle entrate da pubblicare nella Gazzetta Ufficiale.

15-bis. L'attribuzione del numero di partita IVA determina la esecuzione di riscontri automatizzati per la individuazione di elementi di rischio connessi al rilascio dello stesso nonché l'eventuale effettuazione di accessi nel luogo di esercizio dell'attività, avvalendosi dei poteri previsti dal presente decreto. Gli Uffici, avvalendosi dei poteri di cui al presente decreto, verificano che i dati forniti da soggetti per la loro identificazione ai fini dell'IVA, siano completi ed esatti. In caso di esito negativo, l'Ufficio emana provvedimento di cessazione della partiva IVA e provvede all'esclusione della stessa dalla banca dati dei soggetti passivi che effettuano operazioni intracomunitarie. Con Provvedimento del Direttore dell'Agenzia delle entrate sono stabiliti le modalità operative per l'inclusione delle partite IVA nella banca dati dei soggetti passivi che effettuano operazioni intracomunitarie, nonché i criteri e le modalità di cessazione della partita IVA e dell'esclusione della stessa dalla banca dati medesima (6).

15-bis.1. Ai fini del rafforzamento del presidio di cui al comma 15-bis, l'Agenzia delle entrate effettua specifiche analisi del rischio connesso al rilascio di nuove partite IVA, all'esito delle quali l'ufficio dell'Agenzia delle entrate invita il contribuente a comparire di persona presso il medesimo ufficio, ai sensi dell'articolo 32 del decreto del Presidente della Repubblica 29 settembre 1973, n. 600, per esibire la documentazione di cui agli articoli 14 e 19 del medesimo decreto del Presidente della Repubblica, ove obbligatoria, per consentire in ogni caso la verifica dell'effettivo esercizio dell'attività di cui agli articoli 4 e 5 del presente decreto e per dimostrare, sulla base di documentazione idonea, l'assenza dei profili di rischio individuati. In caso di mancata comparizione di persona del contribuente ovvero di esito negativo dei riscontri operati sui documenti eventualmente esibiti, l'ufficio emana provvedimento di cessazione della partita IVA [7].

15-bis.2. Ferma restando la disciplina applicabile nelle ipotesi in cui la cessazione della partita IVA comporti l'esclusione della stessa dalla banca dati dei soggetti che effettuano operazioni intracomunitarie, in caso di cessazione ai sensi dei commi 15-bis e 15-bis.1, la partita IVA può essere successivamente richiesta dal medesimo soggetto, come imprenditore individuale, lavoratore autonomo o rappresentante legale di società, associazione o ente, con o senza personalità giuridica, costituiti successivamente al provvedimento di cessazione della partita IVA, solo previo rilascio di polizza fideiussoria o fideiussione bancaria per la durata di tre anni dalla data del rilascio e per un importo non inferiore a 50.000 euro. In caso di eventuali violazioni fiscali commesse antecedentemente all'emanazione del provvedimento di cessazione, l'importo della fideiussione deve essere pari alle somme, se superiori a 50.000 euro, dovute a seguito di dette violazioni fiscali, sempreché non sia intervenuto il versamento delle stesse [8].

15-ter. Con provvedimento del Direttore dell'Agenzia delle entrate sono individuate:

a) specifiche informazioni da richiedere all'atto della dichiarazione di inizio di attività;

b) tipologie di contribuenti per i quali l'attribuzione del numero di partita IVA determina la possibilità di effettuare gli acquisti di cui all'articolo 38 del decreto-legge 30 agosto 1993, n. 331, convertito, con modificazioni, dalla legge 29 ottobre 1993, n. 427, e successive modificazioni, a condizione che sia rilasciata polizza fideiussoria o fideiussione bancaria per la durata di tre anni dalla data del rilascio e per un importo rapportato al volume d'affari presunto e comunque non inferiore a 50.000 euro [9].

[*15-quater. Ai fini del contrasto alle frodi sull'IVA intracomunitaria, con provvedimento del direttore dell'Agenzia delle entrate sono stabiliti i criteri e le modalità di inclusione delle partite IVA nella banca dati dei soggetti passivi che effettuano operazioni intracomunitarie, ai sensi dell'articolo 22 del Regolamento (CE) del 7 ottobre 2003, n. 1798.*] [10]

15-quinquies. L'Agenzia delle entrate procede d'ufficio alla chiusura delle partite IVA dei soggetti che, sulla base dei dati e degli elementi in suo possesso, risultano non aver esercitato nelle tre annualità precedenti attività di impresa ovvero attività artistiche o professionali. Sono fatti salvi i poteri di controllo e accertamento dell'amministrazione finanziaria. Con provvedimento del direttore dell'Agenzia delle entrate sono stabiliti i criteri e le modalità di applicazione del presente comma, prevedendo forme di comunicazione preventiva al contribuente [11].

[1] Articolo modificato dall'articolo 1 del D.P.R. 23 dicembre 1974, n. 687; dall'articolo 1 del D.P.R. 29 gennaio 1979, n. 24; dall'articolo 9 del D.P.R. 31 marzo 1979, n. 94; dall'articolo 14 del D.P.R. 30 dicembre 1980, n. 897; dall'articolo 15 del D.P.R. 30 dicembre 1981, n. 793; dall'articolo 5 del D.L. 30 dicembre 1982, n. 953 e successivamente sostituito dall'articolo 22, comma 1, del D.P.R. 5 ottobre 2001, n. 404.
[2] Lettera aggiunta dall'articolo 27, comma 1, lettera a), del D.L. 31 maggio 2010, n. 78.
[3] Comma modificato dall'articolo 1, comma 330, lettera g), della legge 24 dicembre 2012, n. 228.
[4] Comma aggiunto dall'articolo 27, comma 1, lettera b), del D.L. 31 maggio 2010, n. 78 e successivamente sostituito dall'articolo 22, comma 1, lettera a), del D.Lgs. 21 novembre 2014, n. 175.
[5] Comma aggiunto dall'articolo 27, comma 1, lettera b), del D.L. 31 maggio 2010, n. 78 e successivamente abrogato dall'articolo 22, comma 1, lettera b), del D.Lgs. 21 novembre 2014, n. 175.
[6] Comma aggiunto dall'articolo 37, comma 18, del D.L. 4 luglio 2006, n. 223 e successivamente modificato dall'articolo 22, comma 1, lettera c), del D.Lgs. 21 novembre 2014, n. 175.
[7] Comma inserito dall'articolo 1, comma 148, della Legge 29 dicembre 2022, n. 197.
[8] Comma inserito dall'articolo 1, comma 148, della Legge 29 dicembre 2022, n. 197.
[9] Comma aggiunto dall'articolo 37, comma 18, del D.L. 4 luglio 2006, n. 223.
[10] Comma aggiunto dall'articolo 27, comma 1, lettera c), del D.L. 31 maggio 2010, n. 78 e successivamente abrogato dall'articolo 22, comma 1, lettera d), del D.Lgs. 21 novembre 2014, n. 175.
[11] Comma aggiunto dall'articolo 23, comma 22, del D.L. 6 luglio 2011, n. 98 e successivamente sostituito dall'articolo 8, comma 9, lett. a) del D.L. 2 marzo 2012, n. 16 e dall'articolo 7-quater, comma 44, del D.L. 22 ottobre 2016, n. 193 convertito, con modificazioni dalla legge 1° dicembre 2016 n. 225.

35 *bis*. Eredi del contribuente [1]. – Gli obblighi derivanti, a norma del presente decreto, dalle operazioni effettuate dal contribuente deceduto possono essere adempiuti dagli eredi, ancorchè i relativi termini siano scaduti non oltre quattro mesi prima della data della morte del contribuente, entro i sei mesi da tale data [2].

Resta ferma la disciplina stabilita dal presente decreto per le operazioni effettuate, anche ai fini della liquidazione dell'azienda, dagli eredi dell'imprenditore [2].

[1] Articolo aggiunto dall'articolo 1 del D.P.R. 29 gennaio 1979, n. 24.
[2] Comma sostituito dall'articolo 11, comma 1, lettera d), del D.Lgs. 9 luglio 1997, n. 241.

35 *ter*. Identificazione ai fini I.V.A. ed obblighi contabili del soggetto non residente [1]. – 1. I soggetti non residenti nel territorio dello Stato, che, ai sensi dell'articolo 17, terzo comma, intendono assolvere gli obblighi ed esercitare i diritti in materia di imposta sul valore aggiunto direttamente, devono farne dichiarazione all'Ufficio competente, prima dell'effettuazione delle operazioni per le quali si vuole adottare il suddetto sistema [2].

2. La dichiarazione deve contenere le seguenti indicazioni:

a) per le persone fisiche, il cognome, il nome e la eventuale ditta, il luogo e la data di nascita, il domicilio fiscale nello Stato estero in cui l'attività è esercitata;

b) per i soggetti diversi dalle persone fisiche, la denominazione, ragione sociale o ditta, la sede legale o, in mancanza, amministrativa, nello Stato estero in cui l'attività è esercitata; gli elementi di cui alla lettera a) per almeno una delle persone che ne hanno la rappresentanza;

c) l'ufficio dell'amministrazione dello Stato estero competente ad effettuare i controlli sull'attività del dichiarante, nonché il numero di identificazione all'imposta sul valore aggiunto ovvero, in mancanza, il codice identificativo fiscale attribuito dal medesimo Stato;

d) il tipo e l'oggetto dell'attività esercitata nello Stato estero di stabilimento;

e) l'impegno ad esibire le scritture contabili entro i termini stabiliti dall'amministrazione richiedente;

f) ogni altro elemento richiesto dal modello di dichiarazione.

3. L'ufficio attribuisce al richiedente un numero di partita I.V.A., in cui sia evidenziata anche la natura di soggetto non residente identificato in Italia. Il predetto numero deve essere riportato nelle dichiarazioni e in ogni altro atto, ove richiesto.

4. In caso di variazione dei dati di cui al comma 2, il soggetto non residente presenta apposita dichiarazione entro trenta giorni al competente ufficio dell'Agenzia delle entrate. Le dichiarazioni di cui al presente articolo sono redatte in conformità al modello stabilito con provvedimento del direttore dell'Agenzia delle entrate.

5. Possono avvalersi dell'identificazione diretta prevista dal presente articolo, i soggetti non residenti, che esercitano attività di impresa, arte o professione in altro Stato membro della Comunità europea o in un Paese terzo con il quale esistano strumenti giuridici che disciplinano la reciproca assistenza in materia di imposizione indiretta, analogamente a quanto previsto dalle direttive del Consiglio n. 76/308/CEE del 15 marzo 1976 e n. 77/799/CEE del 19 dicembre 1977 e dal regolamento (CEE) n. 218/92 del Consiglio del 27 gennaio 1992.

6. Per quanto non espressamente previsto dal presente articolo anche in materia di utilizzo del servizio di collegamento telematico con l'Agenzia delle entrate per la presentazione di documenti, atti e istanze, si fa rinvio, in quanto applicabili, alle disposizioni dell'articolo 35, come modificato dal decreto del Presidente della Repubblica del 5 ottobre 2001, n. 404.

(1) *Articolo aggiunto dall'articolo 1, comma 1, lettera b), del D.Lgs. 19 giugno 2006, n. 191.*
(2) *Comma modificato dall'articolo 1, comma 1, lettera s), del D.Lgs. 11 febbraio 2010, n. 18.*

35 *quater*. Pubblicità in materia di partita IVA (1). – Al fine di contrastare le frodi in materia di imposta sul valore aggiunto, l'Agenzia delle entrate rende disponibile a chiunque, con servizio di libero accesso, la possibilità di verificare puntualmente, mediante i dati disponibili in anagrafe tributaria, la validità del numero di partita IVA attribuito ai sensi dell'articolo 35 o 35-ter. Il servizio fornisce le informazioni relative allo stato di attività della partita IVA inserita e alla denominazione del soggetto o, in assenza di questa, al cognome e nome della persona fisica titolare.

(1) *Articolo inserito dall'articolo 8, comma 9, lett.b) del D.L. 2 marzo 2012, n. 16.*

36. Esercizio di più attività (1). – Nei confronti dei soggetti che esercitano più attività l'imposta si applica unitariamente e cumulativamente per tutte le attività, con riferimento al volume di affari complessivo, salvo quanto stabilito nei successivi commi.

Se il soggetto esercita contemporaneamente imprese e arti o professioni l'imposta si applica separatamente per l'esercizio di imprese e per l'esercizio di arti o professioni, secondo le rispettive disposizioni e con riferimento al rispettivo volume d'affari.

I soggetti che esercitano più imprese o più attività nell'ambito della stessa impresa, ovvero più arti o professioni, hanno facoltà di optare per l'applicazione separata dell'imposta relativamente ad alcuna delle attività esercitate, dandone comunicazione all'ufficio nella dichiarazione relativa all'anno precedente o nella dichiarazione di inizio dell'attività. In tal caso la detrazione di cui all'art. 19 spetta a condizione che l'attività sia gestita con contabilità separata ed è esclusa, in deroga a quanto stabilito nell'ultimo comma, per l'imposta relativa ai beni non ammortizzabili utilizzati promiscuamente. L'opzione ha effetto fino a quando non sia revocata e in ogni caso per almeno un triennio. Se nel corso di un anno sono acquistati beni ammortizzabili la revoca non è ammessa fino al termine del periodo di rettifica della detrazione di cui all'art. 19- bis. La revoca deve essere comunicata all'ufficio nella dichiarazione annuale ed ha effetto dall'anno in corso. Le disposizioni del presente comma si applicano anche ai soggetti che effettuano sia locazioni o cessioni, esenti da imposta, di fabbricati o porzioni di fabbricato a destinazione abitativa che comportano la riduzione della percentuale di detrazione a norma dell'art. 19, comma 5, e dell'art. 19- bis, sia locazioni o cessioni di altri fabbricati o di altri immobili, con riferimento a ciascuno di tali settori di attività. Le disposizioni del presente comma si applicano, altresì, ai soggetti che svolgono sia il servizio di gestione individuale di portafogli, ovvero prestazioni di mandato, mediazione o intermediazione relative al predetto servizio, sia attività esenti dall'imposta ai sensi dell'articolo 10, primo comma (2).

L'imposta si applica in ogni caso separatamente secondo le rispettive disposizioni e con riferimento al volume di affari di ciascuna di esse, per le attività di commercio al minuto di cui al terzo comma dell'art. 24, comprese le attività ad esse accessorie e quelle non rientranti nell'attività propria dell'impresa, nonché per le attività di cui all'art. 34, fermo restando il disposto dei commi secondo e terzo dello stesso articolo e per quelle di cui all'art. 74, sesto comma, per le quali la detrazione prevista dall'art. 19 sia applicata forfettariamente e per quelle di cui al comma 5 dell'art. 74- quater (3).

In tutti i casi nei quali l'imposta è applicata separatamente per una determinata attività la detrazione di cui all'art. 19, se ridotta ai sensi del terzo comma dello stesso articolo ovvero se applicata forfettariamente, è ammessa per l'imposta relativa ai beni e ai servizi utilizzati promiscuamente, nei limiti della parte imputabile all'esercizio dell'attività stessa; i passaggi di servizi all'attività soggetta a detrazione ridotta o forfettaria costituiscono prestazioni di servizio ai sensi dell'art. 3 e si considerano effettuati, in base al loro valore normale, nel momento in cui sono rese. Per i passaggi interni dei beni tra attività separate si applicano le disposizioni degli articoli 21 e seguenti, con riferimento al loro valore normale, e le annotazioni di cui agli articoli 23 e 25 devono essere eseguite nello stesso mese. Per i passaggi dei beni all'attività di commercio al minuto di cui al terzo comma dell'art. 24 e per quelli da questa ad altra attività, l'imposta non è dovuta, ma i passaggi stessi devono essere annotati, in base al corrispettivo di acquisto dei beni, entro il giorno non festivo successivo a quello del passaggio. Le annotazioni devono essere eseguite, distintamente in base all'aliquota applicabile per le relative cessioni, nei registri di cui agli articoli 23, 24 e 25, ovvero in apposito registro tenuto a norma dell'art. 39. La dichiarazione annuale deve essere presentata su un unico modello per tutte le attività secondo le modalità stabilite nel decreto di cui al primo comma dell'art. 28 e i versamenti di cui agli articoli 27, 30 e 33 devono essere eseguiti per l'ammontare complessivo dovuto, al netto delle eccedenze detraibili [4].

[1] *Articolo sostituito dall'articolo 1 del D.P.R. 23 dicembre 1974, n. 687 e successivamente, a decorrere dal 1° luglio 1979, dall'articolo 1 del D.P.R. 29 gennaio 1979, n. 24 come modificato dall'articolo 7 del D.P.R. 31 marzo 1979, n. 94. Successivamente, l'articolo 9 del D.L. 30 dicembre 1979, n. 660, ha stabilito che le modifiche apportate al presente articolo dall'articolo 1 del D.P.R. 29 gennaio 1979, n. 24, hanno effetto dal 1° gennaio 1981.*

[2] *Comma modificato dall'articolo 3, comma 1, lettera b), del D.Lgs. 19 novembre 1998, n. 422, dall'articolo 57, comma 1, lettera b), del D.L. 24 gennaio 2012, n. 1 e, da ultimo, dall'articolo 1, comma 520, lettera b) della Legge 24 dicembre 2012, n. 228; per l'applicazione vedi quanto disposto dal comma 521 del medesimo articolo 1.*

[3] *Comma sostituito dall'articolo 15 del D.P.R. 30 dicembre 1980, n. 897 e successivamente modificato dall'articolo 19, comma 4, del D.Lgs. 26 febbraio 1999, n. 60.*

[4] *Comma sostituito dall'articolo 15 del D.P.R. 30 dicembre 1980, n. 897.*

36 *bis*. Dispensa da adempimenti per le operazioni esenti [1]. – Il contribuente che ne abbia data preventiva Comunicazione all'ufficio è dispensato dagli obblighi di fatturazione e di registrazione relativamente alle operazioni esenti da imposta ai sensi dell'art. 10, tranne quelle indicate al primo comma, numeri 11), 18) e 19), e al terzo comma dello stesso articolo, fermi restando l'obbligo di fatturazione e registrazione delle altre operazioni eventualmente effettuate, l'obbligo di registrazione degli acquisti e gli altri obblighi stabiliti dal presente decreto, ivi compreso l'obbligo di rilasciare la fattura quando sia richiesta dal cliente [2].

Nell'ipotesi di cui al precedente comma il contribuente non è ammesso a detrarre dall'imposta eventualmente dovuta quella relativa agli acquisti e alle importazioni e deve presentare la dichiarazione annuale, compilando l'elenco dei fornitori, ancorchè non abbia effettuato operazioni imponibili [3].

La comunicazione di avvalersi della dispensa dagli adempimenti relativi alle operazioni esenti dev'essere fatta nella dichiarazione annuale relativa all'anno precedente o nella dichiarazione di inizio dell'attività ed ha effetto fino a quando non sia revocata e in ogni caso per almeno un triennio. La revoca deve essere comunicata all'ufficio nella dichiarazione annuale ed ha effetto dall'anno in corso.

[1] *Articolo aggiunto dall'articolo 1 del D.P.R. 29 gennaio 1979, n. 24.*

[2] *Comma sostituito dall'articolo 9 del D.P.R. 31 marzo 1979, n. 94 e successivamente modificato dall'articolo 1, comma 1, lettera f), del D.Lgs. 25 maggio 2021, n. 83. Per l'applicazione, vedi l'articolo 10, comma 1, del D.Lgs. 83/2021 medesimo.*

[3] *Comma sostituito dall'articolo 16 del D.P.R. 30 dicembre 1980, n. 897.*

37. Presentazione delle dichiarazioni[1]. – [*Le dichiarazioni previste dal presente decreto devono essere sottoscritte, a pena di nullità, dal contribuente o da chi ne ha la rappresentanza legale o negoziale. La nullità è sanata se il contribuente provvede alla sottoscrizione entro trenta giorni dal ricevimento dell'invito da parte dell'ufficio dell'imposta sul valore aggiunto territorialmente competente*[2].

Le dichiarazioni sono presentate all'ufficio dell'imposta sul valore aggiunto, il quale, anche se non richiesto, deve rilasciare ricevuta. La dichiarazione annuale dei contribuenti con esercizio coincidente con l'anno solare agli effetti della imposizione sui redditi deve essere presentata a norma dell'art. 12 del decreto del Presidente della Repubblica 29 settembre 1973, n. 600 [3].

Le dichiarazioni possono anche essere spedite all'ufficio a mezzo di lettera raccomandata e si considerano presentate nel giorno in cui sono consegnate all'ufficio postale, che deve apporre il timbro a calendario anche sulla dichiarazione.

La prova della presentazione della dichiarazione che dai protocolli, registri ed atti dell'ufficio non risulti pervenuta non può essere data che mediante la ricevuta dell'ufficio o la ricevuta della raccomandata.

Le dichiarazioni presentate entro trenta giorni dalla scadenza del termine sono valide, salvo quanto stabilito nel primo comma dell'art. 43 e nel primo comma dell'art. 48.

Le dichiarazioni presentate con ritardo superiore a trenta giorni si considerano omesse a tutti gli effetti, ma costituiscono titolo per la riscossione dell'imposta che ne risulta dovuta.] [4]

[1] *Articolo sostituito dall'articolo 1 del D.P.R. 29 gennaio 1979, n. 24.*

[2] *Comma sostituito dall'articolo 11, comma 1, lettera e), numero 1), del D.Lgs. 9 luglio 1997, n. 241.*

[3] *Comma modificato dall'articolo 11, comma 1, lettera e), numero 2), del D.Lgs. 9 luglio 1997, n. 241.*

[4] *Articolo abrogato dall'articolo 9, comma 9, del D.P.R. 22 luglio 1998, n. 322.*

38. Esecuzione dei versamenti [1]. – I versamenti previsti dagli articoli 27, 30 e 33 devono essere eseguiti al competente ufficio dell'imposta sul valore aggiunto mediante delega del contribuente ad una delle aziende di credito di cui all'art. 54 del regolamento per l'amministrazione del patrimonio e per la contabilità generale dello Stato, approvato con regio decreto 23 maggio 1924, n. 827, ovvero ad una delle casse rurali e artigiane di cui al regio decreto 26 agosto 1937, n. 1706, modificato con la legge 4 agosto 1955, n. 707, avente un patrimonio non inferiore a lire cento milioni. La delega deve essere rilasciata presso una qualsiasi dipendenza dell'azienda delegata sita nel territorio dello Stato [2].

L'azienda delegata deve rilasciare al contribuente una attestazione recante l'indicazione dell'importo dell'ordine di versamento e della data in cui lo ha ricevuto e l'impegno di effettuare il versamento all'ufficio per conto del contribuente entro il quinto giorno successivo. La delega è irrevocabile ed ha effetto liberatorio per il delegante.

Le caratteristiche e le modalità di rilascio dell'attestazione, nonchè le modalità per l'esecuzione dei versamenti agli uffici dell'imposta sul valore aggiunto, per la trasmissione dei relativi dati e documenti all'amministrazione e per i relativi controlli sono stabilite con decreto del Ministro delle finanze di concerto con il Ministro del tesoro.

I versamenti diversi da quelli indicati nel primo comma devono essere eseguiti direttamente all'ufficio dell'imposta sul valore aggiunto o in contanti o mediante assegni circolari non trasferibili intestati all'ufficio stesso o mediante altri titoli di credito bancario o postali a copertura garantita. Il versamento mediante assegni circolari o titoli bancari o postali può essere eseguito anche a mezzo posta con lettera raccomandata, nella quale deve essere specificata la causa di versamento. L'ufficio rilascia quietanza nelle forme e con le modalità stabilite con decreto del Ministro delle finanze anche in deroga alle disposizioni contenute negli articoli 238 e 240 del regolamento per l'amministrazione del patrimonio e per la contabilità generale dello Stato, approvato con regio decreto 23 maggio 1924, n. 827.

[1] *Articolo modificato dall'articolo 1 del D.P.R. 23 dicembre 1974, n. 687; dall'articolo 1 del D.P.R. 2 luglio 1975, n. 288; dagli articoli 1, 2, e 3 del D.P.R. 18 ottobre 1978, n. 668 e successivamente sostituito dall'articolo 1 del D.P.R. 29 gennaio 1979, n. 24.*

[2] *Comma sostituito dall'articolo 1 del D.L. 30 dicembre 1982, n. 953 e*

successivamente modificata dall'articolo 36, comma 14, del D.L.. 30 agosto 1993, n. 331.

38 *bis*. Esecuzione dei rimborsi [1]. – 1. I rimborsi previsti nell'articolo 30 sono eseguiti, su richiesta fatta in sede di dichiarazione annuale, entro tre mesi dalla presentazione della dichiarazione. Sulle somme rimborsate si applicano gli interessi in ragione del 2 per cento annuo, con decorrenza dal novantesimo giorno successivo a quello in cui è stata presentata la dichiarazione, non computando il periodo intercorrente tra la data di notifica della richiesta di documenti e la data della loro consegna, quando superi quindici giorni.

2. Il contribuente può ottenere il rimborso in relazione a periodi inferiori all'anno nelle ipotesi di cui alle lettere a), b) ed e) del secondo comma dell'articolo 30, nonché nelle ipotesi di cui alla lettera c) del medesimo secondo comma quando effettua acquisti ed importazioni di beni ammortizzabili per un ammontare superiore ai due terzi dell'ammontare complessivo degli acquisti e delle importazioni di beni e servizi imponibili ai fini dell'imposta sul valore aggiunto, e nelle ipotesi di cui alla lettera d) del secondo comma del citato articolo 30 quando effettua, nei confronti di soggetti passivi non stabiliti nel territorio dello Stato, per un importo superiore al 50 per cento dell'ammontare di tutte le operazioni effettuate, prestazioni di lavorazione relative a beni mobili materiali, prestazioni di trasporto di beni e relative prestazioni di intermediazione, prestazioni di servizi accessorie ai trasporti di beni e relative prestazioni di intermediazione, ovvero prestazioni di servizi di cui all'articolo 19, comma 3, lettera a-bis).

3. Fatto salvo quanto previsto dal comma 4, i rimborsi di ammontare superiore a 30.000 euro sono eseguiti previa presentazione della relativa dichiarazione o istanza da cui emerge il credito richiesto a rimborso recante il visto di conformità o la sottoscrizione alternativa di cui all'articolo 10, comma 7, primo e secondo periodo, del decreto-legge 1° luglio 2009, n. 78, convertito, con modificazioni, dalla legge 3 agosto 2009, n. 102. Alla dichiarazione o istanza è allegata una dichiarazione sostitutiva di atto di notorietà, a norma dell'articolo 47 del decreto del Presidente della Repubblica 28 dicembre 2000, n. 445, che attesti la sussistenza delle seguenti condizioni in relazione alle caratteristiche soggettive del contribuente [2]:

a) il patrimonio netto non è diminuito, rispetto alle risultanze contabili dell'ultimo periodo d'imposta, di oltre il 40 per cento; la consistenza degli immobili non si è ridotta, rispetto alle risultanze contabili dell'ultimo periodo d'imposta, di oltre il 40 per cento per cessioni non effettuate nella normale gestione dell'attività esercitata; l'attività stessa non è cessata né si è ridotta per effetto di cessioni di aziende o rami di aziende compresi nelle suddette risultanze contabili;

b) non risultano cedute, se la richiesta di rimborso è presentata da società di capitali non quotate nei mercati regolamentati, nell'anno precedente la richiesta, azioni o quote della società stessa per un ammontare superiore al 50 per cento del capitale sociale;

c) sono stati eseguiti i versamenti dei contributi previdenziali e assicurativi.

4. Sono eseguiti previa prestazione della garanzia di cui al comma 5 i rimborsi di ammontare superiore a 30.000 euro quando richiesti [3]:

a) da soggetti passivi che esercitano un'attività d'impresa da meno di due anni diversi dalle imprese start-up innovative di cui all'articolo 25 del decreto-legge 18 ottobre 2012, n. 179, convertito, con modificazioni, dalla legge 17 dicembre 2012, n. 221;

b) da soggetti passivi ai quali, nei due anni antecedenti la richiesta di rimborso, sono stati notificati avvisi di accertamento o di rettifica da cui risulti, per ciascun anno, una differenza tra gli importi accertati e quelli dell'imposta dovuta o del credito dichiarato superiore:

1) al 10 per cento degli importi dichiarati se questi non superano 150.000 euro;

2) al 5 per cento degli importi dichiarati se questi superano 150.000 euro ma non superano 1.500.000 euro;

3) all'1 per cento degli importi dichiarati, o comunque a 150.000 euro, se gli importi dichiarati superano 1.500.000 euro;

c) da soggetti passivi che nelle ipotesi di cui al comma 3, presentano la dichiarazione o istanza da cui emerge il credito richiesto a rimborso priva del visto di conformità o della sottoscrizione alternativa, o non presentano la dichiarazione sostitutiva di atto di notorietà;

d) da soggetti passivi che richiedono il rimborso dell'eccedenza detraibile risultante all'atto della cessazione dell'attività.

5. La garanzia di cui al comma 4 è prestata per una durata pari a tre anni dall'esecuzione del rimborso, ovvero, se inferiore, al periodo mancante al termine di decadenza dell'accertamento, sotto forma di cauzione in titoli di Stato o garantiti dallo Stato, al valore di borsa, ovvero di fideiussione rilasciata da una banca o da una impresa commerciale che a giudizio dell'Amministrazione finanziaria offra adeguate garanzie di solvibilità ovvero di polizza fideiussoria rilasciata da un'impresa di assicurazione. Per le piccole e medie imprese, definite secondo i criteri stabiliti dal decreto del 18 aprile 2005 del Ministro delle attività produttive, pubblicato nella Gazzetta Ufficiale 12 ottobre 2005, n. 238, dette garanzie possono essere prestate anche dai consorzi o cooperative di garanzia collettiva fidi di cui all'articolo 29 della legge 5 ottobre 1991, n. 317, iscritti nell'albo previsto dall'articolo 106 del decreto legislativo 1° settembre 1993, n. 385. Per i gruppi di società, con patrimonio risultante dal bilancio consolidato superiore a 250 milioni di euro, la garanzia può essere prestata mediante la diretta assunzione da parte della società capogruppo o controllante di cui all'articolo 2359 del codice civile della obbligazione di integrale restituzione della somma da rimborsare, comprensiva dei relativi interessi, all'Amministrazione finanziaria, anche in caso di cessione della partecipazione nella società controllata o collegata. In ogni caso la società capogruppo o controllante deve comunicare in anticipo all'Amministrazione finanziaria l'intendimento di cedere la partecipazione nella società controllata o collegata. La garanzia concerne anche crediti relativi ad annualità precedenti maturati nel periodo di validità della garanzia stessa.

6. Relativamente alla dichiarazione da cui emerge il credito richiesto a rimborso non è obbligatoria l'apposizione del visto di conformità o la sottoscrizione alternativa previsti dal comma 3 quando è prestata la garanzia di cui al comma 5.

7. Ai rimborsi di cui al presente articolo e al pagamento

IMPOSTE INDIRETTE

degli interessi provvede il competente ufficio dell'Agenzia delle entrate. Ai rimborsi si provvede con gli stanziamenti di bilancio.

8. Nel caso in cui nel periodo relativo al rimborso sia stato constatato uno dei reati di cui agli articoli 2 e 8 del decreto legislativo 10 marzo 2000, n. 74, l'esecuzione dei rimborsi di cui al presente articolo è sospesa, fino a concorrenza dell'ammontare dell'imposta indicata nelle fatture o in altri documenti illecitamente emessi od utilizzati, fino alla definizione del relativo procedimento penale.

9. Se successivamente al rimborso o alla compensazione viene notificato avviso di rettifica o accertamento il contribuente, entro sessanta giorni, versa all'ufficio le somme che in base all'avviso stesso risultano indebitamente rimborsate o compensate, oltre agli interessi del 2 per cento annuo dalla data del rimborso o della compensazione, a meno che non presti la garanzia prevista nel comma 5 fino a quando l'accertamento sia divenuto definitivo.

10. Con decreti del Ministro dell'economia e delle finanze sono individuate, anche progressivamente, in relazione all'attività esercitata ed alle tipologie di operazioni effettuate, le categorie di contribuenti per i quali i rimborsi di cui al presente articolo sono eseguiti in via prioritaria.

11. Con provvedimento del Direttore dell'Agenzia delle entrate sono definite le ulteriori modalità e termini per l'esecuzione dei rimborsi di cui al presente articolo, inclusi quelli per la richiesta dei rimborsi relativi a periodi inferiori all'anno e per la loro esecuzione.

(1) *Articolo aggiunto dall'articolo 1 del D.P.R. 29 gennaio 1979, n. 24, e successivamente modificato dall'articolo 17 del D.P.R. 30 dicembre 1980, n. 897, dall'articolo 4, comma 1, lettera c), del D.L. 27 aprile 1990, n. 90, dall'articolo 3, comma 141, della legge 23 dicembre 1996, n. 662, dall'articolo 31, comma 1, del D.Lgs. 9 luglio 1997, n. 241, dall'articolo 24, comma 22, della legge 27 dicembre 1997, n. 449, dall'articolo 1, comma 1, lettera f), del D.Lgs. 23 marzo 1998, n. 56, dall'articolo 3, comma 1, lettera c), del D.Lgs. 19 novembre 1998, n. 422, dall'articolo 52, comma 1, della legge 21 novembre 2000, n. 342, dall'articolo 9, comma 1, del D.L. 30 settembre 2003, n. 269, dall'articolo 1, comma 308, lettera a) e b), della legge 27 dicembre 2006, n. 296, dall'articolo 1, comma 124, della legge 24 dicembre 2007, n. 244, dall'articolo 1, comma 2, del D.M. 21 maggio 2009, dall'articolo 10, comma 1, lettera a), punto 3) e comma 3, del D.L. 1° luglio 2009, n. 78 e dall'articolo 9, comma 4, del D.Lgs. 13 agosto 2010, n. 141 e dall'articolo 2, comma 2, lettera h), della legge 15 dicembre 2011, n. 217. Da ultimo, articolo sostituito dall'articolo 13, comma 1, del D.Lgs. 21 novembre 2014, n. 175.*

(2) *Alinea modificato dall'articolo 7-quater, comma 32, del D.L. 22 ottobre 2016, n. 193, convertito con modificazioni dalla Legge 1° dicembre 2016, n. 225.*

(3) *Alinea modificato dall'articolo 7-quater, comma 32, del D.L. 22 ottobre 2016, n. 193, convertito con modificazioni dalla Legge 1° dicembre 2016, n. 225.*

38 *bis*.1. Rimborso dell'imposta assolta in altri Stati membri della Comunità(1)(2). – 1. I soggetti passivi stabiliti nel territorio dello Stato che hanno assolto l'imposta in un altro Stato membro in relazione a beni e servizi ivi acquistati o importati, possono chiederne il rimborso a detto Stato membro presentando un'istanza all'Agenzia delle entrate tramite apposito portale elettronico.

2. L'Agenzia delle entrate provvede ad inoltrare tale richiesta allo Stato membro del rimborso, eccetto i casi in cui, durante il periodo di riferimento del rimborso, il richiedente:

a) non ha svolto un'attività d'impresa, arte o professione;

b) ha effettuato unicamente operazioni esenti o non soggette che non danno diritto alla detrazione dell'imposta ai sensi degli articoli 19 e seguenti;

c) si è avvalso del regime dei contribuenti minimi di cui ai commi da 96 a 117 dell'articolo 1 della legge 24 dicembre 2007, n. 244;

d) si è avvalso del regime speciale per i produttori agricoli.

3. Nei casi indicati al comma 2 l'Agenzia delle entrate notifica al richiedente il mancato inoltro della richiesta di rimborso. Avverso il provvedimento motivato di rifiuto dell'inoltro è ammesso ricorso secondo le disposizioni relative al contenzioso tributario.

4. Con provvedimento del Direttore dell'Agenzia delle entrate, da emanarsi entro novanta giorni dall'entrata in vigore della presente disposizione, è individuato il competente ufficio dell'Agenzia delle entrate e sono stabilite le modalità ed i termini procedurali per l'applicazione delle disposizioni del presente articolo nonché per la realizzazione dei relativi scambi informativi.

(1) *Articolo aggiunto dall'articolo 1, comma 1, lettera t), del D.Lgs. 11 febbraio 2010, n. 18.*

(2) *Per le norme di attuazione delle disposizioni di cui al presente articolo, vedi il Provvedimento 1° aprile 2010.*

38 *bis*.2. Esecuzione dei rimborsi a soggetti non residenti stabiliti in un altro Stato membro della Comunità(1)(2). – 1. I soggetti stabiliti in altri Stati membri della Comunità, assoggettati all'imposta nello Stato in cui hanno il domicilio o la residenza chiedono il rimborso dell'imposta assolta sulle importazioni di beni e sugli acquisti di beni e servizi, sempre che sia detraibile a norma degli articoli 19, 19-bis1 e 19-bis2, secondo le disposizioni del presente articolo. Il rimborso non può essere richiesto dai soggetti che nel periodo di riferimento disponevano di una stabile organizzazione nel territorio dello Stato ovvero dai soggetti che hanno ivi effettuato operazioni diverse da quelle per le quali debitore dell'imposta è il committente o cessionario, da quelle non imponibili di trasporto o accessorie ai trasporti e da quelle effettuate ai sensi dell'articolo 74-septies. L'ammontare complessivo della richiesta di rimborso relativa a periodi infrannuali non può essere inferiore a quattrocento euro; se detto ammontare risulta inferiore a quattrocento euro il rimborso spetta annualmente, sempreché di importo non inferiore a cinquanta euro (3).

2. La richiesta di rimborso è presentata con riferimento ad un periodo non superiore ad un anno solare e non inferiore a tre mesi, ovvero per periodi inferiori a tre mesi qualora questi periodi rappresentino la parte residua di un anno solare.

3. I soggetti di cui al comma 1 non hanno diritto al rimborso qualora nello Stato membro in cui sono stabiliti effettuino operazioni che non danno diritto alla detrazione dell'imposta. Nel caso in cui gli stessi effettuino sia operazioni che danno diritto alla detrazione sia operazioni che non conferiscono tale diritto, il rimborso è ammesso soltanto in misura pari alla percentuale detraibile dell'imposta, quale applicata dallo Stato membro ove è stabilito il richiedente.

4. La richiesta di rimborso è inoltrata per via elettronica tramite lo Stato membro ove è stabilito il richiedente.

5. Ai rimborsi previsti nel comma 1 e al pagamento dei relativi interessi provvede il competente ufficio dell'Agenzia delle entrate, utilizzando i fondi messi a disposizione su apposita contabilità speciale. La decisione in ordine al rim-

borso dell'imposta è notificata al richiedente entro quattro mesi dalla ricezione della richiesta, salvo quanto previsto ai commi successivi.

6. Entro il termine di quattro mesi di cui al comma 5, l'ufficio può chiedere per via elettronica al soggetto richiedente il rimborso o allo Stato membro ove esso è stabilito informazioni aggiuntive al fine di acquisire tutti gli elementi pertinenti su cui basare la decisione in merito al rimborso. Le informazioni aggiuntive possono essere richieste eventualmente ad un soggetto diverso, anche in via telematica solo se il destinatario dispone dei mezzi necessari. Le informazioni richieste sono fornite all'ufficio entro un mese dalla data in cui il destinatario riceve la richiesta. In caso di richiesta di informazioni aggiuntive la comunicazione di cui al comma 5 è effettuata entro il termine di due mesi dal giorno in cui le informazioni sono pervenute all'ufficio ovvero entro due mesi dalla scadenza infruttuosa del termine di un mese di cui al terzo periodo. I predetti termini non si applicano se scadono prima del decorso di un periodo di sei mesi dalla ricezione della richiesta di rimborso, nel qual caso l'ufficio effettua la comunicazione di cui al comma 5 entro sei mesi dalla ricezione della richiesta stessa.

7. L'ufficio può chiedere ulteriori informazioni aggiuntive rispetto a quelle previste al comma 6. Le informazioni richieste sono fornite all'ufficio entro un mese dalla data in cui il destinatario riceve la richiesta. In tal caso, la comunicazione di cui al comma 5 è effettuata comunque entro otto mesi dalla data di ricezione della richiesta di rimborso.

8. Il rimborso è effettuato entro dieci giorni lavorativi dalla scadenza del termine di cui al comma 5, ovvero, qualora siano richieste informazioni aggiuntive o ulteriori informazioni aggiuntive, dalla scadenza dei termini di cui ai commi 6 e 7.

9. Sulle somme rimborsate si applicano gli interessi nella misura prevista al primo comma dell'articolo 38-bis con decorrenza dal giorno successivo a quello di scadenza del termine di cui al comma 8. La disposizione che precede non si applica nel caso in cui il richiedente non fornisca le informazioni aggiuntive o le ulteriori informazioni aggiuntive entro il termine previsto dai commi 6 e 7. Non sono, altresì, dovuti interessi fino a quando non pervengono all'ufficio competente i documenti aggiuntivi da allegare alla richiesta di rimborso.

10. Il rimborso è eseguito nel territorio dello Stato o, su domanda del richiedente, in un altro Stato membro. In quest'ultimo caso l'ufficio riduce l'importo da erogare al richiedente dell'ammontare delle spese di trasferimento.

11. I soggetti che conseguono un rimborso non dovuto restituiscono le somme indebitamente rimborsate, entro sessanta giorni dalla notifica di apposito provvedimento da parte dell'ufficio. Nei confronti degli stessi soggetti si applica la sanzione amministrativa compresa fra il 100 ed il 200 per cento della somma indebitamente rimborsata.

12. Nelle more del pagamento dell'ammontare dovuto a titolo di rimborso indebitamente erogato e delle relative sanzioni, l'ufficio sospende ogni ulteriore rimborso al soggetto interessato fino a concorrenza del medesimo importo.

13. Avverso il provvedimento motivato di diniego è ammesso ricorso secondo le disposizioni relative al contenzioso tributario.

14. Con provvedimento del Direttore dell'Agenzia delle entrate, da emanarsi entro novanta giorni dall'entrata in vigore della presente disposizione, è individuato il competente ufficio dell'Agenzia delle entrate e sono stabilite le modalità ed i termini per la richiesta e l'esecuzione dei rimborsi nonché per gli scambi informativi relativi al presente articolo.

(1) Articolo aggiunto dall'articolo 1, comma 1, lettera t), del D.Lgs. 11 febbraio 2010, n. 18.
(2) Per le norme di attuazione delle disposizioni di cui al presente articolo, vedi il Provvedimento 1° aprile 2010.
(3) Comma modificato dall'articolo 4, comma 1, lettera a), del D.Lgs. 31 marzo 2015, n. 42 per l'applicazione di tale disposizione alle operazioni effettuate a partire dal 1° gennaio 2015, vedi l'articolo 8, comma 1, del D.Lgs. 42/2015 medesimo. Successivamente modificato dall'articolo 1, comma 1, lettera g), del D.Lgs. 25 maggio 2021, n. 83. Per l'applicazione, vedi l'articolo 10, comma 1, del D.Lgs. 83/2021 medesimo.

38 *bis*.3. Rimborsi di eccedenze di versamento a soggetti aderenti ai regimi speciali di cui agli articoli 74-quinquies e seguenti (1)(2). – 1. Qualora i soggetti passivi che hanno optato in Italia per l'applicazione del regime speciale di cui all'articolo 74-quinquies o 74-sexies o 74-*sexies*.1 effettuino versamenti in eccesso rispetto a quanto risulta dalle dichiarazioni presentate ai sensi di detti articoli e tale eccesso sia rilevato in sede di ripartizione delle somme tra i vari Stati membri di consumo, l'Agenzia delle entrate rimborsa l'eccedenza di versamento entro 30 giorni dalla data di ripartizione (3).

2. Qualora in sede di effettuazione dei controlli automatici di cui all'articolo 54-quater si rilevi un eccesso di versamento da parte di soggetti passivi identificati in un altro Stato membro ai sensi dell'articolo 74-*septies*, l'Agenzia delle entrate effettua il relativo rimborso entro 30 giorni. Tuttavia, se l'eccedenza di versamento si riferisce a periodi di imposta sino al 2018, il rimborso viene effettuato tenendo conto delle eventuali somme trattenute dallo Stato membro di identificazione ai sensi dell'articolo 46, paragrafo 3, del regolamento (UE) n. 904/2010. L'Agenzia delle entrate comunica, per via elettronica, allo Stato membro di identificazione, l'importo del rimborso già effettuato e del rimborso di competenza dello Stato membro di identificazione.

3. Qualora uno Stato membro di consumo abbia rimborsato un'eccedenza di versamento che si riferisce a periodi di imposta sino al 2018 ai soggetti passivi che hanno optato in Italia per l'applicazione del regime speciale di cui all'articolo 74-*quinquies* o 74-*sexies*, l'Agenzia delle entrate, a seguito di apposita comunicazione elettronica dello Stato membro di consumo, restituisce entro 30 giorni al contribuente la quota dell'imposta eventualmente trattenuta ai sensi dell'articolo 46, paragrafo 3, del regolamento (UE) n. 904/2010. L'Agenzia delle entrate comunica per via elettronica allo Stato membro di consumo l'effettuazione di tale rimborso.

4. Sulle somme rimborsate dall'Agenzia delle entrate ai sensi del presente articolo si applicano gli interessi di cui all'articolo 38-bis, primo comma, con decorrenza dal trentunesimo giorno successivo alla seguente data:

a) la data di ripartizione, nelle ipotesi di cui al comma 1;

b) la data di conclusione dei controlli automatici di cui all'articolo 54-quater, nelle ipotesi di cui al comma 2;

c) la data di ricevimento della comunicazione elettronica dello Stato di consumo, nelle ipotesi di cui al comma 3.

5. Ai rimborsi previsti nel presente articolo e al pagamento degli interessi provvede il competente ufficio dell'Agenzia delle entrate, utilizzando i fondi messi a disposizione su

apposita contabilità speciale.

6. In sede di esecuzione dei rimborsi di cui ai commi 1, 2 e 3 non si applicano le disposizioni di cui all'articolo 28-ter del decreto del Presidente della Repubblica 29 settembre 1973, n. 602, e di cui all'articolo 23 del decreto legislativo 18 dicembre 1997, n. 472.

(1) *Rubrica modificata dall'articolo 1, comma 1, lettera h), numero 1), del D.Lgs. 25 maggio 2021, n. 83. Per l'applicazione, vedi l'articolo 10, comma 1, del D.Lgs. 83/2021 medesimo.*
(2) *Articolo aggiunto dall'articolo 4, comma 1, lettera b), del D.Lgs. 31 marzo 2015, n. 42; per l'applicazione di tale disposizione alle operazioni effettuate a partire dal 1° gennaio 2015, vedi l'articolo 8, comma 1, del D.Lgs. 42/2015 medesimo.*
(3) *Comma modificato dall'articolo 1, comma 1, lettera h), numero 2), del D.Lgs. 25 maggio 2021, n. 83. Per l'applicazione, vedi l'articolo 10, comma 1, del D.Lgs. 83/2021 medesimo.*

38 *ter*. Esecuzione dei rimborsi a soggetti non residenti stabiliti in Stati non appartenenti alla Comunità (1)(2). – 1. La disposizione del primo comma dell'articolo 38-bis 2 si applica, a condizione di reciprocità, anche ai soggetti esercenti un'attività d'impresa, arte o professione, stabiliti in Stati non appartenenti alla Comunità, limitatamente all'imposta relativa agli acquisti e importazioni di beni mobili e servizi inerenti alla loro attività.

1-bis. I rimborsi di cui al comma 1 sono concessi a soggetti domiciliati o residenti fuori dell'Unione europea, e che abbiano aderito al regime speciale di cui agli articoli 74-quinquies e seguenti, anche in assenza della condizione di reciprocità ed ancorché abbiano effettuato nel territorio dello Stato prestazioni di servizi di telecomunicazione, teleradiodiffusione ed elettronici (3).

2. Ai rimborsi previsti nel comma 1 provvede il competente ufficio dell'Agenzia delle entrate entro sei mesi dalla ricezione della richiesta di rimborso ovvero, in caso di richiesta di informazioni aggiuntive, entro otto mesi dalla medesima. In caso di diniego del rimborso, l'ufficio emana, entro lo stesso termine, apposito provvedimento motivato avverso il quale è ammesso ricorso secondo le disposizioni relative al contenzioso tributario.

3. Sulle somme rimborsate si applicano gli interessi nella misura prevista al primo comma dell'articolo 38-bis con decorrenza dal giorno successivo a quello di scadenza del termine di cui al comma 2. La disposizione che precede non si applica nel caso in cui il richiedente non fornisca le informazioni aggiuntive entro il termine di un mese dalla data della notifica, da effettuarsi anche tramite mezzi elettronici. Non sono, altresì, dovuti interessi fino a quando non pervengono all'ufficio competente i documenti aggiuntivi da allegare alla richiesta di rimborso.

4. I soggetti che conseguono un indebito rimborso devono restituire all'ufficio, entro sessanta giorni dalla notifica di apposito provvedimento, le somme indebitamente rimborsate e nei loro confronti si applica la sanzione amministrativa compresa fra il 200 ed il 400 per cento della somma rimborsata. L'ufficio sospende ogni ulteriore rimborso al soggetto interessato fino a quando non sia restituita la somma indebitamente rimborsata e pagata la relativa pena pecuniaria.

5. Con provvedimento del Direttore dell'Agenzia delle entrate, da emanarsi entro novanta giorni dall'entrata in vigore della presente disposizione, sono stabilite le modalità e i termini per la richiesta e l'esecuzione dei rimborsi, nonché il competente ufficio dell'Agenzia delle entrate.

(1) *Articolo aggiunto dall'articolo 16 del D.P.R. 30 dicembre 1981, n. 793, successivamente modificato dall'articolo 38, comma 1, della legge 29 dicembre 1990, n. 428, dall'articolo unico del D.M. 20 ottobre 1995, dall'articolo 26, comma 1, della legge 6 febbraio 1996, n. 52, dall'articolo 2, comma 1, lettera g), della legge 18 febbraio 1997, n. 28, dall'articolo unico, comma 1, del D.M. 18 febbraio 1999, dall'articolo 1, comma 1, lettera c), del D.Lgs. 19 giugno 2002, n. 191, dall'articolo 24, comma 4, lettera e), della legge 7 luglio 2009, n. 88, dall'articolo 11, comma 1, lettera b), del D.L. 25 settembre 2009, n. 135 e da ultimo sostituito dall'articolo 1, comma 1, lettera u), del D.Lgs. 11 febbraio 2010, n. 18.*
(2) *A norma dell'articolo 1, comma 2, del D.M. 21 maggio 2009, i rimborsi in materia di imposta sul valore aggiunto, di cui al presente articolo, sono dovuti nella misura del 2 per cento annuo, a decorrere dal 1° gennaio 2010.*
(3) *Comma aggiunto dall'articolo 4, comma 1, lettera c), del D.Lgs. 31 marzo 2015, n. 42. Per l'applicazione della presente disposizione vedi l'articolo 8, comma 1, del D.Lgs. 42/2015 medesimo. Successivamente modificato dall'articolo 1, comma 1, lettera i), del D.Lgs. 25 maggio 2021, n. 83. Per l'applicazione, vedi l'articolo 10, comma 1, del D.Lgs. 83/2021 medesimo.*

38 *quater*. Sgravio dell'imposta per i soggetti domiciliari e residenti fuori della Comunità europea (1). – 1. Le cessioni a soggetti domiciliati o residenti fuori della Comunità europea di beni per un complessivo importo, comprensivo dell'imposta sul valore aggiunto, superiore a lire 300 mila destinati all'uso personale o familiare, da trasportarsi nei bagagli personali fuori del territorio doganale della Comunità medesima, possono essere effettuate senza pagamento dell'imposta. Tale disposizione si applica a condizione che sia emessa fattura [*a norma dell'art. 21*], [*recante anche l'indicazione degli estremi del passaporto o di altro documento equipollente*] e che i beni siano trasportati fuori della Comunità entro il terzo mese successivo a quello di effettuazione dell'operazione. L'esemplare della fattura consegnato al cessionario deve essere restituito al cedente, recante anche l'indicazione degli estremi del passaporto o di altro documento equipollente da apporre prima di ottenere il visto doganale, vistato dall'ufficio doganale di uscita dalla Comunità, entro il quarto mese successivo all'effettuazione della operazione; in caso di mancata restituzione, il cedente deve procedere alla regolarizzazione della operazione a norma dell'art. 26, primo comma, entro un mese dalla scadenza del suddetto termine (2).

2. Per le cessioni di cui al comma 1, per le quali il cedente non si sia avvalso della facoltà ivi prevista, il cessionario ha diritto al rimborso dell'imposta pagata per rivalsa a condizione che i beni siano trasportati fuori della Comunità entro il terzo mese successivo a quello della cessione e che restituisca al cedente l'esemplare della fattura vistato dall'ufficio doganale entro il quarto mese successivo a quello di effettuazione dell'operazione. Il rimborso è effettuato dal cedente il quale ha diritto di recuperare l'imposta mediante annotazione della corrispondente variazione nel registro di cui all'art. 25.

(1) *Articolo aggiunto dall'articolo 16 del D.P.R. 30 dicembre 1981, n. 793 e successivamente sostituito dall'articolo 57, comma 1, lettera g), del D.L. 30 agosto 1993, n. 331 e dall'articolo 1 della legge 18 febbraio 1997, n. 28.*
(2) *Comma modificato dall'articolo 1, comma 356 della legge 23 dicembre 2005, n. 266 e dall'articolo 4-bis del D.L. 22 ottobre 2016 n. 193 convertito, con modificazioni dalla Legge 1° dicembre 2016 n. 225.*

39. Tenuta e conservazione dei registri e dei documenti. – I registri previsti dal presente decreto, compresi i bollettari di cui all'articolo 32, devono essere tenuti a norma dell'articolo 2219 del codice civile e numerati progressivamente in ogni pagina, in esenzione dall'imposta di bollo. È ammesso l'impiego di schedari a fogli mobili o tabulati di macchine elettrocontabili secondo modalità previamente approvate dall'Amministrazione finanziaria su richiesta del contribuente (1).

I contribuenti hanno facoltà di sottoporre alla numerazione e alla bollatura un solo registro destinato a tutte le annotazioni prescritte dagli articoli 23, 24 e 25, a condizione che nei registri previsti da tali articoli siano indicati, per ogni singola annotazione, i numeri della pagina e della riga della corrispondente annotazione nell'unico registro numerato e bollato.

I registri, i bollettari, gli schedari e i tabulati, nonché le fatture, le bollette doganali e gli altri documenti previsti dal presente decreto devono essere conservati a norma dell'articolo 22 del decreto del Presidente della Repubblica 29 settembre 1973, n. 600. Le fatture elettroniche sono conservate in modalità elettronica, in conformità alle disposizioni del decreto del Ministro dell'economia e delle finanze adottato ai sensi dell'articolo 21, comma 5, del decreto legislativo 7 marzo 2005, n. 82. Le fatture create in formato elettronico e quelle cartacee possono essere conservate elettronicamente. Il luogo di conservazione elettronica delle stesse, nonché dei registri e degli altri documenti previsti dal presente decreto e da altre disposizioni, può essere situato in un altro Stato, a condizione che con lo stesso esista uno strumento giuridico che disciplini la reciproca assistenza. Il soggetto passivo stabilito nel territorio dello Stato assicura, per finalità di controllo, l'accesso automatizzato all'archivio e che tutti i documenti ed i dati in esso contenuti, compresi quelli che garantiscono l'autenticità e l'integrità delle fatture di cui all'articolo 21, comma 3, siano stampabili e trasferibili su altro supporto informatico (2).

I soggetti passivi che facilitano le cessioni di beni e le prestazioni di servizi effettuate nei confronti di cessionari o di committenti non soggetti passivi d'imposta tramite l'uso di una interfaccia elettronica, quale un mercato virtuale, una piattaforma, un portale o mezzi analoghi, conservano per un periodo di dieci anni, a partire dal 31 dicembre dell'anno in cui l'operazione è stata effettuata, la documentazione di cui all'articolo 54-quater del regolamento di esecuzione (UE) n. 282/2011 del Consiglio, del 15 marzo 2011, relativa a tali cessioni o prestazioni. La documentazione è fornita per via elettronica, su richiesta, all'Amministrazione finanziaria e alle autorità fiscali degli Stati membri dell'Unione europea nei quali le operazioni si considerano effettuate (3).

(1) Comma sostituito dall'articolo 1 del D.P.R. 23 dicembre 1974, n. 687 e successivamente dall'articolo 8, comma 2, della legge 18 ottobre 2001, n. 383.
(2) Comma sostituito dall'articolo 1 del D.P.R. 23 dicembre 1974, n. 687, e dall'articolo 7, comma 4, del D.L. 10 giugno 1994, n. 357. Successivamente modificato dall'articolo 2, comma 1, lettera a), del D.Lgs. 20 febbraio 2004, n. 52 e, da ultimo sostituito dall'articolo 1, comma 325, lettera f), della legge 24 dicembre 2012, n. 228.
(3) Comma aggiunto dall'articolo 1, comma 1, lettera l), del D.Lgs. 25 maggio 2021, n. 83. Per l'applicazione, vedi l'articolo 10, comma 1, del D.Lgs. 83/2021 medesimo.

40. Ufficio competente (1). – Competente a ricevere le dichiarazioni e i versamenti di cui ai precedenti articoli, e ad ogni altro effetto di cui al presente decreto, è l'ufficio provinciale dell'imposta sul valore aggiunto nella cui circoscrizione si trova il domicilio fiscale del contribuente ai sensi degli articoli 58 e 59 del D.P.R. 29 settembre 1973, n. 600. Per i soggetti non residenti nello Stato, che non vi hanno una stabile organizzazione né un rappresentante nominato ai sensi dell'art. 17, è competente l'ufficio provinciale di Roma.

Per i soggetti non residenti di cui all'articolo 35-ter, l'ufficio competente ai sensi del presente articolo è individuato con provvedimento del direttore dell'Agenzia delle entrate (2).

Le dichiarazioni presentate e i versamenti fatti ad ufficio diverso da quello indicato nel primo comma si considerano presentate o fatti nei giorni in cui siano pervenuti all'ufficio competente.

(1) Articolo modificato dall'articolo 1 del D.P.R. 23 dicembre 1974, n. 687 e successivamente sostituito dall'articolo 1 del D.P.R. 29 gennaio 1979, n. 24.
(2) Comma aggiunto dall'articolo 1 del D.Lgs. 19 giugno 2002, n. 191.

TITOLO III
Sanzioni

41. Violazioni dell'obbligo di fatturazione (1). – [*Chi effettua operazioni imponibili senza emettere la fattura, essendo obbligato ad emetterla, è punito con la pena pecuniaria da due a quattro volte l'imposta relativa all'operazione, calcolata secondo le disposizioni del titolo primo. Alla stessa sanzione è soggetto chi emette la fattura senza l'indicazione dell'imposta o indicando un'imposta inferiore, nel quale ultimo caso la pena pecuniaria è commisurata all'imposta indicata in meno.*

Chi effettua operazioni non imponibili o esenti senza emettere la fattura essendo obbligato ad emetterla, o indicando nella fattura corrispettivi inferiori a quelli reali, è punito con la pena pecuniaria da lire 300.000 a 1.200.000 (2).

Se la fattura emessa non contiene le indicazioni prescritte dall'art. 21, n. 1), o contiene indicazioni incomplete o inesatte tali da non consentire l'identificazione delle parti, si applica la pena pecuniaria da lire 600.000 a 3.000.000, salvo che le irregolarità siano imputabili esclusivamente al cessionario del bene o al committente del servizio (3).

Per la violazione degli obblighi di fatturazione previsti dagli articoli 17, terzo comma, e 34, terzo comma, si applicano le pene pecuniarie di cui ai commi precedenti, fermo rimanendo l'obbligo del pagamento dell'imposta (4).

Tuttavia, qualora la violazione degli obblighi previsti al quarto comma non comporti variazioni nelle risultanze delle liquidazioni periodiche o in sede di dichiarazione annuale, si applicano esclusivamente le sanzioni previste all'art. 47, primo comma, n. 3), e non è dovuto pagamento d'imposta (5).

Il cessionario o committente che nell'esercizio di imprese, arti o professioni abbia acquistato beni o servizi senza emissione della fattura o con emissione di fattura irregolare da parte del soggetto obbligato ad emetterla, è tenuto a regolarizzare l'operazione con le seguenti modalità:

a) se non ha ricevuto la fattura entro quattro mesi dalla data di effettuazione dell'operazione deve presentare all'ufficio competente nei suoi confronti, entro il trentesimo giorno successivo, un documento in duplice esemplare contenente le indicazioni prescritte dall'art. 21 e deve contemporaneamente versare la relativa imposta;

b) se ha ricevuto una fattura irregolare deve presentare all'ufficio competente nei suoi confronti, entro il quindicesimo giorno successivo a quello in cui ha registrato la fattura stessa, un documento integrativo,

IMPOSTE INDIRETTE

in duplice esemplare, contenente tutte le indicazioni prescritte dall'art. 21 e deve contemporaneamente versare la maggior imposta eventualmente dovuta. Un esemplare del documento, con l'attestazione dell'avvenuto pagamento o della intervenuta regolarizzazione, è restituito dall'ufficio all'interessato che deve annotarlo a norma dell'art. 25. In caso di mancata regolarizzazione si applicano al cessionario o committente le pene pecuniarie previste dai primi tre commi, oltre al pagamento della imposta, salvo che la fattura risulti emessa (6).

Le presunzioni di cui all'art. 53 valgono anche agli effetti del presente articolo.] (7)

(1) *Articolo sostituito dall'articolo 1 del D.P.R. 29 gennaio 1979, n. 24.*
(2) *La misura della pena è stata così elevata dall'articolo 8, comma 1 del D.L. 30 settembre 1989, n. 332.*
(3) *La misura della pena è stata così elevata dall'articolo 8, comma 1 del D.L. 30 settembre 1989, n. 332.*
(4) *Comma inserito dall'articolo 22, comma 2, del D.L. 2 marzo 1989, n. 69.*
(5) *Comma inserito dall'articolo 7, comma 4-bis, del D.L. 10 giugno 1994, n. 357.*
(6) *Comma sostituito dall'articolo 22, comma 3, del D.L. 2 marzo 1989, n. 69.*
(7) *Articolo abrogato dall'articolo 16, comma 1, lettera a), del D.Lgs. 18 dicembre 1997, n. 471.*

42. Violazioni dell'obbligo di registrazione. – [*Chi omette le annotazioni prescritte negli articoli 23 e 24, in relazione ad operazioni imponibili effettuate, è punito con la pena pecuniaria in misura da due a quattro volte l'imposta relativa alle operazioni stesse, calcolata secondo le disposizioni del titolo primo. Se le annotazioni sono eseguite con indicazioni inesatte, tali da importare un'imposta inferiore, si applica la stessa sanzione, commisurata alla differenza.*

Chi esegue le annotazioni prescritte dall'art. 25 con indicazioni incomplete o inesatte, tali da non consentire la identificazione dei cedenti dei beni o prestatori dei servizi, è punito con la pena pecuniaria da 600.000 a 3.000.000 di lire (1).

Le sanzioni stabilite nei commi precedenti si applicano anche per la omissione o irregolarità delle annotazioni eseguite o da eseguire nei registri a norma dell'art. 26.] (2)

(1) *La misura della pena è stata così elevata dall'articolo 8, comma 1 del D.L. 30 settembre 1989, n. 332.*
(2) *Articolo abrogato dall'articolo 16, comma 1, lettera a), del D.Lgs. 18 dicembre 1997, n. 471.*

43. Violazioni dell'obbligo di dichiarazione (1). – [*Chi non presenta la dichiarazione annuale è punito con la pena pecuniaria da due a quattro volte l'imposta dovuta per l'anno solare o per il più breve periodo in relazione al quale la dichiarazione avrebbe dovuto essere presentata* (2).

Se dalla dichiarazione presentata risulta un'imposta inferiore di oltre un decimo a quella dovuta, ovvero una eccedenza detraibile o rimborsabile superiore di oltre un decimo a quella spettante, si applica la pena pecuniaria da una a due volte la differenza.

L'omissione della dichiarazione e la presentazione di essa con indicazioni inesatte sono punite, indipendentemente da quanto stabilito nei precedenti commi, con la pena pecuniaria da 600.000 a 3.000.000 di lire (3).

[Per la mancata presentazione di ciascuno degli elenchi di cui all'art. 29 si applica la pena pecuniaria da lire cinquecentomila a cinque milioni. La presentazione degli elenchi si considera omessa se i dati in essi contenuti sono inesatti o incompleti; tuttavia la pena pecuniaria può essere ridotta fino ad un quinto del minimo se i dati mancanti o inesatti sono di scarsa rilevanza e non si applica se sono privi di rilevanza e in ogni caso se il contribuente provvede ad integrarli o rettificarli entro il mese successivo a quello di presentazione dell'elenco.] (4)

Chi non presenta una delle dichiarazioni previste nel primo e nel terzo comma dell'art. 35 o la presenta con indicazioni incomplete o inesatte tali da non consentire l'identificazione del contribuente è punito con la pena pecuniaria da lire 1.200.000 a lire 6.000.000. La stessa pena si applica a chi presenta la dichiarazione senza le indicazioni di cui al n. 4) dello stesso articolo o con indicazioni incomplete o inesatte tali da non consentire l'individuazione del luogo o dei luoghi in cui è esercitata l'attività o in cui sono tenuti e conservati i libri, registri, scritture e documenti (5).

Chi non esegue con le modalità e nei termini prescritti la liquidazione di cui agli articoli 27 e 33 è punito con la pena pecuniaria da lire 200.000 a lire 2.000.000 (6).

Per l'omessa o inesatta indicazione del numero di partita nelle dichiarazioni e negli altri documenti di cui all'art. 35 si applica la pena pecuniaria da lire 200.000 a lire 4.000.000 (7).] (8)

(1) *Articolo sostituito dall'articolo 1 del D.P.R. 29 gennaio 1979, n. 24.*
(2) *Comma sostituito dall'articolo 17 del D.P.R. 30 dicembre 1981, n. 793.*
(3) *La misura della pena è stata così elevata dall'articolo 8, comma 1 del D.L. 30 settembre 1989, n. 332.*
(4) *Comma soppresso dall'articolo 18, comma 1, del D.P.R. 30 dicembre 1980, n. 897.*
(5) *La misura della pena è stata così elevata dall'articolo 8, comma 1 del D.L. 30 settembre 1989, n. 332.*
(6) *La misura della pena è stata così elevata dall'articolo 8, comma 1 del D.L. 30 settembre 1989, n. 332.*
(7) *La misura della pena è stata così elevata dall'articolo 8, comma 1 del D.L. 30 settembre 1989, n. 332.*
(8) *Articolo abrogato dall'articolo 16, comma 1, lettera a), del D.Lgs. 18 dicembre 1997, n. 471.*

44. Violazione dell'obbligo di versamento (1). – [Chi non versa in tutto o in parte l'imposta risultante dalla dichiarazione annuale presentata nonché dalle liquidazioni periodiche di cui agli articoli 27, 33 e 74, quarto comma è soggetto a una soprattassa pari alla [metà della] somma non versata o versata in meno (2).

[Chi non esegue in tutto o in parte i versamenti di cui agli articoli 27 e 33 è punito con la pena pecuniaria da due a quattro volte l'imposta non versata o versata in meno.] (3)] (4)

(1) *Articolo sostituito dall'articolo 1 del D.P.R. 29 gennaio 1979, n. 24.*
(2) *Comma modificato dall'articolo 10, comma 2, lettera a), numero 1), del D.L. 20 giugno 1996, n. 323.*
(3) *Comma abrogato dall'articolo 10, comma 2, lettera a), numero 2), del D.L. 20 giugno 1996, n. 323.*
(4) *Articolo abrogato dall'articolo 16, comma 1, lettera a), del D.Lgs. 18 dicembre 1997, n. 471.*

45. Violazione degli obblighi relativi alla contabilità e alla compilazione degli elenchi (1). – [Chi rifiuta di esibire o dichiara di non possedere libri, registri, scritture e documenti che gli siano richiesti ai fini delle ispezioni e verifiche previste nell'art. 52, o comunque li sottrae all'ispezione o alla verifica, è punito con la pena pecuniaria da lire 1.200.000 a lire 6.000.000, sempre che si tratti di libri, registri, documenti e scritture la cui tenuta e conservazione sono obbligatorie a norma di legge o di cui risulta l'esistenza (2).

Chi non tiene o non conserva i registri previsti dal presente decreto è punito, anche se non ne sia derivato ostacolo all'accertamento, con la pena pecuniaria da lire 1.200.000 a lire 30.000.000; la pena non può essere inferiore a lire 4.000.000 per il registro di cui al quarto comma dell'art. 24. Alla stessa sanzione sono soggetti coloro che non tengono i registri in conformità alle disposizioni del primo e del secondo comma dell'art. 39 e coloro che non conservano in tutto o in parte le fatture emesse e ricevute e le bollette doganali, ma la pena pecuniaria può essere ridotta fino ad un quinto del minimo se le irregolarità dei registri o i documenti mancanti sono di scarsa rilevanza [3].

Per la mancata o incompleta compilazione, anche su supporti magnetici, di ciascuno degli elenchi di cui al primo e al terzo comma dell'art. 29, si applica la pena pecuniaria da lire 2.000.000 a lire 20.000.000. La stessa sanzione si applica per l'omessa allegazione degli elenchi o per l'omessa produzione dei supporti, di cui all'ultimo comma dell'art. 29. Le sanzioni possono essere ridotte fino ad un quinto del minimo se i dati mancanti o inesatti sono di scarsa rilevanza e non si applicano se sono privi di rilevanza e in ogni caso se il contribuente provvede ad integrarli o rettificarli entro il mese successivo a quello di compilazione [4].] [5]

[1] *Articolo sostituito dall'articolo 1 del D.P.R. 29 gennaio 1979, n. 24 e successivamente dall'articolo 19 del D.P.R. 30 dicembre 1980, n. 897.*
[2] *La misura della pena è stata così elevata dall'articolo 8, comma 1 del D.L. 30 settembre 1989, n. 332.*
[3] *La misura della pena è stata così elevata dall'articolo 8, comma 1 del D.L. 30 settembre 1989, n. 332.*
[4] *La misura della pena è stata così elevata dall'articolo 8, comma 1 del D.L. 30 settembre 1989, n. 332.*
[5] *Articolo abrogato dall'articolo 16, comma 1, lettera a), del D.Lgs. 18 dicembre 1997, n. 471.*

46. Violazioni relative alle esportazioni [1]. – [Per le cessioni di beni effettuate senza applicazione dell'imposta, di cui alla lettera b), dell'art. 8, il cedente è punito con la pena pecuniaria da due a quattro volte l'imposta relativa alla cessione qualora l'esportazione non avvenga nel termine ivi stabilito. La stessa pena pecuniaria si applica nel caso di cessione senza pagamento dell'imposta ai sensi dell'art. 38- quater qualora non si proceda alla regolarizzazione nei termini ivi previsti [2].

La pena pecuniaria prevista nel comma precedente non si applica se entro dieci giorni successivi al termine ivi stabilito, previa regolarizzazione della fattura, venga eseguito il versamento dell'imposta con la maggiorazione del 10% a titolo di soprattassa.

Per le cessioni di beni e le prestazioni di servizi effettuate senza pagamento dell'imposta, di cui alla lettera c) dell'art. 8, il cessionario o committente che attesti falsamente all'altra parte di trovarsi nelle condizioni richieste per fruire del trattamento ivi previsto o ne benefici oltre i limiti consentiti è punito con la pena pecuniaria da 2 a 6 volte l'imposta relativa alle operazioni effettuate. Se il superamento del limite è dipeso dalla mancata esportazione da parte del cessionario o commissionario di cui al secondo comma dell'art. 8 dei beni acquistati per essere esportati nello stato originario nel termine ivi stabilito la pena non può superare il quadruplo dell'imposta e non si applica se questa viene versata, con la maggiorazione del 20% a titolo di soprattassa, entro dieci giorni dalla scadenza del termine di sei mesi, previa regolarizzazione della relativa fattura.

[I contribuenti che, entro i termini stabiliti, non hanno effettuato le comunicazioni di cui al secondo comma dell'art. 8 ovvero non hanno inviato il prospetto analitico di cui all'ultimo comma dello stesso articolo sono puniti con la pena pecuniaria da lire cinquecentomila a due milioni e cinquecentomila.] [3]

Il contribuente che nelle fatture o nelle dichiarazioni in dogana relative a cessioni all'esportazione indica quantità, qualità o corrispettivi diversi da quelli reali è punito con la pena pecuniaria da due a quattro volte l'eventuale eccedenza dell'imposta che sarebbe dovuta, secondo le disposizioni del titolo I, se i beni indicati fossero stati ceduti nel territorio dello Stato ad un prezzo pari al valore normale di cui all'art. 14 rispetto a quella che risulterebbe dovuta, secondo gli stessi criteri, per la cessione nel territorio dello Stato dei beni presentati in dogana. La pena non si applica per le eccedenze quantitative non superiori al 5%.] [4]

[1] *Articolo sostituito dall'articolo 1 del D.P.R. 29 gennaio 1979, n. 24, successivamente modificato dall'articolo 9 del D.P.R. 31 marzo 1979, n. 94 e da ultimo sostituito dall'articolo 20 del D.P.R. 30 dicembre 1980, n. 897.*
[2] *Comma sostituito dall'articolo 18 del D.P.R. 30 dicembre 1981, n. 793.*
[3] *Comma abrogato dall'articolo 3, comma 3, del D.L. 29 dicembre 1983, n. 746.*
[4] *Articolo abrogato dall'articolo 16 del D.Lgs. 18 dicembre 1997, n. 471.*

47. Altre violazioni. – [Sono punite con la pena pecuniaria da 300.000 a 1.200.000 lire [1]:

1) la mancata restituzione dei questionari di cui al n. 3) dell'art. 51 e la restituzione di essi con risposte incomplete o non veritiere;

2) la inottemperanza all'invito di comparizione di cui al n. 2) dell'art. 51 ed a qualsiasi altra richiesta fatta dagli uffici nell'esercizio dei poteri indicati nell'art. 51;

3) ogni altra violazione degli obblighi stabiliti dal presente decreto non contemplata espressamente.] [2]

[1] *La misura della pena è stata così elevata dall'articolo 8, comma 1 del D.L. 30 settembre 1989, n. 332.*
[2] *Articolo abrogato dall'articolo 16 del D.Lgs. 18 dicembre 1997, n. 471.*

48. Circostanze attenuanti ed esimenti [1]. – [Il contribuente può sanare, senza applicazione delle sanzioni previste in materia di imposta sul valore aggiunto, le omissioni e le irregolarità relative ad operazioni imponibili, ivi comprese quelle di cui all'art. 26, primo e quarto comma, comportanti variazioni in aumento, provvedendo ad effettuare l'adempimento omesso o irregolarmente eseguito e contestualmente a versare una soprattassa, proporzionale all'imposta relativa all'operazione omessa o irregolare, stabilita nella misura del 5 per cento, qualora la regolarizzazione avvenga entro trenta giorni dalla scadenza del termine relativo alla liquidazione di cui agli articoli 27 e 33, nella quale l'operazione doveva essere computata; nella misura del 20 per cento, qualora la regolarizzazione avvenga entro trenta giorni dalla scadenza del termine per la presentazione della dichiarazione annuale; nella misura del 40 per cento, qualora la regolarizzazione avvenga entro il termine di presentazione della dichiarazione per l'anno successivo; e nella misura del 60 per cento, qualora la regolarizzazione avvenga entro il termine di presentazione della dichiarazione per il secondo anno successivo. L'ammontare dei versamenti a titolo di soprattassa, eseguiti con le modalità di cui all'art. 38, quarto comma, deve essere annotato nel registro di cui all'art. 23 o all'art. 24 ovvero in quello di cui all'art. 39, secondo comma. Per le violazioni che non danno luogo a rettifica o ad accertamento di imposta le sanzioni sono ridotte: ad un quinto, se gli adempimenti omessi o irregolarmente eseguiti risultino regolarizzati entro trenta giorni dal relativo termine di scadenza; alla metà, se gli adempimenti omessi o irregolarmente eseguiti risultino regolarizzati entro trenta giorni successivi a quello di scadenza del termine di presentazione della dichiarazione annuale; ai due terzi, se gli adempimenti omessi o irregolarmente eseguiti risultino regolarizzati entro il termine di presentazione della dichiarazione per l'anno successivo; ai tre quarti, se gli adempimenti omessi o irregolarmente eseguiti risultino regolarizzati entro il termine di presentazione della dichiarazione per il secondo anno successivo. Se i corrispettivi non registrati vengono specificatamente indicati nella dichiarazione annuale non si fa luogo all'applicazione delle soprattasse e delle pene pecuniarie dovute per la violazione dei relativi obblighi di fatturazione e registrazione, nonchè in materia di bolla di accompagnamento e di scontrino e ricevuta fiscale, qualora anteriormente alla presentazione della dichiarazione sia stata versata all'ufficio una somma pari a un decimo dei corrispettivi non registrati. Le disposizioni di cui al presente comma si applicano semprechè la violazione non sia stata già constatata e comunque non siano iniziate le ispezioni e verifiche di cui all'art. 52; nei limiti delle integrazioni e delle regolarizzazioni effettuate ai sensi del presente comma è esclusa la punibilità per i reati previsti dal decreto-legge 10 luglio 1982, n. 429, convertito, con modificazioni, dalla legge 7 agosto 1982, n. 516, e dalle altre disposizioni legislative in materia di imposta sul valore aggiunto (2).

Se in relazione ad una stessa operazione sono state commesse più violazioni punite con la pena pecuniaria si applica soltanto la pena pecuniaria stabilita per la più grave di esse, aumentata da un terzo alla metà.

Le sanzioni stabilite negli articoli da 41 a 45 non si applicano quando gli obblighi ai quali si riferiscono non sono stati osservati in relazione al volume di affari del soggetto, secondo le disposizioni degli articoli 31 e seguenti, a meno che il volume di affari non risulti superiore di oltre il 50% al limite stabilito per l'applicazione delle disposizioni stesse.

Le sanzioni previste negli articoli 43 e 44 non si applicano qualora, entro i termini rispettivamente stabiliti, la dichiarazione sia stata presentata o il versamento sia stato eseguito a un ufficio diverso da quello indicato nel primo comma dell'art. 40.

La sanzione stabilita nella prima parte del terzo comma dell'art. 46 non si applica qualora la differenza tra i dati indicati nella comunicazione prevista nel secondo comma dell'art. 8 e quelli accertati non sia superiore al 10% (3).

Nei casi in cui l'imposta deve essere calcolata sulla base del valore normale le sanzioni previste non si applicano qualora il valore accertato non supera di oltre il 10% quello indicato dal contribuente.

Gli organi del contenzioso tributario possono dichiarare non dovute le pene pecuniarie quando la violazione è giustificata da obbiettive condizioni di incertezza sulla portata e sull'ambito di applicazione delle disposizioni alle quali si riferisce.] (4)

(1) Articolo sostituito dall'articolo 1 del D.P.R. 29 gennaio 1979, n. 24.

(2) Comma sostituito dall'articolo 19 del D.P.R. 30 dicembre 1981, n. 793, successivamente modificato dall'articolo 14, comma 3, della legge 29 dicembre 1990, n. 408, dall'articolo 4, comma 3, lettera b), della legge 30 dicembre 1991, n. 413 e dall'articolo 1, comma 10, del D.L. 30 dicembre 1991, n. 417, e da ultimo sostituito dall'articolo 1, comma 3, lettera d), del D.L. 31 maggic 1994, n. 330.

(3) Comma sostituito dall'articolo 21 del D.P.R. 30 dicembre 1980, n. 897.

(4) Articolo abrogato dall'articolo 16 del D.Lgs. 18 dicembre 1997, n. 471.

49. Determinazione delle pene pecuniarie. – [Nella determinazione della misura della pena pecuniaria si deve tenere conto della gravità del danno o del pericolo per l'erario e della personalità dell'autore della violazione, desunta dai suoi precedenti e dalle sue condizioni di vita individuale familiare e sociale.

La pena può essere aumentata fino alla metà nei confronti di chi nei tre anni precedenti sia incorso in un'altra violazione della stessa indole, per la quale sia stata inflitta la pena pecuniaria. Sono considerate violazioni della stessa indole non soltanto quelle che violano una stessa disposizione del presente decreto ma anche quelle che, pur essendo prevedute in più disposizioni, presentano in concreto, per la natura dei fatti che le costituiscono o dei motivi che le determinano, carattere fondamentale comune.] (1)

(1) Articolo abrogato dall'articolo 16 del D.Lgs. 18 dicembre 1997, n. 471.

50. Sanzioni penali. – [*Chi si sottrae al pagamento dell'imposta dovuta nel corso di un anno solare per un ammontare superiore a lire cento milioni, salve le disposizioni degli articoli precedenti, è punito con la reclusione da uno a cinque anni e con la multa dalla metà al doppio dell'imposta non versata.*

Chi nel corso di un anno solare consegue un indebito rimborso per un ammontare superiore a lire cinquanta milioni, indipendentemente da quanto stabilito negli articoli precedenti, è punito con la reclusione da uno a cinque anni e con la multa dalla metà al doppio del rimborso conseguito, salvo che il fatto costituisca reato più grave.

Nelle ipotesi di cui ai commi precedenti e fuori dei casi di concorso nei reati ivi previsti, chi ha sottoscritto la dichiarazione annuale è punito con l'arresto fino a sei mesi o con l'ammenda da lire cinquecentomila a lire cinque milioni.

Chi emette fatture per operazioni inesistenti o indica nelle fatture i corrispettivi e le relative imposte in misura superiore a quella reale è punito con la reclusione fino a tre anni e con la multa da lire centomila a lire un milione. La stessa pena si applica a chi annota nel registro di cui all'art. 25 fatture inesistenti o relative ad operazioni inesistenti o recanti le indicazioni dei corrispettivi o delle imposte in misura superiore a quella reale.

La condanna importa, per i reati previsti nei commi primo e secondo, per un periodo di tre anni, l'interdizione e l'incapacità previste negli articoli 28 e 30 del codice penale e nell'art. 2641 del codice civile, nonchè la cancellazione, per lo stesso periodo, dall'albo nazionale dei costruttori e dagli albi o elenchi dei fornitori delle pubbliche amministrazioni. Le stesse pene accessorie possono essere applicate provvisoriamente durante l'istruzione o il giudizio, a norma dell'art. 140 del codice penale.] (1)

(1) Articolo abrogato dall'articolo 13 del D.L. 10 luglio 1982, n. 429.

TITOLO IV
Accertamento e riscossione

51. Attribuzioni e poteri degli uffici dell'imposta sul valore aggiunto [1]. – Gli uffici dell'imposta sul valore aggiunto controllano le dichiarazioni presentate e i versamenti eseguiti dai contribuenti, ne rilevano l'eventuale omissione e provvedono all'accertamento e alla riscossione delle imposte o maggiori imposte dovute; vigilano sull'osservanza degli obblighi relativi alla fatturazione e registrazione delle operazioni e alla tenuta della contabilità e degli altri obblighi stabiliti dal presente decreto; provvedono alla irrogazione delle pene pecuniarie e delle soprattasse e alla presentazione del rapporto all'autorità giudiziaria per le violazioni sanzionate penalmente. Il controllo delle dichiarazioni presentate e l'individuazione dei soggetti che ne hanno omesso la presentazione sono effettuati sulla base di criteri selettivi fissati annualmente dal Ministro delle finanze che tengano anche conto della capacità operativa degli uffici stessi. I criteri selettivi per l'attività di accertamento di cui al periodo precedente, compresa quella a mezzo di studi di settore, sono rivolti prioritariamente nei confronti dei soggetti diversi dalle imprese manifatturiere che svolgono la loro attività in conto terzi per altre imprese in misura non inferiore al 90 per cento [2].

Per l'adempimento dei loro compiti gli uffici possono:

1) procedere all'esecuzione di accessi, ispezioni e verifiche ai sensi dell'articolo 52;

2) invitare i soggetti che esercitano imprese, arti o professioni, indicandone il motivo, a comparire di persona o a mezzo di rappresentanti per esibire documenti e scritture, ad esclusione dei libri e dei registri in corso di scritturazione, o per fornire dati, notizie e chiarimenti rilevanti ai fini degli accertamenti nei loro confronti anche relativamente ai rapporti ed alle operazioni, i cui dati, notizie e documenti siano stati acquisiti a norma del numero 7) del presente comma, ovvero rilevati a norma dell'art. 52, ultimo comma, o dell'art. 63, primo comma, o acquisiti ai sensi dell'articolo 18, comma 3, lettera b), del decreto legislativo 26 ottobre 1995, n. 504. I dati ed elementi attinenti ai rapporti ed alle operazioni acquisiti e rilevati rispettivamente a norma del numero 7) e dell'articolo 52, ultimo comma, o dell'articolo 63, primo comma, o acquisiti ai sensi dell'articolo 18, comma 3, lettera b), del decreto legislativo 26 ottobre 1995, n. 504, sono posti a base delle rettifiche e degli accertamenti previsti dagli articoli 54 e 55 se il contribuente non dimostra che ne ha tenuto conto nelle dichiarazioni o che non si riferiscono ad operazioni imponibili; sia le operazioni imponibili sia gli acquisti si considerano effettuati all'aliquota in prevalenza rispettivamente applicata o che avrebbe dovuto essere applicata. Le richieste fatte e le risposte ricevute devono essere verbalizzate a norma del sesto comma dell'art. 52 [3];

3) inviare ai soggetti che esercitano imprese, arti e professioni, con invito a restituirli compilati e firmati, questionari relativi a dati e notizie di carattere specifico rilevanti ai fini dell'accertamento, anche nei confronti di loro clienti e fornitori;

4) invitare qualsiasi soggetto ad esibire o trasmettere, anche in copia fotostatica, documenti e fatture relativi a determinate cessioni di beni o prestazioni di servizi ricevute ed a fornire ogni informazione relativa alle operazioni stesse;

5) richiedere agli organi e alle Amministrazioni dello Stato, agli enti pubblici non economici, alle società ed enti di assicurazione ed alle società ed enti che effettuano istituzionalmente riscossioni e pagamenti per conto di terzi [*, ovvero attività di gestione e intermediazione finanziaria, anche in forma fiduciaria,*] la comunicazione, anche in deroga a contrarie disposizioni legislative, statutarie o regolamentari, di dati e notizie relativi a soggetti indicati singolarmente o per categorie. Alle società ed enti di assicurazione, per quanto riguarda i rapporti con gli assicurati del ramo vita, possono essere richiesti dati e notizie attinenti esclusivamente alla durata del contratto di assicurazione, all'ammontare del premio e alla individuazione del soggetto tenuto a corrisponderlo. Le informazioni sulla categoria devono essere fornite, a seconda della richiesta, cumulativamente o specificamente per ogni soggetto che ne fa parte. Questa disposizione non si applica all'Istituto centrale di statistica e agli ispettorati del lavoro per quanto riguarda le rilevazioni loro commesse dalla legge, e salvo il disposto del n. 7), alle banche, alla società Poste italiane Spa, per le attività finanziarie e creditizie, alle società ed enti di assicurazione per le attività finanziarie, agli intermediari finanziari, alle imprese di investimento, agli organismi di investimento collettivo del risparmio, alle società di gestione del risparmio e alle società fiduciarie [4];

6) richiedere copie o estratti degli atti e dei documenti depositati presso i notai, i procuratori del registro, i conservatori dei registri immobiliari e gli altri pubblici ufficiali; 6- bis) richiedere, previa autorizzazione del direttore centrale dell'accertamento dell'Agenzia delle entrate o del direttore regionale della stessa, ovvero, per il Corpo della guardia di finanza, del comandante regionale, ai soggetti sottoposti ad accertamento, ispezione o verifica il rilascio di una dichiarazione contenente l'indicazione della natura, del numero e degli estremi identificativi dei rapporti intrattenuti con le banche, la società Poste italiane Spa, gli intermediari finanziari, le imprese di investimento, gli organismi di investimento collettivo del risparmio, le società di gestione del risparmio e le società fiduciarie, nazionali o stranieri, in corso ovvero estinti da non più di cinque anni dalla data della richiesta. Il richiedente e coloro che vengono in possesso dei dati raccolti devono assumere direttamente le cautele necessarie alla riservatezza dei dati acquisiti [5];

7) richiedere, previa autorizzazione del direttore centrale dell'accertamento dell'Agenzia delle entrate o del direttore regionale della stessa, ovvero, per il Corpo della guardia di finanza, del comandante regionale, alle banche, alla società Poste italiane Spa, per le attività finanziarie e creditizie, alle società ed enti di assicurazione per le attività finanziarie, agli intermediari finanziari, alle imprese di investimento, agli organismi di investimento collettivo del risparmio, alle società di gestione del risparmio e alle società fiduciarie, dati, notizie e documenti relativi a qualsiasi rapporto intrattenuto od operazione effettuata, ivi compresi i servizi prestati, con i loro clienti, nonché alle garanzie prestate da terzi o dagli operatori finanziari sopra indicati e le generalità dei soggetti per i quali gli stessi operatori finanziari abbiano effettuato le suddette operazioni e servizi o con i quali abbiano intrattenuto rapporti di natura finanziaria. Alle società fiduciarie di cui alla legge 23 novembre 1939, n. 1966, e a quelle iscritte nella sezione speciale dell'albo di cui all'articolo 20 del testo unico delle disposizioni in materia di intermediazione finanziaria, di cui al decreto legislativo 24 febbraio 1998, n. 58, può essere richiesto, tra l'altro, specificando i periodi temporali di interesse, di comunicare le generalità dei soggetti per

conto dei quali esse hanno detenuto o amministrato o gestito beni, strumenti finanziari e partecipazioni in imprese, inequivocamente individuati. La richiesta deve essere indirizzata al responsabile della struttura accentrata, ovvero al responsabile della sede o dell'ufficio destinatario che ne dà notizia immediata al soggetto interessato; la relativa risposta deve essere inviata al titolare dell'ufficio procedente [(6)];

7-bis) richiedere, con modalità stabilite con decreto di natura non regolamentare del Ministro dell'economia e delle finanze, da adottare d'intesa con l'Autorità di vigilanza in coerenza con le regole europee e internazionali in materia di vigilanza e, comunque, previa autorizzazione del direttore centrale dell'accertamento dell'Agenzia delle entrate o del direttore regionale della stessa, ovvero, per il Corpo della guardia di finanza, del comandante regionale, ad autorità ed enti, notizie, dati, documenti e informazioni di natura creditizia, finanziaria e assicurativa, relativi alle attività di controllo e di vigilanza svolte dagli stessi, anche in deroga a specifiche disposizioni di legge [(7)].

Gli inviti e le richieste di cui al precedente comma devono essere fatti a mezzo di raccomandata con avviso di ricevimento fissando per l'adempimento un termine non inferiore a quindici giorni ovvero, per il caso di cui al n. 7), non inferiore a trenta giorni Il termine può essere prorogato per un periodo di venti giorni su istanza dell'operatore finanziario, per giustificati motivi, dal competente direttore centrale o direttore regionale per l'Agenzia delle entrate, ovvero, per il Corpo della guardia di finanza, dal comandante regionale. Si applicano le disposizioni dell'art. 52 del decreto del Presidente della Repubblica 29 settembre 1973, n. 600, e successive modificazioni [(8)].

Le richieste di cui al secondo comma, numero 7), nonchè le relative risposte, anche se negative, sono effettuate esclusivamente in via telematica. Con provvedimento del direttore dell'Agenzia delle entrate sono stabilite le disposizioni attuative e le modalità di trasmissione delle richieste, delle risposte, nonchè dei dati e delle notizie riguardanti i rapporti e le operazioni indicati nel citato numero 7)[(9)].

Per l'inottemperanza agli inviti di cui al secondo comma, numeri 3) e 4), si applicano le disposizioni di cui ai commi terzo e quarto dell'art. 32 del decreto del Presidente della Repubblica 29 settembre 1973, n. 600 e successive modificazioni [(10)].

(1) *Articolo sostituito dall'articolo 1 del D.P.R. 29 gennaio 1979, n. 24.*
(2) *Comma modificato dall'articolo 6, comma 2, della legge 24 aprile 1980, n. 146 e successivamente dall'articolo 1, comma 254, della legge 24 dicembre 2007, n. 244.*
(3) *Numero sostituito dall'articolo 4 del D.P.R. 15 luglio 1982, n. 463 e dall'articolo 18, comma 2, lettera a), della legge 30 dicembre 1991, n. 413 e successivamente modificato, a decorrere dal 1° luglio 2005, dall'articolo 1, comma 403, lettera a), numero 1), della legge 30 dicembre 2004, n. 311 e dall'articolo 2, comma 8, del D.L. 30 settembre 2005, n. 203.*
(4) *Numero sostituito dall'articolo 4 del D.P.R. 15 luglio 1982, n. 463 e successivamente modificato dall'articolo 18, comma 2, lettera b), della legge 30 dicembre 1991, n. 413, a decorrere dal 1° luglio 2005, dall'articolo 1, comma 403, lettera a), numero 2), della legge 30 dicembre 2004, n. 311 e da ultimo, dall'articolo 23, comma 25, lettera a), del D.L. 6 luglio 2011, n. 98.*
(5) *Numero aggiunto dall'articolo 3, comma 177, della legge 28 dicembre 1995, n. 549 e successivamente modificato, a decorrere dal 1° luglio 2005, dall'articolo 1, comma 403, lettera a), numero 3), della legge 30 dicembre 2004, n. 311.*
(6) *Numero aggiunto dall'articolo 4 del D.P.R. 15 luglio 1982, n. 463 e successivamente modificato dall'articolo 18, comma 2, lettere c) e d), della legge 30 dicembre 1991, n. 413, a decorrere dal 1° luglio 2005, dall'articolo 1, comma 403, lettera a), numero 4), della legge 30 dicembre 2004, n. 311 e da ultimo, dall'articolo 23, comma 25, lettera b), del D.L. 6 luglio 2011, n. 98.*
(7) *Numero aggiunto dall'articolo 15, comma 8-sexies, del D.L. 1° luglio 2009, n. 78.*
(8) *Comma sostituito dall'articolo 4 del D.P.R. 15 luglio 1982, n. 463 e successivamente modificato, a decorrere dal 1° luglio 2005, dall'articolo 1, comma 403, lettera b), della legge 30 dicembre 2004, n. 311.*
(9) *Comma aggiunto, a decorrere dal 1° luglio 2005, dall'articolo 1, comma 403, lettera c), della legge 30 dicembre 2004, n. 311.*
(10) *Comma aggiunto dall'articolo 25, comma 4, della legge 18 febbraio 1999, n. 28.*

51 *bis*. – [*Gli uffici dell'imposta sul valore aggiunto possono richiedere i documenti, i dati e le notizie indicati al n. 7) dell'art. 51 su conforme parere dell'ispettorato compartimentale delle tasse e imposte indirette sugli affari previa autorizzazione del presidente della commissione tributaria di primo grado territorialmente competente e possono accedere presso le aziende e istituti di credito e l'Amministrazione postale a norma dell'ultimo comma dell'art. 52 previa autorizzazione dello stesso ispettore compartimentale nelle seguenti ipotesi:*

a) quando il contribuente non ha presentato la dichiarazione di cui all'art. 28 e l'ufficio è in possesso di elementi dai quali risulta che nell'anno di competenza ha effettuato operazioni imponibili, non imponibili, non soggette o esenti da imposta per corrispettivi superiori a lire cento milioni;

b) quando dagli atti e documenti di cui all'art. 54, terzo comma, ovvero da altri elementi certi in possesso dell'ufficio risulta che il contribuente ha effettuato nel corso di un anno solare le operazioni indicate nella lettera a) per corrispettivi superiori al quadruplo di quelli dichiarati, sempre che la differenza sia superiore a lire cento milioni;

c) quando, in ordine all'osservanza degli adempimenti contabili, ricorrono le ipotesi di cui al secondo comma, numeri 1) e 3), dell'art. 55; la disposizione non si applica se dagli elementi in possesso degli uffici non risultano corrispettivi per operazioni di importo superiore a lire cento milioni;

d) quando risulta che il contribuente ha emesso o utilizzato fatture per operazioni inesistenti;

e) quando dagli elementi in possesso dell'ufficio risulta che l'ammontare dell'imposta detraibile o rimborsabile indicato nella dichiarazione annuale è superiore di oltre un decimo a quella spettante e la differenza è superiore a lire cento milioni.

La richiesta può riguardare anche i conti successivi all'anno o agli anni cui si riferiscono i fatti indicati nel precedente comma e può essere estesa ai conti intestati al coniuge non legalmente ed effettivamente separato ed ai figli minori conviventi. Nel caso previsto dalla precedente lettera d), se le fatture sono state emesse o utilizzate da una società che esercita l'attività di cui agli articoli 2135 e 2195 del codice civile, la richiesta può essere estesa ai conti intestati ai soci delle società di fatto nonché agli amministratori delle società in nome collettivo e in accomandita semplice in carica nel periodo o nei periodi di imposta in cui le fatture sono state emesse o utilizzate.

Con le richieste e nel corso degli accessi indicati nel primo comma non possono essere rilevati dagli uffici documenti, dati e notizie relativi a soggetti diversi dal contribuente. Tali documenti, dati e notizie sono tuttavia utilizzabili a fini fiscali se forniti dal contribuente o, autonomamente, dalle aziende e istituti di credito.

L'ispettore compartimentale delle tasse e delle imposte indirette sugli affari deve esprimersi sulla richiesta di autorizzazione all'accesso formulata dagli uffici entro il termine di giorni quindici dalla richiesta stessa.

Si applicano le disposizioni di cui al secondo comma dell'art. 34 del decreto del Presidente della Repubblica 29 settembre 1973, n. 600, e successive modificazioni.] [(1)]

[(1)] *Articolo aggiunto dall'articolo 5 del D.P.R. 15 luglio 1982, n. 463 e successivamente abrogato dall'articolo 18, comma 1, lettera e) della legge 30 dicembre 1991, n. 413.*

52. Accessi, ispezioni e verifiche. – Gli uffici dell'imposta sul valore aggiunto possono disporre l'accesso di impiegati dell'Amministrazione finanziaria nei locali destinati all'esercizio di attività commerciali, agricole, artistiche o professionali, nonché in quelli utilizzati dagli enti non commerciali e da quelli che godono dei benefici di cui al codice del Terzo settore di cui all'articolo 1, comma 2, lettera b), della legge 6 giugno 2016, n. 106, per procedere ad ispezioni documentali, verificazioni e ricerche e ad ogni altra rilevazione ritenuta utile per l'accertamento dell'imposta e per la repressione dell'evasione e delle altre violazioni. Gli impiegati che eseguono l'accesso devono essere muniti di apposita autorizzazione che ne indica lo scopo, rilasciata dal capo dell'ufficio da cui dipendono. Tuttavia [*per accedere nei locali destinati all'esercizio di arti o professioni, che non siano anche adibiti all'esercizio di attività commerciali o agricole, e in ogni caso*] per accedere in locali che siano adibiti anche ad abitazione, è necessaria anche l'autorizzazione del procuratore della Repubblica. In ogni caso, l'accesso nei locali destinati all'esercizio di arti o professioni dovrà essere eseguito in presenza del titolare dello studio o di un suo delegato [(1)].

L'accesso in locali diversi da quelli indicati nel precedente comma può essere eseguito, previa autorizzazione del procuratore della Repubblica, soltanto in caso di gravi indizi di violazioni delle norme del presente decreto, allo scopo di reperire libri, registri, documenti, scritture ed altre prove delle violazioni.

É in ogni caso necessaria l'autorizzazione del procuratore della Repubblica o dell'autorità giudiziaria più vicina per procedere durante l'accesso a perquisizioni personali e all'apertura coattiva di pieghi sigillati, borse, casseforti, mobili, ripostigli e simili e per l'esame di documenti e la richiesta di notizie relativamente ai quali è eccepito il segreto professionale ferma restando la norma di cui all'art. 103 del codice di procedura penale [(2)].

L'ispezione documentale si estende a tutti i libri, registri, documenti e scritture, compresi quelli la cui tenuta e conservazione non sono obbligatorie, che si trovano nei locali in cui l'accesso viene eseguito, o che sono comunque accessibili tramite apparecchiature informatiche installate in detti locali [(3)].

I libri, registri, scritture e documenti di cui è rifiutata l'esibizione non possono essere presi in considerazione a favore del contribuente ai fini dell'accertamento in sede amministrativa o contenziosa. Per rifiuto di esibizione si intendono anche la dichiarazione di non possedere i libri, registri, documenti e scritture e la sottrazione di essi alla ispezione.

Di ogni accesso deve essere redatto processo verbale da cui risultino le ispezioni e le rilevazioni eseguite, le richieste fatte al contribuente o a chi lo rappresenta e le risposte ricevute. Il verbale deve essere sottoscritto dal contribuente o da chi lo rappresenta ovvero indicare il motivo della mancata sottoscrizione. Il contribuente ha diritto di averne copia.

I documenti e le scritture possono essere sequestrati soltanto se non è possibile riprodurne o farne constare il contenuto nel verbale, nonchè in caso di mancata sottoscrizione o di contestazione del contenuto del verbale. I libri e i registri non possono essere sequestrati; gli organi procedenti possono eseguirne o farne eseguire copie o estratti, possono apporre nelle parti che interessano la propria firma o sigla insieme con la data e il bollo d'ufficio e possono adottare le cautele atte ad impedire l'alterazione o la sottrazione dei libri e dei registri.

Le disposizioni dei commi precedenti si applicano anche per l'esecuzione di verifiche e di ricerche relative a merci o altri beni viaggianti su autoveicoli e natanti adibiti al trasporto per conto di terzi.

In deroga alle disposizioni del settimo comma gli impiegati che procedono all'accesso nei locali di soggetti che si avvalgono di sistemi meccanografici, elettronici e simili, hanno facoltà di provvedere con mezzi propri all'elaborazione dei supporti fuori dei locali stessi qualora il contribuente non consenta l'utilizzazione dei propri impianti e del proprio personale [(4)].

Se il contribuente dichiara che le scritture contabili o alcune di esse si trovano presso altri soggetti deve esibire un'attestazione dei soggetti stessi recante la specificazione delle scritture in loro possesso. Se l'attestazione non è esibita e se il soggetto che l'ha rilasciata si oppone all'accesso o non esibisce in tutto o in parte le scritture si applicano le disposizioni del quinto comma [(5)].

Per l'esecuzione degli accessi presso le pubbliche amministrazioni e gli enti indicati al n. 5) dell'articolo 51 e presso gli operatori finanziari di cui al 7) dello stesso articolo 51, si applicano le disposizioni del secondo e sesto comma dell'articolo 33 del decreto del Presidente della Repubblica 29 settembre 1973, n. 600, e successive modificazioni [(6)].

[(1)] *Comma modificato dall'articolo 18, comma 2, lettere f) e g), della legge 30 dicembre 1991, n. 413, dall'articolo 8, comma 22, del D.L. 2 marzo 2012, n. 16 e successivamente dall'articolo 89, comma 6, del D.Lgs. 3 luglio 2017, n. 117.*
[(2)] *Comma modificato dall'articolo 18, comma 2, lettera h), della legge 30 dicembre 1991, n. 413.*
[(3)] *Comma sostituito dall'articolo 2, comma 1, lettera b), del D.Lgs. 20 febbraio 2004, n. 52.*
[(4)] *Comma aggiunto dall'articolo 33, comma 6, del D.P.R. 29 settembre 1973, n. 600.*
[(5)] *Comma aggiunto dall'articolo 33, comma 6, del D.P.R. 29 settembre 1973, n. 600.*
[(6)] *Comma aggiunto dall'articolo 6 del D.P.R. 15 luglio 1982, n. 463, successivamente modificato dall'articolo 18, comma 2, lettera i), della legge 30 dicembre 1991, n. 413 e da ultimo sostituito dall'articolo 23, comma 27, del D.L. 6 luglio 2011, n. 98.*

53. Presunzioni di cessione e di acquisto [(1)]. – Si presumono ceduti i beni acquistati, importati o prodotti che non si trovano nei luoghi in cui il contribuente esercita la sua attività, comprese le sedi secondarie, filiali, succursali, dipendenze, stabilimenti, negozi o depositi dell'impresa, né presso suoi rappresentanti, salvo che sia dimostrato che i beni stessi: a) sono stati utilizzati per la produzione, perduti o distrutti; b) sono stati consegnati a terzi in lavorazione, deposito o comodato o in dipendenza di contratti estimatori o di contratti di opera, appalto, trasporto, mandato, commissione o altro titolo non traslativo della proprietà.

Con decreto del Ministro delle finanze sono stabilite le modalità con le quali devono essere effettuate:

a) la donazione dei beni ad enti di beneficenza;

b) la distruzione dei beni [(2)].

Le sedi secondarie, filiali o succursali devono risultare dall'iscrizione alla camera di commercio o da altro pubblico registro; le dipendenze, gli stabilimenti, i negozi e i depositi devono essere stati indicati a norma dell'art. 35 o del primo comma dell'art. 81. La rappresentanza deve risultare da atto pubblico, da scrittura privata registrata o da lettera annotata in apposito registro, in data anteriore a quella in cui è avvenuto il passaggio dei beni, presso l'ufficio competente in relazione al domicilio fiscale del rappresentante o del rappresentato. La consegna dei beni a terzi, di cui alla lettera b), deve risultare dal libro giornale o da altro libro tenuto a norma del codice civile o da apposito registro tenuto in conformità all'art. 39 del presente decreto, ovvero da altro documento conservato a norma dello stesso articolo o da atto registrato presso l'ufficio del registro (3).

I beni che si trovano nel luogo o in uno dei luoghi in cui il contribuente esercita la sua attività si presumono acquistati se il contribuente non dimostra, nei casi e nei modi indicati nel primo e nel secondo comma, di averli ricevuti in base ad un rapporto di rappresentanza o di lavorazione o ad uno degli altri titoli di cui al primo comma.

(1) *Articolo sostituito dall'articolo 1 del D.P.R. 29 gennaio 1979, n. 24.*
(2) *Comma aggiunto dall'articolo 22, comma 4, del D.L. 2 marzo 1989, n. 69.*
(3) *Comma modificato dall'articolo 57, comma 1, lettera h), del D.L. 30 agosto 1993, n. 331.*

54. Rettifica delle dichiarazioni (1). – L'ufficio dell'imposta sul valore aggiunto procede alla rettifica della dichiarazione annuale presentata dal contribuente quando ritiene che ne risulti una imposta inferiore a quella dovuta ovvero una eccedenza detraibile o rimborsabile superiore a quella spettante.

L'infedeltà della dichiarazione, qualora non emerga o direttamente dal contenuto di essa o dal confronto con gli elementi di calcolo delle liquidazioni di cui agli articoli 27 e 33 e con le precedenti dichiarazioni annuali, deve essere accertata mediante il confronto tra gli elementi indicati nella dichiarazione e quelli annotati nei registri di cui agli articoli 23, 24 e 25 e mediante il controllo della completezza, esattezza e veridicità delle registrazioni sulla scorta delle fatture ed altri documenti, delle risultanze di altre scritture contabili e degli altri dati e notizie raccolti nei modi previsti negli articoli 51 e 51- bis. Le omissioni e le false o inesatte indicazioni possono essere indirettamente desunte da tali risultanze, dati e notizie a norma dell'art. 53 o anche sulla base di presunzioni semplici, purché queste siano gravi, precise e concordanti (2).

L'ufficio può tuttavia procedere alla rettifica indipendentemente dalla previa ispezione della contabilità del contribuente qualora l'esistenza di operazioni imponibili per ammontare superiore a quello indicato nella dichiarazione, o l'inesattezza delle indicazioni relative alle operazioni che danno diritto alla detrazione, risulti in modo certo e diretto, e non in via presuntiva, da verbali, questionari e fatture di cui ai numeri 2), 3) e 4) del secondo comma dell'articolo 51, dagli elenchi allegati alle dichiarazioni di altri contribuenti o da verbali relativi ad ispezioni eseguite nei confronti di altri contribuenti, nonché da altri atti e documenti in suo possesso (3).

[*Se vi è pericolo per la riscossione dell'imposta l'ufficio può provvedere, prima della scadenza del termine per la presentazione della dichiarazione annuale, all'accertamento delle imposte non versate in tutto o in parte a norma degli articoli 27 e 33. Le disposizioni del precedente periodo non si applicano nei casi previsti dall'art. 60, sesto comma.*] (4)

Senza pregiudizio dell'ulteriore azione accertatrice nei termini stabiliti dall'art. 57, i competenti uffici dell'Agenzia delle entrate, qualora dalle attività istruttorie di cui all'articolo 51, secondo comma, numeri da 1) a 4), nonché dalle segnalazioni effettuati dalla Direzione centrale accertamento, da una Direzione regionale ovvero da un ufficio della medesima Agenzia ovvero di altre Agenzie fiscali, dalla Guardia di finanza o da pubbliche amministrazioni ed enti pubblici oppure dai dati in possesso dell'anagrafe tributaria, risultino elementi che consentono di stabilire l'esistenza di corrispettivi o di imposta in tutto o in parte non dichiarati o di detrazioni in tutto o in parte non spettanti, può limitarsi ad accertare, in base agli elementi predetti, l'imposta o la maggiore imposta dovuta o il minor credito spettante, nonché l'imposta o la maggiore imposta non versata, escluse le ipotesi di cui all'articolo 54-bis, anche avvalendosi delle procedure previste dal decreto legislativo 19 giugno 1997, n. 218 (5).

[*Le disposizioni di cui al comma precedente possono trovare applicazione anche con riguardo all'accertamento induttivo del volume di affari, di cui all'art. 12 del decreto-legge 2 marzo 1989, n. 69, convertito, con modificazioni, dalla legge 27 aprile 1989, n. 154 e successive modificazioni, tenendo conto dell'indicazione dei motivi addotti dal contribuente con le modalità di cui al comma 1 dello stesso art. 12.*] (6)

Gli avvisi di accertamento parziale possono essere notificati mediante invio di lettera raccomandata con avviso di ricevimento. La notifica si considera avvenuta alla data indicata nell'avviso di ricevimento sottoscritto dal destinatario ovvero da persona di famiglia o addetto alla casa (7).

Gli avvisi di accertamento parziale sono annullati dall'ufficio che li ha emessi se, dalla documentazione prodotta dal contribuente, risultano infondati in tutto o in parte (8).

(1) *Articolo sostituito dall'articolo 1 del D.P.R. 29 gennaio 1979, n. 24.*
(2) *Comma modificato dall'articolo 6 del D.P.R. 15 luglio 1982, n. 463.*
(3) *Comma modificato dall'articolo 35, comma 2, del D.L. 4 luglio 2006, n. 223 e successivamente sostituito dall'articolo 24, comma 4, lettera f), della legge 7 luglio 2009, n. 88.*
(4) *Comma modificato dall'articolo 10, comma 2, lettera b), del D.L. 20 giugno 1996, n. 323 e successivamente abrogato dall'articolo 2, comma 12 del D.L. 30 settembre 2005, n. 203.*
(5) *Comma aggiunto dall'articolo 3, comma 1, della legge 30 dicembre 1991, n. 413 e successivamente modificato dall'articolo 1, comma 406, della legge 30 dicembre 2004, n. 311 e dall'articolo 1, comma 17, della legge 13 dicembre 2010, n. 220.*
(6) *Comma aggiunto dall'articolo 3, comma 1, della legge 30 dicembre 1991, n. 413, successivamente sostituito dall'articolo 62-quater, comma 2, del D.L. 30 agosto 1993, n. 331 e da ultimo abrogato dall'articolo 3, comma 179, della legge 28 dicembre 1995, n. 549.*
(7) *Comma aggiunto dall'articolo 3, comma 1, della legge 30 dicembre 1991, n. 413.*
(8) *Comma aggiunto dall'articolo 3, comma 1, della legge 30 dicembre 1991, n. 413.*

54 *bis*. Liquidazione dell'imposta dovuta in base alle dichiarazioni (1)(2). – 1. Avvalendosi di procedure automatizzate l'amministrazione finanziaria procede, entro l'inizio del periodo di presentazione delle dichiarazioni relative all'anno successivo, alla liquidazione dell'imposta dovuta in base alle dichiarazioni presentate dai contribuenti.

2. Sulla base dei dati e degli elementi direttamente desumibili dalle dichiarazioni presentate e di quelli in possesso dell'anagrafe tributaria, l'amministrazione finanziaria provvede a:

a) correggere gli errori materiali e di calcolo commessi dai contribuenti nella determinazione del volume d'affari e delle imposte;

b) correggere gli errori materiali commessi dai contribuenti nel riporto delle eccedenze di imposta risultanti dalle precedenti dichiarazioni;

c) controllare la rispondenza con la dichiarazione e la tempestività dei versamenti dell'imposta risultante dalla dichiarazione annuale a titolo di acconto e di conguaglio nonché dalle liquidazioni periodiche di cui agli articoli 27, 33, comma 1, lettera a), e 74, quarto comma.

2-bis. Se vi è pericolo per la riscossione, l'ufficio può provvedere, anche prima della presentazione della dichiarazione annuale, a controllare la tempestiva effettuazione dei versamenti dell'imposta, da eseguirsi ai sensi dell'articolo 1, comma 4, del decreto del Presidente della Repubblica 23 marzo 1998, n. 100, degli articoli 6 e 7 del decreto del Presidente della Repubblica 14 ottobre 1999, n. 542, nonché dell'articolo 6 della legge 29 dicembre 1990, n. 405 [(3)].

3. Quando dai controlli automatici eseguiti emerge un risultato diverso rispetto a quello indicato nella dichiarazione, ovvero dai controlli eseguiti dall'ufficio, ai sensi del comma 2-bis, emerge un'imposta o una maggiore imposta, l'esito della liquidazione è comunicato ai sensi e per gli effetti di cui al comma 6 dell'articolo 60 al contribuente, nonché per evitare la reiterazione di errori e per consentire la regolarizzazione degli aspetti formali. Qualora a seguito della comunicazione il contribuente rilevi eventuali dati o elementi non considerati o valutati erroneamente nella liquidazione dei tributi, lo stesso può fornire i chiarimenti necessari all'amministrazione finanziaria entro i trenta giorni successivi al ricevimento della comunicazione [(4)].

4. I dati contabili risultanti dalla liquidazione prevista dal presente articolo si considerano, a tutti gli effetti, come dichiarati dal contribuente.

[(1)] *Articolo aggiunto dall'articolo 14, comma 1, lettera a), del D.Lgs. 9 luglio 1997, n. 241.*
[(2)] *A norma dell'articolo 27, comma 14, lettera a), del D.L. 29 novembre 2008 n. 185, le attività di liquidazione, di cui al presente articolo, sono demandate alle strutture di cui al comma 13, del medesimo articolo 27.*
[(3)] *Comma aggiunto dall'articolo 2, comma 1, lettera a), del D.L. 30 settembre 2005, n. 203.*
[(4)] *Comma modificato dall'articolo 2, comma 1, lettera a), del D.Lgs. 26 gennaio 2001, n. 32 e successivamente dall'articolo 2, comma 1, lettera b), del D.L. 30 settembre 2005, n. 203.*

54 *ter*. Controlli automatizzati sui soggetti identificati in Italia [(1)]. – 1. Entro il decimo giorno successivo alla scadenza di cui all'articolo 74-quinquies, commi 6 e 9, e di cui all'articolo 74-sexies.1, commi 10 e 14, l'Amministrazione finanziaria, sulla base dei dati e degli elementi desumibili dal portale telematico, verifica l'avvenuta presentazione della dichiarazione [*di cui al predetto comma 6*], nonché la rispondenza con la dichiarazione e la tempestività dei versamenti dell'imposta risultante dalla stessa [(2)].

2. L'Amministrazione finanziaria, qualora rilevi che la dichiarazione di cui al comma 6 dell'articolo 74-quinquies e di cui al comma 10 dell'articolo 74-sexies.1 non sia stata ancora trasmessa, inoltra al soggetto passivo un sollecito [(3)].

3. L'Amministrazione finanziaria, qualora rilevi che l'imposta dovuta in base alla dichiarazione medesima non sia stata in tutto o in parte versata, inoltra al soggetto passivo un sollecito.

4. Nei casi di cui all'articolo 74-quinquies, comma 5, all'articolo 74-sexies, comma 3-bis, e all'articolo 74-sexies.1, commi 8 e 9, l'Amministrazione finanziaria emette il provvedimento motivato di esclusione dal presente regime speciale. Avverso tale provvedimento di esclusione è ammesso ricorso secondo le disposizioni relative al contenzioso tributario [(4)].

[(1)] *Articolo aggiunto dall'articolo 5, comma 1, del D.Lgs. 31 marzo 2015, n. 42. Per l'applicazione della presente disposizione vedi l'articolo 8, comma 1, del D.Lgs. 42/2015 medesimo.*
[(2)] *Comma modificato dall'articolo 1, comma 1, lettera m), numero 1), del D.Lgs. 25 maggio 2021, n. 83. Per l'applicazione, vedi l'articolo 10, comma 1, del D.Lgs. 83/2021 medesimo.*
[(3)] *Comma modificato dall'articolo 1, comma 1, lettera m), numero 2), del D.Lgs. 25 maggio 2021, n. 83. Per l'applicazione, vedi l'articolo 10, comma 1, del D.Lgs. 83/2021 medesimo.*
[(4)] *Comma modificato dall'articolo 1, comma 1, lettera m), numero 3), del D.Lgs. 25 maggio 2021, n. 83. Per l'applicazione, vedi l'articolo 10, comma 1, del D.Lgs. 83/2021 medesimo.*

54 *quater*. Liquidazione dell'imposta dovuta relativamente alle operazioni effettuate nell'ambito dei regimi speciali di cui agli articoli 74-quinquies e seguenti da soggetti non residenti [(1)(2)]. – 1. Avvalendosi di procedure automatizzate l'amministrazione finanziaria procede alla liquidazione dell'imposta dovuta in base alle dichiarazioni presentate dai soggetti di cui agli articoli da 74-quinquies a 74-septies relativamente alle operazioni effettuate nel territorio dello Stato nei confronti di committenti o cessionari non soggetti passivi d'imposta [(3)].

2. Sulla base dei dati e degli elementi direttamente desumibili dalle dichiarazioni e di quelli presenti nell'anagrafe tributaria, l'amministrazione finanziaria provvede a:

a) correggere gli errori materiali e di calcolo commessi dai contribuenti nella determinazione dell'imposta;

a-bis) correggere gli errori materiali e di calcolo commessi dai contribuenti nel riporto e nella determinazione delle eccedenze di imposta derivanti dalle rettifiche relative a precedenti dichiarazioni [(4)];

b) controllare la rispondenza con la dichiarazione e la tempestività dei versamenti dell'imposta risultante dalla dichiarazione.

3. Quando dai controlli automatici eseguiti emerge un risultato diverso rispetto a quello indicato nella dichiarazione, l'esito del controllo è comunicato per via elettronica o ai sensi dell'articolo 60 del decreto del Presidente della Repubblica 29 settembre 1973, n. 600 al contribuente entro il 31 dicembre del secondo anno successivo a quello di presentazione della dichiarazione. La comunicazione contiene l'intimazione ad adempiere, entro sessanta giorni dal ricevimento della stessa, al pagamento dell'imposta o della maggiore imposta dovuta e non versata, della sanzione di cui all'articolo 13 del decreto legislativo 18 dicembre 1997, n. 471, e degli interessi di cui all'articolo 20 del decreto del Presidente della Repubblica 29 settembre 1973, n. 602, calcolati fino al giorno in cui è effettuata la liquidazione. In caso di mancato pagamento delle somme dovute entro il termine indicato, la comunicazione diviene titolo esecutivo ai fini della riscossione [(5)].

4. Qualora l'Amministrazione finanziaria verifichi sulla base delle informazioni presenti al sistema informativo dell'anagrafe tributaria che il soggetto, non domiciliato o residente nel territorio dello Stato, non dispone di fonti di

reddito o beni disponibili nel territorio nazionale, la riscossione delle somme contenute nella comunicazione di cui al comma 3 potrà essere chiesta direttamente ad uno Stato estero attraverso la cooperazione amministrativa per il recupero dei crediti ai sensi della direttiva 2010/24/UE del Consiglio, del 16 marzo 2010 o altri accordi sulla reciproca assistenza in materia di riscossione dei crediti tributari comparabile a quella assicurata dalla direttiva 2010/24/UE, in deroga alle disposizioni in materia di iscrizione a ruolo e senza l'affidamento in carico agli agenti della riscossione.

5. Qualora il contribuente rilevi eventuali dati o elementi non considerati o valutati erroneamente nella liquidazione dell'imposta, lo stesso può fornire per via elettronica, entro il termine di cui al comma 3, i chiarimenti necessari all'amministrazione finanziaria.

6. I dati contabili risultanti dalla liquidazione prevista dal presente articolo si considerano, a tutti gli effetti, come dichiarati dal contribuente.

(1) *Rubrica modificata dall'articolo 1, comma 1, lettera n), numero 1), del D.Lgs. 25 maggio 2021, n. 83. Per l'applicazione, vedi l'articolo 10, comma 1, del D.Lgs. 83/2021 medesimo.*
(2) *Articolo aggiunto dall'articolo 5, comma 1, del D.Lgs. 31 marzo 2015, n. 42. Per l'applicazione della presente disposizione alle operazioni effettuate a partire dal 1° gennaio 2015, vedi l'articolo 8, comma 1, del D.Lgs. 42/2015 medesimo.*
(3) *Comma modificato dall'articolo 1, comma 1, lettera n), numero 2), del D.Lgs. 25 maggio 2021, n. 83. Per l'applicazione, vedi l'articolo 10, comma 1, del D.Lgs. 83/2021 medesimo.*
(4) *Lettera inserita dall'articolo 1, comma 1, lettera n), numero 3), del D.Lgs. 25 maggio 2021, n. 83. Per l'applicazione, vedi l'articolo 10, comma 1, del D.Lgs. 83/2021 medesimo.*
(5) *Comma modificato dall'articolo 1, comma 1, lettera n), numero 4), del D.Lgs. 25 maggio 2021, n. 83. Per l'applicazione, vedi l'articolo 10, comma 1, del D.Lgs. 83/2021 medesimo.*

54 *quinquies*. Accertamento dell'imposta dovuta dai soggetti di cui agli articoli da 74-quinquies a 74-septies (1) (2). – 1. L'Amministrazione finanziaria, sulla base delle informazioni di cui all'articolo 63-quater del regolamento (UE) n. 967/2012, dei dati e delle notizie raccolti attraverso la cooperazione amministrativa o secondo le convenzioni internazionali in vigore, nonché sulla base di eventuali dati e notizie raccolti esercitando i poteri di cui all'articolo 51 o desunte sulla base di presunzioni semplici, purché queste siano gravi, precise e concordanti, con apposito avviso di accertamento, procede alla rettifica della dichiarazione [*trimestrale*] presentata nei rispettivi Stati membri di identificazione dai soggetti che applicano i regimi speciali disciplinati dal titolo XII, capo 6, sezioni 2, 3 e 4, della direttiva 2006/112/CE, relativamente alle operazioni effettuate nel territorio dello Stato, quando ritiene che ne risulti un'imposta inferiore a quella dovuta (3).

2. L'Amministrazione finanziaria comunica ai soggetti che applicano i regimi speciali disciplinati dal titolo XII, capo 6, sezioni 2, 3 e 4, della direttiva 2006/112/CE, relativamente alle operazioni effettuate nel territorio dello Stato, l'omessa presentazione della dichiarazione trimestrale, sollecitandoli ad adempiere entro trenta giorni, trascorsi i quali provvede a determinare l'imposta dovuta per le medesime prestazioni con apposito avviso di accertamento emesso ai sensi dell'articolo 55 (4).

3. L'avviso di accertamento di cui ai commi 1 e 2, emesso entro i termini di cui all'articolo 57, costituisce titolo esecutivo ai fini della riscossione.

4. Qualora l'Amministrazione finanziaria verifichi sulla base delle informazioni presenti al sistema informativo dell'anagrafe tributaria che il soggetto, non domiciliato o residente nel territorio dello Stato, non dispone di fonti di reddito o beni disponibili nel territorio nazionale, la riscossione delle somme contenute nell'avviso di accertamento di cui al comma 3 potrà essere chiesta direttamente ad uno Stato estero attraverso la cooperazione amministrativa per il recupero dei crediti ai sensi della direttiva 2010/24/UE del Consiglio, del 16 marzo 2010 o altri accordi sulla reciproca assistenza in materia di riscossione dei crediti tributari comparabile a quella assicurata dalla direttiva 2010/24/UE, in deroga alle disposizioni in materia di iscrizione a ruolo e senza l'affidamento in carico agli agenti della riscossione.

(1) *Rubrica modificata dall'articolo 1, comma 1, lettera o), numero 1), del D.Lgs. 25 maggio 2021, n. 83. Per l'applicazione, vedi l'articolo 10, comma 1, del D.Lgs. 83/2021 medesimo.*
(2) *Articolo aggiunto dall'articolo 5, comma 1, del D.Lgs. 31 marzo 2015, n. 42. Per l'applicazione della presente disposizione alle operazioni effettuate a partire dal 1° gennaio 2015, vedi l'articolo 8, comma 1, del D.Lgs. 42/2015 medesimo.*
(3) *Comma modificato dall'articolo 1, comma 1, lettera o), numero 2), del D.Lgs. 25 maggio 2021, n. 83. Per l'applicazione, vedi l'articolo 10, comma 1, del D.Lgs. 83/2021 medesimo.*
(4) *Comma modificato dall'articolo 1, comma 1, lettera o), numero 3), del D.Lgs. 25 maggio 2021, n. 83. Per l'applicazione, vedi l'articolo 10, comma 1, del D.Lgs. 83/2021 medesimo.*

55. Accertamento induttivo (1). – Se il contribuente non ha presentato la dichiarazione annuale l'ufficio della imposta sul valore aggiunto può procedere in ogni caso all'accertamento della imposta dovuta indipendentemente dalla previa ispezione della contabilità. In tal caso l'ammontare imponibile complessivo e l'aliquota applicabile sono determinati induttivamente sulla base dei dati e delle notizie comunque raccolti o venuti a conoscenza dell'ufficio e sono computati in detrazione soltanto i versamenti eventualmente eseguiti dal contribuente e le imposte detraibili ai sensi dell'art. 19 risultanti dalle liquidazioni prescritte dagli articoli 27 e 33.

Le disposizioni del precedente comma si applicano anche se la dichiarazione [*presentata è priva di sottoscrizione e il contribuente non ha provveduto, entro trenta giorni dal ricevimento dell'invito da parte dell'ufficio dell'imposta sul valore aggiunto, alla sottoscrizione o*] reca le indicazioni di cui ai numeri 1) e 3) dell'art. 28 senza le distinzioni e specificazioni ivi richieste, sempreché le indicazioni stesse non siano state regolarizzate entro il mese successivo a quello di presentazione della dichiarazione. Le disposizioni stesse si applicano, in deroga alle disposizioni dell'art. 54, anche nelle seguenti ipotesi (2):

1) quando risulta, attraverso il verbale di ispezione redatto ai sensi dell'art. 52, che il contribuente non ha tenuto, o ha rifiutato di esibire o ha comunque sottratto all'ispezione i registri previsti dal presente decreto e le altre scritture contabili obbligatorie a norma del primo comma dell'art. 2214 del codice civile e delle leggi in materia di imposte sui redditi, o anche soltanto alcuni di tali registri e scritture;

2) quando dal verbale di ispezione risulta che il contribuente non ha emesso le fatture per una parte rilevante delle operazioni ovvero non ha conservato, ha rifiutato di esibire o ha comunque sottratto all'ispezione, totalmente o per una parte rilevante, le fatture emesse;

3) quando le omissioni e le false o inesatte indicazioni o annotazioni accertate ai sensi dell'art. 54, ovvero le irregola-

rità formali dei registri e delle altre scritture contabili risultanti dal verbale di ispezione, sono così gravi, numerose e ripetute da rendere inattendibile la contabilità del contribuente.

Se vi è pericolo per la riscossione dell'imposta l'ufficio può procedere all'accertamento induttivo, per la frazione di anno solare già decorsa, senza attendere la scadenza del termine stabilito per la dichiarazione annuale e con riferimento alle liquidazioni prescritte dagli articoli 27 e 33.

(1) *Articolo sostituito dall'articolo 1 del D.P.R. 29 gennaio 1979, n. 24.*
(2) *Alinea modificato dall'articolo 1, comma 9-ter, del D.L. 31 maggio 1994, n. 330 e successivamente modificato dall'articolo 14, comma 1, lettera b), del D.Lgs. 9 luglio 1997, n. 241.*

56. Notificazione e motivazione degli accertamenti. – Le rettifiche e gli accertamenti sono notificati ai contribuenti, mediante avvisi motivati, nei modi stabiliti per le notificazioni in materia di imposte sui redditi, da messi speciali autorizzati dagli uffici dell'imposta sul valore aggiunto o dai messi comunali.

Negli avvisi relativi alle rettifiche di cui all'art. 54 devono essere indicati specificamente, a pena di nullità, gli errori, le omissioni e le false o inesatte indicazioni su cui è fondata la rettifica e i relativi elementi probatori. Per le omissioni e le inesattezze desunte in via presuntiva devono essere indicati i fatti certi che danno fondamento alla presunzione.

Negli avvisi relativi agli accertamenti induttivi devono essere indicati, a pena di nullità, l'imponibile determinato dall'ufficio, l'aliquota o le aliquote e le detrazioni applicate e le ragioni per cui sono state ritenute applicabili le disposizioni del primo o del secondo comma dell'art. 55.

Nelle ipotesi di cui al quarto comma dell'art. 54 e al terzo comma dell'art. 55 devono essere inoltre indicate, a pena di nullità, le ragioni di pericolo per la riscossione dell'imposta.

La motivazione dell'atto deve indicare i presupposti di fatto e le ragioni giuridiche che lo hanno determinato. Se la motivazione fa riferimento ad un altro atto non conosciuto né ricevuto dal contribuente, questo deve essere allegato all'atto che lo richiama salvo che quest'ultimo non ne riproduca il contenuto essenziale. L'accertamento è nullo se non sono osservate le disposizioni di cui al presente comma [1].

I provvedimenti emanati ai sensi degli articoli 38-bis 1, 38-bis 2 e 38-ter possono essere notificati anche tramite mezzi elettronici [2].

(1) *Comma aggiunto dall'articolo 2, comma 1, lettera b), del D.Lgs. 26 gennaio 2001, n. 32.*
(2) *Comma aggiunto dall'articolo 1, comma 1, lettera v), del D.Lgs. 11 febbraio 2010, n. 18.*

57. Termine per gli accertamenti [1][2][3]. – 1. Gli avvisi relativi alle rettifiche e agli accertamenti previsti nell'articolo 54 e nel secondo comma dell'articolo 55 devono essere notificati, a pena di decadenza, entro il 31 dicembre del quinto anno successivo a quello in cui è stata presentata la dichiarazione [4].

2. Nei casi di omessa presentazione della dichiarazione o di presentazione di dichiarazione nulla l'avviso di accertamento dell'imposta a norma del primo comma dell'articolo 55 può essere notificato entro il 31 dicembre del settimo anno successivo a quello in cui la dichiarazione avrebbe dovuto essere presentata.

3. Nel caso di richiesta di rimborso dell'eccedenza d'imposta detraibile risultante dalla dichiarazione annuale, se tra la data di notifica della richiesta di documenti da parte dell'ufficio e la data della loro consegna intercorre un periodo superiore a quindici giorni, il termine di decadenza, relativo agli anni in cui si è formata l'eccedenza detraibile chiesta a rimborso, è differito di un periodo di tempo pari a quello compreso tra il sedicesimo giorno e la data di consegna.

4. Fino alla scadenza del termine stabilito nei commi precedenti le rettifiche e gli accertamenti possono essere integrati o modificati, mediante la notificazione di nuovi avvisi, in base alla sopravvenuta conoscenza di nuovi elementi da parte dell'Agenzia delle entrate. Nell'avviso devono essere specificamente indicati, a pena di nullità, i nuovi elementi e gli atti o fatti attraverso i quali sono venuti a conoscenza dell'ufficio dell'imposta sul valore aggiunto.

(1) *Articolo modificato dall'articolo 5-quater, comma 5, del D.L. 28 giugno 1990, n. 167, dall'articolo 10, comma 1, del D.Lgs. 2 settembre 1997, n. 313, dall'articolo 10, comma 1, della legge 27 dicembre 2002, n. 289, dall'articolo 37, comma 25, del D.L. 4 luglio 2006, n. 223, dall'articolo 12, comma 2-bis, del D.L. 1° luglio 2009, n. 78, dall'articolo 1, comma 3, del D.L. 30 dicembre 2009, n. 194, dall'articolo 2, comma 1, lettera a), numero 2), del D.L. 30 settembre 2015, n. 153 e, da ultimo, sostituito, a decorrere dal 1° gennaio 2016, dall'articolo 1, comma 130, della Legge 28 dicembre 2015, n. 208; per l'applicazione vedi il comma 132 del medesimo articolo.*
(2) *A norma dell'articolo 5-septies, comma 4, del D.L. 16 ottobre 2017, n. 148, convertito con modificazioni dalla Legge 4 dicembre 2017, n. 172, i termini di cui al presente articolo che scadono a decorrere dal 1° gennaio 2018, sono fissati al 30 giugno 2020.*
(3) *A norma dell'articolo 1, comma 9, del D.L. 23 ottobre 2018, n.119, convertito con modificazioni dalla Legge 17 dicembre 2018, n. 136, i termini di cui al presente articolo, sono prorogati di due anni.*
(4) *Per la riduzione del termine di decadenza di cui al presente comma vedi l'articolo 3, comma 1, del D.Lgs. 5 agosto 2015, n. 127 come modificato dall'articolo 1, comma 909, lettera c), della Legge 27 dicembre 2017, n. 205.*

58. Irrogazione delle sanzioni [1][2]. – [*In caso di violazione degli obblighi stabiliti dal presente decreto l'ufficio dell'imposta sul valore aggiunto procede alla irrogazione delle pene pecuniarie e delle soprattasse previste nel titolo terzo.*

Per le violazioni che danno luogo a rettifica o ad accertamento dell'imposta l'irrogazione delle sanzioni è comunicata al contribuente con lo stesso avviso di rettifica o di accertamento.

Per le violazioni che non danno luogo a rettifica o ad accertamento dell'imposta l'ufficio può provvedere in qualsiasi momento, con separati avvisi da notificare a norma del primo comma dell'art. 56, entro il 31 dicembre del quinto anno successivo a quello in cui è avvenuta la violazione.

La pena pecuniaria non può essere irrogata qualora nel termine di trenta giorni dalla data del verbale di constatazione della violazione sia stata versata all'ufficio una somma pari ad un sesto del massimo della pena; la pena pecuniaria irrogata contestualmente alla constatazione della violazione effettuata presso l'ufficio sarà considerata priva di effetto se il pagamento avviene nei termini e con le modalità sopra citate [3][4].

[Nelle ipotesi previste nell'art. 50 l'azione penale ha corso dopo che l'accertamento dell'imposta è divenuto definitivo e la prescrizione del reato è sospesa fino alla stessa data.] [4]] [5]

(1) *Articolo sostituito, a decorrere dal 1° gennaio 1973, dall'articolo 1 del D.P.R. 29 gennaio 1979, n. 24.*
(2) *La Corte Costituzionale, con sentenza 27 aprile 1982, n. 89, (in Gazz. Uff., 20 maggio 1982, n. 137), ha dichiarato l'illegittimità costituzionale, del presente articolo, nella parte in cui dispone che l'azione penale ha*

IMPOSTE INDIRETTE

corso dopo che l'accertamento è divenuto definitivo anche nel caso del reato indicato nel quarto comma dell'art. 50 dello stesso decreto del Presidente della Repubblica n. 633.

(3) Comma sostituito dall'articolo 3, comma 12, del D.L. 27 aprile 1990, n. 90. La Corte Costituzionale, con sentenza 11 febbraio 1988, n. 207, (in Gazz. Uff., 2 marzo 1988, n. 9), aveva dichiarato l'illegittimità costituzionale, del presente comma, nella parte in cui non prevedeva che anche il cessionario del bene, o il committente del servizio, potessero beneficiare della conciliazione amministrativa versando all'ufficio finanziario una somma pari ad un sesto del massimo della pena pecuniaria prevista, nel termine di trenta giorni dalla notificazione dell'atto concernente la sanzione.

(4) Comma abrogato dall'articolo 13 del D.L. 10 luglio 1982, n. 429.

(5) Articolo abrogato dall'articolo 16 del D.Lgs. 18 dicembre 1997, n. 471.

59. Ricorsi. – Il contribuente può ricorrere contro i provvedimenti di rettifica, di accertamento e di irrogazione delle sanzioni secondo le disposizioni relative al contenzioso tributario.

La nullità degli avvisi per l'omissione o l'insufficienza delle indicazioni prescritte negli articoli 56 e 57, terzo comma e in genere per difetto di motivazione deve essere eccepita a pena di decadenza in primo grado [1].

I contribuenti obbligati alla tenuta di scritture contabili non possono provare circostanze omesse nelle scritture stesse o in contrasto con le loro risultanze [2].

(1) Comma sostituito dall'articolo 61, comma 3, del D.P.R. 29 settembre 1973, n. 600.

(2) Comma sostituito dall'articolo 61, comma 3, del D.P.R. 29 settembre 1973, n. 600.

60. Pagamento delle imposte accertate [1]. – L'imposta o la maggiore imposta accertata dall'ufficio dell'imposta sul valore aggiunto deve essere pagata dal contribuente entro sessanta giorni dalla notificazione dell'avviso di accertamento o di rettifica.

[*Se il contribuente propone ricorso contro l'accertamento, il pagamento dell'imposta o della maggiore imposta deve essere eseguito:*

1) per un terzo dell'ammontare accertato dall'ufficio, nel termine stabilito nel primo comma [2]*;*

2) fino alla concorrenza della metà dell'ammontare accertato dalla commissione tributaria di primo grado, entro sessanta giorni dalla notificazione, a norma del primo comma dell'art. 56, della liquidazione fatta dall'ufficio [3]*;*

3) fino alla concorrenza di due terzi dell'ammontare accertato dalla commissione tributaria di secondo grado, entro sessanta giorni dalla notificazione della liquidazione fatta dall'ufficio [4]*;*

4) per l'intero ammontare che risulta ancora dovuto in base alla decisione della commissione centrale o alla sentenza della corte d'appello, entro sessanta giorni dalla notificazione della liquidazione fatta dall'ufficio.] [5]

[*Sulle somme dovute a norma dei precedenti commi si applicano gli interessi calcolati al saggio indicato nell'art. 38- bis, con decorrenza dal sessantesimo giorno successivo alla scadenza del termine del 5 marzo dell'anno solare cui si riferisce l'accertamento o la rettifica. Gli interessi sono liquidati dall'ufficio e indicati nell'avviso di accertamento o di rettifica o negli avvisi relativi alle liquidazioni da notificare a norma del comma precedente e ricominciano a decorrere in caso di ritardo nei pagamenti.*] [6]

[*Se l'imposta o la maggiore imposta accertata ai sensi dei numeri 2), 3) o 4) del secondo comma è inferiore a quella già pagata, il contribuente ha diritto al rimborso della differenza entro sessanta giorni dalla notificazione della decisione o della sentenza, che deve essere eseguita anche su richiesta del contribuente. Sulle somme rimborsate si applicano gli interessi calcolati al saggio indicato nell'art. 38- bis, con decorrenza dalla data del pagamento fatto dal contribuente.*] [7]

[*I pagamenti previsti nel presente articolo devono essere fatti all'ufficio dell'imposta sul valore aggiunto nei modi indicati nel quarto comma dell'art. 38.*] [8]

L'imposta non versata, risultante dalla dichiarazione annuale, è iscritta direttamente nei ruoli a titolo definitivo unitamente ai relativi interessi e alla sopratassa di cui all'art. 44. La stessa procedura deve intendersi applicabile per la maggiore imposta determinata a seguito della correzione di errori materiali o di calcolo rilevati dall'ufficio in sede di controllo della dichiarazione. L'ufficio, prima dell'iscrizione a ruolo, invita il contribuente a versare le somme dovute entro trenta giorni dal ricevimento dell'avviso, con applicazione della soprattassa pari al 60 per cento della somma non versata o versata in meno. Le somme dovute devono essere versate direttamente all'ufficio con le modalità di cui all'art. 38, quarto comma [9].

Il contribuente ha diritto di rivalersi dell'imposta o della maggiore imposta relativa ad avvisi di accertamento o rettifica nei confronti dei cessionari dei beni o dei committenti dei servizi soltanto a seguito del pagamento dell'imposta o della maggiore imposta, delle sanzioni e degli interessi. In tal caso, il cessionario o il committente può esercitare il diritto alla detrazione, al più tardi, con la dichiarazione relativa al secondo anno successivo a quello in cui ha corrisposto l'imposta o la maggiore imposta addebitata in via di rivalsa ed alle condizioni esistenti al momento di effettuazione della originaria operazione [10].

(1) Articolo sostituito dall'articolo 1 del D.P.R. 29 gennaio 1979, n. 24.

(2) A norma dell'articolo 5, comma 7, del D.L. 27 aprile 1990, n. 90, la misura dell'imposta o della maggiore imposta sul valore aggiunto prevista dal presente numero è elevata alla metà dell'ammontare accertato dall'ufficio.

(3) A norma dell'articolo 5, comma 7, del D.L. 27 aprile 1990, n. 90, la misura dell'imposta o della maggiore imposta sul valore aggiunto prevista dal presente numero è elevata a due terzi dell'ammontare accertato dalla commissione tributaria di primo grado.

(4) A norma dell'articolo 5, comma 7, del D.L. 27 aprile 1990, n. 90, la misura dell'imposta o della maggiore imposta sul valore aggiunto prevista dal presente numero è elevata a tre quarti di quello accertato dalla commissione tributaria di secondo grado.

(5) Comma abrogato dall'articolo 37 del D.Lgs. 26 febbraio 1999, n. 46, come modificato dall'articolo 2, comma 1, lettera f), del D.Lgs. 27 aprile 2001, n. 193.

(6) Comma modificato dall'articolo 1, comma 3, lettera e), del D.L. 31 maggio 1994, n. 330 e successivamente abrogato dall'articolo 37 del D.Lgs. 26 febbraio 1999, n. 46, come modificato dall'articolo 2, comma 1, lettera f), del D.Lgs. 27 aprile 2001, n. 193.

(7) Comma abrogato dall'articolo 37 del D.Lgs. 26 febbraio 1999, n. 46, come modificato dall'articolo 2, comma 1, lettera f), del D.Lgs. 27 aprile 2001, n. 193.

(8) Comma abrogato dall'articolo 37 del D.Lgs. 26 febbraio 1999, n. 46, come modificato dall'articolo 2, comma 1, lettera f), del D.Lgs. 27 aprile 2001, n. 193.

(9) Comma aggiunto dall'articolo 10, comma 2, lettera c), del D.L. 20 giugno 1996, n. 323.

(10) Comma sostituito dall'articolo 93, comma 1, del D.L. 24 gennaio 2012 n. 1.

60 *bis*. Solidarietà nel pagamento dell'imposta [1]. – 1. Con decreto del Ministro dell'economia e delle finanze, su proposta degli organi competenti al controllo, sulla base di analisi effettuate su fenomeni di frode, sono individuati i beni per i quali operano le disposizioni dei commi 2 e 3.

2. In caso di mancato versamento dell'imposta da parte del cedente relativa a cessioni effettuate a prezzi inferiori al valore normale, il cessionario, soggetto agli adempimenti ai fini del presente decreto, è obbligato solidalmente al paga-

mento della predetta imposta.

3. L'obbligato solidale di cui al comma 2 può tuttavia documentalmente dimostrare che il prezzo inferiore dei beni è stato determinato in ragione di eventi o situazioni di fatto oggettivamente rilevabili o sulla base di specifiche disposizioni di legge e che comunque non è connesso con il mancato pagamento dell'imposta [(2)].

3-bis. Qualora l'importo del corrispettivo indicato nell'atto di cessione avente ad oggetto un immobile e nella relativa fattura sia diverso da quello effettivo, il cessionario, anche se non agisce nell'esercizio di imprese, arti o professioni, è responsabile in solido con il cedente per il pagamento dell'imposta relativa alla differenza tra il corrispettivo effettivo e quello indicato, nonché della relativa sanzione. Il cessionario che non agisce nell'esercizio di imprese, arti o professioni può regolarizzare la violazione versando la maggiore imposta dovuta entro sessanta giorni dalla stipula dell'atto. Entro lo stesso termine, il cessionario che ha regolarizzato la violazione presenta all'ufficio territorialmente competente nei suoi confronti copia dell'attestazione del pagamento e delle fatture oggetto della regolarizzazione [(3)].

(1) Articolo aggiunto dall'articolo 1, comma 386 della legge 30 dicembre 2004, n. 311.
(3) Comma aggiunto dall'articolo 1, comma 164, della legge 24 dicembre 2007, n. 244.

61. Pagamento delle pene pecuniarie e delle soprattasse [(1)]. – [*Le pene pecuniarie e le soprattasse irrogate dagli uffici dell'imposta sul valore aggiunto devono essere pagate nei modi indicati nel quarto comma dell'art. 38, entro sessanta giorni dalla notificazione dell'avviso di rettifica o di accertamento con il quale sono state irrogate [o del separato avviso di cui al terzo comma dell'art. 58. Se è proposto ricorso contro la rettifica o l'accertamento o contro il separato provvedimento di irrogazione, il pagamento deve essere eseguito entro sessanta giorni dalla notificazione della decisione della commissione centrale o della sentenza della corte d'appello o dell'ultima decisione non impugnata*] [(2)].

In caso di ritardo nel pagamento si applicano gli interessi calcolati al saggio indicato nell'art. 38- bis, con decorrenza dal sessantesimo giorno successivo alla notificazione dell'avviso o della sentenza o decisione definitiva.] [(3)]

(1) Articolo sostituito dall'articolo 1 del D.P.R. 29 gennaio 1979, n. 24.
(2) Comma modificato dall'articolo 16, comma 1, lettera a), del D.Lgs. 18 dicembre 1997, n. 471.
(3) Articolo abrogato dall'articolo 37 del D.Lgs. 26 febbraio 1999, n. 46, come modificato dall'articolo 2 del D.Lgs. 27 aprile 2001, n. 193.

62. Riscossione coattiva e privilegi [(1)]. – Se il contribuente non esegue il pagamento dell'imposta, delle pene pecuniarie e delle soprattasse nel termine stabilito l'ufficio dell'imposta sul valore aggiunto notifica ingiunzione di pagamento contenente l'ordine di pagare entro trenta giorni sotto pena degli atti esecutivi. L'ingiunzione è vidimata e resa esecutiva dal pretore nella cui circoscrizione ha sede l'ufficio, qualunque sia la somma dovuta, ed è notificata a norma del primo comma dell'art. 56.

Se entro trenta giorni dalla notificazione dell'ingiunzione il contribuente non esegue il pagamento si procede alla riscossione coattiva secondo le disposizioni degli articoli da 5 a 29 e 31 del testo unico approvato con regio decreto 14 aprile 1910, n. 639.

I crediti dello Stato per le imposte, le pene pecuniarie e le soprattasse dovute ai sensi del presente decreto hanno privilegio generale sui beni mobili del debitore con grado successivo a quello indicato al n. 15) dell'art. 2778 del codice civile. In caso di infruttuosa esecuzione sui mobili, gli stessi crediti sono collocati sussidiariamente sul prezzo degli immobili con preferenza rispetto ai creditori chirografari, ma dopo i crediti indicati al primo e secondo comma dell'art. 66 della legge 30 aprile 1969, n. 153.

Le disposizioni dei precedenti commi si applicano anche nel caso che il contribuente non esegua il versamento delle somme indebitamente rimborsategli.

Per le imposte e le pene pecuniarie dovute dal cessionario o dal committente [*ai sensi dell'art. 41*] lo Stato ha privilegio speciale, ai sensi degli articoli 2758 e 2772 del codice civile, sui beni mobili o immobili che hanno formato oggetto della cessione o ai quali si riferisce il servizio prestato con il grado rispettivamente indicato al n. 5) dell'art. 2778 e al n. 4) dell'art 2780 del codice civile [(2)].

[*Per il recupero dei crediti sorti negli Stati membri delle Comunità europee in materia di imposta sul valore aggiunto si applicano le disposizioni contenute negli articoli 346- bis, 346- ter, 346- quater e 346-quinquies del testo unico delle norme legislative in materia doganale approvato con decreto del Presidente della Repubblica 23 gennaio 1973, n. 43, sostituita alla competenza degli uffici doganali quella degli uffici dell'imposta sul valore aggiunto per il recupero dei crediti non connessi ad operazioni doganali.*] [(3)]

[*Il Ministro delle finanze può, con decreto, stabilire che taluni compiti degli uffici periferici dell'Amministrazione finanziaria, inerenti all'attuazione della mutua assistenza amministrativa per il recupero dei crediti sorti in materia di imposta sul valore aggiunto, siano devoluti all'ufficio centrale previsto dal secondo comma del citato art. 346-quinquies.*] [(4)]

(1) Articolo modificato dall'articolo 1 del D.P.R. 2 luglio 1975, n. 288 e successivamente sostituito dall'articolo 1 del D.P.R. 29 gennaio 1979, n. 24.
(2) Comma modificato dall'articolo 1, comma 165, della legge 24 dicembre 2007, n. 244.
(3) Comma aggiunto dall'articolo unico della legge 19 gennaio 1985, n. 3 e successivamente abrogato dall'articolo 11, comma 1, del D.Lgs. 9 aprile 2003, n. 69.
(4) Comma aggiunto dall'articolo unico della legge 19 gennaio 1985, n. 3 e successivamente abrogato dall'articolo 11, comma 1, del D.Lgs. 9 aprile 2003, n. 69.

63. Collaborazione della guardia di finanza. – La Guardia di finanza coopera con gli uffici dell'imposta sul valore aggiunto per l'acquisizione e il reperimento degli elementi utili ai fini dell'accertamento dell'imposta e per la repressione delle violazioni del presente decreto, procedendo di propria iniziativa o su richiesta degli uffici, secondo le norme e con le facoltà di cui agli articoli 51 e 52, alle operazioni ivi indicate e trasmettendo agli uffici stessi i relativi verbali e rapporti. Essa inoltre, previa autorizzazione dell'autorità giudiziaria che può essere concessa anche in deroga all'art. 329 del codice di procedura penale [*istruttorio*], utilizza e trasmette agli uffici documenti, dati e notizie acquisiti [*nei confronti dell'imputato*], direttamente o riferiti ed ottenuti dalle altre Forze di polizia, nell'esercizio dei poteri di polizia giudiziaria, [anche al di fuori dei casi di deroga previsti dall'art. 51- bis] [(1)].

Ai fini del necessario coordinamento dell'azione della guardia di finanza con quella degli uffici finanziari saranno presi accordi, periodicamente e nei casi in cui si debba procedere ad indagini sistematiche, tra la Direzione generale delle tasse e delle imposte indirette sugli affari e il Comando generale della guardia di finanza e, nell'ambito delle singole circoscrizioni, fra i capi degli ispettorati e degli uffici e i comandi territoriali [(2)].

Gli uffici finanziari e i comandi della guardia di finanza, per evitare la reiterazione di accessi presso gli stessi contribuenti, devono darsi reciprocamente tempestiva comunicazione delle ispezioni e verifiche intraprese. L'ufficio o il comando che riceva la comunicazione può richiedere all'organo che sta eseguendo l'ispezione o la verifica, l'esecuzione di determinati controlli e l'acquisizione di determinati elementi utili ai fini dell'accertamento [(3)].

(1) Comma sostituito dall'articolo 7 del D.P.R. 15 luglio 1982, n. 463 e successivamente modificato dall'articolo 5, comma 14, del D.L. 3 maggio 1991, n. 143, dall'articolo 18, comma 2, lettera l), della legge 30 dicembre 1991, n. 413 e da ultimo dall'articolo 23, comma 1, del D.Lgs. 10 marzo 2000, n. 74.
(2) Vedi l'articolo 1, comma 382 della legge 30 dicembre 2004, n. 311.
(3) Vedi l'articolo 1, comma 382 della legge 30 dicembre 2004, n. 311.

64. Collaborazione degli uffici doganali e degli uffici tecnici delle imposte di fabbricazione. – Gli uffici doganali eseguono i controlli necessari per l'accertamento delle violazioni di cui al quinto comma dell'art. 46 e ne riferiscono ai competenti uffici dell'imposta sul valore aggiunto. Per le controversie relative alla qualità e quantità dei beni si applicano le disposizioni della legge doganale [(1)].

Gli uffici tecnici delle imposte di fabbricazione cooperano con gli uffici dell'imposta sul valore aggiunto per l'accertamento dell'imposta dovuta dalle imprese i cui depositi e stabilimenti sono sottoposti alla vigilanza degli uffici stessi.

(1) Comma sostituito dall'articolo 9 del D.P.R. 31 marzo 1979, n. 94 e successivamente dall'articolo 22 del D.P.R.. 30 dicembre 1980, n. 897.

65. Obblighi dell'amministrazione finanziaria [(1)]. – L'amministrazione finanziaria provvede allo scambio, con le altre autorità competenti degli Stati membri della Comunità economica europea, delle informazioni necessarie per assicurare il corretto accertamento dell'imposta sul valore aggiunto. Essa, a tal fine, può autorizzare la presenza nel territorio dello Stato di funzionari delle amministrazioni fiscali degli altri Stati membri.

L'amministrazione finanziaria provvede alla raccolta delle informazioni da fornire alle predette autorità con le modalità ed entro i limiti previsti per l'accertamento dell'imposta sul valore aggiunto.

(1) Articolo prima abrogato dall'articolo 1 del D.P.R. 23 dicembre 1974, n. 687, e poi di nuovo aggiunto dall'articolo 2 del D.P.R. 5 giugno 1982, n. 506.

66. Segreto d'ufficio. – Gli impiegati della amministrazione finanziaria e gli ufficiali e agenti della guardia di finanza sono obbligati al segreto per tutto ciò che riguarda i dati e le notizie di cui vengono a conoscenza nell' adempimento dei compiti e nell'esercizio dei poteri previsti dal presente decreto.

Non è considerata violazione del segreto d'ufficio la comunicazione da parte dell'Amministrazione finanziaria alle competenti autorità degli Stati membri della Comunità economica europea delle informazioni atte a permettere il corretto accertamento dell'imposta sul valore aggiunto, in attuazione della direttiva 2003/93/CE e del regolamento (CE) n. 1798/2003 [(1)].

(1) Comma aggiunto dall'articolo 4 del D.P.R. 5 giugno 1982, n. 506 e successivamente modificato dall'articolo 1 del D.lgs. 19 settembre 2005, n. 215.

66 *bis*. Pubblicazione degli elenchi di contribuenti [(1)]. – Il Ministro delle finanze dispone annualmente la pubblicazione di elenchi di contribuenti nei cui confronti l'ufficio dell'imposta sul valore aggiunto ha proceduto a rettifica o ad accertamento ai sensi degli articoli 54 e 55. Sono ricompresi nell'elenco solo quei contribuenti che non hanno presentato la dichiarazione annuale e quelli dalla cui dichiarazione risulta un'imposta inferiore di oltre un decimo a quella dovuta ovvero un'eccedenza detraibile o rimborsabile superiore di oltre un decimo a quella spettante. Negli elenchi deve essere specificato se gli accertamenti sono definitivi o in contestazione e deve essere indicato, in caso di rettifica, anche il volume di affari dichiarato dai contribuenti [(2)].

Gli uffici dell'imposta sul valore aggiunto formano [*e pubblicano*] annualmente per ciascuna provincia compresa nella propria circoscrizione un elenco nominativo dei contribuenti che hanno presentato la dichiarazione annuale ai fini dell'imposta sul valore aggiunto, con la specificazione, per ognuno, del volume di affari. Gli elenchi sono depositati per la durata di un anno sia presso lo stesso ufficio delle imposte, sia presso i Comuni interessati. Nel predetto periodo, è ammessa la visione e l'estrazione di copia degli elenchi nei modi e con i limiti stabiliti dalla disciplina in materia di accesso ai documenti amministrativi di cui agli articoli 22 e seguenti nella legge 7 agosto 1990, n. 241, e successive modificazioni, dalla relativa normativa di attuazione, nonché da specifiche disposizioni di legge. Per l'accesso non sono dovuti i tributi speciali di cui al decreto del Presidente della Repubblica 26 ottobre 1972, n. 648. Per la consultazione non sono dovuti i tributi speciali di cui al decreto del Presidente della Repubblica 26 ottobre 1972, n. 648 [(3)].

[*La pubblicazione dell'elenco di cui al comma precedente avviene mediante deposito per la durata di un anno, ai fini della consultazione da parte di chiunque, sia presso l'ufficio che ha proceduto alla loro formazione sia presso i comuni interessati. Per la consultazione non sono dovuti i tributi speciali di cui al decreto del Presidente della Repubblica 26 ottobre 1972, n. 648.*] [(4)]

Gli stessi uffici formano, per le finalità di cui al secondo comma, inoltre, un elenco cronologico contenente i nominativi dei contribuenti che hanno richiesto i rimborsi dell'imposta sul valore aggiunto e di quelli che li hanno ottenuti [(5)].

Fuori dei casi previsti dai commi precedenti, la comunicazione o diffusione, totale o parziale, con qualsiasi mezzo, degli elenchi o di dati personali ivi contenuti, ove il fatto non costituisca reato, è punita con la sanzione amministrativa del pagamento di una somma da cinquemila euro a trentamila euro. La somma può essere aumentata sino al triplo quando risulta inefficace in ragione delle condizioni economiche del contravventore [(6)].

(1) *Articolo aggiunto dall'articolo 23 del D.P.R. 30 dicembre 1980, n. 897.*
(2) *Comma modificato dall'articolo 20, comma 1, lettera a), della legge 30 dicembre 1991, n. 413.*
(3) *Comma modificato dall'articolo 20, comma 1, lettera b), della legge 30 dicembre 1991, n. 413 e successivamente dall'articolo 42, comma 1, lettera b), del D.L. 25 giugno 2008, n. 112.*
(4) *Comma abrogato dall'articolo 20, comma 1, lettera c), della legge 30 dicembre 1991, n. 413.*
(5) *Comma sostituito dall'articolo 20, comma 1, lettera d), della legge 30 dicembre 1991, n. 413 e successivamente modificato dall'articolo 42, comma 1, lettera b), del D.L. 25 giugno 2008, n. 112.*
(6) *Comma aggiunto dall'articolo 42, comma 1, lettera b), del D.L. 25 giugno 2008, n. 112.*

TITOLO V
importazioni

67. Importazioni (1). – 1. Costituiscono importazioni le seguenti operazioni aventi per oggetto beni introdotti nel territorio dello Stato, che siano originari da Paesi o territori non compresi nel territorio della Comunità e che non siano stati già immessi in libera pratica in altro Paese membro della Comunità medesima, ovvero che siano provenienti dai territori da considerarsi esclusi dalla Comunità a norma dell'art. 7 [*primo comma, lettera b)*] (2)(3):

a) le operazioni di immissione in libera pratica [*, con sospensione del pagamento dell'imposta qualora si tratti di beni destinati a proseguire verso altro Stato membro della Comunità economica europea*] [*ovvero ad essere immessi in un deposito non doganale autorizzato*] (4);

b) le operazioni di perfezionamento attivo di cui all'art. 2, lettera b), del regolamento CEE n. 1999/85 del Consiglio, del 16 luglio 1985;

c) le operazioni di ammissione temporanea aventi per oggetto beni, destinati ad essere riesportati tal quali, che, in ottemperanza alle disposizioni della Comunità economica europea, non fruiscano della esenzione totale dai dazi di importazione;

d) le operazioni di immissione in consumo relative a beni provenienti dal Monte Athos, dalle isole Canarie, dai Dipartimenti francesi d'oltremare, dal comune di Campione d'Italia e dalle acque italiane del Lago di Lugano (5);

[*e) le operazioni di estrazione dai depositi non doganali autorizzati per immissione in consumo dei beni di cui alla lettera a).*] (6)

2. Sono altresì soggette all'imposta le operazioni di reimportazione a scarico di esportazione temporanea fuori della Comunità economica europea e quelle di reintroduzione di beni precedentemente esportati fuori della Comunità medesima (7).

2-bis. Per le importazioni di cui al comma 1, lettera a), il pagamento dell'imposta è sospeso qualora si tratti di beni destinati a essere trasferiti in un altro Stato membro dell'Unione europea, eventualmente dopo l'esecuzione di manipolazioni di cui all'allegato 72 del regolamento (CEE) n. 2454/93 della Commissione, del 2 luglio 1993, e successive modificazioni, previamente autorizzate dall'autorità doganale (8).

2-ter. Per fruire della sospensione di cui al comma 2-bis l'importatore fornisce il proprio numero di partita IVA, il numero di identificazione IVA attribuito al cessionario stabilito in un altro Stato membro nonché, a richiesta dell'autorità doganale, idonea documentazione che provi l'effettivo trasferimento dei medesimi beni in un altro Stato membro dell'Unione (9).

(1) *Articolo sostituito dall'articolo 1 del D.P.R. 29 gennaio 1979, n. 24 e successivamente dall'articolo 57, comma 1, lettera L), del D.L. 30 agosto 1993, n. 331.*
(2) *Alinea modificato dall'articolo 1, comma 1, lettera z), del D.Lgs. 11 febbraio 2010, n. 18.*
(3) *A norma dell'articolo 8, comma 2, lettera o), della Legge 15 dicembre 2011, n. 217, i richiami alla "Comunità", contenuti nel presente comma, devono intendersi riferiti all' "Unione europea".*
(4) *Lettera modificata dall'articolo 1, comma 1, lettera b), della legge 18 febbraio 1997, n. 28 e successivamente dall'articolo 8, comma 2, lettera i), numero 1), della legge 15 dicembre 2011, n. 217.*
(5) *Lettera modificata dall'articolo 1, comma 570 della Legge 27 dicembre 2019, n. 160, le cui disposizioni si applicano a decorrere dal 1° gennaio 2020, a norma del successivo comma 571 dell'articolo 1 della medesima Legge 160/2019.*
(6) *Lettera abrogata dall'articolo 1, comma 1, lettera b), della legge 18 febbraio 1997, n. 28.*
(7) *A norma dell'articolo 8, comma 2, lettera o), della Legge 15 dicembre 2011, n. 217, i richiami alla "Comunità economica europea", contenuti nel presente comma, devono intendersi riferiti all' "Unione europea".*
(8) *Articolo aggiunto dall'articolo 8, comma 2, lettera i), numero 2), della legge 15 dicembre 2011, n. 217.*
(9) *Articolo aggiunto dall'articolo 8, comma 2, lettera i), numero 2), della legge 15 dicembre 2011, n. 217.*

68. Importazioni non soggette all'imposta (1). – Non sono soggette all'imposta:

a) le importazioni di beni indicati nel primo comma, lettera c), dell'art. 8, nell'art. 8- bis, nonché nel secondo comma dell'art. 9 limitatamente all'ammontare dei corrispettivi di cui al n. 9 dello stesso articolo, sempreché ricorrano le condizioni stabilite nei predetti articoli (2);

b) le importazioni di campioni gratuiti di modico valore, appositamente contrassegnati (3);

c) ogni altra importazione definitiva di beni la cui cessione è esente dall'imposta o non vi è soggetta a norma dell'art. 72. Per le operazioni concernenti l'oro da investimento di cui all'art. 10, n. 11), l'esenzione si applica allorchè i requisiti ivi indicati risultino da conforme attestazione resa, in sede di dichiarazione doganale, dal soggetto che effettua l'operazione (4);

[*c-bis) le importazioni di beni indicati nell'ottavo e nel nono comma dell'art. 74, concernente disposizioni relative a particolari settori;*] (5)

d) la reintroduzione di beni nello stato originario, da parte dello stesso soggetto che li aveva esportati, sempre che ricorrano le condizioni per la franchigia doganale;

[*e) la reintroduzione e la reimportazione, da parte dell'esportatore o di un terzo per suo conto, di beni che abbiano formato oggetto in un altro Stato membro della Comunità europea di lavorazioni assoggettate all'imposta senza diritto a detrazione o a rimborso;*] (6)

f) l'importazione di beni donati ad enti pubblici ovvero ad associazioni riconosciute o fondazioni aventi esclusivamente finalità di assistenza, beneficenza, educazione, istruzione, studio o ricerca scientifica, nonchè quella di beni donati a favore delle popolazioni colpite da calamità naturali o catastrofi dichiarate tali ai sensi della legge 8 dicembre 1970, n. 996;

g) le importazioni dei beni indicati nel terzo comma, lettera l) dell'art. 2 (7);

g-bis) le importazioni di gas mediante un sistema di gas naturale o una rete connessa a un tale sistema, ovvero di gas immesso da una nave adibita al trasporto di gas in un sistema di gas naturale o in una rete di gasdotti a monte, di energia elettrica, di calore o di freddo mediante reti di riscaldamento o di raffreddamento (8).

g-ter) le importazioni di beni per le quali l'imposta è dichiarata nell'ambito del regime speciale di cui all'articolo 74-

sexies.1, a condizione che nella dichiarazione doganale di importazione sia indicato il numero individuale di identificazione IVA attribuito per l'applicazione di detto regime speciale al fornitore o al rappresentante fiscale che agisce in suo nome e per suo conto (9) .

(1) *Articolo sostituito dall'articolo 1 del D.P.R. 23 dicembre 1974, n. 687 e successivamente dall'articolo 1 del D.P.R. 29 gennaio 1979, n. 24.*
(2) *Lettera sostituita dall'articolo 6 del D.P.R. 28 dicembre 1982, n. 954.*
(3) *Lettera sostituita dall'articolo 31, comma 1, della legge 29 dicembre 1990, n. 428 e successivamente dall'articolo 3, comma 8, lettera a), della legge 17 gennaio 2000, n. 7.*
(4) *Lettera sostituita dall'articolo 3, comma 8, lettera b), della legge 17 gennaio 2000, n. 7.*
(5) *Lettera aggiunta dall'articolo 41, comma 1, lettera b), della legge 21 novembre 2000, n. 342 e successivamente soppressa dall'articolo 35, comma 1, lettera b), del D.L. 30 settembre 2003, n. 269.*
(6) *Lettera soppressa dall'articolo 57, comma 1, lettera M), del D.L. 30 agosto 1993, n. 331.*
(7) *Lettera aggiunta dall'articolo 2, comma 3, della legge 22 dicembre 1980, n. 889.*
(8) *Lettera aggiunta dall'articolo 1, comma 1, lettera c), del D.Lgs. 15 dicembre 2005, n. 294 e successivamente sostituita dall'articolo 8, comma 2, lettera l), della legge 15 dicembre 2011, n. 217.*
(9) *Lettera aggiunta dall'articolo 1, comma 1, lettera p), del D.Lgs. 25 maggio 2021, n. 83. Per l'applicazione, vedi l'articolo 10, comma 1, del D.Lgs. 83/2021 medesimo.*

69. Determinazione dell'imposta (1). – L'imposta è commisurata, con le aliquote indicate nell'art. 16, al valore dei beni importati determinato ai sensi delle disposizioni in materia doganale, aumentato dell'ammontare dei diritti doganali dovuti, ad eccezione dell'imposta sul valore aggiunto, nonché dell'ammontare delle spese di inoltro fino al luogo di destinazione all'interno del territorio della Comunità che figura sul documento di trasporto sotto la cui scorta i beni sono introdotti nel territorio medesimo. Per i supporti informatici, contenenti programmi per elaboratore prodotti in serie, concorre a formare il valore imponibile anche quello dei dati e delle istruzioni in essi contenuti. Per i beni che prima dello sdoganamento hanno formato oggetto nello Stato di una o più cessioni, la base imponibile è costituita dal corrispettivo dell'ultima cessione (2).

Fatti salvi i casi di applicazione dell'art. 68, lettera c), per i beni nazionali reimportati a scarico di temporanea esportazione la detrazione prevista negli articoli 207 e 208 del testo unico approvato con decreto del Presidente della Repubblica 23 gennaio 1973, n. 43, e l'esenzione prevista nell'art. 209 dello stesso testo unico si applicano, ai fini dell'imposta sul valore aggiunto, soltanto se i beni vengono reimportati dal soggetto che li aveva esportati o da un terzo per conto del medesimo e se lo scarico della temporanea esportazione avviene per identità.

(1) *Articolo modificato dall'articolo 1 del D.P.R. 23 dicembre 1974, n. 687 e successivamente sostituito dall'articolo 1 del D.P.R. 29 gennaio 1979, n. 24 e dall'articolo 24 del D.P.R. 30 dicembre 1980, n. 897.*
(2) *Comma modificato dall'articolo 22, comma 5, del D.L. 2 marzo 1989, n. 69, dall'articolo 12, comma 1, del D.L. 23 febbraio 1995, n. 41 e successivamente dall'articolo 1, comma 1, lettera c), della legge 18 febbraio 1997, n. 28.*

70. Applicazione dell'imposta (1). – L'imposta relativa alle importazioni è accertata, liquidata e riscossa per ciascuna operazione. Si applicano per quanto concerne le controversie e le sanzioni, le disposizioni delle leggi doganali relative ai diritti di confine.

Per le importazioni effettuate senza pagamento d'imposta, di cui alla lettera c) dell'art. 8, all'importatore che attesti falsamente di trovarsi nelle condizioni richieste per fruire del trattamento ivi previsto o ne benefici oltre i limiti consentiti si applica la pena pecuniaria di cui al terzo comma dell'art. 46, salvo che il fatto costituisca reato a norma della legge doganale. (2)

L'imposta dovuta per l'introduzione dei beni nello Stato tramite il servizio postale deve essere assolta secondo le modalità stabilite con apposito decreto del Ministro delle finanze di concerto con il Ministro delle poste e delle telecomunicazioni.

L'imposta assolta per l'importazione di beni da parte di enti, associazioni ed altre organizzazioni di cui all'art. 4, quarto comma, può essere richiesta a rimborso secondo modalità e termini stabiliti con decreto del Ministro delle finanze, se i beni sono spediti o trasportati in altro Stato membro della Comunità economica europea. Il rimborso è eseguito a condizione che venga fornita la prova che l'acquisizione intracomunitaria di detti beni è stata assoggettata all'imposta nello Stato membro di destinazione (3).

Per l'importazione di materiale d'oro, nonché dei prodotti semilavorati di purezza pari o superiore a 325 millesimi da parte di soggetti passivi nel territorio dello Stato l'imposta, accertata e liquidata nella dichiarazione doganale, in base ad attestazione resa in tale sede, è assolta a norma delle disposizioni di cui al titolo II; a tal fine il documento doganale deve essere annotato, con riferimento al mese di rilascio del documento stesso, nei registri di cui agli articoli 23 o 24 nonchè, agli effetti della detrazione, nel registro di cui all'art. 25 (4).

Alle importazioni di beni indicati nel settimo e nell'ottavo comma dell'articolo 74, concernente disposizioni relative a particolari settori, si applicano le disposizioni di cui al comma precedente (5).

(1) *Articolo modificato dall'articolo 1 del D.P.R. 23 dicembre 1974, n. 687 e successivamente sostituito dall'articolo 25 del D.P.R. 30 dicembre 1980, n. 897.*
(2) *Comma abrogato, limitatamente alle disposizioni concernenti la falsa attestazione, dall'articolo 3, comma 3, del D.L. 29 dicembre 1983, n. 746.*
(3) *Comma aggiunto dall'articolo 57, comma 1, lettera m), del D.L. 30 agosto 1993, n. 331.*
(4) *Comma aggiunto dall'articolo 3, comma 9, della legge 17 gennaio 2000, n. 7.*
(5) *Comma aggiunto dall'articolo 35, comma 1, lettera c), del D.L. 30 settembre 2003, n. 269.*

70 1. Regime speciale per la dichiarazione e il pagamento dell'IVA all'importazione (1)(2). – 1. I soggetti che presentano i beni in dogana per conto della persona alla quale gli stessi sono destinati, tenuta al pagamento dell'imposta, possono assolvere gli obblighi in materia d'imposta sul valore aggiunto con le modalità previste dal presente articolo per le importazioni di beni, esclusi i prodotti soggetti ad accisa, la cui spedizione o il cui trasporto si concludono nello Stato, in spedizioni di valore intrinseco non superiore a 150 euro, per le quali non è applicato il regime speciale di cui all'articolo 74-*sexies*.1.

2. Relativamente alle importazioni di beni effettuate nel mese di riferimento, i soggetti che si avvalgono del regime speciale previsto dal presente articolo presentano una dichiarazione mensile dalla quale risulta l'ammontare dell'imposta riscossa presso le persone a cui i beni sono destinati. La dichiarazione è presentata in formato elettroni-

co entro il termine di versamento dell'imposta riscossa, secondo il modello approvato con determinazione del direttore dell'Agenzia delle dogane e dei monopoli; tale determinazione tiene altresì conto di eventuali meccanismi di semplificazione dell'adempimento dichiarativo.

3. L'imposta riscossa nell'ambito del presente regime speciale è versata mensilmente entro il termine di pagamento del dazio all'importazione.

4. I soggetti che si avvalgono del presente regime speciale conservano la documentazione relativa alle importazioni a norma dell'articolo 39. La documentazione deve essere sufficientemente dettagliata al fine di consentire la verifica della correttezza dell'imposta dichiarata e, su richiesta, è fornita in formato elettronico alle autorità di controllo fiscale e doganale.

5. Ai fini del comma 1, il valore in euro dell'importazione è determinato in base al tasso di cambio pubblicato dalla Banca centrale europea del primo giorno lavorativo d'ottobre, con effetto dal 1° gennaio dell'anno successivo.

6. Con determinazione del direttore dell'Agenzia delle dogane e dei monopoli sono indicate le misure operative che i soggetti di cui al comma 1 devono seguire ai fini del pagamento dell'imposta dovuta da parte della persona alla quale i beni sono destinati.

7. I beni importati nell'ambito del presente regime speciale sono assoggettati all'aliquota IVA ordinaria di cui all'articolo 16, primo comma. La persona alla quale i beni sono destinati può optare per la procedura di importazione di cui all'articolo 67 per avvalersi dell'aliquota IVA ridotta, se prevista.

(1) *Articolo inserito dall'articolo 1, comma 1, lettera q), del D.Lgs. 25 maggio 2021, n. 83. Per l'applicazione, vedi l'articolo 10, comma 1, del D.Lgs. 83/2021 medesimo.*
(2) *In riferimento alla trasmissione della dichiarazione mensile, prevista dal presente articolo relativa alle importazioni di beni effettuate nel mese di riferimento, vedi Determinazione 30 giugno 2021.*

TITOLO V *BIS*
Gruppo IVA (1)

70 *bis*. Requisiti soggettivi per la costituzione di un gruppo IVA (1). – 1. I soggetti passivi stabiliti nel territorio dello Stato esercenti attività d'impresa, arte o professione, per i quali ricorrano congiuntamente i vincoli finanziario, economico e organizzativo di cui all'articolo 70-ter, possono divenire un unico soggetto passivo, di seguito denominato "gruppo IVA".

2. Non possono partecipare a un gruppo IVA:

a) le sedi e le stabili organizzazioni situate all'estero;

b) i soggetti la cui azienda sia sottoposta a sequestro giudiziario ai sensi dell'articolo 670 del codice di procedura civile; in caso di pluralità di aziende, la disposizione opera anche se oggetto di sequestro è una sola di esse;

c) i soggetti sottoposti a una procedura concorsuale di cui all'articolo 70-decies, comma 3, terzo periodo;

d) i soggetti posti in liquidazione ordinaria.

(1) *Articolo inserito dall'articolo 1, comma 24 della Legge 11 dicembre 2016, n. 232. L'articolo 1, comma 30, della Legge 232/2016 medesima stabilisce che la presente modifica si applica dal 1° gennaio 2018.*

70 *ter*. Vincolo finanziario, vincolo economico e vincolo organizzativo (1). – 1. Si considera sussistente un vincolo finanziario tra soggetti passivi stabiliti nel territorio dello Stato quando, ai sensi dell'articolo 2359, primo comma, numero 1), del codice civile e almeno dal 1° luglio dell'anno solare precedente:

a) tra detti soggetti esiste, direttamente o indirettamente, un rapporto di controllo;

b) detti soggetti sono controllati, direttamente o indirettamente, dal medesimo soggetto, purché residente nel territorio dello Stato ovvero in uno Stato con il quale l'Italia ha stipulato un accordo che assicura un effettivo scambio di informazioni.

1-bis. Il vincolo finanziario si considera altresì sussistente tra i soggetti passivi, stabiliti nel territorio dello Stato, partecipanti ad un Gruppo Bancario di cui all'articolo 37-bis del testo unico di cui al decreto legislativo 1° settembre 1993, n. 385 (2).

2. Si considera sussistente un vincolo economico tra soggetti passivi stabiliti nel territorio dello Stato sulla base dell'esistenza di almeno una delle seguenti forme di cooperazione economica:

a) svolgimento di un'attività principale dello stesso genere;

b) svolgimento di attività complementari o interdipendenti;

c) svolgimento di attività che avvantaggiano, pienamente o sostanzialmente, uno o più di essi.

3. Si considera sussistente un vincolo organizzativo tra soggetti passivi stabiliti nel territorio dello Stato quando tra detti soggetti esiste un coordinamento, in via di diritto, ai sensi delle disposizioni di cui al libro quinto, titolo V, capo IX, del codice civile, o in via di fatto, tra gli organi decisionali degli stessi, ancorché tale coordinamento sia svolto da un altro soggetto.

4. Salvo quanto disposto dal comma 5, se tra i soggetti passivi intercorre il vincolo finanziario di cui al comma 1, si presumono sussistenti tra i medesimi anche i vincoli economico e organizzativo di cui ai commi 2 e 3.

5. Per dimostrare l'insussistenza del vincolo economico o di quello organizzativo, è presentata all'Agenzia delle entrate istanza di interpello ai sensi dell'articolo 11, comma 1, lettera b), della legge 27 luglio 2000, n. 212.

6. Il vincolo economico si considera in ogni caso insussistente per i soggetti per i quali il vincolo finanziario di cui al comma 1 ricorre in dipendenza di partecipazioni acquisite nell'ambito degli interventi finalizzati al recupero di crediti o derivanti dalla conversione in azioni di nuova emissione dei crediti verso imprese in temporanea difficoltà finanziaria, di cui all'articolo 113, comma 1, del testo unico delle imposte sui redditi, di cui al decreto del Presidente della Repubblica 22 dicembre 1986, n. 917. Per dimostrare la sussistenza del vincolo economico è presentata all'Agenzia delle entrate istanza di interpello ai sensi dell'articolo 11, comma 1, lettera b), della citata legge n. 212 del 2000.

(1) *Articolo inserito dall'articolo 1, comma 24 della Legge 11 dicembre 2016, n. 232. L'articolo 1, comma 30, della Legge 232/2016 medesima stabilisce che la presente modifica si applica dal 1° gennaio 2018.*
(2) *Comma inserito dall'articolo 20, comma 1, lettera a), del D.L. 23 ottobre 2018, n. 119, convertito, con modificazioni, dalla Legge 17 dicembre 2018, n. 136..*

70 *quater*. Costituzione del gruppo IVA (1). – 1. Il gruppo IVA è costituito a seguito di un'opzione esercitata da tutti i soggetti passivi stabiliti nel territorio dello Stato per i quali ricorrano congiuntamente i vincoli finanziario, economico e organizzativo di cui all'articolo 70-ter. In caso di mancato esercizio dell'opzione da parte di uno o più dei soggetti di cui al periodo precedente:

a) è recuperato a carico del gruppo IVA l'effettivo vantaggio fiscale conseguito;

b) il gruppo IVA cessa a partire dall'anno successivo rispetto a quello in cui viene accertato il mancato esercizio dell'opzione, a meno che i predetti soggetti non esercitino l'opzione per partecipare al gruppo medesimo.

2. L'opzione di cui al comma 1 è esercitata mediante la presentazione, in via telematica, da parte del rappresentante del gruppo, della dichiarazione di cui all'70-duodecies articolo, comma 5, nella quale sono indicati:

a) la denominazione del gruppo IVA;

b) i dati\ identificativi del rappresentante del gruppo IVA, di seguito denominato "rappresentante di gruppo", e dei soggetti partecipanti al gruppo medesimo;

c) l'attestazione della sussistenza, tra i soggetti partecipanti al gruppo, dei vincoli di cui all'articolo 70-ter;

d) l'attività o le attività che saranno svolte dal gruppo IVA;

e) l'elezione di domicilio presso il rappresentante di gruppo da parte di ciascun soggetto partecipante al gruppo medesimo, ai fini della notifica degli atti e dei provvedimenti relativi ai periodi d'imposta per i quali è esercitata l'opzione; l'elezione di domicilio è irrevocabile fino al termine del periodo di decadenza dell'azione di accertamento o di irrogazione delle sanzioni relative all'ultimo anno di validità dell'opzione;

f) la sottoscrizione del rappresentante di gruppo, che presenta la dichiarazione, e degli altri soggetti di cui al presente comma.

3. Se la dichiarazione di cui al comma 2 è presentata dal 1° gennaio al 30 settembre, l'opzione di cui al comma 1 ha effetto a decorrere dall'anno successivo. Se la dichiarazione di cui al comma 2 è presentata dal 1° ottobre al 31 dicembre, l'opzione di cui al comma 1 ha effetto a decorrere dal secondo anno successivo.

4. Permanendo i vincoli di cui all'articolo 70-ter, l'opzione è vincolante per un triennio decorrente dall'anno in cui la stessa ha effetto. Trascorso il primo triennio, l'opzione si rinnova automaticamente per ciascun anno successivo, fino a quando non è esercitata la revoca di cui all'articolo 70-novies. Resta fermo quanto disposto dal comma 1, lettera b).

5. Se negli anni di validità dell'opzione di cui al comma 1 i vincoli economico e organizzativo di cui all'articolo 70-ter, commi 2 e 3, si instaurano nei riguardi dei soggetti che erano stati esclusi dal gruppo IVA ai sensi del comma 5 del medesimo articolo, ovvero se il vincolo finanziario di cui all'articolo 70-ter, comma 1, si instaura nei riguardi di soggetti passivi stabiliti nel territorio dello Stato relativamente ai quali non sussisteva all'atto dell'esercizio dell'opzione, i predetti soggetti partecipano al gruppo IVA a decorrere dall'anno successivo a quello in cui tali vincoli si sono instaurati. In tal caso, la dichiarazione di cui al comma 2 deve essere presentata entro il novantesimo giorno successivo a quello in cui tali vincoli si sono instaurati. In caso di mancata inclusione di un soggetto di cui al primo periodo nel gruppo IVA, si applicano le disposizioni del secondo periodo del comma 1.

(1) Articolo inserito dall'articolo 1, comma 24 della Legge 11 dicembre 2016, n. 232. L'articolo 1, comma 30, della Legge 232/2016 medesima stabilisce che la presente modifica si applica dal 1° gennaio 2018.

70 *quinquies*. Operazioni effettuate dal gruppo IVA e nei confronti di esso[1]. – 1. Le cessioni di beni e le prestazioni di servizi effettuate da un soggetto partecipante a un gruppo IVA nei confronti di un altro soggetto partecipante allo stesso gruppo IVA non sono considerate cessioni di beni e prestazioni di servizi agli effetti degli articoli 2 e 3.

2. Le cessioni di beni e le prestazioni di servizi effettuate da un soggetto partecipante a un gruppo IVA nei confronti di un soggetto che non ne fa parte si considerano effettuate dal gruppo IVA.

3. Le cessioni di beni e le prestazioni di servizi effettuate nei confronti di un soggetto partecipante a un gruppo IVA da un soggetto che non ne fa parte si considerano effettuate nei confronti del gruppo IVA.

3-bis. Alle prestazioni di servizi effettuate nei confronti di un gruppo IVA da consorzi, ivi comprese le società consortili e le società cooperative con funzioni consortili, non partecipanti al medesimo gruppo IVA, si applica, alle condizioni di cui al comma 3-ter, il regime disciplinato dal secondo comma dell'articolo 10, laddove il committente delle prestazioni sia un consorziato che partecipa al gruppo IVA [2].

3-ter. Ai fini dell'applicazione del comma 3-bis, la verifica della condizione prevista dall'articolo 10, secondo comma, ai sensi della quale, nel triennio solare precedente, la percentuale di detrazione di cui all'articolo 19-bis, anche per effetto dell'opzione di cui all'articolo 36-bis, sia stata non superiore al 10 per cento, è effettuata sulla base della percentuale determinata:

a) in capo al consorziato, per ognuno degli anni antecedenti al primo anno di efficacia dell'opzione per la costituzione del gruppo IVA, compresi nel triennio di riferimento;

b) in capo al gruppo IVA, per ognuno degli anni di validità dell'opzione per la costituzione del gruppo medesimo, compresi nel triennio di riferimento [3].

4. Gli obblighi e i diritti derivanti dall'applicazione delle norme in materia di imposta sul valore aggiunto sono, rispettivamente, a carico e a favore del gruppo IVA.

4-bis. Le cessioni di beni e le prestazioni di servizi effettuate da una sede o da una stabile organizzazione partecipante a un gruppo IVA nei confronti di una sua stabile organizzazione o della sua sede situata all'estero si considerano effettuate dal gruppo IVA nei confronti di un soggetto che non ne fa parte [4].

4-ter. Le cessioni di beni e le prestazioni di servizi effettuate nei confronti di una sede o di una stabile organizzazione partecipante a un gruppo IVA da una sua stabile organizzazione o dalla sua sede situata all'estero si considerano effettuate nei confronti del gruppo IVA da un soggetto che non ne fa parte [5].

4-quater. Le cessioni di beni e le prestazioni di servizi effettuate nei confronti di una sede o di una stabile organizzazione partecipante a un gruppo IVA, costituito in un altro Stato membro dell'Unione europea, da una sua stabile organizzazione o dalla sua sede situata nel territorio dello Stato si considerano effettuate nei confronti del gruppo IVA costituito nell'altro Stato membro da un soggetto che non ne fa parte [6].

4-quinquies. Le cessioni di beni e le prestazioni di servizi effettuate da una sede o da una stabile organizzazione partecipante a un gruppo IVA, costituito in un altro Stato membro dell'Unione europea, nei confronti di una sua stabile organizzazione o della sua sede situata nel territorio dello Stato si considerano effettuate dal gruppo IVA costituito nell'altro Stato membro nei confronti di un soggetto che non ne fa parte [7].

4-sexies. La base imponibile delle operazioni di cui ai commi da 4-bis a 4-quinquies è determinata, in presenza di un corrispettivo, ai sensi dell'articolo 13, commi 1 e 3 [8].

(1) Articolo inserito dall'articolo 1, comma 24 della Legge 11 dicembre 2016, n. 232. L'articolo 1, comma 30, della Legge 232/2016 medesima stabilisce che la presente modifica si applica dal 1° gennaio 2018.
(2) Comma inserito dall'articolo 72-bis, comma 1, del D.L. 14 agosto 2020, n. 104, convertito, con modificazioni, dalla Legge 13 ottobre 2020, n. 126. Vedi inoltre il comma 2 del medesimo articolo.
(3) Comma inserito dall'articolo 72-bis, comma 1, del D.L. 14 agosto 2020, n. 104, convertito, con modificazioni, dalla Legge 13 ottobre 2020, n. 126. Vedi inoltre il comma 2 del medesimo articolo.
(4) Comma aggiunto dall'articolo 1, comma 984, della Legge 27 dicembre 2017, n. 205. Vedi l'articolo 1, comma 985, della Legge 205/2017 medesima.
(5) Comma aggiunto dall'articolo 1, comma 984, della Legge 27 dicembre 2017, n. 205. Vedi l'articolo 1, comma 985, della Legge 205/2017 medesima.
(6) Comma aggiunto dall'articolo 1, comma 984, della Legge 27 dicembre 2017, n. 205. Vedi l'articolo 1, comma 985, della Legge 205/2017 medesima.
(7) Comma aggiunto dall'articolo 1, comma 984, della Legge 27 dicembre 2017, n. 205. Vedi l'articolo 1, comma 985, della Legge 205/2017 medesima.
(8) Comma aggiunto dall'articolo 1, comma 984, della Legge 27 dicembre 2017, n. 205. Vedi l'articolo 1, comma 985, della Legge 205/2017 medesima.

70 *sexies*. Eccedenze creditorie antecedenti alla partecipazione al gruppo IVA [1]. – 1. L'eccedenza di imposta detraibile risultante dalla dichiarazione annuale relativa all'anno precedente al primo anno di partecipazione al gruppo IVA non si trasferisce al gruppo medesimo, ma può essere chiesta a rimborso, anche in mancanza delle condizioni di cui all'articolo 30 del presente decreto, ovvero compensata a norma dell'articolo 17 del decreto legislativo 9 luglio 1997, n. 241. La disposizione di cui al primo periodo non si applica per la parte dell'eccedenza detraibile di ammontare pari ai versamenti dell'imposta sul valore aggiunto effettuati con riferimento a tale precedente anno.

(1) Articolo inserito dall'articolo 1, comma 24 della Legge 11 dicembre 2016, n. 232. L'articolo 1, comma 30, della Legge 232/2016 medesima stabilisce che la presente modifica si applica dal 1° gennaio 2018.

70 *septies*. Adempimenti [1]. – 1. Il rappresentante di gruppo adempie gli obblighi ed esercita i diritti di cui all'articolo 70-*quinquies*, comma 4, nei modi ordinari.

2. Il rappresentante di gruppo è il soggetto che esercita il controllo di cui all'articolo 70-ter, comma 1. Se il predetto soggetto non può esercitare l'opzione, è rappresentante di gruppo il soggetto partecipante con volume d'affari o ammontare di ricavi più elevato nel periodo precedente alla costituzione del gruppo medesimo. Per i Gruppi IVA costituiti tra i soggetti di cui al comma 1-bis dell'articolo 70-ter, il rappresentante di gruppo è la società capogruppo di cui alla lettera a), del comma 1 dell'articolo 37-bis del testo unico di cui al decreto legislativo 1° settembre 1993, n. 385 [2].

3. Se il rappresentante di gruppo cessa di far parte del gruppo IVA senza che vengano meno gli effetti dell'opzione per gli altri partecipanti, subentra quale rappresentante di gruppo un altro soggetto partecipante al gruppo IVA, individuato ai sensi del comma 2, con riferimento all'ultima dichiarazione presentata. La sostituzione ha effetto dal giorno successivo alla cessazione del precedente rappresentante di gruppo ed è comunicata dal nuovo rappresentante di gruppo con la dichiarazione di cui all'articolo 70-duodecies, comma 5, entro trenta giorni.

(1) Articolo inserito dall'articolo 1, comma 24 della Legge 11 dicembre 2016, n. 232. L'articolo 1, comma 30, della Legge 232/2016 medesima stabilisce che la presente modifica si applica dal 1° gennaio 2018.
(2) Comma modificato dall'articolo 20, comma 1, lettera b), del D.L. 23 ottobre 2018, n. 119, convertito, con modificazioni, dalla Legge 17 dicembre 2018, n. 136.

70 *octies*. Responsabilità [1]. – 1. Il rappresentante di gruppo è responsabile per l'adempimento degli obblighi connessi all'esercizio dell'opzione.

2. Gli altri soggetti partecipanti al gruppo IVA sono responsabili in solido con il rappresentante di gruppo per le somme che risultano dovute a titolo di imposta, interessi e sanzioni a seguito delle attività di liquidazione e controllo.

(1) Articolo inserito dall'articolo 1, comma 24 della Legge 11 dicembre 2016, n. 232. L'articolo 1, comma 30, della Legge 232/2016 medesima stabilisce che la presente modifica si applica dal 1° gennaio 2018.

70 *nonies*. Disposizioni in materia di opzioni e revoche [1]. – 1. La revoca dell'opzione esercitata ai sensi dell'articolo 70-quater è comunicata dal rappresentante di gruppo con la dichiarazione di cui all'articolo 70-duodecies, comma 5, sottoscritta anche dagli altri soggetti partecipanti al gruppo IVA.

2. La revoca dell'opzione opera nei riguardi di tutti i soggetti partecipanti al gruppo IVA. Se la dichiarazione di cui al comma 1 è presentata dal 1° gennaio al 30 settembre, la revoca ha effetto a decorrere dall'anno successivo. Se la dichiarazione di cui al comma 1 è presentata dal 1° ottobre al 31 dicembre, la revoca ha effetto a decorrere dal secondo anno successivo.

3. Alle opzioni e alle revoche previste dal presente titolo non si applicano le disposizioni del regolamento di cui al decreto del Presidente della Repubblica 10 novembre 1997, n. 442.

4. L'esercizio da parte di un soggetto dell'opzione di cui all'articolo 70-quater comporta il venir meno degli effetti delle opzioni in materia di imposta sul valore aggiunto esercitate dallo stesso in precedenza, anche se non è decorso il periodo minimo di permanenza nel particolare regime prescelto.

(1) Articolo inserito dall'articolo 1, comma 24 della Legge 11 dicembre 2016, n. 232. L'articolo 1, comma 30, della Legge 232/2016 medesima stabilisce che la presente modifica si applica dal 1° gennaio 2018.

70 *decies*. Esclusione dalla partecipazione al gruppo IVA [1]. – 1. L'opzione di cui all'articolo 70-quater, comma 1, da parte di un soggetto, per il quale non sussistono i requisiti di cui all'articolo 70-bis, è priva di effetti limitatamente a tale soggetto.

2. Ciascun soggetto partecipante a un gruppo IVA cessa di partecipare al gruppo medesimo se si verifica uno dei

seguenti casi:

a) viene meno il vincolo finanziario nei riguardi di tale soggetto;

b) è riconosciuto, ai sensi dell'articolo 70-ter, comma 5, il venir meno del vincolo economico od organizzativo nei riguardi di tale soggetto;

c) tale soggetto subisce il sequestro giudiziario dell'azienda ai sensi dell'articolo 670 del codice di procedura civile;

d) tale soggetto è sottoposto a una procedura concorsuale;

e) tale soggetto è posto in liquidazione ordinaria.

3. La partecipazione al gruppo IVA cessa a decorrere dalla data in cui si verificano gli eventi previsti nel comma 2, lettere a), c), d) o e), e ha effetto per le operazioni compiute e per gli acquisti e le importazioni annotati a partire da tale data. Nell'ipotesi di cui al comma 2, lettera b), la partecipazione al gruppo IVA cessa a decorrere dall'anno successivo a quello in cui è riconosciuto il venir meno del vincolo. Per l'individuazione della data in cui si verifica l'evento, nelle ipotesi di cui alle lettere c), d) o e) del comma 2, si fa riferimento alla data di efficacia del provvedimento che dispone il sequestro giudiziario, alla data della sentenza dichiarativa del fallimento, alla data del decreto di ammissione al concordato preventivo, alla data del provvedimento che ordina la liquidazione coatta amministrativa, alla data del decreto che dispone la procedura di amministrazione straordinaria delle grandi imprese in crisi o alla data di assunzione della delibera assembleare della liquidazione ordinaria.

4. Il gruppo IVA cessa quando viene meno la pluralità dei soggetti partecipanti. In tal caso, l'eccedenza detraibile risultante dalla dichiarazione del gruppo IVA non chiesta a rimborso è computata in detrazione dal soggetto partecipante che agiva in qualità di rappresentante di gruppo nelle proprie liquidazioni o nella propria dichiarazione annuale.

5. La cessazione di cui ai commi 2 e 4 è comunicata dal rappresentante di gruppo entro trenta giorni dalla data in cui si sono verificati gli eventi, con la dichiarazione di cui all'articolo 70-duodecies, comma 5.

(1) Articolo inserito dall'articolo 1, comma 24 della Legge 11 dicembre 2016, n. 232. L'articolo 1, comma 30, della Legge 232/2016 medesima stabilisce che la presente modifica si applica dal 1° gennaio 2018.

70 *undecies*. Attività di controllo (1). – 1. Per le annualità di validità dell'opzione, l'esercizio dei poteri previsti dagli articoli 51 e seguenti nei confronti del gruppo IVA è demandato alle strutture, già esistenti, individuate con il regolamento di amministrazione dell'Agenzia delle entrate, di cui all'articolo 71, comma 3, del decreto legislativo 30 luglio 1999, n. 300, nell'ambito delle risorse umane, strumentali e finanziarie disponibili a legislazione vigente.

2. Alle strutture di cui al comma 1 sono demandate le attività di:

a) liquidazione prevista dall'articolo 54- bis;

b) controllo sostanziale;

c) recupero dei crediti inesistenti utilizzati in compensazione ai sensi dell'articolo 17 del decreto legislativo 9 luglio 1997, n. 241;

d) gestione del contenzioso relativo a tutti gli atti di competenza delle strutture stesse;

e) rimborso in materia di imposta sul valore aggiunto.

3. Ai fini delle attività di controllo, nell'ipotesi di disconoscimento della validità dell'opzione il recupero dell'imposta avviene nei limiti dell'effettivo vantaggio fiscale conseguito.

4. Con provvedimento del direttore dell'Agenzia delle entrate sono stabiliti specifici adempimenti finalizzati ad assicurare l'efficacia delle attività di controllo.

(1) Articolo inserito dall'articolo 1, comma 24 della Legge 11 dicembre 2016, n. 232. L'articolo 1, comma 30, della Legge 232/2016 medesima stabilisce che la presente modifica si applica dal 1° gennaio 2018.

70 *duodecies*. Disposizioni speciali e di attuazione (1). – 1. Le modalità e i termini speciali di emissione, numerazione e registrazione delle fatture nonché di esecuzione delle liquidazioni e dei versamenti periodici stabiliti dai decreti ministeriali emanati ai sensi degli articoli 22, secondo comma, 73 e 74 si applicano alle operazioni soggette a tali disposizioni effettuate dal gruppo IVA.

2. Se al gruppo IVA partecipano una o più banche, alle operazioni riferibili a queste ultime si applicano le disposizioni del regolamento di cui al decreto del Ministro dell'economia e delle finanze 12 febbraio 2004, n. 75.

3. Se al gruppo IVA partecipano una o più società assicurative, alle operazioni riferibili a queste ultime si applicano le disposizioni di cui al decreto del Ministro delle finanze 30 maggio 1989, pubblicato nella Gazzetta Ufficiale n. 129 del 5 giugno 1989.

4. Le disposizioni di cui all'articolo 8, comma 1, secondo, quarto e quinto periodo, del decreto-legge 25 settembre 2001, n. 351, convertito, con modificazioni, dalla legge 23 novembre 2001, n. 410, si applicano anche nei casi in cui una società di gestione di fondi partecipi a un gruppo IVA.

5. Con provvedimento del direttore dell'Agenzia delle entrate sono approvati il modello per la presentazione delle dichiarazioni di cui al presente titolo nonché le modalità e le specifiche tecniche per la trasmissione telematica delle stesse.

6. Con decreto del Ministro dell'economia e delle finanze sono stabilite le disposizioni necessarie per l'attuazione del presente titolo.

6-bis. In caso di adesione al regime di cui al titolo III del decreto legislativo 5 agosto 2015, n. 128, da parte di uno dei soggetti passivi che abbia esercitato l'opzione di cui all'articolo 70-quater, il predetto regime si estende obbligatoriamente a tutte le società partecipanti al gruppo IVA. Tale estensione si verifica anche nel caso in cui l'opzione per il gruppo IVA venga esercitata da un soggetto che abbia già aderito al regime. Nelle more del perfezionamento del procedimento di adesione al regime da parte di tutti i partecipanti al gruppo IVA, l'esclusione del regime di cui all'articolo 7, comma 3, del decreto legislativo n. 128 del 2015 non può essere dichiarata per cause connesse all'estensione di cui al presente comma(2).

(1) Articolo inserito dall'articolo 1, comma 24 della Legge 11 dicembre 2016, n. 232. L'articolo 1, comma 30, della Legge 232/2016 medesima stabilisce che la presente modifica si applica dal 1° gennaio 2018.
(2) Comma aggiunto dall'articolo 20, comma 1, lettera b-bis), del D.L. 23 ottobre 2018, n. 119, convertito, con modificazioni, dalla Legge 17 dicembre 2018, n. 136.

TITOLO VI
Disposizioni varie

71. Operazioni con lo Stato della Città del Vatica-

no e con la Repubblica di San Marino. – Le disposizioni degli articoli 8 e 9 si applicano alle cessioni eseguite mediante trasporto o consegna dei beni nel territorio dello Stato della Città del Vaticano, comprese le aree in cui hanno sede le istituzioni e gli uffici richiamati nella convenzione doganale italo-vaticana del 30 giugno 1930 e in quello della Repubblica di San Marino, ed ai servizi connessi, secondo modalità da stabilire preventivamente con decreti del Ministro per le finanze in base ad accordi con i detti Stati [1].

Per l'introduzione nel territorio dello Stato di beni provenienti dallo Stato della Città del Vaticano, comprese le aree di cui al primo comma, e dalla Repubblica di San Marino i contribuenti dai quali o per conto dei quali ne è effettuata l'introduzione nel territorio dello Stato sono tenuti al pagamento dell'imposta sul valore aggiunto a norma del secondo comma dell'art. 17 [2].

Per i beni di provenienza estera destinati alla Repubblica di San Marino, l'imposta sul valore aggiunto sarà assunta in deposito dalla dogana e rimborsata al detto Stato successivamente alla introduzione dei beni stessi nel suo territorio, secondo modalità da stabilire con il decreto previsto dal primo comma.

(1) Comma modificato dall'articolo 1 del D.P.R. 23 dicembre 1974, n. 687.
(2) Comma modificato dall'articolo 1 del D.P.R. 23 dicembre 1974, n. 687 e successivamente dall'articolo 1, comma 1, lettera aa), del D.Lgs. 11 febbraio 2010, n. 18.

72. Operazioni non imponibili [1]. – 1. Agli effetti dell'imposta, le seguenti operazioni sono non imponibili e sono equiparate a quelle di cui agli articoli 8, 8-bis e 9:

a) le cessioni di beni e le prestazioni di servizi effettuate nei confronti delle sedi e dei rappresentanti diplomatici e consolari, compreso il personale tecnico-amministrativo, appartenenti a Stati che in via di reciprocità riconoscono analoghi benefici alle sedi e ai rappresentanti diplomatici e consolari italiani;

b) le cessioni di beni e le prestazioni di servizi effettuate nei confronti dei comandi militari degli Stati membri, dei quartieri generali militari internazionali e degli organismi sussidiari, installati in esecuzione del Trattato del Nord Atlantico, nell'esercizio delle proprie funzioni istituzionali, nonché all'amministrazione della difesa qualora agisca per conto dell'organizzazione istituita con il medesimo Trattato;

b-bis) le cessioni di beni e le prestazioni di servizi nei confronti delle forze armate di altri Stati membri dell'Unione europea destinati all'uso di tali forze o del personale civile che le accompagna o all'approvvigionamento delle relative mense, nella misura in cui tali forze partecipano a uno sforzo di difesa svolto ai fini della realizzazione di un'attività dell'Unione europea nell'ambito della politica di sicurezza e di difesa comune [2];

b-ter) le cessioni di beni e le prestazioni di servizi effettuate verso un altro Stato membro dell'Unione europea e destinate alle forze armate di qualsiasi Stato membro diverso da quello di introduzione, destinati all'uso di tali forze o del personale civile che le accompagna o all'approvvigionamento delle relative mense, nella misura in cui tali forze partecipano a uno sforzo di difesa svolto ai fini della realizzazione di un'attività dell'Unione europea nell'ambito della politica di sicurezza e di difesa comune [3];

c) le cessioni di beni e le prestazioni di servizi effettuate nei confronti dell'Unione europea, della Comunità europea dell'energia atomica, della Banca centrale europea, della Banca europea per gli investimenti e degli organismi istituiti dall'Unione cui si applica il protocollo sui privilegi e sulle immunità delle Comunità europee, firmato a Bruxelles l'8 aprile 1965, reso esecutivo con legge 3 maggio 1966, n. 437, alle condizioni e nei limiti fissati da detto protocollo e dagli accordi per la sua attuazione o dagli accordi di sede e sempre che ciò non comporti distorsioni della concorrenza, anche se effettuate nei confronti di imprese o enti per l'esecuzione di contratti di ricerca e di associazione conclusi con l'Unione, nei limiti, per questi ultimi, della partecipazione dell'Unione stessa;

c-bis) le cessioni di beni effettuate nei confronti della Commissione europea o di un'agenzia o di un organismo istituito a norma del diritto dell'Unione europea, qualora la Commissione o tale agenzia od organismo acquisti tali beni o servizi nell'ambito dell'esecuzione dei compiti conferiti dal diritto dell'Unione europea al fine di rispondere alla pandemia di COVID-19, tranne nel caso in cui i beni e i servizi acquistati siano utilizzati, immediatamente o in seguito, ai fini di ulteriori cessioni o prestazioni effettuate a titolo oneroso dalla Commissione o da tale agenzia od organismo.

Qualora vengano meno le condizioni previste dal periodo precedente, la Commissione, l'agenzia interessata o l'organismo interessato informa l'amministrazione finanziaria e la cessione di tali beni è soggetta all'IVA alle condizioni applicabili in quel momento [4];

d) le cessioni di beni e le prestazioni di servizi effettuate nei confronti dell'Organizzazione delle Nazioni Unite e delle sue istituzioni specializzate nell'esercizio delle proprie funzioni istituzionali;

e) le cessioni di beni e le prestazioni di servizi effettuate nei confronti dell'Istituto universitario europeo e della Scuola europea di Varese nell'esercizio delle proprie funzioni istituzionali;

f) le cessioni di beni e le prestazioni di servizi effettuate nei confronti degli organismi internazionali riconosciuti, diversi da quelli di cui alla lettera c), nonché dei membri di tali organismi, alle condizioni e nei limiti fissati dalle convenzioni internazionali che istituiscono tali organismi o dagli accordi di sede.

2. Le disposizioni di cui al comma 1 trovano applicazione per gli enti ivi indicati alle lettere a), c), d) ed e) se le cessioni di beni e le prestazioni di servizi sono di importo superiore ad euro 300; per gli enti indicati nella lettera a) le disposizioni non si applicano alle operazioni per le quali risulta beneficiario un soggetto diverso, ancorché il relativo onere sia a carico degli enti e dei soggetti ivi indicati. Il predetto limite di euro 300 non si applica alle cessioni di prodotti soggetti ad accisa, per le quali la non imponibilità relativamente all'imposta opera alle stesse condizioni e negli stessi limiti in cui viene concessa l'esenzione dai diritti di accisa.

3. Le previsioni contenute in trattati e accordi internazionali relative alle imposte sulla cifra di affari si riferiscono all'imposta sul valore aggiunto.

(A) In riferimento alla presente lettera vedi: Circolare dell'Agenzia delle Entrate 7 luglio 2015, n. 25/E.
(B) In riferimento alla presente lettera vedi: Risposta Agenzia delle Entrate 19 gennaio 2021, n. 45.
(1) Articolo modificato, a decorrere dal 1° gennaio 1973, dall'articolo 1 del D.P.R. 23 dicembre 1974, n. 687, come modificato dall'articolo 2, comma 1, del D.P.R. 2 luglio 1975, n. 288, dall'articolo 1, comma 11, del D.L. 30 dicembre 1991, n. 417, dall'articolo 13, comma 1, del D.L. 23 febbraio

IMPOSTE INDIRETTE

1995, n. 41, dall'articolo 1, comma 5, della legge 3 agosto 1998, n. 296 ed infine sostituito dall'articolo 8, comma 2, lettera m), della Legge 15 dicembre 2011, n. 217

(2) *Lettera inserita dall'articolo 1, comma 1, del D.Lgs. 27 maggio 2022, n. 72.*

(3) *Lettera inserita dall'articolo 1, comma 1, del D.Lgs. 27 maggio 2022, n. 72.*

(4) *Lettera inserita dall'articolo 5, comma 15-bis, del D.L. 21 ottobre 2021, n. 146, convertito, con modificazioni, dalla Legge 17 dicembre 2021, n. 215. Vedi inoltre il comma 15-ter del medesimo articolo 5.*

73. Modalità e termini speciali (1)(2). – Il Ministro dell'economia e delle finanze, con propri decreti, può determinare le modalità ed i termini:

a) per l'emissione, numerazione, registrazione, conservazione delle fatture o per la registrazione dei corrispettivi relativi ad operazioni effettuate dalla stessa impresa in diversi settori di attività e ad operazioni effettuate a mezzo di sedi secondarie od altre dipendenze di cui al secondo comma dell'art. 35 e di commissionari, nonché per la registrazione dei relativi acquisti;

b) per l'emissione delle fatture relative a cessioni di beni inerenti a contratti estimatori, a cessioni di imballaggi e recipienti di cui all'art. 15, n. 4), non restituiti in conformità alle pattuizioni contrattuali e a cessioni di beni il cui prezzo è commisurato ad elementi non ancora conosciuti alla data di effettuazione della operazione;

c) per l'emissione, numerazione, registrazione e conservazione delle fatture relative a prestazioni di servizi effettuate nell'esercizio di arti e professioni per le quali risulti particolarmente onerosa e complessa l'osservanza degli obblighi di cui al titolo secondo del presente decreto;

d) per le annotazioni prescritte dal presente decreto da parte dei contribuenti che utilizzano macchine elettrocontabili, fermo restando l'obbligo di tenere conto, nelle dichiarazioni annuali e nelle liquidazioni periodiche, di tutte le operazioni soggette a registrazione nel periodo cui le dichiarazioni e liquidazioni stesse si riferiscono;

e) per l'emissione, numerazione e registrazione delle fatture, le liquidazioni periodiche e i versamenti relativi alle somministrazioni di acqua, gas, energia elettrica e simili e all'esercizio di impianti di lampade votive.

Con decreti del Ministro dell'economia e delle finanze possono inoltre essere determinate le formalità che devono essere osservate per effettuare, senza applicazione dell'imposta, la restituzione alle imprese produttrici o la sostituzione gratuita di beni invenduti previste da disposizioni legislative, usi commerciali o clausole contrattuali. [*Per determinate categorie di beni, contenuti in recipienti, imballaggi e simili per la diretta vendita al consumo, potrà essere disposta l'applicazione di contrassegni di Stato atti a garantire il pagamento dell'imposta*] (3).

Il Ministro dell'economia e delle finanze può disporre con propri decreti, stabilendo le relative modalità, che i versamenti periodici, compreso quello di cui all'articolo 6, comma 2, della legge 29 dicembre 1990, n. 405, e i versamenti dell'imposta dovuta in base alla dichiarazione annuale siano eseguiti per l'ammontare complessivamente dovuto dall'ente o società commerciale controllante e dagli enti o società commerciali controllati, al netto delle eccedenze detraibili; l'ente o società commerciale controllante comunica all'Agenzia delle entrate l'esercizio dell'opzione per la predetta procedura di versamento con la dichiarazione ai fini dell'imposta sul valore aggiunto presentata nell'anno solare a decorrere dal quale intende esercitare l'opzione. Agli effetti dei versamenti di cui al precedente periodo non si tiene conto delle eccedenze detraibili, risultanti dalle dichiarazioni annuali relative al periodo d'imposta precedente, degli enti e società diversi da quelli per i quali anche in tale periodo d'imposta l'ente o società controllante si è avvalso della facoltà di cui al presente comma. Alle eccedenze detraibili degli enti e delle società per i quali trova applicazione la disposizione di cui al precedente periodo si applicano le disposizioni di cui all'articolo 30. Restano fermi gli altri obblighi e le responsabilità delle società controllate. Si considera controllata la società le cui azioni o quote sono possedute per oltre la metà dall'altra, almeno dal 1° luglio dell'anno solare precedente a quello di esercizio dell'opzione (4).

(1) *Articolo modificato dall'articolo 2-bis, del D.L. 6 luglio 1974, n. 260 e successivamente sostituito dall'articolo 1 del D.P.R. 23 dicembre 1974, n. 687 e dall'articolo 1 del D.P.R. 29 gennaio 1979, n. 24.*

(2) *A norma dell'articolo 1, comma 27, lettera a), della Legge 11 dicembre 2016, n. 232, nel presente articolo le parole: «Ministro delle finanze» sono state sostituite con le parole: «Ministro dell'economia e delle finanze».*

(3) *Comma sostituito dall'articolo 22, comma 6, del D.L. 2 marzo 1989, n. 69 e successivamente modificato dall'articolo 4, comma 1, del D.P.R. 7 febbraio 2000, n. 48.*

(4) *Comma modificato dall'articolo 1, comma 63, della legge 24 dicembre 2007, n. 244. A norma del comma 64 del medesimo articolo 1, della legge 244/2007, la modifica al presente comma, si applica a partire dalla liquidazione IVA di gruppo relativa all'anno 2008. Da ultimo sostituito dall'articolo 1, comma 27, lettera b), della Legge 11 dicembre 2016, n. 232.*

73 *bis*. Disposizioni per la identificazione di determinati prodotti (1). – Il Ministro delle finanze con propri decreti può stabilire l'obbligo della individuazione, mediante apposizione di contrassegni ed etichette, di taluni prodotti appartenenti alle seguenti categorie:

1) prodotti tessili di cui alla L. 26 novembre 1973, n. 883, nonché indumenti in pelle o pellicceria anche artificiali;

2) apparecchi riceventi per la radiodiffusione e per la televisione, apparecchi per la registrazione e la riproduzione del suono e delle immagini, apparecchi del settore cine-foto-ottico, nonché talune relative parti e pezzi staccati;

3) dischi, nastri ed altri analoghi supporti fonografici (2).

L'obbligo deve essere adempiuto dal produttore o dall'importatore ovvero da chi effettua acquisti intracomunitari anteriormente a qualsiasi atto di commercializzazione. Dal contrassegno o dall'etichetta devono risultare, per i prodotti indicati al n. 1), eventualmente anche in aggiunta ai dati richiesti dalla legge 26 novembre 1973, n. 883, il numero dl partita IVA del soggetto obbligato e la identificazione merceologica del prodotto in base alla voce di tariffa doganale e, in caso di sottovoci, anche al numero di codice statistico; per i prodotti indicati al n. 2), oltre al numero di partita IVA del soggetto obbligato, il numero progressivo attribuito al prodotto. Con gli stessi decreti sono stabilite le caratteristiche, le modalità e i termini dell'apposizione, anche mediante idonee apparecchiature, del contrassegno e della etichetta nonché i relativi controlli. Possono essere altresì prescritte modalità per assicurare il raffronto delle indicazioni contenute nei contrassegni e nelle etichette con i documenti accompagnatori delle merci viaggianti e gli altri documenti commerciali e fiscali (3).

Con successivi decreti le disposizioni di cui al precedente comma possono essere estese anche a prodotti confezionati in tessuto o in pelle, anche artificiali, diversi dagli indumenti.

[*Ai produttori o importatori ovvero agli acquirenti intracomunitari che consegnano o spediscono, anche a titolo non traslativo ma per la vendita, prodotti di cui ai precedenti commi sprovvisti di contrassegno o etichetta ovvero con contrassegno o etichetta privi del numero di partita IVA o dei dati di identificazione del prodotto o del numero progressivo o con la loro indicazione incompleta o inesatta, si applica la sanzione di cui alla prima parte del primo comma dell'art. 41. La stessa sanzione si applica ai soggetti che ricevono, nell'esercizio di impresa, prodotti privi del contrassegno o etichetta ovvero con contrassegno o etichetta mancante dei detti elementi. La sanzione è ridotta ad un quarto se per la relativa cessione è stata emessa fattura.*] (4)

[*Per ogni altra violazione alle disposizioni di cui ai decreti previsti dai commi primo e secondo si applica la pena pecuniaria da lire 200.000 a lire 1.000.000* (5).] (6)

(1) *Articolo aggiunto dall'articolo 26 del D.P.R. 30 dicembre 1980, n. 897.*
(2) *Numero aggiunto dall'articolo 7 del D.P.R. 28 dicembre 1982, n. 954.*
(3) *Comma modificato dall'articolo 57, comma 1, lettera n), del D.L. 30 agosto 1993, n. 331.*
(4) *Comma modificato dall'articolo 57, comma 1, lettera n), del D.L. 30 agosto 1993, n. 331 e successivamente abrogato dall'articolo 16, comma 1, lettera a), del D.Lgs. 18 dicembre 1997, n. 471, come modificato dall'articolo 1, comma 1, lettera e), del D.Lgs. 5 giugno 1998, n. 203.*
(5) *La misura della pena è stata così elevata dall'articolo 8, comma 1 del D.L. 30 settembre 1989, n. 332.*
(6) *Comma abrogato dall'articolo 16, comma 1, lettera a), del D.Lgs. 18 dicembre 1997, n. 471, come modificato dall'articolo 1, comma 1, lettera e), del D.Lgs. 5 giugno 1998, n. 203.*

74. Disposizioni relative a particolari settori (1). – In deroga alle disposizioni dei titoli primo e secondo, l'imposta è dovuta:

a) per il commercio di sali e tabacchi importati o fabbricati dall'amministrazione autonoma dei monopoli dello Stato, ceduti attraverso le rivendite dei generi di monopoli, dall'amministrazione stessa, sulla base del prezzo di vendita al pubblico (2);

b) per il commercio dei fiammiferi, limitatamente alle cessioni successive alle consegne effettuate al Consorzio industrie fiammiferi, dal Consorzio stesso, sulla base del prezzo di vendita al pubblico. L'imposta concorre a formare la percentuale di cui all'art. 8 delle norme di esecuzione annesse al decreto legislativo 17 aprile 1948, n. 525;

c) per il commercio di giornali quotidiani, di periodici, di libri, dei relativi supporti integrativi e di cataloghi, dagli editori sulla base del prezzo di vendita al pubblico, in relazione al numero delle copie vendute. L'imposta può applicarsi in relazione al numero delle copie consegnate o spedite, diminuito a titolo di forfetizzazione della resa del 70 per cento per i libri e dell'80 per cento per i giornali quotidiani e periodici, esclusi quelli pornografici e quelli ceduti unitamente a beni diversi dai supporti integrativi. Per periodici si intendono i prodotti editoriali registrati come pubblicazioni ai sensi della legge 8 febbraio 1948, n. 47 e successive modificazioni. Per supporti integrativi si intendono i nastri, i dischi, le videocassette e gli altri supporti sonori, videomagnetici o digitali ceduti, anche gratuitamente, in unica confezione, unitamente ai libri per le scuole di ogni ordine e grado e per le università, ivi inclusi i dizionari, e ai libri fruibili dai disabili visivi, a condizione che i beni unitamente ceduti abbiano prezzo indistinto e che, per il loro contenuto, non siano commercializzabili separatamente. Qualora non ricorrano tali condizioni, ai beni ceduti congiuntamente si applica il sesto periodo. La disposizione di cui al primo periodo della presente lettera c) si applica anche se i giornali quotidiani, i periodici ed i libri sono ceduti unitamente a beni diversi dai supporti integrativi, con prezzo indistinto ed in unica confezione, semprechè il costo del bene ceduto, anche gratuitamente, congiuntamente alla pubblicazione non sia superiore al cinquanta per cento del prezzo dell'intera confezione; in ogni caso, l'imposta si applica con l'aliquota di ciascuno dei beni ceduti. I soggetti che esercitano l'opzione per avvalersi delle disposizioni della legge 16 dicembre 1991, n. 398, applicano, per le cessioni di prodotti editoriali, l'imposta in relazione al numero delle copie vendute, secondo le modalità previste dalla predetta legge. [*Non si considerano supporti integrativi o altri beni quelli che, integrando il contenuto dei libri, giornali quotidiani e periodici, esclusi quelli pornografici, sono ad esso funzionalmente connessi e tale connessione risulti da dichiarazione sostitutiva di atto notorio di cui alla legge 4 gennaio 1968, n. 15, presentata prima della commercializzazione, ai sensi dell'art. 35, presso il competente ufficio dell'imposta sul valore aggiunto*] (3);

d) per le prestazioni dei gestori di telefoni posti a disposizione del pubblico, nonché per la vendita di qualsiasi mezzo tecnico, ivi compresa la fornitura di codici di accesso, per fruire dei servizi di telecomunicazione, fissa o mobile, e di telematica, dal titolare della concessione o autorizzazione ad esercitare i servizi, sulla base del corrispettivo dovuto dall'utente o, se non ancora determinato, sulla base del prezzo mediamente praticato per la vendita al pubblico in relazione alla quantità di traffico telefonico messo a disposizione tramite il mezzo tecnico. Le stesse disposizioni si applicano ai soggetti non residenti che provvedono alla vendita o alla distribuzione dei mezzi tecnici nel territorio dello Stato tramite proprie stabili organizzazioni nel territorio dello Stato, loro rappresentanti fiscali nominati ai sensi del secondo comma dell'articolo 17, ovvero tramite identificazione diretta ai sensi dell'articolo 35-ter, nonché ai commissionari, agli altri intermediari e ai soggetti terzi che provvedono alla vendita o alla distribuzione nel territorio dello Stato dei mezzi tecnici acquistati da soggetti non residenti. Per tutte le vendite dei mezzi tecnici nei confronti dei soggetti che agiscono nell'esercizio di imprese, arti o professioni, anche successive alla prima cessione, i cedenti rilasciano un documento in cui devono essere indicate anche la denominazione e la partita IVA del soggetto passivo che ha assolto l'imposta. La medesima indicazione deve essere riportata anche sull'eventuale supporto fisico, atto a veicolare il mezzo tecnico, predisposto direttamente o tramite terzi dal soggetto che realizza o commercializza gli stessi (4);

e) per la vendita di documenti di viaggio relativi ai trasporti pubblici urbani di persone o di documenti di sosta relativi ai parcheggi veicolari, dall'esercente l'attività di trasporto ovvero l'attività di gestione dell'autoparcheggio, sulla base del prezzo di vendita al pubblico. A tal fine le operazioni di vendita al pubblico di documenti di viaggio relativi ai trasporti pubblici urbani di persone o di documenti di sosta relativi ai parcheggi veicolari comprendono le prestazioni di intermediazione con rappresentanza ad esse relative, nonché tutte le operazioni di compravendita effettuate dai rivenditori autorizzati, siano essi primari o secondari (5);

[*e- bis) per la distribuzione, attraverso le organizzazioni di categoria dei rivenditori dei generi di monopolio, e la vendita al pubblico, attraverso le rivendite dei generi di monopolio, dei gettoni e schede telefoniche messi in commercio, sulla base del prezzo di vendita al pubblico dalla SIP.*] (6)

Le operazioni non soggette all'imposta in virtù del precedente comma sono equiparate per tutti gli effetti del presente decreto alle operazioni non imponibili di cui al terzo comma dell'art. 2.

Le modalità ed i termini per l'applicazione delle disposizioni dei commi precedenti saranno stabiliti con decreti del Ministro delle finanze.

Gli enti e le imprese che prestano servizi al pubblico con caratteri di uniformità, frequenza e diffusione tali da comportare l'addebito dei corrispettivi per periodi superiori al mese possono essere autorizzati, con decreto del Ministro delle finanze, ad eseguire le liquidazioni periodiche di cui all'art. 27 e i relativi versamenti trimestralmente anziché mensilmente. La stessa autorizzazione può essere concessa agli esercenti impianti di distribuzione di carburante per uso di autotrazione e agli autotrasportatori di cose per conto terzi iscritti all'albo di cui alla legge 6 giugno 1974, n. 298. Non si applicano le disposizioni di cui all'art. 33 per le liquidazioni ed i versamenti trimestrali effettuati dagli esercenti impianti di distribuzione di carburante per uso di autotrazione e dagli autotrasportatori iscritti nell'albo sopra indicato, nonché per le liquidazioni ed i versamenti trimestrali disposti con decreti del Ministro delle finanze, emanati a norma dell'art. 73, primo comma, lettera e), e del primo periodo del presente comma. Per le prestazioni di servizi degli autotrasportatori indicati nel periodo precedente, effettuate nei confronti del medesimo committente, può essere emessa, nel rispetto del termine di cui all'art. 21, quarto comma, primo periodo, una sola fattura per più operazioni di ciascun trimestre solare. In deroga a quanto disposto dall'art. 23, primo comma, le fatture emesse per le prestazioni di servizi dei suddetti autotrasportatori possono essere comunque annotate entro il trimestre solare successivo a quello di emissione (7).

Nel caso di operazioni derivanti da contratti di subfornitura, qualora per il pagamento del prezzo sia stato pattuito un termine successivo alla consegna del bene o alla comunicazione dell'avvenuta esecuzione della prestazione, il subfornitore può effettuare il versamento con cadenza trimestrale, senza che si dia luogo all'applicazione di interessi (8).

Per gli intrattenimenti, i giochi e le altre attività di cui alla tariffa allegata al decreto del Presidente della Repubblica 26 ottobre 1972, n. 640, l'imposta si applica sulla stessa base imponibile dell'imposta sugli intrattenimenti ed è riscossa con le stesse modalità stabilite per quest'ultima. La detrazione di cui all'art. 19 è forfettizzata in misura pari al cinquanta per cento dell'imposta relativa alle operazioni imponibili. Se nell'esercizio delle attività incluse nella tariffa vengono effettuate anche [*prestazioni di sponsorizzazione e*] cessioni o concessioni di diritti di ripresa televisiva e di trasmissione radiofonica, comunque connesse alle attività di cui alla tariffa stessa, l'imposta si applica con le predette modalità ma la detrazione è forfettizzata [*in misura pari ad un decimo per le operazioni di sponsorizzazione ed*] in misura pari ad un terzo per le cessioni o concessioni di ripresa televisiva e di trasmissione radiofonica. I soggetti che svolgono le attività incluse nella tariffa sono esonerati dall'obbligo di fatturazione, tranne che per le prestazioni di sponsorizzazione, per le cessioni o concessioni di diritti di ripresa televisiva e di trasmissione radiofonica e per le prestazioni pubblicitarie; sono altresì esonerati dagli obblighi di registrazione e dichiarazione, salvo quanto stabilito dall'art. 25; per il contenzioso si applica la disciplina stabilita per l'imposta sugli intrattenimenti. Le singole imprese hanno la facoltà di optare per l'applicazione dell'imposta nei modi ordinari dandone comunicazione al concessionario di cui all'art. 17 del decreto del Presidente della Repubblica 26 ottobre 1972, n. 640, competente in relazione al proprio domicilio fiscale, prima dell'inizio dell'anno solare ed all'ufficio delle entrate secondo le disposizioni del decreto del Presidente della Repubblica 10 novembre 1997, n. 442; l'opzione ha effetto fino a quando non è revocata ed è comunque vincolante per un quinquennio (9).

[*Per le operazioni relative all'esercizio dei giuochi di abilità e dei concorsi pronostici riservati allo Stato e agli enti indicati nel decreto legislativo 14 aprile 1948, n. 496 e successive modificazioni, ratificato con legge 22 aprile 1953, n. 342, l'imposta, compresa quella sulle operazioni riguardanti la raccolta delle giuocate, è compresa nella imposta unica di cui alla legge 22 dicembre 1951, n. 1379 e successive modificazioni. Conseguentemente le cessioni di beni e le prestazioni di servizi che formano oggetto delle dette operazioni sono esonerate dagli obblighi di fatturazione, registrazione e dichiarazione.*] (10)

Per le cessioni di rottami, cascami e avanzi di metalli ferrosi e dei relativi lavori, di carta da macero, di stracci e di scarti di ossa, di pelli, di vetri, di gomma e plastica, nonché di bancali in legno (pallet) recuperati ai cicli di utilizzo successivi al primo, intendendosi comprese anche quelle relative agli anzidetti beni che siano stati ripuliti, selezionati, tagliati, compattati, lingottati o sottoposti ad altri trattamenti atti a facilitarne l'utilizzazione, il trasporto e lo stoccaggio senza modificarne la natura, al pagamento dell'imposta è tenuto il cessionario, se soggetto passivo d'imposta nel territorio dello Stato. La fattura, emessa dal cedente senza addebito dell'imposta, con l'osservanza delle disposizioni di cui agli articoli 21 e seguenti e con l'annotazione "inversione contabile" e l'eventuale indicazione della norma di cui al presente comma, deve essere integrata dal cessionario con l'indicazione dell'aliquota e della relativa imposta e deve essere annotata nel registro di cui agli articoli 23 o 24 entro il mese di ricevimento ovvero anche successivamente, ma comunque entro quindici giorni dal ricevimento e con riferimento al relativo mese; lo stesso documento, ai fini della detrazione, è annotato anche nel registro di cui all'articolo 25. Agli effetti della limitazione contenuta nel terzo comma dell'articolo 30 le cessioni sono considerate operazioni imponibili. Le disposizioni di cui al presente comma si applicano anche per le cessioni dei semilavorati di metalli ferrosi di cui alle seguenti voci della tariffa doganale comune vigente al 31 dicembre 2003 (11) ;

a) ghise gregge e ghise specolari in pani, salmoni o altre forme primarie (v.d. 72.01);

b) ferro-leghe (v.d. 72.02);

c) prodotti ferrosi ottenuti per riduzione diretta di minerali di ferro ed altri prodotti ferrosi spugnosi, in pezzi, palline o forme simili; ferro di purezza minima in peso, di 99,94%, in pezzi, in palline o forme simili (v.d. 72.03);

d) graniglie e polveri, di ghisa greggia, di ghisa specolare, di ferro o di acciaio (v.d. 72.05)(12).

Le disposizioni del precedente comma si applicano anche per le cessioni di rottami, cascami e avanzi di metalli non ferrosi e dei relativi lavori, dei semilavorati di metalli non ferrosi di cui alle seguenti voci della tariffa doganale comune vigente al 31 dicembre 1996:

a) rame raffinato e leghe di rame, greggio (v.d. 74.03);

b) nichel greggio, anche in lega (v.d. 75.02);

c) alluminio greggio, anche in lega (v.d. 76.01);

d) piombo greggio, raffinato, antimoniale e in lega (v.d. 78.01);

e) zinco greggio, anche in lega (v.d. 79.01);

e-bis) stagno greggio, anche in lega (v.d. 80.01);

e-ter) filo di rame con diametro superiore a 6 millimetri (vergella)(v.d. 7408.11);

e-quater) filo di alluminio non legato con diametro superiore a 7 millimetri (vergella)(v.d. 7605.11);

e-quinquies) filo di leghe di alluminio con diametro superiore a 7 millimetri (vergella)(v.d. 7605.21);

e-sexies) barre di ottone (v.d. 74.07.21) [13]

[*Le disposizioni dell'ottavo comma si applicano, per i prodotti ivi considerati, sotto la responsabilità del cedente e sempreché nell'anno solare precedente l'ammontare delle relative cessioni effettuate da raccoglitori e rivenditori dotati di sede fissa non sia stato superiore a due miliardi di lire.*] [14]

[*I raccoglitori ed i rivenditori dei beni di cui all'ottavo comma sono esonerati dagli obblighi di cui ai titolo II, tranne quello di numerare e conservare, ai sensi dell'art. 39, le fatture e le bollette doganali relative agli acquisti e alle importazioni, nonchè le fatture relative alle cessioni effettuate, all'emissione delle quali deve provvedere il cessionario che acquista i beni nell'esercizio dell'impresa, e sono esonerati da ogni altro adempimento senza diritto a detrazione. I raccoglitori e rivenditori dotati di sede fissa per la successiva rivendita se hanno realizzato cessioni per un importo superiore a 150 milioni di lire nell'anno precedente possono optare per l'applicazione dell'IVA nei modi ordinari dandone preventiva comunicazione all'ufficio nella dichiarazione relativa al suddetto anno. Unitamente all'opzione deve essere presentata all'ufficio dell'imposta sul valore aggiunto una garanzia, nelle forme di cui all'art. 38- bis, primo comma, pari all'importo derivante dall'applicazione dell'aliquota ordinaria sull'ammontare di lire due miliardi. I raccoglitori e i rivenditori dotati di sede fissa, che effettuano sia cessioni di beni di cui all'ottavo comma che cessioni di beni di cui al nono comma, applicano le disposizioni di cui al nono comma. Nei confronti dei raccoglitori e dei rivenditori di beni di cui al nono comma, non dotati di sede fissa, si applicano le disposizioni del primo periodo.*] [15]

[*Per le cessioni di beni, esclusi quelli strumentali per l'esercizio dell'attività e quelli propri, comunque effettuate da esercenti agenzie di vendita all'asta, anche in esecuzione di rapporti di commissione o di rappresentanza di soggetti non operanti nell'esercizio di impresa o di arti e professioni, la base imponibile è costituita dal 15 per cento del prezzo di vendita. L'imposta afferente l'importazione o l'acquisto intracomunitario dei beni destinati alla vendita non è detraibile. Gli esercenti le dette agenzie, al fine di escludere le presunzioni di cui all'art. 53, devono annotare in apposito registro, tenuto in conformità all'art. 39, anche i beni ad essi consegnati dai soggetti di cui sopra, indicandone gli elementi identificativi, la data ed il titolo di consegna dei beni, nonché il prezzo di vendita degli stessi.*] [16]

Nelle operazioni indicate nel primo comma, lettere a), b) e c) non sono comprese le prestazioni di intermediazione con rappresentanza ad esse relative. [17]

[1] *Articolo modificato dall'articolo 30, comma 6, del D.L. 18 marzo 1976, n. 46, dall'articolo 8, comma 2, lettera d), del D.L. 23 dicembre 1977, n. 936, dall'articolo 5 del D.L. 23 dicembre 1978, n. 816 e successivamente sostituito dall'articolo 1 del D.P.R. 29 gennaio 1979, n. 24.*

[2] *Lettera sostituita dall'articolo 20 del D.P.R. 30 dicembre 1981, n. 793.*

[3] *Lettera modificata dall'articolo 11 della legge 29 febbraio 1980, n. 31, successivamente sostituita dall'articolo 34, comma 3, lettera e), del D.L. 2 marzo 1989, n. 69 e dall'articolo 70, comma 1, della legge 30 dicembre 1991, n. 413, ulteriormente modificata dall'articolo 3, comma 3, della legge 28 dicembre 1995, n. 549, dall'articolo 2, comma 1, lettera d), numero 01), del D.L. 31 dicembre 1996, n. 669, dall'articolo 2, comma 2, del D.L. 11 marzo 1997, n. 50, sostituita dall'articolo 6, comma 1, del D.Lgs. 2 settembre 1997, n. 313, successivamente ulteriormente modificata dall'articolo 1, comma 1, lettera g), del D.Lgs. 23 marzo 1998, n. 56, dall'articolo 6, comma 7, lettera a), della legge 13 maggio 1999, n. 133, dall'articolo 52, comma 75, della legge 28 dicembre 2001, n. 448 e dall'articolo 19, comma 1, lettere a), b), e c), del D.L. 4 giugno 2013 n. 63, convertito, con modificazioni, dalla Legge 3 agosto 2013, n. 90. A norma del comma 2 del medesimo articolo 19, le disposizioni di cui in modifica si applicano ai prodotti editoriali consegnati o spediti a partire dal 1° gennaio 2014. Limitatamente all'anno 2020, in deroga alla presente lettera vedi l'articolo 187, comma 1, del del D.L. 19 maggio 2020, n. 34, convertito con modificazioni dalla Legge 17 luglio 2020, n. 77.*

[4] *Lettera sostituita dall'articolo 36, comma 8, lettera a), del D.L. 30 agosto 1993, n. 331, dall'articolo 8, comma 3, del D.Lgs. 2 settembre 1997, n. 313 e successivamente, a decorrere dal 1° gennaio 2008, dall'articolo 1, comma 158, della legge 24 dicembre 2007, n. 244.*

[5] *Lettera modificata dall'articolo 8, comma 2, del D.Lgs. 2 settembre 1997, n. 313, successivamente sostituita dall'articolo 31-bis, del D.L. 29 novembre 2008, n. 185 e da ultimo modificata dall'articolo 15, comma 8-undecies, del D.L. 1° luglio 2009, n. 78.*

[6] *Lettera aggiunta dall'articolo 1, comma 16-bis, del D.L. 30 dicembre 1991, n. 417 e successivamente abrogata dall'articolo 36, comma 8, lettera b), del D.L. 30 agosto 1993, n. 331.*

[7] *Comma modificato dall'articolo 1, comma 12, del D.L. 30 dicembre 1991, n. 417, dall'articolo 66, comma 10, lettera c), del D.L. 30 agosto 1993, n. 331 e successivamente dall'articolo 3, comma 3, del D.L. 28 giugno 1995, n. 250 e dall'articolo 5, comma 1, lettera b), della legge 8 maggio 1998, n. 146, come modificato dall'articolo 1-bis, comma 1, del D.L. 12 giugno 1998, n. 181.*

[8] *Comma aggiunto dall'articolo 8, comma 1, della legge 18 giugno 1998, n. 192.*

[9] *Comma sostituito dall'articolo 9 del D.P.R. 31 marzo 1979, n. 94 e successivamente dall'articolo 2, comma 1, lettera d), del D.L. 30 dicembre 1993, n. 557, dall'articolo 7, comma 1, del D.Lgs. 2 settembre 1997, n. 313, a decorrere dal 1° gennaio 2000, dall'articolo 17, comma 1, del D.Lgs. 26 febbraio 1999, n. 60 e da ultimo, modificato dall'articolo 29, comma 1, del D.Lgs. 21 novembre 2014, n. 175.*

[10] *Comma aggiunto dall'articolo 63, comma 6, del D.L. 30 agosto 1993, n. 331 e successivamente abrogato dall'articolo 30, comma 1, lettera c), della legge 23 dicembre 2000, n. 388.*

[11] *Alinea modificato dall'articolo 1, comma 629, lettera d), della Legge 23 dicembre 2014, n. 190.*

[12] *Comma aggiunto dall'articolo 1, comma 10, del D.L. 19 dicembre 1984, n. 853, successivamente sostituito dall'articolo 2, comma 1, lettera d), numero 1), del D.L. 31 dicembre 1996, n. 669 ulteriormente modificato dall'articolo 21, comma 16, lettera a), della legge 27 dicembre 1997, n. 449; in seguito sostituito dall'articolo 35, comma 1, lettera d), numero 1), del D.L. 30 settembre 2003, n. 269 e, da ultimo, modificato dall'articolo 1, comma 325, lettera g), della legge 24 dicembre 2012, n. 228.*

[13] *Comma aggiunto dall'articolo 2, comma 1, lettera d), numero 2), del D.L. 31 dicembre 1996, n. 669 e successivamente modificato dall'articolo 21, comma 16, lettera b), della legge 27 dicembre 1997, n. 449, dall'articolo 31, comma 1, lettera b), della legge 23 dicembre 2000, n. 388 e dall'articolo 35, comma 1, lettera d), numero 1-bis), del D.L. 30 settembre 2003, n. 269.*

[14] *Comma aggiunto dall'articolo 2, comma 1, lettera d), numero 2), del D.L. 31 dicembre 1996, n. 669 e successivamente sostituito dall'articolo 21, comma 16, lettera c), della legge 27 dicembre 1997, n. 449 e dall'articolo 41, comma 1, lettera c), della legge 21 novembre 2000, n. 342 e da ultimo abrogato dall'articolo 35, comma 1, lettera d), numero 2), del D.L. 30 settembre 2003, n. 269.*

[15] *Comma aggiunto dall'articolo 1, comma 10, del D.L. 19 dicembre 1984, n. 853, successivamente sostituito dall'articolo 21, comma 16, lettera d), della legge 27 dicembre 1997, n. 449, ulteriormente modificato dall'articolo 1, comma 1, lettera g), del D.Lgs. 23 marzo 1998, n. 56, sostituito dall'articolo 41, comma 1, lettera d), della legge 21 novembre 2000, n. 342 e da ultimo abrogato dall'articolo 35, comma 1, lettera d), numero 2), del D.L. 30 settembre 2003, n. 269.*

[16] *Comma aggiunto dall'articolo 11, comma 4, lettera c), della legge 30 dicembre 1991, n. 413, successivamente modificato dall'articolo 57, comma 1, lettera o), del D.L. 30 agosto 1993, n. 331 e da ultimo abrogato dall'articolo 45, comma 1, della legge 21 novembre 2000, n. 342.*

[17] *Comma aggiunto dall'articolo 8, comma 1, del D.Lgs. 2 settembre 1997, n. 313.*

74 *bis*. Disposizioni per il fallimento e la liquidazione coatta amministrativa [(1)]. – Per le operazioni effettuate anteriormente alla dichiarazione di fallimento o di liquidazione coatta amministrativa, gli obblighi di fatturazione e registrazione, sempreché i relativi termini non siano ancora scaduti, devono essere adempiuti dal curatore o dal commissario liquidatore entro quattro mesi dalla nomina. [*Entro lo stesso termine deve essere presentata la dichiarazione relativa all'imposta dovuta per l'anno solare precedente, sempreché il relativo termine non sia ancora scaduto, nonché apposita dichiarazione con le indicazioni e gli allegati di cui agli articoli 28 e 29, relativamente alle operazioni registrate nella parte dell'anno solare anteriore alla dichiarazione di fallimento, o di liquidazione coatta amministrativa, e ai sensi del presente comma*] [(2)].

Per le operazioni effettuate successivamente all'apertura del fallimento o all'inizio della liquidazione coatta amministrativa gli adempimenti previsti dal presente decreto, anche se è stato disposto l'esercizio provvisorio, devono essere eseguiti dal curatore o dal commissario liquidatore. Le fatture devono essere emesse entro trenta giorni dal momento di effettuazione delle operazioni e le liquidazioni periodiche di cui agli articoli 27 e 33 devono essere eseguite solo se nel mese o trimestre siano state registrate operazioni imponibili.

In deroga a quanto disposto dal primo comma dell'articolo 38-bis, i rimborsi previsti nell'articolo 30, non ancora liquidati alla data della dichiarazione di fallimento o di liquidazione coatta amministrativa e i rimborsi successivi, sono eseguiti senza la prestazione delle prescritte garanzie per un ammontare non superiore a lire cinquecento milioni [(3)].

(1) *Articolo aggiunto dall'articolo 1 del D.P.R. 23 dicembre 1974, n. 687 e successivamente sostituito dall'articolo 1 del D.P.R. 29 gennaio 1979, n. 24.*
(2) *Comma modificato dall'articolo 1, comma 13, del D.L. 30 dicembre 1991, n. 417 e successivamente dall'articolo 11, comma 1, lettera b), del D.P.R. 14 ottobre 1999, n. 542.*
(3) *Comma aggiunto dall'articolo 31, comma 1, lettera c), della legge 23 dicembre 2000, n. 388.*

74 *ter*. Disposizioni per le agenzie di viaggio e turismo [(1)]. – 1. Le operazioni effettuate dalle agenzie di viaggio e di turismo per la organizzazione di pacchetti turistici costituiti, ai sensi dell'articolo 2 del decreto legislativo 17 marzo 1995, n. 111, da viaggi vacanze, circuiti tutto compreso e connessi servizi, verso il pagamento di un corrispettivo globale sono considerate come una prestazione di servizi unica. Le disposizioni del presente articolo si applicano anche qualora le suddette prestazioni siano rese dalle agenzie di viaggio e turismo tramite mandatari; le stesse disposizioni non si applicano alle agenzie di viaggio e turismo che agiscono in nome e per conto dei clienti.

2. Ai fini della determinazione dell'imposta sulle operazioni indicate nel comma 1, il corrispettivo dovuto all'agenzia di viaggi e turismo è diminuito dei costi sostenuti per le cessioni di beni e prestazioni di servizi effettuate da terzi a diretto vantaggio dei viaggiatori, al lordo della relativa imposta.

3. Non è ammessa in detrazione l'imposta relativa ai costi di cui al comma 2 [(2)].

4. Se la differenza di cui al comma 2, per effetto di variazioni successivamente intervenute nel costo, risulta superiore a quella determinata all'atto della conclusione del contratto, la maggiore imposta è a carico dell'agenzia; se risulta inferiore i viaggiatori non hanno diritto al rimborso della minore imposta.

5. Per le prestazioni rese dalle agenzie di viaggio e turismo che agiscono in nome e per conto proprio relative a pacchetti turistici organizzati da altri soggetti e per le prestazioni dei mandatari senza rappresentanza di cui al secondo periodo del comma 1, l'imposta si applica sulla differenza, al netto dell'imposta, tra il prezzo del pacchetto turistico ed il corrispettivo dovuto all'agenzia di viaggio e turismo, comprensivi dell'imposta.

5- bis. Per le operazioni rese dalle agenzie di viaggio e turismo relative a prestazioni di servizi turistici effettuati da altri soggetti, che non possono essere considerati pacchetti turistici ai sensi dell'articolo 2 del decreto legislativo 17 marzo 1995, n. 111, qualora precedentemente acquisite nella disponibilità dell'agenzia, l'imposta si applica, sempreché dovuta, con le stesse modalità previste dal comma 5 [(3)].

6. Se le prestazioni rese al cliente sono eseguite in tutto o in parte fuori della Comunità economica europea la parte della prestazione della agenzia di viaggio ad essa corrispondente non è soggetta ad imposta a norma dell'articolo 9.

7. Per le operazioni di cui al comma 1 deve essere emessa fattura ai sensi dell'articolo 21, senza separata indicazione dell'imposta, considerando quale momento impositivo il pagamento integrale del corrispettivo o l'inizio del viaggio o del soggiorno se antecedente. Se le operazioni sono effettuate tramite intermediari, la fattura può essere emessa entro il mese successivo.

8. Le agenzie organizzatrici per le prestazioni di intermediazione emettono una fattura riepilogativa mensile per le provvigioni corrisposte a ciascun intermediario, da annotare nei registri di cui agli articoli 23 e 25 entro il mese successivo, inviandone copia, ai sensi e per gli effetti previsti dall'articolo 21, comma 1, quarto periodo, al rappresentante, il quale le annota ai sensi dell'articolo 23 senza la contabilizzazione della relativa imposta [(4)].

8-bis. Le agenzie di viaggi e turismo possono, per le prestazioni di organizzazione di convegni, congressi e simili, applicare il regime ordinario dell'imposta. In tali casi le agenzie di viaggi e turismo possono detrarre l'imposta dovuta o versata per i servizi da esse acquistati dai loro fornitori, se si tratta di operazioni effettuate a diretto vantaggio del cliente. Il diritto alla detrazione sorge nel momento in cui diventa esigibile l'imposta per la prestazione in relazione alla quale le agenzie di viaggi e turismo optano per il regime ordinario dell'imposta. Qualora applichino sia il regime ordinario dell'imposta sia il regime speciale d'imposizione sul margine, le agenzie di viaggi e turismo devono registrare separatamente nella propria contabilità le operazioni che rientrano in ciascuno di tali regimi

9. Con decreto del Ministro delle finanze, da adottare ai sensi dell'articolo 17, comma 3, della legge 23 agosto 1988, n. 400, sono stabilite le modalità di attuazione del presente articolo.

(1) *Articolo aggiunto, a decorrere dal 1° gennaio 1980, dall'articolo 1 del D.P.R. 29 gennaio 1979, n. 24, come modificato dall'articolo 7 del D.P.R. 31 marzo 1979, n. 94 e successivamente sostituito dall'articolo 9 del D.Lgs. 2 settembre 1997, n. 313.*
(2) *Per l'interpretazione autentica del presente comma vedi l'articolo 55, comma 1, del D.L. 21 giugno 2013, n. 69, convertito, con modificazioni, dalla Legge 9 agosto 2013, n. 98.*
(3) *Comma aggiunto dall'articolo 1, comma 1, lettera h), del D.Lgs. 23*

marzo 1998, n. 56.
[4] *Comma modificato dall'articolo 1, comma 330, lettera h), della legge 24 dicembre 2012, n. 228.*
[5] *Comma aggiunto dall'articolo 1, comma 77, della legge 24 dicembre 2007, n. 244. A norma del comma 78 del medesimo articolo 1 della legge 244/2007, l'efficacia della modifica è subordinata alla concessione di una deroga, ai sensi e alle condizioni dell'articolo 395 della direttiva 2006/112/CE del Consiglio, del 28 novembre 2006, da parte dei competenti organi comunitari.*

74 *quater*. Disposizioni per le attività spettacolistiche [1]. – 1. Le prestazioni di servizi indicate nella tabella C allegata al presente decreto, incluse le operazioni ad esse accessorie, salvo quanto stabilito al comma 5, si considerano effettuate nel momento in cui ha inizio l'esecuzione delle manifestazioni, ad eccezione delle operazioni eseguite in abbonamento per le quali l'imposta è dovuta all'atto del pagamento del corrispettivo.

2. Per le operazioni di cui al comma 1 le imprese assolvono gli obblighi di certificazione dei corrispettivi con il rilascio di un titolo di accesso emesso mediante apparecchi misuratori fiscali ovvero mediante biglietterie automatizzate nel rispetto della disciplina di cui alla legge 26 gennaio 1983, n. 18, e successive modificazioni e integrazioni.

3. Il partecipante deve conservare il titolo di accesso per tutto il tempo in cui si trattiene nel luogo in cui si svolge la manifestazione spettacolistica. Dal titolo di accesso deve risultare la natura dell'attività spettacolistica, la data e l'ora dell'evento, la tipologia, il prezzo ed ogni altro elemento identificativo delle attività di spettacolo e di quelle ad esso accessorie. I titoli di accesso possono essere emessi mediante sistemi elettronici centralizzati gestiti anche da terzi. Il Ministero delle finanze con proprio decreto stabilisce le caratteristiche tecniche, i criteri e le modalità per l'emissione dei titoli di accesso.

4. Per le attività di cui alla tabella C organizzate in modo saltuario od occasionale, deve essere data preventiva comunicazione delle manifestazioni programmate al concessionario di cui all'articolo 17 del decreto del Presidente della Repubblica 26 ottobre 1972, n. 640, competente in relazione al luogo in cui si svolge la manifestazione.

5. I soggetti che effettuano spettacoli viaggianti, nonché quelli che svolgono le altre attività di cui alla tabella C allegata al presente decreto che nell'anno solare precedente hanno realizzato un volume di affari non superiore a euro 25.822,84, determinano la base imponibile nella misura del 50 per cento dell'ammontare complessivo dei corrispettivi riscossi, con totale indetraibilità dell'imposta assolta sugli acquisti, con esclusione delle associazioni sportive dilettantistiche, le associazioni proloco e le associazioni senza scopo di lucro che optano per l'applicazione delle disposizioni di cui alla legge 16 dicembre 1991, n. 398. Gli adempimenti contabili previsti per i suddetti soggetti sono disciplinati con regolamento da emanare ai sensi dell'articolo 3, comma 136, della legge 23 dicembre 1996, n. 662. È data facoltà di optare per l'applicazione dell'imposta nei modi ordinari secondo le disposizioni del decreto del Presidente della Repubblica 10 novembre 1997, n. 442; l'opzione ha effetto fino a quando non è revocata ed è comunque vincolante per un quinquennio.

6. Per le attività indicate nella tabella C, nonché per le attività svolte dai soggetti che optano per l'applicazione delle disposizioni di cui alla legge 16 dicembre 1991, n. 398, e per gli intrattenimenti di cui al decreto del Presidente della Repubblica 26 ottobre 1972, n. 640, il concessionario di cui all'articolo 17 del medesimo decreto coopera, ai sensi dell'articolo 52, con gli uffici delle entrate anche attraverso il controllo contestuale delle modalità di svolgimento delle manifestazioni, ivi compresa l'emissione, la vendita e la prevendita dei titoli d'ingresso, nonché delle prestazioni di servizi accessori, al fine di acquisire e reperire elementi utili all'accertamento dell'imposta ed alla repressione delle violazioni procedendo di propria iniziativa o su richiesta dei competenti uffici dell'amministrazione finanziaria alle operazioni di accesso, ispezione e verifica secondo le norme e con le facoltà di cui all'articolo 52, trasmettendo agli uffici stessi i relativi processi verbali di constatazione. Si rendono applicabili le norme di coordinamento di cui all'articolo 63, commi secondo e terzo. Le facoltà di cui all'articolo 52 sono esercitate dal personale del concessionario di cui all'articolo 17 del decreto del Presidente della Repubblica 26 ottobre 1972, n. 640, con rapporto professionale esclusivo, previamente individuato in base al possesso di una adeguata qualificazione e inserito in apposito elenco comunicato al Ministero delle finanze. A tal fine, con decreto del Ministero delle finanze sono stabilite le modalità per la fornitura dei dati tra gli esercenti le manifestazioni spettacolistiche, il Ministero per i beni e le attività culturali il concessionario di cui al predetto articolo 17 del decreto n. 640 del 1972 e l'anagrafe tributaria. Si applicano altresì le disposizioni di cui agli articoli 18, 22 e 37 dello stesso decreto n. 640 del 1972.

6-bis. Ai fini dell'applicazione dell'aliquota IVA, le consumazioni obbligatorie nelle discoteche e sale da ballo si considerano accessorie alle attività di intrattenimento o di spettacolo ivi svolte [2].

[1] *Articolo aggiunto, a decorrere dal 1° gennaio 2000, dall'articolo 18, comma 1, del D.Lgs. 26 febbraio 1999, n. 60.*
[2] *Comma aggiunto dall'articolo 35, comma 1, del D.L. 4 luglio 2006, n. 223.*

74 *quinquies*. Regime speciale per i servizi resi da soggetti non UE [1][2][3][4]. – 1. I soggetti passivi domiciliati o residenti fuori dell'Unione europea, non stabiliti [*né identificati*] in alcuno Stato membro dell'Unione, possono identificarsi in Italia, con le modalità previste dal presente articolo, per l'assolvimento degli obblighi in materia di imposta sul valore aggiunto relativamente a tutti i servizi resi nell'Unione europea a committenti non soggetti passivi d'imposta. A tal fine presentano apposita richiesta all'Agenzia delle entrate, la quale comunica al soggetto richiedente il numero di identificazione attribuito [5].

2. I soggetti che si avvalgono del regime previsto dal presente articolo sono dispensati dagli obblighi di cui al titolo II; qualora sia emessa fattura si applicano le disposizioni di cui agli articoli 21 e seguenti [6].

3. La richiesta di cui al comma 1 contiene almeno le seguenti indicazioni:

a) per le persone fisiche, il cognome e nome ed eventualmente la ditta; per i soggetti diversi dalle persone fisiche, la ragione sociale, la denominazione;

b) indirizzo postale, indirizzi elettronici, inclusi i siti web;

c) numero di codice fiscale attribuito dallo Stato di residenza o domicilio, se previsto;

d) dichiarazione di non essere stabiliti ai fini dell'imposta sul valore aggiunto all'interno dell'Unione europea [7].

4. In caso di variazione dei dati presentati, i soggetti di cui

IMPOSTE INDIRETTE

al comma 1 ne danno comunicazione all'Agenzia delle entrate. Gli stessi soggetti presentano un'analoga comunicazione se non intendono più fornire servizi di cui al comma 1 o non soddisfano più i requisiti per avvalersi del regime speciale previsto dal presente articolo [8].

5. I soggetti identificati ai sensi del presente articolo sono esclusi dal regime speciale se:

a) comunicano di non fornire più servizi di cui al comma 1 [9];

b) si può altrimenti presumere che le loro attività di fornitura di servizi di cui al comma 1 siano cessate [10];

c) non soddisfano più i requisiti necessari per avvalersi del regime speciale;

d) persistono a non osservare le norme relative al presente regime speciale.

6. I soggetti di cui al comma 1 presentano, per ciascun trimestre dell'anno solare ed entro la fine del mese successivo al trimestre di riferimento, anche in mancanza di operazioni, una dichiarazione dalla quale risultano [11]:

a) il numero di identificazione;

b) l'ammontare delle prestazioni di servizi di servizi di cui al comma 1 effettuate nel periodo di riferimento, distintamente per ciascuno Stato membro in cui la prestazione di servizi si considera effettuata e suddiviso per aliquote, al netto dell'imposta sul valore aggiunto [12];

c) le aliquote applicate in relazione allo Stato membro in cui la prestazione di servizi si considera effettuata [13];

d) l'ammontare dell'imposta sul valore aggiunto, suddiviso per aliquote, spettante a ciascuno Stato membro in cui la prestazione di servizi si considera effettuata [14].

6-bis. La dichiarazione può essere modificata entro tre anni dalla data in cui doveva essere presentata la dichiarazione iniziale con una dichiarazione relativa a periodi d'imposta successivi, indicando il pertinente Stato membro in cui la prestazione di servizi si considera effettuata, il periodo di imposta e l'importo dell'imposta in relazione ai quali sono richieste le modifiche [15].

7. Per le prestazioni di servizi il cui corrispettivo è fissato in valuta diversa dall'euro, il prestatore, in sede di redazione della dichiarazione di cui al comma 6, utilizza il tasso di cambio pubblicato dalla Banca centrale europea l'ultimo giorno del periodo cui si riferisce la dichiarazione o, in mancanza, quello del primo giorno successivo di pubblicazione.

8. Le comunicazioni e le dichiarazioni previste nei commi 1, 4 e 6 sono redatte in base ai modelli approvati con provvedimento del direttore dell'Agenzia delle entrate in conformità con quanto previsto dall'ordinamento dell'Unione europea in materia di obblighi di trasmissione dei messaggi elettronici comuni ed inviate all'Agenzia delle entrate in via telematica con le modalità definite nello stesso provvedimento.

9. I soggetti di cui al comma 1, entro il termine per la presentazione della dichiarazione di cui al comma 6, effettuano il versamento dell'imposta sul valore aggiunto dovuta in base alla dichiarazione medesima.

10. I soggetti di cui al comma 1 conservano un'idonea documentazione delle relative operazioni fino alla fine del decimo anno successivo a quello di effettuazione delle medesime. Tale documentazione è fornita, su richiesta, all'Amministrazione finanziaria e alle autorità fiscali degli Stati membri ove le operazioni sono state effettuate.

11. I soggetti di cui al comma 1 non possono detrarre dall'imposta dovuta ai sensi del presente articolo quella relativa agli acquisti di beni e servizi ed alle importazioni di beni; l'imposta relativa agli acquisti di beni e servizi ed alle importazioni di beni effettuati nel territorio dello Stato può essere in ogni caso chiesta a rimborso ai sensi dell'articolo 38-ter, comma 1-bis. Detti soggetti passivi possono esercitare il diritto alla detrazione relativa agli acquisti di beni e servizi ed alle importazioni di beni effettuati nel territorio dello Stato, qualora spettante ai sensi degli articoli 19 e seguenti, dall'ammontare dell'imposta applicata alle operazioni effettuate nell'ambito delle attività non assoggettate al regime speciale svolte dai soggetti passivi stessi [16].

[1] *Rubrica sostituita dall'articolo 1, comma 1, lettera r), numero 1), del D.Lgs. 25 maggio 2021, n. 83. Per l'applicazione, vedi l'articolo 10, comma 1, del D.Lgs. 83/2021 medesimo.*

[2] *Articolo aggiunto dall'articolo 1 del D.LGS. 1 agosto 2003, n. 273 nei limiti temporali di cui all'articolo 2 del citato D.LGS. 273/2003 e successivamente sostituito dall'articolo 2, comma 1, lettera a), del D.Lgs. 31 marzo 2015, n. 42. Per l'applicazione della presente disposizione vedi l'articolo 8, comma 1, del D.Lgs. 42/2015 medesimo.*

[3] *Vedi il Provvedimento 23 aprile 2015, il D.M. 20 aprile 2015 e il Provvedimento 26 luglio 2016.*

[4] *A norma del Provvedimento 8 ottobre 2003, è stato approvato lo schema di dati da inviare per via telematica per l'assolvimento degli adempimenti ai fini IVA da parte dei soggetti di cui al presente articolo.*

[5] *Comma modificato dall'articolo 2, comma 1, lettera a), del D.Lgs. 1° giugno 2020, n. 45 e successivamente dall'articolo 1, comma 1, lettera r), numero 2), del D.Lgs. 25 maggio 2021, n. 83. Per l'applicazione, vedi l'articolo 10, comma 1, del D.Lgs. 83/2021 medesimo.*

[6] *Comma sostituito dall'articolo 2, comma 1, lettera b), del D.Lgs. 1° giugno 2020, n. 45 e successivamente modificato dall'articolo 1, comma 1, lettera r), numero 3), del D.Lgs. 25 maggio 2021, n. 83. Per l'applicazione, vedi l'articolo 10, comma 1, del D.Lgs. 83/2021 medesimo.*

[7] *Lettera sostituita dall'articolo 2, comma 1, lettera c), del D.Lgs. 1° giugno 2020, n. 45.*

[8] *Comma modificato dall'articolo 1, comma 1, lettera r), numero 4), del D.Lgs. 25 maggio 2021, n. 83. Per l'applicazione, vedi l'articolo 10, comma 1, del D.Lgs. 83/2021 medesimo.*

[9] *Lettera modificata dall'articolo 1, comma 1, lettera r), numero 5), del D.Lgs. 25 maggio 2021, n. 83. Per l'applicazione, vedi l'articolo 10, comma 1, del D.Lgs. 83/2021 medesimo.*

[10] *Lettera modificata dall'articolo 1, comma 1, lettera r), numero 5), del D.Lgs. 25 maggio 2021, n. 83. Per l'applicazione, vedi l'articolo 10, comma 1, del D.Lgs. 83/2021 medesimo.*

[11] *Alinea modificato dall'articolo 1, comma 1, lettera r), numero 5), del D.Lgs. 25 maggio 2021, n. 83. Per l'applicazione, vedi l'articolo 10, comma 1, del D.Lgs. 83/2021 medesimo.*

[12] *Lettera modificata dall'articolo 1, comma 1, lettera r), numero 6), del D.Lgs. 25 maggio 2021, n. 83. Per l'applicazione, vedi l'articolo 10, comma 1, del D.Lgs. 83/2021 medesimo.*

[13] *Lettera modificata dall'articolo 1, comma 1, lettera r), numero 6), del D.Lgs. 25 maggio 2021, n. 83. Per l'applicazione, vedi l'articolo 10, comma 1, del D.Lgs. 83/2021 medesimo.*

[14] *Lettera modificata dall'articolo 1, comma 1, lettera r), numero 6), del D.Lgs. 25 maggio 2021, n. 83. Per l'applicazione, vedi l'articolo 10, comma 1, del D.Lgs. 83/2021 medesimo.*

[15] *Comma inserito dall'articolo 1, comma 1, lettera r), numero 7), del D.Lgs. 25 maggio 2021, n. 83. Per l'applicazione, vedi l'articolo 10, comma 1, del D.Lgs. 83/2021 medesimo.*

[16] *Comma modificato dall'articolo 1, comma 1, lettera r), numero 8), del D.Lgs. 25 maggio 2021, n. 83. Per l'applicazione, vedi l'articolo 10, comma 1, del D.Lgs. 83/2021 medesimo.*

74 sexies. Regime speciale per i servizi resi da soggetti UE, per le vendite a distanza intracomunitarie di beni e per le cessioni di beni con partenza e arrivo nel territorio dello stesso Stato membro facilitate da interfacce elettroniche [1][2][3]. – 1. I soggetti passivi domiciliati nel territorio dello Stato, o ivi residenti che non abbiano stabilito il domicilio all'estero, identificati in Italia, possono, ai fini dell'assolvimento degli obblighi in materia di imposta sul valore aggiunto per tutti i servizi resi negli altri Stati membri dell'Unione europea nei confronti di committenti non soggetti passivi d'imposta, per tutte le vendite a distanza intracomunitarie di beni di cui all'articolo 38-bis, commi 1 e 3, del decreto-legge 30 agosto 1993, n. 331, convertito, con modificazioni, dalla legge 29 ottobre 1993, n. 427, e per tutte le cessioni di beni per le quali un soggetto passivo si considera cessionario e rivenditore ai sensi dell'articolo 2-*bis*, comma 1, lettera a), optare per l'applicazione delle disposizioni previste dall'articolo 74-*quinquies* e dal presente articolo [(4)].

2. L'opzione di cui al comma 1 può essere esercitata anche dai soggetti passivi domiciliati o residenti fuori dell'Unione europea che dispongono di una stabile organizzazione nel territorio dello Stato, nonché dai soggetti passivi domiciliati o residenti fuori dell'Unione europea che non dispongono di una stabile organizzazione nell'Unione europea e che spediscono o trasportano i beni a partire dallo Stato. Tuttavia, nel caso in cui un soggetto passivo disponga di una stabile organizzazione anche in un altro Stato membro dell'Unione europea, o spedisca o trasporti beni anche a partire da altri Stati membri dell'Unione europea, l'opzione di cui al comma 1 non può essere revocata prima del termine del secondo anno successivo a quello del suo esercizio [(5)].

3. Il numero di partita IVA attribuito al soggetto passivo ai sensi dell'articolo 35, comma 1, è utilizzato anche in relazione all'opzione esercitata a norma del comma 1.

3-*bis*. I soggetti identificati ai sensi del presente articolo sono esclusi dal regime speciale se ricorre una delle seguenti condizioni:

a) comunicano di non effettuare più le attività di cui al comma 1;

b) si può altrimenti presumere che le loro attività di cui al comma 1 siano cessate;

c) non soddisfano più i requisiti necessari per avvalersi del presente regime speciale;

d) persistono a non osservare le norme relative al presente regime speciale [(6)].

4. I soggetti che si avvalgono del presente regime speciale, nella dichiarazione presentata ai sensi dell'articolo 74-quinquies, comma 6, indicano:

a) il numero di identificazione IVA;

b) l'ammontare delle prestazioni dei servizi di cui al comma 1 effettuate nel periodo di riferimento, distintamente per ciascuno Stato membro in cui l'imposta è dovuta e suddiviso per aliquote, al netto dell'imposta sul valore aggiunto;

c) l'ammontare delle vendite a distanza intracomunitarie di beni di cui al comma 1 distintamente per ciascuno Stato membro in cui l'imposta è dovuta e suddiviso per aliquote, al netto dell'imposta sul valore aggiunto;

d) l'ammontare delle cessioni di beni con partenza e arrivo nel territorio dello stesso Stato membro, facilitate tramite l'uso di interfacce elettroniche, ai sensi dell'articolo 2-bis, effettuate nel periodo di riferimento, suddiviso per aliquote, al netto dell'imposta sul valore aggiunto;

e) le aliquote applicate in relazione allo Stato membro in cui l'IVA è dovuta;

f) l'ammontare dell'imposta sul valore aggiunto, suddiviso per aliquote, spettante a ciascuno Stato membro in cui l'imposta è dovuta [(7)].

4-bis. Nella dichiarazione di cui al comma 4 sono, inoltre, indicati i seguenti dati:

a) se i soggetti optanti dispongono di stabili organizzazioni in altri Stati membri dell'Unione europea, in relazione ai servizi resi dalla stabile organizzazione in ciascuno Stato membro, diverso da quello in cui quest'ultima è localizzata, l'ammontare totale al netto dell'imposta, le aliquote IVA applicabili, l'importo totale dell'imposta corrispondente diviso per aliquote e l'imposta totale dovuta, ripartiti per ciascuno Stato membro in cui i servizi si considerano effettuati, nonché il numero individuale di identificazione IVA o il numero di registrazione fiscale della stabile organizzazione stessa;

b) se i beni sono spediti o trasportati a partire da altri Stati membri, per ciascuno Stato membro di partenza della spedizione o del trasporto dei beni, in relazione alle vendite a distanza intracomunitarie di beni diverse da quelle di cui all'articolo 2-*bis*, comma 1, lettera a), e in relazione alle vendite a distanza intracomunitarie di beni e alle cessioni di beni di cui all'articolo 2-*bis*, comma 1, lettera a), l'ammontare totale di tali operazioni al netto dell'imposta, le aliquote IVA applicabili, l'importo totale dell'imposta corrispondente suddiviso per aliquote e l'imposta totale dovuta, ripartiti per ciascuno Stato membro dell'Unione europea di arrivo della spedizione o del trasporto, nonché il numero individuale di identificazione IVA o il numero di registrazione fiscale assegnato da ciascuno Stato membro da cui tali beni sono spediti o trasportati. In caso di vendite a distanza intracomunitarie di beni e di cessioni di beni di cui all'articolo 2-*bis*, comma 1, lettera a), il numero individuale di identificazione IVA o il numero di registrazione fiscale assegnato dallo Stato membro da cui tali beni sono spediti o trasportati è indicato se disponibile [(8)].

5. Il soggetto passivo che ha esercitato l'opzione di cui al comma 1 non può detrarre dall'imposta dovuta ai sensi dell'articolo 74-*quinquies* quella relativa agli acquisti di beni e servizi ed alle importazioni di beni. Detto soggetto passivo può esercitare il diritto alla detrazione relativa agli acquisti di beni e servizi ed alle importazioni di beni effettuati nel territorio dello Stato, qualora spettante ai sensi dell'articolo 19, e seguenti, dall'ammontare dell'imposta applicata alle operazioni effettuate nell'ambito delle attività non assoggettate al regime speciale svolte dal soggetto passivo stesso.

(1) Rubrica sostituita dall'articolo 1, comma 1, lettera s), numero 1), del D.Lgs. 25 maggio 2021, n. 83. Per l'applicazione, vedi l'articolo 10, comma 1, del D.Lgs. 83/2021 medesimo.

(2) Articolo aggiunto dall'articolo 2, comma 1, lettera b), del D.Lgs. 31 marzo 2015, n. 42. Per l'applicazione della presente disposizione vedi l'articolo 8, comma 1, del D.Lgs. 42/2015 medesimo.

(3) Vedi il Provvedimento 23 aprile 2015, il D.M. 20 aprile 2015 e il Provvedimento 26 luglio 2016.

(4) Comma modificato dall'articolo 1, comma 1, lettera s), numero 2), del D.Lgs. 25 maggio 2021, n. 83. Per l'applicazione, vedi l'articolo 10, comma 1, del D.Lgs. 83/2021 medesimo.

(5) Comma modificato dall'articolo 1, comma 1, lettera s), numero 3), del D.Lgs. 25 maggio 2021, n. 83. Per l'applicazione, vedi l'articolo 10, comma 1, del D.Lgs. 83/2021 medesimo.

(6) Comma inserito dall'articolo 1, comma 1, lettera s), numero 4), del D.Lgs. 25 maggio 2021, n. 83. Per l'applicazione, vedi l'articolo 10, comma 1, del D.Lgs. 83/2021 medesimo.

(7) Comma sostituito dall'articolo 1, comma 1, lettera s), numero 5), del D.Lgs. 25 maggio 2021, n. 83. Per l'applicazione, vedi l'articolo 10, comma 1, del D.Lgs. 83/2021 medesimo.

(8) Comma inserito dall'articolo 1, comma 1, lettera s), numero 6), del D.Lgs. 25 maggio 2021, n. 83. Per l'applicazione, vedi l'articolo 10, comma 1, del D.Lgs. 83/2021 medesimo.

74 sexies 1. Regime speciale per la vendita a distanza di beni importati da territori terzi o Paesi terzi [1]. – 1. I soggetti passivi domiciliati nel territorio dello Stato o ivi residenti che non abbiano stabilito il domicilio all'estero, i soggetti passivi domiciliati o residenti fuori dell'Unione europea che dispongono di una stabile organizzazione nello Stato e i soggetti passivi domiciliati o residenti fuori dell'Unione europea non stabiliti in alcuno Stato membro dell'Unione europea, per l'assolvimento degli obblighi in materia di imposta sul valore aggiunto, relativi a tutte le vendite a distanza di beni importati da territori terzi o paesi terzi, di cui all'articolo 38-bis, commi 2 e 3, del decreto-legge 30 agosto 1993, n. 331, convertito, con modificazioni, dalla legge 29 ottobre 1993, n. 427, ad eccezione dei beni soggetti ad accisa, in spedizioni di valore intrinseco non superiore a 150 euro, possono identificarsi in Italia, con le modalità previste dal presente articolo. I soggetti passivi stabiliti in paesi terzi, che non dispongono di una stabile organizzazione nello Stato, esercitano l'opzione tramite un unico rappresentante fiscale appositamente nominato ai fini del presente regime speciale, nella forma prevista dall'articolo 17, terzo comma, tranne che siano stabiliti in un paese terzo con il quale l'Unione europea ha concluso un accordo di assistenza reciproca di portata analoga alla direttiva 2010/24/UE del Consiglio e al regolamento (UE) n. 904/2010 ed effettuino vendite a distanza di beni provenienti da tale paese terzo. I soggetti diversi da quelli di cui al periodo precedente possono esercitare l'opzione direttamente o mediante un unico rappresentante fiscale appositamente nominato nella forma prevista dall'articolo 17, terzo comma.

2. Per le vendite a distanza di beni importati da territori terzi o paesi terzi, dichiarate ai sensi del presente regime speciale, la cessione si considera effettuata e l'imposta diviene esigibile nel momento in cui il pagamento è accettato.

3. I soggetti che si avvalgono del regime speciale previsto dal presente articolo sono dispensati dagli obblighi di cui al titolo II; qualora sia emessa fattura si applicano le disposizioni di cui agli articoli 21 e seguenti.

4. L'opzione è esercitata mediante richiesta all'Agenzia delle entrate, la quale comunica al soggetto richiedente il numero di identificazione attribuito per l'applicazione del presente regime speciale. Nel caso in cui un soggetto passivo disponga di una stabile organizzazione anche in un altro Stato membro dell'Unione europea, l'opzione di cui al comma 1 non può essere revocata prima del termine del secondo anno successivo a quello del suo esercizio.

5. La richiesta di cui al comma 4 è presentata prima di iniziare ad avvalersi del presente regime speciale e contiene almeno le seguenti indicazioni:

a) per le persone fisiche, il cognome e il nome ed eventualmente la ditta; per i soggetti diversi dalle persone fisiche, la ragione sociale, la denominazione;

b) indirizzo postale, indirizzi elettronici, inclusi i siti web;

c) numero di identificazione IVA o di codice fiscale attribuito dallo Stato di residenza o domicilio, se previsto.

6. Il rappresentante fiscale comunica le informazioni di cui al comma 5 per se stesso e per ogni soggetto rappresentato; per il soggetto rappresentato, comunica, inoltre, il numero individuale di identificazione allo stesso attribuito per l'applicazione del presente regime speciale.

7. Le variazioni dei dati di cui ai commi 5 e 6 sono comunicate all'Agenzia delle entrate.

8. I soggetti identificati ai sensi del presente articolo sono esclusi dal regime speciale se ricorre una delle seguenti condizioni:

a) comunicano, direttamente o tramite rappresentante fiscale, di non effettuare più vendite a distanza di beni importati da territori terzi o paesi terzi;

b) si può altrimenti presumere che la loro l'attività di vendita a distanza di beni importati da territori terzi o paesi terzi sia cessata;

c) non soddisfano più i requisiti necessari per avvalersi del presente regime speciale;

d) persistono a non osservare le norme relative al presente regime speciale;

e) il rappresentante fiscale comunica di non agire più in loro nome e per loro conto.

9. Il rappresentante fiscale è escluso dal presente regime speciale se:

a) per due trimestri civili consecutivi non ha agito come rappresentante fiscale di un soggetto che si avvale del presente regime speciale;

b) non soddisfa più le condizioni necessarie per agire in qualità di rappresentante fiscale ai fini del presente regime speciale;

c) persiste a non osservare le norme relative al presente regime speciale.

10. I soggetti che hanno esercitato l'opzione presentano per ciascun mese, entro la fine del mese successivo a quello al quale la dichiarazione si riferisce, anche in mancanza di operazioni, una dichiarazione dalla quale risultano:

a) il numero di identificazione IVA attribuito per l'applicazione del presente regime;

b) l'ammontare delle vendite a distanza di beni importati da territori terzi o paesi terzi per le quali l'imposta è diventata esigibile nel mese di riferimento, distintamente per ciascuno Stato membro di arrivo della spedizione o del trasporto dei beni a destinazione dell'acquirente e suddiviso per aliquote, al netto dell'imposta sul valore aggiunto;

c) le aliquote applicate nello Stato membro di arrivo della spedizione o del trasporto dei beni a destinazione dell'acquirente;

d) l'ammontare dell'imposta sul valore aggiunto, suddiviso per aliquote, spettante a ciascuno Stato membro di arrivo della spedizione o del trasporto dei beni a destinazione dell'acquirente.

11. La dichiarazione può essere modificata con una successiva dichiarazione presentata entro tre anni dalla data in cui doveva essere presentata la dichiarazione iniziale, che indichi il pertinente Stato membro in cui l'imposta è dovuta, il periodo di imposta e l'importo dell'imposta sul valore aggiunto in relazione ai quali sono richieste le modifiche.

12. Per le vendite a distanza di beni importati da territori terzi o paesi terzi il cui corrispettivo è fissato in valuta diversa dall'euro, in sede di redazione della dichiarazione è utilizzato il tasso di cambio pubblicato dalla Banca centrale europea l'ultimo giorno del periodo d'imposta al quale si riferisce la dichiarazione o, in mancanza, quello del primo giorno successivo di pubblicazione.

13. Le comunicazioni e le dichiarazioni previste dal presente articolo sono redatte in base ai modelli approvati con provvedimento del direttore dell'Agenzia delle entrate, in conformità a quanto previsto dall'ordinamento dell'Unione

europea in materia di obblighi di trasmissione dei messaggi elettronici comuni, e inviate all'Agenzia delle entrate in via telematica con le modalità definite nello stesso provvedimento.

14. Il versamento dell'imposta dovuta in base alla dichiarazione di cui al comma 10 è effettuato entro il termine per la presentazione della dichiarazione medesima.

15. I soggetti che si avvalgono del presente regime speciale conservano la documentazione delle relative operazioni fino alla fine del decimo anno successivo a quello di effettuazione delle medesime e la forniscono in formato elettronico, su richiesta, all'amministrazione finanziaria e alle autorità fiscali degli Stati membri ove le operazioni sono state effettuate.

16. I soggetti che si avvalgono del presente regime speciale non possono detrarre dall'imposta dovuta ai sensi del presente articolo quella relativa agli acquisti di beni e servizi ed alle importazioni di beni; l'imposta relativa agli acquisti di beni e servizi ed alle importazioni di beni effettuati nel territorio dello Stato può essere in ogni caso chiesta a rimborso ai sensi dell'articolo 38-ter, comma 1-bis. Detti soggetti passivi possono esercitare il diritto alla detrazione relativa agli acquisti di beni e servizi ed alle importazioni di beni effettuati nel territorio dello Stato, qualora spettante ai sensi degli articoli 19 e seguenti, dall'ammontare dell'imposta applicata alle operazioni effettuate nell'ambito delle attività non assoggettate al regime speciale svolte dai soggetti passivi stessi.

17. Ai fini del comma 1, il valore in euro dell'importazione è determinato in base al tasso di cambio pubblicato dalla Banca centrale europea del primo giorno lavorativo d'ottobre, con effetto dal 1° gennaio dell'anno successivo.

(1) *Articolo inserito dall'articolo 1, comma 1, lettera t), del D.Lgs. 25 maggio 2021, n. 83. Per l'applicazione, vedi l'articolo 10, comma 1, del D.Lgs. 83/2021 medesimo.*

74 septies. Disposizioni per i soggetti identificati in un altro Stato membro (1)(2). – 1. In relazione all'imposta sul valore aggiunto dovuta sulle prestazioni dei servizi [*di telecomunicazione, di teleradiodiffusione o elettronici*] effettuate nel territorio dello Stato, sulle vendite a distanza intracomunitarie di beni e sulle vendite a distanza di beni importati da territori terzi o paesi terzi, con arrivo della spedizione o del trasporto a destinazione dell'acquirente nello Stato, nonché sulle cessioni effettuate tramite l'uso di interfacce elettroniche, con partenza e arrivo dei beni nel territorio dello Stato a destinazione di non soggetti passivi, i soggetti passivi domiciliati o residenti fuori dell'Unione europea che hanno chiesto in un altro Stato membro dell'Unione europea l'applicazione del regime speciale disciplinato dal titolo XII, capo 6, sezioni 2, 3 e 4, della direttiva 2006/112/CE, nonché i soggetti passivi domiciliati o residenti in un altro Stato membro dell'Unione ed ivi identificati che hanno chiesto in detto Stato membro l'applicazione del regime speciale disciplinato dal titolo XII, capo 6, sezioni 3 e 4, della direttiva 2006/112/CE, osservano gli obblighi previsti nell'ambito di tali regimi nonché le disposizioni del presente articolo (3).

2. I soggetti passivi di cui al comma 1, che hanno chiesto nell'altro Stato membro dell'Unione europea l'applicazione del regime speciale disciplinato dal titolo XII, capo 6, sezioni 2, 3 e 4, della direttiva 2006/112/CE e che risultino identificati anche in Italia, recuperano l'imposta relativa agli acquisti di beni e servizi ed alle importazioni di beni effettuati nel territorio dello Stato esercitando il diritto alla detrazione della medesima, qualora spettante ai sensi dell'articolo 19 e seguenti, dall'ammontare dell'imposta applicata alle operazioni effettuate nell'ambito delle attività non assoggettate al regime speciale svolte dal soggetto passivo stesso. Qualora tali soggetti passivi non risultino identificati in Italia, possono chiedere il rimborso dell'imposta ai sensi dell'articolo 38-bis2 anche in deroga a quanto previsto al comma 1, secondo periodo, dello stesso articolo, se domiciliati o residenti in altro Stato membro, e ai sensi dell'articolo 38-ter, comma 1-bis, se domiciliati o residenti fuori dell'Unione europea (4).

3. I soggetti di cui al comma 1, su richiesta, forniscono all'Amministrazione finanziaria idonea documentazione relativa alle operazioni effettuate.

4. In relazione alle operazioni di cui al comma 1 effettuate nel territorio dello Stato, i soggetti passivi di cui al medesimo comma sono dispensati dagli obblighi di cui al titolo II (5).

(1) *Articolo aggiunto dall'articolo 2, comma 1, lettera b), del D.Lgs. 31 marzo 2015, n. 42. Per l'applicazione della presente disposizione vedi l'articolo 8, comma 1, del D.Lgs. 42/2015 medesimo.*
(2) *Vedi il Provvedimento 23 aprile 2015 e il Provvedimento 26 luglio 2016.*
(3) *Comma modificato dall'articolo 1, comma 1, lettera u), numero 1), del D.Lgs. 25 maggio 2021, n. 83. Per l'applicazione, vedi l'articolo 10, comma 1, del D.Lgs. 83/2021 medesimo.*
(4) *Comma modificato dall'articolo 1, comma 1, lettera u), numero 2), del D.Lgs. 25 maggio 2021, n. 83. Per l'applicazione, vedi l'articolo 10, comma 1, del D.Lgs. 83/2021 medesimo.*
(5) *Comma modificato dall'articolo 1, comma 1, lettera u), numero 3), del D.Lgs. 25 maggio 2021, n. 83. Per l'applicazione, vedi l'articolo 10, comma 1, del D.Lgs. 83/2021 medesimo.*

74 octies. Disposizioni sulla riscossione e ripartizione dell'imposta (1). – 1. Il versamento dell'imposta sul valore aggiunto di cui agli articoli 74-quinquies, comma 9, 74-sexies e 74-sexies.1, comma 14, è effettuato, senza la possibilità di avvalersi dell'istituto della compensazione di cui all'articolo 17 del decreto legislativo 9 luglio 1997, n. 241, secondo modalità stabilite con decreto del Ministero dell'economia e delle finanze (2).

2. Ai fini di cui al comma 1, è autorizzata l'apertura di una nuova contabilità speciale presso la Banca d'Italia, intestata all'Agenzia delle entrate. Le somme affluite sulla predetta contabilità speciale, che al 31 dicembre di ogni anno risultino non utilizzate, restano a disposizione dell'Agenzia delle entrate per consentire la ripartizione dell'imposta incassata senza soluzione di continuità.

3. Con il decreto di cui al comma 1 sono altresì stabilite le modalità di ripartizione dell'imposta di cui al medesimo comma, di contabilizzazione dell'imposta versata agli Stati membri di identificazione dai soggetti di cui all'articolo 74-septies, comma 1, in relazione ai servizi prestati nel territorio dello Stato, nonché di rendicontazione delle operazioni effettuate per il tramite della nuova contabilità speciale.

(1) *Articolo aggiunto dall'articolo 3, comma 1, del D.Lgs. 31 marzo 2015, n. 42. Per l'applicazione della presente disposizione vedi l'articolo 8, comma 1, del D.Lgs. 42/2015 medesimo.*
(2) *Comma modificato dall'articolo 1, comma 1, lettera v), del D.Lgs. 25 maggio 2021, n. 83. Per l'applicazione, vedi l'articolo 10, comma 1, del D.Lgs. 83/2021 medesimo.*

75. Norme applicabili. – Per quanto non è diversamente disposto dal presente decreto si applicano, in materia di accertamento delle violazioni e di sanzioni, le norme del codice penale e del codice di procedura penale, della L. 7 gennaio 1929, n. 4 e del R.D.L. 3 gennaio 1926, n. 63, convertito nella L. 24 maggio 1926, n. 898, e successive modificazioni.

Il venti per cento dei proventi delle sanzioni pecuniarie è devoluto ai fondi costituiti presso l'amministrazione o il corpo cui appartengono gli accertatori, con le modalità previste con decreto del Ministro per le finanze. Si applica il quarto comma dell'art. 6 della legge 15 novembre 1973, n. 734 (1).

(1) *Comma aggiunto dall'articolo 1 del D.P.R. 23 dicembre 1974, n. 687.*

TITOLO VII
Disposizioni transitorie e finali

76. Istituzione e decorrenza dell'imposta. – L'imposta sul valore aggiunto è istituita con decorrenza dal 1° gennaio 1973.

L'imposta si applica, salvo quanto è disposto negli articoli da 77 a 80, sulle cessioni di beni e le prestazioni di servizi effettuate dopo il 31 dicembre 1972 e sulle importazioni per le quali la dichiarazione di importazione definitiva è accertata dalla dogana posteriormente alla data stessa.

77. Operazioni dipendenti da rapporti in corso o già assoggettate all'imposta generale sulla entrata. – Per le cessioni di beni e le prestazioni di servizi effettuate dopo il 31 dicembre 1972 in esecuzione di contratti conclusi prima, il cedente del bene o il prestatore del servizio, se ne sia richiesto dal cessionario o dal committente, deve applicare l'imposta sul valore aggiunto anche sulla parte dell'ammontare imponibile eventualmente già assoggettata all'imposta generale sull'entrata. In questo caso l'imposta generale sull'entrata è ammessa in detrazione, a norma degli articoli 19, 27 e 28, per la determinazione dell'imposta sul valore aggiunto dovuta dal cessionario o dal committente.

Per le cessioni di beni effettuate dopo il 31 dicembre 1972, in relazione alle quali l'imposta generale sull'entrata è stata assolta preventivamente dal cedente una volta tanto in conformità a disposizioni vigenti alla detta data, la imposta stessa è ammessa in detrazione dalla imposta sul valore aggiunto dovuta dal cedente.

78. Applicazione graduale dell'imposta per generi alimentari di prima necessità e prodotti tessili. – Per le cessioni e le importazioni dei prodotti alimentari, che secondo le disposizioni in vigore alla data del 31 dicembre 1972 sono esenti dall'imposta generale sull'entrata e dall'imposta prevista nel primo comma dell'art. 17 del regio decreto-legge 9 gennaio 1940, n. 2, convertito, con modificazioni, nella legge 19 giugno 1940, n. 762, l'aliquota dell'imposta sul valore aggiunto è ridotta all'uno per cento per gli anni 1973 e 1974 e al tre per cento per gli anni 1975 e 1976.

Per le cessioni e le importazioni dei prodotti alimentari per i quali l'imposta generale sull'entrata e la parallela imposta sull'importazione si applicano con aliquota ordinaria o condensata non superiore al 3 per cento, l'aliquota dell'IVA si applica nella misura del 3 per cento per gli anni 1973 e 1974 (1).

Per le cessioni e le importazioni dei prodotti tessili, di cui alla legge 12 agosto 1957, n. 757, e successive modificazioni, le aliquote dell'imposta sul valore aggiunto sono ridotte, per gli anni 1973 e 1974, al 6 per cento per quelli soggetti all'aliquota del dodici per cento ed al nove per cento per quelli soggetti all'aliquota del diciotto per cento (2).

[*Ai fini dell'applicazione delle disposizioni di cui al quarto comma dell'art. 27 e al n. 2) dell'art. 31, la percentuale di diminuzione è stabilita nella misura dell'1 per cento per le operazioni soggette all'aliquota dell'uno per cento, del 2,90 per cento per quelle soggette all'aliquota del tre per cento, del 5,65 per cento per quelle soggette all'aliquota del sei per cento e dell'8,25 per cento per quelle soggette all'aliquota del nove per cento.*] (3)

(1) *Comma aggiunto dall'articolo 2 della legge 23 dicembre 1972, n. 821.*
(2) *A norma dell'articolo 12, comma 3, del D.L. 7 febbraio 1977, n. 15, per le cessioni e importazioni dei prodotti tessili di cui al presente comma, l'aliquota è elevata al nove per cento.*
(3) *Comma abrogato dall'articolo 11 della legge 22 dicembre 1980, n. 889.*

79. Applicazione dell'imposta nel settore edilizio. – [*Per le cessioni dei fabbricati o porzioni di fabbricati di cui all'art. 13 della legge 2 luglio 1949, n. 408, e successive modificazioni effettuate dalle imprese costruttrici, e per le prestazioni di servizi effettuate in dipendenza dei contratti di appalto e di mutuo relativi alla costruzione dei fabbricati stessi, l'aliquota dell'imposta sul valore aggiunto è ridotta al tre per cento fino al termine che sarà stabilito con le disposizioni da emanare ai sensi dell'art. 9, n. 6) o del sesto comma dell'art. 15 della legge 9 ottobre 1971, n. 825* (1).] (2)

(1) *A norma dell'articolo 4 del D.L. 6 luglio 1974, n. 254, l'aliquota del tre per cento di cui al presente articolo, è elevata al sei per cento sino alla scadenza dei termini previsti dall'articolo 38, terzo comma, del D.P.R. 29 settembre 1973, n. 601.*
(2) *Articolo abrogato dall'articolo 1 del D.P.R. 29 gennaio 1979, n. 24.*

80. Operazioni comprese in regimi fiscali sostitutivi. – Fino al termine che sarà stabilito con le disposizioni da emanare ai sensi dell'art. 9, n. 6) o del sesto comma dell'art. 15 della legge 9 ottobre 1971, n. 825, non sono considerate cessioni di beni o prestazioni di servizi, agli effetti dell'imposta sul valore aggiunto, le operazioni comprese in regimi fiscali sostitutivi dell'imposta generale sull'entrata, o anche di essa, previsti dalle leggi vigenti alla data del 31 dicembre 1972.

81. Applicazione dell'imposta nell'anno 1973. – I contribuenti che hanno intrapreso l'esercizio dell'impresa, arte o professione o hanno istituito una stabile organizzazione nel territorio dello Stato anteriormente alla data di entrata in vigore del presente decreto devono indicare gli elementi di cui al secondo comma dell'art. 35 in allegato alla prima dichiarazione da presentare a norma degli articoli 27 e seguenti, sotto pena delle sanzioni stabilite nel quinto comma dell'art. 43.

Ai fini dell'applicazione, nell'anno 1973, degli articoli 31, 32 terzo comma, 33 secondo comma e 34 quarto comma il volume di affari dell'anno 1972 è costituito:

a) per le attività già soggette all'imposta generale

sull'entrata nei modi e termini normali, compresi i trasporti di cose, dall'ammontare risultante dalle fatture emesse;

b) per le attività di commercio al minuto e artigianali e per l'attività di somministrazione di alimenti e bevande nei pubblici esercizi, ad eccezione dei ristoranti, trattorie e simili, dall'ammontare degli acquisti e delle importazioni risultante dalle fatture ricevute e dalle bollette doganali, maggiorato del cinquanta per cento;

c) per l'esercizio di arti e professioni, dall'ammontare dei proventi assoggettati alle ritenute d'acconto di cui al secondo comma e alla lettera b) del terzo comma dell'art. 128 del testo unico delle leggi sulle imposte dirette e successive modificazioni;

d) per i trasporti di persone con servizi di linea, le operazioni di credito e di assicurazione, i servizi alberghieri e i servizi di riscossione di entrate non tributarie, dall' ammontare risultante dalle denunce presentate a norma delle lettere l), p), q), r) e t) dell'art. 8 del R.D.L. 9 gennaio 1940, n. 2, convertito nella L. 19 giugno 1940, n. 762, e successive modificazioni;

e) per le somministrazioni di alimenti e bevande in ristoranti, trattorie e simili, per i trasporti di persone e per i servizi al dettaglio di cui alla lettera g) del primo comma dell'art. 5 e al primo comma dell'art. 6 della legge 16 dicembre 1959, n. 1070, e per ogni altra attività non contemplata espressamente nel presente articolo, dall'ammontare desumibile dalle risultanze contabili e da ogni altro elemento probatorio.

82. Detrazione dell'imposta generale sull'entrata relativa agli investimenti. – I contribuenti di cui all'art. 4 del presente decreto, che esercitano attività commerciali o agricole di cui agli articoli 2195 e 2135 del c.c., possono detrarre dall'imposta sul valore aggiunto l'ammontare dell'imposta generale sull'entrata, dell'imposta prevista nel primo comma dell'art. 17 del R.D.L. 9 gennaio 1940, n. 2, convertito con modificazioni nella L. 19 giugno 1940, n. 762 e delle relative addizionali da essi assolte o ad essi addebitate a titolo di rivalsa per gli acquisti e le importazioni di beni di nuova produzione strumentali per l'esercizio delle attività esercitate e di beni e servizi impiegati nella costruzione di tali beni, effettuati nel periodo dal 1° luglio 1971 al 25 maggio 1972. Per beni strumentali si intendono le costruzioni destinate all'esercizio di attività commerciali o agricole e non suscettibili di altra destinazione senza radicale trasformazione, le relative pertinenze, gli impianti, i macchinari e gli altri beni suscettibili di utilizzazione ripetuta, sempre che non siano destinati alla rivendita nello stato originario ovvero previa trasformazione o incorporazione.

La detrazione è ammessa a condizione che gli acquisti, le importazioni e le relative imposte risultino da fatture o da bollette doganali e che i beni strumentali acquistati, importati, prodotti o in corso di produzione fossero ancora posseduti alla data del 25 maggio 1972.

Agli effetti del presente articolo:

a) si tiene conto dei beni acquistati mediante permute e contratti di appalto o d'opera;

b) si tiene conto dei beni acquistati o importati per tramite di ausiliari del commercio, compresi i commissionari e i consorzi di acquisto, nonché di quelli acquistati dallo Stato estero. Per questi ultimi, se l'acquirente non è in possesso della bolletta d'importazione, l'ammontare dell'imposta detraibile, quando non sia separatamente addebitato in fattura, si determina scorporandolo dal prezzo complessivo indicato nella fattura stessa diminuito del quindici per cento;

c) non si tiene conto, nell'ipotesi di cui al primo comma dell'art. 77, dell'imposta generale sull'entrata assolta;

d) nei casi di cessioni di aziende o complessi aziendali, comprese le concentrazioni di cui alla legge 18 marzo 1965, n. 170 e successive modificazioni, la detrazione delle imposte assolte dal cedente per l'acquisto, l'importazione o la produzione di beni compresi nella cessione spetta al cessionario;

e) gli acquisti di beni o servizi si considerano effettuati alla data di emissione della fattura ovvero, se anteriore, alla data della consegna o spedizione o del pagamento;

f) le importazioni, anche se relative a beni già temporaneamente importati, si considerano effettuate alla data di accettazione in dogana della dichiarazione di importazione definitiva.

Nell'ipotesi di cui alla lettera b) la detrazione non compete ai commissionari, ai consorzi di acquisto e alle imprese che effettuano vendite allo stato estero per i beni consegnati prima del 26 maggio 1972 alle imprese per conto delle quali hanno agito.

83. Detrazione dell'imposta generale sull'entrata relativa alle scorte. – I contribuenti che esercitano attività industriali dirette alla produzione di beni o servizi, di cui all'art. 2195, n. 1 del c.c. o attività agricole di cui all'articolo 2135 dello stesso codice, compresi i piccoli imprenditori, possono detrarre dall'imposta sul valore aggiunto, nella misura stabilita dal secondo comma del presente articolo, l'imposta generale sull'entrata, l'imposta prevista nel primo comma dell'art. 17, R.D.L. 9 gennaio 1940, n. 2, convertito con modificazioni nella L. 19 giugno 1940, n. 762, e le relative addizionali, da essi assolte o ad essi addebitate a titolo di rivalsa:

1) per gli acquisti e le importazioni di materie prime, semilavorati e componenti relativi all'attività esercitata, nonché per le relative lavorazioni commesse a terzi e per i passaggi ad altri stabilimenti o reparti produttivi della stessa impresa, effettuati nel periodo dal 1° settembre 1971 al 25 maggio 1972. Per i beni soggetti a regimi speciali di imposizione una volta tanto l'imposta detraibile si determina applicando l'aliquota condensata all'ammontare imponibile risultante dalle fatture d'acquisto o dalle bollette d'importazione, decurtato dell'imposta che vi è eventualmente incorporata. Tuttavia per i prodotti tessili di cui alle tabelle B e C allegate alla L. 12 agosto 1957, n. 757, e successive modificazioni, l'imposta detraibile, anche se la detrazione sia stata già operata, è determinata applicando all'ammontare imponibile le aliquote stabilite a norma della L. 31 luglio 1954, n. 570, e successive modificazioni [(1)];

2) per gli acquisti e le importazioni di beni destinati alla rivendita nello stato originario e per i passaggi dei beni prodotti a propri negozi di vendita al pubblico, effettuati nel periodo indicato al n. 1.

La detrazione è ammessa a condizione che gli acquisti, le importazioni, le lavorazioni e le relative imposte risultino da fatture e da bollette doganali e può essere applicata, a scelta del contribuente:

a) o nella misura corrispondente alle quantità di beni, distinti per gruppi merceologici, che giusta apposito inventario, sottoscritto e presentato per la vidimazione entro tre mesi dalla data di pubblicazione del presente decreto, risultavano ancora posseduti alla data del 25 maggio 1972, nello stato originario ovvero trasformati o incorporati in semilavorati, componenti o prodotti finiti, e considerando posseduti quelli acquistati o importati in data più recente. La vidimazione può essere eseguita anche dall'ufficio del registro o dall'ufficio dell'imposta sul valore aggiunto;

b) o nella misura forfettaria del 25 per cento dell'ammontare globale delle imposte relative alle operazioni di cui al n. 1) del primo comma e del 7,50 per cento dell'ammontare di quelle relative alle operazioni di cui al n. 2). L'applicazione della detrazione in misura forfettaria non è ammessa relativamente ai beni soggetti a regimi speciali di imposizione una volta tanto, per i quali è consentita la detrazione di cui al n. 1) del primo comma a condizione che da apposito inventario risultino ancora posseduti alla data del 25 maggio 1972.

La detrazione prevista nei commi precedenti può essere applicata, con riferimento agli acquisti e alle importazioni delle merci che formano oggetto dell'attività esercitata nonché alle relative lavorazioni, anche da contribuenti che esercitano attività intermediarie nella circolazione di beni, di cui all'art. 2195, n. 2, del codice civile. La percentuale di cui alla lettera b) del secondo comma è però ridotta al 10 per cento per i contribuenti che esercitano il commercio al minuto, al 5 per cento per quelli che esercitano il commercio all'ingrosso e al 7,50 per cento per quelli che esercitano promiscuamente il commercio al minuto e all'ingrosso.

Le disposizioni del terzo e del quarto comma dell'art. 82 valgono anche agli effetti del presente articolo.

(1) Comma modificato dall'articolo 1 del D.L. 1° ottobre 1982, n. 697.

84. Dichiarazione di detrazione. – Ai fini delle detrazioni previste negli articoli 82 e 83 deve essere presentata al competente ufficio dell'imposta sul valore aggiunto, entro il termine perentorio del 31 dicembre 1973, una dichiarazione recante l'indicazione dell'ammontare complessivo delle detrazioni stesse, sottoscritta a pena di nullità dal contribuente o da un suo rappresentante legale o negoziale.

Nella dichiarazione devono essere elencate le operazioni cui si riferiscono le imposte detraibili e le relative fatture e bollette doganali, nell'ordine progressivo di cui al secondo comma dell'art. 26 del regio decreto-legge 9 gennaio 1940, n. 2, convertito, con modificazioni, nella legge 19 giugno 1940, n. 762. Per ciascuna fattura o bolletta devono essere specificati la data di emissione, il numero progressivo di cui al citato art. 26, la quantità dei beni acquistati o importati o dei servizi ricevuti e l'ammontare delle imposte e addizionali. Devono essere inoltre indicati, per le fatture, la ditta emittente o in caso di autofatturazione la ditta cedente, nonché il prezzo o corrispettivo, e per i documenti relativi ai passaggi interni nell'ambito della stessa impresa il valore in base al quale è stata liquidata l'imposta.

I contribuenti che intendono avvalersi della detrazione relativa agli investimenti, di cui all'art. 82, devono indicare distintamente, nella dichiarazione, le fatture e le bollette doganali relative agli acquisti dei beni strumentali e devono allegare un prospetto indicante i beni strumentali di nuova produzione acquistati o costruiti dopo il 30 giugno 1971, posseduti alla data del 25 maggio 1972, distinguendo quelli acquistati o importati da quelli prodotti dalla stessa impresa interessata e con l'indicazione, per questi ultimi, dei quantitativi dei beni acquistati o importati nonché dei servizi ricevuti che siano stati impiegati nella loro produzione.

I contribuenti che intendono applicare la detrazione relativa alle scorte nella misura di cui alla lettera a) del secondo comma dell'art. 83 devono:

1) redigere la dichiarazione distinguendo le fatture e le bollette in relazione ai singoli gruppi merceologici cui si riferiscono, con l'indicazione, per ciascun gruppo, della quantità complessiva dei beni acquistati. Nell'ambito di ciascun gruppo è sufficiente indicare le fatture e le bollette di data più recente fino a concorrenza della quantità di beni risultante dall'inventario di cui alla lettera a) del secondo comma dell'art. 83;

2) allegare un prospetto indicante, per ciascuno dei gruppi merceologici cui si riferiscono i documenti di cui al n. 1) :

a) le quantità di beni che dall'inventario risultano esistenti nello stato originario;

b) le quantità di beni trasformati o incorporati in semilavorati, componenti o prodotti finiti, con la indicazione delle corrispondenti quantità di tali semilavorati, componenti e prodotti finiti risultanti dall'inventario;

c) la somma delle quantità di cui alle lettere a) e b);

d) il raffronto, con riferimento a ciascun gruppo merceologico, tra le quantità complessive dei beni e dei servizi risultanti dai documenti indicati nella dichiarazione e quelle risultanti dall'inventario ai sensi delle precedenti lettere a), b) e c);

e) l'ammontare, per ciascun gruppo merceologico, delle imposte detraibili in base alla corrispondenza tra le qualità acquistate e quelle risultanti dall'inventario.

85. Applicazione delle detrazioni. – L'ammontare complessivo delle imposte detraibili indicato nella dichiarazione presentata a norma dell'articolo precedente è ammesso in detrazione, rispettivamente, nella misura di un dodicesimo o di un quarto, dall'importo da versare in ciascuno dei dodici mesi o dei quattro trimestri successivi a quello in cui è stata presentata la dichiarazione stessa.

La detrazione non può superare, in ciascun mese o trimestre, il cinquanta per cento dell'importo da versare.

Le somme delle quali non è stato possibile operare la detrazione in ciascun mese o trimestre sono detratte dall'importo da versare nel mese o trimestre successivo, fermo restando il limite di cui al comma precedente, e in ogni caso, indipendentemente dal detto limite, dall'importo da versare a norma del primo comma dell'art. 30 per l'anno solare in cui è compreso il dodicesimo mese o il quarto trimestre successivo a quello in cui è stata presentata la dichiarazione di detrazione.

Per l'eventuale eccedenza si applicano le disposizioni del secondo comma dell'art. 30 e dell'art. 38.

86. Sanzioni per indebita detrazione. – Il contribuente che detrae dall'imposta somme superiori di oltre un decimo a quelle spettanti secondo gli articoli 82 e 83 è punito con la pena pecuniaria da una a due volte la somma indebitamente detratta, salva l'applicazione della sanzione prevista nel quarto comma dell'art. 50 se l'indebita detrazione sia dipesa dalla indicazione di dati non corrispondenti al vero negli elenchi, nei prospetti o negli inventari e salva l'applicazione delle sanzioni previste negli altri commi dello stesso articolo se ne ricorrano i presupposti.

Della pena pecuniaria risponde, in solido con il contribuente, il rappresentante legale o negoziale che ha sottoscritto la dichiarazione e i relativi allegati.

87. Detrazione dell'imposta di fabbricazione sui filati. – I contribuenti, compresi quelli indicati nel terzo comma dell'art. 4, che esercitano attività industriali dirette alla produzione di filati delle varie fibre tessili naturali, artificiali, sintetiche e di vetro e relativi tessuti e manufatti, possono detrarre dall'imposta sul valore aggiunto l'ammontare dell'imposta e sovrimposta di fabbricazione già assolta in relazione ai filati, tessuti e manufatti tuttora posseduti alla data del 31 dicembre 1972.

Per ottenere la detrazione gli interessati devono presentare all'ufficio dell'imposta sul valore aggiunto e all'ufficio tecnico delle imposte di fabbricazione, entro il termine del 1° gennaio 1973, prorogabile per giustificati motivi, una dichiarazione, sottoscritta a pena di nullità dal contribuente o da un suo rappresentante legale o negoziale, contenente l'indicazione dell'ammontare dell'imposta detraibile e delle quantità di filati, tessuti e manufatti posseduti alla data del 31 dicembre 1972, distinti per titolo e qualità.

Si applicano le disposizioni degli articoli 85 e 86.

Le disposizioni dei precedenti commi non si applicano relativamente ai prodotti per i quali l'imposta di fabbricazione è stata sospesa per effetto dei decreti-legge 7 ottobre 1965, n. 1118 e 2 luglio 1969, n. 319, convertiti con modificazioni nelle leggi 4 dicembre 1965, n. 1309 e 1° agosto 1969, n. 478, e successive modificazioni.

88. Validità di precedenti autorizzazioni. – Le autorizzazioni all'impiego di schedari a fogli mobili o tabulati di macchine elettrocontabili, già rilasciate agli effetti dell'imposta generale sull'entrata, restano valide agli affetti delle registrazioni previste dal presente decreto fino a quando non sarà diversamente stabilito dal Ministero delle finanze. I contribuenti che si avvalgono dell'autorizzazione devono tenere ugualmente i registri previsti dagli articoli 23, 24 e 25 ed eseguire su di essi entro l'ultimo giorno di ogni mese, relativamente alle operazioni registrate durante il mese stesso, le annotazioni di cui al settimo comma dell'art. 27, ai nn. 1), 2) e 3) dell'art. 28 e al n. 3) dell'art. 31.

Restano ugualmente valide, fino a quando non sarà diversamente stabilito dal Ministero delle finanze, le autorizzazioni già rilasciate relativamente alla distinta numerazione delle fatture per settori di attività o per singole dipendenze, alla conservazione di esse mediante microfilms o in sede diversa dalla principale e alla osservanza di particolari modalità per i rapporti di cui all'art. 53.

89. Revisione dei prezzi per i contratti in corso. – I corrispettivi delle cessioni di beni e delle prestazioni di servizi da effettuare dopo il 31 dicembre 1972 in dipendenza di contratti conclusi anteriormente alla data di entrata in vigore della legge 9 ottobre 1971, n. 825, per i quali a norma della legge o in virtù di clausola contrattuale era esclusa la rivalsa dell'imposta generale sull'entrata, sono ridotti di un'ammontare pari a quello dell'imposta stessa.

90. Abolizione dell'imposta generale sull'entrata e di altri tributi. – Con decorrenza dal 1° gennaio 1973 cessano di avere applicazione:

1) l'imposta generale sull'entrata, la corrispondente imposta prevista nel primo comma dell'art. 17 del regio decreto-legge 9 gennaio 1940, n. 2, convertito nella legge 19 giugno 1940, n. 762 e successive modificazioni e l'imposta di conguaglio dovuta per il fatto dell'importazione di cui alla legge 31 luglio 1954, n. 570, e successive modificazioni;

2) le tasse di bollo sui documenti di trasporto, di cui al decreto legislativo 7 maggio 1948, n. 1173, ratificato dalla legge 24 febbraio 1953, n. 143, e successive modificazioni, e le tasse erariali sui trasporti, di cui al testo unico approvato con regio decreto 9 maggio 1912, n. 1447, e successive modificazioni;

3) la tassa di bollo sulle carte da giuoco, di cui al regio decreto 30 dicembre 1923, n. 3277, e successive modificazioni;

4) la tassa di radiodiffusione sugli apparecchi telericeventi e radioriceventi di cui alla legge 15 dicembre 1960, n. 1560;

5) l'imposta sui dischi fonografici ed altri supporti atti alla riproduzione del suono, di cui alla legge 1° luglio 1961, n. 569;

6) l'imposta di fabbricazione sui filati delle varie fibre tessili naturali, artificiali, sintetiche e di vetro, di cui al decreto legislativo 3 gennaio 1947, n. 1 e successive modificazioni;

7) l'imposta di fabbricazione sugli oli e grassi animali con punto di solidificazione non superiore a trenta gradi centigradi, di cui al decreto-legge 20 novembre 1953, n. 843, convertito nella legge 27 dicembre 1953, n. 949, e successive modificazioni;

8) l'imposta di fabbricazione sugli oli vegetali liquidi con punto di solidificazione non superiore a dodici gradi centigradi comunque ottenuti dalla lavorazione di oli e grassi vegetali concreti, di cui al decreto-legge 26 novembre 1954, n. 1080, convertito nella legge 20 dicembre 1954, n. 1219, e successive modificazioni;

9) l'imposta di fabbricazione sugli acidi grassi di origine animale e vegetale con punto di solidificazione inferiore a quarantotto gradi centigradi nonché sulle materie grasse classificabili ai termini della tariffa doganale come acidi grassi, di cui al decreto-legge 31 ottobre 1956, n. 1194, convertito nella legge 20 dicembre 1956, n. 1386, e successive modificazioni;

10) l'imposta di fabbricazione sugli organi di illuminazione elettrica, di cui al regio decreto-legge 16 giugno 1938, n. 954, convertito nella legge 19 gennaio 1939, n. 214, e successive modificazioni;

11) l'imposta di fabbricazione sui surrogati del caffè, di cui al testo unico approvato con decreto del Ministro per le finanze 8 luglio 1924, e successive modificazioni;

12) le sovrimposte di confine corrispondenti alle imposte di fabbricazione di cui ai numeri precedenti;

13) l'imposta erariale sul consumo del gas, di cui al testo unico approvato con decreto del Ministro per le finanze 8 luglio 1924, e successive modificazioni;

14) l'imposta di consumo sul sale e l'imposta sul consumo di cartine e tubetti per sigarette, di cui alla legge 13 luglio 1965, n. 825, e successive modificazioni;

15) le imposte comunali di consumo, di cui al testo unico per la finanza locale approvato con regio decreto 14 settembre 1931, n. 1175 e al regolamento approvato con regio decreto 30 aprile 1936, n. 1138, e successive modificazioni,

nonché il diritto speciale sulle acque da tavola di cui alla legge 2 luglio 1952, n. 703, e successive modificazioni;

16) l'imposta erariale sulla pubblicità, di cui al decreto del Presidente della Repubblica 24 giugno 1954, n. 342;

17) la tassa sulle anticipazioni o sovvenzioni contro deposito o contro pegno, di cui al regio decreto 30 dicembre 1923, n. 3280, e successive modificazioni;

18) il diritto speciale sull'ammontare lordo dei pedaggi autostradali, di cui al decreto-legge 26 ottobre 1970, n. 745, convertito nella legge 18 dicembre 1970, n. 1034;

19) l'imposta sulle utenze telefoniche, di cui alla legge 6 dicembre 1965, n. 1379, e successive modificazioni;

20) le addizionali ai tributi di cui ai numeri precedenti.

Restano fermi gli obblighi, anche formali, derivanti da rapporti sorti anteriormente al 1° gennaio 1973 relativamente ai tributi indicati nel presente articolo.

91. Norme transitorie in materia di imposta generale sull'entrata. – La restituzione dell'imposta generale sull'entrata prevista dalla legge 31 luglio 1954, n. 570, e successive modificazioni, compete per i prodotti indicati nella tabella allegata al decreto del Presidente della Repubblica 14 agosto 1954, n. 676, e successive modificazioni, che vengano esportati, senza avere subito trasformazioni, fino al 30 giugno 1973, limitatamente alle quantità corrispondenti a quelle che risultano possedute alla data del 31 dicembre 1972, giusta inventario redatto e vidimato a norma dell'art. 2217 del codice civile.

La restituzione dell'imposta generale sull'entrata prevista dall'art. 2 della legge 21 luglio 1965, n. 939 compete per i lavori navali ivi contemplati che da apposito certificato dell'ufficio del registro navale risultino ultimati entro il 31 dicembre 1972. Per i lavori navali non ancora ultimati a tale data, la restituzione compete nei limiti dei corrispettivi riferibili alla parte dei lavori che in base al certificato risulti già eseguita alla data stessa. La restituzione deve essere richiesta all'intendenza di finanza entro il termine del 31 dicembre 1973, prorogabile per giustificati motivi.

Le fatture e le bollette doganali relative alle quantità di materie prime, semilavorati e componenti corrispondenti a quelle che dai certificati di cui al comma precedente risultino impiegati nei lavori ivi contemplati non possono essere comprese nella detrazione prevista dall'art. 83. Alla dichiarazione di detrazione eventualmente presentata deve essere allegata copia conforme della domanda di restituzione presentata. L'inosservanza di questa disposizione determina la decadenza dal diritto alla detrazione e l'obbligo di versare in unica soluzione le imposte già detratte.

92. Norme transitorie in materia di imposte di fabbricazione. – La soppressione delle imposte di fabbricazione sugli organi di illuminazione elettrica e sui surrogati del caffè, di cui ai nn. 10) e 11) dell'art. 90, ha effetto anche per i prodotti giacenti nei magazzini fiduciari alla data del 1° gennaio 1973.

Con modalità che saranno stabilite dal Ministero delle finanze si procederà al rimborso del prezzo dei contrassegni di Stato sui surrogati del caffè, istituiti con decreto del Ministro per le finanze 10 ottobre 1950, non ancora applicati dai fabbricanti ovvero già applicati sulle giacenze di cui al precedente comma. Il rimborso deve essere richiesto al competente ufficio tecnico delle imposte di fabbricazione entro il termine del 1° gennaio 1973, prorogabile per giustificati motivi.

93. Norme transitorie in materia di imposte di consumo. – Per le opere edilizie in corso di costruzione alla data del 1° gennaio 1973 gli uffici delle imposte comunali di consumo procedono alla liquidazione e riscossione dell'imposta dovuta sui materiali impiegati nella parte di costruzione effettivamente eseguita.

La liquidazione dell'imposta si effettua:

per le parti dell'opera già ultimate, con la applicazione di un'aliquota fissa per ogni metro cubo di fabbrica, computando il vuoto per pieno, ovvero di un'aliquota fissa per ogni metro quadrato di area coperta e per piano, secondo i criteri di misurazione e con le esclusioni di cui all'art. 35, lettera a), secondo e terzo comma, del regolamento approvato con regio decreto 30 aprile 1936, n. 1138;

per le parti non ultimate, applicando a ciascuna specie di materiali impiegati le rispettive aliquote.

Per le autostrade costruite con il sistema della concessione l'imposta relativa ai tratti in corso di costruzione alla data del 1° gennaio 1973 è determinata applicando le misure d'imposta stabilite nella legge 16 settembre 1960, n. 1013, in proporzione al rapporto tra il valore dei materiali già impiegati e il valore complessivo dei materiali necessari per l'intero tratto.

94. Entrata in vigore. – Il presente decreto entrerà in vigore il 1° gennaio 1973.

2. D.P.R. 26 aprile 1986, n. 131

Approvazione del testo unico delle disposizioni concernenti l'imposta di registro (IMPOSTA DI REGISTRO)(1)(2)(3)(4)

(1) *Pubblicato in Gazz. Uff., 30 aprile, n. 99*

(2) *In riferimento alle Agevolazione 'prima casa' vedi: Risposta Agenzia delle Entrate 11/09/2020 n. 345.*

(3) *Per la semplificazione in materia di adempimenti connessi agli uffici del registro vedi il D.Lgs. 18 dicembre 1997, n. 463.*

(4) *A norma dell'articolo 26, comma 1, del D.Lgs. 18 dicembre 1997, n. 472 il riferimento a soprattasse e o a pene pecuniarie, nonché ad ogni altra sanzione amministrativa, ancorché diversamente denominata, contenuto nel presente provvedimento, è sostituito con il riferimento alla sanzione pecuniaria di uguale importo; i riferimenti eventualmente contenuti nelle singole leggi di imposta a disposizioni abrogate si intendono effettuati agli istituti e alle previsioni corrispondenti risultanti dal citato D.Lgs. 472/1997, e, salvo diversa espressa previsione, i procedimenti di irrogazione delle sanzioni disciplinati dal citato D.Lg. 472/1997, si applicano all'irrogazione di tutte le sanzioni tributarie non penali.*

(Omissis)

TITOLO I
Disposizioni generali

1. Oggetto dell'imposta. – 1. L'imposta di registro si applica, nella misura indicata nella tariffa allegata al presente testo unico, agli atti soggetti a registrazione e a quelli volontariamente presentati per la registrazione.

2. Atti soggetti a registrazione. – 1. Sono soggetti a registrazione, a norma degli articoli seguenti:

a) gli atti indicati nella tariffa, se formati per iscritto nel territorio dello Stato;

b) i contratti verbali indicati nel comma 1 dell'art. 3;

c) le operazioni delle società ed enti esteri indicate nell'art. 4;

d) gli atti formati all'estero, compresi quelli dei consoli italiani, che comportano trasferimento della proprietà ovvero costituzione o trasferimento di altri diritti reali, anche di garanzia, su beni immobili o aziende esistenti nel territorio dello Stato e quelli che hanno per oggetto la locazione o l'affitto di tali beni;

3. Contratti verbali. – 1. Sono soggetti a registrazione i contratti verbali:

a) di locazione o affitto di beni immobili esistenti nel territorio dello Stato e relative cessioni, risoluzioni e proroghe anche tacite;

b) di trasferimento e di affitto di aziende esistenti nel territorio dello Stato e di costituzione o trasferimento di diritti reali i godimento sulle stesse e relative cessioni, risoluzioni e proroghe anche tacite.

2. Per gli altri contratti verbali si applicano le disposizioni dell'art. 22.

4. Operazioni di società ed enti esteri. – 1. Sono soggetti a registrazione:

a) l'istituzione nel territorio dello Stato della sede dell'amministrazione di società di ogni tipo e oggetto costituite all'estero ovvero della sede dell'amministrazione di enti diversi dalle società, compresi i consorzi, le associazioni e le altre organizzazioni di persone o di beni, con o senza personalità giuridica, aventi per oggetto esclusivo o principale l'esercizio di attività commerciali o agricole, parimenti costituiti all'estero;

b) l'istituzione nel territorio dello Stato della sede legale di uno dei soggetti di cui alla lettera a) avente la sede dell'amministrazione in uno Stato non facente parte della Comunità economica europea;

c) il trasferimento nel territorio dello Stato, da uno Stato non facente parte della Comunità economica europea, della sede dell'amministrazione o della sede legale di uno dei soggetti di cui alla lettera a) qualora la sede legale o rispettivamente quella dell'amministrazione non si trovi in uno Stato della Comunità economica europea;

d) il trasferimento nel territorio dello Stato, da altro Stato della Comunità economica europea, della sede dell'amministrazione di uno dei soggetti di cui alla lettera a), sempreché non sia stata assolta nello Stato di provenienza l'imposta prevista dalla direttiva della Comunità economica europea 17 luglio 1969, n. 335;

e) il trasferimento nel territorio dello Stato, da altro Stato della Comunità economica europea, della sede legale di uno dei soggetti di cui alla lettera a), avente la sede dell'amministrazione in uno Stato non facente parte della Comunità economica europea, sempreché non sia stata assolta nello Stato di provenienza l'imposta prevista dalla direttiva di cui alla lettera d);

f) la istituzione o il trasferimento nel territorio dello Stato di sedi secondarie di uno dei soggetti di cui alla lettera a), non avente la sede dell'amministrazione né quella legale in uno Stato della Comunità economica europea, sempreché, in caso di trasferimento, non sia stata assolta, in un altro Stato della Comunità economica europea, l'imposta prevista dalla direttiva di cui alla lettera d);

g) la messa a disposizione di capitali di investimento o di esercizio a favore delle sedi secondarie stabilite nel territorio dello Stato dai soggetti di cui alla lettera a) non aventi la sede dell'amministrazione né quella legale in uno Stato della Comunità economica europea;

h) l'istituzione o il trasferimento nel territorio dello Stato dell'oggetto principale dell'impresa da parte di uno dei soggetti di cui alla lettera a) che non abbia la sede legale o la sede dell'amministrazione in uno Stato facente parte della Comunità economica europea ovvero che in tale Stato non sia soggetto all'imposta prevista dalla direttiva di cui alla lettera d).

5. Registrazione in termine fisso e registrazione in caso d'uso. – 1. Sono soggetti a registrazione in termine fisso gli atti indicati nella parte prima della tariffa e in caso d'uso quelli indicati nella parte seconda.

2. Le scritture private non autenticate sono soggette a registrazione in caso d'uso se tutte le disposizioni in esse contemplate sono relative a operazioni soggette all'imposta sul valore aggiunto. Si considerano soggette all'imposta sul valore aggiunto anche le cessioni e le prestazioni tra soggetti partecipanti a un gruppo IVA, le cessioni e le prestazioni per le quali l'imposta non è dovuta a norma degli articoli da 7 a 7-septies del decreto del Presidente della Repubblica 26 ottobre 1972, n. 633, e quelle di cui al comma 6 dell'articolo 21 del medesimo decreto del Presidente della Repubblica n.

633 del 1972. La disposizione del periodo precedente non si applica alle operazioni esenti e imponibili ai sensi dei numeri 8), 8-bis), 8- ter) e 27-quinquies) del primo comma dell'articolo 10 del citato decreto n. 633 del 1972 e alle locazioni di immobili esenti ai sensi del secondo comma del medesimo articolo 10, nonché alle cessioni di beni e alle prestazioni di servizi tra soggetti partecipanti a un gruppo IVA per le quali, se effettuate nei confronti di un soggetto non partecipante al gruppo IVA, si applicherebbero le suddette disposizioni [(1)].

(1) Comma modificato dall'articolo 3 del D.L. 31 dicembre 1996, n. 669, dall'articolo 8 della legge 18 febbraio 1999, n. 28, dall'articolo 35, comma 10, del D.L. 4 luglio 2006, n. 223, dall'articolo 82, comma 14, del D.L. 25 giugno 2008, n.112, come modificato dalla legge 6 agosto 2008, n. 133, in sede di conversione e successivamente sostituito dall'articolo 1, comma 26, lettera a), della Legge 11 dicembre 2016, n. 232. L'articolo 1, comma 30, della Legge 232/2016 medesima stabilisce che la presente modifica si applica dal 1° gennaio 2018.

6. Caso d'uso. – 1. Si ha caso d'uso quando un atto si deposita, per essere acquisito agli atti, presso le cancellerie giudiziarie nell'esplicazione di attività amministrative o presso le amministrazioni dello Stato o degli enti pubblici territoriali e i rispettivi organi di controllo, salvo che il deposito avvenga ai fini dell'adempimento di un'obbligazione delle suddette amministrazioni, enti o organi ovvero sia obbligatorio per legge o regolamento.

7. Atti non soggetti a registrazione. – 1. Per gli atti indicati nella tabella allegata al presente testo unico non vi è obbligo di chiedere la registrazione neanche in caso d'uso; se presentati per la registrazione, l'imposta è dovuta in misura fissa. La disposizione si applica agli atti indicati negli articoli 4, 5, 11 e 11- bis della stessa tabella anche se autenticati o redatti in forma pubblica [(1)].

(1) Comma così modificato dall'art. 57, del D.Lgs. 15 dicembre 1997, n. 446.

8. Registrazione volontaria. – 1. Chiunque vi abbia interesse può richiedere in qualsiasi momento, pagando la relativa imposta, la registrazione di un atto.

TITOLO II
Registrazione degli atti

9. Ufficio competente. – 1. Competente a registrare gli atti pubblici, le scritture private autenticate e gli atti degli organi giurisdizionali è l'ufficio del registro nella cui circoscrizione risiede il pubblico ufficiale obbligato a richiedere la registrazione a norma della lettera b) o della lettera c) dell'art. 10.

2. La registrazione di tutti gli altri atti può essere eseguita da qualsiasi ufficio del registro.

10. Soggetti obbligati a richiedere la registrazione. – 1. Sono obbligati a richiedere la registrazione:

a) le parti contraenti per le scritture private non autenticate, per i contratti verbali e per gli atti pubblici e privati formati all'estero nonché i rappresentanti delle società o enti esteri, ovvero uno dei soggetti che rispondono delle obbligazioni della società o ente, per le operazioni di cui all'art. 4;

b) i notai, gli ufficiali giudiziari, i segretari o delegati della pubblica amministrazione e gli altri pubblici ufficiali per gli atti da essi redatti, ricevuti o autenticati;

c) i cancellieri e i segretari per le sentenze, i decreti e gli altri atti degli organi giurisdizionali alla cui formazione hanno partecipato nell'esercizio delle loro funzioni;

d) gli impiegati dell'amministrazione finanziaria e gli appartenenti al Corpo della guardia di finanza per gli atti da registrare d'ufficio a norma dell'art. 15.

d-bis) gli agenti di affari in mediazione iscritti nella sezione degli agenti immobiliari del ruolo di cui all'articolo 2 della legge 3 febbraio 1989, n. 39, per le scritture private non autenticate di natura negoziale stipulate a seguito della loro attività per la conclusione degli affari. [(1)(2)]

(1) Lettera inserita, a decorrere dal 1° gennaio 2007, dall'articolo 1, comma 46, lettera a), della legge 27 dicembre 2006, n. 296.

(2) Per una proroga delle disposizioni di cui al presente articolo, vedi l'articolo 149, comma 1, lettera e), del D.L. 19 maggio 2020, n. 34, convertito, con modificazioni, dalla Legge 17 luglio 2020, n. 77.

11. Richiesta di registrazione degli atti scritti. – 1. La richiesta di registrazione degli atti scritti, [*esclusi quelli degli organi giurisdizionali*], deve essere redatta in duplice esemplare su appositi stampati forniti dall'ufficio, conformi al modello approvato con decreto del Ministro delle finanze [(1)].

2. Per la registrazione degli atti pubblici e delle scritture private autenticate i notai e gli altri soggetti di cui alla lettera b) dell'art. 10 devono presentare, oltre l'atto del quale chiedono la registrazione, una copia certificata conforme. I funzionari indicati alla lettera c) dello stesso articolo devono presentare unicamente l'originale dell'atto. Per la registrazione degli atti che importano trasferimento, divisione o attribuzione di beni immobili o di diritti reali di godimento su beni immobili o costituzione dei diritti stessi deve essere presentata anche una copia in carta libera.

3. Chi richiede la registrazione di un atto diverso da quelli previsti dal comma 2 deve presentarne all'ufficio del registro due originali ovvero un originale e una fotocopia. Se dell'atto siano stati formati più originali, il richiedente può presentarne anche più di due e richiedere che su tutti venga apposta la annotazione di cui al comma 4 dell'art. 16.

4. I soggetti indicati alla lettera d) dell'art. 10, devono presentare gli atti rinvenuti ai sensi della lettera a) dell'art. 15 e quelli di cui siano venuti legittimamente in possesso ai sensi della lettera b) dello stesso articolo.

5. Agli atti scritti in lingua straniera deve essere allegata una traduzione in lingua italiana eseguita da un perito iscritto presso il tribunale ed asseverata conforme con giuramento. In mancanza di periti traduttori iscritti presso il tribunale nella cui circoscrizione ha sede l'ufficio del registro competente la traduzione è effettuata da persona all'uopo incaricata dal presidente del tribunale.

6. La disposizione del comma 5 non si applica agli atti che, con l'osservanza delle norme sulla competenza, vengono presentati agli uffici compresi nei territori dello Stato nei quali è ammesso, per legge, l'uso della lingua straniera adoperata nella redazione dell'atto.

7. La richiesta di registrazione di un atto vale anche per gli atti ad esso allegati ma non importa applicazione dell'imposta se si tratta di documenti che costituiscono parte integrante dell'atto, di frazionamenti, planimetrie, disegni, fotografie e simili ovvero di atti non soggetti a registrazione.

(1) *Comma modificato dall'articolo 23, comma 49, del D.L. 6 luglio 2011, n. 98.*

12. Richiesta di registrazione dei contratti verbali e delle operazioni di società ed enti esteri. – 1. La registrazione dei contratti verbali che vi sono soggetti in termine fisso deve essere richiesta, tranne che per le cessioni, risoluzioni e proroghe dei contratti di locazione di cui all'art. 17, presentando all'ufficio una denuncia in doppio originale redatta su modelli forniti dall'ufficio stesso. La denuncia deve essere sottoscritta da almeno una delle parti contraenti e deve indicare le generalità e il domicilio di queste, il luogo e la data di stipulazione, l'oggetto, il corrispettivo pattuito e la durata del contratto.

2. Per le operazioni di cui all'art. 4, quando non risultino da atto scritto, la denuncia deve essere firmata dal rappresentante della società o ente estero ovvero da uno dei soggetti che rispondono delle obbligazioni della società o ente.

3. Ai fini del presente testo unico la denuncia assume qualità di atto.

13. Termini per la richiesta di registrazione. – 1. La registrazione degli atti che vi sono soggetti in termine fisso deve essere richiesta, salvo quanto disposto dall'articolo 17, comma 3- bis , entro trenta giorni dalla data dell'atto se formato in Italia, entro sessanta giorni se formato all'estero (1).

1-bis. Per i decreti di trasferimento e gli atti da essi ricevuti, i cancellieri devono richiedere la registrazione entro sessanta giorni da quello in cui il provvedimento è stato emanato (2).

2. Per gli inventari, le ricognizioni dello stato di cose o di luoghi e in genere per tutti gli atti che sono stati formati in un solo giorno il termine decorre dalla data di chiusura dell'atto; per le scritture private autenticate il termine decorre dalla data dell'ultima autenticazione e per i contratti verbali dall'inizio della loro esecuzione, salvo quanto disposto dall' articolo 17, comma 3- bis (3).

3. Per i provvedimenti e gli atti di cui all'articolo 10, comma 1, lettera c), diversi dai decreti di trasferimento e dagli atti da essi ricevuti, i cancellieri devono richiedere la registrazione decorsi dieci giorni ed entro trenta giorni da quello in cui il provvedimento è stato pubblicato o emanato quando dagli atti del procedimento sono desumibili gli elementi previsti dal comma 4-bis dell'articolo 67 o, in mancanza di tali elementi, entro trenta giorni dalla data di acquisizione degli stessi (4).

4. Nei casi di cui al comma 2 dell'art. 12 la registrazione deve essere richiesta entro trenta giorni dalla iscrizione nel registro delle imprese, prevista dagli articoli 2505 e seguenti del codice civile, e in ogni caso non oltre sessanta giorni dalla istituzione o dal trasferimento della sede amministrativa, legale o secondaria nel territorio dello Stato, o dalle altre operazioni di cui all'art. 4. (5)

(1) *Comma modificato, a decorrere dal 1° gennaio 1999, dall'articolo 7, della Legge 23 dicembre 1998, n. 448e successivamente dall'articolo 14, comma 1, del DL 21 giugno 2022, n. 73, convertito, con modificazioni, dalla Legge 4 agosto 2022, n. 122.*
(2) *Comma aggiunto dall'articolo 26, comma 1, del D.Lgs. 24 settembre 2015, n. 158 , con la decorrenza indicata nell' articolo 32, comma 1, del medesimo D.Lgs. n. 158 del 2015 , come modificato dall' articolo 1, comma 133, della Legge 28 dicembre 2015, n. 208.*
(3) *Comma modificato, a decorrere dal 1° gennaio 1999, dall'articolo 7, della Legge 23 dicembre 1998, n. 448.*
(4) *Comma sostituito dall'art. 6, l. 2 dicembre 1991, n. 399 e successivamente dall' articolo 7-quater, comma 43, lettera a) del D.L. 22 ottobre 2016, n. 193 convertito, con modificazioni dalla legge 1° dicembre 2016 n. 225.*
(5) *Comma modificato dall'articolo 14, comma 1, del DL 21 giugno 2022, n. 73, convertito, con modificazioni, dalla Legge 4 agosto 2022, n. 122.*

14. Termine per la richiesta di registrazione degli atti soggetti ad approvazione od omologazione. – 1. Per gli atti soggetti ad approvazione od omologazione da parte della pubblica amministrazione o dell'autorità giudiziaria ordinaria e per quelli che non possono avere esecuzione senza che sia trascorso un intervallo di tempo fissato dalla legge il termine di cui all'art. 13 decorre rispettivamente dal giorno in cui i soggetti tenuti a richiedere la registrazione hanno avuto notizia, a norma del comma 2, del provvedimento di approvazione o di omologazione ovvero dal giorno in cui l'atto è divenuto altrimenti eseguibile.

2. Agli effetti del presente articolo i funzionari e i cancellieri preposti all'ufficio che ha provveduto all'approvazione od omologazione dell'atto devono, entro cinque giorni dall'emanazione del provvedimento, darne notizia alle parti ovvero ai notai o funzionari che hanno rogato l'atto mediante lettera raccomandata con avviso di ricevimento.

3. All'atto da registrare devono essere uniti in originale o copia autenticata, a cura del richiedente, il provvedimento di approvazione o di omologazione e la lettera di cui al comma 2.

15. Registrazione d'ufficio. – 1. In mancanza di richiesta da parte dei soggetti indicati alle lettere a), b) e c) dell'art. 10 la registrazione è eseguita d'ufficio, previa riscossione dell'imposta dovuta:

a) per gli atti pubblici e per le scritture private conservati presso il pubblico ufficiale che li ha redatti o le ha autenticate nonché per gli atti degli organi giurisdizionali conservati presso le cancellerie giudiziarie; qualora non si rinvengano gli atti iscritti nei relativi repertori, la registrazione è eseguita sulla base degli elementi dagli stessi desumibili;

b) per le scritture private non autenticate soggette a registrazione in termine fisso quando siano depositate presso pubblici uffici o quando l'amministrazione finanziaria ne sia venuta legittimamente in possesso in base ad una legge che autorizzi il sequestro o ne abbia avuta visione nel corso di accessi, ispezioni o verifiche eseguiti ai fini di altri tributi;

c) per i contratti verbali di cui alla lettera a) dell'art. 3 e per le operazioni di cui all'art. 4 quando, in difetto di prova diretta, risultino da presunzioni gravi, precise e concordanti;

d) per i contratti verbali di cui alla lettera b) dell'art. 3 quando, in difetto di prova diretta, la loro esistenza risulti, continuando nello stesso locale o in parte di esso la stessa attività commerciale, da cambiamenti nella ditta, nell'insegna o nella titolarità dell'esercizio ovvero da altre presunzioni gravi, precise e concordanti;

e) per gli atti soggetti a registrazione in termine fisso rispetto ai quali è intervenuta la decadenza di cui all'art. 76, comma 1, e per gli atti soggetti a registrazione in caso d'uso ai sensi dell'art. 6, quando siano depositati a norma di tale ultimo articolo.

2. Nelle ipotesi previste dalla lettera c) e dalla lettera d) del comma 1 è ammessa la prova contraria, ad esclusione di quella testimoniale (1).

IMPOSTE INDIRETTE

[1] Per una proroga delle disposizioni di cui al presente articolo, vedi l'articolo 149, comma 1, lettera e), del D.L. 19 maggio 2020, n. 34, convertito, con modificazioni, dalla Legge 17 luglio 2020, n. 77.

16. Esecuzione della registrazione. – 1. Salvo quanto disposto nell'art. 17, la registrazione è eseguita, previo pagamento dell'imposta liquidata dall'ufficio, con la data del giorno in cui è stata richiesta.

2. L'ufficio può differire la liquidazione dell'imposta per non più di tre giorni: il differimento non è consentito se ritarda o impedisce l'adozione di un provvedimento ovvero il deposito dell'atto entro un termine di decadenza.

3. La registrazione consiste nella annotazione in apposito registro dell'atto o della denuncia e, in mancanza, della richiesta di registrazione con l'indicazione del numero progressivo annuale, della data della registrazione, del nome del richiedente, della natura dell'atto, delle parti e delle somme riscosse. Per gli uffici dotati di sistemi elettrocontabili le modalità relative all'esecuzione della registrazione sono stabilite con decreto del Ministro delle finanze, di concerto con il Ministro della giustizia.

4. L'ufficio in calce o a margine degli originali e delle copie dell'atto o della denuncia, annota la data ed il numero della registrazione ed appone la quietanza della somma riscossa ovvero dichiara che la registrazione è stata eseguita a debito; l'annotazione dell'avvenuta registrazione deve essere fatta anche sugli atti eventualmente allegati.

5. Quando la registrazione è stata eseguita con il pagamento dell'imposta in misura fissa a norma dell'art. 27 deve esserne fatta espressa menzione.

6. Eseguita la registrazione, l'ufficio restituisce al richiedente l'originale dell'atto pubblico o un originale della scrittura privata o della denuncia. Per le scritture private presentate in un unico originale, l'ufficio restituisce la fotocopia da esso certificata conforme. Se la registrazione è avvenuta in base alla sola richiesta di registrazione, l'ufficio restituisce fotocopia della richiesta con le annotazioni di cui al comma 4.

7. Le richieste di registrazione sono conservate, previa apposizione del numero e della data di registrazione, in appositi volumi rilegati.

17. Cessioni, risoluzioni e proroghe anche tacite dei contratti di locazione ed affitto di beni immobili[1]. – 1. L'imposta dovuta per la registrazione dei contratti di locazione e affitto di beni immobili esistenti nel territorio dello Stato nonché per le cessioni, risoluzioni e proroghe anche tacite degli stessi è liquidata dalle parti contraenti ed assolta entro trenta giorni mediante versamento del relativo importo presso uno dei soggetti incaricati della riscossione, ai sensi dell'articolo 4 del decreto legislativo 9 luglio 1997, n. 237. Entro il termine di trenta giorni deve essere presentata all'ufficio presso cui è stato registrato il contratto di locazione la comunicazione relativa alle cessioni, alle risoluzioni e alle proroghe anche tacite dello stesso [2].

1-bis. Chi non esegue, in tutto o in parte, il versamento relativo alle cessioni, risoluzioni e proroghe anche tacite dei contratti di cui al comma 1 è sanzionato ai sensi dell'articolo 13 del decreto legislativo 18 dicembre 1997, n. 471 [3]

[2. *L'attestato di versamento relativo alle cessioni, alle risoluzioni e alle proroghe deve essere presentato all'ufficio del registro presso cui è stato registrato il contratto entro venti giorni dal pagamento.*] [4]

3. Per i contratti di locazione e sublocazione di immobili urbani di durata pluriennale l'imposta può essere assolta sul corrispettivo pattuito per l'intera durata del contratto ovvero annualmente sull'ammontare del canone relativo a ciascun anno. In caso di risoluzione anticipata del contratto il contribuente che ha corrisposto l'imposta sul corrispettivo pattuito per l'intera durata del contratto ha diritto al rimborso del tributo relativo alle annualità successive a quella in corso. L'imposta relativa alle annualità successive alla prima, anche conseguenti a proroghe del contratto comunque disposte, deve essere versata con le modalità di cui al comma 1.

3- bis. Per i contratti di affitto di fondi rustici non formati per atto pubblico o scrittura privata autenticata, l'obbligo della registrazione può essere assolto presentando all'ufficio del registro, entro il mese di febbraio, una denuncia in doppio originale relativa ai contratti in essere nell'anno precedente. La denuncia deve essere sottoscritta e presentata da una delle parti contraenti e deve contenere le generalità e il domicilio nonché il codice fiscale delle parti contraenti, il luogo e la data di stipulazione, l'oggetto, il corrispettivo pattuito e la durata del contratto [5].

[1] Articolo sostituito dall'art. 24, comma 18, l. 27 dicembre 1997, n. 449.
[2] Comma modificato dall'art. 68, l. 21 novembre 2000, n. 342 e successivamente dall'articolo 17, comma 1, lettera a), del D.Lgs. 24 settembre 2015, n. 158, con la decorrenza indicata nell'articolo 32, comma 1, del medesimo D.Lgs. n. 158 del 2015, come modificato dall'articolo 1, comma 133, della Legge 28 dicembre 2015, n. 208.
[3] Comma inserito dall'articolo 17, comma 1, lettera b), del D.Lgs. 24 settembre 2015, n. 158, con la decorrenza indicata nell'articolo 32, comma 1, del medesimo D.Lgs. n. 158 del 2015, come modificato dall'articolo 1, comma 133, della Legge 28 dicembre 2015, n. 208.
[4] Comma soppresso dall'articolo 17, comma 1, lettera c), del D.Lgs. 24 settembre 2015, n. 158, con la decorrenza indicata nell'articolo 32, comma 1, del medesimo D.Lgs. n. 158 del 2015, come modificato dall'articolo 1, comma 133, della Legge 28 dicembre 2015, n. 208.
[5] Comma aggiunto dall'art. 7, l. 23 dicembre 1998, n. 448.

18. Effetti della registrazione. – 1. La registrazione, eseguita ai sensi dell'art. 16, attesta l'esistenza degli atti ed attribuisce ad essi data certa di fronte ai terzi a norma dell'art. 2704 del codice civile.

2. L'ufficio del registro conserva gli originali e le copie trattenute ai sensi dell'art. 16 ed i modelli di cui all'art. 17 e, trascorsi dieci anni, li trasmette all'archivio notarile, ad eccezione delle denunce di contratti verbali e dei modelli che vengono distrutti.

3. Su richiesta delle parti contraenti, dei loro aventi causa o di coloro nel cui interesse la registrazione è stata eseguita, l'ufficio del registro rilascia copia delle scritture private, delle denunce e degli atti formati all'estero dei quali è ancora in possesso nonché delle note e delle richieste di registrazione di qualunque atto pubblico o privato. Il rilascio di copie ad altre persone può avvenire soltanto su autorizzazione del pretore competente. Nei casi previsti dall'art. 17 in luogo del rilascio della copia è attestato il contenuto del modello di versamento.

19. Denuncia di eventi successivi alla registrazione. – 1. L'avveramento della condizione sospensiva apposta ad un atto, l'esecuzione di tale atto prima dell'avveramento della condizione e il verificarsi di eventi che, a norma del presente testo unico, diano luogo ad ulteriore liquidazione di imposta devono essere denunciati entro trenta giorni, a cura delle parti contraenti o dei loro aventi causa e di coloro nel cui interesse è stata richiesta la registrazione, all'ufficio che ha registrato l'atto al quale si riferiscono. (1)

2. Il termine di cui al comma 1 è elevato a sessanta giorni se l'evento dedotto in condizione è connesso alla nascita o alla sopravvivenza di una persona.

[*3. Per gli aumenti di capitale di cui al comma 6 dell'art. 27 la denuncia deve essere presentata, per le quantità sottoscritte fino al decorso di un trimestre dalla delibera, entro venti giorni successivi alla scadenza del trimestre ed entro venti giorni dal decorso di ogni successivo trimestre per quelle sottoscritte successivamente. Per le delibere soggette ad omologazione la disposizione si applica con riferimento alla data della notizia del provvedimento di omologazione anziché a quella della delibera. In caso di emissione di obbligazioni convertibili in azioni la denuncia deve essere presentata, per le quantità convertite in ciascun trimestre del periodo o dei periodi di convertibilità, entro venti giorni dal decorso del trimestre; per le obbligazioni convertibili in azioni di altra società la denuncia deve essere presentata da questa.*] (2).

(1) *Comma modificato dall'articolo 14, comma 1, del DL 21 giugno 2022, n. 73, convertito, con modificazioni, dalla Legge 4 agosto 2022, n. 122.*
(2) *Comma abrogato dall'articolo 10, comma 1, lettera d), della Legge 23 dicembre 1999, n. 488.*

TITOLO III
Applicazione dell'imposta

20. Interpretazione degli atti. – 1. L'imposta è applicata secondo la intrinseca natura e gli effetti giuridici dell'atto presentato alla registrazione, anche se non vi corrisponda il titolo o la forma apparente sulla base degli elementi desumibili dall'atto medesimo, prescindendo da quelli extratestuali e dagli atti ad esso collegati, salvo quanto disposto dagli articoli successivi (1)(2).

(1) *Comma modificato dall'articolo 1, comma 87, lettera a) della Legge 27 dicembre 2017, n. 205.*
(2) *A norma dell'articolo 1, comma 1084, della Legge 30 dicembre 2018, n. 145, l'articolo 1, comma 87, lettera a), della Legge 27 dicembre 2017, costituisce interpretazione autentica del presente comma.*

21. Atti che contengono più disposizioni. – 1. Se un atto contiene più disposizioni che non derivano necessariamente, per la loro intrinseca natura, le une dalle altre, ciascuna di esse è soggetta ad imposta come se fosse un atto distinto

2. Se le disposizioni contenute nell'atto derivano necessariamente, per la loro intrinseca natura, le une dalle altre, l'imposta si applica come se l'atto contenesse la sola disposizione che dà luogo alla imposizione più onerosa.

3. Non sono soggetti ad imposta gli accolli di debiti ed oneri collegati e contestuali ad altre disposizioni nonché le quietanze rilasciate nello stesso atto che contiene le disposizioni cui si riferiscono.

22. Enunciazione di atti non registrati. – 1. Se in un atto sono enunciate disposizioni contenute in atti scritti o contratti verbali non registrati e posti in essere fra le stesse parti intervenute nell'atto che contiene la enunciazione, l'imposta si applica anche alle disposizioni enunciate. Se l'atto enunciato era soggetto a registrazione in termine fisso è dovuta anche la pena pecuniaria di cui all'art. 69.

2. L'enunciazione di contratti verbali non soggetti a registrazione in termine fisso non dà luogo all'applicazione dell'imposta quando gli effetti delle disposizioni enunciate sono già cessati o cessano in virtù dell'atto che contiene l'enunciazione.

3. Se l'enunciazione di un atto non soggetto a registrazione in termine fisso è contenuta in uno degli atti dell'autorità giudiziaria indicati nell'art. 37, l'imposta si applica sulla parte dell'atto enunciato non ancora eseguita.

23. Disposizioni relative a beni soggetti ad aliquote diverse, eredità e comunioni indivise. – 1. Se una disposizione ha per oggetto più beni o diritti, per i quali sono previste aliquote diverse, si applica l'aliquota più elevata, salvo che per i singoli beni o diritti siano stati pattuiti corrispettivi distinti.

2. La disposizione del comma 1 non si applica per i crediti, né per i beni mobili e le rendite facenti parte di una eredità indivisa o di una comunione, i quali sono soggetti, in occasione delle cessioni dell'eredità o di quote di comunione, alle aliquote stabilite per ciascuno di essi.

3. Le pertinenze sono in ogni caso soggette alla disciplina prevista per il bene al cui servizio od ornamento sono destinate.

4. Nelle cessioni di aziende o di complessi aziendali relativi a singoli rami dell'impresa, ai fini dell'applicazione delle diverse aliquote, le passività si imputano ai diversi beni sia mobili che immobili in proporzione del loro rispettivo valore.

24. Presunzione di trasferimento delle accessioni e delle pertinenze. – 1. Nei trasferimenti immobiliari le accessioni, i frutti pendenti e le pertinenze si presumono trasferiti all'acquirente dell'immobile, a meno che siano esclusi espressamente dalla vendita o si provi, con atto che abbia acquistato data certa mediante la registrazione, che appartengono ad un terzo o sono stati ceduti all'acquirente da un terzo.

2. Quando, entro tre anni, le pertinenze vengano comunque a risultare di proprietà dell'acquirente dell'immobile al cui servizio erano destinate, si applica l'imposta con l'aliquota relativa al trasferimento dell'immobile, diminuita dell'ammontare della imposta eventualmente pagata per il trasferimento delle pertinenze stesse separatamente intervenuto fra le stesse parti.

25. Atti a titolo oneroso e gratuito. – 1. Un atto in parte oneroso e in parte gratuito è soggetto all'imposta di registro per la parte a titolo oneroso, salva l'applicazione dell'imposta sulle donazioni per la parte a titolo gratuito.

26. Presunzione di liberalità. – 1. I trasferimenti immobiliari, escluse le permute aventi per oggetto immobili ma fino a concorrenza del minore dei valori permutati, ed i trasferimenti di partecipazioni sociali, quando il valore della partecipazione o la differenza tra valore e prezzo siano superiori all'importo di euro 180.759,91, posti in essere tra coniugi ovvero tra parenti in linea retta o che tali siano considerati ai fini dell'imposta sulle successioni e donazioni si presumono donazioni se l'ammontare complessivo dell'imposta di registro e di ogni altra imposta dovuta per il trasferimento, anche se richiesta successivamente alla registrazione, risulta inferiore a quello delle imposte applicabili in caso di trasferimento a titolo gratuito, al netto delle detrazioni spettanti [(1)(2)].

2. Le parti contraenti devono dichiarare contestualmente se fra loro sussista o meno un rapporto di coniugio o di parentela in linea retta o che sia considerato tale ai sensi del comma 1. In mancanza di tale dichiarazione il trasferimento si considera a titolo gratuito ove al momento della registrazione non risulti comprovata l'inesistenza del rapporto; tuttavia l'inesistenza del rapporto di coniugio o di parentela in linea retta può essere provata entro un anno dalla stipulazione dell'atto e in tale caso spetta il rimborso della maggiore imposta pagata.

3. La presunzione non opera per i conguagli pattuiti in sede di divisione e nelle vendite ai pubblici incanti.

4. La presunzione di liberalità, se ricorre la condizione di cui al comma 1, vale anche per i provvedimenti che accertano l'acquisto per usucapione della proprietà di immobili o di diritti reali di godimento sugli stessi da parte del coniuge o di un parente in linea retta dal precedente proprietario o titolare di diritto reale di godimento. [(3)]

[(1)] *Comma così modificato dall'art. 69, l. 21 novembre 2000, n. 342. Le disposizioni di cui al presente comma si applicano alle successioni per le quali il termine di presentazione delle relative dichiarazioni scade successivamente al 31 dicembre 2000 ed alle donazioni fatte a decorrere dal 1° gennaio 2001.*

[(2)] *La Corte costituzionale, con sentenza 25 febbraio 1999, n. 41, ha dichiarato l'illegittimità costituzionale del presente comma, nella parte in cui esclude la prova contraria diretta a superare la presunzione di liberalità dei trasferimenti immobiliari.*

[(3)] *Comma così sostituito dall'art. 23, d.l. 2 marzo 1989, n. 69.*

27. Atti sottoposti a condizione sospensiva approvazione od omologazione. – 1. Gli atti sottoposti a condizione sospensiva sono registrati con il pagamento dell'imposta in misura fissa.

2. Quando la condizione si verifica, o l'alto produce i suoi effetti prima dell'avverarsi di essa, si riscuote la differenza tra l'imposta dovuta secondo le norme vigenti al momento della formazione dell'atto e quella pagata in sede di registrazione.

3. Non sono considerati sottoposti a condizione sospensiva le vendite con riserva di proprietà e gli alti sottoposti a condizione che ne fanno dipendere gli effetti della mera volontà dell'acquirente o del creditore.

4. Gli atti sottoposti a condizione sospensiva che ne fa dipendere gli effetti dalla mera volontà del venditore o dell'obbligato sono soggetti all'imposta in misura fissa.

5. Gli atti indicati nell'art. 14, quando intervenga l'approvazione o la omologazione o quando l'atto divenga eseguibile per il decorso dell'intervallo di tempo fissato dalla legge, sono soggetti all'imposta nella misura indicata nella tariffa. Tali atti, se presentati all'ufficio prima della scadenza del termine stabilito dall'art. 14, sono soggetti alla sola imposta in misura fissa salvo, quando intervenga l'approvazione od omologazione o l'atto divenga eseguibile per il decorso dell'intervallo di tempo fissato dalla legge, l'applicazione dell'imposta principale determinata secondo le disposizioni vigenti in tale momento e previa deduzione dell'imposta in misura fissa pagata in sede di registrazione dell'atto.

[*6. Gli aumenti di capitale a pagamento di società per azioni, in accomandita per azioni, di società a responsabilità limitata si considerano sottoposti alla condizione sospensiva della sottoscrizione ovvero, in caso di emissione di obbligazioni convertibili in azioni, alla condizione sospensiva della conversione.*][(1)]

[(1)] *Comma abrogato dall'art. 10, della Legge 23 dicembre 1999, n. 488.*

28. Risoluzione del contratto. – 1. La risoluzione del contratto è soggetta all'imposta in misura fissa se dipende da clausola o da condizione risolutiva espressa contenuta nel contratto stesso ovvero stipulata mediante atto pubblico o scrittura privata autenticata entro il secondo giorno non festivo successivo a quello in cui è stato concluso il contratto. Se è previsto un corrispettivo per la risoluzione, sul relativo ammontare si applica l'imposta proporzionale prevista dall'art. 6 o quella prevista dall'art. 9 della parte prima della tariffa.

2. In ogni altro caso l'imposta è dovuta per le prestazioni derivanti dalla risoluzione, considerando comunque, ai fini della determinazione dell'imposta proporzionale, l'eventuale corrispettivo della risoluzione come maggiorazione delle prestazioni stesse

29. Transazione. – 1. Per le transazioni che non importano trasferimento di proprietà o trasferimento o costituzione di diritti reali l'imposta si applica in relazione agli obblighi di pagamento che ne derivano senza tenere conto degli obblighi di restituzione né di quelli estinti per effetto della transazione; se dalla transazione non derivano obblighi di pagamento l'imposta è dovuta in misura fissa.

30. Ratifica, convalida o conferma. – 1. La ratifica, la convalida e la conferma sono soggette all'imposta nella misura fissa, salvo il disposto dell'art. 22.

2. Quando per la ratifica, la convalida o la conferma è pattuito un corrispettivo a carico dell'acquirente, l'imposta si applica con l'aliquota propria dell'atto ratificato, convalidato o confermato. Se il corrispettivo non è pagato contestualmente è dovuta, se maggiore, l'imposta stabilita per la relativa obbligazione.

3. Quando per la ratifica, la convalida o la conferma è pattuito un corrispettivo a carico dell'alienante è dovuta l'imposta per l'assunzione della obbligazione o quella di quietanza a seconda che dall'atto la somma risulti promessa o pagata.

4. Il criterio per la determinazione dell'imposta stabilito nel comma 3 si applica anche quando è pattuito, a carico di una delle parti, un corrispettivo per la ratifica, convalida o conferma di atti non traslativi della proprietà.

31. Cessione del contratto. – 1. La cessione del contratto è soggetta all'imposta con l'aliquota propria del contratto ceduto, con esclusione della cessione prevista dall'articolo 5 della parte prima della tariffa [(1)].

2. Per la cessione verso corrispettivo di un contratto a titolo gratuito l'imposta si applica con l'aliquota stabilita per il corrispondente contratto a titolo oneroso.

[(1)] *Comma così modificato dall'articolo 24, comma 18, della Legge 27 dicembre 1997, n. 449.*

32. Dichiarazione di nomina. – 1. La dichiarazione di nomina della persona, per la quale un atto è stato in tutto o in parte stipulato, è soggetta all'imposta in misura fissa a condizione che la relativa facoltà derivi dalla legge ovvero derivi da espressa riserva contenuta nell'atto cui la dichiarazione si riferisce e sia esercitata, entro tre giorni dalla data dell'atto, mediante atto pubblico ovvero mediante scrittura privata autenticata o presentata per la registrazione entro il termine stesso. Se la dichiarazione di nomina viene fatta nello stesso atto o contratto che contiene la riserva non è dovuta alcuna imposta. In ogni altro caso, nonché quando la dichiarazione di nomina non è conforme alla riserva o è fatta a favore di altro partecipante alla gara, è dovuta l'imposta stabilita per l'atto cui si riferisce la dichiarazione.

33. Mandato irrevocabile e atto di surrogazione. – 1. Il mandato irrevocabile con dispensa dall'obbligo di rendiconto è soggetto all'imposta stabilita per l'atto per il quale è stato conferito.

2. L'atto da cui risulta la surrogazione nei diritti del creditore, a norma degli articoli 1201 e 1203 del codice civile, è soggetto all'imposta stabilita per la cessione del diritto spettante al creditore surrogato.

34. Divisioni. – 1. La divisione, con la quale ad un condividente sono assegnati beni per Un valore complessivo eccedente quello a lui spettante sulla massa comune, è considerata vendita limitatamente alla parte eccedente. La massa comune è costituita nelle comunioni ereditarie dal valore, riferito alla data della divisione, dell'asse ereditario netto determinato a norma dell'imposta di successione, e nelle altre comunioni, dai beni risultanti da precedente atto che abbia scontato l'imposta propria dei trasferimenti.

2. I conguagli superiori al cinque per cento del valore della quota di diritto, ancorché attuati mediante accollo di debiti della comunione, sono soggetti all'imposta con l'aliquota stabilita per i trasferimenti mobiliari fino a concorrenza del valore complessivo dei beni mobili e dei crediti compresi nella quota e con l'aliquota stabilita per i trasferimenti immobiliari per l'eccedenza.

3. Quando risulta che il valore dei beni assegnati ad uno dei condividenti determinato a norma dell'art. 52 è superiore a quello dichiarato, la differenza si considera conguaglio.

4. Agli effetti del presente articolo le comunioni tra i medesimi soggetti, che trovano origine in più titoli, sono considerate come una sola comunione se l'ultimo acquisto di quote deriva da successione a causa di morte.

35. Contratti a prezzo indeterminato. – 1. Se il corrispettivo deve essere determinato posteriormente alla stipulazione di un contratto, l'imposta è applicata in base al valore dichiarato dalla parte che richiede la registrazione, salvo conguaglio o rimborso dopo la determinazione definitiva del corrispettivo, da denunciare a norma dell'art. 19.

2. Gli aggiornamenti o gli adeguamenti del canone a norma della legge 27 luglio 1978, n. 392, non hanno effetto ai fini della determinazione definitiva del corrispettivo dell'annualità del contratto nel corso della quale si verificano. Qualora l'imposta sia stata corrisposta per l'intera durata del contratto di locazione gli aggiornamenti o gli adeguamenti del canone hanno effetto ai soli fini della determinazione della base imponibile in caso di proroga del contratto [(1)].

3. Se nel contratto è prevista la possibilità che il corrispettivo vari tra un minimo e un massimo, il valore da dichiarare a norma del comma 1 non può essere inferiore al minimo.

[(1)] *Comma così modificato dall'articolo 24, comma 18, della Legge 27 dicembre 1997, n. 449.*

36. Contratti a tempo indeterminato e contratti con patto di proroga tacita o di recesso anticipato. – 1. Per i contratti a tempo indeterminato l'imposta è applicata in base alla durata dichiarata dalla parte che ne richiede la registrazione. Se alla data indicata il rapporto non sia cessato deve essere presentata all'ufficio, art. 19, una nuova denuncia sulla base della quale l'imposta viene applicata in relazione alla maggiore durata del contratto.

2. Se la durata dell'atto dipende dalla vita di una persona si applicano le disposizioni dell'articolo 46.

3. Per i contratti con patto di proroga tacita l'imposta è applicata in relazione alla durata pattuita, salvo l'obbligo delle parti di denunciare a norma dell'art. 19 l'ulteriore periodo di durata del rapporto e di pagare la relativa imposta in base alle norme vigenti al momento in cui il contratto è divenuto vincolante per il nuovo periodo.

4. Per i contratti, che attribuiscono ad una parte il diritto di recedere prima della scadenza ma dopo un determinato periodo di tempo, l'imposta è applicata in relazione a tale periodo, salvo integrazione per la ulteriore durata.

37. Atti della autorità giudiziaria. – 1. Gli atti dell'autorità giudiziaria in materia di controversie civili che definiscono anche parzialmente il giudizio, i decreti ingiuntivi esecutivi, i provvedimenti che dichiarano esecutivi i lodi arbitrali e le sentenze che dichiarano efficaci nello Stato sentenze straniere, sono soggetti all'imposta anche se al momento della registrazione siano stati impugnati o siano ancora impugnabili, salvo conguaglio o rimborso in base a successiva sentenza passata in giudicato; alla sentenza passata in giudicato sono equiparati l'atto di conciliazione giudiziale e l'atto di transazione stragiudiziale in cui è parte l'amministrazione dello Stato.

2. Il contribuente che ha diritto al rimborso deve chiederlo ai sensi dell'art. 77 all'ufficio che ha riscosso l'imposta.

38. Irrilevanza della nullità e dell'annullabilità dell'atto. – 1. La nullità o l'annullabilità dell'atto non dispensa dall'obbligo di chiedere la registrazione e di pagare la relativa imposta.

2. L'imposta assolta a norma del comma 1 deve essere restituita, per la parte eccedente la misura fissa, quando l'atto sia dichiarato nullo o annullato, per causa non imputabile alle parti, con sentenza passata in giudicato e non sia suscettibile di ratifica, convalida o conferma.

39. Atti soggetti a registrazione in caso d'uso. – 1. Per gli atti soggetti a registrazione in caso d'uso l'imposta è applicata in base alle disposizioni vigenti al momento della richiesta di registrazione.

40. Atti relativi ad operazioni soggette all'imposta sul valore aggiunto. – 1. Per gli atti relativi a cessioni di beni e prestazioni di servizi soggetti all'imposta sul valore aggiunto, l'imposta si applica in misura fissa. Si considerano soggette all'imposta sul valore aggiunto anche le cessioni e le prestazioni tra soggetti partecipanti a un gruppo IVA, le cessioni e le prestazioni per le quali l'imposta non è dovuta a norma degli articoli da 7 a 7-septies del decreto del Presidente della Repubblica 26 ottobre 1972, n. 633, e quelle di cui al comma 6 dell'articolo 21 del medesimo decreto del Presidente della Repubblica n. 633 del 1972. La disposizione del periodo precedente non si applica alle operazioni esenti ai sensi dei numeri 8), 8-bis) e 27-quinquies) del primo comma dell'articolo 10 del citato decreto n. 633 del 1972 e alle locazioni di immobili esenti ai sensi del secondo comma del medesimo articolo 10, nonché alle cessioni di beni e alle prestazioni di servizi tra soggetti partecipanti a un gruppo IVA per le quali, se effettuate nei confronti di un soggetto non partecipante al gruppo IVA, si applicherebbero le suddette disposizioni [(1)].

1-bis. Sono soggette all'imposta proporzionale di registro le locazioni di immobili strumentali di cui all'articolo 10, primo comma, numero 8), del decreto del Presidente della Repubblica 26 ottobre 1972, n. 633, ancorché siano imponibili agli effetti dell'imposta sul valore aggiunto ovvero intervengano tra soggetti partecipanti a un gruppo IVA [(2)].

2. Per le operazioni indicate nell'art. 11 del decreto del Presidente della Repubblica 26 ottobre 1972, n. 633, l'imposta si applica sulla cessione o prestazione non soggetta all'imposta sul valore aggiunto.

[(1)] *Comma modificato dall'articolo 10, comma 5, lettera a), del D.L. 20 giugno 1996, n. 323, convertito con modificazioni dalla Legge 8 agosto 1996, n. 425, dall'articolo 8 della legge 18 febbraio 1999, n. 28 e, successivamente dall'articolo 82, comma 14, del D.L. 25 giugno 2008, n.112, come modificato dalla legge 6 agosto 2008, n. 133, in sede di conversione. Da ultimo sostituito dall'articolo 1, comma 26, lettera b), numero 1), della Legge 11 dicembre 2016, n. 232. L'articolo 1, comma 30, della Legge 232/2016 medesima stabilisce che la presente modifica si applica dal 1° gennaio 2018.*

[(2)] *Comma aggiunto dall'articolo 35, comma 10, del D.L. 4 luglio 2006, n. 223, modificato dall'articolo 1, comma 164, lettera a), della Legge 27 dicembre 2013, n. 147 e, da ultimo, dall'articolo 1, comma 83, lettera a), della Legge 28 dicembre 2015, n. 208. A norma del comma 84 del medesimo articolo 1, la presente disposizione si applica dal 1° gennaio 2016 al 31 dicembre 2020. Da ultimo sostituito dall'articolo 1, comma 26, lettera b), numero 2), della Legge 11 dicembre 2016, n. 232. L'articolo 1, comma 30, della Legge 232/2016 medesima stabilisce che la presente modifica si applica dal 1° gennaio 2018.*

41. Liquidazione dell'imposta. – 1. L'imposta, quando non è dovuta in misura fissa, è liquidata dall'ufficio mediante l'applicazione dell'aliquota indicata nella tariffa alla base imponibile, determinata secondo le disposizioni del titolo quarto, con arrotondamento a lire mille, per difetto se la frazione non è superiore a lire cinquecento e per eccesso se superiore, ovvero all'unità, nel caso in cui i valori siano espressi in euro, per difetto se la frazione è inferiore a 50 centesimi e per eccesso se non inferiore [(1)].

2. L'ammontare dell'imposta principale non può essere in nessun caso inferiore alla misura fissa indicata nell'articolo 11 della tariffa, parte prima, salvo quanto disposto dagli articoli 5 e 7 della tariffa stessa [(1)].

[(1)] *Comma così modificato dall'art.icolo 8, del D.P.R. 18 agosto 2000, n. 308.*

42. Imposta principale, suppletiva e complementare. – 1. È principale l'imposta applicata al momento della registrazione e quella richiesta dall'ufficio se diretta a correggere errori od omissioni effettuati in sede di autoliquidazione nei casi di presentazione della richiesta di registrazione per via telematica; è suppletiva l'imposta applicata successivamente se diretta a correggere errori od omissioni dell'ufficio; è complementare l'imposta applicata in ogni altro caso [(1)].

2. L'imposta applicabile, ai sensi degli articoli precedenti, sugli atti non presentati per la registrazione o in aggiunta a quella assolta all'atto della registrazione è riscossa dall'ufficio nei modi e nei termini indicati nel titolo quinto.

[(1)] *Comma sostituito dall'art. 3-quater, d.lg. 18 dicembre 1997, n. 463, come modificato dall'articolo 1, comma 4, del D.Lgs. 18 gennaio 2000, n. 9.*

TITOLO IV
Determinazione della base imponibile

43. Base imponibile. – 1. La base imponibile, salvo quanto disposto negli articoli seguenti, è costituita:

a) per i contratti a titolo oneroso traslativi o costitutivi di diritti reali dal valore del bene o del diritto alla data dell'atto ovvero, per gli atti sottoposti a condizione sospensiva, ad approvazione o ad omologazione, alla data in cui si producono i relativi effetti traslativi o costitutivi;

b) per le permute, salvo il disposto del comma 2 dell'art. 40, dal valore del bene che dà luogo all'applicazione della maggiore imposta;

c) per i contratti che importano l'assunzione di una obbligazione di fare in corrispettivo della cessione di un bene o dell'assunzione di altra obbligazione di fare, dal valore del bene ceduto o della prestazione che dà luogo all'applicazione della maggiore imposta, salvo il disposto del comma 2 dell'art.40;

d) per le cessioni di contratto, dal corrispettivo pattuito per la cessione e dal valore delle prestazioni ancora da eseguire;

e) per gli atti portanti assunzione di una obbligazione che non costituisce corrispettivo di altra prestazione o portanti estinzione di una precedente obbligazione, dall'ammontare dell'obbligazione assunta o estinta e, se questa ha per oggetto un bene diverso dal denaro, dal valore del bene alla data dell'atto;

f) per gli atti con i quali viene prestata garanzia reale o personale, dalla somma garantita; se la garanzia è prestata in denaro o in titoli, dalla somma di denaro o dal valore dei titoli, se inferiore alla somma garantita;

[*g) per i contratti di associazione in partecipazione, dal valore dei beni apportati dall'associato;*] [(1)]

h) per i contratti diversi da quelli indicati nelle lettere precedenti, aventi per oggetto prestazioni a contenuto patrimoniale, dall'ammontare dei corrispettivi in denaro pattuiti per l'intera durata del contratto;

i) per i contratti relativi ad operazioni soggette e ad operazioni non soggette all'imposta sul valore aggiunto, dal valore delle cessioni e delle prestazioni non soggette a tale imposta;

2. I debiti o gli altri oneri accollati e ne obbligazioni estinte per effetto dell'atto concorrono a formare la base imponibile.

3. I prezzi o i corrispettivi in valuta estera o in valuta oro sono ragguagliati al cambio del giorno della stipulazione dell'atto, sempreché le parti non abbiano stabilito nei loro

rapporti altra data di ragguaglio.

4. Le disposizioni del comma 1 valgono anche per gli atti dell'autorità giudiziaria, di cui all'art. 37, relativi agli atti indicati nel comma stesso e produttivi degli stessi effetti [2].

[1] *Lettera abrogata dall'art. 10, l. 23 dicembre 1999, n. 488.*

[2] *Vedi deroga di cui all'articolo 1, comma 497, della legge 23 dicembre 2005, n. 266.*

44. Espropriazione forzata e trasferimenti coattivi. – 1. Per la vendita di beni mobili e immobili fatta in sede di espropriazione forzata ovvero all'asta pubblica e per i contratti stipulati o aggiudicati in seguito a pubblico incanto la base imponibile è costituita dal prezzo di aggiudicazione, diminuito, nell'ipotesi prevista dall'art. 587 del codice di procedura civile, della parte già assoggettata all'imposta.

2. Per l'espropriazione per pubblica utilità e per ogni altro atto della pubblica autorità traslativo o costitutivo della proprietà di beni mobili o immobili o di aziende e di diritti reali sugli stessi la base imponibile è costituita dall'ammontare definitivo dell'indennizzo. In caso di trasferimento volontario all'espropriante nell'ambito della procedura espropriativa la base imponibile è costituita dal prezzo.

45. Concessioni e atti con amministrazioni dello Stato. – 1. Per gli atti concernenti le concessioni di cui all'art. 5 della parte prima della tariffa, nonché per gli atti portanti trasferimento di beni immobili o diritti reali immobiliari da o ad amministrazioni dello Stato, compresi gli organi dotati di personalità giuridica, con valore determinato dall'ufficio tecnico erariale in base a disposizioni di legge, la base imponibile e costituita rispettivamente dall'ammontare del canone ovvero da quello del corrispettivo pattuito.

46. Rendite e pensioni. – 1. Per la costituzione di rendite la base imponibile è costituita dalla somma pagata o dal valore dei beni ceduti dal beneficiario ovvero, se maggiore, dal valore della rendita; per la costituzione di pensioni la base imponibile è costituita dal valore della pensione.

2. Il valore della rendita o pensione è costituito:

a) dal ventuplo dell'annualità se si tratta di rendita perpetua o a tempo indeterminato [1] ;

b) dal valore attuale dell'annualità, calcolato al saggio legale di interesse, ma in nessun caso superiore al ventuplo dell'annualità, se si tratta di rendita o pensione a tempo determinato [2] ;

c) dall'ammontare che si ottiene moltiplicando l'annualità per il coefficiente indicato nel prospetto allegato al presente testo unico, applicabile in relazione all'età della persona alla cui morte deve cessare, se si tratta di rendita o pensione vitalizia[3].

3. Il valore della rendita o pensione costituita congiuntamente a favore di più persone, che debba cessare con la morte di una qualsiasi di esse, è determinato a norma della lettera c) del comma 2 tenendo conto dell'età del meno giovane dei beneficiari. Se la rendita o pensione è costituita congiuntamente a favore di più persone con diritto di accrescimento tra loro, il valore è determinato tenendo conto dell'età del più giovane dei beneficiari.

4. La rendita o pensione a tempo determinato, con clausola di cessazione per effetto della morte del beneficiario prima della scadenza, è valutata nei modi previsti dalla lettera b) del comma 2, ma il suo valore non può superare quello determinato nei modi previsti dalla successiva lettera c) con riferimento alla durata massima della rendita o pensione.

5. Le disposizioni dei commi 3 e 4 si applicano con riferimento alla persona alla cui morte deve cessare la corresponsione della rendita o della pensione se tale persona è diversa dal beneficiario.

[1] *Lettera modificata prima dall'articolo 13 della legge 29 dicembre 1990, n. 408 e poi dall'articolo 3, comma 164, della legge 23 dicembre 1996, n. 662. Il valore del multiplo indicato nella presente lettera è stato fissato in 28,57 volte l'annualità dall'articolo 1 del D.M. 28 dicembre 2000, in 33,33 volte l'annualità dall'articolo 1 del D.M. 24 dicembre 2001, in quaranta volte l'annualità dall'articolo 1 del D.M. 18 dicembre 2003, in 33,33 volte l'annualità dall'articolo 1 del D.M. 7 gennaio 2008, in 66,66 volte l'annualità dall'articolo 1 del D.M. 23 dicembre 2010, in quaranta volte l'annualità dall'articolo 1 del D.M. 22 dicembre 2011 e in 200 volte l'annualità dall'articolo 1, comma 1, del D.M. 22 dicembre 2014; a norma dell'articolo 2, comma 1, del citato decreto le disposizioni di cui al D.M. 22 dicembre 2014 si applicano agli atti pubblici formati, agli atti giudiziari pubblicati o emanati, alle scritture private autenticate e a quelle non autenticate presentate per la registrazione, alle successioni apertesi ed alle donazioni fatte a decorrere dalla data del 1° gennaio 2015; in 500 volte l'annualità dall'articolo 1, comma 1, del D.M. 21 dicembre 2015, a norma dell'articolo 2, comma 1, del citato decreto le disposizioni si applicano agli atti pubblici formati, agli atti giudiziari pubblicati o emanati, alle scritture private autenticate e a quelle non autenticate presentate per la registrazione, alle successioni apertesi ed alle donazioni fatte a decorrere dalla data del 1° gennaio 2016. Successivamente il valore del multiplo indicato nella presente lettera è stato fissato 1000 volte l'annualità dall'articolo 1, comma 1, del D.M. 23 dicembre 2016. A norma dell'articolo 1, comma 1, del D.M. 19 dicembre 2018, il valore del multiplo indicato nella presente lettera relativo alla determinazione della base imponibile per la costituzione di rendite o pensioni, è fissato in 125,00 volte l'annualità. Vedi anche l'articolo 2, comma 1, del D.M. 19 dicembre 2018. A norma dell'articolo 1, comma 1, del D.M. 20 dicembre 2019, il valore del multiplo relativo alla determinazione della base imponibile per la costituzione di rendite o pensioni, di cui alla presente lettera, è fissato in 2000 volte l'annualità. Vedi anche le disposizioni di attuazione di cui all'articolo 2, comma 1, del citato D.M. 20 dicembre 2019. A norma dell'articolo 1, comma 1, del D.M. 20 dicembre 2022, il valore del multiplo indicato nella presente lettera, relativo alla determinazione della base imponibile per la costituzione di rendite o pensioni, è fissato in 20 volte l'annualità.*

[2] *Lettera modificata prima dall'articolo 13 della legge 29 dicembre 1990, n. 408 e poi dall'articolo 3, comma 164, della legge 23 dicembre 1996, n. 662. Il valore del multiplo indicato nella presente lettera è stato fissato in 200 volte l'annualità dall'articolo 1, comma 1, del D.M. 22 dicembre 2014; a norma dell'articolo 2, comma 1, del citato decreto le disposizioni di cui al D.M. 22 dicembre 2014 si applicano agli atti pubblici formati, agli atti giudiziari pubblicati o emanati, alle scritture private autenticate e a quelle non autenticate presentate per la registrazione, alle successioni apertesi ed alle donazioni fatte a decorrere dalla data del 1° gennaio 2015; in 500 volte l'annualità dall'articolo 1, comma 1, del D.M. 21 dicembre 2015, a norma dell'articolo 2, comma 1, del citato decreto le disposizioni si applicano agli atti pubblici formati, agli atti giudiziari pubblicati o emanati, alle scritture private autenticate e a quelle non autenticate presentate per la registrazione, alle successioni apertesi ed alle donazioni fatte a decorrere dalla data del 1° gennaio 2016. Successivamente il valore del multiplo indicato nella presente lettera è stato fissato 1000 volte l'annualità dall'articolo 1, comma 1, del D.M. 23 dicembre 2016. A norma dell'articolo 1, comma 1, del D.M. 19 dicembre 2018, il valore del multiplo indicato nella presente lettera relativo alla determinazione della base imponibile per la costituzione di rendite o pensioni, è fissato in 125,00 volte l'annualità. Vedi anche l'articolo 2, comma 1, del D.M. 19 dicembre 2018. A norma dell'articolo 1, comma 1, del D.M. 20 dicembre 2019, il valore del multiplo relativo alla determinazione della base imponibile per la costituzione di rendite o pensioni, di cui alla presente lettera, è fissato in 2000 volte l'annualità. Vedi anche le disposizioni di attuazione di cui all'articolo 2, comma 1, del citato D.M. 20 dicembre 2019. A norma dell'articolo 1, comma 1, del D.M. 20 dicembre 2022, il valore del multiplo indicato nella presente lettera, relativo alla determinazione della base imponibile per la costituzione di rendite o pensioni, è fissato in 20 volte l'annualità.*

[3] *Il valore del multiplo indicato nel presente comma è stato fissato in 28,57 volte l'annualità dall'articolo 1 del D.M. 28 dicembre 2000, in 33,33 volte l'annualità dall'articolo 1 del D.M. 24 dicembre 2001, in quaranta*

volte l'annualità dall'articolo 1 del D.M. 18 dicembre 2003 e in 33,33 volte l'annualità dall'articolo 1 del D.M. 7 gennaio 2008, in 66,66 volte l'annualità dall'articolo 1 del D.M. 23 dicembre 2010 in quaranta volte l'annualita dall'articolo 1 del D.M. 22 dicembre 2011, in 100 volte l'annualità dall'articolo 1, comma 1, del D.M. 23 dicembre 2013 in 10.000 volte l'annualita' dall'articolo 1 del D.M. 18 dicembre 2020

47. Enfiteusi. – 1. Per la costituzione di enfiteusi e per la devoluzione o la cessione del diritto dell'enfiteuta, la base imponibile è costituita dal ventuplo del canone annuo ovvero, se maggiore, dal valore del diritto dell'enfiteuta.

2. Per l'affrancazione la base imponibile è costituita dalla somma dovuta dall'enfiteuta.

3. Il valore del diritto del concedente è pari alla somma dovuta dall'enfiteuta per l'affrancazione. Il valore del diritto dell'enfiteuta è pari alla differenza tra il valore della piena proprietà e la somma dovuta per l'affrancazione.

48. Valore della nuda proprietà, dell'usufrutto, dell'uso e dell'abitazione. – 1. Per il trasferimento della proprietà gravata da diritto di usufrutto, uso o abitazione la base imponibile è costituita dalla differenza tra il valore della piena proprietà e quello dell'usufrutto, uso o abitazione. Il valore dell'usufrutto, dell'uso e dell'abitazione è determinato a norma dell'art. 46, assumendo come annualità l'ammontare ottenuto moltiplicando il valore della piena proprietà per il saggio legale di interesse.

49. Crediti. – 1. Per i crediti a base imponibile è costituita dal loro importo, senza tener conto degli interessi non ancora maturati. Per i crediti infruttiferi che scadono almeno dopo un anno dalla data dell'atto con il quale sono stati costituiti o ceduti, la base imponibile è costituita dal loro valore attuale calcolato al saggio legale di interesse

50. Atti ed operazioni concernenti società, enti, consorzi, associazioni ed altre organizzazioni commerciali od agricole. – 1. Per gli atti costitutivi e per gli aumenti di capitale o di patrimonio di società o di enti, diversi dalle società, compresi i consorzi, le associazioni e le altre organizzazioni di persone o di beni con o senza personalità giuridica aventi per oggetto esclusivo o principale l'esercizio di attività commerciali o agricole, con conferimento di immobili o diritti reali immobiliari, la base imponibile è costituita dal valore dei beni o diritti conferiti al netto delle passività e degli oneri accollati alle società, enti, consorzi, associazioni e altre organizzazioni commerciali o agricole, nonché delle spese e degli oneri inerenti alla costituzione o all'esecuzione dell'aumento calcolati forfetariamente nella misura del 2 per cento del valore dichiarato fino a euro 103.291,38 e dell'1 per cento per la parte eccedente, e in ogni caso in misura non superiore a euro 516.456,90 (1).

(1) Articolo modificato dall'articolo 16, comma 13, lettera a), della legge 24 dicembre 1993, n. 537, successivamente, dall'articolo 10, comma 5, lettera b), del D.L. 20 giugno 1996, n. 323, convertito con modificazioni dalla L. 8 agosto 1996 n. 425 e, da ultimo, sostituito dall'art. 10, l. 23 dicembre 1999, n. 488.

51. Valore dei beni e dei diritti. – 1. Ai fini dei precedenti articoli si assume come valore dei beni o dei diritti, salvo il disposto dei commi successivi, quello dichiarato dalle parti nell'atto e, in mancanza o se superiore, il corrispettivo pattuito per l'intera durata del contratto.

2. Per gli atti che hanno per oggetto beni immobili o diritti reali immobiliari e per quelli che hanno per oggetto aziende o diritti reali su di esse, si intende per valore il valore venale in comune commercio.

3. Per gli atti che hanno per oggetto beni immobili o diritti reali immobiliari l'ufficio del registro, ai fini dell'eventuale rettifica, controlla il valore di cui al comma 1 avendo riguardo ai trasferimenti a qualsiasi titolo e alle divisioni e perizie giudiziarie, anteriori di non oltre tre anni alla data dell'atto o a quella in cui se ne produce l'effetto traslativo o costitutivo, che abbiano avuto per oggetto gli stessi immobili o altri di analoghe caratteristiche e condizioni, ovvero al reddito netto di cui gli immobili sono suscettibili, capitalizzato al tasso mediamente applicato alla detta data e nella stessa località per gli investimenti immobiliari, nonché ad ogni altro elemento di valutazione, anche sulla base di indicazioni eventualmente fornite dai comuni.

4. Per gli atti che hanno per oggetto aziende o diritti reali su di esse il valore di cui al comma 1 è controllato dall'ufficio con riferimento al valore complessivo dei beni che compongono l'azienda, compreso l'avviamento ed esclusi i beni indicati nell'art. 7 della parte prima della tariffa e art. 11- bis della tabella, al netto delle passività risultanti dalle scritture contabili obbligatorie o da atti aventi data certa a norma del codice civile, tranne quelle che l'alienante si sia espressamente impegnato ad estinguere e quelle relative ai beni di cui al citato art. 7 della parte prima della tariffa e art. 11- bis della tabella. L'ufficio può tenere conto anche degli accertamenti compiuti ai fini di altre imposte e può procedere ad accessi, ispezioni e verifiche secondo le disposizioni relative all'imposta sul valore aggiunto (1).

(1) Comma così modificato dall'art. 57, del D.Lgs. 15 dicembre 1997, n. 446.

52. Rettifica del valore degli immobili e delle aziende. – 1. L'ufficio, se ritiene che i beni o i diritti di cui ai commi 3 e 4 dell'art. 51 hanno un valore venale superiore al valore dichiarato o al corrispettivo pattuito, provvede con lo stesso atto alla rettifica e alla liquidazione della maggiore imposta, con gli interessi e le sanzioni (1)(2).

2. L'avviso di rettifica e di liquidazione della maggiore imposta deve contenere l'indicazione del valore attribuito a ciascuno dei beni o diritti in esso descritti, degli elementi di cui all'art. 51 in base ai quali è stato determinato, l'indicazione delle aliquote applicate e del calcolo della maggiore imposta, nonchè dell'imposta dovuta in caso di presentazione del ricorso (3).

2-bis. La motivazione dell'atto deve indicare i presupposti di fatto e le ragioni giuridiche che lo hanno determinato. Se la motivazione fa riferimento ad un altro atto non conosciuto né ricevuto dal contribuente, questo deve essere allegato all'atto che lo richiama salvo che quest'ultimo non ne riproduca il contenuto essenziale. L'accertamento è nullo se non sono osservate le disposizioni di cui al presente comma (4).

3. L'avviso è notificato nei modi stabiliti per le notificazioni in materia di imposte sui redditi dagli ufficiali giudiziari, da messi speciali autorizzati dagli uffici del registro o da messi comunali o di conciliazione.

4. Non sono sottoposti a rettifica il valore o il corrispettivo degli immobili, iscritti in catasto con attribuzione di ren-

dita, dichiarato in misura non inferiore, per i terreni, a settantacinque volte il reddito dominicale risultante in catasto e, per i fabbricati, a cento volte il reddito risultante in catasto, aggiornati con i coefficienti stabiliti per le imposte sul reddito, nè i valori o corrispettivi della nuda proprietà e dei diritti reali di godimento sugli immobili stessi dichiarati in misura non inferiore a quella determinata su tale base a norma degli articoli 47 e 48. Ai fini della disposizione del presente comma le modifiche dei coefficienti stabiliti per le imposte sui redditi hanno effetto per gli atti pubblici formati, per le scritture private autenticate e gli atti giudiziari pubblicati o emanati dal decimo quinto giorno successivo a quello di pubblicazione dei decreti previsti dagli 87articoli 87 e 88 del decreto del Presidente della Repubblica 29 settembre 1973, n. 597, nonchè per le scritture private non autenticate presentate per la registrazione da tale data. La disposizione del presente comma non si applica per i terreni per i quali gli strumenti urbanistici prevedono la destinazione edificatoria (5).

5. I moltiplicatori di sessanta e ottanta volte possono essere modificati, in caso di sensibili divergenze dai valori di mercato, con decreto del Ministro delle finanze pubblicato nella Gazzetta Ufficiale. Le modifiche hanno effetto per gli atti pubblici formati, per le scritture private autenticate e gli atti giudiziari pubblicati o emanati dal decimo quinto giorno successivo a quello di pubblicazione del decreto nonché per le scritture private non autenticate presentate per la registrazione da tale data (6).

5-bis. Le disposizioni dei commi 4 e 5 non si applicano relativamente alle cessioni di immobili e relative pertinenze diverse da quelle disciplinate dall'articolo 1, comma 497, della legge 23 dicembre 2005, n. 266, e successive modificazioni (7)(8)(9).

(1) *Comma sostituito dall'articolo 3, comma 135, lettera a), della legge 28 dicembre 1995, n. 549.*
(2) *Vedi l'articolo 1, comma 498, della legge 23 dicembre 2005, n. 266 e l'articolo 35, comma 22, del D.L. 4 luglio 2006, n. 223.*
(3) *Comma sostituito dall'articolo 3, comma 135, lettera a), della legge 28 dicembre 1995, n. 549.*
(4) *Comma aggiunto dall'articolo 4, comma 1, del D.Lgs. 26 gennaio 2001, n. 32.*
(5) *I moltiplicatori sono stati così elevati, con decorrenza dal 3 dicembre 1989, dal d.m. 11 novembre 1989. Vedi, anche, il d.m. 14 dicembre 1991.*
(6) *A norma dell'articolo 2, comma 63, della legge 24 dicembre 2003, n. 350, a decorrere dal 1° gennaio 2004, ai soli fini delle imposte di registro, ipotecarie e catastali, i moltiplicatori previsti dal presente comma sono rivalutati nella misura del 10 per cento. Successivamente l'articolo 1 bis, comma 7, del D.L. 12 luglio 2004, n. 168 ha stabilito che per gli immobili diversi dalla prima casa e per gli stessi fini previsti dall'articolo 2, comma 63, della legge n. 350 del 2003 i moltiplicatori previsti dal presente comma debbano essere rivalutati nella misura del 20 per cento. Infine, il moltiplicatore previsto dal presente comma, è stato rivalutato nella misura del 40 per cento dall'articolo 2, comma 45, del D.L. 3 ottobre 2006, n. 262, convertito con modificazioni dalla L. 24 novembre 2006 n. 286.*
(7) *Comma aggiunto dall'articolo 35, comma 23-ter, del D.L. 4 luglio 2006, n. 223, convertito con modificazioni dalla L. 4 agosto 2006 n. 248.*
(8) *Per la uniforme e corretta applicazione delle norme di cui al presente articolo vedi l'articolo 1, comma 307, della legge 27 dicembre 2006, n. 296.*
(9) *Per una proroga delle disposizioni di cui al presente articolo, vedi l'articolo 149, comma 1, lettera d), del D.L. 19 maggio 2020, n. 34, convertito, con modificazioni, dalla Legge 17 luglio 2020, n. 77.*

52 *bis*. Liquidazione dell'imposta derivante dai contratti di locazione (1). – 1. La liquidazione dell'imposta complementare di cui all'articolo 42, comma 1, è esclusa qualora l'ammontare del canone di locazione relativo ad immobili, iscritti in catasto con attribuzione di rendita, risulti dal contratto in misura non inferiore al 10 per cento del valore dell'immobile determinato ai sensi dell'articolo 52, comma 4, e successive modificazioni. Restano comunque fermi i poteri di liquidazione dell'imposta per le annualità successive alla prima

(1) *Articolo inserito dall'articolo 1, comma 341 della legge 30 dicembre 2004, n. 311. Per le deroghe al presente articolo vedi articolo 1, comma 343 della legge 30 dicembre 2004, n. 311.*

53. Atti sprovvisti di indicazioni necessarie. – 1. Se l'atto non contiene la dichiarazione di valore né l'indicazione del corrispettivo, l'ufficio determina la base imponibile, salva l'applicazione dell'art. 52 nelle ipotesi previste nei commi 3 e 4 dell'art. 51.

2. Se l'atto non contiene l'indicazione della sua data, si assume come tale quella in cui è eseguita la registrazione, salva l'applicazione della sanzione stabilita nell'art. 74.

53 *bis*. Attribuzioni e poteri degli uffici (1). – 1. Fermo restando quanto previsto dall'articolo 10-bis della legge 27 luglio 2000, n. 212, le attribuzioni e i poteri di cui agli articoli 31 e seguenti del decreto del Presidente della Repubblica 29 settembre 1973, n. 600, e successive modificazioni, possono essere esercitati anche ai fini dell'imposta di registro, nonché delle imposte ipotecaria e catastale previste dal testo unico di cui al decreto legislativo 31 ottobre 1990, n. 347.

(1) *Articolo aggiunto dall'articolo 35, comma 24, del D.L. 4 luglio 2006, n. 223 e successivamente modificato dall'articolo 1, comma 87, lettera b) della Legge 27 dicembre 2017, n. 205.*

TITOLO V
Riscossione dell'imposta

54. Riscossione dell'imposta in sede di registrazione. – 1. All'atto della richiesta di registrazione il richiedente deve pagare l'imposta liquidata a norma del comma 1 dell'art. 16, ovvero, se la liquidazione è differita a norma del comma 2 dello stesso articolo, depositare la somma che l'ufficio ritiene corrispondente all'imposta dovuta. Della somma depositata viene rilasciata ricevuta.

2. I funzionari indicati alla lettera c) dell'art. 10 sono tenuti al pagamento o al deposito di cui al comma 1 limitatamente ai decreti di trasferimento emanati nei procedimenti esecutivi e agli atti da essi ricevuti.

3. Per gli altri atti degli organi giurisdizionali il pagamento dell'imposta deve essere effettuato, entro il termine di cui al comma 5, dalle parti in causa o dai soggetti nel cui interesse è richiesta la registrazione.

4. In mancanza del pagamento o del deposito l'ufficio procede, a norma dell'art. 15, lettere a) e b), alla registrazione d'ufficio.

5. Quando la registrazione deve essere eseguita d'ufficio a norma dell'art. 15 l'ufficio del registro notifica apposito avviso di liquidazione al soggetto o ad uno dei soggetti obbligati al pagamento dell'imposta, con invito ad effettuare entro il termine di sessanta giorni il pagamento dell'imposta e, se dallo stesso dovuta, della pena pecuniaria irrogata per omessa richiesta di registrazione. Nell'avviso devono essere

indicati gli estremi dell'atto da registrare o il fatto da denunciare e la somma da pagare [(1)(2)].

[(1)] Per la determinazione dei tassi d'interesse di cui al presente articolo vedi l'articolo 6, comma 2, lettera b), del D.M. 21 maggio 2009.
[(2)] Per una proroga delle disposizioni di cui al presente articolo, vedi l'articolo 149, comma 1, lettera e), del D.L. 19 maggio 2020, n. 34, convertito, con modificazioni, dalla Legge 17 luglio 2020, n. 77.

55. Riscossione dell'imposta successivamente alla registrazione. – 1. Il pagamento dell'imposta complementare, dovuta in base all'accertamento del valore imponibile o alla presentazione di una delle denunce previste dall'art. 19, deve essere eseguito entro sessanta giorni da quello in cui è avvenuta la notifica della relativa liquidazione [(1)]

2. Il pagamento delle imposte suppletive deve essere eseguito entro sessanta giorni da quello in cui è avvenuta la notifica della relativa liquidazione.

3. Il pagamento delle imposte e delle sanzioni amministrative eseguito successivamente alla registrazione deve risultare da apposita quietanza indicante gli estremi di registrazione dell'atto e le generalità del soggetto che ha eseguito il pagamento [(2)].

4. Per gli interessi di mora si applicano le disposizioni delle leggi 26 gennaio 1961, n. 29, 28 marzo 1962, n. 147, e 18 aprile 1978, n. 130.

[(1)] Comma così modificato dall'art. 3, comma 135, l. 28 dicembre 1995, n. 549.
[(2)] Comma così modificato dall'art. 1, d.lg. 18 dicembre 1997, n. 473.

56. Riscossione in pendenza di giudizio, riscossione coattiva e privilegio. – 1. Il ricorso del contribuente non sospende la riscossione, a meno che si tratti:

a) di imposta complementare per il maggior valore accertato. In tal caso la maggior imposta deve essere pagata per un terzo entro il termine di cui all'articolo 55, per due terzi dell'imposta liquidata sul valore risultante dalla decisione della commissione tributaria di primo grado e per il resto dopo la decisione della commissione di secondo grado, in ogni caso al netto delle somme già riscosse; la direzione regionale delle entrate, se ricorrono gravi motivi, può sospendere la riscossione fino alla decisione della commissione tributaria di primo grado. Se l'imposta riscuotibile in base alla decisione della commissione tributaria è inferiore a quella già riscossa, il contribuente ha diritto al rimborso della differenza entro sessanta giorni dalla notifica della decisione, che deve essere eseguita anche su richiesta del contribuente [(1)];

b) di imposte suppletive, che sono riscosse per intero dopo la decisione della commissione tributaria centrale o della corte d'appello o dell'ultima decisione non impugnata.

2. Il pagamento delle imposte, di cui al comma 1, richieste in relazione alle decisioni delle commissioni tributarie, deve essere effettuato, con gli interessi di mora, entro sessanta giorni dalla notifica dell'avviso di liquidazione [(2)].

[*3. Le pene pecuniarie e le soprattasse sono riscosse dopo che la decisione della controversia è divenuta definitiva.* [(3)]]

4. Per la riscossione coattiva delle imposte, delle soprattasse, delle pene pecuniarie e degli interessi di mora si applicano le disposizioni degli articoli 2, da 5 a 29 e 31 del regio decreto 14 aprile 1910, n. 639. Lo Stato ha privilegio secondo le norme stabilite dal codice civile. Il privilegio si estingue con il decorso di cinque anni dalla data di registrazione.

[(1)] Lettera sostituita dall'art. 3, comma 135, lett. c), l. 28 dicembre 1995, n. 549.
[(2)] Comma così modificato dall'art. 3, comma 135, l. 28 dicembre 1995, n. 549.
[(3)] Comma abrogato dall'art. 1, d.Lgs, 18 dicembre 1997, n. 473.

57. Soggetti obbligati al pagamento. – 1. Oltre ai pubblici ufficiali, che hanno redatto, ricevuto o autenticato l'atto, e ai soggetti nel cui interesse fu richiesta la registrazione, sono solidalmente obbligati al pagamento dell'imposta le parti contraenti, le parti in causa, coloro che hanno sottoscritto o avrebbero dovuto sottoscrivere le denunce di cui agli articoli 12 e 19 e coloro che hanno richiesto i provvedimenti di cui agli articoli 633, 796, 800 e 825 del codice di procedura civile.

1-bis. Gli agenti immobiliari di cui all'articolo 10, comma 1, lettera d-bis), sono solidalmente tenuti al pagamento dell'imposta per le scritture private non autenticate di natura negoziale stipulate a seguito della loro attività per la conclusione degli affari [(1)].

1-ter. L'utilizzatore dell'immobile concesso in locazione finanziaria è solidalmente obbligato al pagamento del tributo per l'immobile, anche da costruire o in corso di costruzione, acquisito dal locatore per la conclusione del contratto [(2)].

2. La responsabilità dei pubblici ufficiali non si estende al pagamento delle imposte complementari e suppletive.

3. Le parti interessate al verificarsi della condizione sospensiva apposta ad un atto sono solidalmente obbligate al pagamento dell'imposta dovuta quando si verifica la condizione o l'atto produce i suoi effetti prima dell'avverarsi di essa.

4. L'imposta complementare dovuta per un fatto imputabile soltanto ad una delle parti contraenti è a carico esclusivamente di questa.

5. Per gli atti soggetti a registrazione in caso d'uso e per quelli presentati volontariamente alla registrazione, obbligato al pagamento dell'imposta è esclusivamente chi ha richiesto la registrazione.

6. Se un atto, alla cui formazione hanno partecipato più parti, contiene più disposizioni non necessariamente connesse e non derivanti per la loro intrinseca natura le une dalle altre, l'obbligo di ciascuna delle parti al pagamento delle imposte complementari e suppletive è limitato a quelle dovute per le convenzioni alle quali essa ha partecipato.

7. Nei contratti in cui è parte lo Stato, obbligata al pagamento dell'imposta è unicamente l'altra parte contraente, anche in deroga all'art. 8 della legge 27 luglio 1978, n. 392, sempreché non si tratti di imposta dovuta per atti presentati volontariamente per la registrazione dalle amministrazioni dello Stato.

8. Negli atti di espropriazione per pubblica utilità o di trasferimento coattivo della proprietà o di diritti reali di godimento l'imposta è dovuta solo dall'ente espropriante o dall'acquirente senza diritto di rivalsa, anche in deroga all'art. 8 della legge 27 luglio 1978, n. 392, l'imposta non è dovuta se espropriante o acquirente è lo Stato.

[(1)] Comma inserito dall'articolo 1, comma 46, della legge 27 dicembre 2006, n. 296.
[(2)] Comma inserito dall'articolo 1, comma 15 della legge 13 dicembre 2010, n. 220.

58. Surrogazione all'amministrazione. – 1. I soggetti indicati nell'art. 10, lettere b) e c), che hanno pagato l'imposta, si surrogano in tutte le ragioni, azioni e privilegi spettanti all'amministrazione finanziaria e possono, esibendo un certificato dell'ufficio del registro attestante la somma pagata, richiedere al giudice del luogo in cui ha sede il loro ufficio ingiunzione di pagamento nei confronti dei soggetti nel cui interesse fu richiesta la registrazione.

2. L'ingiunzione è provvisoriamente esecutiva a norma dell'art. 642 del codice di procedura civile. Non è ammissibile l'opposizione fondata sul motivo che le imposte pagate non erano dovute o erano dovute in misura minore.

59. Registrazione a debito. – 1. Si registrano a debito, cioè senza contemporaneo pagamento delle imposte dovute:

a) le sentenze, i provvedimenti e gli atti che occorrono nei procedimenti contenziosi nei quali sono interessate le amministrazioni dello Stato e le persone o gli enti morali ammessi al beneficio del patrocinio a spese dello Stato quando essi vengono formati d'ufficio o ad istanza o nell'interesse dei detti soggetti; la registrazione a debito non è ammessa per le sentenze portanti trasferimento di beni e diritti, di qualsiasi natura; [1]

b) gli atti formati nell'interesse dei soggetti di cui alla lettera a) dopo che sia iniziato il procedimento contenzioso e necessari per l'ulteriore corso del procedimento stesso o per la sua definizione;

c) gli atti relativi alla procedura fallimentare. [2]

d) le sentenze e gli altri atti degli organi giurisdizionali che condannano al risarcimento del danno prodotto da fatti costituenti reato [3].

[1] *Comma modificato dall'art. 300, comma 5, del d.p.r. 30 maggio 2002, n. 115, a decorrere dal 1° luglio 2002.*
[2] *Lettera modificata dall'art. 299, d.p.r. 30 maggio 2002, n. 115, a decorrere dal 1° luglio 2002.*
[3] *Lettera modificata dall'articolo 7-quater, comma 43, lettera b) del D.L. 22 ottobre 2016, n. 193 convertito, con modificazioni dalla legge 1° dicembre 2016 n. 225.*

60. Modalità per la registrazione a debito. –1. La registrazione a debito si esegue a norma dell'art. 16 a condizione che nel contesto o a margine dell'originale di ciascun atto sia indicato che questo è compilato o emanato ad istanza o nell'interesse dell'amministrazione dello Stato o della persona o dell'ente morale ammesso al gratuito patrocinio, facendosi in quest'ultimo caso menzione della data del decreto di ammissione e dell'autorità giudiziaria che lo ha emanato. Per i provvedimenti emessi d'ufficio

2. Nelle sentenze e negli altri atti degli organi giurisdizionali di cui alla lettera d) dell'art. 59 deve essere indicata la parte obbligata al risarcimento del danno, nei cui confronti deve essere recuperata l'imposta prenotata a debito. L'ufficio finanziario, qualora ravvisi elementi che consentano la riconducibilità dei provvedimenti giurisdizionali all'ambito applicativo dell'articolo 59, comma 1, lettera d), può sospenderne la liquidazione e segnalare la sussistenza di tali elementi all'ufficio giudiziario. Nel termine di trenta giorni dal ricevimento della segnalazione, l'ufficio giudiziario deve fornire il proprio parere all'ufficio finanziario, motivando, con apposito atto, l'eventuale mancata ammissione del provvedimento alla prenotazione a debito [1].

[1] *Comma modificato dall'articolo 7-quater, comma 43, lettera c) del D.L. 22 ottobre 2016, n. 193 convertito, con modificazioni dalla legge 1° dicembre 2016 n. 225.*

61. Recupero delle imposte prenotate a debito. – [*1. Per il recupero delle imposte prenotate a debito si applica la legge 30 dicembre 1923, n. 3282, sul gratuito patrocinio.*] [1]

2. I rappresentanti delle amministrazioni dello Stato, i cancellieri, i procuratori e le parti devono pagare in proprio le imposte dovute sugli atti dei quali hanno richiesto la registrazione a debito, quando non hanno osservato le disposizioni contenute nel precedente articolo ovvero quando di tali atti hanno fatto un uso diverso da quello per cui venne concessa la registrazione a debito.

[1] *Comma abrogato dall'art. 299, d.p.r. 30 maggio 2002, n. 115, a decorrere dal 1° luglio 2002.*

TITOLO VI
Disposizioni varie

62. Nullità dei patti contrari alla legge. – 1. I patti contrari alle disposizioni del presente testo unico, compresi quelli che pongono l'imposta e le eventuali sanzioni a carico della parte inadempiente, sono nulli anche fra le parti.

63. Comunicazione di atti e notizie. – 1. I soggetti di cui all'art. 10 e i dirigenti dei pubblici uffici devono, se richiesti, comunicare agli uffici del registro le notizie occorrenti ai fini dell'applicazione dell'imposta. I pubblici ufficiali, di cui all'art. 10, lettere b) e c), devono inoltre trasmettere agli uffici stessi estratti dai loro registri e copie degli atti da loro conservati.

2. Le copie e gli estratti di cui al comma 1, attestati conformi all'originale, devono essere trasmessi gratuitamente entro otto giorni dalla richiesta e, in caso di urgenza, entro un termine più breve.

3. Le disposizioni dei commi 1 e 2 non si applicano ai testamenti.

64. Attestazione degli estremi di registrazione degli atti. – 1. I pubblici ufficiali devono indicare negli atti da loro formati gli estremi della registrazione degli atti soggetti a registrazione in termine fisso menzionati negli atti stessi.

65. Divieti relativi agli atti non registrati. – 1. I pubblici ufficiali non possono menzionare negli atti non soggetti a registrazione in termine fisso da loro formati, né allegare agli stessi, né ricevere in deposito, né assumere a base dei loro provvedimenti, atti soggetti a registrazione in termine fisso non registrati.

2. Gli impiegati dell'amministrazione statale, degli enti pubblici territoriali e dei rispettivi organi di controllo non possono ricevere in deposito né assumere a base dei loro provvedimenti atti soggetti a registrazione in termine fisso non registrati. Il divieto non si applica nei casi di cui alla lettera e) del comma 2 dell'art. 66.

3. Gli impiegati di cui al comma 2 possono ricevere in deposito atti soggetti a registrazione in caso d'uso e assumere gli atti depositati a base dei loro provvedimenti, ma sono

tenuti a trasmettere gli atti stessi in originale o in copia autenticata all'ufficio

4. Gli impiegati delle camere di commercio, industria, artigianato e agricoltura e gli impiegati addetti alla tenuta di albi previsti dalle vigenti leggi non possono procedere all'iscrizione di società nell'anagrafe delle ditte o negli albi se non venga prodotto l'atto scritto e registrato da cui risulti la costituzione della società.

5. Rimane fermo il disposto degli articoli 2669 e 2836 del codice civile per gli atti da trascrivere o iscrivere nei registri immobiliari.

6. I divieti di cui ai commi 1 e 2 non si applicano per gli atti allegati alle citazioni, ai ricorsi e agli scritti defensionali, o comunque prodotti o esibiti davanti a giudici e arbitri, né per quelli indicati nei provvedimenti giurisdizionali o nei lodi arbitrali. Quando tuttavia il provvedimento o il lodo arbitrale è emesso in base a tali atti, questi devono essere inviati in originale o in copia autenticata al competente ufficio

7. Gli atti in base ai quali sono stati emessi provvedimenti giurisdizionali non soggetti a registrazione, di cui alla tabella, devono essere inviati all'ufficio

66. Divieto di rilascio di documenti relativi ad atti non registrati. – 1. I soggetti indicati nell'art. 10, lettere b) e c), possono rilasciare originali, copie ed estratti degli atti soggetti a registrazione in termine fisso da loro formati o autenticati solo dopo che gli stessi sono stati registrati, indicando gli estremi della registrazione, compreso l'ammontare dell'imposta, con apposita attestazione da loro sottoscritta.

2. La disposizione di cui al comma 1 non si applica:

a) agli originali, copie ed estratti di sentenze ed altri provvedimenti giurisdizionali, o di atti formati dagli ufficiali giudiziari e dagli uscieri, che siano rilasciati per la prosecuzione del giudizio;

b) agli atti richiesti d'ufficio ai fini di un procedimento giurisdizionale, salvo il disposto del comma 7 dell'art. 65;

c) alle copie degli atti destinate alla trascrizione o iscrizione nei registri immobiliari;

d) alle copie degli atti occorrenti per l'approvazione od omologazione;

e) alle copie di atti che il pubblico ufficiale è tenuto per legge a depositare presso pubblici uffici [(1)].

3. Nei casi di cui al comma 2 deve essere apposta sull'originale, sulla copia o sull'estratto rilasciati prima della registrazione l'indicazione dell'uso. [(2)]

[(1)] La Corte Costituzionale, con sentenza 10 giugno 2010, n. 198 (in Gazz. Uff., 16 giugno, n. 24), ha dichiarato l'illegittimità costituzionale del presente comma, nella parte in cui non prevede che la disposizione di cui al comma 1 non si applichi al rilascio di copia dell'atto conclusivo (sentenza o verbale di conciliazione) della causa di opposizione allo stato passivo fallimentare, ai fini della variazione di quest'ultimo.
La Corte Costituzionale, con sentenza 7 giugno 2022, n. 140, (in Gazz. Uff. 8 giugno 2022, n. 23),ha dichiarato l'illegittimità costituzionale del presente comma nella parte in cui non prevede che la disposizione di cui al comma 1 non si applichi al rilascio della copia della sentenza o di altro provvedimento giurisdizionale, i quali debbano essere utilizzati per proporre l'azione di ottemperanza dinanzi al giudice amministrativo.
[(2)] La Corte Costituzionale, con sentenza 21 novembre 2002, n. 522, ha dichiarato l'illegittimità costituzionale del presente articolo, nella parte in cui non prevede che la disposizione di cui al comma 1 non si applica al rilascio dell'originale o della copia della sentenza o di altro provvedimento giurisdizionale, che debba essere utilizzato per procedere all'esecuzione forzata.

67. Repertorio degli atti formati da pubblici ufficiali. – 1. I soggetti indicati nell'art. 10, lettere b) e c), i capi delle amministrazioni pubbliche ed ogni altro funzionario autorizzato alla stipulazione dei contratti devono iscrivere in un apposito repertorio tutti gli atti del loro ufficio soggetti a registrazione in termine fisso.

2. Gli atti devono essere annotati sul repertorio giorno per giorno, senza spazi in bianco né interlinee e per ordine di numero con l'indicazione della data e del luogo dell'atto o dell'autenticazione, delle generalità e del domicilio o residenza delle parti, della natura e del contenuto dell'atto e del corrispettivo pattuito. A margine dell'annotazione devono essere indicati gli estremi della registrazione.

3. Negli uffici amministrativi, nei quali più funzionari sono incaricati della stipulazione degli atti, non si può tenere che un solo repertorio, salva espressa autorizzazione della competente intendenza di finanza.

4. I fogli dei repertori di cui ai commi 1, 2 e 3 devono essere numerati e vidimati dal pretore competente per territorio, salvo per i notai quanto disposto dalle leggi ad essi relative.

4- bis. Ai fini dell'annotazione di cui ai commi 1 e 2, i cancellieri desumono gli elementi riguardanti il domicilio o la residenza anagrafica delle parti dagli atti del procedimento. Nel caso di elezione di domicilio l'acquisizione degli elementi anzidetti è effettuata tramite il domiciliatario o gli organi di polizia tributaria [(1)].

[(1)] Comma aggiunto dall'articolo 5, della Legge 2 dicembre 1991, n. 399.

68. Controllo del repertorio . – 1. Il controllo dei repertori previsti dall'articolo 67 è effettuato su iniziativa degli uffici dell'Agenzia delle entrate competenti per territorio. I soggetti indicati nell'articolo 10, comma 1, lettere b) e c), i capi delle amministrazioni pubbliche ed ogni altro funzionario autorizzato alla stipulazione dei contratti trasmettono il repertorio entro trenta giorni dalla data di notifica della richiesta. Gli uffici dell'Agenzia delle entrate effettuano verifiche anche presso gli uffici dei soggetti roganti [(1)].

2. L'ufficio dopo aver controllato la regolarità della tenuta del repertorio e della registrazione degli atti in esso iscritti, nonché la corrispondenza degli estremi di registrazione ivi annotati con le risultanze dei registri di formalità di cui all'articolo 16 e dopo aver rilevato le eventuali violazioni e tutte le notizie utili, comunica l'esito del controllo ai pubblici ufficiali [(2)].

3. L'ufficio non può trattenere il repertorio oltre il terzo giorno non festivo successivo a quello di presentazione.

[(1)] Comma sostituito dall'articolo 1, comma 1, lettera a), del D.L. 21 giugno 2022, n. 73, convertito, con modificazioni, dalla Legge 4 agosto 2022, n. 122.
[(2)] Comma sostituito dall'articolo 1, comma 1, lettera a), del D.L. 21 giugno 2022, n. 73, convertito, con modificazioni, dalla Legge 4 agosto 2022, n. 122.

TITOLO VII
Sanzioni

69. Omissione della richiesta di registrazione e della presentazione della denuncia[(1)]. – 1. Chi omette la richiesta di registrazione degli atti e dei fatti rilevanti ai fini dell'applicazione dell'imposta, ovvero la presentazione delle denunce previste dall'articolo 19 è punito con la sanzione amministrativa dal centoventi al duecentoquaranta per cento dell'imposta dovuta. Se la richiesta di registrazione è effettuata con ritardo non superiore a 30 giorni, si applica la sanzione amministrativa dal sessanta al centoventi per cento dell'ammontare delle imposte dovute, con un minimo di euro 200 (2).

(1) Articolo sostituito dall'art. 1, d.Lgs, 18 dicembre 1997, n. 473.
(2) Comma modificato dall'articolo 18, comma 1, lettera a), del D.Lgs. 24 settembre 2015, n. 158, con la decorrenza indicata nell'articolo 32, comma 1, del medesimo D.Lgs. n. 158 del 2015, come modificato dall'articolo 1, comma 133, della Legge 28 dicembre 2015, n. 208.

70. Tardività del pagamento. – [*1. Se l'imposta viene pagata dopo la scadenza del termine di sessanta giorni dalla notifica dell'avviso di liquidazione si applica una soprattassa pari al 20% dell'imposta stessa.*] (1).

(1) Articolo abrogato dall'art. 1, d.Lgs. 18 dicembre 1997, n. 473.

71. Insufficiente dichiarazione di valore. – 1. Se il valore definitivamente accertato dei beni o diritti di cui al terzo e al quarto comma dell'articolo 51, ridotto di un quarto, supera quello dichiarato, si applica la sanzione amministrativa dal cento al duecento per cento della maggiore imposta dovuta. Per i beni e i diritti di cui al quarto comma dell'articolo 52 la sanzione si applica anche se la differenza non è superiore al quarto del valore accertato (1).

(1) Articolo sostituito dall'art. 1, d.Lgs, 18 dicembre 1997, n. 473.

72. Occultazione di corrispettivo (1). – 1. Se viene occultato anche in parte il corrispettivo convenuto, si applica la sanzione amministrativa dal centoventi al duecentoquaranta per cento della differenza tra l'imposta dovuta e quella già applicata in base al corrispettivo dichiarato, detratto, tuttavia, l'importo della sanzione eventualmente irrogata ai sensi dell'articolo 71 (2).

(1) Articolo sostituito dall'art. 1, d.Lgs. 18 dicembre 1997, n. 473.
(2) Comma modificato dall'articolo 18, comma 1, lettera b), del D.Lgs. 24 settembre 2015, n. 158, con la decorrenza indicata nell'articolo 32, comma 1, del medesimo D.Lgs. n. 158 del 2015, come modificato dall'articolo 1, comma 133, della Legge 28 dicembre 2015, n. 208.

73. Omessa o irregolare tenuta o presentazione del repertorio. – 1. Per l'omessa presentazione del repertorio a seguito di richiesta dell'ufficio dell'Agenzia delle entrate, ai sensi del primo comma dell'articolo 68, i pubblici ufficiali sono puniti con la sanzione amministrativa da euro 1.032,91 a euro 5.164,57 (1).

2. I pubblici ufficiali che non hanno osservato le disposizioni dell'articolo 67 sono puniti con la sanzione amministrativa da euro 516 a euro 2.065.

3. Se la presentazione del repertorio avviene con ritardo superiore a sessanta giorni ovvero la sua regolarizzazione non avviene nel termine stabilito dall'amministrazione finanziaria i pubblici ufficiali possono essere sospesi dalle funzioni per un periodo non superiore a sei mesi.

4. Il procuratore della Repubblica, su rapporto dell'ufficio all'autorità competente l'applicazione della sanzione accessoria prevista dal comma 3 (2).

(1) Comma sostituito dall'articolo 1, comma 1, lettera b), del D.L. 21 giugno 2022, n. 73, convertito, con modificazioni, dalla Legge 4 agosto 2022, n. 122.
(2) Articolo sostituito dall'articolo 1, del D.Lgs. 18 dicembre 1997, n. 473.

74. Altre infrazioni (1). – 1. Chi dichiara di non possedere, rifiuta di esibire o sottrae comunque all'ispezione le scritture contabili rilevanti per l'applicazione dell'articolo 51, quarto comma, e chi non ottempera alle richieste degli uffici del registro ai sensi dell'articolo 63, è punito con la sanzione amministrativa da euro 258 a euro 2.065.

1-bis. Per le violazioni conseguenti alle richieste di cui all'articolo 53-bis, si applicano le disposizioni di cui al decreto legislativo 18 dicembre 1997, n. 471 (2).

(1) Articolo sostituito dall'art. 1, d.Lgs, 18 dicembre 1997, n. 473.
(2) Comma aggiunto dall'articolo 35, comma 24, del D.L. 4 luglio 2006, n. 223.

75. Applicazione e pagamento delle pene pecuniarie e soprattasse. – [*1. L'ufficio del registro procede all'applicazione delle pene pecuniarie e delle soprattasse previste nel presente testo unico mediante avviso motivato notificato all'autore della violazione. Se è dovuta anche l'imposta, la sanzione può essere applicata in sede di liquidazione dell'imposta o con apposito avviso. 2. Nella determinazione della misura della pena pecuniaria si deve tener conto della gravità del danno o del pericolo cagionato all'erario e della personalità dell'autore della violazione desunta dai suoi precedenti. 3. Le pene pecuniarie e le soprattasse devono essere pagate entro sessanta giorni dalla notificazione dell'avviso ovvero, se è stato proposto ricorso, dalla notificazione della decisione o sentenza che definisce il giudizio.*] (1)

(1) Articolo abrogato dall'art. 1, d.Lgs.18 dicembre 1997, n. 473.

TITOLO VIII
Decadenza e prescrizione

76. Decadenza dell'azione della finanza. – 1. L'imposta sugli atti soggetti a registrazione ai sensi dell'art. 5 non presentati per la registrazione deve essere richiesta, a pena di decadenza, nel termine di cinque anni dal giorno in cui, a norma degli articoli 13 e 14, avrebbe dovuto essere richiesta la registrazione o, a norma dell'art. 15, lettere c), d) ed e), si è verificato il fatto che legittima la registrazione d'ufficio. Nello stesso termine, decorrente dal giorno in cui avrebbero dovuto essere presentate, deve essere richiesta l'imposta dovuta in base alle denunce prescritte dall'art. 19.

1- bis. L'avviso di rettifica e di liquidazione della maggiore imposta di cui all'articolo 52, comma 1, deve essere notificato entro il termine di decadenza di due anni dal pagamento dell'imposta proporzionale (1).

2. Salvo quanto disposto nel comma 1- bis, l'imposta deve essere richiesta, a pena di decadenza, entro il termine di tre anni decorrenti, per gli atti presentati per la registrazione o registrati per via telematica:

a) dalla richiesta di registrazione, se si tratta di imposta principale;

b) dalla data in cui è stata presentata la denuncia di cui all'articolo 19, se si tratta di imposta complementare: dalla data della notificazione della decisione delle commissioni tributarie ovvero dalla data in cui la stessa è divenuta definitiva nel caso in cui sia stato proposto ricorso avverso

IMPOSTE INDIRETTE

l'avviso di rettifica e di liquidazione della maggiore imposta. Nel caso di occultazione di corrispettivo di cui all'articolo 72, il termine decorre dalla data di registrazione dell'atto;

c) dalla data di registrazione dell'atto ovvero dalla data di presentazione della denuncia di cui all'articolo 19, se si tratta di imposta suppletiva [(2)].

2-bis. Salvo quanto previsto nei commi 1 e 2, l'imposta relativa alle annualità successive alla prima, alle cessioni, risoluzioni e proroghe di cui all'articolo 17, nonché le connesse sanzioni e gli interessi dovuti, sono richiesti, a pena di decadenza, entro il 31 dicembre del quinto anno successivo a quello di scadenza del pagamento [(3)].

3. L'avviso di liquidazione dell'imposta deve essere notificato al contribuente nei modi stabiliti nel comma 3 dell'art. 52.

4. La soprattassa e la pena pecuniaria devono essere applicate, a pena di decadenza, nel termine stabilito per chiedere l'imposta cui le stesse si riferiscono e, se questa non è dovuta, nel termine di cinque anni dal giorno in cui è avvenuta la violazione.

5. L'intervenuta decadenza non dispensa dal pagamento dell'imposta in caso di registrazione volontaria o quando si faccia uso dell'atto ai sensi dell'art. 6.

[(1)] *Comma aggiunto dall'art. 3, comma 135, lett. e), l. 28 dicembre 1995, n. 549 e così modificato dall'art. 24, l. 18 febbraio 1999, n. 28.*
[(2)] *Comma sostituito dall'art. 3, comma 135, lett. f), l. 28 dicembre 1995, n. 549 e, successivamente, modificato dall'art. 8, d.p.r. 18 agosto 2000, n. 308.*
[(3)] *Comma inserito dall'articolo 8, comma 10, del D.L. 2 marzo 2012, n. 16.*

77. Decadenza dell'azione del contribuente. – 1. Il rimborso dell'imposta, della soprattassa, della pena pecuniaria e degli interessi di mora deve essere richiesto, a pena di decadenza, dal contribuente o dal soggetto nei cui confronti la sanzione è stata applicata entro tre anni dal giorno del pagamento ovvero, se posteriore, da quello in cui è sorto il diritto alla restituzione.

2. Per i contratti a prezzo indeterminato, se la restituzione dipende dalla misura dell'imponibile il termine decorre dal giorno in cui ne è stato definitivamente stabilito il minore ammontare. Nei casi di cui alla lettera a) dell'art. 56 il termine decorre dalla data di notificazione della decisione.

3. La domanda di rimborso deve essere presentata all'ufficio che ha eseguito la registrazione, il quale deve rilasciarne ricevuta, ovvero essere spedita a mezzo plico raccomandato senza busta con avviso di ricevimento.

4. Per gli interessi di mora spettanti al contribuente sulle somme rimborsate si applicano le disposizioni della legge 26 gennaio 1961, n. 29, della legge 28 marzo 1962, n. 147, e della legge 18 aprile 1978, n. 130.

78. Prescrizione del diritto all'imposta. – 1. Il credito dell'amministrazione finanziaria per l'imposta definitivamente accertata si prescrive in dieci anni.

TITOLO IX
Disposizioni transitorie e finali

79. Applicazione delle norme modificative, correttive e integrative. – 1. Le disposizioni del presente testo unico e dei relativi allegati modificative, correttive o integrative di quelle anteriormente in vigore si applicano agli atti pubblici formati, agli atti giudiziari pubblicati o emanati e alle scritture private autenticate a decorrere dalla data di entrata in vigore del testo unico stesso, nonché alle scritture private non autenticate e alle denunce presentate per la registrazione a decorrere da tale data. Tuttavia le disposizioni più favorevoli ai contribuenti, compresa quella del comma 4 dell'art. 52, hanno effetto anche per gli atti, scritture e denunce anteriori relativamente ai quali alla data di entrata in vigore del presente testo unico sia pendente controversia o non sia ancora decorso il termine di decadenza dell'azione della finanza, fermi restando gli accertamenti di maggior valore già divenuti definitivi, ma al rimborso di imposte già pagate si fa luogo soltanto nei casi in cui alla predetta data sia pendente controversia o sia stata presentata domanda di rimborso. Per l'anno 1986 per gli atti e le scritture relativi ai terreni si tiene conto dei coefficienti stabiliti ai fini delle imposte sul reddito per l'anno 1985.

2. Ai fini dell'applicazione della disposizione contenuta nell'art. 52, comma 4, per gli atti e scritture relativi a beni e diritti ivi indicati, presentati per la registrazione anteriormente alla data di pubblicazione del presente testo unico, per i quali alla data stessa non sia stato notificato avviso di accertamento di maggior valore, i contribuenti possono, senza applicazione della pena pecuniaria di cui all'art. 71, adeguare il valore dichiarato a quello risultante dall'applicazione dei moltiplicatori ai redditi catastali aggiornati con i coefficienti stabiliti per l'anno di registrazione dell'atto relativamente agli atti registrati anteriormente al 1° gennaio 1986 e con quelli stabiliti per l'anno 1985 relativamente agli atti registrati nel 1986 prima della pubblicazione del presente testo unico. A tal fine deve essere presentata all'ufficio del registro, entro tre mesi dall'entrata in vigore del presente testo unico, dichiarazione, integrativa in duplice esemplare conforme al modello approvato con decreto del Ministro delle finanze pubblicato nella Gazzetta Ufficiale. L'ufficio, previo accertamento della conformità dei due esemplari e apposizione del timbro a calendario, ne restituisce uno e provvede a norma dell'art. 55. Per gli stessi atti e scritture i termini per l'accertamento di maggior valore aventi scadenza tra la data di pubblicazione e quella di entrata in vigore del presente testo unico sono prorogati a sei mesi da questa.

3. Per la prima proroga, anche tacita, intervenuta dopo l'entrata in vigore del presente testo unico, dei contratti di locazione e di affitto di beni immobili registrati a norma dell'art. 16- bis del D.P.R. 26 ottobre 1972, n. 634 deve essere presentata richiesta di registrazione a norma dell'art. 12 del presente testo unico.

4. L'imposta prevista dall'art. 4, n. 6), della parte prima della tariffa per la conversione di obbligazioni in azioni non è dovuta fino a concorrenza di quella pagata anteriormente all'entrata in vigore del presente testo unico in dipendenza del collocamento delle obbligazioni.

5. La disposizione del comma 4, prima parte, dell'art. 56 ha effetto dal 1° gennaio 1973.

80. Altre disposizioni. – 1. La disposizione del comma 3 dell'art. 21, relativa agli accolli di debiti e oneri, ha effetto dal 1° gennaio 1973 per gli atti pubblici formati, per gli atti giudiziari pubblicati o emanati e per le scritture private autenticate o presentate per la registrazione anteriormente alla data di entrata in vigore del presente testo unico, relativamente ai quali alla data stessa sia pendente controversia o non sia ancora decorso il termine di decadenza dell'azione della finanza o quello dell'azione del contribuente per il rimborso.

2. L'imposta relativa alla riunione dell'usufrutto alla nuda proprietà trasferita a titolo oneroso con atti posti in essere quando era in vigore il R.D. 30 dicembre 1923, n. 3269, si applica solo se la consolidazione dell'usufrutto si è verificata anteriormente alla data di entrata in vigore del D.P.R. 26 ottobre 1972, n. 634. Non si fa luogo a rimborso delle imposte già pagate, salvo i casi in cui alla data del 20 novembre 1985 risultasse presentato il ricorso.

3. Rimangono ferme, in quanto applicabili, le disposizioni dell'art. 77 del decreto del Presidente della Repubblica 26 ottobre 1972, n. 634, e quella dell'art. 6 del decreto del Presidente della Repubblica 6 dicembre 1977, n. 914.

81. Entrata in vigore. – 1. Il presente testo unico entra in vigore il 1° luglio 1986.

TARIFFA I

1. – 1. Atti traslativi a titolo oneroso della proprietà di beni immobili in genere e atti traslativi o costitutivi di diritti reali | immobiliari di godimento, compresi la rinuncia pura e semplice agli stessi, i provvedimenti di espropriazione per pubblica utilità e i trasferimenti coattivi

9 per cento

Se il trasferimento ha per oggetto case di abitazione, ad eccezione di quelle di categoria catastale A1, A8 e A9, ove ricorrano le condizioni di cui alla nota II-bis)

2 per cento

Se il trasferimento ha per oggetto terreni agricoli e relative pertinenze a favore di soggetti diversi dai coltivatori diretti e dagli imprenditori agricoli professionali, iscritti nella relativa gestione previdenziale ed assistenziale:

15 per cento (1)

Se il trasferimento è effettuato nei confronti di banche e intermediari finanziari autorizzati all'esercizio dell'attività di leasing finanziario, e ha per oggetto case di abitazione, di categoria catastale diversa da Al, A8 e A9, acquisite in locazione finanziaria da utilizzatori per i quali ricorrono le condizioni di cui alle note II-bis) e II-sexies):

1,5 per cento (2)

Note:

[I) Per gli atti traslativi stipulati da imprenditori agricoli a titolo principale o da associazioni o società cooperative di cui agli articoli 12 e 13 della legge 9 maggio 1975, n. 153, ai fini dell'applicazione dell'aliquota dell'8% l'acquirente deve produrre al pubblico ufficiale rogante la certificazione della sussistenza dei requisiti in conformità a quanto disposto dall'art. 12 della legge 9 maggio 1975, n. 153. Il beneficio predetto è esteso altresì agli acquirenti che dichiarino nell'atto di trasferimento di voler conseguire i sopra indicati requisiti e che entro il triennio producano la stessa certificazione; qualora al termine del triennio non sia stata prodotta la documentazione prescritta l'ufficio del registro competente provvede al recupero della differenza d'imposta. Si decade dal beneficio nel caso di destinazione dei terreni, o delle relative pertinenze, diversa dall'uso agricolo che avvenga entro dieci anni dal trasferimento. Il mutamento di destinazione deve essere comunicato entro un anno all'ufficio del registro competente. In caso di omessa denuncia si applica una soprattassa pari alla metà della maggior imposta dovuta in dipendenza del mutamento della destinazione. Nei casi in cui si procede al recupero della differenza di imposta sono dovuti gli interessi di mora di cui al comma 4 dell'art. 55 del testo unico, con decorrenza dal momento del pagamento della imposta principale ovvero, in caso di mutamento di destinazione, da tale ultimo momento.] (3)

[II) Ai fini dell'applicazione dell'aliquota del 3% la parte acquirente:

a) ove già sussista il vincolo previsto dalla legge 1° giugno 1939, n. 1089, per i beni culturali dichiarati, deve dichiarare nell'atto di acquisto gli estremi del vincolo stesso in base alle risultanze dei registri immobiliari;

b) qualora il vincolo non sia stato ancora imposto deve presentare, contestualmente all'atto da registrare, una attestazione, da rilasciarsi dall'amministrazione per i beni culturali e ambientali, da cui risulti che è in corso la procedura di sottoposizione dei beni al vincolo. L'agevolazione è revocata nel caso in cui, entro il termine di due anni decorrente dalla data di registrazione dell'atto, non venga documentata l'avvenuta sottoposizione del bene al vincolo.

Le attestazioni relative ai beni situati nel territorio della regione siciliana e delle province autonome di Trento e di Bolzano sono rilasciate dal competente organo della regione siciliana e delle province autonome di Trento e Bolzano.

L'acquirente decade altresì dal beneficio della riduzione d'imposta qualora i beni vengano in tutto o in parte alienati prima che siano stati adempiuti gli obblighi della loro conservazione e protezione, ovvero nel caso di mutamento di destinazione senza la preventiva autorizzazione dell'amministrazione per i beni culturali e ambientali, o di mancato assolvimento degli obblighi di legge per consentire l'esercizio del diritto di prelazione dello Stato sugli immobili stessi. L'amministrazione per i beni culturali e ambientali dà immediata comunicazione all'ufficio del registro delle violazioni che comportano la decadenza. In tal caso, oltre alla normale imposta, è dovuta una soprattassa pari al 30% dell'imposta stessa, oltre agli interessi di mora di cui al comma 4 dell'art. 55 del testo unico. Dalla data di ricevimento della comunicazione inizia a decorrere il termine di cui all'art. 76, comma 2, del testo unico (4).] (5)

II- bis) 1. Ai fini dell'applicazione dell'aliquota del 2 per cento agli atti traslativi a titolo oneroso della proprietà di case di abitazione non di lusso e agli atti traslativi o costitutivi della nuda proprietà, dell'usufrutto, dell'uso e dell'abitazione relativi alle stesse, devono ricorrere le seguenti condizioni:

a) che l'immobile sia ubicato nel territorio del comune in cui l'acquirente ha o stabilisca entro diciotto mesi dall'acquisto la propria residenza o, se diverso, in quello in cui l'acquirente svolge la propria attività ovvero, se trasferito all'estero per ragioni di lavoro, in quello in cui ha sede o esercita l'attività il soggetto da cui dipende ovvero, nel caso in cui l'acquirente sia cittadino italiano emigrato all'estero, che l'immobile sia acquistato come prima casa sul territorio italiano. La dichiarazione di voler stabilire la residenza nel comune ove è ubicato l'immobile acquistato deve essere resa, a pena di decadenza, dall'acquirente nell'atto di acquisto (6)(7);

b) che nell'atto di acquisto l'acquirente dichiari di non essere titolare esclusivo o in comunione con il coniuge dei diritti di proprietà, usufrutto, uso e abitazione di altra casa di abitazione nel territorio del comune in cui è situato l'immobile da acquistare;

c) che nell'atto di acquisto l'acquirente dichiari di non essere titolare, neppure per quote, anche in regime di comunione legale su tutto il territorio nazionale dei diritti di proprietà, usufrutto, uso, abitazione e nuda proprietà su altra casa di abitazione acquistata dallo stesso soggetto o dal coniuge con le agevolazioni di cui al presente articolo ovvero di cui all'art. 1 della legge 22 aprile 1982, n. 168, all'art. 2 del decreto-legge 7 febbraio 1985, n. 12, convertito, con modificazioni, dalla legge 5 aprile 1985, n. 118, all'art. 3, comma 2, della legge 31 dicembre 1991, n. 415, all'art. 5, commi 2 e 3, dei decreti-legge 21 gennaio 1992, n. 14, 20 marzo 1992, n. 237, e 20 maggio 1992, n. 293, all'art. 2, commi 2 e 3, del decreto-legge 24 luglio 1992, n. 348, all'art. 1, commi 2 e 3, del decreto-legge 24 settembre 1992, n. 388, all'art. 1, commi 2 e 3, del decreto-legge 24 novembre 1992, n. 455, all'art. 1, comma 2, del decreto-legge 23 gennaio 1993, n. 16, convertito, con modificazioni, dalla legge 24 marzo 1993, n. 75, e all'art. 16 del decreto-legge 22 maggio 1993, n. 155, convertito, con modificazioni, dalla legge 19 luglio 1993, n. 243.

2. In caso di cessioni soggette ad imposta sul valore aggiunto le dichiarazioni di cui alle lettere a), b) e c) del comma 1, comunque riferite al momento in cui si realizza l'effetto traslativo, possono essere effettuate, oltre che nell'atto di acquisto, anche in sede di contratto preliminare.

3. Le agevolazioni di cui al comma 1, sussistendo le condizioni di cui alle lettere a), b) e c) del medesimo comma 1, spettano per l'acquisto, anche se con atto separato, delle pertinenze dell'immobile di cui alla lettera a). Sono ricomprese tra le pertinenze, limitatamente ad una per ciascuna categoria, le unità immobiliari classificate o classificabili nelle categorie catastali C/2, C/6 e C/7, che siano destinate a servizio della casa di abitazione oggetto dell'acquisto agevolato.

4.In caso di dichiarazione mendace o di trasferimento per atto a titolo oneroso o gratuito degli immobili acquistati con i benefici di cui al presente articolo prima del decorso del termine di cinque anni dalla data del loro acquisto, sono dovute le imposte di registro, ipotecaria e catastale nella misura ordinaria, nonché una sovrattassa pari al 30 per cento delle stesse imposte. Se si tratta di cessioni soggette all'imposta sul valore aggiunto, l'ufficio dell'Agenzia delle entrate presso cui sono stati registrati i relativi atti deve recuperare nei confronti degli acquirenti la differenza fra l'imposta calcolata in base all'aliquota applicabile in assenza di agevolazioni e quella risultante dall'applicazione dell'aliquota agevolata, nonché irrogare la sanzione amministrativa, pari al 30 per cento della differenza medesima. Sono dovuti gli interessi di mora di cui al comma 4 dell'articolo 55 del presente testo unico. Le predette disposizioni non si applicano nel caso in cui il contribuente, entro un anno dall'alienazione dell'immobile acquistato con i benefici di cui al presente articolo, proceda all'acquisto di altro immobile da adibire a propria abitazione principale [(8)(9)].

4-bis. L'aliquota del 2 per cento si applica anche agli atti di acquisto per i quali l'acquirente non soddisfa il requisito di cui alla lettera c) del comma 1 e per i quali i requisiti di cui alle lettere a) e b) del medesimo comma si verificano senza tener conto dell'immobile acquistato con le agevolazioni elencate nella lettera c), a condizione che quest'ultimo immobile sia alienato entro un anno dalla data dell'atto. In mancanza di detta alienazione, all'atto di cui al periodo precedente si applica quanto previsto dal comma 4 [(10)].

[II- ter). Ove non si realizzi la condizione, alla quale è subordinata l'applicazione dell'aliquota dell'1 per cento, del ritrasferimento entro il triennio, le imposte di registro, ipotecaria e catastale sono dovute nella misura ordinaria e si rende applicabile una soprattassa del 30 per cento oltre agli interessi di mora di cui al comma 4 dell'art. 55 del presente testo unico. Dalla scadenza del triennio decorre il termine per il recupero delle imposte ordinarie da parte dell'amministrazione finanziaria [(11)].]

[II- quater). A condizione che la ONLUS dichiari nell'atto che intende utilizzare direttamente i beni per lo svolgimento della propria attività e che realizzi l'effettivo utilizzo diretto entro 2 anni dall'acquisto. In caso di dichiarazione mendace o di mancata effettiva utilizzazione per lo svolgimento della propria attività è dovuta l'imposta nella misura ordinaria nonchè una sanzione amministrativa pari al 30 per cento della stessa imposta [(12)].]

[II-quinquies) A condizione che la istituzione riordinata in azienda di servizio o in organizzazione non lucrativa di utilità sociale dichiari nell'atto che intende utilizzare direttamente i beni per lo svolgimento della propria attività e che realizzi l'effettivo utilizzo diretto entro due anni dall'acquisto. In caso di dichiarazione mendace o di mancata effettiva utilizzazione per lo svolgimento della propria attività è dovuta l'imposta nella misura ordinaria nonché una sanzione amministrativa pari al 30% dell'imposta stessa [(13)].]

II-sexies) Nell'applicazione della nota II-bis) ai trasferimenti effettuati nei confronti di banche e intermediari finanziari autorizzati all'esercizio dell'attività di leasing finanziario, si considera, in luogo dell'acquirente, l'utilizzatore e, in luogo dell'atto di acquisto, il contratto di locazione finanziaria [(14)]

(1) Comma modificato dall'articolo 6, comma 1, del D.L. 30 settembre 1989, n. 332, convertito con modificazioni dalla L. 27 novembre 1989 n. 384; dall'articolo 16, comma 1, lettera a), del D.L. 22 maggio 1993, n. 155, convertito con modificazioni dalla L. 19 luglio 1993 n. 243; dall'articolo 10, comma 8, del D.L. 20 giugno 1996, n. 323; dall'articolo 3, comma 14, lettera b), del D.L. 31 dicembre 1996, n. 669, convertito con modificazioni dalla L. 28 febbraio 1997 n. 30; dall'articolo 7, comma 7, della legge 23 dicembre 1999, n. 488; dall'articolo 22, comma 1, lettera a), del D.Lgs. 4 dicembre 1997, n. 460; dall'allegato 2- bis, della legge 30 dicembre 2004, n. 311; dall'articolo 4, comma 6, lettera a) del D.Lgs. 4 maggio 2001, n. 207; dall'articolo 2, comma 23, del D.L. 29 dicembre 2010, n. 225, convertito con modificazioni dalla legge 26 febbraio 2011, n. 10; successivamente, sostituito dall'articolo 10, comma 1, lettera a), del D.Lgs. 14 marzo 2011, n. 23, a decorrere dal 1° gennaio 2014, dall'articolo 1, comma 609, della Legge 27 dicembre 2013, n. 147 e, da ultimo, modificato dall'articolo 1, comma 905, della Legge 28 dicembre 2015, n. 208 a decorere dal 1 gennaio 2016.

(2) Capoverso aggiunto dall'articolo 1, comma 83, lettera b), numero 1), della Legge 28 dicembre 2015, n. 208. A norma del comma 84 del medesimo articolo 1, la presente disposizione si applica dal 1° gennaio 2016 al 31 dicembre 2020.

(3) Nota abrogata dall'articolo 10, comma 23, lettera b), del D.Lgs. 14 marzo 2011, n. 23, a decorrere dal 1° gennaio 2014.

(4) L'aliquota del 4% è stata ridotta al 3 % dall'articolo 7, comma 6, della legge 23 dicembre 1999, n. 488.

(5) Nota abrogata dall'articolo 10, comma 23, lettera b), del D.Lgs. 14 marzo 2011, n. 23, a decorrere dal 1° gennaio 2014.

(6) Lettera modificata dall'articolo 33, comma 12, della legge 23 dicembre 2000, n. 388.

(7) Per una proroga dei termini di cui presente lettera vedi l'articolo 1, comma 9-quinquies, del D.L. 12 maggio 2014, n. 74, convertito, con modificazioni dalla Legge 26 giugno 2014, n. 93.

(8) Nota aggiunta dall'articolo 16, comma 1, lettera b), del D.L. 22 maggio 1993, n. 155, convertito con modificazioni dalla L. 19 luglio 1993 n. 243 e, successivamente, sostituita dall'articolo 3, comma 131, della legge 28 dicembre 1995, n. 549. L'aliquota del 4% è stata ridotta al 3% dall'articolo 7, comma 6, della legge 23 dicembre 1999, n. 488 e, a decorrere dal 1° gennaio 2014, dal 3% al 2% dall'articolo 10, comma 23, lettera c), del D.Lgs. 14 marzo 2011, n. 23.

(9) Comma modificato dall'articolo 41-bis, comma 5, del D.L. 30 settembre 2003, n. 269, convertito con modificazioni dalla L. 24 novembre 2003 n. 326.

(10) Comma aggiunto dall'articolo 1, comma 55, della Legge 28 dicembre 2015, n. 208.

(11) Nota aggiunta dall'articolo 3, comma 14, lettera c), del D.L. 31 dicembre 1996, n. 669, convertito con modificazioni dalla Legge 28 febbraio 1997 n. 30 e, successivamente, abrogata, dall'articolo 10, comma 23, lettera b), del D.Lgs. 14 marzo 2011, n. 23, a decorrere dal 1° gennaio 2014.

(12) Nota aggiunta dall'articolo 22, comma 1, lettera a), del D.Lgs. 4 dicembre 1997, n. 460 e, successivamente, abrogata, dall'articolo 10, comma 23, lettera b), del D.Lgs. 14 marzo 2011, n. 23, a decorrere dal 1° gennaio 2014.

(13) Nota aggiunta dall'articolo 4, comma 6, lettera b) del D.Lgs. 4 maggio 2001, n. 207 e, successivamente, abrogata, dall'articolo 10, comma 23, lettera b), del D.Lgs. 14 marzo 2011, n. 23, a decorrere dal 1° gennaio 2014.

(14) Nota aggiunta dall'articolo 1, comma 83, lettera b), numero 2), della Legge 28 dicembre 2015, n. 208. A norma del comma 84 del medesimo articolo 1, la presente disposizione si applica dal 1° gennaio 2016 al 31 dicembre 2020.

2. – 1. Atti di cui al comma 1 dell'art. 1 relativi ai beni diversi da quelli indicati nello stesso articolo e nel successivo art. 7:3%

Se il trasferimento avviene a favore dello Stato, ovvero a favore di enti pubblici territoriali, o consorzi costituiti esclusivamente tra gli stessi, ovvero a favore di comunità montane. € 200 (1)

2. Contratti di associazione in partecipazione con apporto di beni diversi da quelli indicali nell'art. 1 e nel successivo art. 7: € 200 (2)(3).

(1) Importo elevato dall'articolo 10, comma 6 del D.L. 20 giugno 1996, n. 323, convertito, con modificazioni, dalla Legge 27 novembre 1989 n. 304; dall'allegato 2-bis, punto 1, Legge 30 dicembre 2004, n. 311, come modificato dall'articolo 7, comma 1, lett. b), del D.L. 31 gennaio 2005, n. 7, convertito, con modificazioni, dalla Legge 31 marzo 2005, n. 43 e, da ultimo, dall'articolo 26, comma 2, del D.L. 12 settembre 2013, n. 104, convertito, con modificazioni, dalla Legge 8 novembre 2013, n. 128, con effetto dal 1° gennaio 2014.

(2) Comma sostituito dall'articolo 10, comma 1, lettera b), della Legge 23 dicembre 1999, n. 488.

(3) Importo elevato dall'allegato 2-bis, punto 1, Legge 30 dicembre 2004, n. 311, come modificato dall'articolo 7, comma 1, lett. b), del D.L. 31 gennaio 2005, n. 7, convertito, con modificazioni, dalla Legge 31 marzo 2005, n. 43 e, da ultimo, dall'articolo 26, comma 2, del D.L. 12 settembre 2013, n. 104, convertito, con modificazioni, dalla Legge 8 novembre 2013, n. 128, con effetto dal 1° gennaio 2014.

3. – 1. Atti di natura dichiarativa relativi a beni o rapporti di qualsiasi natura, salvo il successivo art. 7: 1%

4. – 1. Atti propri delle società di qualunque tipo ed oggetto e degli enti diversi dalle società, compresi i consorzi, le associazioni e le altre organizzazioni di persone o di beni, con o senza personalità giuridica, aventi per oggetto esclusivo o principale l'esercizio di attività commerciali o agricole:

a) costituzione e aumento del capitale o patrimonio:

1) con conferimento di proprietà o diritto reale di godimento su beni immobili, salvo il successivo n. 2) le stesse aliquote di cui all'art. 1

2) con conferimento di proprietà o diritto reale di godimento su fabbricati destinati specificamente all'esercizio di attività commerciali e non suscettibili di altra destinazione senza radicale trasformazione nonché su aree desti- nate ad essere utilizzate per la costruzione dei suddetti fabbricati o come loro pertinenze, sempreché i fabbricati siano ultimati entro cinque anni dal conferimento e presentino le indicate caratteristiche 4%

3) con conferimento di proprietà o diritto reale di godimento su aziende o su complessi aziendali relativi a singoli rami dell'impresa. € 200,00 (1)

4) con conferimento di proprietà o di diritto reale di godimento su unità da diporto le stesse imposte di cui al successivo art. 7 (2)

5) con conferimento di denaro, di beni Mobili, esclusi quelli di cui all'art. 11- bis della tabella, e di diritti diversi da quelli indicati nei numeri precedenti. € 200,00 (3)

6) mediante conversione di obbligazioni in azioni o passaggio a capitale di riserve diverse da quelle costituite con soprapprezzi o con versamenti dei soci in conto capitale o a fondo perduto e da quelle iscritte in bilancio a norma di leggi di rivalutazione monetaria € 200,00 (4)

b) fusione tra società, scissione delle stesse, conferimento di aziende o di complessi aziendali relativi a singoli rami dell'impresa fatto da una società ad altra società esistente o da costituire; analoghe operazioni poste in essere da enti diversi dalle società: € 200,00 (5)

c) altre modifiche statutarie, comprese le trasformazioni e le proroghe € 200,00 (6)

d) assegnazione ai soci, associati o partecipanti:

1) se soggette all'imposta sul valore aggiunto o aventi per oggetto utili in denaro € 200,00 (7)

2) in ogni altro caso... le stesse aliquote di cui alla lett. a)

e) regolarizzazione di società di fatto, derivanti da comunione ereditaria di azienda, tra eredi che continuano in forma societaria l'esercizio dell'impresa € 200,00 (8)

f) operazioni di società ed enti esteri di cui all'art. 4 del testo unico € 200,00 (9)

g) atti propri dei gruppi europei di interesse economico€ 200,00 (10).

Note:

I) La proprietà ed i diritti reali su immobili o unità da diporto si intendono conferiti alla data dell'atto che comporta il loro trasferimento o la loro costituzione (11).

II) L'imposta di cui alla lettera e) si applica se l'atto di regolarizzazione è registrato entro un anno dall'apertura della successione. In ogni altro caso di regolarizzazione di società di fatto, ancorché derivanti da comunioni ereditarie, l'imposta si applica a norma dell'art. 22 del testo unico (12).

III) Per gli atti propri delle società ed enti diversi da quelli indicati nel presente articolo si applica l'art. 9 della tabella (13).

IV) Gli atti di cui alla lettera a) sono soggetti all'imposta nella misura fissa di lire 250.000 se la società destinataria del conferimento ha la sede legale o amministrativa in altro Stato membro dell'Unione europea (14).

V) Per gli atti propri dei gruppi europei di interesse economico contemplati alla lettera a), n. 4), si applicano le imposte ivi previste (15).

[*VI) Per gli atti propri delle società ed enti diversi da quelli indicati nel presente articolo si applica l'art. 9 della tabella.*] (16)

[*VII) Per gli atti propri dei gruppi europei di interesse economico, contemplati alle lettere a), n. 4, c) e d), n. 1, si applicano le imposte ivi rispettivamente previste* (17).] (18)

(1) Numero modificato dall'articolo 10, comma 1, lettera c), numero 1, della legge 23 dicembre 1999, n. 488. A norma dell'allegato 2-bis, della legge 30 dicembre 2004, n. 311, come modificato dall'articolo 7, comma 1, lett. b), del D.L. 31 gennaio 2005, n. 7, convertito, con modificazioni, dalla Legge 31 marzo 2005, n. 43, l'importo di ciascuna delle imposte di registro, ipotecaria e catastale stabilito in misura fissa di lire 250.000, pari ad euro 129,11, da disposizioni vigenti anteriormente al 1° febbraio 2005, è elevato a 168,00 euro e, da ultimo, a 200 euro dall'articolo 26, comma 2, del D.L. 12 settembre 2013, n. 104, convertito, con modificazioni, dalla Legge 8 novembre 2013, n. 128, con effetto dal 1° gennaio 2014.

(2) Numero modificato dall'articolo 57, comma 1, lettera c), numero 1, del

IMPOSTE INDIRETTE

D.Lgs. 15 dicembre 1997, n. 446.

(3) Numero modificato dall'articolo 57, comma 1, lettera c), numero 1, del D.Lgs. 15 dicembre 1997, n. 446 e, successivamente, dall'articolo 10, comma 1, lettera c), numero 1, della legge 23 dicembre 1999, n. 488. AA norma dell'allegato 2-bis, della legge 30 dicembre 2004, n. 311, come modificato dall'articolo 7, comma 1, lett. b), del D.L. 31 gennaio 2005, n. 7, convertito, con modificazioni, dalla Legge 31 marzo 2005, n. 43, l'importo di ciascuna delle imposte di registro, ipotecaria e catastale stabilito in misura fissa di lire 250.000, pari ad euro 129,11, da disposizioni vigenti anteriormente al 1° febbraio 2005, è elevato a 168,00 euro e, da ultimo, a 200 euro dall'articolo 26, comma 2, del D.L. 12 settembre 2013, n. 104, convertito, con modificazioni, dalla Legge 8 novembre 2013, n. 128, con effetto dal 1° gennaio 2014.

(4) Per l'interpretazione autentica del presente numero 6) vedi l'articolo 9, comma 11-bis, del D.L. 23 gennaio 1993, n. 16, convertito con modificazioni dalla L. 24 marzo 1993 n. 75. A norma dell'allegato 2-bis, della legge 30 dicembre 2004, n. 311, come modificato dall'articolo 7, comma 1, lett. b), del D.L. 31 gennaio 2005, n. 7, convertito, con modificazioni, dalla Legge 31 marzo 2005, n. 43, l'importo di ciascuna delle imposte di registro, ipotecaria e catastale stabilito in misura fissa di lire 250.000, pari ad euro 129,11, da disposizioni vigenti anteriormente al 1° febbraio 2005, è elevato a 168,00 euro e, da ultimo, a 200 euro dall'articolo 26, comma 2, del D.L. 12 settembre 2013, n. 104, convertito, con modificazioni, dalla Legge 8 novembre 2013, n. 128, con effetto dal 1° gennaio 2014. Successivamente il presente numero, nella parte relativa all'aliquota del 1%, è stato modificato dall'articolo 10, comma 1, lettera c), numero 1, della legge 23 dicembre 1999, n. 488.

(5) Lettera modificata dall'articolo 16, comma 13 lettera b), della legge 24 dicembre 1993, n. 537 e, successivamente, sostituita dall'articolo 10, comma 5, lettera c), del D.L. 20 giugno 1996, n. 323, convertito con modificazioni dalla L. 8 agosto 1996 n. 425. A norma dell'allegato 2-bis, della legge 30 dicembre 2004, n. 311, come modificato dall'articolo 7, comma 1, lett. b), del D.L. 31 gennaio 2005, n. 7, convertito, con modificazioni, dalla Legge 31 marzo 2005, n. 43, l'importo di ciascuna delle imposte di registro, ipotecaria e catastale stabilito in misura fissa di lire 250.000, pari ad euro 129,11, da disposizioni vigenti anteriormente al 1° febbraio 2005, è elevato a 168,00 euro e, da ultimo, a 200 euro dall'articolo 26, comma 2, del D.L. 12 settembre 2013, n. 104, convertito, con modificazioni, dalla Legge 8 novembre 2013, n. 128, con effetto dal 1° gennaio 2014.

(6) A norma dell'articolo 6, comma 1, del D.L. 30 settembre 1989, n. 332, convertito con modificazioni dalla L. 27 novembre 1989 n. 384, l'imposta fissa di registro di lire cinquantamila, prevista al presente periodo, è raddoppiata. Successivamente è stata aumentata del 50 per cento dall'articolo 17, comma 1, del D.L. 22 maggio 1993, n. 155, convertito con modificazioni in legge 19 luglio 1993, n. 243. Vedi inoltre comma 4 del medesimo articolo 17 D.L. n. 155/1993. Da ultimo, è stata così aumentata dall'articolo 10, comma 6, del D.L. 20 giugno 1996, n. 323, convertito con modificazioni dalla L. 8 agosto 1996 n. 425. A norma dell'allegato 2-bis, della legge 30 dicembre 2004, n. 311, come modificato dall'articolo 7, comma 1, lett. b), del D.L. 31 gennaio 2005, n. 7, convertito, con modificazioni, dalla Legge 31 marzo 2005, n. 43, l'importo di ciascuna delle imposte di registro, ipotecaria e catastale stabilito in misura fissa di lire 250.000, pari ad euro 129,11, da disposizioni vigenti anteriormente al 1° febbraio 2005, è elevato a 168,00 euro e, da ultimo, a 200 euro dall'articolo 26, comma 2, del D.L. 12 settembre 2013, n. 104, convertito, con modificazioni, dallaLegge 8 novembre 2013, n. 128, con effetto dal 1° gennaio 2014.

(7) A norma dell'articolo 6, comma 1, del D.L. 30 settembre 1989, n. 332, convertito con modificazioni dalla L. 27 novembre 1989 n. 384, l'imposta fissa di registro di lire cinquantamila, prevista al presente periodo, è raddoppiata. Successivamente è stata aumentata del 50 per cento dall'articolo 17, comma 1, del D.L. 22 maggio 1993, n. 155, convertito con modificazioni in legge 19 luglio 1993, n. 243. Vedi inoltre comma 4 del medesimo articolo 17 D.L. n. 155/1993. Da ultimo, è stata così aumentata dall'articolo 10, comma 6, del D.L. 20 giugno 1996, n. 323, convertito con modificazioni dalla L. 8 agosto 1996 n. 425. A norma dell'allegato 2-bis, della legge 30 dicembre 2004, n. 311, come modificato dall'articolo 7, comma 1, lett. b), del D.L. 31 gennaio 2005, n. 7, convertito, con modificazioni, dalla Legge 31 marzo 2005, n. 43, l'importo di ciascuna delle imposte di registro, ipotecaria e catastale stabilito in misura fissa di lire 250.000, pari ad euro 129,11, da disposizioni vigenti anteriormente al 1° febbraio 2005, è elevato a 168,00 euro e, da ultimo, a 200 euro dall'articolo 26, comma 2, del D.L. 12 settembre 2013, n. 104, convertito, con modificazioni, dallaLegge 8 novembre 2013, n. 128, con effetto dal 1° gennaio 2014

(8) Lettera modificata dall'articolo 10, comma 1, lettera c), numero 1, della legge 23 dicembre 1999, n. 488. A norma dell'allegato 2-bis, della legge 30 dicembre 2004, n. 311, come modificato dall'articolo 7, comma 1, lett. b), del D.L. 31 gennaio 2005, n. 7, convertito, con modificazioni, dalla Legge 31 marzo 2005, n. 43, l'importo di ciascuna delle imposte di registro, ipotecaria e catastale stabilito in misura fissa di lire 250.000, pari ad euro 129,11, da disposizioni vigenti anteriormente al 1° febbraio 2005, è elevato a 168,00 euro e, da ultimo, a 200 euro dall'articolo 26, comma 2, del D.L. 12 settembre 2013, n. 104, convertito, con modificazioni, dalla Legge 8 novembre 2013, n. 128, con effetto dal 1° gennaio 2014.

(9) Lettera modificata dall'articolo 10, comma 1, lettera c), numero 1, della legge 23 dicembre 1999, n. 488. A norma dell'allegato 2-bis, della legge 30 dicembre 2004, n. 311, come modificato dall'articolo 7, comma 1, lett. b), del D.L. 31 gennaio 2005, n. 7, convertito, con modificazioni, dalla Legge 31 marzo 2005, n. 43, l'importo di ciascuna delle imposte di registro, ipotecaria e catastale stabilito in misura fissa di lire 250.000, pari ad euro 129,11, da disposizioni vigenti anteriormente al 1° febbraio 2005, è elevato a 168,00 euro e, da ultimo, a 200 euro dall'articolo 26, comma 2, del D.L. 12 settembre 2013, n. 104, convertito, con modificazioni, dalla Legge 8 novembre 2013, n. 128, con effetto dal 1° gennaio 2014.

(10) Lettera aggiunta dall'articolo 12, comma 1, del D.Lgs. 23 luglio 1991, n. 240 e, successivamente, modificata dall'articolo 10, comma 1, lettera c), numero 1, della legge 23 dicembre 1999, n. 488. A norma dell'allegato 2-bis, della legge 30 dicembre 2004, n. 311, come modificato dall'articolo 7, comma 1, lett. b), del D.L. 31 gennaio 2005, n. 7, convertito, con modificazioni, dalla Legge 31 marzo 2005, n. 43, l'importo di ciascuna delle imposte di registro, ipotecaria e catastale stabilito in misura fissa di lire 250.000, pari ad euro 129,11, da disposizioni vigenti anteriormente al 1° febbraio 2005, è elevato a 168,00 euro e, da ultimo, a 200 euro dall'articolo 26, comma 2, del D.L. 12 settembre 2013, n. 104, convertito, con modificazioni, dalla Legge 8 novembre 2013, n. 128, con effetto dal 1° gennaio 2014.

(11) Nota sostituita dall'articolo 10, comma 1, lettera c), numero 2, della legge 23 dicembre 1999, n. 488.

(12) Nota sostituita dall'articolo 10, comma 1, lettera c), numero 2, della legge 23 dicembre 1999, n. 488.

(13) Nota sostituita dall'articolo 10, comma 1, lettera c), numero 2, della legge 23 dicembre 1999, n. 488.

(14) Nota modificata dall'articolo 16, comma 13 lettera b), della legge 24 dicembre 1993, n. 537 e, successivamente, sostituita dall'articolo 10, comma 1, lettera c), numero 2, della legge 23 dicembre 1999, n. 488.

(15) A norma dell'articolo 63, comma 6-bis, del D.L. 30 agosto 1993, n. 331, convertito con modificazioni dalla L. 29 ottobre 1993 n. 427, la disposizione contenuta nella presente nota, deve essere interpretata nel senso che l'aliquota prevista alla lettera e) si applica anche quando la formazione dell'atto pubblico o della scrittura privata autenticata di regolarizzazione avviene entro un anno dall'apertura della successione. Successivamente la presente nota è stata sostituita dall'articolo 10, comma 1, lettera c), numero 2, della legge 23 dicembre 1999, n. 488.

(16) Nota da ritenersi abrogata dall'articolo 10, comma 1, lettera c), numero 2, della legge 23 dicembre 1999, n. 488, per effetto della sostituzione delle 7 originarie note con le attuali 5.

(17) Nota aggiunta dall'articolo 12, comma 2, del D.Lgs. 23 luglio 1991, n. 240.

(18) Nota da ritenersi abrogata dall'articolo 10, comma 1, lettera c), numero 2, della legge 23 dicembre 1999, n. 488, per effetto della sostituzione delle 7 originarie note con le attuali 5.

5. – 1. Locazioni e affitti di beni immobili:

a) quando hanno per oggetto fondi rustici..... 0,50%

b) in ogni altro caso.... 2%

a-bis) quando hanno per oggetto immobili strumentali, ancorché assoggettati all'imposta sul valore aggiunto, di cui all'articolo 10, primo comma, numero 8), del decreto del Presidente della Repubblica 26 ottobre 1972, n. 633 : 1 per cento (1).

2. Concessioni su beni demaniali, cessioni e surrogazioni relative. 2%

3. Concessioni di diritti d'acqua a tempo determinato, cessioni e surrogazioni relative 0,50%

4. Contratti di comodato di beni immobili...... € 200,00 (2).

Note:

I) Per i contratti di locazione e sublocazione di immobili urbani di durata pluriennale, l'imposta, se corrisposta per l'intera durata del contratto, si riduce di una percentuale pari alla metà del tasso di interesse legale moltiplicato per il numero delle annualità; la cessione senza corrispettivo degli stessi contratti è assoggettata all'imposta nella misura fissa di euro 67,00 [3].

II) In ogni caso l'ammontare dell'imposta, per le locazioni e gli affitti di beni immobili, non può essere inferiore alla misura fissa di euro 67,00 [4].

II- bis) Per i contratti di affitto di fondi rustici di cui all'art. 17, comma 3- bis, l'aliquota si applica sulla somma dei corrispettivi pattuiti per i singoli contratti. In ogni caso l'ammontare dell'imposta dovuta per la denuncia non può essere inferiore alla misura fissa di euro 67,00 [5].

[1] *Lettera inserita dall'articolo 35, comma 10, del D.L. 4 luglio 2006, n. 223, convertito, con modificazioni, in legge 4 agosto 2006, n. 248. Vedi, anche, il comma 10-quinquies e il comma 10-sexies del medesimo articolo 35.*

[2] *L'imposta fissa di registro di lire cinquantamila, prevista dal presente articolo, è così raddoppiata dall'articolo 6, comma 1, del D.L. 30 settembre 1989, n. 332, convertito con modificazioni dalla L. 27 novembre 1989 n. 384. Vedi inoltre l'articolo 6, comma 5, del D.L. 30 settembre 1989, n. 332. Successivamente è elevata del 50 per cento dall'articolo 17, comma 1 del D.L. 22 maggio 1993, n. 155, convertito con modificazioni in legge 19 luglio 1993, n. 243. Vedi inoltre il comma 4 del medesimo articolo 17 del D.L. n. 115/1993. Infine è stata elevata a 250.000 lire dall'articolo 10, comma 6 del D.L. 20 giugno 1996, n. 323, convertito con modificazioni in legge 8 agosto 1996, n. 425. A norma dell'allegato 2bis, della legge 30 dicembre 2004, n. 311, come modificato dal D.L. 31 gennaio 2005, n. 7, l'importo di ciascuna delle imposte di registro, ipotecaria e catastale stabilito in misura fissa di lire 250.000 è elevato a 168,00 euro e, da ultimo, a 200 euro dall'articolo 26, comma 2, del D.L. 12 settembre 2013, n. 104, convertito, con modificazioni, dalla Legge 8 novembre 2013, n. 128, con effetto dal 1° gennaio 2014.*

[3] *Nota inserita dall'articolo 21, comma 18, lettera d), della legge 27 dicembre 1997, n. 449 e, successivamente, modificata dall'allegato 2-bis della legge 30 dicembre 2004, n. 311, come modificato dal D.L. 31 gennaio 2005, n. 7.*

[4] *Nota inserita dall'articolo 21, comma 18, lettera d), della legge 27 dicembre 1997, n. 449 e, successivamente, modificata dall'allegato 2-bis della legge 30 dicembre 2004, n. 311, come modificato dal D.L. 31 gennaio 2005, n. 7.*

[5] *Nota inserita dall'articolo 7, comma 8, lettera c), della legge 23 dicembre 1998, n. 448 e, successivamente, modificata dall'allegato 2-bis della legge 30 dicembre 2004, n. 311, come modificato dal D.L. 31 gennaio 2005, n. 7.*

6. – 1. Cessioni di crediti, compensazioni e remissioni di debiti, quietanze, tranne quelle rilasciate mediante scrittura privata non autenticata; garanzie reali e personali a favore di terzi, se non richieste dalla legge 0,50%

Note:

Le garanzie personali prestate in solido da più soggetti danno luogo all'applicazione di una sola imposta, salva l'applicazione dell'imposta fissa per quelle non contestuali.

7. – 1. Atti di natura traslativa o dichiarativa aventi per oggetto:

[a) motocicli di qualsiasi tipo, motocarrozzette e trattrici agricole.... L. 150.000] [1]

[b) veicoli a motore destinati al trasporto di persone o al trasporto promiscuo di persone o cose:

1) autovetture e autoveicoli fino a 53 KW ovvero auto- bus e trattori stradali fino a 110 KW......" 150.000

2) autovetture e autoveicoli oltre 53 KW, per ogni KW." 3.500

3) autobus e trattori stradali oltre 110 KW, per ogni KW ." 1.750] [2]

[c) veicoli a motore destinati al trasporto di cose di portata:

1) fino a 7 quintali... L. 99.000

2) da oltre 7 fino a 15 quintali. L. 144.000

3) da oltre 15 fino a 30 quintali. L. 162.000

4) da oltre 30 fino a 45 quintali. L. 189.000

5) da oltre 45 fino a 60 quintali. L. 225.000

6) da oltre 60 fino a 80 quintali. L. 258.000

7) oltre 80 quintali... L. 321.000] [3]

[d) rimorchi di portata:

1) fino a 20 quintali... L. 132.000

2) da oltre 20 fino a 50 quintali. L. 177.000

3) oltre 50 quintali... L. 225.000] [4]

[e) rimorchi per trasporto di persone:

1) fino a 15 posti.... L. 114.000

2) da 16 a 25 posti.... L. 126.000

3) da 26 a 40 posti.... L. 150.000

4) oltre i 40 posti.... L. 180.000] [5]

f) unità da diporto:

1) natanti:

a) fino a sei metri di lunghezza fuori tutto..... euro 71,00

b) oltre sei metri di lunghezza fuori tutto...... euro 142,00

2) imbarcazioni:

a) fino a otto metri di lunghezza fuori tutto...... euro 404,00

b) fino a dodici metri di lunghezza fuori tutto..... euro 607,00

c) fino a diciotto metri di lunghezza fuori tutto...... euro 809,00

d) oltre diciotto metri di lunghezza fuori tutto...... euro 1.011,00

3) navi 5.055,00 [6][7]

Note:

[I) Per gli autoveicoli muniti di carta di circolazione per uso speciale ed i rimorchi destinati a servire detti veicoli -- semprechè non siano adatti al trasporto di cose -- la imposta è ridotta ad un quarto. Analoga riduzione, da operarsi sull'imposta indicata nella lettera d), si applica per i rimorchi ad uso abitazione per campeggio e simili] [8].

[II) Non sono soggette a registrazione le scritture private, con sottoscrizione autenticata o accertata giudizialmente, da prodursi al Pubblico Registro Automobilistico per formalità di trascrizione, iscrizione e annotazione, qualora contengano esclusivamente convenzioni soggette a tali formalità] [9][10].

[1] *A norma dell'articolo 6, comma 1, del D.L. 30 settembre 1989, n. 332, convertito con modificazioni dalla L. 27 novembre 1989 n. 384, l'imposta fissa di registro di lire cinquantamila è raddoppiata. Lettera sostituita dall'articolo 2, comma 1, del D.M. 8 luglio 1998, n. 223, successivamente, a decorrere dal 1° gennaio 1999, abrogata ai sensi dell'articolo 57, comma 1, lettera c, numero 2), del D.Lgs. 15 dicembre 1997, n. 446.*

[2] *A norma dell'articolo 6, comma 1, del D.L. 30 settembre 1989, n. 332, convertito con modificazioni dalla L. 27 novembre 1989 n. 384, l'imposta fissa di registro di lire cinquantamila è raddoppiata. Lettera sostituita dall'articolo 2, comma 1, del D.M. 8 luglio 1998, n. 223, successivamente, a decorrere dal 1° gennaio 1999, abrogata ai sensi dell'articolo 57, comma 1, lettera c, numero 2), del D.Lgs. 15 dicembre 1997, n. 446.*

[3] *Lettera abrogata dall'articolo 57, comma 1, lettera c, numero 2), del D.Lgs. 15 dicembre 1997, n. 446 a decorrere dal 1° gennaio 1999.*

[4] *Lettera abrogata dall'articolo 57, comma 1, lettera c, numero 2), del D.Lgs. 15 dicembre 1997, n. 446 a decorrere dal 1° gennaio 1999.*

[5] *Lettera abrogata dall'articolo 57, comma 1, lettera c, numero 2), del D.Lgs. 15 dicembre 1997, n. 446 a decorrere dal 1° gennaio 1999.*

[6] *Lettera aggiunta dall'articolo 14, comma 2, della legge 5 maggio 1989, n. 171 e, successivamente, sostituita dall'articolo 8, comma 3, del D.L. 13 maggio 1991, n. 151, convertito con modificazioni dalla L. 12 luglio 1991 n. 202 e, successivamente, modificata dall'allegato 2-bis, della legge L. 30 dicembre 2004 n. 311 come modificata dal D.L. 31 gennaio 2005, n. 7.*

[7] *A norma dell'articolo 17, comma 2, del D.L. 22 maggio 1993, n. 155, convertito con modificazioni dalla L. 19 luglio 1993 n. 243, le misure della imposta di registro previste dal presente articolo sono state elevate del 50 per cento.*

[8] *Nota abrogata dall'articolo 57, comma 1, lettera c, numero 2), del D.Lgs. 15 dicembre 1997, n. 446 a decorrere dal 1° gennaio 1999.*

[9] *Nota abrogata dall'articolo 57, comma 1, lettera c, numero 2), del*

D.Lgs. 15 dicembre 1997, n. 446 a decorrere dal 1° gennaio 1999.
(10) *Vedi inoltre l'articolo 17, comma 17, della legge 27 dicembre 1997, n. 449.*

8. – 1. Atti dell'autorità giudiziaria ordinaria e speciale in materia di controversie civili che definiscono, anche parzialmente, il giudizio, compresi i decreti ingiuntivi esecutivi, i provvedimenti di aggiudicazione e quelli di assegnazione, anche in sede di scioglimento di comunioni, le sentenze che rendono efficaci nello Stato sentenze straniere e i provvedimenti che dichiarano esecutivi i lodi arbitrali:

a) recanti trasferimento o costituzione di diritti reali su beni immobili o su unità da diporto ovvero su altri beni e diritti.. le stesse imposte stabilite per i corrispondenti atti (1)

b) recanti condanna al pagamento di somme o valori, ad altre prestazioni o alla consegna di beni di qualsiasi natura... 3% (2)

c) di accertamento di diritti a contenuto patrimoniale 1% (3)

d) non recanti trasferimento, condanna o accertamento di diritti a contenuto patrimoniale. euro 200,00 (4)

e) che dichiarano la nullità o pronunciano l'annullamento di un atto, ancorché portanti condanna alla restituzione di denaro o beni, o la risoluzione di un contratto.. euro 200,00 (5)

f) aventi per oggetto lo scioglimento o la cessazione degli effetti civili del matrimonio o la separazione personale, ancorché recanti condanne al pagamento di assegni o attribuzioni di beni patrimoniali, già facenti parte di comunione fra i coniugi; modifica di tali condanne o attribuzioni euro 200,00 (6)

g) di omologazione.. euro 200,00 (7)

1-bis. Atti del Consiglio di Stato e dei tribunali amministrativi regionali che definiscono, anche parzialmente, il giudizio, compresi i decreti ingiuntivi esecutivi, che recano condanna al pagamento di somme di danaro diverse dalle spese processuali: 3 per cento (8).

Note:

I) I decreti ingiuntivi emessi in sostituzione di quelli divenuti inefficaci ai sensi dell'art. 644 del codice di procedura civile sono soggetti all'imposta in misura fissa.

II) Gli atti di cui al comma 1, lettera b), e al comma 1-bis non sono soggetti all'imposta proporzionale per la parte in cui dispongono il pagamento di corrispettivi o prestazioni soggetti all'imposta sul valore aggiunto ai sensi dell'art. 40 del testo unico (9).

II- bis) I provvedimenti che accertano l'acquisto per usucapione della proprietà di beni immobili o di diritti reali di godimento sui beni medesimi sono soggette all'imposta secondo le disposizioni dell'art. 1 della tariffa (10).

(1) *Lettera modificata dall'articolo 57, comma 1, lettera c, numero 3), del D.Lgs. 15 dicembre 1997, n. 446.*
(2) *La Corte costituzionale con sentenza 11 giugno 2003, n. 202 ha dichiarato l'illegittimità costituzionale della presente lettera, nella parte in cui non esenta dall'imposta ivi prevista i provvedimenti emessi in applicazione dell'art. 148 cod. civ. nell'ambito dei rapporti fra genitori e figli.*
(3) *La Corte Costituzionale, con sentenza 13 luglio 2017, n. 177 (in Gazz. Uff., 19 luglio 2017, n. 29), ha dichiarato l'illegittimità della presente lettera, nella parte in cui assoggetta all'imposta di registro proporzionale, anziché in misura fissa, anche le pronunce che definiscono i giudizi di opposizione allo stato passivo del fallimento con l'accertamento di crediti derivanti da operazioni soggette all'imposta sul valore aggiunto.*
(4) *A norma dell'articolo 6, comma 1, del D.L. 30 settembre 1989, n. 332, convertito con modificazioni dalla L. 27 novembre 1989 n. 384, l'imposta fissa di registro di lire cinquantamila, è raddoppiata. A norma dell'articolo 10, comma 6, del D.L. 20 giugno 1996, n. 323, convertito con modificazioni in legge 8 agosto 1996, n. 425, l'importo di ciascuna delle imposte di registro, ipotecaria e catastale, stabilito in misura fissa è elevato a lire 250 mila. Da ultimo, a norma dell'allegato 2-bis, della legge 30 dicembre 2004, n. 311, come modificato dall'articolo 7, comma 1, lett. b), del D.L. 31 gennaio 2005, n. 7, convertito, con modificazioni, dalla Legge 31 marzo 2005, n. 43, l'importo di ciascuna delle imposte di registro, ipotecaria e catastale stabilito in misura fissa di lire 250.000, pari ad euro 129,11, da disposizioni vigenti anteriormente al 1° febbraio 2005, è elevato a 168,00 euro e, da ultimo, a 200 euro dall'articolo 26, comma 2, del D.L. 12 settembre 2013, n. 104, convertito, con modificazioni, dalla Legge 8 novembre 2013, n. 128, con effetto dal 1° gennaio 2014.*
(5) *A norma dell'articolo 6, comma 1, del D.L. 30 settembre 1989, n. 332, convertito con modificazioni dalla L. 27 novembre 1989 n. 384, l'imposta fissa di registro di lire cinquantamila, è raddoppiata. A norma dell'articolo 10, comma 6, del D.L. 20 giugno 1996, n. 323, convertito con modificazioni in legge 8 agosto 1996, n. 425, l'importo di ciascuna delle imposte di registro, ipotecaria e catastale, stabilito in misura fissa è elevato a lire 250 mila. Da ultimo, a norma dell'allegato 2-bis, della legge 30 dicembre 2004, n. 311, come modificato dall'articolo 7, comma 1, lett. b), del D.L. 31 gennaio 2005, n. 7, convertito, con modificazioni, dalla Legge 31 marzo 2005, n. 43, l'importo di ciascuna delle imposte di registro, ipotecaria e catastale stabilito in misura fissa di lire 250.000, pari ad euro 129,11, da disposizioni vigenti anteriormente al 1° febbraio 2005, è elevato a 168,00 euro e, da ultimo, a 200 euro dall'articolo 26, comma 2, del D.L. 12 settembre 2013, n. 104, convertito, con modificazioni, dalla Legge 8 novembre 2013, n. 128, con effetto dal 1° gennaio 2014.*
(6) *A norma dell'articolo 6, comma 1, del D.L. 30 settembre 1989, n. 332, convertito con modificazioni dalla L. 27 novembre 1989 n. 384, l'imposta fissa di registro di lire cinquantamila, è raddoppiata. A norma dell'articolo 10, comma 6, del D.L. 20 giugno 1996, n. 323, convertito con modificazioni in legge 8 agosto 1996, n. 425, l'importo di ciascuna delle imposte di registro, ipotecaria e catastale, stabilito in misura fissa è elevato a lire 250 mila. Da ultimo, a norma dell'allegato 2-bis, della legge 30 dicembre 2004, n. 311, come modificato dall'articolo 7, comma 1, lett. b), del D.L. 31 gennaio 2005, n. 7, convertito, con modificazioni, dalla Legge 31 marzo 2005, n. 43, l'importo di ciascuna delle imposte di registro, ipotecaria e catastale stabilito in misura fissa di lire 250.000, pari ad euro 129,11, da disposizioni vigenti anteriormente al 1° febbraio 2005, è elevato a 168,00 euro e, da ultimo, a 200 euro dall'articolo 26, comma 2, del D.L. 12 settembre 2013, n. 104, convertito, con modificazioni, dalla Legge 8 novembre 2013, n. 128, con effetto dal 1° gennaio 2014.*
(7) *A norma dell'articolo 6, comma 1, del D.L. 30 settembre 1989, n. 332, convertito con modificazioni dalla L. 27 novembre 1989 n. 384, l'imposta fissa di registro di lire cinquantamila, è raddoppiata. A norma dell'articolo 10, comma 6, del D.L. 20 giugno 1996, n. 323, convertito con modificazioni in legge 8 agosto 1996, n. 425, l'importo di ciascuna delle imposte di registro, ipotecaria e catastale, stabilito in misura fissa è elevato a lire 250 mila. Da ultimo, a norma dell'allegato 2-bis, della legge 30 dicembre 2004, n. 311, come modificato dall'articolo 7, comma 1, lett. b), del D.L. 31 gennaio 2005, n. 7, convertito, con modificazioni, dalla Legge 31 marzo 2005, n. 43, l'importo di ciascuna delle imposte di registro, ipotecaria e catastale stabilito in misura fissa di lire 250.000, pari ad euro 129,11, da disposizioni vigenti anteriormente al 1° febbraio 2005, è elevato a 168,00 euro e, da ultimo, a 200 euro dall'articolo 26, comma 2, del D.L. 12 settembre 2013, n. 104, convertito, con modificazioni, dalla Legge 8 novembre 2013, n. 128, con effetto dal 1° gennaio 2014.*
(8) *Comma aggiunto dall'articolo 33, comma 1, lettera a) della legge 23 dicembre 2000, n. 388 a decorrere dal 1° marzo 2001.*
(9) *Nota modificata dall'articolo 33, comma 1, lettera b) della legge 23 dicembre 2000, n. 388 a decorrere dal 1° marzo 2001.*
(10) *Nota aggiunta dall'articolo 23, comma 2, del D.L. 2 marzo 1989, n. 69, convertito con modificazioni dalla L. 27 aprile 1989 n. 154.*

8 bis. (1) – 1. Atti relativi alle cessioni, da parte degli utilizzatori, di contratti di locazione finanziaria aventi ad oggetto immobili strumentali, anche da costruire ed ancorché assoggettati all'imposta sul valore aggiunto, di cui all'articolo 10, primo comma, numero 8-ter), del decreto del Presidente della Repubblica 26 ottobre 1972, n. 633: 4 per cento.

1-bis. Atti relativi alle cessioni, da parte degli utilizzatori, di contratti di locazione finanziaria aventi ad oggetto immobili a destinazione abitativa, di categoria catastale diversa da Al, A8 e A9, effettuate nei confronti di soggetti per i quali ricorrono le condizioni di cui alle note II-bis) e II-sexies) dell'articolo 1, ancorché assoggettati all'imposta sul valore aggiunto, di cui all'articolo 10, primo comma, numero 8-bis), del decreto del Presidente della Repubblica 26 ottobre 1972, n. 633 : 1,5 per cento (2).

1-ter. Atti, diversi da quelli di cui al comma 1-bis, relativi alle cessioni, da parte degli utilizzatori, di contratti di locazione finanziaria aventi ad oggetto immobili a destinazione abitativa, anche da costruire ed ancorché assoggettati all'imposta sul valore aggiunto, di cui all'articolo 10, primo comma, numero 8-bis), del decreto del Presidente della Repubblica 26 ottobre 1972, n. 633 : 9 per cento (3)

Note

i) Per le cessioni di cui ai commi 1, 1-bis e 1-ter l'imposta si applica sul corrispettivo pattuito per la cessione aumentato della quota capitale compresa nei canoni ancora da pagare oltre al prezzo di riscatto (4)

(1) Articolo inserito dall'articolo 1, comma 164, lettera b), della Legge 27 dicembre 2013, n. 147.
(2) Comma aggiunto dall'articolo 1, comma 83, lettera c), numero 1), della Legge 28 dicembre 2015, n. 208. A norma del comma 84 del medesimo articolo 1, la presente disposizione si applica dal 1° gennaio 2016 al 31 dicembre 2020.
(3) Comma aggiunto dall'articolo 1, comma 83, lettera c), numero 1), della Legge 28 dicembre 2015, n. 208. A norma del comma 84 del medesimo articolo 1, la presente disposizione si applica dal 1° gennaio 2016 al 31 dicembre 2020.
(4) Nota modificata dall'articolo 1, comma 83, lettera c), numero 2), della Legge 28 dicembre 2015, n. 208. A norma del comma 84 del medesimo articolo 1, la presente disposizione si applica dal 1° gennaio 2016 al 31 dicembre 2020.

9. – 1. Atti diversi da quelli altrove indicati aventi per oggetto prestazioni a contenuto patrimoniale: 3%

10. – 1. Contratti preliminari di ogni specie: euro 200 (1)

Nota

Se il contratto preliminare prevede la dazione di somme a titolo di caparra confirmatoria si applica il precedente art. 6; se prevede il pagamento di acconti di prezzo non soggetti alla imposta sul valore aggiunto ai sensi degli articoli 5, comma 2, e 40 del testo unico si applica il precedente art. 9.

In entrambi i casi l'imposta pagata è imputata all'imposta principale dovuta per la registrazione del contratto definitivo.

(1) A norma dell'articolo 6, comma 1, del D.L. 30 settembre 1989, n. 332, convertito con modificazioni dalla L. 27 novembre 1989 n. 384, l'imposta fissa di registro di lire cinquantamila, è raddoppiata. Successivamente, a norma dell'articolo 17, comma 1, del D.L. 22 maggio 1993, n. 155, convertito con modificazioni in legge 19 luglio 1993, n. 243, l'importo dell'imposta fissa è elevato del 50 per cento. Vedi inoltre il comma 4 del medesimo articolo 17 del D.L. n. 155/1993. A norma dell'articolo 10, comma 6, del D.L. 20 giugno 1996, n. 323, convertito con modificazioni in legge 8 agosto 1996, n. 425, l'importo di ciascuna delle imposte di registro, ipotecaria e catastale, stabilito in misura fissa è elevato a lire 250 mila.Da ultimo, detta imposta fissa di lire 250.000, pari ad euro 129,11, da disposizioni vigenti anteriormente al 1° febbraio 2005, è elevato a 168,00 euro dall'allegato 2 bis della legge 30 dicembre 2004, n. 311. A norma dell'articolo 26, comma 2, del D.L. 12 settembre 2013, n. 104, convertito, con modificazioni, in Legge 8 novembre 2013 n. 128 l'importo di ciascuna delle imposte di registro, ipotecaria e catastale stabilito in misura fissa di euro 168 da disposizioni vigenti anteriormente al 1° gennaio 2014 è elevato ad euro 200; a norma del comma 3 del medesimoarticolo 26, le disposizioni di cui al comma 2 hanno effetto dal 1° gennaio 2014 e, in particolare, hanno effetto per gli atti giudiziari pubblicati o emanati, per gli atti pubblici formati, per le donazioni fatte e per le scritture private autenticate a partire da tale data, per le scritture private non autenticate e per le denunce presentate per la registrazione dalla medesima data, nonché per le formalità di trascrizione, di iscrizione, di rinnovazione eseguite e per le domande di annotazione presentate a decorrere dalla stessa data.

11. – 1. Atti pubblici e scritture private autenticate, escluse le procure di cui all'art. 6 della parte seconda, non aventi per oggetto prestazioni a contenuto patrimoniale; atti pubblici e scritture private autenticate aventi per oggetto la negoziazione di quote di partecipazione in società o enti di cui al precedente art. 4 odi titoli di cui all'art. 8 della tabella o aventi per oggetto gli atti previsti nella stessa tabella, esclusi quelli di cui agli articoli 4, 5, 11, 11-bis e 11-ter; atti di ogni specie per i quali è prevista la applicazione dell'imposta in misura fissa: euro 200,00 (1)(2).

(1) L'importo dell'imposta è stato modificato dall'articolo 10 comma 6 del D.L. 20 giugno 1996, n. 332; dall'articolo 19 della legge 13 maggio 1999, n. 133; dall'allegato 2 bis della legge 30 dicembre 2004, n. 311, come modificato dall'articolo 7, comma 1, lett. b), del D.L. 31 gennaio 2005, n. 7, convertito, con modificazioni, dalla Legge 31 marzo 2005, n. 43 e, da ultimo, dall'articolo 26, comma 2, del D.L. 12 settembre 2013, n. 104, convertito, con modificazioni, dalla Legge 8 novembre 2013, n. 128, con effetto dal 1° gennaio 2014.
(2) Comma modificato dall'articolo 57 del D.LGS. 15 dicembre 1997, n. 446

11 *bis*. – 1. Atti costitutivi e modifiche statutarie concernenti le organizzazioni non lucrative di utilità sociale: euro 200,00 (1)(2).

(1) Articolo aggiunto dall'articolo 22 del D.LGS. 4 dicembre 1997, n. 460.
(2) A norma dell'allegato 2-bis, della Legge 30 dicembre 2004, n. 311, come modificato dall'articolo 7, comma 1, lett. b), del D.L. 31 gennaio 2005, n. 7, convertito, con modificazioni, dalla Legge 31 marzo 2005, n. 43, l'importo di ciascuna delle imposte di registro, ipotecaria e catastale stabilito in misura fissa di lire 250.000, pari ad euro 129,11, da disposizioni vigenti anteriormente al 1° febbraio 2005, è elevato a 168,00 euro. Successivamente, a norma dell'articolo 26, comma 2, del D.L. 12 settembre 2013, n. 104, convertito, con modificazioni, dalla Legge 8 novembre 2013 n. 128 l'importo di ciascuna delle imposte di registro, ipotecaria e catastale stabilito in misura fissa di euro 168 è elevato a euro 200 a decorrere dal 1° gennaio 2014.

11 *ter*. – 1. Atti costitutivi e modifiche statutarie concernenti le istituzioni riordinate in aziende di servizi o in persone giuridiche private: euro 200,00 (1).

(1) Articolo aggiunto dall'articolo 4 del D.LGS. 4 maggio 2001, n. 207.
(2) A norma dell'allegato 2-bis, della Legge 30 dicembre 2004, n. 311, come modificato dall'articolo 7, comma 1, lett. b), del D.L. 31 gennaio 2005, n. 7, convertito, con modificazioni, dalla Legge 31 marzo 2005, n. 43, l'importo di ciascuna delle imposte di registro, ipotecaria e catastale stabilito in misura fissa di lire 250.000, pari ad euro 129,11, da disposizioni vigenti anteriormente al 1° febbraio 2005, è elevato a 168,00 euro. Successivamente, a norma dell'articolo 26, comma 2, del D.L. 12 settembre 2013, n. 104, convertito, con modificazioni, dalla Legge 8 novembre 2013 n. 128 l'importo di ciascuna delle imposte di registro, ipotecaria e catastale stabilito in misura fissa di euro 168 è elevato a euro 200 a decorrere dal 1° gennaio 2014.

TARIFFA II

1. – 1. Atti indicati:

a) negli articoli 2, comma 1, 3, 6, 9 e 10 della parte prima formati mediante corrispondenza, ed eccezione di quelli per i quali dal codice civile è richiesta a pena di nullità la forma scritta e di quelli aventi per oggetto cessioni di aziende o costituzioni di diritti di godimento reali o personali sulle stesse….. le stesse imposte previste per i rispondenti atti nella parte prima

b) nell'art. 5, comma 2, del testo unico quando riguardano cessioni di beni o presta- zioni di servizi soggette all'imposta sul valore aggiunto..... euro 200,00 [(1)].

Nota:

I contratti relativi alle operazioni e ai servizi bancari e finanziari e al credito al consumo ivi compresi quelli di locazione finanziaria immobiliare, per i quali il titolo VI del decreto legislativo 1° settembre 1993, n. 385, prescrive a pena di nullità la forma scritta, sono assoggettati a registrazione solo in caso d'uso [(2)].

[(1)] A norma dell'articolo 6, comma 1, del D.L. 30 settembre 1989, n. 332, convertito con modificazioni dalla L. 27 novembre 1989 n. 384, l'imposta fissa di registro di lire cinquantamila, è raddoppiata. A norma dell'articolo 17, comma 1, del D.L. 22 maggio 1993, n. 155, convertito con modificazioni in legge 19 luglio 1993, n. 243, è elevato del 50 per cento. Successivamente, a norma dell'articolo 10, comma 6, del D.L. 20 giugno 1996, n. 323, convertito, con modificazioni, dallaL. 8 agosto 1996, n. 425, l'importo di ciascuna delle imposte di registro, ipotecaria e catastale, stabilito in misura fissa è elevato a lire 250 mila. A norma dell'allegato 2-bis, della legge 30 dicembre 2004, n. 311, modificata dal D.L. 31 gennaio 2005, n. 7, l'importo di ciascuna delle imposte di registro, ipotecaria e catastale stabilito in misura fissa di lire 250.000, pari ad euro 129,11, da disposizioni vigenti anteriormente al 1° febbraio 2005, è elevato a 168,00 euro. Da ultimo, a norma dell'articolo 26, comma 2, del D.L. 12 settembre 2013, n. 104, convertito, con modificazioni, dalla Legge 8 novembre 2013 n. 128 l'importo di ciascuna delle imposte di registro, ipotecaria e catastale stabilito in misura fissa di euro 168 è elevato a euro 200 a decorrere dal 1° gennaio 2014.

[(2)] Nota aggiunta dall'articolo 21, comma 21, della legge 27 dicembre 1997, n. 449 e, successivamente, modificata dall'articolo 1, comma 15, lettera a), numero 2), della legge 13 dicembre 2010, n. 220.

2. – 1. Scritture private non autenticate ad eccezione dei contratti di cui all'articolo 5 della tariffa, parte prima quando l'ammontare dell'imposta risulti inferiore a lire 250.000 o quando abbiano per oggetto la negoziazione di quote partecipazione in società o enti di cui all'articolo 4, parte prima, o di titoli indicati nell'articolo 8 della tabella: euro 200,00 [(1)(2)].

2. Lodi arbitrali non dichiarati esecutivi: le stesse imposte previste nell'art. 8 della parte prima

[(1)] Comma modificato dall'articolo 6, comma 1, del D.L. 30 settembre 1989, n. 332, convertito con modificazioni dalla L. 27 novembre 1989 n. 384; dall'articolo 17, comma 1, del D.L. 22 maggio 1993, n. 155, convertito con modificazioni inlegge 19 luglio 1993, n. 243; e, successivamente, sostituito dall'articolo 10, comma 6, del D.L. 20 giugno 1996, n. 323, convertito, con modificazioni, dalla L. 8 agosto 1996, n. 425; in seguito, modificato dall'articolo 21, comma 18, lettera e), numero 1), della legge 27 dicembre 1997, n. 449.

[(2)] A norma dell'allegato 2-bis, della Legge 30 dicembre 2004, n. 311, come modificato dall'articolo 7, comma 1, lett. b), del D.L. 31 gennaio 2005, n. 7, convertito, con modificazioni, dalla Legge 31 marzo 2005, n. 43, l'importo di ciascuna delle imposte di registro, ipotecaria e catastale stabilito in misura fissa di lire 250.000, pari ad euro 129,11, da disposizioni vigenti anteriormente al 1° febbraio 2005, è elevato a 168,00 euro. Successivamente, a norma dell'articolo 26, comma 2, del D.L. 12 settembre 2013, n. 104, convertito, con modificazioni, dalla Legge 8 novembre 2013 n. 128 l'importo di ciascuna delle imposte di registro, ipotecaria e catastale stabilito in misura fissa di euro 168 è elevato a euro 200 a decorrere dal 1° gennaio 2014.

2 *bis*. – 1. Locazioni ed affitti di immobili, non formati per atto pubblico o scrittura privata autenticata di durata non superiore a trenta giorni complessivi nell'anno [(1)]

[(1)] Articolo aggiunto dall'articolo 6 del D.L. 30 settembre 1989, n. 332, e successivamente sostituito dall'articolo 21, comma 18 della legge 27 dicembre 1997, n. 449.

3. – 1. Scritture private non autenticate aventi per oggetto comodato di beni mobili: euro 200,00 [(1)].

[(1)] A norma articolo 6, comma 1, del D.L. 30 settembre 1989, n. 332, convertito con modificazioni dalla L. 27 novembre 1989 n. 384, l'imposta fissa di registro di lire cinquantamila, è raddoppiata. A norma dell'articolo 17, comma 1, del D.L. 22 maggio 1993, n. 155, convertito con modificazioni in legge 19 luglio 1993, n. 243, è elevato del 50 per cento. Successivamente, a norma dellarticolo 10, comma 6, del D.L. 20 giugno 1996, n. 323, convertito, con modificazioni, dallaL. 8 agosto 1996, n. 425, l'importo di ciascuna delle imposte di registro, ipotecaria e catastale, stabilito in misura fissa è elevato a lire 250 mila. Da ultimo, a norma dell'allegato 2-bis, della legge 30 dicembre 2004, n. 311, modificata dal D.L. 31 gennaio 2005, n. 7, l'importo di ciascuna delle imposte di registro, ipotecaria e catastale stabilito in misura fissa di lire 250.000, pari ad euro 129,11, da disposizioni vigenti anteriormente al 1° febbraio 2005, è elevato a 168,00 euro. Successivamente, a norma dell'articolo 26, comma 2, del D.L. 12 settembre 2013, n. 104, convertito, con modificazioni, dalla Legge 8 novembre 2013 n. 128 l'importo di ciascuna delle imposte di registro, ipotecaria e catastale stabilito in misura fissa di euro 168 è elevato a euro 200 a decorrere dal 1° gennaio 2014.

4. – 1. Scritture private non autenticate non aventi per oggetto prestazioni a contenuto patrimoniale; conti e rendiconti di ogni genere, scritti, disegni, modelli, fotografie e simili: euro 200,00 [(1)]

[(1)] A norma articolo 6, comma 1, del D.L. 30 settembre 1989, n. 332, convertito con modificazioni dallaL. 27 novembre 1989 n. 384, l'imposta fissa di registro di lire cinquantamila, è raddoppiata. A norma dell'articolo 17, comma 1, del D.L. 22 maggio 1993, n. 155, convertito con modificazioni in legge 19 luglio 1993, n. 243, è elevato del 50 per cento. Successivamente, a norma dell articolo 10, comma 6, del D.L. 20 giugno 1996, n. 323, convertito, con modificazioni, dalla L. 8 agosto 1996, n. 425, l'importo di ciascuna delle imposte di registro, ipotecaria e catastale, stabilito in misura fissa è elevato a lire 250 mila. Da ultimo, a norma dell'allegato 2-bis, della legge 30 dicembre 2004, n. 311, modificata dal D.L. 31 gennaio 2005, n. 7, l'importo di ciascuna delle imposte di registro, ipotecaria e catastale stabilito in misura fissa di lire 250.000, pari ad euro 129,11, da disposizioni vigenti anteriormente al 1° febbraio 2005, è elevato a 168,00 euro. Successivamente, a norma dell'articolo 26, comma 2, del D.L. 12 settembre 2013, n. 104, convertito, con modificazioni, dalla Legge 8 novembre 2013 n. 128 l'importo di ciascuna delle imposte di registro, ipotecaria e catastale stabilito in misura fissa di euro 168 è elevato a euro 200 a decorrere dal 1° gennaio 2014.

5. – 1. Quietanze rilasciate mediante scritture private non autenticate: 0,50%

6. – 1. Procure, deleghe e simili rilasciate per il compimento di un solo atto e per l'intervento in assemblea: euro 200,00 [(1)]

[(1)] A norma articolo 6, comma 1, del D.L. 30 settembre 1989, n. 332, convertito con modificazioni dalla L. 27 novembre 1989 n. 384 l'imposta fissa di registro di lire cinquantamila, è raddoppiata. A norma dell'articolo 17, comma 1, del D.L. 22 maggio 1993, n. 155, convertito con modificazioni in legge 19 luglio 1993, n. 243, è elevato del 50 per cento. Successivamente, a norma dell articolo 10, comma 6, del D.L. 20 giugno 1996, n. 323, convertito, con modificazioni, dalla L. 8 agosto 1996, n. 425, l'importo di ciascuna delle imposte di registro, ipotecaria e catastale, stabilito in misura fissa è elevato a lire 250 mila. Da ultimo, a norma dell'allegato 2-bis, della legge 30 dicembre 2004, n. 311, modificata dal D.L. 31 gennaio 2005, n. 7, l'importo di ciascuna delle imposte di registro, ipotecaria e catastale stabilito in misura fissa di lire 250.000, pari ad euro 129,11, da disposizioni vigenti anteriormente al 1° febbraio 2005, è elevato a 168,00 euro. Successivamente, a norma dell'articolo 26, comma 2, del D.L. 12 settembre 2013, n. 104, convertito, con modificazioni, dalla Legge 8 novembre 2013 n. 128 l'importo di ciascuna delle imposte di registro, ipotecaria e catastale stabilito in misura fissa di euro 168 è elevato a euro 200 a decorrere dal 1° gennaio 2014.

7. – 1. Atti riguardanti l'espropriazione per pubblica utilità diversi da quelli indicati nell'art. 1 della parte prima: euro 200,00 (1)

(1) *A normaarticolo 6, comma 1, del D.L. 30 settembre 1989, n. 332, convertito con modificazioni dalla L. 27 novembre 1989 n. 384 l'imposta fissa di registro di lire cinquantamila, è raddoppiata. A norma dell'articolo 17, comma 1, del D.L. 22 maggio 1993, n. 155, convertito con modificazioni in legge 19 luglio 1993, n. 243, è elevato del 50 per cento. Successivamente, a norma dell 'articolo 10, comma 6, del D.L. 20 giugno 1996, n. 323, convertito, con modificazioni, dalla L. 8 agosto 1996, n. 425, l'importo di ciascuna delle imposte di registro, ipotecaria e catastale, stabilito in misura fissa è elevato a lire 250 mila. Da ultimo, a norma dell'allegato 2-bis, della legge 30 dicembre 2004, n. 311, modificata dal D.L. 31 gennaio 2005, n. 7, l'importo di ciascuna delle imposte di registro, ipotecaria e catastale stabilito in misura fissa di lire 250.000, pari ad euro 129,11, da disposizioni vigenti anteriormente al 1° febbraio 2005, è elevato a 168,00 euro. Successivamente, a norma dell'articolo 26, comma 2, del D.L. 12 settembre 2013, n. 104, convertito, con modificazioni, dalla Legge 8 novembre 2013 n. 128 l'importo di ciascuna delle imposte di registro, ipotecaria e catastale stabilito in misura fissa di euro 168 è elevato a euro 200 a decorrere dal 1° gennaio 2014.*

8. – 1. Mandati e ordini di pagamento sulle casse di pubbliche amministrazioni, girate e quietanze apposte sui medesimi: euro 200,00 (1)

(1) *A norma articolo 6, comma 1, del D.L. 30 settembre 1989, n. 332, convertito con modificazioni dalla L. 27 novembre 1989 n. 384 l'imposta fissa di registro di lire cinquantamila, è raddoppiata. A norma dell'articolo 17, comma 1, del D.L. 22 maggio 1993, n. 155, convertito con modificazioni in legge 19 luglio 1993, n. 243, è elevato del 50 per cento. Successivamente, a norma dell'articolo 10, comma 6, del D.L. 20 giugno 1996, n. 323, convertito, con modificazioni, dalla L. 8 agosto 1996, n. 425, l'importo di ciascuna delle imposte di registro, ipotecaria e catastale, stabilito in misura fissa è elevato a lire 250 mila. Da ultimo, a norma dell'allegato 2-bis, della legge 30 dicembre 2004, n. 311, modificata dal D.L. 31 gennaio 2005, n. 7, l'importo di ciascuna delle imposte di registro, ipotecaria e catastale stabilito in misura fissa di lire 250.000, pari ad euro 129,11, da disposizioni vigenti anteriormente al 1° febbraio 2005, è elevato a 168,00 euro. Successivamente, a norma dell'articolo 26, comma 2, del D.L. 12 settembre 2013, n. 104, convertito, con modificazioni, dalla Legge 8 novembre 2013 n. 128 l'importo di ciascuna delle imposte di registro, ipotecaria e catastale stabilito in misura fissa di euro 168 è elevato a euro 200 a decorrere dal 1° gennaio 2014.*

9. – 1. Libretti di conto corrente e di risparmio e relative lettere di addebitamento e accreditamento: euro 200,00 (1)

(1) *A norma articolo 6, comma 1, del D.L. 30 settembre 1989, n. 332, convertito con modificazioni dalla L. 27 novembre 1989 n. 384, l'imposta fissa di registro di lire cinquantamila, è raddoppiata. A norma dell'articolo 17, comma 1, del D.L. 22 maggio 1993, n. 155, convertito con modificazioni in legge 19 luglio 1993, n. 243, è elevato del 50 per cento. Successivamente, a norma dell'articolo 10, comma 6, del D.L. 20 giugno 1996, n. 323, convertito, con modificazioni, dalla L. 8 agosto 1996, n. 425, l'importo di ciascuna delle imposte di registro, ipotecaria e catastale, stabilito in misura fissa è elevato a lire 250 mila. Da ultimo, a norma dell'allegato 2-bis, della legge 30 dicembre 2004, n. 311, modificata dal D.L. 31 gennaio 2005, n. 7, l'importo di ciascuna delle imposte di registro, ipotecaria e catastale stabilito in misura fissa di lire 250.000, pari ad euro 129,11, da disposizioni vigenti anteriormente al 1° febbraio 2005, è elevato a 168,00 euro. Successivamente, a norma dell'articolo 26, comma 2, del D.L. 12 settembre 2013, n. 104, convertito, con modificazioni, dalla Legge 8 novembre 2013 n. 128 l'importo di ciascuna delle imposte di registro, ipotecaria e catastale stabilito in misura fissa di euro 168 è elevato a euro 200 a decorrere dal 1° gennaio 2014.*

10. – 1. Contratti relativi a prestazioni di lavoro autonomo, compresi i contratti di collaborazione coordinata e continuativa ed i contratti di associazione in partecipazione con apporto di solo lavoro, non soggette all'imposta sul valore aggiunto: euro 200,00 (1).

(1) *A norma articolo 6, comma 1, del D.L. 30 settembre 1989, n. 332, convertito con modificazioni dallaL. 27 novembre 1989 n. 384, l'imposta fissa di registro di lire cinquantamila, è raddoppiata. A norma dell'articolo 17, comma 1, del D.L. 22 maggio 1993, n. 155, convertito con modificazioni in legge 19 luglio 1993, n. 243, è elevato del 50 per cento. Successivamente, a norma dell'articolo 10, comma 6, del D.L. 20 giugno 1996, n. 323, convertito, con modificazioni, dalla L. 8 agosto 1996, n. 425, l'importo di ciascuna delle imposte di registro, ipotecaria e catastale, stabilito in misura fissa è elevato a lire 250 mila. Da ultimo, a norma dell'allegato 2-bis, della legge 30 dicembre 2004, n. 311, modificata dal D.L. 31 gennaio 2005, n. 7, l'importo di ciascuna delle imposte di registro, ipotecaria e catastale stabilito in misura fissa di lire 250.000, pari ad euro 129,11, da disposizioni vigenti anteriormente al 1° febbraio 2005, è elevato a 168,00 euro. Successivamente, a norma dell'articolo 26, comma 2, del D.L. 12 settembre 2013, n. 104, convertito, con modificazioni, dalla Legge 8 novembre 2013 n. 128 l'importo di ciascuna delle imposte di registro, ipotecaria e catastale stabilito in misura fissa di euro 168 è elevato a euro 200 a decorrere dal 1° gennaio 2014.*

11. – 1. Atti formati all'estero diversi da quelli indicati alla lettera d) dell'art. 2 del testo unico:

a) che se formati nello Stato sarebbero soggetti all'imposta fissa ai sensi dell'art. 40 del testo unico: euro 200,00 (1).

b) in ogni altro caso: le stesse imposte stabilite per i corrispondenti atti formati nello Stato.

(1) *A norma dell'articolo 6, comma 1, del D.L. 30 settembre 1989, n. 332, convertito con modificazioni dalla L. 27 novembre 1989 n. 384, l'imposta fissa di registro di lire cinquantamila, è raddoppiata. Successivamente, in virtù dell'articolo 17, comma 2, del D.L. 22 maggio 1993, n. 155, convertito con modificazioni dalla L. 19 luglio 1993 n. 243, le misure della imposta di registro previste dal presente articolo sono state elevate del 50 per cento. A norma dell'articolo 10, comma 6, del D.L. 20 giugno 1996, n. 323, convertito con modificazioni in legge 8 agosto 1996, n. 425, l'importo di ciascuna delle imposte di registro, ipotecaria e catastale, stabilito in misura fissa è elevato a lire 250 mila. Da ultimo, l'importo di ciascuna delle imposte di registro, ipotecaria e catastale stabilito in misura fissa di lire 250.000, pari ad euro 129,11, da disposizioni vigenti anteriormente al 1° febbraio 2005, è elevato a 168,00 euro dall'allegato 2 bis della legge 30 dicembre 2004, n. 311. Successivamente, a norma dell'articolo 26, comma 2, del D.L. 12 settembre 2013, n. 104, convertito, con modificazioni, dalla Legge 8 novembre 2013 n. 128 l'importo di ciascuna delle imposte di registro, ipotecaria e catastale stabilito in misura fissa di euro 168 è elevato a euro 200 a decorrere dal 1° gennaio 2014.*

TABELLA

1. – 1. Atti del potere legislativo, atti relativi a referendum, atti posti in essere dalla amministrazione dello Stato, dalle regioni, province e comuni diversi da quelli relativi alla gestione dei loro patrimoni.

2. – 1. Atti, diversi da quelli espressamente contemplati nella parte prima della tariffa, dell'autorità giudiziaria in sede civile e penale, della Corte costituzionale, del Consiglio di Stato, della Corte dei conti, dei Tribunali amministrativi regionali, delle Commissioni tributarie e degli organi di giurisdizione speciale e dei relativi procedimenti; atti del contenzioso in materia elettorale e dei procedimenti disciplinari; procure alle liti.

3. – 1. Atti di qualsiasi natura formati per essere prodotti:

a) in procedimenti amministrativi, non giurisdizionali, iniziati d'ufficio od a richiesta di parte per ottenere provvedimenti di interesse pubblico;

b) ad enti di assistenza, beneficenza e previdenza, relativi a persone non assoggettate alle imposte sul reddito.

Nota

Ai fini della lettera b) all'atto deve essere allegato il certificato del competente ufficio delle imposte attestante che il richiedente non è assoggettato a tributo.

4. – 1. Atti di ultima volontà.

5. – 1. Atti e documenti formati per l'applicazione, riduzione, liquidazione, riscossione, rateazione e rimborso delle imposte e tasse a chiunque dovute, comprese le relative sentenze, e gli atti relativi alla concessione o all'appalto per la loro riscossione; garanzie richieste da leggi, anche regionali e provinciali, e atti relativi alla loro cancellazione, comprese le quietanze da cui risulti l'estinzione del debito; atti e documenti formati in relazione al servizio militare obbligatorio o a quello civile sostitutivo.

6. – 1. Atti per la formazione del catasto dei terreni e dei fabbricati.

7. – 1. Contratti di assicurazione, di riassicurazione e di rendita vitalizia soggetti all'imposta di cui alla legge 29 ottobre 1961, n. 1216, nonché ricevute parziali di pagamento, quietanze, ivi comprese quelle rilasciate agli assicuratori per il pagamento delle somme assicurate e ogni altro atto inerente all'acquisizione, gestione ed esecuzione dei predetti contratti posto in essere nei rapporti dell'assicuratore con altri assicuratori, con agenti, intermediari ed altri collaboratori, anche autonomi, e con gli assicurati; atti relativi alla istituzione di fondi comuni di investimento mobiliare autorizzati, alla sottoscrizione e al rimborso delle quote, anche in sede di liquidazione, e alla emissione ed estinzione dei relativi certificati, compresi le quote ed i certificati di analoghi fondi esteri autorizzati al collocamento nel territorio dello Stato. (1)

(1) Ai sensi dell'art. 9, d.l. 25 settembre 2001, n. 351, il presente articolo deve intendersi applicabile anche ai fondi d'investimento immobiliare disciplinati dall'articolo 37 del decreto legislativo 24 febbraio 1998, n. 58, e dall'articolo 14-bis della legge 25 gennaio 1994, n. 86.

8. – 1. Azioni, obbligazioni, altri titoli in serie o di massa e relative girate, titoli di Stato o garantiti; atti, documenti e registri relativi al movimento, a qualunque titolo, e alla compravendita degli stessi titoli e dei valori in moneta o verghe, salvo quanto disposto dall'articolo 11 della Tariffa, parte prima, e dall'articolo 2 della Tariffa, parte seconda (1).

2. Per le sentenze, gli atti pubblici e le scritture private relative alla negoziazione dei titoli indicati nel comma 1 si applicano rispettivamente gli articoli 8 e 11 della parte prima e l'art. 2 della parte seconda della tariffa.

(1) Comma sostituito dal'articolo 37, comma 2, del D.L. 31 dicembre 2007, n. 248.

9. – 1. Atti propri delle società ed enti di cui all'articolo 4 della parte prima della tariffa diversi da quelli ivi indicati, compresi quelli di nomina e accettazione degli organi di amministrazione, controllo e liquidazione nonché quelli che comportano variazione del capitale sociale delle società cooperative e loro consorzi e delle società di mutuo soccorso [*; scritture private anche unilaterali, comprese le lettere ed i telegrammi, aventi per oggetto contratti soggetti alla tassa di cui al regio decreto 30 dicembre 1923, n. 3278, e ogni altra scrittura ad essi inerente*] (1)(2).

(1) Articolo così sostituito dall'art. 66, d.l. 30 agosto 1993, n. 331, conv. in l. 29 ottobre 1993, n. 427.
(2) Comma modificato dall'articolo 37, comma 2, del D.L. 31 dicembre 2007, n. 248.

10. – 1. Sentenze, decreti ingiuntivi ed altri atti dei conciliatori; atti, documenti e provvedimenti previsti dalla legge 11 agosto 1973, n. 533; atti, documenti e provvedimenti di cui all'art. 57 della legge 27 luglio 1978, n. 392; contratti di lavoro subordinato, collettivi, e individuali; contratti di mezzadria, di colonia e di soccida; convenzioni per pascolo e per alimenti di animali.

11. – 1. Cambiali, vaglia cambiari, assegni bancari e circolari, loro accettazione, girate, avalli, quietanze ed altre dichiarazioni cambiarie fatte sui medesimi; atti di protesto cambiario, da chiunque redatti, e conti di ritorno.

11 *bis*. – 1. Atti di natura traslativa o dichiarativa aventi ad oggetto veicoli iscritti nel pubblico registro automobilistico (1).

(1) Articolo aggiunto dall'articolo 57, del D.Lgs.15 dicembre 1997, n. 446.

11 *ter*. – 1. Verbali di gara o d'incontro, dichiarazioni di nomina di cui all'articolo 583 del codice di procedura civile e relativi depositi, redatti o ricevuti dai notai delegati (1).

(1) Articolo aggiunto dall'art. 19, della Legge 13 maggio 1999, n. 133.

11 *quater*. – 1. Atti costitutivi, statuti ed ogni altro atto necessario per l'adempimento di obblighi dei movimenti o partiti politici, derivanti da disposizioni legislative o regolamentari.

(1) Articolo aggiunto dall'articolo 5,della Legge 3 giugno 1999, n. 157.

3. D.Lgs. 15 dicembre 1997, n. 446

Istituzione dell'imposta regionale sulle attività produttive, revisione degli scaglioni, delle aliquote e delle detrazioni dell'Irpef e istituzione di una addizionale regionale a tale imposta, nonché riordino della disciplina dei tributi locali. (1)

(1) *Pubblicato in Gazz. Uff., 23 dicembre, n. 298*

TITOLO I
Istituzione e disciplina dell'imposta regionale sulle attività produttive

1. Istituzione dell'imposta(1). – 1. È istituita l'imposta regionale sulle attività produttive esercitate nel territorio delle regioni.

2. L'imposta ha carattere reale e non è deducibile ai fini delle imposte sui redditi.

(1) *A norma dell'articolo 1, comma 43, della legge 24 dicembre 2007, n. 244 l'imposta regionale sulle attività produttive assume la natura di tributo proprio della Regione e, a decorrere dal 1° gennaio 2009, è istituita con legge regionale.*

2. Presupposto dell'imposta. – 1. Presupposto dell'imposta è l'esercizio abituale di una attività autonomamente organizzata diretta alla produzione o allo scambio di beni ovvero alla prestazione di servizi. L'attività esercitata dalle società e dagli enti, compresi gli organi e le amministrazioni dello Stato, costituisce in ogni caso presupposto di imposta (1).

1-bis. Non sussiste autonoma organizzazione ai fini dell'imposta nel caso di medici che abbiano sottoscritto specifiche convenzioni con le strutture ospedaliere per lo svolgimento della professione all'interno di tali strutture, laddove gli stessi percepiscano per l'attività svolta presso le medesime strutture più del 75 per cento del proprio reddito complessivo. Sono in ogni caso irrilevanti, ai fini della sussistenza dell'autonoma organizzazione, l'ammontare del reddito realizzato e le spese direttamente connesse all'attività svolta. L'esistenza dell'autonoma organizzazione è comunque configurabile in presenza di elementi che superano lo standard e i parametri previsti dalla convenzione con il Servizio sanitario nazionale (2).

(1) *Comma così modificato dall'articolo 1, del D.Lgs. 10 aprile 1998, n. 137.*
(2) *Comma aggiunto dall'articolo 1, comma 125, della Legge 28 dicembre 2015, n. 208.*

3. Soggetti passivi. – 1. Soggetti passivi dell'imposta sono coloro che esercitano una o più delle attività di cui all'articolo 2. Pertanto sono soggetti all'imposta (1):

a) le società e gli enti di cui all'articolo 87, comma 1, lettere a) e b), del testo unico delle imposte sui redditi, approvato con decreto del Presidente della Repubblica 22 dicembre 1986, n. 917;

b) le società in nome collettivo e in accomandita semplice e quelle ad esse equiparate a norma dell'articolo 5, comma 3, del predetto testo unico, nonché le persone fisiche esercenti attività commerciali di cui all'articolo 51 del medesimo testo unico;

c) le persone fisiche, le società semplici e quelle ad esse equiparate a norma dell'articolo 5, comma 3, del predetto testo unico esercenti arti e professioni di cui all'articolo 49, comma 1, del medesimo testo unico;

[*d) i produttori agricoli titolari di reddito agrario di cui all'articolo 32 del predetto testo unico, esclusi quelli con volume d'affari annuo non superiore a 7.000 euro, i quali si avvalgono del regime previsto dall'articolo 34, comma 6, del decreto del Presidente della Repubblica 26 ottobre 1972, n. 633, e successive modificazioni, sempreché non abbiano rinunciato all'esonero a norma del quarto periodo del citato comma 6 dell'articolo 34*] (2);

e) gli enti privati di cui all'articolo 87, comma 1, lettera c), del citato testo unico n. 917 del 1986, nonché le società e gli enti di cui alla lettera d) dello stesso comma (3);

e-bis) le Amministrazioni pubbliche di cui all'articolo 1, comma 2, del decreto legislativo 3 febbraio 1993, n. 29, nonché le amministrazioni della Camera dei Deputati, del Senato, della Corte costituzionale, della Presidenza della Repubblica e gli organi legislativi delle regioni a statuto speciale (4).

2. Non sono soggetti passivi dell'imposta:

a) gli organismi di investimento collettivo del risparmio ad esclusione delle società di investimento a capitale variabile (5);

b) i fondi pensione di cui al decreto legislativo 21 aprile 1993, n. 124;

c) i gruppi economici di interesse europeo (GEIE) di cui al decreto legislativo 23 luglio 1991, n. 240, salvo quanto disposto nell'articolo 13.

c-bis) i soggetti che esercitano una attività agricola ai sensi dell'articolo 32 del testo unico delle imposte sui redditi, di cui al decreto del Presidente della Repubblica 22 dicembre 1986, n. 917, i soggetti di cui all'articolo 8 del decreto legislativo 18 maggio 2001, n. 227, nonché le cooperative e loro consorzi di cui all'articolo 10 del decreto del Presidente della Repubblica 29 settembre 1973, n. 601 (6).

(1) *Alinea così modificato dall'art. 1, d.lgs. 10 aprile 1998, n. 137.*
(2) *Lettera sostituita dall'articolo 2, comma 32, del D.L. 3 ottobre 2006, n. 262 e successivamente abrogata dall'articolo 1, comma 70, lettera a), numero 1), della Legge 28 dicembre 2015, n. 208, a decorrere dal periodo d'imposta successivo a quello in corso al 31 dicembre 2015.*
(3) *Le lett. e) ed e-bis) sostituiscono l'originaria lett. e), per effetto dell'art. 1, d.lgs. 30 dicembre 1999, n. 506.*
(4) *Le lett. e) ed e-bis) sostituiscono l'originaria lett. e), per effetto dell'art. 1, d.lgs. 30 dicembre 1999, n. 506.*
(5) *Lettera sostituita dall'articolo 2, comma 68, del D.L. 29 dicembre 2010, n. 225, con la decorrenza indicata dal comma 69 del medesimo articolo 2.*
(6) *Lettera aggiunta dall'articolo 1, comma 70, lettera a), numero 2), della Legge 28 dicembre 2015, n. 208, a decorrere dal periodo d'imposta successivo a quello in corso al 31 dicembre 2015.*

4. Base imponibile. – 1. L'imposta si applica sul valore della produzione netta derivante dall'attività esercitata nel territorio della regione.

2. Se l'attività è esercitata nel territorio di più regioni si considera prodotto nel territorio di ciascuna regione il valore della produzione netta proporzionalmente corrispondente all'ammontare delle retribuzioni spettanti al personale a

IMPOSTE INDIRETTE

qualunque titolo utilizzato, compresi i redditi assimilati a quelli di lavoro dipendente, i compensi ai collaboratori coordinati e continuativi e gli utili agli associati in partecipazione di cui all'articolo 11, comma 1, lettera c), n. 5, addetto, con continuità, a stabilimenti, cantieri, uffici o basi fisse, operanti per un periodo di tempo non inferiore a tre mesi nel territorio di ciascuna regione, ovvero per le banche, gli altri enti e società finanziarie, ad eccezione della Banca d'Italia e dell'Ufficio italiano cambi, le imprese di assicurazione [*e le imprese agricole*] proporzionalmente corrispondente, rispettivamente, ai depositi in denaro e in titoli verso la clientela, agli impieghi o agli ordini eseguiti, ai premi raccolti presso gli uffici [*e all'estensione dei terreni*], ubicati nel territorio di ciascuna regione. Si considera prodotto nella regione nel cui territorio il soggetto passivo è domiciliato il valore della produzione netta derivante dalle attività esercitate nel territorio di altre regioni senza l'impiego, per almeno tre mesi, di personale [1].

3. Gli atti generali concernenti l'applicazione delle disposizioni di cui al comma 2 sono adottati dal Ministero delle finanze, sentita la Conferenza permanente per i rapporti tra lo Stato, le regioni e le province autonome, di seguito denominata: "Conferenza Stato-regioni".

(1) Comma inizialmente modificato dall'articolo 1 del D.Lgs. 10 aprile 1998, n. 137 e successivamente modificato dall'art. 1, D.Lgs. 30 dicembre 1999, n. 506. Da ultimo, comma modificato dall'articolo 1, comma 70, lettera b), della Legge 28 dicembre 2015, n. 208, a decorrere dal periodo d'imposta successivo a quello in corso al 31 dicembre 2015.

5. Determinazione del valore della produzione netta delle società di capitali e degli enti commerciali [1]. – 1. Per i soggetti di cui all'articolo 3, comma 1, lettera a), non esercenti le attività di cui agli articoli 6 e 7, la base imponibile è determinata dalla differenza tra il valore e i costi della produzione di cui alle lettere A) e B) dell'articolo 2425 del codice civile, con esclusione delle voci di cui ai numeri 9), 10), lettere c) e d), 12) e 13), nonché dei componenti positivi e negativi di natura straordinaria derivanti da trasferimenti di azienda o di rami di azienda, così come risultanti dal conto economico dell'esercizio [2].

2. Per i soggetti che redigono il bilancio in base ai princìpi contabili internazionali, la base imponibile è determinata assumendo le voci del valore e dei costi della produzione corrispondenti a quelle indicate nel comma 1.

3. Tra i componenti negativi non si considerano comunque in deduzione: le spese per il personale dipendente e assimilato classificate in voci diverse dalla citata voce di cui alla lettera B), numero 9), dell'articolo 2425 del codice civile, nonché i costi, i compensi e gli utili indicati nel comma 1, lettera b), numeri da 2) a 5), dell'articolo 11 del presente decreto; la quota interessi dei canoni di locazione finanziaria, desunta dal contratto; le perdite su crediti; l'imposta comunale sugli immobili di cui al decreto legislativo 30 dicembre 1992, n. 504. I contributi erogati in base a norma di legge, fatta eccezione per quelli correlati a costi indeducibili, nonché le plusvalenze e le minusvalenze derivanti dalla cessione di immobili che non costituiscono beni strumentali per l'esercizio dell'impresa, nè beni alla cui produzione o al cui scambio è diretta l'attività dell'impresa, concorrono in ogni caso alla formazione del valore della produzione. Sono comunque ammesse in deduzione quote di ammortamento del costo sostenuto per l'acquisizione di marchi d'impresa e a titolo di avviamento in misura non superiore a un diciottesimo del costo indipendentemente dall'imputazione al conto economico.

4. I componenti positivi e negativi classificabili in voci del conto economico diverse da quelle indicate al comma 1 concorrono alla formazione della base imponibile se correlati a componenti rilevanti della base imponibile di periodi d'imposta precedenti o successivi.

5. Indipendentemente dalla effettiva collocazione nel conto economico, i componenti positivi e negativi del valore della produzione sono accertati secondo i criteri di corretta qualificazione, imputazione temporale e classificazione previsti dai princìpi contabili adottati dall'impresa.

(1) Articolo modificato dall'articolo 2 del D.Lgs. 10 aprile 1998, n. 137, dall'articolo 1 del D.Lgs.10 giugno 1999, n. 176, sostituito dall'articolo 1 del D.Lgs. 30 dicembre 1999, n. 506 e successivamente dall'articolo 1, comma 50, lettera a), della legge 24 dicembre 2007, n. 244. A norma del comma 51 del medesimo articolo 1, della legge 244/2007, le modifiche al presente articolo si applicano a decorrere dal periodo d'imposta successivo a quello in corso al 31 dicembre 2007.

(2) Comma modificato dall'articolo 13-bis, comma 3, del D.L. 30 dicembre 2016 n. 244, convertito con modificazioni dalla Legge 27 febbraio 2017, n. 19.

5 *bis*. Determinazione del valore della produzione netta delle società di persone e delle imprese individuali. [1] – 1. Per i soggetti di cui all'articolo 3, comma 1, lettera b), la base imponibile è determinata dalla differenza tra l'ammontare dei ricavi di cui all'articolo 85, comma 1, lettere a), b), f) e g), del testo unico delle imposte sui redditi, di cui al decreto del Presidente della Repubblica 22 dicembre 1986, n. 917, e delle variazioni delle rimanenze finali di cui agli articoli 92 e 93 del medesimo testo unico, e l'ammontare dei costi delle materie prime, sussidiarie e di consumo, delle merci, dei servizi, dell'ammortamento e dei canoni di locazione anche finanziaria dei beni strumentali materiali e immateriali. Non sono deducibili: le spese per il personale dipendente e assimilato; i costi, i compensi e gli utili indicati nel comma 1, lettera b), numeri da 2) a 5), dell'articolo 11 del presente decreto; la quota interessi dei canoni di locazione finanziaria, desunta dal contratto; le perdite su crediti; l'imposta comunale sugli immobili di cui al decreto legislativo 30 dicembre 1992, n. 504. I contributi erogati in base a norma di legge concorrono comunque alla formazione del valore della produzione, fatta eccezione per quelli correlati a costi indeducibili. I componenti rilevanti si assumono secondo le regole di qualificazione, imputazione temporale e classificazione valevoli per la determinazione del reddito d'impresa ai fini dell'imposta personale.

1-bis. Per i soggetti di cui al comma 1, che determinano il reddito ai sensi dell'articolo 66 del testo unico delle imposte sui redditi, di cui al decreto del Presidente della Repubblica 22 dicembre 1986, n. 917, la base imponibile di cui al comma 1 del presente articolo è determinata con i criteri previsti dal citato articolo 66 [2].

2. I soggetti di cui al comma 1, in regime di contabilità ordinaria, possono optare per la determinazione del valore della produzione netta secondo le regole di cui all'articolo 5. L'opzione è irrevocabile per tre periodi d'imposta e deve essere comunicata con con la dichiarazione IRAP presentata nel periodo d'imposta a decorrere dal quale si intende esercitare l'opzione. Al termine del triennio l'opzione si intende tacitamente rinnovata per un altro triennio a meno che

l'impresa non opti, secondo le modalità e i termini fissati dallo stesso provvedimento direttoriale, per la determinazione del valore della produzione netta secondo le regole del comma 1; anche in questo caso, l'opzione è irrevocabile per un triennio e tacitamente rinnovabile [3]

[1] Articolo aggiunto dall'articolo 1, comma 50, lettera b), della legge 24 dicembre 2007, n. 244. A norma del comma 51 del medesimo articolo 1, della legge 244/2007, le modifiche al presente articolo si applicano a decorrere dal periodo d'imposta successivo a quello in corso al 31 dicembre 2007.

[2] Comma aggiunto dall'articolo 1, comma 20, della Legge 11 dicembre 2016, n. 232, a norma del comma 23 dell'articolo 1 della Legge 232/2016 medesimo le disposizioni di cui al presente comma si si applicano a decorrere dal periodo d'imposta successivo a quello in corso al 31 dicembre 2016.

[3] Comma modificato dall'articolo 16, comma 4, del D.Lgs. 21 novembre 2014, n. 175. A norma del comma 5, del predetto articolo 16, le disposizioni di cui al presente comma si applicano a decorrere dal periodo d'imposta successivo a quello in corso al 31 dicembre 2014.

6. Determinazione del valore della produzione netta delle banche e altri enti e società finanziarie [1]. – 1. Per gli intermediari finanziari, salvo quanto previsto nei successivi commi, la base imponibile è determinata dalla somma algebrica delle seguenti voci del conto economico redatto in conformità agli schemi risultanti dai provvedimenti emessi ai sensi dell'articolo 9, comma 1, del decreto legislativo 28 febbraio 2005, n. 38[2]:

a) margine d'intermediazione ridotto del 50 per cento dei dividendi;

b) ammortamenti dei beni materiali e immateriali ad uso funzionale per un importo pari al 90 per cento;

c) altre spese amministrative per un importo pari al 90 per cento.

c-bis) rettifiche e riprese di valore nette per deterioramento dei crediti, limitatamente a quelle riconducibili ai crediti verso la clientela iscritti in bilancio a tale titolo[3].

2. Per le società di intermediazione mobiliare e gli intermediari, diversi dai soggetti di cui al comma 1, abilitati allo svolgimento dei servizi di investimento indicati nell'articolo 1 del testo unico delle disposizioni in materia di intermediazione finanziaria, di cui al decreto legislativo 24 febbraio 1998, n. 58, iscritti nell'albo previsto dall'articolo 20 dello stesso decreto, assume rilievo la differenza tra la somma degli interessi attivi e proventi assimilati relativi alle operazioni di riporto e di pronti contro termine e le commissioni attive riferite ai servizi prestati dall'intermediario e la somma degli interessi passivi e oneri assimilati relativi alle operazioni di riporto e di pronti contro termine e le commissioni passive riferite ai servizi prestati dall'intermediario[4].

3. Per le società di gestione dei fondi comuni di investimento, di cui al citato testo unico di cui al decreto legislativo 24 febbraio 1998, n. 58, e successive modificazioni, si assume la differenza tra le commissioni attive e passive.

4. Per le società di investimento a capitale variabile, si assume la differenza tra le commissioni di sottoscrizione e le commissioni passive dovute a soggetti collocatori.

5. Per i soggetti indicati nei commi 2, 3 e 4, si deducono i componenti negativi di cui alle lettere b) e c) del comma 1 nella misura ivi indicata.

6. I componenti positivi e negativi si assumono così come risultanti dal conto economico dell'esercizio redatto secondo i criteri contenuti nei provvedimenti della Banca d'Italia 22 dicembre 2005 e 14 febbraio 2006, adottati ai sensi dell'articolo 9 del decreto legislativo 28 febbraio 2005, n. 38, e pubblicati rispettivamente nei supplementi ordinari alla Gazzetta Ufficiale n. 11 del 14 gennaio 2006 e n. 58 del 10 marzo 2006. Si applica il comma 4 dell'articolo 5.

7. Per la Banca d'Italia e l'Ufficio italiano dei cambi, per i quali assumono rilevanza i bilanci compilati in conformità ai criteri di rilevazione e di redazione adottati dalla Banca centrale europea ai sensi dello Statuto del Sistema europeo di banche centrali (SEBC) e alle raccomandazioni dalla stessa formulate in materia, la base imponibile è determinata dalla somma algebrica delle seguenti componenti:

a) interessi netti;

b) risultato netto da commissioni, provvigioni e tariffe;

c) costi per servizi di produzione di banconote;

d) risultato netto della redistribuzione del reddito monetario;

e) ammortamenti delle immobilizzazioni materiali e immateriali, nella misura del 90 per cento;

f) spese di amministrazione, nella misura del 90 per cento.

8. Per i soggetti indicati nei commi precedenti non è comunque ammessa la deduzione: dei costi, dei compensi e degli utili indicati nel comma 1, lettera b), numeri da 2) a 5), dell'articolo 11; della quota interessi dei canoni di locazione finanziaria, desunta dal contratto; dell'imposta comunale sugli immobili di cui al decreto legislativo 30 dicembre 1992, n. 504. Per le società di intermediazione mobiliare di cui al testo unico delle disposizioni in materia di intermediazione finanziaria, di cui al decreto legislativo 24 febbraio 1998, n. 58, gli interessi passivi concorrono alla formazione del valore della produzione nella misura del 96 per cento del loro ammontare [*Gli interessi passivi concorrono alla formazione del valore della produzione nella misura del 96 per cento del loro ammontare.*] I contributi erogati in base a norma di legge, fatta eccezione per quelli correlati a costi indeducibili, nonché le plusvalenze e le minusvalenze derivanti dalla cessione di immobili che non costituiscono beni strumentali per l'esercizio dell'impresa, nè beni alla cui produzione o al cui scambio è diretta l'attività dell'impresa, concorrono in ogni caso alla formazione del valore della produzione. Sono comunque ammesse in deduzione quote di ammortamento del costo sostenuto per l'acquisizione di marchi d'impresa e a titolo di avviamento in misura non superiore a un diciottesimo del costo indipendentemente dall'imputazione al conto economico[5].

9. Per le società di partecipazione non finanziaria e assimilati, la base imponibile è determinata aggiungendo al risultato derivante dall'applicazione dell'articolo 5 la differenza tra gli interessi attivi e proventi assimilati e gli interessi passivi e oneri assimilati. Gli interessi passivi concorrono alla formazione del valore della produzione nella misura del 96 per cento del loro ammontare [6]

[1] Articolo modificato dall'articolo 3 del D.Lgs. 10 aprile 1998, n. 137, dall'articolo 1 del D.Lgs. 30 dicembre 1999, n. 506, dall'articolo 2 del D.L. 12 luglio 2004, n. 168, dall'articolo 15-bis del D.L. 2 luglio 2007, n. 81 e da ultimo sostituito dall'articolo 1, comma 50, lettera c), della legge 24 dicembre 2007, n. 244. A norma del comma 51 del medesimo articolo 1, della legge 244/2007, le modifiche al presente articolo si applicano a decorrere dal periodo d'imposta successivo a quello in corso al 31 dicembre 2007.

[2] Alinea modificato dall'articolo 12, comma 2, numero 1), del D.Lgs. 29 novembre 2018, n. 142. Per l'applicazione delle presenti disposizioni vedi l'articolo 13, comma 9, del D.Lgs. 142/2018 medesimo.

[3] Lettera inserita dall'articolo 1, comma 158, lettera a), della Legge 27 dicembre 2013, n. 147. A norma del comma 159 del medesimo articolo

la presente disposizione si applica dal periodo di imposta in corso al 31 dicembre 2013. Lettera, da ultimo, sostituita dall'articolo 16, comma 6, lettera a), del D.L. 27 giugno 2015 n. 83, convertito, con modificazioni, dalla Legge 6 agosto 2015, n. 132; a norma del comma 7 del medesimo articolo le disposizioni di cui al comma 6 si applicano dal periodo di imposta in corso al 31 dicembre 2015; vedi anche quanto disposto dai commi 8 e 9.

(4) *Comma modificato dall'articolo 12, comma 2, numero 2), del D.Lgs. 29 novembre 2018, n. 142. Per l'applicazione delle presenti disposizioni vedi l'articolo 13, comma 9, del D.Lgs. 142/2018 medesimo.*

(5) *Comma modificato dall'articolo 82, comma 3, del D.L. 25 giugno 2008, n.112, come modificato dalla legge 6 agosto 2008, n. 133, in sede di conversione e successivamente dall'articolo 1, comma 68, della Legge 28 dicembre 2015, n. 208, a decorrere dal periodo d'imposta successivo a quello in corso al 31 dicembre 2016 e successivamente dall'articolo 1 comma 85 della Legge 27 dicembre 2017, n. 205 con decorrenza indicata dal comma 86 L.205/2017.*

(6) *Comma modificato dall'articolo 82, comma 3, del D.L. 25 giugno 2008, n.112, come modificato dalla legge 6 agosto 2008, n. 133, in sede di conversione e successivamente dall'articolo 12, comma 2, numero 3), del D.Lgs. 29 novembre 2018, n. 142. Per l'applicazione delle presenti disposizioni vedi l'articolo 13, comma 9, del D.Lgs. 142/2018 medesimo.*

7. Determinazione del valore della produzione netta delle imprese di assicurazione (1). – 1. Per le imprese di assicurazione, la base imponibile è determinata apportando alla somma dei risultati del conto tecnico dei rami danni (voce 29) e del conto tecnico dei rami vita (voce 80) del conto economico le seguenti variazioni:

a) gli ammortamenti dei beni strumentali, ovunque classificati, e le altre spese di amministrazione (voci 24 e 70), sono deducibili nella misura del 90 per cento;

b) i dividendi (voce 33) sono assunti nella misura del 50 per cento.

b-bis) le perdite, le svalutazioni e le riprese di valore nette per deterioramento dei crediti, limitatamente a quelle riconducibili a crediti nei confronti di assicurati iscritti in bilancio a tale titolo.

2. Dalla base imponibile non sono comunque ammessi in deduzione: le spese per il personale dipendente e assimilato ovunque classificate nonché i costi, i compensi e gli utili indicati nel comma 1, lettera b), numeri da 2) a 5), dell'articolo 11; le svalutazioni, le perdite e le riprese di valore dei crediti; la quota interessi dei canoni di locazione finanziaria, desunta dal contratto; l'imposta comunale sugli immobili di cui al decreto legislativo 30 dicembre 1992, n. 504. Gli interessi passivi concorrono alla formazione del valore della produzione nella misura del 96 per cento del loro ammontare(3).

3. I contributi erogati in base a norma di legge, fatta eccezione per quelli correlati a costi indeducibili, nonché le plusvalenze e le minusvalenze derivanti dalla cessione di immobili che non costituiscono beni strumentali per l'esercizio dell'impresa, nè beni alla cui produzione o al cui scambio è diretta l'attività dell'impresa, concorrono in ogni caso alla formazione del valore della produproduzione. Sono comunque ammesse in deduzione quote di ammortamento del costo sostenuto per l'acquisizione di marchi d'impresa e a titolo di avviamento in misura non superiore a un diciottesimo del costo indipendentemente dall'imputazione al conto economico.

4. I componenti positivi e negativi si assumono così come risultanti dal conto economico dell'esercizio redatto in conformità ai criteri contenuti nel decreto legislativo 26 maggio 1997, n. 173, e alle istruzioni impartite dall'ISVAP con il provvedimento n. 735 del 1° dicembre 1997, pubblicato nel supplemento ordinario alla Gazzetta Ufficiale n. 289 del 12 dicembre 1997

(1) *Articolo modificato dall'articolo 4 del D.lgs. 10 aprile 1998, n. 137, dall'articolo 4 del D.lgs. 19 novembre 1998, n. 422, dall'articolo 6 del D.L. 30 settembre 2005, n. 203 e successivamente sostituito dall'articolo 1, comma 50, lettera d), della legge 24 dicembre 2007, n. 244. A norma del comma 51 del medesimo articolo 1, della legge 244/2007, le modifiche al presente articolo si applicano a decorrere dal periodo d'imposta successivo a quello in corso al 31 dicembre 2007.*

(2) *Lettera inserita dall'articolo 1, comma 158, lettera b), della Legge 27 dicembre 2013, n. 147. A norma del comma 159 del medesimo articolo la presente disposizione si applica dal periodo di imposta in corso al 31 dicembre 2013. Lettera, da ultimo, sostituita dall'articolo 16, comma 6, lettera b), del D.L. 27 giugno 2015 n. 83, convertito, con modificazioni, dalla Legge 6 agosto 2015, n. 132; a norma del comma 7 del medesimo articolo le disposizioni di cui al comma 6 si applicano dal periodo di imposta in corso al 31 dicembre 2015; vedi anche quanto disposto dai commi 8 e 9.*

(3) *Comma modificato dall'articolo 82, comma 3, del D.L. 25 giugno 2008, n.112, come modificato dalla legge 6 agosto 2008, n. 133, in sede di conversione.*

8. Determinazione del valore della produzione netta dei soggetti di cui all'articolo 3, comma 1, lettera c). – 1. Per i soggetti di cui all'articolo 3, comma 1, lettera c), la base imponibile è determinata dalla differenza tra l'ammontare dei compensi percepiti e l'ammontare dei costi sostenuti inerenti alla attività esercitata, compreso l'ammortamento dei beni materiali e immateriali, esclusi gli interessi passivi e le spese per il personale dipendente. I compensi, i costi e gli altri componenti si assumono così come rilevanti ai fini della dichiarazione dei redditi (1).

(1) *Comma modificato dall'articolo 1, comma 50, lettera e), della legge 24 dicembre 2007, n. 244. A norma del comma 51 del medesimo articolo 1, della legge 244/2007, le modifiche al presente articolo si applicano a decorrere dal periodo d'imposta successivo a quello in corso al 31 dicembre 2007.*

9. Determinazione del valore della produzione netta per alcuni soggetti del settore agricolo (1). – 1. Per [*i soggetti di cui all'articolo 3, comma 1, lettera d) e per*] gli esercenti attività di allevamento di animali di cui all'articolo 78 del testo unico delle imposte dirette, approvato con decreto del Presidente della Repubblica 22 dicembre 1986, n. 917, la base imponibile è determinata dalla differenza tra l'ammontare dei corrispettivi e l'ammontare degli acquisti destinati alla produzione. Le disposizioni del periodo precedente si applicano anche per la determinazione della base imponibile relativa alle attività di agriturismo svolte dai soggetti che si avvalgono, ai fini delle imposte sui redditi, del regime forfetario di cui all'articolo 5 della legge 30 dicembre 1991, n. 413 (2).

2. I soggetti di cui al comma 1 hanno facoltà di optare per la determinazione della base imponibile secondo le norme previste nell'articolo 5. L'opzione deve essere esercitata nella dichiarazione di cui all'articolo 19 ed ha effetto dall'inizio del periodo di imposta cui essa si riferisce e fino a quando non è revocata e in ogni caso per almeno quattro periodi di imposta (3).

3. Per i soggetti che esercitano attività agricola, diversi da quelli di cui al comma 1, dalle società e enti di cui all'articolo 3, comma 1, lettera a), e dalle società di cui alla successiva lettera b), la base imponibile è determinata secondo le disposizioni di cui all'articolo 5 (4)

(1) *Rubrica sostituita dall'articolo 1, comma 70, lettera c), numero 1, della*

Legge 28 dicembre 2015, n. 208, a decorrere dal periodo d'imposta successivo a quello in corso al 31 dicembre 2015.
[2] *Comma così modificato dall'art. 5, d.lgs. 10 aprile 1998, n. 137 e successivamente dall'articolo 1, comma 70, lettera c), numero 2, della Legge 28 dicembre 2015, n. 208, a decorrere dal periodo d'imposta successivo a quello in corso al 31 dicembre 2015.*
[3] *Comma modificato dall'articolo 5 del D.Lgs. 10 aprile 1998, n. 137, e successivamente dall'art. 1, d.lgs. 30 dicembre 1999, n. 506.*
[4] *Comma modificato dall'articolo 5 del D.Lgs. 10 aprile 1998, n. 137, e successivamente dall'art. 1, d.lgs. 30 dicembre 1999, n. 506.*

10. Determinazione del valore della produzione netta dei soggetti di cui all'articolo 3, comma 1, lettera e). – 1. Per gli enti privati non commerciali di cui all'articolo 3, comma 1, lettera e) che svolgono esclusivamente attività non commerciali, la base imponibile è determinata in un importo pari all'ammontare delle retribuzioni spettanti al personale dipendente, dei redditi assimilati a quelli di lavoro dipendente di cui all'articolo 47 del testo unico delle imposte sui redditi, approvato con decreto del Presidente della Repubblica 22 dicembre 1986, n. 917, e dei compensi erogati per collaborazione coordinata e continuativa di cui agli [*articoli 49, comma 2, lettera a)*], nonché per attività di lavoro autonomo non esercitate abitualmente di cui all'articolo 81, comma 1, lettera l) del citato testo unico n. 917 del 1986. Sono in ogni caso escluse dalla base imponibile le remunerazioni dei sacerdoti e gli assegni ad esse equiparati di cui all'articolo 47, comma 1, lettera d), del predetto testo unico, nonché le somme di cui alla lettera c) dello stesso articolo 47 del medesimo testo unico esenti dall'imposta sul reddito delle persone fisiche relative a borse di studio o assegni [1][2].

2. Se i soggetti di cui al comma 1 esercitano anche attività commerciali la base imponibile a queste relativa e determinata secondo la disposizione dell'articolo 5, computando i costi deducibili ivi indicati non specificamente riferibili alle attività commerciali per un importo corrispondente al rapporto tra l'ammontare dei ricavi e degli altri proventi considerati dalle predette disposizioni e l'ammontare complessivo di tutti i ricavi e proventi. La base imponibile relativa alle altre attività è determinata a norma del precedente comma 1, ma l'ammontare degli emolumenti ivi indicati è ridotto dell'importo di essi specificamente riferibile alle attività commerciali. Qualora gli emolumenti non siano specificamente riferibili alle attività commerciali, l'ammontare degli stessi è ridotto di un importo imputabile alle attività commerciali in base al rapporto indicato nel primo periodo del presente comma [3].

[*3. Per gli organi e le amministrazioni dello Stato, le regioni, le provincie, i comuni e gli enti pubblici non commerciali di cui all'art. 3, comma 1, lettera e), si applicano le disposizioni del comma 1. Se svolgono anche attività commerciali, i predetti soggetti possono optare per la determinazione della base imponibile relativa a tali attività secondo le disposizioni del comma 2.*] [4].

4. Per gli altri soggetti di cui all'articolo 3, comma 1, lettera e), la base imponibile è determinata:

a) per le società ed enti commerciali secondo le disposizioni degli articoli 5, 6 e 7 che risultano ad essi applicabili;

b) per le società ed associazioni esercenti arti e professioni secondo la disposizione dell'articolo 8;

[*c) per gli enti non commerciali secondo le disposizioni dei precedenti commi 1 e 2 che risultano ad essi applicabili.*] [5].

5. Ai fini dell'applicazione del presente titolo le attività commerciali sono quelle considerate tali ai fini delle imposte sui redditi.

[1] *Comma così modificato dall'articolo 6 del D.Lgs. 10 aprile 1998, n. 137, dall'art. 4, d.lgs. 19 novembre 1998, n. 422 e successivamente dall'articolo 5 della legge 27 dicembre 2002, n. 289 ed, infine, modificato dall'articolo 13, comma 60, del D.L. 30 settembre 2003, n. 269.*
[2] *A norma dell'articolo 34, comma 3, della legge 21 novembre 2000, n. 342, i riferimenti all'art. 49, comma 2, lettera a), del testo unico delle imposte sui redditi, approvato con decreto del Presidente della Repubblica 22 dicembre 1986, n. 917, concernente redditi di lavoro autonomo, devono intendersi come effettuati all'art. 47, comma 1, lettera c-bis), del medesimo testo unico, concemente redditi assimilati a quelli di lavoro dipendente.*
[3] *Comma modificato dall'articolo 6 del D.Lgs. 10 aprile 1998,n. 137 e dall'art. 1, d.lgs. 30 dicembre 1999, n. 506, con la decorrenza indicata dall'articolo 3 del medesimo D.Lgs. 506/1999.*
[4] *Comma abrogato dall'art. 1, d.lgs. 30 dicembre 1999, n. 506, con la decorrenza indicata dall'articolo 3 del medesimo D.Lgs. 506/1999.*
[5] *Lettera abrogata dall'art. 1, d.lg. 30 dicembre 1999, n. 506, con la decorrenza indicata dall'articolo 3 del medesimo D.Lgs. 506/1999.*

10 *bis*. Determinazione del valore della produzione netta dei soggetti di cui all'articolo 3, comma 1, lettera e-bis[1]. – 1. Per i soggetti di cui all'articolo 3, comma 1, lettera e-bis), la base imponibile è determinata in un importo pari all'ammontare delle retribuzioni erogate al personale dipendente, dei redditi assimilati a quelli di lavoro dipendente di cui all'articolo 47 del testo unico delle imposte sui redditi, approvato con decreto del Presidente della Repubblica 22 dicembre 1986, n. 917, e dei compensi erogati per collaborazione coordinata e continuativa di cui [*all'articolo 49, comma 2, lettera a)*], nonché per attività di lavoro autonomo non esercitate abitualmente di cui all'articolo 81, comma 1, lettera l), del citato testo unico. Sono escluse dalla base imponibile le somme di cui all'articolo 47, comma 1, lettera c), del medesimo testo unico esenti dall'imposta sul reddito delle persone fisiche. Sono in ogni caso escluse dalla base imponibile le borse di studio e gli altri interventi di sostegno erogati dalle regioni, dalle province autonome e dai relativi organismi regionali per il diritto allo studio universitario, nonché dalle università, ai sensi della legge 2 dicembre 1991, n. 390. Le disposizioni del presente articolo non si applicano ai soggetti indicati nel primo periodo qualificati ai fini delle imposte sui redditi quali enti commerciali in quanto aventi per oggetto esclusivo o principale l'esercizio di attività commerciale per i quali la base imponibile è determinata secondo le disposizioni contenute negli articoli precedenti [2].

2. Se i soggetti di cui al comma 1 esercitano anche attività commerciali, gli stessi possono optare per la determinazione della base imponibile relativa a tali attività commerciali secondo le disposizioni dell'articolo 5, computando i costi deducibili ivi indicati non specificamente riferibili alle attività commerciali per un importo corrispondente al rapporto tra l'ammontare dei ricavi e degli altri proventi considerati dalla predetta disposizione e l'ammontare complessivo di tutte le entrate correnti. La base imponibile relativa alle altre attività è determinata a norma del precedente comma 1, ma l'ammontare degli emolumenti ivi indicato è ridotto dell'importo di essi specificamente riferibile alle attività commerciali. Qualora gli emolumenti non siano specificamente riferibili alle attività commerciali, l'ammontare degli stessi è ridotto di un importo imputabile alle attività commerciali in base al rapporto indicato nel primo periodo del presente comma. Si considerano attività commerciali quelle rilevanti ai fini delle imposte sui redditi, ovvero, per i soggetti di cui all'articolo 88, comma 1, del testo unico delle

imposte sui redditi, approvato con decreto del Presidente della Repubblica 22 dicembre 1986, n. 917, esclusi dall'imposta sul reddito delle persone giuridiche, quelle rilevanti ai fini dell'imposta sul valore aggiunto.

(1) *Articolo aggiunto dall'articolo 1, comma 1, lettera g), del D.Lgs. 30 dicembre 1999, n. 506.*
(2) *Comma modificato dall'articolo 16, comma 1, lettera a), della legge 23 dicembre 2000, n. 388 e successivamente dall'articolo 5, comma 1, lettera b), della legge 27 dicembre 2002, n. 289.*

11. Disposizioni comuni per la determinazione del valore della produzione netta[1]. – 1. Nella determinazione della base imponibile:

a) sono ammessi in deduzione:

1) in relazione a soggetti diversi dai lavoratori dipendenti a tempo indeterminato, i contributi per le assicurazioni obbligatorie contro gli infortuni sul lavoro [2];

1-bis) le somme corrisposte, anche su base volontaria al fondo istituito, con mandato senza rappresentanza, presso uno dei consorzi cui le imprese aderiscono in ottemperanza a obblighi di legge, in conformità alle disposizioni di legge o contrattuali, indipendentemente dal trattamento contabile ad esse applicato, a condizione che siano utilizzate in conformità agli scopi di tali consorzi [3];

[*2) per i soggetti di cui all'articolo 3 , comma 1, lettere da a) a e), escluse le imprese operanti in concessione e a tariffa nei settori dell'energia, dell'acqua, dei trasporti, delle infrastrutture, delle poste, delle telecomunicazioni, della raccolta e depurazione delle acque di scarico e della raccolta e smaltimento rifiuti, un importo pari a 7.500 euro, su base annua, per ogni lavoratore dipendente a tempo indeterminato impiegato nel periodo di imposta aumentato a 13.500 euro per i lavoratori di sesso femminile nonché per quelli di età inferiore ai 35 anni;*] [4]

[*3) per i soggetti di cui all' articolo 3 , comma 1, lettere da a) a e), esclusi le banche, gli altri enti finanziari, le imprese di assicurazione e le imprese operanti in concessione e a tariffa nei settori dell'energia, dell'acqua, dei trasporti, delle infrastrutture, delle poste, delle telecomunicazioni, della raccolta e depurazione delle acque di scarico e della raccolta e smaltimento rifiuti, un importo fino a 15.000 euro, su base annua, per ogni lavoratore dipendente a tempo indeterminato impiegato nel periodo d'imposta nelle regioni Abruzzo, Basilicata, Calabria, Campania, Molise, Puglia, Sardegna e Sicilia, aumentato a 21.000 euro per i lavoratori di sesso femminile nonché per quelli di età inferiore ai 35 anni; tale deduzione è alternativa a quella di cui al numero 2), e può essere fruita nel rispetto dei limiti derivanti dall'applicazione della regola de minimis di cui al regolamento (CE) n. 69/2001 , e successive modificazioni;*] [5]

[*4) per i soggetti di cui all' articolo 3 , comma 1, lettere da a) a e), escluse le imprese operanti in concessione e a tariffa nei settori dell'energia, dell'acqua, dei trasporti, delle infrastrutture, delle poste, delle telecomunicazioni, della raccolta e depurazione delle acque di scarico e della raccolta e smaltimento rifiuti, i contributi assistenziali e previdenziali relativi ai lavoratori dipendenti a tempo indeterminato;*] [6]

5) per i soggetti che determinano il valore della produzione ai sensi degli articoli da 5 a 9, in relazione al personale dipendente diverso da quello a tempo indeterminato, e per i soggetti che determinano il valore della produzione ai sensi degli articoli 10, comma 1, e 10-bis, comma 1, le spese relative agli apprendisti, ai disabili e le spese per il personale assunto con contratti di formazione e lavoro, nonché, per i soggetti di cui all'articolo 3 , comma 1, lettere da a) a e), i costi sostenuti per il personale addetto alla ricerca e sviluppo, ivi compresi quelli per il predetto personale sostenuti da consorzi tra imprese costituiti per la realizzazione di programmi comuni di ricerca e sviluppo, a condizione che l'attestazione di effettività degli stessi sia rilasciata dal presidente del collegio sindacale ovvero, in mancanza, da un revisore dei conti o da un professionista iscritto negli albi dei revisori dei conti, dei dottori commercialisti, dei ragionieri e periti commerciali o dei consulenti del lavoro, nelle forme previste dall' articolo 13, comma 2, del decreto-legge 28 marzo 1997, n. 79, convertito, con modificazioni, dalla legge 28 maggio 1997, n. 140 , e successive modificazioni, ovvero dal responsabile del centro di assistenza fiscale [7];

b) non sono ammessi in deduzione:

[*1) fatte salve le disposizioni di cui alla lettera a), i costi relativi al personale classificabili nell' articolo 2425, primo comma, lettera B), numeri 9) e 14), del codice civile* [8]*;*]

2) i compensi per attività commerciali e per prestazioni di lavoro autonomo non esercitate abitualmente, nonché i compensi attribuiti per obblighi di fare, non fare o permettere, di cui all' articolo 67, comma 1, lettere i) e l), del testo unico delle imposte sui redditi, di cui al decreto del Presidente della Repubblica 22 dicembre 1986, n. 917 [9] ;

3) i costi per prestazioni di collaborazione coordinata e continuativa di cui all' art. 49 , commi 2, lettera a), e 3, del predetto testo unico delle imposte sui redditi;

4) i compensi per prestazioni di lavoro assimilato a quello dipendente ai sensi dell' art. 47 dello stesso testo unico delle imposte sui redditi;

5) gli utili spettanti agli associati in partecipazione di cui alla lettera c) del predetto art. 49, comma 2, del testo unico delle imposte sui redditi;

[*6) il canone relativo a contratti di locazione finanziaria limitatamente alla parte riferibile agli interessi passivi determinata secondo le modalità di calcolo, anche forfetarie, stabilite con decreto del Ministro delle finanze.*] [10]

[*1.1. Le deduzioni di cui al comma 1, lettera a), numeri 2), 3) e 4), per i produttori agricoli di cui all' articolo 3, comma 1, lettera d) , e per le società agricole di cui all'articolo 2 del decreto legislativo 29 marzo 2004, n. 99, si applicano, nella misura del 50 per cento degli importi ivi previsti, anche per ogni lavoratore agricolo dipendente a tempo determinato impiegato nel periodo di imposta purché abbia lavorato almeno 150 giornate e il contratto abbia almeno una durata triennale.*][11]

1-bis. Per le imprese autorizzate all'autotrasporto di merci, sono ammesse in deduzione le indennità di trasferta previste contrattualmente, per la parte che non concorre a formare il reddito del dipendente ai sensi dell' articolo 48 , comma 5, del testo unico delle imposte sui redditi, di cui al decreto del Presidente della Repubblica 22 dicembre 1986, n. 917 [12] .

[*2. Tra i costi di cui al comma 1, lettera b), vanno, in ogni caso, escluse le somme erogate a terzi per l'acquisizione di beni e di servizi destinati alla generalità o a categorie dei dipendenti e dei collaboratori e quelle erogate ai dipendenti e collaboratori medesimi a titolo di rimborso analitico di spese sostenute nel compimento delle loro mansioni lavorative. Gli importi spettanti a titolo di recupero di oneri di personale distaccato presso terzi non concorrono alla formazione della base imponibile. Nei confronti del soggetto che impiega il personale distaccato, tali importi si considerano costi relativi al personale non ammessi in deduzione ovvero concorrenti alla formazione della base imponibile ai sensi dell' art. 10 , comma 1, e dell' art. 10- bis , comma 1* [13]*.*]

[*3. Al fini della determinazione della base imponibile di cui agli ar-*

ticoli 5 , 6 e 7 concorrono anche i proventi e gli oneri classificabili fra le voci diverse da quelle indicate in detti articoli, se correlati a componenti positivi e negativi del valore della produzione di periodi d'imposta precedenti o successivi e, in ogni caso, le plusvalenze e le minusvalenze relative a beni strumentali non derivanti da operazioni di trasferimento di azienda, nonchè i contributi erogati a norma di legge con esclusione di quelli correlati a componenti negativi non ammessi in deduzione. Non rilevano, comunque, le plusvalenze realizzate ai sensi dell' articolo 123 , comma 1, del testo unico delle imposte sui redditi approvato con decreto del Presidente della Repubblica 22 dicembre 1986, n. 917 [14].]

[*4. Indipendentemente dalla collocazione nel conto economico, i componenti positivi e negativi sono accertati in ragione della loro corretta classificazione.*

(Variazioni fiscali del valore della produzione netta). - 1. I componenti positivi e negativi che concorrono alla formazione del valore della produzione, così come determinati ai sensi degli articoli 5 , 6 , 7 , 8 e 11 , si assumono apportando ad essi le variazioni in aumento o in diminuzione previste ai fini delle imposte sui redditi. Tuttavia, non si applicano le disposizioni degli articoli 58 , 63 , e 75 , commi 5, seconda parte, e 5- bis , del testo unico delle imposte sui redditi, approvato con decreto del Presidente della Repubblica 22 dicembre 1986, n. 917 e dell' art. 17, comma 4, del decreto legislativo 30 dicembre 1992, n. 504 . Le erogazioni liberali, comprese quelle previste dall' art. 65, comma 2, del predetto testo unico delle imposte sui redditi , non sono ammesse in deduzione.

2. Ai componenti indicati nel comma 1 vanno aggiunti i ricavi, le plusvalenze e gli altri componenti positivi di cui agli articoli 53, comma 2, 54, comma 1, lettera d), e 76, comma 5, del testo unico delle imposte sui redditi , approvato con decreto del Presidente della Repubblica 22 dicembre 1986, n. 917.] [15]

4-bis. Per i soggetti di cui all'articolo 3, comma 1, lettere da a) ad e), sono ammessi in deduzione, fino a concorrenza, i seguenti importi:

a) euro 8.000 se la base imponibile non supera euro 180.759,91;

b) euro 6.000 se la base imponibile supera euro 180.759,91 ma non euro 180.839,91;

c) euro 4.000 se la base imponibile supera euro 180.839,91 ma non euro 180.919,91;

d) euro 2.000 se la base imponibile supera euro 180.919,91 ma non euro 180.999,91;

d-bis) per i soggetti di cui all'articolo 3, comma 1, lettere b) e c), l'importo delle deduzioni indicate nelle lettere da a) a d) del presente comma è aumentato, rispettivamente, di euro 5.000, di euro 3.750, di euro 2.500 e di euro 1.250 [16].

4-bis.1. Ai soggetti di cui all' articolo 3 , comma 1, lettere da a) ad e), con componenti positivi che concorrono alla formazione del valore della produzione non superiori nel periodo d'imposta a euro 400.000, spetta una deduzione dalla base imponibile pari a euro 1.850, su base annua, per ogni lavoratore dipendente diverso da quelli a tempo indeterminato impiegato nel periodo d'imposta fino a un massimo di cinque[*; la deduzione è ragguagliata ai giorni di durata del rapporto di lavoro nel corso del periodo d'imposta e nel caso di contratti di lavoro a tempo parziale è ridotta in misura proporzionale. Per i soggetti di cui all' articolo 3 , comma 1, lettera e), la deduzione spetta solo in relazione ai dipendenti impiegati nell'esercizio di attività commerciali e, in caso di dipendenti impiegati anche nelle attività istituzionali, l'importo di cui al primo periodo è ridotto in base al rapporto di cui all' articolo 10 , comma 2*]. Ai fini del computo del numero di lavoratori dipendenti per i quali spetta la deduzione di cui al presente comma non si tiene conto degli apprendisti, dei disabili e del personale assunto con contratti di formazione lavoro [17].

4-bis.2. In caso di periodo d'imposta di durata inferiore o superiore a dodici mesi e in caso di inizio e cessazione dell'attività in corso d'anno, gli importi delle deduzioni e della base imponibile di cui al comma bis e dei componenti positivi di cui al comma 4-bis.1 sono ragguagliati all'anno solare. Le deduzioni di cui ai commi 1, lettera a), numero 2), e 4-bis.1 sono ragguagliate ai giorni di durata del rapporto di lavoro nel corso del periodo d'imposta nel caso di contratti di lavoro a tempo indeterminato e parziale, nei diversi tipi e modalità di cui all' articolo 1 del decreto legislativo 25 febbraio 2000, n. 61 , e successive modificazioni, ivi compreso il lavoro a tempo parziale di tipo verticale e di tipo misto, sono ridotte in misura proporzionale; per i soggetti di cui all' articolo 3 , comma 1, lettera e), le medesime deduzioni spettano solo in relazione ai dipendenti impiegati nell'esercizio di attività commerciali e, in caso di dipendenti impiegati anche nelle attività istituzionali, l'importo è ridotto in base al rapporto di cui all' articolo 10 , comma 2 [18].

4-ter. I soggetti di cui all articolo 4 , comma 2, deduzioni indicate nel presente articolo sul valore della produzione netta prima della ripartizione dello stesso su base regionale [19].

[*4-quater. A decorrere dal periodo d'imposta in corso al 31 dicembre 2014, per i soggetti di cui all'articolo 3, comma 1, lettere da a) ad e), che incrementano il numero di lavoratori dipendenti assunti con contratto a tempo indeterminato rispetto al numero dei lavoratori assunti con il medesimo contratto mediamente occupati nel periodo d'imposta precedente, è deducibile il costo del predetto personale per un importo annuale non superiore a 15.000 euro per ciascun nuovo dipendente assunto, e nel limite dell'incremento complessivo del costo del personale classificabile nell'articolo 2425, primo comma, lettera B), numeri 9) e 14), del codice civile per il periodo d'imposta in cui è avvenuta l'assunzione con contratto a tempo indeterminato e per i due successivi periodi d'imposta. La suddetta deduzione decade se, nei periodi d'imposta successivi a quello in cui è avvenuta l'assunzione, il numero dei lavoratori dipendenti risulta inferiore o pari al numero degli stessi lavoratori mediamente occupati in tale periodo d'imposta; la deduzione spettante compete, in ogni caso, per ciascun periodo d'imposta a partire da quello di assunzione, sempre che permanga il medesimo rapporto di impiego. L'incremento della base occupazionale va considerato al netto delle diminuzioni occupazionali verificatesi in società controllate o collegate ai sensi dell'articolo 2359 del codice civile o facenti capo, anche per interposta persona, allo stesso soggetto. Per i soggetti di cui all'articolo 3, comma 1, lettera e), la base occupazionale di cui al terzo periodo è individuata con riferimento al personale dipendente con contratto di lavoro a tempo indeterminato impiegato nell'attività commerciale e la deduzione spetta solo con riferimento all'incremento dei lavoratori utilizzati nell'esercizio di tale attività. In caso di lavoratori impiegati anche nell'esercizio dell'attività istituzionale si considera, sia ai fini dell'individuazione della base occupazionale di riferimento e del suo incremento, sia ai fini della deducibilità del costo, il solo personale dipendente con contratto di lavoro a tempo indeterminato riferibile all'attività commerciale individuato in base al rapporto di cui all'articolo 10, comma 2. Non rilevano ai fini degli incrementi occupazionali i trasferimenti di dipendenti dall'attività istituzionale all'attività commerciale. Nell'ipotesi di imprese di nuova costituzione non rilevano gli incrementi occupazionali derivanti dallo svolgimento di attività che assorbono anche solo in parte attività di imprese giuridicamente preesistenti, ad esclusione delle attività sottopo-*

ste a limite numerico o di superficie. Nel caso di impresa subentrante ad altra nella gestione di un servizio pubblico, anche gestito da privati, comunque assegnata, la deducibilità del costo del personale spetta limitatamente al numero di lavoratori assunti in più rispetto a quello dell'impresa sostituita.] [(20)]

[4-quinquies. Per i quattro periodi d'imposta successivi a quello in corso al 31 dicembre 2004, fermo restando il rispetto del regolamento (CE) n. 2204/2002 della Commissione, del 5 dicembre 2002, l'importo deducibile determinato ai sensi del comma 4-quater è quintuplicato nelle aree ammissibili alla deroga prevista dall'articolo 87, paragrafo 3, lettera a), e triplicato nelle aree ammissibili alla deroga prevista dall'articolo 87, paragrafo 3, lettera c), del Trattato che istituisce la Comunità europea, individuate dalla Carta italiana degli aiuti a finalità regionale per il periodo 2000-2006 e da quella che verrà approvata per il successivo periodo] [(21)] .

[*4-sexies. In caso di lavoratrici donne rientranti nella definizione di lavoratore svantaggiato di cui al regolamento (CE) n. 2204/2002 della Commissione, del 5 dicembre 2002 , in materia di aiuti di Stato a favore dell'occupazione, in alternativa a quanto previsto dal comma 4-quinquies, l'importo deducibile è, rispettivamente, moltiplicato per sette e per cinque nelle suddette aree, ma in questo caso l'intera maggiorazione spetta nei limiti di intensità nonché alle condizioni previsti dal predetto regolamento sui regimi di aiuto a favore dell'assunzione di lavoratori svantaggiati*] [(22)] .

4-septies. Per ciascun dipendente l'importo delle deduzioni ammesse dai commi 1 e 4-bis.1 non può comunque eccedere il limite massimo rappresentato dalla retribuzione e dagli oneri e spese a carico del datore di lavoro [(23)] .

4-octies. Per i soggetti che determinano il valore della produzione netta ai sensi degli articoli da 5 a 9, è ammesso in deduzione il costo complessivo per il personale dipendente con contratto a tempo indeterminato. La deduzione di cui al primo periodo è altresì ammessa, nei limiti del 70 per cento del costo complessivamente sostenuto, per ogni lavoratore stagionale impiegato per almeno centoventi giorni per due periodi d'imposta, a decorrere dal secondo contratto stipulato con lo stesso datore di lavoro nell'arco temporale di due anni a partire dalla cessazione del precedente contratto [(24)].

(1) Articolo modificato dall'articolo 7 del D.Lgs. 10 aprile 1998, n. 137, dall'articolo unico del D.Lgs. 10 giugno 1999, n. 176 e, da ultimo, sostituito dall'articolo 1, comma 1, lettera h), del D.Lgs 30 dicembre 1999, n. 506, con la decorrenza indicata nell' articolo 3 dello stesso decreto.

(2) Numero modificato dall'articolo 10, comma 1, lettera a), numero 1), del D.L. 21 giugno 2022, n. 73, convertito, con modificazioni, dalla Legge 4 agosto 2022, n. 122. Per l'applicazione vedi l'articolo 10, comma 2, del D.L. 73/2022 medesimo.

(3) Numero inserito dall'articolo 1, comma 988, della Legge 28 dicembre 2015 n. 208.

(4) Numero modificato dall'articolo 15-bis, comma 1, lettera b), del D.L. 2 luglio 2007, n. 81, convertito, con modificazioni, dalla L. 3 agosto 2007, n. 127, dall'articolo 1, comma 50, lettera f), numero 1), della legge 24 dicembre 2007, n. 244 , dall'articolo 2, comma 2, lettera a), del D.L. 6 dicembre 2011, n. 201, convertito con modificazioni dalla L. 22 dicembre 2011, n. 214, con la decorrenza indicata dal comma 3 del medesimo articolo 2 e, da ultimo, modificato dall'articolo 1, comma 484, lettera a) della Legge 24 dicembre 2012, n. 228. Da ultimo abrogato dall'articolo 10, comma 1, lettera a), numero 2), del D.L. 21 giugno 2022, n. 73, convertito, con modificazioni, dalla Legge 4 agosto 2022, n. 122. Per l'applicazione vedi l'articolo 10, comma 2, del D.L. 73/2022 medesimo.

(5) Numero modificato, dall'articolo 1, comma 50, lettera f), numero 1), della legge 24 dicembre 2007, n. 244 e, successivamente, dall'articolo 2, comma 2, lettera b), del D.L. 6 dicembre 2011, n. 201, convertito con modificazioni dalla L. 22 dicembre 2011, n. 214, con la decorrenza indicata dal comma 3 del medesimo articolo 2, dall'articolo 1, comma 484, lettera a) della Legge 24 dicembre 2012, n. 228 e, da ultimo, abrogato dall'articolo 1, comma 1085, lettera a), della Legge 30 dicembre 2018, n. 145.

(6) Numero modificato dall'articolo 15-bis, comma 1, lettera b), del D.L. 2 luglio 2007, n. 81, convertito, con modificazioni, dalla L. 3 agosto 2007, n. 127 e successivamente abrogato dall'articolo 10, comma 1, lettera a), numero 2), del D.L. 21 giugno 2022, n. 73, convertito, con modificazioni, dalla Legge 4 agosto 2022, n. 122. Per l'applicazione vedi l'articolo 10, comma 2, del D.L. 73/2022 medesimo.

(7) Lettera modificata dall' articolo 16 della legge 23 dicembre 2000, n. 388 , sostituita dall' articolo 5 della legge 27 dicembre 2002, n. 289 , integrata dall' articolo 1, comma 347, lettera a), della legge 30 dicembre 2004, n. 311, sostituita dall'articolo 1, comma 266, lettera a), della legge 27 dicembre 2006, n. 296 e da ultimo modificata dall'articolo 10, comma 1, lettera a), numero 3), del D.L. 21 giugno 2022, n. 73, convertito, con modificazioni, dalla Legge 4 agosto 2022, n. 122. Per l'applicazione vedi l'articolo 10, comma 2, del D.L. 73/2022 medesimo.

(8) Numero sostituito dall'articolo 5, comma 2, lettera a), numero 2), della legge 27 dicembre 2002, n. 289 e, successivamente, abrogato dall'articolo 1, comma 50, lettera f), numero 2), della legge 24 dicembre 2007, n. 244.

(9) Numero sostituito dall'articolo 5, comma 2, lettera a), numero 2), della legge 27 dicembre 2002, n. 289 e, successivamente, modificato dall'articolo 1, comma 50, lettera f), numero 2), della legge 24 dicembre 2007, n. 244.

(10) Numero sostituito abrogato dall'articolo 1, comma 50, lettera f), numero 2), della legge 24 dicembre 2007, n. 244.

(11) Comma inserito dall'articolo 5, comma 13, del D.L. 24 giugno 2014, n. 91, convertito, con modificazioni, dalla Legge 11 agosto 2014, n. 116. A norma del comma 14 del medesimo articolo 5, la presente disposizione si applica, previa autorizzazione della Commissione europea richiesta a cura del Ministero delle politiche agricole alimentari e forestali, a decorrere dal periodo d'imposta successivo a quello in corso al 31 dicembre 2013. Successivamente, comma soppresso per effetto dell'abrogazione dei predetti commi 13 e 14 del D.L. n. 91/2014 da parte dell'articolo 2, comma 1, lettera a), del D.L. 24 gennaio 2015, n. 4, convertito con modificazioni dalla Legge 24 marzo 2015, n. 34.

(12) Comma aggiunto dall'articolo 5, comma 2, lettera b), della legge 27 dicembre 2002, n. 289.

(13) Comma modificato dall' articolo 5, comma 2, lettera c), della legge 27 dicembre 2002, n. 289 e, successivamente, abrogato dall'articolo 1, comma 50, lettera f), numero 3), della legge 24 dicembre 2007, n. 244.

(14) Per l'interpretazione autentica del presente comma vedi l'articolo 3, comma 2-quinquies, del D.L. 24 settembre 2002, n. 209, convertito con L. 22 novembre 2002, n. 265. Successivamente il presente comma è stato integrato dall'articolo 17, comma 1, lettera a), del D.Lgs. 18 novembre 2005, n. 247 con effetto per i periodi di imposta che iniziano a decorrere dal 1° gennaio 2004 e, da ultimo, abrogato dall'articolo 1, comma 50, lettera f), numero 3), della legge 24 dicembre 2007, n. 244.

(15) Comma abrogato dall'articolo 1, comma 50, lettera f), numero 3), della legge 24 dicembre 2007, n. 244.

(16) Comma aggiunto dall'articolo 16, comma 1, lettera c), della legge 23 dicembre 2000, n. 388 a decorrere dal periodo d'imposta successivo a quello in corso alla data del 31 dicembre 1999, successivamente sostituito dall'articolo 5, comma 2, lettera d), della legge 27 dicembre 2002, n. 289 e dall' articolo 1, comma 347, lettera c), della legge 30 dicembre 2004, n. 311 , modificato dall'articolo 1, comma 50, lettera f), numero 4), della legge 24 dicembre 2007, n. 244 e, da ultimo, sostituito dall'articolo 1, comma 484, lettera b) della Legge 24 dicembre 2012, n. 228; a norma del comma 485 del medesimo articolo 1 la presente disposizione si applica a decorrere dal periodo d'imposta successivo a quello in corso al 31 dicembre 2013. Da ultimo, comma modificato dall'articolo 1, comma 123, della Legge 28 dicembre 2015, n. 208, a decorrere dal periodo d'imposta successivo a quello in corso al 31 dicembre 2015.

(17) Comma aggiunto dall'articolo 5, comma 2, lettera e), della legge 27 dicembre 2002, n. 289, successivamente modificato dall'articolo 1, comma 266, lettera b), della legge 27 dicembre 2006, n. 296, dall'articolo 1, comma 50, lettera f), numero 5), della legge 24 dicembre 2007, n. 244 e dall'articolo 10, comma 1, lettera b), del D.L. 21 giugno 2022, n. 73, convertito, con modificazioni, dalla Legge 4 agosto 2022, n. 122. Per l'applicazione vedi l'articolo 10, comma 2, del D.L. 73/2022 medesimo.

(18) Comma aggiunto dall'articolo 5, comma 2, lettera e), della legge 27 dicembre 2002, n. 289, successivamente modificato dall' articolo 1, comma 266, lettera c), della legge 27 dicembre 2006, n. 296 e, da ultimo, dall'articolo 1, comma 1085, lettera b), della Legge 30 dicembre 2018, n. 145.

(19) Comma aggiunto dall' articolo 16, comma 1, lettera c), della legge 23 dicembre 2000, n. 388 a decorrere dal periodo d'imposta successivo a quello in corso alla data del 31 dicembre 1999 e, successivamente,

modificato dall'articolo 5, comma 2, lettera d), della legge 27 dicembre 2002, n. 289, dall'articolo 1, comma 266, lettera d), della legge 27 dicembre 2006, n. 296

(20) *Comma aggiunto dall' articolo 1, comma 347, lettera d), della legge 30 dicembre 2004, n. 311, modificato dall'articolo 11-ter, comma 1, lettera a), del D.L. 14 marzo 2005, n. 35, convertito con modificazioni dalla L. 14 maggio 2005, n. 80, successivamente sostituito dall'articolo 1, comma 132, lettera a), della Legge 27 dicembre 2013, n. 147 e da ultimo abrogato dall'articolo 10, comma 1, lettera c), del D.L. 21 giugno 2022, n. 73, convertito, con modificazioni, dalla Legge 4 agosto 2022, n. 122. Per l'applicazione vedi l'articolo 10, comma 2, del D.L. 73/2022 medesimo.*

(21) *Comma aggiunto dall' articolo 1, comma 347, lettera d), della legge 30 dicembre 2004, n. 311 , successivamente, sostituito dall'articolo 11-ter, comma 1, lettera b), del D.L. 14 marzo 2005, n. 35, convertito con modificazioni dalla L. 14 maggio 2005, n. 80 ed infine abrogato dall'articolo 1, comma 132, lettera b), della Legge 27 dicembre 2013, n. 147.*

(22) *Comma aggiunto dall'articolo 1, comma 266, lettera e), della legge 27 dicembre 2006, n. 296 ed infine abrogato dall'articolo 1, comma 132, lettera b), della Legge 27 dicembre 2013, n. 147.*

(23) *Comma aggiunto dall'articolo 1, comma 266, lettera e), della legge 27 dicembre 2006, n. 296 e successivamente sostituito dall'articolo 1, comma 132, lettera c), della Legge 27 dicembre 2013, n. 147 e dall'articolo 10, comma 1, lettera d), del D.L. 21 giugno 2022, n. 73, convertito, con modificazioni, dalla Legge 4 agosto 2022, n. 122. Per l'applicazione vedi l'articolo 10, comma 2, del D.L. 73/2022 medesimo.*

(24) *Comma aggiunto dall'articolo 1, comma 20, della Legge 23 dicembre 2014, n. 190, a decorrere dal periodo d'imposta successivo a quello in corso al 31 dicembre 2014; vedi anche quanto disposto dal comma 25 del medesimo articolo. Successivamente, comma modificato dall'articolo 2, comma 1, lettera b), del D.L. 24 gennaio 2015, n. 4, convertito con modificazioni dalla Legge 24 marzo 2015, n. 34. Da ultimo, comma modificato dall'articolo 1, comma 73, della Legge 28 dicembre 2015, n. 208 e sostituito dall'articolo 10, comma 1, lettera e), del D.L. 21 giugno 2022, n. 73, convertito, con modificazioni, dalla Legge 4 agosto 2022, n. 122. Per l'applicazione vedi l'articolo 10, comma 2, del D.L. 73/2022 medesimo.*

11 *bis*. Variazioni fiscali del valore della produzione netta[1]. – [*1. I componenti positivi e negativi che concorrono alla formazione del valore della produzione, così come determinati ai sensi degli articoli 5, 6, 7, 8 e 11, si assumono apportando ad essi le variazioni in aumento o in diminuzione previste ai fini delle imposte sui redditi. Tuttavia, non si applicano le disposizioni degli articoli 56, comma 3, lettera a), 91, 96, 97, 98 e 109, commi 5, secondo periodo, e 6, del testo unico delle imposte sui redditi, approvato con decreto del Presidente della Repubblica 22 dicembre 1986, n. 917, e dell'articolo 17, comma 4, del decreto legislativo 30 dicembre 1992, n. 504. Le erogazioni liberali, comprese quelle previste dall'articolo 100, comma 2, del predetto testo unico delle imposte sui redditi, non sono ammesse in deduzione.*

2. Ai componenti indicati nel comma 1 vanno aggiunti i ricavi, le plusvalenze e gli altri componenti positivi di cui agli articoli 57, 58, comma 3, 85, comma 2, 86, comma 1, lettera c), e 110, comma 7, del testo unico delle imposte sui redditi.] [2]

(1) *Articolo aggiunto dall'articolo 1 del D.Lgs. 30 dicembre 1999, n. 506, che ha sostituito l'originario articolo 11 con gli attuali articoli 11 e 11-bis, con la decorrenza indicata nell'art. 3 dello stesso decreto. Successivamente, il presente articolo è stato modificato dall'articolo 12 del D.Lgs. 28 febbraio 2005, n. 38, e successivamente sostituito dall'articolo 17 del D.Lgs. 18 novembre 2005, n.247, con la decorrenza indicata nel 3 comma dell'articolo medesimo.*

(2) *Articolo abrogato dall'articolo 1, comma 50, lettera g), della legge 24 dicembre 2007, n. 244. A norma del comma 51 del medesimo articolo 1, della legge 244/2007, le modifiche al presente articolo si applicano a decorrere dal periodo d'imposta successivo a quello in corso al 31 dicembre 2007.*

12. Determinazione del valore della produzione netta realizzata fuori dal territorio dello Stato o da soggetti non residenti. – 1. Nei confronti dei soggetti passivi residenti nel territorio dello Stato che esercitano attività produttive anche all'estero la quota di valore a queste attribuibili secondo i criteri di cui all'articolo 4, comma 2, è scomputata dalla base imponibile determinata a norma degli articoli da 5 a 10- bis [1].

2. Nei confronti dei soggetti passivi non residenti nel territorio dello Stato si considera prodotto nel territorio della regione il valore derivante dall'esercizio di attività commerciali, di arti o professioni o da attività non commerciali esercitate nel territorio stesso per un periodo di tempo non inferiore a tre mesi mediante stabile organizzazione, base fissa o ufficio [, *ovvero derivante da imprese agricole esercitate nel territorio stesso*]. Qualora le suddette attività o imprese siano esercitate nel territorio di più regioni si applica la disposizione dell'articolo 4, comma 2 [2].

2-bis. Il valore della produzione netta derivante da una stabile organizzazione è determinato sulla base di un apposito rendiconto economico e patrimoniale, da redigersi secondo i principi contabili previsti per i soggetti residenti aventi le medesime caratteristiche, salva quella della emissione di strumenti finanziari ammessi alla negoziazione in mercati regolamentati di qualsiasi Stato membro dell'Unione europea ovvero diffusi tra il pubblico di cui all'articolo 116 testo unico delle disposizioni in materia di intermediazione finanziaria, di cui al decreto legislativo 24 febbraio 1998, n. 58. A tali fini, si applicano le disposizioni dell'articolo 152, comma 2, del testo unico delle imposte sui redditi, approvato con decreto del Presidente della Repubblica 22 dicembre 1986, n. 91 [3].

3. Le persone fisiche e gli altri soggetti passivi si considerano residenti nel territorio dello Stato quando ricorrono le condizioni, rispettivamente applicabili, previste negli articoli 2, comma 2, 5, comma 3, lettera d), e 87, comma 3, del testo unico delle imposte sui redditi, approvato con decreto del Presidente della Repubblica 22 dicembre 1986, n. 917. Se il soggetto passivo esercita attività produttive mediante l'utilizzazione di navi iscritte nel registro di cui all'articolo 1, comma 1, del decreto legge 30 dicembre 1997, n. 457, convertito, con modificazioni, dalla, legge 27 febbraio 1998, n. 30, la quota di valore a queste attribuibile, determinata a norma dell'articolo 5, è scomputata dalla base imponibile [4].

(1) *Comma così modificato dall'art. 1, d.lgs. 30 dicembre 1999, n. 506.*

(2) *Comma modificato dall'articolo 1, comma 70, lettera d), della Legge 28 dicembre 2015, n. 208, a decorrere dal periodo d'imposta successivo a quello in corso al 31 dicembre 2015.*

(3) *Comma inserito dall'articolo 7, comma 2, del D.Lgs. 14 settembre 2015, n. 147; a norma del comma 4 del medesimo articolo, la presente disposizione si applica a decorrere dal periodo di imposta successivo a quello in corso alla data di entrata in vigore del citato decreto.*

(4) *Comma così modificato dall'art. 8, d.lgs. 10 aprile 1998, n. 137.*

13. Disposizioni concernenti il GEIE. – 1. Il valore della produzione netta del gruppo economico di interesse europeo residente, a norma dell'articolo 12, comma 3, nel territorio dello Stato o di una stabile organizzazione di un gruppo non residente è determinato secondo le disposizioni dell'articolo 5, ed è imputato a ciascun membro nella proporzione prevista dal contratto di gruppo o, in mancanza, in parti uguali. Il valore si considera prodotto, anche nei confronti di membri non residenti, nel territorio della regione in cui il gruppo o la stabile organizzazione ha sede, salvo il disposto dell'articolo 4, comma 2.

2. Nei confronti del gruppo residente e di quello non residente relativamente alla stabile organizzazione nel territo-

rio dello Stato si applicano le disposizioni degli articoli 19 e 20.

3. Ciascun membro del gruppo è obbligato in solido con gli altri al versamento dell'imposta dovuta sul valore prodotto.

4. Il gruppo residente e la stabile organizzazione di un gruppo non residente si considerano domiciliati nel territorio del comune nel quale hanno il domicilio fiscale ai fini delle imposte sui redditi.

14. Periodo di imposta. – 1. L'imposta è dovuta per periodi di imposta a ciascuno dei quali corrisponde una obbligazione tributaria autonoma, il periodo di imposta è determinato secondo i criteri stabiliti ai fini delle imposte sui redditi.

15. Spettanza dell'imposta. – 1. L'imposta è dovuta alla regione nel cui territorio il valore della produzione netta è realizzato.

16. Determinazione dell'imposta. – 1. L'imposta è determinata applicando al valore della produzione netta l'aliquota del 3,9 per cento, salvo quanto previsto dal comma 2, nonché nei commi 1 e 2 dell'articolo 45 (1)(2).

1-bis. Nei confronti dei soggetti di cui:

a) all'articolo 5, che esercitano attività di imprese concessionarie diverse da quelle di costruzione e gestione di autostrade e trafori, si applica l'aliquota del 4,20 per cento (3);

b) all'articolo 6, si applica l'aliquota del 4,65 per cento (4);

c) all'articolo 7, si applica l'aliquota del 5,90 per cento (5)(6).

2. Nei confronti dei soggetti di cui all'articolo 3, comma 1, lettera e-bis), relativamente al valore prodotto nell'esercizio di attività non commerciali, determinato ai sensi dell'articolo 10- bis, si applica l'aliquota dell'8,5 per cento (7).

3. A decorrere dal terzo anno successivo a quello di emanazione del presente decreto, le regioni hanno facoltà di variare l'aliquota di cui al comma 1 e 1-bis fino ad un massimo di 0,92 punti percentuali. La variazione può essere differenziata per settori di attività e per categorie di soggetti passivi (8).

3-bis. Allo scopo di semplificare gli adempimenti tributari dei contribuenti e le funzioni dei centri di assistenza fiscale nonché degli altri intermediari, le regioni e le province autonome di Trento e di Bolzano, entro il 31 marzo dell'anno a cui l'imposta si riferisce, inviano al Ministero dell'economia e delle finanze – Dipartimento delle finanze i dati rilevanti per la determinazione del tributo mediante l'inserimento degli stessi nell'apposita sezione del portale del federalismo fiscale ai fini della pubblicazione nel sito informatico di cui all'articolo 1, comma 3, del decreto legislativo 28 settembre 1998, n. 360. Con decreto del Ministero dell'economia e delle finanze, sentita la Conferenza permanente per i rapporti tra lo Stato, le regioni e le province autonome di Trento e di Bolzano, sono individuati i dati rilevanti per la determinazione dell'imposta regionale sulle attività produttive. Il mancato inserimento da parte delle regioni e delle province autonome nel suddetto sito informatico dei dati rilevanti ai fini della determinazione dell'imposta comporta l'inapplicabilità di sanzioni e di interessi (9).

(1) *Comma modificato dall'articolo 1, comma 50, lettera h), della legge 24 dicembre 2007, n. 244. A norma del comma 51 del medesimo articolo 1, della legge 244/2007, le modifiche al presente articolo si applicano a decorrere dal periodo d'imposta successivo a quello in corso al 31 dicembre 2007.*

(2) *Comma modificato dall'articolo 2, comma 1, lettera a), del D.L. 24 aprile 2014, n. 66, convertito, con modificazioni, dalla Legge 23 giugno 2014, n. 89, a decorrere dal periodo d'imposta successivo a quello in corso al 31 dicembre 2013; per la determinazione dell'acconto relativo al periodo di imposta successivo a quello in corso al 31 dicembre 2013 secondo il criterio previsionale, di cui all'articolo 4 del decreto legge 2 marzo 1989, n. 69, convertito con modificazioni, dalla legge 27 aprile 1989, n. 154, vedi il comma 2 del medesimo articolo 2. Successivamente l'articolo 1, comma 22, della Legge 23 dicembre 2014, n. 190 ha disposto l'abrogazione del citato comma 1 dell'articolo 2 del D.L. 66/2014 e, pertanto, deve ritenersi ripristinata l'aliquota precedente.*

(3) *Lettera modificata dall'articolo 2, comma 1, lettera b), numero 1) del D.L. 24 aprile 2014, n. 66, convertito, con modificazioni, dalla Legge 23 giugno 2014, n. 89, a decorrere dal periodo d'imposta successivo a quello in corso al 31 dicembre 2013; per la determinazione dell'acconto relativo al periodo di imposta successivo a quello in corso al 31 dicembre 2013 secondo il criterio previsionale, di cui all'articolo 4 del decreto legge 2 marzo 1989, n. 69, convertito con modificazioni, dalla legge 27 aprile 1989, n. 154, vedi il comma 2 del medesimo articolo 2. Successivamente l'articolo 1, comma 22, della Legge 23 dicembre 2014, n. 190 ha disposto l'abrogazione del citato comma 1 dell'articolo 2 del D.L. 66/2014 e, pertanto, deve ritenersi ripristinata l'aliquota precedente.*

(4) *Lettera modificata dall'articolo 2, comma 1, lettera b), numero 2) del D.L. 24 aprile 2014, n. 66, convertito, con modificazioni, dalla Legge 23 giugno 2014, n. 89, a decorrere dal periodo d'imposta successivo a quello in corso al 31 dicembre 2013; per la determinazione dell'acconto relativo al periodo di imposta successivo a quello in corso al 31 dicembre 2013 secondo il criterio previsionale, di cui all'articolo 4 del decreto legge 2 marzo 1989, n. 69, convertito con modificazioni, dalla legge 27 aprile 1989, n. 154, vedi il comma 2 del medesimo articolo 2. Successivamente l'articolo 1, comma 22, della Legge 23 dicembre 2014, n. 190 ha disposto l'abrogazione del citato comma 1 dell'articolo 2 del D.L. 66/2014 e, pertanto, deve ritenersi ripristinata l'aliquota precedente.*

(5) *Comma aggiunto dall'articolo 23, comma 5, lettera a), del D.L. 6 luglio 2011, n. 98.*

(6) *Lettera modificata dall'articolo 2, comma 1, lettera b), numero 3) del D.L. 24 aprile 2014, n. 66, convertito, con modificazioni, dalla Legge 23 giugno 2014, n. 89, a decorrere dal periodo d'imposta successivo a quello in corso al 31 dicembre 2013; per la determinazione dell'acconto relativo al periodo di imposta successivo a quello in corso al 31 dicembre 2013 secondo il criterio previsionale, di cui all'articolo 4 del decreto legge 2 marzo 1989, n. 69, convertito con modificazioni, dalla legge 27 aprile 1989, n. 154, vedi il comma 2 del medesimo articolo 2. Successivamente l'articolo 1, comma 22, della Legge 23 dicembre 2014, n. 190 ha disposto l'abrogazione del citato comma 1 dell'articolo 2 del D.L. 66/2014 e, pertanto, deve ritenersi ripristinata l'aliquota precedente.*

(7) *Comma sostituito dall'articolo 9 del D.Lgs. 10 aprile 1998, n. 137, e successivamente dall'articolo 1 del D.Lgs. 30 dicembre 1999, n. 506, con la decorrenza prevista dall'articolo 3 del medesimo D.Lgs. 506/1999.*

(8) *Comma modificato dall'articolo 1 del D.Lgs. 30 dicembre 1999, n. 506, con la decorrenza prevista dall'articolo 3 del medesimo D.Lgs. 506/1999, dall'articolo 23, comma 5, lettera b), del D.L. 6 luglio 2011, n. 98 e, da ultimo, dall'articolo 2, comma 3, del D.L. 24 aprile 2014, n. 66, convertito, con modificazioni, dalla Legge 23 giugno 2014, n. 89; vedi anche il comma 4 del medesimo articolo.*

17. Agevolazioni di carattere territoriale e per categorie di soggetti. – 1. Per i soggetti che alla data di entrata in vigore del presente decreto hanno acquisito il diritto a fruire di uno dei regimi di esenzione decennale a carattere territoriale dell'imposta locale sui redditi nel rispetto delle condizioni e dei requisiti previsti dalle singole leggi di esonero, il valore prodotto nel territorio della regione ove è ubicato lo stabilimento o l'impianto cui il regime agevolativo si riferisce, determinato a norma degli articoli 4 e 5, è ridotto per il residuo periodo di applicabilità del detto regime di un ammontare pari al reddito che ne avrebbe fruito.

2. Per i soggetti che ai fini delle imposte sui redditi si avvalgono di regimi forfetari di determinazione del reddito, con esclusione di quelli indicati nell'art. 9, comma 1, il valore della produzione netta può determinarsi aumentando il

reddito calcolato in base a tali regimi delle retribuzioni sostenute per il personale dipendente, dei compensi spettanti ai collaboratori coordinati e continuativi di quelli per prestazioni di lavoro autonomo non esercitate abitualmente, [*delle indennità e dei rimborsi di cui all'art. 81, comma 1, lettera m), del citato testo unico delle imposte sui redditi e degli interessi passivi*][(1)].

3. Ai soggetti che svolgono attività produttive attraverso stabilimenti industriali tecnicamente organizzati impiantati nel territorio del Mezzogiorno, di cui alla decisione della Commissione delle Comunità europee 1° marzo 1995, n. 95/455/CE"; nel medesimo comma la parola: "spese" è sostituita dalla seguente: "retribuzioni, spetta una detrazione dall'imposta determinata ai sensi del precedente art. 10 di ammontare pari, rispettivamente, al 2 per cento dell'ammontare delle spese per prestazioni di lavoro dipendente risultante dalle dichiarazioni presentate ai fini fiscali relative al periodo di imposta in corso al 1° gennaio 1998 e all'1 per cento per il periodo di imposta in corso al 1° gennaio 1999, qualora sussistano le condizioni per l'applicazione delle disposizioni relative alla fiscalizzazione degli oneri sociali.

3-bis. Il valore della produzione netta in franchi svizzeri, determinata ai sensi degli articoli da 5 a 9, derivante da attività esercitate nel Comune di Campione d'Italia, è computato in euro sulla base del cambio di cui all'articolo 9, comma 2, del testo unico delle imposte sui redditi, di cui al decreto del Presidente della Repubblica 22 dicembre 1986, n. 917, ridotto forfetariamente del 30 per cento. Al valore della produzione netta espresso in euro si applica la medesima riduzione calcolata per i franchi svizzeri, in base a quanto previsto nel primo periodo, con un abbattimento minimo di euro 26.000[(2)].

3-ter. Nel caso in cui l'impresa svolga la propria attività anche al di fuori del territorio del Comune di Campione d'Italia, ai fini dell'individuazione della quota di valore della produzione netta per cui è possibile beneficiare delle agevolazioni di cui al comma 3-bis si applicano le disposizioni di cui all'articolo 4, comma 2[(3)].

3-quater. Le agevolazioni di cui al comma 3-bis si applicano ai sensi e nei limiti del regolamento (UE) n. 1407/2013 della Commissione, del 18 dicembre 2013, relativo all'applicazione degli articoli 107 e 108 del Trattato sul funzionamento dell'Unione europea agli aiuti de minimis, e del regolamento (UE) n. 1408/2013 della Commissione, del 18 dicembre 2013, relativo all'applicazione degli articoli 107 e 108 del Trattato sul funzionamento dell'Unione europea agli aiuti de minimis nel settore agricolo"[(4)].

4. Per le cooperative edilizie a proprietà indivisa e, sino al frazionamento del mutuo, per quelle a proprietà divisa, la base imponibile è determinata ai sensi dell'art. 10, commi 1 e 2[(5)].

5. Per le cooperative sociali di cui all'art. 1, comma 1, lettera b), della legge 8 novembre 1991, n. 381, il costo del lavoro delle persone svantaggiate di cui all'art. 4 della medesima legge, è deducibile per intero dalla base imponibile.

6. Per l'anno 1998, le cooperative sociali di cui all'art. 1, comma 1, lettera a), della legge 8 novembre 1991, n. 381, nonchè le cooperative di lavoro e gli organismi di fatto di cui al decreto del Presidente della Repubblica 30 aprile 1970, n. 602, deducono dalla base imponibile una somma pari alla differenza tra l'ammontare delle retribuzioni effettivamente corrisposte e quello calcolato in base ai salari convenzionali. Per gli anni 1999 e 2000 la somma da dedurre dalla base imponibile è pari, rispettivamente, al 75 per cento e al 50 per cento della predetta differenza calcolata con le medesime modalità. A decorrere dall'anno 2001 la base imponibile è determinata in maniera ordinaria[(6)].

(1) Comma sostituito dall'articolo 10, comma 1, lettera a), del D.Lgs. 10 aprile 1998, n. 137 e, successivamente, modificato dall'articolo 90, comma 10, della legge 27 dicembre 2002, n. 289.
(2) Comma inserito dall'articolo 25-octies, comma 5, del D.L. 23 ottobre 2018, n. 119, convertito con modificazioni dalla Legge 17 dicembre 2018, n. 136.
(3) Comma inserito dall'articolo 25-octies, comma 5, del D.L. 23 ottobre 2018, n. 119, convertito con modificazioni dalla Legge 17 dicembre 2018, n. 136.
(4) Comma inserito dall'articolo 25-octies, comma 5, del D.L. 23 ottobre 2018, n. 119, convertito con modificazioni dalla Legge 17 dicembre 2018, n. 136.
(5) Comma modificato dall'articolo 10, comma 1, lettera b), del D.Lgs. 10 aprile 1998, n. 137 e, successivamente, dall'articolo 4, comma 1, lettera c), del D.Lgs. 19 novembre 1998, n. 422. Le disposizioni ivi stabilite a seguito delle modificazioni di cui al citato d.lgs. 422/1998 si applicano a decorrere dal periodo d'imposta in corso alla data del 1° gennaio 1998.
(6) Comma modificato dall'articolo 10, comma 1, lettera c), del D.Lgs. 10 aprile 1998, n. 137.

18. Agevolazioni per nuove iniziative produttive. – 1. Il comma 210 dell'art. 2 della legge 23 dicembre 1996, n. 662, è sostituito dal seguente: "210", a decorrere dal 1° gennaio 1997,". Per le iniziative produttive intraprese nei territori di cui all'art. 1, comma 1, lettera a), del decreto-legge 8 febbraio 1995, n. 32, convertito, con modificazioni, dalla legge 7 aprile 1995, n. 104, è riconosciuto, per l'anno di inizio di attività e per i due successivi, un credito di imposta pari, per ciascun anno, al 50 per cento dell'imposta sul reddito delle persone fisiche sui redditi riferibili proporzionalmente al reddito di impresa o derivante dall'esercizio di arti o professioni dell'anno cui compete; il credito è utilizzato per il versamento della detta imposta e non può essere superiore, per ciascun anno, a lire 5 milioni. Per le stesse iniziative è concessa per i medesimi periodi di imposta la riduzione al 50 per cento dell'imposta regionale sulle attività produttive; la riduzione non può essere superiore a 5 milioni dell'imposta dovuta per ciascun anno. Per le iniziative produttive intraprese nelle aree territoriali di cui all'obiettivo 1 del regolamento CEE n. 2052/88, le predette disposizioni si applicano per l'anno di inizio di attività e per i cinque successivi." [(1)].

1- bis. Resta ferma, in relazione al periodo d'imposta 1997, la spettanza del credito d'imposta agli effetti dell'imposta locale sui redditi e dell'imposta sul patrimonio netto delle imprese prevista dal comma 210 dell'articolo 2 della legge 23 dicembre 1996, n. 662, nel testo vigente prima delle modifiche recate dal precedente comma 1 [(2)].

2. Con le leggi regionali di cui all'articolo 24, possono essere aumentati la percentuale e l'importo massimo della riduzione dell'imposta regionale sulle attività produttive di cui al comma 1.

(1) Comma modificato dall'articolo 11, comma 1, lettera a), del D.Lgs. 10 aprile 1998, n. 137.
(2) Comma aggiunto dall'articolo 11, comma 1, lettera b), del D.Lgs. 10 aprile 1998, n. 137.

19. Dichiarazione dei soggetti passivi. – 1. Ogni soggetto passivo deve dichiarare per ogni periodo di imposta i componenti del valore, ancorché non ne consegua un debito di imposta.

1- bis. Per i soggetti di cui all'articolo 3, comma 1, lettera e-bis), la dichiarazione è presentata dai soggetti che emettono i provvedimenti autorizzativi dei versamenti dell'imposta regionale sulle attività produttive [(1)].

2. La dichiarazione deve essere redatta, a pena di nullità, su stampato conforme a quello approvato con decreto del Ministro delle finanze da pubblicare nella Gazzetta Ufficiale nel termine di cui all'articolo 8, primo comma, prima periodo, del decreto del Presidente della Repubblica 29 settembre 1973, n. 600, come sostituito dall'articolo 5, comma 1, del decreto legislativo 9 luglio 1997, n. 241.

3. La dichiarazione deve essere sottoscritta, a pena di nullità, dal soggetto passivo o da chi ne ha la rappresentanza legale o negoziale o, in mancanza, per i soggetti diversi dalle persone fisiche, da chi ne ha l'amministrazione anche di fatto. Per gli organi e le amministrazioni dello Stato la dichiarazione è sottoscritta dal dirigente competente secondo le rispettive norme regolamentari. La nullità è sanata se il soggetto passivo o il suo rappresentante provvede alla sottoscrizione entro trenta giorni dal ricevimento dell'invito da parte dell'ufficio competente. L'invito è eseguito mediante invio di raccomandata con avviso di ricevimento.

4. Con il decreto del Ministro delle finanze di cui al comma 2 possono essere richiesti dati e notizie utili alla determinazione del valore della produzione netta e indicati gli atti da allegare alla dichiarazione a cura del contribuente.

5. La dichiarazione è presentata con le modalità di cui all'aarticolo 12 del decreto del Presidente della Repubblica 29 settembre 1973, n. 600, come sostituito dall'articolo 7 del decreto legislativo 9 luglio 1997, n. 241. [*I soggetti non tenuti alla presentazione della dichiarazione dei redditi presentano la dichiarazione ai fini dell'imposta regionale, con le medesime modalità, entro sei mesi dalla fine del periodo di imposta.*]

6. Nei casi di liquidazione, fallimento, liquidazione coatta amministrativa, trasformazione, fusione e scissione di imprese individuali, società ed enti di cui agli articoli 10 e 11 del decreto del Presidente della Repubblica 29 settembre 1973, n. 600, si osservano le disposizioni ivi previste, con esclusione dei commi secondo e terzo dell'articolo 10 se nelle procedure fallimentare e di liquidazione coatta non vi è esercizio provvisorio dell'impresa.

(1) Comma aggiunto dall'articolo 1 del D.Lgs. 30 dicembre 1999, n. 506.

20. Obblighi contabili. – 1. Ai fini dell'imposta di cui al presente titolo i soggetti passivi devono osservare gli obblighi documentali e contabili ai quali sono tenuti ai fini delle imposte sul reddito e sul valore aggiunto.

21. Domicilio dei soggetti passivi. – 1. Ogni soggetto passivo si considera domiciliato nel comune nel quale ha il domicilio fiscale secondo le disposizioni previste dal decreto del Presidente della Repubblica 29 settembre 1973, n. 600.

22. Giurisdizione sulle controversie. – 1. Le controversie concernenti l'imposta regionale sulle attività produttive e la relativa addizionale e le sanzioni sono soggette alla giurisdizione delle Commissioni tributarie secondo le disposizioni del decreto legislativo 31 dicembre 1992, n. 546.

23. Accesso alle informazioni. – 1. L'Amministrazione finanziaria trasmette a ciascuna regione, con sistemi telematici o mediante supporti magnetici, le informazioni relative alle dichiarazioni presentate dai soggetti passivi.

2. Gli elementi acquisiti nel corso dell'attività di controllo dagli uffici dell'Amministrazione finanziaria, dal Corpo della Guardia di finanza e dagli organi regionali sono direttamente utilizzabili, rispettivamente, per l'accertamento dell'imposta regionale e dei tributi erariali.

3. Con decreto del Ministro delle finanze, sentita la Conferenza Stato-Regioni, sono stabilite le modalità di collegamento degli uffici regionali con il sistema informativo dell'anagrafe tributaria e di utilizzazione dei relativi servizi anche ai fini dello scambio di informazioni di interesse fiscale.

24. Poteri delle regioni. – 1. Le regioni a statuto ordinario possono disciplinare, con legge, nel rispetto dei principi in materia di imposte sul reddito e di quelli recati dal presente titolo, le procedure applicative dell'imposta, ferme restando le disposizioni degli articoli 19, da 21 a 23, e da 32 a 35.

2. Le regioni a statuto speciale e le provincie autonome di Trento e Bolzano provvedono, con legge, alla attuazione delle disposizioni del presente titolo in conformità delle disposizioni della legge 23 dicembre 1996, n. 662, articolo 3, commi 158 e 159.

3. L'accertamento delle violazioni alle norme del presente titolo compete alle amministrazioni regionali [(1)].

4. Le leggi di cui ai commi 1 e 2 possono prevedere la stipula di convenzioni con il Ministero delle finanze per l'espletamento, in tutto o in parte, delle attività di liquidazione, accertamento e riscossione dell'imposta, nonché per le attività concernenti il relativo contenzioso, secondo le disposizioni in materia di imposte sui redditi.

5. Gli uffici dell'amministrazione finanziaria ed i comandi della Guardia di finanza cooperano per l'acquisizione ed il reperimento degli elementi utili per l'accertamento dell'imposta e per la repressione delle violazioni alle norme del presente titolo, procedendo anche di propria iniziativa secondo le norme e con le facoltà stabilite dalle singole leggi regionali o, in loro mancanza, secondo le facoltà loro attribuite dalla normativa tributaria statale, trasmettendo agli uffici regionali i relativi verbali e rapporti.

6. Le leggi di cui ai commi 1 e 2 non possono avere effetto anteriore al periodo di imposta in corso al 1° gennaio 2000.

7. Con decreto del Ministro delle finanze da emanare ai sensi dell'articolo 17, comma 3, della legge 23 agosto 1988, n. 400, d'intesa con la Conferenza Stato-Regioni, sono stabiliti gli organi competenti all'irrogazione delle sanzioni e le modalità di ripartizione delle somme riscosse in caso di concorso formale e di violazioni continuate rilevanti ai fini dell'imposta regionale e di altri tributi.

(1) Comma modificato dall'articolo 1, del D.Lgs. 30 dicembre 1999, n. 506.

25. Disciplina temporanea. – 1. Fino a quando non hanno effetto le leggi regionali di cui all'articolo 24, per le attività di controllo e rettifica della dichiarazione, per l'accertamento e per la riscossione dell'imposta regionale, nonché per il relativo contenzioso si applicano le disposizioni in materia di imposte sui redditi ad eccezione degli articoli 38, commi dal quarto al settimo, 44 e 45 del decreto del Presidente della Repubblica 29 settembre 1973, n. 600.

2. Le regioni, le provincie, e i comuni partecipano all'attività di cui al comma 1 segnalando elementi e notizie utili, collaborando, eventualmente anche tramite le apposite commissioni paritetiche di cui al terzo periodo, con osservazioni e proposte alla predisposizione dei programmi di accertamento degli uffici dell'Amministrazione finanziaria. Le modalità di attuazione di questa disposizione sono stabilite con decreto del Ministro delle finanze, d'intesa con la Conferenza unificata di cui al decreto legislativo 28 agosto 1997, n. 281, da emanare a norma dell'articolo 17, comma 3, della legge 23 agosto 1988, n. 400, entro novanta giorni dalla data di entrata in vigore del presente decreto. Con il medesimo decreto possono essere istituite e disciplinate commissioni paritetiche per la stesura di programmi di accertamento.

26. Attribuzione allo Stato di quote del gettito dell'imposta. – 1. È attribuita allo Stato una quota del gettito dell'imposta regionale sulle attività produttive riscosso in ciascuna regione a compensazione dei costi sostenuti per lo svolgimento delle attività di cui all'articolo 25, comma 1. La disposizione del primo periodo si applica fino all'anno precedente a quello dal quale ha effetto la legge regionale di cui all'articolo 24, regolatrice delle dette attività.

2. È altresì attribuita allo Stato una ulteriore quota del gettito di cui al comma 1 a compensazione della perdita di gettito derivante dall'abolizione dell'imposta sul patrimonio netto delle imprese. La quota è determinata in un ammontare pari al gettito della predetta imposta riscosso nell'ultimo periodo di imposta nel quale essa è stata applicata. Questa disposizione si applica limitatamente al gettito dell'imposta regionale sulle attività produttive relativo al primo periodo di imposta della sua applicazione e al successivo.

3. Con decreto del Ministro delle finanze, di concerto con il Ministro del tesoro, del bilancio e della programmazione economica, d'intesa con la Conferenza Stato-Regioni, è determinata la quota di cui al comma 1 e le relative modalità di attribuzione. Con decreto del Ministro delle finanze, di concerto con il Ministro del tesoro, sentita la Conferenza Stato-Regioni, è determinata la quota di cui al comma 2 e le relative modalità di attribuzione.

27. Compartecipazione dei comuni e delle provincie al gettito dell'imposta. – 1. A decorrere dall'anno di entrata in vigore del presente decreto le regioni devolvono ad ogni comune e ad ogni provincia del proprio territorio una quota del gettito della imposta regionale sulle attività produttive pari, per il comune, al gettito riscosso nel 1997 per tasse di concessione comunale e per imposta comunale per l'esercizio di impresa, arti e professioni, al netto della quota di spettanza della provincia, e, per la provincia, all'ammontare di questa quota al lordo di quella spettante allo Stato a norma dell'articolo 6 del decreto-legge 2 marzo 1989, n. 66, convertito, con modificazioni, dalla legge 24 aprile 1989, n. 144.

2. Gli importi dovuti ai comuni e alle provincie a norma del comma 1 sono ad essi versati dalle regioni nel mese di luglio di ciascun anno. Nel primo anno tali importi sono commisurati all'ammontare del gettito riscosso nel 1996 risultante dai relativi rendiconti consuntivi, salvo conguaglio, da effettuare nell'anno successivo con gli importi dovuti per tale anno, in base alle risultanze dei rendiconti per l'anno 1997. Gli importi dovuti sono determinati da ciascuna regione che, previa acquisizione delle informazioni necessarie, ne dà comunicazione ai comuni e alle provincie entro il 30 giugno del primo anno e del successivo. Gli importi comunicati costituiscono per le Regioni somme a destinazione vincolata. A decorrere dall'anno 1999, i predetti importi sono incrementati annualmente in misura pari al tasso programmato di inflazione indicato nella relazione previsionale e programmatica.

3. L'importo corrispondente alla quota spettante allo Stato di cui al comma 1, determinato a norma del comma 2, è versato nei termini quivi indicati dalle provincie allo Stato per le finalità di cui all'articolo 1- bis del decreto-legge 25 novembre 1996, n. 599, convertito, con modificazioni, dalla legge 24 gennaio 1997, n. 5, secondo le vigenti disposizioni per il versamento della suddetta quota.

4. Le regioni possono attribuire alle provincie e ai comuni quote di compartecipazione al gettito dell'imposta regionale sulle attività produttive anche al fine di finanziare le funzioni ad essi delegate, secondo criteri stabiliti con propria legge.

[5. *Nei confronti dei comuni e delle provincie che istituiscono l'addizionale di cui all'art. 28 viene meno, dall'anno in cui questa ha effetto, l'obbligo della regione di cui al comma 1.*] (1).

6. Le regioni Friuli Venezia-Giulia e Valle d'Aosta e le provincie autonome di Trento e Bolzano, nell'esercizio dei poteri in materia di finanza locale, provvedono alla disciplina dei rapporti finanziari con gli enti locali, assicurando agli stessi le risorse finanziarie per compensare gli effetti finanziari negativi conseguenti all'attuazione del presente decreto.

(1) *Comma abrogato dall'art. 12, d.lgs. 10 aprile 1998, n. 137.*

28. Addizionale comunale e provinciale all'imposta regionale sulle attività produttive. – [1. Con legge regionale da adottarsi entro il 31 luglio 1999 sono stabilite le aliquote minime, rispettivamente, dell'addizionale comunale e di quella provinciale all'imposta regionale sulle attività produttive; dette aliquote devono assicurare un gettito pari al complesso delle somme, comprensive degli eventuali conguagli, devolute dalla regione, ai sensi dell'art. 27 per l'anno di imposta 1999, ai comuni e alle provincie del territorio di competenza. Con la medesima legge la regione diminuisce l'aliquota di base dell'imposta regionale sulle attività produttive in misura pari alla somma delle due aliquote addizionali suddette e può rideterminare l'aliquota regionale entro il limite di cui all'art. 16, comma 3.

2. I comuni e le provincie, previa emanazione della legge regionale di cui al comma 1, con delibera da pubblicare per estratto nella Gazzetta Ufficiale, possono istituire l'addizionale comunale o provinciale di cui al comma 1; i comuni e le provincie hanno facoltà di aumentare l'aliquota dell'addizionale in misura non superiore ad una volta e mezza l'aliquota minima stabilita dalla predetta legge regionale.

3. I soggetti passivi dell'imposta regionale sulle attività produttive dovranno ripartire la corrispondente base imponibile utilizzando gli stessi criteri indicati nell'art. 4, comma 2, con riferimento al territorio provinciale e comunale. Alle basi imponibili provinciali e comunali così determinate si applicano le aliquote delle addizionali deliberate dagli enti locali predetti.

4. La legge di cui al comma 1 non può avere effetto anteriore al secondo anno successivo a quello di entrata in vigore del presente decreto.] (1)

(1) *Articolo abrogato dall'articolo 12, comma 2, del D.Lgs. 10 aprile 1998, n. 137.*

29. Finanziamento delle città metropolitane. – 1. Le regioni, nell'attribuire alle città metropolitane le funzioni amministrative di competenza provinciale o affidate ai comuni, a norma dell'articolo 19 della legge 8 giugno 1990, n. 142, provvedono ad assegnare alle stesse quote del gettito di tributi regionali.

30. Riscossione dell'imposta e versamento in acconto. – 1. Fino a quando non hanno effetto le leggi regionali di cui all'articolo 24, per la riscossione dell'imposta si applicano le disposizioni dei commi seguenti.

2. L'imposta dovuta a ciascuna regione in base alla dichiarazione è riscossa mediante versamento del soggetto passivo da eseguire con le modalità e nei termini stabiliti per le imposte sui redditi.

3. Nel periodo di imposta per il quale la dichiarazione deve essere presentata sono dovuti acconti dell'imposta ad esso relativa secondo le disposizioni previste per le imposte sui redditi. Gli acconti sono versati con le modalità e nei termini per queste stabiliti.

4. L'imposta risultante dalle dichiarazioni annuali non è dovuta o, se il saldo è negativo, non è rimborsabile, se i relativi importi spettanti a ciascuna regione non superano euro 10,33; per lo stesso importo, non si fa luogo, ad iscrizione nei ruoli, né a rimborso. Con le leggi regionali di cui all'articolo 24 il predetto importo può essere adeguato.

5. In deroga alla disposizione del comma 2 i soggetti che determinano la base imponibile ai sensi dell'articolo 10- bis), comma 1, versano l'acconto mensilmente, con le modalità e nei termini stabiliti con decreto del Ministro delle finanze, di concerto con il Ministro del tesoro, del bilancio e della programmazione economica, sentita la conferenza Stato-Regioni, in un importo pari a quello risultante dall'applicazione dell'aliquota prevista dall'articolo 16, comma 2, all'ammontare degli emolumenti ivi indicati corrisposti nel mese precedente. Qualora l'ammontare dell'imposta dovuta a ciascuna regione sia pari o inferiore a euro 10,33, l'obbligo di versamento rimane sospeso fino alla scadenza successiva per la quale la somma complessiva da versare sia almeno pari al predetto importo (1).

6. La riscossione coattiva dell'imposta avviene mediante ruolo sulla base delle disposizioni che regolano la riscossione coattiva delle imposte sui redditi, mediante ruoli affidati ai concessionari senza l'obbligo del non riscosso.

7. Per lo svolgimento di attività di pagamento e riscossione dell'imposta, le banche sono remunerate in conformità a quanto previsto dalle convenzioni di cui agli articoli 19, comma 5, e 24, comma 8, del decreto legislativo 9 luglio 1997, n. 241, mentre per i concessionari si applicano le disposizioni di cui all'articolo 61 del decreto del Presidente della Repubblica 28 gennaio 1988, n. 43.

(1) *Comma così modificato dall'art. 1, d.lg. 30 dicembre 1999, n. 506.*

31. Primo acconto di imposta. – 1. Per il primo periodo di imposta nel quale, a norma degli articoli 36 e 37, l'imposta è applicabile, l'acconto di cui all'articolo 30, comma 3, da versare in due rate di pari importo, è pari al 120 per cento della imposta figurativa liquidabile sul valore della produzione netta realizzato nel periodo di imposta precedente, determinato secondo le disposizioni degli articoli da 4 a 11 e risultante da un apposito prospetto redatto su stampato conforme al modello approvato con decreto del Ministro delle finanze da allegare alla prima dichiarazione dei redditi da presentare a decorrere dalla data di entrata in vigore del presente decreto ovvero, per i soggetti non tenuti alla presentazione di essa, risultante da apposita dichiarazione, redatta e sottoscritta a norma dell'articolo 19, da presentare nel mese di giugno dell'anno di entrata in vigore del presente decreto. Gli omessi o insufficienti versamenti dell'imposta relativi al primo periodo di applicazione della stessa, i cui termini sono scaduti alla data del 30 ottobre 1998, possono essere regolarizzati entro il termine di scadenza del primo versamento dell'imposta da effettuare successivamente alla predetta data applicando gli interessi calcolati al tasso legale con maturazione giorno per giorno (1).

(1) *Comma modificato dall'articolo 13, comma 1, lettere a) e b), del D.Lgs. 10 aprile 1998, n. 137 e dall'articolo 4, comma 1, lettera d), del D.Lgs. 19 novembre 1998, n. 422.*

32. Violazioni relative alla dichiarazione. – [1. Nel caso di omessa presentazione della dichiarazione, si applica la sanzione amministrativa dal centoventi al duecentoquaranta per cento dell'ammontare dell'imposta dovuta, con un minimo di euro 258,23. Se non è dovuta imposta, si applica la sanzione da euro 258 a 1.032.

2. Se nella dichiarazione è indicato un imponibile inferiore a quello accertato o, comunque, un'imposta inferiore a quella dovuta, si applica la sanzione amministrativa da una a due volte l'ammontare della maggiore imposta dovuta.

2-bis. La misura della sanzione minima e massima di cui al comma 2 è elevata del 10 per cento nelle ipotesi di omessa o infedele indicazione dei dati previsti nei modelli per la comunicazione dei dati rilevanti ai fini dell'applicazione degli studi di settore, nonché nei casi di indicazione di cause di esclusione o di inapplicabilità degli studi di settore non sussistenti. La presente disposizione non si applica se il maggior imponibile, accertato a seguito della corretta applicazione degli studi di settore, non è superiore al 10 per cento di quello dichiarato (1).

2-ter: La misura della sanzione minima e massima di cui al comma 2 è elevata del 50 per cento nelle ipotesi di omessa presentazione del modello per la comunicazione dei dati rilevanti ai fini dell'applicazione degli studi di settore, laddove tale adempimento sia dovuto ed il contribuente non abbia provveduto alla presentazione del modello anche a seguito di specifico invito da parte dell'Agenzia delle entrate. Si applica la disposizione di cui al secondo periodo del comma 2-bis (2).

3. Per maggiore imposta si intende la differenza tra l'ammontare del tributo liquidato in base all'accertamento e quello liquidabile in base alla dichiarazione ai sensi degli articoli 36- bis e 36- ter del decreto del Presidente della Repubblica 29 settembre 1973, n. 600, come sostituiti

dall'articolo 13, comma 1, del decreto legislativo 9 luglio 1997, n. 241.] [3]

[1] *Comma inserito dall'articolo 1, comma 27, della legge 27 dicembre 2006, n. 296.*
[2] *Comma aggiunto dall'articolo 23, comma 28, lettera g), del D.L. 6 luglio 2011, n. 98.*
[3] *abrogato dall'articolo 32, comma 2, lettera a), del D.Lgs. 24 settembre 2015, n. 158, con la decorrenza indicata nel medesimo comma, come modificato dall'articolo 1, comma 133, della Legge 28 dicembre 2015, n. 208.*

33. Violazioni relative al contenuto e alla documentazione delle dichiarazioni. – [1. Fuori dai casi previsti nell'articolo 32 se la dichiarazione non è redatta in conformità al modello approvato dal Ministro delle finanze ovvero in essa sono omessi o non sono indicati in maniera esatta e completa dati rilevanti per l'individuazione del contribuente e, se diverso da persona fisica, del suo rappresentante, nonché per la determinazione del tributo, oppure non è indicato in maniera esatta e completa ogni altro elemento prescritto per il compimento dei controlli, si applica la sanzione amministrativa da euro 258 a 2.065 euro.

2. Identica sanzione si applica nei casi di mancanza o incompletezza degli atti e documenti dei quali è prescritta l'allegazione alla dichiarazione o l'esibizione all'ufficio.] [1]

[1] *Articolo abrogato dall'articolo 32, comma 2, lettera a), del D.Lgs. 24 settembre 2015, n. 158, con la decorrenza indicata nel medesimo comma, come modificato dall'articolo 1, comma 133, della Legge 28 dicembre 2015, n. 208.*

34. Ritardato o omesso versamento dell'imposta. – 1. In caso di ritardato o omesso versamento dell'imposta, in acconto o a saldo, o di versamento in misura inferiore a quella dovuta, si applica la sanzione amministrativa pari al trenta per cento dell'imposta non versata. Identica sanzione si applica nei casi di liquidazione della maggiore imposta ai sensi degli articoli 36- bis e 36- ter del decreto del Presidente della Repubblica 29 settembre 1973, n. 600, come sostituiti dall'articolo 13, comma 1, del decreto legislativo 9 luglio 1997, n. 241.

2. Sugli importi non versati o versati in ritardo sono dovuti gli interessi a norma dell'articolo 9 del decreto del Presidente della Repubblica 29 settembre 1973, n. 602.

35. Violazioni degli obblighi relativi alla contabilità. – 1. Per le violazioni degli obblighi relativi alla tenuta o conservazione della contabilità si applicano le sanzioni previste in materia di imposte dirette e di imposta sul valore aggiunto.

36. Decorrenza dell'imposta e abolizione di contributi e tributi. – 1. Salvo quanto disposto dall'articolo 37, l'imposta regionale sulle attività produttive si applica a decorrere dalla data di entrata in vigore del presente decreto e dalla medesima data sono aboliti:

a) i contributi per il servizio sanitario nazionale di cui all'articolo 31 della legge 28 febbraio 1986, n. 41, come da ultimo modificato dall'articolo 4 della legge 22 marzo 1995, n. 85, il contributo dello 0,2 per cento di cui all'articolo 1, terzo comma, della legge 31 dicembre 1961, n. 1443, e all'articolo 20, ultimo comma, della legge 12 agosto 1962, n. 1338, e la quota di contributo per l'assicurazione obbligatoria contro la tubercolosi eccedente quella prevista per il finanziamento delle prestazioni economiche della predetta assicurazione di cui all'articolo 27 della legge 9 marzo 1989, n. 88;

b) l'imposta locale sui redditi di cui al titolo III del testo unico delle imposte sui redditi, approvato con decreto del Presidente della Repubblica 22 dicembre 1986, n. 917;

c) l'imposta comunale per l'esercizio di imprese e di arti e professioni, di cui al titolo I del decreto-legge 2 marzo 1989, n. 66, convertito, con modificazioni, dalla legge 24 aprile 1989, n. 144;

d) la tassa sulla concessione governativa per l'attribuzione del numero di partita IVA, di cui all'articolo 24 della tariffa allegata al decreto del Presidente della Repubblica 26 ottobre 1972, n. 641, come sostituita dal decreto del Ministro delle finanze 28 dicembre 1995, pubblicato nella Gazzetta Ufficiale n. 303 del 30 dicembre 1995;

e) l'imposta sul patrimonio netto delle imprese, istituita con decreto-legge 30 settembre 1992, n. 394, convertito, con modificazioni, dalla legge 26 novembre 1992, n. 461.

2. I versamenti relativi ai tributi e ai contributi aboliti indicati nel comma 1, i cui presupposti di imposizione si verificano anteriormente alla data dalla quale, nei confronti dei singoli soggetti passivi, ha effetto la loro abolizione, sono effettuati anche successivamente a tale data.

37. Soggetti con periodo di imposta non coincidente con l'anno solare. – 1. Nei confronti dei soggetti il cui periodo di imposta non coincide con l'anno solare l'applicazione dell'imposta regionale sulle attività produttive e l'abolizione dei contributi e dei tributi indicati nell'articolo 36, comma 1, lettere a), b) ed e), hanno effetto dal primo periodo di imposta che ha inizio successivamente alla data di entrata in vigore del presente decreto.

2. In deroga a quanto disposto nel comma 1 per i soggetti ivi indicati il cui periodo di imposta è in corso alla data di entrata in vigore del presente decreto ed è iniziato dopo il 30 settembre dell'anno precedente, l'applicazione dell'imposta regionale sulle attività produttive e l'abolizione dei contributi e tributi indicati nel medesimo comma 1 hanno effetto dalla data di inizio del predetto periodo.

3. I soggetti di cui al comma 2 possono scomputare dall'acconto di cui all'articolo 31 i dodicesimi dell'imposta e della tassa di cui all'articolo 36, comma 1, lettere c) e d), dovute per l'anno precedente a quello di entrata in vigore del presente decreto e relativi ai mesi interi compresi tra la data dalla quale ha effetto nei loro confronti, a norma del medesimo comma 2, l'abolizione dei predetti tributi e quella di entrata in vigore del presente decreto, nonché l'importo dei contributi di cui alla lettera a) del medesimo comma dell'articolo 36 eventualmente versati con riferimento ai predetti mesi. Non si fa luogo in ogni caso al rimborso degli importi non scomputati.

38. Determinazione del Fondo sanitario nazionale. – 1. Al fine della determinazione del Fondo sanitario nazionale di parte corrente e delle specifiche quote da assegnare alle regioni si considera come dotazione propria delle medesime il gettito dell'addizionale regionale all'imposta sul reddito delle persone fisiche prevista dall'articolo 50, ed il 90 per cento del gettito, ricalcolato sulla base delle aliquote di cui all'articolo 16, comma 1 e 2, dell'imposta regionale sulle attività produttive al netto delle quote attribuite allo Stato di cui all'articolo 26 [(1)].

2. I contributi per il Servizio sanitario nazionale riscossi nell'anno di entrata in vigore del presente decreto relativi a presupposti di imposizione verificatisi anteriormente costituiscono per il medesimo anno dotazione propria delle regioni ai fini della determinazione delle quote di Fondo sanitario nazionale di parte corrente da assegnare alle stesse.

3. A decorrere dal 1998, la partecipazione delle regioni Sicilia e Sardegna al finanziamento del Servizio sanitario nazionale stabilita dall'articolo 12, comma 9, della legge 24 dicembre 1993, n. 537, come da ultimo modificato dall'articolo 1, comma 143, della legge 23 dicembre 1996, n. 662, è commisurata alle risorse provenienti dal Fondo sanitario nazionale e dai gettiti di cui ai commi 1 e 2 [(2)].

[(1)] Comma modificato dall'articolo 1, comma 1, lettera p), del D.Lgs. 30 dicembre 1999, n. 506, con la decorrenza indicata nell'articolo 3 dello stesso decreto.

[(2)] A decorrere dall'anno 2001 cessano di avere effetto nei confronti delle regioni a statuto ordinario le disposizioni di cui al presente articolo, ex art. 13, d.lg. 18 febbraio 2000, n. 56.

39. Ripartizione del Fondo sanitario nazionale. – 1. Il CIPE su proposta del Ministro della sanità, d'intesa con la Conferenza Stato-Regioni, delibera annualmente l'assegnazione in favore delle regioni, a titolo di acconto, delle quote del Fondo sanitario nazionale di parte corrente, tenuto conto dell'importo complessivo presunto del gettito dell'addizionale all'imposta sul reddito delle persone fisiche di cui all'articolo 50 e della quota del gettito dell'imposta regionale sulle attività produttive, di cui all'articolo 38, comma 1, stimati per ciascuna regione. Il CIPE con le predette modalità provvede entro il mese di febbraio dell'anno successivo all'assegnazione definitiva in favore delle regioni delle quote del Fondo sanitario nazionale, parte corrente, ad esse effettivamente spettanti. Il Ministro del tesoro, del bilancio e della programmazione economica, è autorizzato a procedere alle risultanti compensazioni a valere sulle quote del Fondo sanitario nazionale, parte corrente, erogate per il medesimo anno [(1)].

2. Il Ministro del tesoro, del bilancio e della programmazione economica, e autorizzato a concedere alle regioni e alle province autonome di Trento e di Bolzano anticipazioni mensili da accreditare ai conti correnti di cui all'articolo 40, comma 1, in essere presso la tesoreria centrale dello Stato, nei limiti di un dodicesimo dell'importo complessivo presunto del gettito dell'addizionale e della quota di imposta di cui al comma 1, alle stesse attribuiti nonché delle quote del Fondo sanitario nazionale di parte corrente deliberate dal CIPE, in favore delle medesime regioni, in ciascun anno; nelle more della deliberazione del CIPE le predette anticipazioni mensili sono commisurate all'importo complessivo presunto dei gettiti dell'addizionale e della quota d'imposta predetti, ovvero limitatamente all'anno 1998 all'importo complessivo presunto dei contributi sanitari e delle quote del Fondo sanitario nazionale relativi all'anno precedente [(2)].

3. Alla copertura dell'eventuale differenza tra l'ammontare dei gettiti di cui al comma 1 previsti in sede di riparto del Fondo sanitario nazionale e quello effettivamente riscosso dalle regioni si provvede mediante specifica integrazione del Fondo sanitario nazionale quantificata dalla legge finanziaria [(3)].

4. Per le finalità di cui ai commi 1, 2 e 3 si tiene conto, per l'anno di entrata in vigore del presente decreto, dei contributi di cui al comma 2 dell'articolo 38 [(4)].

5. Sono abrogati i commi 15, 17 e 19 dell'art. 11 del decreto legislativo 30 dicembre 1992, n. 502.

[(1)] A decorrere dall'anno 2001 cessano di avere effetto nei confronti delle regioni a statuto ordinario le disposizioni di cui al presente comma, ex art. 13, d.lg. 18 febbraio 2000, n. 56. Vedi anche l'articolo 77-quater, comma 2, del D.L. 25 giugno 2008, n. 112.

[(2)] A decorrere dall'anno 2001 cessano di avere effetto nei confronti delle regioni a statuto ordinario le disposizioni di cui al presente comma, ex art. 13, d.lg. 18 febbraio 2000, n. 56.

[(3)] A decorrere dall'anno 2001 cessano di avere effetto nei confronti delle regioni a statuto ordinario le disposizioni di cui al presente comma, ex art. 13, d.lg. 18 febbraio 2000, n. 56.

[(4)] A decorrere dall'anno 2001 cessano di avere effetto nei confronti delle regioni a statuto ordinario le disposizioni di cui al presente comma, ex art. 13, d.lg. 18 febbraio 2000, n. 56.

40. Modalità per il riversamento dell'Irap e dell'addizionale Irpef. – 1. Ai fini del versamento dell'imposta regionale sulle attività produttive e dell'addizionale regionale all'imposta sul reddito delle persone fisiche di cui all'articolo 50 alle regioni, sono istituiti presso la tesoreria centrale dello Stato specifici conti correnti infruttiferi intestati alle regioni e alle provincie autonome di Trento e Bolzano e, presso le sezioni di tesoreria provinciale dello Stato operanti nei capoluoghi di regione e nelle predette provincie autonome, specifiche contabilità speciali di girofondi intestate alle stesse regioni e provincie autonome

2. Con decreto del Ministro del tesoro, del bilancio e della programmazione economica, di concerto con il Ministro delle finanze, sentita la Conferenza Stato-Regioni, sono stabilite le modalità di riversamento delle somme riscosse sui conti di cui al comma 1

3. Al fine del versamento dell'imposta regionale sulle attività produttive e dell'addizionale regionale all'imposta sul reddito delle persone fisiche di cui all'articolo 50 non si applica il secondo comma dell'articolo 63 del regio decreto 18 novembre 1923, n. 2440.

41. Determinazione delle eccedenze. – [*1. Per le regioni a statuto ordinario le eccedenze annuali di risorse finanziarie sono costituite dalla differenza tra il gettito dell'imposta regionale sulle attività produttive, al netto della quota destinata al finanziamento dell'assistenza sanitaria, e l'ammontare delle quote di cui agli articoli 26 e 27 e delle spettanze a titolo di fondo perequativo determinate in applicazione dell'art. 3, commi 2 e 3, della legge 28 dicembre 1995, n. 549.*] [(1)].

2. Per le regioni a statuto speciale che accedono al Fondo sanitario nazionale le eccedenze annuali di risorse finanziarie sono costituite dalla differenza tra il gettito dell'imposta regionale sulle attività produttive, al netto della quota destinata alla sanità e di quelle di cui agli articoli 26 e 27, e l'ammontare delle compartecipazioni ai tributi erariali soppressi, convenzionalmente incrementati del tasso di crescita del prodotto interno lordo, e tenendo anche conto degli effetti indiretti derivanti dall'ampliamento delle basi imponibili degli altri tributi compartecipati [(2)].

3. Per le regioni a statuto speciale e le province autonome di Trento e di Bolzano che non accedono al Fondo sanitario nazionale le eccedenze annuali di risorse finanziarie sono determinate sottraendo dall'ammontare del gettito

dell'imposta regionale sulle attività produttive, al netto delle quote di cui agli articoli 26 e 27, dell'addizionale regionale all'imposta sul reddito delle persone fisiche di cui all'articolo 50 e, limitatamente al 1998, dei contributi sanitari di cui all'articolo 38, comma 2, l'ammontare dei contributi sanitari riscossi nell'anno 1997, convenzionalmente aumentati del tasso di crescita del prodotto interno lordo, nonché l'ammontare delle compartecipazioni ai tributi erariali soppressi, anch'essi convenzionalmente incrementati del tasso di crescita del prodotto interno lordo, e tenendo conto degli effetti indiretti derivanti dall'ampliamento delle basi imponibili degli altri tributi compartecipati [3].

3 - bis. Per gettito dell'imposta regionale sulle attività produttive di cui ai commi precedenti s'intende quello ricalcolato sulla base delle aliquote di cui all'articolo 16, commi 1 e 2 [4].

[1] *Comma abrogato dall'articolo 13, comma 1, del D.Lgs. 18 febbraio 2000, n. 56, a decorrere dall'anno 2001.*
[2] *Comma modificato dall'art. 16, l. 23 dicembre 2000, n. 388.*
[3] *Comma modificato dall'art. 16, l. 23 dicembre 2000, n. 388.*
[4] *Comma aggiunto dall'art. 1, d.lgs. 30 dicembre 1999, n. 506.*

42. Versamento delle eccedenze. – 1. A decorrere dall'anno 1999, il Fondo perequativo di cui all'articolo 3, comma 2, della legge 28 dicembre 1995, n. 549, è soppresso.

[2. *A partire dall'esercizio 1998 è istituito nello stato di previsione del Ministero del tesoro, del bilancio e della programmazione economica un fondo di compensazione interregionale alimentato dalle eccedenze finanziarie realizzate dalle regioni a statuto ordinario, secondo quanto previsto dall'art. 41, comma 1; tali eccedenze sono destinate, nei limiti delle occorrenze finanziarie, in favore delle regioni che presentano una perdita di entrata. In caso di insufficienza del fondo si provvede con risorse a carico del bilancio dello Stato.*] [1]

[3. *Il Fondo di compensazione interregionale di cui al comma 2 è determinato in via definitiva nell'anno successivo a quello di riferimento sulla base del gettito dell'imposta regionale sulle attività produttive effettivamente realizzato.*] [2]

[4. *Con decreto del Ministro del tesoro, del bilancio, della programmazione economica, di concerto con il Ministro delle finanze, sentita la Conferenza Stato-Regioni, sono stabiliti i criteri e le modalità di versamento delle eccedenze di cui al comma 2 all'entrata del bilancio dello Stato per la riassegnazione delle somme necessarie al Fondo di compensazione interregionale, anche mediante trattenute periodiche delle presumibili eccedenze a valere sugli appositi conti accesi presso la tesoreria centrale dello Stato.*] [3]

5. A decorrere dall'anno 1998 cessano le anticipazioni straordinarie di cassa di cui all'articolo 3, comma 4, della legge 28 dicembre 1995, n. 549.

6. A decorrere dall'anno 1998 la trattenuta di cui all'articolo 20, comma 2, del decreto-legge 18 gennaio 1993, n. 8, convertito, con modificazioni, dalla legge 19 marzo 1993, n. 68, è effettuata sulle erogazioni di cui all'articolo 3, comma 12, della legge 28 dicembre 1995, n. 549.

7. Relativamente alle regioni a statuto speciale ed alle provincie autonome di Trento e di Bolzano le eccedenze positive o negative di risorse di cui all'articolo 41, commi 2 e 3, vengono compensate per gli anni dal 1998 al 2002, nel rispetto degli statuti di autonomia mediante variazioni delle quote del fondo sanitario nazionale, trasferimenti di funzioni, modifica delle quote variabili previste ai sensi degli statuti o acquisizione delle eccedenze al bilancio dello Stato. A partire dall'anno 2003 non si dà luogo a recupero delle eccedenze, ma si procede attraverso il trasferimento di nuove funzioni amministrative, definite con le procedure fissate dai rispettivi statuti di autonomia, fino all'esaurimento delle eccedenze medesime [4].

[1] *Comma abrogato dall'articolo 13, comma 1, del D.Lgs. 18 febbraio 2000, n. 56, a decorrere dall'anno 2001.*
[2] *Comma abrogato dall'articolo 13, comma 1, del D.Lgs. 18 febbraio 2000, n. 56, a decorrere dall'anno 2001.*
[3] *Comma abrogato dall'articolo 13, comma 1, del D.Lgs. 18 febbraio 2000, n. 56, a decorrere dall'anno 2001.*
[4] *Comma così modificato dall'art. 16, l. 23 dicembre 2000, n. 388.*

43. Riferimenti sistematici. – 1. Le disposizioni del presente titolo che fanno indistintamente riferimento alle regioni o al loro territorio devono intendersi riferite, per la regione Trentino-Alto Adige, alle provincie autonome di Trento e Bolzano o al loro territorio.

2. I rapporti finanziari tra lo Stato, le autonomie speciali e gli enti locali devono essere disciplinati in modo tale da mantenere il necessario equilibrio finanziario.

44. Adeguamento dei trattati internazionali. – 1. Ai fini dell'applicazione dei trattati internazionali in materia tributaria, l'imposta regionale sulle attività produttive è equiparata ai tributi erariali aboliti con l'articolo 36.

45. Disposizioni transitorie. – [1. *Per i soggetti che operano nel settore agricolo e per le cooperative della piccola pesca e loro consorzi, di cui all'articolo 10 del decreto del Presidente della Repubblica 29 settembre 1973, n. 601, l'aliquota è stabilita nella misura dell'1,9 per cento* [1][2].] [3]

2. Per i soggetti di cui agli articoli 6 e 7, per i periodi d'imposta in corso al 1° gennaio 1998, al 1° gennaio 1999 e al 1° gennaio 2000 l'aliquota è stabilita nella misura del 5,4 per cento; per i due periodi d'imposta successivi, l'aliquota è stabilita, rispettivamente, nelle misure del 5 e del 4,75 per cento [4].

3. Con decreto del Ministro delle finanze sono stabiliti, tenuto conto della base imponibile dell'imposta sulle attività produttive e di quella dell'imposta personale sui redditi, gli ammontari in valore assoluto e percentuale del maggior carico impositivo rispetto a quello derivante dai tributi e contributi soppressi ai sensi degli articoli 36 e 51, comma 1, in base ai quali fissare l'entità della riduzione dell'acconto dovuto ai fini della stessa imposta determinato ai sensi dell'articolo 31, nonché le modalità applicative e quelle relative ai commi da 4 a 6. La predetta riduzione non può superare per ciascun soggetto l'importo massimo in valore assoluto stabilito nel predetto decreto e non può comportare una diminuzione di gettito superiore a 500 miliardi di lire per l'anno 1998, a 250 miliardi di lire per l'anno 1999 e a 125 miliardi di lire per l'anno 2000 [5][6].

4. I soggetti per i quali l'applicazione delle disposizioni di cui al comma 3 determina un ammontare dell'acconto Irap diverso da quello che risulterebbe in via ordinaria, applicano le disposizioni di cui al comma 3 anche per la determinazione dell'imposta dovuta all'esercizio in corso al 1° gennaio 1998, prendendo a riferimento i tributi o contributi che sarebbero stati dovuti in tale anno in assenza della loro soppressione.

5. Per i soggetti che esercitano la propria attività nel territorio di più regioni e che applicano le disposizioni del com-

ma 3, l'imposta da versare alle singole regioni è determinata in misura proporzionale alla base imponibile regionale; per i medesimi soggetti il credito di imposta di cui al comma 6 deve essere ripartito in misura proporzionale alla base imponibile regionale.

6. La differenza tra l'imposta dovuta in via ordinaria per l'anno 1998 e l'imposta effettivamente pagata in base alle disposizioni dei commi 3 e 4, può essere computata in detrazione dall'imposta regionale sulle attività produttive, nella misura del 50 per cento per l'anno 1999 e del 25 per cento per l'anno 2000 (6).

(1) Comma modificato dall'articolo 14, comma 1, lettera a), del D.Lgs. 10 aprile 1998, n. 137, successivamente sostituito dall'articolo 4, comma 1, lettera e), del D.Lgs. 19 novembre 1998, n. 422 e, da ultimo, modificato dall'articolo 6, comma 17, lettera a), della legge 23 dicembre 1999, n. 488. Vedi inoltre l'articolo 6, comma 18, legge n. 488/1999; dall'articolo 6, comma 12, della legge 23 dicembre 2000, n. 388; dall'articolo 9, comma 7, della legge 28 dicembre 2001, n. 448; dall'articolo 19, comma 1, della legge 27 dicembre 2002, n. 289; dall'articolo 2, comma 1, della legge 24 dicembre 2003, n. 350; dall'articolo 1, comma 509, della legge 30 dicembre 2004, n. 311; dall'articolo 1, comma 118, della legge 23 dicembre 2005, n. 266; dall'articolo 1, comma 390, della legge 27 dicembre 2006, n. 296; dall'articolo 1, comma 171, della legge 24 dicembre 2007, n. 244; dall'articolo 2, comma 1, della legge 22 dicembre 2008, n. 203.

(2) Per la fissazione dell'aliquota dell'IRAP per i soggetti indicati nel presente comma, per i periodi d'imposta in corso il 1° gennaio 2014 e il 1° gennaio 2015, relativamente alla Provincia Autonoma di Trento, vedi l'articolo 1, comma 4, della L.P. 22 aprile 2014, n. 1.

(3) A norma dell'articolo 2, comma 1, lettera c), del D.L. 24 aprile 2014, n. 66, convertito, con modificazioni, dalla Legge 23 giugno 2014, n. 89, a decorrere dal periodo d'imposta successivo a quello in corso al 31 dicembre 2013, le parole "nella misura dell'1,9 per cento" sono sostituite dalle seguenti: "nella misura del 1,70 per cento"; per la determinazione dell'acconto relativo al periodo di imposta successivo a quello in corso al 31 dicembre 2013 secondo il criterio previsionale, di cui all'articolo 4 del decreto legge 2 marzo 1989, n. 69, convertito con modificazioni, dalla legge 27 aprile 1989, n. 154, vedi il comma 2 del medesimo articolo 2. Successivamente l'articolo 1, comma 22, della Legge 23 dicembre 2014, n. 190 ha disposto l'abrogazione del citato comma 1 dell'articolo 2 del D.L. 66/2014 e, pertanto, deve ritenersi ripristinata l'aliquota precedente. Comma da ultimo abrogato dall'articolo 1, comma 70, lettera e), della Legge 28 dicembre 2015, n. 208, a decorrere dal periodo d'imposta successivo a quello in corso al 31 dicembre 2015.

(4) Comma così modificato dall'art. 6, l. 23 dicembre 1999, n. 488. Vedi inoltre l'articolo 6, comma 18, legge n. 488/1999.

(5) Comma così modificato dall'art. 14, d.lgs. 10 aprile 1998, n. 137.

(6) Comma così modificato dall'art. 14, d.lgs. 10 aprile 1998, n. 137.

TITOLO II

Revisione degli scaglioni, delle aliquote e delle detrazioni dell'imposta sul reddito delle persone fisiche, istituzione dell'addizionale regionale all'Imposta sul reddito delle persone fisiche

46. Revisione delle aliquote e del numero degli scaglioni di reddito. – 1. Il comma 1 dell'art. 11 del testo unico delle imposte sui redditi, approvato con decreto del Presidente della Repubblica 22 dicembre 1986, n. 917, è sostituito dal seguente: "1. L'imposta lorda è determinata applicando al reddito complessivo, al netto degli oneri deducibili indicati nell'art. 10, le seguenti aliquote per scaglioni di reddito:

a) fino a lire 15.000.000 18,5%

b) oltre lire 15.000.000 e fino a lire 30.000.000.. 26,5%

c) oltre lire 30.000.000 e fino a lire 60.000.000.. 33,5%

d) oltre lire 60.000.000 e fino a lire 135.000.000. 39,5%

e) oltre lire 135.000.000 45,5%».

47. Revisione delle detrazioni per carichi di famiglia. – 1. L'art. 12 del testo unico delle imposte sui redditi, approvato con decreto del Presidente della Repubblica 22 dicembre 1986, n. 917, è sostituito dal seguente: "Art. 12 (Detrazioni per carichi di famiglia). - 1. Dall'imposta lorda si detraggono per carichi di famiglia:

a) per il coniuge non legalmente ed effettivamente separato:

1) lire 1.057.552, se il reddito complessivo non supera lire 30.000.000;

2) lire 961.552, se il reddito complessivo è superiore a lire 30.000.000 ma non a lire 60.000.000;

3) lire 889.552, se il reddito complessivo è superiore a lire 60.000.000 ma non a lire 100.000.000;

4) lire 817.552, se il reddito complessivo è superiore a lire 100.000.000;

b) per ciascun figlio, compresi i figli naturali riconosciuti, i figli adottivi e gli affidati o affiliati, nonchè per ogni altra persona indicata nell'art. 433 del codice civile che conviva con il contribuente o percepisca assegni alimentari non risultanti da provvedimenti dell'autorità giudiziaria, complessivamente lire 336.000 da ripartire tra coloro che hanno diritto alla detrazione in proporzione all'effettivo onere sostenuto da ciascuno.

2. Se l'altro genitore manca o non ha riconosciuto i figli naturali e il contribuente non è coniugato o se coniugato, si è successivamente legalmente ed effettivamente separato, ovvero se vi sono figli adottivi, affidati o affiliati del solo contribuente e questi non è coniugato o, se coniugato, si è successivamente ed effettivamente separato, la detrazione prevista alla lettera a) del comma 1 si applica per il primo figlio e per gli altri figli si applica la detrazione prevista dalla lettera b).

3. Le detrazioni per carichi di famiglia spettano a condizione che le persone alle quali si riferiscono possiedano un reddito complessivo, computando anche le retribuzioni corrisposte da enti e organismi internazionali, rappresentanze diplomatiche e consolari e missioni, nonchè quelle corrisposte dalla Santa Sede, dagli enti gestiti direttamente da essa e dagli enti centrali della Chiesa cattolica, non superiore a lire 5.500.000, al lordo degli oneri deducibili.

4. Le detrazioni per carichi di famiglia sono rapportate a mese e competono dal mese in cui si sono verificate a quello in cui sono cessate le condizioni richieste.".

48. Detrazioni per lavoro dipendente, autonomo e di impresa e trattamento tributario delle indennità di fine rapporto. – 1. L'art. 13 del testo unico delle imposte sui redditi, approvato con decreto del Presidente della Repubblica 22 dicembre 1986, n. 917, concernente le altre detrazioni dall'imposta, è sostituito dal seguente: "Art. 13 (Altre detrazioni). - 1. Se alla formazione del reddito complessivo concorrono uno o più redditi di lavoro dipendente spetta una detrazione dall'imposta lorda, rapportata al periodo di lavoro o di pensione nell'anno, anche a fronte delle spese inerenti alla produzione del reddito, secondo i seguenti importi:

a) lire 1.680.000 se l'ammontare complessivo dei redditi di lavoro dipendente non supera lire 9.100.000;

b) lire 1.600.000 se l'ammontare complessivo dei redditi di lavoro dipendente è superiore a lire 9.100.000 ma non a lire 9.300.000;

c) lire 1.500.000 se l'ammontare complessivo dei redditi di lavoro dipendente è superiore a lire 9.300.000 ma non a lire 15.000.000;

d) lire 1.350.000 se l'ammontare complessivo dei redditi di lavoro dipendente è superiore a lire 15.000.000 ma non a lire 15.300.000;

e) lire 1.250.000 se l'ammontare complessivo dei redditi di lavoro dipendente è superiore a lire 15.300.000 ma non a lire 15.600.000;

f) lire 1.150.000 se l'ammontare complessivo dei redditi di lavoro dipendente è superiore a lire 15.600.000 ma non a lire 15.900.000;

g) lire 1.050.000 se l'ammontare complessivo dei redditi di lavoro dipendente è superiore a lire 15.900.000 ma non a lire 30.000.000;

h) lire 950.000 se l'ammontare complessivo dei redditi di lavoro dipendente è superiore a lire 30.000.000 ma non a lire 40.000.000;

i) lire 850.000 se l'ammontare complessivo dei redditi di lavoro dipendente è superiore a lire 40.000.000 ma non a lire 50.000.000;

l) lire 750.000 se l'ammontare complessivo dei redditi di lavoro dipendente è superiore a lire 50.000.000 ma non a lire 60.000.000;

m) lire 650.000 se l'ammontare complessivo dei redditi di lavoro dipendente è superiore a lire 60.000.000 ma non a lire 60.300.000;

n) lire 550.000 se l'ammontare complessivo dei redditi di lavoro dipendente è superiore a lire 60.300.000 ma non a lire 70.000.000;

o) lire 450.000 se l'ammontare complessivo dei redditi di lavoro dipendente è superiore a lire 70.000.000 ma non a lire 80.000.000;

p) lire 350.000 se l'ammontare complessivo dei redditi di lavoro dipendente è superiore a lire 80.000.000 ma non a lire 90.000.000;

q) lire 250.000 se l'ammontare complessivo dei redditi di lavoro dipendente è superiore a lire 90.000.000 ma non a lire 90.400.000;

r) lire 150.000 se l'ammontare complessivo dei redditi di lavoro dipendente è superiore a lire 90.400.000 ma non a lire 100.000.000;

s) lire 100.000 se l'ammontare complessivo dei redditi di lavoro dipendente è superiore a lire 100.000.000.

2. Se alla formazione del reddito complessivo concorrono soltanto trattamenti pensionistici di importo complessivamente non superiore a lire 18.000.000 e il reddito dell'unità immobiliare adibita ad abitazione principale e delle relative pertinenze, spetta una ulteriore detrazione, rapportata al periodo di pensione nell'anno, di lire 70.000.

3. Se alla formazione del reddito complessivo concorrono uno o più redditi di lavoro autonomo di cui al comma 1 dell'art. 49 o di impresa di cui all'art. 79, spetta una detrazione dall'imposta lorda, non cumulabile con quella prevista dal comma 1, pari a:

a) lire 700.000 se l'ammontare complessivo dei redditi di lavoro autonomo e di impresa non supera lire 9.100.000;

b) lire 600.000 se l'ammontare complessivo dei redditi di lavoro autonomo e di impresa è superiore a lire 9.100.000 ma non a lire 9.300.000;

c) lire 500.000 se l'ammontare complessivo dei redditi di lavoro autonomo e di impresa è superiore a lire 9.300.000 ma non a lire 9.600.000;

d) lire 400.000 se l'ammontare complessivo dei redditi di lavoro autonomo e di impresa è superiore a lire 9.600.000 ma non a lire 9.900.000;

e) lire 300.000 se l'ammontare complessivo dei redditi di lavoro autonomo e di impresa è superiore a lire 9.900.000 ma non a lire 15.000.000;

f) lire 200.000 se l'ammontare complessivo dei redditi di lavoro autonomo e di impresa è superiore a lire 15.000.000 ma non a lire 30.000.000;

g) lire 100.000 se l'ammontare complessivo dei redditi di lavoro autonomo e di impresa è superiore a lire 30.000.000 ma non a lire 60.000.000.".

2. All'art. 17, comma 1, del testo unico delle imposte sui redditi, approvato con decreto del Presidente della Repubblica 22 dicembre 1986, n. 917, le parole: "di una somma pari a lire 500 mila" sono sostituite dalle seguenti: "di una somma pari a lire 600 mila".

49. Detrazioni per oneri. – 1. Ai fini delle imposte sui redditi, la percentuale degli oneri sostenuti ammessa in detrazione dall'imposta lorda, è fissata al 19 per cento, a condizione che gli oneri stessi non siano deducibili nella determinazione dei singoli redditi che concorrono a formare il reddito complessivo.

2. Le disposizioni del comma 1 si applicano agli oneri sostenuti dal periodo di imposta in corso alla data del 1° gennaio 1998.

50. Istituzione dell'addizionale regionale dall'imposta sul reddito delle persone fisiche. – 1. È istituita l'addizionale regionale all'imposta sul reddito delle persone fisiche. L'addizionale regionale non è deducibile ai fini di alcuna imposta, tassa o contributo.

2. L'addizionale regionale è determinata applicando l'aliquota, fissata dalla regione in cui il contribuente ha la residenza, al reddito complessivo determinato ai fini dell'imposta sul reddito delle persone fisiche, al netto degli oneri deducibili riconosciuti ai fini ditale imposta. L'addizionale regionale è dovuta se per lo stesso anno l'imposta sul reddito delle persone fisiche, al netto delle detrazioni per essa riconosciute e dei crediti di cui agli articoli 14 e 15 del citato testo unico, risulta dovuta.

3. L'aliquota di compartecipazione dell'addizionale regionale di cui al comma 1 è fissata allo 0,9 per cento. Ciascuna regione, con proprio provvedimento, da pubblicare nella Gazzetta Ufficiale non oltre il 31 dicembre dell'anno precedente a quello cui l'addizionale si riferisce, può maggiorare l'aliquota suddetta sino all'1,4 per cento. Le regioni possono deliberare che la maggiorazione, se più favorevole per il contribuente rispetto a quella vigente, si applichi anche al periodo di imposta al quale si riferisce l'addizionale. Ai fini della semplificazione delle dichiarazioni e delle funzioni dei sostituti d'imposta e dei centri di assistenza fiscale nonché degli altri intermediari, le regioni e le province autonome di Trento e di Bolzano sono tenute ad inviare, ai fini della pubblicazione sul sito informatico di cui all'articolo 1, comma 3, del decreto legislativo 28 settembre 1998, n. 360, entro il 31 gennaio dell'anno a cui l'addizionale si riferisce, i dati contenuti nei provvedimenti di variazione dell'addizionale regionale, individuati con decreto del Ministero dell'economia e delle finanze, di natura non regola-

mentare, sentita la Conferenza permanente per i rapporti tra lo Stato, le regioni e le province autonome di Trento e di Bolzano. Il mancato inserimento nel suddetto sito informatico dei dati rilevanti ai fini della determinazione dell'addizionale comporta l'inapplicabilità di sanzioni e di interessi [(1)(2)].

4. Relativamente ai redditi di lavoro dipendente e ai redditi assimilati a quelli di lavoro dipendente di cui agli articoli 46 e 47 del testo unico delle imposte sui redditi, approvato con decreto del Presidente della Repubblica 22 dicembre 1986, n. 917, l'addizionale regionale dovuta è determinata dai sostituti d'imposta di cui agli articoli 23 e 29 del decreto del Presidente della Repubblica 29 settembre 1973, n. 600, all'atto di effettuazione delle operazioni di conguaglio relative a detti redditi. Il relativo importo è trattenuto in un numero massimo di undici rate, a partire dal periodo di paga successivo a quello in cui le stesse sono effettuate e non oltre quello relativamente al quale le ritenute sono versate nel mese di dicembre. In caso di cessazione del rapporto l'importo è trattenuto in unica soluzione nel periodo di paga in cui sono svolte le predette operazioni di conguaglio. L'importo da trattenere è indicato nella certificazione unica di cui all'articolo 7- bis del citato decreto n. 600 del 1973 [(3)].

5. L'addizionale regionale è versata, in unica soluzione e con le modalità e nei termini previsti per il versamento delle ritenute e del saldo dell'imposta sul reddito delle persone fisiche, alla regione in cui il contribuente ha il domicilio fiscale alla data del 1° gennaio dell'anno cui si riferisce l'addizionale stessa [(4)].

6. Per la dichiarazione, la liquidazione, l'accertamento, la riscossione, il contenzioso, le sanzioni e tutti gli aspetti non disciplinati espressamente, si applicano le disposizioni previste per l'imposta sul reddito delle persone fisiche. Le regioni partecipano alle attività di liquidazione e accertamento dell'addizionale regionale segnalando elementi e notizie utili e provvedono agli eventuali rimborsi richiesti dagli interessati dopo aver acquisiti gli elementi necessari presso l'amministrazione finanziaria.

7. All'art. 17, comma 2, del decreto legislativo 9 luglio 1997, n. 241, recante norme di semplificazione degli adempimenti dei contribuenti riguardanti la dichiarazione dei redditi e dell'imposta sul valore aggiunto e i relativi versamenti, nonchè norme di unificazione degli adempimenti fiscali e previdenziali, di modernizzazione del sistema di gestione delle dichiarazioni dopo la lettera d), è aggiunta la seguente: " d -bis) all'addizionale regionale all'imposta sul reddito delle persone fisiche".

8. Per gli anni 1998 e 1999 l'aliquota dell'addizionale regionale di cui al comma 1 è fissata nella misura dello 0,5 per cento su tutto il territorio nazionale.

[(1)] *Comma sostituito dall'articolo 1, comma 1, lettera r), numero 1), del D.Lgs. 30 dicembre 1999, n. 506, con la decorrenza indicata nell'articolo 3 dello stesso decreto, successivamente modificato dall'articolo 3, comma 1, del D.Lgs. 18 febbraio 2000, n. 56, dall'articolo 2, comma 70, del D.L. 3 ottobre 2006, n. 262, convertito con modificazioni dalla L. 24 novembre 2006, n. 286, dall'articolo 40, comma 8, del D.L. 1 ottobre 2007, n. 159, convertito con modificazioni dalla L. 29 novembre 2007, n. 222 e, da ultimo, dall'articolo 8, comma 1, lettera a) del D.Lgs. 21 novembre 2014, n. 175.*

[(2)] *A norma dell'articolo 4, comma 3-bis, del D.L. 18 settembre 2001, n. 347, convertito con modificazioni dalla L. 16 novembre 2001, n. 405, limitatamente all'anno 2002, le regioni possono disporre la maggiorazione dell'aliquota dell'addizionale regionale con propri provvedimenti da pubblicare nella Gazzetta Ufficiale entro il 31 dicembre 2001. La maggiorazione dell'addizionale regionale superiore alla aliquota dello 0,5 è determinata con legge regionale. A norma dell'articolo 1, comma 5, della Legge 30 dicembre 2021, n. 234, il termine di cui al secondo periodo del presente comma, limitatamente alle aliquote applicabili per l'anno di imposta 2022, è differito al 31 marzo 2022.*

[(3)] *Comma sostituito dall'dall'articolo 1, comma 1, lettera r), numero 1), del D.Lgs. 30 dicembre 1999, n. 506, con la decorrenza indicata nell'articolo 3 dello stesso decreto.*

[(4)] *Comma sostituito dall'articolo 1, comma 1, lettera r), numero 2), del D.Lgs. 30 dicembre 1999, n. 506, con la decorrenza indicata nell'articolo 3 dello stesso decreto, e successivamente modificato dall'articolo 8, comma 1, lettera b) del D.Lgs. 21 novembre 2014, n, 175.*

(Omissis)

VARIE

1. D.Lgs. 19 giugno 1997, n. 218

Disposizioni in materia di accertamento con adesione e di conciliazione giudiziale. (1)

(1) *Pubblicato in Gazz. Uff., 17 luglio, n. 165 Per la sospensione dei termini vedi l'articolo 15 della legge 27 dicembre 2002, n. 289.*

(Omissis).

TITOLO I
Accertamento con adesione e conciliazione giudiziale

CAPO I
Accertamento con adesione

1. Definizione degli accertamenti. – 1. L'accertamento delle imposte sui redditi e dell'imposta sul valore aggiunto può essere definito con adesione del contribuente, secondo le disposizioni seguenti.

2. L'accertamento delle imposte sulle successioni e donazioni, di registro, ipotecaria, catastale e comunale sull'incremento di valore degli immobili, compresa quella decennale, può essere definito con adesione anche di uno solo degli obbligati, secondo le disposizioni seguenti.

2. Definizione degli accertamenti nelle imposte sui redditi e nell'imposta sul valore aggiunto. – 1. La definizione delle imposte sui redditi ha effetto anche per l'imposta sul valore aggiunto, relativamente alle fattispecie per essa rilevanti. In tal caso l'imposta sul valore aggiunto è liquidata applicando, sui maggiori componenti positivi di reddito rilevanti ai fini della stessa, l'aliquota media risultante dal rapporto tra l'imposta relativa alle operazioni imponibili, diminuita di quella relativa alle cessioni di beni ammortizzabili e di quella considerata detraibile forfettariamente in relazione ai singoli regimi speciali adottati, e il volume d'affari incrementato delle operazioni non soggette ad imposta e di quelle per le quali non sussiste l'obbligo di dichiarazione. Possono formare oggetto della definizione anche le fattispecie rilevanti ai soli fini dell'imposta sul valore aggiunto.

2. Può essere oggetto di definizione anche la determinazione sintetica del reddito complessivo netto.

3. L'accertamento definito con adesione non è soggetto ad impugnazione, non è integrabile o modificabile da parte dell'ufficio e non rileva ai fini dell'imposta comunale per l'esercizio di imprese e di arti e professioni, nonché ai fini extratributari, fatta eccezione per i contributi previdenziali e assistenziali, la cui base imponibile è riconducibile a quella delle imposte sui redditi. La definizione esclude, anche con effetto retroattivo, in deroga all'articolo 20 della legge 7 gennaio 1929, n. 4, la punibilità per i reati previsti dal decreto-legge 10 luglio 1982, n. 429, convertito, con modificazioni, dalla legge 7 agosto 1982, n. 516, limitatamente ai fatti oggetto dell'accertamento; la definizione non esclude comunque la punibilità per i reati di cui agli articoli 2, comma 3, e 4 del medesimo decreto-legge.

4. La definizione non esclude l'esercizio dell'ulteriore azione accertatrice entro i termini previsti dall'articolo 43 del decreto del Presidente della Repubblica 29 settembre 1973, n. 600, relativo all'accertamento delle imposte sui redditi, e dall'articolo 57 del decreto del Presidente della Repubblica 26 ottobre 1972, n. 633, riguardante l'imposta sul valore aggiunto:

a) se sopravviene la conoscenza di nuovi elementi, in base ai quali è possibile accertare un maggior reddito, superiore al cinquanta per cento del reddito definito e comunque non inferiore a euro 77.468,53 (1);

b) se la definizione riguarda accertamenti parziali;

c) se la definizione riguarda i redditi derivanti da partecipazione nelle società o nelle associazioni indicate nell'articolo 5 del testo unico delle imposte sui redditi, approvato con decreto del Presidente della Repubblica 22 dicembre 1986, n. 917, ovvero in aziende coniugali non gestite in forma societaria;

d) se l'azione accertatrice è esercitata nei confronti delle società o associazioni o dell'azienda coniugale di cui alla lettera c), alle quali partecipa il contribuente nei cui riguardi è intervenuta la definizione.

5. A seguito della definizione, le sanzioni per le violazioni concernenti i tributi oggetto dell'adesione commesse nel periodo d'imposta, nonché per le violazioni concernenti il contenuto delle dichiarazioni relative allo stesso periodo, si applicano nella misura di un terzo del minimo previsto dalla legge, ad eccezione di quelle applicate in sede di liquidazione delle dichiarazioni ai sensi dell'articolo 36-bis del decreto del Presidente della Repubblica 29 settembre 1973, n. 600, e dell'articolo 60, sesto comma, del decreto del Presidente della Repubblica 26 ottobre 1972, n. 633, nonché di quelle concernenti la mancata, incompleta o non veritiera risposta alle richieste formulate dall'ufficio. Sulle somme dovute a titolo di contributi previdenziali e assistenziali di cui al comma 3 non si applicano sanzioni e interessi (2).

6. Le disposizioni dei commi da 1 a 5 si applicano anche in relazione ai periodi d'imposta per i quali era applicabile la definizione ai sensi dell'articolo 3 del decreto-legge 30 settembre 1994, n. 564, convertito, con modificazioni, dalla legge 30 novembre 1994, n. 656, e dell'articolo 2, comma 137, della legge 23 dicembre 1996, n. 662.

7. Le disposizioni del presente articolo si applicano, in quanto compatibili, anche ai sostituti d'imposta.

(1) *Per l'applicazione delle disposizioni di cui alla presente lettera, vedi l'articolo 1, comma 515, della legge 23 dicembre 2005, n. 266.*
(2) *Comma modificato dall'articolo 1, comma 18 della legge 13 dicembre 2010, n. 220.*

3. Definizione degli accertamenti nelle altre imposte indirette. – 1. La definizione ha effetto per tutti i tributi di cui all'articolo 1, comma 2, dovuti dal contribuente, relativamente ai beni e ai diritti indicati in ciascun atto, denuncia o dichiarazione che ha formato oggetto di imposizione. Il valore definito vincola l'ufficio ad ogni ulteriore effetto limitatamente ai menzionati tributi. Sono escluse adesioni parziali riguardanti singoli beni o diritti contenuti nello stesso atto, denuncia o dichiarazione.

2. Se un atto contiene più disposizioni che non derivano necessariamente, per la loro intrinseca natura, le une dalle altre, ciascuna di esse, se soggetta ad autonoma imposizione, costituisce oggetto di definizione come se fosse un atto

VARIE

distinto.

3. A seguito della definizione, le sanzioni dovute per ciascun tributo oggetto dell'adesione si applicano nella misura di un terzo del minimo previsto dalla legge [(1)].

4. L'accertamento definito con adesione non è soggetto ad impugnazione e non è integrabile o modificabile da parte dell'ufficio.

[(1)] *Comma modificato dall'articolo 1, comma 18 della legge 13 dicembre 2010, n. 220.*

CAPO II
Procedimento per la definizione degli accertamenti nelle imposte sui redditi e nell'imposta sul valore aggiunto

4. Competenza degli uffici. – 1. Competente alla definizione è l'ufficio delle entrate, nella cui circoscrizione il contribuente ha il domicilio fiscale.

2. Nel caso di esercizio di attività d'impresa o di arti e professioni in forma associata, di cui all'articolo 5 del testo unico delle imposte sui redditi, approvato con decreto del Presidente della Repubblica 22 dicembre 1986, n. 917, ovvero in caso di azienda coniugale non gestita in forma societaria, e in caso di società che optano per la trasparenza fiscale di cui agli articoli 115 e 116 del medesimo testo unico, l'ufficio competente all'accertamento nei confronti della società, dell'associazione o del titolare dell'azienda coniugale effettua la definizione anche del reddito attribuibile ai soci, agli associati o all'altro coniuge, con unico atto e in loro contraddittorio. Nei confronti dei soggetti che non aderiscono alla definizione o che, benché ritualmente convocati secondo le precedenti modalità non hanno partecipato al contraddittorio, gli uffici competenti procedono all' accertamento sulla base della stessa; non si applicano gli articoli 2, comma 5, e 15, comma 1, del presente decreto [(1)].

[*3. Fino all'entrata in funzione dell'ufficio delle entrate sono competenti l'ufficio distrettuale delle imposte dirette ovvero, nei casi disciplinati dall'articolo 6, comma 2, l'ufficio dell'imposta sul valore aggiunto, se la definizione ha ad oggetto esclusivamente fattispecie rilevanti ai fini di tale imposta.*] [(2)]

4. Non si applicano le disposizioni dell'articolo 44 del decreto del Presidente della Repubblica 29 settembre 1973, n. 600, riguardante la partecipazione dei comuni all' accertamento dei redditi delle persone fisiche.

[(1)] *Comma modificato dall'articolo 27, comma 4-bis, lettera a), del D.L. 29 novembre 2008 n. 185.*
[(2)] *Comma abrogato dall'articolo 27, comma 4-bis, lettera b), del D.L. 29 novembre 2008 n. 185.*

5. Avvio del procedimento. – 1. L'ufficio invia al contribuente un invito a comparire, nel quale sono indicati:

a) i periodi di imposta suscettibili di accertamento;

b) il giorno e il luogo della comparizione per definire l'accertamento con adesione.

c) le maggiori imposte, ritenute, contributi, sanzioni ed interessi dovuti [*in caso di definizione agevolata di cui al comma 1-bis*] [(1)];

d) i motivi che hanno dato luogo alla determinazione delle maggiori imposte, ritenute e contributi di cui alla lettera c)[(2)(A)].

1-bis. Il contribuente può prestare adesione ai contenuti dell'invito di cui al comma 1 mediante comunicazione al competente ufficio e versamento delle somme dovute entro il quindicesimo giorno antecedente la data fissata per la comparizione. Alla comunicazione di adesione, che deve contenere, in caso di pagamento rateale, l'indicazione del numero delle rate prescelte, deve essere unita la quietanza dell'avvenuto pagamento della prima o unica rata. In presenza dell'adesione la misura delle sanzioni applicabili indicata nell'articolo 2, comma 5, è ridotta alla metà [(3)].

1-ter. Il pagamento delle somme dovute indicate nell'invito di cui al comma 1 deve essere effettuato con le modalità di cui all'articolo 8, senza prestazione delle garanzie ivi previste in caso di versamento rateale. Sull'importo delle rate successive alla prima sono dovuti gli interessi al saggio legale calcolati dal giorno successivo al versamento della prima rata [(4)].

1-quater. In caso di mancato pagamento delle somme dovute di cui al comma 1-bis il competente ufficio dell'Agenzia delle entrate provvede all'iscrizione a ruolo a titolo definitivo delle predette somme a norma dell'articolo 14 del decreto del Presidente della Repubblica 29 settembre 1973, n. 602 [(5)].

1-quinquies. Le disposizioni di cui ai commi 1-bis, 1-ter e 1-quater del presente articolo non si applicano agli inviti preceduti dai processi verbali di constatazione definibili ai sensi dell'articolo 5-bis, comma 1, per i quali non sia stata prestata adesione e con riferimento alle maggiori imposte ed altre somme relative alle violazioni indicate nei processi verbali stessi che consentono l'emissione degli accertamenti di cui all'articolo 41-bis del decreto del Presidente della Repubblica 29 settembre 1973, n. 600 e all'articolo 54, quarto comma, del decreto del Presidente della Repubblica 26 ottobre 1972, n. 633 [(6)].

[*2. La richiesta di chiarimenti inviata al contribuente ai sensi dell'articolo 12, comma 1, del decreto-legge 2 marzo 1989, n. 69, convertito, con modificazioni, dalla legge 27 aprile 1989, n. 154, riguardante la determinazione induttiva di ricavi, compensi e volumi d'affari sulla base di coefficienti presuntivi, costituisce anche invito al contribuente per l'eventuale definizione dell'accertamento con adesione.*] [(7)]

[*3. Fino all'entrata in funzione dell'ufficio delle entrate, l'ufficio distrettuale delle imposte dirette, dopo aver controllato la posizione del contribuente riguardo alle imposte sui redditi, richiede all'ufficio dell'imposta sul valore aggiunto la trasmissione degli elementi in suo possesso, rilevanti per la definizione dell'accertamento con adesione e invia al contribuente l'invito a comparire di cui al comma 1, dandone comunicazione all'ufficio dell'imposta sul valore aggiunto, che può delegare un proprio funzionario a partecipare al procedimento. L'ufficio dell'imposta sul valore aggiunto, anche di propria iniziativa, trasmette all'ufficio distrettuale delle imposte dirette, gli elementi idonei alla formulazione di un avviso di rettifica ai sensi degli articoli 54 e 55 del decreto del Presidente della Repubblica 26 ottobre 1972, n. 633.*] [(8)]

3-bis. Qualora tra la data di comparizione, di cui al comma 1, lettera b), e quella di decadenza dell'amministrazione dal potere di notificazione dell'atto impositivo intercorrano meno di novanta giorni, il termine di decadenza per la notificazione dell'atto impositivo è automaticamente prorogato di centoventi giorni, in deroga al termine ordinario [(9)].

[(A)] *In riferimento al presente articolo vedi: Circolare Agenzia delle Entrate 31 luglio 2013, n. 24/E.*
[(1)] *Lettera inserita dall'articolo 27, comma 1, lettera a), del D.L. 29*

novembre 2008 n. 185 e successivamente modificata dall'articolo 1, comma 637, lettera c), numero 1.1), della Legge 23 dicembre 2014, n. 190.

(2) *Lettera inserita dall'articolo 27, comma 1, lettera a), del D.L. 29 novembre 2008 n. 185.*

(3) *Comma inserito dall'articolo 27, comma 1, lettera b), del D.L. 29 novembre 2008 n. 185 e successivamente abrogato dall'articolo 1, comma 637, lettera c), numero 1.2), della Legge 23 dicembre 2014, n. 190. Per l'applicazione del presente comma vedi il comma 638 del medesimo articolo 1. A norma dell'articolo 1, comma 2, lettera a), del D.L. 30 settembre 2015, n. 153, convertito, con modificazioni, dalla Legge 20 novembre 2015, n. 187, i soli fini della collaborazione volontaria di cui alla legge 15 dicembre 2014, n. 186, le disposizioni di cui al presente comma, nel testo vigente alla data del 30 dicembre 2014, continuano ad applicarsi fino al 31 dicembre 2016.*

(4) *Comma inserito dall'articolo 27, comma 1, lettera b), del D.L. 29 novembre 2008 n. 185 e successivamente abrogato dall'articolo 1, comma 637, lettera c), numero 1.2), della Legge 23 dicembre 2014, n. 190. Per l'applicazione del presente comma vedi il comma 638 del medesimo articolo 1. A norma dell'articolo 1, comma 2, lettera a), del D.L. 30 settembre 2015, n. 153, convertito, con modificazioni, dalla Legge 20 novembre 2015, n. 187, i soli fini della collaborazione volontaria di cui alla legge 15 dicembre 2014, n. 186, le disposizioni di cui al presente comma, nel testo vigente alla data del 30 dicembre 2014, continuano ad applicarsi fino al 31 dicembre 2016.*

(7) *Comma inserito dall'articolo 27, comma 1, lettera b), del D.L. 29 novembre 2008 n. 185 e successivamente abrogato dall'articolo 1, comma 637, lettera c), numero 1.2), della Legge 23 dicembre 2014, n. 190. Per l'applicazione del presente comma vedi il comma 638 del medesimo articolo 1. A norma dell'articolo 1, comma 2, lettera a), del D.L. 30 settembre 2015, n. 153, convertito, con modificazioni, dalla Legge 20 novembre 2015, n. 187, i soli fini della collaborazione volontaria di cui alla legge 15 dicembre 2014, n. 186, le disposizioni di cui al presente comma, nel testo vigente alla data del 30 dicembre 2014, continuano ad applicarsi fino al 31 dicembre 2016.*

(6) *Comma inserito dall'articolo 27, comma 1, lettera b), del D.L. 29 novembre 2008 n. 185 e successivamente abrogato dall'articolo 1, comma 637, lettera c), numero 1.2), della Legge 23 dicembre 2014, n. 190. Per l'applicazione del presente comma vedi il comma 638 del medesimo articolo 1. A norma dell'articolo 1, comma 2, lettera a), del D.L. 30 settembre 2015, n. 153, convertito, con modificazioni, dalla Legge 20 novembre 2015, n. 187, i soli fini della collaborazione volontaria di cui alla legge 15 dicembre 2014, n. 186, le disposizioni di cui al presente comma, nel testo vigente alla data del 30 dicembre 2014, continuano ad applicarsi fino al 31 dicembre 2016.*

(7) *Comma abrogato dall'articolo 27, comma 1, lettera c), del D.L. 29 novembre 2008 n. 185.*

(8) *Comma abrogato dall'articolo 27, comma 1, lettera c), del D.L. 29 novembre 2008 n. 185.*

(9) *Comma aggiunto dall'articolo 4-octies, comma 1, lettera a), del D.L. 30 aprile 2019, n. 34, convertito, con modificazioni, dalla Legge 28 giugno 2019, n. 58. Per l'applicazione delle presenti disposizioni vedi l'articolo 4-octies, comma 2 del D.L. 34/2019 medesimo, convertito, con modificazioni, dalla Legge 28 giugno 2019, n. 58.*

5 *bis*. Adesione ai verbali di constatazione. – [*1. Il contribuente può prestare adesione anche ai verbali di constatazione in materia di imposte sui redditi e di imposta sul valore aggiunto redatti ai sensi dell'articolo 24 della legge 7 gennaio 1929, n. 4, che consentano l'emissione di accertamenti parziali previsti dall'articolo 41-bis del decreto del Presidente della Repubblica 29 settembre 1973, n. 600, e dall'articolo 54, quarto comma, del decreto del Presidente della Repubblica 26 ottobre 1972, n. 633.*

2. L'adesione di cui al comma 1 può avere ad oggetto esclusivamente il contenuto integrale del verbale di constatazione e deve intervenire entro i 30 giorni successivi alla data della consegna del verbale medesimo mediante comunicazione al competente ufficio dell'Agenzia delle entrate ed all'organo che ha redatto il verbale. Entro i 60 giorni successivi alla comunicazione al competente Ufficio dell'Agenzia delle entrate, lo stesso notifica al contribuente l'atto di definizione dell'accertamento parziale recante le indicazioni previste dall'articolo 7.

3. In presenza dell'adesione di cui al comma 1 la misura delle sanzioni applicabili indicata nell'articolo 2, comma 5, è ridotta alla metà e le somme dovute risultanti dall'atto di definizione dell'accertamento parziale devono essere versate nei termini e con le modalità di cui all'articolo 8, senza prestazione delle garanzie ivi previste in caso di versamento rateale. Sull'importo delle rate successive alla prima sono dovuti gli interessi al saggio legale calcolati dal giorno successivo alla data di notifica dell'atto di definizione dell'accertamento parziale.

4. *In caso di mancato pagamento delle somme dovute di cui al comma 3 il competente ufficio dell'Agenzia delle entrate provvede all'iscrizione a ruolo a titolo definitivo delle predette somme a norma dell'articolo 14 del decreto del Presidente della Repubblica 29 settembre 1973, n. 602.*] (1)

(1) *Articolo inserito dall'articolo 83, comma 18, del D.L. 25 giugno 2008, n. 112, come modificato dalla legge 6 agosto 2008, n. 133, in sede di conversione e successivamente abrogato dall'articolo 1, comma 637, lettera c), numero 2), della Legge 23 dicembre 2014, n. 190. Per l'applicazione del presente articolo vedi quanto disposto dal comma 638 del medesimo articolo 1 Legge 190/2014.*

5 *ter*. Invito obbligatorio. – 1. L'ufficio, fuori dei casi in cui sia stata rilasciata copia del processo verbale di chiusura delle operazioni da parte degli organi di controllo, prima di emettere un avviso di accertamento, notifica l'invito a comparire di cui all'articolo 5 per l'avvio del procedimento di definizione dell'accertamento.

2. Sono esclusi dall'applicazione dell'invito obbligatorio di cui al comma 1 gli avvisi di accertamento parziale previsti dall'articolo 41-bis del decreto del Presidente della Repubblica 29 settembre 1973,

n. 600, e gli avvisi di rettifica parziale previsti dall'articolo 54, terzo e quarto comma, del decreto del Presidente della Repubblica 26 ottobre 1972, n. 633.

3. In caso di mancata adesione, l'avviso di accertamento è specificamente motivato in relazione ai chiarimenti forniti e ai documenti prodotti dal contribuente nel corso del contraddittorio.

4. In tutti i casi di particolare urgenza, specificamente motivata, o nelle ipotesi di fondato pericolo per la riscossione, l'ufficio può notificare direttamente l'avviso di accertamento non preceduto dall'invito di cui al comma 1.

5. Fuori dei casi di cui al comma 4, il mancato avvio del contraddittorio mediante l'invito di cui al comma 1 comporta l'invalidità dell'avviso di accertamento qualora, a seguito di impugnazione, il contribuente dimostri in concreto le ragioni che avrebbe potuto far valere se il contraddittorio fosse stato attivato.

6. Restano ferme le disposizioni che prevedono la partecipazione del contribuente prima dell'emissione di un avviso di accertamento (1).

(1) *Articolo inserito dall'articolo 4-octies, comma 1, lettera b), del D.L. 30 aprile 2019, n. 34, convertito, con modificazioni, dalla Legge 28 giugno 2019, n. 58.*

6. Istanza del contribuente. – 1. Il contribuente nei cui confronti sono stati effettuati accessi, ispezioni o verifiche ai sensi degli articoli 33 del decreto del Presidente della Repubblica 29 settembre 1973, n. 600, e 52 del decreto del Presidente della Repubblica 26 ottobre 1972, n. 633, può chiedere all'ufficio, con apposita istanza in carta libera, la formulazione della proposta di accertamento ai fini dell'eventuale definizione.

2. Il contribuente nei cui confronti sia stato notificato avviso di accertamento o di rettifica, non preceduto dall'invito

di cui agli articoli 5 e 5-ter, può formulare anteriormente all'impugnazione dell'atto innanzi la commissione tributaria provinciale, istanza in carta libera di accertamento con adesione, indicando il proprio recapito, anche telefonico (1).

3. Il termine per l'impugnazione indicata al comma 2 e quello per il pagamento dell'imposta sul valore aggiunto accertata, indicato nell'articolo 60, primo comma, del decreto del Presidente della Repubblica 26 ottobre 1972, n. 633, sono sospesi per un periodo di novanta giorni dalla data di presentazione dell'istanza del contribuente; l'iscrizione a titolo provvisorio nei ruoli delle imposte accertate dall'ufficio, ai sensi dell'articolo 15, primo comma, del decreto del Presidente della Repubblica 29 settembre 1973, n. 602, è effettuata, qualora ne ricorrano i presupposti, successivamente alla scadenza del termine di sospensione. L'impugnazione dell'atto comporta rinuncia all'istanza.

4. Entro quindici giorni dalla ricezione dell'istanza di cui al comma 2, l'ufficio, anche telefonicamente o telematicamente, formula al contribuente l'invito a comparire. Fino all'attivazione dell'ufficio delle entrate, la definizione ha effetto ai soli fini del tributo che ha formato oggetto di accertamento. All'atto del perfezionamento della definizione, l'avviso di cui al comma 2 perde efficacia.

(1) *Comma modificato dall'articolo 4-septies, comma 1, lettera c), del D.L. 30 aprile 2019, n. 34, convertito, con modificazioni, dalla Legge 28 giugno 2019, n. 58.*

7. Atto di accertamento con adesione. – 1. L'accertamento con adesione è redatto con atto scritto in duplice esemplare, sottoscritto dal contribuente e dal capo dell'ufficio o da un suo delegato. Nell'atto sono indicati, separatamente per ciascun tributo, gli elementi e la motivazione su cui la definizione si fonda, nonché la liquidazione delle maggiori imposte, delle sanzioni e delle altre somme eventualmente dovute, anche in forma rateale.

1-bis. Il contribuente può farsi rappresentare da un procuratore munito di procura speciale, nelle forme previste dall'articolo 63 del decreto del Presidente della Repubblica 29 settembre 1973, n. 600, e successive modificazioni [*, ovvero, quando la procura è rilasciata ad un funzionario di un centro di assistenza fiscale, essa deve essere autenticata dal responsabile del predetto centro*] (1)(A).

1-ter. Fatte salve le previsioni di cui all'articolo 9-bis del presente decreto, il contribuente ha facoltà di chiedere che siano computate in diminuzione dai maggiori imponibili le perdite di cui al quarto comma dell'articolo 42 del decreto del Presidente della Repubblica 29 settembre 1973, n. 600, non utilizzate, fino a concorrenza del loro importo (2)(3).

(A) *In riferimento al presente comma, vedi: Risoluzione del Ministero dell'Economia e delle Finanze 9 febbraio 2011, n. 13/E.*
(1) *Comma aggiunto dall'art. 10, l. 18 ottobre 2001, n. 383 e successivamente modificato dall'articolo 1, comma 280, della Legge 27 dicembre 2013, n. 147.*
(2) *Comma aggiunto dall'articolo 25, comma 2, del D.Lgs. 24 settembre 2015, n. 158, a decorrere dal 1° gennaio 2016, come indicato nel comma 5 del medesimo articolo.*
(3) *Per una proroga delle disposizioni di cui al presente articolo, vedi l'articolo 149, comma 1, lettera a), del D.L. 19 maggio 2020, n. 34, convertito, con modificazioni, dalla Legge 17 luglio 2020, n. 77.*

8. Adempimenti successivi (1). – 1. Il versamento delle somme dovute per effetto dell'accertamento con adesione è eseguito entro venti giorni dalla redazione dell'atto di cui all'articolo 7.

2. Le somme dovute possono essere versate anche ratealmente in un massimo di otto rate trimestrali di pari importo o in un massimo di sedici rate trimestrali se le somme dovute superano i cinquantamila euro. L'importo della prima rata è versato entro il termine indicato nel comma 1. Le rate successive alla prima devono essere versate entro l'ultimo giorno di ciascun trimestre. Sull'importo delle rate successive alla prima sono dovuti gli interessi calcolati dal giorno successivo al termine di versamento della prima rata.

3. Entro dieci giorni dal versamento dell'intero importo o di quello della prima rata il contribuente fa pervenire all'ufficio la quietanza dell'avvenuto pagamento. L'ufficio rilascia al contribuente copia dell'atto di accertamento con adesione.

4. Per le modalità di versamento delle somme dovute si applicano le disposizioni di cui all'articolo 15-bis. In caso di inadempimento nei pagamenti rateali si applicano le disposizioni di cui all'articolo 15-ter del decreto del Presidente della Repubblica 29 settembre 1973, n. 602.

(1) *Articolo modificato dall'articolo 1, comma 418, della legge 30 dicembre 2004, n. 311, dall'articolo 1, comma 125, della legge 24 dicembre 2007, n. 244, dall'articolo 3, comma 1, lettera b), del D.L. 25 marzo 2010, n. 40, dall'articolo 9, comma 5, del D.Lgs. 13 agosto 2010, n. 141, dall'articolo 2, comma 1-quater, del D.L. 5 agosto 2010, n. 125 e dall'articolo 23, comma 17, lettera a), del D.L. 6 luglio 2011, n. 98. Vedi l'articolo 52-bis del D.L. 31 maggio 2010, n. 78. Ancora modificato dall'articolo 23, comma 17, lettera b), del D.L. 6 luglio 2011, n. 98, dall'articolo 1, comma 418, della legge 30 dicembre 2004, n. 311, dall'articolo 23, comma 17, lettera c), del D.L. 6 luglio 2011, n. 98. Per la determinazione dei tassi d'interesse di cui al presente articolo vedi l'articolo 6, comma 2, lettera d), del D.M. 21 maggio 2009. Infine sostituito dall'articolo 2, comma 2, lettera a) del DLgs. 24 settembre 2015 n. 159. Per l'applicazione della presente disposizione vedi l'articolo 15, comma 3, del Dlgs 159/2015.*

9. Perfezionamento della definizione. – 1. La definizione si perfeziona con il versamento di cui all'articolo 8, comma 1, ovvero con il versamento della prima rata [*e con la prestazione della garanzia*], prevista dall'articolo 8, comma 2.

(1) *Comma modificato dall'articolo 23, comma 18, del D.L. 6 luglio 2011, n. 98.*

9 *bis*. Soggetti aderenti al consoiidato nazionale (1). – 1. Al procedimento di accertamento con adesione avente ad oggetto le rettifiche previste dal comma 2 dell'articolo 40-bis del decreto del Presidente della Repubblica 29 settembre 1973, n. 600, partecipano sia la consolidante che la consolidata interessata dalle rettifiche, innanzi all'ufficio competente di cui al primo comma dell'articolo 40-bis stesso, e l'atto di adesione, sottoscritto anche da una sola di esse, si perfeziona qualora gli adempimenti di cui all'articolo 9 del presente decreto siano posti in essere anche da parte di uno solo dei predetti soggetti.

2. La consolidante ha facoltà di chiedere che siano computate in diminuzione dei maggiori imponibili le perdite di periodo del consolidato non utilizzate, fino a concorrenza del loro importo.

Nell'ipotesi di adesione all'invito, ai sensi dell'articolo 5, comma 1-bis, del presente decreto, alla comunicazione ivi prevista deve essere allegata l'istanza prevista dal comma 3 dell'articolo 40-bis del decreto del Presidente della Repubblica 29 settembre 1973, n. 600; in tal caso, il versamento delle somme dovute dovrà essere effettuato entro il quindicesimo giorno successivo all'accoglimento dell'istanza da parte dell'ufficio competente, comunicato alla consolidata ed alla consolidante, entro sessanta giorni dalla presentazione dell'istanza. L'istanza per lo scomputo delle perdite di cui al comma 3 dell'articolo 40-bis citato deve essere presentata unitamente alla comunicazione di adesione di cui all'articolo 5-bis del presente decreto; l'ufficio competente emette l'atto di definizione scomputando le stesse dal maggior reddito imponibile.

(1) Articolo inserito dall'articolo 35, comma 2, del D.L. 31 maggio 2010, n. 78. Vedi il comma 4 dello stesso articolo.

CAPO III
Procedimento per la definizione di altre imposte indirette

10. Competenza degli uffici. – 1. Competente alla definizione è l'ufficio delle entrate.

2. Fino all'entrata in funzione dell'ufficio indicato nel comma 1, è competente l'ufficio del registro.

11. Avvio del procedimento. – 1. L'ufficio invia ai soggetti obbligati un invito a comparire, nel quale sono indicati:

a) gli elementi identificativi dell'atto, della denuncia o della dichiarazione cui si riferisce l'accertamento suscettibile di adesione;

b) il giorno e il luogo della comparizione per definire l'accertamento con adesione.

b-bis) le maggiori imposte, sanzioni e interessi dovuti [*in caso di definizione agevolata di cui al comma 1-bis*] (1);

b-ter) i motivi che hanno dato luogo alla determinazione delle maggiori imposte di cui alla lettera b-bis)(2).

[*1-bis. Il contribuente può prestare adesione ai contenuti dell'invito di cui al comma 1. Per le modalità di definizione dell'invito, compresa l'assenza della prestazione delle garanzie previste dall'articolo 8, per la misura degli interessi e per le modalità di computo degli stessi in caso di versamento rateale, nonché per i poteri del competente ufficio dell'Agenzia delle entrate in caso di mancato pagamento delle somme dovute per la definizione, si applicano le disposizioni di cui all'articolo 5, commi 1-bis, 1-ter e 1-quater. In presenza dell'adesione all'invito di cui al comma 1 del presente articolo, la misura delle sanzioni indicata nell'articolo 3, comma 3, applicabile per ciascun tributo di cui all'articolo 1, comma 2, è ridotta alla metà.*] (3)

(1) Lettera aggiunta dall'articolo 27, comma 1-bis, lettera a), del D.L. 29 novembre 2008 n. 185 e successivamente modificata dall'articolo 1, comma 637, lettera c), numero 3.1), della Legge 23 dicembre 2014, n. 190.
(2) Lettera aggiunta dall'articolo 27, comma 1-bis, lettera a), del D.L. 29 novembre 2008 n. 185.
(3) Comma inserito dall'articolo 27, comma 1-bis, lettera b), del D.L. 29 novembre 2008 n. 185 e successivamente abrogato dall'articolo 1, comma 637, lettera c), numero 3.2), della Legge 23 dicembre 2014, n. 190. Per l'applicazione del presente comma vedi il comma 638 del medesimo articolo 1

12. Istanza del contribuente. – 1. Nel caso in cui sia stato notificato avviso di accertamento, non preceduto dall'invito di cui all'articolo 11, il contribuente, anteriormente all'impugnazione dell'atto innanzi la commissione tributaria provinciale, può formulare in carta libera istanza di accertamento con adesione, indicando il proprio recapito, anche telefonico.

2. La presentazione dell'istanza, anche da parte di un solo obbligato, comporta la sospensione, per tutti i coobbligati, dei termini per l'impugnazione indicata al comma 1 e di quelli per la riscossione delle imposte in pendenza di giudizio, per un periodo di novanta giorni. L'impugnazione dell'atto da parte del soggetto che abbia richiesto l'accertamento con adesione comporta rinuncia all'istanza.

3. Entro quindici giorni dalla ricezione dell'istanza, l'ufficio, anche telefonicamente o telematicamente, formula al contribuente l'invito a comparire.

4. All'atto del perfezionamento della definizione, l'avviso di cui al comma 1 perde efficacia.

13. Atto di accertamento con adesione, adempimenti successivi e definizione. – 1. La definizione si perfeziona secondo quanto previsto dagli articoli 7, 8 e 9. Il versamento delle somme dovute per effetto dell'adesione è effettuato presso l'ufficio del registro.

CAPO IV
Conciliazione giudiziale

14. Disposizioni in materia di conciliazione giudiziale. – 1. L'art. 48 del decreto legislativo 31 dicembre 1992, n. 546, come sostituito dall'art. 12 del decreto-legge 8 agosto 1996, n. 437, convertito, con modificazioni, dalla legge 24 ottobre 1996, n. 556, è sostituito dal seguente:

"Art. 48 (Conciliazione giudiziale). - 1. Ciascuna delle parti con l'istanza prevista dall'art. 33, può proporre all'altra parte la conciliazione totale o parziale della controversia.

2. La conciliazione può aver luogo solo davanti alla commissione provinciale e non oltre la prima udienza, nella quale il tentativo di conciliazione può essere esperito d'ufficio anche dalla commissione.

3. Se la conciliazione ha luogo, viene redatto apposito processo verbale nel quale sono indicate le somme dovute a titolo d'imposta, di sanzioni e di interessi. Il processo verbale costituisce titolo per la riscossione delle somme dovute mediante versamento diretto in un'unica soluzione ovvero in forma rateale, in un massimo di otto rate trimestrali di pari importo, ovvero in un massimo di dodici rate trimestrali se le somme dovute superano i cento milioni di lire, previa prestazione di idonea garanzia secondo le modalità di cui all'art. 38- bis del decreto del Presidente della Repubblica 26 ottobre 1972, n. 633. La conciliazione si perfeziona con il versamento, entro il termine di venti giorni dalla data di redazione del processo verbale, dell'intero importo dovuto ovvero della prima rata e con la prestazione della predetta garanzia sull'importo delle rate successive, comprensivo degli interessi al saggio legale calcolati con riferimento alla stessa data, e per il periodo di rateazione di detto importo aumentato di un anno. Per le modalità di versamento si applica l'art. 5 del decreto del Presidente della Repubblica 28 settembre 1994, n. 592. Le predette modalità possono essere modificate con decreto del Ministro delle finanze, di concerto con il Ministro del tesoro.

4. Qualora una delle parti abbia proposto la conciliazione e la stessa non abbia luogo nel corso della prima udienza, la commissione può assegnare un termine non superiore a sessanta giorni, per la formazione di una proposta ai sensi del comma 5.

5. L'ufficio può, sino alla data di trattazione in camera di

consiglio, ovvero fino alla discussione in pubblica udienza, depositare una proposta di conciliazione alla quale l'altra parte abbia previamente aderito. Se l'istanza è presentata prima della fissazione della data di trattazione, il presidente della commissione, se ravvisa la sussistenza dei presupposti e delle condizioni di ammissibilità, dichiara con decreto l'estinzione del giudizio. La proposta di conciliazione ed il decreto tengono luogo del processo verbale di cui al comma 3. Il decreto è comunicato alle parti ed il versamento dell'intero importo o della prima rata deve essere effettuato entro venti giorni dalla data della comunicazione. Nell'ipotesi in cui la conciliazione non sia ritenuta ammissibile il presidente della commissione fissa la trattazione della controversia. Il provvedimento del presidente è depositato in segreteria entro dieci giorni dalla data di presentazione della proposta.

6. In caso di avvenuta conciliazione le sanzioni amministrative si applicano nella misura di un terzo delle somme irrogate.".

2. All'art. 37 del decreto legislativo 31 dicembre 1992, n. 545, concernente l'attività di indirizzo agli uffici periferici, dopo il comma 4, è aggiunto, in fine, il seguente:

"4- bis. Il dirigente dell'ufficio del Ministero delle finanze di cui all'art. 11, comma 2, del decreto legislativo 31 dicembre 1992, n. 546, riguardante la capacità di stare in giudizio, stabilisce le condizioni necessarie per la formulazione o l'accettazione della proposta di conciliazione di cui all'art. 48 del citato decreto legislativo n. 546 del 1992.".

TITOLO II
Disposizioni finali

15. Sanzioni applicabili nel caso di omessa impugnazione. – 1. Le sanzioni irrogate per le violazioni indicate nell'articolo 2, comma 5, del presente decreto, negli articoli 71 e 72 del testo unico delle disposizioni concernenti l'imposta di registro, approvato con decreto del Presidente della Repubblica 26 aprile 1986, n. 131, e negli articoli 50 e 51 del testo unico delle disposizioni concernenti l'imposta sulle successioni e donazioni, approvato con decreto del Presidente della Repubblica 31 ottobre 1990, n. 346, sono ridotte a un terzo se il contribuente rinuncia ad impugnare l'avviso di accertamento o di liquidazione e a formulare istanza di accertamento con adesione, provvedendo a pagare, entro il termine per la proposizione del ricorso, le somme complessivamente dovute, tenuto conto della predetta riduzione. In ogni caso la misura delle sanzioni non può essere inferiore ad un terzo dei minimi edittali previsti per le violazioni più gravi relative a ciascun tributo [(1)].

2. Si applicano le disposizioni degli articoli 2, commi 3, 4 e 5, ultimo periodo, e 8, commi 2, 3 e 4. [(2)].

[*2-bis. Fermo restando quanto previsto dal comma 1, le sanzioni ivi indicate sono ridotte alla metà se l'avviso di accertamento e di liquidazione non è stato preceduto dall'invito di cui all'articolo 5 o di cui all'articolo 11. La disposizione di cui al periodo precedente non si applica nei casi in cui il contribuente non abbia prestato adesione ai sensi dell'articolo 5-bis e con riferimento alle maggiori imposte e alle altre somme relative alle violazioni indicate nei processi verbali che consentono l'emissione degli accertamenti di cui all'articolo 41-bis del decreto del Presidente della Repubblica 29 settembre 1973, n. 600, e successive modificazioni, e all'articolo 54, quarto comma, del decreto del Presidente della Repubblica 26 ottobre 1972, n. 633, e successive modificazioni* [(3)(4)].] [(5)]

2-bis.1 Le disposizioni di cui ai commi 1 e 2 si applicano anche nei casi in cui il contribuente rinunci a impugnare l'avviso di liquidazione emesso a seguito della decadenza dalle agevolazioni indicate nella Nota II bis) dell'articolo 1, della Parte I, della Tariffa I allegata al decreto del Presidente della Repubblica 26 aprile 1986, n. 131, e nell'articolo 2, comma 4-bis, del decreto-legge 30 dicembre 2009, n. 194, convertito, con modificazioni, dalla legge 26 febbraio 2010, n. 25 [(6)(7)].

(1) Comma modificato dall'art. 3, d.lg. 5 giugno 1998, n. 203, dall'articolo 1, comma 18 della legge 13 dicembre 2010, n. 220, a decorrere dal 1° febbraio 2011 e ancora modificato dall'articolo 2, comma 3, lettera a) del DLgs. 24 settembre 2015 n. 159. Per l'applicazione della presente disposizione vedi l'articolo 15, comma 3, del Dlgs 159/2015.

(2) Comma sostituito dall'art. 21, comma 22, l. 27 dicembre 1997, n. 449, successivamente modificato dall'articolo 1, comma 418, della legge 30 dicembre 2004, n. 311 e di nuovo sostituito dall'articolo 2, comma 3, lettera b) del DLgs. 24 settembre 2015 n. 159. Per l'applicazione della presente disposizione vedi l'articolo 15, comma 3, del Dlgs 159/2015.

(3) Comma inserito dall'articolo 27, comma 4-ter, del D.L. 29 novembre 2008 n. 185.

(4) Per la determinazione dei tassi d'interesse di cui al presente articolo vedi l'articolo 6, comma 2, lettera a), del D.M. 21 maggio 2009.

(5) Comma abrogato dall'articolo 1, comma 637, lettera c), numero 4), della Legge 23 dicembre 2014, n. 190. A norma dell'articolo 1, comma 639, della predetta Legge 23 dicembre 2014, n. 190, l'abrogazione delle disposizioni di cui al presente comma, opera con riferimento agli atti definibili notificati dagli uffici dell'Agenzia delle entrate a decorrere dal 1° gennaio 2016.

(6) Comma aggiunto dall'articolo 2, comma 3, lettera c) del DLgs. 24 settembre 2015 n. 159. Per l'applicazione della presente disposizione vedi l'articolo 15, comma 3, del Dlgs 159/2015.

(7) Per una proroga delle disposizioni di cui al presente articolo, vedi l'articolo 149, comma 3, del D.L. 19 maggio 2020, n. 34, convertito, con modificazioni, dalla Legge 17 luglio 2020, n. 77.

(A) In riferimento al presente articolo vedi: Circolare Agenzia delle Entrate 02 agosto 2013, n. 27/E.

15 *bis*. Modalità di pagamento [(1)]. – 1. Il pagamento delle somme dovute ai sensi degli articoli 8 e 15 si esegue mediante versamento unitario di cui all'articolo 17 del decreto legislativo 9 luglio 1997, n. 241, secondo le modalità stabilite dall'articolo 19 del medesimo decreto, fatte salve le ipotesi in cui siano previste altre modalità di pagamento in ragione della tipologia di tributo.

2. Con decreto del Ministro dell'economia e delle finanze possono essere stabilite ulteriori modalità di versamento.

(1) Articolo inserito dall'articolo 2, comma 4, del DLgs. 24 settembre 2015 n. 159

16. Controlli sulla base della copia delle dichiarazioni. – 1. Qualora successivamente all' accertamento le dichiarazioni presentate ai fini delle imposte sui redditi e dell'imposta sul valore aggiunto risultino difformi dalle copie acquisite nel corso dell'attività di controllo ovvero ne risulti omessa la presentazione, gli uffici procedono all'accertamento e alla liquidazione delle imposte dovute e possono integrare, modificare o revocare gli atti già notificati, nonché irrogare o revocare le relative sanzioni. La conservazione della copia delle dichiarazioni è obbligatoria per i soggetti che devono tenere le scritture contabili, nonché per i soci o associati di società o associazioni di cui all'articolo 5 del testo unico delle imposte sui redditi, approvato con decreto del Presidente della Repubblica 22 dicembre 1986, n. 917, o per il coniuge dell'azienda coniugale non gestita in forma societaria.

17. Abrogazioni e delegificazione. – 1. Sono abrogati:

a) i commi 2 e 3 dell'articolo 5 del decreto-legge 27 aprile 1990, n. 90, convertito, con modificazioni, dalla legge 27 giugno 1990, n. 165, riguardanti la definizione delle pendenze tributarie;

b) gli articoli 2-bis e 2-ter del decreto-legge 30 settembre 1994, n. 564, convertito, con modificazioni, dalla legge 30 novembre 1994, n. 656, riguardanti l'accertamento con adesione;

c) il quarto comma dell'articolo 54 del decreto del Presidente della Repubblica 29 settembre 1973, n. 600, riguardante l'applicazione in misura ridotta delle sanzioni in caso di rinuncia all'impugnazione dell'accertamento.

2. Con effetto dalla data di entrata in vigore del presente decreto legislativo sono abrogate tutte le altre disposizioni con esso incompatibili.

3. Le disposizioni dei capi II e III del titolo I possono essere integrate o modificate con regolamento da emanare ai sensi dell'articolo 17, comma 2, della legge 23 agosto 1988, n. 400.

2. D.Lgs. 18 dicembre 1997, n. 471

Riforma delle sanzioni tributarie non penali in materia di imposte dirette, di imposta sul valore aggiunto e di riscossione del tributi, a norma dell'articolo 3, comma 133, lettera q), della legge 23 dicembre 1996, n. 662[1]

[1] *Pubblicato in Suppl. ordinario alla Gazz. Uff., 8 gennaio, n. 5*

TITOLO I
Sanzioni in materia di imposte dirette e di imposta sul valore aggiunto

CAPO I
Sanzioni in materia di imposte dirette

1. Violazioni relative alla dichiarazione delle imposte sui redditi e dell'imposta regionale sulle attività produttive [1]. – 1.Nei casi di omessa presentazione della dichiarazione ai fini delle imposte sui redditi e dell'imposta regionale sulle attività produttive, si applica la sanzione amministrativa dal centoventi al duecentoquaranta per cento dell'ammontare delle imposte dovute, con un minimo di euro 250. Se non sono dovute imposte, si applica la sanzione da euro 250 a euro 1.000. Se la dichiarazione omessa è presentata dal contribuente entro il termine di presentazione della dichiarazione relativa al periodo d'imposta successivo e, comunque, prima dell'inizio di qualunque attività amministrativa di accertamento di cui abbia avuto formale conoscenza, si applica la sanzione amministrativa dal sessanta al centoventi per cento dell'ammontare delle imposte dovute, con un minimo di euro 200. Se non sono dovute imposte, si applica la sanzione da euro 150 a euro 500. Le sanzioni applicabili quando non sono dovute imposte possono essere aumentate fino al doppio nei confronti dei soggetti obbligati alla tenuta di scritture contabili.

2. Se nella dichiarazione è indicato, ai fini delle singole imposte, un reddito o un valore della produzione imponibile inferiore a quello accertato, o, comunque, un'imposta inferiore a quella dovuta o un credito superiore a quello spettante, si applica la sanzione amministrativa dal novanta al centottanta per cento della maggior imposta dovuta o della differenza del credito utilizzato. La stessa sanzione si applica se nella dichiarazione sono esposte indebite detrazioni d'imposta ovvero indebite deduzioni dall'imponibile, anche se esse sono state attribuite in sede di ritenuta alla fonte.

3. La sanzione di cui al comma precedente è aumentata della metà quando la violazione è realizzata mediante l'utilizzo di documentazione falsa o per operazioni inesistenti, mediante artifici o raggiri, condotte simulatorie o fraudolente.

4. Fuori dai casi di cui al comma 3, la sanzione di cui al comma 2 è ridotta di un terzo quando la maggiore imposta o il minore credito accertati sono complessivamente inferiori al tre per cento dell'imposta e del credito dichiarati e comunque complessivamente inferiori a euro 30.000. La medesima riduzione si applica quando, fuori dai casi di cui al comma 3, l'infedeltà è conseguenza di un errore sull'imputazione temporale di elementi positivi o negativi di reddito, purché il componente positivo abbia già concorso alla determinazione del reddito nell'annualità in cui interviene l'attività di accertamento o in una precedente. Se non vi è alcun danno per l'Erario, la sanzione è pari a euro 250.

5. Per maggiore imposta si intende la differenza tra l'ammontare del tributo liquidato in base all'accertamento e quello liquidabile in base alle dichiarazioni ai sensi degli articoli 36-bis e 36-ter del decreto del Presidente della Repubblica 29 settembre 1973, n. 600.

6. In caso di rettifica del valore normale dei prezzi di trasferimento praticati nell'ambito delle operazioni di cui all'articolo 110, comma 7, del decreto del Presidente della Repubblica 22 dicembre 1986, n. 917, da cui derivi una maggiore imposta o una differenza del credito, la sanzione di cui al comma 2 non si applica qualora, nel corso dell'accesso, ispezione o verifica o di altra attività istruttoria, il contribuente consegni all'Amministrazione finanziaria la documentazione indicata in apposito provvedimento del Direttore dell'Agenzia delle Entrate idonea a consentire il riscontro della conformità al valore normale dei prezzi di trasferimento praticati. Il contribuente che detiene la documentazione prevista dal provvedimento di cui al periodo precedente deve darne apposita comunicazione all'Amministrazione finanziaria secondo le modalità e i termini ivi indicati; in assenza di detta comunicazione si rende applicabile la sanzione di cui al comma 2.

7. Nelle ipotesi di cui all'articolo 3 del decreto legislativo 14 marzo 2011, n. 23, se nella dichiarazione dei redditi il canone derivante dalla locazione di immobili ad uso abitativo non è indicato o è indicato in misura inferiore a quella effettiva, si applicano in misura raddoppiata, rispettivamente, le sanzioni amministrative previste dai precedenti commi 1 e 2.

8. Se le violazioni previste nei commi 1 e 2 riguardano redditi prodotti all'estero, le sanzioni sono aumentate di un terzo con riferimento alle imposte o alle maggiori imposte relative a tali redditi.

(1) Articolo modificato dall'articolo 1, comma 25, della legge 27 dicembre 2006, n. 296, dall'articolo 26, comma 1, del D.L. 31 maggio 2010, n. 78, dall'articolo 23, comma 28, lettera e), del D.L. 6 luglio 2011, n. 98, dall'articolo 1, commi 283, 283 e 284, della Legge 27 dicembre 2013, n. 147 e, da ultimo, sostituito dall'articolo 15, comma 1, lettera a), del D.Lgs. 24 settembre 2015, n. 158, con la decorrenza indicata nell'articolo 32, comma 1, del medesimo D.Lgs. n. 158 del 2015, come modificato dall'articolo 1, comma 133, della Legge 28 dicembre 2015, n. 208.

2. Violazioni relative alla dichiarazione dei sostituti d'imposta. – 1. Nel caso di omessa presentazione della dichiarazione del sostituto d'imposta, si applica la sanzione amministrativa dal centoventi al duecentoquaranta per cento dell'ammontare delle ritenute non versate, con un minimo di euro 250. Se la dichiarazione omessa è presentata dal sostituto entro il termine di presentazione della dichiarazione relativa al periodo d'imposta successivo e, comunque, prima dell'inizio di qualunque attività amministrativa di accertamento di cui abbia avuto formale conoscenza, si applica la sanzione amministrativa dal sessanta al centoventi per cento dell'ammontare delle ritenute non versate, con un minimo di euro 200 (1).

2. Se l'ammontare dei compensi, interessi ed altre somme dichiarati è inferiore a quello accertato, si applica la sanzione amministrativa dal novanta al centoottanta per cento dell'importo delle ritenute non versate riferibili alla differenza, con un minimo di euro 250 (2).

2-bis. La sanzione di cui al comma 2 è aumentata della metà quando la violazione è realizzata mediante l'utilizzo di documentazione falsa, mediante artifici o raggiri, condotte simulatorie o fraudolente (3).

2-ter. Fuori dai casi di cui al comma 2-bis, la sanzione di cui al comma 2 è ridotta di un terzo quando l'ammontare delle ritenute non versate riferibili alla differenza tra l'ammontare dei compensi, interessi ed altre somme accertati e dichiarati è inferiore al tre per cento delle ritenute riferibili all'ammontare dei compensi, interessi ed altre somme dichiarati e comunque inferiore a euro 30.000 (4).

3. Se le ritenute relative ai compensi, interessi ed altre somme, benché non dichiarate, sono state versate interamente, si applica la sanzione amministrativa da euro 250 a euro 2.000. Se la dichiarazione omessa è stata presentata entro il termine di presentazione della dichiarazione relativa al periodo d'imposta successivo, si applica la sanzione da euro 150 a euro 500 e la sanzione del comma 4 è ridotta del cinquanta per cento (5).

4. In aggiunta alle sanzioni previste nei commi 1, 2 e 3 si applica la sanzione amministrativa di euro 50 per ogni percepiente non indicato nella dichiarazione presentata o che avrebbe dovuto essere presentata (6).

4-bis. Per ritenute non versate si intende la differenza tra l'ammontare delle maggiori ritenute accertate e quelle liquidabili in base alle dichiarazioni ai sensi degli articoli 36-bis e 36-ter del decreto del Presidente della Repubblica 29 settembre 1973, n. 600 (7).

4-ter. In caso di rettifica del valore normale dei prezzi di trasferimento praticati nell'ambito delle operazioni di cui all'articolo 110, comma 7, del decreto del Presidente della Repubblica 22 dicembre 1986, n. 917, da cui derivi la non corretta applicazione delle aliquote convenzionali sul valore delle royalties e degli interessi attivi che eccede il valore normale previste per l'esercizio della ritenuta di cui all'articolo 25, quarto comma, del decreto del Presidente della Repubblica 29 settembre 1973, n. 600, la sanzione di cui al comma 2 non si applica qualora, nel corso dell'accesso, ispezione o verifica o di altra attività istruttoria, il contribuente consegni all'Amministrazione finanziaria la documentazione indicata in apposito provvedimento del Direttore dell'Agenzia delle entrate idonea a consentire il riscontro della conformità al valore normale dei prezzi di trasferimento praticati. Il contribuente che detiene la documentazione prevista dal provvedimento di cui al periodo precedente deve darne apposita comunicazione all'Amministrazione finanziaria secondo le modalità e i termini ivi indicati; in assenza di detta comunicazione si rende applicabile la sanzione di cui al comma 2 (8).

(1) Comma modificato dall'articolo 15, comma 1, lettera b), numero 1) del D.Lgs. 24 settembre 2015, n. 158, con la decorrenza indicata nell'articolo 32, comma 1, del medesimo D.Lgs. n. 158 del 2015, come modificato dall'articolo 1, comma 133, della Legge 28 dicembre 2015, n. 208.
(2) Comma modificato dall'articolo 15, comma 1, lettera b), numero 2), del D.Lgs. 24 settembre 2015, n. 158, con la decorrenza indicata nell'articolo 32, comma 1, del medesimo D.Lgs. n. 158 del 2015, come modificato dall'articolo 1, comma 133, della Legge 28 dicembre 2015, n. 208.
(3) Comma inserito dall'articolo 15, comma 1, lettera b), numero 3), del D.Lgs. 24 settembre 2015, n. 158, con la decorrenza indicata nell'articolo 32, comma 1, del medesimo D.Lgs. n. 158 del 2015, come modificato dall'articolo 1, comma 133, della Legge 28 dicembre 2015, n. 208.
(4) A norma dell'articolo 15, comma 1, lettera b), numero 3), del D.Lgs. 24 settembre 2015, n. 158, con la decorrenza indicata nell'articolo 32, comma 1, del medesimo D.Lgs. n. 158 del 2015, come modificato dall'articolo 1, comma 133, della Legge 28 dicembre 2015, n. 208.
(5) Comma modificato dall'articolo 15, comma 1, lettera b), numero 4), del D.Lgs. 24 settembre 2015, n. 158, con la decorrenza indicata nell'articolo 32, comma 1, del medesimo D.Lgs. n. 158 del 2015, come modificato dall'articolo 1, comma 133, della Legge 28 dicembre 2015, n. 208.
(6) Comma modificato dall'articolo 15, comma 1, lettera b), numero 5), del D.Lgs. 24 settembre 2015, n. 158, con la decorrenza indicata nell'articolo 32, comma 1, del medesimo D.Lgs. n. 158 del 2015, come modificato dall'articolo 1, comma 133, della Legge 28 dicembre 2015, n. 208.
(7) Comma inserito dall'articolo 15, comma 1, lettera b), numero 6), del D.Lgs. 24 settembre 2015, n. 158, come modificato dall'articolo 1, comma 133, della Legge 28 dicembre 2015, n. 208.
(8) Comma inserito dall'articolo 15, comma 1, lettera b), numero 6), del D.Lgs. 24 settembre 2015, n. 158, come modificato dall'articolo 1, comma 133, della Legge 28 dicembre 2015, n. 208.

3. Omessa denuncia delle variazioni dei redditi fondiari. – 1. In caso di omessa denuncia, nel termine previsto per legge, delle situazioni che danno luogo a variazioni in aumento del reddito dominicale e del reddito agrario dei terreni, si applica la sanzione amministrativa da euro 250 a euro 2.000 (1).

(1) Comma modificato dall'articolo 15, comma 1, lettera c), del D.Lgs. 24 settembre 2015, n. 158, con la decorrenza indicata nell'articolo 32, comma 1, del medesimo D.Lgs. n. 158 del 2015, come modificato dall'articolo 1, comma 133, della Legge 28 dicembre 2015, n. 208.

4. Disposizione transitoria. – [*1. Le dichiarazioni incomplete, previste dall'articolo 46, secondo e terzo comma, del decreto del Presidente della Repubblica 29 settembre 1973, n. 600, recante disposizioni comuni in materia di accertamento delle imposte sui redditi, si considerano comprese tra le dichiarazioni infedeli previste dall'articolo 1, comma 2, del presente decreto.*] (1)

(1) Comma abrogato dall'articolo 15, comma 1, lettera d), del D.Lgs. 24 settembre 2015, n. 158, con la decorrenza indicata nell'articolo 32,

comma 1, del medesimo D.Lgs. n. 158 del 2015, come modificato dall'articolo 1, comma 133, della Legge 28 dicembre 2015, n. 208.

CAPO II
Sanzioni in materia di imposta sul valore aggiunto

5. Violazioni relative alla dichiarazione dell'imposta sul valore aggiunto e ai rimborsi [(1)]. – 1. Nel caso di omessa presentazione della dichiarazione annuale dell'imposta sul valore aggiunto si applica la sanzione amministrativa dal centoventi al duecentoquaranta per cento dell'ammontare del tributo dovuto per il periodo d'imposta o per le operazioni che avrebbero dovuto formare oggetto di dichiarazione. Per determinare l'imposta dovuta sono computati in detrazione tutti i versamenti effettuati relativi al periodo, il credito dell'anno precedente del quale non è stato chiesto il rimborso, nonché le imposte detraibili risultanti dalle liquidazioni regolarmente eseguite. Nel caso di omessa [*o tardiva*] presentazione della dichiarazione cui sono tenuti i soggetti che applicano i regimi speciali di cui agli articoli 70.1 e da 74-quinquies a 74-septies del decreto del Presidente della Repubblica 26 ottobre 1972, n. 633, la sanzione di cui al primo periodo è commisurata all'ammontare dell'imposta dovuta nel territorio dello Stato che avrebbe dovuto formare oggetto di dichiarazione. La sanzione non può essere comunque inferiore a euro 258. Se la dichiarazione omessa è presentata entro il termine di presentazione della dichiarazione relativa al periodo d'imposta successivo e, comunque, prima dell'inizio di qualunque attività amministrativa di accertamento di cui il soggetto passivo abbia avuto formale conoscenza, si applica la sanzione amministrativa dal sessanta al centoventi per cento dell'ammontare del tributo dovuto per il periodo d'imposta o per le operazioni che avrebbero dovuto formare oggetto di dichiarazione, con un minimo di euro 200. Nel caso di presentazione della dichiarazione cui sono tenuti i soggetti che applicano i regimi speciali di cui agli articoli 70.1 e da 74-quinquies a 74-septies del decreto del Presidente della Repubblica 26 ottobre 1972, n. 633, entro tre anni dalla data in cui doveva essere presentata, si applica la sanzione dal sessanta al centoventi per cento dell'ammontare dell'imposta dovuta nel territorio dello Stato per il periodo oggetto di dichiarazione, con un minimo di euro 200. Se la dichiarazione di cui al periodo precedente è presentata entro il termine di presentazione della dichiarazione relativa al periodo successivo si applica la sanzione dal trenta al sessanta per cento dell'ammontare dell'imposta dovuta nel territorio dello Stato per il periodo oggetto di dichiarazione, con un minimo di euro 100 [(2)].

2. Se l'omissione riguarda la dichiarazione mensile relativa agli acquisti intracomunitari, prescritta dall'articolo 49, comma 1, del decreto-legge 30 agosto 1993, n. 331, convertito, con modificazioni, dalla legge 29 ottobre 1993, n. 427, la sanzione è riferita all'ammontare dell'imposta dovuta per le operazioni che ne avrebbero dovuto formare oggetto. In caso di presentazione della dichiarazione con indicazione dell'ammontare delle operazioni in misura inferiore al vero, la sanzione è commisurata all'ammontare della maggior imposta dovuta.

3. Se il soggetto effettua esclusivamente operazioni per le quali non è dovuta l'imposta, l'omessa presentazione della dichiarazione è punita con la sanzione amministrativa da euro 250 a euro 2.000. La stessa sanzione si applica anche se è omessa la dichiarazione [*periodica o quella*] prescritta dall'articolo 50, comma 4, del decreto-legge 30 agosto 1993, n. 331, convertito, con modificazioni, dalla legge 29 ottobre 1993, n. 427, nel caso di effettuazione di acquisti intracomunitari soggetti ad imposta ed in ogni altro caso nel quale non vi è debito d'imposta. Se la dichiarazione omessa è presentata entro il termine di presentazione della dichiarazione relativa al periodo d'imposta successivo e, comunque, prima dell'inizio di qualunque attività amministrativa di accertamento di cui il soggetto passivo abbia avuto formale conoscenza, si applica la sanzione amministrativa da euro 150 a euro 1.000 [(3)].

4. Se dalla dichiarazione presentata risulta un'imposta inferiore a quella dovuta ovvero un'eccedenza detraibile o rimborsabile superiore a quella spettante, si applica la sanzione amministrativa dal novanta al centoottanta per cento della maggior imposta dovuta o della differenza di credito utilizzato [(4)].

4-bis. La sanzione di cui al comma 4 è aumentata della metà quando la violazione è realizzata mediante l'utilizzo di fatture o altra documentazione falsa o per operazioni inesistenti, mediante artifici o raggiri, condotte simulatorie o fraudolente [(5)].

4-ter. Fuori dai casi di cui al comma 4-bis, la sanzione di cui al comma 4 è ridotta di un terzo quando la maggiore imposta ovvero la minore eccedenza detraibile o rimborsabile accertata è complessivamente inferiore al tre per cento dell'imposta, dell'eccedenza detraibile o rimborsabile dichiarata e, comunque, complessivamente inferiore a euro 30.000 [(6)].

4-quater. Per imposta dovuta si intende la differenza tra l'ammontare del tributo liquidato in base all'accertamento e quello liquidabile in base alle dichiarazioni, ai sensi dell'articolo 54-bis del decreto del Presidente della Repubblica 26 ottobre 1972, n. 633 [(7)].

5. Chi chiede a rimborso l'eccedenza detraibile risultante dalla dichiarazione in assenza dei presupposti individuati dall'articolo 30 del decreto del Presidente della Repubblica 26 ottobre 1972, n. 633, è punito con la sanzione amministrativa pari al trenta per cento del credito rimborsato [(8)].

6. Chiunque, essendovi obbligato, non presenta una delle dichiarazioni di inizio o variazione di attività, previste dagli articoli 35 e 35-ter del decreto del Presidente della Repubblica 26 ottobre 1972, n. 633, o la presenta con indicazioni incomplete o inesatte tali da non consentire l'individuazione del contribuente o dei luoghi ove è esercitata l'attività o in cui sono conservati libri, registri, scritture e documenti è punito con sanzione da euro 500 a euro 2.000. È punito con la medesima sanzione chi presenta la richiesta di registrazione o le comunicazioni di cui agli articoli 74-quinquies, commi 1 e 4, e 74-sexies.1, commi 4 e 7, del decreto del Presidente della Repubblica 26 ottobre 1972, n. 633, con indicazioni incomplete o inesatte, anche relativamente all'indirizzo di posta elettronica e all'URL del sito web, tali da non consentire l'individuazione del contribuente o dei luoghi ove è esercitata l'attività. La sanzione è ridotta ad un quinto del minimo se l'obbligato provvede alla regolarizzazione della dichiarazione presentata nel termine di trenta giorni dall'invito dell'ufficio [(9)].

(1) A norma dell'articolo 1, comma 114, della legge 24 dicembre 2007, n. 244, nel caso di infedele indicazione da parte dei contribuenti minimi dei requisiti per l'applicazione del regime fiscale agevolato le misure delle sanzioni minime e massime stabilite dal presente decreto, sono aumentate del 10 per cento se il maggior reddito accertato supera del 10 per cento quello dichiarato. A norma dell'articolo 2, comma 36-vicies ter del D.L. 13 agosto 2011, n. 138 "per gli esercenti imprese o arti e professioni con ricavi e compensi dichiarati non superiori a 5 milioni di euro i quali per tutte le operazioni attive e passive effettuate nell'esercizio dell'attività utilizzano esclusivamente strumenti di pagamento diversi dal denaro contante e nelle dichiarazioni in materia di imposte sui redditi e imposte sul valore aggiunto indicano gli estremi identificativi dei rapporti con gli operatori finanziari di cui all'articolo 7, sesto comma, del decreto del Presidente della Repubblica 29 settembre 1973, n. 605, in corso nel periodo di imposta, le sanzioni amministrative previste dal presente articolo sono ridotte alla metà.

(2) Comma modificato dall'articolo 1, comma 1, lettera a), del D.Lgs. 5 giugno 1998, n. 203, dall'articolo 1, comma 1, lettera a), numero 1), del D.Lgs. 30 marzo 2000, n. 99, con effetto a decorrere dal 1° aprile 1998 e successivamente dall'articolo 6, comma 1, lettera a), del D.Lgs. 31 marzo 2015, n. 42. Per l'applicazione della presente disposizione vedi l'articolo 8, comma 1, del D.Lgs. 42/2015 medesimo. Da ultimo comma modificato dall'articolo 15, comma 1, lettera e), numero 1), del D.Lgs. 24 settembre 2015, n. 158, con la decorrenza indicata nell'articolo 32, comma 1, del medesimo D.Lgs. n. 158 del 2015, come modificato dall'articolo 1, comma 133, della Legge 28 dicembre 2015, n. 208. Da ultimo modificato dall'articolo 4, comma 1, lettera a) punti 1) e 2) del D.Lgs. 25 maggio 2021, n. 83. Per l'applicazione, vedi l'articolo 10, comma 1, del D.Lgs. 83/2021 medesimo.

(3) Comma modificato dall'articolo 1, comma 1, lettera a), numero 2), del D.Lgs. 30 marzo 2000, n. 99, con effetto a decorrere dal 1° aprile 1998 e successivamente dall'articolo 15, comma 1, lettera e), numero 2), del D.Lgs. 24 settembre 2015, n. 158, con la decorrenza indicata nell'articolo 32, comma 1, del medesimo D.Lgs. n. 158 del 2015, come modificato dall'articolo 1, comma 133, della Legge 28 dicembre 2015, n. 208.

(4) Comma modificato dall'articolo 1, comma 1, lettera a), numero 2), del D.Lgs. 30 marzo 2000, n. 99, con effetto a decorrere dal 1° aprile 1998 e successivamente dall'articolo 6, comma 1, lettera b), del D.Lgs. 31 marzo 2015, n. 42. Per l'applicazione della presente disposizione vedi l'articolo 8, comma 1, del D.Lgs. 42/2015 medesimo. Da ultimo comma sostituito dall'articolo 15, comma 1, lettera e), numero 3), del D.Lgs. 24 settembre 2015, n. 158, con la decorrenza indicata nell'articolo 32, comma 1, del medesimo D.Lgs. n. 158 del 2015, come modificato dall'articolo 1, comma 133, della Legge 28 dicembre 2015, n. 208.

(5) Comma aggiunto dall'articolo 1, comma 26, della Legge 27 dicembre 2006, n. 296 e successivamente sostituito dall'articolo 15, comma 1, lettera e), numero 3), del D.Lgs. 24 settembre 2015, n. 158, con la decorrenza indicata nell'articolo 32, comma 1, del medesimo D.Lgs. n. 158 del 2015, come modificato dall'articolo 1, comma 133, della Legge 28 dicembre 2015, n. 208.

(6) Comma aggiunto dall'articolo 1, comma 26, della Legge 27 dicembre 2006, n. 296 e successivamente sostituito dall'articolo 15, comma 1, lettera e), numero 3), del D.Lgs. 24 settembre 2015, n. 158, con la decorrenza indicata nell'articolo 32, comma 1, del medesimo D.Lgs. n. 158 del 2015, come modificato dall'articolo 1, comma 133, della Legge 28 dicembre 2015, n. 208.

(7) Comma aggiunto per effetto della sostituzione disposta dall'articolo 15, comma 1, lettera e), numero 3), del D.Lgs. 24 settembre 2015, n. 158, con la decorrenza indicata nell'articolo 32, comma 1, del medesimo D.Lgs. n. 158 del 2015, come modificato dall'articolo 1, comma 133, della Legge 28 dicembre 2015, n. 208.

(8) Comma sostituito dall'articolo 15, comma 1, lettera e), numero 3), del D.Lgs. 24 settembre 2015, n. 158, con la decorrenza indicata nell'articolo 32, comma 1, del medesimo D.Lgs. n. 158 del 2015, come modificato dall'articolo 1, comma 133, della Legge 28 dicembre 2015, n. 208.

(9) Comma modificato dall'articolo 6, comma 1, lettera c), del D.Lgs. 31 marzo 2015, n. 42. Per l'applicazione della presente disposizione vedi l'articolo 8, comma 1, del D.Lgs. 42/2015 medesimo. Da ultimo comma modificato dall'articolo 15, comma 1, lettera e), numero 5), del D.Lgs. 24 settembre 2015, n. 158, con la decorrenza indicata nell'articolo 32, comma 1, del medesimo D.Lgs. n. 158 del 2015, come modificato dall'articolo 1, comma 133, della Legge 28 dicembre 2015, n. 208 dall'articolo 7-quater, comma 45, del D.L. 22 ottobre 2016 n.193, convertito, con modificazioni dalla Legge 1° dicembre 2016 n. 225. Da ultimo modificato dall'articolo 4, comma 1, lettera a) punto 3) del D.Lgs. 25 maggio 2021, n. 83. Per l'applicazione, vedi l'articolo 10, comma 1, del D.Lgs. 83/2021 medesimo.

6. Violazione degli obblighi relativi alla documentazione, registrazione ed individuazione delle operazioni soggette all'imposta sul valore aggiunta(1). – 1. Chi viola gli obblighi inerenti alla documentazione e alla registrazione di operazioni imponibili ai fini dell'imposta sul valore aggiunto ovvero all'individuazione di prodotti determinati è punito con la sanzione amministrativa compresa fra il novanta e il centoottanta per cento dell'imposta relativa all'imponibile non correttamente documentato o registrato nel corso dell'esercizio. Alla stessa sanzione, commisurata all'imposta, è soggetto chi indica, nella documentazione o nei registri, una imposta inferiore a quella dovuta. La sanzione è dovuta nella misura da euro 250 a euro 2.000 quando la violazione non ha inciso sulla corretta liquidazione del tributo (2).

2-bis. Nelle ipotesi di cui all'articolo 2, commi 1, 1-bis e 2, del decreto legislativo 5 agosto 2015, n. 127, se le violazioni consistono nella mancata o non tempestiva memorizzazione o trasmissione, ovvero nella memorizzazione o trasmissione con dati incompleti o non veritieri, la sanzione è pari, per ciascuna operazione, al novanta per cento dell'imposta corrispondente all'importo non memorizzato o trasmesso. Salve le procedure alternative adottate con i provvedimenti di attuazione dell'articolo 2, comma 4, del decreto legislativo 5 agosto 2015, n. 127, la sanzione di cui al primo periodo del presente comma si applica anche in caso di mancato o irregolare funzionamento degli strumenti di cui al medesimo comma 4. Se non constano omesse annotazioni, in caso di mancata tempestiva richiesta di intervento per la manutenzione o di omessa verificazione periodica degli stessi strumenti nei termini legislativamente previsti si applica la sanzione amministrativa da euro 250 a euro 2.000 (3).

2. Il cedente o prestatore che viola obblighi inerenti alla documentazione e alla registrazione di operazioni non imponibili, esenti, non soggette a imposta sul valore aggiunto o soggette all'inversione contabile di cui agli articoli 17 e 74, commi settimo e ottavo, del decreto del Presidente della Repubblica 26 ottobre 1972, n. 633, è punito con sanzione amministrativa compresa tra il cinque ed il dieci per cento dei corrispettivi non documentati o non registrati. Tuttavia, quando la violazione non rileva neppure ai fini della determinazione del reddito si applica la sanzione amministrativa da euro 250 a euro 2.000 (4).

3. Se le violazioni consistono nella mancata emissione di ricevute fiscali, scontrini fiscali o documenti di trasporto ovvero nell'emissione di tali documenti per importi inferiori a quelli reali, la sanzione è in ogni caso pari novanta per cento dell'imposta corrispondente all'importo non documentato. La stessa sanzione si applica in caso di omesse annotazioni su apposito registro dei corrispettivi relativi a ciascuna operazione in caso di mancato o irregolare funzionamento degli apparecchi misuratori fiscali. Se non constano omesse annotazioni, la mancata tempestiva richiesta di intervento per la manutenzione è punita con sanzione amministrativa da euro 250 a euro 2.000 (5)(6).

3-bis. Il cedente che non integra il documento attestante la vendita dei mezzi tecnici di cui all'articolo 74, primo comma, lettera d), del decreto del Presidente della Repubblica 26 ottobre 1972, n. 633, e successive modificazioni, con la denominazione e la partita IVA del soggetto passivo che ha assolto l'imposta è punito con la sanzione amministrativa pari al 20 per cento del corrispettivo della cessione non documentato regolarmente. Il soggetto che realizza o commercializza i mezzi tecnici e che, nel predisporre, direttamente o tramite terzi, i supporti fisici atti a veicolare i mezzi stessi, non indica, ai sensi dell'articolo 74, primo comma, lettera d), quarto periodo, del citato decreto del Presidente della Repubblica n. 633 del 1972, la denominazione e la partita IVA del soggetto che ha assolto l'imposta è punito con la sanzione amministrativa pari al 20 per cento del valore riportato sul supporto fisico non prodotto regolarmente. Qualora le indicazioni di cui all'articolo 74, primo comma, lettera d), terzo e quarto periodo, del citato decreto del Presidente della Repubblica n. 633 del 1972 siano non veritiere, le sanzioni di cui ai periodi precedenti del presente comma sono aumentate al 40 per cento [(7)].

4. Nei casi previsti dai commi 1, primo e secondo periodo, 2, primo periodo, 2-bis, primo periodo, 3, primo e secondo periodo, e 3-bis la sanzione non può essere inferiore a euro 500 [(8)].

5. Nel caso di violazione di più obblighi inerenti alla documentazione e alla registrazione di una medesima operazione, la sanzione è applicata una sola volta.

6. Chi computa illegittimamente in detrazione l'imposta assolta, dovuta o addebitatagli in via di rivalsa, è punito con la sanzione amministrativa pari al novanta per cento dell'ammontare della detrazione compiuta. In caso di applicazione dell'imposta in misura superiore a quella effettiva, erroneamente assolta dal cedente o prestatore, fermo restando il diritto del cessionario o committente alla detrazione ai sensi degli articoli 19 e seguenti del decreto del Presidente della Repubblica 26 ottobre 1972, n. 633, l'anzidetto cessionario o committente è punito con la sanzione amministrativa compresa fra 250 euro e 10.000 euro. La restituzione dell'imposta è esclusa qualora il versamento sia avvenuto in un contesto di frode fiscale [(9)].

7. In caso di acquisto intracomunitario, la sanzione si applica anche se, in mancanza della comunicazione di cui all'articolo 50, comma 3, del decreto-legge 30 agosto 1993, n. 331, convertito, con modificazioni, dalla legge 29 ottobre 1993, n. 427, l'operazione è stata assoggettata ad imposta in altro Stato membro.

8. Il cessionario o il committente che, nell'esercizio di imprese, arti o professioni, abbia acquistato beni o servizi senza che sia stata emessa fattura nei termini di legge o con emissione di fattura irregolare da parte dell'altro contraente, è punito, salva la responsabilità del cedente o del commissionario, con sanzione amministrativa pari al cento per cento dell'imposta, con un minimo di euro 250, sempreché non provveda a regolarizzare l'operazione con le seguenti modalità [(10)]:

a) se non ha ricevuto la fattura, entro quattro mesi dalla data di effettuazione dell'operazione, presentando all'ufficio competente nei suoi confronti, previo pagamento dell'imposta, entro il trentesimo giorno successivo, un documento in duplice esemplare dal quale risultino le indicazioni prescritte dall'articolo 21 del decreto del Presidente della Repubblica 26 ottobre 1972, n. 633, relativo alla fatturazione delle operazioni;

b) se ha ricevuto una fattura irregolare, presentando all'ufficio indicato nella lettera a), entro il trentesimo giorno successivo a quello della sua registrazione, un documento integrativo in duplice esemplare recante le indicazioni medesime, previo versamento della maggior imposta eventualmente dovuta [(11)].

9. Se la regolarizzazione è eseguita, un esemplare del documento, con l'attestazione della regolarizzazione e del pagamento, è restituito dall'ufficio al contribuente che deve registrarlo ai sensi dell'articolo. 25 del decreto del Presidente della Repubblica 26 ottobre 1972, n. 633.

9-bis. È punito con la sanzione amministrativa compresa fra 500 euro e 20.000 euro il cessionario o il committente che, nell'esercizio di imprese, arti o professioni, omette di porre in essere gli adempimenti connessi all'inversione contabile di cui agli articoli 17, 34, comma 6, secondo periodo, e 74, settimo e ottavo comma, del decreto del Presidente della Repubblica 26 ottobre 1972, n. 633, e agli articoli 46, comma 1, e 47, comma 1, del decreto-legge 30 agosto 1993, n. 331, convertito, con modificazioni, dalla legge 29 ottobre 1993, n. 427. Se l'operazione non risulta dalla contabilità tenuta ai sensi degli articoli 13 e seguenti del decreto del Presidente della Repubblica 29 settembre 1973, n. 600, la sanzione amministrativa è elevata a una misura compresa tra il cinque e il dieci per cento dell'imponibile, con un minimo di 1.000 euro. Resta ferma l'applicazione delle sanzioni previste dall'articolo 5, comma 4, e dal comma 6 con riferimento all'imposta che non avrebbe potuto essere detratta dal cessionario o dal committente. Le disposizioni di cui ai periodi precedenti si applicano anche nel caso in cui, non avendo adempiuto il cedente o prestatore agli obblighi di fatturazione entro quattro mesi dalla data di effettuazione dell'operazione o avendo emesso una fattura irregolare, il cessionario o committente non informi l'Ufficio competente nei suoi confronti entro il trentesimo giorno successivo, provvedendo entro lo stesso periodo all'emissione di fattura ai sensi dell'articolo 21 del predetto decreto del Presidente della Repubblica n. 633 del 1972, o alla sua regolarizzazione, e all'assolvimento dell'imposta mediante inversione contabile [(12)].

9-bis.1. In deroga al comma 9-bis, primo periodo, qualora, in presenza dei requisiti prescritti per l'applicazione dell'inversione contabile l'imposta relativa a una cessione di beni o a una prestazione di servizi di cui alle disposizioni menzionate nel primo periodo del comma 9-bis, sia stata erroneamente assolta dal cedente o prestatore, fermo restando il diritto del cessionario o committente alla detrazione ai sensi degli articoli 19 e seguenti del decreto del Presidente della Repubblica 26 ottobre 1972, n. 633, il cessionario o il committente anzidetto non è tenuto all'assolvimento dell'imposta, ma è punito con la sanzione amministrativa compresa fra 250 euro e 10.000 euro. Al pagamento della sanzione è solidalmente tenuto il cedente o prestatore. Le disposizioni di cui ai periodi precedenti non si applicano e il cessionario o il committente è punito con la sanzione di cui al comma 1 quando l'applicazione dell'imposta nel modo ordinario anziché mediante l'inversione contabile è stata determinata da un intento di evasione o di frode del quale sia provato che il cessionario o committente era consapevole [(13)].

9-bis.2. In deroga al comma 1, qualora, in assenza dei requisiti prescritti per l'applicazione dell'inversione contabile l'imposta relativa a una cessione di beni o a una prestazione di servizi di cui alle disposizioni menzionate nel primo periodo del comma 9-bis, sia stata erroneamente assolta dal cessionario o committente, fermo restando il diritto del cessionario o committente alla detrazione ai sensi degli arti-

VARIE

coli 19 e seguenti del decreto del Presidente della Repubblica 26 ottobre 1972, n. 633, il cedente o il prestatore non è tenuto all'assolvimento dell'imposta, ma è punito con la sanzione amministrativa compresa fra 250 euro e 10.000 euro. Al pagamento della sanzione è solidalmente tenuto il cessionario o committente. Le disposizioni di cui ai periodi precedenti non si applicano e il cedente o prestatore è punito con la sanzione di cui al comma 1 quando l'applicazione dell'imposta mediante l'inversione contabile anziché nel modo ordinario è stata determinata da un intento di evasione o di frode del quale sia provato che il cedente o prestatore era consapevole [(14)].

9-bis.3. Se il cessionario o committente applica l'inversione contabile per operazioni esenti, non imponibili o comunque non soggette a imposta, in sede di accertamento devono essere espunti sia il debito computato da tale soggetto nelle liquidazioni dell'imposta che la detrazione operata nelle liquidazioni anzidette, fermo restando il diritto del medesimo soggetto a recuperare l'imposta eventualmente non detratta ai sensi dell'articolo 26, terzo comma, del decreto del Presidente della Repubblica 26 ottobre 1972, n. 633, e dell'articolo 21, comma 2, del decreto legislativo 31 dicembre 1992, n. 546. La disposizione si applica anche nei casi di operazioni inesistenti, ma trova in tal caso applicazione la sanzione amministrativa compresa tra il cinque e il dieci per cento dell'imponibile, con un minimo di 1.000 euro. Le disposizioni dei periodi precedenti non si applicano e il cessionario o committente è punito con la sanzione di cui al comma 6 con riferimento all'imposta che non avrebbe potuto detrarre, quando l'esecuzione delle operazioni inesistenti imponibili è stata determinata da un intento di evasione o di frode del quale sia provato che il cessionario o committente era consapevole [(15)].

9-ter. Il cessionario che, nell'esercizio di imprese, arti o professioni, abbia acquistato mezzi tecnici di cui all'articolo 74, primo comma, lettera d), del decreto del Presidente della Repubblica 26 ottobre 1972, n. 633, per i quali gli sia stato rilasciato un documento privo dell'indicazione della denominazione e del soggetto passivo che ha assolto l'imposta o con indicazioni manifestamente non veritiere, è punito, salva la responsabilità del cedente, con la sanzione amministrativa dal 10 al 20 per cento del corrispettivo dell'acquisto non documentato regolarmente sempreché non provveda, entro il quindicesimo giorno successivo all'acquisto dei mezzi tecnici, a presentare all'ufficio competente nei suoi confronti un documento contenente i dati relativi all'operazione irregolare. Nelle eventuali successive transazioni, ciascun cedente deve indicare nel documento attestante la vendita gli estremi dell'avvenuta regolarizzazione come risultanti dal documento rilasciato dall'ufficio competente [(16)].

[(1)] A norma dell'articolo 2, comma 36-vicies ter del D.L. 13 agosto 2011, n. 138 "per gli esercenti imprese o arti e professioni con ricavi e compensi dichiarati non superiori a 5 milioni di euro i quali per tutte le operazioni attive e passive effettuate nell'esercizio dell'attività utilizzano esclusivamente strumenti di pagamento diversi dal denaro contante e nelle dichiarazioni in materia di imposte sui redditi e imposte sul valore aggiunto indicano gli estremi identificativi dei rapporti con gli operatori finanziari di cui all' articolo 7, sesto comma, del decreto del Presidente della Repubblica 29 settembre 1973, n. 605, in corso nel periodo di imposta, le sanzioni amministrative previste dal presente articolo sono ridotte alla metà.

[(2)] Comma sostituito dall' articolo 1, comma 1, lettera b), numero 1), del D.Lgs. 5 giugno 1998, n. 203, con effetto a decorrere dal 1° aprile 1998 e successivamente modificato dall'articolo 15, comma 1, lettera f), numero 1), del D.Lgs. 24 settembre 2015, n. 158, con la decorrenza indicata nell' articolo 32, comma 1, del medesimo D.Lgs. n. 158 del 2015, come modificato dall' articolo 1, comma 133, della Legge 28 dicembre 2015, n. 208.

[(3)] Comma inserito dall'articolo 1, comma 1110, lettera a), della Legge 30 dicembre 2020, n. 178.

[(4)] Comma modificato dall' articolo 1, comma 1, lettera b), numero 2), del D.Lgs. 5 giugno 1998, n. 203, con effetto a decorrere dal 1° aprile 1998, e dall' articolo 1, comma 327, della Legge 24 dicembre 2012, n. 228 e successivamente modificato dall'articolo 15, comma 1, lettera f), numero 2), del D.Lgs. 24 settembre 2015, n. 158, con la decorrenza indicata nell' articolo 32, comma 1, del medesimo D.Lgs. n. 158 del 2015, come modificato dall' articolo 1, comma 133, della Legge 28 dicembre 2015, n. 208. Vedi anche l'articolo 18, comma 3, del D.L. 30 aprile 2022, n. 36, convertito con modificazioni dalla Legge 29 giugno 2022, n. 79.

[(5)] Comma modificato dall' articolo 1, comma 1, lettera b), numero 3), del D.Lgs. 5 giugno 1998, n. 203, con effetto a decorrere dal 1° aprile 1998; successivamente dall'articolo 15, comma 1, lettera f), numero 3), del D.Lgs. 24 settembre 2015, n. 158, con la decorrenza indicata nell' articolo 32, comma 1, del medesimo D.Lgs. n. 158 del 2015, come modificato dall' articolo 1, comma 133, della Legge 28 dicembre 2015, n. 208 e, da ultimo, dall'articolo 1, comma 1110, lettera b), della Legge 30 dicembre 2020, n. 178.

[(6)] Vedi l'articolo 1, comma 432 della legge 30 dicembre 2004, n. 311.

[(7)] Comma aggiunto dall'articolo 1, comma 159, lettera a), numero 1), della legge 24 dicembre 2007, n. 244.

[(8)] Comma modificato dall'articolo 1, comma 159, lettera a), numero 2), della legge 24 dicembre 2007, n. 244 e successivamente dall'articolo 15, comma 1, lettera f), numero 4), del D.Lgs. 24 settembre 2015, n. 158, con la decorrenza indicata nell' articolo 32, comma 1, del medesimo D.Lgs. n. 158 del 2015, come modificato dall' articolo 1, comma 133, della Legge 28 dicembre 2015, n. 208 e, da ultimo, dall'articolo 1, comma 1110, lettera c), della Legge 30 dicembre 2020, n. 178.

[(9)] Comma modificato dall'articolo 15, comma 1, lettera f), numero 5), del D.Lgs. 24 settembre 2015, n. 158, con la decorrenza indicata nell' articolo 32, comma 1, del medesimo D.Lgs. n. 158 del 2015, come modificato dall' articolo 1, comma 133, della Legge 28 dicembre 2015, n. 208 e successivamente dall'articolo 1, comma 935 della Legge 27 dicembre 2017, n. 205.

[(10)] Alinea modificato, a decorrere dal 1° aprile 1998, dall'articolo 1, comma 1, lettera b), numero 4), del D.Lgs. 5 giugno 1998, n. 203.

[(11)] Comma modificato dall'articolo 15, comma 1, lettera f), numero 6), del D.Lgs. 24 settembre 2015, n. 158, con la decorrenza indicata nell' articolo 32, comma 1, del medesimo D.Lgs. n. 158 del 2015, come modificato dall' articolo 1, comma 133, della Legge 28 dicembre 2015, n. 208.

[(12)] Comma aggiunto dall'articolo 1, comma 155, della legge 24 dicembre 2007, n. 244 e successivamente sostituito dall'articolo 15, comma 1, lettera f), numero 7), del D.Lgs. 24 settembre 2015, n. 158, con la decorrenza indicata nell' articolo 32, comma 1, del medesimo D.Lgs. n. 158 del 2015, come modificato dall' articolo 1, comma 133, della Legge 28 dicembre 2015, n. 208.

[(13)] Comma inserito per effetto della sostituzione disposta dall'articolo 15, comma 1, lettera f), numero 7), del D.Lgs. 24 settembre 2015, n. 158, con la decorrenza indicata nell' articolo 32, comma 1, del medesimo D.Lgs. n. 158 del 2015, come modificato dall' articolo 1, comma 133, della Legge 28 dicembre 2015, n. 208.

[(14)] Comma inserito per effetto della sostituzione disposta dall'articolo 15, comma 1, lettera f), numero 7), del D.Lgs. 24 settembre 2015, n. 158, con la decorrenza indicata nell' articolo 32, comma 1, del medesimo D.Lgs. n. 158 del 2015, come modificato dall' articolo 1, comma 133, della Legge 28 dicembre 2015, n. 208.

[(15)] Comma inserito per effetto della sostituzione disposta dall'articolo 15, comma 1, lettera f), numero 7), del D.Lgs. 24 settembre 2015, n. 158, con la decorrenza indicata nell' articolo 32, comma 1, del medesimo D.Lgs. n. 158 del 2015 , come modificato dall' articolo 1, comma 133, della Legge 28 dicembre 2015, n. 208. Da ultimo modificato dall'articolo 1, comma 152, della Legge 29 dicembre 2022, n. 197.

[(16)] Comma aggiunto dall'articolo 1, comma 159, lettera a), numero 3), della legge 24 dicembre 2007, n. 244 e successivamente modificato dall'articolo 15, comma 1, lettera f), numero 8), del D.Lgs. 24 settembre 2015, n. 158, con la decorrenza indicata nell' articolo 32, comma 1, del medesimo D.Lgs. n. 158 del 2015, come modificato dall' articolo 1, comma 133, della Legge 28 dicembre 2015, n. 208.

7. Violazioni relative alle esportazioni. – 1. Chi effettua cessioni di beni senza addebito d'imposta, ai sensi dell'articolo 8, primo comma, lettere b) e b-bis), del decreto del Presidente della Repubblica 26 ottobre 1972, n. 633, relativo alle cessioni all'esportazione, è punito con la sanzione amministrativa dal cinquanta al cento per cento del tributo, qualora il trasporto o la spedizione fuori del territorio dell'Unione europea non avvenga nel termine ivi prescritto. La sanzione non si applica se, nei trenta giorni successivi, viene eseguito, previa regolarizzazione della fattura, il versamento dell'imposta [(1)].

2. La sanzione prevista nel comma 1 si applica a chi effettua cessioni a soggetti domiciliati o residenti fuori della Unione europea senza addebito d'imposta, ai sensi dell'articolo 38-quater, comma 1, del decreto del Presidente della Repubblica 26 ottobre 1972, n. 633, se non provvede alla regolarizzazione dell'operazione nel termine ivi previsto.

3. Chi effettua operazioni senza addebito d'imposta, in mancanza della dichiarazione d'intento di cui all'articolo 1, primo comma, lettera c), del decreto-legge 29 dicembre 1983, n. 746, convertito, con modificazioni, dalla legge 27 febbraio 1984, n. 17, è punito con la sanzione amministrativa dal cento al duecento per cento dell'imposta, fermo l'obbligo del pagamento del tributo. Qualora la dichiarazione sia stata rilasciata in mancanza dei presupposti richiesti dalla legge, dell'omesso pagamento del tributo rispondono esclusivamente i cessionari, i committenti e gli importatori che hanno rilasciato la dichiarazione stessa.

3-bis. Le disposizioni di cui al comma 3 del presente articolo si applicano anche a chi effettua operazioni senza addebito d'imposta in mancanza della dichiarazione di cui all'articolo 8-bis, terzo comma, del decreto del Presidente della Repubblica 26 ottobre 1972, n. 633, nonché al cessionario, committente o importatore che rilascia la predetta dichiarazione in assenza dei presupposti richiesti dalla legge [(2)].

3-ter. È punito con la sanzione prevista al comma 3 chi, in mancanza dei presupposti richiesti dalla legge, dichiara all'altro contraente o in dogana la sussistenza della condizione dell'effettiva navigazione in alto mare relativa all'anno solare precedente, ai sensi dell'articolo 8-bis, terzo comma, del decreto del Presidente della Repubblica 26 ottobre 1972, n. 633 [(3)].

4. È punito con la sanzione prevista nel comma 3 chi, in mancanza dei presupposti richiesti dalla legge, dichiara all'altro contraente o in dogana di volersi avvalere della facoltà di acquistare o di importare merci e servizi senza pagamento dell'imposta, ai sensi dell'articolo 2, comma 2, della legge 18 febbraio 1997, n. 28, ovvero ne beneficia oltre il limite consentito. Se il superamento del limite consegue a mancata esportazione, nei casi previsti dalla legge, da parte del cessionario o del commissionario, la sanzione è ridotta alla metà e non si applica se l'imposta viene versata all'ufficio competente entro trenta giorni dalla scadenza del termine per l'esportazione, previa regolarizzazione della fattura.

4-bis. È punito con la sanzione prevista al comma 3 il cedente o prestatore che effettua cessioni o prestazioni, di cui all'articolo 8, primo comma, lettera c), del decreto del Presidente della Repubblica 26 ottobre 1972, n. 633, senza avere prima riscontrato per via telematica l'avvenuta presentazione all'Agenzia delle entrate della dichiarazione di cui all'articolo 1, comma 1, lettera c), del decreto-legge 29 dicembre 1983, n. 746, convertito, con modificazioni, dalla legge 27 febbraio 1984, n. 17 [(4)].

4-ter. È punito con la sanzione prevista al comma 3 il cedente o prestatore che effettua cessioni o prestazioni di cui all'articolo 8-bis, primo comma, del decreto del Presidente della Repubblica 26 ottobre 1972, n. 633, senza avere prima riscontrato per via telematica l'avvenuta presentazione all'Agenzia delle entrate della dichiarazione di cui all'articolo 8-bis, terzo comma, del medesimo decreto del Presidente della Repubblica n. 633 del 1972 [(5)].

5. Chi, nelle fatture o nelle dichiarazioni in dogana relative a cessioni all'esportazione, indica quantità, qualità o corrispettivi diversi da quelli reali, è punito con la sanzione amministrativa dal cento al duecento per cento dell'imposta che sarebbe dovuta se i beni presentati in dogana fossero stati ceduti nel territorio dello Stato, calcolata sulle differenze dei corrispettivi o dei valori normali dei beni. La sanzione non si applica per le differenze quantitative non superiori al cinque per cento.

(1) Comma modificato dall'articolo 9, comma 2, della Legge 20 novembre 2017, n. 167 (Legge europea 2017).
(2) Comma inserito dall'articolo 1, comma 709, lettera a), della Legge 30 dicembre 2020, n. 178; per l'applicazione vedi l'articolo 1, comma 712, della Legge 178/2020 medesima.
(3) Comma inserito dall'articolo 1, comma 709, lettera a), della Legge 30 dicembre 2020, n. 178; per l'applicazione vedi l'articolo 1, comma 712, della Legge 178/2020 medesima.
(4) Comma aggiunto dall'articolo 1, comma 383 della legge 30 dicembre 2004, n. 311e successivamente sostituito dall'articolo 20, comma 2, del D.Lgs. 21 novembre 2014, n. 175; a norma del comma 3 del medesimo articolo 20, la disposizione di cui al citato comma 2 si applica alle dichiarazioni d'intento relative ad operazioni senza applicazione dell'imposta da effettuare a decorrere dal 1° gennaio 2015. Da ultimo, comma modificato dall'articolo 15, comma 1, lettera g), del D.Lgs. 24 settembre 2015, n. 158, con la decorrenza indicata nell' articolo 32, comma 1, del medesimo D.Lgs. n. 158 del 2015, come modificato dall' articolo 1, comma 133, della Legge 28 dicembre 2015, n. 208. Da ultimo, il presente comma è stato sostituito dall'articolo 12-septies, comma 2, del D.L. 30 aprile 2019, n. 34, convertito, con modificazioni, dalla Legge 28 giugno 2019, n. 58. Per l'applicazione delle presenti disposizioni vedi l'articolo l'articolo 12-septies, comma 4, del D.L. 34/2019 medesimo, convertito, con modificazioni, dalla Legge 28 giugno 2019, n. 58.
(5) Comma inserito dall'articolo 1, comma 709, lettera b), della Legge 30 dicembre 2020, n. 178; per l'applicazione vedi l'articolo 1, comma 712, della Legge 178/2020 medesima.

CAPO III
Disposizioni comuni alle imposte dirette e all'imposta sul valore aggiunto

8. Violazioni relative al contenuto e alla documentazione delle dichiarazioni. – 1. Fuori dei casi previsti negli articoli 1, 2 e 5, se la dichiarazione dei redditi, dell'imposta regionale sulle attività produttive o dell'imposta sul valore aggiunto [*compresa quella periodica*] non è redatta in conformità al modello approvato con provvedimento del Direttore dell'Agenzia delle entrate ovvero in essa sono omessi o non sono indicati in maniera esatta e completa dati rilevanti per l'individuazione del contribuente e, se diverso da persona fisica, del suo rappresentante, nonché per la determinazione del tributo, oppure non è indicato in maniera esatta e completa ogni altro elemento prescritto per il compimento dei controlli, si applica la sanzione amministrativa da euro 250 a euro 2.000. La medesima sanzione si applica alle violazioni relative al contenuto della dichiarazione prevista dagli articoli 70.1, comma 2, 74-quinquies, comma 6, e 74-sexies.1, comma 10 del decreto del Presidente della Repubblica 26 ottobre 1972, n. 633. Si applica la sanzione in misura massima nelle ipotesi di omessa presentazione del modello per la comunicazione dei dati rilevanti ai fini dell'applicazione degli studi di settore, laddove tale adempimento sia dovuto ed il contribuente non abbia provveduto alla presentazione del modello anche a seguito di specifico invito da parte dell'Agenzia delle Entrate [(1)].

2. La sanzione prevista dal comma 1 si applica nei casi di mancanza o incompletezza degli atti e dei documenti dei quali è prescritta [*l'allegazione alla dichiarazione,*] la conservazione ovvero l'esibizione all'ufficio[(2)].

3. Si applica la sanzione amministrativa da euro 500 a euro 4.000 quando l'omissione o l'incompletezza riguardano gli elementi previsti nell'articolo 4 del decreto del Presidente della Repubblica 22 luglio 1998, n. 322, relativo alle dichiarazioni dei sostituti d'imposta[(3)].

3-bis. Quando l'omissione o incompletezza riguarda l'indicazione delle spese e degli altri componenti negativi di cui all'articolo 110, comma 9-ter, del testo unico delle imposte sui redditi, di cui al decreto del Presidente della Repubblica 22 dicembre 1986, n. 917, si applica una sanzione amministrativa pari al 10 per cento dell'importo complessivo delle spese e dei componenti negativi non indicati nella dichiarazione dei redditi, con un minimo di euro 500 ed un massimo di euro 50.000 [(4)].

3-ter. Quando l'omissione o incompletezza riguarda l'indicazione, ai sensi degli articoli 47, comma 4, 68, comma 4, 87, comma 1, lettera c), e 89, comma 3, del testo unico sulle imposte sui redditi, approvato con decreto del Presidente della Repubblica 22 dicembre 1986, n. 917, dei dividendi e delle plusvalenze relativi a partecipazioni detenute in imprese o enti residenti o localizzati in Stati o territori a regime fiscale privilegiato individuati in base ai criteri di cui all'articolo 47-bis, comma 1, del medesimo testo unico, si applica una sanzione amministrativa pari al dieci per cento dei dividendi e delle plusvalenze conseguiti dal soggetto residente e non indicati, con un minimo di 1.000 euro ed un massimo di 50.000 euro[(5)].

3-quater. Quando l'omissione o incompletezza riguarda la segnalazione prevista dall'articolo 167, comma 8-quater, terzo periodo, del testo unico sulle imposte sui redditi, approvato con decreto del Presidente della Repubblica 22 dicembre 1986, n. 917, si applica una sanzione amministrativa pari al dieci per cento del reddito conseguito dal soggetto estero partecipato e imputabile nel periodo d'imposta, anche solo teoricamente, al soggetto residente in proporzione alla partecipazione detenuta, con un minimo di 1.000 euro ed un massimo di 50.000 euro. La sanzione nella misura minima si applica anche nel caso in cui il reddito della controllata estera sia negativo[(6)].

3-quinquies. Quando l'omissione o l'incompletezza riguarda le segnalazioni previste dagli articoli 113, comma 6, 124, comma 5-bis e 132, comma 5, del decreto del Presidente della Repubblica 22 dicembre 1986, n. 917, dall'articolo 30, comma 4-quater, della legge 30 dicembre 1994, n. 724 e dall'articolo 1, comma 8, del decreto-legge 6 dicembre 2011, n. 201, convertito, con modificazioni, dalla legge 22 dicembre 2011, n. 214, si applica una sanzione da euro 2.000 a euro 21.000[(7)].

(1) Comma modificato dall'articolo 1,comma 1, lettera b), del D.Lgs. 30 marzo 2000, n. 99, dall'articolo 23, comma 28, lettera b), del D.L. 6 luglio 2011, n. 98 e successivamente dall'articolo 6, comma 1, lettera d), del D.Lgs. 31 marzo 2015, n. 42. Per l'applicazione della presente disposizione vedi l'articolo 8, comma 1, del D.Lgs. 42/2015 medesimo. Da ultimo, comma modificato dall'articolo 15, comma 1, lettera h), numero 1), del D.Lgs. 24 settembre 2015, n. 158, con la decorrenza indicata nell'articolo 32, comma 1, del medesimo D.Lgs. n. 158 del 2015, come modificato dall'articolo 1, comma 133, della Legge 28 dicembre 2015, n. 208. Da ultimo, comma modificato dall'articolo 4, comma 1, lettera b) del D.Lgs. 25 maggio 2021, n. 83. Per l'applicazione, vedi l'articolo 10, comma 1, del D.Lgs. 83/2021 medesimo.

(2) Comma modificato dall'articolo 15, comma 1, lettera h), numero 2), del D.Lgs. 24 settembre 2015, n. 158, con la decorrenza indicata nell'articolo 32, comma 1, del medesimo D.Lgs. n. 158 del 2015, come modificato dall'articolo 1, comma 133, della Legge 28 dicembre 2015, n. 208.

(3) Comma modificato dall'articolo 15, comma 1, lettera h), numero 3), del D.Lgs. 24 settembre 2015, n. 158, con la decorrenza indicata nell'articolo 32, comma 1, del medesimo D.Lgs. n. 158 del 2015, come modificato dall'articolo 1, comma 133, della Legge 28 dicembre 2015, n. 208.

(4) Comma aggiunto dall'articolo 1, comma 302, della legge 27 dicembre 2006, n. 296. Vedi le disposizioni di cui all'articolo 1, comma 303, della legge 27 dicembre 2006, n. 296. Successivamente modificato dall'articolo 1, comma 85, della Legge 29 dicembre 2022, n. 197.

(5) Comma aggiunto dall'articolo 3, comma 3, del D.Lgs. 14 settembre 2015, n. 147 e successivamente modificato dall'articolo 5, comma 3, del D.Lgs. 29 novembre 2018, n. 142; a norma dell'articolo 13, comma 6, del D.Lgs. 29 novembre 2018, n. 142, la presente disposizione si applica a decorrere dal periodo di imposta successivo a quello in corso al 31 dicembre 2018, nonché agli utili percepiti e alle plusvalenze realizzate a decorrere dal medesimo periodo di imposta.

(6) Comma aggiunto dall'articolo 8, comma 2, del D.Lgs. 14 settembre 2015, n. 147; a norma del comma 4 del medesimo articolo, la presente disposizione si applica a decorrere dal periodo di imposta in corso alla data di entrata in vigore del citato decreto.

(7) Comma inserito dall'articolo 15, comma 1, lettera h), numero 4), del D.Lgs. 24 settembre 2015, n. 158, con la decorrenza indicata nell'articolo 32, comma 1, del medesimo D.Lgs. n. 158 del 2015, come modificato dall'articolo 1, comma 133, della Legge 28 dicembre 2015, n. 208.

9. Violazioni degli obblighi relativi alla contabilità. – 1. Chi non tiene o non conserva secondo le prescrizioni le scritture contabili, i documenti e i registri previsti dalle leggi in materia di imposte dirette e di imposta sul valore aggiunto ovvero i libri, i documenti e i registri, la tenuta e la conservazione dei quali è imposta da altre disposizioni della legge tributaria, è punito con la sanzione amministrativa euro 1.000 a euro 8.000[(1)].

2. La sanzione prevista nel comma 1 si applica a chi, nel corso degli accessi eseguiti ai fini dell'accertamento in materia di imposte dirette e di imposta sul valore aggiunto, rifiuta di esibire o dichiara di non possedere o comunque sottrae all'ispezione e alla verifica i documenti, i registri e le scritture indicati nel medesimo comma ovvero altri registri, documenti e scritture ancorché non obbligatori, dei quali risulti con certezza l'esistenza.

3. La sanzione può essere ridotta fino alla metà del minimo qualora le irregolarità rilevate nei libri e nei registri o i documenti mancanti siano di scarsa rilevanza, sempreché non ne sia derivato ostacolo all'accertamento delle imposte dovute. Essa è irrogata in misura doppia se vengono accertate evasioni dei tributi diretti e dell'imposta sul valore aggiunto complessivamente superiori, nell'esercizio, a euro 50.000 [(2)].

4. Quando, in esito ad accertamento, gli obblighi in materia di imposta sul valore aggiunto e di imposte dirette risultano non rispettati in dipendenza del superamento, fino al cinquanta per cento, dei limiti previsti per l'applicazione del regime semplificato per i contribuenti minori di cui agli articoli 32 [*e 33*] del decreto del Presidente della Repubblica. 26 ottobre 1972, n 633, e 7 del decreto del Presidente della Repubblica 14 ottobre 1999, n. 542 del regime speciale per l'agricoltura di cui all'articolo 34 dello stesso decreto n. 633 del 1972, [*ovvero dei regimi semplificati per l'adempimento degli obblighi documentali e contabili da parte di esercenti imprese, arti e pro-*

fessioni di cui all'articolo 3, commi 165 e 171, della legge 23 dicembre 1996, n. 662,] si applica la sanzione amministrativa da euro 250 a euro 2.500[3].

5. Se la dichiarazione delle società e degli enti soggetti all'imposta sul reddito delle società sottoposti al controllo contabile ai sensi del codice civile o di leggi speciali non è sottoscritta dai soggetti che sottoscrivono la relazione di revisione ai sensi dell'articolo 1 del decreto del Presidente della Repubblica 22 luglio 1998, n. 322, si applica la sanzione amministrativa fino al trenta per cento del compenso contrattuale relativo all'attività di redazione della relazione di revisione e, comunque, non superiore all'imposta effettivamente accertata a carico del contribuente, con un minimo di euro 250.[4]

[1] Comma modificato dall'articolo 15, comma 1, lettera i), numero 1), del D.Lgs. 24 settembre 2015, n. 158, con la decorrenza indicata nell'articolo 32, comma 1, del medesimo D.Lgs. n. 158 del 2015, come modificato dall'articolo 1, comma 133, della Legge 28 dicembre 2015, n. 208.
[2] Comma modificato dall'articolo 15, comma 1, lettera i), numero 2), del D.Lgs. 24 settembre 2015, n. 158, con la decorrenza indicata nell'articolo 32, comma 1, del medesimo D.Lgs. n. 158 del 2015, come modificato dall'articolo 1, comma 133, della Legge 28 dicembre 2015, n. 208.
[3] Comma modificato dall'articolo 1, comma 1, lettera c), del D.Lgs. 30 marzo 2000, n. 99, con effetto a decorrere dal 1° aprile 1998 e successivamente dall'articolo 15, comma 1, lettera i), numero 3), del D.Lgs. 24 settembre 2015, n. 158, con la decorrenza indicata nell'articolo 32, comma 1, del medesimo D.Lgs. n. 158 del 2015, come modificato dall'articolo 1, comma 133, della Legge 28 dicembre 2015, n. 208.
[4] Comma modificato dall'articolo 1, comma 1, lettera c), del D.Lgs. 5 giugno 1998, n. 203, con effetto a decorrere dal 1° aprile 1998 e successivamente sostituito dall'articolo 1, comma 92, della legge 24 dicembre 2007, n. 244. A norma del comma 93 del medesimo articolo 1 della legge 244/2007, le modifiche al presente articolo si applicano a partire dal bilancio relativo all'esercizio successivo a quello in corso al 31 dicembre 2007. Da ultimo comma sostituito dall'articolo 15, comma 1, lettera i), numero 3), del D.Lgs. 24 settembre 2015, n. 158, con la decorrenza indicata nell'articolo 32, comma 1, del medesimo D.Lgs. n. 158 del 2015, come modificato dall'articolo 1, comma 133, della Legge 28 dicembre 2015, n. 208.

10. Violazione degli obblighi degli operatori finanziari. – 1. Se viene omessa la trasmissione dei dati, delle notizie e dei documenti richiesti ai sensi dell'articolo 32, primo comma, numero 7, del decreto del Presidente della Repubblica 29 settembre 1973, n. 600, e dell'articolo 51, secondo comma, numero 7, del decreto del Presidente della Repubblica 26 ottobre 1972, n. 633 nell'esercizio dei poteri inerenti all'accertamento delle imposte dirette o dell'imposta sul valore aggiunto ovvero i documenti trasmessi non rispondono al vero o sono incompleti, si applica la sanzione amministrativa da euro 2.000 a euro 21.000. Si considera omessa la trasmissione non eseguita nel termine prescritto. La sanzione è ridotta alla metà se la trasmissione avviene nei quindici giorni successivi [1].

1-bis. La sanzione prevista al comma 1 si applica nel caso di violazione degli obblighi di comunicazione previsti dall'articolo 7, sesto comma, del decreto del Presidente della Repubblica 29 settembre 1973, n. 605 [2].

2. La sanzione prevista nel comma 1 si applica nel caso di violazione degli obblighi inerenti alle richieste rivolte alle società ed enti di assicurazione e alle società ed enti che effettuano istituzionalmente riscossioni e pagamenti per conto di terzi ovvero attività di gestione ed intermediazione finanziaria, anche in forma fiduciaria, nonché all'Ente poste italiane.

3. Si presume che autori della violazione siano coloro che hanno sottoscritto le risposte e, in mancanza di risposta, i legali rappresentanti della banca, società o ente[3].

4. All'irrogazione delle sanzioni provvede l'ufficio competente in relazione al domicilio fiscale del contribuente al quale si riferisce la richiesta [4].

[1] Comma modificato dall'articolo 37, comma 6, lettera a), del D.L. 4 luglio 2006, n. 223 e successivamente dall'articolo 15, comma 1, lettera l), numero 1), del D.Lgs. 24 settembre 2015, n. 158, con la decorrenza indicata nell'articolo 32, comma 1, del medesimo D.Lgs. n. 158 del 2015, come modificato dall'articolo 1, comma 133, della Legge 28 dicembre 2015, n. 208.
[2] Comma inserito dall'articolo 37, comma 6, lettera b), del D.L. 4 luglio 2006, n. 223.
[3] Comma modificato dall'articolo 15, comma 1, lettera l), numero 2), del D.Lgs. 24 settembre 2015, n. 158, a decorrere dal 1 gennaio 2017, come indicato dall'articolo 32, comma 1, del medesimo D.Lgs. n. 158 del 2015, con la decorrenza indicata nell'articolo 32, comma 1, del medesimo D.Lgs. n. 158 del 2015, come modificato dall'articolo 1, comma 133, della Legge 28 dicembre 2015, n. 208.
[4] Comma modificato dall'articolo 15, comma 1, lettera l), numero 2), del D.Lgs. 24 settembre 2015, n. 158, a decorrere dal 1 gennaio 2017, come indicato dall'articolo 32, comma 1, del medesimo D.Lgs. n. 158 del 2015, con la decorrenza indicata nell'articolo 32, comma 1, del medesimo D.Lgs. n. 158 del 2015, come modificato dall'articolo 1, comma 133, della Legge 28 dicembre 2015, n. 208.

11. Altre violazioni in materia di imposte dirette e di imposta sul valore aggiunto. – 1. Sono punite con la sanzione amministrativa da euro 250 a euro 2.000 le seguenti violazioni:

a) omissione di ogni comunicazione prescritta dalla legge tributaria anche se non richiesta dagli uffici o dalla Guardia di finanza al contribuente o a terzi nell'esercizio dei poteri di verifica ed accertamento in materia di imposte dirette e di imposta sul valore aggiunto o invio di tali comunicazioni con dati incompleti o non veritieri [1];

b) mancata restituzione dei questionari inviati al contribuente o a terzi nell'esercizio dei poteri di cui alla precedente lettera a) o loro restituzione con risposte incomplete o non veritiere;

c) inottemperanza all'invito a comparire e a qualsiasi altra richiesta fatta dagli uffici o dalla Guardia di finanza nell'esercizio dei poteri loro conferiti [2][3].

2. La sanzione prevista nel comma 1 si applica, salvo che il fatto non costituisca infrazione più grave punita, per il compenso di partite effettuato in violazione alle previsioni del codice civile ovvero in caso di mancata evidenziazione nell'apposito prospetto indicato negli articoli 3 e 5 del decreto del Presidente della Repubblica 29 settembre 1973, n. 600 [4].

2-bis. Per l'omissione o l'errata trasmissione dei dati delle fatture emesse e ricevute, prevista dall'articolo 21 del decreto-legge 31 maggio 2010, n. 78, convertito, con modificazioni, dalla legge 30 luglio 2010, n. 122, si applica la sanzione amministrativa di euro 2 per ciascuna fattura, comunque entro il limite massimo di euro 1.000 per ciascun trimestre. La sanzione è ridotta alla metà, entro il limite massimo di euro 500, se la trasmissione è effettuata entro i quindici giorni successivi alla scadenza stabilita ai sensi del periodo precedente, ovvero se, nel medesimo termine, è effettuata la trasmissione corretta dei dati. Non si applica l'articolo 12 del decreto legislativo 18 dicembre 1997, n. 472 [5][6].

2-ter. L'omessa, incompleta o infedele comunicazione dei dati delle liquidazioni periodiche, prevista dall'articolo 21-bis del decreto-legge 31 maggio 2010, n. 78, convertito, con

VARIE

modificazioni, dalla legge 30 luglio 2010, n. 122, è punita con la sanzione amministrativa da euro 500 a euro 2.000. La sanzione è ridotta alla metà se la trasmissione è effettuata entro i quindici giorni successivi alla scadenza stabilita ai sensi del periodo precedente, ovvero se, nel medesimo termine, è effettuata la trasmissione corretta dei dati [7].

2-quater. Per l'omissione o l'errata trasmissione dei dati delle operazioni transfrontaliere di cui all'articolo 1, comma 3-bis, del decreto legislativo 5 agosto 2015, n. 127, si applica la sanzione amministrativa di euro 2 per ciascuna fattura, comunque entro il limite massimo di euro 1.000 per ciascun trimestre. La sanzione è ridotta alla metà, entro il limite massimo di euro 500, se la trasmissione è effettuata entro i quindici giorni successivi alla scadenza stabilita ai sensi del periodo precedente, ovvero se, nel medesimo termine, è effettuata la trasmissione corretta dei dati. Per le operazioni effettuate a partire dal 1° luglio 2022, si applica la sanzione amministrativa di euro 2 per ciascuna fattura, entro il limite massimo di euro 400 mensili. La sanzione è ridotta alla metà, entro il limite massimo di euro 200 per ciascun mese, se la trasmissione è effettuata entro i quindici giorni successivi alle scadenze stabilite dall'articolo 1, comma 3-bis, del decreto legislativo 5 agosto 2015, n. 127, ovvero se, nel medesimo termine, è effettuata la trasmissione corretta dei dati. Non si applica l'articolo 12 del decreto legislativo 18 dicembre 1997, n. 472 [8]

2-quinquies. Per l'omessa o tardiva trasmissione ovvero per la trasmissione con dati incompleti o non veritieri dei corrispettivi giornalieri di cui all'articolo 2, commi 1, 1-bis e 2, del decreto legislativo 5 agosto 2015, n. 127, se la violazione non ha inciso sulla corretta liquidazione del tributo, si applica la sanzione amministrativa di euro 100 per ciascuna trasmissione. Non si applica l' articolo 12 del decreto legislativo 18 dicembre 1997, n. 472 [9].

[*3. In caso di revoca delle agevolazioni concesse ai sensi della legge 5 ottobre 1991, n. 317, si applica la sanzione amministrativa dal cinquanta al cento per cento dell'intero ammontare dei crediti d'imposta e dei contributi in conto capitale dei quali si è indebitamente fruito.*] [10]

4. L'omessa presentazione degli elenchi di cui all'articolo 50, comma 6, del decreto-legge 30 agosto 1993, n. 331, convertito, con modificazioni, dalla legge 29 ottobre 1993, n. 427, ovvero la loro incompleta, inesatta o irregolare compilazione sono punite con la sanzione da euro 500 a euro 1.000 per ciascuno di essi, ridotta alla metà in caso ai presentazione nel termine di trenta giorni dalla richiesta inviata dagli uffici abilitati a riceverla o incaricati del loro controllo. La sanzione non si applica se i dati mancanti o inesatti vengono integrati o corretti anche a seguito di richiesta [11].

4-bis. L'omessa, incompleta o infedele comunicazione delle minusvalenze e delle differenze negative di ammontare superiore a 50.000 euro di cui all' articolo 5-quinquies del decreto-legge 30 settembre 2005, n. 203, convertito, con modificazioni, dalla legge 2 dicembre 2005, n. 248, nonchè delle minusvalenze di ammontare complessivo superiore a cinque milioni di euro, derivanti da cessioni di partecipazioni che costituiscono immobilizzazioni finanziarie di cui all' articolo 1 del decreto-legge 24 settembre 2002 n. 209, convertito, con modificazioni, dalla legge 22 novembre 2002, n. 265, è punita con la sanzione amministrativa del 10 per cento delle minusvalenze la cui comunicazione è omessa, incompleta o infedele, con un minimo di 500 euro ed un massimo di 50000 euro [12].

5. L'omessa installazione degli apparecchi per l'emissione dello scontrino fiscale previsti dall'articolo 1 della legge 26 gennaio 1983, n. 18, è punita con la sanzione amministrativa da euro 1.000 a euro 4.000. La sanzione di cui al periodo precedente si applica anche all'omessa installazione degli strumenti di cui all'articolo 2, comma 4, del decreto legislativo 5 agosto 2015, n. 127, salve le procedure alternative adottate con i provvedimenti di attuazione di cui al medesimo comma [13][14].

5-bis. Salvo che il fatto costituisca reato, a chiunque manomette o comunque altera gli strumenti di cui all'articolo 2, comma 4, del decreto legislativo 5 agosto 2015, n. 127, o fa uso di essi allorché siano stati manomessi o alterati o consente che altri ne faccia uso al fine di eludere le disposizioni di cui al comma 1 del citato articolo si applica la sanzione amministrativa pecuniaria da euro 3.000 a euro 12.000 [15].

[*6. Al destinatario dello scontrino fiscale e della ricevuta fiscale che, a richiesta degli organi accertatori, nel luogo della prestazione o nelle sue adiacenze, non esibisce il documento o lo esibisce con indicazione di un corrispettivo inferiore a quello reale si applica la sanzione amministrativa da lire centomila a lire due milioni.*] [16]

7. In caso di violazione delle prescrizioni di cui all'articolo 53, comma 3, del decreto-legge 30 agosto 1993, n. 331, convertito, con modificazioni, dalla legge 29 ottobre 1993, n. 427, si applica la sanzione da da euro 250 a euro 2.000 [17].

7-bis. Quando la garanzia di cui all'articolo 38-bis del decreto del Presidente della Repubblica 26 ottobre 1972, n. 633, è presentata dalle società controllate o dall'ente o società controllante, di cui all'articolo 73, terzo comma, del medesimo decreto, con un ritardo non superiore a novanta giorni dalla scadenza del termine di presentazione della dichiarazione, si applica la sanzione amministrativa da euro 1.000 a euro 4.000 [18].

7-ter. Nei casi in cui il contribuente non presenti l'interpello previsto dall'articolo 11, comma 2, della legge 27 luglio 2000, n. 212, recante lo Statuto dei diritti del contribuente, si applica la sanzione prevista dall'articolo 8, comma 3-quinquies. La sanzione è raddoppiata nelle ipotesi in cui l'amministrazione finanziaria disconosca la disapplicazione delle norme aventi ad oggetto deduzioni, detrazioni, crediti d'imposta o altre posizioni soggettive del soggetto passivo [19].

7-quater. Il contribuente destinatario del provvedimento emesso ai sensi dell'articolo 35, commi 15-bis e 15-bis.1, del decreto del Presidente della Repubblica 26 ottobre 1972, n. 633, è soggetto alla sanzione amministrativa di euro 3.000, irrogata contestualmente al provvedimento che dispone la cessazione della partita IVA. Non si applica l'articolo 12 del decreto legislativo 18 dicembre 1997, n. 472 [20].

[1] *Lettera modificata dall'articolo 1, comma 1, lettera d), del D.Lgs. 5 giugno 1998, n. 203 e successivamente dall'articolo 1, comma 1, lettera d), del D.Lgs, 30 marzo 2000, n. 99.*

[2] *Comma modificato dall'articolo 15, comma 1, lettera m), numero 1), del D.Lgs. 24 settembre 2015, n. 158, con la decorrenza indicata nell' articolo 32, comma 1, del medesimo D.Lgs. n. 158 del 2015, come modificato dall' articolo 1, comma 133, della Legge 28 dicembre 2015, n. 208.*

[3] *Per l'applicazione della sanzione di cui al presente comma vedi l' articolo 1, comma 3, del D.L. 25 marzo 2010 n. 40 e successivamente l'articolo 1-ter, comma 1, del D.L. 16 ottobre 2017, n. 148, convertito con modificazioni dalla Legge 4 dicembre 2017, n. 172.*

[4] *Comma modificato dall'articolo 15, comma 1, lettera m), numero 2), del D.Lgs. 24 settembre 2015, n. 158, con la decorrenza indicata nell' articolo 32, comma 1, del medesimo D.Lgs. n. 158 del 2015, come modificato dall' articolo 1, comma 133, della Legge 28 dicembre 2015, n.*

208.

(5) Comma aggiunto dall'articolo 4, comma 3, del D.L. 22 ottobre 2016, n. 193 convertito, con modificazioni, dalla Legge 1 dicembre 2016, n. 225. La presente disposizione si applica a decorrere dal 1° gennaio 2017 come dispone l'articolo 4, comma 4, del D.L. 193/2016.

(6) Per l'applicazione della sanzione di cui al presente comma vedi l'articolo 1-ter, comma 1, del D.L. 16 ottobre 2017, n. 148, convertito con modificazioni dalla Legge 4 dicembre 2017, n. 172

(7) Comma aggiunto dall'articolo 4, comma 3, del D.L. 22 ottobre 2016, n. 193 convertito, con modificazioni, dalla Legge 1 dicembre 2016, n. 225. La presente disposizione si applica a decorrere dal 1° gennaio 2017 come dispone l'articolo 4, comma 4, del D.L. 193/2016

(8) Comma inserito dall'articolo 1, comma 915, della Legge 27 dicembre 2017, n. 205 e successivamente modificato dall'articolo 1, comma 1104, della Legge 30 dicembre 2020, n. 178 e successivamente dall'articolo 13, comma 1, del D.L. 21 giugno 2022, n. 73, convertito, con modificazioni, dalla Legge 4 agosto 2022, n. 122

(9) Comma inserito dall'articolo 1, comma 1111, lettera a), della Legge 30 dicembre 2020, n. 178.

(10) Comma abrogato, a decorrere dal 1° gennaio 2000, dall'articolo 54, comma 6, della legge 23 dicembre 1999, n. 488.

(11) Comma modificato dall'articolo 15, comma 1, lettera m), numero 3), del D.Lgs. 24 settembre 2015, n. 158, con la decorrenza indicata nell' articolo 32, comma 1, del medesimo D.Lgs. n. 158 del 2015, come modificato dall' articolo 1, comma 133, della Legge 28 dicembre 2015, n. 208.

(12) Comma inserito dall'articolo 11, comma 1, del D.L. 2 marzo 2012, n. 16.

(13) Vedi l'articolo 1, comma 432 della legge 30 dicembre 2004, n. 311.

(14) Comma modificato dall'articolo 15, comma 1, lettera m), numero 4), del D.Lgs. 24 settembre 2015, n. 158, con la decorrenza indicata nell' articolo 32, comma 1, del medesimo D.Lgs. n. 158 del 2015, come modificato dall' articolo 1, comma 133, della Legge 28 dicembre 2015, n. 208 e, da ultimo, dall'articolo 1, comma 1111, lettera b), della Legge 30 dicembre 2020, n. 178.

(15) Comma aggiunto dall'articolo 1, comma 1111, lettera c), della Legge 30 dicembre 2020, n. 178.

(16) Comma abrogato dall'articolo 33, comma 10, del D.L. 30 settembre 2003, n. 269.

(17) Comma modificato dall'articolo 15, comma 1, lettera m), numero 5), del D.Lgs. 24 settembre 2015, n. 158, con la decorrenza indicata nell' articolo 32, comma 1, del medesimo D.Lgs. n. 158 del 2015, come modificato dall' articolo 1, comma 133, della Legge 28 dicembre 2015, n. 208.

(18) Comma aggiunto dall'articolo 15, comma 1, lettera m), numero 6), del D.Lgs. 24 settembre 2015, n. 158, con la decorrenza indicata nell' articolo 32, comma 1, del medesimo D.Lgs. n. 158 del 2015, come modificato dall' articolo 1, comma 133, della Legge 28 dicembre 2015, n. 208.

(19) Comma aggiunto dall'articolo 15, comma 1, lettera m), numero 6), del D.Lgs. 24 settembre 2015, n. 158, con la decorrenza indicata nell' articolo 32, comma 1, del medesimo D.Lgs. n. 158 del 2015, come modificato dall' articolo 1, comma 133, della Legge 28 dicembre 2015, n. 208.

(20) Comma aggiunto dall'articolo 1, comma 149, della Legge 29 dicembre 2022, n. 197.

12. Sanzioni accessorie in materia di imposte dirette ed imposta sul valore aggiunto. – 1. Quando è irrogata una sanzione amministrativa superiore a euro 50.000 e la sanzione edittale prevista per la più grave delle violazioni accertate non inferiore nel minimo a euro 40.000 e nel massimo a euro 80.000, si applica, secondo i casi, una delle sanzioni accessorie previste nel decreto legislativo recante i principi generali per le sanzioni amministrative in materia tributaria, per un periodo da uno a tre mesi. La durata delle sanzioni accessorie può essere elevata fino a sei mesi, se la sanzione irrogata è superiore ad euro 100.000 e la sanzione edittale prevista per la più grave violazione non è inferiore nel minimo a euro 80.000 (1).

2. Qualora siano state contestate ai sensi dell'articolo 16 del decreto legislativo 18 dicembre 1997, n. 472, nel corso di un quinquennio, quattro distinte violazioni dell'obbligo di emettere la ricevuta fiscale o lo scontrino fiscale compiute in giorni diversi, anche se non sono state irrogate sanzioni accessorie in applicazione delle disposizioni del citato decreto legislativo n. 472 del 1997, è disposta la sospensione della licenza o dell'autorizzazione all'esercizio dell'attività ovvero dell'esercizio dell'attività medesima per un periodo da tre giorni ad un mese. In deroga all'articolo 19, comma 7, del medesimo decreto legislativo n. 472 del 1997, il provvedimento di sospensione è immediatamente esecutivo. Se l'importo complessivo dei corrispettivi oggetto di contestazione eccede la somma di euro 50.000 la sospensione è disposta per un periodo da un mese a sei mesi. Le sanzioni di cui ai periodi precedenti si applicano anche nelle ipotesi di cui all'articolo 2, commi 1, 1-bis e 2, del decreto legislativo 5 agosto 2015, n. 127, se le violazioni consistono nella mancata o non tempestiva memorizzazione o trasmissione, ovvero nella memorizzazione o trasmissione con dati incompleti o non veritieri (2).

2-bis. La sospensione di cui al comma 2 è disposta dalla direzione regionale dell'Agenzia delle entrate competente per territorio in relazione al domicilio fiscale del contribuente. Gli atti di sospensione devono essere notificati, a pena di decadenza, entro sei mesi da quando è stata contestata la quarta violazione. (3)

2-ter. L'esecuzione e la verifica dell'effettivo adempimento delle sospensioni di cui al comma 2 è effettuata dall'Agenzia delle entrate, ovvero dalla Guardia di finanza, ai sensi dell'articolo 63 del decreto del Presidente della Repubblica 26 ottobre 1972, n. 633 (4).

2-quater. L'esecuzione della sospensione di cui al comma 2 è assicurata con il sigillo dell'organo procedente e con le sottoscrizioni del personale incaricato [*ovvero con altro mezzo idoneo a indicare il vincolo imposto a fini fiscali*] (5).

2-quinquies. La sospensione di cui al comma 2 è disposta anche nei confronti dei soggetti esercenti i posti e apparati pubblici di telecomunicazione e nei confronti dei rivenditori agli utenti finali dei mezzi tecnici di cui all'articolo 74, primo comma, lettera d), del decreto del Presidente della Repubblica 26 ottobre 1972, n. 633, ai quali, nel corso di dodici mesi, siano state contestate tre distinte violazioni dell'obbligo di regolarizzazione dell'operazione di acquisto di mezzi tecnici ai sensi del comma 9-ter dell'articolo 6 (6).

2-sexies. Qualora siano state contestate a carico di soggetti iscritti in albi ovvero ad ordini professionali, nel corso di un quinquennio, quattro distinte violazioni dell'obbligo di emettere il documento certificativo dei corrispettivi compiute in giorni diversi, è disposta in ogni caso la sanzione accessoria della sospensione dell'iscrizione all'albo o all'ordine per un periodo da tre giorni ad un mese. In caso di recidiva, la sospensione è disposta per un periodo da quindici giorni a sei mesi. In deroga all' articolo 19, comma 7, del decreto legislativo 18 dicembre 1997, n. 472, il provvedimento di sospensione è immediatamente esecutivo. Gli atti di sospensione sono comunicati all'ordine professionale ovvero al soggetto competente alla tenuta dell'albo affinché ne sia data pubblicazione sul relativo sito internet. Si applicano le disposizioni dei commi 2-bis e 2-ter (7).

2-septies. Nel caso in cui le violazioni di cui al comma 2-sexies siano commesse nell'esercizio in forma associata di attività professionale, la sanzione accessoria di cui al medesimo comma è disposta nei confronti di tutti gli associati (8).

3. Se è accertata l'omessa installazione degli apparecchi misuratori previsti dall'articolo 1 della legge 26 gennaio

VARIE

1983, n. 18, è disposta la sospensione della licenza o dell'autorizzazione all'esercizio dell'attività nei locali ad essa destinati per un periodo da quindici giorni a due mesi. In caso di recidiva, la sospensione è disposta da due a sei mesi. Le sanzioni di cui ai periodi precedenti si applicano anche all'omessa installazione ovvero alla manomissione o alterazione degli strumenti di cui all'articolo 2, comma 4, del decreto legislativo 5 agosto 2015, n. 127, salve le procedure alternative adottate con i provvedimenti di attuazione di cui al medesimo comma [(9)(10)].

4. In caso di recidiva nelle violazioni previste dall'articolo 10, l'autore delle medesime è interdetto dalle cariche di amministratore della banca, società o ente per un periodo da tre a sei mesi.

[(1)] *Comma modificato dall'articolo 15, comma 1, lettera n), del D.Lgs. 24 settembre 2015, n. 158, con la decorrenza indicata nell' articolo 32, comma 1, del medesimo D.Lgs. n. 158 del 2015, come modificato dall' articolo 1, comma 133, della Legge 28 dicembre 2015, n. 208.*

[(2)] *Comma sostituito dall'articolo 1, comma 8, del D.L. 3 ottobre 2006, n. 262 e successivamente modificato dall'articolo 1, comma 269, della legge 24 dicembre 2007, n. 244. A norma dell'articolo 1, comma 8-ter, del D.L. 3 ottobre 2006, n. 262 le disposizioni del presente comma si applicano alle violazioni constatate a decorrere dal 29 novembre 2006; per le violazioni già constatate alla medesima data si applicano le disposizioni previgenti. Da ultimo, modificato dall'articolo 1, comma 1112, della Legge 30 dicembre 2020, n. 178.*

[(3)] *Comma inserito dall'articolo 1, comma 8-bis, del D.L. 3 ottobre 2006, n. 262. A norma dell'articolo 1, comma 8-ter, del D.L. 3 ottobre 2006, n. 262 le disposizioni del presente comma si applicano alle violazioni constatate a decorrere dal 29 novembre 2006; per le violazioni già constatate alla medesima data si applicano le disposizioni previgenti. Successivamente il presente comma, è stato modificato dall'articolo 37-ter del D.L. 31 dicembre 2007, n. 248.*

[(4)] *Comma inserito dall'articolo 1, comma 8-bis, del D.L. 3 ottobre 2006, n. 262. A norma dell'articolo 1, comma 8-ter, del D.L. 3 ottobre 2006, n. 262 le disposizioni del presente comma si applicano alle violazioni constatate a decorrere dal 29 novembre 2006; per le violazioni già constatate alla medesima data si applicano le disposizioni previgenti.*

[(5)] *Comma inserito dall'articolo 1, comma 8-bis, del D.L. 3 ottobre 2006, n. 262, e successivamente modificato dall'articolo 1, comma 118, della legge 24 dicembre 2007, n. 244. A norma dell'articolo 1, comma 8-ter, del D.L. 3 ottobre 2006, n. 262 le disposizioni del presente comma si applicano alle violazioni constatate a decorrere dal 29 novembre 2006; per le violazioni già constatate alla medesima data si applicano le disposizioni previgenti.*

[(6)] *Comma aggiunto dall'articolo 1, comma 159, lettera b), della legge 24 dicembre 2007, n. 244.*

[(7)] *Comma inserito dall'articolo 2, comma 5, del D.L. 13 agosto 2011, n. 138.*

[(8)] *Comma inserito dall'articolo 2, comma 5, del D.L. 13 agosto 2011, n. 138.*

[(9)] *Comma modificato dall'articolo 1, comma 1113, della Legge 30 dicembre 2020, n. 178.*

[(10)] *Vedi l'articolo 1, comma 432 della legge 30 dicembre 2004, n. 311.*

TITOLO II
Sanzioni in materia di riscossione

13. Ritardati od omessi versamenti diretti e altre violazioni in materia di compensazione [(1)]. – 1. Chi non esegue, in tutto o in parte, alle prescritte scadenze, i versamenti in acconto, i versamenti periodici, il versamento di conguaglio o a saldo dell'imposta risultante dalla dichiarazione, detratto in questi casi l'ammontare dei versamenti periodici e in acconto, ancorché non effettuati, è soggetto a sanzione amministrativa pari al trenta per cento di ogni importo non versato, anche quando, in seguito alla correzione di errori materiali o di calcolo rilevati in sede di controllo della dichiarazione annuale, risulti una maggiore imposta o una minore eccedenza detraibile. Per i versamenti effettuati con un ritardo non superiore a novanta giorni, la sanzione di cui al primo periodo è ridotta alla metà. Salva l'applicazione dell'articolo 13 del decreto legislativo 18 dicembre 1997, n. 472, per i versamenti effettuati con un ritardo non superiore a quindici giorni, la sanzione di cui al secondo periodo è ulteriormente ridotta a un importo pari a un quindicesimo per ciascun giorno di ritardo.

2. La sanzione di cui al comma 1 si applica nei casi di liquidazione della maggior imposta ai sensi degli articoli 36-bis e 36-ter del decreto del Presidente della Repubblica 29 settembre 1973, n. 600, e ai sensi dell'articolo 54-bis del decreto del Presidente della Repubblica 26 ottobre 1972, n. 633.

3. Fuori dei casi di tributi iscritti a ruolo, la sanzione prevista al comma 1 si applica altresì in ogni ipotesi di mancato pagamento di un tributo o di una sua frazione nel termine previsto.

4. Nel caso di utilizzo di un'eccedenza o di un credito d'imposta esistenti in misura superiore a quella spettante o in violazione delle modalità di utilizzo previste dalle leggi vigenti si applica, salva l'applicazione di disposizioni speciali, la sanzione pari al trenta per cento del credito utilizzato.

5. Nel caso di utilizzo in compensazione di crediti inesistenti per il pagamento delle somme dovute è applicata la sanzione dal cento al duecento per cento della misura dei crediti stessi. Per le sanzioni previste nel presente comma, in nessun caso si applica la definizione agevolata prevista dagli articoli 16, comma 3, e 17, comma 2, del decreto legislativo 18 dicembre 1997, n. 472. Si intende inesistente il credito in relazione al quale manca, in tutto o in parte, il presupposto costitutivo e la cui inesistenza non sia riscontrabile mediante controlli di cui agli articoli 36-bis e 36-ter del decreto del Presidente della Repubblica 29 settembre 1973, n. 600, e all'articolo 54-bis del decreto del Presidente della Repubblica 26 ottobre 1972, n. 633.

6. Fuori dall'ipotesi di cui all'articolo 11, comma 7-bis, sull'ammontare delle eccedenze di credito risultanti dalla dichiarazione annuale dell'ente o società controllante ovvero delle società controllate, compensate in tutto o in parte con somme che avrebbero dovuto essere versate dalle altre società controllate o dall'ente o società controllante, di cui all'articolo 73, terzo comma, del decreto del Presidente della Repubblica 26 ottobre 1972, n. 633, si applica la sanzione di cui al comma 1 quando la garanzia di cui all'articolo 38-bis del medesimo decreto è presentata oltre il termine di novanta giorni dalla scadenza del termine di presentazione della dichiarazione annuale.

7. Le sanzioni previste nel presente articolo non si applicano quando i versamenti sono stati tempestivamente eseguiti ad ufficio o concessionario diverso da quello competente.

[(1)] *Articolo modificato, a decorrere dal 1° aprile 1998, dall'articolo 1, comma 1, lettera e), del D.Lgs. 30 marzo 2000, n. 99, dall'articolo 23, comma 31, del D.L. 6 luglio 2011, n. 98 e dall'articolo 11, comma 3-bis, del D. L. 2 marzo 2012 n.16. Da ultimo, sostituito dall'articolo 15, comma 1, lettera o), del D.Lgs. 24 settembre 2015, n. 158, con la decorrenza indicata nell'articolo 32, comma 1, del medesimo D.Lgs. n. 158 del 2015, come modificato dall'articolo 1, comma 133, della Legge 28 dicembre 2015, n. 208.*

14. Violazioni dell'obbligo di esecuzione di ritenute alla fonte. – 1. Chi non esegue, in tutto o in parte, le ritenute alla fonte è soggetto alla sanzione amministrativa pari al venti per cento dell'ammontare non trattenuto [*, salva l'applicazione delle disposizioni dell'articolo 13 per il caso di omesso versamento*] (1).

(1) *Comma modificato dall'articolo 15, comma 1, lettera p), del D.Lgs. 24 settembre 2015, n. 158, con la decorrenza indicata nell'articolo 32, comma 1, del medesimo D.Lgs. n. 158 del 2015, come modificato dall'articolo 1, comma 133, della Legge 28 dicembre 2015, n. 208.*

15. Incompletezza dei documenti di versamento. – 1. Nei casi in cui i documenti utilizzati per i versamenti diretti non contengono gli elementi necessari per l'identificazione del soggetto ché li esegue e per l'imputazione della somma versata, si applica la sanzione amministrativa da euro 100 a euro 500 (1).

2. Il concessionario per la riscossione è tenuto a comunicare l'infrazione all'ufficio o all'ente impositore.

2-bis. Per l'omessa presentazione del modello di versamento contenente i dati relativi alla eseguita compensazione, si applica la sanzione di euro 100, ridotta a euro 50 se il ritardo non è superiore a cinque giorni lavorativi (2).

2-ter. Nel caso di mancata esecuzione delle deleghe di pagamento per effetto dell'attività di controllo di cui all'articolo 37, comma 49-ter, del decreto-legge 4 luglio 2006, n. 223, convertito, con modificazioni, dalla legge 4 agosto 2006, n. 248, si applica una sanzione pari al 5 per cento dell'importo, per importi fino a 5.000 euro, e pari a 250 euro, per importi superiori a 5.000 euro, ciascuna delega non eseguita. Non si applica l'articolo 12 del decreto legislativo 18 dicembre 1997, n. 472 (3).

(1) *Comma modificato dall'articolo 15, comma 1, lettera q), numero 1), del D.Lgs. 24 settembre 2015, n. 158, con la decorrenza indicata nell'articolo 32, comma 1, del medesimo D.Lgs. n. 158 del 2015, come modificato dall'articolo 1, comma 133, della Legge 28 dicembre 2015, n. 208.*

(2) *Comma aggiunto dall'articolo 15, comma 1, lettera q), numero 2), del D.Lgs. 24 settembre 2015, n. 158, a decorrere dal 1 gennaio 2017, come indicato dall'articolo 32, comma 1, del medesimo D.Lgs. n. 158 del 2015, con la decorrenza indicata nell'articolo 32, comma 1, del medesimo D.Lgs. n. 158 del 2015, come modificato dall'articolo 1, comma 133, della Legge 28 dicembre 2015, n. 208.*

(3) *Comma aggiunto dall'articolo 3, comma 5, del D.L. 26 ottobre 2019, n. 124, convertito con modificazioni dalla Legge 19 dicembre 2019, n. 157.*

Per l'applicazione, vedi il comma 8, dell'articolo 3 del D.L. 124/2019 medesimo.

TITOLO III
Disposizioni comuni

16. Abrogazione di norme. – 1. Sono abrogati:

a) gli articoli da 41 a 49, 58, 61, primo comma, primo periodo, limitatamente alle parole "o del separato avviso di cui al terzo comma dell'art. 58", e secondo periodo, 73- bis, commi quarto e quinto, del decreto del Presidente della Repubblica 26 ottobre 1972, n. 633 (1);

b) gli articoli da 46 a 55 e 57, ultimo comma, del decreto del Presidente della Repubblica 29 settembre 1973, n. 600;

c) gli articoli da 92 a 96, 97, ad eccezione del sesto comma, e 98 del decreto del Presidente della Repubblica 29 settembre 1973, n. 602;

d) l'art. 8, commi dal quarto al nono, della legge 10 maggio 1976, n. 249, aggiunti dall'art. 1 della legge 13 marzo 1980, n. 71;

e) l'art. 2, ad eccezione dei commi settimo e ottavo, della legge 26 gennaio 1983, n. 18;

f) l'art. 5, comma 11, del decreto-legge 27 aprile 1990, n. 90, convertito, con modificazioni, dalla legge 26 giugno 1990, n. 165;

g) l'art. 54, ad eccezione del comma 8, del decreto-legge 30 agosto 1993, n. 331, convertito, con modificazioni, dalla legge 29 ottobre 1993, n. 427;

h) l'art. 34, commi 2 e 3 del decreto-legge 23 febbraio 1995, n. 41, convertito, con modificazioni, dalla legge 22 marzo 1995, n. 85.

2. È altresì abrogata ogni altra disposizione in contrasto con il presente decreto.

(1) *Lettera modificata, a decorrere dal 1° aprile 1998, dall'articolo 1, comma 1, lettera e), del D.Lgs. 5 giugno 1998, n. 203.*

17. Entrata in vigore. – 1. Il presente decreto legislativo entra in vigore il 1° aprile 1998.

VARIE

3. D.Lgs. 10 marzo 2000, n. 74

Nuova disciplina dei reati in materia di imposte sui redditi e sul valore aggiunto, a norma dell'art. 9 della legge 25 giugno 1999, n. 205 (REATI TRIBUTARI)(1)

(1) *Pubblicato in Gazz. Uff., 31 marzo, n. 76*

TITOLO I
Definizioni

1. Definizioni. – 1. Ai fini del presente decreto legislativo:

a) per "fatture o altri documenti per operazioni inesistenti" si intendono le fatture o gli altri documenti aventi rilievo probatorio analogo in base alle norme tributarie, emessi a fronte di operazioni non realmente effettuate in tutto o in parte o che indicano i corrispettivi o l'imposta sul valore aggiunto in misura superiore a quella reale, ovvero che riferiscono l'operazione a soggetti diversi da quelli effettivi;

b) per "elementi attivi o passivi" si intendono le componenti, espresse in cifra, che concorrono, in senso positivo o negativo, alla determinazione del reddito o delle basi imponibili rilevanti ai fini dell'applicazione delle imposte sui redditi o sul valore aggiunto e le componenti che incidono sulla determinazione dell'imposta dovuta (1);

c) per "dichiarazioni" si intendono anche le dichiarazioni presentate in qualità di amministratore liquidatore o rappresentante di società, enti o persone fisiche o di sostituto d'imposta, nei casi previsti dalla legge (2);

d) il "fine di evadere le imposte" e il "fine di consentire a terzi l'evasione" si intendono comprensivi, rispettivamente, anche del fine di conseguire un indebito rimborso o il riconoscimento di un inesistente credito d'imposta, e del fine di consentirli a terzi;

e) riguardo ai fatti commessi da chi agisce in qualità di amministratore, liquidatore o rappresentante di società, enti o persone fisiche, il "fine di evadere le imposte" ed il "fine di sottrarsi al pagamento" si intendono riferiti alla società, all'ente o alla persona fisica per conto della quale si agisce;

f) per "imposta evasa" si intende la differenza tra l'imposta effettivamente dovuta e quella indicata nella dichiarazione, ovvero l'intera imposta dovuta nel caso di omessa dichiarazione, al netto delle somme versate dal contribuente o da terzi a titolo di acconto, di ritenuta o comunque in pagamento di detta imposta prima della presentazione della dichiarazione o della scadenza del relativo termine; non si considera imposta evasa quella teorica e non effettivamente dovuta collegata a una rettifica in diminuzione di perdite dell'esercizio o di perdite pregresse spettanti e utilizzabili [3];

g) le soglie di punibilità riferite all'imposta evasa si intendono estese anche all'ammontare dell'indebito rimborso richiesto o dell'inesistente credito di imposta esposto nella dichiarazione.

g-bis) per "operazioni simulate oggettivamente o soggettivamente" si intendono le operazioni apparenti, diverse da quelle disciplinate dall'articolo 10-bis della legge 27 luglio 2000, n. 212, poste in essere con la volontà di non realizzarle in tutto o in parte ovvero le operazioni riferite a soggetti fittiziamente interposti [4];

g-ter) per "mezzi fraudolenti" si intendono condotte artificiose attive nonché quelle omissive realizzate in violazione di uno specifico obbligo giuridico, che determinano una falsa rappresentazione della realtà [5].

[1] Lettera modificata dall'articolo 1, comma 1, lettera a), del D.Lgs. 24 settembre 2015, n. 158.
[2] Lettera modificata dall'articolo 1, comma 1, lettera b), del D.Lgs. 24 settembre 2015, n. 158.
[3] Lettera modificata dall'articolo 1, comma 1, lettera c), del D.Lgs. 24 settembre 2015, n. 158.
[4] Lettera aggiunta dall'articolo 1, comma 1, lettera d), del D.Lgs. 24 settembre 2015, n. 158.
[5] Lettera aggiunta dall'articolo 1, comma 1, lettera d), del D.Lgs. 24 settembre 2015, n. 158.

TITOLO II
Delitti

CAPO I
Delitti in materia di dichiarazione

2. Dichiarazione fraudolenta mediante uso di fatture o altri documenti per operazioni inesistenti. – 1. È punito con la reclusione da quattro a otto anni chiunque, al fine di evadere le imposte sui redditi o sul valore aggiunto, avvalendosi di fatture o altri documenti per operazioni inesistenti, indica in una delle dichiarazioni [*annuali*] relative a dette imposte elementi passivi fittizi [1].

2. Il fatto si considera commesso avvalendosi di fatture o altri documenti per operazioni inesistenti quando tali fatture o documenti sono registrati nelle scritture contabili obbligatorie, o sono detenuti a fine di prova nei confronti dell'amministrazione finanziaria.

2-bis. Se l'ammontare degli elementi passivi fittizi è inferiore a euro centomila, si applica la reclusione da un anno e sei mesi a sei anni[2]

[*3. Se l'ammontare degli elementi passivi fittizi è inferiore a euro 154.937,07, si applica la reclusione da sei mesi a due anni.*][3]

[1] Comma modificato dall'articolo 2, comma 1, del D.Lgs. 24 settembre 2015, n. 158 e successivamente dall'articolo 39, comma 1, lettera a), del D.L. 26 ottobre 2019, n. 124, non ancora convertito in legge. Per l'applicazione delle presenti disposizioni vedi l'articolo 39, comma 3, del D.L. 26 ottobre 2019, n. 124, convertito con modificazioni dalla Legge 19 dicembre 2019, n. 157.
[2] Comma aggiunto dall'articolo 39, comma 1, lettera b), del D.L. 26 ottobre 2019, n. 124, convertito con modificazioni dalla Legge 19 dicembre 2019, n. 157. Per l'applicazione delle presenti disposizioni vedi l'articolo 39, comma 3, del D.L. 26 ottobre 2019, n. 124, convertito con modificazioni dalla Legge 19 dicembre 2019, n. 157.
[3] Comma abrogato dall'articolo 2, comma 36-vicies semel, lett. a) del D.L. 13 agosto 2011, n. 138.

3. Dichiarazione fraudolenta mediante altri artifici [1]. – 1. Fuori dai casi previsti dall'articolo 2, è punito con la reclusione da tre a otto anni chiunque, al fine di evadere le imposte sui redditi o sul valore aggiunto, compiendo operazioni simulate oggettivamente o soggettivamente ovvero avvalendosi di documenti falsi o di altri mezzi fraudolenti idonei ad ostacolare l'accertamento e ad indurre in errore l'amministrazione finanziaria, indica in una delle dichiarazioni relative a dette imposte elementi attivi per un ammontare inferiore a quello effettivo od elementi passivi fittizi o crediti e ritenute fittizi, quando, congiuntamente [2]:

a) l'imposta evasa è superiore, con riferimento a taluna delle singole imposte, a euro trentamila;

b) l'ammontare complessivo degli elementi attivi sottratti all'imposizione, anche mediante indicazione di elementi passivi fittizi, è superiore al cinque per cento dell'ammontare complessivo degli elementi attivi indicati in dichiarazione, o comunque, è superiore a euro un milione cinquecentomila, ovvero qualora l'ammontare complessivo dei crediti e delle ritenute fittizie in diminuzione dell'imposta, è superiore al cinque per cento dell'ammontare dell'imposta medesima o comunque a euro trentamila.

2. Il fatto si considera commesso avvalendosi di documenti falsi quando tali documenti sono registrati nelle scritture contabili obbligatorie o sono detenuti a fini di prova nei confronti dell'amministrazione finanziaria.

3. Ai fini dell'applicazione della disposizione del comma 1, non costituiscono mezzi fraudolenti la mera violazione degli obblighi di fatturazione e di annotazione degli elementi attivi nelle scritture contabili o la sola indicazione nelle fatture o nelle annotazioni di elementi attivi inferiori a quelli reali.

[1] Articolo modificato dall'articolo 2, comma 36-vicies semel, lett. b) e c) del D.L. 13 agosto 2011, n. 138 e successivamente sostituito dall'articolo 3, comma 1, del D.Lgs. 24 settembre 2015, n. 158.
[2] Alinea modificato dall'articolo 39, comma 1, lettera c), del D.L. 26 ottobre 2019, n. 124, convertito con modificazioni dalla Legge 19 dicembre 2019, n. 157. Per l'applicazione delle presenti disposizioni vedi l'articolo 39, comma 3, del D.L. 26 ottobre 2019, n. 124, convertito con modificazioni dalla Legge 19 dicembre 2019, n. 157.

4. Dichiarazione infedele. – 1. Fuori dei casi previsti dagli articoli 2 e 3, è punito con la reclusione da due anni a quattro anni e sei mesi chiunque, al fine di evadere le imposte sui redditi o sul valore aggiunto, indica in una delle dichiarazioni annuali relative a dette imposte elementi attivi per un ammontare inferiore a quello effettivo od elementi passivi inesistenti, quando, congiuntamente [1] :

a) l'imposta evasa è superiore, con riferimento a taluna delle singole imposte, a euro centomila [2];

b) l'ammontare complessivo degli elementi attivi sottratti all'imposizione, anche mediante indicazione di elementi passivi inesistenti, è superiore al dieci per cento dell'ammontare complessivo degli elementi attivi indicati in dichiarazione o, comunque, è superiore a euro due milioni [3].

1-bis. Ai fini dell'applicazione della disposizione del comma 1, non si tiene conto della non corretta classificazione, della valutazione di elementi attivi o passivi oggettivamente esistenti, rispetto ai quali i criteri concretamente applicati sono stati comunque indicati nel bilancio ovvero in altra documentazione rilevante ai fini fiscali, della violazione dei criteri di determinazione dell'esercizio di competenza, della non inerenza, della non deducibilità di elementi passivi reali [4].

1-ter. Fuori dei casi di cui al comma 1-bis, non danno luogo a fatti punibili le valutazioni che complessivamente considerate, differiscono in misura inferiore al 10 per cento da quelle corrette. Degli importi compresi in tale percentuale non si tiene conto nella verifica del superamento delle soglie di punibilità previste dal comma 1, lettere a) e b)[5].

[1] Alinea modificato dall'articolo 4, comma 1, lettera d), del D.Lgs. 24 settembre 2015, n. 158 e successivamente dall'articolo 39, comma 1, lettera d), del D.L. 26 ottobre 2019, n. 124, convertito con modificazioni dalla Legge 19 dicembre 2019, n. 157. Per l'applicazione delle presenti disposizioni vedi l'articolo 39, comma 3, del D.L. 26 ottobre 2019, n. 124, convertito con modificazioni dalla Legge 19 dicembre 2019, n. 157.

[2] Lettera modificata dall'articolo 2, comma 36-vicies semel, lett. d) del D.L. 13 agosto 2011, n. 138, convertito con modificazioni dalla Legge 14 settembre 2011, n. 148; vedi anche il comma 36-vicies bis del medesimo articolo 2. Successivamente modificata dall'articolo 4, comma 1, lettera a), del D.Lgs. 24 settembre 2015, n. 158 e dall'articolo 39, comma 1, lettera e), del D.L. 26 ottobre 2019, n. 124, convertito con modificazioni dalla Legge 19 dicembre 2019, n. 157. Per l'applicazione delle presenti disposizioni vedi l'articolo 39, comma 3, del D.L. 26 ottobre 2019, n. 124, convertito con modificazioni dalla Legge 19 dicembre 2019, n. 157.

[3] Lettera modificata dall'articolo 2, comma 36-vicies semel, lett. e) del D.L. 13 agosto 2011, n. 138, convertito con modificazioni dalla Legge 14 settembre 2011, n. 14; vedi anche il comma 36-vicies bis del medesimo articolo 2. Successivamente modificata dall'articolo 4, comma 1, lettere b) e d), del D.Lgs. 24 settembre 2015, n. 158 e dall'articolo 39, comma 1, lettera f), del D.L. 26 ottobre 2019, n. 124, convertito con modificazioni dalla Legge 19 dicembre 2019, n. 157. Per l'applicazione delle presenti disposizioni vedi l'articolo 39, comma 3, del D.L. 26 ottobre 2019, n. 124, convertito con modificazioni dalla Legge 19 dicembre 2019, n. 157.

[4] Comma aggiunto dall'articolo 4, comma 1, lettera c), del D.Lgs. 24 settembre 2015, n. 158.

[5] Comma aggiunto dall'articolo 4, comma 1, lettera c), del D.Lgs. 24 settembre 2015, n. 158 e successivamente modificato dall'articolo 39, comma 1, lettera g), del D.L. 26 ottobre 2019, n. 124, convertito con modificazioni dalla Legge 19 dicembre 2019, n. 15.. Per l'applicazione delle presenti disposizioni vedi l'articolo 39, comma 3, del D.L. 26 ottobre 2019, n. 124, convertito con modificazioni dalla Legge 19 dicembre 2019, n. 157.

5. Omessa dichiarazione. – 1. È punito con la reclusione da due a cinque anni chiunque al fine di evadere le imposte sui redditi o sul valore aggiunto, non presenta, essendovi obbligato, una delle dichiarazioni relative a dette imposte, quando l'imposta evasa è superiore, con riferimento a taluna delle singole imposte ad euro cinquantamila [1].

1-bis. È punito con la reclusione da due a cinque anni chiunque non presenta, essendovi obbligato, la dichiarazione di sostituto d'imposta, quando l'ammontare delle ritenute non versate è superiore ad euro cinquantamila. [2].

2. Ai fini della disposizione prevista dai commi 1 e 1-bis non si considera omessa la dichiarazione presentata entro novanta giorni dalla scadenza del termine o non sottoscritta o non redatta su uno stampato conforme al modello prescritto [3][4].

[1] Comma modificato dall'articolo 2, comma 36-vicies semel, lett. f) del D.L. 13 agosto 2011, n. 138, convertito con modificazioni dalla Legge 14 settembre 2011, n. 148; vedi anche il comma 36-vicies bis del medesimo articolo 2 e successivamente sostituito dall'articolo 5, comma 1, lettera a), del D.Lgs. 24 settembre 2015, n. 158. Da ultimo modificato dall'articolo 39, comma 1, lettera h), del D.L. 26 ottobre 2019, n. 124, convertito con modificazioni dalla Legge 19 dicembre 2019, n. 157. Per l'applicazione delle presenti disposizioni vedi l'articolo 39, comma 3, del D.L. 26 ottobre 2019, n. 124, convertito con modificazioni dalla Legge 19 dicembre 2019, n. 157.

[2] Comma inserito per effetto della sostituzione del comma 1 con i commi 1 e 1-bis, disposta dall'articolo 5, comma 1, lettera a), del D.Lgs. 24 settembre 2015, n. 158. Successivamente modificato dall'articolo 39, comma 1, lettera i), del D.L. 26 ottobre 2019, n. 124, convertito con modificazioni dalla Legge 19 dicembre 2019, n. 157. Per l'applicazione delle presenti disposizioni vedi l'articolo 39, comma 3, del D.L. 26 ottobre 2019, n. 124, convertito con modificazioni dalla Legge 19 dicembre 2019, n. 157.

[3] Comma modificato dall'articolo 5, comma 1, lettera b), del D.Lgs. 24 settembre 2015, n. 158.

[4] Vedi l'articolo 1-bis, comma 7, del D.L. 24 aprile 2017, n. 50, convertito, con modificazioni, dalla Legge 21 giugno 2017, n. 96.

6. Tentativo. – 1. I delitti previsti dagli articoli 2, 3 e 4 non sono [*comunque*] punibili a titolo di tentativo, salvo quanto previsto al comma 1-bis [1].

1-bis. Quando la condotta è posta in essere al fine di evadere l'imposta sul valore aggiunto nell'ambito di sistemi fraudolenti transfrontalieri, connessi al territorio di almeno un altro Stato membro dell'Unione europea, dai quali consegua o possa conseguire un danno complessivo pari o superiore a euro 10.000.000, il delitto previsto dall'articolo 4 è punibile a titolo di tentativo. Fuori dei casi di concorso nel delitto di cui all'articolo 8, i delitti previsti dagli articoli 2 e 3 sono punibili a titolo di tentativo, quando ricorrono le medesime condizioni di cui al primo periodo [2].

[1] Comma modificato dall'articolo 4, comma 1, lettera a), del D.Lgs. 4 ottobre 2022, n. 156

[2] Comma aggiunto dall'articolo 2, comma 1, del D.Lgs. 14 luglio 2020, n. 75 e successivamente sostituito dall'articolo 4, comma 1, lettera b), del D.Lgs. 4 ottobre 2022, n. 156.

7. Rilevazioni nelle scritture contabili e nel bilancio [1]. – [*1. Non danno luogo a fatti punibili a norma degli articoli 3 e 4 le rilevazioni nelle scritture contabili e nel bilancio eseguite in violazione dei criteri di determinazione dell'esercizio di competenza ma sulla base di metodi costanti di impostazione contabile, nonchè le rilevazioni e le valutazioni estimative rispetto alle quali i criteri concretamente applicati sono stati comunque indicati nel bilancio.*

2. In ogni caso, non danno luogo a fatti punibili a norma degli articoli 3 e 4 le valutazioni estimative che, singolarmente considerate, differiscono in misura inferiore al dieci per cento da quelle corrette. Degli importi compresi in tale percentuale non si tiene conto nella verifica del superamento delle soglie di punibilità previste nel comma 1, lettere a) e b), dei medesimi articoli.]

[1] Articolo abrogato dall'articolo 14, comma 1, lettera a), del D.Lgs. 24 settembre 2015, n. 158.

CAPO II
Delitti in materia di documenti e pagamento di imposte

8. Emissione di fatture o altri documenti per operazioni inesistenti. – 1. È punito con la reclusione da quattro a otto anni chiunque, al fine di consentire a terzi l'evasione delle imposte sui redditi o sul valore aggiunto, emette o rilascia fatture o altri documenti per operazioni inesistenti [1].

2. Ai fini dell'applicazione della disposizione prevista dal comma 1, l'emissione o il rilascio di più fatture o documenti per operazioni inesistenti nel corso del medesimo periodo di imposta si considera come un solo reato.

2-bis. Se l'importo non rispondente al vero indicato nelle fatture o nei documenti, per periodo d'imposta, è inferiore a euro centomila, si applica la reclusione da un anno e sei mesi a sei anni [2].

[*3. Se l'importo non rispondente al vero indicato nelle fatture o nei documenti è inferiore a euro 154.937,07 per periodo di imposta, si applica la reclusione da sei mesi a due anni.*] [3].

(1) Comma modificato dall'articolo 39, comma 1, lettera l), del D.L. 26 ottobre 2019, n. 124, convertito con modificazioni dalla Legge 19 dicembre 2019, n. 157. Per l'applicazione delle presenti disposizioni vedi l'articolo 39, comma 3, del D.L. 26 ottobre 2019, n. 124, convertito con modificazioni dalla Legge 19 dicembre 2019, n. 157.
(2) Comma aggiunto dall'articolo 39, comma 1, lettera m), del D.L. 26 ottobre 2019, n. 124, convertito con modificazioni dalla Legge 19 dicembre 2019, n. 157. Per l'applicazione delle presenti disposizioni vedi l'articolo 39, comma 3, del D.L. 26 ottobre 2019, n. 124, convertito con modificazioni dalla Legge 19 dicembre 2019, n. 157.
(3) Comma abrogato dall'articolo 2, comma 36-vicies semel, lett. g) del D.L. 13 agosto 2011, n. 138, convertito con modificazioni dalla Legge 14 settembre 2011, n. 148; vedi anche il comma 36-vicies bis del medesimo articolo 2.

9. Concorso di persone nei casi di emissione o utilizzazione di fatture o altri documenti per operazioni inesistenti. – 1. In deroga all'art. 110 del codice penale:

a) l'emittente di fatture o altri documenti per operazioni inesistenti e chi concorre con il medesimo non è punibile a titolo di concorso nel reato previsto dall'art. 2;

b) chi si avvale di fatture o altri documenti per operazioni inesistenti e chi concorre con il medesimo non è punibile a titolo di concorso nel reato previsto dall'art. 8.

10. Occultamento o distruzione di documenti contabili. – 1. Salvo che il fatto costituisca più grave reato, è punito con la reclusione da tre a sette anni chiunque, al fine di evadere le imposte sui redditi o sul valore aggiunto, ovvero di consentire l'evasione a terzi, occulta o distrugge in tutto o in parte le scritture contabili o i documenti di cui è obbligatoria la conservazione, in modo da non consentire la ricostruzione dei redditi o del volume di affari [1][2].

(1) Comma modificato dall'articolo 6, comma 1, del D.Lgs. 24 settembre 2015, n. 158.
(2) Comma modificato dall'articolo 39, comma 1, lettera n), del D.L. 26 ottobre 2019, n. 124, convertito con modificazioni dalla Legge 19 dicembre 2019, n. 157. Per l'applicazione delle presenti disposizioni vedi l'articolo 39, comma 3, del D.L. 26 ottobre 2019, n. 124, convertito con modificazioni dalla Legge 19 dicembre 2019, n. 157.

10 *bis*. Omesso versamento di ritenute [*dovute o*] certificate [1]. – 1. È punito con la reclusione da sei mesi a due anni chiunque non versa entro il termine previsto per la presentazione della dichiarazione annuale di sostituto di imposta ritenute [*dovute sulla base della stessa dichiarazione o*] risultanti dalla certificazione rilasciata ai sostituiti, per un ammontare superiore a centocinquantamila euro per ciascun periodo d'imposta [3].

(1) Articolo inserito dall'articolo 1, comma 414, della legge 30 dicembre 2004, n. 311.
(2) Rubrica modificata dall'articolo 7, comma 1, lettera a), del D.Lgs. 24 settembre 2015, n. 158. Successivamente, la Corte Costituzionale, con sentenza 14 luglio 2022, n. 175, (in Gazz. Uff. 20 luglio 2022, n. 29), ha dichiarato, in via consequenziale, ai sensi dell'art. 27 della legge 11 marzo 1953, n. 87, l'illegittimità costituzionale dell'articolo 7, comma 1, lettera a), del D.Lgs. 158/2015,limitatamente alle parole «dovute o»
(3) Comma modificato dall'articolo 7, comma 1, lettera b), del D.Lgs. 24 settembre 2015, n. 158 e successivamente dall'articolo 39, comma 1, lettera o), del D.L. 26 ottobre 2019, n. 124. L'articolo 39, comma 1, lettera o), del D.L. 26 ottobre 2019, n. 124 è stato soppresso dalla Legge 19 dicembre 2019, n. 157, in sede di conversione. Da ultimo, la Corte Costituzionale, con sentenza 14 luglio 2022, n. 175, (in Gazz. Uff. 20 luglio 2022, n. 29),ha dichiarato l'illegittimità costituzionale dell'articolo 7, comma 1, lettera b), del D.Lgs. 158/2015, nella parte in cui inserisce nel presente articolo, le parole «dovute sulla base della stessa dichiarazione o».

10 *ter*. Omesso versamento di IVA [1]. – 1. È punito con la reclusione da sei mesi a due anni chiunque non versa, entro il termine per il versamento dell'acconto relativo al periodo d'imposta successivo, l'imposta sul valore aggiunto dovuta in base alla dichiarazione annuale, per un ammontare superiore a euro duecentocinquantamila per ciascun periodo d'imposta[2].

(1) Articolo inserito dall'articolo 35, comma 7, del D.L. 4 luglio 2006, n. 223; successivamente la Corte Costituzionale, con sentenza 8 aprile 2014, n. 80 (in Gazz.Uff., 16 aprile, n. 17), ha dichiarato l'illegittimità costituzionale del presente articolo, nella parte in cui, con riferimento ai fatti commessi sino al 17 settembre 2011, punisce l'omesso versamento dell'imposta sul valore aggiunto, dovuta in base alla relativa dichiarazione annuale, per importi non superiori, per ciascun periodo di imposta, ad euro 103.291,38. Da ultimo, articolo sostituito dall'articolo 8, comma 1, del D.Lgs. 24 settembre 2015, n. 158.
(2) Comma modificato dall'articolo 39, comma 1, lettera p), del D.L. 26 ottobre 2019, n. 124, non ancora convertito in legge. L'articolo 39, comma 1, lettera o), del D.L. 26 ottobre 2019, n. 124 è stato soppresso dalla Legge 19 dicembre 2019, n. 157, in sede di conversione.

10 *quater*. Indebita compensazione [1]. – 1. È punito con la reclusione da sei mesi a due anni chiunque non versa le somme dovute, utilizzando in compensazione, ai sensi dell'articolo 17 del decreto legislativo 9 luglio 1997, n. 241, crediti non spettanti, per un importo annuo superiore a cinquantamila euro.

2. È punito con la reclusione da un anno e sei mesi a sei anni chiunque non versa le somme dovute, utilizzando in compensazione, ai sensi dell'articolo 17 del decreto legislativo 9 luglio 1997, n. 241, crediti inesistenti per un importo annuo superiore ai cinquantamila euro.

(1) Articolo inserito dall'articolo 35, comma 7, del D.L. 4 luglio 2006, n. 223 e successivamente sostituito dall'articolo 9, comma 1, del D.Lgs. 24 settembre 2015, n. 158.

11. Sottrazione fraudolenta al pagamento di imposte [1]. – 1. È punito con la reclusione da sei mesi a quattro anni chiunque, al fine di sottrarsi al pagamento di imposte sui redditi o sul valore aggiunto ovvero di interessi o sanzioni amministrative relativi a dette imposte di ammontare complessivo superiore ad euro cinquantamila, aliena simulatamente o compie altri atti fraudolenti sui propri o su altrui beni idonei a rendere in tutto o in parte inefficace la procedura di riscossione coattiva. Se l'ammontare delle imposte, sanzioni ed interessi è superiore ad euro duecentomila si applica la reclusione da un anno a sei anni.

2. È punito con la reclusione da sei mesi a quattro anni

chiunque, al fine di ottenere per sé o per altri un pagamento parziale dei tributi e relativi accessori, indica nella documentazione presentata ai fini della procedura di transazione fiscale elementi attivi per un ammontare inferiore a quello effettivo od elementi passivi fittizi per un ammontare complessivo superiore ad euro cinquantamila. Se l'ammontare di cui al periodo precedente è superiore ad euro duecentomila si applica la reclusione da un anno a sei anni.".

(1) Articolo sostituito dall'articolo 29, comma 4, del D.L. 31 maggio 2010, n. 78.

TITOLO III
Disposizioni comuni

12. Pene accessorie. – 1. La condanna per taluno dei delitti previsti dal presente decreto importa:

a) l'interdizione dagli uffici direttivi delle persone giuridiche e delle imprese per un periodo non inferiore a sei mesi e non superiore a tre anni;

b) l'incapacità di contrattare con la pubblica amministrazione per un periodo non inferiore ad un anno e non superiore a tre anni;

c) l'interdizione dalle funzioni di rappresentanza e assistenza in materia tributaria per un periodo non inferiore ad un anno e non superiore a cinque anni;

d) l'interdizione perpetua dall'ufficio di componente di commissione tributaria;

e) la pubblicazione della sentenza a norma dell'art. 36 del codice penale.

2. La condanna per taluno dei delitti previsti dagli articoli 2, 3 e 8 importa altresì l'interdizione dai pubblici uffici per un periodo non inferiore ad un anno e non superiore a tre anni, salvo che ricorrano le circostanze previste dagli articoli 2, comma 3, e 8, comma 3.

2-bis. Per i delitti previsti dagli articoli da 2 a 10 del presente decreto l'istituto della sospensione condizionale della pena di cui all'articolo 163 del codice penale non trova applicazione nei casi in cui ricorrano congiuntamente le seguenti condizioni: a) l'ammontare dell'imposta evasa sia superiore al 30 per cento del volume d'affari; b) l'ammontare dell'imposta evasa sia superiore a tre milioni di euro[1].

(1) Comma aggiunto dall'articolo 2, comma 36-vicies semel, lett. h) del D.L. 13 agosto 2011, n. 138; vedi anche il comma 36-vicies bis del medesimo articolo 2.

12 *bis*. Confisca [1]. – 1. Nel caso di condanna o di applicazione della pena su richiesta delle parti a norma dell'articolo 444 del codice di procedura penale per uno dei delitti previsti dal presente decreto, è sempre ordinata la confisca dei beni che ne costituiscono il profitto o il prezzo, salvo che appartengano a persona estranea al reato, ovvero, quando essa non è possibile, la confisca di beni, di cui il reo ha la disponibilità, per un valore corrispondente a tale prezzo o profitto.

2. La confisca non opera per la parte che il contribuente si impegna a versare all'erario anche in presenza di sequestro. Nel caso di mancato versamento la confisca è sempre disposta.

(1) Articolo inserito dall'articolo 10, comma 1, del D.Lgs. 24 settembre 2015, n. 158.

12 *ter*. Casi particolari di confisca [1]. – 1.Nei casi di condanna o di applicazione della pena su richiesta a norma dell'articolo 444 del codice di procedura penale per i delitti di seguito indicati, si applica l'articolo 240-bis del codice penale quando:

a) l'ammontare degli elementi passivi fittizi è superiore a euro duecentomila nel caso del delitto previsto dall'articolo 2;

b) l'imposta evasa è superiore a euro centomila nel caso del delitto previsto dall'articolo 3;

c) l'importo non rispondente al vero indicato nelle fatture o nei documenti è superiore a euro duecentomila nel caso del delitto previsto dall'articolo 8;

d) l'ammontare delle imposte, delle sanzioni e degli interessi è superiore a euro centomila nel caso del delitto previsto dall'articolo 11, comma 1;

e) l'ammontare degli elementi attivi inferiori a quelli effettivi o degli elementi passivi fittizi è superiore a euro duecentomila nel caso del delitto previsto dall'articolo 11, comma 2.

(1) Articolo inserito dall'articolo 39, comma 1, lettera q), del D.L. 26 ottobre 2019, n. 124, convertito con modificazioni dalla Legge 19 dicembre 2019, n. 157. Per l'applicazione delle presenti disposizioni vedi l'articolo 39, comma 3, del D.L. 26 ottobre 2019, n. 124, convertito con modificazioni dalla Legge 19 dicembre 2019, n. 157.

13. Causa di non punibilità. Pagamento del debito tributario [1]. – 1. I reati di cui agli articoli 10-bis, 10-ter e 10-quater, comma 1, non sono punibili se, prima della dichiarazione di apertura del dibattimento di primo grado, i debiti tributari, comprese sanzioni amministrative e interessi, sono stati estinti mediante integrale pagamento degli importi dovuti, anche a seguito delle speciali procedure conciliative e di adesione all'accertamento previste dalle norme tributarie, nonché del ravvedimento operoso.

2. I reati di cui agli articoli 2, 3, 4 e 5 non sono punibili se i debiti tributari, comprese sanzioni e interessi, sono stati estinti mediante integrale pagamento degli importi dovuti, a seguito del ravvedimento operoso o della presentazione della dichiarazione omessa entro il termine di presentazione della dichiarazione relativa al periodo d'imposta successivo, sempreché il ravvedimento o la presentazione siano intervenuti prima che l'autore del reato abbia avuto formale conoscenza di accessi, ispezioni, verifiche o dell'inizio di qualunque attività di accertamento amministrativo o di procedimenti penali[2].

3. Qualora, prima della dichiarazione di apertura del dibattimento di primo grado, il debito tributario sia in fase di estinzione mediante rateizzazione, anche ai fini dell'applicabilità dell'articolo 13-bis, è dato un termine di tre mesi per il pagamento del debito residuo. In tal caso la prescrizione è sospesa. Il Giudice ha facoltà di prorogare tale termine una sola volta per non oltre tre mesi, qualora lo ritenga necessario, ferma restando la sospensione della prescrizione.

(1) Articolo modificato dall'articolo 2, comma 36-vicies semel, lett. i) ed m) del D.L. 13 agosto 2011, n. 138; vedi anche il comma 36-vicies bis del medesimo articolo 2. Successivamente articolo sostituito dall'articolo 11, comma 1, del D.Lgs. 24 settembre 2015, n. 158.

(2) Comma modificato dall'articolo 39, comma 1, lettera q-bis), del D.L. 26 ottobre 2019, n. 124, convertito con modificazioni dalla Legge 19 dicembre 2019, n. 157.

13 *bis*. Circostanze del reato [(1)]. – 1. Fuori dai casi di non punibilità, le pene per i delitti di cui al presente decreto sono diminuite fino alla metà e non si applicano le pene accessorie indicate nell'articolo 12 se, prima della dichiarazione di apertura del dibattimento di primo grado, i debiti tributari, comprese sanzioni amministrative e interessi, sono stati estinti mediante integrale pagamento degli importi dovuti, anche a seguito delle speciali procedure conciliative e di adesione all'accertamento previste dalle norme tributarie.

2. Per i delitti di cui al presente decreto l'applicazione della pena ai sensi dell'articolo 444 del codice di procedura penale può essere chiesta dalle parti solo quando ricorra la circostanza di cui al comma 1, nonché il ravvedimento operoso, fatte salve le ipotesi di cui all'articolo 13, commi 1 e 2.

3. Le pene stabilite per i delitti di cui al titolo II sono aumentate della metà se il reato è commesso dal concorrente nell'esercizio dell'attività di consulenza fiscale svolta da un professionista o da un intermediario finanziario o bancario attraverso l'elaborazione o la commercializzazione di modelli di evasione fiscale.

(1) *Articolo inserito dall'articolo 12, comma 1, del D.Lgs. 24 settembre 2015, n. 158.*

14. Circostanza attenuante. Riparazione dell'offesa nel caso di estinzione per prescrizione del debito tributario. – 1. Se i debiti indicati nell'art. 13 risultano estinti per prescrizione o per decadenza, l'imputato di taluno dei delitti previsti dal presente decreto può chiedere di essere ammesso a pagare, prima della dichiarazione di apertura del dibattimento di primo grado, una somma, da lui indicata, a titolo di equa riparazione dell'offesa recata all'interesse pubblico tutelato dalla norma violata.

2. La somma, commisurata alla gravità dell'offesa, non può essere comunque inferiore a quella risultante dal ragguaglio a norma dell'art. 135 del codice penale della pena minima prevista per il delitto contestato.

3. Il giudice, sentito il pubblico ministero, se ritiene congrua la somma, fissa con ordinanza un termine non superiore a dieci giorni per il pagamento.

4. Se il pagamento è eseguito nel termine, la pena è diminuita fino alla metà e non si applicano le pene accessorie indicate nell'art. 12. Si osserva la disposizione prevista dal comma 3 dell'art. 13.

5. Nel caso di assoluzione o di proscioglimento la somma pagata è restituita.

15. Violazioni dipendenti da interpretazione delle norme tributarie. – 1. Al di fuori dei casi in cui la punibilità è esclusa a norma dell'art. 47, terzo comma, del codice penale, non danno luogo a fatti punibili ai sensi del presente decreto le violazioni di norme tributarie dipendenti da obiettive condizioni di incertezza sulla loro portata e sul loro ambito di applicazione.

16. Adeguamento al parere del Comitato per l'applicazione delle norme antielusive. – [*1. Non dà luogo a fatto punibile a norma del presente decreto la condotta di chi, avvalendosi della procedura stabilita dall'art. 21, commi 9 e 10, della legge 30 dicembre 1991, n. 413, si è uniformato ai pareri del Ministero delle finanze o del Comitato consultivo per l'applicazione delle norme antielusive previsti dalle medesime disposizioni, ovvero ha compiuto le operazioni esposte nell'istanza sulla quale si è formato il silenzio-assenso.*] [(1)]

(1) *Articolo abrogato dall'articolo 14, comma 1, lettera a), del D.Lgs. 24 settembre 2015, n. 158.*

17. Interruzione della prescrizione. – 1. Il corso della prescrizione per i delitti previsti dal presente decreto è interrotto, oltre che dagli atti indicati nell'art. 160 del codice penale, dal verbale di constatazione o dall'atto di accertamento delle relative violazioni.

1-bis. I termini di prescrizione per i delitti previsti dagli articoli da 2 a 10 del presente decreto sono elevati di un terzo [(1)].

(1) *Comma aggiunto dall'articolo 2, comma 36-vicies semel, lett. l) del D.L. 13 agosto 2011, n. 138; vedi anche il comma 36-vicies bis del medesimo articolo 2.*

18. Competenza per territorio. – 1. Salvo quanto previsto dai commi 2 e 3, se la competenza per territorio per i delitti previsti dal presente decreto non può essere determinata a norma dell'art. 8 del codice di procedura penale, è competente il giudice del luogo di accertamento del reato.

2. Per i delitti previsti dal capo I del titolo II il reato si considera consumato nel luogo in cui il contribuente ha il domicilio fiscale. Se il domicilio fiscale è all'estero è competente il giudice del luogo di accertamento del reato.

3. Nel caso previsto dal comma 2 dell'art. 8, se le fatture o gli altri documenti per operazioni inesistenti sono stati emessi o rilasciati in luoghi rientranti in diversi circondari, è competente il giudice di uno di tali luoghi in cui ha sede l'ufficio del pubblico ministero che ha provveduto per primo a iscrivere la notizia di reato nel registro previsto dall'art. 335 del codice di procedura penale.

18 *bis*. Custodia giudiziale dei beni sequestrati [(1)]. – 1. I beni sequestrati nell'ambito dei procedimenti penali relativi ai delitti previsti dal presente decreto e a ogni altro delitto tributario, diversi dal denaro e dalle disponibilità finanziarie, possono essere affidati dall'autorità giudiziaria in custodia giudiziale, agli organi dell'amministrazione finanziaria che ne facciano richiesta per le proprie esigenze operative.

2. Restano ferme le disposizioni dell'articolo 61, comma 23, del decreto-legge 25 giugno 2008, n. 112, convertito, con modificazioni, dalla legge 6 agosto 2008, n. 133, e dell'articolo 2 del decreto-legge 16 settembre 2008, n. 143, convertito, con modificazioni, dalla legge 13 novembre 2008, n. 181.

(1) *Articolo inserito dall'articolo 13, comma 1, del D.Lgs. 24 settembre 2015, n. 158.*

TITOLO IV
Rapporti con il sistema sanzionatorio amministrativo e fra procedimenti

19. Principio di specialità. – 1. Quando uno stesso fatto è punito da una delle disposizioni del titolo II e da una disposizione che prevede una sanzione amministrativa, si applica la disposizione speciale.

2. Permane, in ogni caso, la responsabilità per la sanzione amministrativa dei soggetti indicati nell'art. 11, comma 1, del decreto legislativo 18 dicembre 1997, n. 472, che non siano persone fisiche concorrenti nel reato.

20. Rapporti tra procedimento penale e processo tributario. – 1. Il procedimento amministrativo di accertamento ed il processo tributario non possono essere sospesi per la pendenza del procedimento penale avente ad oggetto i medesimi fatti o fatti dal cui accertamento comunque dipende la relativa definizione.

21. Sanzioni amministrative per le violazioni ritenute penalmente rilevanti. – 1. L'ufficio competente irroga comunque le sanzioni amministrative relative alle violazioni tributarie fatte oggetto di notizia di reato.

2. Tali sanzioni non sono eseguibili nei confronti dei soggetti diversi da quelli indicali dall'art. 19, comma 2, salvo che il procedimento penale sia definito con provvedimento di archiviazione o sentenza irrevocabile di assoluzione o di proscioglimento con formula che esclude la rilevanza penale del fatto. In quest'ultimo caso, i termini per la riscossione decorrono dalla data in cui il provvedimento di archiviazione o la sentenza sono comunicati all'ufficio competente; alla comunicazione provvede la cancelleria del giudice che li ha emessi.

3. Nei casi di irrogazione di un'unica sanzione amministrativa per più violazioni tributarie in concorso o continuazione fra loro, a norma dell'art. 12 del decreto legislativo 18 dicembre 1997, n. 472, alcune delle quali soltanto penalmente rilevanti, la disposizione del comma 2 del presente articolo opera solo per la parte della sanzione eccedente quella che sarebbe stata applicabile in relazione alle violazioni non penalmente rilevanti.

TITOLO V
Disposizioni di coordinamento e finali

22. Modalità di documentazione dell'avvenuta estinzione dei debiti tributari. – 1. Con decreto del Ministero delle finanze, emanato entro sessanta giorni dalla data di entrata in vigore del presente decreto e pubblicato nella Gazzetta Ufficiale della Repubblica, sono stabilite le modalità di documentazione dell'avvenuta estinzione dei debiti tributari indicati nell'art. 13 e di versamento delle somme indicate nell'art. 14, comma 3.

23. Modifiche in tema di utilizzazione di documenti da parte della Guardia di finanza. – 1. Nell'art. 63, primo comma, secondo periodo, del decreto del Presidente della Repubblica 26 ottobre 1972, n. 633, e nell'art. 33, terzo comma, secondo periodo, del decreto del Presidente della Repubblica 29 settembre 1973, n. 600, le parole: "previa autorizzazione dell'autorità giudiziaria in relazione alle norme che disciplinano il segreto" sono sostituite dalle seguenti: "previa autorizzazione dell'autorità giudiziaria che può essere concessa anche in deroga all'art. 329 del codice di procedura penale".

24. Modifica dell'art. 2 della legge 26 gennaio 1983, n. 18. – 1. L'ottavo comma dell'art. 2 della legge 26 gennaio 1983, n. 18, è sostituito dal seguente:

"Salvo che il fatto costituisca reato, chiunque manomette o comunque altera gli apparecchi misuratori previsti nell'art. 1 o fa uso di essi allorchè siano stati manomessi o alterati o consente che altri ne faccia uso al fine di eludere le disposizioni della presente legge è punito con la sanzione amministrativa pecuniaria da euro 1.032 a euro 7.746. Con la stessa sanzione è punito, salvo che il fatto costituisca reato, chiunque, allo stesso fine, forma in tutto o in parte stampati, documenti o registri prescritti dai decreti indicati nell'art. 1 o li altera e ne fa uso o consente che altri ne faccia uso; nonchè chiunque, senza avere concorso nella falsificazione, fa uso degli stessi stampati, documenti o registri.".

25. Abrogazioni. – 1. Sono abrogati:

a) l'art. 97, sesto comma, del decreto del Presidente della Repubblica 29 settembre 1973, n. 602;

b) l'art. 8, undicesimo comma, della legge 10 maggio 1976, n. 249;

c) l'art. 7, settimo comma, del decreto del Presidente della Repubblica 6 ottobre 1978, n. 627;

d) il titolo I del decreto-legge 10 luglio 1982, n. 429, convertito, con modificazioni, dalla legge 7 agosto 1982, n. 516;

e) l'art. 3, quarto comma, della legge 25 novembre 1983, n. 649;

f) l'art. 2, quarto comma, del decreto-legge 29 dicembre 1983, n. 746, convertito, con modificazioni, nella legge 27 gennaio 1984, n. 17;

g) l'art. 1, quarto comma, secondo periodo, del decreto-legge 28 novembre 1984, n. 791, convertito, con modificazioni, dalla legge 25 gennaio 1985, n. 60;

h) l'art. 2, commi 27 e 28, e l'art. 3, comma 14, del decreto-legge 19 dicembre 1984, n. 853, convertito, con modificazioni, dalla legge 17 febbraio 1985, n. 17;

i) l'art. 12, comma 13, della legge 30 dicembre 1991, n. 413;

l) l'art. 54, comma 8, del decreto-legge 30 agosto 1993, n. 331, convertito, con modificazioni, dalla legge 29 ottobre 1993, n. 427;

m) l'art. 6, comma 1, del decreto-legge 31 dicembre 1996, n. 669, convertito, con modificazioni, dalla legge 28 febbraio 1997, n. 30.

2. È abrogata ogni altra disposizione incompatibile con il presente decreto.

4. D.Lgs. 31 dicembre 1992, n. 545

Ordinamento degli organi speciali di giurisdizione tributaria ed organizzazione degli uffici di collaborazione in attuazione della delega al Governo contenuta nell'art. 30 della legge 30 dicembre 1991, n. 413.[(1)](Estratto: artt. 1-35).

(1) *A norma dell'articolo 1, comma 1, lettera a), della Legge 31 agosto 2022, n. 130, nel presente decreto le parole: «commissione tributaria provinciale», «commissioni tributarie provinciali», «commissione tributaria regionale», «commissioni tributarie regionali», «commissione tributaria» e «commissioni tributarie», ovunque ricorrono, sono sostituite rispettivamente dalle seguenti: «corte di giustizia tributaria di primo grado», «corti di giustizia tributaria di primo grado», «corte di giustizia tributaria di secondo grado», «corti di giustizia tributaria di secondo grado», «corte di giustizia tributaria di primo e secondo grado» e «corti di giustizia tributaria di primo e secondo grado».*

CAPO I
Gli organi della giurisdizione tributaria

1. Le commissioni tributarie. – 1. Gli organi di giurisdizione in materia tributaria previsti dal decreto del Presidente della Repubblica 26 ottobre 1972, n. 636, sono riordinati in commissioni tributarie provinciali, aventi sede nel capoluogo di ogni provincia, ed in commissioni tributarie regionali, aventi sede nel capoluogo di ogni regione. Fino al 31 dicembre 1996, sezioni delle commissioni provinciali e regionali possono essere ubicate, ove occorra, presso le sedi delle attuali commissioni di primo e di secondo grado. Entro il 31 dicembre 1993, con decreto del Ministro delle finanze, di concerto con il Ministro del tesoro e con il Ministro di grazia e giustizia, in relazione alle esigenze di reperimento dei locali, sono individuate dette sezioni le quali costituiscono mera articolazione interna delle commissioni tributarie non rilevante ai fini della competenza e della validità degli atti processuali. Con decreto del presidente della commissione provinciale o regionale sono determinati i criteri e le modalità di funzionamento delle sezioni.[(1)]

1-bis. Nei comuni sedi di corte di appello, o di sezioni staccate di corte di appello ovvero di sezioni staccate di tribunali amministrativi regionali o comunque capoluoghi di provincia con oltre 120.000 abitanti alla data di entrata in vigore della presente disposizione distanti non meno di 100 chilometri dal comune capoluogo di regione, saranno istituite sezioni staccate delle commissioni tributarie regionali nei limiti numerici dei contingenti di personale già impiegato negli uffici di segreteria delle commissioni tributarie, senza incrementare il numero complessivo dei componenti delle medesime commissioni, con corrispondente adeguamento delle sedi delle sezioni esistenti e conseguente riduzione delle relative spese. L'istituzione delle sezioni staccate non deve comunque comportare maggiori oneri a carico del bilancio dello Stato.[(2)]

2. In ciascuna delle province di Trento e di Bolzano la giurisdizione di cui al comma 1 è esercitata da commissioni tributarie di primo e di secondo grado, aventi competenza sul territorio della provincia corrispondente, alle quali si applicano rispettivamente le disposizioni concernenti le commissioni provinciali e regionali compatibili con le norme di legge e dello statuto regionale che le riguardano.

3. Le commissioni tributarie provinciali e regionali, il numero delle relative sezioni e i corrispondenti organici sono indicati nelle tabelle A e B allegate al presente decreto.

4. Il numero delle sezioni di ciascuna commissione può essere adeguato, in relazione al flusso medio dei processi, con decreto del Ministro delle finanze di concerto con il Ministro del tesoro ed il Ministro di grazia e giustizia.

5. Alla istituzione di nuove commissioni ed alle variazioni conseguenti, in relazione a mutamenti dell'assetto provinciale e regionale del territorio della Repubblica, si provvede con decreto del Ministro delle finanze di concerto con il Ministro del tesoro ed il Ministro di grazia e giustizia[(3)(4)].

(1) *Comma modificato dall'art. 3-sexies, D.L. 23 gennaio 1993, n. 16, e successivamente dall'art. 69, comma 2, lettera a), D.L. 30 agosto 1993, n. 331.*

(2) *Comma inserito dall'art. 35, comma 1, L. 18 febbraio 1999, n. 28.*

(3) *La Corte costituzionale, con ordinanza 17-24 giugno 1997, n. 201 (Gazz. Uff. 2 luglio 1997, n. 27, Serie speciale), ha dichiarato la manifesta infondatezza della questione di legittimità costituzionale degli artt. 1 e 42, nonché dell'art. 69 del D.L. 30 agosto 1993, n. 331, convertito in legge 29 ottobre 1993, n. 427, modificativa dell'art. 1 del D.Lgs. n. 545 del 1992, sollevata in riferimento agli artt. 24, 25, primo comma, 97 e 101 della Costituzione.*

(4) *La Corte costituzionale con ordinanza 19-23 marzo 2001, n. 81 (Gazz. Uff. 28 marzo 2001, n. 13, serie speciale) ha dichiarato la manifesta inammissibilità delle questioni di legittimità costituzionale dell'art. 13 e «di tutte le norme che regolano gli organi di giurisdizione tributaria e, in particolare, degli artt. 1, 2, 3, 4, 5 e 6 » sollevate in riferimento all'art. 111 della Cost.*

1 *bis* – . La giurisdizione tributaria [(1)]. – 1. La giurisdizione tributaria è esercitata dai magistrati tributari e dai giudici tributari nominati presso le corti di giustizia tributaria di primo e secondo grado, presenti nel ruolo unico nazionale di cui all'articolo 4, comma 39-bis, della legge 12 novembre 2011, n. 183, alla data del 1° gennaio 2022.

2. I magistrati tributari di cui al comma 1 sono reclutati secondo le modalità previste dagli articoli da 4 a 4-quater.

3. L'organico dei magistrati tributari di cui al comma 2 è individuato in 448 unità presso le corti di giustizia tributaria di primo grado e 128 unità presso le corti di giustizia tributaria di secondo grado. [(1)].

(1) *Articolo inserito dall'articolo 1, comma 1, lettera b), della Legge 31 agosto 2022, n. 130.*

2. La composizione La composizione delle corti di giustizia tributaria di primo e secondo grado. – 1. A ciascuna delle corti di giustizia tributaria di primo grado e regionali è preposto un presidente che presiede anche la prima sezione. L'incarico ha durata quadriennale a decorrere dalla data di esercizio effettivo delle funzioni ed è rinnovabile per una sola volta e per un uguale periodo, previa valutazione positiva da parte del Consiglio di presidenza della giustizia tributaria dell'attività svolta nel primo triennio del quadriennio iniziale. Il Consiglio di presidenza della giustizia tributaria stabilisce con proprio regolamento il procedimento e le modalità di tale valutazione, garantendo la previa interlocuzione con l'interessato. Il Presidente non può essere nominato tra soggetti che raggiungeranno l'età pensionabile entro i quattro anni successivi alla nomina [(1)].

1-bis. A seguito di valutazione negativa da parte del Consiglio di presidenza della giustizia tributaria e comunque all'esito dell'ottavo anno di esercizio delle funzioni di cui al comma 1, il giudice tributario è riassegnato a sua richiesta, salvo tramutamento all'esercizio di funzioni analoghe o diverse all'incarico di presidente di sezione nella corte di giustizia tributaria di primo e secondo grado a cui era preposto ovvero in quella di precedente provenienza (5).

2. Il presidente della commissione, in caso di assenza o di impedimento è sostituito nelle funzioni non giurisdizionali dal presidente di sezione con maggiore anzianità nell'incarico subordinatamente d'età.

3. Il presidente di commissione con oltre quindici sezioni può delegare sue attribuzioni non giurisdizionali ad uno o più presidenti di sezione con i criteri di cui al comma 2.

4. A ciascuna sezione è assegnato un presidente, un vicepresidente e non meno di due magistrati o giudici tributari (6).

5. Ogni collegio giudicante è presieduto dal presidente della sezione o dal vicepresidente e giudica con numero invariabile di tre votanti.

6. Se in una sezione mancano i componenti necessari per costituire il collegio giudicante, il presidente della commissione designa i componenti di altre sezioni.

(1) *Comma così sostituito dall'art. 11, comma 1, lett. a), D.Lgs. 24 settembre 2015, n. 156, che ha sostituito l'originario comma 1 con gli attuali commi 1 e 1-bis, a decorrere dal 1° gennaio 2016, ai sensi di quanto disposto dall'art. 12, comma 1 del medesimo D.Lgs. n. 156/2015.*

(2) *Comma inserito dall'art. 11, comma 1, lett. a), D.Lgs. 24 settembre 2015, n. 156, che ha sostituito l'originario comma 1 con gli attuali commi 1 e 1-bis, a decorrere dal 1° gennaio 2016, ai sensi di quanto disposto dall'art. 12, comma 1 del medesimo D.Lgs. n. 156/2015.*

(3) *La Corte costituzionale con ordinanza 19-23 marzo 2001, n. 81 (Gazz. Uff. 28 marzo 2001, n. 13, serie speciale) ha dichiarato la manifesta inammissibilità delle questioni di legittimità costituzionale dell'art. 13 e «di tutte le norme che regolano gli organi di giurisdizione tributaria e, in particolare, degli artt. 1, 2, 3, 4, 5 e 6» sollevate in riferimento all'art. 111 della Cost.*

(4) *La Corte costituzionale, con ordinanza 21 settembre - 20 ottobre 2016, n. 227 (Gazz. Uff. 26 ottobre 2016, n. 43, 1ª Serie speciale), ha dichiarato, fra l'altro, la manifesta inammissibilità delle questioni di legittimità costituzionale degli artt. 2, 13, 15, 29-bis, 31, 32, 33, 34 e 35, sollevate con riferimento agli artt. 101, 111 e 117, primo comma, della Costituzione, quest'ultimo in relazione all'art. 6, paragrafo 1, della Convenzione europea per la salvaguardia dei diritti dell'uomo e delle libertà fondamentali (CEDU), firmata a Roma il 4 novembre 1950, ratificata e resa esecutiva con legge 4 agosto 1955, n. 848.*

(5) *Comma aggiunto dall'articolo 11, comma 1, lettera a), del D.lgs. 24 settembre 2015, n. 156, a decorrere dal 1° gennaio 2016 e modificato dall'articolo 1, comma 1, lettera c), della Legge 31 agosto 2022, n. 130.*

(6) *Comma modificato dall'articolo 1, comma 1, lettera c), della Legge 31 agosto 2022, n. 130.*

3. I presidenti delle commissioni tributarie e delle sezioni. – 1. I presidenti delle corti di giustizia tributaria di primo grado sono nominati tra i magistrati tributari ovvero tra quelli ordinari, amministrativi, contabili o militari, in servizio o a riposo, secondo la graduatoria redatta sulla base delle disposizioni contenute nell'articolo 11 (1).

2. I presidenti di sezione delle corti di giustizia tributaria di primo grado sono nominati tra i magistrati tributari ovvero tra quelli ordinari, amministrativi, contabili o militari, in servizio o a riposo, secondo la graduatoria redatta sulla base delle disposizioni contenute nell'articolo 11. I vicepresidenti di sezione delle corti di giustizia tributaria di primo grado sono nominati tra i magistrati di cui al comma 1, ovvero tra i componenti che abbiano esercitato, per almeno cinque anni le funzioni di giudice tributario, purché in possesso del diploma di laurea in giurisprudenza o in economia e commercio, secondo la graduatoria redatta sulla base delle disposizioni contenute nell'articolo 11 (2).

3. I presidenti delle corti di giustizia tributaria di secondo grado sono nominati tra i magistrati tributari ovvero tra quelli ordinari, amministrativi, contabili o militari, in servizio o a riposo, secondo la graduatoria redatta sulla base delle disposizioni contenute nell'articolo 11 (3).

4. I presidenti di sezione delle corti di giustizia tributaria di secondo grado sono nominati tra i magistrati tributari ovvero tra quelli ordinari, amministrativi, contabili o militari, in servizio o a riposo, secondo la graduatoria redatta sulla base delle disposizioni contenute nell'articolo 11. I vicepresidenti di sezione delle corti di giustizia tributaria di secondo grado sono nominati tra i magistrati di cui al comma 3 ovvero tra i componenti che abbiano esercitato per almeno dieci anni le funzioni di giudice tributario regionale purché in possesso del diploma di laurea in giurisprudenza o in economia e commercio, secondo la graduatoria redatta sulla base delle disposizioni contenute nell'articolo 11 (4).

(1) *Comma modificato dall'articolo 1, comma 1, lettera d), della Legge 31 agosto 2022, n. 130.*

(2) *Comma modificato dall'articolo 1, comma 1, lettera d), della Legge 31 agosto 2022, n. 130.*

(3) *Comma modificato dall'articolo 1, comma 1, lettera d), della Legge 31 agosto 2022, n. 130.*

(4) *Comma modificato dall'articolo 1, comma 1, lettera d), della Legge 31 agosto 2022, n. 130.*

4. I giudici delle corti di giustizia tributaria di primo grado (1). – 1. La nomina a magistrato tributario si consegue mediante un concorso per esami bandito in relazione ai posti vacanti e a quelli che si renderanno vacanti nel quadriennio successivo, per i quali può essere attivata la procedura di reclutamento.

2. Il concorso per esami consiste in una prova scritta, effettuata con le procedure di cui all'articolo 8 del regio decreto 15 ottobre 1925, n. 1860, e in una prova orale.

3. La prova scritta ha la prevalente funzione di verificare la capacità di inquadramento logico sistematico del candidato e consiste nello svolgimento di due elaborati teorici rispettivamente vertenti sul diritto tributario e sul diritto civile o commerciale, nonché in una prova teorico-pratica di diritto processuale tributario.

4. La prova orale verte su:

a) diritto tributario e diritto processuale tributario;

b) diritto civile e diritto processuale civile;

c) diritto penale;

d) diritto costituzionale e diritto amministrativo;

e) diritto commerciale e fallimentare;

f) diritto dell'Unione europea;

g) diritto internazionale pubblico e privato;

h) contabilità aziendale e bilancio;

i) elementi di informatica giuridica;

l) colloquio in una lingua straniera, indicata dal candidato all'atto della domanda di partecipazione al concorso, scelta fra le seguenti: inglese, spagnolo, francese e tedesco.

5. Sono ammessi alla prova orale i candidati che ottengono un punteggio non inferiore a dodici ventesimi in ciascun elaborato della prova scritta. Conseguono l'idoneità i candidati che ottengono un punteggio non inferiore a sei decimi in ciascuna delle materie della prova orale di cui al comma 4, lettere da a) a i), e un giudizio di sufficienza nel colloquio nella lingua straniera prescelta, e comunque una votazione complessiva nelle due prove non inferiore a novanta punti.

Non sono ammesse frazioni di punto. Agli effetti di cui all'articolo 3 della legge 7 agosto 1990, n. 241, il giudizio in ciascuna delle prove scritte e orali è motivato con l'indicazione del solo punteggio numerico e il giudizio di insufficienza è motivato con la sola formula "non idoneo".

6. Con decreto del Ministro dell'economia e delle finanze, previa deliberazione conforme del Consiglio di presidenza della giustizia tributaria, terminata la valutazione degli elaborati scritti, sono nominati componenti della commissione esaminatrice docenti universitari delle lingue indicate dai candidati ammessi alla prova orale. I commissari così nominati partecipano in soprannumero ai lavori della commissione, ovvero delle sottocommissioni, qualora formate, limitatamente alle prove orali relative alla lingua straniera della quale sono docenti.

7. Per la copertura dei posti di magistrato tributario nella provincia di Bolzano si applicano gli specifici requisiti previsti dal decreto del Presidente della Repubblica 26 luglio 1976, n. 752, fermo restando, comunque, che il colloquio di cui al comma 4, lettera l), deve svolgersi in una lingua diversa rispetto a quella obbligatoria per il conseguimento dell'impiego.

(1) *Articolo modificato dall'art. 39, comma 2, lett. a), D.L. 6 luglio 2011, n. 98, convertito, con modificazioni, dalla L. 15 luglio 2011, n. 111 e da ultimo sostituito dall'articolo 1, comma 1, lettera e), della Legge 31 agosto 2022, n. 130.*

4 *bis*. Requisiti per l'ammissione al concorso per esami (1). – 1. Al concorso per esami di cui all'articolo 4 sono ammessi i laureati che siano in possesso del diploma di laurea in giurisprudenza conseguito al termine di un corso universitario di durata non inferiore a quattro anni, ovvero del diploma di laurea magistrale in Scienze dell'economia (classe LM-56) o in Scienze economico-aziendali (classe LM-77) o di titoli degli ordinamenti previgenti a questi equiparati. È necessaria, altresì, la sussistenza dei seguenti requisiti:

a) essere cittadini italiani;

b) avere l'esercizio dei diritti civili;

c) essere di condotta incensurabile;

d) non essere stati dichiarati per tre volte non idonei nel concorso per esami di cui all'articolo 4, alla data di scadenza del termine per la presentazione della domanda;

e) gli altri requisiti richiesti dalle leggi vigenti.

(1) *Articolo inserito dall'articolo 1, comma 1, lettera f), della Legge 31 agosto 2022, n. 130.*

4 *ter*. Indizione del concorso e svolgimento della prova scritta (1). – 1. Il concorso per esami di cui all'articolo 4 si svolge con cadenza di norma annuale in una o più sedi stabilite con il decreto con il quale è bandito.

2. Il concorso è bandito con decreto del Ministro dell'economia e delle finanze, previa deliberazione conforme del Consiglio di presidenza della giustizia tributaria, che determina il numero dei posti messi a concorso. Con successivi decreti del Ministro dell'economia e delle finanze, da pubblicare nella Gazzetta Ufficiale, sono determinati il luogo e il calendario di svolgimento della prova scritta.

3. In considerazione del numero delle domande, la prova scritta può aver luogo contemporaneamente in Roma e in altre sedi, assicurando il collegamento a distanza della commissione esaminatrice con le diverse sedi.

4. Ove la prova scritta abbia luogo contemporaneamente in più sedi, la commissione esaminatrice espleta le operazioni inerenti alla formulazione e alla scelta dei temi e presiede allo svolgimento delle prove presso la sede di svolgimento della prova in Roma. Presso le altre sedi le funzioni della commissione per il regolare espletamento delle prove scritte sono attribuite ad un comitato di vigilanza nominato con decreto del Ministro dell'economia e delle finanze, previa delibera del Consiglio di presidenza della giustizia tributaria, e composto da cinque magistrati scelti tra i magistrati tributari di cui all'articolo 1-bis, comma 2, ovvero tra quelli ordinari, amministrativi, contabili o militari, in servizio o a riposo presenti nella giurisdizione tributaria di cui all'articolo 1-bis, dei quali uno con anzianità di servizio non inferiore a otto anni con funzioni di presidente, coadiuvato da personale amministrativo dell'Area funzionari in servizio presso il Ministero dell'economia e delle finanze, come definita dal contratto collettivo nazionale di lavoro del comparto Funzioni centrali, con funzioni di segreteria. Il comitato svolge la sua attività in ogni seduta con la presenza di non meno di tre componenti. In caso di assenza o impedimento, il presidente è sostituito dal magistrato più anziano. Si applica ai predetti magistrati la disciplina dell'esonero dalle funzioni giudiziarie o giurisdizionali limitatamente alla durata delle prove.

5. Le spese per il concorso sono poste a carico del candidato nella misura forfettaria di euro 50, da corrispondere al momento della presentazione della domanda, e sono reiscritte nell'apposito capitolo di spesa della missione "Giustizia tributaria" dello stato di previsione del Ministero dell'economia e delle finanze. Le modalità di versamento del contributo di cui al presente comma sono stabilite con decreto, avente natura non regolamentare, del Ministro dell'economia e delle finanze. Il contributo è aggiornato ogni tre anni, con le medesime modalità, sulla base della variazione dell'indice dei prezzi al consumo per le famiglie di operai e impiegati, rilevata dall'ISTAT.

(1) *Articolo inserito dall'articolo 1, comma 1, lettera f), della Legge 31 agosto 2022, n. 130.*

4 *quater*. Commissione di concorso (1). – 1. La commissione di concorso è nominata, entro il quindicesimo giorno antecedente l'inizio della prova scritta, con decreto del Ministro dell'economia e delle finanze, adottato previa delibera del Consiglio di presidenza della giustizia tributaria.

2. La commissione di concorso è composta dal presidente di una corte di giustizia tributaria di secondo grado, che la presiede, da cinque magistrati scelti tra magistrati ordinari, amministrativi, contabili e militari con almeno quindici anni di anzianità e da quattro professori universitari di ruolo, di cui uno titolare dell'insegnamento di diritto tributario, gli altri titolari di uno degli insegnamenti delle altre materie oggetto di esame. Ai professori universitari componenti della commissione si applicano, a loro richiesta, le disposizioni di cui all'articolo 13, secondo comma, del decreto del Presidente della Repubblica 11 luglio 1980, n. 382. Al presidente e ai magistrati componenti della commissione si applica la disciplina dell'esonero dalle funzioni giudiziarie o giurisdizionali, ai sensi del comma 9 del presente articolo. Per ogni componente della commissione è nominato un

supplente in possesso dei medesimi requisiti richiesti per il titolare. Non possono essere nominati componenti della commissione i magistrati e i professori universitari che, nei dieci anni precedenti, abbiano prestato, a qualsiasi titolo e modo, attività di docenza nelle scuole di preparazione al concorso per magistrato ordinario, amministrativo e contabile.

3. Nel caso in cui non sia possibile completare la composizione della commissione ai sensi del comma 2, il Consiglio di presidenza della giustizia tributaria nomina d'ufficio, come componenti, magistrati che non hanno prestato il loro consenso all'esonero dalle funzioni. Non possono essere nominati i magistrati che abbiano fatto parte della commissione in uno dei tre concorsi precedenti.

4. Nella seduta di cui all'articolo 8, sesto comma, del regio decreto 15 ottobre 1925, n. 1860, la commissione definisce i criteri per la valutazione omogenea degli elaborati scritti. I criteri per la valutazione delle prove orali sono definiti prima dell'inizio delle stesse. Alle sedute per la definizione dei suddetti criteri devono partecipare tutti i componenti della commissione, salvi i casi di forza maggiore e legittimo impedimento, la cui valutazione è rimessa al Consiglio di presidenza della giustizia tributaria. In caso di mancata partecipazione, senza adeguata giustificazione, a una di tali sedute o comunque a due sedute di seguito, il Consiglio di presidenza può deliberare la revoca del componente e la sua sostituzione con le modalità previste dal comma 1.

5. Il presidente della commissione e gli altri componenti possono essere nominati anche tra i magistrati a riposo da non più di due anni e tra i professori universitari a riposo da non più di due anni che, all'atto della cessazione dal servizio, erano in possesso dei requisiti per la nomina.

6. In caso di assenza o impedimento del presidente della commissione, le relative funzioni sono svolte dal magistrato con maggiore anzianità di servizio presente in ciascuna seduta.

7. Se i candidati che hanno portato a termine la prova scritta sono più di trecento, il presidente, dopo aver provveduto alla valutazione di almeno venti candidati in seduta plenaria con la partecipazione di tutti i componenti della commissione, forma per ogni seduta due sottocommissioni, a ciascuna delle quali assegna, secondo criteri obiettivi, la metà dei candidati da esaminare. Le sottocommissioni, formate da quattro componenti, sono rispettivamente presiedute dal presidente e dal magistrato più anziano presenti, a loro volta sostituiti, in caso di assenza o impedimento, dai magistrati più anziani presenti, e assistite ciascuna da un segretario. La commissione delibera su ogni oggetto eccedente la competenza delle sottocommissioni. In caso di parità di voti, prevale quello di chi presiede.

8. A ciascuna sottocommissione si applicano, per quanto non diversamente disciplinato, le disposizioni dettate per le sottocommissioni e la commissione dagli articoli 12,13 e 16 del regio decreto 15 ottobre 1925, n. 1860. La commissione e le sottocommissioni, se istituite, procedono all'esame orale dei candidati e all'attribuzione del punteggio finale, osservate, in quanto compatibili, le disposizioni degli articoli 14,15 e 16 del citato regio decreto n. 1860 del 1925.

9. L'esonero dalle funzioni giudiziarie o giurisdizionali, deliberato dal Consiglio di presidenza della giustizia tributaria e dagli altri organi di autogoverno contestualmente alla nomina a componente della commissione, ha effetto dall'insediamento del magistrato sino alla formazione della graduatoria finale dei candidati.

10. Le attività di segreteria della commissione e delle sottocommissioni sono esercitate da personale amministrativo dell'Area funzionari in servizio presso il Ministero dell'economia e delle finanze, come definita dal contratto collettivo nazionale di lavoro del comparto Funzioni centrali, e sono coordinate dal titolare del competente ufficio del Dipartimento delle finanze del Ministero dell'economia e delle finanze.

(1) *Articolo inserito dall'articolo 1, comma 1, lettera f), della Legge 31 agosto 2022, n. 130.*

4 *quinquies* Tirocinio dei magistrati tributari (1). – 1. I magistrati tributari nominati a seguito del superamento del concorso di cui all'articolo 4 svolgono un tirocinio formativo di almeno sei mesi presso le corti di giustizia tributaria con la partecipazione all'attività giurisdizionale relativa alle controversie rientranti nella rispettiva competenza in composizione collegiale. Con delibera del Consiglio di presidenza sono individuati i magistrati tributari affidatari presso i quali i magistrati tributari svolgono il tirocinio, le modalità di affidamento e i criteri per il conseguimento del giudizio di idoneità al conferimento delle funzioni giurisdizionali.

2. Il magistrato tributario in tirocinio valutato negativamente è ammesso ad un nuovo periodo di tirocinio della durata di sei mesi. Al termine del secondo tirocinio e all'esito della relativa scheda valutativa redatta dal magistrato tributario affidatario, il Consiglio di presidenza della giustizia tributaria delibera nuovamente; la seconda deliberazione negativa determina la cessazione del rapporto di impiego del magistrato tributario in tirocinio(2).

(1) *Articolo inserito dall'articolo 1, comma 1, lettera f), della Legge 31 agosto 2022, n. 130.*
(2) *Comma modificato dall'articolo 41-bis, comma 1, del D.L. 9 agosto 2022, n. 115, convertito con modificazioni dalla Legge 21 settembre 2022, n. 142.*

5. I giudici delle corti di giustizia tributaria di secondo grado (1). – 1. I giudici delle corti di giustizia tributaria di secondo grado sono nominati tra i magistrati tributari di cui all'articolo 1-bis, comma 2, e i giudici tributari presenti nel ruolo unico di cui all'articolo 1-bis, comma 1.

(1) *Articolo modificato dall'articolo 39, comma 2, lett. b), del D.L. 6 luglio 2011, n. 98, convertito con modificazioni dalla Legge 15 luglio 2011, n. 111e successivamente sostituito dall'articolo 1, comma 1, lettera g), della Legge 31 agosto 2022, n. 130.*

5 *bis*. Formazione continua dei giudici e magistrati tributari (1). – 1. Il Consiglio di Presidenza della giustizia tributaria, entro novanta giorni dalla data di entrata in vigore della presente disposizione, con proprio regolamento, definisce i criteri e le modalità per garantire, con cadenza periodica, la formazione continua e l'aggiornamento professionale dei giudici e magistrati tributari di cui all'articolo 1-bis, comma 1, attraverso la frequenza di corsi di carattere teorico-pratico da tenere, previa convenzione, anche presso le università accreditate ai sensi del decreto legislativo 27 gennaio 2012, n. 19.

VARIE

(1) *Articolo inserito dall'articolo 1, comma 1, lettera g), della Legge 31 agosto 2022, n. 130.*

6. La formazione delle sezioni e dei collegi giudicanti. – 1. Con provvedimento del Consiglio di Presidenza della giustizia tributaria sono istituite sezioni specializzate in relazione a questioni controverse individuate con il provvedimento stesso.[1]

1-bis. I presidenti delle corti di giustizia tributaria di primo e secondo grado assegnano il ricorso ad una delle sezioni tenendo conto, preliminarmente, della specializzazione di cui al comma 1 e applicando successivamente i criteri cronologici e casuali. I presidenti delle corti di giustizia tributaria di primo grado assegnano il ricorso al giudice monocratico nei casi previsti dall'articolo 4-bis del decreto legislativo 31 dicembre 1992, n. 546[2].

1-ter. Nel caso in cui il giudice, in composizione monocratica o collegiale, rilevi che la controversia ad esso assegnata avrebbe dovuto essere trattata dalla corte di giustizia tributaria in altra composizione, la rimette al presidente della sezione per il rinnovo dell'assegnazione [3].

2. Il presidente di ciascuna sezione, all'inizio di ogni anno, stabilisce il calendario delle udienze ed, all'inizio di ogni trimestre, la composizione dei collegi giudicanti in base ai criteri di massima stabiliti dal consiglio di presidenza. Ciascun collegio giudicante ovvero ciascun giudice monocratico deve tenere udienza almeno una volta alla settimana [4].

3. Il presidente della corte di giustizia tributaria di primo e secondo grado, col decreto di cui al comma 1, indica una o più delle sezioni, che, nel periodo di sospensione feriale dei termini processuali, procedono all'esame delle domande di sospensione cautelare del provvedimento impugnato.

(1) *Comma sostituito dall'articolo 11, comma 1, lettera b), del D.lgs. 24 settembre 2015, n. 156, a decorrere dal 1° gennaio 2016.*
(2) *Comma aggiunto dall'articolo 11, comma 1, lettera b), del D.lgs. 24 settembre 2015, n. 156, a decorrere dal 1° gennaio 2016 e successivamente modificato dall'articolo 1, comma 1, lettera h), numero 1), della Legge 31 agosto 2022, n. 130.*
(3) *Comma inserito dall'articolo 1, comma 1, lettera h), numero 2), della Legge 31 agosto 2022, n. 130.*
(4) *Così corretto con Comunicato 27 marzo 1993 (in Gazz. Uff., 27 marzo, n. 72) e successivamente modificato dall'articolo 1, comma 1, lettera h), numero 3), della Legge 31 agosto 2022, n. 130.*

CAPO II
I componenti delle corti di giustizia tributaria di primo e secondo grado

7. Requisiti generali. – 1. I componenti delle corti di giustizia tributaria di primo e secondo grado debbono:

a) essere cittadini italiani;

b) avere l'esercizio dei diritti civili e politici;

c) non aver riportato condanne per delitti comuni non colposi o per contravvenzioni a pena detentiva o per reati tributari e non essere stati sottoposti a misure di prevenzione o di sicurezza;

d) non avere superato, alla data di scadenza del termine stabilito nel bando di concorso per la presentazione della domanda di ammissione, sessantasette anni di età [1];

e) avere idoneità fisica e psichica;

e-bis) essere muniti di laurea magistrale o quadriennale in materie giuridiche o economico-aziendalistiche[2];

[*f) avere o aver dichiarato di voler stabilire la residenza nella regione nella quale ha sede la corte di giustizia tributaria di primo e secondo grado.*] [3]

(1) *Lettera sostituita dall'articolo 3 bis, comma 3 del D.L. 30 settembre 2005, n. 203 e successivamente modificato dall'articolo 1, comma 1, lettera i), della Legge 31 agosto 2022, n. 130.*
(2) *Lettera inserita dall'articolo 11, comma 1, lettera c), del D.lgs. 24 settembre 2015, n. 156, a decorrere dal 1° gennaio 2016.*
(3) *Lettera abrogata dall'articolo 4, comma 40, della Legge 12 novembre 2011, n. 183, a decorrere dal 1° gennaio 2012, ai sensi dell'articolo 36, comma 1, della medesima L. 183/2011.*

8. Incompatibilità. – 01. Ai magistrati tributari reclutati ai sensi dell'articolo 4 si applicano, in quanto compatibili, le disposizioni contenute nel titolo I, capo II, dell'ordinamento giudiziario, di cui al regio decreto 30 gennaio 1941, n. 12 [1].

1. Non possono essere componenti delle corti di giustizia tributaria di primo e secondo grado, finché permangono in attività di servizio o nell'esercizio delle rispettive funzioni o attività professionali:

a) i membri del Parlamento nazionale e del Parlamento europeo;

b) i consiglieri regionali, provinciali, comunali e circoscrizionali e gli amministratori di altri enti che applicano tributi o hanno partecipazione al gettito dei tributi indicati nell'art. 2 del D.Lgs. 31 dicembre 1992, n. 546, nonché coloro che, come dipendenti di detti enti o come componenti di organi collegiali, concorrono all'accertamento dei tributi stessi [2];

c) i dipendenti dell'Amministrazione finanziaria che prestano servizio presso gli uffici delle Agenzie delle entrate, delle dogane e del territorio, di cui al decreto legislativo 30 luglio 1999, n. 300, e successive modificazioni [3];

d) gli appartenenti al Corpo della Guardia di finanza;

e) i soci, gli amministratori e i dipendenti delle società concessionarie del servizio di riscossione delle imposte o preposte alla gestione dell'anagrafe tributaria e di ogni altro servizio tecnico del Ministero delle finanze;

[*f) gli ispettori tributari di cui alla legge 24 aprile 1980, n. 146;*] [4]

g) i prefetti;

h) coloro che ricoprono incarichi direttivi o esecutivi nei partiti o movimenti politici[5];

i) coloro che in qualsiasi forma, anche se in modo saltuario o accessorio ad altra prestazione, direttamente o attraverso forme associative, esercitano l'attività di consulenza tributaria, detengono le scritture contabili e redigono i bilanci, ovvero svolgono attività di consulenza, assistenza o di rappresentanza, a qualsiasi titolo e anche nelle controversie di carattere tributario, di contribuenti singoli o associazioni di contribuenti, di società di riscossione dei tributi o di altri enti impositori [6];

l) gli appartenenti alle Forze armate ed i funzionari civili dei Corpi di polizia;

[*m) coloro che sono coniugi o parenti fino al secondo grado o affini in primo grado di coloro che sono iscritti negli albi professionali o negli elenchi di cui alla lettera i) nella sede della corte di giustizia tributaria di primo e secondo grado o che comunque esercitano dinanzi alla stessa abitualmente la loro professione.*] [7]

m-bis) coloro che sono iscritti in albi professionali, elenchi, ruoli e il personale dipendente individuati nell'articolo 12 del decreto legislativo 31 dicembre 1992, n. 546, e successive modificazioni, ed esercitano, anche in forma non individuale, le attività individuate nella lettera i)[8].

1-bis Non possono essere componenti di corte di giustizia tributaria di primo grado i coniugi, i conviventi o i parenti fino al secondo grado o gli affini in primo grado di coloro che, iscritti in albi professionali, esercitano, anche in forma non individuale, le attività individuate nella lettera i) nella regione e nelle province confinanti con la predetta regione dove ha sede la corte di giustizia tributaria di primo grado. Non possono, altresì, essere componenti delle corti di giustizia tributaria di secondo grado i coniugi, i conviventi o i parenti fino al secondo grado o gli affini in primo grado di coloro che, iscritti in albi professionali, esercitano, anche in forma non individuale, le attività individuate nella lettera i) del comma 1 nella regione dove ha sede la corte di giustizia tributaria di secondo grado ovvero nelle regioni con essa confinanti. All'accertamento della sussistenza delle cause di incompatibilità previste nei periodi che precedono provvede il Consiglio di Presidenza della giustizia tributaria [9].

2. Non possono essere componenti dello stesso collegio giudicante i coniugi, i conviventi, nonché i parenti ed affini entro il quarto grado [10].

3. Nessuno può essere componente di più corti di giustizia tributaria di primo e secondo grado.

4. I componenti delle corti di giustizia tributaria di primo e secondo grado, che vengano a trovarsi in una delle condizioni di cui al comma 1, lettere a) e b) o che siano nominati giudici costituzionali, sono sospesi dall'incarico fino alla data di cessazione dell'incompatibilità; successivamente alla suddetta data essi riassumono le rispettive funzioni anche in soprannumero presso la corte di giustizia tributaria di primo e secondo grado di appartenenza.

(1) *Comma premesso dall'articolo 1, comma 1, lettera l), della Legge 31 agosto 2022, n. 130.*
(2) *Lettera modificata dall'articolo 69, comma 2, lettera b), del D.L. 30 agosto 1993, n. 331.*
(3) *Lettera modificata dall'articolo 16-quater, comma 1, lettera a), del D.L. 28 dicembre 2001, n. 452.*
(4) *Lettera soppressa dall'articolo 39, comma 2, lettera c), numero 1), del D.L. 6 luglio 2011, n. 98.*
(5) *Lettera modificata dall'articolo 11, comma 1, lettera d), numero 1), del D.lgs. 24 settembre 2015, n. 156, a decorrere dal 1° gennaio 2016.*
(6) *Lettera sostituita dall'articolo 84, comma 1, della legge 21 novembre 2000, n. 342, dall'articolo 39, comma 2, lettera c), numero 2), del D.L. 6 luglio 2011, n. 98 e successivamente modificata dall'articolo 11, comma 1, lettera d), numero 1), del D.lgs. 24 settembre 2015, n. 156, a decorrere dal 1° gennaio 2016.*
(7) *Lettera soppressa dall'articolo 39, comma 2, lettera c), numero 3), del D.L. 6 luglio 2011, n. 98.*
(8) *Lettera aggiunta dall'articolo 39, comma 2, lettera c), numero 4), del D.L. 6 luglio 2011, n. 98 e successivamente modificata dall'articolo 2, comma 35-septies, lettera a) del D.L. 13 agosto 2011, n. 138.*
(9) *Comma aggiunto dall'articolo 39, comma 2, lettera c), numero 5), del D.L. 6 luglio 2011, n. 98 e successivamente modificato dall'articolo 2, comma 35-septies, lettera b) del D.L. 13 agosto 2011, n. 138.*
(10) *Comma modificato dall'articolo 39, comma 2, lett. c), numero 6), del D.L. 6 luglio 2011, n. 98.*

9. Procedimenti di nomina dei componenti delle corti di giustizia tributaria di primo e secondo grado. –

1. Alla prima e alle successive nomine dei magistrati tributari nonché alle nomine dei giudici tributari di cui all'articolo 1-bis, comma 1, si provvede con decreto del Ministro dell'economia e delle finanze, previa deliberazione conforme del Consiglio di presidenza della giustizia tributaria [1].

2. Il consiglio di presidenza procede alle deliberazioni di cui al comma 1 relative alle nomine successive alla prima, sulla base di elenchi formati relativamente ad ogni corte di giustizia tributaria di primo e secondo grado e comprendenti tutti gli appartenenti alle categorie indicate negli articoli 3, 4 e 5 per il posto da conferire che hanno comunicato la propria disponibilità all'incarico e sono in possesso dei requisiti prescritti [2].

2-bis. Per le corti di giustizia tributaria di secondo grado i posti da conferire sono attribuiti in modo da assicurare progressivamente la presenza in tali commissioni di due terzi dei giudici selezionati tra i magistrati ordinari, amministrativi, militari e contabili, in servizio o a riposo, ovvero gli avvocati dello Stato, a riposo [3].

[3. *Alla comunicazione di disponibilità all'incarico deve essere allegata la documentazione circa l'appartenenza ad una delle categorie indicate negli articoli 3, 4 e 5 ed il possesso dei requisiti prescritti, nonché la dichiarazione di non essere in alcuna delle situazioni di incompatibilità indicate all'art. 8.*] [4]

[4. *La formazione degli elenchi di cui al comma 2 è fatta secondo i criteri di valutazione ed i relativi punteggi indicati nella tabella E e sulla base della documentazione allegata alla comunicazione di disponibilità all'incarico.*] [5]

[5. *Il Ministro delle finanze stabilisce con proprio decreto il termine e le modalità per le comunicazioni di disponibilità agli incarichi da conferire e per la formazione degli elenchi di cui al comma 2*[6].] [7]

[6. *La esclusione dagli elenchi di coloro che hanno comunicato la propria disponibilità all'incarico, senza essere in possesso dei requisiti prescritti, è fatta con decreto del Ministro delle finanze, su conforme deliberazione del consiglio di presidenza.*][8]

(1) *Comma modificato dall'articolo 11, comma 1, lettera e), del D.lgs. 24 settembre 2015, n. 156, a decorrere dal 1° gennaio 2016 e successivamente sostituito dall'articolo 1, comma 1, lettera m), numero 1), della Legge 31 agosto 2022, n. 130.*
(2) *Comma modificato dall'articolo 1, comma 1, lettera m), numero 2), della Legge 31 agosto 2022, n. 130.*
(3) *Comma aggiunto dall'articolo 39, comma 2, lettera d), del D.L. 6 luglio 2011, n. 98.*
(4) *Comma abrogato dall'articolo 1, comma 1, lettera m), numero 3), della Legge 31 agosto 2022, n. 130.*
(5) *Comma abrogato dall'articolo 1, comma 1, lettera m), numero 3), della Legge 31 agosto 2022, n. 130.*
(6) *Vedi D.M. 2 giugno 1998, n. 231.*
(7) *Comma abrogato dall'articolo 1, comma 1, lettera m), numero 3), della Legge 31 agosto 2022, n. 130.*
(8) *Comma abrogato dall'articolo 1, comma 1, lettera m), numero 3), della Legge 31 agosto 2022, n. 130.*

10. Giuramento. –

1. I componenti delle corti di giustizia tributaria di primo e secondo grado, prima dell'immissione nelle loro funzioni, prestano giuramento, pronunziando e sottoscrivendo la formula: "Giuro di essere fedele alla Repubblica italiana, di osservare lealmente le leggi dello Stato e di adempiere con coscienza ai doveri inerenti al mio ufficio".

2. I presidenti delle corti di giustizia tributaria di secondo grado prestano giuramento dinanzi al presidente del consiglio di presidenza.

3. I presidenti delle corti di giustizia tributaria di primo grado prestano giuramento dinanzi al presidente della corte di giustizia tributaria di secondo grado nella cui circoscrizione ha sede la commissione cui sono destinati.

4. I presidenti di sezione e gli altri componenti delle corti di giustizia tributaria di primo e secondo grado prestano giuramento dinanzi al presidente della commissione cui sono destinati.

5. I verbali di giuramento sono conservati presso l'ufficio cui appartiene l'organo dinanzi al quale esso è stato prestato.

11. Vigilanza e sanzioni disciplinari (1). – 1. La nomina dei giudici tributari presenti nel ruolo unico di cui all'articolo 4, comma 39-bis, della legge 12 novembre 2011, n. 183, alla data del 1° gennaio 2022, a una delle funzioni dei componenti delle corti di giustizia tributaria di primo grado e regionali non costituisce in nessun caso rapporto di pubblico impiego (2).

2. I magistrati tributari di cui all'articolo 1-bis, comma 2, e i giudici tributari del ruolo unico di cui al comma 1, indipendentemente dalle funzioni svolte, cessano dall'incarico, in ogni caso, al compimento del settantesimo anno di età (3).

3. I presidenti di sezione, i vice presidenti e i componenti delle corti di giustizia tributaria di primo grado e regionali non possono essere assegnati alla stessa sezione della medesima commissione per più di cinque anni consecutivi.

4. I componenti delle corti di giustizia tributaria di primo e secondo grado, indipendentemente dalla funzione o dall'incarico svolti, non possono concorrere all'assegnazione di altri incarichi prima di due anni dal giorno in cui sono stati immessi nelle funzioni dell'incarico ricoperto (4).

4-bis. Ferme restando le modalità indicate nel comma 4-ter, l'assegnazione del medesimo incarico o di diverso incarico per trasferimento dei componenti delle corti di giustizia tributaria di primo e secondo grado in servizio è disposta, salvo giudizio di demerito, sulla base dei punteggi stabiliti dalla tabella F allegata al presente decreto. Il Consiglio di presidenza, in caso di vacanza nei posti di presidente, di presidente di sezione, di vice presidente e di componente presso una sede giudiziaria di corte di giustizia tributaria, provvede a bandire, almeno una volta l'anno e con priorità rispetto alle procedure concorsuali di cui all'articolo 4 e a quelle per diverso incarico, interpelli per il trasferimento di giudici che ricoprono la medesima funzione o una funzione superiore(5).

4-ter. L'assegnazione degli incarichi è disposta nel rispetto delle seguenti modalità:

a) la vacanza nei posti di presidente, di presidente di sezione, di vice presidente delle corti di giustizia tributaria di primo e secondo grado e di componente delle corti di giustizia tributaria è portata dal Consiglio di presidenza a conoscenza di tutti i componenti delle corti di giustizia tributaria in servizio, a prescindere dalle funzioni svolte, con indicazione del termine entro il quale chi aspira all'incarico deve presentare domanda;

b) alla nomina per ciascuno degli incarichi di cui alla lettera a) si procede sulla base di elenchi formati relativamente ad ogni corte di giustizia tributaria e comprendenti tutti gli appartenenti alle categorie indicate negli articoli 3, 4 e 5 per il posto da conferire, che hanno comunicato la propria disponibilità all'incarico e sono in possesso dei requisiti prescritti. Alla comunicazione di disponibilità all'incarico deve essere allegata la documentazione circa l'appartenenza ad una delle categorie indicate negli articoli 3, 4 e 5 ed il possesso dei requisiti prescritti, nonché la dichiarazione di non essere in alcuna delle situazioni di incompatibilità indicate all'articolo 8. Le esclusioni dagli elenchi di coloro che hanno comunicato la propria disponibilità all'incarico, senza essere in possesso dei requisiti prescritti, sono deliberate dal Consiglio di presidenza;

c) la scelta tra gli aspiranti è adottata dal Consiglio di presidenza, salvo giudizio di demerito del candidato, secondo i criteri di valutazione ed i punteggi stabiliti dalla tabella F e, nel caso di parità di punteggio, della maggiore anzianità anagrafica (6).

5. Il Consiglio di presidenza della giustizia tributaria esprime giudizio di demerito ove ricorra una delle seguenti condizioni:

a) sanzione disciplinare irrogata al candidato nel quinquennio antecedente la data di scadenza della domanda per l'incarico per il quale concorre;

b) rapporto annuo pari o superiore al 60 per cento tra il numero dei provvedimenti depositati oltre il termine di trenta giorni a decorrere dalla data di deliberazione e il totale dei provvedimenti depositati dal singolo candidato (7).

5-bis. Nei casi di necessità di servizio, il Ministro dell'economia e delle finanze può disporre, su richiesta del Consiglio di presidenza della Giustizia Tributaria, l'anticipazione nell'assunzione delle funzioni (8).

(1) *Articolo modificato dall'articolo 12, comma 1, lettera a), numero 1), della legge 28 dicembre 2001, n. 448, dall'articolo 16-quater, comma 1, lettera b), del D.L. 28 dicembre 2001, n. 452, dall'articolo 8, comma 1, del D.L. 29 novembre 2004, n. 282 e da ultimo sostituito dall'articolo 3-bis, comma 2, del D.L. 30 settembre 2005, n. 203.*
(2) *Comma modificato dall'articolo 1, comma 1, lettera n), numero 1), della Legge 31 agosto 2022, n. 130.*
(3) *Comma modificato dall'articolo 1, comma 1, lettera n), numero 2), della Legge 31 agosto 2022, n. 130. Per l'applicazione vedi l'articolo 8, comma 1, della Legge 130/2022 medesima.*
(4) *Comma sostituito dall'articolo 1, comma 1, lettera n), numero 3), della Legge 31 agosto 2022, n. 130.*
(5) *Comma inserito dall'articolo 1, comma 1, lettera n), numero 4), della Legge 31 agosto 2022, n. 130.*
(6) *Comma inserito dall'articolo 1, comma 1, lettera n), numero 4), della Legge 31 agosto 2022, n. 130.*
(7) *Comma sostituito dall'articolo 1, comma 1, lettera n), numero 5), della Legge 31 agosto 2022, n. 130.*
(8) *Comma aggiunto dall'articolo 11, comma 1, lettera g), del D.lgs. 24 settembre 2015, n. 156, a decorrere dal 1° gennaio 2016.*

12. Decadenza dall'incarico. – 1. Decadono dall'incarico i componenti delle corti di giustizia tributaria di primo e secondo grado i quali:

a) perdono uno dei requisiti di cui all'art. 7;

b) incorrono in uno dei motivi di incompatibilità previsti dall'art. 8;

c) cessano, se magistrati o altri dipendenti dell' amministrazione pubblica in attività di servizio, dall'impiego per causa diversa dal collocamento a riposo o da dimissioni volontarie, secondo i rispettivi ordinamenti;

d) omettono, senza giustificato motivo, di assumere l'incarico entro trenta giorni dalla comunicazione del decreto di nomina;

e) non partecipano, senza giustificato motivo, a tre sedute consecutive.

2. La decadenza è dichiarata con decreto del Ministro delle finanze previa deliberazione del consiglio di presidenza.

13. Trattamento economico dei giudici tributari (1). – 1. Il Ministro delle finanze con proprio decreto di concerto con il Ministro del tesoro determina il compenso fisso mensile spettante ai componenti delle corti di giustizia tributarie di primo e secondo grado presenti nel ruolo unico di cui all'articolo 4, comma 39-bis, della legge 12 novembre 2011, n. 183 (2)(3).

2. Con il decreto di cui al comma 1, oltre al compenso mensile viene determinato un compenso aggiuntivo per ogni ricorso definito, anche se riunito ad altri ricorsi, secon-

do criteri uniformi, che debbono tener conto delle funzioni e dell'apporto di attività di ciascuno alla trattazione della controversia, compresa la deliberazione e la redazione della sentenza, nonché, per i residenti in comuni diversi della stessa regione da quello in cui ha sede la commissione, delle spese sostenute per l'intervento alle sedute della commissione. Il compenso è liquidato in relazione ad ogni provvedimento emesso [(4)].

3. La liquidazione dei compensi è disposta dalla direzione regionale delle entrate, nella cui circoscrizione ha sede la corte di giustizia tributaria di primo e secondo grado di appartenenza ed i pagamenti relativi sono fatti dal dirigente responsabile della segreteria della commissione, quale funzionario delegato cui sono accreditati i fondi necessari.

3-bis. I compensi di cui ai commi 1, 2 e 3 sono cumulabili con i trattamenti pensionistici e di quiescenza comunque denominati [(5)].

3-ter. I compensi di cui ai commi 1, 2 e 3 non possono superare in ogni caso l'importo di euro 72.000 lordi annui [(6)].

[(1)] *Rubrica modificata dall'articolo 1, comma 1, lettera o), numero 3), della Legge 31 agosto 2022, n. 130.*
[(2)] *Comma modificato dall'articolo 1, comma 1, lettera o), numero 1), della Legge 31 agosto 2022, n. 130.*
[(3)] *A norma dell'articolo 4, comma 3, lettera c), della Legge 31 agosto 2022, n. 130, a decorrere dal 1° gennaio 2023, gli importi dei compensi fissi di cui al presente comma, sono aumentati del 130 per cento.*
[(4)] *Comma modificato dall'articolo 11, comma 1, lettera a) del D.L. 8 agosto 1996, n. 437, convertito con modificazioni dalla L. 24 ottobre 1996, n. 556.*
[(5)] *Comma aggiunto dall'articolo 86, comma 1, della legge 21 novembre 2000, n. 342.*
[(6)] *Comma inserito dall'articolo 1, comma 1, lettera o), numero 2), della Legge 31 agosto 2022, n. 130.*

13 *bis*. (Trattamento economico dei magistrati tributari)[(1)]. – 1. Ai magistrati tributari reclutati per concorso, secondo le modalità di cui all'articolo 4, si applicano le disposizioni in materia di trattamento economico previsto per i magistrati ordinari, in quanto compatibili.

2. Gli stipendi del personale indicato nel comma 1 sono determinati, esclusivamente in base all'anzianità di servizio, nella misura prevista nella tabella F-bis allegata al presente decreto, con decorrenza dal 1° gennaio 2021 ai sensi del decreto del Presidente del Consiglio dei ministri 6 agosto 2021, pubblicato nella Gazzetta Ufficiale n. 229 del 24 settembre 2021, salva l'attribuzione dell'indennità integrativa speciale.

[(1)] Articolo inserito dall'articolo 1, comma 1, lettera p), della Legge 31 agosto 2022, n. 130.

14. Responsabilità. – 1. Ai componenti delle corti di giustizia tributaria di primo e secondo grado si applicano le disposizioni della legge 13 aprile 1988, n. 117, concernente il risarcimento dei danni cagionati nell'esercizio delle funzioni giurisdizionali.

15. Vigilanza e sanzioni disciplinari [(1)]. – 1. Il presidente di ciascuna corte di giustizia tributaria di primo e secondo grado esercita la vigilanza sugli altri componenti e sulla qualità e l'efficienza dei servizi di segreteria della propria commissione, al fine di segnalarne le risultanze al Dipartimento delle finanze del Ministero dell'economia e delle finanze per i provvedimenti di competenza. Il presidente di ciascuna corte di giustizia tributaria di secondo grado esercita la vigilanza sulla attività giurisdizionale delle corti di giustizia tributaria di primo grado aventi sede nella circoscrizione della stessa e sui loro componenti.

2. I componenti delle corti di giustizia tributaria di primo e secondo grado, per comportamenti non conformi a doveri o alla dignità del proprio ufficio, sono soggetti alle sanzioni individuate nei commi da 3 a 7.

3. Si applica la sanzione dell'ammonimento per lievi trasgressioni.

4. Si applica la sanzione non inferiore alla censura, per:

a) i comportamenti che, violando i doveri di cui al comma 2, arrecano ingiusto danno o indebito vantaggio a una delle parti;

b) la consapevole inosservanza dell'obbligo di astensione nei casi previsti dalla legge;

c) i comportamenti che, a causa dei rapporti comunque esistenti con i soggetti coinvolti nel procedimento ovvero a causa di avvenute interferenze, costituiscano violazione del dovere di imparzialità;

d) i comportamenti abitualmente o gravemente scorretti nei confronti delle parti, dei loro difensori, o di chiunque abbia rapporti con il giudice nell'ambito della corte di giustizia tributaria di primo e secondo grado, ovvero nei confronti di altri giudici o di collaboratori;

e) l'ingiustificata interferenza nell'attività giudiziaria di altro giudice;

f) l'omessa comunicazione al Presidente della corte di giustizia tributaria di primo e secondo grado da parte del giudice destinatario delle avvenute interferenze;

g) il perseguimento di fini diversi da quelli di giustizia;

h) la scarsa laboriosità, se abituale;

i) la grave o abituale violazione del dovere di riservatezza;

l) l'uso della qualità di giudice tributario al fine di conseguire vantaggi ingiusti;

m) la reiterata e grave inosservanza delle norme regolamentari o delle disposizioni sul servizio adottate dagli organi competenti.

5. Si applica la sanzione non inferiore alla sospensione dalle funzioni per un periodo da un mese a due anni, per:

a) il reiterato o grave ritardo nel compimento degli atti relativi all'esercizio delle funzioni;

b) i comportamenti che, violando i doveri di cui al comma 2, arrecano grave e ingiusto danno o indebito vantaggio a una delle parti;

c) l'uso della qualità di giudice tributario al fine di conseguire vantaggi ingiusti, se abituale e grave;

d) il frequentare persona che consti essere stata dichiarata delinquente abituale, professionale o per tendenza o aver subito condanna per delitti non colposi alla pena della reclusione superiore a tre anni o essere sottoposta ad una misura di prevenzione, salvo che sia intervenuta la riabilitazione, ovvero l'intrattenere rapporti consapevoli di affari con una di tali persone.

6. Si applica la sanzione dell'incapacità a esercitare un incarico direttivo per l'interferenza, nell'attività di altro giudice tributario, da parte del presidente della commissione o della sezione, se ripetuta o grave.

7. Si applica la rimozione dall'incarico nei casi di recidiva in trasgressioni di cui ai commi 5 e 6.

(1) *Articolo modificato dall'articolo 39, comma 2, lett. e), del D.L. 6 luglio 2011, n. 98, convertito con modificazioni dalla Legge 15 luglio 2011, n. 111 e successivamente sostituito dall'articolo 11, comma 1, lettera g), del D.lgs. 24 settembre 2015, n. 156, a decorrere dal 1° gennaio 2016.*

16. Procedimento disciplinare. – 1. Il procedimento disciplinare è promosso dal Presidente del Consiglio dei Ministri o dal presidente della corte di giustizia tributaria di secondo grado nella cui circoscrizione presta servizio l'incolpato.

2. Il consiglio di presidenza, nel termine di dieci giorni dalla richiesta di apertura del procedimento disciplinare, affida ad un suo componente l'incarico di procedere agli accertamenti preliminari da svolgersi entro trenta giorni.

3. Il consiglio di presidenza, sulla base delle risultanze emerse provvede a contestare i fatti all'incolpato con invito a presentare entro trenta giorni le sue giustificazioni, a seguito delle quali, se non ritiene di archiviare gli atti, incarica un proprio componente di procedere alla istruttoria, che deve essere conclusa entro novanta giorni col deposito degli atti relativi presso la segreteria. Di tali deliberazioni deve essere data immediata comunicazione all'incolpato.

4. Il presidente del consiglio di presidenza, trascorso comunque il termine di cui al comma 3, fissa la data della discussione davanti allo stesso con decreto da notificare almeno quaranta giorni prima all'incolpato, il quale può prendere visione ed estrarre copia degli atti e depositare le sue difese non oltre dieci giorni prima della discussione.

5. Nella seduta fissata per la discussione, il componente del consiglio di presidenza di cui al comma 3 svolge la relazione. L'incolpato ha per ultimo la parola e può farsi assistere da altro componente di corte di giustizia tributaria di primo e secondo grado.

6. La sanzione disciplinare deliberata dal consiglio di presidenza è applicata con decreto del Ministro delle finanze.

7. Per quanto non contemplato dalla presente legge si applicano le disposizioni sul procedimento disciplinare vigenti per i magistrati ordinari in quanto compatibili.

CAPO III
Il consiglio di presidenza della giustizia tributaria

17. Composizione. – 1. Il consiglio di presidenza della giustizia tributaria è costituito con decreto del Presidente della Repubblica, su proposta del Ministro delle finanze, ed ha sede in Roma presso il Ministero delle finanze.

2. Il consiglio di presidenza è composto da undici componenti eletti dai giudici tributari e da quattro componenti eletti dal Parlamento, due dalla Camera dei deputati e due dal Senato della Repubblica a maggioranza assoluta dei rispettivi componenti, tra i professori di università in materie giuridiche o i soggetti abilitati alla difesa dinanzi alle corti di giustizia tributaria di primo e secondo grado che risultino iscritti ai rispettivi albi professionali da almeno dodici anni. (1).

2-bis. Il Consiglio di Presidenza elegge nel suo seno un presidente tra i componenti eletti dal Parlamento (2).

2-ter. I componenti del consiglio di presidenza della giustizia tributaria eletti dal Parlamento, finché sono in carica, non possono esercitare attività professionale in ambito tributario, né alcuna altra attività suscettibile di interferire con le funzioni degli organi di giustizia tributaria. (3)

3. I componenti del consiglio di presidenza sono eletti da tutti i componenti delle corti di giustizia tributaria di primo grado e regionali con voto personale, diretto e segreto, e non sono [*immediatamente*] rieleggibili (4).

[*4. È eletto, per ogni componente effettivo, un componente supplente che lo sostituisce in caso di assenza o impedimento.*] (5).

(1) *Comma sostituito dall'articolo 85, comma 1, della legge 21 novembre 2000, n. 342 e successivamente dall'articolo 16-quater, comma 1, lettera c), numero 1), del D.L. 28 dicembre 2001, n. 452.*
(2) *Comma aggiunto dall'articolo 85, comma 1, della legge 21 novembre 2000, n. 342 e successivamente sostituito dall'articolo 39, comma 2, lett. f), del D.L. 6 luglio 2011, n. 98.*
(3) *Comma aggiunto dall'articolo 16-quater, comma 1, lettera c), numero 2), del D.L. 28 dicembre 2001, n. 452.*
(4) *Comma modificato dall'articolo 6, comma 21-septies, del D.L. 31 maggio 2010, n. 78.*
(5) *Comma abrogato dall'articolo 85, comma 5, della legge 21 novembre 2000, n. 342.*

18. Durata. – 1. Il consiglio di presidenza dura in carica per quattro anni (1).

2. I componenti del consiglio di presidenza, che nel corso del quadriennio cessano per qualsiasi causa di farne parte o, se eletti in qualità di giudice, conseguono la nomina a presidente, sono sostituiti per il restante periodo dal primo dei non eletti di corrispondente qualifica.

(1) Per la proroga dei termini di cui al presente comma, vedi l'articolo 18, comma 4-ter, del D.L. 30 dicembre 2005, n. 273.

19. Il presidente. – [*1. Il presidente del consiglio di presidenza è eletto dai suoi componenti fra i presidenti di commissione o di sezione che ne fanno parte.*

2. Il presidente, in caso di assenza o impedimento, è sostituito dal componente del consiglio di presidenza con qualifica di presidente di commissione o di sezione che ha riportato più voti nella nomina a componente del consiglio di presidenza, o, a parità di voti, dal più anziano di età.] (1)

(1) *Articolo abrogato dall'articolo 85, comma 5, della legge 21 novembre 2000, n. 342.*

20. Ineleggibilità. – 1. Non possono essere eletti al consiglio di presidenza, e sono altresì esclusi dal voto, i componenti delle corti di giustizia tributaria di primo e secondo grado sottoposti, a seguito di giudizio disciplinare, ad una sanzione più grave dell'ammonimento.

2. Il componente di corte di giustizia tributaria di primo e secondo grado sottoposto alla sanzione della censura è eleggibile dopo tre anni dalla data del relativo provvedimento, se non gli è stata applicata altra sanzione disciplinare.

21. Elezione del consiglio di presidenza. – 1. Le elezioni del Consiglio di presidenza della giustizia tributaria hanno luogo entro quattro mesi dallo scadere del precedente Consiglio. Esse sono indette con provvedimento del Presidente del Consiglio di presidenza, da pubblicare nella Gazzetta Ufficiale della Repubblica Italiana almeno quarantacinque giorni prima della data stabilita per le elezioni. Esse si svolgono in un giorno festivo dalle ore 9 alle ore 21 (1)(2).

2. Il Presidente del Consiglio di presidenza nomina, con propria delibera, l'ufficio centrale elettorale, che si insedia presso lo stesso Consiglio di presidenza, ed è costituito da

un presidente di corte di giustizia tributaria di primo e secondo grado, che lo presiede, e da due giudici tributari. Con la stessa delibera sono nominati, altresì, i tre giudici supplenti, che sostituiscono i componenti effettivi in caso di loro assenza o impedimento [(3)].

2-bis. Le candidature devono essere presentate all'ufficio centrale elettorale, a mezzo plico raccomandato, almeno venticinque giorni prima delle elezioni mediante compilazione della apposita scheda di presentazione. Ciascun candidato è presentato da non meno di venti e da non oltre trenta giudici tributari. Le firme di presentazione possono essere apposte e depositate anche su più schede di presentazione, se i candidati raccolgono firme di presentazione in Commissioni diverse da quella di appartenenza [(4)].

2-ter. Nessuno può presentare più di un candidato né essere, contemporaneamente, candidato e presentatore di se stesso. L'inosservanza delle disposizioni del presente comma determina la nullità di ogni firma di presentazione proposta dal medesimo soggetto [(5)].

2-quater. Nei dieci giorni successivi alla scadenza del termine di cui al comma 3, l'ufficio elettorale centrale accerta che nei confronti del candidato non sussistono le cause di ineleggibilità di cui all'articolo 20. Lo stesso Ufficio verifica, altresì, il rispetto delle disposizioni di cui ai commi 3 e 4, esclude, con provvedimento motivato, le candidature non presentate dal prescritto numero di presentatori ovvero quelle dei candidati ineleggibili, e trasmette immediatamente le candidature ammesse al Consiglio di presidenza della giustizia tributaria. L'elenco dei candidati è pubblicato sul sito istituzionale del Consiglio ed inviato dallo stesso per posta elettronica a tutti i componenti delle corti di giustizia tributaria di primo e secondo grado. Detto elenco è altresì affisso, a cura dei Presidenti di commissione, presso ciascuna corte di giustizia tributaria di primo e secondo grado [(6)].

2-quinquies. Le operazioni elettorali si svolgono presso le sedi delle corti di giustizia tributaria di primo grado e regionali e presso ciascuna di queste sedi è istituito l'ufficio elettorale locale, che assicura l'espletamento delle operazioni di voto, composto dal presidente della commissione o da un suo delegato, che lo presiede, e da due giudici tributari, nominati dal presidente delle rispettive commissioni almeno venti giorni prima della data fissata per le elezioni. Sono nominati altresì tre supplenti, i quali sostituiscono i componenti effettivi in caso di loro assenza o impedimento. Non possono far parte degli Uffici elettorali giudici tributari che abbiano riportato sanzioni disciplinari più gravi dell'ammonimento [(7)].

2-sexies. Gli uffici elettorali locali presiedono alle operazioni di voto che si svolgono presso di esse e provvedono allo scrutinio di tutte le schede elettorali, previa apertura delle urne e conteggio delle schede, determinando il totale dei voti validi e il totale delle preferenze per ciascun candidato. Le operazioni di scrutinio hanno inizio il giorno successivo a quello di voto e di esse, come pure delle contestazioni decise ai sensi dell'articolo 22, comma 4, si dà atto nel processo verbale [(8)].

2-septies. Con regolamento del Consiglio di Presidenza sono stabilite le disposizioni di attuazione del presente articolo [(9)].

[(1)] Per la decorrenza dei termini di cui al presente comma, vedi articolo 1, del D.L. 30 ottobre 2000, n. 311 e art. 84, comma 3, della legge 21 novembre 2000, n. 342.

[(2)] Comma modificato dall'articolo 11, comma 1, lettera h), numero 1), del D.lgs. 24 settembre 2015, n. 156, a decorrere dal 1° gennaio 2016.

[(3)] Comma sostituito dall'articolo 85, comma 3, della legge 21 novembre 2000, n. 342 e successivamente dall'articolo 11, comma 1, lettera h), numero 2), del D.lgs. 24 settembre 2015, n. 156, a decorrere dal 1° gennaio 2016.

[(4)] Comma aggiunto dall'articolo 85, comma 3, della legge 21 novembre 2000, n. 342 e successivamente sostituito dall'articolo 11, comma 1, lettera h), numero 2), del D.lgs. 24 settembre 2015, n. 156, a decorrere dal 1° gennaio 2016.

[(5)] Comma aggiunto dall'articolo 11, comma 1, lettera h), numero 2), del D.lgs. 24 settembre 2015, n. 156, a decorrere dal 1° gennaio 2016.

[(6)] Comma aggiunto dall'articolo 11, comma 1, lettera h), numero 2), del D.lgs. 24 settembre 2015, n. 156, a decorrere dal 1° gennaio 2016.

[(7)] Comma aggiunto dall'articolo 11, comma 1, lettera h), numero 2), del D.lgs. 24 settembre 2015, n. 156, a decorrere dal 1° gennaio 2016.

[(8)] Comma aggiunto dall'articolo 11, comma 1, lettera h), numero 2), del D.lgs. 24 settembre 2015, n. 156, a decorrere dal 1° gennaio 2016.

[(9)] Comma aggiunto dall'articolo 11, comma 1, lettera h), numero 2), del D.lgs. 24 settembre 2015, n. 156, a decorrere dal 1° gennaio 2016.

22. Votazioni [(1)]. – 1. Ciascun elettore può esprimere il voto per non più di sei candidati. Le schede devono essere preventivamente controfirmate dai componenti dell'ufficio elettorale ed essere riconsegnate chiuse dall'elettore.

2. Il voto, personale, diretto e segreto, viene espresso presso la sede della commissione presso la quale è espletata la funzione giurisdizionale.

3. Gli uffici elettorali locali presiedono alle operazioni di voto che si svolgono presso di esse e provvedono allo scrutinio di tutte le schede elettorali, previa apertura delle urne e conteggio delle schede, determinando il totale dei voti validi e il totale delle preferenze per ciascun candidato. Le operazioni di scrutinio hanno inizio il giorno successivo a quello di voto e di esse, come pure delle contestazioni decise ai sensi del comma 4, si deve dare atto nel processo verbale delle operazioni.

4. L'ufficio elettorale regionale decide a maggioranza sulle contestazioni sorte durante le operazioni di voto nonché su quelle relative alla validità delle schede, dandone atto nel processo verbale delle operazioni.

5. Al termine delle operazioni elettorali il verbale di scrutinio è trasmesso all'ufficio elettorale centrale che provvede alla proclamazione degli eletti.

[(1)] Articolo modificato dall'articolo 85, comma 5, della legge 21 novembre 2000, n. 342, dall'articolo 16-quater, comma 1, lettera d), del D.L. 28 dicembre 2001, n. 452, convertito con modificazioni dalla Legge 27 febbraio 2002, n. 16e successivamente sostituito dall'articolo 11, comma 1, lettera i), del D.lgs. 24 settembre 2015, n. 156, a decorrere dal 1° gennaio 2016.

23. Proclamazione degli eletti. Reclami. – 1. L'ufficio elettorale centrale proclama eletti coloro che, nell'ambito di ciascuna categoria di eleggibili, hanno riportato il maggior numero di voti. A parità di voti è eletto il più anziano di età. I nominativi degli eletti sono comunicati al Consiglio di Presidenza della giustizia tributaria e al Dipartimento delle finanze del Ministero dell'economia e delle finanze [(1)].

2. I reclami relativi alla eleggibilità e alle operazioni elettorali sono indirizzati al consiglio di presidenza e debbono pervenire alla segreteria dello stesso entro il quindicesimo giorno successivo alla proclamazione di risultati. Essi non hanno effetto sospensivo.

3. Il consiglio di presidenza decide sui reclami nella sua prima adunanza.

3-bis. Nei quindici giorni successivi all'emanazione del decreto del Presidente della Repubblica, di cui all'articolo 17, comma 1, il Presidente in carica del Consiglio di presidenza della giustizia tributaria convoca per l'insediamento il Consiglio nella sua nuova composizione [(2)].

3-ter. Il Consiglio di Presidenza scade al termine del quadriennio e continua ad esercitare le proprie funzioni fino all'insediamento del nuovo Consiglio [(3)].

(1) Comma modificato dall'articolo 11, comma 1, lettera l), numero 1), del D.lgs. 24 settembre 2015, n. 156, a decorrere dal 1° gennaio 2016.
(2) Comma aggiunto dall'articolo 11, comma 1, lettera l), numero 2), del D.lgs. 24 settembre 2015, n. 156, a decorrere dal 1° gennaio 2016.
(3) Comma aggiunto dall'articolo 11, comma 1, lettera l), numero 2), del D.lgs. 24 settembre 2015, n. 156, a decorrere dal 1° gennaio 2016.

24. Attribuzioni. – 1. Il consiglio di presidenza:

a) verifica i titoli di ammissione dei propri componenti e decide sui reclami attinenti alle elezioni;

b) disciplina con regolamento interno il proprio funzionamento;

c) delibera sulle nomine e su ogni altro provvedimento riguardante i componenti delle corti di giustizia tributaria di primo e secondo grado;

d) formula al Ministro delle finanze proposte per l'adeguamento e l'ammodernamento delle strutture e dei servizi, sentiti i presidenti delle corti di giustizia tributaria di primo e secondo grado;

e) predispone elementi per la redazione della relazione del Ministro delle finanze di cui all'art. 29, comma 2, anche in ordine alla produttività comparata delle commissioni;

f) stabilisce i criteri di massima per la formazione delle sezioni e dei collegi giudicanti;

g) stabilisce i criteri di massima per la ripartizione dei ricorsi nell'ambito delle corti di giustizia tributaria di primo e secondo grado divise in sezioni;

h) assicura l'aggiornamento professionale dei giudici tributari attraverso l'organizzazione di corsi di formazione permanente, in sede centrale e decentrata nell'ambito degli stanziamenti annuali dell'apposita voce di bilancio in favore dello stesso Consiglio e sulla base di un programma di formazione annuale, comunicato al Ministero dell'economia e delle finanze entro il mese di ottobre dell'anno precedente lo svolgimento dei corsi [(1)];

i) esprime parere sugli schemi di regolamento e di convenzioni previsti dal presente decreto o che comunque riguardano il funzionamento delle corti di giustizia tributaria di primo e secondo grado;

l) esprime parere sulla ripartizione fra le corti di giustizia tributaria di primo e secondo grado dei fondi stanziati nel bilancio del Ministero delle finanze per le spese di loro funzionamento;

m) esprime parere sul decreto di cui all'articolo 13, comma 1 [(2)];

m-bis) dispone, in caso di necessità, l'applicazione di componenti presso altra corte di giustizia tributaria di primo e secondo grado o sezione staccata, rientrante nello stesso ambito regionale, per la durata massima di un anno[(3)];

n) delibera su ogni altra materia ad esso attribuita dalla legge.

2. Il consiglio di presidenza vigila sul funzionamento dell'attività giurisdizionale delle corti di giustizia tributaria di primo e secondo grado e può disporre ispezioni nei confronti del personale giudicante [*affidandone l'incarico ad uno dei suoi componenti*] [(4)].

2-bis. Al fine di garantire l'esercizio efficiente delle attribuzioni di cui al comma 2, presso il Consiglio di presidenza è istituito, con carattere di autonomia e indipendenza, l'Ufficio ispettivo, a cui sono assegnati sei magistrati o giudici tributari, tra i quali è nominato un direttore. L'Ufficio ispettivo può svolgere, col supporto della Direzione della giustizia tributaria del Dipartimento delle finanze, attività presso le corti di giustizia tributaria di primo e secondo grado, finalizzate alle verifiche di rispettiva competenza[(5)].

2-ter. I componenti dell'Ufficio ispettivo sono esonerati dall'esercizio delle funzioni giurisdizionali presso le corti di giustizia tributaria. Ai giudici tributari componenti dell'Ufficio è corrisposto un trattamento economico, sostitutivo di quello previsto dall'articolo 13, pari alla metà dell'ammontare più elevato corrisposto nello stesso periodo ai giudici tributari per l'incarico di presidente di corte di giustizia tributaria [(6)].

(1) Lettera sostituita dall'articolo 11, comma 1, lettera m), del D.lgs. 24 settembre 2015, n. 156, a decorrere dal 1° gennaio 2016.
(2) Lettera sostituita dall'articolo 39, comma 2, lettera g), numero 1), del D.L. 6 luglio 2011, n. 98, convertito con modificazioni dalla Legge 15 luglio 2011, n. 111.
(3) Lettera aggiunta dall'articolo 16-quater, comma 1, lettera e), del D.L. 28 dicembre 2001, n. 452.
(4) Comma modificato dall'articolo 39, comma 2, lettera g), numero 2), del D.L. 6 luglio 2011, n. 98, convertito con modificazioni dalla Legge 15 luglio 2011, n. 111e successivamente dall'articolo 1, comma 1, lettera q), numero 1), della Legge 31 agosto 2022, n. 130, con applicazione a decorrere dal 1° gennaio 2023.
(5) Comma aggiunto dall'articolo 1, comma 1, lettera q), numero 2), della Legge 31 agosto 2022, n. 130, con applicazione a decorrere dal 1° gennaio 2023.
(6) Comma aggiunto dall'articolo 1, comma 1, lettera q), numero 2), della Legge 31 agosto 2022, n. 130, con applicazione a decorrere dal 1° gennaio 2023.

24 *bis*. (Ufficio del massimario nazionale)[(1)]. – 1. È istituito presso il Consiglio di presidenza della giustizia tributaria l'Ufficio del massimario nazionale, al quale sono assegnati un direttore, che ne è il responsabile, e quindici magistrati o giudici tributari.

2. Il direttore, i magistrati e i giudici tributari assegnati all'Ufficio sono nominati con delibera del Consiglio di presidenza tra i componenti delle corti di giustizia tributaria di primo e secondo grado. La nomina del direttore e dei componenti dell'ufficio è effettuata tra i candidati che hanno maturato non meno di sette anni di effettivo esercizio nelle funzioni giurisdizionali. L'incarico del direttore e dei componenti dell'Ufficio ha durata quinquennale e non è rinnovabile.

3. L'Ufficio del massimario nazionale provvede a rilevare, classificare e ordinare in massime le decisioni delle corti di giustizia tributaria di secondo grado e le più significative tra quelle emesse dalle corti di giustizia tributaria di primo grado.

4. Le massime delle decisioni di cui al comma 3 alimentano la banca dati della giurisprudenza tributaria di merito, gestita dal Ministero dell'economia e delle finanze.

5. Mediante convenzione tra il Ministero dell'economia e delle finanze, il Consiglio di presidenza della giustizia tributaria e la Corte di cassazione sono stabilite le modalità per la consultazione della banca dati della giurisprudenza tributaria di merito da parte della Corte.

6. L'Ufficio del massimario nazionale si avvale delle risorse previste nel contingente di cui all'articolo 32 e dei servizi informatici del sistema informativo della fiscalità del Ministero dell'economia e delle finanze.

7. I componenti dell'Ufficio del massimario nazionale possono essere esonerati dall'esercizio delle funzioni giurisdizionali presso le corti di giustizia tributaria di primo e secondo grado. In caso di esonero, ai giudici tributari componenti dell'Ufficio è corrisposto un trattamento economico, sostitutivo di quello previsto dall'articolo 13, pari alla metà dell'ammontare più elevato corrisposto nello stesso periodo ai giudici tributari per l'incarico di presidente di corte di giustizia tributaria.

(1) Articolo inserito dall'articolo 1, comma 1, lettera r), della Legge 31 agosto 2022, n. 130, con applicazione a decorrere dal 1° gennaio 2023.

25. Convocazione. – 1. Il consiglio di presidenza è convocato dal presidente o, in sua assenza, dal componente che lo sostituisce, di iniziativa propria o su richiesta di almeno un terzo dei suoi componenti.

26. Deliberazioni. – 1. Il consiglio di presidenza delibera con la presenza di almeno quattro componenti.

2. Le deliberazioni sono adottate a maggioranza e a voto palese; in caso di parità prevale il voto del presidente.

3. Le deliberazioni sono adottate a scrutinio segreto, se riguardano persone o su richiesta di almeno due componenti presenti.

27. Trattamento dei componenti del consiglio di presidenza. – 1. I componenti del consiglio di presidenza sono esonerati dalle funzioni proprie conservando la titolarità dell'ufficio ed il relativo trattamento economico ragguagliato, quanto alla parte variabile, a quella più elevata conferita nello stesso periodo ai presidenti di corte di giustizia tributaria di primo e secondo grado[(1)].

2. Ai componenti del consiglio di presidenza spetta, se con residenza fuori Roma, il trattamento di missione nella misura prevista per la qualifica rivestita e comunque non inferiore a quella prevista per il dirigente generale dello Stato, livello C. [(2)]

(1) Comma modificato dall'articolo 3, comma 121, della legge 24 dicembre 2003, n. 350.
(2) Sono ridotte l'indennità spettanti ai componenti del consiglio di presidenza di cui al presente articolo dall'articolo 85, comma 2, della legge 21 novembre 2000, n. 342,conseguentemente a quanto disposto dal comma 1 del medesimo articolo della stessa legge e, successivamente, dall'articolo 16-quater, comma 2, del D.L. 28 dicembre 2001, n. 452, convertito con modificazioni dalla L. 27 febbraio 2002, n. 16.

28. Scioglimento del consiglio di presidenza. – 1. Il consiglio di presidenza, qualora ne sia impossibile il funzionamento, è sciolto con decreto del Presidente della Repubblica, su proposta del Ministro delle finanze, previa deliberazione del Consiglio dei Ministri.

2. Le nuove elezioni sono indette entro un mese dalla data di scioglimento ed hanno luogo entro il bimestre successivo.

29. Alta sorveglianza. – 1. Il Presidente del Consiglio dei Ministri esercita l'alta sorveglianza sulle corti di giustizia tributaria di primo e secondo grado e sui giudici tributari. Il Presidente del Consiglio dei Ministri e il Ministro delle finanze hanno facoltà di chiedere al consiglio di presidenza e ai presidenti delle commissioni informazioni circa il funzionamento della giustizia tributaria ed i servizi relativi e possono fare, al riguardo, le comunicazioni che ritengono opportune al consiglio di presidenza [(1)].

2. Il Ministro dell'economia e delle finanze presenta entro il 30 ottobre di ciascun anno una relazione al Parlamento sullo stato della giustizia tributaria nell'anno precedente anche sulla base degli elementi predisposti dal Consiglio di presidenza, con particolare riguardo alla durata dei processi e all'efficacia degli istituti deflattivi del contenzioso [(2)].

(1) Così corretto con Comunicato 27 marzo 1993 (in Gazz. Uff., 27 marzo, n. 72)
(2) Comma sostituito dall'articolo 11, comma 1, lettera n), del D.lgs. 24 settembre 2015, n. 156, a decorrere dal 1° gennaio 2016.

29 *bis*. Autonomia contabile del Consiglio di presidenza della giustizia tributaria. – 1. Il Consiglio di presidenza provvede all'autonoma gestione delle spese per il proprio funzionamento, nei limiti del fondo stanziato a tale scopo nel bilancio dello Stato e iscritto con unico capitolo nello stato di previsione della spesa del Ministero del tesoro, del bilancio e della programmazione economica. La gestione si svolge in base al bilancio di previsione e a rendiconto consuntivo soggetto al controllo della Corte dei conti. Il bilancio e il rendiconto sono pubblicati nella Gazzetta Ufficiale [(1)].

(1) Articolo aggiunto dall'articolo 36, comma 1, della legge 18 febbraio 1999, n. 28.

CAPO IV
Gli uffici di segreteria

30. Ufficio di segreteria del consiglio di presidenza. – 1. Il consiglio di presidenza è assistito da un ufficio di segreteria, al quale vengono assegnati un primo dirigente, funzionari ed impiegati delle diverse qualifiche funzionali, appartenenti al contingente di cui all'art. 32, nei limiti fissati con decreto del Ministro delle finanze.

2. L'ufficio di segreteria, per l'espletamento dei compiti affidatigli, può avvalersi dei servizi di cui all'art. 36.

31. Uffici di segreteria delle corti di giustizia tributaria di primo e secondo grado. – 1. È istituito presso ogni corte di giustizia tributaria di primo e secondo grado un ufficio di segreteria con funzioni di assistenza e collaborazione nell'esercizio dell'attività giurisdizionale nonché per lo svolgimento di ogni altra attività amministrativa attribuita alla stessa o ai suoi componenti.

32. Personale addetto agli uffici di segreteria delle corti di giustizia tributaria di primo e secondo grado. – 1. Agli uffici di segreteria delle corti di giustizia tributaria di primo e secondo grado sono addetti dipendenti del Ministero delle finanze compresi in un apposito contingente del personale indicato nell'art. 10 della legge 29 ottobre 1991, n. 358.

2. Il contingente del personale istituito a norma del com-

ma 1 è costituito con la dotazione indicata, complessivamente, nella tabella C e, per ogni corte di giustizia tributaria di primo e secondo grado, nella tabella D. Il Ministro delle finanze di concerto con il Ministro del tesoro, con proprio decreto determina ogni anno le variazioni da apportare alle dotazioni del contingente in relazione alle variazioni del numero di sezioni e del flusso dei ricorsi presso ogni corte di giustizia tributaria di primo e secondo grado.

33. Trattamento economico del personale degli uffici di segreteria [(1)]. – 1. Al personale addetto agli uffici di segreteria delle corti di giustizia tributaria di primo e secondo grado spetta il trattamento economico previsto per le rispettive qualifiche dalle disposizioni concernenti il personale del Ministero delle finanze.

2. Al personale di cui al comma 1 è attribuita dalla data di entrata in funzione delle nuove corti di giustizia tributaria di primo e secondo grado, se più favorevole, l'indennità prevista dalla legge 22 giugno 1988, n. 221, e con le modalità da essa stabilite in luogo dei compensi previsti dall'art. 4, commi 4, 5 e 6 del decreto-legge 19 dicembre 1984, n. 853, convertito con modificazioni dalla legge 17 febbraio 1985, n. 17, del compenso previsto dall'art. 10 del decreto del Presidente della Repubblica 25 giugno 1983, n. 344, nonché di qualsiasi altro compenso o indennità incentivante la produttività [(2)].

(1) Così corretto con Comunicato 27 marzo 1993 (in Gazz. Uff., 27 marzo, n. 72)
(2) L'attribuzione dell'indennità di cui al comma 2, nei casi stabiliti dall'art. 2 della legge 22 giugno 1988, n. 221, è fatta con decreto del Ministro delle finanze, di concerto con il Ministro del tesoro.

34. Amministrazione del personale delle segreterie. – 1. Il personale di cui all'art. 32 è amministrato secondo le disposizioni della legge 29 ottobre 1991, n. 358, e del suo regolamento di attuazione.

35. Attribuzioni del personale delle segreterie. – 1. I direttori delle segreterie delle corti di giustizia tributaria di primo e secondo grado e i funzionari con IX e VIII qualifica funzionale provvedono all'organizzazione tecnica del lavoro degli uffici di segreteria per adeguarne l'efficienza alle necessità del processo tributario; partecipano a commissioni di studio relative al funzionamento del contenzioso tributario istituite in seno all'Amministrazione finanziaria; vigilano sul restante personale assegnato alla segreteria.

2. Gli impiegati con VII e VI qualifica funzionale assistono i collegi giudicanti nelle udienze e controfirmano gli atti nei quali la legge richiede il loro intervento; ricevono gli atti del processo concernenti il loro ufficio; rilasciano le copie delle decisioni; svolgono compiti di carattere amministrativo e contabile e provvedono agli adempimenti che ad essi vengono affidati; possono, nel caso di assenza o vacanza, fare le veci dei funzionari della qualifica funzionale immediatamente superiore.

3. Gli impiegati con V e IV qualifica funzionale provvedono ai servizi di protocollazione, classificazione, copiatura, fotocopiatura, spedizione e ogni altra mansione inerente alla qualifica di appartenenza; sostituiscono in caso di assenza o impedimento gli impiegati della qualifica funzionale immediatamente superiore.

4. Il personale ausiliario con III qualifica funzionale espleta servizi di anticamera, attività connesse e attività di ufficiale giudiziario in udienza.

5. Il personale della segreteria di cui ai commi 2 e 3 nell'espletamento dei propri compiti utilizza le procedure e le apparecchiature fornite per il funzionamento dei servizi automatizzati di cui all'art. 36.

CAPO V
I servizi amministrativi del contenzioso

36. Servizi automatizzati. – 1. È istituito il servizio automatizzato per la gestione delle attività degli uffici di segreteria delle corti di giustizia tributaria di primo e secondo grado e del consiglio di presidenza e per le rilevazioni statistiche sull'andamento dei processi comprese la formazione e la tenuta dei ruoli.

2. Al servizio automatizzato di cui al comma 1 è preposto il centro informativo del dipartimento delle entrate di cui all'art. 49 del decreto del Presidente della Repubblica 27 marzo 1992, n. 287.

3. Le modalità di gestione dei servizi automatizzati sono stabilite con regolamento [(1)].

(1) Per l'attuazione delle disposizioni di cui al presente articolo, vedi il D.P.R. 15 novembre 1996, n. 619.

37. Attività di indirizzo agli uffici periferici. – 1. La direzione centrale per gli affari giuridici e per il contenzioso tributario presso il Dipartimento delle entrate del Ministero delle finanze cura la rilevazione e l'esame delle questioni di rilevante interesse o di ricorrente frequenza nelle controversie pendenti dinanzi alle corti di giustizia tributaria di primo e secondo grado sulla base di segnalazioni periodiche dei presidenti delle stesse.

2. La direzione centrale di cui al comma 1, sentita quando occorre l'Avvocatura generale dello Stato, in particolare quando si tratti di questioni sulle quali non vi sia un univoco orientamento giurisprudenziale, formula e propone al Ministro indirizzi per gli uffici periferici ai fini della difesa dell'Amministrazione finanziaria, in ordine alle questioni rilevate ed esaminate, secondo criteri di uniforme e corretta interpretazione della legge.

3. La direzione centrale di cui al comma 1, sulla base di relazioni periodiche delle direzioni regionali o compartimentali, esamina l'attività di rappresentanza e difesa degli uffici periferici dinanzi alle corti di giustizia tributaria di primo e secondo grado e, se necessario, impartisce le direttive del caso per la loro organizzazione.

4. Gli uffici periferici, sulla base degli indirizzi e delle direttive di cui ai commi 2 e 3, esercitano l'attività di rappresentanza e difesa dell'Amministrazione nelle controversie dinanzi alle corti di giustizia tributaria di primo e secondo grado e coordinano con gli uffici competenti dell'Avvocatura dello Stato le iniziative dirette a facilitare l'assistenza consultiva e il patrocinio in giudizio da parte della stessa.

4-bis. Il dirigente dell'ufficio del Ministero delle finanze di cui all'articolo 11, comma 2, del decreto legislativo 31 dicembre 1992, n. 546, riguardante la capacità di stare in giudizio, stabilisce le condizioni necessarie per la formulazione o l'accettazione della proposta di conciliazione di cui all'articolo 48 del citato decreto legislativo n. 546 del 1992[(1)].

(1) *Comma aggiunto dall'articolo 14, comma 2, del D.Lgs. 19 giugno 1997, n. 218.*

38. Rilevazione ed esame dei motivi di accoglimento dei ricorsi. – 1. La direzione centrale di cui all'art. 37, comma 1, rileva, sulla base di relazioni trimestrali delle direzioni regionali e compartimentali ed avvalendosi anche del servizio di cui all'art. 36, i motivi per i quali più frequentemente i ricorsi avverso atti degli uffici periferici sono accolti dalle corti di giustizia tributaria di primo e secondo grado; essa, in relazione ai motivi di accoglimento rilevati, elabora le direttive per gli uffici periferici e formula le conseguenti proposte al Ministro.

2. La direzione centrale di cui all'art. 37, comma 1, in relazione alla rilevazione di cui al comma 1 ed anche avvalendosi di informazioni ed elementi acquisiti dall'ufficio per l'elaborazione di studi di politica tributaria e di analisi fiscali, formula le proposte di modifiche legislative ritenute necessarie e le trasmette all'ufficio del coordinamento legislativo.

39. Rilevazioni statistiche. – 1. La direzione centrale di cui all'art. 37, comma 1, avvalendosi del servizio di cui all'art. 36, compie tutte le rilevazioni statistiche relative alle controversie pendenti, ai ricorsi proposti ogni anno, alle varie fasi dei processi in corso ed alla loro definizione, nonché ai provvedimenti adottati.

2. Le modalità delle rilevazioni previste dal comma 1 e gli elementi che ne sono oggetto sono stabiliti con regolamento (1).

(1) *Per l'attuazione delle disposizioni di cui al presente articolo, vedi il D.P.R. 15 novembre 1996, n. 619.*

40. Ufficio del massimario (1). – 1. È istituito presso ciascuna corte di giustizia tributaria di secondo grado un ufficio del massimario, che provvede a rilevare, classificare e ordinare in massime le decisioni della stessa e delle corti di giustizia tributaria di primo grado aventi sede nella sua circoscrizione.

2. Alle esigenze del suindicato ufficio si provvede nell'ambito del contingente di cui all'art. 32.

3. Le massime delle decisioni saranno utilizzate per alimentare la banca dati del servizio di documentazione tributaria gestita dal sistema centrale di elaborazione del Ministero delle finanze, al quale le commissioni sono collegate anche per accedere ad altri sistemi di documentazione giuridica e tributaria.

(1) *Articolo abrogato, a decorrere dal 1° gennaio 2023, dall'articolo 1, comma 1, lettera s), della Legge 31 agosto 2022, n. 130.*

41. Corsi di aggiornamento. – 1. La scuola centrale tributaria, d'intesa con la direzione centrale di cui all'art. 37, comma 1, e il consiglio di presidenza della giustizia tributaria, organizza ogni anno corsi di aggiornamento per i componenti delle corti di giustizia tributaria di primo e secondo grado concernenti la disciplina del processo in relazione al sistema normativo dei singoli tributi ed alle modificazioni sopravvenute (1).

2. Le modalità dei corsi di aggiornamento sono stabilite con regolamento (2).

(1) *A norma dell'articolo 20, comma 2, del D.P.R. 26 marzo 2001, n. 107, la denominazione "scuola centrale tributaria", di cui al presente comma, è sostituita con la denominazione "scuola superiore dell'economia e delle finanze".*

(2) *Per l'attuazione delle disposizioni di cui al presente articolo, vedi il D.P.R. 15 novembre 1996, n. 619.*

CAPO VI
Disposizioni finali e transitorie

42. Insediamento delle corti di giustizia tributaria di primo e secondo grado. – 1. Le corti di giustizia tributaria di primo grado e regionali sono insediate in unica data entro il 1° aprile 1996 con decreto del Ministro delle finanze pubblicato nella Gazzetta Ufficiale della Repubblica italiana almeno sessanta giorni prima (1)(2).

2. Dalla stessa data sono soppresse le corti di giustizia tributaria di primo e secondo grado di primo e di secondo grado previste dal decreto del Presidente della Repubblica 26 ottobre 1972, n. 636.

3. La corte di giustizia tributaria di primo e secondo grado centrale prevista dal decreto di cui al comma 2 è soppressa e cessa di funzionare, tenuto conto dei ricorsi pendenti, entro la data stabilita con decreto del Presidente del Consiglio dei Ministri, su proposta del Ministro delle finanze (3).

4. Al reperimento delle sedi necessarie all'insediamento di cui al comma 1 si applicano le disposizioni dell'art. 48 del decreto del Presidente della Repubblica 27 marzo 1992, n. 287.

(1) *La data unica di insediamento delle corti di giustizia tributaria di primo grado e regionali, prevista dal presente comma è differita al 1° ottobre 1994 dall'articolo 69, comma 1, del D.L. 30 agosto 1993, n. 331, convertito con modificazioni dalla L. 29 ottobre 1993, n. 427. È ulteriormente differita al 1° ottobre 1995 dall'articolo 15, comma 1-bis, del D.L. 29 aprile 1994, n. 260, convertito con modificazioni dalla L. 27 giugno 1994, n. 413.*

(2) *Comma modificato dall'articolo 1, comma 1, lettera a), del D.L. 26 settembre 1995, n. 403, convertito senza modificazioni dalla L. 20 novembre 1995, n. 495.*

(3) *Comma modificato dall'articolo 69, comma 1, del D.L. 30 agosto 1993, n. 331, convertito con modificazioni dalla L. 29 ottobre 1993, n. 427 e, successivamente, dall'articolo 19, comma 1, della legge 8 maggio 1998, n. 146.*

43. Nomina dei primi componenti nelle corti di giustizia tributaria di secondo grado e provinciali. – 1. I componenti delle corti di giustizia tributaria di primo e secondo grado e della corte di giustizia tributaria di primo e secondo grado centrale, previste dal D.P.R. 26 ottobre 1972, n. 636, in possesso dei requisiti di cui agli articoli 3, 4 e 5, in relazione a ciascun incarico da conferire, sono nominati a domanda componenti delle corti di giustizia tributaria di primo grado e regionali con precedenza rispetto agli altri aspiranti e fino alla concorrenza dei posti disponibili, anche se hanno superato il limite di età di cui all'art. 7, comma 1, lettera d).

2. La domanda di nomina, con l'indicazione completa del posto o dei posti richiesti in ordine di preferenza (presidente di commissione, presidente di sezione, vicepresidente di sezione, giudice tributario, commissione provinciale o regionale, sede) è rivolta al Ministro delle finanze con le modalità ed entro i termini che saranno stabiliti con decreto dello stesso Ministro.

3. Sono formati, per ciascuna corte di giustizia tributaria di primo e secondo grado, con l'applicazione dei criteri e dei punteggi di cui alla tabella F, distinti elenchi per la nomina a presidente di sezione, a vicepresidente di sezione ed a giudice. A parità di punteggio prevale il candidato più anziano di età. Il periodo di esercizio delle funzioni nelle commissioni di primo e secondo grado e nella commissione centrale è considerato a tutti gli effetti.

4. I componenti delle commissioni di primo e secondo grado già aventi sede nella regione sono nominati componenti nelle corti di giustizia tributaria di primo e secondo grado rispettivamente provinciali e regionali costituite nella stessa regione con conferma, del grado, della funzione e dell'incarico e con precedenza su ogni altro richiedente collocato negli elenchi di cui al comma 3, salva la precedenza eventualmente spettante nei gradi, nelle funzioni e negli incarichi al presidente, ai presidenti di sezione ed ai componenti della corte di giustizia tributaria di primo e secondo grado centrale; dette precedenze vanno determinate in base ai punteggi previsti nelle tabelle E ed F. I componenti le corti di giustizia tributaria di primo e secondo grado, in possesso del diploma di laurea in giurisprudenza ovvero in economia e commercio, con un'anzianità di servizio, senza demerito, di almeno dieci anni per il primo grado e di quindici anni per il secondo grado, sono nominati, con l'applicazione dei criteri e dei punteggi di cui alla tabella F, nei limiti dei posti disponibili, rispettivamente vicepresidenti della commissione provinciale e vicepresidenti della commissione regionale [1].

5. Sono formati, per le nomine di componenti nei posti rimasti disponibili dopo la formazione degli elenchi di cui al comma 3, elenchi di coloro che hanno dichiarato la propria disponibilità secondo il procedimento previsto dall'art. 9, sostituita al consiglio di presidenza della giustizia tributaria la commissione di cui al comma 6.

6. Gli elenchi di cui ai commi 3 e 5 sono formati da una commissione nominata dal Ministro delle finanze, costituita da un presidente di sezione del Consiglio di Stato, che la presiede, da due magistrati ordinari con qualifica non inferiore a magistrato di cassazione, da due magistrati amministrativi e da due magistrati della Corte dei conti, con qualifica equiparata, e da due dirigenti generali del Ministero delle finanze. La commissione si avvale della Direzione centrale degli affari giuridici e del contenzioso del Ministero. Gli elenchi predetti sono approvati con decreto del Ministro delle finanze [2].

7. Le nomine dei componenti le corti di giustizia tributaria di primo grado e regionali nella prima applicazione del presente decreto sono disposte secondo l'ordine degli elenchi con decreto del Presidente della Repubblica su proposta del Ministro delle finanze.

8. I componenti delle corti di giustizia tributaria di primo grado e regionali nominati secondo le disposizioni del presente articolo prestano giuramento dinanzi al presidente rispettivamente del tribunale e della corte di appello, nella cui circoscrizione la commissione relativa ha sede. Si applicano le disposizioni dell'art. 10, commi 1 e 5.

8-bis. Fermo restando quanto previsto dall'articolo 24, il Consiglio di presidenza della giustizia tributaria delibera su ogni provvedimento riguardante i componenti delle corti di giustizia tributaria di primo e secondo grado, nonché su eventuali rettifiche degli elenchi di cui ai commi 3 e 5, relativamente al periodo di tempo intercorrente tra la approvazione dei detti elenchi e la data del suo insediamento [3].

[*9. Gli elenchi di cui ai commi 3 e 5 sono sottoposti a ratifica del consiglio di presidenza della giustizia tributaria, che procede alle eventuali rettifiche e promuove i conseguenti provvedimenti subito dopo la sua prima elezione.*] [4].

10. Prima della costituzione del consiglio di presidenza della giustizia tributaria, le nomine dei giudici tributari sono effettuate secondo le disposizioni contenute nel decreto del Presidente della Repubblica 26 ottobre 1972, n. 636, con l'osservanza dei requisiti previsti dagli articoli 3, 4 e 5 del presente decreto legislativo; in tali ipotesi si applica il disposto del primo periodo del comma 4.

(1) *Comma modificato dall'articolo 31, comma 3, della legge 27 dicembre 1997, n. 449.*
(2) *Comma sostituito dall'articolo 1, comma 1, lettera b), del D.L. 26 settembre 1995, n. 403. Vedi, anche, l'articolo 15, del D.L. 29 aprile 1994, n. 260.*
(3) *Comma aggiunto dall'articolo 11, comma 1, lettera b), del D.L. 8 agosto 1996, n. 437.*
(4) *Comma abrogato dall'articolo 1, comma 1, lettera c), del D.L. 26 settembre 1995, n. 403.*

44. Nomina nelle corti di giustizia tributaria di primo grado e regionali dei componenti della corte di giustizia tributaria di primo e secondo grado centrale. – 1. Coloro che sono rimasti a comporre la corte di giustizia tributaria di primo e secondo grado centrale fino alla cessazione dell'attività di tale organo, a partire da tale data entrano a far parte dell'ordinamento giudiziario tributario e sono nominati nelle corti di giustizia tributaria di primo grado e regionali, su loro domanda, con precedenza sugli altri aspiranti con i criteri di valutazione ed i punteggi di cui alla tabella F ed, a parità di punteggio, secondo la maggiore anzianità di età [1].

(1) *Comma modificato dall'articolo 3-bis, comma 4, del D.L. 30 settembre 2005, n. 203.*

44 *bis*. Decisione di controversie pendenti al 1° aprile 1996 [1]. – 1. In deroga all'articolo 2, comma 5, le controversie pendenti alla data del 1° aprile 1996 dinanzi alle corti di giustizia tributaria di primo e secondo grado, di valore inferiore a euro 2.582,28, sono trattate e decise da un giudice singolo designato dal presidente della sezione fra i componenti della stessa.

2. Oltre ai compensi fisso e aggiuntivo spettanti ai sensi dell'articolo 13, al giudice unico è dovuto, per ogni ricorso definito nella qualità, un compenso uguale a quello globalmente stabilito per le sentenze collegiali.

(1) *Articolo aggiunto dall'articolo 32, comma 1, della legge 8 maggio 1998, n. 146.*

44 *ter*. Modifica delle tabelle. – 1. I criteri di valutazione e i punteggi di cui alle tabelle E ed F allegate al presente decreto sono modificati, su conforme parere del consiglio di presidenza della giustizia tributaria, con decreto del Ministro dell'economia e delle finanze. [1]

(1) *Articolo inserito dall'articolo 12, comma 1, lettera b), della legge 28 dicembre 2001, n. 448.*

45. Prima costituzione del consiglio di presidenza della giustizia tributaria. – 1. Nella prima applicazione del presente decreto il consiglio di presidenza è eletto da tutti i componenti delle corti di giustizia tributaria di primo grado e regionali nominati a norma dell'art. 43.

2. Le elezioni hanno luogo entro il 31 dicembre 1996 (1).

(1) *Comma modificato dall'articolo 11, comma 1, lettera c), del D.L. 8 agosto 1996, n. 437.*

46. Personale addetto alle segreterie delle corti di giustizia tributaria di primo e secondo grado soppresse. – 1. Il personale in servizio alla data del 1° ottobre 1993 presso le segreterie delle corti di giustizia tributaria di primo e secondo grado previste dal decreto del Presidente della Repubblica 26 ottobre 1972, n. 636, è assegnato dalla stessa data al contingente di cui all'art. 32 e destinato alle commissioni provinciali e regionali nella cui circoscrizione è la residenza di ognuno nei limiti dei posti disponibili.

2. Il personale in servizio alla data del 31 dicembre 1995 presso la segreteria della corte di giustizia tributaria di primo e secondo grado centrale prevista dal D.P.R. 26 ottobre 1972, n. 636, è assegnato dal 1° gennaio 1996 al contingente di cui all'art. 32 e destinato alle commissioni provinciali o regionali aventi sede in Roma.

3. Al personale in servizio presso la segreteria della corte di giustizia tributaria di primo e secondo grado centrale spetta, dalla data di entrata in funzione delle nuove corti di giustizia tributaria di primo e secondo grado e comunque nel limite del contingente di cui all'art. 32, fino alla cessazione dell'attività della stessa il trattamento economico previsto dall'art. 33.

47. Rinunzia all'assegnazione alle segreterie delle corti di giustizia tributaria di primo grado e regionali. – 1. I dirigenti, il personale delle qualifiche ad esaurimento di ispettore generale o equiparata e di direttore di divisione o equiparate e gli impiegati delle qualifiche funzionali, di ruolo e non di ruolo, compresi quelli provenienti dalle abolite imposte di consumo e quelli degli enti soppressi di cui al ruolo speciale istituito presso il Ministero delle finanze, comunque in servizio alla data di entrata in vigore del presente decreto presso le segreterie delle corti di giustizia tributaria di primo e secondo grado, hanno facoltà di rinunciare, entro e non oltre trenta giorni dalla stessa data, a prestare servizio presso le corti di giustizia tributaria di primo grado e regionali.

2. Il personale, che si è avvalso della facoltà di cui al comma 1, continua a prestare servizio presso gli uffici delle segreterie delle corti di giustizia tributaria di primo grado e regionali fino a quando i posti non saranno coperti con personale di corrispondente qualifica del contingente di cui all'art. 32.

48. Modalità particolari di inquadramento del personale delle segreterie. – 1. Alla copertura dei posti disponibili nelle qualifiche dirigenziali e di quelli rimasti nelle qualifiche funzionali dopo gli inquadramenti di cui all'art. 46, si procede nei modi previsti dalle disposizioni vigenti. È data tuttavia facoltà, in relazione alla necessità di urgente copertura dei posti delle qualifiche VI, IV e III, di procedere all'assunzione di idonei nei concorsi ordinari indetti dal Ministero delle finanze nei cinque anni antecedenti all'entrata in vigore del presente decreto, sulla base di graduatorie uniche nazionali approvate con decreto del Ministro delle finanze, e di indire concorsi speciali da espletarsi secondo le disposizioni degli articoli 9, 10 e 11 della legge 4 agosto 1975, n. 397.

2. Gli impiegati di VII qualifica funzionale, in possesso del diploma di laurea in giurisprudenza o scienze politiche o economia e commercio od equipollenti, che, per almeno cinque anni, abbiano svolto effettivamente e lodevolmente funzioni di cancelliere, coordinando due o più sezioni, purché risultanti da provvedimenti formali di udienza di data anteriore all'entrata in vigore del presente decreto, sono inquadrati nell'VIII qualifica funzionale.

49. Norme abrogate. – 1. A decorrere dalla data di insediamento delle corti di giustizia tributaria di primo grado e regionali sono abrogati gli articoli da 2 a 14 del decreto del Presidente della Repubblica 26 ottobre 1972, n. 636, salvo quanto disposto dal comma 2 (1).

2. Gli articoli 4, 5, 6, 7, 8, 9, 10, 11, 12, quarto comma, 13, 13-bis e 14 del D.P.R. 26 ottobre 1972, n. 636, continuano ad applicarsi relativamente alla corte di giustizia tributaria di primo e secondo grado centrale fino alla cessazione del suo funzionamento (2).

(1) *Comma modificato dall'articolo 69, comma 2, lettera d), del D.L. 30 agosto 1993, n. 331.*
(2) *Comma modificato dall'articolo 69, comma 2, lettera d), del D.L. 30 agosto 1993, n. 331.*

50. Regolamenti. – 1. I regolamenti previsti dal presente decreto sono emanati entro il 28 febbraio 1994 (1).

(1) *Comma modificato dall'articolo 69, comma 2, lettera e), del D.L. 30 agosto 1993, n. 331.*

51. Entrata in vigore. – 1. Il presente decreto entra in vigore il 15 gennaio 1993.

2. Le disposizioni contenute nel capo II si applicano ai componenti delle corti di giustizia tributaria di primo grado e regionali e quelle contenute nel capo IV hanno effetto dalla data di insediamento delle corti di giustizia tributaria di primo grado e regionali, salvo quelle di cui all'articolo 35 che hanno effetto a decorrere dalla data di ultimazione delle procedure selettive previste dall'articolo 3, comma 205, della legge 28 dicembre 1995, n. 549 (1).

(1) *Comma modificato dall'articolo 11, comma 1, lettera d), del D.L. 8 agosto 1996, n. 437.*

5. D.Lgs. 31 dicembre 1992, n. 546

Disposizioni sul processo tributario in attuazione della delega al Governo contenuta nell'art. 30 della legge 30 dicembre 1991, n. 413[(1)(2)]

(1) *Pubblicato in Gazz. Uff., 13 gennaio, n. 9*

(2) *A norma dell'articolo 4, comma 1, lettera a), della Legge 31 agosto* ***2022****, n. 130, nel presente decreto, le parole: «commissione tributaria provinciale», «commissioni tributarie provinciali», «commissione tributaria regionale», «commissioni tributarie regionali», «commissione tributaria» e «commissioni tributarie», ovunque ricorrono, sono sostituite rispettivamente dalle seguenti: «corte di giustizia tributaria di primo grado», «corti di giustizia tributaria di primo grado», «corte di giustizia tributaria di secondo grado», «corti di giustizia tributaria di secondo grado», «corte di giustizia tributaria di primo e secondo grado» e «corti di giustizia tributaria di primo e secondo grado»*

TITOLO I
Disposizioni generali

CAPO I
Del giudice tributario e suoi ausiliari

1. Gli organi della giurisdizione tributaria. – 1. La giurisdizione tributaria è esercitata dalle commissioni tributarie provinciali e dalle commissioni tributarie regionali di cui all'art. 1 del decreto del Presidente della Repubblica 31 dicembre 1992, n. 545.

2. I giudici tributari applicano le norme del presente decreto e, per quanto da esse non disposto e con esse compatibili, le norme del codice di procedura civile.

2. Oggetto della giurisdizione tributaria (1). – 1. Appartengono alla giurisdizione tributaria tutte le controversie aventi ad oggetto i tributi di ogni genere e specie comunque denominati, compresi quelli regionali, provinciali e comunali e il contributo per il Servizio sanitario nazionale, le sovrimposte e le addizionali, le relative sanzioni nonché gli interessi e ogni altro accessorio. Restano escluse dalla giurisdizione tributaria soltanto le controversie riguardanti gli atti della esecuzione forzata tributaria successivi alla notifica della cartella di pagamento e, ove previsto, dell'avviso di cui all'articolo 50 del decreto del Presidente della Repubblica 29 settembre 1973, n. 602, per le quali continuano ad applicarsi le disposizioni del medesimo decreto del Presidente della Repubblica (2)(3).

2. Appartengono altresì alla giurisdizione tributaria le controversie promosse dai singoli possessori concernenti l'intestazione, la delimitazione, la figura, l'estensione, il classamento dei terreni e la ripartizione dell'estimo fra i compossessori a titolo di promiscuità di una stessa particella, nonché le controversie concernenti la consistenza, il classamento delle singole unità immobiliari urbane e l'attribuzione della rendita catastale. Appartengono alla giurisdizione tributaria anche le controversie [*relative alla debenza del canone per l'occupazione di spazi ed aree pubbliche previsto dall'articolo 63 del decreto legislativo 15 dicembre 1997, n. 446, e successive modificazioni, e del canone per lo scarico e la depurazione delle acque reflue e per lo smaltimento dei rifiuti urbani, nonché le controversie*] attinenti l'imposta o il canone comunale sulla pubblicità e il diritto sulle pubbliche affissioni (4)(5).

3. Il giudice tributario risolve in via incidentale ogni questione da cui dipende la decisione delle controversie rientranti nella propria giurisdizione, fatta eccezione per le questioni in materia di querela di falso e sullo stato o la capacità delle persone, diversa dalla capacità di stare in giudizio.

(1) *Articolo modificato dall'articolo 3, comma 37, della legge 28 dicembre 1995, n. 549 e successivamente sostituito dall'articolo 3, comma 37, della legge 28 dicembre 2001, n. 448*

(2) *Comma modificato dall'articolo 3-bis, comma 1, lettera a), del D.L. 30 settembre 2005, n. 203 e successivamente dall'articolo 9, comma 1, lettera a), numero 1), del D.lgs. 24 settembre 2015, n. 156, a decorrere dal 1° gennaio 2016.*

(3) *La Corte Costituzionale, con sentenza 5 maggio 2008, n. 130 (in Gazz. Uff., 21 maggio 2008, n. 22), ha dichiarato l'illegittimità costituzionale del presente comma, nella parte in cui attribuisce alla giurisdizione tributaria le controversie relative alle sanzioni comunque irrogate da uffici finanziari, anche laddove esse conseguano alla violazione di disposizioni non aventi natura tributaria*

(4) *Comma modificato dall'articolo 3-bis, comma 1, lettera b), del D.L. 30 settembre 2005, n. 203 e successivamente dall'articolo 9, comma 1, lettera a), numero 2), del D.lgs. 24 settembre 2015, n. 156, a decorrere dal 1° gennaio 2016.*

(5) *La Corte Costituzionale, con sentenza 10 marzo 2008, n. 64 (in Gazz. Uff., 19 marzo 2008, n. 13), ha dichiarato l'illegittimità costituzionale del secondo periodo del presente comma, nella parte in cui stabilisce che «Appartengono alla giurisdizione tributaria anche le controversie relative alla debenza del canone per l'occupazione di spazi ed aree pubbliche previsto dall'articolo 63 del decreto legislativo 15 dicembre 1997, n. 446, e successive modificazioni». Successivamente la stessa Corte Costituzionale, con sentenza 8 febbraio 2010, n. 39 (in Gazz. Uff., 17 febbraio 2010, n. 7), ha dichirato l'illegittimità del presente comma, nella parte in cui attribuisce alla giurisdizione del giudice tributario le controversie relative alla debenza, a partire dal 3 ottobre 2000, del canone per lo scarico e la depurazione delle acque reflue, quale disciplinato dagli artt. 13 e 14 della legge 5 gennaio 1994, n. 36.*

3. Difetto di giurisdizione. – 1. Il difetto di giurisdizione delle commissioni tributarie è rilevato, anche d'ufficio, in ogni stato e grado del processo.

2. È ammesso il regolamento preventivo di giurisdizione previsto dall'art. 41, primo comma, del codice di procedura civile.

4. Competenza per territorio. – 1. Le commissioni tributarie provinciali sono competenti per le controversie proposte nei confronti degli enti impositori, degli agenti della riscossione e dei soggetti iscritti all'albo di cui all'articolo 53 del decreto legislativo 15 dicembre 1997, n. 446, che hanno sede nella loro circoscrizione. Se la controversia è proposta nei confronti di articolazioni dell'Agenzia delle Entrate, con competenza su tutto o parte del territorio nazionale, individuate con il regolamento di amministrazione di cui all'articolo 71 del decreto legislativo 30 luglio 1999, n. 300, è competente la commissione tributaria provinciale nella cui circoscrizione ha sede l'ufficio al quale spettano le attribuzioni sul rapporto controverso (1)(2).

2. Le commissioni tributarie regionali sono competenti per le impugnazioni avverso le decisioni delle commissioni tributarie provinciali, che hanno sede nella loro circoscrizione.

(1) *Comma modificato dall'articolo 28, comma 2, del D.L. 31 maggio 2010, n. 78, convertito con modificazioni dalla Legge 30 luglio 2010, n. 122 e successivamente sostituito dall'articolo 9, comma 1, lettera b), del D.lgs. 24 settembre 2015, n. 156, a decorrere dal 1° gennaio 2016.*

(2) *La Corte Costituzionale, con sentenza 3 marzo 2016, n. 44 (in Gazz. Uff., 9 marzo, n. 10), ha dichiarato l'illegittimità costituzionale del presente comma, nel testo vigente anteriormente alla sua sostituzione ad opera*

dell'art. 9, comma 1, lettera b), del decreto legislativo 24 settembre 2015, n. 156, nella parte in cui prevede che per le controversie proposte nei confronti dei concessionari del servizio di riscossione è competente la commissione tributaria provinciale nella cui circoscrizione i concessionari stessi hanno sede, anziché quella nella cui circoscrizione ha sede l'ente locale concedente. Con la medesima sentenza, inoltre, la Corte Costituzionale dichiara, in applicazione dell'art. 27 della legge 11 marzo 1953, n. 87, l'illegittimità costituzionale del presente comma nel testo vigente a seguito della sostituzione operata dall'art. 9, comma 1, lettera b), del d.lgs. n. 156 del 2015, nella parte in cui prevede che per le controversie proposte nei confronti dei soggetti iscritti nell'albo di cui all'art. 53 del decreto legislativo 15 dicembre 1997, n. 446 è competente la commissione tributaria provinciale nella cui circoscrizione i medesimi soggetti hanno sede, anziché quella nella cui circoscrizione ha sede l'ente locale impositore.

4 *bis*. Competenza del giudice monocratico (1). – 1. Le corti di giustizia tributaria di primo grado decidono in composizione monocratica le controversie di valore fino a 3.000 euro. Sono escluse le controversie di valore indeterminabile.

2. Per valore della lite si intende quello determinato ai sensi dell'articolo 12, comma 2. Si tiene conto anche dell'imposta virtuale calcolata a seguito delle rettifiche di perdita.

3. Nel procedimento davanti alla corte di giustizia tributaria di primo grado in composizione monocratica si osservano, in quanto applicabili e ove non derogate dal presente decreto, le disposizioni ivi contenute relative ai giudizi in composizione collegiale.

(1) Articolo inserito dall'articolo 4, comma 1, lettera b), della Legge 31 agosto 2022, n. 130. Per l'applicazione vedi l'articolo 8, comma 4, della Legge 130/2022 medesima.

5. Incompetenza. – 1. La competenza delle commissioni tributarie è inderogabile.

2. L'incompetenza della commissione tributaria è rilevabile, anche d'ufficio, soltanto nel grado al quale il vizio si riferisce.

3. La sentenza della commissione tributaria che dichiara la propria incompetenza rende incontestabile l'incompetenza dichiarata e la competenza della commissione tributaria in essa indicata, se il processo viene riassunto a norma del comma 5.

4. Non si applicano le disposizioni del codice di procedura civile sui regolamenti di competenza.

5. La riassunzione del processo davanti alla commissione tributaria dichiarata competente deve essere effettuata a istanza di parte nel termine fissato nella sentenza o in mancanza nel termine di sei mesi dalla comunicazione della sentenza stessa. Se la riassunzione avviene nei termini suindicati il processo continua davanti alla nuova commissione, altrimenti si estingue.

6. Astensione e ricusazione dei componenti delle commissioni tributarie. – 1. L'astensione e la ricusazione dei componenti delle commissioni tributarie sono disciplinate dalle disposizioni del codice di procedura civile in quanto applicabili.

2. Il giudice tributario ha l'obbligo di astenersi e può essere ricusato anche nel caso di cui all'art. 13, comma 3, e in ogni caso in cui abbia o abbia avuto rapporti di lavoro autonomo ovvero di collaborazione con una delle parti.

3. Sulla ricusazione decide il collegio al quale appartiene il componente della commissione tributaria ricusato, senza la sua partecipazione e con l'integrazione di altro membro della stessa commissione designato dal suo presidente.

7. Poteri delle corti di giustizia tributaria di primo e secondo grado. – 1. Le corti di giustizia tributaria di primo e secondo grado, ai fini istruttori e nei limiti dei fatti dedotti dalle parti, esercitano tutte le facoltà di accesso, di richiesta di dati, di informazioni e chiarimenti conferite agli uffici tributari ed all'ente locale da ciascuna legge d'imposta.

2. Le corti di giustizia tributaria di primo e secondo grado, quando occorre acquisire elementi conoscitivi di particolare complessità, possono richiedere apposite relazioni ad organi tecnici dell'amministrazione dello Stato o di altri enti pubblici compreso il Corpo della Guardia di finanza, ovvero disporre consulenza tecnica. I compensi spettanti ai consulenti tecnici non possono eccedere quelli previsti dalla legge 8 luglio 1980, n. 319, e successive modificazioni e integrazioni.

[*3. È sempre data alle commissioni tributarie facoltà di ordinare alle parti il deposito di documenti ritenuti necessari per la decisione della controversia.*] (1)

4. Non è ammesso il giuramento. La corte di giustizia tributaria, ove lo ritenga necessario ai fini della decisione e anche senza l'accordo delle parti, può ammettere la prova testimoniale, assunta con le forme di cui all'articolo 257-bis del codice di procedura civile. Nei casi in cui la pretesa tributaria sia fondata su verbali o altri atti facenti fede fino a querela di falso, la prova è ammessa soltanto su circostanze di fatto diverse da quelle attestate dal pubblico ufficiale (2).

5. Le corti di giustizia tributaria di primo e secondo grado, se ritengono illegittimo un regolamento o un atto generale rilevante ai fini della decisione, non lo applicano, in relazione all'oggetto dedotto in giudizio, salva l'eventuale impugnazione nella diversa sede competente.

5-bis. L'amministrazione prova in giudizio le violazioni contestate con l'atto impugnato. Il giudice fonda la decisione sugli elementi di prova che emergono nel giudizio e annulla l'atto impositivo se la prova della sua fondatezza manca o è contraddittoria o se è comunque insufficiente a dimostrare, in modo circostanziato e puntuale, comunque in coerenza con la normativa tributaria sostanziale, le ragioni oggettive su cui si fondano la pretesa impositiva e l'irrogazione delle sanzioni. Spetta comunque al contribuente fornire le ragioni della richiesta di rimborso, quando non sia conseguente al pagamento di somme oggetto di accertamenti impugnati (3).

Comma abrogato dall'articolo 3-bis, comma 5 del D.L. 30 settembre 2005, n. 203
(2) Comma sostituito dall'articolo 4, comma 1, lettera c), della Legge 31 agosto 2022, n. 130. Per l'applicazione vedi l'articolo 8, comma 3, della Legge 130/2022 medesima.
(3) Comma aggiunto dall'articolo 6, comma 1, della Legge 31 agosto 2022, n. 130.

8. Errore sulla norma tributaria. – 1. La commissione tributaria dichiara non applicabili le sanzioni non penali previste dalle leggi tributarie quando la violazione è giustificata da obiettive condizioni di incertezza sulla portata e sull'ambito di applicazione delle disposizioni alle quali si riferisce.

VARIE

9. Organi di assistenza alle commissioni tributarie. – 1. Il personale dell'ufficio di segreteria assiste la commissione tributaria secondo le disposizioni del codice di procedura civile concernente il cancelliere [(1)].

2. Le attività dell'ufficiale giudiziario in udienza sono disimpegnate dal personale ausiliario addetto alla segreteria.

(1) Così corretto con Comunicato 27 marzo 1993, in G.U. 27 marzo 1993, n. 72

CAPO II
Delle parti e della loro rappresentanza e assistenza in giudizio

10. Le parti. – 1. Sono parti nel processo dinanzi alle commissioni tributarie oltre al ricorrente, l'ufficio dell'Agenzia delle entrate e dell'Agenzia delle dogane e dei monopoli di cui al decreto legislativo 30 luglio 1999, n. 300, gli altri enti impositori, l'agente della riscossione ed i soggetti iscritti nell'albo di cui all'articolo 53 del decreto legislativo 15 dicembre 1997, n. 446, che hanno emesso l'atto impugnato o non hanno emesso l'atto richiesto. Se l'ufficio è un'articolazione dell'Agenzia delle entrate, con competenza su tutto o parte del territorio nazionale, individuata con il regolamento di amministrazione di cui all'articolo 71 del decreto legislativo 30 luglio 1999, n. 300, è parte l'ufficio al quale spettano le attribuzioni sul rapporto controverso [(1)]

(1) Articolo modificato dall'articolo 28, comma 2, del D.L. 31 maggio 2010, n. 78, convertito con modificazioni dalla Legge 30 luglio 2010, n. 122 e successivamente sostituito dall'articolo 9, comma 1, lettera c), del D.lgs. 24 settembre 2015, n. 156, a decorrere dal 1° gennaio 2016.

11. Capacità di stare in giudizio. – 1. Le parti diverse da quelle indicate nei commi 2 e 3 possono stare in giudizio anche mediante procuratore generale o speciale. La procura speciale, se conferita al coniuge e ai parenti o affini entro il quarto grado ai soli fini della partecipazione all'udienza pubblica, può risultare anche da scrittura privata non autenticata.

2. L'ufficio dell'Agenzia delle entrate e dell'Agenzia delle dogane e dei monopoli di cui al decreto legislativo 30 luglio 1999, n. 300 nonché dell'agente della riscossione, nei cui confronti è proposto il ricorso, sta in giudizio direttamente o mediante la struttura territoriale sovraordinata. Stanno altresì in giudizio direttamente le cancellerie o segreterie degli uffici giudiziari per il contenzioso in materia di contributo unificato [(1)].

3. L'ente locale nei cui confronti è proposto il ricorso può stare in giudizio anche mediante il dirigente dell'ufficio tributi, ovvero, per gli enti locali privi di figura dirigenziale, mediante il titolare della posizione organizzativa in cui è collocato detto ufficio [(2)].

[*3-bis. Le disposizioni di cui ai commi precedenti si applicano anche agli uffici giudiziari per il contenzioso in materia di contributo unificato davanti alle Commissioni tributarie provinciali.*] [(3)].

(1) Comma sostituito dall'articolo 9, comma 1, lettera d), numero 1), del D.lgs. 24 settembre 2015, n. 156, a decorrere dal 1° gennaio 2016.
(2) Comma sostituito dall'articolo 3-bis, comma 1, del D.L. 31 marzo 2005, n. 44.
(3) Comma aggiunto dall'articolo 1, comma 30, della legge 24 dicembre 2012, n. 228 e successivamente soppresso dall'articolo 9, comma 1, lettera d), numero 2), del D.lgs. 24 settembre 2015, n. 156, a decorrere dal 1° gennaio 2016.

12. Assistenza tecnica [(1)]. – 1. Le parti, diverse dagli enti impositori, dagli agenti della riscossione e dai soggetti iscritti nell'albo di cui all'articolo 53 del decreto legislativo 15 dicembre 1997, n. 446, devono essere assistite in giudizio da un difensore abilitato.

2. Per le controversie di valore fino a tremila euro le parti possono stare in giudizio senza assistenza tecnica. Per valore della lite si intende l'importo del tributo al netto degli interessi e delle eventuali sanzioni irrogate con l'atto impugnato; in caso di controversie relative esclusivamente alle irrogazioni di sanzioni, il valore è costituito dalla somma di queste.

3. Sono abilitati all'assistenza tecnica, se iscritti nei relativi albi professionali o nell'elenco di cui al comma 4:

a) gli avvocati;

b) i soggetti iscritti nella Sezione A commercialisti dell'Albo dei dottori commercialisti e degli esperti contabili;

c) i consulenti del lavoro;

d) i soggetti di cui all'articolo 63, terzo comma, del decreto del Presidente della Repubblica 29 settembre 1973, n. 600;

e) i soggetti già iscritti alla data del 30 settembre 1993 nei ruoli di periti ed esperti tenuti dalle camere di commercio, industria, artigianato e agricoltura per la subcategoria tributi, in possesso di diploma di laurea in giurisprudenza o in economia e commercio o equipollenti o di diploma di ragioniere limitatamente alle materie concernenti le imposte di registro, di successione, i tributi locali, l'IVA, l'IRPEF, l'IRAP e l'IRES;

f) i funzionari delle associazioni di categoria che, alla data di entrata in vigore del decreto legislativo 31 dicembre 1992, n. 545, risultavano iscritti negli elenchi tenuti dalle Intendenze di finanza competenti per territorio, ai sensi dell'ultimo periodo dell'articolo 30, terzo comma, del decreto del Presidente della Repubblica 26 ottobre 1972, n. 636;

g) i dipendenti delle associazioni delle categorie rappresentate nel Consiglio nazionale dell'economia e del lavoro (C.N.E.L.) e i dipendenti delle imprese, o delle loro controllate ai sensi dell'articolo 2359 del codice civile, primo comma, numero 1), limitatamente alle controversie nelle quali sono parti, rispettivamente, gli associati e le imprese o loro controllate, in possesso del diploma di laurea magistrale in giurisprudenza o in economia ed equipollenti, o di diploma di ragioneria e della relativa abilitazione professionale;

h) i dipendenti dei centri di assistenza fiscale (CAF) di cui all'articolo 32 del decreto legislativo 9 luglio 1997, n. 241, e delle relative società di servizi, purché in possesso di diploma di laurea magistrale in giurisprudenza o in economia ed equipollenti, o di diploma di ragioneria e della relativa abilitazione professionale, limitatamente alle controversie dei propri assistiti originate da adempimenti per i quali il CAF ha prestato loro assistenza.

4. L'elenco dei soggetti di cui al comma 3, lettere d), e), f), g) ed h), è tenuto dal Dipartimento delle finanze del Ministero dell'economia e delle finanze che vi provvede con le risorse umane, strumentali e finanziarie disponibili a legislazione vigente senza nuovi o maggiori oneri a carico del bilancio dello Stato. Con decreto del Ministro dell'economia e delle finanze, sentito il Ministero della giustizia, emesso ai sensi dell'articolo 17, comma 3, della legge 23 agosto 1988, n. 400, sono disciplinate le modalità di tenuta dell'elenco,

nonché i casi di incompatibilità, diniego, sospensione e revoca della iscrizione anche sulla base dei principi contenuti nel codice deontologico forense. L'elenco è pubblicato nel sito internet del Ministero dell'economia e delle finanze.

5. Per le controversie di cui all'articolo 2, comma 2, primo periodo, sono anche abilitati all'assistenza tecnica, se iscritti nei relativi albi professionali:

a) gli ingegneri;
b) gli architetti;
c) i geometri;
d) i periti industriali;
e) i dottori agronomi e forestali;
f) gli agrotecnici;
g) i periti agrari.

6. Per le controversie relative ai tributi doganali sono anche abilitati all'assistenza tecnica gli spedizionieri doganali iscritti nell'apposito albo.

7. Ai difensori di cui ai commi da 1 a 6 deve essere conferito l'incarico con atto pubblico o con scrittura privata autenticata od anche in calce o a margine di un atto del processo, nel qual caso la sottoscrizione autografa è certificata dallo stesso incaricato. All'udienza pubblica l'incarico può essere conferito oralmente e se ne dà atto a verbale.

8. Le Agenzie delle entrate, delle dogane e dei monopoli di cui al decreto legislativo 30 luglio 1999, n. 300, possono essere assistite dall'Avvocatura dello Stato.

9. I soggetti in possesso dei requisiti richiesti nei commi 3, 5 e 6 possono stare in giudizio personalmente, ferme restando le limitazioni all'oggetto della loro attività previste nei medesimi commi.

10. Si applica l'articolo 182 del codice di procedura civile ed i relativi provvedimenti sono emessi dal presidente della commissione o della sezione o dal collegio.

(1) Articolo modificato dall'articolo 69, comma 3, lettera a), del D.L. 30 agosto 1993, n. 331, dall'articolo 12, comma 1, lettera a), del D.L. 8 agosto 1996, n. 437, dall'articolo 16-ter, comma 1, del D.L. 28 dicembre 2001, n. 452, dall'articolo 3-bis, comma 9, lettere a) e b), del D.L. 30 settembre 2005, n. 203 e successivamente sostituito dall'articolo 9, comma 1, lettera e), del D.lgs. 24 settembre 2015, n. 156, a decorrere dal 1° gennaio 2016.

13. Assistenza tecnica gratuita. – [*1. È assicurata innanzi alle commissioni tributarie ai non abbienti l'assistenza tecnica gratuita, secondo le disposizioni del regio decreto 30 dicembre 1923, n. 3282 e successive modificazioni e integrazioni. L'attività gratuita di assistenza tecnica è obbligatoria per tutti i soggetti indicati nell'art. 12, comma 2.*

2. È costituita presso ogni commissione tributaria la commissione per l'assistenza tecnica gratuita, composta da un presidente di sezione, che la presiede, da un giudice tributario designato dal presidente della commissione, nonchè da tre iscritti negli albi o elenchi di cui all'art. 12, comma 2, designati al principio di ogni anno a turno da ciascun ordine professionale del capoluogo in cui ha sede la commissione e dalla direzione regionale delle entrate. Per ciascun componente è designato anche un membro supplente. Al presidente e ai componenti non spetta alcun compenso. Esercita le funzioni di segretario un funzionario dell'ufficio di segreteria della commissione tributaria.

3. Le commissioni per l'assistenza tecnica gratuita si pronunziano in unico grado e i giudici tributari che ne fanno parte hanno l'obbligo di astenersi nei processi riguardanti controversie da loro esaminate quali componenti di tali commissioni.

4. La sorveglianza di cui all'art. 4, primo e secondo comma, del regio decreto 30 dicembre 1923, n. 3282, è esercitata dal presidente della commissione tributaria.] [1]

(1) Articolo abrogato dall'articolo 299 del D.P.R. 30 maggio 2002, n. 115, a decorrere dal 1° luglio 2002.

14. Litisconsorzio ed intervento. – 1. Se l'oggetto del ricorso riguarda inscindibilmente più soggetti, questi devono essere tutti parte nello stesso processo e la controversia non può essere decisa limitatamente ad alcuni di essi.

2. Se il ricorso non è stato proposto da o nei confronti di tutti i soggetti indicati nel comma 1 è ordinata l'integrazione del contraddittorio mediante la loro chiamata in causa entro un termine stabilito a pena di decadenza.

3. Possono intervenire volontariamente o essere chiamati in giudizio i soggetti che, insieme al ricorrente, sono destinatari dell'atto impugnato o parti del rapporto tributario controverso.

4. Le parti chiamate si costituiscono in giudizio nelle forme prescritte per la parte resistente, in quanto applicabili.

5. I soggetti indicati nei commi 1 e 3 intervengono nel processo notificando apposito atto a tutte le parti e costituendosi nelle forme di cui al comma precedente.

6. Le parti chiamate in causa o intervenute volontariamente non possono impugnare autonomamente l'atto se per esse al momento della costituzione è già decorso il termine di decadenza.

15. Spese del giudizio. – 1. La parte soccombente è condannata a rimborsare le spese del giudizio che sono liquidate con la sentenza. [*La commissione tributaria può dichiarare compensate in tutto o in parte le spese, a norma dell'art. 92, secondo comma, del codice di procedura civile*] [1].

2. Le spese di giudizio possono essere compensate in tutto o in parte dalla corte di giustizia tributaria di primo e secondo grado soltanto in caso di soccombenza reciproca o qualora sussistano gravi ed eccezionali ragioni che devono essere espressamente motivate. [2].

2-bis. Si applicano le disposizioni di cui all'articolo 96, commi primo e terzo, del codice di procedura civile [3].

2-ter. Le spese di giudizio comprendono, oltre al contributo unificato, gli onorari e i diritti del difensore, le spese generali e gli esborsi sostenuti, oltre il contributo previdenziale e l'imposta sul valore aggiunto, se dovuti [4].

2-quater. Con l'ordinanza che decide sulle istanze cautelari la commissione provvede sulle spese della relativa fase. La pronuncia sulle spese conserva efficacia anche dopo il provvedimento che definisce il giudizio, salvo diversa statuizione espressa nella sentenza di merito [5].

2-quinquies. I compensi agli incaricati dell'assistenza tecnica sono liquidati sulla base dei parametri previsti per le singole categorie professionali. Agli iscritti negli elenchi di cui all'articolo 12, comma 4, si applicano i parametri previsti per i dottori commercialisti e gli esperti contabili [6].

2-sexies. Nella liquidazione delle spese a favore dell'ente impositore, dell'agente della riscossione e dei soggetti iscritti nell'albo di cui all'articolo 53 del decreto legislativo 15 dicembre 1997, n. 446, se assistiti da propri funzionari, si applicano le disposizioni per la liquidazione del compenso spettante agli avvocati, con la riduzione del venti per cento dell'importo complessivo ivi previsto. La riscossione avviene mediante iscrizione a ruolo a titolo definitivo dopo il passaggio in giudicato della sentenza (7).

2-septies. Nelle controversie di cui all'articolo 17-bis le spese di giudizio di cui al comma 1 sono maggiorate del 50 per cento a titolo di rimborso delle maggiori spese del procedimento (8).

2-octies. Qualora una delle parti ovvero il giudice abbia formulato una proposta conciliativa, non accettata dall'altra parte senza giustificato motivo, restano a carico di quest'ultima le spese del giudizio maggiorate del 50 per cento, ove il riconoscimento delle sue pretese risulti inferiore al contenuto della proposta ad essa effettuata. Se è intervenuta conciliazione le spese si intendono compensate, salvo che le parti stesse abbiano diversamente convenuto nel processo verbale di conciliazione (9).

(1) Comma modificato dall'articolo 9, comma 1, lettera f), numero 1), del D.lgs. 24 settembre 2015, n. 156, a decorrere dal 1° gennaio 2016.
(2) Comma sostituito articolo 9, comma 1, lettera f), numero 2), del D.lgs. 24 settembre 2015, n. 156, a decorrere dal 1° gennaio 2016.
(3) Comma aggiunto dall'articolo 12, comma 1, lettera b), del D.L. 8 agosto 1996, n. 437, successivamente, modificato dall'articolo 1, comma 32, della legge 24 dicembre 2012, n. 228 ed infine sostituito dall'articolo 9, comma 1, lettera f), numero 2), del D.lgs. 24 settembre 2015, n. 156.
(4) Comma aggiunto dall'articolo 9, comma 1, lettera f), numero 2), del D.lgs. 24 settembre 2015, n. 156.
(5) Comma aggiunto dall'articolo 9, comma 1, lettera f), numero 2), del D.lgs. 24 settembre 2015, n. 156.
(6) Comma aggiunto dall'articolo 9, comma 1, lettera f), numero 2), del D.lgs. 24 settembre 2015, n. 156.
(7) Comma aggiunto dall'articolo 9, comma 1, lettera f), numero 2), del D.lgs. 24 settembre 2015, n. 156.
(8) Comma aggiunto dall'articolo 9, comma 1, lettera f), numero 2), del D.lgs. 24 settembre 2015, n. 156.
(9) Comma aggiunto dall'articolo 9, comma 1, lettera f), numero 2), del D.lgs. 24 settembre 2015, n. 156 e successivamente sostituito dall'articolo 4, comma 1, lettera d), della Legge 31 agosto 2022, n. 130. Per l'applicazione vedi l'articolo 8, comma 3, della Legge 130/2022 medesima.

16. Comunicazioni e notificazioni. – 1. Le comunicazioni sono fatte mediante avviso della segreteria della commissione tributaria consegnato alle parti, che ne rilasciano immediatamente ricevuta, o spedito a mezzo del servizio postale in plico senza busta raccomandato con avviso di ricevimento, sul quale non sono apposti segni o indicazioni dai quali possa desumersi il contenuto dell'avviso. Le comunicazioni agli enti impositori, agli agenti della riscossione ed ai soggetti iscritti nell'albo di cui all'articolo 53 del decreto legislativo 15 dicembre 1997, n. 446, possono essere fatte mediante trasmissione di elenco in duplice esemplare, uno dei quali, immediatamente datato e sottoscritto per ricevuta, è restituito alla segreteria della commissione tributaria. La segreteria può anche richiedere la notificazione dell'avviso da parte dell'ufficio giudiziario o del messo comunale nelle forme di cui al comma 2 (1).

[*1-bis. Le comunicazioni sono effettuate anche mediante l'utilizzo della posta elettronica certificata, ai sensi del decreto legislativo 7 marzo 2005, n. 82, e successive modificazioni. Tra le pubbliche amministrazioni di cui all'articolo 2, comma 2, del decreto legislativo 7 marzo 2005, n. 82, le comunicazioni possono essere effettuate ai sensi dell'articolo 76 del medesimo decreto legislativo. L'indirizzo di posta elettronica certificata del difensore o delle parti è indicato nel ricorso o nel primo atto difensivo; nei procedimenti nei quali la parte sta in giudizio personalmente e il relativo indirizzo di posta di posta elettronica certificata non risulta dai pubblici elenchi la stessa può indicare l'indirizzo di posta al quale vuol ricevere le comunicazioni.*] (2)

2. Le notificazioni sono fatte secondo le norme degli articoli 137 e seguenti del codice di procedura civile, salvo quanto disposto dall'art. 17.

3. Le notificazioni possono essere fatte anche direttamente a mezzo del servizio postale mediante spedizione dell'atto in plico senza busta raccomandato con avviso di ricevimento, sul quale non sono apposti segni o indicazioni dai quali possa desumersi il contenuto dell'atto, ovvero all'ufficio del Ministero delle finanze ed all'ente locale mediante consegna dell'atto all'impiegato addetto che ne rilascia ricevuta sulla copia (3).

4. Gli enti impositori, gli agenti della riscossione e i soggetti iscritti nell'albo di cui all'articolo 53 del decreto legislativo 15 dicembre 1997, n. 446, provvedono alle notificazioni anche a mezzo del messo comunale o di messo autorizzato dall'amministrazione finanziaria, con l'osservanza delle disposizioni di cui al comma 2 (4).

5. Qualunque comunicazione o notificazione a mezzo del servizio postale si considera fatta nella data della spedizione; i termini che hanno inizio dalla notificazione o dalla comunicazione decorrono dalla data in cui l'atto è ricevuto.

(1) Comma modificato dall'articolo 37, comma 28, lettera a), del D.L. 4 luglio 2006, n. 223, dall'articolo 39, comma 8, lettera a), numero 1), del D.L. 6 luglio 2011, n. 98 e successivamente dall'articolo 9, comma 1, lettera g), numero 1), del D.lgs. 24 settembre 2015, n. 156, a decorrere dal 1° gennaio 2016.
(2) Comma inserito dall'articolo 39, comma 8, lettera a), numero 2), del D.L. 6 luglio 2011, n. 98, successivamente modificato dall'articolo 49, comma 1, lettera a) del D.L. 24 giugno 2014, n 90, convertito, con modificazioni, dalla Legge 11 agosto 2014, n. 114 e da ultimo abrogato dall'articolo 9, comma 1, lettera g), numero 2), del D.lgs. 24 settembre 2015, n. 156, a decorrere dal 1° gennaio 2016.
(3) Comma modificato dall'articolo 37, comma 28, lettera b), del D.L. 4 luglio 2006, n. 223.
(4) Comma modificato dall'articolo 9, comma 1, lettera g), numero 3), del D.lgs. 24 settembre 2015, n. 156, a decorrere dal 1° gennaio 2016.

16 *bis*. Comunicazioni, notificazioni e depositi telematici (1)(2). – 1. Le comunicazioni sono effettuate anche mediante l'utilizzo della posta elettronica certificata, ai sensi del decreto legislativo 7 marzo 2005, n. 82, e successive modificazioni. Tra le pubbliche amministrazioni di cui all'articolo 2, comma 2, del decreto legislativo 7 marzo 2005, n. 82, le comunicazioni possono essere effettuate ai sensi dell'articolo 76 del decreto legislativo n. 82 del 2005. L'indirizzo di posta elettronica certificata del difensore o delle parti è indicato nel ricorso o nel primo atto difensivo. La comunicazione si intende perfezionata con la ricezione avvenuta nei confronti di almeno uno dei difensori della parte (3).

2. Nelle ipotesi di mancata indicazione dell'indirizzo di posta elettronica certificata del difensore o della parte ed ove lo stesso non sia reperibile da pubblici elenchi, ovvero nelle ipotesi di mancata consegna del messaggio di posta elettronica certificata per cause imputabili al destinatario, le comunicazioni sono eseguite esclusivamente mediante deposito in segreteria della Commissione tributaria. Nei casi di cui al periodo precedente le notificazioni sono eseguite ai sensi dell'articolo 16 (4).

3. Le parti, i consulenti e gli organi tecnici indicati nell'articolo 7, comma 2, notificano e depositano gli atti processuali i documenti e i provvedimenti giurisdizionali esclusivamente con modalità telematiche, secondo le disposizioni contenute nel decreto del Ministro dell'economia e delle finanze 23 dicembre 2013, n. 163, e nei successivi de-

creti di attuazione. In casi eccezionali, il Presidente della Commissione tributaria o il Presidente di sezione, se il ricorso è già iscritto a ruolo, ovvero il collegio se la questione sorge in udienza, con provvedimento motivato possono autorizzare il deposito con modalità diverse da quelle telematiche [5][6]

3-bis. I soggetti che stanno in giudizio senza assistenza tecnica ai sensi dell'articolo 12, comma 2, hanno facoltà di utilizzare, per le notifiche e i depositi, le modalità telematiche indicate nel comma 3, previa indicazione nel ricorso o nel primo atto difensivo dell'indirizzo di posta elettronica certificata al quale ricevere le comunicazioni e le notificazioni [7].

4. L'indicazione dell'indirizzo di posta elettronica certificata valevole per le comunicazioni e le notificazioni equivale alla comunicazione del domicilio eletto.

[1] Articolo inserito dall'articolo 9, comma 1, lettera h), del D.lgs. 24 settembre 2015, n. 156, a decorrere dal 1° gennaio 2016.
[2] Rubrica sostituita dall'articolo 16, comma 1, lettera a), numero 1), del D.L. 23 ottobre 2018, n. 119, convertito con modificazioni dalla Legge 17 dicembre 2018, n. 136.
[3] Comma modificato dall'articolo 16, comma 1, lettera a), numero 2), del D.L. 23 ottobre 2018, n. 119, convertito con modificazioni dalla Legge 17 dicembre 2018, n. 136.
[4] Comma sostituito dall'articolo 16, comma 1, lettera a), numero 3), del D.L. 23 ottobre 2018, n. 119, convertito con modificazioni dalla Legge 17 dicembre 2018, n. 136.
[5] Comma sostituito dall'articolo 16, comma 1, lettera a), numero 4), del D.L. 23 ottobre 2018, n. 119, convertito con modificazioni dalla Legge 17 dicembre 2018, n. 136.
[6] Per l'interpretazione autentica delle disposizioni di cui al presente comma, nel testo precedente le modifiche, vedi l'articolo 16, comma 2, del D.L. 23 ottobre 2018, n. 119, convertito con modificazioni dalla Legge 17 dicembre 2018, n. 136.
[7] Comma inserito dall'articolo 16, comma 1, lettera a), numero 5), del D.L. 23 ottobre 2018, n. 119, convertito con modificazioni dalla Legge 17 dicembre 2018, n. 136.

17. Luogo delle comunicazioni e notificazioni. – 1. Le comunicazioni e le notificazioni sono fatte, salva la consegna in mani proprie, nel domicilio eletto o, in mancanza, nella residenza o nella sede dichiarata dalla parte all'atto della sua costituzione in giudizio. Le variazioni del domicilio o della residenza o della sede hanno effetto dal decimo giorno successivo a quello in cui sia stata notificata alla segreteria della commissione e alle parti costituite la denuncia di variazione.

2. L'indicazione della residenza o della sede e l'elezione del domicilio hanno effetto anche per i successivi gradi del processo.

3. Se mancano l'elezione di domicilio o la dichiarazione della residenza o della sede nel territorio dello Stato o se per la loro assoluta incertezza la notificazione o la comunicazione degli atti non è possibile, questi sono comunicati o notificati presso la segreteria della commissione.

[*3-bis. In caso di mancata indicazione dell'indirizzo di posta elettronica certificata ovvero di mancata consegna del messaggio di posta elettronica certificata per cause imputabili al destinatario, le comunicazioni sono eseguite esclusivamente mediante deposito in segreteria della Commissione tributaria.*] [1]

[1] Comma inserito dall'articolo 49, comma 1, lettera b) del D.L. 24 giugno 2014, n 90, convertito, con modificazioni, dalla Legge 11 agosto 2014, n. 114 e successivamete abrogato dall'articolo 9, comma 1, lettera i), del D.lgs. 24 settembre 2015, n. 156, a decorrere dal 1° gennaio 2016.

17 *bis*. Il reclamo e la mediazione [1]. – 1. Per le controversie di valore non superiore a cinquantamila euro, il ricorso produce anche gli effetti di un reclamo e può contenere una proposta di mediazione con rideterminazione dell'ammontare della pretesa. Il valore di cui al periodo precedente è determinato secondo le disposizioni di cui all'articolo 12, comma 2. Le controversie di valore indeterminabile non sono reclamabili, ad eccezione di quelle di cui all'articolo 2, comma 2, primo periodo [2].

1-bis. Sono esclusi dalla mediazione i tributi costituenti risorse proprie tradizionali di cui all'articolo 2, paragrafo 1, lettera a), della decisione 2014/335/UE, Euratom del Consiglio, del 26 maggio 2014 [3].

2. Il ricorso non è procedibile fino alla scadenza del termine di novanta giorni dalla data di notifica, entro il quale deve essere conclusa la procedura di cui al presente articolo. Si applica la sospensione dei termini processuali nel periodo feriale [4].

3. Il termine per la costituzione in giudizio del ricorrente decorre dalla scadenza del termine di cui al comma 2. Se la Commissione rileva che la costituzione è avvenuta in data anteriore rinvia la trattazione della causa per consentire l'esame del reclamo.

4. Le Agenzie delle entrate, delle dogane e dei monopoli di cui al decreto legislativo 30 luglio 1999, n. 300, provvedono all'esame del reclamo e della proposta di mediazione mediante apposite strutture diverse ed autonome da quelle che curano l'istruttoria degli atti reclamabili. Per gli altri enti impositori la disposizione di cui al periodo precedente si applica compatibilmente con la propria struttura organizzativa.

5. L'organo destinatario, se non intende accogliere il reclamo o l'eventuale proposta di mediazione, formula d'ufficio una propria proposta avuto riguardo all'eventuale incertezza delle questioni controverse, al grado di sostenibilità della pretesa e al principio di economicità dell'azione amministrativa. L'esito del procedimento rileva anche per i contributi previdenziali e assistenziali la cui base imponibile è riconducibile a quella delle imposte sui redditi.

6. Nelle controversie aventi ad oggetto un atto impositivo o di riscossione, la mediazione si perfeziona con il versamento, entro il termine di venti giorni dalla data di sottoscrizione dell'accordo tra le parti, delle somme dovute ovvero della prima rata. Per il versamento delle somme dovute si applicano le disposizioni, anche sanzionatorie, previste per l'accertamento con adesione dall'articolo 8 del decreto legislativo 19 giugno 1997, n. 218. Nelle controversie aventi per oggetto la restituzione di somme la mediazione si perfeziona con la sottoscrizione di un accordo nel quale sono indicate le somme dovute con i termini e le modalità di pagamento. L'accordo costituisce titolo per il pagamento delle somme dovute al contribuente.

7. Le sanzioni amministrative si applicano nella misura del trentacinque per cento del minimo previsto dalla legge. Sulle somme dovute a titolo di contributi previdenziali e assistenziali non si applicano sanzioni e interessi.

8. La riscossione e il pagamento delle somme dovute in base all'atto oggetto di reclamo sono sospesi fino alla scadenza del termine di cui al comma 2, fermo restando che in caso di mancato perfezionamento della mediazione sono dovuti gli interessi previsti dalle singole leggi d'imposta.

9. Le disposizioni di cui al presente articolo si applicano,

in quanto compatibili, anche agli agenti della riscossione ed ai soggetti iscritti nell'albo di cui all'articolo 53 del decreto legislativo 15 dicembre 1997, n. 446.

9-bis. In caso di rigetto del reclamo o di mancato accoglimento della proposta di mediazione formulata ai sensi del comma 5, la soccombenza di una delle parti, in accoglimento delle ragioni già espresse in sede di reclamo o mediazione, comporta, per la parte soccombente, la condanna al pagamento delle relative spese di giudizio. Tale condanna può rilevare ai fini dell'eventuale responsabilità amministrativa del funzionario che ha immotivatamente rigettato il reclamo o non accolto la proposta di mediazione [5].

10. Il presente articolo non si applica alle controversie di cui all'articolo 47-bis [6].

[1] Articolo aggiunto dall'articolo 39, comma 9, del D.L. 6 luglio 2011 n. 98, successivamente modificato dall'articolo 1, comma 611, lettera a), della Legge 27 dicembre 2013, n. 147 e da ultimo sostituito dall'articolo 9, comma 1, lettera l), del D.lgs. 24 settembre 2015, n. 156, a decorrere dal 1° gennaio 2016. Vedi inoltre Corte Costituzionale, sentenza 16 aprile 2014, n. 98 (in Gazz.Uff., 23 aprile, n. 18).

[2] Comma modificato dall'articolo 10, comma 1, del D.L. 24 aprile 2017, n. 50, convertito, con modificazioni, dalla Legge 21 giugno 2017, n. 96. A norma del comma 2 del medesimo articolo 10, la presente modifica si applica agli atti impugnabili notificati a decorrere dal 1° gennaio 2018.

[3] Comma aggiunto dall'articolo 10, comma 3 bis, del D.L. 24 aprile 2017, n. 50, convertito, con modificazioni, dalla Legge 21 giugno 2017, n. 96.

[4] Per una sospensione del termine di cui al presente comma, vedi l'articolo 83, comma 2, del D.L. 17 marzo 2020, n. 18, convertito, con modificazioni, dalla Legge 24 aprile 2020, n. 27.

[5] Comma inserito dall'articolo 4, comma 1, lettera e), della Legge 31 agosto 2022, n. 130.

[6] Per una proroga delle disposizioni di cui al presente articolo, vedi l'articolo 149, comma 1, lettera c), del D.L. 19 maggio 2020, n. 34, convertito, con modificazioni, dalla Legge 17 luglio 2020, n. 77.

TITOLO II
Il processo

CAPO I
Il procedimento dinanzi alla commissione tributaria provinciale

Sezione I – Introduzione del giudizio

18. Il ricorso. – 1. Il processo è introdotto con ricorso alla commissione tributaria provinciale.

2. Il ricorso deve contenere l'indicazione:

a) della commissione tributaria cui è diretto;

b) del ricorrente e del suo legale rappresentante, della relativa residenza o sede legale o del domicilio eventualmente eletto nel territorio dello Stato, nonché del codice fiscale e dell'indirizzo di posta elettronica certificata [1];

c) dell'ufficio [*del Ministero delle finanze o dell'ente locale o del concessionario del servizio di riscossione*] nei cui confronti il ricorso è proposto [2];

d) dell'atto impugnato e dell'oggetto della domanda;

e) dei motivi.

3. Il ricorso deve essere sottoscritto dal difensore e contenere l'indicazione:

a) della categoria di cui all'articolo 12 alla quale appartiene il difensore;

b) dell'incarico a norma dell'articolo 12, comma 7, salvo che il ricorso non sia sottoscritto personalmente;

c) dell'indirizzo di posta elettronica certificata del difensore [3].

4. Il ricorso è inammissibile se manca o è assolutamente incerta una delle indicazioni di cui al comma 2, ad eccezione di quella relativa al codice fiscale e all'indirizzo di posta elettronica certificata, o non è sottoscritto a norma del comma precedente [4].

[1] Lettera modificata dall'articolo 2, comma 35-quater, lett. a) del D.L. 13 agosto 2011, n. 138.

[2] Lettera modificata dall'articolo 9, comma 1, lettera m), numero 1), del D.lgs. 24 settembre 2015, n. 156, a decorrere dal 1° gennaio 2016.

[3] Comma modificato dall'articolo 69, comma 3, lettera c), del D.L. 30 agosto 1993, n. 331 e successivamente sostituito dall'articolo 9, comma 1, lettera m), numero 2), del D.lgs. 24 settembre 2015, n. 156, a decorrere dal 1° gennaio 2016.

[4] Così rettificato con Comunicato 27 marzo 1993 (in Gazz. Uff. 27 marzo, n. 72) e successivamente modificato dall'articolo 2, comma 35-quater, lett. b) del D.L. 13 agosto 2011, n. 138.

19. Atti impugnabili e oggetto del ricorso [1]. – 1. Il ricorso può essere proposto avverso:

a) l'avviso di accertamento del tributo;

b) l'avviso di liquidazione del tributo;

c) il provvedimento che irroga le sanzioni;

d) il ruolo e la cartella di pagamento;

e) l'avviso di mora;

e-bis) l'iscrizione di ipoteca sugli immobili di cui all'articolo 77 del decreto del Presidente della Repubblica 29 settembre 1973, n. 602, e successive modificazioni [2];

e-ter) il fermo di beni mobili registrati di cui all'articolo 86 del decreto del Presidente della Repubblica 29 settembre 1973, n. 602, e successive modificazioni [3];

f) gli atti relativi alle operazioni catastali indicate nell'art. 2, comma 2 [4];

g) il rifiuto espresso o tacito della restituzione di tributi, sanzioni pecuniarie ed interessi o altri accessori non dovuti;

h) il diniego o la revoca di agevolazioni o il rigetto di domande di definizione agevolata di rapporti tributari;

h-bis) la decisione di rigetto dell'istanza di apertura di procedura amichevole presentata ai sensi della direttiva (UE) 2017/1852 del Consiglio del 10 ottobre 2017 o ai sensi degli Accordi e delle Convenzioni internazionali per evitare le doppie imposizioni di cui l'Italia è parte ovvero ai sensi della Convenzione relativa all'eliminazione delle doppie imposizioni in caso di rettifica degli utili di imprese associate n. 90/436/CEE [5];

i) ogni altro atto per il quale la legge ne preveda l'autonoma impugnabilità davanti alle commissioni tributarie.

2. Gli atti espressi di cui al comma 1 devono contenere l'indicazione del termine entro il quale il ricorso deve essere proposto e della commissione tributaria competente, nonché delle relative forme da osservare ai sensi dell'art. 20.

3. Gli atti diversi da quelli indicati non sono impugnabili autonomamente. Ognuno degli atti autonomamente impugnabili può essere impugnato solo per vizi propri. La mancata notificazione di atti autonomamente impugnabili, adottati precedentemente all'atto notificato, ne consente l'impugnazione unitamente a quest'ultimo.

[1] Così rettificato con Comunicato 27 marzo 1993 (in Gazz. Uff. 27 marzo, n. 72)

[2] Lettera aggiunta dall'articolo 35, comma 26-quinquies, del D.L. 4 luglio 2006, n. 223.

[3] Lettera aggiunta dall'articolo 35, comma 26-quinquies, del D.L. 4 luglio 2006, n. 223.

(4) Lettera modificata dall'articolo 12, comma 3, lettera a), del D.L. 2 marzo 2012, n. 16.
(5) Lettera aggiunta dall'articolo 22, comma 1, del D.Lgs. 10 giugno 2020, n. 49.

20. Proposizione del ricorso. – 1. Il ricorso è proposto mediante notifica a norma dei commi 2 e 3 del precedente art. 16.

2. La spedizione del ricorso a mezzo posta dev'essere fatta in plico raccomandato senza busta con avviso di ricevimento. In tal caso il ricorso s'intende proposto al momento della spedizione nelle forme sopra indicate.

3. Resta fermo quanto disposto dall'art. 10 del decreto del Presidente della Repubblica 28 novembre 1980, n. 787, sui centri di servizio.

21. Termine per la proposizione del ricorso. – 1. Il ricorso deve essere proposto a pena di inammissibilità entro sessanta giorni dalla data di notificazione dell'atto impugnato. La notificazione della cartella di pagamento vale anche come notificazione del ruolo.

2. Il ricorso avverso il rifiuto tacito della restituzione di cui all'articolo 19, comma 1, lettera g), può essere proposto dopo il novantesimo giorno dalla domanda di restituzione presentata entro i termini previsti da ciascuna legge d'imposta e fino a quando il diritto alla restituzione non è prescritto. La domanda di restituzione, in mancanza di disposizioni specifiche, non può essere presentata dopo due anni dal pagamento ovvero, se posteriore, dal giorno in cui si è verificato il presupposto per la restituzione [(1)].

(1) Comma modificato dall'articolo 69, comma 3, lettera d), del D.L. 30 agosto 1993, n. 331.

22. Costituzione in giudizio del ricorrente. – 1. Il ricorrente, entro trenta giorni dalla proposizione del ricorso, a pena d'inammissibilità deposita, nella segreteria della commissione tributaria adita, o trasmette a mezzo posta, in plico raccomandato senza busta con avviso di ricevimento, l'originale del ricorso notificato a norma degli articoli 137 e seguenti del codice di procedura civile ovvero copia del ricorso consegnato o spedito per posta, con fotocopia della ricevuta di deposito o della spedizione per raccomandata a mezzo del servizio postale. All'atto della costituzione in giudizio, il ricorrente deve depositare la nota di iscrizione al ruolo, contenente l'indicazione delle parti, del difensore che si costituisce, dell'atto impugnato, della materia del contendere, del valore della controversia e della data di notificazione del ricorso [(1)(2)].

2. L'inammissibilità del ricorso è rilevabile d'ufficio in ogni stato e grado del giudizio, anche se la parte resistente si costituisce a norma dell'articolo seguente [(3)].

3. In caso di consegna o spedizione a mezzo di servizio postale la conformità dell'atto depositato a quello consegnato o spedito è attestata conforme dallo stesso ricorrente. Se l'atto depositato nella segreteria della commissione non è conforme a quello consegnato o spedito alla parte nei cui confronti il ricorso è proposto, il ricorso è inammissibile e si applica il comma precedente.

4. Unitamente al ricorso ed ai documenti previsti al comma 1, il ricorrente deposita il proprio fascicolo, con l'originale o la fotocopia dell'atto impugnato, se notificato, ed i documenti che produce, in originale o fotocopia.

5. Ove sorgano contestazioni il giudice tributario ordina l'esibizione degli originali degli atti e documenti di cui ai precedenti commi.

(1) La Corte Costituzionale, con sentenza 21 novembre 2002, n. 520 (in Gazz. Uff., 11 dicembre 2002, n. 49), ha dichiarato l'illegittimità del presente comma, nella parte in cui non consente, per il deposito degli atti ai fini della costituzione in giudizio, l'utilizzo del servizio postale
(2) Comma modificato dall'articolo 3-bis, comma 6, del D.L. 30 settembre 2005, n. 203 e successivamente dall'articolo 2, comma 35-quater, lettera c), del D.L. 13 agosto 2011, n. 138.
(3) La Corte Costituzionale, con sentenza 21 novembre 2002, n. 520 (in Gazz. Uff., 11 dicembre 2002, n. 49), ha dichiarato l'illegittimità del presente comma, nella parte in cui non consente, per il deposito degli atti ai fini della costituzione in giudizio, l'utilizzo del servizio postale.

23. Costituzione in giudizio della parte resistente. – 1. L'ente impositore, l'agente della riscossione ed i soggetti iscritti all'albo di cui all'articolo 53 del decreto legislativo 15 dicembre 1997, n. 446 nei cui confronti è stato proposto il ricorso si costituiscono in giudizio entro sessanta giorni dal giorno in cui il ricorso è stato notificato consegnato o ricevuto a mezzo del servizio postale [(1)].

2. La costituzione della parte resistente è fatta mediante deposito presso la segreteria della commissione adita del proprio fascicolo contenente le controdeduzioni in tante copie quante sono le parti in giudizio e i documenti offerti in comunicazione.

3. Nelle controdeduzioni la parte resistente espone le sue difese prendendo posizione sui motivi dedotti dal ricorrente e indica le prove di cui intende valersi, proponendo altresì le eccezioni processuali e di merito che non siano rilevabili d'ufficio e instando, se del caso, per la chiamata di terzi in causa.

(1) Comma modificato dall'articolo 9, comma 1, lettera n), del D.lgs. 24 settembre 2015, n. 156, a decorrere dal 1° gennaio 2016.

24. Produzione di documenti e motivi aggiunti. – 1. I documenti devono essere elencati negli atti di parte cui sono allegati ovvero, se prodotti separatamente, in apposita nota sottoscritta da depositare in originale ed in numero di copie in carta semplice pari a quello delle altre parti.

2. L'integrazione dei motivi di ricorso, resa necessaria dal deposito di documenti non conosciuti ad opera delle altre parti o per ordine della commissione, è ammessa entro il termine perentorio di sessanta giorni dalla data in cui l'interessato ha notizia di tale deposito.

3. Se è stata già fissata la trattazione della controversia, l'interessato, a pena di inammissibilità, deve dichiarare, non oltre la trattazione in camera di consiglio o la discussione in pubblica udienza, che intende proporre motivi aggiunti. In tal caso la trattazione o l'udienza debbono essere rinviate ad altra data per consentire gli adempimenti di cui al comma seguente.

4. L'integrazione dei motivi si effettua mediante atto avente i requisiti di cui all'art. 18 per quanto applicabile. Si applicano l'art. 20, commi 1 e 2, l'art. 22, commi 1, 2, 3 e 5, e l'art. 23, comma 3.

25. Iscrizione del ricorso nel registro generale. Fascicolo d'ufficio del processo e fascicoli di parte. – 1. La segreteria della commissione tributaria iscrive il ricorso nel registro generale e forma il fascicolo d'ufficio del processo, inserendovi i fascicoli del ricorrente e delle altre parti, con gli atti e i documenti prodotti, nonché, successivamente, gli originali dei verbali di udienza, delle ordinanze e dei decreti e copia delle sentenze.

2. I fascicoli delle parti restano acquisiti al fascicolo d'ufficio e sono ad esse restituiti al termine del processo. Le parti possono ottenere copia autentica degli atti e documenti contenuti nei fascicoli di parte e d'ufficio [1].

3. La segreteria sottopone al presidente della commissione tributaria il fascicolo del processo appena formato.

[1] Comma modificato dall'articolo 299 del D.P.R. 30 maggio 2002, n. 115, a decorrere dal 1° luglio 2002.

25 *bis*. Potere di certificazione di conformità [1]. – 1. Al fine del deposito e della notifica con modalità telematiche della copia informatica, anche per immagine, di un atto processuale di parte, di un provvedimento del giudice o di un documento formato su supporto analogico e detenuto in originale o in copia conforme, il difensore e il dipendente di cui si avvalgono l'ente impositore, l'agente della riscossione ed i soggetti iscritti nell'albo di cui all'articolo 53 del decreto legislativo 15 dicembre 1997, n. 446, attestano la conformità della copia al predetto atto secondo le modalità di cui al decreto legislativo 7 marzo 2005, n. 82.

2. Analogo potere di attestazione di conformità è esteso, anche per l'estrazione di copia analogica, agli atti e ai provvedimenti presenti nel fascicolo informatico, formato dalla segreteria della Commissione tributaria ai sensi dell'articolo 14 del decreto del Ministro dell'economia e delle finanze 23 dicembre 2013, n. 163, o trasmessi in allegato alle comunicazioni telematiche dell'ufficio di segreteria. Detti atti e provvedimenti, presenti nel fascicolo informatico o trasmessi in allegato alle comunicazioni telematiche dell'ufficio di segreteria, equivalgono all'originale anche se privi dell' attestazione di conformità all'originale da parte dell'ufficio di segreteria.

3. La copia informatica o cartacea munita dell'attestazione di conformità ai sensi dei commi precedenti equivale all'originale o alla copia conforme dell'atto o del provvedimento detenuto ovvero presente nel fascicolo informatico.

4. L'estrazione di copie autentiche ai sensi del presente articolo, esonera dal pagamento dei diritti di copia.

5. Nel compimento dell'attestazione di conformità i soggetti di cui al presente articolo assumono ad ogni effetto la veste di pubblici ufficiali.

[1] Articolo inserito dall'articolo 16, comma 1, lettera b), del D.L. 23 ottobre 2018, n. 119, convertito con modificazioni dalla Legge 17 dicembre 2018, n. 136

26. Assegnazione del ricorso. – 1. Il presidente della commissione tributaria assegna il ricorso ad una delle sezioni; al di fuori dei casi di cui all'art. 29, comma 1, il presidente della commissione potrà assumere gli opportuni provvedimenti affinché i ricorsi concernenti identiche questioni di diritto a carattere ripetitivo vengano assegnati alla medesima sezione per essere trattati congiuntamente.

Sezione II – L'esame preliminare del ricorso

27. Esame preliminare del ricorso. – 1. Il presidente della sezione, scaduti i termini per la costituzione in giudizio delle parti, esamina preliminarmente il ricorso e ne dichiara l'inammissibilità nei casi espressamente previsti, se manifesta [1].

2. Il presidente, ove ne sussistano i presupposti, dichiara inoltre la sospensione, l'interruzione e l'estinzione del processo.

3. I provvedimenti di cui ai commi precedenti hanno forma di decreto e sono soggetti a reclamo innanzi alla commissione.

[1] Così rettificato con Comunicato 27 marzo 1993 (in Gazz. Uff. 27 marzo, n. 72)

28. Reclamo contro i provvedimenti presidenziali. – 1. Contro i provvedimenti del presidente è ammesso reclamo da notificare alle altre parti costituite nelle forme di cui all'art. 20, commi 1 e 2, entro il termine perentorio di giorni trenta dalla loro comunicazione da parte della segreteria.

2. Il reclamante, nel termine perentorio di quindici giorni dall'ultima notificazione, a pena d'inammissibilità rilevabile d'ufficio, effettua il deposito secondo quanto disposto dall'art. 22, comma 1, osservato anche il comma 3 dell'articolo richiamato.

3. Nei successivi quindici giorni dalla notifica del reclamo le altre parti possono presentare memorie.

4. Scaduti i termini, la commissione decide immediatamente il reclamo in camera di consiglio.

5. La commissione pronuncia sentenza se dichiara l'inammissibilità del ricorso o l'estinzione del processo; negli altri casi pronuncia ordinanza non impugnabile nella quale sono dati i provvedimenti per la prosecuzione del processo.

29. Riunione dei ricorsi. – 1. In qualunque momento il presidente della sezione dispone con decreto la riunione dei ricorsi assegnati alla sezione da lui presieduta che hanno lo stesso oggetto o sono fra loro connessi.

2. Se i processi pendono dinanzi a sezioni diverse della stessa commissione il presidente di questa, di ufficio o su istanza di parte o su segnalazione dei presidenti delle sezioni, determina con decreto la sezione davanti alla quale i processi devono proseguire, riservando a tale sezione di provvedere ai sensi del comma precedente.

3. Il collegio, se rileva che la riunione dei processi connessi ritarda o rende più gravosa la loro trattazione, può, con ordinanza motivata, disporne la separazione.

Sezione III – La trattazione della controversia

30. Nomina del relatore e fissazione della data di trattazione. – 1. Se non ritiene di adottare preliminarmente i provvedimenti di cui all'art. 27, il presidente, scaduto in ogni caso il termine per la costituzione delle parti, fissa la trattazione della controversia secondo quanto previsto dagli articoli 33 e 34 e nomina il relatore.

2. Almeno una udienza per ogni mese e per ciascuna sezione è riservata alla trattazione di controversie per le quali l'ammontare dei tributi accertati e delle conseguenti soprattasse e pene pecuniarie non sia inferiore a euro 51.645,69. Un'altra udienza per ogni mese e per ciascuna sezione è comunque riservata alla trattazione di controversie nei con-

fronti di società con personalità giuridica, nonché di controversie inerenti l'applicazione dell'articolo 37-bis del decreto del Presidente della Repubblica 29 settembre 1973, n. 600 (1)

(1) *Comma sostituito dall'articolo 7, comma 2, del D.Lgs. 8 ottobre 1997, n. 358.*

31. Avviso di trattazione (1). – 1. La segreteria dà comunicazione alle parti costituite della data di trattazione almeno trenta giorni liberi prima.

2. Uguale avviso deve essere dato quando la trattazione sia stata rinviata dal presidente in caso di giustificato impedimento del relatore, che non possa essere sostituito, o di alcuna delle parti o per esigenze del servizio.

(1) *Per la riduzione dei termini di cui al presente articolo vedi l'articolo 2, comma 2, del D.L. 8 aprile 2008, n. 59.*

32. Deposito di documenti e di memorie. – 1. Le parti possono depositare documenti fino a venti giorni liberi prima della data di trattazione osservato l'art. 24, comma 1.

2. Fino a dieci giorni liberi prima della data di cui al precedente comma ciascuna delle parti può depositare memorie illustrative con le copie per le altre parti.

3. Nel solo caso di trattazione della controversia in camera di consiglio sono consentite brevi repliche scritte fino a cinque giorni liberi prima della data della camera di consiglio.

33. Trattazione in camera di consiglio. – 1. La controversia è trattata in camera di consiglio salvo che almeno una delle parti non abbia chiesto la discussione in pubblica udienza, con apposita istanza da depositare nella segreteria e notificare alle altre parti costituite entro il termine di cui all'art. 32, comma 2.

2. Il relatore espone al collegio, senza la presenza delle parti, i fatti e le questioni della controversia.

3. Della trattazione in camera di consiglio è redatto processo verbale dal segretario.

34. Discussione in pubblica udienza. – 1. All'udienza pubblica il relatore espone al collegio i fatti e le questioni della controversia e quindi il presidente ammette le parti presenti alla discussione.

2. Dell'udienza è redatto processo verbale dal segretario.

3. La commissione può disporre il differimento della discussione a udienza fissa, su istanza della parte interessata, quando la sua difesa tempestiva, scritta o orale, è resa particolarmente difficile a causa dei documenti prodotti o delle questioni sollevate dalle altre parti. Si applica l'art. 31, comma 2, salvo che il differimento sia disposto in udienza con tutte le parti costituite presenti.

35. Deliberazioni del collegio giudicante. – 1. Il collegio giudicante, subito dopo la discussione in pubblica udienza o, se questa non vi è stata, subito dopo l'esposizione del relatore, delibera la decisione in segreto nella camera di consiglio.

2. Quando ne ricorrono i motivi la deliberazione in camera di consiglio può essere rinviata di non oltre trenta giorni.

3. Alle deliberazioni del collegio si applicano le disposizioni di cui agli articoli 276 e seguenti del codice di procedura civile. Non sono tuttavia ammesse sentenze non definitive o limitate solo ad alcune domande.

Sezione IV - La decisione della controversia

36. Contenuto della sentenza. – 1. La sentenza è pronunciata in nome del popolo italiano ed è intestata alla Repubblica italiana.

2. La sentenza deve contenere:

1) l'indicazione della composizione del collegio, delle parti e dei loro difensori se vi sono;

2) la concisa esposizione dello svolgimento del processo;

3) le richieste delle parti;

4) la succinta esposizione dei motivi in fatto e diritto;

5) il dispositivo.

3. La sentenza deve inoltre contenere la data della deliberazione ed è sottoscritta dal presidente e dall'estensore.

37. Pubblicazione e comunicazione della sentenza. – 1. La sentenza è resa pubblica, nel testo integrale originale, mediante deposito nella segreteria della commissione tributaria entro trenta giorni dalla data della deliberazione. Il segretario fa risultare l'avvenuto deposito apponendo sulla sentenza la propria firma e la data.

2. Il dispositivo della sentenza è comunicato alle parti costituite entro dieci giorni dal deposito di cui al precedente comma.

38. Richiesta di copie e notificazione della sentenza. – 1. Ciascuna parte può richiedere alla segreteria copie autentiche della sentenza e la segreteria è tenuta a rilasciarle entro cinque giorni dalla richiesta, previa corresponsione delle spese [a norma dell'art. 25, comma 2] (1).

2. Le parti hanno l'onere di provvedere direttamente alla notificazione della sentenza alle altre parti a norma dell'articolo 16 depositando, nei successivi trenta giorni, l'originale o copia autentica dell'originale notificato, ovvero copia autentica della sentenza consegnata o spedita per posta, con fotocopia della ricevuta di deposito o della spedizione per raccomandata a mezzo del servizio postale unitamente all'avviso di ricevimento nella segreteria, che ne rilascia ricevuta e l'inserisce nel fascicolo d'ufficio (2).

3. Se nessuna delle parti provvede alla notificazione della sentenza, si applica l'art. 327, comma 1, del codice di procedura civile. Tale disposizione non si applica se la parte non costituita dimostri di non avere avuto conoscenza del processo per nullità della notificazione del ricorso e della comunicazione dell'avviso di fissazione d'udienza.

(1) *Comma modificato dall'articolo 299, comma 1, del D.P.R. 30 maggio 2002, n. 115*
(2) *Comma modificato dall'articolo 3, comma 1, lettera a), del D.L. 25 marzo 2010, n. 40.*

Sezione V – Sospensione, interruzione ed estinzione del processo

39. Sospensione del processo. – 1. Il processo è sospeso quando è presentata querela di falso o deve essere decisa in via pregiudiziale una questione sullo stato o la capacità delle persone, salvo che si tratti della capacità di stare in giudizio.

1-bis. La commissione tributaria dispone la sospensione del processo in ogni altro caso in cui essa stessa o altra commissione tributaria deve risolvere una controversia dalla cui definizione dipende la decisione della causa [(1)].

1-ter. Il processo tributario è altresì sospeso nei seguenti casi:

a) su richiesta conforme delle parti, nel caso in cui sia stata presentata un'istanza di apertura di procedura amichevole ai sensi degli Accordi e delle Convenzioni internazionali per evitare le doppie imposizioni di cui l'Italia è parte ovvero ai sensi della Convenzione relativa all'eliminazione delle doppie imposizioni in caso di rettifica degli utili di imprese associate n. 90/436/CEE;

b) su richiesta del contribuente, nel caso in cui sia stata presentata un'istanza di apertura di procedura amichevole ai sensi della direttiva (UE) 2017/1852 del Consiglio del 10 ottobre 2017. [(2)]

[(1)] Comma aggiunto dall'articolo 9, comma 1, lettera o), del D.lgs. 24 settembre 2015, n. 156, a decorrere dal 1° gennaio 2016.
[(2)] Comma aggiunto dall'articolo 9, comma 1, lettera o), del D.lgs. 24 settembre 2015, n. 156, a decorrere dal 1° gennaio 2016 e successivamente sostituito dall'articolo 22, comma 2, del D.Lgs. 10 giugno 2020, n. 49.

40. Interruzione del processo. – 1. Il processo è interrotto se, dopo la proposizione del ricorso, si verifica:

a) il venir meno, per morte o altre cause, o la perdita della capacità di stare in giudizio di una delle parti, diversa dall'ufficio tributario, o del suo legale rappresentante o la cessazione di tale rappresentanza;

b) la morte, la radiazione o sospensione dall'albo o dall'elenco di uno dei difensori incaricati ai sensi dell'art. 12.

2. L'interruzione si ha al momento dell'evento se la parte sta in giudizio personalmente e nei casi di cui al comma 1, lettera b). In ogni altro caso l'interruzione si ha al momento in cui l'evento è dichiarato o in pubblica udienza o per iscritto con apposita comunicazione del difensore della parte a cui l'evento si riferisce [(1)].

3. Se uno degli eventi di cui al comma 1 si avvera dopo l'ultimo giorno per il deposito di memorie in caso di trattazione della controversia in camera di consiglio o dopo la chiusura della discussione in pubblica udienza, esso non produce effetto a meno che non sia pronunciata sentenza e il processo prosegua davanti al giudice adito.

4. Se uno degli eventi di cui al comma 1, lettera a), si verifica durante il termine per la proposizione del ricorso il termine è prorogato di sei mesi a decorrere dalla data dell'evento. Si applica anche a questi termini la sospensione prevista dalla legge 7 ottobre 1969, n. 742.

[(1)] Così rettificato con Comunicato 27 marzo 1993 (in Gazz. Uff. 27 marzo, n. 72)

41. Provvedimenti sulla sospensione e sull'interruzione del processo. – 1. La sospensione è disposta e l'interruzione è dichiarata dal presidente della sezione con decreto o dalla commissione con ordinanza.

2. Avverso il decreto del presidente è ammesso reclamo a sensi dell'art. 28.

42. Effetti della sospensione e dell'interruzione del processo. – 1. Durante la sospensione e l'interruzione non possono essere compiuti atti del processo.

2. I termini in corso sono interrotti e ricominciano a decorrere dalla presentazione dell'istanza di cui all'articolo seguente.

43. Ripresa del processo sospeso o interrotto. – 1. Dopo che è cessata la causa che ne ha determinato la sospensione il processo continua se entro sei mesi da tale data viene presentata da una delle parti istanza di trattazione al presidente di sezione della commissione, che provvede a norma dell'art. 30.

2. Se entro sei mesi da quando è stata dichiarata l'interruzione del processo la parte colpita dall'evento o i suoi successori o qualsiasi altra parte presentano istanza di trattazione al presidente di sezione della commissione, quest'ultimo provvede a norma del comma precedente.

3. La comunicazione di cui all'art. 31, oltre che alle altre parti costituite nei luoghi indicati dall'art. 17, deve essere fatta alla parte colpita dall'evento o ai suoi successori personalmente. Entro un anno dalla morte di una delle parti la comunicazione può essere effettuata agli eredi collettivamente o impersonalmente nel domicilio eletto o, in mancanza, nella residenza dichiarata dal defunto risultante dagli atti del processo. La parte colpita dall'evento o i suoi successori possono costituirsi anche solo presentando documenti o memorie o partecipando alla discussione assistiti, nei casi previsti, da difensore incaricato nelle forme prescritte.

44. Estinzione del processo per rinuncia al ricorso. – 1. Il processo si estingue per rinuncia al ricorso.

2. Il ricorrente che rinuncia deve rimborsare le spese alle altre parti salvo diverso accordo fra loro. La liquidazione è fatta dal presidente della sezione o dalla commissione con ordinanza non impugnabile [, che costituisce titolo esecutivo] [(1)].

3. La rinuncia non produce effetto se non è accettata dalle parti costituite che abbiano effettivo interesse alla prosecuzione del processo.

4. La rinuncia e l'accettazione, ove necessaria, sono sottoscritte dalle parti personalmente o da loro procuratori speciali, nonché, se vi sono, dai rispettivi difensori e si depositano nella segreteria della commissione.

5. Il presidente della sezione o la commissione, se la rinuncia e l'accettazione, ove necessaria, sono regolari, dichiarano l'estinzione del processo. Si applica l'ultimo comma dell'articolo seguente.

[(1)] Comma modificato dall'articolo 9, comma 1, lettera p), del D.lgs. 24 settembre 2015, n. 156, a decorrere dal 1° gennaio 2016.

45. Estinzione del processo per inattività delle parti. – 1. Il processo si estingue nei casi in cui le parti alle quali spetta di proseguire, riassumere o integrare il giudizio non vi abbiano provveduto entro il termine perentorio stabilito dalla legge o dal giudice che dalla legge sia autorizzato a fissarlo.

2. Le spese del processo estinto a norma del comma 1 restano a carico delle parti che le hanno anticipate.

3. L'estinzione del processo per inattività delle parti è rilevata anche d'ufficio solo nel grado di giudizio in cui si verifica e rende inefficaci gli atti compiuti.

4. L'estinzione è dichiarata dal presidente della sezione con decreto o dalla commissione con sentenza. Avverso il

decreto del presidente è ammesso reclamo alla commissione che provvede a norma dell'art. 28.

46. Estinzione del giudizio per cessazione della materia del contendere. – 1. Il giudizio si estingue, in tutto o in parte, nei casi di definizione delle pendenze tributarie previsti dalla legge e in ogni altro caso di cessazione della materia del contendere.

2. La cessazione della materia del contendere è dichiarata [, salvo quanto diversamente disposto da singole norme di legge,] con decreto del presidente o con sentenza della commissione. Il provvedimento presidenziale è reclamabile a norma dell'art. 28 (1).

3. Nei casi di definizione delle pendenze tributarie previsti dalla legge le spese del giudizio estinto restano a carico della parte che le ha anticipate (2).

(1) *Comma modificato dall'articolo 9, comma 1, lettera q), numero 1), del D.lgs. 24 settembre 2015, n. 156, a decorrere dal 1° gennaio 2016.*
(2) *La Corte Costituzionale, con sentenza 12 luglio 2005, n. 274, (in Gazz. Uff. 20 luglio, n. 29). ha dichiarato l'illegittimità costituzionale del presente comma, nella parte in cui si riferisce alle ipotesi di cessazione della materia del contendere diverse dai casi di definizione delle pendenze tributarie previsti dalla legge. Successivamente il presente comma è stato sostituito dall'articolo 9, comma 1, lettera q), numero 2), del D.lgs. 24 settembre 2015, n. 156, a decorrere dal 1° gennaio 2016.*

CAPO II
I procedimenti cautelare e conciliativo (1)

(1) *Intitolazione così modificata dall'art. 12, d.l. 8 agosto 1996, n. 437.*

47. Sospensione dell'atto impugnato. – 1. Il ricorrente, se dall'atto impugnato può derivargli un danno grave ed irreparabile, può chiedere alla commissione provinciale competente la sospensione dell'esecuzione dell'atto stesso con istanza motivata proposta nel ricorso o con atto separato notificato alle altre parti e depositato in segreteria sempre che siano osservate le disposizioni di cui all'art. 22.

2. Il presidente fissa con decreto la trattazione della istanza di sospensione per la prima camera di consiglio utile e comunque non oltre il trentesimo giorno dalla presentazione della medesima istanza, disponendo che ne sia data comunicazione alle parti almeno cinque giorni liberi prima. L'udienza di trattazione dell'istanza di sospensione non può, in ogni caso, coincidere con l'udienza di trattazione del merito della controversia (1).

3. In caso di eccezionale urgenza il presidente, previa delibazione del merito, può disporre con decreto motivato la provvisoria sospensione dell'esecuzione fino alla pronuncia del collegio (2).

4. Il collegio, sentite le parti in camera di consiglio e delibato il merito, provvede con ordinanza motivata non impugnabile nella stessa udienza di trattazione dell'istanza. Il dispositivo dell'ordinanza deve essere immediatamente comunicato alle parti in udienza (3).

5. La sospensione può anche essere parziale e subordinata alla prestazione della garanzia di cui all'articolo 69, comma 2. La prestazione della garanzia è esclusa per i ricorrenti con "bollino di affidabilità fiscale". Ai fini della disposizione di cui al periodo precedente, i ricorrenti con "bollino di affidabilità fiscale" sono i contribuenti soggetti alla disciplina di cui all'articolo 9-bis del decreto-legge 24 aprile 2017, n. 50, convertito, con modificazioni, dalla legge 21 giugno 2017, n. 96, ai quali sia stato attribuito un punteggio di affidabilità pari ad almeno 9 negli ultimi tre periodi d'imposta precedenti a quello di proposizione del ricorso per i quali tali punteggi siano disponibili (4).

[5-bis. L'istanza di sospensione è decisa entro centottanta giorni dalla data di presentazione della stessa.] (5)

6. Nei casi di sospensione dell'atto impugnato la trattazione della controversia deve essere fissata non oltre novanta giorni dalla pronuncia.

7. Gli effetti della sospensione cessano dalla data di pubblicazione della sentenza di primo grado.

8. In caso di mutamento delle circostanze la commissione su istanza motivata di parte può revocare o modificare il provvedimento cautelare prima della sentenza, osservate per quanto possibile le forme di cui ai commi 1, 2 e 4.

8-bis. Durante il periodo di sospensione cautelare si applicano gli interessi al tasso previsto per la sospensione amministrativa (6)

(1) *Comma modificato dall'articolo 4, comma 1, lettera f), numero 1), della Legge 31 agosto 2022, n. 130.*
(2) *Comma modificato dall'articolo 9, comma 1, lettera r), numero 1), del D.lgs. 24 settembre 2015, n. 156, a decorrere dal 1° gennaio 2016.*
(3) *Comma modificato dall'articolo 9, comma 1, lettera r), numero 2), del D.lgs. 24 settembre 2015, n. 156, a decorrere dal 1° gennaio 2016 e successivamente dall'articolo 4, comma 1, lettera f), numero 2), della Legge 31 agosto 2022, n. 130.*
(4) *Comma modificato dall'articolo 9, comma 1, lettera r), numero 3), del D.lgs. 24 settembre 2015, n. 156, a decorrere dal 1° gennaio 2016 e successivamente dall'articolo 2, comma 1, della Legge 31 agosto 2022, n. 130.*
(5) *Comma inserito dall'articolo 7, comma 2, lettera gg-novies), del D.L. 13 maggio 2011, n. 70 e successivamente abrogato dall'articolo 4, comma 1, lettera f), numero 3), della Legge 31 agosto 2022, n. 130.*
(6) *Comma inserito dall'articolo 9, comma 1, lettera r), numero 4), del D.lgs. 24 settembre 2015, n. 156, a decorrere dal 1° gennaio 2016.*

47 *bis*. Sospensione di atti volti al recupero di aiuti di Stato e definizione delle relative controversie (1)(2). – 1. Qualora sia chiesta in via cautelare la sospensione dell'esecuzione di un atto volto al recupero di aiuti di Stato dichiarati incompatibili in esecuzione di una decisione adottata dalla Commissione europea ai sensi dell'articolo 14 del regolamento (CE) n. 659/1999 del Consiglio, del 22 marzo 1999, di seguito denominata: "decisione di recupero", la Commissione tributaria provinciale può concedere la sospensione dell'efficacia del titolo di pagamento conseguente a detta decisione se ricorrono cumulativamente le seguenti condizioni:

a) gravi motivi di illegittimità della decisione di recupero, ovvero evidente errore nella individuazione del soggetto tenuto alla restituzione dell'aiuto di Stato o evidente errore nel calcolo della somma da recuperare e nei limiti di tale errore;

b) pericolo di un pregiudizio imminente e irreparabile.

2. Qualora la sospensione si fondi su motivi attinenti alla illegittimità della decisione di recupero la Commissione tributaria provinciale provvede con separata ordinanza alla sospensione del giudizio e all'immediato rinvio pregiudiziale della questione alla Corte di giustizia delle Comunità europee, con richiesta di trattazione d'urgenza ai sensi dell'articolo 104-ter del regolamento di procedura della Corte di giustizia del 19 giugno 1991, pubblicato nella Gazzetta Ufficiale delle Comunità europee n. L 176 del 4 luglio 1991, e successive modificazioni, se ad essa non sia stata già deferita la questione di validità dell'atto comunitario contestato.

VARIE

Non può, in ogni caso, essere accolta l'istanza di sospensione dell'atto impugnato per motivi attinenti alla legittimità della decisione di recupero quando la parte istante, pur avendone facoltà perchéindividuata o chiaramente individuabile, non abbia proposto impugnazione avverso la decisione di recupero ai sensi dell'articolo 230 del Trattato istitutivo della Comunità europea, e successive modificazioni, ovvero quando, avendo proposto l'impugnazione, non abbia richiesto la sospensione della decisione di recupero ai sensi dell'articolo 242 del Trattato medesimo ovvero l'abbia richiesta e la sospensione non sia stata concessa.

3. Fermi restando i presupposti di cui ai commi 1 e 2, si applicano le disposizioni di cui ai commi 1, 2, 4, 5, 7 e 8 dell'articolo 47; ai fini dell'applicazione del comma 8 rileva anche il mutamento del diritto comunitario.

4. Le controversie relative agli atti di cui al comma 1 sono definite, nel merito, nel termine di sessanta giorni dalla pronuncia dell'ordinanza di sospensione di cui al medesimo comma 1. Alla scadenza del termine di sessanta giorni dall'emanazione dell'ordinanza di sospensione, il provvedimento perde comunque efficacia, salvo che la Commissione tributaria provinciale entro il medesimo termine riesamini, su istanza di parte, l'ordinanza di sospensione e ne disponga la conferma, anche parziale, sulla base dei presupposti di cui ai commi 1 e 2, fissando comunque un termine di efficacia, non prorogabile, non superiore a sessanta giorni. Non si applica la disciplina sulla sospensione feriale dei termini. Nel caso di rinvio pregiudiziale il termine di cui al primo periodo è sospeso dal giorno del deposito dell'ordinanza di rinvio e riprende a decorrere dalla data della trasmissione della decisione della Corte di giustizia delle Comunità europee.

5. Le controversie relative agli atti di cui al comma 1 sono discusse in pubblica udienza e, subito dopo la discussione, il Collegio giudicante delibera la decisione in camera di consiglio. Il Presidente redige e sottoscrive il dispositivo e ne dà lettura in udienza, a pena di nullità.

6. La sentenza è depositata nella segreteria della Commissione tributaria provinciale entro quindici giorni dalla lettura del dispositivo. Il segretario fa risultare l'avvenuto deposito apponendo sulla sentenza la propria firma e la data e ne dà immediata comunicazione alle parti.

7. In caso di impugnazione della sentenza pronunciata sul ricorso avverso uno degli atti di cui al comma 1, tutti i termini del giudizio di appello davanti alla Commissione tributaria regionale, ad eccezione di quello stabilito per la proposizione del ricorso, sono ridotti alla metà. Nel processo di appello le controversie relative agli atti di cui al comma 1 hanno priorità assoluta nella trattazione. Si applicano le disposizioni di cui ai commi 4, terzo e quarto periodo, 5 e 6.

(1) Articolo inserito dall'articolo 2 del D.L. 8 aprile 2008, n. 59.
(2) A norma dell'articolo 61, comma 5, della Legge 24 dicembre 2012, n. 234, il presente articolo continua ad applicarsi ai soli giudizi in corso alla data di entrata in vigore della presente legge.

48. Conciliazione fuori udienza (1). – 1. Se in pendenza del giudizio le parti raggiungono un accordo conciliativo, presentano istanza congiunta sottoscritta personalmente o dai difensori per la definizione totale o parziale della controversia.

2. Se la data di trattazione è già fissata e sussistono le condizioni di ammissibilità, la commissione pronuncia sentenza di cessazione della materia del contendere. Se l'accordo conciliativo è parziale, la commissione dichiara con ordinanza la cessazione parziale della materia del contendere e procede alla ulteriore trattazione della causa.

3. Se la data di trattazione non è fissata, provvede con decreto il presidente della sezione.

4. La conciliazione si perfeziona con la sottoscrizione dell'accordo di cui al comma 1, nel quale sono indicate le somme dovute con i termini e le modalità di pagamento. L'accordo costituisce titolo per la riscossione delle somme dovute all'ente impositore e per il pagamento delle somme dovute al contribuente (2)(3).

(1) Articolo modificato dall'articolo 12, comma 1, lettera d), del D.L. 8 agosto 1996, n. 437, dall'articolo 14, comma 1, del D.Lgs. 19 giugno 1997, n. 218, dall'articolo 3, comma 1, del D.Lgs. 5 giugno 1998, n. 203, dall'articolo 1, comma 419, della legge 30 dicembre 2004, n. 311, dall'articolo 1, comma 127, della legge 24 dicembre 2007, n. 244, dall'articolo 3, comma 1, lettera b), del D.L. 25 marzo 2010, n. 40, dall'articolo 19, comma 6, del D.Lgs. 13 agosto 2010, n. 141, dall'articolo 1, comma 19, della legge 13 dicembre 2010, n. 220, dall'articolo 23, comma 19, lettere a), e b), del D.L. 6 luglio 2011, n. 98 e successivamente sostituito, a decorrere dal 1° gennaio 2016, dall'articolo 9, comma 1, lettera s), del D.lgs. 24 settembre 2015, n. 156.
In riferimento al presente articolo, vedi all'articolo 1, comma 211, della Legge 29 dicembre 2022, n. 197: "211. Si applica, in quanto compatibile con la presente disposizione, l'articolo 48 del decreto legislativo 31 dicembre 1992, n. 546.
(2) Per la determinazione dei tassi d'interesse di cui al presente articolo vedi l'articolo 6, comma 2, lettera e), del D.M. 21 maggio 2009.
(3) Per una proroga delle disposizioni di cui al presente articolo, vedi l'articolo 149, comma 1, lettera b), del D.L. 19 maggio 2020, n. 34 convertito, con modificazioni, dalla Legge 17 luglio 2020, n. 77.

48 *bis*. Conciliazione in udienza (1). – 1. Ciascuna parte entro il termine di cui all'articolo 32, comma 2, può presentare istanza per la conciliazione totale o parziale della controversia.

2. All'udienza la commissione, se sussistono le condizioni di ammissibilità, invita le parti alla conciliazione rinviando eventualmente la causa alla successiva udienza per il perfezionamento dell'accordo conciliativo.

3. La conciliazione si perfeziona con la redazione del processo verbale nel quale sono indicate le somme dovute con i termini e le modalità di pagamento. Il processo verbale costituisce titolo per la riscossione delle somme dovute all'ente impositore e per il pagamento delle somme dovute al contribuente.

4. La commissione dichiara con sentenza l'estinzione del giudizio per cessazione della materia del contendere (2).

(1) Articolo aggiunto a decorrere dal 1° gennaio 2016, dall'articolo 9, comma 1, lettera t), del D.lgs. 24 settembre 2015, n. 156.
(2) Per una proroga delle disposizioni di cui al presente articolo, vedi l'articolo 149, comma 1, lettera b), del D.L. 19 maggio 2020, n. 34, convertito, con modificazioni, dalla Legge 17 luglio 2020, n. 77.

48 *bis* 1. Conciliazione proposta dalla corte di giustizia tributaria (1). – 1. Per le controversie soggette a reclamo ai sensi dell'articolo 17-bis la corte di giustizia tributaria, ove possibile, può formulare alle parti una proposta conciliativa, avuto riguardo all'oggetto del giudizio e all'esistenza di questioni di facile e pronta soluzione.

2. La proposta può essere formulata in udienza o fuori udienza. Se è formulata fuori udienza, è comunicata alle parti. Se è formulata in udienza, è comunicata alle parti non comparse.

3. La causa può essere rinviata alla successiva udienza per

il perfezionamento dell'accordo conciliativo. Ove l'accordo non si perfezioni, si procede nella stessa udienza alla trattazione della causa.

4. La conciliazione si perfeziona con la redazione del processo verbale, nel quale sono indicati le somme dovute nonché i termini e le modalità di pagamento. Il processo verbale costituisce titolo per la riscossione delle somme dovute all'ente impositore e per il pagamento delle somme dovute al contribuente.

5. Il giudice dichiara con sentenza l'estinzione del giudizio per cessazione della materia del contendere.

6. La proposta di conciliazione non può costituire motivo di ricusazione o astensione del giudice.

(1) *Articolo inserito dall'articolo 4, comma 1, lettera g), della Legge 31 agosto 2022, n. 130. Per l'applicazione vedi l'articolo 8, comma 3, della Legge 130/2022 medesima.*

48 ter. Definizione e pagamento delle somme dovute [1]. – 1. Le sanzioni amministrative si applicano nella misura del quaranta per cento del minimo previsto dalla legge, in caso di perfezionamento della conciliazione nel corso del primo grado di giudizio e nella misura del cinquanta per cento del minimo previsto dalla legge, in caso di perfezionamento nel corso del secondo grado di giudizio.

2. Il versamento delle somme dovute ovvero, in caso di rateizzazione, della prima rata deve essere effettuato entro venti giorni dalla data di sottoscrizione dell'accordo conciliativo di cui all'articolo 48 o di redazione del processo verbale di cui agli articoli 48-bis e 48-bis.1 [2].

3. In caso di mancato pagamento delle somme dovute o di una delle rate, compresa la prima, entro il termine di pagamento della rata successiva, il competente ufficio provvede all'iscrizione a ruolo delle residue somme dovute a titolo di imposta, interessi e sanzioni, nonché della sanzione di cui all'articolo 13 del decreto legislativo 18 dicembre 1997, n. 471, aumentata della metà e applicata sul residuo importo dovuto a titolo di imposta.

4. Per il versamento rateale delle somme dovute si applicano, in quanto compatibili, le disposizioni previste per l'accertamento con adesione dall'articolo 8 del decreto legislativo 19 giugno 1997, n. 218.

(1) *Articolo aggiunto a decorrere dal 1° gennaio 2016, dall'articolo 9, comma 1, lettera t), del D.lgs. 24 settembre 2015, n. 156.*
(2) *Comma modificato dall'articolo 4, comma 1, lettera h), della Legge 31 agosto 2022, n. 130. Per l'applicazione vedi l'articolo 8, comma 3, della Legge 130/2022 medesima.*

CAPO III
Le impugnazioni

Sezione I – Le impugnazioni in generale

49. Disposizioni generali applicabili. – 1. Alle impugnazioni delle sentenze delle commissioni tributarie si applicano le disposizioni del titolo III, capo I, del libro II del codice di procedura civile, [escluso l'art. 337] e fatto salvo quanto disposto nel presente decreto [1].

(1) *Comma modificato dall'articolo 9, comma 1, lettera u), del D.lgs. 24 settembre 2015, n. 156, a decorrere dal 1° gennaio 2016.*

50. I mezzi d'impugnazione. – 1. I mezzi per impugnare le sentenze delle commissioni tributarie sono l'appello, il ricorso per cassazione e la revocazione [1].

(1) *Articolo modificato dall'articolo 12, comma 1, lettera d-bis), del D.L. 8 agosto 1996, n. 437.*

51. Termini d'impugnazione. – 1. Se la legge non dispone diversamente il termine per impugnare la sentenza della commissione tributaria è di sessanta giorni, decorrente dalla sua notificazione ad istanza di parte, salvo quanto disposto dall'art. 38, comma 3.

2. Nel caso di revocazione per i motivi di cui ai numeri 1, 2, 3 e 6 dell'art. 395 del codice di procedura civile il termine di sessanta giorni decorre dal giorno in cui è stato scoperto il dolo o sono state dichiarate false le prove o è stato recuperato il documento o è passata in giudicato la sentenza che accerta il dolo del giudice [1].

(1) *Così rettificato con Comunicato 27 marzo 1993 (in Gazz. Uff. 27 marzo, n. 72)*

Sezione II – Il giudizio di appello davanti alla commissione tributaria regionale

52. Giudice competente e provvedimenti sull'esecuzione provvisoria in appello [1]. – 1. La sentenza della commissione provinciale può essere appellata alla commissione regionale competente a norma dell'articolo 4, comma 2.

2. L'appellante può chiedere alla commissione regionale di sospendere in tutto o in parte l'esecutività della sentenza impugnata, se sussistono gravi e fondati motivi. Il contribuente può comunque chiedere la sospensione dell'esecuzione dell'atto se da questa può derivargli un danno grave e irreparabile.

3. Il presidente fissa con decreto la trattazione della istanza di sospensione per la prima camera di consiglio utile disponendo che ne sia data comunicazione alle parti almeno dieci giorni liberi prima.

4. In caso di eccezionale urgenza il presidente, previa delibazione del merito, può disporre con decreto motivato la sospensione dell'esecutività della sentenza fino alla pronuncia del collegio.

5. Il collegio, sentite le parti in camera di consiglio e delibato il merito, provvede con ordinanza motivata non impugnabile.

6. La sospensione può essere subordinata alla prestazione della garanzia di cui all'articolo 69 comma 2. Si applica la disposizione dell'articolo 47, comma 8-bis.

(1) *Articolo modificato dall'articolo 3, comma 1, lettera c), del D.L. 25 marzo 2010, n. 40 e successivamente sostituito dall'articolo 9, comma 1, lettera v), del D.lgs. 24 settembre 2015, n. 156, a decorrere dal 1° gennaio 2016.*

53. Forma dell'appello. – 1. Il ricorso in appello contiene l'indicazione della commissione tributaria a cui è diretto, dell'appellante e delle altre parti nei cui confronti è proposto, gli estremi della sentenza impugnata, l'esposizione sommaria dei fatti, l'oggetto della domanda ed i motivi specifici dell'impugnazione. Il ricorso in appello è inammissibile se manca o è assolutamente incerto uno degli elementi sopra indicati o se non è sottoscritto a norma dell'art. 18, comma 3.

2. Il ricorso in appello è proposto nelle forme di cui all'art. 20, commi 1 e 2, nei confronti di tutte le parti che hanno partecipato al giudizio di primo grado e deve essere depositato a norma dell'art. 22, commi 1, 2 e 3. [*Ove il ricorso non sia notificato a mezzo di ufficiale giudiziario, l'appellante deve, a pena d'inammissibilità, depositare copia dell'appello presso l'ufficio di segreteria della commissione tributaria che ha pronunciato la sentenza impugnata*] [(1)].

3. Subito dopo il deposito del ricorso in appello, la segreteria della commissione tributaria regionale chiede alla segreteria della commissione provinciale la trasmissione del fascicolo del processo, che deve contenere copia autentica della sentenza.

[(1)] *Comma modificato dall'articolo 3-bis, comma 7, del D.L. 30 settembre 2005, n. 203, convertito con modificazioni, dalla Legge 2 dicembre 2005, n. 248 e successivamente dall'articolo 36, comma 1, del D.Lgs. 21 novembre 2014, n. 175.*

54. Controdeduzioni dell'appellato e appello incidentale. – 1. Le parti diverse dall'appellante debbono costituirsi nei modi e termini di cui all'art. 23 depositando apposito atto di controdeduzioni.

2. Nello stesso atto depositato nei modi e termini di cui al precedente comma può essere proposto, a pena d'inammissibilità, appello incidentale.

55. Provvedimenti presidenziali. – 1. Il presidente e i presidenti di sezione della commissione tributaria regionale hanno poteri corrispondenti a quelli del presidente e dei presidenti di sezione della commissione tributaria provinciale.

56. Questioni ed eccezioni non riproposte. – 1. Le questioni ed eccezioni non accolte nella sentenza della commissione provinciale, che non sono specificamente riproposte in appello, s'intendono rinunciate.

57. Domande ed eccezioni nuove. – 1. Nel giudizio d'appello non possono proporsi domande nuove e, se proposte, debbono essere dichiarate inammissibili d'ufficio. Possono tuttavia essere chiesti gli interessi maturati dopo la sentenza impugnata.

2. Non possono proporsi nuove eccezioni che non siano rilevabili anche d'ufficio.

58. Nuove prove in appello. – 1. Il giudice d'appello non può disporre nuove prove, salvo che non le ritenga necessarie ai fini della decisione o che la parte dimostri di non averle potute fornire nel precedente grado di giudizio per causa ad essa non imputabile.

2. È fatta salva la facoltà delle parti di produrre nuovi documenti.

59. Rimessione alla commissione provinciale. – 1. La commissione tributaria regionale rimette la causa alla commissione provinciale che ha emesso la sentenza impugnata nei seguenti casi:

a) quando dichiara la competenza declinata o la giurisdizione negata dal primo giudice;

b) quando riconosce che nel giudizio di primo grado il contraddittorio non è stato regolarmente costituito o integrato;

c) quando riconosce che la sentenza impugnata, erroneamente giudicando, ha dichiarato estinto il processo in sede di reclamo contro il provvedimento presidenziale;

d) quando riconosce che il collegio della commissione tributaria provinciale non era legittimamente composto;

e) quando manca la sottoscrizione della sentenza da parte del giudice di primo grado.

2. Al di fuori dei casi previsti al comma precedente la commissione tributaria regionale decide nel merito previamente ordinando, ove occorra, la rinnovazione di atti nulli compiuti in primo grado.

3. Dopo che la sentenza di rimessione della causa al primo grado è formalmente passata in giudicato, la segreteria della commissione tributaria regionale, nei successivi trenta giorni, trasmette d'ufficio il fascicolo del processo alla segreteria della commissione tributaria provinciale, senza necessità di riassunzione ad istanza di parte.

60. Non riproponibilità dell'appello dichiarato inammissibile. – 1. L'appello dichiarato inammissibile non può essere riproposto anche se non è decorso il termine stabilito dalla legge.

61. Norme applicabili. – 1. Nel procedimento d'appello si osservano in quanto applicabili le norme dettate per il procedimento di primo grado, se non sono incompatibili con le disposizioni della presente sezione.

Sezione III – Il ricorso per cassazione

62. Norme applicabili. – 1. Avverso la sentenza della commissione tributaria regionale può essere proposto ricorso per cassazione per i motivi di cui ai numeri da 1 a 5 dell'art. 360, primo comma, del codice di procedura civile [(1)].

2. Al ricorso per cassazione ed al relativo procedimento si applicano le norme dettate dal codice di procedura civile in quanto compatibili con quelle del presente decreto.

2-bis. Sull'accordo delle parti la sentenza della commissione tributaria provinciale può essere impugnata con ricorso per cassazione a norma dell'articolo 360, primo comma, n. 3, del codice di procedura civile.[(2)].

[(1)] *Comma modificato dall'articolo 9, comma 1, lettera z), numero 1), del D.lgs. 24 settembre 2015, n. 156, a decorrere dal 1° gennaio 2016.*
[(2)] *Comma inserito dall'articolo 9, comma 1, lettera z), numero 2), del D.lgs. 24 settembre 2015, n. 156, a decorrere dal 1° gennaio 2016.*

62 *bis*. Provvedimenti sull'esecuzione provvisoria della sentenza impugnata per cassazione [(1)]. – 1. La parte che ha proposto ricorso per cassazione può chiedere alla commissione che ha pronunciato la sentenza impugnata di sospenderne in tutto o in parte l'esecutività allo scopo di evitare un danno grave e irreparabile. Il contribuente può comunque chiedere la sospensione dell'esecuzione dell'atto se da questa può derivargli un danno grave e irreparabile.

2. Il presidente fissa con decreto la trattazione della istanza di sospensione per la prima camera di consiglio utile disponendo che ne sia data comunicazione alle parti almeno dieci giorni liberi prima.

3. In caso di eccezionale urgenza il presidente può disporre con decreto motivato la sospensione dell'esecutività della sentenza fino alla pronuncia del collegio.

4. Il collegio, sentite le parti in camera di consiglio, provvede con ordinanza motivata non impugnabile.

5. La sospensione può essere subordinata alla prestazione della garanzia di cui all'articolo 69, comma 2. Si applica la disposizione dell'articolo 47, comma 8-bis.

6. La commissione non può pronunciarsi sulle richieste di cui al comma 1 se la parte istante non dimostra di avere depositato il ricorso per cassazione contro la sentenza.

(1) Articolo aggiunto, a decorrere dal 1° gennaio 2016, dall'articolo 9, comma 1, lettera aa), numero 2), del D.Lgs. 24 settembre 2015, n. 156.

63. Giudizio di rinvio. – 1. Quando la Corte di cassazione rinvia la causa alla commissione tributaria provinciale o regionale la riassunzione deve essere fatta nei confronti di tutte le parti personalmente entro il termine perentorio di sei mesi dalla pubblicazione della sentenza nelle forme rispettivamente previste per i giudizi di primo e di secondo grado in quanto applicabili [1].

2. Se la riassunzione non avviene entro il termine di cui al comma precedente o si avvera successivamente ad essa una causa di estinzione del giudizio di rinvio l'intero processo si estingue.

3. In sede di rinvio si osservano le norme stabilite per il procedimento davanti alla commissione tributaria a cui il processo è stato rinviato. In ogni caso, a pena d'inammissibilità, deve essere prodotta copia autentica della sentenza di cassazione.

4. Le parti conservano la stessa posizione processuale che avevano nel procedimento in cui è stata pronunciata la sentenza cassata e non possono formulare richieste diverse da quelle prese in tale procedimento, salvi gli adeguamenti imposti dalla sentenza di cassazione.

5. Subito dopo il deposito dell'atto di riassunzione, la segreteria della commissione adita richiede alla cancelleria della Corte di cassazione la trasmissione del fascicolo del processo.

(1) Comma modificato dall'articolo 9, comma 1, lettera bb), del D.lgs. 24 settembre 2015, n. 156, a decorrere dal 1° gennaio 2016.

Sezione IV - La revocazione

64. Sentenze revocabili e motivi di revocazione. – 1. Le sentenze pronunciate in grado d'appello o in unico grado dalle commissioni tributarie possono essere impugnate ai sensi dell'articolo 395 del codice di procedura civile[1].

2. Le sentenze per le quali è scaduto il termine per l'appello possono essere impugnate per i motivi di cui ai numeri 1, 2, 3 e 6 dell'art. 395 del codice di procedura civile purché la scoperta del dolo o della falsità dichiarata o il recupero del documento o il passaggio in giudicato della sentenza di cui al numero 6 dell'art. 395 del codice di procedura civile siano posteriori alla scadenza del termine suddetto.

3. Se i fatti menzionati nel comma precedente avvengono durante il termine per l'appello il termine stesso è prorogato dal giorno dell'avvenimento in modo da raggiungere i sessanta giorni da esso.

(1) Comma sostituito dall'articolo 9, comma 1, lettera cc), del D.lgs. 24 settembre 2015, n. 156, a decorrere dal 1° gennaio 2016.

65. Proposizione della impugnazione. – 1. Competente per la revocazione è la stessa commissione tributaria che ha pronunciato la sentenza impugnata.

2. A pena di inammissibilità il ricorso deve contenere gli elementi previsti dall'art. 53, comma 1, e la specifica indicazione del motivo di revocazione e della prova dei fatti di cui ai numeri 1, 2, 3 e 6 dell'art. 395 del codice di procedura civilenonché del giorno della scoperta o della falsità dichiarata o del recupero del documento. La prova della sentenza passata in giudicato che accerta il dolo del giudice deve essere data mediante la sua produzione in copia autentica.

3. Il ricorso per revocazione è proposto e depositato a norma dell'art. 53, comma 2.

3-bis. Le parti possono proporre istanze cautelari ai sensi delle disposizioni di cui all'articolo 52, in quanto compatibili [1].

(1) Comma aggiunto dall'articolo 9, comma 1, lettera dd), del D.lgs. 24 settembre 2015, n. 156, a decorrere dal 1° gennaio 2016.

66. Procedimento. – 1. Davanti alla commissione tributaria adita per la revocazione si osservano le norme stabilite per il procedimento davanti ad essa in quanto non derogate da quelle della presente sezione.

67. Decisione. – 1. Ove ricorrano i motivi di cui all'art. 395 del codice di procedura civile la commissione tributaria decide il merito della causa e detta ogni altro provvedimento conseguenziale.

2. Contro la sentenza che decide il giudizio di revocazione sono ammessi i mezzi d'impugnazione ai quali era originariamente soggetta la sentenza impugnata per revocazione.

67 *bis*. Esecuzione provvisoria. – 1. Le sentenze emesse dalle commissioni tributarie sono esecutive secondo quanto previsto dal presente capo[1].

(1) Articolo inserito a norma dell'articolo 9, comma 1, lettera ee), del D.lgs. 24 settembre 2015, n. 156, a decorrere dal 1° giugno 2016.

CAPO IV
L'esecuzione delle sentenze delle commissioni tributarie

68. *Pagamento del tributo in pendenza del processo*[1][2]. *– 1. Anche in deroga a quanto previsto nelle singole leggi d'imposta, nei casi in cui è prevista la riscossione frazionata del tributo oggetto di giudizio davanti alle commissioni, il tributo, con i relativi interessi previsti dalle leggi fiscali, deve essere pagato:*

a) per i due terzi, dopo la sentenza della commissione tributaria provinciale che respinge il ricorso;

b) per l'ammontare risultante dalla sentenza della commissione tributaria provinciale, e comunque non oltre i due terzi, se la stessa accoglie parzialmente il ricorso;

c) per il residuo ammontare determinato nella sentenza della commissione tributaria regionale.

c-bis. per l'ammontare dovuto nella pendenza del giudizio di primo grado dopo la sentenza della Corte di cassazione di annullamento con rinvio e per l'intero importo indicato nell'atto in caso di mancata riassunzione.

Per le ipotesi indicate nelle precedenti lettere [*a), b) e c)*] gli importi da versare vanno in ogni caso diminuiti di quanto già corrisposto [3].

2. Se il ricorso viene accolto, il tributo corrisposto in eccedenza rispetto a quanto statuito dalla sentenza della commissione tributaria provinciale, con i relativi interessi previsti dalle leggi fiscali, deve essere rimborsato d'ufficio entro novanta giorni dalla notificazione della sentenza. In caso di mancata esecuzione del rimborso il contribuente può richiedere l'ottemperanza a norma dell'articolo 70 alla commissione tributaria provinciale ovvero, se il giudizio è pendente nei gradi successivi, alla commissione tributaria regionale [4].

3. Le imposte suppletive debbono essere corrisposte dopo l'ultima sentenza non impugnata o impugnabile solo con ricorso in cassazione [5].

3-bis. Il pagamento, in pendenza di processo, delle risorse proprie tradizionali di cui all'articolo 2, paragrafo 1, lettera a), della decisione 2007/436/CE, Euratom del Consiglio, del 7 giugno 2007, e dell'imposta sul valore aggiunto riscossa all'importazione resta disciplinato dal regolamento (CEE) n. 2913/92 del Consiglio, del 12 ottobre 1992, come riformato dal regolamento (UE) n. 952/2013 del Parlamento europeo e del Consiglio, del 9 ottobre 2013, e dalle altre disposizioni dell'Unione europea in materia [6].

(1) Rubrica modificata dall'articolo 29, comma 1, lettera d), del D.Lgs. 18 dicembre 1997, n. 472.
(2) Per l'applicazione delle disposizioni di cui al presente articolo vedi l'articolo 3, comma 2, del D.L. 25 marzo 2010, n. 40, convertito, con modificazioni, dalla Legge 22 maggio 2010, n. 73.
(3) Comma modificato dall'articolo 9, comma 1, lettera ff), numero 1), del D.lgs. 24 settembre 2015, n. 156, a decorrere dal 1° gennaio 2016.
(4) Comma modificato dall'articolo 9, comma 1, lettera ff), numero 2), del D.lgs. 24 settembre 2015, n. 156, a decorrere dal 1° gennaio 2016.
(5) Comma modificato dall'articolo 29, comma 1, lettera d), del D.Lgs. 18 dicembre 1997, n. 472.
(6) Comma aggiunto dall'articolo 10, comma 2, della Legge 30 ottobre 2014, n. 161.

69. Esecuzione delle sentenze di condanna in favore del contribuente [1]. – 1. Le sentenze di condanna al pagamento di somme in favore del contribuente e quelle emesse su ricorso avverso gli atti relativi alle operazioni catastali indicate nell'articolo 2, comma 2, sono immediatamente esecutive. Tuttavia il pagamento di somme dell'importo superiore a diecimila euro, diverse dalle spese di lite, può essere subordinato dal giudice, anche tenuto conto delle condizioni di solvibilità dell'istante, alla prestazione di idonea garanzia.

2. Con decreto del Ministro dell'economia e delle finanze emesso ai sensi dell'articolo 17, comma 3, della legge 23 agosto 1988, n. 400, sono disciplinati il contenuto della garanzia sulla base di quanto previsto dall'articolo 38-bis, comma 5, del decreto del Presidente della Repubblica 26 ottobre 1972, n. 633, la sua durata nonché il termine entro il quale può essere escussa, a seguito dell'inerzia del contribuente in ordine alla restituzione delle somme garantite protrattasi per un periodo di tre mesi.

3. I costi della garanzia, anticipati dal contribuente, sono a carico della parte soccombente all'esito definitivo del giudizio.

4. Il pagamento delle somme dovute a seguito della sentenza deve essere eseguito entro novanta giorni dalla sua notificazione ovvero dalla presentazione della garanzia di cui al comma 2, se dovuta.

5. In caso di mancata esecuzione della sentenza il contribuente può richiedere l'ottemperanza a norma dell'articolo 70 alla commissione tributaria provinciale ovvero, se il giudizio è pendente nei gradi successivi, alla commissione tributaria regionale

(1) Articolo modificato dall'articolo 12, comma 1, lettera f), del D.L. 8 agosto 1996, n. 437, e successivamente sostituito dall'articolo 9, comma 1, lettera gg), del D.lgs. 24 settembre 2015, n. 156, a decorrere dal 1° giugno 2016.

69 *bis*. Aggiornamento degli atti catastali [1]. – [*1. Se la commissione tributaria accoglie totalmente o parzialmente il ricorso proposto avverso gli atti relativi alle operazioni catastali indicate nell'articolo 2, comma 2, e la relativa sentenza è passata in giudicato, la segreteria ne rilascia copia munita dell'attestazione di passaggio in giudicato, sulla base della quale l'ufficio dell'Agenzia del territorio provvede all'aggiornamento degli atti catastali*] [2].

(1) Articolo inserito dall'articolo 12, comma 3, lettera b), del D.L. 2 marzo 2012, n. 16.
(2) Articolo abrogato dall'articolo 9, comma 1, lettera hh), del D.lgs. 24 settembre 2015, n. 156, a decorrere dal 1° giugno 2016.

70. Giudizio di ottemperanza. – 1. La parte che vi ha interesse può chiedere l'ottemperanza agli obblighi derivanti dalla sentenza della commissione tributaria passata in giudicato mediante ricorso da depositare in doppio originale alla segreteria della commissione tributaria provinciale, qualora la sentenza passata in giudicato sia stata da essa pronunciata, e in ogni altro caso alla segreteria della commissione tributaria regionale [1].

2. Il ricorso è proponibile solo dopo la scadenza del termine entro il quale è prescritto dalla legge l'adempimento a carico dell'ente impositore, dell'agente della riscossione o del soggetto iscritto nell'albo di cui all'articolo 53 del decreto legislativo 15 dicembre 1997, n. 446, degli obblighi derivanti dalla sentenza o, in mancanza di tale termine, dopo trenta giorni dalla loro messa in mora a mezzo di ufficiale giudiziario e fino a quando l'obbligo non sia estinto [2].

3. Il ricorso indirizzato al presidente della commissione deve contenere la sommaria esposizione dei fatti che ne giustificano la proposizione con la precisa indicazione, a pena di inammissibilità, della sentenza passata in giudicato di cui si chiede l'ottemperanza, che deve essere prodotta in copia unitamente all'originale o copia autentica dell'atto di messa in mora notificato a norma del comma precedente, se necessario.

4. Uno dei due originali del ricorso è comunicato a cura della segreteria della commissione ai soggetti di cui al comma 2 obbligati a provvedere [3].

5. Entro venti giorni dalla comunicazione l'ufficio [*del Ministero delle finanze o l'ente locale*] può trasmettere le proprie osservazioni alla commissione tributaria, allegando la documentazione dell'eventuale adempimento [4].

6. Il presidente della commissione tributaria, scaduto il termine di cui al comma precedente, assegna il ricorso alla sezione che ha pronunciato la sentenza. Il presidente della sezione fissa il giorno per la trattazione del ricorso in Camera di consiglio non oltre novanta giorni dal deposito del ricorso e ne viene data comunicazione alle parti almeno dieci giorni liberi prima a cura della segreteria.

7. Il collegio, sentite le parti in contraddittorio ed acquisita

la documentazione necessaria, adotta con sentenza i provvedimenti indispensabili per l'ottemperanza in luogo dell'ufficio [*del Ministero delle finanze o dell'ente locale*] che li ha omessi e nelle forme amministrative per essi prescritti dalla legge, attenendosi agli obblighi risultanti espressamente dal dispositivo della sentenza e tenuto conto della relativa motivazione. Il collegio, se lo ritiene opportuno, può delegare un proprio componente o nominare un commissario al quale fissa un termine congruo per i necessari provvedimenti attuativi e determina il compenso a lui spettante secondo le disposizioni del Titolo VII del Capo IV del Testo unico delle disposizioni legislative e regolamentari in materia di spese di giustizia approvato con decreto del Presidente della Repubblica 30 maggio 2002, n. 115[5].

8. Il collegio, eseguiti i provvedimenti di cui al comma precedente e preso atto di quelli emanati ed eseguiti dal componente delegato o dal commissario nominato, dichiara chiuso il procedimento con ordinanza.

9. Tutti i provvedimenti di cui al presente articolo sono immediatamente esecutivi.

10. Contro la sentenza di cui al comma 7 è ammesso soltanto ricorso in cassazione per inosservanza delle norme sul procedimento.

10-bis. Per il pagamento di somme dell'importo fino a ventimila euro e comunque per il pagamento delle spese di giudizio, il ricorso è deciso dalla Commissione in composizione monocratica [6].

(1) Così rettificato con Comunicato 27 marzo 1993 (in Gazz. Uff. 27 marzo, n. 72), e successivamente modificato dall'articolo 9, comma 1, lettera ii), numero 1), del D.lgs. 24 settembre 2015, n. 156, a decorrere dal 1° gennaio 2016.

(2) Comma modificato dall'articolo 9, comma 1, lettera ii), numero 2), del D.lgs. 24 settembre 2015, n. 156, a decorrere dal 1° gennaio 2016.

(3) Comma modificato dall'articolo 9, comma 1, lettera ii), numero 3), del D.lgs. 24 settembre 2015, n. 156, a decorrere dal 1° gennaio 2016.

(4) Comma modificato dall'articolo 9, comma 1, lettera ii), numero 4), del D.lgs. 24 settembre 2015, n. 156, a decorrere dal 1° gennaio 2016.

(5) Comma modificato dall'articolo 9, comma 1, lettera ii), numero 4), del D.lgs. 24 settembre 2015, n. 156, a decorrere dal 1° gennaio 2016.

(6) Comma inserito dall'articolo 9, comma 1, lettera ii), numero 5), del D.lgs. 24 settembre 2015, n. 156, a decorrere dal 1° gennaio 2016.

TITOLO III
Disposizioni finali e transitorie

71. Norme abrogate. – 1. Sono abrogati l'art. 288 del testo unico per la finanza locale 14 settembre 1931, n. 1175, l'articolo 1 e gli articoli da 15 a 45 del decreto del Presidente della Repubblica 26 ottobre 1972, n. 636 e successive modificazioni e integrazioni, l'art. 19, commi 4 e 5, e l'art. 20 del decreto del Presidente della Repubblica 26 ottobre 1972, n. 638, l'art. 24 del decreto del Presidente della Repubblica 26 ottobre 1972, n. 639, gli articoli 63, comma 5, e 68, comma 3, del decreto del Presidente della Repubblica 28 gennaio 1988, n. 43, l'art. 4, comma 8, del decreto-legge 2 marzo 1989, n. 66, convertito nella legge 24 aprile 1989, n. 144[1].

2. È inoltre abrogata ogni altra norma di legge non compatibile con le disposizioni del presente decreto.

(1) Comma modificato dall'articolo 12, comma 1, lettera h), del D.L. 8 agosto 1996, n. 437.

72. Controversie pendenti davanti alle commissioni tributarie di primo e di secondo grado. – 1. Le controversie pendenti dinanzi alle commissioni tributarie di primo e di secondo grado previste dal decreto del Presidente della Repubblica 26 ottobre 1972, n. 636, alla data d'insediamento delle commissioni tributarie provinciali e regionali, sono ad esse rispettivamente attribuite, tenuto conto, quanto alla competenza territoriale, delle rispettive sedi. La segreteria della commissione tributaria provinciale o regionale dà comunicazione alle parti della data di trattazione almeno trenta giorni liberi prima. La consegna o spedizione del ricorso o dell'atto di appello, ai sensi degli articoli 17, comma primo, e 22, comma secondo, del decreto del Presidente della Repubblica 26 ottobre 1972, n. 636, equivale a costituzione in giudizio del ricorrente ai sensi degli articoli 22 e 53, comma 2. La parte resistente può effettuare la costituzione in giudizio entro il termine di cui all'art. 32, comma 1 [1].

1-bis. In deroga alle disposizioni del presente decreto, le controversie previste dal comma 1, pendenti alla data ivi indicata dinanzi alle commissioni tributarie di primo grado ed il cui valore, determinato ai sensi dell'articolo 12, comma 5, sia inferiore a euro 2.582,28, sono trattate e decise in pubblica udienza da un giudice singolo, nominato per ciascun ricorso, ai sensi dell'articolo 30, comma 1, dal presidente della sezione alla quale il ricorso medesimo è stato assegnato. Il presidente, se non intende designare se stesso, può nominare giudice unico il vicepresidente od un componente della sezione appartenente ad una delle categorie di cui all'articolo 4, comma 1, lettera a), del decreto legislativo 31 dicembre 1992, n. 545, ovvero che sia in possesso del diploma di laurea in giurisprudenza o in economia e commercio ed abbia un'anzianità di servizio presso le commissioni tributarie di almeno dieci anni. Per la trattazione della controversia si applicano, in quanto compatibili, le disposizioni delle sezioni III e IV del Capo I del Titolo II del presente decreto, ad eccezione dell'articolo 33, intendendosi sostituito in ogni caso il giudice singolo al relatore e al collegio. Restano ferme tutte le altre disposizioni del presente decreto, comprese, con la medesima sostituzione, quelle del Capo II del Titolo II. Il tentativo di conciliazione di cui all'articolo 48, comma 2, è obbligatorio se all'udienza sono presenti entrambe le parti. Le controversie di cui al presente comma sono trattate dal giudice singolo in udienze distinte da quelle collegiali [2].

2. Se alla data indicata al comma 1 pendono termini per la proposizione di ricorsi secondo le norme previgenti, detti ricorsi sono proposti alle commissioni tributarie provinciali entro i termini previsti dal presente decreto, che decorrono dalla suddetta data. Se alla data indicata al comma 1 pendono termini per impugnare decisioni delle commissioni tributarie di primo grado, dette impugnazioni sono proposte secondo le modalità e i termini previsti dal presente decreto, che decorrono dalla suddetta data [3].

3. Se i termini per il compimento di atti processuali diversi dai ricorsi secondo le norme vigenti, alla data di cui ai commi 1 e 2, sono ancora pendenti, tali atti possono essere compiuti nei termini previsti dal presente decreto, che decorrono dalla suddetta data.

4. Le segreterie delle commissioni tributarie di primo e di secondo grado indicate nel comma 1 provvedono a trasmettere i fascicoli relativi alle controversie pendenti alle segrete-

VARIE

rie delle commissioni provinciale o regionale rispettivamente competenti.

5. Le segreterie delle commissioni tributarie di primo e di secondo grado indicate nel comma 1 continuano a funzionare, solo per gli adempimenti di cui al comma 4, anche oltrela data indicata nel comma 1.

(1) *Comma modificato dall'articolo 12, comma 1, lettera g), del D.L. 8 agosto 1996, n. 437.*
(2) *Comma aggiunto dall'articolo 32, comma 2, della legg 8 maggio 1998, n. 146.*
(3) *Così rettificato con Comunicato 27 marzo 1993 (in Gazz. Uff. 27 marzo, n. 72), e successivamente modificato dall'articolo 69, comma 3, lettera e), del D.L. 30 agosto 1993, n. 331 e successivamente sostituito dall'articolo 12, comma 1, lettera i), del D.L. 8 agosto 1996, n. 437.*

73. Istanza di trattazione. – [*1. Il ricorrente e qualsiasi altra parte nelle controversie pendenti davanti alle commissioni tributarie di primo e di secondo grado sono tenuti a presentare entro sei mesi dalla data di cui all'art. 72 apposita istanza di trattazione alla segreteria delle commissioni tributarie provinciale o regionale competenti.*

2. L'istanza di trattazione sottoscritta dalla parte o dal suo precedente difensore, se nominato, deve contenere gli estremi della controversia e del procedimento a cui si riferisce e deve essere notificata, spedita o consegnata alla segreteria a norma dell'art. 20.

3. Se nel termine di cui al comma 1 nessuna delle parti ha notificato, spedito o consegnato l'istanza di trattazione nelle forme indicate al comma precedente, il processo di primo grado o quello d'appello, a seconda dei casi, è dichiarato estinto con decreto del presidente della sezione, di cui viene data comunicazione alle parti a cura della segreteria.

4. Contro il decreto di cui al comma precedente è ammesso reclamo al collegio nei modi e termini previsti dall'art. 28.] [1]

(1) *Articolo abrogato dall'articolo 69, comma 3, lettera f), del D.L. 30 agosto 1993, n. 331.*

74. Controversie pendenti davanti alla corte di appello. – 1. Alle controversie, che alla data di cui all'articolo 72 pendono davanti alla corte di appello o per le quali pende il termine per l'impugnativa davanti allo stesso organo, continuano ad applicarsi le disposizioni contenute nel D.P.R. 26 ottobre 1972, n. 636, e successive modificazioni e integrazioni [1].

(1) *Articolo sostituito dall'articolo 69, comma 3, lettera g), del D.L. 30 agosto 1993, n. 331.*

75. Controversie pendenti davanti alla Commissione tributaria centrale. – 1. Alle controversie che alla data di cui all'art. 72 pendono davanti alla commissione tributaria centrale o per le quali pende il termine per l'impugnativa davanti allo stesso organo, nonchè alle controversie pendenti dinanzi alle commissioni di secondo grado per le quali, alla predetta data, è stato depositato il solo dispositivo della decisione, continuano ad applicarsi le disposizioni contenute nel decreto del Presidente della Repubblica 26 ottobre 1972, n. 636 e successive modificazioni e integrazioni [1].

2. Relativamente alle controversie pendenti o per le quali pende il termine alla data di entrata in vigore del presente decreto legislativo, il ricorrente e qualsiasi altra parte sono tenuti, entro sei mesi dalla predetta data, il ricorrente e qualsiasi altra parte sono tenuti, entro sei mesi dalla predetta data, a proporre alla segreteria della commissione tributaria centrale apposita istanza di trattazione contenente gli estremi della controversia e del procedimento. L'istanza potrà essere sottoscritta dalla parte o dal suo precedente difensore, se nominato, e deve essere notificata o spedita o consegnata alla segreteria della commissione tributaria centrale nei modi previsti dall'art. 20; in difetto, il giudizio davanti alla commissione tributaria centrale si estingue. L'estinzione è dichiarata dal presidente della sezione, dopo aver verificato che non sia stata depositata in segreteria l'istanza di trasmissione del fascicolo alla cancelleria della corte di cassazione a seguito della richiesta di esame a norma del comma seguente. Contro il decreto del Presidente, di cui viene data comunicazione alle parti, è ammesso reclamo al collegio nei modi e nei termini previsti dall'art. 28 [2][3].

3. Le parti che hanno proposto ricorso alla Commissione centrale, anziché presentare l'istanza di trattazione di cui al comma precedente, possono chiedere nello stesso termine l'esame da parte della Corte di cassazione ai sensi dell'art. 360 del codice di procedura civile convertendo il ricorso alla Commissione tributaria centrale in ricorso per cassazione contro la decisione impugnata, osservate per il resto tutte le norme del codice di procedura civile per il procedimento davanti alla Corte di cassazione.

4. Se non è stato richiesto l'esame da parte della Corte di cassazione e l'istanza di trattazione è presentata nei termini, il procedimento prosegue davanti alla Commissione tributaria centrale, che provvede alla sua definizione mediante deposito della decisione entro i termini di cui all'art. 42, comma 3, del decreto legislativo 31 dicembre 1992, n. 545 applicando le disposizioni vigenti anteriormente alla data di entrata in vigore del presente decreto. Le stesse disposizioni si applicano per i ricorsi presentati alla Commissione tributaria centrale successivamente alla data di entrata in vigore del presente decreto [4].

[*5. In caso di rinvio disposto dalla Commissione tributaria centrale la riassunzione deve essere fatta davanti alla commissione tributaria regionale o provinciale secondo le nuove disposizioni.*] [5]

6. La segreteria della Commissione tributaria centrale continua a funzionare anche oltre il termine di cui al comma 4 per trasmettere i fascicoli dei processi alla cancelleria della Corte di cassazione o alle commissioni tributarie regionale o provinciale.

(1) *Comma sostituito dall'articolo 69, comma 3, lettera h), numero 1), del D.L. 30 agosto 1993, n. 331 e successivamente modificato dall'articolo 12, comma 1, lettera l), del D.L. 8 agosto 1996, n. 437.*
(2) *Comma sostituito dall'articolo 69, comma 3, lettera h), numero 1), del D.L. 30 agosto 1993, n. 331 e successivamente modificato dall'articolo 1, comma 1, del D.L. 26 novembre 1993, n. 477.*
(3) *La Corte Costituzionale, con sentenza 9 aprile 1998, n. 111 (in Gazz. Uff., 22 aprile 1998, n. 16), ha dichiarato l'illegittimità costituzionale del presente comma, nella parte in cui non prevede che il termine per l'istanza di trattazione decorra dalla data della ricezione dell'avviso dell'onere di proposizione dell'istanza stessa.*
(4) *Comma modificato dall'articolo 69, comma 3, lettera h), numero 2), del D.L. 30 agosto 1993, n. 331.*
(5) *Comma abrogato dall'articolo 69, comma 3, lettera h), numero 3), del D.L. 30 agosto 1993, n. 331.*

76. Controversie in sede di rinvio. – 1. Se alla data prevista dall'art. 72, a seguito di sentenza della Corte di cassazione o di corte d'appello o a seguito di decisione della Commissione tributaria centrale pendono i termini per la riassunzione del procedimento di rinvio davanti alle commissioni tributarie di primo o di secondo grado, detti termini decorrono da tale data e la riassunzione va fatta davanti alla commissione tributaria provinciale o regionale competente.

2. Il termine per la riassunzione davanti alla corte d'appello non subisce modifiche.

3. Se alla data prevista all'art. 72, a seguito di rinvio disposto dalla Corte di cassazione, pende il termine per la riassunzione davanti alla Commissione tributaria centrale, detto termine decorre da tale data e la riassunzione va fatta davanti alla commissione tributaria regionale competente.

4. Se la riassunzione non avviene nei termini, o si avvera successivamente ad essa una causa di estinzione del giudizio di rinvio, l'intero processo si estingue (1).

5. Se alla data indicata nei commi precedenti pendono i giudizi di rinvio davanti alla commissione tributaria di primo o di secondo grado si applicano le disposizioni di cui all'art. 72, comma 4(1).

(1) *Comma modificato dall'articolo 69, comma 3, lettera i), del D.L. 30 agosto 1993, n. 331.*

77. Procedimento contenzioso amministrativo davanti all'intendenza di finanza o al Ministero delle finanze. – 1. Le controversie relative ai tributi comunali e locali indicati nell'art. 2, lettera h), per le quali era previsto il ricorso all'intendente di finanza o al Ministro delle finanze, se non ancora definite alla data di insediamento delle nuove commissioni, continuano ad essere decise in sede amministrativa dai suddetti organi secondo le relative disposizioni, ancorché abrogate ai sensi dell'art. 71 (1).

(1) *Così rettificato con Comunicato 27 marzo 1993 (in Gazz. Uff. 27 marzo, n. 72)*

78. Controversie già di competenza delle commissioni comunali per i tributi locali. – 1. Le controversie già di competenza in primo grado delle commissioni comunali per i tributi locali, se alla data d'insediamento delle nuove commissioni pendono davanti all'autorità giudiziaria ordinaria, i relativi giudizi proseguono in questa sede.

2. Le controversie di cui al comma 1, che alla data indicata non pendono davanti all'autorità giudiziaria ordinaria e non sono già state definite, qualunque sia il grado in cui si trovavano al momento della sentenza della Corte costituzionale 27 luglio 1989, n. 451, debbono essere riattivate da parte degli enti impositori interessati mediante trasmissione dei relativi atti e documenti alla commissione tributaria provinciale competente entro il termine di mesi sei dalla data anzidetta; altrimenti ogni pretesa dell'ente impositore s'intende definitivamente abbandonata.

79. Norme transitorie. – 1. Le disposizioni di cui agli articoli 57, comma 2, e 58, comma 1, non si applicano ai giudizi già pendenti in grado d'appello davanti alla commissione tributaria di secondo grado e a quelli iniziati davanti alla commissione tributaria regionale se il primo grado si è svolto sotto la disciplina della legge anteriore.

2. Nei giudizi davanti alla commissione tributaria provinciale o regionale riguardanti controversie già pendenti davanti ad altri organi giurisdizionali o amministrativi la regolarizzazione della costituzione delle parti secondo le nuove norme sulla assistenza tecnica è disposta, ove necessario, secondo le modalità e nel termine perentorio fissato dal presidente della sezione o dal collegio rispettivamente con decreto o con ordinanza da comunicare alle parti a cura della segreteria.

80. Entrata in vigore. – 1. Il presente decreto entra in vigore il 15 gennaio 1993.

2. Le disposizioni del presente decreto hanno effetto dalla data di insediamento delle commissioni tributarie provinciali e regionali (1).

(1) *Comma modificato dall'articolo 69, comma 3, lettera l), del D.L. 30 agosto 1993, n. 331.*

PARTE II

Altre normative sostanziali e procedimentali - tributi vari

IMPOSTE DIRETTE

1. D.L. 29 novembre 2008, n. 185

Decreto convertito, con modificazioni, in legge 28 gennaio 2009, n. 2. Misure urgenti per il sostegno a famiglie, lavoro, occupazione e impresa e per ridisegnare in funzione anti-crisi il quadro strategico nazionale. (DECRETO ANTICRISI)[1] (*Estratto: artt. 1-3; 5-15; 27-36)*

[1] *Pubblicato in Suppl. ordinario n. 263 alla Gazz. Uff., 29 novembre, n. 280).*

TITOLO I
Sostegno alle famiglie

1. Bonus straordinario per famiglie, lavoratori pensionati e non autosufficienza. – 1. È attribuito un bonus straordinario, per il solo anno 2009, ai soggetti residenti, componenti di un nucleo familiare a basso reddito nel quale concorrono, nell'anno 2008, esclusivamente i seguenti redditi indicati nel Testo Unico delle imposte sui redditi, di cui al decreto del Presidente della Repubblica 22 dicembre 1986, n. 917:

a) lavoro dipendente di cui all'articolo 49, comma 1;

b) pensione di cui all'articolo 49, comma 2;

c) assimilati a quelli di lavoro dipendente di cui all'articolo 50, comma 1, lettere a), c-bis), d), l) e i) limitatamente agli assegni periodici indicati nell'articolo 10, comma 1, lettera c);

d) diversi di cui all'articolo 67, comma 1, lettere i) e l), limitatamente ai redditi derivanti da attività di lavoro autonomo non esercitate abitualmente, qualora percepiti dai soggetti a carico del richiedente, ovvero dal coniuge non a carico;

e) fondiari di cui all'articolo 25, esclusivamente in coacervo con i redditi indicati alle lettere precedenti, per un ammontare non superiore a duemilacinquecento euro.

2. Ai fini delle disposizioni di cui al presente articolo:

a) nel computo del numero dei componenti del nucleo familiare si assumono il richiedente, il coniuge non legalmente ed effettivamente separato anche se non a carico nonché i figli e gli altri familiari di cui all'articolo 12 del citato testo unico alle condizioni ivi previste;

b) nel computo del reddito complessivo familiare si assume il reddito complessivo di cui all'articolo 8 del predetto testo unico, con riferimento a ciascun componente del nucleo familiare.

3. Il beneficio di cui al comma 1 è attribuito per gli importi di seguito indicati, in dipendenza del numero di componenti del nucleo familiare, degli eventuali componenti portatori di handicap e del reddito complessivo familiare riferiti al periodo d'imposta 2007 per il quale sussistano i requisiti di cui al comma 1, salvo, in alternativa, la facoltà prevista al comma 12:

a) euro duecento nei confronti dei soggetti titolari di reddito di pensione ed unici componenti del nucleo familiare, qualora il reddito complessivo non sia superiore ad euro quindicimila;

b) euro trecento per il nucleo familiare di due componenti, qualora il reddito complessivo familiare non sia superiore ad euro diciassettemila;

c) euro quattrocentocinquanta per il nucleo familiare di tre componenti, qualora il reddito complessivo familiare non sia superiore ad euro diciassettemila;

d) euro cinquecento per il nucleo familiare di quattro componenti, qualora il reddito complessivo familiare non sia superiore ad euro ventimila;

e) euro seicento per il nucleo familiare di cinque componenti, qualora il reddito complessivo familiare non sia superiore ad euro ventimila;

f) euro mille per il nucleo familiare di oltre cinque componenti, qualora il reddito complessivo familiare non sia superiore ad euro ventiduemila;

g) euro mille per il nucleo familiare con componenti portatori di handicap per i quali ricorrano le condizioni previste dall'articolo 12, comma 1, del citato testo unico, qualora il reddito complessivo familiare non sia superiore ad euro trentacinquemila.

4. Il beneficio di cui al comma 1 è attribuito ad un solo componente del nucleo familiare e non costituisce reddito né ai fini fiscali né ai fini della corresponsione di prestazioni previdenziali e assistenziali ivi inclusa la carta acquisti di cui all'articolo 81, comma 32, del decreto-legge 25 giugno 2008, n. 112, convertito, con modificazioni, dalla legge 6 agosto 2008, n. 133.

5. Il beneficio spettante ai sensi del comma 3 è erogato dai sostituti d'imposta di cui agli articoli 23 e 29 del decreto del Presidente della Repubblica 29 settembre 1973, n. 600 presso i quali i soggetti beneficiari di cui al comma 1 lettere a), b) e c) prestano l'attività lavorativa ovvero sono titolari di trattamento pensionistico o di altri trattamenti, sulla base dei dati risultanti da apposita richiesta prodotta dai soggetti interessati. Nella domanda il richiedente autocertifica, ai sensi dell'articolo 47 del decreto del Presidente della Repubblica 28 dicembre 2000, n. 445, e successive modificazioni, i seguenti elementi informativi:

a) il coniuge non a carico ed il relativo codice fiscale;

b) i figli e gli altri familiari a carico, indicando i relativi codici fiscali nonché la relazione di parentela;

c) di essere in possesso dei requisiti previsti ai commi 1 e 3 in relazione al reddito complessivo familiare di cui al comma 2, lettera b), con indicazione del relativo periodo d'imposta.

6. La richiesta è presentata entro il 28 febbraio 2009 utilizzando l'apposito modello approvato con provvedimento del direttore dell'Agenzia delle entrate entro dieci giorni dalla data di entrata in vigore del presente decreto. La richiesta può essere effettuata anche mediante i soggetti di cui all'articolo 3, comma 3, del decreto del Presidente della Repubblica 22 luglio 1998, n. 322, e successive modificazioni, ai quali non spetta alcun compenso [1].

7. Il sostituto d'imposta e gli enti pensionistici ai quali è stata presentata la richiesta erogano il beneficio spettante, rispettivamente entro il mese di febbraio e marzo 2009, in relazione ai dati autocertificati ai sensi del comma 5, in applicazione delle disposizioni del comma 3.

8. Il sostituto d'imposta eroga il beneficio, secondo l'ordine di presentazione delle richieste, nei limiti del monte ritenute e contributi disponibili nel mese di febbraio 2009. Le amministrazioni pubbliche di cui all'articolo 1, comma 2, del decreto legislativo 30 marzo 2001, n. 165 e gli enti pensionistici erogano il beneficio, secondo l'ordine di presenta-

zione delle richieste, nel limite del monte delle ritenute disponibile.

9. L'importo erogato ai sensi dei commi 8 e 14 è recuperato dai sostituti d'imposta attraverso la compensazione di cui all'articolo 17 del decreto legislativo 9 luglio 1997, n. 241 a partire dal primo giorno successivo a quello di erogazione, deve essere indicato nel modello 770 e non concorre alla formazione del limite di cui all'articolo 25 dello stesso decreto legislativo.

L'utilizzo del sistema del versamento unificato di cui all'articolo 17 del decreto legislativo 9 luglio 1997, n. 241 da parte degli enti pubblici di cui alle tabelle A e B allegate alla legge 29 ottobre 1984, n. 720 è limitato ai soli importi da compensare; le altre amministrazioni pubbliche di cui all'articolo 1, comma 2, del decreto legislativo 30 marzo 2001, n. 165, sottoposte ai vincoli della tesoreria unica di cui alla legge 29 ottobre 1984, n. 720 recuperano l'importo erogato dal monte delle ritenute disponibile e comunicano al Dipartimento della Ragioneria generale dello Stato l'ammontare complessivo dei benefici corrisposti (2).

10. I soggetti di cui al comma precedente trasmettono all'Agenzia delle entrate, entro il 30 aprile del 2009 in via telematica, anche mediante i soggetti di cui all'articolo 3, comma 3, del decreto del Presidente della Repubblica 22 luglio 1998, n. 322, le richieste ricevute ai sensi del comma 6, fornendo comunicazione dell'importo erogato in relazione a ciascuna richiesta di attribuzione.

11. In tutti i casi in cui il beneficio non è erogato dai sostituti d'imposta di cui agli articoli 23 e 29 del citato decreto del Presidente della Repubblica n. 600 del 1973, la richiesta di cui al comma 6, può essere presentata telematicamente all'Agenzia delle entrate, entro il 31 marzo 2009, anche mediante i soggetti di cui all'articolo 3, comma 3, del decreto del Presidente della Repubblica 22 luglio 1998, n. 322, e successive modificazioni, ai quali non spetta alcun compenso, indicando le modalità prescelte per l'erogazione dell'importo.

12. Il beneficio di cui al comma 1 può essere richiesto, in dipendenza del numero di componenti del nucleo familiare e del reddito complessivo familiare riferiti al periodo d'imposta 2008.

13. Il beneficio richiesto ai sensi del comma 12 è erogato dai sostituti d'imposta di cui agli articoli 23 e 29 del decreto del Presidente della Repubblica n. 600 del 1973 presso i quali i soggetti beneficiari indicati al comma 1, lettere a), b) e c) prestano l'attività lavorativa ovvero sono titolari di trattamento pensionistico o di altri trattamenti, sulla base della richiesta prodotta dai soggetti interessati ai sensi del comma 5, entro il 31 marzo 2009, con le modalità di cui al comma 6.

14. Il sostituto d'imposta e gli enti pensionistici ai quali è stata presentata la richiesta erogano il beneficio spettante, rispettivamente entro il mese di aprile e maggio 2009, in relazione ai dati autocertificati ai sensi del comma 5, in applicazione delle disposizioni del comma 3.

15. Il sostituto d'imposta eroga il beneficio, secondo l'ordine di presentazione delle richieste, nei limiti del monte ritenute e contributi disponibili nel mese di aprile 2009. Le amministrazioni pubbliche di cui all'articolo 1, comma 2, del decreto legislativo 30 marzo 2001, n. 165 e gli enti pensionistici erogano il beneficio, secondo l'ordine di presentazione delle richieste, nel limite del monte delle ritenute disponibile.

16. I soggetti di cui al comma precedente trasmettono all'Agenzia delle entrate, entro il 30 giugno 2009 in via telematica, anche mediante i soggetti di cui all'articolo 3, comma 3, del decreto del Presidente della Repubblica 22 luglio 1998, n. 322, le richieste ricevute ai sensi del comma 12, fornendo comunicazione dell'importo erogato in relazione a ciascuna richiesta di attribuzione, secondo le modalità di cui al comma 10.

17. In tutti i casi in cui il beneficio ai sensi del comma 12 non è erogato dai sostituti d'imposta di cui agli articoli 23 e 29 del citato decreto del Presidente della Repubblica n. 600 del 1973, la richiesta può essere presentata:

a) entro il 30 giugno 2009 da parte dei soggetti esonerati dall'obbligo alla presentazione della dichiarazione, telematicamente all'Agenzia delle entrate, anche mediante i soggetti di cui all'articolo 3, comma 3, del decreto del Presidente della Repubblica 22 luglio 1998, n. 322, e successive modificazioni, ai quali non spetta compenso, indicando le modalità prescelte per l'erogazione dell'importo;

b) con la dichiarazione dei redditi relativa al periodo d'imposta 2008.

18. L'Agenzia delle entrate eroga il beneficio richiesto ai sensi dei commi 11 e 17 lettera a) con le modalità previste dal decreto del direttore generale del Dipartimento delle entrate 29 dicembre 2000, pubblicato nella Gazzetta Uffi ciale n. 42 del 20 febbraio 2001 (3).

19. I soggetti che hanno percepito il beneficio non spettante, in tutto o in parte, sono tenuti ad effettuare la restituzione entro il termine di presentazione della prima dichiarazione dei redditi successivo alla erogazione. I contribuenti esonerati dall'obbligo di presentazione della dichiarazione dei redditi effettuano la restituzione del beneficio non spettante, in tutto o in parte, mediante versamento con il modello F24 entro i medesimi termini.

20. L'Agenzia delle entrate effettua i controlli relativamente:

a) ai benefici erogati eseguendo il recupero di quelli non spettanti e non restituiti spontaneamente;

b) alle compensazioni effettuate dai sostituti ai sensi del comma 9, eseguendo il recupero degli importi indebitamente compensati.

21. I sostituti d'imposta di cui agli articoli 23 e 29 del decreto del Presidente della Repubblica n. 600 del 1973 e gli intermediari di cui all'articolo 3, comma 3, del decreto del Presidente della Repubblica 22 luglio 1998, n. 322, sono tenuti a conservare per tre anni le autocertificazioni ricevute dai richiedenti ai sensi del comma 5, da esibire a richiesta dell'amministrazione finanziaria.

22. Per l'erogazione del beneficio previsto dalle presenti disposizioni, nello stato di previsione del Ministero dell'economia e delle Finanze è istituito un Fondo, per l'anno 2009, con una dotazione pari a due miliardi e quattrocentomilioni di euro cui si provvede con le maggiori entrate derivanti dal presente decreto

23. Gli Enti previdenziali e l'Agenzia delle entrate provvedono al monitoraggio degli effetti derivanti dalle disposizioni di cui al presente articolo, comunicando i risultati al Ministero del lavoro, della salute e delle politiche sociali ed al Ministero dell'economia e delle finanze, anche ai fini dell'adozione dei provvedimenti correttivi di cui all'articolo-11-ter), comma 7, della legge 5 agosto 1978, n. 468, e successive modificazioni.

[1] Comma modificato dall'articolo 1, della legge 28 gennaio 2009, n. 2, in sede di conversione.
[2] Comma modificato dall'articolo 1, della legge 28 gennaio 2009, n. 2, in sede di conversione.
[3] Comma modificato dall'articolo 1, della legge 28 gennaio 2009, n. 2, in sede di conversione.

2. Mutui prima casa: per i mutui in corso le rate variabili 2009 non possono superare il 4 per cento grazie all'accollo da parte dello Stato dell'eventuale eccedenza; per i nuovi mutui, il saggio di base su cui si calcolano gli spread è costituito dal saggio BCE [1]. – 1. L'importo delle rate, a carico del mutuatario, dei mutui a tasso non fisso da corrispondere nel corso del 2009 è calcolato applicando il tasso maggiore tra il 4 per cento senza spread, spese varie o altro tipo di maggiorazione e il tasso contrattuale alla data di sottoscrizione del contratto. Tale criterio di calcolo non si applica nel caso in cui le condizioni contrattuali determinano una rata di importo inferiore [2].

1-bis. Anche al fine di escludere a carico del mutuatario qualunque costo relativo alla surrogazione, gli atti di consenso alla surrogazione, ai sensi dell'articolo 1202 del codice civile, relativi a mutui accesi per l'acquisto, la ristrutturazione o la costruzione dell'abitazione principale, contratti entro la data di entrata in vigore della legge di conversione del presente decreto da soggetti in favore dei quali è prevista la rinegoziazione obbligatoria, sono autenticati dal notaio senza applicazione di alcun onorario e con il solo rimborso delle spese. A tal fine, la quietanza rilasciata dalla prima banca e il contratto di mutuo stipulato dalla seconda banca devono essere forniti al notaio per essere prodotti unitamente all'atto di surrogazione. Per eventuali attività aggiuntive non necessarie all'operazione, espressamente richieste dalle parti, gli onorari di legge restano a carico della parte richiedente. In ogni caso, le banche e gli intermediari finanziari, per l'esecuzione delle formalità connesse alle operazioni di cui all'articolo 8 del decreto-legge 31 gennaio 2007, n. 7, convertito, con modificazioni, dalla legge 2 aprile 2007, n. 40, e successive modificazioni, non applicano costi di alcun genere, anche in forma indiretta, nei riguardi dei clienti [3].

2. Il comma 1 si applica esclusivamente ai mutui garantiti da ipoteca per l'acquisto la costruzione e la ristrutturazione dell'abitazione principale, ad eccezione di quelle di categoria A1, A8 e A9, sottoscritti o accollati anche a seguito di frazionamento da persone fisiche fino al 31 ottobre 2008. Il comma 1 si applica anche ai mutui rinegoziati in applicazione dell'articolo 3 del decreto-legge 27 maggio 2008, n. 93, convertito, con modificazioni, dalla legge 24 luglio 2008, n. 126, con effetto sul conto di finanziamento accessorio, ovvero, a partire dal momento in cui il conto di finanziamento accessorio ha un saldo pari a zero, sulle rate da corrispondere nel corso del 2009 [4].

3. La differenza tra gli importi, a carico del mutuatario, delle rate determinati secondo il comma 1 e quelli derivanti dall'applicazione delle condizioni contrattuali dei mutui è assunta a carico dello Stato. Con provvedimento del Direttore dell'Agenzia delle entrate sono stabilite le modalità per la comunicazione alle banche e agli intermediari finanziari dei contribuenti per i quali, sulla base delle informazioni disponibili presso l'Anagrafe tributaria, possono ricorrere le condizioni per l'applicabilità delle disposizioni di cui al presente comma e le modalità tecniche per garantire ai medesimi operatori l'attribuzione di un credito d'imposta, utilizzabile esclusivamente in compensazione ai sensi dell'articolo 17 del decreto legislativo 9 luglio 1997, n. 241, e successive modificazioni, pari alla parte di rata a carico dello Stato ai sensi del comma 2 e per il monitoraggio dei relativi flussi finanziari, anche ai fini dell'eventuale adozione dei provvedimenti di cui all'articolo 12, comma 9, del presente decreto [5].

4. Gli oneri derivanti dal comma 3, pari a 350 milioni di euro per l'anno 2009, sono coperti con le maggiori entrate derivanti dal presente decreto [6].

5. A partire dal 1° gennaio 2009, le banche e gli intermediari finanziari iscritti negli elenchi di cui agli articoli 106 e 107 del testo unico delle leggi in materia bancaria e creditizia, di cui al decreto legislativo 1° settembre 1993, n. 385, e successive modificazioni, che offrono alla clientela mutui garantiti da ipoteca per l'acquisto dell'abitazione principale devono assicurare ai medesimi clienti la possibilità di stipulare tali contratti a tasso variabile indicizzato al tasso sulle operazioni di rifinanziamento principale della Banca centrale europea. Il tasso complessivo applicato in tali contratti è in linea con quello praticato per le altre forme di indicizzazione offerte. Le banche e gli intermediari finanziari iscritti negli elenchi di cui ai citati articoli 106 e 107 del testo unico di cui al decreto legislativo n. 385 del 1993, e successive modificazioni, sono tenuti a osservare le disposizioni emanate dalla Banca d'Italia per assicurare adeguata pubblicità e trasparenza all'offerta di tali contratti e alle relative condizioni. Le banche e gli intermediari finanziari iscritti negli elenchi di cui ai citati articoli 106 e 107 del testo unico di cui al decreto legislativo n. 385 del 1993, e successive modificazioni, trasmettono alla Banca d'Italia, con le modalità e nei termini da questa indicate, segnalazioni statistiche periodiche sulle condizioni offerte e su numero e ammontare dei mutui stipulati. Per l'inosservanza delle disposizioni di cui al presente comma e delle relative istruzioni applicative emanate dalla Banca d'Italia, si applica la sanzione amministrativa pecuniaria prevista all'articolo 144, comma 3, del citato testo unico di cui al decreto legislativo n. 385 del 1993. Si applicano altresì le disposizioni di cui all'articolo 145 del citato testo unico di cui al decreto legislativo n. 385 del 1993 [7].

5-bis. Le eventuali minori spese a carico dello Stato per l'anno 2009, rispetto all'importo di 350 milioni di euro di cui al comma 4, registrate all'esito del monitoraggio di cui al comma 3, sono destinate, con decreto del Ministro dell'economia e delle finanze, di concerto con il Ministro del lavoro, della salute e delle politiche sociali, all'ulteriore finanziamento degli assegni familiari. Con lo stesso decreto sono ridefiniti i livelli di reddito e gli importi degli assegni per i nuclei familiari in maniera da valorizzare le esigenze delle famiglie più numerose o con componenti portatori di handicap, nonché al fine di una tendenziale assimilazione tra le posizioni dei titolari di reddito di lavoro dipendente o assimilati e i titolari di reddito di lavoro autonomo che si siano adeguati agli studi di settore [8].

5-ter. Al fine di incrementare la dotazione del Fondo nazionale per il sostegno all'accesso alle abitazioni in locazione, di cui all'articolo 11, comma 1, della legge 9 dicembre 1998, n. 431, è autorizzata per l'anno 2009 la spesa di 20 milioni di euro [9].

[*5-quater. A decorrere dal 1° gennaio 2009, per l'inosservanza delle disposizioni di cui all'articolo 8 del decreto-legge 31 gennaio*

2007, n. 7, convertito, con modificazioni, dalla legge 2 aprile 2007, n. 40, come modificato dal comma 450 dell'articolo 2 della legge 24 dicembre 2007, n. 244, si applicano le sanzioni pecuniarie di cui all'articolo 144, comma 4, del testo unico delle leggi in materia bancaria e creditizia, di cui al decreto legislativo 1° settembre 1993, n. 385. Nel caso in cui la surrogazione del mutuo prevista dal citato articolo 8 del decreto-legge n. 7 del 2007 non si perfezioni entro il termine di trenta giorni dalla data della richiesta da parte della banca cessionaria alla banca cedente dell'avvio delle procedure di collaborazione interbancarie ai fini dell'operazione di surrogazione, la banca cedente è comunque tenuta a risarcire il cliente in misura pari all'1% del valore del mutuo per ciascun mese o frazione di mese di ritardo. Resta ferma la possibilità per la banca cedente di rivalersi sulla banca cessionaria nel caso il ritardo sia dovuto a cause imputabili a quest'ultima.] [10]

5-quinquies. Le sanzioni irrogate per le violazioni dell'articolo 120-quater del decreto legislativo 1° settembre 1993, n. 385, e successive modificazioni sono destinate ad incrementare il Fondo di solidarietà per i mutui per l'acquisto della prima casa, di cui all'articolo 2, comma 475, della legge 24 dicembre 2007, n. 244 [11].

5-sexies. Entro sessanta giorni dalla data di entrata in vigore della legge di conversione del presente decreto, il Ministro dell'economia e delle finanze, con proprio decreto, previo parere delle Commissioni parlamentari competenti, emana il regolamento attuativo del Fondo di solidarietà per i mutui per l'acquisto della prima casa, di cui all'articolo 2, comma 475, della legge 24 dicembre 2007, n. 244 [12].

(1) *Rubrica modificata dall'articolo 1, comma 1, della Legge 28 gennaio 2009, n. 2, in sede di conversione.*
(2) *Comma modificato dall'articolo 1, comma 1, della Legge 28 gennaio 2009, n. 2, in sede di conversione.*
(3) *Comma aggiunto dall'articolo 1, comma 1, della Legge 28 gennaio 2009, n. 2, in sede di conversione.*
(4) *Comma modificato dall'articolo 1, comma 1, della Legge 28 gennaio 2009, n. 2, in sede di conversione.*
(5) *Comma sostituito dall'articolo 1, comma 1, della Legge 28 gennaio 2009, n. 2, in sede di conversione.*
(6) *Comma modificato dall'articolo 1, comma 1, della Legge 28 gennaio 2009, n. 2, in sede di conversione.*
(7) *Comma modificato dall'articolo 1, comma 1, della Legge 28 gennaio 2009, n. 2, in sede di conversione.*
(8) *Comma aggiunto dall'articolo 1, comma 1, della Legge 28 gennaio 2009, n. 2, in sede di conversione.*
(9) *Comma aggiunto dall'articolo 1, comma 1, della Legge 28 gennaio 2009, n. 2, in sede di conversione.*
(10) *Comma aggiunto dall'articolo 1, comma 1, della Legge 28 gennaio 2009, n. 2, in sede di conversione, successivamente modificato dall'articolo 2, comma 3, del D.L. 1° luglio 2009, n. 78, convertito con modificazioni in Legge 3 agosto 2009, n. 102 e da ultimo abrogato dall'articolo 6, comma 1-bis del D.Lgs. 13 agosto 2010, n. 141, come modificato dall'articolo 4 del D.Lgs. 14 dicembre 2010, n. 218.*
(11) *Comma aggiunto dall'articolo 1, comma 1, della Legge 28 gennaio 2009, n. 2, in sede di conversione e successivamente modificato dall'articolo 6, comma 1-quater del D.Lgs. 13 agosto 2010, n. 141, come modificato dall'articolo 4 del D.Lgs. 14 dicembre 2010, n. 218.*
(12) *Comma aggiunto dall'articolo 1, comma 1, della Legge 28 gennaio 2009, n. 2, in sede di conversione.*

2 *bis*. Ulteriori disposizioni concernenti contratti bancari [1]. – [*1. Sono nulle le clausole contrattuali aventi ad oggetto la commissione di massimo scoperto se il saldo del cliente risulti a debito per un periodo continuativo inferiore a trenta giorni ovvero a fronte di utilizzi in assenza di fido. Sono altresì nulle le clausole, comunque denominate, che prevedono una remunerazione accordata alla banca per la messa a disposizione di fondi a favore del cliente titolare di conto corrente indipendentemente dall'effettivo prelevamento della somma, ovvero che prevedono una remunerazione accordata alla banca indipendentemente dall'effettiva durata dell'utilizzazione dei fondi da parte del cliente, salvo che il corrispettivo per il servizio di messa a disposizione delle somme sia predeterminato, unitamente al tasso debitore per le somme effettivamente utilizzate, con patto scritto non rinnovabile tacitamente, in misura onnicomprensiva e proporzionale all'importo e alla durata dell'affidamento richiesto dal cliente, e sia specificatamente evidenziato e rendicontato al cliente con cadenza massima annuale con l'indicazione dell'effettivo utilizzo avvenuto nello stesso periodo, fatta salva comunque la facoltà di recesso del cliente in ogni momento. L'ammontare del corrispettivo omnicomprensivo di cui al periodo precedente non può comunque superare lo 0,5 per cento, per trimestre, dell'importo dell'affidamento, a pena di nullità del patto di remunerazione. Il Ministro dell'economia e delle finanze assicura, con propri provvedimenti, la vigilanza sull'osservanza delle prescrizioni del presente articolo.*] [2]

2. Gli interessi, le commissioni e le provvigioni derivanti dalle clausole, comunque denominate, che prevedono una remunerazione, a favore della banca, dipendente dall'effettiva durata dell'utilizzazione dei fondi da parte del cliente, dalla data di entrata in vigore della legge di conversione del presente decreto, sono comunque rilevanti ai fini dell'applicazione dell'articolo 1815 del codice civile, dell'articolo 644 del codice penale e degli articoli 2 e 3 della legge 7 marzo 1996, n. 108. Il Ministro dell'economia e delle finanze, sentita la Banca d'Italia, emana disposizioni transitorie in relazione all'applicazione dell'articolo 2 della legge 7 marzo 1996, n. 108, per stabilire che il limite previsto dal terzo comma dell'articolo 644 del codice penale, oltre il quale gli interessi sono usurari, resta regolato dalla disciplina vigente alla data di entrata in vigore della legge di conversione del presente decreto fi no a che la rilevazione del tasso effettivo globale medio non verrà effettuata tenendo conto delle nuove disposizioni.

[*3. I contratti in corso alla data di entrata in vigore della legge di conversione del presente decreto sono adeguati alle disposizioni del presente articolo entro centocinquanta giorni dalla medesima data. Tale obbligo di adeguamento costituisce giustificato motivo agli effetti dell'articolo 118, comma 1, del testo unico delle leggi in materia bancaria e creditizia, di cui al decreto legislativo 1° settembre 1993, n. 385, e successive modificazioni.*] [3]

(1) *Articolo inserito dall'articolo 1, della legge 28 gennaio 2009, n. 2, in sede di conversione.*
(2) *Comma sostituito dall'articolo 2, comma 2, del D.L. 1° luglio 2009, n. 78, convertito con modificazioni in Legge 3 agosto 2009, n. 102 e successivamente abrogato dall'articolo 27, comma 4, del D.L. 24 gennaio 2012, n. 1, convertito con modificazioni in Legge 24 marzo 2012, n. 27.*
(3) *Comma abrogato dall'articolo 27, comma 4, del D.L. 24 gennaio 2012, n. 1, convertito con modificazioni in Legge 24 marzo 2012, n. 27.*

2 *ter*. Utilizzo del risparmio degli enti locali [1]. – [*1. I comuni che hanno rispettato il patto di stabilità interno degli enti locali nel triennio precedente possono non conteggiare nei saldi utili ai fi ni del medesimo patto di stabilità interno per il 2009 le somme destinate ad investimenti infrastrutturali o al pagamento di spese in conto capitale per impegni già assunti, se finanziate da risparmi derivanti:*

a) dal minore onere per interessi conseguente alla riduzione dei tassi di interesse sui mutui o alla rinegoziazione dei mutui stessi, se non già conteggiato nei bilanci di previsione;

b) dal minore onere per interessi registrato a seguito dell'utilizzo dell'avanzo di amministrazione disponibile per la rinegoziazione di mutui e prestiti.

2. All'attuazione delle disposizioni di cui al comma 1 si provvede con decreto del Ministro dell'economia e delle fi nanze da adottare, di concerto con il Ministro dell'interno, entro trenta giorni dalla data di entrata in vigore della legge di conversione del presente decreto, in modo da garantire che gli effetti sui saldi dell'indebitamento netto e del fabbisogno non eccedano l'importo di cinque milioni di euro per l'anno 2009.]

(1) Articolo inserito dall'articolo 1, della legge 28 gennaio 2009, n. 2, in sede di conversione e successivamente abrogato dall'articolo 7-quater, comma 9, lettera c), del D.L. 10 febbraio 2009, n. 5, convertito con modificazioni in Legge 9 aprile 2009, n. 33.

3. Blocco e riduzione delle tariffe. – 1. Al fine di contenere gli oneri finanziari a carico dei cittadini e delle imprese, a decorrere dalla data di entrata in vigore del presente decreto sino al 31 dicembre 2011, è sospesa l'efficacia delle norme statali che, obbligano o autorizzano organi dello Stato ad emanare atti aventi ad oggetto l'adeguamento di diritti, contributi o tariffe a carico di persone fisiche o persone giuridiche in relazione al tasso di inflazione ovvero ad altri meccanismi automatici, con esclusione della regolazione tariffaria dei servizi aeroportuali offerti in regime di esclusiva, nonché dei servizi di trasporto ferroviario sottoposti a regime di obbligo di servizio pubblico, nonché delle tariffe postali agevolate, fatta eccezione per i provvedimenti volti al recupero dei soli maggiori oneri effettivamente sostenuti e per le tariffe relative al servizio idrico e ai settori dell'energia elettrica e del gas, e fatti salvi eventuali adeguamenti in diminuzione. Per il settore autostradale e per i settori dell'energia elettrica e del gas si applicano le disposizioni di cui ai commi 2 e seguenti. Per quanto riguarda i diritti, i contributi e le tariffe di pertinenza degli enti territoriali l'applicazione della disposizione di cui al presente comma è rimessa all'autonoma decisione dei competenti organi di governo (1).

2. Ferma restando la piena efficacia e validità delle previsioni tariffarie contenute negli atti convenzionali vigenti, limitatamente all'anno 2009 gli incrementi tariffari autostradali sono sospesi fino al 30 aprile 2009 e sono applicati a decorrere dal 1° maggio 2009.

3. Entro il 30 aprile 2009, con decreto del Presidente del Consiglio dei Ministri, su proposta del Ministro delle infrastrutture e dei trasporti, di concerto con il Ministro dell'economia e delle finanze, da formularsi entro il 28 febbraio 2009, sentite le Commissioni parlamentari competenti, sono approvate misure finalizzate a creare le condizioni per accelerare la realizzazione dei piani di investimento, fermo restando quanto stabilito dalle vigenti convenzioni autostradali (2).

4. Fino alla data del 30 aprile 2009 è altresì sospesa la riscossione dell'incremento del sovrapprezzo sulle tariffe di pedaggio autostradali decorrente dal 1° gennaio 2009, così come stabilito dall'articolo 1, comma 1021, della legge 27 dicembre 2006, n. 296.

5. All'articolo 8-duodecies, comma 2, del decreto- legge 8 aprile 2008, n. 59, convertito, con modificazioni, dalla legge 6 giugno 2008, n. 101, dopo le parole «alla data di entrata in vigore del presente decreto» è aggiunto il seguente periodo: «Le società concessionarie, ove ne facciano richiesta, possono concordare con il concedente una formula semplificata del sistema di adeguamento annuale delle tariffe di pedaggio basata su di una percentuale fissa, per l'intera durata della convenzione, dell'inflazione reale, anche tenendo conto degli investimenti effettuati, oltre che sulle componenti per la specifica copertura degli investimenti di cui all'articolo 21, del decreto-legge 24 dicembre 2003, n. 355, convertito, con modificazioni, dalla legge 27 febbraio 2004, n. 47, nonché dei nuovi investimenti come individuati dalla direttiva approvata con deliberazione CIPE 15 giugno 2007, n. 39, pubblicata nella Gazzetta Ufficiale n. 197 del 25 agosto 2007, ovvero di quelli eventualmente compensati attraverso il parametro X della direttiva medesima.».

6. All'articolo 2 del decreto-legge 3 ottobre 2006, n. 262, convertito con modificazioni, dalla legge 24 novembre 2006, n. 286, e successive modificazioni, sono apportate le seguenti modificazioni: (3)

a) al comma 84, il penultimo e l'ultimo periodo sono soppressi;

b) i commi 87 e 88 sono abrogati;

6-bis. All'articolo 21 del decreto-legge 24 dicembre 2003, n. 355, convertito, con modificazioni, dalla legge 27 febbraio 2004, n. 47, sono apportate le seguenti modificazioni (4):

a) il comma 5 è sostituito dal seguente: «Il concessionario provvede a comunicare al concedente, entro il 31 ottobre di ogni anno, le variazioni tariffarie che intende applicare nonché la componente investimenti del parametro X relativo a ciascuno dei nuovi interventi aggiuntivi. Il concedente, nei successivi trenta giorni, previa verifica della correttezza delle variazioni tariffarie, trasmette la comunicazione, nonché una sua proposta, ai Ministri delle infrastrutture e dei trasporti e dell'economia e delle finanze, i quali, di concerto, approvano o rigettano le variazioni proposte con provvedimento motivato nei quindici giorni successivi al ricevimento della comunicazione. Il provvedimento motivato può riguardare esclusivamente le verifiche relative alla correttezza dei valori inseriti nella formula revisionale e dei relativi conteggi, nonché alla sussistenza di gravi inadempienze delle disposizioni previste dalla convenzione e che siano state formalmente contestate dal concessionario entro il 30 giugno precedente.»;

b) i commi 1, 2 e 6 sono abrogati.

7. All'articolo 11, comma 5, della legge 23 dicembre 1992, n. 498, come modificato dall'articolo 2, comma 85, del decreto-legge 3 ottobre 2006, n. 262, convertito, con modificazioni, dalla legge 24 novembre 2006, n. 286 e successive modificazioni, la lettera b) è sostituita dalla seguente: «b) mantenere adeguati requisiti di solidità patrimoniale, come individuati nelle convenzioni;».

8. L'Autorità per l'energia elettrica ed il gas effettua un particolare monitoraggio sull'andamento dei prezzi, nel mercato interno, relativi alla fornitura dell'energia elettrica e del gas naturale, avendo riguardo alla diminuzione del prezzo dei prodotti petroliferi; entro il 28 febbraio 2009 adotta le misure e formula ai Ministri competenti le proposte necessarie per assicurare, in particolare, che le famiglie fruiscano dei vantaggi derivanti dalla predetta diminuzione.

9. La tariffa agevolata per la fornitura di energia elettrica, di cui al decreto del Ministro dello sviluppo economico 28 dicembre 2007, pubblicato nella Gazzetta Ufficiale n. 41 del 18 febbraio 2008, è riconosciuta anche ai clienti domestici presso i quali sono presenti persone che versano in gravi condizioni di salute, tali da richiedere l'utilizzo di apparecchiature medico-terapeutiche, alimentate ad energia elettrica, necessarie per il loro mantenimento in vita. A decorrere dal 1° gennaio 2009 le famiglie economicamente svantaggiate

aventi diritto all'applicazione delle tariffe agevolate per la fornitura di energia elettrica hanno diritto anche alla compensazione della spesa per la fornitura di gas naturale. [*Hanno accesso alla compensazione anche le famiglie con almeno 4 figli a carico con isee non superiore a 20.000 euro.*] La compensazione della spesa tiene conto della necessità di tutelare i clienti che utilizzano impianti condominiali ed è riconosciuta in forma differenziata per zone climatiche, nonché in forma parametrata al numero dei componenti della famiglia, in modo tale da determinare una riduzione della spesa al netto delle imposte dell'utente tipo indicativamente del 15 per cento. Per la fruizione del predetto beneficio i soggetti interessati presentano al comune di residenza un'apposita istanza secondo le modalità stabilite per l'applicazione delle tariffe agevolate per la fornitura di energia elettrica. Alla copertura degli oneri derivanti, nelle regioni a statuto ordinario, dalla compensazione sono destinate le risorse stanziate ai sensi dell'articolo 2, comma 3, del decreto legislativo 2 febbraio 2007, n. 26 e dell'articolo 14, comma 1, della legge 28 dicembre 2001, n. 448, fatta eccezione per 47 milioni di euro per l'anno 2009, che continuano ad essere destinati alle finalità di cui al citato articolo 2, comma 3, del decreto legislativo n. 26 del 2007. Nella eventualità che gli oneri eccedano le risorse di cui al precedente periodo, l'Autorità per l'energia elettrica ed il gas istituisce un'apposita componente tariffaria a carico dei titolari di utenze non domestiche volta ad alimentare un conto gestito dalla Cassa conguaglio settore elettrico e stabilisce le altre misure tecniche necessarie per l'attribuzione del beneficio (5).

9-bis. L'accesso alla tariffa agevolata per la fornitura di energia elettrica e il diritto alla compensazione per la fornitura di gas naturale, di cui al comma 9, sono riconosciuti anche ai nuclei familiari con almeno quattro figli a carico con indicatore della situazione economica equivalente non superiore a 20.000 euro (6).

10. In considerazione dell'eccezionale crisi economica internazionale e dei suoi effetti anche sul mercato dei prezzi delle materie prime, al fine di garantire minori oneri per le famiglie e le imprese e di ridurre il prezzo dell'energia elettrica, entro novanta giorni dalla data di entrata in vigore della legge di conversione del presente decreto, il Ministro dello sviluppo economico, sentita l'Autorità per l'energia elettrica e il gas, conforma la disciplina relativa al mercato elettrico e i connessi tempi di attuazione, ivi compreso il termine finale di cui alla lettera a), ai seguenti principi:

a) il prezzo dell'energia è determinato, al termine del processo di adeguamento disciplinato dalle lettere da b) a e), in base ai diversi prezzi di vendita offerti sul mercato, in modo vincolante, da ciascuna azienda e accettati dal Gestore del mercato elettrico, con precedenza per le forniture offerte ai prezzi più bassi fino al completo soddisfacimento della domanda;

b) è istituito, in sede di prima applicazione del presente articolo, un mercato infragiornaliero dell'energia, in sostituzione dell'attuale mercato di aggiustamento, che si svolge tra la chiusura del mercato del giorno precedente e l'apertura del mercato dei servizi di dispacciamento di cui alla lettera d) con la partecipazione di tutti gli utenti abilitati. Nel mercato infragiornaliero il prezzo dell'energia sarà determinato in base a un meccanismo di negoziazione continua, nel quale gli utenti abilitati potranno presentare offerte di vendita e di acquisto vincolanti con riferimento a prezzi e quantità;

c) fatti salvi i casi in cui l'obbligo di comunicazione derivi da leggi, regolamenti o altri provvedimenti delle autorità, il Gestore del mercato elettrico mantiene il riserbo sulle informazioni relative alle offerte di vendita e di acquisto per un periodo massimo di sette giorni. Le informazioni sugli impianti abilitati e sulle reti, sulle loro manutenzioni e indisponibilità sono pubblicate con cadenza mensile;

d) è attuata la riforma del mercato dei servizi di dispacciamento, la cui gestione è affidata al concessionario del servizio di trasmissione e dispacciamento, per consentire di selezionare il fabbisogno delle risorse necessarie a garantire la sicurezza del sistema elettrico in base alle diverse prestazioni che ciascuna risorsa rende al sistema, attraverso una valorizzazione trasparente ed economicamente efficiente. I servizi di dispacciamento sono assicurati attraverso l'acquisto delle risorse necessarie dagli operatori abilitati. Nel mercato dei servizi di dispacciamento il prezzo dell'energia sarà determinato in base ai diversi prezzi offerti in modo vincolante da ciascun utente abilitato e accettati dal concessionario dei servizi di dispacciamento, con precedenza per le offerte ai prezzi più bassi fino al completo soddisfacimento del fabbisogno;

e) è attuata l'integrazione, sul piano funzionale, del mercato infragiornaliero di cui alla lettera b) con il mercato dei servizi di dispacciamento di cui alla lettera d), favorendo una maggiore flessibilità operativa ed efficienza economica attraverso un meccanismo di negoziazione continua delle risorse necessarie (7).

10-bis. Il Ministro dello sviluppo economico, sentita l'Autorità per l'energia elettrica e il gas, in considerazione di proposte di intervento da essa segnalate al Governo, adotta misure, di carattere temporaneo e con meccanismi di mercato, per promuovere la concorrenza nelle zone dove si verificano anomalie dei mercati (8).

10-ter. A decorrere dall'anno 2009, l'Autorità per l'energia elettrica e il gas invia al Ministro dello sviluppo economico, entro il 30 settembre di ogni anno, una segnalazione sul funzionamento dei mercati dell'energia, che è resa pubblica. La segnalazione può contenere, altresì, proposte finalizzate all'adozione di misure per migliorare l'organizzazione dei mercati, attraverso interventi sui meccanismi di formazione del prezzo, per promuovere la concorrenza e rimuovere eventuali anomalie del mercato. Il Ministro dello sviluppo economico, entro il mese di gennaio dell'anno successivo, può adottare uno o più decreti sulla base delle predette proposte dell'Autorità per l'energia elettrica e il gas. A tale riguardo, potranno essere in particolare adottate misure con riferimento ai seguenti aspetti:

a) promozione dell'integrazione dei mercati regionali europei dell'energia elettrica, anche attraverso l' implementazione di piattaforme comuni per la negoziazione dell'energia elettrica e l'allocazione della capacità di trasporto transfrontaliera con i Paesi limitrofi;

b) sviluppo dei mercati a termine fisici e finanziari dell'energia con lo sviluppo di nuovi prodotti, anche di lungo termine, al fine di garantire un'ampia partecipazione degli operatori, un'adeguata liquidità e un corretto grado di integrazione con i mercati sottostanti (9).

11. Agli stessi fini ed entro lo stesso termine di cui al comma 10, l'Autorità per l'energia elettrica e il gas, sentito il Ministero dello sviluppo economico, adegua le proprie deliberazioni, anche in materia di dispacciamento di energia

elettrica, ai seguenti princìpi e criteri direttivi:

a) i soggetti che dispongono singolarmente di impianti o di raggruppamenti di impianti essenziali per il fabbisogno dei servizi di dispacciamento, come individuati sulla base dei criteri fissati dall'Autorità per l'energia elettrica e il gas in conformità ai princìpi di cui alla presente lettera, sono tenuti a presentare offerte nei mercati alle condizioni fissate dalla medesima Autorità per l'energia elettrica e il gas, che implementa meccanismi puntuali volti ad assicurare la minimizzazione degli oneri per il sistema e un'equa remunerazione dei produttori: in particolare, sono essenziali per il fabbisogno dei servizi di dispacciamento, limitatamente ai periodi di tempo in cui si verificano le condizioni di seguito descritte, gli impianti che risultano tecnicamente e strutturalmente indispensabili alla risoluzione di congestioni di rete o al mantenimento di adeguati livelli di sicurezza del sistema elettrico nazionale per significativi periodi di tempo;

b) sono adottate misure per il miglioramento dell'efficienza del mercato dei servizi per il dispacciamento, l'incentivazione della riduzione del costo di approvvigionamento dei predetti servizi, la contrattualizzazione a termine delle risorse e la stabilizzazione del relativo corrispettivo per i clienti finali [(10)].

12. Entro ventiquattro mesi dalla data di entrata in vigore della legge di conversione del presente decreto, il Ministro dello sviluppo economico, su proposta dell'Autorità per l'energia elettrica e il gas sentito il concessionario dei servizi di trasmissione e dispacciamento, può suddividere la rete rilevante in non più di tre macro-zone [(11)].

13. Decorsi i termini di cui ai commi 10, 11 e 12, la relativa disciplina è adottata, in via transitoria, con decreto del Presidente del Consiglio dei ministri [(12)].

13-bis. Per agevolare il credito automobilistico, l'imposta provinciale di trascrizione per l'iscrizione nel pubblico registro automobilistico di ipoteche per residuo prezzo o convenzionali sui veicoli è stabilita in 50 euro. La cancellazione di tali ipoteche è esente dall'imposta provinciale di trascrizione [(13)].

[(1)] Comma modificato dall'articolo 1, comma 1, della Legge 28 gennaio 2009, n. 2, in sede di conversione, successivamente dall'articolo 5, comma 7, del D.L. 30 dicembre 2009, n. 194, convertito con modificazioni in Legge 26 febbraio 2010, n. 25 e da ultimo dall'articolo 1, comma 1, del D.L. 29 dicembre 2010, n. 225, convertito con modificazioni in Legge 26 febbraio 2011, n. 10, che ha prorogato il termine di scadenza del 31 dicembre 2010, di cui al presente comma, al 31 marzo 2011. Successivamente, a norma dell'articolo 1, comma 1, del D.P.C.M. 25 marzo 2011, il termine di scadenza del 31 marzo 2011, è stato prorogato al 31 dicembre 2011.

[(2)] Comma modificato dall'articolo 1, comma 1, della Legge 28 gennaio 2009, n. 2, in sede di conversione.

[(3)] Alinea modificato dall'articolo 1, comma 1, della Legge 28 gennaio 2009, n. 2, in sede di conversione.

[(4)] Alinea sostituito dall'articolo 1, comma 1, della Legge 28 gennaio 2009, n. 2, in sede di conversione.

[(5)] Comma modificato dall'articolo 1, comma 1, della Legge 28 gennaio 2009, n. 2, in sede di conversione. A norma dell'articolo 57-bis, comma 5, del D.L. 26 ottobre 2019, n. 124, convertito con modificazioni dalla Legge 19 dicembre 2019, n. 157, a decorrere dal 1° gennaio 2021, i bonus sociali per la fornitura dell'energia elettrica e del gas naturale, di cui al presente comma, sono riconosciuti automaticamente a tutti i soggetti il cui indicatore della situazione economica equivalente in corso di validità sia compreso entro i limiti stabiliti dalla legislazione vigente.

[(6)] Comma aggiunto dall'articolo 1, comma 1, della Legge 28 gennaio 2009, n. 2, in sede di conversione. A norma dell'articolo 57-bis, comma 5, del D.L. 26 ottobre 2019, n. 124, convertito con modificazioni dalla Legge 19 dicembre 2019, n. 157, a decorrere dal 1° gennaio 2021, i bonus sociali per la fornitura dell'energia elettrica e del gas naturale, di cui al presente comma, sono riconosciuti automaticamente a tutti i soggetti il cui indicatore della situazione economica equivalente in corso di validità sia compreso entro i limiti stabiliti dalla legislazione vigente.

[(7)] Comma sostituito dall'articolo 1, comma 1, della Legge 28 gennaio 2009, n. 2, in sede di conversione.

[(8)] Comma aggiunto dall'articolo 1, comma 1, della Legge 28 gennaio 2009, n. 2, in sede di conversione.

[(9)] Comma aggiunto dall'articolo 1, comma 1, della Legge 28 gennaio 2009, n. 2, in sede di conversione.

[(10)] Comma sostituito dall'articolo 1, comma 1, della Legge 28 gennaio 2009, n. 2, in sede di conversione.

[(11)] Comma sostituito dall'articolo 1, comma 1, della Legge 28 gennaio 2009, n. 2, in sede di conversione.

[(12)] Comma sostituito dall'articolo 1, comma 1, della Legge 28 gennaio 2009, n. 2, in sede di conversione.

[(13)] Comma aggiunto dall'articolo 1, comma 1, della Legge 28 gennaio 2009, n. 2, in sede di conversione.

TITOLO II
Sostegno all'economia

5. Detassazione contratti di produttività. – 1. Per il periodo dal 1° gennaio 2009 al 31 dicembre 2011 sono prorogate le misure sperimentali per l'incremento della produttività del lavoro, previste dall'articolo 2, comma 1, lettera c), del decreto-legge 27 maggio 2008, n. 93, convertito, con modificazioni, dalla legge 24 luglio 2008, n. 126. Tali misure trovano applicazione, entro il limite di importo complessivo di 6.000 euro lordi, con esclusivo riferimento al settore privato e per i titolari di reddito di lavoro dipendente non superiore, nell'anno 2008, a 35.000 euro, al lordo delle somme assoggettate nel 2008 all'imposta sostitutiva di cui all'articolo 2 del citato decreto-legge. Se il sostituto d'imposta tenuto ad applicare l'imposta sostitutiva in tale periodo non è lo stesso che ha rilasciato la certificazione unica dei redditi per il 2008, il beneficiario attesta per iscritto l'importo del reddito di lavoro dipendente conseguito nel medesimo anno 2008 [(1)].

[(1)] Comma modificato dall'articolo 2, comma 156, lettera b), della Legge 23 dicembre 2009, n. 191 e successivamente dall'articolo 1, comma 47, della Legge 13 dicembre 2010, n. 220.

6. Deduzione dall'IRES e dall'IRPEF della quota di IRAP relativa al costo del lavoro e degli interessi [(1)]. – 1. A decorrere dal periodo d'imposta in corso al 31 dicembre 2008, è ammesso in deduzione ai sensi dell'articolo 99, comma 1, del testo unico delle imposte sui redditi, approvato con il D.P.R. 22 dicembre 1986, n. 917 e successive modificazioni, un importo pari al 10 per cento dell'imposta regionale sulle attività produttive determinata ai sensi degli articoli 5, 5-bis,6, 7 e 8 del decreto legislativo 15 dicembre 1997, n. 466, forfetariamente riferita all'imposta dovuta sulla quota imponibile degli interessi passivi e oneri assimilati al netto degli interessi attivi e proventi assimilati [*ovvero delle spese per il personale dipendente e assimilato al netto delle deduzioni spettanti ai sensi dell'articolo 11, commi 1, lettera a), 1-bis, 4-bis, 4-bis.1 del medesimo decreto legislativo n. 446 del 1997*] [(2)].

2. In relazione ai periodi d'imposta anteriori a quello in corso al 31 dicembre 2008, per i quali è stata comunque presentata, entro il termine di cui all'articolo 38 del decreto del Presidente della Repubblica 29 settembre 1973, n. 602, istanza per il rimborso della quota delle imposte sui redditi corrispondente alla quota dell'IRAP riferita agli interessi passivi ed oneri assimilati ovvero alle spese per il personale dipendente e assimilato, i contribuenti hanno diritto, con le modalità e nei limiti stabiliti al comma 4, al rimborso per

IMPOSTE DIRETTE

una somma fino ad un massimo del 10 per cento dell'IRAP dell'anno di competenza, riferita forfetariamente ai suddetti interessi e spese per il personale, come determinata ai sensi del comma 1.

3. I contribuenti che alla data di entrata in vigore del presente decreto non hanno presentato domanda hanno diritto al rimborso previa presentazione di istanza all'Agenzia delle entrate, esclusivamente in via telematica, qualora sia ancora pendente il termine di cui all'articolo 38 del decreto del Presidente della Repubblica 29 settembre 1973, n. 602.

4. Il rimborso di cui al comma 2 è eseguito secondo l'ordine cronologico di presentazione delle istanze di cui ai commi 2 e 3, nel rispetto dei limiti di spesa pari a 100 milioni di euro per l'anno 2009, 500 milioni di euro per il 2010 e a 400 milioni di euro per l'anno 2011. Ai fini dell'eventuale completamento dei rimborsi, si provvederà all'integrazione delle risorse con successivi provvedimenti legislativi. Con provvedimento del Direttore dell'Agenzia delle entrate sono stabilite le modalità di presentazione delle istanze ed ogni altra disposizione di attuazione del presente articolo.

4-bis. Le disposizioni recate dall'articolo 3 del decreto-legge 23 ottobre 2008, n. 162, convertito, con modificazioni, dalla legge 22 dicembre 2008, n. 201, si applicano altresì per tutti i soggetti residenti o aventi domicilio nei territori maggiormente colpiti dagli eventi sismici del 31 ottobre 2002 e individuati con decreti del Ministro dell'economia e delle finanze 14 e 15 novembre 2002 e 9 gennaio 2003, pubblicati, rispettivamente, nella Gazzetta Ufficiale n. 270 del 18 novembre 2002, n. 272 del 20 novembre 2002 e n. 16 del 21 gennaio 2003. A tal fine è autorizzata la spesa di 59,4 milioni di euro per l'anno 2009, di 32 milioni di euro per l'anno 2010, di 7 milioni di euro per l'anno 2011 e di 4 milioni di euro per ciascuno degli anni dal 2012 al 2019. Le risorse di cui al periodo precedente sono iscritte in un apposito fondo istituito presso il Ministero dell'economia e delle finanze [(3)].

4-ter. All'onere derivante dal comma 4-bis, pari a 59,4 milioni di euro per l'anno 2009, a 32 milioni di euro per l'anno 2010, a 7 milioni di euro per l'anno 2011 e a 8 milioni di euro per ciascuno degli anni dal 2012 al 2015, si provvede per l'importo complessivamente corrispondente all'entità del Fondo di cui al comma 4-bis mediante riduzione dell'autorizzazione di spesa di cui all'articolo 61 della legge 27 dicembre 2002, n. 289, relativa al Fondo per le aree sottoutilizzate, per un importo, al fine di compensare gli effetti in termini di indebitamento netto, pari a 178,2 milioni di euro per l'anno 2009, 64 milioni di euro per l'anno 2010, 7 milioni di euro per l'anno 2011 e 8 milioni di euro per ciascuno degli anni dal 2012 al 2015 [(4)].

4-quater. All'articolo 1, comma 1324, della legge 27 dicembre 2006, n. 296, sono apportate le seguenti modificazioni:

a) le parole: "e 2009" sono sostituite dalle seguenti: ", 2009 e 2010";

b) è aggiunto, in fine, il seguente periodo: "La detrazione relativa all'anno 2010 non rileva ai fini della determinazione dell'acconto IRPEF per l'anno 2011" [(5)].

4-quinquies. Il fondo di cui all'articolo 5, comma 4, del decreto-legge 27 maggio 2008, n. 93, convertito, con modificazioni, dalla legge 24 luglio 2008, n. 126, è ridotto di 1,3 milioni di euro per l'anno 2010 e di 4,7 milioni di euro per l'anno 2011 [(6)].

(1) Rubrica modificata dall'articolo 1, comma 1, della Legge 28 gennaio 2009, n. 2, in sede di conversione.

(2) Comma modificato dall'articolo 1, comma 1, della Legge 28 gennaio 2009, n. 2, in sede di conversione e successivamente dall'articolo 2, comma 1-bis, del D.L. 6 dicembre 2011, n. 201, convertito con modificazioni in Legge 22 dicembre 2011, n. 214, a decorrere dal periodo d'imposta in corso al 31 dicembre 2012.

(3) Comma aggiunto dall'articolo 1, comma 1, della Legge 28 gennaio 2009, n. 2, in sede di conversione. A norma dell'articolo 25, comma 5-bis, del D.L. 1° luglio 2009, n. 78, convertito con modificazioni in Legge 3 agosto 2009, n. 102, i soggetti, di cui al presente comma, possono eseguire i versamenti e gli adempimenti previsti per le scadenze relative ai mesi di giugno, luglio, agosto e settembre senza alcuna maggiorazione né sanzione e senza alcun interesse. Vedi, inoltre, quanto disposto dalla Decisione della Commissione 14 agosto 2015, n. 195.

(4) Comma aggiunto dall'articolo 1, comma 1, della Legge 28 gennaio 2009, n. 2, in sede di conversione e successivamente modificato dall'articolo 41, comma 6-bis, del D.L. 30 dicembre 2008, n. 207, convertito con modificazioni in Legge 27 febbraio 2009, n. 14.

(5) Comma aggiunto dall'articolo 1, comma 1, della Legge 28 gennaio 2009, n. 2, in sede di conversione.

(6) Comma aggiunto dall'articolo 1, comma 1, della Legge 28 gennaio 2009, n. 2, in sede di conversione.

6 *bis*. Disposizioni in materia di disavanzi sanitari [(1)]. – 1. L'articolo 1, comma 2, del decreto-legge 7 ottobre 2008, n. 154, convertito, con modificazioni, dalla legge 4 dicembre 2008, n. 189, trova applicazione, su richiesta delle regioni interessate, alle condizioni ivi previste, anche nei confronti delle regioni che hanno sottoscritto accordi in applicazione dell'articolo 1, comma 180, della legge 30 dicembre 2004, n. 311, e successive modifi cazioni, e nelle quali non è stato nominato il commissario ad acta per l'attuazione del piano di rientro. L'autorizzazione di cui al presente comma può essere deliberata a condizione che la regione interessata abbia provveduto alla copertura del disavanzo sanitario residuo con risorse di bilancio idonee e congrue entro il 31 dicembre dell'esercizio interessato.

2. Le somme erogate alla regione ai sensi del comma 1 si intendono erogate a titolo di anticipazione e sono oggetto di recupero, a valere su somme spettanti a qualsiasi titolo, qualora la regione interessata non attui il piano di rientro nella dimensione finanziaria stabilita nello stesso. Con deliberazione del Consiglio dei ministri sono stabiliti l'entità, i termini e le modalità del predetto recupero, in relazione ai mancati obiettivi regionali.

3. Ai fi ni del rispetto degli obiettivi di finanza pubblica e di programmazione sanitaria connessi anche all'attuazione dei piani di rientro dai disavanzi sanitari, con riferimento all'anno 2008, nelle regioni per le quali si è verificato il mancato raggiungimento degli obiettivi programmati di risanamento e riequilibrio economico finanziario contenuti nello specifico piano di rientro dai disavanzi sanitari, di cui all'accordo sottoscritto, ai sensi dell'articolo 1, comma 180, della legge 30 dicembre 2004, n. 311, e successive modificazioni, non si applicano le misure previste dall'articolo 1, comma 796, lettera b), sesto periodo, della legge 27 dicembre 2006, n. 296, limitatamente all'importo corrispondente a quello per il quale la regione ha adottato, entro il 31 dicembre 2008, misure di copertura di bilancio idonee e congrue a conseguire l'equilibrio economico nel settore sanitario per il medesimo anno, fermo restando quanto previsto dall'articolo 4 del decreto-legge 1° ottobre 2007, n. 159, convertito, con modificazioni, dalla legge 29 novembre 2007, n. 222, e successive modificazioni.

(1) *Articolo inserito dall'articolo 1, della legge 28 gennaio 2009, n. 2, in sede di conversione.*

7. Pagamento dell'IVA al momento dell'effettiva riscossione del corrispettivo. – [1. *[Per gli anni solari 2009, 2010 e 2011, in via sperimentale,]* Le disposizioni dell'articolo 6, quinto comma, secondo periodo, del decreto del Presidente della Repubblica 26 ottobre 1972, n. 633, si applicano anche alle cessioni di beni ed alle prestazioni di servizi effettuate nei confronti di cessionari o committenti che agiscono nell'esercizio di impresa, arte o professione. L'imposta diviene, comunque, esigibile dopo il decorso di un anno dal momento di effettuazione dell'operazione; il limite temporale non si applica nel caso in cui il cessionario o il committente, prima del decorso del termine annuale, sia stato assoggettato a procedure concorsuali o esecutive. Le disposizioni del presente comma non si applicano alle operazioni effettuate dai soggetti che si avvalgono di regimi speciali di applicazione dell'imposta, nè a quelle fatte nei confronti di cessionari o committenti che assolvono l'imposta mediante l'applicazione dell'inversione contabile. Per le operazioni di cui al presente comma la fattura reca l'annotazione che si tratta di operazione con imposta ad esigibilità differita, con l'indicazione della relativa norma; in mancanza di tale annotazione, si applicano le disposizioni dell'articolo 6, quinto comma, primo periodo, del decreto del Presidente della Repubblica 26 ottobre 1972, n. 633 (1).

2. L'efficacia delle disposizioni di cui al comma 1 e subordinata alla preventiva autorizzazione comunitaria prevista dalla direttiva 2006/112/Ce del Consiglio, del 28 novembre 2006. Con decreto del Ministro dell'economia e delle finanze è stabilito, sulla base della predetta autorizzazione e delle risorse derivanti dal presente decreto, il volume d'affari dei contribuenti nei cui confronti è applicabile la disposizione del comma 1 nonché ogni altra disposizione di attuazione del presente articolo.] (2)

(1) *Comma modificato dall'articolo 1, della legge 28 gennaio 2009, n. 2, in sede di conversione.*
(2) *Articolo abrogato dall'articolo 32-bis, comma 5, del D.L. 22 giugno 2012, n. 83, convertito con modificazioni in Legge 7 agosto 2012, n..83.*

8. Revisione congiunturale speciale degli studi di settore. – 1. Al fine di tenere conto degli effetti della crisi economica e dei mercati, con particolare riguardo a determinati settori o aree territoriali, in deroga all'articolo 1, comma 1, del Decreto del Presidente della Repubblica del 31 maggio 1999, n. 195, gli studi di settore possono essere integrati con decreto del Ministro dell'economia e delle finanze, previo parere della Commissione di cui all'articolo 10, comma 7, della legge 8 maggio 1998, n. 146. L'integrazione tiene anche conto dei dati della contabilità nazionale, degli elementi acquisibili presso istituti ed enti specializzati nella analisi economica, nonché delle segnalazioni degli Osservatori regionali per gli studi di settore istituiti con il provvedimento del Direttore dell'Agenzia delle Entrate del 8 ottobre 2007, pubblicato nella Gazzetta Ufficiale n. 247 del 23 ottobre 2007 (1).

(1) *Comma modificato dall'articolo 1, della legge 28 gennaio 2009, n. 2, in sede di conversione.*

9. Rimborsi fiscali ultradecennali e velocizzazione, anche attraverso garanzie della Sace s.p.a., dei pagamenti da parte della p.a. – 1. All'articolo 15-bis, comma 12, del decreto - legge 2 luglio 2007, n. 81, convertito, con modificazioni, dalla legge 3 agosto 2007, n. 127, è aggiunto, in fine, il seguente periodo: Relativamente agli anni 2008 e 2009 le risorse disponibili sono iscritte sul fondo di cui all'articolo 1, comma 50, della legge 23 dicembre 2005, n. 266, rispettivamente, per provvedere all'estinzione dei crediti, maturati nei confronti dei Ministeri alla data del 31 dicembre 2007, il cui pagamento rientri, secondo i criteri di contabilità nazionale, tra le regolazioni debitorie pregresse e il cui ammontare è accertato con decreto del Ministro dell'economia e delle finanze, anche sulla base delle risultanze emerse a seguito della emanazione della propria circolare n. 7 del 5 febbraio 2008, nonché per essere trasferite alla contabilità speciale n. 1778 «Agenzia delle entrate - Fondi di Bilancio» per i rimborsi richiesti da più di dieci anni, [*individuati dall'articolo 1, comma 139, della legge 24 dicembre 2007, n. 244*] per la successiva erogazione ai contribuenti (1).

1-bis. Le disposizioni di cui al comma 1 si applicano, alle condizioni, nei limiti delle risorse disponibili e con le modalità ivi previsti, anche ai crediti maturati nei confronti dei Ministeri alla data del 31 dicembre 2008. In ogni caso non è consentita l'utilizzazione per spese di personale (2).

1-ter. Allo scopo di ottimizzare l'utilizzo delle risorse ed evitare la formazione di nuove situazioni debitorie, i Ministeri avviano, di concerto con il Ministero dell'economia e delle finanze, nell'ambito delle attività di cui all'articolo 3, comma 67, della legge 24 dicembre 2007, n. 244, un'attività di analisi e revisione delle procedure di spesa e della allocazione delle relative risorse in bilancio. I risultati delle analisi sono illustrati in appositi rapporti dei Ministri competenti, che costituiscono parte integrante delle relazioni sullo stato della spesa di cui all'articolo 3, comma 68, della legge 24 dicembre 2007, n. 244, e successive modificazioni, da inviare alle Camere e al Ministero dell'economia e delle finanze. A tal fine il termine di cui al medesimo articolo 3, comma 68, della legge n. 244 del 2007 è prorogato al 20 settembre 2009 (3).

1-quater. I rapporti di cui al comma 1-ter sono redatti sulla base delle indicazioni fornite con circolare del Ministero dell'economia e delle finanze, da adottare entro il 30 giugno 2009. Ai fini del presente comma, sulla base dei dati e delle informazioni contenuti nei predetti rapporti e di qualsiasi altro dato ritenuto necessario, che i Ministeri sono tenuti a fornire, il Ministero dell'economia e delle finanze elabora specifiche proposte (4).

2. Per effetto della previsione di cui al comma 1, i commi 139, 140 e 140-bis dell'articolo 1 della legge 24 dicembre 2007, n. 244, sono abrogati (5).

3. Con decreto del Ministro dell'economia e delle finanze, da emanare entro 60 giorni dalla data di entrata in vigore del presente decreto, sono stabilite le modalità per favorire l'intervento delle imprese di assicurazione e della SACE s.p.a. nella prestazione di garanzie finalizzate ad agevolare la riscossione dei crediti vantati dai fornitori di beni e servizi nei confronti delle amministrazioni pubbliche, con priorità per le ipotesi nelle quali sia contestualmente offerta una riduzione dell'ammontare del credito originario (6).

3-bis. Su istanza del creditore di somme dovute per somministrazioni, forniture, appalti e prestazioni professionali, le pubbliche amministrazioni, di cui all'articolo 1, comma 2, del decreto legislativo 30 marzo 2001, n. 165 certificano, nel rispetto delle disposizioni normative vigenti in materia di patto di stabilità interno, entro il termine di trenta giorni dalla data di ricezione dell'istanza, se il relativo credito sia certo, liquido ed esigibile, anche al fine di consentire al creditore la cessione pro soluto o pro solvendo a favore di banche o intermediari finanziari riconosciuti dalla legislazione vigente. Scaduto il predetto termine, su nuova istanza del creditore, è nominato un Commissario ad acta, con oneri a carico dell'ente debitore. La nomina è effettuata dall'Ufficio centrale del bilancio competente per le certificazioni di pertinenza delle amministrazioni statali centrali, degli enti pubblici non economici nazionali e delle agenzie di cui al decreto legislativo 30 luglio 1999, n.300; dalla Ragioneria territoriale dello Stato competente per territorio per le certificazioni di pertinenza delle altre amministrazioni. Ferma restando l'attivazione da parte del creditore dei poteri sostitutivi, il mancato rispetto dell'obbligo di certificazione o il diniego non motivato di certificazione, anche parziale, comporta a carico del dirigente responsabile l'applicazione delle sanzioni di cui all'articolo 7, comma 2, del decreto legge 8 aprile 2013, n. 35, convertito con modificazioni dalla legge 6 giugno 2013, n. 64. La pubblica amministrazione di cui al primo periodo che risulti inadempiente non può procedere ad assunzioni di personale o ricorrere all'indebitamento fino al permanere dell'inadempimento. La cessione dei crediti oggetto di certificazione avviene nel rispetto dell'articolo 117 del codice di cui al decreto legislativo 12 aprile 2006, n. 163. Ferma restando l'efficacia liberatoria dei pagamenti eseguiti dal debitore ceduto, si applicano gli articoli 5, comma 1, e 7, comma 1, della legge 21 febbraio 1991, n. 52. La certificazione deve indicare obbligatoriamente la data prevista di pagamento. Le certificazioni già rilasciate senza data devono essere integrate a cura dell'amministrazione utilizzando la piattaforma elettronica di cui all'articolo 7, comma 1, del citato decreto-legge n. 35 del 2013 con l'apposizione della data prevista per il pagamento (7).

3-ter. La certificazione di cui al comma 3-bis non può essere rilasciata, a pena di nullità:

a) dagli enti locali commissariati ai sensi dell'articolo 143 del testo unico di cui al decreto legislativo 18 agosto 2000, n. 267. Cessato il commissariamento, la certificazione non può comunque essere rilasciata in relazione a crediti sorti prima del commissariamento stesso. Nel caso di gestione commissariale, la certificazione non può comunque essere rilasciata in relazione a crediti rientranti nella gestione commissariale;

b) dagli enti del Servizio sanitario nazionale delle regioni sottoposte a piano di rientro dai disavanzi sanitari, ovvero a programmi operativi di prosecuzione degli stessi, qualora nell'ambito di detti piani o programmi siano state previste operazioni relative al debito. Sono in ogni caso fatte salve le certificazioni rilasciate ai sensi dell'articolo 11, comma 2, del decreto-legge 31 maggio 2010, n. 78, convertito, con modificazioni, dalla legge 30 luglio 2010, n. 122, nonché le certificazioni rilasciate nell'ambito di operazioni di gestione del debito sanitario, in attuazione dei predetti piani o programmi operativi (8).

3-quater. Sono fatte salve le certificazioni rilasciate ai sensi dell'articolo 141, comma 2, del regolamento di cui al decreto del Presidente della Repubblica 5 ottobre 2010, n. 207, secondo le modalità stabilite con il decreto di attuazione di cui all'articolo 13, comma 2, della legge 12 novembre 2011, n. 183, esclusivamente al fine di consentire la cessione di cui al primo periodo del comma 3-bis nonché l'ammissione alla garanzia del fondo di garanzia di cui all'articolo 2, comma 100, lettera a), della legge 23 dicembre 1996, n. 662, secondo i criteri e le modalità e nei limiti stabiliti dal decreto di cui all'articolo 8, comma 5, lettera b), del decreto-legge 13 maggio 2011, n. 70, convertito, con modificazioni, dalla legge 12 luglio 2011, n. 106, e all'articolo 39 del decreto-legge 6 dicembre 2011, n. 201, convertito, con modificazioni, dalla legge 22 dicembre 2011, n. 214 (9).

(1) Comma modificato dall'articolo 1, comma 1, della Legge 28 gennaio 2009, n. 2, in sede di conversione.
(2) Comma aggiunto dall'articolo 6, comma 1-bis, del D.L. 10 febbraio 2009, n. 5, convertito con modificazioni in Legge 9 aprile 2009, n. 33.
(3) Comma aggiunto dall'articolo 6, comma 1-bis, del D.L. 10 febbraio 2009, n. 5, convertito con modificazioni in Legge 9 aprile 2009, n. 33.
(4) Comma aggiunto dall'articolo 6, comma 1-bis, del D.L. 10 febbraio 2009, n. 5, convertito con modificazioni in Legge 9 aprile 2009, n. 33.
(5) Comma sostituito dall'articolo 1, comma 1, della Legge 28 gennaio 2009, n. 2, in sede di conversione.
(6) Comma modificato dall'articolo 1, comma 1, della Legge 28 gennaio 2009, n. 2, in sede di conversione.
(7) Comma aggiunto dall'articolo 1, comma 1, della Legge 28 gennaio 2009, n. 2, in sede di conversione, modificato dall'articolo 1, comma 16, del D.L. 30 dicembre 2009, n. 194, convertito con modificazioni in Legge 26 febbraio 2010, n. 25, dall'articolo 31, comma 1-ter, del D.L. 31 maggio 2010, n. 78, convertito con modificazioni in Legge 30 luglio 2010, n. 122, successivamente sostituito dall'articolo 13, comma 1, della Legge 12 novembre 2011, n. 183 e modificato dall'articolo 12, comma 11-quater, del D.L. 2 marzo 2012, n. 16, convertito con modificazioni in Legge 26 aprile 2012, n. 44, dall'articolo 13-bis, comma 1, lettera a), del D.L. 7 maggio 2012, n. 52, convertito con modificazioni in Legge 6 luglio 2012, n. 94, dall'articolo 6, comma 01, del D.L. 8 aprile 2013, n. 35, convertito con modificazioni in Legge 6 giugno 2013, n. 64 e, da ultimo, dall'articolo 27, comma 1, lettere a), b), c) e d), del D.L. 24 aprile 2014, n. 66, convertito, con modificazioni, dalla Legge 23 giugno 2014, n. 89.
(8) Comma aggiunto dall'articolo 13, comma 1, della Legge 12 novembre 2011, n. 183 e successivamente modificato dall'articolo 13-bis, comma 1, lettera b), del D.L. 7 maggio 2012, n. 52, convertito con modificazioni in Legge 6 luglio 2012, n. 94.
(9) Comma aggiunto dall'articolo 13-bis, comma 1, lettera c), del D.L. 7 maggio 2012, n. 52, convertito con modificazioni in Legge 6 luglio 2012, n. 94 e successivamente sostituito dall'articolo 3-bis, comma 7, del D.L. 6 luglio 2012, n. 95, convertito con modificazioni in Legge 7 agosto 2012, n. 135.

10. Riduzione dell'acconto IRES ed IRAP. – 1. La misura dell'acconto dell'imposta sul reddito delle società e dell'imposta regionale sulle attività produttive dovuto, per il periodo di imposta in corso alla data di entrata in vigore del presente decreto, dai soggetti di cui all'articolo 73, comma 1, del testo unico delle imposte sui redditi, di cui al decreto del Presidente della Repubblica 22 dicembre 1986, n. 917, e ridotta di 3 punti percentuali.

2. Ai contribuenti che alla data di entrata in vigore del presente decreto hanno già provveduto per intero al pagamento dell'acconto compete un credito di imposta in misura corrispondente alla riduzione prevista al comma 1, da utilizzare in compensazione ai sensi dell'articolo 17 del decreto legislativo 9 luglio 1997, n. 241.

3. Con decreto del Presidente del Consiglio dei Ministri sono stabiliti le modalità ed il termine del versamento dell'importo non corrisposto in applicazione del comma 1, da effettuare entro il corrente anno, tenendo conto degli andamenti della finanza pubblica (1).

(1) *A norma dell'articolo 42, comma 6, del D.L. 30 dicembre 2008, n. 207, il termine per l'adozione del decreto di cui al presente comma, è prorogato al 31 marzo 2009.*

11. Potenziamento finanziario Confidi anche con addizione della garanzia dello Stato. – 1. Nelle more della concreta operatività delle previsioni di cui all'articolo 1, comma 848 della legge 27 dicembre 2006, n. 296, le risorse derivanti dall'attuazione dell'articolo 2, comma 554 della legge 24 dicembre 2007, n. 244, sono destinate al rifinanziamento del Fondo di garanzia di cui all'articolo 15 della legge 7 agosto 1997, n. 266, fino al limite massimo di 450 milioni di euro, subordinatamente alla verifica, da parte del Ministero dell'economia e delle finanze, della provenienza delle stesse risorse, fermo restando il limite degli effetti stimati per ciascun anno in termini di indebitamento netto, ai sensi del comma 556 del citato articolo 2.

2. Gli interventi di garanzia di cui al comma 1 sono estesi alle imprese artigiane e alle imprese agricole. L'organo competente a deliberare in materia di concessione delle garanzie di cui all'articolo 15, comma 3, della legge 7 agosto 1997, n. 266, è integrato con i rappresentanti delle organizzazioni rappresentative a livello nazionale delle imprese artigiane e delle imprese agricole [(1)].

3. Il 30 per cento della somma di cui al comma 1 è riservato agli interventi di controgaranzia del Fondo a favore dei Confidi di cui all'articolo 13 del decreto-legge del 30 settembre 2003, n. 269, convertito, con modificazioni, dalla legge 24 novembre 2003, n. 326 [(2)].

4. Gli interventi di garanzia del Fondo di cui all'articolo 2, comma 100, lettera a), della legge 23 dicembre 1996, n. 662, sono assistiti dalla garanzia dello Stato, quale garanzia di ultima istanza, secondo criteri, condizioni e modalità da stabilire con decreto di natura non regolamentare del Ministro dell'economia e delle finanze. La garanzia dello Stato è inserita nell'elenco allegato allo stato di previsione del Ministero dell'economia e delle finanze ai sensi dell'articolo 13 della legge 5 agosto 1978, n. 468. Ai relativi eventuali oneri si provvede ai sensi dell'articolo 7, secondo comma, numero 2), della legge 5 agosto 1978, n. 468, con imputazione nell'ambito dell'unità previsionale di base 8.1.7. dello Stato di previsione del Ministero dell'economia e delle finanze [(3)].

5. La dotazione del Fondo di cui al comma 1 potrà essere incrementata mediante versamento di contributi da parte delle banche, delle Regioni ed di altri enti e organismi pubblici e privati, ovvero con l'intervento della Cassa depositi e prestiti S.p.A. e della SACE S.p.a., secondo modalità stabilite con decreto del Ministro dell'economia e delle finanze di concerto con il Ministro dello sviluppo economico [(4)(5)].

5 -bis. Per gli impegni assunti dalle federazioni sportive nazionali per l'organizzazione di grandi eventi sportivi in coincidenza degli eventi correlati all'Expo Milano 2015, è autorizzato il rilascio di garanzie nel limite di 13 milioni di euro per l'anno 2009 [(6)].

(1) *Comma modificato dall'articolo 78, comma 2-quinquies, lettere a) e b), del D.L. 17 marzo 2020, n. 18, convertito, con modificazioni, dalla Legge 24 aprile 2020, n. 27.*

(2) *Comma modificato dall'articolo 1, della legge 28 gennaio 2009, n. 2, in sede di conversione.*

(3) *Comma modificato dall'articolo 1, della legge 28 gennaio 2009, n. 2, in sede di conversione.*

(4) *A norma dell'articolo 7-quinquies, comma 8, del D.L. 10 febbraio 2009, n. 5, il fondo di cui al presente articolo è incrementato per l'anno 2010 di 200 milioni di euro, per l'anno 2011 di 300 milioni di euro, nonché, per l'anno 2012, di ulteriori 500 milioni di euro. Per le modalità per l'incremento della dotazione del Fondo di garanzia per le piccole e medie imprese vedi il D.M. 26 gennaio 2012.*

(5) *Comma modificato dall'articolo 9, comma 2-bis, del D.L. 16 ottobre 2017, n. 148, convertito con modificazioni dalla Legge 4 dicembre 2017, n. 172; dall'articolo 49, comma 2, del D.L. 17 marzo 2020, n. 18, convertito, con modificazioni, dalla Legge 24 aprile 2020, n. 27 e successivamente dall'articolo 13, comma 6, del D.L. 8 aprile 2020, n. 23, convertito con modificazioni dalla Legge 5 giugno 2020, n. 40. Il medesimo articolo 13 del D.L. 23/2020, al comma 12, ha inoltre abrogato l'articolo 49 del D.L. 18/2020.*

(6) *Comma inserito dall'articolo 1, della legge 28 gennaio 2009, n. 2, in sede di conversione.*

12. Finanziamento dell'economia attraverso la sottoscrizione pubblica di obbligazioni bancarie speciali e relativi controlli parlamentari e territoriali. – 1. Al fine di assicurare un adeguato flusso di finanziamenti all'economia e un adeguato livello di patrimonializzazione del sistema bancario, il Ministero dell'economia e delle finanze è autorizzato, fino al 31 dicembre 2010, anche in deroga alle norme di contabilità di Stato, a sottoscrivere, su specifica richiesta delle banche interessate, strumenti finanziari privi dei diritti indicati nell'articolo 2351 del codice civile, computabili nel patrimonio di vigilanza ed emessi da banche italiane le cui azioni sono negoziate su mercati regolamentati o da società capogruppo di gruppi bancari italiani le azioni delle quali sono negoziate su mercati regolamentati. Con decreti del Presidente del Consiglio dei Ministri, su proposta del Ministro dell'economia e delle finanze, si procede all'eventuale proroga del predetto termine in conformità alla normativa comunitaria in materia [(1)].

2. Gli strumenti finanziari di cui al comma 1 possono essere strumenti convertibili in azioni ordinarie su richiesta dell'emittente. Può essere inoltre prevista, a favore dell'emittente, la facoltà di rimborso o riscatto, a condizione che la Banca d'Italia attesti che l'operazione non pregiudica le condizioni finanziarie o di solvibilità della banca né del gruppo bancario di appartenenza. [*In ogni caso, il programma di intervento di cui al presente articolo ha l'obiettivo di terminare entro dieci anni dalla data di entrata in vigore della legge di conversione del presente decreto*] [(2)].

3. La remunerazione degli strumenti finanziari di cui al comma 1 può dipendere, in tutto o in parte, dalla disponibilità di utili distribuibili ai sensi dell'articolo 2433 del codice civile. In tal caso la delibera con la quale l'assemblea decide sulla destinazione degli utili è vincolata al rispetto delle condizioni di remunerazione degli strumenti finanziari stessi.

4. Il Ministero dell'economia e delle finanze sottoscrive gli strumenti finanziari di cui al comma 1 a condizione che l'operazione risulti economica nel suo complesso, tenga conto delle condizioni di mercato e sia funzionale al perseguimento delle finalità indicate al comma 1.

5. La sottoscrizione é, altresì, condizionata:

a) all'assunzione da parte dell'emittente degli impegni definiti in un apposito protocollo d'intenti con il Ministero dell'economia e delle finanze, in ordine al livello e alle condizioni del credito da assicurare alle piccole e medie imprese e alle famiglie, alle modalità con le quali garantire adeguati livelli di liquidità ai creditori delle pubbliche amministrazioni per la fornitura di beni e servizi, anche attraverso lo sconto di crediti certi, senza nuovi o maggiori oneri per la fi nanza pubblica, e a politiche dei dividendi coerenti con l'esigenza di mantenere adeguati livelli di patrimonializzazione [(3)];

b) all'adozione, da parte degli emittenti, di un codice etico contenente, tra l'altro, previsioni in materia di politiche di remunerazione dei vertici aziendali. [*Il codice etico è trasmesso al Parlamento*] (4).

5 - bis. Gli schemi dei protocolli di cui alla lettera a) e gli schemi dei codici di cui alla lettera b) del comma 5 sono trasmessi alle Camere (5).

6. Sul finanziamento all'economia il Ministro dell'economia e delle finanze riferisce periodicamente al Parlamento fornendo dati disaggregati per regione e categoria economica; a tale fine presso le Prefetture è istituito uno speciale osservatorio con la partecipazione dei soggetti interessati. Dall'istituzione degli osservatori di cui al presente comma non devono derivare nuovi o maggiori oneri a carico del bilancio dello Stato; al funzionamento degli stessi si provvede nell'ambito delle risorse umane, strumentali e finanziarie già previste, a legislazione vigente, per le Prefetture.

7. La sottoscrizione degli strumenti finanziari è effettuata sulla base di una valutazione da parte della Banca d'Italia delle condizioni economiche dell'operazione e della computabilità degli strumenti finanziari nel patrimonio di vigilanza.

8. L'organo competente per l'emissione di obbligazioni subordinate delibera anche in merito all'emissione degli strumenti finanziari previsti dal presente articolo. L'esercizio della facoltà di conversione è sospensivamente condizionato alla deliberazione in ordine al relativo aumento di capitale.

9. Con decreto del Presidente del Consiglio dei Ministri, su proposta del Ministro dell'economia e delle finanze, sono individuate le risorse necessarie per finanziare le operazioni stesse. Le predette risorse, da iscrivere in apposito capitolo dello stato di previsione del Ministero dell'economia e delle finanze, sono individuate in relazione a ciascuna operazione mediante:

a) riduzione lineare delle dotazioni finanziarie, a legislazione vigente, delle missioni di spesa di ciascun Ministero, con esclusione delle dotazioni di spesa di ciascuna missione connesse a stipendi, assegni, pensioni e altre spese fisse; alle spese per interessi; alle poste correttive e compensative delle entrate, comprese le regolazioni contabili con le regioni; ai trasferimenti a favore degli enti territoriali aventi natura obbligatoria; del fondo ordinario delle università; delle risorse destinate alla ricerca; delle risorse destinate al finanziamento del 5 per mille delle imposte sui redditi delle persone fisiche; nonché quelle dipendenti da parametri stabiliti dalla legge o derivanti da accordi internazionali;

b) riduzione di singole autorizzazioni legislative di spesa;

c) utilizzo temporaneo mediante versamento in entrata di disponibilità esistenti sulle contabilità speciali nonché sui conti di tesoreria intestati ad amministrazioni pubbliche ed enti pubblici nazionali con esclusione di quelli intestati alle Amministrazioni territoriali, nonché di quelli riguardanti i flussi finanziari intercorrenti con l'Unione europea ed i connessi cofinanziamenti nazionali, con corrispondente riduzione delle relative autorizzazioni di spesa e contestuale riassegnazione al predetto capitolo;

d) emissione di titoli del debito pubblico.

9 -bis.Gli schemi di decreto di cui al comma 9, corredati di relazione tecnica, sono trasmessi alle Camere per l'espressione del parere delle Commissioni competenti per i profi li di carattere finanziario. I pareri sono espressi entro quindici giorni dalla data di trasmissione. Il Governo, ove non intenda conformarsi alle condizioni formulate con riferimento ai profi li fi nanziari, trasmette nuovamente alle Camere gli schemi di decreto, corredati dei necessari elementi integrativi di informazione, per i pareri defi nitivi delle Commissioni competenti per i profi li fi nanziari, da esprimere entro dieci giorni dalla data di trasmissione. Decorsi inutilmente i termini per l'espressione dei pareri, i decreti possono essere comunque adottati (6).

10. I decreti di cui al comma 9 e i correlati decreti di variazione di bilancio sono trasmessi con immediatezza al Parlamento e comunicati alla Corte dei conti.

11. Ai fini delle operazioni di cui al presente articolo e all'articolo 1 del decreto-legge 9 ottobre 2008, n. 155, convertito, con modificazioni, dalla legge 4 dicembre 2008, n. 190, le deliberazioni previste dall'articolo 2441, quinto comma, e dall'articolo 2443, secondo comma, del codice civile sono assunte con le stesse maggioranze previste per le deliberazioni di aumento di capitale dagli articoli 2368 e 2369 del codice civile. I termini stabiliti per le operazioni della specie ai sensi del codice civile e del testo unico delle disposizioni in materia di intermediazione finanziaria, di cui al decreto legislativo 24 febbraio 1998, n. 58, sono ridotti della metà (7).

12. Con decreto di natura non regolamentare del Ministro dell'economia e delle finanze, sentita la Banca d'Italia, da adottarsi entro 30 giorni dalla data di entrata in vigore del presente decreto, sono stabiliti criteri, condizioni e modalità di sottoscrizione degli strumenti finanziari di cui al presente articolo.

12 -bis. Il Ministro dell'economia e delle fi nanze riferisce alle Camere in merito all'evoluzione degli interventi effettuati ai sensi del presente articolo nell'ambito della relazione trimestrale di cui all'articolo 5, comma 1 -ter, del decreto-legge 9 ottobre 2008, n. 155, convertito, con modificazioni, dalla legge 4 dicembre 2008, n. 190 (8).

(1) *Comma modificato dall'articolo 2, comma 1, del D.L. 5 agosto 2010, n. 125, convertito con modificazioni in Legge 1° ottobre 2010, n. 163.*
(2) *Comma modificato dall'articolo 1, della legge 28 gennaio 2009, n. 2, in sede di conversione e successivamente dall'articolo 41, comma 16-decies, del D.L. 30 dicembre 2008, n. 207, convertito con modificazioni in Legge 27 febbraio 2009, n. 14 a decorrere dal 1° febbraio 2009.*
(3) *Lettera modificata dall'articolo 1, della legge 28 gennaio 2009, n. 2, in sede di conversione.*
(4) *Lettera modificata dall'articolo 1, della legge 28 gennaio 2009, n. 2, in sede di conversione.*
(5) *Comma inserito dall'articolo 1, della legge 28 gennaio 2009, n. 2, in sede di conversione.*
(6) *Comma inserito dall'articolo 1, della legge 28 gennaio 2009, n. 2, in sede di conversione.*
(7) *Comma modificato dall'articolo 1, della legge 28 gennaio 2009, n. 2, in sede di conversione.*
(8) *Comma inserito dall'articolo 1, della legge 28 gennaio 2009, n. 2, in sede di conversione.*

13. Adeguamento europeo della disciplina in materia di OPA. – 1. L'articolo 104 del testo unico delle disposizioni in materia di intermediazione fi nanziaria, di cui decreto legislativo 24 febbraio 1998, n. 58, è sostituito dal seguente (1):

«Art. 104 (Difese) - «1. Gli statuti delle società italiane quotate possono prevedere che, quando sia promossa un'offerta pubblica di acquisto o di scambio avente a oggetto i titoli da loro emessi, si applichino le regole previste dai commi 1-bis e 1-te (2).

1-bis. Salvo autorizzazione dell'assemblea ordinaria o di quella straordinaria per le delibere di competenza, le società italiane quotate i cui titoli sono oggetto dell'offerta si astengono dal compiere atti od operazioni che possono contrastare il conseguimento degli obiettivi dell'offerta. L'obbligo di astensione si applica dalla comunicazione di cui all'articolo 102, comma 1, e fino alla chiusura dell'offerta ovvero fino a quando l'offerta stessa non decada. La mera ricerca di altre offerte non costituisce atto od operazione in contrasto con gli obiettivi dell'offerta. Resta ferma la responsabilità degli amministratori, dei componenti del consiglio di gestione e di sorveglianza e dei direttori generali per gli atti e le operazioni compiuti.

1-ter. L'autorizzazione prevista dal comma 1-bis è richiesta anche per l'attuazione di ogni decisione presa prima dell'inizio del periodo indicato nel medesimo comma, che non sia ancora stata attuata in tutto o in parte, che non rientri nel corso normale delle attività della società e la cui attuazione possa contrastare il conseguimento degli obiettivi dell'offerta.

2. I termini e le modalità di convocazione delle assemblee di cui al comma 1-bis sono disciplinati, anche in deroga alle vigenti disposizioni di legge, con regolamento emanato dal Ministro della giustizia, sentita la Consob.».

2. L'articolo 104-bis del testo unico delle disposizioni in materia di intermediazione finanziaria, di cui al decreto legislativo 24 febbraio 1998, n. 58, è modificato come segue [(3)]:

a) il comma 1 è sostituito dal seguente: «Fermo quanto previsto dall'articolo 123, comma 3, gli statuti delle società italiane quotate, diverse dalle società cooperative, possono prevedere che, quando sia promossa un'offerta pubblica di acquisto o di scambio avente ad oggetto i titoli da loro emessi si applichino le regole previste dai commi 2 e 3».

b) al comma 7 dopo le parole «in materia di limiti di possesso azionario» sono aggiunte le seguenti parole: «e al diritto di voto».

3. L'articolo 104-ter del testo unico delle disposizioni in materia di intermediazione finanziaria, di cui al decreto legislativo 24 febbraio 1998, n. 58, è modificato come segue [(4)]:

a) al comma 1 le parole: «Le disposizioni di cui agli articoli 104 e 104-bis, commi 2 e 3,» sono sostituite dalle parole: «Qualora previste dagli statuti, le disposizioni di cui agli articoli 104, commi 1-bis e 1-ter e 104-bis, commi 2 e 3»;

b) il comma 2 è soppresso;

c) il comma 4 è sostituito dal seguente:

«4. Qualsiasi misura idonea a contrastare il conseguimento degli obiettivi dell'offerta adottata dalla società emittente in virtù di quanto disposto al comma 1 deve essere espressamente autorizzata dall'assemblea in vista di una eventuale offerta pubblica, nei diciotto mesi anteriori alla comunicazione della decisione di promuovere l'offerta ai sensi dell'articolo 102, comma 1. Fermo quanto disposto dall'articolo 114, l'autorizzazione prevista dal presente comma è tempestivamente comunicata al mercato secondo le modalità previste ai sensi del medesimo articolo 114.

(1) Alinea modificato dall'articolo 1, della legge 28 gennaio 2009, n. 2, in sede di conversione.
(2) Capoverso modificato dall'articolo 1, della legge 28 gennaio 2009, n. 2, in sede di conversione.
(3) Capoverso modificato dall'articolo 1, della legge 28 gennaio 2009, n. 2, in sede di conversione.
(4) Capoverso modificato dall'articolo 1, della legge 28 gennaio 2009, n. 2, in sede di conversione.

14. Attuazione della direttiva 2007/44/CE sulla partecipazione dell'industria nelle banche. – [*1. Sono abrogati i commi 6 e 7 dell'articolo 19 del testo unico delle leggi in materia bancaria e creditizia, di cui al decreto legislativo 1° settembre 1993, n. 385. Al comma 8-bis del medesimo articolo 19 del testo unico di cui al decreto legislativo n. 385 del 1993, le parole: «e il divieto previsto dal comma 6» sono soppresse. Ai soggetti che, anche attraverso società controllate, svolgono in misura rilevante attività d'impresa in settori non bancari né finanziari l'autorizzazione prevista dall'articolo 19 del medesimo decreto legislativo è rilasciata dalla Banca d'Italia ove ricorrano le condizioni previste dallo stesso articolo e, in quanto compatibili, dalle relative disposizioni di attuazione. Con riferimento a tali soggetti deve essere inoltre accertata la competenza professionale generale nella gestione di partecipazioni ovvero, considerata l'influenza sulla gestione che la partecipazione da acquisire consente di esercitare, la competenza professionale specifica nel settore finanziario. La Banca d'Italia può chiedere ai medesimi soggetti ogni informazione utile per condurre tale valutazione.*] [(2)]

2. Il primo periodo del comma 1 dell'articolo 12, del decreto legislativo 22 giugno 2007, n. 109, è sostituito dal seguente: «Fatta eccezione per quanto previsto dal comma 18-bis del presente articolo e salvo che il Comitato, senza oneri aggiuntivi per la finanza pubblica, non individui modalità operative alternative per attuare il congelamento delle risorse economiche in applicazione dei principi di efficienza, efficacia ed economicità, l'Agenzia del demanio provvede alla custodia, all'amministrazione ed alla gestione delle risorse economiche oggetto di congelamento.».

3. All'articolo 12 del decreto legislativo 22 giugno 2007, n. 109, dopo il comma 18 è aggiunto il seguente comma: «18-bis. Nel caso in cui i soggetti designati siano sottoposti alla vigilanza della Banca d'Italia si applicano, sentito il Comitato di sicurezza finanziaria, gli articoli 70 e seguenti, 98 e 100 del decreto legislativo 1° settembre 1993, n. 385, recante il testo unico delle leggi in materia bancaria e creditizia, o l'articolo 56 del decreto legislativo 24 febbraio 1998, n. 58, recante il testo unico delle disposizioni in materia di intermediazione finanziaria. Il comitato di sorveglianza può essere composto da un numero di componenti inferiore a tre. L'amministrazione straordinaria dura per il periodo del congelamento e il tempo necessario al compimento degli adempimenti successivi alla cessazione degli effetti dello stesso, salvo che la Banca d'Italia, sentito il Comitato di sicurezza finanziaria, ne autorizzi la chiusura anticipata. Resta ferma la possibilità di adottare in ogni momento i provvedimenti previsti nei medesimi decreti legislativi. Si applicano, in quanto compatibili, le seguenti disposizioni del presente articolo, intendendosi comunque esclusa ogni competenza dell'Agenzia del demanio: comma 2, ultimo periodo, comma 7, commi da 11 a 17, ad eccezione del comma 13 lettera a). Quanto precede si applica anche agli intermediari sottoposti alla vigilanza di altre Autorità, secondo la rispettiva disciplina di settore.» [(3)].

4. All'articolo 5, comma 2, del decreto legislativo 22 giugno 2007, n. 109, le parole «fatte salve le attribuzioni conferite all'Agenzia del demanio ai sensi dell'articolo 12» sono sostituite dalle seguenti parole: «fatto salvo quanto previsto dall'articolo 12».

5. All'articolo 56 del decreto legislativo 8 luglio 1999, n. 270, dopo il comma 3 è aggiunto il seguente comma [(4)]:

«3-bis. Le operazioni di cui ai commi 1 e 2 effettuate in attuazione dell'articolo 27, comma 2, lettere a) e b-bis), in vista della liquidazione dei beni del cedente, non costituiscono comunque trasferimento di azienda, di ramo o di parti dell'azienda agli effetti previsti dall'articolo 2112 del codice civile.» [(5)].

6. Al fine di salvaguardare l'interesse e la parità di trattamento dei partecipanti, il regolamento dei fondi comuni di investimento speculativi può prevedere che, sino al 31 dicembre 2009:

a) nel caso di richieste di rimborso complessivamente superiori in un dato giorno o periodo al 15 per cento del valore complessivo netto del fondo, la SGR può sospendere il rimborso delle quote eccedente tale ammontare in misura proporzionale alle quote per le quali ciascun sottoscrittore ha richiesto il rimborso. Le quote non rimborsate sono trattate come una nuova domanda di rimborso presentata il primo giorno successivo all'effettuazione dei rimborsi parziali.

b) nei casi eccezionali in cui la cessione di attività illiquide del fondo, necessaria per far fronte alle richieste di rimborso, può pregiudicare l'interesse dei partecipanti, la SGR può deliberare la scissione parziale del fondo, trasferendo le attività illiquide in un nuovo fondo di tipo chiuso. Ciascun partecipante riceve un numero di quote del nuovo fondo uguale a quello che detiene nel vecchio fondo. Il nuovo fondo non può emettere nuove quote; le quote del nuovo fondo vengono rimborsate via via che le attività dello stesso sono liquidate.

7. Le modifiche al regolamento dei fondi per l'inserzione delle clausole di cui al comma 6 entrano in vigore il giorno stesso dell'approvazione da parte della Banca d'Italia e sono applicabili anche alle domande di rimborso già presentate ma non ancora regolate.

8. Sono abrogati i limiti massimi al numero dei partecipanti a un fondo speculativo previsti da norme di legge o dai relativi regolamenti di attuazione.

9. La Banca d'Italia definisce con proprio regolamento le norme attuative dei commi 6, 7 e 8 del presente articolo, con particolare riferimento alla definizione di attività illiquide, alle caratteristiche dei fondi chiusi di cui al comma 6, lettera b), alle procedure per l'approvazione delle modifiche dei regolamenti di gestione dei fondi e all'ipotesi in cui a seguito dell'applicazione delle misure di cui al comma 6, siano detenute quote di valore inferiore al minimo previsto per l'investimento in quote di fondi speculativi.

(1) Rubrica modificata dall'articolo 1, della legge 28 gennaio 2009, n. 2, in sede di conversione.
(2) Comma modificato dall'articolo 1, della legge 28 gennaio 2009, n. 2, in sede di conversione e, successivamente, abrogato dall'articolo 5, comma 1, del D.Lgs. 27 gennaio 2010 n. 21.
(3) Comma modificato dall'articolo 1, della legge 28 gennaio 2009, n. 2, in sede di conversione.
(4) Alinea modificato dall'articolo 1, della legge 28 gennaio 2009, n. 2, in sede di conversione.
(5) Capoverso modificato dall'articolo 1, della legge 28 gennaio 2009, n. 2, in sede di conversione.

15. Riallineamento e rivalutazione volontari di valori contabili [(A)]. – 1. Le modifiche introdotte dall'articolo 1, commi 58, 59, 60 e 62, della legge 24 dicembre 2007, n. 244, al regime impositivo ai fini dell'IRES dei soggetti che redigono il bilancio in base ai principi contabili internazionali di cui al regolamento (CE) n. 1606/2002 del Parlamento europeo e del Consiglio del 19 luglio 2002, esplicano efficacia, salvo quanto stabilito dal comma 61, secondo periodo, del medesimo articolo 1, con riguardo ai componenti reddituali e patrimoniali rilevati in bilancio a decorrere dall'esercizio successivo a quello in corso al 31 dicembre 2007. Tuttavia, continuano ad essere assoggettati alla disciplina fiscale previgente gli effetti reddituali e patrimoniali sul bilancio di tale esercizio e di quelli successivi delle operazioni pregresse che risultino diversamente qualificate, classificate, valutate e imputate temporalmente ai fini fiscali rispetto alle qualificazioni, classificazioni, valutazioni e imputazioni temporali risultanti dal bilancio dell'esercizio in corso al 31 dicembre 2007. Le disposizioni dei periodi precedenti valgono anche ai fini della determinazione della base imponibile dell'IRAP, come modificata dall'articolo 1, comma 50, della citata legge n. 244 del 2007.

2. I contribuenti possono riallineare, ai fini dell'IRES, dell'IRAP e di eventuali addizionali, secondo le disposizioni dei successivi commi, le divergenze di cui al comma 1, esistenti all'inizio del secondo periodo d'imposta successivo a quello in corso al 31 dicembre 2007, con effetto a partire da tale inizio.

3. Il riallineamento può essere richiesto distintamente per le divergenze che derivano:

a) dall'adozione degli IAS/IFRS e che non si sarebbero manifestate se le modifiche apportate agli articoli 83 e seguenti del testo unico delle imposte sui redditi, di cui al decreto del Presidente della Repubblica 22 dicembre 1986, n. 917, dall'articolo 1, comma 58, della legge n. 244 del 2007 avessero trovato applicazione sin dal bilancio del primo esercizio di adozione dei principi contabili internazionali. Sono esclusi i disallineamenti emersi in sede di prima applicazione dei principi contabili internazionali dalla valutazione dei beni fungibili e dall'eliminazione di ammortamenti, di rettifiche di valore e di fondi di accantonamento, per effetto dei commi 2, 5 e 6 dell'articolo 13 del decreto legislativo 28 febbraio 2005, n. 38, nonché quelli che sono derivati dalle deduzioni extracontabili operate per effetto della soppressa disposizione della lettera b) dell'articolo 109, comma 4, del citato testo unico e quelli che si sarebbero, comunque, determinati anche a seguito dell'applicazione delle disposizioni dello stesso testo unico, così come modificate dall'articolo 1, comma 58, della legge n. 244 del 2007 [(1)];

b) dalla valutazione dei beni fungibili e dall'eliminazione di ammortamenti, di rettifiche di valore e di fondi di accantonamento, per effetto dei commi 2, 5 e 6 dell'articolo 14 del decreto legislativo 28 febbraio 2005, n. 38 [(2)].

4. Il riallineamento delle divergenze di cui al comma 3, lettera a), può essere attuato sulla totalità delle differenze positive e negative e, a tal fine, l'opzione è esercitata nella dichiarazione dei redditi relativa all'esercizio successivo a quello in corso al 31 dicembre 2007. In tal caso, la somma algebrica delle differenze stesse, se positiva, va assoggettata a tassazione con aliquota ordinaria, ed eventuali maggiorazioni, rispettivamente, dell'IRES e dell'IRAP, separatamente dall'imponibile complessivo. L'imposta è versata in unica soluzione entro il termine di versamento a saldo delle imposte relative all'esercizio successivo a quello in corso al 31 dicembre 2007. Se il saldo è negativo, la relativa deduzione concorre, per quote costanti, alla formazione dell'imponibile del secondo esercizio successivo a quello in corso al 31 dicembre 2007 e dei 4 successivi.

5. Il riallineamento delle divergenze di cui al comma 3,

lettera a), può essere attuato, tramite opzione esercitata nella dichiarazione dei redditi relativa all'esercizio successivo a quello in corso al 31 dicembre 2007, anche con riguardo a singole fattispecie. Per singole fattispecie si intendono i componenti reddituali e patrimoniali delle operazioni aventi la medesima natura ai fini delle qualificazioni di bilancio e dei relativi rapporti di copertura. Ciascun saldo oggetto di riallineamento è assoggettato ad imposta sostitutiva dell'IRES, dell'IRAP e di eventuali addizionali, con aliquota del 16 per cento del relativo importo. Il saldo negativo non è comunque deducibile. L'imposta sostitutiva è versata in unica soluzione entro il termine di versamento a saldo delle imposte relative all'esercizio successivo a quello in corso al 31 dicembre 2007.

6. Se nell'esercizio successivo a quello in corso al 31 dicembre 2007 sono intervenute aggregazioni aziendali disciplinate dagli articoli 172, 173 e 176 del citato testo unico, come modificati dalla legge n. 244 del 2007, tra soggetti che redigono il bilancio in base ai principi contabili internazionali, il soggetto beneficiario di tali operazioni può applicare le disposizioni dei commi 4 o 5, in modo autonomo con riferimento ai disallineamenti riferibili a ciascuno dei soggetti interessati all'aggregazione.

7. Il riallineamento delle divergenze di cui al comma 3, lettera b), può essere attuato tramite opzione esercitata nella dichiarazione dei redditi relativa all'esercizio successivo a quello in corso al 31 dicembre 2007. In tal caso si applicano le disposizioni dell'articolo 1, comma 48, della legge n. 244 del 2007. L'imposta sostitutiva è versata in unica soluzione entro il termine di versamento a saldo delle imposte relative all'esercizio successivo a quello in corso al 31 dicembre 2007. Limitatamente al riallineamento delle divergenze derivanti dall'applicazione dell'articolo 13, comma 2, del decreto legislativo n. 38 del 2005, si applicano le disposizioni dell'articolo 81, commi 21, 23 e 24, del decreto-legge 25 giugno 2008, n. 112, convertito, con modificazioni, dalla legge 6 agosto 2008, n. 133 (3).

7-bis. Per l'applicazione delle disposizioni dei commi da 1 a 7 si assumono i disallineamenti rilevanti ai fini dell'IRES (4).

8. Le disposizioni dei commi precedenti si applicano, in quanto compatibili, anche in caso di:

a) variazioni che intervengono nei principi contabili IAS/IFRS adottati, rispetto ai valori e alle qualificazioni che avevano in precedenza assunto rilevanza fiscale;

b) variazioni registrate in sede di prima applicazione dei principi contabili effettuata successivamente al periodo d'imposta in corso al 31 dicembre 2007.

8-bis. Con decreto di natura non regolamentare del Ministro dell'economia e delle finanze sono adottate le disposizioni per l'attuazione del comma 8 (5).

9. Si applicano le norme in materia di liquidazione, accertamento, riscossione, contenzioso e sanzioni previste ai fini delle imposte sui redditi.

10. In deroga alle disposizioni del comma 2-ter introdotto nell'articolo 176 del testo unico delle imposte sui redditi, approvato con decreto del Presidente della Repubblica 22 dicembre 1986, n. 917, dall'articolo 1, comma 46, della legge 24 dicembre 2007, n. 244, e del relativo decreto di attuazione, i contribuenti possono assoggettare, in tutto o in parte, i maggiori valori attribuiti in bilancio all'avviamento, ai marchi d'impresa e alle altre attività immateriali all'imposta sostitutiva di cui al medesimo comma 2-ter, con l'aliquota del 16 per cento, versando in unica soluzione l'importo dovuto entro il termine di versamento a saldo delle imposte relative all'esercizio successivo a quello in corso al 31 dicembre 2007. I maggiori valori assoggettati ad imposta sostitutiva si considerano riconosciuti fiscalmente a partire dall'inizio del periodo d'imposta nel corso del quale è versata l'imposta sostitutiva. La deduzione di cui all'articolo 103 del citato testo unico e agli articoli 5, 6 e 7 del decreto legislativo 15 dicembre 1997, n. 446, del maggior valore dell'avviamento e dei marchi d'impresa può essere effettuata in misura non superiore ad un quinto, a prescindere dall'imputazione al conto economico a decorrere dal periodo di imposta successivo a quello nel corso del quale è versata l'imposta sostitutiva. A partire dal medesimo periodo di imposta sono deducibili le quote di ammortamento del maggior valore delle altre attività immateriali nel limite della quota imputata a conto economico [*e, comunque, in misura non superiore ad un nono del valore stesso*] (6).

10-bis. Le previsioni del comma 10 sono applicabili anche ai maggiori valori delle partecipazioni di controllo, in società residenti e non residenti anche prive di stabile organizzazione in Italia iscritti in bilancio a seguito dell'operazione a titolo di avviamento, marchi d'impresa e altre attività immateriali. Per partecipazioni di controllo si intendono quelle incluse nel consolidamento ai sensi del capo III del decreto legislativo 9 aprile 1991, n. 127. Per le imprese tenute ad applicare i principi contabili internazionali di cui al regolamento n 1606/2002 del Parlamento europeo e del Consiglio, del 19 luglio 2002, per partecipazioni di controllo si intendono quelle incluse nel consolidamento ai sensi delle relative previsioni. L'importo assoggettato ad imposta sostitutiva non rileva ai fini del valore fiscale della partecipazione stessa (7).

10-ter. Le previsioni del comma 10 sono applicabili anche ai maggiori valori - attribuiti ad avviamenti, marchi di impresa e altre attività immateriali nel bilancio consolidato - delle partecipazioni di controllo acquisite nell'ambito di operazioni di cessione di azienda ovvero di partecipazioni in società residenti e non residenti anche prive di stabile organizzazione in Italia (8).

11. Le disposizioni del comma 10 sono applicabili anche per riallineare i valori fiscali ai maggiori valori attribuiti in bilancio ad attività diverse da quelle indicate nell'articolo 176, comma 2-ter, del testo unico delle imposte sui redditi, approvato con decreto del Presidente della Repubblica 22 dicembre 1986, n. 917. In questo caso tali maggiori valori sono assoggettati a tassazione con aliquota ordinaria, ed eventuali maggiorazioni, rispettivamente, dell'IRPEF, dell'IRES e dell'IRAP, separatamente dall'imponibile complessivo, versando in unica soluzione l'importo dovuto. Se i maggiori valori sono relativi ai crediti si applica l'imposta sostitutiva di cui al comma 10 nella misura del 20 per cento. L'opzione può essere esercitata anche con riguardo a singole fattispecie, come definite dal comma 5 (9).

12. Le disposizioni dei commi 10 e 11 si applicano alle operazioni effettuate a partire dal periodo d'imposta successivo a quello in corso al 31 dicembre 2007, nonché a quelle effettuate entro il periodo d'imposta in corso al 31 dicembre 2007. Qualora alla data di entrata in vigore del presente decreto, per tali operazioni sia stata già esercitata l'opzione prevista dall'articolo 1, comma 47, della legge n. 244 del

2007, il contribuente procede a riliquidare l'imposta sostitutiva dovuta versando la differenza entro il termine di versamento a saldo delle imposte relative al periodo d'imposta successivo a quello in corso al 31 dicembre 2007.

12-bis. L'opzione di cui all'articolo 1, comma 48, della legge 24 dicembre 2007, n. 244, si considera validamente esercitata anche per riallineare i valori fiscali ai maggiori valori contabili emersi per effetto dell'articolo 13, commi 2, 5 e 6, del decreto legislativo 28 febbraio 2005, n. 38, se identificati nel quadro EC della dichiarazione dei redditi (10).

13. Considerata l'eccezionale situazione di turbolenza nei mercati finanziari, i soggetti che non adottano i principi contabili internazionali, diversi dalle imprese di cui all'articolo 91, comma 2, del codice delle assicurazioni private, di cui al decreto legislativo 7 settembre 2005, n. 209, nell'esercizio in corso alla data di entrata in vigore del presente decreto, possono valutare i titoli non destinati a permanere durevolmente nel loro patrimonio in base al loro valore di iscrizione così come risultante dall'ultimo bilancio o, ove disponibile, dall'ultima relazione semestrale regolarmente approvati anziché al valore di realizzazione desumibile dall'andamento del mercato, fatta eccezione per le perdite di carattere durevole. Tale misura, in relazione all'evoluzione della situazione di turbolenza dei mercati finanziari, può essere reiterata con decreto del Ministro dell'economia e delle finanze (11)(12).

[*14. Per le imprese di cui all'articolo 91, comma 2 del codice delle assicurazioni private, di cui al decreto legislativo 7 settembre 2005, n. 209, le modalità attuative delle disposizioni di cui al comma 13 sono stabilite dall'ISVAP con regolamento, che disciplina altresì le modalità applicative degli istituti prudenziali in materia di attivi a copertura delle riserve tecniche e margine di solvibilità di cui ai Capi III e IV del Titolo III del decreto legislativo 7 settembre 2005, n. 209. Le imprese applicano le disposizioni di cui al presente comma previa verifica della coerenza con la struttura degli impegni finanziari connessi al proprio portafoglio assicurativo.*] (13)(14)

[*15. Le imprese indicate al comma 14 che si avvalgono della facoltà di cui al comma 13 destinano a una riserva indisponibile utili di ammontare corrispondente alla differenza tra i valori registrati in applicazione delle disposizioni di cui ai commi 13 e 14 ed i valori di mercato alla data di chiusura dell'esercizio, al netto del relativo onere fiscale. In caso di utili di esercizio di importo inferiore a quello della citata differenza, la riserva è integrata utilizzando riserve di utili disponibili o, in mancanza, mediante utili degli esercizi successivi.*] (15)(16)

[*15-bis. Ferme restando le disposizioni di cui ai commi 13, 14 e 15, le imprese di cui all'articolo 210, commi 1 e 2, del codice delle assicurazioni private, di cui al decreto legislativo 7 settembre 2005, n. 209, ai fini della verifica della solvibilità corretta di cui al capo IV del titolo XV del medesimo codice, per l'esercizio 2010 e fino al 30 giugno 2011, possono tener conto del valore di iscrizione nel bilancio individuale dei titoli di debito destinati a permanere durevolmente nel patrimonio ed emessi o garantiti da Stati dell'Unione europea. Tale misura, in relazione all'evoluzione della situazione di turbolenza dei mercati finanziari, può essere reiterata con decreto del Ministro dell'economia e delle finanze, sentito l'ISVAP. Gli effetti derivanti dall'applicazione del presente comma non sono duplicabili con altri benefici che direttamente o indirettamente incidono sul calcolo della solvibilità corretta.*] (17)

[*15-ter. Le imprese di cui all'articolo 210, commi 1 e 2, del codice delle assicurazioni private, di cui al decreto legislativo 7 settembre 2005, n. 209, assicurano la permanenza nell'ambito del gruppo di risorse finanziarie corrispondenti alla differenza di valutazione conseguente all'applicazione del comma 15-bis. L'ISVAP disciplina con regolamento modalità, condizioni e limiti di attuazione del medesimo comma, anche al fine di assicurare la coerenza con altri benefici che direttamente o indirettamente incidono sul calcolo della solvibilità corretta.*] (18)

15-quater. Considerata l'eccezionale e prolungata situazione di turbolenza nei mercati finanziari, le imprese di cui all'articolo 91, comma 2, del codice delle assicurazioni private, di cui al decreto legislativo 7 settembre 2005, n. 209, a partire dall'esercizio 2012 e fino all'entrata in vigore delle disposizioni di attuazione della direttiva 2009/138/CE del Parlamento europeo e del Consiglio, del 25 novembre 2009, in materia di accesso ed esercizio delle attività di assicurazione e riassicurazione, possono valutare i titoli di debito emessi o garantiti da Stati dell'Unione europea non destinati a permanere durevolmente nel proprio patrimonio in base al valore di iscrizione così come risultante dall'ultimo bilancio o, ove disponibile, dall'ultima relazione semestrale regolarmente approvati anziché al valore desumibile dall'andamento del mercato, fatta eccezione per le perdite di carattere durevole. Le imprese applicano le disposizioni di cui al presente comma previa verifica della coerenza con la struttura degli impegni finanziari connessi al proprio portafoglio assicurativo (19).

15-quinquies. Le imprese di cui all'articolo 91, comma 2, del codice delle assicurazioni private, di cui al decreto legislativo 7 settembre 2005, n. 209, che si avvalgono della facoltà di cui al comma 15-quater, destinano a una riserva indisponibile utili di ammontare corrispondente alla differenza tra i valori registrati in applicazione delle disposizioni di cui al comma 15-quater, e i valori di mercato alla data di chiusura dell'esercizio, al netto del relativo onere fiscale. In caso di utili di importo inferiore a quello della citata differenza, la riserva è integrata utilizzando riserve di utili disponibili o, in mancanza, mediante utili di esercizi successivi (20).

15-sexies. Ferme restando le disposizioni di cui ai commi 15-quater e 15-quinquies, le imprese di cui all'articolo 210, commi 1 e 2, del codice delle assicurazioni private, di cui al decreto legislativo 7 settembre 2005, n. 209, ai fini della verifica della solvibilità corretta di cui al capo IV del titolo XV del medesimo codice, a partire dall'esercizio 2012 e fino all'entrata in vigore delle disposizioni di attuazione della citata direttiva 2009/138/CE del Parlamento europeo e del Consiglio, del 25 novembre 2009, possono tener conto del valore di iscrizione nel bilancio individuale delle imprese di assicurazione italiane dei titoli di debito emessi o garantiti da Stati dell'Unione europea destinati a permanere durevolmente nel proprio patrimonio. Gli effetti derivanti dall'applicazione del presente comma non sono duplicabili con altri benefici che direttamente o indirettamente incidono sul calcolo della solvibilità corretta (21).

15-septies. Le imprese di cui all'articolo 210, commi 1 e 2, del codice delle assicurazioni private, di cui al decreto legislativo 7 settembre 2005, n. 209, assicurano la permanenza nel gruppo di risorse finanziarie corrispondenti alla differenza di valutazione conseguente all'applicazione del comma 15-sexies (22).

15-octies. L'ISVAP disciplina con regolamento modalità e condizioni di attuazione delle disposizioni di cui ai commi 15-quater, 15-quinquies, 15-sexies e 15-septies. Fermi restando gli effetti conseguenti all'esercizio delle opzioni di cui ai commi 15-quater e 15-sexies, l'ISVAP, ove ravvisi un possibile pregiudizio per la solvibilità dell'impresa che si avvale delle citate opzioni avuto riguardo alle caratteristiche specifiche degli impegni del portafoglio assicurativo dell'impresa stessa oppure alla struttura dei flussi di cassa attesi, può comunque attivare gli strumenti di vigilanza di cui ai titoli XIV, XV e XVI del citato codice di cui al decreto legislativo 7 settembre 2005, n. 209, nonché emanare, a fini di stabilità, disposizioni di carattere particolare aventi ad oggetto il governo societario, i requisiti generali di organizzazione, i sistemi di remunerazione e, ove la situazione lo richieda, adottare provvedimenti restrittivi o limitativi concernenti la distribuzione degli utili o di altri elementi del patrimonio [(23)].

16. I soggetti indicati nell'articolo 73, comma 1, lettere a) e b), del testo unico delle imposte sui redditi, approvato con decreto del Presidente della Repubblica 22 dicembre 1986, n. 917, nonché le società in nome collettivo, in accomandita semplice ed equiparate, che non adottano i principi contabili internazionali nella redazione del bilancio, possono, anche in deroga all'articolo 2426 del codice civile e ad ogni altra disposizione di legge vigente in materia, rivalutare i beni immobili, ad esclusione delle aree fabbricabili e degli immobili alla cui produzione o al cui scambio è diretta l'attività di impresa, risultanti dal bilancio in corso al 31 dicembre 2007.

17. La rivalutazione deve essere eseguita nel bilancio o rendiconto dell'esercizio successivo a quello in corso al 31 dicembre 2007, per il quale il termine di approvazione scade successivamente alla data di entrata in vigore del presente decreto, deve riguardare tutti i beni appartenenti alla stessa categoria omogenea e deve essere annotata nel relativo inventario e nella nota integrativa. A tal fine si intendono compresi in due distinte categorie gli immobili ammortizzabili e quelli non ammortizzabili.

18. Il saldo attivo risultante dalle rivalutazioni eseguite deve essere imputato al capitale o accantonato in una speciale riserva designata con riferimento al presente decreto, con esclusione di ogni diversa utilizzazione, che ai fini fiscali costituisce riserva in sospensione di imposta [(24)].

19. Il saldo attivo della rivalutazione può essere affrancato con l'applicazione in capo alla società di una imposta sostitutiva dell'imposta sul reddito delle persone fisiche, dell'imposta sul reddito delle società, dell'imposta regionale sulle attività produttive e di eventuali addizionali nella misura del 10 per cento da versare con le modalità indicate al comma 23.

20. Il maggior valore attribuito ai beni in sede di rivalutazione può essere riconosciuto ai fini delle imposte sui redditi e dell'imposta regionale sulle attività produttive a decorrere dal quinto esercizio successivo a quello con riferimento al quale la rivalutazione è stata eseguita, con il versamento di un'imposta sostitutiva dell'imposta sul reddito delle persone fisiche, dell'imposta sul reddito delle società, dell'imposta regionale sulle attività produttive e di eventuali addizionali con la misura del 3 per cento per gli immobili ammortizzabili e dell'1,5 per cento relativamente agli immobili non ammortizzabili, da computare in diminuzione del saldo attivo della rivalutazione [(25)].

21. Nel caso di cessione a titolo oneroso, di assegnazione ai soci, di destinazione a finalità estranee all'esercizio dell'impresa ovvero al consumo personale o familiare dell'imprenditore dei beni rivalutati in data anteriore a quella di inizio del sesto esercizio successivo a quello nel cui bilancio la rivalutazione è stata eseguita, ai fini della determinazione delle plusvalenze o minusvalenze si ha riguardo al costo del bene prima della rivalutazione [(26)].

22. Le imposte sostitutive di cui ai commi 19 e 20 devono essere versate, a scelta, in un'unica soluzione entro il termine di versamento del saldo delle imposte sui redditi dovute per il periodo di imposta con riferimento al quale la rivalutazione è eseguita, ovvero in tre rate di cui la prima con la medesima scadenza di cui sopra e le altre con scadenza entro il termine rispettivamente previsto per il versamento a saldo delle imposte sui redditi relative ai periodi d'imposta successivi. In caso di versamento rateale sulle rate successive alla prima sono dovuti gli interessi legali con la misura del 3 per cento annuo da versarsi contestualmente al versamento di ciascuna rata. Gli importi da versare possono essere compensati ai sensi del decreto legislativo 9 luglio 1997, n. 241 [(27)].

23. Si applicano, in quanto compatibili, le disposizioni degli articoli 11, 13 e 15 della legge 21 novembre 2000, n. 342, quelle del decreto del Ministro delle finanze 13 aprile 2001, n. 162 e del decreto del Ministro dell'Economia e delle finanze 19 aprile 2002, n. 86.

[(1)] *Lettera modificata dall'articolo 1, comma 1, della Legge 28 gennaio 2009, n. 2, in sede di conversione.*
[(2)] *Lettera sostituita dall'articolo 1, comma 1, della Legge 28 gennaio 2009, n. 2, in sede di conversione.*
[(3)] *Comma modificato dall'articolo 1, comma 1, della Legge 28 gennaio 2009, n. 2, in sede di conversione.*
[(4)] *Comma aggiunto dall'articolo 1, comma 1, della Legge 28 gennaio 2009, n. 2, in sede di conversione.*
[(5)] *Comma aggiunto dall'articolo 1, comma 1, della Legge 28 gennaio 2009, n. 2, in sede di conversione.*
[(6)] *Comma modificato dall'articolo 1, comma 1, della Legge 28 gennaio 2009, n. 2, in sede di conversione, dall'articolo 2, comma 59, del D.L. 29 dicembre 2010, n. 225, convertito con modificazioni in Legge 26 febbraio 2011, n. 10 e dall'articolo 1, comma 95, della Legge 28 dicembre 2015, n. 208.*
[(7)] *Comma aggiunto dall'articolo 23, comma 12, del D.L. 6 luglio 2011, n. 98, convertito con modificazioni in Legge 15 luglio 2011, n. 111 e successivamente modificato dall'articolo 1, comma 81 lettera a) della Legge. 27 dicembre 2017, n. 205, per l'applicazione vedi l'articolo 1, comma 82 della Legge. 27 dicembre 2017, n. 205. A norma dell'articolo 1, comma 150, della Legge 27 dicembre 2013, n. 147, le disposizioni di cui al presente comma si applicano anche alle operazioni effettuate a decorrere dal periodo di imposta in corso al 31 dicembre 2012.*
[(8)] *Comma aggiunto dall'articolo 23, comma 12, del D.L. 6 luglio 2011, n. 98, convertito con modificazioni in Legge 15 luglio 2011, n. 111 e successivamente modificato dall'articolo 1, comma 81 lettera a) della Legge. 27 dicembre 2017, n. 205, per l'applicazione vedi l'articolo 1, comma 82 della Legge. 27 dicembre 2017, n. 205. A norma dell'articolo 1, comma 150, della Legge 27 dicembre 2013, n. 147, le disposizioni di cui al presente comma si applicano anche alle operazioni effettuate a decorrere dal periodo di imposta in corso al 31 dicembre 2012.*
[(9)] *Comma modificato dall'articolo 1, comma 1, della Legge 28 gennaio 2009, n. 2, in sede di conversione.*
[(10)] *Comma aggiunto dall'articolo 1, comma 1, della Legge 28 gennaio 2009, n. 2, in sede di conversione.*
[(11)] *A norma dell'articolo 52, comma 1-bis, del D.L. 31 maggio 2010, n. 78, convertito con modificazioni in Legge 30 luglio 2010, n. 122, la disposizione di cui al presente comma, si applica anche per l'esercizio in corso alla data del 31 maggio 2010. Vedi l'articolo 1 del D.M. 24 luglio 2009 e l'articolo 1 del D.M. 27 luglio 2011. A norma dell'articolo 1 del D.M. 18 dicembre 2012 le disposizioni di cui al presente comma, si applicano anche per tutto l'esercizio 2012.*
[(12)] *Comma modificato dall'articolo 2, comma 17-terdecies, del D.L. 29 dicembre 2010, n. 225, convertito con modificazioni in Legge 26 febbraio 2011, n. 10 e successivamente dall'articolo 29, comma 16-terdecies, lettera a), del D.L. 29 dicembre 2011, n. 216, convertito con modificazioni in Legge 24 febbraio 2012, n. 14.*
[(13)] *Comma modificato dall'articolo 1, comma 1, della Legge 28 gennaio 2009, n. 2, in sede di conversione e successivamente abrogato dall'articolo 29, comma 16-terdecies, lettera b), del D.L. 29 dicembre 2011, n. 216, convertito con modificazioni in Legge 24 febbraio 2012, n.*

14.
(14) A norma dell'articolo 52, comma 1-bis, del D.L. 31 maggio 2010, n. 78, convertito con modificazioni in Legge 30 luglio 2010, n. 122, la disposizione di cui al presente comma, si applica anche per l'esercizio in corso alla data del 31 maggio 2010.
(15) Comma modificato dall'articolo 1, comma 1, della Legge 28 gennaio 2009, n. 2, in sede di conversione e successivamente abrogato dall'articolo 29, comma 16-terdecies, lettera b), del D.L. 29 dicembre 2011, n. 216, convertito con modificazioni in Legge 24 febbraio 2012, n. 14.
(16) A norma dell'articolo 52, comma 1-bis, del D.L. 31 maggio 2010, n. 78, convertito con modificazioni in Legge 30 luglio 2010, n. 122, la disposizione di cui al presente comma, si applica anche per l'esercizio in corso alla data del 31 maggio 2010.
(17) Comma aggiunto dall'articolo 2, comma 17-terdecies, del D.L. 29 dicembre 2010, n. 225, convertito con modificazioni in Legge 26 febbraio 2011, n. 10 e successivamente abrogato dall'articolo 29, comma 16-terdecies, lettera b), del D.L. 29 dicembre 2011, n. 216, convertito con modificazioni in Legge 24 febbraio 2012, n. 14.
(18) Comma aggiunto dall'articolo 2, comma 17-terdecies, del D.L. 29 dicembre 2010, n. 225, convertito con modificazioni in Legge 26 febbraio 2011, n. 10 e successivamente abrogato dall'articolo 29, comma 16-terdecies, lettera b), del D.L. 29 dicembre 2011, n. 216, convertito con modificazioni in Legge 24 febbraio 2012, n. 14.
(19) Comma aggiunto dall'articolo 29, comma 16-terdecies, lettera c), del D.L. 29 dicembre 2011, n. 216, convertito con modificazioni in Legge 24 febbraio 2012, n. 14. In riferimento al presente comma, vedi il Regolamento ISVAP 12 luglio 2012, n. 43.
(20) Comma aggiunto dall'articolo 29, comma 16-terdecies, lettera c), del D.L. 29 dicembre 2011, n. 216, convertito con modificazioni in Legge 24 febbraio 2012, n. 14. In riferimento al presente comma, vedi il Regolamento ISVAP 12 luglio 2012, n. 43.
(21) Comma aggiunto dall'articolo 29, comma 16-terdecies, lettera c), del D.L. 29 dicembre 2011, n. 216, convertito con modificazioni in Legge 24 febbraio 2012, n. 14. In riferimento al presente comma, vedi il Regolamento ISVAP 12 luglio 2012, n. 43.
(22) Comma aggiunto dall'articolo 29, comma 16-terdecies, lettera c), del D.L. 29 dicembre 2011, n. 216, convertito con modificazioni in Legge 24 febbraio 2012, n. 14. In riferimento al presente comma, vedi il Regolamento ISVAP 12 luglio 2012, n. 43.
(23) Comma aggiunto dall'articolo 29, comma 16-terdecies, lettera c), del D.L. 29 dicembre 2011, n. 216, convertito con modificazioni in Legge 24 febbraio 2012, n. 14. In riferimento al presente comma, vedi il Regolamento ISVAP 12 luglio 2012, n. 43.
(24) Comma modificato dall'articolo 1, comma 1, della Legge 28 gennaio 2009, n. 2, in sede di conversione.
(25) Comma modificato dall'articolo 1, comma 1, della Legge 28 gennaio 2009, n. 2, in sede di conversione e successivamente dall'articolo 5, comma 1, del D.L. 10 febbraio 2009, n. 5, convertito con modificazioni in Legge 9 aprile 2009, n. 33.
(26) Comma modificato dall'articolo 1, comma 1, della Legge 28 gennaio 2009, n. 2, in sede di conversione.
(27) Comma modificato dall'articolo 1, comma 1, della Legge 28 gennaio 2009, n. 2, in sede di conversione.

TITOLO V
Disposizioni finanziarie

27. Accertamenti. – 1. All'articolo 5, del decreto legislativo del 19 giugno 1997, n. 218, sono apportate le seguenti modifiche:

a) al comma 1, dopo la lettera b) sono aggiunte le seguenti:

«c) le maggiori imposte, ritenute, contributi, sanzioni ed interessi dovuti in caso di definizione agevolata di cui al comma 1-bis;

d) i motivi che hanno dato luogo alla determinazione delle maggiori imposte, ritenute e contributi di cui alla lettera c)»;

b) dopo il comma 1, sono aggiunti i seguenti:

«1-bis. Il contribuente può prestare adesione ai contenuti dell'invito di cui al comma 1 mediante comunicazione al competente ufficio e versamento delle somme dovute entro il quindicesimo giorno antecedente la data fissata per la comparizione. Alla comunicazione di adesione, che deve contenere, in caso di pagamento rateale, l'indicazione del numero delle rate prescelte, deve essere unita la quietanza dell'avvenuto pagamento della prima o unica rata. In presenza dell'adesione la misura delle sanzioni applicabili indicata nell'articolo 2, comma 5, è ridotta alla metà.

1-ter. Il pagamento delle somme dovute indicate nell'invito di cui al comma 1 deve essere effettuato con le modalità di cui all'articolo 8, senza prestazione delle garanzie ivi previste in caso di versamento rateale. Sull'importo delle rate successive alla prima sono dovuti gli interessi al saggio legale calcolati dal giorno successivo al versamento della prima rata.

1-quater. In caso di mancato pagamento delle somme dovute di cui al comma 1-bis il competente ufficio dell'Agenzia delle entrate provvede all'iscrizione a ruolo a titolo definitivo delle predette somme a norma dell'articolo 14 del decreto del Presidente della Repubblica 29 settembre 1973, n. 602.

1-quinquies. Le disposizioni di cui ai commi 1-bis, 1-ter e 1-quater del presente articolo non si applicano agli inviti preceduti dai processi verbali di constatazione definibili ai sensi dell'articolo 5-bis, comma 1, per i quali non sia stata prestata adesione e con riferimento alle maggiori imposte ed altre somme relative alle violazioni indicate nei processi verbali stessi che consentono l'emissione degli accertamenti di cui all'articolo 41-bis del decreto del Presidente della Repubblica 29 settembre 1973, n. 600 e all'articolo 54, quarto comma, del decreto del Presidente della Repubblica 26 ottobre 1972, n. 633.»;

c) i commi 2 e 3 sono abrogati.

1-bis. All'articolo 11 del decreto legislativo 19 giugno 1997, n. 218, sono apportate le seguenti modificazioni:

a) al comma 1 sono aggiunte, in fine, le seguenti lettere:

"b-bis) le maggiori imposte, sanzioni e interessi dovuti in caso di definizione agevolata di cui al comma 1-bis;

b-ter) i motivi che hanno dato luogo alla determinazione delle maggiori imposte di cui alla lettera b-bis)";

b) dopo il comma 1 è aggiunto il seguente:

"1-bis. Il contribuente può prestare adesione ai contenuti dell'invito di cui al comma 1. Per le modalità di definizione dell'invito, compresa l'assenza della prestazione delle garanzie previste dall'articolo 8, per la misura degli interessi e per le modalità di computo degli stessi in caso di versamento rateale, nonché per i poteri del competente ufficio dell'Agenzia delle entrate in caso di mancato pagamento delle somme dovute per la definizione, si applicano le disposizioni di cui all'articolo 5, commi 1-bis, 1-ter e 1-quater. In presenza dell'adesione all'invito di cui al comma 1 del presente articolo, la misura delle sanzioni indicata nell'articolo 3, comma 3, applicabile per ciascun tributo di cui all'articolo 1, comma 2, è ridotta alla metà" (1).

2. La comunicazione dell'adesione effettuata ai sensi dei commi 1, lettera b), e 1-bis del presente articolo, deve essere effettuata con le modalità previste dal provvedimento del direttore dell'Agenzia delle entrate emanato in attuazione dell'articolo 83, comma 18-quater del decreto-legge 25 giugno 2008, n. 112, convertito, con modificazioni, dalla legge 6 agosto 2008, n. 133 (2).

3. Le disposizioni di cui al comma 1 del presente articolo, si applicano con riferimento agli inviti emessi dagli uffici dell'Agenzia delle entrate a decorrere dal 1° gennaio 2009.

3-bis. Le disposizioni di cui ai commi 1-bis e 2 si applicano agli inviti di cui all'articolo 11 del decreto legislativo 19 giugno 1997, n. 218, emessi dagli uffici dell'Agenzia delle entrate a decorrere dalla data di entrata in vigore della legge di conversione del presente decreto (3).

4. Dopo l'articolo 10-bis della legge 8 maggio 1998, n. 146, è aggiunto il seguente: «Art. 10-ter (Limiti alla possibilità per l'Amministrazione finanziaria di effettuare accertamenti presuntivi in caso di adesione agli inviti a comparire ai fini degli studi di settore). - 1. In caso di adesione ai sensi dell'articolo 5, comma 1-bis del decreto legislativo 19 giugno 1997, n. 218, ai contenuti degli inviti di cui al comma 3-bis dell'articolo 10, relativi ai periodi d'imposta in corso al 31 dicembre 2006 e successivi, gli ulteriori accertamenti basati sulle presunzioni semplici di cui all'articolo 39, primo comma, lettera d), secondo periodo, del decreto del Presidente della Repubblica 29 settembre 1973, n. 600, e all'articolo 54, secondo comma, ultimo periodo, del decreto del Presidente della Repubblica 26 ottobre 1972, n. 633, non possono essere effettuati qualora l'ammontare delle attività non dichiarate, con un massimo di 50.000 euro, sia pari o inferiore al 40 % dei ricavi o compensi definiti. Ai fini dell'applicazione della presente disposizione, per attività, ricavi o compensi si intendono quelli indicati al comma 4, lettera a), dell'articolo 10.

2. La disposizione di cui al comma 1 del presente articolo, si applica a condizione che non siano irrogabili, per l'annualità oggetto dell'invito di cui al comma precedente, le sanzioni di cui ai commi 2-bis e 4-bis, rispettivamente degli articoli 1 e 5 del decreto legislativo 18 dicembre 1997, n. 471, nonché al comma 2-bis, dell'articolo 32, del decreto legislativo 15 dicembre 1997, n. 446.».

4-bis. All'articolo 4 del decreto legislativo 19 giugno 1997, n. 218, sono apportate le seguenti modificazioni:

a) al comma 2, primo periodo, dopo le parole: "in forma societaria" sono inserite le seguenti: ", e in caso di società che optano per la trasparenza fiscale di cui agli articoli 115 e 116 del medesimo testo unico";

b) il comma 3 è abrogato (4).

4-ter. All'articolo 15 del decreto legislativo 19 giugno 1997, n. 218, e successive modificazioni, è aggiunto, in fine, il seguente comma:

"2-bis. Fermo restando quanto previsto dal comma 1, le sanzioni ivi indicate sono ridotte alla metà se l'avviso di accertamento e di liquidazione non è stato preceduto dall'invito di cui all'articolo 5 o di cui all'articolo 11. La disposizione di cui al periodo precedente non si applica nei casi in cui il contribuente non abbia prestato adesione ai sensi dell'articolo 5-bis e con riferimento alle maggiori imposte e alle altre somme relative alle violazioni indicate nei processi verbali che consentono l'emissione degli accertamenti di cui all'articolo 41-bis del decreto del Presidente della Repubblica 29 settembre 1973, n. 600, e successive modificazioni, e all'articolo 54, quarto comma, del decreto del Presidente della Repubblica 26 ottobre 1972, n. 633, e successive modificazioni" (5).

5. L'articolo 22 del decreto legislativo 18 dicembre 1997, n. 472, si applica anche alle somme dovute per il pagamento di tributi e dei relativi interessi agli uffici e agli enti di cui al comma 1 del medesimo articolo, in base ai processi verbali di constatazione (6).

6. In caso di pericolo per la riscossione, dopo la notifica, da parte dell'ufficio o ente, del provvedimento con il quale vengono accertati maggiori tributi, si applicano, per tutti gli importi dovuti, le disposizioni di cui ai commi da 1 a 6, dell'articolo 22, del decreto legislativo 18 dicembre 1997, n. 472.

7. Le misure cautelari, che, in base al processo verbale di constatazione, al provvedimento con il quale vengono accertati maggiori tributi, al provvedimento di irrogazione della sanzione oppure all'atto di contestazione, sono adottate ai sensi dell'articolo 22 del decreto legislativo 18 dicembre 1997, n. 472, e successive modificazioni, conservano, senza bisogno di alcuna formalità o annotazione, la loro validità e il loro grado a favore dell'agente della riscossione che ha in carico il ruolo. Quest'ultimo può procedere all'esecuzione sui beni sequestrati o ipotecati secondo le disposizioni del decreto del Presidente della Repubblica 29 settembre 1973, n. 602, fermo restando quanto previsto, in particolare, dall'articolo 76 del medesimo decreto del Presidente della Repubblica n. 602 del 1973, e successive modificazioni (7).

8. All'articolo 19, comma 4, del decreto legislativo 13 aprile 1999, n. 112, dopo l'ultimo periodo è aggiunto il seguente: «A tal fine l'ufficio dell'Agenzia delle entrate si avvale anche del potere di cui all'articolo 32, primo comma n. 7), del decreto del Presidente della Repubblica 29 settembre 1973, n. 600, e 51, secondo comma n. 7), del decreto del Presidente della Repubblica 26 ottobre 1972, n. 633.».

9. Per le dichiarazioni in materia di imposte sui redditi e le dichiarazioni IVA delle imprese di più rilevante dimensione, l'Agenzia delle entrate attiva un controllo sostanziale, di norma, entro l'anno successivo a quello della presentazione (8).

10. Si considerano imprese di più rilevante dimensione quelle che conseguono un volume d'affari o ricavi non inferiori a trecento milioni di euro. Tale importo è gradualmente diminuito fino a cento milioni di euro entro il 31 dicembre 2011. Le modalità della riduzione sono stabilite con provvedimento del Direttore dell'Agenzia delle entrate, tenuto conto delle esigenze organizzative connesse all'attuazione del comma 9.

11. Il controllo sostanziale previsto dal comma 9 è realizzato in modo selettivo sulla base di specifiche analisi di rischio concernenti il settore produttivo di appartenenza dell'impresa o, se disponibile, sul profilo di rischio della singola impresa, dei soci, delle partecipate e delle operazioni effettuate, desunto anche dai precedenti fiscali.

12. Le istanze di interpello di cui all'articolo 11, comma 5, della legge 27 luglio 2000, n. 212, all'articolo 21, della legge 3 dicembre 1991, n. 413, e all'articolo 37-bis, comma 8, del decreto del Presidente della Repubblica del 29 settembre 1973, n. 600, proposte dalle imprese indicate nel precedente comma 10 sono presentate secondo le modalità di cui al regolamento di cui al decreto del Ministro delle finanze 13 giugno 1997, n. 195, ed il rispetto della soluzione interpretativa oggetto della risposta viene verificato nell'ambito del controllo di cui al precedente comma 9 (9).

13. Ferme restando le previsioni di cui ai commi da 9 a 12, a decorrere dal 1° gennaio 2009, per i contribuenti con volume d'affari, ricavi o compensi non inferiore a cento milioni di euro, le attribuzioni ed i poteri previsti dagli articoli 31 e seguenti del decreto del Presidente della Repubblica 29 settembre 1973, n. 600, nonché quelli previsti dagli articoli 51 e seguenti del decreto del Presidente della Re-

pubblica 26 ottobre 1972, n. 633, sono demandati alle strutture individuate con il regolamento di amministrazione dell'Agenzia delle entrate di cui all'articolo 71, del decreto legislativo 30 luglio 1999, n. 300.

14. Alle strutture di cui al comma 13 sono demandate le attività:

a) di liquidazione prevista dagli articoli 36-bis del decreto del Presidente della Repubblica 29 settembre 1973, n. 600, e 54-bis, del decreto del Presidente della Repubblica 26 ottobre 1972, n. 633, relativa ai periodi d'imposta in corso alla data del 31 dicembre 2006 e successivi;

b) di controllo formale previsto dall'articolo 36-ter del decreto del Presidente della Repubblica 29 settembre 1973, n. 600, relativa ai periodi d'imposta in corso alla data del 31 dicembre 2006 e successivi;

c) di controllo sostanziale con riferimento alla quale, alla data del 1 gennaio 2009, siano ancora in corso i termini previsti dall'articolo 43 del decreto del Presidente della Repubblica 29 settembre 1973, n. 600, e all'articolo 57 del decreto del Presidente della Repubblica 26 ottobre 1972, n. 633;

d) di recupero dei crediti [*non spettanti o*] inesistenti utilizzati [*anche*] in compensazione ai sensi dell'articolo 17 del decreto legislativo 9 luglio 1997, n. 241, con riferimento ai quali, alla data di entrata in vigore del presente decreto, siano in corso i termini per il relativo recupero [(10)];

e) di gestione del contenzioso relativo a tutti gli atti di competenza delle strutture stesse.

e-bis) di rimborso in materia di imposte dirette e di imposta sul valore aggiunto, relativo ai periodi d'imposta in corso alla data del 31 dicembre 2006 e successivi [(11)].

15. L'Agenzia delle entrate svolge i compiti previsti dal presente articolo e procede alla riorganizzazione ai sensi del comma 13 con le risorse umane e finanziarie assegnate a legislazione vigente.

16. Salvi i più ampi termini previsti dalla legge in caso di violazione che comporta l'obbligo di denuncia ai sensi dell'articolo 331 del codice di procedura penale per il reato previsto dall'articolo 10-quater, del decreto legislativo 10 marzo 2000, n. 74, l'atto di cui all'articolo 1, comma 421, della legge 30 dicembre 2004, n. 311, emesso a seguito del controllo degli importi a credito indicati nei modelli di pagamento unificato per la riscossione di crediti inesistenti utilizzati in compensazione ai sensi dell'articolo 17, del decreto legislativo 9 luglio 1997, n. 241, deve essere notificato, a pena di decadenza, entro il 31 dicembre dell'ottavo anno successivo a quello del relativo utilizzo.

17. La disposizione di cui al comma 16 si applica a decorrere dalla data di presentazione del modello di pagamento unificato nel quale sono indicati crediti inesistenti utilizzati in compensazione in anni con riferimento ai quali alla data di entrata in vigore del presente decreto siano ancora pendenti i termini di cui al primo comma dell'articolo 43 del decreto del Presidente della Repubblica 29 settembre 1973, n. 600, e dell'articolo 57 del decreto del Presidente della Repubblica 26 ottobre 1972, n. 633 [(12)].

[*18. L'utilizzo in compensazione di crediti inesistenti per il pagamento delle somme dovute è punito con la sanzione dal cento al duecento per cento della misura dei crediti stessi. È punito con la sanzione del duecento per cento della misura dei crediti compensati chiunque utilizza i crediti di cui al primo periodo per il pagamento delle somme dovute per un ammontare superiore a cinquantamila euro per ciascun anno solare. Per le sanzioni previste nel presente comma, in nessun caso si applica la definizione agevolata prevista dagli articoli 16, comma 3, e 17, comma 2, del decreto legislativo 18 dicembre 1997, n. 472.*] [(13)]

19. In caso di mancato pagamento entro il termine assegnato dall'ufficio, comunque non inferiore a sessanta giorni, le somme dovute in base all'atto di recupero di cui al comma 16, anche se non definitivo, sono iscritte a ruolo ai sensi dell'articolo 15-bis del decreto del Presidente della Repubblica 29 settembre 1973, n. 602.

20. Per la notifica della cartella di pagamento relativa alle somme che risultano dovute in base all'atto di recupero di cui all'articolo 1, comma 421, della legge 30 dicembre 2004, n. 311, e al comma 16 del presente articolo, si applica il termine previsto dall'articolo 25, primo comma, lettera c), del decreto del Presidente della Repubblica 29 settembre 1973, n. 602[(14)].

21. In relazione alle disposizioni di cui ai commi da 16 a 20, le dotazioni finanziarie della missione di spesa «Politiche economico-finanziarie e di bilancio» sono ridotte di 110 milioni di euro per l'anno 2009, di 165 milioni di euro per l'anno 2010 e di 220 milioni di euro a decorrere dall'anno 2011.

21-bis. Al fine di potenziare le capacità di accertamento dell'amministrazione finanziaria, senza nuovi o maggiori oneri a carico della finanza pubblica, l'Amministrazione autonoma dei monopoli di Stato può avvalersi del personale del Ministero dell'economia e delle finanze, attualmente in servizio presso le direzioni territoriali dell'economia e delle finanze, previa adeguata formazione specialistica [(15)].

21-ter. All'articolo 2 del decreto-legge 16 settembre 2008, n. 143, convertito, con modificazioni, dalla legge 13 novembre 2008, n. 181, sono apportate le seguenti modificazioni:

a) dopo il comma 3 è inserito il seguente:

"3-bis. In caso di omessa intestazione ovvero di mancata trasmissione delle relative informazioni ai sensi del comma 3, il Ministero dell'economia e delle finanze applica nei riguardi della società Poste italiane S.p.A., delle banche e degli altri operatori finanziari autori dell'illecito una sanzione amministrativa pecuniaria nella misura prevista dall'articolo 1, comma 1, primo periodo, del decreto legislativo 18 dicembre 1997, n. 471, con riferimento all'ammontare delle risorse di cui al comma 3 del presente articolo per le quali risulta omessa l'intestazione ovvero la trasmissione delle relative informazioni. Il Ministero dell'economia e delle finanze verifica il corretto adempimento degli obblighi di cui al comma 3 da parte della società Poste italiane S.p.A., delle banche e degli altri operatori finanziari, anche avvalendosi del Corpo della guardia di finanza, che opera a tal fine con i poteri previsti dalle leggi in materia di imposte sui redditi e di imposta sul valore aggiunto";

b) al comma 7, alinea, le parole da: "previa verifica dei presupposti" fino a: "quote delle risorse" sono sostituite dalle seguenti: "fino a una percentuale non superiore al 30 per cento relativamente alle sole risorse oggetto di sequestro penale o amministrativo, le quote delle risorse, rese disponibili per massa e in base a criteri statistici,";

c) dopo il comma 7-ter è inserito il seguente:

"7-quater. Con decreto interdipartimentale del Capo del Dipartimento della Ragioneria generale dello Stato, di concerto con il Direttore dell'Agenzia delle entrate e con il Capo del Dipartimento della pubblica sicurezza, la percentuale di cui all'alinea del comma 7 può essere elevata fino al 50 per cento in funzione del progressivo consolidamento dei dati statistici" [16].

[1] *Comma aggiunto dall'articolo 1, comma 1, della Legge 28 gennaio 2009, n. 2, in sede di conversione.*
[2] *Comma modificato dall'articolo 1, comma 1, della Legge 28 gennaio 2009, n. 2, in sede di conversione.*
[3] *Comma aggiunto dall'articolo 1, comma 1, della Legge 28 gennaio 2009, n. 2, in sede di conversione.*
[4] *Comma aggiunto dall'articolo 1, comma 1, della Legge 28 gennaio 2009, n. 2, in sede di conversione.*
[5] *Comma aggiunto dall'articolo 1, comma 1, della Legge 28 gennaio 2009, n. 2, in sede di conversione.*
[6] *Comma modificato dall'articolo 1, comma 1, della Legge 28 gennaio 2009, n. 2, in sede di conversione.*
[7] *Comma sostituito dall'articolo 15, comma 8-quater, del D.L. 1° luglio 2009, n. 78, convertito con modificazioni dalla Legge 3 agosto 2009, n. 102 e successivamente modificato dall'articolo 29, comma 5, del D.L. 31 maggio 2010, n. 78, convertito con modificazioni dalla Legge 3 agosto 2010, n. 122.*
[8] *Comma modificato dall'articolo 1, comma 1, della Legge 28 gennaio 2009, n. 2, in sede di conversione.*
[9] *Comma modificato dall'articolo 1, comma 1, della Legge 28 gennaio 2009, n. 2, in sede di conversione.*
[10] *Lettera modificata dall'articolo 1, comma 1, della Legge 28 gennaio 2009, n. 2, in sede di conversione.*
[11] *Lettera aggiunta dall'articolo 1, comma 1, della Legge 28 gennaio 2009, n. 2, in sede di conversione.*
[12] *Comma modificato dall'articolo 1, comma 1, della Legge 28 gennaio 2009, n. 2, in sede di conversione.*
[13] *Comma modificato dall'articolo 7, comma 2, del D.L. 10 febbraio 2009, n. 5, convertito con modificazioni dalla Legge 9 aprile 2009, n. 33 e successivamente dall'articolo 10, comma 8, del D.L. 1° luglio 2009, n. 78, convertito con modificazioni dalla Legge 3 agosto 2009, n. 102. Da ultimo, comma abrogato dall'articolo 32, comma 2, lettera b), del D.Lgs. 24 settembre 2015, n. 158, con la decorrenza indicata nel medesimo comma, come modificato dall'articolo 1, comma 133, della Legge 28 dicembre 2015, n. 208.*
[14] *Comma modificato dall'articolo 1, comma 1, della Legge 28 gennaio 2009, n. 2, in sede di conversione.*
[15] *Comma aggiunto dall'articolo 1, comma 1, della Legge 28 gennaio 2009, n. 2, in sede di conversione.*
[16] *Comma aggiunto dall'articolo 1, comma 1, della Legge 28 gennaio 2009, n. 2, in sede di conversione.*

28. Escussione delle garanzie prestate a favore della p.a. – 1. Le pubbliche amministrazioni di cui all'articolo 1, comma 2, del decreto legislativo 30 marzo 2001, n. 165, escutono le fideiussioni e le polizze fideiussorie a prima richiesta acquisite a garanzia di propri crediti di importo superiore a duecentocinquanta milioni di euro entro trenta giorni dal verificarsi dei presupposti dell'escussione; a tal fine, esse notificano al garante un invito, contenente l'indicazione delle somme dovute e dei presupposti di fatto e di diritto della pretesa, a versare l'importo garantito entro trenta giorni o nel diverso termine eventualmente stabilito nell'atto di garanzia. In caso di inadempimento del garante, i predetti crediti sono iscritti a ruolo, in solido nei confronti del debitore principale e dello stesso garante, entro trenta giorni dall'inutile scadenza del termine di pagamento contenuto nell'invito.

2. I dipendenti pubblici che non adempiono alle disposizioni previste dal comma 1 del presente articolo sono soggetti al giudizio di responsabilità dinanzi alla Corte dei conti.

29. Meccanismi di controllo per assicurare la trasparenza e l'effettiva copertura delle agevolazioni fiscali. – 1. Le disposizioni di cui ai commi 1 e 2, dell'articolo 5, del decreto-legge 8 luglio 2002, n. 138, convertito, con modificazioni, dalla legge 8 agosto 2002, n. 178, sul monitoraggio dei crediti di imposta si applicano anche con riferimento a tutti i crediti di imposta vigenti alla data di entrata in vigore del presente decreto tenendo conto degli oneri finanziari previsti in relazione alle disposizioni medesime. In applicazione del principio di cui al presente comma, al credito di imposta per spese per attività di ricerca di cui all'articolo 1, commi da 280 a 283, della legge 27 dicembre 2006, n. 296, [*e alle detrazioni per interventi di riqualificazione energetica degli edifici, di cui all'articolo 1, commi da 344 a 347, della legge 27 dicembre 2006, n. 296*], si applicano le disposizioni di cui ai commi seguenti [1][2].

2. Per il credito di imposta di cui all'articolo 1, commi da 280 a 283, della legge 27 dicembre 2006, n. 296, e successive modificazioni, gli stanziamenti nel bilancio dello Stato sono pari a 375,2 milioni di euro per l'anno 2008, a 533,6 milioni di euro per l'anno 2009, a 654 milioni di euro per l'anno 2010 e a 65,4 milioni di euro per l'anno 2011. A decorrere dall'anno 2009, al fine di garantire congiuntamente la certezza delle strategie di investimento, i diritti quesiti, nonché l'effettiva copertura finanziaria, la fruizione del credito di imposta suddetto è regolata come segue [3]:

a) per le attività di ricerca che, sulla base di atti o documenti aventi data certa, risultano già avviate prima della data di entrata in vigore del presente decreto, i soggetti interessati inoltrano per via telematica alla Agenzia delle entrate, entro trenta giorni dalla data di attivazione della procedura di cui al comma 4, a pena di decadenza dal contributo, un apposito formulario approvato dal Direttore della predetta Agenzia; l'inoltro del formulario vale come prenotazione dell'accesso alla fruizione del credito d'imposta;

b) per le attività di ricerca avviate a partire dalla data di entrata in vigore del presente decreto, la compilazione del formulario da parte dei soggetti interessati ed il suo inoltro per via telematica alla Agenzia delle entrate vale come prenotazione dell'accesso alla fruizione del credito di imposta successiva a quello di cui alla lettera a).

3. L'Agenzia delle entrate, sulla base dei dati rilevati dai formulari pervenuti, esaminati rispettandone rigorosamente l'ordine cronologico di arrivo, comunica telematicamente e con procedura automatizzata ai soggetti interessati:

a) relativamente alle prenotazioni di cui al comma 2, lettera a), esclusivamente un nulla-osta ai soli fini della copertura finanziaria; la fruizione del credito di imposta è possibile nell'esercizio in corso ovvero, in caso di esaurimento delle risorse disponibili in funzione delle disponibilità finanziarie, negli esercizi successivi;

b) relativamente alle prenotazioni di cui al comma 2, lettera b), la certificazione dell'avvenuta presentazione del formulario, l'accoglimento della relativa prenotazione, nonché nei successivi novanta giorni l'eventuale diniego, in ragione della capienza. In mancanza del diniego, l'assenso si intende fornito decorsi novanta giorni dalla data di comunicazione della certificazione dell'avvenuta prenotazione [4].

4. Per il credito di imposta di cui al comma 2, lettera b), i soggetti interessati espongono nel formulario, secondo la pianificazione scelta, l'importo delle spese agevolabili da sostenere, a pena di decadenza dal beneficio, entro l'anno successivo a quello di accoglimento della prenotazione e, in ogni caso, non oltre la chiusura del periodo d'imposta in corso alla data del 31 dicembre 2009. L'utilizzo del credito d'imposta per il quale è comunicato il nulla-osta è consentito, fatta salva l'ipotesi di incapienza, esclusivamente entro il sesto mese successivo al termine di cui al primo periodo e,

in ogni caso, nel rispetto di limiti massimi pari, in progressione, al 30 per cento, nell'anno di presentazione dell'istanza e, per la residua parte, nell'anno successivo.

5. Il formulario per la trasmissione dei dati di cui ai commi da 2 a 4 del presente articolo è approvato con provvedimento del Direttore dell'Agenzia delle entrate, adottato entro 30 giorni dalla data di entrata in vigore della legge di conversione del presente decreto. Entro 30 giorni dalla data di adozione del provvedimento è attivata la procedura per la trasmissione del formulario (5).

[6. Per le spese sostenute nei periodi d'imposta successivi a quello in corso al 31 dicembre 2008, i contribuenti interessati alle detrazioni di cui agli articoli 1, commi da 344 a 347, della legge 27 dicembre 2006, n. 296, fermi restando i requisiti e le altre condizioni previsti dalle relative disposizioni normative, inviano all'Agenzia delle entrate apposita comunicazione, nei termini e secondo le modalità previsti con provvedimento del Direttore dell'Agenzia delle entrate, da emanare entro trenta giorni dalla data di entrata in vigore della legge di conversione del presente decreto. Con il medesimo provvedimento può essere stabilito che la comunicazione sia effettuata esclusivamente in via telematica, anche tramite i soggetti di cui all'articolo 3, comma 3, del decreto del Presidente della Repubblica 22 luglio 1998, n. 322, e successive modificazioni, e sono stabiliti i termini e le modalità di comunicazione all'Agenzia delle entrate dei dati in possesso dell'Ente per le nuove tecnologie, l'energia e l'ambiente (ENEA) ai sensi del decreto del Ministro dell'economia e delle finanze 19 febbraio 2007, pubblicato nella Gazzetta Ufficiale n. 47 del 26 febbraio 2007. Il predetto decreto del Ministro dell'economia e delle finanze 19 febbraio 2007, entro trenta giorni dalla data di entrata in vigore della legge di conversione del presente decreto, è comunque modificato con decreto di natura non regolamentare al fine di semplificare le procedure e di ridurre gli adempimenti amministrativi a carico dei contribuenti. Per le spese sostenute a decorrere dal 1° gennaio 2009 la detrazione dall'imposta lorda deve essere ripartita in cinque rate annuali di pari importo] (6).

7. Nell'ambito del monitoraggio di cui al comma 1 sull'effettivo utilizzo dei crediti di imposta previsti dagli articoli 7 e 8 della legge 23 dicembre 2000, n. 388, e successive modificazioni, l'Agenzia delle entrate effettua, nell'anno 2009, verifiche mirate volte ad accertare l'esistenza di risorse formalmente impegnate ma non utilizzate o non utilizzabili. In relazione a quanto previsto dal primo periodo del presente comma in considerazione dell'effettivo utilizzo dei predetti crediti di imposta, le risorse finanziarie a tale fine preordinate, nonché altre risorse complessivamente disponibili relative a rimborsi e compensazioni di crediti di imposta, esistenti presso la contabilità speciale 1778 - Fondi di bilancio, sono ridotte di 1.155,6 milioni di euro. Le predette risorse sono versate al bilancio dello Stato nella misura di 286,3 milioni di euro per l'anno 2009, di 263,1 milioni di euro per l'anno 2010, di 341,8 milioni di euro per l'anno 2011 e di 264,4 milioni di euro per l'anno 2013 (7).

[8. Con provvedimento del Direttore dell'Agenzia delle entrate, da emanare entro trenta giorni dalla data di entrata in vigore del presente decreto e da pubblicare sul sito Internet dell'Agenzia delle entrate è approvato il modello da utilizzare per presentare l'istanza di cui al comma 7, contenente tutti i dati necessari alla verifica dello stanziamento di cui al medesimo comma 7, ivi inclusa l'indicazione del numero di rate annuali in cui il contribuente sceglie di ripartire la detrazione spettante.] (8)

[9. Per le spese sostenute nel periodo d'imposta successivo a quello in corso al 31 dicembre 2007, l'istanza di cui al comma 7 è presentata a decorrere dal 15 gennaio 2009 e fino al 27 febbraio 2009. Per le spese sostenute nei due periodi d'imposta successivi, l'istanza è presentata a decorrere dal 1° giugno e fino al 31 dicembre di ciascun anno.] (9)

[10. I contribuenti persone fisiche che, per le spese sostenute nell'anno 2008 per gli interventi di cui all'articolo 1, commi da 344 a 347, della citata legge n. 296 del 2006, non presentano l'istanza di cui al comma 7 o ricevono la comunicazione di diniego da parte dell'Agenzia delle entrate in ordine alla spettanza delle detrazioni di cui al comma 6, beneficiano di una detrazione dall'imposta lorda, fino a concorrenza del suo ammontare, pari al 36% delle spese sostenute, sino ad un importo massimo delle stesse pari a 48.000 euro per ciascun immobile, da ripartire in 10 rate annuali di pari importo.] (10)

[11. Con provvedimento del Direttore dell'Agenzia delle entrate, da pubblicare sul sito Internet della medesima Agenzia è comunicato l'esaurimento degli stanziamenti di cui al comma 6.] (11)

(1) *Comma modificato dall'articolo 1, della legge 28 gennaio 2009, n. 2, in sede di conversione.*
(2) *A norma dell'articolo 2, comma 236, della Legge 23 dicembre 2009, n. 191 per le finalità di cui al presente comma, è autorizzata l'ulteriore spesa di 200 milioni di euro per ciascuno degli anni 2010 e 2011.*
(3) *Alinea sostituito dall'articolo 1, della legge 28 gennaio 2009, n. 2, in sede di conversione.*
(4) *Lettera modificata dall'articolo 1, della legge 28 gennaio 2009, n. 2, in sede di conversione.*
(5) *Comma modificato dall'articolo 1, della legge 28 gennaio 2009, n. 2, in sede di conversione.*
(6) *Comma sostituito dall'articolo 1, della legge 28 gennaio 2009, n. 2, in sede di conversione, e successivamente abrogato dall'articolo 12, comma 1, del D.Lgs. 21 novembre 2014, n. 175.*
(7) *Comma sostituito dall'articolo 1, della legge 28 gennaio 2009, n. 2, in sede di conversione.*
(8) *Comma soppresso dall'articolo 1, della legge 28 gennaio 2009, n. 2, in sede di conversione.*
(9) *Comma soppresso dall'articolo 1, della legge 28 gennaio 2009, n. 2, in sede di conversione.*
(10) *Comma soppresso dall'articolo 1, della legge 28 gennaio 2009, n. 2, in sede di conversione.*
(11) *Comma soppresso dall'articolo 1, della legge 28 gennaio 2009, n. 2, in sede di conversione.*

30. Controlli sui circoli privati. – 1. I corrispettivi, le quote e i contributi di cui all'articolo 148 del testo unico delle imposte sui redditi, approvato con decreto del Presidente della Repubblica 22 dicembre 1986, n. 917, e all'articolo 4 del decreto del Presidente della Repubblica 26 ottobre 1972, n. 633 non sono imponibili a condizione che gli enti associativi siano in possesso dei requisiti qualificanti previsti dalla normativa tributaria e, ad esclusione delle organizzazioni di volontariato iscritte nei registri regionali di cui all'articolo 6 della legge 11 agosto 1991, n. 266, in possesso dei requisiti di cui al comma 5 del presente articolo, trasmettano per via telematica all'Agenzia delle entrate, al fine di consentire gli opportuni controlli, i dati e le notizie rilevanti ai fini fiscali mediante un apposito modello da approvare entro il 31 gennaio 2009 con provvedimento del Direttore dell'Agenzia delle entrate (1).

2. Con il medesimo provvedimento del Direttore dell'Agenzia delle entrate sono stabiliti i tempi e le modalità di trasmissione del modello di cui al comma 1, anche da parte delle associazioni già costituite alla data di entrata in vigore del presente decreto, ad esclusione delle organizzazioni di volontariato iscritte nei registri regionali di cui all'articolo 6 della legge 11 agosto 1991, n. 266, in possesso dei requisiti di cui al comma 5 del presente articolo, nonché le modalità di comunicazione da parte dell'Agenzia delle

entrate in merito alla completezza dei dati e delle notizie trasmessi ai sensi del comma 1 [(2)].

3. L'onere della trasmissione di cui al comma 1 è assolto anche dalle società sportive dilettantistiche di cui all'articolo 90 della legge 27 dicembre 2002, n. 289.

3-bis. Le disposizioni di cui al comma 1 non si applicano alle associazioni pro loco che optano per l'applicazione delle norme di cui alla legge 16 dicembre 1991, n. 398, e agli enti associativi dilettantistici iscritti nel registro del Comitato olimpico nazionale italiano che non svolgono attività commerciale [(3)].

4. All'articolo 10 del decreto legislativo 4 dicembre 1997, n. 460, dopo il comma 2 è inserito il seguente:

«2-bis. Si considera attività di beneficenza, ai sensi del comma 1, lettera a), numero 3), anche la concessione di erogazioni gratuite in denaro con utilizzo di somme provenienti dalla gestione patrimoniale o da donazioni appositamente raccolte, a favore di enti senza scopo di lucro che operano prevalentemente nei settori di cui al medesimo comma 1, lettera a), per la realizzazione diretta di progetti di utilità sociale» [(4)].

5. La disposizione di cui all'articolo 10, comma 8, del decreto legislativo 4 dicembre 1997, n. 460, si applica alle associazioni e alle altre organizzazioni di volontariato di cui alla legge 11 agosto 1991, n. 266 che non svolgono attività commerciali diverse da quelle marginali individuate con decreto interministeriale 25 maggio 1995 e che trasmettono i dati e le notizie rilevanti ai fini fiscali ai sensi del comma 1.

5-bis. Al comma 2 dell'articolo 10 del testo unico delle disposizioni concernenti le imposte ipotecaria e catastale, di cui al decreto legislativo 31 ottobre 1990, n. 347, e successive modificazioni, le parole: "quarto e quinto periodo" sono sostituite dalle seguenti: «quarto, quinto e nono periodo» [(5)].

5-ter. Le norme di cui al comma 5-bis si applicano fino al 31 dicembre 2009 [(6)(7)].

5-quater. Agli oneri derivanti dall'attuazione dei commi 5-bis e 5-ter, pari a 3 milioni di euro per l'anno 2009, si provvede mediante riduzione lineare degli stanziamenti di parte-corrente relativi alle autorizzazioni di spesa come determinate dalla Tabella C allegata alla legge 22 dicembre 2008, n. 203 [(8)(9)].

[(1)] *Comma modificato dall'articolo 1, della legge 28 gennaio 2009, n. 2, in sede di conversione.*
[(2)] *Comma modificato dall'articolo 1, della legge 28 gennaio 2009, n. 2, in sede di conversione.*
[(3)] *Comma inserito dall'articolo 1, della legge 28 gennaio 2009, n. 2, in sede di conversione.*
[(4)] *Comma sostituito dall'articolo 1, della legge 28 gennaio 2009, n. 2, in sede di conversione.*
[(5)] *Comma inserito dall'articolo 1, della legge 28 gennaio 2009, n. 2, in sede di conversione.*
[(6)] *Comma inserito dall'articolo 1, della legge 28 gennaio 2009, n. 2, in sede di conversione.*
[(7)] *A norma dell'articolo 1, comma 1, del D.L. 29 dicembre 2010, n. 225, il termine di scadenza del 31 dicembre 2009 di cui al presente articolo, è stato sostituito al 31 marzo 2011.*
[(8)] *Comma inserito dall'articolo 1, della legge 28 gennaio 2009, n. 2, in sede di conversione.*
[(9)] *A norma dell'articolo 1, comma 1, del D.L. 29 dicembre 2010, n. 225, il termine di scadenza del 31 dicembre 2009 di cui al presente articolo, è stato sostituito al 31 marzo 2011.*

30 *bis*. Disposizioni fiscali in materia di giochi [(1)]. – 1. A decorrere dal 1 gennaio 2009, il prelievo erariale unico di cui all'articolo 39, comma 13, del decreto-legge 30 settembre 2003, n. 269, convertito, con modificazioni, dalla legge 24 novembre 2003, n. 326, e successive modificazioni, è determinato, in capo ai singoli soggetti passivi d'imposta, applicando le seguenti aliquote per scaglioni di raccolta delle somme giocate:

a) 12,6 per cento fino a concorrenza di una raccolta pari a quella dell'anno 2008;

b) 11,6 per cento, sull'incremento della raccolta, rispetto a quella del 2008, pari ad un importo non superiore al 15 per cento della raccolta del 2008;

c) 10,6 per cento, sull'incremento della raccolta, rispetto a quella del 2008, pari ad un importo compreso tra il 15 per cento e il 40 per cento della raccolta del 2008;

d) 9 per cento, sull'incremento della raccolta, rispetto a quella del 2008, pari ad un importo compreso tra il 40 per cento e il 65 per cento della raccolta del 2008;

e) 8 per cento sull'incremento della raccolta, rispetto a quella del 2008, pari ad un importo superiore al 65 per cento della raccolta del 2008.

2. Fermo quanto disposto dall'articolo 39, comma 13-bis, del decreto-legge 30 settembre 2003, n. 269, convertito, con modificazioni, dalla legge 24 novembre 2003, n. 326, e successive modificazioni, e dai relativi decreti direttoriali di applicazione, gli importi dei versamenti periodici del prelievo erariale unico dovuti dai soggetti passivi di imposta in relazione ai singoli periodi contabili sono calcolati assumendo un'aliquota pari al 98 per cento di quella massima prevista dal comma 1, lettera a).

3. Le disposizioni di cui all'articolo 3-bis del decreto legislativo 18 dicembre 1997, n. 462, si applicano alle somme dovute a norma dell'articolo 39-ter, comma 3, del decreto-legge 30 settembre 2003, n. 269, convertito, con modificazioni, dalla legge 24 novembre 2003, n. 326, nonché dell'articolo 14-quater, comma 3, del decreto del Presidente della Repubblica 26 ottobre 1972, n. 640. Le garanzie previste dal predetto articolo 3-bis del decreto legislativo n. 462 del 1997 non sono dovute nel caso in cui l'Amministrazione autonoma dei monopoli di Stato verifichi che la fideiussione già presentata dal soggetto passivo di imposta, a garanzia degli adempimenti del prelievo erariale unico, sia di importo superiore rispetto alla somma da rateizzare. La lettera f) del comma 13-bis dell'articolo 39 del decreto-legge n. 269 del 2003, convertito, con modificazioni, dalla legge n. 236 del 2003 abrogata.

4. All'articolo 1 della legge 30 dicembre 2004, n. 311, i commi 281 e 282 sono sostituiti dai seguenti:

«281. A decorrere dal 1° gennaio 2011, con decreto del Ministro dell'economia e delle finanze, di concerto con il Ministro delle politiche agricole alimentari e forestali per quanto di sua competenza, è determinata la quota parte delle entrate erariali ed extraerariali derivanti dai giochi pubblici con vincita in denaro affidati in concessione allo Stato destinata al Comitato olimpico nazionale italiano (CONI), per il finanziamento dello sport, e all'Unione nazionale per l'incremento delle razze equine (UNIRE), limitatamente al finanziamento del monte premi delle corse.

282. Le modalità operative di determinazione della base di calcolo delle entrate erariali ed extraerariali di cui al comma 281 nonché le modalità di trasferimento periodico al CONI e all'UNIRE sono determinate entro il 31 marzo di ogni anno con provvedimento dell'Amministrazione autonoma dei monopoli di Stato, di concerto con il Dipartimento della

Ragioneria generale dello Stato e, limitatamente all'UNIRE, con il Ministero delle politiche agricole alimentari e forestali. Per gli anni 2009 e 2010 la quota di cui al comma 281 è stabilita in 470 milioni di euro in favore del CONI e in 150 milioni di euro in favore dell'UNIRE»

5. A valere sulle maggiori entrate derivanti dall'applicazione del comma 1 rilevate annualmente dall'Amministrazione autonoma dei monopoli di Stato, una quota complessivamente pari all'1,4 per cento del prelievo erariale unico, ripartita in parti uguali, è assegnata, in funzione del processo di risanamento finanziario e riassetto dei relativi settori, anche progressivamente, alle attività istituzionali del CONI e dell'UNIRE, con esclusione delle ordinarie esigenze di finanziamento della medesima UNIRE, nonché all'incremento del monte premi e delle provvidenze per l'allevamento dei cavalli, in ogni caso in misura non superiore a 140 milioni di euro per ciascun ente.

6. Dal 1° gennaio 2009, nei confronti del CONI e dell'UNIRE, cessano gli effetti di cui all'articolo 1-bis, comma 7, del decreto-legge 25 settembre 2008, n. 149, convertito, con modificazioni, dalla legge 19 novembre 2008, n. 184, e successive modificazioni, fatto salvo quanto previsto dal quarto periodo del predetto comma 7.

7. Agli oneri derivanti dal presente articolo si provvede con le maggiori entrate derivanti dal comma 1. Con decreto del Ministro dell'economia e delle finanze, di concerto con il Ministro per la pubblica amministrazione e l'innovazione, è disposta la destinazione delle eventuali maggiori entrate, che risultino comunque eccedenti rispetto ai predetti oneri, anche in parte, al fondo di cui all'articolo 81, comma 30, del decreto-legge 25 giugno 2008, n. 112, convertito, con modificazioni, dalla legge 6 agosto 2008, n. 133, al fondo di cui all'articolo 61, comma 17, del medesimo decreto-legge 25 giugno 2008, n. 112, convertito, con modificazioni, dalla legge 6 agosto 2008, n. 133, ovvero all'entrata del bilancio dello Stato [2].

[1] *Articolo inserito dall'articolo 1, della legge 28 gennaio 2009, n. 2, in sede di conversione.*
[2] *Comma modificato dall'articolo 35, comma 2, della Legge 4 novembre 2010, n. 183.*

31. IVA servizi televisivi. – 1. A decorrere dal 1 gennaio 2009 il n. 123-ter della Tabella A, Parte terza, allegata al D.P.R. 26 ottobre 1972, n. 633 è soppresso.

2. L'articolo 2 del decreto legislativo 1° agosto 2003, n. 273, è sostituito dal seguente: «Art. 2. (Periodo di applicazione) 1. Le disposizioni di cui all'articolo 1 si applicano nei limiti temporali previsti dalla direttiva 2008/8/CE del Consiglio, del 12 febbraio 2008, che modifica la direttiva 2006/112/CE relativa al sistema comune di imposta sul valore aggiunto relativamente al periodo di applicazione del regime di imposta sul valore aggiunto applicabile ai servizi di radiodiffusione e di televisione e a determinati servizi prestati tramite mezzi elettronici.

3. L'addizionale di cui all'articolo 1, comma 466, della legge 23 dicembre 2005, n. 266, si applica a decorrere dal periodo d'imposta in corso alla data di entrata in vigore del presente decreto, anche al reddito proporzionalmente corrispondente [*all'ammontare dei ricavi e dei compensi*] alla quota di ricavi derivanti dalla trasmissione di programmi televisivi del medesimo contenuto nonché ai soggetti che utilizzano trasmissioni televisive volte a sollecitare la credulità popolare che si rivolgono al pubblico attraverso numeri telefonici a pagamento. Nel citato comma il terzo periodo è così sostituito: «Ai fini del presente comma, per materiale pornografico si intendono i giornali quotidiani o periodici, con i relativi supporti integrativi, e ogni opera teatrale, letteraria, cinematografica, audiovisiva o multimediale, anche realizzata o riprodotta su supporto informatico o telematico, in cui siano presenti immagini o scene contenenti atti sessuali espliciti e non simulati tra adulti consenzienti, come determinati con decreto del Presidente del Consiglio dei Ministri, su proposta del Ministro per i beni e le attività culturali, da emanare entro 60 giorni dalla data di entrata in vigore della presente disposizione. Con lo stesso decreto sono definite le modalità per l'attuazione del presente comma anche quanto alle trasmissioni volte a sollecitare la credulità popolare.» [1].

[1] *Comma modificato dall'articolo 1, della legge 28 gennaio 2009, n. 2, in sede di conversione.*

31 *bis*. Regime IVA della vendita di documenti di viaggio relativi ai trasporti pubblici urbani di persone o di documenti di sosta relativi a parcheggi veicolari [1]. – 1. All'articolo 74, primo comma, del decreto del Presidente della Repubblica 26 ottobre 1972, n. 633, e successive modificazioni, la lettera e) è sostituita dalla seguente:

«e) per la vendita di documenti di viaggio relativi ai trasporti pubblici urbani di persone o di documenti di sosta relativi ai parcheggi veicolari, dall'esercente l'attività di trasporto ovvero l'attività di gestione dell'autoparcheggio, sulla base del prezzo di vendita al pubblico».

[1] *Articolo inserito dall'articolo 1, della legge 28 gennaio 2009, n. 2, in sede di conversione.*

32. Riscossione. – 1. All'articolo 17 del decreto legislativo 13 aprile 1999, n. 112, sono apportate le seguenti modificazioni:

a) il comma 1 è sostituito dal seguente: «1. L'attività degli agenti della riscossione è remunerata con un aggio, pari al nove per cento delle somme iscritte a ruolo riscosse e dei relativi interessi di mora e che è a carico del debitore [1]:

a) in misura del 4,65 per cento delle somme iscritte a ruolo, in caso di pagamento entro il sessantesimo giorno dalla notifica della cartella. In tal caso, la restante parte dell'aggio è a carico dell'ente creditore;

b) integralmente, in caso contrario.»;

b) il comma 2 è sostituito dal seguente: «2. Le percentuali di cui ai commi 1 e 5-bis possono essere rideterminate con decreto non regolamentare del Ministro dell'Economia e delle Finanze, nel limite di due punti percentuali di differenza rispetto a quelle stabilite in tali commi, tenuto conto del carico dei ruoli affidati, dell'andamento delle riscossioni e dei costi del sistema.»;

c) il comma 3 è abrogato;

d) il comma 4 è sostituito dal seguente: «4. L'agente della riscossione trattiene l'aggio all'atto del riversamento all'ente impositore delle somme riscosse»;

e) il comma 5-bis è sostituito dal seguente: «5-bis. Limitatamente alla riscossione spontanea a mezzo ruolo, l'aggio spetta agli agenti della riscossione nella percentuale stabilita dal decreto del 4 agosto 2000 del Ministro delle finanze, di concerto con il Ministro del tesoro, del bilancio e della programmazione economica, pubblicato nel supplemento ordinario alla Gazzetta Ufficiale n. 201 del 29 agosto 2000.» (2).

e-bis) al comma 6, alinea, le parole: «Al concessionario" sono sostituite dalle seguenti: «All'agente della riscossione» e, alla lettera a), le parole: "il concessionario" sono sostituite dalle seguenti: "l'agente della riscossione» (3);

e-ter) al comma 7-bis, le parole: "al concessionario" sono sostituite dalle seguenti: «all'agente della riscossione» (4).

2. Le disposizioni del comma 1 si applicano a decorrere dal 1° gennaio 2009.

3. All'articolo 3, comma 13, del decreto legge 30 settembre 2005, n. 203, convertito con modificazioni dalla legge 2 dicembre 2005, n. 248, sono apportate le seguenti modifiche:

a) alla lettera a) le parole «di pari importo» sono soppresse (5);

b) le lettere c) e d) sono sostituite dalle seguenti:

«c) le anticipazioni nette effettuate in forza dell'obbligo del non riscosso come riscosso, riferite a quote non erariali sono restituite in venti rate annuali decorrenti dal 2008, ad un tasso di interesse pari all'euribor diminuito di 0,50 punti; per tali quote, se comprese in domande di rimborso o comunicazioni di inesigibilità presentate prima della data di entrata in vigore della presente disposizione la restituzione dell'anticipazione è effettuata con una riduzione del 10% del loro complessivo ammontare. La tipologia e la data dell'euribor da assumere come riferimento sono stabilite con il decreto di cui alla lettera a).» (6)

«d) ai fini delle restituzioni di cui alle lettere a) e c), sono rimborsati rispettivamente in dieci e venti annualità di pari entità i crediti risultanti alla data del 31 dicembre 2007 dai bilanci delle società agenti della riscossione. Il riscontro dell'ammontare dei crediti oggetto di restituzione è eseguito in occasione del controllo sull'inesigibilità delle quote, secondo le disposizioni in materia, da effettuarsi a campione, sulla base dei criteri stabiliti da ciascun ente creditore. Il recupero dei crediti eventualmente non spettanti è effettuato mediante riversamento all'entrata del bilancio dello Stato delle somme dovute a seguito del diniego del discarico o del rimborso da parte dei soggetti di cui al comma 10, fatti salvi gli effetti della sanatoria prevista dall'art. 1 commi 426 e 426-bis della legge 30 dicembre 2004, n. 311. Le riscossioni conseguite dagli agenti della riscossione in data successiva al 31 dicembre 2007 sono riversate all'entrata del bilancio dello Stato. Le somme incassate fino al 31 dicembre 2008 sono comunque riversate, in unica soluzione, entro il 20 gennaio 2009.».

[*4. A fronte della complessità dei processi societari, organizzativi ed informatici connessi con l'ampliamento delle competenze assegnate ad Equitalia spa, nell'anno 2009 è riconosciuto alla stessa società un importo pari a 50 milioni di euro.*] (7)

5. All'articolo 182-ter del regio decreto 16 marzo 1942, n. 267, sono apportate le seguenti modificazioni:

a) il primo comma è sostituito dal seguente: «Con il piano di cui all'articolo 160 il debitore può proporre il pagamento, parziale o anche dilazionato, dei tributi amministrati dalle agenzie fiscali e dei relativi accessori, nonché dei contributi amministrati dagli enti gestori di forme di previdenza e assistenza obbligatorie e dei relativi accessori, limitatamente alla quota di debito avente natura chirografaria anche se non iscritti a ruolo, ad eccezione dei tributi costituenti risorse proprie dell'Unione europea; con riguardo all'imposta sul valore aggiunto, la proposta può prevedere esclusivamente la dilazione del pagamento. Se il credito tributario o contributivo è assistito da privilegio, la percentuale, i tempi di pagamento e le eventuali garanzie non possono essere inferiori a quelli offerti ai creditori che hanno un grado di privilegio inferiore o a quelli che hanno una posizione giuridica ed interessi economici omogenei a quelli delle agenzie e degli enti gestori di forme di previdenza e assistenza obbligatorie; se il credito tributario o contributivo ha natura chirografaria, il trattamento non può essere differenziato rispetto a quello degli altri creditori chirografari ovvero, nel caso di suddivisione in classi, dei creditori rispetto ai quali è previsto un trattamento più favorevole.» (8);

b) al secondo comma sono aggiunte, all'inizio, le seguenti parole: «Ai fini della proposta di accordo sui crediti di natura fiscale,».

6. Con decreto del Ministro del lavoro, della salute e delle politiche sociali, di concerto con il Ministro dell'economia e delle finanze, da emanare entro 60 giorni dalla data di entrata in vigore della legge di conversione del presente decreto-legge, sono definite le modalità di applicazione nonché i criteri e le condizioni di accettazione da parte degli enti previdenziali degli accordi sui crediti contributivi (12).

7. Alla legge 27 dicembre 2002, n. 289, dopo l'articolo 16, è inserito il seguente: «Art. 16-bis (Potenziamento delle procedure di riscossione coattiva in caso di omesso versamento delle somme dovute a seguito delle definizioni agevolate) 1. Con riferimento ai debiti iscritti a ruolo ai sensi degli articoli 7, comma 5, 8, comma 3, 9, comma 12, 15, comma 5, e 16, comma 2, della presente legge (9):

a) il limite di importo di cui all'articolo 76, comma 1, del decreto del Presidente della Repubblica 29 settembre 1973, n. 602, è ridotto a cinquemila euro;

b) non si applicano le disposizioni di cui all'articolo 77, comma 2, dello stesso decreto del Presidente della Repubblica n. 602 del 1973;

c) l'agente della riscossione, una volta decorso inutilmente il termine di sessanta giorni dalla notificazione della cartella di pagamento, procede ai sensi dell'articolo 35, comma 25, del decreto legge 4 luglio 2006, n. 223, convertito, con modificazioni, dalla legge 4 agosto 2006, n. 248.

1-bis. Le disposizioni del comma 1 del presente articolo si applicano anche alle definizioni effettuate ai sensi dell'articolo 9-bis» (10).

[*7-bis. La misura minima di capitale richiesto alle società, ai sensi del comma 3 dell'articolo 53 del decreto legislativo 15 dicembre 1997, n. 446, e successive modificazioni, per l'iscrizione nell'apposito albo dei soggetti privati abilitati ad effettuare attività di liquidazione e di accertamento dei tributi e quelle di riscossione dei tributi e di altre entrate delle province e dei comuni è fissata in un importo non inferiore a 10 milioni di euro interamente versato. Dal limite di cui al precedente periodo sono escluse le società a prevalente partecipazione pubblica. È nullo l'affidamento di servizi di liquidazione, accertamento e riscossione di tributi e di altre entrate degli enti locali a soggetti che non possiedano il requisito finanziario suddetto. I soggetti iscritti nel suddetto albo devono adeguare alla predetta misura minima il proprio capitale sociale. [I soggetti che non abbiano proceduto a detto adeguamento entro tre mesi dalla data di entrata in vigore della legge di conversione del presente decreto decadono dagli affidamenti in corso e sono cancellati dall'albo. In ogni caso, fino all'adeguamento essi non possono ricevere nuovi affidamenti o partecipare a gare a tal fine indette*]] (11).

(1) *Capoverso modificato dall'articolo 1, della legge 28 gennaio 2009, n. 2, in sede di conversione.*

IMPOSTE DIRETTE

(2) *Lettera modificata dall'articolo 1, della legge 28 gennaio 2009, n. 2, in sede di conversione.*
(3) *Lettera inserita dall'articolo 1, della legge 28 gennaio 2009, n. 2, in sede di conversione.*
(4) *Lettera inserita dall'articolo 1, della legge 28 gennaio 2009, n. 2, in sede di conversione.*
(5) *Lettera modificata dall'articolo 1, della legge 28 gennaio 2009, n. 2, in sede di conversione.*
(6) *Capoverso modificato dall'articolo 1, della legge 28 gennaio 2009, n. 2, in sede di conversione.*
(7) *Comma soppresso dall'articolo 1, della legge 28 gennaio 2009, n. 2, in sede di conversione.*
(8) *Lettera modificata dall'articolo 1, della legge 28 gennaio 2009, n. 2, in sede di conversione.*
(9) *Capoverso modificato dall'articolo 1, della legge 28 gennaio 2009, n. 2, in sede di conversione.*
(10) *Capoverso inserito dall'articolo 1, della legge 28 gennaio 2009, n. 2, in sede di conversione.*
(11) *Comma inserito dall'articolo 1, della legge 28 gennaio 2009, n. 2, in sede di conversione, successivamente modificato dall'articolo 42, comma 7-septies, del D.L. 30 dicembre 2008, n. 207, convertito con modificazioni dalla Legge 27 febbraio 2009, n. 14 e da ultimo abrogato dall'articolo 3-bis del D.L. 25 marzo 2010, n. 40, convertito con modificazioni dalla Legge 22 maggio 2010, n. 73.*
(12) *A norma dell'articolo 3, comma 1-ter, del D.L. 7 ottobre 2020, n. 125, convertito, con modificazioni, dalla Legge 27 novembre 2020, n. 159, dalla data di entrata in vigore della legge di conversione del Decreto Legge in parola, cessa di avere applicazione il provvedimento adottato ai sensi del presente comma.*

32 *bis*. Semplificazione delle modalità di riscossione coattiva [1]. – [*1. L'iscrizione a ruolo delle somme determinate ai sensi delle disposizioni di cui al decreto legislativo 18 dicembre 1997, n. 462, che risultano dovute a titolo di contributi e premi, nonché di interessi e di sanzioni per ritardato o omesso versamento è effettuata direttamente dall'Agenzia delle entrate, fatte salve le vigenti disposizioni in materia di contenzioso.*

2. La società di riscossione di cui all'articolo 3 del decreto-legge 30 settembre 2005, n. 203, convertito, con modificazioni, dalla legge 2 dicembre 2005, n. 248, e successive modificazioni, provvede a riversare le somme riscosse agli enti previdenziali creditori ai sensi dell'articolo 22 del decreto legislativo 13 aprile 1999, n. 112, e successive modificazioni.

3. Le disposizioni di cui al presente articolo si applicano con riferimento ai contributi e premi dovuti in base alle dichiarazioni relative al periodo d'imposta in corso al 31 dicembre 2006 e successivi.]

(1) *Articolo inserito dall'articolo 1, della legge 28 gennaio 2009, n. 2, in sede di conversione e successivamente abrogato dall'articolo 7, comma 2, lettera t), numero 1), del D.L. 13 maggio 2011, n. 70, convertito con modificazioni dalla Legge 12 luglio 2011, n. 106.*

32 *ter*. Estensione del sistema di versamento «F24 enti pubblici» ad altre tipologie di tributi, nonché ai contributi assistenziali e previdenziali e ai premi assicurativi [1]. – 1. Gli enti e gli organismi pubblici di cui alle tabelle A e B allegate alla legge 29 ottobre 1984, n. 720, e successive modificazioni, nonché le amministrazioni centrali dello Stato di cui all'articolo 7 del decreto del Ministro dell'economia e delle finanze 5 ottobre 2007, pubblicato nella Gazzetta Ufficiale n. 247 del 23 ottobre 2007, che per il versamento dell'imposta regionale sulle attività produttive e delle ritenute operate alla fonte per l'imposta sui redditi delle persone fisiche e le relative addizionali si avvalgono del modello «F24 enti pubblici», approvato con provvedimento del Direttore dell'Agenzia delle entrate 8 novembre 2007, pubblicato nel supplemento ordinario n. 246 alla Gazzetta Ufficiale n. 276 del 27 novembre 2007, utilizzano lo stesso modello «F24 enti pubblici» per il pagamento di tutti i tributi erariali e dei contributi e premi dovuti ai diversi enti previdenziali e assicurativi.

1-bis. Le somme di cui al comma 1 sono versate entro il giorno 16 del mese di scadenza. Se il termine scade di sabato o di giorno festivo il versamento è tempestivo se effettuato il primo giorno lavorativo successivo. Rimangono invariati i termini di scadenza delle somme dovute a titolo di saldo e di acconto in base alle dichiarazioni annuali, nonché il termine previsto dall'articolo 6, comma 2, della legge 29 dicembre 1990, n. 405, per il pagamento dell'imposta sul valore aggiunto dovuta a titolo di acconto del versamento relativo al mese di dicembre [2].

2. Le modalità di attuazione, anche progressive, delle disposizioni contenute nel comma 1 sono definite:

a) con provvedimento del Direttore dell'Agenzia delle entrate per i tributi erariali;

b) con uno o più decreti del Ministro dell'economia e delle finanze, da emanare di concerto con gli altri Ministri competenti, per i contributi e i premi.

3. Ai versamenti relativi ai periodi d'imposta in corso al 31 dicembre degli anni 2008, 2009 e 2010, da eseguire mediante il modello «F24 enti pubblici», approvato con provvedimento del Direttore dell'Agenzia delle entrate 8 novembre 2007 e pubblicato nel supplemento ordinario n. 246 alla Gazzetta Ufficiale n. 276 del 27 novembre 2007, dagli enti e organismi pubblici di cui alle tabelle A e B allegate alla legge 29 ottobre 1984, n. 720, e successive modificazioni, nonché dalle amministrazioni centrali dello Stato, non si applicano le sanzioni [*previste all'articolo 13 del decreto legislativo 18 dicembre 1997, n. 471, e successive modificazioni,*] qualora il versamento sia stato effettuato tardivamente, ma comunque entro il secondo mese successivo alla scadenza stabilita [3].

(1) *Articolo inserito dall'articolo 1, della legge 28 gennaio 2009, n. 2, in sede di conversione.*
(2) *Comma inserito dall'articolo 7, comma 2, lettera bb), del D.L. 13 maggio 2011, n. 70, convertito con modificazioni dalla Legge 12 luglio 2011, n. 106.*
(4) *Comma modificato dall'articolo 7, comma 2, lettera bb), del D.L. 13 maggio 2011, n. 70, convertito con modificazioni dalla Legge 12 luglio 2011, n. 106.*

33. Indennità per la cosiddetta vacanza contrattuale. – 1. Per il personale delle amministrazioni dello Stato, ivi incluso quello in regime di diritto pubblico destinatario di procedure negoziali, è disposta l'erogazione con lo stipendio del mese di dicembre, in unica soluzione, dell'indennità di vacanza contrattuale riferita al primo anno del biennio economico 2008-09 ove non corrisposta durante l'anno 2008.

2. Le somme erogate sulla base di quanto disposto dal comma 1 costituiscono anticipazione dei benefici complessivi del biennio 2008-09 da definire, in sede contrattuale o altro corrispondente strumento, a seguito dell'approvazione del disegno di legge finanziaria per l'anno 2009.

3. Agli oneri derivanti dall'applicazione del comma 1, quantificati per l'anno 2008 in 257 milioni di euro comprensivi degli oneri contributivi e dell'IRAP di cui al decreto legislativo 15 dicembre 1997, n. 446, si provvede a valere sulle risorse di cui all'articolo 3, commi 143, 144 e 145, della legge 24 dicembre 2007, n. 244.

4. Le amministrazioni pubbliche non statali possono provvedere, con oneri a carico dei rispettivi bilanci, ai sensi di quanto previsto dall'articolo 3, comma 146, della legge 24 dicembre 2007, n. 244, all'erogazione dell'importo di cui al

comma 1 al proprio personale.

5. Le disposizioni di cui al presente articolo non si applicano al personale in regime di diritto pubblico di cui all'articolo 3 del decreto legislativo 30 marzo 2001, n. 165, il cui trattamento economico è direttamente disciplinato da disposizioni di legge.

34. LSU Scuola. – 1. Per la proroga delle attività di cui all'articolo 78, comma 31, della legge 23 dicembre 2000, n. 388, è autorizzata la spesa di 110 milioni di euro per l'anno 2009.

35. Copertura finanziaria (1). – 1. Alle maggiori spese e alle minori entrate derivanti dall'articolo 1, comma 22, dall'articolo 2, commi 4 e 5-ter, dall'articolo 2-ter, dall'articolo 3, comma 4, dall'articolo 4, commi 1-bis e 3, dall'articolo 5, dall'articolo 6 ad esclusione di quelle di cui ai commi 4-bis e 4-quater, dall'articolo 7, dall'articolo 11, comma 5-bis, dall'articolo 15, dall'articolo 19, commi 6, lettera c), e 18, dall'articolo 21, dall'articolo 23 e dall'articolo 34, pari a 4.996,9 milioni di euro per l'anno 2009, a 2.112 milioni di euro per l'anno 2010 e a 2.434,5 milioni di euro per l'anno 2011, si provvede mediante utilizzo di quota parte delle maggiori entrate e delle minori spese recate dal presente decreto.

(1) *Articolo sostituito inserito dall'articolo 1, della legge 28 gennaio 2009, n. 2, in sede di conversione.*

36. Entrata in vigore. – 1. Il presente decreto entra in vigore il giorno stesso della sua pubblicazione nella Gazzetta Ufficiale della Repubblica italiana e sarà presentato alle Camere per la conversione in legge.

Il presente decreto, munito del sigillo dello Stato sarà inserito nella Raccolta ufficiale degli atti normativi della Repubblica italiana. È fatto obbligo a chiunque spetti di osservarlo e di farlo osservare.

2. D.L. 1° luglio 2009, n. 78

Decreto convertito, con modificazioni, in legge 3 agosto 2009, n. 102. - Provvedimenti anticrisi, nonché proroga di termini [*e della partecipazione italiana a missioni internazionali.*] (DECRETO ANTICRISI)(1)
(*Estratto artt. 4-11; 12-23*)

(1) *Pubblicato in Gazz. Uff., 1° luglio, n. 150. Titolo modificato dall'articolo 1 della legge 3 agosto 2009, n. 102, in sede di conversione.*

4 *sexies*. Regime IVA delle prestazioni di trasporto di persone (1). – 1. Si intendono ricomprese nelle prestazioni di trasporto di persone di cui al numero 127-novies) della tabella A, parte III, allegata al decreto del Presidente della Repubblica 26 ottobre 1972, n. 633, e successive modificazioni, le prestazioni rese dalle aziende esercenti trasporto pubblico locale in esecuzione di contratti di servizio di cui all'articolo 19 del decreto legislativo 19 novembre 1997, n. 422, e successive modificazioni, nonché, anche se rese da soggetti giuridici distinti, le prestazioni di gestione dell'infrastruttura di cui all'articolo 11 del decreto legislativo 8 luglio 2003, n. 188, e successive modificazioni.

2. Le disposizioni di cui al comma 1 hanno valore di interpretazione autentica, senza dare luogo a recuperi o a rimborsi di imposta.

(1) *Articolo aggiunto dall'articolo 1 della Legge 3 agosto 2009, n. 102, in sede di conversione.*

4 *septies*. Interventi in favore della filiera agroalimentare (1). – 1. All'articolo 28, comma 1-bis, del decreto-legge 31 dicembre 2007, n. 248, convertito, con modificazioni, dalla legge 28 febbraio 2008, n. 31, il primo periodo è sostituito dai seguenti:

«A completa attuazione di quanto previsto dall'articolo 10-ter, commi 1 e 2, del decreto-legge 30 settembre 2005, n. 203, convertito, con modificazioni, dalla legge 2 dicembre 2005, n. 248, all'Istituto sviluppo agroalimentare S.p.A. (ISA) è versato l'importo di 20 milioni di euro per l'anno 2009 e di 130 milioni di euro per l'anno 2010, per i compiti di istituto, in favore della filiera agroalimentare. All'attuazione del periodo precedente si provvede a valere sulle risorse del Fondo strategico per il Paese a sostegno dell'economia reale, di cui all'articolo 18, comma 1, lettera b-bis), del decreto-legge 29 novembre 2008, n. 185, convertito, con modificazioni, dalla legge 28 gennaio 2009, n. 2, e successive modificazioni, con delibera del CIPE compatibilmente con i vincoli di finanza pubblica. L'impiego del predetto importo da parte dell'ISA resta soggetto al vincolo di destinazione territoriale dell'85 per cento a favore del Mezzogiorno e del restante 15 per cento a favore delle aree del centro-nord».

(1) *Articolo aggiunto dall'articolo 1 della Legge 3 agosto 2009, n. 102, in sede di conversione.*

5. Detassazione degli investimenti in macchinari (1). – 1. È escluso dall'imposizione sul reddito di impresa il 50 per cento del valore degli investimenti in nuovi macchinari e in nuove apparecchiature compresi nella divisione 28 della tabella ATECO, di cui al provvedimento del Direttore dell'Agenzia delle entrate 16 novembre 2007, pubblicato nella Gazzetta Ufficiale n. 296 del 21 dicembre 2007, fatti a decorrere dalla data di entrata in vigore del presente decreto e fino al 30 giugno 2010. L'agevolazione di cui al presente comma può essere fruita esclusivamente in sede di versamento del saldo delle imposte sui redditi dovute per il periodo d'imposta di effettuazione degli investimenti (2).

2. I soggetti titolari di attività industriali a rischio di incidenti sul lavoro, individuate ai sensi del decreto legislativo 17 agosto 1999, n. 334, come modificato dal decreto legislativo 21 settembre 2005, n. 238, possono usufruire degli incentivi di cui al comma 1 solo se è documentato

l'adempimento degli obblighi e delle prescrizioni di cui al citato decreto.

3. L'incentivo fiscale è revocato se l'imprenditore cede a terzi o destina i beni oggetto degli investimenti a finalità estranee all'esercizio di impresa prima del secondo periodo di imposta successivo all'acquisto.

3-bis. L'incentivo fiscale di cui al comma 1 è revocato se i beni oggetto degli investimenti sono ceduti a soggetti aventi stabile organizzazione in Paesi non aderenti allo Spazio economico europeo (3).

3-ter. Per aumenti di capitale di società di capitali o di persone di importo fino a 500.000 euro perfezionati da persone fisiche mediante conferimenti ai sensi degli articoli 2342 e 2464 del codice civile entro sei mesi dalla data di entrata in vigore della legge di conversione del presente decreto si presume un rendimento del 3 per cento annuo che viene escluso da imposizione fiscale per il periodo di imposta in corso alla data di perfezionamento dell'aumento di capitale e per i quattro periodi di imposta successivi (4).

3-quater. Al fine di sostenere le piccole e medie imprese in difficoltà finanziaria, il Ministro dell'economia e delle finanze è autorizzato a stipulare, entro centoventi giorni dalla data di entrata in vigore della legge di conversione del presente decreto, un'apposita convenzione con l' Associazione bancaria italiana per favorire l'adesione degli istituti di credito a pratiche finalizzate alla attenuazione degli oneri finanziari sulle citate piccole e medie imprese, anche in relazione ai tempi di pagamento degli importi dovuti tenendo conto delle specifiche caratteristiche dei soggetti coinvolti (5).

(1) *Rubrica modificata dall'articolo 1 della Legge 3 agosto 2009, n. 102, in sede di conversione.*
(2) *Comma modificato dall'articolo 1 della Legge 3 agosto 2009, n. 102, in sede di conversione.*
(3) *Comma inserito dall'articolo 1 della Legge 3 agosto 2009, n. 102, in sede di conversione.*
(4) *Comma inserito dall'articolo 1 della Legge 3 agosto 2009, n. 102, in sede di conversione.*
(5) *Comma inserito dall'articolo 1 della Legge 3 agosto 2009, n. 102, in sede di conversione.*

6. Accelerazione dell'ammortamento sui beni strumentali di impresa. – 1. Per tenere conto della mutata incidenza sui processi produttivi dei beni a più avanzata tecnologia o che producono risparmio energetico, entro il 31 dicembre 2009 si provvede alla revisione dei coefficienti di ammortamento, di cui al decreto del Ministro delle finanze 31 dicembre 1988, pubblicato nella Gazzetta ufficiale della Repubblica italiana 2 febbraio 1989, n. 27, compensandola con diversi coefficienti per i beni industrialmente meno strategici.

6 *bis*. Disposizioni in favore delle imprese esercenti servizi di trasporto pubblico interregionale di competenza statale (1). – 1. Al fine di fronteggiare le gravi difficoltà legate alla crisi economica e finanziaria e di agevolare il processo di liberalizzazione del comparto, alle imprese esercenti servizi di trasporto pubblico interregionale di competenza statale è riconosciuto un contributo per l'acquisto, negli anni 2009 e 2010, di nuovi autobus di categoria «euro 4» ed «euro 5» per un importo non superiore al 75 per cento del costo di acquisto dei medesimi, assunto al netto dell'imposta sul valore aggiunto. Il beneficio compete nella misura massima complessiva di 400.000 euro per ciascuna impresa e nel rispetto del limite di spesa di 3 milioni di euro per l'anno 2009 e di 5 milioni di euro per l'anno 2010.

2. Il contributo di cui al comma 1 è concesso nel rispetto delle condizioni e dei limiti previsti dal decreto del Presidente del Consiglio dei ministri 3 giugno 2009, pubblicato nella Gazzetta Ufficiale n. 131 del 9 giugno 2009, nonché dalla decisione 28 maggio 2009 C(2009)4277.

3. Con decreto del Ministro delle infrastrutture e dei trasporti, di concerto con il Ministro dell'economia e delle finanze, da adottare entro trenta giorni dalla data di entrata in vigore della legge di conversione del presente decreto, sono definiti modalità operative e termini per l'erogazione delle risorse di cui al comma 1.

4. Alla copertura degli oneri derivanti dal comma 1, pari a 3 milioni di euro per l'anno 2009 e a 5 milioni di euro per l'anno 2010, si provvede, rispettivamente, per l'anno 2009 a valere sulle risorse riferite alle amministrazioni statali di cui all'art. 1, comma 14, del decreto-legge 3 ottobre 2006, n. 262, convertito, con modificazioni, dalla legge 24 novembre 2006, n. 286, e per l'anno 2010 mediante utilizzo delle maggiori entrate derivanti dall'attuazione dell'art. 15, commi 8-bis, 8-ter e 8-quater, del presente decreto.

(1) *Articolo aggiunto dall'articolo 1 della Legge 3 agosto 2009, n. 102, in sede di conversione.*

7. Ulteriore svalutazione fiscale di crediti in sofferenza. – 1. All'articolo 106 del testo unico delle imposte sui redditi, di cui al decreto del Presidente della Repubblica 22 dicembre 1986, n. 917, e successive modificazioni, di seguito denominato «TUIR», sono apportate le seguenti modifiche (1):

a) dopo il comma 3, è inserito il seguente comma:

«3-bis: Per i nuovi crediti di cui al comma 3 erogati a decorrere dall'esercizio successivo a quello in corso al 31 dicembre 2009, limitatamente all'ammontare che eccede la media dei crediti erogati nei due periodi d'imposta precedenti, diversi da quelli assistiti da garanzia o da misure agevolative in qualsiasi forma concesse dallo Stato, da enti pubblici e da altri enti controllati direttamente o indirettamente dallo Stato, le percentuali di cui allo stesso comma sono elevate allo 0,50 per cento. L'ammontare delle svalutazioni eccedenti il detto limite è deducibile in quote costanti nei nove esercizi successivi.»;

b) nel comma 5 dopo le parole «di cui al comma 3» sono aggiunte le parole «e di cui al comma 3-bis».

2. Per il periodo d'imposta in corso alla data di entrata in vigore del presente decreto, la disposizione di cui al comma 3-bis dell'articolo 106 del TUIR, introdotto dalla lettera a) del comma 1 del presente articolo, si applica ai crediti erogati a partire dalla data di entrata in vigore del decreto stesso e la media ivi prevista è commisurata alla residua durata del suddetto periodo d'imposta (2).

3. Per evitare indebiti effetti di sostituzione e novazione, l'Agenzia delle entrate dispone controlli mirati alla verifica della corretta applicazione delle disposizioni di cui al presente articolo.

In caso di violazioni, le sanzioni di cui all'articolo 1 del D.Lgs. 18 dicembre 1997, n. 471, si applicano in ogni caso nella misura massima.

(1) *Alinea modificato dall'articolo 1 della Legge 3 agosto 2009, n. 102, in sede di conversione.*

(2) *Comma modificato dall'articolo 1 della Legge 3 agosto 2009, n. 102, in sede di conversione.*

8. Sistema «export banca». – 1. Il Ministro dell'economia e delle finanze con propri decreti autorizza e disciplina le attività di Cassa depositi e prestiti s.p.a. [*al servizio di SACE s.p.a.*] per dare vita, a condizioni di mercato, ad un sistema integrato di «export banca». A questo fine tra le operazioni di interesse pubblico che possono essere attivate dalla Cassa depositi e prestiti s.p.a. con l'utilizzo dei fondi di cui all'articolo 5, comma 7, lettera a), del decreto-legge 30 settembre 2003, n. 269, convertito, con modificazioni, dalla legge 24 novembre 2003, n. 326, e successive modificazioni, rientrano anche le operazioni per sostenere l'internazionalizzazione delle imprese [*quando le operazioni sono assistite da garanzia o assicurazione della SACE s.p.a. o di altro istituto assicurativo le cui obbligazioni sono garantite da uno Stato*]. Con i medesimi decreti sono stabiliti modalità e criteri al fine di consentire le operazioni di assicurazione del credito per le esportazioni da parte della SACE S.p.A. anche in favore delle piccole e medie imprese nazionali o di altro istituto assicurativo le cui obbligazioni sono garantite da uno Stato (1).

(1) *Comma modificato dall'articolo 1 della Legge 3 agosto 2009, n. 102, in sede di conversione, dall'articolo 1, comma 44, della Legge 27 dicembre 2013, n. 147 e, da ultimo, dall'articolo 3, comma 2, del D.L. 24 gennaio 2015, n. 3, convertito, con modificazioni, dalla Legge 24 marzo 2015, n. 33.*

9. Tempestività dei pagamenti delle pubbliche amministrazioni. – 1. Al fine di garantire la tempestività dei pagamenti delle pubbliche amministrazioni, in attuazione della direttiva 2000/35/CE del Parlamento europeo e del Consiglio, del 29 giugno 2000, relativa alla lotta contro i ritardi di pagamento nelle transazioni commerciali, recepita con il decreto legislativo 9 ottobre 2002, n. 231, [*é disposto quanto segue*] (1):

a) per prevenire la formazione di nuove situazioni debitorie (2):

1. le pubbliche amministrazioni incluse nell'elenco adottato dall'Istituto nazionale di statistica (ISTAT) ai sensi del comma 5 dell'articolo 1 della legge 30 dicembre 2004, n. 311, adottano entro il 31 dicembre 2009, senza nuovi o maggiori oneri per la finanza pubblica, le opportune misure organizzative per garantire il tempestivo pagamento delle somme dovute per somministrazioni, forniture ed appalti. Le misure adottate sono pubblicate sul sito internet dell'amministrazione (3);

2. nelle amministrazioni di cui al numero 1, al fine di evitare ritardi nei pagamenti e la formazione di debiti pregressi, il funzionario che adotta provvedimenti che comportano impegni di spesa ha l'obbligo di accertare preventivamente che il programma dei conseguenti pagamenti sia compatibile con i relativi stanziamenti di bilancio e con le regole di finanza pubblica; la violazione dell'obbligo di accertamento di cui al presente numero comporta responsabilità disciplinare ed amministrativa. Qualora lo stanziamento di bilancio, per ragioni sopravvenute, non consenta di far fronte all'obbligo contrattuale, l'amministrazione adotta le opportune iniziative, anche di tipo contabile, amministrativo o contrattuale, per evitare la formazione di debiti pregressi. Le disposizioni del presente punto non si applicano alle aziende sanitarie locali, ospedaliere, ospedaliere universitarie, ivi compresi i policlinici universitari, e agli istituti di ricovero e cura a carattere scientifico pubblici, anche trasformati in fondazioni (4);

3. allo scopo di ottimizzare l'utilizzo delle risorse ed evitare la formazione di nuove situazioni debitorie, l'attività di analisi e revisione delle procedure di spesa e dell'allocazione delle relative risorse in bilancio prevista per i Ministeri dall'articolo 9, comma 1-ter, del decreto-legge 29 novembre 2008, n. 185, convertito, con modificazioni, dalla legge 28 gennaio 2009, n. 2, è effettuata anche dalle altre pubbliche amministrazioni incluse nell'elenco di cui al numero 1 della presente lettera, escluse le Regioni e le Province autonome per le quali la presente disposizione costituisce principio fondamentale di coordinamento della finanza pubblica. I risultati delle analisi sono illustrati in appositi rapporti redatti in conformità con quanto stabilito ai sensi del comma 1-quater del citato articolo 9 del decreto-legge n. 185 del 2008 (5);

4. per le amministrazioni dello Stato, il Ministero dell'economia e delle finanze - Dipartimento della Ragioneria generale dello Stato, anche attraverso gli uffici centrali del bilancio e le ragionerie territoriali dello Stato, vigila sulla corretta applicazione delle disposizioni di cui alla presente lettera, secondo procedure da definire con apposito decreto del Ministero dell'economia e delle finanze, da emanarsi entro trenta giorni dall'entrata in vigore del presente decreto. Per gli enti ed organismi pubblici non territoriali gli organi interni di revisione e di controllo provvedono agli analoghi adempimenti di vigilanza. I rapporti di cui al numero 3 sono inviati ai Ministeri vigilanti; per gli enti locali e gli enti del servizio sanitario nazionale i rapporti sono allegati alle relazioni rispettivamente previste nell'articolo 1, commi 166 e 170, della legge 23 dicembre 2005, n. 266 (6);

b) in relazione ai debiti già in essere alla data di entrata in vigore del presente decreto, l'ammontare dei crediti esigibili nei confronti dei Ministeri alla data del 31 dicembre 2008, iscritti nel conto dei residui passivi del bilancio dello Stato per l'anno 2009 ed in essere alla data di entrata in vigore del presente decreto, per somministrazioni, forniture ed appalti, è accertato, all'esito di una rilevazione straordinaria, con decreto del Ministro dell'economia e delle finanze. I predetti crediti sono resi liquidabili nei limiti delle risorse rese disponibili dalla legge di assestamento di cui all'art. 17, primo comma, della legge 5 agosto 1978, n. 468, relativa all'anno finanziario 2009 (7).

1-bis. Le somme dovute da una regione commissariata ai sensi dell'articolo 1, comma 174, della legge 30 dicembre 2004, n. 311, e successive modificazioni, nei confronti di un'amministrazione pubblica di cui all'art. 1, comma 2, del decreto legislativo 30 marzo 2001, n. 165, e successive modificazioni, sono regolate mediante intervento del tesoriere con delegazione di pagamento ai sensi degli articoli 1268 e seguenti del codice civile, che si determina automaticamente al momento del riconoscimento del debito da parte dell'amministrazione debitrice, da effettuare entro trenta giorni dall'istanza dell'amministrazione creditrice. Decorso tale termine senza contestazioni puntuali da parte della pubblica amministrazione debitrice, il debito si intende comunque riconosciuto nei termini di cui all'istanza (8)(9).

(1) *Alinea modificato dall'articolo 1 della Legge 3 agosto 2009, n. 102, in sede di conversione.*

(2) *Alinea sostituito dall'articolo 1 della Legge 3 agosto 2009, n. 102, in sede di conversione.*
(3) *Numero modificato dall'articolo 1 della Legge 3 agosto 2009, n. 102, in sede di conversione.*
(4) *Numero modificato dall'articolo 1 della Legge 3 agosto 2009, n. 102, in sede di conversione.*
(5) *Numero modificato dall'articolo 1 della Legge 3 agosto 2009, n. 102, in sede di conversione.*
(6) *Numero modificato dall'articolo 1 della Legge 3 agosto 2009, n. 102, in sede di conversione.*
(7) *Lettera modificata dall'articolo 1 della Legge 3 agosto 2009, n. 102, in sede di conversione.*
(8) *Comma aggiunto dall'articolo 1 della Legge 3 agosto 2009, n. 102, in sede di conversione.*
(9) *La Corte Costituzionale, con sentenza 6 maggio 2010, n. 156 (in Gazz. Uff., 12 maggio 2010, n. 19), ha dichiarato l'illegittimità costituzionale del presente comma.*

9 *bis*. Patto di stabilità interno per gli enti locali (1). – 1. Le province e i comuni con più di 5.000 abitanti possono escludere dal saldo rilevante ai fini del rispetto del patto di stabilità interno relativo all'anno 2009 i pagamenti in conto capitale effettuati entro il 31 dicembre 2009 per un importo non superiore al 4 per cento dell'ammontare dei residui passivi in conto capitale risultanti dal rendiconto dell'esercizio 2007, a condizione che abbiano rispettato il patto di stabilità interno relativo all'anno 2008, ovvero, qualora non l'abbiano rispettato, si trovino nelle condizioni previste dall'articolo 77-bis, comma 21-bis, del decreto-legge 25 giugno 2008, n. 112, convertito, con modificazioni, dalla legge 6 agosto 2008, n. 133.

2. Gli effetti finanziari in termini di fabbisogno e di indebitamento netto delle pubbliche amministrazioni, recati dalle disposizioni di cui al comma 1, vengono compensati mediante il mancato utilizzo, nel limite massimo di 2.250 milioni di euro, delle maggiori risorse finanziarie iscritte nel provvedimento di assestamento per l'anno 2009, di cui all'articolo 17, primo comma, della legge 5 agosto 1978, n. 468, a integrazione dei Fondi di cui agli articoli 7 e 8 della stessa legge n. 468 del 1978, e successive modificazioni, relativi ai residui passivi perenti, in coerenza con le previsioni tendenziali di spesa per il medesimo anno indicate nel Documento di programmazione economico-finanziaria per gli anni 2010-2013.

3. Ai fini della verifica del rispetto del patto di stabilità interno delle regioni e delle province autonome di Trento e di Bolzano relativo all'anno 2008, il termine per l'invio della certificazione di cui al comma 16 dell'articolo 7-quater del decreto-legge 10 febbraio 2009, n. 5, convertito, con modificazioni, dalla legge 9 aprile 2009, n. 33, è prorogato al 30 settembre 2009.

4. All'ultimo periodo del comma 15 dell'articolo 77-bis del decreto-legge 25 giugno 2008, n. 112, convertito, con modificazioni, dalla legge 6 agosto 2008, n. 133, dopo le parole: «ma si applicano» sono inserite le seguenti: «, fino alla data di invio della certificazione,».

5. Sono esclusi dal patto di stabilità interno delle regioni e delle province autonome di Trento e di Bolzano i pagamenti che vengono effettuati a valere sui residui passivi di parte corrente a fronte di corrispondenti residui attivi degli enti locali. In funzione di anticipazione dell'attuazione delle misure connesse alla realizzazione di un sistema di federalismo fiscale, secondo quanto previsto dalla legge 5 maggio 2009, n. 42, e allo scopo di assicurare la tutela dei diritti e delle prestazioni sociali fondamentali su tutto il territorio nazionale, ai sensi dell'articolo 117, secondo comma, lettera m), della Costituzione, con decreto del Presidente del Consiglio dei ministri, sentita la Conferenza permanente per i rapporti tra lo Stato, le regioni e le province autonome di Trento e di Bolzano e acquisito il parere espresso in sede di tavolo di confronto di cui all'articolo 27, comma 7, della citata legge n. 42 del 2009, da adottare entro sessanta giorni dalla data di entrata in vigore della legge di conversione del presente decreto, sono fissati i criteri per la rideterminazione, a decorrere dall'anno 2009, dell'ammontare dei proventi spettanti a regioni e province autonome, compatibilmente con gli statuti di autonomia delle regioni ad autonomia speciale e delle citate province autonome, ivi compresi quelli afferenti alla compartecipazione ai tributi erariali statali, in misura tale da garantire disponibilità finanziarie complessivamente non inferiori a 300 milioni di euro annui e, comunque, senza nuovi o maggiori oneri per la finanza pubblica. Tali risorse sono assegnate ad un fondo da istituire nello stato di previsione della spesa del Ministero dell'economia e delle finanze per le attività di carattere sociale di pertinenza regionale. In sede di Conferenza permanente per i rapporti tra lo Stato, le regioni e le province autonome di Trento e di Bolzano sono stabiliti, entro trenta giorni dalla data di entrata in vigore del decreto di cui al secondo periodo del presente comma, criteri e modalità per la distribuzione delle risorse di cui al presente comma tra le singole regioni e province autonome, che il Ministro dell'economia e delle finanze, di concerto con il Ministro del lavoro e delle politiche sociali, provvede ad attuare con proprio decreto (2)(3).

6. I mutui concessi dalla Cassa depositi e prestiti S.p.A., ivi inclusi quelli trasferiti al Ministero dell'economia e delle finanze ai sensi del decreto del Ministro dell'economia e delle finanze 5 dicembre 2003, pubblicato nel supplemento ordinario alla Gazzetta Ufficiale n. 288 del 12 dicembre 2003, in base a leggi speciali che prevedono l'ammortamento a carico dello Stato, interamente o parzialmente non erogati, possono essere oggetto di rinuncia, anche parziale, a seguito di deliberazione del soggetto beneficiario o dell'ente pubblico di riferimento.

7. L'eventuale quota parte del finanziamento non rinunciata e non erogata può essere devoluta:

a) in misura non superiore al 50 per cento dell'importo non erogato, con decreto del Ministero dell'economia e delle finanze, di concerto con il Ministero competente, su richiesta dei medesimi beneficiari originari o dei loro enti pubblici di riferimento, ad altre opere pubbliche o a investimenti infrastrutturali di loro competenza. Resta ferma l'imputazione degli oneri di ammortamento dei mutui agli originari capitoli di spesa;

b) in misura non superiore al 25 per cento delle disponibilità che residuano, al netto di quanto previsto ai sensi della lettera a), ad interventi infrastrutturali compresi nel programma di infrastrutture strategiche di cui all'articolo 1 della legge 21 dicembre 2001, n. 443, e successive modificazioni, suscettibili di produrre positive ricadute sullo sviluppo delle comunità locali e del territorio;

c) per la parte ulteriormente residua, ad uno speciale fondo iscritto nello stato di previsione della spesa del Ministero dell'economia e delle finanze e destinato al sostegno di interventi infrastrutturali per lo sviluppo del territorio degli enti locali che hanno rispettato il patto di stabilità interno nell'ultimo triennio.

8. Con decreto del Ministero dell'economia e delle finan-

ze, da adottare entro sessanta giorni dalla data di entrata in vigore della legge di conversione del presente decreto, d'intesa con la Conferenza Stato-città ed autonomie locali, previo parere delle Commissioni parlamentari competenti per i profili di carattere finanziario, sono definite le modalità di attuazione del comma 7.

9. Le risorse trasferite dallo Stato al comune di Viareggio al fine di finanziare le opere di ricostruzione connesse al disastro ferroviario del 29 giugno 2009 e le spese effettuate da parte del comune a valere sulle predette risorse sono escluse dal saldo rilevante ai fini del rispetto del patto di stabilità per l'anno 2009.

(1) Articolo aggiunto dall'articolo 1 della Legge 3 agosto 2009, n. 102, in sede di conversione.
(2) Comma modificato dall'articolo 2, comma 152, della Legge 23 dicembre 2009, n. 191.
(3) La Corte Costituzionale, con sentenza 15 aprile 2010, n. 133 (in Gazz. Uff., 21 aprile 2010, n. 16), ha dichiarato l'illegittimità costituzionale del secondo, terzo e quarto periodo del presente comma, nella parte in cui si applica alla Regione Valle d'Aosta/Vallee d'Aoste ed alle Province autonome di Trento e di Bolzano.

10. Incremento delle compensazioni dei crediti fiscali. – 1. Per contrastare gli abusi e corrispondentemente per incrementare la liquidità delle imprese, tramite un riordino delle norme concernenti il sistema delle compensazioni fiscali volto a renderlo più rigoroso, sono introdotte le seguenti disposizioni (1):

a) al fine di contrastare gli abusi (2):

1. all'articolo 17, comma 1, del decreto legislativo 9 luglio 1997, n. 241, è aggiunto il seguente periodo: «La compensazione del credito annuale o relativo a periodi inferiori all'anno dell'imposta sul valore aggiunto, per importi superiori a 10.000 euro annui, può essere effettuata a partire dal giorno sedici del mese successivo a quello di presentazione della dichiarazione o dell'istanza da cui il credito emerge.»;

2. al regolamento di cui al decreto del Presidente della Repubblica 22 luglio 1998, n. 322, sono apportate le seguenti modificazioni:

2.1. all'articolo 3, comma 1, è aggiunto il seguente periodo: «In deroga a quanto previsto dal secondo periodo i contribuenti che intendono utilizzare in compensazione ovvero chiedere a rimborso il credito risultante dalla dichiarazione annuale ai fini dell'imposta sul valore aggiunto possono non comprendere tale dichiarazione in quella unificata.» (3);

2.2. all'articolo 8, comma 4, terzo periodo, dopo le parole; «é anche presentata,» sono aggiunte le seguenti: «in via telematica ed» (4);

2.3. all'articolo 8-bis, comma 2, primo periodo, «articolo 88» sono sostituite dalle seguenti: «articolo 74» e le parole: «a lire 50 milioni» sono sostituite dalle seguenti: «a euro 25.000» (5);

2.4. all'articolo 8-bis, comma 2, è aggiunto il seguente periodo: «Sono inoltre esonerati i contribuenti che presentano la dichiarazione annuale entro il mese di febbraio.» (6);

3. all'articolo 38-bis, del decreto del Presidente della Repubblica 26 ottobre 1972, n. 633, sono apportate le seguenti modificazioni:

3.1. al primo comma, l'ottavo e nono periodo sono sostituiti dal seguente: «Con provvedimento del Direttore dell'Agenzia delle entrate sono definite le ulteriori modalità ed i termini per l'esecuzione dei rimborsi previsti dal presente articolo.» (7);

3.2. al sesto comma, dopo le parole: «Se successivamente al rimborso» sono aggiunte le seguenti: «o alla compensazione», dopo le parole: «indebitamente rimborsate» sono aggiunte le seguenti: «o compensate» e dopo le parole «dalla data del rimborso» sono aggiunte le seguenti: «o della compensazione» (8);

4. fino all'emanazione del provvedimento di cui al numero 3.1., continuano ad applicarsi le disposizioni vigenti prima dell'entrata in vigore del presente decreto (9);

5. all'articolo 8, comma 3, del regolamento di cui al decreto del Presidente della Repubblica 14 ottobre 1999, n. 542, è aggiunto, infine, il seguente periodo: «Tali compensazioni possono essere effettuate solo successivamente alla presentazione dell'istanza di cui al comma 2.»;

6. all'articolo 37 del decreto-legge 4 luglio 2006, n. 223, convertito, con modificazioni, dalla legge 4 agosto 2006, n. 248, dopo il comma 49 è inserito il seguente: «49-bis. I soggetti di cui al comma 49, che intendono effettuare la compensazione prevista dall'articolo 17 del decreto legislativo 9 luglio 1997, n. 241, del credito annuale o relativo a periodi inferiori all'anno dell'imposta sul valore aggiunto per importi superiori a 10.000 euro annui, sono tenuti ad utilizzare esclusivamente i servizi telematici messi a disposizione dall'Agenzia delle entrate secondo modalità tecniche definite con provvedimento del direttore della medesima Agenzia delle entrate entro sessanta giorni dalla data di entrata in vigore del presente comma.» (10);

7. i contribuenti che intendono utilizzare in compensazione il credito annuale o infrannuale dell'imposta sul valore aggiunto per importi superiori a 5.000 euro annui hanno l'obbligo di richiedere l'apposizione del visto di conformità di cui all'articolo 35, comma 1, lettera a), del decreto legislativo 9 luglio 1997, n. 241, sulla dichiarazione o sull'istanza da cui emerge il credito.

In alternativa la dichiarazione o l'istanza è sottoscritta, oltre che dai soggetti di cui all'articolo 1, comma 4, del regolamento di cui al decreto del Presidente della Repubblica 22 luglio 1998, n. 322, dai soggetti di cui all'articolo 1, comma 5, del medesimo regolamento, relativamente ai contribuenti per i quali è esercitato il controllo contabile di cui all'articolo 2409-bis del codice civile, attestante l'esecuzione dei controlli di cui all'articolo 2, comma 2, del regolamento di cui al decreto del Ministro delle finanze 31 maggio 1999, n. 164. L'infedele attestazione dell'esecuzione dei controlli di cui al precedente periodo comporta l'applicazione della sanzione di cui all'articolo 39, comma 1, lettera a) primo periodo del decreto legislativo 9 luglio 1997, n. 241. In caso di ripetute violazioni, ovvero di violazioni particolarmente gravi, è effettuata apposita segnalazione agli organi competenti per l'adozione di ulteriori provvedimenti. Nei casi di utilizzo in compensazione, ai sensi dell'articolo 17 del decreto legislativo 9 luglio 1997, n. 241, dei crediti di cui al presente comma in violazione dell'obbligo di apposizione del visto di conformità o della sottoscrizione di cui, rispettivamente, al primo e al secondo periodo sulle dichiarazioni o istanze da cui emergono i crediti stessi, ovvero nei casi di utilizzo in compensazione ai sensi dello stesso articolo 17 dei crediti che emergono da dichiarazioni o istanze con visto di conformità o sottoscrizione apposti da soggetti diversi da quelli abilitati, con l'atto di cui all'articolo 1, comma 421, della legge 30 dicembre 2004, n. 311, l'ufficio procede al recupero dell'ammontare dei crediti utilizzati in violazione delle modalità di cui al primo periodo e dei relativi interessi, nonché all'irrogazione delle sanzioni. In relazione alle disposizioni di cui alla presente lettera, le dotazioni finanziarie della missione di spesa «Politiche economico-finanziarie e di bilancio» sono ridotte di 200 milioni di euro per l'anno 2009 e di 1.000 milioni di euro a decorrere dall'anno 2010 (11);

7-bis. per le start-up innovative, di cui all'articolo 25 del decreto-legge 18 ottobre 2012, n. 179, convertito, con modificazioni, dalla legge 17 dicembre 2012, n. 221, e successive modificazioni, durante il periodo di iscrizione nella sezione speciale del registro delle imprese di cui al comma 8 del citato articolo 25, il limite di importo di cui al numero 7 della presente lettera è aumentato da 5.000 euro a 50.000 euro (12).

8. all'articolo 27, comma 18 del decreto-legge 29 novembre 2008, n. 185 convertito, con modificazioni, dalla legge 28 gennaio 2009, n. 2, dopo il secondo periodo è aggiunto il seguente: «Per le sanzioni previste nel presente comma, in nessun caso si applica la definizione agevolata prevista dagli articoli 16, comma 3, e 17, comma 2, del decreto legislativo 18 dicembre 1997, n. 472.» (13);

b) al fine di incrementare le compensazioni fiscali, all'articolo 34, comma 1, della legge 23 dicembre 2000, n. 388, è aggiunto, in fine, il seguente periodo: «Tenendo conto delle esigenze di bilancio, con decreto del Ministro dell'economia e delle finanze, il limite di cui al periodo precedente può essere elevato, a decorrere dal 1° gennaio 2010, fino a 700.000 euro.» (14).

(1) *Alinea modificato dall'articolo 1 della legge 3 agosto 2009, n. 102, in sede di conversione.*
(2) *Alinea sostituito dall'articolo 1 della legge 3 agosto 2009, n. 102, in sede di conversione.*
(3) *Numero modificato dall'articolo 1 della legge 3 agosto 2009, n. 102, in sede di conversione.*
(4) *Numero modificato dall'articolo 1 della legge 3 agosto 2009, n. 102, in sede di conversione.*
(5) *Numero modificato dall'articolo 1 della legge 3 agosto 2009, n. 102, in sede di conversione.*
(6) *Numero modificato dall'articolo 1 della legge 3 agosto 2009, n. 102, in sede di conversione.*
(7) *Numero modificato dall'articolo 1 della legge 3 agosto 2009, n. 102, in sede di conversione.*
(8) *Numero modificato dall'articolo 1 della legge 3 agosto 2009, n. 102, in sede di conversione.*
(9) *Numero modificato dall'articolo 1 della legge 3 agosto 2009, n. 102, in sede di conversione.*
(10) *Numero modificato dall'articolo 1 della legge 3 agosto 2009, n. 102, in sede di conversione.*
(11) *Numero modificato dall'articolo 1 della legge 3 agosto 2009, n. 102, in sede di conversione e successivamente dall'articolo 3, comma 2, lettera a), del D.L. 24 aprile 2017, n. 50, convertito, con modificazioni, dalla legge 24 giugno 2017, n. 96.*
(12) *Numero inserito dall'articolo 4, comma 11-novies, del D.L. 24 gennaio 2015, n. 3, convertito, con modificazioni, dalla Legge 24 marzo 2015, n. 33 e successivamente modificato dall'articolo 3, comma 2, lettera b), del D.L. 24 aprile 2017, n. 50, convertito, con modificazioni, dalla legge 24 giugno 2017, n. 96.*
(13) *Numero modificato dall'articolo 1 della legge 3 agosto 2009, n. 102, in sede di conversione.*
(14) *Lettera modificata dall'articolo 1 della legge 3 agosto 2009, n. 102, in sede di conversione.*

11. Analisi e studi economico-sociali. – 1. I sistemi informativi del Ministero dell'economia e delle finanze, del Ministero del lavoro, della salute e delle politiche sociali nonché dei soggetti ad essi collegati o da essi vigilati o controllati, sono, senza nuovi o maggiori oneri per il bilancio dello Stato, utilizzabili in modo coordinato ed integrato al fine di poter disporre di una base unitaria di dati funzionale ad analisi e studi mirati alla elaborazione delle politiche economiche e sociali. La formazione e l'utilizzo della base unitaria avviene nel rispetto dei principi vigenti in materia di trattamento dei dati nell'ambito del sistema statistico nazionale, e in particolare del regolamento n. 223/2009 del Parlamento europeo e del Consiglio dell'11 marzo 2009, e della normativa sulla protezione dei dati personali (1).

(1) *Comma modificato dall'articolo 1 della legge 3 agosto 2009, n. 102, in sede di conversione.*

11 *bis*. Obbligo di presentazione del documento unico di regolarità contributiva (1). – 1. Al decreto legislativo 31 marzo 1998, n. 114, sono apportate le seguenti modificazioni:

a) all'articolo 28, dopo il comma 2 è inserito il seguente:

«2-bis. L'autorizzazione all'esercizio dell'attività di cui al comma 1 è, in ogni caso, soggetta alla presentazione da parte del richiedente del documento unico di regolarità contributiva (DURC), di cui all'articolo 1, comma 1176, della legge 27 dicembre 2006, n. 296. Entro il 31 gennaio di ciascun anno successivo a quello del rilascio dell'autorizzazione, il comune, avvalendosi anche della collaborazione gratuita delle associazioni di categoria riconosciute dal Consiglio nazionale dell'economia e del lavoro, verifica la sussistenza del documento»;

b) all'articolo 29, comma 4, è aggiunta, in fine, la seguente lettera:

«c-bis) nel caso di mancata presentazione iniziale e annuale del DURC di cui al comma 2-bis dell'articolo 28».

(1) *Articolo aggiunto dall'articolo 1 della legge 3 agosto 2009, n. 102, in sede di conversione.*

TITOLO II
Interventi antievasione e antielusione internazionale e nazionale

12. Contrasto ai paradisi fiscali. – 1. Le norme del presente articolo danno attuazione alle intese raggiunte tra gli Stati aderenti alla Organizzazione per la cooperazione e lo sviluppo economico in materia di emersione di attività economiche e finanziarie detenute in Paesi aventi regimi fiscali privilegiati, allo scopo di migliorare l'attuale insoddisfacente livello di trasparenza fiscale e di scambio di informazioni, nonché di incrementare la cooperazione amministrativa tra Stati.

2. In deroga ad ogni vigente disposizione di legge, gli investimenti e le attività di natura finanziaria detenute negli Stati o territori a regime fiscale privilegiato di cui al decreto del Ministro delle finanze 4 maggio 1999, pubblicato nella Gazzetta Ufficiale della Repubblica italiana del 10 maggio 1999, n. 107, e al decreto del Ministro dell'economia e delle finanze 21 novembre 2001, pubblicato nella Gazzetta Ufficiale della Repubblica italiana del 23 novembre 2001, n. 273, senza tener conto delle limitazioni ivi previste, in violazione degli obblighi di dichiarazione di cui ai commi 1, 2 e 3 dell'articolo 4 del decreto-legge 28 giugno 1990, n. 167, convertito dalla legge 4 agosto 1990, n. 227, ai soli fini fiscali si presumono costituite, salva la prova contraria, mediante redditi sottratti a tassazione. In tale caso, le sanzioni previste

dall'articolo 1 del decreto legislativo 18 dicembre 1997, n. 471, sono raddoppiate [1].

2-bis. Per l'accertamento basato sulla presunzione di cui al comma 2, i termini di cui all'articolo 43, primo e secondo comma, del decreto del Presidente della Repubblica 29 settembre 1973, n. 600, e successive modificazioni, e all'articolo 57, primo e secondo comma, del decreto del Presidente della Repubblica 26 ottobre 1972, n. 633, e successive modificazioni, sono raddoppiati [2].

2-ter. Per le violazioni di cui ai commi 1, 2 e 3 dell'articolo 4 del decreto-legge 28 giugno 1990, n. 167, convertito, con modificazioni, dalla legge 4 agosto 1990, n. 227, e successive modificazioni, riferite agli investimenti e alle attività di natura finanziaria di cui al comma 2, i termini di cui all'articolo 20 del decreto legislativo 18 dicembre 1997, n. 472, sono raddoppiati [3].

3. Al fine di garantire la massima efficacia all'azione di controllo ai fini fiscali per la prevenzione e repressione dei fenomeni di illecito trasferimento e detenzione di attività economiche e finanziarie all'estero, l'Agenzia delle entrate istituisce, in coordinamento con la Guardia di finanza e nei limiti dei propri stanziamenti di bilancio, una unità speciale per il contrasto della evasione ed elusione internazionale, per l'acquisizione di informazioni utili alla individuazione dei predetti fenomeni illeciti ed il rafforzamento della cooperazione internazionale.

3-bis. Per le attività connesse alle finalità di cui al comma 3 da svolgere all'estero, l'Agenzia delle entrate si avvale del personale del Corpo della guardia di finanza di cui all'articolo 4 del decreto legislativo 19 marzo 2001, n. 68, secondo modalità stabilite d'intesa con il Comando generale della guardia di finanza [4].

3-ter. In relazione alle concrete esigenze operative, la quota del contingente previsto dall'articolo 168 del decreto del Presidente della Repubblica 5 gennaio 1967, n. 18, e successive modificazioni, riservata al personale del Corpo della guardia di finanza di cui all'articolo 4, comma 3, del decreto legislativo 19 marzo 2001, n. 68, può essere aumentata con decreto del Ministro dell'economia e delle finanze, di concerto con il Ministro degli affari esteri, nei limiti degli ordinari stanziamenti di bilancio [5].

[1] *Comma modificato dall'articolo 1 della legge 3 agosto 2009, n. 102, in sede di conversione. Vedi l'articolo 5 - quater, comma 7, del D.L. 28 giugno 1990, n. 167 convertito, con modificazioni, dalla Legge 4 agosto 1990, n. 227 come modificato dall'articolo 1, comma 1, della Legge 15 dicembre 2014, n. 186.*
[2] *Comma aggiunto dall'articolo 1, comma 3, del D.L.30 dicembre 2009, n. 194, convertito, con modificazioni dalla Legge 26 febbraio 2010, n. 25. Per l'applicazione del raddoppio dei termini di cui al presente comma vedi l'articolo 5 - quater, comma 4, del D.L. 28 giugno 1990, n. 167 convertito, con modificazioni, dalla Legge 4 agosto 1990, n. 227 come modificato dall'articolo 1, comma 1, della Legge 15 dicembre 2014, n. 186.*
[3] *Comma aggiunto dall'articolo 1, comma 3, del D.L.30 dicembre 2009, n. 194, convertito, con modificazioni dalla Legge 26 febbraio 2010, n. 25.*
[4] *Comma aggiunto dall'articolo 1 della legge 3 agosto 2009, n. 102, in sede di conversione.*
[5] *Comma aggiunto dall'articolo 1 della legge 3 agosto 2009, n. 102, in sede di conversione.*

13. Contrasto agli arbitraggi fiscali internazionali. – 1. Per analogia e armonizzazione con quanto già disposto in altri ordinamenti europei, allo scopo di evitare indebiti arbitraggi fiscali l'accesso a regimi che possono favorire disparità di trattamento, con particolare riferimento ad operazioni infragruppo, è sottoposto ad una verifica di effettività sostanziale. A tal fine nel TUIR, sono apportate le seguenti modifiche [1]:

a) all'articolo 167, nel comma 5, la lettera a) è sostituita dalla seguente «a) la società o altro ente non residente svolga un'effettiva attività industriale o commerciale, come sua principale attività, nel mercato dello stato o territorio di insediamento; per le attività bancarie, finanziarie e assicurative quest'ultima condizione si ritiene soddisfatta quando la maggior parte delle fonti, degli impieghi o dei ricavi originano nello Stato o territorio di insediamento»;

b) all'articolo 167, dopo il comma 5, è aggiunto il seguente:

«5-bis. La previsione di cui alla lettera a) del comma 5 non si applica qualora i proventi della società o altro ente non residente provengono per più del 50% dalla gestione, dalla detenzione o dall'investimento in titoli, partecipazioni, crediti o altre attività finanziarie, dalla cessione o dalla concessione in uso di diritti immateriali relativi alla proprietà industriale, letteraria o artistica, nonché dalla prestazione di servizi nei confronti di soggetti che direttamente o indirettamente controllano la società o l'ente non residente, ne sono controllati o sono controllati dalla stessa società che controlla la società o l'ente non residente, ivi compresi i servizi finanziari.» [2];

c) all'articolo 167, dopo l'ultimo comma, sono aggiunti i seguenti:

«8-bis. La disciplina di cui al comma 1 trova applicazione anche nell'ipotesi in cui i soggetti controllati ai sensi dello stesso comma sono localizzati in stati o territori diversi da quelli ivi richiamati, qualora ricorrono congiuntamente le seguenti condizioni:

a) sono assoggettati a tassazione effettiva inferiore a più della metà di quella a cui sarebbero stati soggetti ove residenti in Italia;

b) hanno conseguito proventi derivanti per più del 50% dalla gestione, dalla detenzione o dall'investimento in titoli, partecipazioni, crediti o altre attività finanziarie, dalla cessione o dalla concessione in uso di diritti immateriali relativi alla proprietà industriale, letteraria o artistica nonché dalla prestazione di servizi nei confronti di soggetti che direttamente o indirettamente controllano la società o l'ente non residente, ne sono controllati o sono controllati dalla stessa società che controlla la società o l'ente non residente, ivi compresi i servizi finanziari.

8-ter. Le disposizioni del comma 8-bis non si applicano se il soggetto residente dimostra che l'insediamento all'estero non rappresenta una costruzione artificiosa volta a conseguire un indebito vantaggio fiscale. Ai fini del presente comma il contribuente deve interpellare l'amministrazione finanziaria secondo le modalità indicate nel precedente comma 5.»;

d) nell'articolo 168, comma 1, dopo le parole «di cui all'articolo 167» sono aggiunte le seguenti: «, con l'esclusione di quanto disposto al comma 8-bis».

[1] *Alinea modificato dall'articolo 1 della legge 3 agosto 2009, n. 102, in sede di conversione.*
[2] *Lettera modificata dall'articolo 1 della legge 3 agosto 2009, n. 102, in sede di conversione.*

13 *bis*. Disposizioni concernenti il rimpatrio di attività finanziarie e patrimoniali detenute fuori del

territorio dello Stato [(1)]. – 1. È istituita un'imposta straordinaria sulle attività finanziarie e patrimoniali:

a) detenute fuori del territorio dello Stato senza l'osservanza delle disposizioni del decreto-legge 28 giugno 1990, n. 167, convertito, con modificazioni, dalla legge 4 agosto 1990, n. 227, e successive modificazioni;

b) a condizione che le stesse siano rimpatriate in Italia da Stati non appartenenti all'Unione europea, ovvero regolarizzate o rimpatriate perché detenute in Stati dell'Unione europea e in Stati aderenti allo Spazio economico europeo che garantiscono un effettivo scambio di informazioni fiscali in via amministrativa.

2. L'imposta si applica come segue:

a) su un rendimento lordo presunto in ragione del 2 per cento annuo per i cinque anni precedenti il rimpatrio o la regolarizzazione, senza possibilità di scomputo di eventuali perdite;

b) con un'aliquota sintetica del 50 per cento per anno, comprensiva di interessi e sanzioni, e senza diritto allo scomputo di eventuali ritenute o crediti.

3. Il rimpatrio ovvero la regolarizzazione si perfezionano con il pagamento dell'imposta e non possono in ogni caso costituire elemento utilizzabile a sfavore del contribuente, in ogni sede amministrativa o giudiziaria civile, amministrativa ovvero tributaria, in via autonoma o addizionale, con esclusione dei procedimenti in corso alla data di entrata in vigore della legge di conversione del presente decreto, né comporta l'obbligo di segnalazione di cui all'articolo 41 del decreto legislativo 21 novembre 2007, n. 231, relativamente ai rimpatri ovvero alle regolarizzazioni per i quali si determinano gli effetti di cui al comma 4, secondo periodo [(2)].

4. L'effettivo pagamento dell'imposta produce gli effetti di cui agli articoli 14 e 15 e rende applicabili le disposizioni di cui all'articolo 17 del decreto-legge 25 settembre 2001, n. 350, convertito, con modificazioni, dalla legge 23 novembre 2001, n. 409, e successive modificazioni. Fermo quanto sopra previsto, e per l'efficacia di quanto sopra, l'effettivo pagamento dell'imposta comporta, in materia di esclusione della punibilità penale, limitatamente al rimpatrio ed alla regolarizzazione di cui al presente articolo, l'applicazione della disposizione di cui al già vigente articolo 8, comma 6, lettera c), della legge 27 dicembre 2002, n. 289, e successive modificazioni; resta ferma l'abrogazione dell'articolo 2623 del codice civile disposta dall'articolo 34 della legge 28 dicembre 2005, n. 262 [(3)].

5. Il rimpatrio o la regolarizzazione operano con le stesse modalità, in quanto applicabili, previste dagli articoli 11, 13, 14, 15, 16, 19 commi 2 e 2-bis,, e 20, comma 3, del decreto-legge 25 settembre 2001, n. 350, convertito, con modificazioni, dalla legge 23 novembre 2001, n. 409, e successive modificazioni, nonché dal decreto-legge 22 febbraio 2002, n. 12, convertito, con modificazioni, dalla legge 23 aprile 2002, n. 73. Il direttore dell'Agenzia delle entrate stabilisce con proprio provvedimento le disposizioni e gli adempimenti, anche dichiarativi, per l'attuazione del presente articolo.

6. L'imposta di cui al comma 1 si applica sulle attività finanziarie e patrimoniali detenute a partire da una data non successiva al 31 dicembre 2008 e rimpatriate ovvero regolarizzate a partire dal 15 settembre 2009 e fino al 15 dicembre 2009 [(4)].

7. All'articolo 5 del decreto-legge 28 giugno 1990, n. 167, convertito, con modificazioni, dalla legge 4 agosto 1990, n. 227, e successive modificazioni, sono apportate le seguenti modificazioni:

a) al comma 4, le parole: «dal 5 al 25» sono sostituite dalle seguenti: «dal 10 al 50»;

b) al comma 5, le parole: «dal 5 al 25» sono sostituite dalle seguenti: «dal 10 al 50»

7-bis. Possono effettuare il rimpatrio ovvero la regolarizzazione altresì le imprese estere controllate ovvero collegate di cui agli articoli 167 e 168 del testo unico delle imposte sui redditi, di cui al decreto del Presidente della Repubblica 22 dicembre 1986, n. 917, e successive modificazioni. In tal caso gli effetti del rimpatrio ovvero della regolarizzazione si producono in capo ai partecipanti nei limiti degli importi delle attività rimpatriate ovvero regolarizzate. Negli stessi limiti non trovano applicazione le disposizioni di cui agli articoli 167 e 168 del predetto testo unico con riferimento ai redditi conseguiti dal soggetto estero partecipato nei periodi di imposta chiusi alla data del 31 dicembre 2008 [(5)].

8. Le maggiori entrate derivanti dal presente articolo affluiscono ad un'apposita contabilità speciale per essere destinate alle finalità indicate all'articolo 16, comma 3.

[(1)] *Articolo aggiunto dall'articolo 1 della legge 3 agosto 2009, n. 102, in sede di conversione.*

[(2)] *Comma modificato dall'articolo 1, comma 1, lettera b), numero 1), del D.L. 3 agosto 2009, n. 103, convertito, con modificazioni, dalla Legge 3 ottobre 2009, n. 141.*

[(3)] *Comma modificato dall'articolo 1, comma 1, lettera b), numero 2), del D.L. 3 agosto 2009, n. 103, convertito, con modificazioni, dalla Legge 3 ottobre 2009, n. 141.*

[(4)] *Comma modificato dall'articolo 1, comma 1, lettera b), numero 3), del D.L. 3 agosto 2009, n. 103, convertito, con modificazioni, dalla Legge 3 ottobre 2009, n. 141.*

[(5)] *Comma aggiunto dall'articolo 1, comma 1, lettera b), numero 4), del D.L. 3 agosto 2009, n. 103, convertito, con modificazioni, dalla Legge 3 ottobre 2009, n. 141.*

14. Imposta sulle plusvalenze su oro non industriale di società ed enti [(1)]. – 1. Per il periodo di imposta in corso alla data di entrata in vigore della legge di conversione del presente decreto, le plusvalenze iscritte in bilancio derivanti dalla valutazione, ai corsi di fine esercizio, delle disponibilità in metalli preziosi per uso non industriale di cui all'articolo 1 del decreto legislativo 22 maggio 1999, n. 251, anche se depositate presso terzi o risultanti da conti bancari disponibili, escluse quelle conferite in adempimento di obblighi derivanti dall'appartenenza alle Comunità europee e quelle necessarie a salvaguardare l'indipendenza finanziaria e istituzionale della Banca d'Italia ai sensi del comma 4, sono assoggettate a tassazione separatamente dall'imponibile complessivo mediante applicazione di un'imposta sostitutiva delle imposte sui redditi e delle relative addizionali nonché dell'imposta regionale sulle attività produttive, con l'aliquota del 6 per cento, entro l'importo massimo di 300 milioni di euro.

2. L'imposta sostitutiva, commisurata ai dati risultanti dal bilancio relativo al periodo di imposta precedente a quello in corso alla data di entrata in vigore della legge di conversione del presente decreto, è versata, a titolo di acconto, entro il termine di versamento del secondo acconto delle imposte sui redditi relative al periodo di imposta in corso alla data di entrata in vigore della legge di conversione del presente decreto. Il saldo è versato entro il termine del versamento a saldo delle imposte sui redditi dovute per il medesimo pe-

riodo di imposta.

3. Nel caso di cessione, in tutto o in parte, delle disponibilità di cui al comma 1, nei tre periodi di imposta successivi, la plusvalenza realizzata, aumentata dell'importo della plusvalenza corrispondente alle disponibilità cedute, assoggettata all'imposta sostitutiva ai sensi del comma 1, concorre all'imponibile complessivo delle imposte sui redditi e dell'imposta regionale sulle attività produttive. L'imposta sostitutiva versata in relazione alla predetta plusvalenza è scomputata dalle imposte sui redditi ai sensi degli articoli 22 e 79 del TUIR, e successive modificazioni.

4. L'imposta sostitutiva non è deducibile ai fini della determinazione del reddito e non può essere imputata a stato patrimoniale. Per l'accertamento, la liquidazione, la riscossione e il contenzioso si applicano le disposizioni in materia di imposte sui redditi. Le disposizioni del presente articolo si applicano in deroga ad ogni altra disposizione di legge ed entrano in vigore a decorrere dal sessantesimo giorno successivo alla data di entrata in vigore della legge di conversione del presente decreto. Con riferimento alle disponibilità auree della Banca d'Italia, fermo restando quanto previsto al comma 1, le disposizioni del presente articolo si applicano previo parere non ostativo della Banca centrale europea e comunque nella misura idonea a garantire l'indipendenza istituzionale e finanziaria della banca centrale; la predetta misura è stabilita con decreto di natura non regolamentare del Ministro dell'economia e delle finanze, su conforme parere della Banca d'Italia.

5. Nel caso in cui, a seguito dell'applicazione delle procedure previste dal comma 4, le maggiori entrate previste dal presente articolo siano inferiori al gettito stimato in 300 milioni di euro per l'anno 2009, si provvede mediante riduzione di pari importo degli stanziamenti relativi alle autorizzazioni di spesa di cui alla Tabella C allegata alla legge 22 dicembre 2008, n. 203, e successive modificazioni, modulate sulle singole voci in proporzione alle disponibilità esistenti alla data del 30 novembre 2009, ovvero anche attraverso l'adozione di ulteriori misure ai sensi dell'articolo 11-ter, comma 7, della legge 5 agosto 1978, n. 468, e successive modificazioni. Il Ministro dell'economia e delle finanze è autorizzato ad apportare, con propri decreti, le occorrenti variazioni di bilancio.

(1) *Articolo sostituito dall'articolo 1 della legge 3 agosto 2009, n. 102, in sede di conversione.*

14 *bis*. Finanziamento del sistema informatico di controllo della tracciabilità dei rifiuti (1). – [*1. Entro centottanta giorni dalla data di entrata in vigore della legge di conversione del presente decreto, il Ministro dell'ambiente e della tutela del territorio e del mare, con uno o più decreti adottati in attuazione delle previsioni contenute nell'articolo 1, comma 1116, della legge 27 dicembre 2006, n. 296, e ai sensi dell'articolo 189, comma 3-bis, del decreto legislativo 3 aprile 2006, n. 152, introdotto dall'articolo 2, comma 24, del decreto legislativo 16 gennaio 2008, n. 4, nonché ai sensi dell'articolo 2, comma 2-bis, del decreto-legge 6 novembre 2008, n. 172, convertito, con modificazioni, dalla legge 30 dicembre 2008, n. 210, e relativi all'istituzione di un sistema informatico di controllo della tracciabilità dei rifiuti, di cui al predetto articolo 189 del decreto legislativo n. 152 del 2006, definisce, anche in modo differenziato in relazione alle caratteristiche dimensionali e alle tipologie delle attività svolte, eventualmente prevedendo la trasmissione dei dati attraverso modalità operative semplificate, in particolare i tempi e le modalità di attivazione nonché la data di operatività del sistema, le informazioni da fornire, le modalità di fornitura e di aggiornamento dei dati, le modalità di interconnessione e interoperabilità con altri sistemi informativi, le modalità di elaborazione dei dati, le modalità con le quali le informazioni contenute nel sistema informatico dovranno essere detenute e messe a disposizione delle autorità di controllo che ne facciano richiesta, le misure idonee per il monitoraggio del sistema e per la partecipazione dei rappresentanti delle categorie interessate al medesimo monitoraggio, anche attraverso un apposito comitato senza oneri per il bilancio dello Stato, nonché l'entità dei contributi da porre a carico dei soggetti di cui al comma 3 del predetto articolo 189 del decreto legislativo n. 152 del 2006 a copertura degli oneri derivanti dalla costituzione e dal funzionamento del sistema, da versare all'entrata del bilancio dello Stato per essere riassegnati, con decreto del Ministro dell'economia e delle finanze, al capitolo 7082 dello stato di previsione del Ministero dell'ambiente e della tutela del territorio e del mare. Il Governo, su proposta del Ministro dell'ambiente e della tutela del territorio e del mare, entro novanta giorni dalla data di entrata in vigore della legge di conversione del presente decreto, con uno o più regolamenti, ai sensi dell'articolo 17, comma 2, della legge 23 agosto 1988, n. 400, e successive modificazioni, opera la ricognizione delle disposizioni, ivi incluse quelle contenute nel decreto legislativo n. 152 del 2006, le quali, a decorrere dalla data di operatività del sistema informatico, come definita dai decreti di cui al periodo precedente, sono abrogate in conseguenza di quanto stabilito dal presente articolo.*]

(1) *Articolo aggiunto dall'articolo 1 della legge 3 agosto 2009, n. 102, in sede di conversione e successivamente abrogato, a decorrere dal 1° gennaio 2019, dall'articolo 6, comma 2, lettera c), del D.L. 14 dicembre 2018, n. 135, convertito con modificazioni, dalla Legge 11 febbraio 2019, n. 12.*

15. Potenziamento della riscossione. – 1. A decorrere dal 1° gennaio 2010, al fine di semplificare le attività di verifica sulle situazioni reddituali di cui all'articolo 13 della legge 30 dicembre 1991, n. 412, l'Amministrazione finanziaria e ogni altra Amministrazione pubblica, che detengono informazioni utili a determinare l'importo delle prestazioni previdenziali ed assistenziali collegate al reddito dei beneficiari, sono tenute a fornire all'INPS e agli altri enti di previdenza e assistenza obbligatoria, in via telematica e in forma disaggregata per singola tipologia di redditi, nonché nel rispetto della normativa in materia di dati personali, le predette informazioni presenti in tutte le banche dati a loro disposizione, relative a titolari, e rispettivi coniugi e familiari, di prestazioni pensionistiche o assistenziali residenti in Italia. A decorrere dalla medesima dati commi 11, 12 e 13 dell'articolo 35 del decreto-legge 30 dicembre 2008, n. 207, convertito, con modificazioni, dalla legge 27 febbraio 2009, n. 14, sono abrogati (1).

2. All'articolo 21, comma 15 della legge 27 dicembre 1997, n. 449, è aggiunto, infine, il seguente periodo: «In quest'ultima ipotesi, in caso di pagamento eseguito mediante pignoramento presso terzi, questi ultimi, se rivestono la qualifica di sostituti d'imposta ai sensi degli articoli 23 e seguenti del decreto del Presidente della Repubblica 29 settembre 1973, n. 600, devono operare all'atto del pagamento delle somme la ritenuta d'acconto nella misura del 20%, secondo modalità stabilite con provvedimento del Direttore dell'Agenzia delle entrate.» (2).

3. All'articolo 19, comma 2, lettera a), del decreto legislativo 13 aprile 1999, n. 112, le parole da «entro» a «nonché» sono sostituite dalle seguenti: «prima del decorso del nono

mese successivo alla consegna del ruolo e».

4. Le disposizioni di cui al comma 3 si applicano ai ruoli consegnati agli agenti della riscossione a decorrere dal 31 ottobre 2009.

5. All'articolo 1 della legge 24 dicembre 2007, n. 244, il comma 148 è abrogato.

6. All'articolo 2, comma 2, del regolamento di cui al decreto del Presidente della Repubblica 31 maggio 1999, n. 195, dopo le parole: «entro il termine del versamento a saldo dell'imposta sul reddito» sono aggiunte le seguenti: «e con le modalità previste per i pagamenti rateali delle somme dovute a titolo di saldo e di acconto delle imposte dall'articolo 20 del decreto legislativo 9 luglio 1997, n. 241.» (3).

7. La firma autografa prevista sugli atti di liquidazione, accertamento e riscossione dalle norme che disciplinano le entrate tributarie erariali amministrate dalle Agenzie fiscali e dall'Amministrazione autonoma dei monopoli di Stato nonché sugli atti in materia di previdenza e assistenza obbligatoria può essere sostituita dall'indicazione a stampa del nominativo del soggetto responsabile dell'adozione dell'atto in tutti i casi in cui gli atti medesimi siano prodotti da sistemi informativi automatizzati (4).

8. Con provvedimento dei Direttori delle Agenzie fiscali e del Direttore generale dell'Amministrazione autonoma dei monopoli di Stato e, per la rispettiva competenza, da parte degli enti di previdenza e assistenza obbligatoria sono individuati gli atti di cui al comma 7 (5).

8-bis. Al comma 1 dell'articolo 22 del decreto legislativo 18 dicembre 1997, n. 472, e successive modificazioni, è aggiunto, in fine, il seguente periodo: «A tal fine l'Agenzia delle entrate si avvale anche del potere di cui agli articoli 32, primo comma, numero 7), del decreto del Presidente della Repubblica 29 settembre 1973, n. 600, e successive modificazioni, e 51, secondo comma, numero 7), del decreto del Presidente della Repubblica 26 ottobre 1972, n. 633, e successive modificazioni.» (6)

8-ter. Per l'applicazione delle disposizioni di cui all'articolo 27, commi 5, 6 e 7, del decreto-legge 29 novembre 2008, n. 185, convertito, con modificazioni, dalla legge 28 gennaio 2009, n. 2, l'Agenzia delle entrate si avvale anche del potere di cui agli articoli 32, primo comma, numero 7), del decreto del Presidente della Repubblica 29 settembre 1973, n. 600, e successive modificazioni, e 51, secondo comma, numero 7), del decreto del Presidente della Repubblica 26 ottobre 1972, n. 633, e successive modificazioni (7)

8-quater. Il comma 7 dell'articolo 27 del decreto-legge 29 novembre 2008, n. 185, convertito, con modificazioni, dalla legge 28 gennaio 2009, n. 2, è sostituito dal seguente:

«7. In relazione agli importi iscritti a ruolo in base ai provvedimenti indicati al comma 6 del presente articolo, le misure cautelari adottate ai sensi dell'articolo 22 del decreto legislativo 18 dicembre 1997, n. 472, e successive modificazioni, conservano, senza bisogno di alcuna formalità o annotazione, la loro validità e il loro grado a favore dell'agente della riscossione che ha in carico il ruolo. Quest'ultimo può procedere all'esecuzione sui beni sequestrati o ipotecati secondo le disposizioni del decreto del Presidente della Repubblica 29 settembre 1973, n. 602, fermo restando quanto previsto, in particolare, dall'articolo 76 del medesimo decreto del Presidente della Repubblica n. 602 del 1973, e successive modificazioni.» (8).

8-quinquies. Al primo comma dell'articolo 32 del decreto del Presidente della Repubblica 29 settembre 1973, n. 600, e successive modificazioni, dopo il numero 7) è inserito il seguente:

«7-bis) richiedere, con modalità stabilite con decreto di natura non regolamentare del Ministro dell'economia e delle finanze, da adottare d'intesa con l'Autorità di vigilanza in coerenza con le regole europee e internazionali in materia di vigilanza e, comunque, previa autorizzazione del direttore centrale dell'accertamento dell'Agenzia delle entrate o del direttore regionale della stessa, ovvero, per il Corpo della guardia di finanza, del comandante regionale, ad autorità ed enti, notizie, dati, documenti e informazioni di natura creditizia, finanziaria e assicurativa, relativi alle attività di controllo e di vigilanza svolte dagli stessi, anche in deroga a specifiche disposizioni di legge;" (9).

8-sexies. Al secondo comma dell'articolo 51 del decreto del Presidente della Repubblica 26 ottobre 1972, n. 633, e successive modificazioni, dopo il numero 7) è aggiunto il seguente:

«7-bis) richiedere, con modalità stabilite con decreto di natura non regolamentare del Ministro dell'economia e delle finanze, da adottare d'intesa con l'Autorità di vigilanza in coerenza con le regole europee e internazionali in materia di vigilanza e, comunque, previa autorizzazione del direttore centrale dell'accertamento dell'Agenzia delle entrate o del direttore regionale della stessa, ovvero, per il Corpo della guardia di finanza, del comandante regionale, ad autorità ed enti, notizie, dati, documenti e informazioni di natura creditizia, finanziaria e assicurativa, relativi alle attività di controllo e di vigilanza svolte dagli stessi, anche in deroga a specifiche disposizioni di legge.» (10).

8-septies. Nei limiti di spesa di cui alle somme residuate dall'adozione delle misure di sostegno al credito e agli investimenti destinate al settore dell'autotrasporto, previste dall'articolo 2 del decreto-legge 23 ottobre 2008, n. 162, convertito, con modificazioni, dalla legge 22 dicembre 2008, n. 201, pari a 44 milioni di euro, è riconosciuto, per l'anno 2009, un credito d'imposta corrispondente a quota parte dell'importo pagato quale tassa automobilistica per l'anno 2009 per ciascun veicolo, di massa complessiva non inferiore a 7,5 tonnellate, posseduto e utilizzato per la predetta attività. La misura del credito d'imposta deve essere determinata in modo tale che, per i veicoli di massa complessiva superiore a 11,5 tonnellate, sia pari al doppio della misura del credito spettante per i veicoli di massa massima complessiva compresa tra 7,5 e 11,5 tonnellate. Il credito d'imposta è usufruibile in compensazione ai sensi dell'articolo 17 del decreto legislativo 9 luglio 1997, n. 241, e successive modificazioni, non è rimborsabile, non concorre alla formazione del valore della produzione netta di cui al decreto legislativo 15 dicembre 1997, n. 446, né dell'imponibile agli effetti delle imposte sui redditi e non rileva ai fini del rapporto di cui agli articoli 61 e 109, comma 5, del TUIR, e successive modificazioni (11).

8-octies. All'articolo 7 della legge 9 luglio 1990, n. 187, e successive modificazioni, dopo il comma 7 è aggiunto il seguente:

7-bis. Ove si accerti che una singola persona fisica risulti proprietaria di dieci o più veicoli, gli uffici del pubblico registro automobilistico sono tenuti ad effettuare una specifica segnalazione all'Agenzia delle entrate, al Corpo della guardia di finanza e alla regione territorialmente competente.» (12).

8-novies. Gli interventi di cui al comma 19 dell'articolo 2 della legge 22 dicembre 2008, n. 203, sono sostituiti, nel limite delle risorse non utilizzate e allo scopo finalizzate, con apposite misure di sostegno agli investimenti, dirette a fronteggiare la grave crisi che ha interessato il settore dell'autotrasporto, determinate con decreto del Ministro delle infrastrutture e dei trasporti, di concerto con il Ministro dello sviluppo economico e con il Ministro dell'economia e delle finanze, nel rispetto dei vincoli posti dalla normativa comunitaria in materia di aiuti di Stato. A tal fine, le risorse accertate disponibili sono riassegnate ai pertinenti capitoli di bilancio (13).

8-decies. Al fine di assicurare i principi di trasparenza, imparzialità e garanzia e in attesa di una sua completa riorganizzazione che preveda specifiche unità operative allo scopo dedicate, l'Amministrazione autonoma dei monopoli di Stato, nell'ambito delle risorse del proprio bilancio, può istituire apposite commissioni cui affidare il monitoraggio, la verifica e l'analisi delle attività o degli adempimenti a qualunque titolo connessi con le concessioni per l'esercizio dei giochi pubblici. Può essere chiamato a far parte di tali commissioni esclusivamente personale, in attività o in quiescenza, appartenente ai seguenti ruoli: magistrati, ufficiali dell'Arma dei carabinieri e del Corpo della guardia di finanza e dirigenti della Polizia di Stato e della pubblica amministrazione (14).

8-undecies. All'articolo 74, primo comma, del decreto del Presidente della Repubblica 26 ottobre 1972, n. 633, e successive modificazioni, alla lettera e) è aggiunto, in fine, il seguente periodo:

«A tal fine le operazioni di vendita al pubblico di documenti di viaggio relativi ai trasporti pubblici urbani di persone o di documenti di sosta relativi ai parcheggi veicolari comprendono le prestazioni di intermediazione con rappresentanza ad esse relative, nonché tutte le operazioni di compravendita effettuate dai rivenditori autorizzati, siano essi primari o secondari.» (15).

8-duodecies. Gli uffici dell'Amministrazione autonoma dei monopoli di Stato, nell'adempimento dei loro compiti amministrativi e tributari, si avvalgono delle attribuzioni e dei poteri previsti dagli articoli 51 e 52 del decreto del Presidente della Repubblica 26 ottobre 1972, n. 633, e successive modificazioni, ove applicabili. A tali fini, l'autorizzazione prevista dal citato articolo 51, secondo comma, numeri 6 bis) e 7), del decreto del Presidente della Repubblica n. 633 del 1972, e successive modificazioni, e` rilasciata dal Direttore generale dell'Amministrazione autonoma dei monopoli di Stato o dai Direttori centrali individuati con provvedimento del Direttore generale dell'Amministrazione autonoma dei monopoli di Stato. Il Corpo della guardia di finanza coopera con gli uffici dell'Amministrazione autonoma dei monopoli di Stato competenti all'accertamento del tributo e all'irrogazione delle relative sanzioni per l'acquisizione e il reperimento degli elementi utili ai fini dell'accertamento dell'imposta e per la repressione delle violazioni in materia di giochi, scommesse e concorsi pronostici, procedendo di propria iniziativa o su richiesta dei citati uffici, secondo le norme e con le facoltà di cui ai citati articoli 51 e 52 del decreto del Presidente della Repubblica n. 633 del 1972, e successive modificazioni, trasmettendo agli uffici stessi i relativi verbali e rapporti. I soggetti pubblici incaricati istituzionalmente di svolgere attività ispettive o di vigilanza e gli organi di polizia giudiziaria che, a causa o nell'esercizio delle loro funzioni, vengono a conoscenza di fatti o atti che possono configurare violazioni amministrative o tributarie in materia di giochi, scommesse e concorsi pronostici li comunicano all'ufficio dell'Amministrazione autonoma dei monopoli di Stato e al comando provinciale del Corpo della guardia di finanza territorialmente competenti. Gli organi di polizia giudiziaria, inoltre, previa autorizzazione dell'autorità giudiziaria, che può essere concessa anche in deroga all'articolo 329 del codice di procedura penale, trasmettono all'ufficio dell'Amministrazione autonoma dei monopoli di Stato e al comando provinciale del Corpo della guardia di finanza territorialmente competenti documenti, dati e notizie acquisiti nell'esercizio dei poteri di polizia giudiziaria, ai fini del loro utilizzo nell'attività di contestazione e accertamento amministrativo e fiscale (16).

8-terdecies. All'articolo 83 del decreto-legge 25 giugno 2008, n. 112, convertito, con modificazioni, dalla legge 6 agosto 2008, n. 133, dopo il comma 2 è inserito il seguente:

«2-bis. La convenzione di cui al comma 2 disciplina anche le modalità di trasmissione, tra le due Amministrazioni, delle violazioni in materia contributiva, per le quali non si applicano le disposizioni di cui all'articolo 1 del decreto legislativo 18 dicembre 1997, n. 462, rilevate dall'Agenzia delle entrate a seguito dei controlli effettuati e delle violazioni tributarie, comprese quelle riscontrate in materia di ritenute, individuate dall'INPS a seguito delle attività ispettive.» (17).

8-quaterdecies. All'articolo 39-quater del decreto-legge 30 settembre 2003, n. 269, convertito, con modificazioni, dalla legge 24 novembre 2003, n. 326, e successive modificazioni, sono apportate le seguenti modificazioni:

a) al comma 2, secondo periodo, dopo la parola: «installazione» sono aggiunte le seguenti: «o, nel caso in cui non sia possibile la sua identificazione, dal possessore o detentore a qualsiasi titolo dei medesimi apparecchi o congegni»;

b) al comma 2, terzo periodo, le parole: «il possessore dei» sono sostituite dalle seguenti: «l'esercente a qualsiasi titolo i»;

c) al comma 2, quarto periodo, le parole da: «o, nel caso» fino a: «nulla osta» sono soppresse;

d) al comma 2, quinto periodo, la parola: «Sono» è sostituita dalle seguenti: «Nel caso in cui non sia possibile l'identificazione dei soggetti che hanno commesso l'illecito, sono»;

e) al comma 2, quinto periodo, le parole: «il possessore dei» sono sostituite dalle seguenti: «il possessore o detentore, a qualsiasi titolo, dei medesimi apparecchi e congegni, l'esercente a qualsiasi titolo i»;

f) dopo il comma 4 è aggiunto il seguente:

«4-bis. L'Amministrazione autonoma dei monopoli di Stato può affidare, per il tempo e alle condizioni di cui ad apposita convenzione da approvare con proprio decreto, l'accertamento e i controlli in materia di prelievo erariale unico alla Società italiana degli autori ed editori. Nello svolgimento delle attività di accertamento e di controllo, affidate con la convenzione di cui al periodo precedente, la Società italiana degli autori ed editori si avvale delle attribuzioni e dei poteri di cui al comma 1.» (18).

8-quinquiesdecies. Al fine di incrementare l'efficienza del sistema della riscossione dei comuni e di contenerne i costi complessivi, nonché di favorire la riduzione del contenzioso pendente in materia, con riferimento agli importi iscritti a ruolo ovvero per i quali è stata emessa l'ingiunzione di pagamento ai sensi del testo unico di cui al regio decreto 14 aprile 1910, n. 639, per sanzioni amministrative derivanti dalle violazioni al codice della strada, di cui al decreto legislativo 30 aprile 1992, n. 285, i cui verbali sono stati elevati entro il 31 dicembre 2004, i comuni possono stabilire, con le forme previste dalla legislazione vigente per l'adozione dei propri atti, la possibilità, per i debitori, di estinguere il debito provvedendo al pagamento:

a) di una somma pari al minimo della sanzione pecuniaria amministrativa edittale prevista per ogni singola norma violata;

b) delle spese di procedimento e notifica del verbale;

c) di un aggio per l'agente della riscossione pari al 4 per cento del riscosso e delle somme dovute allo stesso agente a titolo di rimborso per le spese sostenute per le procedure esecutive effettuate e per i diritti di notifica della cartella [19].

8-sexiesdecies. Nei centoventi giorni successivi alla data di pubblicazione dell'atto di cui al comma 8-quinquiesdecies, gli agenti della riscossione, ovvero gli uffici comunali competenti nel caso di utilizzo della procedura di ingiunzione, informano i debitori che possono avvalersi della facoltà prevista dal comma 8-quinquiesdecies, mediante l'invio di apposita comunicazione [20].

8-septiesdecies. Con il provvedimento di cui al comma 8-quinquiesdecies è approvato il modello della comunicazione di cui al comma 8-sexiesdeciese sono stabiliti le modalità e i termini di pagamento delle somme dovute da parte dei debitori, di riversamento delle somme agli enti locali da parte degli agenti della riscossione, di rendicontazione delle somme riscosse, di invio dei relativi flussi informativi e di definizione dei rapporti amministrativi e contabili connessi all'operazione [21].

8-duodevicies. L'avvenuto pagamento della somma iscritta a ruolo o per la quale è stata emessa l'ingiunzione di pagamento non comporta il diritto al rimborso [22].

[1] Comma modificato dall'articolo 1 della legge 3 agosto 2009, n. 102, in sede di conversione.
[2] Comma modificato dall'articolo 1 della legge 3 agosto 2009, n. 102, in sede di conversione.
[3] Comma modificato dall'articolo 1 della legge 3 agosto 2009, n. 102, in sede di conversione.
[4] Comma modificato dall'articolo 1 della legge 3 agosto 2009, n. 102, in sede di conversione.
[5] Comma modificato dall'articolo 1 della legge 3 agosto 2009, n. 102, in sede di conversione.
[6] Comma aggiunto dall'articolo 1 della legge 3 agosto 2009, n. 102, in sede di conversione.
[7] Comma aggiunto dall'articolo 1 della legge 3 agosto 2009, n. 102, in sede di conversione.
[8] Comma aggiunto dall'articolo 1 della legge 3 agosto 2009, n. 102, in sede di conversione.
[9] Comma aggiunto dall'articolo 1 della legge 3 agosto 2009, n. 102, in sede di conversione.
[10] Comma aggiunto dall'articolo 1 della legge 3 agosto 2009, n. 102, in sede di conversione.
[11] Comma aggiunto dall'articolo 1 della legge 3 agosto 2009, n. 102, in sede di conversione.
[12] Comma aggiunto dall'articolo 1 della legge 3 agosto 2009, n. 102, in sede di conversione.
[13] Comma aggiunto dall'articolo 1 della legge 3 agosto 2009, n. 102, in sede di conversione.
[14] Comma aggiunto dall'articolo 1 della legge 3 agosto 2009, n. 102, in sede di conversione.
[15] Comma aggiunto dall'articolo 1 della legge 3 agosto 2009, n. 102, in sede di conversione.
[16] Comma aggiunto dall'articolo 1 della legge 3 agosto 2009, n. 102, in sede di conversione, e successivamente modificato dall'articolo 1, comma 69, della Legge 13 dicembre 2010, n. 220.
[17] Comma aggiunto dall'articolo 1 della legge 3 agosto 2009, n. 102, in sede di conversione.
[18] Comma aggiunto dall'articolo 1 della legge 3 agosto 2009, n. 102, in sede di conversione.
[19] Comma aggiunto dall'articolo 1 della legge 3 agosto 2009, n. 102, in sede di conversione.
[20] Comma aggiunto dall'articolo 1 della legge 3 agosto 2009, n. 102, in sede di conversione.
[21] Comma aggiunto dall'articolo 1 della legge 3 agosto 2009, n. 102, in sede di conversione.
[22] Comma aggiunto dall'articolo 1 della legge 3 agosto 2009, n. 102, in sede di conversione.

15 *bis*. Disposizioni in materia di giochi [1]. – 1. All'articolo 38 della legge 23 dicembre 2000, n. 388, e successive modificazioni, dopo il comma 5 è inserito il seguente:

«5-bis. Fatta eccezione per gli apparecchi e congegni di cui all'articolo 110, commi 6, lettera b), e 7, del testo unico delle leggi di pubblica sicurezza, di cui al regio decreto 18 giugno 1931, n. 773, e successive modificazioni, il nulla osta, rilasciato ai sensi del comma 5 del presente articolo dal Ministero dell'economia e delle finanze - Amministrazione autonoma dei monopoli di Stato, decade automaticamente quando i relativi apparecchi e congegni risultino, per un periodo superiore a sessanta giorni, anche non continuativi, non collegati alla rete telematica prevista dall'articolo 14-bis, comma 4, del decreto del Presidente della Repubblica 26 ottobre 1972, n. 640, e successive modificazioni.».

2. All'articolo 110, comma 9, lettera c), primo periodo, del testo unico delle leggi di pubblica sicurezza, di cui al regio decreto 18 giugno 1931, n. 773, e successive modificazioni, le parole: «da 1.000 a 6.000 euro» sono sostituite dalle seguenti: «di 4.000 euro».

3. L'eventuale esclusione da responsabilità di cui all'articolo 12, comma 1, lettera i), del decreto-legge 28 aprile 2009, n. 39, convertito, con modificazioni, dalla legge 24 giugno 2009, n. 77, opera altresì nei confronti dei soggetti di cui all'articolo 39-quater, comma 2, del decreto-legge 30 settembre 2003, n. 269, convertito, con modificazioni, dalla legge 24 novembre 2003, n. 326, quando abbiano adempiuto all'obbligo di segnalazione all'Amministrazione autonoma dei monopoli di Stato e agli organi di polizia delle illiceità o irregolarità riscontrate nella gestione degli apparecchi da divertimento e intrattenimento.

4. I poteri e le attribuzioni di accertamento e controllo di cui all'articolo 39-quater del decreto-legge 30 settembre 2003, n. 269, convertito, con modificazioni, dalla legge 24 novembre 2003, n. 326, trovano applicazione anche per gli ambienti dedicati ad ospitare gli apparecchi da gioco non collegati alla rete telematica.

5. I poteri di accesso e ispezione tecnica e amministrativa attribuiti ai concessionari di rete ai sensi dell'articolo 12, comma 1, lettera i), del decreto-legge 28 aprile 2009, n. 39, convertito, con modificazioni, dalla legge 24 giugno 2009, n. 77, possono essere esercitati anche negli ambienti di cui al comma 4 del presente articolo.

[1] Articolo aggiunto dall'articolo 1 della legge 3 agosto 2009, n. 102, in sede di conversione.

15 *ter*. Piano straordinario di contrasto del gioco illegale [1]. – 1. Il Ministero dell'economia e delle finanze - Amministrazione autonoma dei monopoli di Stato promuove un piano straordinario di contrasto del gioco illegale.

2. Ai fini di cui al comma 1 opera presso

l'Amministrazione autonoma dei monopoli di Stato un apposito Comitato, presieduto dal Direttore generale dell'Amministrazione autonoma dei monopoli di Stato, di cui fanno parte rappresentanti di vertice della Polizia di Stato, dell'Arma dei carabinieri, del Corpo della guardia di finanza e della stessa Amministrazione autonoma. Il Comitato, che può avvalersi dell'ausilio della società Sogei Spa, di altri organi della pubblica amministrazione, di enti pubblici e di associazioni rappresentative, sovraintende alla definizione, secondo principi di efficienza, efficacia ed economicità, di strategie e indirizzi, alla pianificazione e al coordinamento di interventi organici, sistematici e capillari sull'intero territorio nazionale, per la prevenzione e la repressione del gioco illegale, la sicurezza del gioco e la tutela dei minori. Particolare e specifica attenzione è dedicata dal Comitato all'attività di prevenzione e repressione dei giochi on line illegali. Ai componenti del Comitato non spetta alcun compenso né rimborso spese a qualsiasi titolo dovuto.

3. Per le finalità di cui ai commi 1 e 2 è istituita, senza maggiori oneri per la finanza pubblica, presso l'Amministrazione autonoma dei monopoli di Stato un'apposita banca dati, alimentata da tutte le informazioni derivanti dall'ordinaria gestione dei giochi pubblici, nonché dall'attività di controllo da chiunque effettuata e da qualunque altra fonte conoscitiva. Lo studio e l'elaborazione, anche tecnico-statistica, degli elementi informativi della banca dati sono utilizzati per la rilevazione di possibili indici di anomalia e di rischio, quali fonti di innesco delle attività di cui al comma 2.

(1) *Articolo inserito dall'articolo 1 della legge 3 agosto 2009, n. 102, in sede di conversione.*

PARTE II
Bilancio pubblico

16. Flussi finanziari. – 1. Alle minori entrate ed alle maggiori spese derivanti dall'articolo 5, dall'articolo 7, dall'articolo 19, comma 4, dall'articolo 24, commi 74 e 76, e dall'articolo 25, commi 1, 2 e 3, pari complessivamente a 1.334,7 milioni di euro per l'anno 2009, a 2.141,5 milioni di euro per l'anno 2010, a 2.469 milioni di euro per l'anno 2011, a 336 milioni di euro per l'anno 2012,a 275 milioni di euro per l'anno 2013, a 315 milioni di euro per l'anno 2014, a 478 milioni di euro per l'anno 2015, a 652 milioni di euro per l'anno 2016 e a 360 milioni di euro annui a decorrere dall'anno 2017, si provvede:

a) mediante utilizzo di quota parte delle maggiori entrate recate dall'articolo 5, dall'articolo 12, commi 1 e 2, dall'articolo 13, dall'articolo 14, dall'articolo 15, commi 2 e 7, dall'articolo 21 e dall'articolo 25, commi 2 e 3, pari a 1.184,4 milioni di euro per l'anno 2009, a 1.534,4 milioni di euro per l'anno 2010, a 1.371,9 milioni di euro per l'anno 2011, a 336 milioni di euro per l'anno 2012, a 275 milioni di euro per l'anno 2013, a 315 milioni di euro per l'anno 2014, a 478 milioni di euro per l'anno 2015, a 652 milioni di euro per l'anno 2016 e a 360 milioni di euro annui a decorrere dall'anno 2017;

b) mediante utilizzo di quota parte delle minori spese recate rispettivamente dall'articolo 10, dall'articolo 20 e dall'articolo 25, commi 2 e 3, pari a 140,3 milioni di euro per l'anno 2009, a 607,1 milioni di euro per l'anno 2010 e a 1.097,1 milioni di euro per l'anno 2011;

c) quanto a 10 milioni di euro per l'anno 2009, mediante riduzione dell'autorizzazione di spesa di cui all'articolo 1, comma 1240, della legge 27 dicembre 2006, n. 296, per il finanziamento della partecipazione italiana alle missioni internazionali di pace (1).

2. La dotazione del fondo per interventi strutturali di politica economica, di cui all'articolo 10, comma 5, del decreto-legge 29 novembre 2004, n. 282, convertito, con modificazioni, dalla legge 27 dicembre 2004, n. 307, è incrementata di 2,4 milioni di euro per l'anno 2009, di 203,4 milioni di euro per l'anno 2010, di 3,9 milioni di euro per l'anno 2011, di 1.907,4 milioni di euro per l'anno 2012, di 1.868,4 milioni di euro per l'anno 2013, di 1.828,4 milioni di euro per l'anno 2014, di 1.665,4 milioni di euro per l'anno 2015, di 1.491,4 milioni di euro per l'anno 2016 e di 1.783,4 milioni di euro annui a decorrere dall'anno 2017, mediante l'utilizzazione di quota parte delle maggiori entrate e delle minori spese derivanti dal presente decreto e non utilizzate ai sensi del comma 1 del presente articolo (2).

[*2-bis. Per le medesime finalità perseguite nell'anno 2008, la dotazione del fondo di cui all'articolo 60, comma 8-bis, del decreto-legge 25 giugno 2008, n. 112, convertito, con modificazioni, dalla legge 6 agosto 2008, n. 133, è stabilita in 1,5 milioni di euro per l'anno 2009.*] (3)

2-ter. Agli oneri derivanti dall'attuazione del comma 2-bis, nel limite di 1,5 milioni di euro per l'anno 2009, si provvede mediante corrispondente riduzione della dotazione del fondo di cui all'articolo 7-quinquies, comma 1, del decreto-legge 10 febbraio 2009, n. 5, convertito, con modificazioni, dalla legge 9 aprile 2009, n. 33 (4).

2-quater. Il Ministro dell'economia e delle finanze è autorizzato ad apportare, con propri decreti, le occorrenti variazioni di bilancio (5).

3. Le risorse di cui al comma 2 sono integralmente destinate, in conformità alle indicazioni contenute nel Documento di programmazione economico-finanziaria per gli anni 2010-2013, all'attuazione della manovra di bilancio per gli anni 2010 e seguenti (6).

4. Il Ministro dell'economia e delle finanze è autorizzato ad apportare con propri decreti le occorrenti variazioni di bilancio.

(1) *Comma sostituito dall'articolo 1 della legge 3 agosto 2009, n. 102, in sede di conversione.*
(2) *Comma sostituito dall'articolo 1 della legge 3 agosto 2009, n. 102, in sede di conversione e successivamente rettificato con Comunicato 9 settembre 2009 (in Gazz. Uff., 9 settembre, n. 209).*
(3) *Comma inserito dall'articolo 1 della legge 3 agosto 2009, n. 102, in sede di conversione, e successivamente abrogato dall'articolo 2268, comma 1, numero 1078), del D.Lgs. 15 marzo 2010, n. 66.*
(4) *Comma inserito dall'articolo 1 della legge 3 agosto 2009, n. 102, in sede di conversione.*
(5) *Comma inserito dall'articolo 1 della legge 3 agosto 2009, n. 102, in sede di conversione.*
(6) *Comma modificato dall'articolo 1 della legge 3 agosto 2009, n. 102, in sede di conversione.*

16 *bis*. Riassegnazione dei fondi per le infrastrutture irrigue (1) **.** – 1. A valere sulle economie realizzate sui fondi assegnati fino alla data del 31 dicembre 2008 al commissario ad acta di cui all'articolo 19, comma 5, del decreto-legge 8 febbraio 1995, n. 32, convertito, con modificazioni, dalla legge 7 aprile 1995, n. 104, e successive modificazioni, gravano gli oneri accessori alla prosecuzione delle attività di competenza del suddetto commissario, in particolare per il completamento dei programmi infrastrutturali irrigui che devono essere approvati dal CIPE; la definizione amministrativa delle opere ultimate; gli interventi di forestazione nelle aree a rischio idrogeologico della Campania avviati ai sensi della delibera CIPE n. 132 del 6 agosto 1999; le attività di cui all'articolo 1-ter, comma 2, lettera c), del decreto-legge 9 settembre 2005, n. 182, convertito, con modificazioni, dalla legge 11 novembre 2005, n. 231, nonché gli oneri relativi ai provvedimenti di adeguamento operativo e funzionale della struttura commissariale nel limite del 3 per cento delle economie realizzate.

(1) *Articolo inserito dall'articolo 1 della legge 3 agosto 2009, n. 102, in sede di conversione.*

17. Enti pubblici: economie, controlli, Corte dei conti. – 1. All'articolo 26 del decreto-legge 25 giugno 2008, n. 112, convertito, con modificazioni, dalla legge 6 agosto 2008, n. 133, nel comma 1 sono apportate le seguenti modificazioni:

a) nel secondo periodo le parole «31 marzo 2009» sono sostituite dalle seguenti: «31 ottobre 2009»;

b) dopo il secondo periodo è aggiunto il seguente: «Il termine di cui al secondo periodo si intende comunque rispettato con l'approvazione preliminare del Consiglio dei Ministri degli schemi dei regolamenti di riordino.» (1).

2. All'articolo 2, comma 634, della legge 24 dicembre 2007, n. 244 le parole «30 giugno 2009» sono sostituite dalle seguenti: «31 ottobre 2009» e le parole da «su proposta del Ministro per la pubblica amministrazione e l'innovazione» fino a «Ministri interessati» sono sostituite dalle seguenti: «su proposta del Ministro o dei Ministri interessati, di concerto con il Ministro per la pubblica amministrazione e l'innovazione, il Ministro per la semplificazione normativa, il Ministro per l'attuazione del programma di Governo e il Ministro dell'economia e delle finanze».

[*3. Con decreto del Ministero dell'economia e delle finanze, di concerto con il Ministero per la pubblica amministrazione e l'innovazione, da adottare entro sessanta giorni dalla data di pubblicazione del presente decreto, a ciascuna amministrazione vigilante sono assegnati, tenuto conto dei rispettivi settori e aree di riferimento, nonché degli effetti derivanti dagli interventi di contenimento della spesa di cui ai successivi commi 5, 6 e 7 del presente articolo, gli obiettivi dei risparmi di spesa da conseguire a decorrere dall'anno 2009, nella misura complessivamente indicata dall'articolo 1, comma 483, della legge 27 dicembre 2006, n. 296. Le amministrazioni vigilanti competenti trasmettono tempestivamente i rispettivi piani di razionalizzazione con indicazione degli enti assoggettati a riordino.*] (2)

4. Nelle more della definizione degli obiettivi di risparmio di cui al comma 3, il Ministro dell'economia e delle finanze è autorizzato ad accantonare e rendere indisponibile in maniera lineare, una quota delle risorse disponibili delle unità previsionali di base del bilancio dello Stato, individuate ai sensi dell'articolo 60, comma 3, del decreto-legge 25 giugno 2008, n. 112, convertito, con modificazioni, dalla legge 6 agosto 2008, n. 133, ai fini dell'invarianza degli effetti sull' indebitamento netto della pubblica amministrazione (3).

4-bis. Gli schemi dei provvedimenti di cui al comma 4 sono trasmessi alle Camere per l'espressione del parere delle Commissioni competenti per i profili di carattere finanziario. I pareri sono espressi entro trenta giorni dalla data di trasmissione. Decorsi inutilmente i termini per l'espressione dei pareri, i decreti possono essere comunque adottati (4).

[*5. Le amministrazioni vigilanti, previa verifica delle economie già conseguite dagli enti ed organismi pubblici vigilati in relazione ai rispettivi provvedimenti di riordino, adottano interventi di contenimento strutturale della spesa dei predetti enti e organismi pubblici, ulteriori rispetto a quelli già previsti a legislazione vigente, idonei a garantire l'integrale conseguimento dei risparmi di cui al comma 3.*] (5)

6. All'articolo 2, comma 634, della legge 24 dicembre 2007, n. 244 sono aggiunte le seguenti lettere:

«h) la riduzione del numero degli uffici dirigenziali esistenti presso gli enti con corrispondente riduzione degli organici del personale dirigenziale e non dirigenziale ed il contenimento delle spese relative alla logistica ed al funzionamento;

i) la riduzione da parte delle amministrazioni vigilanti del numero dei propri uffici dirigenziali con corrispondente riduzione delle dotazioni organiche del personale dirigenziale e non dirigenziale nonché il contenimento della spesa per la logistica ed il funzionamento.».

[*7. Dalla data di entrata in vigore del presente decreto, e sino al conseguimento degli obiettivi di contenimento della spesa assegnati a ciascuna amministrazione ai sensi del comma 3, le amministrazioni e gli enti interessati dall'attuazione del comma 3 del presente articolo non possono procedere a nuove assunzioni di personale a tempo determinato e indeterminato, ivi comprese quelle già autorizzate e quelle previste da disposizioni di carattere speciale. Sono fatte salve le assunzioni del personale diplomatico, dei corpi di polizia e delle amministrazioni preposte al controllo delle frontiere, delle forze armate, del Corpo nazionale dei Vigili del fuoco, delle università, degli enti di ricerca, del personale di magistratura e del comparto scuola nei limiti consentiti dalla normativa vigente. Per le finalità di cui al comma 4 dell'articolo 34-bis del decreto-legge 30 dicembre 2008, n. 207, convertito, con modificazioni, dalla legge 27 febbraio 2009, n. 14, sono altresì fatte salve le assunzioni dell'Agenzia italiana del farmaco nei limiti consentiti dalla normativa vigente* (6).] (7)

8. [*Entro il 30 novembre 2009 le amministrazioni di cui al comma 3 comunicano, per il tramite dei competenti uffici centrali di bilancio, al Ministero dell'economia e delle finanze - Dipartimento della Ragioneria generale dello Stato ed al Dipartimento della funzione pubblica le economie conseguite in via strutturale in riferimento alle misure relative agli enti ed organismi pubblici vigilati ed, eventualmente, alle spese relative al proprio apparato organizzativo.*] Le economie conseguite dagli enti pubblici che non ricevono contributi a carico dello Stato, inclusi nell'elenco adottato dall'ISTAT ai sensi del comma 5 dell'articolo 1 della legge 30 dicembre 2004, n. 311, ad eccezione delle Autorità amministrative indipendenti, sono rese indisponibili fino a diversa determinazione del Ministro dell'economia e delle finanze di concerto con i Ministri interessati. [*Ove gli obiettivi di contenimento della spesa assegnati ai sensi del comma 3 non risultino conseguiti o siano stati conseguiti in modo parziale, fermo restando quanto previsto dal comma 7, trova applicazione la clausola di salvaguardia di cui all'articolo 2, comma 641, della legge 24 dicembre 2007, n. 244*] (8).

[*9. In esito alla comunicazione da parte delle amministrazioni delle suddette economie di cui al comma 8, con decreto del Ministro dell'economia e delle finanze, di concerto con il Ministro per la pubblica amministrazione e l'innovazione e i Ministri interessati, è determinata la quota da portare in riduzione degli stati di previsione della spesa, in relazione ai minori risparmi conseguiti in termini di indebitamento netto rispetto agli obiettivi assegnati ai sensi del comma 3, in esito alla conclusione o alla mancata attivazione del processo di riordino, di trasformazione o soppressione e messa in liquidazione degli enti ed organismi pubblici vigilati, previsto dall'articolo 2, comma 634, della legge 24 dicembre 2007, n. 244, come modificato dal presente articolo* [9].] [10]

10. Nel triennio 2010-2012, le amministrazioni pubbliche di cui all'articolo 1, comma 2, del decreto legislativo 30 marzo 2001, n. 165, nel rispetto della programmazione triennale del fabbisogno nonché dei vincoli finanziari previsti dalla normativa vigente in materia di assunzioni e di contenimento della spesa di personale secondo i rispettivi regimi limitativi fissati dai documenti di finanza pubblica, e per le amministrazioni interessate, previo espletamento della procedura di cui all'articolo 35, comma 4, del decreto legislativo 30 marzo 2001, n. 165, e successive modificazioni, possono bandire concorsi per le assunzioni a tempo indeterminato con una riserva di posti, non superiore al 40 per cento dei posti messi a concorso, per il personale non dirigenziale in possesso dei requisiti di cui all'articolo 1, commi 519 e 558, della legge 27 dicembre 2006, n. 296 e all'articolo 3, comma 90, della legge 24 dicembre 2007, n. 244. Tale percentuale può essere innalzata fino al 50 per cento dei posti messi a concorso per i comuni che, allo scopo di assicurare un efficace esercizio delle funzioni e di tutti i servizi generali comunali in ambiti territoriali adeguati, si costituiscono in un'unione ai sensi dell'articolo 32 del testo unico delle leggi sull'ordinamento degli enti locali, di cui al decreto legislativo 18 agosto 2000, n. 267, fino al raggiungimento di ventimila abitanti [11].

11. Nel triennio 2010-2012, le amministrazioni di cui al comma 10, nel rispetto della programmazione triennale del fabbisogno nonché dei vincoli finanziari previsti dalla normativa vigente in materia di assunzioni e di contenimento della spesa di personale secondo i rispettivi regimi limitativi fissati dai documenti di finanza pubblica e, per le amministrazioni interessate, previo espletamento della procedura di cui all'articolo 35, comma 4, del decreto legislativo 30 marzo 2001, n. 165, e successive modificazioni, possono altresì bandire concorsi pubblici per titoli ed esami, finalizzati a valorizzare con apposito punteggio l'esperienza professionale maturata dal personale di cui al comma 10 del presente articolo nonchè dal personale di cui all'articolo 3, comma 94, lettera b), della legge 24 dicembre 2007, n. 244 [12].

12. Per il triennio 2010-2012, le amministrazioni di cui al comma 10, nel rispetto dei vincoli finanziari previsti in materia di assunzioni e di contenimento della spesa di personale, secondo i rispettivi regimi limitativi fissati dai documenti di finanza pubblica, possono assumere, limitatamente alle qualifiche di cui all'articolo 16 della legge 28 febbraio 1987, n. 56, e successive modificazioni, il personale in possesso dei requisiti di anzianità previsti dal comma 10 del presente articolo maturati nelle medesime qualifiche e nella stessa amministrazione. Sono a tal fine predisposte da ciascuna amministrazione apposite graduatorie, previa prova di idoneità ove non già svolta all'atto dell'assunzione. Le predette graduatorie hanno efficacia non oltre il 31 dicembre 2012.

13. Per il triennio 2010-2012 le amministrazioni di cui al comma 10 possono destinare il 40 per cento delle risorse finanziarie disponibili ai sensi della normativa vigente in materia di assunzioni ovvero di contenimento della spesa di personale, secondo i rispettivi regimi limitativi fissati dai documenti di finanza pubblica, per le assunzioni dei vincitori delle procedure concorsuali bandite ai sensi dei commi 10 e 11 [13].

[*14. Il termine per procedere alle assunzioni di personale a tempo indeterminato relative alle cessazioni verificatesi nell'anno 2007, di cui all'articolo 1, commi 523 e 643 della legge 27 dicembre 2006, n. 296 e successive modificazioni, è prorogato al 31 dicembre 2010 e le relative autorizzazioni possono essere concesse entro il 31 dicembre 2009.*] [14]

15. Il termine per procedere alle stabilizzazioni di personale relative alle cessazioni verificatesi nell'anno 2007, di cui all'articolo 1, comma 526 della legge 27 dicembre 2006, n. 296 e successive modificazioni, è prorogato al 31 dicembre 2010 e le relative autorizzazioni possono essere concesse entro il 31 dicembre 2009.

16. Il termine per procedere alle assunzioni di personale a tempo indeterminato di cui all'articolo 1, comma 527 della legge 27 dicembre 2006, n. 296 e successive modificazioni, è prorogato al 31 dicembre 2010 e le relative autorizzazioni possono essere concesse entro il 31 dicembre 2009.

17. Il termine per procedere alle assunzioni di personale a tempo indeterminato relative alle cessazioni verificatesi nell'anno 2008, di cui all'articolo 66, commi 3, 5 e 14 del decreto-legge 25 giugno 2008, n. 112, convertito, con modificazioni, dalla legge 6 agosto 2008, n. 133, e successive modificazioni, è prorogato al 31 dicembre 2010 e le relative autorizzazioni possono essere concesse entro il 31 marzo 2010.

18. Il termine per procedere alle assunzioni di personale relative alle cessazioni verificatesi nell'anno 2008, di cui all'articolo 66, comma 13 del decreto-legge 25 giugno 2008, n. 112, convertito, con modificazioni, dalla legge 6 agosto 2008, n. 133, e successive modificazioni, è prorogato al 31 dicembre 2010 [15].

19. «L'efficacia delle graduatorie dei concorsi pubblici per assunzioni a tempo indeterminato, relative alle amministrazioni pubbliche soggette a limitazioni delle assunzioni, approvate successivamente al 30 settembre 2003, è prorogata fino al 31 dicembre 2010 [16].

20. All'articolo 4 del decreto legislativo 12 febbraio 1993, n. 39, le parole: «due membri», ovunque ricorrano, sono sostituite dalle seguenti: «tre membri».

21. All'articolo 4, comma 2, del decreto legislativo 12 febbraio 1993, n. 39, in fine, è aggiunto il seguente periodo: "Ai fini delle deliberazioni dell'Autorità, in caso di parità di voti, prevale quello del presidente" [17].

22. L'articolo 2, comma 602, della legge 24 dicembre 2007, n. 244 è abrogato.

22-bis. Ai fini della riduzione del costo di funzionamento degli organi sociali delle società controllate, direttamente o indirettamente, da un singolo ente locale, affidatarie di servizi pubblici o di attività strumentali, puo` essere disposta, entro sei mesi dalla data di entrata in vigore della legge di conversione del presente decreto, la revoca anticipata degli organi amministrativi e di controllo e degli organismi di vigilanza in carica, a seguito dell'adozione di delibere assembleari finalizzate alla riduzione del numero dei componenti o dei loro emolumenti [18].

22-ter. La revoca disposta ai sensi del comma 22-bis integra gli estremi della giusta causa di cui all'articolo 2383, terzo comma, del codice civile e non comporta, pertanto, il diritto dei componenti revocati al risarcimento di cui alla medesima disposizione [19].

23. All'articolo 71 del decreto-legge 25 giugno 2008, n.

112, convertito, con modificazioni, dalla legge 6 agosto 2008, n. 133, sono apportate le seguenti modificazioni:

a) il comma 1-bis è sostituito dal seguente: «1-bis. A decorrere dalla data di entrata in vigore del presente decreto, limitatamente alle assenze per malattia di cui al comma 1 del personale del comparto sicurezza e difesa nonché del personale del Corpo nazionale dei vigili del fuoco, gli emolumenti di carattere continuativo correlati allo specifico status e alle peculiari condizioni di impiego di tale personale sono equiparati al trattamento economico fondamentale» [20];

b) al comma 2 dopo le parole: «mediante presentazione di certificazione medica rilasciata da struttura sanitaria pubblica» sono aggiunte le seguenti: «o da un medico convenzionato con il Servizio sanitario nazionale»;

c) al comma 3 è soppresso il secondo periodo;

d) il comma 5 è abrogato. Gli effetti di tale abrogazione concernono le assenze effettuate successivamente alla data di entrata in vigore del presente decreto;

e) dopo il comma 5, sono inseriti i seguenti:

«5-bis. Gli accertamenti medico-legali sui dipendenti assenti dal servizio per malattia effettuati dalle aziende sanitarie locali su richiesta delle Amministrazioni pubbliche interessate rientrano nei compiti istituzionali del Servizio sanitario nazionale; conseguentemente i relativi oneri restano comunque a carico delle aziende sanitarie locali.

5-ter. A decorrere dall'anno 2010 in sede di riparto delle risorse per il finanziamento del Servizio sanitario nazionale è individuata una quota di finanziamento destinata agli scopi di cui al comma 5-bis, ripartita fra le regioni tenendo conto del numero dei dipendenti pubblici presenti nei rispettivi territori; gli accertamenti di cui al medesimo comma 5-bis sono effettuati nei limiti delle ordinarie risorse disponibili a tale scopo.» [21][22].

24. Agli oneri derivanti dall'attuazione delle disposizioni introdotte dal comma 23, lettera a), pari a 14,1 milioni di euro per l'anno 2009 e a 9,1 milioni di euro annui a decorrere dall'anno 2010, si provvede, quanto a 5 milioni di euro per l'anno 2009, mediante l'utilizzo delle disponibilità in conto residui iscritte nel capitolo 3027 dello stato di previsione del Ministero dell'economia e delle finanze a valere sull'autorizzazione di spesa di cui all'articolo 3, comma 133, della legge 24 dicembre 2007, n. 244, che a tal fine sono versate all'entrata del bilancio dello Stato per la successiva riassegnazione, quanto ai restanti 9,1 milioni di euro per l'anno 2009, mediante corrispondente riduzione dell'autorizzazione di spesa di cui all'articolo 7-quinquies, comma 1, del decreto-legge 10 febbraio 2009, n. 5, convertito, con modificazioni, dalla legge 9 aprile 2009, n. 33, e, quanto a 9,1 milioni di euro annui a decorrere dall'anno 2010, mediante corrispondente riduzione dell'autorizzazione di spesa relativa al Fondo per interventi strutturali di politica economica, di cui all'articolo 10, comma 5, del decreto-legge 29 novembre 2004, n. 282, convertito, con modificazioni, dalla legge 27 dicembre 2004, n. 307 [23].

25. L'articolo 64, comma 3, del decreto-legge 25 giugno 2008, n. 112, convertito, con modificazioni, dalla legge 6 agosto 2008, n. 133, si interpreta nel senso che il piano programmatico si intende perfezionato con l'acquisizione dei pareri previsti dalla medesima disposizione e all'eventuale recepimento dei relativi contenuti si provvede con i regolamenti attuativi dello stesso. Il termine di cui all'articolo 64, comma 4, del medesimo decreto-legge n. 112 del 2008 si intende comunque rispettato con l'approvazione preliminare da parte del Consiglio dei ministri degli schemi dei regolamenti di cui al medesimo articolo [24].

26. All'articolo 36 del decreto legislativo 30 marzo 2001, n. 165 sono apportate le seguenti modifiche:

a) al comma 2, penultimo periodo, dopo le parole «somministrazione di lavoro» sono aggiunte le seguenti «ed il lavoro accessorio di cui alla lettera d), del comma 1, dell'articolo 70 del medesimo decreto legislativo n. 276/2003, e successive modificazioni ed integrazioni» [25];

b) il comma 3 è sostituito dal seguente: «3. Al fine di combattere gli abusi nell'utilizzo del lavoro flessibile, entro il 31 dicembre di ogni anno, sulla base di apposite istruzioni fornite con Direttiva del Ministro per la pubblica amministrazione e l'innovazione, le amministrazioni redigono, senza nuovi o maggiori oneri per la finanza pubblica, un analitico rapporto informativo sulle tipologie di lavoro flessibile utilizzate da trasmettere, entro il 31 gennaio di ciascun anno, ai nuclei di valutazione o ai servizi di controllo interno di cui al decreto legislativo 30 luglio 1999, n. 286, nonché alla Presidenza del Consiglio dei Ministri - Dipartimento della funzione pubblica che redige una relazione annuale al Parlamento. Al dirigente responsabile di irregolarità nell'utilizzo del lavoro flessibile non può essere erogata la retribuzione di risultato.» [26];

c) il comma 4 è sostituito dal seguente: «4. Le amministrazioni pubbliche comunicano, nell'ambito del rapporto di cui al precedente comma 3, anche le informazioni concernenti l'utilizzo dei lavoratori socialmente utili.»;

d) dopo il comma 5 è aggiunto il seguente: "5-bis. Le disposizioni previste dall'articolo 5, commi 4-quater, 4-quinquies e 4-sexies del decreto legislativo 6 settembre 2001, n. 368 si applicano esclusivamente al personale reclutato secondo le procedure di cui all'articolo 35, comma 1, lettera b), del presente decreto.» [27].

27. All'articolo 7, comma 6, del decreto legislativo 30 marzo 2001, n. 165, dopo l'ultimo periodo è aggiunto il seguente: «Si applicano le disposizioni previste dall'articolo 36, comma 3, del presente decreto.».

28. All'articolo 65, comma 1, del decreto legislativo 7 marzo 2005, n. 82, recante il Codice dell'amministrazione digitale, dopo la lettera c) è inserita la seguente:

«c-bis) ovvero quando l'autore è identificato dal sistema informatico attraverso le credenziali di accesso relative all'utenza personale di posta elettronica certificata di cui all'articolo 16-bis del decreto-legge 29 novembre 2008, n. 185, convertito con modificazioni, dalla legge 28 gennaio 2009, n. 2.».

29. Dopo l'articolo 57 del decreto legislativo 7 marzo 2005, n. 82, è inserito il seguente:

«Art. 57-bis (Indice degli indirizzi delle pubbliche amministrazioni). - 1. Al fine di assicurare la trasparenza delle attività istituzionali è istituito l'indice degli indirizzi delle amministrazioni pubbliche, nel quale sono indicati la struttura organizzativa, l'elenco dei servizi offerti e le informazioni relative al loro utilizzo, gli indirizzi di posta elettronica da utilizzare per le comunicazioni e per lo scambio di informazioni e per l'invio di documenti a tutti gli effetti di legge fra le amministrazioni e fra le amministrazioni ed i cittadini.

2. Per la realizzazione e la gestione dell'indice si applicano le regole tecniche di cui al decreto del Presidente del Consi-

glio dei Ministri 31 ottobre 2000, pubblicato sulla Gazzetta Ufficiale della Repubblica n. 272 del 21 novembre 2000. La realizzazione e la gestione dell'indice è affidato al CNIPA [28].

3. Le amministrazioni aggiornano gli indirizzi ed i contenuti dell'indice con cadenza almeno semestrale, salvo diversa indicazione del CNIPA. La mancata comunicazione degli elementi necessari al completamento dell'indice e del loro aggiornamento è valutata ai fini della responsabilità dirigenziale e dell'attribuzione della retribuzione di risultato ai dirigenti responsabili.».

30. All'articolo 3, comma 1, della legge 14 gennaio 1994, n. 20, dopo la lettera f), sono inserite le seguenti:

«f-bis) atti e contratti di cui all'articolo 7, comma 6, del decreto legislativo 30 marzo 2001, n. 165, e successive modificazioni [29];

f-ter) atti e contratti concernenti studi e consulenze di cui all'articolo 1, comma 9, della legge 23 dicembre 2005, n. 266; ».

30-bis. Dopo il comma 1 dell'articolo 3 della legge 14 gennaio 1994, n. 20, e successive modificazioni, è inserito il seguente: "1-bis. Per i controlli previsti dalle lettere f-bis) e f-ter) del comma 1 è competente in ogni caso la sezione centrale del controllo di legittimità" [30].

[*30-ter. Le procure della Corte dei conti possono iniziare l'attività istruttoria ai fini dell'esercizio dell'azione di danno erariale a fronte di specifica e concreta notizia di danno, fatte salve le fattispecie direttamente sanzionate dalla legge.*] Le procure della Corte dei conti esercitano l'azione per il risarcimento del danno all'immagine nei soli casi e nei modi previsti dall'articolo 7 della legge 27 marzo 2001, n. 97. A tale ultimo fine, il decorso del termine di prescrizione di cui al comma 2 dell'articolo 1 della legge 14 gennaio 1994, n. 20, è sospeso fino alla conclusione del procedimento penale. Qualunque atto istruttorio o processuale posto in essere in violazione delle disposizioni di cui al presente comma, salvo che sia stata già pronunciata sentenza anche non definitiva alla data di entrata in vigore della legge di conversione del presente decreto, è nullo e la relativa nullità puo` essere fatta valere in ogni momento, da chiunque vi abbia interesse, innanzi alla competente sezione giurisdizionale della Corte dei conti, che decide nel termine perentorio di trenta giorni dal deposito della richiesta. [31]

30-quater. All'articolo 1 della legge 14 gennaio 1994, n. 20, e successive modificazioni, sono apportate le seguenti modificazioni:

a) al comma 1, dopo il primo periodo è inserito il seguente: "In ogni caso è esclusa la gravità della colpa quando il fatto dannoso tragga origine dall'emanazione di un atto vistato e registrato in sede di controllo preventivo di legittimità, limitatamente ai profili presi in considerazione nell'esercizio del controllo." [32];

b) al comma 1-bis, dopo le parole: "dall'amministrazione" sono inserite le seguenti: "di appartenenza, o da altra amministrazione," [33].

30-quinquies. All'articolo 10-bis, comma 10, del decreto-legge 30 settembre 2005, n. 203, convertito, con modificazioni, dalla legge 2 dicembre 2005, n. 248, dopo le parole: "procedura civile," sono inserite le seguenti: "non puo` disporre la compensazione delle spese del giudizio e" [34].

31. Al fine di garantire la coerenza nell'unitaria attività svolta dalla Corte dei conti per le funzioni che ad essa spettano in materia di coordinamento della finanza pubblica, anche in relazione al federalismo fiscale, il Presidente della Corte medesima può disporre che le sezioni riunite adottino pronunce di orientamento generale sulle questioni risolte in maniera difforme dalle sezioni regionali di controllo nonché sui casi che presentano una questione di massima di particolare rilevanza. Tutte le sezioni regionali di controllo si conformano alle pronunce di orientamento generale adottate dalle sezioni riunite.

32. All'articolo 2 della legge 24 dicembre 2007, n. 244, dopo il comma 46, è aggiunto il seguente comma:

«46-bis. Nelle more dell'emanazione del regolamento di cui all'articolo 62, comma 3, del decreto-legge 25 giugno 2008, n. 112, convertito, con modificazioni, dalla legge 6 agosto 2008, n. 133, le regioni di cui al comma 46 sono autorizzate, ove sussistano eccezionali condizioni economiche e dei mercati finanziari, a ristrutturare le operazioni derivate in essere. La predetta ristrutturazione, finalizzata esclusivamente alla salvaguardia del beneficio e della sostenibilità delle posizioni finanziarie, si svolge con il supporto dell'advisor finanziario previsto nell'ambito del piano di rientro di cui all'articolo 1, comma 180, della legge 30 dicembre 2004, n. 311, previa autorizzazione e sotto la vigilanza del Ministero dell'economia e delle finanze.».

33. Fermo restando quanto previsto dall'articolo 45 del regolamento di cui al decreto del Presidente della Repubblica 27 febbraio 2003, n. 97, l'Ente nazionale per l'aviazione civile (ENAC) è autorizzato ad utilizzare la parte dell'avanzo di amministrazione derivante da trasferimenti correnti statali, ad esclusione dei fondi a destinazione vincolata, per far fronte a spese di investimento e per la ricerca, finalizzate anche alla sicurezza [35].

34. Entro il 31 luglio 2009, l'ENAC comunica l'entità delle risorse individuate ai sensi del comma 33 relative all'anno 2008 al Ministero delle infrastrutture e dei trasporti che individua, con proprio decreto gli investimenti da finanziare a valere sulle medesime risorse.

34-bis. Al fine di incentivare l'adeguamento delle infrastrutture di sistemi aeroportuali nazionali e comunque con traffico superiore a otto milioni di passeggeri annui, nonché quelli aventi strutture con sedimi in regioni diverse, nel caso in cui gli investimenti si fondino sull'utilizzo di capitali di mercato del gestore, l'Ente nazionale per l'aviazione civile (ENAC) è autorizzato a stipulare contratti di programma in deroga alla normativa vigente in materia, introducendo sistemi di tariffazione pluriennale che, tenendo conto dei livelli e degli standard europei, siano orientati ai costi delle infrastrutture e dei servizi, a obiettivi di efficienza e a criteri di adeguata remunerazione degli investimenti e dei capitali, con modalità di aggiornamento valide per l'intera durata del rapporto. In tali casi il contratto è approvato con decreto del Presidente del Consiglio dei ministri, da adottare entro sessanta giorni dalla stipula del contratto di programma, su proposta del Ministro delle infrastrutture e dei trasporti, di concerto con il Ministro dell'economia e delle finanze, e puo` graduare le modifiche tariffarie, prorogando il rapporto in essere, per gli anni necessari ad un riequilibrio del piano economico-finanziario della società di gestione [36].

35. Gli interventi di cui ai commi 17 e 18 dell'articolo 2 della legge 22 dicembre 2008, n. 203, sono sostituiti, nel limite delle risorse non utilizzate e allo scopo finalizzate, con interventi per la prosecuzione delle misure di cui all'articolo

2, comma 3, del decreto-legge 28 dicembre 1998, n. 451, convertito, con modificazioni, dalla legge 26 febbraio 1999, n. 40, per la protezione ambientale e per la sicurezza della circolazione, anche con riferimento agli oneri relativi all'utilizzo delle infrastrutture. A tal fine, le risorse accertate disponibili sono riassegnate ai pertinenti capitoli di bilancio.

35-bis. Per il personale delle Agenzie fiscali il periodo di tirocinio è prorogato fino al 31 dicembre 2009 (37).

35-ter. Al fine di assicurare l'operatività del Corpo nazionale dei vigili del fuoco in relazione all'eccezionale impegno connesso all'emergenza sismica nella regione Abruzzo, è autorizzata, per l'anno 2009, la spesa di 8 milioni di euro per la manutenzione, l'acquisto di mezzi e la relativa gestione, in particolare per le colonne mobili regionali. In ragione della dichiarazione dello stato di emergenza di cui al decreto del Presidente del Consiglio dei ministri 6 aprile 2009, pubblicato nella Gazzetta Ufficiale n. 81 del 7 aprile 2009, gli acquisti sono effettuati anche in deroga alle procedure previste dal codice dei contratti pubblici relativi a lavori, servizi e forniture, di cui al decreto legislativo 12 aprile 2006, n. 163 (38).

35-quater. Agli oneri derivanti dal comma 35-ter, pari a 8 milioni di euro per l'anno 2009, si provvede a valere sulle risorse riferite alle amministrazioni statali, di cui all'articolo 1, comma 14, del decreto-legge 3 ottobre 2006, n. 262, convertito, con modificazioni, dalla legge 24 novembre 2006, n. 286 (39).

35-quinquies. Al fine di riconoscere la piena valorizzazione dell'attività di soccorso pubblico prestata dal personale del Corpo nazionale dei vigili del fuoco, a decorrere dall'anno 2010, è autorizzata la spesa di 15 milioni di euro annui da destinare alla speciale indennità operativa per il servizio di soccorso tecnico urgente, espletato all'esterno, di cui all'articolo 4, comma 3-bis, del decreto-legge 29 novembre 2008, n. 185, convertito, con modificazioni, dalla legge 28 gennaio 2009, n. 2 (40).

35-sexies. In relazione alla straordinaria necessità di risorse umane da impiegare in Abruzzo per le esigenze legate all'emergenza sismica e alla successiva fase di ricostruzione e al fine di mantenere, nel contempo, la piena operatività del sistema del soccorso pubblico e della prevenzione degli incendi su tutto il territorio nazionale, è autorizzata l'assunzione straordinaria, dal 31 ottobre 2009, di un contingente di vigili del fuoco nei limiti delle risorse di cui al comma 35-septies, da effettuare nell'ambito delle graduatorie di cui al comma 4 dell'articolo 23 del presente decreto e, ove le stesse non fossero capienti, nell'ambito della graduatoria degli idonei formata ai sensi dell'articolo 1, commi 519 e 526, della legge 27 dicembre 2006, n. 296, e successive modificazioni (41).

35-septies. Per le finalità di cui al comma 35-sexies, è autorizzata la spesa di 4 milioni di euro per l'anno 2009 e di 15 milioni di euro annui a decorrere dall'anno 2010, a valere sulle risorse riferite alle amministrazioni statali di cui all'articolo 1, comma 14, del decreto-legge 3 ottobre 2006, n. 262, convertito, con modificazioni, dalla legge 24 novembre 2006, n. 286 (42).

35-octies. Atteso il progressivo ampliamento delle attribuzioni dell'Istituto superiore per la protezione e la ricerca ambientale (ISPRA), di cui all'articolo 28 del decreto-legge 25 giugno 2008, n. 112, convertito, con modificazioni, dalla legge 6 agosto 2008, n. 133, per assicurare un piu` efficace e qualificato esercizio delle funzioni demandate all'organo di revisione interno, senza nuovi o maggiori oneri a carico della finanza pubblica, nell'ambito delle risorse finanziarie destinate al funzionamento degli organi collegiali, il collegio dei revisori dei conti dell'ISPRA è nominato con decreto del Ministro dell'ambiente e della tutela del territorio e del mare ed è formato da tre componenti effettivi e due supplenti con comprovata esperienza in materia contabile amministrativa. Uno dei componenti effettivi è designato dal Ministro dell'economia e delle finanze tra i dirigenti del medesimo Ministero (43).

35-novies. Il comma 11 dell'articolo 72 del decreto-legge 25 giugno 2008, n. 112, convertito, con modificazioni, dalla legge 6 agosto 2008, n. 133, e successive modificazioni, è sostituito dal seguente: "11. Per gli anni 2009, 2010 e 2011, le pubbliche amministrazioni di cui all'articolo 1, comma 2, del decreto legislativo 30 marzo 2001, n. 165, e successive modificazioni, possono, a decorrere dal compimento dell'anzianità massima contributiva di quaranta anni del personale dipendente, nell'esercizio dei poteri di cui all'articolo 5 del citato decreto legislativo n. 165 del 2001, risolvere unilateralmente il rapporto di lavoro e il contratto individuale, anche del personale dirigenziale, con un preavviso di sei mesi, fermo restando quanto previsto dalla disciplina vigente in materia di decorrenza dei trattamenti pensionistici. Con appositi decreti del Presidente del Consiglio dei ministri, da emanare entro novanta giorni dalla data di entrata in vigore della presente disposizione, previa deliberazione del Consiglio dei ministri, su proposta del Ministro per la pubblica amministrazione e l'innovazione, di concerto con i Ministri dell'economia e delle finanze, dell'interno, della difesa e degli affari esteri, sono definiti gli specifici criteri e le modalità applicative dei princìpi della disposizione di cui al presente comma relativamente al personale dei comparti sicurezza, difesa ed esteri, tenendo conto delle rispettive peculiarità ordinamentali. Le disposizioni di cui al presente comma si applicano anche nei confronti dei soggetti che abbiano beneficiato dell'articolo 3, comma 57, della legge 24 dicembre 2003, n. 350, e successive modificazioni. Le disposizioni di cui al presente comma non si applicano ai magistrati, ai professori universitari e ai dirigenti medici responsabili di struttura complessa" (44).

35-decies. Restano fermi tutte le cessazioni dal servizio per effetto della risoluzione unilaterale del rapporto di lavoro a causa del compimento dell'anzianità massima contributiva di quaranta anni, decise dalle amministrazioni pubbliche di cui all'articolo 1, comma 2, del decreto legislativo 30 marzo 2001, n. 165, e successive modificazioni, in applicazione dell'articolo 72, comma 11, del decreto-legge 25 giugno 2008, n. 112, convertito, con modificazioni, dalla legge 6 agosto 2008, n. 133, nel testo vigente prima della data di entrata in vigore della legge 4 marzo 2009, n. 15, nonchè i preavvisi che le amministrazioni hanno disposto prima della medesima data in ragione del compimento dell'anzianità massima contributiva di quaranta anni e le conseguenti cessazioni dal servizio che ne derivano (45).

35-undecies. I contributi alle imprese di autotrasporto per l'acquisto di mezzi pesanti di ultima generazione, pari a complessivi 70 milioni di euro, previsti dal regolamento di cui al decreto del Presidente della Repubblica 29 dicembre 2007, n. 273, sono fruiti mediante credito d'imposta, da utilizzare in compensazione ai sensi dell'articolo 17 del decreto legislativo 9 luglio 1997, n. 241, e successive modificazioni, salvo che i destinatari non facciano espressa dichiarazione di voler fruire del contributo diretto. A tal fine, il Ministero delle infrastrutture e dei trasporti provvede, nei limiti delle risorse disponibili, al versamento delle somme occorrenti all'Agenzia delle entrate, fornendo all'Agenzia medesima le necessarie istruzioni, comprendenti gli elenchi, da trasmettere in via telematica, dei beneficiari e gli importi dei contributi unitari da utilizzare in compensazione [46].

35-duodecies. Il credito d'imposta di cui al comma 35-undecies non è rimborsabile, non concorre alla formazione del valore della produzione netta di cui al decreto legislativo 15 dicembre 1997, n. 446, nè dell'imponibile agli effetti delle imposte sui redditi e non rileva ai fini del rapporto di cui agli articoli 61 e 109, comma 5, del TUIR, e successive modificazioni [47].

(1) *Lettera modificata dall'articolo 1 della Legge 3 agosto 2009, n. 102.*
(2) *Comma abrogato dall'articolo 2, comma 8-septies, del D.L. 30 dicembre 2009, n. 194, convertito, con modificazioni, dalla Legge 26 febbraio 2010, n. 25.*
(3) *A norma dell'articolo 2, comma 8-septies, del D.L. 30 dicembre 2009, n. 194, convertito, con modificazioni, dalla Legge 26 febbraio 2010, n. 25, a decorrere dal 1° gennaio 2010 le dotazioni di bilancio rese indisponibili ai sensi del presente comma, sono ridotte definitivamente.*
(4) *Comma inserito dall'articolo 1 della Legge 3 agosto 2009, n. 102.*
(5) *Comma abrogato dall'articolo 2, comma 8-septies, del D.L. 30 dicembre 2009, n. 194, convertito, con modificazioni, dalla Legge 26 febbraio 2010, n. 25.*
(6) *Comma modificato dall'articolo 1 della Legge 3 agosto 2009, n. 102.*
(7) *Comma abrogato dall'articolo 2, comma 8-septies, del D.L. 30 dicembre 2009, n. 194, convertito, con modificazioni, dalla Legge 26 febbraio 2010, n. 25.*
(8) *Comma modificato dall'articolo 1 della Legge 3 agosto 2009, n. 102 e, successivamente, dall'articolo 2, comma 8-septies, del D.L. 30 dicembre 2009, n. 194, convertito, con modificazioni, dalla Legge 26 febbraio 2010, n. 25.*
(9) *Comma modificato dall'articolo 1 della Legge 3 agosto 2009, n. 102.*
(10) *Comma abrogato dall'articolo 2, comma 8-septies, del D.L. 30 dicembre 2009, n. 194, convertito, con modificazioni, dalla Legge 26 febbraio 2010, n. 25.*
(11) *Comma modificato dall'articolo 1 della Legge 3 agosto 2009, n. 102.*
(12) *Comma modificato dall'articolo 1 della Legge 3 agosto 2009, n. 102.*
(13) *Comma modificato dall'articolo 1 della Legge 3 agosto 2009, n. 102.*
(14) *Comma soppresso dall'articolo 1 della Legge 3 agosto 2009, n. 102.*
(15) *Comma modificato dall'articolo 1 della Legge 3 agosto 2009, n. 102.*
(16) *Comma modificato dall'articolo 1 della Legge 3 agosto 2009, n. 102. Vedi inoltre l'articolo 1, comma 1-sexies, del D.L. 29 dicembre 2010, n. 225, convertito, con modificazioni, dalla Legge 26 febbraio 2011, n. 10.*
(17) *Comma modificato dall'articolo 1 della Legge 3 agosto 2009, n. 102.*
(18) *Comma inserito dall'articolo 1 della Legge 3 agosto 2009, n. 102.*
(19) *Comma inserito dall'articolo 1 della Legge 3 agosto 2009, n. 102.*
(20) *Lettera modificata dall'articolo 1 della Legge 3 agosto 2009, n. 102.*
(21) *Capoverso modificato dall'articolo 1 della Legge 3 agosto 2009, n. 102.*
(22) *La Corte Costituzionale, con sentenza 7 giugno 2010, n. 207 (in Gazz. Uff., 16 giugno 2010, n. 24), ha dichiarato l'illegittimità costituzionale della presente lettera.*
(23) *Comma sostituito dall'articolo 1 della Legge 3 agosto 2009, n. 102.*
(24) *Comma sostituito dall'articolo 1 della Legge 3 agosto 2009, n. 102.*
(25) *Lettera modificata dall'articolo 1 della Legge 3 agosto 2009, n. 102.*
(26) *Lettera modificata dall'articolo 1 della Legge 3 agosto 2009, n. 102.*
(27) *Lettera modificata dall'articolo 1 della Legge 3 agosto 2009, n. 102.*
(28) *Capoverso modificato dall'articolo 1 della Legge 3 agosto 2009, n. 102.*
(29) *Capoverso modificato dall'articolo 1 della Legge 3 agosto 2009, n. 102.*
(30) *Comma inserito dall'articolo 1 della Legge 3 agosto 2009, n. 102.*
(31) *Comma inserito dall'articolo 1 della Legge 3 agosto 2009, n. 102, successivamente, modificato dall'articolo 1, comma 1, lettera c), numero 1, del D.L. 3 agosto 2009, n. 103, convertito con modificazioni dalla Legge 3 ottobre 2009, n. 141 e da ultimo modificato dall'articolo 4, comma 1, lettera h), dell'allegato 3, del D.Lgs. 26 agosto 2016, n. 174.*
(32) *Lettera modificata dall'articolo 1, comma 1, lettera c), numero 2, del D.L. 3 agosto 2009, n. 103, convertito con modificazioni dalla Legge 3 ottobre 2009, n. 141.*
(33) *Comma inserito dall'articolo 1 della Legge 3 agosto 2009, n. 102.*
(34) *Comma inserito dall'articolo 1 della Legge 3 agosto 2009, n. 102.*
(35) *Capoverso modificato dall'articolo 1 della Legge 3 agosto 2009, n. 102.*
(36) *Comma inserito dall'articolo 1 della Legge 3 agosto 2009, n. 102 e, successivamente, modificato dall'articolo 47, comma 3-bis, lettere a) e b), del D.L. 31 maggio 2010, n. 78, convertito, con modificazioni, dalla Legge 30 luglio 2010, n. 122.*
(37) *Comma aggiunto dall'articolo 1 della Legge 3 agosto 2009, n. 102.*
(38) *Comma aggiunto dall'articolo 1 della Legge 3 agosto 2009, n. 102.*
(39) *Comma aggiunto dall'articolo 1 della Legge 3 agosto 2009, n. 102.*
(40) *Comma aggiunto dall'articolo 1 della Legge 3 agosto 2009, n. 102.*
(41) *Comma aggiunto dall'articolo 1 della Legge 3 agosto 2009, n. 102.*
(42) *Comma aggiunto dall'articolo 1 della Legge 3 agosto 2009, n. 102.*
(43) *Comma aggiunto dall'articolo 1 della Legge 3 agosto 2009, n. 102 e successivamente modificato dall'articolo 10, comma 8, del D.L. 24 giugno 2014, n. 91, convertito, con modificazioni, dalla Legge 11 agosto 2014, n. 116.*
(44) *Comma aggiunto dall'articolo 1 della Legge 3 agosto 2009, n. 102.*
(45) *Comma aggiunto dall'articolo 1 della Legge 3 agosto 2009, n. 102.*
(46) *Comma aggiunto dall'articolo 1 della Legge 3 agosto 2009, n. 102.*
(47) *Comma aggiunto dall'articolo 1 della Legge 3 agosto 2009, n. 102.*

18. Tesoreria statale. – 1. Con decreti del Ministro dell'economia e delle finanze di natura non regolamentare sono fissati, per le società non quotate totalmente possedute dallo Stato, direttamente o indirettamente, e per gli enti pubblici nazionali inclusi nell'elenco adottato dall'ISTAT ai sensi dell'articolo 1, comma 5, della legge 30 dicembre 2004, n. 311 i criteri, le modalità e la tempistica per l'utilizzo delle disponibilità esistenti sui conti di Tesoreria dello Stato, assicurando che il ricorso a qualsiasi forma di indebitamento avvenga solo in assenza di disponibilità e per effettive esigenze di spesa [1].

2. Con uno o più decreti del Ministro dell'economia e delle finanze di natura non regolamentare può essere stabilito che i soggetti indicati al comma 1 devono detenere le proprie disponibilità finanziarie in appositi conti correnti presso la Tesoreria dello Stato. Con gli stessi decreti sono stabiliti l'eventuale tasso di interesse da riconoscere sulla predetta giacenza, per la parte non proveniente dal bilancio dello Stato, e le altre modalità tecniche per l'attuazione del presente comma. Il tasso d'interesse non può superare quello riconosciuto sul conto di disponibilità del Tesoro.

3. Con decreti del Ministro dell'economia e delle finanze di natura non regolamentare sono fissati i criteri per l'integrazione dei flussi informativi dei conti accesi presso la Tesoreria dello Stato, al fine di ottimizzare i flussi di cassa, in entrata ed in uscita, e di consentire una riduzione dei costi associati a tale gestione.

4. Con separati decreti del Ministro dell'economia e delle finanze di natura non regolamentare i provvedimenti di cui ai commi da 1 a 3 possono essere estesi alle Amministrazioni inclusenell'elenco richiamato al comma 1 con esclusione degli enti previdenziali di diritto privato, delle regioni, delle province autonome, degli enti, di rispettiva competenza, del Servizio sanitario nazionale, degli enti locali e degli enti del settore camerale, della Presidenza del Consiglio dei Ministri, e delle Autorità indipendenti nonché degli Organi costituzionali e degli Organi a rilevanza costituzionale [2].

(1) *Comma modificato dall'articolo 1 della legge 3 agosto 2009, n. 102, in sede di conversione.*
(2) *Comma modificato dall'articolo 1 della legge 3 agosto 2009, n. 102, in sede di conversione.*

19. Società pubbliche. – 1. All'articolo 18 del decreto-legge 25 giugno 2008, n. 112, convertito, con modificazioni, dalla legge 6 agosto 2008, n. 133, dopo il comma 2, è inserito il seguente [1]:

«2-bis. Le disposizioni che stabiliscono, a carico delle amministrazioni di cui all'articolo 1, comma 2, del decreto legislativo 30 marzo 2001, n. 165, e successive modificazioni, divieti o limitazioni alle assunzioni di personale si applicano, in relazione al regime previsto per l'amministrazione controllante, anche alle società a partecipazione pubblica locale totale o di controllo che siano titolari di affidamenti diretti di servizi pubblici locali senza gara, ovvero che svolgano funzioni volte a soddisfare esigenze di interesse generale aventi carattere non industriale né commerciale, ovvero che svolgono attività nei confronti della pubblica amministrazione a supporto di funzioni amministrative di natura pubblicistica inserite nel conto economico consolidato della pubblica amministrazione, come individuate dall'Istituto nazionale di statistica (ISTAT) ai sensi del comma 5 dell'articolo 1 della legge 30 dicembre 2004, n. 311.. Le predette società adeguano inoltre le proprie politiche di personale alle disposizioni vigenti per le amministrazioni controllanti in materia di contenimento degli oneri contrattuali e delle altre voci di natura retributiva o indennitaria e per consulenze. Con decreto del Ministro dell'economia e delle finanze, di concerto con i Ministri dell'interno e per i rapporti con le regioni, sentita la Conferenza unificata di cui all'articolo 8 del decreto legislativo 28 agosto 1997, n. 281, e successive modificazioni, da emanare entro il 30 settembre 2009, sono definite le modalità e la modulistica per l'assoggettamento al patto di stabilità interno delle società a partecipazione pubblica locale totale o di controllo che siano titolari di affidamenti diretti di servizi pubblici locali senza gara, ovvero che svolgano funzioni volte a soddisfare esigenze di interesse generale aventi carattere non industriale né commerciale, ovvero che svolgano attività nei confronti della pubblica amministrazione a supporto di funzioni amministrative di natura pubblicistica» [2].

2. All'articolo 3 della legge 24 dicembre 2007, n. 244 sono apportate le seguenti modificazioni [3]:

a) al comma 28, in fine, è aggiunto il seguente periodo: «La delibera di cui al presente comma è trasmessa alla sezione competente della Corte dei conti.»;

[*b) al comma 29, primo periodo, le parole: «Entro diciotto mesi dalla data di entrata in vigore della presente legge», sono sostituite dalle seguenti: «Entro il 30 settembre 2009»; in fine, è aggiunto il seguente periodo: «Il mancato avvio delle procedure finalizzate alla cessione determina responsabilità erariale».*] [4]

3. L'articolo 7-octies del decreto-legge 10 febbraio 2009, n. 5, convertito, con modificazioni, in legge 9 aprile 2009, n. 33 è modificato come segue:

a) la rubrica dell'articolo è sostituita dalla seguente «Misure a favore degli obbligazionisti e dei piccoli azionisti Alitalia - Linee aeree italiane S.p.A.»;

b) il comma 1 è abrogato;

c) al comma 3, lettera a), le parole «ridotto del 50 per cento» sono sostituite dalle seguenti parole «pari ad euro 0,262589 per singola obbligazione, corrispondente al 70,97% del valore nominale»;

d) al comma 3, dopo la lettera a), è introdotta la seguente lettera: «a-bis) ai titolari di azioni della società Alitalia - Linee aeree italiane Spa, ora in amministrazione straordinaria, viene attribuito il diritto di cedere al Ministero dell'economia e delle finanze i propri titoli per un controvalore determinato sulla base del prezzo medio di borsa delle azioni nell'ultimo mese di negoziazione ridotto del 50 per cento, pari a 0,2722 euro per singola azione, e comunque nei limiti di cui alla successiva lettera b), in cambio di titoli di Stato di nuova emissione, senza cedola, con scadenza 31 dicembre 2012 e con taglio minimo unitario di euro 1.000. Il diritto è condizionato all'osservanza delle condizioni e modalità di seguito specificate; »;

e) al comma 3, lettera b), le parole «di cui alla lettera a) non potranno risultare superiori a euro 100.000 per ciascun obbligazionista» sono sostituite dalle seguenti parole «di cui alle lettere a) e a-bis) non potranno risultare superiori rispettivamente a euro 100.000 per ciascun obbligazionista e a euro 50.000 per ciascun azionista»; dopo le parole «controvalore delle obbligazioni» sono aggiunte le seguenti parole: «e delle azioni»;

f) al comma 3, lettera b) è aggiunto infine il seguente periodo: «le assegnazioni di titoli di Stato agli obbligazionisti non potranno superare per l'anno 2009 il limite complessivo di spesa di cui al comma 2, le restanti assegnazioni, ivi incluse quelle in favore degli azionisti di cui alla lettera a-bis), sono effettuate nell'anno 2010»;

g) al comma 4, primo periodo, le parole «I titolari di obbligazioni di cui al comma 3» sono sostituite dalle seguenti parole: «I titolari di obbligazioni o di azioni di cui al comma 3»; le parole «entro novanta giorni dalla data di entrata in vigore della legge di conversione del presente decreto» sono sostituite dalle seguenti parole «entro il 31 agosto 2009»;

h) al comma 4, alla lettera a), dopo le parole «dei titoli obbligazionari» sono aggiunte le seguenti parole: «e azionari»;

i) al comma 5, primo periodo, dopo le parole «gli intermediari finanziari, sotto la propria responsabilità, trasmettono» sono aggiunte le parole «in cartaceo e su supporto informatico»;

j) al comma 5 lettera a), dopo le parole «titolari delle obbligazioni» sono aggiunte le seguenti parole «e delle azioni»; le parole «delle quantità di detti titoli obbligazionari detenuta alla data di entrata in vigore della legge di conversione del presente decreto» sono sostituite dalle seguenti parole «delle quantità di detti titoli obbligazionari e azionari detenute alla data di presentazione della dichiarazione di cui al comma 4»;

k) al comma 5, lettera c), dopo le parole «quantità di titoli obbligazionari» sono aggiunte le seguenti parole: «e azionari»; dopo le parole «soggetti titolari delle obbligazioni» sono aggiunte le seguenti parole «e delle azioni»;

l) al comma 6, primo periodo, dopo le parole «titoli obbligazionari» sono aggiunte le seguenti parole «e azionari»;

m) al comma 6, secondo periodo, dopo le parole «trasferimento delle obbligazioni» sono aggiunte le seguenti parole: «e delle azioni»;

n) al comma 7 le parole «entro il 31 dicembre 2009» sono sostituite con le parole «entro il 31 dicembre 2010»;

o) dopo il comma 7, è introdotto il seguente comma: «7-bis. Alle operazioni previste dal presente articolo non si applicano le disposizioni di cui agli articoli 102 e seguenti e agli articoli 114 e seguenti del testo unico delle disposizioni in materia di intermediazione finanziaria, di cui al decreto legislativo 24 febbraio 1998, n. 58.» [5];

p) è abrogato il comma 8;

q) il comma 9 è sostituito dal seguente comma: «9. È abrogato il comma 2 dell'articolo 3 del decreto-legge 28 agosto 2008, n. 134, convertito, con modificazioni, in legge

27 ottobre 2008, n. 166.»;

r) è abrogato il comma 10.

4. Ai fini dell'ammissione ai benefici di cui all'articolo 7-octies, comma 3, lettera a), del decreto-legge 10 febbraio 2009, n. 5, convertito, con modificazioni, in legge 9 aprile 2009, n. 33, come modificato dal comma 3 del presente articolo, si considerano valide le richieste presentate dai titolari di obbligazioni del prestito obbligazionario «Alitalia 7,5 per cento 2002-2010 convertibile» emesso da Alitalia - Linee aeree italiane S.p.A., ora in amministrazione straordinaria, sulla base della normativa vigente alla data di entrata in vigore del presente decreto-legge. Al fine di provvedere alla copertura dei maggiori oneri derivanti dal comma 3 l'autorizzazione di spesa di cui all'articolo 7-octies, comma 2, del decreto-legge 10 febbraio 2009, n. 5, convertito, con modificazioni, con legge 9 aprile 2009, n. 33, è incrementata di 230 milioni di euro per l'anno 2010 (6).

5. Le amministrazioni dello Stato, cui sono attribuiti per legge fondi o interventi pubblici, possono affidarne direttamente la gestione, nel rispetto dei principi comunitari e nazionali conferenti, a società a capitale interamente pubblico su cui le predette amministrazioni esercitano un controllo analogo a quello esercitato su propri servizi e che svolgono la propria attività quasi esclusivamente nei confronti dell'amministrazione dello Stato. Gli oneri di gestione e le spese di funzionamento degli interventi relativi ai fondi sono a carico delle risorse finanziarie dei fondi stessi.

6. L'articolo 2497, primo comma, del codice civile, si interpreta nel senso che per enti si intendono i soggetti giuridici collettivi, diversi dallo Stato, che detengono la partecipazione sociale nell'ambito della propria attività imprenditoriale ovvero per finalità di natura economica o finanziaria.

7. L'articolo 3, comma 12, lettera b) della legge 24 dicembre 2007, n. 244, come sostituito dall'articolo 71 della legge 18 giugno 2009, n. 69, è sostituito dal seguente (7):

«b) prevedere che previa delibera dell'assemblea dei soci, sulle materie delegabili, al presidente possano essere attribuite deleghe operative da parte dell'organo di amministrazione che provvede a determinarne in concreto il contenuto ed il compenso ai sensi dell'articolo 2389, terzo comma, del codice civile;" (8).

8. L'articolo 3, comma 12, lettera d) della legge 24 dicembre 2007, n. 244, come sostituito dall'articolo 71 della legge 18 giugno 2009, n. 69, è sostituito dal seguente (9):

«d) prevedere che l'organo di amministrazione, fermo quanto previsto ai sensi della lettera b), possa delegare proprie attribuzioni a un solo componente, al quale possono essere riconosciuti compensi ai sensi dell'articolo 2389, terzo comma, del codice civile unitamente al Presidente nel caso di attribuzione di deleghe operative di cui alla lettera b); ».

8-bis. Le disposizioni di cui ai commi 7 e 8 si applicano a decorrere dal 5 luglio 2009 (10).

9. L'articolo 1, comma 459, della legge 27 dicembre 2006, n. 296, è soppresso.

9-bis. Dalla data di entrata in vigore della legge di conversione del presente decreto, il comma 1021 dell'articolo 1 della legge 27 dicembre 2006, n. 296, è abrogato e la misura del canone annuo corrisposto direttamente ad ANAS Spa, ai sensi del comma 1020 del medesimo articolo 1 della legge n. 296 del 2006, e successive modificazioni, è integrata di un importo, calcolato sulla percorrenza chilometrica di ciascun veicolo che ha fruito dell'infrastruttura autostradale, pari a 3 millesimi di euro a chilometro per le classi di pedaggio A e B e a 9 millesimi a chilometro per le classi di pedaggio 3, 4 e 5. ANAS Spa provvede a dare distinta evidenza nel proprio piano economico-finanziario dell'integrazione del canone di cui al periodo precedente e destina tali risorse alla manutenzione ordinaria e straordinaria nonché all'adeguamento e al miglioramento delle strade e delle autostrade in gestione diretta. Al fine di assicurare l'attuazione delle disposizioni del presente comma, i concessionari recuperano il suddetto importo attraverso l'equivalente incremento della tariffa di competenza, non soggetto a canone. Dall'applicazione della presente disposizione non devono derivare oneri aggiuntivi per gli utenti. I pagamenti dovuti ad ANAS Spa a titolo di corrispettivo del contratto di programma sono ridotti in misura corrispondente alle maggiori entrate derivanti dall'applicazione della presente disposizione (11)(12).

10. L'articolo 3, comma 13 della legge 24 dicembre 2007, n. 244 è sostituito dal seguente: «13. Le modifiche statutarie, ad eccezione di quelle di cui alle lettere b) e d) del comma 12, hanno effetto a decorrere dal primo rinnovo degli organi societari successivo alle modifiche stesse.».

11. Con atto di indirizzo strategico del Ministro dell'economia e delle finanze sono ridefiniti i compiti e le funzioni delle società di cui all'articolo 1 della legge 13 luglio 1966, n. 559, e successive modificazioni, e al comma 15 dell'articolo 83 del decreto-legge 25 giugno 2008, n. 112, convertito, con modificazioni, dalla legge 6 agosto 2008, n. 133 (13).

12. Il consiglio di amministrazione della società di cui al comma 11 del presente articolo è conseguentemente rinnovato nel numero di cinque consiglieri entro 45 giorni dalla data di emanazione dei relativi atti di indirizzo strategico, senza applicazione dell'articolo 2383, comma 3, del codice civile. Il relativo statuto dovrà conformarsi, entro il richiamato termine, alle previsioni di cui al comma 12, dell'articolo 3 della legge 24 dicembre 2007, n. 244 (14).

13. All'articolo 3, comma 12, primo periodo della legge 24 dicembre 2007, n. 244, e successive modificazioni, dopo le parole: «ovvero da eventuali disposizioni speciali» sono inserite le parole: «nonché dai provvedimenti di attuazione dell'articolo 5, comma 4, del decreto-legge 30 settembre 2003, n. 269, convertito con modificazioni dalla legge 24 novembre 2003, n. 326».

13-bis. Le risorse rivenienti dall'autorizzazione di spesa di cui all'articolo 1, comma 1003, della legge 27 dicembre 2006, n. 296, pari a euro 50.000.000, iscritte in conto residui di stanziamento sul capitolo 7620 dello stato di previsione del Ministero delle infrastrutture e dei trasporti, e dall'autorizzazione di spesa di cui all'articolo 8, comma 4, del decreto-legge 1 ottobre 2007, n. 159, convertito, con modificazioni, dalla legge 29 novembre 2007, n. 222, pari a euro 14.510.000, iscritte in conto residui di stanziamento sul capitolo 7255 dello stato di previsione del Ministero delle infrastrutture e dei trasporti, sono destinate, per l'esercizio finanziario 2009, per un importo di euro 49.000.000, agarantire la necessaria copertura finanziaria alla sovvenzione dei servizi di collegamento marittimo effettuati dal Gruppo Tirrenia nell'anno 2009 e all'ammodernamento della flotta dell'intero Gruppo e l'adeguamento alle norme internazionali in materia di sicurezza, per un importo di euro 9.500.000, aincrementare, nell'esercizio finanziario 2009, il fondo perequativo per le autorità portuali e, per un importo di euro 6.010.000, alla gestione dei sistemi informativi del Ministero delle infrastrutture e dei trasporti, con priorità per il sistema informativo del demanio marittimo (SID)[15].

13-ter. Per le finalità di cui al comma 13-bis, per la necessaria compensazione sui saldi di finanza pubblica, il Ministero delle infrastrutture e dei trasporti è tenuto a versare all'entrata del bilancio dello Stato la somma di euro 50.000.000 avalere sui residui di stanziamento iscritti sul capitolo 7620 dello stato di previsione del medesimo Ministero e la somma di euro 14.510.000 avalere sui residui di stanziamento iscritti sul capitolo 7255 dello stato di previsione del medesimo Ministero [16].

(1) *Alinea modificato dall'articolo 1 della legge 3 agosto 2009, n. 102, in sede di conversione.*
(2) *Capoverso modificato dall'articolo 1 della legge 3 agosto 2009, n. 102, in sede di conversione.*
(3) *Alinea modificato dall'articolo 1 della legge 3 agosto 2009, n. 102, in sede di conversione.*
(4) *Lettera soppressa dall'articolo 1 della legge 3 agosto 2009, n. 102, in sede di conversione.*
(5) *Lettera modificata dall'articolo 1 della legge 3 agosto 2009, n. 102, in sede di conversione.*
(6) *Comma modificato dall'articolo 1 della legge 3 agosto 2009, n. 102, in sede di conversione.*
(7) *Alinea modificato dall'articolo 1 della legge 3 agosto 2009, n. 102, in sede di conversione.*
(8) *Capoverso modificato dall'articolo 1 della legge 3 agosto 2009, n. 102, in sede di conversione.*
(9) *Alinea modificato dall'articolo 1 della legge 3 agosto 2009, n. 102, in sede di conversione.*
(10) *Comma aggiunto dall'articolo 1 della legge 3 agosto 2009, n. 102, in sede di conversione.*
(11) *Comma aggiunto dall'articolo 1 della legge 3 agosto 2009, n. 102, in sede di conversione.*
(12) *Per l'integrazione della misura del canone annuo corrisposto direttamente all'ANAS S.p.A., vedi l'articolo 15, comma 4, del D.L. 31 maggio 2010, n. 78.*
(13) *Comma modificato dall'articolo 1 della legge 3 agosto 2009, n. 102, in sede di conversione.*
(14) *Comma modificato dall'articolo 1 della legge 3 agosto 2009, n. 102, in sede di conversione.*
(15) *Comma aggiunto dall'articolo 1 della legge 3 agosto 2009, n. 102, in sede di conversione.*
(16) *Comma aggiunto dall'articolo 1 della legge 3 agosto 2009, n. 102, in sede di conversione.*

20. Contrasto alle frodi in materia di invalidità civile. – 1. A decorrere dal 1° gennaio 2010 ai fini degli accertamenti sanitari di invalidità civile, cecità civile, sordità civile, handicap e disabilità le Commissioni mediche delle Aziende sanitarie locali sono integrate da un medico dell'INPS quale componente effettivo. In ogni caso l'accertamento definitivo è effettuato dall'INPS. Ai fini dell'attuazione del presente articolo l'INPS medesimo si avvale delle proprie risorse umane, finanziarie e strumentali, anche attraverso una razionalizzazione delle stesse, come integrate ai sensi del decreto del Presidente del Consiglio dei Ministri del 30 marzo 2007«, pubblicato nella Gazzetta Ufficiale n. 121 del 26 maggio 2007, concernente il trasferimento delle competenze residue dal Ministero dell'economia e delle finanze all'INPS [1].

2. L'INPS accerta altresì la permanenza dei requisiti sanitari nei confronti dei titolari di invalidità civile, cecità civile, sordità civile, handicap e disabilità. In caso di comprovata insussistenza dei prescritti requisiti sanitari, si applica l'articolo 5, comma 5 del Regolamento di cui al decreto del Presidente della Repubblica 21 settembre 1994, n. 698. Per il triennio 20102012 l'INPS effettua, con le risorse umane e finanziarie previste a legislazione vigente, in via aggiuntiva all'ordinaria attività di accertamento della permanenza dei requisiti sanitari e reddituali, un programma di 100.000 verifiche per l'anno 2010 e di 250.000 verifiche annue per ciascuno degli anni 2011 e 2012 nei confronti dei titolari di benefici economici di invalidità civile [2].

3. A decorrere dal 1° gennaio 2010 le domande volte ad ottenere i benefici in materia di invalidità civile, cecità civile, sordità civile, handicap e disabilità, complete della certificazione medica attestante la natura delle infermità invalidanti, sono presentate all'INPS, secondo modalità stabilite dall'ente medesimo. L'Istituto trasmette, in tempo reale e in via telematica, le domande alle Aziende Sanitarie Locali [3].

4. Con accordo quadro tra il Ministro del lavoro, della salute e delle politiche sociali e la Conferenza permanente per i rapporti tra lo Stato, le regioni e le province autonome di Trento e di Bolzano, da concludere entro e non oltre novanta giorni dalla data di entrata in vigore della legge di conversione del presente decreto, sono disciplinate le modalità attraverso le quali sono affidate all'INPS le attività relative all'esercizio delle funzioni concessorie nei procedimenti di invalidità civile, cecità civile, sordità civile, handicap e disabilità. Nei sessanta giorni successivi, le regioni stipulano con l'INPS apposita convenzione che regola gli aspetti tecnico-procedurali dei flussi informativi necessari per la gestione del procedimento per l'erogazione dei trattamenti connessi allo stato di invalidità civile [4].

5. All'articolo 10, comma 6, del decreto-legge 30 settembre 2005, n. 203, convertito, con modificazioni, dalla legge 2 dicembre 2005, n. 248, sono apportate le seguenti modificazioni [5]:

a) nel primo periodo è soppressa la parola «anche»;

b) nel secondo periodo sono soppresse le parole «sia presso gli uffici dell'Avvocatura dello Stato, ai sensi dell'articolo 11 del regio decreto 30 ottobre 1933, n. 1611, sia»;

c) nel terzo periodo sono soppresse le parole «é litisconsorte necessario ai sensi dell'articolo 102 del codice di procedura civile e».

5-bis. Dopo il comma 6 dell'articolo 10 del decreto-legge 30 settembre 2005, n. 203, convertito, con modificazioni, dallalegge 2 dicembre 2005, n. 248, come modificato dal comma 5 del presente articolo, è inserito il seguente: "6-bis. «6-bis: Nei procedimenti giurisdizionali civili relativi a prestazioni sanitarie previdenziali ed assistenziali, nel caso in cui il giudice nomini un consulente tecnico d'ufficio, alle indagini assiste un medico legale dell'ente, su richiesta, formulata, a pena di nullità, del consulente nominato dal giudice, il quale provvede ad inviare apposita comunicazione al direttore della sede provinciale dell'INPS competente. Al predetto componente competono le facoltà indicate nel secondo comma dell'articolo 194 del codice di procedura civile. Nell'ipotesi di sentenze di condanna relative a ricorsi depositati a far data dal 1° aprile 2007 a carico del Ministero dell'Economia e delle Finanze o del medesimo in solido con l'INPS, all'onere delle spese legali, di consulenza tecnica o del beneficio assistenziale provvede comunque l'INPS [6].

6. Entro trenta giorni dall'entrata in vigore delle presenti disposizioni, è nominata dal Ministro del lavoro, della salute e delle politiche sociali di concerto con il Ministro dell'economia e delle finanze una Commissione con il com-

pito di aggiornare le tabelle indicative delle percentuali dell'invalidità civile, già approvate con decreto del Ministro della sanità 5 febbraio 1992, pubblicato nel supplemento ordinario alla Gazzetta Ufficiale n. 47 del 26 febbraio 1992, e successive modificazioni. Lo schema di decreto che apporta le eventuali modifiche alle tabelle in attuazione del presente comma è trasmesso alle Camere per il parere delle Commissioni competenti per materia. Dalla attuazione del presente comma non devono derivare nuovi o maggiori oneri per la finanza pubblica (7).

(1) *Comma modificato dall'articolo 1 della Legge 3 agosto 2009, n. 102, in sede di conversione.*
(2) *Comma modificato dall'articolo 2, comma 159, della legge 23 dicembre 2009, n. 191 e successivamente dall'articolo 10, comma 4, del D.L. 31 maggio 2010, n. 78, convertito, con modificazioni, dalla Legge 30 luglio 2010, n. 122.*
(3) *Comma modificato dall'articolo 1 della Legge 3 agosto 2009, n. 102, in sede di conversione.*
(4) *Comma modificato dall'articolo 1 della Legge 3 agosto 2009, n. 102, in sede di conversione.*
(5) *Alinea modificato dall'articolo 1 della Legge 3 agosto 2009, n. 102, in sede di conversione.*
(6) *Comma modificato dall'articolo 1 della Legge 3 agosto 2009, n. 102, in sede di conversione.*
(7) *Comma modificato dall'articolo 1 della Legge 3 agosto 2009, n. 102, in sede di conversione.*

21. Rilascio di concessioni in materia di giochi (1). – 1. Per garantire la tutela di preminenti interessi pubblici nelle attività di raccolta del gioco, qualora attribuite a soggetti estranei alla pubblica amministrazione, la gestione di queste attività è sempre affidata in concessione attribuita, nel rispetto dei principi e delle regole comunitarie e nazionali, di norma ad una pluralità di soggetti scelti mediante procedure aperte, competitive e non discriminatorie. Conseguentemente, per assicurare altresì la maggiore concorrenzialità, economicità e capillarità distributiva della raccolta delle lotterie nazionali ad estrazione istantanea e differita, in previsione della prossima scadenza della vigente concessione per l'esercizio di tale forma di gioco, entro trenta giorni dalla data di entrata in vigore del presente decreto, il Ministero dell'economia e delle finanze-Amministrazione autonoma dei monopoli di Stato avvia le procedure occorrenti per conseguire tempestivamente l'aggiudicazione della concessione, relativa anche alla raccolta a distanza delle predette lotterie, ai più qualificati operatori di gioco, nazionali e comunitari, individuati in numero comunque non superiore a quattro e muniti di idonei requisiti di affidabilità morale, tecnica ed economica.

2. La concessione di cui al comma 1 prevede un aggio, comprensivo del compenso dell'8 per cento dovuto ai punti vendita per le lotterie ad estrazione istantanea, pari all'11,90 per cento della raccolta e valori medi di restituzione della raccolta in vincite, per ciascun concessionario aggiudicatario, non superiori al 75 per cento.

3. La selezione concorrenziale per l'aggiudicazione della concessione è basata sul criterio dell'offerta economicamente più vantaggiosa, nell'ambito della quale valore prioritario è attribuito ai seguenti criteri:

a) rialzo delle offerte rispetto ad una base predefinita che assicuri, comunque, entrate complessivamente non inferiori a 500 milioni di euro nell'anno 2009 e a 300 milioni di euro nell'anno 2010, indipendentemente dal numero finale dei soggetti aggiudicatari;

b) offerta di standard qualitativi che garantiscano la più completa sicurezza dei consumatori in termini di non alterabilità e non imitabilità dei biglietti, nonché di sicurezza del sistema di pagamento delle vincite;

c) capillarità della distribuzione attraverso una rete su tutto il territorio nazionale, esclusiva per concessionario, costituita da un numero non inferiore a 10.000 punti vendita, da attivare entro il 31 dicembre 2010, fermo restando il divieto, a pena di nullità, di clausole contrattuali che determinino restrizioni alla libertà contrattuale dei fornitori di beni o servizi.

4. Le concessioni di cui al comma 1, eventualmente rinnovabili per non più di una volta, hanno la durata massima di nove anni, suddivisi in due periodi rispettivamente di cinque e quattro anni. La prosecuzione della concessione per il secondo periodo è subordinata alla positiva valutazione dell'andamento della gestione da parte dell'Amministrazione concedente, da esprimere entro il primo semestre del quinto anno di concessione.

5. Per garantire il mantenimento dell'utile erariale, le lotterie ad estrazione istantanea indette in costanza della vigente concessione continuano ad essere distribuite dalla rete esclusiva dell'attuale concessionario, che le gestisce, comunque non oltre il 31 gennaio 2012, secondo le regole vigenti, a condizione che quest'ultimo sia risultato aggiudicatario anche della nuova concessione.

6. La gestione e l'esercizio delle lotterie nazionali ad estrazione differita restano in ogni caso riservati al Ministero dell'economia e delle finanze-Amministrazione autonoma dei monopoli di Stato, che vi provvede direttamente, ovvero mediante una società a totale partecipazione pubblica.

7. Per garantire l'esito positivo della concreta sperimentazione e dell'avvio a regime di sistemi di gioco costituiti dal controllo remoto del gioco attraverso videoterminali di cui all'articolo 12, comma 1, lettera l), del decreto-legge 28 aprile 2009, n. 39, convertito, con modificazioni, dalla legge 24 giugno 2009, n. 77, entro il 15 settembre 2009 il Ministero dell'economia e delle finanze-Amministrazione autonoma dei monopoli di Stato avvia le procedure occorrenti per un nuovo affidamento in concessione della rete per la gestione telematica del gioco lecito prevista dall'articolo 14-bis, comma 4, del decreto del Presidente della Repubblica 26 ottobre 1972, n. 640, e successive modificazioni, prevedendo:

a) l'affidamento della concessione agli attuali concessionari che ne facciano richiesta entro il 20 novembre 2009 e che siano stati autorizzati all'installazione dei videoterminali, con conseguente prosecuzione della stessa senza alcuna soluzione di continuità;

b) l'affidamento della concessione ad ulteriori operatori di gioco, nazionali e comunitari, di dimostrata qualificazione morale, tecnica ed economica, mediante una selezione aperta basata sull'accertamento dei requisiti definiti dall'Amministrazione concedente in coerenza con quelli già richiesti e posseduti dagli attuali concessionari. Gli operatori di cui alla presente lettera, al pari dei concessionari di cui alla lettera a), sono autorizzati all'installazione dei videoterminali fino a un massimo del 14 per cento del numero di nulla osta già posseduti per apparecchi di cui all'articolo 110, comma 6, lettera a), del testo unico delle leggi di pubblica sicurezza, di cui al regio decreto 18 giugno 1931, n. 773, e successive modificazioni, e a fronte del versamento di euro 15.000 per ciascun terminale;

c) la durata delle autorizzazioni all'installazione dei videoterminali, previste dall'articolo 12, comma 1, lettera l), numero 4), del decreto-legge 28 aprile 2009, n. 39, convertito, con modificazioni, dalla legge 24 giugno 2009, n. 77, fino al termine delle concessioni di cui alle lettere a) e b) del presente comma. La perdita di possesso dei nulla osta di apparecchi di cui all'articolo 110, comma 6, lettera a), del testo unico di cui al regio decreto 18 giugno 1931, n. 773, e successive modificazioni, non determina la decadenza dalle autorizzazioni acquisite (2).

8. All'articolo 12, comma 1, lettera l), del decreto-legge 28 aprile 2009, n. 39, convertito, con modificazioni, dalla legge 24 giugno 2009, n. 77, il numero 5) è sostituito dal seguente:

«5) le modalità con cui le autorizzazioni all'installazione dei videoterminali di cui al numero 4) possono essere cedute tra i soggetti affidatari della concessione e possono essere prestate in garanzia per operazioni connesse al finanziamento della loro acquisizione e delle successive attività di installazione;».

9. All'articolo 4-septies del decreto-legge 3 giugno 2008, n. 97, convertito, con modificazioni, dalla legge 2 agosto 2008, n. 129, il comma 5 è sostituito dai seguenti:

«5. Al fine di incrementare l'efficienza e l'efficacia dell'azione di contrasto dell'illegalità e dell'evasione fiscale, con particolare riferimento al settore del gioco pubblico, anche attraverso l'intensificazione delle attività di controllo sul territorio, e di utilizzare le risorse ordinariamente previste per la formazione del personale dell'amministrazione finanziaria a cura della Scuola di cui al presente articolo, ferme restando le riduzioni degli assetti organizzativi stabilite dall'articolo 74 del decreto-legge 25 giugno 2008, n. 112, convertito, con modificazioni, dalla legge 6 agosto 2008, n. 133, e successive modificazioni, le dotazioni organiche dell'Amministrazione autonoma dei monopoli di Stato e delle agenzie fiscali possono essere rideterminate con decreto del Presidente del Consiglio dei ministri, diminuendo, in misura equivalente sul piano finanziario, la dotazione organica del Ministero dell'economia e delle finanze. Il personale del Ministero dell'economia e delle finanze transita prioritariamente nei ruoli dell'Amministrazione autonoma dei monopoli di Stato e nelle agenzie interessate dalla rideterminazione delle dotazioni organiche di cui al primo periodo del presente comma, anche mediante procedure selettive.

5-bis. Agli eventuali oneri derivanti dal transito di cui al comma 5 si provvede a valere nei limiti delle risorse di cui all'articolo 1, comma 14, del decreto-legge 3 ottobre 2006, n. 262, convertito, con modificazioni, dalla legge 24 novembre 2006, n. 286; le predette risorse sono utilizzate secondo le modalità previste dall'articolo 1, comma 530, della legge 27 dicembre 2006, n. 296. Il personale interessato dal transito di cui al comma 5 è destinatario di un apposito programma di riqualificazione da effettuare a valere e nei limiti delle risorse destinate alla formazione a cura della Scuola di cui al presente articolo.».

10. All'articolo 12, comma 1, del decreto-legge 28 aprile 2009, n. 39, convertito, con modificazioni, dalla legge 24 giugno 2009, n. 77, dopo la lettera p) è aggiunta la seguente:

«p-bis) disporre, in via sperimentale e fino al 31 dicembre 2010, che, nell'ambito del gioco del Bingo, istituito dal regolamento di cui al decreto del Ministro delle finanze 31 gennaio 2000, n. 29, le somme giocate vengano destinate per almeno il 70 per cento a monte premi, per l'11 per cento a prelievo erariale e per l'1 per cento a compenso dell'affidatario del controllo centralizzato del gioco, prevedendo, inoltre, la possibilità per il concessionario di versare il prelievo erariale sulle cartelle di gioco in maniera differita e fino a sessanta giorni dal ritiro delle stesse, ferma restando la garanzia della copertura fideiussoria già prestata dal concessionario, eventualmente integrata nel caso in cui la stessa dovesse risultare incapiente.».

11. Al fine di consentire la parità di trattamento tra i soggetti che parteciperanno alle selezioni previste dall'articolo 12, comma 1, lettera l), del decreto-legge 28 aprile 2009, n. 39, convertito, con modificazioni, dalla legge 24 giugno 2009, n. 77, nonché dal presente articolo, qualora il nuovo aggiudicatario sia già concessionario dello specifico gioco, il trasferimento in proprietà all'Amministrazione autonoma dei monopoli di Stato di tutti i beni materiali e immateriali costituenti la rete distributiva fisica, previsto dalle concessioni in essere, è differito alla scadenza della convenzione di concessione sottoscritta all'esito delle citate procedure di selezione.

12. Relativamente al gioco istituito dal regolamento di cui al decreto del Ministro delle finanze 31 gennaio 2000, n. 29, è possibile adottare ulteriori formule di gioco derivabili dall'estrazione fino ad un massimo di 100 numeri, dall'1 al 100, ambedue inclusi, e stabilire, per tali formule di gioco, l'aliquota del prelievo erariale in misura pari all'11 per cento delle cartelle acquistate, la percentuale delle somme da distribuire in vincite in misura non inferiore al 70 per cento della raccolta di ogni partita e il compenso dell'affidatario del controllo centralizzato del gioco in misura pari allo 0,80 per cento del valore delle cartelle acquistate.

13. Il termine di pagamento dell'imposta unica sulle scommesse ippiche e sulle scommesse su eventi diversi dalle corse dei cavalli è stabilito, per l'anno 2009, al 31 ottobre con riferimento all'imposta unica dovuta per il periodo da aprile dell'anno precedente a settembre dell'anno in corso e, per l'anno 2010, al 30 aprile e al 31 ottobre, rispettivamente, con riferimento all'imposta unica dovuta per il periodo da ottobre dell'anno precedente a marzo dell'anno in corso e per quella dovuta da aprile a settembre dell'anno in corso.

(1) Articolo sostituito dall'articolo 1 della legge 3 agosto 2009, n. 102, in sede di conversione.
(2) A norma dell'articolo 2, comma 2-sexies, del D.L. 25 marzo 2010, n. 40, le procedure previste dal presente comma, sono avviate a far data dal 16 maggio 2011.

22. Settore sanitario. – 1. All'articolo 79, del decreto-legge 25 giugno 2008, n. 112, convertito dalla legge 6 agosto 2008, n. 133, sono apportate le seguenti modifiche:

a) al comma 1-bis le parole: «entro il 31 ottobre 2008» sono sostituite dalle seguenti: «entro il 15 ottobre 2009» (1);

b) al comma 1-ter le parole «entro il 31 ottobre 2008» sono sostituite dalle seguenti: «entro il 15 ottobre 2009 si applicano comunque l'articolo 120 della Costituzione, nonché le norme statali di attuazione e di applicazione dello stesso, e la legge 5 maggio 2009, n. 42, in materia di federalismo fiscale; inoltre» (2).

2. È istituito un fondo con dotazione pari a 800 milioni di euro a decorrere dall'anno 2010, destinato ad interventi relativi al settore sanitario, da definirsi con decreto del Ministro del lavoro, della salute e delle politiche sociali di concerto

con il Ministro dell'economia e delle finanze, sentita la Conferenza permanente per i rapporti tra lo Stato, le regioni e le province autonome di Trento e di Bolzano. Con intesa da stipulare, ai sensi dell'articolo 3 del decreto legislativo 28 agosto 1997, n. 281, insede di Conferenza permanente per i rapporti tra lo Stato, le regioni e le province autonome di Trento e di Bolzano, a valere sulle risorse del fondo di cui al presente comma, sono definiti gli importi, in misura non inferiore a 50 milioni di euro, da destinare a programmi dedicati alle cure palliative, ivi comprese quelle relative alle patologie degenerative neurologiche croniche invalidanti. A valere sul fondo di cui al presente comma un importo, in misura non inferiore a 2 milioni di euro annui, è destinato al Centro nazionale trapianti, al fine dell'attuazione delle disposizioni in materia di cellule riproduttive, di cui al decreto legislativo 6 novembre 2007, n. 191, nonché in materia di qualità e di sicurezza per la donazione, l'approvvigionamento, il controllo, la lavorazione, la conservazione, lo stoccaggio e la distribuzione di tessuti e cellule umani, di cui alle direttive 2006/17/CE della Commissione, dell'8 febbraio 2006, e 2006/86/CE della Commissione, del 24 ottobre 2006, in corso di recepimento (3).

3. Il fondo di cui al comma 2 è alimentato dalle economie conseguenti alle disposizioni di cui all'articolo 13, comma 1, lettera b), del decreto-legge 28 aprile 2009, n. 39, convertito, con modificazioni, dalla legge 24 giugno 2009, n. 77, e all'attività amministrativa dell'Agenzia italiana del farmaco nella determinazione del prezzo dei medicinali equivalenti di cui all'articolo 7, comma 1, del decreto-legge 18 settembre 2001, n. 347, convertito, con modificazioni, dalla legge 16 novembre 2001, n. 405, e successive modificazioni. A tal fine il tetto di spesa per l'assistenza farmaceutica territoriale di cui all'articolo 5, comma 1, del decreto-legge 1° ottobre 2007, n. 159, convertito, con modificazioni, dalla legge 29 novembre 2007, n. 222, è rideterminato in riduzione in valore assoluto di 800 milioni di euro a decorrere dall'anno 2010 e in termini percentuali nella misura del 13,3 per cento a decorrere dal medesimo anno 2010. Conseguentemente il livello del finanziamento a cui concorre ordinariamente lo Stato è ridotto di 800 milioni di euro a decorrere dall'anno 2010. In sede di stipula del Patto per la salute è determinata la quota che le regioni a statuto speciale e le province autonome di Trento e di Bolzano riversano all'entrata del bilancio dello Stato per il finanziamento del Servizio sanitario nazionale (4)(5).

3-bis. All'articolo 5, comma 3, lettera a), primo periodo, del decreto-legge 1° ottobre 2007, n. 159, convertito, con modificazioni, dalla legge 29 novembre 2007, n. 222, le parole da: «tenendo conto» fino a: «spesa complessiva» sono sostituite dalle seguenti: «con l'eccezione della quota di sforamento imputabile alla spesa per farmaci acquistati presso le aziende farmaceutiche dalle aziende sanitarie locali e da queste distribuiti direttamente ai cittadini, che è posta a carico unicamente delle aziende farmaceutiche stesse in proporzione ai rispettivi fatturati per farmaci ceduti alle strutture pubbliche» (6).

4. Attesa la straordinaria necessità ed urgenza di tutelare, ai sensi dell'articolo 120 della Costituzione, l'erogazione delle prestazioni sanitarie comprese nei Livelli Essenziali di Assistenza, di cui al decreto del Presidente del Consiglio dei Ministri 29 novembre 2001, pubblicato nel supplemento ordinario alla Gazzetta Ufficiale n. 33 dell'8 febbraio 2002, e di assicurare il risanamento, il riequilibrio economico-finanziario e la riorganizzazione del sistema sanitario regionale della regione Calabria, anche sotto il profilo amministrativo e contabile, tenuto conto dei risultati delle verifiche del Comitato e del Tavolo, di cui agli articoli 9 e 12 dell'Intesa Stato-regioni del 23 marzo 2005, pubblicata nel supplemento ordinario alla Gazzetta Ufficiale n. 105 del 7 maggio 2005, relativamente agli anni 2007 e 2008, si applicano le seguenti disposizioni (7):

a) il Presidente del Consiglio dei Ministri, con la procedura di cui all'articolo 8, comma 1, della legge 5 giugno 2003, n. 131, su proposta del Ministro dell'economia e delle finanze, di concerto con il Ministro del lavoro, della salute e delle politiche sociali, sentito il Ministro per i rapporti con le regioni, diffida la regione a predisporre entro settanta giorni un Piano di rientro contenente misure di riorganizzazione e riqualificazione del Servizio sanitario regionale, da sottoscriversi con l'Accordo di cui all'articolo 1, comma 180, della legge 30 dicembre 2004, n. 311, e successive modificazioni, nonché a provvedere a quanto previsto dall'articolo 1, comma 174 della medesima legge (8);

b) decorso inutilmente tale termine, ovvero ove il Piano presentato sia valutato non congruo a seguito di istruttoria congiunta del Ministero dell'economia e delle finanze, del Ministero del lavoro, della salute e delle politiche sociali e del Dipartimento per gli affari regionali della Presidenza del Consiglio dei Ministri, sulle cui conclusioni è sentita la regione in apposita riunione, il Consiglio dei Ministri, su proposta del Ministro dell'economia e delle finanze, di concerto con il Ministro del lavoro, della salute e delle politiche sociali, sentito il Ministro per i rapporti con le regioni, nomina un Commissario per la predisposizione di un Piano triennale di rientro dai disavanzi, recante indicazione dei necessari interventi di contenimento strutturale della spesa, da redigere all'esito del riaccertamento dei debiti pregressi nonché dell'attivazione delle procedure amministrativo-contabili minime necessarie per valutare positivamente l'attendibilità degli stessi conti. Alla riunione del Consiglio dei Ministri partecipa il Presidente della giunta regionale ai sensi dell'articolo 8, comma 1, della legge 5 giugno 2003, n. 131 (9);

c) il Piano triennale di rientro dai disavanzi di cui alla lettera b) è approvato dal Consiglio dei Ministri, che ne affida contestualmente l'attuazione al Commissario nominato ai sensi della medesima lettera b). Nello svolgimento dei compiti affidatigli e per tutto il periodo di vigenza del Piano di rientro, il Commissario sostituisce gli organi della regione nell'esercizio delle attribuzioni necessarie all'attuazione del Piano stesso; contestualmente a tale nomina, il Commissario delegato di cui all'ordinanza del Presidente del Consiglio dei Ministri 21 dicembre 2007, n. 3635, cessa dal suo incarico (10);

d) ai crediti interessati dalle procedure di accertamento e riconciliazione del debito pregresso al 31 dicembre 2008 si applicano le disposizioni di cui all'articolo 4, comma 2-bis del decreto-legge 1° ottobre 2007, n. 159, convertito, con modificazioni, dalla legge 29 novembre 2007, n. 222. Si applicano inoltre le disposizioni di cui all'articolo 4, comma 2, del citato decreto-legge n. 159 del 2007, che non siano in contrasto con le disposizioni del presente comma.

5. In sede di verifica sull'attuazione dei Piani di rientro, al fine di prevenire situazioni di conflitto di interesse e di assi-

curare piena indipendenza e imparzialità di giudizio, i componenti designati dalla Conferenza delle regioni e delle province autonome, appartenenti alla regione assoggettata alla valutazione, non possono partecipare alle relative riunioni del Comitato e del Tavolo, di cui agli articoli 9 e 12 della citata Intesa Stato-regioni del 23 marzo 2005. In tali casi, la predetta Conferenza provvede alla tempestiva designazione di altrettanti componenti supplenti, fermo restando che nelle more di tale designazione, allo scopo di non ritardare le necessarie azioni di contrasto alle situazioni di criticità in essere, Comitato e Tavolo possono proseguire e concludere i propri lavori. Restano salvi gli atti e le attività già espletati da Comitato e Tavolo anteriormente all'entrata in vigore della presente disposizione (11).

6. Per la specificità che assume la struttura indicata dall'articolo 1 comma 164, della legge 30 dicembre 2004, n. 311, nell'ambito del sistema sanitario nazionale ed internazionale e per le riconosciute caratteristiche di specificità ed innovatività dell'assistenza, a valere su apposito capitolo di spesa dello stato di previsione del Ministero dell'economia e delle finanze è istituito un fondo di 50 milioni di euro a decorrere dall'anno 2009 per l'erogazione, a favore della medesima struttura sanitaria, di un contributo annuo fisso di 50 milioni di euro. Conseguentemente, per il triennio 2009-2011 il finanziamento del Servizio sanitario nazionale cui concorre ordinariamente lo Stato, di cui all'articolo 79, comma 1, del decreto-legge 25 giugno 2008, n. 112, convertito, con modificazioni, dalla legge 6 agosto 2008, n. 133, è rideterminato in diminuzione dell'importo di 50 milioni di euro. Al medesimo articolo 79, comma 1, del decreto-legge n. 112 del 2008, convertito, con modificazioni, dalla legge n. 133 del 2008, le parole da: «, comprensivi» fino a: «15 febbraio 1995» sono soppresse (12).

7. L'importo di 50 milioni di euro previsto per gli anni 2007 e 2008 dall'articolo 1, comma 796, lettera a), della legge 27 dicembre 2006, n. 296, come modificato dall'articolo 43, comma 1-bis, del decreto-legge 31 dicembre 2007, n. 248, convertito, con modificazioni, dalla legge 28 febbraio 2008, n. 31, è erogato alla struttura sanitaria di cui al comma 6 per le medesime finalità di cui al comma 6.

8. Ai fini della verifica degli adempimenti in materia di acquisto di beni e servizi, di cui all'Allegato 1, comma 2, lettera b) della citata Intesa Stato-Regioni del 23 marzo 2005, il Tavolo di verifica degli adempimenti di cui all'articolo 12 della medesima Intesa procede alla valutazione sentita la CONSIP(13).

(1) *Lettera modificata dall'articolo 1 della legge 3 agosto 2009, n. 102, in sede di conversione.*
(2) *Lettera modificata dall'articolo 1 della legge 3 agosto 2009, n. 102, in sede di conversione.*
(3) *Comma modificato dall'articolo 1 della legge 3 agosto 2009, n. 102, in sede di conversione e, successivamente, dall'articolo 8-bis, del D.L. 25 settembre 2009, n. 135. Per un incremento dell'autorizzazione di spesa relativa agli anni 2010 e 2011 vedi l'articolo 2, comma 67, della legge 23 dicembre 2009, n. 191.*
(4) *Comma modificato dall'articolo 1 della legge 3 agosto 2009, n. 102, in sede di conversione.*
(5) *La Corte Costituzionale, con sentenza 15 aprile 2010, n. 133 (in Gazz. Uff., 21 aprile, n. 16), ha dichiarato l'illegittimità costituzionale dell'ultimo periodo del presente comma, nella parte in cui si applica alla Regione Valle d'Aosta ed alle Province autonome di Trento e di Bolzano.*
(6) *Comma inserito dall'articolo 1 della legge 3 agosto 2009, n. 102, in sede di conversione.*
(7) *Alinea modificato dall'articolo 1 della legge 3 agosto 2009, n. 102, in sede di conversione.*
(8) *Lettera modificata dall'articolo 1 della legge 3 agosto 2009, n. 102, in sede di conversione.*
(9) *Lettera modificata dall'articolo 1 della legge 3 agosto 2009, n. 102, in sede di conversione.*
(10) *Lettera modificata dall'articolo 1 della legge 3 agosto 2009, n. 102, in sede di conversione.*
(11) *Comma modificato dall'articolo 1 della legge 3 agosto 2009, n. 102, in sede di conversione.*
(12) *Comma modificato dall'articolo 1 della legge 3 agosto 2009, n. 102, in sede di conversione. Per un incremento dell'autorizzazione di spesa vedi l'articolo 2, comma 67, della legge 23 dicembre 2009, n. 191. A norma dell'articolo 33, comma 33, della L. 12 novembre 2011, n. 183, il fondo di cui al presente comma è incrementato di 30 milioni di euro per l'anno 2012.*
(13) *Comma modificato dall'articolo 1 della legge 3 agosto 2009, n. 102, in sede di conversione.*

22 *bis*. Compensazione di crediti e debiti delle regioni e delle province autonome. – 1. Il Ministero dell'economia e delle finanze - Dipartimento della Ragioneria generale dello Stato è autorizzato a effettuare, se necessario anche in più anni, a carico di somme a qualsiasi titolo corrisposte, con l'esclusione di quelle destinate al finanziamento della sanità, le compensazioni degli importi a credito e a debito di ciascuna regione e provincia autonoma, connesse alle modalità di riscossione della tassa automobilistica sul territorio nazionale a decorrere dall'anno 2005. Le compensazioni sono indicate, solo a questo fine, nella tabella di riparto approvata dalla Conferenza dei presidenti delle regioni e delle province autonome. Le compensazioni relative alle autonomie speciali sono effettuate nel rispetto delle norme statutarie e dei relativi ordinamenti finanziari.

2. La procedura di cui al comma 1 è applicata nelle more della definizione di un meccanismo automatico di acquisizione dei proventi derivanti dalla riscossione della tassa automobilistica spettante a ciascuna regione e provincia autonoma in base alla legislazione vigente(1).

(1) *Articolo aggiunto dall'articolo 1 della legge 3 agosto 2009, n. 102, in sede di conversione e successivamente abrogato dall'articolo 1, comma 849, della Legge 30 dicembre 2018, n. 145.*

22 *ter*. Disposizioni in materia di accesso al pensionamento (1). – 1. In attuazione della sentenza della Corte di giustizia delle Comunità europee 13 novembre 2008 nella causa C-46/07, all'articolo 2, comma 21, della legge 8 agosto 1995, n. 335, sono aggiunti, in fine, i seguenti periodi: 'A decorrere dal 1° gennaio 2010, per le predette lavoratrici il requisito anagrafico di sessanta anni di cui al primo periodo del presente comma e il requisito anagrafico di sessanta anni di cui all'articolo l, comma 6, lettera b), della legge 23 agosto 2004, n. 243, e successive modificazioni, sono incrementati di un anno. Tali requisiti anagrafici sono ulteriormente incrementati di quattro anni dal 1° gennaio 2012 ai fini del raggiungimento dell'età di sessantacinque anni. Restano ferme la disciplina vigente in materia di decorrenza del trattamento pensionistico e le disposizioni vigenti relative a specifici ordinamenti che prevedono requisiti anagrafici più elevati, nonché le disposizioni di cui all'articolo 2 del decreto legislativo 30 aprile 1997, n. 165. Le lavoratrici di cui al presente comma, che abbiano maturato entro il 31 dicembre 2009 i requisiti di età e di anzianità contributiva previsti alla predetta data ai fini del diritto all'accesso al trattamento pensionistico di vecchiaia nonché quelle che abbiano maturato entro il 31 dicembre 2011 i requisiti di età e di anzianità contributiva previsti dalla normativa vigente alla predetta data, conseguono il diritto alla prestazione pensionistica secondo la predetta normativa e possono chiedere all'ente di appartenenza la certificazione di tale diritto [(2)].

2. A decorrere dal 1° gennaio 2015 i requisiti di età anagrafica per l'accesso al sistema pensionistico italiano sono adeguati all'incremento della speranza di vita accertato dall'Istituto nazionale di statistica e validato dall'Eurostat, con riferimento al quinquennio precedente. Con regolamento da emanare entro il 31 dicembre 2014, ai sensi dell'articolo 17, comma 2, della legge 23 agosto 1988, n. 400, e successive modificazioni, su proposta del Ministro del lavoro, della salute e delle politiche sociali, di concerto con il Ministro dell'economia e delle finanze, è emanata la normativa tecnica di attuazione. In sede di prima attuazione, l'incremento dell'età pensionabile riferito al primo quinquennio antecedente non può comunque superare i tre mesi. Lo schema di regolamento di cui al presente comma, corredato di relazione tecnica, è trasmesso alle Camere per il parere delle Commissioni competenti per materia e per i profili di carattere finanziario.

3. Le economie derivanti dall'attuazione del comma 1 confluiscono nel Fondo strategico per il Paese a sostegno dell'economia reale, istituito presso la Presidenza del Consiglio dei Ministri, di cui all'articolo 18, comma 1, lettera b-bis), del decreto-legge 29 novembre 2008, n. 185, convertito, con modificazioni, dalla legge 28 gennaio 2009, n. 2, e successive modificazioni, per interventi dedicati a politiche sociali e familiari con particolare attenzione alla non autosufficienza e all'esigenza di conciliazione tra vita lavorativa e vita familiare delle lavoratrici; a tale fine la dotazione del predetto Fondo è incrementata di 120 milioni di euro nell'anno 2010 e di 242 milioni di euro nell'anno 2011, 252 milioni di euro nell'anno 2012, 392 milioni di euro nell'anno 2013, 492 milioni di euro nell'anno 2014, 592 milioni di euro nell'anno 2015, 542 milioni di euro nell'anno 2016, 442 milioni di euro nell'anno 2017, 342 milioni di euro nell'anno 2018, 292 milioni di euro nell'anno 2019 e 242 milioni di euro a decorrere dall'anno 2020 [(3)].

[(1)] Articolo aggiunto dall'articolo 1 della legge 3 agosto 2009, n. 102, in sede di conversione.
[(2)] Comma sostituito dall'articolo 12, comma 12 sexies, lettera a), del D.L. 31 maggio 2010, n. 78. Vedi l'articolo 24, comma 6, lettere c) e d), del D.L. 6 dicembre 2011, n. 201
[(3)] Comma sostituito dall'articolo 12, comma 12 sexies, lettera b), del D.L. 31 maggio 2010, n. 78.

23. Proroga di termini. – 1. All'articolo 1, comma 1, del decreto-legge 20 ottobre 2008, n. 158, convertito, con modificazioni, dalla legge 18 dicembre 2008, n. 199, le parole «30 giugno 2009,» sono sostituite dalle seguenti: «31 dicembre 2009,».

2. All'articolo 7-bis, comma 1, del decreto-legge 10 febbraio 2009, n. 5, convertito, con modificazioni, dalla legge 9 aprile 2009, n. 33, le parole «fino al 30 giugno 2009.» sono sostituite dalle seguenti: «fino al 31 dicembre 2009.».

3. All'articolo 41 del decreto-legge 30 dicembre 2008, n. 207, convertito, con modificazioni, dalla legge 27 febbraio 2009, n. 14, sono apportate le seguenti modificazioni:

a) al comma 1, le parole: "al 31 dicembre 2009" sono sostituite dalle seguenti: "al 31 dicembre 2010" e le parole: "entro il 30 giugno 2009" sono sostituite dalle seguenti: "entro il 31 dicembre 2009";

b) al comma 4, le parole: "al 30 giugno 2009" sono sostituite dalle seguenti: "al 30 settembre 2009" [(1)].

4. Al fine di assicurare l'assunzione nella qualifica di vigile del fuoco delle unità autorizzate per l'anno 2009, tenuto conto della vigenza delle sole graduatorie dei concorsi per titoli ed esami riservati ai vigili volontari ausiliari collocati in congedo negli anni 2004 e 2005, dalle quali attingere in parti uguali, il termine di scadenza relativo alla graduatoria per il 2004, è prorogato al 31 dicembre 2010. È altresì prorogata al 31 dicembre 2009 la graduatoria del concorso pubblico per esami a 28 posti di direttore antincendi della posizione C2 [(2)].

5. All'articolo 28, comma 1, del decreto-legge 31 dicembre 2007, n. 248, convertito, con modificazioni, dalla legge 28 febbraio 2008, n. 31, le parole: «30 giugno 2009» sono sostituite dalle seguenti: «30 giugno 2010».

6. All'articolo 159, comma 1, primo, secondo e quarto periodo, del codice dei beni culturali e del paesaggio, di cui al decreto legislativo 22 gennaio 2004, n. 42, e successive modificazioni, le parole: «30 giugno 2009», sono sostituite dalle seguenti: «31 dicembre 2009» [(3)].

7. Al comma 14 dell'articolo 19 del decreto legislativo 17 settembre 2007, n. 164, le parole «e comunque non oltre il 30 giugno 2009» sono sostituite dalle seguenti: «e comunque non oltre il 31 dicembre 2009».

8. All'articolo 8, comma 1, lettera c), terzo periodo, del decreto-legge 31 dicembre 2007, n. 248, convertito, con modificazioni, dalla legge 28 febbraio 2008, n. 31, le parole: «30 giugno 2009» sono sostituite dalle seguenti: «31 dicembre 2009».

9. Il termine stabilito dall'articolo 3, comma 4, del decreto-legge 28 dicembre 2006, n. 300, convertito, con modificazioni, dalla legge 26 febbraio 2007, n. 17, come da ultimo modificato dal comma 10, dell'articolo 4-bis, del decreto-legge 3 giugno 2008, n. 97, convertito, con modificazioni, dalla legge 2 agosto 2008, n. 129, per completare l'adeguamento alle disposizioni di prevenzione incendi delle strutture ricettive turistico-alberghiere con oltre 25 posti letto, esistenti alla data di entrata in vigore del decreto del Ministro dell'interno in data 9 aprile 1994, pubblicato nella Gazzetta Ufficiale n. 116 del 20 maggio 1994, è prorogato al 31 dicembre 2010. La proroga del termine di cui al presente comma, si applica anche alle strutture ricettive per le quali venga presentato, entro 60 giorni dalla data di entrata in vigore del presente decreto, al Comando provinciale dei Vigili del fuoco competente per territorio, il progetto di adeguamento per l'acquisizione del parere di conformità previsto dall'articolo 2 del regolamento di cui al decreto del Presidente della Repubblica 12 gennaio 1998, n. 37. In pendenza del termine per la presentazione del progetto di cui al presente comma, restano sospesi i procedimenti volti all'accertamento dell'ottemperanza agli obblighi previsti dal decreto del Ministro dell'interno in data 9 aprile 1994, pubblicato nella Gazzetta Ufficiale n. 116 del 20 maggio 1994 [(4)].

10. All'articolo 26, comma 6, secondo periodo, del decreto-legge 31 dicembre 2007, n. 248, convertito, con modificazioni, dalla legge 28 febbraio 2008, n. 31, le parole: «fino al 30 giugno 2009» sono sostituite dalle seguenti: «fino al 30 settembre 2009».

11. All'articolo 14, comma 2, del decreto legislativo 20 novembre 2008, n. 188, le parole «sei mesi» sono sostituite dalle seguenti: «nove mesi».

12. All'articolo 354, comma 4, del codice delle assicurazioni private, di cui al decreto legislativo 7 settembre 2005, n. 209, come da ultimo modificato dall'articolo 16, comma 1, del decreto-legge 30 dicembre 2008, n. 207, convertito, con modificazioni, dalla legge 27 febbraio 2009, n. 14, le parole: «e comunque non oltre diciotto mesi dopo il termine previsto dal comma 2, dell'articolo 355» sono sostituite dalle seguenti: «e comunque non oltre ventiquattro mesi dopo il termine previsto dal comma 2 dell'articolo 355».

13. All'articolo 9, comma 8, del decreto-legge 31 gennaio 2007, n. 7, convertito, con modificazioni, dalla legge 2 aprile 2007, n. 40, le parole: «dal sessantesimo giorno successivo dalla data di entrata in vigore del decreto di cui al comma 7, primo periodo» sono sostituite dalle seguenti: «dal 1° ottobre 2009».

14. Per le popolazioni dei comuni interessati dagli eventi sismici, che hanno colpito la regione Abruzzo a partire dal mese di aprile 2009, come identificati con il decreto del Commissario delegato 16 aprile 2009, n. 3, pubblicato nella Gazzetta Ufficiale n. 89 del 17 aprile 2009, i termini di cui agli articoli 191, comma 2, 192, comma 2, e 193, comma 2, del decreto legislativo 10 febbraio 2005, n. 30, sono prorogati di sei mesi. La richiesta di cui all'articolo 191, comma 2 e 192, comma 2, nonché l'istanza di cui all'articolo 193, comma 2, del codice della proprietà industriale, di cui al citato decreto legislativo n. 30 del 2005, deve essere accompagnata unicamente dall'autocertificazione da cui risulti la condizione di residente in uno dei comuni di cui al presente comma (5).

14-bis. All'articolo 4 del decreto-legge 23 dicembre 2003, n. 347, convertito, con modificazioni, dalla legge 18 febbraio 2004, n. 39, dopo il comma 4-ter è inserito il seguente: "4-ter.1. Nel caso in cui, al termine di scadenza, il programma non risulti completato, in ragione delle conseguenze negative di ordine economico e produttivo generate dagli eventi sismici del 2009 nella regione Abruzzo, nonchè delle conseguenti difficoltà connesse alla definizione dei problemi occupazionali, il Ministro dello sviluppo economico, su istanza del commissario straordinario, sentito il comitato di sorveglianza, puo` disporre la proroga del termine di esecuzione del programma per le imprese con unità locali nella regione Abruzzo, fino al 30 giugno 2010" (6).

15. Al fine di agevolare la ripresa delle attività nelle zone colpite dal sisma del 6 aprile 2009, l'avvio delle procedure per il rinnovo degli organi delle Camere di commercio, industria, artigianato, agricoltura dell'Abruzzo, di cui al decreto ministeriale 24 luglio 1996, n. 501, è prorogato al 30 aprile 2010, con la conseguente proroga del termine di scadenza degli organi delle Camere di commercio stesse.

15-bis. Al fine di agevolare la ripresa delle attività nelle zone colpite dal sisma del 6 aprile 2009, l'avvio delle procedure per il rinnovo degli organi dell'Accademia di belle arti dell'Aquila e del Conservatorio "Alfredo Casella" dell'Aquila è differito al 30 aprile 2011, con la conseguente proroga del termine di scadenza degli organi dell'Accademia e del Conservatorio stessi (7).

16. All'articolo 2, comma 447, della legge 24 dicembre 2007, n. 244, come da ultimo modificato dall'articolo 19, del decreto-legge 30 dicembre 2008, n. 207, convertito, con modificazioni, dalla legge 27 febbraio 2009, n. 14, le parole: «decorsi diciotto mesi» sono sostituite dalle seguenti: «decorsi ventiquattro mesi».

[*17. Il Consiglio della magistratura militare nell'attuale composizione è prorogato fino al 13 novembre 2009, ai fini dell'attuazione degli adempimenti correlati alle modifiche previste dal comma 18.*] (8)

[*18. All'articolo 1 della legge 30 dicembre 1988, n. 561, sono apportate le seguenti modificazioni:*

a) al comma 1:

1) la lettera c), è sostituita dalla seguente: «c) due componenti eletti dai magistrati militari;»;

2) la lettera d), è sostituita dalla seguente: «d) un componente estraneo alla magistratura militare, che assume le funzioni di vice presidente, scelto d'intesa tra i Presidenti delle due Camere fra professori ordinari di università in materie giuridiche e avvocati con almeno quindici anni di esercizio professionale; il componente estraneo alla magistratura militare non può esercitare attività professionale suscettibile di interferire con le funzioni della magistratura militare né può esercitare attività professionale nell'interesse o per conto, ovvero contro l'amministrazione militare.»;

b) dopo il comma 1, è inserito il seguente:

«1-bis. Ferma restando la dotazione organica di cui all'articolo 2, comma 603, lettera c), primo periodo, della legge 24 dicembre 2007, n. 244, e senza nuovi o maggiori oneri per il bilancio dello Stato, i magistrati militari componenti elettivi del Consiglio della magistratura militare sono collocati fuori ruolo per la durata del mandato ed il posto di organico è reso indisponibile per la medesima durata.»;

c) il comma 2, è sostituito dal seguente:

«2. L'attività e l'attuazione delle deliberazioni del Consiglio della magistratura militare sono promosse dal presidente, sostituito, in caso di impedimento, dal vice presidente.»;

d) al comma 4, le parole «almeno cinque componenti, di cui tre elettivi.» sono sostituite dalle seguenti: «almeno tre componenti, di cui uno elettivo.»;

e) al comma 6, sono apportate le seguenti modificazioni:

1) le parole «dei componenti non magistrati» sono sostituite dalle seguenti: «del componente non magistrato»;

2) le parole «tali componenti» sono sostituite dalle seguenti: «tale componente»;

f) al comma 8, sono aggiunte, in fine, le seguenti parole: «Con decreto del Presidente della Repubblica, su proposta del Ministro della difesa, è rideterminata la dotazione organica dell'ufficio di segreteria del Consiglio della magistratura militare, in riduzione rispetto a quella attuale.».] (9)

[*19. È abrogato il comma 604 dell'articolo 2 della legge 24 dicembre 2007, n. 244. Le prime elezioni per il rinnovo del Consiglio della magistratura militare, successive alla data di entrata in vigore del presente decreto, sono indette con decreto del Presidente del Consiglio della magistratura militare da adottarsi tra il sessantesimo e il novantesimo giorno antecedente la data di scadenza di cui al comma 17.*] (10)

20. Il termine di cui all'articolo 4-bis, comma 18, del decreto-legge 3 giugno 2008, n. 97, convertito, con modificazioni, dalla legge 2 agosto 2008, n. 129, è prorogato, senza oneri per la finanza pubblica, fino al completamento delle procedure occorrenti a rendere effettivamente operativa l'Agenzia nazionale di valutazione del sistema universitario e della ricerca (ANVUR) e comunque non oltre il 31 dicembre 2009 (11).

21. All'articolo 5, comma 2-quater, del decreto-legge 30 dicembre 2008, n. 208, convertito, con modificazioni, dalla legge 27 febbraio 2009, n. 13, le parole: «30 giugno 2009», sono sostituite dalle seguenti: «31 dicembre 2009».

21-bis. Il Fondo per gli eventi sportivi di rilevanza internazionale, di cui all'articolo 1, comma 1291, della legge 27 dicembre 2006, n. 296, è incrementato di 10 milioni di euro per l'anno 2010 [12].

21-ter. L'articolo 1, comma 1-bis, del decreto-legge 25 giugno 2008, n. 112, convertito, con modificazioni, dalla legge 6 agosto 2008, n. 133, si applica anche alla legge finanziaria per l'anno 2010 [13].

21-quater. Al comma 3 dell'articolo 60 del decreto-legge 25 giugno 2008, n. 112, convertito, con modificazioni, dalla legge 6 agosto 2008, n. 133, le parole: "limitatamente al prossimo esercizio finanziario" sono sostituite dalle seguenti: "limitatamente agli esercizi finanziari 2009 e 2010" [14].

21-quinquies. Al comma 6 dell'articolo 26 del decreto legislativo 3 aprile 2006, n. 152, come modificato dall'articolo 1, comma 3, del decreto legislativo 16 gennaio 2008, n. 4, è aggiunto, in fine, il seguente periodo: "I termini di cui al presente comma si applicano ai procedimenti avviati successivamente alla data di entrata in vigore del decreto legislativo 16 gennaio 2008, n. 4 " [15].

21-sexies. Il termine per le istanze di cui al comma 2 dell'articolo 65 della legge 21 novembre 2000, n. 342, è riaperto per i centottanta giorni successivi alla data di entrata in vigore della legge di conversione del presente decreto per le rivendite già istituite con contratto antecedente alla data del 31 dicembre 2008 in possesso dei requisiti stabiliti dal citato comma, purche´, entro i centoventi giorni successivi alla data di entrata in vigore della legge di conversione del presente decreto, siano intestate a persone fisiche [16].

21-septies. Con decreto del Ministro dell'economia e delle finanze sono individuate le modalità per la semplificazione delle procedure di rilevazione contabile degli aggi e dei compensi comunque denominati spettanti ai soggetti che effettuano attività di cessione di generi di monopolio, valori bollati e postali, marche assicurative e valori similari, nonchè di gestione del lotto, delle lotterie e di servizi di incasso delle tasse automobilistiche e delle tasse di concessione governativa o attività analoghe e che si avvalgono dei regimi contabili di cui all'articolo 18, comma 1, del decreto del Presidente della Repubblica 29 settembre 1973, n. 600, e successive modificazioni [17].

21-octies. All'articolo 6, numeri 1 e 5, della parte I della tariffa allegata al decreto del Presidente della Repubblica 26 ottobre 1972, n. 642, e successive modificazioni, le parole da: "1. Apposita carta bollata" fino a: "dieci marche del taglio massimo" sono sostituite dalle seguenti: "1. Contrassegni emessi ai sensi dell'articolo 3, comma 1, lettera a), aventi data di emissione non successiva a quella riportata sulla cambiale, per un valore pari all'imposta dovuta" [18].

21-novies. All'articolo 1, comma 1130, della legge 27 dicembre 2006, n. 296, le parole: "1° gennaio 2010" sono sostituite dalle seguenti: "1° gennaio 2011" [19].

21-decies. All'articolo 3, comma 1-bis, del decreto-legge 9 maggio 2003, n. 105, convertito, con modificazioni, dalla legge 11 luglio 2003, n. 170, e successive modificazioni, le parole: "anno 2009" sono sostituite dalle seguenti: "anno 2010" [20].

(1) *Comma sostituito dall'articolo 1 della Legge 3 agosto 2009, n. 102, in sede di conversione.*

(2) *Comma modificato dall'articolo 3, comma 6, del D.L. 30 dicembre 2009, n. 194, convertito, con modificazioni, dallaLegge 26 febbraio 2010, n. 25.*

(3) *Comma modificato dall'articolo 1 della Legge 3 agosto 2009, n. 102, in sede di conversione.*

(4) *Comma modificato dall'articolo 1 della Legge 3 agosto 2009, n. 102, in sede di conversione e dall'articolo 1, comma 1, del D.L. 29 dicembre 2010, n. 225, convertito con modificazioni dalla Legge 26 febbraio 2011, n. 10, che ha sostituito il termine di scadenza del 31 dicembre 2010 di cui al presente comma al 31 marzo 2011. Successivamente, a norma dell'articolo 1, comma 1, del D.P.C.M. 25 marzo 2011, il termine di cui al presente comma, dichiarato precedentemente fino al 31 marzo 2011, è prorogato fino al 31 dicembre 2011. A norma dell'articolo 15, comma 7, del D.L. 29 dicembre 2011, n. 216, convertito, con modificazioni, dalla Legge 24 febbraio 2012, n. 14, il termine di cui al presente comma è ulteriormente prorogato di due anni per le strutture ricettive turistico-alberghiere con oltre venticinque posti letto, esistenti alla data di entrata in vigore del decreto del Ministro dell'interno del 9 aprile 1994, pubblicato nella Gazzetta Ufficiale n. 116 del 20 maggio 1994, che non abbiano completato l'adeguamento alle disposizioni di prevenzione incendi e siano ammesse, a domanda, al piano straordinario biennale di adeguamento antincendio, approvato con decreto del Ministro dell'interno da adottarsi entro sessanta giorni dalla data di entrata in vigore del medesimo decreto; per un'ulteriore proroga fino al 31 ottobre 2015, vedi quanto disposto dall'articolo 4, comma 2, del D.L. 31 dicembre 2014, n. 192, convertito, con modificazioni, dalla Legge 27 febbraio 2015, n. 11.*

(5) *Comma modificato dall'articolo 1 della Legge 3 agosto 2009, n. 102, in sede di conversione.*

(6) *Comma inserito dall'articolo 1 della Legge 3 agosto 2009, n. 102, in sede di conversione.*

(7) *Comma inserito dall'articolo 1 della Legge 3 agosto 2009, n. 102, in sede di conversione.*

(8) *Comma abrogato dall'articolo 2268, comma 1, numero 1078), del D.Lgs. 15 marzo 2010, n. 66.*

(9) *Comma abrogato dall'articolo 2268, comma 1, numero 1078), del D.Lgs. 15 marzo 2010, n. 66.*

(10) *Comma abrogato dall'articolo 2268, comma 1, numero 1078), del D.Lgs. 15 marzo 2010, n. 66.*

(11) *Comma modificato dall'articolo 1 della Legge 3 agosto 2009, n. 102, in sede di conversione.*

(12) *Comma aggiunto dall'articolo 1 della Legge 3 agosto 2009, n. 102, in sede di conversione.*

(13) *Comma aggiunto dall'articolo 1 della Legge 3 agosto 2009, n. 102, in sede di conversione.*

(14) *Comma aggiunto dall'articolo 1 della Legge 3 agosto 2009, n. 102, in sede di conversione.*

(15) *Comma aggiunto dall'articolo 1 della Legge 3 agosto 2009, n. 102, in sede di conversione.*

(16) *Comma aggiunto dall'articolo 1 della Legge 3 agosto 2009, n. 102, in sede di conversione.*

(17) *Comma aggiunto dall'articolo 1 della Legge 3 agosto 2009, n. 102, in sede di conversione.*

(18) *Comma aggiunto dall'articolo 1 della Legge 3 agosto 2009, n. 102, in sede di conversione.*

(19) *Comma aggiunto dall'articolo 1 della Legge 3 agosto 2009, n. 102, in sede di conversione.*

(20) *Comma aggiunto dall'articolo 1 della Legge 3 agosto 2009, n. 102, in sede di conversione.*

3. D.L. 2 marzo 2012, n. 16

Decreto convertito, con modificazioni, in legge 26 aprile 2012, n. 44. - Disposizioni urgenti in materia di semplificazioni tributarie, di efficientamento e potenziamento delle procedure di accertamento. (SEMPLIFICAZIONE FISCALE)

(1) *Pubblicato in Gazz. Uff., 2 marzo 2012, n. 52*

TITOLO I
Semplificazioni in materia tributaria

1. Rateizzazione debiti tributari. – 1. All'articolo 3-bis del decreto legislativo 18 dicembre 1997, n. 462, il comma 7 è abrogato.

2. All'articolo 19 del decreto del Presidente della Repubblica 29 settembre 1973, n. 602, sono apportate le seguenti modificazioni:

a) al comma 1-bis è soppresso l'ultimo periodo;

b) dopo il comma 1-bis sono inseriti i seguenti: «1-ter. Il debitore può chiedere che il piano di rateazione di cui ai commi 1 e 1-bis preveda, in luogo di rate costanti, rate variabili di importo crescente per ciascun anno. 1-quater. Ricevuta la richiesta di rateazione, l'agente della riscossione può iscrivere l'ipoteca di cui all'articolo 77 solo nel caso di mancato accoglimento della richiesta, ovvero di decadenza ai sensi del comma 3. Sono fatte comunque salve le ipoteche già iscritte alla data di concessione della rateazione» [1].

c) al comma 3, alinea, le parole da: «della» a «successivamente,» sono soppresse e dopo le parole: «due rate» è inserita la seguente: «consecutive».

3. I piani di rateazione a rata costante, già emessi alla data di entrata in vigore del presente decreto, non sono soggetti a modificazioni, salvo il caso di proroga ai sensi dell'articolo 19, comma 1-bis, del decreto del Presidente della Repubblica 29 settembre 1973, n. 602.

4. Al fine di una più equilibrata riscossione dei loro crediti di natura patrimoniale, gli enti pubblici dello Stato possono, su richiesta del debitore, che versi in situazioni di obiettiva difficoltà economica, ancorché intercorra contenzioso con lo stesso ovvero lo stesso già fruisca di una rateizzazione, riconoscere al debitore la ripartizione del pagamento delle somme dovute in rate costanti, ovvero in rate variabili. La disposizione del precedente periodo non trova applicazione in materia di crediti degli enti previdenziali nei casi di ottemperanza ad obbligazioni derivanti da sanzioni comunitarie [2].

4-bis. In presenza della segnalazione di cui all'articolo 48-bis del decreto del Presidente della Repubblica 29 settembre 1973, n. 602, e successive modificazioni, il soggetto pubblico è comunque tenuto a procedere al pagamento, in favore del beneficiario, delle somme che, fermo quanto disposto dall'articolo 72-ter del citato decreto del Presidente della Repubblica n. 602 del 1973, introdotto dall'articolo 3, comma 5, lettera b), del presente decreto, e dall'articolo 545 del codice di procedura civile, eccedono l'ammontare del debito per cui si è verificato l'inadempimento, comprensivo delle spese e degli interessi di mora dovuti [3].

4-ter. Il mancato pagamento dell'eccedenza di cui al comma 4-bis costituisce violazione dei doveri d'ufficio [4].

4-quater. Costituisce altresì violazione dei doveri d'ufficio il mancato pagamento delle somme dovute al beneficiario ai sensi dell'articolo 3, commi 5 e 6, del decreto del Ministro dell'economia e delle finanze 18 gennaio 2008, n. 40 [5].

5. All'articolo 38, comma 2, terzo periodo, del decreto legislativo 12 aprile 2006, n. 163, recante il codice dei contratti pubblici relativi a lavori, servizi e forniture, dopo le parole: «all'importo di cui all'articolo 48-bis, commi 1 e 2-bis, del decreto del Presidente della Repubblica 29 settembre 1973, n. 602» sono inserite le seguenti: «; costituiscono violazioni definitivamente accertate quelle relative all'obbligo di pagamento di debiti per imposte e tasse certi, scaduti ed esigibili».

6. Sono fatti salvi i comportamenti già adottati alla data di entrata in vigore del presente decreto dalle stazioni appaltanti in coerenza con la previsione contenuta nel comma 5.

(1) *Comma modificato dall'articolo 1, comma 1, della Legge 26 aprile 2012, n. 44, in sede di conversione.*
(2) *Comma modificato dall'articolo 1, comma 1, della Legge 26 aprile 2012, n. 44, in sede di conversione.*
(3) *Comma inserito dall'articolo 1, comma 1, della Legge 26 aprile 2012, n. 44, in sede di conversione.*
(4) *Comma inserito dall'articolo 1, comma 1, della Legge 26 aprile 2012, n. 44, in sede di conversione.*
(5) *Comma inserito dall'articolo 1, comma 1, della Legge 26 aprile 2012, n. 44, in sede di conversione.*

2. Comunicazioni e adempimenti formali. – 1. La fruizione di benefici di natura fiscale o l'accesso a regimi fiscali opzionali, subordinati all'obbligo di preventiva comunicazione ovvero ad altro adempimento di natura formale non tempestivamente eseguiti, non è preclusa, sempre che la violazione non sia stata constatata o non siano iniziati accessi, ispezioni, verifiche o altre attività amministrative di accertamento delle quali l'autore dell'inadempimento abbia avuto formale conoscenza, laddove il contribuente [1]:

a) abbia i requisiti sostanziali richiesti dalle norme di riferimento;

b) effettui la comunicazione ovvero esegua l'adempimento richiesto entro il termine di presentazione della prima dichiarazione utile;

c) versi contestualmente l'importo pari alla misura minima della sanzione stabilita dall'articolo 11, comma 1, del decreto legislativo 18 dicembre 1997, n. 471, secondo le modalità stabilite dall'articolo 17 del decreto legislativo 9 luglio 1997, n. 241, e successive modificazioni, esclusa la compensazione ivi prevista.

2. A decorrere dall'esercizio finanziario 2012 possono partecipare al riparto del 5 per mille dell'imposta sul reddito delle persone fisiche gli enti che pur non avendo assolto in tutto o in parte, entro i termini di scadenza, agli adempimenti richiesti per l'ammissione al contributo:

a) abbiano i requisiti sostanziali richiesti dalle norme di riferimento;

b) presentino le domande di iscrizione e provvedano alle successive integrazioni documentali entro il 30 settembre;

c) versino contestualmente l'importo pari alla misura minima della sanzione stabilita dall'articolo 11, comma 1, del decreto legislativo 18 dicembre 1997, n. 471, secondo le modalità stabilite dall'articolo 17 del decreto legislativo 9 luglio 1997, n. 241, e successive modificazioni, esclusa la compensazione ivi prevista.

3. All'articolo 43-ter del decreto del Presidente della Repubblica 29 settembre 1973, n. 602, dopo il secondo comma è inserito il seguente:

«In caso di cessione dell'eccedenza dell'imposta sul reddito delle società risultante dalla dichiarazione dei redditi del consolidato di cui all'articolo 122 del testo unico delle imposte sui redditi, approvato con decreto del Presidente della Repubblica 22 dicembre 1986, n. 917, la mancata indicazione degli estremi del soggetto cessionario e dell'importo ceduto non determina l'inefficacia ai sensi del secondo comma [*se il cessionario è lo stesso soggetto consolidante*]. In tale caso si applica la sanzione di cui all'articolo 8, comma 1, del decreto legislativo 18 dicembre 1997, n. 471, nella misura massima stabilita.» (2).

3-bis. In caso di cessione di eccedenze utilizzabili in compensazione ai sensi dell'articolo 17 del decreto legislativo 9 luglio 1997, n. 241, e successive modificazioni, tra soggetti partecipanti alla tassazione di gruppo, la mancata indicazione degli estremi del soggetto cessionario, dell'importo ceduto o della tipologia di tributo oggetto di cessione non determina l'inefficacia della cessione. In tal caso, si applica la sanzione di cui all'articolo 8, comma 1, del decreto legislativo 18 dicembre 1997, n. 471, e successive modificazioni, nella misura massima stabilita (3).

4. All'articolo 1, comma 1, lettera c), del decreto-legge 29 dicembre 1983, n. 746, convertito, con modificazioni, dalla legge 27 febbraio 1984, n. 17, le parole: «entro il giorno 16 del mese successivo» sono sostituite dalle seguenti: «entro il termine di effettuazione della prima liquidazione periodica IVA, mensile o trimestrale, nella quale confluiscono le operazioni realizzate senza applicazione dell'imposta».

4-bis. Al fine di individuare il coerente ambito applicativo della disposizione di cui all'articolo 1, comma 604, della legge 27 dicembre 2006, n. 296, l'esenzione dal pagamento dell'imposta sul valore aggiunto ivi prevista si intende applicata ai soli collegi universitari gestiti da enti che operano esclusivamente negli ambiti di cui all'articolo 1, comma 4, della legge 14 novembre 2000, n. 338 (4).

5. All'articolo 5, del decreto del Presidente della Repubblica 22 luglio 1998, n. 322, sono apportate le seguenti modificazioni:

a) al comma 1, le parole «la data in cui ha effetto la deliberazione di messa in liquidazione» sono sostituite dalle seguenti: «la data in cui si determinano gli effetti dello scioglimento della società ai sensi degli articoli 2484 e 2485 del codice civile, ovvero per le imprese individuali la data indicata nella dichiarazione di cui all'articolo 35 del decreto del Presidente della Repubblica 26 ottobre 1972, n. 633,» (5);

b) dopo il comma 3 è inserito il seguente comma: «3-bis. In caso di revoca dello stato di liquidazione quando gli effetti, anche ai sensi del secondo comma dell'articolo 2487-ter del codice civile, si producono prima del termine di presentazione delle dichiarazioni di cui ai precedenti commi 1, primo periodo, e 3, il liquidatore o, in mancanza, il rappresentante legale, non è tenuto a presentare le medesime dichiarazioni. Restano in ogni caso fermi gli effetti delle dichiarazioni già presentate ai sensi dei commi 1, primo periodo, e 3, prima della data in cui ha effetto la revoca dello stato di liquidazione, ad eccezione dell'ipotesi in cui la revoca abbia effetto prima della presentazione della dichiarazione relativa alla residua frazione del periodo d'imposta in cui si verifica l'inizio della liquidazione.».

5-bis. Il comma 28 dell'articolo 35 del decreto-legge 4 luglio 2006, n. 223, convertito, con modificazioni, dalla legge 4 agosto 2006, n. 248, è sostituito dal seguente:

"28. In caso di appalto di opere o di servizi, il committente imprenditore o datore di lavoro è obbligato in solido con l'appaltatore, nonché con ciascuno degli eventuali subappaltatori entro il limite di due anni dalla cessazione dell'appalto, al versamento all'erario delle ritenute sui redditi di lavoro dipendente e dell'imposta sul valore aggiunto scaturente dalle fatture inerenti alle prestazioni effettuate nell'ambito dell'appalto, ove non dimostri di avere messo in atto tutte le cautele possibili per evitare l'inadempimento" (6).

6. A decorrere dal 1° gennaio 2012, all'articolo 21, comma 1, del decreto-legge 31 maggio 2010, n. 78, convertito, con modificazioni, dalla legge 30 luglio 2010, n. 122, le parole: «, di importo non inferiore a euro tremila» sono soppresse e dopo il primo periodo sono inseriti i seguenti: «L'obbligo di comunicazione delle operazioni rilevanti ai fini dell'imposta sul valore aggiunto per le quali è previsto l'obbligo di emissione della fattura è assolto con la trasmissione, per ciascun cliente e fornitore, dell'importo di tutte le operazioni attive e passive effettuate. Per le sole operazioni per le quali non è previsto l'obbligo di emissione della fattura la comunicazione telematica deve essere effettuata qualora le operazioni stesse siano di importo non inferiore ad euro 3.600, comprensivo dell'imposta sul valore aggiunto. Per i soggetti tenuti alle comunicazioni di cui all'articolo 11, comma 2, del decreto-legge 6 dicembre 2011, n. 201, convertito, con modificazioni, dalla legge 22 dicembre 2011, n. 214, le comunicazioni sono dovute limitatamente alle fatture emesse o ricevute per operazioni diverse da quelle inerenti ai rapporti oggetto di segnalazione ai sensi dell'articolo 7, commi quinto e sesto, del decreto del Presidente della Repubblica 29 settembre 1973, n. 605 (7).

6-bis. All'articolo 36 del decreto-legge 23 febbraio 1995, n. 41, convertito, con modificazioni, dalla legge 22 marzo 1995, n. 85, e successive modificazioni, dopo il comma 10 è aggiunto il seguente: "10-bis. Le disposizioni del presente articolo si applicano anche alle cessioni di contratti di locazione finanziaria acquistati presso privati o dai soggetti di cui al comma 1, secondo periodo" (8).

7. Al decreto del Presidente della Repubblica 29 settembre 1973, n. 600, sono apportate le seguenti modificazioni:

a) all'articolo 58, quarto comma, le parole: «In tutti gli» sono sostituite dalla seguente «Negli» e dopo le parole: «con la precisazione dell'indirizzo» sono aggiunte le seguenti: «solo ove espressamente richiesto» (9);

b) nell'articolo 60, il secondo periodo del terzo comma è soppresso.

8. All'articolo 1, comma 1, del decreto-legge 25 marzo 2010, n. 40, convertito, con modificazioni, dalla legge 22 maggio 2010, n. 73, dopo le parole: «prestazioni di servizi» sono inserite le seguenti: «di importo superiore a euro 500».».

9. I registri la cui tenuta è obbligatoria, ai sensi del decreto legislativo 26 ottobre 1995, n. 504, recante testo unico delle disposizioni legislative concernenti le imposte sulla produzione e sui consumi, e delle relative sanzioni penali e ammi-

nistrative, e delle relative norme di attuazione, possono essere sostituiti dalla presentazione esclusivamente in forma telematica, con cadenza giornaliera, dei dati relativi alle contabilità degli:

a) operatori di cui all'articolo 1, comma 1, lettera a), del decreto-legge 3 ottobre 2006, n. 262, convertito, con modificazioni, dalla legge 24 novembre 2006, n. 286;

b) esercenti depositi per uso privato, agricolo ed industriale di capacità superiore a 25 metri cubi, esercenti impianti di distribuzione stradale di carburanti, esercenti apparecchi di distribuzione automatica di carburanti per usi privati, agricoli ed industriali collegati a serbatoi la cui capacità globale supera i 10 metri cubi di cui all'articolo 25 del citato decreto legislativo n. 504 del 1995;

c) operatori che trattano esclusivamente prodotti energetici in regime di vigilanza fiscale ai sensi del capo II del decreto del Ministro delle finanze 17 maggio 1995, n. 322;

d) operatori che trattano esclusivamente alcoli sottoposti a vigilanza fiscale ai sensi dell'articolo 66 del citato decreto legislativo, n. 504 del 1995 e dell'articolo 22 del decreto del Ministro delle finanze 27 marzo 2001, n. 153;

e) operatori che impiegano l'alcol etilico e le bevande alcoliche in usi esenti da accisa ai sensi del decreto del Ministro delle finanze 9 luglio 1996, n. 524 [(10)]

10. Con provvedimenti dell'Agenzia delle dogane da adottarsi entro 180 giorni dalla data di entrata in vigore del presente decreto, sono stabiliti:

a) tempi e modalità per la presentazione esclusivamente in forma telematica dei dati delle contabilità degli operatori di cui al comma 9, lettere da b) ad e);

b) regole per la gestione e la conservazione dei dati delle contabilità trasmessi telematicamente;

c) istruzioni per la produzione della stampa dei dati delle contabilità da esibire a richiesta degli organi di controllo in sostituzione dei registri di cui al comma 9.

11. All'articolo 35 del testo unico delle disposizioni legislative concernenti le imposte sulla produzione e sui consumi e relative sanzioni penali e amministrative, di cui al decreto legislativo 26 ottobre 1995, n. 504, dopo il comma 3 è inserito il seguente:«3-bis. Fatta salva, su motivata richiesta del depositario, l'applicabilità delle disposizioni di cui ai commi 1 e 2, nelle fabbriche con produzione annua non superiore ai 10.000 ettolitri l'accertamento del prodotto finito viene effettuato immediatamente a monte del condizionamento, sulla base di appositi misuratori, direttamente dall'esercente l'impianto. Il prodotto finito deve essere confezionato nella stessa fabbrica di produzione e detenuto ad imposta assolta. Non si applicano le disposizioni dei commi 5 e 6, lettere b) e c).»

12. All'articolo 3, comma 4, del decreto del Ministro delle finanze 27 marzo 2001, n. 153, l'ultimo periodo è sostituito dal seguente: «Per le fabbriche di cui all'articolo 35, comma 3- bis del decreto legislativo 26 ottobre 1995, n. 504, recante Testo unico delle disposizioni legislative concernenti le imposte sulla produzione e sui consumi e relative sanzioni penali e amministrative, l'assetto del deposito fiscale e le modalità di accertamento, contabilizzazione e controllo della produzione sono stabiliti con determinazione del Direttore dell'Agenzia delle dogane.» [(11)]

13. All'articolo 53, comma 7, del decreto legislativo 26 ottobre 1995, n. 504, è aggiunto, in fine, il seguente periodo: «Ai soggetti di cui al comma 1 lettera b) che esercitano officine di produzione di energia elettrica azionate da fonti rinnovabili, con esclusione di quelle riconducibili ai prodotti energetici di cui all'articolo 21, la licenza è rilasciata successivamente al controllo degli atti documentali tra i quali risulti specifica dichiarazione relativa al rispetto dei requisiti di sicurezza fiscale.».

13-bis. All'articolo 9-bis, comma 2, terzo periodo, del decreto-legge 1° ottobre 1996, n. 510, convertito, con modificazioni, dalla legge 28 novembre 1996, n. 608, le parole: "Nel settore turistico" sono sostituite dalle seguenti: "Nei settori agricolo, turistico" [(12)].

13-ter. Al primo comma dell'articolo 22 del decreto del Presidente della Repubblica 26 ottobre 1972, n. 633, e successive modificazioni, dopo il numero 6) è aggiunto il seguente:

"6-bis) per l'attività di organizzazione di escursioni, visite della città, giri turistici ed eventi similari, effettuata dalle agenzie di viaggi e turismo" [(13)].

13-quater. All'articolo 10, comma 7, del decreto-legge 6 dicembre 2011, n. 201, convertito, con modificazioni, dalla legge 22 dicembre 2011, n. 214, le parole: "dal comma 2" sono sostituite dalle seguenti: "dai commi 2 e 3, lettere a) e b)," [(14)].

[(1)] *Alinea modificato dall'articolo 1, comma 1, della Legge 26 aprile 2012, n. 44, in sede di conversione.*
[(2)] *Comma modificato dall'articolo 1, comma 1, della Legge 26 aprile 2012, n. 44, in sede di conversione.*
[(3)] *Comma inserito dall'articolo 1, comma 1, della Legge 26 aprile 2012, n. 44, in sede di conversione.*
[(4)] *Comma inserito dall'articolo 1, comma 1, della Legge 26 aprile 2012, n. 44, in sede di conversione.*
[(5)] *Lettera modificata dall'articolo 1, comma 1, della Legge 26 aprile 2012, n. 44, in sede di conversione.*
[(6)] *Comma inserito dall'articolo 1, comma 1, della Legge 26 aprile 2012, n. 44, in sede di conversione.*
[(7)] *Comma modificato dall'articolo 1, comma 1, della Legge 26 aprile 2012, n. 44, in sede di conversione.*
[(8)] *Comma inserito dall'articolo 1, comma 1, della Legge 26 aprile 2012, n. 44, in sede di conversione.*
[(9)] *Lettera modificata dall'articolo 1, comma 1, della Legge 26 aprile 2012, n. 44, in sede di conversione.*
[(10)] *Comma modificato dall'articolo 1, comma 1, della Legge 26 aprile 2012, n. 44, in sede di conversione.*
[(11)] *Per l'abrogazione delle disposizioni di cui al presente comma vedi l'articolo 1, comma 691 della Legge 30 dicembre 2018, n. 145.*
[(12)] *Comma aggiunto dall'articolo 1, comma 1, della Legge 26 aprile 2012, n. 44, in sede di conversione.*
[(13)] *Comma aggiunto dall'articolo 1, comma 1, della Legge 26 aprile 2012, n. 44, in sede di conversione.*
[(14)] *Comma aggiunto dall'articolo 1, comma 1, della Legge 26 aprile 2012, n. 44, in sede di conversione.*

3. Facilitazioni per imprese e contribuenti. – 1. Per l'acquisto di beni e di prestazioni di servizi legate al turismo effettuati presso i soggetti di cui agli articoli 22 e 74-ter del decreto del Presidente della Repubblica 26 ottobre 1972, n. 633, dalle persone fisiche di cittadinanza diversa da quella italiana e che abbiano residenza fuori del territorio dello Stato, il limite per il trasferimento di denaro contante di cui all'articolo 49, comma 1, del decreto legislativo 21 novembre 2007, n. 231, è elevato a 15.000 euro a condizione che il cedente del bene o il prestatore del servizio provveda ai seguenti adempimenti:

a) all'atto dell'effettuazione dell'operazione acquisisca fotocopia del passaporto del cessionario o del committente nonché apposita autocertificazione di quest'ultimo, ai sensi dell'articolo 47 del testo unico delle disposizioni legislative e regolamentari in materia di documentazione amministrativa, di cui al decreto del Presidente della Repubblica 28 dicembre 2000, n. 445, attestante che non è cittadino italiano e che ha la residenza fuori del territorio dello Stato;

b) nel primo giorno feriale successivo a quello di effettuazione dell'operazione versi il denaro contante incassato in un conto corrente intestato al cedente o al prestatore presso un operatore finanziario, consegnando a quest'ultimo copia della ricevuta della comunicazione di cui al comma 2 (1).

2. La disposizione di cui al comma 1 opera a condizione che i cedenti o i prestatori che intendono aderire alla disciplina del presente articolo inviino apposita comunicazione preventiva, anche in via telematica, all'Agenzia delle entrate secondo le modalità ed i termini stabiliti con provvedimento del Direttore dell'Agenzia stessa, da emanare entro trenta giorni dalla data di entrata in vigore del presente decreto. Nella comunicazione dovrà essere indicato il conto che il cedente del bene o il prestatore del servizio intende utilizzare (2).

2-bis. I soggetti di cui agli articoli 22 e 74-ter del decreto del Presidente della Repubblica 26 ottobre 1972, n. 633, comunicano all'Agenzia delle entrate le operazioni di cui al comma 1 di importo unitario non inferiore ad euro 1.000, effettuate dalla data di entrata in vigore della legge di conversione del presente decreto, secondo modalità e termini stabiliti con provvedimento del Direttore dell'Agenzia delle entrate (3).

3. L'efficacia della disposizione di cui all'articolo 2, comma 4-ter, lettera c), del decreto-legge 13 agosto 2011, n. 138, convertito, con modificazioni, dalla legge 14 settembre 2011, n. 148, come introdotta dall'articolo 12, comma 2, del decreto-legge 6 dicembre 2011, n. 201, convertito, con modificazioni, dalla legge 22 dicembre 2011, n. 214, limitatamente alla erogazione di stipendi e pensioni corrisposti da enti e amministrazioni pubbliche, è differita al 1° luglio 2012. Dalla data di entrata in vigore del presente decreto presso gli sportelli aperti al pubblico di tali enti e amministrazioni pubbliche è data massima pubblicità al contenuto e agli effetti della disposizione di cui al precedente periodo, nonché di quelle di cui all'articolo 12, commi 3 e 4, del decreto-legge 6 dicembre 2011, n. 201, convertito, con modificazioni, dalla legge 22 dicembre 2011, n. 214 (4).

4. La disposizione di cui al primo periodo del comma 3 non trova applicazione nei riguardi di coloro i quali, anteriormente alla data di entrata in vigore del presente decreto, si sono già conformati alla disposizione di cui all'articolo 2, comma 4-ter, lettera c), del decreto-legge 13 agosto 2011, n. 138, convertito, con modificazioni, dalla legge 14 settembre 2011, n. 148, come introdotta dall'articolo 12, comma 2, del decreto-legge 6 dicembre 2011, n. 201, convertito, con modificazioni, dalla legge 22 dicembre 2011, n. 214.

4-bis. All'articolo 2 del decreto-legge 13 agosto 2011, n. 138, convertito, con modificazioni, dalla legge 14 settembre 2011, n. 148, dopo il comma 4-ter sono inseriti i seguenti:

"4-quater. Per i soggetti beneficiari di stipendi, pensioni, compensi e ogni altro emolumento comunque corrisposti dalle pubbliche amministrazioni centrali e locali e dai loro enti, che siano impossibilitati, entro la scadenza del termine di cui al comma 4-ter, per comprovati e gravi motivi di salute ovvero per provvedimenti giudiziari restrittivi della libertà personale, a recarsi personalmente presso i locali delle banche o di Poste italiane Spa, è consentita ai soggetti che risultino, alla stessa data, delegati alla riscossione, l'apertura di un conto corrente base o di un libretto di risparmio postale, intestati al beneficiario dei pagamenti.

4-quinquies. In deroga alle vigenti disposizioni di legge, il delegato deve presentare alle banche o a Poste italiane Spa copia della documentazione già autorizzata dall'ente erogatore attestante la delega alla riscossione, copia del documento di identità del beneficiario del pagamento nonché una dichiarazione dello stesso delegato attestante la sussistenza della documentazione comprovante gli impedimenti di cui al comma 4-quater. Ai fini degli adempimenti previsti dal decreto legislativo 21 novembre 2007, n. 231, il cliente si considera fisicamente presente qualora sia presente il soggetto delegato alla riscossione.

4-sexies. Entro il 30 giugno 2012 i beneficiari dei pagamenti di cui alla lettera c) del comma 4-ter, limitatamente alla fattispecie dei pagamenti pensionistici erogati dall'INPS, indicano un conto di pagamento su cui ricevere i pagamenti di importo superiore a mille euro. Se l'indicazione non è effettuata nel termine indicato, le banche, Poste italiane Spa e gli altri prestatori di servizi di pagamento sospendono il pagamento, trattengono gli ordini di pagamento e versano i relativi fondi su un conto transitorio infruttifero, senza spese e oneri per il beneficiario del pagamento.

4-septies. Se l'indicazione del beneficiario è effettuata nei tre mesi successivi al decorso del termine di cui al comma 4-sexies, le somme vengono trasferite senza spese e oneri per il beneficiario medesimo. Se l'indicazione non è effettuata nei tre mesi successivi al decorso del termine di cui al comma 4-sexies, le banche, Poste italiane Spa e gli altri prestatori di servizi di pagamento provvedono alla restituzione delle somme all'ente erogatore. Nel corso dei tre mesi successivi al decorso del termine di cui al comma 4-sexies, il beneficiario ottiene il pagamento mediante assegno di traenza" (5).

4-ter. All'articolo 2, comma 4-ter, lettera c), del decreto-legge 13 agosto 2011, n. 138, convertito, con modificazioni, dalla legge 14 settembre 2011, n. 148, sono aggiunte, in fine, le seguenti parole: "Dal limite di importo di cui al primo periodo sono comunque escluse le somme corrisposte a titolo di tredicesima mensilità" (6).

4-quater. All'articolo 32, comma 1, del decreto del Presidente della Repubblica 26 ottobre 1972, n. 633, sono apportate le seguenti modificazioni:

a) al primo periodo, le parole: "lire seicento milioni" sono sostituite dalle seguenti: "quattrocentomila euro" e le parole: "di lire un miliardo" sono sostituite dalle seguenti: "a settecentomila euro";

b) al terzo periodo, le parole: "lire seicento milioni" sono sostituite dalle seguenti: "settecentomila euro" (7).

5. Al decreto del Presidente della Repubblica 29 settembre 1973, n. 602, sono apportate le seguenti modificazioni:

a) all'articolo 72-bis, comma 1, dopo le parole: «sesto, del codice di procedura civile,» sono inserite le seguenti: «e dall'articolo 72-ter del presente decreto»;

b) dopo l'articolo 72-bis, è inserito il seguente: «Art. 72-ter. - (Limiti di pignorabilità). - 1. Le somme dovute a titolo di stipendio, di salario o di altre indennità relative al rapporto di lavoro o di impiego, comprese quelle dovute a causa di licenziamento, possono essere pignorate dall'agente della riscossione in misura pari ad un decimo per importi fino a 2.500 euro e in misura pari ad un settimo per importi superiori a 2.500 euro e non superiori a 5.000 euro. 2. Resta ferma la misura di cui all'articolo 545, quarto comma, del codice di procedura civile, se le somme dovute a titolo di stipendio, di salario o di altre indennità relative al rapporto di lavoro o di impiego, comprese quelle dovute a causa di licenziamento, superano i cinquemila euro» [8];

c) all'articolo 76 sono apportate le seguenti modificazioni:

1) il comma 1 è sostituito dal seguente:

«1. L'agente della riscossione può procedere all'espropriazione immobiliare se l'importo complessivo del credito per cui si procede supera complessivamente ventimila euro».;

2) al comma 2, le parole: «agli importi indicati» sono sostituite dalle seguenti: «all'importo indicato»;

d) all'articolo 77 dopo il comma 1 è inserito il seguente:

«1-bis. L'agente della riscossione, anche al solo fine di assicurare la tutela del credito da riscuotere, può iscrivere la garanzia ipotecaria di cui al comma 1, purché l'importo complessivo del credito per cui si procede non sia inferiore complessivamente a ventimila euro.».

6. La disposizione di cui al comma 1-bis dell'articolo 77 del decreto del Presidente della Repubblica 29 settembre 1973, n. 602, si applica a decorrere dalla data di entrata in vigore del presente decreto.

6-bis. Al comma 2 dell'articolo 51 del testo unico delle imposte sui redditi, di cui al decreto del Presidente della Repubblica 22 dicembre 1986, n. 917, la lettera f-bis) è sostituita dalla seguente: "f-bis) le somme, i servizi e le prestazioni erogati dal datore di lavoro alla generalità dei dipendenti o a categorie di dipendenti per la frequenza degli asili nido e di colonie climatiche da parte dei familiari indicati nell'articolo 12, nonché per borse di studio a favore dei medesimi familiari" [9].

7. L'articolo 7, comma 2, lettera gg-decies) del decreto-legge 13 maggio 2011, n. 70, convertito, con modificazioni, dalla legge 12 luglio 2011, n. 106, è abrogato.

8. Nell'articolo 66, comma 3, terzo periodo, del decreto del Presidente della Repubblica 22 dicembre 1986, n. 917, sono apportate le seguenti modificazioni:

a) le parole: «sono deducibili» sono sostituite dalle seguenti: «possono essere dedotti»;

b) la parola: «ricevuto» è sostituita dalla seguente: «registrato».

9. Le disposizioni di cui al comma 8 trovano applicazione a decorrere dal periodo d'imposta in corso al 31 dicembre 2011 [10].

10. A decorrere dal 1° luglio 2012, non si procede all'accertamento, all'iscrizione a ruolo e alla riscossione dei crediti relativi ai tributi erarialie regionali, qualora l'ammontare dovuto, comprensivo di sanzioni amministrative e interessi, non superi, per ciascun credito, l'importo di euro 30, con riferimento ad ogni periodo d'imposta [11].

11. La disposizione di cui al comma 10 non si applica qualora il credito derivi da ripetuta violazione degli obblighi di versamento relativi ad un medesimo tributo.

12. All'articolo 1 della legge 23 dicembre 1977, n. 935, il secondo comma è sostituito dal seguente: «Nelle dichiarazioni dei sostituti d'imposta, a decorrere da quelle relative all'anno d'imposta 2012, tutti gli importi da indicare devono essere espressi in euro mediante arrotondamento alla seconda cifra decimale.».

13. Al testo unico delle disposizioni legislative concernenti le imposte sulla produzione e sui consumi e relative sanzioni penali e amministrative, di cui al decreto legislativo 26 ottobre 1995, n. 504, sono apportate le seguenti modificazioni: a) all'articolo 53, comma 1, dopo la lettera c) è aggiunta la seguente: "c-bis) i soggetti che acquistano, per uso proprio, energia elettrica sul mercato elettrico di cui all'articolo 5, comma 1, del decreto legislativo 16 marzo 1999, n. 79, limitatamente al consumo di detta energia"; b) all'articolo 55, comma 5, dopo le parole: "impianti di produzione combinata di energia elettrica e calore" sono inserite le seguenti: "ed impianti azionati da fonti rinnovabili ai sensi della normativa vigente [12].

13-bis. Nell'ambito dell'attuazione delle direttive dell'Unione europea relative a norme comuni per il mercato interno dell'energia elettrica, al fine di assicurare che i clienti finali di energia elettrica, destinatari dei regimi tariffari speciali di cui all'articolo 20, comma 4, della legge 9 gennaio 1991, n. 9, e di cui al decreto del Ministro dell'industria, del commercio e dell'artigianato 19 dicembre 1995, pubblicato nella Gazzetta Ufficiale n. 39 del 16 febbraio 1996, i quali siano passati al mercato libero non subiscano, per effetto di tale passaggio e nei limiti del periodo temporale di validità dei medesimi regimi individuato dalle norme citate rispettivamente fino al 2007 e fino al 2005, un trattamento di minore vantaggio rispetto al trattamento preesistente, le modalità di determinazione della componente tariffaria compensativa oggetto dei predetti regimi assicurano ai clienti finali di cui al presente comma condizioni di neutralità. Sono fatti salvi sia gli effetti delle decisioni della Commissione europea in materia sia la già avvenuta esazione fiscale, per la quota parte che conseguiva, nella tariffa elettrica, alla componente compensativa di cui erano destinatari i citati clienti finali di energia elettrica [13].

13-ter. All'articolo 3, comma 1, del regolamento di cui al decreto del Presidente della Repubblica 9 giugno 2000, n. 277, come modificato dall'articolo 61, comma 1, lettera a), numero 1), del decreto-legge 24 gennaio 2012, n. 1, convertito, con modificazioni, dalla legge 24 marzo 2012, n. 27, le parole: "a pena di decadenza," sono soppresse [14].

14. All'articolo 11-bis del decreto-legge 6 dicembre 2011, n. 201, convertito, con modificazioni, dalla legge 22 dicembre 2011, n. 214, le parole: «le banche e gli intermediari finanziari», ovunque ricorrano, sono sostituite dalle seguenti: «le banche, gli intermediari finanziari e le imprese di assicurazioni».

15. Al fine di adempiere agli impegni internazionali assunti dall'Italia in occasione, tra l'altro dei vertici G8 de L'Aquila (8-10 luglio 2009) e G20 di Cannes (3-4 novembre 2011) l'articolo 2, comma 35-octies, del decreto-legge 13 agosto 2011, n. 138, convertito, con modificazioni, dalla legge 14 settembre 2011, n. 148, è abrogato.

16. Al comma 361 dell'articolo 1 della legge 24 dicembre 2007, n. 244, dopo le parole: «dei direttori di agenzie fiscali» sono inserite le seguenti: «, nonché del direttore generale dell'Amministrazione autonoma dei monopoli di Stato».

16-bis. È istituito presso il Ministero dell'economia e delle finanze il Fondo per la valorizzazione e la promozione delle realtà socioeconomiche delle zone appartenenti alle regioni di confine, cui è attribuita una dotazione di 20 milioni di euro per l'anno 2012. L'individuazione delle regioni beneficiarie, nonché i criteri e le modalità di erogazione del predetto Fondo, sono stabiliti con decreto del Ministro dell'economia e delle finanze. All'onere derivante dal presente comma si provvede mediante utilizzo delle disponibilità esistenti presso la contabilità speciale 1778 "Agenzia delle entrate - Fondi di bilancio" che sono versate all'entrata del bilancio dello Stato per essere riassegnate al Fondo di cui al presente comma [15].

16-ter. All'articolo 2, comma 9, del decreto-legge 13 maggio 2011, n. 70, convertito, con modificazioni, dalla legge 12 luglio 2011, n. 106, e successive modificazioni, è aggiunto, in fine, il seguente periodo: "Nelle more della conclusione della procedura finalizzata all'individuazione e riassegnazione delle risorse, la regolazione contabile delle compensazioni esercitate ai sensi del comma 6 avviene utilizzando i fondi disponibili sulla contabilità speciale 1778 'Agenzia delle entrate - Fondi di bilancio' senza incidere sul saldo giornaliero di tesoreria" [16].

16-quater. All'articolo 102, comma 6, del testo unico delle imposte sui redditi, di cui al decreto del Presidente della Repubblica 22 dicembre 1986, n. 917, e successive modificazioni, le parole: "; per i beni ceduti, nonché per quelli acquisiti nel corso dell'esercizio, compresi quelli costruiti o fatti costruire, la deduzione spetta in proporzione alla durata del possesso ed è commisurata, per il cessionario, al costo di acquisizione" sono soppresse. La disposizione del periodo precedente trova applicazione a decorrere dal periodo d'imposta in corso alla data di entrata in vigore della legge di conversione del presente decreto[17].

16-quinquies. All'articolo 16, comma 4, del decreto-legge 6 dicembre 2011, n. 201, convertito, con modificazioni, dalla legge 22 dicembre 2011, n. 214, e successive modificazioni, sono aggiunte, in fine, le seguenti parole: ", e alle unità in uso dei soggetti di cui all'articolo 3 della legge 5 febbraio 1992, n. 104, affetti da patologie che richiedono l'utilizzo permanente delle medesime" [18].

16-sexies. Il Ministro dell'economia e delle finanze provvede con proprio decreto, emanato entro il 31 maggio 2012, a disciplinare senza nuovi o maggiori oneri per la finanza pubblica l'applicazione dell'imposta comunale sulla pubblicità di cui al decreto legislativo 15 novembre 1993, n. 507, al marchio, apposto con dimensioni proporzionali alla dimensione dei beni, sulle gru mobili, sulle gru a torre adoperate nei cantieri edili e sulle macchine da cantiere [19].

[1] Comma sostituito dall'articolo 1, comma 1, della Legge 26 aprile 2012, n. 44, in sede di conversione, successivamente modificato dall'articolo 8, comma 15, del D.Lgs. 25 maggio 2017, n. 90 e da ultimo dall'articolo 1, comma 245, della Legge 30 dicembre 2018, n. 145.
[2] Comma sostituito dall'articolo 1, comma 1, della Legge 26 aprile 2012, n. 44, in sede di conversione.
[3] Comma aggiunto dall'articolo 1, comma 1, della Legge 26 aprile 2012, n. 44, in sede di conversione. Per la comunicazione delle operazioni di cui al presente comma vedi il Provvedimento 2 agosto 2013.
[4] Comma modificato dall'articolo 1, comma 1, della Legge 26 aprile 2012, n. 44, in sede di conversione.
[5] Comma inserito dall'articolo 1, comma 1, della Legge 26 aprile 2012, n. 44, in sede di conversione.
[6] Comma inserito dall'articolo 1, comma 1, della Legge 26 aprile 2012, n. 44, in sede di conversione.
[7] Comma inserito dall'articolo 1, comma 1, della Legge 26 aprile 2012, n. 44, in sede di conversione.
[8] Lettera modificata dall'articolo 1, comma 1, della Legge 26 aprile 2012, n. 44, in sede di conversione.
[9] Comma inserito dall'articolo 1, comma 1, della Legge 26 aprile 2012, n. 44, in sede di conversione.
[10] Comma modificato dall'articolo 1, comma 1, della Legge 26 aprile 2012, n. 44, in sede di conversione.
[11] Comma modificato, a decorrere dal 1° gennaio 2014, dall'articolo 1, commaa 736, della Legge 27 dicembre 2013, n. 147.
[12] Comma sostituito dall'articolo 1, comma 1, della Legge 26 aprile 2012, n. 44, in sede di conversione.
[13] Comma inserito dall'articolo 1, comma 1, della Legge 26 aprile 2012, n. 44, in sede di conversione.Per l'attuazione del presente comma vedi l'articolo 39, comma 4, del D.L. 22 giugno 2012, n. 83.
[14] Comma inserito dall'articolo 1, comma 1, della Legge 26 aprile 2012, n. 44, in sede di conversione.
[15] Comma inserito dall'articolo 1, comma 1, della Legge 26 aprile 2012, n. 44, in sede di conversione.
[16] Comma inserito dall'articolo 1, comma 1, della Legge 26 aprile 2012, n. 44, in sede di conversione.
[17] Comma inserito dall'articolo 1, comma 1, della Legge 26 aprile 2012, n. 44, in sede di conversione.
[18] Comma inserito dall'articolo 1, comma 1, della Legge 26 aprile 2012, n. 44, in sede di conversione.
[19] Comma inserito dall'articolo 1, comma 1, della Legge 26 aprile 2012, n. 44, in sede di conversione.

3 *bis*. Accisa sul carburante utilizzato nella produzione combinata di energia elettrica e calore [1]. – 1. Al punto 11 della tabella A allegata al testo unico di cui al decreto legislativo 26 ottobre 1995, n. 504, è aggiunto, in fine, il seguente capoverso: "In caso di produzione combinata di energia elettrica e calore, ai combustibili impiegati si applicano le aliquote previste per la produzione di energia elettrica rideterminate in relazione ai coefficienti individuati con apposito decreto del Ministero dello sviluppo economico, adottato di concerto con il Ministero dell'economia e delle finanze, con riferimento all'efficienza media del parco cogenerativo nazionale, alle diverse tipologie di impianto e anche alla normativa europea in materia di alto rendimento. I coefficienti sono rideterminati su base quinquennale entro il 30 novembre dell'anno precedente al quinquennio di riferimento" [2].

2. Dal 1° gennaio al 30 novembre 2018, alla produzione combinata di energia elettrica e calore, per l'individuazione dei quantitativi di combustibile soggetti alle aliquote sulla produzione di energia elettrica continuano ad applicarsi i coefficienti individuati dall'Autorità per l'energia elettrica e il gas con deliberazione n. 16/98 dell'11 marzo 1998, pubblicata nella Gazzetta Ufficiale n. 82 dell'8 aprile 1998, ridotti nella misura del 12 per cento [3][4].

3. A decorrere dal 1° giugno 2012, al testo unico delle disposizioni legislative concernenti le imposte sulla produzione e sui consumi e relative sanzioni penali e amministrative, di cui al decreto legislativo 26 ottobre 1995, n. 504, sono apportate le seguenti modificazioni:

a) all'articolo 52, comma 3, la lettera f) è abrogata;

b) nell'allegato I, alla voce relativa all'aliquota di accisa sull'energia elettrica per qualsiasi uso in locali e luoghi diversi dalle abitazioni, le parole: "lire 6 al kWh" sono sostituite dalle seguenti:

"a) per i consumi fino a 1.200.000 kWh mensili:

1) sui primi 200.000 kWh consumati nel mese si applica l'aliquota di euro 0,0125 per kWh;

2) sui consumi che eccedono i primi 200.000 kWh consumati nel mese e che non sono superiori a 1.200.000 kWh si applica l'aliquota di euro 0,0075 per kWh;

b) per i consumi superiori a 1.200.000 kWh mensili:

1) sui primi 200.000 kWh consumati nel mese si applica l'aliquota di euro 0,0125 per kWh;

2) sui consumi che eccedono i primi 200.000 kWh consumati nel mese si applica un'imposta in misura fissa pari a euro 4.820".

4. Ai fini dell'applicazione dell'aliquota di euro 0,0075 al kWh o dell'imposta in misura fissa pari a euro 4.820 sul

consumo mensile dei soggetti che producono energia elettrica per uso proprio e la consumano per qualsiasi uso in locali e luoghi diversi dalle abitazioni, gli interessati sono tenuti a trasmettere al competente ufficio dell'Agenzia delle dogane, entro il giorno 20 di ogni mese, i dati relativi al consumo del mese precedente.

(1) Articolo inserito dall'articolo 1, comma 1, della Legge 26 aprile 2012, n. 44, in sede di conversione.
(2) Comma abrogato, a decorrere dal 1°dicembre 2018, dall'articolo 19, comma 2, lettera a), del D.L. 23 ottobre 2018, n. 119, convertito, con modificazioni, dalla Legge 17 dicembre 2018, n. 136.
(3) Per la proroga del termine di cui al presente comma vedi l'articolo 1, comma 388, della legge 24 dicembre 2012, n. 228.
(4) Comma modificato dall'articolo 9, comma 6, del D.L. 30 dicembre 2013, n. 150, convertito con modificazioni dalla Legge 27 febbraio 2014, n. 15, dall'articolo 30, comma 2-novies, del D.L. 24 giugno 2014, n. 91, convertito con modificazioni dalla Legge 11 agosto 2014, n. 116; dall'articolo 10, comma 2, del D.L. 31 dicembre 2014, n. 192,convertito, con modificazioni, dalla Legge 27 febbraio 2015, n. 11 e, da ultimo, dall'articolo 10, comma 2, del D.L. 30 dicembre 2015, n. 210, convertito, con modificazioni, dalla Legge 25 febbraio 2016, n. 21 ed infine dall'articolo 13, comma 2, del D.L. 30 dicembre 2016 n. 244, convertito con modificazioni dalla Legge 27 febbraio 2017, n. 19. Da ultimo modificato dall'articolo 19, comma 2, lettera a), del D.L. 23 ottobre 2018, n. 119, convertito, con modificazioni, dalla Legge 17 dicembre 2018, n. 136.

3 *ter*. Norma di interpretazione autentica (1). – 1. L'esenzione dall'accisa per gli impieghi di cui al numero 3 della tabella A allegata al testo unico di cui al decreto legislativo 26 ottobre 1995, n. 504, si applica nel senso che tra i carburanti per la navigazione nelle acque marine comunitarie, compresa la pesca, con esclusione delle imbarcazioni private da diporto, e i carburanti per la navigazione nelle acque interne, limitatamente al trasporto delle merci, e per il dragaggio di vie navigabili e porti è compresa la benzina.

(1) Articolo inserito dall'articolo 1, comma 1, della Legge 26 aprile 2012, n. 44, in sede di conversione.

3 *quater*. Termini per adempimenti fiscali (1). – 1. All'articolo 37 del decreto-legge 4 luglio 2006, n. 223, convertito, con modificazioni, dalla legge 4 agosto 2006, n. 248, dopo il comma 11 è inserito il seguente:

"11-bis. Gli adempimenti fiscali e il versamento delle somme di cui agli articoli 17 e 20, comma 4, del decreto legislativo 9 luglio 1997, n. 241, che hanno scadenza dal 1° al 20 agosto di ogni anno, possono essere effettuati entro il giorno 20 dello stesso mese, senza alcuna maggiorazione".

(1) Articolo inserito dall'articolo 1, comma 1, della Legge 26 aprile 2012, n. 44, in sede di conversione.

3 *quinquies*. Misure urgenti per l'uso efficiente e la valorizzazione economica dello spettro radio e in materia di contributi per l'utilizzo delle frequenze televisive (1). – 1. Al fine di assicurare l'uso efficiente e la valorizzazione economica dello spettro radio, i diritti di uso per frequenze in banda televisiva di cui al bando pubblicato nella Gazzetta Ufficiale della Repubblica italiana, 5ª serie speciale, n. 80 dell'8 luglio 2011 sono assegnati mediante pubblica gara indetta, entro centoventi giorni dall'entrata in vigore del presente articolo, dal Ministero dello sviluppo economico sulla base delle procedure stabilite dall'Autorità per le garanzie nelle comunicazioni, di seguito denominata Autorità.

2. L'Autorità adotta, sentiti i competenti uffici della Commissione europea e nel rispetto delle soglie massime fissate dalla delibera n. 181/09/CONS del 7 aprile 2009, le necessarie procedure, sulla base dei seguenti principi e criteri direttivi:

a) assegnazione delle frequenze ad operatori di rete sulla base di differenti lotti, mediante procedure di gara aggiudicate all'offerta economica più elevata anche mediante rilanci competitivi, assicurando la separazione verticale fra fornitori di programmi e operatori di rete e l'obbligo degli operatori di rete di consentire l'accesso ai fornitori di programmi, a condizioni eque e non discriminatorie, secondo le priorità e i criteri fissati dall'Autorità per garantire l'accesso dei fornitori di programmi nuovi entranti e per favorire l'innovazione tecnologica;

b) composizione di ciascun lotto in base al grado di copertura tenendo conto della possibilità di consentire la realizzazione di reti per macro aree di diffusione, l'uso flessibile della risorsa radioelettrica, l'efficienza spettrale e l' innovazione tecnologica;

c) modulazione della durata dei diritti d'uso nell'ambito di ciascun lotto, in modo da garantire la tempestiva destinazione delle frequenze agli usi stabiliti dalla Commissione europea in tema di disciplina dello spettro radio anche in relazione a quanto previsto dall'Agenda digitale nazionale e comunitaria.

3. L'Autorità e il Ministero dello sviluppo economico promuovono ogni azione utile a garantire l'effettiva concorrenza e l'innovazione tecnologica nell'utilizzo dello spettro radio e ad assicurarne l'uso efficiente e la valorizzazione economica, in conformità alla politica di gestione stabilita dall'Unione europea e agli obiettivi dell'Agenda digitale nazionale e comunitaria, anche mediante la promozione degli studi e delle sperimentazioni di cui alla risoluzione 6/8 WRC 2012 e il puntuale adeguamento alle possibilità consentite dalla disciplina internazionale dello spettro radio, nonché ogni azione utile alla promozione degli standard televisivi DVB-T2 e MPEG-4 o successive evoluzioni approvate nell'ambito dell'Unione internazionale delle telecomunicazioni (ITU).

[4. *Il Ministero dello sviluppo economico applica i contributi per l'utilizzo delle frequenze televisive stabiliti dall'Autorità entro novanta giorni dall'entrata in vigore del presente articolo secondo le procedure del codice delle comunicazioni elettroniche, di cui al decreto legislativo 1° agosto 2003, n. 259, al fine di promuovere il pluralismo nonché l'uso efficiente e la valorizzazione dello spettro frequenziale secondo i principi di ragionevolezza, proporzionalità e non discriminazione. Il nuovo sistema di contributi è applicato progressivamente a partire dal 1° gennaio 2013.*](2)

5. Al fine di favorire l'innovazione tecnologica, a partire dal 1° gennaio 2021 per gli apparecchi atti a ricevere servizi radiotelevisivi venduti dalle aziende produttrici ai distributori di apparecchiature elettroniche al dettaglio sul territorio nazionale non si richiede la presenza di un sintonizzatore analogico. Al fine di assicurare ai consumatori la migliore qualità di visione dell'alta definizione, a partire dal 1° luglio 2016 gli apparecchi atti a ricevere servizi radiotelevisivi venduti dalle aziende produttrici ai distributori di apparecchiature elettroniche al dettaglio sul territorio nazionale integrano un sintonizzatore digitale per la ricezione di programmi in tecnologia DVB-T2 con tutte le codifiche approvate nell'ambito dell'Unione internazionale delle telecomunica-

zioni (ITU). Per le medesime finalità, a partire dal 1° gennaio 2017 gli apparecchi atti a ricevere servizi radiotelevisivi venduti ai consumatori nel territorio nazionale integrano un sintonizzatore digitale per la ricezione di programmi in tecnologia DVB-T2 con tutte le codifiche approvate nell'ambito dell'ITU. [*Per le successive evoluzioni delle codifiche, gli obblighi previsti dal presente comma decorrono rispettivamente dal diciottesimo e dal ventiquattresimo mese successivi all'approvazione da parte dell'ITU.*] Con regolamento dell'Autorità per le garanzie nelle comunicazioni sono indicate le codifiche che devono considerarsi tecnologicamente superate, in ordine alle quali non sussistono gli obblighi previsti dal presente comma; la stessa Autorità, sentiti gli operatori di mercato interessati, indica le nuove codifiche approvate dall'ITU da integrare nei ricevitori, ritenute necessarie per favorire l'innovazione tecnologica, indicando altresì i relativi congrui tempi di adeguamento [(3)].

6. All'articolo 8-novies, comma 4, del decreto-legge 8 aprile 2008, n. 59, convertito, con modificazioni, dalla legge 6 giugno 2008, n. 101, come modificato dall'articolo 45 della legge 7 luglio 2009, n. 88, dopo le parole: "in conformità ai criteri di cui alla deliberazione n. 181/09/CONS dell'Autorità per le garanzie nelle comunicazioni, del 7 aprile 2009, pubblicata nella Gazzetta Ufficiale n. 99 del 30 aprile 2009" sono inserite le seguenti: ", fatta eccezione per i punti 6, lettera f), 7 e 8, salvo il penultimo capoverso, dell'allegato A,". Il bando pubblicato nella Gazzetta Ufficiale della Repubblica italiana, 5ª serie speciale, n. 80 dell'8 luglio 2011 e il relativo disciplinare di gara sono annullati. Con decreto del Ministro dello sviluppo economico, di concerto con il Ministro dell'economia e delle finanze, sono definiti i criteri e le modalità per l'attribuzione di un indennizzo ai soggetti partecipanti alla suddetta procedura di gara.

7. Dall'attuazione del presente articolo non devono derivare nuovi o maggiori oneri per la finanza pubblica. Le amministrazioni interessate provvedono agli eventuali adempimenti conseguenti nell'ambito delle risorse umane, strumentali e finanziarie disponibili a legislazione vigente. Agli indennizzi di cui al comma 6 si provvede a valere, entro il limite complessivo di euro 600.000, sugli introiti di cui al comma 2, lettera a). I proventi derivanti dall'assegnazione delle frequenze di cui al presente articolo sono versati all'entrata del bilancio dello Stato per essere riassegnati ad apposito capitolo dello stato di previsione del Ministero dello sviluppo economico entro il 1° marzo 2015 per le finalità di cui al periodo precedente e, per l'importo eccedente, per l'incremento della somma di cui all'articolo 6, comma 9, del decreto-legge 23 dicembre 2013, n. 145, convertito, con modificazioni, dalla legge 21 febbraio 2014, n. 9, e successive modificazioni [(4)].

(1) Articolo inserito dall'articolo 1, comma 1, della Legge 26 aprile 2012, n. 44, in sede di conversione.
(2) Comma abrogato dall'articolo 1, comma 172, della Legge 28 dicembre 2015, n. 208.
(3) Comma sostituito dall'articolo 3, comma 1, del D.L. 31 dicembre 2014, n. 192, convertito, con modificazioni, dalla Legge 27 febbraio 2015, n. 11 e successivamente modificato dall'articolo 12, comma 8, lettere a), b) e c), del D.L. 31 dicembre 2020, n. 183, convertito con modificazioni dalla Legge 26 febbraio 2021, n. 21.
(4) Comma modificato dall'articolo 1, comma 146, della Legge 23 dicembre 2014, n. 190.

3 *sexies*. Disposizioni in materia di imposte sui voli e sugli aeromobili [(1)]. – 1. All'articolo 16 del decreto-legge 6 dicembre 2011, n. 201, convertito, con modificazioni, dalla legge 22 dicembre 2011, n. 214, e successive modificazioni, sono apportate le seguenti modificazioni:

a) dopo il comma 10 è inserito il seguente: "10-bis. È istituita l'imposta erariale sui voli dei passeggeri di aerotaxi. L'imposta, dovuta per ciascun passeggero e all'effettuazione di ciascuna tratta, è fissata in misura pari a euro 100 in caso di tragitto non superiore a 1.500 chilometri e a euro 200 in caso di tragitto superiore a 1.500 chilometri. L'imposta è a carico del passeggero ed è versata dal vettore";

b) il comma 11 è sostituito dal seguente: "11. È istituita l'imposta erariale sugli aeromobili privati, di cui all'articolo 744 del codice della navigazione, immatricolati nel Registro aeronautico nazionale tenuto dall'Ente nazionale per l'aviazione civile (ENAC), nelle seguenti misure annuali: a) aeroplani con peso massimo al decollo:

1) fino a 1.000 kg: euro 0,75 al kg;
2) fino a 2.000 kg: euro 1,25 al kg;
3) fino a 4.000 kg: euro 4,00 al kg;
4) fino a 6.000 kg: euro 5,00 al kg;
5) fino a 8.000 kg: euro 6,65 al kg;
6) fino a 10.000 kg: euro 7,10 al kg;
7) oltre 10.000 kg: euro 7,55 al kg;

b) elicotteri: l'imposta dovuta è pari a quella stabilita per gli aeroplani di corrispondente peso maggiorata del 50 per cento; c) alianti, motoalianti e aerostati: euro 450";

c) i commi da 14 a 15-bis sono sostituiti dai seguenti:

"14. Sono esenti dall'imposta sugli aeromobili di cui ai commi da 11 a 13:

a) gli aeromobili di Stato e quelli ad essi equiparati;

b) gli aeromobili di proprietà o in esercenza dei licenziatari dei servizi di linea e non di linea, nonché del lavoro aereo, di cui alla parte seconda, libro primo, titolo VI, capi I, II e III, del codice della navigazione;

c) gli aeromobili di proprietà o in esercenza delle organizzazioni registrate (OR) o delle scuole di addestramento (FTO) e dei centri di addestramento per le abilitazioni (TRTO);

d) gli aeromobili di proprietà o in esercenza all'Aero club d'Italia, agli Aero club locali e all'Associazione nazionale paracadutisti d'Italia;

e) gli aeromobili immatricolati a nome dei costruttori e in attesa di vendita;

f) gli aeromobili esclusivamente destinati all'elisoccorso o all'aviosoccorso;

g) gli aeromobili storici, tali intendendosi quelli che sono stati immatricolati per la prima volta in registri nazionali o esteri, civili o militari, da oltre quaranta anni;

h) gli aeromobili di costruzione amatoriale;

i) gli apparecchi per il volo da diporto o sportivo di cui alla legge 25 marzo 1985, n. 106.

14-bis. L'imposta di cui al comma 11 è applicata anche agli aeromobili non immatricolati nel Registro aeronautico nazionale tenuto dall'ENAC, la cui sosta nel territorio italiano si protragga oltre quarantacinque giorni in via continuativa. Ai fini del decorso di tale termine non si considerano i periodi di sosta dell'aeromobile presso i manutentori nazionali che effettuano operazioni di manutenzione sull'aeromobile medesimo risultanti dai registri tecnici del manutentore. L'imposta deve essere corrisposta prima che il velivolo rientri nel territorio estero. Se la sosta nel territorio italiano si protrae per un periodo inferiore all'anno, l'imposta è dovuta in misura pari a un dodicesimo degli importi stabiliti nel comma 11 per ciascun mese a partire da quello dell'arrivo fino a quello di partenza dal territorio italiano. Valgono le esenzioni stabilite nel comma 14 e l'esenzione è estesa agli aeromobili di Stati esteri, ivi compresi quelli militari.

15. Con provvedimento del Direttore dell'Agenzia delle entrate, da emanare entro sessanta giorni dalla data di entrata in vigore della presente disposizione, sono previsti modalità e termini di attuazione delle disposizioni di cui ai commi 10-bis e 11.

15-bis. In caso di omesso o insufficiente pagamento delle imposte di cui ai commi 10-bis e 11 si applicano le disposizioni del decreto legislativo 18 dicembre 1997, n. 471, e del decreto legislativo 18 dicembre 1997, n. 472";

d) dopo il comma 15-bis è inserito il seguente: "15-bis.1. Il Corpo della guardia di finanza e le autorità aeroportuali vigilano sul corretto assolvimento degli obblighi derivanti dalle disposizioni di cui ai commi da 10-bis a 15-bis".

2. Le modificazioni apportate dal comma 1 del presente articolo ai commi 11 e 14, nonché al comma 14-bis dell'articolo 16 del decreto-legge 6 dicembre 2011, n. 201, convertito, con modificazioni, dalla legge 22 dicembre 2011, n. 214, si applicano, rispettivamente, a partire dal 6 dicembre 2011 e dal 28 dicembre 2011. Per gli aeromobili di cui al citato comma 14-bis dell'articolo 16 del decreto-legge n. 201 del 2011 che, a decorrere dal 28 dicembre 2011 fino alla data di entrata in vigore del presente decreto, hanno sostato nel territorio nazionale per un periodo superiore a quarantacinque giorni l'imposta è corrisposta entro novanta giorni dalla data di entrata in vigore della legge di conversione del presente decreto. L'ammontare dell'imposta di cui al comma 11 dello stesso articolo 16, versata in applicazione delle disposizioni previgenti in eccedenza rispetto alla misura stabilita dal presente decreto, è computato a credito del contribuente all'atto del successivo rinnovo del certificato di revisione dell'aeronavigabilità; non si procede all'applicazione di sanzioni e interessi per i versamenti dell'imposta di cui al comma 11 dello stesso articolo 16, effettuati in applicazione delle disposizioni previgenti in misura inferiore rispetto a quella stabilita dal presente decreto, se l'eccedenza è versata entro novanta giorni dalla data di entrata in vigore della legge di conversione del presente decreto.

(1) *Articolo inserito dall'articolo 1, comma 1, della Legge 26 aprile 2012, n. 44, in sede di conversione.*

3 *septies*. Modifica all'articolo 18 della legge 12 novembre 2011, n. 183 (1). – 1. All'alinea del comma 1 dell'articolo 18 della legge 12 novembre 2011, n. 183, e successive modificazioni, dopo le parole: "essere previste," sono inserite le seguenti: "per le concessionarie e"».

(1) *Articolo inserito dall'articolo 1, comma 1, della Legge 26 aprile 2012, n. 44, in sede di conversione.*

4. Fiscalità locale. – 1. All'articolo 14, comma 8, del decreto legislativo 14 marzo 2011, n. 23, al primo periodo, le parole: «31 dicembre» sono sostituite dalle seguenti: «20 dicembre». All'articolo 14, comma 6, del medesimo decreto legislativo n. 23 del 2011, le parole: "agli articoli 52 e 59" sono sostituite dalle seguenti: "all'articolo 52" (1).

1-bis. All'articolo 3, comma 2, del decreto legislativo 14 marzo 2011, n. 23, è aggiunto, in fine, il seguente periodo: "Sui contratti di locazione aventi a oggetto immobili ad uso abitativo, qualora assoggettati alla cedolare secca di cui al presente comma, alla fideiussione prestata per il conduttore non si applicano le imposte di registro e di bollo" (2).

1-ter. All'articolo 9 del decreto legislativo 14 marzo 2011, n. 23, sono apportate le seguenti modificazioni:

a) al comma 8 sono aggiunti, in fine, i seguenti periodi: "Sono altresì esenti i fabbricati rurali ad uso strumentale di cui all'articolo 9, comma 3-bis, del decreto-legge 30 dicembre 1993, n. 557, convertito, con modificazioni, dalla legge 26 febbraio 1994, n. 133, ubicati nei comuni classificati montani o parzialmente montani di cui all'elenco dei comuni italiani predisposto dall'Istituto nazionale di statistica (ISTAT). Le province autonome di Trento e di Bolzano possono prevedere che i fabbricati rurali ad uso strumentale siano assoggettati all'imposta municipale propria nel rispetto del limite delle aliquote definite dall'articolo 13, comma 8, del decreto-legge 6 dicembre 2011, n. 201, convertito, con modificazioni, dalla legge 22 dicembre 2011, n. 214, ferma restando la facoltà di introdurre esenzioni, detrazioni o deduzioni ai sensi dell'articolo 80 del testo unico di cui al decreto del Presidente della Repubblica 31 agosto 1972, n. 670, e successive modificazioni";

b) al comma 9 è aggiunto, in fine, il seguente periodo: "Sono comunque assoggettati alle imposte sui redditi ed alle relative addizionali, ove dovute, gli immobili esenti dall'imposta municipale propria" (3).

1-quater. All'articolo 6 del decreto legislativo 14 marzo 2011, n. 23, sono apportate le seguenti modificazioni:

a) al comma 1, alinea, le parole da: "17, comma 2," a: "in modo tale da" sono sostituite dalle seguenti: "52 del decreto legislativo 15 dicembre 1997, n. 446, e successive modificazioni, i comuni, nella disciplina dell'imposta di scopo di cui all'articolo 1, comma 145, della legge 27 dicembre 2006, n. 296, possono anche";

b) il comma 2 è sostituito dal seguente: "2. A decorrere dall'applicazione dell'imposta municipale propria, in via sperimentale, di cui all'articolo 13 del decreto-legge 6 dicembre 2011, n. 201, convertito, con modificazioni, dalla legge 22 dicembre 2011, n. 214, e successive modificazioni, l'imposta di scopo si applica, o continua ad applicarsi se già istituita, con riferimento alla base imponibile e alla disciplina vigente per tale tributo. Il comune adotta i provvedimenti correttivi eventualmente necessari per assicurare il rispetto delle disposizioni di cui ai commi da 145 a 151 dell'articolo 1 della legge 27 dicembre 2006, n. 296 " (4).

1-quinquies. A decorrere dall'anno 2012, entro trenta giorni dall'approvazione della delibera che istituisce l'aliquota relativa all'addizionale comunale all'imposta sul reddito delle persone fisiche, i comuni sono obbligati a inviare al Dipartimento delle finanze del Ministero dell'economia e delle finanze le proprie delibere ai fini della pubblicazione nel sito informatico www.finanze.gov.it (5).

2. Le disposizioni concernenti l'imposta sulle assicurazioni contro la responsabilità civile derivante dalla circolazione dei veicoli a motore, esclusi i ciclomotori, di cui all'articolo 17 del decreto legislativo 6 maggio 2011, n. 68, si applicano, in deroga all'articolo 16 del citato decreto legislativo n. 68

del 2011, su tutto il territorio nazionale. Sono fatte salve le deliberazioni emanate prima dell'approvazione del presente decreto [(6)(7)].

2-bis. All'articolo 4 del decreto legislativo 14 marzo 2011, n. 23, dopo il comma 3 è aggiunto il seguente:

"3-bis. I comuni che hanno sede giuridica nelle isole minori e i comuni nel cui territorio insistono isole minori possono istituire, con regolamento da adottare ai sensi dell'articolo 52 del decreto legislativo 15 dicembre 1997, n. 446, e successive modificazioni, in alternativa all'imposta di soggiorno di cui al comma 1 del presente articolo, un'imposta di sbarco, da applicare fino ad un massimo di euro 1,50, da riscuotere, unitamente al prezzo del biglietto, da parte delle compagnie di navigazione che forniscono collegamenti marittimi di linea. La compagnia di navigazione è responsabile del pagamento dell'imposta, con diritto di rivalsa sui soggetti passivi, della presentazione della dichiarazione e degli ulteriori adempimenti previsti dalla legge e dal regolamento comunale. Per l'omessa o infedele presentazione della dichiarazione da parte del responsabile d'imposta si applica la sanzione amministrativa dal 100 al 200 per cento dell'importo dovuto. Per l'omesso, ritardato o parziale versamento dell'imposta si applica la sanzione amministrativa di cui all'articolo 13 del decreto legislativo 18 dicembre 1997, n. 471, e successive modificazioni. Per tutto quanto non previsto dalle disposizioni del presente articolo si applica l'articolo 1, commi da 158 a 170, della legge 27 dicembre 2006, n. 296. L'imposta non è dovuta dai soggetti residenti nel comune, dai lavoratori, dagli studenti pendolari, nonché dai componenti dei nuclei familiari dei soggetti che risultino aver pagato l'imposta municipale propria e che sono parificati ai residenti. I comuni possono prevedere nel regolamento modalità applicative del tributo, nonché eventuali esenzioni e riduzioni per particolari fattispecie o per determinati periodi di tempo. Il gettito del tributo è destinato a finanziare interventi in materia di turismo e interventi di fruizione e recupero dei beni culturali e ambientali locali, nonché dei relativi servizi pubblici locali" [(8)].

3. Per l'anno 2012, il contributo di cui all'articolo 10, comma 5, del decreto legislativo 30 dicembre 1992, n. 504, e successive modificazioni, è rideterminato nella misura dello 0,8 per mille ed è calcolato sulla quota di gettito dell'imposta municipale propria relativa agli immobili diversi da quelli destinati ad abitazione principale e relative pertinenze, spettante al comune ai sensi dell'articolo 13 del decreto-legge 6 dicembre 2011, n. 201, convertito, con modificazioni, dalla legge 22 dicembre 2011, n. 214, e successive modificazioni. Il contributo è versato a cura della struttura di gestione di cui all'articolo 22 del decreto legislativo 9 luglio 1997, n. 241, mediante trattenuta sugli incassi dell'imposta municipale propria e riversamento diretto da parte della struttura stessa, secondo modalità stabilite mediante provvedimento dell'Agenzia delle entrate» [(9)].

4. L'articolo 77-bis, comma 30, e l'articolo 77-ter, comma 19, del decreto-legge 25 giugno 2008, n. 112, convertito, con modificazioni, dalla legge 6 agosto 2008, n. 133, e l'articolo 1, comma 123, della legge 13 dicembre 2010, n. 220, sono abrogati. Sono fatti salvi i provvedimenti normativi delle regioni e le deliberazioni delle province e dei comuni, relativi all'anno d'imposta 2012, emanati prima della data di entrata in vigore del presente decreto [(10)].

5. All'articolo 13 del decreto-legge 6 dicembre 2011, n. 201, convertito, con modificazioni, dalla legge 22 dicembre 2011, n. 214, sono apportate le seguenti modificazioni:

a) al comma 2, primo periodo, le parole: "di cui all'articolo 2 del decreto legislativo 30 dicembre 1992, n. 504" sono soppresse e dopo le parole: "della stessa" sono aggiunte le seguenti: "; restano ferme le definizioni di cui all'articolo 2 del decreto legislativo 30 dicembre 1992, n. 504. I soggetti richiamati dall'articolo 2, comma 1, lettera b), secondo periodo, del decreto legislativo n. 504 del 1992, sono individuati nei coltivatori diretti e negli imprenditori agricoli professionali di cui all'articolo 1 del decreto legislativo 29 marzo 2004, n. 99, e successive modificazioni, iscritti nella previdenza agricola"; al medesimo comma 2, secondo periodo, le parole: "dimora abitualmente e risiede anagraficamente" sono sostituite dalle seguenti: "e il suo nucleo familiare dimorano abitualmente e risiedono anagraficamente. Nel caso in cui i componenti del nucleo familiare abbiano stabilito la dimora abituale e la residenza anagrafica in immobili diversi situati nel territorio comunale, le agevolazioni per l'abitazione principale e per le relative pertinenze in relazione al nucleo familiare si applicano per un solo immobile";

b) al comma 3 sono aggiunti, in fine, i seguenti periodi: "La base imponibile è ridotta del 50 per cento:

a) per i fabbricati di interesse storico o artistico di cui all'articolo 10 del codice di cui al decreto legislativo 22 gennaio 2004, n. 42;

b) per i fabbricati dichiarati inagibili o inabitabili e di fatto non utilizzati, limitatamente al periodo dell'anno durante il quale sussistono dette condizioni. L'inagibilità o inabitabilità è accertata dall'ufficio tecnico comunale con perizia a carico del proprietario, che allega idonea documentazione alla dichiarazione. In alternativa, il contribuente ha facoltà di presentare una dichiarazione sostitutiva ai sensi del testo unico di cui al decreto del Presidente della Repubblica 28 dicembre 2000, n. 445, rispetto a quanto previsto dal periodo precedente. Agli effetti dell'applicazione della riduzione alla metà della base imponibile, i comuni possono disciplinare le caratteristiche di fatiscenza sopravvenuta del fabbricato, non superabile con interventi di manutenzione";

c) al comma 5, le parole: "pari a 130" sono sostituite dalle seguenti: "pari a 135" e l'ultimo periodo è sostituito dal seguente:

"Per i terreni agricoli, nonché per quelli non coltivati, posseduti e condotti dai coltivatori diretti e dagli imprenditori agricoli professionali iscritti nella previdenza agricola il moltiplicatore è pari a 110";

d) al comma 8 sono aggiunti, in fine, i seguenti periodi: "Per l'anno 2012, la prima rata è versata nella misura del 30 per cento dell'imposta dovuta applicando l'aliquota di base e la seconda rata è versata a saldo dell'imposta complessivamente dovuta per l'intero anno con conguaglio sulla prima rata. Per l'anno 2012, il versamento dell'imposta complessivamente dovuta per i fabbricati rurali di cui al comma 14-ter è effettuato in un'unica soluzione entro il 16 dicembre. Con decreto del Presidente del Consiglio dei Ministri, da emanare entro il 10 dicembre 2012, si provvede, sulla base dell'andamento del gettito derivante dal pagamento della prima rata dell'imposta di cui al presente comma, alla modifica dell'aliquota da applicare ai medesimi fabbricati e ai terreni in modo da garantire che il gettito complessivo non superi per l'anno 2012 gli ammontari previsti dal Ministero dell'economia e delle finanze rispettivamente per i fabbricati rurali ad uso strumentale e per i terreni";

e) dopo il comma 8 è inserito il seguente:

"8-bis. I terreni agricoli posseduti da coltivatori diretti o da imprenditori agricoli professionali di cui all'articolo 1 del decreto legislativo 29 marzo 2004, n. 99, e successive modificazioni, iscritti nella previdenza agricola, purché dai medesimi condotti, sono soggetti all'imposta limitatamente alla parte di valore eccedente euro 6.000 e con le seguenti riduzioni:

a) del 70 per cento dell'imposta gravante sulla parte di valore eccedente i predetti euro 6.000 e fino a euro 15.500;

b) del 50 per cento dell'imposta gravante sulla parte di valore eccedente euro 15.500 e fino a euro 25.500;

c) del 25 per cento dell'imposta gravante sulla parte di valore eccedente euro 25.500 e fino a euro 32.000";

f) al comma 10, penultimo periodo, dopo le parole: "30 dicembre 1992, n. 504" sono aggiunte le seguenti: "; per tali fattispecie non si applicano la riserva della quota di imposta prevista dal comma 11 a favore dello Stato e il comma 17. I comuni possono considerare direttamente adibita ad abitazione principale l'unità immobiliare posseduta a titolo di proprietà o di usufrutto da anziani o disabili che acquisiscono la residenza in istituti di ricovero o sanitari a seguito di ricovero permanente, a condizione che la stessa non risulti locata, nonché l'unità immobiliare posseduta dai cittadini italiani non residenti nel territorio dello Stato a titolo di proprietà o di usufrutto in Italia, a condizione che non risulti locata";

g) al comma 11, dopo il primo periodo è inserito il seguente: "Non è dovuta la quota di imposta riservata allo Stato per gli immobili posseduti dai comuni nel loro territorio e non si applica il comma 17";

h) al comma 12, dopo le parole: "dell'Agenzia delle entrate" sono aggiunte le seguenti: "nonché, a decorrere dal 1° dicembre 2012, tramite apposito bollettino postale al quale si applicano le disposizioni di cui al citato articolo 17, in quanto compatibili";

i) dopo il comma 12 sono inseriti i seguenti:

"12-bis. Per l'anno 2012, il pagamento della prima rata dell'imposta municipale propria è effettuato, senza applicazione di sanzioni ed interessi, in misura pari al 50 per cento dell'importo ottenuto applicando le aliquote di base e la detrazione previste dal presente articolo; la seconda rata è versata a saldo dell'imposta complessivamente dovuta per l'intero anno con conguaglio sulla prima rata. Per l'anno 2012, l'imposta dovuta per l'abitazione principale e per le relative pertinenze è versata in tre rate di cui la prima e la seconda in misura ciascuna pari ad un terzo dell'imposta calcolata applicando l'aliquota di base e la detrazione previste dal presente articolo, da corrispondere rispettivamente entro il 16 giugno e il 16 settembre; la terza rata è versata, entro il 16 dicembre, a saldo dell'imposta complessivamente dovuta per l'intero anno con conguaglio sulle precedenti rate; in alternativa, per il medesimo anno 2012, la stessa imposta può essere versata in due rate di cui la prima, entro il 16 giugno, in misura pari al 50 per cento dell'imposta calcolata applicando l'aliquota di base e la detrazione previste dal presente articolo e la seconda, entro il 16 dicembre, a saldo dell'imposta complessivamente dovuta per l'intero anno con conguaglio sulla prima rata. Per il medesimo anno, i comuni iscrivono nel bilancio di previsione l'entrata da imposta municipale propria in base agli importi stimati dal Dipartimento delle finanze del Ministero dell'economia e delle finanze per ciascun comune, di cui alla tabella pubblicata sul sito internet www.finanze.gov.it. L'accertamento convenzionale non dà diritto al riconoscimento da parte dello Stato dell'eventuale differenza tra gettito accertato convenzionalmente e gettito reale ed è rivisto, unitamente agli accertamenti relativi al fondo sperimentale di riequilibrio e ai trasferimenti erariali, in esito a dati aggiornati da parte del medesimo Dipartimento delle finanze, ai sensi dell'accordo sancito dalla Conferenza Stato-città e autonomie locali del 1° marzo 2012. Con uno o più decreti del Presidente del Consiglio dei Ministri, su proposta del Ministro dell'economia e delle finanze, da emanare entro il 10 dicembre 2012, si provvede, sulla base del gettito della prima rata dell'imposta municipale propria nonché dei risultati dell'accatastamento dei fabbricati rurali, alla modifica delle aliquote, delle relative variazioni e della detrazione stabilite dal presente articolo per assicurare l'ammontare del gettito complessivo previsto per l'anno 2012. Entro il 30 settembre 2012, sulla base dei dati aggiornati, ed in deroga all'articolo 172, comma 1, lettera e), del testo unico di cui al decreto legislativo 18 agosto 2000, n. 267, e all'articolo 1, comma 169, della legge 27 dicembre 2006, n. 296, i comuni possono approvare o modificare il regolamento e la deliberazione relativa alle aliquote e alla detrazione del tributo.

12-ter. I soggetti passivi devono presentare la dichiarazione entro novanta giorni dalla data in cui il possesso degli immobili ha avuto inizio o sono intervenute variazioni rilevanti ai fini della determinazione dell'imposta, utilizzando il modello approvato con il decreto di cui all'articolo 9, comma 6, del decreto legislativo 14 marzo 2011, n. 23. La dichiarazione ha effetto anche per gli anni successivi sempre che non si verifichino modificazioni dei dati ed elementi dichiarati cui consegua un diverso ammontare dell'imposta dovuta. Con il citato decreto, sono altresì disciplinati i casi in cui deve essere presentata la dichiarazione. Restano ferme le disposizioni dell'articolo 37, comma 55, del decreto-legge 4 luglio 2006, n. 223, convertito, con modificazioni, dalla legge 4 agosto 2006, n. 248, e dell'articolo 1, comma 104, della legge 27 dicembre 2006, n. 296, e le dichiarazioni presentate ai fini dell'imposta comunale sugli immobili, in quanto compatibili. Per gli immobili per i quali l'obbligo dichiarativo è sorto dal 1° gennaio 2012, la dichiarazione deve essere presentata entro il 30 settembre 2012";

l) dopo il comma 13 è inserito il seguente:

"13-bis. A decorrere dall'anno di imposta 2013, le deliberazioni di approvazione delle aliquote e della detrazione dell'imposta municipale propria devono essere inviate esclusivamente per via telematica per la pubblicazione nel sito informatico di cui all'articolo 1, comma 3, del decreto legislativo 28 settembre 1998, n. 360. L'efficacia delle deliberazioni decorre dalla data di pubblicazione nel predetto sito informatico e gli effetti delle deliberazioni stesse retroagiscono al 1° gennaio dell'anno di pubblicazione nel sito informatico, a condizione che detta pubblicazione avvenga entro il 30 aprile dell'anno a cui la delibera si riferisce. A tal fine, l'invio deve avvenire entro il termine del 23 aprile. In caso di mancata pubblicazione entro il termine del 30 aprile, le aliquote e la detrazione si intendono prorogate di anno in anno";

m) al comma 14, lettera a), sono aggiunte, in fine, le seguenti parole: ", ad eccezione del comma 4 che continua ad applicarsi per i soli comuni ricadenti nei territori delle regioni a statuto speciale e delle province autonome di Trento e di Bolzano" (11).

[*5-bis. Con decreto di natura non regolamentare del Ministro dell'economia e delle finanze, di concerto con i Ministri delle politiche agricole alimentari e forestali, e dell'interno, sono individuati i comuni nei quali, a decorrere dall'anno di imposta 2014, si applica l'esenzione di cui alla lettera h) del comma 1 dell'articolo 7 del decreto legislativo 30 dicembre 1992, n. 504, sulla base dell'altitudine riportata nell'elenco dei comuni italiani predisposto dall'Istituto nazionale di statistica (ISTAT), diversificando tra terreni posseduti da coltivatori diretti e imprenditori agricoli professionali di cui all'articolo 1 del decreto legislativo 29 marzo 2004, n. 99, iscritti nella previdenza agricola, e gli altri. Ai terreni a immutabile destinazione agro-silvo-pastorale a proprietà collettiva indivisibile e inusucapibile che, in base al predetto decreto, non ricadano in zone montane o di collina, è riconosciuta l'esenzione dall'IMU. Dalle disposizioni di cui al presente comma deve derivare un maggior gettito complessivo annuo non inferiore a 350 milioni di euro a decorrere dal medesimo anno 2014. Il recupero del maggior gettito, come risultante per ciascun comune a seguito dell'adozione del decreto di cui al periodo precedente, è operato, per i comuni delle Regioni a statuto ordinario e delle Regioni Siciliana e Sardegna, con la procedura prevista dai commi 128 e 129 dell'articolo 1 della legge 24 dicembre 2012, n. 228, e, per i comuni delle regioni Friuli-Venezia Giulia e Valle d'Aosta e delle province autonome di Trento e di Bolzano, in sede di attuazione del comma 17 dell'articolo 13 del decreto-legge 6 dicembre 2011, n. 201, convertito, con modificazioni, dalla legge 22 dicembre 2011, n. 214. Con apposito decreto del Ministero dell'interno, di concerto con il Ministero dell'economia e delle finanze, sono stabilite le modalità per la compensazione del minor gettito in favore dei comuni nei quali ricadono terreni a immutabile destinazione agro-silvo-pastorale a proprietà collettiva indivisibile e inusucapibile non situati in zone montane o di collina, ai quali è riconosciuta l'esenzione dall'IMU* (12).]

5-ter. Il comma 5 dell'articolo 2 del decreto-legge 23 gennaio 1993, n. 16, convertito, con modificazioni, dalla legge 24 marzo 1993, n. 75, è abrogato (13).

5-quater. Il comma 2 dell'articolo 11 della legge 30 dicembre 1991, n. 413, è abrogato (14).

5-quinquies. Per le cooperative di cui alla sezione II del capo V del titolo II del testo unico di cui al decreto legislativo 1° settembre 1993, n. 385, le disposizioni di cui ai commi 36-bis e 36-ter dell'articolo 2 del decreto-legge 13 agosto 2011, n. 138, convertito, con modificazioni, dalla legge 14 settembre 2011, n. 148, si applicano a decorrere dal secondo periodo d'imposta successivo a quello in corso alla data di entrata in vigore della citata legge n. 148 del 2011 (15).

5-sexies. Al testo unico di cui al decreto del Presidente della Repubblica 22 dicembre 1986, n. 917, sono apportate le seguenti modificazioni:

a) all'articolo 37, comma 4-bis, è aggiunto, in fine, il seguente periodo: "Per gli immobili riconosciuti di interesse storico o artistico, ai sensi dell'articolo 10 del codice di cui al decreto legislativo 22 gennaio 2004, n. 42, la riduzione è elevata al 35 per cento";

b) all'articolo 90, comma 1:

1) dopo il secondo periodo è inserito il seguente: "Per gli immobili riconosciuti di interesse storico o artistico, ai sensi dell'articolo 10 del codice di cui al decreto legislativo 22 gennaio 2004, n. 42, il reddito medio ordinario di cui all'articolo 37, comma 1, è ridotto del 50 per cento e non si applica comunque l'articolo 41";

2) è aggiunto, in fine, il seguente periodo: "Per gli immobili locati riconosciuti di interesse storico o artistico, ai sensi dell'articolo 10 del codice di cui al decreto legislativo 22 gennaio 2004, n. 42, qualora il canone risultante dal contratto di locazione ridotto del 35 per cento risulti superiore al reddito medio ordinario dell'unità immobiliare, il reddito è determinato in misura pari a quella del canone di locazione al netto di tale riduzione";

c) all'articolo 144, comma 1:

1) dopo il secondo periodo è inserito il seguente: "Per gli immobili riconosciuti di interesse storico o artistico, ai sensi dell'articolo 10 del codice di cui al decreto legislativo 22 gennaio 2004, n. 42, il reddito medio ordinario di cui all'articolo 37, comma 1, è ridotto del 50 per cento e non si applica comunque l'articolo 41";

2) nell'ultimo periodo, le parole: "ultimo periodo" sono sostituite dalle seguenti: "quarto e quinto periodo" (16).

5-septies. Le disposizioni di cui al comma 5-sexies si applicano a decorrere dal periodo di imposta successivo a quello in corso al 31 dicembre 2011. Nella determinazione degli acconti dovuti per il medesimo periodo di imposta si assume, quale imposta del periodo precedente, quella che si sarebbe determinata applicando le disposizioni di cui al comma 5-sexies (17).

5-octies. All'articolo 6 del decreto-legge 28 aprile 2009, n. 39, convertito, con modificazioni, dalla legge 24 giugno 2009, n. 77, dopo il comma 1 è inserito il seguente:

"1-bis. I redditi dei fabbricati, ubicati nelle zone colpite dal sisma del 6 aprile 2009, purché distrutti od oggetto di ordinanze sindacali di sgombero in quanto inagibili totalmente o parzialmente, non concorrono alla formazione del reddito imponibile ai fini dell'imposta sul reddito delle persone fisiche e dell'imposta sul reddito delle società, fino alla definitiva ricostruzione e agibilità dei fabbricati medesimi. I fabbricati di cui al periodo precedente sono, altresì, esenti dall'applicazione dell'imposta municipale propria di cui all'articolo 13 del decreto-legge 6 dicembre 2011, n. 201, convertito, con modificazioni, dalla legge 22 dicembre 2011, n. 214, e successive modificazioni, fino alla definitiva ricostruzione e agibilità dei fabbricati stessi" (18).

6. Per l'anno 2012 i trasferimenti erariali non oggetto di fiscalizzazione corrisposti dal Ministero dell'interno in favore degli enti locali sono determinati in base alle disposizioni recate dall'articolo 2, comma 45, terzo periodo, del decreto-legge 29 dicembre 2010, n. 225, convertito, con modificazioni, dalla legge 26 febbraio 2011, n. 10, ed alle modifiche delle dotazioni dei fondi successivamente intervenute (19).

7. Il Ministero dell'interno, entro il mese di marzo 2012, corrisponde, a titolo di acconto, in favore dei comuni, un importo pari al 70 per cento di quanto corrisposto nel mese di marzo 2011 in applicazione della disposizione di cui all'articolo 2, comma 45, del decreto-legge 29 dicembre 2010, n. 225, convertito, con modificazioni, dalla legge 26 febbraio 2011, n. 10. Per i soli comuni appartenenti alle regioni Sicilia e Sardegna, detto acconto è commisurato ai trasferimenti erariali corrisposti nel primo trimestre 2011, ai sensi del decreto del Ministro dell'interno 21 febbraio 2002, pubblicato nella Gazzetta Ufficiale n. 56 del 7 marzo 2002. Le somme erogate in acconto sono portate in detrazione da quanto spettante per l'anno 2012 ai singoli comuni a titolo di trasferimenti erariali o di risorse da federalismo fiscale.

[*8. Nei confronti dei comuni per i quali i trasferimenti erariali o le risorse da federalismo fiscale da corrispondere nell'anno 2012 risultino insufficienti a recuperare l'anticipazione corrisposta ai sensi del comma 7, il recupero è effettuato, da parte dell'Agenzia delle entrate, sulla base dei dati relativi a ciascun comune, come comunicati dal Ministero dell'interno, all'atto del riversamento agli stessi comuni dell'imposta municipale propria di cui all'articolo 13 del decreto-legge 6 dicembre 2011, n. 201, convertito, con modificazioni, dalla legge 22 dicembre 2011, n. 214. Entro 30 giorni dal versamento delle somme, con decreti del Ministero dell'economia e delle finanze, gli importi recuperati sono assegnati ai pertinenti capitoli di spesa del Ministero dell'interno.*] (20)

9. Il comma 5 dell'articolo 243 del decreto legislativo 18 agosto 2000 n. 267, è sostituito dai seguenti:

«5. Alle province ed ai comuni in condizioni strutturalmente deficitarie che, pur essendo a ciò tenuti, non rispettano i livelli minimi di copertura dei costi di gestione di cui al comma 2 o che non danno dimostrazione di tale rispetto trasmettendo la prevista certificazione, è applicata una sanzione pari all'1 per cento delle entrate correnti risultanti dal certificato di bilancio di cui all'articolo 161 del penultimo esercizio finanziario precedente a quello in cui viene rilevato il mancato rispetto dei predetti limiti minimi di copertura. Ove non risulti presentato il certificato di bilancio del penultimo anno precedente, si fa riferimento all'ultimo certificato disponibile. La sanzione si applica sulle risorse attribuite dal Ministero dell'interno a titolo di trasferimenti erariali e di federalismo fiscale; in caso di incapienza l'ente locale è tenuto a versare all'entrata del bilancio dello Stato le somme residue.

5-bis. Le disposizioni di cui al comma 5 si applicano a decorrere dalle sanzioni da applicare per il mancato rispetto dei limiti di copertura dei costi di gestione dell'esercizio 2011.» (21).

10. A decorrere dal 1° aprile 2012, al fine di coordinare le disposizioni tributarie nazionali applicate al consumo di energia elettrica con quanto disposto dall'articolo 1, paragrafo 2, della direttiva 2008/118/CE del Consiglio, del 16 dicembre 2008, relativa al regime generale delle accise e che abroga la direttiva 92/12/CEE, l'articolo 6 del decreto-legge 28 novembre 1988, n. 511, convertito, con modificazioni, dalla legge 27 gennaio 1989, n. 20, è abrogato. Il minor gettito per gli enti locali derivante dall'attuazione del presente comma, pari a complessivi 180 milioni di euro per l'anno 2012 e 239 milioni di euro annui a decorrere dall'anno 2013, è reintegrato agli enti medesimi dalle rispettive regioni a statuto speciale e province autonome di Trento e di Bolzano con le risorse recuperate per effetto del minor concorso delle stesse alla finanza pubblica disposto dal comma 11 (22)(A).

11. Il concorso alla finanza pubblica delle Regioni a statuto speciale e delle Province autonome di Trento e di Bolzano previsto dall'articolo 28, comma 3, primo periodo, del decreto-legge 6 dicembre 2011, n. 201, convertito, con modificazioni, dalla legge 22 dicembre 2011, n. 214, è ridotto di 180 milioni di euro per l'anno 2012 e 239 milioni di euro annui a decorrere dall'anno 2013.

12. Nell'articolo 2 del decreto-legge 6 dicembre 2011, n. 201, convertito, con modificazioni, dalla legge 22 dicembre 2011, n. 214, dopo il comma 1-ter è inserito il seguente: «1-quater. In relazione a quanto disposto dal comma 1 e tenuto conto di quanto previsto dai commi da 2 a 4 dell'articolo 6 del decreto-legge 29 novembre 2008, n. 185, convertito, con modificazioni, dalla legge 28 gennaio 2009, n. 2, con provvedimento del Direttore dell'Agenzia delle entrate sono stabilite le modalità di presentazione delle istanze di rimborso relative ai periodi di imposta precedenti a quello in corso al 31 dicembre 2012, per i quali, alla data di entrata in vigore del presente decreto, sia ancora pendente il termine di cui all'articolo 38 del decreto del Presidente della Repubblica 29 settembre 1973, n. 602, nonché ogni altra disposizione di attuazione del presente articolo.».

12-bis. All'articolo 7, comma 2, lettera a), del decreto legislativo 6 settembre 2011, n. 149, nel primo periodo, le parole: "e comunque per un importo non superiore al 3 per cento delle entrate correnti registrate nell'ultimo consuntivo" sono soppresse (23).

12-ter. All'articolo 1, comma 142, della legge 13 dicembre 2010, n. 220, le parole: "30 giugno" sono sostituite dalle seguenti: "31 ottobre" (24).

12-quater. Nelle more dell'attuazione delle disposizioni dell'articolo 5, commi 1, lettera e), e 5 -bis, del decreto legislativo 28 maggio 2010, n. 85, le amministrazioni competenti proseguono nella piena gestione del patrimonio immobiliare statale, ivi comprese le attività di dismissione e valorizzazione (25).

12-quinquies. Ai soli fini dell'applicazione dell'imposta municipale propria di cui all'articolo 8 del decreto legislativo 14 marzo 2011, n. 23, e successive modificazioni, nonché all'articolo 13 del decreto-legge 6 dicembre 2011, n. 201, convertito, con modificazioni, dalla legge 22 dicembre 2011, n. 214, e successive modificazioni, l'assegnazione della casa coniugale al coniuge, disposta a seguito di provvedimento di separazione legale, annullamento, scioglimento o cessazione degli effetti civili del matrimonio, si intende in ogni caso effettuata a titolo di diritto di abitazione».

Nel titolo I, dopo l'articolo 4 sono aggiunti i seguenti:

«Art. 4-bis.

- (Modifiche al testo unico di cui al decreto del Presidente della Repubblica n. 917 del 1986, in materia di deduzione dei canoni di leasing). - 1. Al testo unico di cui al decreto del Presidente della Repubblica 22 dicembre 1986, n. 917, sono apportate le seguenti modificazioni:

a) al comma 2 dell'articolo 54:

1) al terzo periodo, le parole: "a condizione che la durata del contratto non sia" sono sostituite dalle seguenti: "per un periodo non";

2) al quinto periodo, le parole: "a condizione che la durata del contratto non sia" sono sostituite dalle seguenti: "per un periodo non";

b) il comma 7 dell'articolo 102 è sostituito dal seguente:

"7. Per i beni concessi in locazione finanziaria l'impresa concedente che imputa a conto economico i relativi canoni deduce quote di ammortamento determinate in ciascun esercizio nella misura risultante dal relativo piano di ammortamento finanziario. Per l'impresa utilizzatrice che imputa a conto economico i canoni di locazione finanziaria, a prescindere dalla durata contrattuale prevista, la deduzione è ammessa per un periodo non inferiore ai due terzi del periodo di ammortamento corrispondente al coefficiente stabilito a norma del comma 2, in relazione all'attività esercitata dall'impresa stessa; in caso di beni immobili, qualora l'applicazione della regola di cui al periodo precedente determini un risultato inferiore a undici anni ovvero superiore a diciotto anni, la deduzione è ammessa per un periodo, rispettivamente, non inferiore a undici anni ovvero pari almeno a diciotto anni. Per i beni di cui all'articolo 164, comma 1, lettera b), la deducibilità dei canoni di locazione finanziaria è ammessa per un periodo non inferiore al periodo di ammortamento corrispondente al coefficiente stabilito a norma del comma 2. La quota di interessi impliciti desunta dal contratto è soggetta alle regole dell'articolo 96".

2. Le disposizioni di cui al comma 1 si applicano ai contratti stipulati a decorrere dalla data di entrata in vigore della legge di conversione del presente decreto.

Art. 4-ter.

- (Patto di stabilità interno "orizzontale nazionale" e disposizioni concernenti il personale degli enti locali). - 1. I comuni che prevedono di conseguire, nell'anno di riferimento, un differenziale positivo rispetto all'obiettivo del patto di stabilità interno previsto dalla normativa nazionale possono comunicare al Ministero dell'economia e delle finanze - Dipartimento della Ragioneria generale dello Stato, sia mediante il sistema web appositamente predisposto, sia a mezzo di lettera raccomandata con avviso di ricevimento sottoscritta dal responsabile finanziario, entro il termine perentorio del 30 giugno, l'entità degli spazi finanziari che sono disposti a cedere nell'esercizio in corso.

2. I comuni che prevedono di conseguire, nell'anno di riferimento, un differenziale negativo rispetto all'obiettivo previsto dalla normativa nazionale possono comunicare al Ministero dell'economia e delle finanze - Dipartimento della Ragioneria generale dello Stato, sia mediante il sistema web appositamente predisposto, sia a mezzo di lettera raccomandata con avviso di ricevimento sottoscritta dal responsabile finanziario, entro il termine perentorio del 30 giugno, l'entità degli spazi finanziari di cui necessitano nell'esercizio in corso per sostenere spese per il pagamento di residui passivi di parte capitale.

3. Ai comuni di cui al comma 1, per l'anno 2012, è attribuito un contributo, nei limiti di un importo complessivo di 500 milioni di euro, pari agli spazi finanziari ceduti da ciascuno di essi e attribuiti ai comuni di cui al comma 2. In caso di incapienza, il contributo è ridotto proporzionalmente. Il contributo non è conteggiato fra le entrate valide ai fini del patto di stabilità interno ed è destinato alla riduzione del debito.

4. L'Associazione nazionale dei comuni italiani fornisce il supporto tecnico per agevolare l'attuazione del presente articolo.

5. Qualora l'entità delle richieste pervenute dai comuni di cui al comma 2 superi l'ammontare degli spazi finanziari resi disponibili dai comuni di cui al comma 1, l'attribuzione è effettuata in misura proporzionale ai maggiori spazi finanziari richiesti. Il Dipartimento della Ragioneria generale dello Stato, entro il 30 luglio, aggiorna il prospetto degli obiettivi dei comuni interessati dalla rimodulazione dell'obiettivo, con riferimento all'anno in corso e al biennio successivo.

6. Il rappresentante legale, il responsabile del servizio finanziario e l'organo di revisione economico-finanziario attestano, con la certificazione di cui al comma 20 dell'articolo 31 della legge 12 novembre 2011, n. 183, che i maggiori spazi finanziari di cui al comma 5 sono stati utilizzati esclusivamente per effettuare spese per il pagamento di residui passivi di parte capitale. In assenza di tale certificazione, nell'anno di riferimento, non sono riconosciuti i maggiori spazi finanziari di cui al comma 5, mentre restano validi i peggioramenti dei saldi obiettivi del biennio successivo ai sensi del comma 7.

7. Ai comuni di cui al comma 1 è riconosciuta, nel biennio successivo all'anno in cui cedono gli spazi finanziari, una modifica migliorativa del loro obiettivo commisurata annualmente alla metà del valore degli spazi finanziari ceduti. Agli enti di cui al comma 2, nel biennio successivo all'anno in cui acquisiscono maggiori spazi finanziari, sono attribuiti saldi obiettivi peggiorati per un importo annuale pari alla metà della quota acquisita. La somma dei maggiori spazi finanziari ceduti e di quelli attribuiti, per ogni anno di riferimento, è pari a zero.

8. Il Ministero dell'economia e delle finanze comunica al Ministero dell'interno l'entità del contributo di cui al comma 3 da erogare a ciascun comune.

9. Alla copertura finanziaria degli oneri derivanti dal comma 3, pari a 500 milioni di euro per l'anno 2012, si provvede mediante versamento all'entrata del bilancio dello Stato di una corrispondente quota delle risorse disponibili sulla contabilità speciale 1778 "Agenzia delle entrate - Fondi di bilancio".

10. All'articolo 76, comma 7, del decreto-legge 25 giugno 2008, n. 112, convertito, con modificazioni, dalla legge 6 agosto 2008, n. 133, e successive modificazioni, sono apportate le seguenti modificazioni:

a) al primo periodo, le parole: "20 per cento" sono sostituite dalle seguenti: "40 per cento";

b) dopo il primo periodo è inserito il seguente: "Ai soli fini del calcolo delle facoltà assunzionali, l'onere per le assunzioni del personale destinato allo svolgimento delle funzioni in materia di polizia locale, di istruzione pubblica e del settore sociale è calcolato nella misura ridotta del 50 per cento; le predette assunzioni continuano a rilevare per intero ai fini del calcolo delle spese di personale previsto dal primo periodo del presente comma";

c) al secondo periodo, le parole: "periodo precedente" sono sostituite dalle seguenti: "primo periodo";

d) dopo il secondo periodo è inserito il seguente: "Ferma restando l'immediata applicazione della disposizione di cui al precedente periodo, con decreto del Presidente del Consiglio dei Ministri, su proposta del Ministro per la pubblica amministrazione e la semplificazione, di concerto con i Ministri dell'economia e delle finanze e dell'interno, d'intesa con la Conferenza unificata, possono essere ridefiniti i criteri di calcolo della spesa di personale per le predette società";

e) al terzo periodo, la parola: "precedente" è sostituita dalla seguente: "terzo";

f) al quarto periodo, le parole: "20 per cento" sono sostituite dalle seguenti: "40 per cento"; al medesimo periodo sono aggiunte, in fine, le seguenti parole: "; in tal caso le disposizioni di cui al secondo periodo trovano applicazione solo in riferimento alle assunzioni del personale destinato allo svolgimento delle funzioni in materia di istruzione pubblica e del settore sociale".

11. All'articolo 1, comma 562, della legge 27 dicembre 2006, n. 296, e successive modificazioni, le parole: "dell'anno 2004" sono sostituite dalle seguenti: "dell'anno 2008".

12. Al comma 28 dell'articolo 9 del decreto-legge 31 maggio 2010, n. 78, convertito, con modificazioni, dalla legge 30 luglio 2010, n. 122, dopo il terzo periodo è inserito il seguente: "A decorrere dal 2013 gli enti locali possono superare il predetto limite per le assunzioni strettamente necessarie a garantire l'esercizio delle funzioni di polizia

locale, di istruzione pubblica e del settore sociale; resta fermo che comunque la spesa complessiva non può essere superiore alla spesa sostenuta per le stesse finalità nell'anno 2009".

13. Il comma 6-quater dell'articolo 19 del decreto legislativo 30 marzo 2001, n. 165, è sostituito dal seguente:

"6-quater. Per gli enti locali il numero complessivo degli incarichi a contratto nella dotazione organica dirigenziale, conferibili ai sensi dell'articolo 110, comma 1, del testo unico delle leggi sull'ordinamento degli enti locali, di cui al decreto legislativo 18 agosto 2000, n. 267, è stabilito nel limite massimo del 10 per cento della dotazione organica della qualifica dirigenziale a tempo indeterminato. Per i comuni con popolazione inferiore o pari a 100.000 abitanti il limite massimo di cui al primo periodo del presente comma è pari al 20 per cento della dotazione organica della qualifica dirigenziale a tempo indeterminato. Per i comuni con popolazione superiore a 100.000 abitanti e inferiore o pari a 250.000 abitanti il limite massimo di cui al primo periodo del presente comma può essere elevato fino al 13 per cento della dotazione organica della qualifica dirigenziale a tempo indeterminato a valere sulle ordinarie facoltà per le assunzioni a tempo indeterminato. Si applica quanto previsto dal comma 6-bis. In via transitoria, con provvedimento motivato volto a dimostrare che il rinnovo sia indispensabile per il corretto svolgimento delle funzioni essenziali degli enti, i limiti di cui al presente comma possono essere superati, a valere sulle ordinarie facoltà assunzionali a tempo indeterminato, al fine di rinnovare, per una sola volta, gli incarichi in corso alla data di entrata in vigore della presente disposizione e in scadenza entro il 31 dicembre 2012. Contestualmente gli enti adottano atti di programmazione volti ad assicurare, a regime, il rispetto delle percentuali di cui al presente comma".

14. Al comma 2 dell'articolo 6 del decreto legislativo 1 agosto 2011, n. 141, le parole: "Fino alla data di emanazione dei decreti di cui all'articolo 19, comma 6-quater, del decreto legislativo 30 marzo 2001, n. 165, come introdotto dall'articolo 1 del presente decreto," sono soppresse.

15. Al secondo periodo del comma 12-quater dell'articolo 142 del codice della strada, di cui al decreto legislativo 30 aprile 1992, n. 285, sono apportate le seguenti modificazioni:

a) le parole: "30 per cento" sono sostituite dalle seguenti: "90 per cento";

b) è aggiunto, in fine, il seguente periodo: "Le inadempienze di cui al periodo precedente rilevano ai fini della responsabilità disciplinare e per danno erariale e devono essere segnalate tempestivamente al procuratore regionale della Corte dei conti".

16. Il decreto di cui al comma 2 dell'articolo 25 della legge 29 luglio 2010, n. 120, è emanato entro novanta giorni dalla data di entrata in vigore del presente decreto. In caso di mancata emanazione del decreto entro il predetto termine, trovano comunque applicazione le disposizioni di cui ai commi 12-bis, 12-ter e 12-quater dell'articolo 142 del codice della strada, di cui al decreto legislativo 30 aprile 1992, n. 285 [26].

[1] *Comma modificato dall'articolo 1, comma 1, della Legge 26 aprile 2012, n. 44, in sede di conversione.*
[2] *Comma inserito dall'articolo 1, comma 1, della Legge 26 aprile 2012, n. 44, in sede di conversione.*
[3] *Comma inserito dall'articolo 1, comma 1, della Legge 26 aprile 2012, n. 44, in sede di conversione.*
[4] *Comma inserito dall'articolo 1, comma 1, della Legge 26 aprile 2012, n. 44, in sede di conversione.*
[5] *Comma inserito dall'articolo 1, comma 1, della Legge 26 aprile 2012, n. 44, in sede di conversione.*
[6] *Comma modificato dall'articolo 1, comma 1, della Legge 26 aprile 2012, n. 44, in sede di conversione.*
[7] *La Corte Costituzionale, con la sentenza 23 maggio 2013, n. 97, dichiara l'illegittimità costituzionale del presente comma, nella parte in cui si applica alla Regione siciliana.*
[8] *Comma inserito dall'articolo 1, comma 1, della Legge 26 aprile 2012, n. 44, in sede di conversione.*
[9] *Comma sostituito dall'articolo 1, comma 1, della Legge 26 aprile 2012, n. 44, in sede di conversione.*
[10] *Comma modificato dall'articolo 1, comma 1, della Legge 26 aprile 2012, n. 44, in sede di conversione.*
[11] *Comma sostituito dall'articolo 1, comma 1, della Legge 26 aprile 2012, n. 44, in sede di conversione.*
[12] *Comma inserito dall'articolo 1, comma 1, della Legge 26 aprile 2012, n. 44, in sede di conversione e, successivamente, sostituito dall'articolo 22, comma 2, del D.L. 24 aprile 2014, n. 66, convertito con modificazioni dalla Legge 23 giugno 2014, n. 89. Vedi inoltre il comma 2-bis, del medesimo articolo 22, del D.L. n. 66 del 2014. Vedi anche il D.M. 29 luglio 2014. A norma dell'articolo 1, comma 692, della Legge 23 dicembre 2014, n. 190, il termine per il versamento dell'imposta municipale propria (IMU), relativa al 2014, di cui al presente comma, è prorogato al 26 gennaio 2015, con la decorrenza indicata al comma 701 del medesimo articolo 1. Da ultimo, comma abrogato dall'articolo 1, comma 6, del D.L. 24 gennaio 2015, n. 4, convertito con modificazioni dalla Legge 24 marzo 2015, n. 34. Successivamente il citato articolo 1, comma 6, del D.L. 24 gennaio 2015, n. 4 è stato abrogato dall'articolo 1, comma 13, della Legge 28 dicembre 2015, n. 208.*
[13] *Comma inserito dall'articolo 1, comma 1, della Legge 26 aprile 2012, n. 44, in sede di conversione.*
[14] *Comma inserito dall'articolo 1, comma 1, della Legge 26 aprile 2012, n. 44, in sede di conversione.*
[15] *Comma inserito dall'articolo 1, comma 1, della Legge 26 aprile 2012, n. 44, in sede di conversione.*
[16] *Comma inserito dall'articolo 1, comma 1, della Legge 26 aprile 2012, n. 44, in sede di conversione.*
[17] *Comma inserito dall'articolo 1, comma 1, della Legge 26 aprile 2012, n. 44, in sede di conversione.*
[18] *Comma inserito dall'articolo 1, comma 1, della Legge 26 aprile 2012, n. 44, in sede di conversione.*
[19] *A norma dell'articolo 10, comma 2, del D.L. 6 marzo 2014, n. 16, convertito, con modificazioni, dalla Legge 2 maggio 2014, n. 68, per l'anno 2014 i trasferimenti erariali non oggetto di fiscalizzazione corrisposti dal Ministero dell'interno in favore delle province appartenenti alla regione Siciliana e alla regione Sardegna sono determinati in base alle disposizioni recate dal presente comma e alle modifiche dei fondi successivamente intervenute.*
[20] *Comma abrogato dall'articolo 2, comma 1, del D.Lgs. 22 gennaio 2016, n. 10.*
[21] *Comma modificato dall'articolo 1, comma 1, della Legge 26 aprile 2012, n. 44, in sede di conversione.*
[22] *Comma modificato dall'articolo 1, comma 1, della Legge 26 aprile 2012, n. 44, in sede di conversione.*
[23] *Comma inserito dall'articolo 1, comma 1, della Legge 26 aprile 2012, n. 44, in sede di conversione.*
[24] *Comma inserito dall'articolo 1, comma 1, della Legge 26 aprile 2012, n. 44, in sede di conversione.*
[25] *Comma inserito dall'articolo 1, comma 1, della Legge 26 aprile 2012, n. 44, in sede di conversione.*
[26] *Comma inserito dall'articolo 1, comma 1, della Legge 26 aprile 2012, n. 44, in sede di conversione.*

4 *bis*. Modifiche al testo unico di cui al decreto del Presidente della Repubblica n. 917 del 1986, in materia di deduzione dei canoni di leasing [1]. – 1. Al testo unico di cui al decreto del Presidente della Repubblica 22 dicembre 1986, n. 917, sono apportate le seguenti modificazioni:

a) al comma 2 dell'articolo 54:

1) al terzo periodo, le parole: "a condizione che la durata del contratto non sia" sono sostituite dalle seguenti: "per un periodo non";

2) al quinto periodo, le parole: "a condizione che la durata del contratto non sia" sono sostituite dalle seguenti: "per un periodo non";

b) il comma 7 dell'articolo 102 è sostituito dal seguente:

"7. Per i beni concessi in locazione finanziaria l'impresa concedente che imputa a conto economico i relativi canoni deduce quote di ammortamento determinate in ciascun esercizio nella misura risultante dal relativo piano di ammortamento finanziario. Per l'impresa utilizzatrice che imputa a conto economico i canoni di locazione finanziaria, a prescindere dalla durata contrattuale prevista, la deduzione è ammessa per un periodo non inferiore ai due terzi del periodo di ammortamento corrispondente al coefficiente stabilito a norma del comma 2, in relazione all'attività esercitata dall'impresa stessa; in caso di beni immobili, qualora l'applicazione della regola di cui al periodo precedente determini un risultato inferiore a undici anni ovvero superiore a diciotto anni, la deduzione è ammessa per un periodo, rispettivamente, non inferiore a undici anni ovvero pari almeno a diciotto anni. Per i beni di cui all'articolo 164, comma 1, lettera b), la deducibilità dei canoni di locazione finanziaria è ammessa per un periodo non inferiore al periodo di ammortamento corrispondente al coefficiente stabilito a norma del comma 2. La quota di interessi impliciti desunta dal contratto è soggetta alle regole dell'articolo 96".

2. Le disposizioni di cui al comma 1 si applicano ai contratti stipulati a decorrere dalla data di entrata in vigore della legge di conversione del presente decreto.

(1) *Articolo inserito dall'articolo 1, comma 1, della Legge 26 aprile 2012, n. 44, in sede di conversione.*

4 ter. Patto di stabilità interno "orizzontale nazionale" e disposizioni concernenti il personale degli enti locali (1). – 1. I comuni che prevedono di conseguire, nell'anno di riferimento, un differenziale positivo rispetto all'obiettivo del patto di stabilità interno previsto dalla normativa nazionale possono comunicare al Ministero dell'economia e delle finanze - Dipartimento della Ragioneria generale dello Stato, mediante il sito web "http://pattostabilitainterno.tesoro.it" appositamente predisposto, entro il termine perentorio del 15 giugno, l'entità degli spazi finanziari che sono disposti a cedere nell'esercizio in corso (2)(3).

2. I comuni che prevedono di conseguire, nell'anno di riferimento, un differenziale negativo rispetto all'obiettivo previsto dalla normativa nazionale possono comunicare al Ministero dell'economia e delle finanze - Dipartimento della Ragioneria generale dello Stato, mediante il sito web "http://pattostabilitainterno.tesoro.it" appositamente predisposto, entro il termine perentorio del 15 giugno, l'entità degli spazi finanziari di cui necessitano nell'esercizio in corso per sostenere spese per il pagamento di residui passivi di parte capitale. Entro lo stesso termine i comuni possono variare le comunicazioni già trasmesse (4)(5).

3. Ai comuni di cui al comma 1, per l'anno 2012, è attribuito un contributo, nei limiti di un importo complessivo di 200 milioni di euro, pari agli spazi finanziari ceduti da ciascuno di essi e attribuiti ai comuni di cui al comma 2. In caso di incapienza, il contributo è ridotto proporzionalmente. Il contributo non è conteggiato fra le entrate valide ai fini del patto di stabilità interno ed è destinato alla riduzione del debito (6)(7).

4. L'Associazione nazionale dei comuni italiani fornisce il supporto tecnico per agevolare l'attuazione del presente articolo (8).

5. Qualora l'entità delle richieste pervenute dai comuni di cui al comma 2 superi l'ammontare degli spazi finanziari resi disponibili dai comuni di cui al comma 1, l'attribuzione è effettuata in misura proporzionale ai maggiori spazi finanziari richiesti. Il Dipartimento della Ragioneria generale dello Stato, entro il 10 luglio, aggiorna il prospetto degli obiettivi dei comuni interessati dalla rimodulazione dell'obiettivo, con riferimento all'anno in corso e al biennio successivo (9)(10).

6. Il rappresentante legale, il responsabile del servizio finanziario e l'organo di revisione economico-finanziario attestano, con la certificazione di cui al comma 20 dell'articolo 31 della legge 12 novembre 2011, n. 183, che i maggiori spazi finanziari di cui al comma 5 sono stati utilizzati esclusivamente per effettuare spese per il pagamento di residui passivi di parte capitale. In assenza di tale certificazione, nell'anno di riferimento, non sono riconosciuti i maggiori spazi finanziari di cui al comma 5, mentre restano validi i peggioramenti dei saldi obiettivi del biennio successivo ai sensi del comma 7(11).

7. Ai comuni di cui al comma 1 è riconosciuta, nel biennio successivo all'anno in cui cedono gli spazi finanziari, una modifica migliorativa del loro obiettivo commisurata annualmente alla metà del valore degli spazi finanziari ceduti. Agli enti di cui al comma 2, nel biennio successivo all'anno in cui acquisiscono maggiori spazi finanziari, sono attribuiti saldi obiettivi peggiorati per un importo annuale pari alla metà della quota acquisita. La somma dei maggiori spazi finanziari ceduti e di quelli attribuiti, per ogni anno di riferimento, è pari a zero (12).

8. Il Ministero dell'economia e delle finanze comunica al Ministero dell'interno l'entità del contributo di cui al comma 3 da erogare a ciascun comune (13).

9. Alla copertura finanziaria degli oneri derivanti dal comma 3, pari a 500 milioni di euro per l'anno 2012, si provvede mediante versamento all'entrata del bilancio dello Stato di una corrispondente quota delle risorse disponibili sulla contabilità speciale 1778 "Agenzia delle entrate - Fondi di bilancio" (14).

10. All'articolo 76, comma 7, del decreto-legge 25 giugno 2008, n. 112, convertito, con modificazioni, dalla legge 6 agosto 2008, n. 133, e successive modificazioni, sono apportate le seguenti modificazioni:

a) al primo periodo, le parole: "20 per cento" sono sostituite dalle seguenti: "40 per cento";

b) dopo il primo periodo è inserito il seguente: "Ai soli fini del calcolo delle facoltà assunzionali, l'onere per le assunzioni del personale destinato allo svolgimento delle funzioni in materia di polizia locale, di istruzione pubblica e del settore sociale è calcolato nella misura ridotta del 50 per cento; le predette assunzioni continuano a rilevare per intero ai fini del calcolo delle spese di personale previsto dal primo periodo del presente comma";

c) al secondo periodo, le parole: "periodo precedente" sono sostituite dalle seguenti: "primo periodo";

d) dopo il secondo periodo è inserito il seguente: "Ferma restando l'immediata applicazione della disposizione di cui al precedente periodo, con decreto del Presidente del Consiglio dei Ministri, su proposta del Ministro per la pubblica amministrazione e la semplificazione, di concerto con i Ministri dell'economia e delle finanze e dell'interno, d'intesa con la Conferenza unificata, possono essere ridefiniti i criteri di calcolo della spesa di personale per le predette società";

e) al terzo periodo, la parola: "precedente" è sostituita dalla seguente: "terzo";

f) al quarto periodo, le parole: "20 per cento" sono sostituite dalle seguenti: "40 per cento"; al medesimo periodo sono aggiunte, in fine, le seguenti parole: "; in tal caso le disposizioni di cui al secondo periodo trovano applicazione solo in riferimento alle assunzioni del personale destinato allo svolgimento delle funzioni in materia di istruzione pubblica e del settore sociale".

11. All'articolo 1, comma 562, della legge 27 dicembre 2006, n. 296, e successive modificazioni, le parole: "dell'anno 2004" sono sostituite dalle seguenti: "dell'anno 2008".

12. Al comma 28 dell'articolo 9 del decreto-legge 31 maggio 2010, n. 78, convertito, con modificazioni, dalla legge 30 luglio 2010, n. 122, dopo il terzo periodo è inserito il seguente: "A decorrere dal 2013 gli enti locali possono superare il predetto limite per le assunzioni strettamente necessarie a garantire l'esercizio delle funzioni di polizia locale, di istruzione pubblica e del settore sociale; resta fermo che comunque la spesa complessiva non può essere superiore alla spesa sostenuta per le stesse finalità nell'anno 2009".

13. Il comma 6-quater dell'articolo 19 del decreto legislativo 30 marzo 2001, n. 165, è sostituito dal seguente:

"6-quater. Per gli enti locali il numero complessivo degli incarichi a contratto nella dotazione organica dirigenziale, conferibili ai sensi dell'articolo 110, comma 1, del testo unico delle leggi sull'ordinamento degli enti locali, di cui al decreto legislativo 18 agosto 2000, n. 267, è stabilito nel limite massimo del 10 per cento della dotazione organica della qualifica dirigenziale a tempo indeterminato. Per i comuni con popolazione inferiore o pari a 100.000 abitanti il limite massimo di cui al primo periodo del presente comma è pari al 20 per cento della dotazione organica della qualifica dirigenziale a tempo indeterminato. Per i comuni con popolazione superiore a 100.000 abitanti e inferiore o pari a 250.000 abitanti il limite massimo di cui al primo periodo del presente comma può essere elevato fino al 13 per cento della dotazione organica della qualifica dirigenziale a tempo indeterminato a valere sulle ordinarie facoltà per le assunzioni a tempo indeterminato. Si applica quanto previsto dal comma 6-bis. In via transitoria, con provvedimento motivato volto a dimostrare che il rinnovo sia indispensabile per il corretto svolgimento delle funzioni essenziali degli enti, i limiti di cui al presente comma possono essere superati, a valere sulle ordinarie facoltà assunzionali a tempo indeterminato, al fine di rinnovare, per una sola volta, gli incarichi in corso alla data di entrata in vigore della presente disposizione e in scadenza entro il 31 dicembre 2012. Contestualmente gli enti adottano atti di programmazione volti ad assicurare, a regime, il rispetto delle percentuali di cui al presente comma".

14. Al comma 2 dell'articolo 6 del decreto legislativo 1° agosto 2011, n. 141, le parole: "Fino alla data di emanazione dei decreti di cui all'articolo 19, comma 6-quater, del decreto legislativo 30 marzo 2001, n. 165, come introdotto dall'articolo 1 del presente decreto," sono soppresse.

15. Al secondo periodo del comma 12-quater dell'articolo 142 del codice della strada, di cui al decreto legislativo 30 aprile 1992, n. 285, sono apportate le seguenti modificazioni:

a) le parole: "30 per cento" sono sostituite dalle seguenti: "90 per cento";

b) è aggiunto, in fine, il seguente periodo: "Le inadempienze di cui al periodo precedente rilevano ai fini della responsabilità disciplinare e per danno erariale e devono essere segnalate tempestivamente al procuratore regionale della Corte dei conti".

16. Il decreto di cui al comma 2 dell'articolo 25 della legge 29 luglio 2010, n. 120, è emanato entro novanta giorni dalla data di entrata in vigore del presente decreto. In caso di mancata emanazione del decreto entro il predetto termine, trovano comunque applicazione le disposizioni di cui ai commi 12-bis, 12-ter e 12-quater dell'articolo 142 del codice della strada, di cui al decreto legislativo 30 aprile 1992, n. 285.

(1) Articolo inserito dall'articolo 1, comma 1, della Legge 26 aprile 2012, n. 44, in sede di conversione.

(2) Comma modificato dall'articolo 16, comma 12, lettera a), del D.L. 6 luglio 2012, n. 95; dall'articolo 1, comma 437, lettera a), della Legge 24 dicembre 2012, n. 228 e, da ultimo, dall'articolo 1, comma 544, lettere a) e b), della Legge 27 dicembre 2013, n. 147.

(3) A norma dell'articolo 1, comma 6, del D.L. 8 aprile 2013, n. 35, convertito, con modificazioni, dalla Legge 6 giugno 2013, n. 64, per l'anno 2013 non si applicano le disposizioni di cui al presente comma.

(4) Comma modificato dall'articolo 16, comma 12, lettere a) e b), del D.L. 6 luglio 2012, n. 95; dall'articolo 1, comma 437, lettera a), della Legge 24 dicembre 2012, n. 228 e, da ultimo, dall'articolo 1, comma 544, lettere a) e b), della Legge 27 dicembre 2013, n. 147.

(5) A norma dell'articolo 1, comma 6, del D.L. 8 aprile 2013, n. 35, convertito, con modificazioni, dalla Legge 6 giugno 2013, n. 64, per l'anno 2013 non si applicano le disposizioni di cui al presente comma.

(6) Comma modificato dall'articolo 16, comma 12, lettera b bis), del D.L. 6 luglio 2012, n. 95.

(7) A norma dell'articolo 1, comma 6, del D.L. 8 aprile 2013, n. 35, convertito, con modificazioni, dalla Legge 6 giugno 2013, n. 64, per l'anno 2013 non si applicano le disposizioni di cui al presente comma.

(8) A norma dell'articolo 1, comma 6, del D.L. 8 aprile 2013, n. 35, convertito, con modificazioni, dalla Legge 6 giugno 2013, n. 64, per l'anno 2013 non si applicano le disposizioni di cui al presente comma.

(9) Comma modificato dall'articolo 16, comma 12, lettera c), del D.L. 6 luglio 2012, n. 95; dall'articolo 1, comma 437, lettera b), della Legge 24 dicembre 2012, n. 228 e, da ultimo, dall'articolo 1, comma 544, lettera c), della Legge 27 dicembre 2013, n. 147.

(10) A norma dell'articolo 1, comma 6, del D.L. 8 aprile 2013, n. 35, convertito, con modificazioni, dalla Legge 6 giugno 2013, n. 64, per l'anno 2013 non si applicano le disposizioni di cui al presente comma.

(11) A norma dell'articolo 1, comma 6, del D.L. 8 aprile 2013, n. 35, convertito, con modificazioni, dalla Legge 6 giugno 2013, n. 64, per l'anno 2013 non si applicano le disposizioni di cui al presente comma.

(12) A norma dell'articolo 1, comma 6, del D.L. 8 aprile 2013, n. 35, convertito, con modificazioni, dalla Legge 6 giugno 2013, n. 64, per l'anno 2013 non si applicano le disposizioni di cui al presente comma.

(13) A norma dell'articolo 1, comma 6, del D.L. 8 aprile 2013, n. 35, convertito, con modificazioni, dalla Legge 6 giugno 2013, n. 64, per l'anno 2013 non si applicano le disposizioni di cui al presente comma.

(14) A norma dell'articolo 1, comma 6, del D.L. 8 aprile 2013, n. 35, convertito, con modificazioni, dalla Legge 6 giugno 2013, n. 64, per l'anno 2013 non si applicano le disposizioni di cui al presente comma.

TITOLO II
Efficientamento e potenziamento dell'azione dell'amministrazione tributaria

CAPO I
Efficientamento

5. Studi di settore, versamenti tributari, Sistema informativo della fiscalità, Equitalia Giustizia. – 1. All'articolo 10, comma 13, del decreto-legge 6 dicembre 2011, n. 201, convertito, con modificazioni, dalla legge 22 dicembre 2011, n. 214, dopo il primo periodo è inserito il seguente: «Con riferimento all'annualità 2011, le integrazioni previste dall'articolo 1, comma 1-bis, del decreto del Presidente della Repubblica 31 maggio 1999, n. 195, devono essere pubblicate nella Gazzetta Ufficiale entro il 30 aprile 2012.».

2. All'articolo 15-bis, comma 1, del decreto del Presidente della Repubblica 26 ottobre 1972, n. 642dopo le parole: "n. 87," sono inserite le seguenti: "nonché le imprese di assicurazioni," e le parole: «30 novembre» sono sostituite dalle seguenti: «16 aprile» (1).

3. All'articolo 9, comma 1-bis, della legge 29 ottobre 1961, n. 1216, le parole: «Entro il 30 novembre» fino a: «per l'anno precedente,» sono sostituite dalle seguenti: «Entro il 16 maggio di ogni anno, gli assicuratori versano, altresì, a titolo di acconto una somma pari al 12,5 per cento dell'imposta dovuta per l'anno precedente provvisoriamente determinata,» (2).

4. Al fine di garantire l'unitarietà del Sistema informativo della fiscalità e la continuità operativa e gestionale necessarie per il conseguimento degli obiettivi strategici relativi al contrasto all'evasione e all'elusione fiscale, gli istituti contrattuali che disciplinano il rapporto di servizio tra l'amministrazione finanziaria e la società di cui all'articolo 59 del decreto legislativo 30 luglio 1999, n. 300, sono prorogati fino al completamento delle procedure in corso per la stipula del nuovo atto regolativo e sono immediatamente efficaci i piani di attività ad essi correlati.

5. Gli importi massimali previsti dagli istituti contrattuali di cui al comma 4 sono incrementati in ragione dell'effettiva durata del periodo di proroga, fermo restando che, ai fini di realizzare ogni possibile economia di spesa, i corrispettivi unitari sono rideterminati utilizzando i previsti strumenti contrattuali di revisione.

6. Dalle disposizioni di cui ai commi 4 e 5 non devono derivare nuovi o maggiori oneri per la finanza pubblica.

6-bis. Al fine di semplificare e razionalizzare, anche attraverso la completa dematerializzazione, le procedure connesse alla gestione economica e giuridica del personale delle pubbliche amministrazioni da parte del Ministero dell'economia e delle finanze - Dipartimento dell' amministrazione generale, del personale e dei servizi - Direzione centrale dei sistemi informativi e dell'innovazione, a decorrere dalla data di entrata in vigore della legge di conversione del presente decreto, le comunicazioni e le istanze per i servizi disponibili sono inviate esclusivamente tramite il portale stipendi PA ai sensi degli articoli 64 e 65 del codice dell'amministrazione digitale, di cui al decreto legislativo 7 marzo 2005, n. 82 (3).

6-ter. Per le finalità di cui all'articolo 50 del codice dell'amministrazione digitale, di cui al decreto legislativo 7 marzo 2005, n. 82, nonché al fine di agevolare l'acquisizione d'ufficio, il controllo sulle dichiarazioni sostitutive riguardanti informazioni e dati relativi a stati, qualità personali e fatti di cui agli articoli 46 e 47 del testo unico di cui al decreto del Presidente della Repubblica 28 dicembre 2000, n. 445, qualunque dato necessario all'erogazione dei servizi di pagamento degli stipendi al personale delle pubbliche amministrazioni da parte del Ministero dell'economia e delle finanze - Dipartimento dell'amministrazione generale, del personale e dei servizi - Direzione centrale dei sistemi informativi e dell'innovazione, ai sensi dell'articolo 1, commi 446 e 447, della legge 27 dicembre 2006, n. 296, e dell'articolo 11, comma 9, del decreto-legge 6 luglio 2011, n. 98, convertito, con modificazioni, dalla legge 15 luglio 2011, n. 111, è acquisito anche mediante appositi flussi informativi, nel rispetto dei principi per la protezione dei dati personali (4).

6-quater. All'attuazione dei commi 6-bis e 6-ter si provvede con le risorse umane, strumentali e finanziarie disponibili a legislazione vigente, senza nuovi o maggiori oneri a carico della finanza pubblica (5).

6-quinquies. Al fine di procedere alla razionalizzazione delle banche dati del Ministero dell'economia e delle finanze, all'articolo 1 della legge 17 agosto 2005, n. 166, il comma 5 è sostituito dal seguente:

"5. Titolare dell'archivio informatizzato è l'Ufficio centrale antifrode dei mezzi di pagamento del Ministero dell'economia e delle finanze. Secondo quanto previsto dall'articolo 29 del codice di cui al decreto legislativo 30 giugno 2003, n. 196, il Ministero dell'economia e delle finanze designa, per la gestione dell'archivio e in qualità di responsabile del trattamento dei dati personali, la Consap Spa. I rapporti tra il Ministero dell'economia e delle finanze e l'ente gestore sono disciplinati con apposita convenzione, dalla quale non devono derivare nuovi o maggiori oneri a carico della finanza pubblica" (6).

7. Nell'articolo 1 della legge 31 dicembre 2009, n. 196, e successive modificazioni, il comma 2 è sostituito dal seguente:

«2. Ai fini della applicazione delle disposizioni in materia di finanza pubblica, per amministrazioni pubbliche si intendono, per l'anno 2011, gli enti e i soggetti indicati a fini statistici nell'elenco oggetto del comunicato dell'Istituto nazionale di statistica (ISTAT) in data 24 luglio 2010, pubblicato in pari data nella Gazzetta ufficiale della Repubblica italiana n. 171, nonché a decorrere dall'anno 2012 gli enti e i soggetti indicati a fini statistici dal predetto Istituto nell'elenco oggetto del comunicato del medesimo Istituto in data 30 settembre 2011, pubblicato in pari data nella Gazzetta ufficiale della Repubblica italiana n. 228 e successivi aggiornamenti ai sensi del comma 3 del presente articolo, effettuati sulla base delle definizioni di cui agli specifici regolamenti dell'Unione europea, le Autorità indipendenti e, comunque, le amministrazioni di cui all'articolo 1, comma 2, del decreto legislativo 30 marzo 2001, n. 165, e successive modificazioni.» (7).

7-bis. All'articolo 4, comma 3, lettera b), del decreto legislativo 31 maggio 2011, n. 91, dopo le parole: "decreto del Presidente della Repubblica 27 febbraio 2003, n. 97," sono inserite le seguenti: "prevedendo come ambito di applicazione le amministrazioni pubbliche di cui all'articolo 1, comma 1, lettera a), e" (8)

8. All'articolo 2, comma 6-bis, del decreto-legge 16 settembre 2008, n. 143, convertito, con modificazioni, dalla legge 13 novembre 2008, n. 181, nel primo periodo, la parola: «segue» è sostituita dalle seguenti: «e l'incasso della remunerazione dovuta a tale società a titolo di aggio ai sensi del comma 6, primo periodo, seguono».

8-bis. All'articolo 7, comma 2, del decreto-legge 13 maggio 2011, n. 70, convertito, con modificazioni, dalla legge 12 luglio 2011, n. 106, e successive modificazioni, la lettera gg-septies) è sostituita dalla seguente:

"gg-septies) nel caso di affidamento ai soggetti di cui all'articolo 52, comma 5, lettera b), del decreto legislativo 15 dicembre 1997, n. 446, la riscossione delle entrate viene effettuata mediante l'apertura di uno o più conti correnti di riscossione, postali o bancari, intestati al soggetto affidatario e dedicati alla riscossione delle entrate dell'ente affidante, sui quali devono affluire tutte le somme riscosse. Il riversamento dai conti correnti di riscossione sul conto corrente di tesoreria dell'ente delle somme riscosse, al netto dell'aggio e delle spese anticipate dal soggetto affidatario, deve avvenire entro la prima decade di ogni mese con riferimento alle somme accreditate sui conti correnti di riscossione nel mese precedente" [9].

(1) Comma modificato dall'articolo 1, comma 1, della Legge 26 aprile 2012, n. 44, in sede di conversione.
(2) Comma modificato dall'articolo 1, comma 1, della Legge 26 aprile 2012, n. 44, in sede di conversione.
(3) Comma inserito dall'articolo 1, comma 1, della Legge 26 aprile 2012, n. 44, in sede di conversione.
(4) Comma inserito dall'articolo 1, comma 1, della Legge 26 aprile 2012, n. 44, in sede di conversione.
(5) Comma inserito dall'articolo 1, comma 1, della Legge 26 aprile 2012, n. 44, in sede di conversione.
(6) Comma inserito dall'articolo 1, comma 1, della Legge 26 aprile 2012, n. 44, in sede di conversione.
(7) Comma modificato dall'articolo 1, comma 1, della Legge 26 aprile 2012, n. 44, in sede di conversione.
(8) Comma inserito dall'articolo 1, comma 1, della Legge 26 aprile 2012, n. 44, in sede di conversione.
(9) Comma aggiunto dall'articolo 1, comma 1, della Legge 26 aprile 2012, n. 44, in sede di conversione.

6. Attività e certificazioni in materia catastatale. – 1. All'articolo 64 del decreto legislativo 30 luglio 1999, n. 300, sono apportate le seguenti modificazioni:

a) al comma 3, le parole: «ed i connessi servizi estimativi che può offrire direttamente sul mercato», sono soppresse;

b) dopo il comma 3, è inserito il seguente:

«3-bis. Ferme le attività di valutazione immobiliare per le amministrazioni dello Stato di competenza dell'Agenzia del demanio, l'Agenzia del territorio è competente a svolgere le attività di valutazione immobiliare e tecnico-estimative richieste dalle amministrazioni pubbliche di cui all'articolo 1, comma 2, del decreto legislativo 30 marzo 2001, n. 165, e dagli enti ad esse strumentali.

Le predette attività sono disciplinate mediante accordi, secondo quanto previsto dall'articolo 15 della legge 7 agosto 1990, n. 241, e successive modificazioni. Tali accordi prevedono il rimborso dei costi sostenuti dall'Agenzia, la cui determinazione è stabilita nella Convenzione di cui all'articolo 59.».

2. Al comma 9 dell'articolo 14 del decreto-legge 6 dicembre 2011, n. 201, convertito, con modificazioni, dalla legge 22 dicembre 2011, n. 214, sono aggiunti, in fine, i seguenti periodi:

«In sede di prima applicazione, per le unità immobiliari urbane a destinazione ordinaria, prive di planimetria catastale, nelle more della presentazione, l'Agenzia del territorio procede alla determinazione di una superficie convenzionale, sulla base degli elementi in proprio possesso. Il tributo comunale sui rifiuti e sui servizi corrispondente è corrisposto a titolo di acconto e salvo conguaglio. Le medesime disposizioni di cui al presente comma, si applicano alle unità immobiliari per le quali è stata attribuita la rendita presunta ai sensi dell'articolo 19, comma 10, del decreto-legge 31 maggio 2010, n. 78, convertito, con modificazioni, dalla legge 30 luglio 2010, n. 122, come integrato dall'articolo 2, comma 5-bis del decreto-legge 29 dicembre 2010, n. 225, convertito, con modificazioni, dalla legge 26 febbraio 2011, n. 10.».

3. Al fine di semplificare gli adempimenti a carico dei cittadini, le dichiarazioni relative all'uso del suolo di cui all'articolo 2, comma 33, del decreto-legge 3 ottobre 2006, n. 262, convertito, con modificazioni, dalla legge 24 novembre 2006, n. 286, utili al fine dell'aggiornamento del catasto, sono rese dai soggetti interessati con le modalità stabilite da provvedimento del Direttore dell'Agenzia del territorio da adottare, sentita l'AGEA, entro novanta giorni dalla data di entrata in vigore del presente decreto [1].

4. Le sanzioni previste dall'articolo 2, comma 33, ultimo periodo, del decreto-legge 3 ottobre 2006, n. 262, convertito, con modificazioni, dalla legge 24 novembre 2006 n. 286, e successive modificazioni, operano a decorrere dalla data di pubblicazione del provvedimento di cui al comma 3 e unicamente a valere sulle dichiarazioni rese ai sensi del medesimo comma [2].

5. In deroga a quanto stabilito dall'articolo 40 del decreto del Presidente della Repubblica 28 dicembre 2000, n. 445, e successive modificazioni, le disposizioni di cui ai commi 01 e 02 del predetto articolo 40 del decreto del Presidente della Repubblica n. 445 del 2000 non si applicano ai certificati e alle attestazioni da produrre al conservatore dei registri immobiliari per l'esecuzione di formalità ipotecarie, nonché ai certificati ipotecari e catastali rilasciati dall'Agenzia del territorio.

5-bis. Le Agenzie fiscali e gli agenti della riscossione di cui all'articolo 3 del decreto-legge 30 settembre 2005, n. 203, convertito, con modificazioni, dalla legge 2 dicembre 2005, n. 248, e successive modificazioni, per l'espletamento dei compiti istituzionali accedono, anche con modalità telematiche, in esenzione da tributi e oneri, ai servizi di consultazione delle banche dati ipotecaria e catastale e dell'anagrafe immobiliare integrata, gestite dall'Agenzia del territorio, nonché delle banche dati del libro fondiario e del catasto gestite dagli enti pubblici territoriali [3].

5-ter. Le pubbliche amministrazioni di cui all'articolo 1, comma 2, del decreto legislativo 30 marzo 2001, n. 165, e successive modificazioni, diverse da quelle indicate al comma 5-bis, per l'assolvimento dei fini istituzionali accedono, con modalità telematiche e su base convenzionale, in esenzione da tributi, ai servizi di consultazione delle banche dati ipotecaria e catastale gestite dall'Agenzia del territorio [4].

5-quater. L'accesso ai servizi di consultazione delle banche dati ipotecaria e catastale gestite dall'Agenzia del territorio avviene gratuitamente e in esenzione da tributi se viene richiesto presso gli uffici in relazione a beni immobili dei quali il soggetto richiedente risulta titolare, anche in parte, del diritto di proprietà o di altri diritti reali di godimento [5].

5-quinquies. Con provvedimento del Direttore dell'Agenzia del territorio sono stabiliti modalità e tempi per estendere il servizio di consultazione di cui al comma 5-quater anche per via telematica in modo gratuito e in esenzione da tributi [6].

5-sexies. Fatto salvo quanto disposto dai commi da 5-bis a 5-quinquies, per la consultazione telematica della banca dati ipotecaria gestita dall'Agenzia del territorio sono dovuti i tributi previsti dalla tabella allegata al testo unico di cui al decreto legislativo 31 ottobre 1990, n. 347, e successive modificazioni, con una riduzione del 10 per cento (7).

5-septies. Al titolo III della tabella A allegata al decreto-legge 31 luglio 1954, n. 533, convertito, con modificazioni, dalla legge 26 settembre 1954, n. 869, e successive modificazioni, sono apportate le seguenti modificazioni:

a) il numero d'ordine 2.2. è sostituito dal seguente:

"2.2. per ogni unità di nuova costruzione ovvero derivata da dichiarazione di variazione:

2.2.1 per ogni unità appartenente alle categorie a destinazione ordinaria (categorie dei gruppi A, B e C) e a quelle censite senza rendita: euro 50,00; 2.2.2 per ogni unità appartenente alle categorie a destinazione speciale (categorie dei gruppi D ed E): euro 100,00";

b) dopo il numero d'ordine 3 è aggiunto il seguente: "3-bis. Consultazione degli atti catastali: 3-bis.1. consultazione effettuata su documenti cartacei, per ogni richiedente e per ogni giorno o frazione: euro 5,00; 3-bis.2. consultazione della base informativa: consultazione per unità immobiliare: euro 1,00; consultazione per soggetto, per ogni 10 unità immobiliari, o frazione di 10: euro 1,00; elenchi di immobili con estrazione di dati selezionati ed ogni altra consultazione, per ogni 10 unità immobiliari, o frazioni di 10: euro 1,00" (8).

5-octies. Fatto salvo quanto disposto ai commi da 5-bis a 5-quinquies, per la consultazione telematica della banca dati catastale gestita dall'Agenzia del territorio sono dovuti i tributi previsti dal titolo III della tabella A allegata al decreto-legge 31 luglio 1954, n. 533, convertito, con modificazioni, dalla legge 26 settembre 1954, n. 869, come da ultimo modificato dal presente articolo, con una riduzione del 10 per cento (9).

5-novies. I tributi per la consultazione telematica delle banche dati ipotecaria e catastale di cui ai commi da 5-sexies a 5-octies si applicano nella misura ivi prevista anche nel caso in cui i dati richiesti vengano rilasciati in formato elaborabile (10).

5-decies. Al numero d'ordine 6 della tabella allegata al testo unico di cui al decreto legislativo 31 ottobre 1990, n. 347, e successive modificazioni, sono apportate le seguenti modificazioni:

a) il numero d'ordine 6.1 è sostituito dal seguente: "6.1 per ogni soggetto: euro 0,15";

b) la nota del numero d'ordine 6.1 è sostituita dalla seguente: "L'importo è dovuto anticipatamente. Il servizio sarà fornito progressivamente anche in formato elaborabile. Fino all'attivazione del servizio di trasmissione telematica l'elenco dei soggetti continua a essere fornito su supporto cartaceo a richiesta di chiunque, previo pagamento del medesimo tributo di euro 0,15 per ogni soggetto" (11).

5-undecies. Le disposizioni di cui ai commi da 5-sexies a 5-decies acquistano efficacia a decorrere dal 1° ottobre 2012 (12).

5-duodecies. L'articolo 18 del testo unico delle disposizioni legislative e regolamentari in materia di spese di giustizia, di cui al decreto del Presidente della Repubblica 30 maggio 2002, n. 115, e successive modificazioni, si interpreta nel senso che, fra gli atti antecedenti, necessari o funzionali al processo, non sono comprese le trascrizioni, le annotazioni di domande giudiziali, nonché le trascrizioni, le iscrizioni e le annotazioni di sentenze o altri provvedimenti giurisdizionali, ivi compresa la trascrizione del pignoramento immobiliare, per le quali è invariata la disciplina sull'imposta di bollo (13).

5-terdecies. All'articolo 16 del testo unico di cui al decreto legislativo 31 ottobre 1990, n. 347, sono apportate le seguenti modificazioni:

a) la lettera b) del comma 1 è sostituita dalla seguente: "b) le iscrizioni e le trascrizioni di cui all'articolo 22 del decreto legislativo 18 dicembre 1997, n. 472, e successive modificazioni";

b) nella lettera c) del comma 1, le parole: "quando presso la cancelleria giudiziaria non esiste deposito per le spese" sono soppresse;

c) dopo il comma 2 è aggiunto il seguente: "2-bis. Nei casi di cui alla lettera c) del comma 1, l'ufficio provinciale dell'Agenzia del territorio notifica apposito avviso di liquidazione alle parti interessate con l'invito a effettuare entro il termine di sessanta giorni il pagamento dell'imposta, decorsi i quali procede alla riscossione a norma dell'articolo 15" (14).

5-quaterdecies. Dopo l'articolo 2645-ter del codice civile è inserito il seguente:

"Art. 2645-quater

- (Trascrizione di atti costitutivi di vincolo). -

Si devono trascrivere, se hanno per oggetto beni immobili, gli atti di diritto privato, i contratti e gli altri atti di diritto privato, anche unilaterali, nonché le convenzioni e i contratti con i quali vengono costituiti a favore dello Stato, della regione, degli altri enti pubblici territoriali ovvero di enti svolgenti un servizio di interesse pubblico, vincoli di uso pubblico o comunque ogni altro vincolo a qualsiasi fine richiesto dalle normative statali e regionali, dagli strumenti urbanistici comunali nonché dai conseguenti strumenti di pianificazione territoriale e dalle convenzioni urbanistiche a essi relative" (15).

5-quinquiesdecies. Al testo unico delle leggi in materia bancaria e creditizia, di cui al decreto legislativo 1° settembre 1993, n. 385, sono apportate le seguenti modificazioni:

a) all'articolo 40-bis:

1) al comma 1, le parole: "ovvero in caso di mancata rinnovazione dell'iscrizione entro il termine di cui all'articolo 2847 del codice civile" sono soppresse;

2) al comma 4, le parole: "La cancellazione d'ufficio si applica in tutte le fattispecie di estinzione di cui all'articolo 2878 del codice civile" sono soppresse;

b) all'articolo 161, dopo il comma 7-quater è aggiunto il seguente: "7-quinquies. A decorrere dal 2 maggio 2012, la cancellazione di cui all'articolo 40-bis si esegue anche con riferimento alle ipoteche, ivi previste, iscritte da oltre venti anni e non rinnovate ai sensi dell'articolo 2847 del codice civile. Per tali ipoteche il creditore, entro sei mesi dalla data in cui ne ha ricevuto richiesta da parte del debitore mediante lettera raccomandata con avviso di ricevimento e salvo che ricorra un giustificato motivo ostativo da comunicare al debitore medesimo, trasmette al conservatore la comunicazione attestante la data di estinzione dell'obbligazione ovvero l'insussistenza di ragioni di credito da garantire con l'ipoteca. Per le richieste ricevute prima del 2 maggio 2012, il termine di sei mesi decorre dalla medesima data. Il conservatore procede d'ufficio alla cancellazione dell'ipoteca, senza alcun onere per il debitore, entro il giorno successivo a quello di ricezione della comunicazione. Con provvedimento del Direttore dell'Agenzia del territorio, da emanare entro il 30 giugno 2012, sono definite le modalità di attuazione delle disposizioni di cui al presente comma (16).

(1) *Comma modificato dall'articolo 1, comma 1, della Legge 26 aprile 2012, n. 44, in sede di conversione.*
(2) *Comma modificato dall'articolo 1, comma 1, della Legge 26 aprile 2012, n. 44, in sede di conversione.*
(3) *Comma inserito dall'articolo 1, comma 1, della Legge 26 aprile 2012, n. 44, in sede di conversione.*
(4) *Comma inserito dall'articolo 1, comma 1, della Legge 26 aprile 2012, n. 44, in sede di conversione.*
(5) *Comma inserito dall'articolo 1, comma 1, della Legge 26 aprile 2012, n. 44, in sede di conversione.*
(6) *Comma inserito dall'articolo 1, comma 1, della Legge 26 aprile 2012, n. 44, in sede di conversione.*
(7) *Comma inserito dall'articolo 1, comma 1, della Legge 26 aprile 2012, n. 44, in sede di conversione.*
(8) *Comma inserito dall'articolo 1, comma 1, della Legge 26 aprile 2012, n. 44, in sede di conversione.*
(9) *Comma inserito dall'articolo 1, comma 1, della Legge 26 aprile 2012, n. 44, in sede di conversione.*
(10) *Comma inserito dall'articolo 1, comma 1, della Legge 26 aprile 2012, n. 44, in sede di conversione.*
(11) *Comma inserito dall'articolo 1, comma 1, della Legge 26 aprile 2012, n. 44, in sede di conversione.*
(12) *Comma inserito dall'articolo 1, comma 1, della Legge 26 aprile 2012, n. 44, in sede di conversione.*
(13) *Comma inserito dall'articolo 1, comma 1, della Legge 26 aprile 2012, n. 44, in sede di conversione.*
(14) *Comma inserito dall'articolo 1, comma 1, della Legge 26 aprile 2012, n. 44, in sede di conversione.*
(15) *Comma inserito dall'articolo 1, comma 1, della Legge 26 aprile 2012, n. 44, in sede di conversione.*
(16) *Comma inserito dall'articolo 1, comma 1, della Legge 26 aprile 2012, n. 44, in sede di conversione.*

7. Amministrazione autonoma dei monopoli di Stato. – 1. Il Ministro dell'economia e delle finanze, su richiesta dell'Amministrazione autonoma dei monopoli di Stato acquisisce obbligatoriamente il parere del Consiglio di Stato per i profili di legittimità relativi [*agli oggetti*] (1):

a) agli schemi degli atti di gara per il rilascio di concessioni in materia di giochi pubblici (2);

b) agli schemi di provvedimento di definizione dei criteri per la valutazione dei requisiti di solidità patrimoniale dei concessionari, con riferimento a specifiche tipologie di gioco e in relazione alle caratteristiche del concessionario (3).

(1) *Alinea modificato dall'articolo 1, comma 1, della Legge 26 aprile 2012, n. 44, in sede di conversione.*
(2) *Lettera modificata dall'articolo 1, comma 1, della Legge 26 aprile 2012, n. 44, in sede di conversione.*
(3) *Lettera modificata dall'articolo 1, comma 1, della Legge 26 aprile 2012, n. 44, in sede di conversione.*

CAPO II
Potenziamento

Sezione I – Accertamento

8. Misure di contrasto all'evasione. – 1. Il comma 4-bis dell'articolo 14 della legge 24 dicembre 1993, n. 537, è sostituito dal seguente:

"4-bis. Nella determinazione dei redditi di cui all'articolo 6, comma 1, del testo unico delle imposte sui redditi, di cui al decreto del Presidente della Repubblica 22 dicembre 1986, n. 917, non sono ammessi in deduzione i costi e le spese dei beni o delle prestazioni di servizio direttamente utilizzati per il compimento di atti o attività qualificabili come delitto non colposo per il quale il pubblico ministero abbia esercitato l'azione penale o, comunque, qualora il giudice abbia emesso il decreto che dispone il giudizio ai sensi dell'articolo 424 del codice di procedura penale ovvero sentenza di non luogo a procedere ai sensi dell'articolo 425 dello stesso codice fondata sulla sussistenza della causa di estinzione del reato prevista dall'articolo 157 del codice penale. Qualora intervenga una sentenza definitiva di assoluzione ai sensi dell'articolo 530 del codice di procedura penale ovvero una sentenza definitiva di non luogo a procedere ai sensi dell'articolo 425 dello stesso codice fondata sulla sussistenza di motivi diversi dalla causa di estinzione indicata nel periodo precedente, ovvero una sentenza definitiva di non doversi procedere ai sensi dell'articolo 529 del codice di procedura penale, compete il rimborso delle maggiori imposte versate in relazione alla non ammissibilità in deduzione prevista dal periodo precedente e dei relativi interessi" (1).

2. Ai fini dell'accertamento delle imposte sui redditi non concorrono alla formazione del reddito oggetto di rettifica i componenti positivi direttamente afferenti a spese o altri componenti negativi relativi a beni o servizi non effettivamente scambiati o prestati, entro i limiti dell'ammontare non ammesso in deduzione delle predette spese o altri componenti negativi. In tal caso si applica la sanzione amministrativa dal 25 al 50 per cento dell'ammontare delle spese o altri componenti negativi relativi a beni o servizi non effettivamente scambiati o prestati indicati nella dichiarazione dei redditi. In nessun caso si applicano le disposizioni di cui all'articolo 12 del decreto legislativo 18 dicembre 1997, n. 472, e la sanzione è riducibile esclusivamente ai sensi dell'articolo 16, comma 3, del decreto legislativo 18 dicembre 1997, n. 472 (2).

3. Le disposizioni di cui ai commi 1 e 2 si applicano, in luogo di quanto disposto dal comma 4-bis dell'articolo 14 della legge 24 dicembre 1993, n. 537, previgente, anche per fatti, atti o attività posti in essere prima dell'entrata in vigore degli stessi commi 1 e 2, ove più favorevoli, tenuto conto anche degli effetti in termini di imposte o maggiori imposte dovute, salvo che i provvedimenti emessi in base al citato comma 4-bis previgente non si siano resi definitivi. Resta ferma l'applicabilità delle previsioni di cui al periodo precedente ed ai commi 1 e 2 anche per la determinazione del valore della produzione netta ai fini dell'imposta regionale sulle attività produttive (3).

4. La lettera d-ter) del secondo comma dell'articolo 39 del decreto del Presidente della Repubblica 29 settembre 1973, n. 600, è sostituita dalla seguente: «d-ter) in caso di omessa presentazione dei modelli per la comunicazione dei dati rilevanti ai fini dell'applicazione degli studi di settore o di indicazione di cause di esclusione o di inapplicabilità degli studi di settore non sussistenti, nonché di infedele compilazione dei predetti modelli che comporti una differenza superiore al 15 per cento, o comunque ad euro 50.000, tra i ricavi o compensi stimati applicando gli studi di settore sulla base dei dati corretti e quelli stimati sulla base dei dati indicati in dichiarazione.» (4).

5. La disposizione di cui al comma 4 si applica con riferimento agli accertamenti notificati a partire dalla data di entrata in vigore del presente decreto. Per gli accertamenti notificati in precedenza continua ad applicarsi quanto previsto dalla previgente lettera d-ter) del secondo comma dell'articolo 39 del decreto del Presidente della Repubblica 29 settembre 1973, n. 600 (5).

6. Ai fini del rafforzamento delle garanzie dei crediti erariali, la Guardia di finanza può avvalersi del potere di cui agli articoli 32, primo comma, numero 7), del decreto del Presidente della Repubblica 29 settembre 1973, n. 600 e 51, secondo comma, numero 7), del decreto del Presidente della Repubblica 26 ottobre 1972, n. 633 anche ai fini dell'effettuazione di segnalazioni all'Agenzia delle entrate finalizzate alla richiesta al presidente della commissione tributaria provinciale, da parte di quest'ultima, delle misure cautelari ai sensi dell'articolo 22 del decreto legislativo 18 dicembre 1997, n. 472.

7. All'articolo 51, comma 1, del decreto legislativo 21 novembre 2007, n. 231, e successive modificazioni, le parole: «alla Agenzia delle entrate che attiva i conseguenti controlli di natura fiscale» sono sostituite dalle seguenti: «alla Guardia di finanza la quale, ove ravvisi l'utilizzabilità di elementi ai fini dell'attività di accertamento, ne dà tempestiva comunicazione all'Agenzia delle entrate».

8. Le Agenzie fiscali e la Guardia di finanza, nell'ambito dell'attività di pianificazione degli accertamenti, tengono conto anche delle segnalazioni non anonime di violazioni tributarie, incluse quelle relative all'obbligo di emissione della ricevuta o dello scontrino fiscale ovvero del documento certificativo dei corrispettivi [6].

8-bis. All'articolo 44 del decreto del Presidente della Repubblica 29 settembre 1973, n. 600, e successive modificazioni, sono apportate le seguenti modificazioni: a) al secondo comma, dopo le parole: "inviano una segnalazione ai comuni di domicilio fiscale dei soggetti passivi" sono aggiunte le seguenti: "che abbiano stipulato convenzioni con l'Agenzia delle entrate"; b) al quarto comma, la parola: "sessanta" è sostituita dalla seguente: "trenta" [7].

9. Al decreto del Presidente della Repubblica 26 ottobre 1972, n. 633, sono apportate le seguenti modificazioni:

a) all'articolo 35 il comma 15-quinquies è sostituito dal seguente: «15-quinquies. L'Agenzia delle entrate, sulla base dei dati e degli elementi in possesso dell'anagrafe tributaria, individua i soggetti titolari di partita IVA che, pur obbligati, non abbiano presentato la dichiarazione di cessazione di attività di cui al comma 3 e comunica agli stessi che provvederà alla cessazione d'ufficio della partita IVA. Il contribuente che rilevi eventuali elementi non considerati o valutati erroneamente può fornire i chiarimenti necessari all'Agenzia delle entrate entro i trenta giorni successivi al ricevimento della comunicazione. La somma dovuta a titolo di sanzione per l'omessa presentazione della dichiarazione di cessazione di attività è iscritta direttamente nei ruoli a titolo definitivo. L'iscrizione a ruolo non è eseguita se il contribuente provvede a pagare la somma dovuta con le modalità indicate nell'articolo 19 del decreto legislativo 9 luglio 1997, n. 241, entro trenta giorni dal ricevimento della comunicazione. In tal caso l'ammontare della sanzione dovuta è ridotto ad un terzo del minimo.»;

b) dopo l'articolo 35-ter è inserito il seguente: «Art. 35-quater. - (Pubblicità in materia di partita IVA). Al fine di contrastare le frodi in materia di imposta sul valore aggiunto, l'Agenzia delle entrate rende disponibile a chiunque, con servizio di libero accesso, la possibilità di verificare puntualmente, mediante i dati disponibili in anagrafe tributaria, la validità del numero di partita IVA attribuito ai sensi dell'articolo 35 o 35-ter. Il servizio fornisce le informazioni relative allo stato di attività della partita IVA inserita e alla denominazione del soggetto o, in assenza di questa, al cognome e nome della persona fisica titolare.» [8].

10. All'articolo 76 del testo unico delle disposizioni concernenti l'imposta di registro, di cui al decreto del Presidente della Repubblica 26 aprile 1986, n. 131, dopo il comma 2 è inserito il seguente: «2-bis. Salvo quanto previsto nei commi 1 e 2, l'imposta relativa alle annualità successive alla prima, alle cessioni, risoluzioni e proroghe di cui all'articolo 17, nonché le connesse sanzioni e gli interessi dovuti, sono richiesti, a pena di decadenza, entro il 31 dicembre del quinto anno successivo a quello di scadenza del pagamento.».

10-bis. All'articolo 5 del regolamento di cui al decreto del Presidente della Repubblica 5 ottobre 2001, n. 404, sono apportate le seguenti modificazioni:

a) al comma 3, le parole: "in possesso di almeno cento unità immobiliari" sono sostituite dalle seguenti: "in possesso di almeno dieci unità immobiliari";

b) dopo il comma 3 è inserito il seguente: "3-bis. Sono, altresì, tenuti ad adottare la procedura di registrazione telematica i soggetti di cui alla lettera d-bis) dell'articolo 10 del testo unico di cui al decreto del Presidente della Repubblica 26 aprile 1986, n. 131" [9]

11. All'articolo 14 della legge 12 novembre 2011, n. 183, il comma 10 è abrogato.

12. Al decreto-legge 31 maggio 2010, n. 78, convertito, con modificazioni, dalla legge 30 luglio 2010, n. 122, sono apportate le seguenti modificazioni:

a) all'articolo 29, comma 1:

1) alla lettera b), in fine, è aggiunto il seguente periodo:

«. L'agente della riscossione, con raccomandata semplice spedita all'indirizzo presso il quale è stato notificato l'atto di cui alla lettera a), informa il debitore di aver preso in carico le somme per la riscossione»;

2) alla lettera c), in fine, sono aggiunte le seguenti parole: «e l'agente della riscossione non invia l'informativa di cui alla lettera b)»;

3) alla lettera e) le parole: «secondo anno» sono sostituite dalle seguenti: «terzo anno»;

b) all'articolo 30, comma 2, in fine, è aggiunto il seguente periodo: «Ai fini dell'espropriazione forzata, l'esibizione dell'estratto dell'avviso di cui al comma 1, come trasmesso all'agente della riscossione secondo le modalità indicate al comma 5, tiene luogo, a tutti gli effetti, dell'esibizione dell'atto stesso in tutti i casi in cui l'agente della riscossione ne attesti la provenienza.».

12-bis. All'articolo 29, comma 1, lettera a), del decreto-legge 31 maggio 2010, n. 78, convertito, con modificazioni, dalla legge 30 luglio 2010, n. 122, dopo le parole: "n. 218," sono inserite le seguenti: "dell'articolo 48, comma 3-bis, e" e dopo le parole: "n. 472" sono aggiunte le seguenti: ", nonché in caso di definitività dell'atto di accertamento impugnato" [10]

13. Il comma 2-ter dell'articolo 13 della Tariffa, parte prima, allegata al decreto del Presidente della Repubblica 26 ottobre 1972, n. 642, come modificato dal comma 1 dell'articolo 19 del decreto-legge 6 dicembre 2011, n. 201, convertito, con modificazioni, dalla legge 22 dicembre 2011, n. 214, è sostituito dal seguente:

«2-ter. Comunicazioni periodiche alla clientela relative a prodotti finanziari, anche non soggetti ad obbligo di deposito, ivi compresi i depositi bancari e postali, anche se rappresentati da certificati.

L'imposta non è dovuta per le comunicazioni ricevute ed emesse dai fondi pensione e dai fondi sanitari. Per ogni esemplare, sul complessivo valore di mercato o, in mancanza, sul valore nominale o di rimborso.» [11].

14. Nella nota 3-ter all'articolo 13 della Tariffa, parte prima, allegata al decreto del Presidente della Repubblica 26 ottobre 1972, n. 642, le parole: «agli strumenti e» sono soppresse e, sono aggiunti, in fine, i seguenti periodi: "Per i buoni postali fruttiferi emessi in forma cartacea prima del 1° gennaio 2009, l'imposta è calcolata sul valore nominale del singolo titolo ed è dovuta nella misura minima di euro 1,81, con esclusione della previsione di esenzione di cui al precedente periodo. L'imposta gravante sui buoni postali fruttiferi si rende comunque dovuta al momento del rimborso" [12].

15. Le disposizioni dei commi 13 e 14 si applicano a decorrere dal 1° gennaio 2012.

16. All'articolo 19 del decreto-legge 6 dicembre 2011, n. 201, convertito, con modificazioni, dalla legge 22 dicembre 2011, n. 214, sono apportate le seguenti modificazioni:

a) dopo il comma 3 è inserito il seguente: «3-bis. Per le comunicazioni relative a quote o azioni di organismi di investimento collettivo del risparmio, per le quali sussista uno stabile rapporto con l'intermediario in assenza di un formale contratto di custodia o amministrazione, in essere alla data del 31 dicembre 2011, in caso di mancata provvista da parte del cliente per il pagamento dell'imposta di bollo di cui all'articolo 13, comma 2-ter della Tariffa, parte I, allegata al decreto del Presidente della Repubblica 26 ottobre 1972, n. 642, l'intermediario può effettuare i necessari disinvestimenti.»;

b) nel comma 7, le parole: «ai sensi del comma 2-ter» sono sostituite dalle seguenti: «ai sensi dei commi 2-bis e 2-ter»;

c) nel comma 8:

1) le parole: "16 febbraio" sono sostituite dalle seguenti: "16 luglio";

2) dopo il primo periodo è inserito il seguente: "Nel caso in cui, nel corso del periodo d'imposta, venga meno in tutto o in parte la segretazione, l'imposta è dovuta sul valore delle attività finanziarie in ragione del periodo in cui il conto o rapporto ha fruito della segretazione" [13].

d) nel comma 11, le parole: «di bollo» sono sostituite dalle seguenti: «sui redditi»;

e) il comma 15 è sostituito dal seguente: «15. L'imposta di cui al comma 13 è stabilita nella misura dello 0,76 per cento del valore degli immobili. L'imposta non è dovuta se l'importo, come determinato ai sensi del presente comma, non supera euro 200. Il valore è costituito dal costo risultante dall'atto di acquisto o dai contratti e, in mancanza, secondo il valore di mercato rilevabile nel luogo in cui è situato l'immobile. Per gli immobili situati in Paesi appartenenti all'Unione europea o in Paesi aderenti allo Spazio economico europeo che garantiscono un adeguato scambio di informazioni, il valore è quello catastale come determinato e rivalutato nel Paese in cui l'immobile è situato ai fini dell'assolvimento di imposte di natura patrimoniale o reddituale o, in mancanza, quello di cui al periodo precedente.» [14];

f) dopo il comma 15 è inserito il seguente: «15-bis. Per i soggetti che prestano lavoro all'estero per lo Stato italiano, per una sua suddivisione politica o amministrativa o per un suo ente locale e le persone fisiche che lavorano all'estero presso organizzazioni internazionali cui aderisce l'Italia la cui residenza fiscale in Italia sia determinata, in deroga agli ordinari criteri previsti dal Testo Unico delle imposte sui redditi, in base ad accordi internazionali ratificati, l'imposta di cui al comma 13 è stabilita nella misura ridotta dello 0,4 per cento per l'immobile adibito ad abitazione principale e per le relative pertinenze.

L'aliquota ridotta si applica limitatamente al periodo di tempo in cui l'attività lavorativa è svolta all'estero. Dall'imposta dovuta per l'unità immobiliare adibita ad abitazione principale del soggetto passivo e per le relative pertinenze si detraggono, fino a concorrenza del suo ammontare, euro 200 rapportati al periodo dell'anno durante il quale si protrae tale destinazione; se l'unità immobiliare è adibita ad abitazione principale da più soggetti passivi la detrazione spetta a ciascuno di essi proporzionalmente alla quota per la quale la destinazione medesima si verifica. Per gli anni 2012 e 2013 la detrazione prevista dal periodo precedente è maggiorata di 50 euro per ciascun figlio di età non superiore a ventisei anni, purché dimorante abitualmente e residente anagraficamente nell'unità immobiliare adibita ad abitazione principale. L'importo complessivo della maggiorazione, al netto della detrazione di base, non può superare l'importo massimo di 400 euro», Per gli immobili di cui al primo periodo non si applica l'articolo 70, comma 2, del testo unico di cui al decreto del Presidente della Repubblica 22 dicembre 1986, n. 917 [15];

g) nel comma 16, dopo il primo periodo, è inserito il seguente: «Per gli immobili situati in Paesi appartenenti alla Unione europea o in Paesi aderenti allo Spazio economico europeo che garantiscono un adeguato scambio di informazioni, dalla predetta imposta si deduce un credito d'imposta pari alle eventuali imposte di natura patrimoniale e reddituale gravanti sullo stesso immobile, non già detratte ai sensi dell'articolo 165 del decreto del Presidente della Repubblica 22 dicembre 1986, n. 917.»;

h) nel comma 20, dopo il primo periodo, è inserito il seguente: «Per i conti correnti e i libretti di risparmio detenuti in Paesi della Unione europea o in Paesi aderenti allo Spazio economico Europeo che garantiscono un adeguato scambio di informazioni l'imposta è stabilita in misura fissa pari a quella prevista dall'articolo 13, comma 2-bis, lettera a), della tariffa, parte I, allegata al decreto del Presidente della Repubblica 26 ottobre 1972, n. 642.» [16];

i) dopo il comma 23 è inserito il seguente «23-bis. Nell'applicazione dell'articolo 14, comma 1, lettera a), del decreto-legge 25 settembre 2001, n. 350, convertito, con modificazioni, dalla legge 23 novembre 2001, n. 409, alle attività finanziarie oggetto di emersione o di rimpatrio ai sensi dell'articolo 13-bis, del decreto-legge 1° luglio 2009, n. 78, convertito, con modificazioni, dalla legge 3 agosto 2009, n. 102, e degli articoli 12 e 15 del citato decreto-legge n. 350 del 2001, non è comunque precluso l'accertamento dell'imposta sul valore aggiunto.».

16-bis. All'articolo 4 del decreto-legge 28 giugno 1990, n. 167, convertito, con modificazioni, dalla legge 4 agosto 1990, n. 227, e successive modificazioni, il comma 4 è sostituito dal seguente:

"4. Gli obblighi di indicazione nella dichiarazione dei redditi previsti nei commi 1 e 2 non sussistono per le attività finanziarie e patrimoniali affidate in gestione o in amministrazione agli intermediari residenti e per i contratti comunque conclusi attraverso il loro intervento, qualora i flussi finanziari e i redditi derivanti da tali attività e contratti siano riscossi attraverso l'intervento degli intermediari stessi" [17].

16-ter. Al comma 12 dell'articolo 19 del decreto-legge 6 dicembre 2011, n. 201, convertito, con modificazioni, dalla legge 22 dicembre 2011, n. 214, sono apportate le seguenti modificazioni:

a) dopo le parole: "oggetto di emersione che," sono inserite le seguenti: "a partire dal 1° gennaio 2011 e fino";

b) dopo il primo periodo è inserito il seguente: "L'intermediario presso il quale il prelievo è stato effettuato provvede a trattenere l'imposta dai conti comunque riconducibili al soggetto che ha effettuato l'emersione o riceve provvista dallo stesso contribuente, anche in caso di estinzione del rapporto acceso per effetto della procedura di emersione" [18].

17. In considerazione di quanto previsto dal comma 16, lettera c), per l'anno 2012 il versamento dell'imposta di cui al comma 8 ivi citato può essere effettuato entro il termine del 16 maggio e fino alla data di entrata in vigore del presente decreto non si configurano violazioni in materia di versamenti.

17-bis. Nella nota 3-bis all'articolo 13 della tariffa allegata al decreto del Presidente della Repubblica 26 ottobre 1972, n. 642, la parola: "annuo" è soppressa [19]

18. All'articolo 17, comma 1, terzo periodo, del decreto legislativo 9 luglio 1997, n. 241, e successive modificazioni, le parole: «10.000 euro annui» sono sostituite dalle seguenti: «5.000 euro annui».

19. All'articolo 37, comma 49-bis, del decreto-legge 4 luglio 2006, n. 223, convertito, con modificazioni, dalla legge 4 agosto 2006, n. 248, le parole: «10.000 euro annui» sono sostituite dalle seguenti: «5.000 euro annui».

20. Con provvedimento del Direttore dell'Agenzia delle entrate possono essere stabiliti i termini e le ulteriori modalità attuative delle disposizioni di cui ai commi 18 e 19.

21. In relazione alle disposizioni di cui ai commi da 18 a 20, le dotazioni finanziarie della Missione di spesa «Politiche economico-finanziarie e di bilancio» sono ridotte di 249 milioni di euro per l'anno 2012 e di 299 milioni di euro a decorrere dall'anno 2013.

21-bis. All'articolo 16, comma 5-bis, del decreto-legge 29 novembre 2008, n. 185, convertito, con modificazioni, dalla legge 28 gennaio 2009, n. 2, dopo le parole: "nel deposito IVA" sono aggiunte le seguenti: "senza tempi minimi di giacenza né obbligo di scarico dal mezzo di trasporto" [20].

21-ter. All'articolo 1 della legge 27 dicembre 2006, n. 296, i commi 96 e 97 sono abrogati [21].

22. Al primo periodo, del primo comma dell'articolo 52 del decreto del Presidente della Repubblica 26 ottobre 1972, n. 633, dopo le parole: "artistiche o professionali" sono inserite le seguenti: «, nonché in quelli utilizzati dagli enti non commerciali e da quelli che godono dei benefici di cui al decreto legislativo 4 dicembre 1997, n. 460,».

22-bis. All'articolo 28, comma 8, lettera b), del decreto-legge 6 luglio 2011, n. 98, convertito, con modificazioni, dalla legge 15 luglio 2011, n. 111, sono apportate le seguenti modificazioni:

a) le parole: "dell'impianto e" sono sostituite dalle seguenti: ", nonché, tenuto conto delle disposizioni degli articoli 22 e 23 della legge 22 dicembre 1957, n. 1293,";

b) dopo le parole: "di 500 mq" sono aggiunte le seguenti: ", a condizione che, per la rivendita di tabacchi, la disciplina urbanistico-edilizia del luogo consenta all'interno di tali impianti la costruzione o il mantenimento di locali chiusi, diversi da quelli al servizio della distribuzione di carburanti, con una superficie utile minima non inferiore a 30 mq"» [22].

23. L'Agenzia per le organizzazioni non lucrative di utilità sociale (ONLUS) di cui al decreto del Presidente del Consiglio dei Ministri 26 settembre 2000, pubblicato nella Gazzetta Ufficiale n. 229 del 30 settembre 2000, è soppressa dalla data di entrata in vigore del presente decreto e i compiti e le funzioni esercitati sono trasferiti al Ministero del lavoro e delle politiche sociali che con appositi regolamenti adottati ai sensi dell'articolo 17, comma 4-bis, della legge 23 agosto 1988, n. 400, provvede ad adeguare il proprio assetto organizzativo, senza nuovi o maggiori oneri. Per il finanziamento dei compiti e delle attribuzioni trasferite al Ministero del lavoro e delle politiche sociali di cui al primo periodo del presente comma, si fa fronte con le risorse a valere sull'autorizzazione di spesa di cui all'articolo 14 della legge 13 maggio 1999, n. 133, nonché le risorse giacenti in tesoreria sulla contabilità speciale intestata all'Agenzia, opportunamente versate all'entrata del bilancio dello Stato per essere riassegnate agli appositi capitoli dello stato di previsione del Ministero del lavoro e delle politiche sociali. Il Ministro dell'economia e delle finanze è autorizzato ad apportare, con propri decreti, le occorrenti variazioni di bilancio. Al Ministero del lavoro e delle politiche sociali sono altresì trasferite tutte le risorse strumentali attualmente utilizzate dalla predetta Agenzia. Nelle more delle modifiche al regolamento di cui al decreto del Presidente della Repubblica 7 aprile 2011, n. 144, recante riorganizzazione del Ministero del lavoro e delle politiche sociali, rese necessarie dall'attuazione del presente comma, le funzioni trasferite ai sensi del presente comma sono esercitate dalla Direzione generale per il terzo settore e le formazioni sociali del predetto Ministero.

Dall'attuazione delle disposizioni del presente comma non devono derivare nuovi o maggiori oneri a carico della finanza pubblica [23].

24. Fermi i limiti assunzionali a legislazione vigente, in relazione all'esigenza urgente e inderogabile di assicurare la funzionalità operativa delle proprie strutture, volta a garantire una efficace attuazione delle misure di contrasto all'evasione di cui alle disposizioni del presente articolo, l'Agenzia delle dogane, l'Agenzia delle entrate e l'Agenzia del territorio sono autorizzate ad espletare procedure concorsuali da completare entro il 31 dicembre 2013 per la copertura delle posizioni dirigenziali vacanti, secondo le modalità di cui all'articolo 1, comma 530, della legge 27 dicembre 2006, n. 296, e all'articolo 2, comma 2, secondo periodo, del decreto-legge 30 settembre 2005, n. 203, convertito, con modificazioni, dalla legge 2 dicembre 2005, n. 248. Nelle more dell'espletamento di dette procedure l'Agenzia delle dogane, l'Agenzia delle entrate e l'Agenzia del territorio, salvi gli incarichi già affidati, potranno attribuire incarichi dirigenziali a propri funzionari con la stipula di contratti di lavoro a tempo determinato, la cui durata è fissata in relazione al tempo necessario per la copertura del posto vacante tramite concorso. Gli incarichi sono attribuiti con apposita procedura selettiva applicando l'articolo 19, comma 1-bis, del decreto legislativo 30 marzo 2001, n. 165. Ai funzionari cui è conferito l'incarico compete lo stesso trattamento eco-

nomico dei dirigenti. A seguito dell'assunzione dei vincitori delle procedure concorsuali di cui al presente comma, l'Agenzia delle dogane, l'Agenzia delle entrate e l'Agenzia del territorio non potranno attribuire nuovi incarichi dirigenziali a propri funzionari con la stipula di contratti di lavoro a tempo determinato, fatto salvo quanto previsto dall'articolo 19 comma 6 del decreto legislativo 30 marzo 2001, n. 165. Agli oneri derivanti dall'attuazione del presente comma si provvede con le risorse disponibili sul bilancio dell'Agenzia delle entrate, dell'Agenzia delle dogane e dell'Agenzia del territorio. Alla compensazione degli effetti in termini di fabbisogno e di indebitamento netto, pari a 10,3 milioni di euro a decorrere dall'anno 2013, per l'Agenzia delle dogane e per l'Agenzia del territorio si provvede mediante corrispondente utilizzo del Fondo di cui all'articolo 6, comma 2, del decreto-legge 7 ottobre 2008, n. 154, convertito, con modificazioni, dalla legge 4 dicembre 2008, n. 189. Il Ministro dell'economia e delle finanze è autorizzato ad apportare, con propri decreti, le occorrenti variazioni di bilancio (24)(25)(26).

24-bis. Al fine di assicurare la massima flessibilità organizzativa e di potenziare l'attività di contrasto dell'evasione fiscale e delle frodi in danno del bilancio dello Stato e dell'Unione europea, anche in attuazione delle disposizioni del presente decreto, il Corpo della Guardia di finanza è autorizzato a effettuare, nel triennio 2013-2015, un piano straordinario di assunzione nel ruolo "ispettori", nei limiti numerici e di spesa previsti dall'articolo 66, comma 9-bis, del decreto-legge 25 giugno 2008, n. 112, convertito, con modificazioni, dalla legge 6 agosto 2008, n. 133, allo scopo utilizzando il 50 per cento delle vacanze organiche esistenti nel ruolo "appuntati e finanzieri" del medesimo Corpo. Le unità da assumere ai sensi del presente comma sono stabilite annualmente, assicurando l'invarianza di spesa a regime, con decreto del Ministro dell'economia e delle finanze, di natura non regolamentare, e sono considerate a tutti gli effetti in sovrannumero all'organico del ruolo "ispettori", da riassorbire per effetto dei passaggi degli ispettori in altri ruoli del Corpo della Guardia di finanza, secondo le disposizioni vigenti. Le assunzioni di cui al presente comma devono in ogni caso garantire l'incorporamento nella carriera iniziale del medesimo Corpo dei volontari delle Forze armate già vincitori dei concorsi banditi alla data di entrata in vigore del presente decreto (27)

25. All'articolo 13 del decreto-legge 25 giugno 2008, n. 112, convertito, con modificazioni, dalla legge 6 agosto 2008, n. 133, e successive modificazioni, dopo il comma 3-quater è aggiunto il seguente:

«3-quinquies. Con decreto del Ministro dell'economia e delle finanze, di concerto con il Ministro dell'interno, sono disciplinate le modalità di certificazione dell'utilizzo dei contributi assegnati in attuazione del comma 3-quater. Le certificazioni relative ai contributi concessi in favore di enti pubblici e di soggetti privati sono trasmesse agli Uffici territoriali del Governo che ne danno comunicazione alle Sezioni regionali di controllo della Corte dei conti competenti per territorio. Le relazioni conclusive e le certificazioni previste dai decreti ministeriali emanati in attuazione degli atti di indirizzo delle Commissioni parlamentari con cui si attribuiscono i contributi di cui al comma 3-quater, nonché il rendiconto annuale previsto per gli enti locali dall'articolo 158 del decreto legislativo 18 agosto 2000, n. 267, sono sostituiti dalle certificazioni disciplinate dal presente comma.» (28).

25-bis. La disposizione di cui all'articolo 13, comma 3-quater, terzo periodo, del decreto-legge 25 giugno 2008, n. 112, convertito, con modificazioni, dalla legge 6 agosto 2008, n. 133, si interpreta nel senso che i contributi statali concessi a valere sul Fondo per la tutela dell'ambiente e la promozione dello sviluppo del territorio, istituito presso il Ministero dell'economia e delle finanze, sono assegnati agli enti destinatari per interventi realizzati o da realizzare nei rispettivi territori per il risanamento e il recupero ambientale e lo sviluppo economico dei territori stessi (29).

(1) *Comma sostituito dall'articolo 1, comma 1, della Legge 26 aprile 2012, n. 44, in sede di conversione.*

(2) *Comma modificato dall'articolo 1, comma 1, della Legge 26 aprile 2012, n. 44, in sede di conversione.*

(3) *Comma modificato dall'articolo 1, comma 1, della Legge 26 aprile 2012, n. 44, in sede di conversione.*

(4) *Comma modificato dall'articolo 1, comma 1, della Legge 26 aprile 2012, n. 44, in sede di conversione.*

(5) *Comma modificato dall'articolo 1, comma 1, della Legge 26 aprile 2012, n. 44, in sede di conversione.*

(6) *Comma sostituito dall'articolo 1, comma 1, della Legge 26 aprile 2012, n. 44, in sede di conversione.*

(7) *Comma inserito dall'articolo 1, comma 1, della Legge 26 aprile 2012, n. 44, in sede di conversione.*

(8) *Lettera modificata dall'articolo 1, comma 1, della Legge 26 aprile 2012, n. 44, in sede di conversione.*

(9) *Comma inserito dall'articolo 1, comma 1, della Legge 26 aprile 2012, n. 44, in sede di conversione.*

(10) *Comma inserito dall'articolo 1, comma 1, della Legge 26 aprile 2012, n. 44, in sede di conversione.*

(11) *Comma modificato dall'articolo 1, comma 1, della Legge 26 aprile 2012, n. 44, in sede di conversione.*

(12) *Comma modificato dall'articolo 1, comma 1, della Legge 26 aprile 2012, n. 44, in sede di conversione.*

(13) *Lettera sostituita dall'articolo 1, comma 1, della Legge 26 aprile 2012, n. 44, in sede di conversione.*

(14) *Lettera modificata dall'articolo 1, comma 1, della Legge 26 aprile 2012, n. 44, in sede di conversione.*

(15) *Lettera modificata dall'articolo 1, comma 1, della Legge 26 aprile 2012, n. 44, in sede di conversione.*

(16) *Comma modificato dall'articolo 1, comma 1, della Legge 26 aprile 2012, n. 44, in sede di conversione.*

(17) *Comma inserito dall'articolo 1, comma 1, della Legge 26 aprile 2012, n. 44, in sede di conversione.*

(18) *Comma inserito dall'articolo 1, comma 1, della Legge 26 aprile 2012, n. 44, in sede di conversione.*

(19) *Comma inserito dall'articolo 1, comma 1, della Legge 26 aprile 2012, n. 44, in sede di conversione.*

(20) *Comma inserito dall'articolo 1, comma 1, della Legge 26 aprile 2012, n. 44, in sede di conversione.*

(21) *Comma inserito dall'articolo 1, comma 1, della Legge 26 aprile 2012, n. 44, in sede di conversione.*

(22) *Comma inserito dall'articolo 1, comma 1, della Legge 26 aprile 2012, n. 44, in sede di conversione.*

(23) *Comma modificato dall'articolo 1, comma 1, della Legge 26 aprile 2012, n. 44, in sede di conversione.*

(24) *Comma modificato dall'articolo 1, comma 1, della Legge 26 aprile 2012, n. 44, in sede di conversione.*

(25) *A norma dell'articolo 1, comma 14, del D.L. 30 dicembre 2013, n. 150, convertito, con modificazioni, dalla Legge 27 febbraio 2014, n. 15, il termine per il completamento delle procedure concorsuali di cui al presente comma, primo periodo, è prorogato al 31 dicembre 2014, purché le medesime procedure siano indette entro il 30 giugno 2014; vedi inoltre quanto disposto dal medesimo comma. Successivamente, a norma dello stesso articolo 1 del D.L. n. 150/2013, come modificato dall'articolo 1, comma 8, del D.L. 31 dicembre 2014, n. 192, convertito, con modificazioni, dalla Legge 27 febbraio 2015, n. 11, il predetto termine è stato prorogato al 31 dicembre 2015.*

(26) *La Corte Costituzionale, con sentenza 17 marzo 2015, n.37 (in Gazz. Uff., 25 marzo, n. 12), ha dichiarato l'illegittimità costituzionale del presente comma.*

(27) *Comma inserito dall'articolo 1, comma 1, della Legge 26 aprile 2012, n. 44, in sede di conversione.*

(28) *Comma modificato dall'articolo 1, comma 1, della Legge 26 aprile 2012, n. 44, in sede di conversione.*

(29) *Comma inserito dall'articolo 1, comma 1, della Legge 26 aprile 2012, n. 44, in sede di conversione.*

9. Potenziamento dell'accertamento in materia doganale. – 1. All'articolo 11, comma 4, del decreto legislativo 8 novembre 1990, n. 374, è aggiunto, in fine, il seguente periodo:

«Le autorizzazioni per le richieste di cui ai numeri 6-bis) e 7) dell'articolo 51, secondo comma, del medesimo decreto sono rilasciate dal Direttore regionale o interregionale e, limitatamente alle province autonome di Trento e di Bolzano, dal Direttore provinciale.» (1).

2. All'articolo 53 del testo unico delle disposizioni legislative concernenti le imposte sulla produzione e sui consumi e relativi sanzioni penali e amministrative, di cui al decreto legislativo 26 ottobre 1995, n. 504, dopo il comma 8, è aggiunto il seguente:

«8-bis. I soggetti di cui al comma 1, lettera a), indicano tra gli elementi necessari per l'accertamento del debito d'imposta, richiesti per la compilazione della dichiarazione annuale, i consumi fatturati nell'anno con l'applicazione delle aliquote di accisa vigenti al momento della fornitura ai consumatori finali.».

2-bis. All'articolo 55, comma 5, del testo unico di cui al decreto legislativo n. 504 del 1995, è aggiunto, in fine, il seguente periodo: "Per la rivendita presso infrastrutture pubbliche destinate esclusivamente alla ricarica di accumulatori per uso di forza motrice dei veicoli a trazione elettrica, il debito di imposta per le officine di produzione è accertato sulla base dei dati relativi all'energia elettrica consegnata presso i singoli punti di prelievo, comunicati dai gestori delle reti di distribuzione" (2).

2-ter. All'articolo 56, comma 3, del testo unico di cui al decreto legislativo n. 504 del 1995, è aggiunto, in fine, il seguente periodo: "L'obbligo è escluso per la rivendita presso infrastrutture pubbliche destinate esclusivamente alla ricarica di accumulatori per uso di forza motrice dei veicoli a trazione elettrica"(3).

3. Nel capo II del titolo III del libro VI del codice civile, dopo l'articolo 2783-bis è aggiunto il seguente (4):

«Art. 2783-ter (Crediti dello Stato attinenti alle risorse proprie tradizionali di pertinenza del bilancio generale dell'Unione europea). I crediti dello Stato attinenti alle risorse proprie tradizionali di cui all'articolo 2, paragrafo 1, lettera a), della decisione n. 2007/436/CE/Euratom del Consiglio, del 7 giugno 2007, di pertinenza del bilancio generale dell'Unione europea sono equiparati, ai fini dell'applicazione delle disposizioni del presente capo, ai crediti dello Stato per l'imposta sul valore aggiunto.» (5).

3-bis. Gli atti di accertamento emessi dall'Agenzia delle dogane ai fini della riscossione delle risorse proprie tradizionali di cui all'articolo 2, paragrafo 1, lettera a), della decisione 2007/436/CE/Euratom del Consiglio, del 7 giugno 2007, immediatamente applicabili ai sensi dell'articolo 16, paragrafo 3, del regolamento (CE) n. 450/2008 del Parlamento europeo e del Consiglio, del 23 aprile 2008, e della connessa IVA all'importazione, diventano esecutivi decorsi dieci giorni dalla notifica e, oltre a contenere l'intimazione ad adempiere entro il termine di dieci giorni dalla ricezione dell'atto, devono anche espressamente recare l'avvertimento che, decorso il termine ultimo per il pagamento, la riscossione delle somme richieste, in deroga alle disposizioni in materia di iscrizione a ruolo, è affidata in carico agli agenti della riscossione, anche ai fini dell'esecuzione forzata, con le modalità determinate con provvedimento del direttore dell'Agenzia delle dogane, di concerto con il Ragioniere generale dello Stato. L'agente della riscossione, con raccomandata semplice spedita all'indirizzo presso il quale è stato notificato l'atto di accertamento, informa il debitore di aver preso in carico le somme per la riscossione (6).

3-ter. L'agente della riscossione, sulla base del titolo esecutivo di cui al comma 3-bis, e senza la preventiva notifica della cartella di pagamento, procede all'espropriazione forzata con i poteri, le facoltà e le modalità previste dalle disposizioni che disciplinano la riscossione a mezzo ruolo. Ai fini dell'espropriazione forzata l'esibizione dell'estratto dell'atto di cui al comma 3-bis, come trasmesso all'agente della riscossione con le modalità determinate con il provvedimento del direttore dell'Agenzia delle dogane, di concerto con il Ragioniere generale dello Stato, previsto al comma 3-bis, tiene luogo a tutti gli effetti dell'esibizione dell'atto stesso in tutti i casi in cui l'agente della riscossione ne attesti la provenienza. Decorso un anno dalla notifica degli atti di cui al comma 3-bis, l'espropriazione forzata è preceduta dalla notifica dell'avviso di cui all'articolo 50 del decreto del Presidente della Repubblica 29 settembre 1973, n. 602 (7).

3-quater. A partire dal primo giorno successivo al termine ultimo per il pagamento, le somme richieste con gli atti di cui al comma 3-bis sono maggiorate degli interessi di mora nella misura indicata dall'articolo 30 del decreto del Presidente della Repubblica 29 settembre 1973, n. 602. All'agente della riscossione spettano l'aggio, interamente a carico del debitore, ed il rimborso delle spese relative alle procedure esecutive, previsti dall'articolo 17 del decreto legislativo 13 aprile 1999, n. 112 (8).

3-quinquies. Ai fini della procedura di riscossione contemplata dai commi da 3-bis a 3-sexies, i riferimenti contenuti in norme vigenti al ruolo ed alla cartella di pagamento si intendono effettuati agli atti indicati al comma 3-bis ed i riferimenti alle somme iscritte a ruolo si intendono effettuati alle somme affidate agli agenti della riscossione secondo le disposizioni di cui ai commi da 3-bis a 3-sexies (9).

3-sexies. La dilazione del pagamento prevista dall'articolo 19 del decreto del Presidente della Repubblica 29 settembre 1973, n. 602, può essere concessa solo dopo l'affidamento del carico all'agente della riscossione (10).

3-septies. I rifiuti posti in sequestro presso aree portuali e aeroportuali ai sensi dell'articolo 259 o dell'articolo 260 del decreto legislativo 3 aprile 2006, n. 152, sono affidati anche prima della conclusione del procedimento penale, con provvedimento dell'autorità giudiziaria, a uno dei consorzi obbligatori competenti sulla base delle caratteristiche delle diverse tipologie di rifiuto oggetto di sequestro. L'autorità giudiziaria dispone l'acquisizione di campioni rappresentativi per le esigenze probatorie del procedimento, procedendo ai sensi dell'articolo 392, comma 1, lettera f), del codice di procedura penale (11).

3-octies. I consorzi obbligatori di cui al comma 3-septies, ove i rifiuti abbiano caratteristiche tali da non poter essere conservati altrove a spese del proprietario, procedono al trattamento dei rifiuti al fine di consentirne la vendita, ad opera di un curatore nominato dall'autorità giudiziaria, fra i soggetti in possesso dei requisiti stabiliti dal Ministro dell'ambiente e della tutela del territorio e del mare, con proprio decreto da emanare entro sessanta giorni dalla data di entrata in vigore della legge di conversione del presente decreto. Il ricavato della vendita, detratte le spese sostenute per il trattamento, il compenso del curatore e per le connesse attività, è posto a disposizione dell'autorità giudiziaria, fino al termine del processo. Con la sentenza di condanna il giudice dispone la distribuzione del ricavato della vendita dei rifiuti, procedendo a ripartirne il 50 per cento al Fondo unico giustizia del Ministero della giustizia e il restante 50 per cento al Ministero dell'ambiente e della tutela del territorio e del mare, per il finanziamento di specifici programmi di riqualificazione ambientale delle aree portuali e aeroportuali [12].

3-novies. All'articolo 46, comma 4, del decreto-legge 6 dicembre 2011, n. 201, convertito, con modificazioni, dalla legge 22 dicembre 2011, n. 214, le parole: "il servizio doganale è svolto" sono sostituite dalle seguenti: "il servizio ai fini dello sdoganamento è svolto di norma" [13].

3-decies. All'articolo 11, comma 9, del decreto legislativo 8 novembre 1990, n. 374, è aggiunto, in fine, il seguente periodo: "L'ufficio doganale che effettua le verifiche generali o parziali con accesso presso l'operatore è competente alla revisione delle dichiarazioni doganali oggetto del controllo anche se accertate presso un altro ufficio doganale" [14].

3-undecies. Dopo il comma 1 dell'articolo 17 del decreto legislativo 18 dicembre 1997, n. 472, e successive modificazioni, è inserito il seguente: "1-bis. All'accertamento doganale, disciplinato dall'articolo 247 del regolamento (CEE) n. 2454/1993 della Commissione, del 2 luglio 1993, e successive modificazioni, e dall'articolo 117 del regolamento (CE) n. 450/2008 del Parlamento europeo e del Consiglio, del 23 aprile 2008, effettuato con criteri di selettività nella fase del controllo che precede la concessione dello svincolo, restano applicabili le previsioni dell'articolo 16 del presente decreto" [15].

3-duodecies. In applicazione degli articoli 201 e 253-nonies del regolamento (CEE) n. 2454/1993 della Commissione, del 2 luglio 1993, e successive modificazioni, e della Convenzione relativa allo sdoganamento centralizzato, fatta a Bruxelles il 10 marzo 2009, resa esecutiva dalla legge 3 febbraio 2011, n. 7, con decreto del Ministro dell'economia e delle finanze da adottare entro sessanta giorni dalla data di entrata in vigore della legge di conversione del presente decreto, sono individuate le procedure contabili e fiscali necessarie a dare applicazione all'istituto delle autorizzazioni uniche alle procedure semplificate per il regime di importazione [16].

3-terdecies. All'articolo 194, comma 3, del decreto legislativo 3 aprile 2006, n. 152, il terzo periodo è soppresso [17].

(1) Comma modificato dall'articolo 1, comma 1, della Legge 26 aprile 2012, n. 44, in sede di conversione.
(2) Comma inserito dall'articolo 1, comma 1, della Legge 26 aprile 2012, n. 44, in sede di conversione.
(3) Comma inserito dall'articolo 1, comma 1, della Legge 26 aprile 2012, n. 44, in sede di conversione.
(4) Alinea sostituito dall'articolo 1, comma 1, della Legge 26 aprile 2012, n. 44, in sede di conversione.
(5) Comma modificato dall'articolo 1, comma 1, della Legge 26 aprile 2012, n. 44, in sede di conversione.
(6) Comma inserito dall'articolo 1, comma 1, della Legge 26 aprile 2012, n. 44, in sede di conversione.
(7) Comma inserito dall'articolo 1, comma 1, della Legge 26 aprile 2012, n. 44, in sede di conversione.
(8) Comma inserito dall'articolo 1, comma 1, della Legge 26 aprile 2012, n. 44, in sede di conversione.
(9) Comma inserito dall'articolo 1, comma 1, della Legge 26 aprile 2012, n. 44, in sede di conversione.
(10) Comma inserito dall'articolo 1, comma 1, della Legge 26 aprile 2012, n. 44, in sede di conversione.
(11) Comma inserito dall'articolo 1, comma 1, della Legge 26 aprile 2012, n. 44, in sede di conversione.
(12) Comma inserito dall'articolo 1, comma 1, della Legge 26 aprile 2012, n. 44, in sede di conversione.
(13) Comma inserito dall'articolo 1, comma 1, della Legge 26 aprile 2012, n. 44, in sede di conversione.
(14) Comma inserito dall'articolo 1, comma 1, della Legge 26 aprile 2012, n. 44, in sede di conversione.
(15) Comma inserito dall'articolo 1, comma 1, della Legge 26 aprile 2012, n. 44, in sede di conversione.
(16) Comma inserito dall'articolo 1, comma 1, della Legge 26 aprile 2012, n. 44, in sede di conversione.
(17) Comma inserito dall'articolo 1, comma 1, della Legge 26 aprile 2012, n. 44, in sede di conversione.

10. Potenziamento dell'accertamento in materia di giochi. – [*1. L'Amministrazione autonoma dei monopoli di Stato è autorizzata a costituire, avvalendosi di risorse proprie, un fondo destinato alle operazioni di gioco a fini di controllo, di importo non superiore a 100.000 euro annui. Con decreto del Direttore generale dell'Amministrazione autonoma dei monopoli di Stato è costituito il fondo e disciplinato il relativo utilizzo. Gli appartenenti all'Amministrazione autonoma dei monopoli di Stato sono autorizzati ad effettuare operazioni di gioco presso locali in cui si effettuano scommesse o sono installati apparecchi di cui all'articolo 110, comma 6, lettera a) o b), del regio decreto 18 giugno 1931, n. 773, e successive modificazioni, al solo fine di acquisire elementi di prova in ordine alle eventuali violazioni in materia di gioco pubblico, ivi comprese quelle relative al divieto di gioco dei minori. Per effettuare le medesime operazioni di gioco, la disposizione del precedente periodo si applica altresì al personale della Polizia di Stato, dell'Arma dei carabinieri, del Corpo della Guardia di finanza, il quale, ai fini dell'utilizzo del fondo previsto dal presente comma, agisce previo concerto con le competenti strutture dell'Amministrazione autonoma dei monopoli di Stato. Con regolamento emanato ai sensi dell'articolo 17, comma 3, della legge 23 agosto 1988, n. 400, e successive modificazioni, dal Ministro dell'economia e delle finanze, di concerto con i Ministri dell'interno, della giustizia e della difesa, sono disciplinate, nel rispetto di quanto disposto dagli articoli 51 del codice penale e 9 della legge 16 marzo 2006 n. 146, in quanto compatibili, le modalità dispositive sulla base delle quali il predetto personale impegnato nelle attività di cui al presente comma può effettuare le operazioni di gioco. Eventuali vincite conseguite dal predetto personale nell'esercizio delle attività di cui al presente comma sono riversate al fondo di cui al primo periodo [1]*].

2. In considerazione dei particolari interessi coinvolti nel settore dei giochi pubblici e per contrastare efficacemente il pericolo di infiltrazioni criminali nel medesimo settore, sono introdotte le seguenti modificazioni:

a) nel comma 3-bis dell'articolo 2 del decreto del Presidente della Repubblica 3 giugno 1998, n. 252, e successive modificazioni, è aggiunto, in fine, il seguente periodo: «La documentazione di cui al periodo precedente deve riferirsi anche al coniuge, non separato» [2];

a-bis) all'articolo 24 del decreto-legge 6 luglio 2011, n. 98, convertito, con modificazioni, dalla legge 15 luglio 2011, n. 111, dopo il comma 1 è inserito il seguente: "1-bis. Al fine di garantire obiettivi di massima trasparenza, e per una più efficace e tempestiva verifica degli adempimenti cui ciascun soggetto è tenuto, è fatto obbligo a tutte le figure a vario titolo operanti nella filiera del sistema gioco di effettuare ogni tipo di versamento senza utilizzo di moneta contante e con modalità che assicurino la tracciabilità di ogni pagamento" [3];

a-ter) all'articolo 24 del decreto-legge 6 luglio 2011, n. 98, convertito, con modificazioni, dalla legge 15 luglio 2011, n. 111, dopo il comma 27 è inserito il seguente: "27-bis. Al fine di assicurare la tracciabilità dei flussi finanziari, finalizzata a prevenire infiltrazioni criminali e il riciclaggio di denaro di provenienza illecita, chiunque, ancorché in caso di assenza o di inefficacia delle autorizzazioni di polizia o delle concessioni rilasciate dall'Amministrazione autonoma dei monopoli di Stato, gestisce con qualunque mezzo, anche telematico, per conto proprio o di terzi, anche ubicati all'estero, concorsi pronostici o scommesse di qualsiasi genere deve utilizzare uno o più conti correnti bancari o postali, accesi presso banche o presso la società Poste italiane Spa, dedicati in via esclusiva ai predetti concorsi pronostici o scommesse. Sui predetti conti devono transitare le spese, le erogazioni di oneri economici e i proventi finanziari di ogni natura relativi ai concorsi pronostici o scommesse di qualsiasi genere"[4].

b) all'articolo 24, comma 25, primo periodo, del decreto-legge 6 luglio 2011, n. 98, convertito, con modificazioni, dallalegge 15 luglio 2011, n. 111, dopo la parola: «rinnovo» sono inserite le seguenti: «o il mantenimento»; le parole: "o indagato" sono soppresse e dopo le parole «dagli articoli» sono inserite le seguenti: «2 e 3 del decreto legislativo 10 marzo 2000, n. 74 e dagli articoli 314, 316, 317, 318, 319, 319-ter, 320, 321, 322, 323,» e dopo le parole: «"416-bis," è inserita la seguente «644,»; al secondo periodo le parole: "o indagate" sono soppresse; nello stesso comma 25 è aggiunto, in fine, il seguente periodo: «Il divieto di partecipazione a gare o di rilascio o rinnovo o mantenimento delle concessioni di cui ai periodi precedenti opera anche nel caso in cui la condanna, ovvero l'imputazione o la condizione di indagato sia riferita al coniuge, non separato.» [5].

[*3. Con regolamento da emanare ai sensi dell'articolo 17, comma 2, della legge 23 agosto 1988, n. 400, entro tre mesi dalla data di entrata in vigore del presente decreto, previo parere delle competenti Commissioni parlamentari, si provvede ad apportare le occorrenti modificazioni e integrazioni al decreto del Presidente della Repubblica 8 aprile 1998, n. 169, al fine di:*

a) razionalizzare e rilanciare il settore dell'ippica;

b) assicurare la trasparenza e la regolarità dello svolgimento delle competizioni ippiche;

c) improntare l'organizzazione e la gestione dei giochi a criteri di efficienza ed economicità, nonché la scelta dei concessionari secondo criteri di trasparenza ed in conformità alle disposizioni, anche comunitarie;

d) assicurare il coordinamento tra il Ministero dell'economia e delle finanze ed il Ministero delle politiche agricole, alimentari e forestali;

e) operare una ripartizione dei proventi al netto delle imposte tale da garantire l'espletamento dei compiti istituzionali dell'ASSI;

f) realizzare un sistema organico di misure volte alla promozione della salute e del benessere del cavallo.] [6]

4. A decorrere dal 1° febbraio 2012, la posta unitaria minima di gioco per le scommesse sulle corse dei cavalli è stabilita tra 5 centesimi e un euro e l'importo minimo per ogni biglietto giocato non può essere inferiore a due euro. Il predetto importo può essere modificato, in funzione dell'andamento della raccolta delle formule di scommesse ippiche, con provvedimento del Ministero dell'economia e delle finanze - Amministrazione autonoma dei monopoli di Stato, di concerto con il Ministero delle politiche agricole alimentari e forestali.

5. Al fine di perseguire maggiore efficienza ed economicità dell'azione nei settori di competenza, il Ministero dell'economia e delle finanze - Amministrazione autonoma dei monopoli di Stato, il Ministero delle politiche agricole alimentari e forestali e l'Agenzia per lo sviluppo del settore ippico - ASSI, procedono alla definizione, anche in via transattiva, sentiti i competenti organi, con abbandono di ogni controversia pendente, di tutti i rapporti controversi nelle correlate materie e secondo i criteri di seguito indicati:

a) relativamente alle spese per il totalizzatore nazionale per la gestione delle scommesse ippiche annualmente documentate da Sogei S.p.a., a decorrere dal 1° gennaio 2012, la ripartizione al 50 per cento ad AAMS e al 50 per cento ad ASSI. Le medesime spese, sostenute fino al 31 dicembre 2011, restano in capo ad AAMS. Per l'effetto, l'ASSI è autorizzata a destinare le somme accantonate in bilancio al 31 dicembre 2011 per le finalità di finanziamento del montepremi delle corse, di cui all'articolo 1, comma 281, della legge 30 dicembre 2004, n. 311 [7];

b) relativamente alle quote di prelievo di cui all'articolo 12 del decreto del Presidente della Repubblica 8 aprile 1998, n. 169 ed alle relative integrazioni, definizione, in via equitativa, di una riduzione non superiore al 5 per cento delle somme ancora dovute dai concessionari di cui al citato decreto del Presidente della Repubblica n. 169 del 1998 con individuazione delle modalità di versamento delle relative somme e adeguamento delle garanzie fideiussorie. Conseguentemente, all'articolo 38, comma 4, del decreto-legge 4 luglio 2006, n. 223, convertito, con modificazioni, dalla legge 4 agosto 2006, n. 248, la lettera l) è soppressa [8].

6. Nell'ambito delle disponibilità del Ministero delle politiche agricole, alimentari e forestali ai sensi dell'articolo 30, comma 8-quater, del decreto-legge 6 dicembre 2011, n. 201, convertito con modificazioni, dalla legge 22 dicembre 2011, n. 214, il predetto Ministero destina, per l'anno 2012, la somma di 3 milioni di euro per un programma di comunicazione per il rilancio dell'ippica.

[*7. Nel rispetto delle norme comunitarie in materia di aiuti di Stato, l'Istituto per lo sviluppo agroalimentare (ISA) S.p.A. può intervenire finanziariamente, nell'ambito del capitale disponibile, in programmi di sviluppo del settore ippico presentati da soggetti privati, secondo le modalità definite con decreto del Ministero delle politiche agricole, alimentari e forestali, di concerto con il Ministero dell'economia e delle finanze.*] [9]

8. All'articolo 12, comma 1, del decreto-legge 28 aprile 2009, n. 39, convertito, con modificazioni, dalla legge 24 giugno 2009, n. 77, la lettera p) è soppressa.

8-bis. Al comma 34 dell'articolo 24 del decreto-legge 6 luglio 2011, n. 98, convertito, con modificazioni, dalla legge 15 luglio 2011, n. 111, e successive modificazioni, le parole: "entro il 30 giugno 2012" sono sostituite dalle seguenti: "entro il 1° gennaio 2013" [10].

9. Le disposizioni in materia di giochi pubblici utili al fine di assicurare le maggiori entrate di cui all'articolo 2, comma 3, del decreto-legge 13 agosto 2011, n. 138, convertito, con modificazioni, dalla legge 14 settembre 2011, n. 148, sono quelle di cui al decreto del direttore generale dell'Amministrazione autonoma dei monopoli di Stato 12 ottobre 2011, pubblicato nella Gazzetta Ufficiale della Repubblica italiana n. 265 del 14 novembre 2011. Conseguentemente, nel predetto decreto direttoriale:

a) all'articolo 2, commi 1, 2 e 3, le parole: "31 dicembre" sono sostituite dalle seguenti: "1° settembre";

b) all'articolo 3, commi 1 e 2, le parole: "31 dicembre" sono sostituite dalle seguenti: "1° luglio";

c) all'articolo 5, comma 3, dopo le parole: "I prelievi sulle vincite di cui al comma 1" sono inserite le seguenti: ", a decorrere dal 1° settembre 2012," (11).

9-bis. Al fine di rendere la legislazione nazionale pienamente coerente con quella degli altri Paesi che concorrono in ambito europeo alla realizzazione della nuova formula di gioco, all'articolo 24, comma 40, del decreto-legge 6 luglio 2011, n. 98, convertito, con modificazioni, dalla legge 15 luglio 2011, n. 111, la lettera a) è sostituita dalla seguente:

"a) un nuovo concorso numerico da svolgersi, tramite il relativo concessionario, in ambito europeo, con giocata minima fissata a 2 euro, con destinazione del 38 per cento della raccolta nazionale ad imposta e con destinazione a montepremi del 50 per cento della raccolta nonché delle vincite, pari o superiori a 10 milioni di euro, non riscosse nei termini di decadenza previsti dal regolamento di gioco" (12).

9-ter. Nell'articolo 135, comma 1, del codice di cui al decreto legislativo 2 luglio 2010, n. 104, è aggiunta la seguente lettera: "q-quater) le controversie aventi ad oggetto i provvedimenti emessi dall'Amministrazione autonoma dei monopoli di Stato in materia di giochi pubblici con vincita in denaro e quelli emessi dall'Autorità di polizia relativi al rilascio di autorizzazioni in materia di giochi pubblici con vincita in denaro" (13).

9-quater. La disposizione di cui all'articolo 2, comma 2, primo periodo, del decreto-legge 25 marzo 2010, n. 40, convertito, con modificazioni, dalla legge 22 maggio 2010, n. 73, si interpreta nel senso che la stessa trova applicazione nei riguardi delle concessioni pubbliche statali i cui bandi di gara siano stati pubblicati successivamente alla data di entrata in vigore della predetta legge n. 73 del 2010, e, per le concessioni in essere alla data di entrata in vigore della legge di conversione del presente decreto, sempre che le pratiche o i rapporti negoziali citati con i soggetti terzi siano previsti in forma espressa nei relativi documenti di offerta (14).

9-quinquies. All'articolo 110, comma 9, lettera e), del testo unico delle leggi di pubblica sicurezza, di cui al regio decreto 18 giugno 1931, n. 773, e successive modificazioni, è aggiunto, in fine, il seguente periodo: ". Se la violazione è commessa dal rappresentante o dal dipendente di una persona giuridica o di un ente privo di personalità giuridica, la sanzione si applica alla persona giuridica o all'ente" (15).

9-sexies. Il comma 71 dell'articolo 1 della legge 13 dicembre 2010, n. 220, è abrogato (16).

9-septies. A decorrere dal 1° gennaio 2013, il prelievo erariale sul gioco del bingo, il montepremi e il compenso per il controllore centralizzato del gioco, di cui agli articoli 5, 6 e 7 del regolamento di cui al decreto del Ministro delle finanze 31 gennaio 2000, n. 29, e successive modificazioni, sono fissati nella misura, rispettivamente, dell'11 per cento, di almeno il 70 per cento e dell'1 per cento del prezzo di vendita delle cartelle. Tali aliquote si applicano sia al gioco raccolto su rete fisica sia a quello effettuato con partecipazione a distanza di cui al decreto del Direttore generale dell'Amministrazione autonoma dei monopoli di Stato 24 maggio 2011, pubblicato nella Gazzetta Ufficiale n. 139 del 17 giugno 2011.

All'articolo 24, comma 33, del decreto-legge 6 luglio 2011, n. 98, convertito, con modificazioni, dalla legge 15 luglio 2011, n. 111, le parole: "con un'aliquota di imposta stabilita in misura pari al 10% delle somme giocate" sono sostituite dalle seguenti: "con un'aliquota del prelievo erariale stabilita all'11 per cento e del compenso per il controllore centralizzato del gioco pari all'1 per cento delle somme giocate" e le parole: "le modalità di versamento dell'imposta" sono sostituite dalle seguenti: "le modalità di versamento del prelievo erariale e del compenso per il controllore centralizzato del gioco" (17).

9-octies. Nelle more di un riordino delle norme in materia di gioco pubblico, incluse quelle in materia di scommesse su eventi sportivi, anche ippici, e non sportivi, le disposizioni del presente comma sono rivolte a favorire tale riordino, attraverso un primo allineamento temporale delle scadenze delle concessioni aventi ad oggetto la raccolta delle predette scommesse, con il contestuale rispetto dell'esigenza di adeguamento delle regole nazionali di selezione dei soggetti che, per conto dello Stato, raccolgono scommesse su eventi sportivi, inclusi quelli ippici, e non sportivi ai principi stabiliti dalla sentenza della Corte di giustizia dell'Unione europea del 16 febbraio 2012 nelle cause riunite C-72/10 e C-77/10. A questo fine, in considerazione della prossima scadenza di un gruppo di concessioni per la raccolta delle predette scommesse, l'Amministrazione autonoma dei monopoli di Stato bandisce con immediatezza, comunque non oltre il 31 luglio 2012, una gara per la selezione dei soggetti che raccolgono tali scommesse nel rispetto, almeno, dei seguenti criteri:

a) possibilità di partecipazione per i soggetti che già esercitano attività di raccolta di gioco in uno degli Stati dello Spazio economico europeo, avendovi la sede legale ove operativa, sulla base di valido ed efficace titolo abilitativo rilasciato secondo le disposizioni vigenti nell'ordinamento di tale Stato e che siano altresì in possesso dei requisiti di onorabilità, affidabilità ed economico-patrimoniale individuati dall'Amministrazione autonoma dei monopoli di Stato tenuto conto delle disposizioni in materia di cui alla legge 13 dicembre 2010, n. 220, nonché al decreto-legge 6 luglio 2011, n. 98, convertito, con modificazioni, dalla legge 15 luglio 2011, n. 111;

b) attribuzione di concessioni, con scadenza al 30 giugno 2016, per la raccolta, esclusivamente in rete fisica, di scommesse su eventi sportivi, anche ippici, e non sportivi presso agenzie, fino a un numero massimo di 2.000, aventi come attività esclusiva la commercializzazione di prodotti di gioco pubblici, senza vincolo di distanze minime fra loro ovvero rispetto ad altri punti di raccolta, già attivi, di identiche scommesse;

c) previsione, quale componente del prezzo, di una base d'asta di 11.000 euro per ciascuna agenzia;

d) sottoscrizione di una convenzione di concessione di contenuto coerente con ogni altro principio stabilito dalla citata sentenza della Corte di giustizia dell'Unione europea del 16 febbraio 2012, nonché con le compatibili disposizioni nazionali vigenti in materia di giochi pubblici;

e) possibilità di esercizio delle agenzie in un qualunque comune o provincia, senza limiti numerici su base territoriale ovvero condizioni di favore rispetto a concessionari già abilitati alla raccolta di identiche scommesse o che possono comunque risultare di favore per tali ultimi concessionari;

f) rilascio di garanzie fideiussorie coerenti con quanto previsto dall'articolo 24 del decreto-legge 6 luglio 2011, n. 98, convertito, con modificazioni, dalla legge 15 luglio 2011,

n. 111 [18].

9-novies. I concessionari per la raccolta delle scommesse di cui al comma 9-octies in scadenza alla data del 30 giugno 2012 proseguono le loro attività di raccolta fino alla data di sottoscrizione delle concessioni accessive alle concessioni aggiudicate ai sensi del predetto comma. Sono abrogati i commi 37 e 38 dell'articolo 24 del decreto-legge 6 luglio 2011, n. 98, convertito, con modificazioni, dalla legge 15 luglio 2011, n. 111, la lettera e) del comma 287 dell'articolo 1 della legge 30 dicembre 2004, n. 311, nonché la lettera e) del comma 4 dell'articolo 38 del decreto-legge 4 luglio 2006, n. 223, convertito, con modificazioni, dalla legge 4 agosto 2006, n. 248 [19].

[1] *Comma modificato dall'articolo 1, comma 1, della Legge 26 aprile 2012, n. 44, in sede di conversione e successivamente abrogato dall'articolo 29, comma 2, del D.L. 26 ottobre 2019, n. 124, convertito, con modificazioni dalla Legge 19 dicembre 2019, n. 157.*

[2] *Comma modificato dall'articolo 1, comma 1, della Legge 26 aprile 2012, n. 44, in sede di conversione.*

[3] *Lettera inserita dall'articolo 1, comma 1, della Legge 26 aprile 2012, n. 44, in sede di conversione.*

[4] *Lettera inserita dall'articolo 1, comma 1, della Legge 26 aprile 2012, n. 44, in sede di conversione.*

[5] *Lettera modificata dall'articolo 1, comma 1, della Legge 26 aprile 2012, n. 44, in sede di conversione.*

[6] *Comma abrogato dall'articolo 2, comma 1, del D.Lgs. 22 gennaio 2016, n. 10*

[7] *Lettera modificata dall'articolo 1, comma 1, della Legge 26 aprile 2012, n. 44, in sede di conversione.*

[8] *La Corte Costituzionale, con sentenza 20 novembre 2013, n. 275 (in Gazz.Uff., 27 novembre, n. 48), ha dichiarato l'illegittimità costituzionale della presente lettera, limitatamente alle parole «non superiore al 5 per cento».*

[9] *Comma abrogato dall'articolo 2, comma 1, del D.Lgs. 22 gennaio 2016, n. 10*

[10] *Comma inserito dall'articolo 1, comma 1, della Legge 26 aprile 2012, n. 44, in sede di conversione.*

[11] *Comma modificato dall'articolo 1, comma 1, della Legge 26 aprile 2012, n. 44, in sede di conversione.*

[12] *Comma inserito dall'articolo 1, comma 1, della Legge 26 aprile 2012, n. 44, in sede di conversione.*

[13] *Comma inserito dall'articolo 1, comma 1, della Legge 26 aprile 2012, n. 44, in sede di conversione.*

[14] *Comma inserito dall'articolo 1, comma 1, della Legge 26 aprile 2012, n. 44, in sede di conversione.*

[15] *Comma inserito dall'articolo 1, comma 1, della Legge 26 aprile 2012, n. 44, in sede di conversione.*

[16] *Comma inserito dall'articolo 1, comma 1, della Legge 26 aprile 2012, n. 44, in sede di conversione.*

[17] *Comma inserito dall'articolo 1, comma 1, della Legge 26 aprile 2012, n. 44, in sede di conversione.*

[18] *Comma inserito dall'articolo 1, comma 1, della Legge 26 aprile 2012, n. 44, in sede di conversione.*

[19] *Comma inserito dall'articolo 1, comma 1, della Legge 26 aprile 2012, n. 44, in sede di conversione.*

Sezione II – Sanzioni amministrative

11. Modifiche in materia di sanzioni amministrative. – 1. All'articolo 11 del decreto legislativo 18 dicembre 1997, n. 471, dopo il comma 4 è inserito il seguente:

«4-bis. L'omessa, incompleta o infedele comunicazione delle minusvalenze e delle differenze negative di ammontare superiore a 50.000 euro di cui all'articolo 5-quinquies del decreto-legge 30 settembre 2005, n. 203, convertito, con modificazioni, dalla legge 2 dicembre 2005, n. 248, nonché delle minusvalenze di ammontare complessivo superiore a cinque milioni di euro, derivanti da cessioni di partecipazioni che costituiscono immobilizzazioni finanziarie di cui all'articolo 1 del decreto-legge 24 settembre 2002 n. 209, convertito, con modificazioni, dalla legge 22 novembre 2002, n. 265, è punita con la sanzione amministrativa del 10 per cento delle minusvalenze la cui comunicazione è omessa, incompleta o infedele, con un minimo di 500 euro ed un massimo di 50000 euro.».

2. All'articolo 5-quinquies, comma 3, del decreto-legge 30 settembre 2005, n. 203, convertito, con modificazioni, dalla legge 2 dicembre 2005, n. 248, il terzo periodo è soppresso.

3. All'articolo 1, comma 4, del decreto-legge 24 settembre 2002 n. 209, convertito, con modificazioni, dalla legge 22 novembre 2002, n. 265, il terzo periodo è soppresso [1].

3-bis. All'articolo 13, comma 1, secondo periodo, del decreto legislativo 18 dicembre 1997, n. 471, le parole: "dalla lettera a) del" sono sostituite dalla seguente: "dal" [2].

4. L'articolo 303 del testo unico delle leggi doganali, approvato con decreto del Presidente della Repubblica 23 gennaio 1973, n. 43, è sostituito dal seguente:

«Art. 303. (Differenze rispetto alla dichiarazione di merci destinate alla importazione definitiva, al deposito o alla spedizione ad altra dogana.). - 1. Qualora le dichiarazioni relative alla qualità, alla quantità ed al valore delle merci destinate alla importazione definitiva, al deposito o alla spedizione ad altra dogana con bolletta di cauzione, non corrispondano all'accertamento, il dichiarante è punito con la sanzione amministrativa da euro 103 a euro 516 a meno che l'inesatta indicazione del valore non abbia comportato la rideterminazione dei diritti di confine nel qual caso si applicano le sanzioni indicate al seguente comma 3.

2. La disposizione di cui al comma 1 non si applica:

a) quando nei casi previsti dall'articolo 4, comma 2, lettera e), del decreto legislativo 8 novembre 1990, n. 374, pur essendo errata la denominazione della tariffa, è stata indicata con precisione la denominazione commerciale della merce, in modo da rendere possibile l'applicazione dei diritti;

b) quando le merci dichiarate e quelle riconosciute in sede di accertamento sono considerate nella tariffa in differenti sottovoci di una medesima voce, e l'ammontare dei diritti di confine, che sarebbero dovuti secondo la dichiarazione, è uguale a quello dei diritti liquidati o lo supera di meno di un terzo;

c) quando le differenze in più o in meno nella quantità o nel valore non superano il cinque per cento per ciascuna qualità delle merci dichiarate.

3. Se i diritti di confine complessivamente dovuti secondo l'accertamento sono maggiori di quelli calcolati in base alla dichiarazione e la differenza dei diritti supera il cinque per cento, la sanzione amministrativa, qualora il fatto non costituisca più grave reato, è applicata come segue:

a) per i diritti fino a 500 euro si applica la sanzione amministrativa da 103 a 500 euro;

b) per i diritti da 500,1 a 1.000 euro, si applica la sanzione amministrativa da 1.000 a 5.000 euro;

c) per i diritti da 1000,1 a 2.000 euro, si applica la sanzione amministrativa da 5.000 a 15.000 euro;

d) per i diritti da 2.000,1 a 3.999,99 euro, si applica la sanzione amministrativa da 15.000 a 30.000 euro;

e) per i diritti pari o superiori a 4.000 euro, si applica la sanzione amministrativa da 30.000 euro a dieci volte l'importo dei diritti.» [3].

5. Al decreto legislativo 26 ottobre 1995, n. 504, sono apportate le seguenti modificazioni:

a) all'articolo 50, comma 1, le parole: «da 258 euro a 1.549

euro.» sono sostituite dalle seguenti: «da 500 euro a 3.000 euro»

b) all'articolo 59, comma 5, le parole: «da 258 euro a 1.549 euro.» sono sostituite dalle seguenti: «da 500 euro a 3.000 euro» [(4)].

6. All'articolo 1 del decreto-legge 3 ottobre 2006 n. 262, convertito con modificazioni, dalla legge 24 novembre 2006, n. 286, dopo il comma 1 è inserito il seguente:

«1-bis Indipendentemente dall'applicazione delle pene previste per le violazioni che costituiscono reato, la omessa, incompleta o tardiva presentazione dei dati, dei documenti e delle dichiarazioni di cui al comma 1, ovvero la dichiarazione di valori difformi da quelli accertati, è punita con la sanzione amministrativa di cui all'articolo 50, comma 1, del decreto legislativo 26 ottobre 1995, n. 504.».

7. Per le unità immobiliari per le quali è stata attribuita la rendita presunta ai sensi del comma 10 dell'articolo 19 del decreto-legge 31 maggio 2010, n. 78, convertito, con modificazioni, dalla legge 30 luglio 2010, n. 122, come integrato dall'art. 2 comma 5-bis del decreto-legge 29 dicembre 2010, n. 225, convertito, con modificazioni, dalla legge 26 febbraio 2011, n. 10, i soggetti obbligati devono provvedere alla presentazione degli atti di aggiornamento catastale entro 120 giorni dalla data di pubblicazione, nella Gazzetta Ufficiale, del comunicato di cui all'articolo 2 comma 5-bis del decreto-legge 29 dicembre 2010, n. 225, convertito, con modificazioni, dalla legge 26 febbraio 2011, n. 10. In caso di mancata presentazione entro tale termine si applicano le sanzioni amministrative di cui all'art. 2 comma 12 del decreto legislativo 14 marzo 2011, n. 23.

8. Al decreto legislativo 19 novembre 2008, n. 195, sono apportate le seguenti modificazioni:

a) all'articolo 6, il comma 2 è sostituito dai seguenti:

«2. Il sequestro è eseguito nel limite:

a) del 30 per cento dell'importo eccedente quello di cui al comma 1 qualora l'eccedenza non sia superiore a 10.000 euro;

b) del 50 per cento dell'importo eccedente, in tutti gli altri casi.

2-bis. Il denaro contante sequestrato garantisce con preferenza su ogni altro credito il pagamento delle sanzioni amministrative pecuniarie.»;

b) all'articolo 7:

1) il comma 1 è sostituito dai seguenti:

«1. Il soggetto cui è stata contestata una violazione può chiederne l'estinzione effettuando un pagamento in misura ridotta:

a) pari al 5 per cento del denaro contante eccedente la soglia di cui all'articolo 3 se l'eccedenza non dichiarata non è superiore a 10.000 euro;

b) pari al 15 per cento se l'eccedenza non supera i 40.000 euro.

1-bis. La somma pagata non può essere, comunque, inferiore a 200 euro.

1-ter. Il pagamento può essere effettuato all'Agenzia delle dogane o alla Guardia di finanza al momento della contestazione, o al Ministero dell'economia e delle finanze con le modalità di cui al comma 4, entro dieci giorni dalla stessa. Le richieste di pagamento in misura ridotta ricevute dalla Guardia di finanza, con eventuale prova dell'avvenuto pagamento, sono trasmesse all'Agenzia delle dogane.»;

2) al comma 5, lettera a), le parole: «250.000 euro» sono sostituite dalle seguenti: «40.000 euro»;

3) al comma 5, lettera b), le parole: «trecentosessantacinque giorni» sono sostituite dalle seguenti: «cinque anni»;

c) all'articolo 8, al comma 3 le parole: «scadenza del termine di cui al comma 1.» sono sostituite dalle seguenti: «data in cui riceve i verbali di contestazione.»;

d) all'articolo 9:

1) il comma 1 è sostituito dal seguente:

«1. La violazione delle disposizioni di cui all'articolo 3 è punita con la sanzione amministrativa pecuniaria, con un minimo di 300 euro:

a) dal 10 al 30 per cento dell'importo trasferito o che si tenta di trasferire in eccedenza rispetto alla soglia di cui all'articolo 3, se tale valore non è superiore a 10.000 euro;

b) dal 30 per cento al 50 per cento dell'importo trasferito o che si tenta di trasferire in eccedenza rispetto alla soglia di cui all'articolo 3 se tale valore è superiore a 10.000 euro.»;

2) al comma 2, le parole: «in quanto compatibili» sono soppresse [(5)]

[(1)] *Comma modificato dall'articolo 1, comma 1, della Legge 26 aprile 2012, n. 44, in sede di conversione.*
[(2)] *Comma inserito dall'articolo 1, comma 1, della Legge 26 aprile 2012, n. 44, in sede di conversione.*
[(3)] *Comma modificato dall'articolo 1, comma 1, della Legge 26 aprile 2012, n. 44, in sede di conversione.*
[(4)] *Comma modificato dall'articolo 1, comma 1, della Legge 26 aprile 2012, n. 44, in sede di conversione.*
[(5)] *Comma modificato dall'articolo 1, comma 1, della Legge 26 aprile 2012, n. 44, in sede di conversione.*

Sezione III – Contenzioso

12. Contenzioso in materia tributaria e riscossione. – 1. All'articolo 11 del decreto legislativo 8 novembre 1990, n. 374 sono apportate le seguenti modificazioni:

a) il secondo periodo del comma 6 è soppresso;

b) il comma 7 è abrogato.

2. Sono fatti salvi i procedimenti amministrativi per la risoluzione delle controversie di cui agli articoli 66, e seguenti, del testo unico delle disposizioni in materia doganale approvate con decreto del Presidente della Repubblica 23 gennaio 1973, n. 43, instaurati, alla data di entrata in vigore del presente decreto, ai sensi del comma 7 dell'articolo 11 del decreto legislativo 8 novembre 1990, n. 374.

3. Al decreto legislativo 31 dicembre 1992, n. 546, recante disposizioni sul processo tributario, sono apportate le seguenti modificazioni:

a) all'articolo 19, comma 1, lettera f), le parole: «comma 3» sono sostituite dalle seguenti: «comma 2».

b) dopo l'articolo 69 è inserito il seguente: «Art. 69-bis. (Aggiornamento degli atti catastali) - 1. Se la commissione tributaria accoglie totalmente o parzialmente il ricorso proposto avverso gli atti relativi alle operazioni catastali indicate nell'articolo 2, comma 2, e la relativa sentenza è passata in giudicato, la segreteria ne rilascia copia munita dell'attestazione di passaggio in giudicato, sulla base della quale l'ufficio dell'Agenzia del territorio provvede all'aggiornamento degli atti catastali.».

3-bis. All'articolo 37, comma 10, del decreto-legge 6 luglio 2011, n. 98, convertito, con modificazioni, dalla legge 15 luglio 2011, n. 111, sono apportate le seguenti modificazioni: a) dopo le parole: "e 9," sono inserite le seguenti: "ad eccezione del maggior gettito derivante dal contributo unificato nel processo tributario,"; b) le parole: ", amministrative e tributaria" sono sostituite dalle seguenti: "e amministrativa" (1).

3-ter. Le somme corrispondenti alle maggiori entrate di cui al comma 3-bis, al netto della quota parte utilizzata ai sensi dell'articolo 2, comma 5, del decreto-legge 24 gennaio 2012, n. 1, convertito, con modificazioni, dalla legge 24 marzo 2012, n. 27, sono iscritte in bilancio per essere destinate per metà alle finalità di cui al comma 13 del citato articolo 37 del decreto-legge n. 98 del 2011 e per la restante metà, con le modalità previste dall'articolo 13 del decreto legislativo 31 dicembre 1992, n. 545, in materia di ordinamento degli organi speciali di giurisdizione tributaria, all'incremento della quota variabile del compenso dei giudici tributari(2)(16).

4. Fermo restando quanto previsto dall'articolo 69-bis del decreto legislativo 31 dicembre 1992, n. 546, le sentenze, emanate nei giudizi ivi indicati, non costituenti titolo esecutivo sono comunque annotate negli atti catastali con le modalità stabilite con provvedimento del Direttore dell'Agenzia del territorio, da adottare entro novanta giorni dalla data di entrata in vigore del presente decreto.

4-bis. All'articolo 4 della legge 12 novembre 2011, n. 183, dopo il comma 39 è inserito il seguente: "39-bis. È istituito il ruolo unico nazionale dei componenti delle commissioni tributarie, tenuto dal Consiglio di presidenza della giustizia tributaria. Nel ruolo unico sono inseriti, ancorché temporaneamente fuori ruolo, i componenti delle commissioni tributarie provinciali e regionali, nonché i componenti della commissione tributaria centrale, in servizio alla data di entrata in vigore del presente comma. I componenti delle commissioni tributarie sono inseriti nel ruolo unico secondo la rispettiva anzianità di servizio nella qualifica. I componenti delle commissioni tributarie nominati a partire dal concorso bandito il 3 agosto 2011, pubblicato nella Gazzetta Ufficiale, 4ª serie speciale, n. 65 del 16 agosto 2011, sono inseriti nel ruolo unico secondo l'ordine dagli stessi conseguito in funzione del punteggio complessivo per i titoli valutati nelle relative procedure selettive. A tale ultimo fine, relativamente al concorso bandito il 3 agosto 2011 si prescinde dalla scelta effettuata dai candidati in funzione delle sedi di commissione tributaria bandite; ai fini della immissione in servizio di tali candidati resta in ogni caso fermo quanto disposto dal comma 39. In caso di pari anzianità di servizio nella qualifica ovvero di pari punteggio, i componenti delle commissioni tributarie sono inseriti nel ruolo unico secondo l'anzianità anagrafica. A decorrere dall'anno 2013, il ruolo unico è reso pubblico annualmente, entro il mese di gennaio, attraverso il sito istituzionale del Consiglio di presidenza della giustizia tributaria" (3).

5. Le disposizioni di cui all'articolo 158 del testo unico delle disposizioni legislative e regolamentari in materia di spese di giustizia, di cui al decreto del Presidente della Repubblica 30 maggio 2002, n. 115, si applicano alle Agenzie fiscali delle entrate, delle dogane, del territorio e del demanio» (4).

6. I crediti derivanti dalle gestioni di ammasso obbligatorio e di commercializzazione dei prodotti agricoli nazionali, svolte dai consorzi agrari per conto e nell'interesse dello Stato, diversi da quelli estinti ai sensi dell'articolo 8, comma 1, della legge 28 ottobre 1999, n. 410, come modificato dall'articolo 130 della legge 23 dicembre 2000, n. 388, quali risultanti dai rendiconti approvati con decreti definitivi ed esecutivi del Ministro dell'agricoltura e delle foreste e registrati dalla Corte dei conti, che saranno estinti nei riguardi di coloro che risulteranno averne diritto, nonché le spese e gli interessi maturati a decorrere dalla data di chiusura delle relative contabilità, indicata nei decreti medesimi, producono interessi calcolati: fino al 31 dicembre 1995 sulla base del tasso ufficiale di sconto maggiorato di 4,40 punti, con capitalizzazione annuale; per il periodo successivo sulla base dei soli interessi legali.

7. Sono fatti salvi, in riferimento ai crediti di cui al comma 6, gli effetti derivanti dall'applicazione di sentenze passate in giudicato di cui all'articolo 324 del codice di procedura civile(5).

8. La regione Campania è autorizzata ad utilizzare le risorse del Fondo per lo sviluppo e coesione 2007-2013 relative al Programma attuativo regionale, per l'acquisto del termovalorizzatore di Acerra ai sensi dell'articolo 7 del decreto-legge 30 dicembre 2009, n. 195, convertito, con modificazioni, dalla legge 26 febbraio 2010, n. 26. Le risorse necessarie, pari a 355.550.240,84, vengono trasferite alla stessa Regione.

[*9. In considerazione dell'acquisto di cui al comma 8, le risorse già finalizzate, ai sensi dell'articolo 18 del citato decreto-legge n. 195 del 2009, al pagamento del canone di affitto di cui all'articolo 7, comma 6, dello stesso decreto-legge, sono destinate alla medesima* Regione *quale contributo dello Stato.*](6)

10. Ai fini fiscali, il pagamento da parte della regione Campania della somma di cui al comma 8, in quanto effettuato a definizione di ogni pretesa del soggetto proprietario dell'impianto, di cui all'articolo 6 del predetto decreto-legge n. 195 del 2009, vale come liquidazione risarcitoria transattiva tra le parti private e quelle pubbliche interessate. Ogni atto perfezionato in attuazione della disposizione di cui al precedente periodo è esente da imposizione.

11. All'articolo 32, comma 4, della legge 12 novembre 2011, n. 183, dopo la lettera n-bis) è aggiunta la seguente: «n-ter) delle spese sostenute dalla regione Campania per il termovalorizzatore di Acerra, e per l'attuazione del ciclo integrato dei rifiuti e della depurazione delle acque, nei limiti dell'ammontare delle entrate riscosse dalla Regione entro il 30 novembre di ciascun anno, rivenienti dalla quota spettante alla stessa Regione dei ricavi derivanti dalla vendita di energia, nel limite di 60 milioni di euro annui, e delle risorse già finalizzate, ai sensi dell'articolo 18 del decreto-legge 30 dicembre 2009, n. 195, convertito, con modificazioni, dalla legge 26 febbraio 2010, n. 26, al pagamento del canone di affitto di cui all'articolo 7, comma 6, dello stesso decreto-legge, destinate alla medesima Regione quale contributo dello Stato.» (7).

11-bis. Non sono soggette a esecuzione forzata le somme finalizzate all'acquisto di cui al comma 8, al contributo di cui al comma 9, nonché, previa adozione da parte della regione Campania della deliberazione semestrale di preventiva quantificazione degli importi delle somme destinate alle relative finalità, alle spese di cui all'articolo 32, comma 4, lettera n-ter), della legge 12 novembre 2011, n. 183, introdotta dal comma 11 del presente articolo, in quanto riconducibili alla connotazione di entrate a destinazione vincolata (8).

11-ter. Al fine di evitare interruzioni o turbamenti alla regolarità della gestione del termovalorizzatore di Acerra può essere mantenuto, su richiesta della regione Campania, per la durata di dodici mesi dalla data di entrata in vigore della legge di conversione del presente decreto, il presidio militare di cui all'articolo 5 del decreto-legge 30 dicembre 2009, n. 195, convertito, con modificazioni, dalla legge 26 febbraio 2010, n. 26, con oneri quantificati in euro 1.007.527 a carico della quota spettante alla regione Campania dei ricavi derivanti dalla vendita dell'energia (9).

11-quater. All'articolo 9, comma 3-bis, del decreto-legge 29 novembre 2008, n. 185, convertito, con modificazioni, dalla legge 28 gennaio 2009, n. 2, dopo le parole: "cessione pro soluto" sono inserite le seguenti: "o pro solvendo". La forma della cessione e la modalità della sua notificazione sono disciplinate, con l'adozione di forme semplificate, inclusa la via telematica, dal decreto previsto dall'articolo 13, comma 2, della legge 12 novembre 2011, n. 183 (10).

11-quinquies. La disposizione di cui al comma 11-quater e le disposizioni ivi richiamate si applicano anche alle amministrazioni statali ed agli enti pubblici nazionali. Con decreto di natura non regolamentare del Ministro dell'economia e delle finanze sono stabilite le modalità di attuazione del presente comma (11).

11-sexies. All'articolo 35, comma 1, del decreto-legge 24 gennaio 2012, n. 1, convertito, con modificazioni, dalla legge 24 marzo 2012, n. 27, alla lettera a), le parole: "Le assegnazioni disposte con utilizzo" sono sostituite dalle seguenti: "Una quota delle risorse del suddetto fondo speciale per la reiscrizione dei residui passivi di parte corrente, pari a 1.000 milioni di euro, è assegnata agli enti locali, con priorità ai comuni per il pagamento dei crediti di cui al presente comma. L'utilizzo" e le parole: "al periodo precedente" sono sostituite dalle seguenti: "ai periodi precedenti" (12).

11-septies. Sulla base dell'Accordo tra Governo e regioni del 21 dicembre 2011, le risorse statali spettanti alle regioni a statuto ordinario per l'anno 2012, come complessivamente rideterminate in base alle riduzioni apportate ai sensi dell'articolo 14, comma 2, del decreto-legge 31 maggio 2010, n. 78, convertito, con modificazioni, dalla legge 30 luglio 2010, n. 122, e ai sensi di successive disposizioni, sono finalizzate al finanziamento degli interventi regionali in materia di edilizia sanitaria, secondo le modalità stabilite dalla proposta regionale di riparto funzionale di cui la Conferenza permanente per i rapporti tra lo Stato, le regioni e le province autonome di Trento e di Bolzano ha preso atto nella seduta del 18 novembre 2010, ad eccezione di un importo pari a 148 milioni di euro destinato al rimborso dell'onere sostenuto dalle regioni a statuto ordinario per il pagamento dell'imposta sul valore aggiunto relativa ai contratti di servizio del trasporto pubblico locale ferroviario (13).

11-octies. Il comma 5 dell'articolo 1 della legge 13 dicembre 2010, n. 220, è abrogato (14).

11-novies. Per l'anno 2011 le risorse di cui all'articolo 30, comma 2, del decreto-legge 6 dicembre 2011, n. 201, convertito, con modificazioni, dalla legge 22 dicembre 2011, n. 214, pari a 425 milioni di euro, al fine di assicurare nelle regioni a statuto ordinario i necessari servizi di trasporto pubblico locale ferroviario da parte della società Trenitalia Spa, sono ripartite, per i contratti di servizio ferroviario in essere al 2011, secondo i criteri e le percentuali stabiliti dalla Conferenza delle regioni e delle province autonome nella seduta del 22 settembre 2011 e versate, per la parte non ancora erogata, alla società Trenitalia Spa. Al relativo versamento si provvede con decreto del Ministero dell'economia e delle finanze. A tale fine dette somme sono versate all'entrata del bilancio dello Stato per essere riassegnate ad apposito capitolo dello stato di previsione del Ministero dell'economia e delle finanze. Il Ministro dell'economia e delle finanze è autorizzato ad apportare, con propri decreti, le occorrenti variazioni di bilancio (15).

(1) Comma inserito dall'articolo 1, comma 1, della Legge 26 aprile 2012, n. 44, in sede di conversione.
(2) Comma inserito dall'articolo 1, comma 1, della Legge 26 aprile 2012, n. 44, in sede di conversione.
(3) Comma inserito dall'articolo 1, comma 1, della Legge 26 aprile 2012, n. 44, in sede di conversione.
(4) Comma modificato dall'articolo 1, comma 1, della Legge 26 aprile 2012, n. 44, in sede di conversione.
(5) Comma modificato dall'articolo 1, comma 1, della Legge 26 aprile 2012, n. 44, in sede di conversione.
(6) Comma abrogato dall'articolo 1, comma 799, della Legge 30 dicembre 2018, n. 145.
(7) Comma modificato dall'articolo 1, comma 1, della Legge 26 aprile 2012, n. 44, in sede di conversione.
(8) Comma inserito dall'articolo 1, comma 1, della Legge 26 aprile 2012, n. 44, in sede di conversione.
(9) Comma inserito dall'articolo 1, comma 1, della Legge 26 aprile 2012, n. 44, in sede di conversione.
(10) Comma inserito dall'articolo 1, comma 1, della Legge 26 aprile 2012, n. 44, in sede di conversione.
(11) Comma inserito dall'articolo 1, comma 1, della Legge 26 aprile 2012, n. 44, in sede di conversione.
(12) Comma inserito dall'articolo 1, comma 1, della Legge 26 aprile 2012, n. 44, in sede di conversione.
(13) Comma inserito dall'articolo 1, comma 1, della Legge 26 aprile 2012, n. 44, in sede di conversione.
(14) Comma inserito dall'articolo 1, comma 1, della Legge 26 aprile 2012, n. 44, in sede di conversione.
(15) Comma inserito dall'articolo 1, comma 1, della Legge 26 aprile 2012, n. 44, in sede di conversione.
(16) A norma dall'articolo 4, comma 3, della Legge 31 agosto 2022, n. 130, il presente comma è abrogato, a decorrere dal 1° gennaio 2023.

13. Norma di copertura. – 1. Agli oneri derivanti dall'articolo 3, comma 10, dall'articolo 4, comma 11, dall'articolo 8, commi 16, lettere e) e h), e 24, pari complessivamente a 184,6 milioni di euro per l'anno 2012, a 245,6 milioni di euro per l'anno 2013, a 246,4 milioni di euro a decorrere dall'anno 2014, che aumentano ai fini della compensazione in termini di indebitamento netto e fabbisogno a 252 milioni di euro per l'anno 2013 e a 252,8 milioni di euro a decorrere dall'anno 2014, si provvede mediante utilizzo delle minori spese di cui all'articolo 8, comma 21, del presente decreto. Alle ulteriori minori entrate o maggiori spese derivanti dall'articolo 2, comma 6-bis, dall'articolo 4, comma 5-sexies, lettere a) e b), comma 5-septies, secondo periodo, e comma 5-octies, e dall'articolo 8, comma 16, lettere e) e f), si provvede a valere sulle maggiori entrate derivanti dagli articoli 6, commi da 5-bis a 5-undecies, e 10, commi 9-octies e 9-novies (1).

1-bis. L'Istituto nazionale della previdenza sociale (INPS) e l'Istituto nazionale per l'assicurazione contro gli infortuni sul lavoro (INAIL), nell'ambito della propria autonomia, adottano misure di razionalizzazione organizzativa, aggiuntive rispetto a quelle previste dall'articolo 4, comma 66, della legge 12 novembre 2011, n. 183, e dall'articolo 21, commi da 1 a 9, del decreto-legge 6 dicembre 2011, n. 201, convertito, con modificazioni, dalla legge 22 dicembre 2011, n. 214, e successive modificazioni, volte a ridurre le proprie spese di funzionamento, in misura pari a 60 milioni di euro per l'anno 2012.

Le riduzioni sono quantificate, rispettivamente, in 12 milioni di euro annui per l'INAIL e in 48 milioni di euro per l'INPS, sulla base di quanto stabilito con il decreto del Ministro del lavoro e delle politiche sociali 3 aprile 2012, pubblicato nella Gazzetta Ufficiale n. 86 del 12 aprile 2012. Le somme derivanti dalle riduzioni di spesa di cui al presente comma sono versate entro il 30 settembre ad apposito capitolo dello stato di previsione dell'entrata del bilancio dello Stato (2).

1-ter. L'Amministrazione autonoma dei monopoli di Stato, nell'ambito della propria autonomia, adotta misure di razionalizzazione organizzativa, aggiuntive rispetto a quelle previste dall'articolo 4, comma 38, della legge 12 novembre 2011, n. 183, volte a ridurre le proprie spese di funzionamento, in misura pari a 11,1 milioni di euro per l'esercizio 2012, che sono conseguentemente versate entro il 30 settembre ad apposito capitolo dello stato di previsione dell'entrata del bilancio dello Stato (3).

1-quater. I Ministeri vigilanti verificano l'attuazione degli adempimenti di cui ai commi 1-bis e 1-ter, comprese le misure correttive previste dalle disposizioni vigenti ivi indicate, anche con riferimento all'effettiva riduzione delle spese di funzionamento degli enti interessati (4).

1-quinquies. È disposta la riduzione lineare delle dotazioni finanziarie disponibili iscritte a legislazione vigente in termini di competenza e di cassa, nell'ambito delle spese rimodulabili delle missioni di spesa di ciascun Ministero di cui all'articolo 21, comma 5, lettera b), della legge 31 dicembre 2009, n. 196, per un importo pari a 280 milioni di euro per l'anno 2012 e a 180 milioni di euro a decorrere dall'anno 2013.

Sono esclusi gli stanziamenti relativi all'istituto della destinazione del cinque per mille dell'imposta sul reddito delle persone fisiche, gli stanziamenti relativi alle spese per la tutela dell'ordine e la sicurezza pubblica, nonché per il soccorso pubblico, e gli stanziamenti relativi al fondo sviluppo e coesione. Il Ministro dell'economia e delle finanze, ai fini delle successive riduzioni, è autorizzato ad accantonare e rendere indisponibili le predette somme. Le amministrazioni potranno proporre variazioni compensative, anche relative a missioni diverse, tra gli accantonamenti interessati nel rispetto dell'invarianza sui saldi di finanza pubblica (5).

2. Il Ministro dell'economia e delle finanze è autorizzato ad apportare, con propri decreti, le occorrenti variazioni di bilancio.

(1) *Comma modificato dall'articolo 1, comma 1, della Legge 26 aprile 2012, n. 44, in sede di conversione.*
(2) *Comma inserito dall'articolo 1, comma 1, della Legge 26 aprile 2012, n. 44, in sede di conversione.*
(3) *Comma inserito dall'articolo 1, comma 1, della Legge 26 aprile 2012, n. 44, in sede di conversione.*
(4) *Comma inserito dall'articolo 1, comma 1, della Legge 26 aprile 2012, n. 44, in sede di conversione.*
(5) *Comma inserito dall'articolo 1, comma 1, della Legge 26 aprile 2012, n. 44, in sede di conversione e successivamente modificato dall'articolo 3, comma 5, lettere a) e b), del D.L. 15 maggio 2012, n. 59.*

14. Entrata in vigore. – 1. Il presente decreto entra in vigore il giorno stesso della sua pubblicazione nella Gazzetta Ufficiale della Repubblica italiana e sarà presentato alle Camere per la conversione in legge.

Il presente decreto, munito del sigillo dello Stato, sarà inserito nella Raccolta ufficiale degli atti normativi della Repubblica italiana. È fatto obbligo a chiunque spetti di osservarlo e di farlo osservare.

4. D.L. 30 dicembre 2016, n. 244

Decreto convertito, con modificazioni dalla Legge 27 febbraio 2017, n. 19. - Proroga e definizione di termini. (MILLEPROROGHE 2017). (1) (*Estratto artt. 1; 3-7; 10; 13-16*)

(1) *Pubblicato in Gazz. Uff., 30 dicembre 2016, n. 304*

1. Proroga di termini in materia di pubbliche amministrazioni. – 1. L'efficacia delle graduatorie dei concorsi pubblici per assunzioni a tempo indeterminato, approvate successivamente alla data di entrata in vigore del decreto-legge 31 agosto 2013, n. 101, convertito, con modificazioni, dalla legge 30 ottobre 2013, n. 125, relative alle amministrazioni pubbliche soggette a limitazioni delle assunzioni, è prorogata al 31 dicembre 2017, ferma restando la vigenza delle stesse fino alla completa assunzione dei vincitori e, per gli idonei, l'eventuale termine di maggior durata della graduatoria ai sensi dell'articolo 35, comma 5-ter del decreto legislativo 30 marzo 2001, n. 165.

2. Le graduatorie dei concorsi banditi dall' Amministrazione penitenziaria ai sensi dell'articolo 2199 del codice dell'ordinamento militare, di cui al decreto legislativo 15 marzo 2010, n. 66, pubblicate in data non anteriore al 1° gennaio 2012, sono prorogate sino al 31 dicembre 2017.

2-bis. Al fine di assicurare compiuta attuazione alla proroga sino al 31 dicembre 2017 delle graduatorie di cui al comma 2 e per incrementare l'efficienza delle carceri, l'Amministrazione penitenziaria, nell'ambito delle facoltà assunzionali relative all'anno 2016 previste dall'articolo 66, comma 9-bis, del decreto-legge 25 giugno 2008, n. 112, convertito, con modificazioni, dalla legge 6 agosto 2008, n. 133, in deroga a quanto previsto dall'articolo 2199 del codice dell'ordinamento militare, di cui al decreto legislativo 15 marzo 2010, n. 66, e successive modificazioni, è autorizzata ad assumere nel ruolo iniziale del Corpo di polizia penitenziaria 887 unità di personale, in via prioritaria, mediante lo scorrimento delle graduatorie dei vincitori dei concorsi di cui al predetto articolo 2199, comma 4, lettera b), e, per i posti residui, mediante lo scorrimento delle graduatorie degli idonei non vincitori dei medesimi concorsi approvate in data non anteriore al 1° gennaio 2012 attribuendo, in ogni caso, precedenza alle graduatorie relative ai concorsi più recenti (1).

3. All'articolo 4, comma 9, terzo periodo, del decreto-legge 31 agosto 2013, n. 101, convertito, con modificazioni, dalla legge 30 ottobre 2013, n. 125, le parole: «31 dicembre 2016» sono sostituite dalle seguenti: «31 dicembre 2017».

3-bis. Il termine per la maturazione del requisito di almeno tre anni di servizio, di cui all'articolo 4, comma 6, del decreto-legge 31 agosto 2013, n. 101, convertito, con modificazioni, dalla legge 30 ottobre 2013, n. 125, per la partecipazione alle procedure concorsuali bandite dall'Istituto superiore di sanità, è differito alla data di entrata in vigore della legge di conversione del presente decreto. Nel triennio 2017-2019, nel rispetto della programmazione triennale del fabbisogno e previo espletamento della procedura di cui all'articolo 35, comma 4, del decreto legislativo 30 marzo 2001, n. 165, e successive modificazioni, al fine di favorire una maggiore e più ampia valorizzazione della professionalità acquisita dal personale con contratto di lavoro a tempo determinato, l'Istituto superiore di sanità può bandire, in deroga alle procedure di mobilità di cui all'articolo 30, comma 2-bis, del decreto legislativo 30 marzo 2001, n. 165, e successive modificazioni, nonché ad ogni altra procedura per l'assorbimento del personale in esubero dalle amministrazioni pubbliche e nel limite dei posti disponibili nella propria dotazione organica, procedure concorsuali, per titoli ed esami, per assunzioni a tempo indeterminato di personale non dirigenziale, per 230 unità complessive, ai sensi del citato articolo 4, comma 6, del decreto-legge 31 agosto 2013, n. 101, convertito, con modificazioni, dalla legge 30 ottobre 2013, n. 125 (2).

3-ter. All'onere derivante dall'attuazione del comma 3-bis, valutato in euro 6.000.000 per l'anno 2017 ed in euro 11.685.840 a decorrere dall'anno 2018, si provvede quanto ad euro 5.000.000 per ciascuno degli anni 2017 e 2018 mediante riduzione dell'autorizzazione di spesa recata dall'articolo 1, comma 580, della legge 28 dicembre 2015, n. 208, quanto ad euro 1.525.980 a decorrere dall'anno 2019 mediante riduzione dell'autorizzazione di spesa recata dall'articolo 1, comma 275, della legge 27 dicembre 2013, n. 147, quanto ad euro 1.000.000 per l'anno 2017, euro 6.685.840 per l'anno 2018 ed euro 10.159.860 a decorrere dall'anno 2019 mediante corrispondente riduzione dello stanziamento del fondo speciale di parte corrente iscritto, ai fini del bilancio triennale 2017-2019, nell'ambito del programma "Fondi di riserva e speciali" della missione "Fondi da ripartire" dello stato di previsione del Ministero dell'economia e delle finanze per l'anno 2017, allo scopo parzialmente utilizzando l'accantonamento relativo al Ministero della salute per euro 1.000.000 per l'anno 2017, per euro 6.685.840 per l'anno 2018 e per euro 7.559.860 a decorrere dall'anno 2019 e l'accantonamento relativo al Ministero dell'economia e delle finanze per euro 2.600.000 a decorrere dall'anno 2019 (3).

4. All'articolo 2, comma 15, del decreto-legge 6 luglio 2012, n. 95, convertito, con modificazioni, dalla legge 7 agosto 2012, n. 135, le parole: «31 dicembre 2016» sono sostituite dalle seguenti: «31 dicembre 2017».

5. All'articolo 1 del decreto-legge 29 dicembre 2011, n. 216, convertito, con modificazioni, dalla legge 24 febbraio 2012, n. 14, sono apportate le seguenti modificazioni:

a) al comma 2, le parole: «31 dicembre 2016», ovunque ricorrono, sono sostituite dalle seguenti: «31 dicembre 2017»;

b) al comma 6-quater, le parole: «31 dicembre 2016» sono sostituite dalle seguenti: «31 dicembre 2017».

5-bis. Nelle more della conclusione delle procedure concorsuali, di cui all'articolo 4, comma 6, del decreto-legge 31 agosto 2013, n. 101, convertito, con modificazioni, dalla legge 30 ottobre 2013, n. 125, da bandire entro il 31 dicembre 2018 e i cui requisiti di partecipazione devono essere posseduti dal personale dell'Istituto nazionale di statistica (ISTAT) con contratto di lavoro a tempo determinato alla data di entrata in vigore della legge di conversione del presente decreto, il termine di scadenza dei contratti del personale in servizio a tempo determinato, fissato al 31 dicembre 2017, è prorogato, anche in deroga alla normativa vigente sul rapporto di lavoro a tempo determinato di cui agli articoli da 19 a 29 del decreto legislativo 15 giugno 2015, n. 81, fino alla conclusione delle medesime procedure e comunque non oltre il 31 dicembre 2019. Gli oneri scaturenti dall'utilizzo di detto personale sono a carico dei progetti in cui lo stesso personale è impegnato e su cui attualmente grava. Agli oneri derivanti dal presente comma si provvede a valere sulle risorse aggiuntive assegnate nell'ambito del contributo ordinario pari ad euro 5 milioni a decorrere dall'anno 2017, sulle risorse assunzionali dell'ISTAT, nonché sulle risorse disponibili nel bilancio dell'ISTAT, tenendo conto del trattamento fondamentale e accessorio del personale interessato (4).

6. All'articolo 1, comma 5, del decreto-legge 30 dicembre 2013, n. 150, convertito, con modificazioni, dalla legge 27 febbraio 2014, n. 15, le parole: «31 dicembre 2016» sono sostituite dalle seguenti: «31 dicembre 2017».

7. Fermo restando quanto previsto dall'articolo 1, comma 227, della legge 28 dicembre 2015, n. 208, all'articolo 1 del decreto-legge 31 dicembre 2014, n. 192, convertito, con modificazioni, dalla legge 27 febbraio 2015, n. 11, sono apportate le seguenti modificazioni:

a) al comma 2, le parole: «nell'anno 2013 e nell'anno 2014» sono sostituite dalle seguenti: «negli anni 2013, 2014 e 2015» e le parole: «31 dicembre 2016», ovunque ricorrono, sono sostituite dalle seguenti: «31 dicembre 2017»;

b) al comma 4, le parole: «31 dicembre 2016» sono sostituite dalle seguenti: «31 dicembre 2017».

8. All'articolo 2, comma 4, secondo periodo, del decreto legislativo 15 giugno 2015, n. 81, le parole: «1° gennaio 2017» sono sostituite dalle seguenti: «1° gennaio 2018».

9. All'articolo 15, comma 6-bis, del decreto-legge 19 giugno 2015, n. 78, convertito, con modificazioni, dalla legge 6 agosto 2015, n. 125, le parole: «31 dicembre 2016» sono sostituite dalle seguenti: «31 dicembre 2017», e le parole: «del patto di stabilità interno per l'anno 2014» sono sostituite dalle seguenti: «degli obiettivi di finanza pubblica per l'anno 2016».

10. All'articolo 1, comma 543, della legge 28 dicembre 2015, n. 208, sono apportate le seguenti modificazioni:

a) al primo periodo, le parole: «entro il 31 dicembre 2016, e concludere, entro il 31 dicembre 2017», sono sostituite dalle seguenti: «entro il 31 dicembre 2017, e concludere, entro il 31 dicembre 2018»;

b) all'ultimo periodo, le parole: «31 ottobre 2016» sono sostituite dalle seguenti: «31 ottobre 2017».

11. Il termine di cui all'articolo 1, comma 6, del decreto del Ministro dei beni e delle attività culturali e del turismo, di concerto con il Ministro per la semplificazione e la pubblica amministrazione del 15 aprile 2016, pubblicato nella Gazzetta Ufficiale n. 96 del 26 aprile 2016, è prorogato al 28 febbraio 2017.

12. All'articolo 1 della legge 28 dicembre 2015, n. 208, sono apportate le seguenti modificazioni:

a) al comma 816, le parole: «nell'anno 2016» sono sostituite dalle seguenti: «nell'anno 2016 e nell'anno 2017»;

b) al comma 817, le parole: «nell'anno 2016» sono sostituite dalle seguenti: «nell'anno 2016 e nell'anno 2017».

12-bis. Il termine del 31 dicembre 2016 previsto dall'articolo 4, comma 6, primo periodo, del decreto-legge 31 agosto 2013, n. 101, convertito, con modificazioni, dalla legge 30 ottobre 2013, n. 125, è prorogato al 31 dicembre 2017, per il personale dell'Autorità garante della concorrenza e del mercato all'esclusivo fine dell'indizione di una o più procedure concorsuali, per titoli ed esami, per l'inquadramento a tempo indeterminato del personale assunto alle proprie dipendenze con contratto a tempo determinato a seguito del superamento di apposita procedura selettiva pubblica, nei limiti delle proprie disponibilità finanziarie e della pianta organica rideterminata ai sensi del presente comma, senza oneri a carico del bilancio dello Stato. A tal fine, con decreto del Presidente del Consiglio dei ministri, la pianta organica di cui all'articolo 11, comma 1, della legge 10 ottobre 1990, n. 287, è incrementata di trenta unità con contestuale riduzione di quaranta unità del contingente dei contratti a tempo determinato di cui al comma 4 del medesimo articolo [5].

13. All'articolo 4, comma 9-bis, del decreto-legge 31 agosto 2013, n. 101, convertito, con modificazioni, dalla legge 30 ottobre 2013, n. 125, sono apportate le seguenti modificazioni:

a) il quarto periodo è sostituito dal seguente: «In caso di mancato conseguimento degli obiettivi di finanza pubblica per l'anno 2016, al solo fine di consentire la proroga dei rapporti di lavoro a tempo determinato fino al 31 dicembre 2017, non si applica la sanzione di cui alla lettera e) comma 723 dell'articolo 1 della legge 28 dicembre 2015, n. 208.»;

b) al quinto e al settimo periodo, le parole: «Per l'anno 2016» sono sostituite dalle seguenti: «Per l'anno 2017».

14. All'articolo 30, comma 1 del decreto-legge 24 giugno 2014, n. 90, convertito, con modificazioni, dalla legge 11 agosto 2014, n. 114, le parole: «31 dicembre 2016» sono sostituite dalle seguenti: «31 dicembre 2017».

15. All'articolo 2, comma 5-octies, del decreto-legge 29 dicembre 2010, n. 225, convertito, con modificazioni, dalla legge 26 febbraio 2011, n. 10, le parole: «31 dicembre 2016» sono sostituite dalle seguenti: «31 dicembre 2017».

15-bis. All'articolo 18, comma 3, secondo periodo, del decreto legislativo 5 dicembre 2005, n. 252, le parole: "quattro anni" sono sostituite dalle seguenti: "sette anni non rinnovabili" e le parole da: "e possono" fino a: "volta" sono soppresse [5].

15-ter. La disposizione di cui al comma 15-bis si applica ai componenti della Commissione di vigilanza sui fondi pensione in carica alla data di entrata in vigore della legge di conversione del presente decreto [6].

15-quater. Le regioni e gli enti locali che alla data di entrata in vigore della legge di conversione del presente decreto abbiano già adottato le misure di contenimento della spesa per il personale in attuazione di quanto previsto dall'articolo 4, comma 1, del decreto-legge 6 marzo 2014, n. 16, convertito, con modificazioni, dalla legge 2 maggio 2014, n. 68, fermo restando il rispetto dei vincoli finanziari ivi richiamati, possono prorogare i piani di recupero delle somme indebitamente erogate di cui al medesimo articolo 4, comma 1, per un periodo non superiore a cinque anni, a condizione che dimostrino l'effettivo conseguimento delle riduzioni di spesa previste dalle predette misure, nonché il conseguimento di ulteriori riduzioni di spesa derivanti dall'adozione di misure di razionalizzazione relative ad altri settori anche con riferimento a processi di soppressione e fusione di società, enti o agenzie strumentali. Le regioni e gli enti locali forniscono la dimostrazione di cui al periodo precedente con apposita relazione, corredata del parere dell'organo di revisione economico-finanziaria, allegata al conto consuntivo di ciascun anno in cui è effettuato il recupero [7].

16. All'onere recato dal comma 12, pari a 75.000 euro per l'anno 2017 e a 150.000 euro a decorrere dall'anno 2018, si provvede mediante riduzione delle proiezioni dello stanziamento del Fondo speciale di parte corrente iscritto, ai fini del bilancio triennale 2016-2018, nell'ambito del programma «Fondi di riserva e speciale» della missione «Fondi da ripartire» dello stato di previsione del Ministero dell'economia e delle finanze per l'anno 2016, allo scopo parzialmente utilizzando l'accantonamento del Ministero dell'ambiente e della tutela del territorio e del mare.

16-bis. Fino all'entrata in vigore del Programma statistico nazionale 2017-2019, e comunque non oltre il 30 novembre 2017, è prorogata l'efficacia del decreto del Presidente della Repubblica 30 agosto 2016, pubblicato nella Gazzetta Ufficiale n. 242 del 15 ottobre 2016, di approvazione del Programma statistico nazionale 2014-2016 - Aggiornamento 2016, nonché dell'allegato 1 al medesimo decreto contenente i prospetti dei lavori statistici per i quali è prevista la diffusione di variabili in forma disaggregata, ai sensi dell'articolo 13, comma 3-bis, del decreto legislativo 6 settembre 1989, n. 322, l'elenco delle rilevazioni che comportano obbligo di risposta da parte dei soggetti privati, a norma dell'articolo 7 del citato decreto legislativo 6 settembre 1989, n. 322, e l'elenco dei lavori per i quali la mancata fornitura dei dati configura violazione dell'obbligo di risposta, ai sensi del medesimo articolo 7 [8].

(1) Comma aggiunto dall'articolo 1, comma 1, della Legge 27 febbraio 2017 n. 19, in sede di conversione.
(2) Comma aggiunto dall'articolo 1, comma 1, della Legge 27 febbraio 2017 n. 19, in sede di conversione.
(3) Comma aggiunto dall'articolo 1, comma 1, della Legge 27 febbraio 2017 n. 19, in sede di conversione.
(4) Comma aggiunto dall'articolo 1, comma 1, della Legge 27 febbraio 2017 n. 19, in sede di conversione.
(5) Comma aggiunto dall'articolo 1, comma 1, della Legge 27 febbraio 2017 n. 19, in sede di conversione.
(6) Comma aggiunto dall'articolo 1, comma 1, della Legge 27 febbraio 2017 n. 19, in sede di conversione.
(7) Comma aggiunto dall'articolo 1, comma 1, della Legge 27 febbraio 2017 n. 19, in sede di conversione.
(8) Comma aggiunto dall'articolo 1, comma 1, della Legge 27 febbraio 2017 n. 19, in sede di conversione.

3. Proroga di termini in materia di lavoro e politiche sociali. – 1. All'articolo 44, comma 11-bis, del decreto legislativo 14 settembre 2015, n. 148, sono apportate le seguenti modificazioni:

a) al primo periodo, dopo le parole: «per l'anno 2016», sono inserite le seguenti: «e di 117 milioni di euro per l'anno 2017»;

b) il terzo periodo è sostituito dal seguente periodo: «All'onere derivante dal primo periodo si provvede, quanto a 216 milioni per l'anno 2016 mediante corrispondente riduzione dell'autorizzazione di spesa di cui all'articolo 16, comma 7, del decreto legislativo 4 marzo 2015, n. 22, come incrementata dall'articolo 43, comma 5, e dall'articolo 1, comma 387, lettera b), della legge 28 dicembre 2015, n. 208, e quanto a 117 milioni per l'anno 2017 a carico del Fondo sociale per occupazione e formazione, di cui all'articolo 18, comma 1, lettera a), del decreto-legge 29 novembre 2008, n. 185, convertito, con modificazioni, dalla legge 28 gennaio 2009, n. 2, mediante utilizzo delle disponibilità in conto residui.»;

c) al quinto periodo, dopo le parole: «per l'anno 2016», aggiungere le seguenti: «e 117 milioni di euro per l'anno 2017».

2. All'articolo 53, comma 6, del decreto legislativo 9 aprile 2008, n. 81, le parole: «Fino ai sei mesi» sono sostituite dalle seguenti: «Fino ai 12 mesi».

2-bis. Il trattamento straordinario di integrazione salariale concesso in favore dei lavoratori dei soggetti di cui alla legge 3 giugno 1999, n. 157, e successive modificazioni, e delle loro rispettive articolazioni e sezioni territoriali, ai sensi dell'articolo 16, comma 1, del decreto-legge 28 dicembre 2013, n. 149, convertito, con modificazioni, dalla legge 21 febbraio 2014, n. 13, nonché sulla base dei relativi decreti del Ministro del lavoro e delle politiche sociali, può essere ulteriormente concesso, alle medesime condizioni a suo tempo richieste, comunque nel limite delle risorse disponibili di cui all'articolo 16, comma 2, del decreto-legge 28 dicembre 2013, n. 149, convertito, con modificazioni, dalla legge 21 febbraio 2014, n. 13[(1)].

2-ter. Il termine per l'entrata in vigore dell'obbligo dell'abilitazione all'uso delle macchine agricole, in attuazione di quanto disposto dall'accordo, sancito dalla Conferenza permanente per i rapporti tra lo Stato, le regioni e le province autonome di Trento e di Bolzano nella seduta del 22 febbraio 2012, tra il Governo, le regioni e le province autonome di Trento e di Bolzano, concernente l'individuazione delle attrezzature di lavoro per le quali è richiesta una specifica abilitazione degli operatori, nonché le modalità per il riconoscimento di tale abilitazione, i soggetti formatori, la durata, gli indirizzi e i requisiti minimi di validità della formazione, pubblicato nel Supplemento ordinario alla Gazzetta Ufficiale n. 60 del 12 marzo 2012, è differito al 31 dicembre 2017. Entro dodici mesi da tale data devono essere effettuati i corsi di aggiornamento, di cui al punto 9.4 dell'Allegato A al suddetto accordo del 22 febbraio 2012[(2)].

3. All'articolo 1, comma 302, della legge 23 dicembre 2014, n. 190, sono apportate le seguenti modificazioni:

a) al primo periodo, le parole: «gennaio 2016»; sono sostituite dalla seguente: «gennaio»;

b) al secondo periodo le parole: «anno 2017» sono sostituite dalle seguenti: «anno 2018».

3-bis. All'articolo 18, comma 1-bis, del decreto legislativo 9 aprile 2008, n. 81, le parole: "termine di sei mesi" sono sostituite dalle seguenti: "termine di dodici mesi"[(3)].

3-ter. All'articolo 3 del decreto legislativo 14 settembre 2015, n. 151, la parola: "2017", ovunque ricorre, è sostituita dalla seguente: "2018" [(4)].

3-quater. All'articolo 15, comma 1, del decreto legislativo 14 settembre 2015, n.151, la parola: "2017" è sostituita dalla seguente: "2018" [(5)].

3-quinquies. All'articolo 1, comma 292, della legge 28 dicembre 2015, n. 208, sono apportate le seguenti modificazioni:

a) al primo periodo, dopo le parole: "nel corso dell'anno 2015" sono inserite le seguenti: "e dell'anno 2016" e le parole: "entro novanta giorni dalla data di entrata in vigore della presente legge" sono sostituite dalle seguenti: "entro il 31 marzo 2017";

b) al secondo periodo, dopo le parole: "in favore degli aventi diritto per l'anno 2015" sono aggiunte le seguenti: "e per l'anno 2016" [(6)].

3-sexies. All'articolo 1, comma 288, della legge 28 dicembre 2015, n. 208, le parole: "in sede di rivalutazione delle pensioni per l'anno 2016" sono sostituite dalle seguenti: "in sede di rivalutazione delle pensioni per l'anno 2017" [(7)].

3-septies. All'onere derivante dal comma 3-sexies, valutato in 208 milioni di euro per l'anno 2017, si provvede:

a) quanto a 60 milioni di euro, mediante versamento all'entrata del bilancio dello Stato, da effettuare nell'anno 2017, di quota di corrispondente importo delle disponibilità in conto residui del Fondo sociale per occupazione e formazione, di cui all'articolo 18, comma l, lettera a), del decreto-legge 29 novembre 2008, n. 185, convertito, con modificazioni, dalla legge 28 gennaio 2009, n. 2;

b) quanto a 47 milioni di euro, mediante versamento all'entrata del bilancio dello Stato, da effettuare nell'anno 2017, di quota di corrispondente importo delle disponibilità del Fondo di rotazione di cui all'articolo 9, comma 5, del decreto-legge 20 maggio 1993, n. 148, convertito, con modificazioni, dalla legge 19 luglio 1993, n. 236; è corrispondentemente ridotta di 47 milioni di euro la quota di risorse da destinare, ai sensi dell'articolo 5, comma 4-bis, del decreto legislativo 14 settembre 2015, n. 150, alla gestione a stralcio separata istituita nell'ambito dello stesso Fondo di rotazione per essere destinate al finanziamento di iniziative del Ministero del lavoro e delle politiche sociali[(8)];

c) quanto a 60 milioni di euro, mediante corrispondente riduzione del Fondo di cui all'articolo 1, comma 200, della legge 23 dicembre 2014, n. 190;

d) quanto a 41 milioni di euro, mediante corrispondente utilizzo delle maggiori entrate derivanti dal comma 3-sexies;

e) quanto a 107 milioni di euro, ai fini della compensazione degli effetti finanziari in termini di fabbisogno e di indebitamento netto, mediante corrispondente riduzione del Fondo per la compensazione degli effetti finanziari non previsti a legislazione vigente conseguenti all'attualizzazione di contributi pluriennali, di cui all'articolo 6, comma 2, del decreto-legge 7 ottobre 2008, n. 154, convertito, con modificazioni, dalla legge 4 dicembre 2008, n. 189[(9)].

3-octies. Ai fini della prosecuzione della sperimentazione relativa al riconoscimento della indennità di disoccupazione mensile denominata DIS-COLL, di cui all'articolo 15 del decreto legislativo 4 marzo 2015, n. 22, le disposizioni di cui all'articolo 1, comma 310, della legge 28 dicembre 2015, n. 208, sono prorogate fino al 30 giugno 2017, in relazione agli eventi di disoccupazione verificatisi a decorrere dal 1° gennaio 2017 e sino al 30 giugno 2017, nel limite di 19,2 milioni di euro per l'anno 2017. Al relativo onere, pari a 19,2 milioni di euro per l'anno 2017, si provvede mediante corrispondente riduzione dell'autorizzazione di spesa di cui all'articolo 43, comma 6, del decreto legislativo 14 settembre 2015, n. 148[(10)].

3-novies. Il termine per l'esercizio dell'opzione di cui all'articolo 16, comma 4, del decreto legislativo 14 settembre 2015, n. 147, è prorogato al 30 aprile 2017, per i lavoratori dipendenti che non l'hanno già esercitata, secondo le modalità attuative individuate con provvedimento del direttore dell'Agenzia delle entrate da emanare entro trenta giorni dalla data di entrata in vigore della legge di conversione del presente decreto [11].

[1] *Comma aggiunto dall'articolo 1, comma 1, della Legge 27 febbraio 2017 n. 19, in sede di conversione.*
[2] *Comma aggiunto dall'articolo 1, comma 1, della Legge 27 febbraio 2017 n. 19, in sede di conversione.*
[3] *Comma aggiunto dall'articolo 1, comma 1, della Legge 27 febbraio 2017 n. 19, in sede di conversione.*
[4] *Comma aggiunto dall'articolo 1, comma 1, della Legge 27 febbraio 2017 n. 19, in sede di conversione.*
[5] *Comma aggiunto dall'articolo 1, comma 1, della Legge 27 febbraio 2017 n. 19, in sede di conversione.*
[6] *Comma aggiunto dall'articolo 1, comma 1, della Legge 27 febbraio 2017 n. 19, in sede di conversione.*
[7] *Comma aggiunto dall'articolo 1, comma 1, della Legge 27 febbraio 2017 n. 19, in sede di conversione.*
[8] *Così corretta con Comunicato 27 marzo 2017 pubblicato in Gazz. Uff. 27 marzo 2017, n. 72.*
[9] *Comma aggiunto dall'articolo 1, comma 1, della Legge 27 febbraio 2017 n. 19, in sede di conversione.*
[10] *Comma aggiunto dall'articolo 1, comma 1, della Legge 27 febbraio 2017 n. 19, in sede di conversione.*
[11] *Comma aggiunto dall'articolo 1, comma 1, della Legge 27 febbraio 2017 n. 19, in sede di conversione.*

4. Proroga di termini in materia di istruzione, università e ricerca. – 1. All'articolo 18, comma 8-quinquies, del decreto-legge 21 giugno 2013, n. 69, convertito, con modificazioni, dalla legge 9 agosto 2013, n. 98, le parole: «31 dicembre 2016» sono sostituite dalle seguenti: «31 dicembre 2017». Restano fermi i termini di conservazione dei residui previsti a legislazione vigente.

2. Il termine di adeguamento alla normativa antincendio per gli edifici scolastici ed i locali adibiti a scuola, per i quali, alla data di entrata in vigore del presente decreto, non si sia ancora provveduto al predetto adeguamento e' stabilito al 31 dicembre 2023 [1].

2-bis. Il termine per l'adeguamento alla normativa antincendio per gli edifici ed i locali adibiti ad asilo nido, per i quali, alla data di entrata in vigore della legge di conversione del presente decreto, non si sia ancora provveduto all'adeguamento antincendio indicato dall'articolo 6, comma 1, lettera a), del decreto del Ministro dell'interno 16 luglio 2014, pubblicato nella Gazzetta Ufficiale n. 174 del 29 luglio 2014, e' stabilito, in relazione agli adempimenti richiesti dalla citata lettera a), al 31 dicembre 2024. Restano fermi i termini indicati per gli adempimenti di cui alle lettere b) e c) dello stesso articolo 6, comma 1 [2].

2-ter. Il termine di adeguamento alla normativa antincendio per gli edifici, i locali e le strutture delle università e delle istituzioni dell'alta formazione artistica, musicale e coreutica, per i quali, alla data di entrata in vigore della presente disposizione, non si sia provveduto al predetto adeguamento, è stabilito al 31 dicembre 2024. [11]

3. All' articolo 1, comma 10-octies, del decreto-legge 30 dicembre 2015, n. 210, convertito, con modificazioni, dalla legge 25 febbraio 2016, n. 21, le parole: «31 dicembre 2016 » sono sostituite dalle seguenti: «31 dicembre 2017» e le parole «delle tornate 2012 o 2013» sono soppresse.

3-bis. All' articolo 24, comma 6, della legge 30 dicembre 2010, n. 240, al primo periodo, le parole: "del sesto anno" sono sostituite dalle seguenti: "dell'ottavo anno" e, al terzo periodo, le parole: "settimo anno" sono sostituite dalle seguenti: "nono anno" [3].

4. All'articolo 1, comma 107, della legge 13 luglio 2015, n. 107, le parole: «2016/2017» sono sostituite dalle seguenti: «2019/2020».

5. Il termine del 31 dicembre 2016 di cui all'articolo 1, comma 215, della legge28 dicembre 2015, n. 208, relativo alle previsioni di cui all' articolo 6, comma 6-bis, del decreto-legge 31 dicembre 2014, n. 192, convertito, con modificazioni, dalla legge 27 febbraio 2015, n. 11 è differito al 30 agosto 2018. All'onere finanziario derivante dal differimento di cui al primo periodo, pari a 15 milioni di euro per l'anno 2017, si provvede, quanto ad euro 9 milioni, a valere sulle economie di cui all' articolo 58, comma 5, del decreto-legge 21 giugno 2013, n. 69, convertito, con modificazioni, dalla legge 9 agosto 2013, n. 98, e, quanto ad euro 6 milioni, attraverso la corrispondente riduzione dell'autorizzazione di spesa di cui all' articolo 1, comma 199 della legge 23 dicembre 2014, n. 190. Conseguentemente, il termine per l'individuazione di soluzioni normative di cui all' articolo 6, comma 6-ter, del decreto-legge 31 dicembre 2014, n. 192, convertito, con modificazioni, dalla legge 27 febbraio 2015, n. 11 è differito al 31 dicembre 2017 [4].

5-bis. Per l'attuazione dell'articolo 21, comma 10, della legge 15 marzo 1997, n. 59, in materia di ordinamento degli istituti per sordomuti di Roma, Milano e Palermo di cui alla parte I, titolo II, capo III, sezione II, del testo unico di cui al decreto legislativo 16 aprile 1994, n. 297, continua ad applicarsi l'articolo 67, comma 1, del medesimo testo unico [5].

5-ter. All' articolo 1, comma 107-bis, della legge 24 dicembre 2012, n. 228, le parole: "31 dicembre 2017" sono sostituite dalle seguenti: "31 dicembre 2021" [6].

5-quater. All' articolo 19, comma 1, del decreto-legge 12 settembre 2013, n. 104, convertito, con modificazioni, dalla legge 8 novembre 2013, n. 128, e successive modificazioni, le parole: "e 2015-2016" sono sostituite dalle seguenti: ", 2015-2016 e 2016-2017" [7].

5-quinquies. All' articolo 6, comma 6-bis, del decreto-legge 30 dicembre 2013, n. 150, convertito, con modificazioni, dalla legge 27 febbraio 2014, n. 15, le parole: "due anni" sono sostituite dalle seguenti: "quattro anni".

5-sexies. Il termine di cui all'articolo 8, comma 3, del regolamento di cui al decreto del Presidente della Repubblica 4 aprile 2016, n. 95, è prorogato di trenta giorni [8].

5-septies. All' articolo 20 della legge 18 febbraio 1989, n. 56, il comma 1 è sostituito dal seguente [9] :

"1. Al fine di consentire la piena operatività del Consiglio nazionale dell'ordine, le votazioni per il rinnovo di tutti i consigli territoriali dell'ordine in carica si svolgono contemporaneamente nel terzo quadrimestre dell'anno di scadenza. La proclamazione degli eletti deve essere effettuata entro il 31 dicembre dello stesso anno. I consigli territoriali e il Consiglio nazionale in carica, se scadono antecedentemente al quadrimestre indicato, sono prorogati fino alla conclusione delle procedure elettorali sopra indicate" [10].

[1] *Comma modificato dall'articolo 6, comma 3-bis, del D.L. 25 luglio 2018, n. 91, convertito, con modificazioni, dalla Legge 21 settembre 2018, n. 108; successivamente dall'articolo 4-bis, comma 2, lettera a), del D.L. 28 giugno 2019, n. 59, convertito con modificazioni, dalla Legge*

8 agosto 2019, n. 81 e, da ultimo, dall'articolo 2, comma 4- septies, lettera a), del D.L. 31 dicembre 2020, n. 183, convertito, con modificazioni, dalla Legge 26 febbraio 2021, n. 21 e da ultimo dall'articolo 5, comma 5, lettera a), del D.L. 29 dicembre 2022, n. 198, non ancora convertito in Legge.

(2) Comma aggiunto dall'articolo 1, comma 1, della Legge 27 febbraio 2017 n. 19, in sede di conversione, modificato dall'articolo 6, comma 3-ter, del D.L. 25 luglio 2018, n. 91, convertito, con modificazioni, dalla Legge 21 settembre 2018, n. 108; successivamente dall'articolo 4-bis, comma 2, lettera a), del D.L. 28 giugno 2019, n. 59, convertito con modificazioni, dalla Legge 8 agosto 2019, n. 81 e, da ultimo, dall'articolo 2, comma 4- septies, lettera b), del D.L. 31 dicembre 2020, n. 183, convertito, con modificazioni, dalla Legge 26 febbraio 2021, n. 21 e da ultimo dall'articolo 5, comma 5, lettera b), del D.L. 29 dicembre 2022, n. 198, non ancora convertito in Legge.

(3) Comma aggiunto dall'articolo 1, comma 1, della Legge 27 febbraio 2017 n. 19, in sede di conversione.

(4) Comma modificato dall'articolo 1, comma 627, della Legge 27 dicembre 2017, n. 205.

(5) Comma aggiunto dall' articolo 1, comma 1, della Legge 27 febbraio 2017 n. 19, in sede di conversione.

(6) Comma aggiunto dall' articolo 1, comma 1, della Legge 27 febbraio 2017 n. 19, in sede di conversione.

(7) Comma aggiunto dall' articolo 1, comma 1, della Legge 27 febbraio 2017 n. 19, in sede di conversione.

(8) Comma aggiunto dall'articolo 1, comma 1, della Legge 27 febbraio 2017 n. 19, in sede di conversione.

(9) Comma aggiunto dall'articolo 1, comma 1, della Legge 27 febbraio 2017 n. 19, in sede di conversione.

(10) Così corretto con Comunicato 27 marzo 2017 pubblicato in Gazz. Uff. 27 marzo 2017, n. 72

(11) Comma aggiunto dall'articolo 6, comma 3-bis, del D.L. 30 dicembre 2021, n. 228, convertito con modificazioni dalla Legge 25 febbraio 2022, n. 15.

5. Proroga di termini in materie di competenza del Ministero dell'interno. – 1. All'articolo 1, comma 4-bis, del decreto-legge 28 dicembre 2006, n. 300, convertito, con modificazioni, dalla legge 26 febbraio 2007, n. 17, e successive modificazioni, le parole: «31 dicembre 2016» sono sostituite dalle seguenti: «31 dicembre 2017».

2. All'articolo 2, comma 6-quinquies, del decreto-legge 29 dicembre 2010, n. 225, convertito, con modificazioni, dalla legge 26 febbraio 2011, n. 10, le parole: «31 dicembre 2016» sono sostituite dalle seguenti: «31 dicembre 2017».

3. All'articolo 17, comma 4-quater, del decreto-legge 9 febbraio 2012, n. 5, convertito, con modificazioni, dalla legge 4 aprile 2012, n. 35, le parole: «31 dicembre 2016» sono sostituite dalle seguenti: «31 dicembre 2017».

4. È prorogata, per l'anno 2017, l'applicazione delle disposizioni di cui all'articolo 1, comma 1-bis, del decreto-legge 30 dicembre 2004, n. 314, convertito, con modificazioni, dalla legge 1° marzo 2005, n. 26.

5. Il termine di cui all'articolo 41-bis, comma 1, del decreto-legge 24 aprile 2014, n. 66, convertito, con modificazioni, dalla legge 23 giugno 2014, n. 89, è prorogato al 31 dicembre 2017.

6. I termini di cui all'articolo 14, comma 31-ter, del decreto-legge 31 maggio 2010, n. 78, convertito, con modificazioni, dalla legge 30 luglio 2010, n. 122, sono differiti al 31 dicembre 2017.

7. All'articolo 3, commi 1 e 2 del decreto-legge 20 giugno 2012, n. 79, convertito, con modificazioni, dalla legge 7 agosto 2012, n. 131, la parola: «2016» è sostituita dalla seguente: «2017».

8. All'articolo 4, comma 2-bis, del decreto-legge 27 luglio 2005, n. 144, convertito, con modificazioni, dalla legge 31 luglio 2005, n. 155, e successive modificazioni, le parole: «31 gennaio 2017» sono sostituite dalle seguenti: «31 gennaio 2018».

9. All'articolo 5, comma 5, secondo periodo, del decreto-legge 12 luglio 2011, n. 107, convertito, con modificazioni, dalla legge 2 agosto 2011, n. 130, le parole: «31 dicembre 2016» sono sostituite dalle seguenti: «31 dicembre 2017».

10. All'articolo 4, comma 6-bis, del decreto-legge 30 dicembre 2015, n. 210, convertito, con modificazioni, dalla legge 25 febbraio 2016, n. 21, al primo e al terzo periodo, le parole: «Per l'anno 2016» sono sostituite dalle seguenti: «Per gli anni 2016 e 2017».

11. Il termine per la deliberazione del bilancio annuale di previsione degli enti locali, di cui all'articolo 151 del decreto legislativo 18 agosto 2000, n. 267, per l'esercizio 2017 è differito al 31 marzo 2017. Conseguentemente è abrogato il comma 454 dell'articolo 1 della legge 11 dicembre 2016, n. 232.

11-bis. Il termine di cui all'articolo 9, comma 4, secondo periodo, della legge 6 luglio 2012, n. 96, è prorogato al 31 dicembre 2017 per gli esercizi 2013, 2014 e 2015(1).

11-ter. All'articolo 38, comma 2, del decreto-legge 21 giugno 2013, n. 69, convertito, con modificazioni, dalla legge 9 agosto 2013, n. 98, e successive modificazioni, le parole: "entro il 7 ottobre 2016" sono sostituite dalle seguenti: "entro il 7 ottobre 2017" (2).

11-quater. La proroga del termine di cui al comma 11-ter si applica agli enti e ai privati interessati che provvedono agli adempimenti previsti dall'articolo 3 del regolamento di cui al decreto del Presidente della Repubblica 1° agosto 2011, n. 151, entro il 1° novembre 2017, fermi restando gli adempimenti previsti dall'articolo 4 del medesimo regolamento(3).

11-quinquies. Limitatamente ai rifugi alpini, il termine di cui all'articolo 38, comma 2, del decreto-legge 21 giugno 2013, n. 69, convertito, con modificazioni, dalla legge 9 agosto 2013, n. 98, è prorogato al 31 dicembre 2017(4).

11-sexies. All'articolo 11, comma 1, del decreto-legge 30 dicembre 2013, n. 150, convertito, con modificazioni, dalla legge 27 febbraio 2014, n. 15, e successive modificazioni, le parole: "31 dicembre 2016" sono sostituite dalle seguenti: "31 dicembre 2017" (5).

11-septies. Per gli enti locali che, alla data di entrata in vigore della legge di conversione del presente decreto, pur avendo avviato la procedura di riequilibrio finanziario pluriennale di cui all'articolo 243-bis del testo unico di cui al decreto legislativo 18 agosto 2000, n. 267, non abbiano rispettato il termine di cui al primo periodo del comma 5 del medesimo articolo 243-bis ovvero quello di cui articolo 2, comma 5-bis, del decreto-legge 19 giugno 2015, n. 78, convertito, con modificazioni, dalla legge 6 agosto 2015, n. 125, non conseguendo l'accoglimento del piano secondo le modalità di cui all'articolo 243-quater, comma 3, del citato decreto legislativo 18 agosto 2000, n. 267, il termine per poter deliberare un nuovo piano di riequilibrio finanziario pluriennale, secondo la procedura di cui all'articolo 243-bis del medesimo decreto legislativo 18 agosto 2000, n. 267, è prorogato al 30 aprile 2017. Non si applica l'ultimo periodo del medesimo articolo 243-bis, comma 1, del decreto legislativo 18 agosto 2000, n. 267. La facoltà di cui al primo periodo del presente comma è subordinata all'avvenuto conseguimento di un miglioramento, inteso quale aumento dell'avanzo di amministrazione o diminuzione del disavanzo di amministrazione, registrato nell'ultimo rendiconto approvato dall'ente locale. Nelle more del termine di cui al primo periodo del presente comma e sino alla conclusione della relativa procedura, non si applica l'articolo 243-quater, comma 7, del decreto legislativo 18 agosto 2000, n. 267, con sospensione delle procedure eventualmente avviate in esecuzione del medesimo [6].

(1) *Comma aggiunto dall'articolo 1, comma 1, della Legge 27 febbraio 2017 n. 19, in sede di conversione.*
(2) *Comma aggiunto dall'articolo 1, comma 1, della Legge 27 febbraio 2017 n. 19, in sede di conversione.*
(3) *Comma aggiunto dall'articolo 1, comma 1, della Legge 27 febbraio 2017 n. 19, in sede di conversione.*
(4) *Comma aggiunto dall'articolo 1, comma 1, della Legge 27 febbraio 2017 n. 19, in sede di conversione.*
(5) *Comma aggiunto dall'articolo 1, comma 1, della Legge 27 febbraio 2017 n. 19, in sede di conversione.*
(6) *Comma aggiunto dall'articolo 1, comma 1, della Legge 27 febbraio 2017 n. 19, in sede di conversione.*

6. Proroga di termini in materia di sviluppo economico e comunicazione. – 1. All'articolo 43, comma 12, del decreto legislativo 31 luglio 2005, n. 177, le parole: «31 dicembre 2016» sono sostituite dalle seguenti: «31 dicembre 2017.».

2. Il Ministero dello sviluppo economico è autorizzato a prorogare, per l'anno 2017, il regime convenzionale con il centro di produzione Spa ai sensi dell'articolo 1, comma 1, della legge 11 luglio 1998, n. 224. A tal fine, è autorizzata la spesa di 10 milioni di euro per l'anno 2017. Al relativo onere, per il medesimo anno, si provvede: quanto a 2.180.000 euro mediante corrispondente riduzione delle proiezioni, per il medesimo anno, dello stanziamento del fondo speciale di parte corrente iscritto, ai fini del bilancio triennale 2016-2018, nell'ambito del programma «Fondi di riserva e speciali» della missione «Fondi da ripartire» dello stato di previsione del Ministero dell'economia e delle finanze per l'anno 2016, allo scopo parzialmente utilizzando l'accantonamento relativo al Ministero dello sviluppo economico; quanto a 5.000.000 di euro mediante utilizzo dei risparmi di spesa derivanti dalla proroga dell'applicazione delle nuove modalità di riscossione delle entrate degli enti locali prevista dall'articolo 13, comma 4 del presente provvedimento; quanto a 2.820.000 euro mediante riduzione del Fondo per interventi strutturali di politica economica, di cui all'articolo 10, comma 5, del decreto-legge 29 novembre 2004, n. 282, convertito, con modificazioni, dalla legge 27 dicembre 2004, n. 307.

3. Al comma 1-sexies dell'articolo 49 del decreto legislativo 31 luglio 2005, n. 177, le parole: «novanta giorni» sono sostituite dalle seguenti: «centottanta giorni».

4. Al fine di assicurare il pieno ed efficace svolgimento del ruolo istituzionale e societario attribuito, sono differiti al 1° gennaio 2018 gli effetti nei confronti della Rai Radiotelevisione S.p.a. delle norme finalizzate al contenimento di spesa in materia di gestione, organizzazione, contabilità, finanza, investimenti e disinvestimenti, previste dalla legislazione vigente a carico dei soggetti inclusi nell'elenco dell'ISTAT di cui all'articolo 1, comma 2, della legge 31 dicembre 2009, n. 196, fermo restando quanto disposto dall'articolo 49, commi 1-ter e 1-quater del Testo unico dei servizi di media audiovisivi e radiofonici, di cui al decreto legislativo 31 luglio 2005, n. 177 e successive modificazioni.

5. I termini di cui all'articolo 3, comma 1, del regolamento di cui al decreto del Ministro dello sviluppo economico e del Ministro per i rapporti con le regioni e la coesione territoriale 12 novembre 2011, n. 226, relativi alla mancata pubblicazione del bando di gara di cui all'allegato 1 annesso allo stesso regolamento, come prorogati dall'articolo 3, comma 2-bis, del decreto-legge 30 dicembre 2015, n. 210, convertito, con modificazioni, dalla legge 25 febbraio 2016, n. 21, sono ulteriormente prorogati di ventiquattro mesi per gli ambiti nei quali sono presenti i comuni di cui all'articolo 1 del decreto-legge 17 ottobre 2016, n. 189, convertito, con modificazioni, dalla legge 15 dicembre 2016, n. 229, per consentire alle stazioni appaltanti di determinare i piani di ricostruzione delle reti di distribuzione da includere nel bando di gara.

6. Alla legge 24 dicembre 2012, n. 234, sono apportate le seguenti modificazioni:

a) all'articolo 46, comma 2, le parole: «1° gennaio 2017» sono sostituite dalle seguenti: «1° luglio 2017»;

b) all'articolo 52, comma 6, le parole: «di entrata in vigore del regolamento di cui al primo periodo» sono sostituite dalle seguenti: «del 1° luglio 2017»;

c) all'articolo 52, comma 7, le parole: «Decorsi sessanta giorni dalla data di entrata in vigore del regolamento di cui al comma 6» sono sostituite dalle seguenti: «A decorrere dal 1° luglio 2017» e le parole: «, a decorrere dal 1° gennaio 2017,» sono soppresse.

7. All'articolo 14, comma 1, lettera a), n. 2), della legge 29 luglio 2015, n. 115, le parole: «1° gennaio 2017» sono sostituite dalla seguenti: «1° luglio 2017».

8. Al fine di allineare le scadenze delle concessioni di commercio su aree pubbliche garantendo omogeneità di gestione delle procedure di assegnazione, il termine delle concessioni in essere alla data di entrata in vigore della presente disposizione e con scadenza anteriore al 31 dicembre 2018 è prorogato fino a tale data. Le amministrazioni interessate, che non vi abbiano già provveduto, devono avviare le procedure di selezione pubblica, nel rispetto della vigente normativa dello Stato e delle regioni, al fine del rilascio delle nuove concessioni entro la suddetta data. Nelle more degli adempimenti da parte dei comuni sono comunque salvaguardati i diritti degli operatori uscenti [1].

9. All'articolo 1, comma 3-ter, lettera b), del decreto-legge 25 gennaio 2010, n. 3, convertito, con modificazioni, dalla legge 22 marzo 2010, n. 41, le parole: «con decorrenza dal 1° gennaio 2016» sono sostituite dalle seguenti: «con decorrenza dal 1° gennaio 2018». Conseguentemente, a decorrere dal 1° gennaio 2017, le parti variabili degli oneri generali di sistema sono applicate all'energia elettrica prelevata dalle reti pubbliche con obbligo di connessione di terzi. Il comma 5 dell'articolo 33 della legge 23 luglio 2009, n. 99, e i commi da 1 a 7 e il comma 9 dell'articolo 24 del decreto-legge 24 giugno 2014, n. 91, convertito, con modificazioni, dalla legge 11 agosto 2014, n. 116, sono abrogati. Cessano altresì eventuali effetti delle norme abrogate che non si siano ancora perfezionati. Al comma 1-bis dell'articolo 4 del decreto-legge 14 novembre 2003, n. 314, convertito, con modificazioni, dalla legge 24 dicembre 2003, n. 368, le parole: "di un'aliquota della componente della tariffa elettrica pari a 0,015 centesimi di euro per ogni kilowattora consumato" sono sostituite dalle seguenti: "di aliquote della tariffa elettrica per un gettito complessivo pari a 0,015 centesimi di euro per ogni kilowattora prelevato dalle reti pubbliche con obbligo di connessione di terzi"[2].

10. All'articolo 9, comma 5, del decreto legislativo 4 luglio

2014, n. 102, sono apportate le seguenti modificazioni:

a) alla lettera a), le parole: «31 dicembre 2016» sono sostituite dalle seguenti: «30 giugno 2017»;

b) alla lettera b) le parole: «31 dicembre 2016» sono sostituite dalle seguenti: «30 giugno 2017».

10-bis. All'articolo 1 del decreto-legge 4 dicembre 2015, n. 191, convertito, con modificazioni, dalla legge 1° febbraio 2016, n. 13, sono apportate le seguenti modificazioni:

a) al comma 8, il quinto periodo è sostituito dal seguente: "Sono esclusi dalla procedura gli offerenti che non accettino tutte le risultanze del parere ovvero non conformino o aggiornino di conseguenza l'offerta presentata, adeguandola, in particolare, alle prescrizioni relative alla realizzazione di specifici interventi recate nel medesimo parere, da attuare entro la scadenza dell'autorizzazione integrata ambientale in corso di validità; a tale scadenza sono conseguentemente adeguati, in coerenza con tutte le prescrizioni del parere, i termini previsti dall'articolo 2, comma 5, del decreto-legge 5 gennaio 2015, n. 1, convertito, con modificazioni, dalla legge 4 marzo 2015, n. 20";

b) al comma 8.1, primo periodo, le parole: "può presentare" sono sostituite dalle seguenti: "presenta entro i successivi trenta giorni";

c) dopo il comma 8.1 è inserito il seguente:

"8.1-bis. Nelle more della procedura di cui ai commi 8 e 8.1, il termine del 30 giugno 2017 di cui all'articolo 2, commi 5 e 6, del decreto-legge 5 gennaio 2015, n. 1, convertito, con modificazioni, dalla legge 4 marzo 2015, n. 20, è prorogato al 30 settembre 2017, ovvero alla data di entrata in vigore del decreto del Presidente del Consiglio dei ministri di approvazione delle modifiche del Piano delle misure e delle attività di tutela ambientale e sanitaria, se antecedente alla suddetta data" (3).

10-ter. All'articolo 2, comma 6, ultimo periodo, del decreto-legge 5 gennaio 2015, n. 1, convertito, con modificazioni, dalla legge 4 marzo 2015, n. 20, le parole: "ai sensi del medesimo comma 5" sono sostituite dalle seguenti: "decorrenti dalla data di entrata in vigore del decreto del Presidente del Consiglio dei ministri di approvazione delle modifiche del Piano delle misure e delle attività di tutela ambientale e sanitaria secondo quanto ivi stabilito a norma del comma 5"(4).

10-quater. Le norme di contenimento delle spese per l'acquisto di beni e servizi, per incarichi di consulenza, studi e ricerca, nonché di collaborazione, previste dalla legislazione vigente a carico dei soggetti inclusi nell'elenco dell'ISTAT delle amministrazioni pubbliche di cui all'articolo 1, comma 2, della legge 31 dicembre 2009, n. 196, e successive modificazioni, non si applicano alla società EXPO 2015 Spa in liquidazione fino alla data di entrata in vigore del decreto del Presidente del Consiglio dei ministri di nomina del Commissario straordinario per la liquidazione, di cui all'articolo 1, comma 126, della legge 11 dicembre 2016, n. 232(5).

10-quinquies. All'articolo 14, comma 11, del decreto legislativo 4 luglio 2014, n. 102, le parole: "entro il 31 dicembre 2016" sono sostituite dalle seguenti: "entro il 31 dicembre 2017"(6).

(1) Comma sostituito dall'articolo 1, comma 1, della Legge 27 febbraio 2017 n. 19, in sede di conversione.
(2) Comma modificato dall'articolo 1, comma 1, della Legge 27 febbraio 2017 n. 19, in sede di conversione.
(3) Comma modificato dall'articolo 1, comma 1, della Legge 27 febbraio 2017 n. 19, in sede di conversione.
(4) Comma modificato dall'articolo 1, comma 1, della Legge 27 febbraio 2017 n. 19, in sede di conversione.
(5) Comma modificato dall'articolo 1, comma 1, della Legge 27 febbraio 2017 n. 19, in sede di conversione.
(6) Comma modificato dall'articolo 1, comma 1, della Legge 27 febbraio 2017 n. 19, in sede di conversione.

7. Proroga di termini in materia di salute. – 1. All'articolo 21, comma 1, del decreto-legge 24 giugno 2016, n. 113, convertito, con modificazioni, dalla legge 7 agosto 2016, n. 160, le parole: «31 dicembre 2016» sono sostituite dalle seguenti: «31 dicembre 2017».

2. All'articolo 15, comma 2, quinto periodo, del decreto-legge 6 luglio 2012, n. 95, convertito, con modificazioni, dalla legge 7 agosto 2012, n. 135, le parole: «1° gennaio 2017» sono sostituite dalle seguenti: «1° gennaio 2018».

2-bis. All'articolo 11, comma 6, ultimo periodo, del decreto-legge 24 gennaio 2012, n. 1, convertito, con modificazioni, dalla legge 24 marzo 2012, n. 27, sono apportate le seguenti modifiche:

a) le parole: ", valida per due anni dalla data della sua pubblicazione," sono soppresse;

b) dopo le parole: "deve essere utilizzata" sono inserite le seguenti: ", per sei anni a partire dalla data del primo interpello effettuato per l'assegnazione delle sedi oggetto del concorso straordinario," (1).

3. All'articolo 42, comma 1, del decreto legislativo 4 marzo 2014, n. 26, le parole: «1° gennaio 2017» sono sostituite dalle seguenti: «1° gennaio 2020» (2).

3-bis. I termini vigenti previsti a carico dei veterinari iscritti agli albi professionali per l'invio al Sistema tessera sanitaria dei dati delle spese veterinarie sostenute dalle persone fisiche a partire dal 1° gennaio 2016, riguardanti le tipologie di animali individuate dal regolamento di cui al decreto del Ministro delle finanze 6 giugno 2001, n. 289, fissati con il decreto del Ministero dell'economia e delle finanze 16 settembre 2016, pubblicato nella Gazzetta Ufficiale n. 225 del 26 settembre 2016, sono prorogati al 28 febbraio dell'anno successivo a quello di sostenimento delle spese (3).

(1) Comma aggiunto dall'articolo 1, comma 1, della Legge 27 febbraio 2017 n. 19, in sede di conversione.
(2) Comma modificato dall'articolo 1, comma 1, della Legge 27 febbraio 2017 n. 19, in sede di conversione.
(3) Comma aggiunto dall'articolo 1, comma 1, della Legge 27 febbraio 2017 n. 19, in sede di conversione.

10. Proroga di termini in materia di giustizia. – 1. All'articolo 1, comma 99-bis, della legge 23 dicembre 2014, n. 190, sono apportate le seguenti modificazioni:

a) al primo periodo, le parole: «31 dicembre 2016» sono sostituite dalle seguenti: «31 dicembre 2017»;

b) al secondo periodo, le parole: «28 febbraio 2016» sono sostituite dalle seguenti: «28 febbraio 2017».

2. All'articolo 3, comma 1-bis, del decreto-legge 23 dicembre 2013, n. 146, convertito con modificazioni dalla legge 21 febbraio 2014, n. 10, le parole: «per un periodo di tre anni dalla data di entrata in vigore della legge di conversione del presente decreto» sono sostituite dalle seguenti: «fino al 31 dicembre 2018».

2-bis. All'articolo 3 del decreto-legge 31 agosto 2016, n. 168, convertito, con modificazioni, dalla legge 25 ottobre 2016, n. 197, sono apportate le seguenti modificazioni:

a) al comma 1-bis, il primo periodo è soppresso e al secondo periodo le parole: "Le medesime disposizioni" sono sostituite dalle seguenti: "Le disposizioni di cui al comma 1";

b) dopo il comma 1-bis è aggiunto il seguente:

"1-ter. Per i magistrati che, alla data di entrata in vigore della presente disposizione, esercitano le funzioni presso la sede di prima assegnazione o, alla medesima data, sono stati assegnati alla prima sede, il termine di cui all'articolo 194, primo comma, dell'ordinamento giudiziario, di cui al regio decreto 30 gennaio 1941, n. 12, per il trasferimento ad altre sedi o per l'assegnazione ad altre funzioni è ridefinito da quattro anni a tre anni. Il presente comma si applica anche ai magistrati ai quali la prima sede è assegnata nell'anno 2017" [1].

2-ter. Al comma 4 dell'articolo 22 della legge 31 dicembre 2012, n. 247, la parola: "quattro" è sostituita dalla seguente: "cinque"[2].

2-quater. All'articolo 49, comma 1, della legge 31 dicembre 2012, n. 247, la parola: "quattro" è sostituita dalla seguente: "cinque"[3].

2-quinquies. All'articolo 1, comma 181, della legge 27 dicembre 2013, n. 147, al secondo periodo, le parole: "dodici mesi" sono sostituite dalle seguenti: "trentasei mesi" e, al terzo periodo, le parole: "sei mesi" sono sostituite dalle seguenti: "ventiquattro mesi" [4].

2-sexies. All'articolo 2-bis, comma 2, del decreto-legge 30 dicembre 2015, n. 210, convertito, con modificazioni, dalla legge 25 febbraio 2016, n. 21, le parole: "31 dicembre 2016" sono sostituite dalle seguenti: "30 giugno 2017"[5].

[1] *Comma aggiunto dall'articolo 1, comma 1, della Legge 27 febbraio 2017 n. 19, in sede di conversione.*
[2] *Comma aggiunto dall'articolo 1, comma 1, della Legge 27 febbraio 2017 n. 19, in sede di conversione.*
[3] *Comma aggiunto dall'articolo 1, comma 1, della Legge 27 febbraio 2017 n. 19, in sede di conversione.*
[4] *Comma aggiunto dall'articolo 1, comma 1, della Legge 27 febbraio 2017 n. 19, in sede di conversione.*
[5] *Comma aggiunto dall'articolo 1, comma 1, della Legge 27 febbraio 2017 n. 19, in sede di conversione.*

13 *bis*. Coordinamento della disciplina in materia di IRES e IRAP con il decreto legislativo n. 139 del 2015 [1]. – 1. Per i soggetti di cui al comma 1-bis dell'articolo 83 del testo unico delle imposte sui redditi, di cui al decreto del Presidente della Repubblica 22 dicembre 1986, n. 917, come introdotto dal numero 2) della lettera a) del comma 2 del presente articolo, relativamente al periodo d'imposta nel quale vanno dichiarati i componenti reddituali e patrimoniali rilevati in bilancio a decorrere dall'esercizio successivo a quello in corso al 31 dicembre 2015, il termine di cui al comma 2 dell'articolo 2 del regolamento di cui al decreto del Presidente della Repubblica 22 luglio 1998, n. 322, per la presentazione delle dichiarazioni in materia di imposte sui redditi e di IRAP, è prorogato di quindici giorni al fine di agevolare la prima applicazione delle disposizioni introdotte dal decreto legislativo 18 agosto 2015, n. 139, e delle disposizioni di coordinamento contenute nei commi seguenti.

2. Al testo unico delle imposte sui redditi, di cui al decreto del Presidente della Repubblica 22 dicembre 1986, n. 917, sono apportate le seguenti modificazioni:

a) all'articolo 83:

1) al comma 1, dopo le parole: "decreto legislativo 28 febbraio 2005, n. 38," sono inserite le seguenti: "e per i soggetti, diversi dalle micro-imprese di cui all'articolo 2435-ter del codice civile, che redigono il bilancio in conformità alle disposizioni del codice civile," e le parole: "da detti principi contabili" sono sostituite dalle seguenti: "dai rispettivi principi contabili";

2) dopo il comma 1 è aggiunto il seguente:

"1-bis. Ai fini del comma 1, ai soggetti, diversi dalle micro-imprese di cui all'articolo 2435-ter del codice civile, che redigono il bilancio in conformità alle disposizioni del codice civile, si applicano, in quanto compatibili, le disposizioni emanate in attuazione del comma 60 dell'articolo 1 della legge 24 dicembre 2007, n. 244, e del comma 7-quater dell'articolo 4 del decreto legislativo 28 febbraio 2005, n. 38";

b) al comma 2 dell'articolo 96, dopo le parole: "canoni di locazione finanziaria di beni strumentali" sono inserite le seguenti: ", nonché dei componenti positivi e negativi di natura straordinaria derivanti da trasferimenti di azienda o di rami di azienda";

c) all'articolo 108:

1) il comma 1 è sostituito dal seguente:

"1. Le spese relative a più esercizi sono deducibili nel limite della quota imputabile a ciascun esercizio";

2) il primo periodo del comma 2 è soppresso;

3) il comma 3 è sostituito dal seguente:

"3. Le quote di ammortamento dei beni acquisiti in esito agli studi e alle ricerche sono calcolate sul costo degli stessi diminuito dell'importo già dedotto. Per i contributi corrisposti a norma di legge dallo Stato o da altri enti pubblici a fronte dei costi relativi a studi e ricerche si applica l'articolo 88, comma 3";

4) al comma 4, le parole: "1, 2 e 3" sono sostituite dalle seguenti: "1 e 2";

d) all'articolo 109, comma 4, alinea, la parola: "internazionali" è sostituita dalle seguenti: "adottati dall'impresa";

e) al comma 9 dell'articolo 110 è aggiunto, in fine, il seguente periodo: "Sono tuttavia applicabili i tassi di cambio alternativi forniti da operatori internazionali indipendenti utilizzati dall'impresa nella contabilizzazione delle operazioni in valuta, purché la relativa quotazione sia resa disponibile attraverso fonti di informazione pubbliche e verificabili";

f) all'articolo 112:

1) il comma 1 è abrogato;

2) al comma 2, le parole: "delle operazioni 'fuori bilancio' in corso" sono sostituite dalle seguenti: "degli strumenti finanziari derivati";

3) al comma 3-bis, dopo le parole: "19 luglio 2002," sono inserite le seguenti: "e per i soggetti, diversi dalle micro-imprese di cui all'articolo 2435-ter del codice civile, che redigono il bilancio in conformità alle disposizioni del codice civile,";

4) al comma 4, le parole: "le operazioni di cui al comma 1 sono poste in essere" sono sostituite dalle seguenti: "gli strumenti finanziari derivati di cui al comma 2 sono iscritti in bilancio";

5) al comma 5, le parole: "le operazioni di cui al comma 2 sono poste in essere" sono sostituite dalle seguenti: "gli strumenti finanziari derivati di cui al comma 2 sono iscritti in bilancio";

6) il comma 6 è sostituito dal seguente:

"6. Ai fini del presente articolo lo strumento finanziario

derivato si considera con finalità di copertura in base alla corretta applicazione dei principi contabili adottati dall'impresa";

7) la rubrica è sostituita dalla seguente: "Strumenti finanziari derivati".

3. Al comma 1 dell'articolo 5 del decreto legislativo 15 dicembre 1997, n. 446, dopo le parole: "con esclusione delle voci di cui ai numeri 9), 10), lettere c) e d), 12) e 13)" sono inserite le seguenti: ", nonché dei componenti positivi e negativi di natura straordinaria derivanti da trasferimenti di azienda o di rami di azienda".

4. Il riferimento contenuto nelle norme vigenti di natura fiscale ai componenti positivi o negativi di cui alle lettere A) e B) dell'articolo 2425 del codice civile va inteso come riferito ai medesimi componenti assunti al netto dei componenti positivi e negativi di natura straordinaria derivanti da trasferimenti di azienda o di rami di azienda.

5. Le disposizioni di cui ai commi precedenti hanno efficacia con riguardo ai componenti reddituali e patrimoniali rilevati in bilancio a decorrere dall'esercizio successivo a quello in corso al 31 dicembre 2015. Continuano ad essere assoggettati alla disciplina fiscale previgente gli effetti reddituali e patrimoniali sul bilancio del predetto esercizio e di quelli successivi delle operazioni che risultino diversamente qualificate, classificate, valutate e imputate temporalmente ai fini fiscali rispetto alle qualificazioni, classificazioni, valutazioni e imputazioni temporali risultanti dal bilancio dell'esercizio in corso al 31 dicembre 2015. In deroga al periodo precedente:

a) la valutazione degli strumenti finanziari derivati differenti da quelli iscritti in bilancio con finalità di copertura di cui al comma 6 dell'articolo 112 del testo unico di cui al decreto del Presidente della Repubblica 22 dicembre 1986, n. 917, in essere nell'esercizio in corso al 31 dicembre 2015, ma non iscritti nel relativo bilancio, assume rilievo ai fini della determinazione del reddito al momento del realizzo;

b) alla valutazione degli strumenti finanziari derivati differenti da quelli iscritti in bilancio con finalità di copertura di cui al comma 6 dell'articolo 112 del testo unico di cui al decreto del Presidente della Repubblica 22 dicembre 1986, n. 917, già iscritti in bilancio nell'esercizio in corso al 31 dicembre 2015, si applica l'articolo 112 del predetto testo unico, nel testo vigente prima della data di entrata in vigore della legge di conversione del presente decreto.

6. Le disposizioni di cui al comma 5 si applicano anche ai fini della determinazione della base imponibile di cui al decreto legislativo 15 dicembre 1997, n. 446.

7. Nel primo esercizio di applicazione dei principi contabili di cui all'articolo 9-bis, comma 1, lettera a), del decreto legislativo 28 febbraio 2005, n. 38, aggiornati ai sensi del comma 3 dell'articolo 12 del decreto legislativo 18 agosto 2015, n. 139:

a) le disposizioni di cui all'articolo 109, comma 4, del testo unico di cui al decreto del Presidente della Repubblica 22 dicembre 1986, n. 917, si applicano anche ai componenti imputati direttamente a patrimonio;

b) i componenti imputati direttamente a patrimonio netto concorrono alla formazione della base imponibile di cui all'articolo 5 del decreto legislativo 15 dicembre 1997, n. 446, se, sulla base dei criteri applicabili negli esercizi precedenti, sarebbero stati classificati nelle voci di cui alle lettere A) e B) dell'articolo 2425 del codice civile rilevanti ai fini del medesimo articolo 5;

c) il ripristino e l'eliminazione, nell'attivo patrimoniale, rispettivamente, di costi già imputati a conto economico di precedenti esercizi e di costi iscritti e non più capitalizzabili non rilevano ai fini della determinazione del reddito né del valore fiscalmente riconosciuto; resta ferma per questi ultimi la deducibilità sulla base dei criteri applicabili negli esercizi precedenti;

d) l'eliminazione nel passivo patrimoniale di passività e fondi di accantonamento, considerati dedotti per effetto dell'applicazione delle disposizioni del testo unico di cui al decreto del Presidente della Repubblica 22 dicembre 1986, n. 917, non rileva ai fini della determinazione del reddito; resta ferma l'indeducibilità degli oneri a fronte dei quali detti fondi sono stati costituiti, nonché l'imponibilità della relativa sopravvenienza nel caso del mancato verificarsi degli stessi;

e) le previsioni di cui alle lettere c) e d) si applicano, in quanto compatibili, anche ai fini della determinazione della base imponibile di cui al decreto legislativo 15 dicembre 1997, n. 446.

8. Le disposizioni di cui ai commi da 5 a 7 si applicano anche in caso di variazioni che intervengono nei principi contabili ai sensi del comma 3 dell'articolo 12 del decreto legislativo 18 agosto 2015, n. 139, e nelle ipotesi di cambiamento degli obblighi informativi di bilancio conseguenti a modifiche delle dimensioni dell'impresa.

9. Per i soggetti che redigono il bilancio in base ai principi contabili internazionali, le disposizioni contenute nell'articolo 108, comma 3, ultimo periodo, del testo unico di cui al decreto del Presidente della Repubblica 22 dicembre 1986, n. 917, nel testo vigente prima della data di entrata in vigore della legge di conversione del presente decreto, continuano ad applicarsi in relazione alle spese sostenute fino all'esercizio in corso al 31 dicembre 2015.

10. All'articolo 4 del decreto legislativo 28 febbraio 2005, n. 38, dopo il comma 7-quater è aggiunto il seguente:

"7-quinquies. Il Ministro dell'economia e delle finanze provvede, ove necessario, entro centocinquanta giorni dalla data di approvazione o aggiornamento dei principi contabili di cui al comma 1 dell'articolo 9-bis, ad emanare eventuali disposizioni di coordinamento per la determinazione della base imponibile dell'IRES e dell'IRAP".

11. Con decreto del Ministro dell'economia e delle finanze, da emanare entro sessanta giorni dalla data di entrata in vigore della legge di conversione del presente decreto, sono adottate le disposizioni di revisione del decreto del Ministro dell'economia e delle finanze 14 marzo 2012, recante "Disposizioni di attuazione dell'articolo 1 del decreto-legge 6 dicembre 2011, n. 201, concernente l'Aiuto alla crescita economica (Ace)", pubblicato nella Gazzetta Ufficiale n. 66 del 19 marzo 2012, al fine di coordinare la normativa ivi contenuta per i soggetti che applicano i principi contabili internazionali con quella prevista per i soggetti che applicano le disposizioni del presente articolo. Con uno o più decreti del Ministro dell'economia e delle finanze sono adottate le disposizioni di revisione delle disposizioni emanate in attuazione del comma 60 dell'articolo 1 della legge 24 dicembre 2007, n. 244, nel rispetto dei criteri ivi indicati, nonché del comma 7-quater dell'articolo 4 del decreto legislativo 28 febbraio 2005, n. 38.

12. All'onere derivante dal comma 2, lettera c), valutato in 18 milioni di euro per l'anno 2017, in 4,1 milioni di euro per

l'anno 2018, in 2,8 milioni di euro per l'anno 2019 e in 0,6 milioni di euro per l'anno 2020, si provvede mediante corrispondente riduzione del Fondo per interventi strutturali di politica economica, di cui all'articolo 10, comma 5, del decreto-legge 29 novembre 2004, n. 282, convertito, con modificazioni, dalla legge 27 dicembre 2004, n. 307. Il Ministro dell'economia e delle finanze è autorizzato ad apportare, con propri decreti, le occorrenti variazioni di bilancio.

13. Il Fondo per interventi strutturali di politica economica, di cui all'articolo 10, comma 5, del decreto-legge 29 novembre 2004, n. 282, convertito, con modificazioni, dalla legge 27 dicembre 2004, n. 307, è incrementato di 1,7 milioni di euro nell'anno 2021. Al relativo onere si provvede mediante corrispondente utilizzo delle maggiori entrate derivanti dalle misure previste dal comma 2, lettera c).

(1) Articolo inserito dall'articolo 1, comma 1, della Legge 27 febbraio 2017 n. 19, in sede di conversione.

14. Proroga di termini relativi a interventi emergenziali. – 1. Al comma 492 dell'articolo 1 della legge 11 dicembre 2016, n. 232, è premessa la seguente lettera:

«0a) investimenti dei comuni, individuati dal decreto-legge 17 ottobre 2016, n. 189, convertito, con modificazioni, dalla legge 15 dicembre 2016, n. 229, nonché di quelli individuati ai sensi dell'articolo 1 del decreto-legge 6 giugno 2012, n. 74, convertito, con modificazioni, dalla legge 1° agosto 2012, n. 122, e dell'articolo 67-septies del decreto-legge 22 giugno 2012, n. 83, convertito, con modificazioni, dalla legge 7 agosto 2012, n. 134, finalizzati a fronteggiare gli eccezionali eventi sismici e la ricostruzione, finanziati con avanzo di amministrazione o da operazioni di indebitamento, per i quali gli enti dispongono di progetti esecutivi redatti e validati in conformità alla vigente normativa, completi del cronoprogramma della spesa;».

2. Il termine di cui all'articolo 48, comma 2, del decreto-legge 17 ottobre 2016, n. 189, convertito, con modificazioni, dalla legge 15 dicembre 2016, n. 229, è prorogato di ulteriori 6 mesi, limitatamente ai soggetti danneggiati che dichiarino l'inagibilità del fabbricato, casa di abitazione, studio professionale o azienda, ai sensi del testo unico di cui al decreto del Presidente della Repubblica 28 dicembre 2000, n. 445, con trasmissione agli enti competenti; la proroga è concessa con le modalità di cui al medesimo articolo 48, comma 2.

3. Il termine di cui all'articolo 48, comma 3, del decreto-legge 17 ottobre 2016, n. 189, convertito, con modificazioni, dalla legge 15 dicembre 2016, n. 229, è prorogato al 31 dicembre 2017.

4. Il termine di cui all'articolo 48, comma 7, del decreto-legge 17 ottobre 2016, n. 189, convertito, con modificazioni, dalla legge 15 dicembre 2016, n. 229, è prorogato al 31 dicembre 2017 limitatamente alle istanze presentate in relazione agli eventi sismici di cui all'articolo 1 del citato decreto-legge n. 189 del 2016.

5. Il termine di cui all'articolo 48, comma 17, del decreto-legge 17 ottobre 2016, n. 189, convertito, con modificazioni, dalla legge 15 dicembre 2016, n. 229, è prorogato al 31 dicembre 2017.

5-bis. Per gli enti locali colpiti dal sisma del 20 e 29 maggio 2012, individuati ai sensi dell'articolo 1, comma 1, del decreto-legge 6 giugno 2012, n. 74, convertito, con modificazioni, dalla legge 1° agosto 2012, n. 122, e dell'articolo 67-septies del decreto-legge 22 giugno 2012, n. 83, convertito, con modificazioni, dalla legge 7 agosto 2012, n. 134, è prorogata all'anno 2018 la sospensione, prevista dal comma 456 dell'articolo 1 della legge 28 dicembre 2015, n. 208, degli oneri relativi al pagamento delle rate dei mutui concessi dalla Cassa depositi e prestiti Spa, trasferiti al Ministero dell'economia e delle finanze in attuazione dell'articolo 5, commi 1 e 3, del decreto-legge 30 settembre 2003, n. 269, convertito, con modificazioni, dalla legge 24 novembre 2003, n. 326, da corrispondere nell'anno 2017, incluse quelle il cui pagamento è stato differito ai sensi dell'articolo 1, comma 426, della legge 24 dicembre 2012, n. 228, dell'articolo 1, comma 356, della legge 27 dicembre 2013, n. 147, e dell'articolo 1, comma 503, della legge 23 dicembre 2014, n. 190. Gli oneri relativi al pagamento delle rate dei mutui di cui al periodo precedente sono pagati, senza applicazione di sanzioni e interessi, a decorrere dall'anno 2018, in rate di pari importo per dieci anni sulla base della periodicità di pagamento prevista nei provvedimenti e nei contratti regolanti i mutui stessi. Alla copertura degli oneri di cui al presente comma, pari a 4,8 milioni di euro per l'anno 2017 e a 4,4 milioni di euro per l'anno 2018, si provvede mediante riduzione di pari importo dell'autorizzazione di spesa di cui all'articolo 3-bis, comma 6, del decreto-legge 6 luglio 2012, n. 95, convertito, con modificazioni, dalla legge 7 agosto 2012, n. 135 (1)(2).

6. Per i pagamenti di cui all'articolo 48, comma 1, lettera g), del decreto-legge 17 ottobre 2016, n. 189, convertito, con modificazioni, dalla legge 15 dicembre 2016, n. 229, il termine di sospensione del 31 dicembre 2016 e' prorogato al 31 dicembre 2023 limitatamente alle attivita' economiche e produttive nonché per i soggetti privati per i mutui relativi alla prima casa di abitazione, inagibile o distrutta. Con riguardo alle attivita' economiche nonché per i soggetti privati per i mutui relativi alla prima casa di abitazione, inagibile o distrutta, localizzate in una 'zona rossa' istituita mediante apposita ordinanza sindacale nel periodo compreso tra il 24 agosto 2016 e la data di entrata in vigore della presente disposizione, il termine di sospensione dei pagamenti di cui al medesimo articolo 48, comma 1, lettera g), del decreto-legge 17 ottobre 2016, n. 189, è fissato al 31 dicembre 2023 (3).

6-bis. Al fine di agevolare la ripresa delle attività e consentire l'attuazione dei piani per la ricostruzione e per il ripristino dei danni causati dagli eccezionali eventi sismici del 20 e 29 maggio 2012, all'articolo 8, comma 3, del decreto-legge 6 giugno 2012, n. 74, convertito, con modificazioni, dalla legge 1° agosto 2012, n. 122, le parole: "e comunque non oltre il 31 dicembre 2016" sono sostituite dalle seguenti: "e comunque non oltre il 31 dicembre 2017" (4)

6-ter. Agli oneri derivanti dal comma 6-bis, pari a 25,2 milioni di euro per l'anno 2017, si provvede mediante riduzione di pari importo dell'autorizzazione di spesa di cui all'articolo 3-bis, comma 6, del decreto-legge 6 luglio 2012, n. 95, convertito, con modificazioni, dalla legge 7 agosto 2012, n. 135 (5)

6-quater. Il termine di cui all'articolo 3, comma 2-bis, primo periodo, del decreto-legge 28 gennaio 2014, n. 4, convertito, con modificazioni, dalla legge 28 marzo 2014, n. 50, e successive modificazioni, è prorogato al 31 dicembre 2017. A tal fine, è autorizzata la spesa nel limite massimo di 300.000 euro per l'anno 2017, da versare sulle contabilità speciali di cui all'articolo 2, comma 6, del decreto-legge 6 giugno 2012, n. 74, convertito, con modificazioni, dalla legge 1° agosto 2012, n. 122. Alla copertura degli oneri di cui al presente comma, pari a 300.000 euro per l'anno 2017, si provvede mediante riduzione di pari importo dell'autorizzazione di spesa di cui all'articolo 3-bis, comma 6, del decreto-legge 6 luglio 2012, n. 95, convertito, con modificazioni, dalla legge 7 agosto 2012, n. 135 (6).

7. All'articolo 3 del decreto-legge 24 giugno 2016, n. 113, convertito, con modificazioni, dalla legge 7 agosto 2016, n. 160, sono apportate le seguenti modificazioni:

a) al comma 1 dopo le parole: «16 milioni di euro,» sono aggiunte le seguenti: «e per l'anno 2017 è assegnato un contributo straordinario dell'importo complessivo di 12 milioni di euro,»;

b) al comma 2 dopo le parole: «fuori del cratere,» sono aggiunte le seguenti: «e per l'anno 2017 è destinato un contributo pari a 2,0 milioni di euro,».

7-bis. All'articolo 67-ter, comma 5, del decreto-legge 22 giugno 2012, n. 83, convertito, con modificazioni, dalla legge 1° agosto 2012, n. 134, dopo il primo periodo è inserito il seguente: "In deroga all'articolo 4, comma 4, del decreto-legge 31 agosto 2013, n. 101, convertito, con modificazioni, dalla legge 30 ottobre 2013, n. 125, l'efficacia delle graduatorie formatesi all'esito delle suindicate procedure selettive per assunzioni a tempo indeterminato è prorogata fino al 31 dicembre 2018, ed è equiparata all'efficacia delle graduatorie formatesi all'esito delle procedure selettive di cui al comma 6 del presente articolo" (7).

8. In relazione alle esigenze connesse alla ricostruzione a seguito degli eventi sismici verificatisi a far data dal 24 agosto 2016, per l'anno 2017 è assegnato in favore dei Comuni di cui agli allegati 1 e 2 del decreto-legge 17 ottobre 2016, n. 189, convertito con modificazioni in legge 15 dicembre 2016, n. 229, un contributo straordinario a copertura delle maggiori spese e delle minori entrate per complessivi 32 milioni di euro. Le risorse sono ripartite tra i Comuni interessati con provvedimenti di cui all'articolo 2, comma 2 del medesimo decreto-legge n. 189 del 2016. Al relativo onere, pari a 32 milioni di euro per l'anno 2017, si provvede mediante corrispondente riduzione del Fondo per interventi strutturali di politica economica, di cui all'articolo 10, comma 5, del decreto-legge 29 novembre 2004, n. 282, convertito, con modificazioni, dalla legge 27 dicembre 2004, n. 307.

9. Il termine di cui al comma 3 dell'articolo 6-sexies del decreto-legge 26 aprile 2013, n. 43, convertito, con modificazioni, dalla legge 24 giugno 2013, n. 71, è prorogato al 31 dicembre 2023. Ai relativi oneri si provvede, nel limite massimo di 600.000 euro per ciascuno degli anni 2017 e 2018, nell'ambito e nei limiti delle risorse del Fondo per la ricostruzione di cui all'articolo 2, comma 1, del decreto-legge 6 giugno 2012, n. 74, convertito, con modificazioni, dalla legge 1° agosto 2012, n. 122, e, nel limite di 500.000 euro per ciascuno degli anni 2019 e 2020, di 300.000 euro per ciascuno degli anni 2021 e 2022 e di 200.000 euro per l'anno 2023, nell'ambito e nei limiti delle risorse di cui alle contabilita' speciali di cui al comma 6 del predetto articolo 2 (8).

9-bis. All'articolo 1 della legge 28 dicembre 2015, n. 208, dopo il comma 433 è inserito il seguente:

"433-bis. Le disposizioni di cui ai commi 432 e 433 si applicano negli anni 2017 e 2018, nel limite di spesa di euro 1.700.000 per il comune dell'Aquila e di euro 1.152.209 per i comuni del cratere" (9).

10. All'articolo 5, comma 1, del decreto-legge 10 dicembre 2013, n. 136, convertito, con modificazioni, dalla legge 6 febbraio 2014, n. 6, le parole: «31 dicembre 2016» sono sostituite dalle seguenti: «31 dicembre 2017».

11. All'articolo 4, comma 1, del decreto-legge 26 aprile 2013, n. 43, convertito, con modificazioni, dalla legge 24 giugno 2013, n. 71, le parole: «31 dicembre 2016» sono sostituite dalle seguenti: «31 dicembre 2017». Agli oneri derivanti dall'attuazione del presente comma si provvede con le risorse già previste per la copertura finanziaria dell'ordinanza del Presidente del Consiglio dei ministri n. 3858 del 12 marzo 2010, pubblicata nella Gazzetta ufficiale n. 65 del 19 marzo 2010.

12. Il termine del 31 dicembre 2016 relativo alle disposizioni di cui all'ordinanza del Presidente del Consiglio dei ministri n. 3554 del 5 dicembre 2006, pubblicata nella Gazzetta Ufficiale n. 288 del 12 dicembre 2006, stabilito dall'articolo 5, comma 5, del decreto-legge 10 dicembre 2013, n. 136, convertito, con modificazioni, dalla legge 6 febbraio 2014, n. 6, come prorogato dall'articolo 11, comma 3-bis, del decreto-legge 30 dicembre 2015, n. 210, convertito, con modificazioni, dalla legge 25 febbraio 2016, n. 21, è prorogato al 31 dicembre 2017 (10).

12-bis. Ai comuni di cui al comma 436, lettere a), b) e c), dell'articolo 1 della legge 23 dicembre 2014, n. 190, è attribuito un contributo secondo gli importi riportati per ciascuno degli anni dal 2017 al 2020 nella tabella 1 allegata al presente decreto (11).

12-ter. Ai comuni di cui agli allegati 1 e 2 al decreto-legge 17 ottobre 2016, n. 189, convertito, con modificazioni, dalla legge 15 dicembre 2016, n. 229, è attribuito un contributo secondo gli importi riportati per ciascuno degli anni dal 2017 al 2020 nella tabella 2 allegata al presente decreto (12).

12-quater. Alla copertura degli oneri di cui ai commi 12-bis e 12-ter, pari a 18.335.372,97 euro per l'anno 2017, a 16.132.295,69 euro per l'anno 2018, a 13.363.947,27 euro per l'anno 2019 e a 9.465.056,57 euro per l'anno 2020, si provvede mediante riduzione di pari importo dell'autorizzazione di spesa di cui all'articolo 3-bis, comma 6, del decreto-legge 6 luglio 2012, n. 95, convertito, con modificazioni, dalla legge 7 agosto 2012, n. 135 (13).

12-quinquies. All'articolo 12 del decreto-legge 19 giugno 2015, n. 78, convertito, con modificazioni, dalla legge 6 agosto 2015, n. 125, sono apportate le seguenti modificazioni:

a) il comma 6 è sostituito dal seguente:

"6. Le esenzioni di cui al comma 5 sono concesse esclusivamente per i periodi d'imposta dal 2015 al 2019";

b) dopo il comma 7 è inserito il seguente:

"7-bis. Per i periodi d'imposta dal 2017 al 2019, le agevolazioni sono concesse a valere sulle risorse di cui al primo periodo del comma 7 non fruite dalle imprese beneficiarie e comunque nel limite annuale per la fruizione da parte delle imprese beneficiarie di 6 milioni di euro per l'anno 2017 e 8 milioni di euro per ciascuno degli anni 2018 e 2019." (14).

12-sexies. Alla compensazione degli effetti finanziari in termini di fabbisogno e di indebitamento netto derivanti dal comma 12-quinquies, pari a 6 milioni di euro per l'anno 2017 e a 8 milioni di euro per ciascuno degli anni 2018 e 2019, si provvede mediante corrispondente riduzione del Fondo per la compensazione degli effetti finanziari non previsti a legislazione vigente conseguenti all'attualizzazione di contributi pluriennali, di cui all'articolo 6, comma 2, del decreto-legge 7 ottobre 2008, n. 154, convertito, con modificazioni, dalla legge 4 dicembre 2008, n. 189 (15).

12-septies. Gli effetti della deliberazione dello stato di emergenza adottata dal Consiglio dei ministri il 19 febbraio 2016, e prorogata con successiva delibera del 10 agosto 2016, in conseguenza degli eccezionali eventi meteorologici che nei giorni dal 30 settembre al 10 ottobre 2015 hanno colpito il territorio delle province di Olbia-Tempio, di Nuoro e dell'Ogliastra, sono ulteriormente prorogati fino al 30 ottobre 2017, limitatamente alle attività finalizzate all'attuazione degli interventi previsti dall'articolo 1 dell'ordinanza del Capo del Dipartimento della protezione civile n. 370 dell'11 agosto 2016, ferme restando le risorse finanziarie di provenienza regionale ivi individuate e disponibili allo scopo (16).

(1) *Comma aggiunto articolo 1, comma 1, della Legge 27 febbraio 2017 n. 19, in sede di conversione.*

(2) *A norma dell'articolo 1, comma 729, della Legge 27 dicembre 2017, n. 205, la sospensione, prevista dal presente comma, è prorogata all'anno 2019; a norma dell'articolo 1, comma 1006, della Legge 30 dicembre 2018, n. 145, la sospensione prevista dal presente comma è prorogata all'anno 2020.*

(3) *Comma modificato dall'articolo 2-bis, comma 21, del D.L. 16 ottobre 2017, n. 148, convertito con modificazioni dalla Legge 4 dicembre 2017, n. 172; dall'articolo 1-bis, comma 1, del D.L. 29 maggio 2018, n. 55, convertito con modificazioni dalla Legge 24 luglio 2018, n. 89 , dall'articolo 1, comma 946, della Legge 30 dicembre 2020, n. 178 e successivamente dall'articolo 22, comma 3, del D.L. 27 gennaio 2022, n. 4, convertito con modificazioni dalla Legge 28 marzo 2022, n. 25. Vedi anche l'articolo 22, comma 4, del medesimo D.L. 4/2022 convertito con modificazioni dalla Legge 28 marzo 2022, n. 25. Da ultimo modificato dall'articolo 1 comma 752, della Legge 29 dicembre 2022, n. 197.*
A norma dell'articolo 1 comma 736 della Legge 29 dicembre 2022, n. 197, le misure previste di cui al presente comma si applicano fino al 31 dicembre 2023, anche nei comuni di Casamicciola Terme, Forio e Lacco Ameno dell'isola di Ischia colpiti dagli eventi sismici del 2017.

(4) *Comma aggiunto articolo 1, comma 1, della Legge 27 febbraio 2017 n. 19, in sede di conversione.*

(5) *Comma aggiunto articolo 1, comma 1, della Legge 27 febbraio 2017 n. 19, in sede di conversione.*

(6) *Comma aggiunto articolo 1, comma 1, della Legge 27 febbraio 2017 n. 19, in sede di conversione.*

(7) *Comma aggiunto articolo 1, comma 1, della Legge 27 febbraio 2017 n. 19, in sede di conversione.*

(8) *Comma modificato articolo 1, comma 1, della Legge 27 febbraio 2017 n. 19, in sede di conversione, successivamente sostituito dall'articolo 1, comma 761, della Legge 27 dicembre 2017, n. 205, modificato dall'articolo 1, comma 1002, lettere a) e b), della Legge 30 dicembre 2018, n. 145, dall'articolo 57, comma 13, del D.L. 14 agosto 2020, n. 104, convertito, con modificazioni, dalla Legge 13 ottobre 2020, n. 126 e da ultimo dall'articolo 1, comma 459, della Legge 30 dicembre 2021, n. 234, e da ultimo dall'articolo 1 comma 766, della Legge 29 dicembre 2022, n. 197.*

(9) *Comma aggiunto articolo 1, comma 1, della Legge 27 febbraio 2017 n. 19, in sede di conversione.*

(10) *Comma modificato articolo 1, comma 1, della Legge 27 febbraio 2017 n. 19, in sede di conversione.*

(11) *Comma aggiunto articolo 1, comma 1, della Legge 27 febbraio 2017 n. 19, in sede di conversione.*

(12) *Comma aggiunto articolo 1, comma 1, della Legge 27 febbraio 2017 n. 19, in sede di conversione.*

(13) *Comma aggiunto articolo 1, comma 1, della Legge 27 febbraio 2017 n. 19, in sede di conversione.*

(14) *Comma aggiunto articolo 1, comma 1, della Legge 27 febbraio 2017 n. 19, in sede di conversione.*

(15) *Comma aggiunto articolo 1, comma 1, della Legge 27 febbraio 2017 n. 19, in sede di conversione.*

(16) *Comma aggiunto articolo 1, comma 1, della Legge 27 febbraio 2017 n. 19, in sede di conversione.*

14 *bis*. Copertura delle vacanze nell'organico dei dirigenti delle Agenzie fiscali (1). – 1. All'articolo 4-bis, comma 1, primo periodo, del decreto-legge 19 giugno 2015, n. 78, convertito, con modificazioni, dalla legge 6 agosto 2015, n. 125, le parole: "da espletare entro il 31 dicembre 2016" sono sostituite dalle seguenti: "da concludere entro il 31 dicembre 2017".

(1) *Articolo inserito articolo 1, comma 1, della Legge 27 febbraio 2017 n. 19, in sede di conversione.*

14 *ter*. Disposizioni di prima applicazione relative a misure per il recupero dell'evasione (1). – 1. All'articolo 4, comma 4, del decreto-legge 22 ottobre 2016, n. 193, convertito, con modificazioni, dalla legge 1° dicembre 2016, n. 225, il secondo periodo è sostituito dai seguenti: "Per il primo anno di applicazione della disposizione di cui all'articolo 21 del decreto-legge 31 maggio 2010, n. 78, convertito, con modificazioni, dalla legge 30 luglio 2010, n. 122, come sostituito dal comma 1 del presente articolo, le comunicazioni possono essere effettuate per il primo semestre entro il 16 settembre 2017 e per il secondo semestre entro il mese di febbraio 2018. Resta fermo l'obbligo di effettuare le comunicazioni di cui all'articolo 21-bis del decreto-legge 31 maggio 2010, n. 78, convertito, con modificazioni, dalla legge 30 luglio 2010, n. 122, introdotto dal comma 2 del presente articolo, trimestralmente, nei termini ordinari di cui al comma 1 del citato articolo 21".

(1) *Articolo inserito articolo 1, comma 1, della Legge 27 febbraio 2017 n. 19, in sede di conversione.*

14 *quater*. Proroga dell'attuazione della lotteria nazionale collegata a scontrini e ricevute fiscali (1). – 1. All'articolo 1, comma 543, della legge 11 dicembre 2016, n. 232, le parole: "a decorrere dal 1° marzo 2017" sono sostituite dalle seguenti: "a decorrere dal 1° novembre 2017".

(1) *Articolo inserito articolo 1, comma 1, della Legge 27 febbraio 2017 n. 19, in sede di conversione.*

15. Variazioni di bilancio. – 1. Il Ministro dell'economia e delle finanze è autorizzato ad apportare, con propri decreti, le occorrenti variazioni di bilancio, anche in conto residui, connesse all'attuazione del presente provvedimento.

16. Entrata in vigore. – 1. Il presente decreto entra in vigore il giorno stesso della sua pubblicazione nella Gazzetta Ufficiale della Repubblica italiana e sarà presentato alle Camere per la conversione in legge.

Il presente decreto, munito del sigillo dello Stato, sarà inserito nella Raccolta ufficiale degli atti normativi della Repubblica italiana. È fatto obbligo a chiunque spetti di osservarlo e di farlo osservare.

5. L. 27 dicembre 2017, n. 205

Bilancio di previsione dello Stato per l'anno finanziario 2018 e bilancio pluriennale per il triennio 2018-2020. (1)
(*Estratto artt. 1-19*)

(1) *Pubblicato in Suppl. ordinario n. 62 alla Gazz. Uff., 29 dicembre 2017, n. 302*

1. – 1. I livelli massimi del saldo netto da finanziare, in termini di competenza e di cassa, e del ricorso al mercato finanziario, in termini di competenza, di cui all'articolo 21, comma 1-ter, lettera a), della legge 31 dicembre 2009, n. 196, per gli anni 2018, 2019 e 2020, sono indicati nell'allegato n. 1 annesso alla presente legge. I livelli del ricorso al mercato si intendono al netto delle operazioni effettuate al fine di rimborsare prima della scadenza o di ristrutturare passività preesistenti con ammortamento a carico dello Stato.

2. All'articolo 1, comma 718, della legge 23 dicembre 2014, n. 190, sono apportate le seguenti modificazioni:

a) alla lettera a), le parole: «di 1,14 punti percentuali dal 1° gennaio 2018 e di ulteriori 0,86 punti percentuali a decorrere dal 1° gennaio 2019 e di un ulteriore punto percentuale a decorrere dal 1° gennaio 2020» sono sostituite dalle seguenti: «di 1,5 punti percentuali dal 1° gennaio 2019 e di ulteriori 1,5 punti percentuali a decorrere dal 1° gennaio 2020»;

b) alla lettera b), le parole: «di tre punti percentuali dal 1° gennaio 2018 e di ulteriori 0,4 punti percentuali dal 1° gennaio 2019; la medesima aliquota è ridotta di 0,5 punti percentuali a decorrere dal 1° gennaio 2020 rispetto all'anno precedente ed è fissata al 25 per cento a decorrere dal 1° gennaio 2021;» «sono sostituite dalle seguenti: di 2,2 punti percentuali dal 1° gennaio 2019, di ulteriori 0,7 punti percentuali a decorrere dal 1° gennaio 2020 e di ulteriori 0,1 punti percentuali a decorrere dal 1° gennaio 2021»;

c) alla lettera c), le parole: «10 milioni di euro per l'anno 2019 e 350 milioni di euro per ciascuno degli anni successivi» sono sostituite dalle seguenti: «350 milioni di euro annui a decorrere dall'anno 2020».

3. Al decreto-legge 4 giugno 2013, n. 63, convertito, con modificazioni, dalla legge 3 agosto 2013, n. 90, sono apportate le seguenti modificazioni:

a) all'articolo 14, concernente detrazioni fiscali per interventi di efficienza energetica:

1) le parole: «31 dicembre 2017», ovunque ricorrono, sono sostituite dalle seguenti: «31 dicembre 2018»;

2) ai commi 1 e 2, dopo l'ultimo periodo sono aggiunti i seguenti:

«La detrazione di cui al presente comma è ridotta al 50 per cento per le spese, sostenute dal 1° gennaio 2018, relative agli interventi di acquisto e posa in opera di finestre comprensive di infissi, di schermature solari e di sostituzione di impianti di climatizzazione invernale con impianti dotati di caldaie a condensazione con efficienza almeno pari alla classe A di prodotto prevista dal regolamento delegato (UE) n. 811/2013 della Commissione, del 18 febbraio 2013. Sono esclusi dalla detrazione di cui al presente comma gli interventi di sostituzione di impianti di climatizzazione invernale con impianti dotati di caldaie a condensazione con efficienza inferiore alla classe di cui al periodo precedente. La detrazione si applica nella misura del 65 per cento per gli interventi di sostituzione di impianti di climatizzazione invernale con impianti dotati di caldaie a condensazione di efficienza almeno pari alla classe A di prodotto prevista dal citato regolamento delegato (UE) n. 811/2013 e contestuale installazione di sistemi di termoregolazione evoluti, appartenenti alle classi V, VI oppure VIII della comunicazione della Commissione 2014/C 207/02, o con impianti dotati di apparecchi ibridi, costituiti da pompa di calore integrata con caldaia a condensazione, assemblati in fabbrica ed espressamente concepiti dal fabbricante per funzionare in abbinamento tra loro, o per le spese sostenute all'acquisto e posa in opera di generatori d'aria calda a condensazione»;

3) al comma 2, dopo la lettera b) è aggiunta la seguente:

«b-bis) per l'acquisto e la posa in opera di micro-cogeneratori in sostituzione di impianti esistenti, sostenute dal 1° gennaio 2018 al 31 dicembre 2018, fino a un valore massimo della detrazione di 100.000 euro. Per poter beneficiare della suddetta detrazione gli interventi in oggetto devono condurre a un risparmio di energia primaria (PES), come definito all'allegato III del decreto del Ministro dello sviluppo economico 4 agosto 2011, pubblicato nella Gazzetta Ufficiale n. 218 del 19 settembre 2011, pari almeno al 20 per cento»;

4) il comma 2-bis è sostituito dal seguente:

«2-bis. La detrazione nella misura del 50 per cento si applica altresì alle spese sostenute nell'anno 2018 per l'acquisto e la posa in opera di impianti di climatizzazione invernale con impianti dotati di generatori di calore alimentati da biomasse combustibili, fino a un valore massimo della detrazione di 30.000 euro»;

5) al comma 2-ter, le parole: «Per le spese sostenute dal 1° gennaio 2017 al 31 dicembre 2021 per interventi di riqualificazione energetica di parti comuni degli edifici condominiali, ivi compresi quelli di cui al comma 2-quater» sono sostituite dalle seguenti: «Per le spese sostenute per interventi di riqualificazione energetica di cui al presente articolo»;

6) al comma 2-quater, ultimo periodo, le parole: «di cui al presente articolo» sono sostituite dalle seguenti: «di cui al presente comma»;

7) dopo il comma 2-quater è inserito il seguente:

«2-quater.1. Per le spese relative agli interventi su parti comuni di edifici condominiali ricadenti nelle zone sismiche 1, 2 e 3 finalizzati congiuntamente alla riduzione del rischio sismico e alla riqualificazione energetica spetta, in alternativa alle detrazioni previste rispettivamente dal comma 2-quater del presente articolo e dal comma 1-quinquies dell'articolo 16, una detrazione nella misura dell'80 per cento, ove gli interventi determinino il passaggio ad una classe di rischio inferiore, o nella misura dell'85 per cento ove gli interventi determinino il passaggio a due classi di rischio inferiori. La predetta detrazione è ripartita in dieci quote annuali di pari importo e si applica su un ammontare delle spese non superiore a euro 136.000 moltiplicato per il numero delle unità immobiliari di ciascun edificio»;

8) al comma 2-quinquies, dopo le parole: «effettua controlli, anche a campione, su tali attestazioni,» sono inserite le seguenti: «nonché su tutte le agevolazioni spettanti ai sensi del presente articolo,» e le parole: «il 30 settembre 2017»

sono sostituite dalle seguenti: «novanta giorni dalla data di entrata in vigore delle presenti disposizioni»;

9) al comma 2-sexies, le parole: «Per gli interventi di cui al comma 2-quater, a decorrere dal 1° gennaio 2017» sono sostituite dalle seguenti: «Per le spese sostenute per interventi di riqualificazione energetica di cui al presente articolo»;

10) il comma 2-septies è sostituito dal seguente:

«2-septies. Le detrazioni di cui al presente articolo sono usufruibili anche dagli Istituti autonomi per le case popolari, comunque denominati, nonché dagli enti aventi le stesse finalità sociali dei predetti istituti, istituiti nella forma di società che rispondono ai requisiti della legislazione europea in materia di in house providing e che siano costituiti e operanti alla data del 31 dicembre 2013, per interventi di efficienza energetica realizzati su immobili, di loro proprietà ovvero gestiti per conto dei comuni, adibiti ad edilizia residenziale pubblica, nonché dalle cooperative di abitazione a proprietà indivisa per interventi realizzati su immobili dalle stesse posseduti e assegnati in godimento ai propri soci»;

11) dopo il comma 3-bis sono aggiunti i seguenti:

«3-ter. Con uno o più decreti del Ministro dello sviluppo economico, di concerto con il Ministro dell'economia e delle finanze, il Ministro dell'ambiente e della tutela del territorio e del mare e il Ministro delle infrastrutture e dei trasporti, da adottare entro sessanta giorni dalla data di entrata in vigore della presente disposizione, sono definiti i requisiti tecnici che devono soddisfare gli interventi che beneficiano delle agevolazioni di cui al presente articolo, ivi compresi i massimali di costo specifici per singola tipologia di intervento, nonché le procedure e le modalità di esecuzione di controlli a campione, sia documentali che in situ, eseguiti dall'ENEA e volti ad accertare il rispetto dei requisiti che determinano l'accesso al beneficio. Nelle more dell'emanazione dei decreti di cui al presente comma, continuano ad applicarsi il decreto del Ministro dell'economia e delle finanze 19 febbraio 2007, pubblicato nella Gazzetta Ufficiale n. 47 del 26 febbraio 2007, e il decreto del Ministro dello sviluppo economico 11 marzo 2008, pubblicato nella Gazzetta Ufficiale n. 66 del 18 marzo 2008. L'ENEA, ai fini di assicurare coerenza con la legislazione e la normativa vigente in materia di efficienza energetica, limitatamente ai relativi contenuti tecnici, adegua il portale attualmente in essere e la relativa modulistica per la trasmissione dei dati a cura dei soggetti beneficiari delle detrazioni di cui al presente articolo.

3-quater. Al fine di agevolare l'esecuzione degli interventi di efficienza energetica di cui al presente articolo, è istituita, nell'ambito del Fondo di cui all'articolo 15 del decreto legislativo 4 luglio 2014, n. 102, una sezione dedicata al rilascio di garanzie su operazioni di finanziamento degli stessi. A tal fine, la dotazione del Fondo suddetto può essere integrata fino a 25 milioni di euro annui per il periodo 2018-2020 a carico del Ministero dello sviluppo economico e fino a 25 milioni di euro annui per il periodo 2018-2020 a carico del Ministero dell'ambiente e della tutela del territorio e del mare, a valere sui proventi annui delle aste delle quote di emissione di CO_2 destinati ai progetti energetico-ambientali di cui all'articolo 19 del decreto legislativo 13 marzo 2013, n. 30, previa verifica dell'entità dei proventi disponibili annualmente, con le modalità e nei limiti di cui ai commi 3 e 6 dello stesso articolo 19. Per il perseguimento delle finalità di cui al presente comma, con uno o più decreti di natura non regolamentare da adottare entro novanta giorni dalla data di entrata in vigore della presente disposizione dal Ministro dello sviluppo economico e dal Ministro dell'ambiente e della tutela del territorio e del mare, di concerto con il Ministro dell'economia e delle finanze e acquisito il parere della Conferenza unificata, sono individuati, nel rispetto degli equilibri di finanza pubblica, le priorità, i criteri, le condizioni e le modalità di funzionamento, di gestione e di intervento della sezione del Fondo e le relative prime dotazioni della sezione stessa»;

b) all'articolo 16, concernente detrazioni fiscali per interventi di ristrutturazione edilizia:

1) al comma 1, le parole: «31 dicembre 2017» sono sostituite dalle seguenti: «31 dicembre 2018»;

2) dopo il comma 1-sexies è inserito il seguente:

«1-sexies.1. Le detrazioni di cui ai commi da 1-bis a 1-sexies sono usufruibili anche dagli Istituti autonomi per le case popolari, comunque denominati, nonché dagli enti aventi le stesse finalità sociali dei predetti istituti, istituiti nella forma di società che rispondono ai requisiti della legislazione europea in materia di in house providing e che siano costituiti e operanti alla data del 31 dicembre 2013, per interventi realizzati su immobili, di loro proprietà ovvero gestiti per conto dei comuni, adibiti ad edilizia residenziale pubblica, nonché dalle cooperative di abitazione a proprietà indivisa per interventi realizzati su immobili dalle stesse posseduti e assegnati in godimento ai propri soci»;

3) al comma 2, le parole: «1° gennaio 2016» sono sostituite dalle seguenti: «1° gennaio 2017», le parole: «anno 2017» sono sostituite dalle seguenti: «anno 2018», le parole: «anno 2016», ovunque ricorrono, sono sostituite dalle seguenti: «anno 2017» e le parole: «nel 2017» sono sostituite dalle seguenti: «nel 2018»;

4) dopo il comma 2 è aggiunto il seguente:

«2-bis. Al fine di effettuare il monitoraggio e la valutazione del risparmio energetico conseguito a seguito della realizzazione degli interventi di cui al presente articolo, in analogia a quanto già previsto in materia di detrazioni fiscali per la riqualificazione energetica degli edifici, sono trasmesse per via telematica all'ENEA le informazioni sugli interventi effettuati. L'ENEA elabora le informazioni pervenute e trasmette una relazione sui risultati degli interventi al Ministero dello sviluppo economico, al Ministero dell'economia e delle finanze, alle regioni e alle province autonome di Trento e di Bolzano, nell'ambito delle rispettive competenze territoriali».

4. Nei contratti di fornitura di energia elettrica e gas, il diritto al corrispettivo si prescrive in due anni, sia nei rapporti tra gli utenti domestici o le microimprese, come definite dalla raccomandazione 2003/361/CE della Commissione, del 6 maggio 2003, o i professionisti, come definiti dall'articolo 3, comma 1, lettera c), del codice del consumo, di cui al decreto legislativo 6 settembre 2005, n. 206, e il venditore, sia nei rapporti tra il distributore e il venditore, sia in quelli con l'operatore del trasporto e con gli altri soggetti della filiera. Nei contratti di fornitura del servizio idrico, relativi alle categorie di cui al primo periodo, il diritto al corrispettivo si prescrive in due anni. L'Autorità per l'energia elettrica, il gas e il sistema idrico, ridenominata ai sensi del comma 528, entro sessanta giorni dalla data di entrata in vigore della presente legge, definisce le misure in materia di tempistiche di fatturazione tra gli operatori della

filiera necessarie all'attuazione di quanto previsto al primo e al secondo periodo. Nei contratti di cui al primo e al secondo periodo, in caso di emissione di fatture a debito nei riguardi dell'utente per conguagli riferiti a periodi maggiori di due anni, qualora l'Autorità garante della concorrenza e del mercato abbia aperto un procedimento per l'accertamento di violazioni del codice del consumo, di cui al decreto legislativo 6 settembre 2005, n. 206, relative alle modalità di rilevazione dei consumi, di esecuzione dei conguagli e di fatturazione adottate dall'operatore interessato, l'utente che ha presentato un reclamo riguardante il conguaglio nelle forme previste dall'Autorità per l'energia elettrica, il gas e il sistema idrico, ridenominata ai sensi del comma 528, ha diritto alla sospensione del pagamento finché non sia stata verificata la legittimità della condotta dell'operatore. Il venditore ha l'obbligo di comunicare all'utente l'avvio del procedimento di cui al periodo precedente e di informarlo dei conseguenti diritti. È in ogni caso diritto dell'utente, all'esito della verifica di cui al quarto periodo, ottenere entro tre mesi il rimborso dei pagamenti effettuati a titolo di indebito conguaglio.

[5. Le disposizioni di cui al comma 4 non si applicano qualora la mancata o erronea rilevazione dei dati di consumo derivi da responsabilità accertata dell'utente.] (1)

6. L'Autorità per l'energia elettrica, il gas e il sistema idrico, ridenominata ai sensi del comma 528, con propria deliberazione, entro tre mesi dalla data di entrata in vigore della presente legge, definisce misure a tutela dei consumatori determinando le forme attraverso le quali i distributori garantiscono l'accertamento e l'acquisizione dei dati dei consumi effettivi.

7. L'Autorità per l'energia elettrica, il gas e il sistema idrico, ridenominata ai sensi del comma 528, può definire, con propria deliberazione, misure atte a incentivare l'autolettura senza oneri a carico dell'utente.

a) per il settore elettrico, al 1° marzo 2018;

b) per il settore del gas, al 1° gennaio 2019;

c) per il settorea idrico, al 1° gennaio 2020.

8. Entro il 1° luglio 2019, il soggetto gestore del Sistema informatico integrato per la gestione dei flussi informativi relativi ai mercati dell'energia elettrica e del gas, di cui all'articolo 1-bis del decreto-legge 8 luglio 2010, n. 105, convertito, con modificazioni, dalla legge 13 agosto 2010, n. 129, provvede agli adeguamenti necessari per permettere ai clienti finali di accedere attraverso il Sistema medesimo ai dati riguardanti i propri consumi, senza oneri a loro carico. Le disposizioni per l'attuazione del primo periodo sono adottate con deliberazione dell'Autorità per l'energia elettrica, il gas e il sistema idrico, ridenominata ai sensi del comma 528, nel rispetto delle norme in materia di protezione dei dati personali, sentito il parere del Garante per la protezione dei dati personali.

9. L'Autorità per le garanzie nelle comunicazioni stabilisce le modalità tecniche e operative che il servizio postale deve osservare per assicurare la certezza della data di spedizione delle fatture agli utenti da parte dei soggetti gestori di servizi di pubblica utilità.

10. Le disposizioni di cui ai commi 4 e 5 si applicano alle fatture la cui scadenza è successiva:

a) per il settore elettrico, al 1° marzo 2018;

b) per il settore del gas, al 1° gennaio 2019;

c) per il settore idrico, al 1° gennaio 2020.

11. Con decreto del Ministro dello sviluppo economico, da adottare entro sei mesi dalla data di entrata in vigore della presente legge, sentita l'Autorità per l'energia elettrica, il gas e il sistema idrico, ridenominata ai sensi del comma 528, sono individuati criteri e modalità volti a favorire la diffusione della tecnologia di integrazione tra i veicoli e la rete elettrica, denominata vehicle to grid, anche prevedendo la definizione delle regole per la partecipazione ai mercati elettrici e di specifiche misure di riequilibrio degli oneri di acquisto rispetto ai prezzi di rivendita dell'energia.

12. Per gli anni 2021, 2022, 2023 e 2024, ai fini delle imposte sui redditi delle persone fisiche, dall'imposta lorda si detrae un importo pari al 36 per cento delle spese documentate, fino ad un ammontare complessivo delle stesse non superiore a 5.000 euro per unità immobiliare ad uso abitativo, sostenute ed effettivamente rimaste a carico dei contribuenti che possiedono o detengono, sulla base di un titolo idoneo, l'immobile sul quale sono effettuati gli interventi relativi alla (1):

a) «sistemazione a verde» di aree scoperte private di edifici esistenti, unità immobiliari, pertinenze o recinzioni, impianti di irrigazione e realizzazione pozzi;

b) realizzazione di coperture a verde e di giardini pensili.

(1) Alinea modificato dall'articolo 1, comma 68, della Legge 30 dicembre 2018, n. 145 e successivamente dall'articolo 10, comma 1, del D.L. 30 dicembre 2019, n. 162, convertito, con modificazioni, dalla Legge 28 febbraio 2020, n. 8 e successivamente dall'articolo 1, comma 76, della Legge 30 dicembre 2020, n. 178 e successivamente dall'articolo 1, comma 38, della Legge 30 dicembre 2021, n. 234.

13. La detrazione di cui al comma 12 spetta anche per le spese sostenute per interventi effettuati sulle parti comuni esterne degli edifici condominiali di cui agli articoli 1117 e 1117-bis del codice civile, fino ad un importo massimo complessivo di 5.000 euro per unità immobiliare ad uso abitativo. In tale ipotesi la detrazione spetta al singolo condomino nel limite della quota a lui imputabile a condizione che la stessa sia stata effettivamente versata al condominio entro i termini di presentazione della dichiarazione dei redditi.

14. Tra le spese indicate nei commi 12 e 13 sono comprese quelle di progettazione e manutenzione connesse all'esecuzione degli interventi ivi indicati.

15. La detrazione di cui ai commi da 12 a 14 spetta a condizione che i pagamenti siano effettuati con strumenti idonei a consentire la tracciabilità delle operazioni ed è ripartita in dieci quote annuali costanti e di pari importo nell'anno di sostenimento delle spese e in quelli successivi. Si applicano, in quanto compatibili, le disposizioni contenute nei commi 5, 6 e 8 dell'articolo 16-bis del testo unico delle imposte sui redditi, di cui al decreto del Presidente della Repubblica 22 dicembre 1986, n. 917.

16. All'articolo 9, comma 1, del decreto-legge 28 marzo 2014, n. 47, convertito, con modificazioni, dalla legge 23 maggio 2014, n. 80, le parole: «Per il quadriennio 2014-2017,» sono sostituite dalle seguenti: «Per gli anni dal 2014 al 2019».

17. All'articolo 1, comma 4, della legge 11 dicembre 2016, n. 232, sono aggiunte, in fine, le seguenti parole: «, nonché le strutture di cui all'articolo 3 della legge 24 ottobre 2000, n. 323, queste ultime anche per la realizzazione di piscine termali e per l'acquisizione di attrezzature e apparecchiature necessarie per lo svolgimento delle attività termali».

18. I soggetti di cui al comma 17 accedono al credito d'imposta di cui all'articolo 10 del decreto-legge 31 maggio 2014, n. 83, convertito, con modificazioni, dalla legge 29 luglio 2014, n. 106, secondo le modalità previste dal decreto adottato ai sensi del comma 4 del medesimo articolo 10.

19. Ai sensi dell'articolo 1, comma 2, della legge 27 luglio 2000, n. 212, l'articolo 7, comma 1, lettera b), della legge 23 dicembre 1999, n. 488, nonché il decreto del Ministro delle finanze 29 dicembre 1999, pubblicato nella Gazzetta Ufficiale n. 306 del 31 dicembre 1999, si interpretano nel senso che l'individuazione dei beni che costituiscono una parte significativa del valore delle forniture effettuate nell'ambito delle prestazioni aventi per oggetto interventi di recupero del patrimonio edilizio e delle parti staccate si effettua in base all'autonomia funzionale delle parti rispetto al manufatto principale, come individuato nel citato decreto ministeriale; come valore dei predetti beni deve essere assunto quello risultante dall'accordo contrattuale stipulato dalle parti contraenti, che deve tenere conto solo di tutti gli oneri che concorrono alla produzione dei beni stessi e, dunque, sia delle materie prime che della manodopera impiegata per la produzione degli stessi e che, comunque, non può essere inferiore al prezzo di acquisto dei beni stessi. La fattura emessa ai sensi dell'articolo 21 del decreto del Presidente della Repubblica 26 ottobre 1972, n. 633, dal prestatore che realizza l'intervento di recupero agevolato deve indicare, oltre al servizio che costituisce l'oggetto della prestazione, anche i beni di valore significativo, individuati con il predetto decreto del Ministro delle finanze 29 dicembre 1999, che sono forniti nell'ambito dell'intervento stesso. Sono fatti salvi i comportamenti difformi tenuti fino alla data di entrata in vigore della presente legge. Non si fa luogo al rimborso dell'imposta sul valore aggiunto applicata sulle operazioni effettuate.

20. Al Fondo nazionale per il sostegno all'accesso alle abitazioni in locazione, istituito dalla legge 9 dicembre 1998, n. 431, è assegnata una dotazione di 10 milioni di euro per ciascuno degli anni 2019 e 2020.

21. In attuazione di quanto previsto dall'articolo 11, comma 6, della legge 9 dicembre 1998, n. 431, le regioni possono destinare le somme non spese della dotazione del Fondo destinato agli inquilini morosi incolpevoli, istituito dall'articolo 6, comma 5, del decreto-legge 31 agosto 2013, n. 102, convertito, con modificazioni, dalla legge 28 ottobre 2013, n. 124, all'incremento del Fondo nazionale per il sostegno all'accesso alle abitazioni in locazione.

22. Con decreto del Ministero delle infrastrutture e dei trasporti, da emanare entro il 30 giugno di ciascuno degli anni 2019 e 2020, sono stabilite le modalità di trasferimento delle risorse tra i due Fondi in relazione alle annualità pregresse.

23. All'articolo 15, comma 1, del testo unico di cui al decreto del Presidente della Repubblica 22 dicembre 1986, n. 917, sono apportate le seguenti modificazioni:

a) alla lettera i-sexies), primo periodo, le parole: «, o 50 chilometri per gli studenti residenti in zone montane o disagiate» sono sostituite dalle seguenti: «e comunque in una provincia diversa» e il secondo periodo è soppresso;

b) dopo la lettera i-sexies) è inserita la seguente:

«i-sexies.01) limitatamente ai periodi d'imposta in corso al 31 dicembre 2017 e al 31 dicembre 2018, il requisito della distanza di cui alla lettera i-sexies) si intende rispettato anche all'interno della stessa provincia ed è ridotto a 50 chilometri per gli studenti residenti in zone montane o disagiate».

24. All'articolo 20 del decreto-legge 16 ottobre 2017, n. 148, convertito, con modificazioni, dalla legge 4 dicembre 2017, n. 172, il comma 8-bis è abrogato.

25. All'articolo 36, comma 1-ter, del decreto-legge 25 giugno 2008, n. 112, convertito, con modificazioni, dalla legge 6 agosto 2008, n. 133, sono apportate le seguenti modificazioni:

a) le parole: «sottoscritti con firma digitale» sono sostituite dalle seguenti: «stipulati con atto pubblico informatico»;

b) sono aggiunte, in fine, le seguenti parole: «e fatti salvi i requisiti formali per l'iscrizione nel registro delle imprese come prescritti dagli articoli 2436, primo comma, e 2556, secondo comma, del codice civile».

(*Omissis.*)

29. Ai fini delle imposte sui redditi, per i soggetti titolari di reddito d'impresa e per gli esercenti arti e professioni che effettuano investimenti in beni materiali strumentali nuovi, esclusi i veicoli e gli altri mezzi di trasporto di cui all'articolo 164, comma 1, del testo unico delle imposte sui redditi, di cui al decreto del Presidente della Repubblica 22 dicembre 1986, n. 917, dal 1° gennaio 2018 al 31 dicembre 2018, ovvero entro il 30 giugno 2019, a condizione che entro la data del 31 dicembre 2018 il relativo ordine risulti accettato dal venditore e sia avvenuto il pagamento di acconti in misura almeno pari al 20 per cento del costo di acquisizione, con esclusivo riferimento alla determinazione delle quote di ammortamento e dei canoni di locazione finanziaria, il costo di acquisizione è maggiorato del 30 per cento. La maggiorazione non si applica agli investimenti che beneficiano delle disposizioni di cui all'articolo 1, comma 8, della legge 11 dicembre 2016, n. 232.

30. Le disposizioni dell'articolo 1, comma 9, della legge 11 dicembre 2016, n. 232, si applicano anche agli investimenti in beni materiali strumentali nuovi effettuati entro il 31 dicembre 2018, ovvero entro il 31 dicembre 2019, a condizione che entro la data del 31 dicembre 2018 il relativo ordine risulti accettato dal venditore e sia avvenuto il pagamento di acconti in misura almeno pari al 20 per cento del costo di acquisizione.

31. Per i soggetti che beneficiano della maggiorazione di cui al comma 30, le disposizioni dell'articolo 1, comma 10, della legge 11 dicembre 2016, n. 232, si applicano anche agli investimenti in beni immateriali strumentali effettuati nel periodo di cui al comma 30.

(*Omissis.*)

47. Il credito d'imposta di cui al comma 46 è riconosciuto, fino ad un importo massimo annuale di euro 300.000 per ciascun beneficiario, per le attività di formazione, negli ambiti richiamati al comma 48, pattuite attraverso contratti collettivi aziendali o territoriali [(1)(A)].

[(1)] A norma dell'articolo 1, comma 78, della Legge 30 dicembre 2018, n. 145, la disciplina del credito d'imposta per le spese di formazione del personale dipendente nel settore delle tecnologie previste dal Piano nazionale industria 4.0, di cui al presente comma, si applica anche alle spese di formazione sostenute nel periodo d'imposta successivo a quello in corso al 31 dicembre 2018.

[(A)] In riferimento al "credito d'imposta formazione 4.0, vedi i Chiarimenti di cui alla Circolare del Ministero dello sviluppo economico 3 dicembre 2018, n. 412088.

48. Sono ammissibili al credito d'imposta solo le attività di

formazione svolte per acquisire o consolidare le conoscenze delle tecnologie previste dal Piano nazionale Industria 4.0 quali big data e analisi dei dati, cloud e fog computing, cyber security, sistemi cyber-fisici, prototipazione rapida, sistemi di visualizzazione e realtà aumentata, robotica avanzata e collaborativa, interfaccia uomo macchina, manifattura additiva, internet delle cose e delle macchine e integrazione digitale dei processi aziendali, applicate negli ambiti elencati nell'allegato A [(1)(A)].

[(1)] A norma dell'articolo 1, comma 78, della Legge 30 dicembre 2018, n. 145, la disciplina del credito d'imposta per le spese di formazione del personale dipendente nel settore delle tecnologie previste dal Piano nazionale industria 4.0, di cui al presente comma, si applica anche alle spese di formazione sostenute nel periodo d'imposta successivo a quello in corso al 31 dicembre 2018.
[(A)] In riferimento al "credito d'imposta formazione 4.0, vedi i Chiarimenti di cui alla Circolare del Ministero dello sviluppo economico 3 dicembre 2018, n. 412088.

49. Non si considerano attività di formazione ammissibili la formazione ordinaria o periodica organizzata dall'impresa per conformarsi alla normativa vigente in materia di salute e sicurezza sul luogo di lavoro, di protezione dell'ambiente e ad ogni altra normativa obbligatoria in materia di formazione [(1)(A)].

[(1)] A norma dell'articolo 1, comma 78, della Legge 30 dicembre 2018, n. 145, la disciplina del credito d'imposta per le spese di formazione del personale dipendente nel settore delle tecnologie previste dal Piano nazionale industria 4.0, di cui al presente comma, si applica anche alle spese di formazione sostenute nel periodo d'imposta successivo a quello in corso al 31 dicembre 2018.
[(A)] In riferimento al "credito d'imposta formazione 4.0, vedi i Chiarimenti di cui alla Circolare del Ministero dello sviluppo economico 3 dicembre 2018, n. 412088.

50. Il credito d'imposta deve essere indicato nella dichiarazione dei redditi relativa al periodo d'imposta in cui sono state sostenute le spese di cui al comma 46 e in quelle relative ai periodi d'imposta successivi fino a quando se ne conclude l'utilizzo, non concorre alla formazione del reddito né della base imponibile dell'imposta regionale sulle attività produttive, non rileva ai fini del rapporto di cui agli articoli 61 e 109, comma 5, del testo unico di cui al decreto del Presidente della Repubblica 22 dicembre 1986, n. 917, ed è utilizzabile a decorrere dal periodo d'imposta successivo a quello in cui i costi sono sostenuti esclusivamente in compensazione ai sensi dell'articolo 17 del decreto legislativo 9 luglio 1997, n. 241 [(1)(A)].

[(1)] A norma dell'articolo 1, comma 78, della Legge 30 dicembre 2018, n. 145, la disciplina del credito d'imposta per le spese di formazione del personale dipendente nel settore delle tecnologie previste dal Piano nazionale industria 4.0, di cui al presente comma, si applica anche alle spese di formazione sostenute nel periodo d'imposta successivo a quello in corso al 31 dicembre 2018.
[(A)] In riferimento al "credito d'imposta formazione 4.0, vedi i Chiarimenti di cui alla Circolare del Ministero dello sviluppo economico 3 dicembre 2018, n. 412088.

51. Al credito d'imposta di cui ai commi da 46 a 56 non si applicano i limiti di cui all'articolo 1, comma 53, della legge 24 dicembre 2007, n. 244, e di cui all'articolo 34 della legge 23 dicembre 2000, n. 388 [(1)(A)].

[(1)] A norma dell'articolo 1, comma 78, della Legge 30 dicembre 2018, n. 145, la disciplina del credito d'imposta per le spese di formazione del personale dipendente nel settore delle tecnologie previste dal Piano nazionale industria 4.0, di cui al presente comma, si applica anche alle spese di formazione sostenute nel periodo d'imposta successivo a quello in corso al 31 dicembre 2018.
[(A)] In riferimento al "credito d'imposta formazione 4.0, vedi i Chiarimenti di cui alla Circolare del Ministero dello sviluppo economico 3 dicembre 2018, n. 412088.

52. L'incentivo si applica nel rispetto dei limiti e delle condizioni previsti dal regolamento (UE) n. 651/2014 della Commissione, del 17 giugno 2014, che dichiara alcune categorie di aiuti compatibili con il mercato interno in applicazione degli articoli 107 e 108 del Trattato sul funzionamento dell'Unione europea, e in particolare dall'articolo 31 del medesimo regolamento, che disciplina gli aiuti alla formazione. Agli adempimenti europei provvede il Ministero dello sviluppo economico [(1)(A)].

[(1)] A norma dell'articolo 1, comma 78, della Legge 30 dicembre 2018, n. 145, la disciplina del credito d'imposta per le spese di formazione del personale dipendente nel settore delle tecnologie previste dal Piano nazionale industria 4.0, di cui al presente comma, si applica anche alle spese di formazione sostenute nel periodo d'imposta successivo a quello in corso al 31 dicembre 2018.
[(A)] In riferimento al "credito d'imposta formazione 4.0, vedi i Chiarimenti di cui alla Circolare del Ministero dello sviluppo economico 3 dicembre 2018, n. 412088.

53. Ai fini dell'ammissibilità al credito d'imposta, i costi sono certificati dal soggetto incaricato della revisione legale o da un professionista iscritto nel Registro dei revisori legali, di cui al decreto legislativo 27 gennaio 2010, n. 39. Tale certificazione deve essere allegata al bilancio. Le imprese non soggette a revisione legale dei conti devono comunque avvalersi delle prestazioni di un revisore legale dei conti o di una società di revisione legale dei conti. Il revisore legale dei conti o il professionista responsabile della revisione legale dei conti, nell'assunzione dell'incarico, osserva i principi di indipendenza elaborati ai sensi dell'articolo 10 del citato decreto legislativo n. 39 del 2010 e, in attesa della loro emanazione, quelli previsti dal codice etico dell'International Federation of Accountants (IFAC). Le spese sostenute per l'attività di certificazione contabile da parte delle imprese di cui al terzo periodo sono ammissibili entro il limite massimo di euro 5.000. Le imprese con bilancio revisionato sono esenti dagli obblighi previsti dal presente comma [(1)(A)].

[(1)] A norma dell'articolo 1, comma 78, della Legge 30 dicembre 2018, n. 145, la disciplina del credito d'imposta per le spese di formazione del personale dipendente nel settore delle tecnologie previste dal Piano nazionale industria 4.0, di cui al presente comma, si applica anche alle spese di formazione sostenute nel periodo d'imposta successivo a quello in corso al 31 dicembre 2018.
[(A)] In riferimento al "credito d'imposta formazione 4.0, vedi i Chiarimenti di cui alla Circolare del Ministero dello sviluppo economico 3 dicembre 2018, n. 412088.

54. Nei confronti del revisore legale dei conti o del professionista responsabile della revisione legale dei conti che incorre in colpa grave nell'esecuzione degli atti che gli sono richiesti per il rilascio della certificazione di cui al comma 53 si applicano le disposizioni dell'articolo 64 del codice di procedura civile [(1)(A)].

[(1)] A norma dell'articolo 1, comma 78, della Legge 30 dicembre 2018, n. 145, la disciplina del credito d'imposta per le spese di formazione del personale dipendente nel settore delle tecnologie previste dal Piano nazionale industria 4.0, di cui al presente comma, si applica anche alle spese di formazione sostenute nel periodo d'imposta successivo a quello in corso al 31 dicembre 2018.

(A) *In riferimento al "credito d'imposta formazione 4.0, vedi i Chiarimenti di cui alla Circolare del Ministero dello sviluppo economico 3 dicembre 2018, n. 412088.*

55. Con decreto del Ministro dello sviluppo economico, di concerto con il Ministro dell'economia e delle finanze e con il Ministro del lavoro e delle politiche sociali, sono adottate, entro novanta giorni dalla data di entrata in vigore della presente legge, le disposizioni applicative necessarie, con particolare riguardo alla documentazione richiesta, all'effettuazione dei controlli e alle cause di decadenza dal beneficio (1)(A).

(1) *A norma dell'articolo 1, comma 78, della Legge 30 dicembre 2018, n. 145, la disciplina del credito d'imposta per le spese di formazione del personale dipendente nel settore delle tecnologie previste dal Piano nazionale industria 4.0, di cui al presente comma, si applica anche alle spese di formazione sostenute nel periodo d'imposta successivo a quello in corso al 31 dicembre 2018.*
(A) *In riferimento al "credito d'imposta formazione 4.0, vedi i Chiarimenti di cui alla Circolare del Ministero dello sviluppo economico 3 dicembre 2018, n. 412088.*

56. Per l'attuazione delle disposizioni dei commi da 46 a 55 è autorizzata la spesa di 250 milioni di euro per l'anno 2019. Il Ministero dell'economia e delle finanze effettua il monitoraggio delle fruizioni del credito d'imposta di cui ai commi da 46 a 55, ai fini di quanto previsto dall'articolo 17, comma 13, della legge 31 dicembre 2009, n. 196 (A).

(A) *In riferimento al "credito d'imposta formazione 4.0, vedi i Chiarimenti di cui alla Circolare del Ministero dello sviluppo economico 3 dicembre 2018, n. 412088.*

57. Nel limite di spesa di 500.000 euro per l'anno 2018 e di un milione di euro per ciascuno degli anni 2019 e 2020, fino ad esaurimento delle risorse disponibili, alle imprese culturali e creative, come definite al secondo periodo, è riconosciuto un credito d'imposta nella misura del 30 per cento dei costi sostenuti per attività di sviluppo, produzione e promozione di prodotti e servizi culturali e creativi secondo le modalità stabilite con il decreto di cui al comma 58. Sono imprese culturali e creative le imprese o i soggetti che svolgono attività stabile e continuativa, con sede in Italia o in uno degli Stati membri dell'Unione europea o in uno degli Stati aderenti all'Accordo sullo Spazio economico europeo, purché siano soggetti passivi di imposta in Italia, che hanno quale oggetto sociale, in via esclusiva o prevalente, l'ideazione, la creazione, la produzione, lo sviluppo, la diffusione, la conservazione, la ricerca e la valorizzazione o la gestione di prodotti culturali, intesi quali beni, servizi e opere dell'ingegno inerenti alla letteratura, alla musica, alle arti figurative, alle arti applicate, allo spettacolo dal vivo, alla cinematografia e all'audiovisivo, agli archivi, alle biblioteche e ai musei nonché al patrimonio culturale e ai processi di innovazione ad esso collegati.

58. Con decreto del Ministro dei beni e delle attività culturali e del turismo, di concerto con il Ministro dello sviluppo economico, da adottare ai sensi dell'articolo 17, comma 3, della legge 23 agosto 1988, n. 400, entro novanta giorni dalla data di entrata in vigore della presente legge, sentite le competenti Commissioni parlamentari, che si pronunciano entro trenta giorni dalla richiesta, e previa intesa in sede di Conferenza permanente per i rapporti tra lo Stato, le regioni e le province autonome di Trento e di Bolzano, tenendo conto delle necessità di coordinamento con le disposizioni del codice del Terzo settore, di cui al decreto legislativo 3 luglio 2017, n. 117, è disciplinata, senza nuovi o maggiori oneri per la finanza pubblica e nell'ambito delle risorse umane, strumentali e finanziarie disponibili a legislazione vigente, la procedura per il riconoscimento della qualifica di impresa culturale e creativa e per la definizione di prodotti e servizi culturali e creativi e sono previste adeguate forme di pubblicità.

59. Le imprese di cui al comma 57 possono accedere al credito d'imposta ivi previsto nel rispetto dei limiti di cui al regolamento (UE) n. 1407/2013 della Commissione, del 18 dicembre 2013, relativo agli aiuti «de minimis». Il credito d'imposta di cui al comma 57 non concorre alla formazione del reddito ai fini delle imposte sui redditi e del valore della produzione ai fini dell'imposta regionale sulle attività produttive, non rileva ai fini del rapporto di cui agli articoli 61 e 109, comma 5, del testo unico delle imposte sui redditi, di cui al decreto del Presidente della Repubblica 22 dicembre 1986, n. 917, ed è utilizzabile esclusivamente in compensazione ai sensi dell'articolo 17 del decreto legislativo 9 luglio 1997, n. 241.

60. Le disposizioni per l'applicazione dei commi 57 e 59, con riferimento, in particolare, al monitoraggio e al rispetto dei limiti di spesa ivi indicati, alle tipologie di spesa ammissibili, alle procedure per l'ammissione al beneficio, ai limiti massimi della spesa ammissibile, ai criteri per la verifica e l'accertamento dell'effettività delle spese sostenute, ai criteri relativi al cumulo con altre agevolazioni aventi ad oggetto gli stessi costi, alle cause di decadenza e revoca del beneficio nonché alle procedure di recupero nei casi di utilizzo illegittimo del credito d'imposta, secondo quanto previsto dall'articolo 1, comma 6, del decreto-legge 25 marzo 2010, n. 40, convertito, con modificazioni, dalla legge 22 maggio 2010, n. 73, sono stabilite con decreto del Ministro dei beni e delle attività culturali e del turismo, di concerto con il Ministro dell'economia e delle finanze, sentito il Ministro dello sviluppo economico, da adottare entro novanta giorni dalla data di entrata in vigore della presente legge.

61. Al fine di favorire la creazione di condizioni favorevoli allo sviluppo di nuovi investimenti nelle aree portuali delle regioni più sviluppate, così come individuate dalla normativa europea, ammissibili alle deroghe previste dall'articolo 107 del Trattato sul funzionamento dell'Unione europea, è prevista l'istituzione della Zona logistica semplificata (1).

(1) *Comma modificato dall'articolo 1, comma 313, lettera a), della Legge 27 dicembre 2019, n. 160.*

62. La Zona logistica semplificata può essere istituita nelle regioni di cui al comma 61, nel numero massimo di una per ciascuna regione, qualora nelle suddette regioni sia presente almeno un'area portuale con le caratteristiche stabilite dal regolamento (UE) n. 1315/2013 del Parlamento europeo e del Consiglio, dell'11 dicembre 2013, sugli orientamenti dell'Unione per lo sviluppo della rete transeuropea dei trasporti, o un'Autorità di sistema portuale di cui alla legge 28 gennaio 1994, n. 84, come modificata dal decreto legislativo 4 agosto 2016, n. 169. Qualora in una regione ricadano più Autorità di sistema portuale di cui alla legge 28 gennaio 1994, n. 84, e nell'ambito di una delle dette Autorità rientrino scali siti in regioni differenti, la regione è autorizzata ad istituire una seconda Zona logistica semplificata, il cui ambito ricomprenda, tra le altre, le zone portuali e retroportuali

relative all'Autorità di sistema portuale che abbia scali in regioni differenti [1].

[1] *Comma modificato dall'articolo 48-quinquies, comma 1, del D.L. 16 luglio 2020, n. 76, convertito con modificazioni dalla Legge 11 settembre 2020, n. 120.*

63. La Zona logistica semplificata è istituita con decreto del Presidente del Consiglio dei ministri, da adottare su proposta del Ministro per il Sud e la coesione territoriale, di concerto con il Ministro delle infrastrutture e dei trasporti e il Ministro dell'economia e delle finanze, su proposta della regione interessata, per una durata massima di sette anni, rinnovabile fino a un massimo di ulteriori sette anni. La proposta è corredata di un piano di sviluppo strategico, specificando la delimitazione delle zone interessate in coerenza con le zone portuali [1].

[1] *Comma modificato dall'articolo 1, comma 313, lettera b), della Legge 27 dicembre 2019, n. 160.*

64. Le nuove imprese e quelle già esistenti che operano nella Zona logistica semplificata fruiscono delle agevolazioni e semplificazioni di cui all'articolo 5, commi 1, 2 limitatamente alle zone ammissibili agli aiuti a finalità regionale a norma dell'articolo 107, paragrafo 3, lettera c), del Trattato sul funzionamento dell'Unione europea, 2-bis, 3, 4 e 6, del decreto-legge 20 giugno 2017, n. 91, convertito, con modificazioni, dalla legge 3 agosto 2017, n. 123. Nelle Zone logistiche semplificate istituite ai sensi del secondo periodo del comma 62 non trovano applicazione le agevolazioni di cui all'articolo 5, comma 2, del predetto decreto-legge n. 91 del 2017 [1].

[1] *Comma sostituito dall'articolo 3-ter, comma 3, del D.L. 14 dicembre 2018, n. 135, convertito con modificazioni, dalla Legge 11 febbraio 2019, n. 12 e successivamente modificato dall'articolo 1, comma 313, lettera c), della Legge 27 dicembre 2019, n. 160 e successivamente modificato dall'articolo 48-quinquies, comma 2, del D.L. 16 luglio 2020, n. 76, convertito con modificazioni dalla Legge 11 settembre 2020, n. 120.*

65. Con decreto del Presidente del Consiglio dei ministri, adottato su proposta del Ministro per il sud e la coesione territoriale, di concerto con il Ministro dell'economia e delle finanze, con il Ministro delle infrastrutture e della mobilità sostenibili e con il Ministro dello sviluppo economico, sentita la Conferenza unificata di cui all'articolo 8 del decreto legislativo 28 agosto 1997, n. 281, entro sessanta giorni dalla data di entrata in vigore della presente disposizione, sono disciplinate le procedure di istituzione delle Zone logistiche semplificate, le modalità di funzionamento e di organizzazione, nonché sono definite le condizioni per l'applicazione delle misure di semplificazione previste dall'articolo 5 e dall'articolo 5-bis, commi 1 e 2, del decreto-legge 20 giugno 2017, n. 91, convertito, con modificazioni, dalla legge 3 agosto 2017, n. 123. Fino alla data di entrata in vigore del predetto decreto, si applicano, in quanto compatibili, le disposizioni relative alla procedura di istituzione delle Zone economiche speciali previste dal decreto del Presidente del Consiglio dei ministri adottato ai sensi dell'articolo 4, comma 3, del decreto-legge 20 giugno 2017, n. 91, convertito, con modificazioni, dalla legge 3 agosto 2017, n. 123 [1][2].

[1] *Comma sostituito dall'articolo 37, comma 3, del D.L. 30 aprile 2022, n. 36, convertito con modificazioni dalla Legge 29 giugno 2022, n. 79.*

[2] *In riferimento al presente comma, vedi il Provvedimento dell'Agenzia delle Entrate 6 giugno 2022.*

65-bis. Agli oneri derivanti dal comma 64, valutati in 20 milioni di euro negli anni 2020, 2021 e 2022, si provvede mediante corrispondente riduzione del Fondo per lo sviluppo e la coesione-programmazione 2014-2020 di cui all'articolo 1, comma 6, della legge 27 dicembre 2013, n. 147[1].

[1] *Comma inserito dall'articolo 1, comma 313, lettera d), della Legge 27 dicembre 2019, n. 160.*

65-ter. Nell'ambito della strategia nazionale per lo sviluppo delle aree interne, presso il Dipartimento per le politiche di coesione della Presidenza del Consiglio dei ministri è istituito un fondo di sostegno alle attività economiche, artigianali e commerciali con una dotazione di 30 milioni di euro per ciascuno degli anni 2020, 2021 e 2022. Il fondo è ripartito tra i comuni presenti nelle aree interne con decreto del Presidente del Consiglio dei ministri, su proposta dal Ministro per il Sud e la coesione territoriale, che ne stabilisce termini e modalità di accesso e rendicontazione [1][2].

[1] *Comma inserito dall'articolo 1, comma 313, lettera d), della Legge 27 dicembre 2019, n. 160.*
[2] *A norma dell'articolo 1, comma 196, della Legge 30 dicembre 2020, n. 178, il fondo di cui al presente comma è denominato «Fondo di sostegno ai comuni marginali».*

65-quater. Agli oneri derivanti dal comma 65-ter si provvede mediante corrispondente riduzione del Fondo per lo sviluppo e la coesione - programmazione 2014-2020 di cui all'articolo 1, comma 6, della legge 27 dicembre 2013, n. 147[1].

[1] *Comma inserito dall'articolo 1, comma 313, lettera d), della Legge 27 dicembre 2019, n. 160.*

65-quinquies. Il Fondo di cui al comma 65-ter è incrementato di euro 60 milioni per l'anno 2020, di Euro 30 milioni per l'anno 2021 e di euro 30 milioni per l'anno 2022, anche al fine di consentire ai Comuni presenti nelle aree interne di far fronte alle maggiori necessità di sostegno del settore artigianale e commerciale conseguenti al manifestarsi dell'epidemia da Covid-19. Agli oneri derivanti dal presente comma si provvede mediante corrispondente riduzione del Fondo per lo sviluppo e la coesione - programmazione 2014-2020 di cui all' articolo 1, comma 6, della legge 27 dicembre 2013, n. 147 [1].

[1] *Comma aggiunto dall'articolo 243, comma 1 del D.L. 19 maggio 2020, n. 34, convertito con modificazioni dalla Legge 17 luglio 2020, n. 77.*

65-sexies. Il fondo di cui al comma 65-ter è incrementato di 30 milioni di euro per ciascuno degli anni 2021, 2022 e 2023, al fine di realizzare interventi di sostegno alle popolazioni residenti nei comuni svantaggiati. Agli oneri derivanti dal presente comma si provvede mediante corrispondente riduzione delle risorse del Fondo per lo sviluppo e la coesione - programmazione 2014-2020 di cui all'articolo 1, comma 6, della legge 27 dicembre 2013, n. 147. Con apposito decreto del Presidente del Consiglio dei ministri, su proposta del Ministro per il Sud e la coesione territoriale, sono individuati gli enti beneficiari, in base ai seguenti criteri:

spopolamento, deprivazione sociale, indicatori del reddito delle persone fisiche inferiori alle medie di riferimento. Con il medesimo decreto il Fondo è ripartito tra i comuni svantaggiati e sono stabiliti i termini e le modalità di accesso e di rendicontazione al fine di realizzare i seguenti interventi: a) adeguamento di immobili appartenenti al patrimonio disponibile da concedere in comodato d'uso gratuito a persone fisiche o giuridiche, con bando pubblico, per l'apertura di attività commerciali, artigianali o professionali per un periodo di cinque anni dalla data risultante dalla dichiarazione di inizio attività; b) concessione di contributi per l'avvio delle attività commerciali, artigianali e agricole; c) concessione di contributi a favore di coloro che trasferiscono la propria residenza e dimora abituale nei comuni delle aree interne, a titolo di concorso per le spese di acquisto e di ristrutturazione di immobili da destinare ad abitazione principale del beneficiario. Per le finalità di cui al presente comma, i comuni svantaggiati, individuati dal decreto del Presidente del Consiglio dei ministri di cui al secondo periodo del presente comma, sono altresì autorizzati alla concessione alle persone fisiche di immobili pubblici appartenenti al loro patrimonio disponibile in comodato d'uso gratuito, da adibire ad abitazione principale, nonché alla concessione in uso gratuito di locali appartenenti al patrimonio pubblico, al fine di esercitare forme di lavoro agile, con oneri di manutenzione a carico dei concessionari [1].

[1] Comma aggiunto dall'articolo 243, comma 1 del D.L. 19 maggio 2020, n. 34, convertito con modificazioni dalla Legge 17 luglio 2020, n. 77.

65-septies. In coerenza con la strategia *nazionale* per lo sviluppo delle aree interne, a valere sul Fondo per lo sviluppo e la coesione - programmazione 2014-2020 di cui all'articolo 1, comma 6, della legge 27 dicembre 2013, n. 147, un importo pari a 3 milioni di euro per ciascuno degli anni 2021, 2022 e 2023 è destinato al finanziamento, in via sperimentale, da parte dei comuni presenti nelle aree interne, anche in forma associata, di borse di studio per dottorati denominati, ai soli fini del presente comma, "dottorati comunali". I dottorati comunali sono finalizzati alla definizione, all'attuazione, allo studio e al monitoraggio di strategie locali volte allo sviluppo sostenibile in coerenza con l'Agenda 2030 dell'Organizzazione delle Nazioni Unite, e in particolare alla transizione ecologica, alla transizione digitale, al contrasto delle diseguaglianze sociali ed educative, al rafforzamento delle attività economiche e al potenziamento delle capacità amministrative. I dottorati comunali sono soggetti all'accreditamento da parte del Ministero dell'università e della ricerca ai sensi dell'articolo 4, comma 2, della legge 3 luglio 1998, n. 210, e del regolamento di cui al decreto del Ministro dell'istruzione, dell'università e della ricerca 8 febbraio 2013, n. 45. Entro trenta giorni dalla data di entrata in vigore della presente disposizione, il Ministro dell'università e della ricerca, di concerto con il Ministro per il Sud e la coesione territoriale, stabilisce, con proprio decreto, criteri e modalità per la stipula delle convenzioni tra i comuni e le università per l'utilizzo delle risorse di cui al presente comma, nonché i contenuti scientifici e disciplinari dei dottorati comunali. Le risorse di cui al primo periodo del presente comma sono ripartite con decreto del Ministro per il Sud e la coesione territoriale tra i comuni delle aree interne selezionati con apposito bando [1].

[1] Comma aggiunto dall'articolo 243, comma 1 del D.L. 19 maggio 2020, n. 34, convertito con modificazioni dalla Legge 17 luglio 2020, n. 77.

(*Omissis.*)

88. All'articolo 20 della legge 28 gennaio 1977, n. 10, dopo il primo comma sono inseriti i seguenti:

«Il trattamento tributario di cui al primo comma si applica anche a tutti gli atti preordinati alla trasformazione del territorio posti in essere mediante accordi o convenzioni tra privati ed enti pubblici, nonché a tutti gli atti attuativi posti in essere in esecuzione dei primi.

La disposizione di cui al secondo comma si applica a tutte le convenzioni e atti di cui all'articolo 40-bis della legge provinciale di Bolzano 11 agosto 1997, n. 13, per i quali non siano ancora scaduti i termini di accertamento e di riscossione ai sensi della normativa vigente o rispetto ai quali non sia stata emessa sentenza passata in giudicato» [A].

[A] In riferimento ad atti preordinati alla trasformazione del territorio; agevolazioni ai fini delle imposte di registro, ipotecaria e catastale, di cui al presente articolo vedi: Risposta Agenzia delle Entrate 14/11/2018 n. 67

89. Alle piccole e medie imprese, come definite dalla raccomandazione 2003/361/CE della Commissione, del 6 maggio 2003, che successivamente alla data di entrata in vigore della presente legge iniziano una procedura di ammissione alla quotazione in un mercato regolamentato o in sistemi multilaterali di negoziazione di uno Statomembro dell'Unione europea o dello Spazio economico europeo e' riconosciuto, nel caso di ottenimento dell'ammissione alla quotazione, un credito d'imposta, fino ad un importo massimo nella misura di 500.000 euro, del 50 per cento dei costi di consulenza sostenuti fino al 31 dicembre 2023, per la predetta finalità [1].

[1] Comma modificato dall'articolo 1, comma 230, lettera a), della Legge 30 dicembre 2020, n. 178, dall'articolo 1, comma 46, della Legge 30 dicembre 2021, n. 234 e successivamente dall'articolo 1, comma 395, lettera a) della Legge 29 dicembre 2022, n. 197.

90. Il credito d'imposta di cui al comma 89 è utilizzabile, nel limite complessivo di 20 milioni di euro per l'anno 2019, di 30 milioni di euro per ciascuno degli anni 2020 e 2021, di 35 milioni di euro per l'anno 2022 e di 10 milioni di euro per l'anno 2023 e 10 milioni di euro per l'anno 2024, esclusivamente in compensazione ai sensi dell'articolo 17 del decreto legislativo 9 luglio 1997, n. 241, a decorrere dal periodo d'imposta successivo a quello in cui è stata ottenuta la quotazione e deve essere indicato nella dichiarazione dei redditi relativa al periodo d'imposta di maturazione del credito e nelle dichiarazioni dei redditi relative ai periodi d'imposta successivi fino a quello nel quale se ne conclude l'utilizzo. Il credito d'imposta non concorre alla formazione del reddito, né della base imponibile dell'imposta regionale sulle attività produttive, e non rileva ai fini del rapporto di cui agli articoli 61 e 109, comma 5, del testo unico di cui al decreto del Presidente della Repubblica 22 dicembre 1986, n. 917. Al credito d'imposta non si applicano i limiti di cui all'articolo 1, comma 53, della legge 24 dicembre 2007, n. 244, e all'articolo 34 della legge 23 dicembre 2000, n. 388 [1].

[1] Comma modificato dall'articolo 1, comma 230, lettera a), della Legge 30 dicembre 2020, n. 178, dall'articolo 1, comma 46, della

Legge 30 dicembre 2021, n. 234 e successivamente dall'articolo 1, comma 395, lettera b) della Legge 29 dicembre **2022**, n. 197.

91. Con decreto del Ministro dello sviluppo economico, di concerto con il Ministro dell'economia e delle finanze, da adottare entro centoventi giorni dalla data di entrata in vigore della presente legge, sono stabiliti le modalità e i criteri per l'attuazione delle disposizioni di cui ai commi da 89 a 92, con particolare riguardo all'individuazione delle procedure che danno accesso al beneficio, ai casi di esclusione, alle procedure di concessione e di utilizzo del beneficio, alla documentazione richiesta, all'effettuazione dei controlli e delle revoche nonché alle modalità finalizzate ad assicurare il rispetto del limite di spesa di cui al comma 90.

92. L'incentivo è concesso nel rispetto dei limiti e delle condizioni previsti dal regolamento (UE) n. 651/2014 della Commissione, del 17 giugno 2014, che dichiara alcune categorie di aiuti compatibili con il mercato interno in applicazione degli articoli 107 e 108 del Trattato sul funzionamento dell'Unione europea, e in particolare dall'articolo 18 del medesimo regolamento, che disciplina gli aiuti alle PMI per servizi di consulenza. Agli adempimenti europei, nonché a quelli relativi al Registro nazionale degli aiuti di Stato, provvede il Ministero dello sviluppo economico.

(*Omissis.*)

96. Al fine di incrementare il riciclaggio delle plastiche miste e degli scarti non pericolosi dei processi di produzione industriale e della lavorazione di selezione e di recupero dei rifiuti solidi urbani, in alternativa all'avvio al recupero energetico, a tutte le imprese, che acquistano prodotti realizzati con materiali derivati da plastiche miste, provenienti dalla raccolta differenziata degli imballaggi in plastica o da selezione di rifiuti urbani residui, è riconosciuto, per ciascuno degli anni 2018, 2019 e 2020, un credito d'imposta nella misura del 36 per cento delle spese sostenute e documentate per i predetti acquisti.

97. Il credito d'imposta di cui al comma 96 è riconosciuto fino ad un importo massimo annuale di euro 20.000 per ciascun beneficiario, nel limite massimo complessivo di un milione di euro annui per ciascuno degli anni dal 2019 al 2021. A tal fine è autorizzata la spesa di un milione di euro annui per ciascuno degli anni dal 2019 al 2021 [(1)].

[(1)] *A norma dell'articolo 1, comma 72, della Legge 30 dicembre 2018, n. 145, l'autorizzazione di spesa di cui al presente comma è soppressa. I conseguenti risparmi sono destinati alla copertura dell'onere derivante dal comma 74, pari a un milione di euro per ciascuno degli anni 2020 e 2021.*

98. Il credito d'imposta di cui al comma 96 è indicato nella dichiarazione dei redditi relativa al periodo d'imposta di riconoscimento del credito. Esso non concorre alla formazione del reddito né della base imponibile dell'imposta regionale sulle attività produttive e non rileva ai fini del rapporto di cui agli articoli 61 e 109, comma 5, del testo unico delle imposte sui redditi, di cui al decreto del Presidente della Repubblica 22 dicembre 1986, n. 917. Il credito d'imposta è utilizzabile esclusivamente in compensazione ai sensi dell'articolo 17 del decreto legislativo 9 luglio 1997, n. 241, e non è soggetto al limite di cui al comma 53 dell'articolo 1 della legge 24 dicembre 2007, n. 244. Il credito è utilizzabile a decorrere dal 1° gennaio del periodo d'imposta successivo a quello in cui sono stati effettuati gli acquisti dei prodotti di cui al comma 96. Ai fini della fruizione del credito d'imposta, il modello F24 è presentato esclusivamente attraverso i servizi telematici messi a disposizione dall'Agenzia delle entrate, pena il rifiuto dell'operazione di versamento. I fondi occorrenti per la regolazione contabile delle compensazioni esercitate ai sensi del presente comma sono stanziati su apposito capitolo di spesa dello stato di previsione del Ministero dell'economia e delle finanze, per il successivo trasferimento alla contabilità speciale «Agenzia delle entrate - Fondi di bilancio».

99. Con decreto del Ministro dell'economia e delle finanze, di concerto con il Ministro dello sviluppo economico e con il Ministro dell'ambiente e della tutela del territorio e del mare, da adottare entro novanta giorni dalla data di entrata in vigore della presente legge, sono definiti i criteri e le modalità di applicazione e di fruizione del credito d'imposta di cui ai commi 96, 97 e 98, anche al fine di assicurare il rispetto dei limiti di spesa annui di cui al comma 97.

100. Al fine di promuovere l'occupazione giovanile stabile, ai datori di lavoro privati che, a decorrere dal 1° gennaio 2018, assumono lavoratori con contratto di lavoro subordinato a tempo indeterminato a tutele crescenti, di cui al decreto legislativo 4 marzo 2015, n. 23, è riconosciuto, per un periodo massimo di trentasei mesi, l'esonero dal versamento del 50 per cento dei complessivi contributi previdenziali a carico dei datori di lavoro, con esclusione dei premi e contributi dovuti all'Istituto nazionale per l'assicurazione contro gli infortuni sul lavoro (INAIL) nel limite massimo di importo pari a 3.000 euro su base annua, riparametrato e applicato su base mensile. Resta ferma l'aliquota di computo delle prestazioni pensionistiche [(1)(A)].

[(1)] *In riferimento all'esonero contributivo di cui al presente comma, vedi l'articolo 1, comma 10, della Legge 30 dicembre 2020, n. 178.*

101. L'esonero spetta con riferimento ai soggetti che, alla data della prima assunzione incentivata ai sensi dei commi da 100 a 108 e da 113 a 115, non abbiano compiuto il trentesimo anno di età e non siano stati occupati a tempo indeterminato con il medesimo o con altro datore di lavoro, fatto salvo quanto previsto dal comma 103. Non sono ostativi al riconoscimento dell'esonero gli eventuali periodi di apprendistato svolti presso un altro datore di lavoro e non proseguiti in rapporto a tempo indeterminato [(1)].

[(1)] *In riferimento all'esonero contributivo di cui al presente comma, vedi l'articolo 1, comma 10, della Legge 30 dicembre 2020, n. 178.*

102. Limitatamente alle assunzioni effettuate entro il 31 dicembre 2020, l'esonero è riconosciuto in riferimento ai soggetti che non abbiano compiuto il trentacinquesimo anno di età, ferme restando le condizioni di cui al comma 101 [(1)(2)].

[(1)] *Comma modificato dall'articolo 1, comma 10, della Legge 27 dicembre 2019, n. 160.*
[(2)] *In riferimento all'esonero contributivo di cui al presente comma, vedi l'articolo 1, comma 10, della Legge 30 dicembre 2020, n. 178.*

103. Nelle ipotesi in cui il lavoratore, per la cui assunzione a tempo indeterminato è stato parzialmente fruito l'esonero di cui al comma 100, sia nuovamente assunto a tempo indeterminato da altri datori di lavoro privati, il beneficio è riconosciuto agli stessi datori per il periodo residuo utile alla piena fruizione, indipendentemente dall'età anagrafica del

lavoratore alla data delle nuove assunzioni [1].

[1] *In riferimento all'esonero contributivo di cui al presente comma, vedi l'articolo 1, comma 10, della Legge 30 dicembre 2020, n. 178.*

(*Omissis*.)

156. A decorrere dal 1° gennaio 2018, ai dipendenti delle amministrazioni pubbliche di cui all'articolo 1, comma 2, del decreto legislativo 30 marzo 2001, n. 165, si applicano le disposizioni concernenti la deducibilità dei premi e contributi versati e il regime di tassazione delle prestazioni di cui al decreto legislativo 5 dicembre 2005, n. 252. Per i dipendenti delle amministrazioni pubbliche di cui all'articolo 1, comma 2, del decreto legislativo 30 marzo 2001, n. 165, che, alla data di entrata in vigore della presente legge, risultano iscritti a forme pensionistiche complementari, le disposizioni concernenti la deducibilità dei contributi versati e il regime di tassazione delle prestazioni di cui al decreto legislativo 5 dicembre 2005, n. 252, sono applicabili a decorrere dal 1° gennaio 2018. Per i medesimi soggetti, relativamente ai montanti delle prestazioni accumulate fino a tale data, continuano ad applicarsi le disposizioni previgenti.

157. Fermo restando quanto previsto dall'articolo 2 del decreto del Presidente del Consiglio dei ministri 20 dicembre 1999, recante «Trattamento di fine rapporto e istituzione dei fondi pensione dei pubblici dipendenti », pubblicato nella Gazzetta Ufficiale n. 111 del 15 maggio 2000, come modificato dal decreto del Presidente del Consiglio dei ministri 2 marzo 2001, pubblicato nella Gazzetta Ufficiale n. 118 del 23 maggio 2001, nei confronti del personale di cui al comma 2 del predetto articolo 2 assunto successivamente alla data del 1° gennaio 2019 è demandata alle parti istitutive dei fondi di previdenza complementare la regolamentazione inerente alle modalità di espressione della volontà di adesione agli stessi, anche mediante forme di silenzio-assenso, e la relativa disciplina di recesso del lavoratore. Tali modalità devono garantire la piena e diffusa informazione dei lavoratori nonché la libera espressione di volontà dei lavoratori medesimi, sulla base di direttive della Commissione di vigilanza sui fondi pensione (COVIP).

158. Con decreto del Presidente del Consiglio dei ministri, su proposta del Ministro del lavoro e delle politiche sociali, di concerto con il Ministro dell'economia e delle finanze, da adottare entro trenta giorni dalla data di entrata in vigore della presente legge, è istituita una Commissione tecnica di studio sulla classificazione e comparazione, a livello europeo e internazionale, della spesa pubblica nazionale per finalità previdenziali e assistenziali. La Commissione è presieduta dal presidente dell'ISTAT ed è composta da rappresentanti del Ministero dell'economia e delle finanze, del Ministero del lavoro e delle politiche sociali, del Ministero della salute, dell'ISTAT, dell'INPS e dell'INAIL, nonché da esperti in materie economiche, statistiche e attuariali designati dalle organizzazioni maggiormente rappresentative sul piano nazionale dei datori di lavoro e dei lavoratori, secondo le modalità previste dal decreto di cui al primo periodo del presente comma. Con il medesimo decreto sono altresì disciplinate le modalità di funzionamento della Commissione, nonché la possibilità di richiesta di contributi e proposte a esperti e ad accademici appartenenti a istituzioni nazionali, europee e internazionali competenti nelle materie oggetto di studio. La Commissione conclude i lavori entro il 30 settembre 2018 ed entro i dieci giorni successivi il Governo presenta alle Camere una relazione sugli esiti dei lavori della Commissione. All'attuazione delle disposizioni di cui al presente comma si provvede con le risorse umane, finanziarie e strumentali previste a legislazione vigente, senza nuovi o maggiori oneri a carico della finanza pubblica. Ai componenti della Commissione non spetta alcun compenso, indennità, gettone di presenza, rimborso spese o altro emolumento comunque denominato.

159. Al decreto legislativo 14 settembre 2015, n. 148, sono apportate le seguenti modificazioni:

a) all'articolo 29, comma 4, le parole: «quattro volte» sono sostituite dalle seguenti: «dieci volte»;

b) all'articolo 44, il comma 5 è abrogato.

160. Al fine di fornire misure rafforzate per affrontare gli impatti occupazionali derivanti dalla transizione dal vecchio al nuovo assetto del tessuto produttivo senza che ciò comporti nuovi o maggiori oneri per la finanza pubblica e aggravi sull'attuale sistema previdenziale, limitatamente al periodo 2018-2023 il periodo di quattro anni di cui all'articolo 4, comma 2, della legge 28 giugno 2012, n. 92, può essere elevato a sette anni [1].

[1] *Comma modificato dall'articolo 1, comma 345, della Legge 30 dicembre 2020, n. 178.*

(*Omissis*.)

201. Per le erogazioni relative ai progetti promossi dalle fondazioni di cui al decreto legislativo 17 maggio 1999, n. 153, nel perseguimento dei propri scopi statutari, finalizzati, nel rispetto delle disposizioni di cui all'articolo 3, comma 2, del citato decreto, alla promozione di un welfare di comunità, attraverso interventi e misure di contrasto alle povertà, alle fragilità sociali e al disagio giovanile, di tutela dell'infanzia, di cura e assistenza agli anziani e ai disabili, di inclusione socio-lavorativa e integrazione degli immigrati nonché di dotazione di strumentazioni per le cure sanitarie, su richiesta degli enti di cui all'articolo 114 della Costituzione, degli enti pubblici deputati all'erogazione di servizi sanitari e socio-assistenziali e, tramite selezione pubblica, degli enti del terzo settore previsti dal codice di cui al decreto legislativo 3 luglio 2017, n. 117, è riconosciuto alle fondazioni medesime un contributo, sotto forma di credito d'imposta, pari al 65 per cento delle erogazioni effettuate nei periodi d'imposta successivi a quello in corso al 31 dicembre 2017, a condizione che le predette erogazioni siano utilizzate dai soggetti richiedenti nell'ambito dell'attività non commerciale.

202. Il contributo di cui al comma 201 è assegnato, fino a esaurimento delle risorse disponibili, pari a 60 milioni di euro per ciascuno degli anni dal 2019 al 2022, secondo l'ordine temporale con cui le fondazioni comunicano all'Associazione di fondazioni e di casse di risparmio S.p.A. (ACRI) l'impegno a effettuare le erogazioni di cui al comma 201. Al fine di consentire la fruizione del credito d'imposta, l'ACRI trasmette all'Agenzia delle entrate l'elenco delle fondazioni finanziatrici per le quali sia stata riscontrata la corretta delibera d'impegno in ordine cronologico di presentazione. Il riconoscimento del credito d'imposta è comunicato dall'Agenzia delle entrate a ogni fondazione finanziatrice e per conoscenza all'ACRI. [1]

[1] *Comma modificato dall'articolo 1, comma 478 della Legge 30 dicembre 2018, n.145 e successivamente dall'articolo 63, comma 7, del*

D.L. 25 maggio 2021, n. 73, convertito, con modificazioni, dalla Legge 23 luglio 2021, n. 106.

203. Il credito d'imposta è riconosciuto fino ad esaurimento delle risorse annue disponibili, è indicato nella dichiarazione dei redditi relativa al periodo d'imposta di spettanza e nelle dichiarazioni dei redditi relative ai periodi d'imposta successivi in cui il credito è utilizzato e può essere utilizzato esclusivamente in compensazione ai sensi dell'articolo 17 del decreto legislativo 9 luglio 1997, n. 241, a decorrere dal periodo d'imposta successivo a quello di maturazione. Al credito d'imposta non si applicano i limiti di cui all'articolo 1, comma 53, della legge 24 dicembre 2007, n. 244, e all'articolo 34 della legge 23 dicembre 2000, n. 388.

204. Con decreto del Ministro del lavoro e delle politiche sociali, di concerto con il Ministro dell'economia e delle finanze, sono definite le disposizioni applicative necessarie, comprese le procedure per la concessione del contributo nel rispetto del limite di spesa stabilito.

205. Al fine di favorire e potenziare l'innovazione sociale secondo gli standard europei, è istituito, nello stato di previsione del Ministero dell'economia e delle finanze, per il successivo trasferimento al bilancio autonomo della Presidenza del Consiglio dei ministri, il Fondo per l'innovazione sociale con una dotazione di 5 milioni di euro per l'anno 2018 e di 10 milioni di euro per ciascuno degli anni 2019 e 2020.

206. Il Fondo di cui al comma 205 è finalizzato all'effettuazione di studi di fattibilità e allo sviluppo di capacità delle pubbliche amministrazioni sulla base dei risultati conseguibili. Gli interventi di cui al primo periodo hanno la durata massima di un anno.

207. Le modalità di funzionamento e di accesso al Fondo di cui al comma 205, nonché le relative aree di intervento sono stabilite con uno o più decreti del Presidente del Consiglio dei ministri da adottare entro il 30 marzo 2018.

208. Alla legge 19 agosto 2016, n. 166, sono apportate le seguenti modificazioni:

a) all'articolo 1, comma 1, la lettera b) è sostituita dalla seguente:

«b) favorire il recupero e la donazione di medicinali, di prodotti farmaceutici e di altri prodotti a fini di solidarietà sociale »;

b) all'articolo 2, comma 1, dopo la lettera g), sono aggiunte le seguenti:

«g-bis) "medicinali destinati alla donazione": i medicinali inutilizzati dotati di autorizzazione all'immissione in commercio (AIC), legittimamente in possesso del donatore, con confezionamento primario e secondario integro, in corso di validità, correttamente conservati secondo le indicazioni del produttore riportate negli stampati autorizzati del medicinale. Rientrano in questa categoria i medicinali soggetti a prescrizione, i medicinali senza obbligo di prescrizione, i medicinali da banco e i relativi campioni gratuiti. I farmaci che non sono commercializzati per imperfezioni, alterazioni, danni o vizi che non ne modificano l'idoneità all'utilizzo o per altri motivi similari, tali in ogni caso da non compromettere l'idoneità all'utilizzo con riguardo alla qualità, tracciabilità, sicurezza ed efficacia per il consumatore finale, possono essere donati alle associazioni che possono garantire, attraverso medici o farmacisti presso le stesse associazioni, l'efficacia dei medesimi medicinali. Possono altresì essere donati, nel rispetto dei principi stabiliti dal decreto del Ministro della sanità 11 febbraio 1997, pubblicato nella Gazzetta Ufficiale n. 72 del 27 marzo 1997, e con le modalità previste dalla circolare del Ministro della salute del 23 marzo 2017, i medicinali per i quali non è ancora stata autorizzata l'immissione in commercio in Italia;

g-ter) "soggetti donatori del farmaco": le farmacie, i grossisti, le parafarmacie, come individuate ai sensi dell'articolo 5 del decreto-legge 4 luglio 2006, n. 223, convertito, con modificazioni, dalla legge 4 agosto 2006, n. 248, e le imprese titolari di AIC, i loro rappresentanti locali, i loro concessionari per la vendita e i loro distributori;

g-quater) "articoli di medicazione": gli articoli di cui al numero 114) della tabella A, parte III, allegata al decreto del Presidente della Repubblica 26 ottobre 1972, n. 633;

g-quinquies) "altri prodotti": i prodotti che saranno individuati ai sensi dell'articolo 16, comma 1, lettera e) »;

c) all'articolo 8, dopo il comma 3 è aggiunto il seguente:

«3-bis. Fermo restando quanto stabilito al comma 3, il Tavolo può avvalersi anche di gruppi di lavoro costituiti dai soggetti indicati dai componenti di cui al comma 1, lettera b), nonché di altri esperti di settore »;

d) all'articolo 9, comma 2, è aggiunto, in fine, il seguente periodo: «Le campagne di promozione di modelli di consumo e di acquisto improntati a criteri di solidarietà e di sostenibilità e le campagne volte a sensibilizzare l'opinione pubblica e le imprese sulle conseguenze negative degli sprechi alimentari sono pianificate sentite le associazioni maggiormente rappresentative dei consumatori presenti nel Consiglio nazionale dei consumatori e degli utenti»;

e) all'articolo 11:

1) alla rubrica, dopo la parola: «innovativi» sono inserite le seguenti: «integrati o di rete,»;

2) al comma 2, dopo la parola: «innovativi» sono inserite le seguenti: «integrati o di rete»;

f) all'articolo 16:

1) la rubrica è sostituita dalla seguente: «Disposizioni fiscali per le cessioni gratuite di eccedenze alimentari, di medicinali e di altri prodotti a fini di solidarietà sociale»;

2) i commi 1, 2 e 3 sono sostituiti dai seguenti:

«1. La presunzione di cessione di cui all'articolo 1 del regolamento di cui al decreto del Presidente della Repubblica 10 novembre 1997, n. 441, non opera per le seguenti tipologie di beni, qualora la distruzione si realizzi con la loro cessione gratuita agli enti di cui all'articolo 2, comma 1, lettera b), della presente legge:

a) delle eccedenze alimentari di cui all'articolo 2, comma 1, lettera c);

b) dei medicinali, di cui all'articolo 2, comma 1, lettera g-bis), donati secondo le modalità individuate dal decreto del Ministro della salute adottato ai sensi dell'articolo 157, comma 1-bis, del decreto legislativo 24 aprile 2006, n. 219, introdotto dall'articolo 15 della presente legge;

c) degli articoli di medicazione di cui le farmacie devono obbligatoriamente essere dotate secondo la farmacopea ufficiale, di cui al numero 114) della tabella A, parte III, allegata al decreto del Presidente della Repubblica 26 ottobre 1972, n. 633, non più commercializzati, purché in confezioni integre, correttamente conservati e ancora nel periodo di validità, in modo tale da garantire la qualità, la sicurezza e l'efficacia originarie;

d) dei prodotti destinati all'igiene e alla cura della persona, dei prodotti per l'igiene e la pulizia della casa, degli integratori alimentari, dei biocidi, dei presidi medico chirurgici, dei prodotti di cartoleria e di cancelleria, non più commercializzati o non idonei alla commercializzazione per imperfezioni, alterazioni, danni o vizi che non ne modificano l'idoneità all'utilizzo o per altri motivi similari;

e) degli altri prodotti individuati con decreto del Ministro dell'economia e delle finanze adottato ai sensi del comma 7, non più commercializzati o non idonei alla commercializzazione per imperfezioni, alterazioni, danni o vizi che non ne modificano l'idoneità all'utilizzo o per altri motivi similari.

2. I beni ceduti gratuitamente di cui al comma 1 non si considerano destinati a finalità estranee all'esercizio dell' impresa ai sensi dell'articolo 85, comma 2, del testo unico delle imposte sui redditi, di cui al decreto del Presidente della Repubblica 22 dicembre 1986, n. 917.

3. Le disposizioni dei commi 1 e 2 si applicano a condizione che:

a) per ogni cessione gratuita sia emesso un documento di trasporto avente le caratteristiche determinate con il regolamento di cui al decreto del Presidente della Repubblica 14 agosto 1996, n. 472, ovvero un documento equipollente;

b) il donatore trasmetta agli uffici dell'Amministrazione finanziaria e ai comandi della Guardia di finanza competenti, per via telematica, una comunicazione riepilogativa delle cessioni effettuate in ciascun mese solare, con l'indicazione, per ognuna di esse, dei dati contenuti nel relativo documento di trasporto o nel documento equipollente nonché del valore dei beni ceduti, calcolato sulla base dell'ultimo prezzo di vendita. La comunicazione è trasmessa entro il giorno 5 del mese successivo a quello in cui sono state effettuate le cessioni secondo modalità stabilite con provvedimento del direttore dell'Agenzia delle entrate. Il donatore è esonerato dall'obbligo di comunicazione di cui alla presente lettera per le cessioni di eccedenze alimentari facilmente deperibili, nonché per le cessioni che, singolarmente considerate, siano di valore non superiore a 15.000 euro;

c) l'ente donatario rilasci al donatore, entro la fine del mese successivo a ciascun trimestre, un'apposita dichiarazione trimestrale, recante gli estremi dei documenti di trasporto o dei documenti equipollenti relativi alle cessioni ricevute, nonché l'impegno ad utilizzare i beni medesimi in conformità alle proprie finalità istituzionali. Nel caso in cui sia accertato un utilizzo diverso, le operazioni realizzate dall'ente donatario si considerano effettuate, agli effetti dell'imposta sul valore aggiunto, delle imposte sui redditi e dell'imposta regionale sulle attività produttive, nell'esercizio di un'attività commerciale»;

3) il comma 4 è abrogato;

4) al comma 7, le parole: «destinati a fini di solidarietà sociale senza scopo di lucro, di cui all'articolo 13, comma 2, del decreto legislativo 4 dicembre 1997, n. 460, e all'articolo 6, comma 15, della legge 13 maggio 1999, n. 133, come modificati dal presente articolo» sono sostituite dalle seguenti: «di cui al comma 1, lettera e), del presente articolo»;

g) all'articolo 18, dopo il comma 1 è aggiunto il seguente:

«1-bis. Sono fatte salve le disposizioni dell'articolo 2, commi 350, 351 e 352, della legge 24 dicembre 2007, n. 244»;

h) dopo l'articolo 18 è aggiunto il seguente:

«Art. 18-bis (Abrogazioni). - 1. Sono abrogati:

a) il comma 2 dell'articolo 2 del regolamento di cui al decreto del Presidente della Repubblica 10 novembre 1997, n. 441;

b) i commi 2, 3 e 4 dell'articolo 13 del decreto legislativo 4 dicembre 1997, n. 460».

209. All'articolo 2, comma 1, lettera b), della legge 19 agosto 2016, n. 166, le parole: «gli enti del Terzo settore non commerciali di cui all'articolo 79, comma 5, del codice del Terzo settore di cui all'articolo 1, comma 2, lettera b), della legge 6 giugno 2016, n. 106» sono sostituite dalle seguenti: «gli enti del Terzo settore di cui al codice del Terzo settore, di cui al decreto legislativo del 3 luglio 2017, n. 117».

(*Omissis.*)

328. Le disposizioni dell'articolo 3 del decreto legislativo luogotenenziale 28 settembre 1944, n. 359, continuano ad applicarsi a tutti i tributi erariali, regionali e locali vigenti, nonché ad ogni altro tributo di nuova istituzione, salva espressa deroga legislativa, dovuti dall'Accademia nazionale dei Lincei nell'ambito delle attivita' istituzionali e strumentali dalla stessa esercitate non in regime di impresa, anche in deroga alle disposizioni agevolative riguardanti tali tributi [1][2].

(1) Comma modificato dall'articolo 58-quater, comma 1, del D.L. 26 ottobre 2019, n. 124, convertito con modificazioni dalla Legge 19 dicembre 2019, n. 157.

*(2) A norma dell'articolo 1, comma 639, della Legge 29 dicembre **2022**, n. 197, le disposizioni di cui al presente comma si interpretano nel senso che l'Accademia nazionale dei Lincei è esente dalle imposte relative agli immobili anche non direttamente utilizzati per le finalità istituzionali della stessa.*

329. Per ciascuno degli anni 2018, 2019 e 2020 è autorizzata la spesa di 2 milioni di euro per il sostegno di manifestazioni carnevalesche, in coerenza con quanto previsto dall'articolo 4-ter del decreto-legge 8 agosto 2013, n. 91, convertito, con modificazioni, dalla legge 7 ottobre 2013, n. 112. Conseguentemente, ai sensi dell'articolo 9, comma 1, del decreto-legge 8 agosto 2013, n. 91, convertito, con modificazioni, dalla legge 7 ottobre 2013, n. 112, entro sessanta giorni dalla data di entrata in vigore della presente legge, sono apportate le necessarie modificazioni al decreto del Ministro dei beni e delle attività culturali e del turismo 27 luglio 2017, recante criteri e modalità per l'erogazione, l'anticipazione e la liquidazione dei contributi allo spettacolo dal vivo, a valere sul Fondo unico per lo spettacolo di cui alla legge 30 aprile 1985, n. 163, pubblicato nel supplemento ordinario alla Gazzetta Ufficiale n. 242 del 16 ottobre 2017. Agli oneri derivanti dall'attuazione del presente comma si provvede a valere sulle risorse del Fondo unico per lo spettacolo, di cui alla legge 30 aprile 1985, n. 163.

330. Al fine di assicurarne la gestione e la manutenzione, al cimitero delle vittime del Vajont, dichiarato monumento nazionale con decreto del Presidente della Repubblica 2 ottobre 2003, pubblicato nella Gazzetta Ufficiale n. 278 del 29 novembre 2003, è assegnato un contributo di euro 50.000 per ciascuno degli anni dal 2018 al 2020.

331. Al fine di tutelare e rivalutare il patrimonio culturale delle aree colpite dagli eventi alluvionali del 25 ottobre 2011, è autorizzata la spesa di 400.000 euro, per ciascuno degli anni 2019 e 2020, per la ristrutturazione della Chiesa di San Tommaso Becket, sita in Aulla (MS).

332. Al fine di favorire la diffusione della cultura storico-scientifica e di promuovere la conservazione e la valorizzazione del patrimonio bibliografico e archivistico di particolare interesse storico, è riconosciuto un contributo pari a 200.000 euro annui a decorrere dall'anno 2018 in favore dell'Accademia nazionale delle scienze detta dei XL, di cui al

regio decreto 8 giugno 1936, n. 1275, iscritta nel registro delle persone giuridiche della Prefettura di Roma al n. 361 del 1986, allo scopo di sostenere il perseguimento dei fini istituzionali dell'Accademia stessa.

333. Al fine di tutelare e promuovere il patrimonio morale, culturale e storico dei luoghi di memoria della lotta al nazifascismo, della Resistenza e della Liberazione, è autorizzata la spesa di un milione di euro per l'anno 2018 e di 2,5 milioni di euro a decorrere dall'anno 2019, destinata alle seguenti istituzioni: Civico museo della Risiera di San Sabba - monumento nazionale, Fondazione ex Campo Fossoli, Istituto e museo Alcide Cervi, Comitato regionale per le onoranze ai caduti di Marzabotto, Parco nazionale della pace di Sant'Anna di Stazzema.

334. In occasione del sessantesimo anno dalla scomparsa di Luigi Sturzo e del centenario della fondazione del Partito popolare italiano, è autorizzata la spesa di euro 300.000 per ciascuno degli anni 2018, 2019 e 2020, a favore dell'Istituto Luigi Sturzo ai fini del programma straordinario di inventariazione, digitalizzazione e diffusione degli archivi librari, nonché della promozione di ricerche e convegni da svolgere nei luoghi più significativi della storia e della tradizione cattolico-popolare.

335. È autorizzata la spesa di 350.000 euro per ciascuno degli anni 2019 e 2020 per il finanziamento dell'istituzione culturale denominata Accademia Vivarium novum, con sede in Frascati. Il contributo di cui al presente comma è finalizzato a garantire il funzionamento e a sostenere le attività di ricerca, di formazione e di divulgazione nel campo delle discipline umanistiche dell'istituzione, di rilevante interesse pubblico. L'Accademia trasmette al Ministro dei beni e delle attività culturali e del turismo e al Ministro dell'istruzione, dell'università e della ricerca, entro il 31 gennaio di ciascun anno, una relazione sull'attività svolta nell'anno precedente e sull'utilizzo dei contributi pubblici ricevuti, con specifico riferimento ai contributi statali e al perseguimento delle finalità di cui al presente comma. Entro il 15 febbraio di ciascun anno, il Ministro dei beni e delle attività culturali e del turismo e il Ministro dell'istruzione, dell'università e della ricerca trasmettono la relazione di cui al terzo periodo alle Camere.

336. Al fine di sostenere e incentivare le attività e i servizi in favore di non vedenti, ipovedenti e dislessici, al Centro internazionale del libro parlato «Adriano Sernagiotto» - Onlus di Feltre è assegnato un contributo straordinario di 250.000 euro per ciascuno degli anni 2019 e 2020.

337. È concesso per l'anno 2019 un contributo dell'importo di 1.000.000 di euro in favore della Lega del Filo d'Oro.

338. Per il triennio 2018-2020 è istituito un fondo per l'assistenza dei bambini affetti da malattia oncologica, con una dotazione di un milione di euro annui per ciascuno degli anni 2018 e 2019 e di 5 milioni di euro per l'anno 2020. Al fondo possono accedere le associazioni che svolgono attività di assistenza psicologica, psicosociologica e sanitaria in tutte le forme a favore dei bambini affetti da malattia oncologica e delle loro famiglie. L'utilizzo del fondo, nei limiti di spesa di cui al primo periodo, è disciplinato con regolamento adottato con decreto del Ministro del lavoro e delle politiche sociali, di concerto con il Ministro dell'economia e delle finanze, da emanare entro sessanta giorni dalla data di entrata in vigore della presente legge.[1]

[1] A norma dell'articolo 1, comma 329, della Legge 30 dicembre 2020, n. 178 la dotazione del fondo per l'assistenza dei bambini affetti da malattia oncologica di cui al presente articolo è stabilita in 5 milioni di euro annui a decorrere dall'anno 2021.

339. Al fine di tutelare e rivalutare il patrimonio culturale delle aree colpite dagli eventi alluvionali del 25 ottobre 2011, è autorizzata la spesa di 250.000 euro, per ciascuno degli anni 2019 e 2020, per la ristrutturazione della Chiesa di San Michele Arcangelo, sita in Villafranca in Lunigiana (MS).

340. Alla tabella A, parte III, allegata al decreto del Presidente della Repubblica 26 ottobre 1972, n. 633, al numero 119), le parole: «spettacoli teatrali» sono sostituite dalle seguenti: «spettacoli di cui al numero 123), nonché le relative prestazioni, rese da intermediari».

341. All'articolo 1, comma 420, della legge 28 dicembre 2015, n. 208, dopo le parole: «e 2018» sono inserite le seguenti: «, e di 1 milione di euro per l'anno 2019».

342. Al fine della conservazione e della informatizzazione degli archivi dei movimenti politici e degli organismi di rappresentanza dei lavoratori, è istituito presso il Ministero dei beni e delle attività culturali e del turismo un apposito Fondo con dotazione di 1 milione di euro annui a decorrere dall'anno 2018. Agli oneri derivanti dall'attuazione del presente comma si provvede, quanto a 500.000 euro annui, mediante corrispondente riduzione dell'autorizzazione di spesa di cui all'articolo 1, comma 349, della legge 28 dicembre 2015, n. 208, e, quanto a 500.000 euro annui, mediante corrispondente riduzione dell'autorizzazione di spesa di cui al comma 354 del medesimo articolo 1.

343. All'articolo 2 della legge 20 dicembre 2012, n. 238, dopo il comma 1 è aggiunto il seguente:

«1-bis. È assegnato un contributo di 500.000 euro per ciascuno degli anni 2018 e 2019 a favore della Fondazione Teatro Donizetti di Bergamo per la realizzazione del Festival Donizetti Opera».

344. I costi di cui al decreto interministeriale n. 663 del 12 settembre 2017, relativo alla prima costituzione dell'organico tecnico-amministrativo dell'ISIA di Pescara, sono posti a carico del capitolo di spesa del bilancio dello Stato sul quale vengono imputati gli oneri per il personale tecnico-amministrativo degli altri ISIA nazionali.

345. Al fine di tutelarne il valore culturale ed artistico, è assegnato un contributo di 100.000 euro per l'anno 2018 e di 400.000 euro per l'anno 2019 a favore dell'abbazia complesso e sede del museo di San Caprasio di Aulla (MS).

346. L'autorizzazione di spesa di cui all'articolo 1, comma 1, lettera c), del decreto-legge 31 marzo 2011, n. 34, convertito, con modificazioni, dalla legge 26 maggio 2011, n. 75, è incrementata di un milione di euro per l'anno 2018, destinato all'erogazione di contributi in favore delle scuole di eccellenza nazionale operanti nell'ambito dell'altissima formazione musicale, di rilevante interesse culturale, al fine di garantire il proseguimento della loro attività. Alla ripartizione dell'importo di cui al primo periodo, sulla base delle esigenze prospettate, si provvede con decreto del Ministro dei beni e delle attività culturali e del turismo, da emanare entro sessanta giorni dalla data di entrata in vigore della presente legge.

(*Omissis.*)

363. A tutte le imprese è riconosciuto un contributo, sotto forma di credito d'imposta, nei limiti del 3 per mille dei ricavi annui, pari al 50 per cento delle erogazioni liberali in

denaro fino a 40.000 euro effettuate nel corso dell'anno solare 2018 per interventi di restauro o ristrutturazione di impianti sportivi pubblici, ancorché destinati ai soggetti concessionari.

364. Il credito d'imposta di cui al comma 363, riconosciuto nel limite complessivo di spesa pari a 10 milioni di euro, è utilizzabile esclusivamente in compensazione ai sensi dell'articolo 17 del decreto legislativo 9 luglio 1997, n. 241, e successive modificazioni, in tre quote annuali di pari importo e non rileva ai fini delle imposte sui redditi e dell'imposta regionale sulle attività produttive.

365. I soggetti beneficiari delle erogazioni liberali comunicano immediatamente all'Ufficio per lo sport presso la Presidenza del Consiglio dei ministri l'ammontare delle somme ricevute e la loro destinazione, provvedendo contestualmente a darne adeguata pubblicità attraverso l'utilizzo di mezzi informatici. Entro il 30 giugno di ogni anno successivo a quello dell'erogazione e fino all'ultimazione dei lavori di restauro o ristrutturazione, i soggetti beneficiari delle erogazioni comunicano altresì all'Ufficio per lo sport presso la Presidenza del Consiglio dei ministri lo stato di avanzamento dei lavori, anche mediante una rendicontazione delle modalità di utilizzo delle somme erogate. L'Ufficio per lo sport presso la Presidenza del Consiglio dei ministri provvede all'attuazione del presente comma nell'ambito delle risorse umane, strumentali e finanziarie disponibili a legislazione vigente e, comunque, senza nuovi o maggiori oneri per il bilancio dello Stato.

366. Con decreto del Presidente del Consiglio dei ministri, di concerto con il Ministro dell'economia e delle finanze, da adottare entro centoventi giorni dalla data di entrata in vigore della presente legge, sono individuate le disposizioni applicative necessarie, anche al fine del rispetto del limite di spesa stabilito dal comma 364.

367. Al comma 2 dell'articolo 69 del testo unico delle imposte sui redditi, di cui al decreto del Presidente della Repubblica 22 dicembre 1986, n. 917, sono apportate le seguenti modificazioni:

a) le parole: «di cui alla lettera m) del comma 1 dell'articolo 81» sono sostituite dalle seguenti: «di cui alla lettera m) del comma 1 dell'articolo 67»;

b) le parole: «7.500 euro» sono sostituite dalle seguenti: «10.000 euro».

368. All'articolo 54-bis del decreto-legge 24 aprile 2017, n. 50, convertito, con modificazioni, dalla legge 21 giugno 2017, n. 96, sono apportate le seguenti modificazioni:

a) al comma 1, dopo la lettera c) è aggiunta la seguente:

«c-bis) per ciascun prestatore, per le attività di cui al decreto del Ministro dell'interno 8 agosto 2007, pubblicato nella Gazzetta Ufficiale n. 195 del 23 agosto 2007, svolte nei confronti di ciascun utilizzatore di cui alla legge 23 marzo 1981, n. 91, a compensi di importo complessivo non superiore a 5.000 euro »;

b) al comma 6, dopo la lettera b) è aggiunta la seguente:

«b-bis) le società sportive di cui alla legge 23 marzo 1981, n. 91»;

c) al comma 10, le parole: «lettera a)» sono sostituite dalle seguenti: «lettere a) e b-bis)»;

d) al comma 10, dopo la lettera c) è inserita la seguente:

«c-bis) attività di cui al decreto del Ministro dell'interno 8 agosto 2007, pubblicato nella Gazzetta Ufficiale n. 195 del 23 agosto 2007, limitatamente alle società sportive di cui al comma 6, lettera b-bis), del presente articolo».

369. Al fine di sostenere il potenziamento del movimento sportivo italiano è istituito presso l'Ufficio per lo sport della Presidenza del Consiglio dei ministri un apposito fondo denominato « Fondo unico a sostegno del potenziamento del movimento sportivo italiano », con una dotazione pari a 12 milioni di euro per l'anno 2018, a 7 milioni di euro per l'anno 2019, a 8,2 milioni di euro per l'anno 2020 e a 10,5 milioni di euro a decorrere dall'anno 2021. Tali risorse sono destinate a finanziare progetti collegati a una delle seguenti finalità:

a) incentivare l'avviamento all'esercizio della pratica sportiva delle persone disabili mediante l'uso di ausili per lo sport;

b) sostenere la realizzazione di eventi calcistici di rilevanza internazionale;

c) sostenere la realizzazione di altri eventi sportivi di rilevanza internazionale;

d) sostenere la maternità delle atlete non professioniste;

e) garantire il diritto all'esercizio della pratica sportiva quale insopprimibile forma di svolgimento della personalità del minore, anche attraverso la realizzazione di campagne di sensibilizzazione;

f) sostenere la realizzazione di eventi sportivi femminili di rilevanza nazionale e internazionale.

L'utilizzo del fondo di cui al presente comma è disposto con uno o più decreti del Presidente del Consiglio dei ministri, da adottare entro il 28 febbraio di ciascun anno, di concerto con il Ministro dell'economia e delle finanze e con gli altri Ministri interessati. *[Al fine di consentire il pieno ed effettivo esercizio del diritto alla pratica sportiva di cui alla lettera e), i minori cittadini di Paesi terzi, anche non in regola con le norme relative all'ingresso e al soggiorno, laddove siano iscritti da almeno un anno a una qualsiasi classe dell'ordinamento scolastico italiano, possono essere tesserati presso società o associazioni affiliate alle federazioni sportive nazionali, alle discipline sportive associate o agli enti di promozione sportiva, anche paralimpici, senza alcun aggravio rispetto a quanto previsto per i cittadini italiani.]* (1)(2)(3)

(1) *Comma modificato dall'articolo 52, comma 2, lettera c), del D.Lgs. 28 febbraio 2021, n. 36. Per l'applicazione vedi l'articolo 51, comma 1, del D.Lgs. 36/2021 citato.*

(2) *Per la rideterminazione del Fondo di cui al presente comma, vedi gli articoli 5, comma 5 e 9, comma 4, del D.L. 27 gennaio 2022, n. 4, convertito con modificazioni dalla Legge 28 marzo 2022, n. 25 e successivamente l'articolo 7, comma 3, del D.L. 1° marzo 2022, n. 17, convertito con modificazioni dalla Legge 27 aprile 2022, n. 34.*

(3) *Per la destinazione delle risorse del Fondo di cui al presente comma vedi l'articolo 9, comma 3, del D.L. 27 gennaio 2022, n. 4, convertito con modificazioni dalla Legge 28 marzo 2022, n. 25 e successivamente l'articolo 7, comma 1, del D.L. 1° marzo 2022, n. 17, convertito con modificazioni dalla Legge 27 aprile 2022, n. 34.*

(*Omissis.*)

848. I comuni che non hanno deliberato il riaccertamento straordinario dei residui attivi e passivi previsto dall'articolo 3, comma 7, del decreto legislativo 23 giugno 2011, n. 118, nonché quelli per i quali le competenti sezioni regionali della Corte dei conti o i servizi ispettivi del Ministero dell'economia e delle finanze hanno accertato la presenza di residui risalenti agli esercizi antecedenti il 2015 non correttamente accertati entro il 1° gennaio 2015, provvedono, contestualmente all'approvazione del rendiconto 2017, al riaccertamento straordinario dei residui al 31 dicembre 2017 provenienti dalla gestione 2014 e precedenti, secondo le

modalità definite con decreto del Ministero dell'economia e delle finanze da emanare entro il 28 febbraio 2018. L'eventuale maggiore disavanzo derivante dal riaccertamento straordinario è ripianato in quote costanti entro l'esercizio 2044, secondo le modalità previste dal decreto del Ministero dell'economia e delle finanze 2 aprile 2015, pubblicato nella Gazzetta Ufficiale n. 89 del 17 aprile 2015.

849. Fermi restando i tempi di pagamento dei creditori, gli enti locali che hanno presentato il piano di riequilibrio finanziario pluriennale o ne hanno conseguito l'approvazione, ai sensi dell'articolo 243-bis del testo unico di cui al decreto legislativo 18 agosto 2000, n. 267, prima del riaccertamento straordinario di cui al comma 848, possono rimodulare o riformulare il predetto piano, entro il 31 luglio 2018, al fine di tenere conto di quanto previsto dallo stesso comma 848. Gli enti locali che intendono avvalersi di tale facoltà trasmettono la deliberazione consiliare contenente la relativa richiesta alla competente sezione regionale della Corte dei conti e al Ministero dell'interno nel termine di quindici giorni dalla data di entrata in vigore della presente legge. Il consiglio dell'ente locale, entro il termine perentorio di quarantacinque giorni alla data di esecutività della deliberazione di cui al periodo precedente, approva il piano rimodulato o riformulato, corredato del parere dell'organo di revisione economico-finanziaria. Al procedimento di formazione e di approvazione del piano si applicano le disposizioni degli articoli 243-bis, commi 6, 7, 8, 9 e 9-bis, e 243-quater del citato testo unico di cui al decreto legislativo n. 267 del 2000; i termini previsti dal citato articolo 243-quater sono ridotti alla metà.

[*850. Per gli enti locali per i quali la competente sezione regionale della Corte dei conti, alla data di entrata in vigore della presente legge, ha già accertato il grave mancato rispetto degli obiettivi intermedi fissati dal piano originario, ferme restando le eventuali misure prescritte ai sensi dell'articolo 148-bis del testo unico di cui al decreto legislativo 18 agosto 2000, n. 267, un ulteriore mancato rispetto degli obiettivi del nuovo piano rimodulato o riformulato, accertato nell'ambito della procedura di controllo di cui all'articolo 243-quater, comma 6, del citato testo unico di cui al decreto legislativo n. 267 del 2000, costituisce reiterazione del mancato rispetto degli obiettivi ai sensi del comma 7 del citato articolo 243-quater.*] (1)

(1) *Comma abrogato dall'articolo 17, comma 4, lettera a), del d.L. 16 luglio 2020, n. 76, conv., con modifiche, nella L. 11 settembre 2020, n. 120.*

851. Nell'anno 2019, nelle more della definizione dei complessivi rapporti finanziari fra lo Stato e la regione Sardegna che tenga conto, tra l'altro, delle sentenze della Corte costituzionale n. 77 del 2015 e n. 154 del 2017, anche in considerazione del ritardo nello sviluppo economico dovuto all'insularità, è riconosciuto alla regione Sardegna un contributo pari a 15 milioni di euro (1).

(1) *La Corte Costituzionale, con sentenza 11 gennaio 2019, n. 6 (in Gazz. Uff. 16 gennaio 2019, n. 3), ha dichiarato l'illegittimità costituzionale del presente comma, nella parte in cui, nel triennio 2018-2020 e nelle more della definizione dell'accordo di finanza pubblica, non riconosce alla Regione autonoma Sardegna adeguate risorse, determinate secondo i criteri di cui in motivazione.*

852. Al fine di garantire la realizzazione degli interventi per la salvaguardia della laguna di Venezia di cui all'articolo 6 della legge 29 novembre 1984, n. 798, è autorizzata la spesa complessiva di 25 milioni di euro per l'anno 2018 e di 40 milioni di euro per ciascuno degli anni dal 2019 al 2024. Le risorse così individuate sono destinate, per l'importo di 20 milioni di euro per l'anno 2018 e di 30 milioni di euro per ciascuno degli anni dal 2019 al 2024, ai comuni di Venezia, Chioggia e Cavallino-Treporti; la restante quota, pari a 5 milioni di euro per l'anno 2018 e a 10 milioni di euro per ciascuno degli anni dal 2019 al 2024, è destinata a tutti i comuni rappresentati nel Comitato di cui all'articolo 4 della medesima legge n. 798 del 1984, previa ripartizione definita con deliberazione del Comitato stesso.

853. Al fine di favorire gli investimenti, per il triennio 2018-2020, sono assegnati ai comuni che non risultano beneficiare delle risorse di cui all'articolo 1, comma 974, della legge 28 dicembre 2015, n. 208, contributi per interventi riferiti a opere pubbliche di messa in sicurezza degli edifici e del territorio, nel limite complessivo di 150 milioni di euro per l'anno 2018, 300 milioni di euro per l'anno 2019 e 400 milioni di euro per l'anno 2020. I contributi non sono assegnati per la realizzazione di opere integralmente finanziate da altri soggetti.

854. I comuni di cui al comma 853 comunicano le richieste di contributo al Ministero dell'interno entro il termine perentorio del 20 febbraio 2018 per l'anno 2018, del 20 settembre 2018 per l'anno 2019 e del 20 settembre 2019 per l'anno 2020. La richiesta deve contenere le informazioni riferite alla tipologia dell'opera e al codice unico di progetto (CUP) e ad eventuali forme di finanziamento concesse da altri soggetti sulla stessa opera. La mancanza dell'indicazione di un CUP valido ovvero l'errata indicazione in relazione all'opera per la quale viene chiesto il contributo comporta l'esclusione dalla procedura. La richiesta di contributo deve riferirsi ad opere inserite in uno strumento programmatorio e ciascun comune non può chiedere contributi di importo superiore a 5.225.000 euro complessivi.

855. L'ammontare del contributo attribuito a ciascun comune è determinato, entro il 31 marzo 2018 per l'anno 2018, il 31 ottobre 2018 per l'anno 2019 e il 31 ottobre 2019 per l'anno 2020, con decreto del Ministero dell'interno, di concerto con il Ministero dell'economia e delle finanze. Qualora l'entità delle richieste pervenute superi l'ammontare delle risorse disponibili, l'attribuzione è effettuata a favore dei comuni che presentano la minore incidenza dell'avanzo di amministrazione, al netto della quota accantonata, rispetto alle entrate finali di competenza, ascrivibili ai titoli 1, 2, 3, 4 e 5 dello schema di bilancio previsto dal decreto legislativo 23 giugno 2011, n. 118, risultanti dai rendiconti della gestione del penultimo esercizio precedente a quello di riferimento.

856. Le informazioni di cui al comma 855 sono desunte dal prospetto dimostrativo del risultato di amministrazione allegato al rendiconto della gestione e dal quadro generale riassuntivo trasmessi ai sensi dell'articolo 18, comma 2, del decreto legislativo 23 giugno 2011, n. 118, alla banca dati delle amministrazioni pubbliche. Sono considerate esclusivamente le richieste di contributo pervenute dai comuni che, alla data di presentazione della richiesta medesima, hanno trasmesso alla citata banca dati i documenti contabili di cui all'articolo 1, comma 1, lettere b) ed e), e di cui all'articolo 3 del decreto del Ministro dell'economia e delle finanze 12 maggio 2016, pubblicato nella Gazzetta Ufficiale n. 122 del 26 maggio 2016, riferiti all'ultimo rendiconto della gestione approvato. Nel caso di comuni per i quali sono sospesi i

termini ai sensi dell'articolo 44, comma 3, del decreto-legge 17 ottobre 2016, n. 189, convertito, con modificazioni, dalla legge 15 dicembre 2016, n. 229, le informazioni di cui al primo periodo sono desunte dall'ultimo certificato di conto consuntivo trasmesso al Ministero dell'interno.

857. Il comune beneficiario del contributo di cui al comma 853 è tenuto ad affidare i lavori per la realizzazione delle opere pubbliche entro otto mesi decorrenti dalla data di emanazione del decreto di cui al comma 855. I risparmi derivanti da eventuali ribassi d'asta sono vincolati fino al collaudo ovvero alla regolare esecuzione di cui al comma 858 e successivamente possono essere utilizzati per ulteriori investimenti, per le medesime finalità previste dal comma 853, a condizione che gli stessi vengano impegnati entro il 30 giugno dell'esercizio successivo.

857-bis. Il comune beneficiario del contributo per l'anno 2019 è tenuto ad affidare i lavori per la realizzazione delle opere pubbliche entro i termini di seguito indicati, decorrenti dalla data di emanazione del decreto di cui al comma 855:

a) per le opere con costo fino a 500.000 euro l'affidamento dei lavori deve avvenire entro dodici mesi;

b) per le opere il cui costo è compreso tra 500.001 euro e 1.500.000 euro l'affidamento dei lavori deve avvenire entro diciotto mesi;

c) per le opere il cui costo è superiore a 1.500.000 euro l'affidamento dei lavori deve avvenire entro ventidue mesi.

Ai fini del presente comma, per costo dell'opera si intende l'importo complessivo del quadro economico dell'opera medesima e per affidamento dei lavori si intende, a seconda della procedura seguita, la pubblicazione del bando, ovvero della lettera di invito in caso di procedura negoziata, ovvero della manifestazione della volontà di procedere all'affidamento. Qualora l'ente beneficiario del contributo, per espletare le procedure di selezione del contraente, si avvalga degli istituti della centrale unica di committenza (CUC) o della stazione unica appaltante (SUA), i termini di cui al presente comma sono aumentati di tre mesi [1][2].

[1] *Comma inserito dall'articolo 1, comma 39, della Legge 27 dicembre 2019, n. 160.*
[2] *A norma dell'articolo 1, comma 148- ter, della Legge 30 dicembre 2018, n. 145, come modificato dall'articolo 46, comma 1, lettera f), del D.L. 14 agosto 2020, n. 104, convertito con modificazioni dalla Legge 13 ottobre 2020, n. 126, i termini di cui al presente comma, per quanto attiene ai contributi riferiti all'anno 2019, sono prorogati di tre mesi.*

858. I contributi assegnati con il decreto di cui al comma 855 sono erogati dal Ministero dell'interno ai comuni beneficiari per il 20 per cento entro il 15 aprile 2018 per l'anno 2018, entro il 28 febbraio 2019 per l'anno 2019 ed entro il 28 febbraio 2020 per l'anno 2020, per il 60 per cento entro il 30 novembre 2018 per l'anno 2018, entro il 31 maggio 2019 per l'anno 2019 ed entro il 31 maggio 2020 per l'anno 2020, previa verifica dell'avvenuto affidamento dei lavori, attraverso il sistema di monitoraggio di cui al comma 860, e per il restante 20 per cento previa trasmissione, al Ministero dell'interno, del certificato di collaudo, ovvero del certificato di regolare esecuzione rilasciato per i lavori dal direttore dei lavori, ai sensi dell'articolo 102 del codice di cui al decreto legislativo 18 aprile 2016, n. 50.

859. Nel caso di mancato rispetto dei termini e delle condizioni previsti dai commi 857 e 858, il contributo è recuperato dal Ministero dell'interno secondo le modalità di cui ai commi 128 e 129 dell'articolo 1 della legge 24 dicembre 2012, n. 228, ad esclusione dei casi nei quali il mancato rispetto dei termini sia stato determinato dall'instaurazione di un contenzioso in ordine alla procedura posta in essere dal comune ai sensi dei commi 853 e seguenti. [1]

[1] *Comma modificato dall'articolo 4-bis, comma 1, lettera a), del D.L. 18 aprile 2019, n. 32, convertito con modificazioni dalla Legge 14 giugno 2019, n. 55.*

859-bis. Per i contributi assegnati per l'anno 2018, il recupero di cui al comma 859 non si applica agli enti beneficiari del medesimo contributo che hanno posto in essere, entro i termini di cui al comma 857, le attività preliminari all'affidamento dei lavori rilevabili attraverso il sistema di monitoraggio di cui al comma 860, a condizione che l'affidamento avvenga entro il 31 dicembre 2019. [1]

[1] *Comma inserito dall'articolo 4-bis, comma 1, lettera b), del D.L. 18 aprile 2019, n. 32, convertito con modificazioni dalla Legge 14 giugno 2019, n. 55.*

860. Il monitoraggio delle opere pubbliche di cui ai commi da 853 a 859 è effettuato dai comuni beneficiari attraverso il sistema previsto dal decreto legislativo 29 dicembre 2011, n. 229, classificando le opere sotto la voce "Contributo investimenti Legge di bilancio 2018 ».

861. Il Ministero dell'interno, in collaborazione con il Ministero delle infrastrutture e dei trasporti, effettua un controllo a campione sulle opere pubbliche oggetto del contributo di cui al comma 853.

862. Il Fondo per lo sviluppo strutturale, economico e sociale dei piccoli comuni di cui all'articolo 3, comma 1, della legge 6 ottobre 2017, n. 158, è incrementato di 10 milioni di euro annui a decorrere dall'anno 2018.

863. All'articolo 1, comma 228, terzo periodo, della legge 28 dicembre 2015, n. 208, le parole: "tra 1.000 e 3.000" sono sostituite dalle seguenti: "tra 1.000 e 5.000».

864. Per gli anni dal 2018 al 2020 continua ad applicarsi, con le medesime modalità ivi previste, l'articolo 3-bis del decreto-legge 10 ottobre 2012, n. 174, convertito, con modificazioni, dalla legge 7 dicembre 2012, n. 213. Le risorse derivanti sono destinate all'incremento della massa attiva della gestione liquidatoria degli enti locali in stato di dissesto finanziario, deliberato dopo il 1° gennaio 2016 e fino alla data di entrata in vigore della presente legge.

865. Per l'anno 2018, le somme di cui al comma 864 sono incrementate dell'importo di 10 milioni di euro.

866. [*Per gli anni dal 2018 al 2020*] gli enti locali possono avvalersi della possibilità di utilizzo dei proventi derivanti dalle alienazioni patrimoniali, anche derivanti da azioni o piani di razionalizzazione, per finanziare le quote capitali dei mutui o dei prestiti obbligazionari in ammortamento nell'anno o in anticipo rispetto all'originario piano di ammortamento. Tale possibilità è consentita esclusivamente agli enti locali che [1]:

a) dimostrino, con riferimento al bilancio consolidato dell'esercizio precedente, un rapporto tra totale delle immobilizzazioni e debiti da finanziamento superiore a 2;

b) in sede di bilancio di previsione non registrino incrementi di spesa corrente ricorrente, come definita dall'allegato 7 annesso al decreto legislativo 23 giugno 2011, n. 118;

c) siano in regola con gli accantonamenti al fondo crediti

di dubbia esigibilità.

(1) *Alinea modificato dall'articolo 11-bis, comma 4, del D.L. 14 dicembre 2018, convertito, con modificazioni, dalla Legge 11 febbraio 2019, n. 12.*

867. Al comma 2 dell'articolo 7 del decreto-legge 19 giugno 2015, n. 78, convertito, con modificazioni, dalla legge 6 agosto 2015, n. 125, le parole: "Per gli anni 2015, 2016 e 2017" sono sostituite dalle seguenti: "Per gli anni dal 2015 al 2020 ».

868. All'articolo 20, comma 1-bis, primo periodo, del decreto-legge 6 luglio 2012, n. 95, convertito, con modificazioni, dalla legge 7 agosto 2012, n. 135, le parole: "elevato al 50 per cento a decorrere dall'anno 2017" sono sostituite dalle seguenti: "elevato al 50 per cento per l'anno 2017 e al 60 per cento a decorrere dall'anno 2018».

869. La dotazione finanziaria dei contributi straordinari di cui all'articolo 15, comma 3, del testo unico di cui al decreto legislativo 18 agosto 2000, n. 267, è incrementata a decorrere dall'anno 2018 di 10 milioni di euro annui. All'onere derivante dalla disposizione di cui al primo periodo, pari a 10 milioni di euro annui a decorrere dall'anno 2018, si provvede mediante corrispondente riduzione del contributo di cui al comma 24 dell'articolo 1 della legge 28 dicembre 2015, n. 208.

870. Per l'anno 2018, a titolo di ristoro del gettito non più acquisibile dai comuni a seguito dell'introduzione della TASI di cui al comma 639 dell'articolo 1 della legge 27 dicembre 2013, n. 147, è attribuito ai comuni interessati un contributo complessivo di 300 milioni di euro nella misura indicata per ciascun ente nella tabella B allegata al decreto del Presidente del Consiglio dei ministri 10 marzo 2017, pubblicato nel supplemento ordinario alla Gazzetta Ufficiale n. 123 del 29 maggio 2017.

871. Per l'anno 2018 ciascun comune consegue un valore positivo del saldo di cui al comma 466 dell'articolo 1 della legge 11 dicembre 2016, n. 232, in misura pari al contributo di cui al comma 870.

872. Le disposizioni degli articoli 19, comma 8, e 25 del testo unico in materia di società a partecipazione pubblica, di cui al decreto legislativo 19 agosto 2016, n. 175, si applicano, salva diversa disciplina normativa a tutela dei lavoratori, anche ai dipendenti dei consorzi e delle aziende costituiti, rispettivamente, ai sensi degli articoli 31 e 114 del testo unico delle leggi sull'ordinamento degli enti locali, di cui al decreto legislativo 18 agosto 2000, n. 267, che, alla data di entrata in vigore del predetto testo unico di cui al decreto legislativo n. 175 del 2016, risultino già posti in liquidazione da parte di amministrazioni pubbliche di cui all'articolo 1, comma 2, del decreto legislativo 30 marzo 2001, n. 165.

873. Al fine di assicurare le prestazioni del servizio di trasporto pubblico locale, gli enti locali con popolazione residente non superiore a 100.000 abitanti che hanno presentato il piano di riequilibrio finanziario pluriennale ai sensi dell'articolo 243-bis del testo unico delle leggi sull' ordinamento degli enti locali, di cui al decreto legislativo 18 agosto 2000, n. 267, o ne hanno conseguito l'approvazione possono:

a) concedere, nel rispetto del vincolo del pareggio di bilancio, contributi per investimenti alle società a totale partecipazione pubblica che, ancorché in perdita, presentino un piano di ristrutturazione finanziaria approvato dall'ente che detiene le quote attraverso l'assunzione di mutui presso la società Cassa depositi e prestiti Spa, con oneri a totale carico dello stesso ente;

b) procedere, nel rispetto del vincolo del pareggio di bilancio, all'assunzione di mutui, con oneri a totale carico dell'ente, per investimenti sulla mobilità sostenibile, anche per il rilancio delle società partecipate operanti nel settore del trasporto pubblico locale.

874. All'articolo 1 della legge 11 dicembre 2016, n. 232, sono apportate le seguenti modificazioni:

a) il comma 485 è sostituito dal seguente:

"485. Al fine di favorire gli investimenti, da realizzare attraverso l'utilizzo dei risultati di amministrazione degli esercizi precedenti e il ricorso al debito, per l'anno 2017, sono assegnati agli enti locali spazi finanziari nell'ambito dei patti nazionali, di cui all'articolo 10, comma 4, della legge 24 dicembre 2012, n. 243, nel limite complessivo di 700 milioni di euro, di cui 300 milioni di euro destinati a interventi di edilizia scolastica. Sono assegnati agli enti locali spazi finanziari nell'ambito dei medesimi patti nazionali, nel limite complessivo di 900 milioni di euro annui per ciascuno degli anni 2018 e 2019, di cui 400 milioni di euro annui destinati ad interventi di edilizia scolastica e 100 milioni di euro annui destinati a interventi di impiantistica sportiva, e nel limite complessivo di 700 milioni di euro annui per ciascuno degli anni dal 2020 al 2023 »;

b) dopo il comma 486 è inserito il seguente:

«486-bis. I comuni facenti parte di un'unione di comuni, ai sensi dell'articolo 32 del testo unico di cui al decreto legislativo 18 agosto 2000, n. 267, che hanno delegato le funzioni connesse alla realizzazione di opere pubbliche, possono richiedere spazi finanziari, nell'ambito delle intese regionali e dei patti nazionali, di cui all'articolo 10, commi 3 e 4, della legge 24 dicembre 2012, n. 243, per la quota di contributi trasferita all'unione stessa per investimenti in opere pubbliche riferite alla medesima delega di funzioni »;

c) al comma 487, alinea, dopo le parole: "Gli enti locali comunicano gli spazi finanziari" sono inserite le seguenti: "destinati ad interventi di edilizia scolastica »;

d) dopo il comma 487 è inserito il seguente:

«487-bis. Gli enti locali comunicano gli spazi finanziari destinati ad interventi di impiantistica sportiva di cui necessitano, entro il termine perentorio del 20 gennaio di ciascun anno, alla Presidenza del Consiglio dei ministri - Ufficio per lo sport secondo le modalità individuate e pubblicate nel sito internet http://www.sportgoverno.it/. Le richieste di spazi finanziari sono complete delle informazioni relative:

a) al fondo di cassa al 31 dicembre dell'anno precedente;

b) all'avanzo di amministrazione, al netto della quota accantonata del fondo crediti di dubbia esigibilità, risultante dal rendiconto o dal preconsuntivo dell'anno precedente»;

e) al comma 488, lettera a), dopo le parole: "18 maggio 2017" sono aggiunte le seguenti: "e, negli anni successivi, ai sensi dell'ultimo decreto del Ministero dell'economia e delle finanze - Dipartimento della Ragioneria generale dello Stato di cui al comma 492, nonché interventi finanziati ai sensi dell'articolo 10 del decreto-legge 12 settembre 2013, n. 104, convertito, con modificazioni, dalla legge 8 novembre 2013, n. 128, per la quota di cofinanziamento a carico dell'ente»;

f) alle lettere b) e c) del comma 488, le parole: "di entrata in vigore della presente legge" sono sostituite dalle seguenti: "della richiesta di spazi finanziari»;

g) dopo il comma 488-bis è inserito il seguente:

"488-ter. La Presidenza del Consiglio dei ministri - Ufficio per lo sport individua per ciascun ente locale gli spazi finanziari, tenendo conto del seguente ordine prioritario:

a) interventi, su impianti sportivi esistenti, di messa a norma e in sicurezza compreso l'adeguamento antisismico, di abbattimento delle barriere architettoniche, di efficientamento energetico e di ripristino della funzionalità per i quali gli enti dispongono del progetto esecutivo redatto e validato in conformità alla vigente normativa, completo del codice unico di progetto (CUP) e del cronoprogramma aggiornato della spesa e delle opere, che non abbiano pubblicato il bando di gara alla data della richiesta di spazi finanziari;

b) altri interventi relativi a impianti sportivi per i quali gli enti dispongono del progetto esecutivo redatto e validato in conformità alla vigente normativa, completo del CUP e del cronoprogramma aggiornato della spesa e delle opere, che non abbiano pubblicato il bando di gara alla data della richiesta di spazi finanziari;

c) interventi, su impianti sportivi esistenti, di messa a norma e in sicurezza compreso l'adeguamento antisismico, di abbattimento delle barriere architettoniche, di efficientamento energetico e di ripristino della funzionalità per i quali gli enti dispongono del progetto definitivo completo del CUP;

d) altri interventi relativi a impianti sportivi per i quali gli enti dispongono del progetto definitivo completo del CUP »;

h) il comma 489 è sostituito dal seguente:

"489. La Presidenza del Consiglio dei ministri - Struttura di missione per il coordinamento e impulso nell'attuazione di interventi di riqualificazione dell'edilizia scolastica e la Presidenza del Consiglio dei ministri - Ufficio per lo sport individuano gli enti locali beneficiari degli spazi finanziari e l'importo degli stessi, sentita la Conferenza Stato-città ed autonomie locali, entro il 10 febbraio di ogni anno. Ferme restando le priorità di cui ai commi 488 e 488-ter, qualora le richieste complessive risultino superiori agli spazi finanziari disponibili, l'individuazione dei medesimi spazi è effettuata a favore degli enti che presentano la maggiore incidenza del fondo di cassa rispetto all'avanzo di amministrazione. Qualora le richieste complessive risultino inferiori agli spazi disponibili, l'importo eccedente è destinato alle finalità degli interventi previsti al comma 492. Entro il 10 febbraio di ogni anno la Presidenza del Consiglio dei ministri - Struttura di missione per il coordinamento e impulso nell'attuazione di interventi di riqualificazione dell'edilizia scolastica e la Presidenza del Consiglio dei ministri - Ufficio per lo sport comunicano al Ministero dell'economia e delle finanze - Dipartimento della Ragioneria generale dello Stato gli spazi finanziari da attribuire a ciascun ente locale»;

i) al comma 491, alinea, dopo le parole: "edilizia scolastica" sono inserite le seguenti: "e di impiantistica sportiva »;

l) al comma 492, dopo la lettera 0b), introdotta dal comma 886 del presente articolo, è inserita la seguente:

«0c) investimenti già avviati, a valere su risorse acquisite mediante contrazione di mutuo e per i quali sono stati attribuiti spazi finanziari ai sensi dell'ultimo decreto del Ministero dell'economia e delle finanze - Dipartimento della Ragioneria generale dello Stato di cui all'alinea»;

m) al comma 492, dopo la lettera a) è inserita la seguente:

«a-bis) investimenti finanziati con avanzo di amministrazione o mediante operazioni di indebitamento la cui progettazione definitiva e/o esecutiva è finanziata a valere sulle risorse di cui all'articolo 41-bis del decreto-legge 24 aprile 2017, n. 50, convertito, con modificazioni, dalla legge 21 giugno 2017, n. 96»;

n) al comma 492, lettera a), dopo il numero 2) è aggiunto il seguente:

«2-bis) dei comuni con popolazione compresa tra 5.001 e 15.000 abitanti, per i quali gli enti dispongono del progetto esecutivo redatto e validato in conformità alla vigente normativa, completo del cronoprogramma della spesa; »;

o) al comma 492, dopo la lettera d-bis) è aggiunta la seguente:

"d-ter) investimenti finalizzati al potenziamento e al rifacimento di impianti per la produzione di energia elettrica di fonti rinnovabili diverse dal fotovoltaico, per i quali gli enti dispongono del progetto esecutivo redatto e validato in conformità alla vigente normativa, completo del cronoprogramma della spesa»;

p) al comma 493, le parole: "0a), a), c) e d)" sono sostituite dalle seguenti: "0a), 0b), 0c), a), a-bis), c), d), d-bis) e d-ter)»;

q) il comma 507 è sostituito dal seguente:

«507. L'ente territoriale attesta l'utilizzo degli spazi finanziari concessi in attuazione delle intese e dei patti di solidarietà previsti dall'articolo 10 della legge 24 dicembre 2012, n. 243, con l'invio della certificazione di verifica del rispetto dell'obiettivo di saldo di cui al comma 470 del presente articolo. L'ente territoriale non può beneficiare di spazi finanziari di competenza dell'esercizio finanziario successivo a quello dell'invio della certificazione di cui al periodo precedente qualora gli spazi finanziari concessi siano stati utilizzati per una quota inferiore al 90 per cento».

875. I commi 10 e 11 dell'articolo 77-bis del decreto-legge 25 giugno 2008, n. 112, convertito, con modificazioni, dalla legge 6 agosto 2008, n. 133, sono abrogati.

876. Al fine di una più celere realizzazione del progetto sportivo delle finali di coppa del mondo e dei campionati mondiali di sci alpino, che si terranno a Cortina d'Ampezzo, rispettivamente, nel marzo 2020 e nel febbraio 2021, all'articolo 61 del decreto-legge 24 aprile 2017, n. 50, convertito, con modificazioni, dalla legge 21 giugno 2017, n. 96, dopo il comma 26 è inserito il seguente:

"26-bis. Ai fini della realizzazione del piano di interventi previsto dai commi 1 e 17, è in facoltà del commissario: operare le riduzioni dei termini come stabilite dagli articoli 60,61,62,74 e 79 del decreto legislativo 18 aprile 2016, n. 50; ridurre fino ad un terzo i termini stabiliti dagli articoli 97,183,188 e 189 del decreto legislativo 18 aprile 2016, n. 50; ridurre fino a dieci giorni, in conformità alla direttiva 2007/66/CE del Parlamento europeo e del Consiglio, dell'11 dicembre 2007, il termine di cui all'articolo 32 del decreto legislativo 18 aprile 2016, n. 50. È altresì in facoltà del commissario, per gli appalti pubblici di lavori, di servizi e di forniture relativi agli interventi attuativi del piano, fare ricorso all'articolo 63 del decreto legislativo 18 aprile 2016, n. 50; in questo caso, nel rispetto dei principi di trasparenza, concorrenza e rotazione, l'invito, contenente l'indicazione dei criteri di aggiudicazione, è rivolto ad almeno cinque operatori economici».

877. All'articolo 35, comma 8, del decreto-legge 24 gennaio 2012, n. 1, convertito, con modificazioni, dalla legge 24 marzo 2012, n. 27, come modificato dall'articolo 1, comma

395, della legge 23 dicembre 2014, n. 190, le parole: "31 dicembre 2017" sono sostituite dalle seguenti: "31 dicembre 2021».

878. Al fine di assicurare la copertura e la continuità del servizio di tesoreria su tutto il territorio nazionale, tenuto conto dell'essenzialità del medesimo per il funzionamento degli enti locali, nonché di garantirne la sostenibilità economico-finanziaria, anche per finalità di tutela e di coordinamento della finanza pubblica:

a) all'articolo 40, comma 1, della legge 23 dicembre 1998, n. 448, dopo il primo periodo è inserito il seguente: "Nell'ambito del predetto servizio di tesoreria, sulla base di apposite convenzioni, la società Cassa depositi e prestiti Spa è autorizzata a concedere anticipazioni di tesoreria agli enti locali nel rispetto dei principi di accessibilità, uniformità di trattamento, predeterminazione e non discriminazione»;

b) all'articolo 255, comma 10, del testo unico delle leggi sull'ordinamento degli enti locali, di cui al decreto legislativo 18 agosto 2000, n. 267, dopo le parole: "l'amministrazione" sono inserite le seguenti: "delle anticipazioni di tesoreria di cui all'articolo 222 e».

879. Al comma 7 dell'articolo 12 del decreto-legge 22 giugno 2012, n. 83, convertito, con modificazioni, dalla legge 7 agosto 2012, n. 134, le parole: "31 dicembre 2017" sono sostituite dalle seguenti: "31 dicembre 2019».

880. Le risorse accantonate nel fondo pluriennale vincolato di spesa dell'esercizio 2016 in applicazione del punto 5.4 del principio contabile applicato concernente la contabilità finanziaria di cui all'allegato n. 4/2 annesso al decreto legislativo 23 giugno 2011, n. 118, per finanziare le spese contenute nei quadri economici relative a investimenti per lavori pubblici e quelle per procedure di affidamento già attivate, se non utilizzate, possono essere conservate nel fondo pluriennale vincolato di spesa dell'esercizio 2017 purché riguardanti opere per le quali l'ente abbia già avviato le procedure per la scelta del contraente fatte salve dal codice dei contratti pubblici, di cui al decreto legislativo 18 aprile 2016, n. 50, o disponga del progetto esecutivo degli investimenti redatto e validato in conformità alla vigente normativa, completo del cronoprogramma di spesa. Tali risorse confluiscono nel risultato di amministrazione se entro l'esercizio 2018 non sono assunti i relativi impegni di spesa.

881. All'articolo 20, comma 1, del decreto legislativo 25 maggio 2017, n. 75, sono apportate le seguenti modificazioni:

a) la lettera a) è sostituita dalla seguente:

«a) risulti in servizio successivamente alla data di entrata in vigore della legge n. 124 del 2015 con contratti a tempo determinato presso l'amministrazione che procede all'assunzione o, in caso di amministrazioni comunali che esercitino funzioni in forma associata, anche presso le amministrazioni con servizi associati»;

b) la lettera c) è sostituita dalla seguente:

«c) abbia maturato, al 31 dicembre 2017, alle dipendenze dell'amministrazione di cui alla lettera a) che procede all'assunzione, almeno tre anni di servizio, anche non continuativi, negli ultimi otto anni».

882. Al paragrafo 3.3 dell'allegato 4.2, recante "Principio contabile applicato concernente la contabilità finanziaria », annesso al decreto legislativo 23 giugno 2011, n. 118, le parole: «, nel 2018 è pari almeno all'85 per cento e dal 2019 l'accantonamento al fondo è effettuato per l'intero importo" sono sostituite dalle seguenti: «, nel 2018 è pari almeno al 75 per cento, nel 2019 è pari almeno all'85 per cento, nel 2020 è pari almeno al 95 per cento e dal 2021 l'accantonamento al fondo è effettuato per l'intero importo ».

883. All'articolo 1 della legge 28 dicembre 2015, n. 208, dopo il comma 29 è inserito il seguente:

«29-bis. La Commissione di cui al comma 29, con cadenza biennale, a partire dall'anno 2018, presenta una relazione alla Commissione parlamentare per l'attuazione del federalismo fiscale in merito allo stato di attuazione delle disposizioni di cui ai capi II, III, IV e VI della legge 5 maggio 2009, n. 42, con particolare riferimento alle ipotesi tecniche inerenti la determinazione dei livelli essenziali delle prestazioni e al funzionamento dello schema perequativo».

884. All'articolo 1, comma 449, lettera c), della legge 11 dicembre 2016, n. 232, le parole: "il 55 per cento per l'anno 2018, il 70 per cento per l'anno 2019" sono sostituite dalle seguenti: "il 45 per cento per l'anno 2018, il 60 per cento per l'anno 2019».

885. All'articolo 1, comma 452, della legge 11 dicembre 2016, n. 232, sono aggiunti, in fine, i seguenti periodi: "Gli accantonamenti di cui al primo periodo non utilizzati sono destinati all'incremento dei contributi straordinari di cui all'articolo 15, comma 3, del testo unico di cui al decreto legislativo 18 agosto 2000, n. 267. Il Ministro dell'economia e delle finanze è autorizzato ad apportare, con propri decreti, le occorrenti variazioni di bilancio, anche mediante il versamento all'entrata del bilancio dello Stato e la successiva riassegnazione al pertinente capitolo dello stato di previsione del Ministero dell'interno».

886. All'articolo 1, comma 492, della legge 11 dicembre 2016, n. 232, dopo la lettera 0a) è inserita la seguente:

«0b) investimenti degli enti locali, finanziati con avanzo di amministrazione o da operazioni di indebitamento, finalizzati al ripristino e alla messa in sicurezza del territorio, a seguito di danni derivanti da eccezionali eventi meteorologici per i quali sia stato dichiarato, nell'anno precedente la data della richiesta di spazi finanziari, lo stato di emergenza, ai sensi dell'articolo 5 della legge 24 febbraio 1992, n. 225».

887. Entro il 30 aprile 2018, con decreto del Ministero dell'economia e delle finanze - Dipartimento della Ragioneria generale dello Stato, di concerto con il Ministero dell'interno - Dipartimento per gli affari interni e territoriali e con la Presidenza del Consiglio dei ministri - Dipartimento per gli affari regionali e le autonomie, si provvede all'aggiornamento del principio contabile applicato concernente la programmazione del bilancio previsto dall'allegato 4/1 annesso al decreto legislativo 23 giugno 2011, n. 118, al fine di semplificare ulteriormente la disciplina del Documento unico di programmazione (DUP) semplificato di cui all'articolo 170, comma 6, del testo unico di cui al decreto legislativo 18 agosto 2000, n. 267.

888. All'articolo 243-bis del testo unico di cui al decreto legislativo 18 agosto 2000, n. 267, sono apportate le seguenti modificazioni:

a) al comma 5, le parole: "della durata massima di dieci anni" sono sostituite dalle seguenti: "di durata compresa tra quattro e venti anni»;

b) dopo il comma 5 è inserito il seguente:

"5-bis. La durata massima del piano di riequilibrio finanziario pluriennale, di cui al primo periodo del comma 5, è determinata sulla base del rapporto tra le passività da ripianare nel medesimo e l'ammontare degli impegni di cui al titolo I della spesa del rendiconto dell'anno precedente a quello di deliberazione del ricorso alla procedura di riequilibrio o dell'ultimo rendiconto approvato, secondo la seguente tabella:

Rapporto passività / impegni di cui al Titolo I	Durata massima del piano di riequilibrio finanziario pluriennale
Fino al 20 per cento	4 anni
Superiore al 20 per cento e fino al 60 per cento	10 anni
Superiore al 60 per cento e fino al 100 per cento	15 anni
Oltre il 100 per cento	20 anni

889. Fermi restando i tempi di pagamento dei creditori, gli enti locali che hanno presentato il piano di riequilibrio finanziario pluriennale o ne hanno conseguito l'approvazione, ai sensi dell'articolo 243-bis del testo unico di cui al decreto legislativo 18 agosto 2000, n. 267, prima della data di entrata in vigore della presente legge, possono rimodulare o riformulare il predetto piano, al fine di usufruire delle modifiche introdotte dal comma 888 del presente articolo. Gli enti locali che intendono avvalersi di tale facoltà trasmettono la deliberazione consiliare contenente la relativa richiesta alla competente sezione regionale della Corte dei conti e al Ministero dell'interno nel termine di quindici giorni dalla data di entrata in vigore della presente legge. Il consiglio dell'ente locale, entro il termine perentorio di quarantacinque giorni dalla data di esecutività della deliberazione di cui al periodo precedente, approva il piano rimodulato o riformulato, corredato del parere dell'organo di revisione economico-finanziaria. Al procedimento di formazione e di approvazione del piano si applicano le disposizioni degli articoli 243-bis, commi 6, 7, 8, 9 e 9-bis, e 243-quater del citato testo unico di cui al decreto legislativo n. 267 del 2000; i termini previsti dal citato articolo 243-quater sono ridotti alla metà. [*Per gli enti locali per i quali la competente sezione regionale della Corte dei conti, alla data di entrata in vigore della presente legge, ha già accertato il grave mancato rispetto degli obiettivi intermedi fissati dal piano originario, ferme restando le eventuali misure prescritte ai sensi dell'articolo 148-bis del citato testo unico, un ulteriore mancato rispetto degli obiettivi del nuovo piano rimodulato o riformulato, accertato nell'ambito della procedura di controllo di cui all'articolo 243-quater, comma 6, del medesimo testo unico, costituisce reiterazione del mancato rispetto degli obiettivi ai sensi del comma 7 del citato articolo 243-quater.*] (1)

(1) *Comma modificato dall'articolo 17, comma 4, lettera b), del d.L. 16 luglio 2020, n. 76, conv., con modifiche, nella L. 11 settembre 2020, n. 120.*

890. All'articolo 243-bis del testo unico di cui al decreto legislativo 18 agosto 2000, n. 267, dopo il comma 7 sono inseriti i seguenti:

«7-bis. Al fine di pianificare la rateizzazione dei pagamenti di cui al comma 7, l'ente locale interessato può richiedere all'agente della riscossione una dilazione dei carichi affidati dalle agenzie fiscali e relativi alle annualità ricomprese nel piano di riequilibrio pluriennale dell'ente. Le rateizzazioni possono avere una durata temporale massima di dieci anni con pagamenti rateali mensili. Alle rateizzazioni concesse si applica la disciplina di cui all'articolo 19, commi 1-quater, 3 e 3-bis, del decreto del Presidente della Repubblica 29 settembre 1973, n. 602. Sono dovuti gli interessi di dilazione di cui all'articolo 21 del citato decreto del Presidente della Repubblica n. 602 del 1973.

7-ter. Le disposizioni del comma 7-bis si applicano anche ai carichi affidati dagli enti gestori di forme di previdenza e assistenza obbligatoria.

7-quater. Le modalità di applicazione delle disposizioni dei commi 7-bis e 7-ter sono definite con decreto del Ministero dell'economia e delle finanze, di concerto con il Ministero del lavoro e delle politiche sociali, da adottare entro trenta giorni dalla data di entrata in vigore della presente disposizione.

7-quinquies. L'ente locale è tenuto a rilasciare apposita delegazione di pagamento ai sensi dell'articolo 206 quale garanzia del pagamento delle rate relative ai carichi delle agenzie fiscali e degli enti gestori di forme di previdenza e assistenza obbligatoria di cui ai commi 7-bis e 7-ter».

891. All'articolo 4 del testo unico di cui al decreto legislativo 19 agosto 2016, n. 175, dopo il comma 9-bis è aggiunto il seguente:

«9-ter. È fatta salva la possibilità per le amministrazioni pubbliche di acquisire o mantenere partecipazioni, comunque non superiori all'1 per cento del capitale sociale, in società bancarie di finanza etica e sostenibile, come definite dall'articolo 111-bis del testo unico delle leggi in materia bancaria e creditizia, di cui al decreto legislativo 1° settembre 1993, n. 385, senza ulteriori oneri finanziari rispetto a quelli derivanti dalla partecipazione medesima».

892. L'autorizzazione di spesa di cui all'articolo 1, comma 108, della legge 28 dicembre 2015, n. 208, relativa al credito d'imposta concesso alle imprese che effettuano l'acquisizione di beni strumentali nuovi destinati a strutture produttive secondo le modalità e le procedure indicate dall'articolo 1, commi da 98 a 107, della legge 28 dicembre 2015, n. 208, è incrementata per un importo pari a 200 milioni di euro per l'anno 2018 e a 100 milioni di euro per l'anno 2019. Il Fondo per lo sviluppo e la coesione, programmazione 2014-2020, di cui all'articolo 1, comma 6, della legge 27 dicembre 2013, n. 147, è ridotto di 200 milioni di euro per l'anno 2018 e di 100 milioni di euro per l'anno 2019.

893. I programmi operativi nazionali ed i programmi operativi complementari possono prevedere per l'anno 2018, nell'ambito degli obiettivi specifici previsti dalla relativa programmazione e nel rispetto della normativa europea in materia di aiuti di Stato, misure per favorire nelle regioni Abruzzo, Molise, Campania, Basilicata, Sicilia, Puglia, Calabria e Sardegna l'assunzione con contratto a tempo indeterminato di soggetti che non abbiano compiuto i trentacinque anni di età, ovvero di soggetti di almeno trentacinque anni, purché privi di un impiego regolarmente retribuito da almeno sei mesi. Per i soggetti di cui al periodo precedente, l'esonero contributivo di cui al comma 100 è elevato fino al 100 per cento, nel limite massimo di importo su base annua pari a quanto stabilito dall'articolo 1, comma 118, della legge 23 dicembre 2014, n. 190. L'esonero contributivo di cui al periodo precedente è riconosciuto in deroga a quanto previsto dal comma 114, secondo periodo.

894. Ai fini di cui al comma 893, sono adottate, con le rispettive procedure previste dalla normativa vigente, le occorrenti azioni di rimodulazione dei programmi interessati.

895. L'autorizzazione di spesa di cui all'articolo 1, comma 13, della legge 27 dicembre 2013, n. 147, come modificata dall'articolo 1, comma 811, della legge 28 dicembre 2015, n. 208, a valere sulle dotazioni del Fondo di rotazione di cui alla legge 16 aprile 1987, n. 183, relativa agli interventi a favore dello sviluppo delle aree interne, è incrementata di 30 milioni di euro per ciascuno degli anni 2019 e 2020 e di 31,18 milioni di euro per l'anno 2021.

896. Per effetto di quanto disposto dal comma 895, l'autorizzazione di spesa a favore delle aree interne, a valere sulle dotazioni del Fondo di rotazione di cui alla citata legge n. 183 del 1987, è pari, complessivamente, a 281,18 milioni di euro. La ripartizione delle risorse, definita all'articolo 1, comma 812, della legge 28 dicembre 2015, n. 208, è modificata come segue: 16 milioni di euro per l'anno 2015, 60 milioni di euro per l'anno 2016, 94 milioni di euro per l'anno 2017, 20 milioni di euro per l'anno 2018, 30 milioni di euro per l'anno 2019, 30 milioni di euro per l'anno 2020 e 31,18 milioni di euro per l'anno 2021.

897. Al fine di sostenere il tessuto economico-produttivo delle regioni Abruzzo, Basilicata, Calabria, Campania, Molise, Puglia, Sardegna e Sicilia, è istituito un fondo denominato "Fondo imprese Sud », di seguito denominato "Fondo », a sostegno della crescita dimensionale delle piccole e medie imprese così come definite nell'allegato 1 al regolamento (UE) n. 651/2014 della Commissione, del 17 giugno 2014, aventi sede legale e attività produttiva nelle predette regioni. Il Fondo ha una durata di dodici anni e una dotazione iniziale pari a 150 milioni di euro, al cui onere si provvede a valere sull'annualità 2017 del Fondo per lo sviluppo e per la coesione, programmazione 2014-2020. La gestione del Fondo è affidata all'Agenzia nazionale per l'attrazione degli investimenti e lo sviluppo d'impresa Spa - Invitalia, di seguito denominata «Agenzia », che a tale fine può avvalersi anche della Banca del Mezzogiorno. L'Agenzia stipula all'uopo un'apposita convenzione con la Presidenza del Consiglio dei ministri. La gestione realizzata dall'Agenzia ha natura di gestione fuori bilancio, assoggettata al controllo della Corte dei conti, ai sensi dell'articolo 9 della legge 25 novembre 1971, n. 1041. Alla rendicontazione provvede il soggetto gestore della misura. Le risorse di cui al presente comma sono accreditate su un'apposita contabilità speciale intestata all'Agenzia, aperta presso la Tesoreria dello Stato.

898. Quote aggiuntive del Fondo possono essere sottoscritte anche da investitori istituzionali, pubblici e privati, individuati dalla medesima Agenzia attraverso una procedura aperta e trasparente, e dalla Banca del Mezzogiorno, dall'Istituto nazionale di promozione di cui all'articolo 1, comma 826, della legge 28 dicembre 2015, n. 208, dalla Banca europea per gli investimenti e dal Fondo europeo per gli investimenti.

899. Il Fondo opera investendo nel capitale delle imprese di cui al comma 897, unitamente e contestualmente a investitori privati indipendenti. L'investimento nel capitale di ciascuna impresa target è finanziato, secondo le modalità definite nel regolamento di gestione del Fondo, anche, da risorse apportate dai predetti investitori privati indipendenti, individuati attraverso una procedura aperta e trasparente. Il Fondo e gli investitori privati indipendenti coinvestono nel capitale delle imprese di cui al comma 897 alle medesime condizioni [(1)].

[(1)] *Comma modificato dall'articolo 1, comma 120, lettera a), della Legge 30 dicembre 2018, n. 145.*

900. Il Fondo può inoltre investire, previa selezione tramite procedura aperta e trasparente, nel rispetto della normativa vigente, in fondi privati di investimento mobiliare chiuso (OICR), che realizzano investimenti, almeno nella quota parte derivante dalle risorse di cui al comma 897, integrate ai sensi del comma 899 con fondi privati, in imprese con caratteristiche di cui al comma 897. L'investimento del Fondo non può superare la percentuale della consistenza complessiva dei predetti fondi, secondo le modalità definite nel regolamento di gestione del Fondo [(1)].

[(1)] *Comma modificato dall'articolo 1, comma 120, lettera a), della Legge 30 dicembre 2018, n. 145.*

901. Con la convenzione di cui al comma 897, sono definite le azioni volte alla crescita dimensionale delle imprese, tenuto conto anche degli indicatori economici di ciascuna regione, le modalità di selezione dei soggetti di cui ai commi 899 e 900, anche tenendo conto della presenza di professionalità esperte dedicate esplicitamente alle finalità di cui al comma 897, e i livelli minimi di investimento da parte di soggetti terzi, pubblici o privati, al fine di assicurare che vengano attivate risorse private in misura pari almeno a quelle dedicate dal Fondo. La convenzione definisce altresì le modalità e i termini di operatività del Fondo, il riconoscimento all'Agenzia degli oneri sostenuti nella gestione della misura, le modalità di contribuzione dei soggetti terzi e i relativi criteri di computo della contribuzione, i contenuti e la tempistica delle attività di monitoraggio e controllo, nonché le modalità di restituzione delle somme rivenienti dai rimborsi e dai proventi degli investimenti diretti e degli OICR chiusi ovvero dalla cessione o liquidazione delle quote o azioni degli stessi. La convenzione può essere periodicamente aggiornata anche in relazione all'analisi dei risultati monitorati con le modalità di cui al comma 902.

902. L'Agenzia fornisce periodicamente, e con cadenza almeno semestrale, alla Presidenza del Consiglio dei ministri i dati in merito all'impiego delle risorse, evidenziando le tipologie di attività esercitate dalle imprese che sono state interessate dalla misura, la loro crescita dimensionale in termini di fatturato e di occupazione derivante dall'apporto di capitale nonché la misura dell'apporto di capitale privato attivato.

903. Le risorse di cui al comma 897 sono gestite, nella contabilità speciale intestata all'Agenzia, assicurando la tracciabilità delle relative operazioni mediante adeguata codificazione, nel rispetto della normativa europea applicabile. I commi da 897 al presente comma entrano in vigore il giorno stesso della pubblicazione della presente legge nella Gazzetta Ufficiale.

904. All'articolo 21, comma 10, primo periodo, del decreto-legge 6 dicembre 2011, n. 201, convertito, con modificazioni, dalla legge 22 dicembre 2011, n. 214, dopo le parole: "e posto in liquidazione." sono aggiunte le seguenti: "Il commissario liquidatore è autorizzato, al fine di accelerare le procedure di liquidazione e per snellire il contenzioso in essere, a stipulare accordi transattivi anche per le situazioni creditorie e debitorie in corso di accertamento. Le transazioni di cui al periodo precedente devono concludersi entro il 31 marzo 2018. Nei successivi sessanta giorni dalla predet-

ta data il commissario predispone comunque la situazione patrimoniale del soppresso Ente riferita alla data del 31 marzo 2018».

(*Omissis.*)

1145. Le somme residue relative ai mutui che sono stati trasferiti al Ministero dell'economia e delle finanze in attuazione dell'articolo 5, commi 1 e 3, del decreto-legge 30 settembre 2003, n. 269, convertito, con modificazioni, dalla legge 24 novembre 2003, n. 326, concessi per interventi di edilizia universitaria dalla Cassa depositi e prestiti Spa, a valere sulle risorse di cui all'articolo 1, comma 1, del decreto-legge 25 marzo 1997, n. 67, convertito, con modificazioni, dalla legge 23 maggio 1997, n. 135, nonche' a valere sulle risorse di cui all'articolo 54, comma 1, della legge 23 dicembre 1999, n. 488, possono essere erogate anche successivamente alla scadenza dell'ammortamento dei predetti mutui ai fini della realizzazione degli interventi riguardanti l'opera oggetto del mutuo concesso ovvero del diverso utilizzo autorizzato dalla Cassa depositi e prestiti Spa nel corso del periodo di ammortamento, previo parere favorevole del Ministero dell'istruzione, dell'universita' e della ricerca. L'erogazione delle suddette somme e' effettuata dalla Cassa depositi e prestiti Spa entro il 31 dicembre 2023, su domanda dei soggetti mutuatari, previo nulla osta del Ministero dell'istruzione, dell'universita' e della ricerca [(1)].

[(1)] *Comma modificato dall'articolo 6, comma 1, del D.L. 30 dicembre 2019, n. 162, convertito, con modificazioni dalla Legge 28 febbraio 2020, n. 8, dall'articolo 6, comma 7, del D.L. 31 dicembre 2020, n. 183, convertito, con modificazioni, dalla Legge 26 febbraio 2021, n. 21, dall'articolo 6, comma 3, del D.L. 30 dicembre 2021, n. 228, convertito con modificazioni dalla Legge 25 febbraio 2022, n. 15. e successivamente dall'articolo 6, comma 2, del D.L. 29 dicembre 2022, n. 198, non ancora convertito in Legge.*

1146. All'articolo 19, comma 1, del decreto-legge 12 settembre 2013, n. 104, convertito, con modificazioni, dalla legge 8 novembre 2013, n. 128, le parole: "e 2016-2017" sono sostituite dalle seguenti: «, 2016-2017 e 2017-2018».

1147. Al comma 40 dell'articolo 1 della legge 11 dicembre 2016, n. 232, le parole: "Per l'anno 2017" sono sostituite dalle seguenti: "Per gli anni 2017 e 2018" e sono aggiunte, in fine, le seguenti parole: "per ciascuno dei due anni ».

1148. In materia di graduatorie e assunzioni presso le pubbliche amministrazioni, sono disposte le seguenti proroghe di termini:

a) l'efficacia delle graduatorie dei concorsi pubblici per assunzioni a tempo indeterminato, vigenti alla data del 31 dicembre 2017 e relative alle amministrazioni pubbliche soggette a limitazioni delle assunzioni, e' prorogata al 31 dicembre 2018, ferma restando la vigenza delle stesse fino alla completa assunzione dei vincitori e, per gli idonei, l'eventuale termine di maggior durata della graduatoria ai sensi dell'articolo 35, comma 5-ter, del decreto legislativo 30 marzo 2001, n. 165;

b) all'articolo 1 del decreto-legge 29 dicembre 2011, n. 216, convertito, con modificazioni, dalla legge 24 febbraio 2012, n. 14, sono apportate le seguenti modificazioni:

1) al comma 2, le parole: « 31 dicembre 2017 », ovunque ricorrono, sono sostituite dalle seguenti: « 31 dicembre 2018»;

2) al comma 6-quater, le parole: « 31 dicembre 2017 » sono sostituite dalle seguenti: « 31 dicembre 2018 »;

c) all'articolo 1, comma 5, del decreto-legge 30 dicembre 2013, n. 150, convertito, con modificazioni, dalla legge 27 febbraio 2014, n. 15, le parole: « 31 dicembre 2017 » sono sostituite dalle seguenti: « 31 dicembre 2018 »;

d) fermo restando quanto previsto dall'articolo 1, comma 227, della legge 28 dicembre 2015, n. 208, all'articolo 1 del decreto-legge 31 dicembre 2014, n. 192, convertito, con modificazioni, dalla legge 27 febbraio 2015, n. 11, sono apportate le seguenti modificazioni:

1) al comma 2, le parole: « negli anni 2013, 2014 e 2015 » sono sostituite dalle seguenti: « negli anni 2013, 2014, 2015 e 2016 » e le parole: « 31 dicembre 2017 », ovunque ricorrono, sono sostituite dalle seguenti: « 31 dicembre 2018 »;

2) al comma 4, le parole: « 31 dicembre 2017 » sono sostituite dalle seguenti: « 31 dicembre 2018 »;

e) il termine per procedere alle assunzioni autorizzate con il decreto previsto all'articolo 1, comma 365, lettera b), della legge 11 dicembre 2016, n. 232, è prorogato al 31 dicembre 2023 [(1)];

f) all'articolo 2, comma 15, del decreto-legge 6 luglio 2012, n. 95, convertito, con modificazioni, dalla legge 7 agosto 2012, n. 135, le parole: « 31 dicembre 2017 » sono sostituite dalle seguenti: « 31 dicembre 2018 »;

g) all'articolo 4, comma 9, terzo periodo, del decreto-legge 31 agosto 2013, n. 101, convertito, con modificazioni, dalla legge 30 ottobre 2013, n. 125, le parole: « 31 dicembre 2017 » sono sostituite dalle seguenti: « 31 dicembre 2018 »;

h) all'articolo 22, comma 8, del decreto legislativo 25 maggio 2017, n. 75, le parole: « 1° gennaio 2018 » sono sostituite dalle seguenti: « 1° gennaio 2019 ».

[(1)] *Lettera modificata dall'articolo 1, comma 1131, lettera d), della Legge 30 dicembre 2018, n. 145, dall'articolo 1, comma 5, del D.L. 30 dicembre 2019, n. 162, convertito, con modificazioni dalla Legge 28 febbraio 2020, n. 8, dall'articolo 1, comma 4, del D.L. 31 dicembre 2020, n. 183, convertito, con modificazioni, dalla Legge 26 febbraio 2021, n. 21, dall'articolo 1, comma 4, del D.L. 30 dicembre 2021, n. 228, convertito con modificazioni dalla Legge 25 febbraio 2022, n. 15 e da ultimo dall'articolo 1, comma 3, del D.L. 29 dicembre 2022, n. 198, non ancora convertito in Legge.*

(*Omissis.*)

PARTE II

Sezione II – Approvazione degli stati di previsione

2. Stato di previsione dell'entrata. – 1. L'ammontare delle entrate previste per l'anno finanziario 2018, relative a imposte, tasse, contributi di ogni specie e ogni altro provento, accertate, riscosse e versate nelle casse dello Stato, in virtù di leggi, decreti, regolamenti e di ogni altro titolo, risulta dall'annesso stato di previsione dell'entrata (Tabella n. 1).

3. Stato di previsione del Ministero dell'economia e delle finanze e disposizioni relative. – 1. Sono autorizzati l'impegno e il pagamento delle spese del Ministero dell'economia e delle finanze, per l'anno finanziario 2018, in conformità all'annesso stato di previsione (Tabella n. 2).

2. L'importo massimo di emissione di titoli pubblici, in Italia e all'estero, al netto di quelli da rimborsare e di quelli per regolazioni debitorie, è stabilito, per l'anno 2018, in 55.000 milioni di euro.

3. I limiti di cui all'articolo 6, comma 9, del decreto-legge 30 settembre 2003, n. 269, convertito, con modificazioni,

dalla legge 24 novembre 2003, n. 326, concernente gli impegni assumibili dalla SACE S.p.a. - Servizi assicurativi del commercio estero, sono fissati per l'anno finanziario 2018, rispettivamente, in 3.000 milioni di euro per le garanzie di durata sino a ventiquattro mesi e in 20.000 milioni di euro per le garanzie di durata superiore a ventiquattro mesi[1].

4. La SACE S.p.a. è altresì autorizzata, per l'anno finanziario 2018, a rilasciare garanzie e coperture assicurative relativamente alle attività di cui all'articolo 11 quinquies, comma 4, del decreto-legge 14 marzo 2005, n. 35, convertito, con modificazioni, dalla legge 14 maggio 2005, n. 80, entro una quota massima del 30 per cento di ciascuno dei limiti indicati al comma 3 del presente articolo.

5. Gli importi dei fondi previsti dagli articoli 26,27,28 e 29 della legge 31 dicembre 2009, n. 196, inseriti nel programma "Fondi di riserva e speciali », nell'ambito della missione "Fondi da ripartire" dello stato di previsione del Ministero dell'economia e delle finanze, sono stabiliti, per l'anno finanziario 2018, rispettivamente, in 900 milioni di euro, 1.500 milioni di euro, 2.000 milioni di euro, 398,5 milioni di euro e 7.000 milioni di euro[2].

6. Per gli effetti di cui all'articolo 26 della legge 31 dicembre 2009, n. 196, sono considerate spese obbligatorie, per l'anno finanziario 2018, quelle descritte nell'elenco n. 1, allegato allo stato di previsione del Ministero dell'economia e delle finanze.

7. Le spese per le quali si può esercitare la facoltà prevista dall'articolo 28 della legge 31 dicembre 2009, n. 196, sono indicate, per l'anno finanziario 2018, nell'elenco n. 2, allegato allo stato di previsione del Ministero dell'economia e delle finanze.

8. Ai fini della compensazione sui fondi erogati per la mobilità sanitaria in attuazione dell'articolo 12, comma 3, lettera b), del decreto legislativo 30 dicembre 1992, n. 502, il Ministro dell'economia e delle finanze è autorizzato a provvedere, con propri decreti, alla riassegnazione al programma "Concorso dello Stato al finanziamento della spesa sanitaria », nell'ambito della missione "Relazioni finanziarie con le autonomie territoriali" dello stato di previsione del Ministero dell'economia e delle finanze per l'anno finanziario 2018, delle somme versate all'entrata del bilancio dello Stato dalle regioni e dalle province autonome di Trento e di Bolzano.

9. Il Ministro dell'economia e delle finanze è autorizzato a provvedere, con propri decreti, alla riassegnazione al programma «Protezione sociale per particolari categorie », azione "Promozione e garanzia delle pari opportunità », nell'ambito della missione «Diritti sociali, politiche sociali e famiglia" dello stato di previsione del Ministero dell'economia e delle finanze per l'anno finanziario 2018, delle somme affluite all'entrata del bilancio dello Stato, derivanti dai contributi destinati dall'Unione europea alle attività poste in essere dalla Commissione per le pari opportunità fra uomo e donna.

10. Il Ministro dell'economia e delle finanze è autorizzato a provvedere, con propri decreti, al trasferimento delle somme occorrenti per l'effettuazione delle elezioni politiche, amministrative e dei membri del Parlamento europeo spettanti all'Italia e per l'attuazione dei referendum dal programma "Fondi da assegnare », nell'ambito della missione "Fondi da ripartire" dello stato di previsione del Ministero dell'economia e delle finanze per l'anno finanziario 2018, ai competenti programmi degli stati di previsione del medesimo Ministero dell'economia e delle finanze e dei Ministeri della giustizia, degli affari esteri e della cooperazione internazionale, dell'interno e della difesa per lo stesso anno finanziario, per l'effettuazione di spese relative a competenze spettanti ai componenti i seggi elettorali, a nomine e notifiche dei presidenti di seggio, a compensi per lavoro straordinario, a compensi agli estranei all'amministrazione, a missioni, a premi, a indennità e competenze varie spettanti alle Forze di polizia, a trasferte e trasporto delle Forze di polizia, a rimborsi per facilitazioni di viaggio agli elettori, a spese di ufficio, a spese telegrafiche e telefoniche, a fornitura di carta e stampa di schede, a manutenzione e acquisto di materiale elettorale, a servizio automobilistico e ad altre esigenze derivanti dall'effettuazione delle predette consultazioni elettorali.

11. Il Ministro dell'economia e delle finanze è autorizzato a trasferire, con propri decreti, per l'anno 2018, ai capitoli del titolo III (Rimborso di passività finanziarie) degli stati di previsione delle amministrazioni interessate le somme iscritte, per competenza e per cassa, nel programma "Rimborsi del debito statale », nell'ambito della missione "Debito pubblico" dello stato di previsione del Ministero dell'economia e delle finanze, in relazione agli oneri connessi alle operazioni di rimborso anticipato o di rinegoziazione dei mutui con onere a totale o parziale carico dello Stato.

12. Nell'elenco n. 5, allegato allo stato di previsione del Ministero dell'economia e delle finanze, sono indicate le spese per le quali si possono effettuare, per l'anno finanziario 2018, prelevamenti dal fondo a disposizione, di cui all'articolo 9, comma 4, della legge 1° dicembre 1986, n. 831, iscritto nel programma "Prevenzione e repressione delle frodi e delle violazioni agli obblighi fiscali », nell'ambito della missione "Politiche economico-finanziarie e di bilancio e tutela della finanza pubblica », nonché nel programma "Concorso della Guardia di Finanza alla sicurezza pubblica », nell'ambito della missione "Ordine pubblico e sicurezza" del medesimo stato di previsione.

13. Il numero massimo degli ufficiali ausiliari del Corpo della guardia di finanza di cui alla lettera c) del comma 1 dell'articolo 937 del codice dell'ordinamento militare, di cui al decreto legislativo 15 marzo 2010, n. 66, da mantenere in servizio nell'anno 2018, ai sensi dell'articolo 803 del medesimo codice, è stabilito in 70 unità.

14. Le somme iscritte nel bilancio autonomo della Presidenza del Consiglio dei ministri, assegnate dal CIPE con propria delibera alle amministrazioni interessate ai sensi dell'articolo 1, comma 7, della legge 17 maggio 1999, n. 144, per l'anno finanziario 2018, destinate alla costituzione di unità tecniche di supporto alla programmazione, alla valutazione e al monitoraggio degli investimenti pubblici, sono versate all'entrata del bilancio dello Stato per essere riassegnate, con decreti del Ministro dell'economia e delle finanze, negli stati di previsione delle amministrazioni medesime.

15. Il Ministro dell'economia e delle finanze è autorizzato a provvedere, con propri decreti, per l'anno finanziario 2018, alla riassegnazione ad apposito capitolo di spesa dello stato di previsione del Ministero dell'economia e delle finanze, nella misura stabilita con proprio decreto, delle somme versate, nell'ambito della voce "Entrate derivanti dal controllo e repressione delle irregolarità e degli illeciti" dello stato di previsione dell'entrata, dalla società Equitalia Giustizia SpA a titolo di utili relativi alla gestione finanziaria del

fondo di cui all'articolo 61, comma 23, del decreto-legge 25 giugno 2008, n. 112, convertito, con modificazioni, dalla legge 6 agosto 2008, n. 133.

16. Il Ministro dell'economia e delle finanze, con propri decreti, provvede, nell'anno finanziario 2018, all' adeguamento degli stanziamenti dei capitoli destinati al pagamento dei premi e delle vincite dei giochi pronostici, delle scommesse e delle lotterie, in corrispondenza con l'effettivo andamento delle relative riscossioni.

17. Il Ministro dell'economia e delle finanze è autorizzato a provvedere, con propri decreti, alla riassegnazione al programma "Analisi, monitoraggio e controllo della finanza pubblica e politiche di bilancio », nell'ambito della missione "Politiche economico-finanziarie e di bilancio e tutela della finanza pubblica" dello stato di previsione del Ministero dell'economia e delle finanze per l'anno finanziario 2018, delle somme versate all'entrata del bilancio dello Stato relative alla gestione liquidatoria del Fondo gestione istituti contrattuali lavoratori portuali ed alla gestione liquidatoria denominata "Particolari e straordinarie esigenze, anche di ordine pubblico, della città di Palermo ».

18. Il Ministro dell'economia e delle finanze è autorizzato ad effettuare, con propri decreti, variazioni compensative, in termini di competenza e di cassa, tra gli stanziamenti dei capitoli 2214 e 2223 dello stato di previsione del Ministero dell'economia e delle finanze per l'anno finanziario 2018, iscritti nel programma "Oneri per il servizio del debito statale », e tra gli stanziamenti dei capitoli 9502 e 9503 del medesimo stato di previsione, iscritti nel programma "Rimborsi del debito statale », al fine di provvedere alla copertura del fabbisogno di tesoreria derivante dalla contrazione di mutui ovvero da analoghe operazioni finanziarie, qualora tale modalità di finanziamento risulti più conveniente per la finanza pubblica rispetto all'emissione di titoli del debito pubblico.

19. Il Ministro dell'economia e delle finanze è autorizzato a provvedere, con propri decreti, alla riassegnazione ai pertinenti programmi dello stato di previsione del Ministero dell'economia e delle finanze, per l'anno finanziario 2018, delle somme versate all'entrata del bilancio dello Stato dal CONI, destinate alle attività sportive del personale del Corpo della guardia di finanza.

[1] *Comma modificato dall'articolo 2, comma 1, della Legge 28 settembre 2018, n. 111, a decorrere dal 14 ottobre 2018.*
[2] *Comma modificato dall'articolo 2, comma 1, della Legge 28 settembre 2018, n. 111, a decorrere dal 14 ottobre 2018.*

4. Stato di previsione del Ministero dello sviluppo economico e disposizioni relative. – 1. Sono autorizzati l'impegno e il pagamento delle spese del Ministero dello sviluppo economico, per l'anno finanziario 2018, in conformità all'annesso stato di previsione (Tabella n. 3).

2. Le somme impegnate in relazione alle disposizioni di cui all'articolo 1 del decreto-legge 9 ottobre 1993, n. 410, convertito dalla legge 10 dicembre 1993, n. 513, recante interventi urgenti a sostegno dell'occupazione nelle aree di crisi siderurgica, resesi disponibili a seguito di provvedimenti di revoca, sono versate all'entrata del bilancio dello Stato per essere riassegnate, nell'anno finanziario 2018, con decreti del Ministro dell'economia e delle finanze, allo stato di previsione del Ministero dello sviluppo economico, ai fini di cui al medesimo articolo 1 del decreto-legge n. 410 del 1993, convertito dalla legge n. 513 del 1993.

5. Stato di previsione del Ministero del lavoro e delle politiche sociali e disposizioni relative. – 1. Sono autorizzati l'impegno e il pagamento delle spese del Ministero del lavoro e delle politiche sociali, per l'anno finanziario 2018, in conformità all'annesso stato di previsione (Tabella n. 4).

2. Il Ministro dell'economia e delle finanze è autorizzato ad apportare, su proposta del Ministro del lavoro e delle politiche sociali, con propri decreti, per l'anno finanziario 2018, variazioni compensative in termini di residui, di competenza e di cassa tra i capitoli dello stato di previsione del Ministero del lavoro e delle politiche sociali, anche tra missioni e programmi diversi, connesse con l'attuazione dei decreti legislativi 14 settembre 2015, n. 149 e n. 150.

6. Stato di previsione del Ministero della giustizia e disposizioni relative. – 1. Sono autorizzati l'impegno e il pagamento delle spese del Ministero della giustizia, per l'anno finanziario 2018, in conformità all'annesso stato di previsione (Tabella n. 5).

2. Il Ministro dell'economia e delle finanze è autorizzato a provvedere, con propri decreti, alla riassegnazione, in termini di competenza e di cassa, delle somme versate dal CONI, dalle regioni, dalle province, dai comuni e da altri enti pubblici e privati all'entrata del bilancio dello Stato, relativamente alle spese per il mantenimento, per l'assistenza e per la rieducazione dei detenuti e internati, per gli interventi e gli investimenti finalizzati al miglioramento delle condizioni detentive e delle attività trattamentali, nonché per le attività sportive del personale del Corpo di polizia penitenziaria e dei detenuti e internati, nel programma "Amministrazione penitenziaria" e nel programma «Giustizia minorile e di comunità », nell'ambito della missione «Giustizia" dello stato di previsione del Ministero della giustizia per l'anno finanziario 2018.

7. Stato di previsione del Ministero degli affari esteri e della cooperazione internazionale e disposizioni relative. – 1. Sono autorizzati l'impegno e il pagamento delle spese del Ministero degli affari esteri e della cooperazione internazionale, per l'anno finanziario 2018, in conformità all'annesso stato di previsione.

2. Il Ministero degli affari esteri e della cooperazione internazionale è autorizzato ad effettuare, previe intese con il Ministero dell'economia e delle finanze, operazioni in valuta estera non convertibile pari alle disponibilità esistenti nei conti correnti valuta Tesoro costituiti presso le rappresentanze diplomatiche e gli uffici consolari, ai sensi dell'articolo 5 della legge 6 febbraio 1985, n. 15, e successive modificazioni, e che risultino intrasferibili per effetto di norme o disposizioni locali. Il relativo controvalore in euro è acquisito all'entrata del bilancio dello Stato ed è contestualmente iscritto, con decreti del Ministro dell'economia e delle finanze, sulla base delle indicazioni del Ministero degli affari esteri e della cooperazione internazionale, nei pertinenti programmi dello stato di previsione del medesimo Ministero per l'anno finanziario 2018, per l'effettuazione di spese connesse alle esigenze di funzionamento, mantenimento ed acquisto delle sedi diplomatiche e consolari, degli istituti di cultura e delle scuole italiane all'estero. Il Ministero degli affari esteri e della cooperazione internazionale è altresì au-

torizzato ad effettuare, con le medesime modalità, operazioni in valuta estera pari alle disponibilità esistenti nei conti correnti valuta Tesoro in valute inconvertibili o intrasferibili individuate, ai fini delle operazioni di cui al presente comma, dal Dipartimento del tesoro del Ministero dell'economia e delle finanze su richiesta della competente Direzione generale del Ministero degli affari esteri e della cooperazione internazionale.

8. Stato di previsione del Ministero dell'istruzione, dell'università e della ricerca. – 1. Sono autorizzati l'impegno e il pagamento delle spese del Ministero dell'istruzione, dell'università e della ricerca, per l'anno finanziario 2018, in conformità all'annesso stato di previsione (Tabella n. 7).

9. Stato di previsione del Ministero dell'interno e disposizioni relative. – 1. Sono autorizzati l'impegno e il pagamento delle spese del Ministero dell'interno, per l'anno finanziario 2018, in conformità all'annesso stato di previsione.

2. Le somme versate dal CONI nell'ambito della voce "Entrate derivanti da servizi resi dalle Amministrazioni statali" dello stato di previsione dell'entrata sono riassegnate, con decreti del Ministro dell'economia e delle finanze, al programma "Prevenzione dal rischio e soccorso pubblico », nell'ambito della missione "Soccorso civile" dello stato di previsione del Ministero dell'interno per l'anno finanziario 2018, per essere destinate alle spese relative all'educazione fisica, all'attività sportiva e alla costruzione, al completamento e all'adattamento di infrastrutture sportive concernenti il Corpo nazionale dei vigili del fuoco.

3. Nell'elenco n. 1, annesso allo stato di previsione del Ministero dell'interno, sono indicate le spese per le quali si possono effettuare, per l'anno finanziario 2018, prelevamenti dal fondo a disposizione per la Pubblica sicurezza, di cui all'articolo 1 della legge 12 dicembre 1969, n. 1001, iscritto nel programma «Contrasto al crimine, tutela dell'ordine e della sicurezza pubblica », nell'ambito della missione "Ordine pubblico e sicurezza »[1].

4. Il Ministro dell'economia e delle finanze è autorizzato ad apportare, con propri decreti, per l'anno finanziario 2018, le variazioni compensative di bilancio anche tra i titoli della spesa dello stato di previsione del Ministero dell'interno, occorrenti per l'attuazione delle disposizioni recate dall'articolo 61 del decreto legislativo 15 dicembre 1997, n. 446, e successive modificazioni, dall'articolo 10, comma 11, della legge 13 maggio 1999, n. 133, e successive modificazioni, e dall'articolo 8, comma 5, della legge 3 maggio 1999, n. 124, relative ai trasferimenti erariali agli enti locali.

5. Il Ministro dell'economia e delle finanze è autorizzato a trasferire, con propri decreti, su proposta del Ministro dell'interno, agli stati di previsione dei Ministeri interessati, per l'anno finanziario 2018, le risorse iscritte nel capitolo 2313, istituito nel programma "Flussi migratori, interventi per lo sviluppo della coesione sociale, garanzia dei diritti, rapporti con le confessioni religiose », nell'ambito della missione "Immigrazione, accoglienza e garanzia dei diritti" dello stato di previsione del Ministero dell'interno, e nel capitolo 2872, istituito nel programma "Pianificazione e coordinamento Forze di polizia" nell'ambito della missione "Ordine pubblico e sicurezza" del medesimo stato di previsione, in attuazione dell'articolo 1, comma 562, della legge 23 dicembre 2005, n. 266, dell'articolo 34 del decreto-legge 1° ottobre 2007, n. 159, convertito, con modificazioni, dalla legge 29 novembre 2007, n. 222, e delle disposizioni di cui all'articolo 2, comma 106, della legge 24 dicembre 2007, n. 244.

6. Il Ministro dell'economia e delle finanze è autorizzato ad apportare, per l'anno finanziario 2018, con propri decreti, nello stato di previsione del Ministero dell'interno, le variazioni compensative di bilancio anche tra i titoli della spesa, occorrenti per l'attuazione delle disposizioni recate dai decreti legislativi 14 marzo 2011, n. 23, e 6 maggio 2011, n. 68, in materia di federalismo fiscale municipale e di autonomia di entrata delle province.

7. Il Ministro dell'economia e delle finanze è autorizzato a riassegnare, con propri decreti, nello stato di previsione del Ministero dell'interno, per l'anno finanziario 2018, i contributi relativi al rilascio e al rinnovo dei permessi di soggiorno, di cui all'articolo 5, comma 2-ter, del testo unico di cui al decreto legislativo 25 luglio 1998, n. 286, versati all'entrata del bilancio dello Stato e destinati, ai sensi dell'articolo 14-bis del medesimo testo unico, al Fondo rimpatri, finalizzato a finanziare le spese per il rimpatrio degli stranieri verso i Paesi di origine ovvero di provenienza.

8. Al fine di reperire le risorse occorrenti per il finanziamento dei programmi di rimpatrio volontario ed assistito di cittadini di Paesi terzi verso il Paese di origine o di provenienza, ai sensi dell'articolo 14ter del testo unico di cui al decreto legislativo 25 luglio 1998, n. 286, il Ministro dell'economia e delle finanze è autorizzato ad apportare, con propri decreti, su proposta del Ministro dell'interno, per l'anno finanziario 2018, le occorrenti variazioni compensative di bilancio, nello stato di previsione del Ministero dell'interno, anche tra missioni e programmi diversi.

9. Ferma restando l'adozione dello specifico sistema di erogazione unificata di competenze fisse e accessorie al personale da parte delle amministrazioni dello Stato, al fine di consentire l'erogazione nell'anno successivo delle somme rimaste da pagare alla fine di ciascun esercizio finanziario a titolo di competenze accessorie, per tutti gli appartenenti alle Forze di polizia si applicano le disposizioni di cui al comma 3 dell'articolo 2 del decreto del Ministro dell'economia e delle finanze 1° dicembre 2010, pubblicato nella Gazzetta Ufficiale n. 293 del 16 dicembre 2010.

10. Il Ministro dell'economia e delle finanze è autorizzato ad apportare, con propri decreti, per l'anno finanziario 2018, le variazioni compensative di bilancio tra i programmi di spesa dello stato di previsione del Ministero dell'interno "Elaborazione, quantificazione e assegnazione delle risorse finanziarie da attribuire agli enti locali" e "Gestione dell'albo dei segretari comunali e provinciali », in relazione alle minori o maggiori occorrenze connesse alla gestione dell'albo dei segretari provinciali e comunali necessarie ai sensi dell'articolo 7, comma 31-ter, del decreto-legge 31 maggio 2010, n. 78, convertito, con modificazioni, dalla legge 30 luglio 2010, n. 122, e dell'articolo 10 del decreto-legge 10 ottobre 2012, n. 174, convertito, con modificazioni, dalla legge 7 dicembre 2012, n. 213.

11. Al fine di consentire la corresponsione nell'ambito del sistema di erogazione unificata delle competenze accessorie dovute al personale della Polizia di Stato, per i servizi resi

nell'ambito delle convenzioni stipulate con Poste italiane Spa, con l'ANAS S.p.A. e con l'Associazione italiana società concessionarie autostrade e trafori, il Ministro dell'interno è autorizzato ad apportare, con propri decreti, previo assenso del Ministero dell'economia e delle finanze - Dipartimento della Ragioneria generale dello Stato, le occorrenti variazioni compensative di bilancio delle risorse iscritte sul capitolo 2502, istituito nel programma "Contrasto al crimine, tutela dell'ordine e della sicurezza pubblica" della missione "Ordine pubblico e sicurezza" sui pertinenti capitoli dello stato di previsione del Ministero dell'interno.

[1] Comma modificato dall'articolo 3, comma 1, della Legge 28 settembre 2018, n. 111, a decorrere dal 14 ottobre 2018.

10. Stato di previsione del Ministero dell'ambiente e della tutela del territorio e del mare. – 1. Sono autorizzati l'impegno e il pagamento delle spese del Ministero dell'ambiente e della tutela del territorio e del mare, per l'anno finanziario 2018, in conformità all'annesso stato di previsione (Tabella n. 9).

11. Stato di previsione del Ministero delle infrastrutture e dei trasporti e disposizioni relative. – 1. Sono autorizzati l'impegno e il pagamento delle spese del Ministero delle infrastrutture e dei trasporti, per l'anno finanziario 2018, in conformità all'annesso stato di previsione (Tabella n. 10).

2. Il numero massimo degli ufficiali ausiliari del Corpo delle capitanerie di porto da mantenere in servizio come forza media nell'anno 2018, ai sensi dell'articolo 803 del codice di cui al decreto legislativo 15 marzo 2010, n. 66, è stabilito come segue: 200 ufficiali in ferma prefissata o in rafferma, di cui alla lettera c) del comma 1 dell'articolo 937 del codice di cui al decreto legislativo n. 66 del 2010; 70 ufficiali piloti di complemento, di cui alla lettera b) del comma 1 dell'articolo 937 del codice di cui al decreto legislativo n. 66 del 2010.

3. Il numero massimo degli allievi del Corpo delle capitanerie di porto da mantenere alla frequenza dei corsi presso l'Accademia navale e le Scuole sottufficiali della Marina militare, per l'anno 2018, è fissato in 136 unità.

4. Nell'elenco n. 1 annesso allo stato di previsione del Ministero delle infrastrutture e dei trasporti, riguardante il Corpo delle capitanerie di porto, sono descritte le spese per le quali si possono effettuare, per l'anno finanziario 2018, i prelevamenti dal fondo a disposizione iscritto nel programma "Sicurezza e controllo nei mari, nei porti e sulle coste », nell'ambito della missione "Ordine pubblico e sicurezza" del medesimo stato di previsione.

5. Ai sensi dell'articolo 2 del regolamento per i servizi di cassa e contabilità delle Capitanerie di porto, di cui al regio decreto 6 febbraio 1933, n. 391, i fondi di qualsiasi provenienza possono essere versati in conto corrente postale dai funzionari delegati.

6. Le disposizioni legislative e regolamentari in vigore presso il Ministero della difesa si applicano, in quanto compatibili, alla gestione dei fondi di pertinenza delle Capitanerie di porto. Alle spese per la manutenzione e l'esercizio dei mezzi nautici, terrestri e aerei e per attrezzature tecniche, materiali e infrastrutture occorrenti per i servizi tecnici e di sicurezza dei porti e delle caserme delle Capitanerie di porto, di cui al programma "Sicurezza e controllo nei mari, nei porti e sulle coste », nell'ambito della missione "Ordine pubblico e sicurezza" dello stato di previsione del Ministero delle infrastrutture e dei trasporti, si applicano, per l'anno finanziario 2018, le disposizioni dell'articolo 61-bis del regio decreto 18 novembre 1923, n. 2440, sulla contabilità generale dello Stato.

7. Il Ministro dell'economia e delle finanze è autorizzato a riassegnare allo stato di previsione del Ministero delle infrastrutture e dei trasporti quota parte delle entrate versate al bilancio dello Stato derivanti dai corrispettivi di concessione offerti in sede di gara per il riaffidamento delle concessioni autostradali nella misura necessaria alla definizione delle eventuali pendenze con i concessionari uscenti.

12. Stato di previsione del Ministero della difesa e disposizioni relative. – 1. Sono autorizzati l'impegno e il pagamento delle spese del Ministero della difesa, per l'anno finanziario 2018, in conformità all'annesso stato di previsione.

2. Il numero massimo degli ufficiali ausiliari da mantenere in servizio come forza media nell'anno 2018, ai sensi dell'articolo 803 del codice di cui al decreto legislativo 15 marzo 2010, n. 66, è stabilito come segue:

a) ufficiali ausiliari, di cui alle lettere a) e c) del comma 1 dell'articolo 937 del codice di cui al decreto legislativo n. 66 del 2010:

1) Esercito n. 64;
2) Marina n. 33;
3) Aeronautica n. 78;
4) Carabinieri n. 0;

b) ufficiali ausiliari piloti di complemento, di cui alla lettera b) del comma 1 dell'articolo 937 del codice di cui al decreto legislativo n. 66 del 2010:

1) Esercito n. 0;
2) Marina n. 26;
3) Aeronautica n. 9;

c) ufficiali ausiliari delle forze di completamento, di cui alla lettera d) del comma 1 dell'articolo 937 del codice di cui al decreto legislativo n. 66 del 2010:

1) Esercito n. 98;
2) Marina n. 20;
3) Aeronautica n. 25;
4) Carabinieri n. 70.

3. La consistenza organica degli allievi ufficiali delle accademie delle Forze armate, compresa l'Arma dei carabinieri, di cui alla lettera b) del comma 1 dell'articolo 803 del codice di cui al decreto legislativo 15 marzo 2010, n. 66, e successive modificazioni, è fissata, per l'anno 2018, come segue:

1) Esercito n. 280;
2) Marina n. 300;
3) Aeronautica n. 242;
4) Carabinieri n. 110.

4. La consistenza organica degli allievi delle scuole sottufficiali delle Forze armate, esclusa l'Arma dei carabinieri, di cui alla lettera b-bis) del comma 1 dell'articolo 803 del codice di cui al decreto legislativo 15 marzo 2010, n. 66, è stabilita, per l'anno 2018, come segue:

1) Esercito n. 420;
2) Marina n. 355;
3) Aeronautica n. 281.

5. La consistenza organica degli allievi delle scuole milita-

ri, di cui alla lettera b-ter) del comma 1 dell'articolo 803 del codice di cui al decreto legislativo 15 marzo 2010, n. 66, è stabilita, per l'anno 2018, come segue:

1) Esercito n. 480;

2) Marina n. 200;

3) Aeronautica n. 135.

6. Alle spese per accordi internazionali, specificamente afferenti alle infrastrutture multinazionali dell'Alleanza atlantica (NATO), di cui al programma "Servizi e affari generali per le amministrazioni di competenza », nell'ambito della missione "Servizi istituzionali e generali delle amministrazioni pubbliche" ed ai programmi "Approntamento e impiego Carabinieri per la difesa e la sicurezza" e "Pianificazione generale delle Forze Armate e approvvigionamenti militari », nell'ambito della missione "Difesa e sicurezza del territorio" dello stato di previsione del Ministero della difesa, si applicano, per l'anno 2018, le disposizioni contenute nell'articolo 61-bis del regio decreto 18 novembre 1923, n. 2440, sulla contabilità generale dello Stato.

7. Alle spese per le infrastrutture multinazionali della NATO, sostenute a carico dei programmi "Servizi e affari generali per le amministrazioni di competenza », nell'ambito della missione "Servizi istituzionali e generali delle amministrazioni pubbliche », "Approntamento e impiego Carabinieri per la difesa e la sicurezza" e "Pianificazione generale delle Forze Armate e approvvigionamenti militari », nell'ambito della missione "Difesa e sicurezza del territorio" dello stato di previsione del Ministero della difesa, per l'anno finanziario 2018, si applicano le direttive che definiscono le procedure di negoziazione ammesse dalla NATO in materia di affidamento dei lavori.

8. Negli elenchi n. 1 e n. 2 allegati allo stato di previsione del Ministero della difesa sono descritte le spese per le quali si possono effettuare, per l'anno finanziario 2018, i prelevamenti dai fondi a disposizione relativi alle tre Forze armate e all'Arma dei carabinieri, ai sensi dell'articolo 613 del codice di cui al decreto legislativo 15 marzo 2010, n. 66.

9. Il Ministro dell'economia e delle finanze è autorizzato a provvedere, con propri decreti, alla riassegnazione ai pertinenti programmi dello stato di previsione del Ministero della difesa, per l'anno finanziario 2018, delle somme versate all'entrata del bilancio dello Stato dal CONI, destinate alle attività sportive del personale militare e civile della Difesa.

10. Il Ministro dell'economia e delle finanze è autorizzato a provvedere, con propri decreti, alla riassegnazione ai pertinenti capitoli del programma "Approntamento e impiego Carabinieri per la difesa e la sicurezza », nell'ambito della missione "Difesa e sicurezza del territorio" dello stato di previsione del Ministero della difesa, per l'anno finanziario 2018, delle somme versate all'entrata del bilancio dello Stato dalla Banca d'Italia per i servizi di vigilanza e custodia resi presso le proprie sedi dal personale dell'Arma dei carabinieri.

13. Stato di previsione del Ministero delle politiche agricole alimentari e forestali e disposizioni relative. – 1. Sono autorizzati l'impegno e il pagamento delle spese del Ministero delle politiche agricole alimentari e forestali, per l'anno finanziario 2018, in conformità all'annesso stato di previsione (Tabella n. 12).

2. Per l'attuazione del decreto legislativo 26 maggio 2004, n. 154, e del decreto legislativo 27 maggio 2005, n. 100, il Ministro dell'economia e delle finanze è autorizzato ad apportare, con propri decreti, nell'ambito della parte corrente e nell'ambito del conto capitale dello stato di previsione del Ministero delle politiche agricole alimentari e forestali, per l'anno finanziario 2018, le variazioni compensative di bilancio, in termini di competenza e di cassa, occorrenti per la modifica della ripartizione delle risorse tra i vari settori d'intervento del Programma nazionale della pesca e dell'acquacoltura.

3. Il Ministro dell'economia e delle finanze è autorizzato a provvedere, con propri decreti, al trasferimento delle somme iscritte nel capitolo 2827 del programma «Politiche europee ed internazionali e dello sviluppo rurale », nell'ambito della missione "Agricoltura, politiche agroalimentari e pesca" dello stato di previsione del Ministero delle politiche agricole alimentari e forestali per l'anno finanziario 2018, ai competenti capitoli dello stato di previsione del Ministero delle politiche agricole alimentari e forestali per il medesimo anno, secondo la ripartizione percentuale indicata all'articolo 24, comma 2, della legge 11 febbraio 1992, n. 157.

4. Per l'anno finanziario 2018 il Ministro dell'economia e delle finanze è autorizzato ad apportare, con propri decreti, nello stato di previsione del Ministero delle politiche agricole alimentari e forestali, le variazioni compensative di bilancio, in termini di competenza e di cassa, occorrenti per l'attuazione di quanto stabilito dagli articoli 12 e 23-quater del decreto-legge 6 luglio 2012, n. 95, convertito, con modificazioni, dalla legge 7 agosto 2012, n. 135,e successive modificazioni, in ordine alla soppressione e riorganizzazione di enti vigilati dal medesimo Ministero.

5. Il Ministro dell'economia e delle finanze è autorizzato a ripartire, con propri decreti, per l'anno finanziario 2018, tra i pertinenti programmi dello stato di previsione del Ministero delle politiche agricole alimentari e forestali, le somme iscritte, in termini di residui, di competenza e di cassa, nel capitolo 7810 "Somme da ripartire per assicurare la continuità degli interventi pubblici nel settore agricolo e forestale" istituito nel programma "Politiche competitive, della qualità agroalimentare, della pesca, dell'ippica e mezzi tecnici di produzione », nell'ambito della missione "Agricoltura, politiche agroalimentari e pesca" del medesimo stato di previsione, destinato alle finalità di cui alla legge 23 dicembre 1999, n. 499, recante razionalizzazione degli interventi nel settore agricolo, agroalimentare, agroindustriale e forestale.

6. Il Ministro dell'economia e delle finanze è autorizzato a provvedere, con propri decreti, alla riassegnazione ai pertinenti programmi dello stato di previsione del Ministero delle politiche agricole alimentari e forestali, per l'anno finanziario 2018, delle somme versate all'entrata del bilancio dello Stato da amministrazioni ed enti pubblici in virtù di accordi di programma, convenzioni ed intese per il raggiungimento di finalità comuni in materia di telelavoro, ai sensi dell'articolo 4 della legge 16 giugno 1998, n. 191, dell'articolo 3 del regolamento di cui al decreto del Presidente della Repubblica 8 marzo 1999, n. 70, e dell'articolo 15 della legge 7 agosto 1990, n. 241, e successive modificazioni.

14. Stato di previsione del Ministero dei beni e delle attività culturali e del turismo e disposizioni relative. – 1. Sono autorizzati l'impegno e il pagamento delle spese del Ministero dei beni e delle attività culturali e del turismo, per l'anno finanziario 2018, in conformità all'annesso stato di previsione (Tabella n. 13).

2. Il Ministro dell'economia e delle finanze è autorizzato ad apportare, con propri decreti, su proposta del Ministro dei beni e delle attività culturali e del turismo, per l'anno finanziario 2018, le variazioni compensative di bilancio, in termini di residui, di competenza e di cassa, tra i capitoli iscritti nel programma "Sostegno, valorizzazione e tutela del settore dello spettacolo dal vivo », nell'ambito della missione «Tutela e valorizzazione dei beni e attività culturali e paesaggistici" dello stato di previsione del Ministero dei beni e delle attività culturali e del turismo relativi al Fondo unico dello spettacolo.

3. Ai fini di una razionale utilizzazione delle risorse di bilancio, per l'anno finanziario 2018, il Ministro dell'economia e delle finanze è autorizzato ad apportare, con propri decreti, adottati su proposta del Ministro dei beni e delle attività culturali e del turismo, comunicati alle competenti Commissioni parlamentari e trasmessi alla Corte dei conti per la registrazione, le occorrenti variazioni compensative di bilancio, in termini di competenza e di cassa, tra i capitoli iscritti nei pertinenti programmi dello stato di previsione del Ministero dei beni e delle attività culturali e del turismo, relativi agli acquisti ed alle espropriazioni per pubblica utilità, nonché per l'esercizio del diritto di prelazione da parte dello Stato su immobili di interesse archeologico e monumentale e su cose di arte antica, medievale, moderna e contemporanea e di interesse artistico e storico, nonché su materiale archivistico pregevole e materiale bibliografico, raccolte bibliografiche, libri, documenti, manoscritti e pubblicazioni periodiche, ivi comprese le spese derivanti dall'esercizio del diritto di prelazione, del diritto di acquisto delle cose denunciate per l'esportazione e dell'espropriazione, a norma di legge, di materiale bibliografico prezioso e raro.

4. Al pagamento delle retribuzioni per le operazioni e per i servizi svolti in attuazione del piano nazionale straordinario di valorizzazione degli istituti e dei luoghi della cultura dal relativo personale si provvede mediante ordini collettivi di pagamento con il sistema denominato "cedolino unico ». A tal fine il Ministro dell'economia e delle finanze è autorizzato ad apportare, con propri decreti, su proposta del Ministro dei beni e delle attività culturali e del turismo, le variazioni compensative di bilancio in termini di competenza e di cassa su appositi piani gestionali dei capitoli relativi alle competenze accessorie del personale.

15. Stato di previsione del Ministero della salute. – 1. Sono autorizzati l'impegno e il pagamento delle spese del Ministero della salute, per l'anno finanziario 2018, in conformità all'annesso stato di previsione.

16. Totale generale della spesa. – 1. Sono approvati, rispettivamente, in euro 852.369.824.700, in euro 863.051.856.949 e in euro 858.813.863.933 in termini di competenza, nonché in euro 869.319.293.055, in euro 868.799.918.196 e in euro 862.752.273.175 in termini di cassa, i totali generali della spesa dello Stato per il triennio 2018-2020.

17. Quadro generale riassuntivo. – 1. È approvato, in termini di competenza e di cassa, per il triennio 2018-2020, il quadro generale riassuntivo del bilancio dello Stato, con le tabelle allegate.

18. Disposizioni diverse. – 1. In relazione all'accertamento dei residui di entrata e di spesa per i quali non esistono nel bilancio di previsione i corrispondenti capitoli nell'ambito dei programmi interessati, il Ministro dell'economia e delle finanze è autorizzato ad istituire gli occorrenti capitoli nei pertinenti programmi con propri decreti da comunicare alla Corte dei conti.

2. Il Ministro dell'economia e delle finanze è autorizzato a trasferire, in termini di competenza e di cassa, con propri decreti, su proposta dei Ministri interessati, per l'anno finanziario 2018, le disponibilità esistenti su altri programmi degli stati di previsione delle amministrazioni competenti a favore di appositi programmi destinati all'attuazione di interventi cofinanziati dall'Unione europea.

3. In relazione ai provvedimenti di riordino delle amministrazioni pubbliche, il Ministro dell'economia e delle finanze, su proposta dei Ministri competenti, è autorizzato ad apportare, con propri decreti da comunicare alle Commissioni parlamentari competenti, per l'esercizio finanziario 2018, le variazioni compensative di bilancio in termini di residui, di competenza e di cassa, ivi comprese l'istituzione, la modifica e la soppressione di programmi, che si rendano necessarie in relazione all'accorpamento di funzioni o al trasferimento di competenze.

4. Su proposta del Ministro competente, con decreti del Ministro dell'economia e delle finanze, da comunicare alle Commissioni parlamentari competenti, negli stati di previsione della spesa che nell'esercizio finanziario 2017 e in quello in corso siano stati interessati dai processi di ristrutturazione di cui al comma 3, nonché da quelli previsti da altre normative vigenti, possono essere effettuate variazioni compensative, in termini di residui, di competenza e di cassa, limitatamente alle autorizzazioni di spesa aventi natura di fabbisogno, nonché tra capitoli di programmi dello stesso stato di previsione limitatamente alle spese di funzionamento per oneri relativi a movimenti di personale e per quelli strettamente connessi con l'operatività delle amministrazioni.

5. Il Ministro dell'economia e delle finanze è autorizzato ad apportare, con propri decreti, per l'anno finanziario 2018, le variazioni di bilancio connesse con l'attuazione dei contratti collettivi nazionali di lavoro del personale dipendente dalle amministrazioni dello Stato, stipulati ai sensi dell'articolo 40 del decreto legislativo 30 marzo 2001, n. 165, e successive modificazioni, nonché degli accordi sindacali e dei provvedimenti di concertazione, adottati ai sensi dell'articolo 2 del decreto legislativo 12 maggio 1995, n. 195, e successive modificazioni, per quanto concerne il trattamento economico fondamentale e accessorio del personale interessato. Per l'attuazione di quanto previsto dal presente comma, le somme iscritte nel conto dei residui sul capitolo n. 3027 (Fondo da ripartire per l'attuazione dei contratti del personale delle amministrazioni statali, ivi compreso il personale militare e quello dei corpi di polizia) dello stato di previsione del Ministero dell'economia e delle finanze possono essere versate all'entrata del bilancio dello Stato (1).

6. Le risorse finanziarie relative ai fondi destinati all'incentivazione del personale civile dello Stato, delle Forze armate, del Corpo nazionale dei vigili del fuoco e dei Corpi di polizia, nonché quelle per la corresponsione del tratta-

mento economico accessorio del personale dirigenziale, non utilizzate alla chiusura dell'esercizio, sono conservate nel conto dei residui per essere utilizzate nell'esercizio successivo. Il Ministro dell'economia e delle finanze è autorizzato ad apportare, con propri decreti, per l'anno finanziario 2018, le variazioni di bilancio occorrenti per l'utilizzazione dei predetti fondi conservati.

7. Il Ministro dell'economia e delle finanze è autorizzato a provvedere, con propri decreti, alla riassegnazione, negli stati di previsione delle amministrazioni statali interessate, per l'anno finanziario 2018, delle somme rimborsate dalla Commissione europea per spese sostenute dalle amministrazioni medesime a carico dei pertinenti programmi dei rispettivi stati di previsione, affluite al fondo di rotazione di cui all'articolo 5 della legge 16 aprile 1987, n. 183, e successivamente versate all'entrata del bilancio dello Stato.

8. Il Ministro dell'economia e delle finanze è autorizzato ad apportare, con propri decreti, per l'anno finanziario 2018, le variazioni di bilancio negli stati di previsione delle amministrazioni interessate, occorrenti per l'attuazione dei decreti del Presidente del Consiglio dei ministri emanati ai sensi dell'articolo 7 della legge 15 marzo 1997, n. 59, e successive modificazioni, e dei decreti legislativi concernenti il conferimento di funzioni e compiti amministrativi dello Stato alle regioni e agli enti locali, in attuazione del capo I della medesima legge n. 59 del 1997.

9. Il Ministro dell'economia e delle finanze è autorizzato ad apportare, con propri decreti, nei pertinenti programmi degli stati di previsione delle amministrazioni interessate, per l'anno finanziario 2018, le variazioni di bilancio occorrenti per l'applicazione del decreto legislativo 18 febbraio 2000, n. 56, concernente disposizioni in materia di federalismo fiscale.

10. Il Ministro dell'economia e delle finanze è autorizzato a provvedere, con propri decreti, alla riassegnazione negli stati di previsione delle amministrazioni interessate, per l'anno finanziario 2018, delle somme versate all'entrata a titolo di contribuzione alle spese di gestione degli asili nido istituiti presso le amministrazioni statali ai sensi dell'articolo 70, comma 5, della legge 28 dicembre 2001, n. 448, nonché di quelle versate a titolo di contribuzione alle spese di gestione di servizi ed iniziative finalizzati al benessere del personale.

11. Il Ministro dell'economia e delle finanze è autorizzato ad apportare, con propri decreti, nell'ambito degli stati di previsione di ciascun Ministero, per l'anno finanziario 2018, le variazioni compensative di bilancio tra i capitoli interessati al pagamento delle competenze fisse e accessorie mediante ordini collettivi di pagamento con il sistema denominato «cedolino unico», ai sensi dell'articolo 2, comma 197, della legge 23 dicembre 2009, n. 191.

12. Il Ministro dell'economia e delle finanze è autorizzato ad apportare, con propri decreti, negli stati di previsione delle amministrazioni interessate, per l'anno finanziario 2018, le variazioni di bilancio compensative occorrenti per l'attuazione dell'articolo 14, comma 2, del decreto-legge 31 maggio 2010, n. 78, convertito, con modificazioni, dalla legge 30 luglio 2010, n. 122.

13. In attuazione dell'articolo 30, comma 4, della legge 31 dicembre 2009, n. 196, il Ministro dell'economia e delle finanze è autorizzato ad apportare, con propri decreti, per l'anno finanziario 2018, le variazioni compensative, in termini di competenza e di cassa, tra gli stanziamenti dei capitoli degli stati di previsione dei Ministeri, delle spese per interessi passivi e per rimborso di passività finanziarie relative ad operazioni di mutui il cui onere di ammortamento è posto a carico dello Stato.

14. Il Ministro dell'economia e delle finanze è autorizzato ad apportare, con propri decreti, negli stati di previsione delle amministrazioni interessate, per l'anno finanziario 2018, le variazioni di bilancio compensative occorrenti in relazione alle riduzioni dei trasferimenti agli enti territoriali, disposte ai sensi dell'articolo 16, comma 2, del decreto-legge 6 luglio 2012, n. 95, convertito, con modificazioni, dalla legge 7 agosto 2012, n. 135, e successive modificazioni.

15. Il Ministro dell'economia e delle finanze è autorizzato a riassegnare, per l'anno finanziario 2018, con propri decreti, negli stati di previsione delle amministrazioni competenti per materia, che subentrano, ai sensi della normativa vigente, nella gestione delle residue attività liquidatorie degli organismi ed enti vigilati dallo Stato, sottoposti a liquidazione coatta amministrativa in base all'articolo 12, comma 40, del decreto-legge 6 luglio 2012, n. 95, convertito, con modificazioni, dalla legge 7 agosto 2012, n. 135, e successive modificazioni, le somme, residuali al 31 dicembre 2017, versate all'entrata del bilancio dello Stato dai commissari liquidatori cessati dall'incarico.

16. Il Ministro delle politiche agricole alimentari e forestali è autorizzato a disporre il rimborso, entro il limite di 60 milioni di euro per l'anno 2017, delle somme anticipate dalle regioni a favore delle imprese agricole danneggiate da eventi calamitosi. Al relativo onere, pari a 60 milioni di euro per l'anno 2017, si provvede mediante corrispondente riduzione dello stanziamento del fondo speciale di conto capitale iscritto, ai fini del bilancio triennale 2017-2019, nell'ambito del programma «Fondi di riserva e speciali» della missione «Fondi da ripartire» dello stato di previsione del Ministero dell'economia e delle finanze per l'anno 2017, allo scopo parzialmente utilizzando l'accantonamento relativo al medesimo Ministero. Il Ministro dell'economia e delle finanze è autorizzato ad apportare, con propri decreti, le occorrenti variazioni di bilancio. Il presente comma entra in vigore il giorno stesso della pubblicazione della presente legge nella Gazzetta Ufficiale (2).

17. Le somme stanziate sul capitolo 1896 dello stato di previsione del Ministero dell'economia e delle finanze, destinate al CONI per il finanziamento dello sport, e sul capitolo 2295 dello stato di previsione del Ministero delle politiche agricole alimentari e forestali, destinate agli interventi già di competenza della soppressa Agenzia per lo sviluppo del settore ippico, per il finanziamento del monte premi delle corse, in caso di mancata adozione del decreto previsto dall'articolo 1, comma 281, della legge 30 dicembre 2004, n. 311, e successive modificazioni, o, comunque, nelle more dell'emanazione dello stesso, costituiscono determinazione della quota parte delle entrate erariali ed extraerariali derivanti da giochi pubblici con vincita in denaro affidati in concessione allo Stato ai sensi del comma 282 del medesimo articolo 1 della citata legge n. 311 del 2004.

18. Il Ministro dell'economia e delle finanze è autorizzato ad apportare, con propri decreti, per l'anno finanziario 2018, le variazioni di bilancio negli stati di previsione delle amministrazioni interessate, occorrenti per l'attuazione dell'articolo 10 del decreto-legge 31 agosto 2013, n. 101,

convertito, con modificazioni, dalla legge 30 ottobre 2013, n. 125, relativo al trasferimento delle risorse umane, strumentali e finanziarie del Dipartimento per lo sviluppo e la coesione economica del Ministero dello sviluppo economico alla Presidenza del Consiglio dei ministri e all'Agenzia per la coesione territoriale.

19. Le risorse, pari ad euro 5 milioni, relative a iniziative di promozione integrata all'estero volte alla valorizzazione dell'immagine dell'Italia anche ai fini dell'incentivazione dei flussi turistici, a valere sul bilancio autonomo della Presidenza del Consiglio dei ministri, sono versate all'entrata del bilancio dello Stato nell'anno finanziario 2018.

20. Le risorse finanziarie iscritte nei fondi connessi alla sistemazione di partite contabilizzate in conto sospeso nonché da destinare alle regioni, alle province autonome e agli altri enti territoriali, istituiti negli stati di previsione dei Ministeri interessati, in relazione all'eliminazione dei residui passivi di bilancio e alla cancellazione dei residui passivi perenti, a seguito dell'attività di ricognizione svolta in attuazione dell'articolo 49, comma 2, lettere c) e d), del decreto-legge 24 aprile 2014, n. 66, convertito, con modificazioni, dalla legge 23 giugno 2014, n. 89, sono ripartite con decreti del Ministro competente.

21. Il Ministro dell'economia e delle finanze è autorizzato a provvedere, con propri decreti, alle variazioni compensative per il triennio 2018-2020 tra i programmi degli stati di previsione dei Ministeri interessati ed il capitolo 3465, articolo 2, dello stato di previsione dell'entrata, in relazione al contributo alla finanza pubblica previsto dal comma 6 dell'articolo 46 del decreto-legge 24 aprile 2014, n. 66, convertito, con modificazioni, dalla legge 23 giugno 2014, n. 89, e successive modificazioni, da attribuire con decreto del Presidente del Consiglio dei ministri a carico delle regioni a statuto ordinario.

22. Il Ministro dell'economia e delle finanze è autorizzato ad apportare, con propri decreti, per l'anno finanziario 2018, le variazioni di bilancio occorrenti per la ripartizione, tra le diverse finalità di spesa, delle risorse finanziarie iscritte negli stati di previsione del Ministero dello sviluppo economico e del Ministero dell'ambiente e della tutela del territorio e del mare in attuazione dell'articolo 19, commi 2 e 3, del decreto legislativo 13 marzo 2013, n. 30.

23. Il Ministro dell'economia e delle finanze è autorizzato ad apportare, con propri decreti, negli stati di previsione delle amministrazioni interessate, per l'anno finanziario 2018, le variazioni di bilancio occorrenti per la riduzione degli stanziamenti dei capitoli relativi alle spese correnti per l'acquisto di beni e servizi in applicazione di quanto disposto dall'articolo 2, comma 222-quater, della legge 23 dicembre 2009, n. 191, e successive modificazioni.

24. Le assegnazioni disposte con decreto del Presidente del Consiglio dei ministri per corrispondere ad eccezionali indilazionabili esigenze di servizio, per l'anno finanziario 2018, tengono conto anche delle risorse finanziarie già iscritte sui pertinenti capitoli degli stati di previsione dei Ministeri interessati al fine di assicurare la tempestiva corresponsione delle somme dovute al personale e ammontanti al 50 per cento delle risorse complessivamente autorizzate per le medesime finalità nell'anno 2017. L'utilizzazione delle risorse è subordinata alla registrazione del citato decreto del Presidente del Consiglio dei ministri da parte dei competenti organi di controllo.

25. Il Ministro dell'economia e delle finanze è autorizzato ad apportare, con propri decreti, su proposta dei Ministri competenti, per l'anno finanziario 2018, le variazioni compensative, anche tra programmi diversi del medesimo stato di previsione, in termini di residui, di competenza e di cassa, che si rendano necessarie nel caso di sentenze definitive anche relative ad esecuzione forzata nei confronti delle amministrazioni dello Stato.

26. In relazione al pagamento delle competenze accessorie mediante ordini collettivi di pagamento con il sistema denominato « cedolino unico », ai sensi dell'articolo 2, comma 197, della legge 23 dicembre 2009, n. 191, il Ministro dell'economia e delle finanze, su proposta del Ministro dell'interno, è autorizzato a ripartire, con propri decreti, fra gli stati di previsione delle amministrazioni interessate, per l'anno finanziario 2018, i fondi iscritti nello stato di previsione del Ministero dell'interno, nell'ambito della missione « Ordine pubblico e sicurezza », programma « Servizio permanente dell'Arma dei Carabinieri per la tutela dell'ordine e la sicurezza pubblica » e programma « Pianificazione e coordinamento Forze di polizia », concernenti il trattamento accessorio del personale delle Forze di polizia e del personale alle dipendenze della Direzione investigativa antimafia. Nelle more del perfezionamento del decreto del Ministro dell'interno, di cui all'articolo 43, tredicesimo comma, della legge 1° aprile 1981, n. 121, al fine di consentire il tempestivo pagamento dei compensi per lavoro straordinario al personale dei corpi di polizia, è autorizzata l'erogazione dei predetti compensi nei limiti stabiliti dal decreto adottato ai sensi del medesimo articolo 43, tredicesimo comma, per l'anno 2017. (3)

27. In relazione al pagamento delle competenze fisse e accessorie mediante ordini collettivi di pagamento con il sistema denominato « cedolino unico », ai sensi dell'articolo 2, comma 197, della legge 23 dicembre 2009, n. 191, il Ministro dell'economia e delle finanze è autorizzato a riassegnare nello stato di previsione del Ministero della difesa, per l'anno finanziario 2018, le somme versate in entrata concernenti le competenze fisse ed accessorie del personale dell'Arma dei carabinieri in forza extraorganica presso le altre amministrazioni.

28. Su proposta del Ministro dell'interno, il Ministro dell'economia e delle finanze è autorizzato ad apportare, per l'anno finanziario 2018, le variazioni compensative negli stati di previsione delle amministrazioni interessate, tra le spese per la manutenzione dei beni acquistati nell'ambito delle dotazioni tecniche e logistiche per le esigenze delle sezioni di polizia giudiziaria, iscritte nell'ambito della missione « Ordine pubblico e sicurezza », programma « Contrasto al crimine, tutela dell'ordine e della sicurezza pubblica ».

29. Ai fini dell'attuazione del programma di interventi previsto dall'articolo 5, comma 2, del decreto legislativo 4 luglio 2014, n. 102, finanziato ai sensi del comma 12 del medesimo articolo, il Ministro dell'economia e delle finanze è autorizzato ad apportare, con propri decreti, su proposta del Ministro dello sviluppo economico, per l'anno finanziario 2018, variazioni compensative, in termini di residui, di competenza e di cassa, tra i capitoli dello stato di previsione del Ministero dello sviluppo economico relativi all'attuazione del citato programma di interventi e i correlati capitoli degli stati di previsione del Ministero dell'economia e delle finanze e del Ministero delle infrastrutture e dei tra-

sporti.

30. In relazione alla razionalizzazione delle funzioni di polizia e all'assorbimento del Corpo forestale dello Stato nell'Arma dei carabinieri, di cui al decreto legislativo 19 agosto 2016, n. 177, il Ministro dell'economia e delle finanze è autorizzato ad apportare, con propri decreti, per l'anno finanziario 2018, le opportune variazioni compensative di bilancio tra gli stati di previsione delle amministrazioni interessate.

31. Il Ministro dell'economia e delle finanze è autorizzato a provvedere, con propri decreti, alla riassegnazione negli stati di previsione delle amministrazioni interessate, per l'anno finanziario 2018, delle somme versate all'entrata del bilancio dello Stato dall'Unione europea, dalle pubbliche amministrazioni e da enti pubblici e privati, a titolo di contribuzione alle spese di promozione della conciliazione dei tempi di vita e di lavoro nelle amministrazioni pubbliche, di cui all'articolo 14 della legge 7 agosto 2015, n. 124.

32. Il Ministro dell'economia e delle finanze è autorizzato a ripartire, tra gli stati di previsione dei Ministeri interessati, le risorse del capitolo « Fondo da ripartire per la sistemazione contabile delle partite iscritte al conto sospeso », iscritto nello stato di previsione del Ministero dell'economia e delle finanze, per l'anno finanziario 2018. Le risorse del suddetto Fondo non utilizzate nel corso dello stesso esercizio sono conservate in bilancio al termine dell'anno 2018 per essere utilizzate nell'esercizio successivo.

33. Il Ministro dell'economia e delle finanze è autorizzato ad apportare, con propri decreti, le occorrenti variazioni compensative di bilancio, anche in termini di residui, relativamente alle sole competenze fisse, tra i capitoli delle amministrazioni interessate al riordino delle Forze armate e delle Forze di polizia previsto dai decreti legislativi 29 maggio 2017, n. 94 e n. 95.

34. Relativamente alle gestioni contabili oggetto di riconduzione al regime di contabilità ordinaria ai sensi dell'articolo 44ter della legge 31 dicembre 2009, n. 196, e successive modificazioni, le somme che, a seguito della chiusura dei conti di tesoreria, affluiscono all'entrata del bilancio dello Stato per effetto dei versamenti operati da amministrazioni pubbliche, enti, organismi pubblici e privati nonché dall'Unione europea in favore delle strutture dei Ministeri titolari delle medesime gestioni, sono riassegnate negli stati di previsione dei Ministeri interessati, al fine di mantenere l'operatività delle stesse.

35. Le somme affluite all'entrata del bilancio dello Stato per effetto di donazioni effettuate da soggetti privati in favore di amministrazioni centrali e periferiche dello Stato puntualmente individuate possono essere riassegnate ad appositi capitoli di spesa degli stati di previsione dei Ministeri interessati.

36. Le somme iscritte in conto residui nel capitolo 6633 del programma « Sostegno, valorizzazione e tutela del settore dello spettacolo dal vivo » della missione «Tutela e valorizzazione dei beni e attività culturali e paesaggistici » dello stato di previsione del Ministero dei beni e delle attività culturali e del turismo possono essere utilizzate per i versamenti relativi alla definizione agevolata dei debiti ai sensi della normativa vigente in materia. Il presente comma entra in vigore il giorno stesso della pubblicazione della presente legge nella Gazzetta Ufficiale.

37. L'importo di 80 milioni di euro, versato dalla Camera dei deputati e affluito al bilancio dello Stato in data 10 ottobre 2017 sul capitolo 2368, articolo 8, dello stato di previsione dell'entrata è destinato, nell'esercizio 2017, al Fondo per la ricostruzione delle aree terremotate, di cui all'articolo 4 del decreto-legge 17 ottobre 2016, n. 189, convertito, con modificazioni, dalla legge 15 dicembre 2016, n. 229, per essere trasferito alla contabilità speciale intestata al Commissario straordinario del Governo per la ricostruzione nei territori interessati dall'evento sismico del 24 agosto 2016, nominato con decreto del Presidente della Repubblica 11 settembre 2017, di cui al comunicato pubblicato nella Gazzetta Ufficiale n. 233 del 5 ottobre 2017. Il presente comma entra in vigore il giorno stesso della pubblicazione della presente legge nella Gazzetta Ufficiale.

(1) Comma modificato dall'articolo 4, comma 1, della Legge 28 settembre 2018, n. 111, a decorrere dal 14 ottobre 2018.
(2) L'autorizzazione di spesa di cui al presente comma è rifinanziata di 30 milioni di euro per l'anno 2019 dall'articolo 10, comma 3, del D.L. 30 dicembre 2019, n. 162, convertito, con modificazioni dalla Legge 28 febbraio 2020, n. 8. Vedi inoltre il comma 4 del medesimo articolo 10.
(3) Comma modificato dall'articolo 4, comma 2, della Legge 28 settembre 2018, n. 111, a decorrere dal 14 ottobre 2018.

19. Entrata in vigore. – 1. La presente legge, salvo quanto diversamente previsto, entra in vigore il 1° gennaio 2018.

La presente legge, munita del sigillo dello Stato, sarà inserita nella Raccolta ufficiale degli atti normativi della Repubblica italiana. È fatto obbligo a chiunque spetti di osservarla e di farla osservare come legge dello Stato.

RENDITE FINANZIARIE

1. D.P.R. 29 settembre 1973, n. 601
Disciplina delle agevolazioni tributarie. (AGEVOLAZIONI TRIBUTARIE)(1)

(1) *Pubblicato in Suppl. ordinario alla Gazz. Uff., 16 ottobre, n. 268*

(Omissis).

TITOLO I
Agevolazione di carattere soggettivo

1. Assegno del Presidente della Repubblica. – [*L'assegno del Presidente della Repubblica è esente dall'imposta sul reddito delle persone fisiche e dall'imposta locale sui redditi.*](1)

(1) *Articolo abrogato dall'art. 3, comma 1, l. 23 dicembre 1996, n. 662, a decorrere dal 1° gennaio 1997. Da tale data, ai sensi dello stesso art. 3, comma 1, all'assegno del Presidente della Repubblica si applica lo stesso trattamento fiscale previsto per l'indennità parlamentare.*

2. Fabbricati della Santa Sede. – Il reddito dei fabbricati di proprietà della Santa Sede indicati negli articoli 13, 14, 15 e 16 del trattato lateranense 11 febbraio 1929, reso esecutivo con la legge 27 maggio 1929, n. 810, è esente dall'imposta locale sui redditi e dall'imposta sul reddito delle persone giuridiche.

L'incremento di valore dei fabbricati di cui al precedente comma non è soggetto all'imposta comunale sull'incremento di valore degli immobili.

3. Retribuzione dei dipendenti della Chiesa cattolica. – Le retribuzioni di qualsiasi natura, le pensioni e le indennità di fine rapporto, corrisposte dalla Santa Sede, dagli altri enti centrali della Chiesa cattolica e dagli enti gestiti direttamente dalla Santa Sede ai propri dignitari, impiegati e salariati, ancorché non stabili, sono esenti dall'imposta sul reddito delle persone fisiche e dall'imposta locale sui redditi.

4. Rappresentanze estere. – I redditi degli ambasciatori e degli agenti diplomatici degli Stati esteri accreditati in Italia, derivanti dall'esercizio della loro funzione, sono esenti dall'imposta sul reddito delle persone fisiche e dall'imposta locale sui redditi.

L'esenzione stabilita nel comma precedente si applica, a condizione di reciprocità, anche ai consoli, agli agenti consolari e agli impiegati delle rappresentanze diplomatiche e consolari degli Stati esteri, che non siano cittadini italiani né italiani non appartenenti alla Repubblica.

5. Immobili degli enti pubblici territoriali. – I redditi dei terreni e dei fabbricati appartenenti allo Stato, alle regioni, alle province, ai comuni e ai relativi consorzi, destinati ad usi o servizi di pubblico interesse, sono esenti dall'imposta sul reddito delle persone giuridiche e dalla imposta locale sui redditi.

Nel secondo comma dell'art. 2 del decreto del Presidente della Repubblica 26 ottobre 1972, n. 643, è aggiunto il seguente numero:

"3) degli immobili appartenenti allo Stato, alle provincie, ai comuni e ai relativi consorzi, destinati ad usi o servizi di pubblico interesse".

5 *bis*. Immobili con destinazione ad usi culturali (1). – Non concorrono alla formazione del reddito delle persone fisiche, del reddito delle persone giuridiche e dei redditi assoggettati alla imposta locale sui redditi, ai fini delle relative imposte, i redditi catastali degli immobili totalmente adibiti a sedi, aperte al pubblico, di musei, biblioteche, archivi, cineteche, emeroteche statali, di privati, di enti pubblici, di istituzioni e fondazioni, quando al possessore non derivi alcun reddito dalla utilizzazione dell'immobile. Non concorrono altresì alla formazione dei redditi anzidetti, ai fini delle relative imposte, i redditi catastali dei terreni, parchi e giardini che siano aperti al pubblico o la cui conservazione sia riconosciuta dal Ministero per i beni culturali e ambientali di pubblico interesse. Per fruire del beneficio, gli interessati devono denunciare la mancanza di reddito nei termini e con le modalità di cui all'art. 38, secondo comma del D.P.R. 29 settembre 1973, n. 597.

Il mutamento di destinazione degli immobili indicati nel comma precedente senza la preventiva autorizzazione dell'Amministrazione per i beni culturali e ambientali, il mancato assolvimento degli obblighi di legge per consentire l'esercizio del diritto di prelazione dello Stato sui beni immobili vincolati determinano la decadenza dalle agevolazioni tributarie. Resta ferma ogni altra sanzione.

L'Amministrazione per i beni culturali e ambientali dà immediata comunicazione agli uffici tributari delle violazioni che comportano la decadenza dalle agevolazioni.

(1) *Articolo aggiunto dall'art. 1, l. 2 agosto 1982, n. 512.*

6. Riduzione dell'imposta sul reddito delle persone giuridiche (1). – [L'imposta sul reddito delle persone giuridiche è ridotta alla metà nei confronti dei seguenti soggetti:

a) enti e istituti di assistenza sociale, società di mutuo soccorso, enti ospedalieri, enti di assistenza e beneficenza;

b) istituti di istruzione e istituti di studio e sperimentazione di interesse generale che non hanno fine di lucro, corpi scientifici, accademie, fondazioni e associazioni storiche, letterarie, scientifiche, di esperienze e ricerche aventi scopi esclusivamente culturali;

c) enti il cui fine è equiparato per legge ai fini di beneficenza o di istruzione;

c- bis) Istituti autonomi per le case popolari, comunque denominati, e loro consorzi nonché enti aventi le stesse finalità sociali dei predetti Istituti, istituiti nella forma di società che rispondono ai requisiti della legislazione dell'Unione europea in materia di "in house providing" e che siano costituiti e operanti alla data del 31 dicembre 2013(2).

2. Per i soggetti di cui al comma 1 la riduzione compete a condizione che abbiano personalità giuridica.

La riduzione non si applica agli enti iscritti nel Registro Unico nazionale del terzo settore. Ai soggetti di cui all'articolo 4, comma 3, codice del Terzo settore di cui all'articolo 1, comma 2, lettera b), della legge 6 giugno 2016, n. 106, iscritti nel Registro unico nazionale del Terzo settore, la riduzione si applica limitatamente alle attività diverse da

RENDITE

quelle elencate all'articolo 5 del medesimo decreto legislativo [(3)].] [(4)]

(1) *Articolo sostituito dall'art. 66, d.l. 30 agosto 1993, n. 331.*
(2) *Lettera modificata dall'articolo 1, comma 89, della Legge 28 dicembre 2015, n. 208.*
(3) *Comma aggiunto dall'articolo 89, comma 5, del D.Lgs. 3 luglio 2017, n. 117.*
(4) *Articolo abrogato dall'articolo 1, comma 51, della Legge 30 dicembre 2018, n. 145.*

7. Manifestazioni propagandistiche dei partiti politici. – Il reddito derivante dall'esercizio di attività commerciali svolte in occasione di manifestazioni propagandistiche da partiti politici rappresentati nelle assemblee nazionali o regionali è esente dall'imposta sul reddito delle persone giuridiche e dall'imposta locale sui redditi.

L'esenzione compete a condizione che si tratti di carattere temporaneo esercitata direttamente dal partito nello stesso luogo in cui si svolge la manifestazione e che questa sia connessa con i fini istituzionali propri del partito.

TITOLO II
Agevolazioni per l'agricoltura

8. Esenzioni temporanee per miglioramenti fondiari. – Il reddito dominicale dei terreni rimboscati sotto la direzione e vigilanza della autorità forestale e delle pertinenze idrauliche demaniali comprese negli appositi elenchi è esente dall'imposta locale sui redditi per quindici o quaranta anni secondo che si tratti di boschi cedui o di boschi ad alto fusto.

Il reddito dominicale dei boschi cedui di proprietà privata trasformati in fustaie e mantenuti in tale coltura secondo piani particolari di trasformazione o conservazione è esente dall'imposta locale sui redditi per venticinque anni da quando è stata ultimata l'opera di trasformazione.

La differenza tra il reddito dominicale dei terreni olivati nei quali sia stato praticato il ringiovanimento degli olivi a norma di legge e quello attribuibile ad essi considerandoli spogli d'olivi è esente dall'imposta locale sui redditi per dieci anni.

Il maggior reddito dominicale dovuto a nuove piantagioni fruttifere è esente dall'imposta locale sui redditi per i seguenti periodi:

a) cinque anni per la vite bassa (a ceppaia, ad alberello, a cordone orizzontale annuo e simili), per il pesco, il fico, il cotogno e il gelso (a siepe, a ceppaia e a prato) e per il sommacco;

b) dieci anni per la vite alta (a spalliera, maritata ad albero o appoggiata a grosso palo, a pergolato, a raggi e simili), per il melo, il pero, il ciliegio, l'albicocco, il nocciolo, il melograno, il susino, il nespolo del Giappone, il kaki, il frassino da manna e altri alberi da frutto non altrimenti specificati nel presente comma;

c) quindici anni per gli agrumi, il mandorlo, il gelso d'alto fusto e il pistacchio;

d) venti anni per il castagno da frutto, il noce, il carrubo, il pino da pinoli e il sorbo;

e) venticinque anni per l'olivo.

Quando in una particella catastale sono effettuate nuove piantagioni fruttifere di varie specie l'esenzione compete per il periodo, tra quelli indicati nel comma precedente, più vicino alla media dei periodi di esenzione spettanti per le specie che prevalgono nella determinazione del nuovo reddito.

L'esenzione prevista nei commi quarto e quinto non spetta quando le nuove piantagioni costituiscono ordinarie reintegrazioni necessarie per mantenere le colture in stato normale, fatta eccezione per quelle sostitutive delle piantagioni di vite distrutte o danneggiate dalla fillossera e delle piantagioni di agrumi distrutte o danneggiate dal marciume radicale o dal malsecco.

Il maggior reddito dominicale dei terreni bonificati ai sensi delle norme sulla bonifica integrale è esente dall'imposta locale sui redditi per venti anni.

Il maggior reddito dominicale dovuto a miglioramenti fondiari diversi da quelli indicati nei precedenti commi è esente dall'imposta locale sui redditi per cinque anni.

Le esenzioni previste dai primi tre commi decorrono dall'anno successivo a quello in cui sono state ultimate le operazioni di trasformazione agraria e debbono essere chieste, con domanda all'ufficio delle imposte, entro il 31 gennaio di tale anno. Le domande tardive hanno effetto, per il residuo periodo di esenzione, dall'anno successivo a quello in cui sono state presentate.

Le esenzioni previste dagli altri commi decorrono dall'anno successivo a quello in cui si è verificata la variazione della qualità di coltura o di classe che comporta l'esenzione. Nel caso che tale variazione non venga denunciata all'ufficio tecnico erariale o all'ufficio delle imposte entro il 31 gennaio dell'anno successivo a quello in cui sono avvenute, il beneficio dell'esenzione resta limitato al periodo non ancora trascorso al 1° gennaio dell'anno successivo a quello nel quale è stata presentata la domanda di esenzione.

9. Territori montani. – L'imposta locale sui redditi è ridotta alla metà per i redditi dominicale e agrario:

a) dei terreni situati ad una altitudine non inferiore a 700 metri sul livello del mare e di quelli rappresentati da particelle catastali che si trovano soltanto in parte alla predetta altitudine. L'esenzione decorre dall'anno successivo alla presentazione della domanda all'ufficio delle imposte;

b) dei terreni compresi nell'elenco dei territori montani compilato dalla commissione censuaria centrale. L'esenzione è disposta d'ufficio e decorre dall'anno successivo alla inclusione dei terreni nel predetto elenco;

c) dei terreni facenti parte di comprensori di bonifica montana. L'esenzione decorre dall'anno successivo alla costituzione del comprensorio e viene disposta di ufficio ove interessi il territorio dell'intero comune censuario; in caso diverso l'esenzione deve essere chiesta dagli interessati o, per essi, globalmente dal comune e decorre dall'anno successivo alla presentazione della relativa domanda all'ufficio delle imposte.

Nei territori montani di cui al primo comma, i trasferimenti di proprietà a qualsiasi titolo di fondi rustici a favore di coltivatori diretti e imprenditori agricoli professionali, iscritti nella relativa gestione previdenziale e assistenziale, sono soggetti alle imposte di registro e ipotecaria nella misura fissa e sono esenti dalle imposte catastale e di bollo. Le agevolazioni di cui al presente comma si applicano anche ai trasferimenti a favore di soggetti che, pur non essendo iscritti nella gestione previdenziale e assistenziale di cui al primo periodo, con apposita dichiarazione contenuta nell'atto di acquisto, si impegnano a coltivare o a condurre direttamente il fondo per un periodo di cinque anni; i predetti soggetti decadono dalle agevolazioni se, prima che siano trascorsi cinque anni dalla stipula degli atti di acquisto, alienano volontariamente i terreni ovvero cessano di coltivarli o di condurli direttamente. Le stesse agevolazioni si applicano anche a favore delle cooperative agricole che conducono direttamente i terreni [1].

.I trasferimenti di proprietà a qualsiasi titolo, acquisiti o disposti dalle comunità montane, di beni la cui destinazione sia prevista nel piano di sviluppo per la realizzazione di insediamenti industriali o artigianali, di impianti a carattere associativo e cooperativo per produzione, lavorazione e commercializzazione dei prodotti del suolo, di caseifici e stalle sociali o di attrezzature turistiche, godono delle agevolazioni di cui al comma precedente.

Decadono dai benefici di cui al secondo e terzo comma i proprietari di terreni montani che non osservano gli obblighi derivanti dai vincoli idrogeologici o imposti per altri scopi.

Le successioni e le donazioni tra ascendenti, discendenti e coniugi aventi per oggetto i boschi costituiti ovvero ricostituiti o migliorati per effetto di leggi a favore dei terreni montani sono esenti dalla imposta sulle successioni e donazioni.

(1 Comma sostituito dall'articolo 1, comma 111, della Legge 29 dicembre 2022, n. 197.

TITOLO III
Agevolazioni per la cooperazione

10. Cooperative agricole e della piccola pesca. – Sono esenti dall'imposta sul reddito delle persone giuridiche e dall'imposta locale sui redditi conseguiti da società cooperative agricole e loro consorzi mediante l'allevamento di animali con mangimi ottenuti per almeno un quarto dai terreni dei soci nonché mediante la manipolazione, conservazione, valorizzazione, trasformazione e alienazione di prodotti agricoli e zootecnici e di animali conferiti prevalentemente dai soci [1].

[Se le attività esercitate dalla cooperativa o dai soci eccedono i limiti di cui al precedente comma ed alle lettere b) e c) dell'art. 28 del predetto decreto, l'esenzione compete per la parte del reddito della cooperativa o del consorzio corrispondente al reddito agrario dei terreni dei soci.] [2]

I redditi conseguiti dalle cooperative della piccola pesca e dai loro consorzi sono esenti dall'imposta sul reddito delle persone giuridiche e dall'imposta locale sui redditi. Sono considerate cooperative della piccola pesca quelle che esercitano professionalmente la pesca marittima con l'impiego esclusivo di navi assegnate alle categorie 3 e 4 di cui all'art. 8 del D.P.R. 2 ottobre 1968, n. 1639 o la pesca in acque interne.

[1] Comma modificato dall'articolo 2 della legge 24 dicembre 2003, n. 350.
[2] Comma abrogato dall'articolo 2 della legge 24 dicembre 2003, n. 350.

11. Cooperative di produzione e di lavoro. – I redditi conseguiti dalle società cooperative di produzione e lavoro e loro consorzi sono esenti dalla imposta sul reddito delle persone giuridiche e dalla imposta locale sui redditi se l'ammontare delle retribuzioni effettivamente corrisposte ai soci che prestano la loro opera con carattere di continuità, comprese le somme di cui all'ultimo comma, non è inferiore al cinquanta per cento dell'ammontare complessivo di tutti gli altri costi tranne quelli relativi alle materie prime e sussidiarie. Se l'ammontare delle retribuzioni è inferiore al cinquanta per cento ma non al venticinque per cento dell'ammontare complessivo degli altri costi l'imposta sul reddito delle persone giuridiche e l'imposta locale sui redditi sono ridotte alla metà [1].

Per le società cooperative di produzione le disposizioni del comma precedente si applicano a condizione che per i soci ricorrano tutti i requisiti previsti, per i soci delle cooperative di lavoro, dall'art. 23 del D.Lgs.C.P.S. 14 dicembre 1947, n. 1577, e successive modificazioni.

Nella determinazione del reddito delle società cooperative di produzione e lavoro e loro consorzi sono ammesse in deduzione le somme erogate ai soci lavoratori a titolo di integrazione delle retribuzioni fino al limite dei salari correnti aumentati del venti per cento.

[1] Comma modificato dall'art. 15, l. 13 maggio 1999, n. 133.

12. Somme ammesse in deduzione dal reddito. – 1. Per le società cooperative e loro consorzi sono ammesse in deduzione dal reddito le somme ripartite tra i soci sotto forma di restituzione di una parte del prezzo dei beni e servizi acquistati o di maggiore compenso per i conferimenti effettuati. Le predette somme possono essere imputate ad incremento delle quote sociali. [1]

[1] Articolo modificato dall'articolo 3, comma 47, della legge 23 dicembre 1996, n. 662 e, successivamente, sostituito dall'art. 6, l. 23 dicembre 2000, n. 388.

13. Finanziamenti dei soci. – Sono esenti dall'imposta locale sui redditi gli interessi sulle somme che, oltre alle quote di capitale sociale, i soci persone fisiche versano alle società cooperative e loro consorzi o che questi trattengono ai soci stessi, a condizione:

a) che i versamenti e le trattenute siano effettuati esclusivamente per il conseguimento dell'oggetto sociale e non superino, per ciascun socio, la somma di euro 20.658,28. Tale limite è elevato a euro 41.361,55 per le cooperative di conservazione, lavorazione, trasformazione ed alienazione di prodotti agricoli e per le cooperative di produzione e lavoro [1][2];

b) che gli interessi corrisposti sulle predette somme non superino la misura massima degli interessi spettanti ai detentori dei buoni postali fruttiferi [3][4].

[1] Lettera modificata dall'articolo 15, comma 1, della legge 2 dicembre 1975, n. 576; dall'articolo 6-bis, del D.L. 31 ottobre 1980, n. 693, convertito con modificazioni dalla L. 22 dicembre 1980, n. 891; dall'articolo 23, comma 1, della legge 27 febbraio 1985, n. 49 e, da ultimo, dall'art. 10, l. 31 gennaio 1992, n. 59.
[2] Vedi, ora, l'art. 6-bis, d.l. 31 ottobre 1980, n. 693 e l'art. 23, l. 27 febbraio 1985, n. 49.
[3] Vedi, ora, l'art. 6-bis, d.l. 31 ottobre 1980, n. 693 e l'art. 23, l. 27 febbraio 1985, n. 49.
[4] Lettera sostituita dall'art. 10, l. 24 dicembre 1974, n. 713.

14. Condizioni di applicabilità delle agevolazioni. – Le agevolazioni previste in questo titolo si applicano alle società cooperative, e loro consorzi, che siano disciplinate dai princìpi della mutualità previsti dalle leggi dello Stato e siano iscritti nei registri prefettizi o nello schedario generale della cooperazione.

I requisiti della mutualità si ritengono sussistenti quando negli statuti sono espressamente e inderogabilmente previste le condizioni indicate nell'art. 26 del D.Lgs. 14 dicembre 1947, n. 1577, e successive modificazioni, e tali condizioni sono state in fatto osservate nel periodo di imposta e nei cinque precedenti, ovvero nel minor periodo di tempo trascorso dall'approvazione degli statuti stessi.

I presupposti di applicabilità delle agevolazioni sono accertati dall'amministrazione finanziaria sentiti il Ministero del lavoro o gli altri organi di vigilanza

TITOLO IV
Agevolazioni per il settore del credito

15. Operazioni di credito a medio e lungo termine (1). – Le operazioni relative ai finanziamenti a medio e lungo termine e tutti i provvedimenti, atti, contratti e formalità inerenti alle operazioni medesime, alla loro esecuzione, modificazione ed estinzione, alle garanzie di qualunque tipo da chiunque e in qualsiasi momento prestate e alle loro eventuali surroghe, sostituzioni, postergazioni, frazionamenti e cancellazioni anche parziali, ivi comprese le cessioni di credito stipulate in relazione a tali finanziamenti, nonché alle successive cessioni dei relativi contratti o crediti e ai trasferimenti delle garanzie ad essi relativi effettuate da aziende e istituti di credito e da loro sezioni o gestioni che esercitano, in conformità a disposizioni legislative, statutarie o amministrative, il credito a medio e lungo termine, e quelle effettuate ai sensi dell'articolo 5, comma 7, lettera b), del decreto legge 30 settembre 2003, n. 269, convertito, con modificazioni, dalla legge 24 novembre 2003, n. 326, per le quali è stata esercitata l'opzione di cui all'articolo 17, sono esenti dall'imposta di registro, dall'imposta di bollo, dalle imposte ipotecarie e catastali e dalle stesse sulle concessioni governative(2).(3)

In deroga al precedente comma, gli atti giudiziari relativi alle operazioni ivi indicate sono soggetti alle suddette imposte secondo il regime ordinario e le cambiali emesse in relazione alle operazioni stesse sono soggette alla imposta di bollo di euro 0,052 per euro 516,46 o frazione di euro 516,46.

Agli effetti di quest'articolo si considerano a medio e lungo termine le operazioni di finanziamento la cui durata contrattuale sia stabilita in più di diciotto mesi.

(1) Vedi l'articolo 2 del D.L. 3 agosto 2004, n. 220.
(2) Comma modificato dall'articolo 1, comma 32 della legge 24 dicembre 2007, n. 244, dall'articolo 12, comma 4, lettera a), del D.L. 23 dicembre 2013 n. 145, convertito, con modificazioni, dalla Legge 21 febbraio 2014, n. 9 e successivamente dall'articolo 22, comma 2, lettera a), del D.L. 24 giugno 2014, n. 91, convertito con modificazioni dalla Legge 11 agosto 2014, n. 116.
(3) La Corte Costituzionale, con sentenza 20 novembre 2017, n. 242 (in Gazz. Uff., 22 novembre 2017, n. 47), ha dichiarato l'illegittimità costituzionale del presente comma, nella parte in cui esclude l'applicabilità dell'agevolazione fiscale ivi prevista alle analoghe operazioni effettuate dagli intermediari finanziari.

16. Altre operazioni di credito. – Le agevolazioni stabilite dall'art. 15 si applicano anche alle operazioni relative ai finanziamenti di qualunque durata, effettuati in conformità a disposizioni legislative, statutarie o amministrative da aziende e istituti di credito e loro sezioni o gestioni, nei seguenti settori:

1) credito per il lavoro italiano all'estero di cui al R.D.L. 15 dicembre 1923, n. 3148;

[2) credito agrario di esercizio e di miglioramento disciplinato dal decreto-legge 29 luglio 1927, n. 1509, convertito con modificazioni nella legge 5 luglio 1928, n. 1760, e successive modificazioni ed integrazioni, e da altre disposizioni legislative in materia;] (1);

3) credito all'artigianato di cui al D.Lgs. 15 dicembre 1947, n. 1418, e alla L. 25 luglio 1952, n. 949;

[4) credito alla cooperazione, di cui al decreto legislativo 15 dicembre 1947, n. 1421, e alla legge 12 marzo 1968, n. 386;] (2)

5) credito cinematografico, di cui alle leggi 4 novembre 1965, n. 1213, e 14 agosto 1971, n. 819;

[6) credito all'esportazione e altri crediti previsti dalla legge 28 febbraio 1967, n. 131;] (3);

7) credito teatrale, di cui alla legge 14 agosto 1967, n. 800;

8) credito di rifinanziamento effettuato a norma degli artt. 17, 18, 33 e 34 della legge 25 luglio 1952, n. 949;

9) credito peschereccio d'esercizio (4).

(1) Numero abrogato dall'art. 44, d.l. 23 febbraio 1995, n. 41.
(2) Numero abrogato dall'art. 7, l. 8 maggio 1998, n. 146.
(3) Numero abrogato dall'art. 44, d.p.r. 30 dicembre 1980, n. 897.
(4) Numero aggiunto dall'art. 4, l. 28 agosto 1989, n. 302.

17. Imposta sostitutiva (1). – Gli enti che effettuano le operazioni indicate negli artt. 15 e 16, a seguito di specifica opzione, possono corrispondere, in luogo delle imposte di registro, di bollo, ipotecarie e catastali e delle tasse sulle concessioni governative, una imposta sostitutiva. L'opzione è esercitata per iscritto nell'atto di finanziamento (2).

Per gli istituti di credito costituiti ai sensi dei decreti-legge 2 settembre 1919, n. 1627, 15 dicembre 1923, n. 3148, e 20 maggio 1924, n. 731, degli artt. 14 e 18 del D.L. 29 luglio 1927, n. 1509, dei decreti-legge 13 novembre 1931, n. 1398, e 2 giugno 1946, n. 491, del D.Lgs. 15 dicembre 1947, n. 1418, della L. 22 giugno 1950, n. 445, dell'art. 17 della L. 25 luglio 1952, n. 949, e delle leggi 12 marzo 1953, n. 208, 11 aprile 1953, n. 298, e 31 luglio 1957, n. 742, nonché per gli istituti autorizzati all'esercizio del credito fondiario in base al testo unico 16 luglio 1905, n. 646, per gli istituti soggetti alla disciplina di cui al D.Lgs. 23 agosto 1946, n. 370, per le sezioni autonome opere pubbliche di cui alle leggi 6 marzo 1950, n. 108, e 11 marzo 1958, n. 238, e per le sezioni interventi speciali di cui alle leggi 18 dicembre 1961, n. 1470, e 18 maggio 1973, n. 274, l'imposta sostitutiva comprende anche le imposte di bollo e di registro, le imposte ipotecarie e catastali e le tasse sulle concessioni governative sugli altri atti ed operazioni che detti istituti pongono in essere per il loro funzionamento e per lo svolgimento della loro attività, in conformità alle norme legislative o agli statuti che li reggono, salvo quanto stabilito nel secondo comma dell'art. 15 per gli atti giudiziari e le cambiali.

(1) Vedi l'articolo 2 del D.L. 3 agosto 2004, n. 220.
(2) Vedi, ora, l'art. 6-bis, d.l. 31 ottobre 1980, n. 693 e l'art. 23, l. 27 febbraio 1985, n. 49 e il d.m. 28 febbraio 1975.

17 *bis*. Altre operazioni ammesse a fruire dell'agevolazione (1). – 1. Le disposizioni degli articoli precedenti si applicano altresì alle operazioni di finanziamento la cui durata contrattuale sia stabilita in più di diciotto mesi poste in essere dalle società di cartolarizzazione di cui alla legge 30 aprile 1999, n. 130, nonché da imprese di assicurazione costituite e autorizzate ai sensi di normative emanate da Stati membri dell'Unione europea o organismi di investimento collettivo del risparmio costituiti negli Stati membri dell'Unione europea e negli Stati aderenti all'Accordo sullo spazio economico europeo inclusi nella lista di cui al decreto del Ministro dell'economia e delle finanze emanato ai sensi dell'articolo 168-bis del testo unico delle imposte sui redditi, di cui al decreto del Presidente della Repubblica 22 dicembre 1986, n. 917.

(1) *Articolo inserito dall'articolo 22, comma 2, lettera b) del D.L. 24 giugno 2014, n. 91, convertito con modificazioni dalla Legge 11 agosto 2014, n. 116*

18. Aliquote e base imponibile dell'imposta sostitutiva. – L'imposta sostitutiva si applica in ragione dello 0,75 per cento dell'ammontare complessivo dei finanziamenti di cui ai precedenti articoli 15 e 16 erogati in ciascun esercizio. Per i finanziamenti fatti mediante aperture di credito, utilizzate in conto corrente o in qualsiasi altra forma tecnica, si tiene conto dell'ammontare del fido (1).

L'aliquota è ridotta allo 0,25 per cento per i finanziamenti previsti ai numeri 1), 2), 3), 4), [6)] 8) e 9) dell'art. 16 (2)(3).

Qualora il finanziamento stesso non si riferisca all'acquisto della prima casa di abitazione, e delle relative pertinenze, l'aliquota si applica nella misura del 2 per cento dell'ammontare complessivo dei finanziamenti di cui all'articolo 15 erogati in ciascun esercizio. La stessa aliquota si applica altresì ai finanziamenti erogati per l'acquisto, la costruzione e la ristrutturazione di immobili ad uso abitativo, e relative pertinenze, per i quali, pur ricorrendo le condizioni di cui alla nota II-bis all'articolo 1 della tariffa, parte I, annessa al testo unico delle disposizioni concernenti l'imposta di registro, di cui al decreto del Presidente della Repubblica 26 aprile 1986, n. 131, e successive modificazioni, la sussistenza delle stesse non risulti da dichiarazione della parte mutuataria, resa nell'atto di finanziamento o allegata al medesimo (4)(5).

(1) *Comma modificato dall'articolo 14, comma 1, della legge 2 dicembre 1975, n. 576.*
(2) *A norma dell'articolo 5, comma 5, del D.L. 26 maggio 1978, n. 216, a decorrere dal 1° ottobre 1978 le aliquote dello 0,75 per cento e dello 0,25 per cento previste, rispettivamente, dal primo e dal secondo comma del presente articolo, sono elevate, la prima, all'1,50 per cento e, la seconda, allo 0,50 per cento. Successivamente, a norma dell'articolo 5, comma 9, del D.L. 30 dicembre 1982, n. 953, convertito con modificazioni dalla L. 28 febbraio 1983, n. 53, le aliquote stabilite dal primo e secondo comma sono rispettivamente elevate al 2 per cento e allo 0,75 per cento per i finanziamenti erogati in base a contratti conclusi dal 1° gennaio 1983. L'aumento non si applica ai finanziamenti a medio termine e garantiti da cooperative e consorzi di garanzia collettiva fidi. A norma dell'articolo 7, comma 2, della legge 11 marzo 1988, n. 67, l'aliquota di cui al secondo comma, attualmente determinata nella misura dello 0,75 per cento, è ridotta allo 0,25 per cento per le operazioni di credito agrario di esercizio, di cui al n. 2 dell'articolo 16 del predetto decreto del Presidente della Repubblica, aventi durata sino a dodici mesi ed erogate in base a contratti conclusi a decorrere dal 1° gennaio 1988. Da ultimo le suddette aliquote sono state unificate allo 0,25 per cento l'articolo 10 del D.L. 14 marzo 1988, n. 70 a decorrere dal 15 marzo 1988.*
(3) *Comma modificato dall'articolo 44, comma 1, del D.P.R. 30 dicembre 1980, n. 897 e, successivamente, dall'articolo 4, comma 6, della legge 28 agosto 1989, n. 302.*
(4) *Comma aggiunto dall'articolo 1-bis, comma 6, del D.L. 12 luglio 2004, n. 168, convertito con modificazioni dalla L. 30 luglio 2004, n. 191 e, successivamente, modificato dall'articolo 1, comma 160, della legge 24 dicembre 2007, n. 244.*
(5) *Per l'interpretazione del presente comma vedi l'articolo 2 del D.L. 3 agosto 2004, n. 220.*

19. Finanziamenti speciali. – Ferme restando le agevolazioni di cui agli articoli 15, 16 e 17, i finanziamenti effettuati con fondi somministrati o conferiti dallo Stato o dalle regioni o gestiti per conto degli stessi non concorrono a formare la base imponibile dell'imposta sostitutiva.

Non concorrono inoltre a formare la base imponibile dell'imposta sostitutiva:

a) i finanziamenti previsti dalle leggi speciali recanti provvidenze a favore di zone devastate da calamità naturali;

b) i finanziamenti fatti ad amministrazioni statali, anche con ordinamento autonomo, a regioni, province e comuni e ad enti pubblici istituiti esclusivamente per l'adempimento di funzioni statali o per l'esercizio diretto di servizi pubblici in regime di monopolio.

L'imposta sostitutiva è ridotta alla metà per i mutui concessi dagli istituti di credito fondiario ad istituti autonomi per le case popolari e a cooperative edilizie in conformità alle disposizioni degli articoli 147 e 148 del testo unico sull'edilizia popolare ed economica approvato con regio decreto 28 aprile 1938, n. 1165.

Per le operazioni di finanziamento dei crediti all'esportazione previsti dalla legge 24 maggio 1977, n. 227, di durata superiore ai diciotto mesi l'imposta sostitutiva si applica nella misura di cui al secondo comma dell'art. 18 (1).

Il trattamento previsto agli effetti dell'imposta di bollo dal secondo comma dell'art. 15 è esteso anche agli effetti cambiari e titoli equivalenti indicati nel primo comma dell'art. 32 della legge citata nel precedente comma (2)(3).

(1) *Comma aggiunto dall'art. 44, d.p.r. 30 dicembre 1980, n. 897.*
(2) *Comma aggiunto dall'art. 44, d.p.r. 30 dicembre 1980, n. 897.*
(3) *A norma dell'articolo 1, comma 660, della Legge 23 dicembre 2014, n. 190, la disposizione di cui al presente articolo deve intendersi nel senso che l'imposta sostitutiva sui finanziamenti di cui agli articoli 15, 16 e 17 del presente decreto si applica anche ai finanziamenti erogati direttamente dallo Stato o dalle regioni. Ferma restando l'esclusione dalla base imponibile dell'imposta sostitutiva, in relazione a tali operazioni non va esercitata l'opzione di cui all'articolo 17 e non devono essere presentate le dichiarazioni di cui all'articolo 20 del medesimo decreto e all'articolo 8, comma 4, del decreto-legge 27 aprile 1990, n. 90, convertito, con modificazioni, dalla legge 26 giugno 1990, n. 165.*

20. Dichiarazione e pagamento dell'imposta sostitutiva. – Gli enti che effettuano le operazioni indicate dagli articoli 15 e 16 presentano, in via telematica, entro quattro mesi dalla chiusura dell'esercizio, una dichiarazione relativa alle operazioni effettuate nel corso dell'esercizio stesso, utilizzando il modello approvato con provvedimento del direttore dell'Agenzia delle entrate (1).

Gli enti di cui al primo comma liquidano l'imposta dovuta ed effettuano, entro il termine di presentazione della dichiarazione, il versamento a saldo dell'imposta liquidata. Gli stessi enti provvedono a versare, a titolo di acconto, una somma pari al 95 per cento dell'imposta sostitutiva che risulta dovuta sulle operazioni effettuate nell'esercizio precedente. L'acconto è versato in due rate, la prima nella misura del 45 per cento e la seconda per il restante importo, rispettivamente entro il termine di presentazione della dichiarazione ed entro il sesto mese successivo a detto termine (2).

Se l'ammontare dei versamenti effettuati a titolo di acconto ai sensi del secondo comma è superiore a quello dell'imposta sostitutiva che risulta dovuta in base alla dichiarazione, l'eccedenza può essere computata in diminuzione dal versamento dell'imposta dovuta, a saldo o in acconto, ovvero può essere chiesta a rimborso (3).

L'ufficio dell'Agenzia delle entrate competente a recuperare le maggiori imposte sull'atto di compravendita della casa di abitazione, acquistata con i benefici di cui all'articolo 1, quinto periodo, della tariffa, parte I, annessa al testo unico delle disposizioni concernenti l'imposta di registro, di cui al decreto del Presidente della Repubblica 26 aprile 1986, n. 131, e successive modificazioni, in caso di decadenza dai benefici stessi per dichiarazione mendace o trasferimento per atto a titolo oneroso o gratuito degli immobili acquistati con i benefici prima del decorso del termine di cinque anni dalla data del loro acquisto, provvede, nel termine decadenziale di tre anni dal verificarsi dell'evento che comporta la revoca dei benefici medesimi, a recuperare nei confronti del mutuatario la differenza tra l'imposta sostitutiva di cui al terzo comma dell'articolo 18 e quella di cui al primo comma dello stesso articolo, nonché a irrogare la sanzione amministrativa nella misura del 30 per cento della differenza medesima [(4)]

Per la rettifica dell'imponibile, per l'accertamento d'ufficio dei cespiti omessi, per le sanzioni relative all'omissione o infedeltà della dichiarazione, per la riscossione, per il contenzioso e per quanto altro riguarda l'applicazione del l'imposta sostitutiva valgono le norme sull'imposta di registro. L' amministrazione finanziaria, avvalendosi di procedure automatizzate, procede al controllo della regolarità dell'autoliquidazione e dei versamenti dell'imposta e, qualora, sulla base degli elementi desumibili dalla dichiarazione e dai versamenti, risulti dovuta una maggiore imposta o risultino versamenti in tutto o in parte non eseguiti o tardivi, notifica, entro tre anni dalla scadenza del termine previsto per la presentazione della dichiarazione, apposito avviso di liquidazione con l'applicazione degli interessi e delle sanzioni di cui all'articolo 13, comma 1, del decreto legislativo 18 dicembre 1997, n. 471[(5)].

Con decreto del Ministro per le finanze saranno stabilite le modalità di applicazione delle disposizioni dei commi precedenti [(6)].

[(1)] Comma sostituito dall'articolo 7-quater, comma 33, lettera a), punto 1), del D.L. 22 ottobre 2016, n. 193 convertito, con modificazioni dalla legge 1° dicembre 2016 n. 225.
[(2)] Comma sostituito dall'articolo 7-quater, comma 33, lettera a), punto 1), del D.L. 22 ottobre 2016, n. 193 convertito, con modificazioni dalla legge 1° dicembre 2016 n. 225.
[(3)] Comma sostituito dall'articolo 7-quater, comma 33, lettera a), punto 1), del D.L. 22 ottobre 2016, n. 193 convertito, con modificazioni dalla legge 1° dicembre 2016 n. 225. A norma dell'articolo 7-quater, comma 35 del D.L. 193/2016, le presenti disposizioni si applicano a decorrere dalle operazioni effettuate nell'esercizio successivo a quello in corso al 31 dicembre 2016.
[(4)] Comma aggiunto dall'articolo 1, comma 160, lettera b), della legge 24 dicembre 2007, n. 244.
[(5)] Comma modificato dall'articolo 7-quater, comma 33, lettera a), punto 2), del D.L. 22 ottobre 2016, n. 193 convertito, con modificazioni dalla legge 1° dicembre 2016 n. 225. A norma del articolo 7-quater, comma 35 del D.L. 193/2016, le disposizioni presenti disposizioni si applicano a decorrere dalle operazioni effettuate nell'esercizio successivo a quello in corso al 31 dicembre 2016.
[(6)] Vedi l'articolo 9, comma 4, della legge 11 marzo 1988, n. 67.

20 *bis*. Operazioni di finanziamento strutturate [(1)]. – 1. Gli articoli da 15 a 20 si applicano anche alle garanzie di qualunque tipo, da chiunque e in qualsiasi momento prestate in relazione alle operazioni di finanziamento strutturate come emissioni di obbligazioni o titoli similari alle obbligazioni di cui all'articolo 44, comma 2, lettera c), del Testo unico delle imposte sui redditi, approvato con il decreto del Presidente della Repubblica 22 dicembre 1986, n. 917, da chiunque sottoscritte, alle loro eventuali surroghe, sostituzioni, postergazioni, frazionamenti e cancellazioni anche parziali, ivi comprese le cessioni di credito stipulate in relazione alle stesse, nonché ai trasferimenti di garanzie anche conseguenti alla cessione delle predette obbligazioni, nonché alla modificazione o estinzione di tali operazioni.

2. L'opzione di cui all'articolo 17, primo comma, è esercitata nella deliberazione di emissione o in analogo provvedimento autorizzativo.

3. L'imposta sostitutiva è dovuta dagli intermediari finanziari incaricati, ai sensi del decreto legislativo 24 febbraio 1998, n. 58, delle attività di promozione e collocamento delle operazioni di cui al comma 1, ovvero, nel caso in cui tali intermediari non intervengano, dalle società che emettono le obbligazioni o titoli similari con riferimento ai quali è stata esercitata l'opzione. Il soggetto finanziato risponde in solido con i predetti intermediari per il pagamento dell'imposta.

4. Gli intermediari finanziari e le società emittenti tenute al pagamento dell'imposta sostitutiva dichiarano, secondo le modalità previste dall'articolo 20 del presente decreto e dall'articolo 8, comma 4, del decreto-legge 27 aprile 1990, n. 90, convertito, con modificazioni, dalla legge 26 giugno 1990, n. 165, l'ammontare delle obbligazioni collocate.

5. Alle operazioni di cui al presente articolo non si applicano le disposizioni di cui all'articolo 20, secondo comma, secondo e terzo periodo [(2)].

[(1)] Articolo inserito dall'articolo 12, comma 4, lettera c), del D.L. 23 dicembre 2013, n. 145, convertito, con modificazioni, dalla Legge 21 febbraio 2014, n. 9.
[(2)] Comma sostituito dall'articolo 7-quater, comma 33, lettera b), del D.L. 22 ottobre 2016, n. 193 convertito, con modificazioni dalla legge 1° dicembre 2016 n. 225. A norma dell'articolo 7-quater, comma 35 del D.L. 193/2016, le disposizioni presenti disposizioni si applicano a decorrere dalle operazioni effettuate nell'esercizio successivo a quello in corso al 31 dicembre 2016.

21. Agevolazioni relative alle imposte sui redditi. – Per le aziende e gli istituti di credito le quote di reddito destinate a riserva legale o statutaria in eccedenza al ventesimo dell'utile di bilancio sono esenti dall'imposta locale sui redditi per metà del loro ammontare.

Gli interessi derivanti da mutui fatti da aziende e istituti di credito a regioni, province, comuni, enti ospedalieri ed enti pubblici di beneficenza, assistenza e istruzione sono esenti dall'imposta sul reddito delle persone giuridiche per metà del loro ammontare [(1)(2)].

Per il dividendo attribuito allo Stato sugli apporti al fondo di dotazione del medio credito centrale, di cui all'art. 3, L. 28 maggio 1973, n. 295, si applicano le disposizioni dell'art. 3, D.L. 5 luglio 1971, n. 430, convertito nella L. 4 agosto 1971, n. 594[(3)].

[(1)] La Corte costituzionale, con sentenza 13 maggio 1993, n. 233, ha dichiarato l'illegittimità costituzionale del presente comma.
[(2)] Comma abrogato dall'articolo 66, comma 7, del D.L. 30 agosto 1993, n. 331, convertito con modificazioni dalla L. 29 ottobre 1993, n. 427, limitatamente alla parte in cui ha previsto la riduzione alla metà
[(3)] Per la soppressione dell'agevolazione prevista dal presente articolo, vedi l'articolo 3, comma 102, legge 28 dicembre 1995, n. 549, nonché l'articolo 3, comma 46, legge 23 dicembre 1996, n. 662. dell'IRPEG dovuta dalla Cassa per il Mezzogiorno.

22. Fondi di garanzia. – I proventi dei fondi di garanzia di cui alle leggi 2 giugno 1961, n. 454, e 14 ottobre 1964, n. 1068, e al D.L. 18 novembre 1966, n. 976, convertito nella L. 23 dicembre 1966, n. 1142, derivanti da contributi a fondo perduto, periodici o una volta tanto, dello Stato o di altri enti, nonché quelli derivanti dalle somme che le aziende e istituti di credito trattengono sui finanziamenti assistiti da garanzie e versati successivamente ai fondi, non concorrono a formare il reddito dei fondi stessi, ai fini dell'imposta sul reddito delle persone giuridiche e dell'imposta locale sui redditi, a condizione che il loro ammontare venga integralmente destinato a costituire o incrementare un fondo di garanzia. Le perdite per le garanzie prestate devono essere imputate a detto fondo e non sono deducibili nella determinazione del reddito.

TITOLO V
Agevolazioni di carattere territoriale

23. Cassa per il Mezzogiorno. – La Cassa per il Mezzogiorno corrisponde allo Stato una imposta sostitutiva, che tiene luogo delle imposte di registro e di bollo, delle tasse sulle concessioni governative e delle imposte ipotecarie e catastali inerenti al funzionamento e alle operazioni, atti e contratti relativi allo svolgimento della sua attività. L'imposta sostitutiva tiene anche luogo delle stesse imposte afferenti le operazioni, gli atti e i contratti posti in essere dagli organi dello Stato, dalle aziende autonome statali, dagli enti locali e loro consorzi e dagli altri enti pubblici indicati dall'art. 32 del decreto del Presidente della Repubblica 30 giugno 1967, n. 1523, nell'esecuzione delle opere loro demandate dalla Cassa in regime di affidamento o di concessione.

Sono escluse dall'imposta sostitutiva di cui al comma precedente l'imposta di bollo sulle cambiali e le tasse sugli atti giudiziali, per le quali ultime compete alla Cassa lo stesso trattamento delle amministrazioni statali. Gli emolumenti spettanti ai conservatori dei registri immobiliari sono ridotti alla metà.

L'imposta sostitutiva si applica in ragione di euro 0,00003 per ogni euro 0,052 di capitale erogato dalla Cassa ed è determinata in base alle risultanze del bilancio della Cassa.

L'imposta locale sui redditi dovuta dalla Cassa per il Mezzogiorno è ridotta a metà.

24. Consorzi per le aree e i nuclei di sviluppo industriale. – Ai consorzi per le aree e i nuclei di sviluppo industriale, di cui al testo unico delle leggi sul Mezzogiorno approvato con decreto del Presidente della Repubblica 30 giugno 1967, n. 1523, sono applicate, in quanto compatibili, le agevolazioni previste dal precedente articolo.

L'imposta sostitutiva tiene luogo anche delle imposte di registro, ipotecarie e catastali e delle tasse sulle concessioni governative afferenti il primo trasferimento di terreni e fabbricati a favore dei consorzi nonchè i trasferimenti e le retrocessioni di beni effettuati a qualsiasi titolo dai consorzi stessi a favore di imprese industriali.

25. Mutui e finanziamenti. – Alle operazioni di mutuo e di finanziamento disciplinate dagli articoli 84 e seguenti del testo unico delle leggi sul Mezzogiorno, approvato con decreto del Presidente della Repubblica 30 giugno 1967, n. 1523, si applicano, in luogo di quelle previste dagli articoli 89 e 93 del detto testo unico, le agevolazioni di cui agli articoli 15, 16, 17, primo comma, 18, primo comma, e seguenti del presente decreto.

26. Agevolazioni per le nuove iniziative produttive. – L'esenzione prevista nell'art. 78 del testo unico delle leggi sul Mezzogiorno, approvato con decreto del Presidente della Repubblica 30 giugno 1967, n. 1523, e nell'art. 107 dello stesso decreto, modificato con l'art. 15 della legge 6 ottobre 1971, n. 853, si applica nei confronti dell'imposta locale sui redditi, con esclusione dei redditi fondiari. L'esenzione non spetta alle imprese minori ammesse alla tenuta della contabilità semplificata che non abbiano optato per il regime ordinario.

L'esenzione decennale prevista nell'art. 106 del testo unico delle leggi sul Mezzogiorno, modificato con l'art. 15 della legge 6 ottobre 1971, n. 853, si applica nei confronti dell'imposta locale sui redditi. Le imprese che svolgono attività produttive di redditi esenti devono tenere la contabilità in modo che sia possibile determinare separatamente la parte di utili attribuibile a tali attività.

Nei confronti delle imprese costituite in forma societaria, fermo restando il disposto dei commi precedenti, l'imposta sul reddito delle persone giuridiche è ridotta alla metà nelle ipotesi e nei limiti di cui all'art. 115 del testo unico delle leggi sul Mezzogiorno e all'art. 15 della legge 6 ottobre 1971, n. 853.

27. Disposizioni speciali per particolari territori. – Il reddito dominicale dei terreni, che mediante i lavori di sistemazione idraulica eseguiti a termini dell'art. 174 del testo unico delle leggi sul Mezzogiorno, approvato con decreto del Presidente della Repubblica 30 giugno 1967, n. 1523, concernente disposizioni speciali per la Basilicata, sarà guadagnato sugli attuali alvei improduttivi dei fiumi e dei torrenti, è esente dall'imposta locale sui redditi per venti anni, con decorrenza dal primo anno in cui la coltura sarà stata attuata. A tal fine, non appena i terreni da esentare saranno messi a coltura, dovrà essere fatta denuncia al competente ufficio delle imposte nei modi stabiliti dal regolamento di esecuzione della legge 31 marzo 1904, n. 140.

Agli atti e contratti relativi alle opere di cui all'art. 219 del testo unico delle leggi sul Mezzogiorno, concernente disposizioni speciali per la Calabria, si applicano, in quanto compatibili, le disposizioni dell'art. 23 del presente decreto.

Le costruzioni edilizie di cui all'art. 231 del testo unico delle leggi sul Mezzogiorno, concernente disposizioni particolari per la Sicilia, sono esenti dall'imposta locale sui redditi per venticinque anni.

Le agevolazioni fiscali previste dagli articoli 197 e 236 del testo unico delle leggi sul Mezzogiorno sono abolite.

28. Delimitazione territoriale. – Le precedenti disposizioni di questo titolo si applicano nei territori del Mezzogiorno, definiti dall'art. 1 del testo unico delle leggi sul Mezzogiorno approvato con decreto del Presidente della Repubblica 30 giugno 1967, n. 1523, e successive modifiche e integrazioni.

29. Agevolazioni per la provincia di Trieste. – Nei territori della provincia di Trieste nei quali attualmente sono in vigore le agevolazioni fiscali stabilite dagli ordini del cessato Governo militare alleato n. 206 del 3 novembre 1950, n. 66 del 18 aprile 1953, e successive modificazioni e integrazioni, prorogati dalla legge 21 aprile 1969, n. 163, si applica la esenzione decennale dall'imposta locale sui redditi.

L'esenzione è concessa in base ai presupposti dalle condizioni fissate dai provvedimenti agevolativi indicati nel precedente comma [1].

[1] *Vedi inoltre l'articolo 2 della legge 29 gennaio 1986, n. 26.*

30. Agevolazioni per le zone depresse e per altri territori del Centro-nord. – Le imprese artigiane e industriali che operano nelle zone del Centro-nord riconosciute depresse ai sensi dell'art. 8 e dei commi quarto e quinto dell'articolo 12, L. 22 luglio 1966, n. 614, sono esenti dall'imposta locale sui redditi per dieci anni alle condizioni e nei limiti di cui alla legge stessa e successive modificazioni.

Nei territori del Polesine, in quelli del comune di Monfalcone, della zona portuale Aussa-corno e dei comuni di San Canzian d'Isonzo e Staranzano e in quelli dei comuni di Ancona e di Falconara Marittima, che fruiscono attualmente di agevolazioni fiscali rispettivamente in base alla legge 20 dicembre 1961, n. 1427, alla L. 16 dicembre 1961, n. 1525, prorogata e integrata dalla legge 10 giugno 1969, n. 317 e all'art. 38 del decreto-legge 6 ottobre 1972, n. 552, convertito, con modificazioni, nella L. 2 dicembre 1972, n. 734, l'esenzione prevista nel primo comma si applica, in quanto compatibile con le disposizioni delle leggi stesse, in base ai presupposti e alle condizioni da queste stabilite (1)(2).

(1) *A norma dell'articolo 2, commi 1 e 2 del D.L. 28 febbraio 1981, n. 36, convertito con modificazioni dalla L. 29 aprile 1981, n. 163, le disposizioni agevolative per i territori della provincia di Trieste e per i territori del Polesine di cui al presente articolo sono prorogate al 31 dicembre 1981.*

(2) *A norma dell'articolo 2, comma 4, della legge 29 gennaio 1986, n. 26, sono ulteriormente prorogate al 31 dicembre 1995 le agevolazioni fiscali previste relativamente alla zona portuale dell'Aussa Corno.*

TITOLO VI
Agevolazioni varie

31. Interessi delle obbligazioni pubbliche. – Sono esenti dall'imposta sul reddito delle persone fisiche, dall'imposta sul reddito delle persone giuridiche e dall'imposta locale sui redditi gli interessi, i premi e gli altri frutti dei titoli del debito pubblico, dei buoni postali di risparmio, delle cartelle di credito comunale e provinciale emesse dalla Cassa depositi e prestiti e delle altre obbligazioni e titoli similari emessi da amministrazioni statali, anche con ordinamento autonomo, da regioni, province e comuni e da enti pubblici istituiti esclusivamente per l'adempimento di funzioni statali o per lo esercizio diretto di servizi pubblici in regime di monopolio (1).

(1) *Vedi l'art. 1, d.l. 19 settembre 1986, n. 556, l'art. 1, d.l. 9 settembre 1992, n. 372 e l'art. 1, d.lg. 1° aprile 1996, n. 239.*

32. Edilizia economica e popolare. – Il reddito delle case economiche e popolari costruite ai sensi dell'art. 35, L. 22 ottobre 1971, n. 865, è esente dall'imposta locale sui redditi per venticinque anni o per quindici anni secondo che le case stesse siano realizzate su aree date in concessione o cedute in proprietà.

Gli atti di trasferimento della proprietà delle aree previste al titolo III della legge indicata nel comma precedente e gli atti di concessione del diritto di superficie sulle aree stesse sono soggetti all'imposta di registro in misura fissa e sono esenti dalle imposte ipotecarie e catastali. Le stesse agevolazioni si applicano agli atti di cessione a titolo gratuito delle aree a favore dei comuni o loro consorzi nonché agli atti e contratti relativi alla attuazione dei programmi pubblici di edilizia residenziale di cui al titolo IV della legge indicata nel primo comma (1).

(1) *A norma dell'articolo 1, comma 58, della Legge 28 dicembre 2015, n. 208 il presente comma si interpreta nel senso che l'imposta di registro in misura fissa e l'esenzione dalle imposte ipotecarie e catastali si applicano agli atti di trasferimento della proprietà delle aree previste al titolo III della legge 22 ottobre 1971, n. 865, indipendentemente dal titolo di acquisizione della proprietà da parte degli enti locali.*

33. Danni di guerra. – Il reddito dei fabbricati e degli altri beni ripristinati a seguito di distruzione o danneggiamento, per fatto di guerra è esente dall'imposta locale sui redditi alle condizioni e nei limiti previsti dagli artt. 69 e 70, L. 27 dicembre 1953, n. 968, e successive modificazioni e integrazioni. Si applicano le disposizioni dell'articolo 72 della legge stessa.

I contributi, gli indennizzi e le anticipazioni percepiti in applicazione della L. 27 dicembre 1953, n. 968, e successive modificazioni e integrazioni, e delle leggi 29 ottobre 1954, n. 1050, 5 giugno 1965, n. 718, e 6 dicembre 1971, n. 1066, sono esenti dalla imposta locale sui redditi.

34. Altre agevolazioni. – Le pensioni di guerra di ogni tipo 2 denominazione e le relative indennità accessorie, gli assegni connessi alle pensioni privilegiate ordinarie, le pensioni connesse alle decorazioni dell'ordine militare d'Italia e i soprassoldi connessi alle medaglie al valore militare sono esenti dall'imposta sul reddito delle persone fisiche (1).

La pensione reversibile, la tredicesima mensilità e le indennità di accompagnamento, percepite dai ciechi civili ai sensi della legge 27 maggio 1970, n. 382, sono esenti dall'imposta sul reddito delle persone fisiche.

I sussidi corrisposti dallo Stato e da altri enti pubblici a titolo assistenziale sono esenti dall'imposta sul reddito delle persone fisiche e dall'impresa locale sui redditi nei confronti dei percipienti.

[Gli assegni di studio corrisposti dallo Stato ai sensi della legge 14 febbraio 1963, n. 80, e successive modificazioni, sono esenti dall'imposta locale sui redditi e da quella sul reddito delle persone fisiche] (2).

Per gli atti indicati nell'art. 16 della L. 29 ottobre 1961, n. 1216, e nell'art. 36 della L. 24 dicembre 1969, n. 900, le imposte di bollo e di registro sono comprese nelle imposte sulle assicurazioni di cui alla detta L. 29 ottobre 1961, n. 1216.

[Per gli atti indicati nell'art. 7, ultimo comma e nell'art. 12, primo comma, del R.D. 30 dicembre 1923, n. 3278, e successive modificazioni, le imposte di bollo e registro sono comprese nelle tasse sui contratti di borsa.] (3)

I capitali percepiti in caso di morte in dipendenza di contratti di assicurazione sulla vita, a copertura del rischio demografico, sono esenti dall'imposta sul reddito delle persone fisiche (4).

(1) *La Corte costituzionale, con sentenza 11 luglio 1989, n. 387, ha dichiarato l'illegittimità costituzionale del presente comma, nella parte in cui non estende l'esenzione dell'imposta sul reddito delle persone fisiche alle pensioni privilegiate ordinarie tabellari spettanti ai militari di leva.*

(2) *Comma sostituito dall'articolo 4, comma 1, della legge 3 novembre 1982, n. 835, con effetto per i redditi percepiti dal 1° gennaio 1982 e, successivamente, abrogato dall'articolo 4, comma 2, della legge 13 agosto 1984, n. 476.*

(3) *Comma abrogato dall'articolo 37, comma 4, del D.L. 31 dicembre 2007, n. 248*

(4) *Comma aggiunto dall'articolo 15, comma 1, della legge 13 aprile 1977, n. 114, sostituito dall'articolo 6, comma 3, della legge 26 settembre 1985, n. 482 e successivamente sostituito dall'articolo 1, comma 658, della Legge 23 dicembre 2014, n. 190. A norma dell'articolo 1, comma 659, della predetta Legge 190/2014 il presente*

comma si applica per i proventi percepiti a decorrere dal 1° gennaio 2015.

34 bis. – I premi corrisposti a cittadini italiani da Stati esteri o enti internazionali per meriti letterari, artistici, scientifici e sociali sono esenti dall'imposta sul reddito delle persone fisiche e dall'imposta locale sui redditi (1)

(1) *Articolo aggiunto dall'art. 5, d.p.r. 5 aprile 1978, n. 131.*

TITOLO VII
Disposizioni transitorie e finali

35. Operazioni di credito. – Per i finanziamenti di cui agli articoli 15 e seguenti erogati anteriormente all'entrata in vigore del presente decreto, continua ad applicarsi fino alla loro estinzione, la disciplina stabilita dalle disposizioni in vigore al 31 dicembre 1973.

36. Agevolazioni territoriali. – I soggetti che anteriormente alla entrata in vigore del presente decreto hanno acquisito il diritto alla esenzione decennale dall'imposta di ricchezza mobile stabilita dalle disposizioni indicate nel secondo comma dell'art. 26 per il reddito prodotto nel Mezzogiorno o da quelle indicate negli artt. 29 e 30 per i redditi prodotti nei territori ivi considerati, fruiranno per tali redditi dell'esenzione dall'imposta locale sui redditi fino al compimento del decennio, anche nelle ipotesi di cui all'art. 17 della L. 22 luglio 1966, n. 614, modificato con la L. 6 agosto 1967, n. 690.

Nei confronti dei soggetti che anteriormente all'entrata in vigore del presente decreto hanno acquisito il diritto all'esenzione decennale dalle imposte sulle società stabilita dalla disposizione indicata nel terzo comma dell'art. 26 la imposta sul reddito delle persone giuridiche, fermo restando il disposto del comma precedente, sarà ridotti alla metà fino al compimento del decennio (1)

I soggetti che anteriormente all'entrata in vigore del presente decreto hanno acquisito il diritto alla esenzione dall'imposta sul reddito dominicale dei terreni o all'esenzione dell'imposta sul reddito dei fabbricati stabilite dalle disposizioni indicate nell'art. 27 fruiranno, per tali redditi, dell'esenzione dell'imposta locale sui redditi rispettivamente fino al compimento del ventennio o del venticinquennio.

(1) *Vedi anche l'art. 5, d.l. 30 gennaio 1979, n. 23.*

37. Interessi delle obbligazioni. – Gli interessi, i premi e gli altri frutti delle obbligazioni e dei titoli similari sottoscritti anteriormente alla data di entrata in vigore del presente decreto sono esenti dall'imposta locale sui redditi. Gli interessi, premi e frutti di detti titoli che secondo le disposizioni in vigore fino a tale data erano esenti dall'imposta di ricchezza mobile o compresi in regimi sostitutivi, e quelli dei titoli indicati nell'art. 31, sono esenti anche dall'imposta sul reddito delle persone fisiche.

Per gli interessi delle obbligazioni convertibili in azioni sottoscritte anteriormente alla entrata in vigore del presente decreto ai sensi del secondo comma dell'art. 58 del D.L. 26 ottobre 1970 n. 745, convertito nella L. 18 dicembre 1970, n. 1034, l'esenzione dall'imposta locale sui redditi e dall'imposta sul reddito delle persone fisiche si applica fino alla conversione in azioni e in ogni caso non oltre il compimento del quinquennio.

38. Fabbricati. – Il reddito dei fabbricati per i quali anteriormente all'entrata in vigore del presente decreto è stato acquisito il diritto all'esenzione venticinquennale dall'imposta sul reddito dei fabbricati, è esente dall'imposta locale sui redditi fino al compimento del venticinquennio.

Il reddito dei fabbricati di cui al secondo comma dell'art. 64 del decreto-legge 26 ottobre 1970, n. 745, convertito nella legge 18 dicembre 1970, n. 1034 e all'articolo unico della legge 8 agosto 1972, n. 461, in corso di costruzione alla data di entrata in vigore del presente decreto e completati in ogni loro parte entro il 31 dicembre 1975, è esente dall'imposta locale sui redditi per venticinque anni.(1)

Le agevolazioni previste in materia di imposte di registro e ipotecarie dalla legge 2 luglio 1949, n. 408, e successive modificazioni, relative agli atti registrati anteriormente alla data di entrata in vigore del presente decreto, sono confermate a condizione che i fabbricati siano ultimati entro il 31 dicembre 1976 indipendentemente dalla data di inizio dei lavori. Le agevolazioni in materia di imposta sul valore aggiunto previste dall'art. 79 del decreto del Presidente della Repubblica 26 ottobre 1972, n. 633, si applicano a condizione che la costruzione sia ultimata entro il 31 dicembre 1976 e, per quanto riguarda le cessioni, a condizione che siano effettuate entro il 31 dicembre 1977. (2)

(1) *A norma dell'articolo 54, comma 3, della legge 5 agosto 1978, n. 457, il termine stabilito dal presente comma, per il completamento in ogni loro parte dei fabbricati in corso di costruzione alla data del 1° gennaio 1974, è prorogato al 31 dicembre 1978.*
(2) *A norma dell'articolo 2, comma 1, del D.L. 23 dicembre 1976, n. 852, convertito con modificazioni in legge 21 febbraio 1977, n. 31, il termine del 31 dicembre 1976 previsto dal presente comma prima parte, è prorogato al 31 dicembre 1977; i termini del 31 dicembre 1976 e del 31 dicembre 1977 stabiliti dal presente comma seconda parte, sono rispettivamente prorogati al 31 dicembre 1977 e al 31 dicembre 1978. Successivamente, a norma dell'articolo 3, del D.L. 9 dicembre 1977, n. 893, convertito in legge 1° febbraio 1978, n. 20, i termini del 31 dicembre 1977 e del 31 dicembre 1978, sono rispettivamente prorogati al 31 dicembre 1978 e al 31 dicembre 1979. Detto termine è ulteriormente prorogato al 31 dicembre 1979 dall'articolo 2, comma 1, del D.L. 23 dicembre 1978, n. 816, convertito con modificazioni dalla L. 19 febbraio 1979, n. 53. Termine ulteriormente prorogato al 31 dicembre 1980, relativamente all'applicazione delle agevolazioni in materia di imposte di registro e ipotecarie dall'articolo 2, comma 1, del D.L. 23 dicembre 1978, n. 816, convertito con modificazioni dalla L. 19 febbraio 1979, n. 53 come modificato dall'articolo 6, comma 1, del D.L. 30 dicembre 1979, n. 660, convertito con modificazioni in legge 29 febbraio 1980, n. 31, successivamente al 31 dicembre 1981, dall'articolo 6, comma 1, del D.L. 30 dicembre 1979, n. 660, convertito con modificazioni in legge 29 febbraio 1980, n. 31 come modificato dall'articolo 2, comma 3, del D.L. 28 febbraio 1981, n. 36, convertito, con modificazioni, nella legge 29 aprile 1981, n. 163. Da ultimo, sono ulteriormente prorogate al 31 dicembre 1985 dall'articolo 2 del decreto-legge 28 febbraio 1981 n. 36 come modificato dall'articolo 1, comma 3, del D.L. 22 dicembre 1981, n. 790, convertito con modificazioni in legge 23 febbraio 1982, n. 47.*

39. Trasformazioni, fusioni e concentrazioni. – I redditi e le plusvalenze tassabili in conseguenza delle operazioni di trasformazione, fusione e concentrazione di cui alla L. 18 marzo 1965, n. 170, e successive modificazioni, deliberate anteriormente all'entrata in vigore del presente decreto, concorreranno a formare l'imponibile ai fini dell'imposta sul reddito delle persone giuridiche e dell'imposta locale sui redditi nel periodo di imposta in cui si verificheranno i presupposti di imponibilità previsti nell'articolo 2 della L. 18 marzo 1965, n. 170.

Le operazioni di cui al primo comma, deliberate anteriormente all'entrata in vigore del presente decreto fruiscono delle agevolazioni stabilite nell'art. 1 della L. 18 marzo 1965, n. 170, e successive modificazioni ai fini delle imposte indirette e non danno luogo, se attuate dopo il 31 dicembre 1972, all'applicazione dell'imposta comunale sull'incremento di valore degli immobili.

Le disposizioni dei commi precedenti si applicano sempre che ricorrano le condizioni richieste e siano rispettati i termini stabiliti ai fini della L. 18 marzo 1965, n. 170, e successive modificazioni.

Le disposizioni di questo articolo si applicano anche per le operazioni di trasformazione, fusione e concentrazione poste in essere, alle condizioni e nei termini stabiliti dall'art. 11 della legge 1° dicembre 1971, n. 1101, e dall'articolo 9 della L. 8 agosto 1972, n. 464, in attuazione dei piani di ristrutturazione e di conversione ivi previsti.

40. Altre agevolazioni. – Le plusvalenze realizzate ai sensi degli articoli 12 della L. 1° dicembre 1971, n. 1101, e 9 della L. 8 agosto 1972, n. 464, nei termini ivi stabiliti, sempre che ricorrano le condizioni richieste dalle norme stesse, sono esenti dall'imposta locale sui redditi, e concorrono a formare l'imponibile fini dell'imposta sul reddito delle persone giuridiche per metà del loro ammontare.

L'aliquota dell'imposta sul reddito delle persone giuridiche è ridotta del cinque per cento, fino al compimento del quinquennio, per le società che anteriormente all'entrata in vigore del presente decreto hanno acquisito il diritto all'agevolazione prevista nel primo comma dell'art. 58 del decreto-legge 26 ottobre 1970, n. 745, convertito nella legge 18 dicembre 1970, n. 1034. Il reddito delle società che hanno acquisito il diritto all'agevolazione prevista nel secondo comma del detto art. 58 nei termini ivi stabiliti, è esente dall'imposta sul reddito delle persone giuridiche per un ammontare pari allo 0,75 per cento dell'aumento di capitale, compreso l'eventuale sopraprezzo delle azioni, fino alla scadenza stabilita nell'articolo stesso.

Gli interessi dei mutui contratti e delle obbligazioni emesse all'estero per i quali anteriormente all'entrata in vigore del presente decreto è stato acquisito il diritto all'agevolazione prevista nell'art. 63 del D.L. 26 ottobre 1970, n. 745, convertito nella legge 18 dicembre 1970, n. 1034, sono esenti dall'imposta sul reddito delle persone fisiche, dalla imposta sul reddito delle persone giuridiche e dall'imposta locale sui redditi fino al termine ivi stabilito.

Le imprese che anteriormente all'entrata in vigore del presente decreto hanno acquisito il diritto all'esenzione decennale di cui all'art. 28, L. 31 maggio 1964, n. 357, e successive modificazioni, all'art. 56 del D.L. 27 febbraio 1968, n. 79, convertito con modificazioni nella L. 18 marzo 1968, n. 241, o il diritto all'esenzione quinquennale di cui all'articolo 29- bis del D.L. 1° aprile 1971, n. 119, convertito nella legge 26 maggio 1971, n. 288, fruiranno fino al compimento del decennio o del quinquennio dell'esenzione dall'imposta locale sui redditi e dall'imposta sul reddito delle persone giuridiche.

Per i rapporti relativi ai trasferimenti attuati anteriormente all'entrata in vigore del presente decreto ai sensi della L. 6 dicembre 1962, n. 1643, e successive modificazioni, le agevolazioni stabilite ai fini delle imposte dirette si applicano nei confronti dell'imposta sul reddito delle persone fisiche o sul reddito delle persone giuridiche e dell'imposta locale sui redditi.

L'esenzione prevista dall'art. 34 della L. 21 luglio 1967, n. 613, si applica, alle condizioni e nei limiti ivi indicati, nei confronti dell'imposta locale sui redditi (1).

(1) L'esenzione fiscale di cui al presente comma, è prorogata fino al 31 dicembre 1988 dall'articolo 21-bis, comma 1, del D.L. 29 dicembre 1987, n. 534, convertito con modificazioni in legge 29 febbraio 1988, n. 47. Successivamente, è ulteriormente prorogata fino al 31 dicembre 1989 dall'articolo 20, comma 1, della legge 10 febbraio 1989, n. 48 a decorrere dal 1° gennaio 1989. Da ultimo, è ulteriormente prorogata fino al 31 dicembre 1995 dall'articolo 27, comma 1, della legge 9 gennaio 1991, n. 9.

41. Accordi ed enti internazionali. – Continuano ad applicarsi le esenzioni e agevolazioni previste dagli accordi internazionali resi esecutivi in Italia e dalle leggi relative ad enti e organismi internazionali.

42. Abrogazione. – Con effetto dalla data di entrata in vigore del presente decreto sono abrogate e cessano di avere applicazione le disposizioni concernenti esenzioni e agevolazioni tributarie, anche sotto forma di regimi fiscali sostitutivi, diverse da quelle considerate nel decreto stesso o in altri decreti emanati in attuazione della legge 9 ottobre 1971, n. 825, comprese le norme che estendono in qualsiasi forma ad altri soggetti e agli atti da essi stipulati il trattamento tributario previsto per lo Stato e per gli atti stipulati dallo Stato.

Con la stessa decorrenza cessano di avere effetto salvo quanto stabilito nei precedenti articoli, le disposizioni recanti proroga di esenzioni, agevolazioni e regimi sostitutivi fino alla data di entrata in vigore del presente decreto o a data da stabilire con il decreto medesimo.

Le esenzioni e le agevolazioni previste dal presente decreto con riferimento ad altre disposizioni di legge cessano di avere applicazione al termine di scadenza risultante dalle disposizioni medesime (1).

(1) Vedi l'art. unico, l. 14 agosto 1974, n. 379.

43. Entrata in vigore. – Il presente decreto entra in vigore il 1° gennaio 1974.

2. L. 23 marzo 1983, n. 77

Istituzione e disciplina dei fondi comuni d'investimento mobiliare (estratto art. 10 ter)[1]

[1] *Pubblicato in Gazz. Uff., 28 marzo, n. 85*

(Omissis).

10 ter. Disposizioni tributarie sui proventi delle quote o azioni di organismi di investimento collettivo del risparmio di diritto estero [1][2][A]. – 1. Sui proventi di cui all'articolo 44, comma 1, lettera g), del testo unico delle imposte sui redditi, di cui al decreto del Presidente della Repubblica 22 dicembre 1986, n. 917, derivanti dalla partecipazione a organismi di investimento collettivo in valori mobiliari di diritto estero conformi alla direttiva 2009/65/CE del Parlamento europeo e del Consiglio, del 13 luglio 2009, istituiti negli Stati membri dell'Unione europea e negli Stati aderenti all'Accordo sullo spazio economico europeo che sono inclusi nella lista di cui al decreto emanato ai sensi dell'articolo 168-bis del medesimo testo unico e le cui quote o azioni sono collocate nel territorio dello Stato ai sensi dell'articolo 42 del testo unico delle disposizioni in materia di intermediazione finanziaria, di cui al decreto legislativo 24 febbraio 1998, n. 58, i soggetti residenti incaricati del pagamento dei proventi medesimi, del riacquisto o della negoziazione delle quote o azioni, operano una ritenuta del 20 per cento. La ritenuta si applica sui proventi distribuiti in costanza di partecipazione all'organismo di investimento e su quelli compresi nella differenza tra il valore di riscatto, di cessione o di liquidazione delle quote o azioni e il costo medio ponderato di sottoscrizione o di acquisto delle quote o azioni medesime. Il costo di acquisto deve essere documentato dal partecipante e, in mancanza della documentazione, il costo è documentato con una dichiarazione sostitutiva [3].

2. La ritenuta del 20 per cento è altresì applicata dai medesimi soggetti di cui al comma 1 sui proventi di cui all'articolo 44, comma 1, lettera g), del citato testo unico delle imposte sui redditi derivanti dalla partecipazione a organismi di investimento collettivo del risparmio (OICR) di diritto estero, diversi dagli OICR immobiliari, non conformi alla direttiva 2009/65/CE del Parlamento europeo e del Consiglio, del 13 luglio 2009, e il cui gestore sia soggetto a forme di vigilanza nel Paese estero nel quale è istituito ai sensi della direttiva 2011/61/UE del Parlamento europeo e del Consiglio, dell'8 giugno 2011, istituiti negli Stati membri dell'Unione europea e negli Stati aderenti all'Accordo sullo spazio economico europeo che sono inclusi nella lista di cui al decreto emanato ai sensi dell'articolo 168-bis del medesimo testo unico delle imposte sui redditi e le cui quote o azioni sono collocate nel territorio dello Stato ai sensi dell'articolo 42 del testo unico delle disposizioni in materia di intermediazione finanziaria, di cui al decreto legislativo 24 febbraio 1998, n. 58. La ritenuta si applica sui proventi distribuiti in costanza di partecipazione all'organismo di investimento e su quelli compresi nella differenza tra il valore di riscatto, di cessione o di liquidazione delle quote o azioni e il costo medio ponderato di sottoscrizione o di acquisto delle quote o azioni medesime. Il costo di acquisto deve essere documentato dal partecipante e, in mancanza della documentazione, il costo è documentato con una dichiarazione sostitutiva [4].

2-bis. I proventi di cui ai commi 1 e 2 sono determinati al netto di una quota dei proventi riferibili alle obbligazioni e altri titoli di cui all'articolo 31 del decreto del Presidente della Repubblica 29 settembre 1973, n. 601 ed equiparati e alle obbligazioni emesse dagli Stati inclusi nella lista di cui al decreto emanato ai sensi dell'articolo 168-bis, comma 1, del testo unico delle imposte sui redditi approvato con il decreto del Presidente della Repubblica 22 dicembre 1986, n. 917 e alle obbligazioni emesse da enti territoriali dei suddetti Stati. Con decreto del Ministro dell'economia e delle finanze sono stabilite le modalità di individuazione della quota dei proventi di cui al periodo precedente [5].

2-ter. Nel caso di società di gestione del risparmio italiana che istituisce e gestisce all'estero organismi di investimento collettivo del risparmio, la ritenuta di cui ai commi 1 e 2 è applicata direttamente dalla società di gestione italiana operante all'estero ai sensi delle direttive 2009/65/CE e 2011/61/UE. In caso di negoziazione, la ritenuta è applicata dai soggetti indicati nell'articolo 23 del decreto del Presidente della Repubblica 29 settembre 1973, n. 600, incaricati della loro negoziazione. Qualora le quote o azioni dei predetti organismi siano immesse in un sistema di deposito accentrato, la ritenuta è applicata dai soggetti di cui all'articolo 23 del predetto decreto presso i quali le quote o azioni sono state depositate, direttamente o indirettamente aderenti al suddetto sistema di deposito accentrato, nonché dai soggetti non residenti aderenti a detto sistema di deposito accentrato ovvero a sistemi esteri di deposito accentrato aderenti al medesimo sistema. I soggetti non residenti nominano quale loro rappresentante fiscale in Italia una banca o una società di intermediazione mobiliare, residente nel territorio dello Stato, una stabile organizzazione in Italia di banche o di imprese di investimento non residenti, ovvero una società di gestione accentrata di strumenti finanziari autorizzata ai sensi dell'articolo 80 del testo unico di cui al decreto legislativo 24 febbraio 1998, n. 58. Il rappresentante fiscale risponde dell'adempimento dei propri compiti negli stessi termini e con le stesse responsabilità previste per i soggetti di cui al comma 1 residenti in Italia e provvede a versare la ritenuta e a fornire, entro quindici giorni dalla richiesta dell'Amministrazione finanziaria, ogni notizia o documento utile per comprovare il corretto assolvimento degli obblighi riguardanti la suddetta ritenuta [6].

3. Ai fini dell'applicazione delle ritenute di cui ai commi 1 e 2 si considera cessione anche il trasferimento di quote o azioni a diverso intestatario [, salvo che il trasferimento sia avvenuto per successione o donazione]. Ai medesimi fini si considera rimborso la conversione di quote o azioni da un comparto ad altro comparto del medesimo organismo di investimento collettivo. In questi casi, il contribuente fornisce al soggetto tenuto all'applicazione della ritenuta la necessaria provvista [7].

4. La ritenuta di cui ai commi 1 e 2 è applicata a titolo di acconto nei confronti di:

a) imprenditori individuali, se le partecipazioni sono relative all'impresa ai sensi dell'articolo 65 del citato testo unico delle imposte sui redditi;

b) società in nome collettivo, in accomandita semplice ed equiparate di cui all'articolo 5 del predetto testo unico;

c) società ed enti di cui alle lettere a) e b) del comma 1 dell'articolo 73 del medesimo testo unico e stabili organizza-

RENDITE

zioni nel territorio dello Stato delle società e degli enti di cui alla lettera d) del comma 1 del predetto articolo. Nei confronti di tutti gli altri soggetti, compresi quelli esenti o esclusi dall'imposta sul reddito delle società, la ritenuta è applicata a titolo d'imposta.

4-bis. La ritenuta di cui ai commi 1 e 2 non si applica sui proventi spettanti alle imprese di assicurazione e relativi a quote o azioni comprese negli attivi posti a copertura delle riserve matematiche dei rami vita [(8)].

5. Nel caso in cui le quote o azioni di cui ai commi 1 e 2 siano collocate all'estero, o comunque i relativi proventi siano conseguiti all'estero, la ritenuta è applicata dai soggetti di cui all'articolo 23 del decreto del Presidente della Repubblica 29 settembre 1973, n. 600, che intervengono nella loro riscossione.

6. I proventi di cui all'articolo 44, comma 1, lettera g), del testo unico delle imposte sui redditi, derivanti dalla partecipazione a organismi di investimento collettivo del risparmio di diritto estero, diversi dagli OICR immobiliari e da quelli di cui ai commi 1 e 2, concorrono a formare il reddito imponibile dei partecipanti, sia che vengano percepiti sotto forma di proventi distribuiti sia che vengano percepiti quale differenza tra il valore di riscatto, cessione o liquidazione delle quote o azioni e il costo medio ponderato di sottoscrizione o acquisto. Il costo di acquisto deve essere documentato dal partecipante e, in mancanza della documentazione, il costo è documentato con una dichiarazione sostitutiva [(9)].

7. Sui proventi di cui al comma 6 i soggetti indicati all'articolo 23 del decreto del Presidente della Repubblica 29 settembre 1973, n. 600, che intervengono nella loro riscossione operano una ritenuta del 20 per cento a titolo d'acconto delle imposte sui redditi. Si applicano le disposizioni di cui ai commi 3 e 5 [(10)].

8. Gli organismi di investimento collettivo del risparmio di diritto estero di cui ai commi 1 e 2 possono, con riguardo agli investimenti effettuati in Italia, avvalersi delle convenzioni stipulate dalla Repubblica italiana per evitare le doppie imposizioni relativamente alla parte dei redditi e proventi proporzionalmente corrispondenti alle loro quote o azioni possedute da soggetti residenti in Paesi con i quali siano in vigore le predette convenzioni [(11)].

9. Le disposizioni di cui al comma 8 si applicano esclusivamente agli organismi aventi sede in uno Stato la cui legislazione riconosca analogo diritto agli organismi di investimento collettivo italiani».

(1) Articolo inizialmente aggiunto dall'art. 13, d.lg. 25 gennaio 1992, n. 83, successivamente modificato dall'articolo 8 del D.Lgs. 21 novembre 1997, n. 461, dall'articolo 1 del D.Lgs. 16 giugno 1998, n. 201, dall'art. 9, d.l. 25 settembre 2001, n. 350, conv., con modificazioni, in l. 23 novembre 2001, n. 409, dall'articolo 12 del D.L. 30 settembre 2003, n. 269, dall'articolo 1, comma 315, della legge 27 dicembre 2006, n. 296, dall'articolo 1, comma 85, lettera a) della legge 24 dicembre 2007, n. 244 e, da ultimo, sostituito dall'articolo 2, comma 80, del D.L. 29 dicembre 2010, n. 225, con la decorrenza indicata dal comma 83 del medesimo articolo 2.

(2) Rubrica sostituita dall'articolo 11, comma 1, lettera a), del D.Lgs. 4 marzo 2014, n. 44.

(3) Comma modificato dall'articolo 3, comma 1, lettera a) e b), del Dlgs. 16 aprile 2012 n. 47 e dall'articolo 11, comma 1, lettera b), del D.Lgs. 4 marzo 2014, n. 44.

(4) Comma inizialmente modificato dall'articolo 3, comma 1, lettera c), d) ed e), del Dlgs. 16 aprile 2012 n. 47 e successivamente sostituito dall'articolo 11, comma 1, lettera c), del D.Lgs. 4 marzo 2014, n. 44.

(5) Comma aggiunto dall'articolo 2, comma 14, del D.L. 13 agosto 2011 n.138, a decorrere dal 1° gennaio 2012 e successivamente modificato dall'articolo 4, comma 9, del D.L. 24 aprile 2014, n. 66, convertito, con modificazioni, dalla Legge 23 giugno 2014, n. 89.

(6) Comma inserito dall'articolo 11, comma 1, lettera d), del D.Lgs. 4 marzo 2014, n. 44.

(7) Comma modificato dall'articolo 3, comma 1, lettera f) e g) del Dlgs. 16 aprile 2012 n. 47 e dall'articolo 11, comma 1, lettera e), del D.Lgs. 4 marzo 2014, n. 44.

(8) Comma inserito dall'articolo 4, comma 5, del D.L. 24 aprile 2014, n. 66, convertito, con modificazioni, dalla Legge 23 giugno 2014, n. 89.

(9) Comma inizialmente modificato dall'articolo 3, comma 1, lettera h) e i) del Dlgs. 16 aprile 2012 n. 47 e successivamente sostituito dall'articolo 11, comma 1, lettera f), del D.Lgs. 4 marzo 2014, n. 44.

(10) Comma modificato dall'articolo 3, comma 1, lettera l) del Dlgs. 16 aprile 2012 n. 47 e dall'articolo 11, comma 1, lettera g), del D.Lgs. 4 marzo 2014, n. 44.

(11) Comma modificato dall'articolo 3, comma 1, lettera m) del Dlgs. 16 aprile 2012 n. 47 e dall'articolo 11, comma 1, lettera h), del D.Lgs. 4 marzo 2014, n. 44.

(A) In riferimento al presente articolo vedi: Circolare Agenzia delle Entrate 04 giugno 2013, n. 19/E; Risoluzione Agenzia delle Entrate 02 luglio 2007, n. 43/E.

3. D.Lgs. 1° aprile 1996, n. 239

Modificazioni al regime fiscale degli interessi, premi ed altri frutti delle obbligazioni e titoli similari, pubblici e privati [(1)(2)(3)(4)(5)].

(1) Pubblicato in Gazz. Uff., 3 maggio, n. 102

(2) In luogo di Ministro/Ministero del tesoro e di Ministro/Ministero del bilancio e della programmazione economica, leggasi Ministro/Ministero del tesoro, del bilancio e della programmazione economica, ex art. 7, l. 3 aprile 1997, n. 94 e art. 2, d.lg. 5 dicembre 1997, n. 430.

(3) In luogo di Ministro/Ministero delle poste e delle telecomunicazioni, leggasi Ministro/Ministero delle comunicazioni, ex art. 1, l. 31 luglio 1997, n. 249.

(4) Il riferimento a soprattasse e/o a pene pecuniarie, nonché ad ogni altra sanzione amministrativa, ancorché diversamente denominata, contenuto nel presente provvedimento, è sostituito con il riferimento alla sanzione pecuniaria di uguale importo (art. 26, comma 1, d.lg. 18 dicembre 1997, n. 472). I riferimenti eventualmente contenuti nelle singole leggi di imposta a disposizioni abrogate si intendono effettuati agli istituti e alle previsioni corrispondenti risultanti dal citato d.lg. 472/1997. Salvo diversa espressa previsione, i procedimenti di irrogazione delle sanzioni disciplinati dal citato d.lg. 472/1997, si applicano all'irrogazione di tutte le sanzioni tributarie non penali (art. 26, comma 1, d.lg. 18 dicembre 1997, n. 472). Vedi anche articolo 6 del D.M. 16 aprile 2021

(5) A partire dal 1° gennaio 1999 ogni sanzione pecuniaria penale o amministrativa espressa in lire nel presente provvedimento si intende espressa anche in Euro secondo il tasso di conversione irrevocabilmente fissato ai sensi del Trattato CE. A decorrere dal 1° gennaio 2002 ogni sanzione penale o amministrativa espressa in lire nel presente provvedimento è tradotta in Euro secondo il tasso di conversione irrevocabilmente fissato ai sensi del Trattato CE. Se tale operazione di conversione produce un risultato espresso anche in decimali, la cifra è arrotondata eliminando i decimali (art. 51, d.lg. 24 giugno 1998, n. 213).

(Omissis).

1. Soppressione della ritenuta alla fonte per talune obbligazioni e titoli similari. – 1. La ritenuta del 20 per cento di cui al comma 1 dell'articolo 26 del decreto del Presidente della Repubblica 29 settembre 1973, n. 600, non si applica sugli interessi ed altri proventi delle obbligazioni e titoli similari, e delle cambiali finanziarie, emesse da banche, da società per azioni con azioni negoziate in mercati regolamentati o sistemi multilaterali di negoziazione degli Stati membri dell'Unione europea e degli Stati aderenti all'Accordo sullo spazio economico europeo inclusi nella lista di cui al decreto ministeriale emanato ai sensi dell'articolo 168-bis del testo unico delle imposte sui redditi, di cui al decreto del Presidente della Repubblica 22 dicembre 1986, n. 917, e da enti pubblici economici trasformati in società per azioni in base a disposizione di legge, nonché sugli interessi ed altri proventi delle obbligazioni e titoli similari, e delle cambiali finanziarie negoziate nei medesimi mercati regolamentati o sistemi multilaterali di negoziazione emessi da società diverse dalle prime o, qualora tali obbligazioni e titoli similari e cambiali finanziarie non siano negoziate, detenuti da uno o più investitori qualificati ai sensi dell'articolo 100 del decreto legislativo 24 febbraio 1998, n. 58 (1).

2. Per i proventi dei titoli obbligazionari emessi dagli enti territoriali ai sensi degli articoli 35 e 37 della legge 23 dicembre 1994, n. 724, si applica il regime tributario di cui all'articolo 2. Tale imposta spetta agli enti territoriali emittenti ed è agli stessi versata con le modalità di cui al capo III del decreto legislativo 9 luglio 1997, n. 241 (2).

3. Le disposizioni incompatibili con la disciplina introdotta dal presente decreto sono soppresse.

(1) *Comma sostituito dall'articolo 12 del D.Lgs. 21 novembre 1997, n. 461, modificato dall'articolo 3 del D.Lgs. 16 giugno 1998, n. 201, dall'articolo 1, comma 317, della legge 27 dicembre 2006, n. 296, successivamente dall'articolo 1, comma 87, lettera a), della legge 24 dicembre 2007, n. 244, con la decorrenza prevista dal comma 88 del medesimo articolo 1; ulteriormente sostituito dall'articolo 32, comma 9, del D.L. 22 giugno 2012, n. 83, come modificato dall'articolo 36, comma 3, lettera b), del D.L. 10 ottobre 2012, n. 179 e da ultimo modificato dall'articolo 21, comma 1, del D.L. 24 giugno 2014, n. 91, convertito con modificazioni, dalla Legge 11 agosto 2014, n. 116. Vedi inoltre quanto disposto dai commi 10 e 13 del medesimo articolo 32 del D.L. n. 83 del 2012.*

(2) *Comma modificato dall'articolo 27 della legge 21 novembre 2000, n. 342, e successivamente sostituito dall'articolo 1 comma 163 della legge 23 dicembre 2005, n. 266.*

2. Imposta sostitutiva sugli interessi, premi ed altri frutti di talune obbligazioni e titoli similari per i soggetti residenti. – 1. Sono soggetti ad imposta sostitutiva delle imposte sui redditi nella misura del 12,50 per cento, gli interessi ed altri proventi delle obbligazioni e titoli similari di cui all'articolo 1, nonché gli interessi ed altri proventi delle obbligazioni e degli altri titoli di cui all'articolo 31 del decreto del presidente della Repubblica 29 settembre 1973, n. 601, ed equiparati, emessi in Italia, per la parte maturata nel periodo di possesso, percepiti dai seguenti soggetti residenti nel territorio dello Stato:

a) persone fisiche;

b) soggetti di cui all'art. 5 del testo unico delle imposte sui redditi, approvato con decreto del Presidente della Repubblica 22 dicembre 1986, n. 917, escluse le società in nome collettivo, in accomandita semplice e quelle ad esse equiparate;

c) enti di cui all'articolo 73, comma 1, lettera c), e quelli di cui all'articolo 74 del medesimo testo unico, n. 917 del 1986, esclusi gli organismi di investimento collettivo del risparmio (1);

[*d) organismi di investimento collettivo in valori mobiliari di diritto italiano, ivi compresi quelli di cui all'art. 10- ter), comma 2, della legge 23 marzo 1983, n. 77 e successive modificazioni;*] (2)

[*e) fondi di investimento mobiliare chiusi di cui alla legge 14 agosto 1993, n. 344;*] (3)

f) soggetti esenti dall'imposta sul reddito delle persone giurdiche (4).

1- bis. Sono soggetti ad imposta sostitutiva delle imposte sui redditi nella misura del 12,50 per cento, per la parte maturata nel periodo di possesso, gli interessi ed altri proventi delle obbligazioni e titoli similari dovuti da soggetti non residenti. L'imposta è applicata nella misura del 12,50 per cento anche sugli interessi ed altri proventi delle obbligazioni e degli altri titoli di cui all'articolo 31 del decreto del Presidente della Repubblica 29 settembre 1973, n. 601, nonché di quelli con regime fiscale equiparato, emessi all'estero a decorrere dal 10 settembre 1992, indipendentemente dalla scadenza (5).

[*1- ter. L'imposta è applicata nella misura del 27 per cento se la scadenza dei titoli indicati nel primo periodo del comma 1- bis è inferiore a diciotto mesi*] (6)

1-quater. L'imposta di cui al comma 1-bis si applica sugli interessi ed altri proventi percepiti dai soggetti indicati al comma 1 (7).

2. L'imposta sostitutiva di cui ai commi 1, 1- bis e 1-ter è applicata dalle banche, dalle società di intermediazione mobiliare, dalle società fiduciarie, dagli agenti di cambio e da altri soggetti espressamente indicati in appositi decreti del Ministro delle finanze di concerto con il Ministro del tesoro, residenti in Italia, che comunque intervengono nella riscossione degli interessi, premi ed altri frutti ovvero, anche in qualità di acquirenti, nei trasferimenti dei titoli di cui al comma 1. Ai fini dell'applicazione dell'imposta sostitutiva, per trasferimento dei titoli si intendono le cessioni e qualunque altro atto, a titolo oneroso o gratuito, che comporta il mutamento della titolarità giuridica dei titoli (8).

3. Per i buoni postali di risparmio l'imposta sostitutiva è applicata dall'Ente poste italiane (9) conformemente a quanto disposto dall'art. 5, comma 2. Con decreto del Ministro delle finanze, di concerto con il Ministro del tesoro e con il Ministro delle poste e delle telecomunicazioni su proposta del consiglio di amministrazione dell'Ente poste italiane (10), possono essere stabilite particolari modalità applicative della presente disciplina, anche agli effetti dell'art. 7 (11).

(1) *Lettera sostituita dall'articolo 4, comma 6, del D.L. 24 aprile 2014, n. 66, convertito, con modificazioni, dalla Legge 23 giugno 2014, n. 89.*

(2) *Lettera soppressa dall'articolo 9 del D.L. 25 settembre 2001, n. 351, convertito con modificazioni, in Legge 23 novembre 2001, n. 410.*

(3) *Lettera abrogata dall'articolo 5 del D.Lgs. 18 febbraio 2000, n. 47.*

(4) *Comma sostituito dall'articolo 12 del D.Lgs. 21 novembre 1997, n. 461. Vedi l'articolo 3, comma 8 del D.L. 24 aprile 2014, n. 66, convertito, con modificazioni, dalla Legge 23 giugno 2014, n. 89.*

(5) *Comma aggiunto dall'articolo 6 del D.Lgs. 23 dicembre 1999, n. 505.*

(6) *Comma aggiunto dall'articolo 6 del D.Lgs. 23 dicembre 1999, n. 505, modificato dall'articolo 5 del D.Lgs. 18 febbraio 2000, n. 47 e, da ultimo, abrogato dall'articolo 2, comma 18, lettera a), numero 2), del D.L. 13 agosto 2011, n. 138.*

(7) *Comma aggiunto dall'articolo 6 del D.Lgs. 23 dicembre 1999, n. 505, successivamente modificato dall'articolo 5 del D.Lgs. 18 febbraio 2000, n. 47 e, da ultimo, sostituito dall'articolo 2, comma 18, lettera a), numero 2), del D.L. 13 agosto 2011, n. 138.*

(8) *Comma modificato dall'articolo 7, comma 5, lettera a) del D.Lgs. 16 giugno 1998, n. 201, dall'articolo 6, comma 1, lettera b) del D.Lgs. 23 dicembre 1999, n. 505, e, da ultimo, dall'articolo 2, comma 18, lettera a), numero 3), del D.L. 13 agosto 2011, n. 138. Vedi l'articolo 3, comma 9 del D.L. 24 aprile 2014, n. 66, convertito, con modificazioni, dalla Legge 23 giugno 2014, n. 89.*

(9) *Trasformato in S.P.A. con Delib. CIPE 18 dicembre 1997.*

(10) *Trasformato in S.P.A. con Delib. CIPE 18 dicembre 1997.*

(11) *Vedi il D.M. 13 dicembre 2011.*

3. Istituzione di un conto unico presso gli intermediari per la determinazione dell'imposta sostitutiva. – 1. Gli intermediari di cui all'art. 2, comma 2, istituiscono un "conto unico" destinato ad accogliere le seguenti registrazioni relative ad operazioni effettuate per conto o a favore dei soggetti di cui ai commi 1 e 1- quater del medesimo articolo:

a) accredito dell'ammontare dell'imposta sostitutiva commisurata all'importo degli interessi, premi o altri frutti scaduti, nonché alla differenza tra la somma corrisposta alla scadenza ed il prezzo di emissione dei titoli;

b) accredito dell'ammontare dell'imposta sostitutiva commisurata ai redditi di cui alla lettera a) riconosciuti al venditore nel corrispettivo, sia in modo esplicito che implicito;

c) addebito dell'ammontare dell'imposta sostitutiva commisurata ai redditi di cui alla lettera a) riconosciuti dall'acquirente nel corrispettivo, sia in modo esplicito che implicito.

I medesimi intermediari provvedono, con pari valuta, all'addebito, nei casi di cui alle lettere a) e b), ed all'accredito, nel caso di cui alla lettera c), dei corrispondenti importi ai soggetti indicati nell'art. 2, commi 1 e 1- quater, per conto o a favore dei quali le operazioni sono effettuate [1].

2. Ai fini dell'applicazione del comma 1:

a) l'accredito di cui alla lettera a) del predetto comma deve essere effettuato con riferimento al giorno di scadenza delle cedole e dei titoli;

b) gli accrediti e gli addebiti di cui alle lettere b) e c) del predetto comma devono essere effettuati con riferimento alla data di regolamento delle operazioni.

3. Gli accrediti e gli addebiti di cui al comma 1 non vengono operati con riferimento alle operazioni effettuate per conto o a favore degli organismi di investimento e dei fondi di cui all'articolo 2, comma 1, lettera d). Alla fine di ciascun mese, la banca depositaria accredita sul "conto unico" l'imposta sostitutiva di cui all'art. 2 relativa ai seguenti redditi conseguiti nel medesimo mese dall'organismo di investimento o dal fondo e maturati nel periodo di possesso [2]:

a) interessi, premi ed altri frutti scaduti;

b) interessi, premi ed altri frutti conseguiti, sia in modo esplicito che implicito, a seguito di cessione dei titoli.

La banca depositaria preleva, con pari valuta, le somme corrispondenti all'imposta sostitutiva dal patrimonio dell'organismo di investimento o del fondo. Ai fini dell'applicazione del presente comma si considerano ceduti per primi i titoli acquisiti per ultimi.

4. Se in una operazione intervengono più intermediari di cui all'art. 2, comma 2, l'imposta sostitutiva relativa a tale operazione è accreditata o addebitata al "conto unico" dell'intermediario presso il quale il soggetto, per conto o a favore del quale l'operazione è stata effettuata, intrattiene il rapporto di deposito o di gestione dei titoli.

5. Il trasferimento ad un altro deposito costituito presso il medesimo o altro intermediario, è equiparato ad un'operazione di compravendita agli effetti delle lettere b) e c) del comma 1, intendendosi per redditi riconosciuti nel corrispettivo quelli maturati fino alla data in cui l'operazione si considera eseguita. Per i titoli indicati nell'articolo 2, commi 1- bis e 1-ter, si considerano cessioni anche i prelievi dai depositi costituiti presso gli intermediari [1].

6. Qualora i titoli di cui all'articolo 2, comma 1, al di fuori delle ipotesi di trasferimento effettuato con l'intervento di uno dei soggetti intermediari di cui all'art. 2, comma 2, vengano immessi in un deposito di pertinenza di soggetti diversi da quelli nei cui confronti si applica l'imposta sostitutiva, l'intermediario presso il quale è costituito il deposito accredita il "conto unico" dell'ammontare dell'imposta sostitutiva commisurata ai redditi di cui al comma 1, lettera a), maturati fino alla data dell'immissione [3].

7. Per le operazioni indicate nel presente articolo, che non comportino il pagamento di corrispettivi, il soggetto che dispone l'operazione deve versare all'intermediario l'ammontare dell'imposta sostitutiva da accreditare nel "conto unico". L'intermediario ha la facoltà di non eseguire l'incarico ricevuto o di non effettuare la restituzione materiale dei titoli fino a quando il soggetto interessato non abbia versato l'imposta sostitutiva dovuta ai sensi del presente comma.

8. Il saldo positivo fra gli accrediti e gli addebiti nel "conto unico" risultante alla fine di ciascun mese deve essere versato secondo le modalità e nei termini previsti dall'art. 4. Il saldo negativo costituisce il primo addebito del mese successivo. Con decreto del Ministro delle finanze di concerto con il Ministro del tesoro sono stabiliti i termini e le modalità per i rimborsi.

9. Per i titoli senza cedola aventi durata non superiore a 12 mesi, di cui all'ultimo periodo dell'art. 1, comma 2, del decreto-legge 19 settembre 1986, n. 556, convertito, con modificazioni, dalla legge 17 novembre 1986, n. 759, le disposizioni dei commi precedenti si applicano coerentemente con la previsione contenuta nel periodo anzidetto, secondo la quale la differenza tra il valore nominale ed il prezzo di emissione è considerata interesse anticipato.

[1] Comma così modificato dall'art. 6, d.lg. 23 dicembre 1999, n. 505. Successivamente, a norma dell'articolo 2, comma 18, lettera b), del D.L. 13 agosto 2011, n. 138, a decorrere dal 1° gennaio 2012, le parole "commi 1-bis e 1-ter" sono sostituite dalle parole "comma 1-bis".
[2] Alinea, da ultimo, così modificato dall'art. 5, d.lg. 18 febbraio 2000, n. 47.
[3] Comma così modificato dall'art. 7, d.lg. 16 giugno 1998, n. 201.

4. Disposizioni in tema di versamento, di accertamento e di sanzioni. – 1. I soggetti di cui all'art. 2, comma 2, provvedono al versamento diretto dell'imposta sostitutiva risultante dal saldo mensile del conto unico di cui all'art. 3, al concessionario della riscossione ovvero presso la sezione di tesoreria provinciale dello Stato, competenti in ragione del loro domicilio fiscale, entro il quindicesimo giorno del mese successivo a quello di riferimento. Entro il termine previsto dal quarto comma dell'art. 9 del decreto del Presidente della Repubblica 29 settembre 1973, n. 600, per la presentazione della dichiarazione dei sostituti di imposta, gli stessi soggetti devono comunicare all'Amministrazione finanziaria i dati concernenti i versamenti relativi all'anno solare precedente, con le modalità previste con decreto del Ministro delle finanze da pubblicarsi nella Gazzetta Ufficiale entro centottanta giorni dalla data di entrata in vigore del presente decreto.

2. I soggetti di cui all'art. 2, comma 1, che abbiano percepito nel periodo d'imposta interessi, premi ed altri frutti delle obbligazioni e titoli similari ivi indicati, sui quali non sia stata applicata l'imposta sostitutiva ai sensi degli articoli 2 e 3, devono indicare nella dichiarazione annuale dei redditi

la parte degli interessi, premi ed altri frutti maturata nel periodo di possesso ed incassata, in modo esplicito o implicito, nel relativo periodo d'imposta, versando l'imposta sostitutiva con le modalità e nei termini previsti per il versamento a saldo delle imposte sui redditi dovute in base alla dichiarazione [1].

3. Per la liquidazione, l'accertamento, la riscossione, le sanzioni, i rimborsi e il contenzioso in materia di imposta sostitutiva si applicano le disposizioni previste in materia di imposte sui redditi [2].

4. La violazione dell'obbligo di comunicazione di cui al comma 1, è punita con la sanzione amministrativa da lire quattro milioni a lire quaranta milioni [2].

5. Nel caso in cui gli uffici accertino che gli intermediari di cui al comma 2 dell'art. 2 non abbiano applicato in tutto o in parte l'imposta sostitutiva sugli interessi, premi ed altri frutti, al pagamento della stessa nonché degli interessi di cui all'art. 9 del decreto del Presidente della Repubblica 29 settembre 1973, n. 602, sono tenuti in solido sia l'intermediario che il contribuente, ferma restando l'applicazione delle sanzioni previste dal comma 4 nei confronti degli intermediari medesimi.

(1) Comma così modificato dall'art. 7, d.lg. 16 giugno 1998, n. 201.
(2) Comma così sostituito dall'art. 4, d.lg. 21 luglio 1999, n. 259.

5. Casi particolari di assolvimento dell'imposta sostitutiva. – 1. Gli interessi, premi ed altri frutti dei titoli di cui all'articolo 2, commi 1, 1- bis e 1-ter conseguiti, anche dai soggetti di cui all'art. 2, commi 1, 1- bis e 1-ter, nell'esercizio di attività commerciali, assoggettati ad imposta sostitutiva di cui all'art. 2 concorrono, in deroga alle disposizioni di cui agli articoli 3, comma 3, 58, comma 1, lettera b), e 108, comma 1, del testo unico delle imposte sui redditi, approvato con decreto del Presidente della Repubblica 22 dicembre 1986, n. 917, a formare il reddito d'impresa e l'imposta sostitutiva assolta si scomputa ai sensi degli articoli 19 e 93 del predetto testo unico [1].

2. Per i titoli di cui all'articolo 2, commi 1, 1- bis e 1-ter, non depositati presso gli intermediari di cui all'art. 2, comma 2, gli interessi, premi, ed altri frutti, da chiunque percepiti alla scadenza delle cedole o del titolo, sono in ogni caso soggetti all'imposta sostitutiva a cura dell'intermediario che li eroga. Qualora i redditi di cui all'articolo 2, comma 1 siano corrisposti direttamente dal soggetto che ha emesso il titolo, l'imposta sostitutiva è applicata da quest'ultimo soggetto e le disposizioni dell'art. 3 non si applicano se detto soggetto non rientra fra gli intermediari di cui all'art. 2, comma 2. Restano fermi i termini e le modalità di versamento, nonché le disposizioni in tema di accertamento e di sanzioni, previsti dall'art. 4 [1][2].

(1) Comma modificato dall'art. 6, d.lg. 23 dicembre 1999, n. 505. Successivamente a norma dell'articolo 2, comma 18, lettera c), del D.L. 13 agosto 2011, n. 138, a decorrere dal 1° gennaio 2012, le parole "commi 1, 1-bis e 1-ter" sono sostituite, ovunque ricorrano, dalle parole "commi 1 e 1-bis".
(2) Comma modificato dall'art. 6, d.lg. 23 dicembre 1999, n. 505 e dall'articolo 2, comma 18, lettera c), del D.L. 13 agosto 2011, n. 138.

6. Regime fiscale per i soggetti non residenti. – 1. Non sono soggetti ad imposizione gli interessi, premi ed altri frutti delle obbligazioni e titoli similari di cui all'articolo 2, comma 1, percepiti da soggetti residenti in Stati e territori che consentono un adeguato scambio di informazioni. Non sono altresì soggetti ad imposizione gli interessi, premi ed altri frutti delle obbligazioni e titoli similari percepiti da [1]:

a) enti od organismi internazionali costituiti in base ad accordi internazionali resi esecutivi in Italia;

b) gli investitori istituzionali esteri, ancorché privi di soggettività tributaria, costituiti in Paesi di cui al primo periodo;

c) Banche centrali o organismi che gestiscono anche le riserve ufficiali dello Stato. [2][3]

[2. *L'imposta sostitutiva di cui all'art. 2 si applica comunque, secondo le modalità di cui all'art. 3, nei confronti di:*

a) soggetti non residenti diversi da quelli di cui al comma 1;

b) soggetti residenti negli Stati o territori di cui all'art. 76, comma 7- bis, del testo unico delle imposte sui redditi, approvato con decreto del Presidente della Repubblica 22 dicembre 1986, n. 917, come individuati dai decreti del Ministro delle finanze di cui al medesimo comma 7- bis.] [4]

(1) Alinea modificato dall'articolo 1, comma 87, lettera b), della legge 24 dicembre 2007, n. 244. A norma del comma 88 del medesimo articolo 1, della legge 244/2007, le modifiche al presente articolo, si applicano a decorrere dal periodo di imposta che inizia successivamente alla data di pubblicazione nella Gazzetta Ufficiale del decreto del Ministro dell'economia e delle finanze emanato ai sensi dell'articolo 168-bis del testo unico di cui al decreto del Presidente della Repubblica 22 dicembre 1986, n. 917; fino al periodo d'imposta precedente continuano ad applicarsi le disposizioni vigenti al 31 dicembre 2007. Successivamente modificato dall'articolo 10, comma 1, lettera a), del D.Lgs. 14 settembre 2015, n. 147; a norma del comma 5 del medesimo articolo, la presente disposizione si applica a decorrere dal periodo di imposta in corso alla data di entrata in vigore del citato decreto.
(2) Lettera sostituita dall'art. 3-bis, comma 1, d.l. 22 febbraio 2002, n. 12, conv., con modificazioni, in l. 23 aprile 2002, n. 73; si veda il comma 2, art. 3-bis, d.l. 12/2002.
(3) Comma sostituito dall'art. 10, d.l. 25 settembre 2001, n. 350, conv., con modificazioni, in l. 23 novembre 2001, n. 409; la presente disposizione si applica ai redditi di capitale divenuti esigibili, nonché alle plusvalenze e agli altri redditi diversi di natura finanziaria realizzati a decorrere dal 1° gennaio 2002. Successivamente così modificato dall'articolo 41 del D.L. 30 settembre 2003, n. 269.
(4) Comma abrogato dall'art. 10, d.l. 25 settembre 2001, n. 350, conv., con modificazioni, in l. 23 novembre 2001, n. 409; la presente disposizione si applica ai redditi di capitale divenuti esigibili, nonché alle plusvalenze e agli altri redditi diversi di natura finanziaria realizzati a decorrere dal 1° gennaio 2002.

7. Procedura per la non applicazione dell'imposta sostitutiva nei confronti dei non residenti. – 1. Ai fini dell'applicazione dell'art. 6, comma 1, i soggetti non residenti ivi indicati devono depositare, direttamente o indirettamente, i titoli presso una banca o una società di intermediazione mobiliare residente, ovvero una stabile organizzazione in Italia di banche o di società di intermediazione mobiliare non residenti, che intrattiene rapporti diretti in via telematica con il Ministero delle finanze - Dipartimento delle entrate.

2. La banca o la società di intermediazione mobiliare di cui al comma 1 deve acquisire:

a) un'autocertificazione dell'effettivo beneficiario dei proventi dei titoli che attesti il possesso dei requisiti di cui al comma 1 dell'articolo 6 per la non applicazione dell'imposta. Relativamente agli investitori istituzionali privi di soggettività tributaria, si considera beneficiario effettivo l'investitore istituzionale stesso e l'autocertificazione di cui al primo periodo deve essere resa dal relativo organo di gestione. L'autocertificazione deve essere redatta in conformità a quanto stabilito con uno o più decreti del Ministro dell'economia e delle finanze, da emanare entro il 30 novembre 2001. La predetta autocertificazione produce effetti salvo revoca e non deve essere presentata qualora in precedenza siano state prodotte al medesimo intermediario certificazioni equivalenti per le stesse o altre finalità;

b) i dati identificativi del soggetto non residente effettivo beneficiario dei proventi dei titoli depositati, nonché il codice identificativo del titolo e gli elementi necessari a determinare gli interessi, premi ed altri frutti, non soggetti ad imposta sostitutiva, di sua pertinenza. (1)

3. Le informazioni e i documenti di cui al comma 2 possono essere acquisiti anche per il tramite di intermediari che intervengono nel deposito dei titoli indirettamente effettuato presso una banca o una società di intermediazione mobiliare residente.

4. La mancata acquisizione della dichiarazione di cui alla lettera a) del comma 2 da parte dei soggetti depositari di cui al comma 1 determina l'applicazione dell'imposta sostitutiva sui proventi spettanti ai soggetti non residenti. La predetta dichiarazione non è acquisita relativamente agli enti od organismi internazionali costituiti in base ad accordi internazionali resi esecutivi in Italia (2).

5. Relativamente ai proventi per i quali non siano state acquisite le informazioni di cui alla lettera b) del comma 2 o siano state acquisite informazioni inesatte o non complete, la banca o la società di intermediazione mobiliare provvede al versamento della corrispondente imposta sostitutiva, maggiorata dell'1,5 per cento per ciascun mese, o frazione di mese, di ritardo rispetto a quello in cui il versamento avrebbe dovuto essere effettuato. Il versamento non può in ogni caso essere effettuato oltre il termine di invio delle comunicazioni di cui all'art. 8, comma 2, relative al periodo al quale i proventi si riferiscono.

(1) Comma sostituito dall'art. 10, d.l. 25 settembre 2001, n. 350, conv., con modificazioni, in l. 23 novembre 2001, n. 409; la presente disposizione si applica ai redditi di capitale divenuti esigibili, nonché alle plusvalenze e agli altri redditi diversi di natura finanziaria realizzati a decorrere dal 1° gennaio 2002.

(2) Comma modificato dall'art. 10, d.l. 25 settembre 2001, n. 350, conv., con modificazioni, in l. 23 novembre 2001, n. 409; la presente disposizione si applica ai redditi di capitale divenuti esigibili, nonché alle plusvalenze e agli altri redditi diversi di natura finanziaria realizzati a decorrere dal 1° gennaio 2002.

8. Conservazione delle evidenze e comunicazione all'Amministrazione finanziaria. – 1. La banca o la società di intermediazione mobiliare di cui all'art. 7, comma 1, deve tenere separata evidenza del complesso delle posizioni relative ai percipienti soggetti all'imposta sostitutiva e delle posizioni relative ai soggetti per i quali detta imposta non è applicata ai sensi delle norme del presente decreto. Si applicano le disposizioni previste dall'art. 3.

2. La banca o la società di intermediazione mobiliare di cui all'art. 7, comma 1, è tenuta a comunicare all'Amministrazione finanziaria, entro il 31 marzo ed il 30 settembre di ogni anno, secondo le modalità previste dal decreto di cui all'art. 11, comma 4, gli elementi di cui all'art. 7, comma 2, lettera b), con riferimento ai proventi non assoggettati ad imposta sostitutiva percepiti nel semestre solare precedente, implicitamente o esplicitamente:

a) da soggetti non residenti;

b) da soggetti residenti, limitatamente a quelli relativi a titoli detenuti all'estero.

3. Nei casi di omessa, incompleta o inesatta comunicazione di cui al comma 2, da parte della banca e della società di intermediazione di cui all'articolo 7, comma l, si applica la sanzione amministrativa da lire quattro milioni a lire quaranta milioni (1).

3- bis. Le disposizioni del presente articolo e quelle dell'articolo 7 non si applicano ai proventi dei titoli depositati dalle banche centrali aderenti al Sistema europeo di banche centrali (SEBC) e dalla Banca centrale europea (BCE), direttamente o indirettamente, presso i soggetti indicati dalla BCE nella lista dei sistemi di regolamento dei titoli, idonei per le operazioni di credito del SEBC (2).

3- ter. Le disposizioni del presente articolo e quelle dell'articolo 7 non si applicano altresì ai proventi non soggetti ad imposizione in forza dell'articolo 6 quando essi sono percepiti da enti e organismi internazionali costituiti in base ad accordi internazionali resi esecutivi in Italia, da Banche centrali estere o da organismi che gestiscono anche le riserve ufficiali dello Stato. (3)

(1) Comma così sostituito dall'art. 4, d.lg. 21 luglio 1999, n. 259.

(2) Comma aggiunto dall'art. 2, d.lg. 16 giugno 1998, n. 201 e così sostituito dall'art. 25, l. 21 novembre 2000, n. 342.

(3) Comma aggiunto dall'art. 35, l. 23 dicembre 2000, n. 388. Successivamente modificato dall'art. 3-bis, comma 1, d.l. 22 febbraio 2002, n. 12, conv., con modificazioni, in l. 23 aprile 2002, n. 73; si veda il comma 2, art. 3-bis, d.l. 12/2002.

9. Intermediari non residenti. – 1. Sono equiparati alle banche e alle società di intermediazione mobiliare di cui all'art. 7, comma 1, gli enti e le società non residenti che aderiscono a sistemi di amministrazione accentrata dei titoli e intrattengono rapporti diretti con il Ministero delle finanze Dipartimento delle entrate.

2. Gli enti e le società di cui al comma 1 devono nominare quale rappresentante ai fini dell'applicazione del presente decreto una banca o una società di intermediazione mobiliare, residente nel territorio dello Stato, una stabile organizzazione in Italia di banche o di società di intermediazione mobiliare estere non residenti ovvero una società di gestione accentrata di strumenti finanziari autorizzata ai sensi dell'articolo 80 del decreto legislativo 24 febbraio 1998, n. 58, che provvede:

a) al versamento dell'imposta sostitutiva per conto dell'ente o della società rappresentata;

b) alla conservazione della documentazione di cui all'art. 7, comma 2, lettera a);

c) a fornire, su richiesta dell'Amministrazione finanziaria, ogni notizia o documento utile per l'individuazione degli interessi, premi ed altri frutti corrisposti senza l'applicazione dell'imposta sostitutiva, e dei relativi percettori. (1)

3. Con decreto del Ministro delle finanze, di concerto con il Ministro del tesoro, possono essere stabilite particolari modalità per l'assolvimento, da parte degli enti e delle società non residenti di cui al comma 1, degli adempimenti e degli obblighi previsti dagli articoli 7 e 8.

(1) Comma così modificato dall'articolo 41 del D.L. 30 settembre 2003, n. 269.

10. Riduzione delle provvigioni di sottoscrizione per la copertura. – 1. A decorrere dalle emissioni il cui regolamento si effettua a partire dal 1° gennaio 1997, le provvigioni di collocamento dei titoli di Stato a medio e lungo termine sul mercato interno vengono ridotte, rispetto a quelle precedentemente in vigore, nelle seguenti misure:

a) dieci centesimi di punto percentuale per i titoli di durata non superiore ai tre anni e per quelli denominati in ECU;

b) venti centesimi percentuale per tutti gli altri titoli.

11. Altre disposizioni. – 1. La ritenuta di cui all'art. 26, primo comma, del decreto del Presidente delle Repubblica 29 settembre 1973, n. 600, e successive modificazioni ed integrazioni, è applicata a titolo d'imposta nei confronti degli enti di cui all'art. 87, comma 1, lettera c), del testo unico delle imposte sui redditi, approvato con decreto del Presidente della Repubblica 22 dicembre 1986, n. 917. La presente disposizione si applica per gli interessi, premi ed altri frutti maturati a partire dal 1° gennaio 1997.

2. Nel caso di riapertura delle sottoscrizioni delle emissioni delle obbligazioni e titoli similari, ai fini della determinazione della differenza di emissione o di rimborso di cui all'art. 41, comma 1, lettera b), del testo unico delle imposte sui redditi, approvato con decreto del Presidente della Repubblica 22 dicembre 1986, n. 917, e dell'art. 10 del decreto-legge 30 settembre 1983, n. 512, convertito, con modificazioni, dalla legge 25 novembre 1983, n. 649, si considera prezzo di emissione quello di aggiudicazione della "prima" tranche del prestito. Per i titoli diversi da quelli di Stato ed equiparati la disposizione si applica a condizione che la riapertura avvenga entro dodici mesi dalla data di emissione del prestito e che la differenza fra prezzo di emissione delle tranche successive e quello della prima tranche sia in valore assoluto non superiore all'1% del valore nominale rapportato a ciascun anno di durata del prestito.

3. I riferimenti alle ritenute di cui all'art. 26, primo comma, del decreto del Presidente della Repubblica 29 settembre 1973, n. 600, contenuti in provvedimenti emanati anteriormente alla data di entrata in vigore del presente decreto si intendono come fatti anche alle imposte sostitutive di cui all'art. 2.

4. Con uno o più decreti, da emanare entro il 30 giugno 1996, il Ministro delle finanze stabilisce:

a) le caratteristiche del modello di attestazione di cui all'art. 7, comma 2, lettera a), nonché le modalità ed i termini di conservazione della stessa;

b) il contenuto e le caratteristiche tecniche di invio delle comunicazioni da effettuare all'Amministrazione finanziaria in via telematica ai sensi degli articoli 7 e 8;

c) l'elenco degli Stati e territori di cui all'articolo 6, comma 1, che consentono un adeguato scambio di informazioni; tale elenco è aggiornato con cadenza semestrale [(1)].

4- bis. Con i decreti di cui al comma 4 sono stabilite le modalità per la rilevazione dei soggetti non residenti che possiedono buoni fruttiferi e certificati di deposito emessi da banche residenti nel territorio dello Stato [(2)].

5. Le disposizioni recate nei decreti di cui al comma 4 possono essere modificate con successivi decreti del Ministro delle finanze.

(1) Lettera abrogata dall'articolo 1, comma 87, lettera c), della legge 24 dicembre 2007, n. 244 e successivamente sostituita dall'articolo 10, comma 1, lettera b), del D.Lgs. 14 settembre 2015, n. 147; a norma del comma 5 del medesimo articolo, la presente disposizione si applica a decorrere dal periodo di imposta in corso alla data di entrata in vigore del citato decreto.

(2) Comma aggiunto dall'art. 7, d.l. 20 giugno 1996, n. 323, conv. in l. 8 agosto 1996, n. 425. Vedi il d.m. 5 dicembre 1997, n. 494, di attuazione.

12. Decorrenza. – 1. Le disposizioni del presente decreto hanno effetto:

a) per i titoli con cedola, a partire da quella la cui maturazione decorre dal 1° gennaio 1997, ovvero dalla prima cedola successiva a quella in corso di maturazione alla predetta data;

b) per i titoli senza cedola, relativamente agli interessi, premi ed altri frutti che maturano a partire dal 1° gennaio 1997; resta ferma l'applicazione da parte dell'emittente della ritenuta di cui all'art. 26, primo comma, del decreto del Presidente della Repubblica 29 settembre 1973, n. 600, per la parte maturata fino alla predetta data;

c) per la differenza tra la somma percepita alla scadenza dai possessori dei titoli e il prezzo di emissione relativamente alla parte di tale differenza che matura a partire dalla data in cui inizia la maturazione della cedola di cui alla lettera a); resta ferma l'applicazione da parte dell'emittente della ritenuta di cui all'art. 26, primo comma, del decreto del Presidente della Repubblica 29 settembre 1973, n. 600, sulla parte maturata antecedentemente a tale data.

2. Per gli interessi, premi ed altri frutti dei titoli senza cedola di cui all'art. 1 emessi anteriormente al 1° gennaio 1997, aventi una durata non superiore ai dodici mesi, resta ferma la previgente disciplina.

2- bis. Per i titoli indicati nell'articolo 2, commi 1- bis e 1- ter, l'imposta sostitutiva si applica a partire dal 1° luglio 2000. Per i titoli di cui al periodo precedente depositati al 1° luglio 2000 presso gli intermediari di cui all'articolo 2, comma 2, il conto unico è accreditato dell'ammontare dell'imposta sostitutiva commisurata all'importo degli interessi, premi e altri frutti maturati nel periodo di possesso fino al 30 giugno 2000 ed è addebitato dell'ammontare dell'imposta sostitutiva commisurata all'importo degli interessi, premi e altri frutti maturati fino al 30 giugno 2000 dalla data di inizio di maturazione della cedola in corso, nonché dell'imposta commisurata alla differenza maturata fino alla predetta data tra la somma percepita alla scadenza ed il prezzo di emissione [(1)].

(1) Comma aggiunto dall'art. 6, d.lg. 23 dicembre 1999, n. 505.

13. Disciplina transitoria. – 1. Ai fini della determinazione degli acconti IRPEG dovuti per il periodo d'imposta in corso al 1° aprile 1997 non si tiene conto, nella misura del 60 per cento, delle ritenute sugli interessi, premi ed altri frutti dei titoli di cui all'art. 1 scomputate per il periodo d'imposta precedente. Per la determinazione degli acconti IRPEG dovuti per i successivi periodi d'imposta non si tiene conto delle predette ritenute, nella misura del 70 per cento dell'ammontare scomputato per il periodo d'imposta precedente.

2. Le disposizioni del comma 1 si applicano anche ai fini della determinazione degli acconti IRPEF dovuti dai soci delle società in nome collettivo, in accomandita semplice ed equiparate.

3. Agli interessi, premi ed altri frutti delle obbligazioni e titoli similari, emessi fino al 31 dicembre 1988, soggetti alla ritenuta alla fonte di cui all'art. 26, primo comma, del decreto del Presidente della Repubblica 29 settembre 1973, n. 600, in misura diversa dal 12,50 per cento, si applica l'imposta sostitutiva di cui all'art. 2 con la medesima aliquota prevista per la predetta ritenuta.

RENDITE

4. D.Lgs. 21 novembre 1997, n. 461

Riordino della disciplina tributaria dei redditi di capitale e dei redditi diversi, a norma dell'articolo 3, comma 160, della legge 23 dicembre 1997, n. 662.(1)

(1) *Pubblicato in Suppl. ordinario n. 2 alla Gazz. Uff., 3 gennaio, n. 2*

TITOLO II
Disciplina dell'imposta sostitutiva sulle plusvalenze e sugli altri redditi

5. Imposta sostitutiva sulle plusvalenze e sugli altri redditi diversi di cui alle lettere da c) a c-sexies) del comma 1 dell'articolo 81 del testo unico delle imposte sui redditi approvato con decreto del Presidente della Repubblica 22 dicembre 1986, n. 917 (A) (1)(2). – [*1. Le plusvalenze di cui alla lettera c) del comma 1 dell'art. 81, del testo unico delle imposte sui redditi, approvato con decreto del Presidente della Repubblica 22 dicembre 1986, n. 917, come modificato dall'art. 3, comma 1, al netto delle relative minusvalenze, determinate secondo i criteri stabiliti dall'art. 82 del predetto testo unico n. 917 del 1986, sono soggette ad imposta sostitutiva delle imposte sui redditi con l'aliquota del 27 per cento. L'eventuale imposta sostitutiva pagata, fino al superamento delle percentuali di partecipazione o di diritti di voto indicate nella predetta lettera c) del comma 1 dell'art. 81, è portata in detrazione dall'imposta sostitutiva dovuta ai sensi del presente comma.*] (3)

2.I redditi di cui alle lettere da c) a c-sexies) del comma 1 dell'articolo 81, del testo unico delle imposte sui redditi, approvato con decreto del Presidente della Repubblica 22 dicembre 1986, n. 917, come modificato dall'articolo 3, comma 1, determinati secondo i criteri stabiliti dall'articolo 82 del predetto testo unico, sono soggetti ad imposta sostitutiva delle imposte sui redditi con l'aliquota del 12,50 per cento. L'imposta sostitutiva non si applica alle plusvalenze derivanti dalla cessione di partecipazioni al capitale o al patrimonio, di titoli o strumenti finanziari e di contratti, [*non qualificati*] di cui al comma 4, dell'articolo 68 del testo unico delle imposte sui redditi, di cui al decreto del Presidente della Repubblica 22 dicembre 1986, n. 917, salvo la dimostrazione, a seguito di esercizio dell'interpello secondo le modalità del comma 5, lettera b), dell'articolo 167, del citato testo unico del rispetto delle condizioni indicate nella lettera c) del comma 1 dell'articolo 87 del medesimo testo unico. Ai fini del presente articolo, i redditi diversi derivanti dalle obbligazioni e dagli altri titoli di cui all' articolo 31 del decreto del Presidente della Repubblica 29 settembre 1973, n. 601 ed equiparati e dalle obbligazioni emesse dagli Stati inclusi nella lista di cui al decreto emanato ai sensi dell'articolo 168-bis, comma 1, del medesimo testo unico n. 917 del 1986, e obbligazioni emesse da enti territoriali dei suddetti Stati sono computati nella misura del 48,08 per cento dell'ammontare realizzato (4).

3. [*Le plusvalenze e gli altri redditi soggetti all'imposta sostitutiva di cui al comma 2 e quelle di cui alla lettera c) dell'articolo 67 del testo unico delle imposte sui redditi determinate secondo i criteri di cui all'articolo 68 sono distintamente indicati nella dichiarazione annuale dei redditi.*] Con uno o piu' decreti del Ministero dell'economia e delle finanze possono essere previsti particolari adempimenti ed oneri di documentazione per la determinazione dei redditi soggetti all'imposta sostitutiva di cui al comma 2 (5).

4. L'imposta sostituiva di cui al comma 2 è corrisposta mediante versamento diretto nei termini e nei modi previsti per il versamento delle imposte sui redditi dovute a saldo in base alla dichiarazione. [L'eventuale imposta sostitutiva pagata fino al superamento delle percentuali di partecipazione o di diritti di voto indicati nella lettera c-bis) del comma 1, dell'articolo 67, è portata in detrazione dalle imposte sui redditi.] (6).

5. Non concorrono a formare il reddito le plusvalenze e le minusvalenze, nonché i redditi e le perdite di cui alle lettere da c-bis) a c-quinquies) del comma 1 dell'articolo 81, del testo unico delle imposte sui redditi, approvato con decreto del Presidente della Repubblica 22 dicembre 1986, n. 917, come modificato dall'articolo 3, comma 1, percepiti o sostenuti da:

a) soggetti residenti all'estero, di cui all'articolo 6, comma 1, del decreto legislativo 1 aprile 1996, n. 239 , e successive modificazioni (7).

5-bis. Le disposizioni del comma 5 non si applicano ai redditi derivanti dalla cessione di partecipazioni in società ed enti, non negoziate in mercati regolamentati, il cui valore, per più della metà, deriva, in qualsiasi momento nel corso dei trecentosessantacinque giorni che precedono la loro cessione, direttamente o indirettamente, da beni immobili situati nel territorio dello Stato (8).

6. Per la liquidazione, l'accertamento, la riscossione, le sanzioni, i rimborsi e il contenzioso in materia di imposta sostitutiva si applicano le disposizioni previste in materia di imposte sui redditi (9)(10)(11).

(A) *In riferimento al Trust revocabile - Opzioni regimi risparmio amministrato e gestito e ritenute su dividendi da partecipazioni non qualificate, di cui al presente articolo, vedi: Risposta Agenzia delle Entrate 21 aprile 2020 n. 111.*

(1) *Rubrica modificata dall'articolo 1, comma 128, lettera a), numero 1), della Legge 29 dicembre 2022, n. 197.*

(2) *Vedi l'articolo 82, comma 18-bis, del D.L. 25 giugno 2008, n. 112, convertito con modificazioni dalla legge 6 agosto 2008, n. 133.*

(3) *Comma modificato dall'articolo 4 del D.Lgs. 16 giugno 1998, n. 201, e successivamente abrogato dall'articolo 2 del D.Lgs. 12 dicembre 2003, n. 344, con decorrenza 1° gennaio 2004.*

(4) *Comma integrato dall'articolo 15 del D.Lgs. 18 novembre 2005, n. 247, con effetto sulle plusvalenze percepite a decorrere dal periodo di imposta che ha inizio dal 1° gennaio 2006. Successivamente, il comma è stato modificato dall'articolo 2, comma 19, lettera a), del D.L. 13 agosto 2011, n. 138 e, da ultimo, dall'articolo 3, comma 5, lettera a), del D.L. 24 aprile 2014, n. 66, convertito, con modificazioni, dalla Legge 23 giugno 2014, n. 89; a norma dell'articolo 4, comma 1, le disposizioni di cui all' articolo 3 hanno effetto a decorrere dal 1° luglio 2014. Comma da ultimo modificato dall'articolo 1, comma 1000, lettera a), della Legge 27 dicembre 2017, n. 205 e successivamente dall'articolo 1, comma 128, lettera a), numero 2), della Legge 29 dicembre 2022, n. 197.*

(5) *Comma modificato dall'articolo 2 del D.Lgs. 12 dicembre 2003, n. 344, con decorrenza 1° gennaio 2004 e successivamente dall'articolo 1, comma 1000, lettera c), della Legge 27 dicembre 2017, n. 205.*

(6) *Comma modificato dall'articolo 2 del D.Lgs. 12 dicembre 2003, n. 344, con decorrenza 1° gennaio 2004, e successivamente integrato dall'articolo 15 del D.Lgs. 18 novembre 2005, n. 247, con effetto sulle plusvalenze percepite a decorrere dal periodo d'imposta che ha inizio a decorrere dal 1° gennaio 2004. Da ultimo modificato dall'articolo 1, comma 1000, lettera c), della Legge 27 dicembre 2017, n. 205.*

(7) *Comma modificato dall'articolo 10 del D.L. 25 settembre 2001, n. 350, con effetto sui redditi di capitale divenuti esigibili, nonché alle plusvalenze e agli altri redditi diversi di natura finanziaria realizzati a decorrere dal 1°*

gennaio 2002.
(8) Comma inserito dall'articolo 1, comma 97, della Legge 29 dicembre 2022, n. 197.
(9) Comma sostituito dall'articolo 4 del D.Lgs. 21 luglio 1999, n. 259.
(10) Vedi il D.M. 13 dicembre 2011.
(11) A norma dell'articolo 2, comma 5, del D.L. 30 novembre 2013, n. 133, a decorrere dall'anno 2013 i soggetti che applicano l'imposta sostitutiva di cui al presente articolo, ai sensi del comma 3 dell' articolo 6 del medesimo decreto legislativo, sono tenuti, entro il 16 dicembre di ciascun anno, al versamento di un importo, a titolo di acconto, pari al 100 per cento dell'ammontare complessivo dei versamenti dovuti nei primi undici mesi del medesimo anno, ai sensi del comma 9 del medesimoarticolo 6 del D.Lgs. 461/1997. Il versamento effettuato puo' essere scomputato, a decorrere dal 1° gennaio dell'anno successivo, dai versamenti della stessa imposta sostitutiva.

6. Opzione per l'applicazione dell'imposta sostitutiva su ciascuna plusvalenza o altro reddito diverso realizzato [1]. – 1. Il contribuente ha facoltà di optare per l'applicazione dell'imposta sostitutiva di cui all'articolo 5 su ciascuna delle plusvalenze realizzate ai sensi delle lettere c), c-bis) e c-ter) del comma 1 dell'articolo 81 del testo unico delle imposte sui redditi, approvato con decreto del Presidente della Repubblica 22 dicembre 1986, n. 917, come modificato dall'articolo 3, comma 1, con esclusione di quelle relative a depositi in valuta, a condizione che i titoli, quote o certificati siano in custodia o in amministrazione presso banche e società di intermediazione mobiliare e altri soggetti individuati in appositi decreti del Ministro del tesoro, del bilancio e della programmazione economica, di concerto con il Ministro delle finanze. Per le plusvalenze realizzate mediante cessione a termine di valute estere ai sensi della predetta lettera c-ter) del comma 1 dell'articolo 81 del testo unico n. 917 del 1986, nonché per i differenziali positivi e gli altri proventi realizzati mediante i rapporti di cui alla lettera c-quater) del citato comma 1 dell'articolo 81 o i rapporti e le cessioni di cui alla lettera c-quinquies) dello stesso comma 1, nonché per i rimborsi, le cessioni, le permute o la detenzione di cripto-attività di cui alla lettera c-sexies) del medesimo comma 1, l'opzione può essere esercitata sempreché intervengano nei predetti rapporti o cessioni, come intermediari professionali o come controparti, i soggetti indicati nel precedente periodo del presente comma, con cui siano intrattenuti rapporti di custodia, amministrazione, deposito. Ai fini del presente articolo, i redditi diversi derivanti dalle obbligazioni e dagli altri titoli di cui all' articolo 31 del decreto del Presidente della Repubblica 29 settembre 1973, n. 601 ed equiparati e dalle obbligazioni emesse dagli Stati inclusi nella lista di cui al decreto emanato ai sensi dell'articolo 168-bis, comma 1, del medesimo testo unico n. 917 del 1986, e obbligazioni emesse da enti territoriali dei suddetti Stati sono computati nella misura del 48,08 per cento dell'ammontare realizzato [2][3].

1-bis. Per le plusvalenze e gli altri proventi di cui alla lettera c-sexies) del comma 1 dell'articolo 67 del testo unico delle imposte sui redditi, di cui al decreto del Presidente della Repubblica 22 dicembre 1986, n. 917, l'opzione di cui al comma 1 del presente articolo può essere resa agli operatori non finanziari di cui alle lettere i) e i-bis) del comma 5 dell' articolo 3 del decreto legislativo 21 novembre 2007, n. 231 [4].

2. L'opzione di cui al comma 1 è esercitata con comunicazione sottoscritta contestualmente al conferimento dell'incarico e dell'apertura del deposito o conto corrente o, per i rapporti in essere, anteriormente all'inizio del periodo d'imposta; per i rapporti di cui alla lettera c-quater) del comma 1 dell'articolo 81 del testo unico delle imposte sui redditi, approvato con decreto del Presidente della Repubblica 22 dicembre 1986, n. 917, e per i rapporti e le cessioni di cui alla lettera c-quinquies) del medesimo comma 1 dell'articolo 81, del testo unicon. 917 del 1986, come modificato dall'articolo 3, comma 1, l'opzione può essere esercitata anche all'atto della conclusione del primo contratto nel periodo d'imposta da cui l'intervento dell'intermediario trae origine. L'opzione ha effetto per tutto il periodo d'imposta e può essere revocata entro la scadenza di ciascun anno solare, con effetto per il periodo d'imposta successivo. Con uno o più decreti del Ministro delle finanze, da pubblicare nella Gazzetta Ufficiale entro novanta giorni dalla pubblicazione del presente decreto, sono stabilite le modalità per l'esercizio e la revoca dell'opzione di cui al presente articolo. Per i soggetti non residenti nonche' per le plusvalenze realizzate mediante cessione a titolo oneroso o rimborso di quote o azioni di organismi di investimento collettivo del risparmio l'imposta sostitutiva di cui al comma 1 è applicata dagli intermediari, anche in mancanza di esercizio dell'opzione, salva la facoltà del contribuente di rinunciare a tale regime con effetto dalla prima operazione successiva. La predetta rinuncia può essere esercitata anche dagli intermediari non residenti relativamente ai rapporti di custodia, amministrazione e deposito ad essi intestati e sui quali siano detenute attività finanziarie di terzi; in tal caso gli intermediari non residenti sono tenuti ad assolvere gli obblighi di comunicazione di cui all'articolo 10 e nominano quale rappresentante a detti fini uno degli intermediari di cui al comma 1 [5].

3. I soggetti di cui al comma 1 applicano l'imposta sostitutiva di cui all'articolo 5 su ciascuna plusvalenza, differenziale positivo o provento percepito dal contribuente. Qualora tali soggetti non siano in possesso dei dati e delle informazioni necessarie per l'applicazione dell'imposta sostitutiva di cui al comma 1 sulle plusvalenze e gli altri redditi ivi indicati, devono richiederle al contribuente, anteriormente all'effettuazione delle operazioni; il contribuente comunica al soggetto incaricato dell'applicazione dell'imposta i dati e le informazioni richieste, consegnando, anche in copia, la relativa documentazione, o, in mancanza, una dichiarazione sostitutiva in cui attesti i predetti dati ed informazioni. I soggetti di cui al comma 1 sospendono l'esecuzione delle operazioni a cui sono tenuti in relazione al rapporto, fino a che non ottengono i dati e le informazioni necessarie all'applicazione dell'imposta. Nel caso di inesatta comunicazione, il recupero dell'imposta sostitutiva non applicata o applicata in misura inferiore è effettuato esclusivamente a carico del contribuente con applicazione della sanzione amministrativa dal cento al duecento per cento dell'ammontare della maggiore imposta sostitutiva dovuta. Per le cripto-attività di cui all'articolo 67, comma 1, lettera c-sexies), del testo unico delle imposte sui redditi, di cui al decreto del Presidente della Repubblica 22 dicembre 1986, n. 917, la dichiarazione sostitutiva di cui al secondo periodo del presente comma non è ammessa [6].

4. Per l'applicazione dell'imposta su ciascuna plusvalenza, differenziale positivo o provento realizzato, escluse quelle realizzate mediante la cessione a termine di valute estere, i soggetti di cui al comma 1, nel caso di pluralità di titoli, quote, certificati, rapporti o cripto-attività appartenenti a cate-

gorie omogenee, assumono come costo o valore di acquisto il costo o valore medio ponderato relativo a ciascuna categoria dei predetti titoli, quote, certificati, rapporti o cripto-attività (7).

5. Qualora siano realizzate minusvalenze, perdite o differenziali negativi i soggetti di cui al comma 1 computano in deduzione, fino a loro concorrenza, l'importo delle predette minusvalenze, perdite o differenziali negativi dalle plusvalenze, differenziali positivi o proventi realizzati nelle successive operazioni poste in essere nell'ambito del medesimo rapporto, nello stesso periodo d'imposta e nei successivi ma non oltre il quarto. Qualora sia revocata l'opzione o sia chiuso il rapporto di custodia, amministrazione o deposito o siano rimborsate o cedute anche parzialmente le quote o azioni di organismi di investimento collettivo del risparmio, le minusvalenze, perdite o differenziali negativi possono essere portati in deduzione, non oltre il quarto periodo d'imposta successivo a quello del realizzo, dalle plusvalenze, proventi e differenziali positivi realizzati nell'ambito di altro rapporto di cui al comma 1, intestato agli stessi soggetti intestatari del rapporto o deposito di provenienza, ovvero portate in deduzione ai sensi del comma 4 dell'articolo 82 del testo unico delle imposte sui redditi, approvato con decreto del Presidente della Repubblica 22 dicembre 1986, n. 917, come modificato dall'articolo 4, comma 1. I soggetti di cui al comma 1 rilasciano al contribuente apposita certificazione dalla quale risultino i dati e le informazioni necessarie a consentire la deduzione delle predette minusvalenze, perdite o differenziali negativi (8).

6. Agli effetti del presente articolo si considera cessione a titolo oneroso anche il trasferimento dei titoli, quote, certificati, rapporti o cripto-attività di cui al comma 1 a rapporti di custodia o amministrazione di cui al medesimo comma, intestati a soggetti diversi dagli intestatari del rapporto di provenienza, nonché a un rapporto di gestione di cui all'articolo 7, salvo che il trasferimento non sia avvenuto per successione o donazione. In tal caso la plusvalenza, il provento, la minusvalenza o perdita realizzate mediante il trasferimento sono determinate con riferimento al valore, calcolato secondo i criteri previsti dal comma 5 dell'articolo 7, alla data del trasferimento, dei titoli, quote, certificati, rapporti o cripto-attività trasferiti e i soggetti di cui al comma 1, tenuti al versamento dell'imposta, possono sospendere l'esecuzione delle operazioni fino a che non ottengano dal contribuente provvista per il versamento dell'imposta dovuta. Nelle ipotesi di cui al presente comma i soggetti di cui al comma 1 del presente articolo rilasciano al contribuente apposita certificazione dalla quale risulti il valore dei titoli, quote, certificati, rapporti o cripto-attività trasferiti (9).

7. Nel caso di prelievo dei titoli, quote, certificati , rapporti o cripto-attività di cui al comma 1 o di loro trasferimento a rapporti di custodia o amministrazione, intestati agli stessi soggetti intestatari dei rapporti di provenienza, e comunque di revoca dell'opzione di cui al comma 2, per il calcolo della plusvalenza, reddito, minusvalenza o perdita, ai fini dell'applicazione dell'imposta sostitutiva di cui al precedente articolo, si assume il costo o valore determinati ai sensi dei commi 3 e 4 e si applica il comma 12, sulla base di apposita certificazione rilasciata dai soggetti di cui al comma 1 (10).

[8. L'opzione non può essere esercitata e, se esercitata, perde effetto, qualora le percentuali di diritti di voto o di partecipazione rappresentate dalle partecipazioni, titoli o diritti complessivamente posseduti dal contribuente, anche nell'ambito dei rapporti di cui al comma 1 o all'articolo 7, siano superiori a quelle indicate nella lettera c) del comma 1 dell'articolo 81 del testo unico delle imposte sui redditi, approvato con decreto del Presidente della Repubblica 22 dicembre 1986, n. 917, come modificato dall'articolo 3, comma 1. Se il superamento delle percentuali è avvenuto successivamente all'esercizio dell'opzione, per la determinazione dei redditi da assoggettare ad imposta sostitutiva ai sensi del comma 1 dell'articolo 5 si applica il comma 7. Il contribuente comunica ai soggetti di cui al comma 1 il superamento delle percentuali entro quindici giorni dalla data in cui sia avvenuto o, se precedente, all'atto della prima cessione, ogniqualvolta tali soggetti, sulla base dei dati e delle informazioni in loro possesso, non siano in grado di verificare il superamento. Nel caso di indebito esercizio dell'opzione o di omessa comunicazione si applica la sanzione amministrativa dal 2 al 4 per cento del valore delle partecipazioni, titoli o diritti posseduti alla data della violazione.] (11).

9. I soggetti di cui ai commi 1 e 1-bis provvedono al versamento diretto dell'imposta dovuta dal contribuente al concessionario della riscossione ovvero alla sezione di tesoreria provinciale entro il quindicesimo giorno del secondo mese successivo a quello in cui è stata applicata, trattenendone l'importo su ciascun reddito realizzato o ricevendone provvista dal contribuente. Per le operazioni effettuate con l'intervento di intermediari autorizzati ad operare nei mercati regolamentati italiani, l'operazione si considera effettuata, ai fini del versamento, entro il termine previsto per le relative liquidazioni. I soggetti di cui ai commi 1 e 1-bis rilasciano al contribuente una attestazione dei versamenti entro il mese di marzo dell'anno successivo ovvero entro 12 giorni dalla richiesta degli interessati (12).

10. I soggetti di cui ai commi 1 e 1-bis comunicano all'amministrazione finanziaria entro il termine stabilito per la presentazione della dichiarazione dei sostituti d'imposta dal quarto comma dell'articolo 9 del decreto del Presidente della Repubblica 29 settembre 1973, n. 600 , l'ammontare complessivo delle plusvalenze e degli altri proventi e quello delle imposte sostitutive applicate nell'anno solare precedente. Con il decreto di approvazione dei modelli di cui all'articolo 8 del decreto del Presidente della Repubblica 29 settembre 1973, n. 600, sono stabilite le modalità di effettuazione di tale comunicazione (13).

11. Per la liquidazione, l'accertamento, la riscossione, le sanzioni, i rimborsi e il contenzioso in materia di imposta sostitutiva si applicano le disposizioni previste in materia di imposte sui redditi (14).

[12. Ai fini dell'applicazione della disposizione di cui al comma 9 dell'art. 82 del testo unico delle imposte sui redditi, approvato con decreto del Presidente della Repubblica 22 dicembre 1986, n. 917, introdotto dall'art. 4, comma 1, sulle plusvalenze, proventi, minusvalenze e perdite derivanti da titoli, quote, certificati o rapporti per i quali è stata esercitata l'opzione di cui al comma 1, si assume come data di acquisto la data media ponderata di acquisto relativa a ciascuna categoria dei predetti titoli, quote, certificati o rapporti.] (15).

(1) *Per le modalità per l'esercizio e la revoca dell'opzione di cui al presente articolo vedi D.M. 22 maggio 1998.*

(2) *In attuazione del presente comma vedi D.M. 2 giugno 1998 e D.M. 25 giugno 2002.*

(3) *Comma modificato dall'articolo 2, comma 19, lettera b), del D.L. 13 agosto 2011, n. 138 e successivamente dall'articolo 3, comma 5, lettera*

b), del D.L. 24 aprile 2014, n. 66, convertito, con modificazioni, dalla Legge 23 giugno 2014, n. 89; a norma dell'articolo 4, comma 1, le disposizioni di cui all' articolo 3 hanno effetto a decorrere dal 1° luglio 2014. Da ultimo modificato dall'articolo 1, comma 1001, lettera a), della Legge 27 dicembre 2017, n. 205 e dall'articolo 1, comma 128, lettera b), numero 1), della Legge 29 dicembre 2022, n. 197.

(4) Comma inserito dall'articolo 1, comma 128, lettera b), numero 2), della Legge 29 dicembre 2022, n. 197.

(5) Comma integrato dall'articolo 2 del D.Lgs. 16 giugno 1998, n. 201 e successivamente modificato dall'articolo 2, comma 64, lettera a), del D.L. 29 dicembre 2010, n. 225, con la decorrenza indicata dal comma 69 del medesimo articolo 2.

(6) Comma modificato dall'articolo 4 del D.Lgs. 21 luglio 1999, n. 259 e successivamente dall'articolo 1, comma 128, lettera b), numero 3), della Legge 29 dicembre 2022, n. 197.

(7) Comma sostituito dall'articolo 1, comma 128, lettera b), numero 4), della Legge 29 dicembre 2022, n. 197.

(8) Comma modificato dall'articolo 2, comma 64, lettera b), del D.L. 29 dicembre 2010, n. 225, con la decorrenza indicata dal comma 69 del medesimo articolo 2.

(9) Comma modificato dall'articolo 7 del D.Lgs. 16 giugno 1998, n. 201 e successivamente sostituito dall'articolo 1, comma 128, lettera b), numero 5), della Legge 29 dicembre 2022, n. 197.

(10) Comma modificato dall'articolo 1, comma 128, lettera b), numero 6), della Legge 29 dicembre 2022, n. 197.

(11) Comma modificato dall'articolo 4 del D.Lgs. 21 luglio 1999, n. 259, dall'articolo 5 del Dlgs. 16 aprile 2012 n. 47 e successivamente abrogato dall'articolo 1, comma 1001, lettera b), della Legge 27 dicembre 2017, n. 205.

(12) Comma modificato dall'articolo 8 del D.Lgs. 16 giugno 1998, n. 201, e successivamente dall'articolo 5, comma 1, del D.Lgs. 23 dicembre 1999, n. 505, con effetto sui versamenti dell'imposta sostitutiva relativi alle operazioni effettuate a decorrere dal 1° gennaio 2000. Da ultimo modificato dall'articolo 1, comma 128, lettera b), numero 7), della Legge 29 dicembre 2022, n. 197.

(13) Comma modificato dall'articolo 8 del D.Lgs. 16 giugno 1998, n. 201 e successivamente dall'articolo 1, comma 128, lettera b), numero 8), della Legge 29 dicembre 2022, n. 197.

(14) Comma sostituito dall'articolo 4 del D.Lgs. 21 luglio 1999, n. 259.

(15) Comma abrogato dall'articolo 9 del D.L. 25 settembre 2001, n. 350, con le decorrenze e le modalità stabilite dai commi 2 e 3 del medesimo articolo 9.

7. Imposta sostitutiva sul risultato maturato delle gestioni individuali di portafoglio (A). – 1. I soggetti che hanno conferito a un soggetto abilitato ai sensi del decreto legislativo 23 luglio 1996, n. 415, l'incarico di gestire masse patrimoniali costituite da somme di denaro o beni non relativi all'impresa, possono optare, con riferimento ai redditi di capitale e diversi di cui agli articoli 41 e 81, comma 1, lettere da c) a c-sexies), del testo unico delle imposte sui redditi, approvato con decreto del Presidente della Repubblica 22 dicembre 1986, n. 917, come modificati, rispettivamente, dagli articoli 1, comma 3, e 3, comma 1, del presente decreto, che concorrono alla determinazione del risultato della gestione ai sensi del comma 4, per l'applicazione dell'imposta sostitutiva di cui al presente articolo. L'opzione non produce effetto per i redditi derivanti dalle partecipazioni al capitale o al patrimonio, dai titoli o strumenti finanziari e dai contratti, [non qualificati] di cui al comma 4 dell'articolo 68 del testo unico delle imposte sui redditi, di cui al decreto del Presidente della Repubblica n. 917 del 1986, salvo la dimostrazione, al momento del conferimento delle suddette partecipazioni, del rispetto delle condizioni indicate nella lettera c), del comma 1, dell'articolo 87, del citato testo unico a seguito dell'esercizio dell'interpello secondo le modalità del comma 5, lettera b), dello stesso articolo 167, del medesimo testo unico (1).

2. Il contribuente può optare per l'applicazione dell'imposta sostitutiva mediante comunicazione sottoscritta rilasciata al soggetto gestore all'atto della stipula del contratto e, nel caso dei rapporti in essere, anteriormente all'inizio del periodo d'imposta. L'opzione ha effetto per il periodo d'imposta e può essere revocata solo entro la scadenza di ciascun anno solare, con effetto per il periodo d'imposta successivo. Con uno o più decreti del Ministro delle finanze, da pubblicare nella Gazzetta Ufficiale entro novanta giorni dalla data di pubblicazione del presente decreto, sono stabilite le modalità per l'esercizio e la revoca dell'opzione di cui al presente articolo.

3. Qualora sia stata esercitata l'opzione di cui al comma 2 i redditi che concorrono a formare il risultato della gestione, determinati secondo i criteri stabiliti dagli articoli 42 e 82 del testo unico delle imposte sui redditi, approvato con decreto del Presidente della Repubblica 22 dicembre 1986, n. 917, non sono soggetti alle imposte sui redditi, nonché all'imposta sostitutiva di cui al comma 2 all'articolo 5. Sui redditi di capitale derivanti dalle attività finanziarie comprese nella massa patrimoniale affidata in gestione non si applicano:

a) l'imposta sostitutiva di cui all'articolo 2, commi 1 e 1-bis del decreto legislativo 1° aprile 1996, n. 239 (2);

b) la ritenuta prevista dal comma 2 dell' articolo 26 del D.P.R. 29 settembre 1973, n. 600 , sugli interessi ed altri proventi dei conti correnti bancari (3);

c) le ritenute [del 12,50 per cento] previste dai commi 3 e 3- bis dell'articolo 26 e la ritenuta [del 12,50 per cento] di cui all'articolo 26-quinquies del predetto decreto n. 600 del 1973 (4);

d) le ritenute previste dai commi 1 e 4, primo periodo, dell'articolo 27 del medesimo decreto [, con esclusione delle ritenute sugli utili derivanti dalle partecipazioni in società estere qualificate ai sensi della lettera c) del comma 1 dell'articolo 67 del testo unico delle imposte sui redditi] (5);

e) la ritenuta prevista dai commi 1, 2 e 5 dell'articolo 10-ter della legge 23 marzo 1983, n. 77, come modificato dall'articolo 8, comma 5 (6).

e-bis) la ritenuta prevista dal comma 1 dell'articolo 7 del decreto-legge 25 settembre 2001, n. 351, convertito, con modificazioni, dalla legge 23 novembre 2001, n. 410, e la ritenuta sui proventi derivanti dalla partecipazione ad organismi di investimento collettivo del risparmio immobiliari di diritto estero (7).

4. Il risultato maturato della gestione e soggetto ad imposta sostitutiva delle imposte sui redditi con l'aliquota del 12,50 per cento. Il risultato della gestione si determina sottraendo dal valore del patrimonio gestito al termine di ciascun anno solare, al lordo dell'imposta sostitutiva, aumentato dei prelievi e diminuito di conferimenti effettuati nell'anno, i redditi maturati nel periodo e soggetti a ritenuta, i redditi che concorrono a formare il reddito complessivo del contribuente, i redditi esenti o comunque non soggetti ad imposta maturati nel periodo, [i proventi derivanti da quote di organismi di investimento collettivo mobiliare soggetti all'imposta sostitutiva di cui al successivo articolo 8, nonché da fondi comuni di investimento immobiliare di cui alla legge 25 gennaio 1994, n. 86, il 60 per cento dei proventi derivanti dalla partecipazione ad organismi di investimento collettivo del risparmio di cui al quarto periodo, del comma 1, dell'articolo 10-ter, della legge 23 marzo 1983, n. 77] ed il valore del patrimonio stesso all'inizio dell'anno. Il risultato è computato al netto degli oneri e delle commissioni relative al patrimonio gestito. Ai fini del presente comma, i redditi

derivanti dalle obbligazioni e dagli altri titoli di cui all' articolo 31 del decreto del Presidente della Repubblica 29 settembre 1973, n. 601 ed equiparati e dalle obbligazioni emesse dagli Stati inclusi nella lista di cui al decreto emanato ai sensi dell'articolo 168-bis, comma 1, del testo unico delle imposte sui redditi, di cui al decreto del Presidente della Repubblica 22 dicembre 1986, n. 917 , e obbligazioni emesse da enti territoriali dei suddetti Stati sono computati nella misura del 48,08 per cento del loro ammontare (8).

5. La valutazione del patrimonio gestito all'inizio e alla fine di ciascun periodo d'imposta è effettuata secondo i criteri stabiliti dai regolamenti emanati dalla Commissione nazionale per le società e la borsa in attuazione del testo unico delle disposizioni in materia di intermediazione finanziaria, di cui al decreto legislativo 24 febbraio 1998, n. 58. Tuttavia, nel caso dei titoli, quote, partecipazioni, certificati, rapporti non negoziati in mercati regolamentati o delle criptoattività, il cui valore complessivo medio annuo sia superiore al 10 per cento dell'attivo medio gestito, essi sono valutati secondo il loro valore normale, ferma restando la facoltà del contribuente di revocare l'opzione limitatamente ai predetti titoli, quote, partecipazioni, certificati, rapporti o cripto-attività. Con uno o più decreti del Ministro dell'economia e delle finanze, sentita la Commissione nazionale per le società e la borsa, sono stabiliti le modalità e i criteri di attuazione del presente comma (9).

6. Nel caso di contratti di gestione avviati o conclusi in corso d'anno, in luogo del patrimonio all'inizio dell'anno si assume il patrimonio alla data di stipula del contratto ovvero in luogo del patrimonio al termine dell'anno si assume il patrimonio alla chiusura del contratto.

7. Il conferimento di titoli, quote, certificati, rapporti o cripto-attività in una gestione per la quale sia stata esercitata l'opzione di cui al comma 2 si considera cessione a titolo oneroso e il soggetto gestore applica le disposizioni dei commi 5, 6 e 9 dell'articolo 6. Tuttavia, nel caso di conferimento di strumenti finanziari o cripto-attività che formavano già oggetto di un contratto di gestione per il quale era stata esercitata l'opzione di cui al comma 2 del presente articolo, si assume quale valore di conferimento il valore assegnato ai medesimi ai fini della determinazione del patrimonio alla conclusione del precedente contratto di gestione; nel caso di conferimento di strumenti finanziari o cripto-attività per i quali sia stata esercitata l'opzione di cui all'articolo 6, si assume quale costo il valore, determinato agli effetti dell'applicazione del comma 6 del citato articolo (10).

8. Nel caso di prelievo di titoli, quote, valute, certificati, rapporti e cripto-attività o di loro trasferimento ad altro deposito o rapporto di custodia, amministrazione o gestione di cui all'articolo 6 ed al comma 1 del presente articolo, salvo che il trasferimento non sia avvenuto per successione o per donazione, e comunque di revoca dell'opzione di cui al precedente comma 2, ai fini della determinazione del risultato della gestione nel periodo in cui gli stessi sono stati eseguiti, è considerato il valore dei medesimi il giorno del prelievo, adottando i criteri di valutazione previsti al comma 5 (11).

9. Nelle ipotesi di cui al comma 8, ai fini del calcolo della plusvalenza, reddito, minusvalenza o perdita relativi ai titoli, quote, certificati, valute, rapporti e criptoattività prelevati o trasferiti o con riferimento ai quali sia stata revocata l'opzione, si assume il valore dei titoli, quote, certificati, valute, rapporti e cripto-attività che ha concorso a determinare il risultato della gestione assoggettato a imposta ai sensi del medesimo comma. In tali ipotesi il soggetto gestore rilascia al mandante apposita certificazione dalla quale risulti il valore dei titoli, quote, certificati, valute, rapporti e cripto-attività (12).

10. Se in un anno il risultato della gestione è negativo, il corrispondente importo è computato in diminuzione del risultato della gestione dei periodi d'imposta successivi ma non oltre il quarto per l'intero importo che trova capienza in essi.

11. L'imposta sostitutiva di cui al comma 4 è prelevata dal soggetto gestore ed è versata al concessionario della riscossione ovvero alla sezione di tesoreria provinciale dello Stato entro il 16 febbraio di ciascun anno, ovvero entro il sedicesimo giorno del secondo mese successivo a quello in cui è stato revocato il mandato di gestione. Il soggetto gestore può effettuare, anche in deroga al regolamento di gestione, i disinvestimenti necessari al versamento dell'imposta, salvo che il contribuente non fornisca direttamente le somme corrispondenti entro il quindicesimo giorno del mese nel quale l'imposta stessa è versata; nelle ipotesi previste al comma 8 il soggetto gestore può sospendere l'esecuzione delle prestazioni fino a che non ottenga dal contribuente provvista per il versamento dell'imposta dovuta (13).

12. Contestualmente alla presentazione della dichiarazione dei redditi propri il soggetto gestore presenta la dichiarazione relativa alle imposte prelevate sul complesso delle gestioni. I soggetti diversi dalle società ed enti di cui all'articolo 87, comma 1, lettere a) e d) del testo unico delle imposte sui redditi, approvato con decreto del Presidente della Repubblica 22 dicembre 1986, n. 917 presentano la predetta dichiarazione entro il termine stabilito per la presentazione della dichiarazione dei sostituti d'imposta. Le modalità di effettuazione dei versamenti e la presentazione della dichiarazione prevista nel presente comma sono disciplinate dalle disposizioni dei decreti del Presidente della Repubblica 29 settembre 1973, n. 600 e n. 602 (14).

13. Nel caso in cui alla conclusione del contratto il risultato della gestione sia negativo, il soggetto gestore rilascia al mandante apposita certificazione dalla quale risulti l'importo computabile in diminuzione ai sensi del comma 4 dell'articolo 82, del testo unico delle imposte sui redditi, approvato con decreto del Presidente della Repubblica 22 dicembre 1986, n. 917, come sostituito dall'articolo 4, comma 1, lettera b) , o, nel caso di esistenza od apertura di depositi o rapporti di custodia, amministrazione o gestione di cui all'articolo 6 e al comma 1, intestati al contribuente e per i quali sia esercitata l'opzione di cui alle medesime disposizioni, ai sensi del comma 5 dell'articolo 6 o del comma 10 del presente articolo. Ai fini del computo del periodo temporale entro cui il risultato negativo è computabile in diminuzione si tiene conto di ciascun periodo d'imposta in cui il risultato negativo è maturato.

[14. L'opzione non può essere esercitata e, se esercitata, perde effetto, qualora le percentuali di diritti di voto o di partecipazione rappresentate dalle partecipazioni, titoli o diritti complessivamente posseduti dal contribuente, anche nell'ambito dei rapporti di cui al comma 1 o all'articolo 6, siano superiori a quelle indicate nella lettera c) del comma 1 dell'articolo 81 del testo unico delle imposte sui redditi, approvato con decreto del Presidente della Repubblica 22 dicembre 1986, n. 917, come sostituita dall'articolo 3, comma 1, lettera a). Se il superamento delle percentuali è avvenuto successivamente all'esercizio dell'opzione, per la determinazione dei redditi da assoggettare ad imposta sostitutiva ai sensi del comma 1 dell'articolo 5 si applica il comma 9. Il contribuente comunica ai soggetti di cui al comma 1 il superamento delle percentuali entro quindici giorni dalla data in cui sia avvenuto o, se precedente, all'atto della prima cessione, ogniqualvolta tali soggetti, sulla base dei dati e delle informazioni in loro possesso, non siano in grado di verificare il superamento. Nel caso di indebito esercizio dell'opzione o di omessa comunicazione si applica a carico del contribuente la sanzione amministrativa dal 2 al 4 per cento del valore delle partecipazioni, titoli o diritti posseduti alla data della violazione.] [15]

[15. Nel caso di revoca dell'opzione di cui ai commi 8 e 9, ai fini dell'applicazione della disposizione del comma 9 dell'art. 82 del testo unico delle imposte sui redditi, approvato con decreto del Presidente della Repubblica 22 dicembre 1986, n. 917, introdotto dall'art. 4, comma 1, la data di acquisizione dei titoli, quote, certificati, valute e rapporti si considera il 1° gennaio dell'anno in cui ha effetto la revoca; nel caso di chiusura del rapporto in corso d'anno la predetta data è quella di chiusura del rapporto.] [16].

16. Per la liquidazione, l'accertamento, la riscossione, le sanzioni, i rimborsi e il contenzioso in materia di imposta sostitutiva si applicano le disposizioni previste in materia di imposte sui redditi [17].

17. Con il decreto di approvazione dei modelli di cui all'articolo 8 del decreto del Presidente della Repubblica 29 settembre 1973, n. 600, è approvato il modello di dichiarazione di cui al comma 12 [18][19][20].

[1] Comma modificato dall'articolo 16 del D.Lgs. 18 novembre 2005, n. 247, con effetto per i periodi di imposta che iniziano a decorrere dal 1° gennaio 2006. Vedi le ulteriori disposizioni di cui al comma 2 del medesimo articolo 16. Successivamente modificato dall'articolo 1, comma 1002, lettera a), della Legge 27 dicembre 2017, n. 205 e successivamente dall'articolo 1, comma 128, lettera c), numero 1), della Legge 29 dicembre 2022, n. 197.

[2] Lettera modificata dall'articolo 5 del D.Lgs. 23 dicembre 1999, n. 505.

[3] Lettera sostituita dall'articolo 2, comma 18, lettera c), numero 1), del D.L. 13 agosto 2011, n. 138, a decorrere dal 1° gennaio 2012.

[4] Lettera inizialmente modificata dall'articolo 2, comma 65, del D.L. 29 dicembre 2010, n. 225, con la decorrenza indicata dal comma 69 del medesimo articolo 2. Successivamente, a norma dell'articolo 2, comma 18, lettera c), numero 2), del D.L. 13 agosto 2011, n. 138, a decorrere dal 1° gennaio 2012, le parole "del 12,50 per cento", ovunque ricorrano, sono soppresse.

[5] Lettera modificata dall'articolo 2 del D.Lgs. 12 dicembre 2003, n. 344 e successivamente dall'articolo 16 del D.Lgs. 18 novembre 2005, n. 247, con effetto per i periodi di imposta che iniziano a decorrere dal 1° gennaio 2006. Da ultimo modificata dall'articolo 1, comma 1002, lettera b), della Legge 27 dicembre 2017, n. 205.

[6] Lettera modificata dall'articolo 2, comma 81, del D.L. 29 dicembre 2010, n. 225, con la decorrenza indicata dal comma 83 del medesimo articolo 2.

[7] Lettera aggiunta dall'articolo 14, comma 1, lettera a), del D.Lgs. 4 marzo 2014, n. 44.

[8] Comma modificato dall'articolo 12, comma 11, del D.L. 30 settembre 2003, n. 269, dall'articolo 2, comma 79, lettera f), del D.L. 29 dicembre 2010, n. 225, con effetto dal 1° luglio 2011, dall'articolo 2, comma 18, lettera c), numero 3), del D.L. 13 agosto 2011, n. 138, dall'articolo 14, comma 1, lettera b), del D.Lgs. 4 marzo 2014, n. 44 e, da ultimo, dall'articolo 3, comma 5, lettera c), del D.L. 24 aprile 2014, n. 66, convertito, con modificazioni, dalla Legge 23 giugno 2014, n. 89; a norma dell'articolo 4, comma 1, le disposizioni di cui all' articolo 3 hanno effetto a decorrere dal 1° luglio 2014.

[9] Comma modificato dall'articolo 7 del D.Lgs. 16 giugno 1998, n. 201. Per la determinazione dei criteri di cui al presente comma vedi D.M. 9 giugno 1998. Da ultimo sostituito dall'articolo 1, comma 128, lettera c), numero 2), della Legge 29 dicembre 2022, n. 197.

[10] Comma modificato dall'articolo 7 del D.Lgs. 16 giugno 1998, n. 201 e successivamente sostituito dall'articolo 1, comma 128, lettera c), numero 3), della Legge 29 dicembre 2022, n. 197.

[11] Comma modificato dall'articolo 1, comma 128, lettera c), numero 4), della Legge 29 dicembre 2022, n. 197.

[12] Comma sostituito dall'articolo 1, comma 128, lettera c), numero 5), della Legge 29 dicembre 2022, n. 197.

[13] Comma modificato dall'articolo 8 del D.Lgs. 16 giugno 1998, n. 201, e successivamente dall'articolo 7 del D.Lgs. 23 dicembre 1999, n. 505.

[14] Comma modificato dall'articolo 8 del D.Lgs. 16 giugno 1998, n. 201, e successivamente dall'articolo 5 del D.Lgs. 23 dicembre 1999, n. 505.

[15] Comma modificato dall'articolo 4 del D.Lgs. 21 luglio 1999, n. 259, e successivamente abrogato dall'articolo 1, comma 1002, lettera c), della Legge 27 dicembre 2017, n. 205.

[16] Comma abrogato dall'articolo 9 del D.L. 25 settembre 2001, n. 350, con le decorrenze e le modalità stabilite dai commi 2 e 3 del medesimo articolo 9.

[17] Comma sostituito dall'articolo 4 del D.Lgs. 21 luglio 1999, n. 259.

[18] Comma sostituito dall'articolo 8 del D.Lgs. 16 giugno 1998, n. 201.

[19] Vedi il D.M. 22 maggio 1998 e l'articolo 2 del D.L. 24 giugno 2003, n. 143.

[20] A norma dell'articolo 2, comma 33 del D.L. 13 agosto 2011, n. 138 "per le gestioni individuali di portafoglio di cui al presente articolo, gli eventuali risultati negativi di gestione rilevati alla data del 31 dicembre 2011 sono portati in deduzione dai risultati di gestione maturati successivamente, per una quota pari al 62,5 per cento del loro ammontare. Restano fermi i limiti temporali di utilizzo dei risultati negativi di gestione previsti dall' articolo 7, comma 10, del decreto legislativo 21 novembre 1997, n. 461 ".

5. D.L. 25 settembre 2001, n. 351

Decreto convertito, con modificazioni, in legge 23 novembre 2001, n. 410. Disposizioni urgenti in materia di privatizzazione e valorizzazione del patrimonio immobiliare pubblico e di sviluppo dei fondi comuni di investimento immobiliare [1][2][3].

[1] Pubblicato in Gazz. Uff., 24 novembre 2001, n. 274

[2] Per l'esclusione di alcuni immobili precedentemente inseriti nelle procedure di vendita di cui al presente decreto vedi articolo 11-quinquies, comma 7 del D.L. 30 settembre 2005, n. 203.

[3] A norma dell'articolo 9, comma 1, del D.Lgs. 4 marzo 2014, n. 44, le disposizioni fiscali applicabili ai fondi comuni di investimento immobiliare, contenute negli articoli 6 e seguenti del presente decreto, si intendono riferite anche alle società di investimento a capitale fisso (SICAF) che investono in beni immobili nelle misure indicate dalle disposizioni civilistiche.

CAPO I

Disposizioni in materia di privatizzazione e valorizzazione del patrimonio immobiliare pubblico

3 *ter*. Processo di valorizzazione degli immobili pubblici [1]. – 1. L'attività dei Comuni, Città metropolitane, Province, Regioni e dello Stato, anche ai fini dell'attuazione del presente articolo, si ispira ai principi di cooperazione istituzionale e di copianificazione, in base ai quali essi agiscono mediante intese e accordi procedimentali, prevedendo, tra l'altro, l'istituzione di sedi stabili di concertazione al fine di perseguire il coordinamento, l'armonizzazione, la

RENDITE

coerenza e la riduzione dei tempi delle procedure di pianificazione del territorio.

2. Al fine di contribuire alla stabilizzazione finanziaria, nonché per promuovere iniziative volte allo sviluppo economico e alla coesione sociale e per garantire la stabilità del Paese, il Presidente della Giunta regionale, d'intesa con la Provincia e i comuni interessati, promuove, anche tramite la sottoscrizione di uno o più protocolli d'intesa ai sensi dell'articolo 15 della legge 7 agosto 1990, n. 241, la formazione di "programmi unitari di valorizzazione territoriale" per il riutilizzo funzionale e la rigenerazione degli immobili di proprietà della Regione stessa, della Provincia e dei comuni e di ogni soggetto pubblico, anche statale, proprietario, detentore o gestore di immobili pubblici, nonché degli immobili oggetto di procedure di valorizzazione di cui al decreto legislativo 28 maggio 2010, n. 85. Nel caso in cui tali programmi unitari di valorizzazione territoriale non coinvolgano più Enti territoriali, il potere d'impulso può essere assunto dall'Organo di governo di detti Enti. Qualora tali programmi unitari di valorizzazione siano riferiti ad immobili di proprietà dello Stato o in uso alle Amministrazioni centrali dello Stato, il potere d'impulso è assunto, ai sensi del comma 15 dell'articolo 3 del presente decreto, dal Ministero dell'economia e delle finanze - Agenzia del demanio, concordando le modalità di attuazione e i reciproci impegni con il Ministero utilizzatore.

3. Nel rispetto dei principi di sussidiarietà, differenziazione e adeguatezza di cui all'articolo 118 della Costituzione, nonché di leale collaborazione tra le istituzioni, lo Stato partecipa ai programmi di cui al comma 2 coinvolgendo, a tal fine, tutte le Amministrazioni statali competenti, con particolare riguardo alle tutele differenziate ove presenti negli immobili coinvolti nei predetti programmi, per consentire la conclusione dei processi di valorizzazione di cui al presente articolo.

4. Per l'attuazione delle norme contenute nel presente articolo il Ministero dell'economia e finanze - Agenzia del demanio e le strutture tecniche della Regione e degli enti locali interessati possono individuare, senza nuovi o maggiori oneri a carico della finanza pubblica, le azioni, gli strumenti, le risorse, con particolare riguardo a quelle potenzialmente derivanti dalla valorizzazione del patrimonio immobiliare pubblico, che saranno oggetto di sviluppo nell'ambito dei programmi unitari di valorizzazione territoriale, eventualmente costituendo una struttura unica di attuazione del programma, anche nelle forme di cui all'articolo 33-bis del decreto-legge 6 luglio 2011, n. 98 convertito, con modificazioni, dalla legge 15 luglio 2011, n. 111.

5. I programmi unitari di valorizzazione territoriale sono finalizzati ad avviare, attuare e concludere, in tempi certi, autodeterminati dalle Amministrazioni partecipanti, nel rispetto dei limiti e dei principi generali di cui al presente articolo, un processo di valorizzazione unico dei predetti immobili in coerenza con gli indirizzi di sviluppo territoriale e con la programmazione economica che possa costituire, nell'ambito del contesto economico e sociale di riferimento, elemento di stimolo ed attrazione di interventi di sviluppo sostenibile localé, nonché per incrementare le dotazioni di servizi pubblici locali e di quelle relative all'abitare. Restano esclusi dai programmi unitari di valorizzazione territoriale disciplinati dal presente articolo, i beni già inseriti in programmi di valorizzazione di cui decreto ministeriale richiamato al comma 5-bis dell'articolo 5 del decreto legislativo 28 maggio 2010, n. 85, nonché di alienazione e permuta già avviati e quelli per i quali, alla data di entrata in vigore del presente articolo, risultano sottoscritti accordi tra Amministrazioni pubbliche, a meno che i soggetti sottoscrittori concordino congiuntamente per l'applicazione della presente disciplina.

6. Qualora sia necessario riconfigurare gli strumenti territoriali e urbanistici per dare attuazione ai programmi di valorizzazione di cui al comma 2, il Presidente della Giunta regionale, ovvero l'Organo di governo preposto, promuove la sottoscrizione di un accordo di programma ai sensi dell'articolo 34 del decreto legislativo 18 agosto 2000, n. 267, nonché in base alla relativa legge regionale di regolamentazione della volontà dei soggetti esponenziali del territorio di procedere alla variazione di detti strumenti di pianificazione, al quale partecipano tutti i soggetti, anche in qualità di mandatari da parte degli enti proprietari, che sono interessati all'attuazione del programma.

7. Nell'ambito dell'accordo di programma di cui al comma 6, può essere attribuita agli enti locali interessati dal procedimento una quota compresa tra il 5% e il 15% del ricavato della vendita degli immobili valorizzati se di proprietà dello Stato da corrispondersi a richiesta dell'ente locale interessato, in tutto o in parte, anche come quota parte dei beni oggetto del processo di valorizzazione. Qualora tali immobili, ai fini di una loro valorizzazione, siano oggetto di concessione o locazione onerosa, all'Amministrazione comunale è riconosciuta una somma non inferiore al 50% e non superiore al 100% del contributo di costruzione dovuto ai sensi dell'articolo 16 del D.P.R. 6 giugno 2001, n. 380 e delle relative leggi regionali per l'esecuzione delle opere necessarie alla riqualificazione e riconversione, che il concessionario o il locatario corrisponde all'atto del rilascio o dell'efficacia del titolo abilitativo edilizio. La regolamentazione per l'attribuzione di tali importi è definita nell'accordo stesso, in modo commisurato alla complessità dell'intervento e alla riduzione dei tempi del procedimento e tali importi sono finalizzati all'applicazione dei commi da 138 a 150 dell'articolo 1 della legge 13 dicembre 2010, n. 220. I suddetti importi sono versati all'Ente territoriale direttamente al momento dell'alienazione degli immobili valorizzati.

8. L'accordo deve essere concluso entro il termine perentorio di 120 giorni dalla data della sua promozione. Le Regioni possono disciplinare eventuali ulteriori modalità di conclusione del predetto accordo di programma, anche ai fini della celere approvazione della variante agli strumenti di pianificazione urbanistica e dei relativi effetti, della riduzione dei termini e delle semplificazioni procedurali che i soggetti partecipanti si impegnano ad attuare, al fine di accelerare le procedure, delle modalità di superamento delle criticità, anche tramite l'adozione di forme di esercizio dei poteri sostitutivi previste dal decreto legislativo 18 agosto 2000, n. 267, nonché ogni altra modalità di definizione del procedimento utile a garantire il rispetto del termine di 120 giorni anzidetto. Qualora l'accordo non sia concluso entro il termine di 120 giorni sono attivate dal Presidente della Giunta regionale le procedure di cui al comma 7 dell'articolo 34 del decreto legislativo 18 agosto 2000, n. 267, che si devono concludere entro i successivi 60 giorni, acquisendo motivate proposte di adeguamento o richieste di prescrizioni da parte delle Amministrazioni partecipanti al programma unitario di valoriz-

zazione territoriale. Il programma unitario di valorizzazione territoriale, integrato dalle modifiche relative alle suddette proposte di adeguamento e prescrizioni viene ripresentato nell'ambito del procedimento di conclusione dell'accordo di programma. La ratifica dell'accordo di programma da parte dell'Amministrazione comunale, ove ne ricorrano le condizioni, può assumere l'efficacia di cui al comma 2 dell'articolo 22 del decreto del Presidente della Repubblica 6 giugno 2001, n. 380.

9. Il Presidente della Giunta Regionale, le Province e i comuni, ovvero l'Amministrazione promuovente per l'attuazione dei processi di valorizzazione di cui al comma 2, possono concludere uno o più accordi di cooperazione con il Ministero per i beni e le attività culturali, ai sensi dei commi 4 e 5 dell'articolo 5 del decreto legislativo 22 gennaio 2004, n. 42, anche per supportare la formazione del programma unitario di valorizzazione territoriale, identificando gli elementi vincolanti per la trasformazione dei beni immobili, in coerenza con la sostenibilità economica-finanziaria e attuativa del programma stesso.

10. Gli organi periferici dello Stato, preposti alla valutazione delle tutele di natura storico-artistica, archeologica, architettonica e paesaggistico-ambientale si esprimono nell'ambito dell'accordo di cui al comma 6, unificando tutti i procedimenti previsti dal decreto legislativo 22 gennaio 2004, n. 42. Qualora tale espressione non avvenga entro i termini stabiliti nell'accordo di programma, il Ministro per i beni e le attività culturali può avocare a sè la determinazione, assegnando alle proprie strutture centrali un termine non superiore a 30 giorni per l'emanazione dei pareri, resi ai sensi del decreto legislativo 22 gennaio 2004, n. 42, anche proponendo eventuali adeguamenti o prescrizioni per l'attuazione del programma unitario di valorizzazione territoriale. Analoga facoltà è riservata al Ministro per l'ambiente, per la tutela del territorio e del mare, per i profili di sua competenza.

11. Per le finalità di cui al presente articolo, è possibile avvalersi di quanto previsto negli articoli 33 e 33-bis del decreto-legge 6 luglio 2011, n. 98 convertito, con modificazioni, dalla legge 15 luglio 2011, n. 111 e delle procedure di cui all'articolo 58 del decreto-legge 25 giugno 2008, n. 112 convertito dalla legge 6 agosto 2008, n. 133, senza nuovi o maggiori oneri a carico della finanza pubblica. Per il finanziamento degli studi di fattibilità e delle azioni di supporto dei programmi unitari di valorizzazione territoriale, l'Agenzia del demanio, anche in cofinanziamento con la Regione, le Province e i comuni, può provvedere a valere sui propri utili di gestione ovvero sul capitolo relativo alle somme da attribuire all'Agenzia del demanio per l'acquisto dei beni immobili, per la manutenzione, la ristrutturazione, il risanamento e la valorizzazione dei beni del demanio e del patrimonio immobiliare statale, nonché per gli interventi sugli immobili confiscati alla criminalità organizzata.

[*12. In deroga a quanto previsto all'ultimo periodo del comma 2, per la valorizzazione degli immobili in uso al Ministero della difesa, lo stesso Ministro, previa intesa con il Presidente della Giunta regionale o il Presidente della Provincia, nonché con gli Organi di governo dei comuni provvede alla individuazione delle ipotesi di destinazioni d'uso da attribuire agli immobili stessi, in coerenza con quanto previsto dagli strumenti territoriali e urbanistici. Qualora gli stessi strumenti debbano essere oggetto di riconformazione, il Presidente della Giunta regionale o il Presidente della Provincia promuove un accordo di programma ai sensi dell'articolo 34 del decreto legislativo 18 agosto 2000, n. 267, anche ai sensi della relativa legislazione regionale applicabile. A tale accordo di programma possono essere applicate le procedure di cui al presente articolo.*] [2]

13. Per garantire la conservazione, il recupero e il riutilizzo degli immobili non necessari in via temporanea alle finalità di difesa dello Stato è consentito, previa intesa con il Comune e con l'Agenzia del demanio, per quanto di sua competenza, l'utilizzo dello strumento della concessione di valorizzazione di cui all'articolo 3-bis. In considerazione della specificità degli immobili militari, le concessioni e le locazioni di cui al presente comma sono assegnate dal Ministero della difesa con procedure ad evidenza pubblica, per un periodo di tempo commisurato al raggiungimento dell'equilibrio economico-finanziario dell'iniziativa e comunque non eccedente i cinquanta anni, e per le stesse può essere riconosciuta, nei suddetti limiti temporali, la costituzione di un diritto di superficie ai sensi degli articoli 952 e seguenti del codice civile. L'utilizzo deve avvenire nel rispetto delle volumetrie esistenti, anche attraverso interventi di cui alla lettera c) del comma 1 dell'articolo 3 del D.P.R. 6 giugno 2001, n. 380 e delle relative leggi regionali e possono, eventualmente, essere monetizzati gli oneri di urbanizzazione. Oltre alla corresponsione della somma prevista nel predetto articolo 3-bis, è rimessa al Comune, per la durata della concessione stessa, un'aliquota del 10 per cento del canone relativo. Il concessionario, ove richiesto, è obbligato al ripristino dello stato dei luoghi al termine del periodo di concessione o di locazione. Nell'ambito degli interventi previsti per la concessione dell'immobile possono essere concordati con l'Amministrazione comunale l'eventuale esecuzione di opere di riqualificazione degli immobili per consentire parziali usi pubblici dei beni stessi, nonché le modalità per il rilascio delle licenze di esercizio delle attività previste e delle eventuali ulteriori autorizzazioni amministrative ovvero alla scadenza del termine di durata del diritto di superficie [3].

[1] Articolo aggiunto dall'articolo 27, comma 2 del D.L. 6 dicembre 2011, n. 201, convertito, con modificazioni, dalla Legge 22 dicembre 2011, n. 214.
[2] Comma abrogato dall'articolo 26, comma 8-bis, del D.L. 12 settembre 2014, n. 133, convertito, con modificazioni, dalla Legge 11 novembre 2014, n. 164.
[3] Comma modificato dall'articolo 164, comma 3, del D.L. 19 maggio 2020, n. 34, convertito, con modificazioni, dalla Legge 17 luglio 2020, n. 77.

4- Conferimento di beni immobili a fondi comuni di investimento immobiliare. – 1. Il Ministro dell'economia e delle finanze è autorizzato a promuovere la costituzione di uno o più fondi comuni di investimento immobiliare, conferendo o trasferendo beni immobili a uso diverso da quello residenziale dello Stato, dell'Amministrazione autonoma dei Monopoli di Stato e degli enti pubblici non territoriali, individuati con uno o più decreti del Ministro dell'economia e delle finanze da pubblicare nella Gazzetta Ufficiale. I decreti disciplinano altresì le procedure per l'individuazione o l'eventuale costituzione della società di gestione, per il suo funzionamento e per il collocamento delle quote del fondo e i criteri di attribuzione dei proventi derivanti dalla vendita delle quote [1].

2. Le disposizioni di cui agli articoli da 1 a 3 si applicano, per quanto compatibili, ai trasferimenti dei beni immobili ai

fondi comuni di investimento di cui al comma 1.

2-bis. I crediti per finanziamenti o rifinanziamenti concessi, dalle banche o dalla Cassa depositi e prestiti spa, ai fondi di cui al comma 1 godono di privilegio speciale sugli immobili conferiti o trasferiti al fondo e sono preferiti ad ogni altro credito anche ipotecario acceso successivamente. I decreti di cui al comma 1 possono prevedere la misura in cui i canoni delle locazioni e gli altri proventi derivanti dallo sfruttamento degli immobili conferiti o trasferiti al fondo siano destinati prioritariamente al rimborso dei finanziamenti e rifinanziamenti e siano indisponibili fino al completo soddisfacimento degli stessi [2].

2-ter. Gli immobili in uso governativo, conferiti o trasferiti ai sensi del comma 1, sono concessi in locazione all'Agenzia del demanio, che li assegna ai soggetti che li hanno in uso, per periodi di durata fino a nove anni rinnovabili, secondo i canoni e le altre condizioni fissate dal Ministero dell'economia e delle finanze sulla base di parametri di mercato. L'Agenzia del demanio può assegnare i predetti immobili, laddove non necessari per soddisfare le esigenze istituzionali di amministrazioni statali di cui all'articolo 2, comma 222, della legge 23 dicembre 2009, n. 191, agli enti pubblici anche territoriali, entro il 31 dicembre 2019 per il Fondo immobili pubblici e il 31 dicembre 2020 per il Fondo Patrimonio Uno. I contratti di locazione possono prevedere la rinuncia al diritto di cui all'ultimo comma dell' articolo 27 della legge 27 luglio 1978, n. 392. Il fondo previsto dal comma 1, quinto periodo, dell' articolo 29 del decreto-legge 30 settembre 2003, n. 269, convertito, con modificazioni, dalla legge 24 novembre 2003, n. 326, può essere incrementato anche con quota parte delle entrate derivanti dal presente articolo [3].

2-quater. Si applicano il comma 1, quinto e nono periodo, ed il comma 1-bis dell' articolo 29 del decreto-legge 30 settembre 2003, n. 269, convertito, con modificazioni, dalla legge 24 novembre 2003, n. 326 [4].

2-quinquies. Le operazioni di provvista e finanziamento connesse agli apporti e ai trasferimenti di cui al comma 1, nonché quelle relative a strumenti finanziari derivati, e tutti i provvedimenti, atti, contratti, trasferimenti, prestazioni e formalità inerenti ai predetti apporti, trasferimenti e finanziamenti, alla loro esecuzione, modificazione ed estinzione, alle garanzie di qualunque tipo da chiunque e in qualsiasi momento prestate e alle loro eventuali surroghe, sostituzioni, postergazioni, frazionamenti e cancellazioni anche parziali, ivi incluse le cessioni di credito stipulate in relazione a tali operazioni e le cessioni anche parziali dei crediti e dei contratti ad esse relativi, sono esenti dall'imposta di registro, dall'imposta di bollo, dalle imposte ipotecaria e catastale e da ogni altra imposta indiretta, nonché da ogni altro tributo o diritto [5]

2-sexies. Con riferimento ai contratti di locazione di cui al presente articolo, l'Agenzia del demanio ha facoltà di prorogare o rinnovare i contratti o stipularne di nuovi, sulla base di quanto previsto da uno o più decreti del Ministro dell'economia e delle finanze, da adottarsi entro il 31 31 marzo 2022, che disciplinano [6] :

a) la decorrenza e la durata dei nuovi contratti, ai sensi della legge 27 luglio 1978, n. 392;

b) i canoni di locazione, in ogni caso non superiori a quelli applicati alla data di entrata in vigore del presente comma, che dovranno essere definiti tenendo conto di quanto previsto dall'articolo 3, comma 8, del decreto- legge 6 luglio 2012, n. 95, convertito, con modificazioni, dalla legge 7 agosto 2012, n. 135, limitatamente alla durata residua del finanziamento originario non rilevando ai presenti fini eventuali proroghe dello stesso, nonché di quanto previsto dall'articolo 16-sexies del decreto-legge 21 ottobre 2021, n. 146, convertito, con modificazioni, dalla legge 17 novembre 2021, n. 215, oltre che degli importi determinabili a seguito di novazione oggettiva di obbligazioni, oneri, indennizzi, indennità o maggiorazioni gravanti sul conduttore o, comunque, sulle amministrazioni pubbliche di cui all'articolo 1, comma 2, del decreto legislativo 30 marzo 2001, n. 165, ai sensi dei contratti di locazione in corso nonché dei connessi accordi di manleva o di indennizzo [7];

c) gli eventuali oneri, penali e maggiorazioni da riconoscere al locatore in caso di ritardata restituzione degli immobili per scioglimento o cessazione del contratto di locazione;

d) le ulteriori condizioni contrattuali [8].

2-septies. Fermo restando che i canoni di locazione devono essere definiti tenendo conto di quanto previsto dall'articolo 3, comma 8, del decreto-legge 6 luglio 2012, n. 95, convertito, con modificazioni, dalla legge 7 agosto 2012, n. 135, limitatamente alla durata residua del finanziamento originario non rilevando ai presenti fini eventuali proroghe dello stesso, in caso di mancata sottoscrizione dei contratti di cui al comma 2-sexies e di permanenza delle amministrazioni utilizzatrici in mancanza di alternative negli immobili per i quali si verifichi ogni ipotesi di scioglimento o cessazione degli effetti dei contratti di locazione previsti dal comma 2-ter, è dovuta un'indennità di occupazione precaria pari al canone pro tempore vigente, senza applicazione di alcuna penale, onere o maggiorazione fatto salvo l'eventuale risarcimento del danno ulteriore provato dal locatore. Le disposizioni di cui al presente comma si inseriscono automaticamente nei predetti contratti di locazione in corso, ai sensi dell'articolo 1339 del codice civile, anche in deroga ad ogni eventuale diversa pattuizione esistente e hanno efficacia per un periodo massimo di quarantotto mesi a decorrere dallo scioglimento o dalla cessazione predetti. Nelle more dell'adozione dei decreti del Ministro dell'economia e delle finanze di cui al comma 2-sexies, che disciplineranno, tra l'altro, metodologie e criteri relativi agli indennizzi collegati ai contratti di locazione in essere, sono sospese le relative procedure [9].

[1] *Comma così modificato dall'articolo 4 del D.L. 12 luglio 2004, n. 168 convertito in legge.*

[2] *Comma aggiunto dall'articolo 4 del D.L. 12 luglio 2004, n. 168, convertito in legge.*

[3] *Comma aggiunto dall'articolo 4 del D.L. 12 luglio 2004, n. 168. Vedi l'articolo 1, comma 276, della legge 30 dicembre 2004, n. 311. Successivamente modificato dall'articolo 19-sexies, comma 1, del D.L. 16 ottobre 2017, n. 148, convertito con modificazioni dalla Legge 4 dicembre 2017, n. 172.*

[4] *Comma aggiunto dall'articolo 4 del D.L. 12 luglio 2004, n. 168, convertito in legge.*

[5] *Comma aggiunto dall'articolo 4 del D.L. 12 luglio 2004, n. 168, convertito in legge.*

[6] *Alinea modificato dall'articolo 10, comma 2-bis, lettera a), numero 1), del D.L. 30 dicembre 2021, n. 228, convertito, con modificazioni dalla Legge 25 febbraio 2022, n. 15.*

[7] *Lettera modificata dall'articolo 10, comma 2-bis, lettera a), numero 2), del D.L. 30 dicembre 2021, n. 228, convertito, con modificazioni dalla Legge 25 febbraio 2022, n. 15.*

[8] *Comma aggiunto dall'articolo 69, comma 1, del D.L. 14 agosto 2020, n. 104, convertito, con modificazioni, dalla Legge 13 ottobre 2020, n. 126.*

[9] *Comma aggiunto dall'articolo 69, comma 1, del D.L. 14 agosto 2020, n. 104, convertito, con modificazioni, dalla Legge 13 ottobre 2020, n. 126 e successivamente modificato dall'articolo 10, comma 2-bis, lettera b), del D.L. 30 dicembre 2021, n. 228, convertito, con modificazioni dalla Legge 25 febbraio 2022, n. 15.*

CAPO II
Disciplina dei fondi comuni d'investimento immobiliare

5. Disposizioni in materia di fondi comuni d'investimento immobiliare. – 1. All'articolo 1, comma 1, del testo unico di cui al decreto legislativo 24 febbraio 1998, n. 58, alla lettera j), dopo le parole: "in monte; sono aggiunte le seguenti: "il patrimonio del fondo, sia aperto che chiuso, può essere raccolto mediante una o più emissioni di quote;" [1].

1-bis. All'articolo 37, comma 1, del testo unico di cui al decreto legislativo 24 febbraio 1998, n. 58 dopo la lettera d), è aggiunta la seguente:

"d-bis) alle condizioni e alle modalità con le quali devono essere effettuati gli acquisti o i conferimenti dei beni, sia in fase costitutiva che in fase successiva alla costituzione del fondo, nel caso di fondi che investano esclusivamente o prevalentemente in beni immobili, diritti reali immobiliari e partecipazioni in società immobiliari;". [2]

1-ter. All'articolo 37, comma 2, del testo unico di cui al decreto legislativo 24 febbraio 1998, n. 58, la lettera b) è sostituita dalle seguenti:

"b) le cautele da osservare, con particolare riferimento all'intervento di esperti indipendenti nella valutazione dei beni, nel caso di cessioni o conferimenti di beni al fondo chiuso effettuati dai soci della società di gestione o dalle società facenti parte del gruppo cui essa appartiene, comunque prevedendo un limite percentuale rispetto all'ammontare del patrimonio del fondo, e nel caso di cessioni dei beni del fondo ai soggetti suddetti;

b-bis) i casi in cui è possibile derogare alle norme prudenziali di contenimento e di frazionamento del rischio stabilite dalla Banca d'Italia, avendo riguardo anche alla qualità e all'esperienza professionale degli investitori; nel caso dei fondi previsti alla lettera d-bis) del comma 1 dovrà comunque prevedersi che gli stessi possano assumere prestiti sino a un valore di almeno il 60 per cento del valore degli immobili, dei diritti reali immobiliari e delle partecipazioni in società immobiliari e del 20 per cento per gli altri beni nonché che possano svolgere operazioni di valorizzazione dei beni medesimi;". [2]

2. Entro due mesi dalla data di entrata in vigore della legge di conversione del presente decreto, il Ministro dell'economia e delle finanze, la Banca d'Italia e la CONSOB adottano, ciascuno per quanto di competenza, le modifiche ai regolamenti e ai provvedimenti necessari per dare attuazione a quanto disposto dai commi 1, 1-bis e 1-ter. [1]

3. Fino all'emanazione dei regolamenti e provvedimenti previsti dal comma 2, alle società di gestione del risparmio continuano ad applicarsi le disposizioni vigenti in quanto compatibili con quanto disposto dai commi 1, 1-bis e 1-ter. [3]

4. Le società di gestione del risparmio, relativamente ai fondi già istituiti alla data di entrata in vigore del presente decreto, possono optare per l'applicazione del regime, ivi incluso quello fiscale, previsto dal presente decreto, dandone comunicazione alle competenti autorità entro sessanta giorni dalla data di entrata in vigore dello stesso.

[1] *Comma sostituito dalla legge 23 novembre 2001, n. 410 in sede di conversione.*
[2] *Comma aggiunto dalla legge 23 novembre 2001, n. 410 in sede di conversione.*
[3] *Comma modificato dalla legge 23 novembre 2001, n. 410 in sede di conversione.*

6. Regime tributario del fondo ai fini delle imposte sui redditi. – 1. I fondi comuni d'investimento immobiliare istituiti ai sensi dell'articolo 37 del testo unico di cui al decreto legislativo 24 febbraio 1998, n. 58, e dell'articolo 14-bis della legge 25 gennaio 1994, n. 86, non sono soggetti alle imposte sui redditi e all'imposta regionale sulle attività produttive. Le ritenute operate sui redditi di capitale sono a titolo d'imposta. Non si applicano le ritenute previste dall'articolo 26, commi 2, 3, 3-bis e 5, e quella [*del 12,50 per cento*] di cui all'articolo 26-quinquies del decreto del Presidente della Repubblica 29 settembre 1973, n. 600, nonché le ritenute previste dall'articolo 10-ter della legge 23 marzo 1983, n. 77 [1].

[*2. Sull'ammontare del valore netto contabile del fondo, la società di gestione preleva annualmente un ammontare pari all'1 per cento a titolo di imposta sostitutiva. Il valore netto del fondo deve essere calcolato come media annua dei valori risultanti dai prospetti periodici redatti ai sensi dell'articolo 6, comma 1, lettera c), numero 3), del testo unico di cui al decreto legislativo 24 febbraio 1998, n. 58, tenendo anche conto dei mesi in cui il fondo non ha avuto alcun valore perché avviato o cessato in corso d'anno. Ai fini dell'applicazione della presente disposizione non concorre a formare il valore del patrimonio netto l'ammontare dell'imposta sostitutiva dovuta per il periodo d'imposta e accantonata nel passivo* [2].]

[*3. L'imposta sostitutiva di cui al comma 2 è corrisposta entro il 20 febbraio dell'anno successivo. Per l'accertamento, la riscossione, le sanzioni e i rimborsi dell'imposta sostitutiva si applicano le disposizioni stabilite in materia di imposte sui redditi* [3].]

3-bis. Alle cessioni ed ai conferimenti ai fondi di investimento immobiliare istituiti ai sensi degli articoli 37 del testo unico delle disposizioni in materia di intermediazione finanziaria, di cui al decreto legislativo 24 febbraio 1998, n. 58, e 14-bis della legge 25 gennaio 1994, n. 86, si applica l'articolo 37-bis del decreto del Presidente della Repubblica 29 settembre 1973, n. 600. Ai conferimenti di beni ai medesimi fondi non si applicano, in ogni caso, le disposizioni del decreto legislativo 8 ottobre 1997, n. 358 [4][5].

[1] *Comma modificato dall'articolo 1, della Legge 23 novembre 2001, n. 410, in sede di conversione e, successivamente, dall'articolo 2, comma 67, del D.L. 29 dicembre 2010, n. 225, convertito, con modificazioni, dalla Legge 26 febbraio 2011, n. 10, con la decorrenza indicata dal comma 69 del medesimo articolo 2 e, da ultimo, dall'articolo 2, comma 20, del D.L. 13 agosto 2011, n. 138, convertito con modificazioni dalla Legge 14 settembre 2011, n. 148, a decorrere dal 1° gennaio 2012.*
[2] *Comma modificato dall'articolo 1, della Legge 23 novembre 2001, n. 410, in sede di conversione e, successivamente, abrogato dall'articolo 41-bis, comma 8, del D.L. 30 settembre 2003, n. 269, convertito, con modificazioni, dalla Legge 24 novembre 2003, n. 326, a decorrere dal 1° gennaio 2004.*
[3] *Comma modificato dall'articolo 1, della Legge 23 novembre 2001, n. 410, in sede di conversione e, successivamente, abrogato dall'articolo 41-bis, comma 8, del D.L. 30 settembre 2003, n. 269, convertito, con modificazioni, dalla Legge 24 novembre 2003, n. 326, a decorrere dal 1° gennaio 2004.*
[4] *Comma modificato dall'articolo 1, della Legge 23 novembre 2001, n. 410, in sede di conversione e successivamente sostituito dall'articolo 9, comma 5, del D.L. 15 aprile 2002, n. 63, convertito, con modificazioni,*

dalla Legge 15 giugno 2002, n. 112.
[5] A norma dell'articolo 9, comma 1, del D.Lgs. 4 marzo 2014, n. 44, le disposizioni fiscali applicabili ai fondi comuni di investimento immobiliare, contenute nel presente articolo, si intendono riferite anche alle società di investimento a capitale fisso (SICAF) che investono in beni immobili nelle misure indicate dalle disposizioni civilistiche.

7. Regime tributario dei partecipanti [1]. – 1. Sui proventi di cui all' articolo 41, comma 1, lettera g), del testo unico delle imposte sui redditi, di cui al decreto del Presidente della Repubblica 22 dicembre 1986, n. 917, derivanti dalla partecipazione a fondi comuni d'investimento immobiliare di cui all'articolo 6, comma 1, la società di gestione del risparmio opera una ritenuta del 20 per cento. La ritenuta si applica sull'ammontare dei proventi riferibili a ciascuna quota risultanti dai rendiconti periodici redatti ai sensi dell'articolo 6, comma 1, lettera c), numero 3), del testo unico di cui al decreto legislativo 24 febbraio 1998, n. 58, distribuiti in costanza di partecipazione nonché sulla differenza tra il valore di riscatto o di liquidazione delle quote ed il costo di sottoscrizione o acquisto. Il costo medio ponderato di sottoscrizione o acquisto è documentato dal partecipante. In mancanza della documentazione il costo è documentato con una dichiarazione sostitutiva [2].

2. La ritenuta di cui al comma 1 è applicata a titolo d'acconto nei confronti di:

a) imprenditori individuali, se le partecipazioni sono relative all'impresa commerciale;

b) società in nome collettivo, in accomandita semplice ed equiparate; società ed enti indicati nelle lettere a) e b) del comma 1 dell'articolo 87 del testo unico delle imposte sui redditi, di cui al decreto del Presidente della Repubblica 22 dicembre 1986, n. 917, e stabili organizzazioni nel territorio dello Stato delle società e degli enti di cui alla lettera d) del predetto articolo. Nei confronti di tutti gli altri soggetti, compresi quelli esenti o esclusi da imposta sul reddito delle società, la ritenuta è applicata a titolo d'imposta. La ritenuta non è operata sui proventi percepiti dalle forme di previdenza complementare di cui al decreto legislativo 5 dicembre 2005, n. 252, dai prodotti pensionistici individuali paneuropei (PEPP) di cui al regolamento (UE) 2019/1238 e dagli organismi d'investimento collettivo del risparmio istituiti in Italia e disciplinati dal testo unico di cui al decreto legislativo 24 febbraio 1998, n. 58 [3].

2-bis. Qualora le quote dei fondi comuni di investimento immobiliare di cui all'articolo 6, comma 1, siano immesse in un sistema di deposito accentrato gestito da una società autorizzata ai sensi dell'articolo 80 del testo unico di cui al decreto legislativo 24 febbraio 1998, n. 58, la ritenuta di cui al comma 1 è applicata, alle medesime condizioni di cui ai commi precedenti, dai soggetti residenti presso i quali le quote sono state depositate, direttamente o indirettamente aderenti al suddetto sistema di deposito accentrato nonché dai soggetti non residenti aderenti a detto sistema di deposito accentrato ovvero a sistemi esteri di deposito accentrato aderenti al medesimo sistema [4].

2-ter. I soggetti non residenti di cui al comma 2-bis nominano quale loro rappresentante fiscale in Italia una banca o una società di intermediazione mobiliare residente nel territorio dello Stato, una stabile organizzazione in Italia di banche o di imprese di investimento non residenti, ovvero una società di gestione accentrata di strumenti finanziari autorizzata ai sensi dell'articolo 80 del testo unico di cui al decreto legislativo 24 febbraio 1998, n. 58. Il rappresentante fiscale risponde dell'adempimento dei propri compiti negli stessi termini e con le stesse responsabilità previste per i soggetti di cui al comma 2-bis, residenti in Italia e provvede a:

a) versare la ritenuta di cui al comma 1;

b) fornire, entro quindici giorni dalla richiesta dell'Amministrazione finanziaria, ogni notizia o documento utile per comprovare il corretto assolvimento degli obblighi riguardanti la suddetta ritenuta [5].

2-quater. Nel caso di società di gestione del risparmio estera che istituisce e gestisce in Italia organismi di investimento collettivo del risparmio immobiliari, la ritenuta di cui al comma 1 è applicata direttamente dalla società di gestione estera operante nel territorio dello Stato in regime di libera prestazione di servizi ovvero da un rappresentante fiscale scelto tra i soggetti indicati nell' articolo 23 del decreto del Presidente della Repubblica 29 settembre 1973, n. 600, che risponde in solido con l'impresa estera per gli obblighi di determinazione e versamento dell'imposta e provvede alla dichiarazione annuale delle somme. Il percipiente è tenuto a comunicare, ove necessario, i dati e le informazioni utili per la determinazione dei redditi consegnando, anche in copia, la relativa documentazione o, in mancanza, una dichiarazione sostitutiva nella quale attesti i predetti dati e informazioni. Si applicano le disposizioni di cui ai commi 2-bis e 2-ter [6].

3. La ritenuta non si applica sui proventi percepiti da fondi pensione, da prodotti pensionistici individuali paneuropei (PEPP) di cui al regolamento (UE) 2019/1238 e organismi di investimento collettivo del risparmio esteri, sempreché istituiti in Stati o territori inclusi nella lista di cui al decreto ministeriale emanato ai sensi dell'articolo 168-bis del testo unico delle imposte sui redditi di cui al decreto del Presidente della Repubblica 22 dicembre 1986, n. 917, nonché su quelli percepiti da enti od organismi internazionali costituiti in base ad accordi internazionali resi esecutivi in Italia e da banche centrali o organismi che gestiscono anche le riserve ufficiali dello Stato [7][A].

3-bis. Per i proventi di cui al comma 1 spettanti a soggetti residenti in Stati con i quali siano in vigore convenzioni per evitare la doppia imposizione sul reddito, ai fini dell'applicazione della ritenuta nella misura prevista dalla convenzione, i sostituti d'imposta di cui ai commi precedenti acquisiscono:

a) una dichiarazione del soggetto non residente effettivo beneficiario dei proventi, dalla quale risultino i dati identificativi del soggetto medesimo, la sussistenza di tutte le condizioni alle quali è subordinata l'applicazione del regime convenzionale, e gli eventuali elementi necessari a determinare la misura dell'aliquota applicabile ai sensi della convenzione;

b) un'attestazione dell'autorità fiscale competente dello Stato ove l'effettivo beneficiario dei proventi ha la residenza, dalla quale risulti la residenza nello Stato medesimo ai sensi della convenzione. L'attestazione produce effetti fino al 31 marzo dell'anno successivo a quello di presentazione [8][9].

[A] In riferimento al presente comma vedi: Risoluzione Agenzia delle Entrate 18 luglio 2013, n. 54/E.
- In riferimento alla non applicazione della ritenuta sui proventi dei fondi immobiliari, di cui al presente comma vedi: Risposta Agenzia delle Entrate 18 settembre 2019, n. 385.
- In riferimento agli investimenti da parte di fondi esteri in fondi alternativi

immobiliari italiani, di cui al presente comma, vedi: Risposta Agenzia delle Entrate 25 ottobre 2019, n. 430.
- In riferimento agli investimenti da parte di fondi esteri in fondi alternativi immobiliari italiani di cui al presente comma, vedi: Risposta Agenzia delle Entrate 4 ottobre 2021 n. 652.
(1) Articolo sostituito dall'articolo 41-bis, comma 9, del D.L. 30 settembre 2003, n. 269, convertito, con modificazioni, dalla Legge 24 novembre 2003, n. 326, con la decorrenza di cui al comma 10 del medesimo articolo 41-bis.
(2) Comma modificato dall'articolo 82, comma 21, del D.L. 25 giugno 2008, n. 112, convertito, con modificazioni, dalla Legge 6 agosto 2008, n. 133 e, successivamente, dall'articolo 14, comma 2, lettera a), del D.Lgs. 4 marzo 2014, n. 44
(3) Comma modificato dall'articolo 14, comma 2, lettera b), del D.Lgs. 4 marzo 2014, n. 44e successivamente dall'articolo 16, comma 3, lettera a), del D.Lgs. 3 agosto 2022, n. 114.
(4) Comma inserito dall'articolo 1, comma 481, della Legge 23 dicembre 2005, n. 266.
(5) Comma inserito dall'articolo 1, comma 481, della Legge 23 dicembre 2005, n. 266.
(6) Comma inserito dall'articolo 14, comma 2, lettera c), del D.Lgs. 4 marzo 2014, n. 44.
(7) Comma sostituito dall'articolo 32, comma 7, del D.L. 31 maggio 2010, n. 78, convertito, con modificazioni, dalla Legge 30 luglio 2010, n. 122. Vedi anche il comma 7-bis dello stesso articolo e successivamente modificato dall'articolo 16, comma 3, lettera b), del D.Lgs. 3 agosto 2022, n. 114..
(8) Comma inserito dall'articolo 32, comma 7, del D.L. 31 maggio 2010, n. 78, convertito, con modificazioni, dalla Legge 30 luglio 2010, n. 122. Vedi anche il comma 7-bis dello stesso articolo.
(9) A norma dell'articolo 9, comma 1, del D.Lgs. 4 marzo 2014, n. 44, le disposizioni fiscali applicabili ai fondi comuni di investimento immobiliare, contenute nel presente articolo, si intendono riferite anche alle società di investimento a capitale fisso (SICAF) che investono in beni immobili nelle misure indicate dalle disposizioni civilistiche.

8. Regime tributario del fondo ai fini IVA. – 1. La società di gestione è soggetto passivo ai fini dell'imposta sul valore aggiunto per le cessioni di beni e le prestazioni di servizi relative alle operazioni dei fondi immobiliari da essa istituiti. L'imposta sul valore aggiunto è determinata e liquidata separatamente dall'imposta dovuta per l'attività della società secondo le disposizioni previste dal decreto del Presidente della Repubblica 26 ottobre 1972, n. 633, e successive modificazioni, ed è applicata distintamente per ciascun fondo. Al versamento dell'imposta si procede cumulativamente per le somme complessivamente dovute dalla società e dai fondi. Gli acquisti di immobili effettuati dalla società di gestione e imputati ai singoli fondi, nonché le manutenzioni degli stessi, danno diritto alla detrazione dell'imposta ai sensi dell'articolo 19 del citato decreto. Ai fini dell'articolo 38-bisdel medesimo decreto, gli immobili costituenti patrimonio del fondo e le spese di manutenzione sono considerati beni ammortizzabili ed ai rimborsi d'imposta si provvede entro e non oltre sei mesi, senza presentazione delle garanzie previste dal medesimo articolo.

1-bis. Gli apporti ai fondi immobiliari chiusi disciplinati dall'articolo 37 del testo unico delle disposizioni in materia di intermediazione finanziaria, di cui al decreto legislativo 24 febbraio 1998, n. 58, e successive modificazioni, e dall'articolo 14-bis della legge 25 gennaio 1994, n. 86, e successive modificazioni, costituiti da una pluralità di immobili prevalentemente locati al momento dell'apporto, si considerano compresi, agli effetti dell'imposta sul valore aggiunto, tra le operazioni di cui all'articolo 2, terzo comma, lettera b), del decreto del Presidente della Repubblica 26 ottobre 1972, n. 633, e successive modificazioni, nonché, agli effetti delle imposte di registro, ipotecaria e catastale, fra gli atti previsti nell'articolo 4, comma 1, lettera a), numero 3), della tariffa, parte I, allegata al testo unico delle disposizioni concernenti l'imposta di registro, di cui al decreto del Presidente della Repubblica 26 aprile 1986, n. 131, nell'articolo 10, comma 2, del testo unico delle disposizioni concernenti le imposte ipotecaria e catastale, di cui al decreto legislativo 31 ottobre 1990, n. 347, e successive modificazioni, e nell'articolo 4 della tariffa allegata al citato testo unico di cui al decreto legislativo n. 347 del 1990. La disposizione recata dal presente comma ha effetto dal 1° gennaio 2004 [1].

2. In alternativa alla richiesta di rimborso la società di gestione può computare gli importi, in tutto o in parte, in compensazione delle imposte e dei contributi ai sensi dell'articolo 17 del decreto legislativo 9 luglio 1997, n. 241, anche oltre il limite fissato dall'articolo 25, comma 2, del citato decreto. Può altresì cedere a terzi il credito indicato nella dichiarazione annuale. Si applicano le disposizioni degli articoli 43-bis e 43-ter del decreto del Presidente della Repubblica 29 settembre 1973, n. 602. Gli atti pubblici o le scritture private autenticate, aventi ad oggetto la cessione del credito, sono soggetti ad imposta di registro nella misura fissa di L. 250.000.

3. Con decreto dell'amministrazione finanziaria sono stabilite le modalità di attuazione delle disposizioni dei commi 1 e 2, anche con riguardo al versamento dell'imposta, all'effettuazione delle compensazioni e alle cessioni dei crediti [2].

(1) Comma inserito dall'articolo 3, comma 122, della Legge 24 dicembre 2003, n. 350 e, successivamente, sostituito dall'articolo 3-quater, comma 1, del D.L. 3 agosto 2004, n. 220, convertito, con modificazioni, dalla Legge 19 ottobre 2004, n. 257.
(2) A norma dell'articolo 9, comma 1, del D.Lgs. 4 marzo 2014, n. 44, le disposizioni fiscali applicabili ai fondi comuni di investimento immobiliare, contenute nel presente articolo, si intendono riferite anche alle società di investimento a capitale fisso (SICAF) che investono in beni immobili nelle misure indicate dalle disposizioni civilistiche.

9. Disposizioni di coordinamento. – 1. L'articolo 7 della tabella allegata al testo unico delle disposizioni concernenti l'imposta di registro, di cui al decreto del Presidente della Repubblica 26 aprile 1986, n. 131, deve intendersi applicabile anche ai fondi d'investimento immobiliare disciplinati dall'articolo 37 del testo unico di cui al decreto legislativo 24 febbraio 1998, n. 58, e dall'articolo 14-bis della legge 25 gennaio 1994, n. 86. [1]

2. Gli atti comportanti l'alienazione di immobili dello Stato, di enti previdenziali pubblici, di regioni, di enti locali o loro consorzi, nei quali i fondi intervengono come parte acquirente, sono soggetti alle imposte di registro, ipotecarie e catastali nella misura fissa di un milione di lire per ciascuna imposta.

3. Nell'articolo 2, comma 1, del decreto legislativo 1 aprile 1996, n. 239, la lettera d) è abrogata. [1]

4. Nell'articolo 27, comma 1, del decreto del Presidente della Repubblica 29 settembre 1973, n. 600, le parole: "nonché sugli utili in qualunque forma corrisposti a fondi d'investimento immobiliare di cui alla legge 25 gennaio 1994, n. 86" sono soppresse.

5. Nell'articolo 14-bis, comma 10, della legge 25 gennaio 1994, n. 86, il terzo periodo è soppresso.

6. Nella legge 25 gennaio 1994, n. 86, l'articolo 15 è abrogato, salvo quanto previsto dal comma 4 dell'articolo 5 del presente decreto. [1]

7. Con decreto del Ministro dell'economia e delle finanze, sentita la Conferenza permanente per i rapporti tra lo Stato,

le regioni e le province autonome di Trento e di Bolzano, sono determinate le regolazioni contabili degli effetti finanziari per lo Stato e le regioni, conseguenti all'attuazione del presente capo.

(1) *Comma modificato dalla legge 23 novembre 2001, n. 410 in sede di conversione.*

10. Norma finale. – 1. Per il periodo d'imposta 2001, l'imposta sostitutiva di cui all'articolo 6 è dovuta proporzionalmente al valore del patrimonio netto del fondo riferito al periodo intercorrente tra la data di entrata in vigore del presente decreto ed il 31 dicembre 2001. Le disposizioni dell'articolo 6, comma 1, si applicano ai redditi di capitale divenuti esigibili dalla data di entrata in vigore del presente decreto.

11. Entrata in vigore. – 1. Il presente decreto entra in vigore il giorno stesso della sua pubblicazione nella Gazzetta Ufficiale della Repubblica italiana e sarà presentato alle Camere per la conversione in legge.

Il presente decreto, munito del sigillo dello Stato, sarà inserito nella Raccolta ufficiale degli atti normativi della Repubblica italiana. È fatto obbligo a chiunque spetti di osservarlo e di farlo osservare.

IMPOSTE INDIRETTE

1. D.P.R. 26 ottobre 1972, n. 641

Disciplina delle tasse sulle concessioni governative. (CONCESSIONI GOVERNATIVE)[1][2][3][4][5]

(1) *Pubblicato in Suppl. ordinario alla Gazz. Uff., 11 novembre, n. 292.*

(2) *In luogo di Intendente/Intendenza di finanza, leggasi Direzione regionale delle entrate.*

(3) *Il riferimento a soprattasse e/o a pene pecuniarie, nonché ad ogni altra sanzione amministrativa, ancorché diversamente denominata, contenuto nel presente provvedimento, è sostituito con il riferimento alla sanzione pecuniaria di uguale importo (art. 26, comma 1, d.lg. 18 dicembre 1997, n. 472). I riferimenti eventualmente contenuti nelle singole leggi di imposta a disposizioni abrogate si intendono effettuati agli istituti e alle previsioni corrispondenti risultanti dal citato d.lg. 472/1997. Salvo diversa espressa previsione, i procedimenti di irrogazione delle sanzioni disciplinati dal citato d.lg. 472/1997, si applicano all'irrogazione di tutte le sanzioni tributarie non penali (art. 26, comma 1, d.lg. 18 dicembre 1997, n. 472).*

(4) *Per la determinazione dei tassi d'interesse di cui al presente decreto vedi l'articolo 6, comma 2, lettera c), del D.M. 21 maggio 2009.*

(5) *In riferimento al presente decreto vedi: Risoluzione Ministero dell'Economia e delle Finanze 18 gennaio 2012 n. 9/E.*

(Omissis).

1. Oggetto delle tasse. – I provvedimenti amministrativi e gli altri atti elencati nell'annessa tariffa sono soggetti alle tasse sulle concessioni governative nella misura e nei modi indicati nella tariffa stessa.

2. Riscossione delle tasse [A]. – La tassa di rilascio è dovuta in occasione dell'emanazione dell'atto e va corrisposta non oltre la consegna di esso all'interessato.

La tassa di rinnovo va corrisposta allorquando gli atti, venuti a scadenza, vengono di nuovo posti in essere.

La tassa per il visto e quella per la vidimazione vanno corrisposte al momento dell'espletamento di tali formalità.

Nei casi espressamente indicati nella tariffa, gli atti la cui validità superi l'anno sono soggetti ad una tassa annuale da corrispondersi nel termine stabilito nella tariffa stessa, per ogni anno successivo a quello nel quale l'atto è stato emesso.

(A) *In riferimento al presente articolo vedi: Risoluzione dell'Agenzia delle Entrate 27 novembre 2014, n. 105/E.*

3. Modalità di pagamento. – Le tasse si corrispondono in conformità a quanto previsto nell'annessa tariffa:

a) in modo ordinario, con pagamento diretto all'ufficio del registro competente o con versamento sul conto corrente postale a questi intestato;

b) in modo straordinario, a mezzo di speciali marche da annullarsi a cura del pubblico ufficiale che rilascia l'atto ovvero degli uffici o degli altri soggetti indicati dalle singole voci della tariffa o da altre norme;

b-bis) negli altri modi stabiliti dalle singole voci della tariffa [1].

Quando la misura delle tasse, dipende dalla popolazione dei comuni o dei centri abitati, questa e calcolata in base alla classificazione ed ai dati dell'ultimo censimento pubblicati nella Gazzetta Ufficiale.

Il Ministro per le finanze, con proprio decreto, può variare il modo di pagamento stabilito nella tariffa [2].

(1) *Lettera aggiunta dall'art. 3, comma 144, l. 28 dicembre 1995, n. 549.*
(2) *Vedi il d.m. 23 dicembre 1991.*

4. Ufficio competente. – Per le tasse da pagare in modo ordinario il versamento va effettuato presso l'ufficio del registro nella cui circoscrizione ha sede l'ufficio competente ad emettere l'atto o a ricevere la dichiarazione.

5. Marche. – Le marche di cui al precedente art. 2 [*rectius: art. 3*] sono equiparate a tutti gli effetti, anche penali, alle marche da bollo.

Con decreto del Ministro per le finanze sono determinati il valore, la forma e gli altri caratteri distintivi delle speciali marche di cui al precedente comma.

6. Prenotazione a debito. – Le tasse per gli atti occorrenti nei procedimenti interessanti l'amministrazione dello Stato, le amministrazioni parificate per legge, nei rapporti tributari, a quelli dello Stato, l'Amministrazione del fondo per il culto e le persone fisiche o giuridiche ammesse al gratuito patrocinio sono prenotate a debito, salvo il recupero nei casi e nei modi indicati dalla legge sul gratuito patrocinio.

7. Riscossione coattiva. – Per la riscossione coattiva delle tasse e delle relative soprattasse si applicano le disposizioni del testo unico approvato con regio decreto 14 aprile 1910, n. 639.

8. Effetti del mancato o ritardato pagamento delle tasse. – Gli atti per i quali sono dovute le tasse non sono efficaci sino a quando queste non siano pagate.

9. Sanzioni. – 1. Chi esercita un'attività per la quale è necessario un atto soggetto a tassa sulle concessioni governative senza aver ottenuto l'atto stesso o assolta la relativa tassa è punito con la sanzione amministrativa dal cento al duecento per cento della tassa medesima e, in ogni caso, non inferiore a euro 103.

2. Il pubblico ufficiale che emette atti soggetti a tasse sulle concessioni governative senza che sia stato effettuato pagamento del tributo è punito con la sanzione amministrativa da euro 103 a 516 euro e ed è tenuto al pagamento del tributo medesimo, salvo regresso [1].

(1) *Articolo sostituito dall'art. 8, d.lg. 18 dicembre 1997, n. 473.*

10. Competenze per l'accertamento delle infrazioni e ripartizione del provento delle pene pecuniarie. – [*Per l'accertamento delle infrazioni, per l'applicazione delle sanzioni e per la definizione delle relative controversie si osservano le disposizioni della legge 7 gennaio 1929, n. 4.*] [1]

L'attribuzione, agli effetti degli artt. 31 e 34 della L. 7 gennaio 1929, n. 4, della facoltà di accertare le infrazioni in materia di tasse sulle concessioni governative, comprese

IMPOSTE INDIRETTE

quelle costituenti reato, compete anche ai funzionari del Ministero delle finanze e degli uffici da esso dipendenti all'uopo designati e muniti di speciale tessera nonché, limitatamente agli accertamenti compiuti nella sede degli uffici predetti, a qualsiasi funzionario od impiegato addetto agli uffici stessi.

Le somme riscosse per le sanzioni amministrative previste dal presente decreto sono ripartite a norma della legge 7 febbraio 1951, n. 168, e successive disposizioni [(2)].

(1) Comma abrogato dall'art. 8, d.lg. 18 dicembre 1997, n. 473.
(2) Comma modificato dall'art. 8, d.lg. 18 dicembre 1997, n. 473.

11. Ricorsi amministrativi. – Le controversie relative all'applicazione delle tasse previste dal presente decreto sono decise in via amministrativa dall'intendente di finanza con provvedimento motivato avverso il quale è dato ricorso al Ministro per le finanze nel termine di trenta giorni dalla notifica del provvedimento stesso, quando l'ammontare delle tasse e delle soprattasse superi euro 51,65[(1)].

Il ricorso deve essere presentato all'Intendenza di finanza direttamente o mediante raccomandata con avviso di ricevimento. Nel primo caso l'ufficio ne rilascia ricevuta, nel secondo caso la data di spedizione vale quale data di presentazione.

Decorso il termine di 180 giorni dalla data di presentazione del ricorso all'intendente di finanza senza che sia stata notificata al ricorrente la relativa decisione, questi può ricorrere al Ministro quando l'ammontare delle tasse superi euro 51,65[(2)].

Contro le decisioni del Ministro e quelle definitive dell'intendente di finanza è ammesso ricorso in revocazione per errore di fatto o di calcolo e nelle ipotesi previste dall'art. 395, numeri 2 e 3, del codice di procedura civile.

Il ricorso deve essere proposto nel termine di sessanta giorni decorrenti rispettivamente dalla notificazione della decisione o dalla data in cui è stata scoperta la falsità o recuperato il documento.

Su domanda del ricorrente, proposta nello stesso ricorso o in successiva istanza, l'autorità amministrativa decidente può sospendere per gravi motivi l'esecuzione dell'atto impugnato[(3)].

(1) Comma così modificato dall'art. 8, d.lg. 18 dicembre 1997, n. 473.
(2) Comma così modificato dall'art. 8, d.lg. 18 dicembre 1997, n. 473.
(3) La Corte costituzionale, con sentenza 24 febbraio 1995, n. 56, ha dichiarato l'illegittimità costituzionale del presente articolo, nella parte in cui non prevede, nelle controversie di cui all'art. 11 dello stesso decreto, l'esperibilità dell'azione giudiziaria anche in mancanza del preventivo ricorso amministrativo.

12. Azione giudiziaria. – Avverso le decisioni definitive, di cui al precedente articolo, è esperibile l'azione giudiziaria nel termine di novanta giorni dalla data di notificazione della decisione.

Qualora entro centottanta giorni dalla data di presentazione del ricorso non sia intervenuta la relativa decisione, il contribuente può promuovere l'azione giudiziaria anche prima della notificazione della decisione stessa [(1)].

(1) La Corte costituzionale, con sentenza 24 febbraio 1995, n. 56, ha dichiarato l'illegittimità costituzionale del presente articolo, nella parte in cui non prevede, nelle controversie di cui all'art. 11 dello stesso decreto, l'esperibilità dell'azione giudiziaria anche in mancanza del preventivo ricorso amministrativo.

13. Decadenze e rimborsi. – L'Amministrazione finanziaria può procedere all'accertamento delle violazioni alle norme del presente decreto entro il termine di decadenza di tre anni decorrenti dal giorno nel quale è stata commessa la violazione.

Il contribuente può chiedere la restituzione delle tasse erroneamente pagate entro il termine di decadenza di tre anni a decorrere dal giorno del pagamento o, in caso di rifiuto dell'atto sottoposto a tassa, dalla data della comunicazione del rifiuto stesso.

Non è ammesso il rimborso delle tasse pagate in modo straordinario.

Nonostante l'inutile decorso del termine di cui al primo comma, l'atto per il quale non sia stata corrisposta la tassa sulle concessioni governative non acquista efficacia sino a quando la tassa stessa non venga corrisposta. In tal caso non sono dovute le sanzioni per il mancato o ritardato pagamento.

13 *bis*. Esenzioni. – 1. Gli atti e i provvedimenti concernenti le organizzazioni non lucrative di utilità sociale (ONLUS) e le società e associazioni sportive dilettantistiche e le società associazioni sportive dilettantistiche sono esenti dalle tasse sulle concessioni governative. [(1)]

1- bis. Sono altresì esenti dalle tasse sulle concessioni governative gli atti costitutivi, gli statuti ed ogni altro atto necessario per l'adempimento di obblighi dei movimenti o partiti politici, derivanti da disposizioni legislative o regolamentari [(1)(2)].

(1) Comma modificato dall'art. 6, comma 7, d.l. 8 luglio 2002, n. 138 e, successivamente, dall'articolo 90 della legge 27 dicembre 2002, n. 289.
(2) Comma aggiunto dall'art. 5, l. 3 giugno 1999, n. 157.
(3) Articolo aggiunto dall'art. 18, d.lg. 4 dicembre 1997, n. 460.

14. Disposizioni finali e transitorie. – Per le tasse corrisposte per il periodo annuale in corso alla data di entrata in vigore del presente decreto non è dovuta integrazione né si fa luogo a rimborso delle eventuali differenze.

Le esenzioni e le agevolazioni in materia di tasse sulle concessioni governative, nonché i regimi tributari sostitutivi di tale tributo, o anche di esso stabiliti dalle leggi, vigenti alla data del 31 dicembre 1972, si applicano fino al termine che sarà stabilito con le disposizioni da emanarsi ai sensi del n. 6) dell'art. 9 della legge 9 ottobre 1971, n. 825.

15. Norme abrogate. – Sono abrogate le disposizioni del testo unico delle leggi in materia di tasse sulle concessioni governative approvate con D.P.R. 1° marzo 1961, n. 121, e successive modificazioni ed integrazioni.

16. – Il presente decreto entra in vigore il 1° gennaio 1973.

Allegato Unico

(Omissis)

2. D.P.R. 26 ottobre 1972, n. 642

Disciplina dell'imposta di bollo (IMPOSTA DI BOLLO)[1][2][3]
(in Suppl. ordinario alla Gazz. Uff., 11 novembre, n. 292)

(1) *In luogo di Intendente/Intendenza di finanza, leggasi Direzione regionale delle entrate.*
(2) *Il riferimento a soprattasse e/o a pene pecuniarie, nonché ad ogni altra sanzione amministrativa, ancorché diversamente denominata, contenuto nel presente provvedimento, è sostituito con il riferimento alla sanzione pecuniaria di uguale importo (art. 26, comma 1, d.lg. 18 dicembre 1997, n. 472). I riferimenti eventualmente contenuti nelle singole leggi di imposta a disposizioni abrogate si intendono effettuati agli istituti e alle previsioni corrispondenti risultanti dal citato d.lg. 472/1997. Salvo diversa espressa previsione, i procedimenti di irrogazione delle sanzioni disciplinati dal citato d.lg. 472/1997, si applicano all'irrogazione di tutte le sanzioni tributarie non penali (art. 26, comma 1, d.lg. 18 dicembre 1997, n. 472).*
(3) *In riferimento al presente decreto vedi: Risoluzione Agenzia delle Entrate 27 febbraio 2013 n. 14/E.*

(Omissis)

TITOLO I
Oggetto e specie dell'imposta e modi di pagamento

1. Oggetto dell'imposta. – Sono soggetti alla imposta di bollo gli atti, i documenti e i registri indicati nell'annessa tariffa.

Le disposizioni del presente decreto non si applicano agli atti legislativi e, se non espressamente previsti nella tariffa, agli atti amministrativi dello Stato, delle regioni, delle province, dei comuni e loro consorzi.

2. Atti soggetti a bollo sin dall'origine o in caso d'uso. – L'imposta di bollo è dovuta fin dall'origine per gli atti, i documenti e i registri indicati nella parte prima della tariffa, se formati nello Stato, ed in caso d'uso per quelli indicati nella parte seconda.

Si ha caso d'uso quando gli atti, i documenti e i registri sono presentati all'ufficio del registro per la registrazione.

Delle cambiali emesse all'estero si fa uso, oltre che nel caso di cui al secondo comma, quando sono presentate, consegnate, trasmesse, quietanzate, accettate, girate, sottoscritte per avallo o altrimenti negoziate nello Stato (1)(2).

(1) Articolo sostituito dall'art. 2, del d.p.r. 30 dicembre 1982, n. 955.
(2) Vedi l'articolo 1 della legge 19 gennaio 1985, n. 4.

3. Modi di pagamento (1). – 1. L'imposta di bollo si corrisponde secondo le indicazioni della tariffa allegata:

a) mediante pagamento dell'imposta ad intermediario convenzionato con l'Agenzia delle entrate, il quale rilascia, con modalità telematiche, apposito contrassegno;

b) in modo virtuale, mediante pagamento dell'imposta all'ufficio dell'Agenzia delle entrate o ad altri uffici autorizzati o mediante versamento in conto corrente postale.

2. Le frazioni degli importi dell'imposta di bollo dovuta in misura proporzionale sono arrotondate ad euro 0,10 per difetto o per eccesso a seconda che si tratti rispettivamente di frazioni fino ad euro 0,05 o superiori ad euro 0,05.

3. In ogni caso l'imposta è dovuta nella misura minima di euro 1,00, ad eccezione delle cambiali e dei vaglia cambiari di cui, rispettivamente, all'articolo 6, numero 1, lettere a) e b), e numero 2, della tariffa – Allegato A – annessa al presente decreto, per i quali l'imposta minima è stabilita in euro 0,50.

(1) Articolo sostituito dall'articolo 3 del D.P.R. 30 dicembre 1982, n. 955, modificato dall'articolo 1-bis del D.L. 12 luglio 2004, n. 168 e successivamente sostituito dall'articolo 1, comma 80, della legge 27 dicembre 2006, n. 296.

4. Forma, valore e carattere distintivi della carta bollata, delle marche da bollo e dei bolli a punzone. – La carta bollata è filigranata e reca impresso il relativo valore. Se il valore della carta bollata è inferiore all'imposta dovuta, la differenza viene corrisposta mediante applicazione di marche da bollo.

La carta bollata, esclusa quella per cambiali, deve essere marginata e contenere cento linee per ogni foglio.

Con decreto del Ministro delle finanze sono determinati la forma, il valore e gli altri caratteri distintivi della carta bollata, delle marche da bollo e dei bolli a punzone, nonché le modalità d'applicazione del visto per bollo (1).

Con provvedimento del direttore dell'Agenzia delle entrate sono stabilite le caratteristiche e le modalità d'uso del contrassegno rilasciato dagli intermediari, nonché le caratteristiche tecniche del sistema informatico idoneo a consentire il collegamento telematico con la stessa Agenzia (2).

(1) Articolo sostituito dall'art. 4, d.p.r. 30 dicembre 1982, n. 955.
(2) Comma inserito dall'articolo 1 bis del D.L. 12 luglio 2004, n. 168.

5. Definizione di foglio, di pagina e di copia. – Agli effetti del presente decreto e delle annesse tariffa e tabella:

a) il foglio si intende composto da quattro facciate, la pagina da una facciata;

b) per copia si intende la riproduzione, parziale o totale, di atti, documenti e registri dichiarata conforme all'originale da colui che l'ha rilasciata.

Per i tabulati meccanografici l'imposta è dovuta per ogni 100 linee o frazione di 100 linee effettivamente utilizzate.

Per le riproduzioni con mezzi meccanici, fotografici, chimici e simili il foglio si intende composto da quattro facciate sempreché queste siano unite o rilegate tra loro in modo da costituire un unico atto recante nell'ultima facciata la dichiarazione di conformità all'originale (1).

(1) Articolo sostituito dall'art. 5, d.p.r. 30 dicembre 1982, n. 955.

6. Misura del tributo in caso d'uso. – Per gli atti, documenti e registri soggetti a bollo solo in caso d'uso l'imposta è dovuta nella misura vigente al momento in cui se ne fa uso (1).

(1) Articolo sostituito dall'art. 6, d.p.r. 30 dicembre 1982, n. 955.

7. Definizione di ricevuta. – [*Agli effetti dell'applicazione del presente decreto e dell'annessa tariffa, per ricevuta s'intende ogni* *dichiarazione scritta ed ogni annotazione, anche se non firmate, rilasciate per liberazione, totale o parziale, di un'obbligazione pecuniaria.*] (1)

(1) *Articolo abrogato dall'art. 7, d.p.r. 30 dicembre 1982, n. 955.*

8. Onere del tributo nei rapporti con lo Stato. – Nei rapporti con lo Stato l'imposta di bollo, quando dovuta, è a carico dell'altra parte, nonostante qualunque patto contrario (1).

(1) *Articolo sostituito dall'art. 8, d.p.r. 30 dicembre 1982, n. 955.*

TITOLO II
Modi di applicazione dell'imposta

9. Carta bollata. – Sulla carta bollata non si può scrivere fuori dei margini né eccedere il numero delle linee in essa tracciate. Nei margini del foglio possono apporsi sottoscrizioni e annotazioni, visti, vidimazioni, numerazioni e bolli prescritti o consentiti da leggi o regolamenti.

Per gli atti e documenti scritti a mezzo stampa, litografia o altri analoghi sistemi è consentito, in deroga al disposto del precedente comma, scrivere fuori dei margini, fermo peraltro il divieto di eccedere le 100 linee per foglio.

È vietato scrivere o apporre timbri o altre stampigliature sul bollo, nonché usare carta bollata deteriorata nel bollo o nella filigrana o già usata per altro atto o documento (1).

(1) *Articolo sostituito dall'art. 9, d.p.r. 30 dicembre 1982, n. 955.*

10. Bollo straordinario o virtuale sostitutivo o alternativo di quello ordinario. – Nei casi in cui il pagamento dell'imposta di bollo in modo straordinario o virtuale sia sostitutivo o alternativo di quello ordinario si osservano i limiti stabiliti dagli articoli 4 e 9 circa il numero delle linee di ciascun foglio.

La disposizione di cui al precedente comma non si applica ai tabulati, repertori ed ai registri nonché alle copie degli stati di servizio rilasciate dalle pubbliche amministrazioni (1).

(1) *Articolo sostituito dall'art. 10, d.p.r. 30 dicembre 1982, n. 955.*

11. Bollo straordinario. – Per gli atti soggetti a bollo fin dall'origine l'applicazione delle marche da bollo, del visto per bollo e del bollo a punzone deve precedere l'eventuale sottoscrizione e, per i registri e repertori, qualsiasi scritturazione.

È vietato scrivere ed apporre timbri od altre stampigliature sull'impronta del bollo a punzone o sul visto per bollo.

12. Marche da bollo. – L'annullamento delle marche deve avvenire mediante perforazione o apposizione della sottoscrizione di una delle parti o della data o di un timbro parte su ciascuna marca e parte sul foglio.

Per l'annullamento deve essere usato inchiostro o matita copiativa.

Sulle marche da bollo non è consentito scrivere né apporre timbri o altre stampigliature tranne che per eseguirne l'annullamento in conformità dei precedenti commi.

È vietato usare marche deteriorate o usate in precedenza.

13. Facoltà di scrivere più atti sul medesimo foglio. – Un atto per il quale è prevista in via esclusiva od alternativa l'applicazione dell'imposta in modo straordinario può essere scritto su un foglio che sia già servito per la redazione di altro atto soggetto ad imposta in modo ordinario o straordinario a condizione che sia corrisposta la relativa imposta.

Ogni rinnovazione o proroga anche se apposta su atti o documenti formati precedentemente è soggetta a imposta di bollo nella misura vigente per gli stessi al momento della rinnovazione o della proroga.

In ogni caso e con il pagamento di una sola imposta possono scriversi sul medesimo foglio:

1) gli inventari, processi verbali e gli altri atti che sono compiuti in più sedute;

2) la ratifica apposta sull'atto cui si riferisce;

3) l'accettazione del mandatario apposta sull'atto contenente il mandato;

4) la dichiarazione di conferma e di asseverazione del contenuto di un atto e la dichiarazione di concordanza con l'originale;

5) l'accettazione della cessione del credito fatta dal debitore ceduto sull'atto relativo;

6) la dichiarazione di vedovanza scritta sul certificato di esistenza in vita;

7) il certificato di avvenuta iscrizione, trascrizione ed annotamento sui pubblici registri apposto sulla nota relativa; il duplicato della nota per l'iscrizione ipotecaria e la sua rinnovazione scritta sul titolo in base al quale avviene la formalità;

8) la copia della iscrizione, rinnovazione e trascrizione sui pubblici registri costituenti un solo stato o certificato e le relative aggiunte e variazioni riportate in un solo stato o certificato anche se lo stato o certificato concerne più di una persona;

9) il certificato scritto sull'estratto catastale e attestante l'imposta dovuta per i beni ivi descritti e la dichiarazione di eseguita voltura catastale apposta sul documento in base al quale la voltura fu eseguita;

10) gli estratti rilasciati dai pubblici funzionari e desunti dai registri dei rispettivi uffici, purché riguardino una sola persona o più persone coobbligate o cointeressate nell'affare cui si riferisce il contenuto degli estratti che si rilasciano;

11) i pareri, le conclusioni e i decreti sopra i ricorsi in sede giurisdizionale od amministrativa;

12) gli atti d'istruzione delle cause, i certificati e le attestazioni apposte sui medesimi, le relazioni di notificazioni scritte sull'originale e sulla copia dell'atto notificato, nonché i precetti apposti in calce alle sentenze ed agli atti rilasciati in forma esecutiva;

13) l'autenticazione o la legalizzazione delle firme apposte sullo stesso foglio che contiene le firme da autenticare o da legalizzare;

14) le certificazioni dei pubblici uffici apposte sul duplicato e sul secondo originale delle domande;

15) gli atti contenenti più convenzioni, istanze, certificazioni o provvedimenti, se redatti in un unico contesto (1).

(1) *Articolo sostituito dall'art. 11, d.p.r. 30 dicembre 1982, n. 955.*

14. Speciali modalità di pagamento. – Con decreto del Ministro delle finanze saranno determinati gli atti per i quali l'imposta di bollo, in qualsiasi modo dovuta, può essere assolta mediante applicazione di speciale impronta apposta da macchine bollatrici, nonché le caratteristiche tecniche delle macchine stesse, i requisiti necessari per ottenere l'autorizzazione al loro uso, i termini e le relative modalità di applicazione.

L'autorizzazione all'impiego di macchine bollatrici è rilasciata, su richiesta dell'interessato, e in conformità al decreto previsto nel comma precedente, dall'intendenza di finanza nella cui circoscrizione territoriale la macchina deve essere posta in uso.

L'utente delle macchine bollatrici non può cederne l'uso o la proprietà a terzi, nemmeno temporaneamente né trasferirle in altra sede, modificarle o ripararle senza la preventiva autorizzazione. L'autorizzazione è rilasciata dall'intendente di finanza e, per le modifiche e le riparazioni, può essere rilasciata anche dall'ufficio del registro nella cui circoscrizione la macchina è posta in uso [1].

[1] Articolo sostituito dall'art. 12, d.p.r. 30 dicembre 1982, n. 955.

15. Pagamento in modo virtuale [1][2][A]. – Per determinate categorie di atti e documenti, da stabilire con decreto del Ministro delle finanze, l'intendente di finanza può, su richiesta degli interessati, consentire che il pagamento dell'imposta anziché in modo ordinario o straordinario avvenga in modo virtuale [3].

Gli atti e documenti, per i quali sia stata rilasciata l'autorizzazione di cui al precedente comma, devono recare la dicitura chiaramente leggibile indicante il modo di pagamento dell'imposta e gli estremi della relativa autorizzazione.

Ai fini dell'autorizzazione di cui al precedente comma, l'interessato deve presentare apposita domanda corredata da una dichiarazione da lui sottoscritta contenente l'indicazione del numero presuntivo degli atti e documenti che potranno essere emessi e ricevuti durante l'anno [4].

L'ufficio del registro competente per territorio, ricevuta l'autorizzazione dell'intendenza di finanza, procede, sulla base della predetta dichiarazione, alla liquidazione provvisoria dell'imposta dovuta per il periodo compreso tra la data di decorrenza dell'autorizzazione e il 31 dicembre ripartendone l'ammontare in tante rate uguali quanti sono i bimestri compresi nel detto periodo con scadenza alla fine di ciascun bimestre solare [5].

Entro il successivo mese di gennaio, il contribuente deve presentare all'ufficio del registro una dichiarazione contenente l'indicazione del numero degli atti e documenti emessi nell'anno precedente distinti per voce di tariffa e degli altri elementi utili per la liquidazione dell'imposta, nonché degli assegni bancari estinti nel suddetto periodo. La dichiarazione è redatta, a pena di nullità, su modello conforme a quello approvato con provvedimento del direttore dell'Agenzia delle entrate [6][7][8].

L'ufficio del registro, previ gli opportuni riscontri, procede alla liquidazione definitiva dell'imposta dovuta per l'anno precedente imputando la differenza a debito o a credito della rata bimestrale scadente a febbraio o, occorrendo, in quella successiva [9].

Tale liquidazione, ragguagliata e corretta dall'ufficio in relazione ad eventuali modifiche della disciplina o della misura dell'imposta, viene assunta come base provvisoria per la liquidazione dell'imposta per l'anno in corso. Se le modifiche intervengono nel corso dell'anno, a liquidazione provvisoria già eseguita, l'ufficio effettua la riliquidazione provvisoria delle rimanenti rate con avviso da notificare al contribuente entro il mese successivo a quello di entrata in vigore del provvedimento che dispone le modifiche. La maggiore imposta relativa alla prima rata oggetto della riliquidazione è pagata unitamente all'imposta relativa alla rata successiva. Non si tiene conto, ai fini della riliquidazione in corso d'anno, delle modifiche intervenute nel corso dell'ultimo bimestre. Se le modifiche comportano l'applicazione di una imposta di ammontare inferiore rispetto a quella provvisoriamente liquidata, la riliquidazione è effettuata dall'ufficio, su istanza del contribuente, entro trenta giorni dalla presentazione dell'istanza [10].

L'autorizzazione di cui ai precedenti commi si intende concessa a tempo indeterminato e può essere revocata con atto da notificarsi all'interessato.

L'interessato, che intenda rinunziare all'autorizzazione, deve darne comunicazione scritta all'intendenza di finanza presentando contemporaneamente la dichiarazione di cui al quinto comma per il periodo compreso dal 1° gennaio al giorno da cui ha effetto la rinunzia. Il pagamento dell'imposta risultante dalla liquidazione definitiva dovrà essere effettuato nei venti giorni successivi alla notificazione della liquidazione.

[1] Articolo sostituito dall'art. 13, d.p.r. 30 dicembre 1982, n. 955.
[2] Vedi il Provvedimento 3 febbraio 2015.
[3] Vedi il d.m. 7 giugno 1973, e il d.m. 10 febbraio 1988.
[4] Comma modificato dall'articolo 3, comma 8 bis D.L. 3 giugno 2008, n. 97.
[5] Comma modificato dall'art. 3, comma 136, l. 28 dicembre 1995, n. 549. Per l'anno 2013 vedi quanto disposto dall'articolo 2 del D.P.C.M. 21 gennaio 2013.
[6] A norma dell'articolo 1 del D.P.C.M. 21 gennaio 2013, per i soggetti individuati dall'art. 15-bis del decreto del Presidente della Repubblica 26 ottobre 1972, n. 642, il termine di presentazione della dichiarazione degli atti e documenti soggetti ad imposta di bollo assolta in modo virtuale, di cui al presente comma, riferita all'anno 2012 è prorogato fino al 31 marzo 2013.
[7] Comma modificato dall'articolo 1, comma 597, della Legge 27 dicembre 2013, n. 147.
[8] Per l'approvazione del modello, di cui al presente comma, vedi il Provvedimento 14 novembre 2014.
[9] Comma sostituito dall'art. 3, comma 136, l. 28 dicembre 1995, n. 549.
[10] Comma sostituito dall'articolo 3, comma 136, lettera a), numero 3), della legge 28 dicembre 1995, n. 549.
[A] In riferimento al presente articolo vedi: Circolare dell'Agenzia delle Entrate 14 aprile 2015, n. 16/E.
- In riferimento agli adempimenti dichiarativi e di versamento delle imposte di bollo e sostitutiva sui finanziamenti in caso di fusione per incorporazione, di cui al presente articolo, vedi: Risposta Agenzia delle Entrate 12/07/2019 n. 229.
- In riferimento all'Imposta di bollo assolta in modo virtuale, di cui al presente articolo, vedi: Risposta Agenzia delle Entrate 11 maggio 2021, n. 326; Risposta Agenzia delle Entrate 10 maggio 2021, n. 324.

15 *bis*. Versamento dell'acconto sull'imposta di bollo assolta in modo virtuale [1][2][A]. – 1. I soggetti indicati al comma 3, entro il 16 aprile di ogni anno, versano, a titolo di acconto, una somma pari al 100 per cento dell'imposta provvisoriamente liquidata ai sensi dell'articolo 15. Per esigenze di liquidità l'acconto può essere scomputato dal primo dei versamenti da effettuare nell'anno successivo a quello di pagamento dell'acconto.

2. I medesimi soggetti presentano la dichiarazione di cui all'articolo 15, quinto comma, entro il mese di febbraio

dell'anno successivo a quello cui la stessa si riferisce. Per tali soggetti, il termine per il versamento della prima rata bimestrale è posticipato all'ultimo giorno del mese di aprile. La liquidazione di cui al sesto comma dell'articolo 15 è eseguita imputando la differenza a debito o a credito della prima rata bimestrale, scadente ad aprile o, occorrendo, in quella successiva.

3. Le disposizioni del presente articolo si applicano ai seguenti soggetti:

a) la società Poste italiane S.p.a.;

b) le banche;

c) le società di gestione del risparmio;

d) le società capogruppo dei gruppi bancari di cui all'articolo 61 del testo unico delle leggi in materia bancaria e creditizia, di cui al decreto legislativo 1° settembre 1993, n. 385;

e) le società di intermediazione mobiliare;

f) i soggetti di cui ai titoli V, V-bis e V-ter del citato testo unico di cui al decreto legislativo n. 385 del 1993, nonché le società esercenti altre attività finanziarie indicate nell'articolo 59, comma 1, lettera b), dello stesso testo unico;

g) le imprese di assicurazioni [3][4].

[1][A] In riferimento al presente articolo vedi: Circolare dell'Agenzia delle Entrate 14 aprile 2015, n. 16/E.
[1] Articolo aggiunto dall'articolo 4 del D.L. 29 novembre 2004, n. 282, convertito con modificazioni dalla Legge 27 dicembre 2004, n. 307. Il medesimo articolo stabilisce che l'acconto dovuto per il 2004 deve essere versato entro il 15 dicembre di tale anno. Successivamente sostituito dall'articolo 5, comma 14-bis, del D.L. 21 ottobre 2021, n. 146, convertito con modificazioni dalla Legge 17 dicembre 2021, n. 215.
[2] Vedi il Provvedimento 3 febbraio 2015.
[3] Vedi quanto disposto dall'articolo 4, comma 2, del D.L. 29 novembre 2004, n. 282 e dall'articolo 82, comma 9, del D.L. 25 giugno 2008, n.112, convertito con modificazioni dalla legge 6 agosto 2008, n. 133,
[4] Comma modificato dall'articolo 5, comma 2, del D.L. 2 marzo 2012, n. 16, convertito con modificazioni dalla Legge 26 aprile 2012, n. 44.

16. Riscossione coattiva. – Per la riscossione coattiva delle imposte, delle soprattasse e delle pene pecuniarie si applicano le disposizioni degli articoli da 5 a 29 e 31 del regio decreto 14 aprile 1910, n. 639.

Per l'imposta dovuta sulle sentenze e i decreti penali si applica l'art. 36 della tariffa allegata al presente decreto [1].

[1] Articolo sostituito dall'art. 14, d.p.r. 30 dicembre 1982, n. 955.

TITOLO III
Atti e scritti per i quali l'imposta è prenotata a debito

17. Atti dei procedimenti giurisdizionali. – Nei procedimenti, compresi quelli esecutivi, innanzi all'autorità giudiziaria ordinaria e alle giurisdizioni speciali l'imposta dovuta dalle amministrazioni dello Stato ovvero da persone o enti ammessi al beneficio del patrocinio a spese dello Stato è prenotata a debito [1].

[*Nella procedura di fallimento si osservano le disposizioni dell'art. 91 del regio decreto 16 marzo 1942, n. 267.*] [2]

[*Le imposte di bollo prenotate a debito ai sensi dei commi precedenti sono ripetibili nei casi e con i modi indicati dalla legge sul gratuito patrocinio.*] [3]

[1] Comma modificato dall'art. 300, d.p.r. 30 maggio 2002, n. 115, a decorrere dal 1° luglio 2002.
[2] Comma abrogato dall'art. 299, d.p.r. 30 maggio 2002, n. 115, a decorrere dal 1° luglio 2002.
[3] Comma abrogato dall'art. 299, d.p.r. 30 maggio 2002, n. 115, a decorrere dal 1° luglio 2002.

18. Atti di persone od enti ammessi al patrocinio a spese dello Stato [1]. – Nelle cause e nei procedimenti interessanti persone od enti ammessi al patrocinio a spese dello Stato non può farsi uso della carta libera, se in ciascun atto e in ciascuna copia non siano citati gli estremi del decreto di ammissione al patrocinio a spese dello Stato, e se, trattandosi di atti, documenti o copie da prodursi in giudizio, non sia in esso indicato lo scopo della produzione [2].

[1] Rubrica modificata dall'art. 300, d.p.r. 30 maggio 2002, n. 115, a decorrere dal 1° luglio 2002.
[2] Comma modificato dall'art. 300, d.p.r. 30 maggio 2002, n. 115, a decorrere dal 1° luglio 2002.

TITOLO IV
Effetti del mancato od insufficiente pagamento dell'imposta; obblighi, divieti, solidarietà

19. Obblighi degli arbitri, dei funzionari e dei pubblici ufficiali. – Salvo quanto disposto dai successivi articoli 20 e 21, i giudici, i funzionari e i dipendenti dell'Amministrazione dello Stato, degli enti pubblici territoriali e dei rispettivi organi di controllo, i pubblici ufficiali, i cancellieri e segretari, nonché gli arbitri non possono rifiutarsi di ricevere in deposito o accettare la produzione o assumere a base dei loro provvedimenti, allegare o enunciare nei loro atti, i documenti, gli atti e registri non in regola con le disposizioni del presente decreto. Tuttavia gli atti, i documenti e i registri o la copia degli stessi devono essere inviati a cura dell'ufficio che li ha ricevuti e, per l'autorità giudiziaria, a cura del cancelliere o segretario, per la loro regolarizzazione ai sensi dell'art. 31, al competente ufficio del registro entro trenta giorni dalla data di ricevimento ovvero dalla data del deposito o della pubblicazione del provvedimento giurisdizionale o del lodo [1].

[1] Articolo sostituito dall'art. 16, d.p.r. 30 dicembre 1982, n. 955.

20. Cambiale, vaglia cambiario e assegno bancario irregolari di bollo. – La cambiale, il vaglia cambiario e l'assegno bancario non hanno la qualità di titoli esecutivi se non sono stati regolarmente bollati sin dall'origine e, qualora si tratti di titoli provenienti dall'estero, prima che se ne faccia uso.

Il portatore o possessore, non può esercitare i diritti cambiari inerenti al titolo se non abbia corrisposto l'imposta di bollo dovuta e pagato le relative sanzioni amministrative [1].

La inefficacia come titolo esecutivo deve essere rilevata e pronunciata dai giudici anche d'ufficio.

[1] Comma così modificato dall'art. 5, d.lg. 18 dicembre 1997, n. 473.

21. Obblighi dei pubblici ufficiali per gli atti di protesto cambiario. – I notai, gli ufficiali giudiziari ed i segretari comunali, devono negli atti di protesto delle cambiali, fare menzione dell'ammontare dell'imposta di bollo pagata per detti titoli e, quando questi siano muniti di marche da bollo o di visto per bollo, devono anche indicare l'ufficio che ha annullato le marche od apposto il visto e la relativa data.

22. Solidarietà [(1)]. – Sono obbligati in solido per il pagamento dell'imposta e delle eventuali sanzioni amministrative:

1) tutte le parti che sottoscrivono, ricevono, accettano o negoziano atti, documenti o registri non in regola con le disposizioni del presente decreto ovvero li enunciano o li allegano ad altri atti o documenti;

2) tutti coloro che fanno uso, ai sensi dell'art. 2, di un atto, documento o registro non soggetto al bollo fin dall'origine senza prima farlo munire del bollo prescritto [(2)].

La parte a cui viene rimesso un atto, un documento o un registro, non in regola con le disposizioni del presente decreto, alla formazione del quale non abbia partecipato, è esente da qualsiasi responsabilità derivante dalle violazioni commesse ove, entro quindici giorni dalla data del ricevimento, lo presenti all'ufficio del registro e provveda alla sua regolarizzazione col pagamento della sola imposta. In tal caso la violazione è accertata soltanto nei confronti del trasgressore.

[*Indipendentemente dalle pene previste dal codice penale, il venditore o il locatore delle macchine bollatrici o chi comunque le dà in uso a qualsiasi titolo è responsabile, in solido con l'utente, dell'imposta di bollo e delle sanzioni per le infrazioni rese possibili da difetti di costruzione delle macchine, da irregolare fornitura di punzoni o dall'omissione della comunicazione all'amministrazione finanziaria della vendita, della locazione o della dazione in uso delle macchine stesse.*] [(3)]

(1) Articolo sostituito dall'art. 17, d.p.r. 30 dicembre 1982, n. 955.
(2) Comma modificato dall'art. 5, d.lg. 18 dicembre 1997, n. 473.
(3) Comma abrogato dall'art. 5, d.lg. 18 dicembre 1997, n. 473.

23. Patti sull'onere del tributo e delle sanzioni. – I patti contrari alle disposizioni del presente decreto, compreso quello che pone l'imposta e le eventuali sanzioni a carico della parte inadempiente o di quella che abbia determinato la necessità di far uso degli atti o dei documenti irregolari, sono nulli anche tra le parti.

TITOLO V
Sanzioni

24. Sanzioni a carico di soggetti tenuti a specifici adempimenti. – 1. L'inosservanza degli obblighi stabiliti dall'articolo 19 è punita, per ogni atto, documento o registro, con sanzione amministrativa da euro 100 a euro 200 [(1)(2)].

(1) Articolo sostituito dall'articolo 18, del D.P.R. 30 dicembre 1982, n. 955 e, successivamente, dall'art. 5, d.lg. 18 dicembre 1997, n. 473.
(2) Comma modificato dall'articolo 29, comma 1, lettera a), del D.Lgs. 24 settembre 2015, n. 158, con la decorrenza indicata nell'articolo 32, comma 1, del medesimo D.Lgs. n. 158 del 2015, come modificato dall'articolo 1, comma 133, della Legge 28 dicembre 2015, n. 208

25. Omesso od insufficiente pagamento dell' imposta ed omessa o infedele dichiarazione di conguaglio [(1)]. – 1. Chi non corrisponde, in tutto o in parte, l'imposta di bollo dovuta sin dall'origine è soggetto, oltre al pagamento del tributo, ad una sanzione amministrativa dal cento al cinquecento per cento dell'imposta o della maggiore imposta.

2. Salvo quanto previsto dall'articolo 32, secondo comma, della legge 24 maggio 1977, n. 227, le violazioni relative alle cambiali sono punite con la sanzione amministrativa da due a dieci volte l'imposta, con un minimo di euro 103.

3. L'omessa o infedele dichiarazione di conguaglio prevista dal quinto e dall'ultimo comma dell'articolo 15 è punita con la sanzione amministrativa dal cento al duecento per cento dell'imposta dovuta. Se la dichiarazione di conguaglio è presentata con un ritardo non superiore a trenta giorni, si applica la sanzione amministrativa dal cinquanta al cento per cento dell'ammontare dell'imposta dovuta [(2)].

(1) Articolo sostituito dall'articolo 19 del D.P.R. 30 dicembre 1982, n. 955 e, da ultimo, dall'art. 5, d.lg. 18 dicembre 1997, n. 473.
(2) Comma modificato dall'articolo 29, comma 1, lettera b), del D.Lgs. 24 settembre 2015, n. 158, con la decorrenza indicata nell'articolo 32, comma 1, del medesimo D.Lgs. n. 158 del 2015, come modificato dall'articolo 1, comma 133, della Legge 28 dicembre 2015, n. 208.

26. Violazioni in materia di uso delle macchine bollatrici. – 1. L'utente delle macchine bollatrici che non osservi i divieti di cui all'ultimo comma dell'articolo 14 è punito con la sanzione amministrativa da euro 516 a euro 5.164 [(1)].

(1) Articolo sostituito dall'articolo 19 del D.P.R. 30 dicembre 1982, n. 955 e, da ultimo, dall'art. 5, d.lg. 18 dicembre 1997, n. 473.

27. Violazioni costituenti reati. – [*Nei casi di falsificazione, contraffazione e alterazione di valori bollati, di bollo a punzone o di attestazioni di pagamento delle imposte di bollo corrisposte in modo virtuale o con visto per bollo o mediante l'uso di macchine bollatrici, oltre alle sanzioni previste dal codice penale sono applicabili le pene pecuniarie e soprattasse stabilite dal presente decreto per il mancato pagamento dell'imposta ove dovuta.*] [(1)]

Chi detiene per lo smercio ovvero smercia carta bollata, marche od altri valori di bollo precedentemente usati è punito con le pene stabilite dall'art. 466 del codice penale.

(1) Comma abrogato dall'art. 5, d.lg. 18 dicembre 1997, n. 473.

28. Pena pecuniaria per l'inosservanza di altre prescrizioni. – [*Chiunque, fuori delle ipotesi previste negli articoli precedenti, non osservi le prescrizioni del presente decreto e dell'allegata tariffa è soggetto alla pena pecuniaria da L. 2000 a L. 20.000 per ciascuna infrazione.*] [(1)]

(1) Articolo abrogato dall'art. 5, d.lg. 18 dicembre 1997, n. 473.

29. Soprattassa per omesso o insufficiente pagamento dell'imposta. – [*Per l'omesso od insufficiente pagamento dell'imposta dovuta in modo virtuale, si applica una soprattassa pari al 10% dell'imposta non versata.*

La soprattassa di cui al comma precedente è ridotta alla metà se il pagamento avviene entro il mese successivo alla scadenza e comunque prima della notifica della ingiunzione.] [(1)]

(1) Articolo sostituito dall'articolo 21 del D.P.R. 30 dicembre 1982, n. 955 e, da ultimo, abrogato dall'art. 5, d.lg. 18 dicembre 1997, n. 473.

30. Responsabilità dei funzionari dell' Amministrazione finanziaria. – Per gli atti di ogni specie, formati dai funzionari dell'Amministrazione finanziaria o dai conservatori dei registri immobiliari e dai loro dipendenti nell'esercizio delle loro funzioni, le sanzioni previste dagli articoli precedenti si applicano soltanto a carico di colui che ha formato l'atto.

31. Regolarizzazione degli atti emessi in violazione delle norme del presente decreto. – Gli atti e i documenti soggetti a bollo, per i quali l'imposta dovuta non sia stata assolta o sia stata assolta in misura insufficiente, debbono essere sempre regolarizzati mediante il pagamento dell'imposta non corrisposta o del supplemento di essa nella misura vigente al momento dell'accertamento della violazione.

La regolarizzazione è eseguita esclusivamente dagli Uffici del registro mediante annotazione sull'atto o documento della sanzione amministrativa riscossa [1].

Nell'ipotesi prevista dall'art. 19 la regolarizzazione avviene sull'originale o sulla copia inviata all'ufficio del registro.

[1] *Comma modificato dall'art. 5, d.lg. 18 dicembre 1997, n. 473.*

32. Irreperibilità di valori bollati. – È ammesso corrispondere l'imposta direttamente agli uffici del registro ovvero mediante versamento su conto corrente postale intestato all'ufficio del registro competente quando vi è impossibilità oggettiva di procurarsi la carta bollata o le marche da bollo necessarie e tale circostanza sia fatta risultare nel contesto dell'atto. La ricevuta comprovante il pagamento deve contenere la causale del pagamento stesso ed essere allegata all'atto o documento cui si riferisce.

Per le cambiali e per gli altri titoli di credito, per i quali è prevista la corresponsione delle imposte stabilite per le cambiali, l'imposta deve essere assolta esclusivamente mediante visto per bollo.

È altresì consentita la redazione degli atti e documenti senza o con parziale pagamento dell'imposta purché gli stessi siano presentati all'ufficio del registro per la regolarizzazione entro cinque giorni dalla cessata impossibilità di cui al primo comma e della quale dovrà essere fatta menzione nel contesto dell'atto.

Il pagamento dell'imposta a norma dei commi precedenti non comporta applicazione di sanzione amministrativa [1][2].

[1] *Comma modificato dall'art. 5, d.lg. 18 dicembre 1997, n. 473.*
[2] *Articolo sostituito dall'art. 22, d.p.r. 30 dicembre 1982, n. 955.*

TITOLO VI
Disposizioni relative alle controversie ed alle violazioni [1]

[1] *Vedi, anche, l'art. 9, comma 2, d.l. 30 dicembre 1991, n. 417, conv. in l. 6 febbraio 1992, n. 66.*

33. Ricorsi amministrativi e azione giudiziaria. – Le controversie relative all'applicazione delle imposte [e soprattasse] previste dal presente decreto sono decise in via amministrativa dalle intendenze di finanza con provvedimento motivato avverso il quale è dato ricorso al Ministero delle finanze nel termine di trenta giorni dalla notificazione del provvedimento stesso se l'ammontare controverso delle imposte e soprattasse supera centomila lire [1].

Contro le decisioni del Ministero e quelle definitive delle intendenze di finanza è ammesso ricorso in revocazione per errore di fatto o di calcolo e nelle ipotesi previste dall'art. 395, numeri 2) e 3), del codice di procedura civile.

Il ricorso deve essere proposto nel termine di sessanta giorni decorrenti rispettivamente dalla notificazione della decisione o dalla data in cui è stata scoperta la falsità o recuperato il documento.

L'autorità amministrativa, adita a norma del primo comma, ha facoltà di sospendere la riscossione delle imposte [e delle soprattasse] in contestazione [2].

Avverso le decisioni definitive di cui ai precedenti commi è promovibile l'azione giudiziaria nel termine di novanta giorni dalla data di notificazione della decisione. Qualora entro centottanta giorni dalla data di presentazione del ricorso non sia intervenuta la relativa decisione, il contribuente può promuovere l'azione giudiziaria anche prima della notificazione della decisione stessa [3].

[1] *Comma modificato dall'art. 5, comma 1, lettera i), d.lg. 18 dicembre 1997, n. 473.*
[2] *Comma modificato dall'art. 5, comma 1, lettera i), d.lg. 18 dicembre 1997, n. 473.*
[3] *La Corte costituzionale, con sentenza 23 novembre 1993, n. 406, ha dichiarato l'illegittimità costituzionale del presente comma, nella parte in cui non prevede, in materia di rimborsi di imposta, l'esperibilità dell'azione giudiziaria anche in mancanza del preventivo ricorso amministrativo.*

34. Accertamento delle violazioni. – [Per l'accertamento delle violazioni delle norme del presente decreto e per l'applicazione delle pene pecuniarie si osservano le disposizioni della legge 7 gennaio 1929, n. 4.] [1]

[1] *Articolo abrogato dall'art. 5, d.lg. 18 dicembre 1997, n. 473.*

35. Organi competenti all'accertamento delle violazioni. – L'accertamento delle violazioni alle norme del presente decreto, anche se costituenti reato, è demandato, oltre che ai soggetti indicati negli articoli 30, 31 e 34 della legge 7 gennaio 1929, n. 4, ai funzionari del Ministero delle finanze e degli uffici da esso dipendenti all'uopo designati e muniti di speciale tessera, nonché limitatamente agli accertamenti compiuti nella sede degli uffici predetti, a qualsiasi funzionario ed impiegato addetto agli uffici stessi.

I soggetti indicati nell'art. 19 e tutti coloro che a norma di disposizioni legislative o regolamentari sono obbligati a tenere o a conservare libri, registri, atti o documenti soggetti a bollo sono obbligati ad esibirli ai funzionari ed impiegati di cui al precedente comma ed agli ufficiali ed agenti della polizia tributaria.

L'obbligo di cui al precedente comma non si estende agli atti o documenti di cui siano in possesso le persone indicate negli articoli 351 e 352 del codice di procedura penale, sempre che tali atti o documenti si riferiscano a materie in ordine alle quali le dette persone avrebbero diritto di astenersi dal testimoniare a norma dei citati articoli.

I notai sono tenuti in ogni caso ad esibire gli atti pubblici e le scritture private depositati presso di loro, ad eccezione degli atti di ricevimento dei testamenti segreti e dei processi verbali di deposito dei testamenti olografi.

36. Modalità di accertamento delle violazioni. – Le violazioni delle norme contenute nel presente decreto sono constatate mediante processo verbale dal quale debbano risultare le ispezioni e le rilevazioni eseguite, le richieste fatte al contribuente o a chi lo rappresenta e le risposte ricevute. Il verbale deve esser sottoscritto dal contribuente o da chi lo rappresenta ovvero indicare il motivo della mancata sottoscrizione. Copia di esso deve essere consegnata al contribuente.

Gli atti e i documenti possono essere sequestrati soltanto se non è possibile riprodurne o farne constare il contenuto nel verbale, nonché in caso di mancata sottoscrizione o di contestazione del contenuto del verbale. I libri e i registri non possono essere sequestrati; gli organi procedenti possono eseguirne o farne eseguire copie o estratti, possono apporre nelle parti che interessano la propria firma o sigla insieme con la data e il bollo di ufficio e possono adottare le cautele atte ad impedire l'alterazione o la sottrazione dei libri e dei registri.

La regolarizzazione degli atti, documenti, libri e registri può avvenire a richiesta del contribuente sulla copia di cui al comma precedente [1].

[1] *Articolo sostituito dall'art. 23, d.p.r. 30 dicembre 1982, n. 955.*

37. Termini di decadenza - Rimborsi. – L'Amministrazione finanziaria può procedere all'accertamento delle violazioni alle norme del presente decreto entro il termine di decadenza di tre anni a decorrere dal giorno in cui è stata commessa la violazione.

L'intervenuta decadenza non autorizza l'uso degli atti, documenti e registri in violazione del presente decreto, senza pagamento dell'imposta nella misura dovuta al momento dell'uso.

La restituzione delle imposte pagate in modo virtuale e delle relative sanzioni amministrative deve essere richiesta entro il termine di decadenza di tre anni a decorrere dal giorno in cui è stato effettuato il pagamento. Non si fa luogo alla restituzione delle imposte pagate mediante versamento in conto corrente postale [1].

Non è ammesso il rimborso delle imposte pagate in modo ordinario o straordinario, salvo il caso in cui si tratti:

a) di imposta assolta con bollo a punzone su moduli divenuti inutilizzabili per sopravvenute disposizioni legislative o regolamentari;

b) di imposta corrisposta, anche parzialmente, mediante visto per bollo.

La domanda di rimborso deve essere presentata a pena di decadenza, all'intendenza di finanza entro un anno dalla data di entrata in vigore delle sopravvenute disposizioni legislative o regolamentari per l'ipotesi di cui alla lettera a) e dalla data del pagamento dell'imposta corrisposta a mezzo visto per bollo per l'ipotesi di cui alla lettera b). In questo ultimo caso la domanda di rimborso deve contenere la espressa rinuncia ad utilizzare l'atto; il rimborso è comunque subordinato all'assenza di qualsiasi sottoscrizione, sia pure cancellata, sull'atto e all'adozione da parte dell'ufficio del registro, presso il quale è stata assolta l'imposta di misura idonea a rendere inutilizzabile l'atto [2].

[1] *Comma modificato dall'art. 5, d.lg. 18 dicembre 1997, n. 473.*
[2] *Articolo sostituito dall'art. 24, d.p.r. 30 dicembre 1982, n. 955.*

38. Ripartizione delle pene pecuniarie. – Le somme riscosse per le sanzioni amministrative previste dal presente decreto sono ripartite a norma della legge 7 febbraio 1951, n. 168 [1].

[1] *Comma modificato dall'art. 5, d.lg. 18 dicembre 1997, n. 473.*

TITOLO VII
Vendita dei valori bollati

39. Distribuzione, vendita al pubblico e aggio [1]. – La vendita al pubblico dei valori bollati può farsi soltanto dalle persone e dagli uffici autorizzati con apposito decreto dell'intendente di finanza. Il pagamento can modalità telematiche può essere eseguito presso i rivenditori di generi di monopolio nonché presso, gli ufficiali giudiziari e gli altri distributori già autorizzati, al 30 giugno 2004, alla vendita di valori bollati, previa stipula da parte degli stessi di convenzione disciplinante le modalità di riscossione e di riversamento delle somme introitate nonché le penalità per l'inosservanza degli obblighi convenzionali [2].

Ai soggetti di cui al primo comma compete l'aggio calcolato:

a) sull'ammontare complessivo dei valori bollati prelevati nell'anno ovvero riscossi, dal 1° gennaio 2017, con modalità telematiche, di cui all'articolo 3, comma 1, lettera a), nella seguente misura [3]:

1) rivenditori di generi di monopolio: del 5 per cento;

2) ufficiali giudiziari: dello 0,75 per cento;

3) distributori diversi da quelli di cui ai numeri 1) e 2): del 2 per cento;

b) sulle somme riscosse all'atto del rilascio del contrassegno di cui all'articolo 3, primo comma, n. 3-bis), nella misura stabilita dalla convenzione prevista dal primo comma del presente articolo [4].

Le persone autorizzate alla vendita al pubblico dei valori bollati sono tenute a mantenere costantemente le scorte stabilite dal decreto di autorizzazione ed a soddisfare integralmente e senza ritardo, nei limiti delle dette scorte, le richieste dei valori bollati rivolte loro dal pubblico.

Il Ministro per le finanze, può, con proprio decreto, autorizzare persone od enti a prelevare per il proprio fabbisogno valori bollati con l'aggio di cui alla lettera c) direttamente dagli uffici del registro e dagli istituti di credito autorizzati alla distribuzione [5][6].

[1] *Articolo modificato dall'articolo 5-bis del D.L. 23 dicembre 1976, n. 854, come modificato dalla legge 21 febbraio 1977, n. 36, in sede di conversione e, successivamente, con decorrenza 1° gennaio 1982, dall'articolo 7-bis, del D.L. 2 ottobre 1981, n. 546, convertito con modificazioni dalla L. 1 dicembre 1981, n. 692 e, da ultimo, sostituito dall'articolo 25 del D.P.R. 30 dicembre 1982, n. 955.*
[2] *Comma modificato dall'articolo 1-bis, comma 10, lettera c), numero 2), del D.L. 12 luglio 2004, n. 168, convertito con modificazioni dalla L. 30 luglio 2004, n. 191 e successivamente dall'articolo 3, comma 42, del D.L. 30 settembre 2005, n. 203, convertito con modificazioni dalla L. 2 dicembre 2005, n. 248.*
[3] *Lettera modificata dall'articolo 2, comma 6-bis, del D.Lgs. 5 agosto 2015, n. 127, come modificato dall'articolo articolo 6, comma 6, lettera a-bis) del D.L. 22 ottobre 2016, n. 193, convertito dalla Legge 1 dicembre 2016, n. 225.*
[4] *Comma modificato dall'articolo 4, comma 1, della legge 29 gennaio 1986, n. 25 e successivamente sostituito dall'articolo 1-bis, comma 10, lettera c), numero 2), del D.L. 12 luglio 2004, n. 168, convertito con modificazioni dalla L. 30 luglio 2004, n. 191.*
[5] *Vedi l'articolo 9 della legge 7 febbraio 1979, n. 59.*
[6] *Vedi il D.M. 3 agosto 1984.*

TITOLO VIII
Disposizioni transitorie e finali

40. Disposizioni transitorie. – Salvo quanto disposto nella tariffa e nella tabella allegate al presente decreto, le esenzioni e le agevolazioni nonché i regimi sostitutivi in materia di bollo, previsti dalle leggi in vigore alla data del 31 dicembre 1972, si applicano fino al termine che sarà stabilito con le disposizioni da emanare ai sensi del numero 6 dell'art. 9 o del sesto comma dell'art. 15 della legge 9 ottobre 1971, n. 825.

Per le cambiali di cui al primo comma dell'art. 41 della legge 28 febbraio 1967, n. 131, rimangono ferme le disposizioni di cui al secondo comma dello stesso articolo [1].

[1] *Articolo sostituito dall'art. 26, d.p.r. 30 dicembre 1982, n. 955.*

41. Integrazione dei valori. – I libri ed i registri già bollati in modo straordinario che all'attuazione del presente decreto si trovino interamente in bianco, dovranno, prima dell'uso, essere integrati, sino a concorrenza dell'imposta dovuta nella misura stabilita dalla tariffa allegata al presente decreto, mediante applicazione di marche da bollo da annullarsi con l'osservanza delle norme di cui all'art. 12.

42. – Il presente decreto entra in vigore il 1° gennaio 1973.

ALLEGATO A TARIFFA (PARTE 1ª)

(Omissis)

3. D.Lgs. 31 ottobre 1990, n. 346

Approvazione del testo unico delle disposizioni concernenti l'imposta sulle successioni e donazioni (IMPOSTA DI SUCCESSIONI E DONAZIONI). [1][2][3][4][5][6][7][8]

[1] *Pubblicato in Suppl. ordinario alla Gazz. Uff., 27 novembre, n. 277*

[2] *L'imposta sulle successioni e sulle donazioni, soppressa dall'articolo 13, comma 1, della legge 18 ottobre 2001, n. 383, è stata ripristinata dall'articolo 2, comma 47, del D.L. 3 ottobre 2006, n. 262.*

[3] *Il riferimento a soprattasse e/o a pene pecuniarie, nonché ad ogni altra sanzione amministrativa, ancorché diversamente denominata, contenuto nel presente provvedimento, è sostituito con il riferimento alla sanzione pecuniaria di uguale importo (art. 26, comma 1, d.lg. 18 dicembre 1997, n. 472). I riferimenti eventualmente contenuti nelle singole leggi di imposta a disposizioni abrogate si intendono effettuati agli istituti e alle previsioni corrispondenti risultanti dal citato d.lg. 472/1997. Salvo diversa espressa previsione, i procedimenti di irrogazione delle sanzioni disciplinati dal citato d.lg. 472/1997, si applicano all'irrogazione di tutte le sanzioni tributarie non penali (art. 26, comma 1, d.lg. 18 dicembre 1997, n. 472).*

[4] *Il d.lg. 19 febbraio 1998, n. 51, ha soppresso l'ufficio del pretore e, fuori dai casi espressamente previsti dal citato decreto, le relative competenze sono da intendersi trasferite al tribunale ordinario. Lo stesso decreto ha soppresso l'ufficio del pubblico ministero presso la pretura circondariale e ha provveduto a trasferirne le relative funzioni all'ufficio del pubblico ministero presso il tribunale ordinario. Inoltre, qualora il presente provvedimento attribuisca funzioni amministrative alternativamente al pretore e ad organi della P.A., le attribuzioni pretorili si intendono soppresse; sono altresì soppresse le funzioni amministrative di altre autorità giurisdizionali, eccezion fatta per il giudice di pace, se attribuite in via alternativa tanto al pretore che ad organi della P.A. Inoltre il potere del pretore di rendere esecutivi atti emanati da autorità amministrative è soppresso e gli atti sono esecutivi di diritto. Infine, qualora il presente provvedimento preveda l'obbligo di determinati soggetti di rendere giuramento innanzi al pretore per l'esercizio di attività, questo si intende reso innanzi al sindaco o ad un suo delegato.*

[5] *A partire dal 1° gennaio 1999 ogni sanzione pecuniaria penale o amministrativa espressa in lire nel presente provvedimento si intende espressa anche in Euro secondo il tasso di conversione irrevocabilmente fissato ai sensi del Trattato CE. A decorrere dal 1° gennaio 2002 ogni sanzione penale o amministrativa espressa in lire nel presente provvedimento è tradotta in Euro secondo il tasso di conversione irrevocabilmente fissato ai sensi del Trattato CE. Se tale operazione di conversione produce un risultato espresso anche in decimali, la cifra è arrotondata eliminando i decimali (art. 51, d.lg. 24 giugno 1998, n. 213).*

[6] *Tutti i rinvii al d.p.r. 28 gennaio 1988, n. 43, soppresso dall'art. 68, d.lg. 13 aprile 1999, n. 112, contenuti nel presente provvedimento, si intendono riferiti alle corrispondenti disposizioni del citato d.lg. 112/1999.*

[7] *A decorrere dalla data di nomina del primo governo costituito a seguito delle prime elezioni politiche successive all'entrata in vigore del d.lg. 30 luglio 1999, n. 300, le prefetture sono trasformate in uffici territoriali del governo; il prefetto preposto a tale ufficio nel capoluogo della regione assume anche le funzioni di commissario del governo (art. 11, d.lg. 300/1999, cit.).*

[8] *In riferimento al presente decreto vedi: Risoluzione del Ministero dell'Economia e delle Finanze n. 8/E del 13 gennaio 2012; Risoluzione Agenzia delle Entrate 24 gennaio 2013 n. 2/E; Risoluzione Agenzia delle Entrate 13 febbraio 2013 n. 11/E.*

TITOLO I
Disposizioni generali

1. Oggetto dell'imposta[1]. – 1. L'imposta sulle successioni e donazioni si applica ai trasferimenti di beni e diritti per successione a causa di morte ed ai trasferimenti di beni e diritti per donazione o altra liberalità tra vivi.

2. Si considerano trasferimenti anche la costituzione di diritti reali di godimento, la rinunzia a diritti reali o di credito e la costituzione di rendite o pensioni.

3. L'imposta si applica anche nei casi di immissione nel possesso temporaneo dei beni dell'assente e di dichiarazione di morte presunta, nonché nei casi di donazione presunta di cui all'art. 26 del testo unico sull'imposta di registro approvato con decreto del Presidente della Repubblica 26 aprile 1986, n. 131.

4. L'imposta non si applica nei casi di donazione o liberalità di cui agli articoli 742 e 783 del codice civile.

4- bis. Ferma restando l'applicazione dell'imposta anche alle liberalità indirette risultanti da atti soggetti a registrazione, l'imposta non si applica nei casi di donazioni o di altre liberalità collegate ad atti concernenti il trasferimento o la costituzione di diritti immobiliari ovvero il trasferimento di aziende, qualora per l'atto sia prevista l'applicazione dell'imposta di registro, in misura proporzionale, o dell'imposta sul valore aggiunto [2].

[1] *L'imposta sulle successioni e sulle donazioni, soppressa dall'articolo 13, comma 1, della legge 18 ottobre 2001, n. 383, è stata ripristinata dall'articolo 2, comma 47, del D.L. 3 ottobre 2006, n. 262.*

[2] *Comma aggiunto dall'articolo 69, comma 1, lettera a), della legge 21 novembre 2000, n. 342. Le disposizioni di cui al presente comma si applicano alle successioni per le quali il termine di presentazione delle*

relative dichiarazioni scade successivamente al 31 dicembre 2000 ed alle donazioni fatte a decorrere dal 1° gennaio 2001.

2. Territorialità dell'imposta[1]. – 1. L'imposta è dovuta in relazione a tutti i beni e diritti trasferiti, ancorché esistenti all'estero.

2. Se alla data dell'apertura della successione o a quella della donazione il defunto o il donante non era residente nello Stato, l'imposta è dovuta limitatamente ai beni e ai diritti ivi esistenti[A].

3. Agli effetti del comma 2 si considerano in ogni caso esistenti nello Stato:

a) i beni e i diritti iscritti in pubblici registri dello Stato e i diritti reali di godimento ad essi relativi;

b) le azioni o quote di società, nonché le quote di partecipazione in enti diversi dalle società, che hanno nel territorio dello Stato la sede legale o la sede dell'amministrazione o l'oggetto principale;

c) le obbligazioni e gli altri titoli in serie o di massa diversi dalle azioni, emessi dallo Stato o da società ed enti di cui alla lettera b);

d) i titoli rappresentativi di merci esistenti nello Stato;

e) i crediti, le cambiali, i vaglia cambiari e gli assegni di ogni specie, se il debitore, il trattario o l'emittente è residente nello Stato;

f) i crediti garantiti su beni esistenti nello Stato fino a concorrenza del valore dei beni medesimi, indipendentemente dalla residenza del debitore;

g) i beni viaggianti in territorio estero con destinazione nello Stato o vincolati al regime doganale della temporanea esportazione.

4. Non si considerano esistenti nel territorio dello Stato i beni viaggianti con destinazione all'estero o vincolati al regime doganale della temporanea importazione.

[A] In riferimento al presente comma, vedi: Risposta Agenzia delle Entrate 30 marzo 2021, n. 224.
[1] L'imposta sulle successioni e sulle donazioni, soppressa dall'articolo 13, comma 1, della legge 18 ottobre 2001, n. 383, è stata ripristinata dall'articolo 2, comma 47, del D.L. 3 ottobre 2006, n. 262.

3. Trasferimenti non soggetti all'imposta[1]. – 1. Non sono soggetti all'imposta i trasferimenti a favore dello Stato, delle regioni, delle province e dei comuni, nè quelli a favore di enti pubblici e di fondazioni o associazioni legalmente riconosciute, che hanno come scopo esclusivo l'assistenza, lo studio, la ricerca scientifica, l'educazione, l'istruzione o altre finalità di pubblica utilità, nonchè quelli a favore delle organizzazioni non lucrative di utilità sociale (ONLUS) e a fondazioni previste dal decreto legislativo emanato in attuazione della legge 23 dicembre 1998, n. 461 [2][A].

2. I trasferimenti a favore di enti pubblici e di fondazioni o associazioni legalmente riconosciute, diversi da quelli indicati nel comma 1, non sono soggetti all'imposta se sono stati disposti per le finalità di cui allo stesso comma.

3. Nei casi di cui al comma 2 il beneficiario deve dimostrare, entro cinque anni dall'accettazione dell'eredità o della donazione o dall'acquisto del legato, di avere impiegato i beni o diritti ricevuti o la somma ricavata dalla loro alienazione per il conseguimento delle finalità indicate dal testatore o dal donante. In mancanza di tale dimostrazione esso è tenuto al pagamento dell'imposta con gli interessi legali dalla data in cui avrebbe dovuto essere pagata.

4. Le disposizioni del presente articolo si applicano per gli enti pubblici, le fondazioni e le associazioni istituiti negli Stati appartenenti all'Unione europea e negli Stati aderenti all'Accordo sullo Spazio economico europeo nonché, a condizione di reciprocità, per gli enti pubblici, le fondazioni e le associazioni istituiti in tutti gli altri Stati [3].

4-bis. Non sono soggetti all'imposta i trasferimenti a favore di movimenti e partiti politici [4].

4-ter. I trasferimenti, effettuati anche tramite i patti di famiglia di cui agli articoli 768-bis e seguenti del codice civile a favore dei discendenti e del coniuge, di aziende o rami di esse, di quote sociali e di azioni non sono soggetti all'imposta. In caso di quote sociali e azioni di soggetti di cui all'articolo 73, comma 1, lettera a), del testo unico delle imposte sui redditi, di cui al decreto del Presidente della Repubblica 22 dicembre 1986, n. 917, il beneficio spetta limitatamente alle partecipazioni mediante le quali è acquisito o integrato il controllo ai sensi dell'articolo 2359, primo comma, numero 1), del codice civile. Il beneficio si applica a condizione che gli aventi causa proseguano l'esercizio dell'attività d'impresa o detengano il controllo per un periodo non inferiore a cinque anni dalla data del trasferimento, rendendo, contestualmente alla presentazione della dichiarazione di successione o all'atto di donazione, apposita dichiarazione in tal senso. Il mancato rispetto della condizione di cui al periodo precedente comporta la decadenza dal beneficio, il pagamento dell'imposta in misura ordinaria, della sanzione amministrativa prevista dall'articolo 13 del decreto legislativo 18 dicembre 1997, n. 471, e degli interessi di mora decorrenti dalla data in cui l'imposta medesima avrebbe dovuto essere pagata [5][6][B].

[A] In riferimento alla applicabilità del presente comma nel caso di attribuzione in sede successoria di beni a un trust avente quale unico beneficiario una Fondazione, vedi: Risposta Agenzia delle Entrate 24 ottobre 2019, n. 424.
- In riferimento al trasferimento per testamento di partecipazioni sociali a fondazioni; trattamento fiscale ai fini dell'imposta di successione; valore fiscalmente riconosciuto delle partecipazioni, vedi: Risposta Agenzia delle Entrate 29 ottobre 2019, n. 441.
[B] - In riferimento al trasferimento del diritto di nuda proprietà di un'azienda, di cui al presente comma, vedi: Risposta Agenzia delle Entrate 12 luglio 2019, n. 231.
- In riferimento alla Donazione azioni societarie - esenzione vedi: Risposta Agenzia delle Entrate 07/02/2020 n. 38.
- In riferimento alla decadenza dall'agevolazione dell'imposta sulle successioni e donazioni, scissione asimmetrica parziale di società detenuta in comunione ereditari, di cui al presente articolo, vedi: Risposta Agenzia delle Entrate 28/05/2020 n. 155.
[1] L'imposta sulle successioni e sulle donazioni, soppressa dall'articolo 13, comma 1, della legge 18 ottobre 2001, n. 383, è stata ripristinata dall'articolo 2, comma 47, del D.L. 3 ottobre 2006, n. 262.
[2] Comma modificato dall'articolo 19, comma 1, del D.Lgs. 4 dicembre 1997, n. 460 e successivamente dall'articolo 12, comma 7, del D.Lgs. 17 maggio 1999, n. 153.
[3] Comma sostituito dall'articolo 8, comma 1, lettera a), della Legge 30 ottobre 2014, n. 161.
[4] Comma aggiunto dall'articolo 5, comma 4, della legge 3 giugno 1999, n. 157.
[5] Comma aggiunto dall'articolo 1, comma 78, lettera a), della legge 27 dicembre 2006, n. 296 e successivamente modificato dall'articolo 1, comma 31, della legge 24 dicembre 2007, n. 244.
[6] Vedi inoltre l'articolo 1, comma 272 della Legge 30 dicembre 2020, n. 178.

4. Aliquote[1]. – [*1. L'imposta è commisurata per scaglioni di valore imponibile con le aliquote crescenti stabilite nella tariffa allegata al presente testo unico, salvo quanto stabilito nell'art. 59*] [2].

IMPOSTE INDIRETTE

(1) L'imposta sulle successioni e sulle donazioni, soppressa dall'articolo 13, comma 1, della legge 18 ottobre 2001, n. 383, è stata ripristinata dall'articolo 2, comma 47, del D.L. 3 ottobre 2006, n. 262.
(2) Articolo abrogato dall'articolo 69, comma 1, lettera b), della legge 21 novembre 2000, n. 342, salvo quanto disposto dall'art. 59.successivo. Tale abrogazione vale per le successioni per le quali il termine di presentazione delle relative dichiarazioni scade uccessivamente al 31 dicembre 2000 e per le donazioni fatte a decorrere dal 1° gennaio 2001.

5. Soggetti passivi(1). – 1. L'imposta è dovuta dagli eredi e dai legatari per le successioni, dai donatari per le donazioni e dai beneficiari per le altre liberalità tra vivi.

2. Ai fini dell'imposta sono considerati parenti in linea retta anche i genitori e i figli nati fuori del matrimonio, i rispettivi ascendenti e discendenti in linea retta, gli adottanti e gli adottati, gli affilianti e gli affiliati. La parentela naturale, se il figlio non è stato legittimato o riconosciuto o non riconoscibile, deve risultare da sentenza civile o penale, anche indirettamente, ovvero da dichiarazione scritta del genitore verificata, se il valore imponibile dei beni o diritti trasferiti al parente naturale è superiore a lire quarantamilioni, secondo le disposizioni degli articoli 2 e 3 della legge 19 gennaio 1942, n. 23 (2).

(1) L'imposta sulle successioni e sulle donazioni, soppressa dall'articolo 13, comma 1, della legge 18 ottobre 2001, n. 383, è stata ripristinata dall'articolo 2, comma 47, del D.L. 3 ottobre 2006, n. 262.
(2) Comma modificato dall'articolo 105, comma 3, del D.Lgs. 28 dicembre 2013, n. 154, con la decorrenza indicata nell'articolo 108, comma 1, del medesimo decreto.

6. Ufficio competente(1). – 1. Competente per l'applicazione dell'imposta alle successioni è l'ufficio del registro nella cui circoscrizione era l'ultima residenza del defunto o, se questa era all'estero o non è nota, l'ufficio del registro di Roma.

2. La competenza per l'applicazione dell'imposta alle donazioni è determinata secondo le disposizioni relative all'imposta di registro.

(1) L'imposta sulle successioni e sulle donazioni, soppressa dall'articolo 13, comma 1, della legge 18 ottobre 2001, n. 383, è stata ripristinata dall'articolo 2, comma 47, del D.L. 3 ottobre 2006, n. 262.

TITOLO II
Applicazione dell'imposta alle successioni

CAPO I
Determinazione dell'imposta

7. Determinazione dell'imposta(1). – [*1. L'imposta è determinata dall'applicazione delle seguenti aliquote al valore della quota di eredità o del legato:*

a) quattro per cento, nei confronti del coniuge e dei parenti in linea retta;

b) sei per cento, nei confronti degli altri parenti fino al quarto grado e degli affini in linea retta, nonchè degli affini in linea collaterale fino al terzo grado;

c) otto per cento, nei confronti degli altri soggetti.] (2)

[*2. L'imposta si applica esclusivamente sulla parte del valore della quota o del legato che supera i 350 milioni di lire.*] (3)

[*2-bis. Quando il beneficiario è un discendente in linea retta minore di età, anche chiamato per rappresentazione, o una persona con handicap riconosciuto grave ai sensi della legge 5 febbraio 1992, n. 104, come modificata dalla legge 21 maggio 1998, n. 162, l'imposta si applica esclusivamente sulla parte del valore della quota o del legato che supera l'ammontare di un miliardo di lire.*] (4)

[*2- ter. Con cadenza quadriennale, con decreto del Ministro delle finanze, si procede all'aggiornamento degli importi esenti dall'imposta ai sensi dei commi 2 e 2- bis, tenendo conto dell'indice del costo della vita.*] (5)

[*2- quater. Le disposizioni di cui ai commi 2 e 2- bis non si applicano qualora il beneficiario si sia avvalso delle previsioni dell'art. 56, commi 2 e 3, nei limiti di valore di cui abbia usufruito.*] (6)

3. Sull'imposta determinata a norma dei commi 1 e 2 si applicano, quando ne ricorrono i presupposti, le riduzioni e le detrazioni stabilite negli articoli 25 e 26.

4. Fino a quando l'eredità non è stata accettata, o non è stata accettata da tutti i chiamati, l'imposta è determinata considerando come eredi i chiamati che non vi hanno rinunziato.

(1) L'imposta sulle successioni e sulle donazioni, soppressa dall'articolo 13, comma 1, della legge 18 ottobre 2001, n. 383, è stata ripristinata dall'articolo 2, comma 47, del D.L. 3 ottobre 2006, n. 262.
(2) Comma sostituito dall'articolo 69, comma 1, lettera c), della legge 21 novembre 2000, n. 342 con effetto sulle successioni per le quali il termine di presentazione delle relative dichiarazioni scada successivamente al 31 dicembre 2000 ed alle donazioni fatte a decorrere dal 1° gennaio 2001 e successivamente abrogato dall'articolo 2, comma 52, lettera a), del D.L. 3 ottobre 2006, n. 262.
(3) Comma sostituito dall'articolo 69, comma 1, lettera c), della legge 21 novembre 2000, n. 342 con effetto sulle successioni per le quali il termine di presentazione delle relative dichiarazioni scada successivamente al 31 dicembre 2000 ed alle donazioni fatte a decorrere dal 1° gennaio 2001 e successivamente abrogato dall'articolo 2, comma 52, lettera a), del D.L. 3 ottobre 2006, n. 262.
(4) Comma aggiunto dall'articolo 69, comma 1, lettera c), della legge 21 novembre 2000, n. 342 con effetto sulle successioni per le quali il termine di presentazione delle relative dichiarazioni scada successivamente al 31 dicembre 2000 ed alle donazioni fatte a decorrere dal 1° gennaio 2001 e successivamente abrogato dall'articolo 2, comma 52, lettera a), del D.L. 3 ottobre 2006, n. 262.
(5) Comma aggiunto dall'articolo 69, comma 1, lettera c), della legge 21 novembre 2000, n. 342 con effetto sulle successioni per le quali il termine di presentazione delle relative dichiarazioni scada successivamente al 31 dicembre 2000 ed alle donazioni fatte a decorrere dal 1° gennaio 2001 e successivamente abrogato dall'articolo 2, comma 52, lettera a), del D.L. 3 ottobre 2006, n. 262.
(6) Comma aggiunto dall'articolo 69, comma 1, lettera c), della legge 21 novembre 2000, n. 342 con effetto sulle successioni per le quali il termine di presentazione delle relative dichiarazioni scada successivamente al 31 dicembre 2000 ed alle donazioni fatte a decorrere dal 1° gennaio 2001 e successivamente abrogato dall'articolo 2, comma 52, lettera a), del D.L. 3 ottobre 2006, n. 262.

8. Base imponibile(1). – 1. Il valore globale netto dell'asse ereditario è costituito dalla differenza tra il valore complessivo, alla data dell'apertura della successione, dei beni e dei diritti che compongono l'attivo ereditario, determinato secondo le disposizioni degli articoli da 14 a 19, e l'ammontare complessivo delle passività deducibili e degli oneri diversi da quelli indicati nell'art. 46, comma 3.

1-bis. Resta comunque ferma l'esclusione dell'avviamento nella determinazione della base imponibile delle aziende, delle azioni, delle quote sociali (2).

2. In caso di fallimento del defunto si tiene conto delle sole attività che pervengono agli eredi e ai legatari a seguito della chiusura del fallimento.

3. Il valore dell'eredità o delle quote ereditarie è determinato al netto dei legati e degli altri oneri che le gravano, quello dei legati al netto degli oneri da cui sono gravati.

4. Il valore globale netto dell'asse ereditario è maggiorato,

ai soli fini della determinazione delle aliquote applicabili a norma dell'art. 7, di un importo pari al valore attuale complessivo di tutte le donazioni fatte dal defunto agli eredi e ai legatari, comprese quelle presunte di cui all'art. L, comma 3, ed escluse quelle indicate all'art. L, comma 4, e quelle registrate gratuitamente o con pagamento dell'imposta in misura fissa a norma degli articoli 55 e 59; il valore delle singole quote ereditarie o dei singoli legati è maggiorato, agli stessi fini, di un importo pari al valore attuale delle donazioni fatte a ciascun erede o legatario. Per valore attuale delle donazioni anteriori si intende il valore dei beni e dei diritti donati alla data dell'apertura della successione, riferito alla piena proprietà anche per i beni donati con riserva di usufrutto o altro diritto reale di godimento.

(1) *L'imposta sulle successioni e sulle donazioni, soppressa dall'articolo 13, comma 1, della legge 18 ottobre 2001, n. 383, è stata ripristinata dall'articolo 2, comma 47, del D.L. 3 ottobre 2006, n. 262.*
(2) *Comma inserito dall'articolo 1, comma 78, della legge 27 dicembre 2006, n. 296, con effetto sulle successioni apertesi a decorrere dal 3 ottobre 2006, nonché sugli atti pubblici formati, sugli atti a titolo gratuito fatti, sulle scritture private autenticate e sulle scritture private non autenticate presentate per la registrazione a decorrere dal 1° gennaio 2007.*

CAPO II
Base imponibile

Sezione I – Attivo ereditario

9. Attivo ereditario [1]. – 1. L'attivo ereditario è costituito da tutti i beni e diritti che formano oggetto della successione, ad esclusione di quelli non soggetti all'imposta a norma degli articoli 2, 3, 12 e 13.

2. Si considerano compresi nell'attivo ereditario denaro, gioielli e mobilia per un importo pari al dieci per cento del valore globale netto imponibile dell'asse ereditario anche se non dichiarati o dichiarati per un importo minore, salvo che da inventario analitico redatto a norma degli articoli 769 e seguenti del codice di procedura civile non ne risulti l'esistenza per un importo diverso.

3. Si considera mobilia l'insieme dei beni mobili destinati all'uso o all'ornamento delle abitazioni, compresi i beni culturali non sottoposti al vincolo di cui all'art. 13.

(1) *L'imposta sulle successioni e sulle donazioni, soppressa dall'articolo 13, comma 1, della legge 18 ottobre 2001, n. 383, è stata ripristinata dall'articolo 2, comma 47, del D.L. 3 ottobre 2006, n. 262.*

10. Beni alienati negli ultimi sei mesi [1]. – [*1. Si considerano compresi nell'attivo ereditario i beni e i diritti soggetti ad imposta alienati a titolo oneroso dal defunto negli ultimi sei mesi.*

2. La disposizione del comma 1 non si applica ai beni e ai diritti alienati in esecuzione di contratti preliminari aventi data certa anteriore di almeno sei mesi alla apertura della successione, a quelli alienati con atti di donazione presunta di cui all'art. 1, comma 3, a quelli espropriati per pubblica utilità o alienati all'espropriante nel corso del relativo procedimento ed a quelli alla cui produzione o al cui scambio era diretta l'impresa esercitata dal defunto.

3. Dal valore dei beni e diritti di cui al comma 1, determinato secondo le disposizioni della sezione II, si deduce l'ammontare:

a) delle somme riscosse o dei crediti sorti in dipendenza dell'alienazione, purchè indicati nella dichiarazione della successione;

b) del valore delle azioni o quote sociali o dei beni ricevuti in corrispettivo di beni conferiti in società o permutati, purché indicati nella dichiarazione della successione;

c) dei debiti ipotecari contratti dal defunto per l'acquisto del bene, fino a concorrenza della somma residua accollata all'acquirente;

d) delle somme reinvestite nell'acquisto di beni soggetti ad imposta indicati nella dichiarazione della successione o di beni che, anteriormente all'apertura della successione, sono stati rivenduti ovvero sono stati distrutti o perduti per causa non imputabile al defunto;

e) delle somme impiegate, successivamente alla alienazione, nell'estinzione di debiti tributari e di debiti risultanti da atti aventi data certa anteriore di almeno sei mesi all'apertura della successione;

f) delle spese di mantenimento e delle spese mediche e chirurgiche, comprese quelle per ricoveri, medicinali e protesi, sostenute dal defunto per sè e per i familiari a carico successivamente all'alienazione; le spese di mantenimento sono deducibili per un ammontare mensile di lire un milione per il defunto e di lire cinquecentomila per ogni familiare a carico, computando soltanto i mesi interi.

4. Le scritture private non autenticate si considerano fatte alla data in cui hanno acquistato data certa.] [2]

(1) *L'imposta sulle successioni e sulle donazioni, soppressa dall'articolo 13, comma 1, della legge 18 ottobre 2001, n. 383, è stata ripristinata dall'articolo 2, comma 47, del D.L. 3 ottobre 2006, n. 262.*
(2) *Articolo abrogato dall'articolo 69, comma 1, lettera d), della legge 21 novembre 2000, n. 342. Tale abrogazione vale per le successioni.per le quali il termine di presentazione delle relative dichiarazioni scade successivamente al 31 dicembre 2000 e per le donazioni atte a decorrere dal 1° gennaio 2001.*

11. Presunzione di appartenenza all'attivo ereditario [1]. – 1. Si considerano compresi nell'attivo ereditario:

a) i titoli di qualsiasi specie il cui reddito è stato indicato nell'ultima dichiarazione dei redditi presentata dal defunto, salvo quanto disposto nell'art. 12, comma 1, lettera b);

b) i beni mobili e i titoli al portatore di qualsiasi specie posseduti dal defunto o depositati presso altri a suo nome.

2. Per i beni e i titoli di cui al comma 1, lettera b), depositati a nome del defunto e di altre persone, compresi quelli contenuti in cassette di sicurezza o altri contenitori di cui all'art. 48, commi 6 e 7, per le azioni e altri titoli cointestati e per i crediti di pertinenza del defunto e di altre persone, compresi quelli derivanti da depositi bancari e da conti correnti bancari e postali cointestati, le quote di ciascuno si considerano uguali se non risultano diversamente determinate [2].

3. Le partecipazioni in società di ogni tipo si considerano comprese nell'attivo ereditario anche se per clausola del contratto di società o dell'atto costitutivo o per patto parasociale ne sia previsto a favore di altri soci il diritto di accrescimento o il diritto di acquisto ad un prezzo inferiore al valore di cui all'art. 16, comma 1. In tal caso, se i beneficiari del diritto di accrescimento o di acquisto sono eredi o legatari, il valore della partecipazione si aggiunge a quello della quota o del legato; se non sono eredi o legatari la partecipazione è considerata come oggetto di un legato a loro favore.

(1) *L'imposta sulle successioni e sulle donazioni, soppressa dall'articolo 13, comma 1, della legge 18 ottobre 2001, n. 383, è stata ripristinata dall'articolo 2, comma 47, del D.L. 3 ottobre 2006, n. 262.*
(2) *Comma modificato dall'articolo 69, comma 1, lettera e), della legge 21 novembre 2000, n. 342. Le disposizioni di cui al presente comma si applicano alle successioni per le quali il termine di presentazione delle relative dichiarazioni scade successivamente al 31 dicembre 2000 ed alle donazioni fatte a decorrere dal 1° gennaio 2001.*

12. Beni non compresi nell'attivo ereditario [1]. – 1. Non concorrono a formare l'attivo ereditario:

a) i beni e i diritti iscritti a nome del defunto nei pubblici registri, quando è provato, mediante provvedimento giurisdizionale, atto pubblico, scrittura privata autenticata o altra scrittura avente data certa, che egli ne aveva perduto la titolarità, salvo il disposto dell'art. 10;

b) le azioni e i titoli nominativi intestati al defunto, alienati anteriormente all'apertura della successione con atto autentico o girata autenticata, salvo il disposto dell'art. 10;

c) le indennità di cui agli articoli 1751, ultimo comma, e 2122 del codice civile e le indennità spettanti per diritto proprio agli eredi in forza di assicurazioni previdenziali obbligatorie o stipulate dal defunto;

d) i crediti contestati giudizialmente alla data di apertura della successione, fino a quando la loro sussistenza non sia riconosciuta con provvedimento giurisdizionale o con transazione;

e) i crediti verso lo Stato, gli enti pubblici territoriali e gli enti pubblici che gestiscono forme obbligatorie di previdenza e di assistenza sociale, compresi quelli per rimborso di imposte o di contributi, fino a quando non siano riconosciuti con provvedimento dell'amministrazione debitrice;

f) i crediti ceduti allo Stato entro la data di presentazione della dichiarazione della successione;

g) i beni culturali di cui all'art. 13, alle condizioni ivi stabilite;

h) i titoli del debito pubblico, fra i quali si intendono compresi i buoni ordinari del tesoro e i certificati di credito del tesoro, ivi compresi i corrispondenti titoli del debito pubblico emessi dagli Stati appartenenti all'Unione europea e dagli Stati aderenti all'Accordo sullo Spazio economico europeo [2];

i) gli altri titoli di Stato, garantiti dallo Stato o equiparati, ivi compresi i titoli di Stato e gli altri titoli ad essi equiparati emessi dagli Stati appartenenti all'Unione europea e dagli Stati aderenti all'Accordo sullo Spazio economico europeo, nonché ogni altro bene o diritto, dichiarati esenti dall'imposta da norme di legge [3];

l) i veicoli iscritti nel pubblico registro automobilistico.

[*1-bis. Non concorrono a formare l'attivo ereditario i beni e i diritti per i quali l'imposta sia stata corrisposta volontariamente dallo stesso titolare durante la vita. In tale ipotesi si applica un'aliquota inferiore di un punto percentuale rispetto a quelle previste dall'articolo 7. Con decreto del Ministro delle finanze, adottato ai sensi dell'articolo 17, comma 3, della legge 23 agosto 1988, n. 400, sono disciplinate le modalità per garantire la pubblicità del versamento volontario dell'imposta di successione.*] [4].

[*1-ter. I beni ed i diritti oggetto del pagamento di cui al comma 1-bis del presente articolo, in caso di donazione, concorrono a formare il valore globale della donazione, ma dalla imposta dovuta si detrae l'importo pagato volontariamente dal donante.*] [5].

(1) L'imposta sulle successioni e sulle donazioni, soppressa dall'articolo 13, comma 1, della legge 18 ottobre 2001, n. 383, è stata ripristinata dall'articolo 2, comma 47, del D.L. 3 ottobre 2006, n. 262.
(2) Lettera modificata dall'articolo 8, comma 1, lettera b), numero 1), della Legge 30 ottobre 2014, n. 161.
(3) Lettera modificata dall'articolo 8, comma 1, lettera b), numero 2), della Legge 30 ottobre 2014, n. 161.
(4) Comma aggiunto dall'articolo 69, comma 1, lettera f), della legge 21 novembre 2000, n. 342, con effetto sulle successioni per le quali il termine di presentazione delle relative dichiarazioni scade successivamente al 31 dicembre 2000 e sulle donazioni fatte a decorrere dal 1° gennaio 2001, e successivamente abrogato dall'articolo 2, comma 52, del D.L. 3 ottobre 2006, n. 262.
(5) Comma aggiunto dall'articolo 69, comma 1, lettera f), della legge 21 novembre 2000, n. 342, con effetto sulle successioni per le quali il termine di presentazione delle relative dichiarazioni scade successivamente al 31 dicembre 2000 e sulle donazioni fatte a decorrere dal 1° gennaio 2001, e successivamente abrogato dall'articolo 2, comma 52, del D.L. 3 ottobre 2006, n. 262.

13. Beni culturali [1]. – 1. I beni culturali di cui agli articoli 1, 2 e 5 della legge 1° giugno 1939, n. 1089, e all'art. 36 del decreto del Presidente della Repubblica 30 settembre 1963, n. 1409, sono esclusi dall'attivo ereditario se sono stati sottoposti al vincolo ivi previsto anteriormente all'apertura della successione e sono stati assolti i conseguenti obblighi di conservazione e protezione.

2. L'erede o legatario deve presentare l'inventario dei beni di cui al comma 1 che ritiene non debbano essere compresi nell'attivo ereditario, con la descrizione particolareggiata degli stessi e con ogni notizia idonea alla loro identificazione, al competente organo periferico del Ministero per i beni culturali e ambientali, il quale attesta per ogni singolo bene l'esistenza del vincolo e l'assolvimento degli obblighi di conservazione e protezione. L'attestazione deve essere presentata all'ufficio del registro in allegato alla dichiarazione della successione o, se non vi sono altri beni ereditari, nel termine stabilito per questa.

3. Contro il rifiuto dell'attestazione è ammesso ricorso gerarchico al Ministro, il quale decide sentito il Consiglio nazionale per i beni culturali ed ambientali; la decisione di accoglimento del ricorso deve essere presentata in copia, entro trenta giorni dalla sua comunicazione, all'ufficio del registro competente, che provvede al rimborso dell'eventuale maggiore imposta pagata.

4. L'alienazione in tutto o in parte dei beni di cui al comma 1 prima che sia decorso un quinquennio dall'apertura della successione, la loro tentata esportazione non autorizzata, il mutamento di destinazione degli immobili non autorizzato e il mancato assolvimento degli obblighi prescritti per consentire l'esercizio del diritto di prelazione dello Stato determinano l'inclusione dei beni nell'attivo ereditario. L'amministrazione dei beni culturali e ambientali ne dà immediata comunicazione all'ufficio del registro competente; dalla data di ricevimento della comunicazione inizia a decorrere il termine di cui all'art. 27, comma 3 o comma 4.

5. Per i territori della regione siciliana e delle province autonome di Trento e di Bolzano agli adempimenti di cui al presente articolo provvedono gli organi rispettivamente competenti.

(1) L'imposta sulle successioni e sulle donazioni, soppressa dall'articolo 13, comma 1, della legge 18 ottobre 2001, n. 383, è stata ripristinata dall'articolo 2, comma 47, del D.L. 3 ottobre 2006, n. 262.

Sezione II – Valore dei beni e dei diritti

14. Beni immobili e diritti reali immobiliari [1]. – 1. La base imponibile, relativamente ai beni immobili compresi nell'attivo ereditario, è determinata assumendo:

a) per la piena proprietà, il valore venale in comune commercio alla data di apertura della successione;

b) per la proprietà gravata da diritti reali di godimento, la differenza tra il valore della piena proprietà e quello del diritto da cui è gravata;

c) per i diritti di usufrutto, uso e abitazione, il valore determinato a norma dell'art. 17 sulla base di annualità pari all'importo ottenuto moltiplicando il valore della piena proprietà per il saggio legale d'interesse;

d) per il diritto dell'enfiteuta, il ventuplo del canone annuo ovvero, se maggiore, la differenza tra il valore della piena proprietà e la somma dovuta per l'affrancazione; per il diritto del concedente la somma dovuta per l'affrancazione.

(1) L'imposta sulle successioni e sulle donazioni, soppressa dall'articolo 13, comma 1, della legge 18 ottobre 2001, n. 383, è stata ripristinata dall'articolo 2, comma 47, del D.L. 3 ottobre 2006, n. 262.

15. Aziende, navi e aeromobili (1). – 1. La base imponibile, relativamente alle aziende comprese nell'attivo ereditario, è determinata assumendo il valore complessivo, alla data di apertura della successione, dei beni e dei diritti che le compongono, esclusi i beni indicati nell'art. 12, al netto delle passività risultanti a norma degli articoli da 21 a 23. Se il defunto era obbligato alla redazione dell'inventario di cui all'art. 2217 del codice civile, si ha riguardo alle attività e alle passività indicate nell'ultimo inventario regolarmente redatto e vidimato, tenendo conto dei mutamenti successivamente intervenuti (2).

2. Il valore delle navi o imbarcazioni e degli aeromobili, che non fanno parte di aziende, è desunto dai prezzi mediamente praticati sul mercato per beni della stessa specie di nuova costruzione, tenendo conto del tempo trascorso dall'acquisto e dello stato di conservazione.

3. In caso di usufrutto o di uso dei beni indicati nei commi 1 e 2 si applicano le disposizioni dell'art. 14, comma 1, lettere b) e c).

(1) L'imposta sulle successioni e sulle donazioni, soppressa dall'articolo 13, comma 1, della legge 18 ottobre 2001, n. 383, è stata ripristinata dall'articolo 2, comma 47, del D.L. 3 ottobre 2006, n. 262.
(2) Comma modificato dall'articolo 69, comma 1, lettere g) ed h), della legge 21 novembre 2000, n. 342. Le disposizioni di cui al presente comma si applicano alle successioni per le quali il termine di presentazione delle relative dichiarazioni scade successivamente al 31 dicembre 2000 ed alle donazioni fatte a decorrere dal 1° gennaio 2001.

16. Azioni e obbligazioni, altri titoli, quote sociali (1). – 1. La base imponibile, relativamente alle azioni, obbligazioni, altri titoli e quote sociali compresi nell'attivo ereditario, è determinata assumendo:

a) per i titoli quotati in borsa o negoziati al mercato ristretto, la media dei prezzi di compenso o dei prezzi fatti nell'ultimo trimestre anteriore all'apertura della successione, maggiorata dei dietimi o degli interessi successivamente maturati, e in mancanza il valore di cui alle lettere successive;

b) per le azioni e per i titoli o quote di partecipazione al capitale di enti diversi dalle società, non quotate in borsa, né negoziati al mercato ristretto, nonché per le quote di società non azionarie, comprese le società semplici e le società di fatto, il valore proporzionalmente corrispondente al valore, alla data di apertura della successione, del patrimonio netto dell'ente o della società risultante dall'ultimo bilancio pubblicato o dall'ultimo inventario regolarmente redatto e vidimato, tenendo conto dei mutamenti sopravvenuti, ovvero, in mancanza di bilancio o inventario, al valore complessivo dei beni e dei diritti appartenenti all'ente o alla società al netto delle passività risultanti a norma degli articoli da 21 a 23, escludendo i beni indicati alle lettere h) e i) dell'art. 12 (2);

c) per i titoli o quote di partecipazione a fondi comuni d'investimento, il valore risultante da pubblicazioni fatte o prospetti redatti a norma di legge o regolamento;

d) per le obbligazioni e gli altri titoli diversi da quelli indicati alle lettere a), b) e c) il valore comparato a quello dei titoli aventi analoghe caratteristiche quotati in borsa o negoziati al mercato ristretto o in mancanza desunto da altri elementi certi.

2. In caso di usufrutto si applicano le disposizioni dell'art. 14, comma 1, lettere b) e c).

(1) L'imposta sulle successioni e sulle donazioni, soppressa dall'articolo 13, comma 1, della legge 18 ottobre 2001, n. 383, è stata ripristinata dall'articolo 2, comma 47, del D.L. 3 ottobre 2006, n. 262.
(2) Lettera modificata dall'articolo 69, comma 1, lettera i), della legge 21 novembre 2000, n. 342. Le disposizioni di cui alla presente lettera si applicano alle successioni per le quali il termine di presentazione delle relative dichiarazioni scade successivamente al 31 dicembre 2000 ed alle donazioni fatte a decorrere dal 1° gennaio 2001.

17. Rendite e pensioni (1). – 1. La base imponibile, relativamente alle rendite e pensioni comprese nell'attivo ereditario, è determinata assumendo:

a) il ventuplo dell'annualità, se si tratta di rendita perpetua o a tempo indeterminato (2);

b) il valore attuale dell'annualità, calcolato al saggio legale di interesse e non superiore al ventuplo della stessa, se si tratta di rendita o pensione a tempo determinato; se è prevista la cessazione per effetto della morte del beneficiario o di persona diversa, il valore non può superare quello determinato a norma della lettera c) con riferimento alla durata massima (3);

c) il valore che si ottiene moltiplicando l'annualità per il coefficiente applicabile, secondo il prospetto allegato al testo unico sull'imposta di registro, approvato con D.P.R. 26 aprile 1986 n. 131, in relazione all'età della persona alla cui morte essa deve cessare, se si tratta di rendita o pensione vitalizia; in caso di rendita o pensione costituita congiuntamente a favore di più persone si tiene conto dell'età del meno giovane dei beneficiari se è prevista la cessazione con la morte di uno qualsiasi di essi, dell'età del più giovane se vi è diritto di accrescimento fra loro; se è prevista la cessazione per effetto della morte di persona diversa dai beneficiari si tiene conto dell'età di questa.

(1) L'imposta sulle successioni e sulle donazioni, soppressa dall'articolo 13, comma 1, della legge 18 ottobre 2001, n. 383, è stata ripristinata dall'articolo 2, comma 47, del D.L. 3 ottobre 2006, n. 262.
(2) Il valore del multiplo indicato nella presente lettera è stato fissato è fissato in quaranta volte l'annualità dall'articolo 1, comma 2, del D.M. 11 gennaio 1999; in 28,57 volte l'annualità dall'articolo 1, comma 2, del D.M. 28 dicembre 2000; in 33,33 volte l'annualità dall'articolo 1, comma 2, del D.M. 24 dicembre 2001; in quaranta volte l'annualità dall'articolo 1, comma 2, del D.M. 18 dicembre 2003; in 33,33 volte l'annualità dall'articolo 1, comma 2, del D.M. 7 gennaio 2008; in 100 volte l'annualità dall'articolo 1, comma 2, del D.M. 23 dicembre 2009; in 66,66 volte l'annualità dall'articolo 1, comma 2, del D.M. 23 dicembre 2010; in quaranta volte l'annualità dall'articolo 1, comma 2, del D.M. 22 dicembre 2011; in 100 volte l'annualità dall'articolo 1, comma 2, del D.M. 23 dicembre 2013; in 200 volte l'annualità dall'articolo 1, comma 2, del D.M. 22 dicembre 2014; a norma dell'articolo 2, comma 1, del citato decreto le disposizioni di cui al D.M. 22 dicembre 2014 si applicano agli atti pubblici formati, agli atti giudiziari pubblicati o emanati, alle scritture private autenticate e a quelle non autenticate presentate per la registrazione, alle successioni apertesi ed alle donazioni fatte a decorrere dalla data del 1° gennaio 2015; in 500 volte l'annualità dall'articolo 1, comma 2, del D.M. 21 dicembre 2015, a norma dell'articolo 2, comma 1, del citato decreto le disposizioni si applicano agli atti pubblici formati, agli atti giudiziari pubblicati o emanati, alle scritture private autenticate e a quelle non

autenticate presentate per la registrazione, alle successioni apertesi ed alle donazioni fatte a decorrere dalla data del 1° gennaio 2016. Successivamente il valore del multiplo indicato nella presente lettera è stato fissato in 1000 volte l'annualità dall'articolo 1, comma 2, del D.M. 23 dicembre 2016. A norma dell'articolo 1, comma 2, del D.M. 19 dicembre 2018, il valore del multiplo indicato nella presente lettera, relativo alla determinazione della base imponibile per la costituzione di rendite o pensioni, è fissato in 125,00 volte l'annualità. Vedi anche l'articolo 2, comma 1, del D.M. 19 dicembre 2018. A norma dell'articolo 1, comma 2, del D.M. 20 dicembre 2019, il valore del multiplo relativo alla determinazione della base imponibile per la costituzione di rendite o pensioni, indicato nella presente lettera, è fissato in 2000 volte l'annualità. Vedi anche le disposizioni di attuazione di cui all'articolo 2, comma 1, del citato D.M. 20 dicembre 2019. Da ultimo, il valore del multiplo relativo alla determinazione della base imponibile per la costituzione di rendite o pensioni, è fissato in 80 volte l'annualità dall'articolo 1, comma 2, del D.M. 21 dicembre 2021. A norma dell'articolo 1, comma 1, del D.M. 20 dicembre 2022, il valore del multiplo indicato nella presente lettera, relativo alla determinazione della base imponibile per la costituzione di rendite o pensioni, è fissato in 20 volte l'annualità.

(3) *Il valore del multiplo indicato nella presente lettera è stato fissato è fissato in quaranta volte l'annualità dall'articolo 1, comma 2, del D.M. 11 gennaio 1999; in 28,57 volte l'annualità dall'articolo 1, comma 2, del D.M. 28 dicembre 2000; in 33,33 volte l'annualità dall'articolo 1, comma 2, del D.M. 24 dicembre 2001; in quaranta volte l'annualità dall'articolo 1, comma 2, del D.M. 18 dicembre 2003; in 33,33 volte l'annualità dall'articolo 1, comma 2, del D.M. 7 gennaio 2008; in 100 volte l'annualità dall'articolo 1, comma 2, del D.M. 23 dicembre 2009; in 66,66 volte l'annualità dall'articolo 1, comma 2, del D.M. 23 dicembre 2010; in quaranta volte l'annualità dall'articolo 1, comma 2, del D.M. 22 dicembre 2011; in 100 volte l'annualità dall'articolo 1, comma 2, del D.M. 23 dicembre 2013; in 200 volte l'annualità dall'articolo 1, comma 2, del D.M. 22 dicembre 2014; a norma dell'articolo 2, comma 1, del citato decreto le disposizioni di cui al D.M. 22 dicembre 2014 si applicano agli atti pubblici formati, agli atti giudiziari pubblicati o emanati, alle scritture private autenticate e a quelle non autenticate presentate per la registrazione, alle successioni apertesi ed alle donazioni fatte a decorrere dalla data del 1° gennaio 2015; in 500 volte l'annualità dall'articolo 1, comma 2, del D.M. 21 dicembre 2015, a norma dell'articolo 2, comma 1, del citato decreto le disposizioni si applicano agli atti pubblici formati, agli atti giudiziari pubblicati o emanati, alle scritture private autenticate e a quelle non autenticate presentate per la registrazione, alle successioni apertesi ed alle donazioni fatte a decorrere dalla data del 1° gennaio 2016. Successivamente il valore del multiplo indicato nella presente lettera è stato fissato in 1000 volte l'annualità dall'articolo 1, comma 2, del D.M. 23 dicembre 2016. A norma dell'articolo 1, comma 2, del D.M. 19 dicembre 2018, il valore del multiplo indicato nella presente lettera, relativo alla determinazione della base imponibile per la costituzione di rendite o pensioni, è fissato in 125,00 volte l'annualità. Vedi anche l'articolo 2, comma 1, del D.M. 19 dicembre 2018. A norma dell'articolo 1, comma 2, del D.M. 20 dicembre 2019, il valore del multiplo relativo alla determinazione della base imponibile per la costituzione di rendite o pensioni, indicato nella presente lettera, è fissato in 2000 volte l'annualità. Vedi anche le disposizioni di attuazione di cui all'articolo 2, comma 1, del citato D.M. 20 dicembre 2019. Vedi anche le disposizioni di attuazione di cui all'articolo 2, comma 1, del citato D.M. 20 dicembre 2019, a norma dell'articolo 1 del D.M. 18 dicembre 2020, e' fissato in 10.000 volte l'annualita'. Da ultimo, il valore del multiplo relativo alla determinazione della base imponibile per la costituzione di rendite o pensioni, è fissato in 80 volte l'annualità dall'articolo 1, comma 2, del D.M. 21 dicembre 2021. A norma dell'articolo 1, comma 1, del D.M. 20 dicembre 2022, il valore del multiplo indicato nella presente lettera, relativo alla determinazione della base imponibile per la costituzione di rendite o pensioni, è fissato in 20 volte l'annualità.*

18. Crediti (1). – 1. La base imponibile, relativamente ai crediti compresi nell'attivo ereditario, è determinata assumendo:

a) per i crediti fruttiferi, il loro importo con gli interessi maturati;

b) per i crediti infruttiferi con scadenza dopo almeno un anno dalla data dell'apertura della successione, il loro valore attuale calcolato al saggio legale di interesse;

c) per i crediti in natura, il valore dei beni che ne sono oggetto;

d) per il diritto alla liquidazione delle quote di società semplici, in nome collettivo e in accomandita semplice e di quelle ad esse equiparate ai fini delle imposte sui redditi, di cui all'art. 2289 del codice civile, il valore delle quote determinato a norma dell'art. 16.

(1) *L'imposta sulle successioni e sulle donazioni, soppressa dall'articolo 13, comma 1, della legge 18 ottobre 2001, n. 383, è stata ripristinata dall'articolo 2, comma 47, del D.L. 3 ottobre 2006, n. 262.*

19. Altri beni (1). – 1. La base imponibile, relativamente ai beni e ai diritti compresi nell'attivo ereditario diversi da quelli contemplati nell'art. 9, comma 2, e negli articoli da 14 a 18, è determinata assumendo il valore venale in comune commercio alla data di apertura della successione.

2. In caso di usufrutto o di uso si applicano le disposizioni dell'art. 14, comma 1, lettere b) e c).

(1) *L'imposta sulle successioni e sulle donazioni, soppressa dall'articolo 13, comma 1, della legge 18 ottobre 2001, n. 383, è stata ripristinata dall'articolo 2, comma 47, del D.L. 3 ottobre 2006, n. 262.*

Sezione III – Passività deducibili

20. Passività deducibili (1). – 1. Le passività deducibili sono costituite dai debiti del defunto esistenti alla data di apertura della successione e dalle spese mediche e funerarie indicate nell'articolo 24 (2).

2. La deduzione è ammessa alle condizioni e nei limiti di cui agli articoli da 21 a 24.

(1) *L'imposta sulle successioni e sulle donazioni, soppressa dall'articolo 13, comma 1, della legge 18 ottobre 2001, n. 383, è stata ripristinata dall'articolo 2, comma 47, del D.L. 3 ottobre 2006, n. 262.*

(2) *Comma sostituito dall'articolo 23, comma 3, lettera a), della legge 30 dicembre 1991, n. 413. Le disposizioni di cui al presente comma, si applicano alle dichiarazioni presentate a partire dal 1° gennaio 1993. Successivamente è stato ulteriormente sostituito dall'articolo 9, comma 1, lettera a), del D.L. 29 aprile 1994, n. 260.*

21. Condizioni di deducibilità dei debiti (1). – 1. I debiti del defunto devono risultare da atto scritto di data certa anteriore all'apertura della successione o da provvedimento giurisdizionale definitivo.

2. I debiti inerenti all'esercizio di imprese sono ammessi in deduzione anche se risultano dalle scritture contabili obbligatorie del defunto regolarmente tenute a norma di legge.

3. Se il defunto non era obbligato alla tenuta di scritture contabili, i debiti cambiari e i debiti verso aziende o istituti di credito, compresi i saldi passivi dei conti correnti, sono ammessi in deduzione anche se risultano dalle scritture contabili obbligatorie, regolarmente tenute a norma di legge, del trattario o del prenditore o dell'azienda o istituto di credito.

4. I debiti derivanti da rapporti di lavoro subordinato, compresi quelli relativi al trattamento di fine rapporto e ai trattamenti previdenziali integrativi, sono deducibili nell'ammontare maturato alla data di apertura della successione, anche se il rapporto continua con gli eredi o i legatari.

5. I debiti verso lo Stato, gli enti pubblici territoriali e gli enti pubblici che gestiscono forme obbligatorie di previdenza e di assistenza sociale, esistenti alla data di apertura della successione, nonché i debiti tributari, il cui presupposto si è verificato anteriormente alla stessa data, sono deducibili anche se accertati in data posteriore.

6. Per debito del defunto si intende anche quello di somme dovute al coniuge divorziato, a seguito di sentenza di

scioglimento di matrimonio o di cessazione di effetti civili dello stesso.

(1) *L'imposta sulle successioni e sulle donazioni, soppressa dall'articolo 13, comma 1, della legge 18 ottobre 2001, n. 383, è stata ripristinata dall'articolo 2, comma 47, del D.L. 3 ottobre 2006, n. 262.*

22. Limiti alla deducibilità dei debiti (1). – 1. Non sono deducibili i debiti contratti per l'acquisto di beni o di diritti non compresi nell'attivo ereditario; se i beni o i diritti acquistati vi sono compresi solo in parte la deduzione è ammessa proporzionalmente al valore di tale parte.

2. I debiti contratti dal defunto negli ultimi sei mesi sono deducibili nei limiti in cui il relativo importo è stato impiegato nei modi indicati nell'art. 10, comma 3, lettere d), e) ed f); negli stessi limiti sono computati, per la determinazione del saldo dei conti correnti bancari, gli addebitamenti dipendenti da assegni emessi e da operazioni fatte negli ultimi sei mesi. Le disposizioni del presente comma non si applicano per i debiti contratti, le operazioni fatte e gli assegni emessi nell'esercizio di imprese o di arti e professioni.

3. Nella determinazione del saldo dei conti correnti bancari non si tiene conto degli addebitamenti dipendenti da assegni non presentati al pagamento almeno quattro giorni prima dell'apertura della successione.

4. I debiti di pertinenza del defunto e di altre persone, compresi i saldi passivi dei conti correnti bancari cointestati, sono deducibili nei limiti della quota del defunto; le quote dei condebitori si considerano uguali se non risultano diversamente determinate.

(1) *L'imposta sulle successioni e sulle donazioni, soppressa dall'articolo 13, comma 1, della legge 18 ottobre 2001, n. 383, è stata ripristinata dall'articolo 2, comma 47, del D.L. 3 ottobre 2006, n. 262.*

23. Dimostrazione dei debiti (1). – 1. La deduzione dei debiti è subordinata alla produzione, in originale o in copia autentica, del titolo o provvedimento di cui all'art. 21, comma 1, ovvero:

a) di estratto notarile delle scritture contabili obbligatorie del defunto, per i debiti inerenti all'esercizio di imprese;

b) di estratto notarile delle scritture contabili obbligatorie del trattario o del prenditore, per i debiti cambiari;

c) di attestazione rilasciata dall'amministrazione creditrice, o di copia autentica della quietanza del pagamento avvenuto dopo l'apertura della successione, per i debiti verso pubbliche amministrazioni;

d) di attestazione rilasciata dall'ispettorato provinciale del lavoro, per i debiti verso i lavoratori dipendenti.

2. La deduzione dei debiti verso aziende o istituti di credito, anche se risultanti nei modi indicati nel comma 1, è subordinata alla produzione di un certificato, rilasciato dall'ente creditore entro trenta giorni dalla richiesta scritta di uno dei soggetti obbligati alla dichiarazione della successione e controfirmato dal capo del servizio o dal contabile addetto al servizio. Il certificato deve attestare l'esistenza totale o parziale di ciascun debito con la specificazione di tutti gli altri rapporti debitori o creditori, compresi i riporti e le garanzie anche di terzi, esistenti con il defunto alla data di apertura della successione presso tutte le sedi, agenzie, filiali o altre ripartizioni territoriali dell'azienda o istituto di credito; per i saldi passivi dei conti correnti dal certificato deve risultare l'integrale svolgimento del conto dal dodicesimo mese anteriore all'apertura della successione o, se precedente, dall'ultimo saldo attivo.

3. La sussistenza dei debiti alla data di apertura della successione, se non risulta da uno dei documenti di cui ai commi 1 e 2, deve risultare da attestazione conforme al modello approvato con decreto del Ministro delle finanze, sottoscritta da uno dei soggetti obbligati alla dichiarazione della successione nonché, tranne che per i debiti verso i dipendenti, dai creditori del defunto ovvero, per le passività indicate nell'art. 16, comma 1, lettera b), dal legale rappresentante della società o dell'ente. Le firme devono essere autenticate.

4. L'esistenza di debiti deducibili, ancorché non indicati nella dichiarazione della successione, può essere dimostrata, nei modi stabiliti nei commi 1, 2 e 3, entro il termine di tre anni dalla data di apertura della successione, prorogato, per i debiti risultanti da provvedimenti giurisdizionali e per i debiti verso pubbliche amministrazioni, fino a sei mesi dalla data in cui il relativo provvedimento giurisdizionale o amministrativo è divenuto definitivo.

(1) *L'imposta sulle successioni e sulle donazioni, soppressa dall'articolo 13, comma 1, della legge 18 ottobre 2001, n. 383, è stata ripristinata dall'articolo 2, comma 47, del D.L. 3 ottobre 2006, n. 262.*

24. Spese mediche e spese funerarie (1). – 1. Le spese mediche e chirurgiche relative al defunto negli ultimi sei mesi di vita sostenute dagli eredi, comprese quelle per ricoveri, medicinali e protesi, sono deducibili a condizione che risultino da regolari quietanze, anche se di data anteriore all'apertura della successione.

2. Le spese funerarie risultanti da regolari quietanze sono deducibili in misura non superiore a lire due milioni.

(1) *L'imposta sulle successioni e sulle donazioni, soppressa dall'articolo 13, comma 1, della legge 18 ottobre 2001, n. 383, è stata ripristinata dall'articolo 2, comma 47, del D.L. 3 ottobre 2006, n. 262.*

CAPO III
Riduzioni e detrazioni

25. Riduzioni dell'imposta (1). – 1. Se la successione è aperta entro cinque anni da altra successione o da una donazione avente per oggetto gli stessi beni e diritti, l'imposta è ridotta di un importo inversamente proporzionale al tempo trascorso, in ragione di un decimo per ogni anno o frazione di anno; se nella successione non sono compresi tutti i beni e diritti oggetto della precedente successione o donazione o sono compresi anche altri beni o diritti, la riduzione si applica sulla quota di imposta proporzionale al valore dei beni e dei diritti compresi in entrambe.

2. Se nell'attivo ereditario sono compresi beni immobili culturali di cui all'art. 13, non sottoposti anteriormente all'apertura della successione al vincolo previsto nell'art. 2 della legge 1° giugno 1939, n. 1089, l'imposta dovuta dall'erede o legatario al quale sono devoluti è ridotta dell'importo proporzionalmente corrispondente al cinquanta per cento del loro valore. L'erede o legatario deve presentare l'inventario dei beni per i quali ritiene spettante la riduzione, con la descrizione particolareggiata degli stessi e con ogni notizia idonea alla loro identificazione, al competente organo periferico del Ministero per i beni culturali e ambientali, il quale attesta per ogni singolo bene l'esistenza delle caratteristiche di cui alla legge 1° giugno 1939, n. 1089;

l'attestazione deve essere allegata alla dichiarazione della successione. L'accertamento positivo delle caratteristiche di cui alla predetta legge comporta la sottoposizione dell'immobile al vincolo ivi previsto. Si applicano le disposizioni dell'art. 13, commi 3, 4 e 5.

3. Se nell'attivo ereditario sono compresi fondi rustici, incluse le costruzioni rurali, anche se non insistenti sul fondo, di cui all'art. 39 del testo unico delle imposte sui redditi approvato con decreto del Presidente della Repubblica 22 dicembre 1986, n. 917, devoluti al coniuge, a parenti in linea retta o a fratelli o sorelle del defunto, l'imposta dovuta dall'erede o legatario al quale sono devoluti è ridotta dell'importo proporzionalmente corrispondente al quaranta per cento della parte del loro valore complessivo non superiore a lire duecentomilioni. La riduzione compete a condizione che l'erede o legatario sia coltivatore diretto, che la devoluzione avvenga nell'ambito di una famiglia direttocoltivatrice e che l'esistenza di questi requisiti risulti da attestazione dell'ufficio regionale competente allegata alla dichiarazione della successione. È diretto-coltivatrice la famiglia che si dedica direttamente e abitualmente alla coltivazione dei fondi e all'allevamento e governo del bestiame, sempreché la complessiva forza lavorativa del nucleo familiare non sia inferiore al terzo di quella occorrente per le normali necessità della coltivazione del fondo e dell'allevamento e del governo del bestiame; ai fini del calcolo della forza lavorativa il lavoro della donna è equiparato a quello dell'uomo.

4. Se nell'attivo ereditario sono compresi immobili o parti di immobili adibiti all'esercizio dell'impresa, devoluti al coniuge o a parenti in linea retta entro il terzo grado del defunto nell'ambito di una impresa artigiana familiare, come definita dalla L. 8 agosto 1985, n. 443, e dall'art. 230-bis del codice civile, l'imposta dovuta dall'erede o legatario al quale sono devoluti è ridotta dell'importo proporzionalmente corrispondente al quaranta per cento della parte del loro valore complessivo non superiore a lire duecentomilioni, a condizione che l'esistenza dell'impresa familiare artigiana risulti dall'atto pubblico o dalla scrittura privata autenticata di cui all'art. 5, comma 4, lettera a), del testo unico delle imposte sui redditi, approvato con decreto del Presidente della Repubblica 22 dicembre 1986, n. 917.

4 -bis. Se nell'attivo ereditario sono compresi, purchè ubicati in comuni montani con meno di cinquemila abitanti o nelle frazioni con meno di mille abitanti anche se situate in comuni montani di maggiori dimensioni, aziende, quote di società di persone o beni strumentali di cui all'art. 40 del testo unico delle imposte sui redditi, approvato con decreto del Presidente della Repubblica 22 dicembre 1986, n. 917, trasferiti al coniuge o al parente entro il terzo grado del defunto, l'imposta dovuta dal beneficiario è ridotta dell'importo proporzionale corrispondente al quaranta per cento della parte del loro valore complessivo, a condizione che gli aventi causa proseguano effettivamente l'attività imprenditoriale per un periodo non inferiore a cinque anni dalla data del trasferimento. Il beneficiario deve dimostrare detta condizione entro sessanta giorni dalla scadenza del suindicato termine mediante dichiarazione da presentare presso l'ufficio competente ove sono registrate la denuncia o l'atto; in mancanza di tale dimostrazione il beneficiario stesso è tenuto al pagamento dell'imposta in misura ordinaria con gli interessi di mora, decorrenti dalla data in cui l'imposta medesima avrebbe dovuto essere pagata. Per il pagamento dell'imposta di successione relativa all'ipotesi di cui al presente comma si applicano le disposizioni previste dall'art. 38 (2).

4-ter. Le agevolazioni di cui al comma 4-bis si applicano anche in caso di donazioni (3).

(1) *L'imposta sulle successioni e sulle donazioni, soppressa dall'articolo 13, comma 1, della legge 18 ottobre 2001, n. 383, è stata ripristinata dall'articolo 2, comma 47, del D.L. 3 ottobre 2006, n. 262.*
(2) *Comma aggiunto dall'articolo 3, comma 28, della legge 23 dicembre 1996, n. 662 e successivamente modificato dall'articolo 3, comma 11, del D.L. 31 dicembre 1996, n. 669.*
(3) *Comma aggiunto dall'articolo 69, comma 1, lettera l), della legge 21 novembre 2000, n. 342. Le disposizioni di cui al presente comma si applicano alle successioni per le quali il termine di presentazione delle relative dichiarazioni scade successivamente al 31 dicembre 2000 ed alle donazioni fatte a decorrere dal 1° gennaio 2001.*

26. Detrazione di altre imposte (1). – 1. Dall'imposta determinata a norma degli articoli precedenti si detraggono:

[*a) l'imposta comunale sull'incremento di valore degli immobili liquidata in dipendenza dell'apertura della successione per ciascun immobile trasferito, fino a concorrenza della parte dell'imposta proporzionale al valore dell'immobile stesso;*] (2)

b) le imposte pagate ad uno Stato estero, in dipendenza della stessa successione ed in relazione a beni esistenti in tale Stato, fino a concorrenza della parte dell'imposta di successione proporzionale al valore dei beni stessi, salva l'applicazione di trattati o accordi internazionali.

(1) *L'imposta sulle successioni e sulle donazioni, soppressa dall'articolo 13, comma 1, della legge 18 ottobre 2001, n. 383, è stata ripristinata dall'articolo 2, comma 47, del D.L. 3 ottobre 2006, n. 262.*
(2) *Lettera abrogata dall'articolo 11, comma 1, lettera a), del D.L. 28 marzo 1997, n. 79.*

CAPO IV
Accertamento e liquidazione dell'imposta

27. Procedimento e termini (1). – 1. La successione deve essere dichiarata all'ufficio del registro, a norma degli articoli da 28 a 30, nel termine stabilito dall'art. 31.

2. L'imposta è liquidata dall'ufficio in base alla dichiarazione della successione, a norma dell'art. 33, ed è nuovamente liquidata, a norma dello stesso articolo, in caso di successiva presentazione di dichiarazione sostitutiva o integrativa di cui all'art. 28, comma 6. La liquidazione deve essere notificata, mediante avviso, entro il termine di decadenza di tre anni dalla data di presentazione della dichiarazione della successione o della dichiarazione sostitutiva o integrativa.

3. Successivamente l'ufficio, se ritiene che la dichiarazione, o la dichiarazione sostitutiva o integrativa, sia incompleta o infedele ai sensi dell'art. 32, commi 2 e 3, procede alla rettifica e alla liquidazione della maggiore imposta a norma dell'art. 34. La rettifica deve essere notificata, mediante avviso, entro il termine di decadenza di due anni dal pagamento dell'imposta principale (2).

4. Se la dichiarazione della successione è stata omessa, l'imposta è accertata e liquidata d'ufficio a norma dell'articolo 35. Se è stata omessa la dichiarazione sostitutiva o la dichiarazione integrativa di cui all'art. 28, comma 6, si procede d'ufficio, rispettivamente, alla riliquidazione dell'imposta o alla liquidazione della maggiore imposta.

L'avviso deve essere notificato entro il termine di decadenza di cinque anni dalla scadenza del termine per la presentazione della dichiarazione omessa.

5. Se nelle liquidazioni di cui ai commi 2, 3 e 4 vi sono stati errori od omissioni, l'ufficio può provvedere alla correzione e liquidare la maggiore imposta che ne risulta dovuta. Il relativo avviso deve essere notificato entro il termine di decadenza stabilito per la liquidazione alla quale si riferisce la correzione.

6. L'imposta è dovuta anche se la dichiarazione è presentata oltre il termine di decadenza stabilito nel comma 4; in questo caso le disposizioni dei commi 2, 3 e 5 si applicano con riferimento a tale dichiarazione.

7. È principale l'imposta liquidata in base alle dichiarazioni presentate, complementare l'imposta o maggiore imposta, liquidata in sede di accertamento d'ufficio o di rettifica, suppletiva quella liquidata per correggere errori od omissioni di una precedente liquidazione.

(1) *L'imposta sulle successioni e sulle donazioni, soppressa dall'articolo 13, comma 1, della legge 18 ottobre 2001, n. 383, è stata ripristinata dall'articolo 2, comma 47, del D.L. 3 ottobre 2006, n. 262. Vedi quanto disposto dall'articolo 1, comma 640, lettera d), della Legge 23 dicembre 2014, n. 190.*
(2) *Comma modificato dall'articolo 10, comma 10, lettera a), del D.L. 20 giugno 1996, n. 323.*

28. Dichiarazione della successione (1). – 1. La dichiarazione della successione deve essere presentata all'ufficio del registro competente, che ne rilascia ricevuta; può essere spedita per raccomandata e si considera presentata, in tal caso, nel giorno in cui è consegnata all'ufficio postale, che appone su di essa o sul relativo involucro il timbro a calendario.

2. Sono obbligati a presentare la dichiarazione: i chiamati all'eredità e i legatari, anche nel caso di apertura della successione per dichiarazione di morte presunta, ovvero i loro rappresentanti legali; gli immessi nel possesso temporaneo dei beni dell'assente; gli amministratori dell'eredità e i curatori delle eredità giacenti; gli esecutori testamentari (B).

3. La dichiarazione della successione deve, a pena di nullità, essere redatta su stampato fornito dall'ufficio del registro o conforme al modello approvato con decreto del Ministro delle finanze pubblicato nella Gazzetta Ufficiale, e deve essere sottoscritta da almeno uno degli obbligati o da un suo rappresentante negoziale (2).

4. Se più soggetti sono obbligati alla stessa dichiarazione questa non si considera omessa se presentata da uno solo.

5. I chiamati all'eredità e i legatari sono esonerati dall'obbligo della dichiarazione se, anteriormente alla scadenza del termine stabilito nell'art. 31, hanno rinunziato all'eredità o al legato o, non essendo nel possesso di beni ereditari, hanno chiesto la nomina di un curatore dell'eredità a norma dell'art. 528, primo comma, del codice civile, e ne hanno informato per raccomandata l'ufficio del registro, allegando copia autentica della dichiarazione di rinunzia all'eredità o copia dell'istanza di nomina autenticata dal cancelliere della pretura.

6. Se dopo la presentazione della dichiarazione della successione sopravviene un evento, diverso da quelli indicati all'art. 13, comma 4, e dall'erogazione di rimborsi fiscali che dà luogo a mutamento della devoluzione dell'eredità o del legato ovvero ad applicazione dell'imposta in misura superiore, i soggetti obbligati, anche se per effetto di tale evento, devono presentare dichiarazione sostitutiva o integrativa. Si applicano le disposizioni dei commi 1, 3 e 8 (3)(C).

6-bis. I rimborsi fiscali di competenza dell'Agenzia delle entrate, spettanti al defunto, sono erogati, salvo diversa comunicazione degli interessati, ai chiamati all'eredità come indicati nella dichiarazione di successione dalla quale risulta che l'eredità è devoluta per legge, per l'importo corrispondente alla rispettiva quota ereditaria. Il chiamato all'eredità che non intende accettare il rimborso fiscale riversa l'importo erogato all'Agenzia delle entrate. Con provvedimento del Direttore dell'Agenzia delle entrate sono definite le modalità di trasmissione della comunicazione di cui al primo periodo. Alle disposizioni di cui al presente comma si provvede mediante le risorse finanziarie, umane e strumentali previste a legislazione vigente, senza nuovi o maggiori oneri a carico della finanza pubblica (4).

7. Non vi è obbligo di dichiarazione se l'eredità è devoluta al coniuge e ai parenti in linea retta del defunto e l'attivo ereditario ha un valore non superiore a euro centomila e non comprende beni immobili o diritti reali immobiliari, salvo che per effetto di sopravvenienze ereditarie queste condizioni vengano a mancare (5).

8. La dichiarazione nulla si considera omessa (C).

(1)(A) *In riferimento agli obblighi dei curatori delle eredità giacenti di cui al presente articolo: Risposta Agenzia delle Entrate 15 settembre 2021, n. 587.*
- In riferimento ai soggetti obbligati alla presentazione della dichiarazione di successione, di cui al presente articolo, vedi: Risposta Agenzia delle Entrate 25 maggio 2022 n. 296.
(B) *In riferimento all'individuazione dei soggetti chiamati all'eredità di cui al presente articolo, vedi: Risposta Agenzia delle Entrate 12 febbraio 2019, n. 42.*
(C) *In riferimento all'obbligo di presentazione della dichiarazione di successione del curatore di eredità giacente e conseguente trascrizione e voltura degli immobili costituenti l'attivo ereditario vedi: Risposta Agenzia delle Entrate 31/10/2019 n. 457, per la Dichiarazione di successione e obbligo di alienazione di beni immobili disposto per testamento vedi: Risposta Agenzia delle Entrate 07/11/2019 n. 471.*
(1) *L'imposta sulle successioni e sulle donazioni, soppressa dall'articolo 13, comma 1, della legge 18 ottobre 2001, n. 383, è stata ripristinata dall'articolo 2, comma 47, del D.L. 3 ottobre 2006, n. 262.*
(2) *Comma modificato dall'articolo 23, comma 3, lettera b), della legge 30 dicembre 1991, n. 413. Le disposizioni di cui al presente comma, si applicano alle dichiarazioni presentate a partire dal 1° gennaio 1993.*
(3) *Comma modificato dall'articolo 11, comma 1, lettera a), numero 1), del D.Lgs. 21 novembre 2014, n. 175.*
(4) *Comma inserito dall'articolo 5, comma 1, del D.L. 21 giugno 2022, n. 73, convertito, con modificazioni, dalla Legge 4 agosto 2022, n. 122.*
(5) *Comma modificato dall'articolo 11, comma 1, lettera a), numero 2), del D.Lgs. 21 novembre 2014, n. 175.*

29. Contenuto della dichiarazione (1). – 1. Dalla dichiarazione della successione devono risultare:

a) le generalità, l'ultima residenza e il codice fiscale del defunto;

b) le generalità, la residenza e il codice fiscale dei chiamati all'eredità e dei legatari, il loro grado di parentela o affinità col defunto e le eventuali accettazioni o rinunzie;

c) la descrizione analitica dei beni e dei diritti compresi nell'attivo ereditario con l'indicazione dei rispettivi valori;

d) gli estremi degli atti di alienazione a titolo oneroso di cui all'art. 10, con l'indicazione dei relativi corrispettivi;

e) i modi di impiego delle somme riscosse dal defunto a seguito di alienazioni di beni e assunzioni di debiti negli ultimi sei mesi, con l'indicazione dei documenti di prova;

f) gli estremi delle donazioni fatte dal defunto agli eredi o legatari, comprese quelle presunte di cui all'art. 1, comma 3, con l'indicazione dei relativi valori alla data di apertura della successione;

g) i crediti contestati giudizialmente, con l'indicazione degli estremi dell'iscrizione a ruolo della causa e delle generalità e residenza dei debitori;

h) i crediti verso lo Stato e gli enti pubblici di cui all'art. 12, comma 1, lettera e);

i) le passività e gli oneri deducibili, con l'indicazione dei documenti di prova;

l) il domicilio eletto nello Stato italiano dagli eredi o legatari residenti all'estero;

m) il valore globale netto dell'asse ereditario;

n) le riduzioni e detrazioni di cui agli articoli 25 e 26, con l'indicazione dei documenti di prova;

n-bis) gli estremi dell'avvenuto pagamento delle imposte ipotecaria e catastale, di bollo, delle tasse ipotecarie e dell'imposta sostitutiva di quella comunale sull'incremento di valore degli immobili (2).

2. Se il dichiarante è un legatario, dalla dichiarazione devono risultare solo gli elementi di cui al comma 1, lettere a) e b), nonché quelli di cui alle lettere c), i) e n) limitatamente all'oggetto del legato, alla lettera f) limitatamente alle donazioni a suo favore e alla lettera l) limitatamente al suo domicilio.

3. Le somme e i valori devono essere indicati con arrotondamento dei relativi importi alle mille lire, per difetto se la frazione non è superiore a cinquecento lire, per eccesso se è superiore.

(1) *L'imposta sulle successioni e sulle donazioni, soppressa dall'articolo 13, comma 1, della legge 18 ottobre 2001, n. 383, è stata ripristinata dall'articolo 2, comma 47, del D.L. 3 ottobre 2006, n. 262.*
(2) *Lettera aggiunta dall'articolo 11, comma 1, lettera b), del D.L. 28 marzo 1997, n. 79.*

30. Allegati alla dichiarazione (1). – 1. Alla dichiarazione devono essere allegati:

a) il certificato di morte o la copia autentica della sentenza dichiarativa dell'assenza o della morte presunta;

b) il certificato di stato di famiglia del defunto e quelli degli eredi e legatari che sono in rapporto di parentela o affinità con lui, nonché i documenti di prova della parentela naturale;

c) la copia autentica degli atti di ultima volontà dai quali è regolata la successione;

d) la copia autentica dell'atto pubblico o della scrittura privata autenticata dai quali risulta l'eventuale accordo delle parti per l'integrazione dei diritti di legittima lesi;

e) gli estratti catastali relativi agli immobili;

f) un certificato dei pubblici registri recante l'indicazione degli elementi di individuazione delle navi e degli aeromobili;

g) la copia autentica dell'ultimo bilancio o inventario di cui all'art. 15, comma 1, e all'art. 16, comma 1, lettera b), nonché delle pubblicazioni e prospetti di cui alla lettera c) dello stesso articolo e comma;

h) la copia autentica degli altri inventari formati in ottemperanza a disposizioni di legge;

i) i documenti di prova delle passività e degli oneri deducibili nonché delle riduzioni e detrazioni di cui agli articoli 25 e 26;

i-bis) il prospetto di liquidazione delle imposte ipotecaria e catastale, di bollo, delle tasse ipotecarie e dell'imposta sostitutiva di quella comunale sull'incremento di valore degli immobili. L'attestato o la quietanza di versamento delle predette imposte o tasse deve essere conservato dagli eredi e dai legatari sino alla scadenza del termine per la rettifica, previsto dall'articolo 27, comma 3 (2).

2. Se il dichiarante è un legatario, alla dichiarazione devono essere allegati soltanto i documenti di cui al comma 1, lettere a), b) e c), nonché quelli di cui alle lettere successive limitatamente all'oggetto del legato.

3. I certificati di morte e di stato di famiglia possono essere sostituiti dalle dichiarazioni di cui all'art. 2 della legge 4 gennaio 1968, n. 15.

3-bis. I documenti di cui alle lettere c), d), g), h) e i) possono essere sostituiti anche da copie non autentiche con la dichiarazione sostitutiva di atto di notorietà di cui all'articolo 47, del testo unico delle disposizioni legislative e regolamentari in materia di documentazione amministrativa, di cui al decreto del Presidente della Repubblica 28 dicembre 2000, n. 445, attestante che le stesse costituiscono copie degli originali. Resta salva la facoltà dell'Agenzia delle entrate di richiedere i documenti in originale o in copia autentica (3).

4. Per gli allegati redatti in lingua straniera si applica l'art. 11, commi 5 e 6, del testo unico sull'imposta di registro, approvato con decreto del Presidente della Repubblica 26 aprile 1986, n. 131.

5. L'ufficio competente, se la dimostrazione delle passività e degli oneri o delle riduzioni e detrazioni richieste risulta insufficiente, ne dà avviso al dichiarante, invitandolo ad integrarla e, nel caso previsto nel secondo periodo dell'art. 23, comma 2, ad esibire in copia autentica gli assegni indicati nel certificato. I nuovi documenti devono essere prodotti entro sei mesi dalla notificazione dell'avviso.

6. Per i documenti provenienti da pubbliche amministrazioni che non siano stati rilasciati entro il termine stabilito per la presentazione della dichiarazione, compresi l'attestazione di cui all'art. 13, comma 2, e le attestazioni o altri documenti relativi alle riduzioni e alle detrazioni di cui agli articoli 25 e 26, si applica, purché alla dichiarazione sia allegata copia della domanda di rilascio, la disposizione dell'art. 23, comma 4.

(1) *L'imposta sulle successioni e sulle donazioni, soppressa dall'articolo 13, comma 1, della legge 18 ottobre 2001, n. 383, è stata ripristinata dall'articolo 2, comma 47, del D.L. 3 ottobre 2006, n. 262.*
(2) *Lettera aggiunta dall'articolo 11, comma 1, lettera c), del D.L. 28 marzo 1997, n. 79.*
(3) *Comma aggiunto dall'articolo 11, comma 1, lettera b) del D.Lgs. 21 novembre 2014, n. 175.*

31. Termine per la presentazione della dichiarazione (1). – 1. La dichiarazione deve essere presentata entro dodici mesi dalla data di apertura della successione (2).

2. Il termine decorre:

a) per i rappresentanti legali degli eredi o legatari, per i curatori di eredità giacenti e per gli esecutori testamentari, dalla data successiva a quella di apertura della successione, in cui hanno avuto notizia legale della loro nomina;

b) nel caso di fallimento del defunto in corso alla data dell'apertura della successione o dichiarato entro sei mesi dalla data stessa, dalla data di chiusura del fallimento;

c) nel caso di dichiarazione di assenza o di morte presunta, dalla data di immissione nel possesso dei beni ovvero, se non vi è stata anteriore immissione nel possesso dei beni, dalla data in cui è divenuta eseguibile la sentenza dichiarativa della morte presunta;

d) dalla scadenza del termine per la formazione dell' inventario, se l'eredità è accettata con beneficio d'inventario entro il termine di cui al comma 1;

e) dalla data della rinunzia o dell'evento di cui all'art. 28, commi 5 e 6, o dalla diversa data in cui l'obbligato dimostri di averne avuto notizia;

f) dalla data delle sopravvenienze di cui all'art. 28, comma 7;

g) per gli enti che non possono accettare l'eredità o il legato senza la preventiva autorizzazione, purché la relativa domanda sia stata presentata entro sei mesi dall'apertura della successione, dalla data in cui hanno avuto notizia legale dell'autorizzazione;

h) per gli enti non ancora riconosciuti, purché sia stata presentata domanda di riconoscimento e di autorizzazione all'accettazione entro un anno dalla data di apertura della successione, dalla data in cui hanno avuto notizia legale del riconoscimento e dell'autorizzazione.

3. Fino alla scadenza del termine la dichiarazione della successione può essere modificata con l'osservanza delle disposizioni degli articoli 28, 29 e 30 [(A)].

4. La presentazione ad ufficio del registro diverso da quello competente si considera avvenuta nel giorno in cui la dichiarazione è pervenuta all'ufficio competente.

[(1)] *L'imposta sulle successioni e sulle donazioni, soppressa dall'articolo 13, comma 1, della legge 18 ottobre 2001, n. 383, è stata ripristinata dall'articolo 2, comma 47, del D.L. 3 ottobre 2006, n. 262.*

[(2)] *Comma modificato dall'articolo 39, comma 14-sexies, del D.L. 30 settembre 2003, n. 269 e successivamente dall'articolo 1, comma 78, della legge 27 dicembre 2006, n. 296, con effetto sulle successioni apertesi a decorrere dal 3 ottobre 2006, nonché sugli atti pubblici formati, sugli atti a titolo gratuito fatti, sulle scritture private autenticate e sulle scritture private non autenticate presentate per la registrazione a decorrere dal 1° gennaio 2007.*

[(A)] *In riferimento alla dichiarazione di successione rettificativa e correzione dell'errore materiale che non incide nella determinazione della base imponibile vedi: Risposta Agenzia delle Entrate 4 dicembre 2018, n. 92.*

32. Irregolarità, incompletezza e infedeltà della dichiarazione [(1)]. – 1. La dichiarazione è irregolare se manca delle indicazioni di cui all'articolo 29, comma 1, lettere a), b), c) e n-bis), o non è corredata dai documenti indicati nell'articolo 30, comma 1, lettere a) e b), e da quelli indicati nelle successive lettere da c) a i-bis) ove ne ricorrano i presupposti. In tal caso l'ufficio notifica al dichiarante, mediante avviso, l'invito a provvedere alla regolarizzazione entro sessanta giorni; la dichiarazione non regolarizzata nel termine si considera omessa [(2)].

2. La dichiarazione è incompleta se non vi sono indicati tutti i beni e i diritti compresi nell'attivo ereditario, inclusi quelli alienati negli ultimi sei mesi di cui all'art. 10.

3. La dichiarazione è infedele: se i beni e diritti compresi nell'attivo ereditario vi sono indicati per valori inferiori a quelli determinati secondo le disposizioni degli articoli da 14 a 19 e dell'art. 10; se vi sono indicati, sulla base di attestazioni o altri documenti di cui agli articoli 23 e 24 non conformi a verità, oneri e passività del tutto o in parte inesistenti; se non vi sono indicate donazioni anteriori o vi sono indicate per valore inferiore a quello determinato secondo le disposizioni dell'art. 8, comma 4.

[(1)] *L'imposta sulle successioni e sulle donazioni, soppressa dall'articolo 13, comma 1, della legge 18 ottobre 2001, n. 383, è stata ripristinata dall'articolo 2, comma 47, del D.L. 3 ottobre 2006, n. 262.*

[(2)] *Comma modificato dall'articolo 11, comma 1, lettera d), del D.L. 28 marzo 1997, n. 79.*

33. Liquidazione dell'imposta in base alla dichiarazione [(1)]. – 1. L'ufficio del registro liquida l'imposta in base alla dichiarazione della successione, anche se presentata dopo la scadenza del relativo termine ma prima che sia stato notificato l'accertamento d'ufficio, tenendo conto delle dichiarazioni integrative o modificative già presentate a norma dell'art. 28, comma 6, e dell'art. 31, comma 3, nonché dei rimborsi fiscali di cui allo stesso articolo 28, comma 6, erogati successivamente alla presentazione della dichiarazione di successione [(2)].

1-bis. Se nella dichiarazione di successione e nella dichiarazione sostitutiva o integrativa, sono indicati beni immobili e diritti reali sugli stessi, gli eredi e i legatari devono provvedere nei termini indicati nell'art. 31, alla liquidazione ed al versamento delle imposte ipotecaria e catastale, di bollo, delle tasse ipotecarie e dell'imposta sostitutiva di quella comunale sull'incremento di valore degli immobili, il suddetto versamento deve essere effettuato, fino alla data di entrata in vigore del decreto legislativo previsto dall'art. 3, comma 138, della legge 23 dicembre 1996, n. 662, concernente la modifica della disciplina dei servizi autonomi di cassa degli uffici finanziari, mediante delega ad azienda di credito autorizzata o tramite il concessionario del servizio per la riscossione competente in base all'ultima residenza del defunto o, se questa era all'estero o non è nota, al concessionario del servizio per la riscossione di Roma [(3)].

2. In sede di liquidazione l'ufficio provvede a correggere gli errori materiali e di calcolo commessi dal dichiarante nella determinazione della base imponibile e ad escludere [(4)]:

a) le passività esposte nella dichiarazione per le quali non ricorrono le condizioni di deducibilità di cui agli articoli 21 e 24 o eccedenti i limiti di deducibilità di cui agli articoli 22 e 24, nonché gli oneri non deducibili a norma dell'art. 8, comma 1;

b) le passività e gli oneri esposti nella dichiarazione che non risultano dai documenti prodotti in allegato alla dichiarazione o su richiesta dell'ufficio;

c) le riduzioni e le detrazioni indicate nella dichiarazione non previste negli articoli 25 e 26 o non risultanti dai documenti prodotti in allegato alla dichiarazione o su richiesta dell'ufficio.

3. Le correzioni e le esclusioni di cui al comma 2 devono risultare nell'avviso di liquidazione dell'imposta.

4. Le disposizioni del presente articolo si applicano anche per la riliquidazione dell'imposta in base a dichiarazione sostitutiva e per la liquidazione della maggiore imposta in base a dichiarazione integrativa.

[(1)] *L'imposta sulle successioni e sulle donazioni, soppressa dall'articolo 13, comma 1, della legge 18 ottobre 2001, n. 383, è stata ripristinata dall'articolo 2, comma 47, del D.L. 3 ottobre 2006, n. 262.*

[(2)] *Comma sostituito dall'articolo 23, comma 3, lettera c), della legge 30 dicembre 1991, n. 413, come modificato dall'articolo 63, comma 1, del D.L. 30 agosto 1993, n. 331. Le disposizioni di cui al presente comma, si applicano alle dichiarazioni presentate a partire dal 1° gennaio 1994.*

Successivamente il presente comma è stato ulteriormente sostituito dall'articolo 9, comma 1, lettera b), del D.L. 29 aprile 1994, n. 260 e, da ultimo, modificato dall'articolo 11, comma 1, lettera c) del D.Lgs. 21 novembre 2014, n. 175.

(3) Comma aggiunto dall'articolo 11, comma 1, lettera e), del D.L. 28 marzo 1997, n. 79.

(4) Alinea sostituito dall'articolo 23, comma 3, lettera d), della legge 30 dicembre 1991, n. 413, come modificato dall'articolo 63, comma 1, del D.L. 30 agosto 1993, n. 331. Le disposizioni di cui al presente comma, si applicano alle dichiarazioni presentate a partire dal 1° gennaio 1994. Successivamente il presente alinea è stato ulteriormente sostituito dall'articolo 9, comma 1, lettera c), del D.L. 29 aprile 1994, n. 260.

34. Rettifica e liquidazione della maggiore imposta (1). – 1. L'ufficio del registro, se ritiene che la dichiarazione della successione, o la dichiarazione sostitutiva o integrativa, sia incompleta o infedele, provvede con lo stesso atto alla rettifica e alla liquidazione della maggiore imposta, con gli interessi dalla data di notificazione della liquidazione dell'imposta principale nella misura del 4,50 per cento per ogni semestre compiuto (2).

2. L'avviso di rettifica e di liquidazione della maggiore imposta deve contenere: la descrizione dei beni o diritti non dichiarati, compresi quelli alienati dal defunto negli ultimi sei mesi, con l'indicazione del valore attribuito a ciascuno di essi o del maggior valore attribuito a ciascuno dei beni o diritti dichiarati; l'indicazione delle donazioni anteriori non dichiarate e del relativo valore, o del maggior valore attribuito a quelle dichiarate; l'indicazione dei criteri seguiti nella determinazione dei valori a norma degli articoli da 14 a 19, 8, comma 4, e 10; l'indicazione delle passività e degli oneri ritenuti in tutto o in parte inesistenti, con la specificazione degli elementi di prova contraria alle attestazioni e agli altri documenti prodotti dal dichiarante; l'indicazione delle aliquote applicate e del calcolo della maggiore imposta. Per i beni e i diritti di cui ai commi 3 e 4 devono essere indicati anche gli elementi in base ai quali, secondo le disposizioni ivi contenute, ne è stato determinato il valore o il maggior valore.

2-bis. La motivazione dell'atto deve indicare i presupposti di fatto e le ragioni giuridiche che lo hanno determinato. Se la motivazione fa riferimento ad un altro atto non conosciuto né ricevuto dal contribuente, questo deve essere allegato all'atto che lo richiama salvo che quest'ultimo non ne riproduca il contenuto essenziale. L'accertamento è nullo se non sono osservate le disposizioni di cui al presente comma (3).

3. Il valore dei beni immobili e dei diritti reali immobiliari è determinato dall'ufficio, avendo riguardo ai trasferimenti a qualsiasi titolo ed alle divisioni e perizie giudiziarie, anteriori di non oltre tre anni alla data di apertura della successione, che hanno avuto per oggetto gli stessi immobili o altri di analoghe caratteristiche e condizioni, ovvero al reddito netto di cui gli immobili sono suscettibili, capitalizzato al tasso mediamente applicato alla detta data e nella stessa località per gli investimenti immobiliari, nonché ad ogni altro elemento di valutazione, anche sulla base di indicazioni fornite dai comuni.

4. Per la determinazione del valore delle aziende, dei diritti reali su di esse e delle azioni o quote di cui all'art. 16, lettera b), l'ufficio può tenere conto anche degli accertamenti relativi ad altre imposte e può procedere ad accessi, ispezioni e verifiche secondo le disposizioni relative all'imposta sul valore aggiunto.

5. Non sono sottoposti a rettifica il valore degli immobili iscritti in catasto con attribuzione di rendita dichiarato in misura non inferiore, per i terreni, a settantacinque volte il reddito dominicale risultante in catasto e, per i fabbricati, a cento volte il reddito risultante in catasto, aggiornati con i coefficienti stabiliti per le imposte sui redditi, né i valori della nuda proprietà e dei diritti reali di godimento sugli immobili stessi dichiarati in misura non inferiore a quella determinata su tale base a norma dell'art. 14. La disposizione del presente comma non si applica per i terreni per i quali gli strumenti urbanistici prevedono la destinazione edificatoria.

6. Per i fabbricati dichiarati per l'iscrizione nel catasto edilizio ma non ancora iscritti alla data di presentazione della dichiarazione della successione la disposizione del comma 5 si applica a condizione:

a) che la volontà di avvalersene sia espressamente manifestata nella dichiarazione della successione;

b) che in allegato alla domanda di voltura catastale, la quale in tal caso non può essere inviata per posta, sia presentata specifica istanza di attribuzione della rendita, recante l'indicazione degli elementi di individuazione del fabbricato e degli estremi della dichiarazione di successione, di cui l'ufficio tecnico erariale rilascia ricevuta in duplice esemplare;

c) che la ricevuta, entro il termine perentorio di sessanta giorni dalla presentazione della dichiarazione di successione, sia prodotta all'ufficio del registro, il quale ne restituisce un esemplare con l'attestazione dell'avvenuta produzione.

L'ufficio tecnico erariale, entro dieci mesi dalla presentazione dell'istanza di attribuzione della rendita, invia all'ufficio del registro un certificato attestante l'avvenuta iscrizione in catasto del fabbricato e la rendita attribuita; se l'imposta era già stata liquidata in base al valore indicato nella dichiarazione della successione e tale valore risulta inferiore a cento volte la rendita così attribuita e debitamente aggiornata, o al corrispondente valore della nuda proprietà o del diritto reale di godimento, l'ufficio del registro, nel termine di decadenza di cui al comma 3 dell'art. 27, liquida la maggiore imposta corrispondente alla differenza, con gli interessi di cui al comma 1 dalla data di notificazione della precedente liquidazione e senza applicazione di sanzioni (4).

6-bis. La disposizione del comma 5 si applica inoltre alle unità immobiliari urbane oggetto di denuncia in catasto con modalità conformi a quelle previste dal regolamento di attuazione dell'art. 2, commi 1-quinquies e 1-septies, del decreto-legge 23 gennaio 1993, n. 16, convertito, con modificazioni, dalla legge 24 marzo 1993, n. 75, con riferimento alla rendita proposta, alla sola condizione che la volontà di avvalersene sia espressamente manifestata nella dichiarazione di successione (5)(6).

7. Ai fini dei commi 5 e 6 le modifiche dei coefficienti stabiliti per le imposte sui redditi hanno effetto per le successioni aperte dal decimo-quinto giorno successivo a quello di pubblicazione dei relativi decreti ministeriali. Le modifiche dei moltiplicatori di settantacinque e cento volte, previste nell'art. 52, comma 5, del testo unico dell'imposta di registro approvato con decreto del Presidente della Repubblica 26 aprile 1986, n. 131, operano anche ai fini dei predetti commi e hanno effetto per le successioni aperte dal decimo quinto giorno successivo a quello di pubblicazione del decreto con il quale sono disposte.

8. Ai fini della rettifica e della liquidazione della maggiore imposta non si tiene conto delle differenze di valore relative

ai beni indicati nell'art. 16, comma 1, lettere b) e d), e nell'art. 19, dei quali sia evidente la scarsa rilevanza.

(1) *L'imposta sulle successioni e sulle donazioni, soppressa dall'articolo 13, comma 1, della legge 18 ottobre 2001, n. 383, è stata ripristinata dall'articolo 2, comma 47, del D.L. 3 ottobre 2006, n. 262.*
(2) *Comma modificato dall'articolo 23, comma 3, lettera e), della legge 30 dicembre 1991, n. 413. Le disposizioni di cui al presente comma, si applicano alle dichiarazioni presentate a partire dal 1° gennaio 1993. Successivamente il presente comma è stato ulteriormente modificato dall'articolo 9, comma 1, lettera d), del D.L. 29 aprile 1994, n. 260.*
(3) *Comma aggiunto dall'articolo 5, comma 1, lettera a), del D.Lgs. 26 gennaio 2001, n. 32.*
(4) *Per una proroga delle disposizioni di cui al presente comma vedi l'articolo 149, comma 1, lettera d), del D.L. 19 maggio 2020, n. 34, convertito, con modificazioni, dalla Legge 17 luglio 2020, n. 77.*
(5) *Comma aggiunto dall'articolo 10, comma 21, del D.L. 20 giugno 1996, n. 323.*
(6) *Per una proroga delle disposizioni di cui al presente comma, vedi l'articolo 149, comma 1, lettera d), del D.L. 19 maggio 2020, n. 34, convertito, con modificazioni, dalla Legge 17 luglio 2020, n. 77.*

35. Accertamento e liquidazione d'ufficio (1). – 1. In caso di omissione della dichiarazione della successione l'ufficio del registro provvede all'accertamento dell'attivo ereditario e alla liquidazione dell'imposta avvalendosi dei dati e delle notizie comunque raccolti o venuti a sua conoscenza, compresi quelli desunti da dichiarazioni considerate omesse a norma degli articoli 28, comma 8, e 32, comma 1. In aggiunta all'imposta sono liquidati, nella misura di cui all'art. 34, comma 1, gli interessi dalla data di scadenza del termine entro il quale la dichiarazione omessa avrebbe dovuto essere presentata.

2. L'avviso di accertamento e liquidazione deve contenere: l'indicazione delle generalità dei chiamati all'eredità; la descrizione dei beni e dei diritti compresi nell'attivo ereditario, con l'indicazione dei valori a ciascuno di essi attribuiti e dei criteri seguiti per determinarli a norma degli articoli da 14 a 19, 34, commi 3 e 4, e 10; l'indicazione degli estremi e del valore delle donazioni anteriori di cui all'art. 8, comma 4; l'indicazione delle aliquote applicate e del calcolo dell'imposta.

2-bis. La motivazione dell'atto deve indicare i presupposti di fatto e le ragioni giuridiche che lo hanno determinato. Se la motivazione fa riferimento ad un altro atto non conosciuto né ricevuto dal contribuente, questo deve essere allegato all'atto che lo richiama salvo che quest'ultimo non ne riproduca il contenuto essenziale. L'accertamento è nullo se non sono osservate le disposizioni di cui al presente comma (2).

3. L'esistenza di passività deducibili e la spettanza di riduzioni e di detrazioni possono essere dimostrate, nei modi indicati negli articoli 23, commi 1, 2 e 3, 25 e 26, entro il termine di sei mesi dalla data di notificazione dell'avviso.

4. Le disposizioni del presente articolo si applicano, salvo il diverso contenuto dell'avviso, anche per la riliquidazione dell'imposta in caso di omissione della dichiarazione sostitutiva e per la liquidazione della maggiore imposta in caso di omissione della dichiarazione integrativa.

(1) *L'imposta sulle successioni e sulle donazioni, soppressa dall'articolo 13, comma 1, della legge 18 ottobre 2001, n. 383, è stata ripristinata dall'articolo 2, comma 47, del D.L. 3 ottobre 2006, n. 262.*
(2) *Comma aggiunto dall'articolo 5, comma 1, lettera b), del D.Lgs. 26 gennaio 2001, n. 32.*

CAPO V
Riscossione dell'imposta

36. Soggetti obbligati al pagamento dell'imposta (1). – 1. Gli eredi sono obbligati solidalmente al pagamento dell'imposta nell'ammontare complessivamente dovuto da loro e dai legatari.

2. Il coerede che ha accettato l'eredità col beneficio d'inventario è obbligato solidalmente al pagamento, a norma del comma 1, nel limite del valore della propria quota ereditaria.

3. Fino a quando l'eredità non sia stata accettata, o non sia stata accettata da tutti i chiamati, i chiamati all'eredità, o quelli che non hanno ancora accettato, e gli altri soggetti obbligati alla dichiarazione della successione, esclusi i legatari, rispondono solidalmente dell'imposta nel limite del valore dei beni ereditari rispettivamente posseduti. Si applica l'art. 58 del testo unico sull'imposta di registro approvato con decreto del Presidente della Repubblica 26 aprile 1986, n. 131.

4. L'ufficio del registro può chiedere la fissazione di un termine per l'accettazione dell'eredità a norma dell'articolo 481 del codice civile o la nomina di un curatore dell'eredità giacente a norma dell'art. 528 dello stesso codice.

5. I legatari sono obbligati al pagamento dell'imposta relativa ai rispettivi legati.

(1) *L'imposta sulle successioni e sulle donazioni, soppressa dall'articolo 13, comma 1, della legge 18 ottobre 2001, n. 383, è stata ripristinata dall'articolo 2, comma 47, del D.L. 3 ottobre 2006, n. 262.*

37. Pagamento dell'imposta (1). – 1. Il pagamento dell'imposta principale [*, salvo i casi in cui la stessa sia stata pagata nei termini di cui all'art. 33, comma 1,*] dell'imposta complementare con gli interessi di cui agli articoli 34 e 35 e dell'imposta suppletiva deve essere eseguito entro sessanta giorni da quello in cui è stato notificato l'avviso di liquidazione (2).

2. Dalla data di scadenza del termine di cui al comma 1 decorrono gli interessi di mora nella misura del 4,50 per cento per ogni semestre compiuto (3).

3. Non devono essere pagate le somme di importo, comprensivo di interessi e sanzioni amministrative, non superiore a lire ventimila (4).

4. Il contribuente può pagare, oltre che in contanti, con cedole di titoli del debito pubblico scadute, e nei casi previsti dalla legge anche non scadute, computate per il loro importo netto, nonché con titoli di credito bancari e postali a copertura garantita.

(1) *L'imposta sulle successioni e sulle donazioni, soppressa dall'articolo 13, comma 1, della legge 18 ottobre 2001, n. 383, è stata ripristinata dall'articolo 2, comma 47, del D.L. 3 ottobre 2006, n. 262.*
(2) *Comma modificato dall'articolo 23, comma 3, lettera f), della legge 30 dicembre 1991, n. 413. Le disposizioni di cui al presente comma, si applicano alle dichiarazioni presentate a partire dal 1° gennaio 1993. Successivamente il presente comma è stato ulteriormente modificato dall'articolo 9, comma 1, lettera e), del D.L. 29 aprile 1994, n. 260 e dall'articolo 10, comma 10, lettera b), del D.L. 20 giugno 1996, n. 323.*
(3) *A norma dell'articolo 1, comma 3, del D.M. 21 maggio 2009, gli interessi per i rimborsi dell'imposta di successione, di cui al presente articolo, sono dovuti nella misura dell'1 per cento, per ogni semestre compiuto, a decorrere dal 1° gennaio 2010.*
(4) *Comma modificato dall'articolo 2, comma 1, lettera a), del D.Lgs. 18 dicembre 1997, n. 473.*

38. Dilazione del pagamento [1]. – 1. Il contribuente può eseguire il pagamento nella misura non inferiore al venti per cento dell'imposta liquidata ai sensi dell'articolo 33, nel termine di sessanta giorni da quello in cui è stato notificato l'avviso di liquidazione, e per il rimanente importo in un numero di otto rate trimestrali, ovvero, per importi superiori a ventimila euro, in un numero massimo di dodici rate trimestrali. La dilazione non è ammessa per importi inferiori a mille euro.

2. Sugli importi dilazionati sono dovuti gli interessi, calcolati dal primo giorno successivo al pagamento del venti per cento dell'imposta liquidata ai sensi dell'articolo 33. Le rate trimestrali nelle quali il pagamento è dilazionato scadono l'ultimo giorno di ciascun trimestre.

3. Il mancato pagamento della somma pari al venti per cento dell'imposta liquidata, entro il termine di cui al comma 1, ovvero di una delle rate entro il termine di pagamento della rata successiva, comporta la decadenza dalla rateazione e l'importo dovuto, dedotto quanto versato, è iscritto a ruolo con relative sanzioni e interessi.

4. È esclusa la decadenza in caso di lieve inadempimento dovuto a:

a) insufficiente versamento della rata, per una frazione non superiore al tre per cento e, in ogni caso, a euro diecimila;

b) tardivo versamento della somma pari al venti per cento, non superiore a sette giorni. 5. La disposizione di cui al comma 4 si applica anche con riguardo al versamento in unica soluzione. 6. Si applicano i commi 5 e 6 dell'articolo 15-ter del decreto del Presidente della Repubblica 29 settembre 1973, n. 602 [2][3].

[1] *Articolo modificato dall'articolo 23, comma 3, lettera g), della legge 30 dicembre 1991, n. 413. Le disposizioni di cui al presente comma, si applicano alle dichiarazioni presentate a partire dal 1° gennaio 1993. Successivamente il presente comma è stato ulteriormente modificato dall'articolo 9, comma 1, lettera f), del D.L. 29 aprile 1994, n. 260, dall'articolo 2, comma 1, lettera b), del D.Lgs. 18 dicembre 1997, n. 473, dall'articolo 10, comma 1, della legge 18 febbraio 1999, n. 28 ed infine sostituito dall'articolo 2, comma 2, lettera a) del DLgs. 24 settembre 2015 n. 159.*

[2] *L'imposta sulle successioni e sulle donazioni, soppressa dall'articolo 13, comma 1, della legge 18 ottobre 2001, n. 383, è stata ripristinata dall'articolo 2, comma 47, del D.L. 3 ottobre 2006, n. 262.*

[3] *A norma dell'articolo 7, del D.M. 21 maggio 2009, sugli importi dilazionati, previsti dal presente comma, sono dovuti, per le dilazioni concesse dal 1° gennaio 2010, gli interessi annui a scalare nella misura del 3 per cento.*

39. Pagamento dell'imposta mediante cessione di beni culturali [1]. – 1. Gli eredi e i legatari possono proporre la cessione allo Stato, in pagamento totale o parziale dell'imposta sulla successione, delle relative imposte ipotecaria e catastale, degli interessi e delle sanzioni amministrative, di beni culturali vincolati o non vincolati, di cui all'art. 13, e di opere di autori viventi o eseguite da non più di cinquanta anni [2].

2. La proposta di cessione, contenente la descrizione dettagliata dei beni offerti con l'indicazione dei relativi valori e corredata da idonea documentazione, deve essere sottoscritta a pena di nullità da tutti gli eredi o dal legatario e presentata al Ministero per i beni culturali e ambientali ed all'ufficio del registro competente, nel termine previsto dall'art. 37 per il pagamento dell'imposta. La presentazione della proposta interrompe il termine [3].

3. L'Amministrazione per i beni culturali e ambientali attesta per ogni singolo bene l'esistenza delle caratteristiche previste dalle norme indicate nell'art. 13, comma 1, e dichiara, per i beni e le opere di cui al comma 1, l'interesse dello Stato ad acquisirli [4].

4. Le condizioni e il valore della cessione sono stabiliti con decreto del Ministro per i beni culturali e ambientali, di concerto con il Ministro delle finanze, sentita un'apposita commissione nominata con decreto del Ministro per i beni culturali e ambientali, presieduta da lui o da un suo delegato e composta da due rappresentanti del Ministero per i beni culturali e ambientali, da due rappresentanti del Ministero delle finanze e da un rappresentante del Ministero del tesoro, del bilancio e della programmazione economica. Il proponente può chiedere di essere sentito dalla commissione personalmente o a mezzo di un suo delegato.

[5. Il Ministero per i beni culturali e ambientali, ricevuta la proposta di cessione, è tenuto a informarne gli enti pubblici territoriali, nella cui circoscrizione si trovano i beni offerti in cessione, per acquisirne il parere. La commissione di cui al comma 4, su richiesta degli enti interessati, è integrata da un rappresentante di ciascuno degli enti richiedenti, con voto consultivo.] [5]

6. Il decreto di cui al comma 4 è emanato entro sei mesi dalla data di presentazione della proposta di cessione ed è notificato al richiedente. Entro due mesi dalla data di notificazione del decreto il proponente notifica al Ministero per i beni culturali e ambientali, a pena di decadenza, la propria accettazione con firma autenticata. Il decreto di cui al comma 4 e la dichiarazione di accettazione costituiscono titolo per la trascrizione del trasferimento nei registri immobiliari. I beni mobili devono essere consegnati entro i trenta giorni successivi alla notificazione dell'accettazione.

7. Gli eredi o i legatari, ai fini dell'estinzione del debito tributario, devono produrre all'ufficio del registro competente, entro sessanta giorni dalla dichiarazione di accettazione, le copie autentiche della stessa e del decreto recante l'indicazione del valore dei beni ceduti.

8. Il cedente, se il valore dei beni ceduti è inferiore all'importo dell'imposta e degli accessori è obbligato a pagare la differenza; se il valore è superiore, non ha diritto al rimborso. L'eventuale differenza deve essere corrisposta entro sessanta giorni dalla produzione all'ufficio dei documenti di cui al comma 7 [6].

9. Il Ministro per i beni culturali e ambientali di concerto con il Ministro delle finanze, se l'amministrazione dello Stato non intende acquisire il bene offerto in cessione, dichiara con decreto di cui al comma 4 di non accettare la proposta. Della mancata cessione il Ministero per i beni culturali e ambientali dà immediata comunicazione all'ufficio del registro e al proponente; dalla data di ricevimento della comunicazione decorre il termine di sessanta giorni per il pagamento delle somme di cui al comma 1 con applicazione degli interessi nella misura legale decorrenti dalla scadenza del termine previsto dall'art. 31, comma 1 [7].

[1] *L'imposta sulle successioni e sulle donazioni, soppressa dall'articolo 13, comma 1, della legge 18 ottobre 2001, n. 383, è stata ripristinata dall'articolo 2, comma 47, del D.L. 3 ottobre 2006, n. 262.*

[2] *Comma modificato dall'articolo 2, comma 1, lettera c), del D.Lgs. 18 dicembre 1997, n. 473.*

[3] *Comma modificato dall'articolo 23, comma 3, lettera h), della legge 30 dicembre 1991, n. 413. Le disposizioni di cui al presente comma, si*

applicano alle dichiarazioni presentate a partire dal 1° gennaio 1993. Successivamente il presente comma è stato ulteriormente modificato dall'articolo 9, comma 1, lettera g), del D.L. 29 aprile 1994, n. 260.
(4) *Comma sostituito dall'articolo 14, comma 2, lettera a), della legge 15 maggio 1997, n. 127.*
(5) *Comma abrogato dall'articolo 14, comma 2, lettera b), della legge 15 maggio 1997, n. 127.*
(6) *Comma modificato dall'articolo 23, comma 3, lettera h), della legge 30 dicembre 1991, n. 413. Le disposizioni di cui al presente comma, si applicano alle dichiarazioni presentate a partire dal 1° gennaio 1993.*
(7) *Comma modificato dall'articolo 23, comma 3, lettera h), della legge 30 dicembre 1991, n. 413. Le disposizioni di cui al presente comma, si applicano alle dichiarazioni presentate a partire dal 1° gennaio 1993.*

40. Riscossione in pendenza di giudizio (1). – 1. Il ricorso del contribuente non sospende la riscossione dell'imposta principale. La somma che risulta pagata in più in base alla decisione della controversia deve essere rimborsata d'ufficio al contribuente entro novanta giorni da quello in cui la decisione è divenuta definitiva.

2. L'imposta complementare, se il contribuente propone ricorso, deve essere pagata per un terzo entro il termine di cui all'art. 37, per due terzi dopo la decisione della commissione tributaria di primo grado e per il resto dopo la decisione della commissione tributaria di secondo grado, in ogni caso al netto delle somme già pagate; l'intendente di finanza, se ricorrono gravi motivi, può sospendere la riscossione fino alla decisione della commissione tributaria di primo grado.

3. Le somme dovute per effetto delle decisioni di cui al comma 2 devono essere pagate, in base ad apposito avviso, a norma dell'art. 37; se l'imposta liquidata per effetto della decisione della commissione tributaria è inferiore a quella già pagata, la differenza deve essere rimborsata d'ufficio al contribuente entro novanta giorni dalla notificazione della decisione.

4. L'imposta suppletiva deve essere pagata, in base ad apposito avviso, per intero dopo la decisione della Commissione tributaria centrale o della Corte d'appello o dell'ultima decisione non impugnata.

(1) *L'imposta sulle successioni e sulle donazioni, soppressa dall'articolo 13, comma 1, della legge 18 ottobre 2001, n. 383, è stata ripristinata dall'articolo 2, comma 47, del D.L. 3 ottobre 2006, n. 262.*

41. Riscossione coattiva e prescrizione (1). – 1. Per la riscossione coattiva dell'imposta e delle sanzioni amministrative si applicano le disposizioni del titolo III del decreto del Presidente della Repubblica 28 gennaio 1988, n. 43. Lo Stato ha privilegio secondo le norme stabilite dal codice civile. Il privilegio si estingue con il decorso di cinque anni dalla data di apertura della successione o, in caso di dilazione del pagamento, dal giorno di scadenza dell'ultima rata ovvero dal giorno in cui si è verificata la decadenza prevista dall'art. 27 (2).

2. Il credito dell'amministrazione finanziaria per l'imposta definitivamente accertata si prescrive in dieci anni.

(1) *L'imposta sulle successioni e sulle donazioni, soppressa dall'articolo 13, comma 1, della legge 18 ottobre 2001, n. 383, è stata ripristinata dall'articolo 2, comma 47, del D.L. 3 ottobre 2006, n. 262.*
(2) *Comma così modificato dall'art. 2, d.lg. 18 dicembre 1997, n. 473.*

42. Rimborso dell'imposta (1). – 1. Deve essere rimborsata, unitamente agli interessi, alle soprattasse e pene pecuniarie eventualmente pagati, l'imposta:

a) pagata indebitamente o risultante pagata in più a norma dell'art. 40, commi da 1 a 3;

b) relativa a beni e diritti riconosciuti appartenenti a terzi, con sentenza passata in giudicato, per causa anteriore all'apertura della successione a seguito di evizione o rivendicazione ovvero di nullità, annullamento, risoluzione, rescissione o revocazione dell'atto di acquisto;

c) pagata in conseguenza di dichiarazione giudiziale di assenza o di morte presunta, quando lo scomparso fa ritorno o ne è accertata l'esistenza;

d) pagata da enti ai quali è stata negata l'autorizzazione ad accettare l'eredità o il legato, ovvero da eredi e legatari se l'ente ottiene tardivamente il riconoscimento legale;

e) risultante pagata o pagata in più a seguito di sopravvenuto mutamento della devoluzione ereditaria;

f) risultante pagata in più a seguito di accertamento, successivamente alla liquidazione, dell'esistenza di passività o della spettanza di riduzioni e detrazioni;

g) risultante pagata in più a seguito di accertamento della parentela naturale successivamente alla liquidazione;

h) risultante pagata in più a seguito della chiusura del fallimento del defunto dichiarato dopo la presentazione della dichiarazione della successione.

2. Il rimborso, salvo il disposto dell'art. 40, commi 1 e 3, deve essere richiesto a pena di decadenza entro tre anni dal giorno del pagamento o, se posteriore, da quello in cui è sorto il diritto alla restituzione. La domanda deve essere presentata all'ufficio competente, che deve rilasciarne ricevuta, ovvero essere spedita mediante plico raccomandato senza busta con avviso di ricevimento.

3. Dalla data di presentazione della domanda di rimborso decorrono gli interessi di mora di cui all'articolo 37, comma 2 (2).

4. Non si fa luogo al rimborso per gli importi, comprensivi di interessi e soprattasse, non superiori a lire ventimila; gli importi superiori sono rimborsati per l'intero ammontare.

(1) *L'imposta sulle successioni e sulle donazioni, soppressa dall'articolo 13, comma 1, della legge 18 ottobre 2001, n. 383, è stata ripristinata dall'articolo 2, comma 47, del D.L. 3 ottobre 2006, n. 262.*
(2) *A norma dell'articolo 1, comma 3, del D.M. 21 maggio 2009, gli interessi per i rimborsi dell'imposta di successione, di cui al presente articolo, sono dovuti nella misura dell'1 per cento, per ogni semestre compiuto, a decorrere dal 1° gennaio 2010.*

CAPO VI
Norme particolari per le successioni testamentarie

43. Disposizioni testamentarie impugnate o modificate (1). – 1. Nelle successioni testamentarie l'imposta si applica in base alle disposizioni contenute nel testamento, anche se impugnate giudizialmente, nonché agli eventuali accordi diretti a reintegrare i diritti dei legittimari, risultanti da atto pubblico o da scrittura privata autenticata, salvo il disposto, in caso di accoglimento dell'impugnazione o di accordi sopravvenuti, dell'art. 28, comma 6, o dell'art. 42, comma 1, lettera e).

(1) *L'imposta sulle successioni e sulle donazioni, soppressa dall'articolo 13, comma 1, della legge 18 ottobre 2001, n. 383, è stata ripristinata dall'articolo 2, comma 47, del D.L. 3 ottobre 2006, n. 262.*

IMPOSTE INDIRETTE

44. Disposizioni testamentarie condizionali [1]. – 1. L'imposta, se l'istituzione di erede è sottoposta a condizione risolutiva, si applica con le aliquote proprie dell'erede istituito e, nel caso di avveramento della condizione, con le aliquote proprie dell'erede subentrante.

2. L'imposta, se l'istituzione di erede è sottoposta a condizione sospensiva, si applica con le aliquote proprie di quello degli eventuali successibili, compreso l'erede istituito ed esclusi lo Stato e gli enti di cui all'art. 3, che è soggetto all'imposta minore, salva l'applicazione della maggiore imposta se l'eredità viene devoluta a persona diversa per effetto dell'avveramento o del mancato avveramento della condizione.

3. L'imposta, nei casi di legato sottoposto a condizione sospensiva, si applica come se il legato non fosse stato disposto e, nel caso di avveramento della condizione, si applica nei confronti del legatario; se il legato è sottoposto a condizione risolutiva, l'imposta si applica nei confronti del legatario e, nel caso di avveramento della condizione, si applica nei confronti dell'erede.

4. Le disposizioni testamentarie a favore di nascituri si considerano sottoposte a condizione sospensiva.

[1] *L'imposta sulle successioni e sulle donazioni, soppressa dall'articolo 13, comma 1, della legge 18 ottobre 2001, n. 383, è stata ripristinata dall'articolo 2, comma 47, del D.L. 3 ottobre 2006, n. 262.*

45. Sostituzione fedecommissaria [1]. – 1. L'imposta, nel caso previsto dall'art. 692 del codice civile, si applica nei confronti dell'istituito su un valore pari a quello dell'usufrutto sui beni che formano oggetto della sostituzione fedecommissaria.

2. L'imposta, alla morte dell'istituito, si applica nei confronti del sostituito in base al valore dei beni alla data dell'apertura della successione, ferma restando l'imposta già applicata a norma del comma 1.

3. L'imposta, quando la sostituzione non ha luogo, si applica nei confronti dell'istituito in base al valore della piena proprietà dei beni alla data di apertura della successione, detraendo l'imposta precedentemente pagata.

[1] *L'imposta sulle successioni e sulle donazioni, soppressa dall'articolo 13, comma 1, della legge 18 ottobre 2001, n. 383, è stata ripristinata dall'articolo 2, comma 47, del D.L. 3 ottobre 2006, n. 262.*

46. Presunzione di legato [1]. – 1. Il riconoscimento, contenuto nel testamento, che determinati beni intestati al defunto o da lui posseduti o che si presumono compresi nell'attivo ereditario appartengono ad un terzo è considerato legato a favore di questo, se non è dimostrato che alla data dell'apertura della successione i beni già gli appartenevano.

2. Il riconoscimento di debito contenuto nel testamento è considerato legato, se l'esistenza del debito non è dimostrata nei modi indicati nell'art. 23.

3. L'onere a carico dell'erede o del legatario, che ha per oggetto prestazioni a soggetti terzi determinati individualmente, è considerato legato a favore del beneficiario.

[1] *L'imposta sulle successioni e sulle donazioni, soppressa dall'articolo 13, comma 1, della legge 18 ottobre 2001, n. 383, è stata ripristinata dall'articolo 2, comma 47, del D.L. 3 ottobre 2006, n. 262.*

CAPO VII
Disposizioni varie

47. Poteri dell'Amministrazione finanziaria [1]. – 1. L'ufficio competente, ai fini dell'accertamento e della riscossione, oltre ad avvalersi delle altre facoltà previste nel presente testo unico, può:

a) invitare i soggetti obbligati alla presentazione della dichiarazione della successione, indicandone il motivo, a produrre documenti, o a comparire di persona o per rappresentanza per fornire dati e notizie, rilevanti ai fini dell'accertamento;

b) inviare agli stessi soggetti questionari relativi a dati e notizie di carattere specifico, con invito a restituirli compilati e firmati;

c) richiedere informazioni ai pubblici ufficiali e agli enti ed uffici pubblici, che sono obbligati a comunicare i dati e le notizie di cui siano in possesso;

d) dimostrare, anche sulla base di presunzioni gravi, precise e concordanti, la simulazione di atti di trasferimento a titolo oneroso anteriori di oltre sei mesi all'apertura della successione, di atti costitutivi di passività deducibili e di ogni altro atto rilevante ai fini della determinazione della base imponibile o dell'imposta;

d-bis) dimostrare, anche sulla base di presunzioni gravi, precise e concordanti, la sussistenza, l'insussistenza, la simulazione e la dissimulazione di fatti o atti rilevanti ai fini della determinazione della base imponibile o dell'imposta [2].

2. Il servizio di vigilanza sulle aziende di credito, su richiesta del Ministro delle finanze, controlla l'esattezza delle certificazioni di cui all'art. 23, comma 2.

[1] *L'imposta sulle successioni e sulle donazioni, soppressa dall'articolo 13, comma 1, della legge 18 ottobre 2001, n. 383, è stata ripristinata dall'articolo 2, comma 47, del D.L. 3 ottobre 2006, n. 262.*

[2] *Lettera aggiunta dall'articolo 69, comma 1, lettera m), della legge 21 novembre 2000, n. 342. Le disposizioni di cui alla presente lettera si applicano alle successioni per le quali il termine di presentazione delle relative dichiarazioni scade successivamente al 31 dicembre 2000 ed alle donazioni fatte a decorrere dal 1° gennaio 2001.*

48. Divieti e obblighi a carico di terzi [1]. – 1. Gli ufficiali dello stato civile devono trasmettere all'ufficio del registro competente, nei primi quindici giorni di ogni trimestre, l'elenco delle persone residenti nel comune della cui morte hanno avuto notizia nel trimestre precedente, con l'indicazione dell'indirizzo e con lo stato di famiglia di ciascuna.

2. Gli impiegati dello Stato e degli enti pubblici territoriali ed i pubblici ufficiali, con esclusione dei giudici e degli arbitri, non possono compiere atti relativi a trasferimenti per causa di morte, se non è stata fornita la prova della presentazione, anche dopo il termine di cinque anni di cui all'art. 27, comma 4, della dichiarazione della successione o dell'intervenuto accertamento d'ufficio, e non è stato dichiarato per iscritto dall'interessato che non vi era obbligo di presentare la dichiarazione. I giudici e gli arbitri devono comunicare all'ufficio del registro competente, entro quindici giorni, le notizie relative a trasferimenti per causa di morte apprese in base agli atti del processo.

3. I debitori del defunto ed i detentori di beni che gli appartenevano non possono pagare le somme dovute o consegnare i beni detenuti agli eredi, ai legatari e ai loro aventi

causa, se non è stata fornita la prova della presentazione, anche dopo il termine di cinque anni di cui all'art. 27, comma 4, della dichiarazione della successione o integrativa con l'indicazione dei crediti e dei beni suddetti, o dell'intervenuto accertamento in rettifica o d'ufficio, e non è stato dichiarato per iscritto dall'interessato che non vi era obblio di presentare la dichiarazione. I debitori del defunto devono comunicare per lettera raccomandata all'ufficio del registro competente, entro dieci giorni, l'avvenuto pagamento dei crediti di cui all'art. 12, lettere d) ed e).

4. Le aziende e gli istituti di credito, le società e gli enti che emettono azioni, obbligazioni, cartelle, certificati ed altri titoli di qualsiasi specie, anche provvisori, non possono provvedere ad alcuna annotazione nelle loro scritture né ad alcuna operazione concernente i titoli trasferiti per causa di morte, se non è stata fornita la prova della presentazione, anche dopo il termine di cinque anni di cui all'art. 27, comma 4, della dichiarazione della successione o integrativa con l'indicazione dei suddetti titoli, o dell'intervenuto accertamento in rettifica o d'ufficio, e non è stato dichiarato per iscritto dall'interessato che non vi era obbligo di presentare la dichiarazione.

5. Le dichiarazioni di inesistenza dell'obbligo di presentare la dichiarazione della successione ricevute dai soggetti, di cui ai commi 2, 3 e 4, devono essere trasmesse entro quindici giorni all'ufficio del registro competente.

6. Le cassette di sicurezza non possono essere aperte dai concessionari, prima che gli stessi abbiano apposto la loro firma, con l'indicazione della data e dell'ora dell'apertura, su apposito registro tenuto dai concedenti in forma cronologica e senza fogli o spazi bianchi e abbiano dichiarato per iscritto sul registro stesso che le eventuali altre persone aventi facoltà di aprirle sono tuttora in vita. Le cassette di sicurezza, dopo la morte del concessionario o di uno dei concessionari, possono essere aperte solo alla presenza di un funzionario dell'Amministrazione finanziaria o di un notaio, che redige l'inventario del contenuto, previa comunicazione da parte del concedente all'ufficio del registro, nella cui circoscrizione deve essere redatto l'inventario, del giorno e dell'ora dell'apertura.

7. Le disposizioni del comma 6 si applicano anche nel caso di armadi, casseforti, borse, valige, plichi e pacchi chiusi depositati presso banche o altri soggetti che esercitano tale servizio.

(1) L'imposta sulle successioni e sulle donazioni, soppressa dall'articolo 13, comma 1, della legge 18 ottobre 2001, n. 383, è stata ripristinata dall'articolo 2, comma 47, del D.L. 3 ottobre 2006, n. 262.

49. Disposizione nuova. Notificazioni (1). – 1. Gli avvisi previsti nel presente testo unico sono notificati, nei modi stabiliti in materia di imposte sui redditi, dagli ufficiali giudiziari, da messi speciali autorizzati a norma di legge dagli uffici del registro o da messi comunali o di conciliazione (2).

(1) L'imposta sulle successioni e sulle donazioni, soppressa dall'articolo 13, comma 1, della legge 18 ottobre 2001, n. 383, è stata ripristinata dall'articolo 2, comma 47, del D.L. 3 ottobre 2006, n. 262.
(2) L'articolo 40 del R.D.L. 7 agosto 1936, n. 1639, prevede che la notificazione possa essere eseguita da dipendenti diretti dell'Amministrazione, appositamente delegati.

CAPO VIII
Sanzioni

50. Omissione della dichiarazione (1)(2). – 1. Chi omette di presentare la dichiarazione della successione, quella sostitutiva o la dichiarazione integrativa è punito con la sanzione amministrativa dal centoventi al duecentoquaranta per cento dell'imposta liquidata o riliquidata d'ufficio. Se non è dovuta imposta si applica la sanzione amministrativa da euro 250 a euro 1.000. Se la dichiarazione è presentata con un ritardo non superiore a trenta giorni, si applica la sanzione amministrativa dal sessanta al centoventi per cento dell'ammontare dell'imposta liquidata o riliquidata dall'ufficio. Se non è dovuta imposta si applica la sanzione amministrativa da euro 150 a euro 500 (3).

(1) Articolo modificato dall'articolo 15, comma 1, del D.Lgs. 19 giugno 1997, n. 218 e successivamente sostituito dall'articolo 2, comma 1, lettera d), del D.Lgs. 18 dicembre 1997, n. 473.
(2) L'imposta sulle successioni e sulle donazioni, soppressa dall'articolo 13, comma 1, della legge 18 ottobre 2001, n. 383, è stata ripristinata dall'articolo 2, comma 47, del D.L. 3 ottobre 2006, n. 262.
(3) Comma modificato dall'articolo 28, comma 1, del D.Lgs. 24 settembre 2015, n. 158, con la decorrenza indicata nell'articolo 32, comma 1, del medesimo D.Lgs. n. 158 del 2015, come modificato dall'articolo 1, comma 133, della Legge 28 dicembre 2015, n. 208.

51. Infedeltà della dichiarazione (1)(2). – 1. Chi omette l'indicazione di dati o elementi rilevanti per la liquidazione o riliquidazione dell'imposta o li indica in maniera infedele, ovvero espone passività in tutto o in arte inesistenti, è punito con sanzione amministrativa dal cento al duecento per cento della differenza di imposta. La stessa sanzione si applica, con riferimento all'imposta corrispondente, a chi rilascia o sottoscrive attestazioni o altri documenti rilevanti per la determinazione delle passività deducibili contenenti dati o elementi non rispondenti al vero.

2. La sanzione di cui al comma 1 non si applica relativamente all'imposta corrispondente al maggior valore definitivamente accertato dei beni e dei diritti diversi da quelli indicati nell'articolo 34, comma 5, se il valore accertato non supera di un quarto quello dichiarato.

3. Se l'omissione o l'infedeltà attengono a dati o elementi non incidenti sulla determinazione del tributo, si applica la sanzione da lire cinquecentomila a lire due milioni. La stessa sanzione si applica per la mancata allegazione alle dichiarazioni dei documenti prescritti o dei prospetti rilevanti ai fini della liquidazione delle imposte ipotecaria e catastale, di bollo, delle tasse ipotecarie e dell'imposta sostitutiva di quella comunale sull'incremento di valore degli immobili, ovvero nel caso di inesattezza o di irregolarità dei prospetti medesimi. La sanzione è ridotta alla metà se si provvede alla regolarizzazione nel termine di sessanta giorni dalla richiesta dell'ufficio.

(1) Articolo sostituito dall'articolo 2, comma 1, lettera d), del D.Lgs. 18 dicembre 1997, n. 473
(2) L'imposta sulle successioni e sulle donazioni, soppressa dall'articolo 13, comma 1, della legge 18 ottobre 2001, n. 383, è stata ripristinata dall'articolo 2, comma 47, del D.L. 3 ottobre 2006, n. 262.

52. Omissione e tardività del pagamento. – [*1. Se l'imposta non è stata in tutto o in parte pagata entro il termine stabilito, si applica una soprattassa pari al venti per cento dell'importo non pagato o pagato in ritardo.* [*La stessa sanzione si applica per l'omesso* *o incompleto pagamento dell'imposta liquidata dal dichiarante*] [1].

2. La soprattassa è ridotta alla metà se il pagamento è avvenuto entro trenta giorni dalla scadenza del termine.] [2][3]

[1] *Comma sostituito dall'articolo 23, comma 3, lettera l), della legge 30 dicembre 1991, n. 413. Le disposizioni di cui al presente comma, si applicano alle dichiarazioni presentate a partire dal 1° gennaio 1993. Successivamente il presente comma è stato ulteriormente modificato dall'articolo 9, comma 1, lettera h), del D.L. 29 aprile 1994, n. 260.*
[2] *Articolo abrogato dall'articolo 2, comma 1, lettera h), del D.Lgs. 18 dicembre 1997, n. 473.*
[3] *L'imposta sulle successioni e sulle donazioni, soppressa dall'articolo 13, comma 1, della legge 18 ottobre 2001, n. 383, è stata ripristinata dall'articolo 2, comma 47, del D.L. 3 ottobre 2006, n. 262.*

53. Altre violazioni [1][2]. – 1. L'erede o il legatario al quale sono stati devoluti beni culturali è punito, nei casi previsti nell'art. 13, comma 4, con la sanzione amministrativa dal cento al duecento per cento dell'imposta o della maggiore imposta dovuta ai sensi dell'articolo 32 o dell'articolo 35, in dipendenza della inclusione dei beni nell'attivo ereditario o della esclusione della riduzione d'imposta di cui all'art. 25, comma 2.

2. Chi viola i divieti stabiliti dall'articolo 48, commi da 2 a 4, o non adempie all'obbligo di cui al comma 5 dello stesso articolo, è punito con la sanzione amministrativa dal cento al duecento per cento dell'imposta o della maggiore imposta dovuta in relazione ai beni e diritti ai quali si riferisce la violazione.

3. In caso di violazione delle disposizioni dell'articolo 48, comma 6, i soggetti indicati ovvero quelli indicati nel successivo comma 7, nonché i concedenti o depositari, sono puniti con la sanzione amministrativa da lire cinquecentomila a lire quattro milioni, del pari applicabile a chi:

a) non ottempera alle richieste dell'ufficio o comunica dati incompleti o infedeli;

b) dichiara di non possedere, rifiuta di esibire o sottrae all'ispezione documenti o scritture, ancorché non obbligatori, dei quali risulti con certezza l'esistenza;

c) rifiuta di sottoscrivere l'attestazione di cui all'articolo 23, comma 3, di consegnare agli obbligati alla dichiarazione i titoli delle passività o non permette che ne sia fatta copia autentica, di consegnare o di rilasciare agli stessi gli estratti e le copie autentiche di cui all'articolo 23 e all'articolo 30, comma 1.

4. La sanzione indicata nei commi 2 e 3 è raddoppiata per la violazione di obblighi o di divieti posti a carico di pubblici ufficiali o di pubblici impiegati, ovvero di banche, società di credito o di intermediazione o all'Ente poste italiane. Fino a prova contraria, si presume che autori della violazione siano i legali rappresentanti delle banche, società o enti.

[1] *Articolo sostituito dall'articolo 2, comma 1, lettera f), del D.Lgs. 18 dicembre 1997, n. 473.*
[2] *L'imposta sulle successioni e sulle donazioni, soppressa dall'articolo 13, comma 1, della legge 18 ottobre 2001, n. 383, è stata ripristinata dall'articolo 2, comma 47, del D.L. 3 ottobre 2006, n. 262.*

54. Determinazione della sanzione pecuniaria [1][2]. – 1. Nella determinazione della sanzione commisurata all'imposta o alla maggiore imposta, questa è assunta al netto delle riduzioni e delle detrazioni di cui agli articoli 25 e 26

[1] *Articolo sostituito dall'articolo 2, comma 1, lettera g), del D.Lgs. 18 dicembre 1997, n. 473*

[2] *L'imposta sulle successioni e sulle donazioni, soppressa dall'articolo 13, comma 1, della legge 18 ottobre 2001, n. 383, è stata ripristinata dall'articolo 2, comma 47, del D.L. 3 ottobre 2006, n. 262.*

TITOLO III
Applicazione dell'imposta alle donazioni

55. Registrazione degli atti di donazione [1]. – 1. Gli atti di donazione sono soggetti a registrazione secondo le disposizioni del testo unico sull'imposta di registro, approvato con decreto del Presidente della Repubblica 26 aprile 1986, n. 131, concernenti gli atti da registrare in termine fisso.

1-bis. Sono soggetti a registrazione in termine fisso anche gli atti aventi ad oggetto donazioni, dirette o indirette, formati all'estero nei confronti di beneficiari residenti nello Stato. Dall'imposta sulle donazioni determinata a norma del presente titolo si detraggono le imposte pagate all'estero in dipendenza della stessa donazione ed in relazione ai beni ivi esistenti, salva l'applicazione delle convenzioni contro le doppie imposizioni [2].

2. Gli atti che hanno per oggetto trasferimenti di cui all'art. 3 sono registrati gratuitamente, salvo il disposto del comma 3 dello stesso articolo.

[1] *L'imposta sulle successioni e sulle donazioni, soppressa dall'articolo 13, comma 1, della legge 18 ottobre 2001, n. 383, è stata ripristinata dall'articolo 2, comma 47, del D.L. 3 ottobre 2006, n. 262.*
[2] *Comma aggiunto dall'articolo 69, comma 1, lettera n), della legge 21 novembre 2000, n. 342. Le disposizioni di cui alla presente lettera si applicano alle successioni per le quali il termine di presentazione delle relative dichiarazioni scade successivamente al 31 dicembre 2000 ed alle donazioni fatte a decorrere dal 1° gennaio 2001.*

56. Determinazione dell'imposta [1]. – [*1. L'imposta è determinata dall'applicazione delle aliquote indicate al comma 1- bis al valore globale dei beni e dei diritti oggetto della donazione, al netto degli oneri da cui è gravato il donatario diversi da quelli indicati nell'art. 58, comma 1, ovvero, se la donazione è fatta congiuntamente a favore di più soggetti o se in uno stesso atto sono comprese più donazioni a favore di soggetti diversi, al valore della quota spettante o dei beni o diritti attribuiti a ciascuno di essi.*] [2]

[*1-bis. Le aliquote sono pari al:*

a) tre per cento, nei confronti del coniuge e dei parenti in linea retta;

b) cinque per cento, nei confronti degli altri parenti fino al quarto grado e degli affini in linea retta, nonchè degli affini in linea collaterale fino al terzo grado;

c) sette per cento, nei confronti degli altri soggetti.] [3]

[*2. L'imposta si applica esclusivamente sulla parte di valore della quota spettante a ciascun beneficiario che supera i 350 milioni di lire.*] [4]

[*3. Quando il beneficiario è un discendente in linea retta minore di età, anche chiamato per rappresentazione, o una persona con handicap riconosciuto grave ai sensi della legge 5 febbraio 1992, n. 104, come modificata dalla legge 21 maggio 1998, n. 162, l'imposta si applica esclusivamente sulla parte di valore della quota spettante a ciascun beneficiario che supera l'ammontare di un miliardo di lire.*] [5]

4. Il valore dei beni e dei diritti donati è determinato a norma degli articoli da 14 a 19 e dell'art. 34, commi 3, 4 e 5 [6].

5. Si applicano le riduzioni previste nell'art. 25, salvo quanto stabilito nell'art. 13, commi 3, 4 e 5, e nell'art. 51, comma 2, e si detrae l'imposta comunale sull'incremento di valore degli immobili liquidata a seguito di donazione, per

ciascun immobile donato, fino a concorrenza della parte dell'imposta proporzionale al valore dell'immobile stesso. É inoltre detratta, se alla richiesta di registrazione dell'atto di donazione è allegata la fattura, l'imposta sul valore aggiunto afferente la cessione [7].

[1] *L'imposta sulle successioni e sulle donazioni, soppressa dall'articolo 13, comma 1, della legge 18 ottobre 2001, n. 383, è stata ripristinata dall'articolo 2, comma 47, del D.L. 3 ottobre 2006, n. 262.*
[2] *Comma sostituito dall'articolo 69, comma 1, lettera o), della legge 21 novembre 2000, n. 342 e successivamente abrogato dall'articolo 2, comma 52, lettera c), del D.L. 3 ottobre 2006, n. 262.*
[3] *Comma aggiunto dall'articolo 69, comma 1, lettera o), della legge 21 novembre 2000, n. 342 e successivamente abrogato dall'articolo 2, comma 52, lettera c), del D.L. 3 ottobre 2006, n. 262.*
[4] *Comma sostituito dall'articolo 69, comma 1, lettera o), della legge 21 novembre 2000, n. 342 e successivamente abrogato dall'articolo 2, comma 52, lettera c), del D.L. 3 ottobre 2006, n. 262.*
[5] *Comma sostituito dall'articolo 69, comma 1, lettera o), della legge 21 novembre 2000, n. 342 e successivamente abrogato dall'articolo 2, comma 52, lettera c), del D.L. 3 ottobre 2006, n. 262.*
[6] *Comma sostituito dall'articolo 23, comma 3, lettera l), della legge 30 dicembre 1991, n. 413. Le disposizioni di cui al presente comma, si applicano alle dichiarazioni presentate a partire dal 1° gennaio 1993.*
[7] *Comma modificato, a decorrere dal 29 marzo 1997, dall'articolo 11, comma 1, lettera e-bis), del D.L. 28 marzo 1997, n. 79.*

56 *bis*. Accertamento delle liberalità indirette [1][2]. – 1. Ferma l'esclusione delle donazioni o liberalità di cui agli articoli 742 e 783 del codice civile, l'accertamento delle liberalità diverse dalle donazioni e da quelle risultanti da atti di donazione effettuati all'estero a favore di residenti può essere effettuato esclusivamente in presenza di entrambe le seguenti condizioni:

a) quando l'esistenza delle stesse risulti da dichiarazioni rese dall'interessato nell'ambito di procedimenti diretti all'accertamento di tributi;

b) quando le liberalità abbiano determinato, da sole o unitamente a quelle già effettuate nei confronti del medesimo beneficiario, un incremento patrimoniale superiore all'importo di 350 milioni di lire.

2. Alle liberalità di cui al comma 1 si applica l'aliquota del sette per cento, da calcolare sulla parte dell'incremento patrimoniale che supera l'importo di 350 milioni di lire.

3. Le liberalità di cui al comma 1 possono essere registrate volontariamente, ai sensi dell'art. 8 del testo unico delle disposizioni concernenti l'imposta di registro, approvato con decreto del Presidente della Repubblica 26 aprile 1986, n. 131. In tale caso si applica l'imposta con le aliquote indicate all'art. 56 mentre qualora la registrazione volontaria sia effettuata entro il 31 dicembre 2001, si applica l'aliquota del tre per cento [3].

[1] *Articolo inserito dall'articolo 69, comma 1, lettera p), della legge 21 novembre 2000, n. 342.*
[2] *L'imposta sulle successioni e sulle donazioni, soppressa dall'articolo 13, comma 1, della legge 18 ottobre 2001, n. 383, è stata ripristinata dall'articolo 2, comma 47, del D.L. 3 ottobre 2006, n. 262*
[3] *A norma dell'articolo 17, comma 2, della legge 18 ottobre 2001, n. 383, il termine di cui al presente comma, per effettuare la registrazione volontaria delle liberalità indirette e delle donazioni fatte all'estero a favore di residenti, con l'applicazione dell'imposta di registro nella misura del 3 per cento sull'importo che eccede la franchigia indicata all'articolo 13, comma 2, è prorogato al 30 giugno 2002.*

57. Donazioni anteriori [1]. – 1. Il valore globale netto dei beni e dei diritti oggetto della donazione è maggiorato [, *ai soli fini della determinazione delle aliquote applicabili a norma dell'art. 56,*] di un importo pari al valore complessivo di tutte le donazioni, anteriormente fatte dal donante al donatario, comprese quelle presunte di cui all'art. 1, comma 3, ed escluse quelle indicate nell'art. 1, comma 4, e quelle registrate gratuitamente o con pagamento dell'imposta in misura fissa a norma degli articoli 55 e 59. Agli stessi fini, nelle ipotesi di cui all'art. 56, comma 2, il valore globale netto di tutti i beni e diritti complessivamente donati è maggiorato di un importo pari al valore complessivo di tutte le donazioni anteriormente fatte ai donatari e il valore delle quote spettanti o dei beni e diritti attribuiti a ciascuno di essi è maggiorato di un importo pari al valore delle donazioni a lui anteriormente fatte dal donante. Per valore delle donazioni anteriori si intende il valore attuale dei beni e dei diritti donati; si considerano anteriori alla donazione, se dai relativi atti non risulta diversamente, anche le altre donazioni di pari data [2].

2. Negli atti di donazione e negli atti di cui all'art. 26 del testo unico sull'imposta di registro, approvato con decreto del Presidente della Repubblica 26 aprile 1986, n. 131, devono essere indicati gli estremi delle donazioni anteriormente fatte dal donante al donatario o ad alcuno dei donatari e i relativi valori alla data degli atti stessi. Per l'omissione, l'incompletezza o l'inesattezza di tale indicazione si applica, a carico solidalmente dei donanti e dei donatari, la pena pecuniaria da una a due volte la maggiore imposta dovuta.

[1] *L'imposta sulle successioni e sulle donazioni, soppressa dall'articolo 13, comma 1, della legge 18 ottobre 2001, n. 383, è stata ripristinata dall'articolo 2, comma 47, del D.L. 3 ottobre 2006, n. 262*
[2] *Comma modificato dall'articolo 69, comma 1, lettera q), della legge 21 novembre 2000, n. 342.*

58. Disposizioni varie [1]. – 1. Gli oneri da cui è gravata la donazione, che hanno per oggetto prestazioni a soggetti terzi determinati individualmente, si considerano donazioni a favore dei beneficiari.

2. Per le donazioni sottoposte a condizione si applicano le disposizioni relative all'imposta di registro. Le donazioni a favore di nascituri e quelle a favore di enti di cui all'art. 31, comma 2, lettere g) e h), si considerano sottoposte a condizione sospensiva.

3. Se nell'atto di donazione è prevista la sostituzione di cui all'art. 692 del codice civile si applicano le disposizioni dell'art. 45.

4. Il rimborso dell'imposta pagata spetta anche nei casi di cui all'art. 42, comma 1, lettere b), d) e g).

5. Le disposizioni di questo titolo si applicano, in quanto compatibili, anche per gli atti di liberalità tra vivi diversi dalla donazione.

[1] *L'imposta sulle successioni e sulle donazioni, soppressa dall'articolo 13, comma 1, della legge 18 ottobre 2001, n. 383, è stata ripristinata dall'articolo 2, comma 47, del D.L. 3 ottobre 2006, n. 262*

59. Applicazione dell'imposta in misura fissa [1]. – 1. L'imposta si applica nella misura fissa prevista per l'imposta di registro [2]:

a) per le donazioni di beni culturali vincolati di cui all'art. 12, lettera g), a condizione che sia presentata all'ufficio del registro l'attestazione prevista dall'art. 13, comma 2, salvo quanto stabilito nei commi 3, 4 e 5 dello stesso articolo;

b) per le donazioni di ogni altro bene o diritto dichiarato esente dall'imposta a norma di legge, ad eccezione dei titoli di cui alle lettere h) ed i) dell'art. 12 [3].

[*2. Per le donazioni di veicoli di cui all'art. 12, lettera l), l'imposta si applica nelle misure fisse stabilite nell'art. 7 della parte prima della tariffa allegata al testo unico sull'imposta di registro, approvato con decreto del Presidente della Repubblica 26 aprile 1986, n. 131, come modificato dall'art. 6, comma 4, del decreto-legge 30 settembre 1989, n. 332, convertito, con modificazioni, dalla legge 27 novembre 1989, n. 384.*] [4]

3. Se i beni di cui al presente articolo sono compresi insieme con altri beni o diritti in uno stesso atto di donazione, del loro valore non si tiene conto nella determinazione dell'imposta a norma dell'art. 57.

(1) *L'imposta sulle successioni e sulle donazioni, soppressa dall'articolo 13, comma 1, della legge 18 ottobre 2001, n. 383, è stata ripristinata dall'articolo 2, comma 47, del D.L. 3 ottobre 2006, n. 262*
(2) *Alinea modificato dall'articolo 10, comma 10, lettera c), numero 1), del D.L. 20 giugno 1996, n. 323.*
(3) *Lettera sostituita dall'articolo 10, comma 10, lettera c), numero 2), del D.L. 20 giugno 1996, n. 323.*
(4) *Comma abrogato, a far data dal 1° gennaio 1999, dall'articolo 57, comma 2, del D.Lgs. 15 dicembre 1997, n. 446.*

59 *bis*. Esenzione per i veicoli iscritti al pubblico registro automobilistico [1][2]. – 1. Non sono soggette ad imposta, anche nella ipotesi di cui all'articolo 59, comma 3, le donazioni di veicoli di cui all'articolo 12, comma 1, lettera l).

(1) *Articolo aggiunto, a far data dal 1° gennaio 1999, dall'articolo 57, comma 2, del D.Lgs. 15 dicembre 1997, n. 446.*
(2) *L'imposta sulle successioni e sulle donazioni, soppressa dall'articolo 13, comma 1, della legge 18 ottobre 2001, n. 383, è stata ripristinata dall'articolo 2, comma 47, del D.L. 3 ottobre 2006, n. 262*

60. Rinvio [1]. – 1. Per le modalità e i termini della liquidazione dell'imposta o maggiore imposta determinata a norma degli articoli 56 e 57, per la rettifica del valore dei beni e dei diritti, per l'applicazione dell'imposta in caso di omissione della richiesta di registrazione, per la riscossione e il rimborso dell'imposta, per i divieti e gli obblighi a carico di terzi e per le sanzioni si applicano, in quanto non diversamente disposto in questo titolo e nell'art. 34, commi 4 e 8, le disposizioni del testo unico sull'imposta di registro, approvato con decreto del Presidente della Repubblica 26 aprile 1986, n. 131.

(1) *L'imposta sulle successioni e sulle donazioni, soppressa dall'articolo 13, comma 1, della legge 18 ottobre 2001, n. 383, è stata ripristinata dall'articolo 2, comma 47, del D.L. 3 ottobre 2006, n. 262*

TITOLO IV
Disposizioni transitorie e finali

61. Consolidazione dell'usufrutto [1]. – 1. L'imposta relativa alla riunione dell'usufrutto alla nuda proprietà trasferita a titolo gratuito o per causa di morte si applica solo se la consolidazione dell'usufrutto si è verificata anteriormente alla data di entrata in vigore del decreto del Presidente della Repubblica 26 ottobre 1972, n. 637. Non si fa luogo a rimborso delle imposte già pagate.

(1) *L'imposta sulle successioni e sulle donazioni, soppressa dall'articolo 13, comma 1, della legge 18 ottobre 2001, n. 383, è stata ripristinata dall'articolo 2, comma 47, del D.L. 3 ottobre 2006, n. 262*

62. Agevolazioni [1]. – 1. Restano ferme le agevolazioni previste da altre disposizioni di legge.

(1) *L'imposta sulle successioni e sulle donazioni, soppressa dall'articolo 13, comma 1, della legge 18 ottobre 2001, n. 383, è stata ripristinata dall'articolo 2, comma 47, del D.L. 3 ottobre 2006, n. 262*

63. Entrata in vigore [1]. – 1. Il presente testo unico entra in vigore il 1° gennaio 1991 e si applica alle successioni aperte e alle donazioni fatte a partire da tale data.

(1) *L'imposta sulle successioni e sulle donazioni, soppressa dall'articolo 13, comma 1, della legge 18 ottobre 2001, n. 383, è stata ripristinata dall'articolo 2, comma 47, del D.L. 3 ottobre 2006, n. 262.*

Allegato 1

TARIFFA - ALIQUOTE PERCENTUALI PER SCAGLIONI [1][2]

(1) *Tariffa abrogata dall'art. 69, l. 21 novembre 2000, n. 342. Tale abrogazione vale per le successioni per le quali il termine di presentazione delle relative dichiarazioni scade successivamente al 31 dicembre 2000 e per le donazioni fatte a decorrere dal 1° gennaio 2001.*
(2) *L'imposta sulle successioni e sulle donazioni, soppressa dall'articolo 13, comma 1, della legge 18 ottobre 2001, n. 383, è stata ripristinata dall'articolo 2, comma 47, del D.L. 3 ottobre 2006, n. 262.*

Allegato 2

TARIFFA CONCERNENTE L'IMPOSTA SULLE SUCCESSIONI APERTE E LE DONAZIONI FATTE A DECORRERE DAL 1° GENNAIO 2000 E FINO AL 31 DICEMBRE 2000 [1][2]

(1) *Tariffa abrogata dall'art. 69, l. 21 novembre 2000, n. 342. Tale abrogazione vale per le successioni per le quali il termine di presentazione delle relative dichiarazioni scade successivamente al 31 dicembre 2000 e per le donazioni fatte a decorrere dal 1° gennaio 2001.*
(2) *L'imposta sulle successioni e sulle donazioni, soppressa dall'articolo 13, comma 1, della legge 18 ottobre 2001, n. 383, è stata ripristinata dall'articolo 2, comma 47, del D.L. 3 ottobre 2006, n. 262.*

Allegato 3

TARIFFA CONCERNENTE L'IMPOSTA SULLE SUCCESSIONI APERTE E LE DONAZIONI FATTE A DECORRERE DAL 1° GENNAIO 2001 [1][2]

(1) *Tariffa abrogata dall'art. 69, l. 21 novembre 2000, n. 342. Tale abrogazione vale per le successioni per le quali il termine di presentazione delle relative dichiarazioni scade successivamente al 31 dicembre 2000 e per le donazioni fatte a decorrere dal 1° gennaio 2001.*
(2) *L'imposta sulle successioni e sulle donazioni, soppressa dall'articolo 13, comma 1, della legge 18 ottobre 2001, n. 383, è stata ripristinata dall'articolo 2, comma 47, del D.L. 3 ottobre 2006, n. 262.*

4. D.Lgs. 31 ottobre 1990, n. 347

Approvazione del testo unico delle disposizioni concernenti le imposte ipotecaria e catastale (IMPOSTE IPOTECARIA E CATASTALE)[1].

[1] *Pubblicato in Suppl. ordinario n. 75 alla Gazz. Uff., 27 novembre, n. 277. In riferimento al presente decreto vedi: Circolare Agenzia del Territorio 12 settembre 2012 n. 3/2012.*

TESTO UNICO DELLE DISPOSIZIONI CONCERNENTI LE IMPOSTE IPOTECARIA E CATASTALE

CAPO I
Imposta ipotecaria

1. Oggetto dell'imposta. – 1. Le formalità di trascrizione, iscrizione, rinnovazione e annotazione eseguite nei pubblici registri immobiliari sono soggette alla imposta ipotecaria secondo le disposizioni del presente testo unico e della allegata tariffa.

2. Non sono soggette all'imposta le formalità eseguite nell'interesse dello Stato né quelle relative ai trasferimenti di cui all'art. 3 del testo unico sull'imposta sulle successioni e donazioni, approvato con decreto legislativo 31 ottobre 1990, n. 346, salvo quanto disposto nel comma 3 dello stesso articolo.

2. Base imponibile per le trascrizioni. – 1. L'imposta proporzionale dovuta sulle trascrizioni è commisurata alla base imponibile determinata ai fini dell'imposta di registro o dell'imposta sulle successioni e donazioni.

2. Se l'atto o la successione è esente dall'imposta di registro o dall'imposta sulle successioni e donazioni o vi è soggetto in misura fissa, la base imponibile è determinata secondo le disposizioni relative a tali imposte.

2-bis. In deroga alle disposizioni del comma 2, per la trascrizione dei contratti preliminari ai sensi dell'articolo 2645-bis del codice civile l'imposta è dovuta nella misura fissa [1].

[1] *Comma aggiunto dall'articolo 3, comma 10, lettera a), del D.L. 31 dicembre 1996, n. 669.*

3. Base imponibile per le iscrizioni. – 1. L'imposta proporzionale dovuta sulle iscrizioni e rinnovazioni e sulle relative annotazioni, salvo il disposto del comma 3, è commisurata all'ammontare del credito garantito, comprensivo di interessi e accessori. Se gli interessi sono indicati soltanto nel saggio si cumulano le annualità alle quali per legge si estende l'iscrizione e la rinnovazione.

2. Se l'ipoteca è iscritta a garanzia di rendita o pensione, la base imponibile si determina secondo le disposizioni relative all'imposta di registro.

3. L'imposta dovuta sull'annotazione per restrizione di ipoteca è commisurata al minor valore tra quello del credito garantito e quello degli immobili o parti di immobili liberati determinato secondo le disposizioni relative all'imposta di registro.

4. Imposta relativa a più formalità. – 1. È soggetta ad imposta proporzionale una sola formalità, quando per lo stesso credito ed in virtù dello stesso atto debbono eseguirsi più iscrizioni o rinnovazioni; per ciascuna delle altre iscrizioni o rinnovazioni è dovuta l'imposta fissa.

2. Se le formalità devono eseguirsi in più uffici, devono essere presentate all'ufficio presso il quale si paga l'imposta proporzionale, oltre alle note prescritte dal codice civile, altrettante copie delle stesse quanti sono gli uffici, in cui la formalità deve essere ripetuta; l'ufficio appone su ciascuna di esse il visto di conformità all'originale e la certificazione di eseguita formalità di cui all'art. 14, comma 2, e le restituisce al richiedente. Tuttavia il richiedente può presentare a ciascuno degli uffici, presso i quali la formalità deve essere ripetuta, copia della nota recante la certificazione di eseguita formalità autenticata da notaio.

3. Le disposizioni dei commi 1 e 2 si applicano anche alle annotazioni soggette ad imposta proporzionale.

5. Trascrizione del certificato di successione [1]. – 1. Nel caso di successione ereditaria comprendente beni immobili o diritti reali immobiliari, a chiunque devoluti e qualunque ne sia il valore, l'ufficio del registro redige il certificato di successione, in conformità alle risultanze della dichiarazione della successione o dell'accertamento d'ufficio, e ne richiede la trascrizione, compilando in duplice esemplare la nota a spese dei soggetti obbligati al pagamento dell'imposta di successione.

2. La trascrizione del certificato è richiesta ai soli effetti stabiliti dal presente testo unico e non costituisce trascrizione degli acquisti a causa di morte degli immobili e dei diritti reali immobiliari compresi nella successione.

[1] *Per la trasmissione, per via telematica, del certificato di successione da presentare al conservatore dei registri immobiliari, vedi il Provvedimento 2 agosto 2013.*

6. Termini per la trascrizione. – 1. I notai e gli altri pubblici ufficiali, che hanno ricevuto o autenticato l'atto soggetto a trascrizione, o presso i quali è stato depositato l'atto ricevuto o autenticato all'estero, hanno l'obbligo di richiedere la formalità relativa nel termine di trenta giorni dalla data dell'atto o del deposito.

2. I cancellieri, per gli atti e provvedimenti soggetti a trascrizione da essi ricevuti o ai quali essi hanno comunque partecipato, devono richiedere la formalità entro il termine di centoventi giorni dalla data dell'atto o del provvedimento ovvero della sua pubblicazione, se questa è prescritta [1].

3. La trascrizione del certificato di successione deve essere richiesta nel termine di sessanta giorni dalla data di presentazione della dichiarazione di successione con l'indicazione degli estremi dell'avvenuto pagamento dell'imposta ipotecaria [2].

[1] *Comma modificato dall'articolo 27, comma 1, del D.Lgs. 24 settembre 2015, n. 158, con la decorrenza indicata nell'articolo 32, comma 1, del medesimo D.Lgs. n. 158 del 2015, come modificato dall'articolo 1, comma 133, della Legge 28 dicembre 2015, n. 208.*

[2] *Comma sostituito dall'articolo 11, comma 2, lettera a), del D.L. 28 marzo 1997, n. 79.*

7. Termine per le annotazioni. – 1. Le annotazioni previste dagli articoli 2654, 2655 e 2896 del codice civile devono essere richieste, a cura delle parti o dei loro procuratori o dei notai o altri pubblici ufficiali che hanno ricevuto o autenticato l'atto, entro il termine di trenta giorni dalla data dell'atto o della pubblicazione della sentenza o della pronunzia del decreto.

8. Privilegio. – 1. Il credito dello Stato per l'imposta ipotecaria dovuta sulle iscrizioni, rinnovazioni e relative annotazioni ha privilegio, oltre che sull'immobile cui la formalità si riferisce a norma del codice civile, anche sul credito garantito con preferenza rispetto ad ogni ragione su di esso spettante a terzi.

9. Sanzioni [(1)]. – 1. Chi omette la richiesta di trascrizione o le annotazioni obbligatorie è punito con la sanzione amministrativa dal cento al duecento per cento dell'imposta. Se la richiesta di trascrizione o le annotazioni obbligatorie sono effettuate con un ritardo non superiore a trenta giorni, si applica la sanzione amministrativa dal cinquanta al cento per cento dell'ammontare delle imposte dovute [(2)].

2. Se l'omissione riguarda trascrizioni o annotazioni soggette ad imposta fissa o non soggette ad imposta o da eseguirsi a debito, ovvero per le quali l'imposta è stata già pagata entro il termine stabilito, si applica la sanzione amministrativa da euro 100 a euro 2.000, ridotta a euro 50 se la richiesta è effettuata con ritardo non superiore a trenta giorni [(3)].

[(1)] *Articolo modificato dall'articolo 11, comma 2, lettera b), del D.L. 28 marzo 1997, n. 79 e successivamente sostituito dall'articolo 4, comma 1, lettera a), del D.Lgs. 18 dicembre 1997, n. 473.*

[(2)] *Comma modificato dall'articolo 27, comma 2, lettera a), del D.Lgs. 24 settembre 2015, n. 158, con la decorrenza indicata nell'articolo 32, comma 1, del medesimo D.Lgs. n. 158 del 2015, come modificato dall'articolo 1, comma 133, della Legge 28 dicembre 2015, n. 208.*

[(3)] *Comma modificato dall'articolo 27, comma 2, lettera b), del D.Lgs. 24 settembre 2015, n. 158, con la decorrenza indicata nell'articolo 32, comma 1, del medesimo D.Lgs. n. 158 del 2015, come modificato dall'articolo 1, comma 133, della Legge 28 dicembre 2015, n. 208.*

CAPO II
Imposta catastale

10. Oggetto e misura dell'imposta. – 1. Le volture catastali sono soggette all'imposta del 10 per mille sul valore dei beni immobili o dei diritti reali immobiliari determinato a norma dell'art. 2, anche se relative a immobili strumentali, ancorché assoggettati all'imposta sul valore aggiunto, di cui all'articolo 10, primo comma, numero 8-ter), del decreto del Presidente della Repubblica 26 ottobre 1972, n. 633 [(1)(A)].

2. L'imposta è dovuta nella misura fissa di euro 200 per le volture eseguite in dipendenza di atti che non importano trasferimento di beni immobili nè costituzione o trasferimento di diritti reali immobiliari, di atti soggetti all'imposta sul valore aggiunto, di fusioni e di scissioni di società di qualunque tipo e di conferimenti di aziende o di complessi aziendali relativi a singoli rami dell'impresa, per quelle eseguite in dipendenza di atti di regolarizzazione di società di fatto, derivanti da comunione ereditaria di azienda registrati entro un anno dall'apertura della successione, nonchè per quelle eseguite in dipendenza degli atti di cui all'art. 1, comma 1, quarto, quinto e nono periodo, della tariffa, parte prima, allegata al testo unico delle disposizioni concernenti l'imposta di registro, approvato con decreto del Presidente della Repubblica 26 aprile 1986, n. 131 [(2)(3)].

3. Non sono soggette ad imposta le volture eseguite nell'interesse dello Stato né quelle relative a trasferimenti di cui all'art. 3 del testo unico sull'imposta sulle successioni e donazioni, approvato con decreto legislativo 31 ottobre 1990, n. 346, salvo quanto disposto nel comma 3 dello stesso articolo.

[(1)] *Comma modificato dall'articolo 3, comma 132, della legge 28 dicembre 1995, n. 549 e successivamente dall'articolo 35, comma 10-bis, lettera a), del D.L. 4 luglio 2006, n. 223.*

[(2)] *Comma sostituito dall'articolo 16, comma 2, lettera a), del D.L. 22 maggio 1993, n. 155 e successivamente modificato dall'articolo 16, comma 15, lettera a), della legge 24 dicembre 1993, n. 537, dall'articolo 3, comma 15, lettera a), del D.L. 31 dicembre 1996, n. 669 e dall'articolo 30, comma 5-bis, del D.L. 29 novembre 2008, n. 185.*

[(3)] *L'importo dell'imposta di cui al presente comma, già modificato dall'articolo 10, comma 6, del D.L. 20 giugno 1996, n. 323, è stato ulteriormente elevato dall'allegato 2-bis della legge 30 dicembre 2004, n. 311 come introdotto dall'articolo 7, comma 1, lettera b), del D.L. 31 gennaio 2005 n. 7. A norma dell'articolo 26, comma 2, del D.L. 12 settembre 2013, n. 104, convertito, con modificazioni, in Legge 8 novembre 2013 n. 128, l'importo di ciascuna delle imposte di registro, ipotecaria e catastale stabilito in misura fissa di euro 168 da disposizioni vigenti anteriormente al 1° gennaio 2014 è elevato ad euro 200; a norma del comma 3 del medesimo articolo 26, le disposizioni di cui al comma 2 hanno effetto dal 1° gennaio 2014 e, in particolare, hanno effetto per gli atti giudiziari pubblicati o emanati, per gli atti pubblici formati, per le donazioni fatte e per le scritture private autenticate a partire da tale data, per le scritture private non autenticate e per le denunce presentate per la registrazione dalla medesima data, nonché per le formalità di trascrizione, di iscrizione, di rinnovazione eseguite e per le domande di annotazione presentate a decorrere dalla stessa data.*

[(A)] *In riferimento al presente comma:Circolare Agenzia delle Entrate 29 maggio 2013, n. 18/E.*

CAPO III
Accertamento, liquidazione e riscossione

11. Soggetti obbligati al pagamento. – 1. Sono obbligati al pagamento dell'imposta ipotecaria e dell'imposta catastale coloro che richiedono le formalità di cui all'art. 1 e le volture di cui all'art. 10 e i pubblici ufficiali obbligati al pagamento dell'imposta di registro o dell'imposta sulle successioni e donazioni, relativamente agli atti ai quali si riferisce la formalità o la voltura.

2. Sono inoltre solidalmente tenuti al pagamento delle imposte, di cui al comma 1, tutti coloro nel cui interesse è stata richiesta la formalità o la voltura e, nel caso di iscrizioni e rinnovazioni, anche i debitori contro i quali è stata iscritta o rinnovata l'ipoteca.

12. Uffici competenti. – 1. Gli uffici del registro sono competenti per l'imposta catastale e per l'imposta ipotecaria relative ad atti che importano trasferimenti di beni immobili ovvero costituzione o trasferimento di diritti reali immobiliari di godimento e sulle trascrizioni relative a certificati di successione. Gli uffici dei registri immobiliari sono competenti per l'imposta ipotecaria sulle altre formalità che vi sono soggette.

13. Procedimenti e termini. – 1. Per l'accertamento e la liquidazione delle imposte ipotecaria e catastale, per la irrogazione delle relative sanzioni, per le modalità e i termini della riscossione e per la prescrizione, si applicano, in quanto non disposto nel presente testo unico le disposizioni relative all'imposta di registro e all'imposta sulle successioni e donazioni [1].

2. Gli uffici dei registri immobiliari riscuotono l'imposta ipotecaria di loro competenza all'atto della richiesta della formalità, salvo quanto disposto dall'articolo 33, comma 1-bis, del testo unico delle disposizioni concernenti l'imposta sulle successioni e donazioni, approvato con decreto legislativo 31 ottobre 1990, n. 346 [2].

2-bis. Gli uffici del registro, in sede di liquidazione di imposta di successione, provvedono a correggere gli errori e le omissioni commessi dagli eredi e dai legatari nell'adempimento degli obblighi previsti dall'articolo 33, comma 1-bis, del testo unico delle disposizioni concernenti l'imposta sulle successioni e donazioni, approvato con decreto legislativo 31 ottobre 1990, n. 346. In caso di omesso o insufficiente versamento gli uffici liquidano la maggiore imposta che risulta dovuta con le modalità e nei termini di cui all'articolo 27 del suddetto decreto legislativo n. 346 del 1990 [3].

3. Il pagamento delle imposte non può essere dilazionato.

4. Gli interessi di mora sulle somme dovute all'erario e su quelle da rimborsare al contribuente si applicano nella misura del 4,50 per cento per ogni semestre compiuto [4].

(1) *Vedi l'articolo 33, comma 1-bis, del D.Lgs. 31 ottobre 1990, n. 346.*
(2) *Comma modificato dall'articolo 11 del D.L. 28 marzo 1997, n. 79.*
(3) *Comma aggiunto dall'articolo 11 del D.L. 28 marzo 1997, n. 79.*
(4) *A norma dell'articolo 1, comma 3, del D.M. 21 maggio 2009, gli interessi per i rimborsi delle imposte ipotecaria e catastale, di cui al presente articolo, sono dovuti nella misura dell'1 per cento, per ogni semestre compiuto, a decorrere dal 1° gennaio 2010.*

14. Prova del pagamento delle imposte. – 1. La prova dell'avvenuto pagamento delle imposte può essere data solo nei modi stabiliti nei successivi commi 2, 3 e 4.

2. L'ufficio dei registri immobiliari indica le somme pagate, in lettere e in cifre, sulla certificazione da apporre a prova della eseguita formalità e sulla nota da esso trattenuta.

3. Nel caso previsto dall'art. 4, comma 2, l'ufficio presso il quale è eseguita la formalità col pagamento dell'imposta fissa ritira dalla parte la copia ivi prevista; se è stata attivata la meccanizzazione dei servizi, nella certificazione di cui al comma 2, deve essere indicato, in luogo dei numeri dei registri generale e particolare, il numero di presentazione di cui all'ultimo comma dell'art. 2678 del codice civile.

4. Le imposte riscosse dall'ufficio del registro e versate direttamente dagli eredi e dai legatari sono distintamente annotate sugli atti, sulle sentenze, sulle denunzie e sulle quietanze rilasciate a prova dell'eseguito pagamento delle imposte di registro e sulle successioni e donazioni, nonché sulle copie dei titoli registrati [1].

(1) *Comma modificato dall'articolo 11 del D.L. 28 marzo 1997, n. 79.*

15. Esecuzione di formalità e di volture senza previo pagamento dell'imposta. – 1. Possono essere eseguite anche senza previo pagamento delle imposte:

a) le iscrizioni, rinnovazioni ed annotazioni che sono richieste dal pubblico ministero nell'interesse di privati, da pubblici ufficiali e da privati in virtù di un obbligo loro imposto per legge;

b) le formalità e le volture richieste dalle amministrazioni dello Stato quando le spese relative devono far carico ad altri.

2. L'ufficio competente indica l'imposta dovuta sui documenti di cui all'art. 14 e procede alla riscossione.

16. Formalità e volture da eseguirsi a debito. – 1. Sono eseguite con prenotazione a debito dell'imposta, salvo il recupero secondo le disposizioni delle rispettive leggi:

a) le trascrizioni del sequestro conservativo di cui all'art. 316 del codice di procedura penale;

b) le iscrizioni e le trascrizioni di cui all'articolo 22 del decreto legislativo 18 dicembre 1997, n. 472, e successive modificazioni [1];

c) le trascrizioni degli atti indicati nel comma 2 dell'art. 6[*quando presso la cancelleria giudiziaria non esiste deposito per le spese*] [2];

d) le formalità e le volture richieste nei procedimenti civili nell'interesse dello Stato e di persone fisiche o giuridiche ammesse al gratuito patrocinio;

e) le formalità e le volture relative a procedure di fallimento e ad altre procedure concorsuali.

2. Nei casi di cui alle lettere a) e b) del comma 1 l'imposta prenotata è riscossa in ragione della somma che risulta definitivamente dovuta.

2-bis. Nei casi di cui alla lettera c) del comma 1, l'ufficio provinciale dell'Agenzia del territorio notifica apposito avviso di liquidazione alle parti interessate con l'invito a effettuare entro il termine di sessanta giorni il pagamento dell'imposta, decorsi i quali procede alla riscossione a norma dell'articolo 15 [3].

(1) *Lettera sostituita dall'articolo 6, comma 5-terdecies, lett. a) del D.L. 2 marzo 2012, n. 16.*
(2) *Lettera modificata dall'articolo 6, comma 5-terdecies, lett. b) del D.L. 2 marzo 2012, n. 16.*
(3) *Comma aggiunto dall'articolo 6, comma 5-terdecies, lett. c) del D.L. 2 marzo 2012, n. 16.*

17. Decadenza. – 1. Le imposte da corrispondere agli uffici del registro devono essere richieste entro gli stessi termini di decadenza stabiliti in materia di imposta di registro o di imposta sulle successioni e donazioni.

2. Le imposte da corrispondere agli uffici dei registri immobiliari devono essere richieste, a pena di decadenza, entro tre anni dal giorno in cui è stata eseguita la relativa formalità o entro cinque anni dalla scadenza del termine entro il quale la stessa doveva essere richiesta. L'intervenuta decadenza non dispensa dal pagamento dell'imposta nel caso di successiva richiesta della formalità.

3. Le sanzioni amministrative per le violazioni alle norme del presente testo unico devono essere applicate, a pena di decadenza, nel termine stabilito per l'accertamento dell'imposta cui si riferiscono e, se questa non è dovuta, nel termine di cinque anni dal giorno in cui è avvenuta la violazione [1].

4. I privilegi previsti a garanzia dei crediti dello Stato per le imposte ipotecaria e catastale si estinguono col decorso di cinque anni dalla data di registrazione dell'atto o dalla data in cui è stata eseguita o doveva essere eseguita la formalità o la voltura.

5. La restituzione delle imposte e sanzioni amministrative indebitamente pagate deve essere richiesta, a pena di deca-

denza, entro tre anni dal giorno del pagamento ovvero, se posteriore, da quello in cui è sorto il diritto alla restituzione [1].

[1] Comma modificato dall'articolo 4 del D.Lgs. 18 dicembre 1997, n. 473.

CAPO IV
Disposizioni varie e finali

18. Misura minima dell'imposta proporzionale e arrotondamento [1]. – 1. Le imposte ipotecaria e catastale dovute in misura proporzionale non possono essere inferiori alla misura fissa e sono arrotondate a lire mille per difetto se la frazione non è superiore a lire cinquecento e per eccesso se superiore, ovvero all'unità, nel caso in cui i valori siano espressi in euro, per difetto se la frazione è inferiore a 50 centesimi e per eccesso se non inferiore.

[1] Articolo modificato dall'articolo 10 del D.P.R. 18 agosto 2000, n. 308.

19. Tasse ipotecarie. – 1. Per le operazioni inerenti al servizio ipotecario indicate nell'allegata tabella, tranne quelle eseguite nell'interesse dello Stato, sono dovute le tasse ivi previste.

20. Disciplina dei libri fondiari. – 1. Restano ferme le disposizioni del regio decreto 28 marzo 1929, n. 499, e successive modificazioni, per le formalità relative agli immobili situati nei territori ivi indicati.

21. Entrata in vigore. – 1. Il presente testo unico entra in vigore il 1° gennaio 1991.

Allegato 1

TARIFFA
(Omissis)

DOGANE - ACCISE - INTRATTENIMENTI, GIOCHI E SCOMMESSE

1. D.P.R. 23 gennaio 1973, n. 43

Approvazione del testo unico delle disposizioni legislative in materia doganale (T.U. DISPOSIZIONI LEGISLATIVE IN MATERIA DOGANALE)(1) (2)(3)(4)(5)(6)(7)(8).

(1) *Pubblicato in Suppl. ordinario alla Gazz. Uff., 28 marzo, n. 80.*

(2) *In luogo di Intendente/Intendenza di finanza, leggasi Direttore/Direzione regionale delle entrate.*

(3) *Il riferimento a soprattasse e/o a pene pecuniarie, nonché ad ogni altra sanzione amministrativa, ancorché diversamente denominata, contenuto nel presente provvedimento, è sostituito con il riferimento alla sanzione pecuniaria di uguale importo (art. 26, comma 1, d.lg. 18 dicembre 1997, n. 472). I riferimenti eventualmente contenuti nelle singole leggi di imposta a disposizioni abrogate si intendono effettuati agli istituti e alle previsioni corrispondenti risultanti dal citato d.lg. 472/1997. Salvo diversa espressa previsione, i procedimenti di irrogazione delle sanzioni disciplinati dal citato d.lg. 472/1997, si applicano all'irrogazione di tutte le sanzioni tributarie non penali (art. 26, comma 1, d.lg. 18 dicembre 1997, n. 472).*

(4) *Con d.lg. 31 marzo 1998, n. 143 sono state dettate norme di riordino del commercio con l'estero in attuazione delle disposizioni di cui all'art. 4, comma 4, lettera c), e dell'articolo 11, l. 15 marzo 1997, n. 59.*

(5) *A partire dal 1° gennaio 1999 ogni sanzione pecuniaria penale o amministrativa espressa in lire nel presente provvedimento si intende espressa anche in Euro secondo il tasso di conversione irrevocabilmente fissato ai sensi del Trattato CE. A decorrere dal 1° gennaio 2002 ogni sanzione penale o amministrativa espressa in lire nel presente provvedimento è tradotta in Euro secondo il tasso di conversione irrevocabilmente fissato ai sensi del Trattato CE. Se tale operazione di conversione produce un risultato espresso anche in decimali, la cifra è arrotondata eliminando i decimali (art. 51, d.lg. 24 giugno 1998, n. 213).*

(6) *A decorrere dalla data di nomina del primo governo costituito a seguito delle prime elezioni politiche successive all'entrata in vigore del d.lg. 30 luglio 1999, n. 300, le prefetture sono trasformate in uffici territoriali del governo; il prefetto preposto a tale ufficio nel capoluogo della regione assume anche le funzioni di commissario del governo (art. 11, d.lg. 300/1999, cit.).*

(7) *In luogo di Ministro/Ministero per le politiche agricole leggasi Ministro/Ministero delle politiche agricole e forestali, ex d.p.r. 13 settembre 1999.*

(8) *In riferimento al presente decreto vedi: Nota Ministero dell'Economia e delle Finanze 04 novembre 2011; Nota Ministero dell'Economia e delle Finanze 01 febbraio 2012 n. 148047.*

TITOLO I
Disposizioni generali

CAPO I
Determinazione del territorio doganale

1. Linea doganale. – Il lido del mare ed i confini con gli altri Stati costituiscono la linea doganale.

Lungo il lido del mare, in corrispondenza delle foci dei fiumi e degli altri corsi d'acqua nonché degli sbocchi dei canali, delle lagune e dei bacini interni di ogni specie, la linea doganale segue la linea retta congiungente i punti più foranei di apertura della costa; in corrispondenza dei porti marittimi segue il limite esterno delle opere portuali e le linee rette che congiungono le estremità delle loro aperture, in modo da includere gli specchi d'acqua dei porti medesimi.

Nel tratto fra Ponte Tresa e Porto Ceresio e nella zona di Livigno la linea doganale, anzichè il confine politico, segue rispettivamente le sponde nazionali del lago di Lugano e la delimitazione del territorio del comune di Livigno verso i comuni italiani ad esso limitrofi; *[nel tratto da Gorizia al mare la linea predetta coincide con il confine orientale della regione Friuli-Venezia Giulia]*. Il confine politico che racchiude il territorio del comune di Campione d'Italia non costituisce linea doganale(1).

(1) *Comma modificato dall'articolo 1, comma 1, numero 1), del D.P.R. 16 dicembre 1977, n. 960.*

2. Territorio doganale e territori extra-doganali. – Il territorio circoscritto dalla linea doganale costituisce il territorio doganale.

Il mare territoriale è considerato come territorio doganale, eccetto per quanto concerne l'impiego ed il consumo dei macchinari, materiali ed altri prodotti di cui all'art. 132. Agli effetti doganali le acque marittime comprese fra il lido e le linee di base di cui al decreto del Presidente della Repubblica 26 aprile 1977, n. 816, sono assimilate al mare territoriale (1).

È altresì considerato come territorio doganale lo spazio aereo sottoposto alla sovranità dello Stato.

I territori dei comuni di Livigno e di Campione d'Italia, nonché le acque nazionali del lago di Lugano racchiuse fra la sponda ed il confine politico nel tratto fra Ponte Tresa e Porto Ceresio, non compresi nel territorio doganale, costituiscono i territori extra-doganali.

Sono assimilati ai territori extra-doganali i depositi franchi, i punti franchi e gli altri analoghi istituti, di cui agli articoli 132, 164, 166 e 254.

Sono fatti salvi gli speciali regimi fiscali vigenti nel territorio della Valle d'Aosta ed in quello della provincia di Gorizia, dichiarati "zona franca" rispettivamente con l'art. 14 della legge costituzionale 26 febbraio 1948, n. 4, e con l'art. 1 della legge 1° dicembre 1948, n. 1438.

(1) *Comma modificato dall'articolo 1, comma 1, numero 2), del D.P.R. 16 dicembre 1977, n. 960.*

CAPO II
Organizzazione dei servizi doganali

3. Ordinamento amministrativo. – Agli effetti dell'ordinamento amministrativo dei servizi doganali, il territorio della Repubblica è suddiviso in compartimenti.

Ciascun compartimento è ripartito in due o più circoscrizioni doganali; ciascuna circoscrizione comprende una o più dogane.

4. Compartimenti doganali. – Ai capi dei compartimenti doganali è attribuita l'alta vigilanza sugli uffici doganali del compartimento; essi esercitano altresì azione di direttiva e di indirizzo relativamente alla efficienza degli uffici predetti nonché le altre attribuzioni espressamente previste da norme legislative e regolamentari.

Qualora le esigenze connesse con lo sviluppo dei traffici aerei lo giustifichino, il Ministro per le finanze può stabilire che talune attribuzioni dei compartimenti doganali siano devolute, limitatamente alla parte attinente al traffico aereo, ad un apposito ispettorato centrale alle dirette dipendenze della direzione generale delle dogane e imposta indiretta, con sede in Roma.

5. Circoscrizioni doganali. – Ai capi delle circoscrizioni doganali sono attribuite funzioni dirigenziali, di organizzazione, di coordinamento e di vigilanza dei servizi doganali nell'ambito della circoscrizione medesima e le altre competenze espressamente previste da norme legislative e regolamentari.

6. Dogane e loro ubicazione. – Le dogane sono istituite in prossimità della linea doganale di terra e di mare, presso i punti di approdo dei laghi di confine e nell'ambito degli aeroporti aperti al traffico aereo civile internazionale; sono altresì istituite nell'interno del territorio dello Stato, presso centri commerciali, industriali o turistici.

In base ad accordi con gli Stati confinanti presso i transiti di confine possono essere istituite, in territorio italiano o in territorio estero, dogane internazionali, nelle quali gli organi doganali dei due Stati finitimi provvedono ad assicurare l'applicazione delle norme stabilite dalle rispettive legislazioni doganali. Le dogane internazionali ubicate in territorio estero si considerano, agli effetti amministrativi, poste nel territorio della provincia italiana più vicina.

Nelle circoscrizioni doganali comprendenti più dogane la competenza territoriale di ciascuna dogana è stabilita dal capo della circoscrizione.

7. Sezioni doganali, posti doganali e posti di osservazione. – Ciascuna dogana può avere alle proprie dipendenze una o più "sezioni", nonché uno o più posti doganali" e "posti di osservazioni", funzionanti come sezioni.

Le sezioni doganali devono essere ubicate nell'ambito del territorio della provincia nel quale trovasi la sede della dogana medesima. Tuttavia, le sezioni funzionanti in prossimità dei transiti di confine ovvero presso stabilimenti o depositi possono essere ubicate anche fuori del territorio predetto.

Possono essere istituite, anche fuori del territorio della provincia, sezioni doganali destinate a funzionare soltanto in determinati giorni della settimana o del mese ovvero in determinati periodi dell'anno. Al personale assegnato a tali sezioni compete il trattamento di missione secondo le norme vigenti in materia.

I posti doganali possono essere istituiti lungo la linea doganale, nelle località dove l'esiguità del traffico non giustifica l'istituzione di una dogana. I posti di osservazione possono essere istituiti lungo la linea doganale per vigilare ed accertare l'entrata e l'uscita delle merci, qualora la dogana sia situata in luoghi distanti da detta linea.

8. Classificazione delle dogane. – Agli effetti della competenza per materia, le dogane si distinguono in tre categorie.

Sono di prima categoria le dogane abilitate a compiere qualsiasi operazione e per merci di qualsiasi specie.

Sono di seconda categoria le dogane specializzate per il compimento di determinate operazioni ovvero di operazioni relative a determinate merci.

Sono di terza categoria le dogane istituite in località di non rilevante movimento commerciale, industriale o turistico, la cui competenza è limitata prevalentemente alle operazioni di interesse locale.

Secondo la loro ubicazione, le dogane si distinguono in dogane di confine, dogane di mare, dogane aeroportuali e dogane interne.

Ai fini amministrativo-contabili le dogane si distinguono in dogane principali e dogane secondarie.

9. Istruzione, soppressione e determinazione delle competenze delle dogane. – Il Ministro delle finanze, con propri decreti, stabilisce: i compartimenti doganali, le circoscrizioni doganali, le dogane principali e le dogane secondarie a ciascuna di esse aggregate, le sezioni doganali, i posti doganali ed i posti di osservazione; la categoria di ciascuna dogana e la competenza per materia di quelle di seconda e terza categoria; i punti della linea doganale da attraversare e le vie da percorrere tra ciascuno dei punti predetti ed il competente ufficio doganale per l'entrata e per l'uscita delle merci; il periodo di funzionamento delle sezioni di cui al penultimo comma dell'art. 7 (1).

Le facoltà delle sezioni doganali, dei posti doganali e dei posti di osservazione sono stabilite, nei limiti di competenza della dogana dalla quale dipendono, dal capo della circoscrizione doganale (2).

I controlli e le formalità di frontiera relativi a merci e veicoli viaggianti sotto determinati regimi doganali ovvero aventi determinate destinazioni geografiche possono essere ripartiti selettivamente, secondo criteri prestabiliti con decreti del Ministro delle finanze, tra più uffici doganali di frontiera operanti nella medesima area di confluenza delle correnti di traffico o nella stessa zona portuale, al fine di assicurare lo scorrimento dei traffici internazionali (3).

La istituzione di una sezione doganale, quando viene richiesta da un ente od impresa nel proprio esclusivo interesse, è subordinata all'impegno da parte del richiedente di fornire gratuitamente i locali da adibirsi a sede dell'ufficio nonché di assumere a proprio carico le spese di impianto e di esercizio dei servizi necessari ad assicurare l'agibilità della sezione stessa.

(1) *Comma sostituito dall'articolo 1, comma 1, del D.P.R. 8 maggio 1985, n. 254.*
(2) *Comma sostituito dall'articolo 1, comma 1, del D.P.R. 8 maggio 1985, n. 254.*
(3) *Comma sostituito dall'articolo 1, comma 1, del D.P.R. 8 maggio 1985, n. 254.*

9 *bis*. Localizzazione di determinate operazioni doganali. – Il Ministro per le finanze, con proprio decreto da pubblicarsi nella Gazzetta Ufficiale della Repubblica italiana, può stabilire che, in deroga alla competenza per materia delle dogane di qualsiasi categoria, le operazioni doganali di importazione e di esportazione, anche temporanea, relative a determinate merci od a merci trasportate con determinati veicoli od a merci viaggianti sotto determinati regimi doganali siano accentrate presso talune dogane ovvero siano compiute presso la dogana del luogo ove si trova il deposito o stabilimento dell'impresa rispettivamente destinataria e mittente (1).

(1) *Articolo aggiunto dall'articolo 1, comma 1, numero 3), del D.P.R. 16 dicembre 1977, n. 960.*

10. Laboratori chimici delle dogane. – L'istituzione e la soppressione dei laboratori chimici delle dogane e imposte indirette sono stabilite con decreto del Presidente della Repubblica.

Con decreto del Ministro per le finanze, da pubblicarsi nella Gazzetta Ufficiale della Repubblica italiana, possono essere istituite nelle località di notevole importanza commerciale sezioni specializzate dei competenti laboratori chimici delle dogane e imposte indirette.

L'istituzione di una sezione specializzata, quando viene richiesta da un ente od impresa nel proprio esclusivo interesse, è subordinata all'impegno da parte del richiedente di fornire gratuitamente i locali da adibirsi a sede dell'ufficio e le necessarie attrezzature tecniche, nonché di assumere a proprio carico le spese di impianto e di esercizio dei servizi necessari ad assicurare l'agibilità della sezione stessa.

La soppressione delle sezioni specializzate è disposta con analogo provvedimento del Ministro per le finanze.

11. Orario degli uffici doganali. – *[I capi dei compartimenti e delle circoscrizioni doganali, tenuto conto delle esigenze e delle consuetudini della produzione, del commercio e dei traffici, stabiliscono l'orario dei dipendenti uffici, ferme restando le disposizioni vigenti sull'orario ordinario di lavoro degli impiegati civili dello Stato. L'orario degli uffici e delle sezioni nelle dogane di confine, di mare e aeroportuali, quando il volume del traffico lo giustifica, deve essere stabilito, sentiti i capi dei servizi sanitari e degli altri servizi dei quali è prescritto l'intervento in relazione all'entrata nel territorio doganale ed all'uscita dallo stesso delle persone, dei veicoli e delle merci, in modo da consentire che:*

a) il passaggio delle frontiere sia assicurato ventiquattro ore al giorno con i corrispondenti controlli e formalità per i veicoli che circolano vuoti o trasportano merci in regime doganale di transito;

b) i controlli e le formalità relativi alla circolazione dei mezzi di trasporto e delle merci che non circolano in regime doganale di transito possano essere espletati dal lunedì al venerdì, per almeno dieci ore senza interruzione e il sabato per almeno sei ore senza interruzione, salvo se questi giorni sono festivi; per le operazioni doganali eseguite nel periodo di apertura degli uffici oltre il limite dell'orario ordinario di lavoro degli impiegati civili dello Stato è addebitato il costo del servizio. Nei centri elaborazione dati dei compartimenti doganali è stabilito un orario di ventiquattro ore al giorno. Il Ministro delle finanze può disporre riduzioni degli orari, di cui al secondo e terzo comma, nei casi di inesistente o scarsa circolazione delle persone e dei veicoli ovvero di mancata utilizzazione delle apparecchiature terminali collegate ai centri elaborazione dati. I capi delle dogane possono consentire, su richiesta motivata degli operatori, il compimento delle operazioni doganali oltre l'orario di ufficio o fuori del circuito doganale verso pagamento del costo del servizio (1).] (2)

(1) *Articolo sostituito dall'articolo 1, comma 2, del D.P.R. 8 maggio 1985, n. 254.*
(2) *Articolo abrogato dall'articolo 24, comma 1, del D.Lgs. 8 novembre 1990, n. 374.*

12. Disposizioni relative al personale delle dogane. – Per esigenze di servizio i capi dei compartimenti doganali possono disporre, nell'ambito del compartimento, distacchi ed invii in missione di personale doganale per periodi non superiori ad un mese, informandone tempestivamente il Ministero e le intendenze di finanza interessate.

I posti di ufficiale e di commesso nei ruoli del personale delle dogane sono conferiti, nei limiti della metà del numero disponibile, ai sensi rispettivamente dell'art. 352, primo comma, del testo unico delle disposizioni concernenti lo statuto degli impiegati civili dello Stato, approvato con D.P.R. 10 gennaio 1957, n. 3, e dell'articolo unico della L. 4 febbraio 1958, n. 94. I posti da conferirsi ai sensi delle predette disposizioni che restassero non utilizzati per mancanza di aspiranti ovvero per rinuncia o per decadenza dalla nomina e la rimanente metà dei posti disponibili sono conferiti mediante i normali pubblici concorsi, fatte salve le riserve di posti previste da altre leggi speciali a favore di particolari categorie di cittadini.

Coloro che vengono immessi nei ruoli organici delle carriere del personale delle dogane devono essere assegnati, salvo casi eccezionali, presso una dogana avente sede in una delle circoscrizioni limitrofe al confine terrestre o in una isola distante oltre dieci miglia marine dalle coste della penisola e prestarvi effettivo servizio per almeno tre anni.

In caso di insufficienza di personale doganale, la reggenza di piccole dogane di terza categoria e di sezioni doganali di modestissimo traffico può essere affidata, con provvedimento del Ministro per le finanze, a sottufficiali del Corpo della guardia di finanza.

Salvo casi particolari, il funzionamento del posti doganali e dei posti di osservazione è assicurato dai comandi di brigata del Corpo predetto competenti per territorio.

CAPO III
Prescrizioni ai fini della vigilanza e dei controlli e poteri degli organi doganali

13. Edifici in prossimità della linea doganale e nel mare territoriale. – *[È vietato di eseguire costruzioni ed altre opere di ogni specie, sia provvisorie sia permanenti, o di stabilire manufatti galleggianti in prossimità della linea doganale e nel mare territoriale, nonchè di spostare o modificare le opere esistenti, senza l'autorizzazione del capo della circoscrizione doganale. La predetta autorizzazione ha carattere autonomo e non rimane assorbita da quelle di altre autorità, quando siano prescritte.]* (1)

(1) *Articolo abrogato dall'articolo 24, comma 1, del D.Lgs. 8 novembre 1990, n. 374.*

14. Espropriazione od occupazione temporanea di locali per la tutela degli interessi doganali. – Si può procedere, per causa di pubblica utilità, all'espropriazione od all'occupazione temporanea di terreni o di locali occorrenti per gli uffici e posti doganali o necessari per l'esercizio della vigilanza.

In caso di urgente necessità gli organi dell'amministrazione doganale o i competenti comandi della guardia di finanza, previa compilazione dello stato di consistenza degli immobili da occupare, possono procedere alla immediata occupazione dei terreni o locali suddetti, dandone poi notizia al prefetto della provincia, per gli ulteriori provvedimenti di sua spettanza.

15. Restrizioni per il deposito di merci estere nei territori extra-doganali. – Il Ministro per le finanze, con proprio decreto da pubblicarsi nella Gazzetta Ufficiale della Repubblica italiana, può vietare la costituzione nei territori elencati nell'art. 2, quarto comma, di depositi di determinate merci estere, ovvero limitarli ai bisogni degli abitanti.

16. Passaggio della linea doganale. – Le merci possono attraversare la linea doganale soltanto nei punti stabiliti. Nei casi in cui nel punto di attraversamento stabilito non esista una dogana o una sezione doganale o un posto doganale, il trasporto fra il punto stesso e la località sede dell'ufficio doganale competente deve avvenire, sia per le merci in entrata sia per quelle in uscita, lungo le vie all'uopo prescritte in base al primo comma dell'art. 9.

Il capo della circoscrizione doganale, con provvedimento motivato, può vietare o limitare il movimento delle merci nei punti di attraversamento della linea doganale durante le ore notturne; può altresì vietare o limitare l'esecuzione, durante le ore predette, di operazioni di carico, scarico e trasbordo di merci nei porti o punti di approdo e negli aeroporti internazionali.

17. Spazi doganali. – Sono spazi doganali i locali in cui funziona un servizio di dogana, nonché le aree sulle quali la dogana esercita la vigilanza ed il controllo, a mezzo dei suoi organi diretti o a mezzo della guardia di finanza.

La delimitazione degli spazi doganali è stabilita, tenendo conto della peculiare situazione di ciascuna località, dai competenti organi doganali e deve essere approvata dal Ministero delle finanze.

18. Carico e scarico delle merci. Circuito doganale. – Il carico, lo scarico, l'imbarco, lo sbarco ed il trasbordo delle merci lungo la linea doganale e negli aeroporti debbono essere effettuati con il permesso della dogana e secondo le modalità dalla stessa stabilite.

Le aree e i locali destinati dalla dogana al compimento delle operazioni doganali costituiscono il circuito doganale, il quale di regola coincide con gli spazi doganali. Il Ministro delle finanze, su proposta del capo della circoscrizione doganale e sentita la camera di commercio, industria, agricoltura e artigianato competente per territorio, provvede nell'ambito degli spazi doganali alla delimitazione del circuito doganale con proprio decreto, copia del quale deve essere affisso presso ciascun ufficio doganale in luogo accessibile al pubblico.

Ogni operazione doganale deve essere effettuata nel circuito doganale o, fuori di esso, solo previa autorizzazione del capo della dogana [1].

[1] *Articolo sostituito dall'articolo 1, comma 3, del D.P.R. 8 maggio 1985, n. 254.*

19. Visite, ispezioni e controlli sui mezzi di trasporto e sui bagagli delle persone. – I funzionari doganali, per assicurare l'osservanza delle disposizioni stabilite dalle leggi in materia doganale e dalle altre leggi la cui applicazione è demandata alle dogane, possono procedere, direttamente od a mezzo dei militari della guardia di finanza, alla visita dei mezzi di trasporto di qualsiasi genere che attraversano la linea doganale in corrispondenza degli spazi doganali o che circolano negli spazi stessi. Quando sussistono fondati sospetti di irregolarità i mezzi di trasporto predetti possono essere sottoposti anche ad ispezioni o controlli tecnici particolarmente accurati diretti ad accertare eventuali occultamenti di merci.

Il detentore del veicolo è tenuto a prestare la propria collaborazione per l'esecuzione delle verifiche predette, osservando le disposizioni a tal fine impartite dagli organi doganali.

Le disposizioni di cui ai precedenti commi si applicano anche nei confronti dei bagagli e degli altri oggetti in possesso delle persone che attraversano la linea doganale in corrispondenza degli spazi doganali o che circolano negli spazi stessi.

20. Controllo doganale delle persone. – I funzionari doganali, per assicurare l'osservanza delle disposizioni stabilite dalle leggi in materia doganale e delle altre leggi la cui applicazione è demandata alle dogane, possono invitare coloro che per qualsiasi motivo circolano nell'ambito degli spazi doganali ad esibire gli oggetti ed i valori portati sulla persona.

In caso di rifiuto ed ove sussistano fondati motivi di sospetto il capo del servizio può disporre, con apposito provvedimento scritto specificamente motivato, che le persone suddette vengano sottoposte a perquisizione personale.

Della perquisizione è redatto processo verbale che, insieme al provvedimento anzidetto, deve essere trasmesso entro quarantotto ore alla procura della Repubblica competente.

Il procuratore della Repubblica, se riconosce legittimo il provvedimento, lo convalida entro le successive quarantotto ore.

20 *bis*. Visite, ispezioni e controlli fuori degli spazi doganali. – Le disposizioni dei precedenti artt. 19 e 20 si applicano, al fine di assicurare l'osservanza delle norme in materia doganale e valutaria, anche fuori degli spazi doganali nei confronti delle persone, dei loro bagagli e dei mezzi di trasporto che comunque attraversano il confine terrestre della Repubblica nonché nei confronti dei natanti ed aeromobili, dei relativi equipaggi e passeggeri e dei loro bagagli quando risulti o sussista motivo di ritenere che detti natanti ed aeromobili siano in partenza per l'estero ovvero in arrivo dall'estero. In tali casi alla competenza dei funzionari doganali è sostituita quella degli organi della guardia di finanza [1].

[1] *Articolo aggiunto dall'articolo 6 del D.L. 4 marzo 1976, n. 31.*

21. Servizio di riscontro. – Ai valichi di confine, ai varchi dei territori extradoganali e dei recinti doganali ed alle porte dei depositi doganali e dei depositi franchi i militari della guardia di finanza procedono al riscontro sommario ed esterno dei colli e delle merci alla rinfusa, allo scopo di controllare la corrispondenza rispetto ai documenti doganali che li scortano e di provvedere agli altri adempimenti demandati ai militari stessi dalle disposizioni in vigore. Il servizio predetto è altresì espletato, relativamente alle merci oggetto di operazioni doganali, negli altri luoghi ove si compiono tali operazioni, a bordo delle navi in sosta nei porti, nelle rade e negli altri punti di approdo marittimi, lagunari, fluviali, dei laghi di confine e dei canali interni, a bordo degli aeromobili in sosta negli aeroporti, nonché presso le stazioni ferroviarie di confine ed internazionali, sulle banchine dei porti o punti di approdo e negli scali aeroportuali durante il carico, l'imbarco o il trasbordo delle merci su treni, navi ed aeromobili ovvero durante lo scarico o lo sbarco da detti mezzi di trasporto.

I militari addetti al servizio di riscontro hanno facoltà di prescindere dall'eseguire il riscontro, ovvero di limitarlo ad una parte soltanto del carico; essi sono tuttavia tenuti ad eseguire il riscontro stesso quando ne siano espressamente richiesti dal capo dell'ufficio doganale o dai funzionari addetti alle visite di controllo ovvero dai superiori gerarchici del Corpo.

Se non emergono discordanze o, comunque, non sussistono fondati sospetti di irregolarità, i militari della guardia di finanza appongono sui documenti doganali, quando è prescritta, l'attestazione di riscontro; in caso diverso, inoltrano immediatamente motivata richiesta al capo dell'ufficio doganale od a chi per esso affinché in loro presenza la merce sia sottoposta a visita di controllo.

Qualora i militari della guardia di finanza, avvalendosi della facoltà di cui al secondo comma, non eseguano il riscontro, o lo eseguono parzialmente, ne fanno annotazione sul documento doganale nei casi in cui sia prescritta l' attestazione di riscontro. La predetta annotazione sostituisce a tutti gli effetti la attestazione di riscontro.

Gli adempimenti previsti dai commi precedenti e le relative annotazioni nel registro di riscontro non vengono effettuati presso gli uffici di passaggio quali definiti dal regolamento CEE n. 222/77, adottato dal Consiglio dei Ministri delle Comunità europee il 13 dicembre 1976, nell'art. 11, lett. d), limitatamente ai trasporti vincolati al regime di transito comunitario. Tuttavia i militari della Guardia di finanza, quando nell'esercizio del servizio di vigilanza hanno fondato sospetto di irregolarità, inoltrano immediatamente motivata richiesta al capo dell'ufficio doganale o a chi per esso, affinché in loro presenza la merce sia sottoposta a visita di controllo [(1)].

[(1)] *Comma aggiunto dall'articolo 1 della legge 7 marzo 1985, n. 77.*

22. Servizio di vigilanza. – I capi delle dogane, d'intesa con i comandanti competenti del Corpo, possono consentire che il servizio di vigilanza affidato ai militari della Guardia di finanza venga organizzato ed attuato con particolari accorgimenti, che non richiedano la continua presenza dei militari, o che venga espletato, per motivi di sicurezza fiscale, anche nei luoghi diversi dagli spazi doganali e da quelli dove si svolgono le attività di cui al primo comma dell'art. 18 [(1)].

[(1)] *Articolo sostituito dall'articolo 1, comma 4, del D.P.R. 8 maggio 1985, n. 254.*

23. Zona di vigilanza doganale terrestre. – Fino alla distanza di dieci chilometri dalla linea doganale della frontiera terrestre verso l'interno è stabilita una zona di vigilanza, nella quale il trasporto e il deposito delle merci estere sono soggetti a speciale sorveglianza ai fini della difesa doganale. Lungo la frontiera marittima tale zona di vigilanza è stabilita fino a cinque chilometri dal lido verso l'interno.

Nel delimitare la zona di vigilanza può essere superata o ridotta l'estensione territoriale indicata nel precedente comma quando, per il miglior esercizio della sorveglianza ovvero per la maggiore demarcazione della zona stessa, sia ritenuto opportuno seguire le delimitazioni costituite da rilievi orografici, da rive di fiumi o tratti navigabili di essi, da lagune ed altre acque, da strade ferrate, da strade ordinarie e da autostrade.

Con decreto del Ministro delle finanze, da emanarsi entro il 31 dicembre 1985, sono individuale le zone di vigilanza per le quali esistono particolari esigenze di sorveglianza ai fini della difesa doganale e sono determinate, anche se non ricorrono le condizioni di cui al precedente comma, le distanze dalla linea doganale di frontiera terrestre e dal lido lungo la frontiera marittima verso l'interno che possono essere stabilite, rispettivamente, fino a 30 e 10 chilometri [(1)].

[(1)] *Comma aggiunto dall'articolo 1, comma 5, del D.P.R. 8 maggio 1985, n. 254.*

24. Delimitazione e modificazione della zona di vigilanza doganale terrestre. – La zona di vigilanza doganale terrestre è delimitata e modificata con decreto del Presidente della Repubblica da pubblicarsi nella Gazzetta Ufficiale.

25. Esercizio della vigilanza nella zona terrestre. – Per accertare la legittima provenienza delle merci estere soggette a diritti di confine, che sono trasportate o si trovano depositate nella zona di vigilanza doganale terrestre, può procedersi a perquisizioni, verificazioni e ricerche, ai sensi degli articoli 33 e 35 della legge 7 gennaio 1929, n. 4. Le merci stesse possono essere sottoposte a sequestro quando vi sono indizi che esse siano state introdotte di contrabbando nel territorio doganale.

Il detentore delle merci indicate nel comma precedente deve dimostrarne la legittima provenienza. Qualora rifiuti o non sia in grado di fornire tale dimostrazione, o quando le prove addotte siano inattendibili, è ritenuto responsabile di contrabbando, salvo che risulti che egli si trova in possesso della merce in conseguenza di altro reato da lui commesso.

26. Restrizioni per il deposito di merci nella zona di vigilanza doganale terrestre. – Con decreto del Presidente della Repubblica possono essere sottoposti a particolare autorizzazione ed a speciali controlli i depositi da istituirsi nelle zone di vigilanza lungo il confine di terra, per le merci che più facilmente possono essere sottratte al pagamento dei diritti di confine. Nello stesso decreto sono determinate le condizioni e le modalità per l'istituzione e l'esercizio di detti depositi.

27. Restrizioni per la navigazione nella zona di vigilanza doganale terrestre. – Con decreto del Presidente della Repubblica possono essere imposte speciali discipline per la navigazione nei laghi e nei fiumi compresi nella zona di vigilanza doganale terrestre.

28. Esercizio della vigilanza nei laghi di confine. – Salva l'osservanza degli accordi internazionali, nelle acque nazionali del lago Maggiore e del lago di Lugano i militari della guardia di finanza debbono fermare e visitare le navi, quando vi siano indizi di contrabbando, e scortarle alla più vicina dogana per i necessari accertamenti.

29. Zona di vigilanza doganale marittima. – È sottoposta a vigilanza doganale la zona costituita dalla fascia di mare che si estende dalla linea doganale fino al limite esterno del mare territoriale [(1)].

[(1)] *Articolo sostituito dall'articolo 1, comma 1, numero 4), del D.P.R. 16 dicembre 1977, n. 960.*

DOGANE - ACCISE - GIOCHI

30. Esercizio della vigilanza nella zona marittima. – Nella zona di vigilanza doganale marittima, i militari della guardia di finanza possono recarsi a bordo delle navi di stazza netta non superiore a duecento tonnellate, per farsi esibire dal capitano il manifesto prescritto a norma dell'articolo 105 e gli altri documenti del carico. Se il capitano non è munito del manifesto o si rifiuta di presentarlo, ed in qualunque caso in cui vi sia indizio di violazione di norme doganali, la nave è scortata alla più vicina dogana per i necessari accertamenti.

Per le navi di stazza netta superiore a duecento tonnellate la vigilanza è esercitata sui movimenti delle navi medesime entro la zona di vigilanza, ma quando si tenta l'imbarco o lo sbarco ovvero il trasbordo, dove non sono uffici doganali, i militari suddetti hanno facoltà di salire a bordo, di richiedere i documenti del carico e di scortare le navi stesse alla più vicina dogana per i provvedimenti del caso.

31. Casi di naufragio. – Nel caso di naufragio gli addetti all'amministrazione delle dogane ed i militari della guardia di finanza, dopo aver prestato i soccorsi ai naufraghi, devono provvedere, secondo le rispettive attribuzioni, alla tutela degli interessi doganali di concerto con gli organi locali dell'Amministrazione della marina mercantile.

Alle merci ricuperate da naufragio può essere data qualsiasi destinazione doganale consentita dalla legge, che sia richiesta dagli aventi diritto.

32. Vigilanza doganale negli aeroporti. – All'arrivo, alla partenza e durante lo stazionamento di un aeromobile, i funzionari doganali e i militari della guardia di finanza possono procedere agli accertamenti di loro competenza riguardanti l'aeromobile, il suo equipaggio, le persone presenti a bordo e le cose trasportate.

Nel regolamento per l'applicazione del presente testo unico saranno stabilite le norme per l'esercizio della vigilanza sugli aeromobili che fanno scalo in aeroporti non doganali.

33. Costruzione ed esercizio di aeroporti. – L'autorizzazione per la costruzione e l'esercizio di qualsiasi aeroporto, anche privato, non può essere concessa senza il preventivo accordo con il Ministero delle finanze ai fini della vigilanza doganale.

TITOLO II
Rapporto doganale

CAPO I
L'obbligazione tributaria doganale

34. Diritti doganali e diritti di confine. – Si considerano "diritti doganali" tutti quei diritti che la dogana è tenuta a riscuotere in forza di una legge, in relazione alle operazioni doganali.

Fra i diritti doganali costituiscono "diritti di confine": i dazi di importazione e quelli di esportazione, i prelievi e le altre imposizioni all'importazione o all'esportazione previsti dai regolamenti comunitari e dalle relative norme di applicazione ed inoltre, per quanto concerne le merci in importazione, i diritti di monopolio, le sovrimposte di confine ed ogni altra imposta o sovrimposta di consumo a favore dello Stato.

35. Liquidazione e riscossione dei diritti e delle spese. – *[I diritti di confine sono applicati e riscossi secondo le disposizioni del presente testo unico, della tariffa dei dazi doganali, dei regolamenti comunitari e relative norme di applicazione nonchè delle leggi che vi si riferiscono.*

Gli altri diritti doganali sono applicati e riscossi secondo le norme del presente testo unico, salvo che non sia diversamente disposto dalle leggi che li riguardano.

Oltre ai diritti suddetti, sono a carico del contribuente le spese per l'applicazione di piombi o di altri contrassegni alle merci, ai colli che le contengono, ai mezzi di trasporto, ai boccaporti, ecc.

Con decreto del Ministro per le finanze sono stabiliti il tipo e la forma di detti piombi e contrassegni, nei casi in cui il loro uso è prescritto, le modalità per la loro applicazione e i diritti dovuti per ciascuno di essi.

Sono anche a carico del contribuente, oltre ai corrispettivi dei servizi resi dal personale dell'Amministrazione finanziaria per operazioni compiute nel maggior periodo di apertura degli uffici indicato nella lettera b) del secondo comma dell'art. 11 e, a richiesta, fuori dell'orario di apertura degli uffici o fuori del circuito doganale, le spese per il compimento di lavori di facchinaggio da parte del personale addetto, secondo i regolamenti e le tariffe locali, nonchè ogni altra spesa ed indennità stabilite da speciali disposizioni di legge o di regolamento (1).

I diritti di ogni sorta e le spese debbono essere pagati prima del rilascio delle merci da parte della dogana salvo che, se consentito dalle vigenti norme di legge o di regolamento, sia stata prestata idonea garanzia per il loro soddisfacimento (2).*]* (3)

(1) *Comma sostituito dall'articolo 1, comma 6, del D.P.R. 8 maggio 1985, n. 254.*
(2) *Comma sostituito dall'articolo 1, comma 6, del D.P.R. 8 maggio 1985, n. 254.*
(3) *Articolo abrogato dall'articolo 24, comma 1, del D.Lgs. 8 novembre 1990, n. 374.*

36. Presupposto dell'obbligazione tributaria. – Per le merci soggette a diritti di confine il presupposto dell'obbligazione tributaria è costituito, relativamente alle merci estere, dalla loro destinazione al consumo entro il territorio doganale e, relativamente alle merci nazionali e nazionalizzate, dalla loro destinazione al consumo fuori del territorio stesso.

Si intendono destinate al consumo entro il territorio doganale le merci estere dichiarate per l'importazione definitiva e si intendono destinate al consumo fuori del predetto territorio le merci nazionali e nazionalizzate dichiarate per l'esportazione definitiva; l'obbligazione sorge alla data apposta sulla dichiarazione, in presenza dell'operatore, dal funzionario incaricato dell'accettazione.

Il presupposto dell'obbligazione tributaria si considera non avverato se la dichiarazione viene mutata ai sensi dell'articolo 58, secondo comma, ovvero se, a norma delle leggi vigenti, l'operazione non può essere consentita. Rispetto alle merci nazionali e nazionalizzate dichiarate per l'esportazione definitiva il presupposto stesso si considera altresì non avverato se dette merci non sono uscite dal territorio doganale.

Le navi, ad esclusione di quelle da diporto, e gli aeromobili costruiti all'estero o provenienti da bandiera estera si intendono destinati al consumo nel territorio doganale quando vengono iscritti nelle matricole o nei registri di cui rispettivamente agli articoli 146 e 750 del codice della navigazione; le navi, ad esclusione di quelle da diporto, e gli aeromobili nazionali e nazionalizzati, iscritti nelle matricole o nei registri predetti, si intendono destinati al consumo fuori del territorio doganale quando vengono cancellati dalle matricole o dai registri stessi per uno dei motivi indicati nel primo comma, lettere c) e d), rispettivamente degli articoli 163 e 760 del codice medesimo. Le navi da diporto si intendono destinate al consumo dentro o fuori dal territorio doganale su semplice rilascio di una dichiarazione rispettivamente di importazione definitiva o di esportazione definitiva da parte dell'armatore (1).

Agli effetti del primo comma si presume definitivamente immessa in consumo, fatta eccezione soltanto per i casi di cui all'art. 37, la merce o parte di essa che sia stata indebitamente sottratta ai vincoli doganali o che comunque non sia stata presentata alle verifiche o controlli doganali nei termini prescritti o non sia stata rinvenuta all'atto delle operazioni predette; tuttavia, qualora la merce sia stata sequestrata a seguito di violazione doganale, si applica la disposizione di cui all'articolo 338, primo comma.

Salvo che non sia diversamente disposto da altre norme di legge, nei casi contemplati nel precedente comma l'obbligazione tributaria si ritiene sorta al momento in cui il fatto si è verificato ovvero, se non è possibile stabilire tale momento, quando il fatto è stato accertato.

(1) Comma sostituito dall'articolo 60, comma 1, del D.L. 24 gennaio 2012 n.1.

37. Merci perdute o distrutte. Cali naturali e tecnici. – Si considera non avverato il presupposto dell'obbligazione tributaria quando il soggetto passivo dimostri che l'inosservanza dei vincoli doganali ovvero la mancanza in tutto o in parte delle merci all'atto della presentazione, della verifica o dei controlli doganali, anche successivi all'accettazione della dichiarazione di destinazione al consumo, dipenda dalla perdita o distruzione della merce per caso fortuito o forza maggiore o per fatti imputabili a titolo di colpa non grave a terzi o allo stesso soggetto passivo. In tali casi la perdita o distruzione deve essere denunciata agli organi doganali entro dieci giorni da quello in cui si è verificata ovvero da quello in cui il soggetto passivo ne è venuto a conoscenza e deve essere comprovata, quando possibile, mediante attestazione di un pubblico ufficiale.

Si considera del pari non avverato il presupposto dell'obbligazione tributaria relativamente ai cali naturali ed ai cali tecnici delle merci soggette a vincoli doganali. I cali ammissibili sono determinati con norme regolamentari emanate dal Ministro per le finanze con proprio decreto da pubblicarsi nella Gazzetta Ufficiale della Repubblica (1).

(1) A norma dell'articolo 22-ter, del D.L. 31 ottobre 1980, n. 693 la parola "perdita" contenuta nel presente articolo, va intesa nel significato di dispersione e non di sottrazione della disponibilità del prodotto.

38. Soggetti passivi dell'obbligazione tributaria. Diritto di ritenzione. – Al pagamento dell'imposta doganale sono obbligati il proprietario della merce, a norma dell'art. 56, e, solidalmente, tutti coloro per conto dei quali la merce è stata importata od esportata.

Per il soddisfacimento dell'imposta, lo Stato, oltre ai privilegi stabiliti dalla legge, ha il diritto di ritenzione sulle merci che sono oggetto dell'imposta stessa.

Il diritto di ritenzione può essere esercitato anche per il soddisfacimento di ogni altro credito dello Stato inerente alle merci oggetto di operazioni doganali.

39. Vincoli doganali e misure cautelative a tutela degli interessi erariali. – Le merci suscettibili di formare oggetto di imposizione tributaria doganale soggiacciono, durante la permanenza nel territorio dello Stato e nella zona di mare di cui all'art. 29, ai vincoli ed alle misure cautelative che, ai fini della tutela degli interessi erariali, sono previsti dalle norme del presente testo unico e di leggi speciali. Le stesse norme fissano, con riguardo alla posizione doganale delle merci anzidette, i correlativi obblighi a carico dei proprietari e dei detentori.

CAPO II
La rappresentanza dei proprietari delle merci

Sezione I – Spedizionieri doganali ed altri rappresentanti

40. Spedizionieri doganali iscritti nell'albo professionale (A). – 1. Ogni qualvolta le disposizioni in materia doganale prescrivono di fare una dichiarazione o di compiere determinati atti o di osservare speciali obblighi e norme ovvero consentono di esercitare determinati diritti, si può agire personalmente o a mezzo di un rappresentante diretto o indiretto.

2. La rappresentanza indiretta è libera. La rappresentanza diretta, limitatamente alle dichiarazioni in dogana, è riservata agli spedizionieri doganali iscritti nell'albo professionale istituito con la legge 22 dicembre 1960, n. 1612, salvo quanto previsto nell'articolo 43.

3. Ogni atto, provvedimento o decisione dell' amministrazione è validamente notificato al rappresentante, sempre che il rappresentato non abbia comunicato per iscritto alla dogana la cessazione della rappresentanza; le notifiche possono essere eseguite nelle mani proprie dei rappresentanti direttamente da parte dei funzionari doganali (1).

(1) Articolo sostituito dall'articolo 28, comma 1, lettera a), della legge 8 maggio 1998, n. 146.
(A) In riferimento al presente articolo vedi: Circolare dell'Agenzia delle Dogane e dei Monopoli 28 dicembre 2015, n. 22/D.

41. Obblighi dello spedizioniere doganale iscritto nell'albo. – *[Per ciascuna operazione doganale compiuta lo spedizioniere doganale iscritto nell'albo ha l'obbligo di fornire, a richiesta degli organi doganali, ogni indicazione utile per l'identificazione del rappresentato. Egli è altresì tenuto in via sussidiaria al pagamento dei maggiori diritti doganali dovuti a seguito di rettifica dell'accertamento o di revisione della liquidazione, quando il proprietario della merce sia stato inutilmente escusso e purchè la relativa richiesta gli sia notificata entro cinque anni dalla data della bolletta.]* (1)

(1) Articolo abrogato dall'articolo 28, comma 1, lettera b), della legge 8 maggio 1998, n. 146.

42. Coadiutori dello spedizioniere doganale iscritto nell'albo. – Lo spedizioniere doganale iscritto nell'albo professionale può farsi coadiuvare nell'esercizio della rappresentanza da altri spedizionieri doganali, anche non iscritti in detto albo. *[Egli risponde ad ogni effetto dell'operato di tali suoi coadiutori.]* (1)

(1) Articolo modificato dall'articolo 28, comma 1, lettera c), della legge 8 maggio 1998, n. 146.

43. Altri rappresentanti dei proprietari delle merci. – La rappresentanza diretta, limitatamente alle dichiarazioni in dogana, può essere conferita anche ad uno spedizioniere doganale non iscritto nell'albo professionale, purché si tratti di un dipendente del proprietario della merce (1).

Le amministrazioni dello Stato per il compimento delle operazioni doganali possono conferire la detta rappresentanza a propri dipendenti in possesso dei requisiti necessari, da stabilirsi d'intesa con il Ministero delle finanze. Le disposizioni del presente comma si applicano anche per le operazioni doganali svolte, in nome e per conto dei proprietari, da parte delle amministrazioni postale e ferroviaria sulla base delle convenzioni internazionali e delle vigenti norme di regolamento o di atti amministrativi generali (2).

I rappresentanti di cui ai precedenti commi sono considerati procuratori speciali, che agiscono sotto la responsabilità del proprietario delle merci o dell'amministrazione dalla quale dipendono.

(1) Comma sostituito dall'articolo 28, comma 1, lettera d), della legge 8 maggio 1998, n. 146.
(2) Comma modificato dall'articolo 1, comma 7, del D.P.R. 8 maggio 1985, n. 254.

44. Elenco degli spedizionieri doganali non iscritti nell'albo. – Gli spedizionieri non iscritti nell'albo professionale, indicati negli articoli 42 e 43, primo comma, sono ammessi ad operare in dogana a condizione che risultino iscritti in apposito elenco formato e tenuto aggiornato dal competente consiglio compartimentale degli spedizionieri doganali.

Gli iscritti nell'elenco compartimentale possono operare in dogana soltanto sulla base e nei limiti della procura rilasciata dal proprietario della merce da cui dipendono ovvero dallo spedizioniere doganale iscritto nell'albo sotto la direzione del quale sono posti.

45. Personale ausiliario degli spedizionieri doganali. – Gli spedizionieri doganali iscritti nell'albo professionale e quelli iscritti nell'elenco di cui al precedente articolo nonché i proprietari delle merci possono farsi coadiuvare, nell'espletamento di mansioni di carattere esecutivo, da personale ausiliario.

Il personale ausiliario è ammesso in dogana a condizione che riscuota la fiducia dell'amministrazione. Esso agisce nello stretto ambito delle mansioni affidategli e sotto la responsabilità dello spedizioniere doganale o dell'impresa da cui dipende.

46. Registro del personale ausiliario. – Presso ciascun Ufficio delle dogane è formato e tenuto aggiornato un registro nel quale sono elencati gli ausiliari, residenti in un comune compreso nel territorio del competente Ufficio delle dogane, che svolgono la loro attività alle dipendenze degli spedizionieri doganali abilitati alla presentazione di dichiarazioni doganali sull'intero territorio nazionale (1).

Copia dell'elenco è trasmessa al consiglio compartimentale degli spedizionieri doganali competente per territorio, al quale devono essere anche segnalate di volta in volta le relative variazioni.

(1) Capoverso sostituito dall'articolo 82, comma 1, lettera a), del D.Lgs. 26 marzo 2010, n. 59.

Sezione II – Procedura per la nomina degli spedizionieri doganali

47. (Conferimento della nomina a spedizioniere doganale)(1). – 1. La nomina a spedizioniere doganale e conferita mediante il rilascio di apposita patente, di validità illimitata.

2. La patente è rilasciata dall'Agenzia delle dogane, sentito il Consiglio nazionale degli spedizionieri doganali.

3. La nomina a spedizioniere doganale abilita alla presentazione di dichiarazioni doganali sull'intero territorio nazionale.

(1) Articolo modificato dall'articolo 28, comma 1, lettera e), della legge 8 maggio 1998, n. 146 e successivamente sostituito dall'articolo 82, comma 1, lettera b), del D.Lgs. 26 marzo 2010, n. 59.

48. Requisiti per ottenere il rilascio della patente di spedizioniere doganale. – La patente di spedizioniere doganale è rilasciata alle persone fisiche in possesso dei seguenti requisiti:

a) siano di cittadinanza italiana, ovvero siano cittadini di uno Stato estero che accorda in materia uguale trattamento ai cittadini italiani;

b) abbiano raggiunta la maggiore età;

c) risultino di buona condotta;

d) siano meritevoli della fiducia dell'amministrazione per il loro comportamento in rapporto alle leggi finanziarie ed a quelle relative alla disciplina economica e valutaria;

e) abbiano sostenuto, con esito positivo, l'esame di cui all'art. 50 (1).

La patente non può essere rilasciata a coloro che siano esclusi dall'elettorato attivo politico ed a coloro che siano stati destituiti dall'impiego presso una pubblica amministrazione.

(1) Per una deroga delle disposizioni di cui alla presente lettera, vedi l'articolo 6 della legge 25 luglio 2000, n. 213.

49. Rilascio della patente a dipendenti dell'amministrazione finanziaria cessati dal servizio. – È in facoltà del Ministro per le finanze, avuto riguardo ai precedenti di carriera ed alle specifiche mansioni svolte nel settore dei servizi doganali, di esonerare dal possesso del requisito di cui alla lettera e) del precedente articolo gli impiegati dei ruoli delle carriere direttive e di concetto dell'amministrazione finanziaria e gli ufficiali della guardia di finanza, cessati dal rapporto di impiego dopo aver prestato almeno venti anni di effettivo servizio in tali posizioni.

In ogni caso, coloro che hanno appartenuto all'amministrazione finanziaria non possono essere ammessi ad operare, per un biennio dalla data indicata nel decreto che riconosce la cessazione del rapporto di impiego, nell'ambito delle circoscrizioni presso le quali hanno prestato servizio nell'ultimo quinquennio. Il termine è ridotto ad un anno se il rapporto di impiego sia cessato per collocamento a riposo per limiti di età o per anzianità di servizio o se l'esercizio della professione si svolge fuori della circoscrizione o delle circoscrizioni presso le quali l'interessato prestò servizio nell'ultimo quinquennio.

50. Esami per il conseguimento della patente di spedizioniere doganale. – Gli esami per il conseguimento della patente di spedizioniere doganale sono indetti, con provvedimento del direttore generale del dipartimento delle dogane e imposte indirette, ogni tre anni; sono tuttavia indetti anche prima se richiesti da almeno quattro consigli compartimentali degli spedizionieri doganali o da almeno quindici camere di commercio, industria, artigianato ed agricoltura, e sentito in ogni caso il consiglio nazionale degli spedizionieri doganali. Il decreto è pubblicato nella Gazzetta Ufficiale della Repubblica italiana; la commissione esaminatrice, nominata con provvedimento dello stesso direttore generale del dipartimento delle dogane e imposte indirette, è presieduta dal direttore generale delle dogane e imposte indirette o da un dirigente superiore dell'amministrazione centrale del Ministero delle finanze ed è composta [(1)]:

a) di due impiegati appartenenti al ruolo della carriera direttiva dell'amministrazione centrale del Ministero delle finanze, di qualifica non inferiore a primo dirigente;

b) di un impiegato appartenente al ruolo della carriera direttiva delle intendenze di finanza, di qualifica non inferiore ad intendente aggiunto;

c) di un impiegato appartenente al ruolo della carriera direttiva dell'amministrazione periferica delle dogane, di qualifica non inferiore a direttore di prima classe o ispettore capo;

d) di due spedizionieri doganali designati dal consiglio nazionale degli spedizionieri doganali.

Le funzioni di segretario sono espletate da un impiegato appartenente al ruolo della carriera direttiva dell' amministrazione centrale del Ministero delle finanze, di qualifica non inferiore a direttore di sezione.

(1) Alinea modificato dall'articolo 8, comma 4, della legge 25 luglio 2000, n. 213.

51. Ammissione agli esami [(1)]. – 1. Per essere ammessi agli esami gli aspiranti devono inoltrare istanza entro il termine stabilito nella determinazione del Direttore dell'Agenzia delle dogane che indice gli esami medesimi, devono aver conseguito, alla data di pubblicazione della determinazione stessa, il diploma di istruzione secondaria di secondo grado e devono risultare, alla medesima data, iscritti da almeno due anni nel registro del personale ausiliario, ai sensi dell'articolo 46. Possono, inoltre, essere ammessi agli esami, coloro che, in possesso del diploma di istituto di istruzione secondaria di secondo grado, abbiano superato un corso di formazione professionale di durata almeno annuale, tenuto da un istituto universitario e che risultino iscritti, alla data di cui al primo capoverso, da almeno un anno nel registro del personale ausiliario. Il requisito dell'iscrizione nel registro degli ausiliari non è richiesto agli aspiranti che per almeno due anni abbiano prestato servizio nell'Agenzia delle dogane con mansioni direttive, di concetto od esecutive ovvero nella Guardia di finanza in qualità di ufficiale o sottufficiale.

2. L'esclusione dagli esami per difetto dei requisiti è disposta con determinazione del Direttore dell'Agenzia delle dogane.

(1) Articolo sostituito dall'articolo 82, comma 1, lettera c), del D.Lgs. 26 marzo 2010, n. 59.

52. Svolgimento degli esami. – L'esame per il conseguimento della patente di spedizioniere doganale consiste in una prova scritta, in una prova pratica ed in un colloquio.

La prova scritta verte su istituzioni di diritto privato, principi di scienza delle finanze o nozioni di diritto tributario. La prova pratica consiste nella compilazione di dichiarazioni doganali, integrate da una relazione scritta sugli adempimenti connessi con le singole operazioni. Il colloquio verte sulle materie che possono formare oggetto della prova scritta e di quella pratica e comprende inoltre: nozioni di diritto amministrativo di diritto della navigazione, di merceologia, di geografia economica e commerciale, di statistica generale ed economica nonché nozioni sulle disposizioni di carattere economico e valutario concernenti gli scambi con l'estero, cenni generali sui trattati e sugli accordi doganali, commerciali e di navigazione, con particolare riguardo ai trattati istitutivi delle Comunità europee.

Per lo svolgimento delle prove e del colloquio e per quanto altro attiene alla sede ed al procedimento degli esami, compresa la corresponsione dei compensi e delle indennità ai componenti della commissione esaminatrice ed al personale addetto alla vigilanza durante l'espletamento delle prove stesse, si osservano, in quanto applicabili, le disposizioni previste per i concorsi di ammissione alla carriera di concetto degli impiegati civili e dell'amministrazione periferica delle dogane. I compensi e le indennità spettanti agli spedizionieri doganali chiamati a far parte della commissione esaminatrice sono a carico del bilancio del consiglio nazionale degli spedizionieri doganali.

L'elenco dei candidati riconosciuti idonei, formato dalla commissione esaminatrice, è approvato con decreto del Ministero per le finanze e pubblicato nel Bollettino ufficiale del Ministero; di tale pubblicazione si dà notizia mediante avviso inserito nella Gazzetta Ufficiale della Repubblica. Dalla data di pubblicazione dell'avviso nella Gazzetta Ufficiale decorre il termine per le eventuali impugnative.

53. Sospensione degli spedizionieri dalle operazioni doganali. – Gli intendenti di finanza, con motivato provvedimento, possono infliggere agli spedizionieri doganali iscritti nell'albo professionale o nell'elenco di cui all'art. 44 la sospensione dalle operazioni doganali nei casi di:

a) mancato pagamento dei diritti liquidati per le operazioni doganali compiute ovvero di mancato adempimento di qualsiasi altro obbligo verso la dogana;

b) imputazione per un delitto previsto dalle leggi finanziarie o dalle leggi relative alla disciplina dei divieti economici ovvero per uno dei delitti indicati nell'art. 54, lettere c) e d)[(1)].

Nei casi di cui alla lettera a), la sospensione è disposta su proposta del capo della dogana ed è inflitta per un periodo non superiore a due mesi, ma può essere prorogata fino a quando non siano stati pagati i diritti o non siano stati adempiuti gli altri obblighi. Nel caso di cui alla lettera b), la sospensione dura fino a quando con provvedimento anche non definitivo dell'autorità giudiziaria lo spedizioniere sia stato prosciolto od assolto [2].

È sempre disposta la sospensione dello spedizioniere doganale quando, nel caso in cui alla lett. b) del primo comma, sia intervenuta sentenza non definitiva di condanna alla pena della reclusione per un periodo superiore ad un anno e quando per qualsiasi reato sia stato emesso nei suoi confronti mandato od ordine di cattura [3].

Il provvedimento di sospensione dalle operazioni doganali è adottato dall'intendente di finanza della provincia nel cui territorio è compreso il comune di residenza dello spedizioniere. Avverso tale provvedimento è ammesso ricorso entro trenta giorni al Ministro per le finanze, che decide con decreto motivato, sentito il consiglio nazionale degli spedizionieri doganali. Il ricorso al Ministro sospende l'efficacia del provvedimento impugnato, eccetto quando ricorrano le circostanze indicate nel precedente comma.

Il provvedimento di sospensione dalle operazioni doganali, appena divenuto definitivo, deve essere comunicato al consiglio compartimentale degli spedizionieri doganali per gli adempimenti di competenza.

[1] *La Corte costituzionale, con sentenza 28 dicembre 1990, n. 595, (in Gazz. Uff., 2 gennaio 1991, n. 1), ha dichiarato l'illegittimità costituzionale della presente lettera, nella parte in cui non prevede che la sospensione di diritto dello spedizioniere doganale venga meno con la concessione della libertà provvisoria.*

[2] *La Corte costituzionale, con sentenza 28 dicembre 1990, n. 595, (in Gazz. Uff., 2 gennaio 1991, n. 1), ha dichiarato l'illegittimità costituzionale del presente comma, nella parte in cui non prevede che la sospensione di diritto dello spedizioniere doganale venga meno con la concessione della libertà provvisoria.*

[3] *La Corte costituzionale, con sentenza 28 dicembre 1990, n. 595, (in Gazz. Uff., 2 gennaio 1991, n. 1), ha dichiarato l'illegittimità costituzionale dell'ultimo periodo del presente comma, nella parte in cui non prevede che la sospensione di diritto dello spedizioniere doganale venga meno con la concessione della libertà provvisoria.*

54. Revoca della nomina a spedizioniere doganale. – È sempre disposta la revoca della nomina dello spedizioniere doganale nei casi di:

a) radiazione dall'albo professionale;

b) perdita di uno dei requisiti richiesti dall'art. 48, lettere a) e d);

c) condanna, in seguito a sentenza passata in giudicato, per uno dei delitti non colposi previsti dai titoli secondo, settimo e tredicesimo del libro secondo del codice penale;

d) condanna, in seguito a sentenza passata in giudicato, per ogni altro delitto non colposo per il quale la legge commini la pena della reclusione non inferiore nel minimo a tre anni o nel massimo a dieci anni.

Nei casi di cui alle lettere c) e d) la revoca è disposta soltanto qualora venga pronunciata condanna alla pena della reclusione, ancorché congiunta con la pena della multa, per un tempo superiore ad un anno. In caso diverso cessa la sospensione eventualmente inflitta ai sensi dell'articolo precedente, salvo che non sussistano altri motivi che ne giustifichino il mantenimento [1].

Il provvedimento di revoca è adottato con decreto del Ministero per le finanze, sentito il consiglio nazionale degli spedizionieri doganali.

[1] *La Corte costituzionale, con sentenza 28 dicembre 1990, n. 595, (in Gazz. Uff., 2 gennaio 1991, n. 1), ha dichiarato l'illegittimità costituzionale del presente comma, nella parte in cui non prevede che la sospensione di diritto dello spedizioniere doganale venga meno con la concessione della libertà provvisoria.*

CAPO III
Procedure di accertamento

55. Destinazione doganale delle merci. – Per destinazione doganale delle merci si intende l'esito che agli effetti doganali è dato, in base alla dichiarazione prevista nell'articolo 56, alle merci stesse nei modi e nelle forme consentite dal presente testo unico.

Le destinazioni doganali sono le seguenti:

1. Per le merci estere:

a) l'importazione definitiva;

b) l'importazione temporanea e la successiva riesportazione;

c) la spedizione da una dogana all'altra;

d) il transito;

e) il deposito.

2. Per le merci nazionali e per quelle nazionalizzate a termini dell'art. 134:

a) l'esportazione definitiva;

b) l'esportazione temporanea e la successiva reimportazione;

c) il cabotaggio;

d) la circolazione.

56. Dichiarazione doganale. – 1. Ogni operazione doganale deve essere preceduta da una dichiarazione in dogana da rendersi ai sensi dell'articolo 64 del regolamento (CEE) n. 2913/92 del Consiglio, del 12 ottobre 1992 [1].

[1] *Articolo sostituito dall'articolo 28, comma 1, lettera f), della legge 8 maggio 1998, n. 146.*

57. Forma e contenuto della dichiarazione. Casi di nullità. – [*La dichiarazione dev'essere compilata per iscritto e sottoscritta dal dichiarante. La dichiarazione verbale è ammessa per le merci che i viaggiatori portano per loro uso personale e negli altri casi stabiliti con decreto del Ministro per le finanze.*

La dichiarazione scritta deve contenere le seguenti indicazioni:

a) il nome, il cognome e il domicilio del dichiarante, nonchè del proprietario delle merci che fosse da lui rappresentato;

b) i luoghi di origine, di provenienza e di destinazione delle merci;

c) il numero e la specie dei colli con le marche e cifre numeriche;

d) la descrizione delle merci, per ciascun collo, con l'indicazione, secondo le denominazioni della tariffa, della qualità, composizione e quantità, e per le voci di tariffa che siano determinate con decreto del Ministro per le finanze, con la indicazione anche delle denominazioni commerciali;

e) il valore delle merci.

Nella dichiarazione scritta devono essere indicati, inoltre, gli importi dei singoli tributi gravanti sulla merce e l'ammontare complessivo della somma da pagare o da garantire, calcolati sulla base degli elementi dichiarati a norma del comma precedente; per tale adempimento coloro che non siano operatori professionali possono chiedere l'assistenza gratuita di un funzionario della dogana. Gli errori commessi nell'indicazione dei dati predetti non danno luogo ad applicazione di penalità.

In casi particolari il capo della dogana o chi per esso può esonerare il dichiarante dall'obbligo di cui al precedente comma; l'esonero può essere altresì disposto in via generale dal Ministero delle finanze per determi-

nate specie di operazioni doganali, in relazione alle esigenze dei traffici.

La dichiarazione si considera nulla quando porti correzioni, cancellature od altre alterazioni; quando, salvo il disposto di cui al secondo comma dell'art. 351, i dati relativi alla quantità ed al valore sulla base dei quali debbono essere liquidati i diritti non vi siano indicati, oltre che in cifre, anche in lettere, o quando manchi qualunque altra indicazione prevista da questo articolo. La nullità non può essere fatta valere dal dichiarante quando la dichiarazione è stata accettata dalla dogana.

Insieme con la dichiarazione devono essere, su richiesta della dogana, presentati tutti i documenti commerciali e di trasporto relativi alla merce dichiarata ed ogni altro documento la cui presentazione sia prescritta da disposizioni speciali.] (1)

(1) *Articolo abrogato dall'articolo 24, comma 1, del D.Lgs. 8 novembre 1990, n. 374.*

58. Visita preventiva. Modifica della dichiarazione. – Su richiesta del proprietario e prima della presentazione della dichiarazione, la dogana può permettere che le merci siano scaricate e ne siano da questi verificate, alla presenza di un suo funzionario, la qualità e la quantità.

[È consentito al dichiarante di mutare la dichiarazione solo in ciò che riguarda la destinazione doganale delle merci, ma prima che il funzionario incaricato della visita le abbia considerate conformi al dichiarato con l'apposizione della relativa annotazione ovvero ne abbia intrapresa la visita totale o parziale.] (1).

(1) *Comma abrogato dall'articolo 24, comma 1, del D.Lgs. 8 novembre 1990, n. 374.*

59. Visita delle merci. Bolletta doganale. – *[Accettata la dichiarazione, la dogana procede, in contraddittorio con il proprietario, all'accertamento della qualità, della quantità, del valore e dell'origine delle merci che formano oggetto della dichiarazione stessa.*

Ai fini suddetti, le merci devono essere sottoposte a visita nei locali della dogana o negli altri luoghi da essa designati, previa apertura dei colli con la collaborazione del proprietario.

Tuttavia, i funzionari doganali incaricati di tale compito hanno facoltà di prescindere dall'eseguire la visita stessa, ovvero di limitarla ad una parte soltanto della merce, e di considerare conforme al dichiarato la merce o la parte di essa non visitata, facendone annotazione sul documento doganale; detta annotazione sostituisce a tutti gli effetti l'attestazione di conformità. Le disposizioni del presente comma si applicano anche in materia di prelevamento di campioni per l'analisi.

La verifica della dichiarazione e della relativa documentazione e la visita totale o parziale debbono essere sempre eseguite quando sia prescritta da norme di legge o di regolamento nonchè nei casi, e secondo i criteri e le modalità, stabiliti con decreti del Ministro delle finanze ed intesi a selezionare con l'applicazione di parametri predefiniti gli accertamenti ed il grado del loro approfondimento, ferma restando la possibilità di controlli a sondaggio meramente casuale tali da evitare duplicazioni di attività o richieste di adempimenti non necessari all'esecuzione dei controlli (1).

L'esercizio delle facoltà di cui al terzo comma non comporta responsabilità del funzionario, salvo i casi di dolo, di colpa grave o di inosservanza delle prescrizioni dettate con i decreti di cui al comma precedente (2).

Se la merce è riconosciuta o considerata conforme alla dichiarazione ovvero se l'operatore non contesta le difformi risultanze dell' accertamento nei modi indicati negli articoli 65 e seguenti, la dogana liquida i diritti ed annota la dichiarazione nel registro corrispondente all'operazione compiuta, munendola del numero e della data, che costituisce ad ogni effetto la data in cui l'accertamento è divenuto definitivo. Tale registrazione dà al documento valore di bolletta doganale.

La bolletta è consegnata al proprietario della merce dopo che questi abbia provveduto al pagamento dei diritti dovuti o abbia adempiuto alle condizioni e formalità prescritte in relazione alla destinazione doganale data alla merce.

La bolletta doganale consegnata al proprietario è il solo documento che prova il pagamento dei diritti o l'adempimento delle condizioni e formalità suddette] (3)

(1) *Comma aggiunto dall'articolo 1, comma 8, del D.P.R. 8 maggio 1985, n. 254.*
(2) *Comma aggiunto dall'articolo 1, comma 8, del D.P.R. 8 maggio 1985, n. 254.*
(3) *Articolo abrogato dall'art. 24, d.lg. 8 novembre 1990, n. 374..*

60. Esenzione dalla visita doganale. – I plichi delle lettere e delle carte descritti nei "Fogli di via" portati dagli agenti postali sono esenti dalla visita e dalle prescrizioni doganali.

Sono, inoltre, esenti da visita le corrispondenze diplomatiche portate da corrieri autorizzati, purché racchiuse in pieghi suggellati con sigilli ufficiali.

61. Analisi ed esame tecnico delle merci. – Qualora per esigenze tecniche ovvero per disposizioni legislative od amministrative la dogana non possa determinare i caratteri, la natura o la composizione delle merci che le vengono presentate, si procede, fatta salva la facoltà prevista nel terzo comma dell'art. 59, all'invio dei campioni o, quando occorra, delle merci stesse al Laboratorio chimico delle dogane e delle imposte indirette ovvero ad altro laboratorio di Stato od organo tecnico al quale sia devoluta la specifica competenza in materia. I campioni o le merci devono, in presenza dell'operatore, essere identificati con i sigilli della dogana e dell'interessato; per la spedizione e la restituzione dei campioni si applicano le disposizioni dell'art. 72.

In attesa del risultato di analisi o di esame tecnico dei campioni e sempreché non vi ostino motivi di carattere economico e valutario od altre cause, la dogana liquida provvisoriamente i diritti sulla base della dichiarazione e consente il rilascio della merce, verso prestazione di cauzione per i maggiori diritti ai quali le merci possono andare soggette, con l'osservanza delle disposizioni di cui all'art. 83; se si tratta di operazione doganale diversa dalla importazione definitiva o dall'esportazione definitiva, sarà prestata cauzione per l'intero ammontare dei diritti ai quali le merci possono andare soggette. Prima di autorizzare il rilascio della merce, la dogana procede, con le modalità indicate nel precedente comma, al prelevamento di altri campioni, dei quali dovrà curare la conservazione in previsione della eventuale instaurazione di procedimenti amministrativi di controversia o di procedimenti giurisdizionali.

Il risultato di analisi o di esame tecnico deve essere notificato all'operatore. Ove questi non richieda, entro trenta giorni dalla notifica, la ripresa del contraddittorio, il risultato predetto si intende accettato e su tale base la dogana procede alla riliquidazione dei diritti ed agli altri adempimenti di cui al quarto comma dell'art. 59; se i diritti liquidati provvisoriamente in base alla dichiarazione risultano maggiori di quelli dovuti, la dogana promuove d'ufficio la procedura per il relativo rimborso.

62. Operazioni doganali relative a merci arrivate o spedite per via mare. – La dogana ha facoltà di consentire che le operazioni doganali relative a merci di ogni specie giunte o spedite per via di mare possano essere eseguite a bordo della nave, rispettivamente prima dello sbarco, o dopo l'imbarco, quando ricorrano le seguenti condizioni:

a) il carico della nave o di ciascun serbatoio o stiva sia costituito da merce di unica qualità e di facile riconoscimento;

b) sussistano elementi dai quali possa fondatamente dedursi che la quantità di merce contenuta nella nave od in ciascun serbatoio o stiva corrisponda a quella risultante dai documenti relativi al carico.

L'operazione a bordo della nave può essere effettuata anche quando per il riconoscimento della merce occorra procedere all'analisi di campioni di essa; in tali casi si rendono applicabili le disposizioni del precedente articolo.

Le merci estere nazionalizzate a bordo della nave, anche se di bandiera straniera, anziché essere sbarcate possono proseguire con la medesima nave per altri porti dello Stato sotto osservanza delle disposizioni doganali prescritte per il cabotaggio. Le eventuali eccedenze riscontrate nel porto di sbarco sono considerate merci estere; per esse devono essere pagati i relativi diritti doganali, fatta salva l'applicazione di penalità, ove ne ricorrano gli estremi.

63. Visite di controllo. – Prima che le merci siano lasciate a disposizione del proprietario o del vettore, i capi degli uffici doganali od i funzionari all'uopo delegati possono procedere di propria iniziativa a visite di controllo saltuarie, sia sulle merci già visitate in tutto o in parte, sia su quelle non visitate a norma dell'art. 59, terzo comma.

Le visite di controllo devono essere sempre eseguite quando ne sia fatta motivata richiesta dai militari della guardia di finanza a norma dell'art. 21 e dagli operatori interessati.

La disposizione del primo comma si applica anche in materia di prelevamento di campioni per l'analisi.

64. Procedura eccezionale di accertamento. – In casi straordinari di necessità e di urgenza e limitatamente alla durata di tali evenienze il capo del compartimento doganale, su proposta del capo della circoscrizione doganale ed informando tempestivamente il Ministero, può impartire disposizioni ai funzionari doganali incaricati affinché, senza l'osservanza delle normali procedure e con l'adozione di adeguate cautele, le merci abbiano l'esito doganale voluto dagli operatori sulla sola base della presentazione della dichiarazione, corredata della prescritta documentazione e della prova dell'avvenuto pagamento o cauzionamento dei diritti doganali gravanti sulle merci stesse. Anche in tali casi possono, ove se ne ravvisi la necessità, essere compiuti i controlli saltuari previsti nel precedente articolo.

CAPO IV
Impugnazione e revisione dell'accertamento

65. Risoluzione delle contestazioni presso gli uffici doganali. – Qualora, nel corso dell'accertamento sorga contestazione circa la qualificazione, il valore o l'origine della merce dichiarata ovvero circa il regime di tara od il trattamento degli imballaggi, il proprietario può chiedere che si proceda a visita di controllo a norma dell'art. 63. Ove non richieda tale visita o non ne accetti il risultato, può chiedere che sia sentito il parere di due periti, uno dei quali da lui scelto fra quelli compresi nelle liste approvate dalla camera di commercio, industria, agricoltura ed artigianato, e l'altro designato dal capo della dogana. Il parere dei periti, anche se concorde, non è tuttavia vincolante per la dogana. Ciascuna delle due parti è tenuta a sostenere la spesa per il proprio perito; al perito designato dalla dogana la spesa è liquidata in base alla tariffa delle spese di perizia, approvata dal Ministro per le finanze. Su richiesta della camera di commercio, industria, agricoltura ed artigianato ed a spese della medesima può essere designato da ciascuna delle due parti un numero maggiore di periti.

Sulla contestazione decide, con provvedimento motivato, il capo della dogana; la decisione deve essere subito notificata all'interessato.

Se il proprietario della merce non intende accettare la decisione, nel termine perentorio di dieci giorni dalla notifica deve chiedere che si proceda alla redazione di apposito verbale.

Il verbale, redatto in duplice esemplare entro un termine all'uopo fissato dalla dogana, è sottoscritto da entrambe le parti; uno degli esemplari è consegnato all'operatore interessato. Se questi per qualsiasi motivo non sottoscrive il verbale, si fa menzione di tale circostanza nel verbale stesso e si procede alla relativa notifica. Qualora per la risoluzione della insorta contestazione l'operatore non ne richieda il deferimento all'esame dei periti, il verbale viene redatto nel momento stesso in cui la contestazione è sorta.

Contemporaneamente alla redazione del verbale e sempreché non si sia già provveduto in precedenza in applicazione del primo comma dell'art. 61, si procede al prelevamento dei campioni con l'osservanza delle modalità indicate nell'articolo medesimo; ove non sia possibile, attesa la qualità della merce, prelevare i campioni, si supplisce con disegni, con fotografie o con una dettagliata descrizione fatta d'accordo fra le due parti ovvero da due periti da esse a ciò delegati.

Dopo la redazione del verbale può essere autorizzato il rilascio della merce con l'osservanza della disposizione di cui al secondo comma dell'art. 61; in tal caso, la cauzione è commisurata alla differenza fra i diritti che sarebbero dovuti secondo l'accertamento della dogana e quelli calcolati iii base alla dichiarazione.

66. Procedimento amministrativo di prima istanza per la risoluzione delle controversie. – Entro trenta giorni dalla sottoscrizione del verbale di cui al precedente articolo, a pena di decadenza, l'operatore può chiedere al capo del compartimento doganale di provvedere alla risoluzione della controversia. A tal fine deve presentare apposita istanza alla competente dogana, producendo i documenti ed indicando i mezzi di prova ritenuti utili.

L'istanza, unitamente al verbale, alle eventuali relazioni dei periti di cui al primo comma del precedente articolo ed alle proprie controdeduzioni, è trasmessa dalla dogana entro i successivi dieci giorni al capo del compartimento doganale, che decide sulla controversia con provvedimento motivato dopo aver sentito il collegio consultivo compartimentale dei periti doganali, costituito in ciascun compartimento doganale a norma dell'art. 67. Copia delle controdeduzioni della dogana deve essere fatta pervenire all'operatore interessato.

Decorso inutilmente il termine indicato nel primo comma, si intende accettata la pretesa della dogana, la quale procede ai sensi dell'articolo 61, ultimo comma.

67. Collegi consultivi compartimentali dei periti doganali. – Il collegio consultivo compartimentale dei periti doganali si compone di un presidente, di quattro membri effettivi, di due membri supplenti e di un segretario.

Il presidente ed i membri effettivi e supplenti sono scelti fra esperti particolarmente qualificati in materia doganale e merceologica residenti nel compartimento, con esclusione di coloro che prestano servizio nell'amministrazione finanziaria e degli spedizionieri doganali. Esplica le funzioni di segretario un funzionario del compartimento doganale, di qualifica non inferiore ad ispettore.

I componenti del collegio sono nominati con decreto del Ministro per le finanze; la scelta di almeno tre dei membri effettivi e di un membro supplente deve essere fatta su terne designate dalle camere di commercio, industria, artigianato ed agricoltura comprese nel territorio nel compartimento.

Ciascun collegio è costituito per quattro anni; alla scadenza i componenti possono essere confermati.

Ove se ne ravvisi la necessità, può essere nominato un numero maggiore di membri effettivi e supplenti, in modo da consentire la suddivisione del collegio in due o più sezioni, ciascuna composta di quattro membri effettivi e due supplenti. Le sezioni possono essere presiedute da vice presidenti designati dal presidente fra i membri effettivi delle sezioni stesse; per ciascuna sezione oltre la prima è nominato un segretario aggiunto.

68. Procedimento amministrativo di seconda istanza per la risoluzione di controversie. – La decisione del capo del compartimento doganale deve essere emessa nel termine di quattro mesi dalla data di presentazione della formale istanza di cui all'art. 66 e deve essere subito notificata all'interessato dalla competente dogana.

Avverso la decisione del capo del compartimento doganale è ammesso ricorso al Ministro per le finanze; il ricorso deve essere presentato alla dogana competente, a pena di decadenza, entro quaranta giorni dalla notifica della decisione medesima.

Il ricorso di cui al secondo comma, unitamente a tutti gli atti della controversia, è dalla dogana trasmesso al Ministero delle finanze. Il Ministro decide con provvedimento motivato dopo aver sentito il collegio consultivo centrale dei periti doganali, costituito a norma del successivo articolo.

Decorso inutilmente il termine indicato nel secondo comma, si intende accettata la decisione di prima istanza. In tal caso la dogana procede ai sensi dell'art. 61, ultimo comma.

69. Collegio consultivo centrale dei periti doganali. – Il collegio consultivo centrale dei periti doganali si compone di un presidente, di diciotto membri effettivi, di quattro membri supplenti, di un segretario e di un segretario aggiunto.

Il presidente è scelto fra i docenti universitari di materie tecnico-scientifiche.

I membri effettivi e supplenti sono ripartiti come segue:

a) tre membri effettivi, dei quali due scelti dal Ministro per le finanze ed uno dal Ministro per il commercio con l'estero, non appartenenti alle rispettive amministrazioni, che abbiano speciale competenza tecnico-merceologica in materia industriale, agricola e commerciale;

b) nove membri effettivi e quattro supplenti scelti dal Ministro per il commercio con l'estero, di concerto con i Ministri per le finanze, per l'industria, il commercio e l'artigianato e delle politiche agricole e forestali, fra le persone aventi diversa competenza in materia industriale, agricola e commerciale che saranno proposte al detto Ministro, due per ciascuna, da tredici camere di commercio, industria, agricoltura ed artigianato designate per ogni triennio dal Ministro stesso;

c) sei membri effettivi designati due dal Ministero del commercio con l'estero, due dal Ministero dell'industria, del commercio e dell'artigianato e due dal Ministero delle politiche agricole e forestali fra funzionari dei Ministeri stessi di qualifica non inferiore a dirigente superiore.

Esplicano le funzioni di segretario e di segretario aggiunto funzionari del Ministero delle finanze di qualifica non inferiore a direttore di sezione od equiparata.

Il collegio è articolato su due sezioni di un numero uguale di membri, ciascuna delle quali elegge nel suo seno un vice presidente. Il presidente provvede all'assegnazione dei membri alle sezioni; egli può assumere la presidenza di qualunque sezione e può altresì stabilire che gli affari più importanti vengano deferiti all'esame delle due sezioni in seduta congiunta sotto la sua presidenza.

I componenti del collegio consultivo centrale sono nominati con decreto del Ministro per le finanze. Il collegio è costituito per tre anni; alla scadenza del triennio i componenti possono essere confermati.

La qualità di presidente o membro del collegio consultivo centrale non è compatibile con quella di presidente o membro di un collegio consultivo compartimentale dei periti doganali.

70. Decisioni del Ministro. – La decisione del Ministro per le finanze deve essere emessa nel termine di sei mesi dalla data di presentazione del ricorso di cui all'art. 68, secondo comma, e deve essere subito notificata all'interessato per il tramite della competente dogana.

Con la decisione del Ministro l'accertamento si intende definito. Entro dieci giorni dalla notifica la dogana procede ai sensi dell'art. 61, ultimo comma.

71. Disposizioni sul funzionamento dei collegi consultivi. – Per la validità delle riunioni dei collegi consultivi compartimentali e di quello centrale, ovvero delle relative sezioni, è necessaria la presenza della maggioranza assoluta dei rispettivi membri, compreso nel computo il presidente.

I pareri sono adottati col voto favorevole della maggioranza dei presenti; in caso di parità di voti prevale quello del presidente.

I pareri dei collegi non sono vincolanti per l'autorità chiamata a decidere la controversia: tuttavia, nel caso che la decisione sia difforme dal parere, l'autorità stessa deve precisare nel proprio provvedimento i motivi del dissenso. In ogni caso la decisione va notificata all'operatore corredata dal parere del collegio.

Sia l'Amministrazione finanziaria sia il proprietario della

merce possono presentare memorie aggiuntive e documenti, di cui la controparte ha diritto di prendere visione, e possono essere sentiti dai collegi per chiarimenti; in tal caso il proprietario della merce può farsi assistere o rappresentare da uno spedizioniere doganale o da altro professionista. Prima della emissione del parere da parte del collegio, l'operatore ed i funzionari dell'amministrazione che siano stati invitati a presenziare alla discussione devono ritirarsi.

Ai componenti dei collegi consultivi spetta, per ciascuna seduta, il trattamento previsto dalle disposizioni concernenti i compensi ai componenti delle commissioni, consigli, comitati e collegi operanti nelle amministrazioni statali, nonché il trattamento di missione ed il rimborso delle spese di viaggio se provenienti da altre sedi. Ai fini del trattamento di missione o del rimborso delle spese di viaggio i componenti estranei alle amministrazioni dello Stato sono equiparati ai dipendenti civili dello Stato che rivestono la qualifica di dirigente superiore.

72. Altre norme relative ai procedimenti di prima e seconda istanza. – Le spese per la spedizione dei campioni, comprese quelle per la restituzione agli interessati della parte di essi eventualmente residuata, sono a carico degli operatori.

La richiesta di restituzione dei campioni deve pervenire alla dogana entro centoventi giorni dalla definizione dell'accertamento. Decorso inutilmente tale termine, i campioni stessi, qualora non debbano essere tenuti a disposizione di organi giurisdizionali ai sensi dell'art. 76, sono considerati abbandonati e vengono assoggettati al trattamento previsto per le merci cadute in abbandono presso le dogane.

Sono anche a carico dell'operatore le spese per eventuali sopralluoghi del collegio consultivo e per l'esecuzione di analisi o di altri accertamenti tecnici da parte dei laboratori od uffici non dipendenti dell'Amministrazione finanziaria, disposti su richiesta dell'operatore medesimo.

73. Pareri preventivi del collegio consultivo centrale. – Quando ne sia richiesto dal Ministro per le finanze o da una camera di commercio, industria, artigianato ed agricoltura, il collegio consultivo centrale dei periti doganali può esprimere il proprio parere su questioni di massima nonché sulla classificazione, origine e valore imponibile, sul regime delle tare e sul trattamento degli imballaggi relativamente a merci per le quali non esiste controversia fra dogana e contribuenti.

74. Revisione dell'accertamento. – *[La dogana può procedere alla revisione dell'accertamento divenuto definitivo, ancorchè le merci che ne hanno formato l'oggetto siano state lasciate alla libera disponibilità dell'operatore. La revisione è eseguita d'ufficio ovvero quanto l'operatore interessato ne abbia fatta richiesta con istanza presentata, a pena di decadenza, entro il termine di sei mesi dalla data in cui l'accertamento è divenuto definitivo.*

Ai fini della revisione, i funzionari doganali possono accedere, muniti di apposita autorizzazione del capo della dogana, nei luoghi adibiti dall'operatore all'esercizio di attività produttive o commerciali per procedere all'ispezione delle merci che hanno formato oggetto dell'accertamento, se ancora reperibili ed identificabili, ed alla verifica della relativa documentazione doganale, richiedendo, ove occorra, l'intervento della guardia di finanza; possono altresì invitare gli operatori, indicandone il motivo, a comparire entro dieci giorni, di persona o a mezzo di mandatari, presso l'ufficio, ovvero fornire, entro lo stesso termine, notizie, delucidazioni o documenti inerenti alle operazioni doganali che si intendono sottoporre a revisione. Nei casi predetti i funzionari incaricati redigono processo verbale nel quale devono essere indicate le richieste della dogana, le dichiarazioni dell'operatore e le risultanze dell'ispezione e della verifica: il verbale deve essere sottoscritto dall'operatore, ovvero indicare il motivo della mancata sottoscrizione, e di esso l'operatore ha diritto di ottenere copia.

Il Ministro per le finanze stabilisce, con proprio decreto, le norme necessarie per coordinare l'azione dei funzionari doganali con quella della guardia di finanza nell'espletamento delle operazioni di revisione.

Quando dalla revisione, eseguita sia d'ufficio che su richiesta di parte, emergono inesattezze, omissioni od errori riguardo agli elementi presi a base dell'accertamento, la dogana procede alla relativa rettifica e ne dà comunicazione all'operatore interessato, notificando apposito avviso. Nel caso di rettifica conseguente a revisione eseguita d'ufficio, l'avviso deve essere notificato, a pena di decadenza, entro il termine di sei mesi dalla data in cui l'accertamento è divenuto definitivo.

L'istanza di revisione presentata dall'operatore si intende respinta se entro il novantesimo giorno successivo a quello di scadenza del termine indicato nel primo comma non è stato notificato il relativo avviso di rettifica. Avverso il rigetto, tacito o espresso, della istanza è ammesso ricorso entro trenta giorni al capo del compartimento doganale, che provvede in via definitiva.

La rettifica può essere contestata dall'operatore entro trenta giorni dalla data di notifica dell'avviso. Al momento della contestazione è redatto il relativo verbale, ai fini dell'eventuale instaurazione dei procedimenti amministrativi per la risoluzione delle controversie previsti dagli articoli 66 e seguenti.

Divenuta la rettifica definitiva, la dogana procede al ricupero dei maggiori diritti dovuti dall'operatore ovvero promuove d'ufficio la procedura per il rimborso di quelli pagati in più. La rettifica dell'accertamento comporta, ove ne ricorrano gli estremi, la contestazione delle violazioni per le dichiarazioni infedeli o delle più gravi infrazioni eventualmente rilevate.] (1)

(1) *Articolo abrogato dall'articolo 24, comma 1, del D.Lgs. 8 novembre 1990, n. 374.*

75. Previsione dell'accertamento definito a seguito di controversia doganale. – La revisione dell'accertamento di cui al precedente articolo non è ammessa quando comporti il riesame di questioni già decise dal capo del compartimento o dal Ministro in sede di procedimento amministrativo per la risoluzione delle controversie, salvo che non risultino omissioni od errori riguardo agli elementi presi a base della decisione.

76. Rimedi giurisdizionali. – *[Divenuti definitivi l'accertamento o la rettifica, possono essere esperimentati, entro il termine perentorio di sessanta giorni, i rimedi giurisdizionali in sede civile ed amministrativa previsti dalle norme vigenti, qualora la connessa contravvenzione per infedele dichiarazione sia stata estinta mediante oblazione. Ove non ricorra tale condizione, competente a decidere sulla vertenza è il tribunale a cui spetta la cognizione del reato, a norma dell'art. 22 della legge 7 gennaio 1929, n. 4.*

Nei casi di esame della vertenza in sede giurisdizionale la merce o i campioni prelevati ai sensi degli articoli 61 e 65 devono essere tenuti a disposizione dell'organo giurisdizionale.] (1)

(1) *Articolo abrogato dall'articolo 24, comma 1, del D.Lgs. 8 novembre 1990, n. 374.*

CAPO V
Riscossione

77. Modalità di pagamento o deposito dei diritti doganali. – 1. Presso gli uffici doganali, il pagamento dei diritti doganali e di ogni altro diritto che la dogana è tenuta a riscuotere in forza di una legge, nonché delle relative sanzioni, ovvero il deposito cauzionale di somme a garanzia del pagamento di tali diritti, può essere eseguito nei modi seguenti:

a) mediante carte di debito, di credito o prepagate e ogni altro strumento di pagamento elettronico disponibile, in conformità alle disposizioni dettate dal codice dell'amministrazione digitale, di cui al decreto legislativo 7 marzo 2005, n. 82;

b) mediante bonifico bancario;

c) mediante accreditamento sul conto corrente postale intestato all'ufficio;

d) in contanti per un importo non superiore a euro 300. È facoltà del direttore dell'ufficio delle dogane consentire, quando particolari circostanze lo giustificano, il versamento in contanti di più elevati importi, fino al limite massimo consentito dalla normativa vigente sull'utilizzo del contante;

e) mediante assegni circolari non trasferibili, quando lo giustificano particolari circostanze di necessità o urgenza, stabilite con provvedimento del direttore dell'Agenzia delle dogane e dei monopoli.

2. Le modalità per il successivo versamento delle somme riscosse alla Tesoreria sono stabilite con provvedimento del direttore dell'Agenzia delle dogane e dei monopoli, di concerto con la Ragioneria generale dello Stato, sentita la Banca d'Italia [1].

[1] Articolo modificato dall'articolo 4, comma 2-bis, del D.L. 13 maggio 1991, n. 151 e successivamente sostituito dall'articolo 13-ter, comma 1, del D.L. 30 aprile 2019, n. 34, convertito, con modificazioni, dalla Legge 28 giugno 2019, n. 58.

78. Pagamenti periodici di diritti doganali [1]. – L'Amministrazione finanziaria può consentire a coloro che effettuano con carattere di continuità operazioni doganali per ottenere la libera disponibilità della merce senza il preventivo pagamento dei diritti liquidati, i quali sono annotati, per ciascun operatore, in apposito conto di debito. Periodicamente, alla fine di un determinato intervallo di tempo fissato dall'Amministrazione predetta e che non può comunque eccedere i trenta giorni, il ricevitore della dogana riassume il debito relativo al gruppo di operazioni effettuate nell'intervallo medesimo da ciascun operatore; il debito, salvo quanto previsto dagli articoli 79 e 80, deve essere soddisfatto entro i successivi due giorni lavorativi.

La concessione dell'agevolazione è subordinata alla prestazione di idonea cauzione nella misura ritenuta congrua dal ricevitore della dogana.

L'Amministrazione può in qualsiasi momento, quando sorgano fondati timori sulla possibilità del tempestivo soddisfacimento del debito, revocare la concessione del pagamento periodico; in tal caso l'operatore deve, entro cinque giorni dalla notifica della revoca, estinguere il suo debito o prestare una garanzia ritenuta idonea dall'amministrazione stessa.

Con decreto del Ministro per le finanze, di concerto con i Ministri del tesoro, del bilancio e della programmazione economica e delle comunicazioni, possono essere stabilite particolari disposizioni in materia di contabilizzazione e di pagamento dei diritti doganali ed accessori relativi a pacchi postali [2].

[1] A norma dell'articolo 92, comma 3, del D.L. 17 marzo 2020, n. 18, convertito con modificazioni dalla Legge 24 aprile 2020, n. 27, al fine di mitigare gli effetti economici derivanti dalla diffusione del contagio da COVID-19, i pagamenti dei diritti doganali, in scadenza tra la data del 17 marzo 2020 ed il 30 aprile 2020, e da effettuare secondo le modalità previste dal presente articolo, sono differiti di ulteriori trenta giorni senza applicazione di interessi. Successivamente, a norma dell'articolo 161, comma 1, del D.L. 19 maggio 2020, n. 34, convertito, con modificazioni, dalla Legge 17 luglio 2020, n. 77, i pagamenti dei diritti doganali, in scadenza tra la data del 1° maggio 2020 ed il 31 luglio 2020, e da effettuare secondo le modalità previste dal presente articolo, sono prorogati di sessanta giorni, senza applicazione di sanzioni ed interessi.
[2] Per una deroga alle disposizioni di cui al presente articolo, vedi l'articolo 4, comma 2, del D.L. 13 maggio 1991, n. 151.

79. Pagamento differito di diritti doganali [1][2][A]. – 1. Il ricevitore della dogana consente, a richiesta dell'operatore, il pagamento differito dei diritti doganali per un periodo di trenta giorni. Lo stesso ricevitore può autorizzare la concessione di una maggiore dilazione, per il pagamento dei diritti afferenti la sola fiscalità interna, fino ad un massimo di novanta giorni, compresi i primi trenta.

2. La concessione del pagamento differito, sia per i primi trenta giorni sia per la maggiore dilazione, è accordata a condizione che, a garanzia dei diritti dovuti e dei relativi interessi, sia prestata cauzione ai sensi dell'articolo 87.

3. Il ricevitore della dogana può in qualsiasi momento, quando sorgano fondati timori sulla possibilità del tempestivo soddisfacimento del debito, revocare la concessione del pagamento differito; in tal caso l'operatore deve, entro cinque giorni dalla notifica della revoca, estinguere il suo debito o prestare una ulteriore garanzia ritenuta idonea dal ricevitore stesso.

4. L'agevolazione del pagamento differito comporta l'obbligo della corresponsione degli interessi, con esclusione dei primi trenta giorni, al saggio stabilito semestralmente con decreto del Ministro delle finanze sulla base del rendimento netto dei buoni ordinari del tesoro a tre mesi [3].

[A] In riferimento alla fissazione semestrale del tasso di interesse per il pagamento differito dei diritti doganali (periodo dal 13 luglio 2018 al 12 gennaio 2019), vedi: Nota Agenzia delle Dogane 05/11/2018 n. 120406/RU; Nota Agenzia delle Dogane 9 aprile 2019, n. 40131/RU.
[1] Articolo modificato dall'articolo 5-quater del D.L. 29 settembre 1973, n. 578, dall'articolo 3-quinques del D.L. 6 luglio 1974, n. 251, dall'articolo 4, comma 2, del D.L. 13 maggio 1991, n. 151, e successivamente sostituito dall'articolo 5, comma 2, della legge 25 luglio 2000, n. 213.
[2] Per la fissazione del saggio di interesse di cui al presente articolo, vedi il D.M. 7 giugno 2001, il D.M. 9 agosto 2001, il D.M. 9 maggio 2002, il D.M. 6 settembre 2002, il D.M. 19 giugno 2003, il D.M. 14 novembre 2003, il D.M. 27 febbraio 2004, il D.M. 8 ottobre 2004, il D.M. 30 marzo 2005, il D.M. 22 luglio 2005, il D.M. 7 febbraio 2006, il D.M. 3 agosto 2006, il D.M. 31 gennaio 2007, il D.M. 31 luglio 2007, il D.M. 6 febbraio 2008, il D.M. 25 luglio 2008, il D.M. 25 febbraio 2009, il D.M. 24 luglio 2009, il D.M. 26 febbraio 2010, il D.M. 28 luglio 2010, il D.M. 8 febbraio 2011, il D.M. 15 settembre 2011, il D.M. 28 febbraio 2012, il D.M. 1° ottobre 2012, il D.M. 20 febbraio 2013, il D.M. 25 luglio 2013, il D.M. 30 maggio 2014, il D.M. 24 ottobre 2014, il D.M. 2 aprile 2015, il D.M. 16 settembre 2015, il D.M. 11 marzo 2016, il D.M. 4 agosto 2016, il D.M. 23 marzo 2017, il D.M. 3 agosto 2017, il D.M. 1° febbraio 2018, il D.M. 28 settembre 2018, il D.M. 22 marzo 2019, e da ultimo, il D.M. 30 agosto 2019.
[3] A norma dell'articolo 92, comma 3, del D.L. 17 marzo 2020, n. 18, convertito con modificazioni dalla Legge 24 aprile 2020, n. 27, al fine di mitigare gli effetti economici derivanti dalla diffusione del contagio da COVID-19, i pagamenti dei diritti doganali, in scadenza tra la data del 17

marzo 2020 ed il 30 aprile 2020, e da effettuare secondo le modalità previste dal presente articolo, sono differiti di ulteriori trenta giorni senza applicazione di interessi. Successivamente, a norma dell'articolo 161, comma 1, del D.L. 19 maggio 2020, n. 34, convertito, con modificazioni, dalla Legge 17 luglio 2020, n. 77 , i pagamenti dei diritti doganali, in scadenza tra la data del 1° maggio 2020 ed il 31 luglio 2020, e da effettuare secondo le modalità previste dal presente articolo, sono prorogati di sessanta giorni, senza applicazione di sanzioni ed interessi.

80. Decorrenza o scadenza del periodo per il quale è concesso il pagamento differito. – Il periodo per il quale è concesso il pagamento differito di cui al precedente articolo decorre dalla data di registrazione della bolletta doganale ovvero, se la merce è stata già rilasciata a disposizione dell'operatore, dalla data del rilascio medesimo.

Qualora l'operazione doganale relativa a merce descritta in una unica dichiarazione venga effettuata in più riprese, il periodo di cui al comma precedente decorre dal giorno del rilascio dell'ultima quantità di merce, retrodatato di un numero di giorni uguale alla metà di quelli impiegati per il compimento dell'operazione stessa; se il numero dei giorni impiegati nel compimento dell'operazione è dispari, la metà è calcolata rispetto al numero pari immediatamente inferiore. Per le operazioni doganali a riprese di durata superiore a trenta giorni il periodo di cui al comma precedente decorre in ogni caso dal quindicesimo giorno successivo a quello del rilascio della prima quantità di merce.

Nei casi in cui sono consentiti, ai sensi dell'art. 78, pagamenti periodici globali per gruppi di operazioni separatamente effettuate in un determinato intervallo di tempo, la decorrenza del periodo per il quale è concesso il pagamento differito è stabilita con i criteri indicati nel precedente comma, assumendo a base del calcolo il numero dei giorni costituenti l'intervallo medesimo.

Quando la data di scadenza della dilazione coincide con un giorno festivo, il termine per il pagamento è prorogato al giorno lavorativo immediatamente successivo.

81. Ritardo nel pagamento dei diritti. – Qualora dopo otto giorni dalla registrazione della bolletta ovvero dalla scadenza del termine stabilito per il pagamento periodico o per il pagamento differito non siano stati pagati i diritti liquidati, la dogana procede, con le norme di cui all'articolo seguente, alla riscossione coattiva dei diritti stessi, salva l'applicazione dell'ammenda prevista dall'art. 322.

Nello stesso modo la dogana procede per la riscossione dei diritti doganali maturati successivamente all'effettuata liquidazione.

82. Ingiunzione di pagamento. – I diritti dovuti alla dogana e non pagati in tutto o in parte sono riscossi dal contabile doganale con le norme stabilite dal testo unico 14 aprile 1910, n. 639, delle disposizioni relative alla procedura coattiva per la riscossione delle entrate patrimoniali dello Stato e degli altri enti pubblici, dei proventi del demanio pubblico e di pubblici servizi e delle tasse sugli affari.

All'atto di ingiunzione, emesso in base a detto testo unico, può farsi opposizione entro il termine perentorio di giorni quindici dalla data della notificazione.

83. Diritti doganali non contestati ovvero non suscettibili di esonero o di abbuono. – Nei casi in cui viene consentito, ai sensi degli articoli 61 e 65, il rilascio della merce prima che l'accertamento sia divenuto definitivo, i diritti che non risultano contestati devono essere versati a titolo definitivo.

Deve essere altresì versata a titolo definitivo, nei casi di merci rilasciate con sospensione del pagamento di una parte dei diritti liquidati in previsione della concessione di esonero o di abbuono, la parte dei diritti non suscettibile di esonero o di abbuono.

Sono fatte salve le disposizioni degli articoli 78 e 79.

84. Prescrizione dei diritti doganali [1]. – 1. I termini per la notifica dell'obbligazione doganale avente ad oggetto diritti doganali sono disciplinati dalle vigenti disposizioni dell'Unione europea.

2. Qualora l'obbligazione avente ad oggetto i diritti doganali sorga a seguito di un comportamento penalmente perseguibile, il termine per la notifica dell'obbligazione doganale è di sette anni.

3. Le disposizioni di cui ai commi 1 e 2 si applicano alle obbligazioni doganali sorte dal 1° maggio 2016.

(1) Articolo modificato dall'articolo 29, comma 1, della legge 29 dicembre 1990, n. 428 e successivamente sostituito dall'articolo 12, comma 1, della Legge 3 maggio 2019, n. 37 (Legge Europea 2018)

85. Risarcimento di danni per incompleta o mancata riscossione o per intervenuta prescrizione. – *[Riuscita infruttuosa, in tutto o in parte, l'escussione del contribuente, l'amministrazione, nel termine di cinque anni di cui all'articolo precedente e nell'anno successivo, ha facoltà di agire per il risarcimento del danno contro gli impiegati, che, per effetto di mancata od erronea liquidazione ovvero per altri fatti ad essi addebitabili, abbiano cagionata la incompleta o mancata riscossione.*

All'impiegato, il quale abbia risarcito il danno, spetta il rimborso, da parte dell'amministrazione, della somma pagata, qualora successivamente, per qualsiasi motivo, detta somma venga ricuperata dal contribuente.

La responsabilità degli agenti contabili rimane regolata dalle norme per l'amministrazione del patrimonio e per la contabilità generale dello stato.] [1]

(1) Articolo soppresso dall'articolo 1, comma 9, del D.P.R. 8 maggio 1985, n. 254.

86. Interessi per il ritardato pagamento [1][A]. – Per il ritardato pagamento dei diritti doganali e di tutti gli altri tributi che si riscuotono in dogana si applica un interesse pari al tasso stabilito per il pagamento differito dei diritti doganali, di cui all'art. 79, maggiorato di quattro punti. L'interesse si computa per mesi compiuti a decorrere dalla data in cui il credito è divenuto esigibile [2].

Sui diritti esigibili in dipendenza dell'immissione in consumo di merci temporaneamente importate od esportate l'interesse di cui al comma precedente non si applica relativamente ai periodi per i quali sono dovuti gli interessi previsti dalle particolari disposizioni in materia di temporanee importazioni ed esportazioni.

L'interesse è dovuto indipendentemente dall'applicazione di sopratasse, pene pecuniarie, multe o ammende. L'interesse dovuto e non pagato è riscosso dal contabile doganale con la procedura coattiva prevista per i diritti doganali dall'art. 82.

(1) *A norma dell'articolo 13 del D.L. 30 settembre 1982, n. 688, l'interesse previsto dal presente articolo, è elevato dal sei al nove per cento semestrale.*
(2) *Comma sostituito dall'articolo 15, comma 1, numero 1), del D.L. 26 maggio 1978, n. 216, dall'articolo 25, comma 4, della legge 9 gennaio 1991, n. 9 e successivamente dall'art. 20, comma 2, della legge 27 dicembre 1997, n. 449.*
(A) *In riferimento al presente articolo vedi: Circolare dell'Agenzia delle Dogane e dei Monopoli 21 dicembre 2015, n. 20/D.*

87. Cauzioni a garanzia del pagamento di diritti doganali. – In tutti i casi in cui è prevista la prestazione di una cauzione a garanzia del pagamento di somme dovute alla dogana, la cauzione stessa può essere prestata, oltreché mediante deposito delle somme stesse con le modalità indicate nell'art. 77, mediante deposito di titoli di debito emessi o garantiti dallo Stato ovvero fidejussione rilasciata da un'azienda di credito sotto osservanza delle disposizioni per le cauzioni in materia contrattuale stabilite dalle norme sulla contabilità generale dello Stato, ovvero polizza fidejussoria emessa da un istituto di assicurazione accreditato presso l'amministrazione.

Nel regolamento per l'esecuzione del presente testo unico possono essere previste, in aggiunta a quelle indicate nel precedente comma, altre forme di garanzia per determinate operazioni doganali.

88. Esclusione delle penalità dal computo delle cauzioni. – Per la determinazione dell'ammontare delle cauzioni da prestarsi a garanzia degli obblighi connessi con le operazioni doganali non si computano gli importi corrispondenti alle sanzioni pecuniarie applicabili in caso di mancato adempimento degli obblighi stessi.

89. Cauzioni per prodotti gravati da sovrimposta di confine. – Le cauzioni dovute per il deposito o il trasporto di prodotti di estera provenienza gravati da sovrimposta di confine sono calcolate per quanto riguarda la sovrimposta stessa e l'eventuale diritto erariale, nella stessa misura percentuale stabilita per la imposta di fabbricazione ed il diritto erariale gravanti sui corrispondenti prodotti nazionali depositati o trasportati.

Le cauzioni sono limitate al dieci per cento dell'ammontare dei tributi anzidetti quando si tratta di operazioni di temporanea importazione effettuate da ditte che lavorano le merci soggette ai tributi stessi in propri stabilimenti sottoposti a permanente vigilanza finanziaria. In tali casi i crediti dell'Amministrazione finanziaria per i tributi ed i relativi interessi di mora, per le sanzioni pecuniarie e per le spese di ogni specie sono garantiti da privilegio, a preferenza di ogni altro creditore, sulle merci, sul macchinario e su tutto il materiale mobile esistente negli stabilimenti delle ditte ammesse a fruire della facilitazione, nonché nei magazzini annessi ai predetti stabilimenti o in altri comunque sottoposti a vigilanza finanziaria, di pertinenza delle stesse ditte.

90. Esonero dall'obbligo di prestare cauzione. – L'Amministrazione finanziaria può concedere alle amministrazioni dello Stato e degli enti pubblici ed alle ditte di notoria solvibilità l'esonero dall'obbligo di prestare cauzione per i diritti doganali gravanti sulle merci proprie o di terzi che formano oggetto delle operazioni doganali da esse effettuate. in tutti i casi in cui detto obbligo è previsto.

La concessione può essere revocata in qualsiasi momento, quando sorgano fondati dubbi sulla solvibilità dell'ente o della ditta: in tal caso l'ente o la ditta deve entro cinque giorni dalla notifica della revoca prestare la prescritta cauzione relativamente alle operazioni in corso.

91. Rimborsi (1). – Il contribuente ha diritto al rimborso delle somme pagate in più del dovuto per errori di calcolo nella liquidazione o per l'applicazione di un diritto diverso da quello fissato in tariffa per la merce descritta nel risultato dell'accertamento, purché ne sia fatta domanda nel termine perentorio di cinque anni dalla data del pagamento e la domanda sia corredata dalla bolletta originale da cui risulta l'avvenuto pagamento.

Qualora, nel predetto termine di cinque anni, dalla revisione delle bollette emergano errori di calcolo o di tassazione a danno dei contribuenti l'amministrazione provvede al rimborso senza che occorra domanda dell'interessato, il quale, in ogni caso, deve esibire, a richiesta dell'amministrazione, la bolletta originale e quegli altri documenti che siano ritenuti necessari.

Se l'indebito pagamento dipende da erroneo od inesatto accertamento della qualità, della quantità, del valore o dell'origine della merce, si applicano le disposizioni dell'art. 74.

(1) *A norma dell'articolo 29, comma 1, della legge 29 dicembre 1990, n. 428, il termine quinquennale di decadenza previsto dal presente articolo, deve intendersi applicabile a tutte le domande e le azioni esperibili per il rimborso di quanto pagato in relazione ad operazioni doganali.*

92. Restituzione di somme per il tramite degli spedizionieri doganali. – Il rimborso di diritti doganali indebitamente riscossi ovvero lo svincolo totale o parziale di somme assunte in deposito dalla dogana per le quali sia venuta meno la ragione del deposito può essere eseguito nelle mani dello spedizioniere doganale, ancorché non sia munito di specifico mandato, qualora tali diritti o somme afferiscano ad operazione doganale da esso compiuta in rappresentanza del proprietario della merce e siano stati versati dallo spedizioniere medesimo.

La disposizione di cui al precedente comma si applica a condizione che:

a) lo spedizioniere doganale richiedente sia in possesso dell'originale bolletta doganale "figlia" comprovante l'effettuazione del versamento, con esclusione di duplicati o copie autentiche;

b) nel caso di deposito, la bolletta doganale predetta risulti firmata dallo spedizioniere in qualità di effettivo versante;

c) il proprietario della merce rappresentato non abbia notificato alla dogana la cessazione del rapporto di rappresentanza;

d) lo spedizioniere doganale richiedente non risulti sospeso dalle operazioni doganali ovvero cancellato o radiato dall'albo professionale.

93. Interessi passivi (1). – 1. In occasione del rimborso di diritti doganali indebitamente corrisposti, ovvero della restituzione di somme assunte in deposito dalla dogana a qualsiasi titolo per le quali sia venuta meno la ragione del deposito, spetta al contribuente, sui relativi importi, l'interesse nella misura pari al tasso stabilito per il pagamento dei diritti doganali di cui all'articolo 79, da computarsi per mesi compiuti a decorrere dalla data in cui sia stata presentata la domanda rispettivamente, di rimborso o di restituzione. L'interesse nella misura pari al tasso stabilito per il pagamento dei diritti doganali di cui al citato articolo 79, spetta altresì al contribuente, sugli importi relativi a restituzioni a qualsiasi titolo dovute, anche in dipendenza di forme di intervento comunitarie [(2)].

[(1)] *A norma dell'articolo 13 del D.L. 30 settembre 1982, n. 688, l'interesse previsto dal presente articolo, è elevato dal sei al nove per cento semestrale.*
[(2)] *Comma modificato dall'articolo 15, comma 1, numero 2), del D.L. 26 maggio 1978, n. 216 e successivamente sostituito dall'articolo 25, comma 5, della legge 9 gennaio 1991, n. 9 e dall'articolo 20, comma 3, della legge 27 dicembre 1997, n. 449.*

TITOLO III
Movimento delle merci da e per l'estero

CAPO I
Entrata delle merci nel territorio doganale

Sezione I – Disposizioni generali sugli arrivi e sulla temporanea custodia delle merci

94. Dichiarazione sommaria. – Le merci in arrivo nel territorio doganale, qualora non abbiano già ricevuto o non ricevano subito una destinazione doganale, devono formare oggetto di una dichiarazione sommaria scritta, contenente almeno le seguenti indicazioni:

a) per le merci in colli: specie quantità marche e numeri distintivi dei colli, nonché qualità e peso lordo delle merci; per le merci alla rinfusa: qualità e quantità, in peso o in volume delle merci:

b) specie e caratteristiche del mezzo di trasporto con il quale le merci sono arrivate;

c) luogo di carico delle merci sul mezzo di trasporto predetto.

La dichiarazione sommaria deve essere presentata alla dogana dal detentore delle merci o dal suo rappresentante non oltre ventiquattro ore dall'arrivo delle merci stesse. Prima della presentazione della dichiarazione sommaria le merci non possono essere scaricate o sbarcate dal mezzo di trasporto: in casi eccezionali la dogana può tuttavia autorizzare lo scarico o lo sbarco della merce in luoghi da essa sorvegliati.

Qualsiasi documento doganale, amministrativo o commerciale che contenga tutti gli elementi indicati nel primo comma può essere considerato come dichiarazione sommaria.

Per le merci in arrivo per via di mare e per via aerea la dichiarazione sommaria è costituita dal manifesto di cui agli articoli 105 e 115.

Qualora alla scadenza del termine la dichiarazione sommaria non sia stata presentata ovvero risulti incompleta, la dogana provvede alla compilazione di un processo verbale di constatazione dal quale risultino le indicazioni di cui al primo comma. A tal fine, ove occorra la qualità della merce, si procede allo scondizionamento dei colli in presenza del detentore o del proprietario ovvero, in mancanza, di due testimoni estranei all'Amministrazione finanziaria. Il processo verbale deve essere sottoscritto da tutti gli intervenuti.

La dichiarazione sommaria vidimata dalla dogana, od il processo verbale di constatazione di cui al precedente comma, è presa in carico in apposito registro.

L'amministrazione può disporre l'esonero dalla presentazione della dichiarazione sommaria per le merci portate dai viaggiatori o che formano oggetto di traffico nelle zone di frontiera.

95. Termine per dare alle merci una destinazione doganale. – Le merci che, a norma del precedente articolo hanno formato oggetto della dichiarazione sommaria o del verbale di constatazione e quelle che sono descritte nei manifesti delle navi e degli aeromobili devono essere introdotte. entro ventiquattro ore dall'arrivo se giunte per via di terra o dallo sbarco negli altri casi, nei magazzini o recinti di temporanea custodia, di cui al successivo articolo, in attesa che sia ad esse data una destinazione doganale o che siano rispedite fuori del territorio doganale.

Le merci arrivate per via diversa da quella marittima devono ricevere una destinazione doganale od essere rispedite fuori del territorio doganale entro quindici giorni dalla data di presentazione della dichiarazione sommaria o del manifesto ovvero dalla data di scadenza del termine per la presentazione stessa; qualora occorra verificare l'esatta composizione delle merci la dogana può accordare una proroga non eccedente la durata del tempo necessario per la verifica. Per le merci arrivate per via di mare il termine predetto è elevato a quarantacinque giorni.

Se il giorno di scadenza del termine non è lavorativo, la scadenza stessa è prorogata di diritto a tutto il primo giorno lavorativo successivo. Il termine può essere altresì prorogato dalla dogana quando circostanze eccezionali lo giustificano.

96. Magazzini o recinti per la temporanea custodia delle merci. – I magazzini o recinti per la temporanea custodia delle merci sono situati nell'ambito degli spazi doganali o in altri luoghi soggetti a vigilanza finanziaria. Essi sono tenuti direttamente dalla dogana ovvero sono gestiti in propri locali od aree da enti ed imprese autorizzati a norma del successivo articolo.

L'introduzione delle merci nei magazzini o recinti di temporanea custodia si effettua a richiesta ed a cura del proprietario o del vettore, sulla base delle indicazioni risultanti dalla dichiarazione sommaria o dal processo verbale di constatazione di cui all'art. 94: tuttavia, quando per qualsiasi motivo non vi provveda il proprietario o il vettore, l'introduzione si effettua ad iniziativa della dogana ed a spese del proprietario. È in facoltà della dogana di eseguire, ogni qual volta abbia dubbi sulla esattezza delle indicazioni predette, la visita interna dei colli in presenza del detentore o del proprietario ovvero, in mancanza, di due testimoni estranei all'amministrazione finanziaria; in tali casi deve essere redatto un verbale di constatazione che, sottoscritto da tutti gli intervenuti, viene allegato alla dichiarazione sommaria.

Il movimento delle merci nei magazzini o recinti di temporanea custodia è tenuto in evidenza dalla dogana per mezzo di registri di carico e scarico sui quali sono allibrati le dichiarazioni sommarie o in mancanza, i processi verbali di constatazione.

Le spese di custodia, anche quando l'introduzione sia stata effettuata ad iniziativa della dogana, sono a carico del proprietario o del vettore. La dogana non risponde delle avarie e dei deperimenti naturali delle merci in temporanea custodia, né dei danni e delle perdite derivanti da cause ad essa non imputabili, ancorché si tratti di merci introdotte nei depositi o recinti tenuti dalla dogana medesima.

Durante la giacenza delle merci nei magazzini o recinti di temporanea custodia sono vietate manipolazioni di qualsiasi specie, salvo quelle necessarie per la conservazione delle merci stesse nello stato in cui sono arrivate.

Particolari procedure, anche in deroga a quelle previste nel presente testo unico, possono essere disposte dai capi delle circoscrizioni doganali in materia di temporanea custodia nelle stazioni ferroviarie, marittime ed aeroportuali dei bagagli dei viaggiatori provenienti dall'estero.

97. Autorizzazione all'esercizio di magazzini o recinti di temporanea custodia. – Il capo del compartimento doganale può autorizzare enti ed imprese, sia pubblici che privati, ad istituire e gestire magazzini o recinti per la temporanea custodia delle merci: l'esercizio di tali magazzini o recinti è subordinato alla condizione che gli impianti e le persone ad essi addette diano pieno affidamento ai fini della sicurezza fiscale e che siano osservate tutte le misure disposte agli stessi fini dagli organi doganali. Qualora venga meno uno dei requisiti o condizioni prescritti, l'autorizzazione deve essere revocata: l'autorizzazione può, altresì, essere revocata quando siano rilevati abusi o irregolarità nella gestione del magazzino o recinto.

L'autorizzazione è rilasciata ad enti ed imprese riconosciuti di notoria solvibilità; essa può essere tuttavia rilasciata anche ad enti ed imprese che non siano riconosciuti di notoria solvibilità, quando per i diritti gravanti sulle merci introdotte nel magazzino o recinto di temporanea custodia si impegnino a prestare cauzione in uno dei modi indicati nell'art. 87, ovvero quando il magazzino o recinto per il quale viene richiesta l'autorizzazione sia ubicato nell'ambito degli spazi doganali.

Agli effetti del rilascio dell'autorizzazione sono in ogni caso da considerare di notoria solvibilità gli enti ed imprese esercenti ferrovie, autostrade, porti, aeroporti, magazzini generali e depositi franchi nonché le società italiane a partecipazione statale per la navigazione marittima ed aerea.

Le amministrazioni dello Stato possono essere autorizzate a gestire magazzini o recinti di temporanea custodia anche in luoghi non soggetti a vigilanza finanziaria, qualora la sorveglianza sia assicurata da altri organi di polizia.

98. Esercizio dei magazzini e recinti di temporanea custodia autorizzati. – Nei magazzini o recinti di temporanea custodia gestiti dagli enti ed imprese autorizzati la dogana procede, ogni sei mesi, a verifiche ordinarie, salva la facoltà di eseguire in qualsiasi momento verifiche straordinarie. Le spese per le verifiche sono a carico del gestore.

Il capo del compartimento doganale può, quando ricorrano giustificati motivi, stabilire che le verifiche ordinarie di cui al precedente comma siano in determinati magazzini o recinti di temporanea custodia eseguite, anziché ogni sei mesi, ad intervalli di tempo maggiori ovvero sulla sola base delle scritture e delle contabilità tenute dai rispettivi gestori.

Qualora rispetto alle merci introdotte nei magazzini o recinti predetti vengano riscontrate mancanze o deficienze, il gestore è tenuto a corrispondere i diritti relativi alle merci non rinvenute, calcolati sulla base degli elementi indicati nella dichiarazione sommaria ovvero desunti da altri accertamenti e nella misura più elevata che si è resa applicabile dalla data di introduzione a quella dell'accertamento della mancanza o deficienza. Qualora vengano riscontrate eccedenze o comunque venga accertata la presenza di merci in contrasto con le risultanze dei registri di cui al terzo comma dell'art. 96 il gestore è tenuto a prendere in carico le merci irregolarmente presenti nel magazzino o recinto.

In caso di sostituzione di merce, si applicano le disposizioni del comma precedente, sia per quanto concerne la corresponsione dei diritti relativi alla merce sostituita, da considerare come merce mancante sia per quanto concerne l'assunzione in carico della merce in luogo di essa rinvenuta.

99. Merci cadute in abbandono. – Trascorsi i termini indicati nell'art. 95 commi secondo e terzo, senza che le merci arrivate abbiano formato oggetto di dichiarazione per una destinazione doganale o siano state rispedite fuori del territorio doganale, le merci stesse sono considerate abbandonate ai sensi e per gli effetti degli articoli 275 e seguenti, restando a disposizione della dogana per il soddisfacimento dei diritti per esse dovuti.

Sono del pari considerate abbandonate le merci introdotte nei magazzini o recinti di temporanea custodia, che pur avendo formato oggetto di dichiarazione per una destinazione doganale, per fatto del proprietario non ricevano detta destinazione entro quindici giorni dalla data di accettazione della dichiarazione stessa ovvero che, pur avendo ricevuta la destinazione doganale richiesta, non vengano ritirate dal magazzino o recinto entro quindici giorni dalla data di registrazione della relativa bolletta. Il capo della dogana può prorogare tali termini quando le circostanze lo giustificano.

100. Sdoganamento di merci in arrivo. – *[Le dogane possono consentire che le dichiarazioni degli operatori rivolte a dare una destinazione doganale alle merci in arrivo siano presentate prima dell'arrivo stesso, al fine di rendere possibile l'espletamento anticipato delle operazioni preliminari di accertamento sulla base delle segnalazioni meccanografiche o delle documentazioni già pervenute è di permettere, appena giunte le merci, l'immediata separazione di quelle che i funzionari incaricati intendono sottoporre alla visita doganale.*

Resta fermo che all'accettazione formale delle dichiarazioni a tutti gli effetti di legge si procederà soltanto dopo l'arrivo della merce.] (1)

(1) *Articolo abrogato dall'articolo 24, comma 1, del D.Lgs. 8 novembre 1990, n. 374.*

Sezione II – Arrivi da terra e dai laghi

101. Arrivi da terra. – Le merci in arrivo per via di terra debbono essere presentate alla più vicina dogana di confine. Se la dogana non è situata sulla linea doganale, le merci vi debbono essere trasportate percorrendo, senza deviare la strada stabilita a norma dell'art. 9, primo comma.

Se le merci sono presentate ad una dogana che non abbia facoltà di sdoganarle sono rinviate all'estero a spese del vettore oppure inoltrate alla più vicina dogana abilitata, vincolate alla bolletta di cauzione prescritta per le merci spedite in esenzione da accertamento a norma dell'art. 143. Si prescinde dalla bolletta di cauzione quando l'inoltro alla dogana abilitata avviene sotto scorta dei militari della guardia di finanza o con l'adozione di altro sistema di vigilanza.

Nei luoghi in cui è istituita una dogana internazionale le merci in arrivo dall'estero si considerano entrate nel territorio doganale quando sono state licenziate dai servizi doganali dello Stato limitrofo per il passaggio a quelli nazionali.

102. Arrivi da laghi. – I capitani delle navi che trasportano merci nel lago Maggiore o nel bacino di Porlezza del lago di Lugano, perché siano introdotte nello Stato, debbono presentarle ad una delle estreme dogane nazionali e non possono attraversare le acque nazionali dei detti laghi se le merci a bordo non sono scortate da bolletta di importazione o di cauzione, a norma degli articoli 133 e 141.

Le merci in arrivo nelle acque del lago di Lugano comprese tra le sponde nazionali e le sponde estere devono dai capitani essere trasportate direttamente e presentate alle dogane stabilite sulle sponde costituenti la linea doganale ai sensi dell'art. 1; quelle in arrivo nel bacino di Porto Ceresio devono, dai capitani, essere trasportate direttamente e presentate alla dogana omonima.

Sono esenti da detti obblighi i capitani delle navi che hanno ufficio doganale a bordo.

Lungo le sponde nazionali dei suddetti tratti del lago di Lugano è proibito ai capitani, salvo il permesso della dogana o caso di forza maggiore, di stare alla cappa, di bordeggiare o di mettersi in comunicazione con la terra in modo che sia agevole sbarcare e imbarcare merci, dove non sono uffici doganali.

Sezione III – Arrivi da mare

103. Navi e capitani. – Sotto la denominazione di navi s'intendono le navi di qualsiasi specie, le barche, le draghe ed ogni altro galleggiante atto a percorrere le acque per il trasporto di persone o di cose.

Sotto la denominazione di capitani s'intendono compresi tutti conduttori di navi. I capitani sono responsabili della osservanza delle norme stabilite dal presente testo unico nei riguardi delle merci trasportate.

104. Divieti di approdo e di sosta delle navi. – Nei luoghi dove non sono uffici doganali è vietato ai capitani di navi, salvo il permesso della dogana o caso di forza maggiore, di rasentare il lido, di gettare l'ancora, di stare alla cappa, di mettersi in comunicazione con la terra in modo che sia agevole sbarcare e imbarcare merci e di approdare.

Le navi debbono ancorarsi solamente nei luoghi all'uopo destinati.

105. Obbligo del manifesto del carico. Vigilanza. – Entro la zona di vigilanza doganale marittima i capitani delle navi dirette ad un porto dello Stato devono essere muniti del "manifesto del carico" salvi i casi di esonero previsti dal presente testo unico.

106. Requisiti del manifesto del carico. – Il manifesto del carico deve contenere le seguenti indicazioni: il nome e la bandiera della nave: la stazza netta; il numero degli uomini di equipaggio; il cognome e nome del capitano; la provenienza gli approdi fatti durante il viaggio; le specie del carico e, secondo i casi, la quantità in peso od in volume delle merci alla rinfusa; il numero, la qualità e il peso lordo dei colli, se questo sia indicato nei documenti di trasporto, le loro marche e cifre numeriche; i documenti che accompagnano le merci.

Il numero totale dei colli deve essere ripetuto in lettere, salvo il disposto dell'art. 351, secondo comma.

Deve essere altresì indicato, quando risulta dalla polizza di carico, il nome del destinatario di ogni partita.

Devono essere, in fine, descritte nel manifesto di carico le autovetture al seguito dei passeggeri [(1)].

Non è obbligatoria nel manifesto l'iscrizione dei bagagli dei passeggeri, purché non si tratti di colli commerciali.

Le merci destinate a località diverse devono essere annotate nel manifesto separatamente, secondo il luogo di loro destinazione.

Il manifesto deve essere scritto in inchiostro, senza correzioni, senza cancellature od alterazioni e sottoscritto dal capitano o chi per esso. Mancando taluno dei suddetti requisiti, il manifesto non è accettato dalla dogana e, agli effetti del presente testo unico, si considera come non presentato.

In deroga a quando stabilito nel primo comma, può prescindersi dall'indicare il numero dei colli relativi a merce di unica qualità costituente in tutto od in parte il carico della nave, quando sia indicata la quantità complessiva di detta merce in peso od in volume, a seconda della specie, e purché non si tratti di colli chiusi a macchina o comunque sigillati. In tali casi la merce è considerata "alla rinfusa" agli effetti dell'applicazione dell'art. 302.

Si utilizzano i formulari FAL di cui alla direttiva 2002/6/CE del Parlamento europeo e del Consiglio, del 18 febbraio 2002 [(2)].

(1) Comma sostituito dall'articolo 6, comma 1, lettera a), del D.lgs. 24 dicembre 2004, n. 335.
(2) Comma aggiunto dall'articolo 6, comma 1, lettera b), del D.lgs. 24 dicembre 2004, n. 335.

107. Presentazione del manifesto del carico. – Il capitano della nave che approda in qualunque porto o rada dello Stato deve presentare alla dogana il manifesto del carico, qualunque sia la causa per la quale l'approdo è stato effettuato, e qualunque sia la durata della permanenza della nave nel luogo di arrivo.

Se la nave proviene da altro porto dello Stato, il capitano, in luogo del manifesto del carico, deve presentare il "manifesto di partenza "prescritto nell'art. 120.

La dogana ha facoltà di richiedere al capitano tutti gli altri documenti di bordo. Tale richiesta è obbligatoria quando sono rilevate differenze fra i dati risultanti dal manifesto e la consistenza del carico.

108. Presentazione del manifesto di partenza delle dogane estere. – Quando la nave giunge da porti esteri nei quali viene rilasciato o dalla autorità doganale o da quella portuaria il manifesto di partenza, può essere prescritto che questo manifesto sia presentato dal capitano in luogo del manifesto del carico.

Con decreto del Presidente della Repubblica, su proposta del Ministro per le finanze, è stabilito per quali navi e per quali provenienze la presentazione del manifesto di partenza sopra indicato è obbligatoria.

Per le navi provenienti da porti esteri nei quali non si rilascia il manifesto di partenza può essere prescritto, mediante decreto del Presidente della Repubblica, che il capitano sia munito di un manifesto del carico vidimato dall'autorità consolare italiana.

109. Termine per la consegna del manifesto. – Quando la nave è ammessa a libera pratica, il manifesto deve essere consegnato entro ventiquattr'ore dall'approdo, salvo i più brevi termini stabiliti per le navi cariche in tutto o in parte di sali o di tabacchi.

Se l'arrivo si verifica di notte, le ventiquattro ore decorrono dallo spuntare del sole.

Qualora la nave sia messa sotto sorveglianza sanitaria, secondo le disposizioni di sanità marittima, il capitano deve dichiararlo verbalmente agli agenti della dogana, i quali redigono processo verbale.

Se la nave è sottoposta a contumacia, il manifesto deve essere consegnato alla dogana entro ventiquattro ore dall'arrivo per mezzo dell'autorità sanitaria.

110. Effetti della mancanza del manifesto. – In caso di rifiuto o di mancata esibizione, entro il termine stabilito del manifesto e degli altri documenti prescritti, da dogana, indipendentemente dalle sanzioni applicabili ha facoltà di ordinare che le merci siano scaricate per essere custodite nei magazzini doganali o in altri locali a rischio e spese del capitano.

111. Sbarco e presentazione delle merci. – Per lo sbarco e per la presentazione delle merci alla dogana il capitano deve esibire, insieme con il manifesto del carico una copia di esso compilata in lingua italiana sul modello stabilito dal Ministero delle finanze, nonché le polizze di carico. Detta copia è denominata manifesto delle merci arrivate.

Il capitano deve rendere conto, ad ogni richiesta della dogana, delle merci inscritte a manifesto.

Di regola, in ogni porto devono essere sbarcate e presentate alla dogana le merci che secondo il manifesto vi sono destinate.

Riguardo alle merci, che per essere destinate ad altro porto rimangono a bordo, la dogana ha facoltà di disporre un particolare servizio di vigilanza sulla nave e di adottare tutte quelle altre cautele che ritenga opportune.

Le merci che dal manifesto risultano destinate ad un determinato porto nazionale, non possono essere rispedite all'estero con la nave se di stazza netta di cinquanta tonnellate o meno, ma possono essere fatte proseguire per altro porto dello Stato osservate le disposizioni dell'art. 141, ultimo comma.

Con l'osservanza delle stesse disposizioni devono essere respinte all'estero o fatte proseguire per altra dogana le merci presentate a dogana non abilitata a compiere l'operazione doganale che per esse viene richiesta.

112. Trasbordo delle merci. – Per il trasbordo da una ad altra nave delle merci arrivate per via mare e destinate ad altro porto dello Stato, si applicano le norme dell'art. 141, ultimo comma, per il trasporto di merci da una dogana all'altra per via di mare.

Sezione IV – Arrivi per via aerea

113. Passaggio del confine in entrata. Aeroporti doganali. – Ogni comandante di aeromobile, anche nazionale proveniente dall'estero è obbligato ad attraversare il confine dello spazio aereo sottoposto alla sovranità dello Stato nei punti che sono determinati dalle disposizioni per la navigazione aerea, e ad effettuare la discesa, osservando le disposizioni anzidette, in un aeroporto doganale.

Gli aeroporti doganali sono designati dal Ministero dei trasporti e della navigazione, di concerto con il Ministero delle finanze [1].

[1] Per la designazione degli aereoporti doganali vedi il D.M. 30 marzo 1988, il D.M. 9 luglio 1990, il D.M. 1° dicembre 1992, e il D.M. 11 marzo 1993.

114. Atterraggi forzati degli aeromobili. – Il comandante di un aeromobile, il quale per forza maggiore attraversi il confine in un punto diverso da quelli autorizzati deve atterrare nell'aeroporto doganale più vicino, situato sulla rotta seguita. Questa norma deve essere osservata anche quando l'aeromobile, pur avendo attraversato il confine in uno dei punti prescritti, sia nell'impossibilità per forza maggiore, di seguire la rotta regolamentare.

Nel caso di approdo forzato fuori degli aeroporti doganali stabiliti, il comandante dell'aeromobile deve denunciare entro il più breve termine, l'avvenuto atterraggio al più vicino ufficio doganale o comando della guardia di finanza od altro organo di polizia ovvero al sindaco per le opportune constatazioni e per averne autorizzazione a ripartire. L'autorità avvertita, che non sia la dogana o la guardia di finanza, deve darne immediata partecipazione ad una di queste autorità.

115. Obbligo del manifesto del carico. – I comandanti di aeromobili provenienti dall'estero debbono essere muniti del manifesto del carico al passaggio del confine, salvi i casi di esonero.

Il manifesto del carico dev'essere subito consegnato alla dogana e con esso deve essere presentato, per i necessari riscontri, il giornale di rotta prescritto dalle disposizioni per la navigazione aerea.

Tale manifesto sarà quello autenticato dalle autorità estere, se l'aeromobile proviene da località nelle quali il manifesto sia prescritto.

Quando circostanze speciali lo esigano, può essere stabilito che i comandanti di aeromobili provenienti da determinate località siano muniti di manifesto vidimato dall'autorità consolare italiana delle località stesse.

Per gli aeromobili provenienti da un aeroporto dello Stato, il manifesto da presentare è quello prescritto dall'art. 124.

La dogana ha facoltà di chiedere al comandante dell'aeromobile tutti gli altri documenti di bordo.

116. Requisiti del manifesto del carico. – Il manifesto del carico deve indicare:

a) la marca di nazionalità e quella di immatricolazione e gli altri eventuali contrassegni di identificazione dell'aeromobile;

b) il nome, il cognome, la residenza e la nazionalità del comandante e il numero del suo brevetto;

c) il luogo di provenienza;

d) l'indicazione sommaria del carico e cioè: numero, qualità e marche distintive dei colli e la natura, il peso, la provenienza e la destinazione delle merci;

e) la descrizione delle provviste di bordo (qualità dei generi e quantità netta) compresi i carburanti ed i lubrificanti;

f) il numero e specie dei documenti d'origine che accompagnano le merci.

Il manifesto dev'essere scritto con inchiostro, senza correzioni, cancellature o alterazioni e dev'essere sottoscritto dal comandante o da chi per esso immediatamente dopo l'ultima iscrizione.

Non è obbligatoria l'iscrizione sul manifesto dei bagagli che portano i viaggiatori, purché non si tratti di colli commerciali. Nemmeno è richiesta l'iscrizione sul manifesto degli oggetti di dotazione; tali oggetti debbono risultare dai documenti di bordo o da apposito inventario firmato dal comandante.

Mancando anche una sola delle suddette indicazioni il manifesto non è accettato dalla dogana ed, in ogni caso, agli effetti del presente testo unico si considera come non presentato.

117. Aeromobili viaggianti senza merci a bordo. – Il Ministro delle finanze, d'intesa con le altre amministrazioni interessate, può stabilire che gli aeromobili viaggianti senza merci a bordo entro lo spazio aereo sottoposto alla sovranità dello Stato possano atterrare anche in aeroporti diversi da quelli doganali.

CAPO II

Uscita delle merci dal territorio doganale

Sezione I – Uscita per via di terra e per i laghi

118. Uscita per via di terra. – Le merci in uscita dal territorio doganale per via di terra devono essere presentate ad una dogana di confine. Se la dogana predetta non è situata sulla linea doganale, le merci devono essere trasportate sul punto di attraversamento della linea doganale percorrendo, senza deviare, la strada stabilita a norma dell'art. 9, primo comma.

Se le merci sono presentate ad una dogana internazionale esse si considerano uscite dal territorio doganale quando sono state licenziate dai servizi doganali nazionali per il passaggio a quelli esteri.

Se l'uscita si verifica con l'introduzione nei luoghi assimilati ai territori extra-doganali di cui al penultimo comma dell'art. 2, le merci devono essere presentate alla dogana competente per territorio.

119. Uscita per i laghi. – Le merci in uscita dal territorio doganale per i laghi di confine devono essere presentate alle dogane poste nei punti di approdo delle sponde nazionali dei laghi stessi.

Le merci anzidette si intendono uscite dal territorio doganale quando il natante che le trasporta attraversa la linea doganale. Se l'imbarco avviene nel tratto della sponda nazionale del lago di Lugano fra Ponte Tresa e Porto Ceresio, le merci si intendono uscite dal territorio doganale nel momento dell'imbarco medesimo.

Sezione II – Uscita per via di mare

120. Manifesto di partenza rilasciato dalle dogane nazionali. – Il capitano della nave, prima di partire dal porto deve presentare alla dogana, per la vidimazione il manifesto di partenza ed una copia di esso. Detto manifesto deve essere compilato sul modello stabilito dal Ministero delle finanze.

Nel manifesto di partenza devono essere inscritte tutte le merci che costituiscono il carico, tenendo distinte quelle estere da quelle nazionali. Dovranno, inoltre, essere tenute distinte le merci rimaste a bordo da quelle imbarcate o ricevute di trasbordo.

Ogni partita di merce deve trovare riscontro nei rispettivi documenti doganali, dei quali va fatta menzione nel manifesto. Fanno eccezione a questo obbligo le merci estere rimaste a bordo, purché originariamente destinate ad altro porto dello Stato o all'estero, per le quali basta l'iscrizione a manifesto.

121. Dispensa dal manifesto di partenza. Lasciapassare per manifesto e manifesto con validità trimestrale. – È dispensato dalla presentazione del manifesto di partenza il capitano che trasporta merci in cabotaggio e provviste di bordo nazionali o nazionalizzate, con navi di stazza netta non superiore a venti tonnellate. Egli deve provvedersi del lasciapassare per manifesto. L'amministrazione può, in casi speciali, dispensare i capitani anche dall'obbligo del lasciapassare per manifesto.

Può, altresì essere autorizzata la vidimazione del manifesto di partenza valevole per più viaggi fino a tre mesi, per navi di stazza netta superiore a 20 tonnellate, con le quali vengono compiute operazioni nei limiti fissati nel comma precedente.

122. Stazza netta delle navi. – Le merci estere destinate all'estero possono uscire dal territorio doganale dello Stato per via di mare soltanto su navi di stazza netta superiore a cinquanta tonnellate, salvo quanto previsto in materia di imbarco di generi per provvista di bordo.

La precedente disposizione si applica anche per le merci in uscita dai depositi franchi di cui all'articolo 164.

123. Permesso di partenza. – È vietato ai capitani di far partire la nave dal porto o dalla rada senza il permesso scritto della dogana e dell'autorità marittima del porto, le quali non debbono rilasciarlo se non è stato reso interamente conto delle merci inscritte a manifesto *[e non è provato il pagamento dei diritti marittimi]*. (1)

(1) Articolo modificato dall'articolo 7, del D.L. 28 febbraio 1974, n. 47.

Sezione III – Uscita per via aerea

124. Manifesto e permesso di partenza. – Il comandante di aeromobile, prima della partenza da un aeroporto doganale dello Stato, è obbligato a presentare alla dogana il manifesto, il quale, vidimato dalla dogana medesima, dev'essere da lui esibito al direttore dell'aeroporto per ottenere il permesso di partenza.

125. Passaggio del confine in uscita. – Ogni comandante di aeromobile proveniente da un aeroporto dello Stato e diretto all'estero, è obbligato ad attraversare il confine nei punti che sono determinati dalle particolari disposizioni per la navigazione aerea.

CAPO III
Altre disposizioni concernenti l'entrata e l'uscita delle merci

126. Merci vincolate a documento di trasporto internazionale. – *[Il Ministro delle finanze può consentire che, all'entrata nel territorio doganale di merci scortate da documento di trasporto internazionale, siano omessi adempimenti e formalità doganali di confine, compresi quelli di competenza della Guardia di finanza, a condizione che le merci siano direttamente inoltrate all'ufficio doganale della località di destinazione indicata nel documento o al competente centro di cui all'art. 127, secondo e terzo comma.]* (1)

Il Ministro per le finanze può altresì consentire che all'uscita dal territorio doganale di merci scortate dal documento di trasporto internazionale si prescinda dall' espletamento degli anzidetti adempimenti e formalità.

Sono ammessi alle facilitazioni previste nei precedenti commi anche i trasporti relativi a merci destinate alle imprese di cui all'art 232 ovvero a merci spedite dalle imprese di cui all'art. 235.

Nei casi considerati nei precedenti commi il documento di trasporto è riconosciuto valido quale documento doganale; l'esito doganale del trasporto è accertato sulla base delle scritture delle aziende di trasporto, tenute anche presenti le condizioni e modalità stabilite in seno agli organi delle Comunità europee o in allora sede internazionale. È fatta salva in ogni caso la facoltà degli organi finanziari di eseguire controlli diretti sulle merci nel corso del trasporto, qualora sussistano sospetti di irregolarità o di abusi.

In caso di irregolarità verificatesi nel corso del trasporto e sempreché non si rendano applicabili le disposizioni dell'art. 37 il vettore risponde del pagamento dei diritti doganali gravanti sulla merce mancante, accertati e liquidati secondo il trattamento proprio della merce stessa, determinato in base agli elementi rilevabili dai documenti di trasporto o commerciali o con riferimento alla data in cui la irregolarità è stata constata. È fatta salva la contestazione di eventuali violazioni accertate.

I controlli e le formalità di carattere militare, sanitario, fitopatologico, di pubblica sicurezza o di tutela di altri interessi erariali e pubblici, che si rendono necessari nei casi indicati nel primo e nel secondo comma, sono espletati sulla base di provvedimenti adottati dai Ministri interessati di concerto tra loro, i quali possono stabilire che essi siano delegati in tutto o in parte dai servizi competenti al personale incaricato degli adempimenti e delle formalità doganali di confine e provvisto, a tale scopo, dei mezzi necessari (2).

(1) *Comma sostituito dall'articolo 1, comma 10, del D.P.R. 8 maggio 1985, n. 254 e successivamente abrogato dall'articolo 24, comma 1, del D.Lgs. 8 novembre 1990, n. 374.*
(2) *Comma sostituito dall'articolo 1, comma 10, del D.P.R. 8 maggio 1985, n. 254.*

127. Centri di raccolta e smistamento di merci che devono formare oggetto di operazioni doganali. – Il Ministro per le finanze può autorizzare enti pubblici e privati ad istituire e gestire in località interne di notevole importanza ai fini dei traffici con l'estero speciali centri di raccolta e smistamento di merci che devono formare oggetto di operazioni doganali.

Salvo quanto previsto nel precedente articolo, lo stesso Ministro ha facoltà di consentire che, qualora sia possibile adottare adeguate misure a tutela degli interessi fiscali, per i trasporti in entrata diretti ai centri predetti e per quelli in uscita provenienti da tali centri si prescinda, all'atto dell'attraversamento della linea doganale, dagli adempimenti e formalità doganali di confine, compresi quelli di competenza della guardia di finanza, e che tali adempimenti e formalità siano espletati a cura degli organi doganali funzionanti presso i centri medesimi.

Senza pregiudizio delle finalità di concentrare i controlli nei luoghi di partenza o di destinazione delle merci, in attesa della nuova disciplina organica della materia, nelle località che presentano oggettive difficoltà per la scorrevolezza dei trasporti internazionali su strada le autorizzazioni di cui ai due commi precedenti possono essere concesse agli autoporti di confine per i quali sussistono le condizioni stabilite con decreto del Ministro delle finanze da emanarsi entro il 31 dicembre 1985 (1).

(1) *Comma aggiunto dall'articolo 1, comma 11, del D.P.R. 8 maggio 1985, n. 254.*

128. Vendita di prodotti allo stato estero ai viaggiatori in uscita dallo Stato. – Le amministrazioni, gli enti e le imprese esercenti porti, aeroporti, ferrovie, strade ed autostrade possono essere autorizzati ad istituire e gestire direttamente od a mezzo di loro concessionari, rispettivamente nell'ambito di stazioni marittime, aeroportuali e ferroviarie di confine ed in prossimità dei transiti internazionali stradali ed autostradali, speciali negozi per la vendita ai viaggiatori in uscita dallo Stato di prodotti allo stato estero in esenzione di tributi, destinati ad essere usati o consumati fuori del territorio doganale.

L'autorizzazione è rilasciata dal Ministero delle finanze, che stabilisce di volta in volta le modalità di gestione dello spaccio; il rilascio è subordinato alla condizione che il servizio possa svolgersi senza pregiudizio per gli interessi fiscali e senza intralcio allo scorrimento del traffico.

129. Esonero dall'obbligo della compilazione e della presentazione dei manifesti delle navi e degli aeromobili. – Le precedenti disposizioni che prevedono per i capitani delle navi l'obbligo della compilazione e della presentazione dei manifesti all'arrivo e alla partenza non sono applicabili nei confronti delle navi da diporto e militari, sia italiane che straniere, nonché nei confronti delle barche da pesca e delle navi adibite al trasporto di merci diverse dai generi di monopolio spedite in cabotaggio.

Le precedenti disposizioni che prevedono per i comandanti degli aeromobili l'obbligo della compilazione e della presentazione dei manifesti all'arrivo ed alla partenza non sono applicabili nei confronti degli aeromobili militari e da turismo, sia italiani sia stranieri, nonché nei confronti degli aeromobili delle imprese italiane e straniere esercenti servizi regolari di trasporto aereo di linea.

Il Ministero delle finanze può stabilire l'esonero dall'obbligo anzidetto anche per altre determinate categorie di navi ed aeromobili.

Per le merci sbarcate dai natanti e dagli aeromobili di cui ai precedenti commi deve essere presentata, in luogo del manifesto, la dichiarazione sommaria prevista nell'art. 94.

130. Uscita di merci dal territorio doganale per via marittima ed aerea. – Le merci spedite all'estero per via marittima ed aerea si considerano uscite dal territorio doganale salvo prova contraria, nel momento dell'imbarco sulle navi e sugli aeromobili, ancorché siano previsti successivi scali delle navi e degli aeromobili predetti in altri porti ed aeroporti dello Stato.

Il Ministero delle finanze, in relazione alle esigenze di traffici, può stabilire che, con l'adozione di adeguate misure a tutela degli interessi fiscali, la presunzione di cui al precedente comma sussista anche quando siano previsti trasbordi delle merci su altre navi od aeromobili nei successivi scali in territorio nazionale nonché quando l'imbarco sulle navi avvenga nei punti di approdo su fiumi, canali interni ed idrovie navigabili fino al mare.

130 *bis*. Uscita dal territorio doganale di contenitori nazionali nuovi di fabbrica. – I contenitori nazionali nuovi di fabbrica dichiarati per l'esportazione definitiva sono considerati a richiesta dell'esportatore, usciti dal territorio doganale quando viene per essi comprovato l'avvenuto regolamento valutario; durante la permanenza nel territorio doganale prima della spedizione all'estero, i contenitori predetti restano assoggettati al regime della temporanea importazione ai sensi dell'art. 214 (1).

(1) *Articolo aggiunto dall'articolo 1, comma 1, numero 5), del D.P.R. 16 dicembre 1977, n. 960.*

131. Merci fluenti entro tubazioni. – Le merci estere e nazionali che, provenienti dal territorio doganale, attraversano la linea doganale entro tubazioni sono considerate, salvo prova contraria, uscite rispettivamente in transito o riesportazione ed in esportazione definitiva o temporanea nel momento in cui, sotto il controllo degli organi finanziari del luogo di diretta partenza per l'estero, vengono immesse nelle tubazioni stesse. La relativa bolletta doganale viene rilasciata e perfezionata dai competenti organi del predetto luogo di partenza.

Le disposizioni di cui al comma precedente si applicano solo a condizione che la sistemazione, il Funzionamento ed il suggellamento degli impianti siano riconosciuti regolari dalla amministrazione finanziaria.

Il Ministero delle finanze può consentire che, sotto osservanza delle condizioni da esso stabilite, nel luogo di diretta partenza per l'estero siano promiscuamente immessi nelle tubazioni prodotti di classificazione e di posizione doganali diverse.

132. Prodotti impiegati o consumati in mare nell'esercizio di particolari attività. – I macchinari, i materiali e gli altri prodotti destinati ad essere impiegati o consumati in mare, fuori del territorio doganale, nelle attività di prospezione, ricerca e coltivazione di giacimenti sottomarini di idrocarburi liquidi e gassosi e di altre sostanze minerali, nonché nella costruzione ed installazione di opere fisse e relative pertinenze per l'ormeggio, il carico e lo scarico di navi, nella posa e riparazione di cavi o tubazioni e nelle operazioni di ricupero marittimo, sono considerati, agli effetti doganali, usciti in transito, riesportazione o rispedizione, se esteri, ed in esportazione definitiva, se nazionali o nazionalizzati, anche quando vengono direttamente avviati nelle zone di impiego su natanti di stazza netta non superiore a cinquanta tonnellate ovvero quando, in attesa dell'imbarco, vengono introdotti nelle basi operative a terra delle imprese che eseguono i lavori predetti.

Nelle basi operative a terra è consentito procedere alla manipolazione, allo assiemaggio alla riparazione ed alla lavorazione dei macchinari, materiali e prodotti di cui al comma precedente.

Per la tutela degli interessi fiscali il Ministro per le finanze, con proprio decreto, stabilisce le modalità per la istituzione e la gestione delle basi operative a terra, disciplina il movimento dei macchinari, materiali e prodotti di cui al primo comma fra le basi predette ed i luoghi di imbarco e sbarco nonché fra tali luoghi e le zone di impiego e prescrive le misure da adottarsi per la vigilanza.

TITOLO IV
Le destinazioni doganali

CAPO I
Importazione definitiva

Sezione i – Disposizioni generali sulla importazione definitiva

133. Bolletta di importazione definitiva. – Per l'ammissione delle merci alla importazione definitiva deve essere presentata apposita dichiarazione, compilata a norma dell'art. 57.

Eseguito l'accertamento, liquidati e riscossi i diritti, è consegnata all'operatore la "bolletta di importazione definitiva".

Oltre le indicazioni contenute nella dichiarazione e gli estremi di registrazione, nella bolletta deve risultare la data in cui le merci sono state asportate dagli spazi doganali ovvero, per le operazioni eseguite fuori di detti spazi, sono state lasciate alla libera disponibilità dell'operatore.

134. Condizione giuridica delle merci definitivamente importate. – Le merci estere per le quali sono state osservate le condizioni e formalità prescritte per l'importazione definitiva diconsi "nazionalizzate" e sono equiparate, agli effetti del presente testo unico, a quelle nazionali, salvo che per esse non sia altrimenti disposto.

Sezione II – Rispedizione all'estero o distruzione di merci definitivamente importate

135. Casi nei quali è ammessa la rispedizione all'estero o la distruzione di merci importate. – Il capo della circoscrizione doganale può autorizzare la rispedizione all'estero o la distruzione sotto vigilanza doganale di merci definitivamente importate quando ne sia fatta richiesta dall'intestatario della relativa bolletta o dal suo rappresentante e purché ricorra una delle seguenti circostanze, accertata successivamente all'operazione stessa:

a) quando la merce o parte di essa sia riconosciuta difettosa o comunque non conforme alle pattuizioni;

b) quando la merce o parte di essa risulti avariata;

c) quando sopravvenute disposizioni vietino l'utilizzazione della merce o ne limitino notevolmente la disponibilità;

d) quando, prima che la merce sia stata pagata al fornitore all'estero, intervenga una variazione della parità ufficiale del cambio monetario dalla quale derivi per l'importatore il pagamento al fornitore predetto di una somma in lire italiane superiore di almeno il venti per cento rispetto a quella che sarebbe stata dovuta secondo il rapporto di cambio vigente al momento della importazione definitiva;

e) quando per la merce importata con sospensione del pagamento dei diritti doganali o di una parte di essi, in vista della concessione di agevolazioni fiscali, tali agevolazioni siano state rifiutate;

f) quando per la merce importata con agevolazioni fiscali in quanto destinata ad un determinato uso od impiego, fatti sopravvenuti e non imputabili all'importatore rendono impossibile l'impiego nell'uso agevolato previsto;

g) quando sussistano altri particolari motivi che siano tali da rendere impossibile o non conveniente l'utilizzazione della merce e dipendano da fatti sopravvenuti e non imputabili all'importatore.

Sono fatti salvi, per quanto concerne i casi contemplati nella lettera f), i maggiori benefici concedibili in base al terzo comma dell'art. 140.

136. Modalità e condizioni per ottenere l'agevolazione. – La domanda per ottenere l'autorizzazione alla rispedizione all'estero od alla distruzione sotto vigilanza doganale di merce importata deve essere presentata per il tramite della dogana presso la quale è stata eseguita l'importazione, a pena di decadenza, entro tre mesi dalla data del rilascio della merce alla libera disponibilità dell'operatore e comunque non oltre sei mesi dalla data di arrivo della merce stessa nel territorio doganale. All'atto della presentazione della domanda la merce deve essere posta a disposizione della dogana.

L'accoglimento della domanda è subordinata alle seguenti condizioni:

a) che sia riconosciuta in modo indubbio l'identità della merce per la quale viene richiesta l'agevolazione con quella precedentemente importata;

b) che non si tratti di merce di origine nazionale precedentemente esportata in via definitiva;

c) che la merce non sia stata ancora utilizzata, a meno che l'inizio dell'utilizzazione non si sia reso necessario per poter constatare l'esistenza del motivo che giustifica la richiesta;

d) che, per quanto concerne i casi rientranti nelle lettere a) e b) del precedente articolo, la parte dimostri che la difettosità o la non conformità alle pattuizioni ovvero l'avaria della merce già sussistevano al momento dell'accettazione della dichiarazione di importazione definitiva e il prezzo di acquisto della merce stessa comparato a quello di prodotti similari, non era tale da far ragionevolmente presumere che essa sarebbe stata, in tutto o in parte, difettosa, avariata od invendibile.

137. Effetti della rispedizione all'estero o della distruzione. – In ordine alla domanda diretta ad ottenere l'autorizzazione alla rispedizione od alla distruzione sotto vigilanza doganale di merce importata il capo della circoscrizione doganale decide con provvedimento motivato; detto provvedimento deve essere notificato all'interessato, per il tramite della competente dogana, entro il termine di trenta giorni dalla presentazione della domanda stessa.

Se la domanda è accolta, la rispedizione all'estero o la distruzione sotto vigilanza doganale deve avvenire, a cura ed a spese dell'importatore, entro sessanta giorni dalla data di notifica del provvedimento. L'avvenuta rispedizione o distruzione entro il predetto termine comporta lo sgravio dei diritti doganali liquidati all'atto dell'importazione ed il rimborso di quelli già pagati, esclusi in ogni caso i corrispettivi per servizi resi.

Qualora, nei casi di cui alle lettere a) e b) dell'art. 135, la rispedizione all'estero o la distruzione riguardi solo una parte della merce importata, la dogana, per la parte di merce che l'interessato intende mantenere vincolata all'importazione, procede ad una nuova liquidazione dei diritti dovuti, eventualmente previa rideterminazione della classifica doganale con riferimento alla data di accettazione della dichiarazione di importazione definitiva relativa all'intera quantità di merce od al prodotto completo. In tal caso, lo sgravio od il rimborso è limitato alla differenza fra i diritti liquidati all'atto dell'importazione definitiva e quelli risultanti dalla nuova liquidazione.

Non può essere autorizzata la rispedizione o la distruzione parziale qualora la parte di merce residua risulti, a seguito della nuova classificazione doganale, di vietata importazione in base alle vigenti disposizioni sui divieti economici od in base ad altre disposizioni.

La rispedizione all'estero e la distruzione sotto vigilanza doganale della merce importata non comportano l'estinzione delle eventuali violazioni connesse con la importazione.

Gli avanzi che dovessero residuare dalla distruzione possono essere rispediti all'estero ovvero essere immessi in consumo previo assoggettamento al trattamento fiscale loro proprio, secondo la specie, applicabile nel giorno della distruzione.

138. Rispedizione all'estero o distruzione sotto vigilanza doganale di merci relative ad operazioni di importazione definitiva non perfezionate. – La rispedizione all'estero o la distruzione sotto vigilanza doganale può essere richiesta dall'importatore anche prima della registrazione della dichiarazione di importazione definitiva, qualora egli abbia già accertata l'esistenza o la sopravvenienza di una delle circostanze indicate nell'art. 135.

Si osservano, in quanto applicabili, le disposizioni degli articoli 136 e 137.

139. Ricorsi. – Avverso il mancato accoglimento da parte del capo della circoscrizione doganale della domanda di rispedizione all'estero o di distruzione sotto vigilanza doganale di merci importate, l'interessato può ricorrere, entro trenta giorni dalla notifica del relativo provvedimento ovvero dalla scadenza del termine di cui al primo comma dell'art. 137, al capo del compartimento doganale, che decide in via definitiva con provvedimento motivato.

Sezione III – Rimozione dagli usi agevolati di materiali e macchinari esteri definitivamente importati

140. Rimozione di materiali e macchinari esteri impiegati in particolari usi agevolati. – In caso di rimozione dagli usi agevolati, per qualsiasi destinazione, dei materiali e dei macchinari di provenienza estera, importati definitivamente in esenzione o con riduzione di diritti doganali ovvero con la sospensione del dazio, è dovuto il pagamento dei diritti stessi, calcolati sulla base del valore proprio dei materiali e dei macchinari al momento della loro rimozione e con l'applicazione delle aliquote vigenti in tale momento.

Il trattamento di cui al comma precedente non può essere concesso se non a partire dal terzo anno dalla data di emissione della bolletta doganale dalla quale risulta la concessione del beneficio fiscale.

Può essere consentita la restituzione al fornitore estero, senza pagamento dei diritti doganali dei quali è stata chiesta la esenzione, la sospensione o la riduzione, dei materiali e dei macchinari di cui al primo comma non utilizzati negli usi od impieghi agevolati, oppure rimossi dagli usi od impieghi medesimi prima che sia intervenuto il riconoscimento del beneficio da parte del Ministero delle finanze.

I materiali ed i macchinari rimossi dagli usi od impieghi agevolati perché riconosciuti fuori uso, possono essere ridotti in rottami, sotto la vigilanza finanziaria ed assoggettati, agli effetti del primo comma, al trattamento proprio dei corrispondenti rottami provenienti dall'estero.

Può essere consentito il trasferimento dei materiali e dei macchinari ad altri impieghi od usi agevolati. Per tale trasferimento deve essere corrisposta l'eventuale differenza tra i diritti doganali determinati, per ciascun tributo, sulla base dei criteri indicati nel primo comma e l'ammontare dei diritti medesimi dei quali nel nuovo impiego od uso è prevista l'esenzione, la sospensione o la riduzione.

CAPO II
Spedizione di merci da una dogana all'altra

141. Bolletta di cauzione e lasciapassare di merci estere. – La dogana può consentire che le merci estere ad essa presentate siano spedite, per ulteriori operazioni doganali, ad altra dogana.

Quando la spedizione si effettua per via di terra, o per via aerea, deve essere presentata, nei modi stabiliti dall'art. 57, una dichiarazione nella quale, oltre alle indicazioni prescritte nel detto articolo, è designata la dogana di destinazione delle merci.

A garanzia dell'obbligo della presentazione delle merci alla dogana di destinazione nel termine di cui al penultimo comma di quest'articolo, il proprietario deve prestare cauzione per una somma pari all'importo dei diritti gravanti sulla merce.

La dogana di partenza, eseguito l'accertamento, applica, per assicurare l'identità e l'integrità della merce, piombi od altri contrassegni ai colli, ai contenitori od ai veicoli, salvo che sia diversamente stabilito nel regolamento di esecuzione del presente testo unico o nelle convenzioni internazionali.

Adempiute le formalità prescritte nei precedenti commi, la dogana rilascia la "bolletta di cauzione", la quale, oltre alle indicazioni comuni alle bollette d'importazione definitiva, determina il tempo entro il quale le merci devono giungere alla dogana di destinazione.

Le precedenti disposizioni si applicano anche per la spedizione di merci estere da una ad altra dogana per via di mare, quando si effettua su nave di stazza netta non superiore a cinquanta tonnellate. Se il trasporto avviene con nave di stazza netta superiore, la dogana di partenza emette "lasciapassare di merci estere".

142. Trasporto effettuato in parte per via marittima. – Le merci estere spedite da una dogana all'altra nei casi in cui il trasporto avviene in parte per via di mare, possono essere scortate per l'intero percorso da una unica bolletta di cauzione o documento equipollente, prescindendosi dalla emissione dei documenti doganali relativamente al tratto marittimo, purché la garanzia prestata dallo speditore sia valida per l'intero percorso e ricorra altresì una delle seguenti condizioni:

a) si tratti di merci in colli muniti di sigilli doganali o comunque di merci sicuramente identificabili;

b) si tratti di merci racchiuse in contenitori rispondenti ai requisiti convenuti in sede internazionale;

c) si tratti di merci trasportate mediante veicoli stradali o ferroviari che per il tratto di percorso marittimo vengono imbarcati su navi traghetto.

143. Spedizione di merci in esenzione da accertamento. – Per le merci in colli è in facoltà della dogana di rilasciare la bolletta di cauzione, prescindendo dall'eseguire l'accertamento, a condizione che essi siano confezionati a macchina o comunque in modo da non far temere manomissioni; in questo caso la dogana provvede a contrassegnarli con piombi. Qualora i colli siano confezionati in modo non rispondente ai requisiti anzidetti, essi devono, a spese di chi richiede la spedizione, essere assicurati con doppio involto e con triplo piombo.

La cauzione per le spedizioni di merci in esenzione da accertamento è prestata, ai sensi dell'art. 141, calcolando l'importo dei diritti in ragione di lire ottomila per ogni chilogrammo di peso lordo.

La richiesta per l'esenzione dall'accertamento deve essere scritta nella dichiarazione, la quale deve indicare il peso lordo, le marche, le cifre numeriche dei colli, il numero di questi e il loro contenuto secondo le voci della tariffa doganale, o secondo la denominazione commerciale.

La bolletta di cauzione di cui al presente articolo può altresì essere rilasciata cumulativamente per merci varie, anche se sono alla rinfusa o in colli non confezionati nei modi sopraindicati, purché sia possibile assicurare la identità delle merci stesse mediante applicazione dei sigilli alle aperture dei contenitori o dei veicoli ovvero mediante altri mezzi ed il vettore assuma la responsabilità circa la regolarità delle spedizioni e l'integrità dei colli e delle merci.

144. Spedizione ad altra dogana di merci giunte per via aerea. – Le merci giunte dall'estero per via aerea in un aeroporto dello Stato, che siano fatte proseguire con il medesimo o con diverso aeromobile verso altro aeroporto dello Stato sotto il regime cauzionale di cui all'art. 143, non sono soggette ad applicazione di piombi o contrassegni doganali od altre misure cautelative quando il condizionamento dei relativi colli sia tale da rendere evidenti eventuali manomissioni.

Qualora i colli predetti dal primo o dal secondo aeroporto debbano proseguire per via di terra, il veicolo che li trasporta deve essere assicurato con sigilli doganali ovvero deve essere scortato da militari della guardia di finanza fino alla dogana di destinazione.

Le precedenti disposizioni si applicano solo per le spedizioni effettuate da imprese esercenti servizi regolari di trasporto aereo di linea. L'amministrazione può stabilire che per le spedizioni predette, in luogo della emissione delle bollette di cauzione, siano utilizzati altri documenti, resi validi come bollette di cauzione.

145. Scarico della bolletta di cauzione. – Nei confronti delle merci giunte da altra dogana con la bolletta di cauzione o documento doganale equipollente si applicano le disposizioni degli articoli 95 e seguenti. I richiami fatti negli articoli 95 e 98 alla dichiarazione sommaria si intendono riferiti alla bolletta di cauzione. I termini di cui al secondo comma dell'art. 95 decorrono dalla data di presentazione delle merci stesse alla dogana di destinazione.

Se dall'accertamento conseguente alla richiesta di una successiva destinazione doganale non risultano irregolarità, la dogana di destinazione rilascia un "certificato di scarico", il quale libera lo speditore dagli obblighi contratti con la bolletta di cauzione.

Quando, invece, si rilevano differenze in confronto della bolletta di cauzione od altre irregolarità, si sospende il rilascio del certificato di scarico o lo si limita ai soli colli per i quali non sono state riscontrate irregolarità. In tali casi è redatto apposito processo verbale, anche agli effetti degli articoli 305, 306 e 307.

Il certificato di scarico può essere rilasciato anche prima dell'accertamento di cui al secondo comma quando, trattandosi di merce che viene introdotta in magazzini o recinti di temporanea custodia ovvero di merce spedita in esenzione da accertamento ai sensi dell'art. 143, non siano state riscontrate manomissioni ai colli, contenitori o veicoli o comunque non vi sia sospetto di irregolarità.

Di regola, le merci giunte ad una dogana in esenzione da accertamento non possono più rispedirsi ad altra dogana con la medesima procedura. Può essere fatta eccezione per i bagagli dei viaggiatori, per le spedizioni di merci a mezzo di ferrovia e per altri casi in cui l'accertamento presenti particolari difficoltà.

La presentazione del certificato di scarico alla dogana di partenza dà diritto allo svincolo della cauzione o di parte di essa.

Qualora le merci spedite con la bolletta di cauzione non vengano presentate alla dogana di destinazione, la dogana di partenza procede al ricupero dei diritti dovuti e accerta la contravvenzione agli effetti dell'art. 305, primo comma.

CAPO III
Transito

146. Spedizione di merci in transito. – Per le merci in transito attraverso il territorio doganale dello Stato si applicano le norme stabilite nel precedente Capo per la spedizione di merci estere da una dogana all'altra.

Le merci spedite da una dogana all'altra possono essere destinate al transito, e alle merci spedite in transito può essere data qualsiasi altra destinazione doganale. In quest'ultimo caso si osservano le norme che si riferiscono alle operazioni doganali inerenti alla nuova destinazione richiesta.

147. Certificato di scarico per le merci uscite in transito. – Quando le merci in transito risultano uscite o si considerano uscite dal territorio doganale è rilasciato dalla dogana il certificato di scarico della bolletta di cauzione.

148. Transito per via aerea. – Gli aeromobili esteri, che in virtù di convenzioni internazionali sono autorizzati ad attraversare lo spazio aereo soggetto alla sovranità italiana, non sono sottoposti ad alcuna formalità doganale, quando seguono, senza approdo, le rotte prescritte dalle disposizioni per la navigazione aerea.

CAPO IV
Deposito doganale

Sezione I – Disposizioni generali sul deposito doganale

149. Diverse specie di deposito. – Le merci estere sono ammesse a deposito in locali sotto la diretta custodia della dogana ovvero in locali di proprietà privata gestiti in base ad autorizzazione dell'autorità doganale nonché nei magazzini generali di cui all'art. 163. A tali effetti sono assimilate alle merci estere quelle nazionali o nazionalizzate poste sotto controllo doganale.

Sono ammesse a deposito le merci di ogni specie e di qualsiasi origine, provenienza o destinazione, salvo i divieti o le restrizioni stabiliti dal Ministro per le finanze, che siano giustificati da motivi di moralità pubblica, di ordine pubblico, di pubblica sicurezza di tutela della salute e della vita delle persone e degli animali o di preservazione dei vegetali, di protezione del patrimonio artistico, storico o archeologico nazionale o di tutela della proprietà industriale e commerciale, ovvero giustificati da motivi attinenti sia alle caratteristiche degli impianti destinati al deposito, sia alla natura o allo stato delle merci.

Le merci ammesse al regime di deposito doganale possono essere custodite anche in aree recintate, coperte e scoperte, quando la dogana ritenga che non ne derivi pregiudizio per gli interessi erariali.

150. Entrata delle merci in deposito. – La domanda per l'introduzione delle merci in deposito deve essere fatta con dichiarazione scritta, in conformità dell'art. 57.

Eseguito l'accertamento la dogana converte la dichiarazione in bolletta, facendone annotazione nei propri registri.

Per le merci introdotte nei magazzini di proprietà privata deve essere prestata una cauzione corrispondente al complessivo ammontare dei diritti dovuti e delle spese.

151. Durata del deposito. – Le merci sotto diretta custodia della dogana possono rimanere in deposito due anni, non computando né i mesi, né i giorni dell'anno in corso; su domanda del depositante, la dogana può prorogare il termine per altri due anni. Trascorso questo secondo termine, si procede in conformità al disposto degli articoli 275 e seguenti per le merci che non abbiano avuto definitiva destinazione doganale, e dell'art. 82 per il pagamento dei diritti di magazzinaggio dovuti in ragione della durata del deposito.

Le giacenze delle merci negli altri depositi non può superare i cinque anni. Il capo del compartimento doganale può tuttavia prolungare o ridurre il predetto periodo massimo di giacenza per motivi attinenti alla natura delle merci.

152. Manipolazioni consentite. – Le merci immesse nei depositi doganali possono formare oggetto delle manipolazioni usuali destinate ad assicurarne la conservazione ovvero a migliorarne la presentazione o la qualità commerciale. L'elenco delle dette manipolazioni è stabilito dal Ministero delle finanze in conformità delle disposizioni adottate dal Consiglio delle Comunità europee.

Il Ministero delle finanze può consentire, in casi particolari, che le merci depositate nei magazzini doganali privati ed in quelli ad essi assimilati formino oggetto di trattamenti diversi dalle manipolazioni usuali di cui al comma precedente, alle condizioni prescritte per la temporanea importazione.

153. Uscita delle merci dal deposito. – Alle merci immesse nei depositi doganali può essere data, in tutto od in parte, qualsiasi destinazione doganale.

Per ritirare le merci dal deposito deve essere presentata, nelle forme prescritte, la dichiarazione, secondo la destinazione doganale che s'intende dare ad esse. Qualora si voglia rispedirle all'estero, si osservano le disposizioni relative all'uscita delle merci in transito.

Se le merci sono spedite ad altra dogana, è rilasciata la bolletta di cauzione o il lasciapassare di merci estere a norma dell'articolo 141.

154. Distruzione merci avariate. – Le merci che si sono avariate durante la giacenza nei magazzini doganali possono essere distrutte sotto controllo doganale, con abbuono dei relativi diritti. Gli eventuali scarti o residui della distruzione, sono, in caso di immissione in consumo, assoggettati in quanto tali al medesimo trattamento previsto per gli scarti o residui provenienti dall'estero, ferma restando l'osservanza delle disposizioni di cui al successivo articolo.

155. Determinazione del valore imponibile. – Ai fini della determinazione del valore imponibile delle merci depositate nei magazzini doganali che vengono dichiarate per l'importazione definitiva, si applicano le disposizioni particolari stabilite dall'art. 10, paragrafo 2, della direttiva numero 69/74/C.E.E. adottata dal Consiglio delle Comunità europee il 4 marzo 1969, anche se incompatibili con le disposizioni preliminari alla tariffa dei dazi doganali di importazione.

Sezione II – Deposito sotto diretta custodia della dogana

156. Condizioni per il deposito sotto diretta custodia della dogana. – Le merci che vengono depositate nei magazzini sotto diretta custodia della dogana, devono, quando sia possibile, essere racchiuse in colli e questi piombati.

Su autorizzazione e con l'assistenza della dogana, il proprietario può vigilare sulle merci ed ha facoltà di disfare i colli e di estrarne campioni.

Il diritto di magazzinaggio per le merci depositate è stabilito in base alla legge ed è dovuto anche per le merci che si trovassero avariate.

157. Ricevuta di deposito delle merci sotto diretta custodia della dogana. – Per le merci poste sotto diretta custodia della dogana la bolletta di introduzione in deposito vale come ricevuta.

Tale bolletta dev'essere esibita per ogni estrazione di merci che si intenda effettuare e su di essa la dogana, di volta in volta, annota la specie e le quantità delle merci ritirate.

Quando tutte le merci sono state estratte dal deposito, la dogana ritira la bolletta.

In caso di smarrimento della bolletta le merci possono essere consegnate al depositante soltanto previa cauzione. Questa non può essere svincolata se non alla scadenza del termine massimo di durata del deposito, salvo il caso che in precedenza venga esibita la bolletta originale.

Si prescinde dalla cauzione se le merci sono ritirate da chi è riconosciuto dalla dogana come proprietario delle merci stesse.

158. Responsabilità della dogana per le merci depositate. – La dogana non è responsabile delle avarie e dei deperimenti naturali delle merci depositate sotto la sua diretta custodia, né dei casi di forza maggiore.

Sezione III – Depositi nei magazzini di proprietà privata

159. Condizioni per il deposito nei magazzini di proprietà privata. – Nei magazzini di proprietà privata il concessionario deve custodire le merci nelle forme indicate dal regolamento.

Fino a che le merci non sono uscite dal deposito il concessionario del magazzino è considerato quale proprietario di esse a tutti gli effetti del presente testo unico.

Il Ministero delle finanze può stabilire che in casi speciali o per determinate merci i magazzini doganali di proprietà privata siano chiusi a due differenti chiavi, una delle quali è tenuta dalla dogana o dal reparto della guardia di finanza incaricato della vigilanza. Non si può entrare in questi magazzini senza l'intervento dei funzionari doganali o dei militari della guardia di finanza; il concessionario che personalmente o per mezzo dei suoi agenti viola tale divieto, decade dalla concessione e non può ottenerne altra se non dopo tre anni.

160. Trasferimento di merci da uno ad altro deposito doganale. – Per il trasferimento delle merci da un magazzino a quello di altro concessionario, dev'essere presentata dichiarazione di introduzione in deposito firmata da ambedue i concessionari.

Commutata la dichiarazione in bolletta, si provvede ai corrispondenti passaggi da uno all'altro conto di magazzino.

161. Vigilanza sulle merci nei magazzini di proprietà privata. – La dogana esercita la vigilanza sui magazzini di proprietà privata. Essa deve effettuare verificazioni ordinarie ogni due anni e può farne altre straordinarie, anche senza preavviso, quando lo ritenga opportuno.

La spesa delle verificazioni ordinarie è a carico del concessionario del deposito. Quella delle straordinarie è a carico del concessionario nel solo caso in cui si accerti, in confronto del carico di magazzino, una differenza di qualità o di quantità non giustificata.

162. Diritti dovuti sulle merci mancanti. – Qualora rispetto a merci depositate in magazzini doganali di proprietà privata ed in quelli ad essi assimilati siano riscontrate irregolari mancanze o deficienze, i diritti doganali dovuti sono calcolati in funzione delle aliquote vigenti alla data in cui la mancanza o deficienza si è verificata, ovvero, se non è possibile accertare tale data, sono calcolati in funzione delle aliquote più elevate in vigore dal giorno della introduzione in deposito o dell'ultima verifica di magazzino.

Sezione IV – Istituti speciali (magazzini generali, depositi franchi e punti franchi)

163. Magazzini generali. – Può essere consentito il deposito delle merci estere nei magazzini generali situati nelle località sedi di dogana.

Il Ministero delle finanze può, tuttavia, sentiti gli altri Ministeri interessati, autorizzare il deposito suddetto anche in magazzini generali situati in località ove non esista dogana, a condizione che l'amministrazione del magazzino generale assuma a proprio carico le spese per il servizio doganale e per la vigilanza.

L'istituzione e l'esercizio di detti magazzini sono regolati da legge speciale.

164. Istituzione ed esercizio dei depositi franchi. – I depositi franchi menzionati nell'art. 2 possono essere istituiti nelle principali città marittime nonché in località interne che rivestano rilevante importanza ai fini dei traffici con l'estero.

L'istituzione e l'esercizio dei depositi franchi sono regolati dalle disposizioni del presente testo unico e, in quanto applicabili, da quelle del testo unico approvato con regio decreto 17 marzo 1938, n. 726.

165. Merci ammesse nei depositi franchi. – Nei depositi franchi sono ammesse le merci di ogni specie e di qualsiasi origine, provenienza o destinazione, salvo i divieti o restrizioni stabiliti dal Ministro per le finanze, che siano giustificati da motivi di moralità pubblica, di ordine pubblico, di pubblica sicurezza, di tutela della salute e della vita delle persone e degli animali o di preservazione dei vegetali, di protezione del patrimonio artistico, storico o archeologico nazionale o di tutela delle proprietà industriale o commerciale, ovvero giustificati da motivi di ordine tecnico o amministrativo.

Le merci introdotte nei depositi franchi possono formare oggetto delle manipolazioni previste nell'art. 152. Il capo del compartimento doganale può tuttavia consentire, in casi particolari, che le merci predette formino oggetto di trattamenti diversi dalle manipolazioni usuali.

Le merci che, ai sensi del precedente comma, vengono sottoposte nei depositi franchi a trattamenti diversi dalle manipolazioni usuali sono assimilate a quelle in regime di temporanea importazione e sono soggette alle condizioni e formalità all'uopo stabilite in via generale dal Ministero delle finanze. In tali casi si prescinde dal richiedere la prestazione della cauzione di cui all'art. 182.

166. Istituzione ed esercizio dei punti franchi. – I punti franchi menzionati nell'art. 2 possono essere istituiti con legge nelle località indicate nel primo comma dell'art. 164.

Con decreto del Presidente della Repubblica, emanato su proposta del Ministro per l'industria, il commercio e l'artigianato, di concerto con i Ministri per le finanze, per il commercio con l'estero, per i trasporti e l'aviazione civile e per la marina mercantile, sono stabilite le attività commerciali ed industriali che possono essere esercitate in ciascun punto franco e le disposizioni da osservarsi ai fini della disciplina doganale.

Le merci introdotte nei punti franchi possono formare oggetto delle manipolazioni usuali previste nel precedente articolo 152, primo comma.

Le merci predette possono altresì formare oggetto degli altri trattamenti che per ciascun punto franco sono previsti dalle norme che ne disciplinano il funzionamento. Si osservano, in tali casi, le disposizioni stabilite nell'ultimo comma dell'articolo 165 per i depositi franchi.

167. Determinazione del valore imponibile. – Quando le merci introdotte nei depositi franchi e nei punti franchi vengono dichiarate per l'importazione definitiva, si applica, ai fini della determinazione del valore imponibile, la disposizione di cui all'art. 155.

168. Impiego o consumo di merci nei depositi franchi e nei punti franchi. – Le merci introdotte nei depositi franchi e nei punti franchi possono esservi consumate o utilizzate solo alle condizioni stabilite per l'importazione definitiva.

La disposizione del precedente comma non si applica quando, nei casi di manipolazioni disciplinate dagli articoli 165, terzo comma, e 166, ultimo comma, sia comprovato l'impiego della merce ai sensi dell'art. 176, primo comma, lettera d), né si applica quando la merce sia stata distrutta sotto controllo doganale.

169. Punti franchi nel porto di Trieste. – Per i punti franchi compresi nella zona del porto franco di Trieste di cui all'allegato VIII al trattato di pace fra l'Italia e le potenze alleate ed associate, firmato a Parigi il 10 febbraio 1947 e reso esecutivo con decreto legislativo del Capo provvisorio dello Stato 28 novembre 1947, n. 1430, restano ferme, in deroga a quanto stabilito nei precedenti articoli, le vigenti disposizioni più favorevoli [1].

[1] *Per una deroga alle disposizioni di cui al presente articolo, vedi l'articolo 4, comma 2, del D.L. 13 maggio 1991, n. 151.*

Sezione V – Altre disposizioni in materia di deposito doganale

170. Norme amministrative. – Il Ministro per le finanze, con decreto emanato di concerto con il Ministro per il commercio con l'estero e sentito il comitato consultivo di cui all'art. 221, stabilisce le disposizioni, le formalità e le condizioni da osservare per l'applicazione delle misure adottate dagli organi delle Comunità europee per la attuazione delle direttive numeri 69/74/C.E.E. e 69/75/C.E.E., concernenti rispettivamente i depositi doganali ed i depositi e punti franchi, adottati dal Consiglio delle Comunità stesse in data 4 marzo 1969.

CAPO V
Esportazione definitiva

171. Dichiarazione e bolletta di esportazione definitiva. – La dichiarazione delle merci destinate all'esportazione definitiva deve essere fatta per iscritto.

L'amministrazione doganale può, tuttavia, consentire che la dichiarazione scritta sia sostituita da una dichiarazione verbale. In ogni caso, però, è obbligatoria la dichiarazione scritta quando l'operazione di esportazione si effettua presso una dogana interna, o presso qualunque dogana se si tratta di merci ammesse ad abbuono o restituzione di diritti.

Eseguito l'accertamento, liquidati e riscossi i diritti dovuti, la dogana emette sempre la "bolletta di esportazione definitiva", nella quale, oltre al nome dell'esportatore, alla qualità, alla quantità ed al valore delle merci, devono essere indicati, secondo i casi, la dogana d'uscita ed il termine di tempo entro il quale le merci debbono varcare la linea doganale. In attesa dell'uscita dal territorio doganale, le merci dichiarate per l'esportazione definitiva possono essere custodite nei magazzini di temporanea custodia di cui agli articoli 96 e seguenti, sotto osservanza delle disposizioni stabilite nei detti articoli, in quanto applicabili.

Trascorso tale termine la bolletta non è più valida, salva la riammissione in termini allorquando sia comprovato che il ritardo fu dovuto a causa di forza maggiore.

172. Condizione giuridica delle merci definitivamente esportate. – Le merci nazionali e nazionalizzate definitivamente esportate sono considerate estere agli effetti del presente testo unico, salve le disposizioni speciali emanate con altre leggi.

173. Restituzione ed abbuono di diritti all'esportazione. – La restituzione e l'abbuono di diritti per i prodotti definitivamente esportati si applicano secondo la misura vigente alla data in cui è accettata dalla dogana la dichiarazione di esportazione definitiva od altro documento equipollente. Le domande per ottenere la restituzione o l'abbuono devono essere presentate, a pena di decadenza, entro due anni dalla data della bolletta di esportazione definitiva, salvo quanto previsto nell'articolo 212.

Agli effetti della restituzione o dell'abbuono di diritti, le merci che, in vista dell'esportazione, vengono vincolate al regime del transito comunitario di cui agli articoli 238 e seguenti od a bolletta di cauzione possono, a richiesta degli operatori interessati, considerarsi uscite dal territorio doganale qualora la garanzia prescritta per i detti regimi doganali copra anche le somme richieste a titolo di restituzione od abbuono. In tali casi il termine di decadenza di cui al precedente comma decorre dalla data di rilascio del documento di transito comunitario o della bolletta di cauzione.

In materia di accertamento della qualità, della quantità e del valore delle merci ai fini della restituzione o dell'abbuono di diritti ovvero del riconoscimento di altri benefici all'esportazione si osservano, in quanto applicabili e sempreché non sia diversamente disposto da altre norme legislative, le disposizioni che disciplinano l'accertamento di tali elementi ai fini della applicazione dei diritti di confine, contenute nei Titoli secondo e quinto.

Sono fatte salve, in deroga ai precedenti commi, le disposizioni emanate dai competenti organi delle Comunità europee in materia di restituzione di dazi e prelievi per i prodotti agricoli esportati.

174. Controllo dei documenti doganali relativi a merci esportate ai fini della restituzione o dell'abbuono di tributi. – I documenti doganali in base ai quali si effettua la restituzione o l'abbuono di imposte, prelievi e diritti di qualsiasi specie relativi a merci esportate non sono soggetti ad omologazione o riscontro.

Resta tuttavia salva, per gli organi competenti ad effettuare la restituzione o l'abbuono, la facoltà di chiedere agli uffici doganali il controllo dei documenti predetti qualora sorgano dubbi sulla loro autenticità o sul loro contenuto.

CAPO VI
Importazione ed esportazione temporanea

Sezione I – Importazione temporanea e successiva riesportazione

175. Nozione di temporanea importazione. – Le merci estere di qualsiasi specie ed origine che vengono introdotte nel territorio doganale per essere sottoposte a determinati trattamenti possono, su documentata istanza degli interessati, essere ammesse alla importazione temporanea quando i prodotti da ottenersi a seguito di tali trattamenti sono destinati ad essere riesportati fuori del territorio medesimo.

La temporanea importazione può altresì essere consentita a titolo di speciale agevolazione per il traffico internazionale, secondo le disposizioni della sezione terza del presente capo.

Le merci vincolate al regime della temporanea importazione conservano la condizione giuridica di merci estere.

176. Condizioni per l'ammissione alla temporanea importazione. – La temporanea importazione ai sensi del primo comma del precedente articolo è consentita a condizione che le merci da importare siano destinate a ricevere uno o più dei trattamenti appresso indicati e che sia possibile accertare l'impiego delle merci stesse nei prodotti da ottenere:

a) lavorazione, compresi il montaggio, l'assiemaggio e l'adattamento ad altre merci;

b) trasformazione;

c) riparazione, compresi il riattamento e la messa a punto;

d) utilizzazione, con conseguente consumo parziale o totale, come catalizzatori, acceleratori o rallentatori di reazioni chimiche per facilitare la fabbricazione di prodotti da esportare o riesportare, esclusa l'utilizzazione delle fonti di energia, dei lubrificanti e degli attrezzi ed utensili.

I prodotti ottenuti dai trattamenti predetti devono ricevere una delle destinazioni previste dall'art. 186 entro il termine di cui all'art. 179, primo comma, lettera e).

177. Casi nei quali la temporanea importazione è autorizzata dal capo della circoscrizione doganale. – La temporanea importazione è autorizzata dal capo della circoscrizione doganale dove devono avere inizio i trattamenti di cui al precedente articolo, quando le merci soddisfano alle condizioni previste dagli articoli 9 e 10 del trattato istitutivo della Comunità economica europea, oppure, se non ricorrono tali condizioni, in ciascuno dei seguenti casi:

a) quando le merci sono destinate all'esecuzione di un contratto di lavorazione per conto;

b) quando le merci devono essere utilizzate per garantire il rispetto delle disposizioni relative alla tutela della proprietà industriale e commerciale;

c) quando le merci di uguale qualità disponibili nel territorio della Comunità economica europea non possono essere utilizzate in quanto il loro costo è tale da rendere economicamente impossibile l'operazione commerciale prevista.

I divieti e le restrizioni di ogni genere, stabiliti alla importazione ed all'esportazione, si applicano anche in materia, rispettivamente, di importazione temporanea e di riesportazione.

La temporanea importazione è altresì autorizzata dal capo della circoscrizione doganale per le merci nominate negli elenchi di cui all'articolo 178, terzo comma.

Il rilascio da parte del capo della circoscrizione doganale dell'autorizzazione alla temporanea importazione si intende rifiutato qualora siano inutilmente trascorsi venti giorni dalla presentazione dell'istanza di cui all'art. 175. Nei casi di rifiuto, tacito o espresso, l'istanza può essere riproposta entro trenta giorni al Ministro per le finanze, che provvede a norma dell'art. 178, terzo comma.

Il capo della circoscrizione doganale è tenuto a dare immediata comunicazione al Ministero merci con l'estero e sentito il comitato con l'estero dei provvedimenti adottati ai sensi dei commi precedenti.

178. Casi nei quali la temporanea importazione è autorizzata dal Ministero. – La temporanea importazione è autorizzata dal Ministero delle finanze, d'intesa con il Ministero del commercio con l'estero e sentito il comitato consultivo di cui all'art. 221, in ciascuno dei seguenti casi:

a) quando le merci non sono disponibili nel territorio della Comunità economica europea sia perché non vi sono prodotte, sia perché vi sono prodotte in quantità insufficienti, sia perché i fornitori comunitari non sono in grado di metterle a disposizione entro termini convenienti, sia perché quelle disponibili nel territorio predetto non presentano le qualità richieste, specialmente rispetto alle esigenze degli acquirenti dei prodotti da ottenere;

b) in ogni altro caso non rientrante nell'articolo 177 o nella precedente lettera a).

Il provvedimento ministeriale può essere adottato anche in deroga ai divieti economici stabiliti alla importazione od alla esportazione.

Il Ministro per le finanze, con decreto emanato di concerto con il Ministro per il commercio con l'estero e sentito il comitato consultivo di cui al primo comma, ha facoltà di vietare, avocare, sospendere o sottoporre a limitazioni il rilascio delle autorizzazioni da parte dei capi delle circoscrizioni doganali, nonché di provvedere al rilascio delle autorizzazioni nei casi di rifiuto dei capi delle circoscrizioni predette, secondo quanto previsto nel penultimo comma (dell'art. 177; può, altresì, stabilire, anche in deroga ai divieti economici, elenchi di merci rientranti nelle disposizioni di cui all'art. 177, primo comma, lettere a), b) e c) ed al primo comma del presente articolo, per le quali l'autorizzazione alla temporanea importazione è rilasciata dal capo della circoscrizione doganale prescindendo da ogni accertamento circa l'esistenza dei requisiti indicati nelle disposizioni medesime.

179. Contenuto delle autorizzazioni. – Nelle autorizzazioni rilasciate ai sensi degli articoli 177 e 178 devono essere stabiliti:

a) la qualità e, occorrendo, la quantità e l'origine della merce [(1)];

b) lo scopo per il quale viene effettuata la importazione temporanea;

c) le misure di vigilanza e di controllo alle quali la merce deve essere sottoposta;

d) le modalità per determinare i coefficienti di rendimento, ovvero la misura dei coefficienti forfettari fissati a norma dell'art. 183, secondo comma;

e) il termine entro il quale i prodotti ottenuti devono ricevere una delle destinazioni previste dall'art. 186; detto termine, salvo che non sia diversamente disposto nelle norme adottate dai competenti organi delle Comunità europee, è fissato in rapporto alle esigenze del trattamento da effettuare e può essere prorogato dal capo della circoscrizione doganale quando le circostanze lo giustificano;

f) il periodo di validità dell'autorizzazione; detto periodo può essere illimitato, ma nei casi contemplati nell'art. 178, primo comma, lettera b), non può essere superiore a nove mesi.

L'autorità che ha rilasciato l'autorizzazione alla temporanea importazione può, con la stessa procedura prevista per il rilascio, prorogarne o ridurne il periodo di validità [(2)].

(1) Lettera modificata dall'articolo 1 del D.P.R. 5 agosto 1981, n. 499.
(2) Comma sostituito dall'articolo 1 del D.P.R. 5 agosto 1981, n. 499.

180. Persone a cui può essere rilasciata la autorizzazione. – Le autorizzazioni di cui agli articoli 177 e 178 possono essere rilasciate soltanto alle persone fisiche e giuridiche stabilite nel territorio della Comunità economica europea per merci di proprietà delle persone stesse o di terzi.

181. Bolletta di temporanea importazione. – La dichiarazione per la temporanea importazione dev'essere fatta nei modi e nelle forme prescritti dall'art. 57 e deve inoltre contenere l'indicazione dello scopo per il quale le merci si vogliono importare temporaneamente e la obbligazione di riesportare entro il termine stabilito.

Per l'importazione temporanea è data al proprietario della merce la "bolletta di temporanea importazione".

182. Cauzione. – Per le merci importate temporaneamente deve essere prestata una cauzione corrispondente all'ammontare dei diritti doganali che sarebbero dovuti in caso di importazione definitiva delle merci stesse ed all'ammontare degli interessi di mora di cui all'articolo 218, computati sulla base del termine concesso per la riesportazione.

183. Coefficienti di rendimento. – La dogana, con le modalità stabilite nell'autorizzazione di cui agli articoli 177 e 178 determina, sulla base delle condizioni reali in cui si effettuano le singole operazioni di temporanea importazione e per ciascuna specie e qualità dei prodotti da ottenere il coefficiente di rendimento, da sottoporre all'approvazione del capo della circoscrizione doganale.

Tuttavia, il Ministero delle finanze può stabilire coefficienti forfettari di rendimento, quando le circostanze lo giustificano e particolarmente quando si tratta di imprese che eseguono determinati trattamenti in condizioni tecniche generalmente uniformi, su merci aventi caratteristiche costanti e con l'ottenimento di prodotti di specie, quantità e qualità costanti.

184. Cessione di merci in temporanea importazione. – Le merci temporaneamente importate ed i prodotti derivati dai trattamenti, ancorché incompleti, previsti dall'art. 176 a cui le stesse siano state assoggettate, possono formare oggetto di cessione, da autorizzarsi dal capo della circoscrizione doganale, a condizione che il cessionario assuma tutti gli obblighi già imposti al cedente. Nei confronti del cessionario si applicano le disposizioni dell'art. 182; la cauzione eventualmente prestata dal cedente viene svincolata.

185. Temporanea esportazione di merci in temporanea importazione. – Il capo della circoscrizione doganale può consentire, nei limiti ed alle condizioni stabilite dalle disposizioni in materia di temporanea esportazione, che le merci temporaneamente importate o i prodotti derivati dai trattamenti anche incompleti previsti dall'art. 176 siano in tutto o in parte temporaneamente esportati ai fini di operazioni di perfezionamento complementari.

All'atto della reimportazione i prodotti risultanti dalle operazioni complementari predette possono essere nuovamente vincolati al regime della temporanea importazione.

186. Esito dei prodotti ottenuti dalle merci temporaneamente importate. – I prodotti ottenuti dai trattamenti di cui all'art. 176 devono essere riesportati, ovvero introdotti nei depositi doganali o in depositi franchi o in punti franchi per la loro successiva destinazione all'estero.

Il capo della circoscrizione doganale nella quale è compresa la dogana di emissione della bolletta di temporanea importazione, quando le circostanze lo giustificano, può consentire che le merci temporaneamente importate siano riesportate o introdotte nei depositi doganali o nei depositi franchi o nei punti franchi ancorché non abbiano ricevuto, in tutto in parte, il trattamento previsto nella relativa autorizzazione [(1)].

Tuttavia i prodotti ottenuti da trattamenti, ancorchè incompleti, di merci temporaneamente importate da Paesi terzi alla Comunità economica europea possono essere spediti verso un Paese membro della Comunità stessa previo pagamento del dazio, dei prelievi agricoli e delle tasse di effetto equivalente dovuti alla data di accettazione della dichiarazione di temporanea importazione, salvo che non siano vincolati alla procedura esterna del regime di transito comunitario di cui agli articoli 238 e seguenti *[per la loro successiva destinazione verso un Paese terzo]* [(2)].

[(1)] Comma modificato dall'articolo 1 del D.P.R. 5 agosto 1981, n. 499.
[(2)] Comma modificato dall'articolo 1 del D.P.R. 5 agosto 1981, n. 499.

187. Scarico della temporanea importazione per equivalenza. – In deroga all'art. 175, primo comma, il Ministero delle finanze può consentire che, a tutti gli effetti i prodotti provenienti dal trattamento di merci di specie, qualità e caratteristiche tecniche identiche a quelle delle merci temporaneamente importate, ricevano una delle destinazioni di cui all'articolo 186, in sostituzione dei prodotti ottenuti o da ottenere dai trattamenti di cui all'art. 176.

Il Ministero delle finanze, d'intesa con il Ministero del commercio con l'estero e sentito il comitato consultivo di cui all'art. 221, può consentire che la esportazione dei prodotti di cui al precedente comma avvenga anche prima della temporanea importazione delle merci di specie, qualità e caratteristiche tecniche identiche a quelle effettivamente impiegate. Nell'autorizzazione sono stabiliti:

a) qualità, quantità e valore dei prodotti ammessi alla preventiva riesportazione;

b) qualità, denominazione tariffaria e commerciale nonché quantità delle merci che verranno importate temporaneamente;

c) il termine entro il quale deve avvenire la temporanea importazione;

d) le altre condizioni e modalità necessarie per l'esecuzione delle operazioni [(1)].

[(1)] Comma sostituito dall'articolo 1 del D.P.R. 5 agosto 1981, n. 499.

188. Bolletta di riesportazione. – Per la riesportazione di merci temporaneamente importate, oltre alla bolletta di temporanea importazione, dev'essere presentata dichiarazione nei modi e nelle forme stabiliti dall'art. 57. La dichiarazione deve altresì indicare la data e il numero della bolletta di temporanea importazione della quale si domanda lo scarico, nonché la dogana che l'ha emessa.

Riconosciuta l'identità o l'equivalenza delle merci in confronto con quelle importate temporaneamente, è rilasciata dalla dogana la "bolletta di riesportazione".

189. Riesportazione da dogana interna. – Quando la dichiarazione per riesportazione a scarico di bolletta di temporanea importazione venga presentata ad una dogana interna, la merce deve essere spedita con bolletta di cauzione alla dogana di confine, seguendo le norme stabilite per la spedizione delle merci estere da una dogana all'altra.

In questo caso la bolletta di cauzione tiene luogo di bolletta di riesportazione agli effetti dello scarico della importazione temporanea.

190. Importazione definitiva delle merci temporaneamente importate. – Quando le circostanze lo giustificano, il capo della circoscrizione doganale può consentire, entro il termine di cui all'art. 179, primo comma, lettera e), l'importazione definitiva nello Stato, in tutto o in parte, delle merci temporaneamente importate o dei prodotti ottenuti dai trattamenti, ancorché incompleti, previsti nell'autorizzazione.

Restano fermi i divieti e le restrizioni di ogni genere stabiliti all'importazione.

191. Condizioni per l'importazione definitiva. – Per l'importazione definitiva consentita ai sensi del precedente articolo saranno pagati i diritti doganali che sarebbero stati dovuti sulle merci temporaneamente importate alla data in cui fu accettata dalla dogana la dichiarazione di temporanea importazione, nonché gli interessi di mora di cui all'art. 218 per il tempo decorso da tale data a quella di accettazione della dichiarazione di importazione definitiva.

L'interesse di mora non è dovuto quando si tratti di merci in temporanea importazione la cui lavorazione sia avvenuta in stabilimenti sottoposti alla speciale vigilanza dell'amministrazione.

192. Importazione definitiva parziale. – Nei casi in cui l'importazione definitiva riguarda una frazione dei prodotti ottenuti dai trattamenti, ancorché incompleti, previsti dall'articolo 176, i diritti doganali dovuti a norma dell'articolo precedente sono calcolati:

a) quando dai trattamenti applicati è stata ottenuta una sola specie di prodotti: in funzione del quantitativo dei prodotti importati definitivamente rispetto al quantitativo totale dei prodotti ottenuti;

b) quando dai trattamenti applicati sono stati ottenuti prodotti di specie diverse:

1) se è possibile determinare il quantitativo delle merci temporaneamente importate usate nella fabbricazione di ciascuno dei diversi prodotti: in funzione di tale quantitativo rispetto al quantitativo totale delle merci temporaneamente importate;

2) in ogni altro caso: in funzione del valore di ciascuno dei prodotti importati definitivamente rispetto al valore complessivo di tutti i prodotti ottenuti, determinato alla medesima data.

193. Condizioni per l'importazione definitiva in casi particolari. – In deroga alle disposizioni dell'art. 191, può essere consentito che prodotti ottenuti dai trattamenti, ancorché incompleti, previsti dall'art. 191 siano importati definitivamente con il pagamento dei diritti ad essi relativi e non di quelli afferenti alle merci temporaneamente importate. Qualora per tali prodotti sia prevista l'esenzione, il loro valore è considerato nullo ai fini dell'applicazione del precedente articolo, lettera b), punto 2).

Le disposizioni di cui al precedente comma si applica ai soli prodotti e per i tributi che verranno indicati dal Consiglio delle Comunità europee, alle condizioni dallo stesso stabilite.

194. Importazione definitiva di merci sottoposte all'estero ad operazioni di perfezionamento. – Nei casi in cui viene autorizzata l'importazione definitiva di merci temporaneamente importate che, a norma dell'art. 185, siano state sottoposte ad operazioni di perfezionamento complementari in regime di temporanea esportazione devono essere pagati, oltre ai diritti doganali ed agli interessi di mora calcolati secondo i criteri indicati negli articoli 191, 192 e 193, anche i diritti doganali dovuti a norma dell'art. 207.

195. Agevolazioni per l'importazione definitiva di merci temporaneamente importate o dei prodotti ottenuti. – Le merci temporaneamente importate ovvero i prodotti ottenuti dai trattamenti, ancorché incompleti, ai quali le merci stesse sono state sottoposte possono godere, nei casi in cui viene autorizzata l'importazione definitiva ai sensi dell'art. 190, delle esenzioni o delle altre agevolazioni doganali previste per le merci od i prodotti similari che vengono direttamente importati dall'estero in via definitiva.

196. Importazione definitiva di prodotti ottenuti, già vincolati alla riesportazione. – Quando le circostanze lo giustificano, il capo della circoscrizione doganale può consentire che i prodotti ottenuti dai trattamenti previsti dall'articolo 176, già introdotti in deposito doganale o in deposito franco o in punto franco oppure vincolati alla procedura esterna del regime di transito comunitario, siano importati definitivamente alle condizioni di cui agli articoli 191 e 192 purché i diritti dovuti siano stati determinati all'atto della introduzione in deposito doganale o in deposito franco o in punto franco ovvero all'atto dell'assoggettamento alla procedura predetta.

Tuttavia, in conformità delle disposizioni stabilite in base all'art. 220, secondo comma, può essere eccezionalmente consentita la importazione definitiva di tali prodotti con il pagamento dei diritti ad essi afferenti, applicabili alla data della accettazione della relativa dichiarazione, a condizione che il loro importo sia almeno pari a quello che sarebbe stato riscosso in applicazione degli articoli 191 e 192.

197. Distribuzione delle merci temporaneamente importate o dei prodotti ottenuti. – Quando le circostanze lo giustificano, il capo della circoscrizione doganale può consentire che le merci temporaneamente importate o i prodotti ottenuti dai trattamenti, ancorché incompleti, previsti dall'art. 176, siano distrutti sotto vigilanza doganale.

Quando la distruzione ha per effetto di rendere senza valore le merci e i prodotti di cui al comma precedente, si prescinde dalla riscossione dei diritti doganali.

In ogni altro caso, qualora i prodotti risultanti dalla distruzione siano importati definitivamente, vanno applicate le disposizioni di cui agli articoli 191, 192 e 193.

198. Immissione in consumo senza autorizzazione. – Nei casi di immissione in consumo nel territorio doganale, senza autorizzazione del capo della circoscrizione doganale, di merci temporaneamente importate si osservano le disposizioni dell'art. 191, avendo riguardo, per quanto concerne la liquidazione degli interessi di mora, al periodo di tempo decorso dalla data di accettazione della dichiarazione di temporanea importazione a quella di scadenza del termine assegnato per la riesportazione.

Sezione II – Esportazione temporanea e successiva reimportazione

199. Nozione di temporanea esportazione. – Le merci nazionali o nazionalizzate di qualsiasi specie, quelle estere di cui all'art. 185 nonché quelle estere rispondenti alle condizioni previste dagli articoli 9 e 10 del trattato istitutivo della Comunità economica europea, che vengono spedite fuori del territorio doganale per essere sottoposte a determinati trattamenti possono, su documentata istanza degli interessati, essere ammesse alla esportazione temporanea quando i prodotti da ottenersi a seguito di tali trattamenti sono destinati ad essere reimportati nel territorio medesimo (1).

La temporanea esportazione può altresì essere consentita a titolo di speciale agevolazione per il traffico internazionale, secondo le disposizioni della sezione terza del presente capo.

Salvo quanto previsto negli articoli 207, 208 e 209, le merci vincolate al regime della temporanea esportazione conservano la condizione giuridica di merci nazionali o nazionalizzate.

(1) *Comma modificato dall'articolo 1 del D.P.R. 5 agosto 1981, n. 499.*

200. Condizioni per l'ammissione alla temporanea esportazione. – La temporanea esportazione ai sensi del primo comma del precedente articolo è consentita a condizione che le merci da esportare siano destinate a ricevere uno o più dei trattamenti appresso indicati e che sia possibile riconoscere all'atto della reimportazione, la identità ovvero l'avvenuto utilizzo di esse sulla base delle norme cautelative fissate nella relativa autorizzazione:

a) trasformazione in prodotti aventi caratteristiche chimiche fisiche od organolettiche diverse da quelle delle merci temporaneamente esportate;

b) lavorazione non rientrante nel precedente punto a), compresi il montaggio, l'assiemaggio e l'adattamento ad altre merci;

c) riparazione, compresi il riattamento e la messa a punto;

d) altri trattamenti non compresi nei punti precedenti.

201. Rilascio dell'autorizzazione per merci destinate alla lavorazione od alla riparazione. – La temporanea esportazione è autorizzata dai capi delle circoscrizioni doganali quando la merce è destinata a ricevere all'estero uno o più dei trattamenti di cui ai punti b) e c) del precedente articolo.

I divieti e le restrizioni di ogni genere, stabiliti alla esportazione ed alla importazione, si applicano anche in materia, rispettivamente, di temporanea esportazione e di reimportazione.

La temporanea esportazione è altresì autorizzata dal capo della circoscrizione doganale per le merci nominate negli elenchi di cui all'art. 202, secondo comma.

Il rilascio da parte del capo della circoscrizione doganale dell'autorizzazione alla temporanea esportazione si intende rifiutato qualora siano inutilmente trascorsi venti giorni dalla data di presentazione dell'istanza di cui all'articolo 199. Nei casi di rifiuto tacito o espresso, la istanza può essere riproposta al Ministero delle finanze che provvede a norma dell'art. 202.

Il capo della circoscrizione doganale è tenuto a dare immediata comunicazione al Ministero delle finanze ed a quello del commercio con l'estero dei provvedimenti adottati ai sensi dei commi precedenti.

202. Rilascio dell'autorizzazione negli altri casi. – La temporanea esportazione è autorizzata dal Ministero delle finanze, d'intesa con il Ministero del commercio con l'estero e sentito il comitato consultivo di cui all'art. 221, quando le merci sono destinate a ricevere all'estero i trattamenti di cui ai punti a) e d) dell'art. 200. Il provvedimento ministeriale può essere adottato anche in deroga ai divieti economici stabiliti alla esportazione od alla importazione.

Il Ministro per le finanze, con decreto emanato di concerto con il Ministro per il commercio con l'estero e sentito il comitato consultivo di cui al comma precedente, ha facoltà di vietare, avocare, sospendere o sottoporre a limitazioni il rilascio delle autorizzazioni da parte dei capi delle circoscrizioni doganali nonché di provvedere al rilascio delle autorizzazioni nei casi di rifiuto dei capi delle circoscrizioni predette secondo quanto previsto nel penultimo comma del precedente articolo; può altresì stabilire anche in deroga ai divieti economici, elenchi di merci da esportare temporaneamente per subire i trattamenti richiamati nel precedente comma, per le quali l'autorizzazione è rilasciata dal capo della circoscrizione doganale.

203. Contenuto delle autorizzazioni. – Nelle autorizzazioni rilasciate ai sensi degli articoli 201 e 202 devono essere stabiliti:

a) la qualità, la quantità e, occorrendo, il valore della merce;

b) lo scopo per il quale viene effettuata la temporanea esportazione;

c) il termine entro il quale i prodotti ottenuti devono essere reimportati; detto termine è fissato in rapporto alle esigenze del trattamento cui deve essere sottoposta la merce in temporanea esportazione e può essere prorogato, quando le circostanze lo giustificano, dal capo della circoscrizione doganale;

d) il periodo di validità dell'autorizzazione: detto periodo può essere illimitato;

e) occorrendo, i coefficienti di rendimento ed ogni altro elemento utile alla identificazione della merce all'atto della reimportazione;

f) il Paese o i Paesi ove deve essere effettuato il trattamento previsto.

L'autorità che ha rilasciato l'autorizzazione alla temporanea esportazione può, con la stessa procedura prevista per il rilascio, prorogarne o ridurne il periodo di validità (1).

(1) *Articolo sostituito dall'articolo 1 del D.P.R. 5 agosto 1981, n. 499.*

203 *bis*. Persone a cui può essere rilasciata l'autorizzazione. – Le autorizzazioni di cui agli articoli 201 e 202 possono essere rilasciate soltanto alle persone fisiche e giuridiche stabilite nel territorio della Comunità economica europea per merci di proprietà delle persone stesse o di terzi (1).

(1) *Articolo aggiunto dall'articolo 1 del D.P.R. 5 agosto 1981, n. 499.*

204. Bolletta di temporanea esportazione. – La dichiarazione per la temporanea esportazione dev'essere fatta nei modi e nelle forme prescritti dall'art. 57 e deve inoltre contenere l'indicazione dello scopo per il quale le merci si vogliono esportare temporaneamente e l' obbligazione di reimportarle entro il termine stabilito.

Per l'esportazione temporanea è rilasciata al proprietario della merce la "bolletta di temporanea esportazione".

205. Cauzioni. – La disposizione dell'articolo 182 si applica anche alle operazioni di temporanea esportazione quando le corrispondenti merci esportate definitivamente sono soggette a diritti doganali.

206. Reimportazione di merci che non hanno subito i previsti trattamenti. – Il capo della circoscrizione doganale nella quale è compresa la dogana di emissione della bolletta di temporanea esportazione può, quando le circostanze lo giustificano, consentire che le merci temporaneamente esportate siano reimportate, a scarico delle corrispondenti bollette di temporanea esportazione, ancorché non abbiano ricevuto, in tutto o in parte, il trattamento previsto nella relativa autorizzazione (1).

Il Ministero delle finanze d'intesa con quello del commercio con l'estero e sentito il comitato consultivo di cui all'art. 221, può stabilire casi in cui è consentito reimportare, a scarico delle corrispondenti bollette di temporanea esportazione, merci che abbiano ricevuto allo estero un trattamento diverso da quello previsto.

(1) Comma modificato dall'articolo 1 del D.P.R. 5 agosto 1981, n. 499.

206 *bis*. Cessione di merci in temporanea esportazione. – Le merci temporaneamente esportate ed i prodotti derivati dai trattamenti, ancorché incompleti, previsti dall'art. 200 a cui le stesse siano state assoggettate, possono, su autorizzazione del capo della circoscrizione doganale, formare oggetto di cessione ed essere reimportate dal cessionario, a condizione che il cessionario medesimo assuma tutti gli obblighi già imposti al cedente e fornisca la prova dell'avvenuta cessione. Nei confronti del cessionario si applicano le disposizioni dell'art. 205; la cauzione eventualmente prestata dal cedente viene svincolata (1).

(1) Articolo aggiunto dall'articolo 1 del D.P.R. 5 agosto 1981, n. 499.

206 *ter*. Scarico della temporanea esportazione per equivalenza. – In deroga all'art. 199, primo comma, l'autorità competente al rilascio della autorizzazione ai sensi degli articoli 201 e 202 può consentire che a seguito della temporanea esportazione di merci per riparazione, compresi il riattamento e la messa a punto, siano reimportati prodotti da classificare nella stessa sottovoce tariffaria e che risultino di qualità e caratteristiche tecniche identiche a quelle delle merci temporaneamente esportate, se queste fossero state sottoposte ai trattamenti previsti. Se le merci da esportare temporaneamente sono state già utilizzate, può essere autorizzata la reimportazione di prodotti nuovi solo alle condizioni che saranno stabilite dal Ministero delle finanze d'intesa con quello del commercio con l'estero e sentito il comitato consultivo di cui all'art. 221.

Il Ministero delle finanze, d'intesa con il Ministero del commercio con l'estero e sentito il comitato consultivo di cui all'art. 221, può consentire che la reimportazione dei prodotti di cui al precedente comma avvenga anche prima della temporanea esportazione delle merci da sottoporre a riparazione. In tali casi nell'autorizzazione sono stabiliti:

a) qualità, quantità e denominazione tariffaria dei prodotti ammessi alla preventiva reimportazione nonché delle merci che verranno esportate temporaneamente;

b) il termine entro il quale deve avvenire la temporanea esportazione;

c) le altre condizioni e modalità necessarie per la esecuzione delle operazioni.

Il regime di cui ai precedenti commi non si applica alle merci che si trovano in temporanea importazione per ricevere i trattamenti previsti dall'art. 176 né alle merci sottoposte alla politica agricola comune o ai regimi specifici applicabili, a norma dell'art. 235 del trattato istitutivo della Comunità economica europea, ad alcune merci risultanti dalla trasformazione dei prodotti agricoli (1).

(1) Articolo aggiunto dall'articolo 1 del D.P.R. 5 agosto 1981, n. 499.

207. Diritti dovuti alla reimportazione. – Alla reimportazione di merci che sono state esportate temporaneamente per essere sottoposte ad uno o più dei trattamenti previsti all'art. 200 sono dovuti i diritti doganali propri delle merci reimportate da liquidarsi nelle misure vigenti al momento in cui è accettata la dichiarazione di reimportazione.

Dall'ammontare dei diritti doganali come sopra calcolati va detratto un importo pari all'ammontare dei diritti doganali ai quali sarebbero assoggettate le merci temporaneamente esportate nel caso di importazione dal Paese ove hanno subito l'ultima operazione relativa al trattamento o ai trattamenti di cui al comma precedente (1).

Alla reimportazione autorizzata ai sensi dell'art. 206, primo comma, di merci che non hanno subito, neanche parzialmente, il trattamento previsto nell'autorizzazione di temporanea esportazione si applica ai fini dei diritti di confine il trattamento stabilito per le merci in reintroduzione (2).

(1) Comma modificato dall'articolo 1 del D.P.R. 5 agosto 1981, n. 499.
(2) Comma aggiunto dall'articolo 1 del D.P.R. 5 agosto 1981, n. 499.

208. Criteri per liquidazione diritti alla reimportazione (1). – L'importo della detrazione stabilita al secondo comma del precedente articolo, va calcolato tenendo conto:

a) della quantità e della qualità delle merci temporaneamente esportate;

b) del valore delle merci temporaneamente esportate e delle aliquote dei diritti doganali in vigore alla data dell'accettazione della dichiarazione di reimportazione ovvero, nei casi indicati nel secondo comma dell'art. 206-ter, in vigore alla data di accettazione della dichiarazione di esportazione temporanea.

Nel caso in cui le merci temporaneamente esportate possano, all'atto della loro importazione nel territorio doganale, essere classificate in una sottovoce tariffaria che preveda un'aliquota speciale in funzione di una destinazione particolare, detta aliquota si applica a tali merci ove alle stesse sia stata assegnata una tale destinazione nel Paese in cui ha avuto luogo l'operazione di perfezionamento.

Qualora i prodotti da reimportare beneficino di un regime preferenziale tariffario per il fatto che all'importazione definitiva si applica un regime del genere nei confronti del Paese in cui sono stati ottenuti i prodotti stessi, le aliquote dei diritti all'importazione da considerare per il calcolo dell'importo da dedurre sono quelle che sarebbero applicabili se le merci temporaneamente esportate soddisfacessero alle condizioni alle quali può essere accordato il suddetto regime preferenziale tariffario.

Se esiste un dazio convenzionale e se l'aliquota di tale dazio è inferiore a quella del dazio autonomo, l'aliquota da considerare per il calcolo della detrazione è quella del dazio convenzionale.

Nel caso in cui le merci reimportate siano vincolate o nuovamente vincolate al regime della temporanea importazione ai sensi dell'art. 185, secondo comma, la data di accettazione della dichiarazione di temporanea importazione vale quale data di accettazione della dichiarazione di reimportazione ai fini di cui al primo comma del precedente articolo e del primo comma, lettera b), del presente articolo.

(1) *Articolo sostituito dall'articolo 1 del D.P.R. 5 agosto 1981, n. 499.*

209. Esenzione dai diritti dovuti alla reimportazione. – È concessa l'esenzione dai diritti doganali di cui all'art. 207 alle merci temporaneamente esportate per essere riparate all'estero, a condizione che venga accertato in modo indubbio che la riparazione sia stata effettuata gratuitamente per obblighi di garanzia o per difetti di fabbricazione.

L'esenzione di cui al precedente comma non può essere concessa qualora dei difetti di fabbricazione sia stato tenuto conto per la determinazione del valore imponibile o per l'applicazione della tariffa doganale in occasione della primitiva importazione [1].

(1) *Comma aggiunto dall'articolo 1 del D.P.R. 5 agosto 1981, n. 499.*

210. Bolletta di reimportazione. – Per la reimportazione di merci temporaneamente esportate oltre alla bolletta di temporanea esportazione, deve essere presentata dichiarazione nei modi e nelle forme stabiliti dall'art. 57. La dichiarazione deve altresì indicare la data e il numero della bolletta di temporanea esportazione della quale si domanda lo scarico, nonché la dogana che l'ha emessa.

Riconosciuta l'identità o l'equivalenza delle merci in confronto con quelle esportate temporaneamente, è rilasciata dalla dogana la "bolletta di reimportazione" [1].

(1) *Comma modificato dall'articolo 1 del D.P.R. 5 agosto 1981, n. 499.*

211. Autorizzazione alla esportazione definitiva. – Il capo della circoscrizione doganale può consentire, prima della scadenza del termine fissato nella bolletta di temporanea esportazione, l'esportazione definitiva, in tutto o in parte, delle merci temporaneamente esportate.

Restano fermi i divieti e le restrizioni di ogni genere stabiliti all'esportazione.

Per l'esportazione definitiva consentita ai sensi del primo comma saranno pagati i diritti doganali di esportazione che sarebbero stati eventualmente dovuti sulle merci temporaneamente esportate alla data in cui fu accettata dalla dogana la dichiarazione di temporanea esportazione, nonché gli interessi di mora di cui all'art. 218 per il tempo decorso da tale data a quella di accettazione della dichiarazione di esportazione definitiva.

212. Abbuoni e restituzioni per l'esportazione definitiva di merci temporaneamente esportate. – Le merci temporaneamente esportate possono godere, nei casi in cui ne viene autorizzata l'esportazione definitiva ai sensi del precedente articolo, degli abbuoni e delle restituzioni previste per le merci similari che vengono direttamente esportate all'estero in via definitiva. In tali casi, la restituzione è concessa con riferimento alla data di accettazione della dichiarazione di esportazione temporanea [1].

(1) *Comma modificato dall'articolo 1 del D.P.R. 5 agosto 1981, n. 499.*

213. Mancata reimportazione. – In caso di mancata reimportazione, senza autorizzazione del capo della circoscrizione doganale, delle merci temporaneamente esportate si osservano le disposizioni dell'art. 211, terzo comma, avendo riguardo, per quanto concerne la liquidazione degli interessi di mora, al periodo di tempo decorso dalla data di accettazione della dichiarazione di temporanea esportazione a quella di scadenza del termine assegnato per la reimportazione.

Sezione III – Speciali agevolazioni per il traffico internazionale

214. Traffico internazionale in regime di temporanea importazione ed esportazione. – Salve le maggiori facilitazioni previste dagli accordi internazionali, sono ammessi al regime dell'importazione ed esportazione temporanea di cui ai precedenti articoli del presente capo i veicoli, i contenitori, i recipienti, gli strumenti, gli apparecchi, gli attrezzi, le macchine, i prodotti, i materiali di ogni genere ed il bestiame destinati al traffico internazionale, previa prestazione di idonea cauzione ai sensi degli articoli 182 e 205.

S'intende per traffico internazionale il movimento di detti veicoli, contenitori, recipienti, strumenti, apparecchi, attrezzi, macchine, prodotti, materiali e bestiame, spediti da e per l'estero e da riesportare o reimportare tal quali, per essere impiegati per il trasporto, il condizionamento ed il contenimento di merci in importazione ed in esportazione anche temporanea, per servire come campioni, per studio, per visionatura, per esperimento, per collaudo, per esecuzione di lavori o per produzioni di beni o di servizi per tentarne la vendita, per manifestazioni culturali, fieristiche, artistiche, sportive, tecniche, scientifiche, per turismo, per spettacoli, esclusi quelli cinematografici, per pascolo, per riproduzione nonché per altre similari esigenze [1].

Il Ministero delle finanze d'intesa con il Ministero del commercio con l'estero, stabilisce i casi nei quali il traffico internazionale in regime di importazione ed esportazione temporanea è consentito direttamente dai capi delle circoscrizioni doganali, determinando il termine massimo concedibile per tale regime nonché le condizioni e le formalità doganali da osservarsi e prevedendo, ove l'adeguamento alla dinamica del traffico lo esiga, anche l'esonero dalla emissione del documento doganale e dalla prestazione della garanzia nonché la possibilità di impiego nel traffico interno dei veicoli ferroviari, degli aeromobili e dei contenitori temporaneamente importati, ai fini di una più razionale utilizzazione degli stessi ovvero allo scopo di sopperire a temporanea eccezionale indisponibilità di analoghi veicoli nazionali.

Il Ministero delle finanze, d'intesa con quello del commercio con l'estero e sentito il comitato consultivo di cui all'art. 221, può autorizzare l'importazione e l'esportazione temporanea, anche a titolo di noleggio o locazione finanziaria, di strumenti, macchinari, attrezzature e veicoli di ogni specie, nonché di stampi, matrici, cliché, disegni, progetti, da impiegare nell'esecuzione di lavori ovvero nella produzione di beni o di servizi, stabilendo i casi nei quali il regime di importazione ed esportazione temporanea è consentito direttamente dai capi delle circoscrizioni doganali, con determinazione delle condizioni e delle formalità da osservarsi. All'atto della riesportazione o della reimportazione saranno riscossi i diritti doganali, secondo il trattamento proprio di detto materiale, previsti rispettivamente per la importazione definitiva o per l'esportazione definitiva e commisurati alla perdita di valore da esso subita durante il periodo della temporanea importazione od esportazione (2).

(1) *Comma modificato dall'articolo 1 del D.P.R. 5 agosto 1981, n. 499.*
(2) *Comma sostituito dall'articolo 1 del D.P.R. 5 agosto 1981, n. 499.*

215. Mancato scarico di documenti di temporanea importazione relativi a veicoli stradali commerciali. – Per il mancato scarico di documenti di temporanea importazione relativi a veicoli stradali commerciali di cui alla convenzione di Ginevra del 18 maggio 1956, approvata e resa esecutiva in Italia con la L. 3 novembre 1961, n. 1553, si procede al recupero dei diritti doganali gravanti sui veicoli stessi solo qualora ne venga accertata l'effettiva irregolare presenza nel territorio doganale.

Resta fermo tuttavia l'obbligo della dogana di notificare all'ente garante il mancato scarico dei documenti di temporanea importazione entro il termine di cui all'art. 26 della citata convenzione, al fine di consentire l'escussione dell'ente stesso ove si verifichi la condizione indicata nel precedente comma. Tale obbligo non sussiste qualora per i veicoli di cui al precedente comma venga previsto l'esonero dalla emissione del documento di temporanea importazione e dalla prestazione della garanzia ai sensi del terzo comma dell'art. 214 (1).

(1) *Comma modificato aggiunto dall'articolo 1 del D.P.R. 5 agosto 1981, n. 499.*

216. Importazione ed esportazione temporanea di veicoli in uso privato. – Il Ministro per le finanze può stabilire che per l'importazione temporanea dei veicoli stradali di cui alla convenzione di New York giugno 1954, approvata e resa esecutiva in Italia con la L. 27 ottobre 1957, n. 1163, nonché degli aeromobili e delle imbarcazioni di cui alla convenzione di Ginevra 18 maggio 1956 approvata e resa esecutiva in Italia con la L. 3 novembre 1961, n. 1553, si prescinda dalla emissione di documenti doganali e dalla prestazione di garanzie.

I mezzi di trasporto ammessi alle facilitazioni di cui al precedente comma conservano la condizione di merce estera in temporanea importazione e possono essere nazionalizzati alle condizioni previste per ciascuna categoria dalla legislazione italiana; per il loro uso nel territorio dello Stato quando manchino o siano venute a cessare le condizioni indicate nelle convenzioni citate nel predetto comma resta ferma l'applicabilità delle pene stabilite per il reato di contrabbando.

Le disposizioni dei precedenti commi si applicano anche agli autoveicoli nazionali e nazionalizzati nuovi di fabbrica acquistati da persone residenti all'estero in soggiorno temporaneo nel territorio doganale, che siano stati immatricolati mediante la speciale targa di riconoscimento prevista dall'art. 97 del testo unico approvato con decreto del Presidente della Repubblica 15 giugno 1959, n. 393, nonché a quelli acquistati dalle forze militari alleate o dal personale da esse dipendente, che siano stati immatricolati mediante le speciali targhe dei comandi alleati di stanza in Italia, in applicazione della convenzione di Londra 19 giugno 1951 approvata e resa esecutiva con la legge 30 novembre 1955, n. 1335. Tali autoveicoli sono considerati esportati all'atto della immatricolazione, restando assoggettati al regime della temporanea importazione durante la successiva permanenza nel territorio predetto (1).

Il Ministro per le finanze può altresì stabilire che per la esportazione temporanea dei veicoli stradali, degli aeromobili e delle imbarcazioni di cui alle convenzioni indicate nel primo comma si prescinda dalla emissione di documenti doganali.

Per i mezzi di trasporto indicati nei precedenti commi il regime della temporanea importazione è interrotto durante il periodo in cui tali veicoli, pur permanendo nel territorio doganale, rimangono inutilizzati, sempreché siano custoditi con l'osservanza delle condizioni e cautele stabilite dal Ministero delle finanze (2).

(1) *Comma sostituito dall'articolo 1 del D.P.R. 5 agosto 1981, n. 499.*
(2) *Comma aggiunto dall'articolo 1 del D.P.R. 5 agosto 1981, n. 499.*

217. Temporanea esportazione e reimportazione di materiali di volo costituenti scorte presso scali esteri. – Per le operazioni di temporanea esportazione relative ai materiali di volo di ogni genere che le imprese italiane assuntrici di servizi di trasporto aereo di linea spediscono per via aerea allo scopo di costituire scorte presso gli scali esteri e per le successive operazioni di reimportazione può prescindersi dalla emissione di documenti doganali. In tali casi sono dalla dogana riconosciute valide, ai fini dell'imbarco del materiale predetto sugli aeromobili adibiti alla spedizione e dello sbarco di esso al rientro, le relative lettere di vettura aerea.

Le disposizioni del precedente comma sono applicabili a condizione che attraverso il controllo delle scritture tenute dalle imprese interessate sia sempre possibile seguire il movimento del materiale.

217 *bis*. Temporanea importazione e temporanea importazione e temporanea esportazione di materiali interessanti l'Amministrazione della difesa (1). – Per le operazioni di temporanea esportazione e temporanea importazione relative ai materiali di interesse militare che a titolo di prestito l'Amministrazione della difesa spedisce a forze militari di Paesi alleati o che riceve dalle stesse e per le successive operazioni di reimportazione e di riesportazione può prescindersi dalla emissione di documenti doganali.

In tali casi sono riconosciuti validi, ai fini dell'uscita e dell'entrata nel territorio doganale del materiale predetto, i documenti di spedizione emessi dai competenti comandi dell'Amministrazione della difesa, la quale è tenuta a fornire alla dogana le scritture e documentazioni che rendono possibile seguire il movimento del materiale.

[1] *Articolo aggiunto dall'articolo 1 del D.P.R. 5 agosto 1981, n. 499.*

Sezione IV – Altre disposizioni in materia di temporanee importazioni ed esportazioni

218. Interessi di mora. – Gli interessi di mora previsti dagli articoli 191 e 211 sono fissati nella misura del sei per cento semestrale, da computarsi sull'ammontare, dei diritti doganali dovuti, con esclusione dell'imposta sul valore aggiunto [1].

Per la liquidazione degli interessi di cui al precedente comma, il semestre iniziato è computato per intero.

[1] *Comma modificato dall'articolo 15, comma 1, numero 3) del D.L. 26 maggio 1978, n. 216 e successivamente dall'articolo 27 della legge 8 maggio 1998, n. 146.*

218 *bis*. Successivi utilizzi di merci vincolate al regime della importazione od esportazione temporanea. – Quando le circostanze lo giustificano, può consentirsi, con l'osservanza delle modalità stabilite dal Ministero delle finanze d'intesa con quello del commercio con l'estero, che le merci importate od esportate temporaneamente nonché i prodotti ottenuti dai trattamenti, ancorché incompleti, previsti dagli articoli 176 e 200 siano utilizzati per scopi diversi da quelli indicati nell'originaria autorizzazione [1].

[1] *Articolo aggiunto dall'articolo 1 del D.P.R. 5 agosto 1981, n. 499.*

219. Misure amministrative in caso di abusi. – In caso di abusi il Ministro per le finanze può ordinare che non sia concessa l'importazione o la esportazione temporanea a determinate persone, e ciò senza pregiudizio delle pene comminate dal presente testo unico.

220. Norme regolamentari [1]. – Il Ministro delle finanze, con decreto emanato di concerto con il Ministro del commercio con l'estero e sentito il comitato consultivo di cui all'art. 221 stabilisce le disposizioni, le formalità e le condizioni da osservare per l'applicazione delle misure adottate dagli organi delle Comunità europee in materia di temporanea importazione ed esportazione in regime di traffico di perfezionamento attivo e passivo e di traffico internazionale.

Con la stessa procedura si provvede a stabilire:

a) per quali merci, ammesse all'importazione temporanea, la lavorazione debba effettuarsi sotto la vigilanza dell'Amministrazione;

b) le condizioni e norme per lo scarico anche cumulativo e periodico delle bollette di temporanea importazione ed esportazione.

[1] *Articolo sostituito dall'articolo 1 del D.P.R. 5 agosto 1981, n. 499.*

221. Comitato consultivo [1]. – Presso il Ministero del commercio con l'estero è costituito un comitato a cui è affidato il compito di fornire pareri nei casi previsti dal presente testo unico e dalle disposizioni preliminari alla tariffa dei dazi doganali di importazione.

Il comitato è composto:

per il Ministero del commercio con l'estero dal direttore generale delle importazioni e delle esportazioni e dal direttore generale degli accordi commerciali;

per il Ministero delle finanze, dal direttore generale delle dogane e delle imposte indirette;

per il Ministero delle politiche agricole e forestali, dal direttore generale della produzione agricola e dal direttore generale della tutela economica dei prodotti agricoli;

per il Ministero dell'industria, del commercio e dell'artigianato, dal direttore generale della produzione industriale, dal direttore generale del commercio interno e dei consumi industriali e dal direttore generale delle fonti di energia;

da un rappresentante del Ministero degli affari esteri;

da un rappresentante del Ministero dei trasporti e della navigazione;

da un rappresentante del Ministero della marina mercantile;

da un rappresentante del Ministero del turismo e dello spettacolo;

da un rappresentante dell'Istituto nazionale per il commercio estero;

da quattro esperti estranei alle pubbliche amministrazioni scelti dal Ministero del commercio con l'estero fra gli appartenenti alle categorie agricola, industriale, commerciale e dei lavoratori, interessate agli scambi con l'estero.

Il comitato è presieduto da un Sottosegretario di Stato designato dal Ministro del commercio con l'estero, il quale potrà farsi sostituire dal direttore generale delle importazioni e delle esportazioni del Ministero medesimo.

I membri titolari potranno essere sostituiti da supplenti, da nominarsi con decreto del Ministro del commercio con l'estero.

Alle riunioni del comitato potranno partecipare quando il presidente lo ritenga necessario, altre persone particolarmente esperte in determinate questioni da trattare.

Le funzioni di segretario del comitato saranno esercitate dal direttore della divisione competente presso la Direzione generale delle importazioni e delle esportazioni o da un funzionario della carriera direttiva appartenente alla stessa Direzione generale, purché di qualifica non inferiore a quella di direttore di sezione.

[1] *Articolo sostituito dall'articolo 1 del D.P.R. 5 agosto 1981, n. 499.*

CAPO VII
Cabotaggio e circolazione

222. Nozioni del cabotaggio e della circolazione. – Agli effetti doganali, è considerata operazione di cabotaggio la spedizione per via di mare di merci nazionali o nazionalizzate da un porto all'altro dello Stato.

È considerata operazione di circolazione la spedizione delle merci nazionali o nazionalizzate da un luogo all'altro della frontiera, percorrendo un tratto di territorio estero, o una zona extradoganale, ovvero attraversando le acque estere, quelle nazionali del lago di Lugano poste e fuori del territorio doganale ai sensi dell'art. 2.

223. Condizione giuridica delle merci in cabotaggio o in circolazione. – Le merci nazionali o nazionalizzate che escono dal territorio doganale in cabotaggio od in circolazione non perdono la nazionalità purché siano osservate le disposizioni del presente capo.

224. Spedizione in cabotaggio. – Le merci nazionali o nazionalizzate spedite in cabotaggio perdono la nazionalità, quando le navi che le trasportano toccano porti esteri, salvo il caso di forza maggiore.

Il Ministro per le finanze, con suo decreto da pubblicarsi nella Gazzetta Ufficiale della Repubblica, può tuttavia stabilire i porti esteri che le navi trasportanti merci nazionali o nazionalizzate in cabotaggio possono toccare, senza che per ciò le merci stesse perdano la nazionalità.

225. Spedizione in circolazione. – La spedizione di merci in circolazione è subordinata ad apposita autorizzazione del Ministero delle finanze, il quale determina altresì le norme da osservarsi per l'operazione medesima.

226. Contrassegni da apporre ai colli di merci in cabotaggio e in circolazione. – Il Ministro per le finanze, con decreto da pubblicarsi nella Gazzetta Ufficiale della Repubblica, stabilisce l'elenco delle merci che, ai fini della spedizione in cabotaggio o in circolazione devono essere racchiuse in colli assicurati con piombi o altrimenti identificate.

227. Documenti doganali per le operazioni di cabotaggio e di circolazione. – Per l'uscita delle merci nazionali o nazionalizzate spedite in cabotaggio od in circolazione, la dogana rilascia il "lasciapassare di merci nazionali" nel quale sono indicati: la qualità e la quantità delle merci; il numero e la qualità dei colli e le loro marche e cifre numeriche; la nave sulla quale le merci sono imbarcate per il cabotaggio, e il mezzo di trasporto per la circolazione; la dogana dalla quale le merci stesse debbono uscire e quella per la quale debbono rientrare, nonché il termine di tempo stabilito per la loro reintroduzione.

Le merci che per l'esportazione sono soggette a diritti doganali il cui complessivo ammontare superi lire cinquemila per ciascuna spedizione, devono essere accompagnate nel cabotaggio e nella circolazione da bolletta di cauzione per merci nazionali. La cauzione da prestare per garantire la reintroduzione delle merci è ragguagliata ai diritti dovuti nel caso in cui la reintroduzione non si effettui.

La bolletta di cauzione in luogo del lasciapassare può essere prescritta dalla dogana anche se trattasi di merci esenti da diritti di confine all'uscita dal territorio doganale, delle quali sia vietata l'esportazione. In questo caso la cauzione sarà prestata in misura da stabilire dalla dogana stessa, ma non potrà mai superare il valore della merce.

Le bollette di cauzione ed i lasciapassare non sono validi se non sono stati muniti, da parte dei militari della guardia di finanza, o del "visto imbarcare" o del "visto uscire dallo Stato", secondo i casi, salvo quanto previsto nell'ultimo comma dell'art. 21.

228. Ritorno delle merci nel territorio doganale. – Le merci in cabotaggio o in circolazione, quando riattraversano la linea doganale per rientrare nel territorio doganale, possono essere dalla dogana verificate in confronto con le indicazioni risultanti dalla bolletta di cauzione o dal lasciapassare da cui sono accompagnate, per stabilirne l'identità.

Lè merci sono considerate estere se la loro identità non è riconosciuta, quand'anche siano in colli piombati. Le merci sono parimenti considerate estere se il termine stabilito per la loro reintroduzione è scaduto da tre mesi per il cabotaggio, o da un mese per la circolazione, eccetto che la mancata reintroduzione nel termine risulti dovuta a forza maggiore.

229. Cabotaggio con navi adibite a linee di navigazione sovvenzionate dallo Stato. – Il trasporto in cabotaggio, quando si effettua in apposita stiva o parte di stiva di navi adibite a linee di navigazione sovvenzionate dallo Stato, adattata e chiusa nelle forme stabilite dal regolamento, è sottoposto al solo riscontro esterno dei colli in confronto di speciali "liste di carico" nelle quali sono descritte le merci secondo i dati risultanti dalle corrispondenti polizze di carico.

Speciali disposizioni possono essere stabilite dal Ministro per le finanze per determinate linee di navigazione, quando ricorrano particolari condizioni di traffico.

230. Spedizione di merci nazionali per via aerea nell'interno dello Stato. – La spedizione di merci nazionali o nazionalizzate per via aerea da un punto all'altro del territorio doganale è sottoposto alle disposizioni doganali stabilite per il cabotaggio salve le eccezioni che siano disposte dal Ministero delle finanze riguardo a determinate linee o trasporti.

Nel regolamento sono stabilite le norme che devono osservarsi nelle operazioni doganali inerenti alle spedizioni di cui sopra.

231. Abolizione di formalità doganali per le spedizioni in cabotaggio e per le spedizioni per via aerea nello Stato. – Il Ministero delle finanze può, in via generale, disporre l'eliminazione delle formalità doganali relative alla spedizione di merci nazionali o nazionalizzate in cabotaggio nei casi in cui, in rapporto alla qualità delle merci stesse, al mezzo di trasporto adoperato o ad altre circostanze, possa ritenersi che non ricorrano pericoli di frode.

La precedente disposizione è applicata anche alla spedizione di merci nazionali e nazionalizzate per via aerea da un punto all'altro del territorio dello Stato.

TITOLO V
Procedure e regimi doganali particolari

CAPO I
Procedure semplificate di accertamento

Sezione I – Procedura semplificata per le operazioni doganali relative a merci provenienti dall'estero

232. Imprese autorizzate. – *[Le imprese industriali e commerciali la cui attività è alimentata da frequenti arrivi di determinate merci dall'estero possono essere autorizzate a prescindere dalla presentazione delle merci stesse alla dogana del luogo di destinazione ed a disporne subito dopo l'arrivo secondo la destinazione doganale prefissata a norma del penultimo comma.*

In tali casi il procedimento di accertamento è eseguito periodicamente, attraverso l'esame delle scritture e delle contabilità aziendali che l'impresa è tenuta a mettere a disposizione degli organi doganali ovvero attraverso apposite contabilità richieste dagli organi medesimi. La data in cui l'impresa, al sensi del precedente comma, può disporre della merce equivale ad ogni effetto alla data di accettazione della dichiarazione doganale di esito.

La liquidazione dei diritti doganali gravanti sulle merci importate nel corso del periodo stabilito si effettua sommando i diritti relativi a ciascun arrivo; per il pagamento di tali diritti si applicano le disposizioni di cui all'art. 78.

L'amministrazione può rifiutare o revocare l'autorizzazione qualora accerti che non sussistano o siano venute meno le condizioni prescritte per il rilascio ovvero quando ritenga che vi sia pericolo o sospetto di abusi.

Può altresì escludere dalla facilitazione determinate merci per motivi di tutela degli interessi fiscali o di carattere economico, sanitario, fitopatologico, militare o di pubblica sicurezza, ovvero può prescrivere per determinate merci l'osservanza di particolari cautele.

L'autorizzazione non esime l'impresa dal munirsi delle autorizzazioni o licenze prescritte da altre disposizioni. L'autorizzazione può essere rilasciata per una o più delle seguenti destinazioni doganali, da indicarsi espressamente nel provvedimento:

a) importazione definitiva;

b) importazione temporanea;

c) introduzione in magazzino doganale privato.

L'autorizzazione per l'introduzione in magazzino doganale privato comporta per il magazzino la soppressione dell'obbligo della chiusura con due differenti chiavi, qualora tale obbligo sia stato prescritto in applicazione dell'art. 159, terzo comma.] (1)

(1) *Articolo abrogato dall'articolo 24, comma 1, del D.Lgs. 8 novembre 1990, n. 374.*

233. Esecuzione della procedura. – *[All'atto dell'arrivo a destinazione della merce, l'impresa autorizzata può procedere alla rimozione degli eventuali sigilli che assicurano ai fini doganali l'identità e l'integrità dei colli, contenitori o veicoli. Qualora risultino manomissioni di tali sigilli od altre irregolarità ovvero vi siano dubbi circa la conformità delle merci a quelle per le quali è stata accordata la autorizzazione ovvero sussistano differenze rispetto al documento cauzionale od a quello di trasporto, l'impresa è tenuta ad informarne immediatamente la dogana e ad astenersi, fino all'intervento di questa, da ogni altra manipolazione del carico. In caso diverso, l'impresa prende in carico la merce, subentrando con ciò al vettore od allo speditore negli obblighi da questo assunti verso la dogana.*

Resta in ogni caso salva la facoltà della dogana di intervenire all'atto dell'arrivo delle merci, con o senza preavviso; qualora sia preavvisata dell'intervento della dogana, l'impresa deve astenersi da ogni manomissione o manipolazione del carico.

La dogana può altresì procedere a saltuari controlli delle scritture e delle contabilità nonchè eseguire, tenuto conto dei procedimenti di lavorazione, dei coefficienti di rendimento, dei quantitativi di prodotti ottenuti e di altri elementi, riscontri tecnici presso i depositi o stabilimenti dell'impresa diretti a stabilire l'effettiva consistenza qualitativa e quantitativa delle merci introdotte.

Le indennità e le altre spese per l'effettuazione dei controlli da parte dei funzionari doganali nei luoghi dove si trovano le merci, le scritture e le contabilità sono poste a carico dell'impresa autorizzata.

Il Ministro per le finanze, con proprio decreto da pubblicarsi nella Gazzetta Ufficiale della Repubblica italiana, prescrive le modalità di rilascio e le caratteristiche delle autorizzazioni e stabilisce le altre norme necessarie per l'esecuzione della procedura semplificata, che dovranno essere armonizzate con quelle eventualmente fissate in seno agli organi delle Comunità europee.] (1).

(1) *Articolo abrogato dall'articolo 24, comma 1, del D.Lgs. 8 novembre 1990, n. 374.*

234. Estrazione di merci dai magazzini doganali privati. – La procedura di cui agli articoli 232 e 233 è applicabile anche per le operazioni di importazione definitiva o temporanea di merci estratte da magazzini doganali privati, compresi quelli gestiti in regime di magazzini generali, quando nei magazzini medesimi è consentita l'introduzione di merci con analoga procedura, a norma dell'art. 232, penultimo comma, lettera c).

Sezione II – Spedite all'estero

235. Imprese autorizzate. – *[Le imprese industriali e commerciali che effettuano frequenti spedizioni all'estero di determinate merci in esportazione, riesportazione o transito possono essere autorizzate a provvedere a tali spedizioni, prescindendo dalla presentazione della dichiarazione doganale e delle merci alla dogana del luogo di partenza.*

Il controllo sulle singole spedizioni effettuate è eseguito periodicamente attraverso l'esame delle scritture e delle contabilità aziendali, che l'impresa è tenuta a mettere a disposizione degli organi doganali, ovvero attraverso apposite contabilità richieste dagli organi medesimi.

Si osservano le disposizioni di cui all'art. 232, commi quarto e quinto.

Le disposizioni del presente articolo sono applicabili anche nei confronti delle imprese di spedizione internazionale, che siano in possesso dei requisiti di affidabilità e degli altri requisiti che saranno stabiliti con il decreto di cui all'art. 236, ultimo comma, relativamente alle spedizioni di merci, di terzi proprietari, in partenza da località situate nel territorio di competenza della circoscrizione doganale nel cui ambito le imprese medesime hanno la sede principale o una sede secondaria, stabile ed organizzata. Nelle operazioni doganali compiute ai sensi del presente comma le imprese di spedizione sono solidalmente responsabili col proprietario agli effetti tributari e valutari (1)*.]* (2)

(1) *Comma aggiunto dall'articolo 1, comma 12, del D.P.R. 8 maggio 1985, n. 254.*

(2) *Articolo abrogato dall'articolo 24, comma 1, del D.Lgs. 8 novembre 1990, n. 374.*

236. Esecuzione della procedura. – *[I documenti doganali che devono scortare le singole spedizioni sono redatti, nel numero prescritto di esemplari, direttamente dall'impresa autorizzata mediante l'uso dei modelli previamente vidimati e numerati dalla dogana, a rigoroso rendiconto. Su tali modelli, al momento della spedizione delle merci, l'imprenditore autorizzato compila la dichiarazione doganale, la sottoscrive e vi appone lo speciale timbro ufficiale all'uopo fornito dall'amministrazione a spese dell'imprenditore medesimo; la dichiarazione è poi perfezionata mediante registrazione in apposito registro a rigoroso rendiconto fornito dalla dogana; essa vale quale documento doganale, emesso sotto la responsabilità dell'impresa. Uno degli esemplari del documento deve essere fatto pervenire entro il più breve tempo possibile alla dogana per gli ulteriori adempimenti di competenza.*

La data di spedizione della merce risultante dal documento emesso dall'imprenditore è considerata ad ogni effetto come data di accettazione della dichiarazione doganale.

Resta in ogni caso salva la facoltà della dogana di intervenire all'atto della partenza delle merci, con o senza preavviso; qualora sia preavvisata dell'intervento della dogana, l'impresa deve astenersi dal dare corso alla partenza.

La dogana può altresì procedere a saltuari controlli delle scritture e delle contabilità nonchè eseguire, tenuto conto dei procedimenti di lavorazione, dei quantitativi di materie prime introdotte, dei coefficienti di rendimento e di altri elementi, riscontri tecnici presso i depositi o stabilimenti dell'impresa diretti a stabilire l'effettiva consistenza qualitativa e quantitativa delle merci spedite.

Per l'effettuazione dei controlli predetti, si osservano le disposizioni di cui al penultimo comma dell'art. 233.

Il Ministro per le finanze, con proprio decreto da pubblicarsi nella Gazzetta Ufficiale della Repubblica italiana, prescrive le modalità di rilascio e le caratteristiche delle autorizzazioni e stabilisce le altre norme per l'esecuzione della procedura semplificata, che dovranno essere armonizzate con quelle eventualmente fissate in seno agli organi delle Comunità europee.] (1).

(1) *Articolo abrogato dall'articolo 24, comma 1, del D.Lgs. 8 novembre 1990, n. 374.*

237. Altre facilitazioni per le operazioni di esportazione o riesportazione. – *[Il Ministero delle finanze può consentire che, quando le merci devono formare oggetto di dichiarazione di esportazione o riesportazione, tale dichiarazione sia armonizzata od unificata con altro documento doganale, commerciale o di trasporto, riconosciuto valido per l'uscita della merce dallo Stato.*

Può altresì consentire che, in luogo della dichiarazione per ciascuna spedizione, sia presentata periodicamente una dichiarazione doganale riepilogativa delle spedizioni effettuate.] (1).

(1) *Articolo abrogato dall'articolo 24, comma 1, del D.Lgs. 8 novembre 1990, n. 374.*

CAPO II
Regimi doganali comunitari

Sezione I – Circolazione delle merci fra i paesi membri delle comunità europee (transito comunitario)

238. Applicazione del regime di transito comunitario. – Le norme di attuazione dei regolamenti emanati dai competenti organi delle Comunità europee per disciplinare il regime di transito comunitario sono adottate dal Ministro delle finanze di concerto, ove occorra, con gli altri Ministri interessati.

Il regime di transito comunitario è assimilato, ai fini sanzionatori e ad ogni altro fine non previsto o non disciplinato dai regolamenti comunitari, alle destinazioni doganali contemplate dall'art. 55, delle quali esplica l'effetto. Detto regime non si applica tuttavia ai trasporti di merci soggette a diritti doganali, che hanno inizio e termine nel territorio doganale o che vengano effettuati con mezzi di navigazione da un porto nazionale ad altro porto nazionale.

Il regime di transito comunitario, nei casi in cui esso non è obbligatorio ai sensi delle disposizioni comunitarie, si applica a richiesta degli interessati sotto l'osservanza delle condizioni da stabilirsi dal Ministro delle finanze (1).

(1) *Articolo sostituito dall'articolo 1, comma 13, del D.P.R. 8 maggio 1985, n. 254.*

239. Controllo delle merci spedite in regime di transito comunitario. – *[Salvo casi di sospetto di abusi, per le spedizioni in regime di transito comunitario gli uffici doganali di passaggio prescindono dalla visita delle merci. Essi controllano la regolarità e l'integrità dei contrassegni apposti e degli altri mezzi di identificazione adottati per i trasporti diversi da quelli contemplati dall'art. 42 del regolamento (C.E.E.) n. 542/69. Ai fini della vigilanza, gli uffici doganali di passaggio annotano sul documento di transito comunitario esibito, salvo per i casi non ritenuti necessari, l'itinerario da seguire sul territorio nazionale e il tempo massimo di percorrenza, che vengono fissati tenendo conto delle esigenze del trasporto.*

Quando circostanze inducano a sospetti di abusi o di frodi, possono essere effettuati controlli in corso di viaggio. Tali controlli sono esercitati dalla guardia di finanza.] (1)

(1) *Articolo soppresso dall'articolo 1, comma 14 del D.P.R. 8 maggio 1985, n. 254 con efficacia dalla data di cui all'articolo 19, comma 3 del medesimo decreto.*

240. Mezzi di identificazione. – *[Sono riconosciuti validi i mezzi di identificazione adottati dagli uffici doganali di partenza ovvero dalle amministrazioni ferroviarie che assumono la responsabilità dell'operazione di transito nei confronti della dogana.]* (1)

(1) *Articolo soppresso dall'articolo 1, comma 14 del D.P.R. 8 maggio 1985, n. 254 con efficacia dalla data di cui all'articolo 19, comma 3 del medesimo decreto.*

241. Avvisi di passaggio e semplificazione delle procedure. – *[Gli avvisi consegnati agli uffici doganali di passaggio di cui all'art. 11, lettera d), del regolamento CEE n. 222/77 devono essere allibrati, non oltre le ventiquattro ore dalla loro consegna, su appositi registri conformi al modello stabilito dal Ministero delle finanze, anche mediante supporti meccanografici del sistema informatico doganale. Le scritture sostitutive degli avvisi di passaggio tenuti dall'amministrazione ferroviaria restano a disposizione della dogana per un periodo di cinque anni e devono essere esibite ad ogni richiesta della dogana stessa.]* (1)

(1) *Articolo soppresso dall'articolo 1, comma 14 del D.P.R. 8 maggio 1985, n. 254 con efficacia dalla data di cui all'articolo 19, comma 3 del medesimo decreto.*

242. Uscita delle merci dallo Stato. – *[L'esemplare del documento di transito comunitario, munito delle annotazioni prescritte dall'art. 26 del regolamento (C.E.E.) n. 542/69 ed attestante la presentazione della merce all'ufficio doganale di destinazione, costituisce la prova dell'uscita delle merci dal territorio doganale dello Stato. Nei casi di esportazione di merci con abbuono o restituzione di diritti diversi da quelli previsti dai competenti organi delle Comunità europee in materia di restituzione prelievi, il termine prescritto dalle disposizioni vigenti per la presentazione delle domande di abbuono o di restituzione decorre, salvo quanto previsto nell'art. 173, dalla data di notifica all'interessato dell'avvenuto arrivo, all'ufficio doganale di partenza, del documento di cui al precedente comma. Tuttavia, in luogo dell'esemplare del documento di transito vistato dall'ufficio doganale di destinazione, l'uscita dallo Stato delle merci può essere provata da qualsiasi documentazione ritenuta idonea da parte del Ministero delle finanze.]* (1)

(1) *Articolo soppresso dall'articolo 1, comma 14 del D.P.R. 8 maggio 1985, n. 254 con efficacia dalla data di cui all'articolo 19, comma 3 del medesimo decreto.*

243. Documenti che giustificano il carattere comunitario delle merci. – *[I documenti istituiti ai sensi del regolamento (C.E.E.) n. 542/69 per giustificare il carattere comunitario delle merci sostituiscono i certificati di circolazione previsti dal decreto del Presidente della Repubblica 24 dicembre 1960, n. 1587, e dalle altre norme vigenti. Si prescinde dai documenti di cui al precedente comma per le merci introdotte alle condizioni previste dagli articoli 1 paragrafo 4, 48 paragrafo 2, e 49 paragrafo 2, lettera a), del regolamento medesimo.]* (1)

(1) *Articolo soppresso dall'articolo 1, comma 14 del D.P.R. 8 maggio 1985, n. 254 con efficacia dalla data di cui all'articolo 19, comma 3 del medesimo decreto.*

244. Garanzie. – *[La garanzia globale di cui all'art. 30 del regolamento (C.E.E.) n. 542/69 deve essere prestata in relazione alla presunta entità dei diritti e tributi commisurati al prevedibile volume delle spedizioni effettuate dall'obbligato principale in regime di transito comunitario in un determinato periodo di tempo. Tale garanzia può essere anche commisurata a 5 mila unità di conto per ciascuna delle prevedibili operazioni di transito comunitario nel periodo di tempo considerato. La garanzia costituita ai sensi dell'art. 33 del Regolamento predetto deve essere prestata per somma indeterminata, qualora non sia costituita da un deposito in contanti. Per la costituzione nello Stato delle garanzie di cui ai precedenti commi si osservano le modalità indicate nell'art. 87, salvo che non sia diversamente disposto dai competenti organi delle Comunità europee.]* (1)

(1) *Articolo soppresso dall'articolo 1, comma 14 del D.P.R. 8 maggio 1985, n. 254 con efficacia dalla data di cui all'articolo 19, comma 3 del medesimo decreto.*

245. Soste dei trasporti in entrata. – *[In caso di soste dei trasporti, previste e determinabili all'atto dell'entrata, il trasportatore è tenuto a comunicare le località in cui intende fermarsi ed i presumibili tempi di sosta, che devono essere annotati sul documento di transito comunitario dall'ufficio doganale di passaggio. In caso di soste non previste nè determinabili all'atto dell'entrata, il trasportatore è tenuto a darne subito notizia alla dogana o al comando della guardia di finanza più vicino ovvero ai carabinieri o alla pubblica sicurezza, che devono attestare i tempi di sosta.]* (1)

(1) *Articolo soppresso dall'articolo 1, comma 14 del D.P.R. 8 maggio 1985, n. 254 con efficacia dalla data di cui all'articolo 19, comma 3 del medesimo decreto.*

246. Incidenti ed altri inconvenienti durante il trasporto. – *[Nei casi in cui non sia possibile l'intervento della dogana, sono abilitati a provvedere agli adempimenti di cui all'art. 25 del regolamento (C.E.E.) n. 542/69, la guardia di finanza, i carabinieri e la pubblica sicurezza ovvero, per i trasporti per ferrovia, il personale dell'amministrazione ferroviaria designato dal Ministero dei trasporti.]* (1).

(1) *Articolo soppresso dall'articolo 1, comma 14 del D.P.R. 8 maggio 1985, n. 254 con efficacia dalla data di cui all'articolo 19, comma 3 del medesimo decreto.*

247. Inapplicabilità del regime del transito comunitario ai trasporti interni. – *[Il regime di transito comunitario non si applica ai trasporti di merci, soggette a diritti doganali, che hanno inizio e termine nel territorio nazionale o che vengono effettuati per via marittima da un porto nazionale ad un altro porto nazionale.]* (1)

(1) *Articolo soppresso dall'articolo 1, comma 14 del D.P.R. 8 maggio 1985, n. 254 con efficacia dalla data di cui all'articolo 19, comma 3 del medesimo decreto.*

248. Casi in cui il regime del transito comunitario non è obbligatorio. – *[Nei casi in cui il regime di transito comunitario non è obbligatorio ai sensi delle disposizioni comunitarie, tale regime si applica a richiesta degli interessati, sotto l'osservanza delle condizioni da stabilirsi dal Ministro per le finanze.]* (1)

(1) *Articolo soppresso dall'articolo 1, comma 14 del D.P.R. 8 maggio 1985, n. 254 con efficacia dalla data di cui all'articolo 19, comma 3 del medesimo decreto.*

Sezione II – Altri regimi doganali comunitari

249. Merci in libera pratica negli Stati membri delle Comunità europee. – Le merci estere che non soddisfano alle condizioni previste dagli articoli 9 e 10 del trattato istitutivo della Comunità economica europea, quando non siano dichiarate per l'importazione definitiva, possono essere poste nelle condizioni predette verso pagamento dei soli dazi doganali, prelievi agricoli e tasse di effetto equivalente, restando vincolate alla dogana ad ogni altro effetto.

250. Esportazione verso Paesi terzi di taluni prodotti ammessi a restituzione. – I prodotti che vengono ammessi a restituzione, ai sensi dell'articolo 2 del regolamento n. 441/69/ C.E.E. adottato dal Consiglio delle Comunità europee il 4 marzo 1969, devono essere vincolati al regime della temporanea importazione e sono sottoposti a tutti gli effetti alle norme degli articoli 175 e seguenti, salvo quanto diversamente disposto dallo stesso regolamento e dalle relative norme di applicazione, modifiche ed aggiunte.

I prodotti che vengono ammessi a restituzione, ai sensi dell'art. 3 del regolamento predetto, sono sottoposti alle norme relative al regime di deposito doganale o di punto franco o deposito franco, salvo quanto diversamente disposto dallo stesso regolamento n. 441/69/C.E.E. e relative norme di applicazione modifiche ed aggiunte.

CAPO III
Disciplina di determinati prodotti di origine italiana

251. Prodotti dei territori extradoganali e della piattaforma continentale. – Agli effetti doganali i prodotti del suolo, della pastorizia, dell'allevamento e delle attività estrattive ottenuti nei territori extradoganali elencati nel quarto comma dell'art. 2 anche se trasformati o lavorati nei territori stessi nonché quelli ottenuti dallo sfruttamento della piattaforma continentale di cui all'art. 1, della legge 21 luglio 1967, n. 613, sono considerati prodotti ottenuti nel territorio doganale.

Con decreto del Ministro per le finanze, da pubblicarsi nella Gazzetta Ufficiale della Repubblica, sono stabilite le condizioni e le modalità da osservarsi per l'applicazione del precedente comma, dirette ad impedire che corrispondenti prodotti esteri possano essere introdotti dai territori extradoganali o dalla piattaforma continentale nel territorio doganale senza l'assolvimento degli oneri doganali.

Sono fatte salve, relativamente ai prodotti diversi da quelli indicati nel primo comma, le disposizioni di leggi speciali che prevedono agevolazioni fiscali per l'immissione in consumo nel territorio doganale di prodotti ottenuti in territori extradoganali.

CAPO IV
Provviste e dotazioni di bordo delle navi, degli aeromobili, ei treni internazionali e dei veicoli stradali a motore

Sezione I – Provviste di bordo delle navi e degli aeromobili

252. Generi costituenti provviste di bordo delle navi e degli aeromobili. – Agli effetti doganali costituiscono provviste di bordo delle navi e degli aeromobili i generi di consumo di ogni specie occorrenti a bordo per assicurare:

a) il soddisfacimento delle normali esigenze di consumo delle persone componenti l'equipaggio e dei passeggeri;

b) l'alimentazione degli organi di propulsione della nave o dell'aeromobile ed il funzionamento degli altri macchinari ed apparati di bordo;

c) la manutenzione e la riparazione della nave o dell'aeromobile nonché le relative dotazioni di bordo;

d) la conservazione, la lavorazione e la confezione a bordo delle merci trasportate.

253. Provviste di bordo esistenti sulle navi in arrivo. – Le provviste di bordo estere esistenti sulle navi italiane e straniere al loro arrivo in un porto o rada od altro punto di approdo marittimo dello Stato possono essere consumate a bordo, in esenzione da diritti doganali, durante la permanenza in detto porto, rada o punto di approdo. Per le provviste di origine nazionale si prescinde altresì dal recupero dei diritti restituiti od abbuonati all'atto della esportazione.

Ferma restando l'applicazione dell'art. 15 delle disposizioni preliminari alla tariffa dei dazi doganali di importazione, approvata con D.P.R. 26 giugno 1965, n. 723 e successive modificazioni sono escluse dalle predette agevolazioni le provviste consumate:

a) sulle navi italiane militari e da diporto durante l'intero periodo di sosta;

b) sulle navi italiane non comprese nella lettera a), nel periodo in cui si trovino in disarmo ovvero nel periodo eccedente le quarantotto ore durante il quale si trovino o siano ferme per motivi non attinenti alla normale attività di trasporto.

254. Imbarco e trasbordo di provviste di bordo sulle navi. – I generi costituenti provviste di bordo imbarcati o trasbordati sulle navi in partenza dai porti dello Stato si considerano usciti in transito o riesportazione se esteri ovvero in esportazione definitiva se nazionali o nazionalizzati [1].

La precedente disposizione è applicabile alle navi militari italiane solo quando debbono recarsi in crociera fuori del mare territoriale. È altresì applicabile alle unità italiane e straniere da diporto, a condizione che siano in partenza da un porto marittimo dello Stato con diretta destinazione ad un porto estero e a condizione che la partenza avvenga entro le otto ore successive all'imbarco e sia annotata sul giornale delle partenze ed arrivi per l'imbarco delle provviste a bordo in franchigia doganale e che, in caso di rientro in un porto nazionale, lo scalo nel porto estero risulti comprovato mediante il visto apposto sul giornale delle partenze ed arrivi per l'imbarco delle provviste di bordo in franchigia doganale dall'autorità marittima o doganale estera; qualora le predette condizioni non si verifichino, i benefici già accordati si intendono revocati e si applicano le sanzioni previste dalle vigenti leggi finanziarie [2].

Quando ragioni di sicurezza fiscale lo esigano per l'imbarco ed il trasbordo di provviste di bordo sulle navi di stazza netta non superiore a cinquanta tonnellate e su quelle di qualsiasi stazza che non siano in diretta partenza per un porto estero il Ministro per le finanze, con proprio decreto da pubblicarsi nella Gazzetta Ufficiale della Repubblica italiana, può sia in via generale sia limitatamente a determinati generi od a determinati quantitativi di essi, escludere l'applicabilità del disposto di cui al primo comma, ovvero subordinarla all'osservanza di particolari norme o condizioni.

Le provviste di bordo imbarcate o trasbordate a norma dei precedenti commi possono essere consumate nel porto in esenzione dai diritti doganali, prima della partenza della nave alle condizioni stabilite nell'articolo precedente [3].

Nei casi in cui la disposizione del primo comma non è applicabile, i generi imbarcati si intendono destinati al consumo nel territorio doganale.

[1] L'articolo unico del D.M. 17 aprile 1986 ha disposto che, con effetto dal 1° luglio 1986, la disposizione di cui al presente comma non è applicabile alla benzina imbarcata come provvista di bordo sulle motobarche da pesca.

[2] Comma sostituito dall'articolo 20 della legge 6 marzo 1976, n. 51 e, successivamente modificato dall'articolo 3 della legge 20 aprile 1978, n. 153.

[3] Vedi il D.M. 14 febbraio 1983, il quale dispone che sulle navi di stazza netta non superiore a cinquanta tonnellate e su quelle di qualsiasi stazza che non sono in diretta partenza per un porto estero, viene limitato l'imbarco per il consumo delle bevande alcooliche allo stato estero, quali provviste di bordo, ad una sola bottiglia, non superiore ad un litro, ogni dieci giorni, per ciascun membro dell'equipaggio.

255. Navi in navigazione nel mare territoriale. – Agli effetti del consumo delle provviste di bordo estere e di quelle nazionali esportate, le navi italiane e straniere in navigazione nel mare territoriale sono considerate fuori del territorio doganale.

256. Natanti adibiti a servizi interni. – La disciplina stabilita nei precedenti articoli 253, 254 e 255 non riguarda i natanti adibiti esclusivamente al servizio nei porti, nelle rade e nelle lagune e quelli adibiti alla navigazione interna.

257. Provviste di bordo esistenti sugli aeromobili in arrivo. – Le provviste di bordo estere esistenti sugli aeromobili italiani e stranieri al loro arrivo negli aeroporti dello Stato, esclusi i generi di cui alla lettera a) dell'art. 252, possono essere consumate a bordo, in esenzione da diritti doganali, durante la sosta negli aeroporti predetti. Per le provviste di origine nazionale si prescinde dal recupero dei diritti restituiti od abbuonati all'atto dell'esportazione.

Ferma restando l'applicazione dell'articolo 15 delle disposizioni preliminari alla tariffa dei dazi doganali di importazione approvata con D.P.R. 26 giugno 1965, n. 723, e successive modificazioni, sono escluse dalle predette agevolazioni le provviste consumate:

a) sugli aeromobili italiani militari e da turismo nonché su ogni altro aeromobile italiano non adibito al trasporto di passeggeri o merci, durante l'intero periodo di sosta;

b) sugli aeromobili italiani non compresi nella lettera a), nel periodo in cui siano in disarmo ovvero nel periodo eccedente le quarantotto ore durante il quale si trovino in officine o cantieri per riparazione.

258. Imbarco e trasbordo di provviste di bordo sugli aeromobili. – I generi costituenti provviste di bordo imbarcati o trasbordati sugli aeromobili in partenza dagli aeroporti dello Stato si considerano usciti in transito od in riesportazione, se esteri, ovvero in esportazione definitiva, se nazionali o nazionalizzati.

La precedente disposizione è applicabile a condizione che gli aeromobili siano in partenza per un aeroporto estero ancorché debbano effettuare, prima di recarsi all'estero, altri scali sul territorio italiano.

Quando ragioni di sicurezza fiscale lo esigano, il Ministro per le finanze, con proprio decreto da pubblicarsi nella Gazzetta Ufficiale della Repubblica italiana, può, sia in via generale sia limitatamente a determinati generi od a determinati quantitativi di essi, escludere la applicabilità della disposizione di cui al primo comma per l'imbarco ed il trasporto di provviste sugli aeromobili che non siano in diretta partenza per un aeroporto estero ovvero subordinata all'osservanza di particolari norme e condizioni.

Le provviste di bordo imbarcate o trasbordate a norma dei precedenti commi possono essere consumate od utilizzate nell'aeroporto in esenzione da diritti doganali, prima della partenza dell'aeromobile, alle condizioni stabilite nell'articolo precedente.

Nei casi in cui la disposizione del primo comma non è applicabile, i generi imbarcati si intendono destinati al consumo nel territorio doganale.

259. Aeromobili in navigazione nello spazio aereo sottoposto alla sovranità dello Stato. – Agli effetti del consumo delle provviste di bordo estere e di quelle nazionali esportate, gli aeromobili italiani e stranieri in navigazione nello spazio aereo sottoposto alla sovranità dello Stato sono considerati fuori del territorio doganale.

La precedente disposizione non si applica, per quanto concerne il consumo dei generi di cui all'art. 252, lettera a), agli aeromobili in servizio internazionale di linea nel tratto fra due scali in territorio italiano, quando per tale tratto possono essere accettati nuovi passeggeri in volo interno.

260. Sbarco di provviste di bordo di origine nazionale. – Le provviste di bordo di origine nazionale sbarcate dalle navi o dagli aeromobili per la immissione in consumo nel territorio doganale sono esenti da diritti doganali, salvo il recupero dei diritti restituiti od abbuonati all'atto delle esportazioni.

Se si tratta di navi od aeromobili non ammessi al trattamento di cui al primo comma di ciascuno degli articoli 254 e 258, lo sbarco delle provviste predette può essere effettuato prescindendo anche dalle formalità doganali.

261. Provviste di bordo delle navi e degli aeromobili esonerati dall'obbligo del manifesto. – Il Ministro per le finanze stabilisce le condizioni e le modalità per la applicazione dei precedenti articoli relativamente alle provviste di bordo delle navi e degli aeromobili ammessi alle agevolazioni previste negli stessi articoli, quando tali navi ed aeromobili siano esonerati dall'obbligo del manifesto.

262. Navi ed aeromobili stranieri. Reciprocità di trattamento. – Il Ministro per le finanze, con proprio decreto da pubblicarsi nella Gazzetta Ufficiale della Repubblica italiana, può stabilire che le singole agevolazioni previste negli articoli 253, 254, 257 e 258 non sono applicabili nei confronti delle navi o degli aeromobili battenti la bandiera di altri Stati, qualora risulti che detti Stati non accordano nei propri porti o aeroporti uguale trattamento alle navi od agli aeromobili italiani della stessa specie.

263. Agevolazioni previste da leggi speciali o da accordi internazionali. – Restano ferme tutte le maggiori agevolazioni in materia di provviste di bordo delle navi e degli aeromobili previste da leggi speciali e da accordi internazionali.

264. Depositi speciali per provviste di bordo nei porti e negli aeroporti. – Il capo del compartimento doganale competente può autorizzare le imprese esercenti servizi di trasporto marittimo ed aereo, i provveditori di bordo, comprese le aziende petrolifere, gli enti militari, le amministrazioni e gli enti portuali ed aeroportuali e loro concessionari ad istituire depositi speciali per la custodia delle provviste di bordo estere e nazionali, vincolate all'imbarco sulle navi e sugli aeromobili nei confronti dei quali siano applicabili le disposizioni del primo comma degli articoli 254 e 258.

Agli effetti doganali, le provviste introdotte nei depositi speciali si considerano uscite dal territorio doganale in transito o riesportazione se estere ed in esportazione definitiva se nazionali o nazionalizzate.

Nei depositi speciali è consentito procedere allo scondizionamento dei colli, alla preparazione di pasti confezionati, a miscelazioni e ad ogni altra manipolazione richiesta dalle esigenze di bordo.

Per la gestione dei depositi speciali e per l'imbarco dei generi da essi estratti su navi ed aeromobili si osservano le disposizioni all'uopo stabilite dal Ministero delle finanze, nonché le altre misure che siano disposte dagli organi doganali ai fini della sicurezza fiscale.

Sezione II – Provviste di bordo dei treni internazionali e dei veicoli stradali a motore

265. Provviste di bordo dei treni internazionali. – Agli effetti doganali costituiscono provviste di bordo dei treni internazionali i generi di consumo occorrenti durante il viaggio per assicurare:

a) il funzionamento dei servizi di bar e di ristorante e dei servizi di rivendita istituiti sui treni viaggiatori per le normali esigenze dei passeggeri e del personale viaggiante;

b) l'alimentazione degli organi di propulsione e degli altri apparati del convoglio;

c) la manutenzione del materiale rotabile nonché degli organi di propulsione e degli altri apparati;

d) la conservazione delle merci trasportate. Le provviste estere di cui alle lettere b), c) e d), esistenti sui treni internazionali all'atto dell'arrivo nel territorio doganale e contenute nei normali serbatoi direttamente collegati con gli apparati da alimentare possono essere consumate a bordo dei treni medesimi, in esenzione da diritti doganali, durante il successivo percorso nel territorio predetto, fino ad esaurimento. L'agevolazione si estende ai generi di cui alla lettera a) esistenti a bordo, limitatamente ai quantitativi proporzionati al fabbisogno per il consumo in treno da parte dei viaggiatori e del personale che proseguono il viaggio nel territorio doganale.

266. – Provviste di bordo dei veicoli stradali a motore. Agli effetti doganali costituiscono provviste di bordo dei veicoli stradali a motore i combustibili, i carburanti ed i lubrificanti occorrenti durante il viaggio per assicurare l'alimentazione del motore medesimo e delle apparecchiature del veicolo.

Le provviste estere esistenti sui veicoli stradali a motore italiani e stranieri all'atto dell'arrivo nel territorio doganale, sempreché siano contenute nei normali serbatoi direttamente collegati con gli organi da alimentare, possono essere consumate in esenzione da diritti doganali, fino ad esaurimento, durante il successivo percorso nel territorio medesimo per le esigenze del veicolo.

Sezione III – Dotazione di bordo delle navi, degli aeromobili, dei treni internazionali e dei veicoli stradali a motore

267. Definizione. – Agli effetti doganali costituiscono dotazioni di bordo delle navi, degli aeromobili, dei treni internazionali e dei veicoli stradali a motore in esercizio i macchinari, gli attrezzi, gli strumenti, i mezzi di salvataggio, le parti di ricambio, gli arredi ed ogni altro oggetto suscettibile di utilizzazione reiterata, destinati a servizio od ornamento del mezzo di trasporto.

268. Regime doganale delle dotazioni di bordo dei veicoli stranieri che entrano nel territorio doganale e di quelli italiani che ne escono. – Le dotazioni esistenti a bordo dei mezzi di trasporto stranieri e relativi rimorchi che entrano nel territorio doganale e quelle esistenti a bordo degli analoghi veicoli italiani che escono dal territorio predetto sono assoggettate, durante la permanenza rispettivamente nel territorio stesso e fuori di esso, al medesimo regime doganale previsto per il veicolo a servizio od ornamento del quale sono destinate.

269. Imbarco od installazione di dotazioni a bordo delle navi. – I prodotti, i macchinari ed i materiali esteri e nazionali che vengono imbarcati od installati nei porti dello Stato su navi in esercizio italiane o straniere adibite alla navigazione marittima di stazza netta superiore a cinquanta tonnellate e che sono destinati a dotazioni di bordo delle navi medesime sono considerati usciti in transito se esteri ed in esportazione se nazionali o nazionalizzati, a condizione che l'imbarco o l'installazione a bordo avvenga senza intervento di cantieri o di altri assuntori specializzati. Il Ministro per le finanze, con proprio decreto emanato di concerto con il Ministro dei trasporti e della navigazione e da pubblicarsi nella Gazzetta Ufficiale della Repubblica italiana, può tuttavia stabilire, in via generale, che la precedente disposizione sia applicabile anche quando l'imbarco o l'installazione a bordo avvenga con intervento di cantieri od altri assuntori specializzati, purché le dotazioni anzidette risultino direttamente acquistate dall'armatore o dal proprietario della nave a cui sono destinate.

Al di fuori dei casi previsti nel precedente comma, i prodotti, i macchinari ed i materiali imbarcati od installati nello Stato su navi di ogni genere per essere destinati a dotazioni di bordo s'intendono immessi in consumo nel territorio doganale. Restano ferme, per l'immissione in consumo, le agevolazioni fiscali previste dalla tariffa dei dazi doganali di importazione o da leggi speciali; sono altresì fatte salve le disposizioni di leggi speciali che prevedono un diverso regime doganale per l'imbarco o la installazione delle dotazioni di bordo predette.

270. Sbarco di dotazioni di bordo dalle navi. – Le dotazioni di bordo che si sbarcano dalle navi italiane e straniere nei porti dello Stato si considerano estere agli effetti doganali.

La predetta disposizione non si applica quando venga dimostrato che si tratti di prodotti, macchinari o materiali precedentemente immessi in consumo a norma del precedente articolo, secondo comma; in tali casi devono essere revocate le agevolazioni eventualmente accordate all'atto della immissione in consumo, a meno che la nuova destinazione dei prodotti, macchinari e materiali sbarcati non dia titolo al mantenimento delle agevolazioni stesse.

271. Sbarco temporaneo di dotazioni di bordo dalle navi e dagli aeromobili. – Il Ministero delle finanze può stabilire, anche in deroga alle disposizioni in materia di temporanea importazione, procedure semplificate per agevolare lo sbarco temporaneo dalle navi e dagli aeromobili di dotazioni di bordo destinate ad essere riparate o revisionate.

272. Imbarco od installazione di dotazioni di bordo sugli aeromobili stranieri. – I prodotti, i macchinari ed i materiali esteri e nazionali che vengono imbarcati od installati nello Stato su aeromobili stranieri in esercizio per essere destinati a dotazioni di bordo degli aeromobili medesimi sono considerati usciti in transito od in riesportazione se esteri ed in esportazione se nazionali o nazionalizzati.

273. Navi ed aeromobili stranieri. Reciprocità di trattamento. – Il Ministro per le finanze, con proprio decreto da pubblicarsi nella Gazzetta Ufficiale della Repubblica italiana, può stabilire che le agevolazioni previste negli articoli 269, primo comma, e 272 non sono applicabili nei confronti delle navi e degli aeromobili battenti la bandiera di altri Stati, qualora risulti che detti Stati non accordano nei propri porti od aeroporti uguale trattamento alle navi od agli aeromobili italiani della stessa specie.

274. Imbarco od installazioni di dotazioni di bordo su treni internazionali e su autoveicoli stradali a motore, immatricolati all'estero. – Per l'imbarco o l'installazione nello Stato di dotazioni di bordo sui treni internazionali e sui veicoli stradali a motore e relativi rimorchi, immatricolati all'estero, si osservano le disposizioni stabilite negli accordi e nozioni di dotazioni di bordo su treni internazionali e su autoveicoli stradali a motore, immatricolati all'estero). Per l'imbarco o l'installazione nello Stato di dotazioni di bordo sui treni internazionali e sui veicoli stradali a motore e relativi rimorchi, immatricolati all'estero, si osservano le disposizioni stabilite negli accordi e nelle convenzioni internazionali.

TITOLO VI
Trattamento delle merci abbandonate

275. Merci estere cadute in abbandono. – Le merci estere cadute in abbandono durante la giacenza nei magazzini o recinti di temporanea custodia gestiti dagli enti ed imprese autorizzati ai sensi dell'art. 97 possono essere assoggettate, a seguito di dichiarazione presentata dal gestore del magazzino o recinto in sostituzione del proprietario delle merci stesse, al regime del deposito doganale privato.

La dichiarazione deve essere presentata entro dieci giorni dalla caduta in abbandono o, nei casi indicati nel secondo comma dell'art. 278, entro il più breve termine fissato dal capo della dogana; le merci in tal modo assoggettate al regime del deposito perdono, agli effetti doganali, la condizione di merci abbandonate. Trascorso inutilmente il predetto termine, la dogana iscrive le merci in apposito registro.

Nel medesimo registro indicato nel precedente comma vengono iscritte le merci estere cadute in abbandono durante la giacenza nei magazzini di temporanea custodia gestiti dalla dogana e quelle non ritirate dai depositi di diretta custodia della dogana entro il termine di cui all'articolo 151, primo comma.

276. Merci nazionali e nazionalizzate cadute in abbandono. – Le merci nazionali e nazionalizzate cadute in abbandono sono prese in carico dalla dogana in apposito registro. Tuttavia, quelle giacenti nei magazzini o recinti di temporanea custodia gestiti da enti ed imprese autorizzati perdono, agli effetti doganali, la condizione di merci abbandonate se la dogana dichiara di non vantare sulle merci stesse ragioni di credito per tributi e spese; in tal caso all'esito di dette merci provvede il gestore del magazzino o recinto secondo le norme del codice civile o di leggi speciali.

277. Ricognizione delle merci abbandonate. – Ai fini dell'iscrizione nei registri di cui ai precedenti articoli 275 e 276 la dogana procede alla ricognizione della merce, verificandone la quantità e la qualità ed effettuandone provvisoriamente una stima sommaria. Tali operazioni, in assenza del proprietario, sono eseguite alla presenza di due testimoni estranei all'amministrazione finanziaria e, se le merci non si trovano presso la dogana, del depositario o di un suo rappresentante.

Trascorso un mese dalla caduta in abbandono la dogana, a norma dei successivi articoli, procede alla vendita delle merci iscritte nei registri anzidetti ovvero ne dispone la cessione gratuita o la distruzione.

Fino al momento dell'esito, le merci cadute in abbandono durante la giacenza nei magazzini o recinti gestiti dagli enti ed imprese autorizzati restano in consegna ai magazzini o recinti medesimi, senza che la dogana sia tenuta a rispondere di perdite od avarie ed a sostenere le relative spese di custodia.

278. Esito delle merci abbandonate. – All'esito delle merci iscritte nei registri provvede il ricevitore della dogana che le ha in carico. Ove se ne ravvisi l'opportunità, esse possono essere concentrate presso altre dogane, che le assumono in carico.

Il capo della circoscrizione doganale nella quale è compresa la dogana che ha in carico le merci può disporre che, anche prima della scadenza del normale termine di un mese dalla caduta in abbandono, le merci stesse:

a) siano cedute subito e gratuitamente ad istituti aventi scopi di assistenza e beneficenza, in esenzione dai diritti doganali e col vincolo della destinazione agli scopi predetti, quando si tratti di merci deperibili di esigua quantità o di scarso valore commerciale;

b) siano vendute a trattativa privata, quando si tratti di merci deperibili non rientranti nella precedente lettera a) o di merci il cui limitato valore commerciale non consentirebbe il recupero delle spese di custodia ove questa fosse ulteriormente protratta, ovvero quando sussistano altri fondati motivi di urgenza;

c) siano immediatamente distrutte, prescindendosi dal tentarne la vendita, quando si tratti di merci che in sede di stima sommaria siano state riconosciute prive di valore commerciale ovvero quando ricorrano particolari motivi di necessità o convenienza.

Per le merci giacenti nei magazzini o recinti gestiti dagli enti ed imprese autorizzati, i provvedimenti di cui alle lettere a) e c) del precedente comma possono essere adottati solo con il consenso del gestore.

All'infuori dei casi indicati nel secondo comma, le merci sono vendute mediante pubblico incanto o licitazione privata, a scelta del ricevitore, e sono offerte per singoli oggetti oppure a lotti, secondo la convenienza. La vendita può essere affidata ad un istituto di vendite giudiziarie, autorizzato ai sensi dell'articolo 159 delle disposizioni di attuazione del codice di procedura civile, il quale, ove lo ritenga necessario, ha facoltà di asportare le merci dai locali in cui sono depositate, previa prestazione di idonea cauzione.

279. Procedimenti per la vendita delle merci abbandonate. – Prima della vendita, la dogana provvede alla stima definitiva delle merci, che costituirà il prezzo base.

Quando la vendita è effettuata al pubblico incanto il relativo avviso, contenente l'indicazione del giorno, dell'ora e del luogo della gara, deve essere, almeno dieci giorni prima della gara stessa, affisso nell'albo della sede della dogana e pubblicato nel Foglio annunzi legali della provincia: ove ne ravvisi l'opportunità, il capo della dogana può disporre che all'avviso per il pubblico incanto sia data maggiore diffusione. Quando la vendita è effettuata mediante licitazione privata, il relativo invito, contenente le medesime indicazioni, deve essere diramato ad almeno cinque ditte che possano avere interesse alla gara.

Sia nell'avviso che nell'invito devono essere anche indicati, per ciascun oggetto o per ciascun lotto, il prezzo base e l'ammontare dei diritti doganali dovuti in base alle norme di cui al primo comma dell'art. 281; deve altresì esservi fatta menzione degli eventuali ulteriori adempimenti necessari ai fini della nazionalizzazione.

Le merci che dopo un primo esperimento di pubblico incanto o di licitazione privata rimangono invendute sono messe in vendita con una successiva gara al migliore offerente, prescindendosi dal prezzo base.

280. Svolgimento delle gare. Verbali di aggiudicazione e contratti di vendita. – Le gare sono presiedute dal ricevitore della dogana o da un funzionario da lui delegato. Alla fine di ciascuna gara deve essere redatto, a cura del funzionario della dogana designato quale ufficiale rogante, un processo verbale nel quale si descrivono le operazioni fatte. Detto verbale deve essere sottoscritto dal ricevitore o dal funzionario delegato, dall'eventuale aggiudicatario, se è presente, da due testimoni e dall'ufficiale rogante.

Nei casi in cui la vendita è affidata ad istituti autorizzati, si osservano, per quanto concerne la presidenza della gara e la redazione ed autenticazione del processo verbale, le norme che disciplinano le vendite eseguite da tali istituti.

I verbali di aggiudicazione relativi alle vendite mediante pubblico incanto o licitazione privata ed i contratti di vendita stipulati a seguito di trattativa privata sono immediatamente esecutivi. Copia di essi è trasmessa alla Intendenza di finanza per i riscontri di competenza.

281. Esecuzione dei verbali di aggiudicazione e dei contratti di vendita. – Le merci estere ed assimilate sono vendute allo stato estero; qualora l'acquirente intenda rispedirle direttamente all'estero ovvero dare ad esse una destinazione doganale diversa dalla importazione definitiva è tenuto a presentare, all'atto del perfezionamento della vendita, la relativa dichiarazione doganale. In mancanza di tale dichiarazione e sempreché non ne sia vietata l'importazione, le merci predette si intendono dall'acquirente destinate al consumo nel territorio doganale e per esse la dogana riscuote d'ufficio, all'atto del perfezionamento della vendita, i relativi diritti doganali, calcolati sulla base delle aliquote vigenti al momento del perfezionamento stesso e commisurati al valore di stima definitiva accertato ai sensi del primo comma dell'art. 279.

La somma ricavata dalla vendita, esclusi i diritti doganali riscossi ai sensi del precedente comma, è destinata in primo luogo al recupero delle spese di custodia di pertinenza della dogana e di quelle sostenute per la vendita, La parte residua viene assunta in deposito dalla dogana e resta a disposizione degli aventi diritto, i quali possono richiederne lo svincolo, a pena di decadenza, non oltre due anni dalla vendita; trascorso inutilmente tale termine, la somma viene introitata dalla dogana a titolo definitivo.

Le merci rimaste invendute devono di regola essere distrutte, salvo che il capo della dogana non ritenga di disporne la gratuita cessione a norma del secondo comma, lettera a), dell'articolo 278.

Fino a che non sia avvenuta la cessione, la distruzione o la vendita. gli aventi diritto possono ottenere la disponibilità delle merci presentando una dichiarazione diretta a conferire ad esse una destinazione doganale consentita, previo pagamento delle spese di custodia di pertinenza della dogana e di quelle sostenute per la vendita, nonché dei diritti doganali calcolati ai sensi del primo comma, in caso di destinazione al consumo nel territorio doganale.

Nei confronti dell'avente diritto che ottiene lo svincolo della somma residua di cui al secondo comma ovvero il recupero della disponibilità della merce è contestata la violazione relativa alla mancata presentazione, entro il prescritto termine, della dichiarazione di destinazione doganale.

TITOLO VII
Violazioni doganali

CAPO I
Contrabbando

282. Contrabbando nel movimento delle merci attraverso i confini di terra e gli spazi doganali. – È punito con la multa non minore di due e non maggiore di dieci volte i diritti di confine dovuti chiunque:

a) introduce merci estere attraverso il confine di terra in violazione delle prescrizioni, divieti e limitazioni stabiliti a norma dell'articolo 16;

b) scarica o deposita merci estere nello spazio intermedio tra la frontiera e la più vicina dogana;

c) è sorpreso con merci estere nascoste sulla persona o nei bagagli o nei colli o nelle suppellettili o fra merci di altro genere od in qualunque mezzo di trasporto, per sottrarle alla visita doganale;

d) asporta merci dagli spazi doganali senza aver pagato i diritti dovuti o senza averne garantito il pagamento, salvo quanto previsto nell'art. 90;

e) porta fuori del territorio doganale, nelle condizioni prevedute nelle lettere precedenti, merci nazionali o nazionalizzate soggette a diritti di confine;

f) detiene merci estere, quando ricorrano le circostanze prevedute nel secondo comma dell'articolo 25 per il delitto di contrabbando [(1)].

(1) Ai sensi dell'articolo 1, comma 1, del D.Lgs. 15 gennaio 2016, n. 8, sono depenalizzate tutte le violazioni per le quali è prevista la sola pena della multa o dell'ammenda e, pertanto, soggette alla sanzione amministrativa del pagamento di una somma di denaro. Per l'ammontare della sanzione amministrativa vedi, in particolare, l'articolo 1, comma 6, del D.Lgs. 15 gennaio 2016, n. 8. In caso di reiterazione specifica di una delle violazioni di seguito indicate per la qualificazione di recidiva quale reiterazione dell'illecito depenalizzato vedi, inoltre, l'articolo 5, comma 1, del presente decreto.

283. Contrabbando nel movimento delle merci nei laghi di confine. – È punito con la multa non minore di due e non maggiore di dieci volte i diritti di confine dovuti il capitano:

a) che introduce attraverso il lago Maggiore o il lago di Lugano nei bacini di Porlezza, merci estere senza presentarle ad una delle dogane nazionali più vicine al confine, salva l'eccezione preveduta nel terzo comma dell'articolo 102;

b) che, senza il permesso della dogana, trasportando merci estere con navi nei tratti del lago di Lugano in cui non sono dogane, rasenta le sponde nazionali opposte a quelle estere o getta l'ancora o sta alla cappa ovvero comunque si mette in comunicazione con il territorio doganale dello Stato, in modo che sia agevole lo sbarco o l'imbarco delle merci stesse, salvo casi di forza maggiore.

Con la stessa pena è punito chiunque nasconde nella nave merci estere allo scopo di sottrarle alla visita doganale [(1)].

[(1)] Ai sensi dell'articolo 1, comma 1, del D.Lgs. 15 gennaio 2016, n. 8, sono depenalizzate tutte le violazioni per le quali è prevista la sola pena della multa o dell'ammenda e, pertanto, soggette alla sanzione amministrativa del pagamento di una somma di denaro. Per l'ammontare della sanzione amministrativa vedi, in particolare, l'articolo 1, comma 6, del D.Lgs. 15 gennaio 2016, n. 8. In caso di reiterazione specifica di una delle violazioni di seguito indicate per la qualificazione di recidiva quale reiterazione dell'illecito depenalizzato vedi, inoltre, l'articolo 5, comma 1, del presente decreto.

284. Contrabbando nel movimento marittimo delle merci. – È punito con la multa non minore di due e non maggiore di dieci volte i diritti di confine dovuti il capitano:

a) che, senza il permesso della dogana, trasportando merci estere con navi, rasenta il lido del mare o getta l'ancora o sta alla cappa in prossimità del lido stesso salvo casi di forza maggiore;

b che, trasportando merci estere, approda in luoghi dove non sono dogane, ovvero sbarca o trasborda le merci stesse in violazione delle prescrizioni, divieti e limitazioni stabiliti a norma dell'art. 16, salvi i casi di forza maggiore;

c) che trasporta senza manifesto merci estere con nave di stazza netta non superiore a duecento tonnellate, nei casi in cui il manifesto è prescritto;

d) che al momento della partenza della nave non ha a bordo le merci estere o le merci nazionali in esportazione con restituzione di diritti che vi si dovrebbero trovare secondo il manifesto e gli altri documenti doganali;

e) che trasporta merci estere da una dogana all'altra, con nave di stazza netta non superiore a cinquanta tonnellate, senza la relativa bolletta di cauzione;

f) che ha imbarcato merci estere in uscita dal territorio doganale su nave di stazza non superiore a cinquanta tonnellate, salvo quanto previsto nell'art. 254 per l'imbarco di provviste di bordo.

Con la stessa pena è punito chiunque nasconde nella nave merci estere allo scopo di sottrarle alla visita doganale [(1)].

[(1)] Ai sensi dell'articolo 1, comma 1, del D.Lgs. 15 gennaio 2016, n. 8, sono depenalizzate tutte le violazioni per le quali è prevista la sola pena della multa o dell'ammenda e, pertanto, soggette alla sanzione amministrativa del pagamento di una somma di denaro. Per l'ammontare della sanzione amministrativa vedi, in particolare, l'articolo 1, comma 6, del D.Lgs. 15 gennaio 2016, n. 8. In caso di reiterazione specifica di una delle violazioni di seguito indicate per la qualificazione di recidiva quale reiterazione dell'illecito depenalizzato vedi, inoltre, l'articolo 5, comma 1, del presente decreto.

285. Contrabbando nel movimento delle merci per via aerea. – È punito con la multa non minore di due e non maggiore di dieci volte i diritti di confine dovuti il comandante di aeromobile:

a) che trasporta merci estere nel territorio dello Stato senza essere munito del manifesto, quando questo è prescritto;

b) che al momento della partenza dell'aeromobile non ha a bordo le merci estere, le quali vi si dovrebbero trovare secondo il manifesto e gli altri documenti doganali;

c) che asporta merci dai luoghi di approdo dell'aeromobile senza il compimento delle prescritte operazioni doganali;

d) che, atterrando fuori di un aeroporto doganale, omette di denunciare, entro il più breve termine, l'atterraggio alle Autorità indicate dall'art. 114. In tali casi è considerato introdotto in contrabbando nel territorio doganale, oltre il carico, anche l'aeromobile.

Con la stessa pena è punito chiunque da un aeromobile in volo getta nel territorio doganale merci estere, ovvero le nasconde nell'aeromobile stesso allo scopo di sottrarle alla visita doganale.

Le pene sopraindicate si applicano indipendentemente da quelle comminate per il medesimo fatto dalle leggi speciali sulla navigazione aerea, in quanto non riguardino la materia doganale [(1)].

[(1)] Ai sensi dell'articolo 1, comma 1, del D.Lgs. 15 gennaio 2016, n. 8, sono depenalizzate tutte le violazioni per le quali è prevista la sola pena della multa o dell'ammenda e, pertanto, soggette alla sanzione amministrativa del pagamento di una somma di denaro. Per l'ammontare della sanzione amministrativa vedi, in particolare, l'articolo 1, comma 6, del D.Lgs. 15 gennaio 2016, n. 8. In caso di reiterazione specifica di una delle violazioni di seguito indicate per la qualificazione di recidiva quale reiterazione dell'illecito depenalizzato vedi, inoltre, l'articolo 5, comma 1, del presente decreto.

286. Contrabbando nelle zone extra-doganali. – È punito con la multa non minore di due e non maggiore di dieci volte i diritti di confine dovuti chiunque nei territori extra doganali indicati nell'art. 2, costituisce depositi non permessi di merci estere soggette a diritti di confine, o li costituisce in misura superiore a quella consentita [(1)].

[(1)] Ai sensi dell'articolo 1, comma 1, del D.Lgs. 15 gennaio 2016, n. 8, sono depenalizzate tutte le violazioni per le quali è prevista la sola pena della multa o dell'ammenda e, pertanto, soggette alla sanzione amministrativa del pagamento di una somma di denaro. Per l'ammontare della sanzione amministrativa vedi, in particolare, l'articolo 1, comma 6, del D.Lgs. 15 gennaio 2016, n. 8. In caso di reiterazione specifica di una delle violazioni di seguito indicate per la qualificazione di recidiva quale reiterazione dell'illecito depenalizzato vedi, inoltre, l'articolo 5, comma 1, del presente decreto.

287. Contrabbando per indebito uso di merci importate con agevolazioni doganali. – È punito con la multa non minore di due e non maggiore di dieci volte i diritti di confine dovuti chiunque dà, in tutto o in parte, a merci estere importate in franchigia e con riduzione dei diritti stessi una destinazione od un uso diverso da quello per il quale fu concessa la franchigia o la riduzione, salvo quanto previsto nell'art. 140 [(1)].

[(1)] Ai sensi dell'articolo 1, comma 1, del D.Lgs. 15 gennaio 2016, n. 8, sono depenalizzate tutte le violazioni per le quali è prevista la sola pena della multa o dell'ammenda e, pertanto, soggette alla sanzione amministrativa del pagamento di una somma di denaro. Per l'ammontare della sanzione amministrativa vedi, in particolare, l'articolo 1, comma 6, del D.Lgs. 15 gennaio 2016, n. 8. In caso di reiterazione specifica di una delle violazioni di seguito indicate per la qualificazione di recidiva quale reiterazione dell'illecito depenalizzato vedi, inoltre, l'articolo 5, comma 1, del presente decreto.

288. Contrabbando nei depositi doganali. – Il concessionario di un magazzino doganale di proprietà privata, che vi detiene merci estere per le quali non vi è stata la prescritta dichiarazione d'introduzione o che non risultano assunte in carico nei registri di deposito, è punito con la multa non minore di due e non maggiore di dieci volte i diritti di confine dovuti [(1)].

[1] *Ai sensi dell'articolo 1, comma 1, del D.Lgs. 15 gennaio 2016, n. 8, sono depenalizzate tutte le violazioni per le quali è prevista la sola pena della multa o dell'ammenda e, pertanto, soggette alla sanzione amministrativa del pagamento di una somma di denaro. Per l'ammontare della sanzione amministrativa vedi, in particolare, l'articolo 1, comma 6, del D.Lgs. 15 gennaio 2016, n. 8. In caso di reiterazione specifica di una delle violazioni di seguito indicate per la qualificazione di recidiva quale reiterazione dell'illecito depenalizzato vedi, inoltre, l'articolo 5, comma 1, del presente decreto.*

289. Contrabbando nel cabotaggio e nella circolazione. – È punito con la multa non minore di due e non maggiore di dieci volte i diritti di confine dovuti chiunque introduce nello Stato merci estere in sostituzione di merci nazionali o nazionalizzate spedite in cabotaggio od in circolazione [1].

[1] *Ai sensi dell'articolo 1, comma 1, del D.Lgs. 15 gennaio 2016, n. 8, sono depenalizzate tutte le violazioni per le quali è prevista la sola pena della multa o dell'ammenda e, pertanto, soggette alla sanzione amministrativa del pagamento di una somma di denaro. Per l'ammontare della sanzione amministrativa vedi, in particolare, l'articolo 1, comma 6, del D.Lgs. 15 gennaio 2016, n. 8. In caso di reiterazione specifica di una delle violazioni di seguito indicate per la qualificazione di recidiva quale reiterazione dell'illecito depenalizzato vedi, inoltre, l'articolo 5, comma 1, del presente decreto.*

290. Contrabbando nell'esportazione di merci ammesse a restituzione di diritti. – Chiunque usa mezzi fraudolenti allo scopo di ottenere indebita restituzione di diritti stabiliti per l'importazione delle materie prime impiegate nella fabbricazione di merci nazionali che si esportano, è punito con la multa non minore di due volte l'ammontare dei diritti che indebitamente ha riscosso o tentava di riscuotere, e non maggiore del decuplo di essi [1].

[1] *Ai sensi dell'articolo 1, comma 1, del D.Lgs. 15 gennaio 2016, n. 8, sono depenalizzate tutte le violazioni per le quali è prevista la sola pena della multa o dell'ammenda e, pertanto, soggette alla sanzione amministrativa del pagamento di una somma di denaro. Per l'ammontare della sanzione amministrativa vedi, in particolare, l'articolo 1, comma 6, del D.Lgs. 15 gennaio 2016, n. 8. In caso di reiterazione specifica di una delle violazioni di seguito indicate per la qualificazione di recidiva quale reiterazione dell'illecito depenalizzato vedi, inoltre, l'articolo 5, comma 1, del presente decreto.*

291. Contrabbando nell'importazione od esportazione temporanea. – Chiunque nelle operazioni di importazione o di esportazione temporanea o nelle operazioni di riesportazione e di reimportazione, allo scopo di sottrarre merci al pagamento di diritti che sarebbero dovuti, sottopone le merci stesse a manipolazioni artificiose ovvero usa altri mezzi fraudolenti, è punito con la multa non minore di due e non maggiore di dieci volte l'ammontare dei diritti evasi o che tentava di evadere [1].

[1] *Ai sensi dell'articolo 1, comma 1, del D.Lgs. 15 gennaio 2016, n. 8, sono depenalizzate tutte le violazioni per le quali è prevista la sola pena della multa o dell'ammenda e, pertanto, soggette alla sanzione amministrativa del pagamento di una somma di denaro. Per l'ammontare della sanzione amministrativa vedi, in particolare, l'articolo 1, comma 6, del D.Lgs. 15 gennaio 2016, n. 8. In caso di reiterazione specifica di una delle violazioni di seguito indicate per la qualificazione di recidiva quale reiterazione dell'illecito depenalizzato vedi, inoltre, l'articolo 5, comma 1, del presente decreto.*

291 *bis*. Contrabbando di tabacchi lavorati esteri. – 1. Chiunque introduce, vende, trasporta, acquista o detiene nel territorio dello Stato un quantitativo di tabacco lavorato estero di contrabbando superiore a dieci chilogrammi convenzionali è punito con la multa di lire diecimila per ogni grammo convenzionale di prodotto, come definito dall'articolo 9 della legge 7 marzo 1985, n.76, e con la reclusione da due a cinque anni.

2. I fatti previsti dal comma 1, quando hanno ad oggetto un quantitativo di tabacco lavorato estero fino a dieci chilogrammi convenzionali, sono puniti con la multa di lire diecimila per ogni grammo convenzionale di prodotto e comunque in misura non inferiore a lire 1 milione [1].

[1] *Articolo aggiunto dall'articolo 1, comma 1, lettera a), della legge 19 marzo 2001, n. 92.*

291 *ter*. Circostanze aggravanti del delitto di contrabbando di tabacchi lavorati esteri). – 1. Se i fatti previsti dall'articolo 291-bis sono commessi adoperando mezzi di trasporto appartenenti a persone estranee al reato, la pena è aumentata.

2. Nelle ipotesi previste dall'articolo 291-bis, si applica la multa di lire cinquantamila per ogni grammo convenzionale di prodotto e la reclusione da tre a sette anni, quando:

a) nel commettere il reato o nei comportamenti diretti ad assicurare il prezzo, il prodotto, il profitto o l'impunità del reato, il colpevole faccia uso delle armi o si accerti averle possedute nell'esecuzione del reato;

b) nel commettere il reato o immediatamente dopo l'autore è sorpreso insieme a due o più persone in condizioni tali da frapporre ostacolo agli organi di polizia;

c) il fatto è connesso con altro reato contro la fede pubblica o contro la pubblica amministrazione;

d) nel commettere il reato l'autore ha utilizzato mezzi di trasporto, che, rispetto alle caratteristiche omologate, presentano alterazioni o modifiche idonee ad ostacolare l'intervento degli organi di polizia ovvero a provocare pericolo per la pubblica incolumità;

e) nel commettere il reato l'autore ha utilizzato società di persone o di capitali ovvero si è avvalso di disponibilità finanziarie in qualsiasi modo costituite in Stati che non hanno ratificato la Convenzione sul riciclaggio, la ricerca, il sequestro e la confisca dei proventi di reato, fatta a Strasburgo l'8 novembre 1990, ratificata e resa esecutiva ai sensi della legge 9 agosto 1993, n. 328, e che comunque non hanno stipulato e ratificato convenzioni di assistenza giudiziaria con l'Italia aventi ad oggetto il delitto di contrabbando.

3. La circostanza attenuante prevista dall'articolo 62-bis del codice penale, se concorre con le circostanze aggravanti di cui alle lettere a) e d) del comma 2 del presente articolo, non può essere ritenuta equivalente o prevalente rispetto a esse e la diminuzione di pena si opera sulla quantità di pena risultante dall'aumento conseguente alle predette aggravanti [1].

[1] *Articolo aggiunto dall'articolo 1, comma 1, lettera a), della legge 19 marzo 2001, n. 92.*

291 *quater*. Associazione per delinquere finalizzata al contrabbando di tabacchi lavorati esteri. – 1. Quando tre o più persone si associano allo scopo di commettere più delitti tra quelli previsti dall'articolo 291-bis, coloro che promuovono, costituiscono, dirigono, organizzano o finanziano l'associazione sono puniti, per ciò solo, con la reclusione da tre a otto anni.

2. Chi partecipa all'associazione è punito con la reclusione da un anno a sei anni.

3. La pena è aumentata se il numero degli associati è di dieci o più.

4. Se l'associazione è armata ovvero se ricorrono le circostanze previste dalle lettere d) od e) del comma 2 dell'articolo 291-ter, si applica la pena della reclusione da cinque a quindici anni nei casi previsti dal comma 1 del presente articolo, e da quattro a dieci anni nei casi previsti dal comma 2. L'associazione si considera armata quando i partecipanti hanno la disponibilità, per il conseguimento delle finalità dell'associazione, di armi o materie esplodenti, anche se occultate o tenute in luogo di deposito.

5. Le pene previste dagli articoli 291-bis, 291-ter e dal presente articolo sono diminuite da un terzo alla metà nei confronti dell'imputato che, dissociandosi dagli altri, si adopera per evitare che l'attività delittuosa sia portata ad ulteriori conseguenze anche aiutando concretamente l'autorità di polizia o l'autorità giudiziaria nella raccolta di elementi decisivi per la ricostruzione dei fatti e per l'individuazione o la cattura degli autori del reato o per la individuazione di risorse rilevanti per la commissione dei delitti [1].

[1] *Articolo aggiunto dall'articolo 1, comma 1, lettera a), della legge 19 marzo 2001, n. 92.*

292. Altri casi di contrabbando. – Chiunque, fuori dei casi preveduti negli articoli precedenti, sottrae merci al pagamento dei diritti di confine dovuti, è punito con la multa non minore di due e non maggiore di dieci volte i diritti medesimi [1].

[1] *Ai sensi dell'articolo 1, comma 1, del D.Lgs. 15 gennaio 2016, n. 8, sono depenalizzate tutte le violazioni per le quali è prevista la sola pena della multa o dell'ammenda e, pertanto, soggette alla sanzione amministrativa del pagamento di una somma di denaro. Per l'ammontare della sanzione amministrativa vedi, in particolare, l'articolo 1, comma 6, del D.Lgs. 15 gennaio 2016, n. 8. In caso di reiterazione specifica di una delle violazioni di seguito indicate per la qualificazione di recidiva quale reiterazione dell'illecito depenalizzato vedi, inoltre, l'articolo 5, comma 1, del presente decreto.*

293. Equiparazione del delitto tentato a quello consumato. – Per il tentativo di contrabbando si applica la stessa pena stabilita per il reato consumato.

294. Pena per il contrabbando in caso di mancato o incompleto accertamento dell'oggetto del reato. – Nei casi di contrabbando, qualora per fatto del colpevole non siasi potuto accertare, in tutto o in parte, la qualità, la quantità e il valore della merce, in luogo della pena proporzionale si applica la multa fino a lire 1.000.000 [1][2].

In ogni caso, la pena non può essere inferiore al doppio dei diritti dovuti sulla quantità di merce che sia stato possibile accertare.

[1] *La misura della multa è stata elevata dall'articolo 113, quarto comma, della legge 24 novembre 1981, n. 689. La sanzione è esclusa dalla depenalizzazione in virtù dell'art. 32, primo comma, in relazione all'art. 39, primo comma, della legge sopracitata. Per effetto dell'art. 24 c.p. l'entità della sanzione non può essere inferiore a lire 10.000.*

[2] *Ai sensi dell'articolo 1, comma 1, del D.Lgs. 15 gennaio 2016, n. 8, sono depenalizzate tutte le violazioni per le quali è prevista la sola pena della multa o dell'ammenda e, pertanto, soggette alla sanzione amministrativa del pagamento di una somma di denaro. Per l'ammontare della sanzione amministrativa vedi, in particolare, l'articolo 1, comma 6, del D.Lgs. 15 gennaio 2016, n. 8. In caso di reiterazione specifica di una delle violazioni di seguito indicate per la qualificazione di recidiva quale reiterazione dell'illecito depenalizzato vedi, inoltre, l'articolo 5, comma 1, del presente decreto.*

295. Circostanze aggravanti del contrabbando. – Per i delitti preveduti negli articoli precedenti, è punito con la multa non minore di cinque e non maggiore di dieci volte i diritti di confine dovuti chiunque, per commettere il contrabbando, adopera mezzi di trasporto appartenenti a persona estranea al reato.

Per gli stessi delitti, alla multa è aggiunta la reclusione da tre a cinque anni:

a) quando nel commettere il reato, o immediatamente dopo nella zona di vigilanza, il colpevole sia sorpreso a mano armata;

b) quando nel commettere il reato, o immediatamente dopo nella zona di vigilanza, tre o più persone colpevoli di contrabbando siano sorprese insieme riunite e in condizioni tali da frapporre ostacolo agli organi di polizia;

c) quando il fatto sia connesso con altro delitto contro la fede pubblica o contro la pubblica amministrazione;

d) quando il colpevole sia un associato per commettere delitti di contrabbando e il delitto commesso sia tra quelli per cui l'associazione è stata costituita;

d-bis) quando l'ammontare dei diritti di confine dovuti è superiore a centomila euro [1].

Per gli stessi delitti, alla multa è aggiunta la reclusione fino a tre anni quando l'ammontare dei diritti di confine dovuti è maggiore di cinquantamila euro e non superiore a centomila euro [2].

[1] *Lettera inserita dall'articolo 3, comma 1, lettera a), del D.Lgs. 14 luglio 2020, n. 75.*

[2] *Comma aggiunto dall'articolo 7, comma 1, della legge 29 settembre 2000, n. 300 e successivamente sostituito dall'articolo 3, comma 1, lettera b), del D.Lgs. 14 luglio 2020, n. 75.*

295 *bis*. Sanzioni amministrative per le violazioni di lieve entità [1]. – Nei casi previsti dagli articoli 282, 283, 284, 285, 286, 287, 288, 289, 290, 291, 292 e 294, se l'ammontare dei diritti di confine dovuti non supera lire sette milioni settecentoquarantacinquemila e non ricorrono le circostanze indicate dall'articolo 295, secondo comma, si applica, in luogo della pena stabilita dai medesimi articoli, la sanzione amministrativa pecuniaria non minore di due e non maggiore di dieci volte i diritti di confine dovuti. Nei casi previsti dall'articolo 294, la sanzione non può essere comunque inferiore a lire un milione [1].

La sanzione può essere aumentata fino alla metà se ricorre la circostanza indicata dall'articolo 295, primo comma.

Le disposizioni degli articoli 301, 301-bis e 333 si osservano anche con riguardo alle violazioni previste dal presente articolo. I provvedimenti per i quali, in base alle medesime disposizioni, è competente l'autorità giudiziaria sono adottati dal capo della dogana nella cui circoscrizione la violazione è stata accertata.

Nei casi in cui le violazioni previste dagli articoli indicati nel primo comma conservano rilevanza penale sebbene l'ammontare dei diritti di confine dovuti non superi lire sette milioni settecentoquarantacinquemila, per la presenza delle circostanze aggravanti indicate dell'articolo 295, secondo comma, queste ultime restano soggette al giudizio di equivalenza o di prevalenza con eventuali circostanze attenuanti a norma dell'articolo 69 del codice penale [3].

Le disposizioni del presente articolo non si applicano ai fatti di contrabbando relativi a tabacchi lavorati esteri.

[1] *Articolo aggiunto dall'articolo 25, comma 1, del D.Lgs. 30 dicembre 1999, n. 507.*
[2] *Comma modificato dall'articolo 8, comma 1, della legge 29 settembre 2000, n. 300.*
[3] *Comma modificato dall'articolo 8, comma 1, della legge 29 settembre 2000, n. 300.*

296. Recidiva nel contrabbando. – Colui, che dopo essere stato condannato per delitto di contrabbando preveduto dal presente testo unico o da altra legge fiscale, commette un altro delitto di contrabbando per il quale la legge stabilisce la sola multa, è punito, oltre che con la pena della multa, con la reclusione fino ad un anno.

Se il recidivo in un delitto di contrabbando preveduto dal presente testo unico o da altra legge fiscale commette un altro delitto di contrabbando per il quale la legge stabilisce la sola multa, la pena della reclusione comminata nella precedente disposizione è aumentata dalla metà a due terzi.

Quando non occorrono le circostanze prevedute in questo articolo, la recidiva nel contrabbando è regolata dal codice penale.

297. Contrabbando abituale. – È dichiarato delinquente abituale in contrabbando chi riporta condanna per delitto di contrabbando, dopo essere stato condannato per tre contrabbandi preveduti dal presente testo unico o da altra legge fiscale, commessi entro dieci anni e non contestualmente, e relativi a violazioni per le quali i diritti sottratti o che si tentava di sottrarre non siano inferiori complessivamente a lire ventitre milioni duecentotrentacinquemila [1].

[1] *Comma modificato dall'articolo 26, comma 1, del D.Lgs. 30 dicembre 1999, n. 507 e successivamente dall'articolo 9, comma 1, della legge 29 settembre 2000, n. 300.*

298. Contrabbando professionale. – Chi, dopo aver riportato quattro condanne per delitto di contrabbando preveduto dal presente testo unico o da altra legge fiscale, riporta condanna per un altro delitto di contrabbando, è dichiarato delinquente professionale in contrabbando, qualora, avuto riguardo alla condotta ed al genere di vita del colpevole ed alle altre circostanze indicate nel capoverso dell'articolo 133 del codice penale, debba ritenersi che egli viva abitualmente, anche in parte soltanto, dei proventi del reato.

299. Contrabbando abituale o professionale secondo il codice penale. – Gli effetti della dichiarazione di abitualità e di professionalità nel contrabbando sono regolati dall'art. 109 del codice penale.

Le disposizioni dei due articoli precedenti non pregiudicano l'applicazione degli articoli 102 e 105 del codice penale, quando ricorrono le condizioni ivi prevedute.

300. Delle misure di sicurezza personali non detentive. Libertà vigilata. – Quando per il delitto di contrabbando sia applicata la pena della reclusione superiore ad un anno, è sempre ordinata la sottoposizione del condannato alla libertà vigilata.

Ad assicurare l'esecuzione di tale misura concorre la guardia di finanza.

301. Delle misure di sicurezza patrimoniali. Confisca [1]. – 1. Nei casi di contrabbando è sempre ordinata la confisca delle cose che servirono o furono destinate a commettere il reato e delle cose che ne sono l'oggetto ovvero il prodotto o il profitto. Quando non è possibile procedere alla confisca delle cose di cui al periodo precedente, è ordinata la confisca di somme di danaro, beni e altre utilità per un valore equivalente, di cui il condannato ha la disponibilità, anche per interposta persona [2][3].

2. Sono in ogni caso soggetti a confisca i mezzi di trasporto a chiunque appartenenti che risultino adatti allo stivaggio fraudolento di merci ovvero contengano accorgimenti idonei a maggiorarne la capacità di carico o l'autonomia in difformità delle caratteristiche costruttive omologate o che siano impiegati in violazione alle norme concernenti la circolazione o la navigazione e la sicurezza in mare.

3. Si applicano le disposizioni dell'articolo 240 del codice penale se si tratta di mezzo di trasporto appartenente a persona estranea al reato qualora questa dimostri di non averne potuto prevedere l'illecito impiego anche occasionale e di non essere incorsa in un difetto di vigilanza.

4. Nel caso di vendita all'asta di mezzi di trasporto confiscati per il delitto di contrabbando, qualora l'aggiudicazione non abbia luogo al primo incanto, l'asta non può essere ripetuta e i mezzi esecutati vengono acquisiti al patrimonio dello Stato.

5. Le disposizioni del presente articolo si osservano anche nel caso di applicazione della pena su richiesta a norma del titolo II del libro VI del codice di procedura penale.

5-bis. Nei casi di condanna o di applicazione della pena su richiesta a norma dell'articolo 444 del codice di procedura penale, per taluno dei delitti previsti dall'articolo 295, secondo comma, si applica l'articolo 240-bis del codice penale [4].

[1] *La Corte Costituzionale, con sentenza 21 dicembre 1976, n. 259, (in Gazz. Uff., 5 gennaio 1977, n. 4), e con sentenza 9 luglio 1974, n. 229, (in Gazz. Uff., 24 luglio 1974, n. 194), aveva dichiarato l'illegittimità costituzionale del presente articolo. Successivamente l'articolo è stato sostituito dall'articolo 11, comma 19, della legge 30 dicembre 1991, n. 413.*
[2] *Comma modificato dall'articolo 2, comma 1, del D.Lgs. 4 ottobre 2022, n. 156.*
[3] *La Corte costituzionale, con sentenza 10 gennaio 1997, n. 1, (in Gazz. Uff., 15 gennaio, n. 3), ha dichiarato l'illegittimità costituzionale del presente comma, nella parte in cui non consente alle persone estranee al reato di provare di avere acquistato la proprietà delle cose ignorando senza colpa l'illecita immissione di esse sul mercato.*
[4] *Comma aggiunto dall'articolo 6, comma 6, del D.Lgs. 1° marzo 2018, n. 21.*

301 *bis*. Destinazione di beni sequestrati o confiscati a seguito di operazioni anticontrabbando [1]. – 1. I beni mobili compresi quelli iscritti in pubblici registri, le navi, le imbarcazioni, i natanti e gli aeromobili sequestrati nel corso di operazioni di polizia giudiziaria anticontrabbando, sono affidati dall'autorità giudiziaria in custodia giudiziale agli organi di polizia che ne facciano richiesta per l'impiego in attività di polizia, ovvero possono essere affidati ad altri organi dello Stato o ad altri enti pubblici non economici, per finalità di giustizia, di protezione civile o di tutela ambientale [2].

2. Gli oneri relativi alla gestione dei beni e all'assicurazione obbligatoria dei veicoli, dei natanti e degli aeromobili sono a carico dell'ufficio o comando usuario.

3. Nel caso in cui non vi sia alcuna istanza di affidamento in custodia giudiziale ai sensi del comma 1, i beni sequestrati sono ceduti ai fini della loro distruzione *[mediante distruzione]*, sulla base di apposite convenzioni. In caso di distruzione, la cancellazione dei veicoli dai pubblici registri è eseguita in esenzione da qualsiasi tributo o diritto, su richiesta dell'Amministrazione finanziaria. L'ispettorato compartimentale dei Monopoli di Stato e il ricevitore capo della dogana, competenti per territorio, possono stipulare convenzioni per la distruzione, in deroga alle norme sulla contabilità generale dello Stato, direttamente con una o più ditte del settore (3).

4. L'ispettorato compartimentale dei Monopoli di Stato o il ricevitore capo della dogana, prima di procedere all'affidamento in custodia giudiziale o alla distruzione dei beni mobili di cui ai commi 1 e 3, devono chiedere preventiva autorizzazione all'organo dell'autorità giudiziaria competente per il procedimento, che provvede entro trenta giorni dal ricevimento della richiesta (4).

5. Nel caso di dissequestro dei beni di cui al comma 1, per i quali si sia proceduto alla distruzione, all'avente diritto è corrisposta una indennità sulla base delle quotazioni di mercato espresse in pubblicazioni specializzate, tenuto conto dello stato del bene al momento del sequestro (5).

6. I beni mobili di cui al comma 1, acquisiti dallo Stato a seguito di provvedimento definitivo di confisca, sono assegnati, a richiesta, agli organi o enti che ne hanno avuto l'uso. Qualora tali enti od organi non presentino richiesta di assegnazione i beni sono distrutti ai sensi del comma 3.

7. Sono abrogati i commi 5, 6 e 7 dell'articolo 4 del decreto legislativo 9 novembre 1990, n. 375.

8. Con decreto del Ministro delle finanze, di concerto con il Ministro della giustizia, emanato ai sensi dell'articolo 17, comma 3, della legge 23 agosto 1988, n. 400, sono dettate le disposizioni di attuazione del presente articolo.

(1) *Articolo aggiunto dall'articolo 6, comma 3-bis, del D.L. 30 dicembre 1991, n. 417 e successivamente sostituito dall'articolo 1, comma 1, lettera b), della legge 19 marzo 2001, n. 92.*
(2) *Comma modificato dall'articolo 61, comma 26, del D.L. 25 giugno 2008, n. 112.*
(3) *Comma modificato dall'articolo 1, comma 2, del D.L. 4 aprile 2002, n. 51.*
(4) *Comma modificato dall'articolo 1, comma 2, del D.L. 4 aprile 2002, n. 51.*
(5) *Comma modificato dall'articolo 1, comma 2, del D.L. 4 aprile 2002, n. 51.*

CAPO II
Contravvenzioni ed illeciti amministrativi

302. Differenze tra il carico ed il manifesto. – Qualora si accertino differenze tra il numero dei colli e quello indicato nel manifesto del carico e, nei casi preveduti dagli articoli 107 e 108, nel manifesto di partenza, il capitano della nave o il comandante dell'aeromobile è punito per ogni collo non annotato con l'ammenda non minore dell'ammontare dei diritti di confine e non maggiore al quadruplo di essi.

Agli effetti della precedente disposizione, se i colli in eccedenza hanno le stesse marche e cifre numeriche di altri colli indicati nel manifesto, si considerano come non annotati quelli soggetti a diritti maggiori.

Per ogni collo segnato nel manifesto e non trovato, e per le merci alla rinfusa, quando si accertano, rispetto al manifesto, eccedenze superiori al dieci per cento o deficienze superiori al cinque per cento, la pena è della sanzione amministrativa da lire duecentomila a lire un milione (1).

(1) *La sanzione originaria dell'ammenda è stata sostituita, da ultimo, con la sanzione amministrativa dall'articolo 39 della legge 24 novembre 1981, n. 689. L'importo della sanzione è stato così elevato dall'articolo 10 del D.Lgs. 18 dicembre 1997, n. 473.*

303. Differenze rispetto alla dichiarazione di merci destinate alla importazione definitiva, al deposito o alla spedizione ad altra dogana (1)(A). – 1. Qualora le dichiarazioni relative alla qualità, alla quantità ed al valore delle merci destinate alla importazione definitiva, al deposito o alla spedizione ad altra dogana con bolletta di cauzione, non corrispondano all'accertamento, il dichiarante è punito con la sanzione amministrativa da euro 103 a euro 516 a meno che l'inesatta indicazione del valore non abbia comportato la rideterminazione dei diritti di confine nel qual caso si applicano le sanzioni indicate al seguente comma 3.

2. La disposizione di cui al comma 1 non si applica:

a) quando nei casi previsti dall'articolo 4, comma 2, lettera e), del decreto legislativo 8 novembre 1990, n. 374, pur essendo errata la denominazione della tariffa, è stata indicata con precisione la denominazione commerciale della merce, in modo da rendere possibile l'applicazione dei diritti;

b) quando le merci dichiarate e quelle riconosciute in sede di accertamento sono considerate nella tariffa in differenti sottovoci di una medesima voce, e l'ammontare dei diritti di confine, che sarebbero dovuti secondo la dichiarazione, è uguale a quello dei diritti liquidati o lo supera di meno di un terzo;

c) quando le differenze in più o in meno nella quantità o nel valore non superano il cinque per cento per ciascuna qualità delle merci dichiarate.

3. Se i diritti di confine complessivamente dovuti secondo l'accertamento sono maggiori di quelli calcolati in base alla dichiarazione e la differenza dei diritti supera il cinque per cento, la sanzione amministrativa, qualora il fatto non costituisca più grave reato, è applicata come segue:

a) per i diritti fino a 500 euro si applica la sanzione amministrativa da 103 a 500 euro;

b) per i diritti da 500,1 a 1.000 euro, si applica la sanzione amministrativa da 1.000 a 5.000 euro;

c) per i diritti da 1000,1 a 2.000 euro, si applica la sanzione amministrativa da 5.000 a 15.000 euro;

d) per i diritti da 2.000,1 a 3.999,99 euro, si applica la sanzione amministrativa da 15.000 a 30.000 euro;

e) per i diritti pari o superiori a 4.000 euro, si applica la sanzione amministrativa da 30.000 euro a dieci volte l'importo dei diritti.

(1) *Articolo modificato dall'articolo 39 della legge 24 novembre 1981, n. 689, dall'articolo 10 del D.Lgs. 18 dicembre 1997, n. 473 e successivamente sostituito dall'articolo 11, comma 4, del D.L. 2 marzo 2012, n. 16.*
(A) *In riferimento al presente articolo vedi: Nota dell'Agenzia delle Dogane e dei Monopoli 20 febbraio 2015, n. 23061/RU.*

304. Differenze rispetto alla dichiarazione per esportazione di merci con restituzione di diritti. – Qualora si riscontrino differenze di qualità e di quantità tra le merci destinate alla esportazione e la dichiarazione presentata per ottenere la restituzione dei diritti, il dichiarante è punito con la sanzione amministrativa non minore della somma che indebitamente si sarebbe restituita e non maggiore del decuplo di essa, sempre quando il fatto non costituisca reato di contrabbando [1].

Tuttavia, se l'inesattezza della dichiarazione dipende da errori di calcolo o di trascrizione commessi in buona fede, si applica la sanzione amministrativa non minore del decimo e non maggiore dell'intero ammontare della somma anzidetta [1].

Le precedenti disposizioni non si applicano quando la differenza fra i diritti di cui è stata chiesta la restituzione secondo la dichiarazione e quelli effettivamente da restituire secondo l'accertamento non supera il cinque per cento.

[1] *Comma modificato dall'articolo 10, comma 1, lettera a), del D.Lgs. 18 dicembre 1997, n. 473.*
[2] *Comma modificato dall'articolo 10, comma 1, lettera a), del D.Lgs. 18 dicembre 1997, n. 473.*

305. Mancato scarico della bolletta di cauzione. Differenze di quantità. – Qualora le merci spedite da una dogana all'altra con bolletta di cauzione non vengano presentate alla dogana di destinazione, lo speditore è soggetto alla pena della sanzione amministrativa dal decimo all'intero ammontare dei diritti di confine [1].

Se, invece, all'arrivo delle merci alla Dogana di destinazione si trova una quantità maggiore o minore di quella indicata nella bolletta di cauzione, lo speditore è soggetto alla pena della sanzione amministrativa non inferiore al decimo e non superiore alla intera differenza dei diritti di confine [2].

Le pene stabilite nelle precedenti disposizioni si applicano altresì quando si tratti di merci in esenzione da accertamento comunque trasportate, nel qual caso l'importo dei diritti di confine sarà calcolato nella misura fissata nell'articolo 143, secondo comma.

[1] *La sanzione originaria dell'ammenda è stata sostituita, da ultimo, con la sanzione amministrativa dall'articolo 39 della legge 24 novembre 1981, n. 689.*
[2] *La sanzione originaria dell'ammenda è stata sostituita, da ultimo, con la sanzione amministrativa dall'articolo 39 della legge 24 novembre 1981, n. 689.*

306. Differenze di qualità rispetto alla bolletta di cauzione. – Qualora alla dogana di destinazione si riscontri differenza di qualità tra le merci arrivate e quelle indicate nella bolletta di cauzione, lo speditore è soggetto alla pena della sanzione amministrativa da un minimo di una volta ad un massimo di tre volte l'ammontare dei diritti di confine dovuti sulle merci indicate nella bolletta stessa e non rispondenti alle qualità accertate dalla dogana di partenza [1].

Qualora si tratti di merci destinate al transito, ed alla dogana di uscita in luogo di quelle descritte nella bolletta di cauzione se ne trovino altre soggette a dazio di esportazione, oltre alla sanzione stabilita nel precedente comma si applica la sanzione amministrativa non minore dell'ammontare del dazio di esportazione dovuto sulle merci trovate e non superiore al triplo del dazio stesso [2].

[1] *La sanzione originaria dell'ammenda è stata sostituita, da ultimo, con la sanzione amministrativa dall'articolo 39 della legge 24 novembre 1981, n. 689.*
[2] *La sanzione originaria dell'ammenda è stata sostituita, da ultimo, con la sanzione amministrativa dall'articolo 39 della legge 24 novembre 1981, n. 689.*

307. Pene per l'alterazione dei colli spediti con bolletta di cauzione in esenzione da visita. – Qualora alla dogana di destinazione si trovi che i colli spediti in esenzione da accertamento sono stati alterati per modo che ne sia derivata una differenza di quantità, la sanzione amministrativa stabilita nell'articolo 305 è aumentata in misura non minore di euro 103 e non maggiore di euro 516 per ogni collo alterato [1][2].

[1] *Comma modificato dall'articolo 10, comma 1, lettera b), del D.Lgs. 18 dicembre 1997, n. 473.*
[2] *L'importo della sanzione è stato elevato dall'articolo 114, comma 1, della legge 24 novembre 1981, n. 689.*

308. Differenze nelle merci depositate nei magazzini doganali privati. – Qualora nella verificazione delle merci immesse in magazzini doganali di proprietà privata si trovi una differenza nella qualità, ovvero vi sia una eccedenza di quantità che superi il due per cento, il concessionario del magazzino è punito con la sanzione amministrativa non minore della metà e non maggiore del triplo dei diritti di confine dovuti sulla merce di qualità diversa o sull'eccedenza che è stata riscontrata [1].

Se vi è una deficienza superiore al due per cento oltre il calo riconosciuto, si applica la pena della sanzione amministrativa nella misura stabilita nel comma precedente, calcolata sull'intera differenza, senza tener conto di detto calo [2].

Indipendentemente dall'applicazione delle sanzioni penali, se la differenza di quantità in più o in meno supera il venti per cento, il concessionario è obbligato a sdoganare immediatamente tutte le merci registrate a suo nome. Nel caso in cui, precedentemente, sia stata accertata a suo carico, in magazzino da lui gestito, altra differenza di quantità egualmente superiore al venti per cento, ancorché relativa a merci di diversa qualità, egli è altresì privato della concessione del deposito per la durata di un anno.

Se si trovano mancanti colli annotati sui registri, la pena della sanzione amministrativa è non minore di due e non maggiore di dieci volte i diritti di confine dovuti sui colli mancanti. Se non si conosce il peso dei colli mancanti, questo è calcolato in base alla media di quelli della stessa specie costituenti la parte depositata [3].

Se i fatti previsti nelle precedenti disposizioni costituiscono reato di contrabbando, si applicano le pene stabilite per questo reato.

[1] *La sanzione originaria dell'ammenda è stata sostituita, da ultimo, con la sanzione amministrativa dall'articolo 39 della legge 24 novembre 1981, n. 689.*
[2] *La sanzione originaria dell'ammenda è stata sostituita, da ultimo, con la sanzione amministrativa dall'articolo 39 della legge 24 novembre 1981, n. 689.*
[3] *La sanzione originaria dell'ammenda è stata sostituita, da ultimo, con la sanzione amministrativa dall'articolo 39 della legge 24 novembre 1981, n. 689.*

309. Differenze riscontrate nei magazzini di temporanea custodia. – Quando nei magazzini di temporanea custodia gestiti da enti od imprese autorizzati si riscontrano le differenze di quantità e di qualità di cui al terzo e quarto comma dell'art. 98, il gestore è punito con la sanzione amministrativa non minore della metà e non maggiore del triplo dei diritti relativi alle merci mancanti o eccedenti, salvo che non ricorrano a carico del gestore stesso o di altri soggetti, gli estremi del reato di contrabbando [1].

[1] *Comma modificato dall'articolo 10, comma 1, lettera a), del D.Lgs. 18 dicembre 1997, n. 473.*

310. Differenze rispetto alla dichiarazione di merci destinate alla temporanea importazione od esportazione. – Qualora si riscontrino differenze di qualità o di quantità fra la dichiarazione e le merci destinate all'importazione temporanea, si applica la sanzione amministrativa non minore dell'intero ammontare dei diritti di confine dovuti per le merci trovate di qualità diversa dalla dichiarata e per le quantità eccedenti o mancanti, e non maggiore del decuplo di esso. Se si accertano deficienze su merci destinate ad essere riesportate in prodotti soggetti a dazio di uscita, sarà compreso nel computo della sanzione amministrativa anche tale dazio, commisurato sui prodotti corrispondenti alle quantità mancanti rispetto alla dichiarazione [1].

Per le differenze di qualità o di quantità fra la dichiarazione e le merci destinate alla esportazione temporanea, si applica la sanzione amministrativa non minore dell'intera differenza fra i diritti di entrata che sarebbero dovuti alla reimportazione delle merci secondo la dichiarazione e quelli che sarebbero dovuti secondo l'accertamento, se le merci da reimportare fossero estere, e non maggiore del decuplo della differenza stessa. Se si accertano differenze su merci soggette a dazio di uscita, sarà compreso nel computo della sanzione amministrativa anche tale dazio, commisurato sulle differenze accertate rispetto alla dichiarazione [2].

La sanzione amministrativa non si applica quando la differenza di quantità non supera il cinque per cento [3].

[1] *La sanzione originaria dell'ammenda è stata sostituita, da ultimo, con la sanzione amministrativa dall'articolo 39 della legge 24 novembre 1981, n. 689.*
[2] *La sanzione originaria dell'ammenda è stata sostituita, da ultimo, con la sanzione amministrativa dall'articolo 39 della legge 24 novembre 1981, n. 689. L'importo della sanzione è stato elevato dall'articolo 8, comma 1, del D.L. 30 settembre 1989, n. 332.*
[3] *La sanzione originaria dell'ammenda è stata sostituita, da ultimo, con la sanzione amministrativa dall'articolo 39 della legge 24 novembre 1981, n. 689.*

311. Differenze di qualità nella riesportazione a scarico di temporanea importazione. – Se le merci presentate per la riesportazione si trovano tutte od in parte diverse da quelle che avrebbero dovuto essere riesportate, si applica la sanzione amministrativa non minore del doppio né maggiore del decuplo dei diritti dovuti sulle merci importate temporaneamente in luogo delle quali ne sono presentate altre [1].

Se le merci presentate per la riesportazione in sostituzione di quelle importate temporaneamente sono soggette a diritti di uscita, si applica inoltre la sanzione amministrativa non minore del doppio, né maggiore del decuplo dei diritti dovuti per la esportazione delle merci medesime [2].

[1] *La sanzione originaria dell'ammenda è stata sostituita, da ultimo, con la sanzione amministrativa dall'articolo 39 della legge 24 novembre 1981, n. 689.*
[2] *La sanzione originaria dell'ammenda è stata sostituita, da ultimo, con la sanzione amministrativa dall'articolo 39 della legge 24 novembre 1981, n. 689.*

312. Differenze di qualità nella reimportazione a scarico di temporanea esportazione. – Se le merci presentate per la reimportazione si trovano tutte od in parte diverse da quelle che avrebbero dovuto essere reimportate, si applica la sanzione amministrativa non minore del doppio, né maggiore del decuplo dei diritti dovuti sulle merci trovate di qualità diversa [1].

Se le merci esportate temporaneamente, in luogo delle quali ne sono presentate altre per la reimportazione, erano soggette a diritti di uscita, si applica inoltre la sanzione amministrativa non minore del doppio, né maggiore del decuplo dei diritti dovuti per la esportazione delle merci medesime [2].

[1] *La sanzione originaria dell'ammenda è stata sostituita, da ultimo, con la sanzione amministrativa dall'articolo 39 della legge 24 novembre 1981, n. 689.*
[2] *La sanzione originaria dell'ammenda è stata sostituita, da ultimo, con la sanzione amministrativa dall'articolo 39 della legge 24 novembre 1981, n. 689.*

313. Differenze di quantità rispetto alla dichiarazione per riesportazione e per reimportazione. – Se in confronto con la dichiarazione per riesportazione si trovano differenze di quantità che superino il cinque per cento, si applica la sanzione amministrativa non minore dell'intero ammontare, né maggiore del decuplo dei diritti di entrata dovuti sulle merci mancanti o di quelli di uscita dovuti sulle merci eccedenti [1].

Se in confronto con la dichiarazione per reimportazione si trovano differenze di quantità che superino il cinque per cento, si applica la sanzione amministrativa non minore dell'intero ammontare, né maggiore del decuplo dei diritti di entrata dovuti sulle merci eccedenti o di quelli di uscita dovuti sulle merci mancanti [2].

[1] *La sanzione originaria dell'ammenda è stata sostituita, da ultimo, con la sanzione amministrativa dall'articolo 39 della legge 24 novembre 1981, n. 689.*
[2] *La sanzione originaria dell'ammenda è stata sostituita, da ultimo, con la sanzione amministrativa dall'articolo 39 della legge 24 novembre 1981, n. 689.*

314. Errori commessi in buona fede nella compilazione delle dichiarazioni relative a merci in temporanea importazione od esportazione. – Nei casi previsti negli articoli 310 e 313, si applica, in luogo della sanzione amministrativa, la pena pecuniaria non minore del decimo e non maggiore dell'intero ammontare della differenza dei diritti di confine se l'inesattezza della dichiarazione dipende da errori di calcolo o di trascrizione commessi in buona fede, fermo restando l'esonero da sanzioni per le differenze di quantità che non superano il cinque per cento [1][2].

[1] *Comma modificato dall'articolo 10, comma 1, lettera c), del D.Lgs. 18 dicembre 1997, n. 473.*
[2] *La sanzione di cui al presente articolo è elevata, nel minimo, a lire cinquecentomila e, nel massimo, a lire cinque milioni, dall'articolo 10, comma 2, del D.Lgs. 18 dicembre 1997, n. 473.*

315. Immissione in consumo senza autorizzazione di merci in temporanea importazione. – Oltre a quanto previsto nell'articolo 198, nei casi di immissione in consumo nel territorio doganale, senza autorizzazione del capo della circoscrizione doganale, di merci temporaneamente importate che non soddisfano alle condizioni previste dagli articoli 9 e 10 del trattato istitutivo della Comunità economica europea, si applica la sanzione amministrativa da euro 516 a euro 5.164, senza pregiudizio delle altre sanzioni eventualmente applicabili per effetto di altre disposizioni [1][2].

(1) *L'importo della sanzione è stato elevato dall'articolo 8, comma 1, del D.L. 30 settembre 1989, n. 332 e dall'articolo 10, comma 2, del D.Lgs. 18 dicembre 1997, n. 473.*
(2) *Comma modificato dall'articolo 10, comma 1, lettera a), del D.Lgs. 18 dicembre 1997, n. 473.*

316. Inosservanza degli obblighi imposti ai capitani. – È punito con la sanzione amministrativa da euro 10 a euro 25 il capitano che [1]:

a) ancora la nave fuori degli spazi stabiliti;

b) ritarda la presentazione del manifesto, quando è prescritto;

c) è sprovvisto del lasciapassare che tiene luogo del manifesto, a norma dell'art. 121;

d) effettua l'imbarco, lo sbarco e il trasbordo di merci senza il permesso della dogana o senza l'assistenza dei militari della Guardia di finanza, sempre quando il fatto non costituisca reato più grave;

e) è sprovvisto del lasciapassare o della bolletta di cauzione, eccettuato il caso di cui all'art. 284, lettera e), da cui debbono essere accompagnate, a norma degli articoli 141 e 227, le merci estere nel trasporto da una dogana all'altra per via di mare e le merci nazionali nel cabotaggio o nella circolazione per il lago di Lugano.

È punito con la sanzione amministrativa da euro 8 a euro 41 il capitano di una nave di stazza netta superiore a duecento tonnellate, che non possiede il manifesto e i documenti del carico o ricusa di esibirli [2].

È punito con la sanzione amministrativa da euro 10 a euro 61 il capitano che, quando ne sia obbligato, rifiuta di ricevere a bordo i funzionari della dogana e i militari della Guardia di finanza, ovvero fa partire la nave senza il permesso della dogana, sempreché il fatto non costituisca reato più grave [3].

(1) *La sanzione originaria dell'ammenda è stata sostituita, da ultimo, con la sanzione amministrativa dall'articolo 39 della legge 24 novembre 1981, n. 689. L'importo della sanzione è stato elevato dall'articolo 8, comma 1, del D.L. 30 settembre 1989, n. 332.*
(2) *La sanzione originaria dell'ammenda è stata sostituita, da ultimo, con la sanzione amministrativa dall'articolo 39 della legge 24 novembre 1981, n. 689. L'importo della sanzione è stato elevato dall'articolo 8, comma 1, del D.L. 30 settembre 1989, n. 332.*
(3) *La sanzione originaria dell'ammenda è stata sostituita, da ultimo, con la sanzione amministrativa dall'articolo 39 della legge 24 novembre 1981, n. 689. L'importo della sanzione è stato elevato dall'articolo 8, comma 1, del D.L. 30 settembre 1989, n. 332.*

317. Inosservanza di prescrizioni doganali da parte dei comandanti di aeromobili. – È punito con la sanzione amministrativa da euro 10 a euro 20 il comandante di aeromobile che [1]:

a) attraversa il confine dello spazio aereo sottoposto alla sovranità dello Stato fuori dei punti prescritti;

b) atterra volontariamente fuori dell'aeroporto doganale prescritto, ancorché ne segnali l'atterraggio alle Autorità di cui all'art. 114;

c) è sfornito del manifesto di cui all'art. 115, quando è prescritto, o rifiuta di presentarlo, sempre quando il fatto non costituisca reato più grave;

d) non adempie all'obbligo della presentazione del manifesto prima della partenza, quando tale presentazione è prescritta;

e) effettua l'imbarco, lo sbarco o il trasbordo di merci, bagagli e persone senza il permesso della dogana o senza l'assistenza dei militari della Guardia di finanza, sempre quando il fatto non costituisca reato più grave.

Il comandante dell'aeromobile, che si oppone agli accertamenti di competenza delle autorità doganali o ne trasgredisce gli ordini, è punito con la sanzione amministrativa da euro 10 a euro 61, sempreché il fatto non costituisca reato più grave [2].

Le pene sopraindicate si applicano indipendentemente da quelle comminate per il medesimo fatto dalle leggi speciali sulla navigazione aerea, in quanto non riguardino la materia doganale.

(1) *La sanzione originaria dell'ammenda è stata sostituita, da ultimo, con la sanzione amministrativa dall'articolo 39 della legge 24 novembre 1981, n. 689. L'importo della sanzione è stato elevato dall'articolo 8, comma 1, del D.L. 30 settembre 1989, n. 332.*
(2) *La sanzione originaria dell'ammenda è stata sostituita, da ultimo, con la sanzione amministrativa dall'articolo 39 della legge 24 novembre 1981, n. 689. L'importo della sanzione è stato elevato dall'articolo 8, comma 1, del D.L. 30 settembre 1989, n. 332.*

318. Omissione o ritardo nella presentazione della dichiarazione doganale. – È punito con la sanzione amministrativa da euro 258 a euro 2.582 chi omette di fare la dichiarazione prescritta dall'art. 56 nel termine stabilito, o prorogato ai sensi dell'art. 95 [1].

(1) *La sanzione originaria dell'ammenda è stata sostituita, da ultimo, con la sanzione amministrativa dall'articolo 39 della legge 24 novembre 1981, n. 689. L'importo della sanzione è stato elevato dall'articolo 8, comma 1, del D.L. 30 settembre 1989, n. 332.*

319. Inosservanza di formalità doganali. – È punito con la sanzione amministrativa da euro 103 a euro 516 chiunque [1]:

a) importa od esporta per vie o in orari non permessi merci esenti da diritti di confine;

b) è sprovvisto del lasciapassare o della bolletta di cauzione da cui devono essere accompagnate le merci nazionali o nazionalizzate nella circolazione per via di terra, a norma dell'art. 227.

È punito con la sanzione amministrativa da euro 10 a euro 25 chiunque [2]:

a) presenta alla dogana di destinazione merci estere, spedite da altra dogana con bolletta di cauzione, dopo il termine stabilito nella bolletta stessa, quando non sia giustificato il ritardo;

b) presenta alla dogana di destinazione, nei casi di cui alla lettera precedente, colli che siano esteriormente alterati ma senza differenza di peso. La sanzione amministrativa si applica per ogni collo alterato.

(1) *La sanzione originaria dell'ammenda è stata sostituita, da ultimo, con la sanzione amministrativa dall'articolo 39 della legge 24 novembre 1981, n. 689. L'importo della sanzione è stato elevato dall'articolo 10, comma 2, del D.Lgs. 18 dicembre 1997, n. 473.*
(2) *La sanzione originaria dell'ammenda è stata sostituita, da ultimo, con la sanzione amministrativa dall'articolo 39 della legge 24 novembre 1981, n. 689. L'importo della sanzione è stato elevato dall'articolo 8, comma 1, del D.L. 30 settembre 1989, n. 332.*

320. Pene per le violazioni delle norme sui depositi nelle zone di vigilanza. – Chiunque violi le norme stabilite con il decreto del Presidente della Repubblica indicato nell'art. 26, per regolare l'istituzione e l'esercizio dei depositi di merci nelle zone di vigilanza, è punito con la sanzione amministrativa da euro 103 a euro 516 (1).

(1) *La sanzione originaria dell'ammenda è stata sostituita, da ultimo, con la sanzione amministrativa dall'articolo 39 della legge 24 novembre 1981, n. 689. L'importo della sanzione è stato elevato dall'articolo 10, comma 2, del D.Lgs. 18 dicembre 1997, n. 473.*

321. Pene per le violazioni delle discipline imposte alla navigazione nelle zone di vigilanza. – Il capitano, il quale violi le discipline stabilite con il decreto del Presidente della Repubblica indicato nell'art. 27, per la navigazione nei laghi e nei fiumi compresi nelle zone di vigilanza, è punito con la sanzione amministrativa da euro 10 a euro 24 (1).

(1) *La sanzione originaria dell'ammenda è stata sostituita, da ultimo, con la sanzione amministrativa dall'articolo 39 della legge 24 novembre 1981, n. 689. L'importo della sanzione è stato così elevato dall'articolo 8, comma 1, del D.L. 30 settembre 1989, n. 332.*

322. Altri casi di violazioni. – *[Per qualunque violazione alle norme del presente testo unico per la quale non sia stabilita una sanzione speciale, si applica l'ammenda da lire ottocento a lire ventimila. Per le violazioni delle norme contenute nel regolamento per l'esecuzione del presente testo unico può essere comminata, nel regolamento stesso, la pena dell'ammenda da lire ottocento a lire diecimila, ovvero la pena pecuniaria nella stessa misura.]* (1)

(1) *Articolo abrogato dall'articolo 10, comma 1, lettera d), del D.Lgs. 18 dicembre 1997, n. 473.*

CAPO III
Disposizioni comuni al contrabbando, alle contravvenzioni, agli illeciti amministrativi

323. Accertamento delle violazioni. – Le violazioni delle norme contenute nel presente testo unico sono accertate mediante processo verbale.

La stessa disposizione si applica anche per le violazioni delle disposizioni di ogni altra legge, nei casi in cui l'applicazione di essa è demandata alle dogane.

324. Competenza dei funzionari doganali. – Ai funzionari doganali, nei limiti del servizio cui sono destinati, è attribuita la facoltà di accertare le violazioni del presente testo unico e quelle di ogni altra legge la cui applicazione è demandata alle Dogane.

Nell'esercizio di tali attribuzioni i funzionari predetti rivestono la qualità di ufficiali di polizia tributaria.

325. Processo verbale per violazioni accertate negli spazi doganali. – La compilazione del processo verbale per le violazioni del presente testo unico accertate entro gli spazi doganali spetta esclusivamente al funzionario dell'amministrazione doganale all'uopo delegato, anche su rapporto verbale o scritto degli altri organi della polizia giudiziaria.

Questa disposizione si osserva altresì per le violazioni delle disposizioni di ogni altra legge nei casi in cui l'applicazione di essa è demandata alle dogane.

Il processo verbale, oltre a quanto è prescritto dal codice di procedura penale, deve contenere le indicazioni relative alla qualità, quantità ed al valore delle merci; alla presa in consegna delle cose sequestrate di cui all'art. 333; alla classificazione doganale delle merci soggette a tributo; all'ammontare dei diritti dovuti, nonché delle multe, delle ammende e delle sanzioni amministrative stabilite dalla legge per le violazioni accertate (1).

Il processo verbale è trasmesso al procuratore della Repubblica presso il tribunale ovvero al capo della dogana della circoscrizione in cui la violazione è stata accertata, rispettivamente competenti per il procedimento penale o per quello relativo all'applicazione della sanzione amministrativa, salvo che la violazione sia estinta, a seconda dei casi, ai sensi dell'art. 334 o per oblazione od a norma dell'art. 15 della legge 7 gennaio 1929, n. 4 (2).

(1) *Comma modificato dall'articolo 10, comma 1, lettera e), del D.Lgs. 18 dicembre 1997, n. 473.*
(2) *Comma modificato dall'articolo 10, comma 1, lettera e), del D.Lgs. 18 dicembre 1997, n. 473.*

326. Processi verbali per violazioni accertate fuori degli spazi doganali. – I processi verbali concernenti le violazioni del presente testo unico e di ogni altra legge nei casi in cui l'applicazione di essa è demandata alle Dogane, quando riguardino violazioni accertate fuori degli spazi doganali e per le quali può aver luogo la estinzione ai sensi dell'art. 334 o per oblazione od a norma dell'art. 15 della legge 7 gennaio 1929, n. 4, sono trasmessi, a cura dei pubblici ufficiali che li hanno redatti, alla dogana competente per territorio. Questa, qualora le violazioni non vengano estinte nei modi sopraindicati, provvede all'invio dei verbali stessi al Procuratore della Repubblica presso il tribunale ovvero al capo della dogana della circoscrizione in cui la violazione è stata accertata, rispettivamente competenti per il procedimento penale o per quello relativo all'applicazione della sanzione amministrativa, corredandoli delle indicazioni stabilite nel comma terzo dell'articolo precedente (1).

(1) *Comma modificato dall'articolo 10, comma 1, lettera f), del D.Lgs. 18 dicembre 1997, n. 473.*

327. Invio dei verbali all'autorità giudiziaria. – I processi verbali per i reati per cui non è ammessa, né l'oblazione, né l'estinzione ai sensi dell'art. 334, sono trasmessi, a cura dei pubblici ufficiali che li hanno redatti, al procuratore della Repubblica presso il tribunale competente per il procedimento penale.

Nei casi di cui al precedente articolo, copia di detti processi verbali è contemporaneamente, trasmessa, a cura degli stessi pubblici ufficiali, alla dogana competente, la quale comunica al procuratore della Repubblica le indicazioni di cui al comma terzo dell'art. 325.

328. Contestazione delle violazioni per infedele dichiarazione. – Nei casi di vertenza fra la dogana e l'operatore disciplinati dalle disposizioni del presente testo unico, alla contestazione delle contravvenzioni e degli illeciti amministrativi per infedeli dichiarazioni doganali può procedersi solo dopo che l'accertamento sia divenuto definitivo.

[Non si fa luogo alla contestazione delle violazioni predette quando la vertenza fra la dogana e l'operatore in ordine all'accertamento concerna la qualificazione di merci che non siano previste dalla tariffa dei dazi doganali di importazione approvata con decreto del Presidente della Repubblica 26 giugno 1965, n. 723, e successive modificazioni, per le quali debba intervenire il decreto di assimilazione di cui all'art. 4 delle disposizioni preliminari alla tariffa medesima]. (1)

(1) *Comma abrogato dall'articolo 2 del D.P.R. 22 settembre 1978, n. 695.*

329. Obbligazione civile in dipendenza di delitti di contrabbando. – Quando il delitto di contrabbando sia commesso sulle navi, sugli aeromobili, sui veicoli di qualsiasi genere, nelle stazioni, sui treni, negli stabilimenti industriali e commerciali, negli esercizi pubblici o in altri luoghi aperti al pubblico, il capitano, il comandante, il vettore, il capostazione, il capotreno, l'Ente o la persona da cui dipende il servizio o lo stabilimento, l'esercente o il proprietario, sono rispettivamente tenuti al pagamento di una somma pari all'ammontare della multa inflitta, se il condannato sia persona da essi dipendente o sottoposta alla loro autorità, direzione o vigilanza e risulti insolvibile.

Le persone e gli enti suddetti sono, inoltre, solidalmente responsabili con i condannati per il pagamento dei diritti dovuti.

Le precedenti disposizioni non si applicano:

a) quando il condannato è persona dipendente dallo Stato, da una regione, da una provincia o da un comune o sia sottoposto alla loro autorità, direzione o vigilanza;

b) ai soprastanti all'esercizio di trasporti, per i delitti di contrabbando commessi dai viaggiatori.

330. Solidarietà di enti e privati. Conversione della pena. – Per il pagamento della somma indicata nell'articolo precedente, sono obbligati solidalmente: il capitano con l'armatore; il comandante dell'aeromobile con la società di navigazione o con il proprietario dell'apparecchio; il capostazione e il capotreno, per le linee gestite dall'industria privata, con la società concessionaria.

Qualora anche le persone e gli enti menzionati in questo articolo e nel precedente quali obbligati civilmente per il pagamento della multa, risultino insolvibili, si procede, contro il condannato, alla conversione della pena della multa in quella della reclusione, secondo le norme del codice penale.

Si osservano, in quanto siano applicabili, le disposizioni del codice di procedura penale e della legge 7 gennaio 1929, n. 4, relative alla citazione ed all'intervento delle persone o degli Enti civilmente obbligati per le ammende inflitte a persone dipendenti.

331. Obbligazione civile in dipendenza di contravvenzioni doganali. – Ai fini dell'applicazione dell'art. 9 della legge 7 gennaio 1929, n. 4, le persone rivestite dell'autorità o incaricate della direzione o vigilanza, sono tenute a far osservare ai loro dipendenti le disposizioni di questa legge, per la cui violazione è stabilita la pena dell'ammenda.

332. Casi di arresto. – Fermo quanto è disposto nel codice di procedura penale circa la libertà personale dell'imputato, il colpevole dei reati preveduti in questa legge è arrestato quando non è nota la sua identità, ovvero quando si tratta di straniero che non dà idonea cauzione o malleveria per il pagamento delle multe e delle ammende (1).

La liberazione non può essere ordinata fino a che l'identità personale del colpevole non è stata accertata, o, trattandosi di straniero, fino a che questi non ha prestato la cauzione o la malleveria. Tuttavia, la detenzione del colpevole non può superare il massimo della pena stabilita dalla legge per il reato di cui è imputato, od i tre mesi quando contro di lui si procede per contravvezione (2).

Quando egli debba essere scarcerato ne è dato avviso all'autorità di pubblica sicurezza.

I provvedimenti relativi alla liberazione dell'arrestato spettano al procuratore della Repubblica presso il tribunale nella cui circoscrizione il reato è stato accertato se alla escarcerazione non deve provvedere altra autorità giudiziaria a norma del codice di procedura penale.

L'intendente di finanza e la dogana hanno l'obbligo di comunicare di urgenza al procuratore della Repubblica qualsiasi circostanza o qualsiasi atto o provvedimento, che possa influire sullo stato di detenzione del colpevole.

(1) *La Corte costituzionale, con sentenza 18 luglio 1983, n. 215, (in Gazz. Uff., 27 luglio 1983, n. 205), ha dichiarato l'illegittimità costituzionale del presente comma, relativamente alla penale "ovvero quando si tratta di straniero che non dà idonea cauzione o malleveria per il pagamento delle multe o delle ammende".*

(2) *La Corte costituzionale, con sentenza 18 luglio 1983, n. 215, (in Gazz. Uff., 27 luglio 1983, n. 205), ha dichiarato l'illegittimità costituzionale del presente comma, relativamente alle parole "o, trattandosi di straniero, fino a che questi non ha pagato la cauzione o la malleveria".*

333. Cose sequestrate. – Le cose sequestrate per reati preveduti dal presente testo unico sono prese in custodia dalla dogana più vicina al luogo del sequestro. Per assicurare la identità e la conservazione di esse si osservano, in quanto applicabili, le norme di cui agli articoli 344, 345, e 346 del codice di procedura penale.

Nei procedimenti per reati, i provvedimenti relativi alla restituzione ed alla vendita delle cose sequestrate sono ordinati d'urgenza dall'Autorità giudiziaria che procede all'istruzione od al giudizio e sono eseguiti dal ricevitore della dogana.

334. Estinzione dei delitti di contrabbando punibili con la sola multa. – Per i delitti di contrabbando punibili con la sola pena della multa, l'amministrazione doganale può consentire che il colpevole effettui il pagamento, oltre che nel tributo dovuto, di una somma non inferiore al doppio e non superiore al decuplo del tributo stesso da determinarsi dall'amministrazione medesima.

Il pagamento della somma anzidetta e del tributo estingue il reato.

L'estinzione del reato non impedisce l'applicazione della

confisca, la quale è disposta con provvedimento dell'amministrazione doganale.

335. Oblazione in materia contravvenzionale. – L'oblazione ai sensi dell'art. 13 della legge 7 gennaio 1929, n. 4, è ammessa anche per le contravvenzioni, il cui massimo non supera lire cinquantamila. In questi casi l'amministrazione doganale può, quando ricorrano particolari circostanze, determinare la somma da pagare per l'estinzione del reato anche in misura inferiore al sesto del massimo dell'ammenda stabilita dalla legge, oltre al tributo.

Sulla domanda di oblazione ai sensi dell'articolo 14 della legge predetta, è competente a provvedere l'amministrazione doganale qualunque sia la misura dell'ammenda, osservate, nel resto, le disposizioni della legge medesima (1).

(1) *Vedi, ora, l'art. 39, quarto comma, l. 24 novembre 1981, n. 689.*

336. Competenza degli uffici doganali. – Nei casi indicati nell'art. 334 e nell'art. 335 i provvedimenti di competenza dell'amministrazione delle dogane sono adottati dai capi delle dogane.

337. Ripartizione dei proventi delle pene e dei prodotti di confisca. – Le somme riscosse per multe, ammende e pene pecuniarie, e le somme ricavate dalla vendita delle cose confiscate, dedotte le spese, sono devolute per metà all'erario.

L'altra metà è assegnata in parti centesimali, come segue:

a) cinquanta parti a titolo di premio agli scopritori, sino ad un massimo di lire cinquantamila per ogni impiegato o militare accertatore e per ogni accertamento. L'importo delle quote da assegnare ai militari della Guardia di finanza verrà versato al Fondo di assistenza per i finanzieri per essere erogato in premi con le modalità stabilite dalle disposizioni in vigore;

b) quaranta parti al fondo di previdenza del personale doganale o al fondo di previdenza del personale degli uffici tecnici delle imposte di fabbricazione e dei Laboratori chimici delle dogane e delle imposte indirette o al Fondo di assistenza per i finanzieri secondo che gli scopritori appartengano al personale delle dogane o a quello delle imposte di fabbricazione e dei laboratori chimici o alla Guardia di finanza. Se la scoperta delle infrazioni è fatta da persone non appartenenti al personale anzidetto, questa quota è devoluta al Fondo di assistenza per i finanzieri;

c) due parti al fondo costituito a disposizione del direttore generale delle dogane e imposte indirette con l'art. 27 della legge 2 aprile 1886, n. 3754, da erogarsi in premi per la prevenzione e la scoperta del contrabbando, con le norme di cui all'art. 119 della legge n. 20 del 20 gennaio 1896;

d) tre parti, con un massimo di lire tremila, al capo servizio da cui dipende il personale che ha scoperto l'infrazione;

e) cinque parti, con un massimo di lire cinquemila, al ricevitore della dogana che ha la gestione della violazione.

La parte eccedente i massimi indicati alle lettere a), d) ed e), è devoluta agli enti indicati alla lettera b), secondo l'appartenenza degli scopritori.

338. Obbligo del pagamento dei diritti doganali. – Il pagamento della multa o dell'ammenda non esime dall'obbligo del pagamento dei diritti doganali, salvo il caso in cui la merce oggetto del contrabbando sia stata sequestrata.

A tale pagamento è obbligato, solidalmente con il colpevole del contrabbando, anche il ricettatore.

339. Violazione dei divieti d'importazione e di esportazione. – Le pene comminate dalle leggi speciali relative ai divieti di importazione e di esportazione si applicano senza pregiudizio di quelle stabilite dal presente testo unico, quando il fatto sia anche punibile ai termini di esso.

340. Applicabilità delle disposizioni penali doganali ad alcune leggi speciali. – Le disposizioni di questo titolo sono applicabili anche alle violazioni in materia doganale delle leggi e decreti che non contemplino sanzioni particolari per le violazioni medesime.

341. Applicabilità delle disposizioni penali doganali ai delitti di contrabbando previsti dalla legge sui monopoli (1). – Ai fatti di contrabbando che abbiano per oggetto tabacchi di provenienza estera si applicano esclusivamente le disposizioni di questo titolo.

[Sono fatte salve le disposizioni di cui agli articoli 10 e 11 della legge 3 gennaio 1951, n. 27, limitatamente alle violazioni accertate fuori degli spazi doganali] (2).

(1) *Articolo sostituito dall'articolo 7, comma 1, della legge 10 dicembre 1975, n. 724.*
(2) *Comma abrogato dall'articolo 5 del D.Lgs. 9 novembre 1990, n. 375.*

342. Deroga legislativa espressa. – Le disposizioni degli articoli 293, 296, 297, 298, 300, 301, 329, 330 e 334 sono stabilite in deroga, rispettivamente, degli articoli 56, 99, 102, 105, 229 - n. 1 - 240, 196, 197 e 205 del codice penale. La disposizione dell'art. 337 è stabilita in deroga degli articoli 24 e 26 dello stesso codice. Le disposizioni degli articoli 335 e 336 sono, infine stabilite in deroga degli articoli 13 e 46 della legge 7 gennaio 1929, n. 4.

TITOLO VIII
Disposizioni diverse e finali

CAPO I
Rapporti con le amministrazioni, estere e nazionali, in materia di contenzioso e di attestazioni

343. Comunicazioni di notizie e documenti ad autorità amministrative estere. – È in facoltà dell'Amministrazione finanziaria di fornire, a condizioni di reciprocità, alle competenti autorità amministrative di Paesi esteri, informazioni, certificazioni, processi verbali ed altri documenti utili per l'accertamento di violazioni di leggi e di regolamenti applicabili nel territorio dei Paesi stessi all'entrata o all'uscita delle merci.

344. Testimonianze in procedimenti giudiziari instaurati all'estero. – È in facoltà dell'Amministrazione finanziaria di permettere, a condizioni di reciprocità che i propri dipendenti depongano come testimoni nei procedimenti civili, penali ed amministrativi, riguardanti materia doganale, che fossero instaurati in Paesi esteri. Le indennità spettanti ai dipendenti predetti sono a carico del Paese o della parte privata che ne ha chiesto la citazione come testimoni.

345. Contestazioni fra le dogane e le amministrazioni delle ferrovie e delle poste. – In caso di mancato arrivo a destinazione delle merci sotto vincolo doganale, a cura dell'amministrazione ferroviaria o di quella postale, da un punto all'altro del territorio doganale ovvero in caso di differenze di quantità o qualità riscontrate all'arrivo a destinazione di dette merci, la dogana competente ne informa immediatamente l'amministrazione interessata ai fini del recupero dei relativi diritti doganali. Qualora a tal riguardo insorgano contestazioni è redatto apposito verbale che, sottoscritto dai funzionari delle due parti, viene rimesso, unitamente ai documenti relativi alla spedizione, alla commissione istituita con il decreto legislativo 9 marzo 1948, n. 408, per quanto concerne l'amministrazione ferroviaria od alla commissione istituita con il decreto ministeriale 18 febbraio 1964, pubblicato nella Gazzetta Ufficiale della Repubblica italiana n. 130 del 29 maggio 1964, e successive modificazioni e proroghe, per quanto concerne l'Amministrazione postale.

Compete alle commissioni predette:

a) di accordare sanatoria a favore dell'amministrazione ferroviaria o di quella postale per i diritti in contestazione quando sussistano elementi dai quali possa fondatamente dedursi che l'irregolarità non si sia effettivamente verificata o che non vi sia stata una immissione in consumo nel territorio doganale delle merci mancanti;

b) di determinare gli elementi per l'accertamento dei diritti doganali dovuti dall'amministrazione ferroviaria o da quella postale qualora quelli rilevabili dai documenti doganali, di trasporto o commerciali non siano stati dalla Dogana ritenuti sufficienti;

c) di esaminare e decidere ogni altra questione concernente addebiti di carico dell'amministrazione ferroviaria o di quella postale di diritti doganali relativi a merci spedite per conto di terzi.

Per le irregolarità indicate nel primo comma non sono applicabili penalità a carico dell'amministrazione ferroviaria o di quella postale.

346. Riconoscimento delle attestazioni rilasciate da autorità estere. – Il Ministero delle finanze, può, in via generale consentire che:

a) l'uscita delle merci dal territorio doganale possa essere provata, agli effetti doganali, anche per mezzo di attestazioni e certificazioni rilasciate da una dogana o da altre pubbliche amministrazioni estere, ovvero per mezzo di idonei documenti di trasporto internazionale;

b) alle attestazioni apposte da autorità estere, sui documenti doganali emessi a scorta di merci introdotte nel territorio doganale sia riconosciuta, a condizione di reciprocità, la medesima efficacia attribuita alle analoghe attestazioni apposte dalle dogane italiane sui documenti relativi alla spedizione di merci estere da una ad altra dogana.

CAPO I *BIS*
Mutua assistenza fra gli stati membri delle comunità europee in materia di recupero di crediti [(1)]

[(1)] *Capo aggiunto dall'articolo 1 del D.P.R. 9 gennaio 1978, n. 35.*

346 *bis*. Assistenza agli altri Stati membri delle Comunità europee per il ricupero di crediti sorti negli Stati medesimi [(1)]. – *[A richiesta degli organi competenti degli altri Stati membri delle Comunità europee l'amministrazione doganale provvede, relativamente ai crediti di cui all'art. 346- quater sorti negli Stati medesimi:*

1) a fornire informazioni sul conto di persone fisiche o giuridiche, avvalendosi per l'assunzione di tali informazioni dei poteri conferiti all'amministrazione doganale medesima dalle vigenti disposizioni nazionali ai fini del ricupero dei crediti di analoga natura sorti nel territorio della Repubblica; le informazioni possono non essere fornite quando rivelerebbero un segreto commerciale, industriale o professionale ovvero quando la loro divulgazione potrebbe pregiudicare la sicurezza o l'ordine pubblico;

2) a curare che si proceda, con l'osservanza delle vigenti disposizioni nazionali, alla notifica nei confronti di persone fisiche o giuridiche di atti, sentenze e decisioni emanati negli Stati membri richiedenti;

3) a dare corso, sulla base dei titoli esecutivi trasmessi dagli organi esteri richiedenti, alla azione di ricupero di crediti nei confronti di persone fisiche o giuridiche, secondo la procedura di cui all'art. 82 del presente testo unico e previa emissione di apposita ingiunzione;

4) ad adottare, sulla base dei titoli esecutivi trasmessi dagli organi esteri richiedenti, misure cautelari per garantire il ricupero dei crediti.

L'amministrazione doganale dà corso all'azione di ricupero di cui al precedente comma, punto 3), soltanto:

a) se la richiesta è accompagnata da un esemplare originale o da una copia autentica del titolo esecutivo emesso nell'altro Stato membro e degli eventuali altri documenti necessari ai fini del ricupero del credito;

b) se la richiesta contiene l'indicazione della data a decorrere dalla quale è possibile procedere alla esecuzione secondo le disposizioni vigenti nell'altro Stato membro nonchè la dichiarazione che il credito ed il titolo esecutivo non sono contestati nello Stato medesimo e che la procedura per il ricupero è stata in esso intrapresa senza però portare al pagamento integrale del credito;

c) se il ricupero del credito non è di natura tale da provocare, a causa della situazione del debitore, gravi difficoltà d'ordine economico o sociale nel territorio della Repubblica.

Per il pagamento delle somme dovute, previo assenso dell'organo estero richiedente, possono essere accordate al debitore dilazioni o rateazioni nei limiti ed alle condizioni previste dalle vigenti disposizioni nazionali. Le somme eventualmente riscosse a titolo di interessi per le dilazioni o rateazioni accordate ovvero per ritardato pagamento vanno rimesse all'organo estero richiedente.

L'interessato che intende contestare il credito o il titolo esecutivo nell'altro Stato membro ovvero le misure cautelari adottate dalla amministrazione doganale ai sensi del primo comma, punto 4), deve adire l'organo competente dello Stato membro, in conformità delle leggi ivi vigenti; in tal caso l'amministrazione doganale, ricevuta notifica dell'avvenuta impugnazione, dispone le sospensione della procedura esecutiva fino alla decisione di detto organo, adottando, ove lo ritenga necessario, le misure cautelari consentite dalle vigenti disposizioni nazionali per garantire il ricupero di crediti di analoga natura. Se sulla contestazione si pronuncia un organo giurisdizionale, la cui decisione sia favorevole all'organo richiedente dell'altro Stato membro e permetta il ricupero del credito nello Stato medesimo, la procedura esecutiva riprende sulla base del nuovo titolo.

L'interessato che intende contestare gli atti della procedura esecutiva intrapresa dall'amministrazione doganale deve adire il competente organo dello Stato italiano con l'osservanza delle disposizioni nazionali vigenti].

(1) *Articolo aggiunto dall'articolo 1 del D.P.R. 9 gennaio 1978, n. 35 e, successivamente, abrogato dall'articolo 11 del D.L.gs. 9 aprile 2003, n. 69.*

346 *ter*. Richiesta di assistenza agli altri Stati membri delle Comunità europee per il ricupero di crediti sorti nel territorio della Repubblica. – *[L'amministrazione doganale, relativamente ai crediti di cui all'art. 346- quater sorti nel territorio della Repubblica si avvale, ove occorra, dell'assistenza degli organi competenti degli altri Stati membri delle Comunità europee, richiedendo che nei confronti di persone fisiche o giuridiche vengano fornite informazioni, eseguite notifiche di atti, sentenze e decisioni, intraprese procedure esecutive ed adottate misure cautelative.*

Se la domanda di assistenza non consiste soltanto in una richiesta di informazioni il provvedimento del quale si chiede la notifica ovvero in base al quale si chiede che sia intrapresa la procedura esecutiva o siano adottate le misure cautelative, nonchè gli altri documenti necessari ai fini del ricupero, devono essere trasmessi in originale o in copia autentica.

Se riguarda il ricupero di un credito, la domanda deve contenere l'indicazione della data a decorrere dalla quale è possibile procedere alla esecuzione secondo le disposizioni nazionali vigenti nonchè la dichiarazione che il credito ed il titolo esecutivo non sono contestati nel territorio della Repubblica e che la procedura per il ricupero è stata in esso intrapresa senza però portare al pagamento integrale del credito.

Eventuali azioni in sede amministrativa o giurisdizionale per contestare il credito o il titolo esecutivo ovvero le misure cautelative adottate nell'altro Stato membro devono essere proposte davanti ai competenti organi nazionali; in tali casi l'amministrazione doganale informa il competente organo dell'altro Stato membro ai fini della sospensione della procedura di esecuzione ivi intrapresa. Se la contestazione riguarda i provvedimenti esecutivi adottati nell'altro Stato membro su richiesta dell'amministrazione anzidetta, l'azione va proposta davanti al competente organo dello Stato medesimo] (1).

(1) *Articolo aggiunto dall'articolo 1 del D.P.R. 9 gennaio 1978, n. 35 e, successivamente, abrogato dall'articolo 11 del D.L.gs. 9 aprile 2003, n. 69.*

346 *quater*. Crediti ammessi alla mutua assistenza (1). – *[Le disposizioni degli articoli 346- bis e 346- ter si applicano ai crediti relativi:*

a) alle restituzioni, agli interventi ed alle altre misure che fanno parte del sistema di finanziamento integrale e parziale del Fondo europeo agricolo di orientamento e di garanzia, ivi compresi gli importi da riscuotere nel quadro di tali misure;

b) ai prelievi agricoli, ai sensi dell'art. 2, lettera a), della decisione 70/243/CECA, CEE, EURATOM e dell'art. 128, lettera a), dell'atto di adesione;

c) ai dazi doganali, ai sensi dell'art. 2, lettera b), della decisione richiamata dalla precedente lettera e dell'art. 128, lettera b), dell'atto di adesione;

d) ai diritti di accisa che gravano sugli oli minerali, sull'alcole e sulle bevande alcoliche e sui tabacchi lavorati;

e) alle spese ed agli interessi relativi al recupero dei crediti sopraindicati (2).

I crediti di cui al precedente comma non godono di privilegi nello Stato membro al quale viene rivolta la domanda di assistenza. La prescrizione dei crediti stessi è regolata dalle disposizioni vigenti nello Stato in cui sono sorti; agli effetti della sospensione e della interruzione della prescrizione, gli atti di ricupero eseguiti nello Stato al quale è stata rivolta la domanda di assistenza si considerano eseguiti nello Stato in cui il credito è sorto.

È fatta salva l'assistenza più ampia che può essere accordata o richiesta a taluni Stati membri delle Comunità europee in virtù di particolari accordi o convenzioni.] (3)

(1) *Articolo aggiunto dall'articolo 1 del D.P.R. 9 gennaio 1978, n. 35.*
(2) *Comma sostituito dall'articolo 31, comma 1, del D.L. 30 agosto 1993, n. 331.*
(3) *Articolo abrogato dall'articolo 11 del D.Lgs. 9 aprile 2003, n. 69.*

346 *quinquies*. Norme di esecuzione. – *[Il Ministro per le finanze stabilisce con proprio decreto le norme necessarie per l'esecuzione dei precedenti articoli del presente capo, anche sulla base di quelle adottate dai competenti organi delle Comunità europee ai sensi dell'art. 22 della direttiva del Consiglio dei Ministri delle Comunità europee n. 76/308/CEE in data 15 marzo 1976; le norme relative alla conversione ed al trasferimento delle somme ricuperate e dei relativi interessi e spese allo Stato in cui è sorto il credito sono emanate di concerto con il Ministro per il tesoro.*

Qualora, in relazione alle esigenze connesse con lo sviluppo della mutua assistenza amministrativa fra gli Stati membri delle Comunità europee ai fini della gestione dell'Unione doganale, se ne ravvisi la opportunità, il Ministro per le finanze può con proprio decreto stabilire che taluni compiti degli uffici periferici dell'amministrazione doganale inerenti all'attuazione della mutua assistenza medesima siano devoluti ad un apposito ufficio centrale alle dirette dipendenze della Direzione generale delle dogane e delle imposte indirette, con sede in Roma] (1).

(1) *Articolo aggiunto dall'articolo 1 del D.P.R. 9 gennaio 1978, n. 35 e, successivamente, abrogato dall'articolo 11 del D.L.gs. 9 aprile 2003, n. 69.*

CAPO II
Conferma, soppressione e modifica di norme regolamentari

347. Regolamento di esecuzione del presente testo unico. – Fino a quando non sia emanato il regolamento per l'esecuzione del presente testo unico, restano in vigore le norme regolamentari attuali, in quanto applicabili.

348. Soppressione di norme regolamentari in materia di cauzioni. – Nell'art. 55, primo comma, del regolamento per l'esecuzione del testo unico delle leggi doganali, approvato con regio decreto 13 febbraio 1896, n. 65, sono soppresse le parole "aumentato di un decimo".

Nell'articolo 221, ultimo comma, del medesimo regolamento, modificato con decreto del Presidente della Repubblica 2 agosto 1952, n. 1968, è altresì soppressa la frase "e quando sia scaduto il termine stabilito dall'art. 27 della legge 25 settembre 1940, n. 1424, sopracitata, riguardo alla riscossione suppletiva dei diritti dovuti".

349. Imbarco per l'uscita dallo Stato per via di mare di merci estere in transito. – In deroga a quanto previsto nell'articolo 210 del regolamento per l'esecuzione del testo unico delle leggi doganali, approvato con regio decreto 13 febbraio 1896, n. 65, per le merci estere in transito che escono dallo Stato per via di mare si prescinde, all'atto dell'imbarco dalla emissione del "lasciapassare per merci estere" quando ricorra una delle condizioni di cui alle lettere a), b) e c) dell'art. 142.

CAPO III
Scritture doganali e relative contabilità

350. Registri, stampati e formulari. – Il Ministro per le finanze stabilisce i modelli dei registri, degli stampati e degli altri formulari relativi alle scritture doganali e detta le istruzioni per il loro uso. I modelli dei registri, stampati e formulari concernenti la contabilità doganale e le istruzioni per il loro uso sono stabiliti di concerto con il Ministro del tesoro, del bilancio e della programmazione economica.

351. Automazione dei servizi. – Il Ministro delle finanze, ai fini dello snellimento delle procedure e della razionale automazione dei servizi, con propri decreti emanati d'intesa, ove occorra, col Ministro del tesoro, del bilancio e della programmazione economica:

a) approva le istruzioni per il funzionamento degli uffici doganali che si avvalgono di sistemi informatici, stabilendo le necessarie modifiche procedurali, i requisiti dei supporti magnetici o scritti, sostitutivi di registri, di moduli, di bollettari e di simili mezzi di scritturazione, nonché le modalità per la loro produzione, classificazione, conservazione ed archiviazione, e determina le procedure e le cautele per l'acquisizione e lo scambio di documenti, certificazioni e notizie tra gli uffici doganali ovvero tra gli uffici doganali ed altri uffici pubblici, anche esteri, a mezzo di sistemi di teletrasmissione e telematici;

b) può consentire che la fornitura di elementi necessari per l'accentramento tributario e degli altri dati e notizie ad esso correlative abbia luogo, da parte di enti pubblici e privati provvisti di sistemi di elaborazione dati, a mezzo di supporti magnetici o di collegamenti tra detti sistemi ed il sistema informatico doganale, fissando le cautele necessarie per garantirne la sicurezza e l'affidabilità;

c) stabilisce gli altri casi nei quali gli uffici della Amministrazione finanziaria, compreso il Corpo della Guardia di finanza, sono tenuti a scambiarsi dati e notizie acquisiti dai rispettivi sistemi informativi e le relative modalità e cautele intese a garantirne la sicurezza e l'affidabilità [(1)].

(1) Articolo sostituito dall'articolo 1 del D.P.R. 8 maggio 1985, n. 254.

351 *bis*. Revisione delle scritture doganali. – I registri scritti, le bollette matrici e gli altri documenti che rimangono presso le dogane dopo espletate le operazioni doganali devono essere rigorosamente custoditi per essere sottoposti a revisione nei modi e nei tempi stabiliti, con proprio decreto, dal Ministro per le finanze.

La revisione, da effettuarsi attraverso il sistema dello scandaglio, ha lo scopo di controllare che i diritti siano stati esattamente liquidati, riscossi e versati, che le merci introdotte nel territorio doganale abbiano avuto regolare esito e che nell'accettazione ed emissione dei documenti doganali nella tenuta dei registri ed altre scritture e comunque nell'azione amministrativa in genere siano state osservate le vigenti disposizioni nazionali e comunitarie [(1)].

(1) Articolo aggiunto dall'articolo 1 del D.P.R. 16 dicembre 1977, n. 960.

CAPO IV
Disposizioni finali

352. Abrogazione di norme. – Sono abrogati i seguenti provvedimenti legislativi:

a) la legge doganale 25 settembre 1940, n. 1424, e successive modificazioni;

b) il decreto-legge 18 dicembre 1913, n. 1453, convertito nella legge 17 aprile 1925, n. 473, e successive modificazioni;

c) la legge 14 maggio 1965, n. 576;

d) la legge 27 giugno 1966, n. 514;

e) il decreto del Presidente della Repubblica 27 dicembre 1969, n. 1330;

f) il decreto del Presidente della Repubblica 30 dicembre 1969, n. 1133, eccettuato il primo comma dell'art. 36;

g) il decreto del Presidente della Repubblica 30 dicembre 1969, n. 1134, eccettuato il secondo comma dell'art. 6;

h) il decreto del Presidente della Repubblica 2 febbraio 1970, n. 62 eccettuati il terzo comma dell'art. 8, il quarto comma dell'articolo 10, il quarto comma dell'art. 12 ed il primo comma dell'art. 25;

i) il decreto del Presidente della Repubblica 18 febbraio 1971, n. 18, eccettuati gli articoli 123, 124, 125, 126, 127 e 128.

Il rinvio alle disposizioni abrogate fatto dalle norme rimaste in vigore di cui ai punti h) ed i) del precedente comma, da altre leggi, da regolamenti e da altre norme amministrative, si intende riferito alle corrispondenti disposizioni del presente testo unico.

2. D.Lgs. 8 novembre 1990, n. 374

Riordinamento degli istituti doganali e revisione delle procedure di accertamento e controllo in attuazione delle direttive n. 79/695/CEE del 24 luglio 1979 e n. 82/57/CEE del 17 dicembre 1981, in tema di procedure di immissione in libera pratica delle merci, e delle direttive n. 81/177/CEE del 24 febbraio 1981 e n. 82/347/CEE del 23 aprile 1982, in tema di procedure di esportazione delle merci comunitarie.(1)

(1) *Pubblicato in Suppl. ordinario alla Gazz. Uff., 14 dicembre, n. 291*

1. Orario degli uffici del dipartimento delle dogane e delle imposte indirette. – 1. Ferme restando le disposizioni vigenti sull'orario ordinario di lavoro degli impiegati civili dello Stato, l'orario ordinario di apertura degli uffici del dipartimento delle dogane e delle imposte indirette è fissato dalle ore 8.00 alle ore 18.00 nei giorni dal lunedì al venerdì e dalle ore 8.00 alle ore 14.00 nella giornata di sabato, con esclusione dei giorni festivi.

2. Presso gli uffici doganali di confine, di mare e aeroportuali è assicurato, per tutti i giorni, compresi i festivi, e per l'intero arco delle ventiquattro ore giornaliere, il passaggio delle frontiere, con l'espletamento dei corrispondenti controlli e formalità, alle persone, ai mezzi di trasporto che circolano vuoti o che trasportano merci in regime doganale di transito. Con determinazione del Direttore dell'Agenzia delle Dogane e dei Monopoli sono individuati gli uffici doganali in cui l'operatività di cui al precedente periodo è assicurata anche per l'espletamento dei controlli e delle formalità inerenti le merci che circolano in regimi diversi dal transito, a condizione che nell'ufficio doganale la consistenza del personale in servizio sia superiore a quella dell'anno precedente in misura tale da garantire la copertura dell'orario prolungato (1).

3. Nei centri di elaborazione dati delle direzioni compartimentali è stabilito un orario di funzionamento di ventiquattro ore al giorno.

4. I direttori degli uffici possono disporre una diversa articolazione ovvero una riduzione dell'orario di apertura degli uffici qualora le esigenze di servizio lo consentano.

5. Per le operazioni doganali eseguite nel periodo di apertura degli uffici di cui al comma 1 e per i controlli e le formalità di cui al comma 2 non è addebitato agli operatori il costo del servizio.

[6. I servizi del dipartimento delle dogane e delle imposte indirette, secondo gli orari previsti nel presente articolo, sono assicurati, mediante le forme di articolazione dell'orario di lavoro previste dalla vigente normativa, da stabilirsi, per i rispettivi uffici, dal direttore centrale degli affari generali, del personale e dei servizi informatici e tecnici del dipartimento delle dogane e delle imposte indirette, dai direttori compartimentali, dai direttori circoscrizionali, dai direttori degli uffici tecnici di finanza e dai direttori dei laboratori chimici d'intesa con le organizzazioni sindacali secondo la normativa vigente.] (2)

[7. Qualora l'intesa non venga raggiunta entro giorni quindici dall'apertura delle trattative, i direttori degli uffici indicati nel comma 6 formalizzano una ipotesi di articolazione dell'orario di lavoro e la inviano al direttore centrale degli affari generali, del personale e dei servizi informatici e tecnici del dipartimento delle dogane e delle imposte indirette ed anche alle locali organizzazioni sindacali. In attesa della definizione della vertenza il predetto direttore può disporre, in via provvisoria, l'entrata in vigore del provvedimento di articolazione dell'orario di lavoro, sentite le organizzazioni sindacali nazionali maggiormente rappresentative del settore.] (3)

8. I capi degli uffici possono consentire, su richiesta motivata degli operatori, il compimento delle operazioni doganali oltre l'orario ordinario di apertura di ufficio o fuori del circuito doganale, di cui all'art. 18 del testo unico delle disposizioni legislative in materia doganale, approvato con decreto del Presidente della Repubblica 23 gennaio 1973, n. 43, verso il pagamento del costo del servizio.

[9. In attesa dell'espletamento dei consorzi di cui all'art. 34 del decreto legislativo 26 aprile 1990, n. 105, o qualora per mancanza di personale non sia possibile assicurare il servizio con le modalità di cui al comma 6, i capi degli uffici potranno disporre prestazioni di lavoro straordinario, entro i limiti previsti dall'art. 35, comma 3, del decreto legislativo 26 aprile 1990, n. 105, per il completamento dell'orario di servizio quando sussistano effettive esigenze, sentite le organizzazioni sindacali di cui all'art. 4, comma 4, del decreto del Presidente della Repubblica 8 maggio 1987, n. 266.] (4)

(1) *Comma modificato dall'articolo 5, comma 2, del D.L. 23 dicembre 2013, n. 145 convertito, con modificazioni dalla Legge 21 febbraio 2014, n. 9.*
(2) *Comma abrogato dall'art. 23, d.p.r. 26 marzo 2001, n. 107.*
(3) *Comma abrogato dall'art. 23, d.p.r. 26 marzo 2001, n. 107.*
(4) *Comma abrogato dall'art. 23, d.p.r. 26 marzo 2001, n. 107.*

2. Servizio di riscontro. – 1. Il servizio di riscontro sarà effettuato nei casi e secondo le modalità fissate dall'art. 21 del testo unico delle disposizioni legislative, in materia doganale, approvato con decreto del Presidente della Repubblica 23 gennaio 1973, n. 43; il servizio di riscontro potrà essere effettuato anche in caso di incompletezza o di fondato sospetto di irregolarità dei documenti doganali.

2. Il Ministro delle finanze, con proprio decreto, può, stabilire la soppressione del servizio di riscontro per le operazioni doganali fuori circuito, salve le operazioni di polizia tributaria, nonché negli altri casi in cui non ne ricorra la necessità, avuto riguardo al luogo in cui lo stesso può essere espletato, alla destinazione conferita alle merci ed alla scarsa rilevanza fiscale delle stesse; il Ministro delle finanze può inoltre, stabilire in quali casi e con quali modalità le attestazioni di riscontro devono essere annotate sui documenti e sui registri, anche avvalendosi di procedure informatizzate.

3. Liquidazione e riscossione dei diritti e delle spese. – 1. I diritti doganali sono accertati, liquidati, e riscossi secondo le norme del testo unico delle disposizioni legislative in materia doganale, approvato con decreto del Presidente della Repubblica 23 gennaio 1973, n. 43, e delle altre leggi in materia doganale, salvo che sia diversamente disposto dalle specifiche leggi che li riguardano.

2. I dazi, i prelievi e le altre imposizioni all'importazione ed all'esportazione previsti dai regolamenti comunitari sono accertati, liquidati e riscossi secondo le disposizioni dei regolamenti stessi nonché, ove questi rinviino alla disciplina dei singoli Stati membri o comunque non provvedano, secondo le norme del testo unico delle disposizioni legislative in materia doganale, approvato con decreto del Presidente della Repubblica 23 gennaio 1973, n. 43, e delle altre leggi in

materia doganale.

3. Le disposizioni del presente articolo si osservano anche per quanto concerne i rimborsi, gli sgravi ed i recuperi dei diritti doganali.

4. Oltre ai diritti suddetti, sono a carico del contribuente le spese per l'applicazione di piombi o di altri contrassegni alle merci, ai colli che le contengono, ai mezzi di trasporto, ai boccaporti, ecc.

5. Con decreto del Ministro delle finanze sono stabiliti il tipo e la forma di detti piombi e contrassegni, nei casi in cui il loro uso è prescritto, le modalità per la loro applicazione e i diritti dovuti per ciascuno di essi.

6. Sono anche a carico del contribuente i corrispettivi dell'amministrazione finanziaria per operazioni compiute a richiesta, fuori dell'orario di cui al comma 1 dell'art. 1 o fuori del circuito doganale. Sono altresì a carico del contribuente le spese per il compimento di lavori di facchinaggio da parte del personale addetto, secondo i regolamenti e le tariffe locali, nonché ogni altra spesa ed indennità stabilite da speciali disposizioni di legge o di regolamento.

7. I diritti di ogni sorta e le spese debbono essere pagati prima del rilascio delle merci da parte della dogana, salvo che, se consentito dalle vigenti norme di legge o di regolamento, sia stata prestata idonea garanzia per il loro soddisfacimento.

4. Forma e contenuto della dichiarazione. Casi di nullità. – 1. La dichiarazione deve essere redatta e sottoscritta dal dichiarante, su stampati conformi a modelli approvati con decreto del Ministro delle finanze da pubblicarsi nella Gazzetta Ufficiale della Repubblica italiana.

2. Essa deve contenere le seguenti indicazioni:

a) l'identità ed il domicilio fiscale del proprietario delle merci, dell'eventuale suo rappresentante e di tutti coloro per conto dei quali l'operazione doganale viene effettuata;

b) il codice fiscale dei soggetti che intervengono nell'operazione doganale e degli altri soggetti ad essa interessati ovvero il codice sostitutivo ad uso meccanografico, a norma del decreto-legge 30 dicembre 1982, n. 953, convertito, con modificazioni, dalla legge 28 febbraio 1983, n. 53;

c) i luoghi di origine, di provenienza e di destinazione delle merci;

d) la quantità e la natura dei colli con le marche, sigle o cifre identificative;

e) la descrizione delle merci con l'indicazione della posizione di tariffa, della qualità, della quantità, del valore e di ogni altro elemento occorrente per la liquidazione dei diritti; in luogo della denominazione tariffaria, nei casi stabiliti con decreto del Ministro delle finanze, può essere indicata quella commerciale, purché quest'ultima contenga tutti gli elementi che occorrono per l'applicazione della tariffa e per la liquidazione dei diritti;

f) gli altri dati prescritti nei modelli ufficiali in relazione alla destinazione doganale richiesta e le ulteriori indicazioni stabilite in base a norme legislative o regolamentari.

3. Nella dichiarazione scritta devono essere indicati, inoltre, l'importo dei singoli tributi gravanti sulla merce e l'ammontare complessivo della somma da pagare o da garantire, calcolati sulla base degli elementi dichiarati a norma del comma 2; per tale adempimento, di carattere meramente indicativo, coloro che non siano operatori professionali possono chiedere l'assistenza gratuita di un funzionario doganale.

4. In casi particolari il capo dell'ufficio può esonerare il dichiarante dall'obbligo di cui al comma 3.

5. La dichiarazione si considera nulla quando rechi cancellature od altre alterazioni oppure quando manchi qualunque altra indicazione prevista dal presente articolo, salvo il caso di cui all'art. 5. La nullità non può essere fatta valere dal dichiarante quando la dichiarazione è stata accettata dalla dogana.

6. Insieme con la dichiarazione devono essere presentati i documenti commerciali e di trasporto, relativi alla merce dichiarata, necessari ai fini della destinazione doganale richiesta, nonché ogni altro documento la cui presentazione sia prescritta da altre disposizioni.

5. Dichiarazione incompleta. – 1. Qualora particolari circostanze lo giustifichino, può essere presentata una dichiarazione priva di alcune delle indicazioni o documenti di cui all'art. 4, sempreché siano possibili la identificazione del dichiarante, delle merci e la quantificazione dei tributi gravanti.

2. Il termine entro cui il dichiarante dovrà comunicare le indicazioni omesse e presentare i documenti mancanti, nonché le condizioni e le modalità alle quali può essere consentita la presentazione della dichiarazione incompleta, sono stabiliti con provvedimento del direttore generale del dipartimento delle dogane e delle imposte indirette, nel rispetto delle disposizioni adottate in materia dai competenti organi comunitari.

6. Presentazione della dichiarazione. – 1. La dichiarazione non può essere presentata fino a quando le merci non sono arrivate negli spazi doganali o in altro luogo autorizzato per l'espletamento delle operazioni doganali.

2. Agli effetti del comma 1 si considerano arrivate negli spazi doganali anche le merci esistenti a bordo delle navi ancorate in porto o in sosta nelle immediate adiacenze di esso, purché sia stata presentata all'ufficio doganale la dichiarazione sommaria, nonché le merci che, trovandosi in zona o deposito franco, siano state poste sotto controllo doganale.

3. Qualora la merce oggetto della dichiarazione sia costituita da una nave o da un aeromobile di cui al quarto comma dell'art. 36 del testo unico delle disposizioni legislative in materia doganale, approvato con decreto del Presidente della Repubblica 23 gennaio 1973, n. 43, la dichiarazione stessa può essere presentata indipendentemente dall'arrivo della nave o dell'aeromobile in uno dei luoghi indicati nel comma 1.

4. Per le merci destinate all'estero la dichiarazione può essere presentata anche quando risulti che le merci stesse si trovano sotto il controllo di un altro ufficio doganale. In tal caso l'ufficio che riceve la dichiarazione stabilisce il termine per la presentazione di tutte le merci, decorso il quale la presentazione della dichiarazione si considera non avvenuta limitatamente alle merci non presentate.

5. L'ufficio doganale può consentire la presentazione della dichiarazione prima che le merci siano arrivate negli spazi doganali o negli altri luoghi indicati ai commi 1 e 2, al fine di rendere possibile l'espletamento anticipato di adempimenti preliminari sulla base delle indicazioni contenute nella dichiarazione stessa o delle segnalazioni meccanografiche o

della documentazione già pervenuta. Resta fermo che all'accettazione formale della dichiarazione si procederà soltanto dopo l'arrivo delle merci.

7. Modifica della dichiarazione. – 1. Il dichiarante, anteriormente al rilascio delle merci, può mutare la destinazione doganale e uno o più degli elementi della dichiarazione fino a quando non abbia comunicato di voler eseguire la visita delle merci o non abbia già riscontrato la inesattezza delle indicazioni di cui si chiede la modifica; in ogni caso, la modifica della dichiarazione non potrà consistere nella indicazione di merci diverse da quelle che hanno formato oggetto della dichiarazione medesima.

2. Il dichiarante, prima del rilascio delle merci, e fornendo prova ritenuta idonea dall'ufficio, potrà ottenere l'invalidazione della dichiarazione a condizione che la stessa sia stata presentata per errore scusabile ovvero non sia più giustificata per particolari sopravvenute circostanze.

3. Qualora l'ufficio abbia già comunicato di voler procedere alla visita delle merci l'invalidazione potrà essere ottenuta solo dopo la conclusione di tale visita.

4. Per le dichiarazioni aventi ad oggetto merci destinate fuori dal territorio doganale della Comunità economica europea e rispondenti alle condizioni di cui all'art. 9, paragrafo 2, del trattato istitutivo della Comunità economica europea, ratificato e reso esecutivo con legge 14 ottobre 1957, n. 1203, l'invalidazione potrà essere ottenuta fino a quando le merci non siano uscite dal predetto territorio doganale, rimanendo eventualmente impregiudicati gli effetti prodotti.

5. La modifica o l'invalidazione della dichiarazione devono essere effettuate con le modalità stabilite, nel rispetto delle disposizioni adottate in materia dai competenti organi comunitari, dal direttore generale del dipartimento delle dogane e delle imposte indirette. La modifica o l' invalidazione della dichiarazione non precludono l'applicazione delle sanzioni relative alle eventuali violazioni commesse.

8. Accettazione e controllo della dichiarazione. Visita delle merci. Bolletta doganale. – 1. La dichiarazione presentata all'ufficio doganale, qualora redatta conformemente a quanto previsto nei commi 1 e 2 dell'art. 4, viene accettata ed iscritta nel registro corrispondente alla destinazione doganale richiesta, munendola del numero e della data di registrazione; tale registrazione dà al documento valore di bolletta doganale. Sulla base degli elementi dichiarati l'ufficio provvede alla riscossione dei diritti ovvero all'assunzione delle relative cauzioni.

2. Con le modalità di cui al comma 1 può essere accettata la dichiarazione presentata ai sensi dell'art. 5, sempreché il capo dell'ufficio doganale abbia ritenuto fondati i motivi addotti dalla parte.

3. Successivamente l'ufficio procede all'esame della dichiarazione presentata e della relativa documentazione, allo scopo di accertare la qualità, la quantità, il valore e l'origine delle merci, nonché ogni altro elemento occorrente per l'applicazione della tariffa e per la liquidazione dei diritti.

4. L'ufficio può, altresì, procedere, ai fini dell'accertamento, alla visita totale o parziale delle merci, facendo ricorso, ove occorra, anche alle analisi ed all'esame tecnico con l'osservanza della modalità di cui all'art. 61 del testo unico delle disposizioni legislative in materia doganale, approvato con decreto del Presidente della Repubblica 23 gennaio 1973, n. 43.

5. La visita totale o parziale deve essere sempre eseguita quando sia prescritta da norme di legge o di regolamento, da disposizioni ministeriali e nei casi e secondo i programmi ed i criteri selettivi, stabiliti con decreto del Ministro delle finanze, ivi compresi quelli della pericolosità fiscale e della casualità.

6. Tra i criteri selettivi di cui al comma 5 può essere incluso quello della non coincidenza dell'ufficio prescelto per l'espletamento delle formalità doganali con l'ufficio territorialmente competente sulla località di immissione in consumo o di produzione delle merci.

7. Di regola, l'attività di controllo di cui al comma 3 e la visita fisica delle merci sono eseguite da funzionari diversi.

8. Il mancato esercizio della facoltà di cui al comma 4 non comporta responsabilità del funzionario incaricato, salvo i casi di dolo, di colpa grave o di inosservanza di legge, di regolamenti o delle prescrizioni amministrative di cui al comma 5.

9. Il dichiarante, qualora l'ufficio non ne esiga la presenza, può rinunciare al diritto di assistere alla visita delle merci, da effettuarsi nei luoghi designati dall'ufficio o negli altri luoghi di cui al comma 2 dell'art. 1; il dichiarante è, comunque, tenuto a prestare direttamente o a mezzo di altre persone da lui incaricate, di gradimento dell'amministrazione, ed a proprie spese, ogni collaborazione per l'espletamento delle relative operazioni ed a curare l'apertura dei colli ed il successivo ricondizionamento.

10. I risultati dei predetti controlli devono essere annotati sulla bolletta doganale; ciascuna annotazione deve essere firmata dal funzionario che ha eseguito il relativo controllo.

11. Quando l'ufficio non procede alla visita delle merci, quest'ultime si considerano conformi al dichiarato.

12. I risultati della verifica parziale sono estesi all'insieme delle merci che formano oggetto della dichiarazione, sempreché il risultato parziale sia conforme al dichiarato.

13. Se il dichiarante non provvede al pagamento dei diritti dovuti in base alla dichiarazione o non presta la cauzione a garanzia dei diritti medesimi, ovvero non ottempera all'invito di presenziare e collaborare alle operazioni di controllo, l'ufficio, decorsi inutilmente otto giorni dall'accettazione della dichiarazione, procede all'accertamento; in tal caso, l'eventuale visita delle merci viene eseguita alla presenza di due testimoni estranei all'amministrazione ed a spese del dichiarante. Le operazioni di visita ed il relativo risultato sono fatti constare in apposito processo verbale che, sottoscritto dai rappresentanti dell'amministrazione doganale e dai testimoni, viene allegato alla dichiarazione.

14. Nelle ipotesi di cui al comma 13 non si rende esperibile il rimedio dell'impugnativa previsto dagli articoli 65 e seguenti del testo unico delle disposizioni legislative in materia doganale, approvato con decreto del Presidente della Repubblica 23 gennaio 1973, n. 43.

9. Definizione dell'accertamento. – 1. Se dai controlli effettuati non sono emerse difformità rispetto alla dichiarazione, ovvero se il dichiarante non ha contestato le difformità riscontrate nei modi indicati negli articoli 65 e seguenti del testo unico delle disposizioni legislative in materia doganale, approvato con decreto del Presidente della Repubblica 23 gennaio 1973, n. 43, l'ufficio appone sulla bolletta apposita annotazione, firmata e datata, e provvede alla liquidazione dei diritti doganali confermando o rettificando l'ammontare degli stessi indicato dal dichiarante.

2. La data dell'annotazione costituisce la data in cui l'accertamento è divenuto definitivo.

3. La bolletta è consegnata al dichiarante soltanto dopo che l'ufficio abbia provveduto alla riscossione dei diritti liquidati, ovvero all'assunzione delle prescritte cauzioni e dopo che il dichiarante stesso abbia adempiuto alle altre condizioni e formalità previste in relazione alla destinazione doganale data alla merce. Il rimborso delle somme eventualmente pagate in più o la rettifica in diminuzione della cauzione sono eseguiti d'ufficio. La consegna della bolletta consente il rilascio della merce per la destinazione doganale richiesta.

4. Qualora sussistano obiettive esigenze di carattere tecnico l'ufficio può consentire che il ritiro delle merci descritte in un'unica bolletta venga effettuato in più riprese. Le modalità di esecuzione della relativa procedura vengono stabilite con apposito provvedimento del direttore generale del dipartimento delle dogane e delle imposte indirette.

10. Dichiarazione non scritta. – 1. In deroga a quanto previsto dal comma 1 del precedente art. 4 è ammessa la dichiarazione verbale per l'importazione e l'esportazione definitive di merci, per scopo commerciale, il cui valore non superi un milione di lire purché l'operazione venga effettuata direttamente dal proprietario delle merci. Tale importo potrà essere periodicamente adeguato dal Ministro delle finanze con proprio decreto conformemente alla variazione dell'indice dei prezzi al consumo per le famiglie di operai ed impiegati e potrà essere, altresì, modificato in conseguenza delle disposizioni adottate dai competenti organi comunitari.

2. La dichiarazione verbale è, altresì, ammessa nei casi previsti da accordi internazionali, per le merci che i viaggiatori portano per loro uso personale e negli altri casi stabiliti con decreto del Ministro delle finanze.

3. Nei casi previsti dai commi 1 e 2, se dai controlli eventualmente effettuati non sono emerse difformità rispetto alla dichiarazione, ovvero se il dichiarante non ha contestato le difformità riscontrate nei modi indicati negli articoli 65 e seguenti del testo unico delle disposizioni legislative in materia doganale, approvato con decreto del Presidente della Repubblica 23 gennaio 1973, n. 43, l'ufficio liquida e riscuote i diritti dovuti o assume le prescritte cauzioni rilasciando apposita bolletta la cui data costituisce la data in cui l'accertamento è divenuto definitivo.

4. La dichiarazione non scritta può essere resa, nell'ipotesi del traffico viaggiatori, anche mediante univoci comportamenti concludenti da tenere conformemente alle modalità e procedure da stabilirsi con provvedimento del direttore generale del dipartimento delle dogane e delle imposte indirette.

11. Revisione dell'accertamento, attribuzioni e poteri degli uffici. – 1. L'ufficio doganale può procedere alla revisione dell'accertamento divenuto definitivo, ancorché le merci che ne hanno formato l'oggetto siano state lasciate alla libera disponibilità dell'operatore o siano già uscite dal territorio doganale. La revisione è eseguita d'ufficio, ovvero quando l'operatore interessato ne abbia fatta richiesta con istanza presentata, a pena di decadenza, entro il termine di tre anni dalla data in cui l'accertamento è divenuto definitivo.

2. L'ufficio doganale, ai fini della revisione dell'accertamento, può invitare gli operatori, a mezzo di raccomandata con avviso di ricevimento, indicandone il motivo e fissando un termine non inferiore a quindici giorni, a comparire di mezzo di rappresentante, ovvero a fornire, entro lo stesso termine, notizie e documenti, anche in copia fotostatica, inerenti le merci che hanno formato oggetto di operazioni doganali. Le notizie ed i documenti possono essere richiesti anche ad altri soggetti pubblici o privati che risultano essere comunque intervenuti nell'operazione commerciale.

3. I funzionari doganali possono accedere, muniti di apposita autorizzazione del capo dell'ufficio, nei luoghi adibiti all'esercizio di attività produttive e commerciali e negli altri luoghi ove devono essere custodite le scritture e la documentazione inerenti le merci oggetto di operazioni doganali, al fine di procedere alla eventuale ispezione di tali merci ed alla verifica della relativa documentazione.

4. Sono applicabili le disposizioni previste dall'art. 52, commi dal 4 al 10, del decreto del Presidente della Repubblica 26 ottobre 1972, n. 633. Le autorizzazioni per le richieste di cui ai numeri 6-bis) e 7) dell'articolo 51, secondo comma, del medesimo decreto sono rilasciate dal Direttore regionale o interregionale e, limitatamente alle province autonome di Trento e di Bolzano, dal Direttore provinciale (1).

4-bis. Nel rispetto del principio di cooperazione stabilito dall'articolo 12 della legge 27 luglio 2000, n. 212, dopo la notifica all'operatore interessato, qualora si tratti di revisione eseguita in ufficio, o nel caso di accessi - ispezioni - verifiche, dopo il rilascio al medesimo della copia del verbale delle operazioni compiute, nel quale devono essere indicati i presupposti di fatto e le ragioni giuridiche posti a base delle irregolarità, delle inesattezze, o degli errori relativi agli elementi dell'accertamento riscontrati nel corso del controllo, l'operatore interessato può comunicare osservazioni e richieste, nel termine di 30 giorni decorrenti dalla data di consegna o di avvenuta ricezione del verbale, che sono valutate dall'Ufficio doganale prima della notifica dell'avviso di cui al successivo comma 5 (2).

5. Quando dalla revisione, eseguita sia d'ufficio che su istanza di parte, emergono inesattezze, omissioni o errori relativi agli elementi presi a base dell'accertamento, l'ufficio procede alla relativa rettifica e ne dà comunicazione all'operatore interessato, notificando apposito avviso. Nel caso di rettifica conseguente a revisione eseguita d'ufficio, l'avviso deve essere notificato, a pena di decadenza, entro il termine di tre anni dalla data in cui l'accertamento è divenuto definitivo.

5- bis. La motivazione dell'atto deve indicare i presupposti di fatto e le ragioni giuridiche che lo hanno determinato. Se nella motivazione si fa riferimento ad un altro atto non conosciuto né ricevuto dal contribuente, questo deve essere allegato all'atto che lo richiama salvo che quest'ultimo non ne riproduca il contenuto essenziale ai fini della difesa. L'accertamento è nullo se l'avviso non reca la motivazione di cui al presente comma (3).

6. L'istanza di revisione presentata dall'operatore si intende respinta se entro il novantesimo giorno successivo a quello di presentazione non è stato notificato il relativo av-

viso di rettifica. *[Avverso il rigetto, tacito o espresso, della istanza è ammesso ricorso entro trenta giorni al direttore compartimentale, che provvede in via definitiva]* (4).

[7. La rettifica può essere contestata dall'operatore entro trenta giorni dalla data di notifica dell'avviso. Al momento della contestazione è redatto il relativo verbale, ai fini della eventuale instaurazione dei procedimenti amministrativi per la risoluzione delle controversie previsti dagli articoli 66 e seguenti del testo unico delle disposizioni legislative in materia doganale, approvato con decreto del Presidente della Repubblica 23 gennaio 1973, n. 43] (5).

8. Divenuta definitiva la rettifica l'ufficio procede al recupero dei maggiori diritti dovuti dall'operatore ovvero promuove d'ufficio la procedura per il rimborso di quelli pagati in più. La rettifica dell'accertamento comporta, ove ne ricorrano gli estremi, la contestazione delle violazioni per le dichiarazioni infedeli o delle più gravi infrazioni eventualmente rilevate.

9. L'ufficio doganale può anche procedere a verifiche generali o parziali per revisioni di più operazioni doganali con le modalità indicate nel presente articolo per accertare le violazioni al presente decreto, al testo unico delle disposizioni legislative in materia doganale, approvato con decreto del Presidente della Repubblica 23 gennaio 1973, n. 43, ad ogni altra legge la cui applicazione è demandata agli uffici doganali, nonché in attuazione degli accordi di mutua assistenza amministrativa o di atti normativi comunitari; in tali ipotesi, al fine di evitare reiterazioni di accessi presso gli stessi contribuenti, trova applicazione la procedura prevista dall'art. 63, comma terzo, del decreto del Presidente della Repubblica 26 ottobre 1972, n. 633. L'ufficio doganale che effettua le verifiche generali o parziali con accesso presso l'operatore è competente alla revisione delle dichiarazioni doganali oggetto del controllo anche se accertate presso un altro ufficio doganale (6).

10. Qualora nel corso dell'ispezione e della verifica emergano inosservanze di obblighi previsti da disposizioni di legge concernenti tributi diversi da quelli doganali, ne sarà data comunicazione ai competenti uffici.

(1) *Comma modificato dall'articolo 9, comma 1, del D.L. 2 marzo 2012, n. 16.*
(2) *Comma aggiunto dall'articolo 92, comma 1, del D.L. 24 gennaio 2012, n. 1.*
(3) *Comma aggiunto dall'art. 9, d.lg. 26 gennaio 2001, n. 32.*
(4) *Comma modificato dall'articolo 12, comma 1, lettera a), del D.L. 2 marzo 2012, n. 16.*
(5) *Comma abrogato dall'articolo 12, comma 1, lettera b), del D.L. 2 marzo 2012, n. 16.*
(6) *Comma modificato dall'articolo 9, comma 3 decies del D.L. 2 marzo 2012, n. 16.*

12. Procedure semplificate di accertamento per merci provenienti dall'estero - Soggetti autorizzati. – 1. Le imprese industriali, commerciali ed agricole la cui attività è alimentata da frequenti arrivi di merci dall'estero possono essere autorizzate a prescindere dalla presentazione delle merci stesse all'ufficio doganale del luogo di destinazione ed a disporre subito dopo l'arrivo secondo la destinazione doganale prefissata a norma del comma 4, previa prestazione di idonea cauzione nella misura ritenuta congrua dal ricevitore doganale, a garanzia del pagamento dei diritti gravanti sulle merci medesime.

2. L'amministrazione può rifiutare o revocare l'autorizzazione qualora accerti che non sussistano o siano venute meno le condizioni prescritte per il rilascio, ovvero quando ritenga che vi sia pericolo o sospetto di abusi. Può altresì escludere dalla facilitazione determinate merci per motivi di tutela degli interessi fiscali o di carattere economico, sanitario, fitopatologico, militare o di pubblica sicurezza, ovvero può prescrivere per determinate merci la osservanza di particolari cautele.

3. L'autorizzazione non esime l'impresa dal munirsi delle autorizzazioni o licenze prescritte da altre disposizioni.

4. L'autorizzazione può essere rilasciata per una o più delle seguenti destinazioni doganali, da indicarsi espressamente nel provvedimento:

a) importazione definitiva;
b) importazione temporanea;
c) introduzione in magazzino doganale;
d) reimportazione.

5. L'autorizzazione per l'introduzione in magazzino doganale privato comporta per il magazzino la soppressione dell'obbligo della chiusura con due differenti chiavi, qualora tale obbligo sia stato prescritto in applicazione dell'art. 159, terzo comma, del testo unico delle disposizioni legislative in materia doganale, approvato con decreto del Presidente della Repubblica 23 gennaio 1973, n. 43.

6. Le disposizioni del presente articolo sono applicabili anche nei confronti delle imprese di spedizione internazionale, dei magazzini generali e degli altri soggetti che procedono frequentemente, in nome e per conto delle imprese di cui al comma 1, alla effettuazione di operazioni doganali, a condizione che nell'esercizio della loro attività professionale detengano o presentino in dogana le merci di proprietà di tali imprese e siano in possesso dei requisiti di affidabilità e degli altri requisiti che saranno stabiliti con il decreto di cui al comma 9 dell'art. 13; lo stesso decreto dovrà altresì prescrivere i requisiti di idoneità dei luoghi di arrivo delle merci all'uopo autorizzati, che siano nella disponibilità dei beneficiari. Nelle operazioni doganali compiute ai sensi del presente comma i beneficiari delle procedure semplificate sono solidalmente responsabili con il proprietario agli effetti tributari e valutari.

13. Esecuzione della procedura semplificata di accertamento per merci provenienti dall'estero. – 1. All'atto dell'arrivo a destinazione della merce, il titolare dell'autorizzazione può procedere alla rimozione degli eventuali sigilli che assicurano ai fini doganali l'identità e l'integrità dei colli, dei contenitori o dei veicoli. Qualora risultino manomissioni di tali sigilli od altre irregolarità, ovvero vi siano dubbi circa la conformità delle merci a quelle per le quali è stata concessa l'autorizzazione, ovvero sussistano differenze rispetto al documento cauzionale od a quello di trasporto, il titolare dell'autorizzazione è tenuto ad informare immediatamente l'ufficio doganale e ad astenersi, fino all'intervento di questo, da ogni manipolazione del carico. In caso diverso, il titolare dell'autorizzazione prende in carico la merce mediante l'iscrizione nelle proprie scritture o mediante altra formalità riconosciuta equivalente dall'amministrazione, subentrando con ciò al vettore od allo speditore negli obblighi da questi assunti verso l'ufficio doganale.

2. La presa in carico della merce produce gli stessi effetti giuridici dell'accettazione di cui all'art. 36 del testo unico delle disposizioni legislative in materia doganale, approvato

con decreto del Presidente della Repubblica 23 gennaio 1973, n. 43.

3. Resta in ogni caso salva la facoltà dell'ufficio di intervenire all'atto dell'arrivo delle merci, con o senza preavviso; qualora sia preavvisato dell'intervento dell'ufficio, il titolare dell'autorizzazione deve astenersi da ogni manomissione o manipolazione del carico.

4. Per le merci prese in carico il titolare dell'autorizzazione è tenuto a presentare, anche mediante sistemi telematici, la dichiarazione doganale, singola o globale, nonché ogni altro elemento necessario per l'accertamento. Le modalità, le cautele ed il termine per la presentazione delle dichiarazioni doganali sono stabiliti con il decreto di cui al comma 9.

5. Per il pagamento dei diritti doganali dovuti sono applicabili le disposizioni di cui agli articoli 78 e 79 del testo unico delle disposizioni legislative in materia doganale, approvato con decreto del Presidente della Repubblica 23 gennaio 1973, n. 43.

6. L'accertamento è eseguito sulla base delle risultanze acquisite nel corso dell'eventuale intervento dell'ufficio all'atto dell'arrivo delle merci oggetto dell'operazione doganale, ovvero attraverso l'esame della dichiarazione doganale e della relativa documentazione, e diventa definitivo alla data dell'annotazione sulla bolletta del risultato del controllo.

7. L'ufficio doganale procede a saltuari controlli delle scritture e delle contabilità anche allo scopo di verificare la corrispondenza delle stesse con le dichiarazioni presentate, nonché esegue, tenuto conto dei procedimenti di lavorazione, dei coefficienti di rendimento, dei quantitativi di prodotti ottenuti e di altri elementi, riscontri tecnici presso i depositi o stabilimenti del titolare dell'autorizzazione diretti a stabilire l'effettiva consistenza qualitativa e quantitativa delle merci introdotte.

8. Il costo del servizio per l'effettuazione dei controlli da parte dei funzionari doganali nei luoghi dove si trovano le merci, le scritture e le contabilità è posto a carico del titolare dell'autorizzazione.

9. Il Ministro delle finanze, con proprio decreto da pubblicarsi nella Gazzetta Ufficiale della Repubblica italiana, prescrive le modalità di rilascio e le caratteristiche delle autorizzazioni e stabilisce le altre norme e condizioni necessarie per l'esecuzione della procedura semplificata, che dovranno essere armonizzate con quelle eventualmente stabilite dalle Comunità europee.

14. Procedure semplificate di accertamento per merci da inviare all'estero - Soggetti autorizzati. – 1. Le imprese industriali, commerciali ed agricole che effettuano frequenti spedizioni all'estero di merci in esportazione, anche temporanea, riesportazione o transito possono essere autorizzate a provvedere a tali spedizioni, prescindendo dalla presentazione della dichiarazione doganale e delle merci all'ufficio doganale del luogo di partenza, previa prestazione di idonea cauzione, nella misura ritenuta congrua dal ricevitore doganale, a garanzia del pagamento dei diritti gravanti sulle merci medesime.

2. Si osservano le disposizioni di cui all'art. 12, commi 2 e 3.

3. Le disposizioni del presente articolo sono applicabili anche nei confronti delle imprese di spedizione internazionale, dei magazzini generali e degli altri soggetti che procedono frequentemente, in nome e per conto delle imprese di cui al comma 1, alla effettuazione di operazioni doganali, a condizione che nell'esercizio della loro attività professionale detengano o presentino in dogana le merci di proprietà di tali imprese e siano in possesso dei requisiti di affidabilità e degli altri requisiti che saranno stabiliti con il decreto di cui al comma 8 dell'art. 15; lo stesso decreto dovrà altresì prescrivere i requisiti di idoneità dei luoghi di spedizione delle merci all'uopo autorizzati, che siano nella disponibilità dei beneficiari. Nelle operazioni compiute ai sensi del presente comma i beneficiari delle procedure semplificate sono solidalmente responsabili con il proprietario agli effetti tributari e valutari.

15. Esecuzione della procedura semplificata di accertamento per merci da inviare all'estero. – 1. I documenti doganali che devono scortare le singole spedizioni sono redatti, nel numero prescritto di esemplari, direttamente dal soggetto abilitato, mediante l'uso dei modelli, a rigoroso rendiconto, previamente vidimati e numerati dall'ufficio doganale, ovvero stampati e preautenticati presso stabilimenti tipografici appositamente autorizzati. Su tali modelli il soggetto abilitato compila la dichiarazione doganale, la sottoscrive e vi appone lo speciale timbro ufficiale all'uopo fornito dall'amministrazione a spese del titolare dell'autorizzazione, qualora l'impronta del timbro stesso non sia stata già prestampata dalla tipografia autorizzata. Al momento della partenza delle merci la dichiarazione è iscritta in apposito registro, a rigoroso rendiconto, fornito dall'ufficio doganale, ovvero, su autorizzazione dell'amministrazione, direttamente dal soggetto beneficiario, anche in forma meccanizzata, purché previamente vidimato dall'ufficio stesso o preautenticato da tipografia autorizzata; la dichiarazione vale quale documento doganale emesso sotto la responsabilità del titolare dell'autorizzazione. Uno degli esemplari del documento deve essere fatto pervenire entro il più breve tempo possibile all'ufficio doganale per gli ulteriori adempimenti di competenza.

2. L'iscrizione della dichiarazione nei registri predetti produce gli stessi effetti giuridici dell'accettazione di cui all'art. 36 del testo unico delle disposizioni legislative in materia doganale, approvato con decreto del Presidente della Repubblica 3 gennaio 1973, n. 43.

3. Resta in ogni caso salva la facoltà dell'ufficio di intervenire all'atto della partenza delle merci, con o senza preavviso; qualora sia preavvisato dell'intervento dell'ufficio, il titolare dell'autorizzazione deve astenersi dal dare corso alla partenza.

4. Per il pagamento dei diritti doganali dovuti sono applicabili le disposizioni di cui agli articoli 78 e 79 del testo unico delle disposizioni legislative in materia doganale, approvato con decreto del Presidente della Repubblica 23 gennaio 1973, n. 43.

5. Quando l'ufficio non si è avvalso della facoltà di intervenire all'atto della partenza delle merci, l'accertamento è eseguito attraverso l'esame della dichiarazione doganale e della relativa documentazione e diventa definitivo alla data dell'annotazione sulla bolletta del risultato del controllo.

6. L'ufficio doganale procede a saltuari controlli delle scritture e delle contabilità anche allo scopo di verificare la corrispondenza delle stesse con le dichiarazioni presentate, nonché esegue, tenuto conto dei procedimenti di lavorazione, dei coefficienti di rendimento, dei quantitativi di prodotti

ottenuti e di altri elementi riscontri tecnici presso i depositi o stabilimenti del titolare dell'autorizzazione diretti a stabilite l'effettiva consistenza qualitativa e quantitativa delle merci spedite.

7. Per l'effettuazione dei controlli predetti si osservano le disposizioni di cui al comma 8 dell'art. 13.

8. Il Ministro delle finanze, con proprio decreto da pubblicarsi nella Gazzetta Ufficiale della Repubblica italiana, prescrive le modalità di rilascio e le caratteristiche delle autorizzazioni e stabilisce le altre norme e condizioni necessarie per l'esecuzione della procedura semplificata, che dovranno essere armonizzate con quelle eventualmente stabilite dalle Comunità europee.

16. Altre facilitazioni per le operazioni di esportazione o riesportazione. – 1. Il Ministro delle finanze può consentire che, quando le merci devono formare oggetto di dichiarazione di esportazione o riesportazione, tale dichiarazione sia armonizzata od unificata con altro documento doganale, commerciale o di trasporto, riconosciuto valido per l'uscita della merce dallo Stato.

2. Il Ministro delle finanze può altresì consentire, nell'ambito della procedura prevista dall'art. 14, comma 1, che le merci oggetto di operazioni di esportazione o di riesportazione siano avviate all'estero accompagnate da documento amministrativo, commerciale o di trasporto e che le operazioni stesse effettuate in un determinato intervallo di tempo formino oggetto di dichiarazione globale.

17. Dichiarazioni semplificate. – 1. Alle merci presentate in dogana può essere conferita, previa apposita autorizzazione, la destinazione doganale richiesta sulla base di fattura commerciale o di documento cauzionale o di altro documento amministrativo in luogo della dichiarazione prevista dall'art. 4. Il perfezionamento di tale operazione avviene con la presentazione di dichiarazione complementare, singola o globale.

2. Il direttore generale del dipartimento delle dogane e delle imposte indirette, con proprio provvedimento da pubblicarsi nella Gazzetta Ufficiale della Repubblica italiana, prescrive le modalità di rilascio e le caratteristiche delle autorizzazioni e stabilisce le altre norme e condizioni necessarie per la presentazione della dichiarazione semplificata, che dovranno essere armonizzate con quelle eventualmente stabilite dagli organi delle Comunità europee.

18. Estinzione di crediti e di rimborsi. – 1. I crediti per i diritti doganali non costituenti risorse proprie delle Comunità europee, di importo non superiore a L. 20.000, in essere alla data di entrata in vigore della legge 10 ottobre 1989, n 349, nonché quelli per spese di giustizia in materia penale, sono estinti e non si fa luogo alla loro riscossione, né a quella degli interessi, pene pecuniarie e sovrattasse connesse ai suddetti crediti.

2. Non si fa parimenti luogo al rimborso dovuto alla predetta data per i diritti doganali non costituenti risorse proprie delle Comunità europee, di importo non superiore a L. 20.000.

19. Edifici in prossimità della linea doganale e nel mare territoriale. – 1. È vietato eseguire costruzioni ed altre opere di ogni specie, sia provvisorie sia permanenti, o stabilire manufatti galleggianti in prossimità della linea doganale e nel mare territoriale, nonché spostare o modificare le opere esistenti, senza l'autorizzazione del direttore della circoscrizione doganale. La predetta autorizzazione condiziona il rilascio di ogni eventuale altra autorizzazione, nella quale della stessa deve essere fatta comunque espressa menzione.

2. La violazione del divieto previsto dal comma 1 comporta l'applicazione, da parte del direttore della circoscrizione doganale competente per territorio, di una sanzione amministrativa di importo da un decimo all'intero valore del manufatto.

3. Il direttore della circoscrizione doganale, accertata la sussistenza di un rilevante pericolo per gli interessi erariali, non diversamente eliminabile a cura e spese del trasgressore, dispone, previo parere dell'ufficio tecnico di finanza del dipartimento delle dogane e delle imposte indirette, competente per territorio, la demolizione del manufatto in danno ed a spese del trasgressore. Avverso tale provvedimento è ammesso il ricorso al Ministro delle finanze entro trenta giorni dalla data di notificazione al trasgressore del provvedimento stesso. Il ricorso al Ministro sospende l'efficacia del provvedimento impugnato.

20. Custodia e distruzione di campioni di merci. – 1. Qualora sussistano motivi igienico-sanitari o di pubblica sicurezza, l'ufficio doganale può esigere che l'operatore provveda, entro il termine fissato dall'ufficio stesso, al ritiro dei campioni prelevati per l'effettuazione delle analisi e dei controlli sulle merci. Decorso inutilmente tale termine l'ufficio procede, a spese dell'operatore, alla distruzione dei campioni ovvero, ove la distruzione medesima non si renda possibile, alla loro conservazione presso istituti specializzati.

21. Controlli integrati. – 1. Il Ministro delle finanze, con proprio decreto, allo scopo di effettuare controlli integrati presso imprese interessate all'interscambio di beni con l'estero, stabilisce le norme necessarie per coordinare le attività di controllo degli uffici doganali, ivi comprese quelle relative all'espletamento delle operazioni di revisione dell'accertamento, con quelle degli altri organi dell'amministrazione finanziaria e della Guardia di finanza.

2. Il Ministro delle finanze, con proprio decreto, potrà stabilire, altresì, criteri e modalità per regolare i rapporti del dipartimento e della Guardia di finanza con le autorità doganali di altri Paesi e lo scambio reciproco di dati e notizie acquisiti in conseguenza di tali rapporti, senza pregiudizio di quanto disposto dall'art. L, comma 4, e dall'art. 6, comma 2, lettera d), del decreto legislativo 26 aprile 1990, n. 105.

22. Rimedi giurisdizionali. – 1. Divenuti definitivi l'accertamento o la rettifica ed avverso il rigetto, tacito o espresso, del ricorso al direttore compartimentale di cui al comma 6 dell'art. 11 possono essere esperimentati, entro il termine perentorio di sessanta giorni, i rimedi giurisdizionali in sede civile ed amministrativa previsti dalle norme vigenti.

23. Semplificazioni per l'entrata delle merci nel territorio nazionale. – 1. Il Ministro delle finanze può consentire che, all'entrata nel territorio doganale di merci scortate da documento di trasporto internazionale, siano omessi adempimenti e formalità di confine, compresi quelli di competenza della Guardia di finanza, a condizione che le merci siano direttamente inoltrate all'ufficio doganale della località di destinazione indicata nel documento o ad uno dei centri di raccolta di cui all'art. 127 del testo unico delle disposizioni legislative in materia doganale, approvato con decreto del Presidente della Repubblica 23 gennaio 1973, n. 43, e che sia stata prestata una cauzione a garanzia del pagamento dei diritti che si rendessero eventualmente esigibili.

2. Le condizioni e le modalità per la prestazione della cauzione, che potrà anche assumere carattere globale a garanzia di più operazioni, sono stabilite con provvedimento del Ministro delle finanze.

24. Abrogazione di norme. – 1. Sono abrogati gli articoli 11, 13, 35, 57, 58, secondo comma, 4, 76, primo comma, 100, 126, primo comma, 232, 233, 235, 236 e 237 del testo unico delle disposizioni legislative in materia doganale, approvato con decreto del Presidente della Repubblica 23 gennaio 1973, n. 43.

Entrata in vigore. – 1. Il presente decreto legislativo entra in vigore il centottantesimo giorno successivo a quello della sua pubblicazione nella Gazzetta Ufficiale della Repubblica italiana.

3. D.Lgs. 26 ottobre 1995, n. 504

Testo unico delle disposizioni legislative concernenti le imposte sulla produzione e sui consumi e relative sanzioni penali e amministrative (ACCISE)[1][2][3][4][5][6][7].

[1] *Pubblicato in Suppl. ordinario alla Gazz. Uff., 29 novembre, n. 279.*

[2] *Il d.lg. 11 febbraio 1998, n. 32, in attuazione delle disposizioni di cui all'art. 4, comma 4, lettera c) della legge 15 marzo 1997, n. 59, ha stabilito che l'autorizzazione per l'installazione e per l'esercizio di nuovi impianti a uso privato per la distribuzione di carburanti a uso esclusivo di imprese produttive e di servizi, è rilasciata dal comune alle medesime condizioni e nel rispetto della medesima disciplina applicabile per gli impianti di distribuzione. Gli impianti regolarmente in esercizio devono essere conformati entro il 31 dicembre 1998.*

[3] *Tutti i rinvii al d.p.r. 28 gennaio 1988, n. 43, soppresso dall'art. 68, d.lg. 13 aprile 1999, n. 112, contenuti nel presente provvedimento, si intendono riferiti alle corrispondenti disposizioni del citato d.lg. 112/1999.*

[4] *In luogo di Ministro/Ministero per le politiche agricole leggasi Ministro/Ministero delle politiche agricole e forestali, ex d.p.r. 13 settembre 1999.*

[5] *In riferimento al presente decreto vedi Circolare Ministero dell'Economia e Finanze 15 settembre 2006, n. 33.*

[6] *Nel presente decreto le parole "oli minerali", ovunque ricorrano, sono state sostituite dalle parole "prodotti energetici" e le parole "metano e gas metano ", ovunque ricorrano, sono state sostituite dalle parole "gas naturale" a norma di quanto disposto dall'articolo 1 del D.Lgs. 2 febbraio 2007, n. 26.*

[7] *In riferimento al presente decreto vedi: Circolare AGEA 7 maggio 2009, n. ACIU.2009.760; Circolare AGEA 14 giugno 2010, n. ACIU.2010.450; Circolare Agenzia delle Dogane 12 ottobre 2012 n. 14/D; Risoluzione Agenzia delle Entrate 24 gennaio 2012 n. 3/E; Nota 9 giugno 2017, n. 53616/RU.*

TITOLO I
Disciplina delle accise

CAPO I
Disposizioni generali

1. Ambito applicativo e definizioni [1]. – 1. Il presente testo unico disciplina l'imposizione indiretta sulla produzione e sui consumi.

2. Ai fini del presente testo unico si intende per:

a) accisa: l'imposizione indiretta sulla produzione o sul consumo dei prodotti energetici, dell'alcole etilico e delle bevande alcoliche, dell'energia elettrica e dei tabacchi lavorati, diversa dalle altre imposizioni indirette previste dal Titolo III del presente testo unico;

b) Amministrazione finanziaria: gli organi, centrali o periferici, dell'Agenzia delle dogane e dei monopoli preposti alla gestione dell'accisa sui prodotti energetici, sull'energia elettrica, sui tabacchi lavorati, sugli alcoli e sulle bevande alcoliche, e alla gestione delle altre imposte indirette di cui al Titolo III[2].

c) prodotto sottoposto ad accisa: il prodotto al quale si applica il regime fiscale delle accise;

d) prodotto soggetto od assoggettato ad accisa: il prodotto per il quale il debito d'imposta non è stato ovvero è stato assolto;

e) deposito fiscale: l'impianto in cui vengono fabbricati, trasformati, detenuti, ricevuti o spediti prodotti sottoposti ad accisa, in regime di sospensione dei diritti di accisa, alle condizioni stabilite dall'Amministrazione finanziaria;

f) depositario autorizzato: il soggetto titolare e responsabile della gestione del deposito fiscale;

f-bis) prodotti non unionali: le merci definite all'articolo 5, punto 24) del regolamento (UE) n. 952/2013 del Parlamento europeo e del Consiglio del 9 ottobre 2013, che istituisce il Codice doganale dell'Unione, d'ora in avanti indicato come CDU[3];

g) regime sospensivo: il regime fiscale applicabile alla fabbricazione, alla trasformazione, alla detenzione ed alla circolazione dei prodotti soggetti ad accisa *[, non vincolati ad una procedura doganale sospensiva o ad un regime doganale sospensivo,] fino al momento dell'esigibilità dell'accisa o del verificarsi di una causa estintiva del debito d'imposta*[4]*;*

[h) procedura doganale sospensiva o regime doganale sospensivo: una delle procedure speciali previste dal regolamento (CEE) n. 2913/92 relative alla vigilanza doganale di cui sono oggetto le merci non comunitarie al momento dell'entrata nel territorio doganale della Comunità, la custodia temporanea, le zone franche o i depositi franchi, nonché uno dei regimi di cui all'articolo 84, paragrafo 1), lettera a), di detto regolamento;][5]

i) importazione di prodotti sottoposti ad accisa: l'immissione di prodotti in libera pratica a norma dell'articolo 201 del CDU[6];

i-bis) ingresso irregolare: l'ingresso nel territorio dell'Unione europea di prodotti che non sono vincolati al regime di immissione in libera pratica ai sensi dell'articolo 201 del CDU e per i quali è sorta un'obbligazione doganale ai sensi dell'articolo 79, paragrafo 1, di tale regolamento o sarebbe sorta se i prodotti fossero stati soggetti a dazi doganali[7];

l) destinatario registrato: la persona fisica o giuridica, diversa dal titolare di deposito fiscale, autorizzata dall'Amministrazione finanziaria a ricevere, nell'esercizio della sua attività economica, prodotti sottoposti ad accisa in regime sospensivo, provenienti dal territorio di un altro Stato membro o dal territorio dello Stato[8];

m) speditore registrato: la persona fisica o giuridica autorizzata dall'Amministrazione finanziaria unicamente a spedire, nell'esercizio della sua attività economica, prodotti sottoposti ad accisa in regime sospensivo a seguito dell'immissione in libera pratica in conformità dell'articolo 201 del CDU,[9];

m-bis) speditore certificato: la persona fisica o giuridica, autorizzata dall'Amministrazione finanziaria a spedire, nell'esercizio della sua attività economica, prodotti sottoposti ad accisa già immessi in consumo nel territorio dello Stato al fine del loro trasporto verso il territorio di un altro Stato membro[10];

m-ter) destinatario certificato: la persona fisica o giuridica, autorizzata dall'Amministrazione finanziaria a ricevere, nell'esercizio della sua attività economica, prodotti sottoposti ad accisa immessi in consumo nel territorio di un altro Stato membro e spediti nel territorio dello Stato[11];

n) sistema informatizzato: il sistema di informatizzazione di cui alla decisione (UE) 2020/263 del Parlamento europeo e del Consiglio del 15 gennaio 2020, relativa all'informatizzazione dei movimenti e dei controlli dei prodotti soggetti ad accisa[12].

n-bis) e-DAS: il documento amministrativo elettronico semplificato di cui all'articolo 35 della direttiva (UE) 2020/262 del Consiglio del 19 dicembre 2019[13].

3. Ai fini dell'applicazione del presente testo unico:

a) si intende per *["Stato" o]* "territorio dello Stato": il territorio della Repubblica italiana, con esclusione del comune di Livigno[14];

b) si intende per territorio dell'Unione europea: il territorio corrispondente al campo di applicazione del Trattato istitutivo della Comunità europea con le seguenti esclusioni, oltre a quelle indicate nella lettera a):

1) per la Repubblica francese: i territori francesi di cui all'articolo 349 e all'articolo 355, paragrafo 1, del Trattato sul funzionamento dell'Unione europea[15];

2) per la Repubblica federale di Germania: l'isola di Helgoland ed il territorio di Busingen;

3) per il Regno di Spagna: Ceuta, Melilla e le isole Canarie;

4) per la Repubblica di Finlandia: le isole Åland;

5) le isole Anglo-normanne[16];

c) le operazioni effettuate in provenienza o a destinazione:

1) del Principato di Monaco sono considerate come provenienti dalla, o destinate alla, Repubblica francese;

2) di Jungholz e Mittelberg (Kleines Walsertal), sono considerate come provenienti dalla, o destinate alla, Repubblica federale di Germania;

3) dell'isola di Man sono considerate come provenienti dal, o destinate al, Regno Unito di Gran Bretagna e dell'Irlanda del Nord;

4) della Repubblica di San Marino, sono considerate come provenienti dalla, o destinate alla, Repubblica italiana. Le suddette operazioni devono essere perfezionate presso i competenti uffici italiani con l'osservanza delle disposizioni finanziarie previste dalla Convenzione di amicizia e buon vicinato del 31 marzo 1939, resa esecutiva con la legge 6 giugno 1939, n. 1320, e successive modificazioni;

5) delle zone di sovranità del Regno Unito di Akrotiri e Dhekelia sono considerate come provenienti dalla, o destinate alla, Repubblica di Cipro.

(1) *Articolo sostituito dall'articolo 1, comma 1, lettera a), del D.Lgs. 29 marzo 2010, n. 48.*
(2) *Lettera sostituita dall'articolo 1, comma 1, lettera a), numero 1), del D.Lgs. 5 novembre 2021, n. 180; per l'efficacia vedi l'articolo 3, comma 1, del D.Lgs. 180/2021 medesimo.*
(3) *Lettera inserita dall'articolo 1, comma 1, lettera a), numero 1), del D.Lgs. 5 novembre 2021, n. 180; per l'efficacia vedi l'articolo 3, comma 1, del D.Lgs. 180/2021 medesimo.*
(4) *Lettera modificata dall'articolo 1, comma 1, lettera a), numero 1), del D.Lgs. 5 novembre 2021, n. 180; per l'efficacia vedi l'articolo 3, comma 1, del D.Lgs. 180/2021 medesimo.*
(5) *Lettera abrogata dall'articolo 1, comma 1, lettera a), numero 1), del D.Lgs. 5 novembre 2021, n. 180; per l'efficacia vedi l'articolo 3, comma 1, del D.Lgs. 180/2021 medesimo.*
(6) *Lettera sostituita dall'articolo 1, comma 1, lettera a), numero 1), del D.Lgs. 5 novembre 2021, n. 180; per l'efficacia vedi l'articolo 3, comma 1, del D.Lgs. 180/2021 medesimo.*
(7) *Lettera inserita dall'articolo 1, comma 1, lettera a), numero 1), del D.Lgs. 5 novembre 2021, n. 180; per l'efficacia vedi l'articolo 3, comma 1, del D.Lgs. 180/2021 medesimo.*
(8) *Lettera modificata dall'articolo 1, comma 1, lettera a), numero 1), del D.Lgs. 5 novembre 2021, n. 180; per l'efficacia vedi l'articolo 3, comma 1, del D.Lgs. 180/2021 medesimo.*
(9) *Lettera modificata dall'articolo 1, comma 1, lettera a), numero 1), del D.Lgs. 5 novembre 2021, n. 180; per l'efficacia vedi l'articolo 3, comma 1, del D.Lgs. 180/2021 medesimo.*
(10) *Lettera inserita dall'articolo 1, comma 1, lettera a), numero 1), del D.Lgs. 5 novembre 2021, n. 180; per l'efficacia vedi l'articolo 3, comma 1, del D.Lgs. 180/2021 medesimo.*
(11) *Lettera inserita dall'articolo 1, comma 1, lettera a), numero 1), del D.Lgs. 5 novembre 2021, n. 180; per l'efficacia vedi l'articolo 3, comma 1, del D.Lgs. 180/2021 medesimo.*
(12) *Lettera sostituita dall'articolo 1, comma 1, lettera a), numero 1), del D.Lgs. 5 novembre 2021, n. 180; per l'efficacia vedi l'articolo 3, comma 1, del D.Lgs. 180/2021 medesimo.*
(13) *Lettera inserita dall'articolo 1, comma 1, lettera a), numero 1), del D.Lgs. 5 novembre 2021, n. 180; per l'efficacia vedi l'articolo 3, comma 1, del D.Lgs. 180/2021 medesimo.*
(14) *Lettera sostituita dall'articolo 1, comma 596 della Legge 27 dicembre 2019, n. 160 le cui disposizioni si applicano a decorrere dal 1° gennaio 2020, a norma del successivo comma 571 dell'articolo 1 della medesima Legge 160/2019. Da ultimo la presente lettera è stata modificata dall'articolo 1, comma 1, lettera a), numero 2), del D.Lgs. 5 novembre 2021, n. 180; per l'efficacia vedi l'articolo 3, comma 1, del D.Lgs. 180/2021 medesimo.*
(15) *Numero sostituito dall'articolo 12, comma 2, della Legge 30 ottobre 2014, n. 161.*
(16) *Lettera modificata dall'articolo 1, comma 1, lettera a), numero 2), del D.Lgs. 5 novembre 2021, n. 180; per l'efficacia vedi l'articolo 3, comma 1, del D.Lgs. 180/2021 medesimo.*

2. Fatto generatore ed esigibilità dell'accisa (1). – 1. Per i prodotti sottoposti ad accisa l'obbligazione tributaria sorge al momento della loro fabbricazione, compresa l'estrazione dal sottosuolo qualora l'accisa sia applicabile, ovvero della loro importazione o del loro ingresso irregolare nel territorio dello Stato[2].

2. L'accisa è esigibile all'atto della immissione in consumo del prodotto nel territorio dello Stato. Si considera immissione in consumo anche:

a) lo svincolo, anche irregolare, di prodotti sottoposti ad accisa da un regime sospensivo;

b) l'ammanco di prodotti sottoposti ad accisa, in misura superiore a quella consentita o quando non ricorrono le condizioni per la concessione dell'abbuono di cui all'articolo 4;

c) la fabbricazione, comprese la trasformazione o la lavorazione, anche irregolari, di prodotti sottoposti ad accisa avvenuta al di fuori di un regime sospensivo[3];

d) l'importazione di prodotti sottoposti ad accisa, a meno che gli stessi non siano immediatamente vincolati, all'atto dell'importazione, al regime sospensivo o l'ingresso irregolare dei medesimi prodotti nel territorio dello Stato, a condizione che, nei predetti casi, l'obbligazione doganale non sia stata estinta ai sensi di quanto previsto dall'articolo 124, paragrafo 1, lettere e), f), g) e k), del CDU[(4)];

e) la detenzione, al di fuori di un regime sospensivo, di prodotti sottoposti ad accisa per i quali non sia stata applicata una accisa conformemente alle disposizioni di cui al presente testo unico.

3. L'accisa è esigibile anche quando viene accertato che non si sono verificate le condizioni di consumo previste per poter beneficiare di un'aliquota ridotta o di una esenzione.

4. È obbligato al pagamento dell'accisa:

a) il titolare del deposito fiscale dal quale avviene l'immissione in consumo e, in solido, i soggetti che si siano resi garanti del pagamento o i soggetti nei cui confronti si verificano i presupposti per l'esigibilità dell'imposta[(5)];

b) il destinatario registrato che riceve i prodotti soggetti ad accisa alle condizioni di cui all'articolo 8;

b-bis) in caso di irregolarità durante la circolazione di prodotti sottoposti ad accisa in regime sospensivo, il depositario autorizzato, lo speditore registrato o qualsiasi altro soggetto che ha garantito il pagamento o nei cui confronti si verificano i presupposti per l'esigibilità dell'imposta[(6)];

c) relativamente all'importazione e all'ingresso irregolare di prodotti sottoposti ad accisa, il debitore dell'obbligazione doganale individuato in base alla relativa normativa e, in caso di ingresso irregolare, in solido, chiunque abbia partecipato a tale ingresso[(7)].

4-bis. In tutti i casi in cui vi siano più soggetti tenuti al pagamento dell'accisa, i medesimi sono responsabili in solido del debito d'imposta[(8)].

(1) Articolo sostituito dall'articolo 1, comma 1, lettera b), del D.Lgs. 29 marzo 2010, n. 48.
(2) Comma modificato dall'articolo 1, comma 1, lettera b), numero 1), del D.Lgs. 5 novembre 2021, n. 180; per l'efficacia vedi l'articolo 3, comma 1, del D.Lgs. 180/2021 medesimo.
(3) Lettera sostituita dall'articolo 1, comma 1, lettera b), numero 2), del D.Lgs. 5 novembre 2021, n. 180; per l'efficacia vedi l'articolo 3, comma 1, del D.Lgs. 180/2021 medesimo.
(4) Lettera sostituita dall'articolo 1, comma 1, lettera b), numero 2), del D.Lgs. 5 novembre 2021, n. 180; per l'efficacia vedi l'articolo 3, comma 1, del D.Lgs. 180/2021 medesimo.
(5) Lettera modificata dall'articolo 1, comma 1, lettera b), numero 2), del D.Lgs. 5 novembre 2021, n. 180; per l'efficacia vedi l'articolo 3, comma 1, del D.Lgs. 180/2021 medesimo.
(6) Lettera inserita dall'articolo 1, comma 1, lettera b), numero 2), del D.Lgs. 5 novembre 2021, n. 180; per l'efficacia vedi l'articolo 3, comma 1, del D.Lgs. 180/2021 medesimo.
(7) Lettera sostituita dall'articolo 1, comma 1, lettera b), numero 2), del D.Lgs. 5 novembre 2021, n. 180; per l'efficacia vedi l'articolo 3, comma 1, del D.Lgs. 180/2021 medesimo.
(8) Comma aggiuntoo dall'articolo 1, comma 1, lettera b), numero 2), del D.Lgs. 5 novembre 2021, n. 180; per l'efficacia vedi l'articolo 3, comma 1, del D.Lgs. 180/2021 medesimo.

3. Accertamento, liquidazione e pagamento. – 1. Il prodotto da sottoporre ad accisa deve essere accertato per quantità e qualità. La classificazione dei prodotti soggetti ad accisa è quella stabilita dalla tariffa doganale della Comunità europea con riferimento ai capitoli ed ai codici della nomenclatura combinata delle merci (NC)[(1)].

2. Alle controversie relative alla classificazione dei prodotti ai fini dell'accisa si applicano le disposizioni previste per le controversie doganali dal testo unico delle disposizioni legislative in materia doganale, approvato con decreto del Presidente della Repubblica 23 gennaio 1973, n. 43, e successive modificazioni, e le stesse sono risolte dalla competente Direzione regionale dell'Agenzia delle dogane; le controversie concernenti i tabacchi lavorati sono risolte dalla Direzione generale dell'Amministrazione autonoma dei monopoli di Stato in conformità alle disposizioni di cui agli articoli 39-bis e 39-ter [(2)].

3. La liquidazione dell'imposta si effettua applicando alla quantità di prodotto l'aliquota d'imposta vigente alla data di immissione in consumo e, per i tabacchi lavorati, con le modalità di cui all'articolo 39-decies; per gli ammanchi, si applicano le aliquote vigenti al momento in cui essi si sono verificati ovvero, se tale momento non può essere determinato, le aliquote vigenti all'atto della loro constatazione[(3)].

4. I termini e le modalità di pagamento dell'accisa, anche relative ai parametri utili per garantire la competenza economica di eventuali versamenti in acconto, sono fissati con decreto del Ministro dell'economia e delle finanze. Fino all'adozione del decreto di cui al primo periodo, restano fermi i termini e le modalità di pagamento contenuti nelle disposizioni previste per i singoli prodotti. Per i prodotti immessi in consumo in ciascun mese, il pagamento dell'accisa deve essere effettuato entro il giorno 16 del mese successivo per le immissioni in consumo avvenute nel mese di luglio, il pagamento dell'accisa è effettuato entro il giorno 20 del mese di agosto; per le immissioni in consumo avvenute dal 1° al 15 del mese di dicembre, il pagamento dell'accisa deve essere effettuato entro il giorno 27 dello stesso mese ed in tale caso non è ammesso il versamento unitario ai sensi dell'articolo 17 del decreto legislativo 9 luglio 1997, n. 241. Relativamente a questi ultimi prodotti, il decreto di cui al primo periodo non può prevedere termini di pagamento più ampi rispetto a quelli fissati nel periodo precedente. In caso di ritardo si applica l'indennità di mora del 6 per cento, riducibile al 2 per cento se il pagamento avviene entro 5 giorni dalla data di scadenza, e sono, inoltre, dovuti gli interessi in misura pari al tasso stabilito per il pagamento differito di diritti doganali. Dopo la scadenza del suddetto termine, non è consentita l'estrazione dal deposito fiscale di altri prodotti fino all'estinzione del debito d'imposta. Per i prodotti d'importazione l'accisa è riscossa con le modalità e nei termini previsti per i diritti di confine, fermo restando che il pagamento non può essere fissato per un periodo di tempo superiore a quello mediamente previsto per i prodotti nazionali. L'imposta è dovuta anche per i prodotti sottoposti ad accisa contenuti nelle merci importate, con lo stesso trattamento fiscale previsto per i prodotti nazionali e comunitari [(4)(5)].

4-bis. Il titolare del deposito fiscale di prodotti energetici o di alcole e bevande alcoliche che si trovi in documentate e riscontrabili condizioni oggettive e temporanee di difficoltà economica può presentare all'Agenzia delle dogane e dei monopoli, entro la scadenza fissata per il pagamento delle accise, istanza di rateizzazione del debito d'imposta relativo alle immissioni in consumo effettuate nel mese precedente alla predetta scadenza. Permanendo le medesime condizioni, possono essere presentate istanze di rateizzazione relative ad un massimo di altre due scadenze di pagamento successive a quella di cui al periodo precedente; non sono ammesse ulteriori istanze prima dell'avvenuto integrale pagamento dell'importo già sottoposto a rateizzazione. L'Agenzia adotta il provvedimento di accoglimento o di diniego entro il termine di quindici giorni dalla data di presentazione dell'istanza di rateizzazione e, in caso di accoglimento, autorizza il pagamento dell'accisa dovuta mediante versamento in rate mensili in un numero modulato in funzione del completo versamento del debito di imposta entro la data prevista per il pagamento dell'accisa sui prodotti immessi in consumo nel mese di novembre del medesimo anno. Sulle somme per le quali è autorizzata la rateizzazione sono dovuti gli interessi nella misura stabilita ai sensi dell'articolo 1284 del codice civile, maggiorata di 2 punti. Il mancato versamento, anche di una sola rata, entro la scadenza fissata comporta la decadenza dalla rateizzazione e il conseguente obbligo dell'integrale pagamento degli importi residui, oltre agli interessi e all'indennità di mora di cui al comma 4, nonché della sanzione prevista per il ritardato pagamento delle accise. La predetta decadenza non trova applicazione nel caso in cui si verifichino errori di limitata entità nel versamento delle rate. *[Con decreto del Ministero dell'economia e delle finanze sono individuate le condizioni e le modalità di applicazione del presente comma]*[6].

(1) *Comma modificato dall'articolo 1, comma 1, lettera c), numero 1), del D.Lgs. 29 marzo 2010, n. 48.*
(2) *Comma sostituito dall'articolo 1, comma 1, lettera c), numero 2), del D.Lgs. 29 marzo 2010, n. 48.*
(3) *Comma sostituito dall'articolo 1, comma 1, lettera c), numero 3), del D.Lgs. 29 marzo 2010, n. 48.*
(4) *Comma modificato dall'articolo 4, comma 1, lettera a), del D.L. 31 dicembre 1996, n. 669, dall'articolo 28, comma 2, lettera a), della legge 23 dicembre 2000, n. 388, dall'articolo 8-bis, comma 1, del D.L. 1° ottobre 2001, n. 356, dall'articolo 3, comma 2, del D.L. 24 settembre 2002, n. 209 e successivamente dall'articolo 1, comma 1, lettera a), del D.Lgs. 2 febbraio 2007, n. 26.*
(5) *Per i termini e le modalità di pagamento dell'accisa, di cui al presente comma, per l'anno 2016, vedi il D.M. 8 novembre 2016; per l'anno 2017, vedi il D.M. 31 ottobre 2017; per l'anno 2018, vedi il D.M. 6 dicembre 2018; per l'anno 2019, vedi il D.M. 12 dicembre 2019; per l'anno 2020, in relazione all'emergenza Covid, vedi art. 131 e 132 del D.L. 19 maggio 2020, n. 34, convertito con modificazioni, dalla Legge 17 luglio 2020, n. 77.*
(6) *Comma aggiunto dall'articolo 4-ter, comma 1, lettera a), del D.L. 22 ottobre 2016 n. 193 convertito, con modificazioni dalla Legge 1° dicembre 2016 n. 225 e successivamente modificato dall'articolo 162, comma 1, lettere a), b) e c) del D.L. 19 maggio 2020, n. 34, convertito, con modificazioni, dalla Legge 17 luglio 2020, n. 77.*

4. Abbuoni per perdite, distruzione e cali [1]. – 1. In caso di perdita irrimediabile, totale o parziale, o di distruzione totale di prodotti che si trovano in regime sospensivo, è concesso l'abbuono della relativa imposta qualora il soggetto obbligato provi, in un modo ritenuto soddisfacente dall'Amministrazione finanziaria, che la perdita o la distruzione dei prodotti è avvenuta per caso fortuito o per forza maggiore. Fatta eccezione per i tabacchi lavorati, i fatti che determinano la perdita irrimediabile o la distruzione totale dei prodotti, imputabili esclusivamente al soggetto obbligato a titolo di colpa non grave e quelli, determinanti la suddetta perdita o distruzione, che siano imputabili a terzi e non siano altresì imputabili a titolo di dolo o colpa grave al soggetto obbligato, sono equiparati al caso fortuito ed alla forza maggiore.

2. In caso di perdita parziale inerente alla natura stessa dei prodotti, in regime sospensivo, avvenuta durante il processo di fabbricazione o di lavorazione al quale gli stessi vengono sottoposti nel caso in cui è già sorta l'obbligazione tributaria, l'abbuono della relativa imposta è concesso nei limiti dei cali tecnicamente ammissibili determinati con decreto del Ministro dell'economia e delle finanze adottato ai sensi dell'articolo 67, comma 1.

3. Fatto salvo quanto previsto dal comma 4, per i cali naturali e tecnici si applicano le disposizioni previste dalla normativa doganale.

4. Nel caso in cui, durante la circolazione di prodotti sottoposti ad accisa in regime sospensivo provenienti da altri Stati membri dell'Unione europea, si verifichi una perdita parziale dovuta alla natura dei prodotti, l'abbuono della relativa imposta è concesso, salvo che l'Amministrazione finanziaria abbia motivi fondati di sospettare frodi o irregolarità, se l'entità della medesima perdita è inferiore alla soglia comune di riferimento individuata dalla Commissione europea ai sensi dell'articolo 6, paragrafo 10, della direttiva (UE) 2020/262 del Consiglio del 19 dicembre 2019. Sulla parte di prodotto mancante, eccedente quella determinata con riferimento alla predetta soglia comune, è dovuta l'accisa. Nelle more dell'individuazione delle soglie comuni di cui al presente comma, continuano ad applicarsi le disposizioni di cui al regolamento adottato con il decreto del Ministro delle finanze 13 gennaio 2000, n. 55.

5. Ai fini del presente testo unico si considera che un prodotto abbia subito una distruzione totale o una perdita irrimediabile quando risulta inutilizzabile come prodotto sottoposto ad accisa.

6. Ai tabacchi lavorati non si applicano i commi 2 e 3.

(1) *Articolo modificato dall'articolo 59, comma 1, lettera a), della legge 21 novembre 2000, n. 342, dall'articolo 1, comma 472, della legge 30 dicembre 2004, n. 311, successivamente sostituito dall'articolo 1, comma 1, lettera d), del D.Lgs. 29 marzo 2010, n. 48e da ultimo dall'articolo 1, comma 1, lettera c), del D.Lgs. 5 novembre 2021, n. 180; per l'efficacia vedi l'articolo 3, comma 1, del D.Lgs. 180/2021 medesimo.*

5. Regime del deposito fiscale [1]. – 1. La fabbricazione, la lavorazione, la trasformazione e la detenzione dei prodotti soggetti ad accisa ed in regime sospensivo sono effettuate in regime di deposito fiscale. Sono escluse dal predetto regime le fabbriche di prodotti tassati su base forfettaria.

2. Il regime del deposito fiscale è autorizzato dall'Amministrazione finanziaria nei limiti e alle condizioni stabilite dall'autorizzazione. Per i prodotti diversi dai tabacchi lavorati, l'esercizio del deposito fiscale è subordinato al rilascio di una licenza, secondo le disposizioni di cui all'articolo 63. Per i tabacchi lavorati, l'esercizio del deposito fiscale è subordinato all'adozione di un provvedimento di autorizzazione da parte dell'Amministrazione autonoma dei Monopoli di Stato. A ciascun deposito fiscale è attribuito un codice di accisa[2].

3. Il depositario è obbligato:

a) fatte salve le disposizioni stabilite per i singoli prodotti, a prestare cauzione nella misura del 10 per cento dell'imposta che grava sulla quantità massima di prodotti che possono essere detenuti nel deposito fiscale, in relazione alla capacità di stoccaggio dei serbatoi utilizzabili e, in ogni caso, l'importo della cauzione non può essere inferiore all'ammontare dell'imposta che mediamente viene pagata alle previste scadenze. In presenza di cauzione prestata da altri soggetti, la cauzione dovuta dal depositario si riduce di pari ammontare, fermo restando quanto previsto dall'articolo 2, comma 4, lettera a). Sono esonerate dall'obbligo di prestazione della cauzione le amministrazioni dello Stato e degli enti pubblici. L'Amministrazione finanziaria ha facoltà di esonerare dal predetto obbligo le ditte affidabili e di notoria solvibilità. Tale esonero può essere revocato nel caso in cui mutino le condizioni che ne avevano consentito la concessione ed in tal caso la cauzione deve essere prestata entro quindici giorni dalla notifica della revoca(3);

b) a conformarsi alle prescrizioni stabilite per l'esercizio della vigilanza sul deposito fiscale;

c) a tenere una contabilità dei prodotti detenuti e movimentati nel deposito fiscale;

d) ad introdurre nel deposito fiscale e a iscrivere nella contabilità di cui alla lettera c), al momento della presa in consegna di cui all'articolo 6, comma 6, tutti i prodotti ricevuti sottoposti ad accisa;

e) a presentare i prodotti ad ogni richiesta ed a sottoporsi a controlli o accertamenti (A).

4. I depositi fiscali sono assoggettati a vigilanza finanziaria e, salvo quelli che movimentano tabacchi lavorati, si intendono compresi nel circuito doganale; la vigilanza finanziaria deve assicurare, tenendo conto dell'operatività dell'impianto, la tutela fiscale anche attraverso controlli successivi. Il depositario autorizzato deve fornire i locali occorrenti con l'arredamento e le attrezzature necessarie e sostenere le relative spese per il funzionamento; sono a carico del depositario i corrispettivi per l'attività di vigilanza e di controllo svolta, su sua richiesta, fuori dell'orario ordinario d'ufficio.

5. Fatte salve le disposizioni stabilite per i depositi fiscali dei singoli prodotti, l'inosservanza degli obblighi stabiliti dal presente articolo nonché del divieto di estrazione di cui all'articolo 3, comma 4, indipendentemente dall'esercizio dell'azione penale per le violazioni che costituiscono reato, comporta la revoca della licenza fiscale di esercizio.

6. Le disposizioni del presente articolo non si applicano ai prodotti non unionali sottoposti ad accisa(4).

(A) *In riferimento ad Indirizzi applicativi riguardanti prodotti energetici; deposito commerciale di mero stoccaggio gestito in regime di deposito fiscale; obbligo di prestazione della cauzione; criteri di determinazione dell'importo, di cui al presente comma, vedi: Risoluzione Agenzia delle Dogane 10 maggio 2019, n. 1/D.*

(1) *Articolo modificato dall'articolo 1, comma 1, lettera b), del D.Lgs. 2 febbraio 2007, n. 26 e successivamente sostituito dall'articolo 1, comma 1, lettera e), del D.Lgs. 29 marzo 2010, n. 48.*

(2) *Comma modificato dall'articolo 1, comma 1, lettera d), numero 1), del D.Lgs. 5 novembre 2021, n. 180; per l'efficacia vedi l'articolo 3, comma 1, del D.Lgs. 180/2021 medesimo.*

(3) *Lettera modificata dall'articolo 1, comma 1, lettera d), numero 2), del D.Lgs. 5 novembre 2021, n. 180; per l'efficacia vedi l'articolo 3, comma 1, del D.Lgs. 180/2021 medesimo.*

(4) *Comma sostituito dall'articolo 1, comma 1, lettera d), numero 3), del D.Lgs. 5 novembre 2021, n. 180; per l'efficacia vedi l'articolo 3, comma 1, del D.Lgs. 180/2021 medesimo.*

6. Circolazione in regime sospensivo di prodotti sottoposti ad accisa (1)(2). – 1. La circolazione di prodotti sottoposti ad accisa, in regime sospensivo, nello Stato e nel territorio dell'Unione europea, compreso il caso in cui tali prodotti transitino per un paese o un territorio terzo, può avvenire:

a) per i prodotti provenienti da un deposito fiscale verso:

1) un altro deposito fiscale;

2) un destinatario registrato;

3) un luogo dal quale i prodotti lasciano il territorio dell'Unione europea;

4) i soggetti di cui all'articolo 17, comma 1;

5) l'ufficio doganale presso il quale i prodotti, dopo essere stati svincolati per l'esportazione, sono vincolati ad un regime di transito esterno;

b) per i prodotti spediti da uno speditore registrato, dal luogo di importazione verso qualsiasi destinazione di cui alla lettera a)(3).

2. Ai fini del presente articolo, per luogo di importazione si intende il luogo in cui si trovano i prodotti quando sono immessi in libera pratica conformemente all'articolo 201 del CDU(4).

3. La circolazione di prodotti sottoposti ad accisa, in regime sospensivo, inizia, nelle ipotesi di cui al comma 1, lettera a), nel momento in cui essi lasciano il deposito fiscale di spedizione e, nel caso di cui al comma 1, lettera b), all'atto della loro immissione in libera pratica.

4. Il depositario autorizzato mittente o lo speditore registrato è tenuto a fornire garanzia del pagamento dell'accisa gravante sui prodotti spediti; in luogo dei predetti soggetti la garanzia può essere prestata dal proprietario, dal trasportatore o dal vettore della merce ovvero, in solido, da più soggetti tra quelli menzionati nel presente periodo, fermo restando quanto previsto dall'articolo 2, comma 4, lettera b-bis). In alternativa la garanzia può essere prestata dal destinatario dei prodotti, in solido con il depositario autorizzato mittente o con lo speditore registrato. La garanzia deve essere prestata in conformità alle disposizioni unionali e, per i trasferimenti intraunionali, deve avere validità in tutti gli Stati membri dell'Unione europea. È disposto lo svincolo della cauzione quando è data la prova della presa in consegna dei prodotti da parte del destinatario ovvero, per i prodotti destinati ad essere esportati, dell'uscita degli stessi dal territorio dell'Unione europea, con le modalità rispettivamente previste dai commi 6 e 11 e dai commi 7, 7-bis e 12; per i prodotti trasferiti verso la destinazione di cui al comma 1, lettera a), numero 5), provenienti da un deposito fiscale o da uno speditore registrato, lo svincolo della cauzione è disposto quando è fornita la prova che i medesimi prodotti sono stati vincolati al regime di transito esterno con le modalità previste dal comma 7-bis, secondo periodo.

L'Amministrazione finanziaria ha facoltà di concedere ai depositari autorizzati riconosciuti affidabili e di notoria solvibilità l'esonero dall'obbligo di prestare la garanzia per i trasferimenti sia nazionali sia intraunionali, previo accordo con gli Stati membri interessati, di prodotti energetici effettuati per via marittima. Non è fornita garanzia per i trasferimenti di prodotti energetici attraverso condutture fisse salvo che l'Amministrazione finanziaria la richieda per casi particolari debitamente motivati(5).

5. La circolazione, in regime sospensivo, dei prodotti sottoposti ad accisa deve aver luogo con un documento amministrativo elettronico di cui al regolamento (CE) n. 684/2009 della Commissione, del 24 luglio 2009, emesso dal sistema informatizzato previo inserimento dei relativi dati da parte del soggetto speditore. I medesimi prodotti circolano con la scorta di una copia stampata del documento amministrativo elettronico o di qualsiasi altro documento commerciale che indichi in modo chiaramente identificabile il codice unico di riferimento amministrativo. Tale documento è esibito su richiesta alle autorità competenti durante la circolazione in regime sospensivo; in caso di divergenza tra i dati in esso riportati e quelli inseriti nel sistema infor-

matizzato, fanno fede gli elementi risultanti da quest'ultimo.

6. Fatto salvo quanto previsto ai commi 7, 7-bis e 12, la circolazione di prodotti sottoposti ad accisa in regime sospensivo si conclude nel momento in cui i medesimi sono presi in consegna dal destinatario. Tale circostanza è attestata, fatta eccezione per quanto previsto al comma 11, dalla nota di ricevimento trasmessa dal destinatario nazionale all'Amministrazione finanziaria mediante il sistema informatizzato e da quest'ultimo validata. La trasmissione della predetta nota è effettuata entro le 24 ore decorrenti dal momento in cui i prodotti sono presi in consegna dal destinatario [6].

6-bis. Per i trasferimenti, mediante automezzi, dei prodotti di cui al comma 6, la presa in consegna di cui al medesimo comma 6 si verifica con lo scarico effettivo degli stessi prodotti dal mezzo di trasporto e con l'iscrizione nella contabilità del destinatario, da effettuarsi entro il medesimo giorno in cui hanno termine le operazioni di scarico, dei dati accertati relativi alla qualità e quantità dei prodotti scaricati[7].

7. La circolazione di prodotti sottoposti ad accisa in regime sospensivo destinati ad essere esportati si conclude nel momento in cui gli stessi hanno lasciato il territorio dell'Unione europea. Per i prodotti di cui al comma 1, lettera a), numero 5), la predetta circolazione si conclude nel momento in cui gli stessi sono vincolati al regime di transito esterno[8].

7-bis. Nel caso di cui al comma 7, primo periodo, l'Ufficio doganale di esportazione compila una nota di esportazione che attesta che i prodotti hanno lasciato il territorio dell'Unione europea, sulla base delle informazioni in suo possesso o di quelle ricevute dall'ufficio doganale di uscita dei prodotti se diverso dall'Ufficio doganale di esportazione. Nel caso di cui al comma 7, secondo periodo, l'Ufficio doganale di esportazione compila una nota di esportazione che attesta che i prodotti sono stati vincolati al regime di transito esterno sulla base delle informazioni in suo possesso o di quelle ricevute dall'ufficio doganale che ha vincolato i prodotti al medesimo regime, se diverso dall'Ufficio doganale di esportazione[9].

8. Qualora, al momento della spedizione, il sistema informatizzato sia indisponibile nello Stato membro di spedizione, le merci circolano con la scorta di un documento di riserva contenente gli stessi elementi previsti dal documento amministrativo elettronico e conforme al regolamento (CE) n. 684/2009. Gli stessi dati sono inseriti dallo speditore nel sistema informatizzato non appena quest'ultimo sia nuovamente disponibile. Il documento amministrativo elettronico sostituisce il documento di riserva di cui al primo periodo, copia del quale è conservata dallo speditore e dal destinatario nazionale, che devono riportarne gli estremi nella propria contabilità[10].

9. Qualora il sistema informatizzato risulti indisponibile nello Stato al momento del ricevimento dei prodotti da parte del soggetto destinatario nazionale, quest'ultimo presenta all'Ufficio competente dell'Amministrazione finanziaria un documento di riserva contenente gli stessi dati della nota di ricevimento di cui al comma 6, attestante l'avvenuta conclusione della circolazione. Non appena il sistema informatizzato sia nuovamente disponibile nello Stato, il destinatario trasmette la nota di ricevimento che sostituisce il documento di riserva di cui al primo periodo[11].

10. Il documento di riserva di cui al comma 9 è presentato dal destinatario nazionale all'Ufficio competente dell'Amministrazione finanziaria anche nel caso in cui, al momento del ricevimento dei prodotti, il sistema informatizzato, che era indisponibile nello Stato membro di spedizione all'inizio della circolazione, non ha ancora attribuito il codice unico di riferimento amministrativo al documento relativo alla spedizione stessa; non appena quest'ultimo risulti attribuito dal sistema informatizzato, il destinatario trasmette la nota di ricevimento di cui al comma 6, che sostituisce il documento di riserva di cui al comma 9[12].

11. In assenza della nota di ricevimento non causata dall'indisponibilità del sistema informatizzato, la conclusione della circolazione di merci spedite dal territorio nazionale può essere effettuata, in casi eccezionali, dall'Ufficio dell'Amministrazione finanziaria competente in relazione al luogo di spedizione delle merci sulla base dell'attestazione delle Autorità competenti dello Stato membro di destinazione; per le merci ricevute nel territorio nazionale, ai fini della conclusione della circolazione da parte dell'Autorità competente dello Stato membro di spedizione, in casi eccezionali, l'Ufficio dell'Amministrazione finanziaria competente attesta la ricezione delle merci sulla base di idonea documentazione comprovante la ricezione stessa.

12. In assenza della nota di esportazione non causata dall'indisponibilità del sistema informatizzato, la conclusione della circolazione di merci può essere effettuata, in casi eccezionali, dall'Ufficio dell'Amministrazione finanziaria competente in relazione al luogo di spedizione delle merci sulla base del visto dell'Autorità competente dello Stato membro in cui è situato l'ufficio doganale di uscita o sulla base delle informazioni ricevute dall'Autorità competente dello Stato membro in cui è situato l'ufficio doganale presso il quale i prodotti sono stati svincolati per l'esportazione e vincolati al regime di transito esterno[13].

13. Fatta eccezione per i tabacchi lavorati, le disposizioni del comma 5 si applicano anche ai prodotti sottoposti ad accisa e già immessi in consumo quando, su richiesta di un operatore nell'esercizio della propria attività economica, sono avviati ad un deposito fiscale; la domanda di rimborso dell'imposta assolta sui prodotti deve essere presentata prima della loro spedizione; per il rimborso si osservano le disposizioni dell'articolo 14.

14. Con determinazione del Direttore generale dell'Amministrazione autonoma dei monopoli di Stato, sentito il Comando generale della Guardia di finanza, sono stabilite, per la circolazione dei tabacchi lavorati in regime sospensivo che abbia luogo interamente nel territorio dello Stato, le informazioni aggiuntive da indicare nel documento amministrativo elettronico di cui al comma 5 per la corretta identificazione della tipologia di prodotto trasferito anche al fine della esatta determinazione dell'accisa gravante. Fino all'adozione della suddetta determinazione trovano applicazione, per la fattispecie di cui al presente comma, le disposizioni di cui al regolamento 22 marzo 1999, n. 67.

15. Le disposizioni del presente articolo non si applicano ai prodotti non unionali sottoposti ad accisa ed ai prodotti di cui all'articolo 39-bis, comma 1, lettere d) ed e)[14].

15-bis. Le autobotti e le bettoline utilizzate per il trasporto di prodotti sottoposti ad accisa in regime sospensivo sono munite di sistemi di tracciamento della posizione e di misurazione delle quantità scaricate. Con determinazione del Direttore dell'Agenzia delle dogane e dei monopoli sono stabiliti i termini e le modalità di applicazione della predetta disposizione [15].

[1] Vedi l'articolo 1 della Determinazione dell'Agenzia delle Dogane 26 settembre 2007.
[2] Articolo modificato dall'articolo 1, comma 1, del D.Lgs. 2 febbraio 2007, n. 26 e successivamente sostituito dall'articolo 1, comma 1, lettera f), del D.Lgs. 29 marzo 2010, n. 48.
[3] Comma sostituito dall'articolo 1, comma 1, lettera d), numero 1), del D.Lgs. 5 novembre 2021, n. 180; per l'efficacia vedi l'articolo 3, comma 1, del D.Lgs. 180/2021 medesimo.
[4] Comma sostituito dall'articolo 1, comma 1, lettera d), numero 2), del D.Lgs. 5 novembre 2021, n. 180; per l'efficacia vedi l'articolo 3, comma 1, del D.Lgs. 180/2021 medesimo.
[5] Comma sostituito dall'articolo 1, comma 1, lettera d), numero 3), del D.Lgs. 5 novembre 2021, n. 180; per l'efficacia vedi l'articolo 3, comma 1, del D.Lgs. 180/2021 medesimo.
[6] Comma modificato, a decorrere dal 1° novembre 2019, dall'articolo 5, comma 1, lettera a), punto 1), del D.L. 26 ottobre 2019, n. 124, convertito con modificazioni dalla Legge 19 dicembre 2019, n. 157 e successivamente dall'articolo 1, comma 1, lettera d), numero 4), del D.Lgs. 5 novembre 2021, n. 180; per l'efficacia vedi l'articolo 3, comma 1, del D.Lgs. 180/2021 medesimo.
[7] Comma inserito, dall'articolo 5, comma 1, lettera a), punto 2), del D.L. 26 ottobre 2019, n. 124, convertito con modificazioni dalla Legge 19 dicembre 2019, n. 157.
[8] Comma sostituito dall'articolo 1, comma 1, lettera d), numero 5), del D.Lgs. 5 novembre 2021, n. 180; per l'efficacia vedi l'articolo 3, comma 1, del D.Lgs. 180/2021 medesimo.
[9] Comma inserito dall'articolo 1, comma 1, lettera d), numero 6), del D.Lgs. 5 novembre 2021, n. 180; per l'efficacia vedi l'articolo 3, comma 1, del D.Lgs. 180/2021 medesimo.
[10] Comma modificato dall'articolo 1, comma 1, lettera d), numero 7), del D.Lgs. 5 novembre 2021, n. 180; per l'efficacia vedi l'articolo 3, comma 1, del D.Lgs. 180/2021 medesimo.
[11] Comma modificato dall'articolo 1, comma 1, lettera d), numero 7), del D.Lgs. 5 novembre 2021, n. 180; per l'efficacia vedi l'articolo 3, comma 1, del D.Lgs. 180/2021 medesimo.
[12] Comma modificato dall'articolo 1, comma 1, lettera d), numero 7), del D.Lgs. 5 novembre 2021, n. 180; per l'efficacia vedi l'articolo 3, comma 1, del D.Lgs. 180/2021 medesimo.
[13] Comma sostituito dall'articolo 1, comma 1, lettera d), numero 3), del D.Lgs. 5 novembre 2021, n. 180; per l'efficacia vedi l'articolo 3, comma 1, del D.Lgs. 180/2021 medesimo.
[14] Comma modificato dall'articolo 1, comma 1, lettera a), del D.lgs. 31 marzo 2011, n. 57 e successivamente dall'articolo 1, comma 1, lettera d), numero 9), del D.Lgs. 5 novembre 2021, n. 180; per l'efficacia vedi l'articolo 3, comma 1, del D.Lgs. 180/2021 medesimo.
[15] Comma aggiunto dall'articolo 1, comma 535, lettera a), della Legge 11 dicembre 2016, n. 232.

7. Irregolarità nella circolazione di prodotti soggetti ad accisa [1]. – 1. In caso di irregolarità o di infrazione, per la quale non sia previsto un abbuono d'imposta ai sensi dell'articolo 4, verificatasi nel corso della circolazione di prodotti in regime sospensivo, si applicano, salvo quanto previsto per l'esercizio dell'azione penale se i fatti addebitati costituiscono reato, le seguenti disposizioni:

a) l'accisa è corrisposta dalla persona fisica o giuridica che ne ha garantito il pagamento conformemente all'articolo 6, comma 4, e, in solido, da qualsiasi altra persona che abbia partecipato allo svincolo irregolare e che era a conoscenza, o avrebbe dovuto ragionevolmente essere a conoscenza, della natura irregolare dello svincolo;

b) l'accisa è riscossa in Italia se l'irregolarità o l'infrazione si è verificata nel territorio dello Stato;

c) se l'irregolarità o l'infrazione è accertata nel territorio dello Stato e non è possibile determinare il luogo in cui si è effettivamente verificata, si presume che l'irregolarità o l'infrazione si sia verificata nel territorio dello Stato e nel momento in cui è stata accertata;

d) se i prodotti spediti dal territorio dello Stato non giungono a destinazione in un altro Stato membro e non è possibile stabilire il luogo in cui sono stati immessi in consumo, si presume che l'irregolarità o l'infrazione si sia verificata nel territorio dello Stato e si procede alla riscossione dei diritti di accisa con l'aliquota in vigore alla data di spedizione dei prodotti, salvo che, entro quattro mesi dalla data in cui ha avuto inizio la circolazione conformemente all'articolo 6, comma 3, venga fornita la prova, ritenuta soddisfacente dall'Amministrazione finanziaria, della regolarità dell'operazione ovvero che l'irregolarità o l'infrazione si siano effettivamente verificate fuori dal territorio dello Stato;

e) se entro tre anni dalla data in cui ha avuto inizio la circolazione conformemente all'articolo 6, comma 3, viene individuato il luogo in cui l'irregolarità o l'infrazione si è effettivamente verificata, e la riscossione compete ad un altro Stato membro, l'accisa eventualmente riscossa nel territorio dello Stato viene rimborsata con gli interessi calcolati, nella misura prevista dall'articolo 3, comma 4, dal giorno della riscossione fino a quello dell'effettivo rimborso. A tale fine, il soggetto che ha pagato l'accisa fornisce all'Amministrazione finanziaria, entro il termine di decadenza di due anni dalla data in cui è comunicato al medesimo l'avvenuto accertamento del luogo in cui l'irregolarità o l'infrazione si è effettivamente verificata, la prova che l'accisa è stata pagata nell'altro Stato membro.

2. Nei casi di cui al comma 1, lettera d), prima di procedere alla riscossione dei diritti di accisa, l'Amministrazione finanziaria comunica il mancato arrivo a destinazione dei prodotti soggetti ad accisa ai soggetti che si sono resi garanti per il trasporto e che potrebbero non esserne a conoscenza. Ai medesimi soggetti è concesso un termine di un mese a decorrere dalla predetta comunicazione per fornire la prova di cui al medesimo comma 1, lettera d).

3. Nei casi di riscossione di accisa, conseguente ad irregolarità o infrazione relativa a prodotti provenienti da un altro Stato membro, l'Amministrazione finanziaria informa le competenti autorità del Paese di provenienza.

4. Lo scambio e l'utilizzazione di informazioni necessarie per l'attuazione della cooperazione amministrativa con gli altri Stati membri, nonché le azioni di mutua assistenza amministrativa con i medesimi Stati e con i competenti servizi della Comunità europea, avvengono in conformità delle disposizioni comunitarie e con l'osservanza delle modalità previste dai competenti organi comunitari.

[1] Articolo modificato dall'articolo 59, comma 1, lettera b), della legge 21 novembre 2000, n. 342, dall' articolo 19, comma 1, della legge 25 febbraio 2008, n. 34 e successivamente sostituito dall'articolo 1, comma 1, lettera g), del D.Lgs. 29 marzo 2010, n. 48.

7 *bis*. Disposizioni particolari per la circolazione degli oli lubrificanti e di altri specifici prodotti [1][2]. – 1. Fatto salvo quanto previsto, in materia di circolazione, dalle disposizioni doganali e dall'articolo 6, comma 5, gli oli lubrificanti di cui ai codici NC da 2710 19 81 a 2710 19 99 circolano nel territorio nazionale, nella fase antecedente all'immissione in consumo, con la scorta di un Codice amministrativo di riscontro, relativo a ciascun trasferimento dei suddetti prodotti, emesso dal sistema informatizzato dell'Agenzia delle dogane e dei monopoli e annotato sulla prescritta documentazione di trasporto.

2. Il codice di cui al comma 1 è richiesto telematicamente all'Agenzia delle dogane e dei monopoli non prima delle 48 ore precedenti all'introduzione dei prodotti nel territorio

nazionale e comunque almeno 12 ore prima dell'introduzione stessa:

a) per i prodotti di cui al presente articolo, provenienti da un altro Stato membro dell'Unione europea e destinati ad essere immessi in consumo nel territorio nazionale, dal soggetto che ne effettua la prima immissione in consumo;

b) per i prodotti di cui al presente articolo, provenienti da un altro Stato membro dell'Unione europea e che non siano destinati ad essere immessi in consumo nel territorio nazionale, dal mittente dei prodotti stessi.

3. Nella richiesta di cui al comma 2 sono riportati, in particolare, i dati identificativi del mittente e del destinatario dei prodotti, i quantitativi e i codici di nomenclatura combinata dei medesimi, il luogo in cui i prodotti saranno introdotti nel territorio nazionale, la targa del veicolo e degli eventuali rimorchi utilizzati per il loro trasferimento, l'itinerario che il veicolo seguirà nel territorio nazionale, nonché, per la fattispecie di cui al comma 2, lettera b), il luogo in cui i prodotti lasceranno il medesimo territorio e l'Ufficio delle dogane di uscita.

4. Il codice di cui al comma 1, emesso dal sistema informatizzato dell'Agenzia delle dogane e dei monopoli, è annotato, prima che la circolazione dei prodotti nel territorio nazionale abbia inizio, sulla prevista documentazione di trasporto che scorta i prodotti. A tal fine il soggetto nazionale di cui al comma 2, lettera a), comunica il medesimo codice al mittente dei prodotti.

5. La circolazione nel territorio nazionale dei prodotti di cui al presente articolo si intende regolarmente conclusa con la comunicazione telematica all'Agenzia delle dogane e dei monopoli, dell'avvenuta presa in carico dei prodotti, che il soggetto di cui al comma 2, lettera a) invia entro le 24 ore successive alla medesima presa in carico presso il proprio deposito; per la fattispecie di cui al comma 2, lettera b), la circolazione nel territorio nazionale dei prodotti di cui al presente articolo si intende regolarmente conclusa con la validazione del codice di cui al comma 1 da parte dell'Ufficio delle dogane di uscita, di cui al comma 3.

6. Con decreto del Ministro dell'economia e delle finanze sono stabilite le modalità di attuazione delle disposizioni di cui al presente articolo, con particolare riguardo alla determinazione di limiti quantitativi di prodotto e di specifiche modalità relative al trasporto o al confezionamento del medesimo per i quali le stesse disposizioni non trovano applicazione, alla disciplina dei casi di indisponibilità o malfunzionamento del sistema informatizzato dell'Agenzia delle dogane e dei monopoli e all'individuazione degli ulteriori elementi da riportare nella richiesta di cui al comma 2(3) .

7. Le disposizioni di cui al presente articolo trovano applicazione anche per le preparazioni lubrificanti rientranti nel codice NC 3403, qualora le stesse siano trasportate sfuse o in contenitori di capacità superiore a 20 litri salvo che al riguardo sia stabilito diversamente dal decreto di cui al comma 6(4)(5).

(1) *Articolo inserito dall'articolo 7, comma 1, lettera a), del D.L. 26 ottobre 2019, n. 124, convertito con modificazioni dalla Legge 19 dicembre 2019, n. 157.*

(2) *A norma dell'articolo 7, comma 4, del D.L. 26 ottobre 2019, n. 124, convertito con modificazioni dalla Legge 19 dicembre 2019, n. 157, come modificato dall'articolo 130, comma 1, lettera b), del D.L. 19 maggio 2020, n. 34, convertito, con modificazioni, dalla Legge 17 luglio 2020, n. 77, le disposizioni di cui al presente articolo, hanno efficacia a decorrere dal 1° ottobre 2020.*

(3) *Comma modificato dall'articolo 130, comma 2, lettera a), numero 1), del D.L. 19 maggio 2020, n. 34, convertito, con modificazioni, dalla Legge 17 luglio 2020, n. 77.*

(4) *Comma modificato dall'articolo 130, comma 2, lettera a), numero 2), del D.L. 19 maggio 2020, n. 34, convertito, con modificazioni, dalla Legge 17 luglio 2020, n. 77.*

(5) *Per le disposizioni sulla tracciabilità degli oli lubrificanti di cui al presente articolo, vedi D.M. 22 aprile 2020.*

8. Destinatario registrato (1). – 1. Il soggetto che intende operare come destinatario registrato è preventivamente autorizzato dall'Amministrazione finanziaria competente; l'autorizzazione, valida fino a revoca, è rilasciata in considerazione dell'attività svolta dal soggetto presso il proprio deposito. I prodotti sottoposti ad accisa ricevuti in regime sospensivo sono separatamente detenuti e contabilizzati rispetto a quelli assoggettati ad accisa ricevuti nel medesimo deposito. Al destinatario registrato è attribuito un codice di accisa (2).

1-bis. Fatto salvo quanto previsto dai commi 5 e 7 in materia di tabacchi lavorati, l'autorizzazione di cui al comma 1 è negata e l'istruttoria per il relativo rilascio è sospesa allorché ricorrano, nei confronti del soggetto che intende operare come destinatario registrato, rispettivamente le condizioni di cui ai commi 6 e 7 dell'articolo 23; per la sospensione e la revoca della predetta autorizzazione trovano applicazione rispettivamente le disposizioni di cui ai commi 8 e 9 del medesimo articolo 23. Nel caso di persone giuridiche e di società, l'autorizzazione è negata, revocata o sospesa, ovvero il procedimento per il rilascio della stessa è sospeso, allorché le situazioni di cui ai commi da 6 a 9 del medesimo articolo 23 ricorrano, alle condizioni ivi previste, con riferimento a persone che ne rivestono funzioni di rappresentanza, di amministrazione o di direzione, nonché a persone che ne esercitano, anche di fatto, la gestione e il controllo (3).

2. Per il destinatario registrato che intende ricevere soltanto occasionalmente prodotti soggetti ad accisa, l'autorizzazione di cui al medesimo comma 1 è valida per un unico movimento e per una quantità prestabilita di prodotti, provenienti da un unico soggetto speditore. In tale ipotesi copia della predetta autorizzazione, riportante gli estremi della garanzia prestata, deve scortare i prodotti unitamente alla copia stampata del documento di accompagnamento elettronico o di qualsiasi altro documento commerciale che indichi il codice unico di riferimento amministrativo di cui all'articolo 6, comma 5.

3. Il destinatario registrato non può fabbricare, trasformare, detenere né spedire prodotti soggetti ad accisa. Egli ha l'obbligo di:

a) fornire, prima della spedizione dei prodotti sottoposti ad accisa in regime sospensivo da parte del mittente, garanzia per il pagamento dell'imposta gravante sui medesimi;

b) provvedere, fatta eccezione per il destinatario registrato di cui al comma 2 e fatto salvo quanto previsto dall'articolo 6, comma 6-bis, ad iscrivere nella propria contabilità i prodotti di cui alla lettera a) non appena ricevuti(4);

c) sottoporsi a qualsiasi controllo o accertamento anche intesi a verificare l'effettivo ricevimento dei prodotti di cui alla lettera a) che, qualora allo stato sfuso, sono travasati nei serbatoi, riservati ai prodotti ricevuti in regime sospensivo, del deposito di cui al comma 1 nonché a riscontrare l'avvenuto pagamento dell'accisa (5)(6).

4. Nelle ipotesi previste dal presente articolo l'accisa è esigibile all'atto del ricevimento dei prodotti e deve essere pa-

gata, secondo le modalità vigenti, entro il primo giorno lavorativo successivo a quello di arrivo.

5. I tabacchi lavorati acquistati dal soggetto di cui al comma 1 rispettano le disposizioni nazionali in materia di condizionamento ed etichettatura dei prodotti del tabacco stabilite dal decreto legislativo 24 giugno 2003, n. 184, nonché le disposizioni di cui all'articolo 39-duodecies in materia di apposizione del contrassegno di legittimazione; l'autorizzazione di cui al comma 1 per i tabacchi lavorati è subordinata al possesso dei requisiti di cui all'articolo 3, comma 1, del decreto del Ministro delle finanze 22 febbraio 1999, n. 67.

6. I tabacchi lavorati di cui al comma 5 devono essere iscritti nella tariffa di vendita e venduti tramite le rivendite di cui alla legge 22 dicembre 1957, n. 1293.

7. Con provvedimento del Direttore dell'Amministrazione autonoma dei Monopoli di Stato sono stabiliti la procedura per il rilascio dell'autorizzazione di cui al comma 1, le istruzioni per la tenuta della contabilità indicata nel comma 3, lettera b), nonché gli obblighi che il destinatario registrato è tenuto ad osservare, a tutela della salute pubblica, in relazione alle specifiche disposizioni nazionali e comunitarie del settore dei tabacchi lavorati.

8. Le disposizioni del presente articolo non si applicano ai prodotti non unionali sottoposti ad accisa(7).

(1) *Articolo sostituito dall'articolo 1, comma 1, lettera h), del D.Lgs. 29 marzo 2010, n. 48*
(2) *Comma modificato dall'articolo 1, comma 535, lettera b), della Legge 11 dicembre 2016, n. 232.*
(3) *Comma inserito, con efficacia a decorrere dal 1° gennaio 2020, dall'articolo 5, comma 1, lettera b), numero 1), del D.L. 26 ottobre 2019, n. 124, convertito con modificazioni dalla Legge 19 dicembre 2019, n. 157.*
(4) *Lettera modificata, dall'articolo 5, comma 1, lettera b), numero 2), del D.L. 26 ottobre 2019, n. 124, convertito con modificazioni dalla Legge 19 dicembre 2019, n. 157.*
(5) *Lettera sostituita, dall'articolo 5, comma 1, lettera b), numero 2), del D.L. 26 ottobre 2019, n. 124, convertito con modificazioni dalla Legge 19 dicembre 2019, n. 157.*
(6) *Comma modificato dall'articolo 1, comma 1, lettera f), numero 1), del D.Lgs. 5 novembre 2021, n. 180; per l'efficacia vedi l'articolo 3, comma 1, del D.Lgs. 180/2021 medesimo.*
(7) *Comma sostituito dall'articolo 1, comma 1, lettera f), numero 2), del D.Lgs. 5 novembre 2021, n. 180; per l'efficacia vedi l'articolo 3, comma 1, del D.Lgs. 180/2021 medesimo.*

8 *bis*. Destinatario certificato (1). – «Art. 8-bis (). - 1. Il soggetto che intende operare come destinatario certificato è autorizzato preventivamente dall'Amministrazione finanziaria e deve avere, per i prodotti sottoposti ad accisa diversi dai tabacchi lavorati, la qualifica di depositario autorizzato o di destinatario registrato e, per i tabacchi lavorati, la qualifica di destinatario registrato.

L'autorizzazione è valida fino a revoca. I prodotti immessi in consumo in un altro Stato membro sono ricevuti presso il deposito del predetto soggetto e sono contabilizzati in appositi registri. Al destinatario certificato è attribuito un codice identificativo.

2. Il destinatario certificato individua nell'ambito del proprio deposito l'area separata e distinta o, nel caso di cui al comma 6, il locale in cui intende ricevere e detenere ad accisa assolta i prodotti di cui al comma 1.

3. Il destinatario certificato ha l'obbligo di:

a) prestare, prima della spedizione dei prodotti da parte dello speditore certificato, una garanzia per il pagamento dell'imposta gravante sui medesimi;

b) introdurre nel deposito e iscrivere nella contabilità di cui al comma 1 i prodotti di cui alla lettera a) al momento della loro presa in consegna, con l'indicazione degli estremi del relativo e-DAS;

c) pagare l'accisa entro il giorno successivo a quello di arrivo dei prodotti di cui alla lettera a);

d) sottoporsi a qualsiasi controllo o accertamento anche intesi a verificare l'effettivo ricevimento dei prodotti di cui alla lettera a) e il pagamento dell'accisa.

4. La garanzia di cui al comma 3, lettera a) è prestata con le modalità ritenute idonee dall'Amministrazione finanziaria, è valida in tutti i Paesi dell'Unione europea ed è determinata nella misura pari al 100 per cento dell'accisa gravante sui prodotti.

5. L'accisa è esigibile nel momento in cui i prodotti sono presi in consegna dal destinatario certificato.

6. Fermo restando quanto previsto dal comma 3, lettere a), c) e d), l'Amministrazione finanziaria può autorizzare il soggetto che intende ricevere solo occasionalmente prodotti sottoposti ad accisa, provenienti da un unico speditore certificato ubicato in un altro Stato membro e già immessi in consumo in un altro Stato membro, ad operare come destinatario certificato occasionale in relazione ad un unico movimento e per una quantità prestabilita di prodotti.

7. I tabacchi lavorati acquistati ai sensi del presente articolo sono commercializzati per il tramite delle rivendite di cui alla legge 22 dicembre 1957, n. 1293. I medesimi tabacchi devono risultare iscritti nella tariffa di vendita, rispettare le vigenti disposizioni nazionali in materia di condizionamento ed etichettatura dei prodotti del tabacco ed essere muniti del contrassegno di legittimazione di cui all'articolo 39-duodecies. Per i prodotti di cui al presente comma, con provvedimento del Direttore dell'Agenzia delle dogane e dei monopoli sono stabiliti la procedura per il rilascio dell'autorizzazione di cui al comma 1, le istruzioni per la tenuta della contabilità indicata nel comma 3, lettera b), nonché gli obblighi che il destinatario certificato è tenuto ad osservare, a tutela della salute pubblica, in relazione alle specifiche disposizioni nazionali e unionali del settore dei tabacchi lavorati.

8. Le disposizioni del presente articolo non si applicano nel caso di prodotti non unionali sottoposti ad accisa.

(1) *Articolo inserito dall'articolo 1, comma 1, lettera g), del D.Lgs. 5 novembre 2021, n. 180; per l'efficacia vedi l'articolo 3, comma 1, del D.Lgs. 180/2021 medesimo.*

9. Speditore registrato (1). – 1. Il soggetto che intende operare come speditore registrato è preventivamente autorizzato, per ogni tipologia di prodotti sottoposti ad accisa oggetto della propria attività, dal competente Ufficio dell'Amministrazione finanziaria, individuato in relazione alla sede legale del medesimo soggetto. Si prescinde da tale autorizzazione per gli spedizionieri abilitati a svolgere i compiti previsti dall'articolo 7, comma 1-sexies, del decreto-legge 30 dicembre 1991, n. 417, convertito, con modificazioni, dalla legge 6 febbraio 1992, n. 66. Allo speditore registrato è attribuito, prima dell'inizio della sua attività, un codice di accisa.

2. Lo speditore registrato non può detenere prodotti in regime sospensivo. Fermo restando quanto previsto dall'articolo 6, comma 4, in materia di garanzia, il medesimo speditore ha l'obbligo di:

a) iscrivere nella propria contabilità i prodotti sottoposti ad accisa in regime sospensivo al momento della spedizione, con l'indicazione degli estremi del documento di accompagnamento e del luogo in cui i medesimi prodotti sono consegnati;

b) fornire al trasportatore una copia stampata del documento amministrativo elettronico o di qualsiasi altro documento commerciale che indichi il codice unico di riferimento amministrativo[2];

c) sottoporsi a qualsiasi controllo o accertamento anche intesi a verificare la regolarità delle spedizioni effettuate.

[1] *Articolo sostituito dall'articolo 1, comma 1, lettera i), del D.Lgs. 29 marzo 2010, n. 48.*
[2] *Lettera sostituita dall'articolo 1, comma 1, lettera h), del D.Lgs. 5 novembre 2021, n. 180; per l'efficacia vedi l'articolo 3, comma 1, del D.Lgs. 180/2021 medesimo.*

9 *bis*. Speditore certificato [1]. – 1. Il soggetto che intende operare come speditore certificato è preventivamente autorizzato dall'Amministrazione finanziaria; l'autorizzazione, valida fino a revoca, è rilasciata in considerazione dell'attività economica svolta dal soggetto. I prodotti sottoposti ad accisa, già immessi in consumo nel territorio dello Stato e trasportati nel territorio di un altro Stato membro per la consegna ad un soggetto avente la qualifica di destinatario certificato, sono contabilizzati in appositi registri approvati dall'Amministrazione finanziaria. Allo speditore certificato è attribuito un codice identificativo. Restano ferme le disposizioni specifiche previste dal comma 4 in materia di tabacchi lavorati.

2. Lo speditore certificato ha l'obbligo di:

a) iscrivere nella contabilità di cui al comma 1 i prodotti trasferiti in un altro Stato membro al momento della loro spedizione, con l'indicazione degli estremi del relativo e-DAS e del luogo in cui i medesimi prodotti sono consegnati;

b) fornire al trasportatore il codice unico di riferimento amministrativo semplificato di cui all'articolo 10, comma 3;

c) sottoporsi a qualsiasi controllo o accertamento anche intesi a verificare la regolarità delle spedizioni dei prodotti di cui al comma 1 effettuate.

3. Fatta eccezione per i tabacchi lavorati, l'Amministrazione finanziaria può autorizzare il soggetto che intende, nell'ambito della sua attività economica, solo occasionalmente trasportare in un altro Stato membro prodotti sottoposti ad accisa e già immessi in consumo nel territorio nazionale, ad operare come speditore certificato occasionale in relazione ad un unico movimento e per una quantità prestabilita di prodotti.

4. Per i tabacchi lavorati sono stabiliti, con provvedimento del Direttore dell'Agenzia delle dogane e dei monopoli, i requisiti e la procedura per il rilascio dell'autorizzazione di cui al comma 1, le istruzioni per la tenuta della contabilità indicata nel comma 2, lettera a) nonché gli obblighi che lo speditore certificato è tenuto ad osservare, a tutela della salute pubblica, in relazione alle specifiche disposizioni nazionali e unionali del settore dei tabacchi lavorati.

5. Per i prodotti già assoggettati ad accisa nel territorio dello Stato, trasferiti ai sensi del presente articolo, l'accisa pagata nel territorio dello Stato è rimborsata ai sensi dell'articolo 14 su richiesta dello speditore certificato, a condizione che quest'ultimo fornisca la prova del suo avvenuto pagamento e dimostri che il destinatario certificato dello Stato membro di destinazione dei prodotti abbia ricevuto gli stessi e abbia versato l'accisa nel medesimo Stato membro.

6. Le disposizioni del presente articolo non si applicano nel caso di prodotti non unionali sottoposti ad accisa.

[1] *Articolo inserito dall'articolo 1, comma 1, lettera i), del D.Lgs. 5 novembre 2021, n. 180; per l'efficacia vedi l'articolo 3, comma 1, del D.Lgs. 180/2021 medesimo.*

10. Circolazione di prodotti già immessi in consumo in un altro Stato membro e consegnati per scopi commerciali nel territorio dello Stato [1][2]. – 1. Sono soggetti ad accisa nel territorio dello Stato i prodotti immessi in consumo in un altro Stato membro che vengono trasportati nel territorio nazionale per esservi consegnati per scopi commerciali. In tal caso i medesimi prodotti sono spediti da uno speditore certificato dello Stato membro nel quale sono stati immessi in consumo e ricevuti da un destinatario certificato nazionale.

2. Ai fini del presente articolo per prodotti consegnati per scopi commerciali si intendono i prodotti di cui al comma 1 trasportati, nel territorio dello Stato, nei casi diversi da quelli contemplati dagli articoli 10-bis e 11.

3. La circolazione dei prodotti di cui al comma 1 deve aver luogo con l'e-DAS emesso dal sistema informatizzato previo inserimento dei relativi dati da parte dello speditore certificato dello Stato membro di spedizione. Al predetto documento è attribuito un codice unico di riferimento amministrativo semplificato.

4. La circolazione di cui al comma 1 inizia nel momento in cui i prodotti lasciano i locali dello speditore certificato dello Stato membro di spedizione.

5. La circolazione di cui al comma 1 si conclude nel momento in cui i prodotti sono presi in consegna dal destinatario certificato nazionale presso il suo deposito. Tale circostanza è attestata, fatta eccezione per quanto previsto ai commi 9 e 10, dalla nota di ricevimento trasmessa dal destinatario certificato all'Amministrazione finanziaria mediante il sistema informatizzato e da quest'ultimo validata. La trasmissione della predetta nota è effettuata entro le ventiquattro ore decorrenti dal momento in cui i prodotti sono presi in consegna dal destinatario certificato nazionale.

6. Per i trasferimenti, mediante automezzi, dei prodotti di cui al comma 1, la presa in consegna di cui al comma 5 si verifica con lo scarico effettivo degli stessi prodotti dal mezzo di trasporto e con l'iscrizione nella contabilità del destinatario certificato, da effettuarsi entro il medesimo giorno in cui hanno termine le operazioni di scarico, dei dati accertati relativi alla qualità e quantità dei prodotti scaricati.

7. Non sono considerati come prodotti consegnati per scopi commerciali i prodotti già assoggettati ad accisa in un altro Stato membro, detenuti a bordo di una nave o di un aeromobile che effettua traversate o voli tra il territorio del suddetto Stato membro e il territorio nazionale e che non siano disponibili per la vendita quando la nave o l'aeromobile si trova nel territorio dello Stato.

8. Per i prodotti di cui al comma 1, qualora, al momento della spedizione, il sistema informatizzato sia indisponibile nello Stato membro di spedizione, i medesimi prodotti circolano con un documento di riserva contenente gli stessi dati dell'e-DAS. Gli stessi dati sono inseriti dallo speditore certificato nel sistema informatizzato non appena quest'ultimo è nuovamente disponibile. L'e-DAS sostituisce il pre-

detto documento di riserva, copia del quale è conservata dallo speditore certificato e dal destinatario certificato nazionale, che ne riportano gli estremi nella propria contabilità.

9. Per i prodotti di cui al comma 1, qualora il sistema informatizzato risulti indisponibile nello Stato al momento del ricevimento da parte del destinatario certificato nazionale, quest'ultimo presenta all'Ufficio competente dell'Amministrazione finanziaria un documento di riserva contenente gli stessi dati della nota di ricevimento di cui al comma 5, attestante l'avvenuta conclusione della circolazione. Non appena il sistema informatizzato è nuovamente disponibile nello Stato, il destinatario certificato trasmette la nota di ricevimento che sostituisce il predetto documento di riserva.

10. In assenza della nota di ricevimento non causata dall'indisponibilità del sistema informatizzato, ai fini della conclusione della circolazione da parte dell'Autorità competente dello Stato membro di spedizione, in casi eccezionali, l'Ufficio dell'Amministrazione finanziaria competente attesta la ricezione delle merci sulla base di idonea documentazione comprovante la ricezione stessa; per merci spedite dal territorio nazionale, in assenza della nota di ricevimento non causata dall'indisponibilità del sistema informatizzato, la conclusione della circolazione di prodotti ai sensi del presente articolo può essere effettuata, in casi eccezionali, dall'Ufficio dell'Amministrazione finanziaria competente in relazione al luogo di spedizione delle merci sulla base dell'attestazione delle autorità competenti dello Stato membro di destinazione.

11. Le disposizioni del presente articolo non si applicano ai prodotti non unionali sottoposti ad accisa.

(1) *Vedi l'articolo 1 della Determinazione dell'Agenzia delle Dogane 26 settembre 2007; vedi inoltre l'articolo 2 della Determinazione dell'Agenzia delle Dogane 27 giugno 2022.*
(2) *Articolo sostituito dall'articolo 1, comma 1, lettera l), del D.Lgs. 29 marzo 2010, n. 48 e successivamente sostituito dall'articolo 1, comma 1, lettera l), del D.Lgs. 5 novembre 2021, n. 180; per l'efficacia vedi l'articolo 3, comma 2, del D.Lgs. 180/2021 medesimo.*

10 *bis*. Altre disposizioni relative alla circolazione di prodotti già immessi in consumo in un altro Stato membro (1). – 1. I prodotti già assoggettati ad accisa in un altro Stato membro, che siano stati acquistati da un soggetto stabilito nel territorio dello Stato, che sia privato ovvero che, pur esercitando una attività economica, agisca in qualità di privato, e siano stati spediti o trasportati nel territorio dello Stato direttamente o indirettamente dal venditore o per suo conto, sono soggetti ad accisa nel territorio dello Stato. Gli acquisti dei tabacchi lavorati, effettuati ai sensi del presente comma, avvengono con modalità diverse da quelle della vendita a distanza transfrontaliera di cui alla direttiva del Parlamento europeo e del Consiglio del 3 aprile 2014, n. 2014/40/UE (2).

2. Per i prodotti di cui al comma 1, il debitore dell'accisa è il rappresentante fiscale designato dal venditore, avente sede nel territorio dello Stato e preventivamente autorizzato dall'Amministrazione finanziaria.

3. Prima della spedizione dei prodotti di cui al comma 1, il rappresentante fiscale di cui al comma 2 fornisce una garanzia per il pagamento dell'accisa sui medesimi prodotti presso l'Ufficio competente dell'Amministrazione finanziaria. Il medesimo rappresentante fiscale è tenuto altresì a pagare l'accisa dovuta secondo le modalità vigenti entro il primo giorno lavorativo successivo a quello di arrivo dei prodotti al destinatario e tenere una contabilità delle forniture effettuate. Il rappresentante fiscale deve sottoporsi a qualsiasi controllo inteso ad accertare il corretto pagamento dell'accisa.

4. Per gli acquisti di tabacchi lavorati effettuati ai sensi del presente articolo, il rappresentante fiscale, fermi restando gli adempimenti di cui al comma 3, è tenuto a dare comunicazione delle spedizioni, prima dell'arrivo della merce, all'Amministrazione autonoma dei Monopoli di Stato. Il contenuto e le modalità di tali comunicazioni sono stabilite con determinazione del Direttore dell'Amministrazione autonoma dei Monopoli di Stato.

5. Le procedure per l'autorizzazione di cui al comma 2 e le modalità per la prestazione della garanzia e per la tenuta della contabilità di cui al comma 3 sono stabilite, in relazione alle rispettive competenze, con decreto del Direttore dell'Amministrazione autonoma dei Monopoli di Stato e con determinazione del Direttore dell'Agenzia delle Dogane.

6. I tabacchi lavorati acquistati ai sensi del comma 1 devono essere iscritti nelle tariffe di vendita di cui all'articolo 39-quater, rispettare le disposizioni nazionali in materia di condizionamento ed etichettatura dei prodotti del tabacco stabilite dal decreto legislativo 24 giugno 2003, n. 184, ed essere muniti del contrassegno di legittimazione di cui all'articolo 39-duodecies. Con provvedimento del Direttore dell'Amministrazione autonoma dei Monopoli di Stato sono stabiliti, relativamente agli acquisiti di tabacchi lavorati effettuati ai sensi del presente articolo, i requisiti soggettivi richiesti ai fini del rilascio dell'autorizzazione di cui al comma 2 nonché le modalità per l'acquisto e le modalità per la consegna in conformità a quanto previsto dalla legge 22 dicembre 1957, n. 1293, al fine di garantire l'osservanza della specifica normativa nazionale di distribuzione.

7. Per i prodotti già assoggettati ad accisa nel territorio dello Stato, acquistati da un soggetto stabilito in un altro Stato membro, che sia privato ovvero che, pur esercitando una attività economica, agisca in qualità di privato, spediti o trasportati, direttamente o indirettamente dal venditore nazionale o per suo conto nel medesimo Stato membro, l'accisa pagata nel territorio dello Stato è rimborsata ai sensi dell'articolo 14, comma 3, su richiesta del venditore, a condizione che quest'ultimo fornisca la prova del suo avvenuto pagamento e dimostri di avere ottemperato, anche tramite il proprio rappresentante fiscale, nello Stato membro di destinazione dei prodotti, alle procedure di cui al comma 3.

7-bis. Le disposizioni del presente articolo non si applicano ai prodotti non unionali sottoposti ad accisa(3).

(1) *Articolo inserito dall'articolo 1, comma 1, lettera m), del D.Lgs. 29 marzo 2010, n. 48.*
(2) *Comma modificato dall'articolo 19, comma 2, del D.Lgs. 12 gennaio 2016, n. 6, a decorrere dal 20 maggio 2016, come indicato nell'articolo 28, comma 1, del medesimo decreto.*
(3) *Comma inserito vedi l'articolo 1, comma 1, lettera m), del D.Lgs. 5 novembre 2021, n. 180; per l'efficacia vedi l'articolo 3, comma 1, del D.Lgs. 180/2021 medesimo.*

10 *ter*. Irregolarità nella circolazione di prodotti già immessi in consumo in un altro Stato membro (1). – 1. In caso di irregolarità o di infrazione verificatasi nel corso della circolazione di prodotti già immessi in consumo in un altro Stato membro, si applicano, salvo quanto previsto per l'esercizio dell'azione penale se i fatti addebitati costituiscono reato, le seguenti disposizioni:

a) l'accisa è corrisposta dalla persona fisica o giuridica che ne ha garantito il pagamento e, in solido, da qualsiasi altra persona che abbia partecipato alla irregolarità o all'infrazione e che era a conoscenza o avrebbe dovuto ragionevolmente essere a conoscenza della irregolarità o dell'infrazione[(2)];

b) l'accisa è riscossa in Italia se l'irregolarità o l'infrazione si è verificata nel territorio dello Stato;

c) se l'irregolarità o l'infrazione è accertata nel territorio dello Stato e non è possibile determinare il luogo in cui essa si è effettivamente verificata, si presume che l'irregolarità o l'infrazione si sia verificata nel territorio dello Stato e nel momento in cui è stata accertata;

d) se entro tre anni dalla data di acquisto dei prodotti già immessi in consumo in un altro Stato membro viene individuato il luogo in cui l'irregolarità o l'infrazione si è effettivamente verificata, e la riscossione compete ad altro Stato membro, l'accisa eventualmente riscossa nel territorio dello Stato viene rimborsata con gli interessi calcolati, nella misura prevista dall'articolo 3, comma 4, dal giorno della riscossione fino a quello dell'effettivo rimborso. A tale fine, il soggetto che ha pagato l'accisa fornisce all'Amministrazione finanziaria, entro il termine di decadenza di due anni dalla data in cui è comunicato al medesimo l'avvenuto accertamento del luogo in cui l'irregolarità o l'infrazione si è effettivamente verificata, la prova che l'accisa è stata pagata nell'altro Stato membro.

2. Nei casi in cui l'accisa sia stata riscossa in Italia ai sensi del comma 1, lettere a) e b), l'Amministrazione finanziaria informa le competenti autorità dello Stato membro in cui i prodotti sono stati inizialmente immessi in consumo.

3. In caso di perdita irrimediabile, totale o parziale o distruzione totale, come definite all'articolo 4, comma 5, dei prodotti di cui agli articoli 10, comma 1, e 10-bis, comma 1, avvenute nel corso del trasporto nel territorio nazionale, è concesso l'abbuono della relativa imposta qualora il soggetto obbligato provi, in un modo ritenuto soddisfacente dall'Amministrazione finanziaria, che la perdita o la distruzione dei prodotti è avvenuta per caso fortuito o per forza maggiore. Fatta eccezione per i tabacchi lavorati, i fatti che determinano la perdita irrimediabile o la distruzione totale dei prodotti, imputabili esclusivamente al soggetto obbligato a titolo di colpa non grave e quelli, determinanti la suddetta perdita o distruzione, che siano imputabili a terzi e non siano altresì imputabili a titolo di dolo o colpa grave al soggetto obbligato, sono equiparati al caso fortuito ed alla forza maggiore[(3)].

3-bis. Nel caso in cui, durante la circolazione dei prodotti di cui all'articolo 10, comma 1, e 10-bis, comma 1, si verifichi una perdita parziale dovuta alla natura dei prodotti, l'abbuono della relativa imposta è concesso, salvo che l'Amministrazione finanziaria abbia motivi fondati di sospettare frodi o irregolarità, se l'entità della medesima perdita è inferiore a quella determinata con riferimento alle soglie comuni individuate dalla Commissione europea ai sensi dell'articolo 6, paragrafo 10, della direttiva (UE) 2020/262. Nelle more della determinazione delle soglie comuni di cui al presente comma, continuano ad applicarsi le disposizioni di cui al regolamento adottato con il decreto del Ministro delle finanze 13 gennaio 2000, n. 55[(4)].

4. Qualora il soggetto di cui al comma 1, lettera a), dimostri di aver pagato l'accisa, o abbia diritto all'abbuono d'imposta ai sensi dei commi 3 e 3-bis l'Amministrazione finanziaria procede allo svincolo, totale o parziale, della garanzia dal medesimo prestata[(5)].

4-bis. Le disposizioni del presente articolo non si applicano ai prodotti non unionali sottoposti ad accisa[(6)].

(1) Articolo inserito dall'articolo 1, comma 1, lettera m), del D.Lgs. 29 marzo 2010, n. 48.
(2) Lettera sostituita dall'articolo 1, comma 1, lettera n), numero 1), del D.Lgs. 5 novembre 2021, n. 180; per l'efficacia vedi l'articolo 3, comma 1, del D.Lgs. 180/2021 medesimo.
(3) Comma sostituito dall'articolo 1, comma 1, lettera n), numero 2), del D.Lgs. 5 novembre 2021, n. 180; per l'efficacia vedi l'articolo 3, comma 1, del D.Lgs. 180/2021 medesimo.
(4) Comma aggiunto per effetto della sostituzione di cui all'articolo 1, comma 1, lettera n), numero 2), del D.Lgs. 5 novembre 2021, n. 180; per l'efficacia vedi l'articolo 3, comma 1, del D.Lgs. 180/2021 medesimo.
(5) Comma sostituito dall'articolo 1, comma 1, lettera n), numero 3), del D.Lgs. 5 novembre 2021, n. 180; per l'efficacia vedi l'articolo 3, comma 1, del D.Lgs. 180/2021 medesimo.
(6) Comma aggiunto per effetto della sostituzione di cui all'articolo 1, comma 1, lettera n), numero 3), del D.Lgs. 5 novembre 2021, n. 180; per l'efficacia vedi l'articolo 3, comma 1, del D.Lgs. 180/2021 medesimo.

11. Prodotti assoggettati ad accisa ed immessi in consumo in altro Stato membro e acquistati da privati [(1)]. – 1. Per i prodotti assoggettati ad accisa ed immessi in consumo in altro Stato membro, acquistati da privati per proprio uso e da loro trasportati, l'accisa è dovuta nello Stato membro in cui i prodotti vengono acquistati.

2. Possono considerarsi acquistati per uso proprio i prodotti acquistati e trasportati da privati entro i seguenti quantitativi:

a) bevande spiritose, 10 litri;

b) prodotti alcolici intermedi, 20 litri;

c) vino, 90 litri, di cui 60 litri, al massimo, di vino spumante;

d) birra, 110 litri;

e) sigarette, 800 pezzi;

f) sigaretti, 400 pezzi;

g) sigari, 200 pezzi;

h) tabacco da fumo, 1 chilogrammo.

2-bis. A decorrere dal 1° gennaio 2014 per le sigarette acquistate, ai sensi del comma 1, nel territorio di uno degli Stati membri menzionati all'articolo 2, paragrafo 2, terzo comma, della direttiva 92/79/CEE e che applicano, alle medesime sigarette, un'accisa inferiore a quanto indicato dall'articolo 2, paragrafo 2, primo comma, della medesima direttiva 92/79/CEE, il quantitativo di cui al comma 2, lettera e), del presente articolo è ridotto a 300 pezzi. Con provvedimento del Direttore dell'amministrazione autonoma dei monopoli di Stato, da pubblicare nella Gazzetta Ufficiale della Repubblica italiana, sono individuati, con cadenza annuale, gli Stati membri per i quali vige la riduzione indicata nel primo periodo del presente comma [(2)].

3. Al fine della determinazione dell'uso proprio di cui al comma 2 sono tenuti in considerazione anche le modalità di trasporto dei prodotti acquistati o il luogo in cui gli stessi si trovano, la loro natura, l'oggetto dell'eventuale attività commerciale svolta dal detentore e ogni documento commerciale relativo agli stessi prodotti.

4. I prodotti acquistati, non per uso proprio, e trasportati in quantità superiore ai limiti stabiliti nel comma 2 si considerano acquistati per fini commerciali e per gli stessi devono essere osservate le disposizioni di cui all'articolo 10. Le medesime disposizioni si applicano ai prodotti energetici tra-

sportati dai privati o per loro conto con modalità di trasporto atipico. È considerato atipico il trasporto del carburante in contenitori diversi dai serbatoi normali, dai contenitori per usi speciali o dall'eventuale bidone di scorta, di capacità non superiore a 10 litri, nonché il trasporto di prodotti energetici liquidi destinati al riscaldamento con mezzi diversi dalle autocisterne utilizzate per conto di operatori economici.[3]

5. Ai fini del comma 4 sono considerati 'serbatoi normali' di un autoveicolo quelli permanentemente installati dal costruttore su tutti gli autoveicoli dello stesso tipo e la cui sistemazione permanente consente l'utilizzazione diretta del carburante sia per la trazione dei veicoli che, all'occorrenza, per il funzionamento, durante il trasporto, dei sistemi di refrigerazione o di altri sistemi. Sono, parimenti, considerati 'serbatoi normali' i serbatoi di gas installati su veicoli a motore che consentono l'utilizzazione diretta del gas come carburante, nonché i serbatoi adattati agli altri sistemi di cui possono essere dotati i veicoli e quelli installati permanentemente dal costruttore su tutti i contenitori per usi speciali, dello stesso tipo del contenitore considerato, la cui sistemazione permanente consente l'utilizzazione diretta del carburante per il funzionamento, durante il trasporto, dei sistemi di refrigerazione e degli altri sistemi di cui sono dotati i contenitori per usi speciali. Ai fini del comma 4 è considerato 'contenitore per usi speciali' qualsiasi contenitore munito di dispositivi particolari, adattati ai sistemi di refrigerazione, ossigenazione, isolamento termico o altro.

5-bis. Le disposizioni del presente articolo non si applicano ai prodotti non unionali sottoposti ad accisa.[4]

[1] Articolo modificato dall'articolo 1, comma 1, lettera c), del D.Lgs. 2 febbraio 2007, n. 26 e successivamente sostituito dall'articolo 1, comma 1, lettera n), del D.Lgs. 29 marzo 2010, n. 48.
[2] Comma inserito dall'articolo 1, comma 1, lettera b), del D.lgs. 31 marzo 2011, n. 57.
[3] Comma modificato dall'articolo 1, comma 1, lettera o) del D.Lgs. 5 novembre 2021, n. 180; per l'efficacia vedi l'articolo 3, comma 1, del D.Lgs. 180/2021 medesimo.
[4] Comma inserito dall'articolo 1, comma 1, lettera o) del D.Lgs. 5 novembre 2021, n. 180; per l'efficacia vedi l'articolo 3, comma 1, del D.Lgs. 180/2021 medesimo.

12. Deposito e circolazione di prodotti assoggettati ad accisa [1][2]. – 1. Fatte salve le disposizioni stabilite per i singoli prodotti, i prodotti assoggettati ad accisa sono custoditi e contabilizzati secondo le modalità stabilite e circolano nel territorio dello Stato con un apposito documento di accompagnamento analogo all'e-DAS.

2. Nel caso di spedizioni fra località nazionali con attraversamento del territorio di un altro Stato membro, è utilizzato l'e-DAS.

3. Alle autobotti e alle bettoline utilizzate per il trasporto di prodotti assoggettati ad accisa si applicano le disposizioni dell'articolo 6, comma 15-bis.

4. Le disposizioni di cui al comma 1 non si applicano ai prodotti custoditi e movimentati dalle amministrazioni dello Stato. Le disposizioni di cui ai commi 1, 2 e 3 non si applicano ai prodotti non unionali sottoposti ad accisa.

[1] A norma dall'articolo 1 della Determinazione dell'Agenzia delle Dogane 26 settembre 2007 i documenti di accompagnamento previsti per la circolazione dei prodotti assoggettati ad accisa ed alle altre imposizioni indirette di cui al presente articolo, sono presentati in forma esclusivamente telematica a decorrere dal 1° ottobre 2009. Vedi anche l'articolo 1, commi 937 e 943 della Legge 27 dicembre 2017, a decorrere dal 01 febbraio 2018.
[2] Articolo modificato dall'articolo 1, comma 1, lettera o), punto 1) del D.Lgs. 29 marzo 2010, n. 48, dall'articolo 1, comma 535, lettera c), della Legge 11 dicembre 2016, n. 232e da ultimo sostituito dall'articolo 1, comma 1, lettera p) del D.Lgs. 5 novembre 2021, n. 180; per l'efficacia vedi l'articolo 3, comma 1, del D.Lgs. 180/2021 medesimo.

13. Contrassegni fiscali [1]. – 1. I prodotti sottoposti ad accisa, destinati ad essere immessi in consumo nel territorio dello Stato sono muniti di contrassegni fiscali nei casi in cui questi sono prescritti.

2. I prodotti da assoggettare al contrassegno fiscale, le caratteristiche ed il prezzo dei contrassegni fiscali sono stabiliti con decreto del Ministro dell'economia e delle finanze, da emanare ai sensi dell'articolo 17, comma 3, della legge 23 agosto 1988, n. 400. I prodotti immessi in consumo muniti di contrassegno fiscale sono esenti da qualsiasi vincolo di circolazione e deposito. [2]

3. I contrassegni fiscali sono messi a disposizione del depositario autorizzato e del venditore di cui all'articolo 10-bis, comma 1, stabiliti in un altro Stato membro, con le stesse modalità previste per il depositario nazionale, tramite il proprio rappresentante fiscale, avente sede nel territorio dello Stato, designato dai medesimi soggetti e preventivamente autorizzato dall'Amministrazione finanziaria.

4. La circolazione intracomunitaria dei prodotti muniti di contrassegno fiscale avviene con l'osservanza delle modalità previste dall'articolo 6.

5. Per i contrassegni fiscali destinati ad essere applicati sui recipienti contenenti prodotti nazionali o comunitari in regime sospensivo deve essere prestata cauzione in misura pari all'ammontare dell'accisa. La cauzione viene in tutto od in parte incamerata relativamente ai contrassegni mancanti alla verifica e che non risultino applicati o che, comunque, non vengano restituiti entro il termine di un anno dalla data di acquisto, salvo motivate richieste di proroga; fatto salvo quanto previsto dal comma 8, per i contrassegni restituiti non compete alcun rimborso del prezzo pagato.

6. Per la circolazione dei prodotti condizionati e muniti di contrassegno fiscale, in regime sospensivo, deve essere prestata cauzione in misura pari all'ammontare dell'accisa gravante sulla partita trasportata.

7. Gli importatori di prodotti da contrassegnare possono essere autorizzati ad acquistare contrassegni fiscali da applicare ai recipienti contenenti i suindicati prodotti prima della presentazione in dogana per l'importazione. L'autorizzazione è subordinata alla prestazione di una cauzione il cui importo è determinato in relazione all'ammontare dell'accisa gravante sul quantitativo da importare. La cauzione viene in tutto od in parte incamerata se nel termine di dodici mesi dalla data di acquisto dei contrassegni fiscali, i prodotti non vengono presentati in dogana per l'importazione o non si sia provveduto alla restituzione dei contrassegni fiscali non utilizzati per qualsiasi motivo. Per i contrassegni fiscali restituiti non compete alcun rimborso del prezzo pagato.

8. Per i prodotti contrassegnati per i quali l'accisa è divenuta esigibile ed è stata riscossa in un altro Stato membro, il prezzo dei contrassegni fiscali ad essi applicati è rimborsato al netto delle spese di emissione e la cauzione di cui al comma 5 è svincolata, subordinatamente alla presentazione della prova, ritenuta soddisfacente dal competente Ufficio delle dogane, che i contrassegni medesimi siano stati rimossi o distrutti.

9. Le disposizioni del presente articolo non si applicano ai tabacchi lavorati per i quali trovano applicazione le specifiche disposizioni di cui all'articolo 39-duodecies.

(1) *Articolo sostituito dall'articolo 1, comma 1, lettera p), del D.Lgs. 29 marzo 2010, n. 48.*
(2) *Comma modificato dall'articolo 25, comma 1, del DL 21 giugno 2022, n. 73, convertito, con modificazioni, dalla Legge 4 agosto 2022, n. 122. Detto articolo 25 è stato soppresso dalla legge di conversione del D.L. n. 73 del 2022. È stato pertanto ripristinato il testo previgente.*

14. Rimborsi dell'accisa (1). – 1. L'accisa è rimborsata quando risulta indebitamente pagata; la disciplina dei rimborsi di cui al presente articolo si applica anche alle richieste relative alle agevolazioni accordate mediante restituzione, totale o parziale, dell'accisa versata ovvero mediante altra modalità prevista dalla disciplina relativa alla singola agevolazione. (A)

2. Fermo restando quanto previsto dall'articolo 7, comma 1, lettera e), e dall'articolo 10-ter, comma 1, lettera d), il rimborso deve essere richiesto, a pena di decadenza, entro due anni dalla data del pagamento ovvero dalla data in cui il relativo diritto può essere esercitato. (A)

3. Per i prodotti per i quali è prevista la presentazione di una dichiarazione da parte del soggetto obbligato al pagamento delle accise, il rimborso deve essere richiesto dal predetto soggetto obbligato, a pena di decadenza, entro due anni dalla data di presentazione della dichiarazione ovvero, ove previsto dalla specifica disciplina di settore, all'atto della dichiarazione contenente gli elementi per la determinazione del debito o del credito d'imposta.

4. Qualora, al termine di un procedimento giurisdizionale, il soggetto obbligato al pagamento dell'accisa sia condannato alla restituzione a terzi di somme indebitamente percepite a titolo di rivalsa dell'accisa, il rimborso è richiesto dal predetto soggetto obbligato, a pena di decadenza, entro novanta giorni dal passaggio in giudicato della sentenza che impone la restituzione delle somme.

5. Sulle somme da rimborsare sono dovuti gli interessi nella misura stabilita ai sensi dell'articolo 1284 del codice civile, a decorrere dalla data di presentazione della relativa richiesta di rimborso.

6. I prodotti assoggettati ad accisa immessi in consumo possono dar luogo a rimborso della stessa, su richiesta dell'operatore nell'esercizio dell'attività economica da lui svolta, quando sono trasferiti in un altro Stato membro o esportati. Il rimborso compete anche nel caso in cui vengano autorizzate miscelazioni dalle quali si ottenga un prodotto per il quale è dovuta l'accisa di ammontare inferiore a quella pagata sui singoli componenti. La richiesta di rimborso è presentata, a pena di decadenza, entro due anni dalla data in cui sono state effettuate le predette operazioni.

7. Il rimborso può essere concesso anche mediante accredito dell'imposta da utilizzare per il pagamento dell'accisa ovvero mediante altra modalità prevista dalla disciplina relativa alla singola agevolazione. In caso di dichiarazioni infedeli, volte a ottenere il rimborso per importi superiori a quelli dovuti, si applicano le sanzioni previste per la sottrazione dei prodotti all'accertamento e al pagamento dell'imposta.

8. Non si fa luogo a rimborso di somme inferiori o pari ad euro 30.

(A) *Per il rimborso del credito n materia di accisa sul gas naturale e sull'energia elettrica vedi Nota Agenzia delle Dogane 17/08/2022 n. 379481/RU*
(1) *Articolo modificato dall'articolo 1, comma 1, lettera q), punto 1), punto 2) e punto 3), del D.Lgs. 29 marzo 2010, n. 48 e successivamente sostituito dall'articolo 4-ter, comma 1, lettera b), del D.L. 22 ottobre 2016 n. 193 convertito, con modificazioni dalla legge 1° dicembre 2016 n. 225.*

15. Recupero dell'accisa e prescrizione del diritto all'imposta (1). – 1. Le somme dovute a titolo di imposta o indebitamente abbuonate o restituite si esigono con la procedura di riscossione coattiva prevista dal decreto legislativo 13 aprile 1999, n. 112. Prima di avviare tale procedura, gli uffici notificano, con le modalità di cui all'articolo 19-bis, comma 1, del presente testo unico, un avviso di pagamento fissando per l'adempimento un termine di trenta giorni, decorrente dalla data di perfezionamento della notificazione.

2. Fermo restando quanto previsto dall'articolo 19, comma 4, l'avviso di pagamento di cui al comma 1 del presente articolo è notificato dall'Agenzia delle dogane e dei monopoli nel termine di cinque anni, decorrente dalla data dell'omesso versamento delle somme dovute a titolo di imposta o dell'indebita restituzione ovvero dell'irregolare fruizione di un prodotto sottoposto ad accisa in un impiego agevolato. Tale termine è aumentato a dieci anni nei casi di violazione delle disposizioni stabilite in materia di tributi previsti dal presente testo unico per cui sussiste l'obbligo di denuncia all'autorità giudiziaria.

3. Il termine di prescrizione per il recupero del credito da parte dell'Agenzia è di cinque anni ovvero, limitatamente ai tabacchi lavorati, di dieci anni.

4. Per le deficienze eccedenti i cali consentiti per i prodotti che si trovano in regime sospensivo, diversi dai tabacchi lavorati, il quinquennio di cui al comma 3 decorre dalla data del verbale di constatazione delle deficienze medesime.

5. La prescrizione del credito d'imposta è interrotta quando viene esercitata l'azione penale; in questo caso il termine di prescrizione decorre dal passaggio in giudicato della sentenza che definisce il giudizio penale.

6. Sempreché non siano iniziate attività amministrative di accertamento delle quali i soggetti alle stesse sottoposti abbiano avuto formale conoscenza, i registri, le dichiarazioni e i documenti prescritti dalla disciplina di riferimento dei vari settori d'imposta devono essere conservati per cinque anni successivi a quello di imposta ovvero, per i tabacchi lavorati, per dieci anni.

7. Non si provvede alla riscossione di somme inferiori o pari ad euro 30.

(1) *Articolo sostituito dall'articolo 1, comma 1, lettera r), del D.Lgs. 29 marzo 2010, n. 48 e successivamente sostituito dall'articolo 4-ter, comma 1, lettera c) del D.L. 22 ottobre 2016, n. 193, convertito con modificazioni dalla Legge 1° dicembre 2016 n. 225.*

16. Privilegio. – 1. Il credito dell'amministrazione finanziaria per i tributi previsti dal presente testo unico ha privilegio, a preferenza di ogni altro, sulle materie prime, sui prodotti, sui serbatoi, sul macchinario e sul materiale mobile esistenti negli opifici di produzione o negli altri depositi fiscali, anche se di proprietà di terzi.

2. Per i crediti derivanti da violazioni, le materie prime, i prodotti, i serbatoi, il macchinario ed il materiale mobile, di cui al precedente comma, garantiscono l'amministrazione finanziaria, a preferenza di ogni altro creditore, anche del

pagamento delle multe, delle pene pecuniarie e delle spese dovute dai colpevoli o responsabili civili a termini di legge.

3. I crediti vantati dai soggetti passivi dell'accisa e dai titolari di licenza per l'esercizio di depositi commerciali di prodotti energetici ad imposta assolta, verso i cessionari dei prodotti per i quali i soggetti stessi hanno comunque corrisposto tale tributo possono essere addebitati a titolo di rivalsa ed hanno privilegio generale sui beni mobili del debitore con lo stesso grado del privilegio generale stabilito dall'art. 2752 del codice civile, cui tuttavia è posposto, limitatamente ad un importo corrispondente all'ammontare dell'accisa, qualora questa risulti separatamente evidenziata nella fattura relativa alla cessione [1].

[1] Comma modificato dall'articolo 34-sexies, comma 1, del D.L. 18 ottobre 2012, n. 179.

17. Esenzioni. – 1. I prodotti soggetti ad accisa sono esenti dal pagamento della stessa quando sono destinati:

a) ad essere forniti nel quadro di relazioni diplomatiche o consolari;

b) ad organizzazioni internazionali riconosciute ed ai membri di dette organizzazioni, nei limiti ed alle condizioni fissate dalle relative convenzioni o accordi;

b-bis) alle forze armate di qualsiasi altro Stato membro dell'Unione europea, per gli usi consentiti, nella misura in cui tali forze partecipano a uno sforzo di difesa svolto ai fini della realizzazione di un'attività dell'Unione europea nell'ambito della politica di sicurezza e di difesa comune, con esclusione delle Forze armate nazionali [1];

c) alle Forze armate di qualsiasi Stato che sia parte contraente del Trattato del Nord Atlantico, per gli usi consentiti, con esclusione delle Forze armate nazionali [2];

d) ad essere consumati nel quadro di un accordo stipulato con Paesi terzi o con organizzazioni internazionali che consenta per i medesimi prodotti anche l'esenzione dall'imposta sul valore aggiunto.

2. Le esenzioni di cui al comma 1 si applicano alle condizioni e con le modalità stabilite dalla normativa nazionale *[fino a quando non sarà adottata una normativa fiscale uniforme nell'ambito comunitario]*. La stipula di accordi che prevedano esenzioni dai diritti di accisa deve essere preventivamente autorizzata dal Consiglio della Unione europea, con l'osservanza della procedura all'uopo prevista [3].

3. Le forze armate e le organizzazioni di cui al comma 1 sono abilitate a ricevere da altri Stati membri prodotti in regime sospensivo con il documento amministrativo elettronico di cui all'articolo 6, comma 5, e con un certificato di esenzione conforme al formulario adottato dalla Commissione con atti di esecuzione ai sensi dell'articolo 12, paragrafo 3, della direttiva (UE) 2020/262[4].

3-bis. Le disposizioni relative all'articolo 6, commi 5 e 6, non si applicano alla circolazione di prodotti sottoposti ad accisa in regime sospensivo destinati alle forze armate di cui al comma 1, lettera c), nell'ambito di una procedura che si fonda direttamente sul trattato Nord Atlantico, salvo quanto diversamente disposto da eventuali accordi stipulati ai sensi dell'articolo 12, paragrafo 4, della direttiva (UE) 2020/262. [5].

4. La colorazione o marcatura dei prodotti destinati ad usi per i quali sono previsti regimi agevolati o l'applicazione di una aliquota ridotta sono stabilite in conformità alle norme comunitarie adottate in materia e sono eseguite, di norma, negli impianti gestiti in regime di deposito fiscale. In luogo della marcatura, può essere previsto il condizionamento in recipienti di determinata capacità.

4-bis. I tabacchi lavorati sono esenti dal pagamento dell'accisa quando sono:

a) denaturati e usati a fini industriali od orticoli;

b) distrutti sotto sorveglianza amministrativa;

c) destinati esclusivamente a prove scientifiche ed a prove relative alla qualità dei prodotti;

d) riutilizzati dal produttore [6].

[1] Lettera inserita dall'articolo 2, comma 1, del D.Lgs. 27 maggio 2022, n. 72.
[2] Lettera sostituita dall'articolo 1, comma 179, lettera a), della legge 24 dicembre 2007, n. 244.
[3] Comma modificato dall'articolo 1, comma 1, lettera s), punto 1), del D.Lgs. 29 marzo 2010, n. 48.
[4] Comma sostituito dall'articolo 1, comma 1, lettera s), punto 2), del D.Lgs. 29 marzo 2010, n. 48 e successivamente modificato dall'articolo 1, comma 1, lettera r) del D.Lgs. 5 novembre 2021, n. 180; per l'efficacia vedi l'articolo 3, comma 1, del D.Lgs. 180/2021 medesimo.
[5] Comma inserito dall'articolo 1, comma 1, lettera s), punto 3), del D.Lgs. 29 marzo 2010, n. 48 e successivamente modificato dall'articolo 1, comma 1, lettera r) del D.Lgs. 5 novembre 2021, n. 180; per l'efficacia vedi l'articolo 3, comma 1, del D.Lgs. 180/2021 medesimo.
[6] Comma inserito dall'articolo 1, comma 1, lettera s), punto 4), del D.Lgs. 29 marzo 2010, n. 48.

18. Poteri e controlli. – 1. L'amministrazione finanziaria esplica le incombenze necessarie per assicurare la gestione dei tributi di cui al presente testo unico; negli impianti gestiti in regime di deposito fiscale, e presso i destinatari registrati, nonché presso gli altri impianti soggetti a denuncia può applicare agli apparecchi ed ai meccanismi bolli e suggelli ed ordinare, a spese del depositario autorizzato o del destinatario registrato, ovvero degli altri soggetti obbligati alla denuncia l'attuazione delle opere e delle misure necessarie per la tutela degli interessi fiscali, ivi compresa l'installazione di strumenti di misura. Presso i depositi fiscali possono essere istituiti uffici finanziari di fabbrica che, per l'effettuazione della vigilanza, si avvalgono, se necessario, della collaborazione dei militari della Guardia di finanza, e sono eseguiti inventari periodici [1].

1-bis. Per i depositi fiscali abilitati all'attività di fabbricazione dei tabacchi lavorati la vigilanza fiscale di cui al comma 1 è effettuata permanentemente da parte del personale dell'Amministrazione finanziaria che si avvale della collaborazione dei militari della Guardia di finanza [2].

2. I funzionari dell'amministrazione finanziaria, muniti della speciale tessera di riconoscimento di cui all'art. 31 della legge 7 gennaio 1929, n. 4, e gli appartenenti alla Guardia di finanza hanno facoltà di eseguire le indagini e i controlli necessari ai fini dell'accertamento delle violazioni alla disciplina dei tributi di cui al presente testo unico; possono, altresì, accedere liberamente, in qualsiasi momento, nei depositi, negli impianti e nei luoghi nei quali sono fabbricati, trasformati, detenuti od utilizzati prodotti sottoposti ad accisa o dove è custodita documentazione contabile attinente ai suddetti prodotti per eseguirvi verificazioni, riscontri, inventari, ispezioni e ricerche e per esaminare registri e documenti. Essi hanno pure facoltà di prelevare, gratuitamente, campioni di prodotti esistenti negli impianti, redigendo apposito verbale e, per esigenze di tutela fiscale, di applicare suggelli alle apparecchiature e ai meccanismi [3].

DOGANE - ACCISE - GIOCHI

3. Gli ufficiali, gli ispettori ed i sovrintendenti della Guardia di finanza, oltre a quanto previsto dal comma 2, procedono, di iniziativa o su richiesta degli uffici finanziari, al reperimento ed all'acquisizione degli elementi utili ad accertare la corretta applicazione delle disposizioni in materia di imposizione indiretta sulla produzione e sui consumi e delle relative violazioni. A tal fine essi possono (4):

a) invitare il responsabile d'imposta o chiunque partecipi, anche come utilizzatore, all'attività industriale o commerciale attinente ai prodotti sottoposti ad accisa, indicandone il motivo, a comparire di persona o per mezzo di rappresentanti per fornire dati, notizie e chiarimenti o per esibire documenti relativi a lavorazione, trasporto, deposito, acquisto o utilizzazione di prodotti soggetti alla predetta imposizione;

b) richiedere, previa autorizzazione del comandante regionale, ad aziende ed istituti di credito o all'amministrazione postale di trasmettere copia di tutta la documentazione relativa ai rapporti intrattenuti con il cliente, secondo le modalità e i termini previsti dall'art. 18 della legge 30 dicembre 1991, n. 413. Gli elementi acquisiti potranno essere utilizzati anche ai fini dell'accertamento in altri settori impositivi (5);

c) richiedere copie o estratti degli atti e documenti, ritenuti utili per le indagini o per i controlli, depositati presso qualsiasi ufficio della pubblica amministrazione o presso pubblici ufficiali;

d) procedere a perquisizioni domiciliari, in qualsiasi ora, in caso di notizia o di fondato sospetto di violazioni costituenti reato, previste dal presente testo unico.

4. Il coordinamento tra la Guardia di finanza e l'amministrazione finanziaria relativamente agli interventi negli impianti presso i quali sono costituiti gli uffici finanziari di fabbrica di cui al comma 1 od uffici doganali, è disciplinato, anche riguardo alle competenze in materia di verbalizzazione, con direttiva del Ministro dell'economia e delle finanze (6).

5. L'Amministrazione finanziaria può effettuare interventi presso soggetti che svolgono attività di produzione e distribuzione di beni e servizi per accertamenti tecnici, per controllare, anche a fini diversi da quelli tributari, l'osservanza di disposizioni nazionali o comunitarie. Tali interventi e controlli possono essere eseguiti anche dalla Guardia di finanza, previo il necessario coordinamento con gli uffici dell'Amministrazione finanziaria (7).

6. Il personale dell'amministrazione finanziaria, munito della speciale tessera di riconoscimento di cui al comma 2, avvalendosi del segnale di cui all'art. 24 del regolamento di esecuzione e di attuazione del codice della strada, approvato con decreto del Presidente della Repubblica 16 dicembre 1992, n. 495, e la Guardia di finanza hanno facoltà di effettuare i servizi di controllo sulla circolazione dei prodotti di cui al presente testo unico, anche mediante ricerche sui mezzi di trasporto impiegati. Essi hanno altresì facoltà, per esigenze di tutela fiscale, di apporre sigilli al carico, nonché di procedere, gratuitamente, al prelevamento di campioni.

(1) Comma modificato dall'articolo 1, comma 1, lettera t), punto 1), del D.Lgs. 29 marzo 2010, n. 48.
(2) Comma inserito dall'articolo 1, comma 1, lettera t), punto 2), del D.Lgs. 29 marzo 2010, n. 48 e successivamente modificato dall'articolo 1, comma 535, lettera d), della Legge 11 dicembre 2016, n. 232.
(3) Comma modificato dall'articolo 1, comma 1, lettera t), punto 3), del D.Lgs. 29 marzo 2010, n. 48.
(4) Alinea modificato dall'articolo 1, comma 1, lettera c), punto 1), del D.lgs. 31 marzo 2011, n. 57.
(5) Lettera modificata dall'articolo 1, comma 1, lettera c), punto 2), del D.lgs. 31 marzo 2011, n. 57.
(6) Comma modificato dall'articolo 1, comma 1, lettera t), punto 4), del D.Lgs. 29 marzo 2010, n. 48.
(7) Comma modificato dall'articolo 1, comma 1, lettera t), punto 5), del D.Lgs. 29 marzo 2010, n. 48.

19. Accertamento delle violazioni (1). – 1. La constatazione delle violazioni delle disposizioni stabilite in materia di tributi previsti dal presente testo unico compete ai funzionari dell'Agenzia delle dogane e dei monopoli oltre che ai pubblici ufficiali indicati nel capo II del titolo II della legge 7 gennaio 1929, n. 4, nei limiti delle attribuzioni ivi stabilite, ed è effettuata mediante processo verbale.

2. I processi verbali di constatazione di violazioni per le quali sussiste l'obbligo di denuncia all'autorità giudiziaria sono trasmessi dagli agenti verbalizzanti sia alla competente autorità giudiziaria sia all'ufficio dell'Agenzia competente all'accertamento dell'imposta e alla sua liquidazione. Quest'ultimo provvede alla tempestiva trasmissione degli atti emessi alla predetta autorità giudiziaria e alla comunicazione a quest'ultima, anche successivamente, di ulteriori elementi e valutazioni utili.

3. I processi verbali di constatazione di violazioni diverse da quelle di cui al comma 2 sono trasmessi dagli agenti verbalizzanti all'ufficio dell'Agenzia competente all'accertamento dell'imposta e alla sua liquidazione.

4. Nel rispetto del principio di cooperazione di cui all'articolo 12 della legge 27 luglio 2000, n. 212, anche per le ipotesi in cui sono esaminati in ufficio atti e dichiarazioni, entro sessanta giorni dalla notificazione del processo verbale di constatazione al destinatario, quest'ultimo può comunicare all'ufficio dell'Agenzia procedente osservazioni e richieste che, salvi i casi di particolare e motivata urgenza, sono valutate dallo stesso ufficio prima della notificazione dell'avviso di pagamento di cui all'articolo 15 del presente testo unico e dell'atto di contestazione o di irrogazione delle sanzioni di cui agli articoli 16 e 17 del decreto legislativo 18 dicembre 1997, n. 472.

5. L'Ufficio delle dogane e l'Ufficio regionale dei monopoli di Stato sono competenti per l'applicazione delle sanzioni amministrative relative alle violazioni accertate nel loro ambito territoriale.

(1) Articolo modificato dall'articolo 1, comma 1, lettera u), numero 1), numero 2), e numero 3), del D.Lgs. 29 marzo 2010, n. 48., dall'articolo 7, comma 2-novies, del D.L. 13 maggio 2011, n. 70 e successivamente sostituito dall'articolo 4-ter, comma 1, lettera d), del D.L. 22 ottobre 2016 n. 193 convertito, con modificazioni dalla Legge 1° dicembre 2016 n. 225.

19 *bis*. Utilizzo della posta elettronica certificata (1). – 1. L'invio di tutti gli atti e le comunicazioni previsti dalle disposizioni che disciplinano i tributi previsti dal presente testo unico, ivi compresi gli avvisi di pagamento di cui all'articolo 15, comma 1, effettuato da parte dell'Agenzia delle dogane e dei monopoli tramite la posta elettronica certificata di cui all'articolo 1, comma 2, lettera g), del regolamento di cui al decreto del Presidente della Repubblica 11 febbraio 2005, n. 68, di seguito denominata PEC, ha valore di notificazione. Resta salva per l'Agenzia la possibilità di notificare i predetti atti e comunicazioni mediante raccomandata postale con avviso di ricevimento ovvero ai sensi degli articoli 137 e seguenti del codice di procedura civile, anche per il tramite di un messo speciale autorizzato dall'ufficio competente.

2. Per i fini di cui al comma 1, i soggetti tenuti al pagamento dell'imposta nonché quelli che intendono iniziare un'attività subordinata al rilascio di una licenza o di un'autorizzazione, comunque denominata, previste dal presente testo unico comunicano preventivamente all'Agenzia il proprio indirizzo di PEC.

(1) *Articolo inserito dall'articolo 4-ter, comma 1, lettera e), del D.L. 22 ottobre 2016 n. 193 convertito, con modificazioni dalla Legge 1° dicembre 2016 n. 225.*

20. Mutua assistenza per recupero crediti (1). – *[1. Le disposizioni degli articoli 346-bis e 346-ter del testo unico delle disposizioni legislative in materia doganale, approvate con decreto del Presidente della Repubblica 23 gennaio 1973, n. 43, e successive modificazioni, si applicano anche ai crediti relativi ai diritti di accisa.]*

(1) *Articolo abrogato dall'articolo 1, comma 1, lettera v), del D.Lgs. 29 marzo 2010, n. 48.*

CAPO II
Prodotti energetici

21. (Prodotti sottoposti ad accisa)(1). – 1. Si intendono per prodotti energetici:

a) i prodotti di cui ai codici NC da 1507 a 1518, se destinati ad essere utilizzati come combustibile per riscaldamento o come carburante per motori;

b) i prodotti di cui ai codici NC 2701, 2702 e da 2704 a 2715;

c) i prodotti di cui ai codici NC 2901 e 2902;

d) i prodotti di cui al codice NC 2905 11 00, non di origine sintetica, se destinati ad essere utilizzati come combustibile per riscaldamento o come carburante per motori;

e) i prodotti di cui al codice NC 3403;

f) i prodotti di cui al codice NC 38 11;, g) i prodotti di cui al codice NC 38 17;

h) i prodotti di cui al codice NC 3824 90 99, se destinati ad essere utilizzati come combustibile per riscaldamento o come carburante per motori.

2. I seguenti prodotti energetici sono assoggettati ad imposizione secondo le aliquote di accisa stabilite nell'allegato I:

a) benzina con piombo (codici NC 2710 11 31, 2710 11 51 e 2710 11 59);

b) benzina (codici NC 2710 11 31, 2710 11 41, 2710 11 45 e 2710 11 49);

c) petrolio lampante o cherosene (codici NC 2710 19 21 e 2710 19 25);

d) oli da gas o gasolio (codici NC da 2710 19 41 a 2710 19 49);

e) oli combustibili (codici NC da 2710 19 61 a 2710 19 69);

f) gas di petrolio liquefatti (codici NC da 2711 12 11 a 2711 19 00);

g) gas naturale (codici NC 2711 11 00 e 2711 21 00);

h) carbone, lignite e coke (codici NC 2701, 2702 e 2704).

3. I prodotti di cui al comma 1, diversi da quelli indicati al comma 2, sono soggetti a vigilanza fiscale. Qualora siano utilizzati, o destinati ad essere utilizzati, come carburanti per motori o combustibili per riscaldamento ovvero siano messi in vendita per i medesimi utilizzi, i medesimi prodotti sono sottoposti ad accisa, in relazione al loro uso, secondo l'aliquota prevista per il carburante per motori o il combustibile per riscaldamento, equivalente.

4. È sottoposto ad accisa, con l'aliquota prevista per il carburante equivalente, ogni prodotto, diverso da quelli indicati al comma 1, utilizzato, destinato ad essere utilizzato ovvero messo in vendita, come carburante per motori o come additivo ovvero per accrescere il volume finale dei carburanti. I prodotti di cui al presente comma possono essere sottoposti a vigilanza fiscale anche quando non sono destinati ad usi soggetti ad accisa.

5. È sottoposto ad accisa, con l'aliquota prevista per il prodotto energetico equivalente, ogni idrocarburo, escluso la torba, diverso da quelli indicati nel comma 1, da solo o in miscela con altre sostanze, utilizzato, destinato ad essere utilizzato ovvero messo in vendita, come combustibile per riscaldamento. Per gli idrocarburi ottenuti dalla depurazione e dal trattamento delle miscele e dei residui oleosi di recupero, destinati ad essere utilizzati come combustibili si applica l'aliquota prevista per gli oli combustibili densi.

6. I prodotti di cui al comma 2, lettera h), sono sottoposti ad accisa, con l'applicazione dell'aliquota di cui all'allegato I, al momento della fornitura da parte di società, aventi sede legale nel territorio nazionale, registrate presso il competente Ufficio dell'Agenzia delle dogane. Le medesime società sono obbligate al pagamento dell'imposta secondo le modalità previste dal comma 8. Il competente Ufficio dell'Agenzia delle dogane può autorizzare il produttore nazionale, l'importatore ovvero l'acquirente di prodotti provenienti dagli altri Paesi della Comunità europea a sostituire la società registrata nell'assolvimento degli obblighi fiscali. Si considera fornitura anche l'estrazione o la produzione dei prodotti di cui al comma 2, lettera h), da impiegate per uso proprio (2).

7. Le società di cui al comma 6, ovvero i soggetti autorizzati a sostituirle ai sensi del medesimo comma, hanno l'obbligo di prestare una cauzione sul pagamento dell'accisa, determinata, dal competente Ufficio dell'Agenzia delle dogane, in misura pari ad un quarto dell'imposta dovuta nell'anno precedente. Per il primo anno di attività l'importo della cauzione è determinato, dal competente Ufficio dell'Agenzia delle dogane, nella misura di un quarto dell'imposta annua da versare in relazione ai dati comunicati al momento della registrazione ovvero ai dati in possesso del medesimo Ufficio. L'Agenzia delle dogane ha facoltà di esonerare dal predetto obbligo i soggetti affidabili e di notoria solvibilità. L'esonero può essere revocato in qualsiasi momento ed in tale caso la cauzione deve essere prestata entro quindici giorni dalla notifica della revoca.

8. L'imposta di cui al comma 6 è versata, a titolo di acconto, in rate trimestrali calcolate sulla base dei quantitativi dei prodotti di cui al comma 2, lettera h), forniti nell'anno precedente. Il versamento a saldo è effettuato entro la fine del primo trimestre dell'anno successivo a quello cui si riferisce, unitamente alla presentazione di apposita dichiarazione annuale contenente i dati dei quantitativi forniti nell'anno immediatamente precedente e al versamento della prima rata di acconto. Le somme eventualmente versate in eccedenza sono detratte dal versamento della prima rata di acconto e,

ove necessario, delle rate, successive. In caso di cessazione dell'attività del soggetto nel corso dell'anno, la dichiarazione annuale e il versamento a saldo sono effettuati entro i due mesi successivi alla cessazione.

9. I prodotti energetici di cui al comma 1, qualora utilizzati per la produzione, diretta o indiretta, di energia elettrica con impianti obbligati alla denuncia prevista dalle disposizioni che disciplinano l'accisa sull'energia elettrica, sono sottoposti ad accisa per motivi di politica ambientale, con l'applicazione delle aliquote stabilite per tale impiego nell'allegato I; le stesse aliquote sono applicate:

a) ai prodotti energetici limitatamente ai quantitativi impiegati nella produzione di energia elettrica;

b) ai prodotti energetici impiegati nella stessa area di estrazione per la produzione e per l'autoproduzione di energia elettrica e vapore;

c) ai prodotti energetici impiegati in impianti petrolchimici per l'alimentazione di centrali combinate termoelettriche per l'autoproduzione di energia elettrica e vapore tecnologico per usi interni [(3)].

9-bis. In caso di autoproduzione di energia elettrica, le aliquote di cui al comma 9 sono applicate, in relazione al combustibile impiegato, nella misura del 30 per cento [(4)].

9-ter. In caso di generazione combinata di energia elettrica e calore utile, i quantitativi di combustibili impiegati nella produzione di energia elettrica sono determinati utilizzando i seguenti consumi specifici convenzionali:

a) oli vegetali non modificati chimicamente 0,194 kg per kWh;

b) gas naturale 0,220 mc per kWh;

c) gas di petrolio liquefatti 0,173 kg per kWh;

d) gasolio 0,186 kg per kWh;

e) olio combustibile e oli minerali greggi, naturali 0,194 kg per kWh;

f) carbone, lignite e coke 0,312 kg per kWh [(5)].

10. Nella movimentazione con gli Stati membri della Comunità europea, le disposizioni relative ai controlli e alla circolazione intracomunitaria previste dal presente titolo si applicano soltanto ai seguenti prodotti energetici, anche quando destinati per gli impieghi di cui al comma 13:

a) i prodotti di cui ai codici NC da 1507 a 1518 se destinati ad essere utilizzati come combustibile per riscaldamento o come carburante per motori;

b) i prodotti di cui ai codici NC 2707 10, 2707 20, 2707 30 e 2707 50;

c) i prodotti di cui ai codici NC da 2710 11 a 2710 19 69; per i prodotti di cui ai codici NC 2710 11 21, 2710 11 25 e 2710 19 29, limitatamente ai movimenti commerciali dei prodotti sfusi;

d) i prodotti di cui ai codici NC 27 11, ad eccezione dei prodotti di cui ai codici NC 2711 11, 2711 21 e 2711 29;

e) i prodotti di cui ai codici NC 2901 10;

f) i prodotti di cui ai codici NC 2902 20, 2902 30, 2902 41, 2902 42, 2902 43 e 2902 44;

g) i prodotti di cui al codice NC 2905 11 00, non di origine sintetica, se destinati ad essere utilizzati come combustibile per riscaldamento o come carburante per motori;

g-bis) i prodotti di cui ai codici NC 3811 11 10,3811 11 90, 3811 19 00 e 3811 90 00[(6)] ;

h) i prodotti di cui al codice NC 3824 90 99, se destinati ad essere utilizzati come combustibile per riscaldamento o come carburante per motori [(7)].

11. I prodotti di cui al comma 10 possono essere esonerati, mediante accordi bilaterali tra gli Stati membri interessati alla loro movimentazione, in tutto o in parte, dagli obblighi relativi ai controlli e alla circolazione intracomunitaria previsti dal presente titolo, sempre che non siano tassati ai sensi del comma 2.

12. Qualora vengano autorizzate miscelazioni dei prodotti di cui al comma 1, tra di loro o con altre sostanze, l'imposta è dovuta secondo le caratteristiche della miscela risultante.

13. Le disposizioni di cui ai commi 2, 3, 4 e 5, ferme restando le norme nazionali in materia di controllo e circolazione dei prodotti sottoposti ad accisa, non si applicano ai prodotti energetici utilizzati per la riduzione chimica, nei processi elettrolitici, metallurgici e mineralogici classificati nella nomenclatura generale delle attività economiche nelle Comunità europee sotto il codice DI 26 Fabbricazione di prodotti della lavorazione di minerali non metalliferi di cui al regolamento (CEE) n. 3037/90 del Consiglio, del 9 ottobre 1990, relativo alla classificazione statistica delle attività economiche nella Comunità europea.

14. Le aliquote a volume si applicano con riferimento alla temperatura di 15 Celsius ed alla pressione normale.

(1) Articolo modificato dall'articolo 2, comma 1, della legge 18 febbraio 1999, n. 28, dall'articolo 21, comma 1, della legge 23 dicembre 2000, n. 388, dall'articolo 1, comma 521, della legge 30 dicembre 2004, n. 311, dall'articolo 1, comma 421, della legge 23 dicembre 2005, n. 266, dall'articolo 2-quater, comma 7, del D.L. 10 gennaio 2006, n. 2, dall'articolo 1, comma 371, lettera a), della legge 27 dicembre 2006, n. 296, dall'articolo 24, comma 1, lettera a), della legge 6 febbraio 2007, n. 13 e successivamente sostituito dall'articolo 1, comma 1, lettera d), del D.Lgs. 2 febbraio 2007, n. 26.

(2) Comma modificato dall'articolo 1, comma 1, lettera z), numero 1), del D.Lgs. 29 marzo 2010, n. 48.

(3) Comma sostituito dall'articolo 1, comma 631, lettera a), della Legge 27 dicembre 2019, n. 160.

(4) Comma inserito dall'articolo 1, comma 631, lettera a), della Legge 27 dicembre 2019, n. 160.

(5) Comma inserito dall'articolo 1, comma 631, lettera a), della Legge 27 dicembre 2019, n. 160.

(6) Lettera inserita dall'articolo 1, comma 363, della Legge 24 dicembre 2012, n. 228.

(7) Comma modificato dall'articolo 1, comma 1, lettera z), numero 2), del D.Lgs. 29 marzo 2010, n. 48.

21 *bis*. (Disposizioni particolari per le emulsioni)[(1)]. – 1. Nell'ambito di un programma della durata di sei anni, a decorrere dal 1° gennaio 2014 e fino al 31 dicembre 2019, è stabilita un'accisa ridotta secondo le aliquote di seguito indicate, applicabile alle emulsioni stabilizzate idonee all'impiego nella carburazione e nella combustione, anche prodotte dal medesimo soggetto che le utilizza per i medesimi impieghi limitatamente ai quantitativi necessari al suo fabbisogno:

a) emulsione stabilizzata di gasolio con acqua contenuta in misura variabile dal 12 al 15 per cento in peso:

1) usata come carburante: euro 374,67 per mille litri;

2) usata come combustibile per riscaldamento: euro 245,16 per mille litri;

b) emulsione di olio combustibile denso ATZ con acqua contenuta in misura variabile dal 12 al 15 per cento in peso:

1) usata come combustibile per riscaldamento: euro 99,32 per mille chilogrammi;

2) per uso industriale: euro 41,69 per mille chilogrammi;

c) emulsione di olio combustibile denso BTZ con acqua contenuta in misura variabile dal 12 al 15 per cento in peso:

1) usata come combustibile per riscaldamento: euro 29,52

per mille chilogrammi;

2) per uso industriale: euro 20,84 per mille chilogrammi [(2)(A)].

[2. L'efficacia della disposizione di cui al comma 1 è subordinata, ai sensi dell'articolo 88, paragrafo 3, del Trattato istitutivo della Comunità europea, alla preventiva approvazione da parte della Commissione europea.] [(3)(B)]

3. Con determinazione del direttore dell'Agenzia delle dogane sono stabilite le caratteristiche tecniche delle emulsioni di cui al comma 1 ai fini della verifica dell'idoneità all'impiego nella carburazione e nella combustione.

[(A)] In riferimento al presente comma vedi: Nota dell'Agenzia delle Dogane e dei Monopoli 13 giugno 2014, n. 55067.
[(B)] In riferimento al presente comma vedi: Nota dell'Agenzia delle Dogane e dei Monopoli 13 giugno 2014, n. 55067.
[(1)] Articolo inserito dall'articolo 1, comma 1, lettera e), del D.Lgs. 2 febbraio 2007, n. 26.
[(2)] Comma sostituito dall'articolo 1, comma 634, della Legge 27 dicembre 2013, n. 147.
[(3)] Comma da ritenersi abrogato per effetto della sostituzione di cui all'articolo 1, comma 634, della Legge 27 dicembre 2013, n. 147.

22. (Impieghi di prodotti energetici negli stabilimenti di produzione)[(1)]. – 1. Il consumo di prodotti energetici all'interno di uno stabilimento che produce prodotti energetici non è considerato fatto generatore di accisa se il consumo riguarda prodotti energetici fabbricati sia all'interno che al di fuori dello stabilimento. Per i consumi non connessi alla produzione di prodotti energetici e per la propulsione dei veicoli a motore è dovuta l'accisa. Sono considerati consumi connessi con la produzione di prodotti energetici anche quelli effettuati per operazioni di riscaldamento tecnicamente necessarie per conservare la fluidità dei prodotti energetici, effettuate nell'interno dei depositi fiscali. [(A)]

2. Non si considera altresì fatto generatore d'accisa il consumo di prodotti energetici quando i medesimi sono utilizzati in combinazione come combustibile per riscaldamento e nelle operazioni rientranti fra i trattamenti definiti previsti dalla nota complementare 4 del capitolo 27 della nomenclatura combinata di cui al regolamento (CE) n. 2658/87 del Consiglio, del 23 luglio 1987, come modificato dal regolamento (CE) n. 2031/2001 della Commissione, del 6 agosto 2001, e successive modificazioni.

3. Più stabilimenti di cui al comma 1 e quelli nei quali si effettuano le operazioni di cui al comma 2, che attuano processi di lavorazione tra di loro integrati, appartenenti ad una stessa impresa ovvero impianti di produzione appartenenti ad imprese diverse e che operano nell'ambito di uno stabilimento, possono essere considerati come un solo stabilimento con redazione di un bilancio fiscale unico.

4. Non si considerano stabilimenti di produzione di prodotti energetici gli stabilimenti nei quali vengono fabbricati solo prodotti non soggetti ad accisa, ad eccezione degli stabilimenti che attuano i processi di cui all'articolo 21, comma 13.

5. Non si considera produzione di prodotti energetici:

a) l'operazione nel corso della quale si ottengono in via accessoria piccole quantità di prodotti energetici;

b) l'operazione nel corso della quale viene reimpiegato il prodotto energetico recuperato, a condizione che l'importo dell'accisa pagata su tale prodotto non sia inferiore a quello che sarebbe dovuto sul prodotto energetico reimpiegato se fosse oggetto di nuova imposizione;

c) l'operazione di miscelazione di prodotti energetici tra di loro o con altre sostanze, eseguita fuori di uno stabilimento di produzione o di un deposito fiscale, a condizione che l'accisa sia stata già pagata, salvo che la miscela ottenuta non benefici di una esenzione ovvero che sulla miscela non sia dovuta l'accisa di ammontare superiore a quello già pagato sui singoli componenti.

[(A)] In riferimento ai consumi di prodotti energetici interni a stabilimenti di produzione - impieghi in operazioni necessarie a conservare la fluidità dei prodotti stoccati - deposito commerciale gestito in regime di deposito fiscale - non applicabilità, vedi: Risoluzione Agenzia delle Dogane 22 gennaio 2020 n. 1.
[(1)] Articolo sostituito dall'articolo 1, comma 1, lettera f), del D.Lgs. 2 febbraio 2007, n. 26.

22 bis. Disposizioni particolari in materia di biodiesel ed. – 1. Nell'ambito di un programma pluriennale con decorrenza dal 1° gennaio 2007 al 31 dicembre 2010 e nel limite di un contingente annuo di 250.000 tonnellate, al fine di compensare i maggiori costi legati alla produzione, al biodiesel, destinato ad essere impiegato tal quale o in miscela con il gasolio, è applicata una aliquota di accisa pari al 20 per cento di quella applicata al gasolio usato come carburante di cui all'allegato I; al fine della fruizione del beneficio spettante per i quantitativi di biodiesel rientranti nel contingente e miscelati con il gasolio, è contabilizzato, in detrazione, nelle scritture contabili inerenti all'accisa dovuta dal titolare del deposito fiscale dove è avvenuta la miscelazione, l'ammontare dell'imposta derivante dalla differenza tra l'aliquota applicata al gasolio impiegato come carburante e la predetta aliquota ridotta, come eventualmente rideterminata ai sensi del comma 3. Con decreto del Ministro dell'economia e delle finanze, di concerto con i Ministri dello sviluppo economico, dell'ambiente e della tutela del territorio e del mare e delle politiche agricole alimentari e forestali, da emanare entro sei mesi dalla data di entrata in vigore della presente disposizione, sono determinati i requisiti che gli operatori e i rispettivi impianti di produzione, nazionali e comunitari, devono possedere per partecipare al programma pluriennale nonché le caratteristiche fiscali del prodotto con i relativi metodi di prova, le percentuali di miscelazione consentite, i criteri per l'assegnazione dei quantitativi agevolati agli operatori su base pluriennale dando priorità al prodotto proveniente da intese di filiera o da contratti quadro, le modalità per la contabilizzazione e la fruizione del beneficio fiscale. Con lo stesso decreto sono stabilite le forme di garanzia che i soggetti che partecipano al programma pluriennale devono fornire per il versamento del 5 per cento della accisa che sui quantitativi assegnati che, al termine dell'anno di assegnazione, risultassero non ancora miscelati con il gasolio ovvero non ancora trasferiti ad impianti di miscelazione nazionali ovvero, per il biodiesel destinato ad essere usato tal quale, non ancora immessi in consumo. Per ogni anno di validità del programma i quantitativi del contingente che risultassero, al termine di ciascun anno, non ancora miscelati con il gasolio ovvero non ancora trasferiti ad impianti di miscelazione nazionali ovvero, per il biodiesel destinato ad essere usato tal quale, non ancora immessi in consumo, sono ripartiti tra gli operatori proporzionalmente alle quote loro assegnate; tali quantitativi devono essere miscelati con il gasolio ovvero trasferiti ad impianti di miscelazione nazionali ovvero, per il biodiesel destinato ad essere usato tal quale, immessi in consumo, entro il successivo 30 giugno. In caso di rinuncia, totale o parziale, alle quote risultanti dalla predetta ripartizione da parte di un beneficiario, le stesse sono ridistribuite, proporzionalmente alle relative assegnazioni, fra gli altri beneficiari. Nelle more dell'entrata in vigore del predetto decreto trovano applicazione, in quanto compatibili, le disposizioni del regolamento cui al decreto del Ministro dell'economia e delle finanze 25 luglio 2003, n. 256. L'efficacia della disposizione di cui al presente comma è subordinata, ai sensi dell'articolo 88, paragrafo 3, del Trattato istitutivo della Comunità europea, alla preventiva autorizzazione da parte della Commissione europea [(2)(3) (4)(5)].

2. Nelle more dell'autorizzazione comunitaria di cui al comma 1 e dell'entrata in vigore del decreto di cui al medesimo comma 1, per l'anno 2007, una parte del contingente pari a 180.000 tonnellate è assegnata, con i criteri di cui al predetto regolamento n. 256 del 2003, dall'Agenzia delle dogane agli operatori che devono garantire il pagamento della maggiore accisa gravante sui quantitativi di biodiesel rispettivamente assegnati. In caso di mancata autorizzazione comunitaria di cui al comma 1 i soggetti assegnatari del predetto quantitativo di 180.000 tonnellate sono tenuti al versamento dell'accisa gravante sul biodiesel rispettivamente immesso in consumo. *[La parte restante del contingente è assegnata, dall'Agenzia delle dogane, previa comunicazione del Ministero delle politiche agricole alimentari e forestali relativa ai produttori di biodiesel che hanno stipulato contratti di coltivazione realizzati nell'ambito di contratti quadro o intese di filiera e delle relative quantità di biodiesel ottenibili dalle materie prime oggetto dei contratti sottoscritti, proporzionalmente a tali quantità. L'eventuale mancata realizzazione delle produzioni previste dai contratti quadro e intese di filiera, nonché dai relativi contratti di coltivazione con gli agricoltori, comporta la decadenza dall'accesso al contingente agevolato per i volumi non realizzati e determina la riduzione di pari volume del quantitativo assegnato all'operatore nell'ambito del programma pluriennale per i due anni successivi.]* [(6)]

2-bis. Per l'anno 2007, nelle more dell'autorizzazione comunitaria di cui al comma 1, la parte del contingente di cui al medesimo comma 1 che residua dopo l'assegnazione di cui al comma 2 è assegnata, dall'Agenzia delle dogane, previa comunicazione del Ministero delle politiche agricole alimentari e forestali relativa ai produttori di biodiesel che hanno stipulato contratti di coltivazione realizzati nell'ambito di contratti quadro o intese di filiera e alle relative quantità di biodiesel ottenibili dalle materie prime oggetto dei contratti sottoscritti, proporzionalmente a tali quantità. In considerazione della pendente valutazione della Commissione europea in merito alla compatibilità del programma pluriennale di cui al comma 1 con il quadro normativo comunitario, l'assegnazione di cui al presente comma è effettuata subordinatamente alla prestazione, da parte degli operatori, della garanzia relativa al pagamento della maggiore accisa gravante sui quantitativi di biodiesel rispettivamente assegnati; nel caso in cui le autorità comunitarie, nell'ambito della loro competenza esclusiva in materia, non ritengano di autorizzare il programma di cui al comma 1, i soggetti assegnatari di quantitativi di biodiesel ai sensi del presente comma sono tenuti al pagamento della maggiore accisa gravante sul biodiesel rispettivamente assegnato e immesso in consumo [(7)].

2-ter. Per ogni anno del programma l'eventuale mancata realizzazione delle produzioni dei singoli operatori previste in attuazione dei contratti quadro e intese di filiera, nonché dai relativi contratti di coltivazione con gli agricoltori, comporta la decadenza dall'accesso al contingente agevolato per i volumi non realizzati e determina la riduzione di pari volume del quantitativo assegnato all'operatore nell'ambito del programma pluriennale per i due anni successivi [(8)].

3. Entro il 1° marzo di ogni anno di validità del programma di cui al comma 1, i Ministeri dello sviluppo economico e delle politiche agricole alimentari e forestali comunicano al Ministero dell'economia e delle finanze i costi industriali medi del gasolio, del biodiesel e delle materie prime necessarie alla sua produzione, rilevati nell'anno solare precedente. Sulla base delle suddette rilevazioni, al fine di evitare la sovracompensazione dei costi addizionali legati alla produzione, con decreto del Ministro dell'economia e delle finanze, di concerto con i Ministri dello sviluppo economico, dell'ambiente e della tutela del territorio e del mare e delle politiche agricole alimentari e forestali, da emanare entro il 30 aprile di ogni anno di validità del programma di cui al comma 1, è rideterminata la misura dell'agevolazione di cui al medesimo comma 1.

4. A seguito della eventuale rideterminazione della misura dell'agevolazione di cui al comma 3, il contingente di cui al comma 1 è conseguentemente aumentato, senza costi aggiuntivi per l'erario, a partire dall'anno successivo a quello della rideterminazione. Qualora la misura dell'aumento del contingente risultante dalle disposizioni di cui al presente comma richieda la preventiva autorizzazione ai sensi dell'articolo 88, paragrafo 3, del Trattato istitutivo della Comunità europea, l'efficacia delle disposizioni di cui al presente comma è subordinata all'autorizzazione stessa.

5. Allo scopo di incrementare l'utilizzo di fonti energetiche che determinino un ridotto impatto ambientale è stabilita, nell'ambito di un programma triennale a decorrere dal 1° gennaio 2008, una accisa ridotta, secondo le aliquote di seguito indicate, applicabile sui seguenti prodotti impiegati come carburanti da soli o in miscela con prodotti energetici[(9)]:

a) bioetanolo derivato da prodotti di origine agricola: euro 289,22 per 1.000 litri;

b) etere etilterbutilico (ETBE), derivato da alcole di origine agricola: euro 298,92 per 1.000 litri;

c) additivi e riformulanti prodotti da biomasse:

1) per benzina senza piombo: euro 289,22 per 1.000 litri;

2) per gasolio, escluso il biodiesel: euro 245,32 per 1.000 litri [(10)(11)].

5-bis. Con decreto del Ministro dell'economia e delle finanze, di concerto con i Ministri dello sviluppo economico, dell'ambiente e della tutela del territorio e del mare e delle politiche agricole alimentari e forestali, sono fissati, entro il limite complessivo di spesa di 73 milioni di euro annui, comprensivo dell'imposta sul valore aggiunto, i criteri di ripartizione dell'agevolazione prevista dal comma 5, tra le varie tipologie di prodotti e tra gli operatori, le caratteristiche tecniche dei prodotti singoli e delle relative miscele ai fini dell'impiego nella carburazione, nonché le modalità di verifica della loro idoneità ad abbattere i principali agenti inquinanti, valutata sull'intero ciclo di vita. Con cadenza semestrale dall'inizio del programma triennale di cui al comma 5, i Ministeri dello sviluppo economico e delle politiche agricole alimentari e forestali comunicano al Ministero dell'economia e delle finanze i costi industriali medi dei prodotti agevolati di cui al comma 5, rilevati nei sei mesi immediatamente precedenti. Sulla base delle suddette rilevazioni, al fine di evitare la sovracompensazione dei costi addizionali legati alla produzione, con decreto del Ministro dell'economia e delle finanze, di concerto con i Ministri dello sviluppo economico, dell'ambiente e della tutela del territorio e del mare e delle politiche agricole alimentari e forestali, da emanare entro sessanta giorni dalla fine del semestre, è eventualmente rideterminata la misura dell'agevolazione di cui al medesimo comma 5 [12][13].

5-ter. In caso di aumento dell'aliquota di accisa sulle benzine di cui all'allegato I, l'aliquota di accisa relativa all'ETBE, di cui al comma 5, lettera b), è conseguentemente aumentata nella misura del 53 per cento della aliquota di accisa sulle benzine, coerentemente con quanto previsto dall'articolo 2, paragrafo 2, lettera f), della direttiva 2003/30/CE del Parlamento europeo e del Consiglio, dell'8 maggio 2003, relativa alla promozione dell'uso dei biocarburanti o di altri carburanti rinnovabili nei trasporti [14].

5-quater. Nelle more dell'entrata in vigore del decreto di cui al primo periodo del comma 5-bis trovano applicazione, in quanto compatibili, le disposizioni del decreto del Ministro dell'economia e delle finanze di cui all'articolo 21, comma 6-ter, del presente testo unico nella formulazione in vigore al 31 dicembre 2006 [15][16].

[1] *Articolo aggiunto dall'articolo 1, comma 371, lettera b), della legge 27 dicembre 2006, n. 296.*

[2] *Comma modificato dall'articolo 26, comma 4-ter, lettera a), del D.L. 1° ottobre 2007, n. 159.*

[3] *A norma dell'articolo 2, comma 1, del D.L. 3 novembre 2008, n. 171, per i quantitativi del contingente del biodiesel del programma pluriennale, di cui al presente comma, il termine per miscelare i medesimi con il gasolio ovvero per trasferirli ad impianti di miscelazione nazionali, ovvero, per il biodiesel destinato ad essere usato tal quale, per essere immessi in consumo, è prorogato al 30 giugno 2009. Vedi inoltre l'articolo 4-septiesdecies del D.L. 3 novembre 2008, n. 171. Per l'assegnazione, per l'anno 2009, della quota generica di contingente di biodiesel agevolato (pari a 180.000 tonnellate) in applicazione del presente comma vedi la Determinazione 27 febbraio 2009; per l'assegnazione, per l'anno 2009, di 70.000 tonnellate di contingente di biodisel vedi la Determinazione 29 luglio 2009. Vedi inoltre l'articolo 2, comma 64, della legge 23 dicembre 2009, n. 191.*

[4] *In riferimento al presente comma vedi: Nota del Ministero dell'Economia e delle Finanze 5 gennaio 2010, n. 404.*

[5] *In riferimento al presente comma vedi: Circolare AGEA 7 maggio 2009, n.ACIU.2009.760.*

[6] *Comma modificato dall'articolo 26, comma 4-ter, lettera b), del D.L. 1° ottobre 2007, n. 159.*

[7] *Comma aggiunto dall'articolo 26, comma 4-ter, lettera c), del D.L. 1° ottobre 2007, n. 159.*

[8] *Comma aggiunto dall'articolo 26, comma 4-ter, lettera c), del D.L. 1° ottobre 2007, n. 159.*

[9] *Alinea modificato dall'articolo 1, comma 1, del D.Lgs. 2 febbraio 2007, n. 26.*

[10] *Comma sostituito, a decorrere dal 1° gennaio 2008, dall'articolo 1, comma 372, lettera a), della legge 27 dicembre 2006, n. 296.*

[11] *In riferimento al presente comma vedi: Nota del Ministero dell'Economia e delle Finanze 7 gennaio 2010, n. 804, Nota del Ministero dell'Economia e delle Finanze 2 marzo 2010, Nota del Ministero dell'Economia e delle Finanze 23 dicembre 2010.*

[12] *Comma aggiunto, a decorrere dal 1° gennaio 2008, dall'articolo 1, comma 372, lettera b), della legge 27 dicembre 2006, n. 296.*

[13] *Per la riduzione della spesa di cui al presente comma, vedi l'articolo 4-septiesdecies del D.L. 3 novembre 2008, n. 171, e l'articolo 2, comma 64, della legge 23 dicembre 2009, n. 191.*

[14] *Comma aggiunto, a decorrere dal 1° gennaio 2008, dall'articolo 1, comma 372, lettera b), della legge 27 dicembre 2006, n. 296.*

[15] *Comma aggiunto, a decorrere dal 1° gennaio 2008, dall'articolo 26, comma 4-ter, lettera d), del D.L. 1° ottobre 2007, n. 159.*

[16] *Per il regolamento recante modalità di applicazione dell'accisa agevolata sul prodotto denominato biodiesel, nell'ambito del programma pluriennale 2007-2010, ai sensi del presente articolo, vedi il D.M. 17 febbraio 2015, n. 37.*

23. Depositi fiscali di prodotti energetici [1][2]. – 1. Il regime del deposito fiscale è consentito:

a) per le raffinerie e per gli altri stabilimenti di produzione dove si ottengono i prodotti energetici di cui all'articolo 21, comma 2, ovvero i prodotti energetici di cui all'articolo 21, comma 3, ove destinati a carburazione e combustione, nonché i prodotti sottoposti ad accisa ai sensi dell'articolo 21, commi 4 e 5;

b) per gli impianti petrolchimici.

2. L'esercizio degli impianti di cui al comma 1 è subordinato al rilascio della licenza di cui all'articolo 63.

3. La gestione in regime di deposito fiscale può essere autorizzata, laddove sussistano effettive necessità operative e di approvvigionamento dell'impianto, per i depositi commerciali di gas di petrolio liquefatti di capacità non inferiore a 400 metri cubi e per i depositi commerciali di altri prodotti energetici di capacità non inferiore a 10.000 metri cubi.

4. La gestione in regime di deposito fiscale può essere, altresì, autorizzata per i depositi commerciali di gas di petrolio liquefatti di capacità inferiore a 400 metri cubi e per i depositi commerciali di altri prodotti energetici di capacità inferiore a 10.000 metri cubi quando, oltre ai presupposti di cui al comma 3, ricorra almeno una delle seguenti condizioni:

a) il deposito effettui forniture di prodotto in esenzione da accisa o ad accisa agevolata o trasferimenti di prodotti energetici in regime sospensivo verso Paesi dell'Unione europea ovvero esportazioni verso Paesi non appartenenti all'Unione europea, in misura complessiva pari ad almeno il 30 per cento del totale delle estrazioni di un biennio;

b) il deposito sia propaggine di un deposito fiscale ubicato nelle immediate vicinanze appartenente allo stesso gruppo societario o, se di diversa titolarità, sia stabilmente destinato ad operare al servizio del predetto deposito.

5. L'esercizio dei depositi fiscali autorizzati ai sensi dei commi 3 e 4 è subordinato al rilascio della licenza di cui all'articolo 63.

6. L'autorizzazione di cui ai commi 3 e 4 è negata ai soggetti nei cui confronti, nel quinquennio antecedente la richiesta, sia stata pronunciata sentenza irrevocabile di condanna ai sensi dell'articolo 648 del codice di procedura penale, ovvero sentenza definitiva di applicazione della pena su richiesta, ai sensi dell'articolo 444 del codice di procedura penale, per reati di natura tributaria, finanziaria e fallimentare e per i delitti non colposi previsti dai titoli II, V, VII, VIII e XIII del libro secondo del codice penale, per i quali sia prevista la pena della reclusione. La predetta autorizzazione è altresì negata ai soggetti nei confronti dei quali siano in corso procedure concorsuali o siano state definite nell'ultimo quinquennio, nonché ai soggetti che abbiano commesso violazioni gravi e ripetute, per loro natura od entità, alle disposizioni che disciplinano l'accisa, l'imposta sul valore aggiunto e i tributi doganali, in relazione alle quali siano state contestate sanzioni amministrative nell'ultimo quinquennio.

7. L'istruttoria per il rilascio dell'autorizzazione di cui ai commi 3 e 4 è sospesa fino al passaggio in giudicato della sentenza conclusiva del procedimento penale, qualora nei confronti del soggetto istante sia stato emesso, ai sensi dell'articolo 424 del codice di procedura penale, decreto che

dispone il giudizio per uno dei reati indicati nel comma 6.

8. L'autorizzazione di cui ai commi 3 e 4 può essere sospesa dall'Autorità giudiziaria, anche su richiesta dell'Agenzia delle dogane e dei monopoli, nei confronti del depositario autorizzato per il quale sia stato emesso, ai sensi dell'articolo 424 del codice di procedura penale, decreto che dispone il giudizio per reati di natura tributaria, finanziaria e fallimentare. L'autorizzazione di cui al primo periodo è in ogni caso sospesa dall'Agenzia delle dogane e dei monopoli laddove venga pronunciata nei confronti del depositario autorizzato sentenza di condanna non definitiva, con applicazione della pena della reclusione, per reati di natura tributaria, finanziaria e fallimentare. Il provvedimento di sospensione ha effetto fino alla emissione della sentenza irrevocabile.

9. L'autorizzazione di cui ai commi 3 e 4 è revocata ai soggetti nei cui confronti è stata pronunciata sentenza irrevocabile di condanna ai sensi dell'articolo 648 del codice di procedura penale, ovvero sentenza definitiva di applicazione della pena su richiesta, ai sensi dell'articolo 444 del codice di procedura penale, per i reati di natura tributaria, finanziaria e fallimentare, per i quali sia prevista la pena della reclusione.

10. La licenza di cui al comma 2 è negata, sospesa e revocata allorché ricorrano rispettivamente le condizioni di cui ai commi 6, 8 e 9 e l'istruttoria per il rilascio è sospesa allorché ricorrano le condizioni di cui al comma 7.

11. Nel caso di persone giuridiche e di società, l'autorizzazione e la licenza sono negate, revocate o sospese, ovvero il procedimento per il rilascio delle stesse è sospeso, allorché le situazioni di cui ai commi da 6 a 10 ricorrano, alle condizioni ivi previste, con riferimento a persone che ne rivestono funzioni di rappresentanza, di amministrazione o di direzione, nonché a persone che ne esercitano, anche di fatto, la gestione e il controllo.

12. L'Agenzia verifica la permanenza delle condizioni previste dal comma 4 e, nel caso esse non possano ritenersi sussistenti, l'autorizzazione di cui al medesimo comma viene sospesa fino a quando non ne sia comprovato il ripristino entro il termine di un anno, alla scadenza del quale viene revocata. Contestualmente all'emissione del provvedimento di sospensione di cui al periodo precedente, viene rilasciata, su richiesta dell'esercente il deposito, la licenza di cui all'articolo 25, comma 4. In luogo della predetta sospensione, l'Agenzia delle dogane e dei monopoli, su istanza del depositario autorizzato, consente allo stesso soggetto di proseguire l'attività in regime di deposito fiscale, per dodici mesi decorrenti dalla data in cui è constatata l'assenza delle condizioni di cui al predetto comma 4, subordinatamente alla sussistenza di un'apposita garanzia prestata dal medesimo depositario. In ciascuno dei dodici mesi tale garanzia deve risultare pari al 100 per cento dell'accisa dovuta sui prodotti energetici estratti dal deposito fiscale nel mese solare precedente; la garanzia è prestata o adeguata in denaro o in titoli di Stato. Decorsi i dodici mesi senza che sia comprovato il ripristino delle condizioni di cui al comma 4, l'autorizzazione ad operare in regime di deposito fiscale è revocata ed è rilasciata, su richiesta dell'esercente il deposito, la licenza di cui all'articolo 25, comma 4. Con decreto del Ministro dell'economia e delle finanze sono stabilite le modalità attuative delle disposizioni di cui al presente comma, incluse quelle relative alla prestazione della garanzia.(3)

13. Per il controllo della produzione, della trasformazione, del trasferimento e dell'impiego dei prodotti energetici, l'Agenzia delle dogane e dei monopoli può prescrivere l'installazione di strumenti e apparecchiature per la misura e per il campionamento delle materie prime e dei prodotti semilavorati e finiti; può, altresì, adottare sistemi di verifica e di controllo con l'impiego di tecniche telematiche ed informatiche.

14. Negli impianti di cui ai commi 1, 3 e 4 dotati di un idoneo sistema informatizzato di controllo in tempo reale del processo di gestione della produzione, detenzione e movimentazione dei prodotti, l'Agenzia delle dogane e dei monopoli procede al controllo dell'accertamento e della liquidazione dell'imposta avvalendosi dei dati necessari alla determinazione della quantità e della qualità dei prodotti energetici rilevati dal sistema medesimo con accesso in modo autonomo e diretto.

15. Nei recinti dei depositi fiscali non possono essere detenuti prodotti energetici di cui all'articolo 21, comma 2, ad imposta assolta, eccetto quelli strettamente necessari per il funzionamento degli impianti, stabiliti per quantità e qualità dal competente ufficio dell'Agenzia delle dogane e dei monopoli e quelli ricevuti ed introdotti ai sensi dell'articolo 8-bis.(4)

16. Per i prodotti immessi in consumo che devono essere sottoposti ad operazioni di miscelazione o a rilavorazioni in un impianto di lavorazione o di deposito, gestito in regime di deposito fiscale, si applicano le disposizioni di cui all'articolo 6, comma 13.

17. La presente disposizione non si applica al gas naturale (codici NC 2711 11 00 e 2711 21 00), al carbone (codice NC 2701), alla lignite (codice NC 2702) e al coke (codice NC 2704)(A).

(A) In riferimento al presente articolo vedi: Circolare Agenzie delle Dogane 4 dicembre 2017, n. 14/D.

(1) Articolo modificato dall'articolo 1, comma 1, lettera g), del D.Lgs. 2 febbraio 2007, n. 26, dall'articolo 1, comma 1, del D.Lgs. 2 febbraio 2007, n. 26, dall'articolo 1, comma 1, lettera aa), numero 1), e n. 2) del D.Lgs. 29 marzo 2010, n. 48 ed infine sostituito dall'articolo 1, comma 535, lettera e), della Legge 11 dicembre 2016, n. 232.

(2) Per l'applicazione delle aliquote di accisa vedi l'articolo 1, comma 6 e l'articolo 5-quater, comma 2 del D.L 21 marzo 2022, n. 21, convertito con modificazioni dalla Legge 20 maggio 2022, n. 51.

(3) Comma modificato dall'articolo 5-quater, comma 1, del D.L 21 marzo 2022, n. 21, convertito con modificazioni dalla Legge 20 maggio 2022, n. 51.

(4) Comma modificato dall'articolo 1, comma 1, lettera r) del D.Lgs. 5 novembre 2021, n. 180; per l'efficacia vedi l'articolo 3, comma 1, del D.Lgs. 180/2021 medesimo.

24. Impieghi agevolati. – 1. Ferme restando le disposizioni previste dall'art. 17 e le altre norme comunitarie relative al regime delle agevolazioni, i prodotti energetici destinati agli usi elencati nella tabella A allegata al presente testo unico sono ammessi ad esenzione o all'aliquota ridotta nella misura ivi prevista.

2. Le agevolazioni sono accordate anche mediante restituzione dell'imposta pagata; la restituzione può essere effettuata con la procedura di accredito prevista dall'art. 14.

24 *bis*. (Denaturazione dei prodotti energetici)(1). – 1. Le formule e le modalità di denaturazione per i prodotti energetici sono stabilite o variate con determinazioni del Direttore dell'Agenzia delle dogane.

2. Fino all'emanazione delle determinazioni di cui al comma 1 restano in vigore le formule e le modalità di denaturazione vigenti in quanto applicabili.

(1) *Articolo inserito dall'articolo 1 comma 1, lettera h), del D.Lgs. 2 febbraio 2007, n. 26.*

24 ter. Gasolio commerciale (1). – 1. Il gasolio commerciale usato come carburante è assoggettato ad accisa con l'applicazione dell'aliquota prevista per tale impiego dal numero 4-bis della tabella A allegata al presente testo unico.

2. Per gasolio commerciale usato come carburante si intende il gasolio impiegato da veicoli, ad eccezione di quelli di categoria euro 3 o inferiore e, a decorrere dal 1° gennaio 2021, ad eccezione dei veicoli di categoria euro 4 o inferiore, utilizzati dal proprietario o in virtu' di altro titolo che ne garantisca l'esclusiva disponibilità, per i seguenti scopi (2):

a) attività di trasporto di merci con veicoli di massa massima complessiva pari o superiore a 7,5 tonnellate esercitata da:

1) persone fisiche o giuridiche iscritte nell'albo nazionale degli autotrasportatori di cose per conto di terzi;

2) persone fisiche o giuridiche munite della licenza di esercizio dell'autotrasporto di cose in conto proprio e iscritte nell'elenco appositamente istituito;

3) imprese stabilite in altri Stati membri dell'Unione europea, in possesso dei requisiti previsti dalla disciplina dell'Unione europea per l'esercizio della professione di trasportatore di merci su strada;

b) attività di trasporto di persone svolta da:

1) enti pubblici o imprese pubbliche locali esercenti l'attività di trasporto di cui al decreto legislativo 19 novembre 1997, n. 422, e alle relative leggi regionali di attuazione;

2) imprese esercenti autoservizi interregionali di competenza statale di cui al decreto legislativo 21 novembre 2005, n. 285;

3) imprese esercenti autoservizi di competenza regionale e locale di cui al decreto legislativo 19 novembre 1997, n. 422;

4) imprese esercenti autoservizi regolari in ambito comunitario di cui al regolamento (CE) n. 1073/2009 del Parlamento europeo e del Consiglio, del 21 ottobre 2009.

3. È considerato altresì gasolio commerciale il gasolio impiegato per attività di trasporto di persone svolta da enti pubblici o imprese esercenti trasporti a fune in servizio pubblico.

4. Il rimborso dell'onere conseguente alla maggiore accisa applicata al gasolio commerciale è determinato in misura pari alla differenza tra l'aliquota di accisa sul gasolio usato come carburante, di cui all'allegato I, e quella di cui al comma 1 del presente articolo. Ai fini del predetto rimborso, i soggetti di cui ai commi 2 e 3 presentano apposita dichiarazione al competente ufficio dell'Agenzia delle dogane e dei monopoli entro il mese successivo alla scadenza di ciascun trimestre solare in cui è avvenuto il consumo del gasolio commerciale. Per ciascuno dei predetti trimestri, il rimborso di cui al presente comma è riconosciuto, entro il limite quantitativo di un litro di gasolio consumato, da ciascun veicolo di cui al comma 2, per ogni chilometro percorso dallo stesso veicolo(3).

5. Il credito spettante ai sensi del comma 4 del presente articolo è riconosciuto, mediante la compensazione di cui all'articolo 17 del decreto legislativo 9 luglio 1997, n. 241, entro il 31 dicembre dell'anno solare successivo a quello in cui il medesimo credito è sorto per effetto del provvedimento di accoglimento o del decorso del termine di sessanta giorni dal ricevimento della dichiarazione. 6. In alternativa a quanto previsto dal comma 5, il credito spettante ai sensi del comma 4 può essere riconosciuto in denaro (A).

(A) *In riferimento al rimborso accise sul gasolio commerciale - Imprese comunitarie di trasporto non obbligate alla presentazione della dichiarazione dei redditi in Italia - Ufficio competente alla ricezione della dichiarazione trimestrale di consumo - Modifica riparto di competenza, di cui al presente articolo, vedi: Nota Agenzia delle Dogane 28 gennaio 2020 n. 34315/RU.*

In riferimento a delle nuove modalità di compilazione inerenti l'agevolazione sul gasolio commerciale. Dichiarazione trimestrale di rimborso. Modifica determinazione del credito d'imposta, di cui al presente articolo, vedi: Nota Agenzia delle Dogane 12 marzo 2020 n. 74668/RU.

- In riferimento ai benefici sul gasolio per uso autotrazione utilizzato nel settore del trasporto. Rimborso sui quantitativi di prodotto consumati nel secondo trimestre dell'anno 2020, di cui al presente articolo, vedi: Nota Agenzia delle Dogane 24 giugno 2020 n. 201731/RU.

- In riferimento ai benefici sul gasolio per uso autotrazione utilizzato nel settore del trasporto. Rimborso sui quantitativi di prodotto consumati nel quarto trimestre dell'anno 2020 di cui al presente articolo, vedi: Nota Agenzia delle Dogane 29 dicembre 2020 n. 485862/RU.

- In riferimento ai benefici sul gasolio per uso autotrazione utilizzato nel settore del trasporto. Rimborso sui quantitativi di prodotto consumati nel primo trimestre dell'anno 2021 di cui al presente articolo, vedi: Nota Agenzia delle Dogane 30 marzo 2021, n. 94008/RU.

- In riferimento ai benefici sul gasolio commerciale utilizzato nel settore del trasporto. Rimborso sui quantitativi di prodotto consumati nel mese di dicembre 2022, di cui al presente articolo, vedi: Nota Agenzia delle Dogane 22 dicembre 2022 n. 598868/RU.

(1) *Articolo inserito dall'articolo 4-ter, comma 1, lettera f), del D.L. 22 ottobre 2016 n. 193 convertito, con modificazioni dalla Legge 1° dicembre 2016 n. 225.*

(2) *Alinea modificato dall'articolo 1, comma 630, della Legge 27 dicembre 2019, n. 160, a decorrere dal 1° ottobre 2020.*

(3) *Comma modificato dall'articolo 8, comma 1, del D.L. 26 ottobre 2019, n. 124, convertito con modificazioni dalla Legge 19 dicembre 2019, n. 157. Per l'applicazione, vedi il comma 2, dell'articolo 8 medesimo.*

25. Deposito e circolazione di prodotti energetici assoggettati ad accisa (1)(2). – 1. Gli esercenti depositi commerciali di prodotti energetici assoggettati ad accisa devono denunciarne l'esercizio all'Ufficio dell'Agenzia delle dogane, competente per territorio, qualunque sia la capacità del deposito (3).

2. Sono altresì obbligati alla denuncia di cui al comma 1:

a) gli esercenti depositi per uso privato, agricolo ed industriale di capacità superiore a 10 metri cubi (4);

b) gli esercenti impianti di distribuzione stradale di carburanti;

c) gli esercenti apparecchi di distribuzione automatica di carburanti per usi privati, agricoli ed industriali, collegati a serbatoi la cui capacità globale supera i 5 metri cubi(5). (A)

3. Sono esentate dall'obbligo di denuncia di cui al comma 1 le amministrazioni dello Stato per i depositi di loro pertinenza e gli esercenti depositi per la vendita al minuto, purchè la quantità di prodotti energetici detenuta in deposito non superi complessivamente i 500 chilogrammi (6).

4. Gli esercenti impianti e depositi soggetti all'obbligo della denuncia in possesso del provvedimento autorizzativo rilasciato ai sensi delle disposizioni in materia di installazione ed esercizio di impianti di stoccaggio e di distribuzione di oli minerali, sono muniti di licenza fiscale, valida fino a revoca, e fatta eccezione per gli impianti di distribuzione stradale di gas naturale impiegato come carburante, sono obbligati a contabilizzare i prodotti in apposito registro di carico e scarico. Nei predetti depositi non possono essere custoditi prodotti denaturati per usi esenti. Sono esonerati dall'obbligo della tenuta del registro di carico e scarico gli esercenti depositi di oli combustibili, per uso privato o industriale. Gli

esercenti la vendita al minuto di gas di petrolio liquefatti per uso combustione sono obbligati, in luogo della denuncia, a dare comunicazione di attività all'Ufficio dell'Agenzia delle dogane, competente per territorio, e sono esonerati dalla tenuta del registro di carico e scarico. Gli esercenti depositi di cui al comma 2, lettera a), aventi capacità superiore a 10 metri cubi e non superiore a 25 metri cubi nonché gli esercenti impianti di cui al comma 2, lettera c), collegati a serbatoi la cui capacità globale risulti superiore a 5 metri cubi e non superiore a 10 metri cubi, a decorrere dal 1° gennaio 2021, sono obbligati, in luogo della denuncia, a dare comunicazione di attività all'Ufficio dell'Agenzia delle dogane e dei monopoli, competente per territorio; ai medesimi soggetti è attribuito un codice identificativo. Gli stessi tengono il registro di carico e scarico con modalità semplificate da stabilire con determinazione del direttore dell'Agenzia delle dogane e dei monopoli (7).

4-bis. Fatto salvo quanto stabilito dal comma 4 per gli impianti di distribuzione stradale di gas naturale impiegato come carburante, gli esercenti impianti di cui al comma 2, lettera b), annotano nel registro di carico e scarico rispettivamente i quantitativi di prodotti ricevuti, distintamente per qualità, e il numero risultante dalla lettura del contatore totalizzatore delle singole colonnine di distribuzione installate, effettuata alla fine di ogni giornata, per ciascun tipo di carburante erogato; al momento della chiusura annuale, entro trenta giorni dalla data dell'ultima registrazione, i medesimi esercenti trasmettono all'ufficio dell'Agenzia delle dogane e dei monopoli un prospetto riepilogativo dei dati relativi alla movimentazione di ogni prodotto nell'intero anno, con evidenziazione delle rimanenze contabili ed effettive e delle loro differenze (8).

4-ter. Con determinazione del direttore dell'Agenzia delle dogane e dei monopoli sono stabiliti i tempi e le modalità per la presentazione dei dati di cui al comma 4-bis nonché dei dati relativi ai livelli e alle temperature dei serbatoi installati, esclusivamente in forma telematica, in sostituzione del registro di carico e scarico, da parte degli esercenti impianti di cui al comma 2, lettera b), funzionanti in modalità di self-service. I medesimi esercenti garantiscono, anche tramite soggetti appositamente delegati, l'accesso presso l'impianto per l'esercizio dei poteri di cui all'articolo 18, comma 2, entro ventiquattro ore dalla comunicazione dell'amministrazione finanziaria. In fase di accesso, presso l'impianto sottoposto a verifica è resa disponibile la relativa documentazione contabile (9).

5. Per i depositi di cui al comma 1 ed al comma 2, lettera a), nei casi previsti dal secondo comma dell'art. 25 del regio decreto 20 luglio 1934, n. 1303, la licenza viene rilasciata al locatario al quale incombe l'obbligo della tenuta del registro di carico e scarico. Per gli impianti di distribuzione stradale di carburanti la licenza è intestata al titolare della gestione dell'impianto, al quale incombe l'obbligo della tenuta del registro di carico e scarico. Il titolare della concessione ed il titolare della gestione dell'impianto di distribuzione stradale sono, agli effetti fiscali, solidalmente responsabili per gli obblighi derivanti dalla gestione dell'impianto stesso.

6. Le disposizioni dei commi 1, 2, 3, 4 e 5 si applicano anche ai depositi commerciali di prodotti energetici denaturati. Per l'esercizio dei predetti depositi, fatta eccezione per i depositi di gas di petrolio liquefatti denaturati per uso combustione, deve essere prestata cauzione nella misura prevista per i depositi fiscali. Per gli prodotti energetici denaturati si applica il regime dei cali previsto dall'art. 4 (10).

6-bis. Per i depositi di cui ai commi 1 e 6, la licenza di cui al comma 4 è negata e l'istruttoria per il relativo rilascio è sospesa allorché ricorrano nei confronti dell'esercente, rispettivamente, le condizioni di cui ai commi 6 e 7 dell'articolo 23; per la sospensione e la revoca della predetta licenza trovano applicazione, rispettivamente, i commi 8 e 9 del medesimo articolo 23. Nel caso di persone giuridiche e di società, la licenza è negata, revocata o sospesa, ovvero il procedimento per il rilascio della stessa è sospeso, allorché le situazioni di cui ai commi da 6 a 9 del medesimo articolo 23 ricorrano, alle condizioni ivi previste, con riferimento a persone che rivestono in esse funzioni di rappresentanza, di amministrazione o di direzione ovvero a persone che ne esercitano, anche di fatto, la gestione e il controllo (11).

6-ter. Fatto salvo quanto previsto dal comma 6-bis, limitatamente ai depositi commerciali di cui ai commi 1 e 6 che movimentano benzina e gasolio usato come carburante, la licenza di cui al comma 4 è altresì negata ai soggetti che, a seguito di verifica, risultano privi dei requisiti tecnico-organizzativi minimi per lo svolgimento dell'attività del deposito rapportati alla capacità dei serbatoi, ai servizi strumentali all'esercizio ovvero al conto economico previsionale, in base alle specifiche stabilite con provvedimento del direttore dell'Agenzia delle dogane e dei monopoli. I soggetti per conto dei quali i titolari di depositi commerciali detengono o estraggono benzina o gasolio usato come carburante sono obbligati a darne preventiva comunicazione all'Agenzia delle dogane e dei monopoli; in caso di riscontrata sussistenza delle situazioni di cui ai commi 6, 7, 8, 9 e 11 dell'articolo 23, la medesima Agenzia adotta motivati provvedimenti di divieto di prosecuzione dell'attività nel termine di sessanta giorni dalla ricezione della comunicazione o, qualora successiva al predetto termine, dalla data del verificarsi delle condizioni impeditive previste dai medesimi commi(12).

7. Al di fuori dei casi di cui al comma 6-bis, la licenza di esercizio dei depositi può essere sospesa, anche a richiesta dell'amministrazione, a norma del codice di procedura penale, nei confronti dell'esercente che sia sottoposto a procedimento penale per violazioni commesse nella gestione dell'impianto, costituenti delitti, in materia di accisa, punibili con la reclusione non inferiore nel minimo ad un anno. Il provvedimento di sospensione ha effetto fino alla pronuncia di proscioglimento o di assoluzione; la sentenza di condanna comporta la revoca della licenza *[nonchè l'esclusione dal rilascio di altra licenza per un periodo di 5 anni]* (13).

8. Gli prodotti energetici assoggettati ad accisa devono circolare con il documento di accompagnamento previsto dall'art. 12. Sono esclusi da tale obbligo gli prodotti energetici trasferiti in quantità non superiore a 1.000 chilogrammi a depositi non soggetti a denuncia ai sensi del presente articolo ed i gas di petrolio liquefatti per uso combustione trasferiti dagli esercenti la vendita al minuto (14).

9. Il trasferimento di prodotti energetici assoggettati ad accisa tra depositi commerciali deve essere preventivamente comunicato dal mittente e confermato all'arrivo dal destinatario, entro lo stesso giorno di ricezione, unicamente attraverso modalità telematiche, agli Uffici dell'Agenzia delle dogane nella cui circoscrizione territoriale sono ubicati i depositi interessati alla movimentazione (15).

[A] In riferimento alla sospensione termini adempimenti tributari per gli esercenti depositi prodotti energetici ed esercenti apparecchi di distribuzione automatica di carburanti per uso privato, agricolo ed industriale, di cui al presente comma, vedi: Nota Agenzia delle Dogane 18 marzo 2020 n. 94214/RU.

[1] Rubrica modificata dall'articolo 1, comma 1, del D.Lgs. 2 febbraio 2007, n. 26.

[2] Per l'applicazione delle aliquote di accisa vedi gli articolo 1, comma 6 e 1-bis, comma 3 del D.L 21 marzo 2022, n. 21, convertito con modificazioni dalla Legge 20 maggio 2022, n. 51.

[3] Comma modificato dall'articolo 1, comma 1, del D.Lgs. 2 febbraio 2007, n. 26 e successivamente dall'articolo 1, comma 1, lettera bb), numero 1), del D.Lgs. 29 marzo 2010, n. 48.

[4] Lettera modificata dall'articolo 5, comma 1, lettera c), numero 1), del D.L. 26 ottobre 2019, n. 124, convertito con modificazioni dalla Legge 19 dicembre 2019, n. 157, le cui disposizioni, a norma del medesimo articolo 5, comma 2, del D.L. 26 ottobre 2019, n. 124, come modificato dall'articolo 92, comma 4-sexies, del D.L. 17 marzo 2020, n. 18, convertito, con modificazioni, dalla Legge 24 aprile 2020, n. 27, e dall'articolo 130, comma 1, lettera a), del D.L. 19 maggio 2020, n. 34, convertito, con modificazioni, dalla Legge 17 luglio 2020, n. 77, hanno efficacia a decorrere dal 1° gennaio 2021.

[5] Lettera modificata dall'articolo 5, comma 1, lettera c), numero 1), del D.L. 26 ottobre 2019, n. 124, convertito con modificazioni dalla Legge 19 dicembre 2019, n. 157, le cui disposizioni, a norma del medesimo articolo 5, comma 2, del D.L. 26 ottobre 2019, n. 124, come modificato dall'articolo 92, comma 4-sexies, del D.L. 17 marzo 2020, n. 18, convertito, con modificazioni, dalla Legge 24 aprile 2020, n. 27, e dall'articolo 130, comma 1, lettera a), del D.L. 19 maggio 2020, n. 34, convertito, con modificazioni, dalla Legge 17 luglio 2020, n. 77, hanno efficacia a decorrere dal 1° gennaio 2021.

[6] Comma modificato dall'articolo 1, comma 1, del D.Lgs. 2 febbraio 2007, n. 26 e successivamente dall'articolo 1, comma 1, lettera bb), numero 2), del D.Lgs. 29 marzo 2010, n. 48.

[7] Comma modificato dall'articolo 1, comma 1, lettera bb), numero 3), del D.Lgs. 29 marzo 2010, n. 48, dall'articolo 4-ter, comma 1, lettera g), punto 1), del D.L. 22 ottobre 2016 n. 193 convertito, con modificazioni dalla Legge 1° dicembre 2016 n. 225 e successivamente dall'articolo 5, comma 1, lettera c), numero 2), del D.L. 26 ottobre 2019, n. 124, convertito con modificazioni dalla Legge 19 dicembre 2019, n. 157, le cui disposizioni, a norma del medesimo articolo 5, comma 2, del D.L. 26 ottobre 2019, n. 124, come modificato dall'articolo 92, comma 4-sexies, del D.L. 17 marzo 2020, n. 18, convertito, con modificazioni, dalla Legge 24 aprile 2020, n. 27, hanno efficacia a decorrere dal 1° gennaio 2021. Successivamente il presente comma è stato modificato dall'articolo 130, comma 2, lettera b), del D.L. 19 maggio 2020, n. 34, convertito, con modificazioni, dalla Legge 17 luglio 2020, n. 77.

[8] Comma inserito dall'articolo 4-ter, comma 1, lettera g), punto 2), del D.L. 22 ottobre 2016 n. 193 convertito, con modificazioni dalla Legge 1° dicembre 2016 n. 225.

[9] Comma inserito dall'articolo 4-ter, comma 1, lettera g), punto 2), del D.L. 22 ottobre 2016 n. 193 convertito, con modificazioni dalla Legge 1° dicembre 2016 n. 225.

[10] Comma modificato dall'articolo 1, comma 1, del D.Lgs. 2 febbraio 2007, n. 26.

[11] Comma inserito dall'articolo 5, comma 1, lettera c), numero 3), del D.L. 26 ottobre 2019, n. 124, convertito con modificazioni dalla Legge 19 dicembre 2019, n. 157 e successivamente dall'articolo 1, comma 1128, lettera a), della Legge 30 dicembre 2020, n. 178.

[12] Comma inserito dall'articolo 1, comma 1128, lettera b), della Legge 30 dicembre 2020, n. 178. Vedi inoltre il comma 1129 della medesima Legge n. 178 del 2020.

[13] Comma modificato dall'articolo 5, comma 1, lettera c), numero 4), del D.L. 26 ottobre 2019, n. 124, convertito con modificazioni dalla Legge 19 dicembre 2019, n. 157 e successivamente dall'articolo 1, comma 1128, lettera c), della Legge 30 dicembre 2020, n. 178.

[14] Comma modificato dall'articolo 1, comma 1, del D.Lgs. 2 febbraio 2007, n. 26.

[15] Comma modificato dall'articolo 1, comma 1, del D.Lgs. 2 febbraio 2007, n. 26 e successivamente dall'articolo 1, comma 1, lettera bb), numero 4), del D.Lgs. 29 marzo 2010, n. 48 e da ultimo, con efficacia a decorrere dal 1° gennaio 2020, dall'articolo 5, comma 1, lettera c), numero 5), del D.L. 26 ottobre 2019, n. 124, convertito con modificazioni dalla Legge 19 dicembre 2019, n. 157.

26. (Disposizioni particolari per il gas naturale)[1][2]. – 1. Il gas naturale (codici NC 2711 11 00 e NC 2711 21 00), destinato alla combustione per usi civili e per usi industriali, nonché all'autotrazione, è sottoposto ad accisa, con l'applicazione delle aliquote di cui all'allegato I, al momento della fornitura ai consumatori finali ovvero al momento del consumo per il gas naturale estratto per uso proprio[3].

2. Sono considerati compresi negli usi civili anche gli impieghi del gas naturale, destinato alla combustione, nei locali delle imprese industriali, artigiane e agricole, posti fuori dagli stabilimenti, dai laboratori e dalle aziende dove viene svolta l'attività produttiva, nonché alla produzione di acqua calda, di altri vettori termici o di calore, non utilizzati in impieghi produttivi dell'impresa, ma ceduti a terzi per usi civili.

3. Sono considerati compresi negli usi industriali gli impieghi del gas naturale, destinato alla combustione, in tutte le attività industriali produttive di beni e servizi e nelle attività artigianali ed agricole, nonché gli impieghi nel settore alberghiero, nel settore della distribuzione commerciale, negli esercizi di ristorazione, negli impianti sportivi adibiti esclusivamente ad attività dilettantistiche e gestiti senza fini di lucro, nel teleriscaldamento alimentato da impianti di cogenerazione che abbiano le caratteristiche tecniche indicate nella lettera b) del comma 2 dell'articolo 11 della legge 9 gennaio 1991, n. 10, anche se riforniscono utenze civili. Si considerano, altresì, compresi negli usi industriali, anche quando non è previsto lo scopo di lucro, gli impieghi del gas naturale, destinato alla combustione, nelle attività ricettive svolte da istituzioni finalizzate all'assistenza dei disabili, degli orfani, degli anziani e degli indigenti.

4. Sono assoggettati all'aliquota relativa al gas naturale impiegato per combustione per usi industriali i consumi di gas naturale impiegato negli stabilimenti di produzione anche se nei medesimi vengono introdotte e depositate merci provenienti da altri stabilimenti, purché di società controllate o di società collegate con quella titolare della concessione ai sensi dell'articolo 2359 del codice civile, nonché i consumi relativi ad operazioni connesse con l'attività industriale.

5. Ai fini della tassazione di cui al comma 1 si considerano gas naturale anche le miscele contenenti gas naturale ed altri idrocarburi gassosi in misura non inferiore al 70 per cento in volume. Per le miscele contenenti gas naturale ed altri idrocarburi gassosi in misura inferiore al 70 per cento in volume, ferma restando l'applicazione dell'articolo 21, commi 3, 4 e 5, quando ne ricorrano i presupposti, sono applicate le aliquote di accisa, relative al gas naturale, in misura proporzionale al contenuto complessivo, in volume, di gas naturale ed altri idrocarburi. Per le miscele di gas naturale con aria o con altri gas ottenuti nelle officine del gas di città, l'imposta si applica con riguardo ai quantitativi di gas naturale originari, secondo le percentuali sopraindicate, impiegati nelle miscelazioni. Per le miscele di gas ottenuto nelle officine del gas di città od in altri stabilimenti, con qualsiasi processo di lavorazione che utilizzi gas naturale o altra materia prima, l'imposta si applica sulla percentuale di gas naturale puro che risulta in esso contenuta.

6. Non sono sottoposte ad accisa le miscele gassose di cui al comma 5 di origine biologica destinate agli usi propri del soggetto che le produce.

7. Sono obbligati al pagamento dell'imposta di cui al comma 1 secondo le modalità previste dal comma 13 e con diritto di rivalsa sui consumatori finali:

a) i soggetti che procedono alla fatturazione del gas naturale ai consumatori finali comprese le società aventi sede legale nel territorio nazionale e registrate presso la competente Direzione regionale dell'Agenzia delle dogane, designate da soggetti comunitari non aventi sede nel medesimo territorio che forniscono il prodotto direttamente a consumatori finali nazionali;

b) i soggetti che acquistano per uso proprio gas naturale da Paesi comunitari o da Paesi terzi, avvalendosi delle reti di gasdotti ovvero di infrastrutture per il vettoriamento del prodotto;

c) i soggetti che acquistano il gas naturale confezionato in bombole o in altro recipiente da altri Paesi comunitari o da Paesi terzi;

d) i soggetti che estraggono per uso proprio gas naturale nel territorio dello Stato[4].

8. Su richiesta possono essere riconosciuti come soggetti obbligati i gestori delle reti di gasdotti nazionali per il solo gas naturale impiegato per il vettoriamento del prodotto.

9. Si considerano consumatori finali anche gli esercenti impianti di distribuzione stradale di gas naturale per autotrazione non dotati di apparecchiature di compressione per il riempimento di carri bombolai.

10. I soggetti di cui ai commi 7 e 8 hanno l'obbligo di denunciare preventivamente la propria attività all'Ufficio dell'Agenzia delle dogane competente per territorio e di prestare una cauzione sul pagamento dell'accisa. Tale cauzione è determinata dal medesimo Ufficio in misura pari ad un dodicesimo dell'imposta annua che si presume dovuta in relazione ai dati comunicati dal soggetto nella denuncia e a quelli eventualmente in possesso dell'Ufficio competente. Il medesimo Ufficio, effettuati i controlli di competenza e verificata la completezza dei dati relativi alla denuncia e alla cauzione prestata, rilascia, ai soggetti di cui ai commi 7 ed 8, un'autorizzazione, entro sessanta giorni dalla data di ricevimento della denuncia. I medesimi soggetti sono tenuti a contabilizzare, in un apposito registro di carico e scarico, i quantitativi di gas naturale estratti, acquistati o ceduti e ad integrare, a richiesta dell'Ufficio competente, l'importo della cauzione che deve risultare pari ad un dodicesimo dell'imposta dovuta nell'anno precedente.

11. Sono esonerate dall'obbligo della prestazione della cauzione di cui al comma 10 le Amministrazioni dello Stato e gli enti pubblici. L'Agenzia delle dogane ha facoltà di esonerare dal medesimo obbligo le ditte affidabili e di notoria solvibilità. Tale esonero può essere revocato nel caso in cui mutino le condizioni che ne avevano consentito la concessione; in tal caso la cauzione deve essere prestata entro quindici giorni dalla notifica della revoca.

12. L'autorizzazione di cui al comma 10 viene negata o revocata a chiunque sia stato condannato con sentenza passata in giudicato per reati connessi all'accertamento ed al pagamento dell'accisa sui prodotti energetici o sull'energia elettrica per i quali è prevista la pena della reclusione.

13. L'accertamento dell'accisa dovuta viene effettuato sulla base di dichiarazioni annuali, contenenti tutti gli elementi necessari per la determinazione del debito d'imposta, che sono presentate dai soggetti obbligati entro il mese di marzo dell'anno successivo a quello cui la dichiarazione si riferisce. Il pagamento dell'accisa è effettuato in rate di acconto mensili da versare entro la fine di ciascun mese, calcolate sulla base dei consumi dell'anno precedente. Il versamento a conguaglio è effettuato entro il mese di marzo dell'anno successivo a quello cui si riferisce. Le somme eventualmente versate in eccedenza all'imposta dovuta sono detratte dai successivi versamenti di acconto. L'Amministrazione finanziaria ha facoltà di prescrivere diverse rateizzazioni d'acconto sulla base dei dati tecnici e contabili disponibili. Per la detenzione e la circolazione del gas naturale non si applicano le disposizioni di cui agli articoli 5 e 6[5].

14. Contestualmente all'avvio della propria attività, i soggetti che effettuano l'attività di vettoriamento del gas naturale ne danno comunicazione al competente Ufficio dell'Agenzia delle dogane e presentano una dichiarazione annuale riepilogativa contenente i dati relativi al gas naturale trasportato rilevati nelle stazioni di misura. La dichiarazione è presentata al competente Ufficio dell'Agenzia delle dogane entro il mese di marzo dell'anno successivo a quello cui la dichiarazione si riferisce. Gli stessi soggetti sono altresì tenuti a rendere disponibili agli organi preposti ai controlli i dati relativi ai soggetti cui il prodotto è consegnato.

15. In occasione della scoperta di sottrazione fraudolenta di gas naturale, i venditori compilano una dichiarazione per i consumi di gas naturale accertati e la trasmettono al competente ufficio dell'Agenzia delle dogane appena i consumi fraudolenti sono stati accertati.

(1) *Articolo modificato dall'articolo 11, comma 3, del D.L. 20 giugno 1996, n. 323, dall'articolo 4, comma 1, lettera b), del D.L. 31 dicembre 1996, n. 669, dall'articolo 12, comma 5, della legge 23 dicembre 1999, n. 488, dall'articolo 26, comma 2, della legge 23 dicembre 2000, n. 388, dall'articolo 3, comma 2-bis, del D.L. 24 settembre 2002, n. 209, dall'articolo 2, comma 73, del D.L. 3 ottobre 2006, n. 262 e successivamente sostituito dall'articolo 1, comma 1, lettera i), del D.Lgs. 2 febbraio 2007, n. 26.*

(2) *A norma dell'articolo 1 della Determinazione dell'Agenzia delle Dogane 26 settembre 2007, le dichiarazioni di consumo per il gas naturale e l'energia elettrica, previste dal presente articolo sono presentate in forma esclusivamente telematica a decorrere dal 1° gennaio 2008.*

(3) *A norma dell'articolo 2, comma 1, del D.L. 1 marzo 2022, n. 17, convertito con modificazioni dalla Legge 27 aprile 2022, n. 34, in deroga a quanto previsto dal presente comma, le somministrazioni di gas metano usato per combustione per usi civili e industriali, contabilizzate nelle fatture emesse per i consumi stimati o effettivi dei mesi di aprile, maggio e giugno 2022, sono assoggettate all'aliquota IVA del 5 per cento.*

(4) *Lettera modificata dall'articolo 1, comma 1, lettera cc), del D.Lgs. 29 marzo 2010, n. 48.*

(5) *Vedi l'articolo 129, comma 1, del D.L. 19 maggio 2020, n. 34, convertito, con modificazioni, dalla Legge 17 luglio 2020, n. 77.*

CAPO III
Alcole e bevande alcoliche

Sezione I – Disposizioni di carattere generale

27. Ambito applicativo ed esenzioni. – 1. Sono sottoposti ad accisa la birra, il vino, le bevande fermentate diverse dal vino e dalla birra, i prodotti alcolici intermedi e l'alcole etilico [1].

2. I prodotti di cui al comma 1, fatto salvo quanto stabilito dall'art. 5, comma 1, e dall'art. 37, comma 1, sono ottenuti in impianti di lavorazione gestiti in regime di deposito fiscale. Può essere autorizzata la produzione in impianti diversi dai depositi fiscali sempreché vengano utilizzati prodotti ad imposta assolta e l'accisa complessiva pagata sui componenti non sia inferiore a quella dovuta sul prodotto derivante dalla loro miscela. La preparazione, da parte di un privato, di prodotti alcolici, destinati all'uso esclusivo dello stesso privato, dei suoi familiari e dei suoi ospiti, con impie-

go di alcole ad imposta assolta, non è soggetta ad autorizzazione a condizione che i prodotti ottenuti non formino oggetto di alcuna attività di vendita.

2-bis. Ai fini del presente testo unico, per alcole completamente denaturato si intende l'alcole etilico al quale sono aggiunte, nelle misure stabilite, le sostanze previste dalla formula di denaturazione notificata dallo Stato e oggetto di riconoscimento reciproco, di cui all'allegato al regolamento (CE) n. 3199/93 della Commissione, del 22 novembre 1993, e successive modificazioni(1).

3. L'alcole e le bevande alcoliche sono esenti dall'accisa quando sono:

a) completamente denaturati e destinati alla vendita come alcole etilico(2).

"b) impiegati in prodotti non destinati al consumo umano, realizzati con alcole etilico previamente denaturato con formule di denaturazione approvate dall'Amministrazione finanziaria diverse da quelle di cui al comma 2-bis (3) ;

b-bis) utilizzati, previa denaturazione con le formule di denaturazione di cui alla lettera b), per la manutenzione e la pulizia delle attrezzature produttive impiegate per la realizzazione dei prodotti di cui alla medesima lettera b)(4).

c) impiegati per la produzione dell'aceto di cui al codice NC 2209;

d) impiegati per la produzione di medicinali secondo la definizione di cui alla direttiva 2001/82/CE del Parlamento europeo e del Consiglio, del 6 novembre 2001, recepita con il decreto legislativo 6 aprile 2006, n. 193, e alla direttiva 2001/83/CE del Parlamento europeo e del Consiglio, del 6 novembre 2001, recepita con il decreto legislativo 24 aprile 2006, n. 219(5);

e) impiegati in un processo di fabbricazione, a condizione che il prodotto finale non contenga alcole;

f) impiegati nella produzione di aromi destinati alla preparazione di prodotti alimentari e di bevande analcoliche aventi un titolo alcolometrico effettivo non superiore all'1,2 per cento in volume;

g) impiegati direttamente o come componenti di prodotti semilavorati destinati alla fabbricazione di prodotti alimentari, ripieni o meno, a condizione che il contenuto di alcole non sia superiore a 8,5 litri di alcole puro per 100 chilogrammi di prodotto per il cioccolato e a litri 5 di alcole puro per 100 chilogrammi di prodotto per altre merci;

h) impiegati come campioni per analisi, per prove di produzione necessarie o a fini scientifici;

i) utilizzati nella fabbricazione di un componente non soggetto ad accisa ai sensi del presente decreto (6).

3-bis. L'esenzione di cui al comma 3, lettera a), si applica anche per l'alcole etilico trasferito nel territorio nazionale con la scorta del documento di cui all'articolo 10, immesso in consumo in un altro Stato membro, al quale, nel medesimo Stato, sono state aggiunte, nelle misure stabilite, le sostanze previste dalla relativa formula di denaturazione di cui al regolamento (CE) n. 3199/93, notificata dal medesimo Stato membro e oggetto di riconoscimento reciproco(7).

4. Le agevolazioni sono accordate anche mediante rimborso dell'imposta pagata (8).

5. Sui prodotti ritirati dal commercio in quanto divenuti non idonei al consumo umano viene rimborsata l'accisa pagata(9).

6. Per i rimborsi si applicano le disposizioni dell'art. 14.

(1) Per le aliquote vedi allegato I.
(1) Comma inserito dall'articolo 5, comma 15-septies, lettera a), numero 1), del D.L. 21 ottobre 2021, n. 146, convertito, con modificazioni, dalla Legge 17 dicembre 2021, n. 215.
(2) Lettera sostituita dall'articolo 5, comma 15-septies, lettera a), numero 2.1.), del D.L. 21 ottobre 2021, n. 146, convertito, con modificazioni, dalla Legge 17 dicembre 2021, n. 215.
(3) Lettera modificata dall'articolo 4-ter, comma 1, lettera h), del D.L. 22 ottobre 2016 n. 193 convertito, con modificazioni dalla Legge 1° dicembre 2016 n. 225 e , da ultimo, sostituita dall'articolo 5, comma 15-septies, lettera a), numero 2.2.), del D.L. 21 ottobre 2021, n. 146, convertito, con modificazioni, dalla Legge 17 dicembre 2021, n. 215.
(4) Lettera inserita dall'articolo 5, comma 15-septies, lettera a), numero 2.3.), del D.L. 21 ottobre 2021, n. 146, convertito, con modificazioni, dalla Legge 17 dicembre 2021, n. 215.
(5) Lettera sostituita dall'articolo 5, comma 15-septies, lettera a), numero 2.4.), del D.L. 21 ottobre 2021, n. 146, convertito, con modificazioni, dalla Legge 17 dicembre 2021, n. 215.
(6) Vedi anche il regolamento approvato con d.m. 9 luglio 1996, n. 524.
(7) Comma inserito dall'articolo 5, comma 15-septies, lettera a), numero 3), del D.L. 21 ottobre 2021, n. 146, convertito, con modificazioni, dalla Legge 17 dicembre 2021, n. 215.
(8) Vedi anche il regolamento approvato con d.m. 9 luglio 1996, n. 524.
(9) Vedi anche il regolamento approvato con d.m. 9 luglio 1996, n. 524.

28. Depositi fiscali di alcole e bevande alcoliche (1). – 1. La produzione dell'alcole etilico, dei prodotti alcolici intermedi e del vino nonché la fabbricazione della birra e delle bevande fermentate diverse dal vino e dalla birra sono effettuate in regime di deposito fiscale. Le attività di fabbricazione dei prodotti sottoposti ad accisa in regime sospensivo sono consentite, subordinatamente al rilascio della licenza di esercizio di cui all'articolo 63, nei seguenti impianti:

a) nel settore dell'alcole etilico:

1) le distillerie;

2) gli opifici di rettificazione;

b) nel settore dei prodotti alcolici intermedi: gli stabilimenti di produzione;

c) nel settore della birra: le fabbriche e gli annessi opifici di condizionamento;

d) nel settore del vino, fatto salvo quanto previsto nell'articolo 37, comma 1, e nel settore delle bevande fermentate diverse dal vino e dalla birra: le cantine e gli stabilimenti di produzione.

2. Il regime del deposito fiscale può essere autorizzato, quando è funzionale a soddisfare oggettive condizioni di operatività dell'impianto, nei casi seguenti:

a) opifici promiscui di trasformazione e di condizionamento nel settore dell'alcole etilico;

b) impianti e opifici di solo condizionamento dei prodotti soggetti ad accisa;

c) magazzini di invecchiamento degli spiriti;

d) magazzini delle distillerie e degli opifici di rettificazione ubicati fuori dei predetti impianti;

e) magazzini delle fabbriche e degli opifici di condizionamento di birra ubicati fuori dei predetti impianti;

f) impianti di condizionamento e depositi di vino e di bevande fermentate diverse dal vino e dalla birra che effettuano movimentazioni intracomunitarie;

g) fabbriche di birra con produzione annua non superiore a 10.000 ettolitri;

h) depositi doganali autorizzati a custodire prodotti sottoposti ad accisa.

3. La gestione in regime di deposito fiscale può essere autorizzata per i magazzini di commerncianti all'ingrosso di prodotti soggetti da accisa quando, oltre a ricorrere la condizione di cui al comma 2, la detenzione di prodotti in regi-

me sospensivo risponde ad adeguate esigenze economiche.

4. L'esercizio dei depositi fiscali autorizzati ai sensi dei commi 2 e 3 è subordinato al rilascio della licenza di cui all'articolo 63.

5. La cauzione prevista dall'articolo 5, comma 3, in relazione alla quantità massima di prodotti che può essere detenuta nel deposito fiscale, è dovuta nelle seguenti misure, riferite all'ammontare dell'accisa gravante sui prodotti custoditi: a) 1 per cento, per gli stabilimenti e opifici di cui al comma 1 e per gli opifici di cui al comma 2, lettere a), c) e g); b) 10 per cento, per tutti gli altri impianti e magazzini; per gli esercenti che hanno aderito alla tenuta dei dati relativi alle contabilità dei prodotti esclusivamente in forma telematica si applica quanto indicato alla lettera a).

6. La cauzione di cui al comma 5 è dovuta in misura pari all'ammontare dell'accisa se i prodotti custoditi sono condizionati e muniti di contrassegno fiscale.

7. Nei recinti dei depositi fiscali non possono essere detenuti prodotti alcolici ad imposta assolta, eccetto quelli strettamente necessari per il consumo aziendale, stabiliti per quantità e qualità dal competente ufficio dell'Agenzia delle dogane e dei monopoli, e quelli ricevuti ed introdotti ai sensi dell'articolo 8-bis.[2]

7-bis. Per gli impianti disciplinati dal presente articolo si applicano le disposizioni di cui all'articolo 23, commi 6, 7, 8, 9, 10, e 11 [3].

[1] Articolo modificato dall'articolo 1, comma 1, lettera dd), del D.Lgs. 29 marzo 2010, n. 48 e successivamente sostituito dall'articolo 4-ter, comma 1, lettera i), del D.L. 22 ottobre 2016 n. 193 convertito, con modificazioni dalla Legge 1° dicembre 2016 n. 225.

[2] Comma modificato dall'articolo 1, comma 1, lettera s) del D.Lgs. 5 novembre 2021, n. 180 ; per l'efficacia vedi l'articolo 3, comma 1, del D.Lgs. 180/2021 medesimo.

[3] Comma aggiunto, con efficacia a decorrere dal 1° gennaio 2020, dall'articolo 5, comma 1, lettera d), del D.L. 26 ottobre 2019, n. 124, convertito con modificazioni dalla Legge 19 dicembre 2019, n. 157.

29. Deposito di prodotti alcolici assoggettati ad accisa. – 1. Gli esercenti impianti di trasformazione, di condizionamento e di deposito di alcole e di bevande alcoliche assoggettati ad accisa devono denunciarne l'esercizio all'Ufficio dell'Agenzia delle dogane, competente per territorio[1].

2. Sono soggetti alla denuncia di cui al comma 1 anche gli esercizi di vendita *[, ad esclusione degli esercizi pubblici, degli esercizi di intrattenimento pubblico, degli esercizi ricettivi e dei rifugi alpini,]* ed i depositi di alcole completamente denaturato in quantità superiore a 300 litri[2]. [A]

3. Sono esclusi dall'obbligo della denuncia gli esercenti il deposito di:

a) alcole, frutta allo spirito e bevande alcoliche, confezionati in recipienti di capacità non superiore a 5 litri ed aromi alcolici per liquori o per vermouth e per altri vini aromatizzati confezionati in dosi per preparare non più di un litro di prodotto, muniti di contrassegno fiscale, ai sensi dell'art. 13, comma 2[3];

b) alcole non denaturato, aromi alcolici per bevande diverse dai liquori, bevande alcoliche, frutta sotto spirito e profumerie alcoliche prodotte con alcole non denaturato, in quantità non superiore a 20 litri;

c) aromi alcolici per liquori in quantità non superiore a 0,5 litri o a 0,5 chilogrammi, non destinati alla vendita;

d) profumerie alcoliche prodotte con alcole non denaturato, condizionate secondo le modalità stabilite dall'amministrazione finanziaria in quantità non superiore a 5000 litri;

e) birra, vino e bevande fermentate diverse dal vino e dalla birra se non destinate, queste ultime, a distillerie;

f) vini aromatizzati, liquori e acquaviti, addizionati con acqua gassata, semplice o di soda, in recipienti contenenti quantità non superiore a 10 centilitri ed aventi titolo alcolometrico non superiore all'11 per cento in volume.

4. Gli esercenti impianti, depositi ed esercizi di vendita obbligati alla denuncia di cui ai commi 1 e 2 sono muniti di licenza fiscale, valida fino a revoca, soggetta al pagamento di un diritto annuale e sono obbligati a contabilizzare i prodotti in apposito registro di carico e scarico. Sono esclusi dall'obbligo della tenuta del predetto registro gli esercenti la minuta vendita di prodotti alcolici e gli esercenti depositi di profumerie alcoliche condizionate fino a litri 8.000 anidri. Con decreto del Ministro dell'economia e delle finanze, da emanare ai sensi dell'art. 17, comma 3, della legge 23 agosto 1988, n. 400, possono essere modificati i casi di esclusione di cui al comma 3 e possono essere stabilite eccezioni all'obbligo della tenuta del predetto registro. La licenza è revocata o negata a chiunque sia stato condannato per fabbricazione clandestina o per evasione dell'accisa sull'alcole e sulle bevande alcoliche [4][5].

[A] in riferimento agli esercizi di vendita al minuto e di somministrazione di bevande alcoliche; reintroduzione obbligo di denuncia e licenza fiscale - Ulteriori indirizzi applicativi, di cui al presente comma, vedi: Nota Agenzia delle Dogane 18 dicembre 2019, n. 220911/RU.

[1] Comma modificato dall'articolo 1, comma 1, lettera ee), punto 1), del D.Lgs. 29 marzo 2010, n. 48.

[2] Comma modificato dall'articolo 1, comma 178, della Legge 4 agosto 2017, n. 124; dall'articolo 5, comma 15-septies, lettera b), del D.L. 21 ottobre 2021, n. 146, convertito, con modificazioni, dalla Legge 17 dicembre 2021, n. 215.
e successivamente dall'articolo 13-bis, comma 2, del D.L. 30 aprile 2019, n. 34, convertito, con modificazioni, dalla Legge 28 giugno 2019, n. 58.

[3] Lettera modificata dall'articolo 1, comma 1, lettera ee), punto 2), del D.Lgs. 29 marzo 2010, n. 48.

[4] Comma modificato dall'articolo 1, comma 1, lettera ee), punto 3), del D.Lgs. 29 marzo 2010, n. 48.

[5] Vedi, anche, il d.m. 26 giugno 1997, n. 219.

30. Circolazione di prodotti alcolici assoggettati ad accisa. – 1. L'alcole, le bevande alcoliche e gli aromi alcolici assoggettati ad accisa o completamente denaturati devono circolare con il documento di accompagnamento previsto dall'art. 12[1].

2. Sono esclusi dall'obbligo di cui al comma 1:

a) ai sensi dell'art. 13, comma 2, l'alcole e le bevande alcoliche confezionati in recipienti di capacità non superiore a 5 litri e gli aromi alcolici per liquori o per vini aromatizzati confezionati in dosi per preparare non più di un litro di prodotto, muniti del contrassegno fiscale [2];

b) l'alcole non denaturato in quantità non superiore a 0,5 litri e gli aromi alcolici per liquori in quantità non superiore a 0,5 litri o a 0,5 chilogrammi se solidi;

c) gli aromi alcolici diversi da quelli per liquori, le bevande alcoliche, la frutta sotto spirito e le profumerie alcoliche ottenute con alcole non denaturato in quantità non superiore a 5 litri;

d) l'alcole completamente denaturato in quantità non superiore a 50 litri[3];

e) le profumerie alcoliche ottenute con alcole non denaturato, condizionate, secondo le modalità stabilite dall'amministrazione finanziaria, in quantità non superiore a 50 litri; le stesse profumerie e gli aromi alcolici, condizionati e scortati dal documento di accompagnamento previsto dal decreto del Presidente della Repubblica 6 ottobre 1978, n. 627, integrato con le indicazioni richieste dal documento previsto dall'art. 12;

f) la birra, il vino e le bevande fermentate diverse dal vino e dalla birra, se non destinate, queste ultime, a distillerie;

g) i vini aromatizzati, liquori e acquaviti, addizionati con acqua gassata, semplice o di soda, in recipienti contenenti quantità non superiore a 10 centilitri ed aventi titolo alcolometrico effettivo non superiore all'11 per cento in volume;

h) i prodotti alcolici acquistati da privati in un altro Paese comunitario e dagli stessi trasportati nei limiti stabiliti dall'art. 11, comma 2;

i) i vini liquorosi destinati a stabilimenti di condizionamento o di trasformazione in altri prodotti.

3. Con decreto del Ministro dell'economia e delle finanze, da emanare ai sensi dell'art. 17, comma 3, della legge 23 agosto 1988, n. 400, possono essere modificati i casi di esclusione di cui al comma 2, in relazione alle caratteristiche ed alle esigenze di commercializzazione dei prodotti [(4)(5)]

[(1)] Comma modificato dall'articolo 5, comma 15-septies, lettera c), numero 1), del D.L. 21 ottobre 2021, n. 146, convertito, con modificazioni, dalla Legge 17 dicembre 2021, n. 215.
[(2)] Lettera modificata dall'articolo 1, comma 1, lettera ff), punto 1), del D.Lgs. 29 marzo 2010, n. 48.
[(3)] Lettera modificata dall'articolo 5, comma 15-septies, lettera c), numero 2), del D.L. 21 ottobre 2021, n. 146, convertito, con modificazioni, dalla Legge 17 dicembre 2021, n. 215.
[(4)] Comma modificato dall'articolo 1, comma 1, lettera ff), punto 2), del D.Lgs. 29 marzo 2010, n. 48.
[(5)] Vedi, anche, il d.m. 26 giugno 1997, n. 219.

30 *bis*. Circolazione dell'alcole e delle bevande alcoliche non completamente denaturati [(1)]. – 1. L'alcole e le bevande alcoliche denaturati con modalità diverse da quelle di cui all'articolo 27, comma 2-bis, circolano secondo le disposizioni di cui all'articolo 6.

[(1)] Articolo inserito dall'articolo 5, comma 15-septies, lettera d), del D.L. 21 ottobre 2021, n. 146, convertito, con modificazioni, dalla Legge 17 dicembre 2021, n. 215.

31. Disposizioni per il condizionamento e per l'etichettatura. – 1. I prodotti alcolici sono posti in vendita condizionati nei modi previsti dalle disposizioni vigenti in materia; sui recipienti sono applicate le etichette con le indicazioni prescritte fra le quali devono risultare, per i prodotti nazionali di cui agli articoli 32 e 39, gli estremi della licenza fiscale della ditta fabbricante o di chi ha effettuato il condizionamento.

Sezione II – Alcole etilico

32. Oggetto dell'imposizione. – 1. L'alcole etilico è sottoposto ad accisa con aliquota riferita ad ettolitro anidro di prodotto, alla temperatura di 20° Celsius.

2. Per alcole etilico si intendono:

a) tutti i prodotti che hanno un titolo alcolometrico effettivo superiore all'1,2 per cento in volume e che rientrano nei codici NC 2207 e 2208, anche quando essi sono parte di un prodotto di un altro capitolo della nomenclatura combinata;

b) i prodotti che hanno un titolo alcolometrico effettivo superiore al 22 per cento in volume e che rientrano nei codici NC 2204, 2205 e 2206;

c) le bevande spiritose contenenti prodotti solidi o in soluzione.

33. Accertamento dell'accisa sull'alcole. – 1. Nelle fabbriche di alcole etilico la produzione è determinata mediante l'impiego di appositi misuratori che devono essere installati dall'esercente secondo le modalità stabilite dall'amministrazione finanziaria.

2. La quantità di alcole etilico da sottoporre ad accisa può essere determinata in base alla produttività degli alambicchi, per ogni giornata di lavorazione, per le fabbriche che:

a) siano provviste di un solo apparecchio a fuoco diretto, costituito da un alambicco semplice, murato o altrimenti fissato stabilmente nel fornello e di capacità non superiore a 2 ettolitri;

b) non producano più di 3 ettolitri di alcole anidro in un anno.

3. Per le fabbriche di cui al comma 2, l'alcole etilico da sottoporre ad accisa può essere determinato in base alla produttività per ogni cotta, applicando all'apparecchio di distillazione uno speciale strumento contatore del numero delle cotte fatte.

4. L'amministrazione finanziaria può prescrivere che, in diretta e stabile comunicazione con gli apparecchi di distillazione, sia collocato un recipiente collettore, sigillato dal personale finanziario, nel quale venga a raccogliersi tutto l'alcole prodotto e che siano predisposte le attrezzature ritenute idonee per l'accertamento diretto del prodotto.

5. Nel caso di cui al comma 1, viene preso a base dell'accertamento il quantitativo di prodotto determinato secondo e modalità indicate al comma 4, purché non sia inferiore di più del 2 per cento rispetto a quello risultante dal misuratore. In tale evenienza si prende a base dell'accertamento quest'ultimo quantitativo, diminuito del predetto 2 per cento. Nel caso in cui il misuratore sia munito di testata compensata della temperatura, l'accertamento è effettuato sulla base del maggior valore tra il quantitativo risultante dal misuratore e quello determinato mediante il recipiente collettore. Per le fabbriche di cui al comma 2 sono assunti in carico i quantitativi determinati mediante il recipiente collettore, ove installato, se maggiori di quelli stabiliti in base alla produttività degli alambicchi.

6. Qualora, per basse portate o per le particolari caratteristiche del prodotto o per altri motivi tecnici, non sia possibile installare il misuratore di cui al comma 1, l'amministrazione finanziaria può consentire che l'accertamento sia effettuato con le modalità di cui al comma 4.

7. Per il controllo della produzione, l'amministrazione finanziaria può prescrivere l'installazione di misuratori delle materie prime alcoliche o alcoligene ed, eventualmente, dei semilavorati da avviare alla distillazione.

33 *bis*. Piccole distillerie indipendenti [(1)]. – 1. Per le ditte esercenti le distillerie di cui all'articolo 28, comma 1, lettera a), numero 1), l'Amministrazione finanziaria, su richiesta del depositario e ricorrendone le condizioni, certifica, sulla base di una dichiarazione resa dal medesimo depositario ai sensi dell'articolo 47 del testo unico di cui al decreto del Presidente della Repubblica 28 dicembre 2000, n. 445, il quantitativo di alcole etilico realizzato nell'anno precedente, che non può risultare superiore a 10 ettolitri, e che la stessa distilleria è legalmente ed economicamente indipendente da altre distillerie, che utilizza impianti fisicamente distinti da quelli di qualsiasi altra azienda e che non opera sotto licenza di utilizzo dei diritti di proprietà immateriale altrui.

(1) Articolo inserito dall'articolo 5, comma 15-septies, lettera d), del D.L. 21 ottobre 2021, n. 146, convertito, con modificazioni, dalla Legge 17 dicembre 2021, n. 215.

Sezione III – Birra

34. Oggetto dell'imposizione. – 1. La birra è sottoposta ad accisa con aliquota riferita ad ettolitro, alla temperatura di 20° Celsius, ed a grado-Plato di prodotto finito.

2. Si intende per birra qualsiasi prodotto di cui al codice NC 2203 o qualsiasi prodotto contenente una miscela di birra e bevande non alcoliche di cui al codice NC 2206 e, in entrambi i casi, con un titolo alcolometrico effettivo superiore allo 0,5 per cento in volume.

3. È esente da accisa la birra prodotta da un privato e consumata dallo stesso produttore, dai suoi familiari e dai suoi ospiti, a condizione che non formi oggetto di alcuna attività di vendita.

35. Accertamento dell'accisa sulla birra. – 1. Ai fini dell'accertamento dell'accisa sulla birra, per prodotto finito si intende la birra nelle condizioni in cui viene immessa in consumo. Il volume di ciascuna partita di birra da sottoporre a tassazione è dato dalla somma dei volumi nominali degli imballaggi preconfezionati e dei volumi nominali dichiarati degli altri contenitori utilizzati per il condizionamento: il volume così ottenuto, espresso in ettolitri, viene arrotondato al litro, computando per intero le frazioni superiori al mezzo litro. Per grado Plato, fino al 31 dicembre 2030, si intende la quantità in grammi di estratto secco contenuto in 100 grammi del mosto da cui la birra è derivata, con esclusione degli zuccheri contenuti in bevande non alcoliche aggiunte alla birra prodotta. A decorrere dal 1° gennaio 2031, per grado Plato si intende la quantità in grammi di estratto secco contenuto in 100 grammi del mosto da cui la birra è derivata, alla quale è sommato anche il quantitativo di tutti gli ingredienti della birra eventualmente aggiunti dopo il completamento della fermentazione della birra prodotta. La ricchezza saccarometrica determinata ai sensi del presente comma è arrotondata a un decimo di grado, trascurando le frazioni di grado pari o inferiori a 5 centesimi e computando per un decimo di grado quelle superiori. Con determinazione del Direttore dell'Agenzia delle dogane e dei monopoli sono stabiliti o variati i metodi di rilevazione del grado Plato [1].

2. Per il controllo della produzione sono installati misuratori delle materie prime nonché contatori per la determinazione del numero degli imballaggi preconfezionati e delle confezioni e, nei casi previsti, della birra a monte del condizionamento e dei semilavorati. Ultimate le operazioni di condizionamento, il prodotto è custodito in apposito magazzino, preso in carico dal depositario e accertato dall'ufficio dell'Agenzia [2].

3. Il condizionamento della birra può essere effettuato anche in fabbriche diverse da quella di produzione o in appositi opifici di imbottigliamento gestiti in regime di deposito fiscale, presso cui sono installati i contatori per la determinazione del numero degli imballaggi preconfezionati e delle confezioni[3] .

3-bis. Fatta salva, su motivata richiesta del depositario, l'applicabilità delle disposizioni di cui ai commi 1 e 2 del presente articolo, nei birrifici di cui all'articolo 2, comma 4-bis, della legge 16 agosto 1962, n. 1354, aventi una produzione annua non superiore a 10.000 ettolitri il prodotto finito è accertato a conclusione delle operazioni di condizionamento. Alla birra realizzata nei birrifici di cui al presente comma si applica l'aliquota di accisa di cui all'allegato I annesso al presente testo unico ridotta del 40 per cento e, per il solo anno 2022, del 50 per cento[4] .

3-ter. Con decreto del Ministro dell'economia e delle finanze, da adottare entro il 28 febbraio 2019, sono stabilite le modalità attuative delle disposizioni di cui al comma 3-bis, con particolare riguardo all'assetto del deposito fiscale e alle modalità semplificate di accertamento e contabilizzazione della birra prodotta negli impianti di cui al medesimo comma.[5]

3-quater. Per le fabbriche di birra di cui all'articolo 28, comma 1, lettera c), l'Amministrazione finanziaria, su richiesta del depositario e ricorrendone le condizioni, certifica, sulla base di una dichiarazione resa dal medesimo depositario ai sensi dell'articolo 47 del testo unico di cui al decreto del Presidente della Repubblica 28 dicembre 2000, n. 445, il quantitativo di birra realizzato nella fabbrica nell'anno precedente, che non può risultare superiore a 200.000 ettolitri, e che la stessa fabbrica è legalmente ed economicamente indipendente da altre fabbriche, che utilizza impianti fisicamente distinti da quelli di qualsiasi altra azienda e che non opera sotto licenza di utilizzo dei diritti di proprietà immateriale altrui[6].

3-quater. Limitatamente all'anno 2022, alla birra realizzata nei birrifici di cui all'articolo 2, comma 4-bis, della legge 16 agosto 1962, n. 1354, aventi una produzione annua superiore a 10.000 ettolitri ed inferiore a 60.000 ettolitri si applica l'aliquota di accisa di cui all'allegato I annesso al presente testo unico in misura ridotta:

a) del 30 per cento per i birrifici con produzione annua superiore ai 10.000 ettolitri e fino ai 30.000 ettolitri;

b) del 20 per cento per i birrifici con produzione annua superiore ai 30.000 ettolitri e fino ai 60.000 ettolitri[7].

4. Per le fabbriche che hanno una potenzialità di produzione mensile non superiore a venti ettolitri, è in facoltà dell'Agenzia stipulare convenzioni di abbonamento, valevoli per un anno, con corresponsione dell'accisa convenuta in due rate semestrali anticipate, ferma restando l'applicabilità del comma 3-bis [8].

5. Non si considerano avverati i presupposti per l'esigibilità dell'accisa sulle perdite derivanti da rotture di imballaggi e contenitori inferiori o pari allo 0,30 per cento del quantitativo estratto nel mese; le perdite superiori sono considerate, per la parte eccedente, come immissioni in consumo. La predetta percentuale può essere modificata con decreto del Ministro dell'economia e delle finanze, da emanare ai sensi dell'art. 17, comma 3, della legge 23 agosto 1988, n. 400, in relazione agli sviluppi delle tecniche di condizionamento[9]

6. Sono ammesse le seguenti tolleranze:

a) tre decimi di grado, rispetto al valore dichiarato, per la gradazione saccarometrica media effettiva del prodotto finito, rilevata nel corso di riscontri effettuati su lotti condizionati in singole specie di imballaggi e contenitori[10] ;

b) quelle previste dalla normativa metrica vigente, per il volume degli imballaggi preconfezionati;

c) il 2 per cento, rispetto al volume nominale dichiarato, per il volume medio effettivo di lotti di contenitori diversi dagli imballaggi preconfezionati.

7. Per gli imballaggi preconfezionati che presentano una gradazione media superiore a quella dichiarata di due decimi e fino a quattro decimi, si prende in carico l'imposta per la parte eccedente la tolleranza e si applica la sanzione amministrativa prevista per la irregolare tenuta dei prescritti registri contabili; per differenze superiori ai quattro decimi, oltre alla presa in carico dell'imposta, si applicano le penalità previste per la sottrazione del prodotto all'accertamento dell'imposta, indicate all'art. 43. Per i lotti di contenitori diversi dagli imballaggi preconfezionati che superano le tolleranze previste per il grado o per il volume, si procede alla presa in carico dell'imposta sulla percentuale degli ettolitrigrado eccedenti il 5 per cento di quelli dichiarati e si applica la sanzione amministrativa prevista per la irregolare tenuta dei prescritti registri contabili; se la suddetta percentuale è superiore al 9 per cento, oltre alla presa in carico dell'imposta sull'intera eccedenza, si applicano anche le penalità previste per la sottrazione del prodotto dall'accertamento dell'imposta, indicate all'art. 43.

[1] Comma modificato dall'articolo 4-ter, comma 1, lettera l), del D.L. 22 ottobre 2016 n. 193 convertito, con modificazioni dalla Legge 1° dicembre 2016 n. 225 e successivamente dall'articolo 5, comma 15-septies, lettera f), numero 1), del D.L. 21 ottobre 2021, n. 146, convertito, con modificazioni, dalla Legge 17 dicembre 2021, n. 215.
[2] Comma modificato dall'articolo 1, comma 1, lettera gg), numero 1), del D.Lgs. 29 marzo 2010, n. 48 e successivamente sostituito dall'articolo 4-ter, comma 1, lettera l), del D.L. 22 ottobre 2016 n. 193 convertito, con modificazioni dalla Legge 1° dicembre 2016 n. 225.
[3] Comma sostituito dall'articolo 4-ter, comma 1, lettera l), del D.L. 22 ottobre 2016 n. 193 convertito, con modificazioni dalla Legge 1° dicembre 2016 n. 225.
[4] Comma inserito dall'articolo 2, comma 11, del D.L. 2 marzo 2012, n. 16 e successivamente sostituito dall'articolo 1, comma 690, lettera a) della Legge 30 dicembre 2018, n. 145 e, da ultimo, modificato dall'articolo 1, comma 985, lettera a), della Legge 30 dicembre 2021, n. 234.
[5] Comma aggiunto dall'articolo 1, comma 690, lettera b) della Legge 30 dicembre 2018, n. 145.
[6] Comma inserito dall'articolo 5, comma 15-septies, lettera f), numero 2), del D.L. 21 ottobre 2021, n. 146, convertito, con modificazioni, dalla Legge 17 dicembre 2021, n. 215.
[7] Comma inserito dall'articolo 1, comma 985, lettera b), della Legge 30 dicembre 2021, n. 234.
[8] Comma sostituito dall'articolo 4-ter, comma 1, lettera l), del D.L. 22 ottobre 2016 n. 193 convertito, con modificazioni dalla Legge 1° dicembre 2016 n. 225.
[9] Comma modificato dall'articolo 1, comma 1, lettera gg), numero 2), del D.Lgs. 29 marzo 2010, n. 48.
[10] Lettera modificata dall'articolo 4-ter, comma 1, lettera l), del D.L. 22 ottobre 2016 n. 193 convertito, con modificazioni dalla Legge 1° dicembre 2016 n. 225.

Sezione IV – Vino

36. Oggetto dell'imposizione e modalità di accertamento. – 1. Il vino, tranquillo o spumante, è sottoposto ad accisa con aliquota riferita ad ettolitro di prodotto finito.

2. Si intendono per:

a)vino spumantè tutti i prodotti di cui ai codici NC 2204 10, 2204 21 06, 2204 21 07, 2204 21 08, 2204 21 09, 2204 29 10 e 2205 che[1]:

1) un titolo alcolometrico effettivo superiore all'1,2 per cento ma non superiore al 15 per cento in volume, purché l'alcole contenuto nel prodotto finito derivi interamente da fermentazione;

2) un titolo alcolometrico effettivo superiore al 15 per cento ma non superiore al 18 per cento in volume, purché ottenuti senza arricchimenti e l'alcole contenuto nel prodotto finito derivi interamente da fermentazione;

b) "vino spumante" tutti i prodotti di cui ai codici NC 2204 10, 2204 21 10, 2204 29 10 e 2205, che:

1) sono presentati in bottiglie chiuse con tappo a "forma di fungo" tenuto da fermagli o legacci o hanno una sovrappressione dovuta all'anidride carbonica in soluzione di almeno 3 bar;

2) hanno un titolo alcolometrico effettivo superiore all'1,2 per cento ma non superiore al 15 per cento in volume, purché l'alcole contenuto nel prodotto finito derivi interamente da fermentazione.

3. È esente da accisa il vino prodotto da un privato e consumato dallo stesso produttore, dai suoi familiari e dai suoi ospiti, a condizione che non formi oggetto di alcuna attività di vendita.

4. Fatto salvo quanto previsto dal comma 1-bis dell'articolo 37, negli stabilimenti vinicoli e nelle cantine, i quantitativi dei prodotti finiti e dei prodotti destinati ad essere lavorati in altri opifici sono determinati tenendo conto anche delle registrazioni obbligatorie previste dal (CE) n. 436/2009 della Commissione del 26 maggio 2009, pubblicato nella Gazzetta Ufficiale dell'Unione europea n. L 128 del 27 maggio 2009 [2].

[1] Alinea sostituito dall'articolo 5, comma 15-septies, lettera g), del D.L. 21 ottobre 2021, n. 146, convertito, con modificazioni, dalla Legge 17 dicembre 2021, n. 215.
[2] Comma modificato dall'articolo 1, comma 1, lettera hh), del D.Lgs. 29 marzo 2010, n. 48 e dall'articolo 4-ter, comma 1, lettera m), del D.L. 22 ottobre 2016 n. 193 convertito, con modificazioni dalla Legge 1° dicembre 2016 n. 225.

37. Disposizioni particolari per il vino [1]. – 1. I produttori di vino che producono in media meno di 1.000 ettolitri di vino all'anno, sulla base della produzione annua media delle ultime tre campagne viticole consecutive, a norma dell'articolo 2, paragrafo 3, del regolamento delegato (UE) 2018/273, sono considerati piccoli produttori. Essi sono dispensati, fintanto che sono assoggettati ad accisa con l'aliquota zero, dagli obblighi previsti dagli articoli 2, 3, 4 e 5 e da quelli connessi alla circolazione ed al controllo;

ono, invece, tenuti ad informare gli uffici dell'Agenzia delle dogane, competenti per territorio, delle operazioni intracomunitarie effettuate, ad assolvere agli obblighi prescritti dal regolamento delegato (UE) 2018/273 della Commissione, e, in particolare, a quelli relativi alla tenuta del registro di scarico ed all'emissione del documento di accompagnamento, nonché a sottoporsi a controllo.

2. In vigenza dell'aliquota d'accisa zero, fermi restando i vincoli di circolazione previsti in caso di trasferimenti all'interno dell'Unione europea, la circolazione del vino nel territorio dello Stato avviene con la scorta dei documenti di accompagnamento previsti dalle disposizioni relative al settore vitivinicolo per i trasporti che iniziano e si concludono nel territorio nazionale. Gli obblighi di contabilizzazione annuale dei dati di produzione e di redazione dell'inventario fisico

delle materie prime, dei prodotti semilavorati e dei prodotti finiti sono assolti dagli esercenti i depositi fiscali di vino mediante le dichiarazioni obbligatorie e la tenuta dei registri, compresa la rilevazione delle giacenze effettive in occasione della chiusura annua dei conti, disciplinati dal regolamento delegato (UE) 2018/273 della Commissione.

(1) Articolo modificato dall'articolo 1, comma 1, lettera ii), del D.Lgs. 29 marzo 2010, n. 48, dall'articolo 4-ter, comma 1, lettera n), del D.L. 22 ottobre 2016 n. 193 convertito, con modificazioni dalla Legge 1° dicembre 2016 n. 225 e successivamente sostituito dall'articolo 1, comma 1, lettera t) del D.Lgs. 5 novembre 2021, n. 180 ; per l'efficacia vedi l'articolo 3, comma 1, del D.Lgs. 180/2021 medesimo.

37 *bis*. Piccolo produttore indipendente di vino (1). – 1. L'Amministrazione finanziaria, su richiesta del produttore di vino di cui all'articolo 37, comma 1, e sulla base degli elementi forniti dalla competente Direzione generale del Ministero delle politiche agricole alimentari e forestali, certifica, ricorrendone le condizioni e sulla base di una dichiarazione resa dal medesimo depositario ai sensi dell'articolo 47 del testo unico di cui al decreto del Presidente della Repubblica 28 dicembre 2000, n. 445, il quantitativo di vino realizzato nella fabbrica nell'anno precedente, che non può risultare superiore a 1.000 ettolitri, e che lo stesso produttore è legalmente ed economicamente indipendente da altri produttori di vino, che utilizza impianti fisicamente distinti da quelli di qualsiasi altra azienda e che non opera sotto licenza di utilizzo dei diritti di proprietà immateriale altrui.

(1) Articolo inserito dall'articolo 5, comma 15-septies, lettera h), del D.L. 21 ottobre 2021, n. 146, convertito, con modificazioni, dalla Legge 17 dicembre 2021, n. 215.

Sezione V – Bevande fermentate diverse dal vino e dalla birra

38. Oggetto dell'imposizione e modalità di accertamento. – 1. Sono sottoposte ad accisa, con la stessa aliquota prevista per il vino, riferita ad ettolitro di prodotto finito, le altre bevande fermentate diverse dal vino e dalla birra.

2. Si intendono per:

a) "altre bevande fermentate tranquille" tutti i prodotti di cui ai codici NC 2204 e 2205 non menzionati nell'art. 36 ed i prodotti di cui al codice NC 2206, escluse le altre bevande fermentate gassate definite nella successiva lettera b), ed esclusi i prodotti previsti all'art. 34, che abbiano:

1) un titolo alcolometrico effettivo superiore all'1,2 per cento ma non superiore al 10 per cento in volume;

2) un titolo alcolometrico effettivo superiore al 10 per cento ma non superiore al 15 per cento in volume, purché l'alcole contenuto nel prodotto derivi interamente da fermentazione;

b) "altre bevande fermentate gassate" tutti i prodotti di cui ai codici NC 2206 00 31 e 2206 00 39, nonché tutti i prodotti di cui ai codici NC 2204 10, 2204 21 06, 2204 21 07, 2204 21 08, 2204 21 09, 2204 29 10 e 2205 non previsti all'articolo 36, che soddisfino le seguenti condizioni(1):

1) essere presentati in bottiglie chiuse con tappo a "forma di fungo" tenuto da fermagli o legacci oppure avere una sovrappressione dovuta all'anidride carbonica in soluzione di almeno 3 bar;

2) avere un titolo alcolometrico effettivo superiore all'1,2 per cento ma non superiore al 13 per cento in volume;

3) avere un titolo alcolometrico effettivo superiore al 13 per cento ma non superiore al 15 per cento in volume, purché l'alcole contenuto nel prodotto derivi interamente da fermentazione.

3. Sono esenti da accisa le bevande fermentate, tranquille e gassate, fabbricate da un privato e consumate dal fabbricante, dai suoi familiari o dai suoi ospiti, a condizione che non formino oggetto di alcuna attività di vendita.

4. I prodotti finiti e quelli destinati ad essere lavorati in altri opifici sono presi in carico dal depositario autorizzato ed accertati dall'Ufficio dell'Agenzia delle dogane competente per territorio (2).

(1) Alinea modificato dall'articolo 5, comma 15-septies, lettera i), del D.L. 21 ottobre 2021, n. 146, convertito, con modificazioni, dalla Legge 17 dicembre 2021, n. 215.
(2) Comma modificato dall'articolo 1, comma 1, lettera ll), del D.Lgs. 29 marzo 2010, n. 48.

38 *bis*. Piccolo produttore indipendente di bevande fermentate diverse dal vino e dalla birra (1). – 1. Per le ditte esercenti gli stabilimenti di produzione di cui all'articolo 28, comma 1, lettera d), che producono bevande di cui all'articolo 38, ottenute esclusivamente dalla fermentazione di frutta, bacche, ortaggi o succo fresco o concentrato ricavato da tali prodotti ovvero dalla fermentazione di una soluzione di miele in acqua, senza l'aggiunta di alcole etilico o bevande alcoliche, l'Amministrazione finanziaria, su richiesta del depositario e ricorrendone le condizioni, certifica, sulla base di una dichiarazione resa dal medesimo depositario ai sensi dell'articolo 47 del testo unico di cui al decreto del Presidente della Repubblica 28 dicembre 2000, n. 445, e degli elementi forniti dalla competente Direzione generale del Ministero delle politiche agricole alimentari e forestali, il quantitativo di bevande fermentate diverse dal vino e dalla birra prodotte nell'anno precedente, che non può essere superiore a 15.000 ettolitri, e che l'impianto produttivo è legalmente ed economicamente indipendente da altri impianti, che utilizza strutture fisicamente distinte da quelle di qualsiasi altra azienda e che non opera sotto licenza di utilizzo dei diritti di proprietà immateriale altrui";

(1) Articolo inserito dall'articolo 5, comma 15-septies, lettera l), del D.L. 21 ottobre 2021, n. 146, convertito, con modificazioni, dalla Legge 17 dicembre 2021, n. 215.

Sezione VI – Prodotti alcolici intermedi

39. Oggetto dell'imposizione e modalità di accertamento. – 1. I prodotti alcolici intermedi sono sottoposti ad accisa con aliquota riferita ad ettolitro di prodotto finito.

2. Si intendono per "prodotti intermedi" tutti i prodotti di cui ai codici NC 2204, 2205 e 2206 non contemplati dagli articoli 34, 36 e 38, aventi un titolo alcolometrico effettivo superiore all'1,2 per cento in volume ma non al 22 per cento in volume. Fermo restando quanto previsto dall'art. 38, è considerata "prodotto intermedio" qualsiasi bevanda fermentata tranquilla di cui all'art. 38, comma 2, lettera a), con titolo alcolometrico effettivo superiore al 5,5 per cento in volume e che non deriva interamente da fermentazione, nonché qualsiasi bevanda fermentata gassata di cui al comma 2, lettera b), dello stesso art. 38, con titolo alcolometrico

effettivo superiore all'8,5 per cento in volume e che non deriva interamente da fermentazione.

3. I prodotti finiti sono presi in carico dal depositario autorizzato ed accertati dall'Ufficio dell'Agenzia delle dogane competente per territorio, anche sulla base di esperimenti di lavorazione [1].

3-bis. Per le ditte esercenti gli stabilimenti di produzione di cui all'articolo 28, comma 1, lettera b), l'Amministrazione finanziaria, su richiesta del depositario e ricorrendone le condizioni, certifica, sulla base di una dichiarazione resa dal medesimo depositario ai sensi dell'articolo 47 del testo unico di cui al decreto del Presidente della Repubblica 28 dicembre 2000, n. 445, il quantitativo dei prodotti di cui al comma 1 realizzati nello stabilimento nell'anno precedente, che non può essere superiore a 250 ettolitri, e che lo stesso stabilimento è legalmente ed economicamente indipendente da altri stabilimenti, che utilizza impianti fisicamente distinti da quelli di qualsiasi altra azienda e che non opera sotto licenza di utilizzo dei diritti di proprietà immateriale altrui[2].

[1] Comma modificato dall'articolo 1, comma 1, lettera mm), del D.Lgs. 29 marzo 2010, n. 48.
[2] Comma aggiunto dall'articolo 5, comma 15-septies, lettera m), del D.L. 21 ottobre 2021, n. 146, convertito, con modificazioni, dalla Legge 17 dicembre 2021, n. 215.

CAPO III
Tabacchi lavorati [1]

[1] Capo inserito dall'articolo 1, comma 1, lettera nn), del D.Lgs. 29 marzo 2010, n. 48.
[1] Capo inserito dall'articolo 1, comma 1, lettera nn), del D.Lgs. 29 marzo 2010, n. 48.

39 *bis*. Oggetto dell'imposizione [1][2][3]. – 1. I tabacchi lavorati sono sottoposti ad accisa. Per tabacchi lavorati si intendono[4]:

a) i sigari e sigaretti;

b) le sigarette;

c) il tabacco da fumo:

1) il tabacco trinciato a taglio fino da usarsi per arrotolare le sigarette;

2) gli altri tabacchi da fumo;

d) il tabacco da fiuto;

e) il tabacco da masticare.

e-bis) i tabacchi da inalazione senza combustione [5].

2. I tabacchi lavorati di cui al comma 1 sono così definiti:

a) sono considerati sigari o sigaretti, se possono essere e se, tenuto conto delle loro proprietà e delle normali attese dei consumatori, sono esclusivamente destinati ad essere fumati tali e quali:

1) i rotoli di tabacco muniti di una fascia esterna di tabacco naturale;

2) i rotoli di tabacco riempiti di una miscela di tabacco battuto e muniti di una fascia esterna del colore tipico dei sigari, di tabacco ricostituito, ricoprente interamente il prodotto, compreso l'eventuale filtro, ma escluso il bocchino nei sigari che ne sono provvisti, aventi peso unitario, esclusi il filtro o il bocchino, non inferiore a 2,3 grammi e non superiore a 10 grammi e la cui circonferenza misurabile su almeno un terzo della lunghezza non è inferiore a 34 millimetri.

b) sono considerati sigarette:

1) i rotoli che possono essere fumati tali e quali e che non sono sigari o sigaretti a norma della lettera a) del presente comma;

2) i rotoli di tabacco che, previa una semplice manipolazione non industriale, sono inseriti in tubi per sigarette o arrotolati in fogli di carta per sigarette.

c) sono considerati tabacchi da fumo:

1) il tabacco, anche trinciato o in altro modo frazionato, filato o compresso in tavolette, che può essere fumato senza successiva trasformazione industriale;

2) i cascami di tabacco preparati per la vendita al minuto, non compresi nelle lettere a) e b), e che possono essere fumati; sono considerati "cascami di tabacco" i residui delle foglie di tabacco e i sottoprodotti della lavorazione del tabacco o della fabbricazione di prodotti del tabacco.

d) è considerato come tabacco da fiuto il tabacco in polvere o in grani specialmente preparato per essere fiutato, ma non fumato;

e) è considerato come tabacco da masticare il tabacco presentato in rotoli, in barre, in lamine, in cubi o in tavolette, condizionato per la vendita al minuto e specialmente preparato per essere masticato, ma non fumato.

e-bis) sono considerati tabacchi da inalazione senza combustione i prodotti del tabacco non da fumo che possono essere consumati senza processo di combustione [6][7].

3. È considerato tabacco trinciato a taglio fino per arrotolare le sigarette, il tabacco da fumo di cui ai numeri 1) e 2) della lettera c), nel quale più del 25 per cento in peso delle particelle di tabacco abbia una lunghezza di taglio inferiore ad 1,5 millimetri[8].

4. Sono considerati sigaretti i prodotti di cui alla lettera a) del comma 1, di peso inferiore a grammi 3.

[5. Sono considerati naturali i sigari e i sigaretti fabbricati integralmente con tabacco naturale, ossia con foglie e frammenti di foglie che conservino macroscopicamente integra l'originaria struttura dei tessuti fogliari.] [9]

[1] Articolo inserito dall'articolo 1, comma 1, lettera nn), del D.Lgs. 29 marzo 2010, n. 48.
[2] Rubrica sostituita dall'articolo 1, comma 1, lettera d), punto 1), del D.lgs. 31 marzo 2011, n. 57.
[3] A norma dell'articolo articolo 2, comma 1, del D.lgs. 31 marzo 2011, n. 57 per i sigaretti ed il tabacco trinciato a taglio fino da usarsi per arrotolare le sigarette di cui al presente articolo , prodotti, entro il 31 dicembre 2010 con le specifiche previste dal medesimo articolo 39-bis nella formulazione vigente alla medesima data del 31 dicembre 2010, l'accisa è applicata con riferimento a quanto in materia disposto dallo stesso decreto legislativo nella formulazione vigente al 31 dicembre 2010 purché gli stessi prodotti vengano immessi in consumo entro il 30 giugno 2011.
[4] Alinea sostituito dall'articolo 1, comma 1, lettera d), punto 2), del D.lgs. 31 marzo 2011, n. 57.
[5] Lettera aggiunta dall'articolo 1, comma 1, lettera a), numero 1), del D.Lgs. 15 dicembre 2014 n. 188.
[6] Lettera aggiunta dall'articolo 1, comma 1, lettera a), numero 2), del D.Lgs. 15 dicembre 2014 n. 188.
[7] Comma sostituito dall'articolo 1, comma 1, lettera d), punto 3), del D.lgs. 31 marzo 2011, n. 57.
[8] Comma modificato dall'articolo 1, comma 1, lettera d), punto 4), del D.lgs. 31 marzo 2011, n. 57.
[9] Comma abrogato dall'articolo 1, comma 1, punto 5), del D.lgs. 31 marzo 2011, n. 57.

39 *ter*. Prodotti assimilati ai tabacchi lavorati [1]. – 1. Sono assimilati ai sigari e ai sigaretti i prodotti costituiti parzialmente da sostanze diverse dal tabacco, ma che rispondono agli altri criteri di cui all'articolo 39-bis, comma 2, lettera a)[2].

2. Sono assimilati alle sigarette e al tabacco da fumo i prodotti costituiti esclusivamente o parzialmente da sostanze diverse dal tabacco, ma che rispondono agli altri criteri di cui all'articolo 39-bis, comma 2, rispettivamente lettere b) e c).

2-bis. Sono assimilati ai prodotti di cui all'articolo 39-bis, comma 1, lettera e-bis), i prodotti da inalazione senza combustione costituiti esclusivamente o parzialmente da sostanze solide diverse dal tabacco [(3)].

3. In deroga ai commi 2 e 2-bis, i prodotti che non contengono tabacco non sono considerati tabacchi lavorati quando hanno una funzione esclusivamente medica [(4)].

4. Sono assimilati al tabacco da fiuto ed al tabacco da masticare i prodotti costituiti parzialmente da sostanze diverse dal tabacco, ma che rispondono agli altri criteri di cui all'articolo 39-bis, comma 2, rispettivamente lettere d) ed e).

(1) Articolo inserito dall'articolo 1, comma 1, lettera nn), del D.Lgs. 29 marzo 2010, n. 48.
(2) Comma sostituito dall'articolo 1, comma 1, lettera e), del D.lgs. 31 marzo 2011, n. 57.
(3) Comma aggiunto dall'articolo 1, comma 1, lettera b), numero 1), del D.Lgs. 15 dicembre 2014, n. 188.
(4) Comma modificato dall'articolo 1, comma 1, lettera b), numero 2), del D.Lgs. 15 dicembre 2014, n. 188.

39 *quater*. Tariffe di vendita [(1)]. – 1. L'inserimento di ciascun prodotto di cui agli articoli 39-bis e 39-ter, commi 1, 2 e 4, nelle tariffe di vendita risultanti dalle tabelle di ripartizione previste dall'articolo 39-quinquies è stabilito con provvedimento del Direttore dell'Amministrazione autonoma dei Monopoli di Stato.

2. I prezzi di vendita al pubblico e le relative variazioni sono stabiliti in conformità a quelli richiesti dai fabbricanti e dagli importatori. Le richieste sono corredate, in relazione ai volumi di vendita di ciascun prodotto, da una scheda rappresentativa degli effetti economico-finanziari conseguenti alla variazione proposta.

3. La vendita al pubblico delle sigarette è ammessa esclusivamente in pacchetti confezionati con dieci o venti pezzi.

4. Il termine per la conclusione dei procedimenti, che decorre dalla data di ricevimento della richiesta presentata dal fabbricante o dall'importatore, è di quarantacinque giorni sia per i procedimenti di cui al comma 1 che per i provvedimenti di cui al comma 2[(2)].

[5. Per il perseguimento di obiettivi di pubblico interesse, ivi compresi quelli di difesa della salute pubblica, con provvedimento del Direttore dell'Amministrazione autonoma dei monopoli di Stato, sentito il Ministero della salute, possono essere individuati criteri e modalità di determinazione di un prezzo minimo di vendita al pubblico dei tabacchi lavorati.] [(3)]

(1) Articolo inserito dall'articolo 1, comma 1, lettera nn), del D.Lgs. 29 marzo 2010, n. 48.
(2) Comma sostituito dall'articolo 5-bis, comma 1, del D.L. 16 ottobre 2017, n. 148, convertito con modificazioni dalla Legge 4 dicembre 2017, n. 172.
(3) Comma abrogato dall'articolo 1, comma 1, lettera f), del D.lgs. 31 marzo 2011, n. 57.

39 *quinquies*. Tabelle di ripartizione dei prezzi di vendita al pubblico [(1)]. – 1. Con provvedimento del Direttore dell'Amministrazione autonoma dei Monopoli di Stato, da pubblicare nella Gazzetta Ufficiale della Repubblica italiana, sono fissate le tabelle di ripartizione dei prezzi di vendita al pubblico dei tabacchi lavorati. I prezzi di vendita relativi ai prodotti di cui all'articolo 39-bis, comma 1, lettere a) e b), sono fissati con riferimento al chilogrammo convenzionale, pari, rispettivamente, a:

a) 200 sigari;

b) 400 sigaretti;

c) 1000 sigarette.

2. Per le sigarette, le tabelle di cui al comma 1 sono stabilite con riferimento al prezzo medio ponderato di vendita per chilogrammo convenzionale, di seguito denominato "PMP-sigarette", determinato annualmente entro il primo marzo dell'anno solare successivo, sulla base del rapporto, espresso in euro con troncamento dei decimali, tra il valore totale, calcolato con riferimento al prezzo di vendita comprensivo di tutte le imposte, delle sigarette immesse in consumo nell'anno solare precedente e la quantità totale delle medesime sigarette [(2)].

[2-bis. Entro il primo marzo di ogni anno solare l'amministrazione autonoma dei monopoli di Stato provvede a determinare, per le sigarette di cui all'articolo 39-bis, comma 1, lettera b), il prezzo medio ponderato di vendita al minuto per chilogrammo convenzionale, d'ora in avanti denominato "PMP-sigarette", pari al rapporto, espresso in euro con troncamento dei decimali, tra il valore totale, calcolato con riferimento al prezzo di vendita al minuto comprensivo di tutte le imposte, delle sigarette immesse in consumo nell'anno solare precedente e la quantità totale delle medesime sigarette.] [(3)]

(1) Articolo inserito dall'articolo 1, comma 1, lettera nn), del D.Lgs. 29 marzo 2010, n. 48.
(2) Comma modificato dall'articolo 1, comma 1, lettera g), punto 1), del D.lgs. 31 marzo 2011, n. 57 e successivamente sostituito, a decorre dal 1° gennaio 2015, dall'articolo 1, comma 1, lettera c), numero 1), del D.Lgs. 15 dicembre 2014, n. 188.
(3) Comma aggiunto dall'articolo 1, comma 1, lettera g), punto 2), del D.lgs. 31 marzo 2011, n. 57 e successivamente abrogato, a decorre dal 1° gennaio 2015, dall'articolo 1, comma 1, lettera c), numero 2), del D.Lgs. 15 dicembre 2014, n. 188.

39 *sexies*. Disposizioni in materia di imposta sul valore aggiunto [(1)]. – 1. Sulle cessioni e sulle importazioni dei tabacchi lavorati di cui agli articoli 39-bis e 39-ter l'imposta sul valore aggiunto è dovuta, in una sola volta, a seconda dei casi dal depositario autorizzato che effettua l'immissione al consumo o dal destinatario registrato di cui all'articolo 8 ovvero dal rappresentante fiscale di cui all'articolo 10-bis, comma 2, con l'aliquota ordinaria vigente applicata sul prezzo di vendita al pubblico, al netto dell'ammontare della stessa imposta. Per le cessioni e per le importazioni di tabacchi lavorati effettuate prima dell'immissione al consumo, l'imposta è applicata in base al regime ordinario previsto dal decreto del Presidente della Repubblica 26 ottobre 1972, n. 633. Resta ferma l'applicabilità, ove ne ricorrano i presupposti, del regime di cui all'articolo 50 del decreto-legge 30 agosto 1993, n. 331, convertito, con modificazioni, dalla legge 29 ottobre 1993, n. 427, e successive modificazioni [(2)].

2. Ai fini del comma 1, non si considerano immissioni al consumo gli svincoli irregolari dal regime sospensivo.

(1) Articolo inserito dall'articolo 1, comma 1, lettera nn), del D.Lgs. 29 marzo 2010, n. 48.
(2) Comma modificato dall'articolo 7, comma 2, lettera cc-bis) del D.L. 13 maggio 2011, n. 70.

39 *septies*. Disposizioni in materia di aggio ai rivenditori (1). – 1. L'aggio ai rivenditori di cui all'articolo 24 della legge 22 dicembre 1957, n, 1293, è stabilito nella misura del 10 per cento del prezzo di vendita al pubblico dei tabacchi lavorati.

(1) *Articolo inserito dall'articolo 1, comma 1, lettera nn), del D.Lgs. 29 marzo 2010, n. 48.*

39 *octies*. (Aliquote di base e calcolo dell'accisa applicabile ai tabacchi lavorati)(1). – 1. Ai fini dell'applicazione dell'accisa sui tabacchi lavorati di cui all'articolo 39-bis, comma 1, lettere a), b), c), d) ed e), sono stabilite le aliquote di base di cui all'Allegato I.

2. Per i tabacchi lavorati di cui al comma 1 diversi dalle sigarette l'accisa e' calcolata applicando la relativa aliquota di base al prezzo di vendita al pubblico del prodotto.

3. Per le sigarette, l'ammontare dell'accisa è costituito dalla somma dei seguenti elementi:

a) un importo specifico fisso per unità di prodotto, determinato, per l'anno 2023, in 28 euro per 1.000 sigarette, per l'anno 2024 in 28,20 euro per 1.000 sigarette e, a decorrere dall'anno 2025, in 28,70 euro per 1.000 sigarette;

b) un importo risultante dall'applicazione dell'aliquota di base, di cui alla voce "Tabacchi lavorati", lettera c), dell'allegato I, al prezzo di vendita al pubblico (2).

[4. L'accisa globale, di cui alle lettere a) e b) del comma 3, è calcolata applicando l'aliquota di base di cui al comma 1, al "PMP-sigarette".] (3).

5. L'accisa minima di cui all'articolo 14, n. 1, secondo periodo, della direttiva 2011/64/UE del Consiglio, del 21 giugno 2011, è pari a:

a) euro 35 il chilogrammo convenzionale, per i tabacchi lavorati di cui all'articolo 39-bis, comma 1, lettera a), di peso superiore a 3 grammi (sigari)(4);

b) euro 37 il chilogrammo convenzionale, per i tabacchi lavorati di cui all'articolo 39-bis, comma 1, lettera a), di peso inferiore a 3 grammi (sigaretti)(5);

c) euro 140 il chilogrammo per i tabacchi lavorati di cui all'articolo 39-bis, comma 1, lettera c), n. 1)(tabacco trinciato a taglio fino da usarsi per arrotolare le sigarette)(6).

6. Per i tabacchi lavorati di cui all'articolo 39-bis, comma 1, lettera b)(sigarette), l'onere fiscale minimo, di cui all'articolo 7, paragrafo 4, della direttiva 2011/64/UE del Consiglio, del 21 giugno 2011, è pari, per l'anno 2023, al 98,10 per cento della somma dell'accisa globale costituita dalle due componenti di cui alle lettere a) e b) del comma 3 del presente articolo e dell'imposta sul valore aggiunto calcolate con riferimento al "PMP-sigarette"; la medesima percentuale è determinata al 98,50 per cento per l'anno 2024 e al 98,60 per cento a decorrere dall'anno 2025 (7).

7. L'onere fiscale minimo di cui al comma 6 è applicato ai prezzi di vendita per i quali la somma dell'imposta sul valore aggiunto, applicata ai sensi dell'articolo 39-sexsies, e dell'accisa, applicata ai sensi del comma 3, risulti inferiore al medesimo onere fiscale minimo.

8. L'accisa sui prezzi di vendita di cui al comma 7 è pari alla differenza tra l'importo dell'onere fiscale minimo, di cui al comma 6, e l'importo dell'imposta sul valore aggiunto applicata ai sensi dell'articolo 39-sexsies.

9. Ai fini dell'applicazione dell'accisa, un prodotto definito ai sensi dell'articolo 39-bis, comma 1, lettera b), è considerato come due sigarette se ha una lunghezza, esclusi filtro e bocchino, maggiore di 8 centimetri, ma non superiore a 11 centimetri, ovvero come tre sigarette se ha una lunghezza, esclusi filtro e bocchino, maggiore di 11 centimetri ma non superiore a 14 centimetri, e così via.

10. L'accisa globale sui prodotti di cui all'articolo 39-bis, comma 1, lettera b)(sigarette), non può essere inferiore a euro 90 per mille sigarette, indipendentemente dal "PMP-sigarette" di cui all'articolo 39-quinquies, comma 2.

10-bis. Con decreto del Ministro dell'economia e delle finanze, da emanare entro il 31 maggio di ciascun anno a decorrere dall'anno 2023, è determinata l'incidenza percentuale dell'importo di cui al comma 3, lettera a), sull'importo dell'onere fiscale totale calcolato con riferimento al "PMP-sigarette" rilevato in relazione all'anno precedente; qualora la predetta incidenza percentuale non risulti compresa nell'intervallo di cui all'articolo 8, paragrafo 4, della direttiva 2011/64/UE del Consiglio, del 21 giugno 2011, con il medesimo decreto è conseguentemente rideterminata, entro il 1° gennaio del secondo anno successivo, la predetta componente specifica in modo da garantire che dalla medesima rideterminazione non derivino minori entrate erariali, rispetto all'anno solare precedente, relativamente all'applicazione dell'accisa sulle sigarette (8).

(1) *Articolo inserito dall'articolo 1, comma 1, lettera nn) del D.Lgs. 29 marzo 2010, n. 48, successivamente modificato dall'articolo 55, comma 2-bis, lettera b), del D.L. 31 maggio 2010, n. 78, convertito con modificazioni dalla Legge 30 luglio 2010, n. 122, dall'articolo 1, comma 1, lettera h), del D.Lgs. 31 marzo 2011, n. 57 e da ultimo sostituito, con efficacia a decorre dal 1° gennaio 2015, dall'articolo 1, comma 1, lettera d), del D.Lgs. 15 dicembre 2014, n. 188.*

(2) *A norma dell'articolo 1, comma 2, del D.M. 13 giugno 2017, la misura percentuale prevista dalla presente lettera e' pari al 10,5 per cento. Comma modificato dall'articolo 1, comma 1074, lettera a), della Legge 30 dicembre 2018, n. 145 e successivamente sostituito dall'articolo 1, comma 122, lettera a), numero 1), della Legge 29 dicembre 2022, n. 197.*

(3) *Comma abrogato dall'articolo 1, comma 122, lettera a), numero 2), della Legge 29 dicembre 2022, n. 197.*

(4) *Lettera modificata dall'articolo 1, comma 1074, lettera b), numero 1), della Legge 30 dicembre 2018, n. 145 e successivamente dall'articolo 1, comma 659, lettera a), numero 1), della Legge 27 dicembre 2019, n. 160.*

(5) *A norma dell'articolo 4, comma 1, del D.M. 13 giugno 2017, l'accisa minima di cui alla presente lettera è pari a euro 30 il chilogrammo convenzionale. Lettera modificata dall'articolo 1, comma 1074, lettera a), della Legge 30 dicembre 2018, n. 145 e successivamente dall'articolo 1, comma 659, lettera a), numero 1), della Legge 27 dicembre 2019, n. 160.*

(6) *A norma dell'articolo 3, comma 1, del D.M. 13 giugno 2017, l'accisa minima di cui alla presente lettera è pari a euro 120 il chilogrammo. Lettera modificata dall'articolo 1, comma 1074, lettera a), della Legge 30 dicembre 2018, n. 145, dall'articolo 1, comma 659, lettera a), numero 1), della Legge 27 dicembre 2019, n. 160 e successivamente dall'articolo 1, comma 122, lettera a), numero 3), della Legge 29 dicembre 2022, n. 197.*

(7) *A norma dell'articolo 1, comma 1, del D.M. 18 marzo 2016, l'importo di cui al presente comma, è stabilito in euro 170,54 il chilogrammo convenzionale. Successivamente l'articolo 2, comma 1, del D.M. 13 giugno 2017, lo ha stabilito in euro 175,54 il chilogrammo convenzionale. Successivamente comma modificato dall'articolo 1, comma 1074, lettera c), della Legge 30 dicembre 2018, n. 145, dall'articolo 1, comma 659, lettera a), numero 2), della Legge 27 dicembre 2019, n. 160 e successivamente dall'articolo 1, comma 122, lettera a), numero 4), della Legge 29 dicembre 2022, n. 197.*

(8) *Comma aggiunto dall'articolo 1, comma 122, lettera a), numero 5), della Legge 29 dicembre 2022, n. 197.*

39 *nonies*. Esenzioni (1). – 1. Con decreto del Direttore dell'Amministrazione autonoma dei monopoli di

Stato sono stabilite le modalità per la concessione dell'esenzione dall'accisa sui tabacchi lavorati nelle ipotesi di cui all'articolo 17, comma 4-bis.

(1) *Articolo inserito dall'articolo 1, comma 1, lettera nn), del D.Lgs. 29 marzo 2010, n. 48.*

39 *decies*. Accertamento, liquidazione e pagamento dell'accisa (1). – 1. I tabacchi lavorati sottoposti ad accisa devono essere accertati per quantità e qualità con l'osservanza delle modalità operative stabilite con provvedimento del Ministero dell'economia e delle finanze.

2. La liquidazione dell'accisa sui tabacchi lavorati si effettua applicando alla quantità di prodotto immesse al consumo l'ammontare dell'accisa risultante dalle tabelle di cui all'articolo 39-quinquies vigenti alla data dell'immissione in consumo, ovvero all'atto del ricevimento o arrivo dei prodotti ai sensi, rispettivamente, dell'articolo 8, comma 4, e dell'articolo 10-bis, comma 3. Per gli ammanchi, si applicano le aliquote vigenti alla data in cui essi si sono verificati ovvero, se tale data non può essere determinata, le aliquote vigenti all'atto della loro constatazione.

3. Il pagamento dell'accisa deve essere effettuato, per i tabacchi lavorati immessi in consumo nei primi quindici giorni del mese, entro la fine dello stesso mese e, per i prodotti immessi in consumo nel periodo dal giorno 16 alla fine del mese, entro il giorno 15 del mese successivo. Resta salva, per il pagamento dell'accisa sui tabacchi lavorati, l'applicazione dell'articolo 24 della legge 22 dicembre 1957, n. 1293, come modificato dalla legge 18 febbraio 1963, n. 303, le cui disposizioni trovano applicazione, ai sensi dell'articolo 7-bis del decreto-legge 28 dicembre 2001, n. 452, convertito, con modificazioni, dalla legge 27 febbraio 2002, n. 16, anche nei confronti dei depositari autorizzati.

(1) *Articolo inserito dall'articolo 1, comma 1, lettera nn), del D.Lgs. 29 marzo 2010, n. 48.*

39 *undecies*. Vigilanza (1). – 1. L'attività di vigilanza e di controllo sulla fabbricazione, sul trasporto, sulla distribuzione e sulla vendita dei tabacchi lavorati è affidata alla Guardia di finanza, nel quadro della tutela del gettito erariale derivante dai monopoli fiscali.

2. Le modalità secondo le quali dovranno svolgersi le attività di cui al comma 1 sono determinate con decreto del Ministro dell'economia e delle finanze, sentiti il Comando generale della Guardia di finanza e l'Amministrazione autonoma dei monopoli di Stato.

3. Sono a carico dell'Amministrazione autonoma dei monopoli di Stato tutti gli oneri connessi all'addestramento, all'accasermamento ed all'impiego del personale per le attività di cui al comma 1.

(1) *Articolo inserito dall'articolo 1, comma 1, lettera nn), del D.Lgs. 29 marzo 2010, n. 48.*

39 *duodecies*. Contrassegni di legittimazione della circolazione dei tabacchi lavorati (1). – 1. La circolazione dei tabacchi lavorati è legittimata dall'applicazione, sui singoli condizionamenti, di appositi contrassegni di Stato.

2. Con provvedimento del Direttore dell'Amministrazione autonoma dei monopoli di Stato, sono determinate le caratteristiche dei contrassegni, le indicazioni che essi devono contenere anche al fine di assicurare la legittimità della provenienza dei tabacchi, le modalità di distribuzione, nonché il prezzo di fornitura ai produttori.

3. I contrassegni di cui al comma 1 sono messi a disposizione del depositario autorizzato e del venditore di cui all'articolo 10-bis, comma 1, stabiliti in un altro Stato membro, con le stesse modalità previste per il depositario nazionale, tramite il proprio rappresentante fiscale, avente sede nel territorio dello Stato, designato dai medesimi soggetti e preventivamente autorizzato dall'Amministrazione autonoma dei Monopoli di Stato.

4. Per i tabacchi lavorati muniti dei contrassegni di cui al comma 1, per i quali l'accisa è divenuta esigibile ed è stata riscossa in un altro Stato membro, il prezzo dei medesimi contrassegni è rimborsato al netto delle spese di emissione subordinatamente alla presentazione della prova, ritenuta soddisfacente dal competente Ufficio dell'Amministrazione autonoma dei Monopoli di Stato, che i contrassegni stessi siano stati rimossi o distrutti (2).

(1) *Articolo inserito dall'articolo 1, comma 1, lettera nn), del D.Lgs. 29 marzo 2010, n. 48.*
(2) *A norma dell'articolo 1, comma 7, del D.Lgs. 15 dicembre 2014, n. 188, è previsto che alla data di entrata in vigore del regolamento ministeriale di cui al comma 5 dell'articolo 1 del D.Lgs. 188/2014 medesimo, è abrogato il presente articolo.*

39 *terdecies*. Disposizioni in tema di tabacchi da inalazione senza combustione (1). – 1. Per i tabacchi lavorati di cui all'articolo 39-bis, comma 1, lettera e-bis), non si applicano le disposizioni degli articoli 39-quater, 39-quinquies e 39-octies e, ai fini dell'etichettatura, tali tabacchi sono assimilati ai prodotti di cui all'articolo 6, comma 3, del decreto legislativo 24 giugno 2003, n. 184.

2. Ai fini dell'applicazione degli articoli 39-sexies e 39-septies ai prodotti di cui al comma 1, i prezzi di vendita al pubblico e le relative variazioni sono stabiliti con provvedimento dell'Agenzia delle dogane e dei monopoli, in conformità a quelli richiesti dai fabbricanti e dagli importatori.

3. I tabacchi di cui al comma 1 sono sottoposti ad accisa in misura pari al trenta per cento dal 1° gennaio 2021, al trentacinque per cento dal 1° gennaio 2022 , al 36,5 per cento dal 1° gennaio 2023, al 38 per cento dal 1° gennaio 2024, al 39,5 per cento dal 1° gennaio 2025 e al 41 per cento dal 1° gennaio 2026 dell'accisa gravante sull'equivalente quantitativo di sigarette, con riferimento al prezzo medio ponderato di un chilogrammo convenzionale di sigarette, rilevato ai sensi dell'articolo 39-quinquies, e alla equivalenza di consumo convenzionale determinata sulla base di apposite procedure tecniche, definite con provvedimento del Direttore dell'Agenzia delle dogane e dei monopoli, in ragione del tempo medio necessario per il consumo di un campione composto dalle cinque marche di sigarette più vendute, in condizioni di aspirazione conformi a quelle adottate per l'analisi dei contenuti delle sigarette ed utilizzando, per i prodotti senza combustione, il dispositivo specificamente previsto per il consumo, fornito dal produttore. Con il provvedimento di cui al comma 2 è altresì indicato l'importo dell'accisa, determinato ai sensi del presente comma. Entro il primo marzo di ogni anno, con provvedimento dell'Agenzia delle dogane e dei monopoli è rideterminata, per i tabacchi di cui al comma 1, la misura dell'accisa in riferimento alla variazione del prezzo medio ponderato delle sigarette (2).

4. Ferma restando l'applicazione delle disposizioni di cui al decreto legislativo 24 giugno 2003, n. 184, il soggetto obbligato al pagamento dell'accisa dichiara all'Agenzia delle dogane e dei monopoli, prima dell'immissione in consumo, la denominazione e gli ingredienti dei prodotti, il contenuto e il peso delle confezioni destinate alla vendita al pubblico, nonché gli altri elementi informativi previsti dall'articolo 6 del decreto legislativo 6 settembre 2005, n. 206, e successive modificazioni.

(1) *Articolo aggiunto dall'articolo 1, comma 1, lettera e), del D.Lgs. 15 dicembre 2014, n. 188.*
(2) *Comma modificato dall'articolo 25-decies, comma 12, del D.L. 23 ottobre 2018, n. 119, convertito con modificazioni dalla Legge 17 dicembre 2018, n. 136, dall'articolo 1, comma 1126, della Legge 30 dicembre 2020, n. 178 e successivamente dall'articolo 1, comma 122, lettera b), della Legge 29 dicembre 2022, n. 197.*

CAPO IV
Sanzioni

40. Sottrazione all'accertamento o al pagamento dell'accisa sugli prodotti energetici [1]. – 1. È punito con la reclusione da sei mesi a tre anni e con la multa dal doppio al decuplo dell'imposta evasa, non inferiore in ogni caso a 7746 euro, chiunque [2]:

a) fabbrica o raffina clandestinamente prodotti energetici [3];

b) sottrae con qualsiasi mezzo gli prodotti energetici, compreso il gas naturale, all'accertamento o al pagamento dell'accisa [4];

c) destina ad usi soggetti ad imposta od a maggiore imposta prodotti esenti o ammessi ad aliquote agevolate;

d) effettua operazioni di miscelazione non autorizzate dalle quali si ottengono prodotti soggetti ad una accisa superiore a quella assolta sui singoli componenti;

e) rigenera prodotti denaturati per renderne più facile ed elusivo l'impiego in usi soggetti a maggiore imposta;

f) detiene prodotti energetici denaturati in condizioni diverse da quelle prescritte per l'ammissione al trattamento agevolato [5];

g) detiene o utilizza prodotti ottenuti da fabbricazioni clandestine o da miscelazioni non autorizzate.

2. La multa è commisurata, per le violazioni di cui alle lettere a) e d) del comma 1, oltre che ai prodotti complessivamente ultimati, anche a quelli che si sarebbero potuti ottenere dalle materie prime in corso o in attesa di lavorazione, o comunque esistenti nella fabbrica o nei locali in cui è commessa la violazione; e, per le violazioni di cui alla lettera e), oltre che ai prodotti in corso di rigenerazione o complessivamente rigenerati, compresi quelli comunque esitati, anche ai prodotti denaturati rinvenuti sul luogo in cui è commessa la violazione.

3. Il tentativo è punito con la stessa pena prevista per il reato consumato. La fabbricazione di prodotti soggetti ad accisa in tempi diversi da quelli dichiarati nella comunicazione di lavoro, se prevista, si configura come tentativo di sottrarre il prodotto all'accertamento, salvo che venga fornita prova contraria. Salvo che venga fornita prova contraria, si configura altresì come tentativo di sottrazione del prodotto all'accertamento, la circolazione dei prodotti di cui all'articolo 7-bis che avvenga in assenza della preventiva emissione del Codice di riscontro amministrativo di cui al medesimo articolo 7-bis; ugualmente si considera tentativo di sottrazione del prodotto all'accertamento, la predetta circolazione che avvenga sulla base dei dati di cui al comma 3 del medesimo articolo 7-bis risultanti non veritieri ovvero che avvenga senza che sia stata eseguita, da parte dell'Ufficio delle dogane di uscita, la validazione del predetto codice a causa della mancata presentazione dei prodotti presso il medesimo Ufficio [6].

4. Se la quantità di prodotti energetici è superiore a 2.000 chilogrammi la pena è della reclusione da uno a cinque anni, oltre la multa [7].

5. Se la quantità di gas naturale sottratto all'accertamento o al pagamento dell'accisa è inferiore a 5.000 metri cubi la pena è della sola multa dal doppio al decuplo dell'imposta evasa, non inferiore in ogni caso a 516 euro [8].

6. Per le violazioni di cui alla lettera c) del comma 1 se la quantità degli prodotti energetici è inferiore a 100 chilogrammi si applica esclusivamente la sanzione amministrativa del pagamento di una somma di denaro dal doppio al decuplo dell'imposta evasa [9].

(1) *Rubrica modificata dall'articolo 1, comma 1, del D.Lgs. 2 febbraio 2007, n. 26.*
(2) *Alinea modificato dall'articolo 1, comma 1, lettera oo), numero 1), del D.Lgs. 29 marzo 2010, n. 48.*
(3) *Lettera modificata dall'articolo 1, comma 1, del D.Lgs. 2 febbraio 2007, n. 26.*
(4) *Lettera modificata dall'articolo 1, comma 1, del D.Lgs. 2 febbraio 2007, n. 26.*
(5) *Lettera modificata dall'articolo 1, comma 1, del D.Lgs. 2 febbraio 2007, n. 26.*
(6) *Comma modificato dall'articolo 7, comma 1, lettera b), del D.L. 26 ottobre 2019, n. 124, convertito con modificazioni dalla Legge 19 dicembre 2019, n. 157. A norma dell'articolo 7, comma 4, del D.L. 26 ottobre 2019, n. 124, convertito con modificazioni dalla Legge 19 dicembre 2019, n. 157, come modificato dall'articolo 130, comma 1, lettera b), del D.L. 19 maggio 2020, n. 34, convertito con modificazioni dalla Legge 17 luglio 2020, n. 77, le disposizioni di cui al presente comma, hanno efficacia a decorrere dal 1° ottobre 2020.*
(7) *Comma modificato dall'articolo 1, comma 1, del D.Lgs. 2 febbraio 2007, n. 26.*
(8) *Comma modificato dall'articolo 1, comma 1, del D.Lgs. 2 febbraio 2007, n. 26.*
(9) *Comma modificato dall'articolo 1, comma 1, del D.Lgs. 2 febbraio 2007, n. 26 e successivamente dall'articolo 1, comma 1, lettera oo), numero 2), del D.Lgs. 29 marzo 2010, n. 48.*

41. Fabbricazione clandestina di alcole e di bevande alcoliche. – 1. Chiunque fabbrica clandestinamente alcole o bevande alcoliche è punito con la reclusione da sei mesi a tre anni e con la multa dal doppio al decuplo dell'imposta evasa, non inferiore in ogni caso a 7746 euro. La multa è commisurata, oltre che ai prodotti complessivamente ultimati, anche a quelli che si sarebbero potuti ottenere dalle materie prime in corso o in attesa di lavorazione, o comunque esistenti nella fabbrica o nei locali in cui è commessa la violazione [1].

2. Per fabbricazione clandestina si intende quella eseguita in locali o con apparecchi non previamente denunciati o verificati, ovvero costruiti od alterati in modo che il prodotto possa essere sottratto all'accertamento. Le parti dell'apparecchio rilevanti ai fini della prova della fabbricazione clandestina di alcole sono la caldaia per la distillazione, il recipiente di raccolta delle flemme, lo scaldavino, il deflemmatore ed il refrigerante.

3. La fabbricazione clandestina è provata anche dalla sola presenza in uno stesso locale od in locali attigui di alcune

DOGANE - ACCISE - GIOCHI

delle materie prime occorrenti per la preparazione dei prodotti e degli apparecchi necessari per tale preparazione o di parte di essi, prima che la fabbrica e gli apparecchi siano stati denunciati all'Ufficio dell'Agenzia delle dogane competente per territorio e da esso verificati [2].

4. Nel caso in cui esistano i soli apparecchi o parte di essi non denunciati o verificati, senza la contemporanea presenza delle materie prime o di prodotti, si applica la sanzione amministrativa del pagamento di una somma di denaro da 258 euro a 1549 euro [3].

5. Chiunque costruisce, vende o comunque dà in uso un apparecchio di distillazione o parte di esso senza averlo preventivamente denunciato è punito con la sanzione di cui al comma 4.

[1] Comma modificato dall'articolo 1, comma 1, lettera pp), punto 1), del D.Lgs. 29 marzo 2010, n. 48.
[2] Comma modificato dall'articolo 1, comma 1, lettera pp), punto 2), del D.Lgs. 29 marzo 2010, n. 48.
[3] Comma modificato dall'articolo 1, comma 1, lettera pp), punto 3), del D.Lgs. 29 marzo 2010, n. 48.

42. Associazione a scopo di fabbricazione clandestina di alcole e di bevande alcoliche. – 1. Quando tre o più persone si associano allo scopo di fabbricare clandestinamente alcole o bevande alcoliche, ciascuna di esse, per il solo fatto dell'associazione, è punita con la reclusione da tre mesi ad un anno.

43. Sottrazione all'accertamento ed al pagamento dell'accisa sull'alcole e sulle bevande alcoliche. – 1. È punito con la reclusione da sei mesi a tre anni e con la multa dal doppio al decuplo dell'imposta evasa, non inferiore in ogni caso a 7746 euro, chiunque:

a) sottrae con qualsiasi mezzo alcole o bevande alcoliche all'accertamento o al pagamento dell'accisa;

b) detiene alcole denaturato in condizioni diverse da quelle prescritte o lo destina ad usi diversi da quelli per i quali è stata concessa l'esenzione [1].

2. Il tentativo è punito con la stessa pena prevista per il reato consumato. La fabbricazione di prodotti alcolici soggetti ad accisa in tempi diversi da quelli dichiarati nella comunicazione di lavoro, se prevista, si configura come tentativo di sottrarre il prodotto all'accertamento, salvo che venga fornita prova contraria.

3. L'esercente della fabbrica o del deposito nei quali è stata commessa la violazione di cui alla lettera b) del comma 1 è privato per due anni del beneficio dell'esenzione concessa.

4. L'alcole ed i prodotti alcolici detenuti in condizioni diverse da quelle prescritte si considerano di contrabbando e si applica la pena della multa dal doppio al decuplo dell'imposta evasa.

[1] Comma modificato dall'articolo 1, comma 1, lettera qq), del D.Lgs. 29 marzo 2010, n. 48.

44. Confisca. – 1. I prodotti, le materie prime ed i mezzi comunque utilizzati per commettere le violazioni di cui agli articoli 40, 41 e 43 sono soggetti a confisca secondo le disposizioni legislative vigenti in materia doganale.

1-bis. Nel caso di condanna o di applicazione della pena su richiesta delle parti a norma dell'articolo 444 del codice di procedura penale per uno dei delitti previsti dal presente Capo, è sempre ordinata la confisca dei beni che ne costituiscono il profitto o il prezzo, salvo che appartengano a persona estranea al reato, ovvero, quando essa non è possibile, la confisca di beni, di cui il reo ha la disponibilità, per un valore corrispondente a tale prezzo o profitto [1].

1-ter. La confisca di cui al comma 1-bis non opera per la parte che il contribuente si impegna a versare all'erario anche in presenza di sequestro. In caso di mancato versamento, previa diffida al contribuente inadempiente, la confisca è sempre disposta[2].

[1] Comma aggiunto dall'articolo 5, comma 4, del D.L. 26 ottobre 2019, n. 124, convertito con modificazioni dalla Legge 19 dicembre 2019, n. 157.
[2] Comma aggiunto dall'articolo 5, comma 4, del D.L. 26 ottobre 2019, n. 124, convertito con modificazioni dalla Legge 19 dicembre 2019, n. 157.

45. Circostanze aggravanti. – 1. Qualora i reati di cui agli articoli 40, 41 e 43 siano commessi con il mezzo della corruzione del personale dell'amministrazione finanziaria o della Guardia di finanza, la pena è della reclusione da tre a cinque anni, oltre la multa.

2. Il personale dell'amministrazione finanziaria e della Guardia di finanza che concorre nei reati di cui al comma 1 è punito con la reclusione da quattro a sei anni, oltre la multa. L'applicazione della presente disposizione esclude quella dell'art. 3 della legge 9 dicembre 1941, n. 1383.

3. Le disposizioni di cui ai commi 1 e 2 non si applicano nei casi previsti dagli articoli 40, comma 5, e 43, comma 4.

46. Alterazione di congegni, impronte e contrassegni. – 1. È punito con la reclusione da uno a cinque anni chiunque, al fine di sottrarre prodotto all'accertamento:

a) contraffà, altera, rimuove, guasta o rende inservibili misuratori, sigilli, bolli, punzoni, marchi di verificazione od altri congegni, impronte o contrassegni prescritti dall'amministrazione finanziaria o apposti dalla Guardia finanza;

b) fa uso di sigilli, bolli, punzoni, marchi di verificazione o altre impronte o contrassegni prescritti dall'amministrazione finanziaria o apposti dalla Guardia di finanza contraffatti od alterati, ovvero senza autorizzazione.

2. Chiunque detiene, senza autorizzazione, congegni, sigilli, bolli o punzoni identici a quelli usati dall'amministrazione finanziaria o dalla Guardia di finanza, anche se contraffatti, è punito con la reclusione da uno a sei mesi. La pena è della reclusione da un mese ad un anno se il fatto è commesso da un fabbricante.

3. Il fabbricante che, senza essere concorso nei reati di cui ai commi 1 e 2, ne abbia agevolato la commissione omettendo di adottare le opportune cautele nella custodia dei misuratori e degli altri congegni ivi indicati è punito con la sanzione amministrativa del pagamento di una somma di denaro da 258 euro a 1549 euro[1].

4. Nei casi previsti dai commi 1 e 2, ove dal fatto sia conseguita un'evasione di imposta, resta salva l'applicabilità delle sanzioni di cui agli articoli 40 e 43.

[1] Comma modificato dall'articolo 1, comma 1, lettera rr), del D.Lgs. 29 marzo 2010, n. 48.

47. Deficienze ed eccedenze nel deposito e nella circolazione dei prodotti soggetti ad accisa. – 1. Per le deficienze riscontrate nella verificazione dei depositi fiscali di entità superiore al 2 per cento oltre il calo consentito si applica la sanzione amministrativa del pagamento di una somma di denaro dal doppio al triplo della relativa accisa. Nel caso di prodotti denaturati, se la deficienza eccede l'uno per cento oltre il calo consentito, l'esercente è punito, indipendentemente dal pagamento dell'accisa commisurata all'aliquota più elevata gravante sul prodotto, con la multa fino a 2582 euro. Se la deficienza è di entità superiore al 10 per cento oltre il calo consentito si applicano le pene previste per il tentativo di sottrazione del prodotto al pagamento dell'accisa(1).

2. Per le eccedenze di prodotti nei depositi fiscali e per le eccedenze di prodotti denaturati non rientranti nei limiti delle tolleranze ammesse, ovvero non giustificate dalla prescritta documentazione si applicano le pene previste per la sottrazione dei prodotti all'accertamento o al pagamento dell'accisa, salvo che venga dimostrata la legittima provenienza dei prodotti ed il regolare assolvimento dell'imposta, se dovuta.

3. Per le deficienze, superiori ai cali ammessi, riscontrate all'arrivo dei prodotti trasportati in regime sospensivo si applica la sanzione amministrativa del pagamento di una somma di denaro dal decimo all'intero ammontare dell'imposta relativa alla quantità mancante superiore al predetto calo a meno che l'Amministrazione finanziaria abbia motivi fondati di ritenere che la circolazione dei prodotti di cui al presente comma sia avvenuta in frode o comunque in modo irregolare, nel qual caso la predetta sanzione è applicata con riguardo all'imposta relativa all'intera quantità mancante. Se la deficienza è di entità superiore al 10 per cento oltre il calo consentito, si applicano le pene previste per il tentativo di sottrazione del prodotto al pagamento dell'accisa. Le eccedenze sono assunte in carico.(2)

4. Le sanzioni di cui ai commi 1 e 3 non si applicano se viene fornita la prova che il prodotto mancante è andato perduto irrimediabilmente o distrutto.(3)

5. Per le differenze di qualità o di quantità tra i prodotti soggetti ad accisa destinati all'esportazione e quelli indicati nella dichiarazione presentata per ottenere l'abbuono o la restituzione dell'accisa, si applica la sanzione amministrativa prevista dall'art. 304 del testo unico delle disposizioni legislative in materia doganale, approvato con decreto del Presidente della Repubblica 23 gennaio 1973, n. 43, e successive modificazioni.

5-bis. Le disposizioni di cui al presente articolo non si applicano ai tabacchi lavorati (4).

(1) *Comma modificato dall'articolo 1, comma 1, lettera ss), punto 1), del D.Lgs. 29 marzo 2010, n. 48.*
(2) *Comma modificato dall'articolo 1, comma 1, lettera u) punto 1) del D.Lgs. 5 novembre 2021, n. 180 ; per l'efficacia vedi l'articolo 3, comma 1, del D.Lgs. 180/2021 medesimo.*
(3) *Comma modificato dall'articolo 1, comma 1, lettera u) punto 1) del D.Lgs. 5 novembre 2021, n. 180 ; per l'efficacia vedi l'articolo 3, comma 1, del D.Lgs. 180/2021 medesimo.*
(4) *Comma inserito dall'articolo 1, comma 1, lettera ss), punto 2), del D.Lgs. 29 marzo 2010, n. 48.*

48. Irregolarità nell'esercizio degli impianti di lavorazione e di deposito di prodotti sottoposti ad accisa. – 1. Chiunque esercita un deposito di prodotti energetici, un impianto di distribuzione stradale di carburanti o un apparecchio di distribuzione automatica di carburanti, non denunciati a norma dell'art. 25, è punito con la sanzione amministrativa del pagamento di una somma di denaro da 1032 euro a 5164 euro. La stessa sanzione si applica all'esercente di depositi di prodotti alcolici non denunciati a norma dell'art. 29 (1).

2. Se nella verificazione dei depositi e degli impianti o degli apparecchi indicati nel comma 1 si riscontrano eccedenze rispetto alle risultanze del registro di carico e scarico o comunque non giustificate dalla prescritta documentazione, in aggiunta al pagamento del tributo si applica la sanzione amministrativa del pagamento di una somma di denaro da 516 euro a 3098 euro. Se l'eccedenza riscontrata non supera l'uno per cento rapportato alla quantità estratta nel periodo preso a base della verifica si applica la sanzione amministrativa del pagamento di una somma di denaro da 154 euro a 929 euro (2).

3. Non si fa luogo ad alcun addebito per le eccedenze, riscontrate nel periodo preso a base della verifica:

a) degli oli combustibili non superiori all'uno per cento della quantità estratta, presso i depositi liberi per uso commerciale;

b) dei carburanti non superiori al 5 per mille rapportato alle erogazioni registrate dal contatore totalizzatore, presso gli impianti e gli apparecchi di distribuzione automatica.

4. L'esercente degli impianti di lavorazione e di deposito di prodotti sottoposti ad accisa che effettua la consegna dei prodotti agevolati senza l'osservanza delle formalità prescritte è punito con la sanzione amministrativa del pagamento di una somma di denaro da 258 euro a 1549 euro (3).

5. La sanzione di cui al comma 4 si applica anche nei confronti dell'esercente che apporta modifiche agli impianti senza la preventiva autorizzazione dell'Ufficio dell'Agenzia delle dogane, nei casi in cui è prescritta (4).

(1) *Comma modificato dall'articolo 1, comma 1, del D.Lgs. 2 febbraio 2007, n. 26 e successivamente dall'articolo 1, comma 1, lettera tt), numero 1), del D.Lgs. 29 marzo 2010, n. 48.*
(2) *Comma modificato dall'articolo 10, comma 4, lettera a), del D.Lgs. 18 dicembre 1997, n. 473 e successivamente dall'articolo 1, comma 1, lettera tt), numero 2), del D.Lgs. 29 marzo 2010, n. 48.*
(3) *Comma modificato dall'articolo 1, comma 1, lettera tt), numero 3), del D.Lgs. 29 marzo 2010, n. 48.*
(4) *Comma modificato dall'articolo 1, comma 1, lettera tt), numero 4), del D.Lgs. 29 marzo 2010, n. 48.*

49. Irregolarità nella circolazione. – 1. I prodotti sottoposti ad accisa, anche se destinati ad usi esenti od agevolati, ad esclusione dei tabacchi lavorati, del vino e delle bevande fermentate diverse dal vino e della birra, trasportati senza la specifica documentazione prevista in relazione a detta imposta, ovvero con documento falso od alterato o che non consente di individuare i soggetti interessati all'operazione di trasporto, la merce o la quantità effettivamente trasportata, si presumono di illecita provenienza. In tali casi si applicano al trasportatore ed allo speditore le pene previste per la sottrazione del prodotto all'accertamento o al pagamento dell'imposta (1).

2. Nei casi di cui al comma 1, se viene dimostrata la legittima provenienza dei prodotti ed il regolare assolvimento dell'imposta, si applica la sanzione amministrativa del pagamento di una somma di denaro da 516 euro a 3098 euro, salvo che per i cali di prodotti in cauzione, per i quali si applicano le specifiche sanzioni previste dal presente testo unico (2).

3. Le disposizioni dei commi 1 e 2 non si applicano qualora i prodotti trasportati differiscano quantitativamente

DOGANE - ACCISE - GIOCHI

rispetto ai dati risultanti dal sistema informatizzato o dai documenti che accompagnano i medesimi prodotti, in misura non superiore all'uno per cento, se in più, o al 2 per cento oltre il calo ammesso dalle norme doganali vigenti, se in meno [3].

4. Nei casi di irregolare predisposizione della documentazione prescritta ai fini della circolazione, diversi da quelli previsti nel comma 1, si applica allo speditore la sanzione amministrativa di cui al comma 2. La stessa sanzione si applica al trasportatore che non esegue gli adempimenti prescritti [4].

5. Le sanzioni amministrative di cui ai commi 2 e 4 si applicano, altresì, per le violazioni previste nei medesimi commi relative ai trasferimenti dei prodotti di cui all'art. 21, comma 3. Qualora non venga fornita dimostrazione che il prodotto sia stato destinato ad usi diversi da quelli soggetti ad imposta si applica la presunzione di reato di cui al comma 1; l'imposta evasa è calcolata in base all'aliquota indicata all'art. 21, comma 2.

6. Qualora sia stabilita l'utilizzazione di documenti di cui all'articolo 1, primo comma, del decreto del Presidente della Repubblica 6 ottobre 1978, n. 627, quali documenti di accompagnamento specifici dei prodotti soggetti ad accisa, si applicano, in luogo delle sanzioni previste nel medesimo decreto, quelle contemplate nel presente articolo [5].

7. Le sanzioni previste dalle norme vigenti per le irregolarità relative alla documentazione prescritta ai fini della circolazione del vino o delle bevande fermentate diverse dal vino e dalla birra si applicano anche nel caso in cui tali documenti siano quelli specifici dei prodotti sottoposti ad accisa [6].

[1] Comma modificato dall'articolo 1, comma 1, lettera uu), numero 1), del D.Lgs. 29 marzo 2010, n. 48.
[2] Comma modificato dall'articolo 1, comma 1, lettera uu), numero 2), del D.Lgs. 29 marzo 2010, n. 48.
[3] Comma modificato dall'articolo 1, comma 1, lettera uu), numero 3), del D.Lgs. 29 marzo 2010, n. 48.
[4] Comma modificato dall'articolo 1, comma 1, lettera uu), numero 4), del D.Lgs. 29 marzo 2010, n. 48.
[5] Comma sostituito dall'articolo 10, comma 4, lettera b), del D.Lgs. 18 dicembre 1997, n. 473.
[6] Comma modificato dall'articolo 1, comma 1, lettera uu), numero 5), del D.Lgs. 29 marzo 2010, n. 48.

50. Inosservanza di prescrizioni e regolamenti. – 1. Indipendentemente dall'applicazione delle pene previste per le violazioni che costituiscono reato, per le infrazioni alla disciplina delle accise stabilita dal presente testo unico e dalle relative norme di esecuzione, comprese la irregolare tenuta della contabilità o dei registri prescritti e la omessa o tardiva presentazione delle dichiarazioni e denunce prescritte, si applica la sanzione amministrativa del pagamento di una somma di denaro da 500 euro a 3.000 euro [1].

2. La tenuta della contabilità e dei registri si considera irregolare quando viene accertata una differenza tra le giacenze reali e le risultanze contabili superiore ai cali e alle perdite di cui all'art. 4. Per gli impianti di distribuzione stradale di carburanti si considera irregolare la tenuta del registro di carico e scarico quando la predetta differenza supera un dodicesimo del calo annuo consentito per i singoli carburanti, riferito alle erogazioni effettuate nel periodo preso a base della verifica; per i depositi commerciali di gasolio si considera irregolare la tenuta del registro di carico e scarico quando la differenza supera il 3 per mille delle quantità di gasolio assunte in carico nel periodo preso a base della verifica.

3. La sanzione di cui al comma 1 si applica anche a chiunque esercita le attività senza la prescritta licenza fiscale, ovvero ostacola, in qualunque modo, ai militari della Guardia di finanza ed ai funzionari dell'amministrazione finanziaria, muniti della speciale tessera di riconoscimento, l'accesso nei locali in cui vengono trasformati, lavorati, impiegati o custoditi prodotti soggetti od assoggettati ad accisa, salvo che il fatto costituisca reato.

4. L'estrazione di prodotti sottoposti ad accisa dopo la revoca della licenza di cui all'art. 5, comma 2, è considerata, agli effetti sanzionatori, tentativo di sottrarre al pagamento dell'imposta il quantitativo estratto, ancorché destinato ad usi esenti od agevolati.

[1] Comma modificato dall'articolo 1, comma 1, lettera vv), del D.Lgs. 29 marzo 2010, n. 48 e successivamente dall' articolo 11, comma 5, lettera a), del D.L. 2 marzo 2012, n. 16.

51. Obbligazione civile dell'esercente per la sanzione pecuniaria inflitta a persona dipendente. – 1. Nei reati previsti dal presente capo, l'esercente o il vettore è obbligato al pagamento di una somma pari all'ammontare della pena pecuniaria inflitta al condannato, se questi è persona da lui dipendente o sottoposta alla sua autorità, direzione o vigilanza e risulti insolvibile.

2. La disposizione di cui al comma 1 non si applica alle amministrazioni dello Stato.

TITOLO II
Energia elettrica [1]

[1] Rubrica sostituita dall'articolo 1 del D.Lgs. 2 febbraio 2007, n. 26.

52. Oggetto dell'imposizione [1][2]. – 1. L'energia elettrica (codice NC 2716) è sottoposta ad accisa, con l'applicazione delle aliquote di cui all'allegato I, al momento della fornitura ai consumatori finali ovvero al momento del consumo per l'energia elettrica prodotta per uso proprio.

2. Non è sottoposta ad accisa l'energia elettrica:

a) prodotta con impianti azionati da fonti rinnovabili ai sensi della normativa vigente in materia, con potenza non superiore a 20 kW;

b) impiegata negli aeromobili, nelle navi, negli autoveicoli, purché prodotta a bordo con mezzi propri, esclusi gli accumulatori, nonché quella prodotta da gruppi elettrogeni mobili in dotazione alle forze armate dello Stato ed ai corpi ad esse assimilati;

c) prodotta con gruppi elettrogeni azionati da gas naturale biologico;

d) prodotta da piccoli impianti generatori comunque azionati, purché la loro potenza disponibile non sia superiore ad 1 kW, nonché prodotta in officine elettriche costituite da gruppi elettrogeni di soccorso aventi potenza disponibile complessiva non superiore a 200 kW;

e) utilizzata principalmente per la riduzione chimica e nei processi elettrolitici e metallurgici;

f) impiegata nei processi mineralogici;

g) impiegata per la realizzazione di prodotti sul cui costo finale, calcolato in media per unità, incida per oltre il 50 per cento.

3. È esente dall'accisa l'energia elettrica:

a) utilizzata per l'attività di produzione di elettricità e per mantenere la capacità di produrre elettricità;

b) prodotta con impianti azionati da fonti rinnovabili ai sensi della normativa vigente in materia, con potenza disponibile superiore a 20 kW, consumata dalle imprese di autoproduzione in locali e luoghi diversi dalle abitazioni;

c) utilizzata per l'impianto e l'esercizio delle linee ferroviarie adibite al trasporto di merci e passeggeri;

d) impiegata per l'impianto e l'esercizio delle linee di trasporto urbano ed interurbano;

e) consumata per qualsiasi applicazione nelle abitazioni di residenza anagrafica degli utenti, con potenza impegnata fino a 3 kW, fino ad un consumo mensile di 150 kWh. Per i consumi superiori ai limiti di 150 kWh per le utenze fino a 1,5 kW e di 220 kWh per quelle oltre 1,5 e fino a 3 kW, si procede al recupero dell'accisa secondo i criteri stabiliti nel capitolo I, punto 2, della deliberazione n. 15 del 14 dicembre 1993 del Comitato interministeriale dei prezzi;

[f) utilizzata in opifici industriali aventi un consumo mensile superiore a 1.200.000 kWh, per i mesi nei quali tale consumo si è verificato. Ai fini della fruizione dell'agevolazione gli autoproduttori dovranno trasmettere, al competente Ufficio dell'Agenzia delle dogane, entro il giorno 20 di ogni mese, i dati relativi al consumo del mese precedente.] (3)

4. Il competente Ufficio dell'Agenzia delle dogane ha facoltà di autorizzare, nel periodo tra la realizzazione e l'attivazione regolare dell'officina, esperimenti in esenzione da imposta per la prova ed il collaudo degli apparecchi.

(1) *Articolo modificato dall'articolo 10, comma 8, della legge 13 maggio 1999, n. 133, dall'articolo 60, comma 2, lettera a), della legge 21 novembre 2000, n. 342, dall'articolo 28, comma 2, lettera c), della legge 23 dicembre 2000, n. 388, dall'articolo 1, comma 1120, lettera i), della legge 27 dicembre 2006, n. 296 e successivamente sostituito dall'articolo 1, comma 1, lettera m), del D.Lgs. 2 febbraio 2007, n. 26.*

(2) *A norma dell'articolo 18, comma 5, del D.Lgs. 6 maggio 2011, n. 68, a decorrere dall'anno 2012 l'addizionale provinciale all'accisa sull'energia elettrica di cui al presente articolo, è soppressa e il relativo gettito spetta allo Stato.*

(3) *Lettera abrogata dall'articolo 3-bis, comma 3, lettera a), del D.L. 2 marzo 2012, n. 16.*

53. Denuncia di officina e licenza di esercizio (1)(2). – 1. Obbligati al pagamento dell'accisa sull'energia elettrica sono:

a) i soggetti che procedono alla fatturazione dell'energia elettrica ai consumatori finali, di seguito indicati come venditori;

b) gli esercenti le officine di produzione di energia elettrica utilizzata per uso proprio;

c) i soggetti che utilizzano l'energia elettrica per uso proprio con impiego promiscuo, con potenza disponibile superiore a 200 kW intendendosi per uso promiscuo l'utilizzazione di energia elettrica in impieghi soggetti a diversa tassazione.

c-bis) i soggetti che acquistano, per uso proprio, energia elettrica sul mercato elettrico di cui all'articolo 5, comma 1, del decreto legislativo 16 marzo 1999, n. 79, limitatamente al consumo di detta energia (3).

2. Su richiesta possono essere riconosciuti come soggetti obbligati:

a) i soggetti che acquistano, per uso proprio, energia elettrica utilizzata con impiego unico previa trasformazione o conversione comunque effettuata, con potenza disponibile superiore a 200 kW;

b) i soggetti che acquistano, per uso proprio, energia elettrica da due o più fornitori, qualora abbiano consumi mensili superiori a 200.000 kWh.

3. Qualora i soggetti di cui al comma 1, lettera a), non abbiano sede nel territorio nazionale, l'imposta di cui al comma 1 dell'articolo 52 è dovuta dalle società, designate dai medesimi soggetti, aventi sede legale nel territorio nazionale, che devono registrarsi presso il competente Ufficio dell'Agenzia delle dogane prima dell'inizio dell'attività di fornitura dell'energia elettrica ai consumatori finali e ottemperare agli obblighi previsti per i soggetti di cui al medesimo comma 1, lettera a).

4. I soggetti di cui ai commi 1 e 2 hanno l'obbligo di denunciare preventivamente la propria attività all'Ufficio dell'Agenzia delle dogane competente per territorio e di dichiarare ogni variazione, relativa agli impianti di pertinenza e alle modifiche societarie, nonché la cessazione dell'attività, entro trenta giorni dalla data in cui tali eventi si sono verificati.

5. I soggetti di cui ai commi 1 e 2, fatta eccezione per quelli che versano anticipatamente l'imposta dovuta mediante canone di abbonamento annuale, prestano una cauzione sul pagamento dell'accisa determinata dal competente Ufficio dell'Agenzia delle dogane in misura pari ad un dodicesimo dell'imposta annua che si presume dovuta in relazione ai dati comunicati dal soggetto nella denuncia di cui al comma 4 e a quelli eventualmente in possesso dello stesso Ufficio. Il medesimo Ufficio, effettuati i controlli di competenza e verificata la completezza dei dati relativi alla denuncia e alla cauzione prestata, rilascia, ai soggetti di cui ai commi 1, 2 e alle società di cui al comma 3 un'autorizzazione, entro sessanta giorni dalla data di ricevimento della denuncia. L'autorizzazione viene negata o revocata a chiunque sia stato condannato con sentenza passata in giudicato per reati connessi all'accertamento ed al pagamento dell'accisa sui prodotti energetici o sull'energia elettrica per i quali è prevista la pena della reclusione.

6. I soggetti di cui ai commi 1 e 2 provvedono ad integrare, a richiesta del competente Ufficio dell'Agenzia delle dogane, l'importo della cauzione che deve risultare pari ad un dodicesimo dell'imposta dovuta nell'anno precedente. Sono esonerati dall'obbligo di prestare la cauzione le Amministrazioni dello Stato e gli enti pubblici. L'Agenzia delle dogane ha facoltà di esonerare dal predetto obbligo le ditte affidabili e di notoria solvibilità. Tale esonero può essere revocato nel caso in cui mutino le condizioni che ne avevano consentito la concessione, in tale caso la cauzione deve essere prestata entro quindici giorni dalla notifica della revoca.

7. Ai soggetti di cui ai commi 1 e 2 che esercitano officine di energia elettrica è rilasciata, dal competente ufficio dell'Agenzia delle dogane successivamente alla verifica degli impianti, una licenza di esercizio, in luogo dell'autorizzazione di cui al comma 5, soggetta al pagamento di un diritto annuale. Ai soggetti di cui al comma 1 lettera b) che esercitano officine di produzione di energia elettrica azionate da fonti rinnovabili, con esclusione di quelle riconducibili ai prodotti energetici di cui all'articolo 21, la licenza è rilasciata successivamente al controllo degli atti documentali tra i quali risulti specifica dichiarazione relativa al rispetto dei requisiti di sicurezza fiscale (4).

8. I soggetti di cui ai commi 1 e 2, fatta eccezione per quelli che versano anticipatamente l'imposta dovuta mediante canone di abbonamento annuale, presentano una dichia-

razione di consumo annuale, contenente, oltre alle indicazioni relative alla denominazione, alla sede legale, al codice fiscale, al numero della partita IVA del soggetto, all'ubicazione dell'eventuale officina, tutti gli elementi necessari per l'accertamento del debito d'imposta relativo ad ogni mese solare, nonché l'energia elettrica prodotta, prelevata o immessa nella rete di trasmissione o distribuzione.

-bis. I soggetti di cui al comma 1, lettera a), indicano tra gli elementi necessari per l'accertamento del debito d'imposta, richiesti per la compilazione della dichiarazione annuale, i consumi fatturati nell'anno con l'applicazione delle aliquote di accisa vigenti al momento della fornitura ai consumatori finali [5].

9. La dichiarazione di cui al comma 8 è presentata al competente Ufficio dell'Agenzia delle dogane entro il mese di marzo dell'anno successivo a quello cui si riferisce [6].

(1) *Articolo modificato dall'articolo 28, comma 2, lettera d), della legge 23 dicembre 2000, n. 388 e successivamente sostituito dall'articolo 1, comma 1, lettera n), del D.Lgs. 2 febbraio 2007, n. 26*

(2) *A norma dell'articolo 1 della Determinazione dell'Agenzia delle Dogane 26 settembre 2007, le dichiarazioni di consumo per il gas naturale e l'energia elettrica, previste dal presente articolo sono presentate in forma esclusivamente telematica a decorrere dal 1° gennaio 2008.*

(3) *Lettera aggiunta dall'articolo 3, comma 13, lettera a), del D.L. 2 marzo 2012, n. 16.*

(4) *Comma modificato dall'articolo 2, comma 13, del D.L. 2 marzo 2012, n. 16.*

(5) *Comma aggiunto dall'articolo 9, comma 2, del D.L. 2 marzo 2012, n. 16.*

(6) *A norma dell'articolo 1, comma 1, del D.M. 19 gennaio 2015, con decorrenza dal 1° giugno 2015 i soggetti di cui al presente articolo effettuano il versamento dell'accisa sull'energia elettrica fornita o consumata nella regione Siciliana tramite modello F24, sezione «accise», indicando il codice tributo 2806, oppure i diversi codici tributo che saranno istituiti, secondo le istruzioni impartite dall'Agenzia delle dogane e dei monopoli.*

53 *bis*. Altri adempimenti [1][2]. – 1. Contestualmente all'avvio della propria attività, i soggetti che producono energia elettrica non esclusa dal campo di applicazione dell'accisa ai sensi dell'articolo 52, comma 2, diversi dai soggetti obbligati di cui all'articolo 53, ne danno comunicazione al competente Ufficio dell'Agenzia delle dogane e presentano una dichiarazione annuale contenente l'indicazione dei dati relativi all'energia elettrica prodotta e a quella immessa nella rete di trasmissione o distribuzione.

2. Contestualmente all'avvio della propria attività, i soggetti che effettuano l'attività di vettoriamento di energia elettrica ne danno comunicazione al competente Ufficio dell'Agenzia delle dogane.

Gli stessi soggetti presentano una dichiarazione annuale riepilogativa contenente i dati, relativi all'energia elettrica trasportata, rilevati nelle stazioni di misura.

3. I soggetti di cui ai commi 1 e 2 presentano la dichiarazione annuale al competente Ufficio dell'Agenzia delle dogane entro il mese di marzo dell'anno successivo a quello cui la dichiarazione si riferisce. Gli stessi soggetti sono altresì tenuti a rendere disponibili agli organi preposti ai controlli i dati relativi ai soggetti cui l'energia elettrica è consegnata e a dichiarare, al competente Ufficio dell'Agenzia delle dogane ogni variazione relativa agli impianti di pertinenza e alle modifiche societarie, nonché la cessazione dell'attività, entro trenta giorni dalla data in cui tali eventi si sono verificati.

4. I gestori delle reti di distribuzione comunicano tempestivamente ai venditori i dati relativi all'energia elettrica consegnata ai consumatori finali. Sono altresì tenuti a comunicare, tempestivamente, anche al competente Ufficio dell'Agenzia delle dogane, la scoperta di sottrazioni fraudolente di energia elettrica.

(1) *Articolo inserito dall'articolo 1 del D.Lgs. 2 febbraio 2007, n. 26.*

(2) *A norma dell'articolo 1 della Determinazione dell'Agenzia delle Dogane 26 settembre 2007, le dichiarazioni di consumo per il gas naturale e l'energia elettrica, previste dal presente articolo sono presentate in forma esclusivamente telematica a decorrere dal 1° gennaio 2008.*

54. Definizione di officina. – 1. L'officina è costituita dal complesso degli apparati di produzione, accumulazione, trasformazione e distribuzione dell'energia elettrica esercitati da una medesima ditta, anche quando gli apparati di accumulazione, trasformazione e distribuzione sono collocati in luoghi distinti da quelli in cui si trovano gli apparati di produzione, pur se ubicati in comuni diversi.

2. Costituiscono officine distinte le diverse stazioni di produzione dell'energia elettrica che una stessa ditta esercita in luoghi distinti anche quando queste stazioni siano messe in comunicazione fra loro mediante un'unica stazione di distribuzione.

3. Le officine delle ditte acquirenti di energia elettrica, per farne rivendita o per uso proprio, sono costituite dall'insieme dei conduttori, degli apparecchi di trasformazione, di accumulazione e di distribuzione, a partire dalla presa dell'officina venditrice.

4. Sono da considerare come officine, agli effetti dell'imposizione, anche gli apparati di produzione e di accumulazione montati su veicoli, ad eccezione di quelli utilizzati per la produzione di energia elettrica non soggetta ad imposta, di cui all'art. 52, comma 2, lettera b)[1].

(1) *Comma modificato dall'articolo 1 del D.Lgs. 2 febbraio 2007, n. 26.*

55. (Accertamento e liquidazione dell'accisa)[1]. – 1. L'accertamento e la liquidazione dell'accisa sono effettuati dal competente Ufficio dell'Agenzia delle dogane sulla base della dichiarazione di consumo annuale di cui all'articolo 53, comma 8.

2. Per le forniture di energia elettrica alle utenze con potenza disponibile non superiore a 200 kW, con impiego promiscuo, i venditori devono convenire, per tali utenti, con il competente Ufficio dell'Agenzia delle dogane, il canone d'imposta corrispondente, in base ai consumi presunti tassabili ed alle rispettive aliquote. Il venditore deve allegare alla dichiarazione di ciascun anno un elenco degli anzidetti utenti e comunicare mensilmente al competente Ufficio dell'Agenzia delle dogane le relative variazioni. Gli utenti a loro volta sono obbligati a denunciare al venditore le variazioni che comportino, sul consumo preso per base nella determinazione del canone, un aumento superiore al 10 per cento, nel qual caso il competente Ufficio dell'Agenzia delle dogane procede alla revisione del canone. Il venditore, inoltre, è tenuto a trasmettere al competente Ufficio dell'Agenzia delle dogane, l'elenco degli utenti che utilizzano l'energia elettrica in impieghi unici agevolati, comunicandone le relative variazioni.

3. Per le forniture di energia elettrica a cottimo, per usi soggetti ad accisa, i venditori sono ammessi a pagare l'accisa con un canone stabilito dal competente Ufficio dell'Agenzia delle dogane in relazione alla potenza installata presso i con-

sumatori, tenuti presente i contratti ed i dati di fatto riscontrati.

4. I venditori compilano una dichiarazione per i consumi accertati in occasione della scoperta di sottrazione fraudolenta di energia elettrica e la trasmettono al competente Ufficio dell'Agenzia delle dogane appena i consumi fraudolenti sono stati accertati.

5. I soggetti di cui all'articolo 53, comma 1, lettera b), esercenti officine non fornite di misuratori o di altri strumenti integratori della misura dell'energia adoperata, corrispondono l'accisa mediante un canone annuo di abbonamento determinato dal competente Ufficio dell'Agenzia delle dogane. Gli stessi soggetti hanno l'obbligo di dichiarare anticipatamente le variazioni che comportino un aumento superiore al 10 per cento del consumo preso per base nella determinazione del canone ed in tal caso il competente Ufficio dell'Agenzia delle dogane procede alla revisione straordinaria dello stesso. Gli esercenti officine costituite da impianti di produzione combinata di energia elettrica e calore ed impianti azionati da fonti rinnovabili ai sensi della normativa vigente, con potenza disponibile non superiore a 100 kW, possono corrispondere l'imposta mediante canone di abbonamento annuale. Per la rivendita presso infrastrutture pubbliche destinate esclusivamente alla ricarica di accumulatori per uso di forza motrice dei veicoli a trazione elettrica, il debito di imposta per le officine di produzione è accertato sulla base dei dati relativi all'energia elettrica consegnata presso i singoli punti di prelievo, comunicati dai gestori delle reti di distribuzione [(2)].

6. Qualora m un impianto si utilizzi l'energia elettrica per usi diversi e si richieda l'applicazione della corrispondente aliquota d'imposta, le diverse utilizzazioni devono essere fatte in modo che sia, a giudizio insindacabile del competente Ufficio dell'Agenzia delle dogane, escluso il pericolo che l'energia elettrica venga deviata da usi esenti ad usi soggetti ad imposta. Il competente Ufficio dell'Agenzia delle dogane può prescrivere l'applicazione, a spese degli interessati, di speciali congegni di sicurezza o di apparecchi atti ad impedire l'impiego dell'energia elettrica a scopo diverso da quello dichiarato.

7. I venditori di energia elettrica devono tenere registrazioni distinte per gli utenti a contatore e per quelli a cottimo.

[(1)] *Articolo modificato dall'articolo 4, comma 1, lettera c), del D.L. 31 dicembre 1996, n. 669 e successivamente sostituito dall'articolo 1, comma 1, lettera q), del D.Lgs. 2 febbraio 2007, n. 26.*
[(2)] *Comma modificato dall'articolo 3, comma 13, lettera b), del D.L. 2 marzo 2012, n. 16, e dall'articolo 9, comma 2 bis, del D.L. 2 marzo 2012, n. 16.*

56. Versamento dell'accisa [(1)]. – 1. Il pagamento dell'accisa è effettuato in rate di acconto mensili, da versare entro il giorno 16 di ciascun mese, calcolate sulla base di un dodicesimo dei consumi dell'anno precedente. Per il mese di agosto la rata di acconto è versata entro il giorno 20. Il versamento a conguaglio è effettuato entro il giorno 16 del mese di marzo dell'anno successivo a quello cui si riferisce. Le somme eventualmente versate in più del dovuto sono detratte dai successivi versamenti di acconto. I soggetti di cui all'articolo 53, comma 1, lettera a), e le società di cui all'articolo 53, comma 3, hanno diritto di rivalsa sui consumatori finali[(2)].

2. L'Amministrazione finanziaria ha facoltà di prescrivere, sulla base dei dati tecnici e contabili disponibili, rateizzazioni di acconto diverse da quelle di cui al comma 1[(3)].

3. La bolletta di pagamento rilasciata dai soggetti di cui all'articolo 53, comma 1, lettera a), ai consumatori finali deve riportare i quantitativi di energia elettrica venduti e la liquidazione dell'accisa e relative addizionali, con le singole aliquote applicate. L'obbligo è escluso per la rivendita presso infrastrutture pubbliche destinate esclusivamente alla ricarica di accumulatori per uso di forza motrice dei veicoli a trazione elettrica[(4)].

4. Per i supplementi di imposta derivanti dalla revisione delle liquidazioni delle dichiarazioni di consumo, il competente Ufficio dell'Agenzia delle dogane emette avviso di pagamento.

5. I soggetti di cui all'articolo 55, comma 5, versano il canone annuo d'imposta all'atto della stipula della convenzione di abbonamento e, per gli anni successivi, anticipatamente, entro il mese di gennaio di ciascun anno.

6. In caso di ritardato pagamento si applicano l'indennità di mora e gli interessi nella misura prevista per il tardivo pagamento delle accise. Per i recuperi e per i rimborsi dell'imposta si applicano le disposizioni dell'articolo 14 e dell'articolo 15[(5)].

[(1)] *Articolo modificato dall'articolo 4, comma 1, lettera d), del D.L. 31 dicembre 1996, n. 669, dall'articolo 28, comma 2, lettera e), della legge 23 dicembre 2000, n. 388 e successivamente sostituito dall'articolo 1, comma 1, lettera r), del D.Lgs. 2 febbraio 2007, n. 26.*
[(2)] *A norma dell'articolo 129, comma 2, del D.L. 19 maggio 2020, n. 34, convertito, con modificazioni, dalla Legge 17 luglio 2020, n. 77, il termine per il pagamento della rata di acconto di cui al presente comma, relativa al mese di maggio 2020, da effettuarsi ai sensi del comma 1, è differito dal 16 maggio al 20 maggio 2020. Vedi anche l'articolo 129, comma 1, del D.L. 19 maggio 2020, n. 34, convertito, con modificazioni, dalla Legge 17 luglio 2020, n. 77.*
[(3)] *A norma dell'articolo 129, comma 2, del D.L. 19 maggio 2020, n. 34, convertito, con modificazioni, dalla Legge 17 luglio 2020, n. 77, il termine per il pagamento della rata di acconto di cui al presente comma, relativa al mese di maggio 2020, da effettuarsi ai sensi del comma 1, è differito dal 16 maggio al 20 maggio 2020. Vedi anche l'articolo 129, comma 1, del D.L. 19 maggio 2020, n. 34, convertito, con modificazioni, dalla Legge 17 luglio 2020, n. 77.*
[(4)] *Comma modificato dall'articolo 9, comma 2 ter, del D.L. 2 marzo 2012, n. 16.*
[(5)] *Comma modificato dall'articolo 1, comma 1, lettera v), del D.Lgs. 5 novembre 2021, n. 180.*

57. Privilegi e prescrizione [(1)]. – *[1. I fabbricanti diversi da quelli che versano anticipatamente il canone annuo in unica soluzione devono prestare cauzione per un importo pari all'imposta dovuta per un mese. Tale importo viene determinato sulla base dell'imposta versata nell'anno precedente e, nel caso di nuova attività, sulla base dell'imposta annua che si presume dovuta in relazione ai dati tecnici disponibili. Per l'esonero dall'obbligo di prestazione della cauzione si applicano le disposizioni dell'art. 5, comma 3]* [(2)].

2. Il credito dell'amministrazione finanziaria per l'imposta ha privilegio, a preferenza di ogni altro, sulle somme dovute dagli utenti per i consumi soggetti ad imposta.

3. Il termine di prescrizione per il recupero dell'imposta è di cinque anni dalla data in cui è avvenuto il consumo. In caso di comportamenti omissivi la prescrizione opera dal momento della scoperta del fatto illecito.

4. La prescrizione del credito d'imposta è interrotta quando viene constatata la violazione e ricomincia a decorrere dal giorno in cui diventa definitivo l'atto che conclude il procedimento penale o amministrativo intrapreso per la violazione accertata.

(1) *Rubrica sostituita dall'articolo 1, comma 1, lettera s), numero 1), del D.Lgs. 2 febbraio 2007, n. 26.*
(2) *Comma modificato dall'articolo 4, comma 1, lettera f), del D.L. 31 dicembre 1996, n. 669 e successivamente abrogato dall'articolo 1, comma 1, lettera s), numero 2), del D.Lgs. 2 febbraio 2007, n. 26.*

58. Poteri e controlli. – 1. L'amministrazione finanziaria ha facoltà di prescrivere ai soggetti di cui all'articolo 53, commi 1 e 2, che esercitano officine di energia elettrica l'acquisto e l'applicazione, a loro spese, di strumenti di misura dai quali sia possibile rilevare l'energia elettrica prodotta ed erogata. Ha, inoltre, facoltà di applicare suggelli, bolli ed apparecchi di sicurezza e di riscontro, sia nelle officine di produzione sia presso gli utenti. I guasti verificatisi nei congegni, applicati o fatti applicare dall'amministrazione finanziaria, devono essere immediatamente denunciati al competente Ufficio dell'Agenzia delle dogane, competente per territorio, e così pure le modificazioni dei circuiti, ai quali siano applicati tali congegni (1).

2. I funzionari dell'Amministrazione finanziaria, muniti della speciale tessera di riconoscimento di cui all'art. 31 della legge 7 gennaio 1929, n. 4, hanno la facoltà di verificare e controllare, sia di giorno che di notte, le centrali elettriche, le cabine, le linee e le reti, nonché gli impianti fissi ed i veicoli dove l'energia elettrica viene consumata. Possono, altresì, prendere visione di tutti i registri attinenti all'esercizio delle officine, allo scopo di riscontrare l'andamento della produzione ed i suoi rapporti con il consumo. Essi hanno, inoltre, il diritto, ai fini dell'imposta, al libero accesso negli esercizi pubblici, nei locali di spettacoli pubblici, finché sono aperti, nonché al libero percorso dei mezzi di trasporto in servizio pubblico urbano di linea. I funzionari predetti possono eseguire verifiche negli esercizi pubblici finché siano aperti, ed, in caso di fondati sospetti di violazioni, possono procedere, nella loro qualità di ufficiali di polizia giudiziaria, nell'ambito delle specifiche attribuzioni, a visite domiciliari, previa autorizzazione dell'autorità giudiziaria.

3. Le ditte esercenti officine, oltre ad avere l'obbligo di presentare tutti i registri, contratti o documenti relativi alla produzione, distribuzione e vendita dell'energia elettrica, devono prestare gratuitamente l'assistenza e l'aiuto del proprio personale ai funzionari dell'amministrazione finanziaria, nelle operazioni che questi compiono in officina, negli uffici dell'azienda commerciale e presso gli utenti, per tutti gli effetti dell'imposizione.

4. I soggetti obbligati di cui all'articolo 53, i privati consumatori e gli enti privati e pubblici hanno l'obbligo di esibire, ad ogni richiesta del personale addetto al servizio, gli originali dei documenti e le bollette relative alla vendita ed al consumo dell'energia elettrica. Quando nei contratti fra gli utenti e le ditte fornitrici dell'energia elettrica, queste ultime si siano riservate il diritto di far procedere dai loro impiegati a verifiche degli impianti, avrà facoltà di avvalersi di tale diritto anche il personale dell'amministrazione finanziaria addetto al servizio, per le opportune verifiche (2).

5. I poteri previsti, per gli appartenenti alla Guardia di finanza, dall'art. 18, sono esercitati anche per l'espletamento dei controlli per l'applicazione dell'accisa sull'energia elettrica (3).

(1) *Comma modificato dall'articolo 1, comma 1, lettera t), numero 1), del D.Lgs. 2 febbraio 2007, n. 26.*
(2) *Comma modificato dall'articolo 1, comma 1, lettera t), numero 2), del D.Lgs. 2 febbraio 2007, n. 26.*
(3) *Comma modificato dall'articolo 1, comma 1, lettera t), numero 3), del D.Lgs. 2 febbraio 2007, n. 26.*

59. Sanzioni. – 1. Indipendentemente dall'applicazione delle pene previste per i fatti costituenti reato, sono puniti con la sanzione amministrativa del pagamento di una somma di denaro dal doppio al decuplo dell'imposta evasa o che si è tentato di evadere, non inferiore in ogni caso a 258 euro, i soggetti obbligati di cui all'articolo 53 [*o l'acquirente di energia elettrica considerato fabbricante ai fini dell'imposizione*] che (1):

a) attivano l'officina a scopo di produzione di energia elettrica senza essere provvisti della licenza di esercizio(2);

b) manomettono o lasciano manomettere in qualsiasi modo i congegni applicati o fatti applicare dal competente Ufficio dell'Agenzia delle dogane, nonché i contrassegni, bolli e suggelli applicati da detto ufficio, salvi i casi di assoluta necessità(3);

c) omettono o redigono in modo incompleto o inesatto le dichiarazioni di cui agli articoli 53, comma 8, e 55, comma 2, non tengono o tengono in modo irregolare le registrazioni di cui all'articolo 55, comma 7, ovvero non presentano i registri, i documenti e le bollette a norma dell'articolo 58, commi 3 e 4 (4);

d) non presentano o presentano incomplete o infedeli le denunce di cui all'articolo 53, comma 4 (5);

e) negano o in qualsiasi modo ostacolano l'immediato ingresso ai funzionari dell'amministrazione finanziaria addetti al servizio nelle officine o nei locali annessi, ovvero impediscono ad essi l'esercizio delle attribuzioni previste dall'art. 58 (6).

2. È punito con la sanzione di cui al comma 1 l'utente che altera il funzionamento dei congegni o manomette i suggelli applicati dai funzionari dell'amministrazione finanziaria o dai soggetti obbligati di cui all'articolo 53, per misurazione, per riscontro o per sicurezza, ovvero destina l'energia ammessa all'esenzione ad usi soggetti ad imposta (7).

3. La sanzione di cui al comma 1 si applica anche a chi sottrae o tenta di sottrarre, in qualsiasi modo, l'energia elettrica al regolare accertamento dell'imposta.

4. Per ogni bolletta rilasciata agli utenti, portante una liquidazione di imposta non dovuta o in misura superiore a quella effettivamente dovuta, si applica la sanzione amministrativa del pagamento di una somma di denaro pari al doppio dell'imposta indebitamente riscossa, con un minimo di 12 euro per ogni bolletta infedele (8).

5. Per ogni altra violazione delle disposizioni del presente titolo e delle relative norme di applicazione, si applica la sanzione amministrativa del pagamento di una somma di denaro da 500 euro a 3.000 euro (9).

(1) *Alinea modificato dall'articolo 1, comma 1, lettera u), numero 1), del D.Lgs. 2 febbraio 2007, n. 26 e successivamente dall'articolo 1, comma 1, lettera zz), numero 1), del D.Lgs. 29 marzo 2010, n. 48.*
(2) *Lettera sostituita dall'articolo 1, comma 1, lettera u), numero 1), del D.Lgs. 2 febbraio 2007, n. 26.*
(3) *Lettera sostituita dall'articolo 1, comma 1, lettera u), numero 1), del D.Lgs. 2 febbraio 2007, n. 26.*
(4) *Lettera sostituita dall'articolo 1, comma 1, lettera u), numero 1), del D.Lgs. 2 febbraio 2007, n. 26.*
(5) *Lettera sostituita dall'articolo 1, comma 1, lettera u), numero 1), del D.Lgs. 2 febbraio 2007, n. 26.*
(6) *Lettera modificata dall'articolo 1, comma 1, lettera u), numero 1), del D.Lgs. 2 febbraio 2007, n. 26.*
(7) *Comma modificato dall'articolo 1, comma 1, lettera u), numero 2), del D.Lgs. 2 febbraio 2007, n. 26.*

(8) *Comma modificato dall'articolo 1, comma 1, lettera zz), numero 2), del D.Lgs. 29 marzo 2010, n. 48.*
(9) *Comma modificato dall'articolo 1, comma 1, lettera zz), numero 3), del D.Lgs. 29 marzo 2010, n. 48 e successivamente dall' articolo 11, comma 5, lettera b), del D.L. 2 marzo 2012, n. 16.*

60. Addizionali dell'accisa [1][2]. – 1. Le disposizioni del presente titolo, ad eccezione di quanto disposto dall'articolo 52, comma 3, valgono anche per le addizionali dell'accisa sull'energia elettrica, quando per la loro applicazione sono previste le stesse modalità dell'accisa.

(1) *Articolo sostituito dall'articolo 1, comma 1, lettera v), del D.Lgs. 2 febbraio 2007, n. 26.*
(2) *Per l'interpretazione autentica delle disposizioni di cui al presente articolo, vedi l'articolo 10, comma 17, della legge 13 maggio 1999, n. 133.*

TITOLO III
Altre imposizioni indirette

61. Disposizioni generali [1]. – 1. Le imposizioni indirette sulla produzione e sui consumi diverse da quelle previste dai titoli I e II e dall'imposta di fabbricazione sui fiammiferi, si applicano con le seguenti modalità:

a) l'imposta è dovuta sui prodotti immessi in consumo nel mercato interno ed è esigibile con l'aliquota vigente alla data in cui viene effettuata l'immissione in consumo;

b) obbligato al pagamento dell'imposta è:

1) il fabbricante per i prodotti ottenuti nel territorio dello Stato;

2) il soggetto che effettua la prima immissione in consumo per i prodotti di provenienza comunitaria;

3) l'importatore per i prodotti di provenienza da Paesi terzi;

c) l'immissione in consumo si verifica:

1) per i prodotti nazionali, all'atto della cessione sia ai diretti utilizzatori o consumatori sia a ditte esercenti il commercio che ne effettuano la rivendita;

2) per i prodotti di provenienza comunitaria, all'atto del ricevimento della merce da parte del soggetto acquirente ovvero nel momento in cui si considera effettuata, ai fini dell'imposta sul valore aggiunto, la cessione, da parte del venditore residente in altro Stato membro, a privati consumatori o a soggetti che agiscono nell'esercizio di una impresa, arte o professione;

3) per i prodotti di provenienza da Paesi terzi, all'atto dell'importazione;

4) per i prodotti che risultano mancanti alle verifiche e per i quali non è possibile accertare il regolare esito, all'atto della loro constatazione;

d) i soggetti obbligati al pagamento dell'imposta sono muniti di una licenza fiscale rilasciata dall'Ufficio dell'Agenzia delle dogane, competente per territorio. Gli stessi soggetti sono tenuti al pagamento di un diritto annuale ed a prestare cauzione per un importo pari al 10 per cento dell'imposta gravante su tutto il prodotto giacente e, comunque, non inferiore all'imposta dovuta mediamente per il periodo di tempo cui si riferisce la dichiarazione presentata ai fini del pagamento dell'imposta;

e) l'imposta dovuta viene determinata sulla base dei dati e degli elementi richiesti dall'amministrazione finanziaria, che devono essere indicati nella dichiarazione mensile che il soggetto obbligato deve presentare, ai fini dell'accertamento, entro il mese successivo a quello cui si riferisce. Entro lo stesso termine deve essere effettuato il versamento dell'imposta. I termini per la presentazione delle dichiarazioni e per il pagamento dell'imposta possono essere modificati con decreti del Ministero dell'economia e delle finanze;

f) per i prodotti di provenienza da Paesi terzi l'imposta viene accertata e riscossa dall'Agenzia delle dogane con le modalità previste per i diritti di confine, fermo restando che il pagamento non può essere dilazionato per un periodo di tempo superiore a quello mediamente previsto per i prodotti nazionali e comunitari;

g) per i tardivi pagamenti dell'imposta si applicano le indennità di mora e gli interessi previsti nell'art. 3, comma 4 [2].

2. Per i tributi disciplinati dal presente titolo si applicano le disposizioni dell'articolo 3, comma 4, terzo periodo, dell'articolo 4, dell'articolo 5, commi 3 e 4, dell'articolo 6, commi 5 e 13, dell'articolo 14, dell'articolo 15, dell'articolo 16, dell'articolo 17, dell'articolo 18 e dell'articolo 19 [3].

3. L'inosservanza degli obblighi previsti dal comma 1, lettera d) e del divieto di estrazione di cui all'art. 3, comma 4, come richiamato al comma 2, indipendentemente dall'azione penale per le violazioni che costituiscono reato, comporta la revoca della licenza di cui al predetto comma 1, lettera d).

4. Per le violazioni all'obbligo del pagamento dell'imposta si applicano le sanzioni stabilite dagli articoli 40 e 44. Se la quantità sottratta al pagamento dell'imposta è inferiore a 100 chilogrammi, si applica la sanzione amministrativa dal doppio al decuplo dell'imposta evasa, non inferiore in ogni caso a 516 euro. Si applicano le penalità previste dagli articoli da 45 a 51 per le fattispecie di violazioni riferibili anche ai prodotti del presente titolo III; in particolare la sanzione prevista al comma 4 dell'art. 50, si applica in caso di revoca della licenza ai sensi del comma 3. Per la tardiva presentazione della dichiarazione di cui al comma 1, lettera e), e per ogni altra violazione delle disposizioni del presente articolo e delle modalità di applicazione, si applica la sanzione amministrativa da 258 euro a 1549 euro [4].

5. Ai fini dell'applicazione dei commi 2 e 4, la fase antecedente all'immissione in consumo è assimilata al regime sospensivo previsto per i prodotti sottoposti ad accisa.

6. Con decreto del Ministro dell'economia e delle finanze, da emanare ai sensi dell'art. 17, comma 3, della legge 23 agosto 1988, n. 400, sono stabiliti i quantitativi di prodotti, acquistati all'estero dai privati e da loro trasportati, che possono essere introdotti in territorio nazionale senza la corresponsione dell'imposta [5].

(1) *A norma dall'articolo 1 della Determinazione dell'Agenzia delle Dogane 26 settembre 2007 i documenti di accompagnamento previsti per la circolazione dei prodotti assoggettati ad accisa ed alle altre imposizioni indirette di cui al presente articolo, sono presentati in forma esclusivamente telematica a decorrere dal 1° ottobre 2009.*
(2) *Comma modificato dall'articolo 1, comma 1, lettera aaa), numero 1), del D.Lgs. 29 marzo 2010, n. 48.*
(3) *Comma sostituito dall'articolo 1, comma 1, lettera aaa), numero 2), del D.Lgs. 29 marzo 2010, n. 48.*
(4) *Comma modificato dall'articolo 1, comma 1, lettera aaa), numero 3), del D.Lgs. 29 marzo 2010, n. 48.*
(5) *Comma modificato dall'articolo 1, comma 1, lettera aaa), numero 4), del D.Lgs. 29 marzo 2010, n. 48.*

62. Imposizione sugli oli lubrificanti, sui bitumi di petrolio ed altri prodotti [1]. – 1 . Fermo restando quanto previsto dall'articolo 21, sono sottoposti ad imposta di consumo:

a) gli oli lubrificanti (codice NC da 2710 19 81 a 2710 19 99) quando sono destinati, messi in vendita o impiegati per usi diversi dalla combustione o carburazione [(1)];

b) i bitumi di petrolio (codice NC 2713 20 00)[(1)];

c) con la medesima aliquota prevista per i prodotti di cui alla lettera a), gli oli minerali greggi (codice NC 2709 00), gli estratti aromatici (codice NC 2713 90 90), le miscele di alchilbenzoli sintetici (codice NC 3817 00) ed i polimeri poliolefinici sintetici (codice NC 3902) quando sono destinati, messi in vendita o usati per la lubrificazione meccanica.

2. L'imposta di cui al comma 1 si applica anche per gli oli lubrificanti utilizzati in miscela con i carburanti con funzione di lubrificazione e non è dovuta per gli oli lubrificanti impiegati nella produzione e nella lavorazione della gomma naturale e sintetica per la fabbricazione dei relativi manufatti, nella produzione delle materie plastiche e delle resine artificiali o sintetiche, comprese le colle adesive, nella produzione degli antiparassitari per le piante da frutta e nei consumi di cui all'articolo 22, comma 1. Per gli oli lubrificanti imbarcati per provvista di bordo di aerei o navi si applica lo stesso trattamento previsto per i carburanti.

3. L'imposta di cui al comma 1 si applica anche agli oli lubrificanti ed ai bitumi contenuti nelle preparazioni lubrificanti (codice NC 3403) e negli altri prodotti o merci importati o di provenienza comunitaria.

4. Gli oli lubrificanti ottenuti dalla rigenerazione di oli usati, derivanti da oli, a base minerale o sintetica, già immessi in consumo, sono sottoposti all'imposta di cui al comma 1 nella stessa misura prevista per gli oli di prima distillazione. Per i prodotti energetici ottenuti nel processo di rigenerazione congiuntamente agli oli lubrificanti trovano applicazione le disposizioni di cui all'articolo 21. Gli oli lubrificanti usati destinati alla combustione non sono soggetti a tassazione. I prodotti energetici contenuti nei residui di lavorazione della rigenerazione non sono soggetti a tassazione.

5. L'imposta prevista per i bitumi di petrolio non si applica ai bitumi utilizzati nella fabbricazione di pannelli in genere nonché di manufatti per l'edilizia ed a quelli impiegati come combustibile nei cementifici. Per i bitumi impiegati nella produzione o autoproduzione di energia elettrica si applicano le aliquote stabilite per l'olio combustibile destinato a tali impieghi.

6. Ai fini dell'applicazione della disposizione di cui al comma 1, lettera c), si considerano miscele di alchilbenzoli sintetici i miscugli di idrocarburi archilarilici aventi almeno una catena alchilica con 8 o più atomi di carbonio, ottenuti per alchilazione del benzolo con procedimento di sintesi, liquide alla temperatura di 15 Celsius, contenenti anche impurezze purché non superiori al 5 per cento in volume.

7. Per la circolazione e per il deposito degli oli lubrificanti e dei bitumi assoggettati ad imposta si applicano le disposizioni degli articoli 12 e 25.

(1) Articolo modificato dall'articolo 1, comma 116, della legge 23 dicembre 2005, n. 266, dall'articolo 1, comma 1, lettera z), del D.Lgs. 2 febbraio 2007, n. 26, dall'articolo 13, comma 2, lettera a), del D.L. 25 settembre 2009, n. 135 e successivamente sostituito dall'articolo 1, comma 1, lettera bbb), del D.Lgs. 29 marzo 2010, n. 48.

62 *bis*. Imposta di fabbricazione sui fiammiferi.

[(1)] – *[1. I fiammiferi, di produzione nazionale o di provenienza comunitaria, di ordinario consumo e pubblicitari omaggio o nominativi sono sottoposti ad imposta di fabbricazione calcolata applicando al prezzo di vendita al pubblico le aliquote percentuali indicate nell'allegato I.*

2. Per i fiammiferi pubblicitari omaggio o nominativi di nuova iscrizione nella tariffa si prende a riferimento la misura dell'aliquota di imposta di fabbricazione per il prodotto funzionalmente similare.

3. L'imposta è applicata con le seguenti modalità:

a) l'imposta è dovuta sui prodotti immessi in consumo nel territorio dello Stato ed è esigibile con l'aliquota vigente alla data in cui viene effettuata l'immissione in consumo di cui alla lettera c);

b) obbligato al pagamento dell'imposta è:

1) il fabbricante per i prodotti ottenuti nel territorio nazionale;

2) il soggetto che effettua la prima immissione in consumo per i prodotti di provenienza comunitaria;

c) l'immissione al consumo si verifica:

1) per i prodotti nazionali, all'atto della cessione sia ai diretti consumatori o utilizzatori sia a ditte esercenti il commercio che ne effettuano la rivendita;

2) per i prodotti di provenienza comunitaria, all'atto del ricevimento da parte del soggetto acquirente ovvero nel momento in cui si considera effettuata, ai fini dell'imposta sul valore aggiunto, la cessione, da parte del venditore residente in altro Stato membro, a privati consumatori o a soggetti che agiscono nell'esercizio di un'impresa, arte o professione;

3) per i prodotti che risultano mancanti alle verifiche e per i quali non è possibile accertare il regolare esito, all'atto della loro constatazione;

d) i soggetti obbligati al pagamento dell'imposta devono essere muniti di una licenza fiscale, che li identifica, rilasciata dal competente Ufficio dell'Agenzia delle Dogane. Gli stessi soggetti sono tenuti al pagamento di un diritto annuale nella misura di euro 258,00 e a prestare una cauzione di importo pari all'imposta dovuta mediamente per il periodo di tempo cui si riferisce la dichiarazione presentata ai fini del pagamento dell'imposta;

e) l'imposta dovuta viene determinata sulla base dei dati e degli elementi richiesti dall'Amministrazione Autonoma dei Monopoli di Stato, che devono essere indicati nelle dichiarazioni ai fini dell'accertamento; per la presentazione delle dichiarazioni e per il pagamento della relativa imposta si applicano le modalità e i termini previsti dalle vigenti disposizioni.

4. Per i prodotti d'importazione l'imposta di cui al comma 1 è dovuta dall'importatore e viene accertata e riscossa dall'Ufficio competente dell'Agenzia delle Dogane con le modalità previste per i diritti di confine.

5. L'Amministrazione finanziaria ha facoltà di procedere a verifiche e riscontri presso i soggetti obbligati al pagamento dell'imposta di cui al comma 1 e presso i commercianti ed i destinatari dei prodotti soggetti a tassazione.

6. Per l'imposta di cui al comma 1, si applicano le disposizioni degli articoli 14 e 17.

7. Per le violazioni all'obbligo del pagamento dell'imposta di cui al comma 1 sui prodotti di provenienza comunitaria si applicano le penalità previste per il contrabbando dal testo unico delle disposizioni legislative in materia doganale, approvato con decreto del Presidente della Repubblica 23 gennaio 1973, n. 43, e successive modificazioni.

8. Con decreti del Ministro dell'economia e delle finanze sono stabilite le condizioni e le modalità di applicazione del presente articolo anche relativamente ai prodotti acquistati all'estero da privati e da essi trasportati.

9. I termini per la presentazione della dichiarazione di cui al comma 1, lettera d), e per il pagamento dell'imposta di cui al comma 1 possono essere modificati con decreto del Ministro dell'economia e delle finanze.] [(1)]

[1] *Articolo inserito dall'articolo 1, comma 1, lettera ccc), del D.Lgs. 29 marzo 2010, n. 48 e successivamente abrogato, a decorrere dal 1° gennaio 2015, dall' articolo 1, comma 1, lettera g), del D.Lgs. 15 dicembre 2014, n. 188.*

62 ter. Tariffe di vendita dei fiammiferi. [1] – *[1. La vendita al pubblico dei fiammiferi è ammessa per tipi e condizionamenti iscritti nella tariffa di vendita.*

2. L'iscrizione nella tariffa di vendita al pubblico e le relative variazioni sono stabiliti, con provvedimento del Direttore dell'Amministrazione autonoma dei monopoli di Stato, in conformità ai prezzi richiesti dai fabbricanti e dagli importatori.] [1]

[1] *Articolo inserito dall'articolo 1, comma 1, lettera ccc), del D.Lgs. 29 marzo 2010, n. 48 e successivamente abrogato, a decorrere dal 1° gennaio 2015, dall' articolo 1, comma 1, lettera g), del D.Lgs. 15 dicembre 2014, n. 188.*

62 quater. Imposta di consumo sui prodotti succedanei dei prodotti da fumo [1]. – *[1. A decorrere dal 1° gennaio 2014 i prodotti contenenti nicotina o altre sostanze idonei a sostituire il consumo dei tabacchi lavorati nonche' i dispostivi meccanici ed elettronici, comprese le parti di ricambio, che ne consentono il consumo, sono assoggettati ad imposta di consumo nella misura pari al 58,5 per cento del prezzo di vendita al pubblico.]* [2][3]

1-bis. I prodotti da inalazione senza combustione costituiti da sostanze liquide, contenenti o meno nicotina, esclusi quelli autorizzati all'immissione in commercio come medicinali ai sensi del decreto legislativo 24 aprile 2006, n. 219, e successive modificazioni, sono assoggettati ad imposta di consumo in misura pari, rispettivamente, al quindici per cento e al dieci per cento dal 1° gennaio 2021, al venti per cento e al quindici per cento dal 1° gennaio 2022 fino al 31 marzo 2022, al quindici per cento e al dieci per cento dal 1° aprile 2022 fino al 31 dicembre 2022, al quindici per cento e al dieci per cento dal 1° gennaio 2023 dell'accisa gravante sull'equivalente quantitativo di sigarette, con riferimento al prezzo medio ponderato di un chilogrammo convenzionale di sigarette rilevato ai sensi dell'articolo 39-quinquies e alla equivalenza di consumo convenzionale determinata sulla base di apposite procedure tecniche, definite con provvedimento del Direttore dell'Agenzia delle dogane e dei monopoli, in ragione del tempo medio necessario, in condizioni di aspirazione conformi a quelle adottate per l'analisi dei contenuti delle sigarette, per il consumo di un campione composto da almeno dieci tipologie di prodotto tra quelle in commercio, di cui sette contenenti diverse gradazioni di nicotina e tre con contenuti diversi dalla nicotina, mediante tre dispositivi per inalazione di potenza non inferiore a 10 watt. Con provvedimento dell'Agenzia delle dogane e dei monopoli è indicata la misura dell'imposta di consumo, determinata ai sensi del presente comma. Entro il primo marzo di ogni anno, con provvedimento dell'Agenzia delle dogane e dei monopoli è rideterminata, per i prodotti di cui al presente comma, la misura dell'imposta di consumo in riferimento alla variazione del prezzo medio ponderato delle sigarette. *[Dalla data di entrata in vigore del presente comma cessa di avere applicazione l'imposta prevista dal comma 1, le cui disposizioni continuano ad avere applicazione esclusivamente per la disciplina delle obbligazioni sorte in vigenza del regime di imposizione previsto dal medesimo comma.]* [A][4][5][6].

1-ter. Il soggetto autorizzato di cui al comma 2 è obbligato al pagamento dell'imposta di cui al comma 1-bis e a tal fine dichiara all'Agenzia delle dogane e dei monopoli, prima della loro commercializzazione, la denominazione e il contenuto dei prodotti da inalazione, la quantità di prodotto delle confezioni destinate alla vendita al pubblico nonché gli altri elementi informativi previsti dall'articolo 6 del decreto legislativo 6 settembre 2005, n. 206, e successive modificazioni. Il produttore è tenuto anche a fornire, ai fini dell'autorizzazione, un campione per ogni singolo prodotto [7].

2. La commercializzazione dei prodotti di cui al comma 1-bis, è assoggettata alla preventiva autorizzazione da parte dell'Agenzia delle dogane e dei monopoli nei confronti di soggetti che siano in possesso dei medesimi requisiti stabiliti, per la gestione dei depositi fiscali di tabacchi lavorati, dall' articolo 3 del regolamento di cui al decreto del Ministro delle finanze 22 febbraio 1999, n. 67 [8].

3. Il soggetto di cui al comma 2 è tenuto alla preventiva prestazione di cauzione, in uno dei modi stabiliti dalla legge 10 giugno 1982, n. 348 , a garanzia dell'imposta dovuta per ciascun periodo di imposta. La cauzione è di importo pari al 10 per cento dell'imposta gravante su tutto il prodotto giacente e, comunque, non inferiore all'imposta dovuta mediamente per il periodo di tempo cui si riferisce la dichiarazione presentata ai fini del pagamento dell'imposta [9].

3-bis. La circolazione dei prodotti di cui al presente articolo è legittimata dall'applicazione, sui singoli condizionamenti, di appositi contrassegni di legittimazione e di avvertenze esclusivamente in lingua italiana. Le disposizioni di cui al presente comma si applicano a decorrere dal 1° aprile 2021 [10].

3-ter. Con determinazione del Direttore dell'Agenzia delle dogane e dei monopoli, sono stabilite le tipologie di avvertenza in lingua italiana e le modalità per l'approvvigionamento dei contrassegni di legittimazione di cui al comma 3-bis. Con il medesimo provvedimento sono definite le relative regole tecniche e le ulteriori disposizioni attuative [11].

4. Con determinazione del Direttore dell'Agenzia delle dogane e dei monopoli sono stabiliti il contenuto e le modalità di presentazione dell'istanza, ai fini dell'autorizzazione di cui al comma 2, nonché le modalità di tenuta dei registri e documenti contabili, di liquidazione e versamento dell'imposta di consumo, anche in caso di vendita a distanza, di comunicazione degli esercizi che effettuano la vendita al pubblico, in conformità, per quanto applicabili, a quelle vigenti per i tabacchi lavorati. Con il medesimo provvedimento sono emanate le ulteriori disposizioni necessarie per l'attuazione del comma 3 [12] .

5. La vendita dei prodotti di cui al comma 1-bis, ad eccezione dei dispositivi meccanici ed elettronici, comprese le parti di ricambio, è effettuata in via esclusiva per il tramite delle rivendite di cui all' articolo 16 della legge 22 dicembre 1957, n. 1293 , ferme le disposizioni del regolamento di cui al decreto del Ministro dell'economia e delle finanze 21 febbraio 2013, n. 38, adottato in attuazione dell'articolo 24, comma 42, del decreto-legge 6 luglio 2011, n. 98, convertito, con modificazioni, dalla legge 15 luglio 2011, n. 111, quanto alla disciplina in materia di distribuzione e vendita al pubblico dei prodotti ivi disciplinati [13] .

5-bis. Con determinazione del Direttore dell'Agenzia delle dogane e dei monopoli sono stabiliti, per gli esercizi di vicinato, le farmacie e le parafarmacie, le modalità e i requisiti per l'autorizzazione alla vendita e per l'approvvigionamento dei prodotti da inalazione senza combustione costituiti da sostanze liquide di cui al comma 1-bis, secondo i seguenti criteri: a) prevalenza, per gli esercizi di vicinato, escluse le farmacie e le parafarmacie, dell'attività di vendita dei prodotti di cui al comma 1-bis e dei dispositivi meccanici ed elettronici; b) effettiva capacità di garantire il rispetto del divieto di vendita ai minori; c) non discriminazione tra i canali di approvvigionamento; d) presenza dei medesimi requisiti soggettivi previsti per le rivendite di generi di monopolio. Nelle more dell'adozione della determinazione di cui al primo periodo, agli esercizi di cui al presente comma è consentita la prosecuzione dell'attività [(14)] .

6. La commercializzazione dei prodotti di cui al comma 1-bis e' soggetta alla vigilanza dell'Amministrazione finanziaria, ai sensi delle disposizioni, per quanto applicabili, dell'articolo 18. Si applicano le disposizioni di cui all'articolo 50[(15)].

7. Il soggetto autorizzato ai sensi del comma 2 decade in caso di perdita di uno o più requisiti soggettivi di cui al comma 2, o qualora sia venuta meno la garanzia di cui al comma 3. In caso di violazione delle disposizioni in materia di liquidazione e versamento dell'imposta di consumo e in materia di imposta sul valore aggiunto è disposta la revoca dell'autorizzazione [(16)].

7-bis. Le disposizioni degli articoli 291-bis, 291-ter e 291-quater del testo unico delle disposizioni legislative in materia doganale, di cui al decreto del Presidente della Repubblica 23 gennaio 1973, n. 43, si applicano anche con riferimento ai prodotti di cui al comma 1-bis del presente articolo, ad eccezione dei dispositivi meccanici ed elettronici e delle parti di ricambio, secondo il meccanismo di equivalenza di cui al comma 1-bis. Si applicano altresì ai medesimi prodotti di cui ai commi 5 e 5-bis del presente articolo le disposizioni degli articoli 96 della legge 17 luglio 1942, n. 907, e 5 della legge 18 gennaio 1994, n. 50 [(17)] .

7-ter. Le disposizioni di cui al presente articolo si applicano anche ai prodotti da inalazione senza combustione contenenti nicotina utilizzabili per ricaricare una sigaretta elettronica, anche ove vaporizzabili solo a seguito di miscelazione con altre sostanze [(B)(18)] .

[(A)] *In riferimento all' Autorizzazione alla vendita dei prodotti di cui al presente comma, vedi: Circolare Agenzia delle Dogane 18 novembre 2022, n. 39/2022.*

[(B)] *In riferimento a dilazione pagamenti in materia di accisa sui tabacchi e imposta di consumo sui prodotti liquidi di inalazione e sui prodotti accessori ai tabacchi da fumo, di cui al presente articolo, vedi: Circolare Agenzia delle Dogane 23 luglio 2020 n. 23/2020; Decreto direttoriale Agenzia delle Dogane 18/03/2021 n. 83685/RU*

[(1)] *Articolo inserito dall'articolo 11, comma 22, del D.L. 28 giugno 2013, n. 76, convertito, con modificazioni, dalla Legge 9 agosto 2013, n. 99.*

[(2)] *A norma dell'articolo 8, comma 4-bis, del D.L. 25 luglio 2018, n. 91, convertito con modificazioni dalla Legge 21 settembre 2018, n. 108, i termini per il pagamento delle somme dovute ai sensi del presente comma, sono sospesi fino al 18 dicembre 2018.*

[(3)] *Comma abrogato dall'articolo 25-decies, comma 1, del D.L. 23 ottobre 2018, n. 119, convertito con modificazioni dalla Legge 17 dicembre 2018, n. 136. Le disposizioni di cui al presente comma, come modificate dal citato D.L. 119/2018 si applicano a decorrere dal 1° gennaio 2019. Fino al 31 dicembre 2018 continua ad applicarsi la disciplina fiscale previgente.*

[(4)] *Comma modificato dall'articolo 1, comma 1124, lettera a), della Legge 30 dicembre 2020, n. 178, dall'articolo 3-nonies del D.L. 30 dicembre 2021, n. 228, convertito con modificazioni dalla Legge 25 febbraio 2022, n. 15e successivamente dall'articolo 1, comma 122, lettera c), della Legge 29 dicembre 2022, n. 197.*

[(5)] *Comma inserito, a decorre dal 1° gennaio 2015, dall'articolo 1, comma 1, lettera f), numero 1), del D.Lgs. 15 dicembre 2014, n. 188 e successivamente modificato dall'articolo 25-decies, comma 3, del D.L. 23 ottobre 2018, n. 119, convertito con modificazioni dalla Legge 17 dicembre 2018, n. 136. Le disposizioni di cui al presente comma, come modificate dal citato D.L. 119/2018 si applicano a decorrere dal 1° gennaio 2019. Fino al 31 dicembre 2018 continua ad applicarsi la disciplina fiscale previgente.*

[(6)] *A norma dell'articolo 8, comma 4-bis, del D.L. 25 luglio 2018, n. 91, convertito con modificazioni dalla Legge 21 settembre 2018, n. 108, i termini per il pagamento delle somme dovute ai sensi del presente comma, sono sospesi fino al 18 dicembre 2018. Vedi inoltre la Determinazione del direttore dell'Agenzia delle accise , dogane e monopoli 11 marzo 2022.*

[(7)] *Comma inserito, a decorre dal 1° gennaio 2015, dall' articolo 1, comma 1, lettera f), numero 1), del D.Lgs. 15 dicembre 2014, n. 188 e successivamente modificato dall'articolo 1, comma 1124, lettera b), della Legge 30 dicembre 2020, n. 178.*

[(8)] *Comma modificato, a decorre dal 1° gennaio 2015, dall' articolo 1, comma 1, lettera f), numero 2), del D.Lgs. 15 dicembre 2014, n. 188 e successivamente dall'articolo 25-decies, comma 2, lettera a), del D.L. 23 ottobre 2018, n. 119, convertito con modificazioni dalla Legge 17 dicembre 2018, n. 136. Le disposizioni di cui al presente comma, come modificate dal citato D.L. 119/2018 si applicano a decorrere dal 1° gennaio 2019. Fino al 31 dicembre 2018 continua ad applicarsi la disciplina fiscale previgente.*

[(9)] *Comma modificato dall'articolo 1, comma 1124, lettera c), della Legge 30 dicembre 2020, n. 178.*

[(10)] *Comma inserito dall'articolo 1, comma 1124, lettera d), della Legge 30 dicembre 2020, n. 178.*

[(11)] *Comma inserito dall'articolo 1, comma 1124, lettera d), della Legge 30 dicembre 2020, n. 178.*

[(12)] *Per la disciplina, ai sensi del presente comma, del regime della commercializzazione dei prodotti contenenti nicotina o altre sostanze, idonei a sostituire il consumo dei tabacchi lavorati nonché i dispositivi meccanici ed elettronici, comprese le parti di ricambio, che ne consentono il consumo, vedi il D.M. 16 novembre 2013. Vedi, inoltre, il D.M. 12 febbraio 2014. Comma successivamente modificato dall'articolo 25-decies, comma 2, lettera b), del D.L. 23 ottobre 2018, n. 119, convertito con modificazioni dalla Legge 17 dicembre 2018, n. 136 e successivamente sostituito dall'articolo 1, comma 1124, lettera e), della Legge 30 dicembre 2020, n. 178.*

[(13)] *Comma modificato, a decorrere dal 1° gennaio 2015, dall' articolo 1, comma 1, lettera f), numero 2), del D.Lgs. 15 dicembre 2014, n. 188 , dall'articolo 19-quinques, comma 1, lettera a), del D.L. 16 ottobre 2017, n. 148, convertito con modificazioni dalla Legge 4 dicembre 2017, n. 172 e successivamente dall'articolo 1, comma 75, lettera a) ,della Legge 27 dicembre 2017, n. 205. Comma successivamente modificato dall'articolo 25-decies, comma 2, lettera c), del D.L. 23 ottobre 2018, n. 119, convertito con modificazioni dalla Legge 17 dicembre 2018, n. 136. Le disposizioni di cui al presente comma, come modificate dal citato D.L. 119/2018 si applicano a decorrere dal 1° gennaio 2019. Fino al 31 dicembre 2018 continua ad applicarsi la disciplina fiscale previgente.*

[(14)] *Comma inserito dall'articolo 19-quinques, comma 1, lettera a), del D.L. 16 ottobre 2017, n. 148, convertito con modificazioni dalla Legge 4 dicembre 2017, n. 172 e successivamente sostituito dall'articolo 1, comma 75 , lettera b) della Legge 27 dicembre 2017, n. 205 , da ultimo, dall'articolo 1, comma 1124, lettera f), della Legge 30 dicembre 2020, n. 178.*

[(15)] *Comma modificato, a decorrere dal 1° gennaio 2015, dall'articolo 1, comma 1, lettera f), numero 2), del D.Lgs. 15 dicembre 2014, n. 188 e successivamente dall'articolo 25-decies, comma 2, lettera a), del D.L. 23 ottobre 2018, n. 119, convertito con modificazioni dalla Legge 17 dicembre 2018, n. 136. Le disposizioni di cui al presente comma, come modificate dal citato D.L. 119/2018 si applicano a decorrere dal 1° gennaio 2019. Fino al 31 dicembre 2018 continua ad applicarsi la disciplina fiscale previgente.*

[(16)] *La Corte Costituzionale, con sentenza 15 maggio 2015 , n. 83 (in Gazz. Uff., 20 maggio, n. 20), ha dichiarato l'illegittimita' costituzionale del presente articolo nel testo originario, antecedente alle modifiche apportate dall'art. 1, comma 1, lettera f), del decreto legislativo 15 dicembre 2014, n. 188 (Disposizioni in materia di tassazione dei tabacchi lavorati, dei loro succedanei, nonche' di fiammiferi, a norma dell'articolo 13 della legge 11 marzo 2014, n. 23), nella parte in cui sottopone ad imposta di consumo, nella misura pari al 58,5 per cento del prezzo di vendita al pubblico, la commercializzazione dei prodotti non contenenti nicotina, idonei a sostituire il consumo dei tabacchi lavorati, nonché i dispositivi meccanici ed elettronici, comprese le parti di ricambio, che ne consentono il consumo.*

[(17)] *Comma aggiunto dall'articolo 1, comma 75 , lettera c) della Legge 27 dicembre 2017, n. 205 e successivamente dall'articolo 25-decies, comma 2, lettera a), del D.L. 23 ottobre 2018, n. 119, convertito con modificazioni dalla Legge 17 dicembre 2018, n. 136. Le disposizioni di cui al presente comma, come modificate dal citato D.L. 119/2018 si applicano a decorrere dal 1° gennaio 2019. Fino al 31 dicembre 2018 continua ad applicarsi la disciplina fiscale previgente.*

(18) Comma inserito dall'articolo 25-decies, comma 9, del D.L. 23 ottobre 2018, n. 119, convertito con modificazioni dalla Legge 17 dicembre 2018, n. 136

62 *quater* 1. Imposta di consumo sui prodotti che contengono nicotina (1). – 1. I prodotti, diversi dai tabacchi lavorati sottoposti ad accisa, contenenti nicotina e preparati allo scopo di consentire, senza combustione e senza inalazione, l'assorbimento di tale sostanza da parte dell'organismo, anche mediante involucri funzionali al loro consumo, sono assoggettati ad imposta di consumo nella misura pari a 22 euro per chilogrammo, esclusi quelli autorizzati all'immissione in commercio come medicinali ai sensi del decreto legislativo 24 aprile 2006, n. 219. Ai fini della determinazione dell'imposta di cui al presente comma si tiene conto anche del peso degli involucri, se presenti.

2. Sono obbligati al pagamento dell'imposta:

a) il fabbricante, per i prodotti di cui al comma 1 ottenuti nel territorio nazionale;

b) l'importatore, per i prodotti di cui al medesimo comma 1 provenienti da Paesi terzi;

c) il soggetto cedente, che adempie al medesimo pagamento e agli obblighi previsti dal presente articolo per il tramite di un rappresentante fiscale avente sede nel territorio nazionale autorizzato ai sensi del comma 4, per i prodotti di cui al comma 1 provenienti da un altro Stato dell'Unione europea (2) ;

c-bis) il soggetto avente sede nel territorio nazionale, autorizzato ai sensi del comma 4-bis ad effettuare l'immissione in consumo dei prodotti di cui al comma 1 provenienti da uno Stato dell'Unione europea (3) .

3. Il soggetto che intende fabbricare i prodotti di cui al comma 1 è preventivamente autorizzato dall'Agenzia delle dogane e dei monopoli all'istituzione e alla gestione di un deposito in cui sono realizzati i prodotti di cui al comma 1. A tale fine il medesimo soggetto presenta alla medesima Agenzia un'istanza, in forma telematica, in cui sono indicati, oltre ai dati previsti dalla determinazione di cui al comma 16, il possesso dei requisiti stabiliti per la gestione dei depositi fiscali di tabacchi lavorati dall'articolo 3 del regolamento di cui al decreto del Ministro delle finanze 22 febbraio 1999, n. 67, l'ubicazione del deposito in cui si intende fabbricare i prodotti di cui al comma 1, la denominazione e il contenuto dei prodotti di cui al comma 1 che intende realizzare, la quantità di prodotto presente in ciascuna confezione destinata alla vendita al pubblico, nonché gli altri elementi informativi previsti dall'articolo 6 del codice del consumo, di cui al decreto legislativo 6 settembre 2005, n. 206 (4) .

4. Il rappresentante fiscale di cui al comma 2, lettera c), designato dal soggetto cedente i prodotti di cui al comma 1 provenienti da un altro Stato dell'Unione europea, è preventivamente autorizzato dall'Agenzia delle dogane e dei monopoli. A tale fine il medesimo rappresentante presenta alla medesima Agenzia un'istanza, in forma telematica, in cui sono indicati, oltre ai dati previsti dalla determinazione di cui al comma 16, il possesso dei requisiti stabiliti, per la gestione dei depositi fiscali di tabacchi lavorati, dall'articolo 3 del regolamento di cui al decreto del Ministro delle finanze 22 febbraio 1999, n. 67, la denominazione e il contenuto dei prodotti di cui al comma 1 provenienti da Paesi dell'Unione europea che saranno immessi in consumo nel territorio nazionale, la quantità di prodotto presente in ciascuna confezione destinata alla vendita al pubblico, nonché gli altri elementi informativi previsti dall'articolo 6 del codice di cui al decreto legislativo 6 settembre 2005, n. 206 (5) .

4-bis. Il soggetto di cui al comma 2, lettera c-bis), è preventivamente autorizzato dall'Agenzia delle dogane e dei monopoli all'istituzione e alla gestione di un deposito in cui sono introdotti i prodotti di cui al comma 1. A tale fine il medesimo soggetto presenta alla predetta Agenzia un'istanza, in forma telematica, in cui sono indicati, oltre ai dati previsti dalla determinazione di cui al comma 16, le generalità del rappresentante legale, il possesso dei requisiti stabiliti, per la gestione dei depositi fiscali di tabacchi lavorati, dall'articolo 3 del regolamento di cui al decreto del Ministro delle finanze 22 febbraio 1999, n. 67, l'ubicazione del deposito in cui si intende ricevere i prodotti di cui al comma 1, la denominazione e il contenuto dei prodotti di cui al comma 1 provenienti da Stati dell'Unione europea che saranno immessi in consumo nel territorio nazionale, la quantità di prodotto presente in ciascuna confezione destinata alla vendita al pubblico nonché gli altri elementi informativi previsti dall'articolo 6 del codice di cui al decreto legislativo 6 settembre 2005, n. 206 (6) .

4-ter. L'Agenzia delle dogane e dei monopoli, effettuati i controlli di competenza e verificata l'idoneità della cauzione prestata ai sensi del comma 5, rilascia ai soggetti di cui ai commi 3, 4 e 4-bis, entro sessanta giorni dalla data di ricevimento dell'istanza, l'autorizzazione richiesta ai sensi dei medesimi commi 3, 4 e 4-bis, attribuendo altresì un codice d'imposta (7) .

5. Il soggetto obbligato di cui al comma 2 è tenuto a garantire il pagamento dell'imposta dovuta per ciascun periodo di imposta di cui al comma 1 mediante la costituzione di cauzioni ai sensi della legge 10 giugno 1982, n. 348. Per il fabbricante e per il soggetto di cui al comma 2, lettera c-bis), la cauzione è pari al 10 per cento dell'imposta dovuta sul prodotto mediamente in giacenza nei dodici mesi solari precedenti e comunque non inferiore alla media dell'imposta dovuta in relazione a ciascuno dei dodici mesi solari precedenti. Per il rappresentante fiscale, la cauzione è determinata in misura corrispondente alla media dell'imposta dovuta in relazione a ciascuno dei dodici mesi solari precedenti (8) .

6. L'autorizzazione rilasciata dall'Agenzia delle dogane e dei monopoli di cui ai commi 3, 4 e 4-bis è revocata in caso di violazione delle disposizioni in materia di liquidazione e versamento dell'imposta di consumo di cui al comma 1. La medesima autorizzazione decade nel caso in cui i soggetti autorizzati perdano il possesso di uno o più requisiti soggettivi di cui ai commi 3, 4 e 4-bis o qualora venga meno la garanzia di cui al comma 5 (9) .

7. Per i soggetti obbligati di cui al comma 2, diversi dagli importatori, l'imposta dovuta è determinata sulla base degli elementi indicati nella dichiarazione mensile che il soggetto medesimo deve presentare ai fini dell'accertamento entro il mese successivo a quello cui la dichiarazione si riferisce. Entro lo stesso termine è effettuato il versamento dell'imposta dovuta.

8. Per i prodotti di cui al comma 1 provenienti da Paesi terzi, l'imposta di cui al comma 1 è accertata e riscossa dall'Agenzia delle dogane e dei monopoli con le modalità previste per i diritti di confine.

9. I prodotti di cui al comma 1 destinati ad essere immessi

in consumo nel territorio nazionale sono inseriti in un'apposita tabella di commercializzazione. A tal fine il fabbricante e, per i prodotti provenienti da Paesi terzi, l'importatore chiedono l'inserimento dei prodotti di cui al comma 1 nella predetta tabella indicando la denominazione e il contenuto dei medesimi prodotti. Allo stesso adempimento sono tenuti il rappresentante di cui al comma 2, lettera c), e il soggetto di cui al comma 2, lettera c-bis), per i prodotti di cui al comma 1, provenienti da altri Stati dell'Unione europea, che il soggetto cedente di cui al comma 2 e il soggetto di cui al medesimo comma 2, lettera c-bis), intendono immettere in consumo nel territorio nazionale. L'inserimento dei prodotti di cui al comma 1 nella tabella di commercializzazione è effettuato solo per i prodotti di cui è consentita la vendita per il consumo nel territorio nazionale [10] .

9-bis. Il soggetto di cui al comma 2, lettera c-bis), può solo ricevere i prodotti di cui al comma 1 provenienti da Stati dell'Unione europea, dei quali effettua l'immissione in consumo nel territorio nazionale attraverso la cessione dei medesimi prodotti alle rivendite di cui al comma 12 e agli esercizi di vicinato, farmacie e parafarmacie di cui al comma 13 ai fini della successiva vendita ai consumatori finali. Anche per i prodotti di cui al comma 1 ottenuti nel territorio nazionale, l'immissione in consumo si verifica all'atto della cessione degli stessi prodotti alle rivendite di cui al comma 12 e agli esercizi di vicinato, farmacie e parafarmacie di cui al comma 13, mentre per i prodotti di cui al comma 1 importati da Stati non appartenenti all'Unione europea la predetta immissione si verifica all'atto dell'importazione degli stessi [11] .

9-ter. Per la circolazione dei prodotti di cui al comma 1, nella fase antecedente alla loro immissione in consumo, tra i soggetti di cui al comma 2, lettere a) e c-bis), il mittente è tenuto a fornire garanzia del pagamento dell'imposta di consumo gravante sui prodotti spediti in misura pari al 100 per cento di tale imposta [12] .

10. A decorrere dal 1° gennaio 2023, la circolazione dei prodotti di cui al presente articolo è legittimata mediante applicazione di appositi contrassegni di legittimazione sui singoli condizionamenti. Con determinazione del direttore dell'Agenzia delle dogane e dei monopoli sono stabilite le modalità per l'approvvigionamento dei predetti contrassegni di legittimazione [13] . [A]

11. La commercializzazione dei prodotti di cui al comma 1 è soggetta alla vigilanza dell'Amministrazione finanziaria, ai sensi delle disposizioni dell'articolo 18, per quanto applicabili.

12. La vendita dei prodotti di cui al comma 1 è effettuata in via esclusiva per il tramite delle rivendite di cui all'articolo 16 della legge 22 dicembre 1957, n. 1293. Per la vendita a distanza si applicano le disposizioni di cui all'articolo 21, commi 11 e 12, del decreto legislativo 12 gennaio 2016, n. 6.

13. Con determinazione del direttore dell'Agenzia delle dogane e dei monopoli sono stabiliti, per gli esercizi di vicinato, le farmacie e le parafarmacie, le modalità e i requisiti per l'autorizzazione alla vendita e per l'approvvigionamento dei prodotti di cui al comma 1 secondo i seguenti criteri:

a) prevalenza, per gli esercizi di vicinato, escluse le farmacie e le parafarmacie, dell'attività di vendita dei prodotti di cui al comma 1 anche unitamente ai prodotti di cui all'articolo 62-quater [14] ;

b) effettiva capacità di garantire il rispetto del divieto di vendita ai minori;

c) non discriminazione tra i canali di approvvigionamento;

d) presenza dei medesimi requisiti soggettivi previsti per le rivendite di generi di monopolio.

14. Nelle more dell'adozione della determinazione di cui al comma 13, agli esercizi di cui al medesimo comma è consentita la prosecuzione dell'attività.

15. Le disposizioni degli articoli 291-bis, 291-ter e 291-quater del testo unico delle disposizioni legislative in materia doganale, di cui al decreto del Presidente della Repubblica 23 gennaio 1973, n. 43, si applicano ai prodotti di cui al comma 1 secondo il criterio in base al quale un grammo di tabacco lavorato convenzionale equivale a 10 grammi di prodotti di cui al comma 1 determinati al lordo del peso di eventuali involucri funzionali al consumo degli stessi prodotti. Si applicano, altresì, ai medesimi prodotti di cui al comma 1 le disposizioni di cui all'articolo 50 del presente testo unico, nonché le disposizioni degli articoli 96 della legge 17 luglio 1942, n. 907, e 5 della legge 18 gennaio 1994, n. 50.

16. Con determinazione del direttore dell'Agenzia delle dogane e dei monopoli sono stabiliti il contenuto e le modalità di presentazione dell'istanza ai fini dell'autorizzazione di cui ai commi 3, 4 e 4-bis, le modalità di presentazione e i contenuti della richiesta di inserimento dei prodotti di cui al comma 1 nella tabella di commercializzazione di cui al comma 9, nonché le modalità di tenuta dei registri e documenti contabili in conformità a quelle vigenti per i tabacchi lavorati, per quanto applicabili. Con il medesimo provvedimento sono emanate le ulteriori prescrizioni necessarie per l'attuazione delle disposizioni del comma 5 e sono stabilite la documentazione di accompagnamento e le modalità con le quali i prodotti di cui al comma 1 sono movimentati, nella fase antecedente alla loro immissione in consumo, tra i soggetti di cui al comma 2, lettere a) e c-bis)[15] .

[A] *Per l' Istituzione del codice tributo per il versamento, tramite il modello "F24 Accise", vedi Risoluzione Agenzia delle Entrate 26/10/2022 n. 63/E.*

[B] *Per l'Istituzione del codice tributo per il versamento, tramite il modello "F24 Accise", dell'imposta di consumo per i prodotti che contengono nicotina, vedi Risoluzione Agenzia delle Entrate 14/12/2022 n. 75/E*

[1] *Articolo inserito dall'articolo 3-nonies del D.L. 30 dicembre 2021, n. 228, convertito con modificazioni dalla Legge 25 febbraio 2022, n. 15.*

[2] *Lettera modificata dall'articolo 1, comma 122, lettera d), numero1), della Legge 29 dicembre 2022, n. 197.*

[3] *Lettera aggiunta dall'articolo 1, comma 122, lettera d), numero 1), della Legge 29 dicembre 2022, n. 197.*

[4] *Comma modificato dall'articolo 1, comma 122, lettera d), numero 2), della Legge 29 dicembre 2022, n. 197.*

[5] *Comma modificato dall'articolo 1, comma 122, lettera d), numero 3), della Legge 29 dicembre 2022, n. 197.*

[6] *Comma inserito dall'articolo 1, comma 122, lettera d), numero 4), della Legge 29 dicembre 2022, n. 197.*

[7] *Comma inserito dall'articolo 1, comma 122, lettera d), numero 4), della Legge 29 dicembre 2022, n. 197.*

[8] *Comma modificato dall'articolo 1, comma 122, lettera d), numero 5), della Legge 29 dicembre 2022, n. 197.*

[9] *Comma modificato dall'articolo 1, comma 122, lettera d), numero 6), della Legge 29 dicembre 2022, n. 197.*

[10] *Comma modificato dall'articolo 1, comma 122, lettera d), numero 7), della Legge 29 dicembre 2022, n. 197.*

[11] *Comma inserito dall'articolo 1, comma 122, lettera d), numero 8), della Legge 29 dicembre 2022, n. 197.*

[12] *Comma inserito dall'articolo 1, comma 122, lettera d), numero 8), della Legge 29 dicembre 2022, n. 197.*

[13] *Comma modificato dall'articolo 1, comma 122, lettera d), numero 9), della Legge 29 dicembre 2022, n. 197.*

[14] *Lettera modificata dall'articolo 1, comma 122, lettera d), numero 10), della Legge 29 dicembre 2022, n. 197.*

[15] *Comma sostituito dall'articolo 1, comma 122, lettera d), numero 11), della Legge 29 dicembre 2022, n. 197.*

62 *quinquies*. (Imposta di consumo sui prodotti accessori ai tabacchi da fumo)[A][1]. – 1. Le cartine, le cartine arrotolate senza tabacco e i filtri funzionali ad arrotolare le sigarette sono assoggettati ad imposta di consumo in misura pari a euro 0,0036 il pezzo contenuto in ciascuna confezione destinata alla vendita al pubblico.

2. La circolazione dei prodotti di cui al comma 1 è legittimata dall'inserimento degli stessi in apposita tabella di commercializzazione, secondo le modalità previste al comma 5.

3. I prodotti di cui al comma 1 sono venduti al pubblico esclusivamente per il tramite delle rivendite di cui alla legge 22 dicembre 1957, n. 1293.

4. L'imposta di consumo è dovuta dal produttore o fornitore nazionale o dal rappresentante fiscale del produttore o fornitore estero all'atto della cessione dei prodotti alle rivendite di cui al comma 3, con le modalità previste dall'articolo 39-decies.

5. Con determinazione del direttore dell'Agenzia delle dogane e dei monopoli sono disciplinati le modalità di presentazione e i contenuti della richiesta di inserimento dei prodotti di cui al comma 1 nelle tabelle di commercializzazione previste per ciascuna delle categorie di prodotto, nonché gli obblighi contabili e amministrativi dei soggetti obbligati al pagamento dell'imposta.

6. È vietata la vendita a distanza, anche transfrontaliera, di prodotti di cui al comma 1 ai consumatori che acquistano nel territorio dello Stato. L'Agenzia delle dogane e dei monopoli, fermi i poteri dell'autorità e della polizia giudiziaria ove il fatto costituisca reato, comunica ai fornitori di connettività alla rete internet ovvero ai gestori di altre reti telematiche o di telecomunicazione o agli operatori che in relazione ad esse forniscono servizi telematici o di telecomunicazione, i siti web ai quali inibire l'accesso, attraverso le predette reti, offerenti prodotti di cui al comma 1.

7. Per i prodotti di cui al comma 1 si applicano le disposizioni previste dagli articoli 291-bis, 291-ter e 291-quater del testo unico di cui al decreto del Presidente della Repubblica 23 gennaio 1973, n. 43, nonché dall'articolo 96 della legge 17 luglio 1942, n. 907, e dall'articolo 5 della legge 18 gennaio 1994, n. 50, in quanto applicabili.

[A] *Per l'Istituzione dei codici tributo per il versamento, tramite modello "F24 Accise", dell'imposta di consumo sui prodotti accessori ai tabacchi da fumo, vedi Risoluzione Agenzia delle Entrate 04/02/2020 n. 5/E.*
[1] *Articolo aggiunto dall'articolo 1, comma 660, della Legge 27 dicembre 2019, n. 160.*

TITOLO IV
Disposizioni diverse e finali

63. Licenze di esercizio e diritti annuali. – 1. Le licenze di esercizio previste dal presente testo unico sono rilasciate dall'Ufficio dell'Agenzia delle dogane, competente per territorio, prima dell'inizio dell'attività degli impianti cui si riferiscono ed hanno validità illimitata. Fatte salve le disposizioni previste per i singoli tributi, la licenza viene revocata quando vengono a mancare i presupposti per l'esercizio dell'impianto [1].

2. Le licenze di esercizio sono soggette al pagamento di un diritto annuale nella seguente misura:

a) depositi fiscali (fabbriche ed impianti di lavorazione, di trattamento e di condizionamento): 258,23 euro;

b) depositi fiscali (impianti di produzione di vino e di bevande fermentate diverse dal vino e dalla birra, depositi): 103,29 euro;

c) depositi per uso commerciale di prodotti petroliferi, già assoggettati ad accisa, e di prodotti petroliferi denaturati: 51,64 euro;

d) impianti di produzione su base forfettaria, di trasformazione, di condizionamento, di alcole e di prodotti alcolici, depositi di alcole denaturato e depositi di alcole non denaturato, assoggettato od esente da accisa: 51,64 euro;

e) esercizi di vendita di prodotti alcolici: 33,57 euro. Il diritto annuale di cui alla lettera a) è dovuto anche dai soggetti obbligati al pagamento dell'imposta di consumo disciplinata dall'art. 61. Il diritto annuale di cui alla lettera c) è dovuto per l'esercizio dei depositi commerciali dei prodotti assoggettati all'imposizione di cui all'art. 61. La licenza relativa ai depositi di cui alla lettera c) viene rilasciata anche per gli impianti che custodiscono i prodotti soggetti alla disciplina prevista dal decreto-legge 8 ottobre 1976, n. 691, convertito, con modificazioni, dalla legge 30 novembre 1976, n. 786 [2][3].

3. Nel settore dell'imposta di consumo sull'energia elettrica, le licenze di esercizio sono soggette al pagamento di un diritto annuale nella seguente misura:

a) officine di produzione, cabine e punti di presa, per uso proprio, di un solo stabilimento della ditta esercente e officine di produzione ed acquirenti che rivendono in blocco l'energia prodotta od acquistata ad altri fabbricanti: 23,24 euro;

b) officine di produzione, cabine e punti di presa a scopo commerciale: 77,47 euro [4][5].

4. Il diritto annuale di licenza deve essere versato nel periodo dal 1° al 16 dicembre dell'anno che precede quello cui si riferisce per gli impianti di nuova costruzione o che cambiano titolare, prima del rilascio della licenza. L'esercente che non versa il diritto di licenza entro il termine stabilito è punito con la sanzione amministrativa da una a tre volte l'importo del diritto stesso [6].

5. La licenza annuale per la vendita di liquori o bevande alcoliche di cui all'art. 86 del testo unico delle leggi di pubblica sicurezza, approvato con regio decreto 18 giugno 1931, n. 773 e successive modificazioni, non può essere rilasciata o rinnovata a chi è stato condannato per fabbricazione clandestina o per gli altri reati previsti dal presente testo unico in materia di accisa sull'alcole e sulle bevande alcoliche.

[1] *Comma modificato dall'articolo 1, comma 1, lettera ddd), numero 1), del D.Lgs. 29 marzo 2010, n. 48.*
[2] *A norma dell'articolo 21, comma 5, della legge 23 dicembre 1998, n. 448, a valere dall'anno 1999 il diritto annuale di licenza per gli esercizi di vendita di prodotti alcolici di cui alla presente lettera, è soppresso.*
[3] *Comma modificato dall'articolo 1, comma 1, lettera ddd), numero 2), del D.Lgs. 29 marzo 2010, n. 48.*
[4] *Lettera sostituita dall'articolo 28, comma 2, lettera f), della legge 23 dicembre 2000, n. 388.*
[5] *Comma modificato dall'articolo 1, comma 1, lettera ddd), numero 3), del D.Lgs. 29 marzo 2010, n. 48.*
[6] *Comma modificato dall'articolo 28, comma 2, lettera g), della legge 23 dicembre 2000, n. 388.*

64. Prestazione della cauzione. – 1. Nei casi in cui è prescritta la prestazione di una cauzione, il rilascio della licenza e l'esercizio dell'impianto sono subordinati a tale adempimento. Qualora occorre integrare la cauzione, il soggetto obbligato deve provvedervi entro trenta giorni dal termine stabilito dall'amministrazione finanziaria; in caso di inosservanza di tale termine la licenza è revocata. Non occorre integrazione se l'aumento della cauzione è inferiore al 10 per cento dell'importo della cauzione prestata.

65. Adeguamenti alla normativa comunitaria. – 1. Le disposizioni delle direttive della Comunità *[economica]* europea in materia di accisa, che dispongono modificazioni e integrazioni di quelle recepite con il decreto-legge 30 agosto 1993, n. 331, convertito, con modificazioni, dalla legge 29 ottobre 1993, n. 427, anche con riferimento ad adeguamenti di aliquote, stabiliti dai competenti organi comunitari sia per la fissazione del livello delle aliquote minime e il mantenimento del loro valore reale sia per tener conto delle variazioni del valore dell'ECU rispetto alla valuta nazionale, sono recepite, in via amministrativa, con decreto del Presidente del Consiglio dei Ministri, su proposta del Ministro dell'economia e delle finanze, previa deliberazione del Consiglio dei Ministri [(1)].

(1) Comma modificato dall'articolo 1, comma 1, lettera eee), del D.Lgs. 29 marzo 2010, n. 48.

66. Regime di vigilanza per gli alcoli metilico, propilico ed isopropilico. – 1. Il regime di vigilanza fiscale previsto per gli alcoli metilico, propilico ed isopropilico, di cui all'art. 2 del decreto-legge 18 giugno 1986, n. 282, convertito, con modificazioni, dalla legge 7 agosto 1986, n. 462, si applica anche ai prodotti di provenienza comunitaria che sono, a tal fine, assimilati ai prodotti nazionali; l'assunzione in carico, nei prescritti registri, è effettuata con riferimento alla documentazione commerciale emessa per la scorta o per la fornitura delle singole partite di prodotti.

67. Norme di esecuzione e disposizioni transitorie. – 1. Con decreto del Ministro dell'economia e delle finanze, da emanare ai sensi dell'art. 17, comma 3, della legge 23 agosto 1988, n. 400, sono stabilite le norme regolamentari per l'applicazione del presente testo unico, con particolare riferimento all'accertamento e contabilizzazione dell'imposta, all'istituzione dei depositi fiscali, al riconoscimento delle qualità di destinatario registrato, speditore registrato o di obbligato d'imposta diversa dalle accise, alla concessione di agevolazioni, esenzioni, abbuoni o restituzioni, al riconoscimento di non assoggettabilità al regime delle accise, all'effettuazione della vigilanza finanziaria e fiscale, alla circolazione e deposito dei prodotti sottoposti ad imposta o a vigilanza fiscale, alla cessione dei contrassegni di Stato, all'istituzione degli uffici finanziari di fabbrica. In attuazione dei criteri di carattere generale stabiliti dalle norme regolamentari, l'amministrazione finanziaria impartisce le disposizioni specifiche per i singoli casi. Fino a quando non saranno emanate le predette norme regolamentari restano in vigore quelle vigenti, in quanto applicabili. I cali ammissibili all'abbuono dell'imposta, fino a quando non saranno determinati con il decreto previsto dall'art. 4, comma 2, si determinano in base alle percentuali stabilite dalle norme vigenti [(1)(2)].

[2. Fino all'emanazione del decreto previsto dall'art. 2, comma 5, per l'applicazione delle variazioni di aliquote ai prodotti già immessi in consumo, valgono le disposizioni dell'art. 9 della legge 11 maggio 1981, n. 213; per la loro inosservanza si applica la sanzione amministrativa prevista dall'art. 50.] [(3)]

3. Le disposizioni dell'art. 63 si applicano per i diritti annuali relativi agli anni 1996 e seguenti. Per gli impianti che vengono assoggettati a licenza, gli esercenti devono denunciare la loro attività entro 60 giorni dalla data di entrata in vigore del testo unico; il diritto di licenza deve essere pagato a decorrere dal 1996.

4. Fino al 30 giugno 1999, sono esentati dall'accisa i prodotti venduti in negozi sotto controllo doganale e trasportati, nei limiti dei quantitativi consentiti dalle vigenti disposizioni comunitarie, nel bagaglio personale di un viaggiatore che si reca in un altro Stato membro con un volo o con una traversata marittima intracomunitaria.

5. Il diritto erariale speciale per gli alcoli denaturati previsto dall'art. 4 del D.L. 6 ottobre 1948, n. 1200, convertito, con modificazioni, dalla L. 3 dicembre 1948, n. 1388, e successive modificazioni, soppresso dal 1° luglio 1996 dall'art. 35, comma 2, del D.L. 30 agosto 1993, n. 331, convertito, con modificazioni, dalla L. 29 ottobre 1993, n. 427, si applica con l'osservanza delle disposizioni stabilite dall'art. 61.

6. Per la vigilanza sulla produzione e sul commercio delle materie prime alcoligene restano in vigore, in quanto applicabili, le disposizioni del decreto-legge 30 ottobre 1952, n. 1322, convertito, con modificazioni, dalla legge 20 dicembre 1952, n. 2384, fino a quando la materia non sarà regolamentata con il decreto da emanare ai sensi del comma 1. Per le violazioni delle predette disposizioni si applica l'art. 50.

7. La classificazione dei prodotti energetici di cui al presente testo unico è effettuata con riferimento ai codici della nomenclatura combinata di cui al regolamento (CE) n. 2031/2001 della Commissione del 6 agosto 2001, che modifica l'allegato I del regolamento (CEE) n. 2658/87 del Consiglio, del 23 luglio 1987, relativo alla nomenclatura tariffaria e statistica ed alla tariffa doganale comune[(4)].

8. I nuovi adempimenti derivanti dalle disposizioni del presente testo unico, qualora non sia stato stabilito un termine diverso, sono eseguiti entro 180 giorni dalla data di entrata in vigore del testo unico medesimo.

(1) Comma modificato dall'articolo 1, comma 1, lettera fff), numero 1), del D.Lgs. 29 marzo 2010, n. 48.
(2) A norma dell'articolo 2, comma 3, del D.Lgs. 29 marzo 2010, n. 48, in tutte le disposizioni regolamentari emanate ai sensi del presente comma, le parole: «operatore registrato», ovunque ricorrano, sono sostituite dalle seguenti: «destinatario registrato».
(3) Comma abrogato dall'articolo 1, comma 1, lettera fff), numero 2), del D.Lgs. 29 marzo 2010, n. 48.
(4) Comma sostituito dall'articolo 1, comma 1, lettera aa), del D.Lgs. 2 febbraio 2007, n. 26.

68. Disposizioni finali. – 1. Sono abrogati i provvedimenti legislativi e le norme incompatibili con le disposizioni del presente testo unico ed in particolare:

a) il testo unico delle disposizioni di carattere legislativo concernenti l'imposta di fabbricazione sugli spiriti, approvato con decreto del Ministro delle finanze 8 luglio 1924 31, pubblicato nella Gazzetta Ufficiale n. 195 del 20 agosto 1924, e successive modificazioni;

b) il testo unico delle disposizioni di carattere legislativo concernenti l'imposta di fabbricazione sulla birra, approvato con decreto del Ministro delle finanze 8 luglio 1924, pubblicato nella Gazzetta Ufficiale n. 195 del 20 agosto 1924, e successive modificazioni;

c) il testo unico delle disposizioni di carattere legislativo concernenti l'imposta di consumo sull'energia elettrica, approvato dal decreto del Ministro delle finanze 8 luglio 1924, pubblicato nella Gazzetta Ufficiale n. 195 del 20 agosto 1924, e successive modificazioni;

d) il R.D.L. 2 febbraio 1933, n. 23, convertito dalla legge 3 aprile 1933, n. 353, contenente misure per ostacolare lo spaccio di alcole di contrabbando, e successive modificazioni;

e) il regio decreto-legge 27 aprile 1936, n. 635, convertito dalla legge 8 aprile 1937, n. 594, concernente modificazioni al regime fiscale degli spiriti e nuovo assetto della loro produzione e del loro impiego, e successive modificazioni;

f) il regio decreto-legge 1° marzo 1937, n. 226, convertito, con modificazioni, dalla legge 17 giugno 1937, n. 1004, concernente modificazioni al regime fiscale dell'alcole impiegato nella preparazione del marsala, del vermut, dei liquori, del cognac e di altri prodotti alcolici, e successive modificazioni;

g) il regio decreto-legge 28 febbraio 1939, n. 334, convertito dalla legge 2 giugno 1939, n. 739, concernente l'istituzione di una imposta di fabbricazione i prodotti energetici e sui prodotti della loro lavorazione, e successive modificazioni;

h) il decreto legislativo luogotenenziale 26 aprile 1945, n. 223, contenente, fra l'altro, modificazioni al regime fiscale degli spiriti, all'imposta di consumo sull'energia elettrica, e successive modificazioni;

i) il decreto legislativo del Capo provvisorio dello Stato 11 aprile 1947, n. 226, e le successive modificazioni di cui al decreto-legge 6 ottobre 1948, n. 1199, convertito dalla legge 3 dicembre 1948, n. 1387, alla legge 31 ottobre 1966, n. 940, al decreto-legge 30 agosto 1968, n. 918, convertito, con modificazioni, dalla legge 25 ottobre 1968, n. 1089, alla legge 17 luglio 1975, n. 391, alla legge 27 aprile 1981, n. 160, al decreto-legge 30 maggio 1988, n. 173, convertito, con modificazioni, dalla legge 26 luglio 1988, n. 291, al decreto-legge 13 maggio 1991, n. 151, convertito, con modificazioni, dalla legge 12 luglio 1991, n. 202, concernenti modificazioni all'imposta sul consumo dell'energia elettrica;

l) il decreto-legge 24 novembre 1954, n. 1071, convertito dalla legge 10 dicembre 1954, n. 1167 e legge 11 giugno 1959, n. 405, concernenti l'istituzione di una imposta di fabbricazione sui gas incondensabili delle raffinerie resi liquidi con la compressione;

m) il decreto-legge 5 maggio 1957, n. 271, convertito, con modificazioni, dalla legge 2 luglio 1957, n. 474, contenente disposizioni per la prevenzione e la repressione delle frodi nel settore i prodotti energetici , e successive modificazioni;

n) la legge 31 dicembre 1962, n. 1852, contenente modificazioni al regime fiscale dei prodotti petroliferi;

o) il decreto del Presidente della Repubblica 29 aprile 1975, n. 232, contenente norme in materia di imposta di fabbricazione sui prodotti petroliferi, e successive modificazioni;

p) il decreto-legge 18 marzo 1976, n. 46, convertito, con modificazioni, dalla legge 10 maggio 1976, n. 249, e decreto-legge 7 febbraio 1977, n. 15, convertito, con modificazioni, dalla legge 7 aprile 1977, n. 102, contenenti disposizioni per l'imposta di consumo sul gas naturale, e successive modificazioni;

q) la legge 2 agosto 1982, n. 513, concernente, fra l'altro, la disciplina fiscale delle miscele di idrocarburi e dei liquidi combustibili ottenuti dal trattamento dei rifiuti industriali o urbani;

r) le disposizioni di cui agli articoli 10, 11, 12, 13, 14, 15, 16 e 17 del decreto-legge 30 settembre 1982, n. 688 , convertito, con modificazioni, dalla legge 27 novembre 1982, n. 873.

Allegato 1 *(Omissis)*

Allegato 2 *(Omissis)*

4. D.P.R. 26 ottobre 1972, n. 640

Imposta *[sugli spettacoli]* (IMPOSTA SUGLI SPETTACOLI-INTRATTENIMENTI)(1)(2)(3)(4)(5).

(1) *Pubblicato in Suppl. ordinario alla Gazz. Uff., 11 novembre, n. 292.*
(2) *In luogo di imposta sugli spettacoli leggasi imposta sugli intrattenimenti ex d.lg. 26 febbraio 1999, n. 60.*
(3) *Per una deroga delle disposizioni di cui al presente decreto, vedi l'art. 3, comma 81, l. 23 dicembre 1996, n. 662.*
(4) *In luogo di Intendente/Intendenza di finanza, leggasi Direzione regionale delle entrate.*
(5) *Con d.lg. 31 marzo 1998, n. 112, sono state trasferite alle regioni ed agli enti locali, tra l'altro, le competenze in materia di turismo, sport e spettacolo.*

(Omissis).

TITOLO I
Disposizioni generali

1. Presupposto dell'imposta. – Sono soggetti all'imposta gli intrattenimenti, i giochi e le altre attività indicati nella tariffa allegata al presente decreto, che si svolgono nel territorio dello Stato (1).

(1) *Articolo così sostituito dall'art. 1, d.lg. 26 febbraio 1999, n. 60 a decorrere dal 1° gennaio 2000.*

2. Soggetti d'imposta. – 1. È soggetto d'imposta chiunque organizza gli intrattenimenti e le altre attività di cui alla tariffa allegata al presente decreto ovvero esercita case da gioco.

2. Nei casi in cui l'esercizio di case da gioco è riservato per legge ad un ente pubblico, questi è soggetto d'imposta anche se ne delega ad altri la gestione (1).

(1) *Articolo così sostituito dall'art. 2, d.lg. 26 febbraio 1999, n. 60 a decorrere dal 1° gennaio 2000. Vedi, anche, l'articolo 92 della legge 27 dicembre 2002, n. 289.*

3. Base imponibile. – 1. La base imponibile è costituita dall'importo dei singoli titoli di accesso di cui agli articoli 6 e 6- bis, venduti al pubblico per l'ingresso o l'occupazione del posto o dal prezzo comunque corrisposto per assistere o partecipare agli intrattenimenti ed alle altre attività elencati nella tariffa, al netto dell'imposta sul valore aggiunto in quanto dovuta.

2. Costituiscono altresì base imponibile:

a) gli aumenti apportati ai prezzi delle consumazioni o servizi offerti al pubblico;

b) i corrispettivi delle cessioni e delle prestazioni di servizi accessori, obbligatoriamente imposte;

c) l'ammontare degli abbonamenti, dei proventi derivanti da sponsorizzazione e cessione dei diritti radiotelevisivi, dei contributi da chiunque erogati, nonché il controvalore delle dotazioni da chiunque fornite e ogni altro provento comunque connesso all'utilizzazione ed alla organizzazione degli intrattenimenti e delle altre attività.

3. Qualora gli intrattenimenti e le altre attività di cui al comma 1 siano organizzati da enti, società o associazioni per i propri soci, l'imposta si applica:

a) sull'intero ammontare delle quote o contributi associativi corrisposti, se l'ente abbia come unico scopo quello di organizzare tali intrattenimenti ed attività;

b) sulla parte dell'ammontare delle quote o contributi anzidetti, riferibile all'attività soggetta all'imposta, qualora l'ente svolga anche altre attività;

c) sul prezzo dei titoli di accesso e dei posti riservati e sulle somme o valori corrisposti per le voci di cui alle lettere a), b) e c) del comma 2 [1].

4. Per le case da gioco la base imponibile è costituita giornalmente dalla differenza attività fra le somme introitate per i giochi e quelle pagate ai giocatori per le vincite e da qualsiasi altro introito connesso all'esercizio del gioco.

5. Sono escluse dal computo dell'ammontare imponibile le somme dovute a titolo di rivalsa obbligatoria dell'imposta sugli intrattenimenti e di quanto è dovuto agli enti pubblici concedenti, a cui è riservato per legge l'esercizio delle case da gioco [2].

[1] *Per una deroga delle disposizioni di cui al presente comma, vedi l'art. 21, l. 7 dicembre 2000, n. 383.*
[2] *Articolo così sostituito dall'art. 3, d.lg. 26 febbraio 1999, n. 60 a decorrere dal 1° gennaio 2000.*

4. Aliquote. – 1. Le aliquote dell'imposta sono quelle stabilite dalla tariffa annessa al presente decreto in vigore al momento iniziale dell'intrattenimento [1].

[1] *Articolo così sostituito dall'art. 4, d.lg. 26 febbraio 1999, n. 60 a decorrere dal 1° gennaio 2000.*

5. Finalità di beneficenza. – 1. In caso di intrattenimenti ed altre attività i cui introiti sono destinati a enti pubblici ed organizzazioni non lucrative di utilità sociale di cui all'articolo 10 del decreto legislativo 4 dicembre 1997, n. 460, per essere utilizzati a fini di beneficenza, la base imponibile relativa a tali introiti, è ridotta del 50 per cento. Tale riduzione è riconosciuta purché gli intrattenimenti, a tal fine organizzati da un medesimo soggetto, non superino nel corso dell'anno dodici giornate di attività.

2. I fondi raccolti, dedotte le spese e comunque in misura non inferiore ai due terzi degli incassi al netto delle imposte, debbono essere destinati all'ente beneficiario.

3. L'agevolazione spetta a condizione che l'organizzatore presenti preventivamente la dichiarazione prevista all'ufficio accertatore e rediga un apposito rendiconto dal quale risultino le entrate e le spese relative a ciascuna iniziativa, tenuto e conservato ai sensi dell'articolo 22 del decreto del Presidente della Repubblica 29 settembre 1973, n. 600.

4. Se la manifestazione di beneficenza viene organizzata da enti pubblici, l'imposta non è dovuta, purché siano rispettate tutte le condizioni indicate nei commi da 1 a 3.

5. Restano ferme le disposizioni agevolative previste dal decreto legislativo 4 dicembre 1997, n. 460, per le attività di intrattenimento di cui alla tariffa allegata al presente decreto svolte in concomitanza di celebrazioni, ricorrenze o campagne di sensibilizzazione alle condizioni e nel rispetto degli adempimenti ivi previsti [1].

[1] *Articolo così sostituito dall'art. 5, d.lg. 26 febbraio 1999, n. 60 a decorrere dal 1° gennaio 2000.*

TITOLO II
Accertamento e riscossione

6. Titoli di accesso per gli intrattenimenti e le altre attività soggette ad imposta. – 1. Gli esercenti e gli altri soggetti d'imposta hanno l'obbligo di consegnare a ciascun partecipante o spettatore, all'atto del pagamento del prezzo, un titolo di accesso rilasciato mediante misuratori fiscali, conformi al modello approvato dal Ministero delle finanze, ovvero mediante biglietterie automatizzate già in servizio, purché conformi alle caratteristiche degli apparecchi misuratori fiscali previsti dalla legge 26 gennaio 1983, n. 18.

2. Il Ministero delle finanze, con proprio decreto, in considerazione di particolari condizioni dell'intrattenimento può autorizzare l'uso di speciali apparecchiature di distribuzione dei titoli di accesso aventi anche caratteristiche diverse da quelle previste dal comma 1. La richiesta può essere inoltrata dai produttori delle apparecchiature o dai titolari dei locali dove debbono essere installate.

3. I titoli di accesso possono essere emessi mediante sistemi elettronici centralizzati gestiti anche da terzi; il Ministero delle finanze con proprio decreto stabilisce i criteri e le modalità per l'applicazione dell'imposta relativamente ai titoli di accesso emessi mediante sistemi elettronici centralizzati, nonché per i relativi controlli.

3- bis. I soggetti che hanno optato ai sensi della legge 16 dicembre 1991, n. 398, nonché le associazioni di promozione sociale di cui all'articolo 5 del decreto legislativo 4 dicembre 1997, n. 460, per le attività di intrattenimento a favore dei soci sono esonerati dall'obbligo di utilizzare i misuratori fiscali di cui al presente articolo [1][2].

[1] *Comma aggiunto dall'art. 33, l. 23 dicembre 2000, n. 388. Vedi anche l'articolo 9 della legge 28 dicembre 2001, n. 289.*
[2] *Articolo così sostituito dall'art. 6, d.lg. 26 febbraio 1999, n. 60 a decorrere dal 1° gennaio 2000.*

6 *bis*. Abbonamenti. – 1. Per le prestazioni rese in abbonamento la base imponibile è pari all'importo complessivo diviso per il numero delle prestazioni od attività cui l'abbonamento stesso dà diritto e il tributo è liquidato su ciascuna rendicontazione d'incasso.

2. Sono ammessi abbonamenti anche per attività organizzate da più soggetti in diversi locali.

3. Con decreto del Ministero delle finanze sono emanate le disposizioni di attuazione del presente articolo [1].

[1] *Articolo aggiunto dall'art. 7, d.lg. 26 febbraio 1999, n. 60 a decorrere dal 1° gennaio 2000.*

7. Registri di carico e scarico dei biglietti per spettacoli ed altre attività [1].

[1] *Articolo abrogato dall'art. 22, d.lg. 26 febbraio 1999, n. 60 a decorrere dal 1° gennaio 2000.*

8. Distinta d'incasso per gli spettacoli ed altre attività.
(Omissis)[1]

[1] *Articolo abrogato dall'art. 22, d.lg. 26 febbraio 1999, n. 60 a decorrere dal 1° gennaio 2000.*

9. Biglietti per scommesse.
(Omissis)[1]

[1] *Articolo abrogato dall'art. 22, d.lg. 26 febbraio 1999, n. 60 a decorrere dal 1° gennaio 2000.*

10. Registro di carico e scarico dei biglietti per scommesse.
(Omissis)[1]

[1] *Articolo abrogato dall'art. 22, d.lg. 26 febbraio 1999, n. 60 a decorrere dal 1° gennaio 2000.*

11. Distinta d'incasso per scommesse.
(Omissis)[1]

[1] *Articolo abrogato dall'art. 22, d.lg. 26 febbraio 1999, n. 60 a decorrere dal 1° gennaio 2000.*

12. Distinta per la contabilizzazione dei proventi delle case da gioco.
(Omissis)[1]

[1] *Articolo abrogato dall'art. 22, d.lg. 26 febbraio 1999, n. 60 a decorrere dal 1° gennaio 2000.*

13. Accertamento in base a dichiarazione.
(Omissis)[1]

[1] *Articolo abrogato dall'art. 22, d.lg. 26 febbraio 1999, n. 60 a decorrere dal 1° gennaio 2000.*

14. Imponibili medi. – 1. L'imposta si applica su imponibili determinati a norma del comma 2:

a) per le esecuzioni musicali non dal vivo e senza altre prestazioni sostitutive ed accessorie obbligatoriamente imposte ai partecipanti, effettuate in pubblici esercizi;

b) per le attività di minima importanza e per quelle soggette ad imposta svolte congiuntamente ad altre che non vi sono soggette.

2. Per i soggetti che esercitano le attività di cui alla lettera a) del comma 1, la base imponibile è determinata nella misura del 50 per cento dei proventi conseguiti. Per quelli che esercitano le attività di cui alla lettera b) del comma 1, la base imponibile è costituita dal 50 per cento dei proventi conseguiti, sempreché i ricavi dell'anno solare precedente siano ammontati ad un importo non superiore a cinquanta milioni di lire.

3. È data facoltà di optare per la determinazione dell'imponibile in via ordinaria [1].

[1] *Articolo così sostituito dall'art. 8, d.lg. 26 febbraio 1999, n. 60 a decorrere dal 1° gennaio 2000.*

14 *bis*. Apparecchi da divertimento e intrattenimento[1][2]. – 1. Per gli apparecchi e congegni per il gioco lecito di cui all'articolo 110 del testo unico delle leggi di pubblica sicurezza, di cui al regio decreto 18 giugno 1931, n. 773, e successive modificazioni, il pagamento delle imposte, determinate sulla base dell'imponibile medio forfetario annuo di cui ai commi 2 e 3, è effettuato in unica soluzione, con le modalità stabilite dall'articolo 17 del decreto legislativo 9 luglio 1997, n. 241, e successive modificazioni, entro il 16 marzo di ogni anno ovvero entro il giorno 16 del mese successivo a quello di prima installazione per gli apparecchi e congegni installati dopo il 1° marzo. A decorrere dallo gennaio 2004, le disposizioni di cui al precedente periodo si applicano, esclusivamente, agli apparecchi e congegni per il gioco lecito di cui all'articolo 110, comma 7, del citato testo unico. Entro il 21 marzo 2003 gli apparecchi e congegni automatici, semiautomatici ed elettronici per il gioco lecito, come definiti ai sensi dell'articolo 110, comma 7, del predetto testo unico, installati prima del 1° gennaio 2003, devono essere denunciati, con apposito modello approvato con decreto dirigenziale, al Ministero dell'economia e delle finanze - Amministrazione autonoma dei Monopoli di Stato, che rilascia apposito nulla osta, per ciascun apparecchio, a condizione del contestuale pagamento delle imposte dovute previa dimostrazione, nelle forme di cui all'articolo 38 della legge 23 dicembre 2000, n. 388, e successive modificazioni, della sussistenza dei requisiti tecnici previsti dal citato articolo 110. In tal caso, nell'ipotesi di pagamento entro la predetta data del 21 marzo 2003 degli importi dovuti per l'anno 2003, nulla è dovuto per gli anni precedenti e non si fa luogo al rimborso di eventuali somme già pagate a tale titolo. In caso di inadempimento delle prescrizioni di cui al secondo e terzo periodo, gli apparecchi ivi indicati sono confiscati e, nel caso in cui i proprietari e gestori siano soggetti concessionari dell'Amministrazione autonoma dei Monopoli di Stato ovvero titolari di autorizzazione di polizia ai sensi dell'articolo 88 del testo unico delle leggi di pubblica sicurezza, si provvede al ritiro del relativo titolo [3][4].

2. Fino alla attivazione della rete per la gestione telematica di cui al comma 4, per gli apparecchi e congegni per il gioco lecito di cui all'articolo 110, comma 6, del testo unico delle leggi di pubblica sicurezza, di cui al regio decreto 18 giugno 1931, n. 773, e successive modificazioni, è stabilito, ai fini dell'imposta sugli intrattenimenti, un imponibile medio forfetario annuo di 10.000 euro per l'anno 2003 [4].

3. Per gli apparecchi e congegni di cui all'articolo 110, comma 7, del testo unico delle leggi di pubblica sicurezza, di cui al regio decreto 18 giugno 1931, n. 773, e successive modificazioni, ai fini dell'imposta sugli intrattenimenti la misura dell'imponibile medio forfetario annuo, per essi previsto alla data del 1° gennaio 2001, è per l'anno 2001 e per ciascuno di quelli successivi fino all'anno 2003:

a) di 1.500 euro, per gli apparecchi di cui alla lettera a) del predetto comma 7 dell'articolo 110;

b) di 4.100 euro, per gli apparecchi di cui alla lettera b) del predetto comma 7 dell'articolo 110;

c) di 800 euro, per gli apparecchi di cui alla lettera c) del predetto comma 7 dell'articolo 110 [4].

3-bis. Per gli apparecchi e congegni di cui all'articolo 110,

DOGANE - ACCISE - GIOCHI

comma 7, del testo unico delle leggi di pubblica sicurezza, di cui al regio decreto 18 giugno 1931, n. 773, e successive modificazioni e integrazioni, ai fini dell'imposta sugli intrattenimenti la misura dell'imponibile medio forfetario annuo è, per l'anno 2004 e per ciascuno di quelli successivi, prevista in:

a) 1.800 euro, per gli apparecchi di cui alla lettera a) del predetto comma 7 dell'articolo 110;

b) 2.500 euro, per gli apparecchi di cui alla lettera b) del predetto comma 7 dell'articolo 110;

c) 1.800 euro, per gli apparecchi di cui alla lettera c) del predetto comma 7 dell'articolo 110 (5).

4. Entro il 30 giugno 2004 sono individuati, con procedure ad evidenza pubblica nel rispetto della normativa nazionale e comunitaria, uno o più concessionari della rete o delle reti dell'Amministrazione autonoma dei monopoli di Stato per la gestione telematica degli apparecchi di cui all'articolo 110, comma 6, del testo unico delle leggi di pubblica sicurezza, di cui al regio decreto 18 giugno 1931, n. 773, e successive modificazioni e integrazioni. Tale rete o reti consentono la gestione telematica, anche mediante apparecchi videoterminali, del gioco lecito previsto per gli apparecchi di cui al richiamato comma 6. Con uno o più decreti del Ministro dell'economia e delle finanze, adottati ai sensi dell'articolo 17, comma 3, della legge 23 agosto 1988, n. 400, e successive modificazioni ed integrazioni, sono dettate disposizioni per la attuazione del presente comma (6).

5. Con decreto del Ministero dell'economia e delle finanze, adottato entro il 31 gennaio dell'anno cui gli stessi si riferiscono, possono essere stabilite variazioni degli imponibili medi forfetari di cui ai commi 2 e 3, nonché stabilita forfetariamente la base imponibile per gli apparecchi meccanici o elettromeccanici, in relazione alle caratteristiche tecniche degli apparecchi medesimi (7)(8).

(1) Articolo aggiunto dall'articolo 9 del D.Lgs. 26 febbraio 1999, n. 60 a decorrere dal 1° gennaio 2000 e successivamente sostituito dall'articolo 22 della legge 27 dicembre 2002, n. 289.
(2) Vedi articolo 1 del D.Lgs. 2 dicembre 1999, n. 464.
(3) Comma modificato dall'articolo 8 del D.L. 24 dicembre 2002, n. 282.
(4) Comma modificato dall'articolo 39 del D.L. 30 settembre 2003, n. 269.
(5) Comma inserito dall'articolo 39 del D.L. 30 settembre 2003, n. 269.
(6) Comma sostituito dall'articolo 39 del D.L. 30 settembre 2003, n. 269. Per la proroga del termine di cui al presente comma, vedi l'articolo 1, comma 532, della legge 23 dicembre 2005, n. 266.
(7) Per l'anno 2005 vedi il D.M. 28 gennaio 2005; per l'anno 2007 vedi il D.M. 18 gennaio 2007.
(8) Per la fissazione del canone di concessione previsto dal presente articolo, vedi l'articolo 1, comma 530, lettera c), della legge 23 dicembre 2005, n. 266 come modificato dall'articolo 1, comma 1, del D.M. 22 ottobre 2009.

14 *ter*. Controllo dei versamenti di imposte relative ad apparecchi e congegni per il gioco lecito (1). – 1. Avvalendosi di procedure automatizzate, l'Amministrazione autonoma dei monopoli di Stato esegue, entro il 31 dicembre del secondo anno successivo a quello di scadenza del termine per il pagamento dell'imposta, il controllo dei versamenti effettuati dai contribuenti per gli apparecchi e congegni previsti all'articolo 110, comma 7, del testo unico di cui al regio decreto 18 giugno 1931, n. 773, e successive modificazioni, nonché per gli apparecchi meccanici od elettromeccanici (2).

2. Nel caso in cui risultino omessi, carenti o intempestivi i versamenti dovuti, l'esito del controllo automatizzato è comunicato al contribuente per evitare la reiterazione di errori. Il contribuente può fornire i chiarimenti necessari all'Amministrazione autonoma dei monopoli di Stato entro i trenta giorni successivi al ricevimento della comunicazione.

3. Con decreti del Ministero dell'economia e delle finanze - Amministrazione autonoma dei monopoli di Stato, sono definite le modalità di effettuazione dei controlli automatici di cui al comma 1.

(1) Articolo inserito dall'articolo 1, comma 548, della legge 23 dicembre 2005, n. 266.
(2) A norma dell'articolo 42, comma 4 del D.L. 30 dicembre 2008, n. 207, per l'anno 2006, il termine di cui al presente comma, è fissato al 30 giugno 2009.

14 *quater*. Iscrizione a ruolo delle somme dovute a seguito dei controlli automatici (1). – 1. Le somme che, a seguito dei controlli automatici effettuati ai sensi dell'articolo 14-ter, comma 1, risultano dovute a titolo d'imposta sugli intrattenimenti, nonché di interessi e di sanzioni per ritardato od omesso versamento, sono iscritte direttamente nei ruoli, resi esecutivi a titolo definitivo nel termine di decadenza fissato al 31 dicembre del terzo anno successivo a quello di scadenza del termine per il pagamento delle imposte. Per la determinazione del contenuto del ruolo, delle procedure, delle modalità della sua formazione e dei tempi di consegna, si applica il regolamento di cui al decreto del Ministro delle finanze 3 settembre 1999, n. 321 (2).

2. Le cartelle di pagamento recanti i ruoli di cui al comma 1 devono essere notificate, a pena di decadenza, entro il 31 dicembre del quarto anno successivo a quello di scadenza del termine per il pagamento dell'imposta (2).

3. L'iscrizione a ruolo non è eseguita, in tutto o in parte, se il contribuente provvede a pagare, con le modalità indicate nell'articolo 17 del decreto legislativo 9 luglio 1997, n. 241, e successive modificazioni, le somme dovute, entro trenta giorni dal ricevimento della comunicazione prevista dall'articolo 14-ter, comma 2, ovvero della comunicazione definitiva contenente la rideterminazione, in sede di autotutela, delle somme dovute, a seguito dei chiarimenti forniti dal contribuente. In questi casi, l'ammontare delle sanzioni amministrative previste è ridotto ad un terzo e gli interessi sono dovuti fino all'ultimo giorno del mese antecedente a quello dell'elaborazione della comunicazione.

(1) Articolo inserito dall'articolo 1, comma 548, della legge 23 dicembre 2005, n. 266.
(2) A norma dell'articolo 1, comma 99, della legge 27 dicembre 2006, n. 296 i termini di cui ai presenti commi sono fissati, rispettivamente, al 31 dicembre 2008 e al 31 dicembre 2009 per l'anno 2004 e al 31 dicembre 2009 e al 31 dicembre 2010 per l'anno 2005. Successivamente l'articolo 42, comma 4, del D.L. 30 dicembre 2008, n. 207 ha fissato, per l'anno 2006, i termini di cui al presente comma, rispettivamente al 30 giugno 2010 ed al 30 giugno 2011.

14 *quinquies*. Disposizioni in materia di recupero dell'IVA sugli intrattenimenti (1). – 1. Le disposizioni di cui agli articoli 14-ter e 14-quater possono essere applicate anche dagli uffici dell'Agenzia delle entrate per il recupero dell'IVA connessa con l'imposta sugli intrattenimenti. A tal fine, l'Amministrazione autonoma dei monopoli di Stato comunica all'Agenzia delle entrate le violazioni constatate in sede di controllo dell'imposta sugli intrattenimenti. Per quanto non previsto dagli articoli 14-ter e 14-quater si applicano le disposizioni in materia di IVA.

(1) *Articolo inserito dall'articolo 1, comma 548, della legge 23 dicembre 2005, n. 266.*

15. Semplificazione degli adempimenti dei contribuenti. – 1. Per quanto riguarda gli adempimenti contabili previsti per i soggetti d'imposta di cui all'articolo 2, nonché per le modalità ed i termini di pagamento dell'imposta liquidata ai sensi degli articoli precedenti si applica l'articolo 3, comma 136, della legge 23 dicembre 1996, n. 662[1].

(1) *Articolo così sostituito dall'art. 10, d.lg. 26 febbraio 1999, n. 60 a decorrere dal 1° gennaio 2000.*

16. Rivalsa. – Eccezion fatta per i casi di liquidazione forfettaria dell'imposta, i soggetti indicati all'art. 2, esclusi gli esercenti le case da gioco, devono rivalersi dell'imposta nei confronti degli spettatori, dei partecipanti o degli scommettitori.

(Omissis)[1].

I prezzi degli spettacoli e delle altre attività devono essere indicati in avvisi esposti al pubblico separatamente dall'importo dell'imposta che sui prezzi stessi è dovuta.

(1) *Comma abrogato dall'art. 9, d.lg. 23 dicembre 1998, n. 504.*

17. Concessione del servizio. – Il Ministro per le finanze può affidare, per il tempo e alle condizioni di cui ad apposita convenzione da approvarsi con proprio decreto di concerto con il Ministero del tesoro, del bilancio e della programmazione economica, l'accertamento e la riscossione dell'imposta e dei tributi connessi alla Società italiana degli autori ed editori [1].

I tributi riscossi dalla Società sono versati allo Stato al netto del compenso ad essa riconosciuto con la convenzione di cui al primo comma. Annualmente il Ministero delle finanze provvede alla relativa regolazione contabile [1][2].

(1) *Comma così modificato dall'art. 11, d.lg. 26 febbraio 1999, n. 60 a decorrere dal 1° gennaio 2000.*
(2) *La convenzione con il concessionario di cui al presente articolo, è prorogata sino al 31 dicembre 1999, ferme restando le percentuali di aggio fissate per il 1997 e con esclusione di qualunque procedura di adeguamento delle medesime. Alla Società italiana degli autori e degli editori possono essere affidate, anche in costanza della convenzione prevista dal presente articolo, nel rispetto della normativa vigente, attività di controllo, accertamento e riscossione di entrate erariali e locali diverse dall'imposta sugli intrattenimenti (art. 11, d.lg. 26 febbraio 1999, n. 60).*

18. Vigilanza. – La vigilanza, agli effetti del presente decreto, nei luoghi ove si svolgono gli spettacoli e le altre attività compete:

a) ai funzionari dell'Amministrazione delle finanze muniti di speciale tessera di riconoscimento;

b) agli ufficiali, ai sottufficiali ed ai militari di truppa della guardia di finanza;

c) al personale del concessionario di cui all'articolo 17, con rapporto professionale esclusivo, previamente individuato in base al possesso di una adeguata qualificazione e inserito in apposito elenco comunicato al Ministero delle finanze [1].

A tal fine al personale di cui al comma precedente è consentito il libero accesso nei locali ove si svolgono gli spettacoli e le altre attività soggette ad imposta previa esibizione:

per il personale di cui alle precedenti lettere a) e c) di speciale tessera di riconoscimento come previsto dal successivo art. 37;

per gli ufficiali della guardia di finanza, della tessera personale di riconoscimento;

per i sottufficiali e militari di truppa dello speciale tesserino di appartenenza al contingente di polizia tributaria o di apposito ordine scritto di servizio.

Indipendentemente dal controllo o dalla vigilanza espletata ai sensi dei precedenti commi, è in facoltà del Ministro per le finanze di determinare, in relazione anche a particolari tipi di spettacoli o di attività, speciali norme cautelative o di controllo per l'accertamento della base imponibile.

Gli impresari ed organizzatori devono rilasciare per ciascun luogo di spettacolo o di attività soggetti ad imposta due tessere gratuite a disposizione dell'ufficio del registro e dell'ispettorato delle tasse e delle imposte indirette sugli affari, competenti per territorio.

Inoltre gli impresari e gli organizzatori, nei capoluoghi di provincia, per ogni luogo di spettacolo o di attività di cui al precedente comma debbono mettere a disposizione dell'autorità finanziaria, ministero ed intendenza di finanza nella capitale ed intendenza di finanza negli altri capoluoghi di provincia, un posto di prima categoria.

Le tessere e gli ingressi contemplati dai precedenti commi del presente articolo sono esenti dall'imposta.

(1) *Lettera, da ultimo, così sostituita dall'art. 12, d.lg. 26 febbraio 1999, n. 60 a decorrere dal 1° gennaio 2000.*

19. Dichiarazione di effettuazione di attività. – Gli esercenti e gli organizzatori degli intrattenimenti e delle altre attività soggette ad imposta sugli intrattenimenti debbono produrre al competente ufficio accertatore, nei casi in cui è obbligatoria la licenza di pubblica sicurezza, di cui agli articoli 68 e 69 del testo unico delle leggi di pubblica sicurezza, approvato con regio decreto 18 giugno 1931, n. 773, preventiva dichiarazione personale relativa al possesso della suddetta licenza. I soggetti che presentano la dichiarazione, su richiesta del predetto ufficio, prestano idonea garanzia diretta ad assicurare il regolare pagamento dell'imposta presumibilmente dovuta [1].

(1) *Articolo così sostituito dall'art. 13, d.lg. 26 febbraio 1999, n. 60 a decorrere dal 1° gennaio 2000.*

TITOLO III
Riduzioni ed esenzioni

20. Biglietti a riduzione. – Per i biglietti di ingresso agli spettacoli ed alle altre attività previste dal presente decreto venduti a prezzo ridotto ai militari di truppa, ai ragazzi e ad altre categorie di spettatori o di partecipanti da determinarsi con decreto del Ministro per le finanze, nonché agli iscritti agli enti a carattere nazionale le cui finalità sono riconosciute, a norma del D.Lgs.C.P.S. 10 luglio 1947, n. 705, con decreto del Ministro per l'interno emesso su conforme parere del Ministero delle finanze, l'imposta è commisurata al prezzo pagato in misura ridotta.

Per i titoli di accesso venduti a prezzo ridotto a favore di categorie di partecipanti determinate dall'organizzatore, l'imposta è commisurata al prezzo pagato in misura ridotta [1][2].

(1) *Per l'estensione della disciplina fiscale prevista dal presente articolo ai biglietti d'ingresso ai cinematografi ed ai teatri, venduti, a prezzo ridotto, ai giovani o agli anziani, vedi il D.M. 19 gennaio 1979.*
(2) *Comma aggiunto dall'articolo 14 del D.Lgs 26 febbraio 1999, n. 60 a decorrere dal 1° gennaio 2000.*

21. Films didattici, giardini zoologici e mostre faunistiche, quote associative circoli del cinema.
(Omissis)(1)

(1) *Articolo abrogato dall'art. 22, d.lg. 26 febbraio 1999, n. 60 a decorrere dal 1° gennaio 2000.*

22. Biglietti gratuiti per i grandi invalidi. – L'imposta non è dovuta sui biglietti gratuiti concessi dagli esercenti ai grandi invalidi di guerra ed ai loro accompagnatori per l'ingresso nei luoghi ove si svolgono spettacoli.

Per beneficiare della suddetta concessione i grandi invalidi di guerra devono comprovare la loro identità personale mediante tessera munita di fotografia rilasciata dall'Associazione nazionale mutilati ed invalidi ed eventualmente il diritto a fruire dell'accompagnatore mediante il libretto ferroviario emesso dal Ministero del tesoro.

23. Ingressi gratuiti nei cinematografi.
(Omissis)(1)

(1) *Articolo abrogato dall'art. 22, d.lg. 26 febbraio 1999, n. 60 a decorrere dal 1° gennaio 2000.*

24. Ingressi gratuiti per manifestazioni sportive.
(Omissis)(1)

(1) *Articolo abrogato dall'art. 22, d.lg. 26 febbraio 1999, n. 60 a decorrere dal 1° gennaio 2000.*

25. Ingressi gratuiti nei teatri.
(Omissis)(1)

(1) *Articolo abrogato dall'art. 22, d.lg. 26 febbraio 1999, n. 60 a decorrere dal 1° gennaio 2000.*

26. Titoli di accesso gratuiti. – 1. Per le attività previste dal presente decreto che si svolgono con carattere periodico, le tessere nominative permanenti ed i titoli di accesso gratuiti non sono soggetti all'imposta nel limite del 5 per cento della capienza del locale, ragguagliato a ciascuna categoria di posti.

2. Per le attività a carattere non periodico, non sono soggetti all'imposta i titoli di accesso gratuiti limitatamente al 2 per cento dei posti di ciascuna categoria di cui il locale dispone.

3. Per i luoghi, ove si svolgono gli intrattenimenti o le altre attività, senza una capienza determinata le percentuali di cui ai precedenti commi vengono calcolate giornalmente sui titoli di accesso a pagamento esitati.

4. Per i titoli di accesso gratuiti concessi oltre i limiti di cui ai commi precedenti l'imposta è dovuta in relazione ai prezzi stabiliti per la corrispondente categoria di titoli di accesso a pagamento.

5. Nelle percentuali e nei quantitativi di cui ai commi precedenti non vanno computate le tessere e i titoli di accesso rilasciati alle autorità investite, a norma delle vigenti disposizioni, di particolari funzioni o compiti di istituto (1).

(1) *Articolo così sostituito dall'art. 15, d.lg. 26 febbraio 1999, n. 60 a decorrere dal 1° gennaio 2000.*

27. Tessere CONI, UNIRE, ACI. – Le tessere nominative permanenti rilasciate dal Comitato olimpico nazionale italiano e dalle federazioni sportive nazionali che di esso fanno parte, dall'Unione nazionale incremento razze equine, dall'Automobile club d'Italia e da altri enti e associazioni a carattere nazionale per il libero ingresso agli spettacoli o attività dei settori cui i predetti enti ed associazioni sono preposti non sono soggette all'imposta limitatamente al contingente stabilito ogni quadriennio con decreto del Ministro per le finanze, tenuto conto, per ciascun settore, delle categorie di persone che devono prendere parte o assistere alle attività o spettacoli e del numero delle manifestazioni programmate nell'anno (1).

(1) *Vedi d.lg. 29 ottobre 1999, n. 449 di riordino dell'UNIRE.*

28. Vidimazione delle tessere gratuite. – La validità delle tessere nominative permanenti non soggette all'imposta è subordinata all'apposizione del timbro dell'ufficio accertatore.

Nelle percentuali e nei quantitativi di cui ai precedenti articoli, 23, 24, 25, 26 e 27 non vanno computate le tessere ed i biglietti rilasciati alle autorità investite, a norma delle vigenti disposizioni, di particolari servizi o compiti di istituto, né quelli previsti dall'art. 18 del presente decreto.

29. Imposta su biglietti a prezzo ridotto e gratuiti in eccedenza. – Sui biglietti a prezzo ridotto venduti a spettatori o partecipanti appartenenti a categorie diverse da quelle previste dall'art. 20 e sui biglietti gratuiti concessi in eccedenza alle percentuali di cui agli articoli 23, 24, 25 e 26 l'imposta è dovuta in relazione ai prezzi interi stabiliti per i corrispondenti biglietti a pagamento.

30. Caratteristiche dei biglietti gratuiti ed a riduzione. – I biglietti gratuiti in eccedenza alle percentuali od ai quantitativi stabiliti debbono essere di colore diverso da quello dei biglietti a pagamento e contenere l'indicazione, a stampa o a timbro, che il biglietto è gratuitamente rilasciato.

I biglietti gratuiti concessi ai grandi invalidi ed ai loro accompagnatori e quelli previsti dagli articoli 23, 24, 25 e 26 del presente decreto devono essere di colore diverso da quello dei biglietti a pagamento e dei biglietti gratuitamente rilasciati per i quali è dovuta l'imposta.

Parimenti i biglietti a prezzo ridotto rilasciati alle persone indicate al precedente art. 20 devono essere di colore diverso da quello dei biglietti di cui ai commi precedenti e debbono portare impressa l'indicazione della specie della riduzione.

31. Divieto di applicare soprapprezzi. – Non è consentito richiedere sui biglietti di ingresso o di abbonamento nei luoghi in cui si svolgono spettacoli o altre attività alcun soprapprezzo o contribuzione speciale in esenzione da imposta, neppure per fini assistenziali o di beneficenza.

TITOLO IV
Sanzioni

32. Sanzioni amministrative per violazioni concernenti la fatturazione e l'annotazione delle operazioni, nonché la presentazione della dichiarazione e il rilascio di titoli di accesso (1). – 1. Per l'omessa fatturazione o annotazione delle operazioni indicate nell'articolo 1, comma 1, del decreto del Presidente della Repubblica 30 dicembre 1999, n. 544, si applica la sanzione compresa fra il cento e il duecento per cento dell'imposta relativa all'imponibile non correttamente documentato o registrato, con un minimo di euro 500. Alla stessa sanzione, commisurata all'imposta, è soggetto chi indica nella documentazione o nell'annotazione un'imposta inferiore a quella dovuta. La sanzione è dovuta nella misura da euro 250 a euro 2.000 quando la violazione non ha inciso sulla corretta liquidazione del tributo (2).

2. Per l'omessa presentazione della dichiarazione prescritta dagli articoli 2 e 3 del decreto del Presidente della Repubblica 30 dicembre 1999, n. 544, o per la presentazione della stessa con indicazione di importi inferiori a quelli reali si applica la sanzione compresa fra il cento e il duecento per cento dell'imposta o della maggiore imposta dovuta, con un minimo di euro 250. Se la dichiarazione di cui all'articolo 2 e quella di cui all'articolo 3 del decreto del Presidente della Repubblica 30 dicembre 1999, n. 544, da presentarsi, rispettivamente, entro dieci giorni dalla fine di ciascun anno sociale, ed entro il quinto giorno successivo al termine della data della manifestazione, sono presentate con un ritardo non superiore a trenta giorni, si applica la sanzione amministrativa dal cinquanta al cento per cento dell'ammontare dell'imposta con un minimo di 150 euro (3).

3. Per il mancato rilascio dei titoli di accesso o dei documenti di certificazione dei corrispettivi, ovvero per l'emissione degli stessi per importi inferiori a quelli reali, si applica la sanzione pari al cento per cento dell'imposta corrispondente all'importo non documentato con un minimo di euro 500. La stessa sanzione si applica in caso di omesse annotazioni su apposito registro dei corrispettivi relativi a ciascuna operazione in caso di mancato o irregolare funzionamento degli apparecchi misuratori fiscali (4).

(1) *Articolo così sostituito dall'art. 7, d.lg. 18 dicembre 1997, n. 473, nel testo così sostituito dall'art. 3, d.lg. 30 marzo 2000, n. 99.*
(2) *Comma modificato dall'articolo 30, comma 1, lettera a), numeri 1) e 2), del D.Lgs. 24 settembre 2015, n. 158, con la decorrenza indicata nell'articolo 32, comma 1, del medesimo D.Lgs. n. 158 del 2015, come modificato dall'articolo 1, comma 133, della Legge 28 dicembre 2015, n. 208.*
(3) *Comma modificato dall'articolo 30, comma 1, lettera b), numeri 1) e 2), del D.Lgs. 24 settembre 2015, n. 158, con la decorrenza indicata nell'articolo 32, comma 1, del medesimo D.Lgs. n. 158 del 2015, come modificato dall'articolo 1, comma 133, della Legge 28 dicembre 2015, n. 208.*
(4) *Comma modificato dall'articolo 30, comma 1, lettera c), del D.Lgs. 24 settembre 2015, n. 158, con la decorrenza indicata nell'articolo 32, comma 1, del medesimo D.Lgs. n. 158 del 2015, come modificato dall'articolo 1, comma 133, della Legge 28 dicembre 2015, n. 208.*

33. Altre violazioni (1). – 1. Si applica la sanzione da euro 250 a euro 1.000 per:

a) l'irregolare certificazione dei corrispettivi;

b) la mancata o irregolare tenuta o conservazione dei registri e dei documenti obbligatori;

c) l'omessa comunicazione degli intermediari incaricati della vendita dei titoli di accesso;

d) la mancata emissione del documento riepilogativo degli incassi;

e) l'omessa o infedele dichiarazione di effettuazione di attività;

f) la mancata o irregolare compilazione delle distinte di contabilizzazione dei proventi delle case da gioco;

g) l'omessa o infedele fornitura dei dati di cui all'articolo 74- quater, comma 6, del decreto del Presidente della Repubblica 26 ottobre 1972, n. 633;

h) l'omessa o infedele comunicazione del numero e degli importi degli abbonamenti al concessionario di cui all'articolo 17 del decreto del Presidente della Repubblica 26 ottobre 1972, n. 640, o all'ufficio delle entrate competente (2).

2. Per l'omessa installazione degli apparecchi misuratori fiscali o delle biglietterie automatizzate si applica la sanzione da lire due milioni a lire otto milioni.

3. La mancata tempestiva richiesta di intervento per la manutenzione dei misuratori fiscali è punita con la sanzione da lire cinquecentomila a lire quattro milioni.

[4. *Al destinatario del titolo di accesso o del documento di certificazione dei corrispettivi che, a richiesta degli organi accertatori, nel luogo di effettuazione dell'operazione o nelle immediate adiacenze, non esibisce i predetti documenti o li esibisce con indicazione di corrispettivi inferiori a quelli reali, si applica la sanzione da lire centomila a lire due milioni*] (3).

(1) *Articolo così sostituito dall'art. 7, d.lg. 18 dicembre 1997, n. 473, nel testo così sostituito dall'art. 3, d.lg. 30 marzo 2000, n. 99.*
(2) *Comma modificato dall'articolo 30, comma 2, lettera a), del D.Lgs. 24 settembre 2015, n. 158, con la decorrenza indicata nell'articolo 32, comma 1, del medesimo D.Lgs. n. 158 del 2015, come modificato dall'articolo 1, comma 133, della Legge 28 dicembre 2015, n. 208.*
(3) *Comma abrogato dall'articolo 30, comma 2, lettera b), del D.Lgs. 24 settembre 2015, n. 158, con la decorrenza indicata nell'articolo 32, comma 1, del medesimo D.Lgs. n. 158 del 2015, come modificato dall'articolo 1, comma 133, della Legge 28 dicembre 2015, n. 208.*

34. Vendita di biglietti gratuiti. – [*Chiunque vende biglietti gratuitamente concessi ai sensi del presente decreto incorre nella pena pecuniaria da lire 8.000 a lire 72.000 per ciascun biglietto*] (1).

(1) *Articolo abrogato dall'art. 7, d.lg. 18 dicembre 1997, n. 473, ma da ritenersi di nuovo in vigore in virtù della sostituzione del citato art. 7, d.lg. 473/1997 operata dall'art. 3, d.lg. 30 marzo 2000, n. 99.*

35. Altre violazioni. – [*Per le violazioni alle norme del presente decreto per le quali non sia prevista una specifica sanzione si applica la pena pecuniaria da lire 60.000 a lire 300.000*] (1).

(1) *Articolo abrogato dall'art. 7, d.lg. 18 dicembre 1997, n. 473, ma da ritenersi di nuovo in vigore in virtù della sostituzione del citato art. 7, d.lg. 473/1997 operata dall'art. 3, d.lg. 30 marzo 2000, n. 99.*

36. Chiusura del locale. – [*Nel caso di recidiva nel mancato o insufficiente pagamento dell'imposta ovvero nella mancata o infedele compilazione della distinta d'incasso e per la contabilizzazione dei proventi o nella omessa presentazione della dichiarazione di cui all'art. 13, l'intendente di finanza può provvedere, ai sensi della legge 7 gennaio 1929, n. 4, alla chiusura del luogo ove si tengono gli spettacoli o le altre attività compresi i giochi e le scommesse*] (1).

In caso di inosservanza dell'ordine di chiusura, il trasgressore è punito con la sanzione amministrativa pecuniaria da lire ottocentomila a quattro milioni ottocentomila (2).

(1) Comma abrogato dall'art. 7, d.lg. 18 dicembre 1997, n. 473, ma da ritenersi di nuovo in vigore in virtù della sostituzione del citato art. 7, d.lg. 473/1997 operata dall'art. 3, d.lg. 30 marzo 2000, n. 99.
(2) Comma così modificato dall'art. 89, d.lg. 30 dicembre 1999, n. 507.

37. Accertamento delle violazioni. – *[Per la cognizione, l'accertamento e la definizione delle violazioni alle norme del presente decreto si osservano le disposizioni della L. 7 gennaio 1929, n. 4]* (1).

La constatazione, agli effetti dell'art. 34 della legge 7 gennaio 1929, n. 4, delle violazioni alle disposizioni del presente decreto, le quali non costituiscono reato, compete anche ai funzionari dell'Amministrazione delle finanze, muniti di speciale tessera di riconoscimento, nonché ai funzionari ed agli agenti dell'ufficio accertatore, nell'ambito della circoscrizione territoriale di competenza, muniti di tessera rilasciata dalla Direzione generale delle tasse e delle imposte indirette sugli affari.

Le somme riscosse per le pene pecuniarie previste dal presente decreto sono ripartite a norma della legge 7 febbraio 1951, n. 168, e successive disposizioni.

(1) Comma abrogato dall'art. 7, d.lg. 18 dicembre 1997, n. 473, ma da ritenersi di nuovo in vigore in virtù della sostituzione del citato art. 7, d.lg. 473/1997 operata dall'art. 3, d.lg. 30 marzo 2000, n. 99.

TITOLO V
Contenzioso - decadenza

38. Ricorsi amministrativi. – Le controversie relative all'applicazione dell'imposta, dei tributi connessi *[e delle soprattasse previste dal presente decreto]* sono decise in via amministrativa dall'intendente di finanza competente con provvedimento motivato (1).

Il ricorso deve essere presentato entro sessanta giorni dalla data in cui il contribuente è venuto a conoscenza degli atti di accertamento dell'ufficio accertatore, all'intendenza di finanza direttamente o mediante raccomandata, con avviso di ricevimento. Nel primo caso l'ufficio ne rilascia ricevuta, nel secondo caso, la data di spedizione vale quale data di presentazione.

L'intendenza di finanza informa l'ufficio accertatore dell'avvenuta presentazione del ricorso.

Avverso la decisione dell'intendente di finanza è dato ricorso al Ministro per le finanze nel termine di sessanta giorni dalla notifica della decisione stessa, quando l'ammontare dell'imposta e delle soprattasse superi le lire centocinquantamila.

Decorso il termine di centottanta giorni dalla data di presentazione del ricorso all'intendente di finanza senza che sia stata notificata al ricorrente la relativa decisione, questi può ricorrere al Ministro sempre che l'ammontare dell'imposta e delle soprattasse superi le lire centocinquantamila.

Contro le decisioni del Ministro e quelle definitive dell'intendente di finanza è ammesso ricorso in revocazione per errore di fatto o di calcolo e nelle ipotesi previste dall'art. 395, numeri 2 e 3, del codice di procedura civile.

Il ricorso deve essere proposto nel termine di sessanta giorni decorrenti rispettivamente dalla notificazione della decisione o dalla data in cui è stata scoperta la falsità o recuperato il documento.

Su domanda del ricorrente, proposta nello stesso ricorso o in successiva istanza, l'autorità amministrativa decidente può sospendere per gravi motivi l'esecuzione dell'atto impugnato.

(1) Comma così modificato dall'art. 7, d.lg. 18 dicembre 1997, n. 473, che aveva soppresso le parole in parentesi quadra, ma da ritenersi di nuovo in vigore in virtù della sostituzione del citato art. 7, d.lg. 473/1997 operata dall'art. 3, d.lg. 30 marzo 2000, n. 99.

39. Azione giudiziaria. – Avverso le decisioni definitive di cui al precedente articolo, è esperibile l'azione giudiziaria nel termine di novanta giorni dalla data di notificazione della decisione.

Qualora entro centottanta giorni dalla data di presentazione del ricorso non sia intervenuta la relativa decisione, il contribuente può promuovere l'azione giudiziaria anche prima della notificazione della decisione stessa (1).

(1) La Corte costituzionale, con sentenza 27 luglio 1994, n. 360, ha dichiarato l'illegittimità costituzionale del presente articolo, nella parte in cui non prevede, nelle controversie di cui agli artt. 38 e 40 del presente decreto, l'esperimento della azione giudiziaria anche in mancanza del preventivo ricorso amministrativo.

40. Termini di decadenza - Rimborsi. – 1. L'accertamento del tributo e delle violazioni e l'irrogazione delle sanzioni debbono avvenire, a pena di decadenza, nel termine di cinque anni dal giorno nel quale è stata commessa la violazione.

2. Entro cinque anni dal giorno in cui è stato effettuato il pagamento, il contribuente può chiedere, a pena di decadenza, la restituzione delle imposte erroneamente od indebitamente pagate (1).

(1) Articolo così sostituito dall'art. 16, d.lg. 26 febbraio 1999, n. 60 a decorrere dal 1° gennaio 2000.

41. Abrogazioni. – Sono abrogate le norme emanate in materia di diritti erariali sui pubblici spettacoli, ad eccezione delle disposizioni concernenti gli abbuoni di cui alle leggi 4 novembre 1965, n. 1213, 14 marzo 1968, n. 318 e 14 maggio 1971, n. 271.

Sono altresì abrogate le disposizioni di cui all'art. 5 della legge 29 dicembre 1949, n. 959 e successive modificazioni e proroghe e quelle contenute nella legge 18 febbraio 1963, n. 67, relative all'istituzione dell'addizionale ai diritti erariali e del diritto addizionale.

42. – Il presente decreto entra in vigore il 1° gennaio 1973.

Allegato unico

(Omissis)

5. D.Lgs. 23 dicembre 1998, n. 504

Riordino dell'imposta unica sui concorsi pronostici e sulle scommesse, a norma dell'art. 1, comma 2, della legge 3 agosto 1998, n. 288[1][2][3][4][5][6][7]

[1] *Pubblicato in Gazz. Uff., 3 febbraio, n. 27.*

[2] *Per la sospensione dei versamenti di cui al presente decreto vedi D.M. 28 maggio 2001. Per la successiva ripresa del versamento vedi D.M. 13 dicembre 2001.*

[3] *Vedi, anche, l'articolo 4, comma 194, della legge 24 dicembre 2003, n. 350.*

[4] *A norma dell'articolo 11-quinquiesdecies, comma 9 del D.L. 30 settembre 2005, n. 203 a decorrere dal 1° gennaio 2006, la posta unitaria per le scommesse diverse da quelle sulle corse dei cavalli è stabilita in 1 euro e l'importo minimo per ogni biglietto giocato non può essere inferiore a tre euro.*

[5] *In riferimento al presente decreto vedi: Risoluzione Agenzia delle Entrate 20 luglio 2012 n. 77/E.*

[6] *A norma dell'articolo 1, comma 944, della Legge 28 dicembre 2015 n. 208, a decorrere dal 1° gennaio 2016, per i giochi di abilità a distanza con vincita in denaro l'imposta unica di cui al presente decreto, è stabilita nella misura del 20 per cento delle somme che, in base al regolamento di gioco, non risultano restituite al giocatore.*

[7] *Per l'imposta unica, di cui al presente Decreto, vedi l'articolo 1, comma 1052, lettere a), b), e c), della Legge 30 dicembre 2018, n. 145.*

1. Ambito di applicazione dell'imposta. – 1. La tassa di cui all'art. 6 del decreto legislativo 14 aprile 1948, n. 496, assume la denominazione di imposta unica ed è dovuta per i concorsi pronostici e le scommesse di qualunque tipo, relativi a qualunque evento, anche se svolto all'estero, nel rispetto delle disposizioni contenute nell'art. 24, comma 27, della legge 27 dicembre 1997, n. 449, e nell'art. 88 del testo unico delle leggi di pubblica sicurezza approvato con regio decreto 18 giugno 1931, n. 773 [1].

[1] *Per l'interpretazione delle disposizioni di cui al presente articolo vedi l'articolo 1, comma 66, lettera a), della Legge 13 dicembre 2010, n. 220.*

2. Base imponibile. – 1. La base imponibile per i concorsi pronostici è costituita dall'intero ammontare della somma corrisposta dal concorrente per il gioco al netto di diritti fissi e compensi ai ricevitori.

2. La base imponibile per le scommesse è costituita dall'ammontare della somma giocata per ciascuna scommessa.

3. Soggetti passivi. – 1. Soggetti passivi dell'imposta unica sono coloro i quali gestiscono, anche in concessione, i concorsi pronostici e le scommesse [1][2].

[1] *Per l'interpretazione delle disposizioni di cui al presente articolo vedi l'articolo 1, comma 66, lettera b), della Legge 13 dicembre 2010, n. 220.*

[2] *La Corte Costituzionale, con sentenza 14 febbraio 2018, n. 27, ha dichiarato l'illegittimità costituzionale del presente articolo, nella parte in cui prevede che - nelle annualità d'imposta precedenti al 2011 - siano assoggettate all'imposta unica sui concorsi pronostici e sulle scommesse le ricevitorie operanti per conto di soggetti privi di concessione.*

4. Aliquota. – 1. Le aliquote dell'imposta unica sono stabilite nelle misure seguenti:

a) per i concorsi pronostici: 26,80 per cento della base imponibile; resta salva la rideterminazione della predetta aliquota, in occasione dell'esercizio della delega di cui alla lettera o) del comma 1 dell'art. 1 della legge 3 agosto 1998, n. 288, ove necessario per garantire l'assenza di oneri per il bilancio dello Stato [1];

b) per le scommesse:

1) per la scommessa tris e per le scommesse ad essa assimilabili, ai sensi dell'articolo 4, comma 6, del regolamento di cui al decreto del Presidente della Repubblica 8 aprile 1998, n. 169: 22,50 per cento della quota di prelievo stabilita per ciascuna scommessa;

2) per ogni tipo di scommessa ippica a totalizzatore ed a quota fissa, salvo quanto previsto dall'articolo 1, comma 498, della legge 30 dicembre 2004, n. 311: 15,70 per cento della quota prelievo stabilita per ciascuna scommessa; [2][3].

3) per le scommesse a quota fissa su eventi diversi dalle corse dei cavalli e per le scommesse con modalità di interazione diretta tra i singoli giocatori:

3.1) nel caso in cui il movimento netto dei dodici mesi precedenti derivante dalle scommesse a quota fissa su eventi diversi dalle corse dei cavalli sia superiore a 1.850 milioni di euro, nella misura del 3 per cento per ciascuna scommessa composta fino a sette eventi e per le scommesse con modalità di interazione diretta tra i singoli giocatori; nella misura dell'8 per cento per ciascuna scommessa composta da più di sette eventi;

3.2) nel caso in cui il movimento netto dei dodici mesi precedenti derivante dalle scommesse a quota fissa su eventi diversi dalle corse dei cavalli sia superiore a 2.150 milioni di euro, nella misura del 3 per cento per ciascuna scommessa composta fino a sette eventi e per le scommesse con modalità di interazione diretta tra i singoli giocatori; nella misura del 6,8 per cento per ciascuna scommessa composta da più di sette eventi;

3.3) nel caso in cui il movimento netto dei dodici mesi precedenti derivante dalle scommesse a quota fissa su eventi diversi dalle corse dei cavalli sia superiore a 2.500 milioni di euro, nella misura del 3 per cento per ciascuna scommessa composta fino a sette eventi e per le scommesse con modalità di interazione diretta tra i singoli giocatori; nella misura del 6 per cento per ciascuna scommessa composta da più di sette eventi;

3.4) nel caso in cui il movimento netto dei dodici mesi precedenti derivante dalle scommesse a quota fissa su eventi diversi dalle corse dei cavalli sia superiore a 3.000 milioni di euro, nella misura del 2,5 per cento per ciascuna scommessa composta fino a sette eventi e per le scommesse con modalità di interazione diretta tra i singoli giocatori; nella misura del 5,5 per cento per ciascuna scommessa composta da più di sette eventi;

3.5) nel caso in cui il movimento netto dei dodici mesi precedenti derivante dalle scommesse a quota fissa su eventi diversi dalle corse dei cavalli sia superiore a 3.500 milioni di euro, nella misura del 2 per cento per ciascuna scommessa composta fino a sette eventi e per quelle con modalità di interazione diretta tra i singoli giocatori; nella misura del 5 per cento per ciascuna scommessa composta da più di sette eventi [4][5];

4) per le scommesse a totalizzatore su eventi diversi dalle corse dei cavalli: 20 per cento di ciascuna scommessa [6][7].

2. Per l'anno 1999, l'aliquota applicabile alle scommesse di cui al n. 1) della lettera b) del comma 1 è stabilita nella misura del 32 per cento.

[1] *Vedi articolo 21 del D.LGS. 26 febbraio 1999, n. 60, come modificato*

dall'articolo 2 del D.LGS. 2 dicembre 1999, n. 464.
(2) *Lettera sostituita dall'articolo 11-quinquiesdecies, comma 12 del D.L. 30 settembre 2005, n. 203.*
(3) *Vedi quanto disposto in relazione al presente comma prima delle modifiche di cui al D.L. 203/2005 dagli articoli 8 e 22 della legge 27 dicembre 2002, n. 289, dall'articolo 5 ter del D.L. 24 dicembre 2002, n. 282 e dall'articolo 1, comma 284, della legge 30 dicembre 2004, n. 311.*
(4) *Punto sostituito dall'articolo 38, comma 3 del D.L. 4 luglio 2006, n. 223, con effetto a decorre dal 1° gennaio 2007.*
(5) *Vedi l'articolo 12, comma 1, lettera g), del D.L. 28 aprile 2009, n. 39.*
(6) *Lettera sostituita dall'articolo 11-quinquiesdecies, comma 12 del D.L. 30 settembre 2005, n. 203.*
(7) *Vedi quanto disposto in relazione al presente comma prima delle modifiche di cui al D.L. 203/2005 dagli articoli 8 e 22 della legge 27 dicembre 2002, n. 289, dall'articolo 5 ter del D.L. 24 dicembre 2002, n. 282 e dall'articolo 1, comma 284, della legge 30 dicembre 2004, n. 311.*

5. Sanzioni (1). – 1. Il soggetto passivo che sottrae, in qualsiasi modo, base imponibile all'imposta unica dei concorsi pronostici o delle scommesse e` punito con la sanzione amministrativa dal 120 al 240 per cento della maggiore imposta e, se la base imponibile sottratta e` superiore a euro 50.000, anche con la chiusura dell'esercizio da uno a sei mesi.

2. Il soggetto passivo che, nell'ambito degli adempimenti previsti dal regolamento di cui al decreto del Presidente della Repubblica 8 marzo 2002, n. 66, omette, in tutto o in parte, ovvero ritarda il pagamento dell'imposta dovuta e` punito con una sanzione amministrativa pari al 30 per cento degli importi non pagati nel termine prescritto.

3. Chi non presenta o presenta con indicazioni inesatte la segnalazione certificata di inizio attivita` e` soggetto alla sanzione amministrativa da euro 516 a euro 2.000.

4. In caso di giocate simulate, fermo restando che l'imposta unica e` comunque dovuta, si applica una sanzione amministrativa pari alla vincita conseguente alla giocata simulata, oltre alla chiusura dell'esercizio da tre a sei mesi. In caso di recidiva e` disposta la chiusura dell'esercizio da sei mesi a un anno. Qualora, dopo l'applicazione della sanzione prevista nel periodo precedente, sia accertata un'ulteriore violazione, e` disposta la revoca della concessione.

5. Nell'esercizio delle attribuzioni e dei poteri riconosciuti all'Amministrazione autonoma dei monopoli di Stato per l'adempimento dei propri compiti, si applicano, con riferimento alle violazioni commesse, gli articoli 9 e 11 del decreto legislativo 18 dicembre 1997, n. 471, e successive modificazioni.

6. Salvo quanto previsto dal comma 7 del presente articolo, si applicano le disposizioni in materia di sanzioni amministrative tributarie recate dal decreto legislativo 18 dicembre 1997, n. 472, e dall'articolo 7 del decreto-legge 30 settembre 2003, n. 269, convertito, con modificazioni, dalla legge 24 novembre 2003, n. 326. Tuttavia, ai fini dell'applicazione dell'articolo 12 del citato decreto legislativo n. 472 del 1997, e successive modificazioni, le sanzioni previste dal presente articolo si applicano separatamente rispetto a tutti gli altri tributi indicati nel comma 4 dello stesso articolo 12.

7. Le sanzioni in materia di concorsi pronostici e di scommesse, previste dal presente articolo, sono ridotte, sempreche´ la violazione non sia stata gia` oggetto di comunicazione di omesso versamento e che, comunque, non siano iniziati accessi, ispezioni, verifiche o altre attivita` amministrative di contestazione dei quali l'autore o i soggetti solidalmente obbligati abbiano avuto formale conoscenza:

a) a un dodicesimo del minimo, nei casi di mancato pagamento del tributo, se esso e` eseguito nel termine di trenta giorni dalla data dell'omissione o dell'errore;

b) a un decimo del minimo, se la regolarizzazione delle violazioni, anche se incidenti sulla determinazione o sul pagamento del tributo, avviene entro un anno dalla violazione.

8. Il pagamento della sanzione ridotta di cui al comma 7 deve essere eseguito contestualmente alla regolarizzazione del pagamento del tributo o della differenza, quando dovuti, nonche´ al pagamento degli interessi moratori calcolati al tasso legale con maturazione giorno per giorno

(1) *Articolo sostituito dall'articolo 1, comma 65, della Legge 13 dicembre 2010, n. 220.*

6. Adempimenti dei contribuenti (1). – 1. Gli adempimenti dei contribuenti sono disciplinati, entro novanta giorni dalla data di entrata in vigore del presente decreto, con regolamenti emanati ai sensi dell'art. 17, comma 2, della legge 23 agosto 1988, n. 400, prevedendo eliminazione degli obblighi formali, semplificazione degli adempimenti e loro esecuzione mediante sistemi informatici, telematici e ogni altro strumento tecnicamente idoneo, unificazione delle modalità di dichiarazione con quelle relative ad altre imposte e ricorso a mezzi di pagamento di uso comune.

2. Con i regolamenti di cui al comma 1 sono individuate le disposizioni che cessano di avere efficacia dalla data di entrata in vigore dei regolamenti stessi.

(1) *Vedi D.P.R. 8 marzo 2002, n. 66.*

7. Rapporto tra imposta unica e altri tributi (1). – 1. L'imposta unica è sostitutiva, nei confronti del CONI e dell'UNIRE, di ogni imposta e tributo erariale e locale relativi all'esercizio dei concorsi pronostici ad esclusione dell'imposta di bollo sulle cambiali, sugli atti giudiziari e sugli avvisi al pubblico.

(1) *Articolo sostituito dall'articolo 30 della legge 23 dicembre 2000, n. 388.*

8. Imputazione delle somme versate al bilancio dello Stato. – 1. L'ammontare dell'imposta di cui all'art. 1 è iscritto nello stato di previsione dell'entrata del bilancio dello Stato:

a) per il 40 per cento, nel capitolo 1805;

b) per il 35 per cento, nel capitolo 1007;

c) per il 25 per cento, nel capitolo 1213.

9. Disposizioni abrogate. – 1. Al decreto del Presidente della Repubblica 26 ottobre 1972, n. 640, sono apportate le seguenti modificazioni:

a) nell'art. 1, sono soppresse le parole: "e l'accettazione di scommesse in occasione di qualsiasi gara o competizione";

b) nell'art. 2, primo comma, sono soppresse le parole: "o accettano scommesse in occasione di qualsiasi gara o competizione"; nel medesimo articolo, secondo comma, le parole: "di scommesse e" e le parole: "delle scommesse e" sono soppresse;

c) nell'art. 3, è abrogato il sesto comma;

d) nell'art. 14, primo comma, sono soppresse le parole: "nonchè per particolari tipi di scommesse,";

e) nell'art. 16, è abrogato il secondo comma;
f) nella tariffa, il n. 9 è abrogato.

2. Sono abrogati:
a) la legge 22 dicembre 1951, n. 1379;
b) l'art. 1, primo e terzo comma, della legge 29 settembre 1965, n. 1117;
c) l'articolo unico, primo e secondo comma, della legge 15 novembre 1973, n. 764.

3. È inoltre abrogata ogni altra norma non compatibile con le disposizioni del presente decreto.

TRIBUTI LOCALI

1. D.Lgs. 15 dicembre 1997, n. 446

Istituzione dell'imposta regionale sulle attività produttive, revisione degli scaglioni, delle aliquote e delle detrazioni dell'Irpef e istituzione di una addizionale regionale a tale imposta, nonché riordino della disciplina dei tributi locali[1](Estratto: artt. 51 – 66)

(1) *Pubblicato in Suppl. ordinario alla Gazz. Uff., 23 dicembre, n. 298*

TITOLO III
Riordino della disciplina dei tributi locali

51. Imposte e tasse abolite. – 1. Dal 1° gennaio 1998 sono abolite le tasse sulle concessioni comunali di cui all'articolo 8 del decreto-legge 10 novembre 1978, n. 702, convertito, con modificazioni, dalla legge 8 gennaio 1979, n. 3.

2. Dal 1° gennaio 1999 sono abolite:

[a) le tasse per l'occupazione di spazi ed aree pubbliche di cui al capo II del decreto legislativo 15 novembre 1993, n. 507, e all'art. 5 della legge 16 maggio 1970, n. 281;] [1]

b) l'imposta erariale di trascrizione, iscrizione ed annotazione dei veicoli al pubblico registro automobilistico di cui alla legge 23 dicembre 1977, n. 952;

c) l'addizionale provinciale all'imposta erariale di trascrizione di cui all'articolo 3, comma 48, della legge 28 dicembre 1995, n. 549.

3. I versamenti relativi ai tributi indicati nei commi 1 e 2, i cui presupposti di imposizione si verificano anteriormente alla data dalla quale, nei confronti dei singoli soggetti passivi, ha effetto la loro abolizione, sono effettuati anche successivamente a tale data.

(1) *Lettera abrogata dall'art. 31, l. 23 dicembre 1998, n. 448.*

52. Potestà regolamentare generale delle province e dei comuni [(A)(1)]. – 1. Le province ed i comuni possono disciplinare con regolamento le proprie entrate, anche tributarie, salvo per quanto attiene alla individuazione e definizione delle fattispecie imponibili, dei soggetti passivi e della aliquota massima dei singoli tributi, nel rispetto delle esigenze di semplificazione degli adempimenti dei contribuenti. Per quanto non regolamentato si applicano le disposizioni di legge vigenti.

2. I regolamenti sono approvati con deliberazione del comune e della provincia non oltre il termine di approvazione del bilancio di previsione e non hanno effetto prima del 1° gennaio dell'anno successivo. I regolamenti sulle entrate tributarie sono comunicati, unitamente alla relativa delibera comunale o provinciale al Ministero delle finanze, entro trenta giorni dalla data in cui sono divenuti esecutivi e sono resi pubblici mediante avviso nella Gazzetta Ufficiale. Con decreto dei Ministri delle finanze e della giustizia è definito il modello al quale i comuni devono attenersi per la trasmissione, anche in via telematica, dei dati occorrenti alla pubblicazione, per estratto, nella Gazzetta Ufficiale dei regolamenti sulle entrate tributarie, nonché di ogni altra deliberazione concernente le variazioni delle aliquote e delle tariffe dei tributi [(2)].

3. Nelle province autonome di Trento e Bolzano, i regolamenti sono adottati in conformità alle disposizioni dello statuto e delle relative norme di attuazione.

4. Il Ministero delle finanze può impugnare i regolamenti sulle entrate tributarie per vizi di legittimità avanti gli organi di giustizia amministrativa [(3)].

5. I regolamenti, per quanto attiene all'accertamento e alla riscossione dei tributi e delle altre entrate, sono informati ai seguenti criteri:

a) l'accertamento dei tributi può essere effettuato dall'ente locale anche nelle forme associate previste negli articoli 24, 25, 26 e 28 della legge 8 giugno 1990, n. 142;

b) qualora sia deliberato di affidare a terzi, anche disgiuntamente, l'accertamento e la riscossione dei tributi e di tutte le entrate, le relative attività sono affidate, nel rispetto della normativa dell'Unione europea e delle procedure vigenti in materia di affidamento della gestione dei servizi pubblici locali, a:

1) i soggetti iscritti nell'albo di cui all'articolo 53, comma 1;

2) gli operatori degli Stati membri stabiliti in un Paese dell'Unione europea che esercitano le menzionate attività, i quali devono presentare una certificazione rilasciata dalla competente autorità del loro Stato di stabilimento dalla quale deve risultare la sussistenza di requisiti equivalenti a quelli previsti dalla normativa italiana di settore;

3) la società a capitale interamente pubblico, di cui all'articolo 113, comma 5, lettera c), del testo unico di cui al decreto legislativo 18 agosto 2000, n. 267, e successive modificazioni, mediante convenzione, a condizione: che l'ente titolare del capitale sociale eserciti sulla società un controllo analogo a quello esercitato sui propri servizi; che la società realizzi la parte più importante della propria attività con l'ente che la controlla; che svolga la propria attività solo nell'ambito territoriale di pertinenza dell'ente che la controlla;

4) le società di cui all'articolo 113, comma 5, lettera b), del citato testo unico di cui al decreto legislativo n. 267 del 2000, iscritte nell'albo di cui all'articolo 53, comma 1, del presente decreto, i cui soci privati siano scelti, nel rispetto della disciplina e dei princìpi comunitari, tra i soggetti di cui ai numeri 1) e 2) della presente lettera, a condizione che l'affidamento dei servizi di accertamento e di riscossione dei tributi e delle entrate avvenga sulla base di procedure ad evidenza pubblica [(4)];

c) l'affidamento di cui alla precedente lettera b) non deve comportare oneri aggiuntivi per il contribuente;

d) il visto di esecutività sui ruoli per la riscossione dei tributi e delle altre entrate è apposto, in ogni caso, dal funzionario designato quale responsabile della relativa gestione.

[6. La riscossione coattiva dei tributi e delle altre entrate di spettanza delle province e dei comuni viene effettuata con la procedura di cui al decreto del Presidente della Repubblica 29 settembre 1973, n. 602, se affidata ai concessionari del servizio di riscossione di cui al decreto del Presidente della Repubblica 28 gennaio 1988, n. 43, ovvero con quella indicata dal regio decreto 14 aprile 1910, n. 639, se svolta in proprio dall'ente locale o affidata agli altri soggetti menzionati alla

lettera b) del comma 4.] [5]

[7. Con decreto del Ministro delle finanze, da emanare secondo le procedure di cui all'art. 53, sono stabilite disposizioni generali in ordine ai criteri di affidamento e di svolgimento dei servizi in questione al fine di assicurare la necessaria trasparenza e funzionalità, nonchè la misura dei compensi, tenuto anche conto delle effettive riscossioni.] [6][7]

[A] In riferimento al presente articolo vedi: Nota INAIL 17 luglio 2013, n. 107003.
[1] Vedi l'articolo 1, comma 917, della legge 30 dicembre 2018, n. 145. Per una deroga alle disposizioni di cui al presente articolo, vedi l'articolo 1, commi 756, 762 e 781 della Legge 27 dicembre 2019, n. 160.
[2] Comma modificato dall'art. 1, d.lg. 30 dicembre 1999, n. 506. Per l'avviso di adozione da parte dei comuni delle deliberazioni concernenti i tributi locali vedi il Comunicato 8 aprile 2016.
[3] Comma modificato dall'art. 1, d.lg. 30 dicembre 1999, n. 506.
[4] Lettera modificata dall'articolo 32 della Legge 13 maggio 1999, n. 133, dall'articolo 78 della legge 21 novembre 2000, n. 342, dall'articolo 2 della legge 24 dicembre 2003, n. 350, dall'articolo 23-nonies del D.L. 24 dicembre 2003, n. 355, ed infine sostituita dall'articolo 1, comma 224, lettera a), della legge 24 dicembre 2007, n. 244. Vedi le ulteriori disposizioni di cui all'articolo 1, comma 225, della legge 24 dicembre 2007, n. 244.
[5] Comma abrogato dall'articolo 1, comma 224, lettera b), della legge 24 dicembre 2007, n. 244.
[6] Comma abrogato dall'art. 10, l. 28 dicembre 2001, n. 448.
[7] A norma dell'articolo 14, comma 35, del D.L. 6 dicembre 2011, n. 201, convertito con modificazioni dalla L. 22 dicembre 2011, n. 214, il tributo comunale sui rifiuti e sui servizi, in deroga al presente articolo, è versato esclusivamente al comune. Il versamento del tributo comunale per l'anno di riferimento è effettuato, in mancanza di diversa deliberazione comunale, in quattro rate trimestrali, scadenti nei mesi di gennaio, aprile, luglio e ottobre, mediante bollettino di conto corrente postale ovvero modello di pagamento unificato. è consentito il pagamento in unica soluzione entro il mese di giugno di ciascun anno.

53. Albo per l'accertamento e riscossione delle entrate degli enti locali [A]. – 1. Presso il Ministero delle finanze è istituito l'albo dei soggetti privati abilitati ad effettuare attività di liquidazione e di accertamento dei tributi e quelle di riscossione dei tributi e di altre entrate delle province e dei comuni. Sono escluse le attività di incasso diretto da parte dei soggetti di cui all'articolo 52, comma 5, lettera b), numeri 1), 2) e 4)[1] .

2. L'esame delle domande di iscrizione, la revisione periodica, la cancellazione e la sospensione dall'albo, la revoca e la decadenza della gestione sono effettuate da una apposita commissione in cui sia prevista una adeguata rappresentanza dell'ANCI e dell'UPI.

3. Con decreti del Ministro delle finanze, da emanare ai sensi dell'articolo 17, comma 3, della legge 23 agosto 1988, n. 400, tenuto conto delle esigenze di trasparenza e di tutela del pubblico interesse, sentita la conferenza Stato-città, sono definiti le condizioni ed i requisiti per l'iscrizione nell'albo, al fine di assicurare il possesso di adeguati requisiti tecnici e finanziari, la sussistenza di sufficienti requisiti morali e l'assenza di cause di incompatibilità da parte degli iscritti, ed emanate disposizioni in ordine alla composizione, al funzionamento e alla durata in carica dei componenti della commissione di cui al comma 2, alla tenuta dell'albo, alle modalità per l'iscrizione e la verifica dei presupposti per la sospensione e la cancellazione dall'albo nonché ai casi di revoca e decadenza della gestione. Per i soggetti affidatari di servizi di liquidazione, accertamento e riscossione di tributi e altre entrate degli enti locali, che svolgano i predetti servizi almeno dal 1° gennaio 1997, può essere stabilito un periodo transitorio, non superiore a due anni, per l'adeguamento alle condizioni e ai requisiti per l'iscrizione nell'albo suddetto [2] .

4. Sono abrogati gli articoli da 25 a 34 del decreto legislativo 15 novembre 1993, n. 507, concernenti la gestione del servizio di accertamento e riscossione dell'imposta comunale sulla pubblicità.

[A] In relazione all' Art. 18 del Regolamento 11 settembre 2000, n. 289 relativo agli obblighi degli iscritti all'albo vedi: Risoluzione Ministero dell'Economia e Finanze 13/04/2021 n. 3/DF
[1] Comma modificato dall'articolo 1, comma 788 della Legge 27 dicembre 2019, n. 160, come modificato dall'articolo 111, comma 1, del D.L. 14 agosto 2020, n. 104, convertito con modificazioni dalla Legge 13 ottobre 2020, n. 126. Vedi anche le disposizioni di cui al comma 784 dell'articolo 1 della medesima Legge 160/2019.
[2] Comma modificato dall'articolo 15 del D.Lgs. 10 aprile 1998, n. 137. Per l'applicazione del presente comma vedi D.M. 11 settembre 2000, n. 289.

54. Approvazione delle tariffe e dei prezzi pubblici. – 1. Le province e i comuni approvano le tariffe e i prezzi pubblici ai fini dell'approvazione del bilancio di previsione [1].

1- bis. Le tariffe ed i prezzi pubblici possono comunque essere modificati, in presenza di rilevanti incrementi nei costi relativi ai servizi stessi, nel corso dell'esercizio finanziario. L'incremento delle tariffe non ha effetto retroattivo [2].

[1] Comma modificato dall'dall'articolo 6, comma 1, del D.Lgs. 23 marzo 1998, n. 56, con effetto a decorrere dal 1° gennaio 1998.
[2] Comma aggiunto dall'articolo 54, comma 1, lettera a) della legge. 23 dicembre 2000, n. 388.

55. Tasse sulle concessioni delle regioni a statuto ordinario. – 1. Le regioni a statuto ordinario hanno la facoltà di non applicare, anche limitatamente ad alcune, le tasse sulle concessioni regionali di cui al decreto legislativo 22 giugno 1991, n. 230.

56. Imposta provinciale di trascrizione [1]. – 1. Le province possono, con regolamento adottato a norma dell'articolo 52, istituire l'imposta provinciale sulle formalità di trascrizione, iscrizione ed annotazione dei veicoli richieste al pubblico registro automobilistico, avente competenza nel proprio territorio, ai sensi del regio decreto-legge 15 marzo 1927, n. 436, e relativo regolamento di cui al regio decreto 29 luglio 1927, n. 1814, e del decreto legislativo 30 aprile 1992, n. 285.

1-bis. Le formalità di cui al comma 1 possono essere eseguite su tutto il territorio nazionale con ogni strumento consentito dall'ordinamento e con destinazione del gettito dell'imposta alla Provincia ove ha sede legale o residenza il soggetto passivo, inteso come avente causa o intestatario del veicolo [2].

2. L'imposta è applicata sulla base di apposita tariffa determinata secondo le modalità di cui al comma 11, le cui misure potranno essere aumentate, anche con successiva deliberazione approvata nel termine di cui all'articolo 54, fino ad un massimo del trenta per cento, ed è dovuta per ciascun veicolo al momento della richiesta di formalità. È dovuta una sola imposta quando per lo stesso credito ed in virtù dello stesso atto devono eseguirsi più formalità di natura ipotecaria. Le maggiorazioni di gettito conseguenti al suddetto eventuale aumento non saranno computate ai fini della determinazione dei parametri utilizzati ai sensi del decreto legislativo 30 giugno 1997, n. 244, ai fini della pere-

quazione della capacità fiscale tra province [3].

3. Le province notificano entro dieci giorni dalla data di esecutività copia autentica della deliberazione istitutiva o modificativa delle misure dell'imposta al competente ufficio provinciale del pubblico registro automobilistico e all'ente che provvede alla riscossione per gli adempimenti di competenza. L'aumento tariffario interessa le immatricolazioni effettuate e gli atti formati dalla sua decorrenza e, qualora esso sia deliberato con riferimento alla stessa annualità in cui è eseguita la notifica prevista dal presente comma, opera dalla data della notifica stessa [4].

4. Con lo stesso regolamento di cui al comma 1, le province disciplinano la liquidazione, la riscossione e la contabilizzazione dell'imposta provinciale di trascrizione e i relativi controlli, nonché l'applicazione delle sanzioni per l'omesso o il ritardato pagamento dell'imposta stessa ai sensi dell'articolo 13 del decreto legislativo 18 dicembre 1997, n. 471. Tali attività, se non gestite direttamente ovvero nelle forme di cui al comma 5 dell'articolo 52, sono affidati, a condizioni da stabilire tra le parti, allo stesso concessionario del pubblico registro automobilistico il quale riversa alla tesoreria della provincia titolare del tributo ai sensi del comma 1-bis le somme riscosse inviando alla provincia nel cui territorio sono state eseguite le relative formalità le somme riscosse inviando alla provincia stessa la relativa documentazione. In ogni caso deve essere assicurata l'esistenza di un archivio nazionale dei dati fiscali relativi ai veicoli iscritti nel pubblico registro automobilistico. L'imposta suppletiva ed i rimborsi devono essere richiesti nel termine di tre anni dalla data in cui la formalità è stata eseguita [5].

5. Le province autonome di Trento e Bolzano provvedono all'attuazione delle disposizioni di cui al comma 4, in conformità ai rispettivi statuti e relative norme di attuazione.

6. Le cessioni di mezzi di trasporto usati, da chiunque effettuate nei confronti dei contribuenti che ne fanno commercio, nonché le cessioni degli stessi a seguito di esercizio di riscatto da parte del locatario a titolo di locazione finanziaria non sono soggette al pagamento dell'imposta. Per gli autoveicoli muniti di carta di circolazione per uso speciale ed i rimorchi destinati a servire detti veicoli, sempreché non siano adatti al trasporto di cose, l'imposta è ridotta ad un quarto. Analoga riduzione, da operarsi sull'imposta indicata dalla tariffa approvata con decreto del Ministro delle finanze di cui al successivo comma 11, si applica per i rimorchi ad uso abitazione per campeggio e simili. In caso di fusione tra società esercenti attività di locazione di veicoli senza conducente, le iscrizioni e le trascrizioni già esistenti al pubblico registro automobilistico relative ai veicoli compresi nell'atto di fusione conservano la loro validità ed il loro grado a favore del cessionario, senza bisogno di alcuna formalità o annotazione [6].

7. Alle formalità richieste ai sensi e per gli effetti dell'articolo 2688 del c.c. si applica un'imposta pari al doppio della relativa tariffa.

8. Relativamente agli atti societari e giudiziari, il termine per la richiesta delle formalità e pagamento della relativa imposta decorre a partire dal sesto mese successivo alla pubblicazione nel registro delle imprese e comunque entro 60 giorni dalla effettiva restituzione alle parti a seguito dei rispettivi adempimenti.

9. Le controversie concernenti l'imposta provinciale di trascrizione, le sanzioni e gli accessori sono soggette alla giurisdizione delle commissioni tributarie secondo le disposizioni del decreto legislativo 31 dicembre 1992, n. 546.

10. Le formalità di trascrizione, iscrizione ed annotazione respinte dagli uffici provinciali del pubblico registro automobilistico anteriormente al 1° gennaio dell'anno dal quale ha effetto il regolamento di cui al comma 1, sono soggette, nel caso di ripresentazione a partire da tale data, alla disciplina relativa all'imposta provinciale. L'imposta erariale di trascrizione e l'addizionale provinciale eventualmente versate sono rimborsate rispettivamente dall'amministrazione finanziaria e dalla provincia su richiesta dei soggetti interessati.

11. Con decreto del Ministro delle finanze sono stabilite le misure dell'imposta provinciale di trascrizione per tipo e potenza dei veicoli, in misura tale da garantire il complessivo gettito dell'imposta erariale di trascrizione, iscrizione e annotazione dei veicoli al pubblico registro automobilistico e la relativa addizionale provinciale [7].

(1) Per l'esenzione dell'imposta di cui al presente articolo vedi articolo 2 del D.L. 8 luglio 2002, n. 138.
(2) Comma inserito dall'articolo 9, comma 2, lettera a), del D.L. 10 ottobre 2012, n. 174.
(3) Comma modificato dall'articolo 1 del D.Lgs. 30 dicembre 1999, n. 506, e successivamente dall'articolo 1, comma 154, della legge 27 dicembre 2006, n. 296.
(4) Comma modificato dall'articolo 54 della legge 23 dicembre 2000, n. 388.
(5) Comma sostituito dall'articolo 1 del D.Lgs. 30 dicembre 1999, n. 506 e successivamente modificato dall'articolo 9, comma 2, lettera b), del D.L. 10 ottobre 2012, n. 174.
(6) Comma modificato dall'articolo 1 del D.Lgs. 30 dicembre 1999, n. 506, dall'articolo 33 della legge 23 dicembre 2000, n. 388 e dall'articolo 1, comma 165, della Legge 27 dicembre 2013, n. 147.
(7) Per il regolamento di cui al presente comma vedi D.M. 27 novembre 1998, n. 435.

57. Revisione delle imposte di registro e sulle donazioni. – 1. Nel testo unico delle disposizioni concernenti l'imposta di registro, approvato con decreto del Presidente della Repubblica 26 aprile 1986, n. 131, sono apportate le seguenti modificazioni:

a) all'art. 7, concernente gli atti non soggetti a registrazione, nel comma 1, secondo periodo, le parole "4, 5 e 11" sono sostituite dalle seguenti: "4, 5, 11 e 11- bis ";

b) all'art. 51, relativo ai valori dei beni e dei diritti, nel comma 4, dopo le parole "art. 7 della parte prima della tariffa" sono inserite le seguenti: "e art. 11- bis della tabella";

c) alla tariffa, parte prima, concernente gli atti soggetti a registrazione in termine fisso:

1) nell'art. 4, comma 1, lettera a), n. 4), la parola "autoveicoli" è sostituita dalle seguenti: "unità da diporto"; alla stessa lettera, nel n. 5, dopo le parole "di beni mobili" sono inserite le seguenti: ", esclusi quelli di cui all'art. 11- bis della tabella,";

2) nell'art. 7, comma 1, sono soppresse le lettere da a) ad e) nonchè le note;

3) nell'art. 8, comma 1, lettera a), la parola "autoveicoli" è sostituita dalle seguenti: "unità da diporto";

4) nell'art. 11, le parole "4, 5 e 11" sono sostituite dalle seguenti: "4, 5, 11 e 11- bis ";

d) nella tabella, relativa agli atti per i quali non vi è l'obbligo di chiedere la registrazione, dopo l'art. 11, è aggiunto il seguente: "Art. 11- bis. - 1. Atti di natura traslativa o dichiarativa aventi ad oggetto veicoli iscritti nel pubblico registro automobilistico.".

2. È abrogato il comma 2 dell'art. 59 del testo unico delle disposizioni concernenti l'imposta sulle successioni e donazioni, approvato con decreto legislativo 31 ottobre 1990, n. 346, e dopo lo stesso art. 59 è inserito il seguente: "Art. 59-bis (Esenzione per i veicoli iscritti al pubblico registro automobilistico) - 1. Non sono soggette ad imposta, anche nella ipotesi di cui all'art. 59, comma 3, le donazioni di veicoli di cui all'art. 12, comma 1, lettera l).".

3. Le disposizioni del presente articolo hanno effetto dal 1° gennaio 1999.

58. Modifiche alla disciplina dell'imposta comunale sugli immobili. – 1. Nel capo I del decreto legislativo 30 dicembre 1992, n. 504, concernente l'imposta comunale sugli immobili, sono apportate le seguenti modificazioni:

a) l'art. 3 è sostituito dal seguente: "Art. 3 (Soggetti passivi). - 1. Soggetti passivi dell'imposta sono il proprietario di immobili di cui al comma 2 dell'art. 1, ovvero il titolare di diritto reale di usufrutto, uso, abitazione, enfiteusi, superficie, sugli stessi, anche se non residenti nel territorio dello Stato o se non hanno ivi la sede legale o amministrativa o non vi esercitano l'attività.

2. Per gli immobili concessi in locazione finanziaria, soggetto passivo è il locatario. In caso di fabbricati di cui all'art. 5, comma 3, il locatario assume la qualità di soggetto passivo a decorrere dal primo gennaio dell'anno successivo a quello nel corso del quale è stato stipulato il contratto di locazione finanziaria.".

b) nel comma 2 dell'art. 5, relativo alla base imponibile, l'ultimo periodo è soppresso e nel comma 3 del medesimo articolo, è aggiunto, in fine, il seguente periodo: "In caso di locazione finanziaria il locatore o il locatario possono esperire la procedura di cui al regolamento adottato con decreto del Ministro delle finanze del 19 aprile 1994, n. 701, con conseguente determinazione del valore del fabbricato sulla base della rendita proposta, a decorrere dal primo gennaio dell'anno successivo a quello nel corso del quale tale rendita è stata annotata negli atti catastali, ed estensione della procedura prevista nel terzo periodo del comma 1 dell'art. 11; in mancanza di rendita proposta il valore è determinato sulla base delle scritture contabili del locatore, il quale è obbligato a fornire tempestivamente al locatario tutti i dati necessari per il calcolo.";

c) nel comma 1 dell'art. 13, concernente i rimborsi dell'imposta, l'ultimo periodo è soppresso.

2. Agli effetti dell'applicazione dell'articolo 9 del decreto legislativo 30 dicembre 1992, n. 504, relativo alle modalità di applicazione dell'imposta ai terreni agricoli, si considerano coltivatori diretti od imprenditori agricoli a titolo principale le persone fisiche iscritte negli appositi elenchi comunali previsti dall'articolo 11 della legge 9 gennaio 1963, n. 9, e soggette al corrispondente obbligo dell'assicurazione per invalidità, vecchiaia e malattia; la cancellazione dai predetti elenchi ha effetto a decorrere dal primo gennaio dell'anno successivo.

[3. Limitatamente all'unità immobiliare adibita ad abitazione principale del soggetto passivo, la detrazione di cui all'articolo 8, comma 3, del decreto legislativo 30 dicembre 1992, n. 504, come sostituito dall'articolo 3, comma 55, della legge 23 dicembre 1996, n. 662, può essere stabilita in misura superiore a euro 258,23 e fino a concorrenza dell'imposta dovuta per la predetta unità. In tal caso il comune che ha adottato detta deliberazione non può stabilire una aliquota superiore a quella ordinaria per le unità immobiliari tenute a disposizione del contribuente.] (1)

[4. Le deliberazioni comunali concernenti la determinazione dell'aliquota dell'imposta comunale sugli immobili, sono pubblicate per estratto nella Gazzetta Ufficiale.] (2).

(1) *Comma abrogato dall'articolo 13, comma 14, letetra b), del D.L. 6 dicembre 2011, n. 201.*
(2) *Comma abrogato dall'dall'articolo 1, comma 1, lettera u), del D.Lgs. 30 dicembre 1999, n. 506.*

59. Potestà regolamentare in materia di imposta comunale sugli immobili. – 1. Con regolamento adottato a norma dell'articolo 52, i comuni possono:

a) stabilire ulteriori condizioni ai fini dell'applicazione delle disposizioni del secondo periodo della lettera b) del comma 1 dell'articolo 2 del decreto legislativo 30 dicembre 1992, n. 504, riguardante i terreni considerati non fabbricabili, anche con riferimento alla quantità e qualità di lavoro effettivamente dedicato all'attività agricola da parte dei soggetti di cui al comma 2 dell'articolo 58 e del proprio nucleo familiare;

b) disporre l'esenzione per gli immobili posseduti dallo Stato, dalle regioni, dalle provincie, dagli altri comuni, dalle comunità montane, dai consorzi fra detti enti, dalle aziende unità sanitarie locali, non destinati esclusivamente ai compiti istituzionali;

c) stabilire che l'esenzione di cui all'articolo 7, comma 1, lettera i), del decreto legislativo 30 dicembre 1992, n. 504, concernente gli immobili utilizzati da enti non commerciali, si applica soltanto ai fabbricati ed a condizione che gli stessi, oltre che utilizzati, siano anche posseduti dall'ente non commerciale utilizzatore;

[d) considerare parti integranti dell'abitazione principale le sue pertinenze, ancorché distintamente iscritte in catasto;] (1)

[e) considerare abitazioni principali, con conseguente applicazione dell'aliquota ridotta od anche della detrazione per queste previste, quelle concesse in uso gratuito a parenti in linea retta o collaterale, stabilendo il grado di parentela;](2)

f) prevedere il diritto al rimborso dell'imposta pagata per le aree successivamente divenute inedificabili, stabilendone termini, limiti temporali e condizioni, avuto anche riguardo alle modalità ed alla frequenza delle varianti apportate agli strumenti urbanistici;

g) determinare periodicamente e per zone omogenee i valori venali in comune commercio delle aree fabbricabili, al fine della limitazione del potere di accertamento del comune qualora l'imposta sia stata versata sulla base di un valore non inferiore a quello predeterminato, secondo criteri improntati al perseguimento dello scopo di ridurre al massimo l'insorgenza di contenzioso;

[h) disciplinare le caratteristiche di fatiscenza sopravvenuta del fabbricato, non superabile con interventi di manutenzione, agli effetti dell'applicazione della riduzione alla metà dell'imposta prevista nell'articolo 8, comma 1, del decreto legislativo 30 dicembre 1992, n. 504, come sostituito dall'articolo 3, comma 55, della legge 23 dicembre 1996, n. 662;] (3)

i) stabilire che si considerano regolarmente eseguiti i versamenti effettuati da un contitolare anche per conto degli altri;

[l) semplificare e razionalizzare il procedimento di accertamento anche al fine di ridurre gli adempimenti dei contribuenti e potenziare l'attività di controllo sostanziale, secondo i seguenti criteri direttivi:

1) eliminazione delle operazioni di controllo formale sulla base dei dati ed elementi dichiarati, con conseguente soppressione dell'obbligo di presentazione della dichiarazione o denuncia, ed introduzione dell'obbligo della comunicazione, da parte del contribuente al comune competente, entro un termine prestabilito dal comune stesso, degli acquisti, cessazioni o modificazioni di soggettività passiva, con la sola individuazione dell'unità immobiliare interessata;

2) attribuzione alla giunta comunale del compito di decidere le azioni di controllo;

3) determinazione di un termine di decadenza, comunque non oltre il 31 dicembre del quinto anno successivo a quello cui si riferisce l'imposizione, entro il quale deve essere notificato al contribuente, anche a mezzo posta mediante raccomandata con avviso di ricevimento, il motivato avviso di accertamento per omesso, parziale o tardivo versamento con la liquidazione dell'imposta o maggiore imposta dovuta, delle sanzioni e degli interessi;

4) previsione di una sanzione, comunque non inferiore a euro 103 né superiore a euro 516 per ciascuna unità immobiliare, per la omessa comunicazione di cui al numero 1);

5) potenziamento dell'attività di controllo mediante collegamenti con i sistemi informativi immobiliari del Ministero delle finanze e con altre banche dati rilevanti per la lotta all'evasione;] (4)

m) introdurre l'istituto dell'accertamento con adesione del contribuente, sulla base dei criteri stabiliti dal decreto legislativo 19 giugno 1997, n. 218;

[n) razionalizzare le modalità di esecuzione dei versamenti, sia in autotassazione che a seguito di accertamenti, prevedendo, in aggiunta o in sostituzione del pagamento tramite il concessionario della riscossione, il versamento sul conto corrente postale intestato alla tesoreria del comune e quello direttamente presso la tesoreria medesima, nonché il pagamento tramite sistema bancario;] (5)

o) stabilire differimenti di termini per i versamenti, per situazioni particolari;

p) prevedere che ai fini del potenziamento degli uffici tributari del comune, ai sensi dell'articolo 3, comma 57, della legge 23 dicembre 1996, n. 662, possono essere attribuiti compensi incentivanti al personale addetto.

[2. Se sono adottate norme regolamentari nella materia di cui alla lettera l) del comma 1, nel territorio del comune non operano, per gli anni di vigenza del regolamento, le disposizioni di cui agli articoli 10, commi 4 e 5, primo periodo, 11, commi 1 e 2, 14, comma 2, e 16, comma 1, del decreto legislativo 30 dicembre 1992, n. 504.] (6)

[3. Nelle disposizioni regolamentari di cui alla lettera l) del comma 1 può essere stabilita per anni pregressi la eliminazione delle operazioni di liquidazione sulla base delle dichiarazioni ovvero la loro effettuazione secondo criteri selettivi.] (7)

(1) *Lettera abrogata dall'articolo 13, comma 14, lettera b), del D.L. 6 dicembre 2011, n. 201.*
(2) *Lettera abrogata dall'articolo 13, comma 14, lettera b), del D.L. 6 dicembre 2011, n. 201.*
(3) *Lettera abrogata dall'articolo 13, comma 14, lettera b), del D.L. 6 dicembre 2011, n. 201.*
(4) *Lettera abrogata dall'articolo 1, comma 175, della legge 27 dicembre 2006, n. 296.*
(5) *Lettera abrogata dall'articolo 1, comma 175, della legge 27 dicembre 2006, n. 296.*
(6) *Comma abrogato dall'articolo 1, comma 175, della legge 27 dicembre 2006, n. 296.*
(7) *Comma abrogato dall'articolo 1, comma 175, della legge 27 dicembre 2006, n. 296.*

60. Attribuzione alle provincie e ai comuni del gettito di imposte erariali (1). – 1. Il gettito dell'imposta sulle assicurazioni contro la responsabilità civile derivante dalla circolazione dei veicoli a motore, esclusi i ciclomotori, al netto del contributo di cui all'articolo 6, comma 1, lettera a), del decreto-legge 31 dicembre 1991, n. 419, convertito, con modificazioni, dalla legge 18 febbraio 1992, n. 172, è attribuito alle provincie dove hanno sede i pubblici registri automobilistici nei quali i veicoli sono iscritti ovvero, per le macchine agricole, alle province nel cui territorio risiede l'intestatario della carta di circolazione.

[2. Il gettito delle imposte di registro, ipotecaria e catastale, riscosse sugli atti di trasferimento a titolo oneroso della proprietà di beni immobili e sugli atti traslativi o costitutivi di diritti reali sugli stessi, di cui all'art. 1 della tariffa, parte prima, allegata al testo unico delle disposizioni concernenti l'imposta di registro, approvato con decreto del Presidente della Repubblica 26 aprile 1986, n. 131, compresi gli atti dell'autorità giudiziaria, nonchè sui relativi contratti preliminari, è attribuito ai comuni nel cui territorio gli immobili sono ubicati.] (2)

3. Con decreti del Ministro delle finanze, di concerto con i Ministri dell'interno e del tesoro, del bilancio e della programmazione economica, nonché del Ministro dell'industria, del commercio e dell'artigianato limitatamente alle previsioni di cui al comma 1, da emanare entro novanta giorni dalla data di entrata in vigore del presente decreto, sono stabilite le modalità per l'assegnazione alle provincie delle somme ad esse spettanti a norma del comma 1, salvo quanto disposto nel comma 4 (3).

4. Le regioni Sicilia, Sardegna, Friuli-Venezia Giulia e Valle d'Aosta, nonché le province autonome di Trento e di Bolzano provvedono, in conformità dei rispettivi statuti, all'attuazione delle disposizioni del comma 1; contestualmente sono disciplinati i rapporti finanziari tra lo Stato, le autonomie speciali e gli enti locali al fine di mantenere il necessario equilibrio finanziario (4).

5. Le disposizioni del presente articolo hanno effetto dal 1° gennaio 1999 e si applicano: con riferimento all'imposta dovuta sui premi ed accessori incassati a decorrere dalla predetta data (5)(6).

(1) *Per l'attribuzione alle province e ai comuni del gettito delle imposte sulle assicurazioni, vedi il regolamento approvato con D.M. 14 dicembre 1998, n. 457.*
(2) *Comma abrogato dall'art. 1, d.lg. 30 dicembre 1999, n. 506.*
(3) *Comma modificato dall'art. 1, d.lg. 30 dicembre 1999, n. 506.*
(4) *Comma modificato dall'art. 1, d.lg. 30 dicembre 1999, n. 506.*
(5) *Comma modificato dall'art. 1, d.lg. 30 dicembre 1999, n. 506.*
(6) *Il termine fissato al 1° gennaio 1999 dal presente comma, relativamente alle disposizioni di cui al comma 2, del presente articolo, è stato differito al 1° gennaio 2000 dall'articolo 31, comma 16, della legge 23 dicembre 1998, n. 448.*

61. Riduzione dei trasferimenti erariali agli enti locali. – 1. A decorrere dall'anno 1999, il fondo ordinario spettante alle province è ridotto di un importo pari al gettito complessivo riscosso nell'anno 1999 per l'imposta sulle assicurazioni di cui al comma 1 dell'articolo 60, ridotto dell'importo corrispondente all'incremento medio nazionale dei premi assicurativi registrato nell'anno 1999, rispetto all'anno 1998, secondo dati di fonte ufficiale. La dotazione del predetto fondo è, per l'anno 1999, inizialmente ridotta, in base ad una stima del gettito annuo effettuata, sulla base dei dati disponibili, dal Ministero delle finanze, per singola provincia, e comunicata ai Ministeri del tesoro, del bilancio e della programmazione economica e dell'interno. Sulla base dei dati finali, comunicati dal Ministero delle finanze ai predetti Ministeri, sono determinate le riduzioni definitive della dotazione del predetto fondo, per singola provincia, e sono introdotte le eventuali variazioni di bilancio. Il Ministero dell'interno provvede, con seconda e la terza rata dei contributi ordinari relativi al 2000, ad operare i conguagli e a determinare in via definitiva l'importo annuo del contributo ridotto spettante ad ogni provincia a decorrere dal 1999 [1].

2. A decorrere dall'anno 1999 il fondo ordinario spettante alle provincie è altresì ridotto di un importo pari al gettito previsto per il predetto anno per imposta erariale di trascrizione, iscrizione e annotazione dei veicoli al pubblico registro automobilistico di cui alla legge 23 dicembre 1977, n. 952. La riduzione della dotazione del predetto fondo è operata con la legge di approvazione del bilancio dello Stato per l'anno finanziario 1999 ed è effettuata, nei confronti di ciascuna provincia, dal Ministero dell'interno in base ai dati comunicati dal Ministero delle finanze entro il 30 giugno 1998, determinati ripartendo il gettito previsto per il 1999 tra le singole provincie in misura percentualmente corrispondente al gettito riscosso nel 1997 a ciascuna di esse imputabile. La riduzione definitiva delle dotazioni del predetto fondo è altresì operata sulla base dei dati definitivi dell'anno 1998 relativi all'imposta di cui al presente comma, comunicati dal Ministero delle finanze al Ministero dell'interno entro il 30 settembre 1999 [2].

3. Le somme eventualmente non recuperate, per insufficienza dei contributi ordinari, sono portate in riduzione dei contributi a qualsiasi titolo dovuti al singolo ente locale dal Ministero dell'interno. La riduzione è effettuata con priorità sui contributi di parte corrente.

4. Le riduzioni dei contributi statali e i gettiti dei tributi previsti dal presente articolo sono determinati con riferimento alle provincie delle regioni a statuto ordinario. Per le regioni a statuto speciale le operazioni di riequilibrio di cui al decreto legislativo 30 giugno 1997, n. 244, si applicano solo dopo il recepimento delle disposizioni dell'articolo 60 e del presente articolo nei rispettivi statuti [3].

[1] Comma modificato dall'articolo 31, comma 9, della Legge 23 dicembre 1998, n. 448 e dall'articolo 1, comma 2, lettera a), de D.Lgs. 10 giugno 1999, n. 176 con la decorrenza di cui al comma 3 del medesimo decreto e successivamente sostituito dall'art. 1, d.lgs. 30 dicembre 1999, n. 506.
[2] Comma modificato dall'articolo 1, comma 2, lettera a), de D.Lgs. 10 giugno 1999, n. 176 con la decorrenza di cui al comma 3 del medesimo decreto.
[3] Comma modificato dall'art. 1, d.lgs. 30 dicembre 1999, n. 506.

62. Canone per l'installazione di mezzi pubblicitari [1]. – 1. I comuni possono, con regolamento adottato a norma dell'articolo 52, escludere l'applicazione, nel proprio territorio, dell'imposta comunale sulla pubblicità di cui al capo I del decreto legislativo 15 novembre 1993, n. 507, sottoponendo le iniziative pubblicitarie che incidono sull'arredo urbano o sull'ambiente ad un regime autorizzatorio e assoggettandole al pagamento di un canone in base a tariffa [2].

2. Il regolamento è informato ai seguenti criteri:

a) individuazione della tipologia dei mezzi di effettuazione della pubblicità esterna che incidono sull'arredo urbano o sull'ambiente ai sensi del decreto legislativo 30 aprile 1992, n. 285, e del relativo regolamento di attuazione approvato con decreto del Presidente della Repubblica 16 dicembre 1992, n. 495;

b) previsione delle procedure per il rilascio e per il rinnovo dell'autorizzazione;

c) indicazione delle modalità di impiego dei mezzi pubblicitari e delle modalità e termini di pagamento del canone;

d) determinazione della tariffa con criteri di ragionevolezza e gradualità tenendo conto della popolazione residente, della rilevanza dei flussi turistici presenti nel comune e delle caratteristiche urbanistiche delle diverse zone del territorio comunale e dell'impatto ambientale in modo che detta tariffa, comprensiva dell'eventuale uso di aree comunali, non ecceda di oltre il 25 per cento le tariffe stabilite ai sensi del decreto legislativo 15 novembre 1993, n. 507, per l'imposta comunale sulla pubblicità in relazione all'esposizione di cui alla lettera a) e deliberate dall'amministrazione comunale nell'anno solare antecedente l'adozione della delibera di sostituzione dell'imposta comunale sulla pubblicità con il canone [3];

e) equiparazione, ai soli fini del pagamento del canone, dei mezzi pubblicitari installati senza la preventiva autorizzazione a quelli autorizzati e previsione per l'installazione dei mezzi pubblicitari non autorizzati di sanzioni amministrative pecuniarie di importo non inferiore all'importo della relativa tariffa, né superiore al doppio della stessa tariffa;

f) determinazione della tariffa per i mezzi pubblicitari installati su beni privati in misura inferiore di almeno un terzo rispetto agli analoghi mezzi pubblicitari installati su beni pubblici.

3. Il regolamento può anche prevedere, con carattere di generalità, divieti, limitazioni e agevolazioni.

4. Il comune procede alla rimozione dei mezzi pubblicitari privi della prescritta autorizzazione, o installati in difformità della stessa, o per i quali non sia stato effettuato il pagamento del relativo canone, nonché alla immediata copertura della pubblicità con essi effettuata, mediante contestuale processo verbale di contestazione redatto da competente pubblico ufficiale. Resta ferma l'applicazione delle sanzioni amministrative pecuniarie di cui all'articolo 23 del decreto legislativo 30 aprile 1992, n. 285, ovvero se non comminabili, di quelle stabilite dall'articolo 24, comma 2, del decreto legislativo 15 novembre 1993, n. 507. Per l'applicazione delle sanzioni di cui al presente comma si osservano le disposizioni contenute nel capo I del titolo VI del citato decreto legislativo n. 285 del 1992.

[1] Articolo abrogato dall'articolo 1, comma 847 della Legge 27 dicembre 2019, n. 160. A norma dell'articolo 4, comma 3-quater, del D.L. 30 dicembre 2019 n.162, convertito, con modificazioni dalla Legge 28 febbraio 2020, n. 8, limitatamente all'anno 2020, non ha effetto l'abrogazione disposta dal comma 847 dell'articolo 1 della legge 27 dicembre 2019, n. 160.
[2] Vedi anche l'articolo 2-bis del D.L. 22 febbraio 2002, n. 13
[3] Lettera modificata dall'art. 10, l. 28 dicembre 2001, n. 448.

63. Canone per l'occupazione di spazi ed aree pubbliche [1]. – 1. I comuni e le province possono, con regolamento adottato a norma dell'articolo 52, escludere l'applicazione, nel proprio territorio, della tassa per occupazione di spazi ed aree pubbliche, di cui al capo II del decreto legislativo 15 novembre 1993, n. 507. I comuni e le province possono, con regolamento adottato a norma dell'articolo 52, prevedere che l'occupazione, sia permanente che temporanea, di strade, aree e relativi spazi soprastanti e sottostanti appartenenti al proprio demanio o patrimonio indisponibile, comprese le aree destinate a mercati anche attrezzati, sia assoggettata, in sostituzione della tassa per l'occupazione di spazi ed aree pubbliche, al pagamento di un canone da parte del titolare della concessione, determinato nel medesimo atto di concessione in base a tariffa. Il pagamento del canone può essere anche previsto per l'occupazione di aree private soggette a servitù di pubblico passaggio costituita nei modi di legge. Agli effetti del presente comma si comprendono nelle aree comunali i tratti di strada situati all'interno di centri abitati con popolazione superiore a diecimila abitanti, individuabili a norma dell'articolo 2, comma 7, del decreto legislativo 30 aprile 1992, n. 285 (2).

2. Il regolamento è informato ai seguenti criteri:

a) previsione delle procedure per il rilascio, il rinnovo e la revoca degli atti di concessione;

b) classificazione in categorie di importanza delle strade, aree e spazi pubblici;

c) indicazione analitica della tariffa determinata sulla base della classificazione di cui alla lett. b), dell'entità dell'occupazione, espressa in metri quadrati o lineari, del valore economico della disponibilità dell'area nonché del sacrificio imposto alla collettività, con previsione di coefficienti moltiplicatori per specifiche attività esercitate dai titolari delle concessioni anche in relazione alle modalità dell'occupazione;

d) indicazione delle modalità e termini di pagamento del canone;

e) previsione di speciali agevolazioni per occupazioni ritenute di particolare interesse pubblico e, in particolare, per quelle aventi finalità politiche ed istituzionali;

f) previsione per le occupazioni permanenti, realizzate con cavi, condutture, impianti o con qualsiasi altro manufatto da aziende di erogazione dei pubblici servizi e da quelle esercenti attività strumentali ai servizi medesimi, di un canone determinato forfetariamente come segue:

1) per le occupazioni del territorio comunale il canone è commisurato al numero complessivo delle relative utenze per la misura unitaria di tariffa riferita alle sottoindicate classi di comuni:

I) fino a 20.000 abitanti, euro 0,77 per utenza;

II) oltre 20.000 abitanti, euro 0,65 per utenza;

2) per le occupazioni del territorio provinciale, il canone è determinato nella misura del 20 per cento dell'importo risultante dall'applicazione della misura unitaria di tariffa di cui al precedente numero 1, per il numero complessivo delle utenze presenti nei; comuni compresi nel medesimo ambito territoriale;

3) in ogni caso l'ammontare complessivo dei canoni dovuti a ciascun comune o provincia non può essere inferiore a euro 516,46. La medesima misura di canone annuo è dovuta complessivamente per le occupazioni permanenti di cui alla presente lettera effettuate dalle aziende esercenti attività strumentali ai pubblici servizi;

4) gli importi di cui al numero 1) sono rivalutati annualmente in base all'indice ISTAT dei prezzi al consumo rilevati al 31 dicembre dell'anno precedente;

5) il numero complessivo delle utenze è quello risultante al 31 dicembre dell'anno precedente. Il canone è versato in un'unica soluzione entro il 30 aprile di ciascun anno. Il versamento è effettuato a mezzo di conto corrente postale intestato al comune o alla provincia recante, quale causale, l'indicazione del presente articolo. I comuni e le province possono prevedere termini e modalità diversi da quelli predetti inviando, nel mese di gennaio di ciascun anno, apposita comunicazione alle aziende di erogazione di pubblici servizi, fissando i termini per i conseguenti adempimenti in non meno di novanta giorni dalla data di ricezione della comunicazione (3);

g) applicazione alle occupazioni abusive di un'indennità pari al canone maggiorato fino al 50 per cento, considerando permanenti le occupazioni abusive realizzate con impianti o manufatti di carattere stabile, mentre le occupazioni abusive temporanee si presumono effettuate dal trentesimo giorno antecedente la data del verbale di accertamento, redatto da competente pubblico ufficiale (4).

g-bis) previsione delle sanzioni amministrative pecuniarie di importo non inferiore all'ammontare della somma di cui alla lettera g), né superiore al doppio della stessa, ferme restando quelle stabilite dall'articolo 20, commi 4 e 5, del decreto legislativo 30 aprile 1992, n. 285 (5).

3. Il canone è determinato sulla base della tariffa di cui al comma 2, con riferimento alla durata dell'occupazione e può essere maggiorato di eventuali effettivi e comprovati oneri di manutenzione in concreto derivanti dall'occupazione del suolo e del sottosuolo, che non siano, a qualsiasi titolo, già posti a carico delle aziende che eseguono i lavori. Per la determinazione della tassa prevista al comma 1 relativa alle occupazioni di cui alla lettera f) del comma 2, si applicano gli stessi criteri ivi previsti per la determinazione forfetaria del canone. Dalla misura complessiva del canone ovvero della tassa prevista al comma 1 va detratto l'importo di altri canoni previsti da disposizioni di legge, riscossi dal comune e dalla provincia per la medesima occupazione, fatti salvi quelli connessi a prestazioni di servizi. (6)

(1) Articolo abrogato dall'articolo 1, comma 847 della Legge 27 dicembre 2019, n. 160. A norma dell'articolo 4, comma 3-quater, del D.L. 30 dicembre 2019 n.162, convertito, con modificazioni dalla Legge 28 febbraio 2020, n. 8, limitatamente all'anno 2020, non ha effetto l'abrogazione disposta dal comma 847 dell'articolo 1 della legge 27 dicembre 2019, n. 160. Per l'esonero temporaneo del pagamento del canone di cui al presente comma, vedi l'articolo 181, commi 1 e 1-bis, del D.L. 19 maggio 2020, n. 34, convertito, con modificazioni, dalla Legge 17 luglio 2020, n. 77, come modificato dall'articolo 109, comma 1, del D.L. 14 agosto 2020, n. 104, convertito con modificazioni dalla Legge 13 ottobre 2020, n. 126.

(2) Comma sostituito dall'art. 31, l. 23 dicembre 1998, n. 448.

(3) Lettera sostituita dall'art. 18, l. 23 dicembre 1999, n. 488.

(4) Lettera sostituita dall'art. 31, l. 23 dicembre 1998, n. 448.

(5) Lettera aggiunta dall'art. 31, l. 23 dicembre 1998, n. 448.

(6) Comma sostituito dall'art. 18, l. 23 dicembre 1999, n. 488 e successivamente modificato dall'art. 10, l. 1° agosto 2002, n. 166.

64. Disposizioni finali e transitorie. – 1. Le autorizzazioni alla installazione di mezzi pubblicitari e le concessioni di spazi ed aree pubbliche, rilasciate anteriormente alla data dalla quale hanno effetto i regolamenti previsti negli articoli 62 e 63, sono rinnovate a richiesta del relativo titolare o con il pagamento del canone ivi previsto, salva la loro revoca per il contrasto con le norme regolamentari.

2. Il comune può prorogare fino al 31 dicembre 2000, a condizioni più vantaggiose per l'ente da stabilire tra le parti, i contratti di gestione di cui agli articoli 25 e 52 del decreto legislativo 15 novembre 1993, n. 507, relativi all'affidamento in concessione del servizio di accertamento e riscossione, rispettivamente, dell'imposta comunale sulla pubblicità e della tassa per l'occupazione di spazi ed aree pubbliche, aventi scadenza antecedentemente alla predetta data (1).

3. Se il comune si avvale della facoltà di escludere l'applicazione dell'imposta sulla pubblicità, l'oggetto dei vigenti contratti di concessione di cui all'articolo 25 del decreto legislativo 15 novembre 1993, n. 507, è limitato al servizio delle pubbliche affissioni, fatta salva la revisione delle condizioni contrattuali da definire tra le parti e la facoltà di recesso del concessionario.

(1) *Comma modificato dall'articolo 4, comma 1, lettera f), del D.Lgs. 19 novembre 1998, n. 422 e dall'articolo 1, comma 1, lettera aa), del D.Lgs. 30 dicembre 1999, n. 506.*

TITOLO IV
Disposizioni comuni

65. Variazioni di bilancio. – 1. Il Ministro del tesoro, del bilancio e della programmazione economica è autorizzato ad apportare, con propri decreti, le variazioni di bilancio occorrenti per l'attuazione del presente decreto.

66. Entrata in vigore. – 1. Il presente decreto entra in vigore il 1° gennaio 1998. Le disposizioni del titolo II hanno effetto per i periodi di imposta che hanno inizio dopo il 31 dicembre 1997, salvo quanto disposto dal comma 2.

2. La revisione delle aliquote e del numero degli scaglioni di reddito prevista dall'articolo 46 del presente decreto ha effetto per i periodi di imposta che hanno inizio dopo il 31 dicembre 1999 per gli emolumenti arretrati di cui all'articolo 16, comma 1, lettera b), del testo unico delle imposte sui redditi, approvato con decreto del Presidente della Repubblica 22 dicembre 1986, n. 917.

2. D.Lgs. 30 dicembre 1992, n. 504

Riordino della finanza degli enti territoriali, a norma dell'articolo 4 della legge 23 ottobre 1992, n. 421 (ICI)[1][2][3][4]. (Estratto: artt. 1-18)

(1) *Pubblicato in Suppl. ordinario alla Gazz. Uff., 30 dicembre, n. 305*
(2) *In deroga a quanto disposto dal presente decreto vedi articolo 2, comma 60, del D.L. 3 ottobre 2006, n. 262.*
(3) *In riferimento al presente decreto vedi: Circolare AGEA 14 giugno 2010, n. ACIU.2010.450; Risoluzione Ministero dell'Economia e delle Finanze 04 marzo 2013 n. 4/DF.*
(4) *Per l'interpretazione delle disposizioni di cui al presente decreto, vedi l'articolo 1, comma 728, della Legge 27 dicembre 2017, n. 205.*

TITOLO I
Imposte comunali (1)

(1) *A norma dell'articolo 1, comma 145, della legge 27 dicembre 2007, n. 296 a decorrere dal 1° gennaio 2007, i comuni possono deliberare con regolamento l'istituzione di un'imposta di scopo destinata esclusivamente alla parziale copertura delle spese per la realizzazione di opere pubbliche individuate dai comuni nello stesso regolamento. Per la disciplina dell'imposta vedi commi da 146 a 151 del medesimo articolo 1.*

CAPO I
Imposta comunale sugli immobili (1)

(1) *A norma dell'articolo 1, comma 1, del D.L. 27 maggio 2008, n. 93 a decorrere dall'anno 2008 è esclusa dall'imposta comunale sugli immobili di cui al presente Capo l'unità immobiliare adibita ad abitazione principale del soggetto passivo.*

1. Istituzione dell'imposta - Presupposto(1)(2). – 1. A decorrere dall'anno 1993 è istituita l'imposta comunale sugli immobili (I.C.I.).

2. Presupposto dell'imposta è il possesso di fabbricati, di aree fabbricabili e di terreni agricoli, siti nel territorio dello Stato, a qualsiasi uso destinati, ivi compresi quelli strumentali o alla cui produzione o scambio è diretta l'attività dell'impresa.

(1) *A norma dell'articolo 1, comma 1, del D.L. 27 maggio 2008, n. 93 a decorrere dall'anno 2008 è esclusa dall'imposta comunale sugli immobili di cui al presente Capo l'unità immobiliare adibita ad abitazione principale del soggetto passivo. Vedi inoltre le ulteriori disposizioni di cui al medesimo articolo 1.*
(2) *Per l'istituzione dell'imposta municipale propria (IMU) vedi l'articolo 8 del D.Lgs. 14 marzo 2011, n. 23.*

2. Definizione di fabbricati e aree(1). – 1. Ai fini dell'imposta di cui all'articolo 1:

a) per fabbricato si intende l'unità immobiliare iscritta o che deve essere iscritta nel catasto edilizio urbano, considerandosi parte integrante del fabbricato l'area occupata dalla costruzione e quella che ne costituisce pertinenza; il fabbricato di nuova costruzione è soggetto all'imposta a partire dalla data di ultimazione dei lavori di costruzione ovvero, se antecedente, dalla data in cui è comunque utilizzato (2);

b) per area fabbricabile si intende l'area utilizzabile a scopo edificatorio in base agli strumenti urbanistici generali o attuativi ovvero in base alle possibilità effettive di edificazione determinate secondo i criteri previsti agli effetti dell'indennità di espropriazione per pubblica utilità. Sono considerati, tuttavia, non fabbricabili i terreni posseduti e condotti dai soggetti indicati nel comma 1 dell'art. 9, sui quali persiste l'utilizzazione agro-silvo-pastorale mediante l'esercizio di attività dirette alla coltivazione del fondo, alla silvicoltura, alla funghicoltura ed all'allevamento di animali. Il comune, su richiesta del contribuente, attesta se un'area sita nel proprio territorio è fabbricabile in base ai criteri stabiliti dalla presente lettera (3);

c) per terreno agricolo si intende il terreno adibito all'esercizio delle attività indicate nell'articolo 2135 del codice civile.

(1) *A norma dell'articolo 1, comma 1, del D.L. 27 maggio 2008, n. 93 a decorrere dall'anno 2008 è esclusa dall'imposta comunale sugli immobili di cui al presente Capo l'unità immobiliare adibita ad abitazione principale del soggetto passivo. Vedi inoltre le ulteriori disposizioni di cui al medesimo articolo 1.*
(2) *A norma dell'articolo 23, comma 1-bis, del D.L. 30 dicembre 2008, n. 207 la disposizione di cui alla presente lettera, deve intendersi nel senso che non si considerano fabbricati le unità immobiliari, anche iscritte o iscrivibili nel catasto fabbricati, per le quali ricorrono i requisiti di ruralità di cui all'articolo 9 del decreto-legge 30 dicembre 1993, n. 557, convertito, con modificazioni, dalla legge 26 febbraio 1994, n. 133, e successive modificazioni*

(3) *A norma dell'articolo 11-quaterdecies, comma 16, del D.L. 30 settembre 2005, n. 203, la disposizione di cui alla presente lettera si interpreta nel senso che un'area è da considerare comunque fabbricabile se è utilizzabile a scopo edificatorio in base allo strumento urbanistico generale, indipendentemente dall'adozione di strumenti attuativi del medesimo.*

3. Soggetti passivi[(1)(2)]. – 1. Soggetti passivi dell'imposta sono il proprietario di immobili di cui al comma 2 dell'articolo 1, ovvero il titolare di diritto reale di usufrutto, uso, abitazione, enfiteusi, superficie, sugli stessi, anche se non residenti nel territorio dello Stato o se non hanno ivi la sede legale o amministrativa o non vi esercitano l'attività.

2. Nel caso di concessione su aree demaniali, soggetto passivo è il concessionario. Per gli immobili, anche da costruire o in corso di costruzione, concessi in locazione finanziaria, soggetto passivo è il locatario a decorrere dalla data della stipula e per tutta la durata del contratto [(3)].

(1) *Articolo sostituito dall'articolo 58, comma 1, lettera a), del D.Lgs. 15 dicembre 1997, n. 446.*
(2) *A norma dell'articolo 1, comma 1, del D.L. 27 maggio 2008, n. 93 a decorrere dall'anno 2008 è esclusa dall'imposta comunale sugli immobili di cui al presente Capo l'unità immobiliare adibita ad abitazione principale del soggetto passivo. Vedi inoltre le ulteriori disposizioni di cui al medesimo articolo 1.*
(3) *Comma modificato dall'articolo 18, comma 3, della legge 23 dicembre 2000, n. 388 e successivamente sostituito dall'articolo 8, comma 1, della legge 23 luglio 2009, n. 99.*

4. Soggetto attivo [(1)]. – 1. L'imposta è liquidata, accertata e riscossa da ciascun comune per gli immobili di cui al comma 2 dell'articolo 1 la cui superficie insiste, interamente o prevalentemente, sul territorio del comune stesso. L'imposta non si applica per gli immobili di cui il comune è proprietario ovvero titolare dei diritti indicati nell'articolo precedente quando la loro superficie insiste interamente o prevalentemente sul suo territorio.

2. In caso di variazioni delle circoscrizioni territoriali dei comuni, anche se dipendenti dalla istituzione di nuovi comuni, si considera soggetto attivo il comune nell'ambito del cui territorio risultano ubicati gli immobili al 1° gennaio dell'anno cui l'imposta si riferisce.

(1) *A norma dell'articolo 1, comma 1, del D.L. 27 maggio 2008, n. 93 a decorrere dall'anno 2008 è esclusa dall'imposta comunale sugli immobili di cui al presente Capo l'unità immobiliare adibita ad abitazione principale del soggetto passivo. Vedi inoltre le ulteriori disposizioni di cui al medesimo articolo 1.*

5. Base imponibile [(1)]. – 1. Base imponibile dell'imposta è il valore degli immobili di cui al comma 2 dell'articolo 1.

2. Per i fabbricati iscritti in catasto, il valore è costituito da quello che risulta applicando all'ammontare delle rendite risultanti in catasto, vigenti al 1° gennaio dell'anno di imposizione, i moltiplicatori determinati con i criteri e le modalità previsti dal primo periodo dell'ultimo comma dell'art. 52 del testo unico delle disposizioni concernenti l'imposta di registro, approvato con decreto del Presidente della Repubblica 26 aprile 1986, n. 131. *[Con decreti del Ministro delle finanze le rendite catastali sono rivalutate, ai fini dell'applicazione dell'imposta di cui all'art. 1, periodicamente in base a parametri che tengono conto dell'effettivo andamento del mercato immobiliare.]* [(2)(A)]

3. Per i fabbricati classificabili nel gruppo catastale D, non iscritti in catasto, interamente posseduti da imprese e distintamente contabilizzati, fino all'anno nel quale i medesimi sono iscritti in catasto con attribuzione di rendita, il valore è determinato, alla data di inizio di ciascun anno solare ovvero, se successiva, alla data di acquisizione, secondo i criteri stabiliti nel penultimo periodo del comma 3, dell'art. 7 del decreto-legge 11 luglio 1992, n. 333, convertito, con modificazioni, dalla legge 8 agosto 1992, n. 359, applicando i seguenti coefficienti: per l'anno 1993: 1,02; per l'anno 1992: 1,03; per l'anno 1991: 1,05; per l'anno 1990: 1,10; per l'anno 1989: 1,15; per l'anno 1988: 1,20; per l'anno 1987: 1,30; per l'anno 1986: 1,40; per l'anno 1985: 1, 50; per l'anno 1984: 1,60; per l'anno 1983: 1,70; per l'anno 1982 e anni precedenti: 1,80. I coefficienti sono aggiornati con decreto del Ministro delle finanze da pubblicare nella Gazzetta Ufficiale. In caso di locazione finanziaria il locatore o il locatario possono esperire la procedura di cui al regolamento adottato con decreto del Ministro delle finanze del 19 aprile 1994, n. 701, con conseguente determinazione del valore del fabbricato sulla base della rendita proposta, a decorrere dal primo gennaio dell'anno successivo a quello nel corso del quale tale rendita è stata annotata negli atti catastali, ed estensione della procedura prevista nel terzo periodo del comma 1 dell'art. 11; in mancanza di rendita proposta il valore è determinato sulla base delle scritture contabili del locatore, il quale è obbligato a fornire tempestivamente al locatario tutti i dati necessari per il calcolo [(3)].

[4. Per i fabbricati, diversi da quelli indicati nel comma 3, non iscritti in catasto, nonchè per i fabbricati per i quali sono intervenute variazioni permanenti, anche se dovute ad accorpamento di più unità immobiliari, che influiscono sull'ammontare della rendita catastale, il valore è determinato con riferimento alla rendita dei fabbricati similari già iscritti. [Il termine per la proposizione del ricorso avverso la nuova determinazione della rendita catastale dei fabbricati decorre dalla data in cui il contribuente abbia avuto conoscenza piena del relativo avviso. A tale fine, gli uffici competenti provvedono alla comunicazione dell'avvenuto classamento delle unità immobiliari a mezzo del servizio postale con modalità idonee a garantire l'effettiva conoscenza da parte del contribuente, garantendo altresì che il contenuto della comunicazione non sia conosciuto da soggetti diversi dal destinatario. Fino alla data dell'avvenuta comunicazione non sono dovuti sanzioni e interessi per effetto della nuova determinazione della rendita catastale. Resta fermo quanto stabilito dall'art. 3 del decreto legislativo 18 dicembre 1997, n. 472] [(4)]*]* [(5)].

5. Per le aree fabbricabili, il valore è costituito da quello venale in comune commercio al 1° gennaio dell'anno di imposizione, avendo riguardo alla zona territoriale di ubicazione, all'indice di edificabilità, alla destinazione d'uso consentita, agli oneri per eventuali lavori di adattamento del terreno necessari per la costruzione, ai prezzi medi rilevati sul mercato dalla vendita di aree aventi analoghe caratteristiche.

6. In caso di utilizzazione edificatoria dell'area, di demolizione di fabbricato, di interventi di recupero a norma dell'articolo 31, comma 1, lettere c), d) ed e), della legge 5 agosto 1978, n. 457, la base imponibile è costituita dal valore dell'area, la quale è considerata fabbricabile anche in deroga a quanto stabilito nell'articolo 2, senza computare il valore del fabbricato in corso d'opera, fino alla data di ultimazione dei lavori di costruzione, ricostruzione o ristrutturazione ovvero, se antecedente, fino alla data in cui il fabbricato costruito, ricostruito o ristrutturato è comunque utilizzato.

7. Per i terreni agricoli, il valore è costituito da quello che risulta applicando all'ammontare del reddito dominicale risultante in catasto, vigente al 1° gennaio dell'anno di imposizione, un moltiplicatore pari a settantacinque.

(1) A norma dell'articolo 1, comma 1, del D.L. 27 maggio 2008, n. 93 a decorrere dall'anno 2008 è esclusa dall'imposta comunale sugli immobili di cui al presente Capo l'unità immobiliare adibita ad abitazione principale del soggetto passivo. Vedi inoltre le ulteriori disposizioni di cui al medesimo articolo 1.
(2) Comma modificato dall'articolo 58, comma 1, lettera b), del D.Lgs. 15 dicembre 1997, n. 446.
(3) Comma modificato dall'articolo 58, comma 1, lettera b), del D.Lgs. 15 dicembre 1997, n. 446. Per l'aggiornamento dei coefficenti vedi: per l'anno 1994, il D.M. 9 aprile 1994, per l'anno 1995, il D.M. 5 maggio 1995, per l'anno 1996 il D.M. 2 maggio 1996, per l'anno 1997 il D.M. 22 marzo 1997, per l'anno 1998 il D.M. 24 marzo 1998, per l'anno 1999 il D.M. 19 febbraio 1999, per l'anno 2000 il D.M. 21 marzo 2000, per l'anno 2001 il D.M. 15 marzo 2001, per l'anno 2002 il D.M. 27 febbraio 2002, per l'anno 2003 l'articolo 1 del D.M. 3 marzo 2003, per l'anno 2004 il D.M. 15 marzo 2004, per l'anno 2005 l'articolo 1 del D.M. 22 febbraio 2005, per l'anno 2006 l'articolo 1 del D.M. 22 febbraio 2006., per l'anno 2007 l'articolo 1 del D.M. 9 marzo 2007, per l'anno 2008 l'articolo 1 del D.M. 10 marzo 2008; per l'anno 2010 l'articolo 1 del D.M. 9 marzo 2010; per l'anno 2011 il D.M. 14 marzo 2011; per l'anno 2012 il D.M. 5 aprile 2012; per l'anno 2013 il D.M. 18 aprile 2013; per l'anno 2014 il D.M. 19 febbraio 2014; per l'anno 2015 il D.M. 25 marzo 2015; per l'anno 2016, il D.M. 29 febbraio 2016; per l'anno 2017, il D.M. 14 aprile 2017; per l'anno 2018 il D.M. 19 aprile 2018.
(4) Comma modificato dall'articolo 30, comma 11, della legge 23 dicembre 1999, n. 488 e successivamente dall'articolo 74, comma 4, della legge 21 novembre 2000, n. 342.
(5) Comma abrogato dall'articolo 1, comma 173, della legge 27 dicembre 2006, n. 296.
(A) In riferimento al presente comma: Risoluzione Ministero dell'Economia e delle Finanze 22 luglio 2013, n. 8/DF.

6. Determinazione delle aliquote e dell'imposta [1]. – 1. L'aliquota è stabilita dal consiglio comunale, con deliberazione dà adottare entro il 31 ottobre di ogni anno, con effetto per l'anno successivo. Se la delibera non è adottata entro tale termine, si applica l'aliquota del 4 per mille, ferma restando la disposizione di cui all'art. 84 del decreto legislativo 25 febbraio 1995, n. 77, come modificato dal decreto legislativo 11 giugno 1996, n. 336 [2][3].

2. L'aliquota deve essere deliberata in misura non inferiore al 4 per mille, né superiore al 7 per mille e può essere diversificata entro tale limite, con riferimento ai casi di immobili diversi dalle abitazioni, o posseduti in aggiunta all'abitazione principale, o di alloggi non locati; l'aliquota può essere agevolata in rapporto alle diverse tipologie degli enti senza scopi di lucro.

2-bis. La deliberazione di cui al comma 1 può fissare, a decorrere dall'anno di imposta 2009, un'aliquota agevolata dell'imposta comunale sugli immobili inferiore al 4 per mille per i soggetti passivi che installino impianti a fonte rinnovabile per la produzione di energia elettrica o termica per uso domestico, limitatamente alle unità immobiliari oggetto di detti interventi e per la durata massima di tre anni per gli impianti termici solari e di cinque anni per tutte le altre tipologie di fonti rinnovabili. Le modalità per il riconoscimento dell'agevolazione di cui al presente comma sono disciplinate con regolamento adottato ai sensi dell'articolo 52 del decreto legislativo 15 dicembre 1997, n. 446, e successive modificazioni [4].

3. L'imposta è determinata applicando alla base imponibile l'aliquota vigente nel comune di cui all'articolo 4.

3-bis. Il soggetto passivo che, a seguito di provvedimento di separazione legale, annullamento, scioglimento o cessazione degli effetti civili del matrimonio, non risulta assegnatario della casa coniugale, determina l'imposta dovuta applicando l'aliquota deliberata dal comune per l'abitazione principale e le detrazioni di cui all'articolo 8, commi 2 e 2-bis, calcolate in proporzione alla quota posseduta. Le disposizioni del presente comma si applicano a condizione che il soggetto passivo non sia titolare del diritto di proprietà o di altro diritto reale su un immobile destinato ad abitazione situato nello stesso comune ove è ubicata la casa coniugale [5].

4. Restano ferme le disposizioni dell'articolo 4, comma 1, del decreto-legge 8 agosto 1996, n. 437, convertito, con modificazioni, dalla legge 24 ottobre 1996, n. 556.

(1) Articolo modificato dall'articolo 4, comma 1, del D.L. 23 maggio 1994, n. 308, dall'articolo 6, comma 6, del D.L. 27 agosto 1994, n. 515 e successivamente sostituito dall'articolo 3, comma 53, della legge 23 dicembre 1996, n. 662, come modificato dall'articolo 10, comma 12, del D.L. 31 dicembre 1996, n. 669. A norma dell'articolo 1, comma 1, del D.L. 27 maggio 2008, n. 93 a decorrere dall'anno 2008 è esclusa dall'imposta comunale sugli immobili di cui al presente Capo l'unità immobiliare adibita ad abitazione principale del soggetto passivo. Vedi inoltre le ulteriori disposizioni di cui al medesimo articolo 1.
(2) Comma modificato dall'articolo 1, comma 156, della legge 27 dicembre 2006, n. 296.
(3) Il termine per la deliberazione dell'aliquota di imposta è stato differito per l'anno 1999 al 31 gennaio 1999 dall'articolo 31 della legge 23 dicembre 1998, n. 448, al 31 marzo 1999 dall'articolo 1 del D.L. 26 gennaio 1999, n. 8. L'articolo 31 della legge 23 dicembre 1998, n. 448 ha contestualmente previsto come termine per gli anni successivi il 31 dicembre. Per i nuovi termini vedi articolo 30, comma 14 della legge 23 dicembre 1999, n. 488 e l'articolo 53, comma 16, della legge 23 dicembre 2000, n. 388.
(4) Comma aggiunto dall'articolo 1, comma 6, lettera a), della legge 24 dicembre 2007, n. 244.
(5) Comma aggiunto dall'articolo 1, comma 6, lettera b), della legge 24 dicembre 2007, n. 244.

7. Esenzioni [1][A]. – 1. Sono esenti dall'imposta:

a) gli immobili posseduti dallo Stato, dalle regioni, dalle province, nonchè dai comuni, se diversi da quelli indicati nell'ultimo periodo del comma 1 dell'art. 4, dalle comunità montane, dai consorzi fra detti enti, dalle unità sanitarie locali, dalle istituzioni sanitarie pubbliche autonome di cui all'art. 41 della legge 23 dicembre 1978, n. 833, dalle camere di commercio, industria, artigianato ed agricoltura, destinati esclusivamente ai compiti istituzionali [2];

b) i fabbricati classificati o classificabili nelle categorie catastali da E/1 a E/9;

c) i fabbricati con destinazione ad usi culturali di cui all'art. 5-bis, D.P.R. 29 settembre 1973, n. 601, e successive modificazioni;

d) i fabbricati destinati esclusivamente all'esercizio del culto, purché compatibile con le disposizioni degli articoli 8 e 19 della Costituzione, e le loro pertinenze;

e) i fabbricati di proprietà della Santa Sede indicati negli articoli 13, 14, 15 e 16 del Trattato lateranense, sottoscritto l'11 febbraio 1929 e reso esecutivo con legge 27 maggio 1929, n. 810;

f) i fabbricati appartenenti agli Stati esteri e alle organizzazioni internazionali per i quali è prevista l'esenzione dall'imposta locale sul reddito dei fabbricati in base ad accordi internazionali resi esecutivi in Italia;

g) i fabbricati che, dichiarati inagibili o inabitabili, sono stati recuperati al fine di essere destinati alle attività assistenziali di cui alla legge 5 febbraio 1992, n 104, limitatamente al periodo in cui sono adibiti direttamente allo svolgimento delle attività predette;

h) i terreni agricoli ricadenti in aree montane o di collina delimitate ai sensi dell'articolo 15 della legge 27 dicembre 1977, n. 984 (3);

i) gli immobili utilizzati dai soggetti di cui all'articolo 73, comma 1, lettera c), del testo unico delle imposte sui redditi, di cui al decreto del Presidente della Repubblica 22 dicembre 1986, n. 917, e successive modificazioni, fatta eccezione per gli immobili posseduti da partiti politici, che restano comunque assoggettati all'imposta indipendentemente dalla destinazione d'uso dell'immobile, destinati esclusivamente allo svolgimento con modalità non commerciali di attività assistenziali, previdenziali, sanitarie, di ricerca scientifica, didattiche, ricettive, culturali, ricreative e sportive, nonché delle attività di cui all'articolo 16, lettera a), della legge 20 maggio 1985, n. 222 (4)(5)(B).

2. L'esenzione spetta per il periodo dell'anno durante il quale sussistono le condizioni prescritte.

(1) *A norma dell'articolo 1, comma 1, del D.L. 27 maggio 2008, n. 93 a decorrere dall'anno 2008 è esclusa dall'imposta comunale sugli immobili di cui al presente Capo l'unità immobiliare adibita ad abitazione principale del soggetto passivo. Vedi inoltre le ulteriori disposizioni di cui al medesimo articolo 1.*

(2) *A norma dell'articolo 31, comma 18, della legge 27 dicembre 2002, n. 289, l'esenzione degli immobili destinati ai compiti istituzionali posseduti dai consorzi tra enti territoriali, prevista dalla presente lettera, si deve intendere applicabile anche ai consorzi tra enti territoriali ed altri enti che siano individualmente esenti ai sensi della stessa disposizione.*

(3) *Per l'esenzione dall'IMU, prevista per i terreni agricoli, ai sensi della presente lettera, vedi il D.M. 28 novembre 2014. Successivamente, vedi quanto disposto dall'articolo 1, comma 692, della Legge 23 dicembre 2014, n. 190, con la decorrenza indicata al comma 701 del medesimo articolo 1. Da ultimo, per l'applicazione, a decorrere dall'anno 2015, dell'esenzione dell'imposta municipale propria (IMU) prevista dalla presente lettera, vedi l'articolo 1, commi 1, 2, 3 e 7, del D.L. 24 gennaio 2015, n. 4, convertito con modificazioni dalla Legge 24 marzo 2015, n. 34. Per l'applicazione dell'esenzione prevista dalla presente lettera e per le ulteriori esenzioni per i terreni agricoli vedi l'articolo 1, comma 13, della Legge 28 dicembre 2015, n. 208.*

(4) *A norma dell'articolo 7, comma 2-bis, del D.L. 30 settembre 2005, n. 203, come modificato dall'articolo 39, comma 1, del D.L. 4 luglio 2006, n. 223, l'esenzione disposta dalla presente lettera, si intende applicabile alle attività indicate nella medesima lettera che non abbiano esclusivamente natura commerciale.*

(5) *Lettera modificata dall'articolo 91-bis, comma 1, del D.L. 24 gennaio 2012, n. 1. A norma dell'articolo 9, comma 6 quinquies, del D.L. 10 ottobre 2012, n. 174 l'esenzione dall'imposta sugli immobili disposta dal presente comma non si applica alle fondazioni bancarie di cui al decreto legislativo 17 maggio 1999, n. 153. Successivamente la presente lettera è stata modificata dall'articolo 2, comma 3, del D.L. 31 agosto 2013, n. 102 convertito, con modificazioni, dalla Legge 28 ottobre 2013, n. 124, a decorrere dal periodo di imposta 2014 come disposto dal secondo periodo del medesimo articolo 2, comma 3, e da ultimo sostituita dall'articolo 11-bis, comma 1, del D.L. 28 dicembre 2013 n. 149, convertito con modificazioni, dalla Legge 21 febbraio 2014, n. 13.*

(A) *In riferimento al presente articolo vedi: Risoluzione Agenzia delle Entrate 05 giugno 2013, n. 7/DF; Circolare Agenzia delle Entrate 07 agosto 2014, n. 26/E.*

(B) *In riferimento alla presente lettera vedi: Risoluzione Ministero dell'Economia e delle Finanze 11 gennaio 2013, n. 1/DF; Risoluzione del Ministero dell'Economia e delle Finanze 13 luglio 2015, n. 7/DF; Risoluzione del Ministero dell'Economia e delle Finanze 5 ottobre 2015, n. 8/DF.*

8. Riduzioni e detrazioni dall'imposta (1)(2). – 1. L'imposta è ridotta del 50 per cento per i fabbricati dichiarati inagibili o inabitabili e di fatto non utilizzati, limitatamente al periodo dell'anno durante il quale sussistono dette condizioni. L'inagibilità o inabitabilità è accertata dall'ufficio tecnico comunale con perizia a carico del proprietario, che allega idonea documentazione alla dichiarazione. In alternativa il contribuente ha facoltà di presentare dichiarazione sostitutiva ai sensi della legge 4 gennaio 1968, n. 15, rispetto a quanto previsto dal periodo precedente. L'aliquota può essere stabilita dai comuni nella misura del 4 per mille, per un periodo comunque non superiore a tre anni, relativamente ai fabbricati realizzati per la vendita e non venduti dalle imprese che hanno per oggetto esclusivo o prevalente dell'attività la costruzione e l'alienazione di immobili.

2. Dalla imposta dovuta per l'unità immobiliare adibita ad abitazione principale del soggetto passivo, intendendosi per tale, salvo prova contraria, quella di residenza anagrafica, si detraggono, fino a concorrenza del suo ammontare, lire 200.000 rapportate al periodo dell'anno durante il quale si protrae tale destinazione; se l'unità immobiliare è adibita ad abitazione principale da più soggetti passivi, la detrazione spetta a ciascuno di essi proporzionalmente alla quota per la quale la destinazione medesima si verifica. Per abitazione principale si intende quella nella quale il contribuente, che la possiede a titolo di proprietà, usufrutto o altro diritto reale, e i suoi familiari dimorano abitualmente (3).

[2-bis. Dall'imposta dovuta per l'unità immobiliare adibita ad abitazione principale del soggetto passivo si detrae un ulteriore importo pari all'1,33 per mille della base imponibile di cui all'articolo 5. L'ulteriore detrazione, comunque non superiore a 200 euro, viene fruita fino a concorrenza del suo ammontare ed è rapportata al periodo dell'anno durante il quale si protrae la destinazione di abitazione principale. Se l'unità immobiliare è adibita ad abitazione principale da più soggetti passivi, la detrazione spetta a ciascuno di essi proporzionalmente alla quota per la quale la destinazione medesima si verifica.] (4)

[2-ter. L'ulteriore detrazione di cui al comma 2-bis si applica a tutte le abitazioni ad eccezione di quelle di categoria catastale A1, A8 e A9.] (5)

3. A decorrere dall'anno di imposta 1997, con la deliberazione di cui al comma 1 dell'art. 6, l'imposta dovuta per l'unità immobiliare adibita ad abitazione principale del soggetto passivo può essere ridotta fino al 50 per cento; in alternativa, l'importo di lire 200.000, di cui al comma 2 del presente articolo, può essere elevato, fino a lire 500.000, nel rispetto dell'equilibrio di bilancio. La predetta facoltà può essere esercitata anche limitatamente alle categorie di soggetti in situazioni di particolare disagio economico-sociale, individuate con deliberazione del competente organo comunale (6).

4. Le disposizioni di cui al presente articolo si applicano anche alle unità immobiliari, appartenenti alle cooperative edilizie a proprietà indivisa, adibite ad abitazione principale dei soci assegnatari, nonché agli alloggi regolarmente assegnati dagli Istituti autonomi per le case popolari.

(1) *A norma dell'articolo 1, comma 1, del D.L. 27 maggio 2008, n. 93 a decorrere dall'anno 2008 è esclusa dall'imposta comunale sugli immobili di cui al presente Capo l'unità immobiliare adibita ad abitazione principale del soggetto passivo. Vedi inoltre le ulteriori disposizioni di cui al medesimo articolo 1.*

(2) *Articolo modificato, con effetto dall'anno 1994, dall'articolo 15, comma 6, della legge 24 dicembre 1993, n. 537 e successivamente sostituito dall'articolo 3, comma 55, della legge 23 dicembre 1996, n. 662.* (3) *Comma modificato dall'articolo 1, comma 173, lettera b), della legge 27 dicembre 2006, n. 296.*

(4) *Comma aggiunto dall'articolo 1, comma 5, della legge 24 dicembre 2007, n. 244, e successivamente abrogato dall'articolo 1, comma 3, del D.L. 27 maggio 2008, n. 93.*

(5) *Comma aggiunto dall'articolo 1, comma 5, della legge 24 dicembre 2007, n. 244, e successivamente abrogato dall'articolo 1, comma 3, del*

D.L. 27 maggio 2008, n. 93.
(6) *Comma modificato dall'articolo 3, comma 1, del D.L. 11 marzo 1997, n. 50.*

9. Terreni condotti direttamente (1)(2). – 1. I terreni agricoli posseduti da coltivatori diretti o da imprenditori agricoli che esplicano la loro attività a titolo principale, purché dai medesimi condotti, sono soggetti all'imposta limitatamente alla parte di valore eccedente euro 25.822,84 e con le seguenti riduzioni:

a) del 70 per cento dell'imposta gravante sulla parte di valore eccedente i predetti euro 25.822,84 e fino a euro 61.974,83;

b) del 50 per cento di quella gravante sulla parte di valore eccedente euro 61.974,83 e fino a euro 103.291,38;

c) del 25 per cento di quella gravante sulla parte di valore eccedente euro 103.291,38 e fino a euro 129.114,22.

2. Agli effetti di cui al comma 1 si assume il valore complessivo dei terreni condotti dal soggetto passivo, anche se ubicati sul territorio di più comuni; l'importo della detrazione e quelli sui quali si applicano le riduzioni, indicati nel comma medesimo, sono ripartiti proporzionalmente ai valori dei singoli terreni e sono rapportati al periodo dell'anno durante il quale sussistono le condizioni prescritte ed alle quote di possesso. Resta fermo quanto disposto nel primo periodo del comma 1 dell'articolo 4.

(1) *A norma dell'articolo 1, comma 1, del D.L. 27 maggio 2008, n. 93 a decorrere dall'anno 2008 è esclusa dall'imposta comunale sugli immobili di cui al presente Capo l'unità immobiliare adibita ad abitazione principale del soggetto passivo. Vedi inoltre le ulteriori disposizioni di cui al medesimo articolo 1.*
(2) *Vedi inoltre l'articolo 58, comma 2, del D.Lgs. 15 dicembre 1997, n. 446.*

10. Versamenti e dichiarazioni (1). – 1. L'imposta è dovuta dai soggetti indicati nell'articolo 3 per anni solari proporzionalmente alla quota ed ai mesi dell'anno nei quali si è protratto il possesso; a tal fine il mese durante il quale il possesso si è protratto per almeno quindici giorni è computato per intero. A ciascuno degli anni solari corrisponde una autonoma obbligazione tributaria.

2. I soggetti indicati nell'articolo 3 devono effettuare il versamento dell'imposta complessivamente dovuta al comune per l'anno in corso in due rate delle quali la prima, entro il 16 giugno, pari al 50 per cento dell'imposta dovuta calcolata sulla base dell'aliquota e delle detrazioni dei dodici mesi dell'anno precedente. La seconda rata deve essere versata dal 1° al 16 dicembre, a saldo dell'imposta dovuta per l'intero anno, con eventuale conguaglio sulla prima rata versata. Il versamento dell'imposta può essere effettuato anche tramite versamenti su conto corrente postale con bollettini conformi al modello indicato con circolare del Ministero delle finanze. Resta in ogni caso nella facoltà del contribuente provvedere al versamento dell'imposta complessivamente dovuta in unica soluzione annuale, da corrispondere entro il 16 giugno (2)(3).

3. L'imposta dovuta ai sensi del comma 2 deve essere corrisposta mediante versamento diretto al concessionario della riscossione nella cui circoscrizione è compreso il comune di cui all'articolo 4 ovvero su apposito conto corrente postale intestato al predetto concessionario, con arrotondamento a mille lire per difetto se la frazione non è superiore a 500 lire o per eccesso se è superiore; al fine di agevolare il pagamento, il concessionario invia, per gli anni successivi al 1993, ai contribuenti moduli prestampati per il versamento. La commissione spettante al concessionario è a carico del comune impositore ed è stabilita nella misura dell'uno per cento delle somme riscosse, con un minimo di euro 1,81 ed un massimo di euro 51,65 per ogni versamento effettuato dal contribuente.

4. I soggetti passivi devono dichiarare gli immobili posseduti nel territorio dello Stato, con esclusione di quelli esenti dall'imposta ai sensi dell'art. 7, su apposito modulo, entro il termine di presentazione della dichiarazione dei redditi relativa all'anno in cui il possesso ha avuto inizio; tutti gli immobili il cui possesso è iniziato antecedentemente al 1° gennaio 1993 devono essere dichiarati entro il termine di presentazione della dichiarazione dei redditi relativa all'anno 1992. La dichiarazione ha effetto anche per gli anni successivi semprechè non si verifichino modificazioni dei dati ed elementi dichiarati cui consegua un diverso ammontare dell'imposta dovuta; in tal caso il soggetto interessato è tenuto a denunciare nelle forme sopra indicate le modificazioni intervenute, entro il termine di presentazione della dichiarazione dei redditi relativa all'anno in cui le modificazioni si sono verificate. Nel caso di più soggetti passivi tenuti al pagamento dell'imposta su un medesimo immobile può essere presentata dichiarazione congiunta; per gli immobili indicati nell'art. 1117, n. 2) del codice civile oggetto di proprietà comune, cui è attribuita o attribuibile una autonoma rendita catastale, la dichiarazione deve essere presentata dall'amministratore del condominio per conto dei condomini (4).

5. Con decreti del Ministro delle finanze, sentita l'Associazione nazionale dei comuni italiani, sono approvati i modelli della dichiarazione, anche congiunta o relativa ai beni indicati nell'art. 1117, n. 2) del codice civile, e sono determinati i dati e gli elementi che essa deve contenere, i documenti che devono essere eventualmente allegati e le modalità di presentazione, anche su supporti magnetici, nonchè le procedure per la trasmissione ai comuni ed agli uffici dell'Amministrazione finanziaria degli elementi necessari per la liquidazione ed accertamento dell'imposta; per l'anno 1993 la dichiarazione deve essere inviata ai comuni tramite gli uffici dell'Amministrazione finanziaria. Con decreti del Ministro delle finanze, di concerto con i Ministri dell'interno, del tesoro e delle poste e delle telecomunicazioni, sentita l'Associazione nazionale dei comuni italiani, sono approvati i modelli per il versamento al concessionario e sono stabilite le modalità di registrazione, nonchè di trasmissione dei dati di riscossione, distintamente per ogni contribuente, ai comuni e al sistema informativo del Ministero delle finanze. Allo scopo di consentire la prosecuzione dei servizi finalizzati a fornire adeguati strumenti conoscitivi per una efficace azione accertativa dei comuni, nonché per agevolare i processi telematici di integrazione nella pubblica amministrazione ed assicurare il miglioramento dell'attività di informazione ai contribuenti, l'Associazione nazionale dei comuni italiani (ANCI) organizza le relative attività strumentali e provvede, attraverso l'Istituto per la finanza e l'economia locale (IFEL), all'analisi dei bilanci comunali e della spesa locale, al fine di individuare i fabbisogni standard dei comuni. Con decreto del Ministero dell'economia e delle finanze vengono disciplinate le modalità per l'effettuazione dei suddetti servizi, prevedendosi un contributo pari allo 0,6

per mille del gettito dell'imposta a carico dei soggetti che provvedono alla riscossione; con decreto del Ministro delle finanze sono stabiliti i termini e le modalità di trasmissione da parte dei predetti soggetti dei dati relativi alla riscossione. I predetti decreti sono pubblicati nella Gazzetta Ufficiale (5)(6).

6. Per gli immobili compresi nel fallimento o nella liquidazione coatta amministrativa il curatore o il commissario liquidatore, entro novanta giorni dalla data della loro nomina, devono presentare al comune di ubicazione degli immobili una dichiarazione attestante l'avvio della procedura. Detti soggetti sono, altresì, tenuti al versamento dell'imposta dovuta per il periodo di durata dell'intera procedura concorsuale entro il termine di tre mesi dalla data del decreto di trasferimento degli immobili (7).

(1) *A norma dell'articolo 1, comma 1, del D.L. 27 maggio 2008, n. 93 a decorrere dall'anno 2008 è esclusa dall'imposta comunale sugli immobili di cui al presente Capo l'unità immobiliare adibita ad abitazione principale del soggetto passivo. Vedi inoltre le ulteriori disposizioni di cui al medesimo articolo 1.*

(2) *A norma dell'articolo 1, comma 4, del D.L. 14 maggio 1993, n. 140, la prima rata dell'imposta comunale sugli immobili di cui al presente comma, dovuta per l'anno 1993, deve essere versata dal 1° al 19 luglio 1993.*

(3) *Comma modificato dall'articolo 1, comma 1, del D.Lgs. 1° dicembre 1993, n. 518, successivamente sostituito dall'articolo 18, comma 1, della legge 23 dicembre 2000, n. 388 e da ultimo modificato, a decorrere dal 1° maggio 2007, dall'articolo 37, comma 13, del D.L. 4 luglio 2006, n. 223.*

(4) *Vedi inoltre l'articolo 37, comma 53, del D.L. 4 luglio 2006, n. 223, come modificato dall'articolo 1, comma 174, della legge 27 dicembre 2006, n. 296.*

(5) *Comma modificato dall'articolo 18, comma 11, della legge 13 maggio 1999, n. 133 dall'articolo 7, comma 2-ter, del D.L. 31 gennaio 2005, n. 7 e successivamente dall'articolo 1, comma 23, lettera b), della legge 13 dicembre 2010, n. 220.*

(6) *A norma dell'articolo 3 del D.M. 22 novembre 2005, come modificato dall'articolo 1, comma 251, della legge 24 dicembre 2007, n. 244 e dall'articolo 1, comma 23, lettera b), della legge 13 dicembre 2010, n. 220, a decorrere dal 1° gennaio 2006 il contributo del 1 per mille del gettito ICI, di cui al presente comma, è versato dai concessionari del servizio nazionale della riscossione e dagli altri soggetti previsti dall'art. 52 del decreto legislativo 15 dicembre 1997, n. 446, direttamente, entro il 30 aprile di ogni anno, al soggetto di cui all'art. 1, comma 1. Per la rideterminazione e le modalità di versamento del contributo, per l'anno 2012, vedi l'articolo 4, comma 3, del D.L. 2 marzo 2012, n. 16. Per la rideterminazione e le modalità di versamento del contributo di cui al presente comma, per gli anni 2013 e 2014, vedi l'articolo 1, comma 386, della Legge 24 dicembre 2012, n. 228. Per la rideterminazione e le modalità di versamento del contributo di cui al presente comma, a valere sui versamenti relativi agli anni d'imposta 2020 e successivi, vedi l'articolo 1, comma 771 della Legge 27 dicembre 2019, n. 160.*

(7) *Comma sostituito dall'articolo 1, comma 173, lettera c), della legge 27 dicembre 2006, n. 296.*

11. Liquidazione ed accertamento (1). – *[1. Il comune controlla le dichiarazioni e le denunce presentate ai sensi dell'art. 10, verifica i versamenti eseguiti ai sensi del medesimo articolo e, sulla base dei dati ed elementi direttamente desumibili dalle dichiarazioni e dalle denunce stesse, nonchè sulla base delle informazioni fornite dal sistema informativo del Ministero delle finanze in ordine all'ammontare delle rendite risultanti in catasto e dei redditi dominicali, provvede anche a correggere gli errori materiali e di calcolo e liquida l'imposta. Il comune emette avviso di liquidazione, con l'indicazione dei criteri adottati, dell'imposta o maggiore imposta dovuta e delle sanzioni ed interessi dovuti; l'avviso deve essere notificato con le modalità indicate nel comma 2 al contribuente entro il termine di decadenza del 31 dicembre del secondo anno successivo a quello in cui è stata presentata la dichiarazione o la denuncia ovvero, per gli anni in cui queste non dovevano essere presentate, a quello nel corso del quale è stato o doveva essere eseguito il versamento dell'imposta. Se la dichiarazione è relativa ai fabbricati indicati nel comma 4 dell'art. 5, il comune trasmette copia della dichiarazione all'ufficio tecnico erariale competente il quale, entro un anno, provvede alla attribuzione della rendita, dandone comunicazione al contribuente e al comune; entro il 31 dicembre dell'anno successivo a quello in cui è avvenuta la comunicazione, il comune provvede, sulla base della rendita attribuita, alla liquidazione della maggiore imposta dovuta senza applicazione di sanzioni, maggiorata degli interessi nella misura indicata nel comma 5 dell'art. 14, ovvero dispone il rimborso delle somme versate in eccedenza, maggiorate degli interessi computati nella predetta misura; se la rendita attribuita supera di oltre il 30 per cento quella dichiarata, la maggiore imposta dovuta è maggiorata del 20 per cento (2)(3)(4).]* (5)

[2. Il comune provvede alla rettifica delle dichiarazioni e delle denunce nel caso di infedeltà, incompletezza od inesattezza ovvero provvede all'accertamento d'ufficio nel caso di omessa presentazione. A tal fine emette avviso di accertamento motivato con la liquidazione dell'imposta o maggiore imposta dovuta e delle relative sanzioni ed interessi; l'avviso deve essere notificato, anche a mezzo posta mediante raccomandata con avviso di ricevimento, al contribuente, a pena di decadenza, entro il 31 dicembre del terzo anno successivo a quello in cui è stata presentata la dichiarazione o la denuncia ovvero, per gli anni in cui queste non dovevano essere presentate, a quello nel corso del quale è stato o doveva essere eseguito il versamento dell'imposta. Nel caso di omessa presentazione, l'avviso di accertamento deve essere notificato entro il 31 dicembre del quinto anno successivo a quello in cui la dichiarazione o la denuncia avrebbero dovuto essere presentate ovvero a quello nel corso del quale è stato o doveva essere eseguito il versamento dell'imposta (6)(7).] (8)

[2-bis. Gli avvisi di liquidazione e di accertamento devono essere motivati in relazione ai presupposti di fatto ed alle ragioni giuridiche che li hanno determinati. Se la motivazione fa riferimento ad un altro atto non conosciuto né ricevuto dal contribuente, questo deve essere allegato, all'atto che lo richiama, salvo che quest'ultimo non ne riproduca il contenuto essenziale.] (9)

3. Ai fini dell'esercizio dell'attività di liquidazione ed accertamento i comuni possono invitare i contribuenti, indicandone il motivo, a esibire o trasmettere atti e documenti; inviare ai contribuenti questionari relativi a dati e notizie di carattere specifico, con invito a restituirli compilati e firmati; richiedere dati, notizie ed elementi rilevanti nei confronti dei singoli contribuenti agli uffici pubblici competenti, con esenzione di spese e diritti.

4. Con delibera della giunta comunale è designato un funzionario cui sono conferiti le funzioni e i poteri per l'esercizio di ogni attività organizzativa e gestionale dell'imposta; il predetto funzionario sottoscrive anche le richieste, gli avvisi e i provvedimenti, appone il visto di esecutività sui ruoli e dispone i rimborsi (A).

5. Con decreti del Ministro delle finanze, sentita l'Associazione nazionale dei comuni italiani, da pubblicare nella Gazzetta Ufficiale, saranno stabiliti termini e modalità per l'interscambio tra comuni e sistema informativo del Ministero delle finanze di dati e notizie (10).

[6. Il Ministero delle finanze effettua presso i comuni verifiche sulla gestione dell'imposta e sulla utilizzazione degli elementi forniti dal predetto sistema informativo.] (11)

(1) *A norma dell'articolo 1, comma 1, del D.L. 27 maggio 2008, n. 93 a decorrere dall'anno 2008 è esclusa dall'imposta comunale sugli immobili di cui al presente Capo l'unità immobiliare adibita ad abitazione principale*

TRIBUTI LOCALI

del soggetto passivo. Vedi inoltre le ulteriori disposizioni di cui al medesimo articolo 1.
(2) *A norma dell'articolo 4, comma 4, del D.L. 8 agosto 1996, n. 437, come modificato dall'articolo 2, comma 6, del D.L. 25 novembre 1996, n. 599, per i comuni compresi nei territori delle province autonome di Trento e di Bolzano, i termini previsti dal presente comma, per la notifica degli avvisi di liquidazione e di accertamento in rettifica, relativi all'imposta comunale sugli immobili dovuta per l'anno 1993, sono prorogati di due anni.*
(3) *A norma dell'articolo 3, comma 59, della legge 23 dicembre 1996, n. 662 i termini previsti dal presente comma, per la notifica degli avvisi di liquidazione e di accertamento in rettifica, relativi all'imposta comunale sugli immobili dovuta per l'anno 1994, sono prorogati di un anno.*
(4) *A norma dell'articolo 18, comma 4, della legge 23 dicembre 2000, n. 388, il termine per l'attività di liquidazione a seguito di attribuzione di rendita da parte degli uffici del territorio competenti di cui all'ultimo periodo del presente comma, è prorogato al 31 dicembre 2001 per le annualità d'imposta 1994 e successive. Successivamente il predetto termine è prorogato al 31 dicembre 2002, dall'articolo 27, comma 9, della legge 28 dicembre 2001, n. 448, per le annualità d'imposta 1997 e successive.*
(5) *Comma abrogato dall'articolo 1, comma 173, lettera d), della legge 27 dicembre 2006, n. 296.*
(6) *A norma dell'articolo 4, comma 4, del D.L. 8 agosto 1996, n. 437, come modificato dall'articolo 2, comma 6, del D.L. 25 novembre 1996, n. 599, per i comuni compresi nei territori delle province autonome di Trento e di Bolzano, i termini previsti dal presente comma, per la notifica degli avvisi di liquidazione e di accertamento in rettifica, relativi all'imposta comunale sugli immobili dovuta per l'anno 1993, sono prorogati di due anni.*
(7) *A norma dell'articolo 3, comma 59, della legge 23 dicembre 1996, n. 662 i termini previsti dal presente comma, per la notifica degli avvisi di liquidazione e di accertamento in rettifica, relativi all'imposta comunale sugli immobili dovuta per l'anno 1994, sono prorogati di un anno.*
(8) *Comma abrogato dall'articolo 1, comma 173, lettera d), della legge 27 dicembre 2006, n. 296.*
(9) *Comma aggiunto dall'articolo 6, comma 1, del D.Lgs. 26 gennaio 2001, n. 32 e successivamente abrogato dall'articolo 1, comma 173, lettera d), della legge 27 dicembre 2006, n. 296.*
(10) *Con D.M. 13 novembre 1995 è stata disposta la consegna dell'archivio magnetico del catasto elettrico ai comuni d'Italia da parte dell'Amministrazione finanziaria.*
(11) *Comma abrogato dall'articolo 1, comma 173, lettera d), della legge 27 dicembre 2006, n. 296.*
(A) *In riferimento al presente comma vedi: Circolare Ministero dell'Economia e delle Finanze 15 aprile 2014, n. 7812/2014.*

12. Riscossione coattiva (1). – 1. Le somme liquidate dal comune per imposta, sanzioni ed interessi, se non versate, con le modalità indicate nel comma 3 dell'art. 10, entro il termine di sessanta giorni dalla notificazione dell'avviso di liquidazione o dell'avviso di accertamento, sono riscosse, salvo che sia stato emesso provvedimento di sospensione, coattivamente mediante ruolo secondo le disposizioni di cui al decreto del Presidente della Repubblica 28 gennaio 1988, n. 43 e successive modificazioni *[; il ruolo deve essere formato e reso esecutivo non oltre il 31 dicembre del secondo anno successivo a quello in cui l'avviso di liquidazione o l'avviso di accertamento sono stati notificati al contribuente ovvero, in caso di sospensione della riscossione, non oltre il 31 dicembre dell'anno successivo a quello di scadenza del periodo di sospensione]* (2).

(1) *A norma dell'articolo 1, comma 1, del D.L. 27 maggio 2008, n. 93 a decorrere dall'anno 2008 è esclusa dall'imposta comunale sugli immobili di cui al presente Capo l'unità immobiliare adibita ad abitazione principale del soggetto passivo. Vedi inoltre le ulteriori disposizioni di cui al medesimo articolo 1.*
(2) *Comma modificato dall'articolo 1, comma 173, lettera e), della legge 27 dicembre 2006, n. 296.*

13. Rimborsi (1). – *[1. Il contribuente può richiedere al comune al quale è stata versata l'imposta il rimborso delle somme versate e non dovute, entro il termine di tre anni dal giorno del pagamento ovvero da quello in cui è stato definitivamente accertato il diritto alla restituzione. Sulle somme dovute al contribuente spettano gli interessi nella misura indicata nel comma 5 dell'art. 14. [Per le aree divenute inedificabili il rimborso spetta limitatamente all'imposta pagata, maggiorata degli interessi nella misura legale, per il periodo di tempo decorrente dall'ultimo acquisto per atto tra vivi dell'area e, comunque, per un periodo non eccedente dieci anni, a condizione che il vincolo perduri per almeno tre anni; in tal caso la domanda di rimborso deve essere presentata entro il termine di tre anni dalla data in cui le aree sono state assoggettate a vincolo di inedificabilità.]* (2)

2. Le somme liquidate dal comune ai sensi del comma 1 possono, su richiesta del contribuente da comunicare al comune medesimo entro 60 giorni dalla notificazione del provvedimento di rimborso, essere compensate con gli importi dovuti a titolo di imposta comunale sugli immobili.] (3)

(1) *A norma dell'articolo 1, comma 1, del D.L. 27 maggio 2008, n. 93 a decorrere dall'anno 2008 è esclusa dall'imposta comunale sugli immobili di cui al presente Capo l'unità immobiliare adibita ad abitazione principale del soggetto passivo. Vedi inoltre le ulteriori disposizioni di cui al medesimo articolo 1.*
(2) *Comma modificato dall'articolo 58, comma 1, lettera c), del D.Lgs. 15 dicembre 1997, n. 446.*
(3) *Articolo abrogato dall'articolo 1, comma 173, lettera f), della legge 27 dicembre 2006, n. 296.*

14. Sanzioni ed interessi (1)(2). – 1. Per l'omessa presentazione della dichiarazione o denuncia si applica la sanzione amministrativa dal cento al duecento per cento del tributo dovuto, con un minimo di lire centomila.

2. Se la dichiarazione o la denuncia sono infedeli si applica la sanzione amministrativa dal cinquanta al cento per cento della maggiore imposta dovuta.

3. Se l'omissione o l'errore attengono ad elementi non incidenti sull'ammontare dell'imposta, si applica la sanzione amministrativa da lire centomila a lire cinquecentomila. La stessa sanzione si applica per le violazioni concernenti la mancata esibizione o trasmissione di atti e documenti, ovvero per la mancata restituzione di questionari nei sessanta giorni dalla richiesta o per la loro mancata compilazione o compilazione incompleta o infedele.

4. Le sanzioni indicate nei commi 1 e 2 sono ridotte alla misura stabilita dagli articoli 16 e 17 del decreto legislativo 18 dicembre 1997, n. 472 se, entro il termine per ricorrere alle commissioni tributarie, interviene adesione del contribuente con il pagamento del tributo, se dovuto, e della sanzione (3).

5. La contestazione della violazione non collegata all'ammontare del tributo deve avvenire, a pena di decadenza, entro il 31 dicembre del quinto anno successivo a quello in cui è commessa la violazione.

[6. Sulle somme dovute per imposta si applicano gli interessi moratori nella misura del sette per cento per ogni semestre compiuto.] (4)

(1) *A norma dell'articolo 1, comma 1, del D.L. 27 maggio 2008, n. 93 a decorrere dall'anno 2008 è esclusa dall'imposta comunale sugli immobili di cui al presente Capo l'unità immobiliare adibita ad abitazione principale del soggetto passivo. Vedi inoltre le ulteriori disposizioni di cui al medesimo articolo 1.*
(2) *Articolo sostituito dall'articolo 14, comma 1, del D.Lgs. 18 dicembre 1997, n. 473.*
(3) *Comma modificato dall'articolo 13, comma 13, del D.L. 6 dicembre 2011, n. 201.*
(4) *Comma abrogato dall'articolo 1, comma 173, lettera g), della legge 27 dicembre 2006, n. 296.*

15. Contenzioso (1). – 1. Contro l'avviso di liquidazione, l'avviso di accertamento, il provvedimento che irroga le sanzioni, il ruolo, il provvedimento che respinge l'istanza di rimborso può essere proposto ricorso secondo le disposizioni di cui al D.P.R. 26 ottobre 1972, n. 636, e successive modificazioni, intendendosi sostituito all'ufficio tributario il comune nei cui confronti il ricorso è proposto.

(1) *A norma dell'articolo 1, comma 1, del D.L. 27 maggio 2008, n. 93 a decorrere dall'anno 2008 è esclusa dall'imposta comunale sugli immobili di cui al presente Capo l'unità immobiliare adibita ad abitazione principale del soggetto passivo. Vedi inoltre le ulteriori disposizioni di cui al medesimo articolo 1.*

16. Indennità di espropriazione (1). – *[1. In caso di espropriazione di area fabbricabile l'indennità è ridotta ad un importo pari al valore indicato nell'ultima dichiarazione o denuncia presentata dall'espropriato ai fini dell'applicazione dell'imposta qualora il valore dichiarato risulti inferiore all'indennità di espropriazione determinata secondo i criteri stabiliti dalle disposizioni vigenti* (2).

2. In caso di espropriazione per pubblica utilità, oltre all'indennità, è dovuta una eventuale maggiorazione pari alla differenza tra l'importo dell'imposta pagata dall'espropriato o dal suo dante causa per il medesimo bene negli ultimi cinque anni e quello risultante dal computo dell'imposta effettuato sulla base della indennità. La maggiorazione, unitamente agli interessi legali sulla stessa calcolati, è a carico dell'espropriante.] (3)

(1) *A norma dell'articolo 1, comma 1, del D.L. 27 maggio 2008, n. 93 a decorrere dall'anno 2008 è esclusa dall'imposta comunale sugli immobili di cui al presente Capo l'unità immobiliare adibita ad abitazione principale del soggetto passivo. Vedi inoltre le ulteriori disposizioni di cui al medesimo articolo 1.*

(2) *La Corte Costituzionale, con sentenza 22 dicembre 2011, n. 338 (in Gazz. Uff., 28 dicembre, n. 54), ha dichiarato l'illegittimità costituzionale del presente comma.*

(3) *Articolo abrogato, a decorrere dal 30 giugno 2003, dall'articolo 58, comma 1, n. 134), del D.P.R. 8 giugno 2001, n. 327, come modificato dall'articolo 5 del D.L. 23 novembre 2001, n. 411 dall'articolo 3 del D.L. 20 giugno 2002, n. 122, dall'articolo 1 della legge 1° gosto 2002, n. 166, e dall'articolo 1, comma 1, lettera ss), del D.Lgs. 27 dicembre 2002, n. 302.*

17. Disposizioni finali (1). – 1. L'imposta comunale sugli immobili non è deducibile agli effetti delle imposte erariali sui redditi.

[2. Se alla formazione del reddito complessivo del soggetto passivo dell'imposta comunale sugli immobili concorre il reddito dell'unità immobiliare direttamente adibita ad abitazione principale, intesa nei sensi indicati nel comma 2 dell'art. 8, compete, ai fini dell'imposta sul reddito delle persone fisiche, una detrazione dall'imposta lorda di lire 120 mila rapportata al periodo dell'anno durante il quale sussiste tale destinazione; se l'unità immobiliare è adibita ad abitazione principale di più soggetti passivi la detrazione spetta a ciascuno di essi, proporzionalmente alla quota per la quale la destinazione medesima si verifica. In ogni caso la detrazione compete fino alla concorrenza dell'imposta lorda relativa al reddito di detta unità immobiliare che concorre alla formazione del reddito complessivo.] (2)

[3. Dall'imposta sul reddito delle persone giuridiche dovuta dalle cooperative edilizie a proprietà indivisa si detraggono lire 500.000, per ognuna delle unità immobiliari adibite ad abitazione principale dei soci assegnatari, rapportate, al periodo durante il quale sussiste la detta destinazione; la detrazione compete fino alla concorrenza dell'imposta relativa al reddito dell'unità immobiliare che concorre alla formazione del reddito complessivo] (3)

4. Sono esclusi dall'imposta locale sui redditi i redditi di fabbricati a qualsiasi uso destinati, ivi compresi quelli strumentali od oggetto di locazione, i redditi dominicali delle aree fabbricabili e dei terreni agricoli, nonché i redditi agrari di cui all'articolo 29 del testo unico delle imposte sui redditi, approvato con D.P.R. 22 dicembre 1986, n. 917, e successive modificazioni.

5. Le disposizioni di cui ai commi 2, 3 e 4 hanno effetto per i redditi prodotti dal periodo di imposta in corso al 1° gennaio 1993 ovvero, per i soggetti all'imposta sul reddito delle persone giuridiche il cui periodo di imposta non coincide con l'anno solare, per quelli prodotti dal primo periodo di imposta successivo alla detta data (4).

6. Con effetto dal 1° gennaio 1993 è soppressa l'imposta comunale sull'incremento di valore degli immobili. Tuttavia l'imposta continua ad essere dovuta nel caso in cui il presupposto di applicazione di essa si è verificato anteriormente alla predetta data; con decreto del Ministro delle finanze sono stabilite le modalità di effettuazione dei rimborsi eventualmente spettanti.

7. L'imposta comunale sull'incremento di valore degli immobili continua ad essere dovuta, con le aliquote massime e l'integrale acquisizione del relativo gettito al bilancio dello Stato, anche nel caso in cui il presupposto di applicazione di essa si verifica dal 1° gennaio 1993 fino al 1° gennaio 2003 limitatamente all'incremento di valore maturato fino al 31 dicembre 1992. A tal fine:

a) il valore finale, da indicare nella dichiarazione, è assunto in misura pari a quello dell'immobile alla data del 31 dicembre 1992 ovvero, in caso di utilizzazione edificatoria dell'area con fabbricato in corso di costruzione o ricostruzione alla predetta data, a quello dell'area alla data di inizio dei lavori di costruzione o ricostruzione;

b) gli scaglioni per la determinazione delle aliquote sono formati con riferimento al periodo preso a base per il calcolo dell'incremento di valore imponibile;

c) le spese di acquisto, di costruzione ed incrementative sono computabili solo se riferibili al periodo di cui alla lettera b).

8. Ai fini dell'accertamento dell'imposta comunale sull'incremento di valore degli immobili dovuta ai sensi del comma 7 non si applica la disposizione dell'articolo 22, D.P.R. 26 ottobre 1972, n. 643, e successive modificazioni.

(1) *A norma dell'articolo 1, comma 1, del D.L. 27 maggio 2008, n. 93 a decorrere dall'anno 2008 è esclusa dall'imposta comunale sugli immobili di cui al presente Capo l'unità immobiliare adibita ad abitazione principale del soggetto passivo. Vedi inoltre le ulteriori disposizioni di cui al medesimo articolo 1.*

(2) *Comma abrogato dall'articolo 15, comma 4, lettera a), della legge 24 dicembre 1993, n. 537.*

(3) *Comma modificato dall'articolo 15, comma 4, lettera b), della legge 24 dicembre 1993, n. 537, dall'articolo 6, comma 2, della legge 23 dicembre 1999, n. 488 e successivamente abrogato dall'articolo 2, comma 6, della legge 23 dicembre 2000, n. 388.*

(4) *La Corte Costituzionale, con sentenza 13 luglio 2000, n. 403 (in Gazz. Uff., 9 agosto 2000, n. 33), ha dichiarato l'illegittimità costituzionale del presente comma, nella parte in cui, per coloro che sono soggetti all'imposta sul reddito delle persone giuridiche il cui periodo d'imposta non coincide con l'anno solare, non esclude la sovrapposizione dell'imposta locale sui redditi (ILOR) di fabbricati ed altri redditi contemplati nel comma 4.*

18. Disposizioni transitorie (1). – 1. Per l'anno 1993 la delibera della Giunta comunale, con cui viene stabilita l'aliquota dell'imposta comunale sugli immobili ai sensi del comma 1 dell'articolo 6, deve essere adottata entro il 28 febbraio 1993. Il versamento a saldo dell'imposta dovuta per l'anno 1993 deve essere effettuato dal 1° al 15 dicembre di tale anno.

2. Entro il 30 aprile 1993 ciascun comune è tenuto a comunicare al concessionario di cui all'articolo 10, comma 3, la misura dell'aliquota dell'imposta comunale sugli immobili vigente sul proprio territorio per l'anno 1993, nonché la somma corrispondente alla media delle riscossioni nel triennio 1990/1992 per imposta comunale sull'incremento di valore degli immobili. Sulla base di detta comunicazione il concessionario procede alla rideterminazione, ove occorra, dell'importo delle riscossioni dell'imposta comunale sugli immobili calcolandolo sulla base dell'aliquota minima del 4 per mille e procede al versamento ad apposito capitolo dell'entrata statale dell'importo risultante dalla differenza tra l'ammontare delle riscossioni così rideterminate e l'ammontare corrispondente alla media delle riscossioni nel triennio 1990/1992 per imposta comunale sull'incremento di valore degli immobili, nonché al versamento a favore del comune del residuo importo delle riscossioni. Le predette operazioni sono effettuate sulla prima rata di cui al comma 2 dell'articolo 10 e sul saldo di cui al comma 1 del presente articolo, computando la perdita per INVIM per metà sulla detta prima rata e per l'altra metà sul saldo. Le somme rivenienti dalle ulteriori riscossioni, sempre relative all'imposta comunale sugli immobili dovuta per l'anno 1993 e calcolate sulla base dell'aliquota del 4 per mille, sono anch'esse versate dal concessionario all'entrata statale previa deduzione della quota parte della perdita per INVIM che non è stata detratta nelle precedenti operazioni. In assenza della comunicazione da parte del comune il concessionario procede al versamento all'entrata statale dell'intero ammontare delle somme riscosse a titolo di imposta comunale sugli immobili dovuta per l'anno 1993. La commissione spettante al concessionario ai sensi del comma 3 del predetto articolo 10, è a carico dell'ente a favore del quale le somme sono devolute. Al relativo onere per il bilancio dello Stato, valutato in lire 90 miliardi per il 1993, si provvede a carico del capitolo 3458 dello stato di previsione del Ministero delle finanze per l'anno finanziario medesimo.

3. Per l'imposta comunale sugli immobili dovuta per l'anno 1993, la liquidazione e la rettifica delle dichiarazioni, l'accertamento, l'irrogazione delle sanzioni e degli interessi, la riscossione delle somme conseguentemente dovute sono effettuati dagli uffici dell'Amministrazione finanziaria dello Stato a norma delle disposizioni vigenti in materia di accertamento, riscossione e sanzioni agli effetti delle imposte erariali sui redditi; per tale anno 1993 i predetti uffici provvedono altresì agli adempimenti previsti nel terzo periodo del comma 1 dell'articolo 11, relativi ai fabbricati di cui al comma 4 dell'articolo 5. Le somme riscosse per effetto di quanto disposto dal presente comma sono di spettanza dell'erario dello Stato e concorrono alla copertura degli oneri per il servizio del debito pubblico nonché alla realizzazione delle linee di politica economica e finanziaria in funzione degli impegni di riequilibrio del bilancio assunti in sede comunitaria; se per l'anno 1993 è stata stabilita dal comune un'aliquota superiore a quella minima del 4 per mille, le dette somme sono calcolate sulla base dell'aliquota minima e la parte eccedente è devoluta in favore del comune che ha stabilito un'aliquota superiore a quella minima. Con decreto del Ministro delle finanze, di concerto con il Ministro dell'interno, da pubblicare nella Gazzetta Ufficiale, sono determinate le modalità per l'acquisizione da parte degli uffici dell'Amministrazione finanziaria e del Ministero dell'interno dei dati ed elementi utili per l'esercizio di detta attività, anche ai fini della determinazione dei trasferimenti erariali per il 1994. Con lo stesso decreto sono, altresì, stabilite le modalità per l'effettuazione dei rimborsi spettanti ai contribuenti.

4. Con decreti del Ministro delle finanze, di concerto con i Ministri del tesoro e dell'interno, da pubblicare nella Gazzetta Ufficiale, sono stabiliti i termini e le modalità per l'attuazione delle disposizioni di cui ai commi 2 e 3, secondo periodo.

5. Per l'anno 1993, ai fini della determinazione della base imponibile ai sensi dell'articolo 5, comma 2, si applica un moltiplicatore pari a cento per le unità immobiliari classificate nei gruppi catastali A, B e C, con esclusione delle categorie A/10 e C/1, pari a cinquanta per quelle classificate nel gruppo D e nella categoria A/10 e pari a trentaquattro per quelle classificate nella categoria C/1; resta fermo quanto disposto dal terzo periodo del comma 1 dell'articolo 2 del decreto-legge 24 novembre 1992, n. 455.

6. Le disposizioni di cui ai commi da 2 a 4 del presente articolo non si applicano ai comuni compresi nei territori delle province autonome di Trento e Bolzano.

(1) A norma dell'articolo 1, comma 1, del D.L. 27 maggio 2008, n. 93 a decorrere dall'anno 2008 è esclusa dall'imposta comunale sugli immobili di cui al presente Capo l'unità immobiliare adibita ad abitazione principale del soggetto passivo. Vedi inoltre le ulteriori disposizioni di cui al medesimo articolo 1.

(Omissis)

3. D.Lgs. 15 novembre 1993, n. 507

Revisione ed armonizzazione dell'imposta comunale sulla pubblicità e del diritto sulle pubbliche affissioni, della tassa per l'occupazione di spazi ed aree pubbliche dei comuni e delle province nonché della tassa per lo smaltimento dei rifiuti solidi urbani a norma dell'art. 4 della legge 23 ottobre 1992, n. 421, concernente il riordino della finanza territoriale (1)(2)(3)(4). (Estratto: artt. 58-81).

(1) *Pubblicato in Suppl. ordinario alla Gazz. Uff., 9 dicembre, n. 288*

(2) *In luogo di Intendenza di finanza, leggasi Direzione regionale delle entrate.*

(3) *Il riferimento a soprattasse e/o a pene pecuniarie, nonché ad ogni altra sanzione amministrativa, ancorché diversamente denominata, contenuto nel presente provvedimento, è sostituito con il riferimento alla sanzione pecuniaria di uguale importo (art. 26, comma 1, d.lg. 18 dicembre 1997, n. 472). I riferimenti eventualmente contenuti nelle singole leggi di imposta a disposizioni abrogate si intendono effettuati agli istituti e alle previsioni corrispondenti risultanti dal citato d.lg. 472/1997. Salvo diversa espressa previsione, i procedimenti di irrogazione delle sanzioni disciplinati dal citato d.lg. 472/1997, si applicano all'irrogazione di tutte le sanzioni tributarie non penali (art. 26, comma 1, d.lg. 18 dicembre 1997, n. 472). Tutti i rinvii al d.p.r. 28 gennaio 1988, n. 43, soppresso dall'art. 68, d.lg. 13 aprile 1999, n. 112, contenuti nel presente provvedimento, si intendono riferiti alle corrispondenti disposizioni del citato d.lg. 112/1999.*

(4) *Per per le insegne di esercizio di attività commerciali e di produzione di beni o servizi e la tassa di occupazione per gli spazi ed aree pubbliche ai sensi del presente Decreto, vedi l'articolo 1, comma 997, della Legge 30 dicembre 2018, n. 145.*

(Omissis).

CAPO III
Tassa per lo smaltimento dei rifiuti solidi urbani interni (1)

(1) La tassa di cui al presente Capo è da ritenersi soppressa - ex art. 49, d.lg. 5 febbraio 1997, n. 22, nel testo modificato dall'art. 33, l. 23 dicembre 1999, n. 488 - a decorrere dai termini previsti dal regime transitorio, disciplinato dal regolamento di cui al comma 5 del medesimo articolo 49, entro i quali i comuni devono provvedere alla integrale copertura dei costi del servizio di gestione dei rifiuti urbani attraverso la tariffa di cui al comma 2 del citato articolo 49.

58. Istituzione della tassa (1)(2). – 1. Per il servizio relativo allo smaltimento dei rifiuti solidi urbani interni *[ed equiparati ad ogni effetto ai sensi dell'art. 60]*, svolto in regime di privativa nell'ambito del centro abitato, delle frazioni, dei nuclei abitati ed eventualmente esteso alle zone del territorio comunale con insediamenti sparsi, i comuni debbono istituire una tassa annuale, da disciplinare con apposito regolamento ed applicare in base a tariffa con l'osservanza delle prescrizioni e dei criteri di cui alle norme seguenti (3).

(1) Le disposizioni di cui al presente articolo sono da ritenersi soppresse - ex art. 49, d.lg. 5 febbraio 1997, n. 22, nel testo modificato dall'art. 33, l. 23 dicembre 1999, n. 488 - a decorrere dai termini previsti dal regime transitorio, disciplinato dal regolamento di cui al comma 5 del medesimo articolo 49, entro i quali i comuni devono provvedere alla integrale copertura dei costi del servizio di gestione dei rifiuti urbani attraverso la tariffa di cui al comma 2 del citato articolo 49.

(2) A norma dell'articolo 1, comma 14, del D.L. 28 giugno 1995, n. 250, convertito con modificazioni dalla Legge 8 agosto 1995, n. 349, il termine per l'approvazione del regolamento relativo alla tassa per lo smaltimento dei rifiuti solidi urbani interni di cui al presente articolo, è fissato al 30 settembre 1995.

(3) Comma modificato dall'articolo 39, comma 3, lettera a), della Legge 22 febbraio 1994, n. 146.

59. Attivazione del servizio (1). – 1. Nel regolamento del servizio di nettezza urbana, da adottare ai sensi dell'art. 8 del decreto del Presidente della Repubblica 10 settembre 1982, n. 915, sono stabiliti i limiti della zona di raccolta obbligatoria e dell'eventuale estensione del servizio a zone con insediamenti sparsi, la forma organizzativa e le modalità di effettuazione del servizio di smaltimento dei rifiuti solidi urbani interni, con indicazione, a seconda dei singoli ambiti o zone, delle relative distanze massime di collocazione dei contenitori o dei criteri per determinarle nonché delle relative capacità minime da assicurare in relazione all'entità e tipologia dei rifiuti da smaltire.

2. Fermo restando il potere di determinazione dei perimetri entro i quali è obbligatoriamente istituito il servizio dei rifiuti urbani interni ai sensi degli articoli 3 e 8 del decreto del Presidente della Repubblica 10 settembre 1982, n. 915, previa ricognizione dei perimetri del centro abitato, delle frazioni e dei nuclei abitati, ivi compresi i centri commerciali e produttivi integrati, i comuni possono estendere il regime di privativa di smaltimento dei rifiuti solidi urbani interni ed equiparati ad insediamenti sparsi siti oltre le zone perimetrate sopramenzionate. Nelle zone in cui non è effettuata la raccolta in regime di privativa dei rifiuti solidi urbani interni ed equiparati, la tassa è dovuta in misura non superiore al 40 per cento della tariffa da determinare in relazione alla distanza dal più vicino punto di raccolta rientrante nella zona perimetrata o di fatto servita.

3. Tenuto conto del disposto dell'art. 9 del decreto del Presidente della Repubblica 10 settembre 1982, n. 915, gli occupanti o detentori degli insediamenti comunque situati fuori dell'area di raccolta sono tenuti ad utilizzare il servizio pubblico di nettezza urbana, provvedendo al conferimento dei rifiuti urbani interni ed equiparati nei contenitori viciniori.

4. Se il servizio di raccolta, sebbene istituito ed attivato, non è svolto nella zona di residenza o di dimora nell'immobile a disposizione ovvero di esercizio dell'attività dell'utente o è effettuato in grave violazione delle prescrizioni del regolamento di cui al comma 1, relative alle distanze e capacità dei contenitori ed alla frequenza della raccolta, da stabilire in modo che l'utente possa usufruire agevolmente del servizio di raccolta, il tributo è dovuto nella misura ridotta di cui al secondo periodo del comma 2.

5. Nelle zone esterne al centro abitato in cui lo svolgimento del normale servizio di raccolta dei rifiuti interni ed equiparati sia limitato con apposita delibera a determinati periodi stagionali, il tributo è dovuto in proporzione al periodo di esercizio del servizio, fermo restando il disposto del secondo periodo del comma 2.

6. L'interruzione temporanea del servizio di raccolta per motivi sindacali o per imprevedibili impedimenti organizzativi non comporta esonero o riduzione del tributo. Qualora tuttavia il mancato svolgimento del servizio si protragga, determinando una situazione riconosciuta dalla competente autorità sanitaria di danno o pericolo di danno alle persone o all'ambiente secondo le norme e prescrizioni sanitarie nazionali, l'utente può provvedere a proprie spese con diritto allo sgravio o restituzione, in base a domanda documentata, di una quota della tassa corrispondente al periodo di interruzione, fermo restando il disposto

del comma 4.

[(1)] *Le disposizioni di cui al presente articolo sono da ritenersi soppresse - ex art. 49, d.lg. 5 febbraio 1997, n. 22, nel testo modificato dall'art. 33, l. 23 dicembre 1999, n. 488 - a decorrere dai termini previsti dal regime transitorio, disciplinato dal regolamento di cui al comma 5 del medesimo articolo 49, entro i quali i comuni devono provvedere alla integrale copertura dei costi del servizio di gestione dei rifiuti urbani attraverso la tariffa di cui al comma 2 del citato articolo 49.*

60. Rifiuti equiparati. – *[1. Sono qualificati equiparati ai rifiuti urbani i rifiuti derivanti da attività artigianali, commerciali e di servizi che siano dichiarati assimilabili ai rifiuti urbani interni, ai fini dell'ordinario conferimento al servizio pubblico e della connessa applicazione della tassa, con il regolamento comunale di cui all'art. 59, comma 1, tenuto conto della qualità e quantità degli stessi e del relativo costo di smaltimento e nel rispetto dei criteri tecnici generali stabiliti dallo Stato ai sensi dell'art. 4, primo comma, lettera e), del decreto del Presidente della Repubblica 10 settembre 1982, n. 915. I rifiuti di cui al periodo precedente, ove superino i limiti di quantità o non rientrino nelle tipologie di qualità indicate nel regolamento ai fini dell'assimilazione ai rifiuti solidi urbani, ovvero nei casi in cui tali qualità non vengano indicate nel regolamento, sono qualificati come rifiuti speciali ai sensi dell'art. 2, quarto comma, n. 1, seconda parte, del decreto sopra indicato e la superficie su cui essi si formano rimane esclusa da quella tassabile ai sensi del successivo art. 62, comma 3.]* [(1)]

[(1)] *Articolo abrogato dall'articolo 39, comma 3, lettera b), della Legge 22 febbraio 1994, n. 146.*

61. Gettito e costo del servizio [(1)]. – 1. Il gettito complessivo della tassa non può superare il costo di esercizio del servizio di smaltimento dei rifiuti solidi urbani interni *[ed equiparati]* di cui all'art. 58, né può essere inferiore, per gli enti di cui all'art. 45, comma 2, lettera b), del decreto legislativo 30 dicembre 1992, n. 504, al 70 per cento del predetto costo, fermo restando per gli enti di cui alla lettera a) dello stesso articolo 45, comma 2, il disposto dell'articolo 25 del decreto-legge 2 marzo 1989, n. 66, convertito, con modificazioni, dalla legge 24 aprile 1989, n. 144. Per gli altri enti il gettito complessivo della tassa non può essere inferiore al 50 per cento del costo di esercizio. Ai fini dell'osservanza degli indicati limiti minimo e massimo di copertura dei costi si fa riferimento ai dati del conto consuntivo comprovati da documentazioni ufficiali e non si considerano addizionali, interessi e penalità [(2)].

2. Il costo del servizio di cui al comma 1 comprende le spese inerenti e comunque gli oneri diretti e indiretti, nonché le quote di ammortamento dei mutui per la costituzione di consorzi per lo smaltimento dei rifiuti. Per le quote di ammortamento degli impianti e delle attrezzature si applicano i coefficienti stabiliti ai sensi dell'art. 67, comma 2, del testo unico delle imposte sui redditi, approvato con decreto del Presidente della Repubblica 22 dicembre 1986, n. 917. Fra i costi di gestione delle aziende speciali, municipalizzate e consortili debbono essere compresi anche gli oneri finanziari dovuti agli enti proprietari ai sensi dell'art. 44 del decreto del Presidente della Repubblica 4 ottobre 1986, n. 902, da versare agli enti proprietari stessi entro l'esercizio successivo a quello della riscossione ed erogazione in conto esercizio [(3)].

3. Dal costo, determinato in base al disposto del comma 2, sono dedotte per quota percentuale, corrispondente al rapporto tra il costo di smaltimento dei rifiuti interni *[ed equiparati]* e quello relativo allo smaltimento dei rifiuti di cui all'articolo 2, terzo comma, n. 3), del decreto del Presidente della Repubblica 10 settembre 1982, n. 915, le entrate derivanti dal recupero e riciclo dei rifiuti sotto forma di energia o materie prime secondarie diminuite di un importo pari alla riduzione di tassa eventualmente riconosciuta nei confronti del singolo utente ai sensi dell'art. 67, comma 2 [(4)].

3-bis. Ai fini della determinazione del costo di esercizio è dedotto dal costo complessivo dei servizi di nettezza urbana gestiti in regime di privativa comunale un importo, da determinare con lo stesso regolamento di cui all'articolo 68, non inferiore al 5 per cento e non superiore al 15 per cento, a titolo di costo dello spazzamento dei rifiuti solidi urbani di cui all'articolo 2, terzo comma, numero 3), del decreto del Presidente della Repubblica 10 settembre 1982, n. 915. L'eventuale eccedenza di gettito derivante dalla predetta deduzione è computata in diminuzione del tributo iscritto al ruolo per l'anno successivo [(5)(6)].

[(1)] *Le disposizioni di cui al presente articolo sono da ritenersi soppresse - ex art. 49, d.lg. 5 febbraio 1997, n. 22, nel testo modificato dall'art. 33, l. 23 dicembre 1999, n. 488 - a decorrere dai termini previsti dal regime transitorio, disciplinato dal regolamento di cui al comma 5 del medesimo articolo 49, entro i quali i comuni devono provvedere alla integrale copertura dei costi del servizio di gestione dei rifiuti urbani attraverso la tariffa di cui al comma 2 del citato articolo 49.*

[(2)] *Comma modificato dall'articolo 39, comma 3, lettera c), della Legge 22 febbraio 1994, n. 146.*

[(3)] *Comma modificato dall'articolo 3, comma 68, lettera a), della Legge 28 dicembre 1995, n. 549.*

[(4)] *Comma modificato dall'articolo 39, comma 3, lettera c), della Legge 22 febbraio 1994, n. 146.*

[(5)] *Comma aggiunto dall'articolo 3, comma 68, lettera b), della Legge 28 dicembre 1995, n. 549.*

[(6)] *Per una deroga alle disposizioni di cui al presente comma, vedi l'articolo 49, comma 12 della Legge 27 dicembre 1997, n. 449 e l'articolo 31, comma 23 della Legge 23 dicembre 1998, n. 448.*

62. Presupposto della tassa ed esclusioni [(1)]. – 1. La tassa è dovuta per l'occupazione o la detenzione di locali ed aree scoperte a qualsiasi uso adibiti, ad esclusione delle aree scoperte pertinenziali o accessorie di civili abitazioni diverse dalle aree a verde, esistenti nelle zone del territorio comunale in cui il servizio è istituito ed attivato o comunque reso in maniera continuativa nei modi previsti dagli articoli 58 e 59, fermo restando quanto disposto dall'art. 59, comma 4. Per l'abitazione colonica e gli altri fabbricati con area scoperta di pertinenza la tassa è dovuta anche quando nella zona in cui è attivata la raccolta dei rifiuti è situata soltanto la strada di accesso all'abitazione ed al fabbricato [(2)].

2. Non sono soggetti alla tassa i locali e le aree che non possono produrre rifiuti o per la loro natura o per il particolare uso cui sono stabilmente destinati o perché risultino in obiettive condizioni di non utilizzabilità nel corso dell'anno, qualora tali circostanze siano indicate nella denuncia originaria o di variazione e debitamente riscontrate in base ad elementi obiettivi direttamente rilevabili o ad idonea documentazione.

3. Nella determinazione della superficie tassabile non si tiene conto di quella parte di essa ove per specifiche caratteristiche strutturali e per destinazione si formano, di regola, rifiuti speciali, tossici o nocivi, allo smaltimento dei quali sono tenuti a provvedere a proprie spese i produttori stessi in base alle norme vigenti. Ai fini della determinazione della predetta superficie non tassabile il comune può individuare nel regolamento categorie di attività produttive di rifiuti

speciali tossici o nocivi alle quali applicare una percentuale di riduzione rispetto alla intera superficie su cui l'attività viene svolta.

4. Nelle unità immobiliari adibite a civile abitazione, in cui sia svolta un'attività economica e professionale, può essere stabilito dal regolamento che la tassa è dovuta in base alla tariffa prevista per la specifica attività ed è commisurata alla superficie a tal fine utilizzata.

5. Sono esclusi dalla tassa i locali e le aree scoperte per i quali non sussiste l'obbligo dell'ordinario conferimento dei rifiuti solidi urbani interni ed equiparati in regime di privativa comunale per effetto di norme legislative o regolamentari, di ordinanze in materia sanitaria, ambientale o di protezione civile ovvero di accordi internazionali riguardanti organi di Stati esteri.

(1) *Le disposizioni di cui al presente articolo sono da ritenersi soppresse - ex art. 49, d.lg. 5 febbraio 1997, n. 22, nel testo modificato dall'art. 33, l. 23 dicembre 1999, n. 488 - a decorrere dai termini previsti dal regime transitorio, disciplinato dal regolamento di cui al comma 5 del medesimo articolo 49, entro i quali i comuni devono provvedere alla integrale copertura dei costi del servizio di gestione dei rifiuti urbani attraverso la tariffa di cui al comma 2 del citato articolo 49.*

(2) *Comma modificato dall'articolo 3, comma 68, lettera d), della Legge 28 dicembre 1995, n. 549.*

63. Soggetti passivi e soggetti responsabili del tributo (1). – 1. La tassa è dovuta da coloro che occupano o detengono i locali o le aree scoperte di cui all'art. 62 con vincolo di solidarietà tra i componenti del nucleo familiare o tra coloro che usano in comune i locali o le aree stesse.

2. Sono escluse dalla tassazione le aree comuni del condominio di cui all'articolo 1117 del codice civile che possono produrre rifiuti agli effetti dell'art. 62. Resta ferma l'obbligazione di coloro che occupano o detengono parti comuni in via esclusiva (2).

3. Nel caso di locali in multiproprietà e di centri commerciali integrati il soggetto che gestisce i servizi comuni è responsabile del versamento della tassa dovuta per i locali ed aree scoperte di uso comune e per i locali ed aree scoperte in uso esclusivo ai singoli occupanti o detentori, fermi restando nei confronti di questi ultimi gli altri obblighi o diritti derivanti dal rapporto tributario riguardante i locali e le aree in uso esclusivo.

[4. È fatto obbligo all'amministratore del condominio ed al soggetto responsabile del pagamento di cui al comma 3 di presentare al competente ufficio del comune, entro il 20 gennaio di ciascun anno, l'elenco degli occupanti o detentori dei locali ed aree del condominio e del centro commerciale integrato.] (3)

(1) *Le disposizioni di cui al presente articolo sono da ritenersi soppresse - ex art. 49, d.lg. 5 febbraio 1997, n. 22, nel testo modificato dall'art. 33, l. 23 dicembre 1999, n. 488 - a decorrere dai termini previsti dal regime transitorio, disciplinato dal regolamento di cui al comma 5 del medesimo articolo 49, entro i quali i comuni devono provvedere alla integrale copertura dei costi del servizio di gestione dei rifiuti urbani attraverso la tariffa di cui al comma 2 del citato articolo 49.*

(2) *Comma sostituito dall'articolo 3, comma 68, lettera d), della Legge 28 dicembre 1995, n. 549.*

(3) *Comma abrogato dall'articolo 2, comma 4-ter, del D.L. 25 novembre 1996, n. 599, convertito con modificazioni dalla Legge 24 gennaio 1997, n. 5.*

64. Inizio e cessazione dell'occupazione o detenzione (1). – 1. La tassa è corrisposta in base a tariffa commisurata ad anno solare, cui corrisponde un'autonoma obbligazione tributaria.

2. L'obbligazione decorre dal primo giorno del bimestre solare successivo a quello in cui ha avuto inizio l'utenza. Nel caso di multiproprietà la tassa è dovuta dagli utenti in proporzione al periodo di occupazione o di disponibilità esclusiva ed è versata dall'amministratore con le modalità di cui all'art. 63, comma 3.

3. La cessazione, nel corso dell'anno, dell'occupazione o detenzione dei locali ed aree, dà diritto all'abbuono del tributo a decorrere dal primo giorno del bimestre solare successivo a quello in cui è stata presentata la denuncia della cessazione debitamente accertata.

4. In caso di mancata presentazione della denuncia nel corso dell'anno di cessazione, il tributo non è dovuto per le annualità successive se l'utente che ha prodotto denuncia di cessazione dimostri di non aver continuato l'occupazione o la detenzione dei locali ed aree ovvero se la tassa sia stata assolta dall'utente subentrante a seguito di denuncia o in sede di recupero d'ufficio.

(1) *Le disposizioni di cui al presente articolo sono da ritenersi soppresse - ex art. 49, d.lg. 5 febbraio 1997, n. 22, nel testo modificato dall'art. 33, l. 23 dicembre 1999, n. 488 - a decorrere dai termini previsti dal regime transitorio, disciplinato dal regolamento di cui al comma 5 del medesimo articolo 49, entro i quali i comuni devono provvedere alla integrale copertura dei costi del servizio di gestione dei rifiuti urbani attraverso la tariffa di cui al comma 2 del citato articolo 49.*

65. Commisurazione e tariffe (1). – 1. La tassa può essere commisurata o in base alla quantità e qualità medie ordinarie per unità di superficie imponibile dei rifiuti solidi urbani interni ed equiparati producibili nei locali ed aree per il tipo di uso, cui i medesimi sono destinati, e al costo dello smaltimento oppure, per i comuni aventi popolazione inferiore a 35.000 abitanti, in base alla qualità, alla quantità effettivamente prodotta, dei rifiuti solidi urbani e al costo dello smaltimento (2).

2. Le tariffe per ogni categoria o sottocategoria omogenea sono determinate dal comune, secondo il rapporto di copertura del costo prescelto entro i limiti di legge, moltiplicando il costo di smaltimento per unità di superficie imponibile accertata, previsto per l'anno successivo, per uno o più coefficienti di produttività quantitativa e qualitativa di rifiuti.

(1) *Le disposizioni di cui al presente articolo sono da ritenersi soppresse - ex art. 49, d.lg. 5 febbraio 1997, n. 22, nel testo modificato dall'art. 33, l. 23 dicembre 1999, n. 488 - a decorrere dai termini previsti dal regime transitorio, disciplinato dal regolamento di cui al comma 5 del medesimo articolo 49, entro i quali i comuni devono provvedere alla integrale copertura dei costi del servizio di gestione dei rifiuti urbani attraverso la tariffa di cui al comma 2 del citato articolo 49.*

(2) *Comma sostituito dall'articolo 3, comma 68, lettera e), della Legge 28 dicembre 1995, n. 549.*

66. Tariffe per particolari condizioni di uso (1). – *[1. È facoltà dei comuni assoggettare a tassazione le aree scoperte adibite a verde per la parte eccedente i 200 metri quadrati. Tale parte è comunque da computare nel limite del 25 per cento.]* (2).

[2. Le aree scoperte a qualsiasi uso adibite indicate nell'art. 62 sono computate nel limite del 50 per cento.] (3)

3. La tariffa unitaria può essere ridotta di un importo non superiore ad un terzo nel caso di:

a) abitazioni con unico occupante;

b) abitazioni tenute a disposizione per uso stagionale od altro uso limitato e discontinuo a condizione che tale destinazione sia specificata nella denuncia originaria o di variazione indicando l'abitazione di residenza e l'abitazione principale e dichiarando espressamente di non voler cedere l'alloggio in locazione o in comodato, salvo accertamento da parte del comune;

c) locali, diversi dalle abitazioni, ed aree scoperte adibiti ad uso stagionale o ad uso non continuativo, ma ricorrente, risultante da licenza o autorizzazione rilasciata dai competenti organi per l'esercizio dell'attività.

4. La tariffa unitaria può essere ridotta:

a) di un importo non superiore ad un terzo nei confronti dell'utente che, versando nelle circostanze di cui alla lettera b) del comma 3, risieda o abbia la dimora, per più di sei mesi all'anno, in località fuori del territorio nazionale;

b) di un importo non superiore al 30 per cento nei confronti degli agricoltori occupanti la parte abitativa della costruzione rurale.

5. Le riduzioni delle superfici e quelle tariffarie di cui ai precedenti commi sono applicate sulla base di elementi e dati contenuti nella denuncia originaria, integrativa o di variazione con effetto dall'anno successivo.

6. Il contribuente è obbligato a denunciare entro il 20 gennaio il venir meno delle condizioni dell'applicazione della tariffa ridotta di cui ai commi 3 e 4; in difetto si provvede al recupero del tributo a decorrere dall'anno successivo a quello di denuncia dell'uso che ha dato luogo alla riduzione tariffaria e sono applicabili le sanzioni previste per l'omessa denuncia di variazione dall'art. 76.

(1) *Le disposizioni di cui al presente articolo sono da ritenersi soppresse - ex art. 49, d.lg. 5 febbraio 1997, n. 22, nel testo modificato dall'art. 33, l. 23 dicembre 1999, n. 488 - a decorrere dai termini previsti dal regime transitorio, disciplinato dal regolamento di cui al comma 5 del medesimo articolo 49, entro i quali i comuni devono provvedere alla integrale copertura dei costi del servizio di gestione dei rifiuti urbani attraverso la tariffa di cui al comma 2 del citato articolo 49.*

(2) *Comma sostituito dall'articolo 3, comma 68, lettera f), della Legge 28 dicembre 1995, n. 549 e, successivamente, soppresso dall'articolo 2, comma 4-bis, del D.L. 25 novembre 1996, n. 599, convertito con modificazioni in Legge 24 gennaio 1997, n. 5, nel testo sostituito dall'articolo 6, comma 1, del D.L. 29 settembre 1997, n. 328, convertito con modificazioni dalla Legge 29 novembre 1997, n. 410, ferme restando per il 1997 e il 1998 l'imponibilità delle superfici scoperte operative e l'esclusione dal tributo delle aree scoperte pertinenziali od accessorie a locali tassabili.*

(3) *Comma sostituito dall'articolo 3, comma 68, lettera f), della Legge 28 dicembre 1995, n. 549 e, successivamente, soppresso dall'articolo 2, comma 4-bis, del D.L. 25 novembre 1996, n. 599, convertito con modificazioni in Legge 24 gennaio 1997, n. 5, nel testo sostituito dall'articolo 6, comma 1, del D.L. 29 settembre 1997, n. 328, convertito con modificazioni dalla Legge 29 novembre 1997, n. 410, ferme restando per il 1997 e il 1998 l'imponibilità delle superfici scoperte operative e l'esclusione dal tributo delle aree scoperte pertinenziali od accessorie a locali tassabili.*

67. Agevolazioni (1). – 1. Oltre alle esclusioni dal tributo di cui all'art. 62 ed alle tariffe ridotte di cui all'art. 66, i comuni possono prevedere con apposita disposizione del regolamento speciale agevolazioni, sotto forma di riduzioni ed, in via eccezionale, di esenzioni.

2. Il regolamento può prevedere riduzioni nel caso di attività produttive, commerciali e di servizi per le quali gli utenti dimostrino di avere sostenuto spese per interventi tecnico-organizzativi comportanti un'accertata minore produzione di rifiuti od un pretrattamento volumetrico, selettivo o qualitativo che agevoli lo smaltimento o il recupero da parte del gestore del servizio pubblico ovvero per le quali gli utenti siano tenuti a conferire a detto servizio rilevanti quantità di rifiuti che possono dar luogo alle entrate di cui all'articolo 61, comma 3.

3. Le esenzioni e le riduzioni di cui al comma 1 sono iscritte in bilancio come autorizzazioni di spesa e la relativa copertura è assicurata da risorse diverse dai proventi della tassa relativa all'esercizio cui si riferisce l'iscrizione predetta.

(1) *Le disposizioni di cui al presente articolo sono da ritenersi soppresse - ex art. 49, d.lg. 5 febbraio 1997, n. 22, nel testo modificato dall'art. 33, l. 23 dicembre 1999, n. 488 - a decorrere dai termini previsti dal regime transitorio, disciplinato dal regolamento di cui al comma 5 del medesimo articolo 49, entro i quali i comuni devono provvedere alla integrale copertura dei costi del servizio di gestione dei rifiuti urbani attraverso la tariffa di cui al comma 2 del citato articolo 49.*

68. Regolamenti (1). – 1. Per l'applicazione della tassa i comuni sono tenuti ad adottare apposito regolamento che deve contenere:

a) la classificazione delle categorie ed eventuali sottocategorie di locali ed aree con omogenea potenzialità di rifiuti e tassabili con la medesima misura tariffaria;

b) le modalità di applicazione dei parametri di cui all'art. 65;

c) la graduazione delle tariffe ridotte per particolari condizioni di uso di cui all'art. 66, commi 3 e 4;

d) la individuazione delle fattispecie agevolative, delle relative condizioni e modalità di richiesta documentata e delle cause di decadenza.

2. L'articolazione delle categorie e delle eventuali sottocategorie è effettuata, ai fini della determinazione comparativa delle tariffe, tenendo conto, in via di massima, dei seguenti gruppi di attività o di utilizzazione:

a) locali ed aree adibiti a musei, archivi, biblioteche, ad attività di istituzioni culturali, politiche e religiose, sale teatrali e cinematografiche, scuole pubbliche e private, palestre, autonomi depositi di stoccaggio e depositi di macchine e materiale militari;

b) complessi commerciali all'ingrosso o con superfici espositive, nonché aree ricreativo-turistiche, quali campeggi, stabilimenti balneari, ed analoghi complessi attrezzati;

c) locali ed aree ad uso abitativo per nuclei familiari, collettività e convivenze, esercizi alberghieri;

d) locali adibiti ad attività terziarie e direzionali diverse da quelle di cui alle lettere b), e) ed f), circoli sportivi e ricreativi;

e) locali ed aree ad uso di produzione artigianale o industriale, o di commercio al dettaglio di beni non deperibili, ferma restando l'intassabilità delle superfici di lavorazione industriale e di quelle produttive di rifiuti non dichiarati assimilabili agli urbani;

f) locali ed aree adibite a pubblici esercizi o esercizi di vendita al dettaglio di beni alimentari o deperibili, ferma restando l'intassabilità delle superfici produttive di rifiuti non dichiarati assimilabili agli urbani.

3. I regolamenti, divenuti esecutivi a norma di legge, sono trasmessi entro trenta giorni alla direzione centrale per la fiscalità locale del Ministero delle finanze che formula eventuali rilievi di legittimità entro sei mesi dalla ricezione del provvedimento. In caso di rilievi formulati tardivamente il comune non è obbligato ad adeguarsi agli effetti dei rimborsi e degli accertamenti integrativi.

(1) Le disposizioni di cui al presente articolo sono da ritenersi soppresse - ex art. 49, d.lg. 5 febbraio 1997, n. 22, nel testo modificato dall'art. 33, l. 23 dicembre 1999, n. 488 - a decorrere dai termini previsti dal regime transitorio, disciplinato dal regolamento di cui al comma 5 del medesimo articolo 49, entro i quali i comuni devono provvedere alla integrale copertura dei costi del servizio di gestione dei rifiuti urbani attraverso la tariffa di cui al comma 2 del citato articolo 49.

69. Deliberazioni di tariffa(1). – 1. Entro il 31 ottobre i comuni deliberano, in base alla classificazione ed ai criteri di graduazione contenuti nel regolamento, le tariffe per unità di superficie dei locali ed aree compresi nelle singole categorie o sottocategorie, da applicare nell'anno successivo. In caso di mancata deliberazione nel termine suddetto si intendono prorogate le tariffe approvate per l'anno in corso.

2. Ai fini del controllo di legittimità, la deliberazione deve indicare le ragioni dei rapporti stabiliti tra le tariffe, i dati consuntivi e previsionali relativi ai costi del servizio discriminati in base alla loro classificazione economica, nonché i dati e le circostanze che hanno determinato l'aumento per la copertura minima obbligatoria del costo ovvero gli aumenti di cui al comma 3.

3. Nei casi di dissesto dichiarato, ai sensi dell'articolo 25 del decreto-legge 2 marzo 1989, n. 66, convertito, con modificazioni, dalla legge 24 aprile 1989, n. 144, e dell'art. 21 del decreto-legge 18 gennaio 1993, n. 8, convertito, con modificazioni, dalla legge 19 marzo 1993, n. 68, ovvero di deliberazione adottata quale atto dovuto a seguito di rilievi di legittimità o in ottemperanza a decisione definitiva, è confermato il potere di apportare aumenti e diminuzioni tariffarie oltre il termine di cui al comma 1.

4. Le deliberazioni tariffarie, divenute esecutive a norma di legge, sono trasmesse entro trenta giorni alla direzione centrale per la fiscalità locale del Ministero delle finanze, che formula eventuali rilievi di legittimità nel termine di sei mesi dalla ricezione del provvedimento. Si applica il disposto del secondo periodo del comma 3 dell'art. 68.

(1) Le disposizioni di cui al presente articolo sono da ritenersi soppresse - ex art. 49, d.lg. 5 febbraio 1997, n. 22, nel testo modificato dall'art. 33, l. 23 dicembre 1999, n. 488 - a decorrere dai termini previsti dal regime transitorio, disciplinato dal regolamento di cui al comma 5 del medesimo articolo 49, entro i quali i comuni devono provvedere alla integrale copertura dei costi del servizio di gestione dei rifiuti urbani attraverso la tariffa di cui al comma 2 del citato articolo 49.

70. Denunce (1). – 1. I soggetti di cui all'art. 63 presentano al comune, entro il 20 gennaio successivo all'inizio dell'occupazione o detenzione, denuncia unica dei locali ed aree tassabili siti nel territorio del comune. La denuncia è redatta sugli appositi modelli predisposti dal comune e dallo stesso messi a disposizione degli utenti presso gli uffici comunali e circoscrizionali.

2. La denuncia ha effetto anche per gli anni successivi, qualora le condizioni di tassabilità siano rimaste invariate. In caso contrario l'utente è tenuto a denunciare, nelle medesime forme, ogni variazione relativa ai locali ed aree, alla loro superficie e destinazione che comporti un maggior ammontare della tassa o comunque influisca sull'applicazione e riscossione del tributo in relazione ai dati da indicare nella denuncia.

3. La denuncia, originaria o di variazione, deve contenere l'indicazione del codice fiscale, degli elementi identificativi delle persone fisiche componenti del nucleo familiare o della convivenza, che occupano o detengono l'immobile di residenza o l'abitazione principale ovvero dimorano nell'immobile a disposizione, dei loro rappresentanti legali e della relativa residenza, della denominazione e relativo scopo sociale o istituzionale dell'ente, istituto, associazione, società ed altre organizzazioni nonché della loro sede principale, legale o effettiva, delle persone che ne hanno la rappresentanza e l'amministrazione, dell'ubicazione, superficie e destinazione dei singoli locali ed aree denunciati e delle loro ripartizioni interne, nonché della data di inizio dell'occupazione o detenzione. A decorrere dal 1° gennaio 2005, per le unità immobiliari di proprietà privata a destinazione ordinaria censite nel catasto edilizio urbano, la superficie di riferimento non può in ogni caso essere inferiore all'80 per cento della superficie catastale determinata secondo i criteri stabiliti dal regolamento di cui al decreto del Presidente della Repubblica 23 marzo 1998, n. 138; per gli immobili già denunciati, i comuni modificano d'ufficio, dandone comunicazione agli interessati, le superfici che risultano inferiori alla predetta percentuale a seguito di incrocio dei dati comunali, comprensivi della toponomastica, con quelli dell'Agenzia del territorio, secondo modalità di interscambio stabilite con provvedimento del direttore della predetta Agenzia, sentita la Conferenza Stato-città ed autonomie locali. Nel caso in cui manchino, negli atti catastali, gli elementi necessari per effettuare la determinazione della superficie catastale, i soggetti privati intestatari catastali, provvedono, a richiesta del comune, a presentare all'ufficio provinciale dell'Agenzia del territorio la planimetria catastale del relativo immobile, secondo le modalità stabilite dal regolamento di cui al decreto del Ministro delle finanze 19 aprile 1994, n. 701, per l'eventuale conseguente modifica, presso il comune, della consistenza di riferimento (2).

4. La dichiarazione è sottoscritta e presentata da uno dei coobbligati o dal rappresentante legale o negoziale.

5. L'ufficio comunale competente deve rilasciare ricevuta della denuncia, che, nel caso di spedizione, si considera presentata nel giorno indicato con il timbro postale.

6. In occasione di iscrizioni anagrafiche o altre pratiche concernenti i locali ed aree interessati, gli uffici comunali sono tenuti ad invitare l'utente a provvedere alla denuncia nel termine previsto, fermo restando, in caso di omesso invito, l'obbligo di denuncia di cui al comma 1.

(1) Le disposizioni di cui al presente articolo sono da ritenersi soppresse - ex art. 49, d.lg. 5 febbraio 1997, n. 22, nel testo modificato dall'art. 33, l. 23 dicembre 1999, n. 488 - a decorrere dai termini previsti dal regime transitorio, disciplinato dal regolamento di cui al comma 5 del medesimo articolo 49, entro i quali i comuni devono provvedere alla integrale copertura dei costi del servizio di gestione dei rifiuti urbani attraverso la tariffa di cui al comma 2 del citato articolo 49.

(2) Comma modificato dall'articolo 1, comma 340, della legge 30 dicembre 2004, n. 311. A norma dell'articolo 1, comma 183, della legge 27 dicembre 2006, n. 296 i criteri indicati nel secondo e nel terzo periodo del presente comma in materia di tassa per lo smaltimento dei rifiuti solidi urbani, sono applicabili anche ai fini della determinazione delle superfici per il calcolo della tariffa per la gestione dei rifiuti urbani di cui all'allegato 1, punto 4, del regolamento di cui al D.P.R. 27 aprile 1999, n. 158.

71. Accertamento (1) - *[1. In caso di denuncia infedele o incompleta, l'ufficio comunale provvede ad emettere, relativamente all'anno di presentazione della denuncia ed a quello precedente per la parte di cui all'art. 64, comma 2, avviso di accertamento in rettifica, a pena di decadenza, entro il 31 dicembre del terzo anno successivo a* *quello di presentazione della denuncia stessa. In caso di omessa denuncia, l'ufficio emette avviso di accertamento d'ufficio, a pena di decadenza, entro il 31 dicembre del quarto anno successivo a quello in cui la denuncia doveva essere presentata.]* (2)

[2. Gli avvisi di accertamento sono sottoscritti dal funzionario designato per l'organizzazione e la gestione del tributo di cui all'art. 74 e devono contenere gli elementi identificativi del contribuente, dei locali e delle aree e loro destinazioni, dei periodi e degli imponibili o maggiori imponibili accertati, della tariffa applicata e relativa delibera, nonché la motivazione dell'eventuale diniego della riduzione o agevolazione richiesta, l'indicazione della maggior somma dovuta distintamente per tributo, addizionali ed accessori, soprattassa ed altre penalità.] (3)

[2-bis. Gli avvisi di accertamento devono essere motivati in relazione ai presupposti di fatto ed alle ragioni giuridiche che li hanno determinati. Se la motivazione fa riferimento ad un altro atto non conosciuto né ricevuto dal contribuente, questo deve essere allegato all'atto che lo richiama, salvo che quest'ultimo non ne riproduca il contenuto essenziale.] (4)

[3. Gli avvisi di cui al comma 1 devono contenere altresì l'indicazione dell'organo presso cui può essere prodotto ricorso ed il relativo termine di decadenza.] (5)

4. Ai fini del potenziamento dell'azione di accertamento, il comune, ove non sia in grado di provvedere autonomamente, può stipulare apposite convenzioni con soggetti privati o pubblici per l'individuazione delle superfici in tutto o in parte sottratte a tassazione. Il relativo capitolato deve contenere l'indicazione dei criteri e delle modalità di rilevazione della materia imponibile nonché dei requisiti di capacità ed affidabilità del personale impiegato dal contraente.

(1) Le disposizioni di cui al presente articolo sono da ritenersi soppresse - ex art. 49, d.lg. 5 febbraio 1997, n. 22, nel testo modificato dall'art. 33, l. 23 dicembre 1999, n. 488 - a decorrere dai termini previsti dal regime transitorio, disciplinato dal regolamento di cui al comma 5 del medesimo articolo 49, entro i quali i comuni devono provvedere alla integrale copertura dei costi del servizio di gestione dei rifiuti urbani attraverso la tariffa di cui al comma 2 del citato articolo 49.
(2) Comma abrogato dall'articolo 1, comma 172, lettera b), della Legge 27 dicembre 2006, n. 296.
(3) Comma abrogato dall'articolo 1, comma 172, lettera b), della Legge 27 dicembre 2006, n. 296.
(4) Comma aggiunto dall'articolo 6, comma 2, lettera c), del D.Lgs. 26 gennaio 2001, n. 32 e successivamente abrogato dall'articolo 1, comma 172, lettera b), della Legge 27 dicembre 2006, n. 296.
(5) Comma abrogato dall'articolo 1, comma 172, lettera b), della Legge 27 dicembre 2006, n. 296.

72. Riscossione (1). – 1. L'importo del tributo ed addizionali, degli accessori e delle sanzioni, liquidato sulla base dei ruoli dell'anno precedente, delle denunce presentate e degli accertamenti notificati nei termini di cui all'art. 71, comma 1, è iscritto a cura del funzionario responsabile di cui all'art. 74 in ruoli principali ovvero, con scadenze successive, nei ruoli suppletivi, da formare e consegnare al concessionario della riscossione, a pena di decadenza, entro l'anno successivo a quello per il quale è dovuto il tributo e, in caso di liquidazione in base a denuncia tardiva o ad accertamento, entro l'anno successivo a quello nel corso del quale è prodotta la predetta denuncia ovvero l'avviso di accertamento è notificato. La formazione e l'apposizione del visto dei ruoli principali e suppletivi relativi agli anni 1995, 1996 e 1997 sono eseguite entro il 31 dicembre 1999. I predetti importi sono arrotondati a mille lire per difetto se la frazione non è superiore a cinquecento lire o per eccesso se è superiore. Relativamente ai soli anni 1995 e 1996 la formazione e la consegna dei ruoli principali e suppletivi di cui al primo periodo è eseguita, a pena di decadenza, rispettivamente, entro il 31 dicembre 1996 e il 31 dicembre 1997 (2).

2. Nei ruoli suppletivi sono, di regola, iscritti gli importi o i maggiori importi derivanti dagli accertamenti nonchè quelli delle partite comunque non iscritte nei ruoli principali.

3. Gli importi di cui al comma 1 sono riscossi in quattro rate bimestrali consecutive alle scadenze previste dall'art. 18 del decreto del Presidente della Repubblica 29 settembre 1973, n. 602, riducibili a due rate su autorizzazione dell'intendente di finanza. Su istanza del contribuente iscritto nei ruoli principali o suppletivi il sindaco può concedere per gravi motivi la ripartizione fino a otto rate del carico tributario se comprensivo di tributi arretrati. In caso di omesso pagamento di due rate consecutive l'intero ammontare iscritto nei ruoli è riscuotibile in unica soluzione. Sulle somme il cui pagamento è differito rispetto all'ultima rata di normale scadenza si applicano gli interessi del 7 per cento per ogni semestre o frazione di semestre (3).

4. Ferme restando le disposizioni di cui ai commi precedenti, si applicano, per quanto attiene al tributo, da parte del competente ufficio comunale, gli articoli 11, 12, escluso il primo comma, 13, 18, primo e terzo comma, 19, secondo comma, 20, secondo comma, 21, secondo comma, 23, 24, esclusa la seconda parte del primo comma, 25, 26, escluso l'ultimo comma, 27, 28, 29, 30, 31 e 42 del decreto del Presidente della Repubblica 29 settembre 1973, n. 602.

5. Si applicano, in quanto compatibili, le altre disposizioni contenute nel decreto del Presidente della Repubblica 29 settembre 1973, n. 602 e nel decreto del Presidente della Repubblica 28 gennaio 1988, n. 43.

6. Si applica l'art. 298 del regio decreto 14 settembre 1931, n. 1175 e successive modificazioni.

(1) Le disposizioni di cui al presente articolo sono da ritenersi soppresse - ex art. 49, d.lg. 5 febbraio 1997, n. 22, nel testo modificato dall'art. 33, l. 23 dicembre 1999, n. 488 - a decorrere dai termini previsti dal regime transitorio, disciplinato dal regolamento di cui al comma 5 del medesimo articolo 49, entro i quali i comuni devono provvedere alla integrale copertura dei costi del servizio di gestione dei rifiuti urbani attraverso la tariffa di cui al comma 2 del citato articolo 49.
(2) Così rettificato in Gazz. Uff., 31 dicembre 1993, n. 306. A norma dell'articolo 1, comma 13, del D.L. 28 giugno 1995, n. 250, convertito con modificazioni dalla Legge 8 agosto 1995, n. 349, il termine del 15 dicembre 1994 per la formazione e consegna dei ruoli relativi alla tassa per lo smaltimento dei rifiuti solidi urbani interni, ai sensi del presente comma, è differito al 30 settembre 1995. Da ultimo il presente comma è stato modificato dall'articolo 2, comma 4, del D.L. 25 novembre 1996, n. 599, convertito con modificazioni dalla Legge 24 gennaio 1997, n. 5 e dall'articolo 31, comma 24, della Legge 23 dicembre 1998, n. 448.
(3) A norma dell'articolo 5, comma 10, del D.L. 2 ottobre 1995, n. 415, convertito con modificazioni dalla Legge 29 novembre 1995, n. 507, il termine per l'applicabilità del presente comma, è fissato al 1° gennaio 1995.

73. Poteri dei comuni (1). – 1. Ai fini del controllo dei dati contenuti nelle denunce o acquisiti in sede di accertamento d'ufficio tramite rilevazione della misura e destinazione delle superfici imponibili, effettuata anche in base alle convenzioni di cui all'articolo 71, comma 4, l'ufficio comunale può rivolgere al contribuente motivato invito ad esibire o trasmettere atti e documenti, comprese le planimetrie dei locali e delle aree scoperte, ed a rispondere a questionari, relativi a dati e notizie specifici, da restituire debitamente sottoscritti; può utilizzare dati legittimamente acquisiti ai fini di altro tributo ovvero richiedere ad uffici pubblici o di enti pubblici anche economici, in esenzione da spese e diritti, dati e notizie rilevanti nei confronti dei singoli contribuenti.

2. In caso di mancato adempimento da parte del contribuente alle richieste di cui al comma 1 nel termine concesso, gli agenti di polizia urbana o i dipendenti dell'ufficio comunale ovvero il personale incaricato della rilevazione della materia imponibile ai sensi dell'articolo 71, comma 4, muniti di autorizzazione del sindaco e previo avviso da comunicare almeno cinque giorni prima della verifica, possono accedere agli immobili soggetti alla tassa ai soli fini della rilevazione della destinazione e della misura delle superfici, salvi i casi di immunità o di segreto militare, in cui l'accesso è sostituito da dichiarazioni del responsabile del relativo organismo.

3. In caso di mancata collaborazione del contribuente od altro impedimento alla diretta rilevazione, l'accertamento può essere effettuato in base a presunzioni semplici aventi i caratteri previsti dall'articolo 2729 del codice civile.

3-bis. L'ufficio comunale può richiedere, ai sensi del comma 1, all'amministratore del condominio di cui all'articolo 1117 del codice civile ed al soggetto responsabile del pagamento previsto dall'articolo 63, comma 3, la presentazione dell'elenco degli occupanti o detentori dei locali ed aree dei partecipanti al condominio ed al centro commerciale integrato (2).

(1) Le disposizioni di cui al presente articolo sono da ritenersi soppresse - ex art. 49, d.lg. 5 febbraio 1997, n. 22, nel testo modificato dall'art. 33, l. 23 dicembre 1999, n. 488 - a decorrere dai termini previsti dal regime transitorio, disciplinato dal regolamento di cui al comma 5 del medesimo articolo 49, entro i quali i comuni devono provvedere alla integrale copertura dei costi del servizio di gestione dei rifiuti urbani attraverso la tariffa di cui al comma 2 del citato articolo 49.
(2) Comma aggiunto dall'articolo 2, del D.L. 25 novembre 1996, n. 599, convertito con modificazioni dalla Legge 24 gennaio 1997, n. 5.

74. Funzionario responsabile (1). – 1. Il comune designa un funzionario cui sono attribuiti la funzione e i poteri per l'esercizio di ogni attività organizzativa e gestionale relativa alla tassa per lo smaltimento dei rifiuti solidi urbani interni; il predetto funzionario sottoscrive le richieste, gli avvisi, i provvedimenti relativi e dispone i rimborsi.

2. Il comune è tenuto a comunicare alla direzione centrale per la fiscalità locale del Ministero delle finanze il nominativo del funzionario responsabile entro sessanta giorni dalla nomina.

(1) Le disposizioni di cui al presente articolo sono da ritenersi soppresse - ex art. 49, d.lg. 5 febbraio 1997, n. 22, nel testo modificato dall'art. 33, l. 23 dicembre 1999, n. 488 - a decorrere dai termini previsti dal regime transitorio, disciplinato dal regolamento di cui al comma 5 del medesimo articolo 49, entro i quali i comuni devono provvedere alla integrale copertura dei costi del servizio di gestione dei rifiuti urbani attraverso la tariffa di cui al comma 2 del citato articolo 49.

75. Rimborsi (1). – *[1. Nei casi di errore e di duplicazione ovvero di eccedenza del tributo iscritto a ruolo rispetto a quanto stabilito dalla sentenza della commissione tributaria provinciale o dal provvedimento di annullamento o di riforma dell'accertamento riconosciuto illegittimo, adottato dal comune con l'adesione del contribuente prima che intervenga la sentenza della commissione tributaria provinciale, l'ufficio comunale dispone lo sgravio o il rimborso entro novanta giorni.*

2. Lo sgravio o il rimborso del tributo iscritto a ruolo, riconosciuto non dovuto ai sensi dell'articolo 64, commi 3 e 4, è disposto dall'ufficio comunale entro i trenta giorni dalla ricezione della denuncia di cessazione o dalla denuncia tardiva di cui al comma 4 del medesimo articolo, da presentare, a pena di decadenza, entro i sei mesi dalla notifica del ruolo in cui è iscritto il tributo.

3. In ogni altro caso, lo sgravio o il rimborso del tributo riconosciuto non dovuto è disposto dal comune entro novanta giorni dalla domanda del contribuente da presentare, a pena di decadenza, non oltre due anni dall'avvenuto pagamento.

4. Sulle somme da rimborsare è corrisposto l'interesse del 7 per cento semestrale a decorrere dal semestre successivo a quello dell'eseguito pagamento.] (2)

(1) Le disposizioni di cui al presente articolo sono da ritenersi soppresse - ex art. 49, d.lg. 5 febbraio 1997, n. 22, nel testo modificato dall'art. 33, l. 23 dicembre 1999, n. 488 - a decorrere dai termini previsti dal regime transitorio, disciplinato dal regolamento di cui al comma 5 del medesimo articolo 49, entro i quali i comuni devono provvedere alla integrale copertura dei costi del servizio di gestione dei rifiuti urbani attraverso la tariffa di cui al comma 2 del citato articolo 49.
(2) Articolo abrogato dall'articolo 1, comma 172, della legge 27 dicembre 2006, n. 296.

76. Sanzioni ed interessi (1)(2). – 1. Per l'omessa presentazione della denuncia, anche di variazione, si applica la sanzione amministrativa dal cento al duecento per cento della tassa o della maggiore tassa dovuta, con un minimo di lire centomila(3).

2. Se la denuncia è infedele si applica la sanzione dal cinquanta al cento per cento della maggiore tassa dovuta. Se l'omissione o l'errore attengono ad elementi non incidenti sull'ammontare della tassa, si applica la sanzione amministrativa da lire centomila a lire cinquecentomila. La stessa sanzione si applica per le violazioni concernenti la mancata esibizione o trasmissione di atti e documenti o dell'elenco di cui all'art. 63, comma 4, ovvero per la mancata restituzione di questionari nei sessanta giorni dalla richiesta o per la loro mancata compilazione o compilazione incompleta o infedele.

3. Le sanzioni indicate nei commi 1 e 2, primo periodo, sono ridotte alla misura stabilita dagli articoli 16 e 17 del decreto legislativo 18 dicembre 1997, n. 472 se, entro il termine per ricorrere alle commissioni tributarie, interviene adesione del contribuente all'avviso di accertamento(4).

4. La contestazione della violazione non collegata all'ammontare del tributo deve avvenire, a pena di decadenza, entro il 31 dicembre del quinto anno successivo a quello in cui è commessa la violazione.

[5. Sulle somme dovute a titolo di tributo e addizionale si applicano interessi per ritardata iscrizione a ruolo nella misura del sette per cento semestrale, a decorrere dal semestre successivo a quello in cui doveva essere eseguito il pagamento e fino alla data di consegna dei ruoli alla direzione regionale delle entrate nei quali è effettuata l'iscrizione delle somme predette.] (5)

(1) Le disposizioni di cui al presente articolo sono da ritenersi soppresse - ex art. 49, d.lg. 5 febbraio 1997, n. 22, nel testo modificato dall'art. 33, l. 23 dicembre 1999, n. 488 - a decorrere dai termini previsti dal regime transitorio, disciplinato dal regolamento di cui al comma 5 del medesimo articolo 49, entro i quali i comuni devono provvedere alla integrale copertura dei costi del servizio di gestione dei rifiuti urbani attraverso la tariffa di cui al comma 2 del citato articolo 49.
(2) Articolo sostituito dall'articolo 12, comma 1, lettera d), del D.Lgs. 18 dicembre 1997, n. 473, nel testo modificato dall'articolo 3, comma.1, lettera b), del D.Lgs. 30 marzo 2000, n. 99.
(3) Comma modificato, con effetto a decorrere dal 1° aprile 1998, dall'articolo 4, comma 3, lettera b), numero 1), del D.Lgs. 5 giugno 1998, n. 203.
(4) Comma modificato, con effetto a decorrere dal 1° aprile 1998, dall'articolo 4, comma 3, lettera b), numero 2), del D.Lgs. 5 giugno 1998,

n. 203 e successivamente dall'articolo 13, comma 13, del D.L. 6 dicembre 2011, n. 201, convertito con modificazioni dalla Legge 22 dicembre 2011, n. 214.
(5) Comma abrogato dall'articolo 1, comma 172, lettera b), della Legge 27 dicembre 2006, n. 296.

77. Tassa giornaliera di smaltimento (1). – 1. Per il servizio di smaltimento dei rifiuti solidi urbani interni o equiparati prodotti dagli utenti che occupano o detengono temporaneamente, con o senza autorizzazione, locali od aree pubbliche, di uso pubblico, o aree gravate da servitù di pubblico passaggio, i comuni devono istituire con il regolamento di cui all'art. 68 la tassa di smaltimento da applicare in base a tariffa giornaliera. Per temporaneo si intende l'uso inferiore a 183 giorni di un anno solare, anche se ricorrente(2).

2. La misura tariffaria è determinata in base alla tariffa, rapportata a giorno, della tassa annuale di smaltimento dei rifiuti solidi attribuita alla categoria contenente voci corrispondenti di uso, maggiorata di un importo percentuale non superiore al 50 per cento.

3. In mancanza di corrispondente voce di uso nella classificazione contenuta nel regolamento di cui all'art. 68 è applicata la tariffa della categoria recante voci di uso assimilabili per attitudine quantitativa e qualitativa a produrre rifiuti solidi urbani.

4. L'obbligo della denuncia dell'uso temporaneo è assolto a seguito del pagamento della tassa da effettuare, contestualmente alla tassa di occupazione temporanea di spazi ed aree pubbliche, all'atto dell'occupazione con il modulo di versamento di cui all'art. 50 o, in mancanza di autorizzazione, mediante versamento diretto senza la compilazione del suddetto modulo (3).

5. In caso di uso di fatto, la tassa, che non risulti versata all'atto dell'accertamento dell'occupazione abusiva, è recuperata unitamente alla sanzione, interessi ed accessori.

6. Per l'accertamento in rettifica o d'ufficio, il contenzioso e le sanzioni si applicano le norme stabilite dal presente capo per la tassa annuale per lo smaltimento dei rifiuti solidi urbani interni, salve le diverse disposizioni contenute nel presente articolo.

7. Il comune può prevedere esenzioni o riduzioni con l'osservanza dei criteri di cui all'articolo 67.

(1) Le disposizioni di cui al presente articolo sono da ritenersi soppresse - ex art. 49, d.lg. 5 febbraio 1997, n. 22, nel testo modificato dall'art. 33, l. 23 dicembre 1999, n. 488 - a decorrere dai termini previsti dal regime transitorio, disciplinato dal regolamento di cui al comma 5 del medesimo articolo 49, entro i quali i comuni devono provvedere alla integrale copertura dei costi del servizio di gestione dei rifiuti urbani attraverso la tariffa di cui al comma 2 del citato articolo 49.
(2) Comma modificato dall'articolo 39, comma 3, lettera d), della Legge 22 febbraio 1994, n. 146 e successivamente sostituito dall'articolo 3, comma 68, lettera g), della Legge 28 dicembre 1995, n. 549.
(3) Così rettificato in Gazz. Uff., 31 dicembre 1993, n. 306.

78. Vigilanza sugli atti regolamentari e sulla gestione del tributo (1). – 1. È attribuita alla direzione centrale per la fiscalità locale del Ministero delle finanze la funzione di vigilanza sulla gestione della tassa per lo smaltimento dei rifiuti ed il controllo sulle delibere regolamentari e tariffarie. A tal fine si applicano, in quanto compatibili, le disposizioni dell'art. 35, fermo restando quanto previsto dagli articoli 68 e 69.

(1) Le disposizioni di cui al presente articolo sono da ritenersi soppresse - ex art. 49, d.lg. 5 febbraio 1997, n. 22, nel testo modificato dall'art. 33, l. 23 dicembre 1999, n. 488 - a decorrere dai termini previsti dal regime transitorio, disciplinato dal regolamento di cui al comma 5 del medesimo articolo 49, entro i quali i comuni devono provvedere alla integrale copertura dei costi del servizio di gestione dei rifiuti urbani attraverso la tariffa di cui al comma 2 del citato articolo 49.

79. Disposizioni finali e transitorie (1). – *[1. Tra i rifiuti solidi urbani, di cui all'art. 2, terzo comma, del decreto del Presidente della Repubblica 10 settembre 1982, n. 915, devono intendersi compresi i rifiuti derivanti da attività artigianali, commerciali e di servizi che, per quantità o qualità, siano stati dichiarati, anteriormente al 1994, assimilabili agli urbani ai fini dell'ordinario conferimento in regime di privativa e della tassazione attraverso l'inserimento delle predette attività produttive nella classificazione contenuta nel regolamento del tributo con applicazione di una tariffa obiettivamente commisurata anche ai rifiuti propri dell'attività produttiva stessa, sempreché il servizio di smaltimento dei rifiuti solidi urbani sia stato organizzato ed attivato nella zona di esercizio dell'attività suddetta. La deliberazione di cui all'art. 60 è adottata contestualmente alle modifiche regolamentari di cui al comma 2 ed ha effetto dal 1° gennaio 1994.]* (2)

2. In prima applicazione della nuova normativa, sono apportate entro il 30 giugno 1994 le modificazioni al regolamento del servizio di nettezza urbana e quelle al regolamento della tassa, con esclusione delle modificazioni alla classificazione delle categorie tassabili ed alle tariffe derivanti dall'attuazione dei criteri di commisurazione del tributo previsti dall'art. 65, che sono da adottare entro il 31 ottobre 1995 per l'applicazione a decorrere dal 1° gennaio 1996 (3).

3. Le disposizioni modificative, apportate nel 1994 ai regolamenti di cui al comma 2, sono immediatamente applicabili, ad eccezione di quelle previste in attuazione degli articoli 59, comma 2, secondo periodo, 63, commi 2, 3 e 4, 64, comma 2, secondo periodo, 66 e 72, commi 2 e 4, 5 e 6, che hanno decorrenza dal 1° gennaio 1995 (4).

4. Le tariffe per il 1994 possono essere modificate, in base ai previgenti criteri di commisurazione, entro il 28 febbraio 1994, é esteso fino al 30 novembre 1994 il potere di riequilibrio tariffario, previsto dall'art. 33, comma 2, del decreto legislativo 30 dicembre 1992, n. 504.

5. Ai fini della determinazione del costo di esercizio di cui all'art. 61, commi 1 e 2, per l'anno 1994 è dedotto dal costo complessivo dei servizi di nettezza urbana gestiti in regime di privativa comunale un importo non inferiore al 5 per cento a titolo di costo dello spazzamento dei rifiuti solidi urbani di cui all'art. 2, terzo comma, n. 3), del decreto del Presidente della Repubblica, 10 settembre 1982, n. 915. L'eventuale eccedenza di gettito derivante dalla predetta deduzione è computata in diminuzione del tributo iscritto a ruolo per l'anno 1995.

6. In sede di prima applicazione della nuova disciplina le denunce di cui all'art. 70, ivi comprese le denunce integrative o modificative di quelle già prodotte in base al precedente ordinamento del tributo, le richieste di detassazione o riduzione nonchè l'elenco di cui al comma 4 dell'art. 63, sono presentati entro il 30 settembre 1994 ed hanno effetto, quanto alla modifica degli elementi imponibili, delle riduzioni tariffarie e delle nuove agevolazioni richieste, a decorrere dall'anno 1995.

6-bis. L'integrazione dei dati, diversi dall'estensione e destinazione delle superfici imponibili, non compresi nelle denunce predette anteriormente al 1994 e la cui indicazione è prescritta dall'art. 70, è effettuata su richiesta dell'ufficio comunale ai sensi dell'art. 73, comma 1 [5].

7. I termini di accertamento e di riscossione di cui agli articoli 71, 72 e 73 si applicano anche ai crediti tributari relativi agli anni anteriori al 1994, fermi restando gli effetti prodottisi in base alla precedente normativa. In deroga al disposto dell'art. 72, comma 1, i ruoli principali e suppletivi, per i quali non sia intervenuta decadenza in base alla normativa precedente, non formati alla data del 1° gennaio 1994, possono essere formati ed emessi entro il termine perentorio del 15 dicembre 1996.

(1) Le disposizioni di cui al presente articolo sono da ritenersi soppresse - ex art. 49, d.lg. 5 febbraio 1997, n. 22, nel testo modificato dall'art. 33, l. 23 dicembre 1999, n. 488 - a decorrere dai termini previsti dal regime transitorio, disciplinato dal regolamento di cui al comma 5 del medesimo articolo 49, entro i quali i comuni devono provvedere alla integrale copertura dei costi del servizio di gestione dei rifiuti urbani attraverso la tariffa di cui al comma 2 del citato articolo 49.

(2) Comma abrogato dall'articolo 39, comma 3, lettera e), della Legge 22 febbraio 1994, n. 146.

(3) A norma dell'articolo 9, comma 2, del D.L. 27 ottobre 1995, n. 444, convertito con modificazioni dalla Legge 20 dicembre 1995, n. 539, il termine di cui al presente comma, è differito al 31 gennaio 1996. Successivamente il predetto termine è stato differito al 31 ottobre 1998, dall'articolo 33, comma 1, della Legge 8 maggio 1998, n. 146.

(4) Comma modificato dall'articolo 5, comma 10, del D.L. 2 ottobre 1995, n. 415, convertito con modificazioni dalla Legge 29 novembre 1995, n. 507.

(5) Comma aggiunto dall'articolo 2, comma 4-quinques, del D.L. 25 novembre 1996, n. 599, convertito con modificazioni dalla Legge 24 gennaio 1997, n. 5.

80. Abrogazioni [1]. – 1. Sono abrogati, salva l'applicazione in via transitoria prevista dall'articolo 79, commi da 2 a 6, gli articoli da 268 a 271 del testo unico per la finanza locale, approvato con regio decreto 14 settembre 1931, n. 1175, come sostituiti dall'articolo 21 del decreto del Presidente della Repubblica 10 settembre 1982, n. 915, e dall'articolo 8 del decreto-legge 2 marzo 1989, n. 66, convertito, con modificazioni, dalla legge 24 aprile 1989, n. 144, e successive modificazioni ed integrazioni, nonché ogni altra disposizione di legge incompatibile con le norme del presente capo.

(1) Le disposizioni di cui al presente articolo sono da ritenersi soppresse - ex art. 49, d.lg. 5 febbraio 1997, n. 22, nel testo modificato dall'art. 33, l. 23 dicembre 1999, n. 488 - a decorrere dai termini previsti dal regime transitorio, disciplinato dal regolamento di cui al comma 5 del medesimo articolo 49, entro i quali i comuni devono provvedere alla integrale copertura dei costi del servizio di gestione dei rifiuti urbani attraverso la tariffa di cui al comma 2 del citato articolo 49.

81. Efficacia delle disposizioni. – 1. Le disposizioni del presente decreto hanno effetto a decorrere dal 1° gennaio 1994.

4. D.Lgs 14 marzo 2011, n. 23

Disposizioni in materia di federalismo Fiscale Municipale [A][1]. (estratto: artt. 4, 8, 9, 14)

(A) In riferimento al presente decreto vedi: Circolare Ministero dell'Interno 26 luglio 2011; Risoluzione Ministero dell'Economia e delle Finanze 14 maggio 2012 n. 49/E; Circolare Ministero dell'Economia e delle Finanze 04 giugno 2012 n. 20/E; Nota INAIL 17 luglio 2013, n. 107003.

(1) Pubblicato in Gazz. Uff., 23 marzo 2011, n. 67

(Omissis)

4. Imposta di soggiorno [1][2]. – 1. I comuni capoluogo di provincia, le unioni di comuni nonché i comuni inclusi negli elenchi regionali delle località turistiche o città d'arte possono istituire, con deliberazione del consiglio, un'imposta di soggiorno a carico di coloro che alloggiano nelle strutture ricettive situate sul proprio territorio, da applicare, secondo criteri di gradualità in proporzione al prezzo, sino a 5 euro per notte di soggiorno. Il relativo gettito è destinato a finanziare interventi in materia di turismo, ivi compresi quelli a sostegno delle strutture ricettive, nonché interventi di manutenzione, fruizione e recupero dei beni culturali ed ambientali locali, nonché dei relativi servizi pubblici locali.

1-bis. Nei comuni capoluogo di provincia che, in base all'ultima rilevazione resa disponibile da parte delle amministrazioni pubbliche competenti per la raccolta e l'elaborazione di dati statistici, abbiano avuto presenze turistiche in numero venti volte superiore a quello dei residenti, l'imposta di cui al presente articolo può essere applicata fino all'importo massimo d lettera e), del decreto-legge 31 maggio 2010, n. 78, convertito, con modificazioni, dalla legge 30 luglio 2010, n. 122. I predetti comuni devono fare riferimento ai dati pubblicati dall'ISTAT riguardanti le presenze turistiche medie registrate nel triennio precedente all'anno in cui viene deliberato l'aumento dell'imposta. Per il triennio 2023-2025 si considera la media delle presenze turistiche del triennio 2017-2019 [3].

1-ter. Il gestore della struttura ricettiva è responsabile del pagamento dell'imposta di soggiorno di cui al comma 1 e del contributo di soggiorno di cui all'articolo 14, comma 16, lettera e), del decreto legge 31 maggio 2010, n. 78, convertito, con modificazioni, dalla legge 30 luglio 2010, n. 122, con diritto di rivalsa sui soggetti passivi, della presentazione della dichiarazione, nonché degli ulteriori adempimenti previsti dalla legge e dal regolamento comunale. La dichiarazione deve essere presentata cumulativamente ed esclusivamente in via telematica entro il 30 giugno dell'anno successivo a quello in cui si è verificato il presupposto impositivo, secondo le modalità approvate con decreto del Ministro dell'economia e delle finanze, sentita la Conferenza Stato-città ed autonomie locali, da emanare entro centottanta giorni dalla data di entrata in vigore della presente disposizione. La dichiarazione di cui al periodo precedente, relativa all'anno d'imposta 2020, deve essere presentata unitamente alla dichiarazione relativa all'anno d'imposta 2021.Per l'omessa o infedele presentazione della dichiarazione da parte del responsabile si applica la sanzione amministrativa pecuniaria del pagamento di una somma dal 100 al 200 per cento dell'importo dovuto. Per l'omesso, ritardato o parziale versamento dell'imposta di soggiorno e del contributo di soggiorno si applica la sanzione amministrativa di cui all'articolo 13 del decreto legislativo 18 dicembre 1997, n. 471 [4][5][6].

TRIBUTI LOCALI

2. Ferma restando la facoltà di disporre limitazioni alla circolazione nei centri abitati ai sensi dell'articolo 7 del decreto legislativo 30 aprile 1992, n. 285, l'imposta di soggiorno può sostituire, in tutto o in parte, gli eventuali oneri imposti agli autobus turistici per la circolazione e la sosta nell'ambito del territorio comunale.

3. Con regolamento da adottare entro sessanta giorni dalla data di entrata in vigore del presente decreto, ai sensi dell'articolo 17, comma 1, della legge 23 agosto 1988, n. 400, d'intesa con la Conferenza Stato-città ed autonomie locali, è dettata la disciplina generale di attuazione dell'imposta di soggiorno. In conformità con quanto stabilito nel predetto regolamento, i comuni, con proprio regolamento da adottare ai sensi dell'articolo 52 del decreto legislativo 15 dicembre 1997, n. 446, sentite le associazioni maggiormente rappresentative dei titolari delle strutture ricettive, hanno la facoltà di disporre ulteriori modalità applicative del tributo, nonché di prevedere esenzioni e riduzioni per particolari fattispecie o per determinati periodi di tempo. Nel caso di mancata emanazione del regolamento previsto nel primo periodo del presente comma nel termine ivi indicato, i comuni possono comunque adottare gli atti previsti dal presente articolo.

3-bis. I comuni che hanno sede giuridica nelle isole minori e i comuni nel cui territorio insistono isole minori possono istituire, con regolamento da adottare ai sensi dell'articolo 52 del decreto legislativo 15 dicembre 1997, n.446, e successive modificazioni, in alternativa all'imposta di soggiorno di cui al comma 1 del presente articolo, un contributo di sbarco, da applicare fino ad un massimo di euro 2,50, ai passeggeri che sbarcano sul territorio dell'isola minore, utilizzando vettori che forniscono collegamenti di linea o vettori aeronavali che svolgono servizio di trasporto di persone a fini commerciali, abilitati e autorizzati ad effettuare collegamenti verso l'isola. Il comune che ha sede giuridica in un'isola minore, e nel cui territorio insistono altre isole minori con centri abitati, destina il gettito del contributo per interventi nelle singole isole minori dell'arcipelago in proporzione agli sbarchi effettuati nelle medesime. Il contributo di sbarco è riscosso, unitamente al prezzo del biglietto, da parte delle compagnie di navigazione e aeree o dei soggetti che svolgono servizio di trasporto di persone a fini commerciali, che sono responsabili del pagamento del contributo, con diritto di rivalsa sui soggetti passivi, della presentazione della dichiarazione e degli ulteriori adempimenti previsti dalla legge e dal regolamento comunale, ovvero con le diverse modalità stabilite dal medesimo regolamento comunale, in relazione alle particolari modalità di accesso alle isole. Per l'omessa o infedele presentazione della dichiarazione da parte del responsabile si applica la sanzione amministrativa dal 100 al 200 per cento dell'importo dovuto. Per l'omesso, ritardato o parziale versamento del contributo si applica la sanzione amministrativa di cui all'articolo 13 del decreto legislativo 18 dicembre 1997, n.471, e successive modificazioni. Per tutto quanto non previsto dalle disposizioni del presente articolo si applica l'articolo 1, commi da 158 a 170, della legge 27 dicembre 2006, n.296. Il contributo di sbarco non è dovuto dai soggetti residenti nel comune, dai lavoratori, dagli studenti pendolari, nonché dai componenti dei nuclei familiari dei soggetti che risultino aver pagato l'imposta municipale propria nel medesimo comune e che sono parificati ai residenti. I comuni possono prevedere nel regolamento modalità applicative del contributo nonché eventuali esenzioni e riduzioni per particolari fattispecie o per determinati periodi di tempo; possono altresì prevedere un aumento del contributo fino ad un massimo di euro 5 in relazione a determinati periodi di tempo. I comuni possono altresì prevedere un contributo fino ad un massimo di euro 5 in relazione all'accesso a zone disciplinate nella loro fruizione per motivi ambientali, in prossimità di fenomeni attivi di origine vulcanica; in tal caso il contributo può essere riscosso dalle locali guide vulcanologiche regolarmente autorizzate o da altri soggetti individuati dall'amministrazione comunale con apposito avviso pubblico. Il gettito del contributo è destinato a finanziare interventi di raccolta e di smaltimento dei rifiuti, gli interventi di recupero e salvaguardia ambientale nonché interventi in materia di turismo, cultura, polizia locale e mobilità nelle isole minori [7].

[1] In riferimento al presente articolo vedi gli articoli 25, comma 1 e 42, comma 10, del D.L. 22 marzo 2021, convertito con modificazioni dalla Legge 21 maggio 2021, n. 69.

[2] Per il modello di dichiarazione e le relative istruzioni vedi l'articolo 1 del D.M. 29 aprile 2022.

[3] Comma inserito dall'articolo 46, comma 1-bis, del D.L. 26 ottobre 2019, n. 124, convertito con modificazioni dalla Legge 19 dicembre 2019, n. 157, e da ultimo sostituito dall'articolo 1 comma 787, della Legge 29 dicembre 2022, n. 197.

[4] Comma inserito dall'articolo 180, comma 3, del D.L. 19 maggio 2020, n. 34, convertito, con modificazioni, dalla Legge 17 luglio 2020, n. 77 e successivamente modificato dall'articolo 25 , comma 3 bis del D.L. 22 marzo 2021, n. 41, convertito con modificazioni dalla Legge 21 maggio 2021, n. 69.

[5] Per l'interpretazione del presente articolo, vedi l'articolo 5-quinquies, comma 1, del D.L. 21 ottobre 2021, n. 146, convertito, con modificazioni, dalla Legge 17 dicembre 2021, n. 215.

[6] A norma dell'articolo 3, comma 6, del D.L. 21 giugno 2022, n. 73, convertito, con modificazioni, dalla Legge 4 agosto 2022, n. 122, il termine del 30 giugno previsto dal presente comma, per la presentazione della dichiarazione dell'imposta di soggiorno per gli anni di imposta 2020 e 2021 è differito al 30 settembre 2022.

[7] Comma aggiunto dall'articolo 4, comma 2-bis, del D.L. 2 marzo 2012, n. 16 convertito, con modificazioni, in legge 26 aprile 2012, n. 44, e successivamente modificato dall'articolo 33, comma 1, della Legge 28 dicembre 2015, n. 221.

8. Imposta municipale propria [1][A]. – 1. L'imposta municipale propria è istituita *[, a decorrere dall'anno 2014]*, e sostituisce, per la componente immobiliare, l'imposta sul reddito delle persone fisiche e le relative addizionali dovute in relazione ai redditi fondiari relativi ai beni non locati, e l'imposta comunale sugli immobili, fatto salvo quanto disposto nel successivo articolo 9, comma 9, terzo periodo. Le disposizioni di cui al presente comma si applicano, dal periodo d'imposta 2014, anche all'imposta municipale immobiliare della provincia autonoma di Bolzano, istituita dalla legge provinciale 19 aprile 2014, n. 3, ed all'imposta immobiliare semplice della provincia autonoma di Trento, istituita dalla legge provinciale 30 dicembre 2014, n. 14 [2][B].

[2. L'imposta municipale propria ha per presupposto il possesso di immobili diversi dall'abitazione principale] [3].

[3. L'imposta municipale propria non si applica al possesso dell'abitazione principale ed alle pertinenze della stessa. Si intende per effettiva abitazione principale l'immobile, iscritto o iscrivibile nel catasto edilizio urbano come unica unità immobiliare, nel quale il possessore dimora abitualmente e risiede anagraficamente. L'esclusione si applica alle pertinenze classificate nelle categorie catastali C/2, C/6 e C/7, nella misura massima di un'unità pertinenziale per ciascuna delle categorie catastali indicate, anche se iscritte in catasto unitamente all'unità ad uso abitativo. L'esclusione non si applica alle unità immobiliari classificate nelle categorie catastali A1, A8 e A9.] [4]

[4. L'imposta municipale propria ha per base imponibile il valore dell'immobile determinato ai sensi dell'articolo 5 del decreto legislativo 30 dicembre 1992, n. 504.] (5)

[5. Nel caso di possesso di immobili non costituenti abitazione principale ai sensi del comma 3, l'imposta è dovuta annualmente in ragione di un'aliquota dello 0,76 per cento. La predetta aliquota può essere modificata con decreto del Presidente del Consiglio dei ministri, da emanare su proposta del Ministro dell'economia e delle finanze, d'intesa con la Conferenza Stato-città ed autonomie locali, nel rispetto dei saldi di finanza pubblica, tenendo conto delle analisi effettuate dalla Commissione tecnica paritetica per l'attuazione del federalismo fiscale ovvero, ove istituita, dalla Conferenza permanente per il coordinamento della finanza pubblica. I comuni possono, con deliberazione del consiglio comunale adottata entro il termine per la deliberazione del bilancio di previsione, modificare, in aumento o in diminuzione, sino a 0,3 punti percentuali, l'aliquota fissata dal primo periodo del presente comma, ovvero sino a 0,2 punti percentuali l'aliquota determinata ai sensi del comma 6. [Nel caso di mancata emanazione della delibera entro il predetto termine, si applicano le aliquote di cui al primo periodo del presente comma ed al comma 6]. (6)

[6. Nel caso in cui l'immobile sia locato, l'aliquota di cui al comma 5, primo periodo, è ridotta alla metà.] (7)

[7. I comuni possono, con deliberazione del consiglio comunale, adottata entro il termine per la deliberazione del bilancio di previsione, prevedere che l'aliquota di cui al comma 5, primo periodo, sia ridotta fino alla metà anche nel caso in cui abbia ad oggetto immobili non produttivi di reddito fondiario ai sensi dell'articolo 43 del citato testo unico di cui al decreto del Presidente della Repubblica n. 917 del 1986, ovvero nel caso in cui abbia ad oggetto immobili posseduti dai soggetti passivi dell'imposta sul reddito delle società. Nell'ambito della facoltà prevista dal presente comma, i comuni possono stabilire che l'aliquota ridotta si applichi limitatamente a determinate categorie di immobili.] (8)

(A) *In riferimento al presente articolo vedi: Risoluzione Agenzia delle Entrate 04 luglio 2013, n. 44/E.*

(B) *In riferimento al presente comma vedi: Circolare dell'Agenzia delle Entrate 21 maggio 2014, n. 11/E.*

(1) *A norma dell'articolo 4, comma 12-quinquies, del D.L. 2 marzo 2012, n. 16, ai soli fini dell'applicazione dell'imposta municipale propria di cui al presente articolo, l'assegnazione della casa coniugale al coniuge, disposta a seguito di provvedimento di separazione legale, annullamento, scioglimento o cessazione degli effetti civili del matrimonio, si intende in ogni caso effettuata a titolo di diritto di abitazione.*

(2) *Comma modificato dall'articolo 1, comma 713, lettera a), della Legge 27 dicembre 2013, n. 147, dall'articolo 1, comma 717, lettera a), della Legge 27 dicembre 2013, n. 147 a decorrere dal periodo d'imposta in corso al 31 dicembre 2013 e dall'articolo 1, comma 12, della Legge 28 dicembre 2015, n. 208.*

(3) *Comma abrogato dall'articolo 1, comma 780 della Legge 27 dicembre 2019, n. 160, a decorrere dal 1° gennaio 2020.*

(4) *Comma abrogato dall'articolo 1, comma 713, lettera b), della Legge 27 dicembre 2013, n. 147. Abrogazione confermata dall'articolo 1, comma 780 della Legge 27 dicembre 2019, n. 160, a decorrere dal 1° gennaio 2020.*

(5) *Comma abrogato dall'articolo 1, comma 713, lettera b), della Legge 27 dicembre 2013, n. 147. Abrogazione confermata dall'articolo 1, comma 780 della Legge 27 dicembre 2019, n. 160, a decorrere dal 1° gennaio 2020.*

(6) *Comma prima modificato dall'articolo 13, comma 14, lettera c), del D.L. 6 dicembre 2011, n. 201, convertito, con modificazioni, in legge 22 dicembre 2011, n. 214 e successivamente abrogato dall'articolo 1, comma 713, lettera b), della Legge 27 dicembre 2013, n. 147. Abrogazione confermata dall'articolo 1, comma 780 della Legge 27 dicembre 2019, n. 160, a decorrere dal 1° gennaio 2020.*

(7) *Comma abrogato dall'articolo 1, comma 713, lettera b), della Legge 27 dicembre 2013, n. 147. Abrogazione confermata dall'articolo 1, comma 780 della Legge 27 dicembre 2019, n. 160, a decorrere dal 1° gennaio 2020.*

(8) *Comma abrogato dall'articolo 1, comma 713, lettera b), della Legge 27 dicembre 2013, n. 147. Abrogazione confermata dall'articolo 1, comma 780 della Legge 27 dicembre 2019, n. 160, a decorrere dal 1° gennaio 2020..*

9. Applicazione dell'imposta municipale propria.

– *[1. Soggetti passivi dell'imposta municipale propria sono il proprietario di immobili, inclusi i terreni e le aree edificabili, a qualsiasi uso destinati, ivi compresi quelli strumentali o alla cui produzione o scambio è diretta l'attività dell'impresa, ovvero il titolare di diritto reale di usufrutto, uso, abitazione, enfiteusi, superficie sugli stessi. Nel caso di concessione di aree demaniali, soggetto passivo è il concessionario. Per gli immobili, anche da costruire o in corso di costruzione, concessi in locazione finanziaria, soggetto passivo è il locatario a decorrere dalla data della stipula e per tutta la durata del contratto]* (1).

[2. L'imposta è dovuta per anni solari proporzionalmente alla quota ed ai mesi dell'anno nei quali si è protratto il possesso; a tal fine il mese durante il quale il possesso si è protratto per almeno quindici giorni è computato per intero. A ciascuno degli anni solari corrisponde un'autonoma obbligazione tributaria] (2).

[3. I soggetti passivi effettuano il versamento dell'imposta dovuta al comune per l'anno in corso in due rate di pari importo, scadenti la prima il 16 giugno e la seconda il 16 dicembre. Resta in ogni caso nella facoltà del contribuente provvedere al versamento dell'imposta complessivamente dovuta in unica soluzione annuale, da corrispondere entro il 16 giugno] (3).

[4. A far data dal completamento dell'attuazione dei decreti legislativi in materia di adeguamento dei sistemi contabili adottati ai sensi dell'articolo 2, comma 2, lettera h), della citata legge n. 42 del 2009, e successive modificazioni, e dell'articolo 2 della legge 31 dicembre 2009, n. 196, e comunque a partire dal 1° gennaio 2015, l'imposta è corrisposta con le modalità stabilite dal comune.] (4)

[5. Con regolamento adottato ai sensi dell'articolo 52 del citato decreto legislativo n. 446 del 1997, i comuni possono introdurre l'istituto dell'accertamento con adesione del contribuente, sulla base dei criteri stabiliti dal citato decreto legislativo n. 218 del 1997, e gli altri strumenti di deflazione del contenzioso, sulla base dei criteri stabiliti dal citato decreto legislativo n. 218 del 1997, prevedendo anche che il pagamento delle somme dovute possa essere effettuato in forma rateale, senza maggiorazione di interessi.] (5)

[6. Con uno o più decreti del Ministro dell'economia e delle finanze, sentita l'Associazione Nazionale Comuni Italiani sono approvati i modelli della dichiarazione, i modelli per il versamento, nonché di trasmissione dei dati di riscossione, distintamente per ogni contribuente, ai comuni e al sistema informativo della fiscalità.] (6)

[7. Per l'accertamento, la riscossione coattiva, i rimborsi, le sanzioni, gli interessi ed il contenzioso si applicano gli articoli 10, comma 6, 11, commi 3, 4 e 5, 12, 14 e 15 del citato decreto legislativo n. 504 del 1992 e l'articolo 1, commi da 161 a 170, della citata legge n. 296 del 2006] (A). (7)

[8. Sono esenti dall'imposta municipale propria gli immobili posseduti dallo Stato, nonché gli immobili posseduti, nel proprio territorio, dalle regioni, dalle province, dai comuni, dalle comunità montane, dai consorzi fra detti enti, ove non soppressi, dagli enti del servizio sanitario nazionale, destinati esclusivamente ai compiti istituzionali. Si applicano, inoltre, le esenzioni previste dall'articolo 7, comma 1, lettere b), c), d), e), f), h), ed i) del citato decreto legislativo n. 504 del 1992. Sono altresì esenti i fabbricati rurali ad uso strumentale di cui all'articolo 9, comma 3-bis, del decreto-legge 30 dicembre 1993, n. 557, convertito, con modificazioni, dalla legge 26 febbraio 1994, n. 133, ubicati nei comuni classificati montani o parzialmente montani di cui all'elenco dei comuni italiani predisposto dall'Istituto nazionale

di statistica (ISTAT). [Le province autonome di Trento e di Bolzano possono prevedere che i fabbricati rurali ad uso strumentale siano assoggettati all'imposta municipale propria nel rispetto del limite delle aliquote definite dall'articolo 13, comma 8, del decreto-legge 6 dicembre 2011, n. 201, convertito, con modificazioni, dalla legge 22 dicembre 2011, n. 214, ferma restando la facoltà di introdurre esenzioni, detrazioni o deduzioni ai sensi dell'articolo 80 del testo unico di cui al decreto del Presidente della Repubblica 31 agosto 1972, n. 670, e successive modificazioni] (8).

9. Il reddito agrario di cui all'articolo 32 del citato testo unico di cui al decreto del Presidente della Repubblica n. 917 del 1986, i redditi fondiari diversi da quelli cui si applica la cedolare secca di cui all'articolo 3, i redditi derivanti dagli immobili non produttivi di reddito fondiario ai sensi dell'articolo 43 del citato testo unico di cui al decreto del Presidente della Repubblica n. 917 del 1986, e dagli immobili posseduti dai soggetti passivi dell'imposta sul reddito delle società, continuano ad essere assoggettati alle ordinarie imposte erariali sui redditi. Fermo restando quanto previsto dai periodi precedenti, il reddito degli immobili ad uso abitativo non locati situati nello stesso comune nel quale si trova l'immobile adibito ad abitazione principale, assoggettati all'imposta municipale propria, concorre alla formazione della base imponibile dell'imposta sul reddito delle persone fisiche e delle relative addizionali nella misura del cinquanta per cento. Sono comunque assoggettati alle imposte sui redditi ed alle relative addizionali, ove dovute, gli immobili esenti dall'imposta municipale propria (9)(B).

(A) In riferimento al presente comma vedi : Circolare Ministero dell'Economia e delle Finanze 15 aprile 2014, n. 7812/2014.
(B) In riferimento al presente comma vedi: Circolare dell'Agenzia delle Entrate 21 maggio 2014, n. 11/E.
(1) Comma abrogato dall'articolo 1, comma 780 della Legge 27 dicembre 2019, n. 160, a decorrere dal 1° gennaio 2020.
(2) Comma abrogato dall'articolo 1, comma 780 della Legge 27 dicembre 2019, n. 160, a decorrere dal 1° gennaio 2020.
(3) Comma abrogato dall'articolo 1, comma 780 della Legge 27 dicembre 2019, n. 160, a decorrere dal 1° gennaio 2020.
(4) Comma abrogato dall'articolo 13, comma 14, lettera c), del D.L. 6 dicembre 2011, n. 201 convertito, con modificazioni, in legge 22 dicembre 2011, n. 214. Abrogazione confermata dall'articolo 1, comma 780 della Legge 27 dicembre 2019, n. 160, a decorrere dal 1° gennaio 2020.
(5) Comma abrogato dall'articolo 1, comma 780 della Legge 27 dicembre 2019, n. 160, a decorrere dal 1° gennaio 2020.
(6) Comma abrogato dall'articolo 1, comma 780 della Legge 27 dicembre 2019, n. 160, a decorrere dal 1° gennaio 2020.
(7) Comma abrogato dall'articolo 1, comma 780 della Legge 27 dicembre 2019, n. 160, a decorrere dal 1° gennaio 2020.
(8) Comma modificato dall'articolo 4, comma 1-ter, lettera a), del D.L. 2 marzo 2012, n. 16 convertito, con modificazioni, in legge 26 aprile 2012, n. 44, successivamente dall'articolo 1, comma 11, della Legge 28 dicembre 2015, n. 208 e, da ultimo, abrogato dall'articolo 1, comma 780 della Legge 27 dicembre 2019, n. 160, a decorrere dal 1° gennaio 2020.
(9) Comma modificato dall'articolo 4, comma 1-ter, lettera b), del D.L. 2 marzo 2012, n. 16 convertito, con modificazioni, in legge 26 aprile 2012, n. 44 e successivamente dall'articolo 1, comma 717, lettera b), della Legge 27 dicembre 2013, n. 147, a decorrere dal periodo d'imposta in corso al 31 dicembre 2013.

14. Ambito di applicazione del decreto legislativo, regolazioni finanziarie e norme transitorie. – 1. L'imposta municipale propria relativa agli immobili strumentali è deducibile ai fini della determinazione del reddito di impresa e del reddito derivante dall'esercizio di arti e professioni. La medesima imposta è indeducibile ai fini dell'imposta regionale sulle attività produttive. Le disposizioni di cui al presente comma si applicano anche all'imposta municipale immobiliare (IMI) della provincia autonoma di Bolzano, istituita con legge provinciale 23 aprile 2014, n. 3, e all'imposta immobiliare semplice (IMIS) della provincia autonoma di Trento, istituita con legge provinciale 30 dicembre 2014, n. 14 (1)(2).

2. Al fine di assicurare la neutralità finanziaria del presente decreto, nei confronti delle regioni a statuto speciale il presente decreto si applica nel rispetto dei rispettivi statuti e in conformità con le procedure previste dall'articolo 27 della citata legge n. 42 del 2009, e in particolare:

a) nei casi in cui, in base alla legislazione vigente, alle regioni a statuto speciale spetta una compartecipazione al gettito dell'imposta sul reddito delle persone fisiche ovvero al gettito degli altri tributi erariali, questa si intende riferita anche al gettito della cedolare secca di cui all'articolo 3;

b) sono stabilite la decorrenza e le modalità di applicazione delle disposizioni di cui all'articolo 2 nei confronti dei comuni ubicati nelle regioni a statuto speciale, nonché le percentuali delle compartecipazioni di cui alla lettera a); con riferimento all'imposta municipale propria di cui all'articolo 8 si tiene conto anche dei tributi da essa sostituiti.

3. Nelle regioni a statuto speciale e nelle province autonome che esercitano le funzioni in materia di finanza locale, le modalità di applicazione delle disposizioni relative alle imposte comunali istituite con il presente decreto sono stabilite dalle predette autonomie speciali in conformità con i rispettivi statuti e le relative norme di attuazione; per gli enti locali ubicati nelle medesime regioni e province autonome non trova applicazione quanto previsto dall'articolo 2, commi da 1 a 8; alle predette regioni e province autonome spettano le devoluzioni e le compartecipazioni al gettito delle entrate tributarie erariali previste dal presente decreto nelle misure e con le modalità definite dai rispettivi statuti speciali e dalle relative norme di attuazione per i medesimi tributi erariali o per quelli da essi sostituiti.

4. Il presente decreto legislativo concorre ad assicurare, in prima applicazione della citata legge n. 42 del 2009, e successive modificazioni, e in via transitoria, l'autonomia di entrata dei comuni. Gli elementi informativi necessari all'attuazione del presente decreto sono acquisiti alla banca dati unitaria delle pubbliche amministrazioni di cui all'articolo 13 della citata legge n. 196 del 2009, nonché alla banca dati di cui all'articolo 5, comma 1, lettera g), della citata legge n. 42 del 2009.

5. In coerenza con quanto stabilito con la decisione di finanza pubblica di cui all'articolo 10 della citata legge n. 196 del 2009, in materia di limite massimo della pressione fiscale complessiva, la Conferenza permanente per il coordinamento della finanza pubblica, avvalendosi della Commissione tecnica paritetica per l'attuazione del federalismo fiscale, monitora gli effetti finanziari del presente decreto legislativo al fine di garantire il rispetto del predetto limite, anche con riferimento alle tariffe, e propone al Governo le eventuali misure correttive.

6. è confermata la potestà regolamentare in materia di entrate degli enti locali di cui all'articolo 52 del citato decreto legislativo n. 446 del 1997 anche per i nuovi tributi previsti dal presente provvedimento (3).

[7. Sino alla revisione della disciplina relativa ai prelievi relativi alla gestione dei rifiuti solidi urbani, continuano ad applicarsi i regolamenti comunali adottati in base alla normativa concernente la tassa sui rifiuti solidi urbani e la tariffa di igiene ambientale. Resta ferma la

possibilità per i comuni di adottare la tariffa integrata ambientale.] (4)

8. A decorrere dall'anno 2011, le delibere di variazione dell'addizionale comunale all'imposta sul reddito delle persone fisiche hanno effetto dal 1° gennaio dell'anno di pubblicazione sul sito informatico di cui all'articolo 1, comma 3, del citato decreto legislativo n. 360 del 1998, a condizione che detta pubblicazione avvenga entro il 20 dicembre dell'anno a cui la delibera afferisce (5).

Le delibere relative all'anno 2010 sono efficaci per lo stesso anno d'imposta se la pubblicazione sul predetto sito avviene entro il 31 marzo 2011. Restano fermi, in ogni caso, gli effetti delle disposizioni di cui all'articolo 1, comma 169, della citata legge n. 296 del 2006.

9. Per il perseguimento delle finalità istituzionali, di quelle indicate nell'articolo 10, comma 5, del citato decreto legislativo n. 504 del 1992, nonché dei compiti attribuiti con i decreti legislativi emanati in attuazione della citata legge n. 42 del 2009, e successive modificazioni, anche al fine di assistere i comuni nell'attuazione del presente decreto e nella lotta all'evasione fiscale, l'Associazione Nazionale Comuni Italiani si avvale delle risorse indicate nell'articolo 10, comma 5, del citato decreto legislativo n. 504 del 1992. A decorrere dal 1° gennaio 2012, l'aliquota percentuale indicata nel predetto articolo è calcolata con riferimento al gettito annuale prodotto dall'imposta di cui all'articolo 8. Con decreto del Ministro dell'interno, di concerto con il Ministro dell'economia e delle finanze, da adottare d'intesa con la Conferenza Stato-città ed autonomie locali, sono stabilite le modalità di attribuzione delle risorse in sostituzione di quelle vigenti, nonché le altre modalità di attuazione del presente comma (6).

10. Il decreto del Presidente del Consiglio dei ministri di cui all'articolo 2, comma 4, stabilisce le modalità per l'acquisizione delle informazioni necessarie al fine di assicurare, in sede di prima applicazione, l'assegnazione della compartecipazione all'imposta sul valore aggiunto sulla base del gettito per provincia. Fino a che le predette informazioni non sono disponibili, l'assegnazione del gettito dell'imposta sul valore aggiunto per ogni comune ha luogo sulla base del gettito di tale imposta per Regione, suddiviso per il numero degli abitanti di ciascun comune.

Il presente decreto, munito del sigillo dello Stato, sarà inserito nella Raccolta ufficiale degli atti normativi della Repubblica italiana. è fatto obbligo a chiunque spetti di osservarlo e di farlo osservare.

(1) *Comma modificato dall'articolo 1, comma 715, della Legge 27 dicembre 2013, n. 147. Vedi inoltre l'articolo 1, comma 716, della Legge 147/2013 medesima. La Corte Costituzionale, con sentenza 4 dicembre 2020, n. 262, (in Gazz. Uff. 9 dicembre 2020, n. 50), ha dichiarato l'illegittimità costituzionale del presente comma, nel testo anteriore alle modifiche apportate dall'art. 1, comma 715, della legge 27 dicembre 2013, n. 147, recante «Disposizioni per la formazione del bilancio annuale e pluriennale dello Stato (Legge di stabilità 2014)», nella parte in cui dispone che, anche per gli immobili strumentali, l'imposta municipale propria è indeducibile dalle imposte sui redditi d'impresa. Successivamente modificato dall'articolo 1, comma 508, della Legge 23 dicembre 2014, n. 190; dall'articolo 1, comma 9-ter, del D.L. 24 gennaio 2015, n. 4, convertito con modificazioni, dalla Legge 24 marzo 2015, n. 34 ; dall'articolo 1, comma 12, della Legge 30 dicembre 2018, n. 145 e, da ultimo dall'articolo 3, comma 1, del D.L. 30 aprile 2019, n. 34, convertito, con modificazioni, dalla Legge 28 giugno 2019, n. 58. Vedi anche l'articolo 3, comma 2, del D.L. 34/2019 medesimo, convertito, con modificazioni, dalla Legge 28 giugno 2019, n. 58.*

(2) *A norma dell'articolo 1, comma 9-quater, del D.L. 24 gennaio 2015, n. 4, convertito con modificazioni dalla Legge 24 marzo 2015, n. 34, il presente comma, relativamente alla deducibilità dell'imposta municipale immobiliare (IMI) della provincia autonoma di Bolzano, deve intendersi nel senso che la deducibilità nella misura del 20 per cento ai fini della determinazione del reddito di impresa e del reddito derivante dall'esercizio di arti e professioni si applica, anche per l'imposta municipale immobiliare (IMI) della provincia autonoma di Bolzano, a decorrere dal periodo d'imposta in corso al 31 dicembre 2014.*

(3) *Comma modificato dall'articolo 4, comma 1, del D.L. 2 marzo 2012, n. 16 convertito, con modificazioni, in legge 26 aprile 2012, n. 44.*

(4) *Comma abrogato dall'articolo 14, comma 47, del D.L. 6 dicembre 2011, n. 201, convertito, con modificazioni, in legge 22 dicembre 2011, n. 214, con efficacia a decorrere dalla data di cui al comma 46 del medesimo articolo.*

(5) *Comma modificato dall'articolo 4, comma 1, del D.L. 2 marzo 2012, n. 16 convertito, con modificazioni, in legge 26 aprile 2012, n. 44.*

(6) *Comma modificato dall'articolo 13, comma 13, del D.L. 6 dicembre 2011, n. 201, convertito, con modificazioni, in legge 22 dicembre 2011, n. 214.*

5. D.L. 6 dicembre 2011, n. 201

Decreto convertito, con modificazioni, in legge 22 dicembre 2011, n. 214. - Disposizioni urgenti per la crescita, l'equità e il consolidamento dei conti pubblici. (SALVA-ITALIA)(estratto: artt. 13, 14)(1)

(1) *Pubblicato in Suppl. ordinario n. 251 alla Gazz. Uff., 6 dicembre, n. 284*

13. Anticipazione sperimentale dell'imposta municipale propria (1)(A). – *[1. L'istituzione dell'imposta municipale propria è anticipata, in via sperimentale, a decorrere dall'anno 2012, ed è applicata in tutti i comuni del territorio nazionale [fino al 2014] in base agli articoli 8 e 9 del decreto legislativo 14 marzo 2011, n. 23, in quanto compatibili, ed alle disposizioni che seguono. [Conseguentemente l'applicazione a regime dell'imposta municipale propria è fissata al 2015.]* (2)

[2. L'imposta municipale propria ha per presupposto il possesso di immobili [di cui all'articolo 2 del decreto legislativo 30 dicembre 1992, n. 504] [, ivi comprese l'abitazione principale e le pertinenze della stessa]; restano ferme le definizioni di cui all'articolo 2 del decreto legislativo 30 dicembre 1992, n. 504. I soggetti richiamati dall'articolo 2, comma 1, lettera b), secondo periodo, del decreto legislativo n. 504 del 1992, sono individuati nei coltivatori diretti e negli imprenditori agricoli professionali di cui all'articolo 1 del decreto legislativo 29 marzo 2004, n. 99, e successive modificazioni, iscritti nella previdenza agricola. L'imposta municipale propria non si applica al possesso dell'abitazione principale e delle pertinenze della stessa, ad eccezione di quelle classificate nelle categorie catastali A/1, A/8 e A/9, per le quali continuano ad applicarsi l'aliquota di cui al comma 7 e la detrazione di cui al comma 10. Per abitazione principale si intende l'immobile, iscritto o iscrivibile nel catasto edilizio urbano come unica unità immobiliare, nel quale il possessore e il suo nucleo familiare dimorano abitualmente e risiedono anagraficamente. Nel caso in cui i componenti del nucleo familiare abbiano stabilito la dimora abituale e la residenza anagrafica in immobili diversi situati nel territorio comunale, le agevolazioni per l'abitazione principale e per le relative pertinenze in relazione al nucleo familiare si applicano per un solo immobile. Per pertinenze dell'abitazione principale si intendono esclusivamente quelle

classificate nelle categorie catastali C/2, C/6 e C/7, nella misura massima di un'unità pertinenziale per ciascuna delle categorie catastali indicate, anche se iscritte in catasto unitamente all'unità ad uso abitativo. I comuni possono considerare direttamente adibita ad abitazione principale l'unità immobiliare posseduta a titolo di proprietà o di usufrutto da anziani o disabili che acquisiscono la residenza in istituti di ricovero o sanitari a seguito di ricovero permanente, a condizione che la stessa non risulti locata [, l'unità immobiliare posseduta dai cittadini italiani non residenti nel territorio dello Stato a titolo di proprietà o di usufrutto in Italia, a condizione che non risulti locata] [, nonché l'unità immobiliare concessa in comodato dal soggetto passivo ai parenti in linea retta entro il primo grado che la utilizzano come abitazione principale, prevedendo che l'agevolazione operi o limitatamente alla quota di rendita risultante in catasto non eccedente il valore di euro 500 oppure nel solo caso in cui il comodatario appartenga a un nucleo familiare con ISEE non superiore a 15.000 euro annui]. In caso di più unità immobiliari, la predetta agevolazione può essere applicata ad una sola unità immobiliare. A partire dall'anno 2015 è considerata direttamente adibita ad abitazione principale una ed una sola unità immobiliare posseduta dai cittadini italiani non residenti nel territorio dello Stato e iscritti all'Anagrafe degli italiani residenti all'estero (AIRE), già pensionati nei rispettivi Paesi di residenza, a titolo di proprietà o di usufrutto in Italia, a condizione che non risulti locata o data in comodato d'uso. L'imposta municipale propria non si applica, altresì:

a) alle unità immobiliari appartenenti alle cooperative edilizie a proprietà indivisa, adibite ad abitazione principale e relative pertinenze dei soci assegnatari, ivi incluse le unità immobiliari appartenenti alle cooperative edilizie a proprietà indivisa destinate a studenti universitari soci assegnatari, anche in deroga al richiesto requisito della residenza anagrafica;

b) ai fabbricati di civile abitazione destinati ad alloggi sociali come definiti dal decreto del Ministro delle infrastrutture 22 aprile 2008, pubblicato nella Gazzetta Ufficiale n. 146 del 24 giugno 2008;

c) alla casa coniugale assegnata al coniuge, a seguito di provvedimento di separazione legale, annullamento, scioglimento o cessazione degli effetti civili del matrimonio;

d) a un unico immobile, iscritto o iscrivibile nel catasto edilizio urbano come unica unità immobiliare, posseduto, e non concesso in locazione, dal personale in servizio permanente appartenente alle Forze armate e alle Forze di polizia ad ordinamento militare e da quello dipendente delle Forze di polizia ad ordinamento civile, nonché dal personale del Corpo nazionale dei vigili del fuoco, e, fatto salvo quanto previsto dall' articolo 28, comma 1, del decreto legislativo 19 maggio 2000, n. 139 , dal personale appartenente alla carriera prefettizia, per il quale non sono richieste le condizioni della dimora abituale e della residenza anagrafica (3)] (4) .

[3. La base imponibile dell'imposta municipale propria è costituita dal valore dell'immobile determinato ai sensi dell'articolo 5, commi 1, 3, 5 e 6 del decreto legislativo 30 dicembre 1992, n. 504, e dei commi 4 e 5 del presente articolo. La base imponibile è ridotta del 50 per cento:

0a) per le unità immobiliari, fatta eccezione per quelle classificate nelle categorie catastali A/1, A/8 e A/9, concesse in comodato dal soggetto passivo ai parenti in linea retta entro il primo grado che le utilizzano come abitazione principale, a condizione che il contratto sia registrato e che il comodante possieda un solo immobile in Italia e risieda anagraficamente nonché dimori abitualmente nello stesso comune in cui è situato l'immobile concesso in comodato; il beneficio si applica anche nel caso in cui il comodante oltre all'immobile concesso in comodato possieda nello stesso comune un altro immobile adibito a propria abitazione principale, ad eccezione delle unità abitative classificate nelle categorie catastali A/1, A/8 e A/9; [ai fini dell'applicazione delle disposizioni della presente lettera, il soggetto passivo attesta il possesso dei suddetti requisiti nel modello di dichiarazione di cui all'articolo 9, comma 6, del decreto legislativo 14 marzo 2011, n. 23;] il beneficio di cui alla presente lettera si estende, in caso di morte del comodatario, al coniuge di quest'ultimo in presenza di figli minori;

a) per i fabbricati di interesse storico o artistico di cui all'articolo 10 del codice di cui al decreto legislativo 22 gennaio 2004, n. 42;

b) per i fabbricati dichiarati inagibili o inabitabili e di fatto non utilizzati, limitatamente al periodo dell'anno durante il quale sussistono dette condizioni. L'inagibilità o inabitabilità è accertata dall'ufficio tecnico comunale con perizia a carico del proprietario, che allega idonea documentazione alla dichiarazione. In alternativa, il contribuente ha facoltà di presentare una dichiarazione sostitutiva ai sensi del testo unico di cui al decreto del Presidente della Repubblica 28 dicembre 2000, n. 445, rispetto a quanto previsto dal periodo precedente. Agli effetti dell'applicazione della riduzione alla metà della base imponibile, i comuni possono disciplinare le caratteristiche di fatiscenza sopravvenuta del fabbricato, non superabile con interventi di manutenzione] (5) .

[4. Per i fabbricati iscritti in catasto, il valore è costituito da quello ottenuto applicando all'ammontare delle rendite risultanti in catasto, vigenti al 1° gennaio dell'anno di imposizione, rivalutate del 5 per cento ai sensi dell'articolo 3, comma 48, della legge 23 dicembre 1996, n. 662, i seguenti moltiplicatori:

a. 160 per i fabbricati classificati nel gruppo catastale A e nelle categorie catastali C/2, C/6 e C/7, con esclusione della categoria catastale A/10. A decorrere dall'anno 2018, l'abrogazione disposta dal presente comma opera anche nei confronti dei comuni compresi nel territorio della regione Friuli Venezia Giulia;

b. 140 per i fabbricati classificati nel gruppo catastale B e nelle categorie catastali C/3, C/4 e C/5;

b-bis. 80 per i fabbricati classificati nella categoria catastale D/5 ;

c. 80 per i fabbricati classificati nella categoria catastale A/10;

d. 60 per i fabbricati classificati nel gruppo catastale D, ad eccezione dei fabbricati classificati nella categoria catastale D/5; tale moltiplicatore è elevato a 65 a decorrere dal 1° gennaio 2013 ;

e. 55 per i fabbricati classificati nella categoria catastale C/1] (6) .

[5. Per i terreni agricoli, il valore è costituito da quello ottenuto applicando all'ammontare del reddito dominicale risultante in catasto, vigente al 1° gennaio dell'anno di imposizione, rivalutato del 25 per cento ai sensi dell'articolo 3, comma 51, della legge 23 dicembre 1996, n. 662, un moltiplicatore pari a 135. [Per i terreni agricoli, nonché per quelli non coltivati, posseduti e condotti dai coltivatori diretti e dagli imprenditori agricoli professionali iscritti nella previdenza agricola il moltiplicatore è pari a 75] (7) .

[6. L'aliquota di base dell'imposta è pari allo 0,76 per cento. I co-

muni con deliberazione del consiglio comunale, adottata ai sensi dell'articolo 52 del decreto legislativo 15 dicembre 1997, n. 446, possono modificare, in aumento o in diminuzione, l'aliquota di base sino a 0,3 punti percentuali] (8) .

[6-bis. Per gli immobili locati a canone concordato di cui alla legge 9 dicembre 1998, n. 431 , l'imposta, determinata applicando l'aliquota stabilita dal comune ai sensi del comma 6, è ridotta al 75 per cento. Ai fini dell'applicazione delle disposizioni del presente comma, il soggetto passivo è esonerato dall'attestazione del possesso del requisito mediante il modello di dichiarazione indicato all'articolo 9, comma 6, del decreto legislativo 14 marzo 2011, n.23, nonché da qualsiasi altro onere di dichiarazione o comunicazione] (9) .

[7. L'aliquota è ridotta allo 0,4 per cento per l'abitazione principale e per le relative pertinenze. I comuni possono modificare, in aumento o in diminuzione, la suddetta aliquota sino a 0,2 punti percentuali.] (10)

[8. L'aliquota è ridotta allo 0,2 per cento per i fabbricati rurali ad uso strumentale di cui all'articolo 9, comma 3-bis, del decreto-legge 30 dicembre 1993, n. 557, convertito, con modificazioni, dalla legge 26 febbraio 1994, n. 133. I comuni possono ridurre la suddetta aliquota fino allo 0,1 per cento. Per l'anno 2012, la prima rata è versata nella misura del 30 per cento dell'imposta dovuta applicando l'aliquota di base e la seconda rata è versata a saldo dell'imposta complessivamente dovuta per l'intero anno con conguaglio sulla prima rata. Per l'anno 2012, il versamento dell'imposta complessivamente dovuta per i fabbricati rurali di cui al comma 14-ter è effettuato in un'unica soluzione entro il 16 dicembre. Con decreto del Presidente del Consiglio dei Ministri, da emanare entro il 10 dicembre 2012, si provvede, sulla base dell'andamento del gettito derivante dal pagamento della prima rata dell'imposta di cui al presente comma, alla modifica dell'aliquota da applicare ai medesimi fabbricati e ai terreni in modo da garantire che il gettito complessivo non superi per l'anno 2012 gli ammontari previsti dal Ministero dell'economia e delle finanze rispettivamente per i fabbricati rurali ad uso strumentale e per i terreni] (11) .

[8-bis. I terreni agricoli posseduti da coltivatori diretti o da imprenditori agricoli professionali di cui all'articolo 1 del decreto legislativo 29 marzo 2004, n. 99, e successive modificazioni, iscritti nella previdenza agricola, purché dai medesimi condotti, sono soggetti all'imposta limitatamente alla parte di valore eccedente euro 6.000 e con le seguenti riduzioni:

a) del 70 per cento dell'imposta gravante sulla parte di valore eccedente i predetti euro 6.000 e fino a euro 15.500;

b) del 50 per cento dell'imposta gravante sulla parte di valore eccedente euro 15.500 e fino a euro 25.500;

c) del 25 per cento dell'imposta gravante sulla parte di valore eccedente euro 25.500 e fino a euro 32.000 (12) *.]* (13)

[9. I comuni possono ridurre l'aliquota di base fino allo 0,4 per cento nel caso di immobili non produttivi di reddito fondiario ai sensi dell'articolo 43 del testo unico di cui al decreto del Presidente della Repubblica n. 917 del 1986, ovvero nel caso di immobili posseduti dai soggetti passivi dell'imposta sul reddito delle società, ovvero nel caso di immobili locati.] (14)

[9-bis. A decorrere dal 1° gennaio 2014 sono esenti dall'imposta municipale propria i fabbricati costruiti e destinati dall'impresa costruttrice alla vendita, fintanto che permanga tale destinazione e non siano in ogni caso locati] (15) .

[10. Dall'imposta dovuta per l'unità immobiliare adibita ad abitazione principale del soggetto passivo e classificata nelle categorie catastali A/1, A/8 e A/9 nonché per le relative pertinenze, si detraggono, fino a concorrenza del suo ammontare, euro 200 rapportati al periodo dell'anno durante il quale si protrae tale destinazione; se l'unità immobiliare è adibita ad abitazione principale da più soggetti passivi, la detrazione spetta a ciascuno di essi proporzionalmente alla quota per la quale la destinazione medesima si verifica. I comuni possono disporre l'elevazione dell'importo della detrazione, fino a concorrenza dell'imposta dovuta, nel rispetto dell'equilibrio di bilancio. La suddetta detrazione si applica agli alloggi regolarmente assegnati dagli Istituti autonomi per le case popolari (IACP) o dagli enti di edilizia residenziale pubblica, comunque denominati, aventi le stesse finalità degli IACP, istituiti in attuazione dell' articolo 93 del decreto del Presidente della Repubblica 24 luglio 1977, n. 616] (16) .

[11. È riservata allo Stato la quota di imposta pari alla metà dell'importo calcolato applicando alla base imponibile di tutti gli immobili, ad eccezione dell'abitazione principale e delle relative pertinenze di cui al comma 7, nonché dei fabbricati rurali ad uso strumentale di cui al comma 8, l'aliquota di base di cui al comma 6, primo periodo. Non è dovuta la quota di imposta riservata allo Stato per gli immobili posseduti dai comuni nel loro territorio e non si applica il comma 17. La quota di imposta risultante è versata allo Stato contestualmente all'imposta municipale propria. Le detrazioni previste dal presente articolo, nonché le detrazioni e le riduzioni di aliquota deliberate dai comuni non si applicano alla quota di imposta riservata allo Stato di cui al periodo precedente. Per l'accertamento, la riscossione, i rimborsi, le sanzioni, gli interessi ed il contenzioso si applicano le disposizioni vigenti in materia di imposta municipale propria. Le attività di accertamento e riscossione dell'imposta erariale sono svolte dal comune al quale spettano le maggiori somme derivanti dallo svolgimento delle suddette attività a titolo di imposta, interessi e sanzioni] (17) .

[12. Il versamento dell'imposta, in deroga all'articolo 52 del decreto legislativo 15 dicembre 1997, n. 446, è effettuato secondo le disposizioni di cui all'articolo 17 del decreto legislativo 9 luglio 1997, n. 241, con le modalità stabilite con provvedimento del direttore dell'Agenzia delle entrate nonché, a decorrere dal 1° dicembre 2012, tramite apposito bollettino postale al quale si applicano le disposizioni di cui al citato articolo 17, in quanto compatibili] (18).

[12-bis. Per l'anno 2012, il pagamento della prima rata dell'imposta municipale propria è effettuato, senza applicazione di sanzioni ed interessi, in misura pari al 50 per cento dell'importo ottenuto applicando le aliquote di base e la detrazione previste dal presente articolo; la seconda rata è versata a saldo dell'imposta complessivamente dovuta per l'intero anno con conguaglio sulla prima rata. Per l'anno 2012, l'imposta dovuta per l'abitazione principale e per le relative pertinenze è versata in tre rate di cui la prima e la seconda in misura ciascuna pari ad un terzo dell'imposta calcolata applicando l'aliquota di base e la detrazione previste dal presente articolo, da corrispondere rispettivamente entro il 16 giugno e il 16 settembre; la terza rata è versata, entro il 16 dicembre, a saldo dell'imposta complessivamente dovuta per l'intero anno con conguaglio sulle precedenti rate; in alternativa, per il medesimo anno 2012, la stessa imposta può essere versata in due rate di cui la prima, entro il 16 giugno, in misura pari al 50 per cento dell'imposta calcolata applicando l'aliquota di base e la detrazione previste dal presente articolo e la seconda, entro il 16 dicembre, a saldo dell'imposta complessivamente dovuta per l'intero anno con conguaglio sulla prima rata. Per il medesimo anno, i comuni iscrivono nel bilancio di previsione l'entrata da imposta municipale propria in base agli importi stimati dal Dipartimento delle finanze del Ministero dell'economia e delle finanze per ciascun comune, di cui alla tabella pubblicata sul sito internet www.finanze.gov.it. L'accertamento convenzionale non dà diritto al riconoscimento da parte dello Stato dell'eventuale differenza tra gettito accertato convenzionalmente e gettito reale ed è rivisto, unitamente agli accertamenti relativi al fondo sperimentale di riequilibrio e ai trasferimenti erariali, in esito a dati aggiornati da parte del medesimo Dipartimento delle finanze, ai sensi dell'accordo sancito dalla Conferenza Stato-città e autonomie locali del 1° marzo 2012.

Con uno o più decreti del Presidente del Consiglio dei Ministri, su proposta del Ministro dell'economia e delle finanze, da emanare entro il 10 dicembre 2012, si provvede, sulla base del gettito della prima rata dell'imposta municipale propria nonché dei risultati dell'accatastamento dei fabbricati rurali, alla modifica delle aliquote, delle relative variazioni e della detrazione stabilite dal presente articolo per assicurare l'ammontare del gettito complessivo previsto per l'anno 2012. Entro il 30 settembre 31 ottobre 2012, sulla base dei dati aggiornati, ed in deroga all'articolo 172, comma 1, lettera e), del testo unico di cui al decreto legislativo 18 agosto 2000, n. 267, e all'articolo 1, comma 169, della legge 27 dicembre 2006, n. 296, i comuni possono approvare o modificare il regolamento e la deliberazione relativa alle aliquote e alla detrazione del tributo.] [19]

[12-ter. I soggetti passivi devono presentare la dichiarazione entro novanta giorni dalla data in cui il possesso degli immobili ha avuto inizio o sono intervenute variazioni rilevanti ai fini della determinazione dell'imposta, utilizzando il modello approvato con il decreto di cui all'articolo 9, comma 6, del decreto legislativo 14 marzo 2011, n. 23. La dichiarazione ha effetto anche per gli anni successivi sempre che non si verifichino modificazioni dei dati ed elementi dichiarati cui consegua un diverso ammontare dell'imposta dovuta. Con il citato decreto, sono altresì disciplinati i casi in cui deve essere presentata la dichiarazione. Restano ferme le disposizioni dell'articolo 37, comma 55, del decreto-legge 4 luglio 2006, n. 223, convertito, con modificazioni, dalla legge 4 agosto 2006, n. 248, e dell'articolo 1, comma 104, della legge 27 dicembre 2006, n. 296, e le dichiarazioni presentate ai fini dell'imposta comunale sugli immobili, in quanto compatibili. Per gli immobili per i quali l'obbligo dichiarativo è sorto dal 1° gennaio 2012, la dichiarazione deve essere presentata il 31 dicembre dell'anno successivo a quello di pubblicazione nella Gazzetta Ufficiale del decreto di approvazione del modello di dichiarazione dell'imposta municipale propria e delle relative istruzioni] [20].

13. Restano ferme le disposizioni dell'articolo 9 e dell'articolo 14, commi 1 e 6 del decreto legislativo 14 marzo 2011, n. 23. All'articolo 14, comma 9, del decreto legislativo 14 marzo 2011, n. 23, le parole: "dal 1° gennaio 2014", sono sostituite dalle seguenti: "dal 1° gennaio 2012". Al comma 4 dell'articolo 14 del decreto legislativo 30 dicembre 1992, n. 504, ai commi 3 degli articoli 23, 53 e 76 del decreto legislativo 15 novembre 1993, n. 507 e al comma 31 dell'articolo 3 della legge 28 dicembre 1995, n. 549, le parole "ad un quarto" sono sostituite dalle seguenti "alla misura stabilita dagli articoli 16 e 17 del decreto legislativo 18 dicembre 1997, n. 472". Ai fini del quarto comma dell'articolo 2752 del codice civile il riferimento alla "legge per la finanza locale" si intende effettuato a tutte disposizioni che disciplinano i singoli tributi comunali e provinciali. La riduzione dei trasferimenti erariali di cui ai commi 39 e 46 dell'articolo 2 del decreto-legge 3 ottobre 2006, n. 262, convertito, con modificazioni, dalla legge 24 novembre 2006, n. 286, e successive modificazioni, è consolidata, a decorrere dall'anno 2011, all'importo risultante dalle certificazioni di cui al decreto 7 aprile 2010 del Ministero dell'economia e delle finanze emanato, di concerto con il Ministero dell'interno, in attuazione dell'articolo 2, comma 24, della legge 23 dicembre 2009, n. 191.

[13-bis. A decorrere dall'anno di imposta 2013, le deliberazioni di approvazione delle aliquote e delle detrazioni nonché i regolamenti dell'imposta municipale propria devono essere inviati esclusivamente per via telematica, mediante inserimento del testo degli stessi nell'apposita sezione del Portale del federalismo fiscale, per la pubblicazione nel sito informatico di cui all'articolo 1, comma 3, del decreto legislativo 28 settembre 1998, n. 360, e successive modificazioni. I comuni sono, altresì, tenuti ad inserire nella suddetta sezione gli elementi risultanti dalle delibere, secondo le indicazioni stabilite dal Ministero dell'economia e delle finanze - Dipartimento delle finanze, sentita l'Associazione nazionale dei comuni italiani. L'efficacia delle deliberazioni e dei regolamenti decorre dalla data di pubblicazione degli stessi nel predetto sito informatico. Il versamento della prima rata di cui al comma 3 dell'articolo 9 del decreto legislativo 14 marzo 2011, n. 23, è eseguito sulla base dell'aliquota e delle detrazioni dei dodici mesi dell'anno precedente. Il versamento della seconda rata di cui al medesimo articolo 9 è eseguito, a saldo dell'imposta dovuta per l'intero anno, con eventuale conguaglio sulla prima rata versata, sulla base degli atti pubblicati nel predetto sito alla data del 28 ottobre di ciascun anno di imposta; a tal fine il comune è tenuto a effettuare l'invio di cui al primo periodo entro il termine perentorio del 14 ottobre dello stesso anno. In caso di mancata pubblicazione entro il termine del 28 ottobre, si applicano gli atti adottati per l'anno precedente [21]] [22].

14. Sono abrogate, a decorrere dal 1° gennaio 2012, le seguenti disposizioni [23]:

a. l'articolo 1 del decreto-legge 27 maggio 2008, n. 93, convertito con modificazioni, dalla legge 24 luglio 2008, n. 126, ad eccezione del comma 4 che continua ad applicarsi per i soli comuni ricadenti nei territori delle regioni a statuto speciale e delle province autonome di Trento e di Bolzano [24];

b. il comma 3, dell'articolo 58 e le lettere d), e) ed h) del comma 1, dell'articolo 59 del decreto legislativo 15 dicembre 1997, n. 446;

c. l'ultimo periodo del comma 5 dell'articolo 8 e il comma 4 dell'articolo 9 del decreto legislativo 14 marzo 2011, n. 23;

d. il comma 1-bis dell'articolo 23 del decreto-legge 30 dicembre 2008, n. 207, convertito, con modificazioni, dalla legge 27 febbraio 2009, n. 14.

d-bis. i commi 2-bis, 2-ter e 2-quater dell'articolo 7 del decreto-legge 13 maggio 2011, n. 70, convertito, con modificazioni, dalla legge 12 luglio 2011, n. 106 [25].

14-bis. Le domande di variazione della categoria catastale presentate, ai sensi del comma 2-bis dell'articolo 7 del decreto-legge 13 maggio 2011, n. 70, convertito, con modificazioni, dalla legge 12 luglio 2011, n. 106, anche dopo la scadenza dei termini originariamente posti e fino alla data di entrata in vigore della legge di conversione del presente decreto, producono gli effetti previsti in relazione al riconoscimento del requisito di ruralità, fermo restando il classamento originario degli immobili rurali ad uso abitativo. Con decreto del Ministro dell'economia e delle finanze, da emanare entro sessanta giorni dalla data di entrata in vigore della legge di conversione del presente decreto, sono stabilite le modalità per l'inserimento negli atti catastali della sussistenza del requisito di ruralità, fermo restando il classamento originario degli immobili rurali ad uso abitativo [26].

14-ter. I fabbricati rurali iscritti nel catasto dei terreni, con esclusione di quelli che non costituiscono oggetto di inventariazione ai sensi dell'articolo 3, comma 3, del decreto del Ministro delle finanze 2 gennaio 1998, n. 28, devono essere dichiarati al catasto edilizio urbano entro il 30 novembre 2012, con le modalità stabilite dal decreto del Ministro delle finanze 19 aprile 1994, n. 701 [27].

14-quater. Nelle more della presentazione della dichiarazione di aggiornamento catastale di cui al comma 14-ter, l'imposta municipale propria è corrisposta, a titolo di acconto e salvo conguaglio, sulla base della rendita delle unità similari già iscritte in catasto. Il conguaglio dell'imposta è determinato dai comuni a seguito dell'attribuzione della rendita catastale con le modalità di cui al decreto del Ministro delle finanze 19 aprile 1994, n. 701. In caso di inottemperanza da parte del soggetto obbligato, si applicano le disposizioni di cui all'articolo 1, comma 336, della legge 30 dicembre 2004, n. 311, salva l'applicazione delle sanzioni previste per la violazione degli articoli 20 e 28 del regio decreto-legge 13 aprile 1939, n. 652, convertito, con modificazioni, dalla legge 11 agosto 1939, n. 1249, e successive modificazioni (28)(29).

15. A decorrere dall'anno di imposta 2020, tutte le delibere regolamentari e tariffarie relative alle entrate tributarie dei comuni sono inviate al Ministero dell'economia e delle finanze - Dipartimento delle finanze, esclusivamente per via telematica, mediante inserimento del testo delle stesse nell'apposita sezione del portale del federalismo fiscale, per la pubblicazione nel sito informatico di cui all'articolo 1, comma 3, del decreto legislativo 28 settembre 1998, n. 360. Per le delibere regolamentari e tariffarie relative alle entrate tributarie delle province e delle città metropolitane, la disposizione del primo periodo si applica a decorrere dall'anno di imposta 2021 (30).

15-bis. Con decreto del Ministro dell'economia e delle finanze, di concerto con il Ministro dell'interno, sentita l'Agenzia per l'Italia digitale, da adottare entro novanta giorni dalla data di entrata in vigore della presente disposizione, previa intesa in sede di Conferenza Stato-città ed autonomie locali, sono stabilite le specifiche tecniche del formato elettronico da utilizzare per l'invio telematico di cui al comma 15, in modo tale da consentire il prelievo automatizzato delle informazioni utili per l'esecuzione degli adempimenti relativi al pagamento dei tributi, e sono fissate le modalità di attuazione, anche graduale, dell'obbligo di effettuare il predetto invio nel rispetto delle specifiche tecniche medesime (31).

15-ter. A decorrere dall'anno di imposta 2020, le delibere e i regolamenti concernenti i tributi comunali diversi dall'imposta di soggiorno, dall'addizionale comunale all'imposta sul reddito delle persone fisiche (IRPEF), dall'imposta municipale propria (IMU) e dal tributo per i servizi indivisibili (TASI) acquistano efficacia dalla data della pubblicazione effettuata ai sensi del comma 15, a condizione che detta pubblicazione avvenga entro il 28 ottobre dell'anno a cui la delibera o il regolamento si riferisce; a tal fine, il comune è tenuto a effettuare l'invio telematico di cui al comma 15 entro il termine perentorio del 14 ottobre dello stesso anno. I versamenti dei tributi diversi dall'imposta di soggiorno, dall'addizionale comunale all'IRPEF, dall'IMU e dalla TASI la cui scadenza è fissata dal comune prima del 1° dicembre di ciascun anno devono essere effettuati sulla base degli atti applicabili per l'anno precedente. I versamenti dei medesimi tributi la cui scadenza è fissata dal comune in data successiva al 1° dicembre di ciascun anno devono essere effettuati sulla base degli atti pubblicati entro il 28 ottobre, a saldo dell'imposta dovuta per l'intero anno, con eventuale conguaglio su quanto già versato. In caso di mancata pubblicazione entro il termine del 28 ottobre, si applicano gli atti adottati per l'anno precedente (32)(33).

15-quater. A decorrere dall'anno di imposta 2020, i regolamenti e le delibere di approvazione delle tariffe relativi all'imposta di soggiorno e al contributo di sbarco di cui all'articolo 4 del decreto legislativo 14 marzo 2011, n. 23, al contributo di soggiorno di cui all'articolo 14, comma 16, lettera e), del decreto-legge 31 maggio 2010, n. 78, convertito, con modificazioni, dalla legge 30 luglio 2010, n. 122, nonché al contributo di cui all'articolo 1, comma 1129, della legge 30 dicembre 2018, n. 145, hanno effetto dal primo giorno del secondo mese successivo a quello della loro pubblicazione effettuata ai sensi del comma 15. Il Ministero dell'economia e delle finanze provvede alla pubblicazione dei regolamenti e delle delibere di cui al periodo precedente entro i quindici giorni lavorativi successivi alla data di inserimento nel portale del federalismo fiscale (34).

15-quinquies. Ai fini della pubblicazione di cui all'articolo 17, comma 2, del decreto legislativo 6 maggio 2011, n. 68, le delibere di variazione dell'aliquota dell'imposta sulle assicurazioni contro la responsabilità civile derivante dalla circolazione dei veicoli a motore sono trasmesse con le modalità di cui al comma 15 (35).

16. All'articolo 1, comma 4, ultimo periodo del decreto legislativo 28 settembre 1998, n. 360, le parole "31 dicembre" sono sostituite dalle parole:"20 dicembre". All'articolo 1, comma 11, del decreto legge 13 agosto 2011, n. 138, convertito dalla legge 14 settembre 2011, n. 148, le parole da "differenziate" a "legge statale" sono sostituite dalle seguenti: "utilizzando esclusivamente gli stessi scaglioni di reddito stabiliti, ai fini dell'imposta sul reddito delle persone fisiche, dalla legge statale, nel rispetto del principio di progressività". L'Agenzia delle Entrate provvede all'erogazione dei rimborsi dell'addizionale comunale all'imposta sul reddito delle persone fisiche già richiesti con dichiarazioni o con istanze presentate entro la data di entrata in vigore del presente decreto, senza far valere l'eventuale prescrizione decennale del diritto dei contribuenti.

17. Il fondo sperimentale di riequilibrio, come determinato ai sensi dell'articolo 2 del decreto legislativo 14 marzo 2011, n. 23, e il fondo perequativo, come determinato ai sensi dell'articolo 13 del medesimo decreto legislativo n. 23 del 2011, ed i trasferimenti erariali dovuti ai comuni della Regione Siciliana e della Regione Sardegna«variano in ragione delle differenze del gettito stimato ad aliquota di base derivanti dalle disposizioni di cui al presente articolo. In caso di incapienza ciascun comune versa all'entrata del bilancio dello Stato le somme residue. Con le procedure previste dall'articolo 27 della legge 5 maggio 2009, n. 42, le regioni Friuli-Venezia Giulia e Valle d'Aosta, nonché le Province autonome di Trento e di Bolzano, assicurano il recupero al bilancio statale del predetto maggior gettito stimato dei comuni ricadenti nel proprio territorio. Fino all'emanazione delle norme di attuazione di cui allo stesso articolo 27, a valere sulle quote di compartecipazione ai tributi erariali, è accantonato un importo pari al maggior gettito stimato di cui al precedente periodo. L'importo complessivo della riduzione del recupero di cui al presente comma è pari per l'anno 2012 a 1.627 milioni di euro, per l'anno 2013 a 1.762,4 milioni di euro e per l'anno 2014 a 2.162 milioni di euro (36)(37).

18. All'articolo 2, comma 3, del decreto legislativo 14 marzo 2011, n. 23 dopo le parole: "gettito di cui ai commi 1 e 2", sono aggiunte le seguenti: "nonché, per gli anni 2012, 2013 e 2014, dalla compartecipazione di cui al comma 4";

19. Per gli anni 2012, 2013 e 2014, non trovano applicazione le disposizioni recate dall'ultimo periodo del comma 4 dell'articolo 2, nonché dal comma 10 dell'articolo 14 del

decreto legislativo 14 marzo 2011, n. 23.

19-bis. Per gli anni 2012, 2013 e 2014, il decreto del Presidente del Consiglio dei Ministri di cui all'articolo 2, comma 4, del decreto legislativo 14 marzo 2011, n. 23, è esclusivamente finalizzato a fissare la percentuale di compartecipazione al gettito dell'imposta sul valore aggiunto, nel rispetto dei saldi di finanza pubblica, in misura finanziariamente equivalente alla compartecipazione del 2 per cento del gettito dell'imposta sul reddito delle persone fisiche (38) .

20. La dotazione del fondo di solidarietà per i mutui per l'acquisto della prima casa è incrementata di 10 milioni di euro per ciascuno degli anni 2012 e 2013.

[21. All'articolo 7 del decreto legge 13 maggio 2011, n. 70, convertito, con modificazioni, dalla legge 12 luglio 2011, n. 106, sono apportate le seguenti modifiche:

a) al comma 2-bis, secondo periodo, le parole "30 settembre 2011", sono sostituite dalle seguenti: "31 marzo 2012";

b) al comma 2-ter, primo periodo, le parole: "20 novembre 2011", sono sostituite dalle seguenti: "30 giugno 2012";

c) al comma 2-ter, terzo periodo, le parole: "20 novembre 2012", sono sostituite dalle seguenti: "30 giugno 2013".

Restano salve le domande presentate e gli effetti che si sono prodotti dopo la scadenza dei termini originariamente posti dall'articolo 7 del decreto legge n. 70 del 2011.] (39)(40)(41)(42) .

(A) *In riferimento al presente articolo vedi: Risoluzione Ministero dell'Economia e delle Finanze 11 gennaio 2013, n. 1/DF;Risoluzione Agenzia delle Entrate 21 maggio 2013, n. 33/E; Circolare Ministero dell'Economia e delle Finanze 23 maggio 2013 n. 2/DF; Risoluzione Agenzia delle Entrate 05 giugno 2013, n. 7/DF; Risoluzione Ministero dell'Economia e delle Finanze 22 luglio 2013, n. 8/DF.*

(B) *In riferimento al presente comma vedi: Risoluzione del Ministero dell'Economia e delle Finanze 5 novembre 2015, n. 9/DF.*

(1) *A norma dell' articolo 1, comma 1, del D.L. 21 maggio 2013, n. 54 , convertito, con modificazioni, dalla Legge 18 luglio 2013, n.85 , il versamento, per l'anno 2013, della prima rata dell'imposta municipale propria di cui al presente articolo è sospeso per le seguenti categorie di immobili:*

a) abitazione principale e relative pertinenze, esclusi i fabbricati classificati nelle categorie catastali A/1, A/8 e A/9;

b) unità immobiliari appartenenti alle cooperative edilizie a proprietà indivisa, adibite ad abitazione principale e relative pertinenze dei soci assegnatari, nonché alloggi regolarmente assegnati dagli Istituti autonomi per le case popolari (IACP) o dagli enti di edilizia residenziale pubblica, comunque denominati, aventi le stesse finalità degli IACP, istituiti in attuazione dell' articolo 93 del decreto del Presidente della Repubblica 24 luglio 1977, n. 616 ;

c) terreni agricoli e fabbricati rurali di cui all' articolo 13, commi 4, 5 e 8, del decreto-legge 6 dicembre 2011, n. 201 , convertito, con modificazioni, dalla legge 22 dicembre 2011, n. 214 , e successive modificazioni.

(2) *Comma modificato dall'articolo 1, comma 707, lettera a), della Legge 27 dicembre 2013, n. 147, e da ultimo abrogato dall'articolo 1, comma 780 della Legge 27 dicembre 2019, n. 160, decorrere dal 1° gennaio 2020.*

(3) *La Corte Costituzionale, con sentenza 13 ottobre 2022, n. 209 (in Gazz. Uff.19 ottobre 2022, n. 42), ha dichiarato l'illegittimità costituzionale del quarto periodo del presente comma, nella parte in cui stabilisce: «[p]er abitazione principale si intende l'immobile, iscritto o iscrivibile nel catasto edilizio urbano come unica unità immobiliare, nel quale il possessore e il suo nucleo familiare dimorano abitualmente e risiedono anagraficamente», anziché disporre: «[p]er abitazione principale si intende l'immobile, iscritto o iscrivibile nel catasto edilizio urbano come unica unità immobiliare, nel quale il possessore dimora abitualmente e risiede anagraficamente», e, in via consequenziale ai sensi dell'art. 27 della legge 11 marzo 1953, n. 87, l'illegittimità costituzionale del quinto periodo del presente comma.*

(4) *Comma modificato dall' articolo 1, comma 1, della Legge 22 dicembre 2011, n. 214 , in sede di conversione ; successivamente, dall'articolo 4, comma 5, lettera a), del D.L. 2 marzo 2012, n. 16, convertito, con modificazioni, dalla Legge 26 aprile 2012, n. 44; dall'articolo 1, comma 707, lettera b), numeri 1) 2) e 3) della Legge 27 dicembre 2013, n. 147, dall' articolo 9-bis, comma 1, del D.L. 28 marzo 2014, n. 47 , convertito, con modificazioni, dalla Legge 23 maggio 2014, n. 80, dall'articolo 1, comma 10, lettera a) e comma 15, della Legge 28 dicembre 2015, n. 208. A norma del comma 2 del medesimo articolo 9-bis, D.L. 47/2014, sull'unità immobiliare di cui al presente comma, nono periodo, come modificato dal citato articolo 9-bis, comma 1, del D.L. 28 marzo 2014, n. 47 , le imposte comunali TARI e TASI sono applicate, per ciascun anno, in misura ridotta di due terzi. Da ultimo, comma abrogato dall'articolo 1, comma 780 della Legge 27 dicembre 2019, n. 160, decorrere dal 1° gennaio 2020.*

(5) *Comma modificato dall'articolo 4, comma 5, lettera b), del D.L. 2 marzo 2012, n. 16, convertito, con modificazioni, dalla Legge 26 aprile 2012, n. 44, dall'articolo 1, comma 10, lettera b), della Legge 28 dicembre 2015, n. 208, successivamente dall'articolo 1, comma 1092, della legge 30 dicembre 2018, n. 145 e dall'articolo 3-quater, comma 1, lettera a), del D.L. 30 aprile 2019, n. 34, convertito, con modificazioni, dalla Legge 28 giugno 2019, n. 58. Da ultimo, comma abrogato dall'articolo 1, comma 780 della Legge 27 dicembre 2019, n. 160, decorrere dal 1° gennaio 2020.*

(6) *Comma modificato dall' articolo 1, comma 1, della Legge 22 dicembre 2011, n. 214 , in sede di conversione, dall'articolo 1, comma 823, della Legge 27 dicembre 2017, n. 205. A norma dell'articolo 1, comma 23, della Legge 28 dicembre 2015, n. 208, limitatamente all'anno di imposizione 2016, in deroga al presente comma, per gli atti di aggiornamento di cui al comma 22 del citato articolo 1, presentati entro il 15 giugno 2016 le rendite catastali rideterminate hanno effetto dal 1° gennaio 2016. Da ultimo, comma abrogato dall'articolo 1, comma 780 della Legge 27 dicembre 2019, n. 160, decorrere dal 1° gennaio 2020.*

(7) *Comma modificato dall' articolo 1, comma 1, della Legge 22 dicembre 2011, n. 214 , in sede di conversione; successivamente, dall'articolo 4, comma 5, lettera v), del D.L. 2 marzo 2012, n. 16, convertito, con modificazioni, dalla Legge 26 aprile 2012, n. 44, dall'articolo 1, comma 707, lettera c), della Legge 27 dicembre 2013, n. 147, dall'articolo 1, comma 10, lettera c), della Legge 28 dicembre 2015, n. 208 e, da ultimo, abrogato dall'articolo 1, comma 780 della Legge 27 dicembre 2019, n. 160, decorrere dal 1° gennaio 2020.*

(8) *Comma abrogato dall'articolo 1, comma 780 della Legge 27 dicembre 2019, n. 160, decorrere dal 1° gennaio 2020.*

(9) *Comma inserito dall'articolo 1, comma 53, della Legge 28 dicembre 2015, n. 208, successivamente modificato dall'articolo 3-quater, comma 1, lettera a), del D.L. 30 aprile 2019, n. 34, convertito, con modificazioni, dalla Legge 28 giugno 2019, n. 58 e, da ultimo, abrogato dall'articolo 1, comma 780 della Legge 27 dicembre 2019, n. 160, decorrere dal 1° gennaio 2020.*

(10) *Comma abrogato dall'articolo 1, comma 780 della Legge 27 dicembre 2019, n. 160, decorrere dal 1° gennaio 2020.*

(11) *Comma modificato dall'articolo 4, comma 5, lettera d), del D.L. 2 marzo 2012, n. 16, convertito, con modificazioni, dalla Legge 26 aprile 2012, n. 44. A norma dell'articolo 1, comma 708, della Legge 27 dicembre 2013, n. 147, a decorrere dall'anno 2014, non è dovuta l'imposta municipale propria di cui al presente comma. A norma dell'articolo 1, comma 678, della Legge 27 dicembre 2013, n. 147, come modificato dall'articolo 1, comma 6, lettera a), della Legge 28 dicembre 2015, n. 208 , per i fabbricati costruiti e destinati dall'impresa costruttrice alla vendita, fintanto che permanga tale destinazione e non siano in ogni caso locati, l'aliquota è ridotta allo 0,1 per cento. I comuni possono modificare la suddetta aliquota, in aumento, sino allo 0,25 per cento o, in diminuzione, fino all' azzeramento. Da ultimo, comma abrogato dall'articolo 1, comma 780 della Legge 27 dicembre 2019, n. 160, decorrere dal 1° gennaio 2020.*

(12) *Comma inserito dall'articolo 4, comma 5, lettera e), del D.L. 2 marzo 2012, n. 16, convertito, con modificazioni, dalla Legge 26 aprile 2012, n. 44.*

(13) *A norma dell'articolo 1, comma 1-bis, del D.L. 24 gennaio 2015, n. 4, convertito con modificazioni dalla Legge 24 marzo 2015, n. 34, dall'imposta dovuta per i terreni ubicati nei comuni di cui all'allegato 0A del suddetto decreto, determinata ai sensi del presente comma, si detraggono, fino a concorrenza del suo ammontare, euro 200. Vedi, inoltre, quanto ulteriormente disposto dal medesimo comma e dai commi 2 e 9-bis . Da ultimo, comma abrogato dall'articolo 1, comma 10, lettera d), della Legge 28 dicembre 2015, n. 208. Abrogazione confermata dall'articolo 1, comma 780 della Legge 27 dicembre 2019, n. 160, decorrere dal 1° gennaio 2020.*

(14) *Comma abrogato dall'articolo 1, comma 780 della Legge 27 dicembre 2019, n. 160, decorrere dal 1° gennaio 2020.*

(15) *Comma inserito dall'articolo 56, comma 1, del D.L. 24 gennaio 2012, n. 1, convertito, con modificazioni, dalla Legge 24 marzo 2012, n. 27, successivamente, sostituito dall'articolo 2, comma 2, lettera a), del D.L. 31 agosto 2013, n. 102 , convertito, con modificazioni, dalla Legge 28 ottobre 2013, n. 124 e, da ultimo, abrogato dall'articolo 1, comma 780 della Legge 27 dicembre 2019, n. 160, decorrere dal 1° gennaio 2020.*

(16) *Comma modificato dall' articolo 1, comma 1, della Legge 22 dicembre*

2011, n. 214 , in sede di conversione; dall'articolo 4, comma 5, lettera f), del D.L. 2 marzo 2012, n. 16, convertito, con modificazioni, dalla Legge 26 aprile 2012, n. 44; dall'articolo 2, comma 2, lettera b), del D.L. 31 agosto 2013, n. 102 , convertito, con modificazioni, dalla Legge 28 ottobre 2013, n. 124, dall'articolo 1, comma 707, lettera d), della Legge 27 dicembre 2013, n. 147 e, da ultimo, abrogato dall'articolo 1, comma 780 della Legge 27 dicembre 2019, n. 160, decorrere dal 1° gennaio 2020.

(17) *Comma abrogato dall'articolo 1, comma 380, lettera h), della Legge 24 dicembre 2012, n. 228. Abrogazione confermata dall'articolo 1, comma 780 della Legge 27 dicembre 2019, n. 160, decorrere dal 1° gennaio 2020.*

(18) *Comma modificato dall'articolo 4, comma 5, lettera h), del D.L. 2 marzo 2012, n. 16, convertito, con modificazioni, dalla Legge 26 aprile 2012, n. 44. Successivamente, a norma dell'articolo 1, comma 380, lettera a), della Legge 24 dicembre 2012, n. 228 è soppressa la riserva allo Stato di cui al presente comma. Da ultimo, comma abrogato dall'articolo 1, comma 780 della Legge 27 dicembre 2019, n. 160, decorrere dal 1° gennaio 2020.*

(19) *Comma inserito dall'articolo 4, comma 5, lettera i), del D.L. 2 marzo 2012, n. 16, convertito, con modificazioni, dalla Legge 26 aprile 2012, n. 44, successivamente, modificato dall'articolo 9, comma 3, lettera a), del D.L. 10 ottobre 2012, n. 174, convertito, con modificazioni, dalla Legge 7 dicembre 2012, n. 213 e da ultimo abrogato dall'articolo 2, comma 1, del D.Lgs. 22 gennaio 2016, n. 10. Abrogazione confermata dall'articolo 1, comma 780 della Legge 27 dicembre 2019, n. 160, decorrere dal 1° gennaio 2020.*

(20) *Comma inserito dall'articolo 4, comma 5, lettera i), del D.L. 2 marzo 2012, n. 16, convertito, con modificazioni, dalla Legge 26 aprile 2012, n. 44; successivamente, modificato dall'articolo 9, comma 3, lettera b), del D.L. 10 ottobre 2012, n. 174, convertito, con modificazioni, dalla Legge 7 dicembre 2012, n. 213, dall'articolo 10, comma 4, lettera a), del D.L. 8 aprile 2013, n. 35, convertito con modificazioni, dalla Legge 6 giugno 2013, n. 64, dall'articolo 3-ter, comma 1, del D.L. 30 aprile 2019, n. 34, convertito, con modificazioni, dalla Legge 28 giugno 2019, n. 58 e, da ultimo, abrogato dall'articolo 1, comma 780 della Legge 27 dicembre 2019, n. 160, decorrere dal 1° gennaio 2020.*

(21) *A norma dell' articolo 8, comma 2, del D.L. 31 agosto 2013, n. 102, convertito, con modificazioni, dalla Legge 28 ottobre 2013, n. 124 , per l'anno 2013, le deliberazioni di approvazione delle aliquote e delle detrazioni, nonché i regolamenti dell'imposta municipale propria, acquistano efficacia a decorrere dalla data di pubblicazione nel sito istituzionale di ciascun comune.*

(22) *Comma inserito dall'articolo 4, comma 5, lettera l), del D.L. 2 marzo 2012, n. 16, convertito, con modificazioni, dalla Legge 26 aprile 2012, n. 44 e, successivamente, sostituito dall'articolo 10, comma 4, lettera b), del D.L. 8 aprile 2013, n. 35, convertito con modificazioni, dalla Legge 6 giugno 2013, n. 64. Da ultimo, comma modificato dall'articolo 1, comma 10, lettera e), della Legge 28 dicembre 2015, n. 208 e successivamente abrogato dall'articolo 1, comma 780 della Legge 27 dicembre 2019, n. 160, decorrere dal 1° gennaio 2020.*

(23) *Alinea modificato dall' articolo 1, comma 1, della Legge 22 dicembre 2011, n. 214 , in sede di conversione.*

(24) *Lettera modificata dall'articolo 4, comma 5, lettera m), del D.L. 2 marzo 2012, n. 16, convertito, con modificazioni, dalla Legge 26 aprile 2012, n. 44.*

(25) *Lettera inserita dall' articolo 1, comma 1, della Legge 22 dicembre 2011, n. 214 , in sede di conversione.*

(26) *Comma inserito dall' articolo 1, comma 1, della Legge 22 dicembre 2011, n. 214 , in sede di conversione. A norma dell' articolo 2, comma 5-ter, del D.L. 31 agosto 2013, n. 102, convertito, con modificazioni, dalla Legge 28 ottobre 2013, n. 124 , il presente comma deve intendersi nel senso che le domande di variazione catastale presentate ai sensi dell' articolo 7, comma 2-bis, del decreto-legge 13 maggio 2011, n. 70 , convertito, con modificazioni, dalla legge 12 luglio 2011, n. 106 , e l'inserimento dell'annotazione negli atti catastali producono gli effetti previsti per il riconoscimento del requisito di ruralità di cui all' articolo 9 del decreto-legge 30 dicembre 1993, n. 557 , convertito, con modificazioni, dalla legge 26 febbraio 1994, n. 133 , e successive modificazioni, a decorrere dal quinto anno antecedente a quello di presentazione della domanda.*

(27) *Comma inserito dall' articolo 1, comma 1, della Legge 22 dicembre 2011, n. 214 , in sede di conversione. Vedi inoltre l' articolo 11, comma 1-bis, del D.L. 10 ottobre 2012, n. 174, convertito, con modificazioni, dalla Legge 7 dicembre 2012, n. 213.*

(28) *Comma inserito dall' articolo 1, comma 1, della Legge 22 dicembre 2011, n. 214 , in sede di conversione.*

(29) *A norma dell'articolo 160, comma 1, del D.L. 19 maggio 2020, n. 34, convertito, con modificazioni, dalla Legge 17 luglio 2020, n. 77, come modificato dall' articolo 9, comma 4, del D.L. 25 maggio 2021, n. 73, convertito con modificazioni dalla Legge 23 luglio 2021, n. 106, il termine per la contestazione delle sanzioni previste, per il caso di inottemperanza da parte del soggetto obbligato, di cui al presente comma, è prorogato al 31 dicembre 2022.*

(30) *Comma sostituito dall'articolo 15-bis, comma 1 ,lettera a), del D.L. 30 aprile 2019, n. 34, convertito, con modificazioni, dalla Legge 28 giugno 2019, n. 58.*

(31) *Comma inserito dall'articolo 15-bis, comma 1 ,lettera a), del D.L. 30 aprile 2019, n. 34, convertito, con modificazioni, dalla Legge 28 giugno 2019, n. 58.*

(32) *Comma inserito dall'articolo 15-bis, comma 1 ,lettera a), del D.L. 30 aprile 2019, n. 34, convertito, con modificazioni, dalla Legge 28 giugno 2019, n. 58.*

(33) *A norma dell'articolo 107, comma 2, del D.L. 17 marzo 2020, n. 18, convertito, con modificazioni, dalla Legge 24 aprile 2020, n. 27, come modificato dall'articolo 106, comma 3-bis, del D.L. 19 maggio 2020, n. 34, convertito, con modificazioni, dalla Legge 17 luglio 2020, n. 77, e dall'articolo 1, comma 4-quinquies, del D.L. 7 ottobre 2020, n. 125, convertito, con modificazioni dalla Legge 27 novembre 2020, n. 159,limitatamente all'anno 2020, le date del 14 ottobre e del 28 ottobre di cui al presente comma, sono differite, rispettivamente, al 31 dicembre 2020 e al 31 gennaio 2021.*

(34) *Comma inserito dall'articolo 15-bis, comma 1 ,lettera a), del D.L. 30 aprile 2019, n. 34, convertito, con modificazioni, dalla Legge 28 giugno 2019, n. 58.*

(35) *Comma inserito dall'articolo 15-bis, comma 1 ,lettera a), del D.L. 30 aprile 2019, n. 34, convertito, con modificazioni, dalla Legge 28 giugno 2019, n. 58.*

(36) *Comma modificato dall' articolo 1, comma 1, della Legge 22 dicembre 2011, n. 214 , in sede di conversione.*

(37) *A norma dell'articolo 34, comma 37, del D.L. 18 ottobre 2012, n. 179, convertito, con modificazioni, dalla Legge 17 dicembre 2012, n. 221, il recupero al bilancio dello Stato di cui al presente comma, è ridotto per l'anno 2012 di 120 milioni.*

(38) *Comma inserito dall' articolo 1, comma 1, della Legge 22 dicembre 2011, n. 214 , in sede di conversione. A norma dell' articolo 1, comma 380, lettera h), della Legge 24 dicembre 2012, n. 228 , il presente comma continua ad applicarsi nei soli territori delle regioni Friuli-Venezia Giulia e Valle d'Aosta e delle province autonome di Trento e di Bolzano.*

(39) *Comma soppresso dall' articolo 1, comma 1, della Legge 22 dicembre 2011, n. 214 , in sede di conversione.*

(40) *A norma dell' articolo 1, comma 1, del D.L. 31 agosto 2013, n. 102 , convertito, con modificazioni, dalla Legge 28 ottobre 2013, n. 124 , per l'anno 2013 non è dovuta la prima rata dell'imposta municipale propria di cui al presente articolo, relativa agli immobili di cui all' articolo 2, comma 1, del decreto-legge 21 maggio 2013, n. 54 , convertito, con modificazioni, dalla Legge 18 luglio 2013, n. 85 .*

(41) *Per l'abolizione della seconda rata dell'IMU, di cui al presente articolo, vedi l' articolo 1 del D.L. 30 novembre 2013, n. 133, convertito, con modificazioni, dalla Legge 29 gennaio 2014, n. 5 .*

(42) *Per l'interpretazione delle disposizioni di cui al presente articolo, vedi l'articolo 1, comma 728, della Legge 27 dicembre 2017, n. 205.*

14. Istituzione del tributo comunale sui rifiuti e sui servizi. – *[1. A decorrere dal 1° gennaio 2013 è istituito in tutti i comuni del territorio nazionale il tributo comunale sui rifiuti e sui servizi, a copertura dei costi relativi al servizio di gestione dei rifiuti urbani e dei rifiuti assimilati avviati allo smaltimento, svolto in regime di privativa pubblica ai sensi della vigente normativa ambientale, e dei costi relativi ai servizi indivisibili dei comuni* (1).

2. Soggetto attivo dell'obbligazione tributaria è il comune nel cui territorio insiste, interamente o prevalentemente, la superficie degli immobili assoggettabili al tributo.

3. Il tributo è dovuto da chiunque possieda, occupi o detenga a qualsiasi titolo locali o aree scoperte, a qualsiasi uso adibiti, suscettibili di produrre rifiuti urbani.

4. Sono escluse dalla tassazione, ad eccezione delle aree scoperte operative, le aree scoperte pertinenziali o accessorie a locali tassabili e le aree comuni condominiali di cui all'articolo 1117 del codice civile che non siano detenute o occupate in via esclusiva (2).

5. Il tributo è dovuto da coloro che occupano o detengono i locali o le aree scoperte di cui ai commi 3 e 4 con vincolo di solidarietà tra i componenti del nucleo familiare o tra coloro che usano in comune i locali o le aree stesse.

6. In caso di utilizzi temporanei di durata non superiore a sei mesi nel corso dello stesso anno solare, il tributo è dovuto soltanto dal possessore dei locali e delle aree a titolo di proprietà, usufrutto, uso, abitazione, superficie.

7. Nel caso di locali in multiproprietà e di centri commerciali integrati il soggetto che gestisce i servizi comuni è responsabile del versamento del tributo dovuto per i locali ed aree scoperte di uso comune e per i locali ed aree scoperte in uso esclusivo ai singoli occupanti o detentori, fermi restando nei confronti di questi ultimi, gli altri obblighi o diritti derivanti dal rapporto tributario riguardante i locali e le aree in uso esclusivo.

8. Il tributo è corrisposto in base a tariffa commisurata ad anno solare, cui corrisponde un'autonoma obbligazione tributaria.

9. La tariffa è commisurata alle quantità e qualità medie ordinarie di rifiuti prodotti per unità di superficie, in relazione agli usi e alla tipologia di attività svolte, sulla base dei criteri determinati con il regolamento di cui al decreto del Presidente della Repubblica 27 aprile 1999, n. 158. Fino all'attuazione delle disposizioni di cui al comma 9-bis, la superficie delle unità immobiliari a destinazione ordinaria iscritte o iscrivibili nel catasto edilizio urbano assoggettabile al tributo è costituita da quella calpestabile dei locali e delle aree suscettibili di produrre rifiuti urbani e assimilati. Ai fini dell'applicazione del tributo si considerano le superfici dichiarate o accertate ai fini della Tassa per lo smaltimento dei rifiuti solidi urbani di cui al decreto legislativo 13 novembre 1993, n. 507 (TARSU), o della Tariffa di igiene ambientale prevista dall'articolo 49 del decreto legislativo 5 febbraio 1997, n. 22 (TIA 1) o dall'articolo 238 del decreto legislativo 3 aprile 2006, n. 152 (TIA 2). Ai fini dell'attività di accertamento, il comune, per le unità immobiliari a destinazione ordinaria iscritte o iscrivibili nel catasto edilizio urbano, può considerare come superficie assoggettabile al tributo quella pari all'80 per cento della superficie catastale determinata secondo i criteri stabiliti dal regolamento di cui al decreto del Presidente della Repubblica 23 marzo 1998, n. 138. Con provvedimento del direttore dell'Agenzia del territorio, sentita la Conferenza Stato-città ed autonomie locali e l'Associazione Nazionale dei Comuni Italiani sono stabilite le procedure di interscambio dei dati tra i comuni e la predetta Agenzia. Per le altre unità immobiliari la superficie assoggettabile al tributo rimane quella calpestabile (3).

9-bis. Nell'ambito della cooperazione tra i comuni e l'Agenzia del territorio per la revisione del catasto, vengono attivate le procedure per l'allineamento tra i dati catastali relativi alle unità immobiliari a destinazione ordinaria e i dati riguardanti la toponomastica e la numerazione civica interna ed esterna di ciascun comune, al fine di addivenire alla determinazione della superficie assoggettabile al tributo pari all'80 per cento di quella catastale determinata secondo i criteri stabiliti dal regolamento di cui al decreto del Presidente della Repubblica n. 138 del 1998. I comuni comunicano ai contribuenti le nuove superfici imponibili adottando le più idonee forme di comunicazione e nel rispetto dell'articolo 6 della legge 27 luglio 2000, n. 212 (4).

10. Nella determinazione della superficie assoggettabile al tributo non si tiene conto di quella parte di essa ove si formano di regola rifiuti speciali, a condizione che il produttore ne dimostri l'avvenuto trattamento in conformità alla normativa vigente.

11. La tariffa è composta da una quota determinata in relazione alle componenti essenziali del costo del servizio di gestione dei rifiuti, riferite in particolare agli investimenti per le opere ed ai relativi ammortamenti, e da una quota rapportata alle quantità di rifiuti conferiti, al servizio fornito e all'entità dei costi di gestione, in modo che sia assicurata la copertura integrale dei costi di investimento e di esercizio. La tariffa è determinata ricomprendendo anche i costi di cui all'articolo 15 del decreto legislativo 13 gennaio 2003, n. 36.

[12. Con regolamento da emanarsi entro il 31 ottobre 2012, ai sensi dell'articolo 17, comma 1, della legge 23 agosto 1988, n. 400, su proposta del Ministro dell'economia e delle finanze e del Ministro dell'ambiente e della tutela del territorio e del mare, sentita la Conferenza Stato-città ed autonomie locali, sono stabiliti i criteri per l'individuazione del costo del servizio di gestione dei rifiuti e per la determinazione della tariffa. Il regolamento emanato ai sensi del primo periodo del presente comma si applica a decorrere dall'anno successivo alla data della sua entrata in vigore. Si applicano comunque in via transitoria, a decorrere dal 1° gennaio 2013 e fino alla data da cui decorre l'applicazione del regolamento di cui al primo periodo del presente comma, le disposizioni di cui al decreto del Presidente della Repubblica 27 aprile 1999, n. 158.] (5)

13. Alla tariffa determinata in base alle disposizioni di cui ai commi da 8 a 12, si applica una maggiorazione pari a 0,30 euro per metro quadrato, a copertura dei costi relativi ai servizi indivisibili dei comuni, i quali possono, con deliberazione del consiglio comunale, modificare in aumento la misura della maggiorazione fino a 0,40 euro, anche graduandola in ragione della tipologia dell'immobile e della zona ove è ubicato.

13-bis. A decorrere dall'anno 2013 il fondo sperimentale di riequilibrio, come determinato ai sensi dell'articolo 2 del decreto legislativo 14 marzo 2011, n. 23, e il fondo perequativo, come determinato ai sensi dell'articolo 13 del medesimo decreto legislativo n. 23 del 2011, ed i trasferimenti erariali dovuti ai comuni della Regione Siciliana e della Regione Sardegna sono ridotti in misura corrispondente al gettito derivante dalla maggiorazione standard di cui al comma 13 del presente articolo. In caso di incapienza ciascun comune versa all'entrata del bilancio dello Stato le somme residue. Con le procedure previste dall'articolo 27 della legge 5 maggio 2009, n. 42, le regioni Friuli-Venezia Giulia e Valle d'Aosta, nonché le Province autonome di Trento e di Bolzano, assicurano il recupero al bilancio statale del predetto maggior gettito dei comuni ricadenti nel proprio territorio. Fino all'emanazione delle norme di attuazione di cui allo stesso articolo 27, a valere sulle quote di compartecipazione ai tributi erariali, è accantonato un importo pari al maggior gettito di cui al precedente periodo.

14. Resta ferma la disciplina del tributo dovuto per il servizio di gestione dei rifiuti delle istituzioni scolastiche, di cui all'articolo 33-bis, del decreto-legge 31 dicembre 2007, n. 248, convertito con modificazioni dalla legge 28 febbraio 2008, n. 31. Il costo relativo alla gestione dei rifiuti delle istituzioni scolastiche è sottratto dal costo che deve essere coperto con il tributo comunale sui rifiuti e sui servizi.

15. Il comune con regolamento può prevedere riduzioni tariffarie, nella misura massima del trenta per cento, nel caso di:

a) abitazioni con unico occupante;

b) abitazioni tenute a disposizione per uso stagionale od altro uso limitato e discontinuo;

c) locali, diversi dalle abitazioni, ed aree scoperte adibiti ad uso stagionale o ad uso non continuativo, ma ricorrente;

d) abitazioni occupate da soggetti che risiedano o abbiano la dimora, per più di sei mesi all'anno, all'estero;

e) fabbricati rurali ad uso abitativo.

16. Nelle zone in cui non è effettuata la raccolta, il tributo è dovuto in misura non superiore al quaranta per cento della tariffa da determinare, anche in maniera graduale, in relazione alla distanza dal più vicino punto di raccolta rientrante nella zona perimetrata o di fatto servita.

17. Nella modulazione della tariffa sono assicurate riduzioni per la raccolta differenziata riferibile alle utenze domestiche.

18. Alla tariffa è applicato un coefficiente di riduzione proporzionale alle quantità di rifiuti assimilati che il produttore dimostri di aver avviato al recupero.

19. Il consiglio comunale può deliberare ulteriori agevolazioni rispetto a quelle previste dai commi da 15 a 18 e dal comma 20. La relativa copertura può essere disposta attraverso la ripartizione dell'onere sull'intera platea dei contribuenti, ovvero attraverso apposite autorizzazioni di spesa che non possono eccedere il limite del 7 per cento del costo complessivo del servizio (6).

20. Il tributo è dovuto nella misura massima del 20 per cento della tariffa, in caso di mancato svolgimento del servizio di gestione dei rifiuti, ovvero di effettuazione dello stesso in grave violazione della disciplina di riferimento, nonché di interruzione del servizio per motivi sindacali o per imprevedibili impedimenti organizzativi che abbiano determinato una situazione riconosciuta dall'autorità sanitaria di danno o pericolo di danno alle persone o all'ambiente.

21. Le agevolazioni di cui ai commi da 15 a 20 si applicano anche alla maggiorazione di cui al comma 13.

22. Con regolamento da adottarsi ai sensi dell'articolo 52 del decreto legislativo 15 dicembre 1997, n. 446, il consiglio comunale determina la disciplina per l'applicazione del tributo, concernente tra l'altro:

a) la classificazione delle categorie di attività con omogenea potenzialità di produzione di rifiuti;

b) la disciplina delle riduzioni tariffarie;

c) la disciplina delle eventuali riduzioni ed esenzioni;

d) l'individuazione di categorie di attività produttive di rifiuti speciali alle quali applicare, nell'obiettiva difficoltà di delimitare le superfici ove tali rifiuti si formano, percentuali di riduzione rispetto all'intera superficie su cui l'attività viene svolta;

e) i termini di presentazione della dichiarazione e di versamento del tributo.

23. Il consiglio comunale deve approvare le tariffe del tributo entro il termine fissato da norme statali per l'approvazione del bilancio di previsione, in conformità al piano finanziario del servizio di gestione dei rifiuti urbani, redatto dal soggetto che svolge il servizio stesso ed approvato dal medesimo consiglio comunale o da altra autorità competente a norma delle leggi vigenti in materia (7).

24. Per il servizio di gestione dei rifiuti assimilati prodotti da soggetti che occupano o detengono temporaneamente, con o senza autorizzazione, locali od aree pubbliche o di uso pubblico, i comuni stabiliscono con il regolamento le modalità di applicazione del tributo, in base a tariffa giornaliera. L'occupazione o detenzione è temporanea quando si protrae per periodi inferiori a 183 giorni nel corso dello stesso anno solare.

25. La misura tariffaria è determinata in base alla tariffa annuale del tributo, rapportata a giorno, maggiorata di un importo percentuale non superiore al 100 per cento.

26. L'obbligo di presentazione della dichiarazione è assolto con il pagamento del tributo da effettuarsi con le modalità e nei termini previsti per la tassa di occupazione temporanea di spazi ed aree pubbliche ovvero per l'imposta municipale secondaria di cui all'articolo 11 del decreto legislativo 14 marzo 2011, n. 23, a partire dalla data di entrata in vigore della stessa.

27. Per tutto quanto non previsto dai commi da 24 a 26, si applicano in quanto compatibili le disposizioni relative al tributo annuale, compresa la maggiorazione di cui al comma 13.

28. È fatta salva l'applicazione del tributo provinciale per l'esercizio delle funzioni di tutela, protezione ed igiene dell'ambiente di cui all'articolo 19 del decreto legislativo 30 dicembre 1992, n. 504. Il tributo provinciale, commisurato alla superficie dei locali ed aree assoggettabili a tributo, è applicato nella misura percentuale deliberata dalla provincia sull'importo del tributo, esclusa la maggiorazione di cui al comma 13.

29. I comuni che hanno realizzato sistemi di misurazione puntuale della quantità di rifiuti conferiti al servizio pubblico possono, con regolamento, prevedere l'applicazione di una tariffa avente natura corrispettiva, in luogo del tributo.

30. Il costo del servizio da coprire con la tariffa di cui al comma 29 è determinato sulla base dei criteri stabiliti nel regolamento previsto dal comma 12 (8).

31. La tariffa di cui al comma 29 è applicata e riscossa dal soggetto affidatario del servizio di gestione dei rifiuti urbani (9).

32. I comuni di cui al comma 29 applicano il tributo comunale sui rifiuti e sui servizi limitatamente alla componente diretta alla copertura dei costi relativi ai servizi indivisibili dei comuni determinata ai sensi del comma 13 (10).

33. I soggetti passivi del tributo presentano la dichiarazione entro il termine stabilito dal comune nel regolamento, fissato in relazione alla data di inizio del possesso, dell'occupazione o della detenzione dei locali e delle aree assoggettabili a tributo. Nel caso di occupazione in comune di un fabbricato, la dichiarazione può essere presentata anche da uno solo degli occupanti.

34. La dichiarazione, redatta su modello messo a disposizione dal comune, ha effetto anche per gli anni successivi sempreché non si verifichino modificazioni dei dati dichiarati da cui consegua un diverso ammontare del tributo; in tal caso, la dichiarazione va presentata entro il termine stabilito dal comune nel regolamento. Al fine di acquisire le informazioni riguardanti la toponomastica e la numerazione civica interna ed esterna di ciascun comune, nella dichiarazione delle unità immobiliari a destinazione ordinaria devono essere obbligatoriamente indicati i dati catastali, il numero civico di ubicazione dell'immobile e il numero dell'interno, ove esistente (11).

35. I comuni, in deroga all'articolo 52 del decreto legislativo 15 dicembre 1997, n. 446, possono affidare, fino al 31 dicembre 2013, la gestione del tributo o della tariffa di cui al comma 29, ai soggetti che, alla data del 31 dicembre 2012, svolgono, anche disgiuntamente, il servizio di gestione dei rifiuti e di accertamento e riscossione della TARSU, della TIA 1 o della TIA 2. Il versamento del tributo, della tariffa di cui al comma 29 nonché della maggiorazione di cui al comma 13 è effettuato, in deroga all'articolo 52 del decreto legislativo 15 dicembre 1997, n. 446, secondo le disposizioni di cui all'articolo 17 del decreto legislativo 9 luglio 1997, n. 241, nonché, tramite apposito bollettino di conto corrente postale al quale si applicano le disposizioni di cui al citato articolo 17, in quanto compatibili ovvero tramite le altre modalità di pagamento offerte dai servizi elettronici di incasso e di pagamento interbancari. Con uno o più decreti del direttore generale del Dipartimento delle finanze del Ministero dell'economia e delle finanze, di concerto con il Direttore dell'Agenzia delle entrate e sentita l'Associazione Nazionale dei Comuni Italiani, sono stabilite le modalità di versamento, assicurando in ogni caso la massima semplificazione degli adempimenti da parte dei soggetti interessati, prevedendo anche forme che rendano possibile la previa compilazione dei modelli di pagamento. Il tributo e la maggiorazione, in deroga all'articolo 52 del decreto legislativo n. 446 del 1997, sono versati esclusivamente al comune. Il versamento del tributo, della tariffa di cui al comma 29 nonché della maggiorazione di cui al comma 13 per l'anno di riferimento è effettuato in quattro rate trimestrali, scadenti nei mesi di gennaio, aprile, luglio e ottobre. I comuni possono variare la scadenza e il numero delle rate di versamento. Per l'anno 2013, il termine di versamento della prima rata è comunque posticipato a luglio, ferma restando la facoltà per il comune di posticipare ulteriormente tale termine. Per l'anno 2013, fino alla determinazione delle tariffe ai sensi dei commi 23 e 29, l'importo delle corrispondenti rate è determinato in acconto, commisurandolo all'importo versato, nell'anno precedente, a titolo di TARSU o di TIA 1 oppure di TIA 2. Per le nuove occupazioni decorrenti dal 1° gennaio 2013, l'importo delle corrispondenti rate di cui al periodo precedente è determinato tenendo conto delle tariffe relati-

ve alla TARSU o alla TIA 1 oppure alla TIA 2 applicate dal comune nell'anno precedente. In ogni caso il versamento a conguaglio è effettuato con la rata successiva alla determinazione delle tariffe ai sensi dei commi 23 e 29. Per l'anno 2013, il pagamento della maggiorazione di cui al comma 13 è effettuato in base alla misura standard, pari a 0,30 euro per metro quadrato, senza applicazione di sanzioni e interessi, contestualmente al tributo o alla tariffa di cui al comma 29, alla scadenza delle prime tre rate. L'eventuale conguaglio riferito all'incremento della maggiorazione fino a 0,40 euro è effettuato al momento del pagamento dell'ultima rata. È consentito il pagamento in unica soluzione entro il mese di giugno di ciascun anno (12).

36. Il comune designa il funzionario responsabile a cui sono attribuiti tutti i poteri per l'esercizio di ogni attività organizzativa e gestionale, compreso quello di sottoscrivere i provvedimenti afferenti a tali attività, nonché la rappresentanza in giudizio per le controversie relative al tributo stesso.

37. Ai fini della verifica del corretto assolvimento degli obblighi tributari, il funzionario responsabile può inviare questionari al contribuente, richiedere dati e notizie a uffici pubblici ovvero a enti di gestione di servizi pubblici, in esenzione da spese e diritti, e disporre l'accesso ai locali ed aree assoggettabili a tributo, mediante personale debitamente autorizzato e con preavviso di almeno sette giorni.

38. In caso di mancata collaborazione del contribuente od altro impedimento alla diretta rilevazione, l'accertamento può essere effettuato in base a presunzioni semplici di cui all'articolo 2729 del codice civile.

39. In caso di omesso o insufficiente versamento del tributo risultante dalla dichiarazione, si applica l'articolo 13 del decreto legislativo 18 dicembre 1997, n. 471.

40. In caso di omessa presentazione della dichiarazione, si applica la sanzione dal 100 per cento al 200 per cento del tributo non versato, con un minimo di 50 euro.

41. In caso di infedele dichiarazione, si applica la sanzione dal 50 per cento al 100 per cento del tributo non versato, con un minimo di 50 euro.

42. In caso di mancata, incompleta o infedele risposta al questionario di cui al comma 37, entro il termine di sessanta giorni dalla notifica dello stesso, si applica la sanzione da euro 100 a euro 500.

43. Le sanzioni di cui ai commi 40 e 41 sono ridotte ad un terzo se, entro il termine per la proposizione del ricorso, interviene acquiescenza del contribuente, con pagamento del tributo, se dovuto, della sanzione e degli interessi.

44. Resta salva la facoltà del comune di deliberare con il regolamento circostanze attenuanti o esimenti nel rispetto dei principi stabiliti dalla normativa statale.

45. Per tutto quanto non previsto dalle disposizioni del presente articolo concernenti il tributo comunale sui rifiuti e sui servizi, si applicano le disposizioni di cui all'articolo 1, commi da 161 a 170, della legge 27 dicembre 2006, n. 296. Resta ferma l'applicazione dell'articolo 52 del decreto legislativo 15 dicembre 1997, n. 446 (13).

46. A decorrere dal 1° gennaio 2013 sono soppressi tutti i vigenti prelievi relativi alla gestione dei rifiuti urbani, sia di natura patrimoniale sia di natura tributaria, compresa l'addizionale per l'integrazione dei bilanci degli enti comunali di assistenza.

All'articolo 195, comma 2, lettera e), del decreto legislativo 3 aprile 2006, n. 152, sono abrogate le parole da "Ai rifiuti assimilati" fino a "la predetta tariffazione".

47. L'articolo 14, comma 7, del decreto legislativo 14 marzo 2011, n. 23, è abrogato, con efficacia a decorrere dalla data di cui al comma 46 del presente articolo (14)(15)*.]* (16)

(1) *Comma modificato dall'articolo 25, comma 5, del D.L. 24 gennaio 2012, n. 1, convertito, con modificazioni, dalla Legge 24 marzo 2012, n. 27 e, successivamente, dall'articolo 1, comma 387, lettera a), della Legge 24 dicembre 2012, n. 228.*

(2) *Comma sostituito dall'articolo 10, comma 3, lettera a), del D.L. 8 aprile 2013, n. 35, convertito, con modificazioni dalla Legge 6 giugno 2013, n. 64.*

(3) *Comma modificato dall'articolo 6, comma 2, del D.L. 2 marzo 2012, n. 16, convertito, con modificazioni, dalla Legge 26 aprile 2012, n. 44 e, successivamente, dall'articolo 1, comma 387, lettera b), della Legge 24 dicembre 2012, n. 228.*

(4) *Comma inserito dall'articolo 1, comma 387, lettera c), della Legge 24 dicembre 2012, n. 228.*

(5) *Comma abrogato dall'articolo 1, comma 387, lettera d), della Legge 24 dicembre 2012, n. 228.*

(6) *Comma sostituito dall'articolo 5, comma 2, del D.L. 31 agosto 2013, n. 102, convertito, con modificazioni, dalla Legge 28 ottobre 2013, n. 124.*

(7) *Comma modificato dall'articolo 5, comma 4-ter, del D.L. 31 agosto 2013, n. 102, convertito, con modificazioni, dalla Legge 28 ottobre 2013, n. 124.*

(8) *Comma modificato dall'articolo 1, comma 1, della Legge 22 dicembre 2011, n. 214, in sede di conversione.*

(9) *Comma modificato dall'articolo 1, comma 1, della Legge 22 dicembre 2011, n. 214, in sede di conversione.*

(10) *Comma modificato dall'articolo 1, comma 1, della Legge 22 dicembre 2011, n. 214, in sede di conversione.*

(11) *Comma modificato dall'articolo 1, comma 1, della Legge 22 dicembre 2011, n. 214, in sede di conversione e, successivamente, dall'articolo 1, comma 387, lettera e), della Legge 24 dicembre 2012, n. 228.*

(12) *Comma modificato dall'articolo 1, comma 387, lettera f), della Legge 24 dicembre 2012, n. 228; dall'articolo 1-bis, comma 1, del D.L. 14 gennaio 2013, n. 1, convertito, con modificazioni, dalla Legge 1° febbraio 2013, n. 11 e, successivamente dall'articolo 10, comma 3, lettera b), del D.L. 8 aprile 2013, n. 35, convertito, con modificazioni dalla Legge 6 giugno 2013, n. 64.*

(13) *Comma modificato dall'articolo 1, comma 1, della Legge 22 dicembre 2011, n. 214, in sede di conversione.*

(14) *Per le disposizioni, per il solo anno 2013, in materia di tributo comunale sui rifiuti e sui servizi, in deroga a quanto diversamente previsto dal presente articolo, vedi l'articolo 10, comma 2, del D.L. 8 aprile 2013, n. 35, convertito, con modificazioni, dalla Legge 6 giugno 2013, n. 64.*

(15) *In attuazione del presente articolo vedi l'articolo 3, comma 3-quater, del D.L. 26 aprile 2013, n. 43, convertito, con modificazioni, dalla Legge 24 giugno 2013, n. 71.*

(16) *Articolo abrogato dall'articolo 1, comma 704, della Legge 27 dicembre 2013, n. 147.*

(A) *In riferimento al presente articolo vedi: Risoluzione Agenzia delle Entrate 27 maggio 2013, n. 37/E; Risoluzione Agenzia delle Entrate 28 giugno 2013, n. 42/E.*

(Omissis)

6. L. 27 dicembre 2013, n. 147

Disposizioni per la formazione del bilancio annuale e pluriennale dello Stato (Legge di stabilità 2014)[(1)(2)](Estratto: artt. 1, commi 639-728 e 749).

(1) *Pubblicata in Suppl. ordinario n. 87 alla Gazz. Uff., 27 dicembre 2013 n. 302*

(2) *Per l'interpretazione delle disposizioni di cui ai commi 639 e seguenti dell'articolo 1 della presente legge, vedi l'art. 1, comma 728 della L. 27 dicembre 2017 n. 205*

1. [...] *Omissis.*

639. È istituita l'imposta unica comunale (IUC). Essa si basa su due presupposti impositivi, uno costituito dal possesso di immobili e collegato alla loro natura e valore e l'altro collegato all'erogazione e alla fruizione di servizi comunali. La IUC si compone dell'imposta municipale propria (IMU), di natura patrimoniale, dovuta dal possessore di immobili, escluse le abitazioni principali, e di una componente riferita ai servizi, che si articola nel tributo per i servizi indivisibili (TASI), a carico sia del possessore che dell'utilizzatore dell'immobile, escluse le unità immobiliari destinate ad abitazione principale dal possessore nonché dall'utilizzatore e dal suo nucleo familiare, ad eccezione di quelle classificate nelle categorie catastali A/1, A/8 e A/9, e nella tassa sui rifiuti (TARI), destinata a finanziare i costi del servizio di raccolta e smaltimento dei rifiuti, a carico dell'utilizzatore [(1)(2)(3)(4)(A)].

(1) *Comma modificato dall'articolo 1, comma 14, lettera a), della Legge 28 dicembre 2015, n. 208.*

(2) *A norma dell'articolo 1, comma 780 della Legge 27 dicembre 2019, n. 160, le disposizioni di cui al presente comma, concernenti l'istituzione e la disciplina dell'imposta comunale unica (IUC), sono abrogate a decorrere dal 1° gennaio 2020, limitatamente alle disposizioni riguardanti la disciplina dell'IMU e della TASI. Restano ferme le disposizioni che disciplinano la TARI.*

(3) *A norma dell'articolo 1, comma 738 della Legge 27 dicembre 2019, n. 160, a decorrere dall'anno 2020, l'imposta unica comunale di cui al presente comma, è abolita, ad eccezione delle disposizioni relative alla tassa sui rifiuti (TARI); l'imposta municipale propria (IMU) è disciplinata dalle disposizioni di cui ai commi da 739 a 783 del medesimo articolo 1 della Legge 160/2019.*

(4) *A norma dell'articolo 5, comma 2-bis del D.L. 21 ottobre 2021, n. 146, convertito con modificazioni dalla Legge 17 dicembre 2021, n. 215 la tassa sui rifiuti di cui al presente comma , non è dovuta per gli immobili indicati negli articoli 13, 14, 15 e 16 del Trattato fra la Santa Sede e l'Italia dell'11 febbraio 1929, reso esecutivo dalla legge 27 maggio 1929, n. 810* [(1)].

(A) *In riferimento al presente comma vedi: Risoluzione del Ministero dell'Economia e delle Finanze 25 marzo 2015, n. 3/DF.*

640. L'aliquota massima complessiva dell'IMU e della TASI non può superare i limiti prefissati per la sola IMU, come stabilito dal comma 677 [(1)].

(1) *A norma dell'articolo 1, comma 780 della Legge 27 dicembre 2019, n. 160, le disposizioni di cui al presente comma, concernenti l'istituzione e la disciplina dell'imposta comunale unica (IUC), sono abrogate, a decorrere dal 1° gennaio 2020, limitatamente alle disposizioni riguardanti la disciplina dell'IMU e della TASI. Restano ferme le disposizioni che disciplinano la TARI.*

641. Il presupposto della TARI è il possesso o la detenzione a qualsiasi titolo di locali o di aree scoperte, a qualsiasi uso adibiti, suscettibili di produrre rifiuti urbani. Sono escluse dalla TARI le aree scoperte pertinenziali o accessorie a locali tassabili, non operative, e le aree comuni condominiali di cui all'articolo 1117 del codice civile che non siano detenute o occupate in via esclusiva.

642. La TARI è dovuta da chiunque possieda o detenga a qualsiasi titolo locali o aree scoperte, a qualsiasi uso adibiti, suscettibili di produrre rifiuti urbani. In caso di pluralità di possessori o di detentori, essi sono tenuti in solido all'adempimento dell'unica obbligazione tributaria.

643. In caso di detenzione temporanea di durata non superiore a sei mesi nel corso dello stesso anno solare, la TARI è dovuta soltanto dal possessore dei locali e delle aree a titolo di proprietà, usufrutto, uso, abitazione o superficie.

644. Nel caso di locali in multiproprietà e di centri commerciali integrati il soggetto che gestisce i servizi comuni è responsabile del versamento della TARI dovuta per i locali e le aree scoperte di uso comune e per i locali e le aree scoperte in uso esclusivo ai singoli possessori o detentori, fermi restando nei confronti di questi ultimi gli altri obblighi o diritti derivanti dal rapporto tributario riguardante i locali e le aree in uso esclusivo.

645. Fino all'attuazione delle disposizioni di cui al comma 647, la superficie delle unità immobiliari a destinazione ordinaria iscritte o iscrivibili nel catasto edilizio urbano assoggettabile alla TARI è costituita da quella calpestabile dei locali e delle aree suscettibili di produrre rifiuti urbani e assimilati. L'utilizzo delle superfici catastali per il calcolo della TARI decorre dal 1° gennaio successivo alla data di emanazione di un apposito provvedimento del Direttore dell'Agenzia delle entrate, previo accordo da sancire in sede di Conferenza Stato-città ed autonomie locali, che attesta l'avvenuta completa attuazione delle disposizioni di cui al comma 647 [(1)].

(1) *Comma modificato dall'articolo 2, comma 1, lettera d-bis), del D.L. 6 marzo 2014, n. 16, convertito, con modificazioni, dalla Legge 2 maggio 2014, n. 68.*

646. Per l'applicazione della TARI si considerano le superfici dichiarate o accertate ai fini dei precedenti prelievi sui rifiuti. Relativamente all'attività di accertamento, il comune, per le unità immobiliari iscritte o iscrivibili nel catasto edilizio urbano, può considerare come superficie assoggettabile alla TARI quella pari all'80 per cento della superficie catastale determinata secondo i criteri stabiliti dal regolamento di cui al decreto del Presidente della Repubblica 23 marzo 1998, n. 138.

647. Le procedure di interscambio tra i comuni e l'Agenzia delle entrate dei dati relativi alla superficie delle unità immobiliari a destinazione ordinaria, iscritte in catasto e corredate di planimetria, sono quelle stabilite con provvedimento del direttore dell'Agenzia delle entrate adottato ai sensi dell'articolo 14, comma 9, del decreto-legge 6 dicembre 2011, n. 201, convertito, con modificazioni, dalla legge 22 dicembre 2011, n. 214, e successive modificazioni. Si applicano le Regole tecniche contenenti le modalità di interscambio tra l'Agenzia delle entrate e i comuni dei dati inerenti la superficie delle unità immobiliari a destinazione ordinaria iscritte nel catasto edilizio urbano, pubblicate nel sito internet dell'Agenzia delle entrate. Nell'ambito della cooperazione tra i comuni e l'Agenzia delle entrate per la revisione del catasto, vengono attivate le procedure per l'allineamento

tra i dati catastali relativi alle unità immobiliari a destinazione ordinaria e i dati riguardanti la toponomastica e la numerazione civica interna ed esterna di ciascun comune, al fine di addivenire alla determinazione della superficie assoggettabile alla TARI pari all'80 per cento di quella catastale determinata secondo i criteri stabiliti dal regolamento di cui al decreto del Presidente della Repubblica n. 138 del 1998. I comuni comunicano ai contribuenti le nuove superfici imponibili adottando le più idonee forme di comunicazione e nel rispetto dell'articolo 6 della legge 27 luglio 2000, n. 212.

648. Per le unità immobiliari diverse da quelle a destinazione ordinaria iscritte o iscrivibili nel catasto edilizio urbano la superficie assoggettabile alla TARI rimane quella calpestabile.

649. Nella determinazione della superficie assoggettabile alla TARI non si tiene conto di quella parte di essa ove si formano, in via continuativa e prevalente, rifiuti speciali, al cui smaltimento sono tenuti a provvedere a proprie spese i relativi produttori, a condizione che ne dimostrino l'avvenuto trattamento in conformità alla normativa vigente. Per i produttori di rifiuti speciali assimilati agli urbani, nella determinazione della TARI, il comune disciplina con proprio regolamento riduzioni della quota variabile del tributo proporzionali alle quantità di rifiuti speciali assimilati che il produttore dimostra di aver avviato al riciclo, direttamente o tramite soggetti autorizzati. Con il medesimo regolamento il comune individua le aree di produzione di rifiuti speciali non assimilabili e i magazzini di materie prime e di merci funzionalmente ed esclusivamente collegati all'esercizio di dette attività produttive, ai quali si estende il divieto di assimilazione. Al conferimento al servizio pubblico di raccolta dei rifiuti urbani di rifiuti speciali non assimilati, in assenza di convenzione con il comune o con l'ente gestore del servizio, si applicano le sanzioni di cui all'articolo 256, comma 2, del decreto legislativo 3 aprile 2006, n. 152 (1)(A)

(1) Comma modificato dall'articolo 2, comma 1, lettera e), del D.L. 6 marzo 2014, n. 16, convertito, con modificazioni, dalla Legge 2 maggio 2014, n. 68.
(A) In riferimento al presente comma, primo periodo, vedi: Risoluzione del Ministero dell'Economia e delle Finanze 9 dicembre 2014, n. 2/DF.

650. La TARI è corrisposta in base a tariffa commisurata ad anno solare coincidente con un'autonoma obbligazione tributaria.

651. Il comune nella commisurazione della tariffa tiene conto dei criteri determinati con il regolamento di cui al decreto del Presidente della Repubblica 27 aprile 1999, n. 158.

652. Il comune, in alternativa ai criteri di cui al comma 651 e nel rispetto del principio «chi inquina paga», sancito dall'articolo 14 della direttiva 2008/98/CE del Parlamento europeo e del Consiglio, del 19 novembre 2008, relativa ai rifiuti, può commisurare la tariffa alle quantità e qualità medie ordinarie di rifiuti prodotti per unità di superficie, in relazione agli usi e alla tipologia delle attività svolte nonché al costo del servizio sui rifiuti. Le tariffe per ogni categoria o sottocategoria omogenea sono determinate dal comune moltiplicando il costo del servizio per unità di superficie imponibile accertata, previsto per l'anno successivo, per uno o più coefficienti di produttività quantitativa e qualitativa di rifiuti. Nelle more della revisione del regolamento di cui al decreto del Presidente della Repubblica 27 aprile 1999, n. 158, al fine di semplificare l'individuazione dei coefficienti relativi alla graduazione delle tariffe il comune può prevedere, per gli anni a decorrere dal 2014 e fino a diversa regolamentazione disposta dall'Autorità di regolazione per energia, reti e ambiente, ai sensi dell'articolo 1, comma 527, della legge 27 dicembre 2017, n. 205, l'adozione dei coefficienti di cui alle tabelle 2, 3a, 3b, 4a e 4b dell'allegato 1 al citato regolamento di cui al decreto del Presidente della Repubblica n. 158 del 1999, inferiori ai minimi o superiori ai massimi ivi indicati del 50 per cento, e può altresì non considerare i coefficienti di cui alle tabelle 1a e 1b del medesimo allegato 1. Alle utenze non domestiche relative ad attività commerciali, industriali, professionali e produttive in genere, che producono o distribuiscono beni alimentari, e che a titolo gratuito cedono, direttamente o indirettamente, tali beni alimentari agli indigenti e alle persone in maggiori condizioni di bisogno ovvero per l'alimentazione animale, il comune può applicare un coefficiente di riduzione della tariffa proporzionale alla quantità, debitamente certificata, dei beni e dei prodotti ritirati dalla vendita e oggetto di donazione (1).

(1) Comma modificato dall'articolo 2, comma 1, lettera e-bis), del D.L. 6 marzo 2014, n. 16, convertito, con modificazioni, dalla Legge 2 maggio 2014, n. 68 e successivamente dall'articolo 1, comma 27, lettera a), della Legge 28 dicembre 2015, n. 208, dall'articolo 17, comma 1, della Legge 19 agosto 2016 n. 166 e dall'articolo 1, comma 38, della Legge 27 dicembre 2017, n. 205 e successivamente dall'articolo 1, comma 1093, della Legge 30 dicembre 2018, n. 145 e dall'articolo 57-bis, comma 1, lettera a), del D.L. 26 ottobre 2019, n. 124, convertito con modificazioni dalla Legge 19 dicembre 2019, n. 157.

653. A partire dal 2018, nella determinazione dei costi di cui al comma 654, il comune deve avvalersi anche delle risultanze dei fabbisogni standard (1).

(1) Comma modificato dall'articolo 1, comma 27, lettera b), della Legge 28 dicembre 2015, n. 208.

654. In ogni caso deve essere assicurata la copertura integrale dei costi di investimento e di esercizio relativi al servizio, ricomprendendo anche i costi di cui all'articolo 15 del decreto legislativo 13 gennaio 2003, n. 36, ad esclusione dei costi relativi ai rifiuti speciali al cui smaltimento provvedono a proprie spese i relativi produttori comprovandone l'avvenuto trattamento in conformità alla normativa vigente.

654-bis. (1)Tra le componenti di costo vanno considerati anche gli eventuali mancati ricavi relativi a crediti risultati inesigibili con riferimento alla tariffa di igiene ambientale, alla tariffa integrata ambientale, nonché al tributo comunale sui rifiuti e sui servizi (TARES).

(1) Comma inserito dall'articolo 7, comma 9, del D.L. 19 giugno 2015, n. 78, convertito, con modificazioni, dalla Legge 6 agosto 2015, n. 125.

655. Resta ferma la disciplina del tributo dovuto per il servizio di gestione dei rifiuti delle istituzioni scolastiche, di cui all'articolo 33-bis del decreto-legge 31 dicembre 2007, n. 248, convertito, con modificazioni, dalla legge 28 febbraio 2008, n. 31. Il costo relativo alla gestione dei rifiuti delle istituzioni scolastiche è sottratto dal costo che deve essere coperto con il tributo comunale sui rifiuti.

656. La TARI è dovuta nella misura massima del 20 per cento della tariffa, in caso di mancato svolgimento del servizio di gestione dei rifiuti, ovvero di effettuazione dello stesso in grave violazione della disciplina di riferimento, nonché

di interruzione del servizio per motivi sindacali o per imprevedibili impedimenti organizzativi che abbiano determinato una situazione riconosciuta dall'autorità sanitaria di danno o pericolo di danno alle persone o all'ambiente.

657. Nelle zone in cui non è effettuata la raccolta, la TARI è dovuta in misura non superiore al 40 per cento della tariffa da determinare, anche in maniera graduale, in relazione alla distanza dal più vicino punto di raccolta rientrante nella zona perimetrata o di fatto servita.

658. Nella modulazione della tariffa sono assicurate riduzioni per la raccolta differenziata riferibile alle utenze domestiche.

659. Il comune con regolamento di cui all'articolo 52 del decreto legislativo 15 dicembre 1997, n. 446, può prevedere riduzioni tariffarie ed esenzioni nel caso di:

a) abitazioni con unico occupante;

b) abitazioni tenute a disposizione per uso stagionale od altro uso limitato e discontinuo;

c) locali, diversi dalle abitazioni, ed aree scoperte adibiti ad uso stagionale o ad uso non continuativo, ma ricorrente;

d) abitazioni occupate da soggetti che risiedano o abbiano la dimora, per più di sei mesi all'anno, all'estero;

e) fabbricati rurali ad uso abitativo.

e-bis) attività di prevenzione nella produzione di rifiuti, commisurando le riduzioni tariffarie alla quantità di rifiuti non prodotti [1].

[1] *Lettera aggiunta dall'articolo 36, comma 1, della Legge 28 dicembre 2015, n. 221.*

660. Il comune può deliberare, con regolamento di cui all'articolo 52 del citato decreto legislativo n. 446 del 1997, ulteriori riduzioni ed esenzioni rispetto a quelle previste dalle lettere da a) a e) del comma 659. La relativa copertura può essere disposta attraverso apposite autorizzazioni di spesa e deve essere assicurata attraverso il ricorso a risorse derivanti dalla fiscalità generale del comune [1].

[1] *Comma sostituito dall'articolo 2, comma 1, lettera e-ter), del D.L. 6 marzo 2014, n. 16, convertito, con modificazioni, dalla Legge 2 maggio 2014, n. 68.*

661. *[Il tributo non è dovuto in relazione alle quantità di rifiuti assimilati che il produttore dimostri di aver avviato al recupero.]* [1]

[1] *Comma abrogato dall''articolo 2, comma 1, lettera e-quater), del D.L. 6 marzo 2014, n. 16, convertito, con modificazioni, dalla Legge 2 maggio 2014, n. 68.*

662. Per il servizio di gestione dei rifiuti assimilati prodotti da soggetti che occupano o detengono temporaneamente, con o senza autorizzazione, locali od aree pubbliche o di uso pubblico, i comuni stabiliscono con il regolamento le modalità di applicazione della TARI, in base a tariffa giornaliera. L'occupazione o la detenzione è temporanea quando si protrae per periodi inferiori a 183 giorni nel corso dello stesso anno solare.

663. La misura tariffaria è determinata in base alla tariffa annuale della TARI, rapportata a giorno, maggiorata di un importo percentuale non superiore al 100 per cento.

664. L'obbligo di presentazione della dichiarazione è assolto con il pagamento della TARI da effettuare con le modalità e nei termini previsti per la tassa di occupazione temporanea di spazi ed aree pubbliche ovvero per l'imposta municipale secondaria di cui all'articolo 11 del decreto legislativo 14 marzo 2011, n. 23, a partire dalla data di entrata in vigore della stessa.

665. Per tutto quanto non previsto dai commi da 662 a 666 si applicano in quanto compatibili le disposizioni relative alla TARI annuale.

666. È fatta salva l'applicazione del tributo provinciale per l'esercizio delle funzioni di tutela, protezione ed igiene dell'ambiente di cui all'articolo 19 del decreto legislativo 30 dicembre 1992, n. 504. Il tributo provinciale, commisurato alla superficie dei locali ed aree assoggettabili a tributo, è applicato nella misura percentuale deliberata dalla provincia sull'importo del tributo.

667. Al fine di dare attuazione al principio "chi inquina paga", sancito dall'articolo 14 della direttiva 2008/98/CE del Parlamento europeo e del Consiglio, del 19 novembre 2008, entro un anno dalla data di entrata in vigore della presente disposizione, con decreto del Ministro dell'ambiente e della tutela del territorio e del mare, di concerto con il Ministro dell'economia e delle finanze, sentita la Conferenza Stato-città ed autonomie locali, sono stabiliti criteri per la realizzazione da parte dei comuni di sistemi di misurazione puntuale della quantità di rifiuti conferiti al servizio pubblico o di sistemi di gestione caratterizzati dall'utilizzo di correttivi ai criteri di ripartizione del costo del servizio, finalizzati ad attuare un effettivo modello di tariffa commisurata al servizio reso a copertura integrale dei costi relativi al servizio di gestione dei rifiuti urbani e dei rifiuti assimilati, svolto nelle forme ammesse dal diritto dell'Unione europea [1].

[1] *Comma modificato dall'articolo 42, comma 1, della Legge 28 dicembre 2015, n. 221.*

668. I comuni che hanno realizzato sistemi di misurazione puntuale della quantità di rifiuti conferiti al servizio pubblico possono, con regolamento di cui all'articolo 52 del decreto legislativo n. 446 del 1997, prevedere l'applicazione di una tariffa avente natura corrispettiva, in luogo della TARI. Il comune nella commisurazione della tariffa può tenere conto dei criteri determinati con il regolamento di cui al decreto del Presidente della Repubblica 27 aprile 1999, n. 158. La tariffa corrispettiva è applicata e riscossa dal soggetto affidatario del servizio di gestione dei rifiuti urbani.

669. Il presupposto impositivo della TASI è il possesso o la detenzione, a qualsiasi titolo, di fabbricati e di aree edificabili, ad eccezione, in ogni caso, dei terreni agricoli e dell'abitazione principale, come definiti ai sensi dell'imposta municipale propria di cui all'articolo 13, comma 2, del decreto-legge 6 dicembre 2011, n. 201, convertito, con modificazioni, dalla legge 22 dicembre 2011, n. 214, escluse quelle classificate nelle categorie catastali A/1, A/8 e A/9 [1][2].

[1] *Comma sostituito dall'articolo 2, comma 1, lettera f), del D.L. 6 marzo 2014, n. 16, convertito, con modificazioni, dalla Legge 2 maggio 2014, n. 68 e successivamente dall'articolo 1, comma 14, lettera b, della Legge 28 dicembre 2015, n. 208.*

[2] *A norma dell'articolo 1, comma 780 della Legge 27 dicembre 2019, n. 160, le disposizioni di cui al presente comma, concernenti l'istituzione e la disciplina dell'imposta comunale unica (IUC), sono abrogate, a decorrere dal 1° gennaio 2020, limitatamente alle disposizioni riguardanti la disciplina dell'IMU e della TASI. Restano ferme le disposizioni che disciplinano la TARI.*

[670. Sono escluse dalla TASI le aree scoperte pertinenziali o accessorie a locali imponibili, non operative, e le aree comuni condominiali di cui all'articolo 1117 del codice civile che non siano detenute o occupate in via esclusiva.] [(1)(2)]

[(1)] Comma abrogato dall'articolo 2, comma 1, lettera g), del D.L. 6 marzo 2014, n. 16, convertito, con modificazioni, dalla Legge 2 maggio 2014, n. 68.
[(2)] A norma dell'articolo 1, comma 780 della Legge 27 dicembre 2019, n. 160, le disposizioni di cui al presente comma, concernenti l'istituzione e la disciplina dell'imposta comunale unica (IUC), sono abrogate, a decorrere dal 1° gennaio 2020, limitatamente alle disposizioni riguardanti la disciplina dell'IMU e della TASI. Restano ferme le disposizioni che disciplinano la TARI.

671. La TASI è dovuta da chiunque possieda o detenga a qualsiasi titolo le unità immobiliari di cui al comma 669. In caso di pluralità di possessori o di detentori, essi sono tenuti in solido all'adempimento dell'unica obbligazione tributaria [(1)].

[(1)] A norma dell'articolo 1, comma 780 della Legge 27 dicembre 2019, n. 160, le disposizioni di cui al presente comma, concernenti l'istituzione e la disciplina dell'imposta comunale unica (IUC), sono abrogate, a decorrere dal 1° gennaio 2020, limitatamente alle disposizioni riguardanti la disciplina dell'IMU e della TASI. Restano ferme le disposizioni che disciplinano la TARI.

672. In caso di locazione finanziaria, la TASI è dovuta dal locatario a decorrere dalla data della stipulazione e per tutta la durata del contratto; per durata del contratto di locazione finanziaria deve intendersi il periodo intercorrente dalla data della stipulazione alla data di riconsegna del bene al locatore, comprovata dal verbale di consegna [(1)].

[(1)] A norma dell'articolo 1, comma 780 della Legge 27 dicembre 2019, n. 160, le disposizioni di cui al presente comma, concernenti l'istituzione e la disciplina dell'imposta comunale unica (IUC), sono abrogate, a decorrere dal 1° gennaio 2020, limitatamente alle disposizioni riguardanti la disciplina dell'IMU e della TASI. Restano ferme le disposizioni che disciplinano la TARI.

673. In caso di detenzione temporanea di durata non superiore a sei mesi nel corso dello stesso anno solare, la TASI è dovuta soltanto dal possessore dei locali e delle aree a titolo di proprietà, usufrutto, uso, abitazione e superficie [(1)].

[(1)] A norma dell'articolo 1, comma 780 della Legge 27 dicembre 2019, n. 160, le disposizioni di cui al presente comma, concernenti l'istituzione e la disciplina dell'imposta comunale unica (IUC), sono abrogate, a decorrere dal 1° gennaio 2020, limitatamente alle disposizioni riguardanti la disciplina dell'IMU e della TASI. Restano ferme le disposizioni che disciplinano la TARI.

674. Nel caso di locali in multiproprietà e di centri commerciali integrati il soggetto che gestisce i servizi comuni è responsabile del versamento della TASI dovuta per i locali e le aree scoperte di uso comune e per i locali e le aree scoperte in uso esclusivo ai singoli possessori o detentori, fermi restando nei confronti di questi ultimi gli altri obblighi o diritti derivanti dal rapporto tributario riguardante i locali e le aree in uso esclusivo [(1)].

[(1)] A norma dell'articolo 1, comma 780 della Legge 27 dicembre 2019, n. 160, le disposizioni di cui al presente comma, concernenti l'istituzione e la disciplina dell'imposta comunale unica (IUC), sono abrogate, a decorrere dal 1° gennaio 2020, limitatamente alle disposizioni riguardanti la disciplina dell'IMU e della TASI. Restano ferme le disposizioni che disciplinano la TARI.

675. La base imponibile è quella prevista per l'applicazione dell'imposta municipale propria (IMU) di cui all'articolo 13 del decreto-legge 6 dicembre 2011, n. 201, convertito, con modificazioni, dalla legge 22 dicembre 2011, n. 214 [(1)].

[(1)] A norma dell'articolo 1, comma 780 della Legge 27 dicembre 2019, n. 160, le disposizioni di cui al presente comma, concernenti l'istituzione e la disciplina dell'imposta comunale unica (IUC), sono abrogate, a decorrere dal 1° gennaio 2020, limitatamente alle disposizioni riguardanti la disciplina dell'IMU e della TASI. Restano ferme le disposizioni che disciplinano la TARI.

676. L'aliquota di base della TASI è pari all'1 per mille. Il comune, con deliberazione del consiglio comunale, adottata ai sensi dell'articolo 52 del decreto legislativo n. 446 del 1997, può ridurre l'aliquota fino all'azzeramento [(1)].

[(1)] A norma dell'articolo 1, comma 780 della Legge 27 dicembre 2019, n. 160, le disposizioni di cui al presente comma, concernenti l'istituzione e la disciplina dell'imposta comunale unica (IUC), sono abrogate, a decorrere dal 1° gennaio 2020, limitatamente alle disposizioni riguardanti la disciplina dell'IMU e della TASI. Restano ferme le disposizioni che disciplinano la TARI.

677. Il comune, con la medesima deliberazione di cui al comma 676, può determinare l'aliquota rispettando in ogni caso il vincolo in base al quale la somma delle aliquote della TASI e dell'IMU per ciascuna tipologia di immobile non sia superiore all'aliquota massima consentita dalla legge statale per l'IMU al 31 dicembre 2013, fissata al 10,6 per mille e ad altre minori aliquote, in relazione alle diverse tipologie di immobile. Per il 2014 e per il 2015, l'aliquota massima non può eccedere il 2,5 per mille. Per gli stessi anni 2014 e 2015, nella determinazione delle aliquote TASI possono essere superati i limiti stabiliti nel primo e nel secondo periodo, per un ammontare complessivamente non superiore allo 0,8 per mille a condizione che siano finanziate, relativamente alle abitazioni principali e alle unità immobiliari ad esse equiparate di cui all'articolo 13, comma 2, del decreto-legge 6 dicembre 2011, n. 201, convertito, con modificazioni, dalla legge 22 dicembre 2011, n. 214, detrazioni d'imposta o altre misure, tali da generare effetti sul carico di imposta TASI equivalenti o inferiori a quelli determinatisi con riferimento all'IMU relativamente alla stessa tipologia di immobili, anche tenendo conto di quanto previsto dall'articolo 13 del citato decreto-legge n. 201, del 2011 [(1)(2)(A)].

[(1)] Comma modificato dall'articolo 1, comma 1, lettera a), del D.L. 6 marzo 2014, n. 16, convertito, con modificazioni, dalla Legge 2 maggio 2014, n. 68e successivamente articolo 1, comma 679, lettere a) e b), della Legge 23 dicembre 2014, n. 190.
[(2)] A norma dell'articolo 1, comma 780 della Legge 27 dicembre 2019, n. 160, le disposizioni di cui al presente comma, concernenti l'istituzione e la disciplina dell'imposta comunale unica (IUC), sono abrogate, a decorrere dal 1° gennaio 2020, limitatamente alle disposizioni riguardanti la disciplina dell'IMU e della TASI. Restano ferme le disposizioni che disciplinano la TARI.
[(A)] In riferimento al presente comma vedi: Circolare del Ministero dell'Economia e delle Finanze 29 luglio 2014, n. 2/DF.

678. Per i fabbricati rurali ad uso strumentale di cui all'articolo 13, comma 8, del decreto-legge 6 dicembre 2011, n. 201, convertito, con modificazioni, dalla legge 22 dicembre 2011, n. 214, e successive modificazioni, l'aliquota massima della TASI non può comunque eccedere il limite di cui al comma 676 del presente articolo. Per i fabbricati costruiti e destinati dall'impresa costruttrice alla vendita, fintanto che

permanga tale destinazione e non siano in ogni caso locati, l'aliquota è ridotta allo 0,1 per cento. I comuni possono modificare la suddetta aliquota, in aumento, sino allo 0,25 per cento o, in diminuzione, fino all'azzeramento. Per gli immobili locati a canone concordato di cui alla legge 9 dicembre 1998, n. 431, l'imposta, determinata applicando l'aliquota stabilita dal comune ai sensi del comma 683, è ridotta al 75 per cento A decorrere dal 1° gennaio 2022, sono esenti dalla TASI i fabbricati costruiti e destinati dall'impresa costruttrice alla vendita, finché permanga tale destinazione e non siano in ogni caso locati [(1)(2)].

[(1)] Comma modificato dall'articolo 1, comma 14, lettera c), e comma 54, della Legge 28 dicembre 2015, n. 208 e successivamente dall'articolo 7-bis, comma 1, del D.L. 30 aprile 2019, n. 34, convertito, con modificazioni, dalla Legge 28 giugno 2019, n. 58.

[(2)] A norma dell'articolo 1, comma 780 della Legge 27 dicembre 2019, n. 160, le disposizioni di cui al presente comma, concernenti l'istituzione e la disciplina dell'imposta comunale unica (IUC), sono abrogate, a decorrere dal 1° gennaio 2020, limitatamente alle disposizioni riguardanti la disciplina dell'IMU e della TASI. Restano ferme le disposizioni che disciplinano la TARI.

679. Il comune con regolamento di cui all'articolo 52 del decreto legislativo 15 dicembre 1997, n. 446, può prevedere riduzioni ed esenzioni nel caso di:

a) abitazioni con unico occupante;

b) abitazioni tenute a disposizione per uso stagionale od altro uso limitato e discontinuo;

c) locali, diversi dalle abitazioni, ed aree scoperte adibiti ad uso stagionale o ad uso non continuativo, ma ricorrente;

d) abitazioni occupate da soggetti che risiedano o abbiano la dimora, per più di sei mesi all'anno, all'estero;

e) fabbricati rurali ad uso abitativo;

[f) superfici eccedenti il normale rapporto tra produzione di rifiuti e superficie stessa.] [(1)(2)]

[(1)] Lettera abrogata dall'articolo 2, comma 1, lettera h), del D.L. 6 marzo 2014, n. 16, convertito, con modificazioni, dalla Legge 2 maggio 2014, n. 68.

[(2)] A norma dell'articolo 1, comma 780 della Legge 27 dicembre 2019, n. 160, le disposizioni di cui al presente comma, concernenti l'istituzione e la disciplina dell'imposta comunale unica (IUC), sono abrogate, a decorrere dal 1° gennaio 2020, limitatamente alle disposizioni riguardanti la disciplina dell'IMU e della TASI. Restano ferme le disposizioni che disciplinano la TARI.

680. È differito al 24 gennaio 2014 il versamento di cui all'articolo 1, comma 5, del decreto-legge 30 novembre 2013, n. 133. Alla stessa data del 24 gennaio 2014, è comunque effettuato il versamento della maggiorazione standard della TARES, di cui al comma 13 dell'articolo 14 del decreto-legge 6 dicembre 2011, n. 201, convertito, con modificazioni, dalla legge 22 dicembre 2011, n. 214, ove non eseguito entro la data del 16 dicembre 2013. I comuni inviano il modello di pagamento precompilato, in tempo utile per il versamento della maggiorazione [(1)].

[(1)] A norma dell'articolo 1, comma 780 della Legge 27 dicembre 2019, n. 160, le disposizioni di cui al presente comma, concernenti l'istituzione e la disciplina dell'imposta comunale unica (IUC), sono abrogate, a decorrere dal 1° gennaio 2020, limitatamente alle disposizioni riguardanti la disciplina dell'IMU e della TASI. Restano ferme le disposizioni che disciplinano la TARI.

681. Nel caso in cui l'unità immobiliare è occupata da un soggetto diverso dal titolare del diritto reale sull'unità immobiliare, quest'ultimo e l'occupante sono titolari di un'autonoma obbligazione tributaria. L'occupante versa la TASI nella misura, stabilita dal comune nel regolamento, compresa fra il 10 e il 30 per cento dell'ammontare complessivo della TASI, calcolato applicando l'aliquota di cui ai commi 676 e 677. La restante parte è corrisposta dal titolare del diritto reale sull'unità immobiliare. Nel caso in cui l'unità immobiliare è detenuta da un soggetto che la destina ad abitazione principale, escluse quelle classificate nelle categorie catastali A/1, A/8 e A/9, il possessore versa la TASI nella percentuale stabilita dal comune nel regolamento relativo all'anno 2015. Nel caso di mancato invio della delibera entro il termine del 10 settembre 2014 di cui al comma 688 ovvero nel caso di mancata determinazione della predetta percentuale stabilita dal comune nel regolamento relativo al 2015, la percentuale di versamento a carico del possessore è pari al 90 per cento dell'ammontare complessivo del tributo [(1)(2)].

[(1)] Comma modificato dall'articolo 1, comma 14, lettera d), della Legge 28 dicembre 2015, n. 208.

[(2)] A norma dell'articolo 1, comma 780 della Legge 27 dicembre 2019, n. 160, le disposizioni di cui al presente comma, concernenti l'istituzione e la disciplina dell'imposta comunale unica (IUC), sono abrogate, a decorrere dal 1° gennaio 2020, limitatamente alle disposizioni riguardanti la disciplina dell'IMU e della TASI. Restano ferme le disposizioni che disciplinano la TARI.

682. Con regolamento da adottare ai sensi dell'articolo 52 del decreto legislativo n. 446 del 1997, il comune determina la disciplina per l'applicazione della IUC, concernente tra l'altro:

a) per quanto riguarda la TARI:

1) i criteri di determinazione delle tariffe;

2) la classificazione delle categorie di attività con omogenea potenzialità di produzione di rifiuti;

3) la disciplina delle riduzioni tariffarie;

4) la disciplina delle eventuali riduzioni ed esenzioni, che tengano conto altresì della capacità contributiva della famiglia, anche attraverso l'applicazione dell'ISEE;

5) l'individuazione di categorie di attività produttive di rifiuti speciali alle quali applicare, nell'obiettiva difficoltà di delimitare le superfici ove tali rifiuti si formano, percentuali di riduzione rispetto all'intera superficie su cui l'attività viene svolta;

b) per quanto riguarda la TASI:

1) la disciplina delle riduzioni, che tengano conto altresì della capacità contributiva della famiglia, anche attraverso l'applicazione dell'ISEE;

2) l'individuazione dei servizi indivisibili e l'indicazione analitica, per ciascuno di tali servizi, dei relativi costi alla cui copertura la TASI è diretta [(1)].

[(1)] A norma dell'articolo 1, comma 780 della Legge 27 dicembre 2019, n. 160, le disposizioni di cui al presente comma, concernenti l'istituzione e la disciplina dell'imposta comunale unica (IUC), sono abrogate, a decorrere dal 1° gennaio 2020, limitatamente alle disposizioni riguardanti la disciplina dell'IMU e della TASI. Restano ferme le disposizioni che disciplinano la TARI.

683. Il consiglio comunale deve approvare, entro il termine fissato da norme statali per l'approvazione del bilancio di previsione, le tariffe della TARI in conformità al piano finanziario del servizio di gestione dei rifiuti urbani, redatto

dal soggetto che svolge il servizio stesso ed approvato dal consiglio comunale o da altra autorità competente a norma delle leggi vigenti in materia, e le aliquote della TASI, in conformità con i servizi e i costi individuati ai sensi della lettera b), numero 2), del comma 682 e possono essere differenziate in ragione del settore di attività nonché della tipologia e della destinazione degli immobili [1].

[1] A norma dell'articolo 1, comma 780 della Legge 27 dicembre 2019, n. 160, le disposizioni di cui al presente comma, concernenti l'istituzione e la disciplina dell'imposta comunale unica (IUC), sono abrogate, a decorrere dal 1° gennaio 2020, limitatamente alle disposizioni riguardanti la disciplina dell'IMU e della TASI. Restano ferme le disposizioni che disciplinano la TARI.

[683-bis. In considerazione della necessità di acquisire il piano finanziario del servizio di gestione dei rifiuti urbani, per l'anno 2020, i comuni, in deroga al comma 683 del presente articolo e all'articolo 1, comma 169, della legge 27 dicembre 2006, n. 296, approvano le tariffe e i regolamenti della TARI e della tariffa corrispettiva entro il 30 aprile. Le disposizioni di cui al periodo precedente si applicano anche in caso di esigenze di modifica a provvedimenti già deliberati [1][2][3]*.]* [4]

[1] Comma inserito dall'articolo 57-bis, comma 1, lettera b), del D.L. 26 ottobre 2019, n. 124, convertito con modificazioni dalla Legge 19 dicembre 2019, n. 157.
[2] A norma dell'articolo 1, comma 780 della Legge 27 dicembre 2019, n. 160, le disposizioni di cui al presente comma, concernenti l'istituzione e la disciplina dell'imposta comunale unica (IUC), sono abrogate, a decorrere dal 1° gennaio 2020, limitatamente alle disposizioni riguardanti la disciplina dell'IMU e della TASI. Restano ferme le disposizioni che disciplinano la TARI.
[3] A norma dell'articolo 107, comma 7, del D.L. 17 marzo 2020, n. 18, convertito con modificazioni dalla Legge 24 aprile 2020, n. 27, il termine per la determinazione delle tariffe della TARI e della tariffa corrispettiva, attualmente previsto dal presente comma, è differito al 30 giugno 2020.
[4] Comma abrogato dall'articolo 138, del D.L. 19 maggio 2020, n. 34, convertito, con modificazioni, dalla Legge 17 luglio 2020, n. 77.

684. I soggetti passivi dei tributi presentano la dichiarazione relativa alla IUC entro il termine del 31 dicembre dell'anno successivo alla data di inizio del possesso o della detenzione dei locali e delle aree assoggettabili al tributo. Nel caso di occupazione in comune di un'unità immobiliare, la dichiarazione può essere presentata anche da uno solo degli occupanti. [1][2]

[1] Comma modificato dall'articolo 3-ter, comma 2, del D.L. 30 aprile 2019, n. 34, convertito, con modificazioni, dalla Legge 28 giugno 2019, n. 58.
[2] A norma dell'articolo 1, comma 780 della Legge 27 dicembre 2019, n. 160, le disposizioni di cui al presente comma, concernenti l'istituzione e la disciplina dell'imposta comunale unica (IUC), sono abrogate, a decorrere dal 1° gennaio 2020, limitatamente alle disposizioni riguardanti la disciplina dell'IMU e della TASI. Restano ferme le disposizioni che disciplinano la TARI.

685. La dichiarazione, redatta su modello messo a disposizione dal comune, ha effetto anche per gli anni successivi sempreché non si verifichino modificazioni dei dati dichiarati da cui consegua un diverso ammontare del tributo; in tal caso, la dichiarazione va presentata entro il 30 giugno dell'anno successivo a quello in cui sono intervenute le predette modificazioni. Al fine di acquisire le informazioni riguardanti la toponomastica e la numerazione civica interna ed esterna di ciascun comune, nella dichiarazione delle unità immobiliari a destinazione ordinaria devono essere obbligatoriamente indicati i dati catastali, il numero civico di ubicazione dell'immobile e il numero dell'interno, ove esistente [1].

[1] A norma dell'articolo 1, comma 780 della Legge 27 dicembre 2019, n. 160, le disposizioni di cui al presente comma, concernenti l'istituzione e la disciplina dell'imposta comunale unica (IUC), sono abrogate, a decorrere dal 1° gennaio 2020, limitatamente alle disposizioni riguardanti la disciplina dell'IMU e della TASI. Restano ferme le disposizioni che disciplinano la TARI.

686. Ai fini della dichiarazione relativa alla TARI, restano ferme le superfici dichiarate o accertate ai fini della tassa per lo smaltimento dei rifiuti solidi urbani di cui al decreto legislativo 15 novembre 1993, n. 507 (TARSU), o della tariffa di igiene ambientale prevista dall'articolo 49 del decreto legislativo 5 febbraio 1997, n. 22 (TIA 1), o dall'articolo 238 del decreto legislativo 3 aprile 2006, n. 152 (TIA 2), o del tributo comunale sui rifiuti e sui servizi (TARES).

687. Ai fini della dichiarazione relativa alla TASI si applicano le disposizioni concernenti la presentazione della dichiarazione dell'IMU [1].

[1] A norma dell'articolo 1, comma 780 della Legge 27 dicembre 2019, n. 160, le disposizioni di cui al presente comma, concernenti l'istituzione e la disciplina dell'imposta comunale unica (IUC), sono abrogate, a decorrere dal 1° gennaio 2020, limitatamente alle disposizioni riguardanti la disciplina dell'IMU e della TASI. Restano ferme le disposizioni che disciplinano la TARI.

688. Il versamento della TASI è effettuato, in deroga all'articolo 52 del decreto legislativo n. 446 del 1997, secondo le disposizioni di cui all'articolo 17 del decreto legislativo 9 luglio 1997, n. 241, ovvero tramite apposito bollettino di conto corrente postale al quale si applicano le disposizioni di cui al citato articolo 17, in quanto compatibili. Il versamento della TARI e della tariffa di natura corrispettiva di cui ai commi 667 e 668 è effettuato secondo le disposizioni di cui all'articolo 17 del decreto legislativo n. 241 del 1997, ovvero tramite bollettino di conto corrente postale o tramite le altre modalità di pagamento offerte dai servizi elettronici di incasso e di pagamento interbancari e postali. Con decreto del Direttore generale del Dipartimento delle finanze del Ministero dell'economia e delle finanze sono stabilite le modalità per la rendicontazione e trasmissione dei dati di riscossione, distintamente per ogni contribuente, da parte dei soggetti che provvedono alla riscossione, ai comuni e al sistema informativo del Ministero dell'economia e delle finanze. Il comune stabilisce le scadenze di pagamento della TARI, prevedendo di norma almeno due rate a scadenza semestrale e in modo anche differenziato con riferimento alla TASI. Il versamento della TASI è effettuato nei termini individuati dall'articolo 9, comma 3, del decreto legislativo 14 marzo 2011, n. 23. È consentito il pagamento della TARI e della TASI in unica soluzione entro il 16 giugno di ciascun anno. Il versamento della prima rata della TASI è eseguito sulla base dell'aliquota e delle detrazioni dei dodici mesi dell'anno precedente; il versamento della rata a saldo dell'imposta dovuta per l'intero anno è eseguito, a conguaglio, sulla base degli atti pubblicati nel sito informatico di cui all'articolo 1, comma 3, del decreto legislativo 28 settembre 1998, n. 360, e successive modificazioni, alla data del 28 ottobre di ciascun anno di imposta; a tal fine il comune è tenuto ad effettuare l'invio delle deliberazioni di approvazione delle aliquote e delle detrazioni, nonché dei regolamenti della TASI, esclusivamente in via telematica, entro il termine perentorio del 14 ottobre dello stesso anno median-

te inserimento del testo degli stessi nell'apposita sezione del Portale del federalismo fiscale, per la pubblicazione nel sito informatico di cui al citato decreto legislativo n. 360 del 1998; in caso di mancata pubblicazione entro il termine del 28 ottobre, si applicano gli atti adottati per l'anno precedente. L'efficacia delle deliberazioni e dei regolamenti decorre dalla data di pubblicazione degli stessi nel predetto sito informatico. I comuni sono altresì tenuti ad inserire nella suddetta sezione gli elementi risultanti dalle delibere, secondo le indicazioni stabilite dal Ministero dell'economia - Dipartimento delle finanze, sentita l'Associazione nazionale dei comuni italiani. A decorrere dall'anno 2015, i comuni assicurano la massima semplificazione degli adempimenti dei contribuenti rendendo disponibili i modelli di pagamento preventivamente compilati su loro richiesta, ovvero procedendo autonomamente all'invio degli stessi modelli. Per il solo anno 2014, in deroga al settimo periodo del presente comma, il versamento della prima rata della TASI è effettuato, entro il 16 giugno 2014, sulla base delle deliberazioni di approvazione delle aliquote e delle detrazioni pubblicate nel sito informatico di cui al citato decreto legislativo n. 360 del 1998, alla data del 31 maggio 2014; a tal fine, i comuni sono tenuti ad effettuare l'invio delle predette deliberazioni, esclusivamente in via telematica, entro il 23 maggio 2014, mediante inserimento del testo delle stesse nell'apposita sezione del Portale del federalismo fiscale. Nel caso di mancato invio delle deliberazioni entro il predetto termine del 23 maggio 2014, il versamento della prima rata della TASI è effettuato entro il 16 ottobre 2014 sulla base delle deliberazioni concernenti le aliquote e le detrazioni, nonché dei regolamenti della TASI pubblicati nel sito informatico di cui al citato decreto legislativo n. 360 del 1998, alla data del 18 settembre 2014; a tal fine, i comuni sono tenuti ad effettuare l'invio delle predette deliberazioni, esclusivamente in via telematica, entro il 10 settembre 2014, mediante inserimento del testo delle stesse nell'apposita sezione del Portale del federalismo fiscale. Nel caso di mancato invio delle deliberazioni entro il predetto termine del 10 settembre 2014, l'imposta è dovuta applicando l'aliquota di base dell'1 per mille di cui al comma 676, comunque entro il limite massimo di cui al primo periodo del comma 677, e il relativo versamento è effettuato in un'unica soluzione entro il 16 dicembre 2014. Nel caso di mancato invio della delibera entro il predetto termine del 10 settembre 2014 ovvero di mancata determinazione della percentuale di cui al comma 681, la TASI è dovuta dall'occupante, nella misura del 10 per cento dell'ammontare complessivo del tributo, determinato con riferimento alle condizioni del titolare del diritto reale. Nel caso di mancato invio delle deliberazioni entro il predetto termine del 23 maggio 2014, ai comuni appartenenti alle regioni a statuto ordinario e alla Regione siciliana e alla regione Sardegna, il Ministero dell'interno, entro il 20 giugno 2014, eroga un importo a valere sul Fondo di solidarietà comunale, corrispondente al 50 per cento del gettito annuo della TASI, stimato ad aliquota di base e indicato, per ciascuno di essi, con decreto di natura non regolamentare del Ministero dell'economia e delle finanze - Dipartimento delle finanze, da adottare entro il 10 giugno 2014. Il Ministero dell'interno comunica all'Agenzia delle entrate, entro il 30 settembre 2014, gli eventuali importi da recuperare nei confronti dei singoli comuni ove le anticipazioni complessivamente erogate siano superiori all'importo spettante per l'anno 2014 a titolo di Fondo di solidarietà comunale. L'Agenzia delle entrate procede a trattenere le relative somme, per i comuni interessati, da qualsiasi entrata loro dovuta riscossa tramite il sistema del versamento unificato, di cui all'articolo 17 del decreto legislativo 9 luglio 1997, n. 241. Gli importi recuperati dall'Agenzia delle entrate sono versati dalla stessa ad apposito capitolo dell'entrata del bilancio dello Stato entro il mese di ottobre 2014 ai fini della riassegnazione per il reintegro del Fondo di solidarietà comunale nel medesimo anno (1)(2)(A).

(1) Comma sostituito dall'articolo 1, comma 1, lettera b), del D.L. 6 marzo 2014, n. 16, convertito, con modificazioni, dalla Legge 2 maggio 2014, n. 68 e dall'articolo 4, comma 12 quater del D.L. 24 aprile 2014, n. 66, convertito, con modificazioni, dalla Legge 23 giugno 2014, n. 89. Da ultimo, comma modificato dall'articolo 1, comma 14, lettera e), della Legge 28 dicembre 2015, n. 208.
(2) A norma dell'articolo 1, comma 780 della Legge 27 dicembre 2019, n. 160, le disposizioni di cui al presente comma, concernenti l'istituzione e la disciplina dell'imposta comunale unica (IUC), sono abrogate, a decorrere dal 1° gennaio 2020, limitatamente alle disposizioni riguardanti la disciplina dell'IMU e della TASI. Restano ferme le disposizioni che disciplinano la TARI.
(A) In riferimento al presente comma vedi: Nota del Ministero dell'Economia e delle Finanze 2 settembre 2014, n. 28926.

689. Con uno o più decreti del direttore generale del Dipartimento delle finanze del Ministero dell'economia e delle finanze, di concerto con il direttore dell'Agenzia delle entrate e sentita l'Associazione nazionale dei comuni italiani, sono stabilite le modalità di versamento, assicurando in ogni caso la massima semplificazione degli adempimenti da parte dei soggetti interessati, e prevedendo, in particolare, l'invio di modelli di pagamento preventivamente compilati da parte degli enti impositori (1).

(1) A norma dell'articolo 1, comma 780 della Legge 27 dicembre 2019, n. 160, le disposizioni di cui al presente comma, concernenti l'istituzione e la disciplina dell'imposta comunale unica (IUC), sono abrogate, a decorrere dal 1° gennaio 2020, limitatamente alle disposizioni riguardanti la disciplina dell'IMU e della TASI. Restano ferme le disposizioni che disciplinano la TARI.

690. La IUC è applicata e riscossa dal comune, fatta eccezione per la tariffa corrispettiva di cui al comma 667 che è applicata e riscossa dal soggetto affidatario del servizio di gestione dei rifiuti urbani (1).

(1) A norma dell'articolo 1, comma 780 della Legge 27 dicembre 2019, n. 160, le disposizioni di cui al presente comma, concernenti l'istituzione e la disciplina dell'imposta comunale unica (IUC), sono abrogate, a decorrere dal 1° gennaio 2020, limitatamente alle disposizioni riguardanti la disciplina dell'IMU e della TASI. Restano ferme le disposizioni che disciplinano la TARI.

691. I comuni possono, in deroga all'articolo 52 del decreto legislativo n. 446 del 1997, affidare, fino alla scadenza del relativo contratto, la gestione dell'accertamento e della riscossione della TARI e della TARES, anche nel caso di adozione della tariffa di cui ai commi 667 e 668, ai soggetti ai quali, alla data del 31 dicembre 2013, risulta affidato il servizio di gestione dei rifiuti o di accertamento e riscossione del tributo comunale sui rifiuti e sui servizi di cui all'articolo 14 del decreto-legge 6 dicembre 2011, n. 201, convertito, con modificazioni, dalla legge 22 dicembre 2011, n. 214 (1)

(1) Comma sostituito dall'articolo 1, comma 1, lettera c), del D.L. 6 marzo 2014, n. 16, convertito, con modificazioni, dalla Legge 2 maggio 2014, n.

68 e successivamente modificato dall'articolo 7, comma 4, del D.L. 19 giugno 2015, n. 78, convertito, con modificazioni, dalla Legge 6 agosto 2015, n. 125.

692. Il comune designa il funzionario responsabile a cui sono attribuiti tutti i poteri per l'esercizio di ogni attività organizzativa e gestionale, compreso quello di sottoscrivere i provvedimenti afferenti a tali attività, nonché la rappresentanza in giudizio per le controversie relative al tributo stesso.

693. Ai fini della verifica del corretto assolvimento degli obblighi tributari, il funzionario responsabile può inviare questionari al contribuente, richiedere dati e notizie a uffici pubblici ovvero a enti di gestione di servizi pubblici, in esenzione da spese e diritti, e disporre l'accesso ai locali ed aree assoggettabili a tributo, mediante personale debitamente autorizzato e con preavviso di almeno sette giorni.

694. In caso di mancata collaborazione del contribuente o altro impedimento alla diretta rilevazione, l'accertamento può essere effettuato in base a presunzioni semplici di cui all'articolo 2729 del codice civile.

695. In caso di omesso o insufficiente versamento della IUC risultante dalla dichiarazione, si applica l'articolo 13 del decreto legislativo 18 dicembre 1997, n. 471 (1).

(1) A norma dell'articolo 1, comma 780 della Legge 27 dicembre 2019, n. 160, le disposizioni di cui al presente comma, concernenti l'istituzione e la disciplina dell'imposta comunale unica (IUC), sono abrogate, a decorrere dal 1° gennaio 2020, limitatamente alle disposizioni riguardanti la disciplina dell'IMU e della TASI. Restano ferme le disposizioni che disciplinano la TARI.

696. In caso di omessa presentazione della dichiarazione, si applica la sanzione dal 100 per cento al 200 per cento del tributo non versato, con un minimo di 50 euro (1).

(1) A norma dell'articolo 1, comma 780 della Legge 27 dicembre 2019, n. 160, le disposizioni di cui al presente comma, concernenti l'istituzione e la disciplina dell'imposta comunale unica (IUC), sono abrogate, a decorrere dal 1° gennaio 2020, limitatamente alle disposizioni riguardanti la disciplina dell'IMU e della TASI. Restano ferme le disposizioni che disciplinano la TARI.

697. In caso di infedele dichiarazione, si applica la sanzione dal 50 per cento al 100 per cento del tributo non versato, con un minimo di 50 euro (1).

(1) A norma dell'articolo 1, comma 780 della Legge 27 dicembre 2019, n. 160, le disposizioni di cui al presente comma, concernenti l'istituzione e la disciplina dell'imposta comunale unica (IUC), sono abrogate, a decorrere dal 1° gennaio 2020, limitatamente alle disposizioni riguardanti la disciplina dell'IMU e della TASI. Restano ferme le disposizioni che disciplinano la TARI.

698. In caso di mancata, incompleta o infedele risposta al questionario di cui al comma 693, entro il termine di sessanta giorni dalla notifica dello stesso, si applica la sanzione da euro 100 a euro 500 (1).

(1) A norma dell'articolo 1, comma 780 della Legge 27 dicembre 2019, n. 160, le disposizioni di cui al presente comma, concernenti l'istituzione e la disciplina dell'imposta comunale unica (IUC), sono abrogate, a decorrere dal 1° gennaio 2020, limitatamente alle disposizioni riguardanti la disciplina dell'IMU e della TASI. Restano ferme le disposizioni che disciplinano la TARI.

699. Le sanzioni di cui ai commi 696, 697 e 698 sono ridotte ad un terzo se, entro il termine per la proposizione del ricorso, interviene acquiescenza del contribuente, con pagamento del tributo, se dovuto, della sanzione e degli interessi (1).

(1) A norma dell'articolo 1, comma 780 della Legge 27 dicembre 2019, n. 160, le disposizioni di cui al presente comma, concernenti l'istituzione e la disciplina dell'imposta comunale unica (IUC), sono abrogate, a decorrere dal 1° gennaio 2020, limitatamente alle disposizioni riguardanti la disciplina dell'IMU e della TASI. Restano ferme le disposizioni che disciplinano la TARI.

700. Resta salva la facoltà del comune di deliberare con il regolamento circostanze attenuanti o esimenti nel rispetto dei principi stabiliti dalla normativa statale (1).

(1) A norma dell'articolo 1, comma 780 della Legge 27 dicembre 2019, n. 160, le disposizioni di cui al presente comma, concernenti l'istituzione e la disciplina dell'imposta comunale unica (IUC), sono abrogate, a decorrere dal 1° gennaio 2020, limitatamente alle disposizioni riguardanti la disciplina dell'IMU e della TASI. Restano ferme le disposizioni che disciplinano la TARI.

701. Per tutto quanto non previsto dalle disposizioni dei precedenti commi concernenti la IUC, si applicano le disposizioni di cui all'articolo 1, commi da 161 a 170, della legge 27 dicembre 2006, n. 296 (1).

(1) A norma dell'articolo 1, comma 780 della Legge 27 dicembre 2019, n. 160, le disposizioni di cui al presente comma, concernenti l'istituzione e la disciplina dell'imposta comunale unica (IUC), sono abrogate, a decorrere dal 1° gennaio 2020, limitatamente alle disposizioni riguardanti la disciplina dell'IMU e della TASI. Restano ferme le disposizioni che disciplinano la TARI.

702. Resta ferma l'applicazione dell'articolo 52 del decreto legislativo 15 dicembre 1997, n. 446 (1).

(1) A norma dell'articolo 1, comma 780 della Legge 27 dicembre 2019, n. 160, le disposizioni di cui al presente comma, concernenti l'istituzione e la disciplina dell'imposta comunale unica (IUC), sono abrogate, a decorrere dal 1° gennaio 2020, limitatamente alle disposizioni riguardanti la disciplina dell'IMU e della TASI. Restano ferme le disposizioni che disciplinano la TARI.

703. L'istituzione della IUC lascia salva la disciplina per l'applicazione dell'IMU (1).

(1) A norma dell'articolo 1, comma 780 della Legge 27 dicembre 2019, n. 160, le disposizioni di cui al presente comma, concernenti l'istituzione e la disciplina dell'imposta comunale unica (IUC), sono abrogate, a decorrere dal 1° gennaio 2020, limitatamente alle disposizioni riguardanti la disciplina dell'IMU e della TASI. Restano ferme le disposizioni che disciplinano la TARI.

704. È abrogato l'articolo 14 del decreto-legge 6 dicembre 2011, n. 201, convertito, con modificazioni, dalla legge 22 dicembre 2011, n. 214 (1).

(1) A norma dell'articolo 1, comma 780 della Legge 27 dicembre 2019, n. 160, le disposizioni di cui al presente comma, concernenti l'istituzione e la disciplina dell'imposta comunale unica (IUC), sono abrogate, a decorrere dal 1° gennaio 2020, limitatamente alle disposizioni riguardanti la disciplina dell'IMU e della TASI. Restano ferme le disposizioni che disciplinano la TARI.

705. Per l'accertamento, la riscossione, i rimborsi, le sanzioni, gli interessi e il contenzioso relativo alla maggiorazione di cui all'articolo 14, comma 13, del decreto-legge 6 dicembre 2011, n. 201, convertito, con modificazioni, dalla legge 22 dicembre 2011, n. 214, si applicano le disposizioni

vigenti in materia di tributo comunale sui rifiuti e sui servizi. Le relative attività di accertamento e riscossione sono svolte dai comuni ai quali spettano le maggiori somme derivanti dallo svolgimento delle suddette attività a titolo di maggiorazione, interessi e sanzioni [1].

[1] *A norma dell'articolo 1, comma 780 della Legge 27 dicembre 2019, n. 160, le disposizioni di cui al presente comma, concernenti l'istituzione e la disciplina dell'imposta comunale unica (IUC), sono abrogate, a decorrere dal 1° gennaio 2020, limitatamente alle disposizioni riguardanti la disciplina dell'IMU e della TASI. Restano ferme le disposizioni che disciplinano la TARI.*

706. Resta ferma la facoltà per i comuni di istituire l'imposta di scopo in base a quanto disposto dall'articolo 1, comma 145, della legge 27 dicembre 2006, n. 296, e dall'articolo 6 del decreto legislativo 14 marzo 2011, n. 23 [1].

[1] *A norma dell'articolo 1, comma 780 della Legge 27 dicembre 2019, n. 160, le disposizioni di cui al presente comma, concernenti l'istituzione e la disciplina dell'imposta comunale unica (IUC), sono abrogate, a decorrere dal 1° gennaio 2020, limitatamente alle disposizioni riguardanti la disciplina dell'IMU e della TASI. Restano ferme le disposizioni che disciplinano la TARI.*

707. All'articolo 13 del citato decreto-legge n. 201 del 2011, convertito, con modificazioni, dalla legge n. 214 del 2011, sono apportate le seguenti modificazioni:

a) al comma 1, le parole: «fino al 2014» sono soppresse e, nel medesimo comma, l'ultimo periodo è soppresso;

b) al comma 2:

1) al primo periodo sono soppresse le parole: «, ivi comprese l'abitazione principale e le pertinenze della stessa»;

2) dopo il secondo periodo è inserito il seguente: «L'imposta municipale propria non si applica al possesso dell'abitazione principale e delle pertinenze della stessa, ad eccezione di quelle classificate nelle categorie catastali A/1, A/8 e A/9, per le quali continuano ad applicarsi l'aliquota di cui al comma 7 e la detrazione di cui al comma 10»;

3) sono aggiunti, in fine, i seguenti periodi: «I comuni possono considerare direttamente adibita ad abitazione principale l'unità immobiliare posseduta a titolo di proprietà o di usufrutto da anziani o disabili che acquisiscono la residenza in istituti di ricovero o sanitari a seguito di ricovero permanente, a condizione che la stessa non risulti locata, l'unità immobiliare posseduta dai cittadini italiani non residenti nel territorio dello Stato a titolo di proprietà o di usufrutto in Italia, a condizione che non risulti locata, nonché l'unità immobiliare concessa in comodato dal soggetto passivo ai parenti in linea retta entro il primo grado che la utilizzano come abitazione principale, prevedendo che l'agevolazione operi o limitatamente alla quota di rendita risultante in catasto non eccedente il valore di euro 500 oppure nel solo caso in cui il comodatario appartenga a un nucleo familiare con ISEE non superiore a 15.000 euro annui. In caso di più unità immobiliari, la predetta agevolazione può essere applicata ad una sola unità immobiliare. L'imposta municipale propria non si applica, altresì:

a) alle unità immobiliari appartenenti alle cooperative edilizie a proprietà indivisa, adibite ad abitazione principale e relative pertinenze dei soci assegnatari;

b) ai fabbricati di civile abitazione destinati ad alloggi sociali come definiti dal decreto del Ministro delle infrastrutture 22 aprile 2008, pubblicato nella Gazzetta Ufficiale n. 146 del 24 giugno 2008;

c) alla casa coniugale assegnata al coniuge, a seguito di provvedimento di separazione legale, annullamento, scioglimento o cessazione degli effetti civili del matrimonio;

d) a un unico immobile, iscritto o iscrivibile nel catasto edilizio urbano come unica unità immobiliare, posseduto, e non concesso in locazione, dal personale in servizio permanente appartenente alle Forze armate e alle Forze di polizia ad ordinamento militare e da quello dipendente delle Forze di polizia ad ordinamento civile, nonché dal personale del Corpo nazionale dei vigili del fuoco, e, fatto salvo quanto previsto dall'articolo 28, comma 1, del decreto legislativo 19 maggio 2000, n. 139, dal personale appartenente alla carriera prefettizia, per il quale non sono richieste le condizioni della dimora abituale e della residenza anagrafica»;

c) al comma 5, secondo periodo, le parole: «pari a 110» sono sostituite dalle seguenti: «pari a 75»;

d) il comma 10 è sostituito dal seguente:

«10. Dall'imposta dovuta per l'unità immobiliare adibita ad abitazione principale del soggetto passivo e classificata nelle categorie catastali A/1, A/8 e A/9 nonché per le relative pertinenze, si detraggono, fino a concorrenza del suo ammontare, euro 200 rapportati al periodo dell'anno durante il quale si protrae tale destinazione; se l'unità immobiliare è adibita ad abitazione principale da più soggetti passivi, la detrazione spetta a ciascuno di essi proporzionalmente alla quota per la quale la destinazione medesima si verifica. I comuni possono disporre l'elevazione dell'importo della detrazione, fino a concorrenza dell'imposta dovuta, nel rispetto dell'equilibrio di bilancio. La suddetta detrazione si applica agli alloggi regolarmente assegnati dagli Istituti autonomi per le case popolari (IACP) o dagli enti di edilizia residenziale pubblica, comunque denominati, aventi le stesse finalità degli IACP, istituiti in attuazione dell'articolo 93 del decreto del Presidente della Repubblica 24 luglio 1977, n. 616» [1][2].

[1] *Per l'attribuzione ai comuni delle regioni a statuto ordinario, della regione Siciliana e della regione Sardegna del contributo, pari a 110,7 milioni di euro, quale rimborso del minor gettito dell'imposta municipale propria relativo ai terreni agricoli posseduti dai coltivatori diretti e dagli imprenditori agricoli professionali iscritti nella previdenza agricola ed ai fabbricati rurali ad uso strumentale, a decorrere dall'anno 2014, vedi il D.M. 24 ottobre 2014.*

[2] *A norma dell'articolo 1, comma 780 della Legge 27 dicembre 2019, n. 160, le disposizioni di cui al presente comma, concernenti l'istituzione e la disciplina dell'imposta comunale unica (IUC), sono abrogate, a decorrere dal 1° gennaio 2020, limitatamente alle disposizioni riguardanti la disciplina dell'IMU e della TASI. Restano ferme le disposizioni che disciplinano la TARI.*

708. A decorrere dall'anno 2014, non è dovuta l'imposta municipale propria di cui all'articolo 13 del decreto-legge 6 dicembre 2011, n. 201, convertito, con modificazioni, dalla legge 22 dicembre 2011, n. 214, e successive modificazioni, relativa ai fabbricati rurali ad uso strumentale di cui al comma 8 del medesimo articolo 13 del decreto-legge n. 201 del 2011 [1][2].

[1] *Per l'attribuzione ai comuni delle regioni a statuto ordinario, della regione Siciliana e della regione Sardegna del contributo, pari a 110,7 milioni di euro, quale rimborso del minor gettito dell'imposta municipale propria relativo ai terreni agricoli posseduti dai coltivatori diretti e dagli imprenditori agricoli professionali iscritti nella previdenza agricola ed ai fabbricati rurali ad uso strumentale, a decorrere dall'anno 2014, vedi il D.M. 24 ottobre 2014.*

[2] *A norma dell'articolo 1, comma 780 della Legge 27 dicembre 2019, n.*

160, le disposizioni di cui al presente comma, concernenti l'istituzione e la disciplina dell'imposta comunale unica (IUC), sono abrogate, a decorrere dal 1° gennaio 2020, limitatamente alle disposizioni riguardanti la disciplina dell'IMU e della TASI. Restano ferme le disposizioni che disciplinano la TARI.

709. Agli oneri derivanti dall'attuazione delle disposizioni di cui al comma 707, lettera c), e al comma 708, pari a 116,5 milioni di euro annui a decorrere dall'anno 2014, si provvede, quanto a 100 milioni di euro annui, ai sensi del comma 710 e, quanto a 16,5 milioni di euro annui, mediante corrispondente riduzione del Fondo per interventi strutturali di politica economica, di cui all'articolo 10, comma 5, del decreto-legge 29 novembre 2004, n. 282, convertito, con modificazioni, dalla legge 27 dicembre 2004, n. 307 (1).

(1) *A norma dell'articolo 1, comma 780 della Legge 27 dicembre 2019, n. 160, le disposizioni di cui al presente comma, concernenti l'istituzione e la disciplina dell'imposta comunale unica (IUC), sono abrogate, a decorrere dal 1° gennaio 2020, limitatamente alle disposizioni riguardanti la disciplina dell'IMU e della TASI. Restano ferme le disposizioni che disciplinano la TARI.*

710. All'articolo 1, comma 517, primo periodo, della legge 24 dicembre 2012, n. 228, le parole: «5 per cento» sono sostituite dalle seguenti: «15 per cento» (1).

(1) *A norma dell'articolo 1, comma 780 della Legge 27 dicembre 2019, n. 160, le disposizioni di cui al presente comma, concernenti l'istituzione e la disciplina dell'imposta comunale unica (IUC), sono abrogate, a decorrere dal 1° gennaio 2020, limitatamente alle disposizioni riguardanti la disciplina dell'IMU e della TASI. Restano ferme le disposizioni che disciplinano la TARI.*

711. Al fine di assicurare ai comuni delle regioni a statuto ordinario, della Regione siciliana e della regione Sardegna il ristoro del minor gettito dell'imposta municipale propria di cui al comma 1 dell'articolo 13 del decreto-legge 6 dicembre 2011, n. 201, convertito, con modificazioni, dalla legge 22 dicembre 2011, n. 214, derivante dalle disposizioni recate dai commi 707, lettera c), e 708, del presente articolo, è attribuito ai medesimi comuni un contributo pari a 110,7 milioni di euro a decorrere dall'anno 2014. Tale contributo è ripartito tra i comuni interessati, con decreto del Ministero dell'interno, di concerto con il Ministero dell'economia e delle finanze, da adottare, sentita la Conferenza Stato-città ed autonomie locali, entro trenta giorni dalla data di entrata in vigore della presente legge, in proporzione alle stime di gettito da imposta municipale propria allo scopo comunicate dal Dipartimento delle finanze del Ministero dell'economia e delle finanze. Per i comuni delle regioni a statuto speciale Friuli-Venezia Giulia e Valle d'Aosta e delle province autonome di Trento e di Bolzano a cui la legge attribuisce competenza in materia di finanza locale, la compensazione del minor gettito dell'imposta municipale propria, derivante dai commi 707, lettera c), e 708, avviene attraverso un minor accantonamento per l'importo di 5,8 milioni di euro a valere sulle quote di compartecipazione ai tributi erariali, ai sensi del comma 17 del citato articolo 13 del decreto-legge n. 201 del 2011 (1)(2).

(1) *Per l'attribuzione ai comuni delle regioni a statuto ordinario, della regione Siciliana e della regione Sardegna del contributo, pari a 110,7 milioni di euro, quale rimborso del minor gettito dell'imposta municipale propria relativo ai terreni agricoli posseduti dai coltivatori diretti e dagli imprenditori agricoli professionali iscritti nella previdenza agricola ed ai fabbricati rurali ad uso strumentale, a decorrere dall'anno 2014, vedi il D.M. 24 ottobre 2014.*

(2) *A norma dell'articolo 1, comma 780 della Legge 27 dicembre 2019, n. 160, le disposizioni di cui al presente comma, concernenti l'istituzione e la disciplina dell'imposta comunale unica (IUC), sono abrogate, a decorrere dal 1° gennaio 2020, limitatamente alle disposizioni riguardanti la disciplina dell'IMU e della TASI. Restano ferme le disposizioni che disciplinano la TARI.*

712. A decorrere dall'anno 2014, per i comuni ricadenti nei territori delle regioni Friuli-Venezia Giulia e Valle d'Aosta, nonché delle province autonome di Trento e di Bolzano, ai fini di cui al comma 17 dell'articolo 13 del decreto-legge 6 dicembre 2011, n. 201, convertito, con modificazioni, dalla legge 22 dicembre 2011, n. 214, non si tiene conto del minor gettito da imposta municipale propria derivante dalle disposizioni recate dal comma 707 (1).

(1) *A norma dell'articolo 1, comma 780 della Legge 27 dicembre 2019, n. 160, le disposizioni di cui al presente comma, concernenti l'istituzione e la disciplina dell'imposta comunale unica (IUC), sono abrogate, a decorrere dal 1° gennaio 2020, limitatamente alle disposizioni riguardanti la disciplina dell'IMU e della TASI. Restano ferme le disposizioni che disciplinano la TARI.*

713. All'articolo 8 del decreto legislativo 14 marzo 2011, n. 23, sono apportate le seguenti modificazioni:

a) al comma 1, le parole: «a decorrere dall'anno 2014» sono soppresse;

b) i commi da 3 a 7 sono abrogati (1).

(1) *A norma dell'articolo 1, comma 780 della Legge 27 dicembre 2019, n. 160, le disposizioni di cui al presente comma, concernenti l'istituzione e la disciplina dell'imposta comunale unica (IUC), sono abrogate, a decorrere dal 1° gennaio 2020, limitatamente alle disposizioni riguardanti la disciplina dell'IMU e della TASI. Restano ferme le disposizioni che disciplinano la TARI.*

714. Al decreto legislativo 14 marzo 2011, n. 23, sono apportate le seguenti modificazioni:

a) all'articolo 7, comma 1, le parole: «a decorrere dall'anno 2014» sono soppresse;

b) all'articolo 11, comma 1, le parole: «a decorrere dall'anno 2014» sono sostituite dalle seguenti: «a decorrere dall'anno 2015» (1).

(1) *A norma dell'articolo 1, comma 780 della Legge 27 dicembre 2019, n. 160, le disposizioni di cui al presente comma, concernenti l'istituzione e la disciplina dell'imposta comunale unica (IUC), sono abrogate, a decorrere dal 1° gennaio 2020, limitatamente alle disposizioni riguardanti la disciplina dell'IMU e della TASI. Restano ferme le disposizioni che disciplinano la TARI.*

715. Il comma 1 dell'articolo 14 del decreto legislativo 4 marzo 2011, n. 23, è sostituito dal seguente:

«1. L'imposta municipale propria relativa agli immobili strumentali è deducibile ai fini della determinazione del reddito di impresa e del reddito derivante dall'esercizio di arti e professioni nella misura del 20 per cento. La medesima imposta è indeducibile ai fini dell'imposta regionale sulle attività produttive» (1).

(1) *A norma dell'articolo 1, comma 780 della Legge 27 dicembre 2019, n. 160, le disposizioni di cui al presente comma, concernenti l'istituzione e la disciplina dell'imposta comunale unica (IUC), sono abrogate, a decorrere dal 1° gennaio 2020, limitatamente alle disposizioni riguardanti la disciplina dell'IMU e della TASI. Restano ferme le disposizioni che disciplinano la TARI.*

716. La disposizione in materia di deducibilità dell'imposta municipale propria ai fini dell'imposta sui redditi, di cui al comma 715, ha effetto a decorrere dal periodo d'imposta in corso al 31 dicembre 2013. Per il periodo d'imposta in corso al 31 dicembre 2013, l'aliquota di cui al comma 715 è elevata al 30 per cento. Conseguentemente il Fondo per interventi strutturali di politica economica di cui all'articolo 10, comma 5, del decreto-legge 29 novembre 2004, n. 282, convertito, con modificazioni, dalla legge 27 dicembre 2004, n. 307, è ridotto per l'anno 2014 di 237,9 milioni di euro ed è incrementato per l'anno 2015 di 100,7 milioni di euro [1].

[1] *A norma dell'articolo 1, comma 780 della Legge 27 dicembre 2019, n. 160, le disposizioni di cui al presente comma, concernenti l'istituzione e la disciplina dell'imposta comunale unica (IUC), sono abrogate, a decorrere dal 1° gennaio 2020, limitatamente alle disposizioni riguardanti la disciplina dell'IMU e della TASI. Restano ferme le disposizioni che disciplinano la TARI.*

717. Al decreto legislativo 14 marzo 2011, n. 23, sono apportate le seguenti modificazioni:

a) all'articolo 8, comma 1, dopo le parole: «d'imposta comunale sugli immobili» sono inserite le seguenti: «, fatto salvo quanto disposto nel successivo articolo 9, comma 9, terzo periodo»;

b) all'articolo 9, comma 9, dopo il secondo periodo è aggiunto il seguente: «Fermo restando quanto previsto dai periodi precedenti, il reddito degli immobili ad uso abitativo non locati situati nello stesso comune nel quale si trova l'immobile adibito ad abitazione principale, assoggettati all'imposta municipale propria, concorre alla formazione della base imponibile dell'imposta sul reddito delle persone fisiche e delle relative addizionali nella misura del cinquanta per cento» [1].

[1] *A norma dell'articolo 1, comma 780 della Legge 27 dicembre 2019, n. 160, le disposizioni di cui al presente comma, concernenti l'istituzione e la disciplina dell'imposta comunale unica (IUC), sono abrogate, a decorrere dal 1° gennaio 2020, limitatamente alle disposizioni riguardanti la disciplina dell'IMU e della TASI. Restano ferme le disposizioni che disciplinano la TARI.*

718. Le disposizioni del comma 717 hanno effetto a decorrere dal periodo d'imposta in corso al 31 dicembre 2013 [1].

[1] *A norma dell'articolo 1, comma 780 della Legge 27 dicembre 2019, n. 160, le disposizioni di cui al presente comma, concernenti l'istituzione e la disciplina dell'imposta comunale unica (IUC), sono abrogate, a decorrere dal 1° gennaio 2020, limitatamente alle disposizioni riguardanti la disciplina dell'IMU e della TASI. Restano ferme le disposizioni che disciplinano la TARI.*

719. Ai fini dell'imposta municipale propria di cui all'articolo 13 del decreto-legge 6 dicembre 2011, n. 201, convertito, con modificazioni, dalla legge 22 dicembre 2011, n. 214, nonché all'articolo 91-bis del decreto-legge 24 gennaio 2012, n. 1, convertito, con modificazioni, dalla legge 24 marzo 2012, n. 27, gli enti non commerciali presentano la dichiarazione esclusivamente in via telematica, secondo le modalità approvate con apposito decreto del Ministero dell'economia e delle finanze. Con le stesse modalità ed entro lo stesso termine previsto per la dichiarazione per l'anno 2013 deve essere presentata anche la dichiarazione per l'anno 2012 [1][2].

[1] *Per le modalità di trasmissione telematica della dichiarazione IMU, TASI, ENC, ai sensi del presente comma, vedi il D.M. 4 agosto 2014.*
[2] *A norma dell'articolo 1, comma 780 della Legge 27 dicembre 2019, n. 160, le disposizioni di cui al presente comma, concernenti l'istituzione e la disciplina dell'imposta comunale unica (IUC), sono abrogate, a decorrere dal 1° gennaio 2020, limitatamente alle disposizioni riguardanti la disciplina dell'IMU e della TASI. Restano ferme le disposizioni che disciplinano la TARI.*

720. Gli altri soggetti passivi dell'imposta municipale propria possono presentare la dichiarazione di cui all'articolo 13, comma 12-ter, del decreto-legge n. 201 del 2011, anche in via telematica, seguendo le modalità previste al comma 719 [1].

[1] *A norma dell'articolo 1, comma 780 della Legge 27 dicembre 2019, n. 160, le disposizioni di cui al presente comma, concernenti l'istituzione e la disciplina dell'imposta comunale unica (IUC), sono abrogate, a decorrere dal 1° gennaio 2020, limitatamente alle disposizioni riguardanti la disciplina dell'IMU e della TASI. Restano ferme le disposizioni che disciplinano la TARI.*

721. Il versamento dell'imposta municipale propria di cui all'articolo 13 del decreto-legge n. 201 del 2011 è effettuato dagli enti non commerciali esclusivamente secondo le disposizioni di cui all'articolo 17 del decreto legislativo 9 luglio 1997, n. 241, in tre rate di cui le prime due, di importo pari ciascuna al 50 per cento dell'imposta complessivamente corrisposta per l'anno precedente, devono essere versate nei termini di cui all'articolo 9, comma 3, del decreto legislativo 14 marzo 2011, n. 23, e l'ultima, a conguaglio dell'imposta complessivamente dovuta, deve essere versata entro il 16 giugno dell'anno successivo a quello cui si riferisce il versamento. Gli enti non commerciali eseguono i versamenti del tributo con eventuale compensazione dei crediti, nei confronti dello stesso comune nei confronti del quale è scaturito il credito, risultanti dalle dichiarazioni presentate successivamente alla data di entrata in vigore della presente legge [1].

[1] *A norma dell'articolo 1, comma 780 della Legge 27 dicembre 2019, n. 160, le disposizioni di cui al presente comma, concernenti l'istituzione e la disciplina dell'imposta comunale unica (IUC), sono abrogate, a decorrere dal 1° gennaio 2020, limitatamente alle disposizioni riguardanti la disciplina dell'IMU e della TASI. Restano ferme le disposizioni che disciplinano la TARI.*

722. A decorrere dall'anno di imposta 2012, nel caso in cui il contribuente abbia effettuato un versamento relativo all'imposta municipale propria a un comune diverso da quello destinatario dell'imposta, il comune che viene a conoscenza dell'errato versamento, anche a seguito di comunicazione del contribuente, deve attivare le procedure più idonee per il riversamento al comune competente delle somme indebitamente percepite. Nella comunicazione il contribuente indica gli estremi del versamento, l'importo versato, i dati catastali dell'immobile a cui si riferisce il versamento, il comune destinatario delle somme e quello che ha ricevuto erroneamente il versamento [1][2][A].

[1] *A norma dell'articolo 1, comma 4, del D.L. 6 marzo 2014, n. 16, convertito, con modificazioni, dalla Legge 2 maggio 2014, n. 68 le procedure di cui al presente comma si applicano a tutti i tributi locali.*
[2] *A norma dell'articolo 1, comma 780 della Legge 27 dicembre 2019, n. 160, le disposizioni di cui al presente comma, concernenti l'istituzione e la disciplina dell'imposta comunale unica (IUC), sono abrogate, a decorrere dal 1° gennaio 2020, limitatamente alle disposizioni riguardanti*

la disciplina dell'IMU e della TASI. Restano ferme le disposizioni che disciplinano la TARI.
(A) *In riferimento al presente comma vedi: Circolare del Ministero dell'Economia e delle Finanze 14 aprile 2016, n. 1/DF; Circolare del Ministero dell'Economia e delle Finanze 21 giugno 2016, n. 3/DF.*

723. Per le somme concernenti gli anni di imposta 2013 e seguenti, gli enti locali interessati comunicano al Ministero dell'economia e delle finanze e al Ministero dell'interno gli esiti della procedura del riversamento di cui al comma 722 al fine delle successive regolazioni, per i comuni delle regioni a statuto ordinario, della Regione siciliana e della regione Sardegna, in sede di Fondo di solidarietà comunale di cui all'articolo 1, comma 380, lettera b), della legge 24 dicembre 2012, n. 228, e, per i comuni delle regioni Friuli-Venezia Giulia e Valle d'Aosta e delle province autonome di Trento e di Bolzano, in sede di attuazione del comma 17 dell'articolo 13 del decreto-legge 6 dicembre 2011, n. 201, convertito, con modificazioni, dalla legge 22 dicembre 2011, n. 214 (1)(2)(3)(A).

(1) *A norma dell'articolo 1, comma 4, del D.L. 6 marzo 2014, n. 16, convertito, con modificazioni, dalla Legge 2 maggio 2014, n. 68 le procedure di cui al presente comma si applicano a tutti i tributi locali.*
(2) *La Corte Costituzionale, con sentenza 20 luglio 2016, n. 188 (in Gazz. Uff., 27 luglio, n. 30), ha dichiarato, con gli effetti di cui in motivazione, l'illegittimità costituzionale del presente comma nella parte in cui si applica alla Regione autonoma Friuli-Venezia Giulia.*
(3) *A norma dell'articolo 1, comma 780 della Legge 27 dicembre 2019, n. 160, le disposizioni di cui al presente comma, concernenti l'istituzione e la disciplina dell'imposta comunale unica (IUC), sono abrogate, a decorrere dal 1° gennaio 2020, limitatamente alle disposizioni riguardanti la disciplina dell'IMU e della TASI. Restano ferme le disposizioni che disciplinano la TARI.*
(A) *In riferimento al presente comma vedi: Circolare del Ministero dell'Economia e delle Finanze 14 aprile 2016, n. 1/DF; Circolare del Ministero dell'Economia e delle Finanze 21 giugno 2016, n. 3/DF.*

724. A decorrere dall'anno di imposta 2012, nel caso in cui il contribuente abbia effettuato un versamento relativo all'imposta municipale propria di importo superiore a quello dovuto, l'istanza di rimborso va presentata al comune che, all'esito dell'istruttoria, provvede alla restituzione per la quota di propria spettanza, segnalando al Ministero dell'economia e delle finanze e al Ministero dell'interno l'importo totale, la quota rimborsata o da rimborsare a proprio carico nonché l'eventuale quota a carico dell'erario che effettua il rimborso ai sensi dell'articolo 68 delle istruzioni sul servizio di tesoreria dello Stato di cui al decreto del Ministro dell'economia e delle finanze 29 maggio 2007, pubblicato nel supplemento ordinario alla Gazzetta Ufficiale n. 163 del 16 luglio 2007. Ai fini della regolazione dei rapporti finanziari Stato-comune, si applica la procedura di cui al comma 725 (1)(2)(A).

(1) *A norma dell'articolo 1, comma 4, del D.L. 6 marzo 2014, n. 16, convertito, con modificazioni, dalla Legge 2 maggio 2014, n. 68 le procedure di cui al presente comma si applicano a tutti i tributi locali.*
(2) *A norma dell'articolo 1, comma 780 della Legge 27 dicembre 2019, n. 160, le disposizioni di cui al presente comma, concernenti l'istituzione e la disciplina dell'imposta comunale unica (IUC), sono abrogate, a decorrere dal 1° gennaio 2020, limitatamente alle disposizioni riguardanti la disciplina dell'IMU e della TASI. Restano ferme le disposizioni che disciplinano la TARI.*
(A) *In riferimento al presente comma vedi: Circolare del Ministero dell'Economia e delle Finanze 14 aprile 2016, n. 1/DF; Circolare del Ministero dell'Economia e delle Finanze 21 giugno 2016, n. 3/DF.*

725. A decorrere dall'anno di imposta 2012, nel caso in cui sia stata versata allo Stato, a titolo di imposta municipale propria, una somma spettante al comune, questo, anche su comunicazione del contribuente, dà notizia dell'esito dell'istruttoria al Ministero dell'economia e delle finanze e al Ministero dell'interno il quale effettua le conseguenti regolazioni a valere sullo stanziamento di apposito capitolo anche di nuova istituzione del proprio stato di previsione. Relativamente agli anni di imposta 2013 e successivi, le predette regolazioni sono effettuate, per i comuni delle regioni a statuto ordinario, della Regione siciliana e della regione Sardegna, in sede di Fondo di solidarietà comunale di cui all'articolo 1, comma 380, lettera b), della legge 24 dicembre 2012, n. 228, e, per i comuni delle regioni Friuli-Venezia Giulia e Valle d'Aosta e delle province autonome di Trento e di Bolzano, in sede di attuazione del comma 17 dell'articolo 13 del decreto-legge 6 dicembre 2011, n. 201, convertito, con modificazioni, dalla legge 22 dicembre 2011, n. 214 (1)(2)(3)(A).

(1) *A norma dell'articolo 1, comma 4, del D.L. 6 marzo 2014, n. 16, convertito, con modificazioni, dalla Legge 2 maggio 2014, n. 68 le procedure di cui al presente comma si applicano a tutti i tributi locali.*
(2) *La Corte Costituzionale, con sentenza 20 luglio 2016, n. 188 (in Gazz. Uff., 27 luglio, n. 30), ha dichiarato, con gli effetti di cui in motivazione, l'illegittimità costituzionale del presente comma nella parte in cui si applica alla Regione autonoma Friuli-Venezia Giulia.*
(3) *A norma dell'articolo 1, comma 780 della Legge 27 dicembre 2019, n. 160, le disposizioni di cui al presente comma, concernenti l'istituzione e la disciplina dell'imposta comunale unica (IUC), sono abrogate, a decorrere dal 1° gennaio 2020, limitatamente alle disposizioni riguardanti la disciplina dell'IMU e della TASI. Restano ferme le disposizioni che disciplinano la TARI.*
(A) *In riferimento al presente comma vedi: Circolare del Ministero dell'Economia e delle Finanze 14 aprile 2016, n. 1/DF; Circolare del Ministero dell'Economia e delle Finanze 21 giugno 2016, n. 3/DF.*

726. A decorrere dall'anno di imposta 2012, nel caso in cui il contribuente abbia versato allo Stato una somma, a titolo di imposta municipale propria, di spettanza del comune, e abbia anche regolarizzato la sua posizione nei confronti dello stesso comune con successivo versamento, ai fini del rimborso della maggiore imposta pagata si applica quanto previsto dal comma 724 (1)(2)(A).

(1) *A norma dell'articolo 1, comma 4, del D.L. 6 marzo 2014, n. 16, convertito, con modificazioni, dalla Legge 2 maggio 2014, n. 68 le procedure di cui al presente comma si applicano a tutti i tributi locali.*
(2) *A norma dell'articolo 1, comma 780 della Legge 27 dicembre 2019, n. 160, le disposizioni di cui al presente comma, concernenti l'istituzione e la disciplina dell'imposta comunale unica (IUC), sono abrogate, a decorrere dal 1° gennaio 2020, limitatamente alle disposizioni riguardanti la disciplina dell'IMU e della TASI. Restano ferme le disposizioni che disciplinano la TARI.*
(A) *In riferimento al presente comma vedi: Circolare del Ministero dell'Economia e delle Finanze 14 aprile 2016, n. 1/DF; Circolare del Ministero dell'Economia e delle Finanze 21 giugno 2016, n. 3/DF.*

727. A decorrere dall'anno di imposta 2012, nel caso in cui sia stata versata al comune, a titolo di imposta municipale propria, una somma spettante allo Stato, il contribuente presenta al comune stesso una comunicazione nell'ipotesi in cui non vi siano somme da restituire. L'ente locale impositore, all'esito dell'istruttoria, determina l'ammontare del tributo spettante allo Stato e ne dispone il riversamento all'erario. Limitatamente alle somme concernenti gli anni di imposta 2013 e successivi, il comune dà notizia dell'esito dell'istruttoria al Ministero dell'economia e delle finanze e al Ministero dell'interno al fine delle successive regolazioni, per i comuni delle regioni a statuto ordinario, della Regione

siciliana e della regione Sardegna, in sede di Fondo di solidarietà comunale di cui all'articolo 1, comma 380, lettera b), della legge 24 dicembre 2012, n. 228, e, per i comuni delle regioni Friuli-Venezia Giulia e Valle d'Aosta e delle province autonome di Trento e di Bolzano, in sede di attuazione del comma 17 dell'articolo 13 del decreto-legge 6 dicembre 2011, n. 201, convertito, con modificazioni, dalla legge 22 dicembre 2011, n. 214 [1][2][3][A].

[1] A norma dell'articolo 1, comma 4, del D.L. 6 marzo 2014, n. 16, convertito, con modificazioni, dalla Legge 2 maggio 2014, n. 68 le procedure di cui al presente comma si applicano a tutti i tributi locali.
[2] La Corte Costituzionale, con sentenza 20 luglio 2016, n. 188 (in Gazz. Uff., 27 luglio, n. 30), ha dichiarato, con gli effetti di cui in motivazione, l'illegittimità costituzionale del presente comma nella parte in cui si applica alla Regione autonoma Friuli-Venezia Giulia.
[3] A norma dell'articolo 1, comma 780 della Legge 27 dicembre 2019, n. 160, le disposizioni di cui al presente comma, concernenti l'istituzione e la disciplina dell'imposta comunale unica (IUC), sono abrogate, a decorrere dal 1° gennaio 2020, limitatamente alle disposizioni riguardanti la disciplina dell'IMU e della TASI. Restano ferme le disposizioni che disciplinano la TARI.
[A] In riferimento al presente comma vedi: Circolare del Ministero dell'Economia e delle Finanze 14 aprile 2016, n. 1/DF; Circolare del Ministero dell'Economia e delle Finanze 21 giugno 2016, n. 3/DF.

728. Non sono applicati sanzioni e interessi nel caso di insufficiente versamento della seconda rata dell'imposta municipale propria di cui all'articolo 13 del decreto-legge 6 dicembre 2011, n. 201, convertito, con modificazioni, dalla legge 22 dicembre 2011, n. 214, e successive modificazioni, dovuta per l'anno 2013, qualora la differenza sia versata entro il termine di versamento della prima rata, relativa alla medesima imposta, dovuta per l'anno 2014 [1].

[1] A norma dell'articolo 1, comma 780 della Legge 27 dicembre 2019, n. 160, le disposizioni di cui al presente comma, concernenti l'istituzione e la disciplina dell'imposta comunale unica (IUC), sono abrogate, a decorrere dal 1° gennaio 2020, limitatamente alle disposizioni riguardanti la disciplina dell'IMU e della TASI. Restano ferme le disposizioni che disciplinano la TARI.

(Omissis)

749. La presente legge entra in vigore il 1° gennaio 2014.

ACCERTAMENTO

1. D.P.R. 29 settembre 1973, n. 605

Disposizioni relative all'anagrafe tributaria e al codice fiscale dei contribuenti [1][2][3][4][5][6][7][8][9]

[1] *Pubblicato in Suppl. ordinario n. 2 alla Gazz. Uff., 16 ottobre, n. 268*

[2] *Vedi il D.M. 12 marzo 1974 sui sistemi di codificazione dei soggetti da iscrivere all'anagrafe tributaria.*

[3] *Vedi il D.M. 12 marzo 1974 relativo all'attribuzione del numero di codice fiscale e alla cancellazione dall'anagrafe tributaria dei soggetti estinti.*

[4] *Per la forma e le modalità delle comunicazioni all'anagrafe tributaria, vedi il D. M. 13 aprile 1974.*

[5] *Decreto sostituito dall'articolo 1 del D.P.R. 2 novembre 1976, n. 784.*

[6] *Per le modalità per l'attribuzione e comunicazione del numero di codice fiscale, per la richiesta dei duplicati e per la cancellazione dall'anagrafe tributaria dei soggetti estinti, vedi il D. M. 23 dicembre 1976.*

[7] *A norma dell'articolo 3 del D.P.R. 23 dicembre 1977, n. 955, sono abrogate le disposizioni ivi contenute, relative ad obblighi di comunicazione all'anagrafe tributaria non previsti nel D.P.R. 2 novembre 1976, n. 784, con effetto dalla data di entrata in vigore del presente decreto.*

[8] *Vedi il D. M. 29 dicembre 1977 relativo alla comunicazione all'anagrafe tributaria della estinzione, trasformazione, concentrazione o fusione dei soggetti diversi dalle persone fisiche.*

[9] *Per le modalità per l'attribuzione e comunicazione del numero di codice fiscale e per la richiesta del tesserino plastificato. Per l'approvazione dei nuovi modelli per la richiesta del numero di codice fiscale (AA4/7 AA5/5) e del certificato di codice fiscale per i soggetti diversi dalle persone fisiche (AA11/2), vedi il D.M. 28 dicembre 1987, n. 539.*

1. Compiti dell'anagrafe tributaria [1]. – L'anagrafe tributaria raccoglie e ordina su scala nazionale i dati e le notizie risultanti dalle dichiarazioni e dalle denunce presentate agli uffici dell'amministrazione finanziaria e dai relativi accertamenti, nonché i dati e le notizie che possono comunque assumere rilevanza ai fini tributari.

I dati e le notizie raccolti sono comunicati agli organi dipendenti dal Ministro per le finanze preposti agli accertamenti ed ai controlli relativi all'applicazione dei tributi, ed, in particolare, ai fini della valutazione della complessiva capacità contributiva e degli adempimenti conseguenziali di rettifica delle dichiarazioni e di accertamento, all'ufficio distrettuale delle imposte nella cui circoscrizione il soggetto ha il domicilio fiscale.

Sulla base dei dati in suo possesso l'anagrafe tributaria provvede alle elaborazioni utili per lo studio dei fenomeni fiscali.

[1] *Articolo sostituito dall'articolo 1 del D.P.R. 2 novembre 1976, n. 784.*

2. Iscrizione all'anagrafe tributaria e cancellazioni [1][2]. – Sono iscritte all'anagrafe tributaria, secondo un sistema di codificazione stabilito con decreto del Ministro per le finanze, le persone fisiche, le persone giuridiche e le società, associazioni ed altre organizzazioni di persone o di beni prive di personalità giuridica alle quali si riferiscono i dati e le notizie raccolti ai sensi dell'art. 1, o che abbiano richiesto l'attribuzione del numero di codice fiscale a norma dell'art. 3.

Le modalità per la cancellazione dall'anagrafe tributaria dei soggetti estinti sono stabilite con decreto del Ministro per le finanze.

[1] *Articolo sostituito dall'articolo 1 del D.P.R. 2 novembre 1976, n. 784.*

[2] *Vedi il D.M. 12 marzo 1974 relativo all'attribuzione del numero di codice fiscale e alla cancellazione dall'anagrafe tributaria dei soggetti estinti.*

3. Attribuzione del numero di codice fiscale [1]. – Ogni soggetto obbligato alla indicazione del proprio numero di codice fiscale negli atti di cui al successivo art. 6 è tenuto a richiederne l'attribuzione a norma dell'art. 4.

Il numero di codice fiscale può essere attribuito d'ufficio ai soggetti per i quali l'amministrazione finanziaria dispone dei necessari elementi di identificazione [2].

L'amministrazione finanziaria può assegnare, sia nel caso di attribuzione a domanda che di ufficio, un numero di codice fiscale provvisorio da valere a tutti gli effetti del presente decreto. Nel caso di attribuzione d'ufficio del numero di codice fiscale provvisorio, il soggetto interessato è tenuto a chiedere l'attribuzione del numero di codice fiscale definitivo a norma dell'art. 4 entro sei mesi dalla data di emissione del numero di codice fiscale provvisorio.

Con decreto del Ministro per le finanze sono indicati gli uffici competenti ad attribuire il numero di codice fiscale e quelli abilitati a ricevere le domande e sono stabilite le modalità di presentazione delle domande medesime.

[1] *Articolo sostituito dall'articolo 1 del D.P.R. 2 novembre 1976, n. 784.*

[2] *Così rettificato con Comunicato 20 dicembre 1976 (in Gazz. Uff., 20 dicembre 1976, n. 337).*

4. Domanda di attribuzione del numero di codice fiscale [1][2]. – La domanda di attribuzione del numero di codice fiscale, da redigersi in carta libera ed in conformità al modello stabilito con decreto del Ministro per le finanze, deve essere sottoscritta dal soggetto richiedente o da chi ne ha la rappresentanza e deve comunque indicare:

a) per le persone fisiche, il cognome e il nome, il luogo e la data di nascita, il sesso e il domicilio fiscale [3];

b) per i soggetti diversi dalle persone fisiche, la denominazione, la ragione sociale o la ditta, il domicilio fiscale. Per le società, associazioni e altre organizzazioni senza personalità giuridica, devono essere inoltre indicati gli elementi di cui alla lettera a) per almeno una delle persone che ne hanno la rappresentanza [4].

Nell'indicazione della sede e del domicilio fiscale devono essere specificati la via, il numero civico e il codice di avviamento postale [5].

Qualora intervengano, nelle forme previste dalla legge, rettifiche o modificazioni relative al nome, cognome, sesso, luogo e data di nascita di persone fisiche alle quali sia già stato attribuito il numero di codice fiscale queste debbono richiedere, entro sei mesi dalla data in cui le stesse hanno avuto effetto, il numero di codice fiscale corrispondente ai nuovi elementi di identificazione. Il numero di codice fiscale precedentemente attribuito ha a tutti gli effetti validità di numero di codice fiscale provvisorio. Nella domanda deve essere indicato anche il numero di codice fiscale precedentemente attribuito.

[1] *Articolo sostituito dall'articolo 1 del D.P.R. 2 novembre 1976, n. 784.*

(2) *Per le modalità dell'attribuzione e comunicazione del numero di codice fiscale e per la richiesta del tesserino plastificato, per l'approvazione dei nuovi modelli per la richiesta del numero di codice fiscale (AA4/7 AA5/5) e del certificato di codice fiscale per i soggetti diversi dalle persone fisiche (AA11/2), vedi il D.M. 28 dicembre 1987, n. 539.*
(3) *Lettera sostituita dall'articolo 1 del D.P.R. 23 dicembre 1977, n. 955.*
(4) *Lettera sostituita dall'articolo 1 del D.P.R. 23 dicembre 1977, n. 955.*
(5) *Comma sostituito dall'articolo 1 del D.P.R. 23 dicembre 1977, n. 955.*

5. Comunicazione del numero di codice fiscale (1). – Il numero di codice fiscale, attribuito d'ufficio o su domanda, è portato a conoscenza del soggetto mediante apposita comunicazione dell'amministrazione finanziaria.

Nella comunicazione devono essere indicati gli elementi di identificazione del soggetto. Se manca o è errato taluno di tali elementi, il soggetto è tenuto a presentare domanda ai sensi dell'art. 4, entro sei mesi dalla data della comunicazione, indicando il numero di codice fiscale precedentemente attribuito. Fino alla data di comunicazione del numero di codice fiscale definitivo, quello precedentemente attribuito ha validità di numero di codice fiscale provvisorio.

Qualora ad un medesimo soggetto pervengano più comunicazioni del numero di codice fiscale, il soggetto stesso è tenuto ad usare il numero di codice fiscale indicato nella comunicazione emessa in data più recente.

Con decreto del Ministro per le finanze sono stabilite le modalità della comunicazione del numero di codice fiscale, nonché le modalità per la richiesta di duplicati della comunicazione stessa.

(1) *Articolo sostituito dall'articolo 1 del D.P.R. 2 novembre 1976, n. 784.*

6. Atti nei quali deve essere indicato il numero di codice fiscale (1). – Il numero di codice fiscale deve essere indicato nei seguenti atti:

a) fatture e documenti equipollenti emessi ai sensi delle norme concernenti l'imposta sul valore aggiunto, relativamente all'emittente;

b) richieste di registrazione, di cui all'ultimo comma del presente articolo, degli atti da registrare in termine fisso o in caso d'uso relativamente ai soggetti destinatari degli effetti giuridici immediati dell'atto, nonché, per gli atti degli organi giurisdizionali, anche relativamente ai difensori, esclusi gli atti elencati nella tabella allegata al presente decreto. Il Ministro per le finanze ha facoltà, con proprio decreto, di aggiungere all'elenco atti dai quali non risultino fatti o rapporti giuridici indicativi di capacità contributiva o escludere atti dai quali risultino fatti o rapporti giuridici indicativi di capacità contributiva. Non è obbligatoria l'indicazione del numero di codice fiscale nelle richieste di registrazione degli atti pubblici formati e delle scritture private autenticate prima del 10 gennaio 1978, nelle scritture private non autenticate presentate per la registrazione prima di tale data, nonché nelle note di trascrizione da prodursi al pubblico registro automobilistico per gli atti stipulati fino al 28 febbraio 1978 relativamente ai veicoli già iscritti nel pubblico registro automobilistico (2);

c) comunicazioni allo schedario generale dei titoli azionari, relativamente alla società emittente, ai soggetti da cui provengono se diversi dalla società emittente, agli intestatari o cointestatari del titolo, nonché agli altri soggetti per cui tale indicazione è richiesta nel modello di comunicazione approvato con decreto del Ministro per le finanze. Non è obbligatoria l'indicazione del numero di codice fiscale nelle comunicazioni allo schedario generale dei titoli azionari che concernono pagamenti di dividendi o altre operazioni effettuati anteriormente al 1° gennaio 1978 (3);

d) dichiarazioni dei redditi previste dalle norme concernenti l'imposta sul reddito delle persone fisiche, l'imposta sul reddito delle persone giuridiche e l'imposta locale sui redditi, comprese le dichiarazioni dei sostituti d'imposta ed i certificati attestanti le ritenute alla fonte operate dagli stessi, relativamente ai soggetti da cui provengono ed agli altri soggetti in esse indicati o indicati in elenchi nominativi la cui allegazione è prescritta da leggi tributarie. Per i soggetti indicati nelle dichiarazioni dei sostituti d'imposta e nei relativi certificati, l'indicazione del numero di codice fiscale è limitata ai soggetti per i quali è stata operata la ritenuta alla fonte. Per le persone a carico, l'indicazione del numero di codice fiscale nelle dichiarazioni annuali ai fini dell'imposta sul reddito delle persone fisiche è limitata alle persone che hanno redditi propri; richieste di attestazione della posizione tributaria dei contribuenti e relative certificazioni degli uffici finanziari, limitatamente alle persone che hanno redditi propri. Nelle dichiarazioni, nelle richieste di certificazione, nei certificati e negli elenchi non è obbligatoria la indicazione del numero di codice fiscale dei soggetti per i quali il rapporto con i soggetti da cui provengono è cessato anteriormente al 1 gennaio 1978; non è obbligatoria l'indicazione del numero di codice fiscale nei certificati rilasciati per i fini di cui all'art. 3, primo comma, del decreto del Presidente della Repubblica 29 settembre 1973, n. 600, dalle amministrazioni dello Stato e dall'Istituto nazionale della previdenza sociale per le somme corrisposte e le ritenute operate per il periodo precedente il 1° gennaio 1978;

distinte e bollettini di conto corrente postale per i versamenti diretti alle esattorie delle ritenute alla fonte e delle imposte sui redditi, relativamente ai soggetti da cui provengono i versamenti; bollettini di conto corrente postale per il pagamento delle imposte dirette iscritte a ruolo, relativamente ai soggetti tenuti al pagamento; atti di delega alle aziende di credito previsti dall'art. 17 della legge 2 dicembre 1975, n. 576 e conseguenti attestazioni di pagamento rilasciate dalle aziende delegate, relativamente ai soggetti deleganti;

atti e comunicazioni da inviare agli uffici distrettuali delle imposte dirette a norma dell'art. 36 del decreto del Presidente della Repubblica 29 settembre 1973, n. 600, relativamente ai soggetti in essi indicati; domande e note di voltura catastale, relativamente ai soggetti interessati. Non è obbligatoria l'indicazione del numero di codice fiscale nelle domande e note di voltura relative ad atti pubblici formati ed a scritture private autenticate anteriormente al 10 gennaio 1978; dichiarazioni e relativi allegati, *[con esclusione delle dichiarazioni periodiche diverse dalle annuali,]* da presentare agli effetti dell'imposta sul valore aggiunto, relativamente ai soggetti da cui provengono ed agli altri soggetti in essi indicati.

Non è obbligatoria, negli elenchi nominativi da allegare alle dichiarazioni annuali ai fini dell'imposta sul valore aggiunto, l'indicazione del numero di codice fiscale dei contraenti per le operazioni effettuate, ai sensi dell'art. 6 del decreto del Presidente della Repubblica 26 ottobre 1972, n. 633, anteriormente al 1 gennaio 1978; distinte e dichiarazioni di incasso da presentare ad enti delegati dal Ministero delle finanze all'accertamento e alla riscossione dei tributi, relativamente ai soggetti tenuti alla compilazione dei documenti; denunce di successione, relativamente al dante causa ed agli aventi causa. Non è obbligatoria l'indicazione del numero di codice fiscale del dante causa se il decesso è avvenuto anteriormente al 1 gennaio 1978; dichiarazioni decennali da presentare ai sensi dell'art. 18, sesto comma, del decreto del Presidente della Repubblica 26 ottobre 1972, n. 643, relativamente ai soggetti interessati; note di trascrizione, iscrizione ed annotazione, da presentare alle conservatorie dei registri immobiliari, con esclusione di quelle relative agli atti degli organi giurisdizionali, con le modalità ed i termini stabiliti con decreto del Ministro delle finanze. Il Ministro delle finanze, con proprio decreto, può escludere dall'obbligo le note relative ad atti non indicativi di capacità contributiva (4);

e) domande per autorizzazioni a produrre e mettere in commercio specialità medicinali, alimenti per la prima infanzia, prodotti dietetici, prodotti chimici usati in medicina, preparati galenici e presidi medici e chirurgici; domande per autorizzazioni all'esercizio di stabilimenti di acque minerali e di fabbriche di acque gassate o di bibite analcoliche; domande per l'autorizzazione all'esercizio di stabilimenti termali, balneari, di cure idropiniche, idroterapiche o fisiche; domande per autorizzazioni o licenze per l'esercizio del commercio; domande per licenze di importazione delle armi non da guerra e loro parti; domande per licenze di pubblico esercizio; domande per licenze di esercizio delle arti tipografiche, litografiche o fotografiche; domande per licenze di esercizio delle investigazioni o ricerche per la raccolta di informazioni per conto di privati; domande per licenze di esercizio di rimessa di autoveicoli o di vetture; domande per licenze di produzione, commercio o mediazione di oggetti e metalli preziosi; *[domande di brevetti per invenzioni industriali e per modelli di utilità;]* domande per concessioni di aree pubbliche; domande per concessione del permesso di ricerca mineraria; domande per autorizzazioni per la ricerca, estrazione ed utilizzazione di acque sotterranee; domande per licenze, autorizzazioni e concessioni per i servizi di autotrasporto di merci, per servizi pubblici automobilistici per viaggiatori, bagagli e pacchi agricoli; domande per concessioni all'apertura ed al funzionamento di scuole non statali; *[concessioni in materia edilizia e urbanistica rilasciate ai sensi della legge 28 gennaio 1977, n. 10, relativamente ai beneficiari delle concessioni ed ai progettisti dell'opera;]* domande ad amministrazioni statali per la concessione di contributi e di agevolazioni; domande per altre autorizzazioni, concessioni e licenze che il Ministro per le finanze ha facoltà di indicare con proprio decreto entro il 31 ottobre di ciascun anno con efficacia a decorrere dal 1 gennaio dell'anno successivo; immatricolazione e reimmatricolazione di autoveicoli, motoveicoli e rimorchi (5);

e-bis) denunce di inizio attività presentate allo sportello unico comunale per l'edilizia, permessi di costruire e ogni altro atto di assenso comunque denominato in materia di attività edilizia rilasciato dai comuni ai sensi del testo unico delle disposizioni legislative e regolamentari in materia edilizia, di cui al decreto del Presidente della Repubblica 6 giugno 2001, n. 380, relativamente ai soggetti dichiaranti, agli esecutori e ai progettisti dell'opera(6);

f) domande di iscrizione, variazione e cancellazione nei registri delle ditte e negli albi degli artigiani tenuti dalle camere di commercio, industria, artigianato ed agricoltura, relativamente ai soggetti che esercitano l'attività; domande di iscrizione, variazione e cancellazione negli albi, registri ed elenchi istituiti per l'esercizio di attività professionali e di altre attività di lavoro autonomo, relativamente ai soggetti che esercitano l'attività, domande di iscrizione e note di trascrizione di atti costitutivi, traslativi o estintivi della proprietà o di altri diritti reali di godimento, nonchè dichiarazioni di armatore, concernenti navi, galleggianti ed unità da diporto, o quote di essi, soggette ad iscrizione nei registri tenuti dagli uffici marittimi o dagli uffici della motorizzazione civile - sezione nautica; domande di iscrizione di aeromobili nel Registro aeronautico nazionale, note di trascrizione di atti costitutivi, traslativi o estintivi della proprietà o di altri diritti reali di godimento sugli aeromobili o quote di essi, soggetti ad iscrizione nel Registro aeronautico nazionale, nonchè dichiarazioni di esercente di aeromobili soggette a trascrizione nei registri tenuti dal direttore della circoscrizione di aeroporto competente (7);

g) atti emessi da uffici pubblici riguardanti le concessioni, autorizzazioni e licenze di cui alla precedente lettera e), relativamente ai soggetti beneficiari. Non è obbligatoria l'indicazione del numero di codice fiscale negli atti emessi in dipendenza di domande presentate prima del 1° gennaio 1978.

g-bis) mandati, ordini ed altri titoli di spesa emessi dalle amministrazioni dello Stato o da altri enti pubblici, in esecuzione di obbligazioni diverse da quelle concernenti le borse di studio o derivanti da rapporti di impiego o di lavoro subordinato, anche in quiescenza, relativamente al beneficiario della spesa e diverse da quelle derivanti da vincite e premi del lotto, delle lotterie nazionali e dei giochi e concorsi menzionati nei commi quarto, quinto e sesto dell'articolo 30 del decreto del Presidente della Repubblica 29 settembre 1973, n. 600, e successive modificazioni (8);

g -ter) contratti di assicurazione, ad esclusione di quelli relativi alla responsabilità civile ed alla assistenza e garanzie accessorie, relativamente ai soggetti contraenti; contratti di somministrazione di energia elettrica, di servizi di telefonia, fissa, mobile e satellitare, di servizi idrici del gas, relativamente agli utenti (9).

g- quater) ricorsi alle commissioni tributarie di ogni grado relativamente ai ricorrenti ed ai rappresentanti in giudizio, con le modalità ed i termini stabiliti con decreto del Ministro delle finanze(10).

g-quinquies) atti o negozi delle società e degli enti di cui all'articolo 32, primo comma, numero 7), del decreto del Presidente della Repubblica 29 settembre 1973, n. 600, conclusi con i clienti per conto proprio ovvero per conto o a nome di terzi clienti, riguardanti l'apertura o la chiusura di qualsiasi rapporto continuativo(11).

Coloro che sono tenuti agli obblighi di indicazione del numero di codice fiscale di altri soggetti hanno diritto di riceverne da questi ultimi comunicazione scritta e, se tale comunicazione non perviene almeno dieci giorni prima del termine in cui l'obbligo di indicazione deve essere adempiuto, possono rivolgersi direttamente all'Amministrazione finanziaria, anche utilizzando sistemi telematici, previa indicazione dei dati di cui all'art. 4, relativi al soggetto di cui si richiede l'attribuzione del numero di codice fiscale. L'obbligo di indicazione del numero di codice fiscale dei soggetti non residenti nel territorio dello Stato, cui tale codice non risulti già attribuito, si intende adempiuto con la sola indicazione dei dati di cui all'art. 4, con l'eccezione del domicilio fiscale, in luogo del quale va indicato il domicilio a sede legale all'estero *[, salvo per gli atti o negozi di cui alla lettera g-quinquies)]*. Nel caso in cui non sia stato possibile acquisire tutti i dati indicati nell'art. 4 relativi ai soggetti cui l'indicazione si riferisce, coloro che sono tenuti a tale indicazione devono richiedere l'attribuzione di un codice numerico all'Amministrazione finanziaria, che provvede previo accertamento delle ragioni addotte. Se l'indicazione del numero di codice fiscale o dei dati di cui all'art. 4 deve essere fatta nelle comunicazioni di cui alla lettera c) del precedente comma, i soggetti tenuti ad indicarli possono sospendere l'adempimento delle prestazioni dovute ai soggetti interessati fino a quando ne ricevano comunicazione da questi ultimi o dall'Amministrazione finanziaria [12].

[Qualora l'indicazione del numero di codice fiscale debba esser fatta nelle comunicazioni di cui alla lettera c) del precedente comma, i soggetti tenuti ad indicarlo possono sospendere l'adempimento delle prestazioni dovute ai soggetti interessati fino a quando ne ricevono comunicazione da questi ultimi.] [13]

Per gli atti soggetti a registrazione in caso d'uso deve essere indicato, nella richiesta di registrazione, il numero di codice fiscale del soggetto o dei soggetti destinatari degli effetti giuridici immediati dell'atto.

La registrazione degli atti, diversi da quelli degli organi giurisdizionali, deve essere richiesta separatamente per ogni singolo atto. La richiesta deve essere redatta in conformità ai modelli approvati con decreti del Ministro per le finanze e deve contenere le indicazioni prescritte nei modelli stessi [14].

Il Ministro delle finanze, con proprio decreto, può individuare altre tipologie di atti nei quali deve essere indicato il numero di codice fiscale; tale decreto deve essere pubblicato nella Gazzetta Ufficiale almeno novanta giorni prima della sua entrata in vigore[15].

(1) Articolo sostituito dall'articolo 1 del D.P.R. 2 novembre 1976, n. 784.
(2) Lettera sostituita dall'articolo 1 del D.P.R. 23 dicembre 1977, n. 955 e successivamente modificata dall'articolo 23, comma 48, del D.L.6 luglio 2011, n. 98, convertito con modificazioni dalla Legge 15 luglio 2011, n. 111.
(3) Lettera modificata dall'articolo 1 del D.P.R. 23 dicembre 1977, n. 955.
(4) Lettera modificata dall'articolo 1 del D.P.R. 23 dicembre 1977, n. 955, dall'articolo 1 del D.P.R. 22 giugno 1978, n. 485 e dall'articolo 5 del D.L. 30 dicembre 1982, n. 953, convertito, con modificazioni, inLegge 28 febbraio 1983, n. 53.
(5) Lettera modificata dall'articolo 1 del D.P.R. 23 dicembre 1977, n. 955, dall'articolo 31, comma 1, lettera a), del D.L. 2 marzo 1989, n. 69, convertito, con modificazioni, in Legge 27 aprile 1989, n. 154 e successivamente dall'articolo 2, comma 14, lettera a), del D.L. 30 settembre 2005, n. 203, convertito con modificazioni dalla Legge 2 dicembre 2005, n. 248.
(6) Lettera inserita dall'articolo 1, comma 332, lettera a), numero 1), della Legge 30 dicembre 2004, n. 311.
(7) Lettera sostituita dall'articolo 1 del D.P.R. 23 dicembre 1977, n. 955 e successivamente modificata dall'articolo 31, comma 1, lettera b), del D.L. 2 marzo 1989, n. 69, convertito, con modificazioni, in Legge 27 aprile 1989, n. 154, dall'articolo 10, comma 4, lettera a), del D.L. 13 maggio 1991, n. 151, convertito, con modificazioni, in Legge 12 luglio 1991, n. 202 e da ultimo dall'articolo 20, comma 2, lettera a), della Legge 30 dicembre 1991, n. 413.
(8) Lettera aggiunta dall'articolo 31, comma 1, lettera c), del D.L. 2 marzo 1989, n. 69, convertito, con modificazioni, in Legge 27 aprile 1989, n. 154, successivamente modificata dall'articolo 21, comma 1, della Legge 29 dicembre 1990, n. 408 e da ultimo sostituita dall'articolo 10, comma 5-bis, del D.L. 13 maggio 1991, n. 151, convertito, con modificazioni, in Legge 12 luglio 1991, n. 202.
(9) Lettera aggiunta dall'articolo 31, comma 1, lettera c), del D.L. 2 marzo 1989, n. 69, convertito, con modificazioni, in Legge 27 aprile 1989, n. 154, successivamente sostituita dall'articolo 3, comma 5, del D.Lgs. 26 novembre 1991, n. 393 e da ultimo modificata dall'articolo 1, comma 332, lettera a), numero 2), della Legge 30 dicembre 2004, n. 311 e dall'articolo 1, comma 222, della Legge 24 dicembre 2007, n. 244.
(10) Lettera aggiunta dall'articolo 30, comma 1, della Legge 30 dicembre 1991, n. 413.
(11) Lettera aggiunta dall'articolo 34, comma 1, lettera a), del D.L. 31 maggio 2010, n. 78, convertito con modificazioni dalla Legge 30 luglio 2010, 122.
(12) Comma sostituito dall'articolo 64, comma 1, del D.L. 30 agosto 1993, n. 331, convertito con modificazioni dalla Legge 29 ottobre 1993, n. 427, successivamente modificato dall'articolo 34, comma 1, lettera b), del D.L. 31 maggio 2010, n. 78, convertito con modificazioni dalla Legge 30 luglio 2010, 122 e dall'articolo 1, comma 45, della Legge 27 dicembre 2017, n. 205.
(13) Comma soppresso dall'articolo 1 del D.P.R. 23 dicembre 1977, n. 955
(14) Comma sostituito dall'articolo 1 del D.P.R. 23 dicembre 1977, n. 955.
(15) Comma aggiunto dall'articolo 3, comma 7, lettera a), del D.L. 15 gennaio 1993, n. 6, convertito con modificazioni dalla Legge 17 marzo 1993, n. 63.

7. Comunicazioni all'anagrafe tributaria [1][2][3]. – Gli uffici pubblici devono comunicare all'anagrafe tributaria i dati e le notizie contenuti negli atti di cui alle lettere e-bis) e g) del primo comma dell'art. 6 [4].

A partire dal 1° luglio 1989 le camere di commercio, industria, artigianato ed agricoltura devono comunicare mensilmente all'anagrafe tributaria i dati e le notizie contenuti nelle domande di iscrizione, variazione e cancellazione di cui alla lettera f) dell'art. 6, anche se relative a singole unità locali. Le comunicazioni delle iscrizioni, variazioni e cancellazioni negli albi degli artigiani saranno omesse dalle camere di commercio, industria, artigianato ed agricoltura che provvedono alla iscrizione d'ufficio dei suddetti dati nei registri delle ditte [5].

Gli ordini professionali e gli altri enti ed uffici preposti alla tenuta di albi, registri ed elenchi, che verranno indicati con decreto del Ministro per le finanze, devono comunicare alla anagrafe tributaria le iscrizioni, variazioni e cancellazioni.

Le comunicazioni di cui ai commi precedenti, con esclusione di quelle effettuate dalle camere di commercio, industria, artigianato ed agricoltura, devono essere eseguite entro il 30 giugno di ciascun anno relativamente agli atti emessi ed alle iscrizioni, variazioni e cancellazioni intervenute nell'anno precedente [6].

Le aziende, gli istituti, gli enti e le società devono comunicare all'anagrafe tributaria i dati e le notizie riguardanti i contratti di cui alla lettera g- ter) del primo comma dell'art. 6. Al fine dell'emersione delle attività economiche, con particolare riferimento all'applicazione dei tributi erariali e locali nel settore immobiliare, gli stessi soggetti devono comunicare i dati catastali identificativi dell'immobile presso cui è attivata l'utenza, dichiarati dagli utenti [7][8].

Le banche, la società Poste italiane Spa, gli intermediari finanziari, le imprese di investimento, gli organismi di investimento collettivo del risparmio, le società di gestione del risparmio, nonchè ogni altro operatore finanziario, fatto salvo quanto disposto dal secondo comma dell'art. 6 per i soggetti non residenti, sono tenuti a rilevare e a tenere in evidenza i dati identificativi, compreso il codice fiscale, di ogni soggetto che intrattenga con loro qualsiasi rapporto o effettui per conto proprio ovvero per conto o a nome di terzi, qualsiasi operazione di natura finanziaria ad esclusione di quelle effettuate tramite bollettino di conto corrente postale per un importo unitario inferiore a 1.500 euro; l'esistenza dei rapporti e l'esistenza di qualsiasi operazione di cui al precedente periodo, compiuta al di fuori di un rapporto continuativo e l'esistenza di qualsiasi operazione di cui al precedente periodo, compiuta al di fuori di un rapporto continuativo, nonché la natura degli stessi sono comunicate all'anagrafe tributaria, ed archiviate in apposita sezione, con l'indicazione dei dati anagrafici dei titolari e dei soggetti che intrattengono con gli operatori finanziari qualsiasi rapporto o effettuano operazioni al di fuori di un rapporto continuativo per conto proprio ovvero per conto o a nome di terzi e dei soggetti che intrattengono con gli operatori finanziari qualsiasi rapporto o effettuano operazioni al di fuori di un rapporto continuativo per conto proprio ovvero per conto o a nome di terzi, compreso il codice fiscale [9][10][11][12].

Gli ordini professionali e gli altri enti ed uffici preposti alla tenuta di albi, registri ed elenchi, di cui alla lettera f) dell'art. 6, ai quali l'anagrafe tributaria trasmette la lista degli esercenti attività professionale devono comunicare all'anagrafe tributaria medesima i dati necessari per il completamento o l'aggiornamento della lista, entro sei mesi dalla data di ricevimento della stessa.

I rappresentanti legali dei soggetti diversi dalle persone fisiche, che non siano tenuti a presentare la dichiarazione od a fornire le notizie previste dall'art. 35 del D.P.R. 26 ottobre 1972, n. 633 o dall'art. 36 del D.P.R. 29 settembre 1973, n. 600, devono comunicare all'anagrafe tributaria, entro trenta giorni, l'avvenuta estinzione e le avvenute operazioni di trasformazione, concentrazione o fusione.

Gli amministratori di condominio negli edifici devono comunicare annualmente all'anagrafe tributaria l'ammontare dei beni e servizi acquistati dal condominio e i dati identificativi dei relativi fornitori. Con decreto del Ministro delle finanze sono stabiliti il contenuto, le modalità e i termini delle comunicazioni. Le informazioni comunicate sono altresì utilizzabili dall'autorità giudiziaria ai fini della ricostruzione dell'attivo e del passivo nell'ambito di procedure concorsuali, di procedimenti in materia di famiglia e di quelli relativi alla gestione di patrimoni altrui. Nei casi di cui al periodo precedente l'autorità giudiziaria si avvale per l'accesso dell'ufficiale giudiziario secondo le disposizioni relative alla ricerca con modalità telematiche dei beni da pignorare.[13].

Le comunicazioni di cui ai precedenti commi devono indicare il numero di codice fiscale dei soggetti cui le comunicazioni stesse si riferiscono e devono essere sottoscritte dal legale rappresentante dell'ente o dalla persona che ne è autorizzata secondo l'ordinamento dell'ente stesso. Per le amministrazioni dello Stato la comunicazione è sottoscritta dalla persona preposta all'ufficio che ha emesso il provvedimento.

Le comunicazioni di cui ai commi dal primo al quinto e dal settimo all'ottavo del presente articolo sono trasmesse esclusivamente per via telematica. Le modalità e i termini delle trasmissioni nonchè le specifiche tecniche del formato dei dati sono definite con provvedimento del Direttore dell'Agenzia delle entrate. Le rilevazioni e le evidenziazioni, nonché le comunicazioni di cui al sesto comma sono utilizzate ai fini delle richieste e delle risposte in via telematica di cui all'articolo 32, primo comma, numero 7), del decreto del Presidente della Repubblica 29 settembre 1973, n. 600, e successive modificazioni, e all'articolo 51, secondo comma, numero 7), del decreto del Presidente della Repubblica 26 ottobre 1972, n. 633, e successive modificazioni. Le informazioni comunicate sono altresì utilizzabili per le attività connesse alla riscossione mediante ruolo , nonché dai soggetti di cui all'articolo 4, comma 2, lettere a), b), c) ed e), del regolamento di cui al decreto del Ministro del tesoro, del bilancio e della programmazione economica 4 agosto 2000, n. 269, ai fini dell'espletamento degli accertamenti finalizzati alla ricerca e all'acquisizione della prova e delle fonti di prova nel corso di un procedimento penale, sia ai fini delle indagini preliminari e dell'esercizio delle funzioni previste dall'articolo 371-bis del codice di procedura penale e dell'esercizio delle funzioni previste dall'articolo 371-bis del codice di procedura penale, sia nelle fasi processuali successive, ovvero degli accertamenti di carattere patrimoniale per le finalità di prevenzione previste da specifiche disposizioni di legge e per l'applicazione delle misure di prevenzione. Le informazioni di cui al primo periodo sono altresì utilizzabili dall'Ufficio nazionale per il recupero dei beni (ARO), istituito presso il Ministero dell'interno, per il reperimento e l'identificazione dei proventi di reato e di altri beni connessi con reati che possono essere oggetto di un provvedimento di congelamento, sequestro ovvero confisca, adottato dall'autorità giudiziaria competente [14].

Ai fini dei controlli sulle dichiarazioni dei contribuenti, il Direttore dell'Agenzia delle entrate può richiedere a pubbliche amministrazioni, enti pubblici, organismi ed imprese, anche limitatamente a particolari categorie, di effettuare comunicazioni all'Anagrafe tributaria di dati e notizie in loro possesso; la richiesta deve stabilire anche il contenuto, i termini e le modalità delle comunicazioni [15].

Le imprese, gli intermediari e tutti gli altri operatori del settore delle assicurazioni che erogano, in ragione dei contratti di assicurazione di qualsiasi ramo, somme di denaro a qualsiasi titolo nei confronti dei danneggiati, comunicano in via telematica all'anagrafe tributaria, anche in deroga a contrarie disposizioni legislative, l'ammontare delle somme liquidate, il codice fiscale o la partita IVA del beneficiario e dei soggetti le cui prestazioni sono state valutate ai fini della quantificazione della somma liquidata. La presente disposizione si applica con riferimento alle somme erogate a decorrere dal 1° ottobre 2006 I dati acquisiti ai sensi del presente comma sono utilizzati prioritariamente nell'attività di accertamento effettuata nei confronti dei soggetti le cui prestazioni sono state valutate ai fini della quantificazione della somma liquidata [16].

Il contenuto, le modalità ed i termini delle trasmissioni, nonché le specifiche tecniche del formato, sono definite con provvedimento del Direttore dell'Agenzia delle entrate [17][18][19].

[1] *Articolo sostituito dall'articolo 1 del D.P.R. 2 novembre 1976, n. 784 e successivamente dall'articolo 1 del D.P.R. 23 dicembre 1977, n. 955.*

[2] *Per le modalità per la comunicazione all'anagrafe tributaria delle iscrizioni, variazioni e cancellazioni nei registri delle ditte e negli albi degli artigiani tenuti dalle camere di commercio, industria, artigianato ed agricoltura, relativamente ai soggetti che esercitano l'attività, vedi il D. M. 6 maggio 1978.*

[3] *Per la definizione delle modalità di trasmissione per via telematica di comunicazioni all'anagrafe tributaria, vedi il Provvedimento dell'Agenzia delle Entrate 9 luglio 2001.*

[4] *Comma modificato dall'articolo 1, comma 332, della legge 30 dicembre 2004, n. 311.*

[5] *Comma modificato dal D.L. 2 marzo 1989, n. 66, convertito con modificazioni dalla legge 24 aprile 1989, n.144*

[6] *Comma modificato dall'articolo 4 del D.L. 2 marzo 1989, n. 66, convertito, con modificazioni, dalla legge 24 aprile 1989, n. 144.*

[7] *Comma aggiunto dall'articolo 31 del D.L. 2 marzo 1989, n. 69, convertito in legge 27 aprile 1989, n. 154, integrato dall'articolo 1, comma 332, della legge 30 dicembre 2004, n. 311 ed infine modificato*

dall'articolo 2 del D.L. 30 settembre 2005, n. 203, convertito, con modificazioni, dalla legge 2 dicembre 2005, n. 248.

(8) Per l'applicazione del presente comma vedi l'articolo 1, comma 333, della legge 30 dicembre 2004, n. 311.

(9) Comma aggiunto dall'articolo 20 della legge 30 dicembre 1991, n. 413, sostituito dall'articolo 1, comma 332, della legge 30 dicembre 2004, n. 311, modificato dall'articolo 2 del D.L. 30 settembre 2005, n. 203, con la decorrenza indicata dal comma 14 bis del medesimo articolo 2, successivamente modificato dall'articolo 37, comma 4, del D.L. 4 luglio 2006, n. 223, convertito, con modificazioni, in legge 4 agosto 2006, n. 248 ed infine dall'articolo 63 del D.Lgs. 21 novembre 2007, n. 231. Da ultimo modificato dall'articolo 72, comma 1, del D.Lgs. 21 novembre 2007, n. 231, come modificato dall'articolo 5, comma 1, del D.Lgs. 25 maggio 2017, n. 90.

(10) Vedi, anche, l'articolo 35, commi 25, 26, 26-bis, del D.L. 4 luglio 2006, n. 223 e l'articolo 10, comma 10, del D.Lgs. 13 agosto 2010, n. 141.

(11) Per le modalità e termini di comunicazione dei dati all'Anagrafe Tributaria da parte degli operatori finanziari di cui al presente comma, vedi il Provvedimento dell'Agenzia delle Entrate 19 gennaio 2007. Vedi inoltre gli articoli 1 e 2 del Provvedimento dell'Agenzia delle Entrate 25 marzo 2013.

(12) Per l'applicazione delle sanzioni amministrative vedi quanto disposto dall'articolo 2, comma 36-vicies ter del D.L. 13 agosto 2011, n. 138. A norma dell'articolo 11, comma 2, del D.L. 6 dicembre 2011, n. 201, a far corso dal 1° gennaio 2012, gli operatori finanziari sono obbligati a comunicare periodicamente all'anagrafe tributaria le movimentazioni che hanno interessato i rapporti di cui al presente comma, ed ogni informazione relativa ai predetti rapporti necessaria ai fini dei controlli fiscali, nonché l'importo delle operazioni finanziarie indicate nella predetta disposizione.

(13) Comma aggiunto dall'articolo 21, comma 14 della legge 27 dicembre 1997, n. 449 e successivamente modificato dall'articolo 19, comma 5, del D.L. 12 settembre 2014 n. 132, convertito, con modificazioni, dalla Legge 10 novembre 2014, n. 162; per l'applicazione vedi il comma 6-bis del medesimo articolo 19.

(14) Comma sostituito dall'articolo 31, D.L. 2 marzo 1989, n. 69, convertito in legge 27 aprile 1989, n. 154, successivamente dall'articolo 1, comma 332, della legge 30 dicembre 2004, n. 311 ed in seguito modificato dall'articolo 2 del D.L. 30 settembre 2005, n. 203, convertito, con modificazioni, dalla legge 2 dicembre 2005, n. 248 ed ulteriormente modificato dall'articolo 37, comma 4, del D.L. 4 luglio 2006, n. 223, convertito, con modificazioni, in legge 4 agosto 2006, n. 248 e dall'articolo 63 del D.Lgs. 21 novembre 2007, n. 231. Vedi, anche, il comma 5 del medesimo articolo 37 e l'articolo 10, comma 10, del D.Lgs. 13 agosto 2010, n. 141. Per le modalità e termini di comunicazione all'Anagrafe tributaria, ai sensi del presente comma, dei dati relativi ai soci o familiari dell'imprenditore che effettuano finanziamenti o capitalizzazioni nei confronti dell'impresa, vedi il Provvedimento 2 agosto 2013. Da ultimo modificato dall'dall'articolo 72, comma 2, del D.Lgs. 21 novembre 2007, n. 231, come modificato dall'articolo 5, comma 1, del D.Lgs. 25 maggio 2017, n. 90 e dall'articolo 4, comma 1, del D.Lgs. 8 novembre 2021, n. 186.

(15) Comma aggiunto dall'articolo 3 del D.L. 15 gennaio 1993, n. 6, convertito in legge, con modificazioni, dall'articolo 1 della legge 17 marzo 1993, n. 63 e successivamente così modificato dall'articolo 1, comma 332, della legge 30 dicembre 2004, n. 311. Comma soppresso a decorrere dal 1 gennaio 2017 ai sensi dell'articolo 4, comma 4, lettera a) del D.L. 22 ottobre 2016, n. 193.

(16) Comma aggiunto dall'articolo 35, comma 27 del D.L. 4 luglio 2006, n. 223 convertito, con modificazioni, in legge 4 agosto 2006, n. 248.

(17) Comma aggiunto dall'articolo 35, comma 27 del D.L. 4 luglio 2006, n. 223, convertito, con modificazioni, in legge 4 agosto 2006, n. 248 e successivamente modificato dall'articolo 1, comma 13, del D.L. 3 ottobre 2006, n. 262, convertito, con modificazioni, in legge 24 novembre 2006, n. 286.

(18) Per il regolamento concernente modalità e termini per le comunicazioni all'anagrafe tributaria da parte delle camere di commercio, industria, artigianato ed agricoltura dei dati e delle notizie contenuti nelle domande di iscrizione, variazione e cancellazione nei registri delle ditte, vedi il D.M. 15 novembre 1989, n. 400.

(19) Per altre disposizioni vedi l'articolo 1, commi 924 e 925, della Legge 27 dicembre 2017, n. 205.

8. Poteri dell'anagrafe tributaria (1). – L'anagrafe tributaria può inviare questionari a qualsiasi soggetto, mediante raccomandata con avviso di ricevimento, e può richiedere la presentazione di allegati alle dichiarazioni dei redditi e dell'IVA, da redigersi in conformità a modelli stabiliti con decreto del Ministro per le finanze allo scopo di acquisire o verificare gli elementi di identificazione necessari per l'attribuzione del numero di codice fiscale e tutti gli altri elementi contenuti nelle domande di attribuzione di cui al precedente art. 4, nonché gli altri dati utili per una completa individuazione del soggetto ovvero ai fini dell'accertamento di tributi o contributi (2)(3).

Il questionario, debitamente compilato e firmato, deve essere restituito entro quindici giorni dalla data di ricevimento.

L'anagrafe tributaria vigila sull'osservanza degli obblighi di comunicazione previsti dal presente decreto e può richiedere integrazioni e chiarimenti ai soggetti che hanno eseguito le comunicazioni stesse.

(1) Articolo sostituito dall'articolo 1 del D.P.R. 2 novembre 1976, n. 784.

(2) Vedi il D.M. 23 dicembre 1976.

(3) Comma modificato dall'articolo 1 del D.P.R. 23 dicembre 1977, n. 955 e dall'articolo 37, comma 7, del D.L. 4 luglio 2006, n. 223, convertito, con modificazioni, in Legge 4 agosto 2006, n. 248.

9. Segnalazioni di dati e notizie da parte dei comuni (1). – I comuni possono segnalare all'anagrafe tributaria dati e notizie, desunti da fatti certi, indicativi di capacità contributiva delle persone fisiche che risiedono nei rispettivi territori, vi possiedono beni o vi svolgono attività economica.

I comuni possono altresì segnalare all'anagrafe tributaria dati e notizie relativi ai soggetti diversi dalle persone fisiche residenti, operanti od aventi beni nei rispettivi territori.

Nelle segnalazioni deve essere indicato il numero di codice fiscale dei soggetti ai quali i dati e le notizie si riferiscono. Qualora il numero di codice fiscale non sia noto al comune, devono essere indicati, per ciascun soggetto, gli elementi di cui il primo comma dell'art. 4.

Le modalità e i termini delle segnalazioni sono stabiliti con decreto del Ministro per le finanze.

(1) Articolo sostituito dall'articolo 1 del D.P.R. 2 novembre 1976, n. 784.

10. Comunicazioni all'anagrafe tributaria da parte degli organi dipendenti dal Ministro per le finanze (1). – Con decreto del Ministro per le finanze sono determinati i dati e le notizie che gli organi dipendenti devono trasmettere alla anagrafe tributaria e sono stabiliti le modalità e i termini per le predette comunicazioni.

Le forme e le modalità di rilascio delle quietanze relative ai versamenti effettuati presso gli uffici del registro che utilizzano procedure meccanizzate sono stabilite con decreto del Ministro delle finanze, di concerto con il Ministro del tesoro, anche in deroga alle disposizioni contenute negli articoli 238 e 240 del regolamento per l'amministrazione del patrimonio e per la contabilità generale dello Stato, approvato con regio decreto 23 maggio 1924, n. 827 (2).

(1) Articolo sostituito dall'articolo 1 del D.P.R. 2 novembre 1976, n. 784.

(2) Comma aggiunto dall'articolo 1 del D.P.R. 26 maggio 1979, n. 250.

11. Indicazione del numero di codice fiscale nelle richieste di registrazione di atti pubblici e di scritture private (1). – Il pubblico ufficiale che redige o autentica atti per i quali, in base alle norme del presente decreto, deve essere indicato, nelle richieste di registrazione, il numero di codice fiscale di determinati soggetti, è tenuto a richiederlo agli interessati.

Qualora i soggetti interessati dichiarino di non essere a conoscenza del proprio numero di codice fiscale, il pubblico ufficiale deve farne menzione nella richiesta di registrazione indicando gli elementi previsti dal primo comma dell'art. 4, salva l'applicazione delle sanzioni stabilite dall'art. 13.

Per gli atti di cui alla lettera b) dell'art. 6, le parti o i loro rappresentanti, qualora non siano a conoscenza del numero di codice fiscale di altri soggetti destinatari degli effetti giuridici dell'atto, debbono fornire al pubblico ufficiale o indicare nella richiesta di registrazione della scrittura privata i dati previsti dal primo comma dell'art. 4 relativi a tali altri soggetti.

(1) *Articolo sostituito dall'articolo 1, comma 1, del D.P.R. 2 novembre 1976, n. 784 e dall'articolo 1 del D.P.R. 23 dicembre 1977, n. 955.*

12. Irricevibilità e inefficacia di domande e di atti presentati ad uffici pubblici (1). – Le domande di cui alle lettere e) ed f) dell'art. 6 sono irricevibili se non recano indicazione del numero di codice fiscale e degli elementi di cui al primo comma dell'art. 4 dei soggetti interessati.

Le concessioni, le autorizzazioni e le licenze di cui alla lettera g) dell'art. 6 non producono effetti se non recano l'indicazione del numero di codice fiscale dei soggetti beneficiari.

(1) *Articolo sostituito dall'articolo 1 del D.P.R. 2 novembre 1976, n. 784.*

13. Sanzioni (1)(2). – 1. È punito con la sanzione amministrativa da lire duecentomila a lire quattro milioni chi:

a) non richiede entro i termini prescritti ovvero, salvo i casi in cui ciò sia espressamente previsto, richiede più volte l'attribuzione del numero del codice fiscale;

b) omette di indicare o indica in maniera inesatta il proprio numero di codice fiscale ovvero indica quello provvisorio dopo, aver ricevuto la comunicazione del numero definitivo o quello emesso in data meno recente;

c) non comunica a terzi ovvero comunica in maniera inesatta il proprio numero di codice fiscale e i dati catastali di cui all'articolo 7, quinto comma (3);

d) omette di indicare il numero di codice fiscale comunicato da altri soggetti;

e) non presenta entro il termine prescritto dall'art. 21 la richiesta di integrazione degli atti o delle iscrizioni ivi previste;

f) non ottempera in qualità di pubblico ufficiale alla previsione disposta dall'articolo 11;

g) non restituisce nel termine prescritto i questionari indicati all'art. 8.

2. Chi omette le comunicazioni previste dall'art. 7, dal terzo comma dell'art. 16 e dal primo e dal terzo comma dell'art. 20 è punito con la sanzione amministrativa da lire quattrocentomila a lire dieci milioni; la sanzione è ridotta alla metà in caso di comunicazioni incomplete o inesatte

(1) *Articolo sostituito dall'articolo 1 del D.P.R. 2 novembre 1976, n. 784, modificato dall'articolo 1 del D.P.R. 23 dicembre 1977, n. 955, dall'articolo 20 della legge 30 dicembre 1991, n. 413, e sostituito dall'articolo 20 del D.lgs. 18 dicembre 1997, n. 473.*
(2) *Vedi il D.Lgs. 18 dicembre 1997, n. 442, in materia di sanzioni amministrative per le violazioni di norme tributarie, a norma dell'art. 3, comma 133, della legge 23 dicembre 1996, n. 662 ed in particolare l'articolo 26 del predetto decreto.*
(3) *Lettera modificata dall'articolo 2, comma 14, lettera d), del D.L. 30 settembre 2005, n. 203, convertito, con modificazioni, dalla Legge 2 dicembre 2005, n. 248.*

14. Applicazione della sanzione. – 1. Le sanzioni amministrative previste nell'art. 13 sono irrogate dagli uffici delle entrate o dalle conservatorie dei registri immobiliari. Si applica la disciplina sul procedimento prevista nelle disposizioni generali sulle sanzioni amministrative per la violazione di norme tributarie.

2. Fino all'attivazione degli uffici delle entrate, le sanzioni sono irrogate, in relazione alle rispettive competenze, dagli uffici distrettuali delle imposte dirette, dagli uffici provinciali dell'imposta sul valore aggiunto, dagli uffici del registro (1).

(1) *Articolo sostituito dall'articolo 1 del D.P.R. 2 novembre 1976, n. 784; dall'articolo 1 del D.P.R. 23 dicembre 1977, n. 955; successivamente modificato dall'articolo unico della legge 28 febbraio 1983, n. 53 e, da ultimo, sostituito dall'articolo 20 del D.lgs. 18 dicembre 1997, n. 473.*

15. Segreto d'ufficio (1). – I dati e le notizie raccolti dall'anagrafe tributaria sono sottoposti al segreto d'ufficio.

Il Ministero dell'economia e delle finanze ha facoltà di rendere pubblici, senza riferimenti nominativi, statistiche ed elaborazioni relative ai dati di cui al primo comma, nonché, per esclusive finalità di studio e di ricerca, i medesimi dati, sotto forma di collezioni campionarie, privi di ogni riferimento che ne permetta il collegamento con gli interessati e comunque secondo modalità che rendano questi ultimi non identificabili (2).

(1) *Articolo sostituito dall'articolo 1 del D.P.R. 2 novembre 1976, n. 784.*
(2) *Comma sostituito dall'articolo 1, comma 59, della Legge 27 dicembre 2006, n. 296.*

16. Comunicazioni all'anagrafe tributaria (1). – La prima comunicazione di cui al sesto comma dell'art. 7 sarà eseguita relativamente alle estinzioni od alle operazioni di trasformazione, concentrazione o fusione avvenute a decorrere dal 1 gennaio 1978 (2).

La prima comunicazione di cui al quarto comma dell'art. 7 sarà eseguita entro il 30 giugno 1979 relativamente agli atti emessi ed alle iscrizioni, modificazioni e cancellazioni intervenute dal 1 gennaio al 31 dicembre 1978 (3)(4).

Le camere di commercio, industria, artigianato ed agricoltura e gli uffici pubblici di cui alla lettera g) dell'art. 6 devono comunicare all'anagrafe tributaria, entro il 31 dicembre 1980 e con le modalità stabilite con decreto del Ministro per le finanze, i dati e le notizie riguardanti gli atti e le iscrizioni previsti nel terzo e quarto comma dell'articolo 21, compresi quelli per i quali l'integrazione ivi prescritta non è stata richiesta. Gli ordini professionali e gli altri enti ed uffici preposti alla tenuta degli albi, registri ed elenchi tenuti alle comunicazioni di cui al terzo comma dell'art. 7 devono comunicare all'anagrafe tributaria con le modalità e nei termini stabiliti con decreto del Ministro per le finanze, i dati e le notizie riguardanti le iscrizioni previste terzo e quarto comma dell'articolo 21, compresi quelli per i quali l'integrazione ivi prescritta non è stata richiesta (5)(6)(7).

Le camere di commercio, industria, artigianato ed agricoltura devono comunicare all'anagrafe tributaria entro il 31 ottobre 1989 i dati e le notizie contenuti nelle domande di cui alla lettera f) dell'art. 6, anche se relative a singole unità

ACCERTAMENTO

locali, presentate anteriormente al 1° luglio 1989 e che tale data comportino ancora l'iscrizione nei registri delle ditte e negli albi degli artigiani. Le modalità delle comunicazioni sono stabilite con decreto del Ministro delle finanze, da emanarsi entro il 30 maggio 1989 [(8)(9)].

Si applicano le sanzioni previste dall'art. 13.

[(1)] Articolo modificato dall'articolo 1 del D.P.R. 23 dicembre 1974, n. 691; dall'articolo 1, comma 1, del D.P.R. 11 agosto 1975, n. 440, a decorrere dal 30 giugno 1975 e, da ultimo, sostituito dall'articolo 1, del D.P.R. 2 novembre 1976, n. 784.
[(2)] Comma modificato dall'articolo 1 del D.P.R. 23 dicembre 1977, n. 955.
[(3)] A norma dell'articolo 2 della legge 20 luglio 1979, n. 289, la comunicazione di cui al presente comma, deve essere eseguita entro il 31 gennaio 1980.
[(4)] Vedi l'art. 2, D.M. 27 gennaio 1978.
[(5)] Comma sostituito dall'articolo 1 del D.P.R. 23 dicembre 1977, n. 955 e, successivamente, dall'articolo 20, comma 2, lettera d), della Legge 30 dicembre 1991, n. 413.
[(6)] A norma dell'articolo 2 del D.L. 28 febbraio 1981, n. 36, convertito, con modificazioni, dalla Legge 29 aprile 1981, n. 163, il termine del 31 dicembre 1980 di cui al presente comma è prorogato al 31 luglio 1981.
[(7)] Vedi l'art. 2, D.M. 27 gennaio 1978.
[(8)] Per il regolamento concernente modalità e termini per le comunicazioni all'anagrafe tributaria da parte delle camere di commercio, industria, artigianato ed agricoltura dei dati e delle notizie contenuti nelle domande di iscrizione, variazione e cancellazione nei registri delle ditte, vedi il D.M. 15 novembre 1989, n. 400.
[(9)] Comma inserito dall'articolo 4, comma 5-ter, lettera c), del D.L. 2 marzo 1989, n. 66, convertito, con modificazioni, dalla Legge 24 aprile 1989, n. 144.

17. – Le persone fisiche che hanno presentato la dichiarazione dei redditi, modello 740, conseguiti nell'anno 1974, con esclusione di quelle i cui redditi sono stati imputati ad altri, e che entro il 31 gennaio 1977 non riceveranno comunicazione del numero di codice fiscale, sono tenute a presentare l'apposita domanda di attribuzione, entro il trentesimo giorno precedente quello stabilito per la presentazione della dichiarazione dei redditi posseduti nell'anno 1976, all'ufficio distrettuale delle imposte dirette al quale hanno presentato la dichiarazione dei redditi conseguiti nell'anno 1974 ovvero, per coloro che l'hanno presentata ad uffici soppressi, all'ufficio distrettuale che ne ha assorbito i compiti [(1)].

Le persone fisiche che hanno presentato la dichiarazione dei redditi, modello 740, conseguiti nell'anno 1975, in qualità di dichiaranti ed i loro figli minori possessori di reddito proprio, nonché le persone fisiche che hanno presentato il modello 101 sostitutivo della dichiarazione per i redditi conseguiti nell'anno 1975, che entro il 30 settembre 1977 non riceveranno la comunicazione del numero di codice fiscale, sono tenute a presentare l'apposita domanda di attribuzione, entro il 30 novembre 1977, all'ufficio distrettuale delle imposte dirette al quale hanno presentato la dichiarazione dei redditi conseguiti nell'anno 1975 o il certificato sostitutivo, ovvero, per coloro che li hanno presentati ad uffici soppressi, all'ufficio distrettuale che ne ha assorbito i compiti. Il termine del 30 novembre 1977 non si applica alle persone fisiche che presentano la dichiarazione annuale dei redditi o il certificato sostitutivo rilasciato dal datore di lavoro presso gli uffici delle imposte dirette nei cui distretti rientrano i comuni indicati negli artt. 1 e 20 del D.L. 13 maggio 1976, n. 227, convertito, con modificazioni, nella legge 29 maggio 1976, n. 336, e nell'art. 11 del D.L. 18 settembre 1976, n. 648, convertito, con modificazioni, nella legge 30 ottobre 1976, n. 730 [(1)].

Le persone fisiche obbligate alla indicazione del numero di codice fiscale, alle quali l'amministrazione finanziaria non lo avrà comunicato entro il 30 novembre 1977, salvo quanto previsto nei commi precedenti, sono tenute a richiederne l'attribuzione, a decorrere dal 1° dicembre 1977, ad uno degli uffici distrettuali delle imposte dirette indicati nella tabella C annessa al D.P.R. 26 ottobre 1972, n. 644 [(2)].

[(1)] Comma modificato dall'articolo 3 della legge 27 dicembre 1977, n. 987.
[(2)] Articolo sostituito dall'articolo 1 del D.P.R. 2 novembre 1976, n. 784..

18. – Per i soggetti diversi dalle persone fisiche che siano, entro il 31 dicembre 1976, in possesso del numero di partita IVA, tale numero ha a tutti gli effetti validità di numero di codice fiscale, fino a quando l'amministrazione provvederà a comunicare il numero di codice fiscale medesimo.

Per i soggetti diversi dalle persone fisiche in possesso, entro il 31 dicembre 1976, di più di un numero di partita IVA, ha validità di numero di codice fiscale l'ultimo numero di partita IVA attribuito o, nel caso di attribuzione contemporanea di più numeri di partita IVA, quello a valore numerico più elevato.

I soggetti diversi dalle persone fisiche obbligati alla presentazione delle dichiarazioni IVA, che non siano, entro il 31 dicembre 1976, in possesso del numero di partita IVA, sono tenuti a richiedere l'attribuzione del numero di codice fiscale, a decorrere dal 1° gennaio 1977, all'ufficio IVA competente ai sensi dell'art. 40 del D.P.R. 26 ottobre 1972, n. 633.

I soggetti diversi dalle persone fisiche, non obbligati alla presentazione delle dichiarazioni IVA ma obbligati alla indicazione del numero di codice fiscale, ai quali l'amministrazione finanziaria non lo avrà comunicato entro il 31 dicembre 1976, sono tenuti a richiederne l'attribuzione, a decorrere dal 1° gennaio 1977, all'ufficio distrettuale delle imposte dirette nella cui circoscrizione hanno il domicilio fiscale [(1)].

[(1)] Articolo sostituito dall'articolo 1 del D.P.R. 2 novembre 1976, n. 784.

19. – Nella prima applicazione del presente decreto, il termine di sei mesi previsti dagli articoli 3, 4 e 5 per la presentazione della domanda di attribuzione del numero di codice fiscale definitivo decorre dal 1° luglio 1978 anziché dalla data di emissione del numero di codice fiscale provvisorio, ovvero, nel caso di rettifiche o modificazioni previste dal terzo comma dell'art. 4, dalla data di efficacia legale delle stesse [(1)].

[(1)] Articolo aggiunto dall'articolo 1 del D.P.R. 2 novembre 1976, n. 784 che sostituisce l'intero decreto.

20. – *[Le pubbliche amministrazioni e gli enti pubblici devono comunicare all'anagrafe tributaria gli estremi dei contratti di appalto, di somministrazione e di trasporto conclusi mediante scrittura privata e non registrati. Con decreto del Ministro delle finanze sono stabiliti il contenuto, i termini e le modalità della comunicazione]* [(1)].

Fino a quando non sarà diversamente stabilito con decreto del Ministro per le finanze in relazione all'attivazione del sistema informativo del Ministero delle finanze, le pubbliche amministrazioni e gli enti pubblici devono comunicare gli estremi dei contratti di appalto e di somministrazione in qualsiasi forma conclusi, indicando le generalità ed il domicilio fiscale dei contraenti e l'ammontare dei corrispettivi. La comunicazione deve essere fatta all'ufficio delle imposte del domicilio fiscale della parte contraente entro novanta giorni dalla registrazione ovvero, se questa non sia necessaria, dalla conclusione del contratto.

Fino a quando non sarà diversamente stabilito con decreto del Ministro per le finanze in relazione all'attivazione del sistema informativo del Ministero delle finanze, le pubbliche amministrazioni che corrispondono ad imprese commerciali contributi assoggettabili a ritenuta di acconto ai sensi del secondo comma dell'art. 28 del decreto del Presidente della Repubblica 29 settembre 1973, n. 600, devono comunicare all'ufficio delle imposte del domicilio fiscale dell'impresa percipiente l'ammontare e la causale dei pagamenti fatti e l'importo delle ritenute effettuate. La comunicazione deve essere fatta entro il 30 giugno di ciascun anno con riferimento alle somme corrisposte nell'anno precedente.

[I soggetti indicati nell'art. 29 del decreto del Presidente della Repubblica 29 settembre 1973, n. 600 e successive modificazioni, che hanno operato le relative ritenute di acconto, devono trasmettere all'anagrafe tributaria gli elenchi dei percipienti ai quali sono stati corrisposti compensi o emolumenti assoggettati a ritenute d'acconto. Con decreto del Ministro delle finanze, di concerto con il Ministro del tesoro, verranno stabiliti il contenuto, i termini e le modalità della comunicazione per i soggetti di cui al primo comma del citato art. 29. Nel medesimo decreto può essere previsto anche l'obbligo di indicare i dati relativi ai contributi dovuti agli enti e casse previdenziali. Per i soggetti di cui al quarto comma dello stesso articolo, il contenuto, i termini e le modalità della comunicazione saranno stabiliti con decreto del Ministro delle finanze, previa intesa con le rispettive Presidenze e con il segretario generale della Presidenza della Repubblica per quanto concerne quest'ultima [(2)]*.]* [(3)]

Le comunicazioni previste dal secondo e terzo comma dell'art. 7 devono essere effettuate, fino al 31 dicembre 1977, all'ufficio delle imposte nella cui circoscrizione hanno sede le camere di commercio, industria, artigianato ed agricoltura, gli ordini professionali e gli altri enti ed uffici preposti alla tenuta di albi, registri ed elenchi di cui alla lettera f) dell'art. 6 [(4)].

(1) Comma sostituito dall'articolo 20, comma 2, lettera e), della Legge 30 dicembre 1991, n. 413 e successivamente abrogato all'articolo 17, comma 1, del DL 21 giugno 2022, n. 73, convertito, con modificazioni, dalla Legge 4 agosto 2022, n. 122.

(2) Articolo aggiunto dall'articolo 1 del D.P.R. 2 novembre 1976, n. 784 che sostituisce l'intero decreto.

(3) Comma inserito dall'articolo 20, comma 2, lettera f), della Legge 30 dicembre 1991, n. 413; modificato dall'articolo 12, comma 2, del D.L. 8 gennaio 1996, n. 6, convertito, senza modificazioni, dalla Legge 6 marzo 1996, n. 110 e dall'articolo 10, comma 2, del D.Lgs. 9 luglio 1997, n. 241.

(4) Comma da intendersi soppresso ai sensi dell'articolo 11, comma 1, lettera a), del D.P.R. 14 ottobre 1999, n. 542.

(5) Comma modificato dall'articolo 1 del D.P.R. 23 dicembre 1977, n. 955.

21. Indicazione del numero di codice fiscale [(1)]. – A decorrere dal 1 gennaio 1977 sulla dichiarazione da presentare agli effetti delle imposte sul reddito e dal 1 luglio 1977 sulle dichiarazioni annuali da presentare agli effetti dell'imposta sul valore aggiunto deve essere indicato il numero di codice fiscale del dichiarante:

a) dalle persone fisiche che hanno presentato la dichiarazione dei redditi posseduti nell'anno 1974, escluse le persone che hanno presentato il certificato sostitutivo della dichiarazione e quelle i cui redditi sono stati imputati ad altri;

b) dai soggetti diversi dalle persone fisiche.

Per tutti gli atti previsti dalle disposizioni dell'articolo 6 del presente decreto e per tutti i soggetti che vi sono tenuti secondo le suddette disposizioni, l'obbligo della indicazione del numero di codice fiscale ha effetto dal 1 gennaio 1978.

Gli atti di cui alla lettera g) dell'art. 6 emessi anteriormente alla data di cui al precedente comma, e le iscrizioni di cui alla lettera f) dell'art. 6 eseguite in base a domande presentate anteriormente alla data di cui al precedente comma, che alla predetta data esplichino ancora i loro effetti, devono essere integrati su richiesta dei soggetti beneficiari, da presentare entro il 30 giugno 1979, con la indicazione del numero di codice fiscale. In caso di mancata richiesta si applica la pena pecuniaria prevista dall'art. 13 e gli atti e le iscrizioni non integrate perdono la loro efficacia a tutti gli effetti [(2)].

Gli uffici marittimi, gli uffici della motorizzazione civile - sezione nautica, il Registro aeronautico nazionale e la direzione della circoscrizione dell'aeroporto competente debbono entro il 31 dicembre 1992 integrare con il codice fiscale le domande, le note di trascrizione e le dichiarazioni di cui alla lettera f) dell'articolo 6, relativamente navi, galleggianti, unità da diporto ed aeromobili risultanti iscritti alla data del 31 dicembre 1991 nei registri da essi gestiti e che alla predetta data esplicano i loro effetti. A tal fine i soggetti interessati debbono comunicare il proprio codice fiscale ai predetti uffici entro il 30 giugno 1992. In caso di mancata comunicazione si applica la pena pecuniaria prevista all'articolo 13 [(3)].

(1) Articolo aggiunto dall'articolo 1 del D.P.R. 2 novembre 1976, n. 784 che sostituisce l'intero decreto.

(2) A norma dell'articolo 2 della legge 20 luglio 1979, n. 289 le richieste di integrazione di cui al presente comma, devono essere presentate entro il 31 gennaio 1980.

(3) Comma aggiunto dall'articolo 10, comma 4, lettera b), del D.L 13 maggio 1991, n. 151, convertito, con modificazioni, dalla Legge 12 luglio 1991, n. 202 e, successivamente, sostituito dall'articolo 20, comma 2, lettera g), della Legge 30 dicembre 1991, n. 413.

2. D.L. 28 giugno 1990, n. 167

Decreto convertito con modificazioni in legge 4 agosto 1990, n. 227 (in Gazz. Uff., 10 agosto 1990, n. 186). - Rilevazione a fini fiscali di taluni trasferimenti da e per l'estero di denaro, titoli e valori [1][2]. (MONITORAGGIO FISCALE)

(1) *Pubblicato in Gazz. Uff., 30 giugno, n. 151*

(2) *A norma dell'articolo 1 del D.M. 17 ottobre 2002, come modificato dall'articolo 1 del D.M. 15 giugno 2007, il limite di importo di lire 20.000.000 indicato nel presente decreto, è determinato in euro 10.000.*

1. Trasferimenti attraverso intermediari bancari e finanziari e altri operatori [1]. – 1. Gli intermediari bancari e finanziari di cui all'articolo 3, comma 2, gli altri operatori finanziari di cui all'articolo 3, comma 3, lettere a) e d), e gli operatori non finanziari di cui all'articolo 3, comma 5,lettere i) e i-bis), del decreto legislativo 21 novembre 2007, n. 231, che intervengono, anche attraverso movimentazione di conti, nei trasferimenti da o verso l'estero di mezzi di pagamento di cui all'articolo 1, comma 2, lettera s), del medesimo decreto sono tenuti a trasmettere all'Agenzia delle entrate i dati di cui all'articolo 31, comma 2, del menzionato decreto relativi alle predette operazioni, effettuate anche in valuta virtuale ovvero in cripto-attività di cui all'articolo 67, comma 1, lettera c-sexies), del testo unico delle imposte sui redditi, di cui al decreto del Presidente della Repubblica 22 dicembre 1986, n. 917, di importo pari o superiore a 5.000 euro, limitatamente alle operazioni eseguite per conto o a favore di persone fisiche, enti non commerciali e di società semplici e associazioni equiparate ai sensi dell'articolo 5 del testo unico delle imposte sui redditi, di cui al decreto del Presidente della Repubblica 22 dicembre 1986, n. 917 [2].

2. I dati relativi ai trasferimenti e alle movimentazioni oggetto di rilevazione ai sensi del comma 1 sono trasmessi all'Agenzia delle entrate con modalità e termini stabiliti con provvedimento del direttore dell'Agenzia delle entrate, anche a disposizione della Guardia di finanza con procedure informatiche. Con il medesimo provvedimento, la trasmissione può essere limitata per specifiche categorie di operazioni o causali [3][4]

(1) *Rubrica sostituita dall'articolo 8, comma 7, lettera b), del D.Lgs. 25 maggio 2017, n. 90.*

(2) *Comma sostituito dall'articolo 8, comma 7, lettera a), del D.Lgs. 25 maggio 2017, n. 90 e successivamente dall'articolo 16, comma 1, del DL 21 giugno 2022, n. 73, convertito, con modificazioni, dalla Legge 4 agosto 2022, n. 122, con applicazione disposta dal medesimo articolo 16, comma 2, del D.L. n. 73/2022. Da ultimo modificato dall'articolo 1, comma 129, lettera a), della Legge 29 dicembre 2022, n. 197.*

(3) *Articolo modificato dall'articolo unico della legge 4 agosto 1990, n. 227 in sede di conversione, dall'articolo 10, comma 3, lettera a), del.D.L. 13 maggio 1991, n. 151, dall'articolo 20, comma 3, lettera a), della legge 30 dicembre 1991, n. 413, dall'articolo 11, comma 1, ettera a), del D.Lgs. 21 novembre 1997, n. 461, dall'articolo 6, comma 3, del D.L. 24 dicembre 2002, n. 282, dall'articolo 20, comma 3, della legge 27 dicembre 2002, n. 289 e, da ultimo, sostituito dall'articolo 9, comma 1, lettera a), della Legge 6 agosto 2013, n. 97.*

(3) *In attuazione del presente articolo vedi il Provvedimento dell'Agenzia delle Entrate 24 aprile 2014.*

2. Trasferimenti attraverso non residenti [1][2]. – 1. Al fine di garantire la massima efficacia all'azione di controllo ai fini fiscali per la prevenzione e la repressione dei fenomeni di illecito trasferimento e detenzione di attività economiche e finanziarie all'estero, l'unità speciale costituita ai sensi dell'articolo 12, comma 3, del decreto-legge 1° luglio 2009, n. 78, convertito, con modificazioni, dalla legge 3 agosto 2009, n. 102, e i reparti speciali della Guardia di finanza, di cui all'articolo 6, comma 2, del regolamento di cui al decreto del Presidente della Repubblica 29 gennaio 1999, n. 34, possono richiedere, in deroga ad ogni vigente disposizione di legge, previa autorizzazione, rispettivamente, del direttore centrale accertamento dell'Agenzia delle entrate ovvero del Comandante generale della Guardia di finanza o autorità dallo stesso delegata:

a) agli intermediari bancari e finanziari di cui all'articolo 3, comma 2, agli altri operatori finanziari di cui all'articolo 3, comma 3, lettere a) e d), e agli operatori non finanziari di cui all'articolo 3, comma 5, lettere i) e i-bis), del decreto legislativo 21 novembre 2007, n. 231, e successive modificazioni, di fornire evidenza, entro i limiti di carattere oggettivo stabiliti dall'articolo 1, comma 1, del presente decreto, delle operazioni intercorse con l'estero anche per masse di contribuenti e con riferimento ad uno specifico periodo temporale [3];

b) ai soggetti di cui all'articolo 3, commi 2, 3, 4, 5 e 6, del decreto legislativo 21 novembre 2007, n. 231, e successive modificazioni, con riferimento a specifiche operazioni con l'estero o rapporti ad esse collegate, l'identità dei titolari effettivi rilevata in applicazione dei criteri di cui all'articolo 1, comma 2, lettera pp), e all'articolo 20 del medesimo decreto [4].

2. Con provvedimento congiunto del direttore dell'Agenzia delle entrate e del Comandante generale della Guardia di finanza sono stabiliti le modalità e i termini relativi alle richieste di cui al comma 1, lettere a) e b), al fine di assicurare il necessario coordinamento e di evitare duplicazioni.

(1) *Articolo modificato dall'articolo unico della legge 4 agosto 1990, n. 227, in sede di conversione, dall'articolo 11, comma 1, lettera b), del D.Lgs. 21 novembre 1997, n. 461 e, da ultimo, sostituito dall'articolo 9, comma 1, lettera b), della Legge 6 agosto 2013, n. 97.*

(2) *Per le disposizioni di attuazione del presente articolo vedi il Provvedimento 8 agosto 2014.*

(3) *Lettera sostituita dall'articolo 8, comma 7, lettera c), del D.Lgs. 25 maggio 2017, n. 90.*

(4) *Lettera sostituita dall'articolo 8, comma 7, lettera d), del D.Lgs. 25 maggio 2017, n. 90 e successivamente modificata dall'articolo 1, comma 129, lettera b), della Legge 29 dicembre 2022, n. 197.*

3. Trasferimenti al seguito di denaro, titoli e valori mobiliari [1]. – *[1. I trasferimenti al seguito ovvero mediante plico postale o equivalente da e verso l'estero, da parte di residenti e non residenti, di denaro, titoli e valori mobiliari in lire o valute estere, di importo superiore a venti milioni di lire o al relativo controvalore, devono essere dichiarati all'Ufficio italiano dei cambi (UIC).*

2. La dichiarazione, redatta in due esemplari e sottoscritta dal dichiarante, deve indicare:

a) le generalità complete e gli estremi del documento di riconoscimento del dichiarante, nonchè, se si tratta di residente, il suo codice fiscale;

b) le generalità complete del soggetto per conto del quale il trasferi-

mento è eventualmente effettuato, nonchè, se si tratta di residente, il suo codice fiscale;

c) il denaro, i titoli o i valori mobiliari oggetto di trasferimento, con il relativo importo;

d) se il trasferimento è da o verso l'estero;

e) per i residenti, gli estremi della comunicazione effettuata all'UIC per finalità conoscitive e statistiche a norma dell'art. 21 del testo unico delle norme in materia valutaria approvato con decreto del Presidente della Repubblica 31 marzo 1988, n. 148;

f) la data.

3. Se si tratta di trasferimenti in cui intervengono, come mittenti o destinatari, banche residenti, effettuati da vettori specializzati, l'indicazione prevista dalla lettera c) del comma 2 può essere sostituita da una distinta dei valori trasferiti datata e sottoscritta dal mittente, che costituisce parte integrante della dichiarazione.

4. La dichiarazione è depositata:

a) per i passaggi extracomunitari, presso gli uffici doganali di confine al momento del passaggio;

b) per i passaggi intracomunitari, presso una banca, se la dichiarazione è resa in occasione di un'operazione effettuata presso la banca stessa, ovvero presso un ufficio doganale, un ufficio postale o un comando della Guardia di finanza, nelle quarantotto ore successive all'entrata o nelle quarantotto ore antecedenti l'uscita dal territorio dello Stato.

5. Per i trasferimenti da e verso l'estero mediante plico postale la dichiarazione è depositata presso l'ufficio postale all'atto della spedizione o nelle quarantotto ore successive al ricevimento.

6. Nel computo dei termini previsti dai commi 4, lettera b), e 5, non si tiene conto dei giorni festivi.

7. Il soggetto che riceve la dichiarazione, dopo aver identificato il dichiarante, restituisce al medesimo uno dei due esemplari munito di visto. Il dichiarante deve recare tale esemplare al seguito per i passaggi extracomunitari in entrata e in uscita e per i passaggi intracomunitari in uscita. Le stesse disposizioni si applicano alla distinta prevista dal comma 3 (2)*.]*

(1) *Articolo modificato dall'articolo unico della legge 4 agosto 1990, n. 227, in sede di conversione, sostituito dall'articolo 1, comma 1, del D.Lgs. 30 aprile 1997, n. 125 e successivamente abrogato dall'articolo 13, comma 1, lettera a), del D.Lgs. 19 novembre 2008, n. 195.*

(2) *Vedi inoltre l'articolo 1, del D.M. 17 ottobre 2002, l'articolo 1 del D.M. 15 giugno 2007.*

3 *bis*. Esenzioni (1). – *[1. Le disposizioni previste dall'art. 3 non si applicano ai trasferimenti di vaglia postali o cambiari, ovvero di assegni postali, bancari o circolari, tratti su o emessi da intermediari creditizi residenti o poste italiane, che rechino l'indicazione del nome del beneficiario e la clausola di non trasferibilità.]*

(1) *Articolo aggiunto dall'articolo 1, comma 1, del D.Lgs. 30 aprile 1997, n. 125 e successivamente abrogato dall'articolo 13, comma 1, lettera a), del D.Lgs. 19 novembre 2008, n. 195.*

3 *ter*. Comunicazione e utilizzazione dei dati (1). – *[1. Le banche, gli uffici doganali, gli uffici postali e i comandi della Guardia di finanza spediscono all'UIC copia delle dichiarazioni ricevute a norma dell'art. 3 entro la fine del mese successivo a quello di deposito. L'UIC può concordare con le banche e le amministrazioni interessate l'invio dei dati tramite canali informatici.*

2. I dati sono utilizzati dall'UIC per fini di contrasto del riciclaggio e per gli altri fini di istituto. Essi sono conservati per la durata di dieci anni ed elaborati in forma nominativa, anche in deroga all'art. 21 del decreto del Presidente della Repubblica 31 marzo 1988, n. 148.

3. In deroga all'obbligo del segreto d'ufficio, i dati ricevuti dall'UIC sono trasmessi con le modalità previste dall'art. 7, comma 1, all'amministrazione finanziaria, che li utilizza per i propri fini istituzionali; essi sono altresì comunicati, su richiesta, alle autorità indicate dall'art. 11 del decreto-legge 3 maggio 1991, n. 143, convertito, con modificazioni, dalla legge 5 luglio 1991, n. 197, per il perseguimento dei fini del medesimo decreto-legge.]

(1) *Articolo aggiunto dall'articolo 1, comma 1, del D.Lgs. 30 aprile 1997, n. 125 e successivamente abrogato dall'articolo 13, comma 1, lettera a), del D.Lgs. 19 novembre 2008, n. 195.*

4. Dichiarazione annuale per gli investimenti e le attività (1)(2). – 1. Le persone fisiche, gli enti non commerciali e le società semplici ed equiparate ai sensi dell'articolo 5 del testo unico delle imposte sui redditi, di cui al decreto del Presidente della Repubblica 22 dicembre 1986, n. 917, residenti in Italia che, nel periodo d'imposta, detengono investimenti all'estero attività estere di natura finanziaria ovvero cripto- attività, suscettibili di produrre redditi imponibili in Italia, devono indicarli nella dichiarazione annuale dei redditi. Sono altresì tenuti agli obblighi di dichiarazione i soggetti indicati nel precedente periodo che, pur non essendo possessori diretti degli investimenti esteri delle attività estere di natura finanziaria e delle cripto-attività, siano titolari effettivi dell'investimento secondo quanto previsto dall'articolo 1, comma 2, lettera pp), e dall'articolo 20 del decreto legislativo 21 novembre 2007, n. 231, e successive modificazioni (3).

[2. I redditi derivanti dagli investimenti esteri e dalle attività di natura finanziaria sono in ogni caso assoggettati a ritenuta o ad imposta sostitutiva delle imposte sui redditi, secondo le norme vigenti, dagli intermediari residenti, di cui all'articolo 1, comma 1, ai quali gli investimenti e le attività sono affidate in gestione, custodia o amministrazione o nei casi in cui intervengano nella riscossione dei relativi flussi finanziari e dei redditi. La ritenuta trova altresì applicazione, con l'aliquota del 20 per cento e a titolo d'acconto, per i redditi di capitale indicati nell'articolo 44, comma 1, lettera a), del testo unico delle imposte sui redditi, di cui al decreto del Presidente della Repubblica 22 dicembre 1986, n. 917, derivanti da mutui, depositi e conti correnti, diversi da quelli bancari, nonché per i redditi di capitale indicati nel comma 1, lettere c), d) ed h), del citato articolo 44. Per i redditi diversi indicati nell'articolo 67 del medesimo testo unico, derivanti dagli investimenti esteri e dalle attività finanziarie di cui al primo periodo, che concorrono a formare il reddito complessivo del percipiente, gli intermediari residenti applicano una ritenuta a titolo d'acconto nella misura del 20 per cento sulla parte imponibile dei redditi corrisposti per il loro tramite. Nel caso in cui gli intermediari intervengano nella riscossione dei predetti redditi di capitale e redditi diversi, il contribuente è tenuto a fornire i dati utili ai fini della determinazione della base imponibile. In mancanza di tali informazioni la ritenuta o l'imposta sostitutiva è applicata sull'intero importo del flusso messo in pagamento.](4)

3. Gli obblighi di indicazione nella dichiarazione dei redditi previsti nel comma 1 non sussistono per le attività finanziarie e patrimoniali affidate in gestione o in amministrazione agli intermediari residenti e per i contratti comunque conclusi attraverso il loro intervento, qualora i flussi finanziari e i redditi derivanti da tali attività e contratti siano stati assoggettati a ritenuta o imposta sostitutiva dagli intermediari stessi. Gli obblighi di indicazione nella dichiarazione dei redditi previsti nel comma 1 non sussistono altresì per i depositi e conti correnti bancari costituiti all'estero il cui

valore massimo complessivo raggiunto nel corso del periodo d'imposta non sia superiore a 15.000 euro. Gli obblighi di indicazione nella dichiarazione dei redditi previsti nel comma 1 non sussistono altresì per gli immobili situati all'estero per i quali non siano intervenute variazioni nel corso del periodo d'imposta, fatti salvi i versamenti relativi all'imposta sul valore degli immobili situati all'estero, di cui al decreto-legge 6 dicembre 2011, n. 201, convertito, con modificazioni, dalla legge 22 dicembre 2011, n. 214 (5).

4. Con provvedimento del direttore dell'Agenzia delle entrate, è stabilito il contenuto della dichiarazione annuale prevista dal comma 1 nonché, annualmente, il controvalore in euro degli importi in valuta da dichiarare.

(1) Articolo modificato dall'articolo 11, comma 1, lettera c), numero 1), del D.Lgs. 21 novembre 1997, n. 461, dall'articolo 3, comma 1, del D.Lgs. 23 dicembre 1999, n. 505, dall'articolo 2, comma 16, del D.L. 13 agosto 2011, n. 138, dall'articolo 8, comma 16-bis, del D.L. 2 marzo 2012, n. 16 e, da ultimo sostituito dall'articolo 9, comma 1, lettera c), della Legge 6 agosto 2013, n. 97.
(2) Per le modalità di attuazione delle disposizioni relative al monitoraggio fiscale contenute nel presente articolo vedi il Provvedimento 18 dicembre 2013.
(3) Comma modificato dall'articolo 8, comma 7, lettera e), del D.Lgs. 25 maggio 2017, n. 90 e successivamente dall'articolo 1, comma 129, lettera c), della Legge 29 dicembre 2022, n. 197.
(4) Comma abrogato dall'articolo 4, comma 2, del D.L. 24 aprile 2014, n. 66, convertito, con modificazioni, dalla Legge 23 giugno 2014, n. 89.
(5) Comma modificato dall'articolo 2, comma 4-bis, del D.L. 28 gennaio 2014, n. 4, convertito, con modificazioni, dalla Legge 28 marzo 2014, n. 50; dall'articolo 2, comma 1, della Legge 15 dicembre 2014, n. 186 e successivamente dall'articolo 7-quater, comma 23, del D.L. 22 ottobre 2016, n.193, convertito, con modificazioni, dalla Legge 1° dicembre 2016 n. 225.

5. Sanzioni. – 1. Per la violazione degli obblighi di trasmissione all'Agenzia delle entrate previsti dall'articolo 1, posti a carico degli intermediari, si applica la sanzione amministrativa pecuniaria dal 10 al 25 per cento dell'importo dell'operazione non segnalata.

2. La violazione dell'obbligo di dichiarazione previsto nell'articolo 4, comma 1, è punita con la sanzione amministrativa pecuniaria dal 3 al 15 per cento dell'ammontare degli importi non dichiarati. La violazione di cui al periodo precedente relativa alla detenzione di investimenti all'estero ovvero di attività estere di natura finanziaria negli Stati o territori a regime fiscale privilegiato di cui al decreto del Ministro delle finanze 4 maggio 1999, pubblicato nella Gazzetta Ufficiale n. 107 del 10 maggio 1999, e al decreto del Ministro dell'economia e delle finanze 21 novembre 2001, pubblicato nella Gazzetta Ufficiale n. 273 del 23 novembre 2001, è punita con la sanzione amministrativa pecuniaria dal 6 al 30 per cento dell'ammontare degli importi non dichiarati. Nel caso in cui la dichiarazione prevista dall'articolo 4, comma 1, sia presentata entro novanta giorni dal termine, si applica la sanzione di euro 258 (1).

(1) Articolo modificato dall'articolo 2, comma 1, lettera a), del D.Lgs. 30 aprile 1997, n. 125, dall'articolo 19, comma 1, lettera a), del D.L. 25 settembre 2001, n. 350, dall'articolo 13-bis, comma 7, lettera a), del D.L. 1° luglio 2009, n. 78 e, da ultimo, sostituito dall'articolo 9, comma 1, lettera d), della Legge 6 agosto 2013, n. 97.

5 bis. – *[1. L'obbligo di dichiarazione di cui ai commi 1, 2 e 3 dell'art. 4 non sussiste per gli investimenti, le attività di natura finanziaria ed i trasferimenti operati all'interno dell'Unione europea, fatta eccezione per i trasferimenti da e per l'Italia.]* (1)

(1) Articolo inserito dall'articolo 22, comma 1, della legge 6 febbraio 1996, n. 52 e successivamente abrogato dall'articolo 11, comma 1, lettera d), del D.Lgs. 21 novembre 1997, n. 461.

5 ter. Accertamento delle violazioni e sequestro (1). – *[1. Per l'accertamento delle violazioni delle disposizioni previste dall'art. 3 e per l'irrogazione delle relative sanzioni si applicano le disposizioni del titolo II, capi I e II, del decreto del Presidente della Repubblica 31 marzo 1988, n. 148.*

2. Nel caso di violazione delle disposizioni previste dall'art. 3, il denaro, i titoli o i valori mobiliari trasferiti o che si tenta si trasferire in eccedenza al controvalore di venti milioni di lire, sono soggetti a sequestro secondo le disposizioni del decreto del Presidente della Repubblica n. 148 del 1988 indicate nel comma 1.

3. Il sequestro è eseguito nel limite del quaranta per cento dell'importo in eccedenza, o senza tale limite se l'oggetto del sequestro è indivisibile o non è conosciuto l'autore dei fatti accertati.

4. Il sequestro è eseguito senza il limite indicato nel comma 3 anche quando, per la natura e l'entità dei valori trasferiti o che si tenta di trasferire, il relativo controvalore in lire non risulta agevolmente determinabile all'atto del sequestro medesimo. In tale caso, i valori sequestrati che superano il limite indicato nel comma 3 sono restituiti agli aventi diritto entro trenta giorni dalla data di esecuzione del sequestro.

5. L'interessato può ottenere dall'UIC la restituzione dei valori sequestrati depositando presso la tesoreria provinciale dello Stato del luogo della propria residenza o sede, o di quello del sequestro, una cauzione pari al quaranta per cento dell'importo in eccedenza a garanzia del pagamento della sanzione amministrativa pecuniaria. La cauzione può essere sostituita da una fidejussione prestata per lo stesso ammontare da una banca operante nel territorio dello Stato.]

(1) Articolo aggiunto dall'articolo 3, comma 1, del D.Lgs. 30 aprile 1997, n. 125 e successivamente abrogato dall'articolo 13, comma 1, lettera a), del D.Lgs. 19 novembre 2008, n. 195.

5 quater. Collaborazione volontaria (1). – 1. L'autore della violazione degli obblighi di dichiarazione di cui all'articolo 4, comma 1, commessa fino al 30 settembre 2014, può avvalersi della procedura di collaborazione volontaria di cui al presente articolo per l'emersione delle attività finanziarie e patrimoniali costituite o detenute fuori del territorio dello Stato, per la definizione delle sanzioni per le eventuali violazioni di tali obblighi e per la definizione dell'accertamento mediante adesione ai contenuti dell'invito al contraddittorio di cui alla lettera b) per le violazioni in materia di imposte sui redditi e relative addizionali, di imposte sostitutive, di imposta regionale sulle attività produttive e di imposta sul valore aggiunto, nonché per le eventuali violazioni relative alla dichiarazione dei sostituti d'imposta. A tal fine deve:

a) indicare spontaneamente all'Amministrazione finanziaria, mediante la presentazione di apposita richiesta, tutti gli investimenti e tutte le attività di natura finanziaria costituiti o detenuti all'estero, anche indirettamente o per interposta persona, fornendo i relativi documenti e le informazioni per la determinazione dei redditi che servirono per costituirli o acquistarli, nonché dei redditi che derivano dalla loro dismissione o utilizzazione a qualunque titolo, unitamente ai documenti e alle informazioni per la determinazione degli eventuali maggiori imponibili agli effetti delle imposte sui redditi e relative addizionali, delle imposte sostitutive, dell'imposta regionale sulle attività produttive, dei contributi previdenziali, dell'imposta sul valore aggiunto e delle ritenute, non connessi con le attività costituite o detenute all'estero, relativamente a tutti i periodi d'imposta per i quali, alla data di presentazione della richiesta, non sono scaduti i termini per l'accertamento o la contestazione della violazione degli obblighi di dichiarazione di cui all'articolo 4, comma 1;

b) versare le somme dovute in base all'invito di cui all'articolo 5, comma 1, del decreto legislativo 19 giugno 1997, n. 218, e successive modificazioni, entro il quindicesimo giorno antecedente la data fissata per la comparizione e secondo le ulteriori modalità indicate nel comma 1-bis del medesimo articolo per l'adesione ai contenuti dell'invito, ovvero le somme dovute in base all'accertamento con adesione entro venti giorni dalla redazione dell'atto, oltre alle somme dovute in base all'atto di contestazione o al provvedimento di irrogazione delle sanzioni per la violazione degli obblighi di dichiarazione di cui all'articolo 4, comma 1, del presente decreto entro il termine per la proposizione del ricorso, ai sensi dell'articolo 16 del decreto legislativo 18 dicembre 1997, n. 472, e successive modificazioni, senza avvalersi della compensazione prevista dall'articolo 17 del decreto legislativo 9 luglio 1997, n. 241, e successive modificazioni. Il versamento può essere eseguito in unica soluzione ovvero essere ripartito, su richiesta dell'autore della violazione, in tre rate mensili di pari importo. Il pagamento della prima rata deve essere effettuato nei termini e con le modalità di cui alla presente lettera. Il mancato pagamento di una delle rate comporta il venir meno degli effetti della procedura.

2. La collaborazione volontaria non è ammessa se la richiesta è presentata dopo che l'autore della violazione degli obblighi di dichiarazione di cui all'articolo 4, comma 1, abbia avuto formale conoscenza di accessi, ispezioni, verifiche o dell'inizio di qualunque attività di accertamento amministrativo o di procedimenti penali, per violazione di norme tributarie, relativi all'ambito oggettivo di applicazione della procedura di collaborazione volontaria indicato al comma 1 del presente articolo. La preclusione opera anche nelle ipotesi in cui la formale conoscenza delle circostanze di cui al primo periodo è stata acquisita da soggetti solidalmente obbligati in via tributaria o da soggetti concorrenti nel reato. La richiesta di accesso alla collaborazione volontaria rimane irrevocabile e non può essere presentata più di una volta, anche indirettamente o per interposta persona [(2)].

3. Entro trenta giorni dalla data di esecuzione dei versamenti indicati al comma 1, lettera b), l'Agenzia delle entrate comunica all'autorità giudiziaria competente la conclusione della procedura di collaborazione volontaria, per l'utilizzo dell'informazione ai fini di quanto stabilito all'articolo 5-quinquies, comma 1, lettere a) e b).

4. Ai soli fini della procedura di collaborazione volontaria, per la determinazione dei periodi d'imposta per i quali non sono scaduti i termini di accertamento e i termini di cui all'articolo 20 del decreto legislativo 18 dicembre 1997, n. 472, e successive modificazioni, non si applica il raddoppio dei termini di cui all'articolo 12, commi 2-bis e 2-ter, del decreto-legge 1° luglio 2009, n. 78, convertito, con modificazioni, dalla legge 3 agosto 2009, n. 102, qualora ricorrano congiuntamente le condizioni previste dall'articolo 5-quinquies, commi 4, primo periodo, lettera c), 5 e 7 del presente decreto [(3)].

5. La procedura di collaborazione volontaria può essere attivata fino al 30 novembre 2015. L'integrazione dell'istanza, i documenti e le informazioni di cui al comma 1, lettera a), possono essere presentati entro il 30 dicembre 2015. In deroga all'articolo 31 del decreto del Presidente della Repubblica 29 settembre 1973, n. 600, e all'articolo 40 del decreto del Presidente della Repubblica 26 ottobre 1972, n. 633, la competenza alla gestione delle istanze presentate, per la prima volta, a decorrere dal 10 novembre 2015 e all'emissione dei relativi atti, compresi quelli di accertamento e di contestazione delle violazioni, per tutte le annualità oggetto della procedura di collaborazione volontaria, è attribuita all'articolazione dell'Agenzia delle entrate individuata con provvedimento del direttore dell'Agenzia medesima, da emanare entro la data di entrata in vigore della presente disposizione. Per gli atti di cui al periodo precedente, impugnabili ai sensi del decreto legislativo 31 dicembre 1992, n. 546, si applicano le disposizioni in materia di competenza per territorio di cui all'articolo 4, comma 1, e in materia di legittimazione processuale dinanzi alle commissioni tributarie di cui all'articolo 10, comma 1, dello stesso decreto legislativo n. 546 del 1992, e successive modificazioni, previste per le articolazioni dell'Agenzia delle entrate ivi indicate. Al fine di assicurare la trattazione unitaria delle istanze e la data certa per la conclusione dell'intero procedimento i termini di decadenza per l'accertamento di cui all'articolo 43 del decreto del Presidente della Repubblica 29 settembre 1973, n. 600, e all'articolo 57 del decreto del Presidente della Repubblica 26 ottobre 1972, n. 633, nonché i termini di decadenza per la notifica dell'atto di contestazione ai sensi dell'articolo 20 del decreto legislativo 18 dicembre 1997, n. 472, che scadono a decorrere dal 31 dicembre 2015, limitatamente agli imponibili, alle imposte, alle ritenute, ai contributi, alle sanzioni e agli interessi relativi alla procedura di collaborazione volontaria e per tutte le annualità e le violazioni oggetto della procedura stessa, sono fissati, anche in deroga a quelli ordinari, al 31 dicembre 2016 [(4)].

6. Per i residenti nel comune di Campione d'Italia, già esonerati dalla compilazione del modulo RW in relazione alle disponibilità detenute presso istituti elvetici derivanti da redditi di lavoro, da trattamenti pensionistici nonché da altre attività lavorative svolte direttamente in Svizzera da soggetti residenti nel suddetto comune, il direttore dell'Agenzia delle entrate adotta, con proprio provvedimento, entro novanta giorni dalla data di entrata in vigore della presente disposizione, specifiche disposizioni relative agli imponibili riferibili alle attività costituite o detenute in Svizzera in considerazione della particolare collocazione geografica del comune medesimo [(5)].

[(1)] *Articolo inserito dall'articolo 1, comma 1, della Legge 15 dicembre 2014, n. 186.*
[(2)] *Comma modificato dall'articolo 2, comma 1, lettera a), numero 1), del D.L. 30 settembre 2015, n. 153, convertito, con modificazioni, dalla Legge 20 novembre 2015, n. 187.*
[(3)] *Comma modificato dall'articolo 10, comma 12-quaterdecies, del D.L. 31 dicembre 2014, n. 192, convertito, con modificazioni, dalla Legge 27 febbraio 2015, n. 11.*
[(4)] *Comma sostituito dall'articolo 2, comma 1, lettera a), numero 2), del D.L. 30 settembre 2015, n. 153, convertito, con modificazioni, dalla Legge 20 novembre 2015, n. 187.*
[(5)] *In attuazione del presente comma vedi il Provvedimento 31 marzo 2015.*

5 *quinquies*. Effetti della procedura di collaborazione volontaria [1]. – 1. Nei confronti di colui che presta la collaborazione volontaria ai sensi dell'articolo 5-quater:

a) è esclusa la punibilità per i delitti di cui agli articoli 2, 3, 4, 5, 10-bis e 10-ter del decreto legislativo 10 marzo 2000, n. 74, e successive modificazioni;

b) è altresì esclusa la punibilità delle condotte previste dagli articoli 648-bis e 648-ter del codice penale, commesse in relazione ai delitti di cui alla lettera a) del presente comma.

b-bis) si applicano le disposizioni in materia di prevenzione del riciclaggio e di finanziamento del terrorismo di cui al decreto legislativo 21 novembre 2007, n. 231, ad eccezione di quanto previsto dall'articolo 58, comma 6, del medesimo decreto [2];

2. Le disposizioni del comma 1 si applicano limitatamente alle condotte relative agli imponibili, alle imposte e alle ritenute oggetto della collaborazione volontaria.

3. Limitatamente alle attività oggetto di collaborazione volontaria, le condotte previste dall'articolo 648-ter.1 del codice penale non sono punibili se commesse in relazione ai delitti di cui al comma 1, lettera a), del presente articolo sino alla data del 30 novembre 2015, entro la quale può essere attivata la procedura di collaborazione volontaria,o sino alla data del 30 dicembre 2015 in presenza di integrazione dell'istanza o di presentazione dei documenti e delle informazioni di cui all'articolo 5-quater, comma 1, lettera a)[3].

4. Le sanzioni di cui all'articolo 5, comma 2, del presente decreto sono determinate, ai sensi dell'articolo 7, comma 4, del decreto legislativo 18 dicembre 1997, n. 472, in misura pari alla metà del minimo edittale: a) se le attività vengono trasferite in Italia o in Stati membri dell'Unione europea o in Stati aderenti all'Accordo sullo Spazio economico europeo che consentono un effettivo scambio di informazioni con l'Italia, inclusi nella lista di cui al decreto del Ministro delle finanze 4 settembre 1996, e successive modificazioni, pubblicato nella Gazzetta Ufficiale n. 220 del 19 settembre 1996; ovvero b) se le attività trasferite in Italia o nei predetti Stati erano o sono ivi detenute; ovvero c) se l'autore delle violazioni di cui all'articolo 5-quater, comma 1, fermo restando l'obbligo di eseguire gli adempimenti ivi previsti, rilascia all'intermediario finanziario estero presso cui le attività sono detenute l'autorizzazione a trasmettere alle autorità finanziarie italiane richiedenti tutti i dati concernenti le attività oggetto di collaborazione volontaria e allega copia di tale autorizzazione, controfirmata dall'intermediario finanziario estero, alla richiesta di collaborazione volontaria. Nei casi diversi da quelli di cui al primo periodo, la sanzione è determinata nella misura del minimo edittale, ridotto di un quarto. Nei confronti del contribuente che si avvale della procedura di collaborazione volontaria, la misura minima delle sanzioni per le violazioni in materia di imposte sui redditi e relative addizionali, di imposte sostitutive, di imposta regionale sulle attività produttive, di imposta sul valore aggiunto e di ritenute è fissata al minimo edittale, ridotto di un quarto.

5. Nei casi di cui alle lettere a), b) e c) del primo periodo del comma 4, qualora l'autore della violazione trasferisca, successivamente alla presentazione della richiesta, le attività oggetto di collaborazione volontaria presso un altro intermediario localizzato fuori dell'Italia o di uno degli Stati di cui alla citata lettera a), l'autore della violazione è obbligato a rilasciare, entro trenta giorni dalla data del trasferimento delle attività, l'autorizzazione di cui alla lettera c) del primo periodo del comma 4 all'intermediario presso cui le attività sono state trasferite e a trasmettere, entro sessanta giorni dalla data del trasferimento delle attività, tale autorizzazione alle autorità finanziarie italiane, pena l'applicazione di una sanzione pari alla metà della sanzione prevista dal primo periodo del comma 4.

6. Il procedimento di irrogazione delle sanzioni per la violazione degli obblighi di dichiarazione di cui all'articolo 4, comma 1, del presente decreto è definito ai sensi dell'articolo 16 del decreto legislativo 18 dicembre 1997, n. 472, e successive modificazioni. Il confronto previsto all'articolo 16, comma 3, del decreto legislativo n. 472 del 1997, e successive modificazioni, è operato tra il terzo della sanzione indicata nell'atto e il terzo della somma dei minimi edittali previsti per le violazioni più gravi o, se più favorevole, il terzo della somma delle sanzioni più gravi determinate ai sensi del comma 4, primo e secondo periodo, del presente articolo.

7. Ai soli fini della procedura di collaborazione volontaria, la misura della sanzione minima prevista per le violazioni dell'obbligo di dichiarazione di cui all'articolo 4, comma 1, indicata nell'articolo 5, comma 2, secondo periodo, nei casi di detenzione di investimenti all'estero ovvero di attività estere di natura finanziaria negli Stati o territori a regime fiscale privilegiato di cui al decreto del Ministro dell'economia e delle finanze 4 maggio 1999, pubblicato nella Gazzetta Ufficiale n. 107 del 10 maggio 1999, e al decreto del Ministro dell'economia e delle finanze 21 novembre 2001, pubblicato nella Gazzetta Ufficiale n. 273 del 23 novembre 2001, è fissata al 3 per cento dell'ammontare degli importi non dichiarati se le attività oggetto della collaborazione volontaria erano o sono detenute in Stati che stipulino con l'Italia, entro sessanta giorni dalla data di entrata in vigore della presente disposizione, accordi che consentano un effettivo scambio di informazioni ai sensi dell'articolo 26 del modello di Convenzione contro le doppie imposizioni predisposto dall'Organizzazione per la cooperazione e lo sviluppo economico, anche su elementi riconducibili al periodo intercorrente tra la data della stipulazione e quella di entrata in vigore dell'accordo. Al ricorrere della condizione di cui al primo periodo non si applica il raddoppio delle sanzioni di cui all'articolo 12, comma 2, secondo periodo, del decreto-legge 1° luglio 2009, n. 78, convertito, con modificazioni, dalla legge 3 agosto 2009, n. 102.

8. Su istanza del contribuente, da formulare nella richiesta di cui all'articolo 5-quater, comma 1, lettera a), l'ufficio, in luogo della determinazione analitica dei rendimenti, calcola gli stessi applicando la misura percentuale del 5 per cento al valore complessivo della loro consistenza alla fine dell'anno e determina l'ammontare corrispondente all'imposta da versare utilizzando l'aliquota del 27 per cento. Tale istanza può essere presentata solo nei casi in cui la media delle consistenze di tali attività finanziarie risultanti al termine di ciascun periodo d'imposta oggetto della collaborazione volontaria non ecceda il valore di 2 milioni di euro.

9. Ai soli fini della procedura di collaborazione volontaria, la disponibilità delle attività finanziarie e patrimoniali oggetto di emersione si considera, salva prova contraria, ripartita, per ciascun periodo d'imposta, in quote eguali tra tutti coloro che al termine degli stessi ne avevano la disponibilità.

10. Se il contribuente destinatario dell'invito di cui all'articolo 5, comma 1, del decreto legislativo 19 giugno

1997, n. 218, e successive modificazioni, o che abbia sottoscritto l'accertamento con adesione e destinatario dell'atto di contestazione non versa le somme dovute nei termini previsti dall'articolo 5-quater, comma 1, lettera b), la procedura di collaborazione volontaria non si perfeziona e non si producono gli effetti di cui ai commi 1, 4, 6 e 7 del presente articolo. L'Agenzia delle entrate notifica, anche in deroga ai termini di cui all'articolo 43 del decreto del Presidente della Repubblica 29 settembre 1973, n. 600, e successive modificazioni, all'articolo 57 del decreto del Presidente della Repubblica 26 ottobre 1972, n. 633, e successive modificazioni, e all'articolo 20, comma 1, del decreto legislativo 18 dicembre 1997, n. 472, e successive modificazioni, un avviso di accertamento e un nuovo atto di contestazione con la rideterminazione della sanzione entro il 31 dicembre dell'anno successivo a quello di notificazione dell'invito di cui al predetto articolo 5, comma 1, del decreto legislativo n. 218 del 1997, e successive modificazioni, o a quello di redazione dell'atto di adesione o di notificazione dell'atto di contestazione.

(1) *Articolo inserito dall'articolo 1, comma 1, della Legge 15 dicembre 2014, n. 186.*
(2) *Lettera inserita dall'articolo 2, comma 1, lettera b), numero 1), del D.L. 30 settembre 2015, n. 153, convertito, con modificazioni, dalla Legge 20 novembre 2015, n. 187.*
(3) *Comma modificato dall'articolo 2, comma 1, lettera b), numero 2), del D.L. 30 settembre 2015, n. 153, convertito, con modificazioni, dalla Legge 20 novembre 2015, n. 187.*

5 *sexies*. Ulteriori disposizioni in materia di collaborazione volontaria (1). – 1. Le modalità di presentazione dell'istanza di collaborazione volontaria e di pagamento dei relativi debiti tributari, nonché ogni altra modalità applicativa della relativa procedura, sono disciplinate con provvedimento del direttore dell'Agenzia delle entrate da emanare entro trenta giorni dalla data di entrata in vigore della presente disposizione. L'Agenzia delle entrate e gli altri organi dell'Amministrazione finanziaria concordano condizioni e modalità per lo scambio dei dati relativi alle procedure avviate e concluse.

(1) *Articolo inserito dall'articolo 1, comma 1, della Legge 15 dicembre 2014, n. 186.*

5 *septies*. Esibizione di atti falsi e comunicazione di dati non rispondenti al vero (1). – 1. L'autore della violazione di cui all'articolo 4, comma 1, che, nell'ambito della procedura di collaborazione volontaria di cui all'articolo 5-quater, esibisce o trasmette atti o documenti falsi, in tutto o in parte, ovvero fornisce dati e notizie non rispondenti al vero è punito con la reclusione da un anno e sei mesi a sei anni.

2. L'autore della violazione di cui all'articolo 4, comma 1, deve rilasciare al professionista che lo assiste nell'ambito della procedura di collaborazione volontaria una dichiarazione sostitutiva di atto di notorietà con la quale attesta che gli atti o documenti consegnati per l'espletamento dell'incarico non sono falsi e che i dati e notizie forniti sono rispondenti al vero.

(1) *Articolo inserito dall'articolo 1, comma 1, della Legge 15 dicembre 2014, n. 186.*

5 *octies*. Riapertura dei termini della collaborazione volontaria (1). – 1. Dalla data di entrata in vigore del presente articolo sino al 31 luglio 2017 è possibile avvalersi della procedura di collaborazione volontaria di cui agli articoli da 5-quater a 5-septies a condizione che il soggetto che presenta l'istanza non l'abbia già presentata in precedenza, anche per interposta persona, e ferme restando le cause ostative previste dall'articolo 5-quater, comma 2. Resta impregiudicata la facoltà di presentare l'istanza se, in precedenza, è stata già presentata, entro il 30 novembre 2015, ai soli fini di cui all'articolo 1, commi da 2 a 5, della legge 15 dicembre 2014, n. 186. L'integrazione dell'istanza, i documenti e le informazioni di cui all'articolo 5-quater, comma 1, lettera a), possono essere presentati entro il 30 settembre 2017. Alle istanze presentate secondo le modalità stabilite con provvedimento del direttore dell'Agenzia delle entrate, si applicano gli articoli da 5-quater a 5-septies del presente decreto, l'articolo 1, commi da 2 a 5 della legge 15 dicembre 2014, n. 186, e successive modificazioni, e l'articolo 2, comma 2, lettere b) e b-bis) del decreto-legge 30 settembre 2015, n. 153, convertito, con modificazioni, dalla legge 20 novembre 2015, n. 187, in quanto compatibili e con le seguenti modificazioni (2):

a) le violazioni sanabili sono quelle commesse fino al 30 settembre 2016;

a-bis) se alla formazione del reddito complessivo concorrono redditi prodotti all'estero di cui all'articolo 6, comma 1, lettere c) e d), del testo unico delle imposte sui redditi, di cui al decreto del Presidente della Repubblica 22 dicembre 1986, n. 917, non si applica l'articolo 165, comma 8, del medesimo testo unico (3);

b) anche in deroga all'articolo 3, comma 1, della legge 27 luglio 2000, n. 212, e successive modificazioni, i termini di cui all'articolo 43 del decreto del Presidente della Repubblica 29 settembre 1973, n. 600, e successive modificazioni, all'articolo 57 del decreto del Presidente della Repubblica 26 ottobre 1972, n. 633, e successive modificazioni, e all'articolo 20, comma 1, del decreto legislativo 18 dicembre 1997, n. 472, e successive modificazioni, che scadono a decorrere dal 1° gennaio 2015, sono fissati al 31 dicembre 2018 per le sole attività oggetto di collaborazione volontaria ai sensi del presente articolo, limitatamente agli imponibili, alle imposte, alle ritenute, ai contributi, alle sanzioni e agli interessi relativi alla procedura di collaborazione volontaria e per tutte le annualità e le violazioni oggetto della procedura stessa, e al 30 giugno 2017 per le istanze presentate per la prima volta ai sensi dell'articolo 5-quater, comma 5; non si applica l'ultimo periodo del comma 5 del predetto articolo 5-quater;

c) per le sole attività oggetto di collaborazione volontaria ai sensi del presente articolo, nonché per le imposte di cui all'articolo 19, commi 13 e 18, del decreto-legge 6 dicembre 2011, n. 201, convertito, con modificazioni, dalla legge 22 dicembre 2011, n. 214 gli interessati sono esonerati dalla presentazione delle dichiarazioni di cui all'articolo 4 del presente decreto per il 2016 e per la frazione del periodo d'imposta antecedente la data di presentazione dell'istanza, nonché, per quelle suscettibili di generare redditi soggetti a ritenuta alla fonte a titolo d'imposta o ad imposta sostitutiva delle imposte sui redditi, e per i redditi derivanti dall'investimento in azioni o quote di fondi comuni di investimento non conformi alla direttiva 2009/65/CE del Par-

ACCERTAMENTO

lamento europeo e del Consiglio, del 13 luglio 2009, per i quali è versata l'IRPEF con l'aliquota massima oltre alla addizionale regionale e comunale, dalla indicazione dei redditi nella relativa dichiarazione, a condizione che le stesse informazioni siano analiticamente illustrate nella relazione di accompagnamento; in tal caso provvedono spontaneamente al versamento in unica soluzione, entro il 30 settembre 2017, di quanto dovuto a titolo di imposte, interessi e, ove applicabili, sanzioni ridotte corrispondenti alle misure stabilite dall'articolo 13 del decreto legislativo 18 dicembre 1997, n. 472, e successive modificazioni, per il 2016 e per la frazione del periodo d'imposta antecedente la data di presentazione dell'istanza [(4)];

d) limitatamente alle attività oggetto di collaborazione volontaria di cui al presente articolo, le condotte previste dall'articolo 648-ter.1 del codice penale non sono punibili se commesse in relazione ai delitti previsti dal presente decreto all'articolo 5-quinquies, comma 1, lettera a), sino alla data del versamento della prima o unica rata, secondo quanto previsto alle lettere e) e f);

e) gli autori delle violazioni possono provvedere spontaneamente al versamento in unica soluzione di quanto dovuto a titolo di imposte, ritenute, contributi, interessi e sanzioni in base all'istanza, entro il 30 settembre 2017, senza avvalersi della compensazione prevista dall'articolo 17 del decreto legislativo 9 luglio 1997, n. 241, e successive modificazioni; il versamento può essere ripartito in tre rate mensili di pari importo ed in tal caso il pagamento della prima rata deve essere effettuato entro il 30 settembre 2017. Il versamento delle somme dovute nei termini e con le modalità di cui al periodo precedente comporta i medesimi effetti degli articoli 5-quater e 5-quinquies del presente decreto anche per l'ammontare delle sanzioni da versare per le violazioni dell'obbligo di dichiarazione di cui all'articolo 4, comma 1 e per le violazioni in materia di imposte sui redditi e relative addizionali, imposte sostitutive, imposta regionale sulle attività produttive, imposta sul valore degli immobili all'estero, imposta sul valore delle attività finanziarie all'estero e imposta sul valore aggiunto, anche in deroga all'articolo 3 del decreto legislativo 18 dicembre 1997, n. 472. Ai fini della determinazione delle sanzioni dovute, si applicano le disposizioni dell'articolo 12, commi 1 e 5, del decreto legislativo 18 dicembre 1997, n. 472, per le violazioni di cui all'articolo 4, comma 1, del presente decreto e le disposizioni dell'articolo 12, comma 8, del medesimo decreto legislativo, per le violazioni in materia di imposte, nonché le riduzioni delle misure sanzionatorie previste dall'articolo 5, comma 1-bis, del decreto legislativo 19 giugno 1997, n. 218, nel testo vigente alla data del 30 dicembre 2014, e dall'articolo 16, comma 3, del decreto legislativo n. 472 del 1997. Gli effetti di cui agli articoli 5-quater e 5-quinquies del presente decreto decorrono dal momento del versamento di quanto dovuto in unica soluzione o della terza rata; in tali casi l'Agenzia delle entrate comunica l'avvenuto perfezionamento della procedura di collaborazione volontaria con le modalità di notifica tramite posta elettronica certificata previste nell'articolo 1, comma 133, della legge 28 dicembre 2015, n. 208;

f) se gli autori delle violazioni non provvedono spontaneamente al versamento delle somme dovute entro il termine di cui alla lettera e) o qualora il versamento delle somme dovute risulti insufficiente, l'Agenzia, ai soli fini della procedura di collaborazione volontaria di cui al presente articolo e limitatamente agli imponibili, alle imposte, alle ritenute, ai contributi, alle sanzioni e agli interessi relativi alla procedura e per tutte le annualità e le violazioni oggetto della stessa, può applicare, fino al 31 dicembre 2018, le disposizioni di cui all'articolo 5, commi da 1-bis a 1-quinquies del decreto legislativo 19 giugno 1997, n. 218, nel testo vigente alla data del 30 dicembre 2014 e l'autore della violazione può versare le somme dovute in base all'invito di cui all'articolo 5, comma 1, del decreto legislativo 19 giugno 1997, n. 218, e successive modificazioni, entro il quindicesimo giorno antecedente la data fissata per la comparizione, secondo le ulteriori modalità indicate nel comma 1-bis del medesimo articolo per l'adesione ai contenuti dell'invito, ovvero le somme dovute in base all'accertamento con adesione entro venti giorni dalla redazione dell'atto, oltre alle somme dovute in base all'atto di contestazione o al provvedimento di irrogazione delle sanzioni per la violazione degli obblighi di dichiarazione di cui all'articolo 4, comma 1, del presente decreto entro il termine per la proposizione del ricorso, ai sensi dell'articolo 16 del decreto legislativo 18 dicembre 1997, n. 472, e successive modificazioni, senza avvalersi della compensazione prevista dall'articolo 17 del decreto legislativo 9 luglio 1997, n. 241, e successive modificazioni. Il mancato pagamento di una delle rate comporta il venir meno degli effetti della procedura. Ai soli fini della procedura di collaborazione volontaria di cui al presente articolo, per tutti gli atti che per legge devono essere notificati al contribuente si applicano, in deroga ad ogni altra disposizione di legge, le modalità di notifica tramite posta elettronica certificata previste nell'articolo 1, comma 133, della legge 28 dicembre 2015, n. 208. Con esclusivo riguardo alla notifica tramite posta elettronica certificata effettuata ai sensi del periodo precedente, è esclusa la ripetizione delle spese di notifica prevista dall'articolo 4, secondo comma, della legge 10 maggio 1976, n. 249, e successive modificazioni;

g) nelle ipotesi di cui alla lettera f) del presente comma [(5)]:

1) se gli autori delle violazioni non provvedono spontaneamente al versamento delle somme dovute entro il termine del 30 settembre 2017, in deroga all'articolo 5-quinquies, comma 4, le sanzioni di cui all'articolo 5, comma 2, sono determinate in misura pari al 60 per cento del minimo edittale qualora ricorrano le ipotesi previste dalle lettere a), b) o c) del citato comma 4 dell'articolo 5-quinquies e sono determinate in misura pari all'85 per cento del minimo edittale negli altri casi; la medesima misura dell'85 per cento del minimo edittale si applica anche alle violazioni in materia di imposte sui redditi e relative addizionali, di imposte sostitutive, di imposta regionale sulle attività produttive, di imposta sul valore degli immobili all'estero, di imposta sul valore delle attività finanziarie all'estero, di imposta sul valore aggiunto e di ritenute;

2) se gli autori delle violazioni provvedono spontaneamente al versamento delle somme dovute in misura insufficiente: 1.1) per una frazione superiore al 10 per cento delle somme da versare se tali somme sono afferenti ai soli redditi soggetti a ritenuta alla fonte a titolo d'imposta o ad imposta sostitutiva delle imposte sui redditi e alle sanzioni, incluse quelle sulle attività suscettibili di generare tali redditi, o 1.2) per una frazione superiore al 30 per cento delle somme da versare negli altri casi, fermo restando il versamento effettuato, l'Agenzia, secondo le procedure previste dalla lettera

f) del presente comma, provvede al recupero delle somme ancora dovute, calcolate ai sensi della lettera e), maggiorando le somme da versare del 10 per cento. L'importo delle somme da versare, calcolato a seguito della maggiorazione di cui al periodo precedente, compreso quanto già versato, non può essere comunque superiore a quello determinato ai sensi del numero 1) della presente lettera (6);

3) se gli autori delle violazioni provvedono spontaneamente al versamento delle somme dovute in misura insufficiente: 1.1) per una frazione inferiore o uguale al 10 per cento delle somme da versare se tali somme sono afferenti ai soli redditi soggetti a ritenuta alla fonte a titolo d'imposta o ad imposta sostitutiva delle imposte sui redditi e alle sanzioni, incluse quelle sulle attività suscettibili di generare tali redditi, o 1.2) per una frazione inferiore o uguale al 30 per cento delle somme da versare negli altri casi, fermo restando il versamento effettuato, l'Agenzia, secondo le procedure previste dalla lettera f) del presente comma, provvede al recupero delle somme ancora dovute, calcolate ai sensi della lettera e), maggiorando le somme da versare del 3 per cènto. L'importo delle somme da versare, calcolato a seguito della maggiorazione di cui al periodo precedente, compreso quanto già versato, non può essere comunque superiore a quello determinato ai sensi del numero 1) della presente lettera (7);

4) se gli autori delle violazioni provvedono spontaneamente al versamento delle somme dovute in misura superiore alle somme da versare, l'eccedenza può essere richiesta a rimborso o utilizzata in compensazione;

h) la misura della sanzione minima fissata dall'articolo 5-quinquies, comma 7, prevista per le violazioni dell'obbligo di dichiarazione di cui all'articolo 4, comma 1, indicata nell'articolo 5, comma 2, secondo periodo, nei casi di detenzione di investimenti all'estero ovvero di attività estere di natura finanziaria negli Stati o territori a regime fiscale privilegiato di cui al decreto del Ministro dell'economia e delle finanze 4 maggio 1999, pubblicato nella Gazzetta Ufficiale n. 107 del 10 maggio 1999, e al decreto del Ministro dell'economia e delle finanze 21 novembre 2001, pubblicato nella Gazzetta Ufficiale n. 273 del 23 novembre 2001, opera altresì se è entrato in vigore prima del presente articolo un accordo che consente un effettivo scambio di informazioni ai sensi dell'articolo 26 del modello di convenzione contro le doppie imposizioni predisposto dall'Organizzazione per la cooperazione e lo sviluppo economico (OCSE), ovvero se è entrato in vigore prima del presente articolo un accordo conforme al modello di accordo per lo scambio di informazioni elaborato nel 2002 dall'OCSE e denominato Tax Information Exchange Agreement (TIEA);

i) chiunque fraudolentemente si avvale della procedura di cui agli articoli da 5-quater a 5-septies *[del decreto-legge 28 giugno 1990, n. 167, convertito, con modificazioni, dalla legge 4 agosto 1990, n. 227]* al fine di far emergere attività finanziarie e patrimoniali o denaro contante provenienti da reati diversi da quelli di cui all'articolo 5-quinquies, comma 1, lettera a), è punito con la medesima sanzione prevista per il reato di cui all'articolo 5-septies. Resta ferma l'applicabilità degli articoli 648-bis, 648-ter, 648-ter. 1 del codice penale e dell'articolo 12-quinquies del decreto-legge 8 giugno 1992, n. 306, convertito, con modificazioni, dalla legge 7 agosto 1992, n. 356, e successive modificazioni.

2. Al ricorrere della condizione di cui al comma 1, lettera h), non si applica il raddoppio delle sanzioni di cui all'articolo 12, comma 2, secondo periodo, del decreto-legge 1° luglio 2009, n. 78, convertito, con modificazioni, dalla legge 3 agosto 2009, n. 102 e, se ricorrono congiuntamente anche le condizioni previste dall'articolo 5-quinquies, commi 4 e 5, del presente decreto, non opera il raddoppio dei termini di cui all'articolo 12, commi 2-bis e 2-ter, del decreto-legge 1° luglio 2009, n. 78, convertito, con modificazioni, dalla legge 3 agosto 2009, n. 102.

3. Possono avvalersi della procedura di collaborazione volontaria prevista dalle disposizioni di cui ai commi 1 e 2 per sanare le violazioni degli obblighi di dichiarazione ai fini delle imposte sui redditi e relative addizionali, delle imposte sostitutive delle imposte sui redditi, dell'imposta regionale sulle attività produttive e dell'imposta sul valore aggiunto, nonché le violazioni relative alla dichiarazione dei sostituti d'imposta, commesse sino al 30 settembre 2016, anche contribuenti diversi da quelli indicati nell'articolo 4, comma 1, del presente decreto e i contribuenti destinatari degli obblighi dichiarativi ivi previsti che vi abbiano adempiuto correttamente. Si applicano le disposizioni di cui all'articolo 1, commi da 2 a 5, della citata legge n. 186 del 2014 *[, come modificata dal presente articolo]*. Resta impregiudicata la facoltà di presentare l'istanza se, in precedenza, è stata già presentata, entro il 30 novembre 2015, ai soli fini di cui agli articoli da 5-quater a 5-septies del presente decreto. Se la collaborazione volontaria ha ad oggetto contanti o valori al portatore, si presume, salva prova contraria, che essi siano derivati da redditi conseguiti, in quote costanti, a seguito di violazione degli obblighi di dichiarazione ai fini delle imposte sui redditi e relative addizionali, delle imposte sostitutive delle imposte sui redditi, dell'imposta regionale sulle attività produttive e dell'imposta sul valore aggiunto, nonché di violazioni relative alla dichiarazione dei sostituti di imposta, commesse nell'anno 2015 e nei quattro periodi d'imposta precedenti, e i contribuenti:

a) rilasciano unitamente alla presentazione dell'istanza una dichiarazione in cui attestano che l'origine di tali valori non deriva da condotte costituenti reati diversi da quelli previsti dall'articolo 5-quinquies, comma 1, lettere a) e b) *[, del decreto-legge 28 giugno 1990, n. 167, convertito, con modificazioni, dalla legge 4 agosto 1990, n. 227]*;

b) provvedono, entro la data di presentazione della relazione e dei documenti allegati, all'apertura e all'inventario in presenza di un notaio, che ne accerti il contenuto all'interno di un apposito verbale, di eventuali cassette di sicurezza nelle quali i valori oggetto di collaborazione volontaria sono custoditi;

c) provvedono, entro la data di presentazione della relazione e dei documenti allegati, al versamento dei contanti e al deposito dei valori al portatore presso intermediari finanziari, a ciò abilitati, in un rapporto vincolato fino alla conclusione della procedura. Per i professionisti e intermediari che assistono i contribuenti nell'ambito della procedura di collaborazione volontaria, restano fermi gli obblighi prescritti per finalità di prevenzione del riciclaggio e di finanziamento del terrorismo di cui al decreto legislativo 21 novembre 2007, n. 231 e successive modificazioni. A tal fine, in occasione degli adempimenti previsti per l'adeguata verifica della clientela, i contribuenti dichiarano modalità e circostanze di acquisizione dei contanti e valori al portatore oggetto della procedura.

(1) *Articolo inserito dall'articolo 7, comma 1, del D.L. 22 ottobre 2016, n. 193, convertito, con modificazioni, dalla Legge 1° dicembre 2016 n. 225.*
(2) *A norma dell'articolo 1 del D.P.C.M. 28 luglio 2017, il termine del 31 luglio 2017, entro il quale è possibile avvalersi della riapertura della procedura di collaborazione volontaria, di cui al presente alinea è prorogato al 30 settembre 2017.*
(3) *Lettera inserita dall'articolo 1-ter, comma 1, lettera a), del D.L. 24 aprile 2017, n. 50, convertito, con modificazioni, dalla legge 21 giugno 2017, n. 96; per l'applicazione della presente disposizione vedi il comma 2 del medesimo articolo 1-ter.*
(4) *Lettera modificata dall'articolo 1-ter, comma 1, lettera b), del D.L. 24 aprile 2017, n. 50, convertito, con modificazioni, dalla legge 21 giugno 2017, n. 96.*
(4) *Alinea modificato dall'articolo 1-ter, comma 1, lettera c), punto 1), del D.L. 24 aprile 2017, n. 50, convertito, con modificazioni, dalla legge 21 giugno 2017, n. 96.*
(6) *Numero modificato dall'articolo 1-ter, comma 1, lettera c), punto 2), del D.L. 24 aprile 2017, n. 50, convertito, con modificazioni, dalla legge 21 giugno 2017, n. 96.*
(7) *Numero modificato dall'articolo 1-ter, comma 1, lettera c), punto 3), del D.L. 24 aprile 2017, n. 50, convertito, con modificazioni, dalla legge 21 giugno 2017, n. 96.*

6. Tassazione presuntiva. – 1. Per i soggetti di cui all'articolo 4, comma 1, gli investimenti esteri e le attività estere di natura finanziaria, trasferiti o costituiti all'estero, senza che ne risultino dichiarati i redditi effettivi, si presumono, salvo prova contraria, fruttiferi in misura pari al tasso ufficiale di riferimento vigente in Italia nel relativo periodo d'imposta, a meno che, in sede di dichiarazione dei redditi, venga specificato che si tratta di redditi la cui percezione avviene in un successivo periodo d'imposta, o sia indicato che determinate attività non possono essere produttive di redditi. La prova delle predette condizioni deve essere fornita dal contribuente entro sessanta giorni dal ricevimento della espressa richiesta notificatagli dall'ufficio delle imposte [1].

(1) *Articolo modificato dall'articolo unico della legge 4 agosto 1990, n. 227, in sede di conversione e successivamente sostituito dall'articolo 11, comma 1, lettera e), del D.Lgs. 21 novembre 1997, n. 461 e, da ultimo, dall'articolo 9, comma 1, lettera e), della Legge 6 agosto 2013, n. 97.*

7. Criteri e modalità di applicazione. – 1. Con provvedimento del direttore dell'Agenzia delle entrate, sono stabilite particolari modalità per l'adempimento degli obblighi, nonché per la trasmissione delle evidenze di cui ai commi 1 e 2 dell'articolo 1 e degli altri dati e notizie di cui al presente decreto. Con gli stessi provvedimenti tali obblighi ed adempimenti possono essere limitati per specifiche categorie o causali e possono esserne variati gli importi [1].

1- bis. L'amministrazione finanziaria procede, anche sulla base di criteri selettivi adottati per i controlli annuali, a verifiche nei confronti delle persone fisiche, degli enti non commerciali e delle società semplici e associazioni equiparate ai sensi dell'art. 5 del testo unico delle imposte sui redditi, approvato con decreto del Presidente della Repubblica 22 dicembre 1986, n. 917. [2].

1- ter. Per l'inosservanza degli obblighi stabiliti dai decreti emanati ai sensi del comma 1, del presente articolo, si applicano le sanzioni di cui all'art. 13, comma 8, del decreto del Presidente della Repubblica 29 settembre 1973, n. 605 [3].

(1) *Comma modificato dall'articolo 10, comma 3, lettera b), del D.L. 13 maggio 1991, n. 151, dall'articolo 20, comma 3, lettera b), della legge 30 dicembre 1991, n. 413 e successivamente sostituito dall'articolo 6, comma 5, del D.L. 24 dicembre 2002, n. 282 e dall'articolo 20, comma 5, della legge 27 dicembre 2002, n. 289.*
(2) *Comma aggiunto dall'articolo unico della legge 4 agosto 1990, n. 227, in sede di conversione e successivamente sostituito dall'articolo 11, comma 1, lettera f), del D.Lgs. 21 novembre 1997, n. 461.*
(3) *Comma aggiunto dall'articolo 10, comma 3, lettera c), del D.L. 13 maggio 1991, n. 151 e successivamente sostituito dall'articolo 11, comma 1, lettera f), del D.Lgs. 21 novembre 1997, n. 461.*

8. Tassazione dei redditi di capitali prodotti all'estero. – *[1. I redditi di capitale di fonte estera percepiti da soggetti nei cui confronti in Italia si applica, sui redditi della stessa natura, la ritenuta a titolo di imposta, sono assoggettati a tassazione separata con la stessa aliquota prevista a titolo di ritenuta di imposta. Il contribuente ha facoltà di non avvalersi della tassazione separata ed in tal caso compete il credito di imposta per i redditi prodotti all'estero. Tra i redditi di capitale di fonte estera sono ricompresi anche gli interessi, premi ed altri frutti delle obbligazioni e degli altri titoli di cui all'art. 31 del decreto del Presidente della Repubblica 29 settembre 1973, n. 601, e di quelli con regime fiscale equiparato, emessi all'estero a decorrere dal 10 settembre 1992, nonchè gli interessi, premi ed altri frutti delle obbligazioni medesime e di quelle emesse da non residenti che vengono riconosciuti, sia in modo esplicito che implicito, nel corrispettivo di acquisto dei titoli stessi da soggetti non residenti* [1].

2. Ai titoli esteri, ivi compresi quelli obbligazionari e similari, depositati presso i soggetti di cui all'art. 1, con l'incarico di amministrarli o di incassare in Italia i relativi redditi, continuano ad applicarsi le disposizioni di cui agli articoli 26, terzo comma, e 27, ultimo comma, del decreto del Presidente della Repubblica 29 settembre 1973, n. 600 e successive modificazioni ed integrazioni [2].

3. Per i titoli e certificati di cui all'art. 5 del decreto-legge 30 settembre 1983, n. 512, convertito, con modificazioni, dalla legge 25 novembre 1983, n. 649, emessi da soggetti non residenti nel territorio dello Stato e collocati nel territorio stesso, continuano ad applicarsi le disposizioni di cui all'art. 8 del medesimo decreto-legge.

[3- bis. I proventi derivanti da quote di fondi comuni di investimento mobiliare, diversi da quelli disciplinati dalla legge 23 marzo 1983, n. 77, e dai fondi esteri già autorizzati al collocamento nel territorio dello Stato di cui all'art. 11- bis del decreto-legge 30 settembre 1983, n. 512, convertito, con modificazioni, dalla legge 25 novembre 1983, n. 649, collocate all'estero sono assoggettate a tassazione separata ai sensi del comma 1 con l'aliquota del 12,5 per cento. Tale disposizione si applica, oltre che agli eventuali utili e proventi corrisposti in costanza della partecipazione al fondo, anche alle plusvalenze derivanti dalla cessione della quota di partecipazione.] [3] *]* [4]

(1) *Comma modificato dall'articolo 3, comma 2, del D.L. 9 settembre 1992, n. 372.*
(2) *Comma modificato dall'articolo unico della legge 4 agosto 1990, n. 227, in sede di conversione.*
(3) *Comma aggiunto dall'articolo unico della legge 4 agosto 1990, n. 227, in sede di conversione e successivamente abrogato dall'articolo 10-ter, comma 7, della legge 23 marzo 1983, n. 77, come modificato dall'articolo 13, comma 2, del D.Lgs. 25 gennaio 1992, n. 83.*
(4) *Articolo abrogato dall'articolo 16, comma 1, lettera f), del D.Lgs. 21 novembre 1997, n. 461..*

9. Entrata in vigore. – 1. Il presente decreto entra in vigore il giorno stesso della sua pubblicazione nella Gazzetta Ufficiale della Repubblica italiana e sarà presentato alle Camere per la conversione in legge.

3. D.L. 30 settembre 1994, n. 564

Decreto convertito con modificazioni in legge 30 novembre 1994, n. 656 (in Gazz. Uff., 30 novembre 1994, n. 280). - Disposizioni urgenti in materia fiscale[1].

[1] *Pubblicato in Gazz. Uff., 1 ottobre, n. 230*

1. Proroga dell'imposta sul patrimonio netto delle imprese. – 1. L'imposta sul patrimonio netto delle imprese di cui al decreto-legge 30 settembre 1992, n. 394, convertito, con modificazioni, dalla legge 26 novembre 1992, n. 461, si applica fino alla riforma del sistema fiscale e, comunque, non oltre l'esercizio in corso alla data del 30 settembre 1995.

2. Riduzione delle agevolazioni in materia di società cooperative e loro consorzi [1]. – 1. Le società cooperative, e loro consorzi, sono assoggettate, a decorrere dall'esercizio in corso alla data di entrata in vigore del presente decreto, all'imposta sul patrimonio netto delle imprese anche per la parte, finora esclusa, costituita dalle riserve indivisibili di cui all'art. 12 della legge 16 dicembre 1977, n. 904.

2. Per le società cooperative, e loro consorzi, esistenti alla data di entrata in vigore del presente decreto, è istituita una imposta straordinaria sul patrimonio netto delle imprese per l'esercizio in corso alla predetta data, in ragione di una aliquota dell'1,15 per cento sull'ammontare della media delle riserve indivisibili iscritte nel bilancio degli esercizi chiusi successivamente alla data del 30 settembre 1992 [2].

3. Le società cooperative agricole, di piccola pesca e sociali di cui alla legge 8 novembre 1991, n. 381, e loro consorzi nonché le cooperative di garanzia ed i consorzi di garanzia collettiva fidi, costituiti anche sotto forma di società cooperativa o consortile, di cui all'articolo 155, comma 4, del testo unico delle leggi in materia bancaria e creditizia, approvato con decreto legislativo 1° settembre 1993, n. 385, sono escluse dalla proroga di cui all'art. 1 e dalle imposte di cui ai commi 1 e 2 del presente articolo [3].

4. L'imposta straordinaria deve essere versata secondo quanto stabilito dall'art. 3, comma 6, del decreto-legge 30 settembre 1992, n. 394, convertito, con modificazioni, dalla legge 26 novembre 1992, n. 461. é consentito posticipare il versamento del 50 per cento del dovuto fino al 15 dicembre 1995, con l'applicazione degli interessi legali. Si applica l'art. 4, comma 2- bis, del citato decreto-legge n. 394 del 1992; nel patrimonio netto, cui sono imputabili sia l'imposta patrimoniale ordinaria sia l'imposta patrimoniale straordinaria, si intendono a tal fine ricomprese le riserve indivisibili.

5. Le società cooperative, e loro consorzi, che abbiano già versato somme per l'imposta sul patrimonio netto delle imprese per la parte finora esclusa, possono computarle in diminuzione dall'imposta di cui al comma 2. Con decreto del Ministro delle finanze da pubblicare nella Gazzetta Ufficiale entro il 31 gennaio 1995 sono stabilite le modalità di attuazione della disposizione di cui al presente comma.

6. Le assegnazioni di seconde case a favore dei soci delle cooperative cessano di essere agevolate. Conseguentemente, nell'art. 3, commi 2 e 3, del decreto-legge 27 aprile 1990, n. 90, convertito, con modificazioni, dalla legge 26 giugno 1990, n. 165, dopo le parole: "di alloggi " sono inserite le seguenti: ", adibiti ad abitazione principale,".

7. All'art. 4 della tariffa allegata al decreto del Presidente della Repubblica 26 ottobre 1972, n. 641 e successive modificazioni, alla nota 2, le parole: "società cooperative "sono sostituite dalle seguenti: "cooperative sociali".

8. All'art. 10 del decreto del Presidente della Repubblica 26 ottobre 1972, n. 633 e successive modificazioni, il n. 27-ter) è abrogato.

9. Nella tabella A, parte II, allegata al decreto del Presidente della Repubblica 26 ottobre 1972, n. 633 e successive modificazioni, il n. 41- bis) è sostituito dal seguente:

41- bis) prestazioni socio-sanitarie, educative, di assistenza domiciliare o ambulatoriale o in comunità e simili, in favore degli anziani ed inabili adulti, di tossicodipendenti e malati di AIDS, degli handicappati psicofisici, dei minori, anche coinvolti in situazioni di disadattamento e di devianza, rese da organismi di diritto pubblico, da istituzioni sanitarie riconosciute che erogano assistenza pubblica previste dall'art. 41 della legge 23 dicembre 1978, n. 833, o da enti aventi finalità di assistenza sociale, nonchè da cooperative e loro consorzi, sia direttamente che in esecuzione di contratti di appalto e di convenzioni in generale".

10. Sono esenti dall'imposta sul valore aggiunto le prestazioni di cui al n. 41- bis) della tabella A, parte II, allegata al decreto del Presidente della Repubblica 26 ottobre 1972, n. 633, come sostituito dal comma 9 del presente articolo, dipendenti da contratti conclusi entro la data di entrata in vigore del presente decreto con lo Stato e con gli altri enti ed istituti indicati nell'ultimo comma dell'art. 6 del citato decreto n. 633 del 1972 e successive modificazioni, che siano fatturate e registrate ai sensi degli articoli 21, 23 e 24 dello stesso decreto e successive modificazioni, entro il 31 dicembre 1994.

[11. Nel n. 41- bis) della tabella A, parte II, allegata al decreto del Presidente della Repubblica 26 ottobre 1972, n. 633, come sostituito dal comma 9 del presente articolo, non sono comprese le prestazioni di cui ai numeri 18), 19), 20) e 21) dell'art. 10 del predetto decreto n. 633 del 1972 e successive modificazioni.] [4]

[1] *Articolo sostituito dall'articolo unico della legge 30 novembre 1994, n. 656, in sede di conversione.*
[2] *A norma dell'articolo 5, comma 3, del D.L. 2 ottobre 1995, n. 415, convertito con modificazioni in Legge 29 novembre 1995, n. 507, il presente comma va interpretato nel senso che le riserve indivisibili vanno assunte, in ciascun esercizio, al netto della differenza tra il valore delle partecipazioni, determinato ai sensi dell'art. 1, comma 4, del decreto-legge 30 settembre 1992, n. 394, convertito, con modificazioni, dalla legge 26 novembre 1992, n. 461, e il patrimonio assoggettato all'imposta ordinaria ai sensi del predetto comma 4, applicando su tale differenza l'imposta straordinaria nella misura dell'1 per mille.*
[3] *Comma modificato dall'articolo 5, comma 4, del D.L. 2 ottobre 1995, n. 415, convertito con modificazioni in Legge 29 novembre 1995, n. 507.*
[4] *Comma abrogato dall'articolo 15, comma 37, della legge 27 dicembre 1997, n. 449.*

2 *bis*. Accertamento con adesione del contribuente ai fini delle imposte sul reddito e dell'IVA [1][2]. – *[1. Ai fini delle imposte sul reddito e dell'imposta sul valore aggiunto, la rettifica delle dichiarazioni può essere definita, con unico atto, in contraddittorio e con adesione del contribuente, a norma delle disposizioni*

ACCERTAMENTO

seguenti.

2. La definizione non è ammessa quando sulla base degli elementi, dati e notizie a conoscenza dell'ufficio è configurabile l'obbligo di denunzia all'autorità giudiziaria per i reati di cui agli articoli 1, comma 1, 2, comma 3, 3,e 4 del decreto-legge 10 luglio 1982, n. 429, convertito, con modificazioni, della legge 7 agosto, n. 516 e successive modificazioni. Tale disposizione si applica anche quando per i medesimi reati risulta essere stato presentato rapporto dalla Guardia di finanza o risulta essere stata avviata l'azione penale (3).

3. La definizione ha per oggetto l'esistenza, la stima, l'inerenza e l'imputazione a periodo dei componenti positivi e negativi del reddito di impresa o di lavoro autonomo ed ha effetto anche per l'imposta sul valore aggiunto. Qualora sia stato notificato avviso di rettifica, ai fini di tale ultima imposta il contribuente può richiedere la definizione, anche parziale nel caso in cui ricorrano le fattispecie previste dalla legge 7 gennaio 1929, n. 4 e successive modificazioni, e dal relativo decreto ministeriale di attuazione del 1° settembre 1931, la quale ha effetto, con unico atto ai sensi del comma 1 e del presente comma, anche ai fini delle imposte sul reddito. L'imposta sul valore aggiunto viene liquidata sui maggiori imponibili con l'aliquota media del contribuente, a meno che questi effettui esclusivamente operazioni esenti. Nel caso in cui il contribuente presenti istanza di accertamento con adesione a seguito della notificazione di un avviso di accertamento o di rettifica, il termine per la relativa impugnazione dinanzi alle commissioni tributarie è sospeso per centoventi giorni (4).

4. Per la definizione il contribuente si può fare rappresentare con procura speciale non autenticata. La definizione si perfeziona con il pagamento delle maggiori somme dovute per effetto dell'adesione, che sono versate in base alle norme sull'autoliquidazione.

5. L'accertamento definito con adesione non è soggetto ad impugnazione, non è integrabile o modificabile da parte dell'ufficio e non rileva ai fini penali ed extratributari, compreso il contributo per il Servizio sanitario nazionale. A seguito di definizione mediante adesione del contribuente, le sanzioni per infedele dichiarazione, le sanzioni inerenti ad adempimenti relativi al periodo di imposta a cui si riferiscono le dichiarazioni definite e ogni altra sanzione connessa con irregolarità o omissioni rilevabili dalle dichiarazioni stesse sono applicabili nella misura di un quarto del minimo.

6. Con regolamento da emanare ai sensi dell'art. 17, comma 2, della legge 23 agosto 1988, n. 400, entro novanta giorni dalla data di entrata in vigore della legge di conversione del presente decreto, sono stabilite le disposizioni necessarie:

a) per l'individuazione degli uffici competenti, in attesa della istituzione degli uffici delle entrate, e per la loro organizzazione, secondo criteri di efficienza e di trasparenza;

b) per la determinazione delle modalità di accertamento con adesione basate su parametri oggettivi, coefficienti presuntivi e studi di settore nonchè delle modalità e dei termini per il pagamento delle somme dovute per effetto dell'adesione.

7. Cessano di avere efficacia le norme in materia di determinazione delle quote di capacità operativa degli uffici delle entrate e della Guardia di finanza, da destinare ai controlli dei contribuenti che abbiano dichiarato un reddito di ammontare inferiore al contributo diretto lavorativo, di cui al comma 1 dell'art. 62- sexies del decreto-legge 30 agosto 1993, n. 331, convertito, con modificazioni, dalla legge 29 ottobre 1993, n. 427.

8. I contribuenti che aderiscono all'accertamento di cui al presente articolo non sono tenuti ai fini fiscali alla conservazione delle scritture e dei documenti contabili relativi all'esercizio oggetto dell'accertamento, con la sola esclusione dei registri IVA.

9. Per l'anno 1994, il termine per la pubblicazione nella Gazzetta Ufficiale dei decreti del Presidente del Consiglio dei Ministri di cui all'art. 11, comma 1, del decreto-legge 19 settembre 1992, n. 384, convertito, con modificazioni, dalla legge 14 novembre 1992, n. 438, con i quali sono determinati i coefficienti presuntivi di compensi e di ricavi, è fissato al 15 dicembre 1994.] (5)

(1) *A norma dell'articolo 1 del D.P.R. 30 aprile 1996, n. 316, le disposizioni di cui al presente articolo si applicano ai soggetti titolari di reddito di impresa e di reddito di lavoro autonomo derivanti dall'esercizio di arti e professioni nonché ai soggetti di cui all'art. 5 del testo unico delle imposte sui redditi, approvato con decreto del Presidente della Repubblica 22 dicembre 1986, n. 917.*

(2) *Articolo aggiunto dall'articolo unico della Legge 30 novembre 1994, n. 656, in sede di conversione..*

(3) *Comma modificato dall'articolo 1, comma 4-bis, del D.L. 9 agosto 1995, n. 345, convertito con modificazioni, in Legge 18 ottobre 1995, n. 427.*

(4) *Comma modificato dall'articolo 1, comma 4, del D.L. 26 settembre 1995, n. 403, convertito con modificazioni, in Legge 20 novembre 1995, n. 495.*

(5) *Articolo abrogato dall'articolo 17, comma 1, lettera b), del D.Lgs. 19 giugno 1997, n. 218..*

2 ter. Accertamento con adesione ai fini di altre imposte indirette (1). – *[1. La definizione in contraddittorio, con adesione del contribuente, è applicabile, alle medesime condizioni di cui all'art. 2- bis, nei confronti dei contribuenti, con riferimento alle imposte sulle successioni e donazioni, di registro, ipotecaria, catastale e comunale sull'incremento di valore degli immobili, ed ha per oggetto il maggior valore o il valore stabilito dall'ufficio dei beni e diritti suscettibili di valutazione secondo le singole leggi d'imposta, separatamente per ciascun atto d'imposizione. La liquidazione e la riscossione delle somme dovute per effetto dell'adesione di cui all'art. 2- bis, sono effettuate direttamente dall'ufficio accertatore. Le disposizioni di cui al presente comma non si applicano nei casi di esclusione della rettifica previsti dalle leggi vigenti per talune categorie di beni e diritti nell'ipotesi di determinazione del valore su base catastale.*

2. Con regolamento da emanare ai sensi dell'art. 17, comma 2, della legge 23 agosto 1988, n. 400, entro novanta giorni dalla data di entrata in vigore della legge di conversione del presente decreto, sono stabilite le disposizioni necessarie per la determinazione delle modalità dell'accertamento con adesione basate su parametri oggettivi, ovvero, in mancanza di questi, su indagini sui valori medi di mercato nelle varie aree geografiche, con specifiche distinzioni per zone aventi caratteristiche similari, nonchè su studi idonei a realizzare la massima trasparenza e aderenza alla realtà economica dei valori oggetto della rettifica.] (2)

(1) *Articolo aggiunto dall'articolo unico della Legge 30 novembre 1994, n. 656, in sede di conversione.*

(2) *Articolo abrogato dall'articolo 17, comma 1, lettera b), del D.Lgs. 19 giugno 1997, n. 218..*

2 quater. Autotutela (1). – 1. Con decreti del Ministro delle finanze sono indicati gli organi dell'Amministrazione finanziaria competenti per l'esercizio del potere di annullamento d'ufficio o di revoca, anche in pendenza di giudizio o in caso di non impugnabilità, degli atti illegittimi o infondati. Con gli stessi decreti sono definiti i criteri di economicità sulla base dei quali si inizia o si abbandona l'attività dell'amministrazione.

1-bis. Nel potere di annullamento o di revoca di cui al comma 1 deve intendersi compreso anche il potere di disporre la sospensione degli effetti dell'atto che appaia illegittimo o infondato (2).

1-ter. Le regioni, le province e i comuni indicano, secondo i rispettivi ordinamenti, gli organi competenti per l'esercizio dei poteri indicati dai commi 1 e 1–bis relativamente agli atti concernenti i tributi di loro competenza [3].

1-quater. In caso di pendenza del giudizio, la sospensione degli effetti dell'atto cessa con la pubblicazione della sentenza [4].

1-quinquies. La sospensione degli effetti dell'atto disposta anteriormente alla proposizione del ricorso giurisdizionale cessa con la notificazione, da parte dello stesso organo, di un nuovo atto, modificativo o confermativo di quello sospeso; il contribuente può impugnare, insieme a quest'ultimo, anche l'atto modificato o confermato [5].

1-sexies. Nei casi di annullamento o revoca parziali dell'atto il contribuente può avvalersi degli istituti di definizione agevolata delle sanzioni previsti per l'atto oggetto di annullamento o revoca alle medesime condizioni esistenti alla data di notifica dell'atto purché rinunci al ricorso. In tale ultimo caso le spese del giudizio restano a carico delle parti che le hanno sostenute [6].

1-septies. Le disposizioni del comma 1-sexies non si applicano alla definizione agevolata prevista dall'articolo 17, comma 2, del decreto legislativo 18 dicembre 1997, n. 472 [7].

1-octies. L'annullamento o la revoca parziali non sono impugnabili autonomamente [8].

(1) Articolo aggiunto dall'articolo unico della legge 30 novembre 1994, n. 656, in sede di conversione.
(2) Comma aggiunto dall'articolo 27, comma 1, della legge 18 febbraio 1999, n. 28.
(3) Comma aggiunto dall'articolo 27, comma 1, della legge 18 febbraio 1999, n. 28.
(4) Comma aggiunto dall'articolo 27, comma 1, della legge 18 febbraio 1999, n. 28.
(5) Comma aggiunto dall'articolo 27, comma 1, della legge 18 febbraio 1999, n. 28.
(6) Comma aggiunto dall'articolo 11, comma 1, lettera a) del D.Lgs. 24 settembre 2015, n. 159.
(7) Comma aggiunto dall'articolo 11, comma 1, lettera a) del D.Lgs. 24 settembre 2015, n. 159.
(8) Comma aggiunto dall'articolo 11, comma 1, lettera a) del D.Lgs. 24 settembre 2015, n. 159.

2 *quinquies*. Chiusura delle liti fiscali pendenti [1]. – 1. Le liti fiscali, pendenti alla data del 31 dicembre 1994 dinanzi alle commissioni tributarie in ogni grado del giudizio e quelle che possono insorgere per atti notificati entro la medesima data, ivi compresi i processi verbali di constatazione per i quali non sia stato ancora notificato atto di imposizione, possono essere definite, a domanda del ricorrente [2]:

a) con il pagamento della somma di lire 150 mila, se la lite è di importo fino a lire 2 milioni;

b) con il pagamento di una somma pari al dieci per cento del valore della lite, se questo è di importo superiore a lire 2 milioni e fino a lire 20 milioni.

2. Qualora, per le liti in materia di imposte sulle successioni e donazioni, di registro, ipotecaria, catastale e comunale sull'incremento di valore degli immobili, il contribuente non sia in possesso degli elementi per determinare l'imposta relativa al maggiore imponibile accertato, di cui al comma 4, lettera b), lo stesso può effettuare il pagamento delle somme indicate al comma 1 in via provvisoria, salvo conguaglio sulla base della liquidazione effettuata da parte dell'ufficio competente entro il 31 dicembre 1995.

3. I pagamenti previsti nel comma 1 sono effettuati mediante versamento in conto corrente postale per le somme di cui alla lettera a) del comma 1 e con l'osservanza delle norme sull'autoliquidazione per le somme di cui alla lettera b) del medesimo comma 1. I versamenti affluiscono ad apposito capitolo dello stato di previsione dell'entrata.

4. Ai fini del presente articolo:

a) per lite fiscale si intende la contestazione relativa a ciascun atto di imposizione o di irrogazione di sanzioni impugnato considerando, comunque, lite fiscale autonoma quella relativa all'imposta sull'incremento del valore degli immobili;

b) per valore della lite si intende l'importo dell'imposta accertata al netto degli interessi e delle eventuali sanzioni irrogate con lo stesso atto impugnato; in caso di liti relative esclusivamente alla irrogazione di sanzioni, il valore è costituito dalla somma di queste; il valore delle liti in materia di imposte sulle successioni e donazioni, di registro, ipotecaria, catastale e comunale sull'incremento di valore degli immobili è costituito dalla imposta relativa al maggiore imponibile accertato. Se il giudizio è pendente, dopo che è intervenuta decisione di commissione tributaria in qualsiasi grado di giudizio, l'importo da assumere a base del calcolo per la definizione ai sensi del presente articolo è comunque il valore accertato;

c) in mancanza di avviso di accertamento e quando i processi verbali prevedono una sanzione da un minimo ad un massimo, l'importo della sanzione necessario per il calcolo del valore della lite è il minimo previsto;

d) la lite è pendente anche nel caso che il ricorso presentato sia dichiarato o sia ritenuto inammissibile dall'ufficio;

e) il reddito definito ai sensi dei commi precedenti non rileva ai fini del contributo per il Servizio sanitario nazionale.

5. I giudizi di cui al comma 1 sono sospesi fino al 15 dicembre 1994; tuttavia, qualora sia stata già fissata udienza di discussione nel suddetto periodo, i giudizi sono sospesi all'udienza medesima a richiesta del contribuente che dichiari di volersi avvalere delle disposizioni del presente articolo. Il pagamento delle somme di cui al comma 1 estingue il giudizio.

6. Restano comunque dovute le somme il cui pagamento è previsto dalle vigenti disposizioni di legge in ipotesi di pendenza di giudizio, anche se non ancora iscritte a ruolo o liquidate; dette somme, a seguito delle definizioni, sono riscosse a titolo definitivo. La definizione non dà comunque luogo alla restituzione delle somme eventualmente già versate dal ricorrente.

7. Le liti di cui al presente articolo non possono essere oggetto della conciliazione prevista nell'art. 2- sexies.

8. Il pagamento del dieci per cento del valore della lite, come stabilito al comma 4 del presente articolo, restando fermo il limite di lire 20 milioni estingue le controversie per l'imposta di cui all'art. 7, comma 1, del decreto-legge 11 luglio 1992, n. 333, convertito, con modificazioni, dalla legge 8 agosto 1992, n. 359 [3].

9. Con regolamento, da emanare ai sensi dell'art. 17, comma 2, della legge 23 agosto 1988, n. 400, sono stabilite le modalità per la presentazione delle domande di cui al comma 1, le procedure per il controllo delle stesse e le modalità per l'estinzione dei giudizi, e le altre norme occorrenti per l'applicazione del presente articolo, fermo restando che i pagamenti non possono essere effettuati dopo il 30 settembre 1995. Limitatamente alle liti fiscali che possono insorgere a seguito di processi verbali di constatazione di cui al comma 1, il pagamento deve essere effettuato entro trenta

giorni dalla notifica dell'avviso di accertamento. Nell'ipotesi di pagamento in misura inferiore a quella dovuta qualora sia riconosciuta la scusabilità dell'errore, è consentita la regolarizzazione del pagamento medesimo [4].

10. Le disposizioni di cui al presente articolo non sono applicabili nei confronti dei contribuenti che hanno chiesto la definizione della lite ai sensi dell'art. 53 della legge 30 dicembre 1991, n. 413, e in ogni caso non danno diritto a rimborsi per le somme già versate.

11. Al fine della eliminazione delle liti in tema di perdita dei benefici fiscali prevista dall'art. 46 della legge 28 febbraio 1985, n. 47 e successive modificazioni, l'ultimo periodo del primo comma dell'articolo citato è sostituito dal seguente: "L'interessato, a pena di decadenza dai benefici, deve presentare all'ufficio del registro copia del provvedimento definitivo di sanatoria entro sei mesi dalla sua notifica o, nel caso che questo non sia intervenuto, a richiesta dell'ufficio, dichiarazione del comune che attesti che la domanda non ha ancora ottenuto definizione".

12. Le liti in essere alla data di entrata in vigore della legge di conversione del presente decreto concernenti il mancato adempimento del disposto dell'art. 46, primo comma, ultimo periodo, della legge 28 febbraio 1985, n. 47 e successive modificazioni, si considerano estinte se il contribuente adempie agli obblighi previsti dallo stesso art. 46, primo comma, ultimo periodo, come modificato dal comma 11 del presente articolo, entro sei mesi dalla data di entrata in vigore della legge di conversione del presente decreto.

(1) Articolo aggiunto dall'articolo unico della legge 30 novembre 1994, n. 656, in sede di conversione.
(2) Alinea modificato dall'articolo 1, comma 2, del D.L. 28 giugno 1995, n. 250, convertito con modificazioni inlegge 8 agosto 1995, n. 349.
(3) A norma dell'articolo 41, comma 1-bis, del D.L. 23 febbraio 1995, n. 41, convertito, con modificazioni il Legge 22 marzo 1995, n. 85, il presente comma si interpreta come applicabile a tutte le liti in materia, indipendentemente dalla data in cui esse sono sorte o sorgeranno.
(4) Comma modificato dall'articolo 1, comma 1, del D.L. 28 giugno 1995, n. 250, convertito, con modificazioni legge 8 agosto 1995, n. 349.

2 *sexies*. Conciliazione giudiziale [1]. – 1. Nel decreto del Presidente della Repubblica 26 ottobre 1972, n. 636, dopo l'art. 20, è inserito il seguente:

" Art. 20- bis (Conciliazione). - 1. Se la controversia involge questioni non risolvibili in base a prove certe, ciascuna delle parti può proporre in udienza all'altra parte la conciliazione totale o parziale su tali questioni. Il tentativo di conciliazione può essere esperito anche dal collegio. La conciliazione, comunque, non dà luogo alla restituzione delle somme già versate all'ente impositore.

2. Ciascuna delle parti può proporre la conciliazione anche prima dell'udienza con atto scritto che deve essere comunicato all'altra parte e depositato in segreteria.

3. L'ufficio può, comunque, depositare in segreteria una proposta di conciliazione alla quale la parte ha previamente aderito. In tal caso il presidente della commissione, o altro componente dallo stesso delegato, se ravvisa la sussistenza dei presupposti e delle condizioni di ammissibilità, dichiara, con decreto, l'estinzione del giudizio per avvenuta conciliazione; la proposta di conciliazione e il decreto tengono luogo del processo verbale di cui al comma 4. Nell'ipotesi in cui la proposta non venga considerata ammissibile, il presidente della commissione fissa l'udienza di discussione del ricorso o rinvia all'udienza già fissata. Il provvedimento è depositato entro dieci giorni dalla data di presentazione della proposta ed entro il ventesimo giorno successivo a quest'ultima data, nel caso in cui la conciliazione sia stata ritenuta ammissibile, deve essere effettuato il versamento delle somme dovute con le modalità indicate nel comma 4.

4. Nel caso in cui la conciliazione avviene in udienza e la commissione ritiene sussistenti i presupposti e le condizioni di ammissibilità, viene redatto apposito processo verbale che costituisce titolo per la riscossione delle somme dovute mediante versamento diretto da effettuare entro venti giorni dalla data dell'udienza; in difetto del versamento si applica l'art. 14 del decreto del Presidente della Repubblica 29 settembre 1973, n. 602, e non è applicabile il comma 5 del presente articolo.

5. In caso di conciliazione le sanzioni amministrative si applicano nella misura di un terzo del minimo delle somme dovute.

6. Con regolamento, da emanare ai sensi dell'art. 17, comma 2, della legge 23 agosto 1988, n. 400, sono stabilite le disposizioni occorrenti per l'applicazione del presente articolo".

2. Per i giudizi pendenti alla data del 17 novembre 1994, le disposizioni di cui all'art. 20- bis del decreto del Presidente della Repubblica 26 ottobre 1972, n. 636, introdotto dal comma 1 del presente articolo, si applicano in ogni fase e grado del giudizio.

(1) Articolo aggiunto dall'articolo unico della legge 30 novembre 1994, n. 656, in sede di conversione.

2 *septies*. Responsabilità patrimoniale dei dipendenti dell'Amministrazione finanziaria [1]. – 1. Nell'attività di interpretazione delle disposizioni tributarie e, comunque, nell'applicazione delle disposizioni di cui agli articoli 2- bis, 2- quater e 2- sexies i dipendenti dell'Amministrazione finanziaria che svolgono le relative funzioni rispondono patrimonialmente solo in caso di danno cagionato per dolo o colpa grave.

2. Entro novanta giorni dalla data di entrata in vigore della legge di conversione del presente decreto il Governo emana appositi regolamenti volti ad introdurre il principio della trasparenza nei rapporti tra Amministrazione finanziaria e contribuenti, ispirandosi al criterio della responsabilizzazione degli organi di controllo nell'espletamento delle loro funzioni, ed individuando apposite modalità di penalizzazione dei comportamenti che determinino l'inutile ed onerosa creazione di contenzioso.

(1) Articolo aggiunto dall'articolo unico della legge 30 novembre 1994, n. 656, in sede di conversione.

2 *octies*. Ritardati versamenti dell'imposta sul gas metano [1]. – 1. In deroga a quanto stabilito dall'art. 5 del decreto-legge 18 marzo 1976, n. 46, convertito, con modificazioni, dalla legge 10 maggio 1976, n. 249, per l'imposta sul gas metano, e relativa addizionale regionale nonchè, per l'imposta sostitutiva, versate nel periodo dal 1° gennaio 1994 al 30 giugno 1994, con non oltre un giorno di ritardo rispetto al termine stabilito, è dovuto il solo interesse legale. I versamenti già effettuati devono essere comunque interamente imputati all'imposta. Le somme eventualmente già corrisposte, a titolo di sanzione, anche ove non sia stato presentato ricorso, costituiscono un anticipo sui versamenti delle imposte di cui sopra, da effettuare nel bimestre successivo alla data di entrata in vigore della legge di conversione del presente decreto.

(1) *Articolo aggiunto dall'articolo unico della legge 30 novembre 1994, n. 656, in sede di conversione.*

2 nonies. Disposizioni concernenti alcuni soggetti titolari di partita IVA (1). – 1. I soggetti cui è stato attribuito il numero di partita IVA, che non abbiano effettuato nell'ultimo anno alcuna operazione imponibile e non imponibile, possono chiedere la chiusura della posizione ed estinguere contestualmente la irregolarità derivante dalla mancata presentazione delle dichiarazioni IVA, nonchè delle dichiarazioni dei redditi limitatamente ai redditi di impresa e di lavoro autonomo, con importi pari a zero, per gli anni precedenti, versando l'importo forfettario, comprendente le tasse sulle concessioni governative e le sanzioni, di lire 100.000 presso gli uffici IVA competenti entro il 30 giugno 1995. Il Ministro delle finanze, entro sessanta giorni dalla data di entrata in vigore della legge di conversione del presente decreto, è autorizzato ad emanare un decreto ministeriale per regolamentare quanto disposto con il presente articolo (2).

(1) *Articolo aggiunto dall'articolo unico della legge 30 novembre 1994, n. 656, in sede di conversione.*
(2) *A norma dell'articolo 3, comma 126, della legge 28 dicembre 1995, n. 549, il termine del 30 giugno 1995, di cui al presente comma, è prorogato al 31 dicembre 1995. Successivamente, l'articolo 6, comma 1, del D.L. 8 agosto 1996, n. 437, convertito con modificazioni in Legge 24 ottobre 1996, n. 556, ha ulteriormente prorogato il termine fino al 28 febbraio 1997; l'articolo 9-bis, comma 22, del D.L. 28 marzo 1997, n. 79, convertito con modificazioni in Legge 28 maggio 1997, n. 140 lo ha prorogato fino al 31 luglio 1997 e da ultimo l'articolo 15, comma 1, della Legge 27 dicembre 1997, n. 449 lo ha prorogato fino al 30 settembre 1998.*

2 decies. Modifica della normativa sulla tenuta delle scritture contabili individuali (1). – 1. La lettera c) del comma 1 dell'art. 6 del decreto-legge 10 giugno 1994, n. 357, convertito, con modificazioni, dalla legge 8 agosto 1994, n. 489, è sostituita dalla seguente:

" c) tenuta dei conti individuali dei sostituti di imposta e dei soggetti di cui all'art. 19, quarto comma, del decreto del Presidente della Repubblica 29 settembre 1973, n. 600 e successive modificazioni ed integrazioni".

(1) *Articolo aggiunto dall'articolo unico della legge 30 novembre 1994, n. 656, in sede di conversione.*

2 undecies. Disposizioni per il personale imbarcato e norme agevolative per il settore agricolo (1). – 1. Le liti fiscali, di valore fino a lire 20 milioni, concernenti le imposte di bollo e di registro dovute per i contratti di arruolamento del personale imbarcato su navi che esercitano la pesca marittima, e risultano assegnate alle categorie di cui all'art. 8 del regolamento approvato con decreto del Presidente della Repubblica 2 ottobre 1968, n. 1639, possono essere definite, secondo le disposizioni di cui all'art. 2- quinquies, con il pagamento del 10 per cento del valore della lite, così come definito dal comma 4 dello stesso art. 2- quinquies.

2. A decorrere dalla data di entrata in vigore della legge di conversione del presente decreto i contratti di cui al comma 1 sono esenti dalle imposte di bollo e di registro, ancorchè, per disposizioni di legge, siano soggetti a registrazione e redatti in forma pubblica.

3. Il punto 6 della tabella A allegata al decreto-legge 30 agosto 1993, n. 331, convertito, con modificazioni, dalla legge 29 ottobre 1993, n. 427, è sostituito dal seguente:

"6. Impieghi in lavori agricoli, orticoli, in allevamento, nella silvicoltura e piscicoltura e nella florovivaistica:

gasolio.13 per cento dell'aliquota normale;

benzina.55 per cento dell'aliquota normale.

L'agevolazione per la benzina è limitata alle macchine agricole con potenza del motore non superiore a 40 CV e non adibite a lavori per conto terzi; tali limitazioni non si applicano alle mietitrebbie.

L'agevolazione viene concessa, anche mediante crediti o buoni d'imposta, sulla base di criteri stabiliti, in relazione alla estensione dei terreni, alla qualità delle colture ed alla dotazione delle macchine agricole effettivamente utilizzate, con decreto del Ministro delle finanze, di concerto con il Ministro delle risorse agricole, alimentari e forestali".

4. All'onere conseguente all'applicazione del comma 2 si provvede mediante utilizzo delle maggiori entrate derivanti dall'applicazione delle disposizioni di cui al comma 3.

(1) *Articolo aggiunto dall'articolo unico della legge 30 novembre 1994, n. 656, in sede di conversione.*

2 duodecies. Tasse e diritti sugli aeromobili (1). – 1. L'art. 9 del decreto-legge 13 maggio 1991, n. 151, convertito, con modificazioni, dalla legge 12 luglio 1991, n. 202, è abrogato. Sono altresì considerate estinte le eventuali sanzioni comminate per il mancato rispetto di tali norme.

2. I diritti di approdo e partenza degli aeromobili dell'aviazione generale previsti dall'art. 2 della legge 5 maggio 1976, n. 324 e successive modificazioni, e modificati dall'art. 1 del decreto del Presidente del Consiglio dei Ministri 27 aprile 1993, sono raddoppiati.

3. Il maggiore gettito derivante da quanto previsto al comma 2 è destinato per un terzo all'ammodernamento degli aeroporti minori per l'aviazione generale secondo quanto previsto da apposito decreto del Ministro dei trasporti e della navigazione da emanarsi entro 90 giorni dalla data di entrata in vigore della legge di conversione del presente decreto, e per la restante parte a copertura di quanto previsto al comma 1 del presente articolo e all'art. 2- terdecies.

(1) *Articolo aggiunto dall'articolo unico della legge 30 novembre 1994, n. 656, in sede di conversione.*

2 terdecies. Proroga di disposizioni concernenti agevolazioni ai fini dell'imposta sul valore aggiunto (1). – 1. Le disposizioni indicate all'art. 40 del decreto-legge 18 settembre 1976, n. 648, convertito, con modificazioni, dalla legge 30 ottobre 1976, n. 730 e successive modificazioni, si interpretano nel senso che esse continuano a trovare applicazione anche oltre il termine del 31 dicembre 1994, fissato dall'art. 2, comma 12, della legge 23 dicembre 1992, n. 500, per le specifiche cessioni di beni e le prestazioni di servizi, anche professionali, contemplati dalle disposizioni suddette, relativi ad opere che alla data di entrata in vigore della legge di conversione del presente decreto, risultino effettivamente e regolarmente iniziate.

2. Ai relativi oneri, valutati in lire 25 miliardi annui, si provvede con quota parte del maggior gettito derivante dalla disposizione, di cui al comma 2 dell'art. 2- duodecies del presente decreto.

(1) *Articolo aggiunto dall'articolo unico della legge 30 novembre 1994, n. 656, in sede di conversione.*

2 quaterdecies. Efficacia di norme (1). – 1. Le disposizioni degli articoli da 2- bis a 2- terdecies hanno effetto dal 17 novembre 1994.

2. Le disposizioni degli articoli 1, 2, 3, 4, 5, 6, 7, 8, 9, 20, 21 e 22 del decreto-legge 16 novembre 1994, n. 630, cessano di avere efficacia a decorrere dal 17 novembre 1994.

(1) *Articolo aggiunto dall'articolo unico della legge 30 novembre 1994, n. 656, in sede di conversione.*

3. Accertamento con adesione del contribuente per anni pregressi. – 1. La definizione di cui all'art. 2- bis del presente decreto, limitatamente alle dichiarazioni presentate entro il 30 settembre 1994, può essere effettuata mediante accettazione degli importi proposti dagli uffici anche sulla base di elaborazioni operate dall'anagrafe tributaria che tengono conto, per ciascuna categoria economica, della distribuzione dei contribuenti per fasce di ricavi o di compensi e di redditività risultanti dalle dichiarazioni. Sulle maggiori imposte non sono dovuti interessi e le sanzioni sono applicabili nella misura di un ottavo del minimo dovuto. La definizione non può essere effettuata se, entro il 20 maggio 1995, è stato notificato processo verbale di constatazione con esito positivo ai fini delle imposte sul reddito o dell'imposta sul valore aggiunto o notificato avviso di accertamento, ad eccezione degli avvisi di accertamento di cui all'articolo 41-bis del decreto del Presidente della Repubblica 29 settembre 1973, n. 600, e successive modificazioni, relativi a redditi oggetto dell'accertamento con adesione, a condizione che il contribuente versi entro il 15 dicembre 1995 le somme derivanti dall'accertamento parziale (1)(2).

2. Con regolamento, da emanare ai sensi dell'art. 17, comma 2, della legge 23 agosto 1988, n. 400, entro novanta giorni dalla data di entrata in vigore della legge di conversione del presente decreto, sono stabilite le disposizioni occorrenti per l'applicazione del comma 1, nonchè le modalità di pagamento, anche rateizzato, da effettuare comunque entro il 15 dicembre 1995 (3)(4).

2-bis. Sono salvi gli effetti della liquidazione delle imposte in base all'articolo 36-bis del decreto del Presidente della Repubblica 29 settembre 1973, n. 600, con esclusione di quanto disposto dal comma 1 dell'articolo 11-bis del decreto-legge 19 settembre 1992, n. 384, convertito, con modificazioni, dalla Legge 14 novembre 1992, n. 438, nonché gli effetti derivanti dal controllo formale delle dichiarazioni IVA ai sensi del decreto del Presidente della Repubblica 26 ottobre 1972, n. 633; tuttavia le variazioni dei dati dichiarati non esplicano efficacia ai fini del computo della maggiore imposta dovuta in base all'accertamento con adesione per anni pregressi. L'accertamento con adesione previsto dal presente articolo non modifica l'importo degli eventuali rimborsi e crediti derivanti dalle dichiarazioni presentate ai fini delle imposte sui redditi e dell'imposta sul valore aggiunto (5).

2-ter. I soggetti residenti o aventi sede nei comuni individuati ai sensi dell'articolo 1, comma 1, del decreto-legge 24 novembre 1994, n. 646, convertito, con modificazioni, dalla Legge 21 gennaio 1995, n. 22, a condizione che venga presentata la dichiarazione di cui all'articolo 6, comma 12, del predetto decreto-legge, possono effettuare il pagamento delle somme dovute in virtù dell'accertamento con adesione di cui al presente articolo in due rate di pari importo, di cui la prima da versare entro i termini previsti nel regolamento indicato al comma 2, e la seconda, senza interessi, entro i sei mesi successivi (6).

2-quater. Ai fini dell'applicabilità dei criteri di accertamento con adesione di cui al comma 1, le disposizioni di detto comma vanno interpretate nel senso che le elaborazioni operate dall'anagrafe tributaria sono effettuate tenendo conto, ai fini della distribuzione dei contribuenti per fasce di ricavi o di compensi, dei soggetti che hanno esposto in dichiarazione ricavi o compensi non superiori all'importo indicato nell'articolo 2435-bis, primo comma, lettera b), del codice civile (7).

2-quinquies. Le maggiori imposte contenute complessivamente nelle proposte di accertamento con adesione sono ridotte nella misura del 50 per cento per la parte eccedente l'importo di lire 5 milioni per le persone fisiche e l'importo di lire 10 milioni per gli altri soggetti. Qualora gli importi da versare complessivamente per la definizione dell'accertamento con adesione di cui al presente articolo eccedano, per le persone fisiche, la somma di lire 5 milioni e, per gli altri soggetti, la somma di lire 10 milioni, gli importi eccedenti possono essere versati in due rate, di pari importo, entro il 31 marzo 1996 ed entro il 30 settembre 1996, maggiorati degli interessi legali a decorrere dal 15 dicembre 1995 (8)(9).

2-sexies. La definizione dell'accertamento con adesione del contribuente comporta il pagamento delle imposte liquidate secondo i criteri indicati all'articolo 3 del decreto del Presidente della Repubblica 13 aprile 1995, n. 177, e, limitatamente a ciascuna annualità definita, rende definitiva la liquidazione delle imposte risultanti dalla dichiarazione con riferimento alla spettanza di deduzioni e agevolazioni indicate dal contribuente o all'applicabilità di esclusioni, salvi gli effetti di cui al comma 2-bis (10).

2-septies. Se il riporto delle perdite di impresa di cui all'articolo 8, comma 3, del decreto del Presidente della Repubblica 13 aprile 1995, n. 177, riguarda periodi d'imposta per i quali l'accertamento con adesione per nnni pregressi non è intervenuto, il recupero della differenza dovuta comporta applicazione delle sanzioni ridotte nella misura prevista dal comma 5 dell'articolo 2-bis senza applicazione di interessi (11).

2-octies. L'accertamento con adesione per anni pregressi non rileva ai fini dell'imposta comunale per l'esercizio di imprese e di arti e professioni (12).

2-nonies. Qualora l'accertamento con adesione per anni pregressi sia definito ai sensi del comma 2-quinquies, l'omesso versamento nei termini delle ratescadenti al 31 marzo e al 30 settembre 1996 nondetermina l'inefficacia dell'accertamento con adesione; per il recupero delle somme non corrisposte alle predette scadenze si applicano le disposizioni dell'articolo 14 del decreto del Presidente della Repubblica 29 settembre 1973, n. 602, e successive modificazioni,e sono altresì dovuti una soprattassa pari al 40 per cento delle somme non versate, ridotta alla metà in caso di versamento eseguito entro i dieci giorni successivi alla rispettive scadenze, e gli interessi legali. Il versamento degli importi da effettuare entro il 15 dicembre 1995 rende applicabili le disposizioni dell'articolo 8, comma 2, del decreto del Presidente della Repubblica 13 aprile 1995, n. 177, e la comunicazione di cui all'articolo 6, comma 3, dello stesso decreto va effettuata entro i quindici giorni successivi al predetto versamento [13][14].

[1] Comma modificato dall'articolo unico della Legge 30 novembre 1994, n. 656, in sede di conversione e successivamente dall'articolo 1, comma 1, lettere a) e b), del D.L. 9 agosto 1995, n. 345, convertito con modificazioni in Legge 18 ottobre 1995, n. 427.
[2] A norma dell'articolo 9-bis, comma 12, del D.L. 28 marzo 1997, n. 79 convertito con modificazioni in legge 28 maggio 1997, n. 140, il termine del 15 dicembre 1995, di cui al presente comma è prorogato al 31 luglio 1997.
[3] Comma modificato dall'articolo unico della Legge 30 novembre 1994, n. 656, in sede di conversione.
[4] A norma dell'articolo 9-bis, comma 12, del D.L. 28 marzo 1997, n. 79 convertito con modificazioni in legge 28 maggio 1997, n. 140, il termine del 15 dicembre 1995, di cui al presente comma è prorogato al 31 luglio 1997.
[5] Comma aggiunto dall'articolo 41, comma 1, del D.L. 23 febbraio 1995, n. 41, convertito con modificazioni in Legge 22 marzo 1995, n. 85.
[6] Comma aggiunto dall'articolo 41, comma 1, del D.L. 23 febbraio 1995, n. 41, convertito con modificazioni in Legge 22 marzo 1995, n. 85.
[7] Comma aggiunto dall'articolo 41, comma 1, del D.L. 23 febbraio 1995, n. 41, convertito con modificazioni in Legge 22 marzo 1995, n. 85.
[8] Comma aggiunto dall'articolo 1, comma 1, lettera c) del D.L. 9 agosto 1995, n. 345, convertito con modificazioni in Legge 18 ottobre 1995, n. 427.
[9] A norma dell'articolo 9-bis, comma 12, del D.L. 28 marzo 1997, n. 79 convertito con modificazioni in legge 28 maggio 1997, n. 140, il termine del 15 dicembre 1995, di cui al presente comma è prorogato al 31 luglio 1997.
[10] Comma aggiunto dall'articolo 1, comma 1, lettera c) del D.L. 9 agosto 1995, n. 345, convertito con modificazioni in Legge 18 ottobre 1995, n. 427.
[11] Comma aggiunto dall'articolo 1, comma 1, lettera c) del D.L. 9 agosto 1995, n. 345, convertito con modificazioni in Legge 18 ottobre 1995, n. 427.
[12] Comma aggiunto dall'articolo 1, comma 1, lettera c) del D.L. 9 agosto 1995, n. 345, convertito con modificazioni in Legge 18 ottobre 1995, n. 427.
[13] Comma aggiunto dall'articolo 1, comma 1, lettera c) del D.L. 9 agosto 1995, n. 345, convertito con modificazioni in Legge 18 ottobre 1995, n. 427.
[14] A norma dell'articolo 9-bis, comma 12, del D.L. 28 marzo 1997, n. 79 convertito con modificazioni in legge 28 maggio 1997, n. 140, il termine del 15 dicembre 1995, di cui al presente comma è prorogato al 31 luglio 1997.

4. Premio straordinario. – 1. Per l'anno 1995 in sede di contrattazione nazionale per il comparto Ministeri, nel rispetto dei limiti dettati dalle direttive del Presidente del Consiglio dei Ministri all'ARAN, sono definiti i criteri generali per la corresponsione di un premio straordinario finalizzato all'attuazione di quanto previsto dagli articoli 2- bis, 2-sexies e 3 del presente decreto. Le modalità di attuazione e la determinazione degli obiettivi cui collegare il premio sono fissati con decreto del Ministro delle finanze [1].

2. Le somme complessive da destinare, per l'anno finanziario 1995, all'erogazione del compenso non possono superare la misura dello 0,50 per cento di quanto effettivamente riscosso nell'attuazione delle norme di cui al comma 1; le somme non erogate per mancato raggiungimento degli obiettivi fissati costituiscono economia di bilancio [2].

3. Il Ministro del tesoro, con propri decreti, dispone l'assegnazione allo stato di previsione del Ministero delle finanze delle predette somme.

[1] Comma modificato dall'articolo unico della legge 30 novembre 1994, n. 656, in sede di conversione.
[2] Così rettificato con Comunicato 4 ottobre 1994 (in Gazz. Uff., 4 ottobre, n. 232).

5. Devoluzione erariale delle maggiori entrate. – 1. Le somme riscosse in applicazione delle disposizioni del presente decreto sono riservate all'erario e concorrono alla copertura degli oneri per il servizio del debito pubblico, nonchè alla realizzazione delle linee di politica economica e finanziaria in funzione degli impegni di riequilibrio del bilancio assunti in sede comunitaria. Con decreto del Ministro delle finanze, di concerto con il Ministro del tesoro, da emanare entro novanta giorni dalla data di entrata in vigore del presente decreto, sono definite, ove necessarie, le modalità di attuazione di quanto previsto dal presente articolo.

1 -bis. Alle province autonome di Trento e di Bolzano si applicano comunque il Titolo VI del decreto del Presidente della Repubblica 31 agosto 1972, n. 670 e successive modificazioni, e le relative norme di attuazione [1].

[1] Comma aggiunto dall'articolo unico della legge 30 novembre 1994, n. 656, in sede di conversione.

6. Entrata in vigore. – 1. Il presente decreto entra in vigore il giorno stesso della sua pubblicazione nella Gazzetta Ufficiale della Repubblica italiana e sarà presentato alle Camere per la conversione in legge.

4. L. 23 dicembre 1994, n. 724

Misure di razionalizzazione della finanza pubblica (1)(2)(3)(4)(5)(6). (*Estratto artt. 22; 26-40*)

(1) *Pubblicato in Suppl. ordinario alla Gazz. Uff., 30 dicembre, n. 304*

(2) *Il Ministero del tesoro e il Ministero del bilancio e della programmazione e economica sono stati soppressi dall'art. 2, d.lg. 5 dicembre 1997, n. 430, che ha istituito l'unico Ministero del tesoro, del bilancio e della programmazione economica.*

(3) *Tutte le funzioni e i compiti svolti dal Ministro/Ministero delle risorse agricole, alimentari e forestali, già sostitutivo dell'abrogato Ministro/Ministero dell'agricoltura e delle foreste, sono ora esercitati dalle Regioni, direttamente o mediante delega agli enti locali, e dal Ministero delle politiche agricole e forestali (d.lg. 4 giugno 1997, n. 143 e d.p.r. 13 settembre 1999).*

(4) *Con d.lg. 31 marzo 1998, n. 112, sono stati conferiti funzioni e compiti amministrativi dello Stato alle regioni ed agli enti locali, in attuazione del capo I della l. 15 marzo 1997, n. 59, nelle seguenti materie: sviluppo economico e attività produttive, territorio, ambiente e infrastrutture, servizi alla persona e alla comunità, polizia amministrativa regionale e locale e regime autorizzatorio.*

(5) *Tutti i rinvii al d.p.r. 28 gennaio 1988, n. 43, soppresso dall'art. 68, d.lg. 13 aprile 1999, n. 112, contenuti nel presente provvedimento, si intendono riferiti alle corrispondenti disposizioni del citato d.lg. 112/1999.*

(6) *In riferimento alla presente legge vedi: Nota INPDAP 10 gennaio 2007, n. 1; Circolare del Ministero dell'Economia e delle Finanze 2 febbraio 2007, n. 5; Circolare Ministero dell'Economia e delle Finanze 11 giugno 2012 n. 23/E; Circolare CNR 18 luglio 2012 n. 21/2012.*

(*Omissis*).

CAPO III
Disposizioni in materia di pubblico impiego

22. Personale (1). – 1. L'orario di servizio nelle amministrazioni pubbliche di cui all'articolo 1, comma 2, del decreto legislativo 3 febbraio 1993, n. 29, e successive modificazioni ed integrazioni, si articola su cinque giorni settimanali, anche nelle ore pomeridiane, in attuazione dei princìpi generali di cui al titolo I del predetto decreto legislativo. Sono fatte salve in ogni caso le particolari esigenze dei servizi pubblici da erogarsi con carattere di continuità e che richiedono orari continuativi o prestazioni per tutti i giorni della settimana, quelle delle istituzioni scolastiche, nonché quelle derivanti dalla necessità di assicurare comunque la funzionalità delle strutture di altri uffici pubblici con un ampliamento dell'orario di servizio anche nei giorni non lavorativi.

2. Nelle amministrazioni pubbliche indicate nel comma 1 l'orario settimanale di lavoro ordinario, nell'ambito dell'orario d'obbligo contrattuale, è funzionale all'orario di servizio e si articola su cinque giorni, anche nelle ore pomeridiane, fatte salve le particolari esigenze dei servizi pubblici indicati nel comma 1.

3. L'articolazione dell'orario di servizio, dell'orario di apertura al pubblico e dell'orario di lavoro è definita, con le procedure di cui all'articolo 10, all'articolo 16, comma 1, lettera d), ed all'articolo 17, comma 2, del decreto legislativo 3 febbraio 1993, n. 29, e successive modificazioni ed integrazioni, avendo presenti le finalità e gli obiettivi da realizzare e le prestazioni da assicurare, secondo modalità maggiormente rispondenti alle esigenze dell'utenza. L'orario di lavoro, comunque articolato, è accertato mediante forme di controlli obiettivi e di tipo automatizzato (A).

4. In relazione all'articolazione dell'orario di servizio su cinque giorni lavorativi, gli stanziamenti ed i fondi comunque utilizzati nell'anno 1994 per l'erogazione del compenso per lavoro straordinario al personale del comparto ministeriale, ivi compreso quello addetto agli uffici cui si applicano i criteri previsti dall'articolo 19 della legge 15 novembre 1973, n. 734, sono ridotti del 5 per cento per il secondo semestre dell'anno 1995 e per gli anni 1996 e 1997. Le altre amministrazioni pubbliche provvedono, contestualmente all'applicazione dell'orario previsto dai precedenti commi, alla riduzione delle prestazioni di lavoro straordinario.

5. È abrogato l'art. 60 del decreto legislativo 3 febbraio 1993, n. 29 e successive modificazioni ed integrazioni.

6. Fino al 30 giugno 1995, e comunque fino a quando non sono definite le dotazioni organiche previa verifica dei carichi di lavoro, è fatto divieto alle amministrazioni pubbliche di cui all'art. 1, comma 2, del decreto legislativo 3 febbraio 1993, n. 29 e successive modificazioni ed integrazioni, di assumere personale di ruolo ed a tempo indeterminato, ivi compreso quello appartenente alle categorie protette (2).

7. Successivamente al 30 giugno 1995 e fino al 31 dicembre 1997, ferme restando le disposizioni di cui agli articoli 1 e 2 del decreto-legge 9 dicembre 1994, n. 676, si applicano le disposizioni contenute nell'art. 3, comma 8, della legge 24 dicembre 1993, n. 537, fatta eccezione per la mobilità che può avvenire per la copertura del 50 per cento dei posti resisi vacanti per cessazioni dal servizio. Continuano ad applicarsi le norme vigenti in materia di mobilità nelle amministrazioni pubbliche. Il personale docente di ruolo nelle scuole di ogni ordine e grado in soprannumero o appartenente alle dotazioni organiche aggiuntive può essere utilizzato, secondo le modalità previste dalle vigenti disposizioni, negli istituti di istruzione secondaria superiore per il sostegno ai portatori di handicap purchè risulti in possesso del prescritto titolo di specializzazione (3).

8. Per il triennio 1995-1997 le amministrazioni indicate nel comma 6 possono assumere personale di ruolo e a tempo indeterminato, esclusivamente in applicazione delle disposizioni del presente articolo, anche utilizzando gli idonei delle graduatorie di concorsi, approvate dall'organo competente a decorrere dal 1° gennaio 1992, la cui validità è prorogata al 31 dicembre 1997. Fino al 31 dicembre 1997, in relazione all'attuazione dell'art. 89 del testo unico delle leggi costituzionali concernenti lo statuto speciale per il Trentino-Alto Adige, approvato con decreto del Presidente della Repubblica 31 agosto 1972, n. 670, possono essere banditi concorsi e attuate assunzioni di personale per i ruoli locali delle amministrazioni pubbliche nella provincia di Bolzano, nei limiti delle dotazioni organiche di ciascun profilo professionale (4)(5).

9. Le disposizioni di cui ai commi 6, 7 e 8 non si applicano al personale delle amministrazioni di cui all'art. 3, comma 9, della legge 24 dicembre 1993, n. 537, nonchè al personale del Corpo di polizia penitenziaria e del Corpo forestale dello Stato. Per il personale del comparto scuola continuano ad applicarsi le disposizioni contenute nell'art. 4 della legge 24 dicembre 1993, n. 537, in materia di organici e di assunzione del personale di ruolo e non di ruolo. Per gli anni scolastici 1995-96 e 1996-97 i criteri di programmazio-

ne delle nuove nomine in ruolo del personale docente sono determinati con il decreto interministeriale previsto dal comma 15 del suddetto articolo 4, in modo tale da contenere le assunzioni del personale docente sui posti delle dotazioni organiche provinciali, preordinate alle finalità di cui all'art. 3 del decreto interministeriale 15 aprile 1994, pubblicato nella Gazzetta Ufficiale n. 155 del 5 luglio 1994, entro il limite del 50 per cento delle predette dotazioni [6].

10. Alle istituzioni e agli enti di ricerca continua ad applicarsi il comma 26 dell'art. 5 della legge 24 dicembre 1993, n. 537[7].

11. Le disposizioni di cui ai commi 6, 7 e 8 non si applicano agli enti locali territoriali che non versino nelle situazioni strutturalmente deficitarie di cui all'art. 45 del decreto legislativo 30 dicembre 1992, n. 504, e, comunque, nei limiti delle disponibilità di bilancio [8]

12. Le disposizioni di cui ai commi 6, 7 e 8 non si applicano, altresì, alle camere di commercio che non versino in condizioni di squilibrio finanziario, e che abbiano rideterminato la propria dotazione organica, le quali possono assumere personale, nell'ambito dei posti vacanti e delle relative disponibilità di bilancio, utilizzando le somme percepite ai sensi dell'articolo 34 del decreto-legge 22 dicembre 1981, n. 786, convertito, con modificazioni, dalla legge 26 febbraio 1982, n. 51, e successive modificazioni.

13. Al fine di consentire l'assegnazione di personale in mobilità, a decorrere dal 1° luglio 1995, le camere di commercio danno comunicazione dei posti vacanti alla Presidenza del Consiglio dei ministri - Dipartimento della funzione pubblica. Entro 60 giorni dal ricevimento della comunicazione, il Dipartimento trasmette a ciascuna camera di commercio l'elenco nominativo del personale da trasferire mediante le procedure di mobilità. In mancanza di tale trasmissione nel termine, la camera di commercio può avviare le procedure di assunzione ai sensi del comma 12.

14. Fermo restando quanto disposto dall'art. 24, comma 9, lettera a), del decreto-legge 2 marzo 1989, n. 66, convertito, con modificazioni, dalla legge 24 aprile 1989, n. 144 e successive modificazioni ed integrazioni, gli enti locali della regione, che hanno dichiarato il dissesto e che abbiano ottenuto l'approvazione della pianta organica, del piano di risanamento e del bilancio riequilibrato, nei quali vi siano posti vacanti in organico non ricopribili con la riammissione di proprio personale messo in mobilità, danno parimenti comunicazioni di tali vacanze alla Presidenza del Consiglio - Dipartimento della funzione pubblica, ai fini del trasferimento, mediante la procedura di mobilità di ufficio, di dipendenti di identico livello posti in mobilità da altri enti della regione. Qualora non risultasse possibile, entro novanta giorni dall'avvenuta comunicazione, operare tali trasferimenti, detti enti possono procedere alla copertura dei posti vacanti mediante concorsi pubblici con facoltà di riservare una quota non superiore al 25 per cento dei posti messi a concorso a dipendenti già in servizio presso gli enti medesimi. In deroga ad ogni contraria disposizione, la quota del 25 per cento può essere superata fino a concorrenza del numero totale di posti vacanti in organico per i concorsi a posti della qualifica di dirigente. Per tali concorsi si applicano le disposizioni concernenti le prove, i requisiti per l'ammissione e le commissioni di concorso di cui all'art. 19, comma 2, ultima parte, all'art. 19, comma 3, ed agli articoli 3 e 20 del decreto del Presidente del Consiglio dei Ministri 21 aprile 1994, n. 439 [9].

[15. La verifica dei carichi di lavoro di cui al comma 5 dell'art. 3 della legge 24 dicembre 1993, n. 537, è preordinata:

a) alla definizione delle dotazioni organiche occorrenti alle singole strutture delle pubbliche amministrazioni;

b) all'individuazione delle procedure;

c) alla razionalizzazione, semplificazione e riduzione, se necessario, delle procedure medesime.] [10]

16. Le dotazioni organiche del personale delle pubbliche amministrazioni, previa verifica dei carichi di lavoro, sono definite entro il 30 giugno 1995. Decorso tale termine la Presidenza del Consiglio dei ministri - Dipartimento della funzione pubblica, di concerto con il Ministero del tesoro, del bilancio e della programmazione economica, procede d'ufficio per le amministrazioni indicate nel comma 18.

17. L'individuazione delle procedure, la loro razionalizzazione, semplificazione ed eventuale riduzione di cui alle lettere b) e c) del comma 15, sono effettuate e comunicate al Dipartimento della funzione pubblica e al Ministero del tesoro, del bilancio e della programmazione economica prima della successiva verifica biennale dei carichi di lavoro, così da pervenire, nell'arco del primo anno, all'individuazione delle procedure o procedimenti e, entro l'anno successivo, alla razionalizzazione, semplificazione e riduzione degli stessi. Resta, in ogni caso, ferma la cadenza triennale prevista dall'articolo 30, comma 2, del decreto legislativo 3 febbraio 1993, n. 29, e successive modificazioni ed integrazioni, per la ridefinizione degli uffici e delle dotazioni organiche delle pubbliche amministrazioni.

18. Le disposizioni di cui all'articolo 3, comma 5, della legge 24 dicembre 1993, n. 537, limitatamente alla verifica di congruità del Dipartimento della funzione pubblica delle metodologie di rilevazione dei carichi di lavoro, si applicano alle amministrazioni indicate nel comma 1 dell'articolo 6 del decreto legislativo 3 febbraio 1993, n. 29, e successive modificazioni ed integrazioni, ed agli enti pubblici non economici vigilati dalle predette amministrazioni. L'esito delle verifiche di congruità delle metodologie di rilevazione dei carichi di lavoro è comunicato al Ministero del tesoro, del bilancio e della programmazione economica. Le metodologie adottate dalle altre amministrazioni, ivi compresi gli enti locali per i quali si applicano le disposizioni di cui al decreto-legge 11 ottobre 1994, n. 574, sono approvate con deliberazione dei competenti organi delle amministrazioni stesse che ne attestano nel medesimo atto la congruità.

19. Il Dipartimento della funzione pubblica utilizza i dati della rilevazione dei carichi di lavoro delle amministrazioni di cui al comma 18 per monitorare le linee di attività omogenee allo scopo di definire, di concerto con il Ministero del tesoro, del bilancio e della programmazione economica, i parametri per il dimensionamento delle dotazioni organiche.

20. I contingenti di personale da destinare a tempo parziale previsti dall'articolo 2, comma 1, del decreto del Presidente del Consiglio dei ministri 17 marzo 1989, n. 117, non possono superare il limite percentuale del 25 per cento.

21. Le amministrazioni pubbliche determinano, sulla base delle domande degli interessati, i contingenti di cui al comma 20 entro il 30 giugno di ogni anno. È fatto salvo quanto previsto dall'articolo 8 del decreto del Presidente del Consiglio dei ministri 17 marzo 1989, n. 117.

22. Il primo comma dell'articolo 40 del testo unico delle disposizioni concernenti lo statuto degli impiegati civili dello

Stato, approvato con decreto del Presidente della Repubblica 10 gennaio 1957, n. 3, come sostituito dal comma 39 dell'articolo 3 della legge 24 dicembre 1993, n. 537, va interpretato nel senso che l'espressione "primo giorno di ogni periodo ininterrotto di congedo straordinario", ivi contenuta, si riferisce anche all'essenza di un solo giorno.

23. Al comma 40 dell'art. 3 della legge 24 dicembre 1993, n. 537, dopo le parole: "le disposizioni di cui al comma 39 non si applicano" sono inserite le seguenti: "nei casi di congedo straordinario previsti dall'art. 37, secondo comma, del testo unico approvato con decreto del Presidente della Repubblica 10 gennaio 1957, n. 3, nonchè".

24. Dopo il comma 40 dell'art. 3 della legge 24 dicembre 1993, n. 537, è inserito il seguente:

" 40 -bis. Il dipendente che non abbia fruito dell'intero periodo di congedo straordinario può essere collocato in aspettativa, ai sensi dell'art. 68 del testo unico approvato con decreto del Presidente della Repubblica 10 gennaio 1957, n. 3, e di altre analoghe disposizioni, soltanto per assenze continuative di durata superiore a sette giorni lavorativi".

25. Il comma 42 dell'art. 3 della legge 24 dicembre 1993, n. 537, è sostituito dal seguente:

" 42. Salvo quanto previsto dal secondo comma dell'art. 37 del testo unico approvato con decreto del Presidente della Repubblica 10 gennaio 1957, n. 3, sono abrogate tutte le disposizioni, anche speciali, che prevedono la possibilità per i dipendenti delle amministrazioni pubbliche di cui all'art. 1, comma 2, del decreto legislativo 3 febbraio 1993, n. 29 e successive modificazioni ed integrazioni, di essere collocati in congedo straordinario oppure in aspettativa per infermità per attendere alle cure termali, elioterapiche, climatiche e psammoterapiche".

26. Il comma 41 dell'articolo 3 della legge 24 dicembre 1993, n. 537, si interpreta nel senso che devono ritenersi implicitamente abrogate, o comunque modificate, tutte le disposizioni normative che disciplinano per i dipendenti di ruolo delle amministrazioni pubbliche di cui all'articolo 1, comma 2, del decreto legislativo 3 febbraio 1993, n. 29, e successive modificazioni ed integrazioni, in modo difforme il congedo straordinario o istituti analoghi comunque denominati. Resta salvo, comunque, quanto disposto dall'articolo 454 del testo unico delle disposizioni legislative vigenti in materia di istruzione, relative alle scuole di ogni ordine e grado, approvato con decreto legislativo 16 aprile 1994, n. 297, per lo svolgimento di attività artistiche e sportive da parte, rispettivamente, del personale ispettivo, direttivo e docente di materie artistiche degli istituti di istruzione artistica e dei docenti di educazione fisica.

27. Nei confronti dei dipendenti delle amministrazioni pubbliche di cui all'articolo 1, comma 2, del D.Lgs. 3 febbraio 1993, n. 29, e successive modificazioni e integrazioni, per la determinazione dell'equo indennizzo spettante per la perdita dell'integrità fisica ai sensi dell'articolo 68 del testo unico approvato con D.P.R. 10 gennaio 1957, n. 3, si considera l'importo dello stipendio tabellare in godimento alla data di presentazione della domanda o dell'avvio del procedimento d'ufficio.

28. La misura dell'equo indennizzo per le menomazioni dell'integrità fisica ascritte alla prima categoria della tabella A allegata al testo unico delle norme in materia di pensioni di guerra, approvato con decreto del Presidente della Repubblica 23 dicembre 1978, n. 915, come sostituita dalla tabella A allegata al decreto del Presidente della Repubblica 30 dicembre 1981, n. 834, è pari a due volte l'importo dello stipendio tabellare determinato a norma del comma 27 del presente articolo.

[29. Restano ferme le percentuali di riduzione stabilite dalle vigenti norme per le menomazioni dell'integrità fisica inferiori a quelle di prima categoria.] [11]

30. Le disposizioni di cui ai commi 27, 28 e 29 si applicano per le domande presentate a decorrere dal 1° gennaio 1995.

31. È abrogato l'art. 154 della legge 11 luglio 1980, n. 312.

32. L'articolo 4 della legge 11 luglio 1980, n. 312, si interpreta nel senso che gli inquadramenti nelle qualifiche funzionali e nei profili professionali, ivi previsti, non producono effetti sull'indennità di servizio all'estero che, fino alla data di entrata in vigore del regolamento emanato con D.P.R. 11 agosto 1991, n. 457, rimane stabilita secondo le misure di base previste nella tabella n. 19 allegata al decreto del Presidente della Repubblica 5 gennaio 1967, n. 18, e successive modificazioni ed integrazioni, in relazione al posto-funzione conferito con provvedimento formale al personale in servizio all'estero a decorrere dal 1° luglio 1978.

33. Fino all'entrata in vigore dei provvedimenti di riordino della disciplina delle indennità di servizio e degli assegni di sede, comunque denominati, spettanti ai dipendenti del Ministero degli affari esteri in servizio all'estero e comunque non oltre il 31 dicembre 1995, i coefficienti di maggiorazione dell'indennità di sede previsti dall'articolo 171 del decreto del Presidente della Repubblica 5 gennaio 1967, n. 18, non possono subire variazioni in aumento rispetto alle misure stabilite dal 1° gennaio 1994, fatta eccezione per quelle compensative connesse alle eventuali modifiche dei tassi fissi di ragguaglio di cui all'articolo 209 del medesimo decreto.

34. Per l'anno 1995 è fatto divieto a tutte le pubbliche amministrazioni di adottare provvedimenti per l'estensione di decisioni giurisdizionali aventi forza di giudicato o comunque divenute esecutive nella materia del pubblico impiego.

35. Il comma 18 dell'art. 16 della legge 24 dicembre 1993, n. 537, è sostituito dal seguente:

" 18. Le disposizioni di cui all'art. 13 della legge 2 aprile 1979, n. 97, come sostituito dall'art. 6 della legge 19 febbraio 1981, n. 27, nonchè quelle di cui alla legge 10 marzo 1987, n. 100, e all'art. 10 del decreto-legge 4 agosto 1987, n. 325, convertito, con modificazioni, dalla legge 3 ottobre 1987, n. 402, si applicano ai soli trasferimenti d'ufficio che comportano un effettivo spostamento da una ad altra sede di servizio sita in diversa località, purchè il cambiamento di sede comporti un effettivo disagio da comprovare, mediante idonea documentazione, secondo i criteri e le modalità previsti in apposito regolamento, approvato con decreto del Presidente della Repubblica da emanarsi su proposta del Ministro di grazia e giustizia, di concerto con i Ministri dell'interno, della difesa e del tesoro. Sulle indennità di trasferimento previste dalle citate leggi si applicano le disposizioni di cui all'art. 48, comma 1, del testo unico delle imposte sui redditi, approvato con decreto del Presidente della Repubblica 22 dicembre 1986, n. 917 e successive modificazioni".

36. Il regolamento di cui al comma 18 dell'art. 16 della legge 24 dicembre 1993, n. 537, come sostituito dal comma

35, è emanato entro sei mesi dalla data di entrata in vigore della presente legge. L'art. 16, comma 6, della legge 30 dicembre 1991, n. 412, si applica anche agli emolumenti di natura retributiva, pensionistica ed assistenziale, per i quali non sia maturato il diritto alla percezione entro il 31 dicembre 1994, spettanti ai dipendenti pubblici e privati in attività di servizio o in quiescenza. I criteri e le modalità di applicazione del presente comma sono determinati con decreto del Ministro del tesoro, da emanare entro trenta giorni dalla data di entrata in vigore della presente legge (12).

37. Le disposizioni riguardanti la gestione del rapporto di lavoro costituiscono norme di indirizzo per le regioni che provvedono nell'ambito della propria autonomia e capacità di spesa. Le regioni si avvalgono altresì della disciplina sulle assunzioni prevista per gli enti locali non in dissesto.

38. Le norme sull'aspettativa per mandato parlamentare per i dipendenti delle pubbliche amministrazioni, di cui all'art. 71, D.Lgs. 3 febbraio 1993, n. 29, si interpretano autenticamente nel senso della loro applicabilità anche ai professori e ricercatori universitari a decorrere dalla data di entrata in vigore del predetto decreto. La restituzione delle somme indebitamente percepite, ivi compresi gli interessi legali dovrà essere effettuata secondo un programma di rientro stabilito dalle amministrazioni eroganti e comunque non oltre la data del 30 giugno 1995.

39. La normativa prevista dall'articolo 31 della legge 20 maggio 1970, n. 300, e successive modificazioni, si interpreta autenticamente nel senso della sua applicabilità ai dipendenti pubblici eletti nel Parlamento nazionale, nel Parlamento europeo e nei consigli regionali.

[40. Il titolo I del decreto del Presidente della Repubblica 26 luglio 1976, n. 752 e successive modificazioni, nella Provincia di Bolzano si applica alle assunzioni di personale in tutte le aziende, società ed enti che gestiscono servizi pubblici o di pubblica utilità escluso il personale stagionale di linee di trasporto funicolare.] (13)

[41. Il titolo I del decreto del Presidente della Repubblica 26 luglio 1976, n. 752 e successive modificazioni, si applica altresì ai trasferimenti di personale delle società di cui al comma 40 da sedi o uffici situati in altre province a sedi o uffici situati in Provincia di Bolzano.] (14)

(1) *A norma dell'articolo 11, comma 1, della legge 21 dicembre 1996, n. 665, in deroga a quanto disposto dal presente articolo, ed in attesa della definizione delle dotazioni organiche previa verifica dei carichi di lavoro, l'AAAVTAG è autorizzata ad assumere personale operativo.*
(2) *A norma dell'articolo 1, comma 12, del D.L. 28 agosto 1995, n. 361, le disposizioni di cui al presente comma, si interpretano nel senso che le limitazioni per le assunzioni di personale ivi previste non si applicano al personale di magistratura.*
(3) *A norma dell'articolo 1, comma 4, della legge 28 dicembre 1995, n. 549, le disposizioni di cui al presente comma, continuano ad applicarsi sino al 31 dicembre 1998.*
(4) *A norma dell'articolo 1, comma 4, della legge 28 dicembre 1995, n. 549, le disposizioni di cui al presente comma, continuano ad applicarsi sino al 31 dicembre 1998.*
(5) *Per l'applicazione della proroga di cui al presente comma, vedi l'articolo 10, comma 1, della legge 3 maggio 1999, n. 124.*
(6) *A norma dell'articolo 1, comma 4, della legge 28 dicembre 1995, n. 549, le disposizioni di cui al primo e secondo periodo del presente comma, continuano ad applicarsi sino al 31 dicembre 1998.*
(7) *A norma dell'articolo 1, comma 4, della legge 28 dicembre 1995, n. 549, le disposizioni di cui al presente comma, continuano ad applicarsi sino al 31 dicembre 1998.*
(8) *A norma dell'articolo 1, comma 4, della legge 28 dicembre 1995, n. 549, le disposizioni di cui al presente comma, continuano ad applicarsi sino al 31 dicembre 1998.*
(9) *Comma modificato dall'articolo 4, comma 1, del D.L. 12 maggio 1995, n. 163.*
(10) *Comma abrogato dall'articolo 43, comma 4, del D.Lgs. 31 marzo 1998, n. 80, come modificato dall'articolo 22, comma 3, del D.Lgs. 29 ottobre 1998, n. 387. Successivamente l'abrogazione è stata confermata dall'articolo 72, comma 1, lettera y), del D.Lgs. 30 marzo 2001, n. 165.*
(11) *Comma abrogato dall'articolo 1, comma 119, della legge 23 dicembre 1996, n. 662.*
(12) *La Corte Costituzionale, con sentenza 23 ottobre 2000, n. 459 (in Gazz. Uff. 8 novembre 2000, n. 46), ha dichiarato l'illegittimità costituzionale del presente comma, limitatamente alle parole "e privati".*
(13) *Comma abrogato dall'articolo 1, comma 2, del D.Lgs. 24 luglio 1996, n. 446.*
(14) *Comma abrogato dall'articolo 1, comma 2, del D.Lgs. 24 luglio 1996, n. 446.*
(A) *In riferimento al presente comma vedi: Parere Autorità garante per la protezione dei dati personali 30 maggio 2013, n. 2502951; Parere Autorità garante per la protezione dei dati personali 30 maggio 2013, n. 2503101.*

CAPO IV
Disposizioni fiscali

26. Soppressione di regimi fiscali particolari. – 1. Sono soppressi i regimi fiscali particolari concernenti:

a) le indennità percepite dai membri del Parlamento e del Governo nazionale, del Parlamento europeo, della Corte costituzionale, dei consigli e delle giunte regionali, nonché dai titolari di cariche elettive negli enti locali e dagli amministratori locali;

b) gli assegni vitalizi spettanti ai membri del Parlamento nazionale, del Parlamento europeo, della Corte costituzionale e dei consigli regionali per la quota parte che non derivi da fonti riferibili a trattenute effettuate al percettore e già assoggettate a ritenute fiscali (1).

2. Conseguentemente, sono abrogate le disposizioni legislative incompatibili con quelle di cui al comma 1 e, in particolare, sono abrogati l'articolo 48, comma 6, del testo unico delle imposte sui redditi, approvato con D.P.R. 22 dicembre 1986, n. 917, e l'art. 19 della L. 27 dicembre 1985, n. 816.

(1) *Vedi art. 5-bis, d.l. 28 giugno 1995, n. 250, conv. in l. 8 agosto 1995, n. 349.*

27. Neutralità fiscale delle operazioni societarie di fusione e scissione. – 1. Le fusioni e le scissioni di società sono, agli effetti delle imposte sui redditi, neutrali. Conseguentemente, il disavanzo di fusione e di scissione non è utilizzabile per iscrizioni di valori in franchigia d'imposta, a qualsiasi voce, forma o titolo operate. Ai fondi in sospensione d'imposta continuano, per neutralità, ad essere applicate le disposizioni di cui all'art. 123, comma 4, del testo unico delle imposte sui redditi, approvato con D.P.R. 22 dicembre 1986, n. 917, anche se istituiti per effetto di operazioni di concentrazione poste in essere in precedenza dalle società incorporate. La fusione tra società che hanno posto in essere operazioni di concentrazione ai sensi dell'art. 34 della L. 2 dicembre 1975, n. 576, dell'art. 10 della L. 16 dicembre 1977, n. 904, e dell'art. 79 della L. 22 ottobre 1986, n. 742, non costituisce realizzo della plusvalenza ancora in sospensione di imposta, a condizione che detta plusvalenza trovi evidenza in una riserva che concorre a formare il reddito nell'esercizio e nella misura in cui la riserva sia utilizzata per scopi diversi dalla copertura di perdite (1).

2. Le disposizioni del comma 1, relative ai disavanzi di fusione, si applicano alle operazioni deliberate successivamente alla data di entrata in vigore della presente legge.

(1) *Comma modificato dall'articolo 22, comma 8, del D.L. 23 febbraio 1995, n. 41.*

28. Norma contro l'elusione. – 1. Il comma 1 dell'art. 10 della legge 29 dicembre 1990, n. 408, è sostituito dal seguente:

" 1. È consentito all'amministrazione finanziaria disconoscere i vantaggi tributari conseguiti in operazioni di concentrazione, trasformazione, scorporo, riduzione di capitale, liquidazione, valutazione di partecipazioni, cessione di crediti e cessione o valutazione di valori mobiliari poste in essere senza valide ragioni economiche allo scopo esclusivo di ottenere fraudolentemente un risparmio d'imposta".

2. Le disposizioni del comma 1, limitatamente alle operazioni di liquidazione, alla valutazione di partecipazioni, alle cessioni di crediti e alle cessioni o valutazioni di valori mobiliari, si applicano alle operazioni effettuate a decorrere dal periodo di imposta che inizia successivamente al 30 settembre 1994.

29. Lettori a scheda magnetica.

1. Il Ministro delle finanze è autorizzato ad emanare, con proprio decreto, entro dodici mesi dalla data di entrata in vigore della presente legge, specifiche disposizioni per l'obbligo di installazione di lettori a scheda magnetica o qualsiasi altro dispositivo idoneo a certificare gli incassi sugli apparecchi da gioco elettromagnetici od elettronici, nonché sui distributori automatici di cibo e bevande, installati in qualsiasi locale in cui abbia accesso il pubblico, nei luoghi di lavoro e nelle mense aziendali (1).

2. Le schede magnetiche necessarie all'utilizzo delle apparecchiature indicate al comma 1 devono essere vendute dai gestori in conformità alle normative fiscali vigenti al momento.

3. Il Ministro delle finanze provvede, inoltre, entro i termini di cui al comma 1, ad effettuare il censimento di tutti gli apparecchi da gioco elettromagnetici od elettronici dovunque essi siano installati e posti a disposizione del pubblico.

(1) *Comma sostituito dall'articolo 5, comma 5, del D.L. 2 ottobre 1995, n. 415.*

30. Società di comodo. Valutazione dei titoli. – 1. Agli effetti del presente articolo le società per azioni, in accomandita per azioni, a responsabilità limitata, in nome collettivo e in accomandita semplice, nonché le società e gli enti di ogni tipo non residenti, con stabile organizzazione nel territorio dello Stato, si considerano *[, salvo prova contraria,]* non operativi se l'ammontare complessivo dei ricavi, degli incrementi delle rimanenze e dei proventi, esclusi quelli straordinari, risultanti dal conto economico, ove prescritto, è inferiore alla somma degli importi che risultano applicando le seguenti percentuali (1):

a) il 2 per cento al valore dei beni indicati nell'articolo 85, comma 1, lettere c), d) ed e), del testo unico delle imposte sui redditi, di cui al decreto del Presidente della Repubblica 22 dicembre 1986, n. 917, e delle quote di partecipazione nelle società commerciali di cui all'articolo 5 del medesimo testo unico, anche se i predetti beni e partecipazioni costituiscono immobilizzazioni finanziarie, aumentato del valore dei crediti (2);

b) il 6 per cento al valore delle immobilizzazioni costituite da beni immobili e da beni indicati nell'articolo 8-bis, primo comma, lettera a), del decreto del Presidente della Repubblica 26 ottobre 1972, n. 633, e successive modificazioni, anche in locazione finanziaria; per gli immobili classificati nella categoria catastale A/10, la predetta percentuale è ridotta al 5 per cento; per gli immobili a destinazione abitativa acquisiti o rivalutati nell'esercizio e nei due precedenti, la percentuale è ulteriormente ridotta al 4 per cento; «per tutti gli immobili situati in comuni con popolazione inferiore a 1.000 abitanti la percentuale è dell'1 per cento (3);

c) il 15 per cento al valore delle altre immobilizzazioni, anche in locazione finanziaria. Le disposizioni del primo periodo non si applicano:

1) ai soggetti ai quali, per la particolare attività svolta, è fatto obbligo di costituirsi sotto forma di società di capitali;

2) ai soggetti che si trovano nel primo periodo di imposta;

3) alle società in amministrazione controllata o straordinaria;

4) alle società ed enti che controllano società ed enti i cui titoli sono negoziati in mercati regolamentati italiani ed esteri, nonché alle stesse società ed enti quotati ed alle società da essi controllate, anche indirettamente (4);

5) alle società esercenti pubblici servizi di trasporto;

6) alle società con un numero di soci non inferiore a 50 (5).

6-bis) alle società che nei due esercizi precedenti hanno avuto un numero di dipendenti mai inferiore alle dieci unità (6);

6-ter) alle società in stato di fallimento, assoggettate a procedure di liquidazione giudiziaria, di liquidazione coatta amministrativa ed in concordato preventivo (7);

6-quater) alle società che presentano un ammontare complessivo del valore della produzione (raggruppamento A del conto economico) superiore al totale attivo dello stato patrimoniale (8);

6-quinquies) alle società partecipate da enti pubblici almeno nella misura del 20 per cento del capitale sociale; 6-sexies) alle società che risultano congrue e coerenti ai fini degli studi di settore (9).

[Le percentuali di cui alle lettere a) e c) sono ridotte rispettivamente all'1 per cento e al 10 per cento per i beni situati in comuni con popolazione inferiore ai 1.000 abitanti] (10).

2. Ai fini dell'applicazione del comma 1, i ricavi e i proventi nonchè i valori dei beni e delle immobilizzazioni vanno assunti in base alle risultanze medie dell'esercizio e dei due precedenti. Per la determinazione del valore dei beni si applica l'articolo 110, comma 1, del testo unico delle imposte sui redditi, approvato con decreto del Presidente della Repubblica 22 dicembre 1986, n. 917; per i beni in locazione finanziaria si assume il costo sostenuto dall'impresa concedente, ovvero, in mancanza di documentazione, la somma dei canoni di locazione e del prezzo di riscatto risultanti dal contratto (11).

3. Fermo l'ordinario potere di accertamento, ai fini dell'imposta personale sul reddito per le società e per gli enti non operativi indicati nel comma 1 si presume che il reddito del periodo di imposta non sia inferiore all'ammontare della somma degli importi derivanti dall'applicazione, ai valori dei beni posseduti nell'esercizio, delle seguenti percentuali:

a) l'1,50 per cento sul valore dei beni indicati nella lettera a) del comma 1;

b) il 4,75 per cento sul valore delle immobilizzazioni costituite da beni immobili e da beni indicati nell'articolo 8-bis, primo comma, lettera a), del decreto del Presidente della Repubblica 26 ottobre 1972, n. 633, e successive modificazioni, anche in locazione finanziaria; per le immobilizzazioni costituite da beni immobili a destinazione abitativa acquisiti o rivalutati nell'esercizio e nei due precedenti la predetta percentuale è ridotta al 3 per cento; per gli immobili classificati nella categoria catastale A/10, la predetta percentuale è ulteriormente ridotta al 4 per cento; per tutti gli immobili situati in comuni con popolazione inferiore a 1.000 abitanti la percentuale è dello 0,9 per cento [12];

c) il 12 per cento sul valore complessivo delle altre immobilizzazioni anche in locazione finanziaria. Le perdite di esercizi precedenti possono essere computate soltanto in diminuzione della parte di reddito eccedente quello minimo di cui al presente comma [13].

3-bis. Fermo l'ordinario potere di accertamento, ai fini dell'imposta regionale sulle attività produttive per le società e per gli enti non operativi indicati nel comma 1 si presume che il valore della produzione netta non sia inferiore al reddito minimo determinato ai sensi del comma 3 aumentato delle retribuzioni sostenute per il personale dipendente, dei compensi spettanti ai collaboratori coordinati e continuativi, di quelli per prestazioni di lavoro autonomo non esercitate abitualmente e degli interessi passivi [14].

4. Per le società e gli enti non operativi, l'eccedenza di credito risultante dalla dichiarazione presentata ai fini dell'imposta sul valore aggiunto non è ammessa al rimborso nè può costituire oggetto di compensazione ai sensi dell'articolo 17 del decreto legislativo 9 luglio 1997, n. 241, o di cessione ai sensi dell'articolo 5, comma 4-ter, del decreto-legge 14 marzo 1988, n. 70, convertito, con modificazioni, dalla legge 13 maggio 1988, n. 154. Qualora per tre periodi di imposta consecutivi la società o l'ente non operativo non effettui operazioni rilevanti ai fini dell'imposta sul valore aggiunto non inferiore all'importo che risulta dalla applicazione delle percentuali di cui al comma 1, l'eccedenza di credito non è ulteriormente riportabile a scomputo dell'IVA a debito relativa ai periodi di imposta successivi [15].

4-bis. In presenza di oggettive situazioni *[di carattere straordinario]* che hanno reso impossibile il conseguimento dei ricavi, degli incrementi di rimanenze e dei proventi nonché del reddito determinati ai sensi del presente articolo, ovvero non hanno consentito di effettuare le operazioni rilevanti ai fini dell'imposta sul valore aggiunto di cui al comma 4, la società interessata può interpellare l'amministrazione ai sensi dell'articolo 11, comma 1, lettera b), della legge 27 luglio 2000, n. 212, recante lo Statuto dei diritti del contribuente [16].

4-ter. Con provvedimento del direttore dell'Agenzia delle entrate possono essere individuate determinate situazioni oggettive, non trovano applicazione le disposizioni di cui al presente articolo [17].

4-quater. Il contribuente che ritiene sussistenti le condizioni di cui al comma 4-bis ma non ha presentato l'istanza di interpello prevista dal medesimo comma ovvero, avendola presentata, non ha ricevuto risposta positiva deve darne separata indicazione nella dichiarazione dei redditi [18].

[5. Ai fini dell'applicazione del comma 3 dell'art. 44 del testo unico delle imposte sui redditi, approvato con decreto del Presidente della Repubblica 22 dicembre 1986, n. 917, il valore normale dei beni assoggettati all'imposta sostitutiva ai sensi del comma 2 si considera pari a quello iscritto nell'ultimo bilancio della società di cui è stato deliberato lo scioglimento. Ai fini di cui all'art. 81, comma 1, lettere b), c) e c-bis), del testo unico delle imposte sui redditi, approvato con decreto del Presidente della Repubblica 22 dicembre 1986, n. 917 e successive modificazioni, per i successivi trasferimenti da parte dei soci assegnatari dei beni derivanti dagli scioglimenti previsti nel comma 2, come valore di acquisto sarà considerato quello iscritto nell'ultimo bilancio della società di cui è stato deliberato lo scioglimento [19].] [20]

[6. Fermo l'ordinario potere di accertamento, per le società non operative di cui al comma 1, si presume che il reddito imponibile ai fini dell'imposta sul reddito delle persone giuridiche" ed è aggiunto, in fine, il seguente periodo: "Le perdite di esercizi precedenti possono essere computate in diminuzione soltanto della parte di reddito eccedente quello minimo di cui al primo periodo sia pari al 2 per cento del patrimonio netto, aumentato dei finanziamenti da parte dei soci e di terzi destinati a immobilizzazioni aziendali e, comunque, non inferiore a 8 milioni di lire, salvo che per le società a responsabilità limitata il cui patrimonio netto non è superiore a 40 milioni di lire per le quali il reddito imponibile non può, comunque, essere inferiore a 4 milioni di lire e per le società a responsabilità limitata il cui patrimonio netto è superiore a 40 milioni di lire, ma non a 150 milioni di lire, per le quali il reddito imponibile non può, comunque, essere inferiore a 6 milioni di lire [21].] [22]

[7. Qualora il reddito dichiarato dalle società che si presumono non operative risulti inferiore a quello minimo di cui al comma 6, gli uffici delle entrate possono determinare induttivamente il reddito in misura pari a quella presunta anche mediante l'applicazione delle disposizioni di cui all'art. 41- bis del decreto del Presidente della Repubblica 29 settembre 1973, n. 600. Tale accertamento è effettuato, a pena di nullità, previa richiesta al contribuente, anche per lettera raccomandata, di chiarimenti da inviare per iscritto entro 60 giorni. Nella risposta devono essere indicati i motivi posti a fondamento della prova contraria di cui al comma 1. I motivi non addotti in risposta alla richiesta di chiarimenti non possono essere fatti valere in sede di impugnazione dell'atto di accertamento; di ciò l'Amministrazione finanziaria deve informare il contribuente contestualmente alla richiesta [23].] [24]

8. Il comma 2 dell'art. 61 del testo unico delle imposte sui redditi, approvato con decreto del Presidente della Repubblica 22 dicembre 1986, n. 917, è sostituito dal seguente:

" 2. Ai fini del raggruppamento in categorie omogenee non si tiene conto del valore e si considerano della stessa natura i titoli emessi dallo stesso soggetto ed aventi uguali caratteristiche".

9. Le disposizioni di cui ai commi 1 e 6 si applicano a decorrere dal periodo di imposta in corso al 31 dicembre 1994.

[10. A decorrere dal 1° gennaio 1995, nel calcolo dell'imposta sul reddito delle persone fisiche le perdite derivanti da partecipazione in società di persone ed equiparate non sono utilizzabili per abbattere redditi diversi da quello derivante da partecipazioni in società.] [25](A)

[1] *Alinea modificato dall'articolo 1, comma 109, lettera a), della legge 27 dicembre 2006, n. 296.*

[2] *Lettera modificata dall'articolo 1, comma 109, lettera b), della legge 27 dicembre 2006, n. 296.*

[3] *Lettera modificata dall'articolo 1, comma 109, lettera c), della legge 27 dicembre 2006, n. 296 e successivamente dall'articolo 1, comma 128, lettera a), della legge 24 dicembre 2007, n. 244.*

[4] *Numero sostituito dall'articolo 1, comma 109, lettera d), della legge 27 dicembre 2006, n. 296.*

[5] *Numero modificato dall'articolo 1, comma 128, lettera b), della legge 24 dicembre 2007, n. 244.*

[6] *Numero aggiunto dall'articolo 1, comma 128, lettera c), della legge 24 dicembre 2007, n. 244.*

[7] *Numero aggiunto dall'articolo 1, comma 128, lettera c), della legge 24 dicembre 2007, n. 244.*

ACCERTAMENTO

(8) *Numero aggiunto dall'articolo 1, comma 128, lettera c), della legge 24 dicembre 2007, n. 244.*
(9) *Numero aggiunto dall'articolo 1, comma 128, lettera c), della legge 24 dicembre 2007, n. 244.*
(10) *Comma sostituito dall'articolo 27, comma 1, lettera a), del D.L. 23 febbraio 1995, n. 41, successivamente modificato dall'articolo 1, comma 27-bis, del D.L. 28 giugno 1995, n. 250, sostituito dall'articolo 3, comma 37, della legge 23 dicembre 1996, n. 662, ulteriormente modificato dall'articolo 4, comma 1-ter, del D.L. 11 marzo 1997, n. 50, sostituito dall'articolo 35, comma 15, lettera a), del D.L. 4 luglio 2006, n. 223 e ulteriormente modificato dall'articolo 1, comma 326, della legge 27 dicembre 2006, n. 296 e dall'articolo 1, comma 128, lettera d), della legge 24 dicembre 2007, n. 244.*
(11) *Comma sostituito dall'articolo 27, comma 1, lettera a), del D.L. 23 febbraio 1995, n. 41, successivamente modificato dall'articolo 2, comma 1, del D.L. 8 agosto 1996, n. 437, ulteriormente sostituito dall'articolo 3, comma 37, della legge 23 dicembre 1996, n. 662 e da ultimo modificato dall'articolo 1, comma 109, lettera e), della legge 27 dicembre 2006, n. 296.*
(12) *Lettera modificata dall'articolo 1, comma 109, lettera f), della legge 27 dicembre 2006, n. 296 e successivamente dall'articolo 1, comma 128, lettera e), della legge 24 dicembre 2007, n. 244.*
(13) *Comma sostituito dall'articolo 3, comma 37, della legge 23 dicembre 1996, n. 662 e successivamente dall'articolo 35, comma 15, lettera b), del D.L. 4 luglio 2006, n. 223.*
(14) *Comma aggiunto dall'articolo 1, comma 109, lettera g), della legge 27 dicembre 2006, n. 296.*
(15) *Comma modificato dall'articolo 27, comma 1, lettera b), del D.L. 23 febbraio 1995, n. 41 e successivamente sostituito dall'articolo 3, comma 37, della legge 23 dicembre 1996, n. 662 e dall'articolo 35, comma 15, lettera c), del D.L. 4 luglio 2006, n. 223.*
(16) *Comma aggiunto dall'articolo 35, comma 15, lettera d), del D.L. 4 luglio 2006, n. 223 e successivamente modificato dall'articolo 1, comma 109, lettera h), della legge 27 dicembre 2006, n. 296 e, da ultimo, dall'articolo 7, comma 12, lettera a), del D.lgs. 24 settembre 2015, n. 156.*
(17) *Comma aggiunto dall'articolo 1, comma 128, lettera f), della legge 24 dicembre 2007, n. 244 e successivamente modificato dall'articolo 7, comma 12, lettera b), del D.lgs. 24 settembre 2015, n. 156.*
(18) *Comma aggiunto dall'articolo 1, comma 128, lettera f), della legge 24 dicembre 2007, n. 244 e successivamente sostituito dall'articolo 7, comma 12, lettera c), del D.lgs. 24 settembre 2015, n. 156.*
(19) *Comma modificato dall'articolo 27, comma 1, lettera c), del D.L. 23 febbraio 1995, n. 41.*
(20) *Comma da ritenersi abrogato per effetto della sostituzione di cui all'articolo 3, comma 37, della legge 23 dicembre 1996, n. 662.*
(21) *Comma modificato dall'articolo 27, comma 1, lettera d), del D.L. 23 febbraio 1995, n. 41.*
(22) *Comma da ritenersi abrogato per effetto della sostituzione di cui all'articolo 3, comma 37, della legge 23 dicembre 1996, n. 662.*
(23) *Comma sostituito dall'articolo 27, comma 1, lettera e), del D.L. 23 febbraio 1995, n. 41.*
(24) *Comma da ritenersi abrogato per effetto della sostituzione di cui all'articolo 3, comma 37, della legge 23 dicembre 1996, n. 662.*
(25) *Comma abrogato dall'articolo 29, comma 3, del D.L. 23 febbraio 1995, n. 41.*
(A) *In riferimento al presente articolo vedi: Circolare del Ministero dell'Economia e delle Finanze 2 febbraio 2007, n. 5. In riferimento alla disciplina delle società non operative vedi: Risposta dell'Agenzia delle Entrate 20 febbraio 2019 n. 68. - In riferimento alla disciplina della disapplicazione del regime di tassazione previsto per le c.d. "società di comodo" di cui al presente articolo vedi: Risposta Agenzia delle Entrate 15 dicembre 2020, n. 591.*

31. Rivalutazione delle rendite dei terreni. Coltivazioni di vegetali produttive di reddito d'impresa. Crediti IVA. – 1. Fino all'entrata in vigore delle nuove tariffe d'estimo, ai soli fini della determinazione delle imposte sui redditi, i vigenti redditi dominicali sono rivalutati a decorrere dal periodo d'imposta in corso al 31 dicembre 1955 del 55 per cento e i vigenti redditi agrari sono rivalutati del 45 per cento.

2. Per il periodo d'imposta in corso al 31 dicembre 1994, le percentuali di cui al comma 1 sono rispettivamente ridotte al 37 per cento e al 32 per cento.

3. Le norme in materia di tassazione del reddito d'impresa si applicano in caso di coltivazione industriale di vegetali. Conseguentemente, all'articolo 29, comma 2, lett. b), del testo unico delle imposte sui redditi, approvato con D.P.R. 22 dicembre 1986, n. 917, dopo le parole: "dal terreno" sono aggiunte le seguenti: "e le attività dirette alla produzione di vegetali tramite l'utilizzo di strutture fisse o mobili, anche provvisorie, se la superficie adibita alla produzione è coltivata per almeno la metà del terreno su cui la produzione insiste. Con decreto del Ministro delle politiche agricole e forestali, d'intesa con il comitato di cui all'art. 2, comma 6, della L. 4 dicembre 1993, n. 491, di concerto con il Ministro delle finanze, sono definiti le coltivazioni industriali di vegetali e i requisiti delle strutture fisse e mobili" (1).

4. Le disposizioni di cui agli articoli 30, secondo comma, e 38-bis del D.P.R. 26 ottobre 1972, n. 633, e successive modificazioni, devono intendersi non applicabili nei confronti dell'AIMA e dell'EIMA. Non si fa, comunque, luogo a ripetizioni di somme già rimborsate a detti enti a titolo d'imposta sul valore aggiunto.

5. Le disposizioni di cui al comma 3 si applicano a decorrere dal periodo d'imposta successivo al 31 dicembre 1994 (2).

(1) *Il comitato di cui al presente comma deve ritenersi soppresso in virtù dell'abrogazione della legge 4 dicembre 1993, n. 491, avvenuta ad opera del D.Lgs. 4 giugno 1997, n. 143.*
(2) *L'AIMA è stata soppressa dall'articolo 1, del D.Lgs. 27 maggio 1999, n. 165 e in sua vece istituita l'Agenzia per le erogazioni in agricoltura, ente di diritto pubblico.*

32. Beni patrimoniali e demaniali (1). – 1. A decorrere dall'anno 1995, i canoni annui per i beni patrimoniali dello Stato, concessi o locati a privati, sono, in deroga alle altre disposizioni di legge in vigore, rivalutati rispetto a quelli dovuti per l'anno 1994 di un coefficiente pari a 2,5 volte il canone stesso, salvo quanto previsto al comma 2.

2. A decorrere dal 1° gennaio 1995 i canoni annui per i beni patrimoniali e demaniali dello Stato destinati ad uso abitativo, concessi o locati a privati, sono, in deroga alle altre disposizioni di legge in vigore, rivalutati rispetto a quelli dovuti per l'anno 1994 di un coefficiente pari a: due volte il canone stesso, per i soggetti appartenenti ad un nucleo familiare con un reddito complessivo, riferito all'anno di imposta 1993, non superiore ad ottanta milioni di lire; cinque volte il canone stesso, per i soggetti appartenenti ad un nucleo familiare con un reddito complessivo, riferito all'anno di imposta 1993, uguale o superiore ad ottanta milioni di lire. Ai fini del calcolo dell'aumento di cui al presente comma non si tiene conto dell'eventuale incremento del canone relativo all'anno 1994, conseguente alla emanazione, successiva alla data di entrata in vigore della presente legge, dei decreti ministeriali previsti dal comma 3 dell'art. 9 della legge 24 dicembre 1993, n. 537. I soggetti assegnatari sono, comunque, tenuti a corrispondere il canone determinato sulla base dei predetti decreti ministeriali, quando lo stesso sia superiore a quello derivante dall'applicazione del presente comma.

3. Sono esclusi dall'incremento di cui al comma 2 gli alloggi di servizio, quelli in godimento alle vedove o alle persone già a carico, e finché mantengano i requisiti per essere considerate tali, di pubblici dipendenti deceduti per causa di servizio, a soggetti appartenenti ad un nucleo familiare con un reddito complessivo, riferito all'anno di imposta 1993, non superiore a quaranta milioni di lire, e alle associazioni e

fondazioni con finalità culturali, sociali, sportive, assistenziali e religiose senza fini di lucro, nonchè ad associazioni di promozione sociale iscritte nei registri nazionale e regionali, individuate con apposito decreto del Ministro delle finanze da emanare entro tre mesi dalla data di entrata in vigore della presente legge, nonchè i beni patrimoniali adibiti ad abitazione e gestiti dagli Istituti autonomi case popolari, già assoggettati al regime dell'equo canone (2).

4. Le maggiorazioni dei canoni previste dai commi 1 e 2 hanno effetto dal 1° gennaio 1995, indipendentemente dalla data di scadenza dei rapporti in corso.

5. Nel caso in cui le maggiorazioni dei canoni operate ai sensi del presente articolo siano considerate eccessive, gli interessati possono chiedere, entro sei mesi dalla data di entrata in vigore della presente legge, la risoluzione del rapporto, restituendo contestualmente il bene.

[6. Tutte le amministrazioni pubbliche e gli enti pubblici, anche territoriali, nonchè gli altri enti od associazioni di cui alla legge 11 luglio 1986, n. 390, che utilizzano, alla data di entrata in vigore della presente legge, a qualunque titolo, anche per usi governativi, beni demaniali o patrimoniali dello Stato devono comunicare al Ministero delle finanze la consistenza del bene, la sua attuale destinazione e la eventuale persistenza delle necessità di interesse pubblico all'utilizzazione stessa. La comunicazione deve essere inviata entro sei mesi dalla data di entrata in vigore di apposito decreto del Ministro delle finanze, da pubblicare nella Gazzetta Ufficiale, con il quale sono stabilite le relative modalità. La mancata comunicazione entro detto termine comporta la presunzione di cessazione delle esigenze di pubblico interesse all'utilizzazione del bene. Con apposito decreto del Ministro della difesa sono disposti le modalità e i tempi di attuazione dell'obbligo dell'Amministrazione della difesa di trasmettere, ad integrazione di quanto stabilito dal presente comma, l'elenco dei beni patrimoniali e demaniali, in uso a qualunque titolo alle Forze Armate, dismessi o dismissibili perchè non più necessari alla difesa del Paese ed altresì in quanto immediatamente alienabili, permutabili o trasferibili per altri impegni, comunque nel rispetto della legge 27 ottobre 1993, n. 432 e successive modificazioni. Le somme rinvenienti dalla dismissione dei predetti beni patrimoniali e demaniali della Difesa sono riservate all'erario e concorrono alla copertura degli oneri per il servizio del debito pubblico nonchè alla realizzazione delle linee di politica economica e finanziaria, rispettando le esigenze prioritarie di ammodernamento della difesa, anche in riferimento agli impegni assunti nelle sedi istituzionali.] (3)

7. A decorrere dalla data di entrata in vigore della presente legge, le superfici destinate ad attraversamento di torrenti o fiumi, che costituiscono un necessario ed insostituibile accesso a cause di civile abitazione su fondo intercluso, sono soggette al pagamento di un canone meramente ricognitorio (4).

8. A decorrere dal 1° gennaio 1995 i canoni annui per i beni appartenenti al patrimonio indisponibile dei comuni sono, in deroga alle disposizioni di legge in vigore, determinati dai comuni in rapporto alle caratteristiche dei beni, ad un valore comunque non inferiore a quello di mercato, fatti salvi gli scopi sociali.

(1) A norma dell'articolo 5 del D.L. 2 ottobre 1995, n. 415, i canoni per i beni patrimoniali e demaniali dello Stato di cui al presente articolo, concessi o locati a privati nel corso del 1994 o in data anteriore, sono corrisposti, per l'anno 1995, in due soluzioni.
(2) Comma modificato dall'articolo 32, comma 3, della legge 7 dicembre 2000, n. 383.
(3) Comma abrogato dall'articolo 3, comma 97, della legge 23 dicembre 1996, n. 662.

(4) A norma dell'articolo 10, comma 7, della legge 27 dicembre 1997, n. 449, la disposizione di cui al presente comma, si applica anche alle annualità pregresse, relativamente ai comuni con popolazione non superiore a mille abitanti.

33. Gioco del lotto. – 1. Il Ministro delle finanze, con proprio decreto, provvede a fissare in anticipo sui tempi previsti dal comma 2 dell'art. 5 della legge 19 aprile 1990, n. 85, l'allargamento della rete di raccolta del gioco del lotto in modo che entro tre anni dalla data di entrata in vigore della presente legge sia raggiunto il numero di 15.000 punti di raccolta e che successivamente sia estesa a tutti i tabaccai che ne facciano richiesta entro il 1° marzo di ogni anno, purchè sia assicurato un incasso medio annuo da stabilire con decreto del Ministro delle finanze, di intesa con le organizzazioni sindacali dei rispettivi settori maggiormente rappresentative sul piano nazionale, salvaguardando l'esigenza di garantire la presenza nelle zone periferiche del Paese. Sulla base delle domande presentate il Ministro delle finanze, con propri decreti, definisce il piano di progressiva estensione della rete a tutti i tabaccai richiedenti entro il 31 dicembre di ogni anno. Per conseguire tali obiettivi, la distanza tra le ricevitorie gestite da rivenditori di generi di monopolio e le ricevitorie gestite da ex dipendenti del lotto prevista come requisito dal decreto del Ministro delle finanze 6 maggio 1987 e dalla legge 19 aprile 1990, n. 85, è ridotta a 200 metri, seguendo il percorso pedonale più breve. *[Tale requisito è soppresso dal 31 dicembre 1998.]* (1)

2. Il ritardato versamento dei proventi del gioco del lotto è soggetto a sanzione amministrativa stabilita dall'autorità concedente nella misura minima di lire 200.000 e massima di lire 1.000.000 oltre agli interessi sul ritardato pagamento nella misura di una volta e mezzo gli interessi legali.

3. Il Ministro delle finanze, ad invarianza di gettito complessivo, provvede con proprio decreto a riordinare l'imposta di concessione governativa dovuta per l'esclusiva di vendita di tabacco ai sensi della legge 6 giugno 1973, n. 312, e del decreto del Ministro delle finanze 30 dicembre 1975, pubblicato nella Gazzetta Ufficiale n. 22 del 26 gennaio 1976, e successive modificazioni, e per la gestione di una ricevitoria del lotto, ai sensi della legge 19 aprile 1990, n. 85, perequando gli importi relativi in funzione della redditività media delle rispettive attività.

(1) Comma modificato dall'articolo 19, comma 7, della legge 27 dicembre 1997, n. 449 e successivamente dall'articolo 45, comma 21, della legge 23 dicembre 1998, n. 448.

CAPO V
Finanza regionale e locale

34. Trasferimenti alle regioni e alle province autonome di Trento e di Bolzano. – 1. A decorrere dall'anno 1995 la quota del 3,10 per cento dell'imposta di fabbricazione sugli olii minerali, loro derivati e prodotti analoghi di cui all'articolo 8, primo comma, lettera a), della legge 16 maggio 1970, n. 281, come modificato dall'articolo 4, comma 5, della legge 23 dicembre 1992, n. 500, è ridotta al 2,3 per cento.

2. Le norme di attuazione per il completamento del trasferimento delle competenze previste dagli statuti di autonomia delle regioni a statuto speciale e delle province autonome di Trento e di Bolzano sono emanate entro il 30 aprile 1995; le spese sostenute a decorrere dall'anno 1995 dallo

Stato, per le funzioni da trasferire, determinate d'intesa fra lo Stato, le regioni e le province autonome, sono poste a carico degli interessati, a condizione che il trasferimento venga completato entro il 30 settembre 1995. Al fine di rendere possibile l'esercizio organico delle funzioni trasferite con le medesime norme di attuazione viene altresì delegato alle regioni e alle province stesse, per il rispettivo territorio, l'esercizio delle funzioni amministrative che, esercitate dagli uffici statali soppressi, residuano alla competenza dello Stato; al finanziamento degli oneri necessari per l'esercizio delle funzioni delegate che provvedono gli enti interessati, avvalendosi a tal fine delle risorse che sono determinate di intesa con il Governo in modo da assicurare risparmi di spesa per il bilancio dello Stato.

3. Le misure del concorso delle regioni Sicilia, Sardegna e Friuli-Venezia Giulia al finanziamento del Servizio sanitario nazionale previste dall'articolo 12, comma 9, della legge 24 dicembre 1993, n. 537, sono elevate rispettivamente al 25 per cento, al 21 per cento e al 19,50 per cento. La regione Valle d'Aosta e le province autonome di Trento e Bolzano provvedono al finanziamento del Servizio sanitario nazionale nei rispettivi territori, senza alcun apporto a carico del bilancio dello Stato utilizzando prioritariamente le entrate derivanti dai contributi sanitari ad esse attribuiti dall'articolo 11, comma 9, del D.Lgs. 30 dicembre 1992, n. 502, e successive modificazioni ed integrazioni, e, ad integrazione, le risorse dei propri bilanci; per i predetti enti cessa l'applicazione dell'articolo 12, comma 9, della L. 24 dicembre 1993, n. 537, e non si provvede alle compensazioni di cui all'articolo 11, comma 15, del predetto decreto legislativo n. 502 del 1992, e successive modificazioni e integrazioni, anche con riferimento agli esercizi precedenti. Di conseguenza non si applicano, alla regione Valle d'Aosta e alle province autonome di Trento e di Bolzano, gli articoli 3, 4 e 6 della presente legge [(1)].

4. Per gli anni 1995, 1996 e 1997, la regione Trentino-Alto Adige e le province autonome di Trento e di Bolzano partecipano al processo di contenimento del fabbisogno del settore statale, nel rispetto dello statuto di autonomia e delle relative norme di attuazione.

5. A decorrere dall'anno 1995 gli oneri previsti a carico dello Stato derivanti dai mutui non ancora stipulati dalla regione Valle d'Aosta e dalle province autonome di Trento e di Bolzano, a copertura dei disavanzi delle unità sanitarie locali per gli anni dal 1987 al 1991, sono fronteggiati dalla regione e dalle province medesime.

6. Per il triennio 1995-1997 l'assegnazione di fondi alla regione Trentino-Alto Adige di cui all'articolo 7 del decreto del Presidente della Repubblica 31 luglio 1978, n. 569, è stabilita in lire 6 miliardi annui. Alle ulteriori occorrenze finanziarie per l'esercizio delle funzioni delegate la regione provvede a titolo di concorso al processo di risanamento della finanza pubblica.

7. I commi 2, 3 e 4 dell'art. 3 della legge 14 giugno 1990, n. 158, sono sostituiti dai seguenti:

" 2. Alla individuazione delle leggi di settore i cui stanziamenti devono costituire la quota variabile di cui al comma 1, lettera b), da destinare esclusivamente al finanziamento dei programmi regionali di sviluppo delle regioni a statuto ordinario, si provvede con decreto del Presidente del Consiglio dei Ministri, su proposta del Ministro per gli affari regionali, di intesa con la Conferenza permanente per i rapporti tra lo Stato, le regioni e le province autonome di Trento e di Bolzano.

3. Con delibera del CIPE, su proposta della Conferenza permanente per i rapporti tra lo Stato, le regioni e le province autonome di Trento e di Bolzano, sono stabiliti i criteri di ripartizione fra le regioni della quota variabile nell'ambito di comparti funzionali individuati con il decreto del Presidente del Consiglio dei Ministri di cui al comma 2.

4. Le regioni sono tenute a presentare annualmente alla Conferenza permanente per i rapporti tra lo Stato, le regioni e le province autonome di Trento e di Bolzano una relazione sullo stato di attuazione dei programmi di sviluppo finanziati con la quota variabile".

8. Al comma 2 dell'articolo 12 della legge 24 dicembre 1993, n. 537, le parole da: "; le procedure di riparto" fino alla fine del comma sono soppresse. È abrogato il comma 4 del medesimo articolo 12 della citata legge n. 537 del 1993. Le verifiche per l'attuazione degli obiettivi indicate al comma 3 del citato articolo 12 non si applicano agli stanziamenti dei capitoli del bilancio dello Stato già ricompresi nel fondo comune di cui all'articolo 8 della legge 16 maggio 1970, n. 281.

9. Nell'art. 20, comma 1, del decreto-legge 18 gennaio 1993, n. 8, convertito, con modificazioni, dalla legge 19 marzo 1993, n. 68, sono aggiunte, in fine, le parole: "nonchè l'istituzione dell'imposta regionale sulla benzina prevista dal capo III del decreto legislativo 21 dicembre 1990, n. 398".

(1) A norma dell'articolo 2, comma 3, della legge 28 dicembre 1995, n. 549, le misure del concorso delle regioni Sicilia e Sardegna al finanziamento del Servizio sanitario nazionale previste dal presente comma, sono elevate rispettivamente al 35 per cento e al 25 per cento. Successivamente l'articolo 1, comma 143 della legge 23 dicembre 1996, n. 662, ha ulteriormente elevato le predette misure rispettivamente, al 42,5 ed al 29 per cento.

35. Emissione di titoli obbligazionari da parte di enti territoriali. – 1. Le province, i comuni e le unioni di comuni, le città metropolitane e i comuni di cui agli articoli 17 e seguenti della legge 8 giugno 1990, n. 142, le comunità montane, i consorzi tra enti locali territoriali e le regioni possono deliberare l'emissione di prestiti obbligazionari destinati esclusivamente al finanziamento degli investimenti. Per le regioni resta ferma la disciplina di cui all'articolo 10 della legge 16 maggio 1970, n. 281, come modificato dall'articolo 9 della legge 26 aprile 1982, n. 181. È fatto divieto di emettere prestiti obbligazionari per finanziare spese di parte corrente. Le unioni di comuni, le comunità montane e i consorzi tra enti locali devono richiedere agli enti locali territoriali, che ne fanno parte, l'autorizzazione all'emissione dei prestiti obbligazionari. L'autorizzazione si intende negata qualora non sia espressamente concessa entro novanta giorni dalla richiesta. Si applicano le disposizioni di cui all'articolo 46 del decreto legislativo 30 dicembre 1992, n. 504, e successive modificazioni ed integrazioni. Il costo del monitoraggio previsto nel predetto articolo 46 sarà a totale carico dell'ente emittente.

[1.bis. I comuni, le province, le città metropolitane e, previa autorizzazione di ciascun partecipante, le unioni di comuni, le comunità montane e i consorzi tra enti locali, per il finanziamento di singole opere pubbliche, possono attivare prestiti obbligazionari di scopo legati alla realizzazione delle opere stesse e garantiti da un apposito patrimonio destinato. Tale patrimonio è formato da beni immobili disponi-

bili di proprietà degli enti locali di cui al primo periodo, per un valore almeno pari all'emissione obbligazionaria, ed è destinato esclusivamente alla soddisfazione degli obbligazionisti. Su tale patrimonio non sono ammesse azioni da parte di qualsiasi creditore diverso dai portatori dei titoli emessi dall'ente locale. Con apposito regolamento, da emanare, ai sensi dell'articolo 17, comma 3, della legge 23 agosto 1988, n. 400 entro sei mesi dalla data di entrata in vigore della presente disposizione, il Ministro dell'economia e delle finanze, di concerto con i Ministri dell'interno e delle infrastrutture e dei trasporti, determina le modalità di costituzione e di gestione del predetto patrimonio destinato a garantire le obbligazioni per il finanziamento delle opere pubbliche.] (1)

2. L'emissione dei prestiti obbligazionari è subordinata alle seguenti condizioni:

a) che gli enti locali territoriali, anche nel caso in cui partecipino a consorzi o unioni di comuni, non si trovino in situazione di dissesto o in situazioni strutturalmente deficitarie come definite dall'articolo 45 del decreto legislativo 30 dicembre 1992, n. 504;

b) che le regioni non abbiano proceduto al ripiano di disavanzi di amministrazione ai sensi dell'articolo 20 del decreto-legge 18 gennaio 1993, n. 8, convertito, con modificazioni, dalla legge 19 marzo 1993, n. 68.

3. Nessun prestito può comunque essere emesso se dal conto consuntivo del penultimo esercizio risulti un disavanzo di amministrazione e se non sia stato deliberato il bilancio di previsione dell'esercizio in cui è prevista l'emissione del prestito. Il prestito obbligazionario deve essere finalizzato ad investimenti e deve essere pari all'ammontare del valore del progetto esecutivo a cui fa riferimento. Gli investimenti, ai quali è finalizzato il prestito obbligazionario, devono avere un valore di mercato, attuale o prospettico, almeno pari all'ammontare del prestito. Gli interessi sui prestiti obbligazionari emessi dagli enti di cui al comma 1 concorrono a tutti gli effetti alla determinazione del limite di indebitamento stabilito dalla normativa vigente per le rispettive tipologie di enti emittenti.

4. La durata del prestito obbligazionario non può essere inferiore a cinque anni. In caso di prestiti emessi da un'unione di comuni o da consorzi tra enti locali territoriali, la data di estinzione non può essere successiva a quella in cui è previsto lo scioglimento dell'unione o del consorzio. Qualora si proceda alla fusione dei comuni prima della scadenza del termine di dieci anni, ai sensi degli articoli 11 e 26 della legge 8 giugno 1990, n. 142, il complesso dei rapporti giuridici derivanti dall'emissione del prestito è trasferito al nuovo ente.

5. Le obbligazioni potranno essere convertibili o con warrant in azioni di società possedute dagli enti locali.

6. *[Il prestito obbligazionario verrà collocato alla pari e gli interessi potranno essere corrisposti, con cedole annue, semestrali o trimestrali, a tasso fisso o a tasso variabile.] Il rendimento effettivo al lordo di imposta per i sottoscrittori del prestito non dovrà essere superiore, al momento della emissione, al rendimento lordo dei titoli di Stato di pari durata emessi nel mese precedente maggiorato di un punto. Ove in tale periodo non vi fossero state emissioni della specie si farà riferimento al rendimento dei titoli di Stato esistenti sul mercato con vita residua più vicina a quella delle obbligazioni da emettere maggiorato di un punto. I titoli obbligazionari sono emessi al portatore, sono stanziabili in anticipazione presso la Banca d'Italia e possono essere ricevuti in pegno per anticipazioni da tutti gli enti creditizi. Gli enti emittenti devono operare una ritenuta del 12,50 per cento a titolo di imposta sugli interessi, premi o altri frutti corrisposti ai possessori persone fisiche e a titolo di anticipo d'imposta per i soggetti tassati in base all'IRPEG. [Il gettito della ritenuta rimane di competenza degli enti emittenti che dovranno iscrivere la somma in apposito capitolo di bilancio al netto di una percentuale dello 0,1 per cento -- una tantum -- calcolato sul valore del prestito obbligazionario, da attribuire all'entrata del bilancio dello Stato quale contributo alle spese relative ad atti autorizzativi. È fatto divieto di accedere alla Cassa depositi e prestiti per accensione dei nuovi mutui nel periodo amministrativo in cui il prestito è stato sottoscritto.]* (2)

7. La delibera dell'ente emittente di approvazione del prestito deve indicare l'investimento da realizzare, l'importo complessivo, la durata e le modalità di rimborso e deve essere corredata del relativo piano di ammortamento finanziario. Il rimborso anticipato del prestito, ove previsto, può essere effettuato esclusivamente con fondi provenienti dalla dismissione di cespiti patrimoniali disponibili. L'ente emittente si avvale per il collocamento del servizio del prestito di intermediari autorizzati dalla normativa nazionale o comunitaria, ferme restando le disposizioni che ne disciplinano l'attività. L'ente emittente provvede ad erogare il ricavato del prestito obbligazionario con le modalità di cui all'articolo 19 della legge 3 gennaio 1978, n. 1. Il tesoriere dell'ente emittente deve provvedere al versamento presso l'ente o gli enti creditizi dei fondi occorrenti per il pagamento delle cedole, al netto delle ritenute fiscali, e per il rimborso del capitale secondo il piano di ammortamento predisposto. L'ente o gli enti creditizi rappresentano i possessori dei titoli obbligazionari nei rapporti con gli enti emittenti.

8. Il rimborso del prestito è assicurato attraverso il rilancio delle delegazioni di pagamento di cui all'articolo 3 della legge 21 dicembre 1978, n. 843. Il rimborso del prestito emesso dalle regioni è assicurato dall'iscrizione in bilancio con impegno della regione a dare mandato al tesoriere ad accantonare le somme necessarie. È vietata ogni forma di garanzia a carico dello Stato; è vietata altresì ogni forma di garanzia delle regioni per prestiti emessi da enti locali.

9. Alle emissioni obbligazionarie si applicano, in quanto compatibili, le norme relative alla gestione cartolare dei BOT di cui al decreto del Ministro del tesoro del 25 luglio 1985. Le emissioni obbligazionarie sono sottoposte al benestare preventivo della Banca d'Italia, che deve essere espresso entro sessanta giorni dalla richiesta, nei limiti fissati dalla stessa ai sensi dell'articolo 129 del decreto legislativo 1° settembre 1993, n. 385. I titoli obbligazionari possono essere quotati sui mercati regolamentati ai sensi della normativa vigente e possono essere riacquistati dall'ente emittente esclusivamente con mezzi provenienti da economie di bilancio.

10. Con apposito regolamento da emanare entro il 30 giugno 1995, il Ministro del tesoro, del bilancio e della programmazione economica determina le caratteristiche dei titoli obbligazionari, nonché i criteri e le procedure che gli enti emittenti sono tenuti ad osservare per la raccolta del risparmio; definisce l'ammontare delle commissioni di collocamento che dovranno percepire gli intermediari autorizzati; definisce altresì i criteri di quotazione sul mercato secondario. A tal fine possono anche essere previste modificazioni ed integrazioni delle certificazioni di bilancio di cui all'articolo 44 del decreto legislativo 30 dicembre 1992, n. 504 (3).

(1) *Comma inserito dall'articolo 54, comma 1, del D.L. 24 gennaio 2012,*

n. 1 e successivamente abrogato dall'articolo 2, comma 1, del D.Lgs. 22 gennaio 2016, n. 10.
(2) Comma modificato dall'articolo 3-bis, comma 1, del D.L. 27 ottobre 1995, n. 444, dall'articolo 1, comma 90, della legge 28 dicembre 1995, n. 549 e successivamente dall'articolo 41, comma 3, della legge 28 dicembre 2001, n. 448.
(3) Il regolamento di cui al presente comma è stato emanato con D.M. 5 luglio 1996, n. 420.

36. Competenze della regione Valle d'Aosta. – 1. Rimangono salve le competenze attribuite alla regione Valle d'Aosta dalla legge 26 novembre 1981, n. 690.

37. Indebitamento degli enti locali dissestati. – 1. In deroga a quanto stabilito dall'articolo 35, comma 2, lettera a), gli enti locali territoriali possono procedere all'emissione di prestiti obbligazionari purché:

a) abbiano registrato un avanzo di amministrazione nei conti consuntivi relativi all'ultimo e al penultimo esercizio precedente quello dell'emissione del prestito;

b) abbiano interamente ripianato gli eventuali disavanzi di gestione dei servizi pubblici gestiti a mezzo di aziende municipalizzate, provincializzate e speciali, nonché gli eventuali disavanzi dei consorzi per la quota a carico del singolo ente locale interessato. I disavanzi da assumere a riferimento sono quelli risultanti dai conti consuntivi del servizio pubblico relativi all'ultimo e al penultimo esercizio precedente quello dell'emissione del prestito.

2. Per quanto non stabilito dal presente articolo relativamente ai prestiti obbligazionari si applicano le disposizioni recate dall'articolo 35.

3. Per gli enti locali dissestati che si trovino nelle condizioni stabilite nel comma 1 cessano i limiti all'assunzione di mutui disposti dall'articolo 25, comma 9, del decreto-legge 2 marzo 1989, n. 66, convertito, con modificazioni, dalla legge 24 aprile 1989, n. 144.

4. I conti consuntivi da assumere a riferimento per l'applicazione del presente articolo non possono in ogni caso interessare gli esercizi precedenti quello per il quale è stata approvata l'ipotesi di bilancio riequilibrato.

CAPO VI
Disposizioni varie

38. Disposizioni relative alla Cassa depositi e prestiti. – 1. Le annualità da corrispondere per il 1995 alla Cassa depositi e prestiti, relativamente ai limiti di impegno autorizzati dagli articoli 36 e 38 della legge 5 agosto 1978, n. 457; dall'articolo 9 del decreto-legge 15 dicembre 1979, n. 629, convertito, con modificazioni, dalla legge 15 febbraio 1980, n. 25; dagli articoli 1, commi quarto e undicesimo, e 2, comma dodicesimo, del decreto-legge 23 gennaio 1982, n. 9, convertito, con modificazioni, dalla legge 25 marzo 1982, n. 94; dall'articolo 3, comma 7, del decreto-legge 7 febbraio 1985, n. 12, convertito, con modificazioni, dalla legge 5 aprile 1985, n. 118, e dall'articolo 22, comma 3, della legge 11 marzo 1988, n. 67, sono conferite alla Cassa medesima nell'esercizio successivo a quello di scadenza dell'ultima annualità dei rispettivi limiti di impegno.

39. Definizione agevolata delle violazioni edilizie. – 1. Le disposizioni di cui ai capi IV e V della legge 28 febbraio 1985, n. 47 e successive modificazioni e integrazioni, come ulteriormente modificate dal presente articolo, si applicano alle opere abusive che risultino ultimate entro il 31 dicembre 1993, e che non abbiano comportato ampliamento del manufatto superiore al 30 per cento della volumetria della costruzione originaria ovvero, indipendentemente dalla volumetria iniziale o assentita, un ampliamento superiore a 750 metri cubi. Le suddette disposizioni trovano altresì applicazione alle opere abusive realizzate nel termine di cui sopra relative a nuove costruzioni non superiori ai 750 metri cubi per singola richiesta di concessione edilizia in sanatoria. I termini contenuti nelle disposizioni richiamate al presente comma e decorrenti dalla data di entrata in vigore della legge 28 febbraio 1985, n. 47, o delle leggi di successiva modificazione o integrazione, sono da intendersi come riferiti alla data di entrata in vigore del presente articolo. I predetti limiti di cubatura non trovano applicazione nel caso di annullamento della concessione edilizia. Il procedimento di sanatoria degli abusi edilizi posti in essere dalla persona imputata di uno dei delitti di cui agli articoli 416- bis, 648- bis e 648- ter del codice penale, o da terzi per suo conto, è sospeso fino alla sentenza definitiva di non luogo a procedere o di proscioglimento o di assoluzione. Non può essere conseguita la concessione in sanatoria degli abusi edilizi se interviene sentenza definitiva di condanna per i delitti sopra indicati. Fatti salvi gli accertamenti di ufficio in ordine alle condanne riportate nel certificato generale del casellario giudiziale ad opera del comune, il richiedente deve attestare, con dichiarazione sottoscritta nelle forme di cui all'art. 2 della legge 4 gennaio 1968, n. 15, di non avere carichi pendenti in relazione ai delitti di cui agli articoli 416- bis, 648- bis e 648- ter del codice penale (1).

1-bis. Qualora l'amministratore di beni immobili oggetto di sequestro o di confisca ai sensi della legge 31 maggio 1965, n. 575, sia autorizzato dal giudice competente ad alienare taluno di detti beni, il medesimo giudice, sentito il pubblico ministero, può altresì autorizzarlo a riattivare il procedimento di sanatoria sospeso ai sensi del quinto periodo del comma 1. In tal caso, non opera nei confronti dell'amministratore o del terzo acquirente il divieto di concessione in sanatoria di cui al sesto periodo del medesimo comma (2).

2. Il rilascio della concessione o autorizzazione in sanatoria non comporta limitazione ai diritti dei terzi (3).

3. Per gli abusi edilizi commessi fino al 15 marzo 1985 e dal 16 marzo 1985 al 31 dicembre 1993, la misura dell'oblazione, prevista nella tabella allegata alla legge di cui al comma 1, in relazione al periodo dal 30 gennaio 1977 al 1° ottobre 1983, è moltiplicata rispettivamente per 2 e per 3. La misura dell'oblazione, come determinata ai sensi del presente comma, è elevata di un importo pari alla metà, nei comuni con popolazione superiore ai centomila abitanti.

4. La domanda di concessione o di autorizzazione in sanatoria, con la prova del pagamento dell'oblazione, deve essere presentata al comune competente, a pena di decadenza, entro il 31 marzo 1995. La documentazione di cui all'art. 35, terzo comma, della legge 28 febbraio 1985, n. 47, è sostituita da apposita dichiarazione del richiedente resa ai sensi dell'art. 4 della legge 4 gennaio 1968, n. 15. Resta fermo l'obbligo di allegazione della documentazione fotografica e, ove prescritto, quello di presentazione della perizia giurata, della certificazione di cui alla lettera b) del predetto terzo comma, nonchè del progetto di adeguamento statico di cui

al quinto comma dello stesso art. 35. Il pagamento dell'oblazione dovuta ai sensi della legge 28 febbraio 1985, n. 47, dell'eventuale integrazione di cui al comma 6, degli oneri di concessione di cui al comma 9, nonchè la documentazione di cui al presente comma e la denuncia in catasto nel termine di cui all'art. 52, secondo comma, della legge 28 febbraio 1985, n. 47, come da ultimo prorogato dall'art. 9, comma 8, del decreto-legge 30 dicembre 1993, n. 557, convertito, con modificazioni, dalla legge 26 febbraio 1994, n. 133, ed il decorso del termine di un anno e di due anni per i comuni con più di 500.000 abitanti dalla data di entrata in vigore della presente legge senza l'adozione di un provvedimento negativo del comune, equivale a concessione o ad autorizzazione edilizia in sanatoria salvo il disposto del periodo successivo; ai fini del rispetto del suddetto termine la ricevuta attestante il pagamento degli oneri concessori e la documentazione di denuncia al catasto può essere depositata entro la data di compimento dell'anno. Se nei termini previsti l'oblazione dovuta non è stata interamente corrisposta o è stata determinata in modo non veritiero e palesemente doloso, le costruzioni realizzate senza licenza o concessione edilizia sono assoggettate alle sanzioni richiamate agli articoli 40 e 45 della legge 28 febbraio 1985, n. 47. Le citate sanzioni non si applicano nel caso in cui il versamento sia stato effettuato nei termini per errore ad ufficio incompetente alla riscossione dello stesso. La mancata presentazione dei documenti previsti per legge entro il termine di tre mesi dalla espressa richiesta di integrazione notificata dal comune comporta l'improcedibilità della domanda e il conseguente diniego della concessione o autorizzazione in sanatoria per carenza di documentazione. Si fanno salvi i provvedimenti emanati per la determinazione delle modalità di versamento, riscossione e rimborso dell'oblazione [(4)].

5. L'oblazione prevista dal presente articolo deve essere corrisposta a mezzo di versamento, entro il 31 marzo 1995, dell'importo fisso indicato nella tabella B allegata alla presente legge e della restante parte in quattro rate di pari importo da effettuarsi rispettivamente il 15 aprile 1995, il 15 luglio 1995, il 15 settembre 1995 ed il 15 dicembre 1995. È consentito il versamento della restante parte dell'oblazione, in una unica soluzione, entro sessanta giorni dalla data di entrata in vigore della presente legge, ovvero entro il termine di scadenza di una delle suindicate rate. Ove l'intera oblazione da corrispondere sia di importo minore o pari rispetto a quello indicato nella tabella di cui sopra ovvero l'oblazione stessa, pari a lire 2.000.000, sia riferita alle opere di cui al n. 7 della tabella allegata alla legge 28 febbraio 1985, n. 47, il versamento dell'intera somma, dovuta a titolo di oblazione per ciascuna unità immobiliare, deve essere effettuato in unica soluzione, entro il 15 dicembre 1995, purchè la domanda sia stata presentata nei termini. Per le opere di cui ai numeri 4, 5, e 6 della tabella allegata alla stessa legge, l'oblazione, pari a lire 5.000.000, deve essere pagata con la medesima modalità di cui sopra. Le somme già versate, in adempimento di norme contenute nei decreti-legge 26 luglio 1994, n. 468, 27 settembre 1994, n. 551, e 25 novembre 1994, n. 649, che siano di importo superiore a quello indicato nel presente comma sono portate in riduzione dell'importo complessivo della oblazione da versare entro il 15 dicembre 1995 [(6)].

6. I soggetti che hanno presentato domanda di concessione o di autorizzazione edilizia in sanatoria ai sensi del capo IV della legge 28 febbraio 1985, n. 47, o i loro aventi causa, se non è stata interamente corrisposta l'oblazione dovuta ai sensi della stessa legge devono, a pena di improcedibilità della domanda, versare in luogo della somma residua, il triplo della differenza tra la somma dovuta e quella versata, in unica soluzione entro il 31 marzo 1996. La disposizione di cui sopra non trova applicazione nel caso in cui a seguito dell'intero pagamento dell'oblazione sia dovuto unicamente il conguaglio purchè sia stato richiesto nei termini di cui all'art. 35 della legge 28 febbraio 1985, n. 47 [(7)].

7. All'art. 32 della legge 28 febbraio 1985, n. 47, dopo il primo comma è inserito il seguente:

"Per le opere eseguite su immobili soggetti alla legge 29 giugno 1939, n. 1497, e al decreto-legge 27 giugno 1985, n. 312, convertito, con modificazioni, dalla legge 8 agosto 1985, n. 431, relative ad ampliamenti o tipologie d'abuso che non comportano aumento di superficie o di volume, il parere deve essere rilasciato entro centoventi giorni; trascorso tale termine il parere stesso si intende reso in senso favorevole".

8. Nel caso di interventi edilizi nelle zone e fabbricati sottoposti a vincolo ai sensi delle leggi 1° giugno 1939, n. 1089, 29 giugno 1939, n. 1497, e del decreto-legge 27 giugno 1985, n. 312, convertito, con modificazioni, dalla legge 8 agosto 1985, n. 431, il rilascio della concessione edilizia o della autorizzazione in sanatoria, subordinato al conseguimento delle autorizzazioni delle Amministrazioni preposte alla tutela del vincolo, estingue il reato per la violazione del vincolo stesso.

9. Alle domande di concessione in sanatoria deve essere altresì allegata una ricevuta comprovante il pagamento al comune, nel cui territorio è ubicata la costruzione, di una somma a titolo di anticipazione degli oneri concessori, se dovuti, calcolata nella misura indicata nella tabella C allegata alla presente legge, rispettivamente per le nuove costruzioni e gli ampliamenti e per gli interventi di ristrutturazione edilizia di cui all'art. 31, primo comma, lettera d), della legge 5 agosto 1978, n. 457, nonchè per le modifiche di destinazione d'uso, ove soggette a sanatoria. Per il pagamento dell'anticipo degli oneri concessori si applica la stessa rateizzazione prevista per l'oblazione. Coloro che in proprio o in forme consortili abbiano eseguito o intendano eseguire parte delle opere di urbanizzazione primaria, secondo le disposizioni tecniche dettate dagli uffici comunali, possono invocare lo scorporo delle aliquote, da loro sostenute, che riguardino le parti di interesse pubblico. Le modalità di pagamento del conguaglio sono definite entro sessanta giorni dalla data di entrata in vigore della presente legge, dal comune in cui l'abuso è stato realizzato. Qualora l'importo finale degli oneri concessori applicati nel comune di ubicazione dell'immobile risulti inferiore alla somma indicata nella predetta tabella C, la somma da versare, in unica soluzione, deve essere pari a detto minore importo.

10. Le domande di concessione in sanatoria presentate entro il 30 giugno 1987 e non definite per il mancato pagamento dell'oblazione, secondo quanto previsto dall'art. 40, primo comma, ultimo periodo, della legge 28 febbraio 1985, n. 47, devono essere integrate dalla presentazione di una ricevuta attestante il pagamento al comune, entro sessanta giorni dalla data di entrata in vigore della presente legge, di una quota pari al 70 per cento delle somme di cui al comma 9, se dovute. Qualora gli oneri concessori siano stati deter-

minati ai sensi della legge 28 gennaio 1977, n. 10, dalla legislazione regionale e dai conseguenti provvedimenti attuativi di questa, gli importi dovuti devono essere pari, in deroga a quanto previsto dal presente comma, all'intera somma calcolata, in applicazione dei parametri in vigore alla data del 30 giugno 1989. Il mancato pagamento degli oneri concessori, di cui al comma 9 ed al presente comma, entro il termine di cui al primo periodo del presente comma comporta l'applicazione dell'interesse del 10 per cento annuo sulle somme dovute.

10 -bis. Per le domande di concessione o autorizzazione in sanatoria presentate entro il 30 giugno 1987 sulle quali il sindaco abbia espresso provvedimento di diniego successivamente al 31 marzo 1995, sanabili a norma del presente articolo, gli interessati possono chiederne la rideterminazione sulla base delle disposizioni della presente legge (7).

11. I soggetti che hanno presentato entro il 31 dicembre 1993 istanza di concessione ai sensi dell'art. 13 della legge 28 febbraio 1985, n. 47, possono chiedere, nel rispetto dei termini e degli obblighi previsti dal presente articolo, che l'istanza sia considerata domanda di concessione in sanatoria. Entro il 30 giugno 1998, i comuni determinano in via definitiva i contributi di concessione e l'importo, da richiedere a titolo di conguaglio dei versamenti di cui ai commi 9 e 10. L'interessato provvede agli adempimenti conseguenti entro 60 giorni dalla notifica della richiesta. Per il pagamento degli oneri dovuti, il proprietario può accedere al credito fondiario, compresa l'anticipazione bancaria, o ad altre forme di finanziamento offrendo in garanzia agli immobili oggetto della domanda di sanatoria (8).

12. Per le opere oggetto degli abusi edilizi posti in essere dai soggetti di cui al comma 1, ultimo periodo, la sentenza del giudice penale che irroga le sanzioni di cui all'articolo 20 della legge 28 febbraio 1985, n. 47, dispone la confisca. Per effetto di tale confisca, le opere sono acquisite di diritto e gratuitamente al patrimonio indisponibile del comune sul cui territorio insistono. La sentenza di cui al presente comma è titolo per l'immediata trascrizione nei registri immobiliari.

13. Per le opere realizzate al fine di ovviare a situazioni di estremo disagio abitativo, la misura dell'oblazione è ridotta percentualmente in relazione ai limiti, alla tipologia del reddito ed all'ubicazione delle stesse opere secondo quanto previsto dalla tabella D allegata alla presente legge. Per il pagamento dell'oblazione si applicano le modalità di cui al comma 5 del presente articolo. Le regioni possono modificare, ai sensi di quanto disposto dall'art. 37 della legge 28 febbraio 1985, n. 47 e successive modificazioni, le norme di attuazione degli articoli 5,6 e 10 della legge 28 gennaio 1977, n. 10. La misura del contributo di concessione, in relazione alla tipologia delle costruzioni, alla loro destinazione d'uso ed alla loro localizzazione in riferimento all'ampiezza ed all'andamento demografico dei comuni nonchè alle loro caratteristiche geografiche, non può risultare inferiore al 70 per cento di quello determinato secondo le norme vigenti alla data di entrata in vigore della presente disposizione. Il potere di legiferare in tal senso è esercitabile entro novanta giorni dalla predetta data; decorso inutilmente tale termine, si applicano le disposizioni vigenti alla medesima data (9).

14. Per l'applicazione della riduzione dell'oblazione è in ogni caso richiesto che l'opera abusiva risulti adibita ad abitazione principale, ovvero destinata ad abitazione principale del proprietario residente all'estero del possessore dell'immobile o di altro componente del nucleo familiare in relazione di parentela entro il terzo grado o di affinità entro il secondo grado, e che vi sia convivenza da almeno due anni; è necessario inoltre che le opere abusive risultino di consistenza non superiore a quella indicata al comma 1 del presente articolo. La riduzione dell'oblazione si applica anche nei casi di ampliamento dell'abitazione e di effettuazione degli interventi di cui alle lettere c) e d) dell'art. 31, primo comma, della legge 5 agosto 1978, n. 457. La riduzione dell'oblazione non si applica nel caso di presentazione di più di una richiesta di sanatoria da parte dello stesso soggetto (10).

15. Il reddito di riferimento di cui al comma 13 è quello dichiarato ai fini IRPEF per l'anno 1993 dal nucleo familiare del possessore ovvero, nel caso di più aventi titolo, è quello derivante dalla somma della quota proporzionale dei redditi dichiarati per l'anno precedente dai nuclei familiari dei possessori dell'immobile. A tali fini si considera la natura del reddito prevalente qualora ricorrano diversi tipi di reddito. Ove l'immobile sanato, ai sensi del comma 14, venga trasferito, con atto inter vivos a titolo oneroso a terzi, entro dieci anni a decorrere dalla data di entrata in vigore della presente legge, è dovuta la differenza tra l'oblazione corrisposta in misura ridotta e l'oblazione come determinata ai sensi del comma 3, maggiorata degli interessi nella misura legale. La ricevuta del versamento della somma eccedente deve essere allegata a pena di nullità all'atto di trasferimento dell'immobile.

16. All'oblazione calcolata ai sensi del presente articolo continuano ad applicarsi le riduzioni di cui all'art. 34, terzo, quarto e settimo comma della legge 28 febbraio 1985, n. 47, ovvero, anche in deroga ai limiti di cubatura di cui al comma 1 del presente articolo, le riduzioni di cui al settimo comma dello stesso art. 34. Ai fini dell'applicazione del presente comma la domanda di cui al comma 4 è integrata dal certificato di cui all'art. 35, terzo comma, lettera d), della suddetta legge, in quanto richiesto. La riduzione di un terzo dell'oblazione di cui alla lettera c) del settimo comma dell'art. 34 della predetta legge n. 47 del 1985 è aumentata al 50 per cento. Se l'opera è da completare, il certificato di cui all'art. 35, terzo comma, lettera d), della legge 28 febbraio 1985, n. 47, può essere sostituito da dichiarazione del richiedente resa ai sensi della legge 4 gennaio 1968, n. 15 (11).

17. Ai fini della determinazione delle norme tecniche per l'adeguamento antisismico dei fabbricati oggetto di sanatoria edilizia si applicano le norme di cui alla legge 2 febbraio 1974, n. 64, dei successivi decreti di attuazione, delle ordinanze, nonché dei decreti del Ministro dei lavori pubblici. In deroga ad ogni altra disposizione il progetto di adeguamento per le costruzioni nelle zone sottoposte a vincolo sismico di cui all'ottavo comma dell'articolo 35 della legge 28 febbraio 1985, n. 47, può essere predisposto secondo le prescrizioni relative al miglioramento ed adeguamento degli edifici esistenti di cui al punto C.9 delle norme tecniche per le costruzioni in zone sismiche, allegate al decreto del Ministro dei lavori pubblici 24 gennaio 1986, pubblicato nella Gazzetta Ufficiale n. 108 del 12 maggio 1986. A tal fine la certificazione di cui alla lettera b) del terzo comma dell'articolo 35 della legge 28 febbraio 1985, n. 47, deve essere integrata da idonei accertamenti e verifiche.

18. Il presente articolo sostituisce le norme in materia in-

compatibili, salvo le disposizioni riferite ai termini di versamento dell'oblazione, degli oneri di concessione e di presentazione delle domande, che si intendono come modificative di quelle sopra indicati (12).

19. Per le opere abusive divenute sanabili in forza della presente legge, il proprietario che ha adempiuto agli oneri previsti per la sanatoria ha il diritto di ottenere l'annullamento delle acquisizioni al patrimonio comunale dell'area di sedime e delle opere sopra questa realizzate disposte in attuazione dell'art. 7, terzo comma, della legge 28 febbraio 1985, n. 47, e la cancellazione delle relative trascrizioni nel pubblico registro immobiliare dietro esibizione di certificazione comunale attestante l'avvenuta presentazione della domanda di sanatoria. Sono in ogni caso fatti salvi i diritti dei terzi e del comune nel caso in cui le opere stesse siano state destinate ad attività di pubblica utilità entro la data del 1° dicembre 1994 (13).

20. Ai fini dell'applicazione delle disposizioni di cui al comma 1, i vincoli di inedificabilità richiamati dall'articolo 33 della legge 28 febbraio 1985, n. 47, non comprendono il divieto transitorio di edificare previsto dall'articolo 1-quinquies del decreto-legge 27 giugno 1985, n. 312, convertito, con modificazioni, dalla legge 8 agosto 1985, n. 431, fermo restando il rispetto dell'articolo 12 del decreto-legge 12 gennaio 1988, n. 2, convertito, con modificazioni, dalla legge 13 marzo 1988, n. 68.

21. Le disposizioni del presente articolo non si applicano alle regioni a statuto speciale ed alle province autonome di Trento e di Bolzano, se incompatibili con le attribuzioni previste dagli statuti delle stesse e dalle relative norme di attuazione ad esclusione di quelle relative alla misura dell'oblazione ed ai termini per il versamento di questa (13).

(1) Comma modificato dall'articolo 2, comma 37, lettere a) e b), della legge 23 dicembre 1996, n. 662.
(2) Comma aggiunto dall'articolo 44, comma 1, della legge 23 dicembre 2000, n. 388.
(2) Comma sostituito dall'articolo 2, comma 37, lettera c), della legge 23 dicembre 1996, n. 662.
(3) Comma modificato dall'articolo 14, comma 1-bis, del D.L. 23 febbraio 1995, n. 41 e successivamente dall'articolo 2, comma 37, lettera d), della legge 23 dicembre 1996, n. 662.
(4) Comma modificato dall'articolo 14, comma 1-bis, del D.L. 23 febbraio 1995, n. 41 e successivamente dall'articolo 2, comma 37, lettera e), della legge 23 dicembre 1996, n. 662.
(5) Comma modificato dall'articolo 14, comma 1-bis, del D.L. 23 febbraio 1995, n. 41 e successivamente dall'articolo 2, comma 37, lettera f), della legge 23 dicembre 1996, n. 662.
(6) Comma aggiunto dall'articolo 2, comma 37, lettera g), della legge 23 dicembre 1996, n. 662.
(7) Comma modificato dall'articolo 2, comma 37, lettera h), della legge 23 dicembre 1996, n. 662 e successivamente dall'articolo 49, comma 7, della legge 27 dicembre 1997, n. 449.
(8) Comma modificato dall'articolo 2, comma 37, lettera i), della legge 23 dicembre 1996, n. 662.
(9) Comma modificato dall'articolo 2, comma 37, lettera l), della legge 23 dicembre 1996, n. 662.
(10) Comma modificato dall'articolo 2, comma 37, lettera m), della legge 23 dicembre 1996, n. 662.
(11) Comma modificato dall'articolo 2, comma 37, lettera n), della legge 23 dicembre 1996, n. 662.
(12) A norma dell'articolo 24, comma 2, della legge 30 aprile 1999, n. 136, la disposizione di cui al presente comma, deve intendersi nel senso che il diritto del proprietario di ottenere l'annullamento dell'acquisizione al patrimonio comunale, qualora abbia adempiuto agli oneri previsti per la sanatoria, si esercita anche nei casi in cui la predetta acquisizione sia stata disposta in attuazione delle disposizioni di cui all'articolo 15, commi terzo e tredicesimo, della legge 28 gennaio 1977, n. 10.
(13) Per una proroga del termine per le denunce in catasto degli immobili oggetto di concessione e di autorizzazione in sanatoria, vedi art. 13, comma 6-octies, d.L 30 gennaio 1998, n. 6, conv. in l. 30 marzo 1998, n. 61.

40. Sistema di finanziamento CONSOB. – 1. Nel quadro dell'attivazione di un processo di revisione dell'assetto istituzionale della Commissione nazionale per le società e la borsa (CONSOB), ai fini del proprio autofinanziamento la CONSOB segnala al Ministro del tesoro entro il 31 luglio di ciascun anno, a decorrere dal 1995, il fabbisogno finanziario per l'esercizio successivo, nonchè la previsione delle entrate, realizzabili nello stesso esercizio, per effetto dell'applicazione delle contribuzioni di cui al comma 3 (1).

[2. Sulla base della segnalazione della CONSOB, il Ministro del tesoro, determina, con proprio decreto, l'ammontare annuo del fondo di cui all'art. 1, settimo comma, del decreto-legge 8 aprile 1974, n. 95, convertito, con modificazioni, dalla legge 7 giugno 1974, n. 216 e successive modificazioni, necessario per assicurare la copertura degli oneri di funzionamento della CONSOB, non finanziati con le contribuzioni di cui al comma 3.] (2)

3. Entro il limite del fabbisogno finanziario di cui al comma 1, la CONSOB determina in ciascun anno l'ammontare delle contribuzioni dovute dai soggetti sottoposti alla sua vigilanza. Nella determinazione delle predette contribuzioni la CONSOB adotta criteri di parametrazione che tengono conto dei costi derivanti dal complesso delle attività svolte relativamente a ciascuna categoria di soggetti (3).

3- bis. Il Ministero del tesoro, del bilancio e della programmazione economica è esonerato, fino all'emanazione del testo unico previsto dall'art. 8, comma 1, della legge 6 febbraio 1996, n. 52, nelle materie di cui all'art. 21 della legge stessa, dagli obblighi previsti dalla normativa vigente relativi alle comunicazioni delle partecipazioni societarie detenute indirettamente (4).

4. Le determinazioni della CONSOB di cui al comma 3 sono rese esecutive con le procedure indicate dall'art. 1, nono comma, del decreto-legge 8 aprile 1974, n. 95, convertito, con modificazioni, dalla legge 7 giugno 1974, n. 216 e successive modificazioni.

5. le contribuzioni di cui al comma 3 sono versate direttamente alla CONSOB in deroga alla legge 29 ottobre 1984, n. 720 e successive modificazioni, e vengono iscritti in apposita voce del relativo bilancio di previsione (5).

6. La riscossione coattiva delle contribuzioni previste dal comma 3 avviene tramite ruolo e secondo le modalità di cui all'art. 67, comma 2, del D.P.R. 28 gennaio 1988, n. 43 (6)(7).

(1) Comma modificato dall'articolo 145, comma 29, della legge 23 dicembre 2000, n. 388.
(2) Comma modificato dall'articolo 145, comma 29, della legge 23 dicembre 2000, n. 388 e successivamente abrogato dall'articolo 1, comma 68, della legge 23 dicembre 2005, n. 266.
(3) Comma sostituito dall'articolo 145, comma 28, della legge 23 dicembre 2000, n. 388.
(4) Comma aggiunto dall'articolo 54, comma 6, della legge 27 dicembre 1997, n. 449.
(5) Comma modificato dall'articolo 145, comma 29, della legge 23 dicembre 2000, n. 388.
(6) Comma aggiunto dall'articolo 65, comma 1, del D.Lgs. 23 luglio 1996, n. 415.
(7) Vedi la deliberazione CONSOB 28 aprile 2005, n. 15008, la deliberazione CONSOB 29 dicembre 2006, n. 15711, la deliberazione CONSOB 29 dicembre 2006, n.15712, la deliberazione CONSOB 29 dicembre 2006, n. 15713, la deliberazione CONSOB 28 dicembre 2010, n. 17600, la Deliberazione CONSOB 28 dicembre 2011, n. 18051, la Deliberazione CONSOB 28 dicembre 2011, n. 18052 e la Deliberazione CONSOB 23 dicembre 2014, n. 19087.

5. D.M. 11 febbraio 1997, n. 37

Regolamento recante norme relative all'esercizio del potere di autotutela da parte degli organi dell'Amministrazione finanziaria.[1]

[1] *Pubblicato in Gazz. Uff., 5 marzo, n. 53*

(Omissis).

1. Organi competenti per l'esercizio del potere di annullamento e di revoca d'ufficio o di rinuncia all'imposizione in caso di autoaccertamento. – 1. Il potere di annullamento e di revoca o di rinuncia all'imposizione in caso di autoaccertamento spetta all'ufficio che ha emanato l'atto illegittimo o che è competente per gli accertamenti d'ufficio ovvero in via sostitutiva, in caso di grave inerzia, alla Direzione regionale o compartimentale dalla quale l'ufficio stesso dipende.

2. Ipotesi di annullamento d'ufficio o di rinuncia all'imposizione in caso di autoaccertamento. – 1. L'Amministrazione finanziaria può procedere, in tutto o in parte, all'annullamento o alla rinuncia all'imposizione in caso di autoaccertamento, senza necessità di istanza di parte, anche in pendenza di giudizio o in caso di non impugnabilità, nei casi in cui sussista illegittimità dell'atto o dell'imposizione, quali tra l'altro:

a) errore di persona;

b) evidente errore logico o di calcolo;

c) errore sul presupposto dell'imposta;

d) doppia imposizione;

e) mancata considerazione di pagamenti di imposta, regolarmente eseguiti;

f) mancanza di documentazione successivamente sanata, non oltre i termini di decadenza;

g) sussistenza dei requisiti per fruire di deduzioni, detrazioni o regimi agevolativi, precedentemente negati;

h) errore materiale del contribuente, facilmente riconoscibile dall'Amministrazione.

2. Non si procede all'annullamento d'ufficio, o alla rinuncia all'imposizione in caso di autoaccertamento, per motivi sui quali sia intervenuta sentenza passata in giudicato favorevole all'Amministrazione finanziaria.

3. Criteri di priorità. – 1. Nell'attività di cui all'articolo 2 è data priorità alle fattispecie di rilevante interesse generale e, fra queste ultime, a quelle per le quali sia in atto o vi sia il rischio di un vasto contenzioso.

4. Adempimenti degli uffici. – 1. Nel caso in cui l'importo dell'imposta, sanzioni ed accessori oggetto di annullamento o di rinuncia all'imposizione in caso di autoaccertamento o agevolazione superi euro 516.456,90, l'annullamento è sottoposto al preventivo parere della direzione regionale o compartimentale da cui l'ufficio dipende.

2. Dell'eventuale annullamento, o rinuncia all'imposizione in caso di autoaccertamento, è data comunicazione al contribuente, all'organo giurisdizionale davanti al quale sia eventualmente pendente il relativo contenzioso nonché - in caso di annullamento disposto in via sostitutiva - all'ufficio che ha emanato l'atto.

3. Con relazioni annuali, da trasmettere al Segretariato generale, ai relativi dipartimenti e al servizio per il controllo interno, le direzioni regionali e compartimentali evidenziano le cause dei vizi degli atti rilevati nonché le misure adottate per migliorare l'efficienza dell'attività di accertamento di loro competenza.

5. Richieste di annullamento o di rinuncia all'imposizione in caso di autoaccertamento. – 1. Le eventuali richieste di annullamento o di rinuncia all'imposizione in caso di autoaccertamento avanzate dai contribuenti sono indirizzate agli uffici di cui all'articolo 1; in caso di invio di richiesta ad ufficio incompetente, questo è tenuto a trasmetterla all'ufficio competente, dandone comunicazione al contribuente.

6. Rilevazione da parte degli uffici. – 1. La Direzione centrale per gli affari giuridici e per il contenzioso tributario del Dipartimento delle entrate, la Direzione centrale per gli affari generali, il personale e i servizi informatici e tecnici del Dipartimento delle dogane e la Direzione centrale per i servizi generali, il personale e l'organizzazione del Dipartimento del territorio, sulla base di relazioni che le direzioni regionali e compartimentali, avvalendosi del servizio automatizzato di cui all'articolo 36, comma 1, del decreto legislativo 31 dicembre 1992, n. 545, sono tenute a far pervenire trimestralmente alle stesse Direzioni centrali e al Segretariato generale, rilevano i motivi per i quali più frequentemente i ricorsi avverso atti degli uffici periferici e centrali sono accolti o respinti dalle commissioni tributarie.

2. Le Direzioni centrali di cui al comma 1 trasmettono semestralmente alle direzioni regionali e compartimentali elenchi, distinti per singoli tributi, delle questioni che più frequentemente formano oggetto di ricorso, evidenziando i casi di contrasto con la giurisprudenza nazionale e comunitaria.

7. Criteri di economicità per l'inizio o l'abbandono dell'attività contenziosa. – 1. Tenuto conto delle rilevazioni previste dall'articolo 6 e della giurisprudenza consolidata nella materia, le direzioni dei Dipartimenti impartiscono direttive per l'abbandono delle liti già iniziate, sulla base del criterio delle probabilità della soccombenza e della conseguente condanna dell'Amministrazione finanziaria al rimborso delle spese di giudizio. Ad analoga valutazione è subordinata l'adozione di iniziative in sede contenziosa.

2. Ai fini di cui al comma precedente è presa in considerazione anche l'esiguità delle pretese tributarie in rapporto ai costi amministrativi connessi alla difesa delle pretese stesse.

8. Criteri di economicità per l'inizio o l'abbandono dell'attività amministrativa. – 1. Con successivi propri decreti sono stabiliti i criteri di economicità sulla base dei quali si inizia o si abbandona l'attività dell'Amministrazione, in relazione a predeterminate categorie generali ed astratte.

6. D.Lgs. 9 luglio 1997, n. 241

Norme di semplificazione degli adempimenti dei contribuenti in sede di dichiarazione dei redditi e dell'imposta sul valore aggiunto, nonché di modernizzazione del sistema di gestione delle dichiarazioni (VISTO PESANTE)(1)(2)(3)(4)(A).

(1) *Pubblicato in Gazz. Uff., 28 luglio, n. 174*

(2) *Vedi art. 1, d.lg. 22 febbraio 1999, n. 37.*

(3) *Tutti i rinvii al d.p.r. 28 gennaio 1988, n. 43, soppresso dall'art. 68, d.lg. 13 aprile 1999, n. 112, contenuti nel presente provvedimento, si intendono riferiti alle corrispondenti disposizioni del citato d.lg. 112/1999.*

(4) *Vedi il D.M. 21 maggio 2003.*

(A) *In riferimento al presente decreto vedi: Circolare INPS 19 gennaio 2009, n. 8; Circolare INPS 25 febbraio 2009, n. 33.; Risoluzione del Ministero dell'Economia e delle Finanze n. 56/E del 11 maggio 2011; Risoluzione del Ministero dell'Economia e delle Finanze n. 6/E del 12 gennaio 2012; Risoluzione Ministero dell'Economia e delle Finanze 29 febbraio 2012 n. 20/E; Risoluzione Ministero dell'Economia e delle Finanze 19 aprile 2012 n. 37/E; Circolare Ministero dell'Economia e delle Finanze 25 maggio 2012 n. 15/E; Risoluzione Ministero dell'Economia e delle Finanze 21 giugno 2012 n. 69/E; Messaggio INPS 27 settembre 2012 n. 15587; Nota Agenzia delle Dogane 30 novembre 2012 n. 142490/RU; Messaggio INPS 05 febbraio 2013 n. 2277; Nota Ministero dello Sviluppo economico 17 giugno 2013, n. 101309. In riferimento alla fatturazione e pagamento dei compensi. Convenzione tra l'Inps e i soggetti abilitati all'assistenza fiscale di cui al presente decreto, per l'affidamento e la disciplina del servizio di raccolta e trasmissione delle dichiarazioni delle situazioni reddituali (Modelli RED) e delle dichiarazioni di responsabilità (Modelli ICRIC, ICRIC FREQUENZA, ICLAV, ACC.AS/PS) al fine della corretta erogazione delle prestazioni previdenziali e/o assistenziali. Campagne red e inv civ., vedi: Messaggio INPS 11 aprile* ***2019****, n. 1491.*

(Omissis).

CAPO I
Disposizioni in materia di dichiarazioni annuali dei redditi e della imposta sul valore aggiunto

1. Certificazioni e documenti riguardanti la dichiarazione delle persone fisiche(1). – 1. L'art. 3 del decreto del Presidente della Repubblica 29 settembre 1973, n. 600, riguardante l'accertamento delle imposte sui redditi è sostituito dal seguente: "Art. 3 (Certificazioni e documenti riguardanti la dichiarazione delle persone fisiche). - 1. Le persone fisiche che esercitano imprese commerciali ai sensi dell'art. 51 del testo unico delle imposte sui redditi, approvato con decreto del Presidente della Repubblica 22 dicembre 1986, n. 917, anche se non obbligati da altre norme devono redigere e conservare, per il periodo indicato nell'art. 22, il bilancio, composto dallo stato patrimoniale e dal conto dei profitti e delle perdite, relativo al periodo d'imposta. I ricavi, i costi, le rimanenze e gli altri elementi necessari, secondo le disposizioni del capo VI del titolo I del citato testo unico, per la determinazione del reddito d'impresa devono essere indicati in apposito prospetto, qualora non risultanti dal bilancio.

2. Le disposizioni del comma 1 non si applicano ai soggetti che, ammessi a regimi contabili semplificati, non hanno optato per il regime di contabilità ordinaria.

3. I contribuenti devono conservare, per il periodo previsto dall'art. 43, le certificazioni dei sostituti di imposta, nonchè i documenti probatori dei crediti di imposta, dei versamenti eseguiti con riferimento alla dichiarazione dei redditi e degli oneri deducibili o detraibili ed ogni altro documento previsto dal decreto di cui all'art. 8. Le certificazioni ed i documenti devono essere esibiti o trasmessi, su richiesta, all'ufficio competente.".

(1) *A norma dell'articolo 9, comma 3, del D.P.R. 22 luglio 1998, n. 322, le disposizioni di cui al presente articolo si applicano alle dichiarazioni presentate a decorrere dal 1° gennaio 1998.*

2. Certificazioni e documentazioni riguardanti la dichiarazione dei soggetti all'imposta sul reddito delle persone giuridiche(1).– 1. L'art. 5 del decreto del Presidente della Repubblica 29 settembre 1973, n. 600, è sostituito dal seguente: "Art. 5 (Certificazioni e documentazioni riguardanti la dichiarazione dei soggetti all'imposta sul reddito delle persone giuridiche). - 1. I soggetti all'imposta sul reddito delle persone giuridiche devono conservare, per il periodo indicato nell'art. 22, il bilancio o il rendiconto, nonchè i relativi verbali e relazioni, cui sono obbligati dal codice civile, da leggi speciali o dallo statuto. I ricavi, i costi, le rimanenze e gli altri elementi necessari, secondo le disposizioni del capo VI del titolo I del testo unico delle imposte sui redditi, approvato con decreto del Presidente della Repubblica 22 dicembre 1986, n. 917, per la determinazione dell'imponibile devono essere indicati in apposito prospetto, qualora non risultanti dal bilancio o dal rendiconto.

2. Gli enti indicati alla lettera c) del comma 1 dell'art. 87 del testo unico delle imposte sui redditi, approvato con decreto del Presidente della Repubblica 22 dicembre 1986, n. 917, devono conservare il bilancio relativo alle attività commerciali eventualmente esercitate. La disposizione non si applica agli enti che, ammessi a regimi contabili semplificati, non hanno optato per il regime ordinario.

3. Le società e gli enti indicati alla lettera d) del comma 1 dell'art. 87 del testo unico delle imposte sui redditi, approvato con decreto del Presidente della Repubblica 22 dicembre 1986, n. 917, devono conservare il bilancio relativo alle attività esercitate nel territorio dello Stato mediante stabili organizzazioni. Non sono obbligati alla conservazione del bilancio le società semplici e le società o le associazioni equiparate nè gli enti non commerciali che non esercitano nel territorio dello Stato attività commerciali o che, ammessi a regimi contabili semplificati, non hanno optato per il regime ordinario.

4. Le certificazioni dei sostituti d'imposta e i documenti probatori dei versamenti eseguiti con riferimento alle dichiarazioni dei redditi e degli oneri di cui agli articoli 110, 110-bis, 113 e 114 del testo unico delle imposte sui redditi, approvato con decreto del Presidente della Repubblica 22 dicembre 1986, n. 917, nonchè ogni altro documento previsto dal decreto di cui all'art. 8 devono essere conservati per il periodo previsto dall'art. 43. Le certificazioni e i documenti devono essere esibiti o trasmessi, su richiesta, all'ufficio competente.".

(1) *A norma dell'articolo 9, comma 3, del D.P.R. 22 luglio 1998, n. 322, le disposizioni di cui al presente articolo si applicano alle dichiarazioni presentate a decorrere dal 1° gennaio 1998.*

3. Dichiarazione delle società semplici, in nome collettivo, in accomandita semplice ed equiparate[1]. 1. L'art. 6 del decreto del Presidente della Repubblica 29 settembre 1973, n. 600, è sostituito dal seguente: "Art. 6 (Dichiarazione delle società semplici, in nome collettivo, in accomandita semplice ed equiparate). - 1. Le società semplici, in nome collettivo e in accomandita semplice indicate nell'art. 5 del testo unico delle imposte sui redditi approvato con decreto del Presidente della Repubblica 22 dicembre 1986, n. 917, le società e le associazioni ad esse equiparate a norma dello stesso articolo devono presentare la dichiarazione agli effetti dell'imposta locale sui redditi da esse dovuta e agli effetti dell'imposta sul reddito delle persone fisiche e dell'imposta sul reddito delle persone giuridiche dovute dai soci o dagli associati.

2. La dichiarazione deve contenere le indicazioni prescritte nel secondo comma dell'art. 1 e nel primo comma dell'art. 4.

3. I soggetti di cui al comma 1, anche se non obbligati da altre norme devono redigere e conservare, per il periodo indicato nell'art. 22, il bilancio, composto dallo stato patrimoniale e dal conto dei profitti e delle perdite, relativo al periodo d'imposta. I ricavi, i costi, le rimanenze e gli altri elementi necessari, secondo le disposizioni del capo VI del titolo I del testo unico delle imposte sui redditi, approvato con decreto del Presidente della Repubblica 22 dicembre 1986, n. 917, per la determinazione dell'imponibile devono essere indicati in apposito prospetto, qualora non risultanti dal bilancio.

4. Le disposizioni del comma 3 non si applicano ai soggetti che, ammessi a regimi contabili semplificati, non hanno optato per il regime di contabilità ordinaria, nonchè alle società semplici e alle società ed associazioni ad esse equiparate.

5. I soggetti di cui al comma 1 devono conservare, per il periodo previsto dall'art. 43, le certificazioni dei sostituti di imposta, i documenti probatori dei crediti di imposta, dei versamenti eseguiti con riferimento alla dichiarazione dei redditi e degli oneri deducibili o detraibili, nonchè ogni altro documento previsto dal decreto di cui all'art. 8. Le certificazioni ed i documenti devono essere esibiti o trasmessi, su richiesta, all'ufficio competente".

(1) A norma dell'articolo 9, comma 3, del D.P.R. 22 luglio 1998, n. 322, le disposizioni di cui al presente articolo si applicano alle dichiarazioni presentate a decorrere dal 1° gennaio 1998.

4. Dichiarazione dei sostituti d'imposta. – *[1. L'art. 7 del decreto del Presidente della Repubblica 29 settembre 1973, n. 600, è sostituito dal seguente: "Art. 7 (Dichiarazione dei sostituti d'imposta). - 1. I soggetti indicati nel titolo III, che corrispondono compensi, sotto qualsiasi forma, soggetti a ritenute alla fonte secondo le disposizioni dello stesso titolo, devono presentare annualmente apposita dichiarazione unica, anche ai fini dei contributi dovuti all'Istituto nazionale per la previdenza sociale (INPS) e dei premi dovuti all'Istituto nazionale per le assicurazioni contro gli infortuni sul lavoro (INAIL), relativa a tutti i percipienti. Si applica la disposizione dell'art. 12, comma 1, secondo periodo.*

2. La dichiarazione deve indicare i dati e gli elementi necessari per l'individuazione del sostituto d'imposta, per la determinazione dell'ammontare dei compensi, sotto qualsiasi forma corrisposti, delle ritenute, dei contributi e dei premi, nonchè per l'effettuazione dei controlli e gli altri elementi richiesti nel modello di dichiarazione, esclusi quelli che l'amministrazione finanziaria, l'INPS e l'INAIL sono in grado di acquisire direttamente e sostituisce le dichiarazioni previste ai fini contributivi e assicurativi.

3. La dichiarazione è unica anche ai fini dei contributi dovuti ad altri enti e casse. Con decreto del Ministro delle finanze, emanato di concerto con i Ministri del tesoro e del lavoro e della previdenza sociale, sono stabilite le relative modalità di attuazione.

4. Le attestazioni comprovanti il versamento delle ritenute e ogni altro documento previsto dal decreto di cui all'art. 8 devono essere conservati per il periodo previsto dall'art. 43 e devono essere esibiti o trasmessi, su richiesta, all'ufficio competente. La conservazione delle attestazioni relative ai versamenti contributivi e assicurativi resta disciplinata dalle leggi speciali.

5. La dichiarazione non deve essere presentata per i compensi e le altre somme soggetti a ritenuta ai sensi dell'art. 29.".] [1]

(1) Articolo abrogato dall'articolo 9, comma 4, del D.P.R. 22 luglio 1998, n. 322, con effetto a decorrere dalla data prevista nel medesimo articolo del D.P.R.

5. Redazione e sottoscrizione delle dichiarazioni. – *[1. L'art. 8 del decreto del Presidente della Repubblica 29 settembre 1973, n. 600, è sostituito dal seguente: "Art. 8 (Redazione e sottoscrizione delle dichiarazioni). - 1. Le dichiarazioni devono essere redatte, a pena di nullità, su stampati conformi ai modelli approvati con decreto del Ministro delle finanze, da pubblicare nella Gazzetta Ufficiale entro il 15 febbraio dell'anno in cui devono essere utilizzati. Il decreto di approvazione dei modelli di dichiarazione dei sostituti d'imposta di cui all'art. 7, comma 1, primo periodo, e dei modelli di dichiarazione di cui all'art. 78, comma 10, della legge 30 dicembre 1991, n. 413, è pubblicato nella Gazzetta Ufficiale entro il 31 ottobre dell'anno precedente a quello in cui i modelli stessi devono essere utilizzati.*

2. Gli stampati possono essere ritirati gratuitamente presso gli uffici comunali ovvero acquistati presso le rivendite autorizzate; tuttavia per particolari stampati il Ministro delle finanze può stabilire che la distribuzione sia fatta direttamente dagli uffici dell'amministrazione finanziaria ovvero mediante spedizione al contribuente. Il Ministro delle finanze stabilisce il prezzo degli stampati posti in vendita e l'aggio spettante ai rivenditori.

3. La dichiarazione deve essere sottoscritta, a pena di nullità, dal contribuente o da chi ne ha la rappresentanza legale o negoziale. La nullità è sanata se il contribuente provvede alla sottoscrizione entro trenta giorni dal ricevimento dell'invito da parte dell'ufficio delle entrate territorialmente competente.

4. La dichiarazione dei soggetti diversi dalle persone fisiche deve essere sottoscritta, a pena di nullità, dal rappresentante legale, e in mancanza da chi ne ha l'amministrazione anche di fatto, o da un rappresentante negoziale. La nullità è sanata se il soggetto tenuto a sottoscrivere la dichiarazione vi provvede entro trenta giorni dal ricevimento dell'invito da parte dell'ufficio delle entrate territorialmente competente.

5. La dichiarazione delle società e degli enti soggetti all'imposta sul reddito delle persone giuridiche, presso i quali esiste un organo di controllo, deve essere sottoscritta anche dalle persone fisiche che lo costituiscono o dal presidente se si tratta di organo collegiale. La dichiarazione priva di tale sottoscrizione è valida, salva l'applicazione della sanzione di cui all'art. 53.

6. In caso di presentazione della dichiarazione in via telematica da parte delle società menzionate nel comma 1 dell'art. 12, ovvero per il tramite dei soggetti incaricati ai sensi del comma 2 dello stesso articolo, le disposizioni dei commi 3, 4 e 5 del presente articolo si applicano con riferimento alla dichiarazione che gli stessi soggetti sono tenuti a con-

servare".] [1]

[1] *Articolo abrogato dall'articolo 9, comma 4, del D.P.R. 22 luglio 1998, n. 322, con effetto a decorrere dalla data prevista nel medesimo articolo del D.P.R.*

6. Termini per la presentazione delle dichiarazioni. – *[1. L'art. 9 del decreto del Presidente della Repubblica 29 settembre 1973, n 600, è sostituito dal seguente: "Art. 9 (Termini per la presentazione delle dichiarazioni). - 1. Le persone fisiche e le società o le associazioni di cui all'art. 6 devono presentare la dichiarazione, compresa quella unificata annuale, tra il 1° maggio e il 30 giugno di ciascun anno. La presentazione della dichiarazione in via telematica deve essere effettuata entro il 30 settembre di ciascun anno, rispettando i termini e le modalità stabiliti con il decreto di cui all'art. 8.*

2. I soggetti all'imposta sul reddito delle persone giuridiche, tenuti all'approvazione del bilancio o del rendiconto entro un termine stabilito dalla legge o dall'atto costitutivo, devono presentare la dichiarazione, compresa quella unificata annuale, entro un mese dall'approvazione del bilancio o rendiconto. Se il bilancio non è stato approvato nel termine stabilito, la dichiarazione deve essere presentata entro un mese dalla scadenza del termine stesso. La presentazione della dichiarazione in via telematica deve essere effettuata entro due mesi dall'approvazione del bilancio o del rendiconto o dalla scadenza del termine stabilito per l'approvazione, rispettando i termini e le modalità stabiliti con il decreto di cui all'art. 8. Qualora il termine di due mesi scada anteriormente al 1° giugno la trasmissione in via telematica deve essere effettuata nel mese di giugno.

3. Gli altri soggetti all'imposta sul reddito delle persone giuridiche devono presentare la dichiarazione, compresa quella unificata annuale, entro sei mesi dalla fine del periodo d'imposta. La presentazione della dichiarazione in via telematica deve essere effettuata entro sette mesi dalla fine del periodo d'imposta, rispettando i termini e le modalità stabiliti con il decreto di cui all'art. 8.

4. I sostituti d'imposta che non sono tenuti alla presentazione della dichiarazione unificata annuale devono presentare la dichiarazione tra il 1° e il 30 aprile di ciascun anno per i pagamenti fatti nell'anno solare precedente ovvero per gli utili di cui all'art. 27, dei quali è stata deliberata la distribuzione nell'anno solare precedente. La presentazione della dichiarazione in via telematica deve essere effettuata entro il 31 maggio, rispettando i termini e le modalità stabiliti con il decreto di cui all'art. 8.

5. Per gli interessi, i premi e gli altri frutti soggetti alla ritenuta di cui ai primi tre commi dell'art. 26 e per quelli assoggettati alla ritenuta a titolo d'imposta ai sensi dell'ultimo comma dello stesso articolo, degli articoli 2 e 3 del decreto-legge 17 settembre 1992, n. 378, convertito, con modificazioni, dalla legge 14 novembre 1992, n. 437 e dell'art. 7, commi 1 e 2, del, convertito, con modificazioni, dalla legge 8 agosto 1996, n. 425, nonchè per i premi e per le vincite di cui all'art. 30, la dichiarazione deve essere presentata contestualmente alla dichiarazione dei redditi propri.

6. Le dichiarazioni presentate entro un mese dalla scadenza del termine sono valide, salvo il disposto del sesto comma dell'art. 46. Le dichiarazioni presentate con ritardo superiore al mese si considerano omesse a tutti gli effetti, ma costituiscono titolo per la riscossione delle imposte dovute in base agli imponibili in esse indicati e delle ritenute indicate dai sostituti d'imposta.

7. La dichiarazione, diversa da quella di cui al comma 4, può essere integrata, salvo il disposto del quinto comma dell'art. 54, per correggere errori o omissioni mediante successiva dichiarazione da redigere e presentare secondo le modalità stabilite dagli articoli 8 e 12, entro il termine per la presentazione della dichiarazione per il secondo periodo d'imposta successivo, semprechè non siano iniziati accessi, ispezioni e verifiche o la violazione non sia stata comunque constatata ovvero non siano stati notificati gli inviti e le richieste di cui all'art. 32.".] [1]

[1] *Articolo abrogato dall'articolo 9, comma 4, del D.P.R. 22 luglio 1998, n. 322, con effetto a decorrere dalla data prevista nel medesimo articolo del D.P.R.*

7. Presentazione delle dichiarazioni. – *[1. L'art. 12 del decreto del Presidente della Repubblica 29 settembre 1973, n. 600, è sostituito dal seguente: "Art. 12 (Presentazione delle dichiarazioni). - 1. La dichiarazione è presentata all'Amministrazione finanziaria, per il tramite di una banca o di un ufficio dell'Ente poste italiane, convenzionati. I contribuenti con periodo di imposta coincidente con l'anno solare, obbligati alla presentazione della dichiarazione dei redditi, della dichiarazione annuale ai fini dell'imposta sul valore aggiunto e di quella del sostituto d'imposta, qualora abbiano effettuato ritenute alla fonte nei riguardi di non più di dieci soggetti, devono presentare la dichiarazione unificata annuale. Le società di cui all'art. 87, comma 1, lettera a), del testo unico delle imposte sui redditi, approvato con decreto del Presidente della Repubblica 22 dicembre 1986, n. 917, con capitale sociale superiore a 5 miliardi di lire devono presentare la dichiarazione in via telematica direttamente all'amministrazione finanziaria. I soggetti incaricati ai sensi del comma 2 presentano la dichiarazione in via telematica. Il collegamento telematico con l'amministrazione finanziaria è gratuito.*

2. Ai soli fini dell'applicazione del presente articolo si considerano soggetti incaricati della trasmissione della dichiarazione:

a) gli iscritti negli albi dei dottori commercialisti, dei ragionieri e periti commerciali e dei consulenti del lavoro;

b) i soggetti iscritti alla data del 30 settembre 1993 nei ruoli di periti ed esperti tenuti dalle camere di commercio, industria, artigianato e agricoltura per la subcategoria tributi, in possesso di diploma di laurea in giurisprudenza o in economia e commercio o equipollenti o di diploma di ragioneria;

c) le associazioni sindacali di categoria tra imprenditori indicate nell'art. 78, commi 1, lettere a) e b), e 2, della legge 30 dicembre 1991, n. 413, le quali possono provvedervi anche a mezzo di altri soggetti, individuati con decreto del Ministro delle finanze;

d) i centri autorizzati di assistenza fiscale per le imprese e per i lavoratori dipendenti e pensionati.

3. I soggetti di cui al comma 2 sono abilitati dall'amministrazione finanziaria alla trasmissione dei dati contenuti nelle dichiarazioni, subordinatamente alla stipulazione del contratto di assicurazione di cui al comma 9. L'abilitazione è revocata quando nello svolgimento dell'attività di trasmissione delle dichiarazioni vengono commesse gravi o ripetute irregolarità, ovvero in presenza di provvedimenti di sospensione irrogati dall'ordine di appartenenza del professionista o in caso di revoca dell'autorizzazione all'esercizio dell'attività da parte dei centri autorizzati di assistenza fiscale.

4. La dichiarazione può essere presentata all'amministrazione finanziaria anche mediante spedizione effettuata dall'estero, utilizzando il mezzo della raccomandata o altro equivalente dal quale risulti con certezza la data di spedizione.

5. Le banche e gli uffici postali devono rilasciare, anche se non richiesta, ricevuta di presentazione della dichiarazione. Il soggetto incaricato ai sensi del comma 2 rilascia al contribuente o al sostituto d'imposta, entro il termine previsto per la presentazione della dichiarazione per il tramite di una banca o di un ufficio postale, copia della dichiarazione contenente l'impegno a trasmettere in via telematica all'amministrazione finanziaria i dati in essa contenuti e, entro i quindici giorni successivi a quello in cui l'amministrazione finanziaria ha comunicato l'avvenuto ricevimento della dichiarazione, copia della relativa attestazione.

6. I soggetti di cui al comma 11 devono trasmettere in via telematica le dichiarazioni all'Amministrazione finanziaria entro cinque mesi dalla data di scadenza del termine di presentazione delle dichiarazioni stesse.

7. La dichiarazione si considera presentata nel giorno in cui è consegnata dal contribuente alla banca o all'ufficio postale ovvero trasmessa all'amministrazione finanziaria mediante procedure telematiche.

8. Le società che trasmettono la dichiarazione direttamente all'amministrazione finanziaria e i soggetti incaricati della predisposizione della dichiarazione conservano, per il periodo previsto dall'art. 43, la dichiarazione, della quale l'amministrazione finanziaria può chiedere l'esibizione o la trasmissione, debitamente sottoscritta e redatta su modello conforme a quello approvato con il decreto di cui all'art. 8. I documenti rilasciati dal soggetto incaricato di predisporre la dichiarazione devono essere conservati dal contribuente o dal sostituto d'imposta per il periodo previsto dall'art. 43.

9. Salva l'applicazione delle disposizioni sul mandato e sul contratto d'opera professionale, in caso di mancata o tardiva presentazione della dichiarazione o di indicazione nella stessa di dati difformi da quelli contenuti nella copia rilasciata al contribuente o al sostituto d'imposta, i soggetti indicati nel comma 2 devono tenere indenne il contribuente dalle sanzioni amministrative eventualmente irrogate nei suoi confronti. A tal fine essi devono stipulare idoneo contratto di assicurazione.

10. La prova della presentazione della dichiarazione è data dalla ricevuta della banca o dell'ufficio postale o della ricevuta di invio della raccomandata di cui al comma 4 ovvero dalla comunicazione dell'Amministrazione finanziaria attestante l'avvenuto ricevimento della dichiarazione presentata in via telematica. Nessuna altra prova può essere addotta in contrasto con le risultanze dei predetti documenti.

11. Le modalità di attuazione delle disposizioni del presente articolo sono stabilite con decreto del Ministro delle finanze da pubblicare nella Gazzetta Ufficiale. Le modalità di svolgimento del servizio di ricezione delle dichiarazioni da parte delle banche e dell'Ente poste italiane, comprese la misura del compenso spettante e le conseguenze derivanti dalle irregolarità commesse nello svolgimento del servizio, sono stabilite mediante distinte convenzioni, approvate con decreto del Ministro delle finanze, di concerto con il Ministro del tesoro. La misura del compenso è determinata tenendo conto dei costi del servizio e del numero complessivo delle dichiarazioni ricevute.

12. Le disposizioni del presente articolo si applicano anche alla presentazione delle dichiarazioni riguardanti imposte sostitutive delle imposte sui redditi.".] (1)

(1) *Articolo abrogato dall'articolo 9, comma 4, del D.P.R. 22 luglio 1998, n. 322, con effetto a decorrere dalla data prevista nel medesimo articolo del D.P.R.*

7 *bis*. Violazioni in materia di trasmissione telematica delle dichiarazioni(1)(2). – 1. In caso di tardiva od omessa trasmissione delle dichiarazioni da parte dei soggetti indicati nel comma 3 dell'articolo 3 del decreto del Presidente della Repubblica 22 luglio 1998, n. 322, a carico dei medesimi si applica la sanzione amministrativa da lire un milione a lire dieci milioni.

1-bis. La sanzione di cui al comma 1 si applica a carico dei soggetti indicati nell'articolo 15 del decreto del Ministero delle finanze 31 luglio 1998, pubblicato nella Gazzetta Ufficiale n. 187 del 12 agosto 1998, in caso di tardiva o omessa trasmissione telematica di dichiarazioni e di atti che essi hanno assunto l'impegno a trasmettere (3).

(1) *Articolo aggiunto dall'art. 2, d.lg. 28 dicembre 1998, n. 490.*
(2) *Vedi inoltre l'articolo 1, comma 34 della legge 27 dicembre 2006, n. 296.*
(3) *Comma aggiunto dall'articolo 1, comma 616, lettera a), della Legge 27 dicembre 2013, n. 147.*

8. Disposizioni in materia di dichiarazioni e di determinazione del reddito in base alle scritture contabili. – 1. Al decreto del Presidente della Repubblica 29 settembre 1973, n. 600, sono apportate le seguenti modificazioni:

[a) nell'art. 10, primo comma, dopo le parole: "il liquidatore" sono inserite le seguenti: "nominato con provvedimento dell'autorità giudiziaria";] (1)

b) nell'art. 38, terzo comma, le parole: "e dai relativi allegati" sono soppresse (2);

c) nell'art. 39, secondo comma, la lettera b) è abrogata (3);

d) nell'art. 65, terzo comma, concernente la proroga dei termini pendenti alla data della morte del contribuente, è aggiunto, in fine, il seguente periodo: "I soggetti incaricati dagli eredi, ai sensi del comma 2 dell'art. 12, devono trasmettere in via telematica la dichiarazione entro il mese di gennaio dell'anno successivo a quello in cui è scaduto il termine prorogato.".

(1) *Lettera abrogata dall'articolo 9, comma 4, del D.P.R. 22 luglio 1998, n. 322, con effetto a decorrere dalla data prevista nel medesimo articolo del D.P.R.*
(2) *A norma dell'articolo 9, comma 3, del D.P.R. 22 luglio 1998, n. 322, le disposizioni di cui alla presente lettera si applicano alle dichiarazioni presentate a decorrere dal 1° gennaio 1998.*
(3) *A norma dell'articolo 9, comma 3, del D.P.R. 22 luglio 1998, n. 322, le disposizioni di cui alla presente lettera si applicano alle dichiarazioni presentate a decorrere dal 1° gennaio 1998.*

9. Disposizioni relative a taluni adempimenti dei sostituti d'imposta. – 1. All'art. 4, comma 8- bis, del decreto-legge 23 gennaio 1993, n. 16, convertito, con modificazioni, dalla legge 24 marzo 1993, n. 75, come sostituito dall'art. 6, comma 2, del decreto-legge 29 aprile 1994, n. 260, convertito, con modificazioni, dalla legge 27 giugno 1994, n. 413, riguardante la facoltà dei sostituti d'imposta di prestare assistenza fiscale ai lavoratori dipendenti, il primo periodo è sostituito dal seguente: "Ai sostituti di imposta con un numero di dipendenti fino a venti è data facoltà di prestare assistenza fiscale, qualora i dipendenti ne facciano richiesta.".

2. All'art. 78 della legge 30 dicembre 1991, n. 413, il comma 15, riguardante gli adempimenti del sostituto d'imposta nei confronti dell'amministrazione finanziaria, è sostituito dal seguente: "15. Il sostituto d'imposta, eseguite le operazioni indicate nei commi 13 e 14 del presente articolo ed adempiuti gli obblighi indicati nell'art. 21 del decreto del Presidente della Repubblica 29 settembre 1973, n. 600, deve trasmettere all'amministrazione finanziaria, entro il mese di luglio, le apposite dichiarazioni ricevute, rispettando i termini e le modalità stabiliti con il decreto di cui all'art. 8 del citato decreto n. 600 del 1973. La trasmissione delle dichiarazioni deve avvenire con le modalità previste dall'art. 12 del citato decreto n. 600 del 1973, per la presentazione delle dichiarazioni dei sostituti d'imposta. Il sostituto d'imposta deve inoltre inviare all'amministrazione finanziaria le schede per la scelta della destinazione dell'8 per mille dell'imposta sul reddito delle persone fisiche di cui al comma 10.".

3. Restano ferme le disposizioni di cui alla legge 2 gennaio 1997, n. 2 concernente norme per la regolamentazione della contribuzione volontaria ai movimenti o partiti politici.

10. Determinazione dei contributi dovuti agli enti previdenziali [(A)]. – 1. I soggetti iscritti all'INPS per i propri contributi previdenziali, ad eccezione dei coltivatori diretti, e quelli iscritti agli enti e alle casse previdenziali individuati con decreto del Ministro delle finanze, di concerto con i Ministri del tesoro e del lavoro e della previdenza sociale, e all'INAIL devono determinare l'ammontare dei contributi e dei premi dovuti nella dichiarazione dei redditi. La determinazione del contributo dovuto deve essere effettuata sulla base degli imponibili stabiliti con riferimento ai redditi e ai volumi di affari dichiarati per l'anno al quale il contributo si riferisce. Con lo stesso decreto sono stabilite le modalità di attuazione del presente articolo, considerando corrisposte a titolo di acconto le somme versate in base alle vigenti disposizioni [(B)].

2. Nel decreto del Presidente della Repubblica 29 settembre 1973, n. 605, all'art. 20, terzo comma, riguardante il contenuto della comunicazione all'anagrafe tributaria cui le amministrazioni dello Stato sono tenute quali sostituti d'imposta, dopo il secondo periodo è inserito il seguente: "Nel medesimo decreto può essere previsto anche l'obbligo di indicare i dati relativi ai contributi dovuti agli enti e casse previdenziali.".

[(A)] *In riferimento al presente articolo vedi: Circolare Inps 07 giugno 2013, n. 88.*
[(B)] *In riferimento al presente comma vedi: Circolare INPS 6 giugno 2014, n. 74.*

11. Dichiarazione dell'imposta sul valore aggiunto. – 1. Al decreto del Presidente della Repubblica 26 ottobre 1972, n. 633, riguardante la disciplina dell'imposta sul valore aggiunto sono apportate le seguenti modificazioni:

a) l'art. 28 è sostituito dal seguente: "Art. 28 (Dichiarazione annuale). - 1. Tra il 1° febbraio ed il 15 marzo di ciascun anno il contribuente deve presentare la dichiarazione relativa all'imposta dovuta per l'anno solare precedente, redatta in conformità al modello approvato con decreto del Ministro delle finanze, da pubblicare nella Gazzetta Ufficiale entro il 20 dicembre dell'anno precedente a quello in cui deve essere utilizzato. Sono esonerati dalla presentazione della dichiarazione i contribuenti che nell'anno solare precedente hanno registrato esclusivamente operazioni esenti dall'imposta di cui all'art. 10, salvo quelli tenuti alla effettuazione della rettifica della detrazione di cui all'art. 19- bis. I contribuenti con periodo d'imposta coincidente, agli effetti delle imposte sui redditi, con l'anno solare obbligati alla presentazione anche della dichiarazione dei redditi e di quella del sostituto d'imposta, qualora abbiano effettuato ritenute alla fonte nei riguardi di non più di dieci soggetti, devono presentare, entro il termine di cui all'art. 9 del decreto del Presidente della Repubblica 29 settembre 1973, n. 600, la dichiarazione unificata annuale, redatta in conformità all'art. 8 dello stesso decreto.

2. La dichiarazione deve indicare i dati e gli elementi necessari per l'individuazione del contribuente, per la determinazione dell'ammontare delle operazioni e dell'imposta nonchè per l'effettuazione dei controlli e gli altri elementi richiesti nel modello di dichiarazione, esclusi quelli che l'Amministrazione finanziaria è in grado di acquisire direttamente.

3. Il contribuente perde il diritto alle detrazioni non computate per i mesi di competenza nè in sede di dichiarazione annuale.

4. La dichiarazione annuale deve essere presentata anche dai contribuenti che non hanno effettuato operazioni imponibili.";

b) nell'art. 30, primo comma, relativo al termine per il versamento della differenza tra l'ammontare dell'imposta e l'ammontare delle somme già versate mensilmente, le parole: "entro il 5 marzo di ciascun anno" sono sostituite dalle seguenti: "entro il 15 marzo di ciascun anno ovvero entro il termine previsto per il pagamento delle somme dovute in base alla dichiarazione unificata annuale, maggiorando le somme da versare degli interessi nella misura dello 0,40 per cento per ogni mese o frazione di mese successivo alla predetta data" [(1)];

c) nell'art. 33, primo comma, lettera b), riguardante il termine di versamento dell'imposta da parte dei contribuenti minori, le parole: "entro il 5 marzo di ciascun anno" sono sostituite dalle seguenti: "entro il 15 marzo di ciascun anno";

d) nell'art. 35- bis, concernente gli obblighi degli eredi del contribuente, il primo comma è sostituito dal seguente: "Gli obblighi derivanti, a norma del presente decreto, dalle operazioni effettuate dal contribuente deceduto possono essere adempiuti dagli eredi, ancorchè i relativi termini siano scaduti non oltre quattro mesi prima della data della morte del contribuente, entro i sei mesi da tale data.";

[e) nell'art. 37, concernente la presentazione delle dichiarazioni, sono apportate le seguenti modificazioni:

1) il primo comma è sostituito dal seguente: "Le dichiarazioni previste dal presente decreto devono essere sottoscritte, a pena di nullità, dal contribuente o da chi ne ha la rappresentanza legale o negoziale. La nullità è sanata se il contribuente provvede alla sottoscrizione entro trenta giorni dal ricevimento dell'invito da parte dell'ufficio dell'imposta sul valore aggiunto territorialmente competente.";

2) nel secondo comma, concernente l'ufficio al quale va presentata la dichiarazione, è aggiunto, in fine, il seguente periodo: "La dichiarazione annuale dei contribuenti con esercizio coincidente con l'anno solare agli effetti della imposizione sui redditi deve essere presentata a norma dell'art. 12 del decreto del Presidente della Repubblica 29 settembre 1973, n. 600.] [(2)]".

[(1)] *Lettera modificata dall'art. 1, d.lg. 24 marzo 1999, n. 81.*
[(2)] *Lettera abrogata dall'articolo 9, comma 4, del D.P.R. 22 luglio 1998, n. 322, con effetto a decorrere dalla data prevista nel medesimo articolo del D.P.R.*

12. Decorrenza. – 1. Le disposizioni del presente capo si applicano alle dichiarazioni presentate a decorrere dal 1° gennaio 1999, salvo quanto previsto nei commi seguenti.

2. La dichiarazione unificata annuale, di cui all'articolo 12 del decreto del Presidente della Repubblica 29 settembre 1973, n. 600, sostituito dall'articolo 7 del presente decreto, deve essere presentata:

a) dalle persone fisiche, ai soli fini fiscali, a decorrere dall'anno 1998;

[b) dai soggetti all'imposta sul reddito delle persone giuridiche, a decorrere dall'anno 2000[(1)]*.]* [(2)]

ACCERTAMENTO

3. I centri autorizzati di assistenza fiscale per le imprese e per i lavoratori dipendenti e pensionati devono trasmettere le dichiarazioni in via telematica a partire dall'anno 1998, ivi comprese le dichiarazioni previste dall'articolo 78, comma 10, della legge 30 dicembre 1991, n. 413 e le scelte effettuate in occasione della presentazione delle stesse. Per gli altri soggetti di cui all'articolo 12, comma 1, terzo periodo, del decreto del Presidente della Repubblica 29 settembre 1973, n. 600, e del comma 2 del medesimo articolo 12, come sostituito dall'articolo 7 del presente decreto, l'obbligo di trasmettere le dichiarazioni in via telematica decorre dall'anno 1999 (3).

[4. Per l'anno 1998, le dichiarazioni predisposte mediante l'utilizzo dei sistemi informatici sono consegnate o spedite per raccomandata all'amministrazione finanziaria mentre le altre sono presentate per il tramite di una banca o di un ufficio dell'Ente poste italiane, convenzionati, secondo le modalità stabilite nel decreto di cui all'art. 8 del decreto del Presidente della Repubblica 29 settembre 1973, n. 600. In caso di presentazione per il tramite di una banca o di un ufficio postale si applicano le disposizioni stabilite dall'art. 12 del citato decreto n. 600 del 1973, come sostituito dall'art. 7 del presente decreto.] (4)

5. Con decreto del Presidente del Consiglio dei Ministri, su proposta del Ministro delle competente, possono essere modificati, tenendo conto delle esigenze generali dei contribuenti, dei sostituti e dei responsabili d'imposta o delle esigenze organizzative dell'amministrazione, i termini riguardanti gli adempimenti degli stessi soggetti, relativi a imposte e contributi di cui al presente decreto, prevedendo l'applicazione di una maggiorazione ragguagliata allo 0,40 per cento mensile a titolo di interesse corrispettivo in caso di differimento del pagamento. Con lo stesso decreto può essere stabilito che non si fa luogo alla predetta maggiorazione per un periodo non superiore ai primi venti giorni; le somme dovute in base alla dichiarazione annuale relativa all'imposta sul valore aggiunto per l'anno 1998, affluiscono comunque allo Stato entro il 31 marzo 1998. A partire dal 1° gennaio 2000, la misura della maggiorazione prevista dall'articolo 11, comma 1, lettera b), e dal presente comma è determinata con decreto del Presidente del Consiglio dei Ministri, su proposta del Ministro del tesoro, del bilancio e della programmazione economica, di concerto con il Ministro delle finanze, con riferimento all'andamento dei tassi di mercato (5)(6).

(1) Termine anticipato all'anno 1999 dall'articolo unico del D.P.C.M. 7 gennaio 1999.
(2) Lettera abrogata dall'articolo 11 del D.P.R. 14 ottobre 1999, n. 542.
(3) Comma modificato dall'articolo 2 del D.Lgs. 23 marzo 1998, n. 56, con la decorrenza indicata dall'articolo 7 del medesimo D.Lgs. 56/1998.
(4) Lettera abrogata dall'articolo 9, comma 4, del D.P.R. 22 luglio 1998, n. 322, con effetto a decorrere dalla data prevista nel medesimo articolo del D.P.R.
(5) Comma sostituito dall'articolo 2 del D.Lgs. 23 marzo 1998, n. 56, con la decorrenza indicata dall'articolo 7 del medesimo D.Lgs. 56/1998, e successivamente modificato dall'articolo 1 del D.Lgs. 24 marzo 1999, n. 81. Per i termini per la presentazione delle dichiarazioni e dei relativi versamenti per l'anno 1998 vedi D.P.C.M. 24 marzo 1998; per l'anno 2000 vedi D.P.C.M. 20 aprile 2000; per l'anno 2001 vedi D.P.C.M. 30 aprile 2001, D.P.C.M. 18 giugno 2001, D.P.C.M. 24 luglio 2001; per l'anno 2002 vedi D.P.C.M. 9 maggio 2002; per l'anno 2003 vedi D.P.C.M. 17 luglio 2003; per l'anno 2004 vedi D.P.C.M. 14 luglio 2004; per l'anno 2005 vediD.P.C.M. 26 luglio 2005; per l'anno 2006 vedi D.P.C.M. 31 maggio 2007; per l'anno 2007 vedi il D.P.C.M. 30 giugno 2008; per l'anno 2013 vedi il D.P.C.M. 29 maggio 2013.
(6) A norma dell'articolo 1, comma 1, del D.L. 17 giugno 1999, n. 179, convertito senza modificazioni, dalla L. 30 luglio 1999, n. 257, per l'anno 1999, non si applica la maggiorazione dello 0,40 per cento mensile a titolo di interesse corrispettivo di cui al presente comma.

CAPO II
Disposizioni in materia di liquidazione e di accertamento delle dichiarazioni

13. Liquidazione delle imposte sui redditi. – 1. Nel decreto del Presidente della Repubblica 29 settembre 1973, n. 600, riguardante l'accertamento delle imposte sui redditi, gli articoli 36- bis e 36- ter sono sostituiti dai seguenti: "Art. 36- bis (Liquidazioni delle imposte, dei contributi, dei premi e dei rimborsi dovuti in base alle dichiarazioni). - 1. Avvalendosi di procedure automatizzate, l'amministrazione finanziaria procede, entro l'inizio del periodo di presentazione delle dichiarazioni relative all'anno successivo, alla liquidazione delle imposte, dei contributi e dei premi dovuti, nonchè dei rimborsi spettanti in base alle dichiarazioni presentate dai contribuenti e dai sostituti d'imposta.

2. Sulla base dei dati e degli elementi direttamente desumibili dalle dichiarazioni presentate e di quelli in possesso dell'anagrafe tributaria, l'Amministrazione finanziaria provvede a:

a) correggere gli errori materiali e di calcolo commessi dai contribuenti nella determinazione degli imponibili, delle imposte, dei contributi e dei premi;

b) correggere gli errori materiali commessi dai contribuenti nel riporto delle eccedenze delle imposte, dei contributi e dei premi risultanti dalle precedenti dichiarazioni,

c) ridurre le detrazioni d'imposta indicate in misura superiore a quella prevista dalla legge ovvero non spettanti sulla base dei dati risultanti dalle dichiarazioni;

d) ridurre le deduzioni dal reddito esposte in misura superiore a quella prevista dalla legge;

e) ridurre i crediti d'imposta esposti in misura superiore a quella prevista dalla legge ovvero non spettanti sulla base dei dati risultanti dalle dichiarazioni;

f) controllare la rispondenza con la dichiarazione e la tempestività dei versamenti delle imposte, dei contributi e dei premi dovuti a titolo di acconto e di saldo e delle ritenute alla fonte operate in qualità di sostituto d'imposta.

3. Quando dai controlli automatici eseguiti emerge un risultato diverso rispetto a quello indicato nella dichiarazione, l'esito della liquidazione è comunicato al contribuente o al sostituto d'imposta per evitare la reiterazione di errori e per consentire la regolarizzazione degli aspetti formali e la comunicazione all'Amministrazione finanziaria di eventuali dati ed elementi non considerati nella liquidazione.

4. I dati contabili risultanti dalla liquidazione prevista nel presente articolo si considerano, a tutti gli effetti, come dichiarati dal contribuente e dal sostituto d'imposta.

Art. 10. (Controllo formale delle dichiarazioni). - 1. Gli uffici periferici dell'amministrazione finanziaria, procedono, entro il 31 dicembre del secondo anno successivo a quello di presentazione, al controllo formale delle dichiarazioni presentate dai contribuenti e dai sostituti d'imposta, sulla base dei criteri selettivi fissati dal Ministro delle finanze, tenendo anche conto delle capacità operative dei medesimi uffici.

2. Senza pregiudizio dell'azione accertatrice a norma degli articoli 37 e seguenti, gli uffici possono:

a) escludere in tutto o in parte lo scomputo delle ritenute

d'acconto non risultanti dalle dichiarazioni dei sostituti d'imposta, dalle comunicazioni di cui all'art. 20, terzo comma, del decreto del Presidente della Repubblica 29 settembre 1973, n. 605, o dalle certificazioni richieste ai contribuenti ovvero delle ritenute risultanti in misura inferiore a quella indicata nelle dichiarazioni dei contribuenti stessi;

b) escludere in tutto o in parte le detrazioni d'imposta non spettanti in base ai documenti richiesti ai contribuenti o agli elenchi di cui all'art. 78, comma 25, della legge 30 dicembre 1991, n. 413;

c) escludere in tutto o in parte le deduzioni dal reddito non spettanti in base ai documenti richiesti ai contribuenti o agli elenchi menzionati nella lettera b);

d) determinare i crediti d'imposta spettanti in base ai dati risultanti dalle dichiarazioni e ai documenti richiesti ai contribuenti;

e) liquidare la maggiore imposta sul reddito delle persone fisiche e i maggiori contributi dovuti sull'ammontare complessivo dei redditi risultanti da più dichiarazioni o certificati di cui all'art. 1, comma 4, lettera d), presentati per lo stesso anno dal medesimo contribuente;

f) correggere gli errori materiali e di calcolo commessi nelle dichiarazioni dei sostituti d'imposta.

3. Ai fini dei commi 1 e 2, il contribuente o il sostituto d'imposta è invitato, anche telefonicamente o in forma scritta o telematica, a fornire chiarimenti in ordine ai dati contenuti nella dichiarazione e ad eseguire o trasmettere ricevute di versamento e altri documenti non allegati alla dichiarazione o difformi dai dati forniti da terzi.

4. L'esito del controllo formale è comunicato al contribuente o al sostituto d'imposta con l'indicazione dei motivi che hanno dato luogo alla rettifica degli imponibili, delle imposte, delle ritenute alla fonte, dei contributi e dei premi dichiarate, per consentire anche la segnalazione di eventuali dati ed elementi non considerati o valutati erroneamente in sede di controllo formale.".

14. Liquidazione dell'imposta sul valore aggiunto. – 1. Al decreto del Presidente della Repubblica 26 ottobre 1972, n. 633, riguardante la disciplina dell'imposta sul valore aggiunto sono apportate le seguenti modificazioni:

a) dopo l'art. 54 è inserito il seguente: "Art. 54- bis (Liquidazione dell'imposta dovuta in base alle dichiarazioni). - 1. Avvalendosi di procedure automatizzate l'amministrazione finanziaria procede, entro l'inizio del periodo di presentazione delle dichi razioni relative all'anno successivo, alla liquidazione dell'imposta dovuta in base alle dichiarazioni presentate dai contribuenti.

2. Sulla base dei dati e degli elementi direttamente desumibili dalle dichiarazioni presentate e di quelli in possesso dell'anagrafe tributaria, l'amministrazione finanziaria provvede a:

a) correggere gli errori materiali e di calcolo commessi dai contribuenti nella determinazione del volume d'affari e delle imposte;

b) correggere gli errori materiali commessi dai contribuenti nel riporto delle eccedenze di imposta risultanti dalle precedenti dichiarazioni;

c) controllare la rispondenza con la dichiarazione e la tempestività dei versamenti dell'imposta risultante dalla dichiarazione annuale a titolo di acconto e di conguaglio nonchè dalle liquidazioni periodiche di cui agli articoli 27, 33, comma 1, lettera a), e 74, quarto comma.

3. Quando dai controlli automatici eseguiti emerge un risultato diverso rispetto a quello indicato nella dichiarazione, l'esito della liquidazione è comunicato ai sensi e per gli effetti di cui al comma 6 dell'art. 60 al contribuente, nonchè per evitare la reiterazione di errori e per consentire la regolarizzazione degli aspetti formali e la segnalazione all'a mministrazione di eventuali dati ed elementi non considerati nella liquidazione.

4. I dati contabili risultanti dalla liquidazione prevista dal presente articolo si considerano, a tutti gli effetti, come dichiarati dal contribuente.";

b) nell'art. 55, secondo comma, riguardante il potere di procedere ad accertamento induttivo in talune ipotesi, sono soppresse le parole: "presentata è priva di sottoscrizione e il contribuente non ha provveduto, entro trenta giorni dal ricevimento dell'invito da parte dell'ufficio dell'imposta sul valore aggiunto, alla sottoscrizione o".

15. Modifica dei termini per l'accertamento delle imposte sui redditi. – 1. All'art. 43 del decreto del Presidente della Repubblica 29 settembre 1973, n. 600, sono apportate le seguenti modificazioni:

a) al primo comma, riguardante il termine per l'accertarnento delle dichiarazioni, le parole: "entro il 31 dicembre del quinto anno successivo" sono sostituite dalle seguenti: "entro il 31 dicembre del quarto anno successivo";

b) al secondo comma, riguardante il termine per l'accertamento in caso di omessa presentazione della dichiarazione, le parole "fino al 31 dicembre del sesto anno successivo" sono sostituite dalle seguenti "fino al 31 dicembre del quinto anno successivo".

16. Decorrenza. – 1. Le disposizioni del presente capo si applicano alle dichiarazioni presentate a decorrere dal 1° gennaio 1999.

CAPO III
Disposizioni in materia di riscossione

Sezione I – Versamento unitario e compensazione [1]

(1) *Per gli adempimenti necessari al fine di effettuare l'operazione di compensazione vedi l'articolo 1, comma 30 della legge 27 dicembre 2006, n. 296.*

17. Oggetto [(A)(1)]. – 1. I contribuenti *[titolari di partita IVA]* eseguono versamenti unitari delle imposte, dei contributi dovuti all'INPS e delle altre somme a favore dello Stato, delle regioni e degli enti previdenziali, con eventuale compensazione dei crediti, dello stesso periodo, nei confronti dei medesimi soggetti, risultanti dalle dichiarazioni e dalle denunce periodiche presentate successivamente alla data di entrata in vigore del presente decreto. Tale compensazione deve essere effettuata entro la data di presentazione della dichiarazione successiva. La compensazione del credito annuale o relativo a periodi inferiori all'anno dell'imposta sul valore aggiunto, dei crediti relativi alle imposte sui redditi e alle relative addizionali, alle imposte sostitutive delle imposte sui redditi e all'imposta regionale sulle attività produttive, per importi superiori a 5.000 euro annui, può essere effettuata a partire dal decimo giorno successivo a quello di presentazione della dichiarazione o dell'istanza da cui il credito emerge [(2)(3)].

2. Il versamento unitario e la compensazione riguardano i crediti e i debiti relativi:

a) alle imposte sui redditi, alle relative addizionali e alle ritenute alla fonte riscosse mediante versamento diretto ai sensi dell'art. 3 *[, primo comma]*, del decreto del Presidente della Repubblica 29 settembre 1973, n. 602 per le ritenute di cui al secondo comma del citato art. 3 resta ferma la facoltà di eseguire il versamento presso la competente sezione di tesoreria provinciale dello Stato; in tal caso non è ammessa la compensazione [(4)];

b) all'imposta sul valore aggiunto dovuta ai sensi degli articoli 27 e 33 del decreto del Presidente della Repubblica 26 ottobre 1972, n. 633, e quella dovuta dai soggetti di cui all'art. 74;

c) alle imposte sostitutive delle imposte sui redditi e dell'imposta sul valore aggiunto;

d) all'imposta prevista dall'art. 3, comma 143, lettera a), della legge 23 dicembre 1996, n. 662;

[d -bis) all'addizionale regionale all'imposta sul reddito delle persone fisiche [(5)].]

e) ai contributi previdenziali dovuti da titolari di posizione assicurativa in una delle gestioni amministrate da enti previdenziali, comprese le quote associative;

f) ai contributi previdenziali ed assistenziali dovuti dai datori di lavoro e dai committenti di prestazioni di collaborazione coordinata e continuativa di cui all'art. 49, comma 2, lettera a), del testo unico delle imposte sui redditi, approvato con decreto del Presidente della Repubblica 22 dicembre 1986, n. 917;

g) ai premi per l'assicurazione contro gli infortuni sul lavoro e le malattie professionali dovuti ai sensi del testo unico approvato con decreto del Presidente della Repubblica 30 giugno 1965, n. 1124;

h) agli interessi previsti in caso di pagamento rateale ai sensi dell'art. 20.

h-bis) al saldo per il 1997 dell'imposta sul patrimonio netto delle imprese, istituita con decreto-legge 30 settembre 1992, n. 394, convertito, con modificazioni, dalla legge 26 novembre 1992, n. 461, e del contributo al Servizio sanitario nazionale di cui all'art. 31 della legge 28 febbraio 1986, n. 41, come da ultimo modificato dall'art. 4 del decreto-legge 23 febbraio 1995, n. 41, convertito, con modificazioni, dalla legge 22 marzo 1995, n. 85 [(6)(B)].

[2-bis. Non sono ammessi alla compensazione di cui al comma 2 i crediti ed i debiti relativi all'imposta sul valore aggiunto da parte delle società e degli enti che si avvalgono della procedura di compensazione della predetta imposta a norma dell'ultimo comma dell'art. 73 del decreto del Presidente della Repubblica 26 ottobre 1972, n. 633 [(7)].]

h-ter) alle altre entrate individuate con decreto del Ministro delle finanze, di concerto con il Ministro del tesoro, del bilancio e della programmazione economica, e con i Ministri competenti per settore [(8)].

h-quater) al credito d'imposta spettante agli esercenti sale cinematografiche [(9)(10)(11)(12)(13)].

h-quinquies) alle somme che i soggetti tenuti alla riscossione dell'incremento all'addizionale comunale debbono riversare all'INPS, ai sensi dell'articolo 6-quater del decreto-legge 31 gennaio 2005, n. 7, convertito, con modificazioni, dalla legge 31 marzo 2005, n. 43, e successive modificazioni [(14)]

h-sexies) alle tasse sulle concessioni governative [(15)];

h-septies) alle tasse scolastiche [(16)].

2-ter. Qualora il credito di imposta utilizzato in compensazione risulti superiore all'importo previsto dalle disposizioni che fissano il limite massimo dei crediti compensabili ai sensi del presente articolo, il modello F24 è scartato. La progressiva attuazione della disposizione di cui al periodo precedente è fissata con provvedimenti del direttore dell'Agenzia delle entrate. Con provvedimento del direttore dell'Agenzia delle entrate sono altresì indicate le modalità con le quali lo scarto è comunicato al soggetto interessato [(17)].

2-quater. In deroga alle previsioni di cui all'articolo 8, comma 1, della legge 27 luglio 2000, n. 212, per i contribuenti a cui sia stato notificato il provvedimento di cessazione della partita IVA, ai sensi dell'articolo 35, comma 15-bis, del decreto del Presidente della Repubblica 26 ottobre 1972, n. 633, è esclusa la facoltà di avvalersi, a partire dalla data di notifica del provvedimento, della compensazione dei crediti, ai sensi del comma 1 del presente articolo; detta esclusione opera a prescindere dalla tipologia e dall'importo dei crediti, anche qualora questi ultimi non siano maturati con riferimento all'attività esercitata con la partita IVA oggetto del provvedimento, e rimane in vigore fino a quando la partita IVA risulti cessata [(18)].

2-quinquies. In deroga alle previsioni di cui all'articolo 8, comma 1, della legge 27 luglio 2000, n. 212, per i contribuenti a cui sia stato notificato il provvedimento di esclusione della partita IVA dalla banca dati dei soggetti passivi che effettuano operazioni intracomunitarie, ai sensi dell'articolo 35, comma 15-bis, del decreto del Presidente della Repubblica 26 ottobre 1972, n. 633, è esclusa la facoltà di avvalersi, a partire dalla data di notifica del provvedimento, della compensazione dei crediti IVA, ai sensi del comma 1 del presente articolo; detta esclusione rimane in vigore fino a quando non siano rimosse le irregolarità che hanno generato l'emissione del provvedimento di esclusione [(19)].

2-sexies. Nel caso di utilizzo in compensazione di crediti in violazione di quanto previsto dai commi 2-quater e 2-quinquies, il modello F24 è scartato. Lo scarto è comunicato tramite i servizi telematici dell'Agenzia delle entrate al soggetto che ha trasmesso il modello F24, mediante apposita ricevuta [(20)].

[(A)] *In riferimento al presente articolo vedi: Risoluzione Agenzia delle Entrate 27 maggio 2013, n. 37/E; Risoluzione Agenzia delle Entrate 28 giugno 2013, n. 41/E; Provvedimento 3 gennaio 2014 Risoluzione dell'Agenzia delle Entrate 16 aprile 2014, n. 40/E; Risoluzione dell'Agenzia delle Entrate 3 aprile 2015, n. 36/E. Risoluzione Agenzia delle Entrate 29 luglio 2020 n. 45/E; Risoluzione Agenzia delle Entrate 1 marzo 2021, n. 13/E; Risposta Agenzia delle Entrate 28 aprile 2021, n. 300; Risoluzione Agenzia delle Entrate 21 maggio 2021, n. 34/E. Risposta Agenzia delle Entrate 8 luglio 2021 n. 469; Risposta Agenzia delle Entrate 23 luglio 2021, n. 506; Risoluzione Agenzia delle Entrate 30 novembre 2021, n. 67/E.*

[(B)] *In riferimento all'Istituzione dei codici tributo per il versamento, tramite modello F24, delle tasse scolastiche, di cui alla presente lettera, vedi: Risoluzione Agenzia delle Entrate 17 dicembre 2019 n. 106/E e Circolare Ministero dell'Istruzione, dell'Università e della Ricerca 17 gennaio 2020 n. 806.*

[(1)] *A norma dell'articolo 11, comma 2, del D.L. 24 aprile 2014, n. 66, convertito con modificazioni dalla Legge 23 giugno 2014, n. 89, a decorrere dal 1° ottobre 2014, fermi restando i limiti già previsti da altre disposizioni vigenti in materia, i versamenti di cui al presente articolo sono eseguiti: a) esclusivamente mediante i servizi telematici messi a disposizione dall'Agenzia delle entrate, nel caso in cui, per effetto delle compensazioni effettuate, il saldo finale sia di importo pari a zero; b) esclusivamente mediante i servizi telematici messi a disposizione dall'Agenzia delle entrate e dagli intermediari della riscossione convenzionati con la stessa, nel caso in cui siano effettuate delle compensazioni e il saldo finale sia di importo positivo; c) esclusivamente mediante i servizi telematici messi a disposizione dall'Agenzia delle entrate e dagli intermediari della riscossione convenzionati con la stessa, nel caso in cui il saldo finale sia di importo superiore a mille euro.*

[2] Comma modificato dall'articolo 2, comma 1, lettera a), numero 1), del D.Lgs. 19 novembre 1998, n. 422 e, successivamente, dall'articolo 10, comma 1, lettera a), del D.L. 1 luglio 2009, n. 78, convertito con modificazioni dalla L. 3 agosto 2009, n. 102, dall'articolo 8, comma 18, del D.L. 2 marzo 2012, n. 16, convertito con modificazioni dalla L. 26 aprile 2012, n. 44 e, da ultimo modificato dall'articolo 3, comma 4-bis, lettera a), del D.L. 24 aprile 2017, n. 50, convertito, con modificazioni, dalla legge 24 giugno 2017, n. 96. Vedi anche l'articolo 1, commi 937 e 943 della Legge 27 dicembre 2017, a decorrere dal 01 febbraio 2018. Da ultimo modificato dall'articolo 3, comma 1, del D.L. 26 ottobre 2019, n. 124, convertito con modificazioni dalla Legge 19 dicembre 2019, n. 157; la disposizione si applica con riferimento ai crediti maturati a decorrere dal periodo d'imposta in corso al 31 dicembre 2019.

[3] Per una deroga al presente comma vedi l'articolo 2, comma 10, della legge 23 dicembre 2000, n. 388, l'articolo 31, comma 1, del D.L. 31 maggio 2010, n. 78 e, da ultimo, l'articolo 15, comma 1, lettera b) del D.Lgs. 21 novembre 2014, n. 175.

[4] Lettera modificata dall'articolo 1, comma 10, lettera a), del D.Lgs. 28 settembre 1998, n. 360 e, successivamente dall'articolo 2, comma 1, lettera a), numero 2), del D.Lgs. 19 novembre 1998, n. 422.

[5] Lettera aggiunta dall'articolo 50, comma 7, del D.Lgs. 15 dicembre 1997, n. 446 e, successivamente, soppressa dall'articolo 1, comma 10, lettera b), del D.Lgs. 28 settembre 1998, n. 360.

[6] Lettera aggiunta dall'articolo 2, comma 1, lettera b), numero 1), del D.Lgs. 23 marzo 1998, n. 56.

[7] Comma aggiunto dall'articolo 2, comma 1, lettera b), numero 2), del D.Lgs. 23 marzo 1998, n. 56 e, successivamente, abrogato dall'articolo 11, comma 1, lettera g), del D.P.R. 14 ottobre 1999, n. 542.

[8] Lettera aggiunta dall'articolo 20, comma 3, del D.Lgs. 26 febbraio 1999, n. 60 e, successivamente, sostituita dall'articolo 1, comma 1, lettera c), del D.Lgs. 24 marzo 1999, n. 81; dall'articolo 83, comma 1, della legge 21 novembre 2000, n. 342.

[9] Lettera aggiunta dall'articolo 20 del D.Lgs. 26 febbraio 1999, n. 60, nel testo modificato dall'articolo 2 del D.Lgs. 2 dicembre 1999, n. 464, a decorrere dal 1° gennaio 2000.

[10] Per la proroga del termine per il versamento vedi, per l'anno 2002, l'articolo 1 del D.P.C.M. 9 maggio 2002. Per l'anno 2003,, articolo 1 del D.P.C.M. 17 luglio 2003, per l'anno 2004, l'articolo 1 del D.P.C.M. 14 luglio 2004, per l'anno 2005, l'articolo 1 del D.P.C.M. 26 luglio 2005, per l'anno 2006, l'articolo 1 del D.P.C.M. 28 luglio 2006, per l'anno 2007, l'articolo 1 del D.P.C.M. 6 luglio 2007.

[11] A norma dell'articolo 2, comma 16, del D.L. 3 ottobre 2006, n. 262, convertito con modificazioni dalla L. 24 novembre 2006, n. 286, il presente articolo si interpreta nel senso che le disposizioni nello stesso previste si applicano anche ai contributi stabiliti nella legge 4 giugno 1973, n. 311.

[12] A norma dell'articolo 37, comma 11-bis, del D.L. 4 luglio 2006, n. 223 come modificato dall'articolo 3-quater, comma 1, del D.L. 2 marzo 2012, n. 16, convertito con modificazioni dalla L. 26 aprile 2012, n. 44, gli adempimenti fiscali e il versamento delle somme di cui al presente articolo, che hanno scadenza dal 1° al 20 agosto di ogni anno, possono essere effettuati entro il giorno 20 dello stesso mese, senza alcuna maggiorazione.

[13] In riferimento al presente articolo vedi: Circolare ENPALS 10 agosto 2009, n. 15; Messaggio INPS 8 giugno 2011, n. 12442.

[14] Lettera aggiunta dall'articolo 2, comma 50, della legge 28 giugno 2012, n. 92.

[15] Lettera inserita dall'articolo 4-quater, comma 1, del D.L. 30 aprile 2019, n. 34, convertito, con modificazioni, dalla Legge 28 giugno 2019, n. 58. Per l'applicazione delle presenti disposizioni vedi l'articolo articolo 4-quater, comma 2, del D.L. 34/2019 medesimo, convertito, con modificazioni, dalla Legge 28 giugno 2019, n. 58.

[16] Lettera inserita dall'articolo 4-quater, comma 1, del D.L. 30 aprile 2019, n. 34, convertito, con modificazioni, dalla Legge 28 giugno 2019, n. 58. Per l'applicazione delle presenti disposizioni vedi l'articolo articolo 4-quater, comma 2, del D.L. 34/2019 medesimo, convertito, con modificazioni, dalla Legge 28 giugno 2019, n. 58.

[17] Comma aggiunto dall'articolo 3, comma 4-bis, lettera b), del D.L. 24 aprile 2017, n. 50, convertito, con modificazioni, dalla legge 24 giugno 2017, n. 96.

[18] Comma aggiunto, a decorrere dal periodo d'imposta in corso al 31 dicembre 2019, dall'articolo 2, comma 1, del D.L. 26 ottobre 2019, n. 124, convertito con modificazioni dalla Legge 19 dicembre 2019, n. 157.

[19] Comma aggiunto, a decorrere dal periodo d'imposta in corso al 31 dicembre 2019, dall'articolo 2, comma 1, del D.L. 26 ottobre 2019, n. 124, convertito con modificazioni dalla Legge 19 dicembre 2019, n. 157.

[20] Comma aggiunto, a decorrere dal periodo d'imposta in corso al 31 dicembre 2019, dall'articolo 2, comma 1, del D.L. 26 ottobre 2019, n. 124, convertito con modificazioni dalla Legge 19 dicembre 2019, n. 157.

17 *bis*. Ritenute e compensazioni in appalti e subappalti ed estensione del regime del reverse charge per il contrasto dell'illecita somministrazione di manodopera [1]. – 1. In deroga alla disposizione di cui all'articolo 17, comma 1, i soggetti di cui all'articolo 23, comma 1, del decreto del Presidente della Repubblica 29 settembre 1973, n. 600, residenti ai fini delle imposte dirette nello Stato, ai sensi degli articoli 2, comma 2, 5, comma 3, lettera d), e 73, comma 3, del testo unico delle imposte sui redditi, di cui al decreto del Presidente della Repubblica 22 dicembre 1986, n. 917, che affidano il compimento di una o più opere o di uno o più servizi di importo complessivo annuo superiore a euro 200.000 a un'impresa, tramite contratti di appalto, subappalto, affidamento a soggetti consorziati o rapporti negoziali comunque denominati caratterizzati da prevalente utilizzo di manodopera presso le sedi di attività del committente con l'utilizzo di beni strumentali di proprietà di quest'ultimo o ad esso riconducibili in qualunque forma, sono tenuti a richiedere all'impresa appaltatrice o affidataria e alle imprese subappaltatrici, obbligate a rilasciarle, copia delle deleghe di pagamento relative al versamento delle ritenute di cui agli articoli 23 e 24 del citato decreto del Presidente della Repubblica n. 600 del 1973, 50, comma 4, del decreto legislativo 15 dicembre 1997, n. 446, e 1, comma 5, del decreto legislativo 28 settembre 1998, n. 360, trattenute dall'impresa appaltatrice o affidataria e dalle imprese subappaltatrici ai lavoratori direttamente impiegati nell'esecuzione dell'opera o del servizio. Il versamento delle ritenute di cui al periodo precedente è effettuato dall'impresa appaltatrice o affidataria e dall'impresa subappaltatrice, con distinte deleghe per ciascun committente, senza possibilità di compensazione.

2. Al fine di consentire al committente il riscontro dell'ammontare complessivo degli importi versati dalle imprese, entro i cinque giorni lavorativi successivi alla scadenza del versamento di cui all'articolo 18, comma 1, l'impresa appaltatrice o affidataria e le imprese subappaltatrici trasmettono al committente e, per le imprese subappaltatrici, anche all'impresa appaltatrice le deleghe di cui al comma 1 del presente articolo e un elenco nominativo di tutti i lavoratori, identificati mediante codice fiscale, impiegati nel mese precedente direttamente nell'esecuzione di opere o servizi affidati dal committente, con il dettaglio delle ore di lavoro prestate da ciascun percipiente in esecuzione dell'opera o del servizio affidato, l'ammontare della retribuzione corrisposta al dipendente collegata a tale prestazione e il dettaglio delle ritenute fiscali eseguite nel mese precedente nei confronti di tale lavoratore, con separata indicazione di quelle relative alla prestazione affidata dal committente.

3. Nel caso in cui alla data di cui al comma 2 sia maturato il diritto a ricevere corrispettivi dall'impresa appaltatrice o affidataria e questa o le imprese subappaltatrici non abbiano ottemperato all'obbligo di trasmettere al committente le deleghe di pagamento e le informazioni relative ai lavoratori impiegati di cui al medesimo comma 2 ovvero risulti l'omesso o insufficiente versamento delle ritenute fiscali rispetto ai dati risultanti dalla documentazione trasmessa, il

ACCERTAMENTO

committente deve sospendere, finché perdura l' inadempimento, il pagamento dei corrispettivi maturati dall'impresa appaltatrice o affidataria sino a concorrenza del 20 per cento del valore complessivo dell'opera o del servizio ovvero per un importo pari all'ammontare delle ritenute non versate rispetto ai dati risultanti dalla documentazione trasmessa, dandone comunicazione entro novanta giorni all'ufficio dell'Agenzia delle entrate territorialmente competente nei suoi confronti. In tali casi, è preclusa all'impresa appaltatrice o affidataria ogni azione esecutiva finalizzata al soddisfacimento del credito il cui pagamento è stato sospeso, fino a quando non sia stato eseguito il versamento delle ritenute.

4. In caso di inottemperanza agli obblighi previsti dai commi 1 e 3, il committente è obbligato al pagamento di una somma pari alla sanzione irrogata all'impresa appaltatrice o affidataria o subappaltatrice per la violazione degli obblighi di corretta determinazione delle ritenute e di corretta esecuzione delle stesse, nonché di tempestivo versamento, senza possibilità di compensazione.

5. Gli obblighi previsti dal presente articolo non trovano applicazione qualora le imprese appaltatrici o affidatarie o subappaltatrici di cui al comma 1 comunichino al committente, allegando la relativa certificazione, la sussistenza, nell'ultimo giorno del mese precedente a quello della scadenza prevista dal comma 2, dei seguenti requisiti:

a) risultino in attività da almeno tre anni, siano in regola con gli obblighi dichiarativi e abbiano eseguito nel corso dei periodi d'imposta cui si riferiscono le dichiarazioni dei redditi presentate nell'ultimo triennio complessivi versamenti registrati nel conto fiscale per un importo non inferiore al 10 per cento dell'ammontare dei ricavi o compensi risultanti dalle dichiarazioni medesime [(A)];

b) non abbiano iscrizioni a ruolo o accertamenti esecutivi o avvisi di addebito affidati agli agenti della riscossione relativi alle imposte sui redditi, all'imposta regionale sulle attività produttive, alle ritenute e ai contributi previdenziali per importi superiori ad euro 50.000, per i quali i termini di pagamento siano scaduti e siano ancora dovuti pagamenti o non siano in essere provvedimenti di sospensione. Le disposizioni di cui al periodo precedente non si applicano per le somme oggetto di piani di rateazione per i quali non sia intervenuta decadenza [(2)].

6. A decorrere dalla data di applicazione della presente disposizione, la certificazione di cui al comma 5 è messa a disposizione delle singole imprese dall'Agenzia delle entrate e ha validità di quattro mesi dalla data del rilascio.

7. Con provvedimento del direttore dell'Agenzia delle entrate possono essere disciplinate ulteriori modalità di trasmissione telematica delle informazioni previste dal comma 2 che consentano modalità semplificate di riscontro dei dati di cui allo stesso comma.

8. In deroga alla disposizione di cui all'articolo 17, comma 1, per le imprese appaltatrici o affidatarie e per le imprese subappaltatrici di cui al comma 1 del presente articolo è esclusa la facoltà di avvalersi dell'istituto della compensazione quale modalità di estinzione delle obbligazioni relative a contributi previdenziali e assistenziali e premi assicurativi obbligatori, maturati in relazione ai dipendenti di cui al medesimo comma 1.Detta esclusione opera con riguardo a tutti i contributi previdenziali e assistenziali e ai premi assicurativi maturati, nel corso della durata del contratto, sulle retribuzioni erogate al personale direttamente impiegato nell'esecuzione delle opere o dei servizi affidati. Le disposizioni del presente comma non si applicano ai soggetti di cui al comma 5 [(B)(C)].

[(A)] *In riferimento alla determinazione della soglia del 10 per cento di cui alla presente lettera, IVA - Split payment e reverse charge - Trasparenza fiscale e liquidazione Iva di gruppo, vedi: Risoluzione Agenzia delle Entrate 22/09/2020 n. 53/E.*

[(B)] *Per gli adempimenti relativi all'articolo 4 del decreto Legge n. 124/2019 vedi: Circolare CNR - Consiglio Nazionale delle Ricerche 01/04/2020 n. 6*

[(C)] *In riferimento al presente articolo vedi: Risposta Agenzia delle Entrate 23 aprile 2021, n. 283.*

[(1)] *Articolo inserito, a decorrere dal 1° gennaio 2020, dall'articolo 4, comma 1, del D.L. 26 ottobre 2019, n. 124, convertito con modificazioni dalla Legge 19 dicembre 2019, n. 157.*

[(2)] *A norma dell'articolo 23, comma 1 del D.L. 8 aprile 2020, n. 23, convertito, con modificazioni, dalla Legge 5 giugno 2020, n. 40, i certificati previsti dal presente comma, emessi entro il 29 febbraio 2020, conservano la loro validità fino al 30 giugno 2020.*

18. Termini di versamento. – 1. Le somme di cui all'articolo 17 devono essere versate entro il giorno sedici del mese di scadenza. Se il termine scade di sabato o di giorno festivo il versamento è tempestivo se effettuato il primo giorno lavorativo successivo [(1)(2)].

2. I versamenti dovuti da soggetti titolari di posizione assicurativa in una delle gestioni amministrate dall'INPS, per le quote contributive comprese entro il minimale, sono effettuati nei mesi di febbraio, maggio, agosto e novembre.

3. Rimangono invariati i termini di scadenza delle somme dovute a titolo di saldo e di acconto in base alle dichiarazioni annuali, nonché il termine previsto dall'articolo 6, comma 2, della legge 29 dicembre 1990, n. 405, per il pagamento dell'imposta sul valore aggiunto dovuta a titolo di acconto del versamento relativo al mese di dicembre [(1)].

4. I versamenti a saldo e in acconto dei contributi dovuti agli enti previdenziali da titolari di posizione assicurativa in una delle gestioni amministrate da enti previdenziali sono effettuati entro gli stessi termini previsti per il versamento delle somme dovute in base alla dichiarazione dei redditi.

[(1)] *Comma così modificato dall'art. 2, d.lg. 19 novembre 1998, n. 422, con decorrenza dal 1° gennaio 1999.*

[(2)] *A norma dell'articolo 1, comma 2, del D.L. 12 giugno 1998, n. 181, convertito con modificazioni dalla legge 3 agosto 1998, n. 271, per il mese di giugno 1998, il termine per il versamento unificato di cui al presente comma, è fissato al 19 giugno.*

19. Modalità di versamento mediante delega. – 1. I versamenti delle imposte, dei contributi, dei premi previdenziali ed assistenziali e delle altre somme, al netto della compensazione, sono eseguiti mediante delega irrevocabile ad una banca convenzionata ai sensi del comma 5.

2. La banca rilascia al contribuente un'attestazione conforme al modello approvato con decreto del Ministro delle finanze, recante l'indicazione dei dati identificativi del soggetto che effettua il versamento, la data, la causale e gli importi dell'ordine di pagamento, nonché l'impegno ad effettuare il pagamento agli enti destinatari per conto del delegante. L'attestazione deve recare altresì l'indicazione dei crediti per i quali il contribuente si è avvalso della facoltà di compensazione [(1)].

3. La delega deve essere conferita dal contribuente anche nell'ipotesi in cui le somme dovute risultano totalmente compensate ai sensi dell'articolo 17. La parte di credito che non ha trovato capienza nella compensazione è utilizzata in

occasione del primo versamento successivo.

[4. Per l'omessa presentazione del modello di versamento contenente i dati relativi alla eseguita compensazione, si applica la sanzione di euro 154, ridotta a euro 51 se il ritardo non è superiore a cinque giorni lavorativi.] (2)

5. Con convenzione approvata con decreto del Ministro delle finanze, di concerto con i Ministri del tesoro e del lavoro e della previdenza sociale, sono stabiliti le modalità di conferimento della delega e di svolgimento del servizio, i dati delle operazioni da trasmettere e le relative modalità di trasmissione e di conservazione, tenendo conto dei termini di cui all'articolo 13 del regolamento concernente l'istituzione del conto fiscale, adottato con decreto del Ministro delle finanze 28 dicembre 1993, n. 567, nonché le penalità per l'inadempimento degli obblighi nascenti dalla convenzione stessa e la misura del compenso per il servizio svolto dalle banche. Quest'ultima è determinata tenendo conto del costo di svolgimento del servizio, del numero dei moduli presentati dal contribuente e di quello delle operazioni in esso incluse, della tipologia degli adempimenti da svolgere e dell' ammontare complessivo dei versamenti gestito dal sistema. La convenzione ha durata triennale e può essere tacitamente rinnovata.

6. Con decreto del Ministro delle finanze, di concerto con i Ministri del tesoro e delle poste e delle telecomunicazioni, la delega di pagamento può essere conferita all'Ente poste italiane (3), secondo modalità e termini in esso fissati. All'Ente poste italiane si applicano le disposizioni del presente decreto (4).

(1) Per gli adempimenti necessari al fine di effettuare l'operazione di compensazione vedi l'articolo 1, comma 30 della legge 27 dicembre 2006, n. 296.
(2) Comma abrogato dall'articolo 32, comma 2, lettera c), del D.Lgs. 24 settembre 2015, n. 158, con la decorrenza indicata nel medesimo comma, come modificato dall'articolo 1, comma 133, della Legge 28 dicembre 2015, n. 208.
(3) Trasformato in S.P.A. con Delib. CIPE 18 dicembre 1997.
(4) Vedi, anche, l'articolo 1 del D.L. 10 dicembre 2003, n. 341.

20. Pagamenti rateali (A). – 1. Le somme dovute a titolo di saldo e di acconto delle imposte e dei contributi dovuti dai soggetti titolari di posizione assicurativa in una delle gestioni amministrate dall'INPS, ad eccezione di quelle dovute nel mese di dicembre a titolo di acconto del versamento dell'imposta sul valore aggiunto, possono essere versate, previa opzione esercitata dal contribuente in sede di dichiarazione periodica, in rate mensili di uguale importo, con la maggiorazione degli interessi di cui al comma 2, decorrenti dal mese di scadenza; in ogni caso, il pagamento deve essere completato entro il mese di novembre dello stesso anno di presentazione della dichiarazione o della denuncia. La disposizione non si applica per le somme dovute ai sensi del titolo III del decreto del Presidente della Repubblica 29 settembre 1973, n. 600(1).

2. La misura dell'interesse è pari al tasso previsto dall'art. 9 del decreto del Presidente della Repubblica 29 settembre 1973, n. 602, maggiorato di un punto percentuale.

3. La facoltà del comma 1 può essere esercitata anche dai soggetti non ammessi alla compensazione di cui all'art. 17, comma 1.

4. I versamenti rateali sono effettuati entro il giorno sedici di ciascun mese per i soggetti titolari di partita IVA ed entro la fine di ciascun mese per gli altri contribuenti (2)(3)(4).

5. Le disposizioni del comma 2 si applicano per il calcolo degli interessi di cui all'art. 3, commi 8 e 9, del decreto del Presidente della Repubblica 4 settembre 1992, n. 395, riguardante gli adempimenti del sostituto d'imposta per il controllo della dichiarazione e per la liquidazione delle imposte e del contributo al Servizio sanitario nazionale (5)(6)(7).

(A) In riferimento al presente articolo vedi: Circolare Agenzia delle Entrate 02 agosto 2013, n. 27/E.
(1) Comma modificato dall'articolo 2, comma 2, lettera c), numero 1), del D.Lgs. 19 novembre 1998, n. 422.
(2) Comma modificato dall'articolo 2, comma 2, lettera c), numero 2), del D.Lgs. 19 novembre 1998, n. 422 a decorrere dal 1° gennaio 1999.
(3) Per le proroghe del versamento vedi l'articolo 1 del D.P.C.M. 9 maggio 2002, l'articolo 1 del D.P.C.M. 17 luglio 2003, l'articolo 1 del D.P.C.M. 14 luglio 2004 e per l'anno 2007, l'articolo 1 del D.P.C.M. 6 luglio 2007.
(4) A norma dell'articolo 1 del D.P.C.M. 10 agosto 2018 per l'anno 2018, i soggetti titolari di partita IVA tenuti ai versamenti risultanti dalle dichiarazioni dei redditi e da quella in materia di imposta regionale sulle attività produttive, che optano per il pagamento rateale, di cui al seguente articolo, possono effettuare i versamenti, previa maggiorazione dello 0,40 per cento a titolo di interesse corrispettivo, in rate mensili di pari importo secondo le seguenti scadenze: 20 agosto 2018; 17 settembre 2018; 16 ottobre 2018; 16 novembre 2018.
(5) A norma dell'articolo 5, comma 1, del D.M. 21 maggio 2009, gli interessi per i pagamenti rateali, di cui al presente articolo, sono dovuti nella misura del 4 per cento annuo a decorrere dai pagamenti delle imposte dovute in relazione alle dichiarazioni fiscali presentate dal 1° luglio 2009.
(6) In riferimento al presente articolo vedi: Circolare ENPALS 10 agosto 2009, n. 15:Messaggio INPS 8 giugno 2011, n. 12442.
(7) A norma dell'articolo 37, comma 11-bis, del D.L. 4 luglio 2006, n. 223 come modificato dall'articolo 3-quater, comma 1, del D.L. 2 marzo 2012, n. 16, convertito con modificazioni dalla L. 26 aprile 2012, n. 44, gli adempimenti fiscali e il versamento delle somme di cui al presente articolo, che hanno scadenza dal 1° al 20 agosto di ogni anno, possono essere effettuati entro il giorno 20 dello stesso mese, senza alcuna maggiorazione.

21. Adempimenti delle banche. – 1. Entro il quinto giorno lavorativo successivo a quello di ricevimento della delega, la banca versa le somme riscosse alla tesoreria dello Stato o alla Cassa regionale siciliana di Palermo, al netto del compenso ad essa spettante. Si considerano non lavorativi i giorni di sabato e quelli festivi (1).

2. Entro il termine di cui al comma 1 la banca predispone ed invia telematicamente alla struttura di gestione di cui all'articolo 22 i dati riepilogativi delle somme a debito e a credito complessivamente evidenziate nelle deleghe di pagamento, distinte per ciascun ente destinatario.

2-bis. Con convenzione, fermi restando i termini fissati dai commi 1 e 2, può essere stabilito che:

a) entro il secondo giorno lavorativo successivo a quello di ricevimento della delega, la banca comunica alla struttura di gestione l'importo presuntivo delle somme che verserà ai sensi del comma 1;

b) entro il terzo giorno lavorativo successivo a quello di ricevimento della delega, la banca versa almeno l'80% delle predette somme. (2)

3. Con decreto del Ministro delle finanze, di concerto con i Ministri del tesoro e del lavoro e della previdenza sociale, sono stabilite le modalità applicative nonché i criteri per i controlli relativi all'esecuzione del servizio da parte delle banche e le modalità di scambio dei dati fra gli interessati.

(1) Comma così modificato dall'art. 2, d.lg. 19 novembre 1998, n. 422. Le disposizioni ivi previste nel testo modificato dal citato d.lg. 422/1998, decorrono dal 1° gennaio 1999.
(2) Comma aggiunto dall'art. 1, d.l. 15 aprile 2002, n. 63.

22. Suddivisione delle somme tra gli enti destinatari. – 1. Entro il primo giorno lavorativo successivo a quello di versamento delle somme da parte delle banche e di ricevimento dei relativi dati riepilogativi, un'apposita struttura di gestione attribuisce agli enti destinatari le somme a ciascuno di essi spettanti, tenendo conto dell'eventuale compensazione eseguita dai contribuenti (1).

2. Gli enti destinatari delle somme dispongono con cadenza trimestrale le regolazioni contabili sulle contabilità di pertinenza a copertura delle somme compensate dai contribuenti.

3. La struttura di gestione di cui al comma 1 è individuata con decreto del Ministro delle finanze, di concerto con i Ministri del tesoro e del lavoro e della previdenza sociale. Con decreto del Ministero delle finanze, di concerto con i Ministri del tesoro e del lavoro e della previdenza sociale, sono stabilite le modalità per l'attribuzione delle somme.

4. La compensazione di cui all'articolo 17 può operare soltanto dopo l'emanazione dei decreti indicati nel comma 3 (2).

(1) Vedi d.m. 22 maggio 1998, n. 183, di attuazione e l'articolo 2, comma 108, della legge 23 dicembre 2009, n. 191.
(2) Vedi D.M. 1 luglio 2020.

23. Pagamento con mezzi diversi dal contante. – 1. I contribuenti possono mettere a disposizione delle banche convenzionate ai sensi del comma 2 le somme oggetto della delega anche mediante carte di debito, di credito e prepagate, assegni bancari e circolari ovvero mediante altri sistemi di pagamento. Se gli assegni risultano scoperti o comunque non pagabili, il conferimento della delega si considera non effettuato e il versamento omesso.

2. Le modalità di esecuzione dei pagamenti mediante i sistemi di cui al comma 1 sono stabilite con convenzione approvata con decreto del Ministro delle finanze, di concerto con il Ministro del tesoro.

Sezione II – Disposizioni relative al periodo transitorio

24. Modalità di versamento. – 1. Fino al 31 dicembre 1998, i versamenti unitari eseguiti dai titolari di partita IVA sono effettuati ai concessionari della riscossione anche mediante delega ad una banca convenzionata (1).

2. Le somme relative ai contributi previdenziali sono versate dalle banche direttamente alla tesoreria dello Stato, secondo le modalità previste dal regolamento di cui al comma 10, le somme di cui all'imposta prevista dall'articolo 3, comma 143, lettera a), della legge 23 dicembre 1996, n. 662, sono versate dalle banche direttamente alla tesoreria dello Stato.

3. I concessionari, per le somme di cui al comma 2, ricevute direttamente dai contribuenti, eseguono i medesimi versamenti sempre con le modalità stabilite dal regolamento previsto al comma 10.

4. Le distinte di versamento con le quali sono effettuati i pagamenti di cui al comma 1 sono approvate con decreto del Ministero delle finanze da pubblicare sulla Gazzetta Ufficiale.

5. Per la riscossione dei versamenti diretti previsti dal presente articolo, riscossi direttamente o tramite delega, spetta ai concessionari la commissione prevista dall'articolo 61, comma 3, lettera a), del decreto del Presidente della Repubblica 28 gennaio 1988, n. 43, tenendo altresì conto di ciascun modulo di versamento presentato dal contribuente, dell'ammontare complessivo dei versamenti gestiti dal sistema, della tipologia delle operazioni e del costo del servizio, sentita l'associazione di categoria interessata.

6. A decorrere dalla data di entrata in vigore del presente articolo, è abrogato l'articolo 5 del decreto del Presidente della Repubblica 29 settembre 1973, n. 602.

7. Le disposizioni contenute nell'articolo 23 si applicano anche ai concessionari della riscossione. Con uno o più decreti del Ministro delle finanze sono stabilite le modalità di esecuzione dei pagamenti mediante sistemi diversi dal contante.

8. Per le banche si applicano le disposizioni di cui all'articolo 19, comma 4. La convenzione rimane in vigore per il periodo previsto dai commi 1 e 4 del presente articolo e, in ogni caso, per non più di tre anni e può essere rinnovata tacitamente.

9. All'attivazione della riscossione mediante conferimento all'Ente poste italiane (2) di delega di versamento al concessionario della riscossione, si provvederà successivamente all'emanazione del decreto previsto dall'articolo 19, comma 5.

10. Con regolamento, da emanare ai sensi dell'articolo 17, comma 2, della legge 23 agosto 1988, n. 400, entro 120 giorni dalla data di entrata in vigore del presente decreto, sono disciplinati, sulla base delle previsioni contenute nella sezione I del presente Capo e dell'articolo 11 del decreto ministeriale 28 dicembre 1993, n. 567, le modalità di versamento in Tesoreria delle somme riscosse dai soggetti indicati nel presente articolo durante il periodo transitorio di cui al comma 1 e l'invio telematico dei relativi dati alla struttura di gestione di cui all'articolo 22 (3).

(1) Comma così modificato dall'art. 2, d.lg. 19 novembre 1998, n. 422. Le disposizioni ivi previste nel testo modificato dal citato d.lg. 422/1998, decorrono dal 1° gennaio 1999.
(2) Trasformato in S.P.A. con Delib. CIPE 18 dicembre 1997.
(3) Vedi d.p.r. 18 maggio 1998, n. 189 di attuazione.

25. Decorrenza e garanzie. – 1. Il regime dei versamenti unitari entra in funzione per tutti i contribuenti a partire dal mese di maggio 1998. Sono ammessi alla compensazione (1):

a) dall'anno 1998 le persone fisiche titolari di partita IVA (2);

b) dall'anno 1999 le società di persone ed equiparate ai fini fiscali, nonché i soggetti non titolari di partita IVA (3);

c) dall'anno 2000 i soggetti all'imposta sul reddito delle persone giuridiche.

2. Il limite massimo dei crediti d'imposta e dei contributi che possono essere compensati, è, fino all'anno 2000, fissato in lire 500 milioni per ciascun periodo d'imposta.

3. Con decreto del Presidente del Consiglio dei Ministri, su proposta del Ministro delle finanze, di concerto con il Ministro del tesoro, possono essere modificati i termini di cui al comma 1, lettere a), b) e c), tenendo conto delle esigenze organizzative e di bilancio.

4. I contribuenti titolari di partita IVA non ammessi alla compensazione o, seppure ammessi, per la parte che non trova capienza nella compensazione, pur nel rispetto del

limite di cui al comma 2, possono ricorrere alla procedura di rimborso prevista dal titolo II del regolamento concernente l'istituzione del conto fiscale, adottato con decreto del Ministro delle finanze 28 dicembre 1993, n. 567. La garanzia è prestata ai sensi dell'articolo 38-bis, comma 1, del decreto del Presidente della Repubblica 26 ottobre 1972, n. 633 (4).

(1) Alinea modificato dall'articolo 2, comma 1, lettera c), numero 1), d.lg. 23 marzo 1998, n. 56 con effetto a decorrere dal 1° gennaio 1998.
(2) Per gli adempimenti necessari al fine di effettuare l'operazione di compensazione vedi l'articolo 1, comma 30 della legge 27 dicembre 2006, n. 296.
(3) Lettera così modificata dall'art. 2, d.lg. 19 novembre 1998, n. 422. Le disposizioni ivi previste nel testo modificato dal citato d.lg. 422/1998, decorrono dal 1° gennaio 1999.
(4) Comma modificato dall'articolo 2, comma 1, lettera c), numero 2), d.lg. 23 marzo 1998, n. 56 con effetto a decorrere dal 1° gennaio 1998. Da ultimo, modificato dall'art. 2, d.lg. 19 novembre 1998, n. 422. Le disposizioni ivi previste nel testo modificato dal citato d.lg. 422/1998, decorrono dal 1° gennaio 1999.

Sezione III – Sanzioni

26. Sanzioni al concessionario. – 1. In caso di minore versamento alla tesoreria dello Stato o alla cassa regionale siciliana di Palermo delle somme riscosse dal concessionario direttamente ovvero pagate per delega alle banche si applicano le disposizioni contenute nell'articolo 104 del decreto del Presidente della Repubblica 28 gennaio 1988, n. 43.

2. In caso di ritardato invio dei dati di cui all'articolo 21, comma 2, si applica la sanzione amministrativa pecuniaria di lire 10.000.000 per ogni giorno di ritardo; la stessa sanzione si applica in caso di irregolarità che non consentano l'attribuzione delle somme agli enti destinatari.

3. I casi di reiterate e rilevanti infrazioni all'obbligo di invio dei dati delle operazioni, eseguite nell'ambito delle attività di riscossione, costituiscono specifica causa di decadenza dalla concessione.

Sezione IV – Disposizioni varie

27. Comitato di indirizzo. – 1. Presso il Ministero delle finanze è istituito un comitato di indirizzo, controllo e valutazione dell'attuazione di quanto previsto dall'articolo 3, comma 134, della legge 23 dicembre 1996, n. 662.

2. Il comitato è nominato dal Ministro delle finanze di concerto con i Ministri del tesoro e del lavoro e della previdenza sociale; del comitato fa parte il Ministro delle finanze con funzioni di presidente.

3. Il comitato, sulla base delle risultanze gestionali del sistema introdotto, propone modifiche al presente decreto legislativo.

28. Versamenti in favore di enti previdenziali. – 1. I versamenti unitari e la compensazione previsti dal presente capo si applicano a decorrere dal 1999 anche all'INAIL, all'Ente nazionale per la previdenza e l'assistenza per i lavoratori dello spettacolo (ENPALS) e all'Istituto nazionale per la previdenza per i dirigenti di aziende industriali (INPDAI) agli enti e casse previdenziali individuati con decreto del Ministro delle finanze, di concerto con i Ministri del tesoro e del lavoro e della previdenza sociale (1).

2. Con decreto emanato dalle stesse autorità ministeriali, la decorrenza di cui al comma 1 può essere modificata, tenendo conto di esigenze organizzative.

(1) Per gli adempimenti necessari al fine di effettuare l'operazione di compensazione vedi l'articolo 1, comma 30 della legge 27 dicembre 2006, n. 296 e per l'applicazione del sistema dei versamenti unitari e della compensazione agli Enti previdenziali vedi il D.M. 10 gennaio 2014.

29. Copertura finanziaria. – 1. Agli oneri derivanti dalla applicazione del presente decreto valutati in lire 300 miliardi per il 1998, il lire 630 miliardi per l'anno 1999 e in lire 1.200 miliardi a decorrere dall'anno 2000, si provvede con le maggiori entrate recate dal presente decreto.

2. Il Ministro del tesoro è autorizzato ad apportare, con propri decreti, le occorrenti variazioni di bilancio.

CAPO IV
Disposizioni in materia di rimborsi

30. Rimborso del credito IRPEF in caso di separazione legale o divorzio. – 1. In caso di separazione legale o di divorzio il rimborso del credito dell'imposta sul reddito delle persone fisiche, risultante da una precedente dichiarazione congiunta, può essere attribuito, per la quota di sua competenza, a ciascun coniuge personalmente. A tal fine, il coniuge che intende avvalersi di tale disposizione deve dare comunicazione scritta all'ufficio dell'Amministrazione finanziaria al quale è stata presentata la dichiarazione congiunta, della separazione legale o del divorzio sopravvenuti.

31. Rimborso del credito IVA. – 1. All'art. 38- bis, primo comma, del decreto del Presidente della Repubblica 26 ottobre 1972, n. 633, concernente l'esecuzione dei rimborsi, sono aggiunti, in fine, i seguenti periodi: "I rimborsi previsti nell'art. 30 possono essere richiesti, utilizzando apposita dichiarazione redatta su modello approvato con decreto dirigenziale contenente i dati che hanno determinato l'eccedenza di credito, a decorrere dal primo febbraio dell'anno successivo a quello di riferimento; in tal caso i rimborsi sono eseguiti entro tre mesi dalla presentazione della dichiarazione, che vale come dichiarazione annuale limitatamente ai dati in essa indicati, con le modalità stabilite dal presente articolo e, agli effetti del computo degli interessi, si tiene conto della data di presentazione della dichiarazione stessa. I rimborsi di cui al presente comma possono essere richiesti con apposita istanza, anche ai competenti concessionari della riscossione secondo le modalità stabilite dall'art. 78, commi 27 e seguenti, della legge 30 dicembre 1991, n. 413, e dai relativi regolamenti di attuazione.".

CAPO V
Disposizioni in materia di assistenza fiscale (1)

(1) Capo aggiunto dall'articolo 1 del D.Lgs. 28 dicembre 1998, n. 490.

32. Soggetti abilitati alla costituzione dei centri di assistenza fiscale (1). – 1. I centri di assistenza fiscale, di seguito denominati "Centri", possono essere costituiti dai seguenti soggetti:

a) associazioni sindacali di categoria fra imprenditori, presenti nel Consiglio nazionale dell'economia e del lavoro, istituite da almeno dieci anni;

ACCERTAMENTO

b) associazioni sindacali di categoria fra imprenditori, istituite da almeno dieci anni, diverse da quelle indicate nella lettera a) se, con decreto del Ministero delle finanze, ne è riconosciuta la rilevanza nazionale con riferimento al numero degli associati, almeno pari al 5 per cento degli appartenenti alla stessa categoria, iscritti negli appositi registri tenuti dalla camera di commercio, nonché all'esistenza di strutture organizzate in almeno 30 province;

c) organizzazioni aderenti alle associazioni di cui alle lettere a) e b), previa delega della propria associazione nazionale;

d) organizzazioni sindacali dei lavoratori dipendenti e pensionati od organizzazioni territoriali da esse delegate, aventi complessivamente almeno cinquantamila aderenti;

e) sostituti di cui all'articolo 23 del decreto del Presidente della Repubblica 29 settembre 1973, n. 600, e successive modificazioni, aventi complessivamente almeno cinquantamila dipendenti;

f) associazioni di lavoratori promotrici di istituti di patronato riconosciuti ai sensi del decreto legislativo del Capo provvisorio dello Stato 29 luglio 1947, n. 804, aventi complessivamente almeno cinquantamila aderenti.

(1) *Articolo aggiunto dall'articolo 1 del D.Lgs. 28 dicembre 1998, n. 490. Vedi articolo 8 della legge 21 novembre 2000, n. 342.*

33. Requisiti soggettivi (1). – 1. I centri sono costituiti nella forma di società di capitali. L'oggetto sociale dei centri prevede lo svolgimento delle attività di assistenza fiscale di cui all'articolo 34.

2. I centri designano uno o più responsabili dell'assistenza fiscale da individuare tra gli iscritti nell'albo dei dottori commercialisti o in quello dei ragionieri liberi professionisti, anche assunti con rapporto di lavoro subordinato.

3. I centri svolgono attività di assistenza fiscale previa autorizzazione del Ministero delle finanze.

(1) *Articolo aggiunto dall'articolo 1 del D.Lgs. 28 dicembre 1998, n. 490.*

34. Attività (1). – 1. I centri costituiti dai soggetti di cui alle lettere a), b) e c) del comma 1 dell'articolo 32 prestano l'assistenza fiscale alle 1. I centri costituiti dai soggetti di cui alle lettere a), b) e c) del comma 1 dell'articolo 32 prestano l'assistenza fiscale alle imprese. Sono escluse dall'assistenza fiscale le imprese soggette all'imposta sul reddito delle persone giuridiche tenute alla nomina del collegio sindacale, nonché quelle alle quali non sono applicabili le disposizioni concernenti gli studi di settore diverse dalle società cooperative e loro consorzi che, unitamente ai propri soci, fanno riferimento alle associazioni nazionali riconosciute in base al decreto legislativo del Capo provvisorio dello Stato 14 dicembre 1947, n. 1577.

2. I centri costituiti dai soggetti di cui alle lettere d), e) e f) del comma 1 dell'articolo 32 prestano l'assistenza fiscale nei confronti dei contribuenti non titolari di redditi di lavoro autonomo e d'impresa di cui agli articoli 49, comma 1, e 51 del testo unico delle imposte sui redditi, approvato con decreto del Presidente della Repubblica 22 dicembre 1986, n. 917.

3. I centri prestano assistenza fiscale ai contribuenti che la richiedono e, in particolare:

a) elaborano e predispongono le dichiarazioni tributarie, nonché curano gli ulteriori adempimenti tributari;

b) redigono le scritture contabili;

c) verificano la conformità dei dati esposti nelle dichiarazioni alla relativa documentazione;

d) consegnano al contribuente copia della dichiarazione elaborata e del prospetto di liquidazione delle imposte;

e) comunicano ai sostituti d'imposta il risultato finale delle dichiarazioni stesse, ai fini del conguaglio a credito o a debito in sede di ritenuta d'acconto;

f) inviano all'amministrazione finanziaria le dichiarazioni dei redditi e le scelte ai fini della destinazione dell'otto e del quattro per mille dell'imposta sul reddito delle persone fisiche.

4. In relazione alla dichiarazione annuale dei redditi dei titolari dei redditi di lavoro dipendente e assimilati indicati agli articoli 46 e 47, comma 1, lettere a), d), g), con esclusione delle indennità percepite dai membri del Parlamento europeo, e l) del testo unico delle imposte sui redditi approvato con decreto del Presidente della Repubblica 22 dicembre 1986, n. 917, nonché dei redditi indicati all'articolo 49, comma 2, lettera a), del medesimo testo unico, i centri costituiti dai soggetti di cui alle lettere d), e) e f) del comma 1 dell'articolo 32, svolgono le attività di cui alle lettere da c) a f) del comma 3 assicurando adeguati livelli di servizio. Con provvedimento del direttore dell'Agenzia delle entrate sono definiti i livelli di servizio anche in relazione agli esiti dell'assistenza fiscale e le relative modalità di misurazione (2)(3)(4) (5).

(1) *A rticolo aggiunto dall'articolo 1 del D.Lgs. 28 dicembre 1998, n. 490.*
(2) *Ai sensi di quanto disposto dall'articolo 34, comma 3, della legge 21 novembre 2000, n. 342 il riferimento all'articolo 49, comma 2, lettera a), contenuto nel presente comma deve intendersi effettuato all'articolo 47, comma 1, lettera c-bis, del testo unico delle imposte sui redditi approvato con D.P.R. 22 dicembre 1986, n. 917.*
(3) *Comma modificato dall'articolo 1, comma 616, lettera b), della Legge 27 dicembre 2013, n. 147.*
(4) *Vedi l'articolo 3, comma 1 del D.L. 3 giugno 2008, n. 97.*
(5) *In riferimento ai soggetti titolari dei redditi di lavoro dipendente e assimilati indicati nel presente comma, vedi le disposizioni di cui all'articolo 159 del D.L. 19 maggio 2020, n. 34, convertito con modificazioni dalla Legge 17 luglio 2020, n. 77.*

35. Responsabili dei centri (1). – 1. Il responsabile dell'assistenza fiscale dei centri costituiti dai soggetti di cui all'articolo 32, comma 1, lettere a), b) e c), su richiesta del contribuente:

a) rilascia un visto di conformità dei dati delle dichiarazioni predisposte dal centro, alla relativa documentazione e alle risultanze delle scritture contabili, nonché di queste ultime alla relativa documentazione contabile;

b) assevera che gli elementi contabili ed extracontabili comunicati all'amministrazione finanziaria e rilevanti ai fini dell'applicazione degli studi di settore corrispondono a quelli risultanti dalle scritture contabili e da altra documentazione idonea (A).

2. Il responsabile dell'assistenza fiscale dei centri costituiti dai soggetti di cui all'articolo 32, comma 1, lettere d), e) e f):

a) rilascia, su richiesta del contribuente, un visto di conformità dei dati delle dichiarazioni unificate alla relativa documentazione;

b) rilascia, a seguito della attività di cui alla lettera c) del comma 3 dell'articolo 34, un visto di conformità dei dati esposti nelle dichiarazioni alla relativa documentazione.

3. I soggetti indicati alle lettere a) e b), del comma 3 dell'articolo 3 del decreto del Presidente della Repubblica 22 luglio 1998, n. 322, abilitati alla trasmissione telematica delle

dichiarazioni, rilasciano, su richiesta dei contribuenti, il visto di conformità e l'asseverazione di cui ai commi 1 e 2, lettera a), del presente articolo relativamente alle dichiarazioni da loro predisposte.

(1) Articolo aggiunto dall'articolo 1 del D.Lgs. 28 dicembre 1998, n. 490. Vedi D.M. 31 maggio 1999, n. 164.
(A) In riferimento al presente comma vedi: Risoluzione Agenzia delle Entrate 02 settembre 2014, n. 82/E; Circolare dell'Agenzia delle Entrate 25 settembre 2014, n. 28/E; Risoluzione dell'Agenzia delle Entrate 14 aprile 2016, n. 23/E.

36. Certificazione tributaria (1). – 1. I revisori contabili iscritti negli albi dei dottori commercialisti, dei ragionieri e periti commerciali e dei consulenti del lavoro che hanno esercitato la professione per almeno cinque anni possono effettuare, ai soli fini fiscali, la certificazione di cui al comma 2 nei riguardi dei contribuenti titolari di redditi d'impresa in regime di contabilità ordinaria, anche per opzione, semprechè hanno tenuto le scritture contabili dei contribuenti stessi nel corso del periodo d'imposta cui si riferisce la certificazione.

2. La certificazione tributaria può essere rilasciata a condizione che nei confronti del medesimo contribuente siano stati altresì rilasciati il visto di conformità di cui all'articolo 35, comma 1, lettera a), e, qualora siano applicabili le disposizioni concernenti gli studi di settore, l'asseverazione di cui alla lettera b) dello stesso comma 1 dell'articolo 35 e il soggetto incaricato abbia accertato l'esatta applicazione delle norme tributarie sostanziali ed eseguito gli adempimenti, i controlli e le attività indicati annualmente con decreto del Ministro delle finanze.

3. Per le dichiarazioni relative a periodi di imposta per i quali è stata rilasciata una certificazione tributaria regolare:

a) non sono applicabili le disposizioni di cui agli articoli 39, secondo comma, del decreto del Presidente della Repubblica 29 settembre 1973, n. 600, e 55 del decreto del Presidente della Repubblica 26 ottobre 1972, n. 633, in materia di accertamenti induttivi;

b) gli accertamenti basati sugli studi di settore di cui all'articolo 10 della legge 8 maggio 1998, n. 146, sono notificati, a pena di decadenza, entro il 31 dicembre del terzo anno successivo a quello in cui le dichiarazioni sono state presentate;

c) in caso di ricorso contro l'atto di accertamento, le imposte o le maggiori imposte, unitamente ai relativi interessi e alle sanzioni, sono iscritte a ruolo secondo i criteri di cui all'articolo 68, del decreto legislativo 31 dicembre 1992, n. 546, ed all'articolo 19 del decreto legislativo 18 dicembre 1997, n. 472, concernenti, rispettivamente il pagamento dei tributi e delle sanzioni amministrative tributarie in pendenza di giudizio, dopo la sentenza della commissione tributaria provinciale. Restano, comunque, fermi i criteri indicati nell'articolo 15 del decreto del Presidente della Repubblica 29 settembre 1973, n. 602, se la rettifica riguarda esclusivamente redditi non oggetto della certificazione tributaria.

(1) Articolo aggiunto dall'articolo 1 del D.Lgs. 28 dicembre 1998, n. 490.

37. Assistenza fiscale prestata dai sostituti d'imposta (1). – 1. I sostituti d'imposta che erogano i redditi di cui agli articoli 46 e 47, comma 1, lettere a), d), g), con esclusione delle indennità percepite dai membri del parlamento europeo, e l), del testo unico delle imposte sui redditi, approvato con il decreto del Presidente della Repubblica 22 dicembre 1986, n. 917, possono prestare assistenza fiscale nei confronti dei propri sostituiti.

2. I sostituti di cui al comma 1 che prestano assistenza fiscale:

a) ricevono le dichiarazioni e le schede per la scelta della destinazione del quattro e dell'otto per mille dell'imposta sul reddito delle persone fisiche;

b) elaborano le dichiarazioni;

c) consegnano al contribuente copia della dichiarazione elaborata e del prospetto di liquidazione delle imposte;

d) effettuano le operazioni di conguaglio da eseguire con le modalità di cui al comma 7;

e) inviano le dichiarazioni dei redditi e le suddette scelte.

2-bis. I sostituti d'imposta che comunicano ai propri sostituiti, entro il 15 gennaio di ogni anno, di voler prestare assistenza fiscale provvedono a:

a) controllare, sulla base dei dati ed elementi direttamente desumibili dalla dichiarazione presentata dal sostituito, la regolarità formale della stessa anche in relazione alle disposizioni che stabiliscono limiti alla deducibilità degli oneri, alle detrazioni ed ai crediti di imposta;

b) consegnare al sostituito, prima della trasmissione della dichiarazione, copia della dichiarazione elaborata ed il relativo prospetto di liquidazione;

c) trasmettere in via telematica all'Agenzia delle entrate le dichiarazioni elaborate e i relativi prospetti di liquidazione, secondo le modalità stabilite con provvedimento del direttore dell'Agenzia delle entrate, entro:

1) il 15 giugno di ciascun anno, per le dichiarazioni presentate dal contribuente entro il 31 maggio;

2) il 29 giugno di ciascun anno, per le dichiarazioni presentate dal contribuente dal 1° al 20 giugno;

3) il 23 luglio di ciascun anno, per le dichiarazioni presentate dal contribuente dal 21 giugno al 15 luglio;

4) il 15 settembre di ciascun anno, per le dichiarazioni presentate dal contribuente dal 16 luglio al 31 agosto;

5) il 30 settembre di ciascun anno, per le dichiarazioni presentate dal contribuente dal 1° al 30 settembre;

c-bis) trasmettere in via telematica all'Agenzia delle entrate i dati contenuti nelle schede relative alle scelte dell'otto, del cinque e del due per mille dell'imposta sul reddito delle persone fisiche, secondo le modalità stabilite con provvedimento del direttore dell'Agenzia delle entrate, sentito il Garante per la protezione dei dati personali, entro i termini previsti alla lettera c);

d) comunicare all'Agenzia delle entrate in via telematica, entro i termini previsti alla lettera c), il risultato finale delle dichiarazioni. Si applicano, ove compatibili, le disposizioni di cui all'articolo 16, comma 4-bis, del decreto del Ministro delle finanze 31 maggio 1999, n. 164;

e) conservare copia delle dichiarazioni e dei relativi prospetti di liquidazione fino al 31 dicembre del secondo anno successivo a quello di presentazione, nonché le schede relative alle scelte per la destinazione del due, del cinque e dell'otto per mille dell'imposta sul reddito delle persone fisiche fino al 31 dicembre del secondo anno successivo a quello di presentazione (2).

3. I sostituti che non prestano assistenza fiscale consentono in ogni caso ai centri l'attività di raccolta degli atti e documenti necessari per l'attività di cui alle lettere da c) a f)

del comma 3 dell'articolo 34.

4. I sostituti d'imposta tengono conto del risultato contabile delle dichiarazioni dei redditi elaborate dai centri. Il debito, per saldo e acconto, o il credito risultante dai prospetti di liquidazione delle imposte è rispettivamente aggiunto o detratto a carico delle ritenute d'acconto relative al periodo d'imposta in corso al momento della presentazione della dichiarazione.

(1) Articolo aggiunto dall'articolo 1 del D.Lgs. 28 dicembre 1998, n. 490.
(2) Comma inserito dall'articolo 2, comma 1, del D.L. 21 giugno 2022, n. 73, convertito, con modificazioni, dalla Legge 4 agosto 2022, n. 122. Per l'applicazione vedi il comma 2, dell'articolo 2 del D.L. 73/2022 citato.

38. Compensi (1). – 1. Per le attività di cui al comma 4 dell'articolo 34, ai centri e, a decorrere dall'anno 2006, agli iscritti nell'Albo dei dottori commercialisti e degli esperti contabili di cui all'articolo 1, comma 4, e all'articolo 78 del decreto legislativo 28 giugno 2005, n. 139, e nell'albo dei consulenti del lavoro di cui alla legge 11 gennaio 1979, n. 12, spetta un compenso, a carico del bilancio dello Stato, di euro 14 per ciascuna dichiarazione elaborata e trasmessa e di euro 26 per l'elaborazione e la trasmissione delle dichiarazioni in forma congiunta. Le modalità di corresponsione dei compensi sono stabilite con decreto del Ministero delle finanze, di concerto con il Ministero del tesoro, del bilancio e della programmazione economica (2)(3).

2. *[Per le attività di assistenza fiscale, di cui al comma 2 dell'art. 37, ai sostituti d'imposta spetta un compenso a carico del bilancio dello Stato di Euro 12,73 per ciascuna dichiarazione elaborata e trasmessa, da corrispondere a fronte di minori versamenti di ritenute fiscali operate sui redditi erogati.]* Nessun compenso spetta ai sostituti per le attività di cui al comma 4 del predetto art. 37. I predetti compensi non costituiscono corrispettivi agli effetti dell'imposta sul valore aggiunto (4)(5).

3. La misura dei compensi previsti nel presente articolo è adeguata ogni anno, con decreto del Ministero delle finanze, di concerto con il Ministero del tesoro, del bilancio e della programmazione economica, con l'applicazione di una percentuale pari alla variazione dell'indice dei prezzi al consumo per le famiglie di operai e di impiegati accertata dall'ISTAT, rilevata nell'anno precedente (6).

(1) Articolo aggiunto dall'articolo 1 del D.Lgs. 28 dicembre 1998, n. 490.
(2) Comma modificato dall'articolo 1, comma 333, della legge 27 dicembre 2006, n. 296. Il compenso di cui al presente comma, già elevato dall'articolo 1 del D.M. 1 agosto 2001, dall'articolo 1 del D.M. 26 novembre 2002, dall'articolo 1 del D.M. 24 giugno 2003, dall'articolo 1 del D.M. 6 maggio 2004, dall'articolo 1 del D.M. 24 marzo 2005 dall'articolo 1 del D.M. 19 aprile 2006, dall'articolo 1 del D.M. 21 maggio 2007, dall'articolo 1 del D.M. 13 maggio 2009, è fissato in euro 16,03 dall'articolo 1 del D.M. 5 agosto 2010. Per la rimodulazione dei compensi spettanti ai CAF e ai professionisti abilitati per lo svolgimento dell'assistenza fiscale vedi l'articolo 1 del DM 29 dicembre 2014 e l'articolo 1 del D.M. 1° settembre 2016.
(3) Comma modificato dall'articolo 4, comma 30, della L. 12 novembre 2011, n. 183, a decorrere dal 1° gennaio 2012, ai sensi dell'articolo 36, comma 1, della medesima L. 183/2011.
(4) Comma modificato dall'articolo 7, comma 1, del D.Lgs. 21 novembre 2014, n. 175.
(5) Compenso elevato dall'articolo 1 del D.M. 1 agosto 2001, dall'articolo 1 del D.M. 26 novembre 2002, dall'articolo 1 del D.M. 24 giugno 2003, dall'articolo 1 del D.M. 6 maggio 2004, dall'articolo 1 del D.M. 24 marzo 2005, dall'articolo 1 del D.M. 19 aprile 2006, dall'articolo 1 del D.M. 21 maggio 2007, dall'articolo 1 del D.M. 13 maggio 2009 e in ultimo dall'articolo 1 del D.M. 5 agosto 2010.
(6) Vedi, anche, l'articolo 2 del D.M. 1 agosto 2001, l'articolo 2 del D.M. 26 novembre 2002, l'articolo 2 del D.M. 24 giugno 2003, l'articolo 2 del D.M. 6 maggio 2004, l'articolo 2 del D.M. 24 marzo 2005, l'articolo 2 del D.M. 19 aprile 2006 articolo 1 del D.M. 21 maggio 2007, l'articolo 1 del D.M. 13 maggio 2009, l'articolo 1 del D.M. 5 agosto 2010 e l'articolo 1 del DM 29 dicembre 2014.

39. Sanzioni (1)(A). – 1. Salvo che il fatto costituisca reato e ferma restando l'irrogazione delle sanzioni per le violazioni di norme tributarie:

a) ai soggetti indicati nell'articolo 35 che rilasciano il visto di conformità, ovvero l'asseverazione, infedele si applica la sanzione amministrativa da euro 258 ad euro 2.582. Se il visto infedele è relativo alla dichiarazione dei redditi presentata con le modalità di cui all'articolo 13 del regolamento di cui al decreto del Ministro delle finanze 31 maggio 1999, n. 164, non si applica la sanzione di cui al periodo precedente e i soggetti di cui all'articolo 35 sono tenuti al pagamento di una somma pari al 30 per cento della maggiore imposta riscontrata, sempre che il visto infedele non sia stato indotto dalla condotta dolosa o gravemente colposa del contribuente. Costituiscono titolo per la riscossione mediante ruolo di cui al decreto del Presidente della Repubblica 29 settembre 1973, n. 602, le comunicazioni con le quali sono richieste le somme di cui al periodo precedente. Eventuali controversie sono devolute alla giurisdizione tributaria. Sempreché l'infedeltà del visto non sia già stata contestata con la comunicazione di cui all'articolo 26, comma 3 -ter, del regolamento di cui al decreto del Ministro delle finanze 31 maggio 1999, n. 164, il Centro di assistenza fiscale o il professionista può trasmettere una dichiarazione rettificativa del contribuente, ovvero, se il contribuente non intende presentare la nuova dichiarazione, può trasmettere una comunicazione dei dati relativi alla rettifica il cui contenuto è definito con provvedimento del direttore dell'Agenzia delle entrate. In tal caso la somma dovuta è ridotta ai sensi dell'articolo 13 del decreto legislativo 18 dicembre 1997, n. 472. La violazione è punibile in caso di liquidazione delle imposte, dei contributi, dei premi e dei rimborsi dovuti in base alle dichiarazioni, di cui all'articolo 36 -bis del decreto del Presidente della Repubblica 29 settembre 1973, n. 600, e in caso di controllo ai sensi degli articoli 36 -ter e seguenti del medesimo decreto, nonché in caso di liquidazione dell'imposta dovuta in base alle dichiarazioni e in caso di controllo di cui agli articoli 54 e seguenti del decreto del Presidente della Repubblica 26 ottobre 1972, n. 633. La violazione è punibile a condizione che non trovi applicazione l'articolo 12 -bis del decreto del Presidente della Repubblica 29 settembre 1973, n. 602. In caso di ripetute violazioni, ovvero di violazioni particolarmente gravi, è disposta a carico dei predetti soggetti la sospensione dalla facoltà di rilasciare il visto di conformità e l'asseverazione, per un periodo da uno a tre anni. In caso di ripetute violazioni commesse successivamente al periodo di sospensione, è disposta l'inibizione dalla facoltà di rilasciare il visto di conformità e l'asseverazione. Si considera violazione particolarmente grave il mancato pagamento della suddetta sanzione. Le sanzioni di cui al presente comma non sono oggetto della maggiorazione prevista dall'articolo 7, comma 3, del decreto legislativo 18 dicembre 1997, n. 472(2);

[a-bis) se il visto infedele è relativo alla dichiarazione dei redditi presentata con le modalità di cui all'articolo 13, del decreto ministeriale 31 maggio 1999, n. 164, non si applica la sanzione amministrativa di cui al primo periodo della lettera a)(3);]

[a-ter) nell'ipotesi di dichiarazione rettificativa di cui al comma 1, lettera a), il contribuente è tenuto al versamento della maggiore imposta dovuta e dei relativi interessi(4).]

b) al professionista che rilascia una certificazione tributaria di cui all'articolo 36 infedele, si applica la sanzione amministrativa da euro 516 ad euro 5.165. In caso di accertamento di tre distinte violazioni commesse nel corso di un biennio, è disposta la sospensione dalla facoltà di rilasciare la certificazione tributaria per un periodo da uno a tre anni. La medesima facoltà è inibita in caso di accertamento di ulteriori violazioni ovvero di violazioni di particolare gravità; si considera violazione particolarmente grave il mancato pagamento della suddetta sanzione [(5)(6)].

1-bis. Nei casi di violazioni commesse ai sensi dei commi 1 e 3 del presente articolo e dell'articolo 7-bis, si applicano, in quanto compatibili, le disposizioni del decreto legislativo 18 dicembre 1997, n. 472. Il centro di assistenza fiscale per il quale abbia operato il trasgressore è obbligato solidalmente con il trasgressore stesso al pagamento di un importo pari alla sanzione irrogata e alle altre somme indicate al comma 1[(7)].

2. Le violazioni dei commi 1 e 3 del presente articolo e dell'articolo 7-bis sono contestate e le relative sanzioni sono irrogate dalla direzione regionale dell'Agenzia delle entrate competente in ragione del domicilio fiscale del trasgressore anche sulla base delle segnalazioni inviate dagli uffici locali della medesima Agenzia. L'atto di contestazione è unico per ciascun anno solare di riferimento e, fino al compimento dei termini di decadenza, può essere integrato o modificato dalla medesima direzione regionale. I provvedimenti ivi previsti sono trasmessi agli ordini di appartenenza dei soggetti che hanno commesso la violazione per l'eventuale adozione di ulteriori provvedimenti[(8)].

3. In caso di inosservanza delle disposizioni di cui all'articolo 37, commi 2 e 4, ai sostituti di imposta si applica la sanzione amministrativa da euro 258 a euro 2.582[(9)].

4. L'autorizzazione all'esercizio dell'attività di assistenza fiscale di cui all'articolo 33, comma 3, è sospesa, per un periodo da tre a dodici mesi, quando sono commesse gravi e ripetute violazioni di norme tributarie o contributive e delle disposizioni di cui agli articoli 34 e 35, nonché quando gli elementi forniti all'amministrazione finanziaria risultano falsi o incompleti rispetto alla documentazione fornita dal contribuente. In caso di ripetute violazioni, ovvero di violazioni particolarmente gravi, è disposta la revoca dell'esercizio dell'attività di assistenza; nei casi di particolare gravità è disposta la sospensione cautelare[(10)].

4-bis. La definizione agevolata delle sanzioni ai sensi dell'articolo 16, comma 3, del decreto legislativo 18 dicembre 1997, n. 472, non impedisce l'applicazione della sospensione, dell'inibizione e della revoca[(11)].

4-ter. Il mancato rispetto di adeguati livelli di servizio comporta l'applicazione della sanzione da 516 a 5.165 euro[(12)].

[(A)] In riferimento al presente articolo vedi: Circolare dell'Agenzia delle Entrate 26 febbraio 2015, n. 7/E.
[(1)] Articolo aggiunto dall'articolo 1 del D.Lgs. 28 dicembre 1998, n. 490.
[(2)] Lettera modificata dall'articolo 1, comma 33, lettera a) della legge 27 dicembre 2006, n. 296, dall'articolo 6, comma 1, lettera a), del D.Lgs. 21 novembre 2014, n. 175, dall'articolo 24, comma 1, lettera a), del D.Lgs. 24 settembre 2015, n. 158, con la decorrenza indicata nell'articolo 32, comma 1, del medesimo D.Lgs. n. 158 del 2015, come modificato dall'articolo 1, comma 133, della Legge 28 dicembre 2015, n. 208, dall'articolo 7-quater, comma 48, del D.L. 22 ottobre 2016, n. 193 convertito, con modificazioni dalla legge 1° dicembre 2016 n. 225 e, da ultimo, sostituita dall'articolo 7-bis, comma 1, lettera a), del D.L. 28 gennaio 2019, n. 4, convertito, con modificazioni, dalla Legge 28 marzo 2019, n. 26.
[(3)] Lettera inserita dall'articolo 6, comma 1, lettera b), del D.Lgs. 21 novembre 2014, n. 175 e successivamente abrogata dall'articolo 7-bis, comma 1, lettera b), del D.L. 28 gennaio 2019, n. 4, convertito, con modificazioni, dalla Legge 28 marzo 2019, n. 26.
[(4)] Lettera inserita dall'articolo 6, comma 1, lettera b), del D.Lgs. 21 novembre 2014, n. 175 e successivamente abrogata dall'articolo 7-bis, comma 1, lettera b), del D.L. 28 gennaio 2019, n. 4, convertito, con modificazioni, dalla Legge 28 marzo 2019, n. 26.
[(5)] Lettera modificata dall'articolo 1, comma 33, lettera b) della legge 27 dicembre 2006, n. 296.
[(6)] A norma dell'articolo 1, comma 34, della legge 27 dicembre 2006, n. 296 nell'ipotesi in cui le violazioni previste dal presente comma siano già state contestate alla data di entrata in vigore delle legge 296/2006 non si dà luogo a restituzione di quanto eventualmente pagato.
[(7)] Comma inserito dall'articolo 1, comma 33, lettera c) della legge 27 dicembre 2006, n. 296 e successivamente modificato dall'articolo 1, comma 957, della Legge 28 dicembre 2015 n. 208.
[(8)] Comma sostituito dall'articolo 1, comma 33, lettera d) della legge 27 dicembre 2006, n. 296.
[(9)] Comma modificato dall'articolo 1, comma 33, lettera e) della legge 27 dicembre 2006, n. 296. A norma dell'articolo 1, comma 34, della legge 27 dicembre 2006, n. 296 nell'ipotesi in cui le violazioni previste dal presente comma siano già state contestate alla data di entrata in vigore delle legge 296/2006 non si dà luogo a restituzione di quanto eventualmente pagato.
[(10)] Comma sostituito dall'articolo 1, comma 616, lettera c), numero 1), della Legge 27 dicembre 2013, n. 147.
[(11)] Comma aggiunto dall'articolo 1, comma 616, lettera c), numero 2), della Legge 27 dicembre 2013, n. 147.
[(12)] Comma aggiunto dall'articolo 1, comma 616, lettera c), numero 2), della Legge 27 dicembre 2013, n. 147.

40. Disposizioni di attuazione [(1)]. – 1. Il Ministro delle finanze, con regolamenti adottati ai sensi dell'articolo 17, comma 3, della legge 23 agosto 1988, n. 400, stabilisce:

a) i criteri e le condizioni per il rilascio ai centri dell'autorizzazione all'esercizio delle attività di cui all'articolo 34, per la loro iscrizione in apposito albo e per il trasferimento delle quote o delle azioni, che deve in ogni caso essere posto in essere tra i soggetti autorizzati alla costituzione dei centri stessi, i poteri di vigilanza, anche ispettiva, dell'amministrazione finanziaria;

b) le modalità per l'esecuzione dei controlli e l'erogazione dei rimborsi per i contribuenti nei cui confronti è stato rilasciato il visto e l'asseverazione di cui ai commi 1 e 2 dell'articolo 35, ovvero è stata effettuata la certificazione ai sensi dell'articolo 36, tenendo conto, in particolare, del tipo di assistenza fiscale prestata ai predetti contribuenti anche in ordine alla tenuta delle scritture contabili;

c) la prestazione di congrue garanzie per i danni ai contribuenti in relazione al rilascio del visto di conformità, dell'asseverazione e della certificazione tributaria secondo le disposizioni del presente capo commisurate anche al numero dei contribuenti assistiti;

d) ulteriori disposizioni attuative di quanto previsto nel presente capo.

[(1)] Articolo aggiunto dall'articolo 1 del D.Lgs. 28 dicembre 1998, n. 490. Vedi le disposizioni di cui all'articolo 37, comma 14-bis, del D.L. 4 luglio 2006, n. 223, come introdotto dall'articolo 1, comma 293, della legge 27 dicembre 2006, n. 296.

7. D.Lgs. 18 dicembre 1997, n. 462

Unificazione ai fini fiscali e contributivi delle procedure di liquidazione, riscossione e accertamento, a norma dell'articolo 3, comma 134, lettera b), della legge 23 dicembre 1996, n. 662 (1)(2).

(1) *Pubblicato in Suppl. ordinario alla Gazz. Uff., 3 gennaio, n. 2.*

(2) *In riferimento al presente decreto vedi: Risoluzione Ministero dell'Economia e delle Finanze 29 dicembre 2011 n. 132/E.*

(Omissis).

1. Liquidazione, accertamento e riscossione dei contributi e premi dovuti agli enti previdenziali. – 1. Per la liquidazione, l'accertamento e la riscossione dei contributi e dei premi previdenziali ed assistenziali che, ai sensi dell'articolo 10 del decreto legislativo 9 luglio 1997, n. 241, recante norme di semplificazione degli adempimenti dei contribuenti in sede di dichiarazione dei redditi e dell'imposta sul valore aggiunto, nonché di modernizzazione del sistema di gestione delle dichiarazioni, devono essere determinati nelle dichiarazioni dei redditi, si applicano le disposizioni previste in materia di imposte sui redditi.

2. In materia di riscossione coattiva di contributi e premi previdenziali, assistenziali e relativi accessori possono essere applicate le disposizioni di cui all'articolo 2 del decreto-legge 9 ottobre 1989, n. 338, convertito con modificazioni, dalla legge 7 dicembre 1989, n. 389, in materia di riscossione dei crediti contributivi, rateazione dei pagamenti e contenente norme in materia contributiva.

3. In materia di poteri conferiti ai funzionari addetti all'attività di vigilanza presso gli enti previdenziali resta fermo quanto previsto dall'articolo 3 della legge 11 novembre 1983, n. 638.

4. Con decreti del Ministro delle finanze, di concerto con i Ministri del tesoro, del bilancio e della programmazione e del lavoro e della previdenza sociale, sono stabilite le modalità di attuazione delle disposizioni di cui al comma 3.

2. Riscossione delle somme dovute a seguito dei controlli automatici (1). – 1. Le somme che, a seguito dei controlli automatici effettuati ai sensi degli articoli 36- bis del decreto del Presidente della Repubblica 29 settembre 1973, n. 600, e articolo 54- bis del decreto del Presidente della Repubblica 29 settembre 1972, n. 633, risultano dovute a titolo d'imposta, ritenute, contributi e premi o di minori crediti già utilizzati, nonchè di interessi e di sanzioni per ritardato o omesso versamento, sono iscritte direttamente nei ruoli a titolo definitivo, *[entro il 31 dicembre del secondo anno successivo a quello di presentazione della dichiarazione]* (2).

[1-bis. Se i termini per il versamento delle somme di cui al comma 1 sono fissati oltre il 31 dicembre dell'anno in cui è presentata la dichiarazione, l'iscrizione a ruolo a titolo definitivo è eseguita entro il 31 dicembre del secondo anno successivo a quello in cui è previsto il versamento dell'unica o ultima rata (3)*.]* (4)

2. L'iscrizione a ruolo non è eseguita, in tutto o in parte, se il contribuente o il sostituto d'imposta provvede a pagare le somme dovute con le modalità indicate nell'articolo 19 del decreto legislativo 9 luglio 1997, n. 241, concernente le modalità di versamento mediante delega, entro trenta giorni dal ricevimento della comunicazione, prevista dai commi 3 dei predetti articoli 36-bis e 54-bis, ovvero della comunicazione definitiva contenente la rideterminazione in sede di autotutela delle somme dovute, a seguito dei chiarimenti forniti dal contribuente o dal sostituto d'imposta. In tal caso, l'ammontare delle sanzioni amministrative dovute è ridotto ad un terzo e gli interessi sono dovuti fino all'ultimo giorno del mese antecedente a quello dell'elaborazione della comunicazione (5)(6)(7)(8)(9)(10).

(1) *A norma dell'articolo 144, comma 1, del D.L. 19 maggio 2020, n. 34, convertito, con modificazioni, dalla Legge 17 luglio 2020, n. 77, i versamenti delle somme dovute ai sensi del presente articolo, in scadenza nel periodo compreso tra l'8 marzo 2020 e il 18 maggio 2020, sono considerati tempestivi se effettuati entro il 16 settembre 2020 e i versamenti delle somme dovute in scadenza nel periodo compreso tra il 19 maggio 2020 e il 31 maggio 2020, possono essere effettuati entro il 16 settembre 2020, senza applicazione di ulteriori sanzioni e interessi.*

(2) *Comma modificato dall'articolo 37, comma 42, lettera a), del D.L. 4 luglio 2006, n. 223, convertito con modificazioni, dalla Legge 4 agosto 2006, n. 248.*

(3) *Comma inserito dall'articolo 1, comma 2-novies, del D.L. 24 giugno 2003, n. 143, convertito, con modificazioni dalla Legge 1 agosto 2003, n. 212.*

(4) *Comma soppresso dall'articolo 37, comma 42, lettera b), del D.L. 4 luglio 2006, n. 223, convertito con modificazioni, dalla Legge 4 agosto 2006, n. 248.*

(5) *Comma sostituito dall'articolo 3 del D.Lgs. 26 gennaio 2001, n. 32 e, successivamente, modificato dall'articolo 1, comma 413, della Legge 30 dicembre 2004, n. 311.*

(6) *A norma dell'articolo 7-quater, comma 17, del D.L. 22 ottobre 2016, n.193, convertito, con modificazioni, dalla Legge 1° dicembre 2016 n. 225, i termini di trenta giorni previsti dal presente comma sono sospesi dal 1° agosto al 4 settembre.*

(7) *Vedi anche l'articolo 1, comma 3, del D.L. 17 giugno 2005, n.106, convertito, con modificazioni, in Legge 31 luglio 2005, n. 156.*

(8) *A norma dell'articolo 6, comma 1, del D.M. 21 maggio 2009, a decorrere dalle dichiarazioni presentate per il periodo d'imposta in corso al 31 dicembre 2007, gli interessi relativi alle somme dovute ai sensi del presente comma, versate entro i termini ivi previsti, sono dovuti nella misura del 3,5 per cento annuo.*

(9) *Per la decorrenza del termine di cui al presente comma vedi l'articolo 2 bis, comma 2 del D.L. 30 settembre 2005, n. 203, convertito, con modificazioni, dalla Legge 2 dicembre 2005, n. 248 come modificato dall'articolo 1, comma 62, della Legge 27 dicembre 2006, n. 296.*

(10) *A norma dell'articolo 37-quater, comma 2-bis, del D.L. 21 marzo 2022, n. 21, convertito, con modificazioni, dalla Legge 20 maggio 2022, n. 51 il termine di cui al presente comma è fissato in sessanta giorni.*

3. Riscossione delle somme dovute a seguito dei controlli formali (1). – 1. Le somme che, a seguito dei controlli formali effettuati ai sensi dell'articolo 36- ter del decreto del Presidente della Repubblica 29 settembre 1973, n. 600, risultano dovute a titolo d'imposta, ritenute, contributi e premi o di minori crediti già utilizzati, nonché di interessi e di sanzioni, possono essere pagate entro 30 giorni dal ricevimento della comunicazione prevista dal comma 4 del predetto articolo 36- ter, con le modalità indicate nell'articolo 19 del decreto legislativo 9 luglio 1997, n. 241, concernente le modalità di versamento mediante delega. In tal caso l'ammontare delle sanzioni amministrative dovute è ridotto ai due terzi e gli interessi sono dovuti fino all'ultimo giorno del mese antecedente a quello dell'elaborazione della comunicazione (2)(3)(4).

(1) *A norma dell'articolo 144, comma 1, del D.L. 19 maggio 2020, n. 34, convertito, con modificazioni, dalla Legge 17 luglio 2020, n. 77, i versamenti delle somme dovute ai sensi del presente articolo, in scadenza nel periodo compreso tra l'8 marzo 2020 e il 18 maggio 2020,*

sono considerati tempestivi se effettuati entro il 16 settembre 2020 e i versamenti delle somme dovute in scadenza nel periodo compreso tra il 19 maggio 2020 e il 31 maggio 2020, possono essere effettuati entro il 16 settembre 2020, senza applicazione di ulteriori sanzioni e interessi.

(2) *Comma integrato, con riferimento alle dichiarazioni presentate dal 1° gennaio 1999, dall'articolo 1, comma 413 della legge 30 dicembre 2004, n. 311.*

(3) *A norma dell'articolo 6, comma 1, del D.M. 21 maggio 2009, a decorrere dalle dichiarazioni presentate per il periodo d'imposta in corso al 31 dicembre 2007, gli interessi relativi alle somme dovute ai sensi del presente comma, versate entro i termini ivi previsti, sono dovuti nella misura del 3,5 per cento annuo.*

(4) *A norma dell'articolo 7-quater, comma 17, del D.L. 22 ottobre 2016, n. 193, convertito, con modificazioni, dalla Legge 1° dicembre 2016 n. 225, sono sospesi dal 1° agosto al 4 settembre i termini di trenta giorni previsti per il pagamento delle somme dovute, rispettivamente, a seguito dei controlli automatici effettuati ai sensi degli articoli 36-bis del decreto del Presidente della Repubblica 29 settembre 1973, n. 600, e 54-bis del decreto del Presidente della Repubblica 26 ottobre 1972, n. 633, e a seguito dei controlli formali effettuati ai sensi dell'articolo 36-ter del citato decreto del Presidente della Repubblica n. 600 del 1973 e della liquidazione delle imposte sui redditi assoggettati a tassazione separata.*

3 *bis*. Rateazione delle somme dovute [1][2][A]. – 1. Le somme dovute ai sensi dell'articolo 2, comma 2, e dell'articolo 3, comma 1, possono essere versate [in un numero massimo di otto rate trimestrali di pari importo, ovvero, se superiori a cinquemila euro,] in un numero massimo di venti rate trimestrali di pari importo [3].

2. L'importo della prima rata deve essere versato entro il termine di trenta giorni dal ricevimento della comunicazione. Sull'importo delle rate successive sono dovuti gli interessi, calcolati dal primo giorno del secondo mese successivo a quello di elaborazione della comunicazione. Le rate trimestrali nelle quali il pagamento è dilazionato scadono l'ultimo giorno di ciascun trimestre.

3. In caso di inadempimento nei pagamenti rateali si applicano le disposizioni di cui all'articolo 15-ter del decreto del Presidente della Repubblica 29 settembre 1973, n. 602.

4. Le disposizioni di cui ai commi 1, 2 e 3 si applicano anche alle somme da versare a seguito del ricevimento della comunicazione prevista dall'articolo 1, comma 412, della legge 30 dicembre 2004, n. 311, relativamente ai redditi soggetti a tassazione separata.

(A) *In riferimento al presente articolo vedi: Risoluzione del Ministero dell'Economia e delle Finanze 23 aprile 2010, n. 31/E.*

(1) *Articolo inserito dall'articolo 1, comma 144, della Legge 24 dicembre 2007, n. 244 con la decorrenza prevista dal comma 147 del medesimo articolo 1 della legge 244/2007. Successivamente modificato dall'articolo 36, comma 3, del D.L. 31 dicembre 2007, n. 248; dalla Legge di conversione 28 febbraio 2008, n. 31; dall'articolo 36, comma 2, lettera u), numeri 1.1), 1.2.1), 1.2.2) e 1.3) del D.L. 13 maggio 2011, n. 70, convertito, con modificazioni, dalla Legge 12 luglio 2011, n. 106; dall'articolo 10, comma 13-decies, lettera a), del D.L. 6 dicembre 2011, n. 201, convertito, con modificazioni dalla Legge 22 dicembre 2011, n. 214. Vedi anche il comma 13-undecies del medesimo articolo 10 dall'articolo 36, comma 2, lettera u), numero 2), del D.L. 13 maggio 2011, n. 70, convertito, con modificazioni, dalla Legge 12 luglio 2011, n. 106; dall'articolo 5, comma 2, del D.M. 21 maggio 2009, a decorrere dal 1° gennaio 2010, sono dovuti gli interessi al tasso del 3,5 per cento annuo per i pagamenti rateali di cui al presente comma; dall'articolo 10, comma 13-decies, lettera b), del D.L. 6 dicembre 2011, n. 201, convertito, con modificazioni dalla Legge 22 dicembre 2011, n. 214. Vedi anche il comma 13-undecies del medesimo articolo 10; dall'articolo 10, comma 13-decies, lettera b), del D.L. 6 dicembre 2011, n. 201, convertito, con modificazioni dalla Legge 22 dicembre 2011, n. 214. Vedi anche il comma 13-undecies del medesimo articolo 10; dall'articolo 10, comma 13-decies, lettera c), numeri 1) e 2), del D.L. 6 dicembre 2011, n. 201, convertito, con modificazioni dalla Legge 22 dicembre 2011, n. 214. Vedi anche il comma 13-undecies del medesimo articolo 10; dall'articolo 36, comma 2, lettera u), numeri 3.1) e 3.2), del D.L. 13 maggio 2011, n. 70, convertito, con modificazioni, dalla Legge 12 luglio 2011, n. 106 e, successivamente, dall'articolo 10, comma 13-decies, lettera d), del D.L. 6 dicembre 2011, n. 201, convertito, con modificazioni dalla Legge 22 dicembre 2011, n. 214. Vedi anche il comma 13-undecies del medesimo articolo 10, dall'articolo 36, comma 2, lettera u), numero 3-bis), del D.L. 13 maggio 2011, n. 70, convertito, con modificazioni, dalla Legge 12 luglio 2011, n. 106. Vedi inoltre l'articolo 24, comma 7, del D.L. 6 luglio 2011, n. 98, convertito, con modificazioni, dalla Legge 15 luglio 2011, n. 111; ancora modificato dall'articolo 1, comma 1, del D.L. 2 marzo 2012, n. 16, convertito, con modificazioni, dalla Legge 26 aprile 2012, n. 44 ed infine sostituito dall'articolo 2, comma 1, del DLgs. 24 settembre 2015 n. 159. Per l'applicazione della presente disposizione vedi l'articolo 15, comma 2, del Dlgs 159/2015.*

(2) *A norma dell'articolo 144, comma 1, del D.L. 19 maggio 2020, n. 34, convertito, con modificazioni, dalla Legge 17 luglio 2020, n. 77, i versamenti delle somme dovute ai sensi del presente articolo, in scadenza nel periodo compreso tra l'8 marzo 2020 e il 18 maggio 2020, sono considerati tempestivi se effettuati entro il 16 settembre 2020 e i versamenti delle somme dovute in scadenza nel periodo compreso tra il 19 maggio 2020 e il 31 maggio 2020, possono essere effettuati entro il 16 settembre 2020, senza applicazione di ulteriori sanzioni e interessi.*

(3) *Comma modificato dall'articolo 1, comma 159, della Legge 29 dicembre 2022, n. 197.*

4. Iscrizioni nei ruoli in base ed accertamenti non definitivi. – 1. Il primo comma dell'art. 15 del decreto del Presidente della Repubblica 29 settembre 1973, n. 602, recante disposizioni per le iscrizioni a ruolo in base ad accertamenti non definitivi, è sostituito dal seguente: "Le imposte, i contributi ed i premi corrispondenti agli imponibili accertati dall'ufficio ma non ancora definitivi, nonchè i relativi interessi, sono iscritti a titolo provvisorio nei ruoli, dopo la notifica dell'atto di accertamento, per la metà degli ammontari corrispondenti agli imponibili o ai maggiori imponibili accertati.".

5. Decorrenza. – Le disposizioni del presente decreto si applicano ai periodi d'imposta relativamente ai quali le dichiarazioni devono essere presentate a decorrere dal 1° gennaio 1999.

8. D.P.R. 22 luglio 1998, n. 322

Regolamento recante modalità per la presentazione delle dichiarazioni relative alle imposte sui redditi, all'imposta regionale sulle attività produttive e all'imposta sul valore aggiunto, ai sensi dell'articolo 3, comma 136, della l. 23 dicembre 1996, n. 662[1].

(1) *Pubblicato in Gazz. Uff., 7 settembre, n. 208.*

(2) *In riferimento al presente decreto vedi: Risoluzione Ministero dell'Economia e delle Finanze 26 aprile 2012 n. 41/E.*

(Omissis).

1. Redazione e sottoscrizione delle dichiarazioni in materia di imposte sui redditi e di I.R.A.P. – 1. Ai fini delle imposte sui redditi e dell'imposta regionale sulle attività produttive le dichiarazioni sono redatte, a pena di nullità, su modelli conformi a quelli approvati entro il mese di febbraio con provvedimento amministrativo, da pubblicare nella Gazzetta Ufficiale e da utilizzare per le dichiarazioni dei redditi e del valore della produzione relative all'anno precedente ovvero, in caso di periodo di imposta non coincidente con l'anno solare, *[relativamente ai soggetti di cui all' articolo 2 , comma 2,]* per le dichiarazioni relative al periodo di imposta in corso alla data del 31 dicembre dell'anno precedente a quello di approvazione. I provvedimenti di approvazione dei modelli di dichiarazione dei sostituti d'imposta di cui all'articolo 4, comma 1, e i modelli di dichiarazione di cui agli articoli 34, comma 4, e 37, del decreto legislativo 9 luglio 1997, n. 241, e successive modificazioni, recante norme di semplificazione degli adempimenti dei contribuenti in sede di dichiarazione dei redditi e dell'imposta sul valore aggiunto, nonché di modernizzazione del sistema di gestione delle dichiarazioni, sono emanati entro il mese di febbraio dell'anno in cui i modelli stessi devono essere utilizzati e sono pubblicati nella Gazzetta Ufficiale [(1)].

2. I modelli di dichiarazione sono resi disponibili in formato elettronico dall'Agenzia delle entrate in via telematica. *[I modelli cartacei necessari per la redazione delle dichiarazioni presentate dalle persone fisiche non obbligate alla tenuta delle scritture contabili possono essere gratuitamente ritirati presso gli uffici comunali. Con provvedimento del direttore dell'Agenzia delle entrate possono essere stabilite altre modalità di distribuzione o di invio al contribuente dei modelli di dichiarazione e di altri stampati.]* [(2)]

3. La dichiarazione è sottoscritta, a pena di nullità, dal contribuente o da chi ne ha la rappresentanza legale o negoziale. La nullità è sanata se il contribuente provvede alla sottoscrizione entro trenta giorni dal ricevimento dell'invito da parte del competente ufficio dell'Agenzia delle entrate [(3)].

4. La dichiarazione dei soggetti diversi dalle persone fisiche è sottoscritta, a pena di nullità, dal rappresentante legale, e in mancanza da chi ne ha l'amministrazione anche di fatto, o da un rappresentante negoziale. La nullità è sanata se il soggetto tenuto a sottoscrivere la dichiarazione vi provvede entro trenta giorni dal ricevimento dell'invito da parte del competente ufficio dell'Agenzia delle entrate [(4)].

5. La dichiarazione delle società e degli enti soggetti all'imposta sul reddito delle società sottoposti al controllo contabile ai sensi del codice civile o di leggi speciali è sottoscritta anche dai soggetti che sottoscrivono la relazione di revisione. La dichiarazione priva di tale sottoscrizione è valida, salva l'applicazione della sanzione di cui all'articolo 9, comma 5, del decreto legislativo 18 dicembre 1997, n. 471, e successive modificazioni [(5)].

6. In caso di presentazione della dichiarazione in via telematica, le disposizioni dei commi 3, 4 e 5 del presente articolo si applicano con riferimento alla dichiarazione che gli stessi soggetti sono tenuti a conservare.

(1) Comma sostituito dall'articolo 1 del D.P.R. 14 ottobre 1999, n. 542, dall'articolo 1 del D.P.R. 7 dicembre 2001, n. 435, con la decorrenza indicata dall'articolo 19 del medesimo decreto, modificato dall'articolo 37, comma 10 del D.L. 4 luglio 2006, n. 223, dall'articolo 17, comma 1, del D.Lgs. 21 novembre 2014, n. 175 e, da ultimo dall'articolo 11, comma 1, lettera a), del D.L. 21 giugno 2022, n. 73, convertito, con modificazioni, dalla Legge 4 agosto 2022, n. 122..

(2) Comma sostituito dall'articolo 1 del D.P.R. 10 marzo 2000, n. 100, successivamente, articolo 1 del D.P.R. 7 dicembre 2001, n. 435, con la decorrenza indicata dall'articolo 19 del medesimo decreto e, da ultimo, modificato dall'articolo 3-bis, comma 3, del D.L. 30 aprile 2019, n. 34, convertito, con modificazioni, dalla Legge 28 giugno 2019, n. 58.

(3) Comma sostituito dall'articolo 1 del D.P.R. 7 dicembre 2001, n. 435, con la decorrenza indicata dall'articolo 19 del medesimo decreto.

(4) Comma sostituito dall'articolo 1 del D.P.R. 7 dicembre 2001, n. 435, con la decorrenza indicata dall'articolo 19 del medesimo decreto.

(5) Comma modificato dall'articolo 1, comma 94, della legge 24 dicembre 2007, n. 244. In riferimento al presente articolo vedi: Risoluzione Ministero Economia e Finanze 8 giugno 2011, n. 62/E.

2. Termine per la presentazione della dichiarazione in materia di imposte sui redditi e di I.R.A.P.[(15)]. – 1. Le persone fisiche e le società o le associazioni di cui all'articolo 6 del decreto del Presidente della Repubblica 29 settembre 1973, n. 600, presentano la dichiarazione secondo le disposizioni di cui all'articolo 3, per il tramite di una banca o di un ufficio della Poste italiane S.p.a. tra il 1° maggio ed il 30 giugno ovvero in via telematica entro il 30 novembre dell'anno successivo a quello di chiusura del periodo di imposta [(2)(3)] .

2. I soggetti all'imposta sul reddito delle persone giuridiche, presentano la dichiarazione secondo le disposizioni di cui all' articolo 3 in via telematica, entro l'ultimo giorno dell'undicesimo mese successivo a quello di chiusura del periodo d'imposta [(4)] :

[a) per il tramite di una banca o di un ufficio della Poste italiane S.p.a., ad eccezione dei soggetti di cui all'articolo 3, comma 2, entro l'ultimo giorno del settimo mese successivo a quello di chiusura del periodo di imposta;]

[b) in via telematica, entro l'ultimo giorno del decimo mese successivo a quello di chiusura del periodo di imposta] [(5)] .

3. I soggetti non tenuti alla presentazione della dichiarazione dei redditi presentano la dichiarazione ai fini dell'imposta regionale sulle attività produttive entro i termini previsti dal comma 2 e secondo le disposizioni di cui all'articolo 3 [(6)] .

3-bis. I modelli di dichiarazione, le relative istruzioni e le specifiche tecniche per la trasmissione telematica dei dati sono resi disponibili in formato elettronico dall'Agenzia delle entrate entro il mese di febbraio [(7)] .

[4. Se il termine per la presentazione delle dichiarazioni dei redditi e dell'imposta regionale sulle attività produttive, compresa quella unificata, scade tra il 1° gennaio ed il 31 maggio, la presentazione delle stesse è effettuata nel mese di maggio e la trasmissione telematica nel mese di giugno. Tale disposizione non si applica nel caso in cui la dichiarazione deve essere redatta, ai sensi dell'articolo 1, comma 1, sui modelli approvati entro il 15 febbraio dell'anno precedente a quello di scadenza del termine di presentazione.] [(8)]

[4-bis. Le disposizioni in materia di termini di trasmissione delle dichiarazioni in via telematica non rilevano ai fini dei versamenti delle imposte, che sono comunque effettuati entro gli ordinari termini di scadenza.] [(9)]

[5. I sostituti di imposta che non sono tenuti alla presentazione della dichiarazione unificata annuale presentano la dichiarazione tra il 1° e il 31 maggio di ciascun anno per i pagamenti fatti nell'anno solare precedente. La trasmissione della dichiarazione in via telematica è effettuata nel mese di giugno.] [(10)]

6. Per gli interessi e gli altri proventi di cui ai commi da 1 a 3- bis dell'articolo 26 del decreto del Presidente della Repubblica 29 settembre 1973, n. 600, e per quelli assoggettati alla ritenuta a titolo d'imposta ai sensi dell'ultimo comma dello stesso articolo e dell'articolo 7, commi 1 e 2, del decreto-legge 20 giugno 1996, n. 323, convertito, con modificazioni, dalla legge 8 agosto 1996, n. 425, nonché per i premi e per le vincite di cui all'articolo 30, del decreto del Presidente della Repubblica 29 settembre 1973, n. 600, i soggetti

all'imposta sul reddito delle persone giuridiche presentano la dichiarazione contestualmente alla dichiarazione dei redditi propri.

7. Sono considerate valide le dichiarazioni presentate entro novanta giorni dalla scadenza del termine, salva restando l'applicazione delle sanzioni amministrative per il ritardo. Le dichiarazioni presentate con ritardo superiore a novanta giorni si considerano omesse, ma costituiscono, comunque, titolo per la riscossione delle imposte dovute in base agli imponibili in esse indicati e delle ritenute indicate dai sostituti d'imposta [(11)].

8. Salva l'applicazione delle sanzioni e ferma restando l'applicazione dell'articolo 13 del decreto legislativo 18 dicembre 1997, n. 472, le dichiarazioni dei redditi, dell'imposta regionale sulle attività produttive e dei sostituti d'imposta possono essere integrate per correggere errori od omissioni, compresi quelli che abbiano determinato l'indicazione di un maggiore o di un minore imponibile o, comunque, di un maggiore o di un minore debito d'imposta ovvero di un maggiore o di un minore credito, mediante successiva dichiarazione da presentare, secondo le disposizioni di cui all'articolo 3, utilizzando modelli conformi a quelli approvati per il periodo d'imposta cui si riferisce la dichiarazione, non oltre i termini stabiliti dall'articolo 43 del decreto del Presidente della Repubblica 29 settembre 1973, n. 600 [(12)].

8-bis. L'eventuale credito derivante dal minor debito o dal maggiore credito risultante dalle dichiarazioni di cui al comma 8 può essere utilizzato in compensazione ai sensi dell'articolo 17 del decreto legislativo 9 luglio 1997, n. 241. Ferma restando in ogni caso l'applicabilità della disposizione di cui al primo periodo per i casi di correzione di errori contabili di competenza, nel caso in cui la dichiarazione oggetto di integrazione a favore sia presentata oltre il termine prescritto per la presentazione della dichiarazione relativa al periodo d'imposta successivo, il credito di cui al periodo precedente può essere utilizzato in compensazione, ai sensi del citato articolo 17 del decreto legislativo n. 241 del 1997, per eseguire il versamento di debiti maturati a partire dal periodo d'imposta successivo a quello in cui è stata presentata la dichiarazione integrativa; in tal caso, nella dichiarazione relativa al periodo d'imposta in cui è presentata la dichiarazione integrativa è indicato il credito derivante dal minor debito o dal maggiore credito risultante dalla dichiarazione integrativa. Resta ferma in ogni caso per il contribuente la possibilità di far valere, anche in sede di accertamento o di giudizio, eventuali errori, di fatto o di diritto, che abbiano inciso sull'obbligazione tributaria, determinando l'indicazione di un maggiore imponibile, di un maggiore debito d'imposta o, comunque, di un minore credito [(13)] [(A)].

8-ter. Le dichiarazioni dei redditi e dell'imposta regionale sulle attività produttive possono essere integrate dai contribuenti per modificare la originaria richiesta di rimborso dell'eccedenza d'imposta esclusivamente per la scelta della compensazione, sempreché il rimborso stesso non sia stato già erogato anche in parte, mediante dichiarazione da presentare entro 120 giorni dalla scadenza del termine ordinario di presentazione, secondo le disposizioni di cui all' articolo 3 , utilizzando modelli conformi a quelli approvati per il periodo d'imposta cui si riferisce la dichiarazione [(14)].

9. I termini di presentazione della dichiarazione che scadono di sabato sono prorogati d'ufficio al primo giorno feriale successivo [(15)]

[(A)] In riferimento al presente comma vedi: Circolare dell'Agenzia delle Entrate 19 febbraio 2015, n. 6/E.

[(1)] A norma dell'articolo 13-sexies, comma 1, del D.L. 28 ottobre 2020, n. 137, convertito con modificazioni dalla Legge 18 dicembre 2020, n. 176, Il termine del 30 novembre 2020, di cui al presente articolo, è prorogato al 10 dicembre 2020.

[(2)] Comma modificato dall'articolo 1 del D.P.R. 14 ottobre 1999, n. 542, sostituito dall'articolo 2 del D.P.R. 7 dicembre 2001, n. 435, con la decorrenza indicata dall'articolo 19 del medesimo decreto ed infine modificato dall'articolo 37, comma 10 del D.L. 4 luglio 2006, n. 223, con effetto a decorrere dal 1° maggio 2007 e dall'articolo 42, comma 7-ter, lettera a), del D.L. 30 dicembre 2008, n. 207. Da ultimo, il presente comma è stato modificato dall'articolo 4-bis, comma 2, lettera a), del D.L. 30 aprile 2019, n. 34, convertito, con modificazioni, dalla Legge 28 giugno 2019, n. 58.

[(3)] A norma dell'articolo 3, comma 1, del D.L. 30 novembre 2020, n. 157, il termine del 30 novembre 2020, di cui al presente articolo è prorogato al 10 dicembre 2020. Successivamente D.L. 157/2020 è stato abrogato dall'articolo 1, comma 2, della Legge 18 dicembre 2020, n. 176.

[(4)] Alinea modificato dall'articolo 4-bis, comma 2, lettera b), del D.L. 30 aprile 2019, n. 34, convertito, con modificazioni, dalla Legge 28 giugno 2019, n. 58.

[(5)] Comma modificato dall'articolo 1 del D.P.R. 14 ottobre 1999, n. 542, sostituito dall'articolo 2 del D.P.R. 7 dicembre 2001, n. 435, con la decorrenza indicata dall'articolo 19 del medesimo decreto ed infine modificato dall'articolo 37, comma 10 del D.L. 4 luglio 2006, n. 223, con effetto a decorrere dal 1° maggio 2007 e dall'articolo 42, comma 7-ter, lettera b), del D.L. 30 dicembre 2008, n. 207.

[(6)] Comma modificato dall'articolo 1 del D.P.R. 14 ottobre 1999, n. 542, e successivamente sostituito dall'articolo 2 del D.P.R. 7 dicembre 2001, n. 435, con la decorrenza indicata dall'articolo 19 del medesimo decreto.

[(7)] Comma inserito dall'articolo 1, comma 67, della legge 27 dicembre 2006, n. 296 e successivamente modificato dall'articolo 11, comma 1, lettera b), del D.L. 21 giugno 2022, n. 73, convertito, con modificazioni, dalla Legge 4 agosto 2022, n. 122.

[(8)] Comma sostituito dall'articolo 1 del D.P.R. 14 ottobre 1999, n. 542, e successivamente abrogato dall'articolo 2 del D.P.R. 7 dicembre 2001, n. 435, con la decorrenza indicata dall'articolo 19 del medesimo decreto.

[(9)] Comma aggiunto dall'articolo 1 del D.P.R. 14 ottobre 1999, n. 542, e successivamente abrogato dall'articolo 2 del D.P.R. 7 dicembre 2001, n. 435, con la decorrenza indicata dall'articolo 19 del medesimo decreto.

[(10)] Comma sostituito dall'articolo 1 del D.P.R. 14 ottobre 1999, n. 542, e successivamente abrogato dall'articolo 2 del D.P.R. 7 dicembre 2001, n, 435, con la decorrenza indicata dall'articolo 19 del medesimo decreto.

[(11)] Comma modificato dall'articolo 1 del D.P.R. 14 ottobre 1999, n. 542.

[(12)] Comma sostituito dall'articolo 2 del D.P.R. 7 dicembre 2001, n. 435, con la decorrenza indicata dall'articolo 19 del medesimo decreto, successivamente modificato dall'articolo 1, comma 637, lettera a), della Legge 23 dicembre 2014, n. 190 ed infine sostituito dall' articolo 5, comma 1, lettera a), del D.L. 22 ottobre 2016, n. 193 convertito, con modificazioni dalla Legge 1° dicembre 2016 n. 225.

[(13)] Comma aggiunto dall'articolo 2 del D.P.R. 7 dicembre 2001, n. 435, con la decorrenza indicata dall'articolo 19 del medesimo decreto e successivamente sostituito dall' articolo 5, comma 1, lettera a), del D.L. 22 ottobre 2016, n. 193 convertito, con modificazioni dalla Legge 1° dicembre 2016 n. 225.

[(14)] Comma aggiunto dall'articolo 7, comma 2, lettera i), del D.L. 13 maggio 2011, n. 70.

[(15)] Comma modificato dall'articolo 1 del D.P.R. 14 ottobre 1999, n. 542, e successivamente sostituito dall'articolo 2 del D.P.R. 7 dicembre 2001, n. 435, con la decorrenza indicata dall'articolo 19 del medesimo decreto.

[(16)] A norma dell'articolo 1, comma 932, della Legge 27 dicembre 2017, n. 205 il termine per la presentazione delle dichiarazioni in materia di imposte sui redditi e di imposta regionale sulle attività produttive dei soggetti indicati nel presente articolo in scadenza al 30 settembre, è fissato al 31 ottobre.

3. Modalità di presentazione ed obblighi di conservazione delle dichiarazioni [(1)]. – Le dichiarazioni sono presentate all'Agenzia delle entrate in via telematica ovvero per il tramite di una banca convenzionata o di un ufficio della Poste italiane S.p.a. secondo le disposizioni di cui ai commi successivi. *[I contribuenti con periodo di imposta coincidente con l'anno solare obbligati alla presentazione della dichiarazione dei redditi [, dell'imposta regionale sulle attività produttive] e della dichiarazione annuale ai fini dell'imposta sul valore aggiunto, presentano la* *dichiarazione unificata annuale. È esclusa dalla dichiarazione unificata la dichiarazione annuale ai fini dell'imposta sul valore aggiunto degli enti e delle società che si sono avvalsi della procedura di liquidazione dell'imposta sul valore aggiunto di gruppo di cui all'articolo 73, ultimo comma, del decreto del Presidente della Repubblica 26 ottobre 1972, n. 633, e successive modificazioni. In deroga a quanto previsto dal secondo periodo i contribuenti che intendono utilizzare in compensazione ovvero chiedere a rimborso il credito risultante dalla dichiarazione annuale ai fini dell'imposta sul valore aggiunto possono non comprendere tale dichiarazione in quella unificata.]* [2][3]

2. Le dichiarazioni previste dal presente decreto, compresa quella unificata, sono presentate in via telematica all'Agenzia delle entrate, direttamente o tramite gli incaricati di cui ai commi 2-bis e 3, dai soggetti tenuti per il periodo d'imposta cui si riferiscono le predette dichiarazioni alla presentazione della dichiarazione relativa all'imposta sul valore aggiunto, dai soggetti tenuti alla presentazione della dichiarazione dei sostituti di imposta di cui all'articolo 4 e dai soggetti di cui all'articolo 87, comma 1, lettere a) e b), del testo unico delle imposte sui redditi, approvato con decreto del Presidente della Repubblica 22 dicembre 1986, n. 917, dai soggetti tenuti alla presentazione della dichiarazione ai fini dell'imposta regionale sulle attività produttive, dai soggetti tenuti alla presentazione del modello per la comunicazione dei dati relativi alla applicazione degli studi di settore e dei parametri. Le predette dichiarazioni sono trasmesse avvalendosi del servizio telematico Entratel; il collegamento telematico con l'Agenzia delle entrate è gratuito per gli utenti. I soggetti di cui al primo periodo obbligati alla presentazione della dichiarazione dei sostituti d'imposta, *[anche in forma unificata,]* in relazione ad un numero di soggetti non superiore a venti, si avvalgono per la presentazione in via telematica del servizio telematico Internet ovvero di un incaricato di cui al comma 3 [4]

2-bis. Nell'ambito dei gruppi in cui almeno una società o ente rientra tra i soggetti di cui al comma precedente, la presentazione in via telematica delle dichiarazioni di soggetti appartenenti al gruppo può essere effettuata da uno o più soggetti dello stesso gruppo avvalendosi del servizio telematico Entratel. Si considerano appartenenti al gruppo l'ente o la società controllante e le società da questi controllate come definite dall'articolo 43-ter, quarto comma, del decreto del Presidente della Repubblica 29 settembre 1973, n. 602 [5][6].

2-ter. I soggetti diversi da quelli indicati nei commi 2 e 2-bis, non obbligati alla presentazione delle dichiarazioni in via telematica, possono presentare le dichiarazioni in via telematica direttamente avvalendosi del servizio telematico Internet ovvero tramite un incaricato di cui al comma 3.

3. Ai soli fini della presentazione delle dichiarazioni in via telematica mediante il servizio telematico Entratel si considerano soggetti incaricati della trasmissione delle stesse:

a) gli iscritti negli albi dei dottori commercialisti, dei ragionieri e dei periti commerciali e dei consulenti del lavoro [15];

b) i soggetti iscritti alla data del 30 settembre 1993 nei ruoli di periti ed esperti tenuti dalle camere di commercio, industria, artigianato e agricoltura per la sub-categoria tributi, in possesso di diploma di laurea in giurisprudenza o in economia e commercio o equipollenti o diploma di ragioneria;

c) le associazioni sindacali di categoria tra imprenditori indicate nell'articolo 32, comma 1, lettere a), b) e c), del decreto legislativo 9 luglio 1997, n. 241, nonché quelle che associano soggetti appartenenti a minoranze etnico-linguistiche;

d) i centri di assistenza fiscale per le imprese e per i lavoratori dipendenti e pensionati;

e) gli altri incaricati individuati con decreto del Ministro dell'economia e delle finanze [7][8].

3-bis. I soggetti di cui al comma 3, incaricati della predisposizione delle dichiarazioni previste dal presente decreto, sono obbligati alla trasmissione in via telematica delle stesse.

[3-ter. Ai soggetti di cui al comma 3 incaricati della trasmissione telematica delle dichiarazioni spetta un compenso, a carico del bilancio dello Stato, di 1 euro per ciascuna dichiarazione elaborata e trasmessa mediante il servizio telematico Entratel. Il compenso non costituisce corrispettivo agli effetti dell'imposta sul valore aggiunto. Le modalità di corresponsione dei compensi sono stabilite con decreto del Ministero dell'economia e delle finanze. La misura del compenso può essere adeguata con provvedimento del direttore dell'Agenzia delle entrate, da pubblicare nella Gazzetta Ufficiale, quando la variazione percentuale del valore medio dell'indice dei prezzi al consumo per le famiglie di operai e impiegati, relativa al periodo di dodici mesi terminante al 31 agosto, supera il 2 per cento rispetto al valore medio del medesimo indice rilevato con riferimento allo stesso periodo dell'anno 2008 ovvero dell'anno per il quale ha effetto l'ultimo adeguamento.] [9]

4. I soggetti di cui ai commi 2, 2-bis e 3 sono abilitati dall'Agenzia delle entrate alla trasmissione dei dati contenuti nelle dichiarazioni. L'abilitazione è revocata quando nello svolgimento dell'attività di trasmissione delle dichiarazioni vengono commesse gravi o ripetute irregolarità, ovvero in presenza di provvedimenti di sospensione irrogati dall'ordine di appartenenza del professionista o in caso di revoca dell'autorizzazione all'esercizio dell'attività da parte dei centri di assistenza fiscale. Si considera grave irregolarità l'omissione ripetuta della trasmissione di dichiarazioni o di comunicazioni per le quali i soggetti di cui ai commi 2-bis e 3 hanno rilasciato l'impegno cumulativo a trasmettere di cui al comma 6-bis [10].

5. Salvo quanto previsto dal comma 2 per i soggetti obbligati alla presentazione in via telematica, la dichiarazione può essere presentata all'Agenzia delle entrate anche mediante spedizione effettuata dall'estero, utilizzando il mezzo della raccomandata o altro equivalente dal quale risulti con certezza la data di spedizione ovvero avvalendosi del servizio telematico Internet.

6. Le banche e gli uffici postali rilasciano, anche se non richiesta, ricevuta di presentazione della dichiarazione. I soggetti di cui ai commi 2-bis e 3 rilasciano al contribuente o al sostituto di imposta, anche se non richiesto, l'impegno a trasmettere in via telematica all'Agenzia delle entrate i dati contenuti nella dichiarazione, contestualmente alla ricezione della stessa o dell'assunzione dell'incarico per la sua predisposizione nonché, entro trenta giorni dal termine previsto per la presentazione in via telematica, la dichiarazione trasmessa, redatta su modello conforme a quello approvato con il provvedimento di cui all'articolo 1, comma 1 e copia della comunicazione dell'Agenzia delle entrate di ricezione della dichiarazione.

6-bis. Se il contribuente o il sostituto d'imposta conferisce l'incarico per la predisposizione di più dichiarazioni o comunicazioni a un soggetto di cui ai commi 2-bis e 3, questi rilascia al contribuente o al sostituto d'imposta, anche se non richiesto, l'impegno cumulativo a trasmettere in via telematica all'Agenzia delle entrate i dati contenuti nelle dichiarazioni o comunicazioni. L'impegno cumulativo può essere contenuto nell'incarico professionale sottoscritto dal contribuente se sono ivi indicate le dichiarazioni e le comunicazioni per le quali il soggetto di cui ai commi 2-bis e 3 si impegna a trasmettere in via telematica all'Agenzia delle entrate i dati in esse contenuti. L'impegno si intende conferito per la durata indicata nell'impegno stesso o nel mandato professionale e, comunque, fino al 31 dicembre del terzo anno successivo a quello in cui è stato rilasciato, salva revoca espressa da parte del contribuente o del sostituto d'imposta [(11)].

7. Le banche e la Poste italiane S.p.a. trasmettono in via telematica le dichiarazioni all'Agenzia delle entrate entro quattro mesi dalla data di scadenza del termine di presentazione ovvero, per le dichiarazioni presentate oltre tale termine, entro quattro mesi dalla data di presentazione delle dichiarazioni stesse, ove non diversamente previsto dalle convenzioni di cui al comma 11 [(12)].

7-bis. I soggetti di cui ai commi 2, 2-bis, 2-ter e 3, presentano in via telematica le dichiarazioni per le quali non è previsto un apposito termine entro un mese dalla scadenza del termine previsto per la presentazione alle banche e agli uffici postali.

7-ter. Le dichiarazioni consegnate ai soggetti incaricati di cui ai commi 2-bis e 3, successivamente al termine previsto per la presentazione in via telematica delle stesse, sono trasmesse entro un mese dalla data contenuta nell'impegno alla trasmissione rilasciato dai medesimi soggetti al contribuente ai sensi del comma 6.

8. La dichiarazione si considera presentata nel giorno in cui è consegnata dal contribuente alla banca o all'ufficio postale ovvero é trasmessa all'Agenzia delle entrate mediante procedure telematiche direttamente o tramite uno dei soggetti di cui ai commi 2-bis e 3.

9. I contribuenti e i sostituti di imposta che presentano la dichiarazione in via telematica, direttamente o tramite i soggetti di cui ai commi 2-bis e 3, conservano, per il periodo previsto dall'articolo 43 del decreto del Presidente della Repubblica 29 settembre 1973, n. 600, la dichiarazione debitamente sottoscritta e redatta su modello conforme a quello approvato con il provvedimento di cui all'articolo 1, comma 1, nonché i documenti rilasciati dal soggetto incaricato di predisporre la dichiarazione. L'Amministrazione finanziaria può chiedere l'esibizione della dichiarazione e dei suddetti documenti.

9-bis. I soggetti incaricati della trasmissione delle dichiarazioni conservano, anche su supporti informatici, per il periodo previsto dall'articolo 43 del decreto del Presidente della Repubblica 29 settembre 1973, n. 600, copia delle dichiarazioni trasmesse, delle quali l'Amministrazione finanziaria può chiedere l'esibizione previa riproduzione su modello conforme a quello approvato con il provvedimento di cui all'articolo 1, comma 1.

10. La prova della presentazione della dichiarazione è data dalla comunicazione dell'Agenzia delle entrate attestante l'avvenuto ricevimento della dichiarazione presentata in via telematica direttamente o tramite i soggetti di cui ai commi 2-bis e 3, ovvero dalla ricevuta della banca, dell'ufficio postale o dalla ricevuta di invio della raccomandata di cui al comma 5.

11. Le modalità tecniche di trasmissione delle dichiarazioni sono stabilite con provvedimento del direttore dell'Agenzia delle entrate da pubblicare nella Gazzetta Ufficiale. Le modalità di svolgimento del servizio di ricezione delle dichiarazioni da parte delle banche e della Poste italiane S.p.a., comprese *[la misura del compenso spettante e]* le conseguenze derivanti dalle irregolarità commesse nello svolgimento del servizio, sono stabilite mediante distinte convenzioni, approvate con provvedimento del direttore dell'Agenzia delle entrate. *[La misura del compenso è determinata tenendo conto dei costi del servizio e del numero complessivo delle dichiarazioni ricevute]* [(13)(14)].

12. Le disposizioni del presente articolo si applicano anche alla presentazione delle dichiarazioni riguardanti imposte sostitutive delle imposte sui redditi.

13. Ai soggetti incaricati della trasmissione telematica si applica l'articolo 12-bis, comma 1, del decreto del Presidente della Repubblica 29 settembre 1973, n. 600, e per le convenzioni e i decreti ivi previsti si intendono, rispettivamente, le convenzioni e i provvedimenti di cui al comma 11 del presente articolo.

(1) Articolo modificato dall'articolo 1 del D.P.R. 14 ottobre 1999, n. 542, e successivamente, sostituito dall'articolo 3 del D.P.R. 7 dicembre 2001, n. 435, con la decorrenza indicata dall'articolo 19 del medesimo decreto.
(2) Vedi articolo 34, comma 4 del D.L. 30 settembre 2003, n. 269.
(3) Comma modificato dall'articolo 37, comma 10 del D.L. 4 luglio 2006, n. 223, dall'articolo 42, comma 7-ter, lettera c), del D.L. 30 dicembre 2008, n. 207,dall'articolo 10, comma 1, lettera a), numero 2), del D.L. 1° luglio 2009, n. 78 e successivamente dall'articolo 1, comma 641, lettera a), della Legge 23 dicembre 2014, n. 190, con efficacia a decorrere dalla dichiarazione relativa all'imposta sul valore aggiunto dovuta per il 2015. Successivamente a norma dell'articolo 10, comma 8-bis, del D.L. 31 dicembre 2014, n. 192, convertito, con modificazioni, dalla Legge 27 febbraio 2015, n. 11, l'efficacia della precedente disposizione è prorogata a decorrere dalla dichiarazione relativa all'imposta sul valore aggiunto dovuta per il 2016.
(4) Comma modificato dall'articolo 1, comma 377 della legge 30 dicembre 2004, n. 311, dall'articolo 37, comma 10 del D.L. 4 luglio 2006, n. 223 e successivamente dall'articolo 42, comma 7-ter, lettera d), del D.L. 30 dicembre 2008, n. 207. Vedi articolo 2, comma 10 bis del D.L. 30 settembre 2005, n. 203.
(5) Vedi articolo 2, comma 10 bis del D.L. 30 settembre 2005, n. 203.
(6) Vedi l'articolo 3, commi 3, 4 e 5 del D.L. 3 giugno 2008, n. 97.
(7) Per l'individuazione di ulteriori soggetti abilitati alla trasmissione telematica delle dichiarazioni vedi D.M. 18 febbraio 1999, D.M. 12 luglio 2000, D.M. 21 dicembre 2000, D.M. 19 aprile 2001. Vedi inoltre l'articolo 4 comma 2, del provvedimento dell'Agenzia delle entrate 2 agosto 2007. Per i termini e le modalità di svolgimento, da parte degli intermediari di cui al presente comma, abilitati ad Entratel, del servizio di pagamento dei modelli F24 in nome e per conto dei loro assistiti mediante addebito unico sul proprio conto corrente, vedi il Provvedimento dell'agenzia delle entrate 21 giugno 2007.
(8) Vedi l'articolo 3, commi 3, 4 e 5 del D.L. 3 giugno 2008, n. 97 e il Provvedimento 29 luglio 2013.
(9) Comma aggiunto dall'articolo 2 della legge 24 dicembre 2003, n. 350 e modificato dall'articolo 39 del D.L. 1° ottobre 2007, n. 159. L'importo di cui al presente comma è stato così modificato dall'articolo 1 del D.M. 2 marzo 2006, dall'articolo 1 del D.M. 12 marzo 2007 e dall'articolo 39 del D.L. 1° ottobre 2007, n. 159. Per l'adeguamento del compenso previsto dal presente comma, spettante per l'anno 2010, vedi il Provvedimento 2 febbraio 2011. Da ultimo il comma è stato abrogato dall'articolo 4, comma 33, della L. 12 novembre 2011, n. 183, a decorrere dal 1° gennaio 2012, ai sensi dell'articolo 36, comma 1, della medesima L. 183/2011.
(10) Comma modificato dall'articolo 4-ter, comma 1, lettera a), del D.L. 30 aprile 2019, n. 34, convertito, con modificazioni, dalla Legge 28 giugno 2019, n. 58.
(11) Comma aggiunto dall'articolo 4-ter, comma 1, lettera b), del D.L. 30 aprile 2019, n. 34, convertito, con modificazioni, dalla Legge 28 giugno 2019, n. 58.
(12) Comma modificato dall'articolo 37, comma 10 del D.L. 4 luglio 2006, n. 223.
(13) Vedi articolo 34, comma 4 del D.L. 30 settembre 2003, n. 269.
(14) Comma modificato dall'articolo 39 del D.L. 1° ottobre 2007, n. 159.

[15] *Lettera precedentemente modificata dall'articolo 5, comma 14, del D.L. 21 ottobre 2021, n. 146. La Legge 17 dicembre 2021, n. 215 in sede di conversione ha abrogato il comma 14, non confermando la modifica.*

4. Dichiarazione e certificazioni dei sostituti d'imposta [1]. – 1. I soggetti indicati nel titolo III del decreto del Presidente della Repubblica 29 settembre 1973, n. 600, obbligati ad operare ritenute alla fonte, che corrispondono compensi, sotto qualsiasi forma, soggetti a ritenute alla fonte secondo le disposizioni dello stesso titolo, nonché gli intermediari e gli altri soggetti che intervengono in operazioni fiscalmente rilevanti tenuti alla comunicazione di dati ai sensi di specifiche disposizioni normative, presentano annualmente una dichiarazione unica, anche ai fini dei contributi dovuti all'Istituto nazionale per la previdenza sociale (I.N.P.S.) e dei premi dovuti all'Istituto nazionale per le assicurazioni contro gli infortuni sul lavoro (I.N.A.I.L.), relativa a tutti i percipienti, redatta in conformità ai modelli approvati con i provvedimenti di cui all'articolo 1, comma 1 [2][3] .

2. La dichiarazione indica i dati e gli elementi necessari per l'individuazione del sostituto d'imposta, dell'intermediario e degli altri soggetti di cui al precedente comma, per la determinazione dell'ammontare dei compensi e proventi, sotto qualsiasi forma corrisposti, delle ritenute, dei contributi e dei premi, nonché per l'effettuazione dei controlli e gli altri elementi richiesti nel modello di dichiarazione, esclusi quelli che l'Agenzia delle entrate, l'I.N.P.S. e l'I.N.A.I.L. sono in grado di acquisire direttamente e sostituisce le dichiarazioni previste ai fini contributivi e assicurativi [4] .

3. Con decreto del Ministro delle finanze, emanato di concerto con i Ministri del tesoro, del bilancio e della programmazione economica e del lavoro e della previdenza sociale, la dichiarazione unica di cui al comma 1 può essere estesa anche ai contributi dovuti agli altri enti e casse.

3-bis. Salvo quanto previsto al comma 6-quinquies, i sostituti d'imposta, comprese le Amministrazioni dello Stato, anche con ordinamento autonomo, di cui al comma 1 dell'articolo 29 del decreto del Presidente della Repubblica 29 settembre 1973, n. 600, e successive modificazioni, che effettuano le ritenute sui redditi a norma degli articoli 23, 24, 25, 25-bis, 25-ter e 29 del citato decreto n. 600 del 1973 nonché dell'articolo 21, comma 15, della legge 27 dicembre 1997, n. 449, e dell'articolo 11 della legge 30 dicembre 1991, n. 413, tenuti al rilascio della certificazione di cui al comma 6-ter del presente articolo, trasmettono in via telematica all'Agenzia delle entrate, direttamente o tramite gli incaricati di cui all'articolo 3, commi 2-bis e 3, la dichiarazione di cui al comma 1 del presente articolo, relativa all'anno solare precedente, entro il 31 ottobre di ciascun anno [5][6][7] .

4. Le attestazioni comprovanti il versamento delle ritenute e ogni altro documento previsto dal decreto di cui all'articolo 1 sono conservati per il periodo previsto dall'articolo 43, del decreto del Presidente della Repubblica 29 settembre 1973, n. 600, e sono esibiti o trasmessi, su richiesta, all'ufficio competente. La conservazione delle attestazioni relative ai versamenti contributivi e assicurativi resta disciplinata dalle leggi speciali.

4-bis. Salvo quanto previsto dal comma 3-bis, i sostituti di imposta, comprese le Amministrazioni dello Stato, anche con ordinamento autonomo, gli intermediari e gli altri soggetti di cui al comma 1 presentano in via telematica, secondo le disposizioni di cui all'articolo 3, commi 2, 2-bis, 2-ter e 3, la dichiarazione di cui al comma 1, relativa all'anno solare precedente, entro il 31 ottobre di ciascun anno [8] .

[5. Salvo l'obbligo di presentazione telematica della dichiarazione da parte dei soggetti di cui all'art. 3, comma 2, nonchè l'obbligo di presentazione di dichiarazione unificata di cui all'art. 3, comma 1, secondo periodo, i sostituti d'imposta che, durante il periodo di imposta cui la dichiarazione si riferisce, abbiano corrisposto compensi o emolumenti, anche per periodi discontinui o inferiori a dodici mensilità, ad un numero di lavoratori dipendenti non inferiore alle venti unità presentano la dichiarazione di cui al presente articolo mediante la consegna ad un ufficio della Poste italiane S.p.a. di supporti magnetici, predisposti sulla base di programmi elettronici forniti o prestabiliti dall'amministrazione finanziaria.] [9]

[6. La dichiarazione non è presentata per i compensi e le altre somme soggetti a ritenuta su compensi e altri redditi corrisposti dallo Stato, ai sensi dell'art. 29 del decreto del Presidente della Repubblica 29 settembre 1973, n. 600.] [10]

6-bis. I soggetti indicati nell'articolo 29, terzo comma, del decreto del Presidente della Repubblica 29 settembre 1973, n. 600, che corrispondono compensi, sotto qualsiasi forma, soggetti a ritenuta alla fonte comunicano all'Agenzia delle entrate mediante appositi elenchi i dati fiscali dei percipienti. Con provvedimento del direttore dell'Agenzia delle entrate sono stabiliti il contenuto, i termini e le modalità delle comunicazioni, previa intesa con le rispettive Presidenze delle Camere e della Corte costituzionale, con il segretario generale della Presidenza della Repubblica, e, nel caso delle regioni a statuto speciale, con i Presidenti dei rispettivi organi legislativi. Nel medesimo provvedimento può essere previsto anche l'obbligo di indicare i dati relativi ai contributi dovuti agli enti e casse previdenziali [11] .

6-ter. I soggetti indicati nel comma 1 rilasciano un'apposita certificazione unica anche ai fini dei contributi dovuti all'Istituto nazionale per la previdenza sociale (I.N.P.S.) attestante l'ammontare complessivo delle dette somme e valori, l'ammontare delle ritenute operate, delle detrazioni di imposta effettuate e dei contributi previdenziali e assistenziali, nonché gli altri dati stabiliti con il provvedimento amministrativo di approvazione dello schema di certificazione unica. La certificazione è unica anche ai fini dei contributi dovuti agli altri enti e casse previdenziali. Con decreto del Ministro dell'economia e delle finanze, emanato di concerto con il Ministro del lavoro e delle politiche sociali, sono stabilite le relative modalità di attuazione. La certificazione unica sostituisce quelle previste ai fini contributivi [12][A].

6-quater. Le certificazioni di cui al comma 6-ter, sottoscritte anche mediante sistemi di elaborazione automatica, sono consegnate agli interessati entro il 16 marzo dell'anno successivo a quello in cui le somme e i valori sono stati corrisposti ovvero entro dodici giorni dalla richiesta degli stessi in caso di interruzione del rapporto di lavoro. Nelle ipotesi di cui all'articolo 27 del decreto del Presidente della Repubblica 29 settembre 1973, n. 600, la certificazione può essere sostituita dalla copia della comunicazione prevista dagli articoli 7, 8, 9 e 11 della legge 29 dicembre 1962, n. 1745. [13][14][15][A].

6-quinquies. Le certificazioni di cui al comma 6-ter sono trasmesse in via telematica all'Agenzia delle entrate direttamente o tramite gli incaricati di cui all'articolo 3, commi 2-bis e 3, entro il 16 marzo dell'anno successivo a quello in cui le somme e i valori sono stati corrisposti. Entro la stessa data sono altresì trasmessi in via telematica gli ulteriori dati fiscali e contributivi e quelli necessari per l'attività di controllo dell'Amministrazione finanziaria e degli enti previdenziali e assicurativi, i dati contenuti nelle certificazioni rilasciate ai soli fini contributivi e assicurativi nonché quelli relativi alle operazioni di conguaglio effettuate a seguito dell'assistenza fiscale prestata ai sensi del decreto legislativo 9 luglio 997, n. 241, stabiliti con provvedimento del direttore dell'Agenzia delle entrate.La trasmissione in via telematica delle certificazioni di cui al comma 6-ter, contenenti esclusivamente redditi esenti o non dichiarabili mediante la dichiarazione precompilata di cui all'articolo 1 del decreto legislativo 21 novembre 2014, n. 175, può avvenire entro il termine di presentazione della dichiarazione dei sostituti d'imposta di cui al comma 1. Le trasmissioni in via telematica effettuate i sensi del presente comma sono equiparate a tutti gli effetti alla esposizione dei medesimi dati nella dichiarazione di cui al comma 1. Per ogni certificazione omessa, tardiva o errata si applica la sanzione di cento euro in deroga a quanto previsto dall'articolo 12, del decreto legislativo 18 dicembre 1997, n. 472 , con un massimo di euro 50.000 per sostituto di imposta. Nei casi di errata trasmissione della certificazione, la sanzione non si applica se la trasmissione della corretta certificazione è effettuata entro i cinque giorni successivi alla scadenza indicata nel primo periodo. Se la certificazione è correttamente trasmessa entro sessanta giorni dai termini previsti nel primo e nel terzo periodo, la sanzione è ridotta a un terzo, con un massimo di euro 20.000 (16) (17)(C).

6-quinquies.1. Nei casi di tardiva o errata trasmissione delle certificazioni uniche relative a somme e valori corrisposti per i periodi d'imposta dal 2015 al 2017, non si fa luogo all'applicazione della sanzione di cui al comma 6-quinquies, se la trasmissione della corretta certificazione è effettuata entro il 31 dicembre del secondo anno successivo al termine indicato dal primo periodo del medesimo comma 6-quinquies (18) .

6-sexies. L'Agenzia delle entrate, esclusivamente nell'area autenticata del proprio sito internet, rende disponibili agli interessati i dati delle certificazioni pervenute ai sensi del comma 6-quinquies. Gli interessati possono delegare all'accesso anche un soggetto di cui all'articolo 3, comma 3 (19) .

(A) In riferimento alla modalità di rilascio della Certificazione Unica 2019 vedi: Circolare INPS - Istituto nazionale previdenza sociale 05/04/2019 n. 50. In riferimento Applicazione delle convenzioni internazionali al fine di evitare la doppia imposizione fiscale alle pensioni della gestione privata dei residenti in Canada e Brasile. Certificazione Unica 2020 e tassazione preventiva, vedi: Messaggio INPS - Istituto nazionale previdenza sociale 20 marzo 2020 n. 1273. In riferimento alle modalità di rilascio della Certificazione Unica 2020, di cui al presente comma, vedi: Circolare INPS - Istituto nazionale previdenza sociale 20 marzo 2020 n. 43.

(C) In riferimento al presente comma vedi: Circolare dell'Agenzia delle Entrate 19 febbraio 2015, n. 6/E.

(1) Rubrica modificata dall'articolo 5 del D.P.R. 16 aprile 2003, n. 126.

(2) Comma sostituito dall'articolo 4 del D.P.R. 7 dicembre 2001, n. 435, con la decorrenza indicata dall'articolo 19 del medesimo decreto e successivamente modificato dall'articolo 1, comma 641, lettera b), della Legge 23 dicembre 2014, n. 190, con efficacia a decorrere dalla dichiarazione relativa all'imposta sul valore aggiunto dovuta per il 2015. Successivamente a norma dell'articolo 10, comma 8-bis, del D.L. 31 dicembre 2014, n. 192 , convertito, con modificazioni, dalla Legge 27 febbraio 2015, n. 11, l'efficacia della precedente disposizione è prorogata a decorrere dalla dichiarazione relativa all'imposta sul valore aggiunto dovuta per il 2016. Per il differimento, per l'anno 2015, del termine per la presentazione in via telematica delle dichiarazioni dei sostituti d'imposta - modello 770/2015, vedi il D.P.C.M. 28 luglio 2015. Per il differimento di termini per la presentazione in via telematica della dichiarazione dei sostituti d'imposta, relativa all'anno 2015, vedi il D.P.C.M. 26 luglio 2016.

(3) A norma dell'articolo 10, comma 1, del D.L. 28 ottobre 2020, n. 137, convertito con modificazioni dalla Legge 18 dicembre 2020 n. 176 , il termine per la presentazione della dichiarazione dei sostituti d'imposta di cui al presente comma, relativa all'anno di imposta 2019, è prorogato al 10 dicembre 2020.

(4) Comma sostituito dall'articolo 4 del D.P.R. 7 dicembre 2001, n. 435, con la decorrenza indicata dall'articolo 19 del medesimo decreto.

(5) Comma aggiunto dall'articolo 4 del D.P.R. 7 dicembre 2001, n. 435 e successivamente modificato dall'articolo 5 del D.P.R. 16 aprile 2003, n. 126, con la decorrenza indicata dall'articolo 6 del medesimo decreto, dall'articolo 37, comma 10 del D.L. 4 luglio 2006, n. 223 , dall'articolo 42, comma 7-ter, lettera e), del D.L. 30 dicembre 2008, n. 207 , sostituito dall'articolo 1, comma 952, lettera a), della Legge 28 dicembre 2015 n. 208 e successivamente modificato dall'articolo 1, comma 933, lettera a) della Legge 27 dicembre 2017, n. 205.

(6) Per la proroga dei termini di presentazione di cui al presente comma vedi articolo 2 del D.P.C.M. 9 maggio 2002.

(7) Vedi l'articolo 3, comma 2 del D.L. 3 giugno 2008, n. 97.

(8) Comma aggiunto dall'articolo 4 del D.P.R. 7 dicembre 2001, n. 435, con la decorrenza indicata dall'articolo 19 del medesimo decreto, modificato dall'articolo 37, comma 10 del D.L. 4 luglio 2006, n. 22 e dall'articolo 1, comma 217, della legge 24 dicembre 2007, n. 244 e successivamente modificato dall'articolo 1, comma 933 , lettera b) della Legge 27 dicembre 2017, n. 205 .

(9) Comma abrogato dall'articolo 1 del D.P.R. 14 ottobre 1999, n. 542.

(10) Comma sostituito dall'articolo 1 del D.P.R. 14 ottobre 1999, n. 542 e successivamente abrogato dall'articolo 4 del D.P.R. 7 dicembre 2001, n. 435, con la decorrenza indicata dall'articolo 19 del medesimo decreto.

(11) Comma aggiunto dall'articolo 1 del D.P.R. 14 ottobre 1999, n. 542, e successivamente, sostituito dall'articolo 4 del D.P.R. 7 dicembre 2001, n. 435, con la decorrenza indicata dall'articolo 19 del medesimo decreto.

(12) Comma aggiunto dall'articolo 5 del D.P.R. 16 aprile 2003, n. 126. Vedi, anche, l'articolo 6, comma 3, del citato D.P.R. 126/2003. Per l'approvazione dello schema di certificazione unica vedi il Provvedimento 7 gennaio 2013.

(13) Comma aggiunto dall'articolo 5 del D.P.R. 16 aprile 2003, n. 126. Vedi, anche, l'articolo 6, comma 3, del citato D.P.R. 126/2003; modificato dall'articolo 37, comma 10 del D.L. 4 luglio 2006, n. 223. Per l'approvazione dello schema di certificazione unica vedi il Provvedimento 7 gennaio 2013. Successivamente, modificato dall' articolo 7-quater, comma 14, del D.L. 22 ottobre 2016, n.193,convertito, con modificazioni , dalla Legge 1° dicembre 2016 n. 225, a decorrere dall'anno 2017, con riferimento alle certificazioni riguardanti il periodo d'imposta 2016. Da ultimo modificato, con efficacia a decorrere dal 1° gennaio 2020, dall'articolo 16-bis, comma 2, lettera a), del D.L. 26 ottobre 2019, n. 124, convertito con modificazioni dalla Legge 19 dicembre 2019, n. 157, come modificato dall'articolo 1, comma 1, del D.L. 2 marzo 2020, n. 9, abrogato dall' articolo 1, comma 2, della Legge 24 aprile 2020, n. 27, a norma del quale restano validi gli atti e i provvedimenti adottati e sono fatti salvi gli effetti prodottisi ed i rapporti giuridici sorti sulla base del predetto D.L. n. 9/2020.

(14) A norma dell'articolo 1, comma 2, del D.L. 2 marzo 2020, n. 9, abrogato dall' articolo 1, comma 2, della Legge 24 aprile 2020, n. 27, a norma del quale restano validi gli atti e i provvedimenti adottati e sono fatti salvi gli effetti prodottisi ed i rapporti giuridici sorti sulla base del predetto D.L. n. 9/2020, il termine del 16 marzo, di cui al presente comma, è prorogato per l'anno 2020, al 31 marzo. Successivamente il medesimo termine è stato ulteriormente prorogato, per l'anno 2020, al 30 aprile, dall'articolo 22, comma 1, del D.L. 8 aprile 2020, n. 23, convertito con modificazioni dalla Legge 5 giugno 2020, n. 40e da ultimo ulteriormente prorogato, per l'anno 2021, al 31 marzo dall'articolo 5, comma 20, del D.L. 22 marzo 2021, n. 41, convertito con modificazioni dalla Legge 21 maggio 2021, n. 69.

(15) A norma dell'articolo 1, comma 2, del D.L. 2 marzo 2020, n. 9, abrogato dall' articolo 1, comma 2, della Legge 24 aprile 2020, n. 27, a norma del quale restano validi gli atti e i provvedimenti adottati e sono fatti salvi gli effetti prodottisi ed i rapporti giuridici sorti sulla base del predetto D.L. n. 9/2020, il termine del 16 marzo, di cui al presente comma, è prorogato per l'anno 2020, al 31 marzo. Successivamente il medesimo termine è stato ulteriormente prorogato, per l'anno 2020, al 30 aprile, dall'articolo 22, comma 1, del D.L. 8 aprile 2020, n. 23, convertito con modificazioni dalla Legge 5 giugno 2020, n. 40.

(16) Comma aggiunto dall'articolo 2, comma 1, del D.Lgs. 21 novembre 2014, n. 175, successivamente modificato dall'articolo 21, comma 1, lettere a) e b), del D.Lgs. 24 settembre 2015, n. 158 , con la decorrenza indicata nell' articolo 32, comma 1, del medesimo D.Lgs. n. 158 del 2015 , come modificato dall' articolo 1, comma 133, della Legge 28 dicembre 2015, n. 208 ,modificato dall'articolo 1, comma 952, lettera b), della Legge 28 dicembre 2015 n. 208 e successivamente dall'articolo 1, comma 933 lettera c) ,della Legge 27 dicembre 2017, n. 205. Da ultimo modificato, con efficacia a decorrere dal 1° gennaio 2020, dall'articolo 16-

bis, comma 2, lettera b), del D.L. 26 ottobre 2019, n. 124, convertito con modificazioni dalla Legge 19 dicembre 2019, n. 157, come modificato dall'articolo 1, comma 1, del D.L. 2 marzo 2020, n. 9, abrogato dall' articolo 1, comma 2, della Legge 24 aprile 2020, n. 27, a norma del quale restano validi gli atti e i provvedimenti adottati e sono fatti salvi gli effetti prodottisi ed i rapporti giuridici sorti sulla base del predetto D.L. n. 9/2020.

(17) *A norma dell'articolo 1, comma 2, del D.L. 2 marzo 2020, n. 9, abrogato dall' articolo 1, comma 2, della Legge 24 aprile 2020, n. 27, a norma del quale restano validi gli atti e i provvedimenti adottati e sono fatti salvi gli effetti prodottisi ed i rapporti giuridici sorti sulla base del predetto D.L. n. 9/2020, il termine del 16 marzo, di cui al presente comma, è prorogato per l'anno 2020, al 31 marzo, successivamente a norma dell'articolo 5, comma 20, del D.L. 22 marzo 2021, n. 41, convertito con modificazioni dalla Legge 21 maggio 2021, n. 69, il termine del 16 marzo di cui al presente comma è stato prorogato per l'anno 2021, al 31 marzo.*

(18) *Comma inserito dall'articolo 3, comma 5-bis, del D.L. 30 dicembre 2021, n. 228, convertito con modificazioni dalla Legge 25 febbraio 2022, n. 15.*

(19) *Comma aggiunto dall'articolo 16-bis, comma 2, lettera c), del D.L. 26 ottobre 2019, n. 124, convertito con modificazioni dalla Legge 19 dicembre 2019, n. 157. Le disposizioni di cui al presente comma, si applicano a decorrere dal 2021, secondo quando disposto dall' articolo 16-bis, comma 5, del medesimo D.L. n. 124/2019.*

5. Dichiarazione nei casi di liquidazione. – 1. In caso di liquidazione di società o enti soggetti all'imposta sul reddito delle persone giuridiche, di società o associazioni di cui all'articolo 5 del testo unico delle imposte sui redditi, approvato con decreto del Presidente della Repubblica 22 dicembre 1986, n. 917, e di imprese individuali, il liquidatore o, in mancanza, il rappresentante legale, presenta, secondo le disposizioni di cui all'articolo 3, la dichiarazione relativa al periodo compreso tra l'inizio del periodo d'imposta e la data in cui si determinano gli effetti dello scioglimento della società ai sensi degli articoli 2484 e 2485 del codice civile, ovvero per le imprese individuali la data indicata nella dichiarazione di cui all'articolo 35 del decreto del Presidente della Repubblica 26 ottobre 1972, n. 633, entro l'ultimo giorno del nono mese successivo a tale data in via telematica. Lo stesso liquidatore presenta la dichiarazione relativa al risultato finale delle operazioni di liquidazione entro nove mesi successivi alla chiusura della liquidazione stessa o al deposito del bilancio finale, se prescritto, in via telematica. (1)

[2. *Nel caso in cui il liquidatore non sia nominato con provvedimento dell'autorità giudiziaria lo stesso, o in mancanza il rappresentante legale, presenta le dichiarazioni di cui al comma 1 entro l'ordinario termine per la presentazione delle dichiarazioni dei redditi.*] (2)

3. Se la liquidazione si prolunga oltre il periodo d'imposta in corso alla data indicata nel comma 1 sono presentate, nei termini stabiliti dall'articolo 2, la dichiarazione relativa alla residua frazione del detto periodo e quelle relative ad ogni successivo periodo d'imposta.

3-bis. In caso di revoca dello stato di liquidazione quando gli effetti, anche ai sensi del secondo comma dell'articolo 2487-ter del codice civile, si producono prima del termine di presentazione delle dichiarazioni di cui ai precedenti commi 1, primo periodo, e 3, il liquidatore o, in mancanza, il rappresentante legale, non è tenuto a presentare le medesime dichiarazioni. Restano in ogni caso fermi gli effetti delle dichiarazioni già presentate ai sensi dei commi 1, primo periodo, e 3, prima della data in cui ha effetto la revoca dello stato di liquidazione, ad eccezione dell'ipotesi in cui la revoca abbia effetto prima della presentazione della dichiarazione relativa alla residua frazione del periodo d'imposta in cui si verifica l'inizio della liquidazione (3).

4. Nei casi di fallimento o di liquidazione coatta amministrativa, le dichiarazioni di cui al comma 1 sono presentate, anche se si tratta di imprese individuali, dal curatore o dal commissario liquidatore, in via telematica, avvalendosi del servizio telematico Entratel, direttamente o tramite i soggetti incaricati di cui all'articolo 3, comma 3, entro l'ultimo giorno del nono mese successivo a quello, rispettivamente, della nomina del curatore e del commissario liquidatore, e della chiusura del fallimento e della liquidazione; le dichiarazioni di cui al comma 3 sono presentate, con le medesime modalità, esclusivamente ai fini dell'imposta regionale sulle attività produttive e soltanto se vi è stato esercizio provvisorio. Il reddito d'impresa, di cui al comma 1 dell'articolo 183 del testo unico delle imposte sui redditi e quello di cui ai commi 2 e 3 del medesimo articolo, risultano dalle dichiarazioni iniziale e finale che devono essere presentate dal curatore o dal commissario liquidatore. Il curatore o il commissario liquidatore, prima di presentare la dichiarazione finale, deve provvedere al versamento, se la società fallita o liquidata vi è soggetta, dell'imposta sul reddito delle società. In caso di fallimento o di liquidazione coatta, di imprese individuali o di società in nome collettivo o in accomandita semplice, il curatore o il commissario liquidatore, contemporaneamente alla presentazione delle dichiarazioni iniziale e finale di cui al secondo periodo, deve consegnarne o spedirne copia per raccomandata all'imprenditore e a ciascuno dei familiari partecipanti all'impresa, ovvero a ciascuno dei soci, ai fini dell'inclusione del reddito o della perdita che ne risulta nelle rispettive dichiarazioni dei redditi relative al periodo d'imposta in cui ha avuto inizio e in quello in cui si è chiuso il procedimento concorsuale. Per ciascuno degli immobili di cui all'articolo 183, comma 4, secondo periodo, del testo unico il curatore o il commissario liquidatore, nel termine di un mese dalla vendita, deve presentare all'Ufficio dell'Agenzia delle entrate apposita dichiarazione ai fini dell'imposta locale sui redditi, previo versamento nei modi ordinari del relativo importo, determinato a norma dell'articolo 25 del testo unico (4).

5. Resta fermo, anche durante la liquidazione, l'obbligo di presentare le dichiarazioni dei sostituti d'imposta.

(1) *Comma sostituito dall'articolo 5 del D.P.R. 7 dicembre 2001, n. 435, con la decorrenza indicata dall'articolo 19 del medesimo decreto e successivamente modificato dall'articolo 37, comma 10 del D.L. 4 luglio 2006, n. 223 e dall'articolo 42, comma 7-ter, lettera f), del D.L. 30 dicembre 2008, n. 207. Da ultimo, comma modificato dall'articolo 2, comma 5, lettera a), del D.L. 2 marzo 2012, n. 16.*

(2) *Comma abrogato dall'articolo 5 del D.P.R. 7 dicembre 2001, n. 435, con la decorrenza indicata dall'articolo 19 del medesimo decreto.*

(3) *Comma inserito dall'articolo 2, comma 5, lettera b), del D.L. 2 marzo 2012, n. 16.*

(4) *Comma modificato dall'articolo 1 del D.P.R. 14 ottobre 1999, n. 542, sostituito dall'articolo 5 del D.P.R. 7 dicembre 2001, n. 435, nuovamente modificato dall'articolo 18 del D.lgs. 18 novembre 2005, n. 247, dall'articolo 37, comma 10 del D.L. 4 luglio 2006, n. 223 e dall'articolo 42, comma 7-ter, lettera g), del D.L. 30 dicembre 2008, n. 207.*

5 *bis*. Dichiarazione nei casi di trasformazione, di fusione e di scissione (1). – 1. In caso di trasformazione di una società non soggetta all'imposta sul reddito delle persone giuridiche in società soggetta a tale imposta, o viceversa, deliberata nel corso del periodo d'imposta, deve essere presentata, secondo le disposizioni di cui all'articolo 3, la dichiarazione relativa alla frazione di esercizio compresa tra l'inizio del periodo d'imposta e la data in cui ha effetto la trasformazione, entro l'ultimo giorno del nono mese successivo a tale data, in via telematica [(2)].

2. In caso di fusione di più società deve essere presentata dalla società risultante dalla fusione o incorporante, la dichiarazione relativa alla frazione di esercizio delle società fuse o incorporate compresa tra l'inizio del periodo d'imposta e la data in cui ha effetto la fusione entro l'ultimo giorno del nono mese successivo a tale data, in via telematica [(3)].

3. In caso di scissione totale la società designata a norma del comma 14 dell'articolo 123-bis del testo unico delle imposte sui redditi, approvato con decreto del Presidente della Repubblica 22 dicembre 1986, n. 917, deve presentare la dichiarazione relativa alla frazione di periodo della società scissa, con le modalità e i termini di cui al comma 1 decorrenti dalla data in cui è stata eseguita l'ultima delle iscrizioni prescritte dall'articolo 2504 del codice civile, indipendentemente da eventuali effetti retroattivi.

4. Le disposizioni del presente articolo, in quanto applicabili, valgono anche nei casi di trasformazione e di fusione di enti diversi dalle società.

[(1)] Articolo inserito dall'articolo 6 del D.P.R. 7 dicembre 2001, n. 435, con la decorrenza indicata dall'articolo 19 del medesimo decreto e modificato dall'articolo 37, comma 10 del D.L. 4 luglio 2006, n. 223.
[(2)] Comma modificato dall'articolo 42, comma 7-ter, lettera h), del D.L. 30 dicembre 2008, n. 207
[(3)] Comma modificato dall'articolo 42, comma 7-ter, lettera i), del D.L. 30 dicembre 2008, n. 207

5 ter. – 1. I curatori di eredità giacenti e gli amministratori di eredità devolute sotto condizione sospensiva o in favore di nascituri non ancora concepiti, oltre alle dichiarazioni dei redditi di cui all'articolo 187 del testo unico delle imposte sui redditi, da presentare nei termini ordinari, relative al periodo d'imposta nel quale hanno assunto le rispettive funzioni ai periodi d'imposta successivi fino a quello anteriore al periodo d'imposta nel quale cessa la curatela o l'amministrazione, sono tenuti a presentare, entro 6 mesi dalla data di assunzione delle funzioni:

a) le dichiarazioni dei predetti redditi relative al periodo d'imposta nel quale si è aperta la successione, se anteriore a quello nel quale hanno assunto le funzioni, e agli altri periodi d'imposta già decorsi anteriormente a quest'ultimo;

b) la dichiarazione dei redditi posseduti nell'ultimo periodo d'imposta dal contribuente deceduto e, se il relativo termine non era scaduto alla data del decesso, quella dei redditi posseduti nel periodo d'imposta precedente.

2. I curatori e gli amministratori devono inoltre:

a) adempiere per i periodi d'imposta indicati nell'alinea del comma 1, se nell'asse ereditario sono comprese aziende commerciali o agricole, gli obblighi contabili e quelli a carico dei sostituti d'imposta stabiliti nel decreto del Presidente della Repubblica 29 settembre 1973, n. 600;

b) presentare, entro 6 mesi dalla data di assunzione delle funzioni, le dichiarazioni di sostituto d'imposta relative ai pagamenti effettuati nei periodi d'imposta considerati nelle lettere a) e b) del comma 1;

c) comunicare mediante raccomandata all'ufficio dell'Agenzia delle entrate, entro 60 giorni, l'assunzione e la cessazione delle funzioni; la comunicazione di cessazione deve contenere l'indicazione dei dati identificativi degli eredi e delle quote ereditarie di ciascuno di essi.

3. L'erede, nella dichiarazione dei redditi relativa al periodo d'imposta nel quale è cessata la curatela o l'amministrazione, deve darne comunicazione e indicare l'ufficio dell'Agenzia delle entrate del domicilio fiscale del contribuente deceduto, i dati identificativi del curatore o dell'amministratore e degli altri eredi e la propria quota di eredità. Nella stessa dichiarazione può essere esercitata, per ciascuno degli anni per i quali i redditi di cui all'articolo 187 del testo unico delle imposte sui redditi sono stati determinati in via provvisoria, la facoltà prevista nell'articolo 17, comma 3, dello stesso testo unico.

4. Dalla data di presentazione della dichiarazione di cui al comma 3, o, in mancanza, dalla data in cui avrebbe dovuto essere presentata, decorre il termine per la liquidazione definitiva delle imposte a norma dell'articolo 187 del citato testo unico.

5. Nei confronti del curatore o dell'amministratore, salvo quanto disposto nel comma 1, i termini pendenti alla data di apertura della successione e quelli aventi inizio prima della data di assunzione delle funzioni sono sospesi fino a tale data e sono prorogati di 6 mesi.

[(1)] Articolo aggiunto dall'articolo 18 del D.lgs. 18 novembre 2005, n. 247.

6. Dichiarazione congiunta in materia di imposte sui redditi. – *[1. I coniugi non legalmente ed effettivamente separati dei lavoratori dipendenti e dei pensionati possono presentare la dichiarazione dei redditi di cui all'art. 78, comma 10, della legge 30 dicembre 1991, n. 413, in forma congiunta semprechè non siano possessori dei redditi di cui agli articoli 49, primo comma, e 51 del testo unico delle imposte sui redditi, approvato con decreto del Presidente della Repubblica 22 dicembre 1986, n. 917, o dei redditi la cui dichiarazione richieda particolari oneri e obblighi formali.]* [(1)]

[(1)] Articolo abrogato dall'articolo 7 del D.P.R. 7 dicembre 2001, n. 435, con la decorrenza indicata dall'articolo 19 del medesimo decreto.

7. Centri di assistenza fiscale per lavoratori dipendenti e pensionati. – *[1. Al decreto del Presidente della Repubblica 4 settembre 1992, n. 395, recante regolamento concernente l'assistenza fiscale ai lavoratori dipendenti e assimilati da parte dei sostituti d'imposta e dei Centri autorizzati di assistenza fiscale, sono apportate le seguenti modifiche:*

a) il comma 1 dell'art. 2 è sostituito dal seguente:

" 1. I sostituti d'imposta che prestano l'assistenza fiscale possono, entro il 15 gennaio di ogni anno, richiedere ai soggetti interessati la preventiva comunicazione che gli stessi intendono avvalersi della detta assistenza. Tale comunicazione deve pervenire entro i successivi trenta giorni.";

b) i commi 5 e 6 dell'art. 15 sono sostituiti dai seguenti:

" 5. Entro il mese di luglio, il centro di assistenza fiscale per lavoratori dipendenti e pensionati trasmette in via telematica all'amministrazione finanziaria le dichiarazioni dei redditi, comprensive delle scelte ai fini della destinazione dell'8 per mille dell'imposta sul reddito delle persone fisiche e delle scelte effettuate ai sensi dell'art. 1, comma 1, della legge 2 gennaio 1997, n. 2, secondo le modalità stabilite nel decreto del Presidente della Repubblica 29 settembre 1973, n. 600 e successive modificazioni ed integrazioni.

6. Le apposite dichiarazioni dei redditi, i relativi prospetti di liquidazione delle somme dovute in base alle stesse e le schede per l'effettuazione delle scelte di cui al comma 2 sono conservati, da parte del centro di assistenza, per la durata prevista dall'art. 43 del decreto del Presidente della Repubblica 29 settembre 1973, n. 600 e successive modificazioni ed integrazioni. L'amministrazione finanziaria può chiedere l'esibizione o la trasmissione delle dichiarazioni, delle schede e dei prospetti di liquidazione."] (1)

c) il comma 1 dell'art. 14 è abrogato.

(1) *Articolo abrogato dall'articolo 7 del D.P.R. 7 dicembre 2001, n. 435, con la decorrenza indicata dall'articolo 19 del medesimo decreto.*

8. Dichiarazione annuale in materia di imposta sul valore aggiunto e di versamenti unitari da parte di determinati contribuenti. – 1. Il contribuente presenta, secondo le disposizioni di cui all'articolo 3, per l'imposta sul valore aggiunto dovuta per il 2016, nel mese di febbraio, e per l'imposta sul valore aggiunto dovuta a decorrere dal 2017, tra il 1° febbraio e il 30 aprile, in via telematica, la dichiarazione relativa all'imposta sul valore aggiunto dovuta per l'anno solare precedente, redatta in conformità al modello approvato entro il 15 gennaio dell'anno in cui è utilizzato con provvedimento amministrativo da pubblicare nella Gazzetta Ufficiale. *[La trasmissione della dichiarazione in via telematica è effettuata entro il mese di novembre da parte dei soggetti indicati nel comma 11 del medesimo articolo 3.]* La dichiarazione annuale è presentata anche dai contribuenti che non hanno effettuato operazioni imponibili. Sono esonerati dall'obbligo di presentazione della dichiarazione i contribuenti che nell'anno solare precedente hanno registrato esclusivamente operazioni esenti dall'imposta di cui all'articolo 10 del decreto del Presidente della Repubblica 26 ottobre 1972, n. 633, e successive modificazioni, salvo che siano tenuti alle rettifiche delle detrazioni di cui all'articolo 19-bis 2 del medesimo decreto, ovvero abbiano registrato operazioni intracomunitarie, nonché i contribuenti esonerati ai sensi di specifiche disposizioni normative (1).

2. Nella dichiarazione sono indicati i dati e gli elementi necessari per l'individuazione del contribuente, per la determinazione dell'ammontare delle operazioni e dell'imposta e per l'effettuazione dei controlli, nonché gli altri elementi richiesti nel modello di dichiarazione, esclusi quelli che l'Agenzia delle entrate è in grado di acquisire direttamente (2).

3. Le detrazioni sono esercitate entro il termine stabilito dall'articolo 19, comma 1, secondo periodo, del decreto del Presidente della Repubblica 26 ottobre 1972, n. 633.

4. In caso di fallimento o di liquidazione coatta amministrativa, la dichiarazione relativa all'imposta dovuta per l'anno solare precedente, sempreché i relativi termini di presentazione non siano ancora scaduti, è presentata dai curatori o dai commissari liquidatori con le modalità e i termini ordinari di cui al comma 1 ovvero entro quattro mesi dalla nomina se quest'ultimo termine scade successivamente al termine ordinario. Con le medesime modalità e nei termini ordinari, i curatori o i commissari liquidatori presentano la dichiarazione per le operazioni registrate nell'anno solare in cui è dichiarato il fallimento ovvero la liquidazione coatta amministrativa. Per le operazioni registrate nella parte dell'anno solare anteriore alla dichiarazione di fallimento o di liquidazione coatta amministrativa è anche presentata, in via telematica ed entro quattro mesi dalla nomina, apposita dichiarazione al competente ufficio dell'Agenzia delle entrate ai fini della eventuale insinuazione al passivo della procedura concorsuale (3).

[5. Per le operazioni registrate nella parte dell'anno solare anteriore alla dichiarazione di fallimento o alla dichiarazione di liquidazione coatta amministrativa, i curatori o i commissari liquidatori, entro quattro mesi dalla nomina, presentano anche l'apposita dichiarazione al competente ufficio IVA o delle entrate, ove istituito, ai fini dell'eventuale insinuazione al passivo della procedura concorsuale.] (4)

6. Per la sottoscrizione, la presentazione e la conservazione della dichiarazione relativa all'imposta sul valore aggiunto si applicano le disposizioni di cui all'articolo 1, commi 2, 3 e 4, all'articolo 2, commi 7 e 9 e all'articolo 3 (5).

6-bis. Salva l'applicazione delle sanzioni e ferma restando l'applicazione dell'articolo 13 del decreto legislativo 18 dicembre 1997, n. 472, e successive modificazioni, le dichiarazioni dell'imposta sul valore aggiunto possono essere integrate per correggere errori od omissioni, compresi quelli che abbiano determinato l'indicazione di un maggiore o di un minore imponibile o, comunque, di un maggiore o di un minore debito d'imposta ovvero di una maggiore o di una minore eccedenza detraibile mediante successiva dichiarazione da presentare, secondo le disposizioni di cui all'articolo 3, utilizzando modelli conformi a quelli approvati per il periodo d'imposta cui si riferisce la dichiarazione, non oltre i termini stabiliti dall'articolo 57 del decreto del Presidente della Repubblica 26 ottobre 1972, n. 633, e successive modificazioni (6).

6-ter. L'eventuale credito derivante dal minore debito o dalla maggiore eccedenza detraibile risultante dalle dichiarazioni di cui al comma precedente presentate entro il termine prescritto per la presentazione della dichiarazione relativa al periodo di imposta successivo può essere portato in detrazione in sede di liquidazione periodica o di dichiarazione annuale, ovvero utilizzato in compensazione ai sensi dell'articolo 17 del decreto legislativo n. 241 del 1997, ovvero, sempreché ricorrano per l'anno per cui è presentata la dichiarazione integrativa i requisiti di cui all'articolo 30 del decreto del Presidente della Repubblica 26 ottobre 1972, n. 633, e successive modificazioni, chiesto a rimborso (7).

6-quater. L'eventuale credito derivante dal minor debito o dalla maggiore eccedenza detraibile risultante dalle dichiarazioni di cui al comma 6-bis, presentate oltre il termine prescritto per la presentazione della dichiarazione relativa al periodo d'imposta successivo, può essere chiesto a rimborso ove ricorrano, per l'anno per cui è presentata la dichiarazione integrativa, i requisiti di cui agli articoli 30 e 34, comma 9, del decreto del Presidente della Repubblica 26 ottobre 1972, n. 633, ovvero può essere utilizzato in compensazione, ai sensi dell'articolo 17 del decreto legislativo 9 luglio 1997, n. 241, per eseguire il versamento di debiti maturati a partire dal periodo d'imposta successivo a quello in cui è stata presentata la dichiarazione integrativa. Nella dichiarazione relativa al periodo d'imposta in cui è presentata la dichiarazione integrativa è indicato il credito derivante dal minor debito o dal maggiore credito risultante dalla dichiarazione integrativa (8).

6-quinquies. Resta ferma in ogni caso per il contribuente la possibilità di far valere, anche in sede di accertamento o di giudizio, eventuali errori, di fatto o di diritto, che abbiano inciso sull'obbligazione tributaria, determinando l'indicazione di un maggiore imponibile, di un maggiore debito d'imposta o, comunque, di una minore eccedenza detraibile (9).

7. I soggetti di cui all'articolo 73, primo comma, lettera e), del decreto del Presidente della Repubblica 26 ottobre 1972, n. 633, eseguono i versamenti dell'imposta sul valore aggiunto secondo le modalità e i termini indicati nel capo terzo del decreto legislativo 9 luglio 1997, n. 241.

(1) *Comma modificato dall'articolo 1 del D.P.R. 14 ottobre 1999, n. 542, successivamente sostituito dall'articolo 8 del D.P.R. 7 dicembre 2001, n. 435, con la decorrenza indicata dall'articolo 19 del medesimo decreto e nuovamente modificato dall'articolo 37, comma 10 del D.L. 4 luglio 2006, n. 223 e dall'articolo 42, comma 7-ter, lettere l) ed m), del D.L. 30 dicembre 2008, n. 207 e successivamente dall'articolo 1, comma 641, lettera c), della Legge 23 dicembre 2014, n. 190, con efficacia a decorrere dalla dichiarazione relativa all'imposta sul valore aggiunto dovuta per il 2015. Successivamente, a norma dell'articolo 10, comma 8-bis, del D.L. 31 dicembre 2014, n. 192, convertito, con modificazioni, dalla Legge 27 febbraio 2015, n. 11, l'efficacia della precedente disposizione è prorogata a decorrere dalla dichiarazione relativa all'imposta sul valore aggiunto dovuta per il 2016. Successivamente il presente comma è stato modificato dall'articolo 4, comma 4, lettera c), del D.L. 22 ottobre 2016, n. 193 convertito, con modificazioni dalla Legge 1° dicembre 2016 n. 225*

(2) *Comma sostituito dall'articolo 8 del D.P.R. 7 dicembre 2001, n. 435, con la decorrenza indicata dall'articolo 19 del medesimo decreto.*

(3) *Comma sostituito dall'articolo 1 del D.P.R. 14 ottobre 1999, n. 542, dall'articolo 8 del D.P.R. 7 dicembre 2001, n. 435, con la decorrenza indicata dall'articolo 19 del medesimo decreto; successivamente, il presente comma è stato modificato dall'articolo 10, comma 1, lettera a), numero 2) del D.L. 1° luglio 2009, n. 78.*

(4) *Comma soppresso dall'articolo 1 del D.P.R. 14 ottobre 1999, n. 542.*

(5) *Comma modificato dall'articolo 1 del D.P.R. 10 marzo 2000, n. 100, sostituito dall'articolo 8 del D.P.R. 7 dicembre 2001, n. 435, con la decorrenza indicata dall'articolo 19 del medesimo decreto ed infinne modificato dall'articolo 5, comma 1, lettera b), punto 1), del D.L. 22 ottobre 2016, n. 193 convertito, con modificazioni dalla Legge 1° dicembre 2016 n. 225.*

(6) *Comma aggiunto dall'articolo 5, comma 1, lettera b), punto 2), del D.L. 22 ottobre 2016, n. 193 convertito, con modificazioni dalla Legge 1° dicembre 2016 n. 225.*

(7) *Comma aggiunto dall'articolo 5, comma 1, lettera b), punto 2), del D.L. 22 ottobre 2016, n. 193 convertito, con modificazioni dalla Legge 1° dicembre 2016 n. 225.*

(8) *Comma aggiunto dall'articolo 5, comma 1, lettera b), punto 2), del D.L. 22 ottobre 2016, n. 193 convertito, con modificazioni dalla Legge 1° dicembre 2016 n. 225.*

(9) *Comma aggiunto dall'articolo 5, comma 1, lettera b), punto 2), del D.L. 22 ottobre 2016, n. 193 convertito, con modificazioni dalla Legge 1° dicembre 2016 n. 225.*

8 *bis*. Comunicazione dati I.V.A. (1). – *[1. Fermi restando gli obblighi previsti dall'articolo 3 relativamente alla dichiarazione unificata e dall'articolo 8 relativamente alla dichiarazione I.V.A. annuale e ferma restando la rilevanza attribuita alle suddette dichiarazioni anche ai fini sanzionatori, il contribuente presenta in via telematica, direttamente o tramite gli incaricati di cui all'articolo 3, commi 2-bis e 3, entro il mese di febbraio di ciascun anno, una comunicazione dei dati relativi all'imposta sul valore aggiunto riferita all'anno solare precedente, redatta in conformità al modello approvato con provvedimento amministrativo da pubblicare nella Gazzetta Ufficiale. La comunicazione è presentata anche dai contribuenti che non hanno effettuato operazioni imponibili.*

2. Sono esonerati dall'obbligo di comunicazione i contribuenti che per l'anno solare precedente hanno registrato esclusivamente operazioni esenti dall'imposta di cui all'articolo 10 del decreto del Presidente della Repubblica 26 ottobre 1972, n. 633, e successive modificazioni, salvo che abbiano registrato operazioni intracomunitarie, i contribuenti esonerati ai sensi di specifiche disposizioni normative dall'obbligo di presentazione della dichiarazione annuale di cui all'articolo 8, i soggetti di cui all'articolo 74 del testo unico delle imposte sui redditi, approvato con decreto del Presidente della Repubblica 22 dicembre 1986, n. 917, i soggetti sottoposti a procedure concorsuali, nonché le persone fisiche che hanno realizzato nel periodo di riferimento un volume d'affari inferiore o uguale a euro 25.000. Sono inoltre esonerati i contribuenti che presentano la dichiarazione annuale entro il mese di febbraio (2).

3. Gli enti o le società partecipanti che si sono avvalsi per l'anno di riferimento della procedura di liquidazione dell'I.V.A. di gruppo di cui all'ultimo comma dell'articolo 73 del decreto del Presidente della Repubblica 26 ottobre 1972, n. 633, inviano singolarmente la comunicazione dei dati relativamente alla propria attività.

4. Nella comunicazione sono indicati l'ammontare delle operazioni attive e passive al netto dell'I.V.A., l'ammontare delle operazioni intracomunitarie, l'ammontare delle operazioni esenti e non imponibili, l'imponibile e l'imposta relativa alle importazioni di oro e argento effettuate senza pagamento dell'I.V.A. in dogana, l'imposta esigibile e l'imposta detratta, risultanti dalle liquidazioni periodiche senza tener conto delle operazioni di rettifica e di conguaglio.

[4-bis. Entro sessanta giorni dal termine previsto per la presentazione della comunicazione di cui ai precedenti commi, il contribuente presenta l'elenco dei soggetti nei cui confronti sono state emesse fatture nell'anno cui si riferisce la comunicazione nonché, in relazione al medesimo periodo, l'elenco dei soggetti titolari di partita IVA da cui sono effettuati acquisti rilevanti ai fini dell'applicazione dell'imposta sul valore aggiunto. Per ciascun soggetto sono indicati il codice fiscale e l'importo complessivo delle operazioni effettuate, al netto delle relative note di variazione, con la evidenziazione dell'imponibile, dell'imposta, nonché dell'importo delle operazioni non imponibili e di quelle esenti. Con provvedimento del Direttore dell'Agenzia delle entrate, da pubblicare nella Gazzetta Ufficiale:

a) sono individuati gli elementi informativi da indicare negli elenchi previsti dal presente comma, nonché le modalità per la presentazione, esclusivamente in via telematica, degli stessi;

b) il termine di cui al primo periodo del presente comma può essere differito per esigenze di natura esclusivamente tecnica, ovvero relativamente a particolari tipologie di contribuenti, anche in considerazione della dimensione dei dati da trasmettere (3)*.]* (4)

5. I termini di presentazione della comunicazione che scadono di sabato sono prorogati d'ufficio al primo giorno feriale successivo.

6. Per l'omissione della comunicazione [ovvero degli elenchi], nonché per l'invio della stessa con dati incompleti o non veritieri, si applicano le disposizioni previste dall'articolo 11 del decreto legislativo 18 dicembre 1997, n. 471 (5)*.]* (6)

(1) *Articolo inserito dall'articolo 9 del D.P.R. 7 dicembre 2001, n. 435, con la decorrenza indicata dall'articolo 19 del medesimo decreto.*

(2) *Comma modificato dall'articolo 10, comma 1, lettera a), numero 2) del D.L. 1° luglio 2009, n. 78.*

(3) *Comma inserito dall'articolo 37, comma 8 del D.L. 4 luglio 2006, n. 223. Per l'esonero dall'obbligo di cui al presente comma vedi articolo 15, comma 3-ter, del D.L. 2 luglio 2007, n. 81.*

(4) *Comma abrogato dall'articolo 33, comma 3, lettera a), del D.L. 25 giugno 2008, n. 112, come modificato dalla legge 6 agosto 2008, n. 133, in sede di conversione.*

(5) *Comma modificato dall'articolo 37, comma 8 del D.L. 4 luglio 2006, n. 223, dall'articolo 33, comma 3, lettera b), del D.L. 25 giugno 2008, n. 112, come modificato dalla legge 6 agosto 2008, n. 133, in sede di conversione.*

(6) *Articolo abrogato dall'articolo 1, comma 641, lettera d), della Legge 23 dicembre 2014, n. 190, con efficacia a decorrere dalla dichiarazione relativa all'imposta sul valore aggiunto dovuta per il 2015. Successivamente a norma dell'articolo 10, comma 8-bis, el D.L. 31 dicembre 2014, n. 192, convertito, con modificazioni, dalla Legge 27 febbraio 2015, n. 11, l'efficacia della precedente disposizione è prorogata a decorrere dalla dichiarazione relativa all'imposta sul valore aggiunto dovuta per il 2016.*

9. Disposizioni finali e transitorie. – 1. Per l'anno 1998, le dichiarazioni predisposte mediante l'utilizzo dei sistemi informatici sono presentate all'amministrazione finanziaria per il tramite di un ufficio della Poste italiane S.p.a. convenzionata, mentre le altre sono presentate per il tramite di una banca o di un ufficio della Poste italiane S.p.a., convenzionate, secondo le modalità stabilite nel decreto di cui all'articolo 1. Si applicano le disposizioni stabilite dall'articolo 3.

2. Per l'anno 1999 sono presentate esclusivamente per il tramite di una banca o di un ufficio della Poste italiane S.p.a., convenzionate:

a) le dichiarazioni dei redditi, comprese quelle riguardanti imposte sostitutive delle imposte sui redditi, da redigere su modelli approvati con decreti emanati nel corso del 1998;

b) le dichiarazioni di cui all'articolo 74- bis del decreto del Presidente della Repubblica 26 ottobre 1972, n. 633, da redigere su modelli approvati con decreto ministeriale 15 gennaio 1998.

3. Le disposizioni di cui agli articoli 1, 2, 3 e 8, comma 1, lettere b) e c) del decreto legislativo 9 luglio 1997, n. 241, si applicano alle dichiarazioni presentate a decorrere dal 1° gennaio 1998.

4. Dalla data di entrata in vigore del presente regolamento, ai sensi dell'articolo 17, comma 2, della legge 23 agosto 1988, n. 400, nel decreto legislativo 9 luglio 1997, n. 241, si intendono abrogati gli articoli 4, 5, 6, 7, 8, comma 1, lettera a), 11, comma 1, lettera e), e 12, comma 4, e, nel decreto legislativo 2 settembre 1997, n. 313, si intende abrogato l'articolo 4, comma 1, lettera c).

5. Le disposizioni di cui all'articolo 6 si applicano alle dichiarazioni presentate a decorrere dal 1° gennaio 1999.

6. A decorrere dal 1° gennaio 1999, ai sensi dell'articolo 17, comma 2, della legge 23 agosto 1988, n. 400, i commi 11 e 12 dell'articolo 78 della legge 30 dicembre 1991, n. 413, si intendono abrogati. Con effetto dalla data di entrata in vigore del presente regolamento, ai sensi dell'articolo 17, comma 2, della legge 23 agosto 1988, n. 400, il primo comma dell'articolo 17 della legge 13 aprile 1977, n. 114, si intende abrogato.

7. Qualora sia presentata dai coniugi dichiarazione separata essendo stata presentata per l'anno precedente dichiarazione congiunta e, conformemente alle risultanze di tale dichiarazione, sia stato omesso o versato in misura inferiore l'acconto rispetto all'imposta dovuta da uno dei coniugi, non si applicano le sanzioni e gli interessi previsti per l'omesso o insufficiente versamento degli acconti.

8. Dal 1° gennaio 1999, ai sensi dell'articolo 17, comma 2, della legge 23 agosto 1988, n. 400, si intende abrogato l'articolo 7 del decreto del Presidente della Repubblica 29 settembre 1973, n. 600, e dalla stessa data si applicano le disposizioni di cui agli articoli 2, comma 5, e 4 del presente regolamento.

9. Dalla data di entrata in vigore del presente regolamento, ai sensi dell'articolo 17, comma 2, della legge 23 agosto 1988, n. 400, gli articoli 8, 9, 10 e 12 del decreto del Presidente della Repubblica 29 settembre 1973, n. 600, gli articoli 28 e 37 del decreto del Presidente della Repubblica 26 ottobre 1972, n. 633, e i commi 172, lettera e), 178 e 179, dell'articolo 3, della legge 23 dicembre 1996, n. 662, si intendono abrogati e nell'articolo 5, comma 2, del decreto-legge 30 settembre 1983, n. 512, convertito, con modificazioni, dalla legge 25 novembre 1983, n. 649, le parole da: "e devono" a "decreto n. 600" sono soppresse.

10. I riferimenti alle disposizioni indicate nei commi precedenti, contenuti in ogni atto normativo, si intendono fatti alle disposizioni del presente regolamento.

9. D.P.R. 7 dicembre 2001, n. 435

Regolamento recante modifiche al decreto del Presidente della Repubblica 22 luglio 1998, n. 322, nonché disposizioni per la semplificazione e razionalizzazione di adempimenti tributari.(1)

(1) *Pubblicato in Gazz. Uff., 17 dicembre, n. 292*

CAPO I
Disposizioni modificative del decreto del presidente della repubblica 22 luglio 1998, n. 322

1. Modalità e termini di presentazione delle dichiarazioni. – 1. Nell'articolo 1 del decreto del Presidente della Repubblica 22 luglio 1998, n. 322, e successive modificazioni, di seguito denominato decreto del Presidente della Repubblica n. 322 del 1998, i commi 1, 2, 3 e 4 sono sostituiti dai seguenti:

"1. Ai fini delle imposte sui redditi e dell'imposta regionale sulle attività produttive le dichiarazioni sono redatte, a pena di nullità, su modelli conformi a quelli approvati entro il 15 febbraio con provvedimento amministrativo, da pubblicare nella Gazzetta Ufficiale e da utilizzare per le dichiarazioni dei redditi e del valore della produzione relative all'anno precedente ovvero, in caso di periodo di imposta non coincidente con l'anno solare, per le dichiarazioni relative al periodo di imposta in corso alla data del 31 dicembre dell'anno precedente a quello di approvazione. I provvedimenti di approvazione dei modelli di dichiarazione dei sostituti d'imposta di cui all'articolo 4, comma 1, e i modelli di dichiarazione di cui agli articoli 34, comma 4, e 37, del decreto legislativo 9 luglio 1997, n. 241, e successive modificazioni, recante norme di semplificazione degli adempimenti dei contribuenti in sede di dichiarazione dei redditi e dell'imposta sul valore aggiunto, nonché di modernizzazione del sistema di gestione delle dichiarazioni, sono emanati entro il 15 gennaio dell'anno in cui i modelli stessi devono essere utilizzati e sono pubblicati nella Gazzetta Ufficiale.

2. I modelli di dichiarazione sono resi disponibili in formato elettronico dall'Agenzia delle entrate in via telematica. I modelli cartacei necessari per la redazione delle dichiarazioni presentate dalle persone fisiche non obbligate alla tenuta delle scritture contabili possono essere gratuitamente ritirati presso gli uffici comunali. Con provvedimento del direttore dell'Agenzia delle entrate possono essere stabilite altre modalità di distribuzione o di invio al contribuente dei modelli di dichiarazione e di altri stampati.

3. La dichiarazione è sottoscritta, a pena di nullità, dal contribuente o da chi ne ha la rappresentanza legale o negoziale. La nullità è sanata se il contribuente provvede alla sottoscrizione entro trenta giorni dal ricevimento dell'invito da

parte del competente ufficio dell'Agenzia delle entrate.

4. La dichiarazione dei soggetti diversi dalle persone fisiche è sottoscritta, a pena di nullità, dal rappresentante legale, e in mancanza da chi ne ha l'amministrazione anche di fatto, o da un rappresentante negoziale. La nullità è sanata se il soggetto tenuto a sottoscrivere la dichiarazione vi provvede entro trenta giorni dal ricevimento dell'invito da parte del competente ufficio dell'Agenzia delle entrate.".

2. Termine per la presentazione della dichiarazione in materia di imposte sui redditi e di I.R.A.P. – 1. All'articolo 2 del decreto del Presidente della Repubblica n. 322 del 1998 sono apportate le seguenti modificazioni:

a) i commi 1, 2 e 3 sono sostituiti dai seguenti:

"1. Le persone fisiche e le società o le associazioni di cui all'articolo 6 del decreto del Presidente della Repubblica 29 settembre 1973, n. 600, presentano la dichiarazione secondo le disposizioni di cui all'articolo 3, per il tramite di una banca o di un ufficio della Poste italiane S.p.a. tra il 1° maggio ed il 31 luglio ovvero in via telematica entro il 31 ottobre dell'anno successivo a quello di chiusura del periodo di imposta.

2. I soggetti all'imposta sul reddito delle persone giuridiche, presentano la dichiarazione secondo le disposizioni di cui all'articolo 3:

a) per il tramite di una banca o di un ufficio della Poste italiane S.p.a., ad eccezione dei soggetti di cui all'articolo 3, comma 2, entro l'ultimo giorno del settimo mese successivo a quello di chiusura del periodo di imposta;

b) in via telematica, entro l'ultimo giorno del decimo mese successivo a quello di chiusura del periodo di imposta.

3. I soggetti non tenuti alla presentazione della dichiarazione dei redditi presentano la dichiarazione ai fini dell'imposta regionale sulle attività produttive entro i termini previsti dal comma 2 e secondo le disposizioni di cui all'articolo 3.";

b) i commi 4, 4-bis e 5 sono abrogati;

c) il comma 8 è sostituito dal seguente:

"8. Salva l'applicazione delle sanzioni, le dichiarazioni dei redditi, dell'imposta regionale sulle attività produttive e dei sostituti d'imposta possono essere integrate per correggere errori od omissioni mediante successiva dichiarazione da presentare, secondo le disposizioni di cui all'articolo 3, utilizzando modelli conformi a quelli approvati per il periodo d'imposta cui si riferisce la dichiarazione, non oltre i termini stabiliti dall'articolo 43 del decreto del Presidente della Repubblica 29 settembre 1973, n. 600, e successive modificazioni.";

d) dopo il comma 8 è inserito il seguente:

"8-bis. Le dichiarazioni dei redditi, dell'imposta regionale sulle attività produttive e dei sostituti di imposta possono essere integrate dai contribuenti per correggere errori od omissioni che abbiano determinato l'indicazione di un maggior reddito o, comunque, di un maggior debito d'imposta o di un minor credito, mediante dichiarazione da presentare, secondo le disposizioni di cui all'articolo 3, utilizzando modelli conformi a quelli approvati per il periodo d'imposta cui si riferisce la dichiarazione, non oltre il termine prescritto per la presentazione della dichiarazione relativa al periodo d'imposta successivo. L'eventuale credito risultante dalle predette dichiarazioni può essere utilizzato in compensazione ai sensi dell'articolo 17 del decreto legislativo n. 241 del 1997.";

e) il comma 9 è sostituito dal seguente:

"9. I termini di presentazione della dichiarazione che scadono di sabato sono prorogati d'ufficio al primo giorno feriale successivo.".

3. Presentazione delle dichiarazioni in materia di imposte sui redditi e di I.R.A.P. – 1. L'articolo 3 del decreto del Presidente della Repubblica n. 322 del 1998 è sostituito dal seguente:

"Art. 3 (Modalità di presentazione ed obblighi di conservazione delle dichiarazioni). - 1. Le dichiarazioni sono presentate all'Agenzia delle entrate in via telematica ovvero per il tramite di una banca convenzionata o di un ufficio della Poste italiane S.p.a. secondo le disposizioni di cui ai commi successivi. I contribuenti con periodo di imposta coincidente con l'anno solare obbligati alla presentazione della dichiarazione dei redditi, dell'imposta regionale sulle attività produttive e della dichiarazione annuale ai fini dell'imposta sul valore aggiunto, presentano la dichiarazione unificata annuale. La dichiarazione dei sostituti di imposta, comprese le Amministrazioni dello Stato, anche ad ordinamento autonomo, di cui all'articolo 4 può essere inclusa nella dichiarazione unificata. È esclusa dalla dichiarazione unificata la dichiarazione annuale ai fini dell'imposta sul valore aggiunto degli enti e delle società che si sono avvalsi della procedura di liquidazione dell'imposta sul valore aggiunto di gruppo di cui all'articolo 73, ultimo comma, del decreto del Presidente della Repubblica 26 ottobre 1972, n. 633, e successive modificazioni.

2. Le dichiarazioni previste dal presente decreto, compresa quella unificata, sono presentate in via telematica all'Agenzia delle entrate, direttamente o tramite gli incaricati di cui ai commi 2-bis e 3, dai soggetti tenuti per il periodo d'imposta cui si riferiscono le predette dichiarazioni alla presentazione della dichiarazione relativa all'imposta sul valore aggiunto con esclusione delle persone fisiche che hanno realizzato nel medesimo periodo un volume di affari inferiore o uguale a lire 50 milioni, dai soggetti tenuti alla presentazione della dichiarazione dei sostituti di imposta di cui all'articolo 4 e dai soggetti di cui all'articolo 87, comma 1, lettere a) e b), del testo unico delle imposte sui redditi, approvato con decreto del Presidente della Repubblica 22 dicembre 1986, n. 917, dai soggetti tenuti alla presentazione del modello per la comunicazione dei dati relativi alla applicazione degli studi di settore. Le predette dichiarazioni sono trasmesse avvalendosi del servizio telematico Entratel; il collegamento telematico con l'Agenzia delle entrate è gratuito per gli utenti. I soggetti di cui al primo periodo obbligati alla presentazione della dichiarazione dei sostituti d'imposta, anche in forma unificata, in relazione ad un numero di soggetti non superiore a venti, si avvalgono per la presentazione in via telematica del servizio telematico Internet ovvero di un incaricato di cui al comma 3.

2-bis. Nell'ambito dei gruppi in cui almeno una società o ente rientra tra i soggetti di cui al comma precedente, la presentazione in via telematica delle dichiarazioni di soggetti appartenenti al gruppo può essere effettuata da uno o più soggetti dello stesso gruppo avvalendosi del servizio telematico Entratel. Si considerano appartenenti al gruppo l'ente o la società controllante e le società da questi controllate come definite dall'articolo 43-ter, quarto comma, del decreto del

Presidente della Repubblica 29 settembre 1973, n. 602.

2-ter. I soggetti diversi da quelli indicati nei commi 2 e 2-bis, non obbligati alla presentazione delle dichiarazioni in via telematica, possono presentare le dichiarazioni in via telematica direttamente avvalendosi del servizio telematico Internet ovvero tramite un incaricato di cui al comma 3.

3. Ai soli fini della presentazione delle dichiarazioni in via telematica mediante il servizio telematico Entratel si considerano soggetti incaricati della trasmissione delle stesse:

a) gli iscritti negli albi dei dottori commercialisti, dei ragionieri e dei periti commerciali e dei consulenti del lavoro;

b) i soggetti iscritti alla data del 30 settembre 1993 nei ruoli di periti ed esperti tenuti dalle camere di commercio, industria, artigianato e agricoltura per la sub-categoria tributi, in possesso di diploma di laurea in giurisprudenza o in economia e commercio o equipollenti o diploma di ragioneria;

c) le associazioni sindacali di categoria tra imprenditori indicate nell'articolo 32, comma 1, lettere a), b) e c), del decreto legislativo 9 luglio 1997, n. 241, nonché quelle che associano soggetti appartenenti a minoranze etnico-linguistiche;

d) i centri di assistenza fiscale per le imprese e per i lavoratori dipendenti e pensionati;

e) gli altri incaricati individuati con decreto del Ministro dell'economia e delle finanze.

3-bis. I soggetti di cui al comma 3, incaricati della predisposizione delle dichiarazioni previste dal presente decreto, sono obbligati alla trasmissione in via telematica delle stesse.

4. I soggetti di cui ai commi 2, 2-bis e 3 sono abilitati dall'Agenzia delle entrate alla trasmissione dei dati contenuti nelle dichiarazioni. L'abilitazione è revocata quando nello svolgimento dell'attività di trasmissione delle dichiarazioni vengono commesse gravi o ripetute irregolarità, ovvero in presenza di provvedimenti di sospensione irrogati dall'ordine di appartenenza del professionista o in caso di revoca dell'autorizzazione all'esercizio dell'attività da parte dei centri di assistenza fiscale.

5. Salvo quanto previsto dal comma 2 per i soggetti obbligati alla presentazione in via telematica, la dichiarazione può essere presentata all'Agenzia delle entrate anche mediante spedizione effettuata dall'estero, utilizzando il mezzo della raccomandata o altro equivalente dal quale risulti con certezza la data di spedizione ovvero avvalendosi del servizio telematico Internet.

6. Le banche e gli uffici postali rilasciano, anche se non richiesta, ricevuta di presentazione della dichiarazione. I soggetti di cui ai commi 2-bis e 3 rilasciano al contribuente o al sostituto di imposta, anche se non richiesto, l'impegno a trasmettere in via telematica all'Agenzia delle entrate i dati contenuti nella dichiarazione, contestualmente alla ricezione della stessa o dell'assunzione dell'incarico per la sua predisposizione nonché, entro trenta giorni dal termine previsto per la presentazione in via telematica, la dichiarazione trasmessa, redatta su modello conforme a quello approvato con il provvedimento di cui all'articolo 1, comma 1 e copia della comunicazione dell'Agenzia delle entrate di ricezione della dichiarazione.

7. Le banche e la Poste italiane S.p.a. trasmettono in via telematica le dichiarazioni all'Agenzia delle entrate entro cinque mesi dalla data di scadenza del termine di presentazione ovvero, per le dichiarazioni presentate oltre tale termine, entro cinque mesi dalla data di presentazione delle dichiarazioni stesse, ove non diversamente previsto dalle convenzioni di cui al comma 11.

7-bis. I soggetti di cui ai commi 2, 2-bis, 2-ter e 3, presentano in via telematica le dichiarazioni per le quali non è previsto un apposito termine entro un mese dalla scadenza del termine previsto per la presentazione alle banche e agli uffici postali.

7-ter. Le dichiarazioni consegnate ai soggetti incaricati di cui ai commi 2-bis e 3, successivamente al termine previsto per la presentazione in via telematica delle stesse, sono trasmesse entro un mese dalla data contenuta nell'impegno alla trasmissione rilasciato dai medesimi soggetti al contribuente ai sensi del comma 6.

8. La dichiarazione si considera presentata nel giorno in cui è consegnata dal contribuente alla banca o all'ufficio postale ovvero é trasmessa all'Agenzia delle entrate mediante procedure telematiche direttamente o tramite uno dei soggetti di cui ai commi 2-bis e 3.

9. I contribuenti e i sostituti di imposta che presentano la dichiarazione in via telematica, direttamente o tramite i soggetti di cui ai commi 2-bis e 3, conservano, per il periodo previsto dall'articolo 43 del decreto del Presidente della Repubblica 29 settembre 1973, n. 600, la dichiarazione debitamente sottoscritta e redatta su modello conforme a quello approvato con il provvedimento di cui all'articolo 1, comma 1, nonché i documenti rilasciati dal soggetto incaricato di predisporre la dichiarazione. L'Amministrazione finanziaria può chiedere l'esibizione della dichiarazione e dei suddetti documenti.

9-bis. I soggetti incaricati della trasmissione delle dichiarazioni conservano, anche su supporti informatici, per il periodo previsto dall'articolo 43 del decreto del Presidente della Repubblica 29 settembre 1973, n. 600, copia delle dichiarazioni trasmesse, delle quali l'Amministrazione finanziaria può chiedere l'esibizione previa riproduzione su modello conforme a quello approvato con il provvedimento di cui all'articolo 1, comma 1.

10. La prova della presentazione della dichiarazione è data dalla comunicazione dell'Agenzia delle entrate attestante l'avvenuto ricevimento della dichiarazione presentata in via telematica direttamente o tramite i soggetti di cui ai commi 2-bis e 3, ovvero dalla ricevuta della banca, dell'ufficio postale o dalla ricevuta di invio della raccomandata di cui al comma 5.

11. Le modalità tecniche di trasmissione delle dichiarazioni sono stabilite con provvedimento del direttore dell'Agenzia delle entrate da pubblicare nella Gazzetta Ufficiale. Le modalità di svolgimento del servizio di ricezione delle dichiarazioni da parte delle banche e della Poste italiane S.p.a., comprese la misura del compenso spettante e le conseguenze derivanti dalle irregolarità commesse nello svolgimento del servizio, sono stabilite mediante distinte convenzioni, approvate con provvedimento del direttore dell'Agenzia delle entrate. La misura del compenso è determinata tenendo conto dei costi del servizio e del numero complessivo delle dichiarazioni ricevute.

12. Le disposizioni del presente articolo si applicano anche alla presentazione delle dichiarazioni riguardanti imposte sostitutive delle imposte sui redditi.

13. Ai soggetti incaricati della trasmissione telematica si applica l'articolo 12-bis, comma 1, del decreto del Presiden-

te della Repubblica 29 settembre 1973, n. 600, e per le convenzioni e i decreti ivi previsti si intendono, rispettivamente, le convenzioni e i provvedimenti di cui al comma 11 del presente articolo.".

4. Dichiarazione dei sostituti d'imposta. – 1. All'articolo 4 del decreto del Presidente della Repubblica n. 322 del 1998 sono apportate le seguenti modificazioni:

a) i commi 1 e 2 sono sostituiti dai seguenti:

"1. Salvo quanto previsto per la dichiarazione unificata dall'articolo 3, comma 1, i soggetti indicati nel titolo III del decreto del Presidente della Repubblica 29 settembre 1973, n. 600, obbligati ad operare ritenute alla fonte, che corrispondono compensi, sotto qualsiasi forma, soggetti a ritenute alla fonte secondo le disposizioni dello stesso titolo, nonché gli intermediari e gli altri soggetti che intervengono in operazioni fiscalmente rilevanti tenuti alla comunicazione di dati ai sensi di specifiche disposizioni normative, presentano annualmente una dichiarazione unica, anche ai fini dei contributi dovuti all'Istituto nazionale per la previdenza sociale (I.N.P.S.) e dei premi dovuti all'Istituto nazionale per le assicurazioni contro gli infortuni sul lavoro (I.N.A.I.L.), relativa a tutti i percipienti, redatta in conformità ai modelli approvati con i provvedimenti di cui all'articolo 1, comma 1.

2. La dichiarazione indica i dati e gli elementi necessari per l'individuazione del sostituto d'imposta, dell'intermediario e degli altri soggetti di cui al precedente comma, per la determinazione dell'ammontare dei compensi e proventi, sotto qualsiasi forma corrisposti, delle ritenute, dei contributi e dei premi, nonché per l'effettuazione dei controlli e gli altri elementi richiesti nel modello di dichiarazione, esclusi quelli che l'Agenzia delle entrate, l'I.N.P.S. e l'I.N.A.I.L. sono in grado di acquisire direttamente e sostituisce le dichiarazioni previste ai fini contributivi e assicurativi.";

b) dopo il comma 3 è inserito il seguente:

"3-bis. I sostituti d'imposta, comprese le Amministrazioni dello Stato, anche con ordinamento autonomo, di cui alprimo comma dell'articolo 29 del decreto del Presidente della Repubblica 29 settembre 1973, n. 600, che effettuano le ritenute sui redditi a norma degli articoli 23, 24, 25, 25-bis e 29 del citato decreto n. 600 del 1973, tenuti al rilascio della certificazione di cui all'articolo 7-bis del medesimo decreto, trasmettono in via telematica, direttamente o tramite gli incaricati di cui all'articolo 3, commi 2-bis e 3, all'Agenzia delle entrate i dati fiscali e contributivi contenuti nella predetta certificazione, nonché gli ulteriori dati necessari per l'attività di liquidazione e controllo dell'Amministrazione finanziaria e degli enti previdenziali e assicurativi, entro il 30 giugno dell'anno successivo a quello di erogazione. Entro la stessa data sono, altresì, trasmessi in via telematica i dati contenuti nelle certificazioni rilasciate ai soli fini contributivi e assicurativi nonché quelli relativi alle operazioni di conguaglio effettuate a seguito dell'assistenza fiscale prestata ai sensi del decreto legislativo 9 luglio 1997, n. 241, e successive modificazioni. Le trasmissioni in via telematica effettuate ai sensi del presente comma sono equiparate, a tutti gli effetti, alla esposizione dei medesimi dati nella dichiarazione di cui al comma 1.";

c) dopo il comma 4 è inserito seguente:

"4-bis. Salvo quanto previsto dal comma 3-bis, i sostituti di imposta, comprese le Amministrazioni dello Stato, anche con ordinamento autonomo, gli intermediari e gli altri soggetti di cui al comma 1 presentano in via telematica, secondo le disposizioni di cui all'articolo 3, commi 2, 2-bis, 2-ter e 3, la dichiarazione di cui al comma 1, relativa all'anno solare precedente, entro il 31 ottobre di ciascun anno.";

d) il comma 6 è soppresso;

e) il comma 6-bis è sostituito dal seguente:

"6-bis. I soggetti indicati nell'articolo 29, terzo comma, del decreto del Presidente della Repubblica 29 settembre 1973, n. 600, che corrispondono compensi, sotto qualsiasi forma, soggetti a ritenuta alla fonte comunicano all'Agenzia delle entrate mediante appositi elenchi i dati fiscali dei percipienti. Con provvedimento del direttore dell'Agenzia delle entrate sono stabiliti il contenuto, i termini e le modalità delle comunicazioni, previa intesa con le rispettive Presidenze delle Camere e della Corte costituzionale, con il segretario generale della Presidenza della Repubblica, e, nel caso delle regioni a statuto speciale, con i Presidenti dei rispettivi organi legislativi. Nel medesimo provvedimento può essere previsto anche l'obbligo di indicare i dati relativi ai contributi dovuti agli enti e casse previdenziali.".

5. Dichiarazione nei casi di liquidazione. – 1. All'articolo 5 del decreto del Presidente della Repubblica n. 322 del 1998 sono apportate le seguenti modificazioni:

a) il comma 1 è sostituito dal seguente:

"1. In caso di liquidazione di società o enti soggetti all'imposta sul reddito delle persone giuridiche, di società o associazioni di cui all'articolo 5 del testo unico delle imposte sui redditi, approvato con decreto del Presidente della Repubblica 22 dicembre 1986, n. 917, e di imprese individuali, il liquidatore o, in mancanza, il rappresentante legale, presenta, secondo le disposizioni di cui all'articolo 3, la dichiarazione relativa al periodo compreso tra l'inizio del periodo d'imposta e la data in cui ha effetto la deliberazione di messa in liquidazione entro l'ultimo giorno del settimo mese successivo a tale data, per il tramite di una banca o un ufficio postale, ovvero entro l'ultimo giorno del decimo mese successivo in via telematica. Lo stesso liquidatore presenta la dichiarazione relativa al risultato finale delle operazioni di liquidazione entro sette mesi successivi alla chiusura della liquidazione stessa o al deposito del bilancio finale, se prescritto, per il tramite di una banca o di un ufficio postale ovvero entro l'ultimo giorno del decimo mese successivo, in via telematica.";

b) il comma 2 è abrogato;

c) il comma 4 è sostituito dal seguente:

"4. Nei casi di fallimento o di liquidazione coatta amministrativa, le dichiarazioni di cui al comma 1 sono presentate, anche se si tratta di imprese individuali, dal curatore o dal commissario liquidatore, in via telematica, avvalendosi del servizio telematico Entratel, direttamente o tramite i soggetti incaricati di cui all'articolo 3, comma 3, entro l'ultimo giorno del decimo mese successivo a quello, rispettivamente, della nomina del curatore e del commissario liquidatore, e della chiusura del fallimento e della liquidazione; le dichiarazioni di cui al comma 3 sono presentate, con le medesime modalità, esclusivamente ai fini dell'imposta regionale sulle attività produttive e soltanto se vi è stato esercizio provvisorio.".

6. Dichiarazione nei casi di trasformazione di fusione e di scissione. – 1. Dopo l'articolo 5 del decreto del Presidente della Repubblica n. 322 del 1998 è inserito il seguente:

"Art. 5-bis (Dichiarazione nei casi di trasformazione, di fusione e di scissione). - 1. In caso di trasformazione di una società non soggetta all'imposta sul reddito delle persone giuridiche in società soggetta a tale imposta, o viceversa, deliberata nel corso del periodo d'imposta, deve essere presentata, secondo le disposizioni di cui all'articolo 3, la dichiarazione relativa alla frazione di esercizio compresa tra l'inizio del periodo d'imposta e la data in cui ha effetto la trasformazione, entro l'ultimo giorno del settimo mese successivo a tale data, per il tramite di una banca o un ufficio postale, ovvero entro l'ultimo giorno del decimo mese in via telematica.

2. In caso di fusione di più società deve essere presentata dalla società risultante dalla fusione o incorporante, la dichiarazione relativa alla frazione di esercizio delle società fuse o incorporate compresa tra l'inizio del periodo d'imposta e la data in cui ha effetto la fusione entro l'ultimo giorno del settimo mese successivo a tale data, per il tramite di una banca o un ufficio postale, ovvero entro l'ultimo giorno del decimo mese in via telematica.

3. In caso di scissione totale la società designata a norma del comma 14 dell'articolo 123-bis del testo unico delle imposte sui redditi, approvato con decreto del Presidente della Repubblica 22 dicembre 1986, n. 917, deve presentare la dichiarazione relativa alla frazione di periodo della società scissa, con le modalità e i termini di cui al comma 1 decorrenti dalla data in cui è stata eseguita l'ultima delle iscrizioni prescritte dall'articolo 2504 del codice civile, indipendentemente da eventuali effetti retroattivi.

4. Le disposizioni del presente articolo, in quanto applicabili, valgono anche nei casi di trasformazione e di fusione di enti diversi dalle società.".

7. Dichiarazione congiunta in materia di imposte sui redditi. – 1. Gli articoli 6 e 7 del decreto del Presidente della Repubblica n. 322 del 1998 sono abrogati.

8. Dichiarazione annuale in materia di imposta sul valore aggiunto. – 1. All'articolo 8 del decreto del Presidente della Repubblica n. 322 del 1998 sono apportate le seguenti modificazioni:

a) i commi 1 e 2 sono sostituiti dai seguenti:

"1. Salvo quanto previsto relativamente alla dichiarazione unificata, il contribuente presenta, secondo le disposizioni di cui all'articolo 3, tra il 1° febbraio e il 31 luglio ovvero, in caso di presentazione in via telematica, entro il 31 ottobre di ciascun anno, la dichiarazione relativa all'imposta sul valore aggiunto dovuta per l'anno solare precedente, redatta in conformità al modello approvato entro il 15 gennaio dell'anno in cui è utilizzato con provvedimento amministrativo da pubblicare nella Gazzetta Ufficiale. La trasmissione della dichiarazione in via telematica è effettuata entro il mese di novembre da parte dei soggetti indicati nel comma 11 del medesimo articolo 3. La dichiarazione annuale è presentata anche dai contribuenti che non hanno effettuato operazioni imponibili. Sono esonerati dall'obbligo di presentazione della dichiarazione i contribuenti che nell'anno solare precedente hanno registrato esclusivamente operazioni esenti dall'imposta di cui all'articolo 10 del decreto del Presidente della Repubblica 26 ottobre 1972, n. 633, e successive modificazioni, salvo che siano tenuti alle rettifiche delle detrazioni di cui all'articolo 19-bis 2 del medesimo decreto, ovvero abbiano registrato operazioni intracomunitarie, nonché i contribuenti esonerati ai sensi di specifiche disposizioni normative.

2. Nella dichiarazione sono indicati i dati e gli elementi necessari per l'individuazione del contribuente, per la determinazione dell'ammontare delle operazioni e dell'imposta e per l'effettuazione dei controlli, nonché gli altri elementi richiesti nel modello di dichiarazione, esclusi quelli che l'Agenzia delle entrate è in grado di acquisire direttamente.".

b) il comma 4 è sostituito dal seguente:

"4. In caso di fallimento o di liquidazione coatta amministrativa, la dichiarazione relativa all'imposta dovuta per l'anno solare precedente, sempreché i relativi termini di presentazione non siano ancora scaduti, è presentata dai curatori o dai commissari liquidatori con le modalità e i termini ordinari di cui al comma 1 ovvero entro quattro mesi dalla nomina se quest'ultimo termine scade successivamente al termine ordinario. Con le medesime modalità e nei termini ordinari, i curatori o i commissari liquidatori presentano la dichiarazione per le operazioni registrate nell'anno solare in cui è dichiarato il fallimento ovvero la liquidazione coatta amministrativa. Per le operazioni registrate nella parte dell'anno solare anteriore alla dichiarazione di fallimento o di liquidazione coatta amministrativa è anche presentata, entro quattro mesi dalla nomina, apposita dichiarazione al competente ufficio dell'Agenzia delle entrate ai fini della eventuale insinuazione al passivo della procedura concorsuale.";

c) il comma 6 è sostituito dal seguente:

"6. Per la sottoscrizione, la presentazione e la conservazione della dichiarazione relativa all'imposta sul valore aggiunto si applicano le disposizioni di cui all'articolo 1, commi 2, 3 e 4, all'articolo 2, commi 7, 8, 8-bis e 9, e all'articolo 3.".

9. Comunicazione dati I.V.A. – 1. Nel decreto del Presidente della Repubblica 22 luglio 1998, n. 322, dopo l'articolo 8 è inserito il seguente:

"Art. 8-bis (Comunicazione dati I.V.A.). - 1. Fermi restando gli obblighi previsti dall'articolo 3 relativamente alla dichiarazione unificata e dall'articolo 8 relativamente alla dichiarazione I.V.A. annuale e ferma restando la rilevanza attribuita alle suddette dichiarazioni anche ai fini sanzionatori, il contribuente presenta in via telematica, direttamente o tramite gli incaricati di cui all'articolo 3, commi 2-bis e 3, entro il mese di febbraio di ciascun anno, una comunicazione dei dati relativi all'imposta sul valore aggiunto riferita all'anno solare precedente, redatta in conformità al modello approvato con provvedimento amministrativo da pubblicare nella Gazzetta Ufficiale. La comunicazione è presentata anche dai contribuenti che non hanno effettuato operazioni imponibili.

2. Sono esonerati dall'obbligo di comunicazione i contribuenti che per l'anno solare precedente hanno registrato esclusivamente operazioni esenti dall'imposta di cui all'articolo 10 del decreto del Presidente della Repubblica 26 ottobre 1972, n. 633, e successive modificazioni, salvo che

abbiano registrato operazioni intracomunitarie, i contribuenti esonerati ai sensi di specifiche disposizioni normative dall'obbligo di presentazione della dichiarazione annuale di cui all'articolo 8, i soggetti di cui all'articolo 88 del testo unico delle imposte sui redditi, approvato con decreto del Presidente della Repubblica 22 dicembre 1986, n. 917, i soggetti sottoposti a procedure concorsuali, nonché le persone fisiche che hanno realizzato nel periodo di riferimento un volume d'affari inferiore o uguale a lire 50 milioni.

3. Gli enti o le società partecipanti che si sono avvalsi per l'anno di riferimento della procedura di liquidazione dell'I.V.A. di gruppo di cui all'ultimo comma dell'articolo 73 del decreto del Presidente della Repubblica 26 ottobre 1972, n. 633, inviano singolarmente la comunicazione dei dati relativamente alla propria attività.

4. Nella comunicazione sono indicati l'ammontare delle operazioni attive e passive al netto dell'I.V.A., l'ammontare delle operazioni intracomunitarie, l'ammontare delle operazioni esenti e non imponibili, l'imponibile e l'imposta relativa alle importazioni di oro e argento effettuate senza pagamento dell'I.V.A. in dogana, l'imposta esigibile e l'imposta detratta, risultanti dalle liquidazioni periodiche senza tener conto delle operazioni di rettifica e di conguaglio.

5. I termini di presentazione della comunicazione che scadono di sabato sono prorogati d'ufficio al primo giorno feriale successivo.

6. Per l'omissione della comunicazione o l'invio di tale comunicazione con dati incompleti o non veritieri restano applicabili le disposizioni previste dall'articolo 11 del decreto legislativo 18 dicembre 1997, n. 471.".

CAPO II
Altre disposizioni recanti semplificazioni in materia di adempimenti ai fini dell'imposta sul valore aggiunto e di scritture contabili fiscali

10. Semplificazione delle registrazioni relative al plafond. – 1. I contribuenti che si avvalgono della facoltà di acquistare o importare beni e servizi senza pagamento dell'imposta ai sensi dell'articolo 1, primo comma, del decreto-legge 29 dicembre 1983, n. 746, convertito, con modificazioni, dalla legge 27 febbraio 1984, n. 17, indicano in un apposito prospetto della dichiarazione annuale relativa all'imposta sul valore aggiunto, distintamente per mese, l'ammontare delle esportazioni, di cui alle lettere a) e b), comma primo, dell'articolo 8 del decreto del Presidente della Repubblica n. 633 del 1972, delle operazioni assimilate e delle operazioni comunitarie effettuate e quello degli acquisti e delle importazioni fatti senza pagamento dell'imposta ai sensi della lettera c) del medesimo comma primo dell'articolo 8 del decreto del Presidente della Repubblica n. 633 del 1972, risultante dalle relative fatture e bollette doganali. I medesimi contribuenti forniscono agli organi dell'Amministrazione finanziaria, se ne viene fatta richiesta, l'ammontare di riferimento delle esportazioni, delle operazioni assimilate e delle operazioni comunitarie utilizzabile all'inizio di ciascun mese, fino al secondo mese precedente a quello della richiesta, e quello degli acquisti e delle importazioni effettuate in ciascun mese, fino al secondo mese precedente alla richiesta, senza pagamento dell'imposta.

11. Abolizione delle annotazioni relative alle liquidazioni periodiche I.V.A., soppressione dell'obbligo delle dichiarazioni periodiche I.V.A. – 1. Nell'articolo 1 del decreto del Presidente della Repubblica 23 marzo 1998, n. 100, e successive modificazioni, riguardante il regolamento recante norme per la semplificazione e la razionalizzazione di alcuni adempimenti contabili in materia di imposta sul valore aggiunto, sono apportate le seguenti modificazioni:

a) il comma 1 è sostituito dai seguenti:

"1. Entro il giorno 16 di ciascun mese, il contribuente determina la differenza tra l'ammontare complessivo dell'imposta sul valore aggiunto esigibile nel mese precedente, risultante dalle annotazioni eseguite o da eseguire nei registri relativi alle fatture emesse o ai corrispettivi delle operazioni imponibili, e quello dell'imposta, risultante dalle annotazioni eseguite, nei registri relativi ai beni ed ai servizi acquistati, sulla base dei documenti di acquisto di cui é in possesso e per i quali il diritto alla detrazione viene esercitato nello stesso mese ai sensi dell'articolo 19 del decreto del Presidente della Repubblica 26 ottobre 1972, n. 633. Il contribuente, qualora richiesto dagli organi dell'Amministrazione finanziaria, fornisce gli elementi in base ai quali ha operato la liquidazione periodica.

1-bis. Le disposizioni di cui al comma 1, ultimo periodo, si applicano anche ai soggetti di cui all'articolo 7 del decreto del Presidente della Repubblica 14 ottobre 1999, n. 542.

1-ter. Resta ferma la possibilità per gli aventi diritto di presentare istanza di rimborso infrannuale.";

b) i commi 2, 2-bis e 2-ter sono abrogati;

c) al comma 4 sono soppresse le seguenti parole: ", e annota sul registro gli estremi della relativa attestazione".

2. Nell'articolo 30, secondo comma, del decreto del Presidente della Repubblica 26 ottobre 1972, n. 633, sono soppresse le parole: "annotandolo nel registro indicato nell'articolo 25".

3. Nell'articolo 1, comma 1, del decreto del Presidente della Repubblica 10 novembre 1997, n. 443, sono soppresse le parole: ", previa annotazione nel registro di cui all'articolo 25 del citato decreto n. 633 del 1972.".

4. Al decreto del Presidente della Repubblica 14 ottobre 1999, n. 542, e successive modificazioni, l'articolo 7 è sostituito dal seguente:

"Art. 7 (Semplificazioni per i contribuenti minori relative alle liquidazioni e ai versamenti in materia di imposta sul valore aggiunto). - 1. I contribuenti che nell'anno solare precedente hanno realizzato un volume d'affari non superiore a lire 600 milioni per le imprese aventi per oggetto prestazioni di servizi e per gli esercenti arti o professioni, ovvero lire un miliardo per le imprese aventi per oggetto altre attività, possono optare, per:

a) l'effettuazione delle liquidazioni periodiche, di cui all'articolo 1, comma 1, del decreto del Presidente della Repubblica 23 marzo 1998, n. 100, e dei relativi versamenti dell'imposta entro il 16 del secondo mese successivo a ciascuno dei primi tre trimestri solari; qualora l'imposta non superi il limite di lire 50.000 il versamento è effettuato insieme a quello dovuto per il trimestre successivo;

b) il versamento dell'imposta dovuta entro il 16 di marzo di ciascun anno, ovvero entro il termine previsto per il pagamento delle somme dovute in base alla dichiarazione unificata annuale, maggiorando le somme da versare degli interessi nella misura dello 0.40 per cento per ogni mese o frazione di mese successivo alla predetta data.

2. Nei confronti dei contribuenti che esercitano contemporaneamente prestazioni di servizi ed altre attività e non provvedo-

no alla distinta annotazione dei corrispettivi resta applicabile il limite di lire un miliardo relativamente a tutte le attività esercitate.

3. Per i soggetti che esercitano l'opzione di cui al comma 1 le somme devono essere maggiorate degli interessi nella misura dell'1 per cento.".

5. Nel decreto del Presidente della Repubblica 14 ottobre 1999, n. 542, e successive modificazioni, i commi 2 e 3 dell'articolo 8 sono sostituiti dai seguenti:

"2. Il rimborso di cui al secondo comma dell'articolo 38-bis del decreto del Presidente della Repubblica 26 ottobre 1972, n. 633, è richiesto presentando all'ufficio competente entro l'ultimo giorno del mese successivo al trimestre di riferimento l'apposita istanza prevista dal decreto del Ministro delle finanze, pubblicato nella Gazzetta Ufficiale n. 197 del 25 luglio 1975, unitamente alla dichiarazione di cui alla lettera c) del settimo comma del predetto articolo 38-bis, se ricorrono le condizioni per l'esonero dalla prestazione delle garanzie.

3. I contribuenti in possesso dei requisiti indicati dal secondo comma dell'articolo 38-bis del decreto del Presidente della Repubblica 26 ottobre 1972, n. 633, per la richiesta di rimborsi di imposta relativi a periodi inferiori all'anno, possono, in alternativa, effettuare la compensazione prevista dall'articolo 17 del decreto legislativo 9 luglio 1997, n. 241, per l'ammontare massimo corrispondente all'eccedenza detraibile del trimestre di riferimento, presentando all'ufficio competente una dichiarazione contenente i dati richiesti per l'istanza di cui al comma 2. Gli enti e le società controllanti che si avvalgono delle disposizioni di cui all'articolo 73, ultimo comma, del decreto del Presidente della Repubblica 26 ottobre 1972, n. 633, possono, in alternativa alla richiesta di rimborso infrannuale delle eccedenze detraibili risultanti dalle annotazioni periodiche riepilogative di gruppo, effettuare la compensazione prevista dal citatoarticolo 17 del decreto legislativo n. 241 del 1997.".

12. Semplificazione in materia di tenuta di registri contabili. – 1. I soggetti di cui all'articolo 13, comma primo, del decreto del Presidente della Repubblica 29 settembre 1973, n. 600, che tengono i libri di cui all'articolo 2214, primo comma, del codice civile, hanno facoltà di non tenere i registri prescritti ai fini dell'imposta sul valore aggiunto di cui al decreto del Presidente della Repubblica 26 ottobre 1972, n. 633, ed il registro dei beni ammortizzabili di cui all'articolo 16 del medesimo decreto del Presidente della Repubblica 29 settembre 1973, n. 600, a condizione che:

a) le registrazioni siano effettuate nel libro giornale nei termini previsti dalla disciplina dell'imposta sul valore aggiunto per i relativi registri e nel termine stabilito per la presentazione della dichiarazione per il registro dei beni ammortizzabili;

b) su richiesta dell'Amministrazione finanziaria, siano forniti, in forma sistematica, gli stessi dati che sarebbe stato necessario annotare nei registri per i quali ci si avvale della facoltà di cui al presente articolo.

2. Le annotazioni nei registri contabili di cui all'articolo 2214 del codice civile sono equiparate a tutti gli effetti a quelle previste nei registri prescritti ai fini dell'imposta sul valore aggiunto e nel registro dei beni ammortizzabili.

13. Semplificazioni in materia di registrazione dei beni ammortizzabili per i soggetti in regime di contabilità semplificata. – 1. I soggetti di cui all'articolo 18 del decreto del Presidente della Repubblica 29 settembre 1973, n. 600, possono non tenere il registro dei beni ammortizzabili qualora, a seguito di richiesta dell'Amministrazione finanziaria, forniscano, ordinati in forma sistematica, gli stessi dati previsti dall'articolo 16 del predetto decreto del Presidente della Repubblica n. 600 del 1973.

2. La fornitura di tali dati è equiparata, a tutti gli effetti, alla annotazione dei medesimi nel registro dei beni ammortizzabili.

14. Semplificazioni in materia di tenuta di registri contabili degli esercenti arti e professioni. – 1. I soggetti di cui all'articolo 19 del decreto del Presidente della Repubblica 29 settembre 1973, n. 600, possono non tenere il registro dei beni ammortizzabili qualora, a seguito di richiesta dell'Amministrazione finanziaria, forniscano, ordinati in forma sistematica, gli stessi dati previsti dall'articolo 16, primo, secondo e terzo comma, del decreto del Presidente della Repubblica n. 600 del 1973.

2. La fornitura di tali dati è equiparata, a tutti gli effetti, all'annotazione dei medesimi nel registro dei beni ammortizzabili.

3. I soggetti di cui al comma 1 che abbiano optato per il regime di contabilità ordinaria prevista dall'articolo 3, comma 2, decreto del Presidente della Repubblica 9 dicembre 1996, n. 695, hanno facoltà di non tenere i registri prescritti ai fini dell'imposta sul valore aggiunto di cui al decreto del Presidente della Repubblica 26 ottobre 1972, n. 633, ed il registro dei beni ammortizzabili di cui all'articolo 16 del medesimo decreto del Presidente della Repubblica 29 settembre 1973, n. 600, a condizione che:

a) le registrazioni siano effettuate nel registro cronologico di cui all'articolo 3, comma 2, lettera a), del decreto Presidente della Repubblica 9 dicembre 1996, n. 695, nei termini previsti dalla disciplina dell'imposta sul valore aggiunto per i relativi registri e nel termine stabilito per la presentazione della dichiarazione per il registro dei beni ammortizzabili;

b) su richiesta dell'Amministrazione finanziaria, siano forniti, in forma sistematica, gli stessi dati che sarebbe stato necessario annotare nei registri per i quali ci si avvale della facoltà di cui al presente articolo.

4. Le annotazioni nel registro cronologico sono equiparate a tutti gli effetti a quelle previste nei registri prescritti ai fini dell'imposta sul valore aggiunto e nel registro dei beni ammortizzabili.

15. Termine di registrazione dei corrispettivi e abolizione dell'obbligo di allegare gli scontrini. – 1. Nell'articolo 6, del decreto del Presidente della Repubblica 9 dicembre 1996, n. 695, il comma 4 è sostituito dal seguente:

"4. Le operazioni per le quali è rilasciato lo scontrino fiscale o la ricevuta fiscale, effettuate in ciascun mese solare, possono essere annotate, anche con unica registrazione, nel registro previsto dall'articolo 24 del decreto del Presidente della Repubblica 26 ottobre 1972, n. 633, entro il giorno 15 del mese successivo.".

16. Perdite involontarie di beni. – 1. Nell'articolo 2 del decreto del Presidente della Repubblica 10 novembre 1997, n. 441, il comma 3 è sostituito dal seguente:

"3. La perdita dei beni dovuta ad eventi fortuiti, accidentali o comunque indipendenti dalla volontà del soggetto è provata da idonea documentazione fornita da un organo della pubblica amministrazione o, in mancanza, da dichiarazione sostitutiva dell'atto di notorietà ai sensi dell'articolo 47 del decreto del Presidente della Repubblica 28 dicembre 2000, n. 445, resa entro trenta giorni dal verificarsi dell'evento o dalla data in cui se ne ha conoscenza, dalle quali risulti il valore complessivo dei beni perduti, salvo l'obbligo di fornire, a richiesta dell'Amministrazione finanziaria, i criteri e gli elementi in base ai quali detto valore è stato determinato.".

CAPO III
Disposizioni in materia di termini di versamento e disposizioni finali

17. Razionalizzazione dei termini di versamento [(1)]. – 1. Il versamento del saldo dovuto con riferimento alla dichiarazione dei redditi ed a quella dell'imposta regionale sulle attività produttive da parte delle persone fisiche, e delle società o associazioni di cui all'articolo 5 del testo unico delle imposte sui redditi, di cui al decreto del Presidente della Repubblica 22 dicembre 1986, n. 917*[, compresa quella unificata,]* è effettuato entro il 30 giugno dell'anno di presentazione della dichiarazione stessa; le società o associazioni di cui all'articolo 5 del citato testo unico delle imposte sui redditi, nelle ipotesi di cui agli articoli 5 e 5-bis, del decreto del Presidente della Repubblica 22 luglio 1998, n. 322, effettuano i predetti versamenti entro l'ultimo giorno del mese successivo a quello di scadenza del termine di presentazione della dichiarazione. Il versamento del saldo dovuto in base alla dichiarazione relativa all'imposta sul reddito delle persone giuridiche ed a quella dell'imposta regionale sulle attività produttive *[, compresa quella unificata,] è effettuato entro l'ultimo giorno del sesto mese successivo a quello di chiusura del periodo d'imposta. I soggetti che in base a disposizioni di legge approvano il bilancio oltre il termine di quattro mesi dalla chiusura dell'esercizio, versano il saldo dovuto in base alla dichiarazione relativa all'imposta sul reddito delle persone giuridiche ed a quella dell'imposta regionale sulle attività produttive [, compresa quella unificata,]* entro l'ultimo giorno del mese successivo a quello di approvazione del bilancio. Se il bilancio non è approvato nel termine stabilito, in base alle disposizioni di legge di cui al precedente periodo, il versamento è comunque effettuato entro l'ultimo giorno del mese successivo a quello di scadenza del termine stesso[(2)(3)(4)].

2. I versamenti di cui al comma 1 possono essere effettuati entro il trentesimo giorno successivo ai termini ivi previsti, maggiorando le somme da versare dello 0,40 per cento a titolo di interesse corrispettivo [(A)].

3. I versamenti di acconto dell'imposta sul reddito delle persone fisiche e dell'imposta sul reddito delle persone giuridiche dovuti ai sensi della legge 23 marzo 1977, n. 97, e successive modificazioni, nonché quelli relativi all'imposta regionale sulle attività produttive, sono effettuati in due rate salvo che il versamento da effettuare alla scadenza della prima rata non superi euro 103. Il quaranta per cento dell'acconto dovuto è versato alla scadenza della prima rata e il residuo importo alla scadenza della seconda. Il versamento dell'acconto è effettuato, rispettivamente:

a) per la prima rata, nel termine previsto per il versamento del saldo dovuto in base alla dichiarazione relativa all'anno d'imposta precedente;

b) per la seconda rata, nel mese di novembre, ad eccezione di quella dovuta dai soggetti all'imposta sul reddito delle persone giuridiche e all'imposta regionale sulle attività produttive il cui periodo d'imposta non coincide con l'anno solare, che effettuano il versamento di tale rata entro l'ultimo giorno dell'undicesimo mese dello stesso periodo d'imposta.

(A) In riferimento al presente comma vedi: Circolare Agenzia delle Entrate 02 agosto 2013, n. 27/E.
(1) Articolo sostituito dall'articolo 2 del D.L. 15 aprile 2002, n. 63.
(2) Vedi, a decorrere dal 1° maggio 2007, l'articolo 37, commi 11 e 14 del D.L. 4 luglio 2006, n. 223.
(3) A norma dell'articolo 1 del D.P.C.M. 10 agosto 2018 per l'anno 2018, i soggetti titolari di partita IVA tenuti ai versamenti risultanti dalle dichiarazioni dei redditi e da quella in materia di imposta regionale sulle attività produttive, che optano per il pagamento rateale, di cui al seguente articolo, possono effettuare i versamenti, previa maggiorazione dello 0,40 per cento a titolo di interesse corrispettivo, in rate mensili di pari importo secondo le seguenti scadenze: 20 agosto 2018; 17 settembre 2018; 16 ottobre 2018; 16 novembre 2018.
(4) Comma modificato dall'articolo 17, comma 2, del D.Lgs. 21 novembre 2014, n. 175 e, successivamente, dall'articolo 7-quater, comma 19, del D.L. 22 ottobre 2016, n.193, convertito, con modificazioni, dalla Legge 1° dicembre 2016 n. 225, a decorrere dal 1° gennaio 2017.

18. Disposizioni modificative di termini per adempimenti fiscali. – 1. Nell'articolo 7-bis, comma 2, del decreto del Presidente della Repubblica 29 settembre 1973, n. 600, e successive modificazioni, la parola: "febbraio" è sostituita dalla seguente: "marzo".

19. Disposizioni finali e transitorie. – 1. Le disposizioni degli articoli da 1 a 8 hanno effetto a decorrere dal 1° gennaio 2002.

2. Dalla stessa data di cui al comma 1, ai sensi dell'articolo 17, comma 2, della legge 23 agosto 1988, n. 400, si intende abrogato l'articolo 11 del decreto del Presidente della Repubblica 29 settembre 1973, n. 600.

3. I riferimenti alle disposizioni indicate nell'articolo 11 del decreto del Presidente della Repubblica n. 600 del 1973 contenuti in ogni altro atto normativo si intendono fatti alle disposizioni dell'articolo 5-bis del decreto del Presidente della Repubblica 22 luglio 1998, n. 322, come introdotto dal presente regolamento.

4. Gli effetti delle disposizioni di cui all'articolo 11 decorrono dalle liquidazioni relative al 2002. Gli effetti delle disposizioni di cui all'articolo 9 decorrono dal 1° gennaio 2003.

5. Le disposizioni di cui all'articolo 17 hanno effetto a decorrere dal 1° gennaio 2002.

6. Ai sensi dell'articolo 17, comma 2, della legge 23 agosto 1988, n. 400, dal 1° gennaio 2002 si intendono abrogati:

a) il primo comma dell'articolo 2 della legge 23 marzo 1977, n. 97;

b) il comma 1 dell'articolo 4 del decreto-legge 2 marzo 1989, n. 69, convertito, con modificazioni, dalla legge 27 aprile 1989, n. 154.

7. Ai sensi dell'articolo 17, comma 2, della legge 23 agosto 1988, n. 400, si intende abrogato l'articolo 1, comma 3, del decreto-legge 29 dicembre 1983, n. 746, convertito, con modificazioni, dalla legge 27 febbraio 1984, n. 17.

Il presente decreto, munito del sigillo dello Stato, sarà inserito nella Raccolta ufficiale degli atti normativi della Repubblica italiana. È fatto obbligo a chiunque spetti di osservarlo e di farlo osservare.

10. L. 27 dicembre 2006, n. 296

Disposizioni per la formazione del bilancio annuale e pluriennale dello Stato (FINANZIARIA 2007)[1][2].

[1] *Pubblicata in Suppl. Ordinario n. 244 alla Gazz. Uff., 27 dicembre, n. 299.*

[A] *In riferimento alla presente legge vedi: Circolare INAIL 16 gennaio 2007, n. 2;Nota INPDAP 17 gennaio 2007, n. 3; Circolare INPS 23 gennaio 2007, n. 22; Circolare INAIL 28 febbraio 2007, n. 10; Circolare INPS 15 marzo 2007, n. 60; Circolare del Ministero dell'Economia e delle Finanze 15 marzo 2007, n. 13/E; Circolare INPS 9 marzo 2007, n. 56; Circolare del Ministero dell'Interno 8 marzo 2007, n. F.L.5;Circolare INPS 18 maggio 2007, n. 88; Circolare INPS 27 aprile 2007, n. 80; Circolare INPS 17 aprile 2007, n. 78; Circolare INPS 3 aprile 2007, n. 70; Circolare INPS 23 marzo 2007, n. 65; Circolare INPS 23 marzo 2007, n. 65; Messaggio INPS 23 febbraio 2007, n. 4921; Circolare del Ministero dell'economia e delle Finanze 28 febbraio 2007, n. 15; Circolare del Ministero dell'economia e delle Finanze 15 marzo 2007, n. 13/E; Circolare del Ministero dell'economia e delle Finanze 28 febbraio 2007, n. 15; Circolare del Ministero dell'economia e delle Finanze 16 marzo 2007, n. 15; Circolare del Ministero dell'economia e delle Finanze 21 marzo 2007, n. 16; Circolare del Ministero dell'economia e delle Finanze 22 marzo 2007, n. 17; Circolare del Ministero dell'economia e delle Finanze 4 aprile 2007, n. 19; Circolare INPS 3 aprile 2007, n. 70; Circolare INPS 17 aprile 2007, n. 78; Circolare del Ministero dell'economia e delle Finanze 12 aprile 2007, n. 20/E; Circolare del Ministero dell'economia e delle Finanze 27 aprile 2007, n. 24; Circolare INPS 27 aprile 2007, n. 80; Circolare INPS 18 maggio 2007, n. 88; Circolare del Ministero dell'economia e delle Finanze 22 maggio 2007, n. 30; Circolare del Ministero dell'economia e delle Finanze 22 maggio 2007, n. 31; Circolare del Ministero dell'economia e delle Finanze 7 giugno 2007, n. 2/DPF; Circolare INPS 22 giugno 2007, n. 94; Circolare INPS 11 luglio 2007, n. 103; Circolare INPS 17 luglio 2007, n. 105; Circolare INPS 7 settembre 2007, n. 116;Messaggio INPS 22 ottobre 2007, n. 25499; Circolare INPS 13 novembre 2007, n. 124; Circolare INPS 22 nombre 2007, n. 129; Circolare INPS 10 gennaio 2008, n. 3; Nota INAIL 10 dicembre 2010, n. 9139;Circolare INPS n.74 del 13 maggio 2011; Risoluzione del Ministero dell'economia e delle Finanze 19 ottobre 2011, n. 100/E; Nota INAIL 21 novembre 2011 n. 7735; Risoluzione Ministero dell'Economia e delle Finanze 25 giugno 2012 n. 71/E; Parere Autorità garante per la protezione dei dati personali 26 luglio 2012 n. 1915390; Circolare Inail 02 ottobre 2012 n. 49; Circolare Inps 08 febbraio 2013 n. 22; Circolare Inail 19 marzo 2013 n. 14; Circolare Inail 23 maggio 2013 n. 27.*

1. – 1. Per l'anno 2007, il livello massimo del saldo netto da finanziare è determinato in termini di competenza in 29.000 milioni di euro, al netto di 12.520 milioni di euro per regolazioni debitorie. Tenuto conto delle operazioni di rimborso di prestiti, il livello massimo del ricorso al mercato finanziario di cui all'articolo 11 della legge 5 agosto 1978, n. 468, e successive modificazioni, ivi compreso l'indebitamento all'estero per un importo complessivo non superiore a 4.000 milioni di euro relativo ad interventi non considerati nel bilancio di previsione per il 2007, è fissato, in termini di competenza, in 240.500 milioni di euro per l'anno finanziario 2007.

2. Per gli anni 2008 e 2009, il livello massimo del saldo netto da finanziare del bilancio pluriennale a legislazione vigente, tenuto conto degli effetti della presente legge, è determinato, rispettivamente, in 26.000 milioni di euro ed in 18.000 milioni di euro, al netto di 8.850 milioni di euro per gli anni 2008 e 2009, per le regolazioni debitorie; il livello massimo del ricorso al mercato è determinato, rispettivamente, in 214.000 milioni di euro ed in 208.000 milioni di euro. Per il bilancio programmatico degli anni 2008 e 2009, il livello massimo del saldo netto da finanziare è determinato, rispettivamente, in 19.500 milioni di euro ed in 10.500 milioni di euro ed il livello massimo del ricorso al mercato è determinato, rispettivamente, in 208.000 milioni di euro ed in 200.000 milioni di euro.

3. I livelli del ricorso al mercato di cui ai commi 1 e 2 si intendono al netto delle operazioni effettuate al fine di rimborsare prima della scadenza o ristrutturare passività preesistenti con ammortamento a carico dello Stato.

4. Le maggiori entrate tributarie che si realizzassero nel 2007 rispetto alle previsioni sono prioritariamente destinate a realizzare gli obiettivi di indebitamento netto delle pubbliche amministrazioni e sui saldi di finanza pubblica definiti dal Documento di programmazione economico-finanziaria 2007-2011. In quanto eccedenti rispetto a tali obiettivi, le eventuali maggiori entrate derivanti dalla lotta all'evasione fiscale sono destinate, qualora permanenti, a riduzioni della pressione fiscale finalizzata al conseguimento degli obiettivi di sviluppo ed equità sociale, dando priorità a misure di sostegno del reddito di soggetti incapienti ovvero appartenenti alle fasce di reddito più basse, salvo che si renda necessario assicurare la copertura finanziaria di interventi urgenti ed imprevisti necessari per fronteggiare calamità naturali ovvero improrogabili esigenze connesse con la tutela della sicurezza del Paese [1].

[1] *Vedi, anche, l'articolo 1 del D.L. 1 ottobre 2007, n.159.*

[5. Entro il 30 settembre di ogni anno, il Ministro dell'economia e delle finanze presenta al Parlamento una relazione che definisce i risultati derivanti dalla lotta all'evasione, quantificando le maggiori entrate permanenti da destinare a riduzioni della pressione fiscale ai sensi del comma 4.] [1]

[1] *Comma abrogato dall'articolo 1, comma 300, della Legge 24 dicembre 2012, n. 228.*

6. Al testo unico delle imposte sui redditi, di cui al decreto del Presidente della Repubblica 22 dicembre 1986, n. 917, e successive modificazioni, sono apportate le seguenti modificazioni:

a) all'articolo 3, relativo alla base imponibile, al comma 1, le parole: ", nonché delle deduzioni effettivamente spettanti ai sensi degli articoli 11 e 12," sono soppresse;

b) l'articolo 11 è sostituito dal seguente:

"Art. 11. – (Determinazione dell'imposta). – 1. L'imposta lorda è determinata applicando al reddito complessivo, al netto degli oneri deducibili indicati nell'articolo 10, le seguenti aliquote per scaglioni di reddito:

a) fino a 15.000 euro, 23 per cento;

b) oltre 15.000 euro e fino a 28.000 euro, 27 per cento;

c) oltre 28.000 euro e fino a 55.000 euro, 38 per cento;

d) oltre 55.000 euro e fino a 75.000 euro, 41 per cento;

e) oltre 75.000 euro, 43 per cento.

2. Se alla formazione del reddito complessivo concorrono soltanto redditi di pensione non superiori a 7.500 euro, goduti per l'intero anno, redditi di terreni per un importo non superiore a 185,92 euro e il reddito dell'unità immobiliare adibita ad abitazione principale e delle relative pertinenze, l'imposta non è dovuta.

3. L'imposta netta è determinata operando sull'imposta lorda, fino alla concorrenza del suo ammontare, le detrazioni previste negli articoli 12, 13, 15 e 16 nonché in altre disposizioni di legge.

4. Dall'imposta netta si detrae l'ammontare dei crediti d'imposta spettanti al contribuente a norma dell'articolo

165. Se l'ammontare dei crediti d'imposta è superiore a quello dell'imposta netta il contribuente ha diritto, a sua scelta, di computare l'eccedenza in diminuzione dell'imposta relativa al periodo d'imposta successivo o di chiederne il rimborso in sede di dichiarazione dei redditi";

c) l'articolo 12 è sostituito dal seguente:

"Art. 12. – (Detrazioni per carichi di famiglia). – 1. Dall'imposta lorda si detraggono per carichi di famiglia i seguenti importi:

a) per il coniuge non legalmente ed effettivamente separato:

1) 800 euro, diminuiti del prodotto tra 110 euro e l'importo corrispondente al rapporto fra reddito complessivo e 15.000 euro, se il reddito complessivo non supera 15.000 euro;

2) 690 euro, se il reddito complessivo è superiore a 15.000 euro ma non a 40.000 euro;

3) 690 euro, se il reddito complessivo è superiore a 40.000 euro ma non a 80.000 euro. La detrazione spetta per la parte corrispondente al rapporto tra l'importo di 80.000 euro, diminuito del reddito complessivo, e 40.000 euro;

b) la detrazione spettante ai sensi della lettera a) è aumentata di un importo pari a:

1) 10 euro, se il reddito complessivo è superiore a 29.000 euro ma non a 29.200 euro;

2) 20 euro, se il reddito complessivo è superiore a 29.200 euro ma non a 34.700 euro;

3) 30 euro, se il reddito complessivo è superiore a 34.700 euro ma non a 35.000 euro;

4) 20 euro, se il reddito complessivo è superiore a 35.000 euro ma non a 35.100 euro;

5) 10 euro, se il reddito complessivo è superiore a 35.100 euro ma non a 35.200 euro;

c) 800 euro per ciascun figlio, compresi i figli naturali riconosciuti, i figli adottivi e gli affidati o affiliati. La detrazione è aumentata a 900 euro per ciascun figlio di età inferiore a tre anni. Le predette detrazioni sono aumentate di un importo pari a 220 euro per ogni figlio portatore di handicap ai sensi dell'articolo 3 della legge 5 febbraio 1992, n. 104. Per i contribuenti con più di tre figli a carico la detrazione è aumentata di 200 euro per ciascun figlio a partire dal primo. La detrazione spetta per la parte corrispondente al rapporto tra l'importo di 95.000 euro, diminuito del reddito complessivo, e 95.000 euro. In presenza di più figli, l'importo di 95.000 euro è aumentato per tutti di 15.000 euro per ogni figlio successivo al primo. La detrazione è ripartita nella misura del 50 per cento tra i genitori non legalmente ed effettivamente separati ovvero, previo accordo tra gli stessi, spetta al genitore che possiede un reddito complessivo di ammontare più elevato. In caso di separazione legale ed effettiva o di annullamento, scioglimento o cessazione degli effetti civili del matrimonio, la detrazione spetta, in mancanza di accordo, al genitore affidatario. Nel caso di affidamento congiunto o condiviso la detrazione è ripartita, in mancanza di accordo, nella misura del 50 per cento tra i genitori. Ove il genitore affidatario ovvero, in caso di affidamento congiunto, uno dei genitori affidatari non possa usufruire in tutto o in parte della detrazione, per limiti di reddito, la detrazione è assegnata per intero al secondo genitore. Quest'ultimo, salvo diverso accordo tra le parti, è tenuto a riversare all'altro genitore affidatario un importo pari all'intera detrazione ovvero, in caso di affidamento congiunto, pari al 50 per cento della detrazione stessa. In caso di coniuge fiscalmente a carico dell'altro, la detrazione compete a quest'ultimo per l'intero importo. Se l'altro genitore manca o non ha riconosciuto i figli naturali e il contribuente non è coniugato o, se coniugato, si è successivamente legalmente ed effettivamente separato, ovvero se vi sono figli adottivi, affidati o affiliati del solo contribuente e questi non è coniugato o, se coniugato, si è successivamente legalmente ed effettivamente separato, per il primo figlio si applicano, se più convenienti, le detrazioni previste alla lettera a);

d) 750 euro, da ripartire pro quota tra coloro che hanno diritto alla detrazione, per ogni altra persona indicata nell'articolo 433 del codice civile che conviva con il contribuente o percepisca assegni alimentari non risultanti da provvedimenti dell'autorità giudiziaria. La detrazione spetta per la parte corrispondente al rapporto tra l'importo di 80.000 euro diminuito del reddito complessivo, e 80.000 euro.

2. Le detrazioni di cui al comma 1 spettano a condizione che le persone alle quali si riferiscono possiedano un reddito complessivo, computando anche le retribuzioni corrisposte da enti e organismi internazionali, rappresentanze diplomatiche e consolari e missioni, nonché quelle corrisposte dalla Santa Sede, dagli enti gestiti direttamente da essa e dagli enti centrali della Chiesa cattolica, non superiore a 2.840,51 euro, al lordo degli oneri deducibili.

3. Le detrazioni per carichi di famiglia sono rapportate a mese e competono dal mese in cui si sono verificate a quello in cui sono cessate le condizioni richieste.

4. Se il rapporto di cui al comma 1, lettera a), numero 1), è uguale a uno, la detrazione compete nella misura di 690 euro. Se i rapporti di cui al comma 1, lettera a), numeri 1) e 3), sono uguali a zero, la detrazione non compete. Se i rapporti di cui al comma 1, lettere c) e d), sono pari a zero, minori di zero o uguali a uno, le detrazioni non competono. Negli altri casi, il risultato dei predetti rapporti si assume nelle prime quattro cifre decimali";

d) l'articolo 13 è sostituito dal seguente:

"Art. 13. – (Altre detrazioni). – 1. Se alla formazione del reddito complessivo concorrono uno o più redditi di cui agli articoli 49, con esclusione di quelli indicati nel comma 2, lettera a), e 50, comma 1, lettere a), b), c), c-bis), d), h-bis) e l), spetta una detrazione dall'imposta lorda, rapportata al periodo di lavoro nell'anno, pari a:

a) 1.840 euro, se il reddito complessivo non supera 8.000 euro. L'ammontare della detrazione effettivamente spettante non può essere inferiore a 690 euro. Per i rapporti di lavoro a tempo determinato, l'ammontare della detrazione effettivamente spettante non può essere inferiore a 1.380 euro;

b) 1.338 euro, aumentata del prodotto tra 502 euro e l'importo corrispondente al rapporto tra 15.000 euro, diminuito del reddito complessivo, e 7.000 euro, se l'ammontare del reddito complessivo è superiore a 8.000 euro ma non a 15.000 euro;

c) 1.338 euro, se il reddito complessivo è superiore a 15.000 euro ma non a 55.000 euro. La detrazione spetta per la parte corrispondente al rapporto tra l'importo di 55.000 euro, diminuito del reddito complessivo, e l'importo di 40.000 euro.

2. La detrazione spettante ai sensi del comma 1, lettera c), è aumentata di un importo pari a:

a) 10 euro, se l'ammontare del reddito complessivo è superiore a 23.000 euro ma non a 24.000 euro;

b) 20 euro, se l'ammontare del reddito complessivo è superiore a 24.000 euro ma non a 25.000 euro;

c) 30 euro, se l'ammontare del reddito complessivo è superiore a 25.000 euro ma non a 26.000 euro;

d) 40 euro, se l'ammontare del reddito complessivo è superiore a 26.000 euro ma non a 27.700 euro;

e) 25 euro, se l'ammontare del reddito complessivo è superiore a 27.700 euro ma non a 28.000 euro.

3. Se alla formazione del reddito complessivo concorrono uno o più redditi di pensione di cui all'articolo 49, comma 2, lettera a), spetta una detrazione dall'imposta lorda, non cumulabile con quella di cui al comma 1 del presente articolo, rapportata al periodo di pensione nell'anno, pari a:

a) 1.725 euro, se il reddito complessivo non supera 7.500 euro. L'ammontare della detrazione effettivamente spettante non può essere inferiore a 690 euro;

b) 1.255 euro, aumentata del prodotto tra 470 euro e l'importo corrispondente al rapporto tra 15.000 euro, diminuito del reddito complessivo, e 7.500 euro, se l'ammontare del reddito complessivo è superiore a 7.500 euro ma non a 15.000 euro;

c) 1.255 euro, se il reddito complessivo è superiore a 15.000 euro ma non a 55.000 euro. La detrazione spetta per la parte corrispondente al rapporto tra l'importo di 55.000 euro, diminuito del reddito complessivo, e l'importo di 40.000 euro.

4. Se alla formazione del reddito complessivo dei soggetti di età non inferiore a 75 anni concorrono uno o più redditi di pensione di cui all'articolo 49, comma 2, lettera a), spetta una detrazione dall'imposta lorda, in luogo di quella di cui al comma 3 del presente articolo, rapportata al periodo di pensione nell'anno e non cumulabile con quella prevista al comma 1, pari a:

a) 1.783 euro, se il reddito complessivo non supera 7.750 euro. L'ammontare della detrazione effettivamente spettante non può essere inferiore a 713 euro;

b) 1.297 euro, aumentata del prodotto tra 486 euro e l'importo corrispondente al rapporto tra 15.000 euro, diminuito del reddito complessivo, e 7.250 euro, se l'ammontare del reddito complessivo è superiore a 7.750 euro ma non a 15.000 euro;

c) 1.297 euro, se il reddito complessivo è superiore a 15.000 euro ma non a 55.000 euro. La detrazione spetta per la parte corrispondente al rapporto tra l'importo di 55.000 euro, diminuito del reddito complessivo, e l'importo di 40.000 euro.

5. Se alla formazione del reddito complessivo concorrono uno o più redditi di cui agli articoli 50, comma 1, lettere e), f), g), h) e i), 53, 66 e 67, comma 1, lettere i) e l), spetta una detrazione dall'imposta lorda, non cumulabile con quelle previste ai commi 1, 2, 3 e 4 del presente articolo, pari a:

a) 1.104 euro, se il reddito complessivo non supera 4.800 euro;

b) 1.104 euro, se il reddito complessivo è superiore a 4.800 euro ma non a 55.000 euro. La detrazione spetta per la parte corrispondente al rapporto tra l'importo di 55.000 euro, diminuito del reddito complessivo, e l'importo di 50.200 euro.

6. Se il risultato dei rapporti indicati nei commi 1, 3, 4 e 5 è maggiore di zero, lo stesso si assume nelle prime quattro cifre decimali.";

e) all'articolo 24, il comma 3 è sostituito dal seguente:

"3. Dall'imposta lorda si scomputano le detrazioni di cui all'articolo 13 nonché quelle di cui all'articolo 15, comma 1, lettere a), b), g), h), h-bis) e i). Le detrazioni per carichi di famiglia non competono".

7. All'articolo 23 del decreto del Presidente della Repubblica 29 settembre 1973, n. 600, e successive modificazioni, sono apportate le seguenti modificazioni:

a) al comma 2, lettera a), al primo periodo, le parole da: ", al netto delle deduzioni di cui agli articoli 11 e 12, commi 1 e 2, del medesimo testo unico, rapportate al periodo stesso" sono sostituite dalle seguenti: "ed effettuando le detrazioni previste negli articoli 12 e 13 del citato testo unico, rapportate al periodo stesso" e, al secondo periodo, le parole: "Le deduzioni di cui all'articolo 12, commi 1 e 2," sono sostituite dalle seguenti:"Le detrazioni di cui agli articoli 12 e 13";

b) al comma 2, lettera c), le parole: "al netto delle deduzioni di cui agli articoli 11 e 12, commi 1 e 2," sono sostituite dalle seguenti: "effettuando le detrazioni previste negli articoli 12 e 13";

c) al comma 3, primo periodo, le parole: "delle deduzioni di cui agli articoli 11 e 12, commi 1 e 2," sono sostituite dalle seguenti: "delle detrazioni eventualmente spettanti a norma degli articoli 12 e 13".

8. Il comma 350 dell'articolo 1 della legge 30 dicembre 2004, n. 311, è abrogato.

9. Ai fini della determinazione dell'imposta sul reddito delle persone fisiche dovuta sui trattamenti di fine rapporto, sulle indennità equipollenti e sulle altre indennità e somme connesse alla cessazione del rapporto di lavoro, di cui all'articolo 17, comma 1, lettera a), del testo unico delle imposte sui redditi, di cui al decreto del Presidente della Repubblica 22 dicembre 1986, n. 917, e successive modificazioni, si applicano, se più favorevoli, le aliquote e gli scaglioni di reddito vigenti al 31 dicembre 2006.

10. I trasferimenti erariali in favore delle regioni e degli enti locali sono ridotti in misura pari al maggior gettito loro derivante dalle disposizioni dei commi da 6 a 9, secondo le modalità indicate nel comma 322, da definire con decreto del Ministro dell'economia e delle finanze, di intesa con la Conferenza unificata di cui all'articolo 8 del decreto legislativo 28 agosto 1997, n. 281.

11. Alla disciplina vigente dell'assegno per il nucleo familiare sono apportate le seguenti modificazioni:

a) i livelli di reddito e gli importi annuali dell'assegno per il nucleo familiare, con riferimento ai nuclei familiari con entrambi i genitori e almeno un figlio minore in cui non siano presenti componenti inabili nonché ai nuclei familiari con un solo genitore e almeno un figlio minore in cui non siano presenti componenti inabili, sono rideterminati a decorrere dal 1° gennaio 2007 secondo la Tabella 1 allegata alla presente legge. Sulla base di detti importi annuali, sono elaborate a cura dell'Istituto nazionale della previdenza sociale (INPS) le tabelle contenenti gli importi mensili, giornalieri, settimanali, quattordicinali e quindicinali della prestazione;

b) a decorrere dal 1° gennaio 2007 gli importi degli assegni per tutte le altre tipologie di nuclei familiari con figli sono rivalutati del 15 per cento;

c) i livelli di reddito e gli importi degli assegni per i nuclei con figli di cui alle lettere a) e b) nonché quelli per i nuclei senza figli possono essere ulteriormente rimodulati secondo criteri analoghi a quelli indicati alla lettera a), con decreto interministeriale del Ministro delle politiche per la famiglia e del Ministro del lavoro e della previdenza sociale, di concerto con il Ministro della solidarietà sociale e con il Ministro dell'economia e delle finanze, anche con riferimento alla coerenza del sostegno dei redditi disponibili delle famiglie risultante dagli assegni per il nucleo familiare e dalle detrazioni ai fini dell'imposta sul reddito delle persone fisiche;

d) nel caso di nuclei familiari con più di tre figli o equiparati di età inferiore a 26 anni compiuti, ai fini della determinazione dell'assegno rilevano al pari dei figli minori anche i figli di età superiore a 18 anni compiuti e inferiore a 21 anni compiuti purché studenti o apprendisti;

e) restano fermi i criteri di rivalutazione dei livelli di reddito familiare di cui all'articolo 2, comma 12, del decreto-legge 13 marzo 1988, n. 69, convertito, con modificazioni, dalla legge 13 maggio 1988, n. 153, che trovano applicazione a decorrere dall'anno 2008 [A].

[A] *In riferimento al presente comma vedi: Circolare INPS 12 gennaio 2007, n. 13; Circolare del Ministero dell'economia e delle Finanze 18 giugno 2007, n. 24;Circolare del Ministero dell'Economia e delle Finanze 16 febbraio 2007, n. 9.*

12. All'articolo 3 della legge 28 dicembre 1995, n. 549, dopo il comma 12 è inserito il seguente:

"12-bis. A decorrere dal 1° gennaio 2007 una quota dell'accisa sul gasolio per autotrazione (codici NC da 2710 19 41 a 2710 19 49) è attribuita alla regione a statuto ordinario nel cui territorio avviene il consumo. Per gli anni 2007, 2008 e 2009, la predetta quota è fissata, rispettivamente, nella misura di 0,00266 euro al litro, nella misura di 0,00288 euro al litro e nella misura di 0,00307 euro al litro. Con la legge finanziaria per l'anno 2010 la suddetta quota è rideterminata, ove necessario e compatibilmente con il rispetto degli equilibri della finanza pubblica, al fine di completare la compensazione, a favore delle regioni a statuto ordinario, della minore entrata registrata nell'anno 2005 rispetto all'anno 2004 relativamente alla compartecipazione all'accisa sulla benzina di cui al comma 12. L'ammontare della predetta quota viene versato dai soggetti obbligati al pagamento dell'accisa e riversato dalla struttura di gestione in apposito conto corrente aperto presso la Tesoreria centrale dello Stato. La ripartizione delle somme viene effettuata sulla base dei quantitativi erogati nell'anno precedente dagli impianti di distribuzione di carburante che risultano dal registro di carico e scarico previsto dall'articolo 25, comma 4, del testo unico delle disposizioni legislative concernenti le imposte sulla produzione e sui consumi e relative sanzioni penali e amministrative, di cui al decreto legislativo 26 ottobre 1995, n. 504. Con decreto del Ministero dell'economia e delle finanze sono stabilite le modalità di applicazione delle disposizioni del presente comma".

13. Dopo l'articolo 10 della legge 8 maggio 1998, n. 146, è inserito il seguente:

"Art. 10-bis. – (Modalità di revisione ed aggiornamento degli studi di settore). – 1. Gli studi di settore previsti all'articolo 62- bis del decreto-legge 30 agosto 1993, n. 331, convertito, con modificazioni, dalla legge 29 ottobre 1993, n. 427, e successive modificazioni, sono soggetti a revisione, al massimo, ogni tre anni dalla data di entrata in vigore dello studio di settore ovvero da quella dell'ultima revisione, sentito il parere della commissione di esperti di cui all'articolo 10, comma 7. Nella fase di revisione degli studi di settore si tiene anche conto dei dati e delle statistiche ufficiali, quali quelli di contabilità nazionale, al fine di mantenere, nel medio periodo, la rappresentatività degli stessi rispetto alla realtà economica cui si riferiscono. La revisione degli studi di settore è programmata con provvedimento del direttore dell'Agenzia delle entrate da emanare entro il mese di febbraio di ciascun anno.

2. Ai fini dell'elaborazione e della revisione degli studi di settore si tiene anche conto di valori di coerenza, risultanti da specifici indicatori definiti da ciascuno studio, rispetto a comportamenti considerati normali per il relativo settore economico".

14. Fino alla elaborazione e revisione degli studi di settore previsti dall'articolo 62- bis del decreto-legge 30 agosto 1993, n. 331, convertito, con modificazioni, dalla legge 29 ottobre 1993, n. 427, e successive modificazioni, che tengono conto degli indicatori di coerenza di cui al comma 2 dell'articolo 10-bis della legge 8 maggio 1998, n. 146, introdotto dal comma 13, con effetto dal periodo d'imposta in corso al 31 dicembre 2006, ai sensi dell'articolo 1 del regolamento di cui al decreto del Presidente della Repubblica 31 maggio 1999, n. 195, si tiene altresì conto di specifici indicatori di normalità economica, di significativa rilevanza, idonei alla individuazione di ricavi, compensi e corrispettivi fondatamente attribuibili al contribuente in relazione alle caratteristiche e alle condizioni di esercizio della specifica attività svolta. Ai fini dell'accertamento l'Agenzia delle entrate ha l'onere di motivare e fornire elementi di prova per avvalorare l'attribuzione dei maggiori ricavi o compensi derivanti dall'applicazione degli indicatori di normalità economica di cui al presente comma, approvati con il decreto del Ministro dell'economia e delle finanze 20 marzo 2007, pubblicato nel supplemento ordinario alla Gazzetta Ufficiale n. 76 del 31 marzo 2007, e successive modificazioni, fino all'entrata in vigore dei nuovi studi di settore varati secondo le procedure, anche di concertazione con le categorie, della disciplina richiamata dal presente comma. In ogni caso i contribuenti che dichiarano ricavi o compensi inferiori a quelli previsti dagli indicatori di cui al presente comma non sono soggetti ad accertamenti automatici. Ai fini della relativa approvazione non si applica la disposizione di cui all'articolo 10, comma 7, secondo periodo, della legge 8 maggio 1998, n. 146. Si applicano le disposizioni di cui al comma 4-bis dell'articolo 10 della medesima legge [1].

[1] *Comma modificato dall'articolo 1, comma 252, della legge 24 dicembre 2007 n. 244.*

14-bis. Gli indicatori di normalità economica di cui al comma 14, approvati con decreto del Ministro dell' economia e delle finanze, hanno natura sperimentale e i maggiori ricavi, compensi o corrispettivi da essi desumibili costituiscono presunzioni semplici [1].

[1] *Comma inserito dall'articolo 15 del D.L. 2 luglio 2007, n. 81.*

14-ter. I contribuenti che dichiarano un ammontare di ricavi, compensi o corrispettivi inferiori rispetto a quelli desumibili dagli indicatori di cui al comma 14-bis non sono soggetti ad accertamenti automatici e in caso di accertamento spetta all'ufficio accertatore motivare e fornire elementi di prova per gli scostamenti riscontrati [1].

[(1)] *Comma inserito dall'articolo 15 del D.L. 2 luglio 2007, n. 81.*

15. Il comma 399 dell'articolo 1 della legge 30 dicembre 2004, n. 311, è abrogato.

16. Il comma 4 dell'articolo 10 della legge 8 maggio 1998, n. 146, e successive modificazioni, è sostituito dal seguente:

"4. La disposizione del comma 1 del presente articolo non si applica nei confronti dei contribuenti:

a) che hanno dichiarato ricavi di cui all'articolo 85, comma 1, esclusi quelli di cui alle lettere c), d) ed e), o compensi di cui all'articolo 54, comma 1, del testo unico delle imposte sui redditi, di cui al decreto del Presidente della Repubblica 22 dicembre 1986, n. 917, e successive modificazioni, di ammontare superiore al limite stabilito per ciascuno studio di settore dal relativo decreto di approvazione del Ministro dell'economia e delle finanze, da pubblicare nella Gazzetta Ufficiale. Tale limite non può, comunque, essere superiore a 7,5 milioni di euro;

b) che hanno iniziato o cessato l'attività nel periodo d'imposta. La disposizione di cui al comma 1 si applica comunque in caso di cessazione e inizio dell'attività, da parte dello stesso soggetto, entro sei mesi dalla data di cessazione, nonché quando l'attività costituisce mera prosecuzione di attività svolte da altri soggetti;

c) che si trovano in un periodo di non normale svolgimento dell'attività".

17. All'articolo 10 della legge 8 maggio 1998, n. 146, dopo il comma 4, è inserito il seguente:

"4-bis. Le rettifiche sulla base di presunzioni semplici di cui all'articolo 39, primo comma, lettera d), secondo periodo, del decreto del Presidente della Repubblica 29 settembre 1973, n. 600, e all'articolo 54, secondo comma, ultimo periodo, del decreto del Presidente della Repubblica 26 ottobre 1972, n. 633, non possono essere effettuate nei confronti dei contribuenti che dichiarino, anche per effetto dell'adeguamento, ricavi o compensi pari o superiori al livello della congruità, ai fini dell'applicazione degli studi di settore di cui all'articolo 62-bis del decreto- legge 30 agosto 1993, n. 331, convertito, con modificazioni, dalla legge 29 ottobre 1993, n. 427, tenuto altresì conto dei valori di coerenza risultanti dagli specifici indicatori, di cui all'articolo 10-bis, comma 2, della presente legge, qualora l'ammontare delle attività non dichiarate, con un massimo di 50.000 euro, sia pari o inferiore al 40 per cento dei ricavi o compensi dichiarati. Ai fini dell'applicazione della presente disposizione, per attività, ricavi o compensi si intendono quelli indicati al comma 4, lettera a). In caso di rettifica, nella motivazione dell'atto devono essere evidenziate le ragioni che inducono l'ufficio a disattendere le risultanze degli studi di settore in quanto inadeguate a stimare correttamente il volume di ricavi o compensi potenzialmente ascrivibili al contribuente. La presente disposizione si applica a condizione che non siano irrogabili le sanzioni di cui ai commi 2-bis e 4-bis rispettivamente degli articoli 1 e 5 del decreto legislativo 18 dicembre 1997, n. 471, nonché al comma 2-bis dell'articolo 32 del decreto legislativo 15 dicembre 1997, n. 446".

18. Le disposizioni di cui ai commi 4 e 4- bis dell'articolo 10 della legge 8 maggio 1998, n. 146, come modificate e introdotte rispettivamente dai commi 16 e 17 del presente articolo, hanno effetto a decorrere dal periodo d'imposta in corso alla data del 1° gennaio 2007, ad esclusione di quelle previste alla lettera b) del comma 4 del citato articolo 10 che hanno effetto dal periodo d'imposta in corso al 31 dicembre 2006.

19. Nei confronti dei contribuenti titolari di reddito d'impresa o di lavoro autonomo, per i quali non si rendono applicabili gli studi di settore, sono individuati specifici indicatori di normalità economica, idonei a rilevare la presenza di ricavi o compensi non dichiarati ovvero di rapporti di lavoro irregolare. Ai medesimi fini, nelle ipotesi di cessazione dell'attività, di liquidazione ordinaria ovvero di non normale svolgimento dell'attività, può altresì essere richiesta la compilazione del modello, allegato alla dichiarazione, previsto per i soggetti cui si applicano gli studi di settore.

20. Per i soggetti di cui all'articolo 73, comma 1, lettera a), del testo unico delle imposte sui redditi, di cui al decreto del Presidente della Repubblica 22 dicembre 1986, n. 917, e successive modificazioni, con riferimento al primo periodo d'imposta di esercizio dell'attività, sono definiti appositi indicatori di coerenza per la individuazione dei requisiti minimi di continuità della stessa, tenuto conto delle caratteristiche e delle modalità di svolgimento della attività medesima.

21. Con provvedimento del direttore dell'Agenzia delle entrate, da adottare entro il 28 febbraio 2007, sono approvati gli indicatori di cui al comma 20, anche per settori economicamente omogenei, da applicare a decorrere dal periodo d'imposta in corso al 31 dicembre 2006.

22. Sulla base di appositi criteri selettivi è programmata una specifica attività di controllo nei confronti dei soggetti che risultano incoerenti per effetto dell'applicazione degli indicatori di cui al comma 20.

23. All'articolo 10, comma 1, della legge 8 maggio 1998, n. 146, sono apportate le seguenti modificazioni:

a) le parole: "con periodo d'imposta pari a dodici mesi e" sono soppresse;

b) sono aggiunte, in fine, le seguenti parole: "qualora l'ammontare dei ricavi o compensi dichiarati risulta inferiore all'ammontare dei ricavi o compensi determinabili sulla base degli studi stessi".

24. Le disposizioni di cui al comma 1 dell'articolo 10 della legge 8 maggio 1998, n. 146, come modificate dal comma 23, limitatamente alla lettera a), hanno effetto a decorrere dal periodo d'imposta in corso al 1° gennaio 2007.

25. All'articolo 1 del decreto legislativo 18 dicembre 1997, n. 471, dopo il comma 2 è inserito il seguente:

"2-bis. La misura della sanzione minima e massima di cui al comma 2 è elevata del 10 per cento nelle ipotesi di omessa o infedele indicazione dei dati previsti nei modelli per la comunicazione dei dati rilevanti ai fini dell'applicazione degli studi di settore, nonché nei casi di indicazione di cause di esclusione o di inapplicabilità degli studi di settore non sussistenti. La presente disposizione non si applica se il maggior reddito d'impresa ovvero di arte o professione, accertato a seguito della corretta applicazione degli studi di settore, non è superiore al 10 per cento del reddito d'impresa o di lavoro autonomo dichiarato".

26. All'articolo 5 del decreto legislativo 18 dicembre 1997, n. 471, dopo il comma 4 è inserito il seguente:

"4-bis. La misura della sanzione minima e massima di cui al comma 4 è elevata del 10 per cento nelle ipotesi di omessa o infedele indicazione dei dati previsti nei modelli per la comunicazione dei dati rilevanti ai fini dell'applicazione degli studi di settore, nonché nei casi di indicazione di cause di esclusione o di inapplicabilità degli studi di settore non sussistenti. La presente disposizione non si applica se la maggiore imposta accertata o la minore imposta detraibile o rimborsabile, a seguito della corretta applicazione degli studi di settore, non è superiore al 10 per cento di quella dichiarata".

27. All'articolo 32 del decreto legislativo 15 dicembre 1997, n. 446, dopo il comma 2 è inserito il seguente:

"2-bis. La misura della sanzione minima e massima di cui al comma 2 è elevata del 10 per cento nelle ipotesi di omessa o infedele indicazione dei dati previsti nei modelli per la comunicazione dei dati rilevanti ai fini dell'applicazione degli studi di settore, nonché nei casi di indicazione di cause di esclusione o di inapplicabilità degli studi di settore non sussistenti. La presente disposizione non si applica se il maggior imponibile, accertato a seguito della corretta applicazione degli studi di settore, non è superiore al 10 per cento di quello dichiarato".

28. Al testo unico delle imposte sui redditi, di cui al decreto del Presidente della Repubblica 22 dicembre 1986, n. 917, e successive modificazioni, sono apportate le seguenti modificazioni:

a) all'articolo 10, comma 1, lettera b), dopo il primo periodo è inserito il seguente: "Ai fini della deduzione la spesa sanitaria relativa all'acquisto di medicinali deve essere certificata da fattura o da scontrino fiscale contenente la specificazione della natura, qualità e quantità dei beni e l'indicazione del codice fiscale del destinatario";

b) all'articolo 15, comma 1, lettera c), dopo il secondo periodo è inserito il seguente: "Ai fini della detrazione la spesa sanitaria relativa all'acquisto di medicinali deve essere certificata da fattura o da scontrino fiscale contenente la specificazione della natura, qualità e quantità dei beni e l'indicazione del codice fiscale del destinatario ".

29. Le disposizioni introdotte dalle lettere a) e b) del comma 28 hanno effetto a decorrere dal 1° luglio 2007. Fino al 31 dicembre 2007, nel caso in cui l'acquirente non sia il destinatario del farmaco, non ne conosca il codice fiscale o non abbia con sé la tessera sanitaria, l'indicazione del codice fiscale può essere riportata a mano sullo scontrino fiscale direttamente dal destinatario, fatte salve le disposizioni di cui all'articolo 50 del decreto-legge 30 settembre 2003, n. 269, convertito, con modificazioni, dalla legge 24 novembre 2003, n. 326, e successive modificazioni, in materia di obbligo di rilevazione del codice fiscale da parte del farmacista.

[30. Al fine di contrastare l'indebita effettuazione delle compensazioni previste dal decreto legislativo 9 luglio 1997, n. 241, i titolari di partita IVA, entro il quinto giorno precedente quello in cui intendono effettuare l'operazione di compensazione per importi superiori a 10.000 euro, comunicano all'Agenzia delle entrate, in via telematica, l'importo e la tipologia dei crediti oggetto della successiva compensazione. La mancata comunicazione da parte dell'Agenzia delle entrate al contribuente, entro il terzo giorno successivo a quello di comunicazione, vale come silenzio assenso.] (1)

(1) *Comma abrogato dall'articolo 16, comma 3, del D.L. 29 novembre 2008, n. 185.*

[31. Con provvedimento del direttore dell'Agenzia delle entrate sono definite le modalità, anche progressive, per l'attuazione delle disposizioni del comma 30. Con il predetto provvedimento, in particolare, sono stabilite le procedure di controllo volte ad impedire l'utilizzo indebito di crediti.] (1)

(1) *Comma abrogato dall'articolo 16, comma 3, del D.L. 29 novembre 2008, n. 185.*

[32. Parte delle maggiori entrate derivanti dai commi 30 e 31, per un importo pari a 214 milioni di euro per l'anno 2007, è iscritta sul Fondo per interventi strutturali di politica economica, di cui all'articolo 10, comma 5, del decreto-legge 29 novembre 2004, n. 282, convertito, con modificazioni, dalla legge 27 dicembre 2004, n. 307. L'autorizzazione di spesa relativa al predetto Fondo è ridotta di 183,8 milioni di euro per l'anno 2008.] (1)

(1) *Comma abrogato dall'articolo 16, comma 3, del D.L. 29 novembre 2008, n. 185.*

33. All'articolo 39 del decreto legislativo 9 luglio 1997, n. 241, sono apportate le seguenti modificazioni:

a) al comma 1, lettera a), nel primo periodo, le parole: "da lire cinquecentomila a lire cinque milioni" sono sostituite dalle seguenti: "da euro 258 ad euro 2.582" e il secondo periodo è sostituito dai seguenti: "La violazione è punibile in caso di liquidazione delle imposte, dei contributi, dei premi e dei rimborsi dovuti in base alle dichiarazioni, di cui all'articolo 36-bis del decreto del Presidente della Repubblica 29 settembre 1973, n. 600, e in caso di controllo ai sensi degli articoli 36-ter e seguenti del medesimo decreto, nonché in caso di liquidazione dell'imposta dovuta in base alle dichiarazioni e di controllo di cui agli articoli 54 e seguenti del decreto del Presidente della Repubblica 26 ottobre 1972, n. 633. La violazione è punibile a condizione che non trovi applicazione l'articolo 12-bis del decreto del Presidente della Repubblica 29 settembre 1973, n. 602. In caso di ripetute violazioni, ovvero di violazioni particolarmente gravi, è disposta a carico dei predetti soggetti la sospensione dalla facoltà di rilasciare il visto di conformità e l'asseverazione, per un periodo da uno a tre anni. In caso di ripetute violazioni commesse successivamente al periodo di sospensione, è disposta l'inibizione dalla facoltà di rilasciare il visto di conformità e l'asseverazione. Si considera violazione particolarmente grave il mancato pagamento della suddetta sanzione";

b) al comma 1, lettera b), primo periodo, le parole: "da lire un milione a lire dieci milioni" sono sostituite dalle seguenti: "da euro 516 ad euro 5.165";

c) dopo il comma 1, è inserito il seguente:

"1-bis. Nei casi di violazioni commesse ai sensi dei commi 1 e 3 del presente articolo e dell'articolo 7-bis, si applicano, in quanto compatibili, le disposizioni del decreto legislativo 18 dicembre 1997, n. 472. Il centro di assistenza fiscale per il quale abbia operato il trasgressore è obbligato solidalmente con il trasgressore stesso al pagamento di una somma pari alla sanzione irrogata";

d) il comma 2 è sostituito dal seguente:

"2. Le violazioni dei commi 1 e 3 del presente articolo e dell'articolo 7-bis sono contestate e le relative sanzioni sono irrogate dalla direzione regionale dell'Agenzia delle entrate competente in ragione del domicilio fiscale del trasgressore anche sulla base delle segnalazioni inviate dagli uffici locali della medesima Agenzia. L'atto di contestazione è unico per ciascun anno solare di riferimento e, fino al compimento dei termini di decadenza, può essere integrato o modificato dalla medesima direzione regionale. I provvedimenti ivi previsti sono trasmessi agli ordini di appartenenza dei soggetti che hanno commesso la violazione per l'eventuale adozione di ulteriori provvedimenti";

e) al comma 3, le parole: "da lire cinquecentomila a lire cinque milioni" sono sostituite dalle seguenti: "da euro 258 a euro 2.582" [(A)].

[(A)] In riferimento al presente comma vedi: Circolare dell'Agenzia delle Entrate 22 ottobre 2015, n. 34/E.

34. Per le violazioni di cui all'articolo 7-bis e ai commi 1 e 3 dell'articolo 39 del decreto legislativo 9 luglio 1997, n. 241, e successive modificazioni, ferma restando l'applicazione dell'articolo 3, comma 3, del decreto legislativo 18 dicembre 1997, n. 472, nelle ipotesi in cui la violazione sia stata già contestata alla data di entrata in vigore della presente legge, non si dà luogo a restituzione di quanto eventualmente pagato.

35. I commi 7 e 8 dell'articolo 11-quinquiesdecies del decreto-legge 30 settembre 2005, n. 203, convertito, con modificazioni, dalla legge 2 dicembre 2005, n. 248, sono abrogati.

36. Le agevolazioni tributarie e di altra natura relative agli autoveicoli utilizzati per la locomozione dei soggetti di cui all'articolo 3 della legge 5 febbraio 1992, n. 104, con ridotte o impedite capacità motorie, sono riconosciute a condizione che gli autoveicoli siano utilizzati in via esclusiva o prevalente a beneficio dei predetti soggetti.

37. In caso di trasferimento a titolo oneroso o gratuito delle autovetture per le quali l'acquirente ha usufruito dei benefici fiscali prima del decorso del termine di due anni dall'acquisto, è dovuta la differenza fra l'imposta dovuta in assenza di agevolazioni e quella risultante dall'applicazione delle agevolazioni stesse. La disposizione non si applica per i disabili che, in seguito a mutate necessità dovute al proprio handicap, cedano il proprio veicolo per acquistarne un altro su cui realizzare nuovi e diversi adattamenti.

38. La riscossione dei compensi dovuti per attività di lavoro autonomo, mediche e paramediche, svolte nell'ambito delle strutture sanitarie private è effettuata in modo unitario dalle stesse strutture sanitarie, le quali provvedono a:

a) incassare il compenso in nome e per conto del prestatore di lavoro autonomo e a riversarlo contestualmente al medesimo;

b) registrare nelle scritture contabili obbligatorie, ovvero in apposito registro, il compenso incassato per ciascuna prestazione di lavoro autonomo resa nell'ambito della struttura.

39. Le strutture sanitarie di cui al comma 38 comunicano telematicamente all'Agenzia delle entrate l'ammontare dei compensi complessivamente riscossi per ciascun percipiente [(1)].

[(1)] Per l'attuazione del presente comma vedi il Provvedimento 13 dicembre 2007.

40. Con provvedimento del direttore dell'Agenzia delle entrate sono definiti i termini e le modalità per la comunicazione prevista dal comma 39 nonché ogni altra disposizione utile ai fini dell'attuazione dei commi 38 e 39 [(1)].

[(1)] Per l'attuazione del presente comma vedi il Provvedimento 13 dicembre 2007.

41. Le disposizioni di cui ai commi da 38 a 40 si applicano a decorrere dal 1° marzo 2007.

42. Per le violazioni delle disposizioni di cui ai commi 38 e 39 si applicano rispettivamente gli articoli 9 e 11 del decreto legislativo 18 dicembre 1997, n. 471, e successive modificazioni. Restano fermi in capo ai singoli prestatori di lavoro autonomo tutti gli obblighi formali e sostanziali previsti per lo svolgimento dell'attività.

43. Dopo l'articolo 25-bis del decreto del Presidente della Repubblica 29 settembre 1973, n. 600, e successive modificazioni, è inserito il seguente:

"Art. 25-ter. – (Ritenute sui corrispettivi dovuti dal condominio all'appaltatore). – 1. Il condominio quale sostituto di imposta opera all'atto del pagamento una ritenuta del 4 per cento a titolo di acconto dell'imposta sul reddito dovuta dal percipiente, con obbligo di rivalsa, sui corrispettivi dovuti per prestazioni relative a contratti di appalto di opere o servizi, anche se rese a terzi o nell'interesse di terzi, effettuate nell'esercizio di impresa.

2. La ritenuta di cui al comma 1 è operata anche se i corrispettivi sono qualificabili come redditi diversi ai sensi dell'articolo 67, comma 1, lettera i), del testo unico delle imposte sui redditi, di cui al decreto del Presidente della Repubblica 22 dicembre 1986, n. 917" [(A)].

[(A)] In riferimento al presente comma vedi: Circolare del Ministero dell'Economia e delle Finanze 7 febbraio 2007, n. 7.

44. All'articolo 17 del decreto del Presidente della Repubblica 26 ottobre 1972, n. 633, e successive modificazioni, sono apportate le seguenti modificazioni:

a) il sesto comma è sostituito dal seguente:

"Le disposizioni di cui al quinto comma si applicano anche:

a) alle prestazioni di servizi, compresa la prestazione di manodopera, rese nel settore edile da soggetti subappaltatori nei confronti delle imprese che svolgono l'attività di costruzione o ristrutturazione di immobili ovvero nei confronti dell'appaltatore principale o di un altro subappaltatore;

b) alle cessioni di apparecchiature terminali per il servizio pubblico radiomobile terrestre di comunicazioni soggette alla tassa sulle concessioni governative di cui all'articolo 21 della tariffa annessa al decreto del Presidente della Repubblica 26 ottobre 1972, n. 641, come sostituita, da ultimo, dal decreto del Ministro delle finanze 28 dicembre 1995, pubblicato nella Gazzetta Ufficiale n. 303 del 30 dicembre 1995, nonché dei loro componenti ed accessori;

c) alle cessioni di personal computer e dei loro componenti ed accessori;

d) alle cessioni di materiali e prodotti lapidei, direttamente provenienti da cave e miniere";

b) è aggiunto, in fine, il seguente comma:

"Le disposizioni di cui al quinto comma si applicano alle ulteriori operazioni individuate dal Ministro dell'economia e delle finanze, con propri decreti, in base alla direttiva 2006/69/CE del Consiglio, del 24 luglio 2006, ovvero individuate con decreto emanato ai sensi dell'articolo 17, comma 3, della legge 23 agosto 1988, n. 400, nelle ipotesi in cui necessita la preventiva autorizzazione comunitaria prevista dalla direttiva 77/388/CEE del Consiglio, del 17 maggio 1977".

45. Le disposizioni di cui alle lettere b), c) e d) del sesto comma dell'articolo 17 del decreto del Presidente della Repubblica 26 ottobre 1972, n. 633, come modificato dal comma 44 del presente articolo, si applicano alle cessioni effettuate successivamente alla data di autorizzazione della misura ai sensi dell'articolo 27 della direttiva 77/388/CEE del Consiglio, del 17 maggio 1977.

46. Al testo unico delle disposizioni concernenti l'imposta di registro, di cui al decreto del Presidente della Repubblica 26 aprile 1986, n. 131, sono apportate le seguenti modificazioni:

a) all'articolo 10, comma 1, dopo la lettera d) è inserita la seguente:

"d-bis) gli agenti di affari in mediazione iscritti nella sezione degli agenti immobiliari del ruolo di cui all'articolo 2 della legge 3 febbraio 1989, n. 39, per le scritture private non autenticate di natura negoziale stipulate a seguito della loro attività per la conclusione degli affari";

b) all'articolo 57, dopo il comma 1 è inserito il seguente:

"1-bis. Gli agenti immobiliari di cui all'articolo 10, comma 1, lettera d-bis), sono solidalmente tenuti al pagamento dell'imposta per le scritture private non autenticate di natura negoziale stipulate a seguito della loro attività per la conclusione degli affari".

47. All'articolo 8, comma 1, della legge 3 febbraio 1989, n. 39, le parole: "una somma compresa tra lire un milione e lire quattro milioni" sono sostituite dalle seguenti: "una somma compresa fra euro 7.500 e euro 15.000".

48. Il comma 22 dell'articolo 35 del decreto- legge 4 luglio 2006, n. 223, convertito, con modificazioni, dalla legge 4 agosto 2006, n. 248, è sostituito dai seguenti:

"22. All'atto della cessione dell'immobile, anche se assoggettata ad IVA, le parti hanno l'obbligo di rendere apposita dichiarazione sostitutiva di atto di notorietà recante l'indicazione analitica delle modalità di pagamento del corrispettivo. Con le medesime modalità, ciascuna delle parti ha l'obbligo di dichiarare:

a) se si è avvalsa di un mediatore e, nell'ipotesi affermativa, di fornire i dati identificativi del titolare, se persona fisica, o la denominazione, la ragione sociale ed i dati identificativi del legale rappresentante, se soggetto diverso da persona fisica, ovvero del mediatore non legale rappresentante che ha operato per la stessa società;

b) il codice fiscale o la partita IVA;

c) il numero di iscrizione al ruolo degli agenti di affari in mediazione e della camera di commercio, industria, artigianato e agricoltura di riferimento per il titolare ovvero per il legale rappresentante o mediatore che ha operato per la stessa società;

d) l'ammontare della spesa sostenuta per tale attività e le analitiche modalità di pagamento della stessa.

22.1. In caso di assenza dell'iscrizione al ruolo di agenti di affari in mediazione ai sensi della legge 3 febbraio 1989, n. 39, e successive modificazioni, il notaio è obbligato ad effettuare specifica segnalazione all'Agenzia delle entrate di competenza. In caso di omessa, incompleta o mendace indicazione dei dati di cui al comma 22, si applica la sanzione amministrativa da 500 euro a 10.000 euro e, ai fini dell'imposta di registro, i beni trasferiti sono assoggettati a rettifica di valore ai sensi dell'articolo 52, comma 1, del testo unico delle disposizioni concernenti l'imposta di registro, di cui al decreto del Presidente della Repubblica 26 aprile 1986, n. 131, e successive modificazioni ".

49. Le disposizioni di cui al comma 22 dell'articolo 35 del decreto-legge 4 luglio 2006, n. 223, convertito, con modificazioni, dalla legge 4 agosto 2006, n. 248, nel testo vigente prima della data di entrata in vigore della presente legge, trovano applicazione con riferimento ai pagamenti effettuati a decorrere dal 4 luglio 2006.

[50. In coerenza ai princìpi recati dall' articolo 38 del decreto-legge 4 luglio 2006, n. 223, convertito, con modificazioni, dalla legge 4 agosto 2006, n. 248, ed al fine di contrastare la diffusione del gioco irregolare ed illegale, l'evasione e l'elusione fiscale nel settore del gioco, nonché di assicurare l'ordine pubblico e la tutela del giocatore, con uno o più provvedimenti del Ministero dell'economia e delle finanze - Amministrazione autonoma dei monopoli di Stato sono stabilite le modalità per procedere alla rimozione dell'offerta, attraverso le reti telematiche o di telecomunicazione, di giochi, scommesse o concorsi pronostici con vincite in denaro in difetto di concessione, autorizzazione, licenza od altro titolo autorizzatorio o abilitativo o, comunque, in violazione delle norme di legge o di regolamento o delle prescrizioni definite dalla stessa Amministrazione. I provvedimenti di cui al presente comma sono adottati nel rispetto degli obblighi comunitari. L'inosservanza dei provvedimenti adottati in attuazione della presente disposizione comporta l'irrogazione, da parte dell'Amministrazione autonoma dei monopoli di Stato, di sanzioni amministrative pecuniarie da 30.000 euro a 180.000 euro per ciascuna violazione accertata (1)*.]* (2)

(1) *Per le modalità attuative del presente comma, in tema di rimozione dei casi di offerta non autorizzata, attraverso via telematica, di giochi, lotterie, scommesse o concorsi pronostici con vincite in denaro, vedi il D.M. 29 maggio 2007 . Per le modalità di applicazione delle sanzioni amministrative pecuniarie nelle ipotesi di violazione delle disposizioni di cui al decreto direttoriale prot. n. 1034/CGV, in tema di rimozione dei casi di offerta in assenza di autorizzazione, attraverso rete telematica, di giochi, lotterie, scommesse o concorsi pronostici, con vincite in denaro, vedi il D.M. 10 giugno 2008.*

(2) *Comma abrogato dall'articolo 102, comma 3, del D.L. 14 agosto 2020, n. 104, con modificazioni, dalla Legge 13 ottobre 2020, n. 12. Sono fatti salvi gli effetti prodotti dalle predette disposizioni sui procedimenti sanzionatori già avviati e non ancora conclusi*

[50-bis. Con le medesime modalità stabilite dai provvedimenti di attuazione del comma 50, l'Agenzia delle dogane e dei monopoli procede alla inibizione dei siti web contenenti:

a) offerta di prodotti da inalazione senza combustione costituiti da sostanze liquide contenenti nicotina in difetto dell'autorizzazione alla istituzione e alla gestione di un deposito di prodotti liquidi da inalazione ai sensi dell'articolo 62-quater, comma 2, del decreto legislativo 26 ottobre 1995, n. 504, e delle relative norme di attuazione o in violazione dell' articolo 21 del decreto legislativo 12 gennaio 2016, n. 6 , ovvero offerta di tabacchi lavorati di cui all'articolo 39-bis del testo unico di cui al decreto legislativo 26 ottobre 1995, n. 504 , in violazione dell' articolo 19 del decreto legislativo 12 gennaio 2016, n. 6 , o delle disposizioni di cui alla legge 22 dicembre 1957, n. 1293 (1) *;*

b) pubblicità, diretta o indiretta, dei prodotti di cui alla lettera a) o dei contenuti di cui al comma 50;

c) software relativi a procedure tecniche atte ad eludere l'inibizione dei siti irregolari disposta dall'Agenzia medesima (2)*.]*(3)

(1) *Lettera modificata dall'articolo 25-decies, comma 7, del D.L. 23 ottobre 2018, n. 119, convertito con modificazioni dalla Legge 17 dicembre 2018, n. 136.*

(2) *Comma aggiunto dall'articolo 5-bis, comma 1, del D.L. 24 aprile 2017, n. 50, convertito, con modificazioni, dalla legge 21 giugno 2017, n. 96.*

(3) *Comma abrogato dall'articolo 102, comma 3, del D.L. 14 agosto 2020, n. 104, con modificazioni, dalla Legge 13 ottobre 2020, n. 12. Sono fatti salvi gli effetti prodotti dalle predette disposizioni sui procedimenti sanzionatori già avviati e non ancora conclusi.*

[50-ter. L'inosservanza dei provvedimenti adottati in attuazione del comma 50-bis comporta l'irrogazione delle sanzioni amministrative pecuniarie previste dal comma 50, graduate secondo i criteri stabiliti con provvedimento del direttore dell'Agenzia delle dogane e dei monopoli [(1)]*.]* [(2)]

(1) *Comma aggiunto dall'articolo 5-bis, comma 1, del D.L. 24 aprile 2017, n. 50, convertito, con modificazioni, dalla legge 21 giugno 2017, n. 96.*
(2) *Comma abrogato dall'articolo 102, comma 3, del D.L. 14 agosto 2020, n. 104, con modificazioni, dalla Legge 13 ottobre 2020, n. 12. Sono fatti salvi gli effetti prodotti dalle predette disposizioni sui procedimenti sanzionatori già avviati e non ancora conclusi.*

[50-quater. Nei casi in cui nello stesso sito web, oltre ai prodotti o contenuti di cui al comma 50 e alle lettere a), b) e c) del comma 50-bis, siano presenti prodotti o contenuti diversi, l'Agenzia delle dogane e dei monopoli dà formale comunicazione della violazione riscontrata ai soggetti interessati, assegnando un termine di quindici giorni per la rimozione dei prodotti o contenuti non consentiti. Decorso inutilmente il termine assegnato, l'Agenzia adotta il provvedimento finalizzato alla inibizione del sito web, senza riconoscimento di alcun indennizzo [(1)]*.]*[(2)]

(1) *Comma aggiunto dall'articolo 5-bis, comma 1, del D.L. 24 aprile 2017, n. 50, convertito, con modificazioni, dalla legge 21 giugno 2017, n. 96.*
(2) *Comma abrogato dall'articolo 102, comma 3, del D.L. 14 agosto 2020, n. 104, con modificazioni, dalla Legge 13 ottobre 2020, n. 12. Sono fatti salvi gli effetti prodotti dalle predette disposizioni sui procedimenti sanzionatori già avviati e non ancora conclusi.*

51. Dalla data di entrata in vigore della presente legge, i commi da 535 a 538 dell'articolo 1 della legge 23 dicembre 2005, n. 266, sono abrogati e cessano di avere effetto tutti gli atti adottati.

52. È autorizzata la spesa di 100.000 euro per ciascun anno del triennio 2007-2009, a favore del Ministero della pubblica istruzione, per la realizzazione di campagne di informazione e di educazione dei giovani, da effettuare in collaborazione con le istituzioni scolastiche, finalizzate alla realizzazione di programmi educativi dei ragazzi in modo da permettere loro di conoscere la realtà dei rischi derivanti dal vizio del gioco e a sviluppare un approccio responsabile al gioco. Il Ministro della pubblica istruzione provvede, con proprio decreto, da emanare entro sessanta giorni dalla data di entrata in vigore della presente legge, a disciplinare le modalità e i criteri per lo svolgimento delle campagne informative di cui al presente comma.

53. Entro il 31 gennaio di ciascun anno sono trasmessi alle regioni i dati relativi all'import/ export del sistema doganale; entro il medesimo termine sono trasmessi alle regioni, alle province autonome e ai comuni i dati delle dichiarazioni dei redditi presentate nell'anno precedente dai contribuenti residenti.

54. Con provvedimento del direttore dell'Agenzia delle entrate, emanato d'intesa con la Conferenza Stato-città ed autonomie locali, sono stabilite le modalità tecniche di trasmissione in via telematica dei dati delle dichiarazioni nel rispetto delle disposizioni e nel quadro delle regole tecniche previste dal codice dell'amministrazione digitale, di cui al decreto legislativo 7 marzo 2005, n. 82, e successive modificazioni.

55. Con provvedimento del direttore dell'Agenzia delle dogane sono stabilite le modalità tecniche di trasmissione in via telematica dei dati dell'import/export alle regioni.

56. Dalla data di entrata in vigore della presente legge è istituito il sistema integrato delle banche dati in materia tributaria e finanziaria finalizzato alla condivisione, al costante scambio ed alla gestione coordinata delle informazioni dell'intero settore pubblico per l'analisi ed il monitoraggio della pressione fiscale e dell'andamento dei flussi finanziari [(1)].

(1) *Comma modificato dall'articolo 39 del D.L. 1 ottobre 2007, n.159.*

57. Ai fini di cui al comma 56, con uno o più decreti del Presidente del Consiglio dei ministri o del Ministro delegato per le riforme e le innovazioni nella pubblica amministrazione, di concerto con il Ministro dell'economia e delle finanze, sentita la Commissione parlamentare di vigilanza sull'anagrafe tributaria che esprime il proprio giudizio tassativamente entro quindici giorni, da adottare entro il 31 marzo 2007 ai sensi del codice dell'amministrazione digitale, di cui al decreto legislativo 7 marzo 2005, n. 82, e successive modificazioni, sono individuate le basi di dati di interesse nazionale che compongono il sistema integrato e sono definiti le regole tecniche per l'accesso e la consultazione da parte delle pubbliche amministrazioni abilitate nonché i servizi di natura amministrativa e tecnica che il Ministero dell'economia e delle finanze eroga alle amministrazioni che ne facciano richiesta per la utilizzazione e la valorizzazione del sistema. Il Ministro dell'economia e delle finanze svolge, nei confronti di tutte le strutture dell'Amministrazione finanziaria, l'attività di indirizzo necessaria a garantire la razionalizzazione ed omogenee modalità di gestione del sistema informativo della fiscalità, delle cui banche di dati è comunque contitolare, funzionali ad un'effettiva ed efficace realizzazione del sistema integrato di cui al comma 56 [(1)].

(1) *Comma modificato dall'articolo 39 del D.L. 1 ottobre 2007, n.159, e successivamente dall'articolo 1, comma 274, della legge 24 dicembre 2007 n. 244.*

58. Alla legge 27 marzo 1976, n. 60, dopo l'articolo 2, è inserito il seguente:

"Art. 2-bis. – 1. Ferme restando le attribuzioni di cui all'articolo 2, la Commissione:

a) effettua indagini e ricerche, tramite consultazioni e audizioni di organismi nazionali e internazionali, per valutare l'impatto delle soluzioni tecniche sugli intermediari incaricati di svolgere servizi fiscali tra contribuenti e amministrazioni;

b) esprime un parere sulle attività svolte annualmente dall'anagrafe tributaria e sugli obbiettivi raggiunti nel corso dell'anno".

59. Il secondo comma dell'articolo 15 del decreto del Presidente della Repubblica 29 settembre 1973, n. 605, è sostituito dal seguente:

"Il Ministero dell'economia e delle finanze ha facoltà di rendere pubblici, senza riferimenti nominativi, statistiche ed elaborazioni relative ai dati di cui al primo comma, nonché, per esclusive finalità di studio e di ricerca, i medesimi dati, sotto forma di collezioni campionarie, privi di ogni riferimento che ne permetta il collegamento con gli interessati e comunque secondo modalità che rendano questi ultimi non identificabili".

60. Dall'attuazione dei commi 56, 57 e 59 non derivano oneri per il bilancio dello Stato.

61. Entro sei mesi dalla data di entrata in vigore della presente legge, con provvedimento del Ministero dell'economia

e delle finanze, acquisito il parere delle competenti Commissioni parlamentari, sono stabilite, a fini di monitoraggio, le modalità per introdurre in tutte le amministrazioni pubbliche criteri di contabilità economica, nonché i tempi, le modalità e le specifiche tecniche per la trasmissione telematica da parte degli enti pubblici, delle regioni e degli enti locali dei bilanci standard e dei dati di contabilità.

62. Al decreto-legge 30 settembre 2005, n. 203, convertito, con modificazioni, dalla legge 2 dicembre 2005, n. 248, l'articolo 2- bis è sostituito dal seguente:

"Art. 2-bis. – (Comunicazione degli esiti della liquidazione delle dichiarazioni). – 1. A partire dalle dichiarazioni presentate dal 1° gennaio 2006, l'invito previsto dall'articolo 6, comma 5, della legge 27 luglio 2000, n. 212, è effettuato:

a) con mezzi telematici ai soggetti di cui all'articolo 3, comma 3, del regolamento di cui al decreto del Presidente della Repubblica 22 luglio 1998, n. 322, che portano a conoscenza dei contribuenti interessati, tempestivamente e comunque nei termini di cui all'articolo 2, comma 2, del decreto legislativo 18 dicembre 1997, n. 462, e successive modificazioni, gli esiti della liquidazione delle dichiarazioni contenuti nell'invito;

b) mediante raccomandata in ogni altro caso.

2. L'Agenzia delle entrate può, su istanza motivata, derogare all'obbligo previsto dalla lettera a) del comma 1, qualora siano riconosciute difficoltà da parte degli intermediari nell'espletamento delle attività di cui alla medesima lettera a).

3. Il termine di cui all'articolo 2, comma 2, del decreto legislativo 18 dicembre 1997, n. 462, e successive modificazioni, decorre dal sessantesimo giorno successivo a quello di trasmissione telematica dell'invito di cui alla lettera a) del comma 1 del presente articolo.

4. Con provvedimento del direttore dell'Agenzia delle entrate sono definiti il contenuto e la modalità della risposta telematica".

63. I soggetti di cui all'articolo 2 del testo unico delle imposte sui redditi, di cui al decreto del Presidente della Repubblica 22 dicembre 1986, n. 917, e successive modificazioni, che deducono dal reddito complessivo somme per assegni periodici corrisposti al coniuge di cui alla lettera c) del comma 1 dell'articolo 10 del citato testo unico di cui al decreto del Presidente della Repubblica n. 917 del 1986, devono indicare nella dichiarazione annuale il codice fiscale del soggetto beneficiario delle somme.

64. All'articolo 78 della legge 30 dicembre 1991, n. 413, dopo il comma 25 sono inseriti i seguenti:

"25-bis. Ai fini dei controlli sugli oneri detraibili di cui alla lettera c) del comma 1 dell'articolo 15 del testo unico delle imposte sui redditi, di cui al decreto del Presidente della Repubblica 22 dicembre 1986, n. 917, e successive modificazioni, gli enti e le casse aventi esclusivamente fine assistenziale devono comunicare in via telematica all'Anagrafe tributaria gli elenchi dei soggetti ai quali sono state rimborsate spese sanitarie per effetto dei contributi versati di cui alla lettera a) del comma 2 dell'articolo 51 del citato testo unico di cui al decreto del Presidente della Repubblica 22 dicembre 1986, n. 917, e successive modificazioni.

25-ter. Il contenuto, i termini e le modalità delle trasmissioni sono definiti con provvedimento del direttore dell'Agenzia delle entrate".

65. All'articolo 37-bis, comma 3, del decreto del Presidente della Repubblica 29 settembre 1973, n. 600, dopo la lettera f-ter) è aggiunta la seguente:

"f-quater) pattuizioni intercorse tra società controllate e collegate ai sensi dell'articolo 2359 del codice civile, una delle quali avente sede legale in uno degli Stati o nei territori a regime fiscale privilegiato, individuati ai sensi dell'articolo 167, comma 4, del testo unico delle imposte sui redditi, di cui al decreto del Presidente della Repubblica 22 dicembre 1986, n. 917, aventi ad oggetto il pagamento di somme a titolo di clausola penale, multa, caparra confirmatoria o penitenziale".

66. Le disposizioni di cui al comma 65 si applicano a decorrere dal periodo d'imposta in corso alla data del 1° gennaio 2007.

67. Al regolamento di cui al decreto del Presidente della Repubblica 22 luglio 1998, n. 322, all'articolo 2, dopo il comma 3, è inserito il seguente:

"3-bis. I modelli di dichiarazione, le relative istruzioni e le specifiche tecniche per la trasmissione telematica dei dati sono resi disponibili in formato elettronico dall'Agenzia delle entrate entro il 15 febbraio".

68. All'articolo 7, comma 1, del decretolegge 4 luglio 2006, n. 223, convertito, con modificazioni, dalla legge 4 agosto 2006, n. 248, dopo le parole: "titolari" sono inserite le seguenti: ", o dipendenti da loro delegati, ".

69. All'articolo 35 del decreto-legge 4 luglio 2006, n. 223, convertito, con modificazioni, dalla legge 4 agosto 2006, n. 248, il comma 12-bis è sostituito dal seguente:

"12-bis. Il limite di 100 euro di cui al quarto comma dell'articolo 19 del decreto del Presidente della Repubblica 29 settembre 1973, n. 600, introdotto dal comma 12 del presente articolo, si applica a decorrere dal 1° luglio 2009. Dalla data di entrata in vigore della legge di conversione del presente decreto e sino al 30 giugno 2008 il limite è stabilito in 1.000 euro. Dal 1° luglio 2008 al 30 giugno 2009 il limite è stabilito in 500 euro. Entro il 31 gennaio 2008 il Ministro dell'economia e delle finanze presenta al Parlamento una relazione sull'applicazione del presente comma. Il Ministro dell'economia e delle finanze è autorizzato ad emanare apposito decreto che individua le condizioni impeditive del soggetto tenuto al pagamento, che consentono di derogare ai limiti indicati nel presente comma".

70. All'articolo 93 del testo unico delle imposte sui redditi, di cui al decreto del Presidente della Repubblica 22 dicembre 1986, n. 917, e successive modificazioni, il comma 5 è abrogato. La disposizione del periodo precedente si applica alle opere, forniture e servizi di durata ultrannuale la cui esecuzione ha inizio a decorrere dal periodo d'imposta successivo a quello in corso alla data del 31 dicembre 2006.

71. All'articolo 107, comma 2, del testo unico delle imposte sui redditi, di cui al decreto del Presidente della Repubblica 22 dicembre 1986, n. 917, e successive modificazioni, al terzo periodo, le parole: "nell'esercizio stesso e nei successivi ma non oltre il quinto" sono sostituite dalle seguenti: "in quote costanti nell'esercizio stesso e nei cinque successivi".

72. All'articolo 84, comma 1, del testo unico delle imposte sui redditi, di cui al decreto del Presidente della Repubblica 22 dicembre 1986, n. 917, e successive modificazioni, dopo il primo periodo sono inseriti i seguenti: "Per i soggetti che fruiscono di un regime di esenzione totale o parziale del reddito la perdita riportabile è diminuita in misura propor-

zionalmente corrispondente alla quota di esenzione applicabile in presenza di un reddito imponibile. Per i soggetti che fruiscono di un regime di esenzione dell'utile la perdita è riportabile per l'ammontare che eccede l'utile che non ha concorso alla formazione del reddito negli esercizi precedenti".

73. Le disposizioni del secondo e del terzo periodo del comma 1 dell'articolo 84 del testo unico delle imposte sui redditi, di cui al decreto del Presidente della Repubblica 22 dicembre 1986, n. 917, introdotti dal comma 72 del presente articolo, si applicano ai redditi prodotti e agli utili realizzati a decorrere dal periodo d'imposta successivo a quello in corso al 31 dicembre 2006.

74. All'articolo 73 del testo unico delle imposte sui redditi, di cui al decreto del Presidente della Repubblica 22 dicembre 1986, n. 917, sono apportate le seguenti modificazioni:

a) al comma 1:

1) alle lettere b) e c), dopo le parole: "dalle società," sono inserite le seguenti: "nonché i trust,";

2) alla lettera d), dopo le parole: "di ogni tipo," sono inserite le seguenti: "compresi i trust,";

b) al comma 2, è aggiunto, in fine, il seguente periodo: "Nei casi in cui i beneficiari del trust siano individuati, i redditi conseguiti dal trust sono imputati in ogni caso ai beneficiari in proporzione alla quota di partecipazione individuata nell'atto di costituzione del trust o in altri documenti successivi ovvero, in mancanza, in parti uguali";

c) al comma 3, sono aggiunti, in fine, i seguenti periodi: "Si considerano altresì residenti nel territorio dello Stato, salvo prova contraria, i trust e gli istituti aventi analogo contenuto istituiti in Paesi diversi da quelli indicati nel decreto del Ministro delle finanze 4 settembre 1996, pubblicato nella Gazzetta Ufficiale n. 220 del 19 settembre 1996, e successive modificazioni, in cui almeno uno dei disponenti ed almeno uno dei beneficiari del trust siano fiscalmente residenti nel territorio dello Stato. Si considerano, inoltre, residenti nel territorio dello Stato i trust istituiti in uno Stato diverso da quelli indicati nel citato decreto del Ministro delle finanze 4 settembre 1996, quando, successivamente alla loro costituzione, un soggetto residente nel territorio dello Stato effettui in favore del trust un'attribuzione che importi il trasferimento di proprietà di beni immobili o la costituzione o il trasferimento di diritti reali immobiliari, anche per quote, nonché vincoli di destinazione sugli stessi".

75. All'articolo 44, comma 1, del testo unico delle imposte sui redditi di cui al decreto del Presidente della Repubblica 22 dicembre 1986, n. 917, dopo la lettera g-quinquies) è inserita la seguente:

"g-sexies) i redditi imputati al beneficiario di trust ai sensi dell'articolo 73, comma 2, anche se non residenti;".

76. All'articolo 13 del decreto del Presidente della Repubblica 29 settembre 1973, n. 600, sono apportate le seguenti modificazioni:

a) al primo comma, lettera b), dopo le parole: "persone giuridiche," sono inserite le seguenti: "nonché i trust,";

b) al secondo comma, lettera g), dopo le parole: "persone giuridiche," sono inserite le seguenti: "nonché i trust,".

77. All'articolo 2 del decreto-legge 3 ottobre 2006, n. 262, convertito, con modificazioni, dalla legge 24 novembre 2006, n. 286, sono apportate le seguenti modificazioni:

a) nel comma 48, dopo la lettera a), è inserita la seguente:

"a-bis) devoluti a favore dei fratelli e delle sorelle sul valore complessivo netto eccedente, per ciascun beneficiario, 100.000 euro: 6 per cento";

b) nel comma 49, dopo la lettera a), è inserita la seguente:

"a-bis) a favore dei fratelli e delle sorelle sul valore complessivo netto eccedente, per ciascun beneficiario, 100.000 euro: 6 per cento";

c) dopo il comma 49 è inserito il seguente:

"49-bis. Se il beneficiario dei trasferimenti di cui ai commi 48 e 49 è una persona portatrice di handicap riconosciuto grave ai sensi della legge 5 febbraio 1992, n. 104, l'imposta si applica esclusivamente sulla parte del valore della quota o del legato che supera l'ammontare di 1.500.000 euro".

78. Al testo unico delle disposizioni concernenti l'imposta sulle successioni e donazioni, di cui al decreto legislativo 31 ottobre 1990, n. 346, e successive modificazioni, sono apportate le seguenti modificazioni:

a) all'articolo 3, è aggiunto, in fine, il seguente comma:

"4-ter. I trasferimenti, effettuati anche tramite i patti di famiglia di cui agli articoli 768-bis e seguenti del codice civile a favore dei discendenti, di aziende o rami di esse, di quote sociali e di azioni non sono soggetti all'imposta. In caso di quote sociali e azioni di soggetti di cui all'articolo 73, comma 1, lettera a), del testo unico delle imposte sui redditi, di cui al decreto del Presidente della Repubblica 22 dicembre 1986, n. 917, il beneficio spetta limitatamente alle partecipazioni mediante le quali è acquisito o integrato il controllo ai sensi dell'articolo 2359, primo comma, numero 1), del codice civile. Il beneficio si applica a condizione che gli aventi causa proseguano l'esercizio dell'attività d'impresa o detengano il controllo per un periodo non inferiore a cinque anni dalla data del trasferimento, rendendo, contestualmente alla presentazione della dichiarazione di successione o all'atto di donazione, apposita dichiarazione in tal senso. Il mancato rispetto della condizione di cui al periodo precedente comporta la decadenza dal beneficio, il pagamento dell'imposta in misura ordinaria, della sanzione amministrativa prevista dall'articolo 13 del decreto legislativo 18 dicembre 1997, n. 471, e degli interessi di mora decorrenti dalla data in cui l'imposta medesima avrebbe dovuto essere pagata";

b) all'articolo 8, dopo il comma 1, è inserito il seguente:

"1-bis. Resta comunque ferma l'esclusione dell'avviamento nella determinazione della base imponibile delle aziende, delle azioni, delle quote sociali";

c) all'articolo 31, comma 1, le parole: "sei mesi" sono sostituite dalle seguenti: "dodici mesi".

79. Le disposizioni di cui ai commi 77 e 78 si applicano alle successioni apertesi a decorrere dal 3 ottobre 2006, nonché agli atti pubblici formati, agli atti a titolo gratuito fatti, alle scritture private autenticate e alle scritture private non autenticate presentate per la registrazione a decorrere dalla data di entrata in vigore della presente legge.

80. L'articolo 3 del decreto del Presidente della Repubblica 26 ottobre 1972, n. 642, è sostituito dal seguente:

"Art. 3. – (Modi di pagamento). – 1. L'imposta di bollo si corrisponde secondo le indicazioni della tariffa allegata:

a) mediante pagamento dell'imposta ad intermediario convenzionato con l'Agenzia delle entrate, il quale rilascia, con modalità telematiche, apposito contrassegno;

b) in modo virtuale, mediante pagamento dell'imposta all'ufficio dell'Agenzia delle entrate o ad altri uffici autorizzati o mediante versamento in conto corrente postale.

2. Le frazioni degli importi dell'imposta di bollo dovuta in misura proporzionale sono arrotondate ad euro 0,10 per difetto o per eccesso a seconda che si tratti rispettivamente di frazioni fino ad euro 0,05 o superiori ad euro 0,05.

3. In ogni caso l'imposta è dovuta nella misura minima di euro 1,00, ad eccezione delle cambiali e dei vaglia cambiari di cui, rispettivamente, all'articolo 6, numero 1, lettere a) e b), e numero 2, della tariffa – Allegato A – annessa al presente decreto, per i quali l'imposta minima è stabilita in euro 0,50".

81. All'articolo 39, comma 13, alinea, primo periodo, del decreto-legge 30 settembre 2003, n. 269, convertito, con modificazioni, dalla legge 24 novembre 2003, n. 326, dopo le parole: "somme giocate" sono inserite le seguenti: ", dovuto dal soggetto al quale l'Amministrazione autonoma dei monopoli di Stato ha rilasciato il nulla osta di cui all'articolo 38, comma 5, della legge 23 dicembre 2000, n. 388, e successive modificazioni. A decorrere dal 26 luglio 2004 il soggetto passivo d'imposta è identificato nell'ambito dei concessionari individuati ai sensi dell'articolo 14-bis, comma 4, del decreto del Presidente della Repubblica 26 ottobre 1972, n. 640, e successive modificazioni, ove in possesso di tale nulla osta rilasciato dall'Amministrazione autonoma dei monopoli di Stato. I titolari di nulla osta rilasciati antecedentemente al 26 luglio 2004 sono soggetti passivi d'imposta fino alla data di rilascio dei nulla osta sostitutivi a favore dei concessionari di rete o fino alla data della revoca del nulla osta stesso".

82. All'articolo 39 del decreto-legge 30 settembre 2003, n. 269, convertito, con modificazioni, dalla legge 24 novembre 2003, n. 326, il comma 13-bis è sostituito dal seguente:

"13-bis. Il prelievo erariale unico è assolto dai soggetti passivi d'imposta, con riferimento a ciascun anno solare, mediante versamenti periodici relativi ai singoli periodi contabili e mediante un versamento annuale a saldo. Con provvedimenti del Ministero delle finanze

a) i periodi contabili in cui è suddiviso l'anno solare;

b) le modalità di calcolo del prelievo erariale unico dovuto per ciascun periodo contabile e per ciascun anno solare;

c) i termini e le modalità con cui i soggetti passivi d'imposta effettuano i versamenti periodici e il versamento annuale a saldo;

d) le modalità per l'utilizzo in compensazione del credito derivante dall'eventuale eccedenza dei versamenti periodici rispetto al prelievo erariale unico dovuto per l'intero anno solare;

e) i termini e le modalità con cui i concessionari di rete, individuati ai sensi dell'articolo 14-bis, comma 4, del decreto del Presidente della Repubblica 26 ottobre 1972, n. 640, e successive modificazioni, comunicano, tramite la rete telematica prevista dallo stesso comma 4 dell'articolo 14-bis, i dati relativi alle somme giocate nonché gli altri dati relativi agli apparecchi da intrattenimento di cui all'articolo 110, comma 6, del testo unico delle leggi di pubblica sicurezza, di cui al regio decreto 18 giugno 1931, n. 773, e successive modificazioni, da utilizzare per la determinazione del prelievo erariale unico dovuto;

f) le modalità con cui l'Amministrazione autonoma dei monopoli di Stato può concedere su istanza dei soggetti passivi d'imposta la rateizzazione delle somme dovute nelle ipotesi in cui questi ultimi si trovino in temporanea situazione di difficoltà".

83. Fino alla emanazione dei provvedimenti indicati nel comma 13-bis dell'articolo 39 del decreto-legge 30 settembre 2003, n. 269, convertito, con modificazioni, dalla legge 24 novembre 2003, n. 326, come sostituito dal comma 82 del presente articolo, il prelievo erariale unico è assolto dai soggetti passivi d'imposta con le modalità e nei termini stabiliti nei decreti del direttore generale dell'Amministrazione autonoma dei monopoli di Stato 8 aprile 2004, pubblicato nella Gazzetta Ufficiale n. 86 del 13 aprile 2004, e 14 luglio 2004, pubblicato nella Gazzetta Ufficiale n. 173 del 26 luglio 2004, e successive modificazioni.

84. Dopo l'articolo 39 del decreto-legge 30 settembre 2003, n. 269, convertito, con modificazioni, dalla legge 24 novembre 2003, n. 326, sono inseriti i seguenti:

"Art. 39-bis. – (Liquidazione del prelievo erariale unico e controllo dei versamenti). – 1. Per gli apparecchi previsti all'articolo 110, comma 6, del testo unico delle leggi di pubblica sicurezza, di cui al regio decreto 18 giugno 1931, n. 773, e successive modificazioni, l'Amministrazione autonoma dei monopoli di Stato, avvalendosi di procedure automatizzate, procede, entro il 31 dicembre del secondo anno successivo a quello per il quale è dovuto il prelievo erariale unico, alla liquidazione dell'imposta dovuta per i periodi contabili e per l'anno solare sulla base dei dati correttamente trasmessi dai concessionari in applicazione dell'articolo 39, comma 13-bis, lettera e), ed al controllo della tempestività e della rispondenza rispetto al prelievo erariale unico dovuto dei versamenti effettuati dai concessionari stessi.

2. Nel caso in cui risultino omessi, carenti o intempestivi i versamenti dovuti, l'esito del controllo automatizzato è comunicato al concessionario di rete per evitare la reiterazione di errori. Il concessionario di rete che rilevi eventuali dati o elementi non considerati o valutati erroneamente nel controllo dei versamenti, può fornire i chiarimenti necessari all'Amministrazione autonoma dei monopoli di Stato entro i trenta giorni successivi al ricevimento della comunicazione.

3. Con decreti del Ministero dell'economia e delle finanze – Amministrazione autonoma dei monopoli di Stato, sono definite le modalità di effettuazione della liquidazione del prelievo erariale unico e del controllo dei relativi versamenti, di cui al comma 1.

Art. 39-ter. – (Riscossione delle somme dovute a titolo di prelievo erariale unico a seguito dei controlli automatici). – 1. Le somme che, a seguito dei controlli automatici effettuati ai sensi del comma 1 dell'articolo 39-bis, risultano dovute a titolo di prelievo erariale unico, nonché di interessi e di sanzioni per ritardato od omesso versamento, sono iscritte direttamente nei ruoli, resi esecutivi a titolo definitivo nel termine di decadenza fissato al 31 dicembre del terzo anno successivo a quello per il quale è dovuto il prelievo erariale unico. Per la determinazione del contenuto del ruolo, delle procedure, delle modalità della sua formazione e dei tempi di consegna, si applica il regolamento di cui al decreto del Ministro delle finanze 3 settembre 1999, n. 321.

2. Le cartelle di pagamento recanti i ruoli di cui al comma 1 sono notificate, a pena di decadenza, entro il 31 dicembre del quarto anno successivo a quello per il quale è dovuto il prelievo erariale unico.

3. L'iscrizione a ruolo non è eseguita, in tutto o in parte, se il concessionario di rete provvede a pagare, con le modalità indicate nell'articolo 17 del decreto legislativo 9 luglio

1997, n. 241, e successive modificazioni, le somme dovute entro trenta giorni dal ricevimento della comunicazione prevista dal comma 2 dell'articolo 39-bis ovvero della comunicazione definitiva contenente la rideterminazione, in sede di autotutela, delle somme dovute, a seguito dei chiarimenti forniti dallo stesso concessionario di rete. In questi casi, l'ammontare della sanzione amministrativa per tardivo od omesso versamento è ridotto ad un sesto e gli interessi sono dovuti fino all'ultimo giorno del mese antecedente a quello dell'elaborazione della comunicazione.

4. Qualora il concessionario di rete non provveda a pagare, entro i termini di scadenza, i ruoli di cui al comma 1, l'Amministrazione autonoma dei monopoli di Stato procede alla riscossione delle somme dovute anche tramite escussione delle garanzie presentate dal concessionario di rete ai sensi della convenzione di concessione. In tal caso l'Amministrazione autonoma dei monopoli di Stato comunica al concessionario della riscossione l'importo del credito per imposta, sanzioni e interessi che è stato estinto tramite l'escussione delle garanzie e il concessionario della riscossione procede alla riscossione coattiva dell'eventuale credito residuo secondo le disposizioni di cui al titolo II del decreto del Presidente della Repubblica 29 settembre 1973, n. 602, e successive modificazioni.

Art. 39-quater. – (Accertamento e controlli in materia di prelievo erariale unico). – 1. Gli uffici dell'Amministrazione autonoma dei monopoli di Stato nell'adempimento dei loro compiti si avvalgono delle attribuzioni e dei poteri indicati nell'articolo 51 del decreto del Presidente della Repubblica 26 ottobre 1972, n. 633, e successive modificazioni. Per l'esecuzione di accessi, ispezioni e verifiche si applicano le disposizioni dell'articolo 52 del decreto del Presidente della Repubblica 26 ottobre 1972, n. 633, e successive modificazioni.

2. Il prelievo erariale unico è dovuto anche sulle somme giocate tramite apparecchi e congegni che erogano vincite in denaro o le cui caratteristiche consentono il gioco d'azzardo, privi del nulla osta di cui all'articolo 38, comma 5, della legge 23 dicembre 2000, n. 388, e successive modificazioni, nonché tramite apparecchi e congegni muniti del nulla osta di cui al predetto articolo 38, comma 5, il cui esercizio sia qualificabile come illecito civile, penale o amministrativo.Per gli apparecchi e congegni privi del nulla osta il prelievo erariale unico, gli interessi e le sanzioni amministrative sono dovuti dal soggetto che ha provveduto alla loro installazione. È responsabile in solido per le somme dovute a titolo di prelievo erariale unico, interessi e sanzioni amministrative il possessore dei locali in cui sono installati gli apparecchi e congegni privi del nulla osta. Per gli apparecchi e congegni muniti del nulla osta di cui all'articolo 38, comma 5, della legge 23 dicembre 2000, n. 388, e successive modificazioni, il cui esercizio sia qualificabile come illecito civile, penale o amministrativo, il maggiore prelievo erariale unico accertato rispetto a quello calcolato sulla base dei dati di funzionamento trasmessi tramite la rete telematica prevista dal comma 4 dell'articolo 14-bis del decreto del Presidente della Repubblica 26 ottobre 1972, n. 640, e successive modificazioni, gli interessi e le sanzioni amministrative sono dovuti dai soggetti che hanno commesso l'illecito o, nel caso in cui non sia possibile la loro identificazione, dal concessionario di rete a cui è stato rilasciato il nulla osta. Sono responsabili in solido per le somme dovute a titolo di prelievo erariale unico, interessi e sanzioni amministrative relativi agli apparecchi e congegni di cui al quarto periodo, il soggetto che ha provveduto alla loro installazione, il possessore dei locali in cui sono installati e il concessionario di rete titolare del relativo nulla osta, qualora non siano già debitori di tali somme a titolo principale.

3. Gli uffici dell'Amministrazione autonoma dei monopoli di Stato procedono all'accertamento della base imponibile e del prelievo erariale unico dovuto per gli apparecchi e congegni di cui al comma 2 mediante la lettura dei dati relativi alle somme giocate memorizzati dagli stessi apparecchi e congegni. In presenza di apparecchi e congegni per i quali i dati relativi alle somme giocate non siano memorizzati o leggibili, risultino memorizzati in modo non corretto o siano stati alterati, gli uffici dell'Amministrazione autonoma dei monopoli di Stato determinano induttivamente l'ammontare delle somme giocate sulla base dell'importo forfetario giornaliero definito con decreti del Ministero dell'economia e delle finanze – Amministrazione autonoma dei monopoli di Stato.

4. Gli avvisi relativi agli accertamenti di cui ai commi 2 e 3 sono notificati, a pena di decadenza, entro il 31 dicembre del quinto anno successivo a quello in cui sono state giocate, tramite gli apparecchi e congegni indicati negli stessi commi 2 e 3, le somme su cui è calcolato il prelievo erariale unico.

Art. 39-quinquies. – (Sanzioni in materia di prelievo erariale unico). – 1. La sanzione prevista nell'articolo 11, comma 1, del decreto legislativo 18 dicembre 1997, n. 471, e successive modificazioni, si applica anche alle violazioni, indicate nello stesso comma 1, relative al prelievo erariale unico.

2. Nelle ipotesi di apparecchi che erogano vincite in denaro o le cui caratteristiche consentono il gioco d'azzardo, privi del nulla osta di cui all'articolo 38,comma 5, della legge 23 dicembre 2000, n. 388, e successive modificazioni, e nelle ipotesi di apparecchi e congegni muniti del nulla osta di cui al predetto articolo 38, comma 5, il cui esercizio sia qualificabile come illecito civile, penale o amministrativo, si applica la sanzione amministrativa dal 120 al 240 per cento dell'ammontare del prelievo erariale unico dovuto, con un minimo di euro 1.000.

3. Se sono omesse o sono effettuate con dati incompleti o non veritieri le comunicazioni cui sono tenuti i concessionari di rete ai sensi del comma 13-bis, lettera e), dell'articolo 39 del presente decreto, si applica la sanzione amministrativa da euro 500 ad euro 8.000.

Art. 39-sexies. – (Responsabilità solidale dei terzi incaricati della raccolta delle somme giocate). – 1. I terzi incaricati della raccolta di cui all'articolo 1, comma 533, della legge 23 dicembre 2005, n. 266, sono solidalmente responsabili con i concessionari di rete per il versamento del prelievo erariale unico dovuto con riferimento alle somme giocate che i suddetti terzi hanno raccolto, nonché per i relativi interessi e sanzioni.

2. Con decreto del Ministero dell'economia e delle finanze – Amministrazione autonoma dei monopoli di Stato, sono definite le modalità di accertamento e di contestazione della responsabilità solidale di cui al comma 1.

Art. 39-septies. – (Disposizioni transitorie).– 1. Per le somme che, a seguito dei controlli automatici effettuati ai sensi del comma 1 dell'articolo 39-bis, risultano dovute per gli anni 2004 e 2005 a titolo di prelievo erariale unico, nonché di interessi e di sanzioni, i termini di cui ai commi 1 e 2 dell'articolo 39-ter, previsti a pena di decadenza per rendere esecutivi i ruoli e per la notifica delle relative cartelle di pagamento, sono rispettivamente fissati al 31 dicembre 2009 e al 31 dicembre 2010.

2. Con decreto del Ministero dell'economia e delle finanze – Amministrazione autonoma dei monopoli di Stato, sono definiti i dati relativi alle annualità di cui al comma 1 che i concessionari di rete devono comunicare all'Amministrazione autonoma dei monopoli di Stato, nonché i relativi termini e modalità di trasmissione".

85. All'articolo 110, comma 5, del testo unico di cui al regio decreto 18 giugno 1931, n. 773, e successive modificazioni, dopo le parole: "escluse le macchine vidimatrici per i giochi gestiti dallo Stato" sono aggiunte le seguenti: "e gli apparecchi di cui al comma 6".

86. All'articolo 110 del testo unico di cui al regio decreto 18 giugno 1931, n. 773, e successive modificazioni, il comma 9 è sostituito dal seguente:

"9. In materia di apparecchi e congegni da intrattenimento di cui ai commi 6 e 7, si applicano le seguenti sanzioni:

a) chiunque produce od importa, per destinarli all'uso sul territorio nazionale, apparecchi e congegni di cui ai commi 6 e 7 non rispondenti alle caratteristiche ed alle prescrizioni indicate nei commi 6 o 7 e nelle disposizioni di legge ed amministrative attuative di detti commi, è punito con la sanzione amministrativa pecuniaria da 1.000 a 6.000 euro per ciascun apparecchio;

b) chiunque produce od importa, per destinarli all'uso sul territorio nazionale, apparecchi e congegni di cui ai commi 6 e 7 sprovvisti dei titoli autorizzatori previsti dalle disposizioni vigenti, è punito con la sanzione amministrativa pecuniaria da 500 a 3.000 euro per ciascun apparecchio;

c) chiunque sul territorio nazionale distribuisce od installa o comunque consente l'uso in luoghi pubblici od aperti al pubblico od in circoli ed associazioni di qualunque specie di apparecchi o congegni non rispondenti alle caratteristiche ed alle prescrizioni indicate nei commi 6 o 7 e nelle disposizioni di legge ed amministrative attuative di detti commi, è punito con la sanzione amministrativa pecuniaria da 1.000 a 6.000 euro per ciascun apparecchio. La stessa sanzione si applica nei confronti di chiunque, consentendo l'uso in luoghi pubblici od aperti al pubblico o in circoli ed associazioni di qualunque specie di apparecchi e congegni conformi alle caratteristiche e prescrizioni indicate nei commi 6 o 7 e nelle disposizioni di legge ed amministrative attuative di detti commi, corrisponde a fronte delle vincite premi in danaro o di altra specie, diversi da quelli ammessi;

d) chiunque, sul territorio nazionale, distribuisce od installa o comunque consente l'uso in luoghi pubblici o aperti al pubblico o in circoli ed associazioni di qualunque specie di apparecchi e congegni per i quali non siano stati rilasciati i titoli autorizzatori previsti dalle disposizioni vigenti, è punito con la sanzione amministrativa pecuniaria da 500 a 3.000 euro per ciascun apparecchio;

e) nei casi di reiterazione di una delle violazioni di cui alle lettere a), b), c) e d), è preclusa all'Amministrazione autonoma dei monopoli di Stato la possibilità di rilasciare all'autore delle violazioni titoli autorizzatori concernenti la distribuzione e l'installazione di apparecchi di cui al comma 6 ovvero la distribuzione e l'installazione di apparecchi di cui al comma 7, per un periodo di cinque anni;

f) nei casi in cui i titoli autorizzatori per gli apparecchi o i congegni non siano apposti su ogni apparecchio, si applica la sanzione amministrativa da 500 a 3.000 euro per ciascun apparecchio".

87. È istituito, entro sei mesi dalla data di entrata in vigore della presente legge, con provvedimento del Ministero dell'economia e delle finanze – Amministrazione autonoma dei monopoli di Stato, un nuovo concorso pronostici su base ippica, nel rispetto dei seguenti criteri:

a) formula di gioco caratterizzata dalla possibilità di garantire elevati premi ai giocatori;

b) assegnazione del 50 per cento della posta di gioco a montepremi, del 5,71 per cento alle attività di gestione, dell'8 per cento come compenso per l'attività dei punti di vendita, del 25 per cento come entrate erariali sotto forma di imposta unica e dell'11,29 per cento a favore dell'UNIRE;

c) raccolta del concorso pronostici da parte dei concessionari di cui all'articolo 38, commi 2 e 4, del decreto-legge 4 luglio 2006, n. 223, convertito, con modificazioni, dalla legge 4 agosto 2006, n. 248, delle agenzie di scommessa, nonché negli ippodromi [(1)].

[(1)] Per l'attuazione del presente comma vedi il D.M. 12 maggio 2008.

88. Il Ministero dell'economia e delle finanze – Amministrazione autonoma dei monopoli di Stato disciplina con uno o più provvedimenti scommesse a quota fissa e a totalizzatore su simulazioni di eventi, nel rispetto dei seguenti criteri [(1)]:

a) raccolta delle scommesse da parte dei concessionari di cui all'articolo 38, commi 2 e 4, del decreto-legge 4 luglio 2006, n. 223, convertito, con modificazioni, dalla legge 4 agosto 2006, n. 248, e delle agenzie di scommessa;

b) proposizione delle scommesse da parte dei concessionari di cui alla lettera a) all'Amministrazione autonoma dei monopoli di Stato che valuta l'aderenza della scommessa proposta ai principi definiti dai provvedimenti che disciplinano la materia [(2)];

c) esiti delle simulazioni sugli eventi determinati in modo principale dal caso;

d) per le scommesse a quota fissa, applicazione delle aliquote d'imposta previste all'articolo 38, comma 3, del decreto-legge 4 luglio 2006, n. 223, convertito, con modificazioni, dalla legge 4 agosto 2006, n. 248;

e) per le scommesse a totalizzatore, applicazione di una imposta del 12 per cento e di un montepremi non inferiore al 75 per cento della posta di gioco.

[(1)] Alinea modificato dall'articolo 12, comma 1, lettera h), del D.L. 28 aprile 2009, n. 39.
[(2)] Lettera sostituita dall'articolo 12, comma 1, lettera h), del D.L. 28 aprile 2009, n. 39.

89. Il Ministero dell'economia e delle finanze – Amministrazione autonoma dei monopoli di Stato stabilisce con propri provvedimenti, ogni qual volta ritenuto necessario ai fini dell'equilibrio complessivo dell'offerta, le innovazioni da apportare al gioco del Lotto aventi ad oggetto, in particolare:

a) la rimodulazione delle sorti del Lotto e dei premi delle relative combinazioni;

b) la rimodulazione o la sostituzione dei giochi opzionali e complementari al Lotto, introdotti dall'articolo 11-

quinquiesdecies, comma 4, del decreto-legge 30 settembre 2005, n. 203, convertito, con modificazioni, dalla legge 2 dicembre 2005, n. 248;

c) l'introduzione di ulteriori forme di gioco ispirate ai meccanismi di gioco del Lotto, anche prevedendo modalità di fruizione distinte da quelle attuali, al fine di ampliare l'offerta di giochi numerici a quota fissa.

90. Con provvedimenti del Ministero delle finanze

a) aggiudicazione, in base al criterio dell'offerta economicamente più conveniente, della concessione ad un soggetto da individuare a seguito di procedura di selezione aperta ai più qualificati operatori italiani ed esteri, secondo i princìpi e le regole previste in materia dalla normativa nazionale e comunitaria, evitando comunque il determinarsi di posizioni dominanti sul mercato nazionale del gioco;

b) inclusione, tra i giochi numerici a totalizzatore nazionale da affidare con procedura di selezione, dell'Enalotto, dei suoi giochi complementari ed opzionali e delle relative forme di partecipazione a distanza, nonché di ogni ulteriore gioco numerico basato su un unico totalizzatore a livello nazionale;

c) revisione del regolamento e della formula di gioco dell'Enalotto e previsione di nuovi giochi numerici a totalizzatore nazionale, anche al fine di assicurare il costante allineamento dell'offerta del gioco all'evoluzione della domanda dei consumatori;

d) assicurazione del costante miglioramento degli attuali livelli di servizio al pubblico dei giochi a totalizzatore nazionale, al fine di preservare i preminenti interessi pubblici connessi al loro regolare ed ininterrotto svolgimento, anche con l'apporto dei punti di vendita titolari di contratti con concessionari per la commercializzazione di tali giochi;

e) coerenza della soluzione concessoria individuata con la finalità di progressiva costituzione della rete unitaria dei giochi pubblici, anche attraverso la devoluzione allo Stato, alla scadenza della concessione, di una rete di almeno 15.000 punti di vendita non coincidenti con quelli dei concessionari della raccolta del gioco del Lotto [(1)].

(1) Vedi il D.M. 11 giugno 2009.

91. Al fine di garantire la continuità di esercizio del gioco Enalotto e del suo gioco opzionale, nonché la tutela dei preminenti interessi pubblici connessi, nelle more dell'operatività della nuova concessione, da affidare a seguito della prevista procedura di selezione, la gestione del gioco continua ad essere assicurata dall'attuale concessionario, fino al 30 giugno 2007. Con provvedimento del Ministero dell'economia e delle finanze – Amministrazione autonoma dei monopoli di Stato, il termine può essere prorogato una sola volta, per un uguale periodo, esclusivamente nel caso in cui tale misura si renda necessaria in relazione agli esiti della procedura di selezione [(1)].

(1) Per la proroga sino al 31 dicembre 2007 del termine per la gestione da parte dell'attuale concessionario del gioco Enalotto e del suo gioco opzionale, di cui al presente comma, vedi il D.M. 29 giugno 2007.

92. I proventi derivanti dalle procedure di selezione di cui all'articolo 38, commi 2 e 4, del decreto-legge 4 luglio 2006, n. 223, convertito, con modificazioni, dalla legge 4 agosto 2006, n. 248, sono versati all'entrata del bilancio dello Stato comunque entro il 28 febbraio 2007.

93. Al comma 1, lettera b), dell'articolo 38 del decreto-legge 4 luglio 2006, n. 223, convertito, con modificazioni dalla legge 4 agosto 2006, n. 248, dopo le parole: "somma giocata;" sono aggiunte le seguenti: "i giochi di carte di qualsiasi tipo, qualora siano organizzati sotto forma di torneo e nel caso in cui la posta di gioco sia costituita esclusivamente dalla sola quota di iscrizione, sono considerati giochi di abilità;".

94. In deroga a quanto previsto dall'articolo 1 della legge 23 luglio 1980, n. 384, e successive modificazioni, ai delegati della gestione dimessi, salvo che per inadempienza contrattuale, in conseguenza del processo di privatizzazione e ristrutturazione dei servizi di distribuzione dei generi di monopolio è consentito ottenere la diretta assegnazione di una rivendita di generi di monopolio su istanza da presentare all'ufficio regionale dell'Amministrazione autonoma dei monopoli di Stato competente per territorio, con l'osservanza delle disposizioni relative alle distanze e ai parametri di redditività previsti per le istituzioni di rivendite ordinarie e previo versamento forfetario della somma di 12.000 euro rateizzabili in tre anni. Le rivendite assegnate sono ubicate esclusivamente nello stesso ambito provinciale nel quale insisteva il deposito dismesso e non sono soggette al triennio di esperimento previsto dal quinto comma dell'articolo 21 della legge 22 dicembre 1957, n. 1293 [(1)].

(1) Comma modificato dall'articolo 3, comma 122, della legge 24 dicembre 2007 n. 244.

95. Le disposizioni di cui al comma 94 hanno effetto per la durata di due anni dalla data di entrata in vigore della presente legge.

[96. I soggetti che, ai sensi del regolamento di cui al decreto del Ministro delle finanze 22 febbraio 1999, n. 67, sono stati autorizzati o richiedono l'autorizzazione all'istituzione e gestione di depositi fiscali di tabacchi lavorati devono dimostrare il possesso dei locali adibiti a deposito per un periodo di almeno nove anni dalla data di entrata in vigore della presente legge o, per le nuove autorizzazioni, dalla data della richiesta. Con decreto del Ministro dell'economia e delle finanze da emanare entro centoventi giorni dalla data di entrata in vigore della presente legge sono stabilite le modalità di attuazione del presente comma.] [(1)]

(1) Comma abrogato dall'articolo 8, comma 21 ter del D.L. 2 marzo 2012, n. 16.

[97. I delegati alla gestione dei depositi fiscali locali di tabacchi, se in possesso dei requisiti previsti dal regolamento di cui al decreto del Ministro delle finanze 22 febbraio 1999, n. 67, possono esercitare, anche in forma societaria o consortile, l'attività di depositi fiscali nelle superfici dei locali in loro possesso e ospitanti i depositi di cui sono delegati alla gestione a prescindere dall'effettiva disponibilità, al momento della domanda, dei tabacchi che intendono distribuire, con autorizzazioni concesse con la stessa planimetria e con un distinto codice di accisa rispetto alle autorizzazioni in essere, considerando le capacità di stoccaggio dei nuovi depositi come aggiuntive a quelle già determinate e disponendo l'obbligo di contraddistinguere opportunamente i tabacchi detenuti al fine di evitare commistioni, secondo modalità da stabilire entro novanta giorni dalla data di entrata in vigore della presente legge con decreto del direttore generale dell'Amministrazione autonoma dei monopoli di Stato.] [(1)]

(1) Comma abrogato dall'articolo 8, comma 21 ter del D.L. 2 marzo 2012, n. 16.

98. All'articolo 4, comma 4, primo periodo, del decreto legislativo 9 luglio 1998, n. 283, le parole: "nei sette anni successivi" sono sostituite dalle seguenti: "nei nove anni successivi".

99. I termini di cui all'articolo 14-quater, commi 1 e 2, del decreto del Presidente della Repubblica 26 ottobre 1972, n. 640, sono fissati, rispettivamente, al 31 dicembre 2008 e al 31 dicembre 2009 per l'anno 2004 e al 31 dicembre 2009 e al 31 dicembre 2010 per l'anno 2005.

100. All'articolo 1, comma 485, della legge 30 dicembre 2004, n. 311, le parole: "e a 1.000 milioni di euro annui a decorrere dall'anno 2006" sono sostituite dalle seguenti: ", a 1.000 milioni di euro per l'anno 2006 ed a 1.100 milioni di euro annui a decorrere dall'anno 2007".

[101. A decorrere dall'anno 2008, nella dichiarazione dei redditi presentata dai contribuenti diversi da quelli di cui al comma 102, per ciascun fabbricato è specificato:

a) oltre all'indirizzo, l'identificativo dell'immobile stesso costituito dal codice del comune, dal foglio, dalla sezione, dalla particella e dal subalterno. Tali dati sono indicati nelle dichiarazioni da presentare negli anni successivi unicamente in caso di variazione relativa anche a solo uno di essi;

b) l'importo dell'imposta comunale sugli immobili pagata nell'anno precedente.] (1)

(1) *Comma abrogato dall'articolo 39 del D.L. 1 ottobre 2007, n.159.*

[102. La dichiarazione dei redditi presentata dai soggetti di cui all'articolo 73, comma 1, lettere a) e b), del testo unico delle imposte sui redditi, di cui al decreto del Presidente della Repubblica 22 dicembre 1986, n. 917, e successive modificazioni, in relazione ai periodi d'imposta in corso al 31 dicembre 2007, contiene tutte le indicazioni utili ai fini del trattamento dell'imposta comunale sugli immobili. Tali indicazioni sono riportate nelle dichiarazioni dei redditi relative ai periodi di imposta successivi a quello in corso al 31 dicembre 2007, solo in caso di variazione relativa anche a solo una di esse. Con decreto del capo del Dipartimento per le politiche fiscali del Ministero dell'economia e delle finanze, di concerto con il direttore dell'Agenzia delle entrate, sentita la Conferenza Stato-città ed autonomie locali, sono definiti gli elementi, i termini e le modalità per l'attuazione delle disposizioni di cui al periodo precedente ed al comma 101.] (1)

(1) *Comma abrogato dall'articolo 39 del D.L. 1 ottobre 2007, n.159.*

[103. In sede di controllo delle dichiarazioni effettuato ai sensi dell'articolo 36-bis del decreto del Presidente della Repubblica 29 settembre 1973, n. 600, e successive modificazioni, si verifica il versamento dell'imposta comunale sugli immobili relativo a ciascun fabbricato, nell'anno precedente. L'esito del controllo è trasmesso ai comuni competenti.] (1)

(1) *Comma abrogato dall'articolo 4, comma 8, del D.Lgs. 21 novembre 2014, n. 175, con effetto per le dichiarazioni dei redditi presentate a decorrere dall'anno 2015, relative al periodo d'imposta 2014.*

[104. Nelle dichiarazioni dei redditi presentate a decorrere dall'anno 2007, nel quadro relativo ai fabbricati, per ogni immobile deve essere indicato l'importo dell'imposta comunale sugli immobili dovuta per l'anno precedente (1)*.]* (2)

(1) *Comma modificato dall'articolo 39 del D.L. 1 ottobre 2007, n.159.*
(2) *Comma abrogato dall'articolo 4, comma 8, del D.Lgs. 21 novembre 2014, n. 175, con effetto per le dichiarazioni dei redditi presentate a decorrere dall'anno 2015, relative al periodo d'imposta 2014.*

105. I comuni trasmettono annualmente all'Agenzia del territorio, per via telematica, i dati risultanti dalla esecuzione dei controlli previsti dal decreto legislativo 30 dicembre 1992, n. 504, e successive modificazioni, in materia di imposta comunale sugli immobili, ove discordanti da quelli catastali, secondo modalità e nei termini stabiliti con decreto del Ministro dell'economia e delle finanze, sentita l' Associazione nazionale dei comuni italiani (ANCI).

106. I soggetti che gestiscono, anche in regime di concessione, il servizio di smaltimento dei rifiuti urbani comunicano annualmente per via telematica all'Agenzia delle entrate, relativamente agli immobili insistenti sul territorio comunale per i quali il servizio è istituito, i dati acquisiti nell'ambito dell'attività di gestione che abbiano rilevanza ai fini delle imposte sui redditi.

107. Con provvedimento del direttore dell'Agenzia delle entrate, da pubblicare nella Gazzetta Ufficiale, sono approvati il modello di comunicazione dei dati e le relative specifiche tecniche di trasmissione.

108. Per l'omessa, incompleta o infedele comunicazione di cui al comma 106 si applicano le disposizioni previste dall'articolo 11 del decreto legislativo 18 dicembre 1997, n. 471, e successive modificazioni.

109. All'articolo 30 della legge 23 dicembre 1994, n. 724, sono apportate le seguenti modificazioni:

a) al comma 1, primo periodo, le parole: ", salvo prova contraria," sono soppresse;

b) al comma 1, lettera a), le parole: "beni indicati nell'articolo 85, comma 1, lettera c), del testo unico delle imposte sui redditi, approvato con decreto del Presidente della Repubblica 22 dicembre 1986, n. 917, anche se costituiscono immobilizzazioni finanziarie " sono sostituite dalle seguenti:"beni indicati nell'articolo 85, comma 1, lettere c), d) ed e), del testo unico delle imposte sui redditi, di cui al decreto del Presidente della Repubblica 22 dicembre 1986, n. 917, e delle quote di partecipazione nelle società commerciali di cui all'articolo 5 del medesimo testo unico, anche se i predetti beni e partecipazioni costituiscono immobilizzazioni finanziarie";

c) al comma 1, lettera b), dopo le parole: "locazione finanziaria;" sono aggiunte le seguenti: "per gli immobili classificati nella categoria catastale A/10, la predetta percentuale è ridotta al 5 per cento; per gli immobili a destinazione abitativa acquisiti o rivalutati nell'esercizio e nei due precedenti, la percentuale è ulteriormente ridotta al 4 per cento;";

d) al medesimo comma 1, ultimo periodo, le parole: "4) alle società ed enti i cui titoli sono negoziati in mercati regolamentati italiani" sono sostituite dalle seguenti:"4) alle società ed enti che controllano società ed enti i cui titoli sono negoziati in mercati regolamentati italiani ed esteri, nonché alle stesse società ed enti quotati ed alle società da essi controllate, anche indirettamente";

e) al comma 2, secondo periodo, le parole: "l'articolo 76" sono sostituite dalle seguenti: "l'articolo 110";

f) al comma 3, lettera b), dopo le parole: "locazione finanziaria;" sono aggiunte le seguenti: "per le immobilizzazioni costituite da beni immobili a destinazione abitativa acquisiti o rivalutati nell'esercizio e nei due precedenti la predetta percentuale è ridotta al 3 per cento;";

g) dopo il comma 3 è inserito il seguente:

"3-bis. Fermo l'ordinario potere di accertamento, ai fini dell'imposta regionale sulle attività produttive per le società e per gli enti non operativi indicati nel comma 1 si presume che il valore della produzione netta non sia inferiore al reddito minimo determinato ai sensi del comma 3 aumentato delle retribuzioni sostenute per il personale dipendente, dei compensi spettanti ai collaboratori coordinati e continuativi, di quelli per prestazioni di lavoro autonomo non esercitate abitualmente e degli interessi passivi";

h) al comma 4-bis, le parole: "di carattere straordinario" sono soppresse.

110. Le disposizioni di cui al comma 109, lettera b), se più favorevoli ai contribuenti, e quelle di cui alle lettere c), d) e f) si applicano a decorrere dal periodo di imposta in corso alla data di entrata in vigore del decreto- legge 4 luglio 2006, n. 223, convertito, con modificazioni, dalla legge 4 agosto 2006, n. 248. I trasferimenti erariali alle regioni sono ridotti in misura pari al gettito derivante dalla disposizione di cui al comma 109, lettera g).

111. Le società considerate non operative nel periodo di imposta in corso alla data del 4 luglio 2006, nonché quelle che a tale data si trovavano nel primo periodo di imposta e che, entro il 31 maggio 2007, deliberano lo scioglimento ovvero la trasformazione in società semplice e richiedono la cancellazione dal registro delle imprese a norma degli articoli 2312 e 2495 del codice civile entro un anno dalla delibera di scioglimento o trasformazione, sono assoggettate alla disciplina prevista dai commi da 112 a 118 a condizione che tutti i soci siano persone fisiche e che risultino iscritti nel libro dei soci, ove previsto, alla data di entrata in vigore della presente legge ovvero che vengano iscritti entro trenta giorni dalla medesima data, in forza di titolo di trasferimento avente data certa anteriore al 1° novembre 2006 [1].

[1] Vedi le disposizioni di cui all'articolo 1, comma 129, della legge 24 dicembre 2007 n. 244.

112. Sul reddito di impresa del periodo compreso tra l'inizio e la chiusura della liquidazione, determinato ai sensi dell'articolo 182 del testo unico delle imposte sui redditi, di cui al decreto del Presidente della Repubblica 22 dicembre 1986, n. 917, o, nel caso di trasformazione, sulla differenza tra il valore normale dei beni posseduti all'atto della trasformazione ed il loro valore fiscalmente riconosciuto, si applica un'imposta sostitutiva delle imposte sui redditi e dell'imposta regionale sulle attività produttive nella misura del 25 per cento; le perdite di esercizi precedenti non sono ammesse in deduzione. Le riserve e i fondi in sospensione di imposta sono assoggettati alla medesima imposta sostitutiva; per i saldi attivi di rivalutazione, l'imposta sostitutiva è stabilita nella misura del 10 per cento e non spetta il credito di imposta, previsto dalle rispettive leggi di rivalutazione, nell'ipotesi di attribuzione ai soci del saldo attivo di rivalutazione [1][2].

[1] Vedi le disposizioni di cui all'articolo 1, comma 129, della legge 24 dicembre 2007 n. 244.

113. Ai fini dell'applicazione dell'articolo 47, comma 7, del testo unico delle imposte sui redditi, di cui al decreto del Presidente della Repubblica 22 dicembre 1986, n. 917, riguardante la qualificazione come utili delle somme e dei beni ricevuti dai soci in caso di recesso, di riduzione di capitale esuberante e di liquidazione, le somme o il valore normale dei beni assegnati ai soci sono diminuiti degli importi assoggettati all'imposta sostitutiva di cui al comma 112 da parte della società, al netto dell'imposta sostitutiva stessa. Detti importi non costituiscono redditi per i soci. Il costo fiscalmente riconosciuto delle azioni o quote possedute dai soci delle società trasformate va aumentato della differenza assoggettata ad imposta sostitutiva [1].

[1] Vedi le disposizioni di cui all'articolo 1, comma 129, della legge 24 dicembre 2007 n. 244.

114. Ai fini delle imposte sui redditi, le cessioni a titolo oneroso e gli atti di assegnazione ai soci, anche di singoli beni, anche se di diversa natura, posti in essere dalle società di cui al comma 111 successivamente alla delibera di scioglimento, si considerano effettuati ad un valore non inferiore al valore normale dei beni ceduti o assegnati. Per gli immobili, su richiesta del contribuente e nel rispetto delle condizioni prescritte, il valore normale è quello risultante dall'applicazione dei moltiplicatori stabiliti dalle singole leggi di imposta alle rendite catastali ovvero a quella stabilita ai sensi dell'articolo 12 del decreto-legge 14 marzo 1988, n. 70, convertito, con modificazioni, dalla legge 13 maggio 1988, n. 154, riguardante la procedura per l'attribuzione della rendita catastale [1].

[1] Vedi le disposizioni di cui all'articolo 1, comma 129, della legge 24 dicembre 2007 n. 244.

115. L'applicazione della disciplina prevista dai commi da 111 a 114 deve essere richiesta, a pena di decadenza, nella dichiarazione dei redditi del periodo di imposta anteriore allo scioglimento o alla trasformazione; per il medesimo periodo di imposta, alle società che si avvalgono della predetta disciplina non si applicano le disposizioni dell'articolo 30 della legge 23 dicembre 1994, n. 724, e successive modificazioni [1].

[1] Vedi le disposizioni di cui all'articolo 1, comma 129, della legge 24 dicembre 2007 n. 244.

116. Le assegnazioni ai soci sono soggette all'imposta di registro nella misura dell'1 per cento e non sono considerate cessioni agli effetti dell'imposta sul valore aggiunto. Nel caso in cui le assegnazioni abbiano ad oggetto beni immobili, le imposte ipotecaria e catastale sono applicabili in misura fissa per ciascun tributo; in tali ipotesi la base imponibile non può essere inferiore a quella risultante dall'applicazione dei moltiplicatori stabiliti dalle singole leggi di imposta alle rendite catastali ovvero a quella stabilita ai sensi dell'articolo 12 del decreto-legge 14 marzo 1988, n. 70, convertito, con modificazioni, dalla legge 13 maggio 1988, n. 154, su richiesta del contribuente e nel rispetto delle condizioni prescritte. Per le assegnazioni di beni la cui base imponibile non è determinabile con i predetti criteri, si applicano le disposizioni contenute negli articoli 50, 51 e 52 del testo unico delle disposizioni concernenti l'imposta di registro, di cui al decreto del Presidente della Repubblica 26 aprile 1986, n. 131, riguardanti la determinazione della base imponibile di atti e operazioni concernenti società, enti, consorzi, associazioni e altre organizzazioni commerciali e agricole, e le imposte sono dovute nelle misure precedentemente indicate. L'applicazione del presente comma deve essere richiesta, a pena di decadenza, nell'atto di assegnazione ai soci [1].

[(1)] *Vedi le disposizioni di cui all'articolo 1, comma 129, della legge 24 dicembre 2007 n. 244.*

117. Per la liquidazione, l'accertamento, la riscossione, le sanzioni e il contenzioso si applicano le disposizioni previste per le imposte sui redditi [(1)].

[(1)] *Vedi le disposizioni di cui all'articolo 1, comma 129, della legge 24 dicembre 2007 n. 244.*

118. Entro trenta giorni dall'avvenuta assegnazione degli immobili, gli assegnatari sono obbligati a presentare apposita denuncia di accatastamento o di revisione dello stesso, conformemente alla procedura docfa, contenente eventuali atti di aggiornamento redatti ai sensi del regolamento di cui al decreto del Ministro delle finanze 19 aprile 1994, n. 701.

119. A partire dal periodo d'imposta successivo a quello in corso alla data del 30 giugno 2007, le società per azioni residenti, ai fini fiscali, nel territorio dello Stato svolgenti in via prevalente l'attività di locazione immobiliare, i cui titoli di partecipazione siano negoziati in mercati regolamentati degli Stati membri dell'Unione europea e degli Stati aderenti all'Accordo sullo spazio economico europeo che sono inclusi nella lista di cui al comma 1 dell'articolo 168-bis del testo unico delle imposte sui redditi, di cui al decreto del Presidente della Repubblica 22 dicembre 1986, n. 917, nelle quali nessun socio possieda direttamente o indirettamente più del 60 per cento dei diritti di voto nell'assemblea ordinaria e più del 60 per cento dei diritti di partecipazione agli utili ed almeno il 25 per cento delle azioni sia detenuto da soci che non possiedano al momento dell'opzione direttamente o indirettamente più dell'2 per cento dei diritti di voto nell'assemblea ordinaria e più del 2 per cento dei diritti di partecipazione agli utili, possono avvalersi del regime speciale opzionale civile e fiscale disciplinato dalle disposizioni del presente comma e dei commi da 120 a 141 e dalle relative norme di attuazione che saranno stabilite con decreto del Ministro dell'economia e delle finanze, da emanare ai sensi del comma 141 entro il 30 aprile 2007. Il requisito partecipativo del 25 per cento non si applica in ogni caso per le società il cui capitale sia già quotato. Ove il requisito partecipativo del 60 per cento venisse superato a seguito di operazioni societarie straordinarie o sul mercato dei capitali il regime speciale di cui al precedente periodo è sospeso sino a quando il suddetto requisito partecipativo non venga ristabilito nei limiti imposti dalla presente norma [(1)].

[(1)] *Comma modificato dall'articolo 1, comma 374, lettera a), della legge 24 dicembre 2007 n. 244 e, successivamente, dall'articolo 20, comma 1, lettera a), numeri 1) e 2), del D.L. 12 settembre 2014, n. 133, convertito, con modificazioni dalla Legge 11 novembre 2014, n. 164.*

119 bis. I requisiti partecipativi di cui al comma 119 devono essere verificati entro il primo periodo d'imposta per cui si esercita l'opzione ai sensi del comma 120; in tal caso il regime speciale esplica i propri effetti dall'inizio di detto periodo. Tuttavia, per le società che al termine del primo periodo d'imposta abbiano realizzato il solo requisito del 25 per cento è consentito di verificare l'ulteriore requisito partecipativo del 60 per cento nei due esercizi successivi. In tal caso, il regime speciale previsto dal comma 119 si applica a partire dall'inizio del periodo d'imposta in cui detto requisito partecipativo viene verificato e fino ad allora la società applica in via ordinaria l'imposta sul reddito delle società e l'imposta regionale sulle attività produttive. L'imposta d'ingresso di cui al comma 126, l'imposta sostitutiva sulle plusvalenze da conferimento di cui al comma 137 e le imposte ipotecarie e catastali di cui al comma 139 sono applicate, rispettivamente dalla società che ha presentato l'opzione e dal soggetto conferente, in via provvisoria fino al realizzarsi dell'accesso al regime speciale. Se l'accesso al regime speciale non si realizza, le suddette imposte sono rideterminate e dovute in via ordinaria entro la fine del quarto periodo d'imposta successivo alla presentazione dell'opzione. Le imposte corrisposte in via provvisoria costituiscono credito d'imposta utilizzabile ai sensi del decreto legislativo 9 luglio 1997, n. 241 [(1)].

[(1)] *Comma aggiunto dall'articolo 20, comma 1, lettera b), del D.L. 12 settembre 2014, n. 133, convertito, con modificazioni dalla Legge 11 novembre 2014, n. 164.*

119 bis. Le SIIQ non costituiscono Organismi di investimento collettivo del risparmio di cui al decreto legislativo 24 febbraio 1998, n. 58.

[(1)] *Comma aggiunto dall'articolo 20, comma 1, lettera b), del D.L. 12 settembre 2014, n. 133, convertito, con modificazioni dalla Legge 11 novembre 2014, n. 164.*

120. L'opzione per il regime speciale è esercitata entro il termine del periodo d'imposta anteriore a quello dal quale il contribuente intende avvalersene, con le modalità che saranno stabilite con provvedimento del direttore dell'Agenzia delle entrate. Per il periodo d'imposta successivo a quello in corso alla data del 31 dicembre 2009 l'opzione per il regime speciale è esercitata entro il 30 aprile 2010 e ha effetto dall'inizio del medesimo periodo d'imposta, anche nel caso in cui i requisiti di cui al comma 119 siano posseduti nel predetto termine. L'opzione è irrevocabile e comporta per la società l'assunzione della qualifica di "Società di investimento immobiliare quotata" (SIIQ) che deve essere indicata nella denominazione sociale, anche nella forma abbreviata, nonché in tutti i documenti della società stessa [(1)].

[(1)] *Comma modificato dall'articolo 1, comma 374, lettera b), della legge 24 dicembre 2007 n. 244 e successivamente dall'articolo 1, comma 17, del D.L.30 dicembre 2009, n. 194.*

121. L'attività di locazione immobiliare si considera svolta in via prevalente se gli immobili posseduti a titolo di proprietà o di altro diritto reale ad essa destinati rappresentano almeno l'80 per cento dell'attivo patrimoniale e se, in ciascun esercizio, i ricavi da essa provenienti rappresentano almeno l'80 per cento dei componenti positivi del conto economico. Agli effetti della verifica di detti parametri, assumono rilevanza anche le partecipazioni costituenti immobilizzazioni finanziarie ai sensi dell'articolo 11, comma 2, del decreto legislativo 28 febbraio 2005, n. 38, detenute in altre SIIQ nonché quelle detenute nelle società che esercitino l'opzione di cui al comma 125 e i relativi dividendi formati, a loro volta, con utili derivanti dall'attività di locazione immobiliare svolta da tali società. Agli stessi effetti assumono rilevanza le quote di partecipazione nei fondi immobiliari indicati nel comma 131 e i relativi proventi. In caso di alienazione degli immobili e dei diritti reali su immobili destinati alla locazione, anche nel caso di loro classificazione tra le attività correnti, ai fini della verifica del parametro reddituale

ACCERTAMENTO

concorrono a formare i componenti positivi derivanti dallo svolgimento di attività di locazione immobiliare soltanto le eventuali plusvalenze realizzate. La società che abbia optato per il regime speciale deve tenere contabilità separate per rilevare i fatti di gestione dell'attività di locazione immobiliare e delle altre attività, dando indicazione, tra le informazioni integrative al bilancio, dei criteri adottati per la ripartizione dei costi e degli altri componenti comuni (1).

(1) Comma modificato dall'articolo 20, comma 1, lettera c), numeri 1) e 2), del D.L. 12 settembre 2014, n. 133, convertito, con modificazioni dalla Legge 11 novembre 2014, n. 164.

122. Fermo restando quanto disposto dal comma 127, la mancata osservanza per tre esercizi consecutivi di una delle condizioni di prevalenza indicate nel comma 121 determina la definitiva cessazione dal regime speciale e l'applicazione delle ordinarie regole già a partire dal secondo dei tre esercizi considerati (1).

(1) Comma modificato dall'articolo 20, comma 1, lettera d), del D.L. 12 settembre 2014, n. 133, convertito, con modificazioni dalla Legge 11 novembre 2014, n. 164.

123. L'opzione per il regime speciale comporta l'obbligo, in ciascun esercizio, di distribuire ai soci almeno il 70 per cento dell'utile netto derivante dall'attività di locazione immobiliare e dal possesso delle partecipazioni o di quote di partecipazione in fondi immobiliari di cui al comma 131 indicate al comma 121; se l'utile complessivo di esercizio disponibile per la distribuzione è di importo inferiore a quello derivante dall'attività di locazione immobiliare e dal possesso di dette partecipazioni, la percentuale suddetta si applica su tale minore importo (1).

(1) Comma modificato dall'articolo 20, comma 1, lettera e), numeri 1) e 2), del D.L. 12 settembre 2014, n. 133, convertito, con modificazioni dalla Legge 11 novembre 2014, n. 164.

123 bis. Ai fini del comma 123, i proventi rivenienti dalle plusvalenze nette realizzate su immobili destinati alla locazione nonché derivanti dalla cessione di partecipazioni in SIIQ e SIINQ o di quote in fondi immobiliari di cui al comma 131, incluse nella gestione esente ai sensi del comma 131, sono soggetti all'obbligo di distribuzione per il 50 per cento nei due esercizi successivi a quello di realizzo.

(1) Comma inserito dall'articolo 20, comma 1, lettera f), del D.L. 12 settembre 2014, n. 133, convertito, con modificazioni dalla Legge 11 novembre 2014, n. 164.

124. Fermo restando quanto disposto dal comma 127, la mancata osservanza dell'obbligo di cui al comma 123 comporta la definitiva cessazione dal regime speciale a decorrere dallo stesso esercizio di formazione degli utili non distribuiti.

125. Il regime speciale può essere esteso, in presenza di opzione congiunta, alle società per azioni, alle società in accomandita per azioni e alle società a responsabilità limitata, a condizione che il relativo capitale sociale non sia inferiore a quello di cui all'articolo 2327 del codice civile, non quotate, residenti nel territorio dello Stato, svolgenti anch'esse attività di locazione immobiliare in via prevalente, secondo la definizione stabilita al comma 121, nelle quali, alternativamente:

1) una SIIQ o SIINQ possieda più del 50 per cento dei diritti di voto nell'assemblea ordinaria e del 50 per cento dei diritti di partecipazione agli utili, ovvero 2) almeno una SIIQ o SIINQ e una o più altre SIIQ o SIINQ o FIA immobiliare di cui all'articolo 12 del regolamento di cui al decreto del Ministro dell'economia e delle finanze 5 marzo 2015, n. 30, il cui patrimonio è investito almeno per l'80 per cento in immobili destinati alla locazione, ovvero in partecipazioni in SIIQ o SIINQ o altri FIA immobiliari che investono negli stessi beni o diritti nelle stesse proporzioni, congiuntamente ne possiedano il 100 per cento della partecipazione al capitale sociale, nonché dei diritti di voto nell'assemblea ordinaria e dei diritti di partecipazione agli utili, a condizione che la SIIQ o SIINQ o le SIIQ o SIINQ partecipanti possiedano almeno il 50 per cento dei diritti di voto nell'assemblea ordinaria e di partecipazioni agli utili. L'adesione al regime speciale di gruppo comporta, per la società controllata, oltre al rispetto delle disposizioni recate dai commi da 119 a 141, l'obbligo di redigere il bilancio di esercizio in conformità ai princìpi contabili internazionali (1).

(1)Comma modificato dall'articolo 1, comma 718, della Legge 30 dicembre 2021, n. 234.

126. L'ingresso nel regime speciale comporta il realizzo a valore normale degli immobili nonché dei diritti reali su immobili destinati alla locazione posseduti dalla società alla data di chiusura dell'ultimo esercizio in regime ordinario. L'importo complessivo delle plusvalenze così realizzate, al netto delle eventuali minusvalenze, è assoggettato a imposta sostitutiva dell'imposta sul reddito delle società e dell'imposta regionale sulle attività produttive con l'aliquota del 20 per cento.

127. Il valore normale costituisce il nuovo valore fiscalmente riconosciuto degli immobili e dei diritti reali su immobili di cui al comma 126, rilevando anche agli effetti della verifica del parametro patrimoniale di cui al comma 121, a decorrere dal quarto periodo d'imposta successivo a quello anteriore all'ingresso nel regime speciale. In caso di alienazione degli immobili o dei diritti reali anteriormente a tale termine, la differenza fra il valore normale assoggettato all'imposta di cui ai commi 126 e 137 e il costo fiscale riconosciuto prima dell'ingresso nel regime speciale, al netto delle quote di ammortamento calcolate su tale costo, è assoggettato ad imposizione ordinaria e l'imposta sostitutiva proporzionalmente imputabile agli immobili e ai diritti reali alienati costituisce credito d'imposta (1).

(1) Comma modificato dall'articolo 20, comma 1, lettera g), del D.L. 12 settembre 2014, n. 133, convertito, con modificazioni dalla Legge 11 novembre 2014, n. 164.

128. L'imposta sostitutiva deve essere versata in un massimo di cinque rate annuali di pari importo: la prima con scadenza entro il termine previsto per il versamento a saldo dell'imposta sul reddito delle società relativa al periodo d'imposta anteriore a quello dal quale viene acquisita la qualifica di SIIQ; le altre con scadenza entro il termine rispettivamente previsto per il versamento a saldo dell'imposta sul reddito delle società relativa ai periodi d'imposta successivi. Gli importi da versare possono essere compensati ai sensi del decreto legislativo 9 luglio 1997, n. 241. In caso di rateizzazione, sull'importo delle rate successive alla prima si

applicano gli interessi, nella misura del tasso di sconto aumentato di un punto percentuale, da versare contestualmente al versamento di ciascuna delle predette rate.

129. Possono essere assoggettati ad imposta sostitutiva anche gli immobili destinati alla vendita, ferma restando, in tal caso, l'applicazione del comma 127.

130. A scelta della società, in luogo dell'applicazione dell'imposta sostitutiva, l'importo complessivo delle plusvalenze, al netto delle eventuali minusvalenze, calcolate in base al valore normale, può essere incluso nel reddito d'impresa del periodo anteriore a quello di decorrenza del regime speciale ovvero, per quote costanti, nel reddito di detto periodo e in quello dei periodi successivi, ma non oltre il quarto, qualificandosi, in tal caso, interamente come reddito derivante da attività diverse da quella esente.

131. Dal periodo d'imposta da cui ha effetto l'opzione per il regime speciale, il reddito d'impresa derivante dall'attività di locazione immobiliare è esente dall'imposta sul reddito delle società e la parte di utile civilistico ad esso corrispondente è assoggettata ad imposizione in capo ai partecipanti secondo le regole stabilite nei commi da 134 a 136. Si comprendono nel reddito esente i dividendi percepiti, provenienti dalle società indicate nel comma 121, formati con utili derivanti dall'attività di locazione immobiliare svolta da tali società, ovvero le plusvalenze o minusvalenze relative a immobili destinati alla locazione e a partecipazioni in SIIQ o SIINQ e i proventi e le plusvalenze o minusvalenze relativi a quote di partecipazione a fondi comuni di investimento immobiliare istituiti in Italia e disciplinati dal testo unico di cui aldecreto legislativo 24 febbraio 1998, n. 58, che investono almeno l'80 per cento del valore delle attività in immobili, diritti reali immobiliari, anche derivanti da rapporti concessori o da contratti di locazione finanziaria su immobili a carattere traslativo, e in partecipazioni in società immobiliari o in altri fondi immobiliari, destinati alla locazione immobiliare, ivi inclusi i fondi destinati all'investimento in beni immobili a prevalente utilizzo sociale, ovvero in partecipazioni in SIIQ o SIINQ. Sui proventi di cui al periodo precedente distribuiti dai predetti fondi immobiliari alle SIIQ non si applica la ritenuta prevista dall'articolo 7, comma 2, del decreto-legge 25 settembre 2001, n. 351, convertito, con modificazioni, dalla legge 23 novembre 2001, n. 410. Analoga esenzione si applica anche agli effetti dell'imposta regionale sulle attività produttive, tenendo conto, a tal fine, della parte del valore della produzione attribuibile all'attività di locazione immobiliare. Con il decreto di attuazione previsto dal comma 119, possono essere stabiliti criteri anche forfetari per la determinazione del valore della produzione esente [1].

[1] *Comma modificato dall'articolo 20, comma 1, lettera h), del D.L. 12 settembre 2014, n. 133, convertito, con modificazioni dalla Legge 11 novembre 2014, n. 164.*

132. Le quote dei componenti positivi e negativi di reddito sorti in periodi precedenti a quello da cui decorrono gli effetti dell'opzione e delle quali sia stata rinviata la tassazione o la deduzione in conformità alle norme del testo unico di cui al decreto del Presidente della Repubblica n. 917 del 1986 si imputano, per la parte ad esso riferibile, al reddito derivante dall'attività di locazione immobiliare e, per la residua parte, al reddito derivante dalle altre attività eventualmente esercitate. Con il decreto attuativo di cui al comma 119, possono essere previsti criteri anche forfetari per la ripartizione delle suddette quote.

133. Le perdite fiscali generatesi nei periodi d'imposta anteriori a quello da cui decorre il regime speciale possono essere utilizzate, secondo le ordinarie regole, in abbattimento della base imponibile dell'imposta sostitutiva d'ingresso di cui ai commi da 126 a 133 e a compensazione dei redditi imponibili derivanti dalle eventuali attività diverse da quella esente.

134. I soggetti residenti presso i quali i titoli di partecipazione detenuti nelle SIIQ sono stati depositati, direttamente o indirettamente, aderenti al sistema di deposito accentrato e gestito dalla Monte Titoli Spa ai sensi del regolamento CONSOB emanato in base all'articolo 10 della legge 19 giugno 1986, n. 289, nonché i soggetti non residenti che aderiscono a sistemi esteri di deposito accentrato aderenti al sistema Monte Titoli operano, con obbligo di rivalsa, una ritenuta del 20 per cento sugli utili in qualunque forma corrisposti a soggetti diversi da altre SIIQ, derivanti dall'attività di locazione immobiliare nonché dal possesso delle partecipazioni indicate nel comma 121. La misura della ritenuta è ridotta al 15 per cento in relazione alla parte dell'utile di esercizio riferibile a contratti di locazione di immobili ad uso abitativo stipulati ai sensi dell'articolo 2, comma 3, della legge 9 dicembre 1998, n. 431, ivi inclusi i contratti di locazione relativi agli alloggi sociali realizzati o recuperati in attuazione dell' articolo 11 del decreto-legge 25 giugno 2008, n.112 , convertito, con modificazioni, dalla legge 6 agosto 2008, n. 133 , e dell'articolo 11 dell'Allegato al decreto del Presidente del Consiglio dei Ministri 16 luglio 2009, pubblicato nella gazzetta ufficiale del 19 agosto 2009, n.191; la presente disposizione costituisce deroga all'unificazione dell'aliquota di cui all' articolo 3, comma 1, del decreto-legge 24 aprile 2014, n. 66 , convertito, con modificazioni, dalla legge 23 giugno 2014, n. 89. La ritenuta è applicata a titolo d'acconto, con conseguente concorso dell'intero importo dei dividendi percepiti alla formazione del reddito imponibile, nei confronti di: a) imprenditori individuali, se le partecipazioni sono relative all'impresa commerciale; b) società in nome collettivo, in accomandita semplice ed equiparate, società ed enti indicati nelle lettere a) e b) del comma 1 dell'articolo 73 del testo unico delle imposte sui redditi di cui al decreto del Presidente della Repubblica 22 dicembre 1986, n. 917, e stabili organizzazioni nel territorio dello Stato delle società e degli enti di cui alla lettera d) del predetto articolo 73, comma 1. La ritenuta è applicata a titolo d'imposta in tutti gli altri casi. La ritenuta non è operata sugli utili corrisposti alle forme di previdenza complementare di cui al decreto legislativo 5 dicembre 2005, n. 252, ai sottoconti italiani di prodotti pensionistici individuali paneuropei (PEPP) di cui al regolamento (UE) 2019/1238 e agli organismi d'investimento collettivo del risparmio istituiti in Italia e disciplinati dal testo unico di cui al decreto legislativo 24 febbraio 1998, n. 58, nonché su quelli che concorrono a formare il risultato maturato delle gestioni individuali di portafoglio di cui all'articolo 7 del decreto legislativo 21 novembre 1997, n. 461. Le società che abbiano esercitato l'opzione congiunta per il regime speciale di cui al comma 125 operano la ritenuta secondo le regole indicate nei precedenti periodi solo nei confronti dei soci diversi dalla SIIQ controllante e da altre SIIQ. Per le distribuzioni eseguite nei confronti di soggetti non residenti si applicano, sussisten-

done i presupposti, le convenzioni per evitare la doppia imposizione sul reddito e a tal fine si applica l' articolo 7, comma 3-bis, del decreto-legge 25 settembre 2001, n. 351 , convertito, con modificazioni, dalla legge 23 novembre 2001, n. 410 (1).

(1) Comma modificato dall'articolo 1, comma 374, lettera c), della legge 24 dicembre 2007 n. 244, dall'articolo 20, comma 1, lettera i), numeri 1) e 2), del D.L. 12 settembre 2014, n. 133, convertito, con modificazioni, dalla Legge 11 novembre 2014, n. 164 e, successivamente dall'articolo 16, comma 6, del D.Lgs. 3 agosto 2022, n. 114.

134-bis. Ai fini dell'applicazione della ritenuta disciplinata dal comma 134 sugli utili distribuiti dalle SIIQ si applicano, in quanto compatibili, le disposizioni di cui all'articolo 27-ter del decreto del Presidente della Repubblica 29 settembre 1973, n. 600, e successive modificazioni, ad eccezione del comma 6 (1).

(1) Comma inserito dall'articolo 1, comma 374, lettera d), della legge 24 dicembre 2007 n. 244.

135. Le partecipazioni detenute nelle società che abbiano optato per il regime speciale non beneficiano comunque dei regimi di esenzione previsti dagli articoli 58, 68, comma 3, e 87 del citato testo unico delle imposte sui redditi.

136. Per le riserve di utili formatesi nei periodi d'imposta anteriori a quello da cui decorre l'applicazione del regime speciale, continuano a trovare applicazione, anche agli effetti delle ritenute, le ordinarie regole.

137. Le plusvalenze realizzate all'atto del conferimento di immobili e di diritti reali su immobili in società che abbiano optato o che, entro la chiusura del periodo d'imposta del conferente nel corso del quale è effettuato il conferimento, optino per il regime speciale, ivi incluse quelle di cui al comma 125, sono assoggettabili, a scelta del contribuente, alle ordinarie regole di tassazione ovvero ad un'imposta sostitutiva delle imposte sui redditi e dell'imposta regionale sulle attività produttive con aliquota del 20 per cento; tuttavia, l'applicazione dell'imposta sostitutiva è subordinata al mantenimento, da parte della società conferitaria, della proprietà o di altro diritto reale sugli immobili per almeno tre anni. L'imposta sostitutiva deve essere versata in un massimo di cinque rate annuali di pari importo, la prima delle quali entro il termine previsto per il versamento a saldo delle imposte sui redditi relative al periodo d'imposta nel quale avviene il conferimento; si applicano per il resto le disposizioni del comma 128.

138. Agli effetti dell'imposta sul valore aggiunto, i conferimenti alle società che abbiano optato per il regime speciale, ivi incluse quelle di cui al comma 125, costituiti da una pluralità di immobili prevalentemente locati si considerano compresi tra le operazioni di cui all'articolo 2, terzo comma, lettera b), del decreto del Presidente della Repubblica 26 ottobre 1972, n. 633, e successive modificazioni. Gli stessi conferimenti, da chiunque effettuati, sono soggetti, agli effetti delle imposte di registro, ipotecaria e catastale, ad imposta in misura fissa.

139. Ai fini delle imposte ipotecaria e catastale per le cessioni e i conferimenti alle predette società, diversi da quelli del comma 138, trova applicazione la riduzione alla metà di cui all'articolo 35, comma 10-ter, del decreto-legge 4 luglio 2006, n. 223, convertito, con modificazioni, dalla legge 4 agosto 2006, n. 248.

140. Le disposizioni del comma 137 si applicano agli apporti ai fondi comuni di investimento immobiliare istituiti ai sensi dell'articolo 37 del testo unico di cui al decreto legislativo 24 febbraio 1998, n. 58. Le disposizioni dei commi 137 e 138 si applicano anche ai conferimenti di immobili e di diritti reali su immobili in società per azioni residenti nel territorio dello Stato svolgenti in via prevalente l'attività di locazione immobiliare, i cui titoli di partecipazione siano ammessi alla negoziazione in mercati regolamentati italiani entro la data di chiusura del periodo d'imposta del conferente nel corso del quale è effettuato il conferimento e sempre che, entro la stessa data, le medesime società optino per il regime speciale (1).

(1) A norma dell'articolo 9, comma 1, del D.Lgs. 4 marzo 2014, n. 44, le disposizioni fiscali applicabili ai fondi comuni di investimento immobiliare, contenute nel presente comma, si intendono riferite anche alle società di investimento a capitale fisso (SICAF) che investono in beni immobili nelle misure indicate dalle disposizioni civilistiche.

140 bis. Il concambio eseguito dai fondi immobiliari istituiti e disciplinati dal decreto legislativo 24 febbraio 1998, n. 58, in sede di liquidazione totale o parziale mediante assegnazione ai quotisti di azioni di società che abbiano optato per il regime di cui al comma 119, ricevute a seguito di conferimento di immobili nelle stesse società non costituisce realizzo ai fini delle imposte sui redditi in capo al quotista e alle azioni della SIIQ ricevute dagli stessi quotisti è attribuito il medesimo valore fiscale delle quote del fondo. Per la SIIQ conferitaria, il valore di conferimento iscritto in bilancio costituisce valore fiscalmente riconosciuto agli effetti del comma 127. Qualora il conferimento di cui ai periodi precedenti sia effettuato nei confronti di una SIIQ già esistente non si applicano al fondo conferente gli obblighi di offerta pubblica ai sensi dell'articolo 106 del decreto legislativo 24 febbraio 1998, n. 58, a condizione che il fondo stesso provveda all'assegnazione delle azioni ai quotisti entro il termine di 30 giorni dall'acquisto.

(1) Comma inserito dall'articolo 20, comma 2, del D.L. 12 settembre 2014, n. 133, convertito, con modificazioni, dalla Legge 11 novembre 2014, n. 164.

140 ter.Ai conferimenti effettuati dai fondi immobiliari istituiti e disciplinati dal decreto legislativo 24 febbraio 1998, n. 58 in società, che abbiano optato per il regime speciale di cui al comma 119 e aventi ad oggetto una pluralità di immobili prevalentemente locati, si applica l'articolo 2, terzo comma, lettera b), del decreto del Presidente della Repubblica 26 ottobre 1972, n. 633. I predetti conferimenti si considerano compresi, agli effetti delle imposte di registro, ipotecaria e catastale, fra gli atti previsti nell'articolo 4, comma 1, lettera a), numero 3), della tariffa, parte I, allegata al testo unico delle disposizioni concernenti l'imposta di registro di cui al decreto del Presidente della Repubblica 26 aprile 1986, n. 131, nell'articolo 10, comma 2, del testo unico delle disposizioni concernenti le imposte ipotecaria e catastale di cui al decreto legislativo 31 ottobre 1990, n. 347, e nell'articolo 4 della tariffa allegata al medesimo decreto legislativo n. 347 del 1990. Le cessioni di azioni o quote effettuate nella fase di liquidazione di cui al comma 140-bis, si considerano, ai fini dell'articolo 19-bis, comma 2, del decreto del Presidente della Repubblica 26 ottobre 1972, n. 633, operazioni che non formano oggetto dell'attività propria del

soggetto passivo.

(1) *Comma inserito dall'articolo 20, comma 2, del D.L. 12 settembre 2014, n. 133, convertito, con modificazioni, dalla Legge 11 novembre 2014, n. 164.*

140 quater. Il medesimo trattamento fiscale di cui al comma 140-ter si applica alle assegnazioni che abbiano ad oggetto una pluralità di immobili prevalentemente locati eseguite per la liquidazione delle quote da fondi immobiliari istituiti e disciplinati dal decreto legislativo 24 febbraio 1998, n. 58, a società che abbiano optato per il regime di cui al comma 119.

(1) *Comma inserito dall'articolo 20, comma 2, del D.L. 12 settembre 2014, n. 133, convertito, con modificazioni, dalla Legge 11 novembre 2014, n. 164.*

141. Con decreto del Ministro dell'economia e delle finanze, da emanare ai sensi dell'articolo 17, comma 3, della legge 23 agosto 1988, n. 400, sono stabilite le disposizioni di attuazione della disciplina recata dai commi da 119 a 140. In particolare, il decreto dovrà definire:

a) le regole e le modalità per l'esercizio della vigilanza prudenziale sulle SIIQ da parte delle competenti autorità;

b) i criteri e le modalità di determinazione del valore normale di cui al comma 126;

c) le condizioni, le modalità ed i criteri di utilizzo delle perdite riportabili a nuovo ai sensi dell'articolo 84 del testo unico delle imposte sui redditi, di cui al decreto del Presidente della Repubblica 22 dicembre 1986, n. 917, formatesi nei periodi d'imposta di vigenza del regime speciale;

d) i criteri di determinazione del costo fiscalmente riconosciuto delle partecipazioni in SIIQ e nelle società controllate di cui al comma 125;

e) il regime di consolidamento fiscale della SIIQ con le società da essa controllate di cui al comma 125;

f) i criteri di individuazione dei valori fiscali dell'attivo e del passivo in caso di fuoriuscita, per qualsiasi motivo, dal regime fiscale speciale;

g) le conseguenze derivanti da operazioni di ristrutturazione aziendale che interessano le SIIQ e le società da queste controllate;

h) le modalità ed i criteri di utilizzo dei crediti di imposta preesistenti all'opzione;

i) gli effetti della decadenza dal regime speciale non espressamente disciplinati dai commi da 119 a 140 o dai princìpi generali valevoli ai fini delle imposte dirette;

l) gli obblighi contabili e gli adempimenti formali necessari ai fini dell'applicazione della ritenuta in misura ridotta al 15 per cento di cui al secondo periodo del comma 134 (1).

(1) *Per il Regolamento recante disposizioni in materia di SIIQ (società di investimento immobiliare quotate), in attuazione del presente comma vedi il D.M. 7 settembre 2007 n.174.*

141-bis. Le disposizioni dei commi da 119 a 141 si applicano altresì alle società residenti negli Stati membri dell'Unione europea e degli Stati aderenti all'Accordo sullo spazio economico europeo che sono inclusi nella lista di cui al decreto del Ministro dell'economia e delle finanze adottato ai sensi del comma 1 dell'articolo 168-bis del testo unico delle imposte sui redditi approvato con il decreto del Presidente della Repubblica 22 dicembre 1986, n. 917, con riferimento alle stabili organizzazioni svolgenti in via prevalente l'attività di locazione immobiliare, anche svolta mediante partecipazioni in società che abbiano espresso l'opzione congiunta per il regime speciale di cui al comma 125. Dal periodo d'imposta da cui ha effetto l'opzione per il regime speciale, il reddito d'impresa derivante dall'attività di locazione immobiliare svolta dalle stabili organizzazioni è assoggettato ad un'imposta sostitutiva delle imposte sui redditi e dell'imposta regionale sulle attività produttive con aliquota del 20 per cento da versare entro il termine previsto per il versamento a saldo delle imposte sui redditi (2)

(1) *Comma inserito dall'articolo 12, comma 1, del D.L. 25 settembre 2009, n. 135 e, successivamente, modificato dall'articolo 20, comma 1, lettera l), del D.L. 12 settembre 2014, n. 133, convertito, con modificazioni, dalla Legge 11 novembre 2014, n. 164.*

142. All'articolo 1 del decreto legislativo 28 settembre 1998, n. 360, recante istituzione di una addizionale comunale all'IRPEF, a norma dell'articolo 48, comma 10, della legge 27 dicembre 1997, n. 449, come modificato dall'articolo 1, comma 10, della legge 16 giugno 1998, n. 191, sono apportate le seguenti modificazioni:

a) il comma 3 è sostituito dal seguente:

"3. I comuni, con regolamento adottato ai sensi dell'articolo 52 del decreto legislativo 15 dicembre 1997, n. 446, e successive modificazioni, possono disporre la variazione dell'aliquota di compartecipazione dell'addizionale di cui al comma 2 con deliberazione da pubblicare nel sito individuato con decreto del capo del Dipartimento per le politiche fiscali del Ministero dell'economia e delle finanze 31 maggio 2002, pubblicato nella Gazzetta Ufficiale n. 130 del 5 giugno 2002. L'efficacia della deliberazione decorre dalla data di pubblicazione nel predetto sito informatico. La variazione dell'aliquota di compartecipazione dell'addizionale non può eccedere complessivamente 0,8 punti percentuali. La deliberazione può essere adottata dai comuni anche in mancanza dei decreti di cui al comma 2";

b) dopo il comma 3 è inserito il seguente:

"3-bis. Con il medesimo regolamento di cui al comma 3 può essere stabilita una soglia di esenzione in ragione del possesso di specifici requisiti reddituali.";

c) al comma 4:

1) le parole: "dei crediti di cui agli articoli 14 e 15" sono sostituite dalle seguenti:"del credito di cui all'articolo 165";

2) sono aggiunti, in fine, i seguenti periodi: "L'addizionale è dovuta alla provincia e al comune nel quale il contribuente ha il domicilio fiscale alla data del 1° gennaio dell'anno cui si riferisce l'addizionale stessa, per le parti spettanti. Il versamento dell'addizionale medesima è effettuato in acconto e a saldo unitamente al saldo dell'imposta sul reddito delle persone fisiche. L'acconto è stabilito nella misura del 30 per cento dell'addizionale ottenuta applicando le aliquote di cui ai commi 2 e 3 al reddito imponibile dell'anno precedente determinato ai sensi del primo periodo del presente comma. Ai fini della determinazione dell'acconto, l'aliquota di cui al comma 3 è assunta nella misura deliberata per l'anno di riferimento qualora la pubblicazione della delibera sia effettuata non oltre il 15 febbraio del medesimo anno ovvero nella misura vigente nell'anno precedente in caso di pubblicazione successiva al predetto termine";

d) il comma 5 è sostituito dal seguente:

"5. Relativamente ai redditi di lavoro dipendente e ai redditi assimilati a quelli di lavoro dipendente di cui agli articoli 49 e 50 del testo unico delle imposte sui redditi, di cui al decreto del Presidente della Repubblica 22 dicembre 1986, n. 917, e successive modificazioni, l'acconto dell'addizionale dovuta è determinato dai sostituti d'imposta di cui agli articoli 23 e 29 del decreto del Presidente della Repubblica 29 settembre 1973, n. 600, e successive modificazioni, e il relativo importo è trattenuto in un numero massimo di nove rate mensili, effettuate a partire dal mese di marzo. Il saldo dell'addizionale dovuta è determinato all'atto delle operazioni di conguaglio e il relativo importo è trattenuto in un numero massimo di undici rate, a partire dal periodo di paga successivo a quello in cui le stesse sono effettuate e non oltre quello relativamente al quale le ritenute sono versate nel mese di dicembre. In caso di cessazione del rapporto di lavoro l'addizionale residua dovuta è prelevata in unica soluzione. L'importo da trattenere e quello trattenuto sono indicati nella certificazione unica dei redditi di lavoro dipendente e assimilati di cui all'articolo 4, comma 6-ter, del regolamento di cui al decreto del Presidente della Repubblica 22 luglio 1998, n. 322";

e) il comma 6 è abrogato [A].

[A] *In riferimento al presente comma vedi: Circolare ENPALS 20 gennaio 2009, n. 3*

143. Il versamento dell'addizionale comunale all'IRPEF è effettuato dai sostituti d'imposta cumulativamente per tutti i comuni di riferimento. Con decreto del Ministro dell'economia e delle finanze, da emanare entro novanta giorni dalla data di entrata in vigore della presente disposizione, previa intesa in sede di Conferenza Stato-città ed autonomie locali, sono definite le modalità per l'attuazione del presente comma e per la ripartizione giornaliera, da parte dell'Agenzia delle entrate in favore dei comuni, dei versamenti effettuati dai contribuenti e dai sostituti d'imposta a titolo di addizionale comunale all'IRPEF, avendo riguardo anche ai dati contenuti nelle relative dichiarazioni fiscali, senza nuovi o maggiori oneri per la finanza pubblica. Con il medesimo decreto è stabilito il termine a decorrere dal quale sono applicate le modalità di versamento previste dal presente comma [1].

[1] *Comma sostituito dall'articolo 4-quater, comma 4, del D.L. 30 aprile 2019, n. 34, convertito, con modificazioni, dalla Legge 28 giugno 2019, n. 58.*

144. All'articolo 1, comma 51, primo periodo, della legge 30 dicembre 2004, n. 311, le parole: "e 2007" sono soppresse.

145. A decorrere dal 1° gennaio 2007, i comuni possono deliberare, con regolamento adottato ai sensi dell'articolo 52 del decreto legislativo 15 dicembre 1997, n. 446, e successive modificazioni, l'istituzione di un'imposta di scopo destinata esclusivamente alla parziale copertura delle spese per la realizzazione di opere pubbliche individuate dai comuni nello stesso regolamento tra quelle indicate nel comma 149 [A].

[A] *In riferimento al presente comma vedi: Circolare Ministero dell'Economia e delle Finanze 15 aprile 2014, n. 7812/2014.*

146. Il regolamento che istituisce l'imposta determina:

a) l'opera pubblica da realizzare;

b) l'ammontare della spesa da finanziare;

c) l'aliquota di imposta;

d) l'applicazione di esenzioni, riduzioni o detrazioni in favore di determinate categorie di soggetti, in relazione all'esistenza di particolari situazioni sociali o reddituali, con particolare riferimento ai soggetti che già godono di esenzioni o di riduzioni ai fini del versamento dell'imposta comunale sugli immobili sulla prima casa e ai soggetti con reddito inferiore a 20.000 euro;

e) le modalità di versamento degli importi dovuti.

147. L'imposta è dovuta, in relazione alla stessa opera pubblica, per un periodo massimo di cinque anni ed è determinata applicando alla base imponibile dell'imposta comunale sugli immobili un'aliquota nella misura massima dello 0,5 per mille.

148. Per la disciplina dell'imposta si applicano le disposizioni vigenti in materia di imposta comunale sugli immobili.

149. L'imposta può essere istituita per le seguenti opere pubbliche:

a) opere per il trasporto pubblico urbano;

b) opere viarie, con l'esclusione della manutenzione straordinaria ed ordinaria delle opere esistenti;

c) opere particolarmente significative di arredo urbano e di maggior decoro dei luoghi;

d) opere di risistemazione di aree dedicate a parchi e giardini;

e) opere di realizzazione di parcheggi pubblici;

f) opere di restauro;

g) opere di conservazione dei beni artistici e architettonici;

h) opere relative a nuovi spazi per eventi e attività culturali, allestimenti museali e biblioteche;

i) opere di realizzazione e manutenzione straordinaria dell'edilizia scolastica.

150. Il gettito complessivo dell'imposta non può essere superiore al 30 per cento dell'ammontare della spesa dell'opera pubblica da realizzare.

151. Nel caso di mancato inizio dell'opera pubblica entro due anni dalla data prevista dal progetto esecutivo i comuni sono tenuti al rimborso dei versamenti effettuati dai contribuenti entro i due anni successivi.

152. Con provvedimento del direttore dell'Agenzia delle dogane, da adottare entro due mesi dalla data di entrata in vigore della presente legge, sono stabilite, sentite l'ANCI e l'Unione delle province d'Italia (UPI), le modalità ed i termini di trasmissione, agli enti locali interessati che ne fanno richiesta, dei dati inerenti l'addizionale comunale e provinciale sull'imposta sull'energia elettrica di cui all'articolo 6 del decreto-legge 28 novembre 1988, n. 511, convertito, con modificazioni, dalla legge 27 gennaio 1989, n. 20, e successive modificazioni, desumibili dalla dichiarazione di consumo di cui all'articolo 55 del testo unico delle disposizioni legislative concernenti le imposte sulla produzione e sui consumi e relative sanzioni penali e amministrative, di cui al decreto legislativo 26 ottobre 1995, n. 504, e successive modificazioni, presentata dai soggetti tenuti a detto adempimento, nonché le informazioni concernenti le procedure di liquidazione e di accertamento delle suddette addizionali [1].

[1] *Per le modalità attuative del presente comma, vedi la Determinazione dell'agenzia delle dogane 27 febbraio 2007.*

153. Con decreto del Ministro dell'economia e delle finanze, da emanare entro trenta giorni dalla data di entrata in vigore della presente legge, sono individuate le province alle

quali può essere assegnata, nel limite di spesa di 8 milioni di euro per ciascuno degli anni 2007, 2008 e 2009, la diretta riscossione dell'addizionale sul consumo di energia elettrica concernente i consumi relativi a forniture con potenza impegnata superiore a 200 kW, in deroga alle disposizioni di cui all'articolo 6 del decreto-legge 28 novembre 1988, n. 511, convertito, con modificazioni, dalla legge 27 gennaio 1989, n. 20, e successive modificazioni, per le province confinanti con le province autonome di Trento e di Bolzano, per quelle confinanti con la Confederazione elvetica e per quelle nelle quali oltre il sessanta per cento dei comuni ricade nella zona climatica F prevista dal regolamento di cui al decreto del Presidente della Repubblica 26 agosto 1993, n. 412, e successive modificazioni, con priorità per le province in possesso di almeno 2 dei predetti parametri (1)(2).

(1) *Comma modificato dall'articolo 6 del D.L. 2 luglio 2007, n. 81.*
(2) *A norma dell'articolo 2, comma 40, della legge 23 dicembre 2009, n. 191 le disposizioni di cui al presente comma sono prorogate per l'anno 2010.*

154. All'articolo 56, comma 2, del decreto legislativo 15 dicembre 1997, n. 446, e successive modificazioni, la parola: "venti" è sostituita dalla seguente: "trenta".

155. Gli enti locali possono presentare istanza motivata al Ministero dell'economia e delle finanze per ottenere un differimento della data di rientro dei debiti contratti in relazione ad eventi straordinari anche mediante rinegoziazione dei mutui in essere. Il Ministero delle

156. All'articolo 6, comma 1, primo periodo, del decreto legislativo 30 dicembre 1992, n. 504, la parola: "comune" è sostituita dalle seguenti: "consiglio comunale".

157. Dopo l'articolo 20 del decreto legislativo 15 novembre 1993, n. 507, e successive modificazioni, è inserito il seguente:

"Art. 20.1. – (Oneri per la rimozione dei manifesti affissi in violazione delle disposizioni vigenti). – 1. Ai fini della salvaguardia degli enti locali, a decorrere dal 1° gennaio 2007, gli oneri derivanti dalla rimozione dei manifesti affissi in violazione delle disposizioni vigenti sono a carico dei soggetti per conto dei quali gli stessi sono stati affissi, salvo prova contraria".

158. Per la notifica degli atti di accertamento dei tributi locali e di quelli afferenti le procedure esecutive di cui al testo unico delle disposizioni di legge relative alla riscossione delle entrate patrimoniali dello Stato, di cui al regio decreto 14 aprile 1910, n. 639, e successive modificazioni, nonché degli atti di invito al pagamento delle entrate extratributarie dei comuni e delle province, ferme restando le disposizioni vigenti, il dirigente dell'ufficio competente, con provvedimento formale, può nominare uno o più messi notificatori.

159. I messi notificatori possono essere nominati tra i dipendenti dell'amministrazione comunale o provinciale, tra i dipendenti dei soggetti ai quali l'ente locale ha affidato, anche disgiuntamente, la liquidazione, l'accertamento e la riscossione dei tributi e delle altre entrate ai sensi dell'articolo 52, comma 5, lettera b), del decreto legislativo 15 dicembre 1997, n. 446, e successive modificazioni, nonché tra soggetti che, per qualifica professionale, esperienza, capacità ed affidabilità, forniscono idonea garanzia del corretto svolgimento delle funzioni assegnate, previa, in ogni caso, la partecipazione ad apposito corso di formazione e qualificazione, organizzato a cura dell'ente locale, ed il superamento di un esame di idoneità.

160. Il messo notificatore esercita le sue funzioni nel territorio dell'ente locale che lo ha nominato, sulla base della direzione e del coordinamento diretto dell'ente ovvero degli affidatari del servizio di liquidazione, accertamento e riscossione dei tributi e delle altre entrate ai sensi dell'articolo 52, comma 5, lettera b), del decreto legislativo 15 dicembre 1997, n. 446, e successive modificazioni. Il messo notificatore non può farsi sostituire né rappresentare da altri soggetti.

161. Gli enti locali, relativamente ai tributi di propria competenza, procedono alla rettifica delle dichiarazioni incomplete o infedeli o dei parziali o ritardati versamenti, nonché all'accertamento d'ufficio delle omesse dichiarazioni o degli omessi versamenti, notificando al contribuente, anche a mezzo posta con raccomandata con avviso di ricevimento, un apposito avviso motivato. Gli avvisi di accertamento in rettifica e d'ufficio devono essere notificati, a pena di decadenza, entro il 31 dicembre del quinto anno successivo a quello in cui la dichiarazione o il versamento sono stati o avrebbero dovuto essere effettuati. Entro gli stessi termini devono essere contestate o irrogate le sanzioni amministrative tributarie, a norma degli articoli 16 e 17 del decreto legislativo 18 dicembre 1997, n. 472, e successive modificazioni (1).

(1) *Per una deroga alle disposizioni di cui al presente comma, vedi l'articolo 4 dell'O.P.C.M. 12 novembre 2009, n. 3820.*

162. Gli avvisi di accertamento in rettifica e d'ufficio devono essere motivati in relazione ai presupposti di fatto ed alle ragioni giuridiche che li hanno determinati; se la motivazione fa riferimento ad un altro atto non conosciuto né ricevuto dal contribuente, questo deve essere allegato all'atto che lo richiama, salvo che quest'ultimo non ne riproduca il contenuto essenziale. Gli avvisi devono contenere, altresì, l'indicazione dell'ufficio presso il quale è possibile ottenere informazioni complete in merito all'atto notificato, del responsabile del procedimento, dell'organo o dell'autorità amministrativa presso i quali è possibile promuovere un riesame anche nel merito dell'atto in sede di autotutela, delle modalità, del termine e dell'organo giurisdizionale cui è possibile ricorrere, nonché il termine di sessanta giorni entro cui effettuare il relativo pagamento. Gli avvisi sono sottoscritti dal funzionario designato dall'ente locale per la gestione del tributo.

163. Nel caso di riscossione coattiva dei tributi locali il relativo titolo esecutivo deve essere notificato al contribuente, a pena di decadenza, entro il 31 dicembre del terzo anno successivo a quello in cui l'accertamento è divenuto definitivo (1).

(1) *Per una deroga alle disposizioni di cui al presente comma, vedi l'articolo 4 dell'O.P.C.M. 12 novembre 2009, n. 3820.*

164. Il rimborso delle somme versate e non dovute deve essere richiesto dal contribuente entro il termine di cinque anni dal giorno del versamento, ovvero da quello in cui è stato accertato il diritto alla restituzione. L'ente locale provvede ad effettuare il rimborso entro centottanta giorni dalla data di presentazione dell'istanza.

165. La misura annua degli interessi è determinata, da ciascun ente impositore, nei limiti di tre punti percentuali di

differenza rispetto al tasso di interesse legale. Gli interessi sono calcolati con maturazione giorno per giorno con decorrenza dal giorno in cui sono divenuti esigibili. Interessi nella stessa misura spettano al contribuente per le somme ad esso dovute a decorrere dalla data dell'eseguito versamento.

166. Il pagamento dei tributi locali deve essere effettuato con arrotondamento all'euro per difetto se la frazione è inferiore a 49 centesimi, ovvero per eccesso se superiore a detto importo.

167. Gli enti locali disciplinano le modalità con le quali i contribuenti possono compensare le somme a credito con quelle dovute al comune a titolo di tributi locali.

168. Gli enti locali, nel rispetto dei princì pi posti dall'articolo 25 della legge 27 dicembre 2002, n. 289, stabiliscono per ciascun tributo di propria competenza gli importi fino a concorrenza dei quali i versamenti non sono dovuti o non sono effettuati i rimborsi.In caso di inottemperanza, si applica la disciplina prevista dal medesimo articolo 25 della legge n. 289 del 2002.

169. Gli enti locali deliberano le tariffe e le aliquote relative ai tributi di loro competenza entro la data fissata da norme statali per la deliberazione del bilancio di previsione. Dette deliberazioni, anche se approvate successivamente all'inizio dell'esercizio purché entro il termine innanzi indicato, hanno effetto dal 1° gennaio dell'anno di riferimento. In caso di mancata approvazione entro il suddetto termine, le tariffe e le aliquote si intendono prorogate di anno in anno [(1)].

(1) Vedi l'articolo 10, comma 12-quinquiesdecies, del D.L. 31 dicembre 2014, n. 192, convertito, con modificazioni, dalla Legge 27 febbraio 2015, n. 11. Per una deroga alle disposizioni di cui al presente comma, relativamente all'anno 2020, vedi l'articolo 1, comma 779 della Legge 27 dicembre 2019, n. 160, per l'anno 2021, vedi l'articolo 30, comma 5, del D.L. 22 marzo 2021, n. 41, convertito con modificazioni dalla Legge 21 maggio 2021, n. 69.

170. Ai fini del coordinamento della finanza pubblica e del sistema tributario ed in attuazione dell'articolo 117, secondo comma, lettera r), della Costituzione, gli enti locali e regionali comunicano al Ministero dell'economia e delle finanze i dati relativi al gettito delle entrate tributarie e patrimoniali, di rispettiva competenza. Per l'inosservanza di detti adempimenti si applicano le disposizioni di cui all'articolo 161, comma 3, del testo unico delle leggi sull'ordinamento degli enti locali, di cui al decreto legislativo 18 agosto 2000, n. 267, e successive modificazioni.Con decreto del Ministero dell'economia e delle finanze, di concerto con il Ministero dell'interno, sono stabiliti il sistema di comunicazione, le modalità ed i termini per l'effettuazione della trasmissione dei dati.

171. Le norme di cui ai commi da 161 a 170 si applicano anche ai rapporti di imposta pendenti alla data di entrata in vigore della presente legge [(1)].

(1) Per una deroga alle disposizioni di cui al presente comma, vedi l'articolo 4 dell'O.P.C.M. 12 novembre 2009, n. 3820.

172. Al decreto legislativo 15 novembre 1993, n. 507, e successive modificazioni, sono apportate le seguenti modificazioni:

a) al comma 5 dell'articolo 9, le parole da: "; il relativo ruolo" fino a: "periodo di sospensione" sono soppresse;

b) sono abrogati: il comma 6 dell'articolo 9; l'articolo 10; il comma 4 dell'articolo 23; l'articolo 51, ad eccezione del comma 5; il comma 4 dell'articolo 53; l'articolo 71, ad eccezione del comma 4; l'articolo 75; il comma 5 dell'articolo 76.

173. Al decreto legislativo 30 dicembre 1992, n. 504, e successive modificazioni, sono apportate le seguenti modificazioni:

a) il comma 4 dell'articolo 5 è abrogato;

b) al comma 2 dell'articolo 8, dopo le parole: "adibita ad abitazione principale del soggetto passivo" sono inserite le seguenti:", intendendosi per tale, salvo prova contraria, quella di residenza anagrafica,";

c) all'articolo 10, il comma 6 è sostituito dal seguente:

"6. Per gli immobili compresi nel fallimento o nella liquidazione coatta amministrativa il curatore o il commissario liquidatore, entro novanta giorni dalla data della loro nomina, devono presentare al comune di ubicazione degli immobili una dichiarazione attestante l'avvio della procedura. Detti soggetti sono, altresì, tenuti al versamento dell'imposta dovuta per il periodo di durata dell'intera procedura concorsuale entro il termine di tre mesi dalla data del decreto di trasferimento degli immobili";

d) i commi 1, 2, 2-bis e 6 dell'articolo 11 sono abrogati;

e) all'articolo 12, comma 1, le parole: "90 giorni" sono sostituite dalle seguenti: "sessanta giorni" e le parole da: "; il ruolo deve essere formato" fino alla fine del comma sono soppresse;

f) l'articolo 13 è abrogato;

g) il comma 6 dell'articolo 14 è abrogato.

174. Al comma 53 dell'articolo 37 del decreto- legge 4 luglio 2006, n. 223, convertito, con modificazioni, dalla legge 4 agosto 2006, n. 248, è aggiunto, in fine, il seguente periodo: "Resta fermo l'obbligo di presentazione della dichiarazione nei casi in cui gli elementi rilevanti ai fini dell'imposta dipendano da atti per i quali non sono applicabili le procedure telematiche previste dall'articolo 3-bis del decreto legislativo 18 dicembre 1997, n. 463, concernente la disciplina del modello unico informatico".

175. Le lettere l) e n) del comma 1 e i commi 2 e 3 dell'articolo 59 del decreto legislativo 15 dicembre 1997, n. 446, sono abrogati.

176. Al fine di contrastare il fenomeno delle affissioni abusive, sono abrogate le seguenti disposizioni:

a) il comma 2-bis dell'articolo 6, il comma 1-bis dell'articolo 20, l'articolo 20- bis, il comma 4-bis dell'articolo 23 e il comma 5-ter dell'articolo 24 del decreto legislativo 15 novembre 1993, n. 507, e successive modificazioni;

b) il comma 13-quinquies dell'articolo 23 del decreto legislativo 30 aprile 1992, n. 285;

c) il terzo comma dell'articolo 6 ed il quarto comma dell'articolo 8 della legge 4 aprile 1956, n. 212, e successive modificazioni.

177. Sono fatti salvi gli effetti prodotti dall'articolo 20-bis, comma 2, del decreto legislativo 15 novembre 1993, n. 507.

178. All'articolo 15 della legge 10 dicembre 1993, n. 515, e successive modificazioni, sono apportate le seguenti modificazioni:

a) al comma 3, le parole da: "sono a carico" fino a: "del committente" sono sostituite dalle seguenti: "sono a carico, in solido, dell'esecutore materiale e del committente responsabile";

b) al comma 19, il terzo periodo è soppresso.

179. I comuni e le province, con provvedimento adottato dal dirigente dell'ufficio competente, possono conferire i poteri di accertamento, di contestazione immediata, nonché di redazione e di sottoscrizione del processo verbale di accertamento per le violazioni relative alle proprie entrate e per quelle che si verificano sul proprio territorio, a dipendenti dell'ente locale o dei soggetti affidatari, anche in maniera disgiunta, delle attività di liquidazione, accertamento e riscossione dei tributi e di riscossione delle altre entrate, ai sensi dell'articolo 52, comma 5, lettera b), del decreto legislativo 15 dicembre 1997, n. 446, e successive modificazioni. Si applicano le disposizioni dell'articolo 68, comma 1, della legge 23 dicembre 1999, n. 488, relative all'efficacia del verbale di accertamento.

180. I poteri di cui al comma 179 non includono, comunque, la contestazione delle violazioni delle disposizioni del decreto legislativo 30 aprile 1992, n. 285, e successive modificazioni. La procedura sanzionatoria amministrativa è di competenza degli uffici degli enti locali.

181. Le funzioni di cui al comma 179 sono conferite ai dipendenti degli enti locali e dei soggetti affidatari che siano in possesso almeno di titolo di studio di scuola media superiore di secondo grado, previa frequenza di un apposito corso di preparazione e qualificazione, organizzato a cura dell'ente locale stesso, ed il superamento di un esame di idoneità.

182. I soggetti prescelti non devono avere precedenti e pendenze penali in corso né essere sottoposti a misure di prevenzione disposte dall'autorità giudiziaria, ai sensi della legge 27 dicembre 1956, n. 1423, e successive modificazioni, o della legge 31 maggio 1965, n. 575, e successive modificazioni, salvi gli effetti della riabilitazione.

183. I criteri indicati nel secondo e nel terzo periodo del comma 3 dell'articolo 70 del decreto legislativo 15 novembre 1993, n. 507, e successive modificazioni, in materia di tassa per lo smaltimento dei rifiuti solidi urbani, sono applicabili anche ai fini della determinazione delle superfici per il calcolo della tariffa per la gestione dei rifiuti urbani di cui all'allegato 1, punto 4, del regolamento di cui al decreto del Presidente della Repubblica 27 aprile 1999, n. 158.

184. Nelle more della completa attuazione delle disposizioni recate dal decreto legislativo 3 aprile 2006, n. 152, e successive modificazioni:

a) il regime di prelievo relativo al servizio di raccolta e smaltimento dei rifiuti adottato in ciascun comune per l'anno 2006 resta invariato anche per l'anno 2007 e per gli anni 2008 e 2009 (1);

b) in materia di assimilazione dei rifiuti speciali ai rifiuti urbani, continuano ad applicarsi le disposizioni degli articoli 18, comma 2, lettera d), e 57, comma 1, del decreto legislativo 5 febbraio 1997, n. 22;

c) il termine di cui all'articolo 17, commi 1, 2 e 6 del decreto legislativo 13 gennaio 2003, n. 36, è fissato al 31 dicembre 2008. Tale proroga non si applica alle discariche di II categoria, tipo A, ex "2A", e alle discariche per rifiuti inerti, cui si conferiscono materiali di matrice cementizia contenenti amianto (2).

(1) *Lettera modificata dall'articolo 1, comma 166, della legge 24 dicembre 2007 n. 244 e dall'articolo 5, comma 1, del D.L. 30 dicembre 2008, n. 208.*
(2) *Lettera modificata dall'articolo 1, comma 166, della legge 24 dicembre 2007 n. 244.*

185. A decorrere dal 1° gennaio 2007, le associazioni che operano per la realizzazione o che partecipano a manifestazioni di particolare interesse storico, artistico e culturale, legate agli usi ed alle tradizioni delle comunità locali, sono equiparate ai soggetti esenti dall'imposta sul reddito delle società, indicati dall'articolo 74, comma 1, del testo unico delle imposte sui redditi, di cui al decreto del Presidente della Repubblica 22 dicembre 1986, n. 917, e successive modificazioni. I soggetti, persone fisiche, incaricati di gestire le attività connesse alle finalità istituzionali delle predette associazioni, non assumono la qualifica di sostituti d'imposta e sono esenti dagli obblighi stabiliti dal decreto del Presidente della Repubblica 29 settembre 1973, n. 600, e successive modificazioni. Le prestazioni e le dazioni offerte da persone fisiche in favore dei soggetti di cui al primo periodo del presente comma hanno, ai fini delle imposte sui redditi, carattere di liberalità (1).

(1) *Per l'individuazione dei soggetti a cui si applicano, per l'anno d'imposta 2014, le disposizioni di cui al presente comma vedi il D.M. 16 dicembre 2014. Per l'individuazione dei soggetti a cui spettano, per l'anno d'imposta 2015, le disposizioni di cui al presente comma, vedi il D.M. 9 marzo 2016.*

186. Con decreto del Ministro dell'economia e delle finanze, da emanare entro trenta giorni dalla data di entrata in vigore della presente legge, sono individuati i soggetti a cui si applicano le disposizioni di cui al comma 185, in termini tali da determinare un onere complessivo non superiore a 5 milioni di euro annui (1).

(1) *Per l'anno 2012 vedi il D.M. 13 febbraio 2013.*

187. In ogni caso, nei confronti dei soggetti di cui ai commi 185 e 186 non si fa luogo al rimborso delle imposte versate.

188. Per le esibizioni musicali dal vivo in spettacoli o in manifestazioni di intrattenimento o in celebrazioni di tradizioni popolari e folkloristiche effettuate da giovani fino a diciotto anni, da studenti fino a venticinque anni, da soggetti titolari di pensione di età superiore a sessantacinque anni e da coloro che svolgono una attività lavorativa per la quale sono già tenuti al versamento dei contributi ai fini della previdenza obbligatoria ad una gestione diversa da quella per i lavoratori dello spettacolo, gli adempimenti di cui agli articoli 3, 4, 5, 6, 9 e 10 del decreto legislativo del Capo provvisorio dello Stato 16 luglio 1947, n. 708, ratificato, con modificazioni, dalla legge 29 novembre 1952, n. 2388, e successive modificazioni, sono richiesti solo per la parte della retribuzione annua lorda percepita per tali esibizioni che supera l'importo di 5.000 euro. Le minori entrate contributive per l'ENPALS derivanti dall'applicazione del presente comma sono valutate in 15 milioni di euro annui (1).

(1) *Comma modificato dall'articolo 39-quater del D.L. 1 ottobre 2007, n.159.*

189. In attesa del riassetto organico del sistema di finanziamento delle amministrazioni locali in attuazione del federalismo fiscale di cui al titolo V della parte seconda della Costituzione, è istituita, in favore dei comuni, una compartecipazione dello 0,69 per cento al gettito dell'imposta sul reddito delle persone fisiche. La compartecipazione sull'imposta è efficace a decorrere dal 1° gennaio 2007 con

corrispondente riduzione annua costante, di pari ammontare, a decorrere dalla stessa data, del complesso dei trasferimenti operati a valere sul fondo ordinario di cui all'articolo 34, comma 1, lettera a), del decreto legislativo 30 dicembre 1992, n. 504. L'aliquota di compartecipazione è applicata al gettito del penultimo anno precedente l'esercizio di riferimento.

190. Dall'anno 2007, per ciascun comune è operata e consolidata una riduzione dei trasferimenti ordinari in misura proporzionale alla riduzione complessiva, di cui al comma 189, operata sul fondo ordinario ed è attribuita una quota di compartecipazione in eguale misura, tale da garantire l'invarianza delle risorse.

191. A decorrere dall'esercizio finanziario 2008, l'incremento del gettito compartecipato, rispetto all'anno 2007, derivante dalla dinamica dell'imposta sul reddito delle persone fisiche, è ripartito fra i singoli comuni secondo criteri definiti con decreto emanato dal Ministro dell'interno, di concerto con il Ministro dell'economia e delle finanze e con il Ministro per gli affari regionali e le autonomie locali, previa intesa in sede di Conferenza Stato-città ed autonomie locali.I criteri di riparto devono tenere primariamente conto di finalità perequative e dell'esigenza di promuovere lo sviluppo economico.

192. A decorrere dall'anno 2009 l'aliquota di compartecipazione è determinata in misura pari allo 0,75 per cento.

193. Per i comuni delle regioni a statuto speciale e delle province autonome di Trento e di Bolzano, le stesse provvedono all'attuazione dei commi da 189 a 192 in conformità alle disposizioni contenute nei rispettivi statuti, anche al fine della regolazione dei rapporti finanziari tra Stato, regioni, province e comuni e per mantenere il necessario equilibrio finanziario.

194. Al decreto legislativo 31 marzo 1998, n. 112, sono apportate le seguenti modificazioni:

a) al comma 1 dell'articolo 65:

1) la lettera d) è sostituita dalla seguente:

"d) alla tenuta dei registri immobiliari, con esecuzione delle formalità di trascrizione, iscrizione, rinnovazione e annotazione, nonché di visure e certificati ipotecari ";

2) la lettera g) è sostituita dalla seguente:

"g) al controllo di qualità delle informazioni e dei processi di aggiornamento degli atti";

3) la lettera h) è sostituita dalla seguente:

"h) alla gestione unitaria e certificata della base dei dati catastali e dei flussi di aggiornamento delle informazioni di cui alla lettera g), assicurando il coordinamento operativo per la loro utilizzazione a fini istituzionali attraverso il sistema pubblico di connettività e garantendo l'accesso ai dati a tutti i soggetti interessati";

b) la lettera a) del comma 1 dell'articolo 66 è sostituita dalla seguente:

"a) alla conservazione, alla utilizzazione ed all'aggiornamento degli atti catastali, partecipando al processo di determinazione degli estimi catastali fermo restando quanto previsto dall'articolo 65, comma 1, lettera h)".

195. A decorrere dal 1° novembre 2007, i comuni esercitano direttamente, anche in forma associata, o attraverso le comunità montane, le funzioni catastali loro attribuite dall'articolo 66 del decreto legislativo 31 marzo 1998, n. 112, come da ultimo modificato dal comma 194 del presente articolo, fatto salvo quanto stabilito dal comma 196 per la funzione di conservazione degli atti catastali. Al fine di evitare maggiori oneri a carico della finanza pubblica, resta in ogni caso esclusa la possibilità di esercitare le funzioni catastali affidandole a società private, pubbliche o miste pubblico-private.

196. L'efficacia dell'attribuzione della funzione comunale di conservazione degli atti del catasto terreni e del catasto edilizio urbano decorre dalla data di emanazione del decreto del Presidente del Consiglio dei ministri, su proposta del Ministro dell'economia e delle finanze, adottato previa intesa tra l'Agenzia del territorio e l'ANCI, recante l'individuazione dei termini e delle modalità per il graduale trasferimento delle funzioni, tenendo conto dello stato di attuazione dell'informatizzazione del sistema di banche dati catastali e della capacità organizzativa e tecnica, in relazione al potenziale bacino di utenza, dei comuni interessati. La previsione di cui al precedente periodo non si applica ai poli catastali già costituiti.

197. Fatto salvo quanto previsto dal comma 196, è in facoltà dei comuni di stipulare convenzioni soltanto con l'Agenzia del territorio per l'esercizio di tutte o di parte delle funzioni catastali di cui all'articolo 66 del decreto legislativo 31 marzo 1998, n. 112, come da ultimo modificato dal comma 194 del presente articolo. Le convenzioni non sono onerose, hanno durata decennale e sono tacitamente rinnovabili. Con uno o più decreti del Presidente del Consiglio dei ministri, su proposta del Ministro dell'economia e delle finanze, attraverso criteri definiti previa consultazione con le organizzazioni sindacali maggiormente rappresentative, tenuto conto delle indicazioni contenute nel protocollo di intesa concluso dall'Agenzia del territorio e dall'ANCI, sono determinati i requisiti e gli elementi necessari al convenzionamento e al completo esercizio delle funzioni catastali decentrate, ivi compresi i livelli di qualità che i comuni devono assicurare nell'esercizio diretto, nonché i controlli e le conseguenti misure in caso di mancato raggiungimento degli stessi, e, in particolare, le procedure di attuazione, gli ambiti territoriali di competenza, la determinazione delle risorse umane strumentali e finanziarie, tra le quali una quota parte dei tributi speciali catastali, da trasferire agli enti locali nonché i termini di comunicazione da parte dei comuni o di loro associazioni dell'avvio della gestione delle funzioni catastali [1].

[1] *Per il decentramento delle funzioni catastali ai comuni, ai sensi del presente comma, vedi il D.P.C.M. 14 giugno 2007.*

198. L'Agenzia del territorio, con provvedimento del Direttore, sentita la Conferenza Stato-città ed autonomie locali, nel rispetto delle disposizioni e nel quadro delle regole tecniche di cui al decreto legislativo 7 marzo 2005, n. 82, e successive modificazioni, predispone entro il 1° settembre 2007 specifiche modalità d'interscambio in grado di garantire l'accessibilità e la interoperabilità applicativa delle banche dati, unitamente ai criteri per la gestione della banca dati catastale. Le modalità d'interscambio devono assicurare la piena cooperazione applicativa tra gli enti interessati e l'unitarietà del servizio su tutto il territorio nazionale nell'ambito del sistema pubblico di connettività.

199. L'Agenzia del territorio salvaguarda il contestuale mantenimento degli attuali livelli di servizio all'utenza in tutte le fasi del processo, garantendo in ogni caso su tutto il territorio nazionale la circolazione e la fruizione dei dati

catastali; fornisce inoltre assistenza e supporto ai comuni nelle attività di specifica formazione del personale comunale. L'assegnazione di personale può avere luogo anche mediante distacco [(1)].

[(1)] *A norma dell'articolo 1, comma 357, della legge 24 dicembre 2007, n. 244 in caso di distacco del personale dall'Agenzia del territorio ai comuni l'Agenzia del territorio rimane responsabile del trattamento economico e normativo a favore del lavoratore.*

200. Al fine di compiere un costante monitoraggio del processo di attuazione delle disposizioni di cui ai commi da 195 a 199, l'Agenzia del territorio, con la collaborazione dei comuni, elabora annualmente l'esito della attività realizzata, dandone informazione al Ministro dell'economia e delle finanze ed alle competenti Commissioni parlamentari.

201. Alla lettera a) del comma 2 dell'articolo 2-undecies della legge 31 maggio 1965, n. 575, e successive modificazioni, dopo le parole: "protezione civile" sono inserite le seguenti: "e, ove idonei, anche per altri usi governativi o pubblici connessi allo svolgimento delle attività istituzionali di amministrazioni statali, agenzie fiscali, università statali, enti pubblici e istituzioni culturali di rilevante interesse,".

202. La lettera b) del comma 2 dell'articolo 2-undecies della legge 31 maggio 1965, n. 575, è sostituita dalla seguente:

"b) trasferiti per finalità istituzionali o sociali, in via prioritaria, al patrimonio del comune ove l'immobile è sito, ovvero al patrimonio della provincia o della regione. Gli enti territoriali possono amministrare direttamente il bene o assegnarlo in concessione a titolo gratuito a comunità, ad enti, ad associazioni maggiormente rappresentative degli enti locali, ad organizzazioni di volontariato di cui alla legge 11 agosto 1991, n. 266, e successive modificazioni, a cooperative sociali di cui alla legge 8 novembre 1991, n. 381, e successive modificazioni, o a comunità terapeutiche e centri di recupero e cura di tossicodipendenti di cui al testo unico delle leggi in materia di disciplina degli stupefacenti o sostanze psicotrope, prevenzione, cura e riabilitazione dei relativi stati di tossicodipendenza, di cui al decreto del Presidente della Repubblica 9 ottobre 1990, n. 309, e successive modificazioni, nonché alle associazioni ambientaliste riconosciute ai sensi dell'articolo 13 della legge 8 luglio 1986, n. 349, e successive modificazioni. Se entro un anno dal trasferimento l'ente territoriale non ha provveduto alla destinazione del bene, il prefetto nomina un commissario con poteri sostitutivi".

203. All'articolo 2, comma 1, della legge 2 aprile 2001, n. 136, è aggiunto, in fine, il seguente periodo: "Entro la data del 30 giugno 2007, con regolamento da adottare con decreto del Ministro dell'economia e delle finanze, di concerto con il Ministro dell'università e della ricerca, ai sensi dell'articolo 17, comma 2, della legge 23 agosto 1988, n. 400, sono individuati i criteri, le modalità e i termini del trasferimento in favore delle università statali di cui al presente comma".

204. Al fine di razionalizzare gli spazi complessivi per l'utilizzo degli immobili in uso governativo e di ridurre la spesa relativa agli immobili condotti in locazione dallo Stato, il Ministro dell'economia e delle finanze, con propri decreti, determina i piani di razionalizzazione degli spazi e di riduzione della spesa, anche differenziandoli per ambiti territoriali e per patrimonio utilizzato, elaborati per il triennio 2008-2010 d'intesa tra l'Agenzia del demanio e le amministrazioni centrali e periferiche, usuarie e conduttrici. Tali piani sono finalizzati a conseguire una riduzione complessiva non inferiore al 10 per cento del valore dei canoni per locazioni passive e del costo d'uso equivalente degli immobili utilizzati per l'anno 2008 e ulteriori riduzioni non inferiori al 7 per cento e 6 per cento per gli anni successivi [(1)].

[(1)] *Comma sostituito dall'articolo 3, comma 1 lettera a), della legge 24 dicembre 2007 n. 244.*

205. Nello stato di previsione del Ministero dell'economia e delle finanze è istituito un Fondo unico nel quale confluiscono le poste corrispondenti al costo d'uso degli immobili in uso governativo e dal quale vengono ripartite le quote di costo da imputare a ciascuna amministrazione.

206. In sede di prima applicazione, il costo d'uso dei singoli immobili di proprietà statale in uso alle amministrazioni dello Stato è determinato in misura pari al 50 per cento del valore corrente di mercato, secondo i parametri di comune commercio forniti dall'Osservatorio del mercato immobiliare, praticati nella zona per analoghe attività; a decorrere dal 2009, la predetta percentuale è incrementata annualmente di un ulteriore 10 per cento fino al raggiungimento del 100 per cento del valore corrente di mercato [(1)].

[(1)] *Comma sostituito dall'articolo 3, comma 1 lettera b), della legge 24 dicembre 2007 n. 244.*

207. Gli obiettivi di cui al comma 204 devono essere conseguiti da parte delle amministrazioni centrali e periferiche, usuarie e conduttrici, sia attraverso la riduzione del costo d'uso di cui al comma 205 derivante dalla razionalizzazione degli spazi, sia attraverso la riduzione della spesa corrente per le locazioni passive, ovvero con la combinazione delle due misure [(1)].

[(1)] *Comma modificato dall'articolo 3, comma 1 lettera c), della legge 24 dicembre 2007 n. 244.*

[208. Con decreto del Ministro dell'economia e delle finanze di natura non regolamentare sono stabiliti i criteri, le modalità e i termini per la razionalizzazione e la riduzione degli oneri, nonché i contenuti e le modalità di trasmissione delle informazioni da parte delle amministrazioni usuarie e conduttrici all'Agenzia del demanio, la quale, in base agli obiettivi contenuti [nell'atto di indirizzo di cui] al comma 204, definisce annualmente le relative modalità attuative, comunicandole alle predette amministrazioni [(1)].] [(2)]

[(1)] *Comma modificato dall'articolo 3, comma 1 lettera d), della legge 24 dicembre 2007 n. 244.*
[(2)] *Comma abrogato dall'articolo 27, comma 7 ter, del D.L. 6 dicembre 2011, n. 201.*

[209. Dalla data di entrata in vigore del decreto di cui al comma 208, sono abrogati il comma 9 dell'articolo 55 della legge 27 dicembre 1997, n. 449, l'articolo 24 della legge 23 dicembre 1999, n. 488, e successive modificazioni, nonché il comma 4 dell'articolo 62 della legge 23 dicembre 2000, n. 388 [(1)].] [(2)]

[(1)] *Comma modificato dall'articolo 15 del D.L. 2 luglio 2007, n. 81.*
[(2)] *Comma abrogato dall'articolo 27, comma 7 ter, del D.L. 6 dicembre 2011, n. 201.*

210. Al fine di favorire la razionalizzazione e la valorizza-

zione dell'impiego dei beni immobili dello Stato, nonché al fine di completare lo sviluppo del sistema informativo sui beni immobili del demanio e del patrimonio di cui all'articolo 65 del decreto legislativo 30 luglio 1999, n. 300, e successive modificazioni, l'Agenzia del demanio, ferme restando le competenze del Ministero per i beni e le attività culturali, individua i beni di proprietà dello Stato per i quali si rende necessario l'accertamento di conformità delle destinazioni d'uso esistenti per funzioni di interesse statale, oppure una dichiarazione di legittimità per le costruzioni eseguite, ovvero realizzate in tutto o in parte in difformità dal provvedimento di localizzazione. Tale elenco è inviato al Ministero delle infrastrutture.

211. Il Ministero delle infrastrutture trasmette l'elenco di cui al comma 210 alla regione o alle regioni competenti, che provvedono, entro il termine di cui all'articolo 2 del regolamento di cui al decreto del Presidente della Repubblica 18 aprile 1994, n. 383, alle verifiche di conformità e di compatibilità urbanistica con i comuni interessati. In caso di presenza di vincoli, l'elenco è trasmesso contestualmente alle amministrazioni competenti alle tutele differenziate, le quali esprimono il proprio parere entro il termine predetto. Nel caso di espressione positiva da parte dei soggetti predetti, il Ministero delle infrastrutture emette un'attestazione di conformità alle prescrizioni urbanistico-edilizie la quale, qualora riguardi situazioni di locazione passiva, ha valore solo transitorio e obbliga, una volta terminato il periodo di locazione, al ripristino della destinazione d'uso preesistente, previa comunicazione all'amministrazione comunale ed alle eventuali altre amministrazioni competenti in materia di tutela differenziata.

212. In caso di espressione negativa, ovvero in caso di mancata risposta da parte della regione, oppure delle autorità preposte alla tutela entro i termini di cui al comma 211, è convocata una conferenza dei servizi anche per ambiti comunali complessivi o per uno o più immobili, in base a quanto previsto dal regolamento di cui al decreto del Presidente della Repubblica 18 aprile 1994, n. 383.

213. Per le esigenze connesse alla gestione delle attività di liquidazione delle aziende confiscate ai sensi della legge 31 maggio 1965, n. 575, e successive modificazioni, in deroga alle vigenti disposizioni di legge, fermi restando i princìpi generali dell'ordinamento giuridico contabile, l'Agenzia del demanio può conferire apposito incarico a società a totale o prevalente capitale pubblico. I rapporti con l'Agenzia del demanio sono disciplinati con apposita convenzione che definisce le modalità di svolgimento dell'attività affidata ed ogni aspetto relativo alla rendicontazione e al controllo.

214. Laddove disposizioni normative stabiliscano l'assegnazione gratuita ovvero l'attribuzione ad amministrazioni pubbliche, enti e società a totale partecipazione pubblica diretta o indiretta di beni immobili di proprietà dello Stato per consentire il perseguimento delle finalità istituzionali ovvero strumentali alle attività svolte, la funzionalità dei beni allo scopo dell'assegnazione o attribuzione è da intendersi concreta, attuale, strettamente connessa e necessaria al funzionamento del servizio e all'esercizio delle funzioni attribuite, nonché al loro proseguimento.

215. È attribuita all'Agenzia del demanio la verifica, con il supporto dei soggetti interessati, della sussistenza dei suddetti requisiti all'atto dell'assegnazione o attribuzione e successivamente l'accertamento periodico della permanenza di tali condizioni o della suscettibilità del bene a rientrare in tutto o in parte nella disponibilità dello Stato, e per esso dell'Agenzia del demanio come stabilito dalle norme vigenti. A tal fine l'Agenzia del demanio esercita la vigilanza e il controllo secondo le modalità previste dal regolamento di cui al decreto del Presidente della Repubblica 13 luglio 1998, n. 367.

216. Per i beni immobili statali assegnati in uso gratuito alle amministrazioni pubbliche è vietata la dismissione temporanea. I beni immobili per i quali, prima della data di entrata in vigore della presente legge, sia stata operata la dismissione temporanea si intendono dismessi definitivamente per rientrare nella disponibilità del Ministero dell'economia e delle finanze e per esso dell'Agenzia del demanio. *[Il presente comma non si applica ai beni immobili in uso all'Amministrazione della difesa affidati, in tutto o in parte, a terzi per lo svolgimento di attività funzionali alle finalità istituzionali dell'Amministrazione stessa.]* [(1)]

[(1)] Comma modificato dall'articolo 2268, comma 1, del D.Lgs. 15 marzo 2010, n. 66.

217. Il comma 109 dell'articolo 3 della legge 23 dicembre 1996, n. 662, e successive modificazioni, si interpreta nel senso che i requisiti necessari per essere ammessi alle garanzie di cui alle lettere a) e b) del citato comma devono sussistere in capo agli aventi diritto al momento del ricevimento della proposta di vendita da parte dell'amministrazione alienante, ovvero alla data stabilita, con propri atti, dalla medesima amministrazione in funzione dei piani di dismissione programmati.

218. Dopo il comma 3 dell'articolo 214- bis del decreto legislativo 30 aprile 1992, n. 285, è aggiunto il seguente:

"3-bis. Tutte le trascrizioni ed annotazioni nei pubblici registri relative agli atti posti in essere in attuazione delle operazioni previste dal presente articolo e dagli articoli 213 e 214 sono esenti, per le amministrazioni dello Stato, da qualsiasi tributo ed emolumento ".

219. Le unità immobiliari appartenenti al patrimonio dello Stato, destinate ad uso abitativo e gestite dall'Agenzia del demanio, possono essere alienate dall'Agenzia medesima, ai sensi dell'articolo 3, comma 109, della legge 23 dicembre 1996, n. 662. A tal fine, la lettera d) del predetto comma 109 si interpreta nel senso che le conseguenti attività estimali, incluse quelle già affidate all'Ufficio tecnico erariale, sono eseguite dall'Agenzia medesima [(1)].

[(1)] Comma modificato dall'articolo 1, comma 256, della legge 24 dicembre 2007 n. 244.

220. All'articolo 12-sexies del decreto legge 8 giugno 1992, n. 306, convertito, con modificazioni, dalla legge 7 agosto 1992, n. 356, e successive modificazioni, sono apportate le seguenti modificazioni:

a) al comma 1, dopo le parole: "codice di procedura penale, per taluno dei delitti previsti dagli articoli" sono inserite le seguenti: "314, 316, 316-bis, 316-ter, 317, 318, 319, 319-ter, 320, 322, 322-bis, 325,";

b) dopo il comma 2 è inserito il seguente:

"2-bis. In caso di confisca di beni per uno dei delitti previsti dagli articoli 314, 316, 316-bis, 316-ter, 317, 318, 319, 319-ter, 320, 322, 322-bis e 325 del codice penale, si applicano le disposizioni degli articoli 2- novies, 2-decies e 2-

undecies della legge 31 maggio 1965, n. 575, e successive modificazioni ".

221. Il comma 5 dell'articolo 2-undecies della legge 31 maggio 1965, n. 575, e successive modificazioni, è sostituito dal seguente:

"5. Le somme ricavate ai sensi del comma 1, lettere b) e c), nonché i proventi derivanti dall'affitto, dalla vendita o dalla liquidazione dei beni, di cui al comma 3, sono versati all'entrata del bilancio dello Stato per essere riassegnati in egual misura al finanziamento degli interventi per l'edilizia scolastica e per l'informatizzazione del processo".

222. A decorrere dal 1° gennaio 2007 e per un periodo di tre anni, sul trattamento di fine rapporto, di cui all'articolo 2120 del codice civile, sull'indennità premio di fine servizio, di cui all'articolo 2 e seguenti della legge 8 marzo 1968, n. 152, e sull'indennità di buonuscita, di cui all'articolo 3 e seguenti del testo unico di cui al decreto del Presidente della Repubblica 29 dicembre 1973, n. 1032, e successive modificazioni, nonché sui trattamenti integrativi percepiti dai soggetti nei cui confronti trovano applicazione le forme pensionistiche che garantiscono prestazioni definite in aggiunta o ad integrazione dei suddetti trattamenti, erogati ai lavoratori dipendenti pubblici e privati e corrisposti da enti gestori di forme di previdenza obbligatorie, i cui importi superino complessivamente un importo pari a 1,5 milioni di euro, rivalutato annualmente secondo l'indice ISTAT dei prezzi al consumo per le famiglie di operai e di impiegati, è dovuto sull'importo eccedente il predetto limite un contributo di solidarietà nella misura del 15 per cento. Con decreto del Ministro del lavoro e della previdenza sociale di concerto con il Ministro dell'economia e delle finanze sono stabilite le modalità di attuazione delle disposizioni di cui al presente comma.

223. Il 90 per cento delle risorse derivanti dall'attuazione del comma 222 affluiscono allo stato di previsione dell'entrata per essere successivamente riassegnate al Fondo di cui al comma 1261 e destinate ad iniziative volte a favorire l'istruzione e la tutela delle donne immigrate.

224. In attuazione del principio di salvaguardia ambientale ed al fine di incentivare la riduzione di autoveicoli per il trasporto promiscuo, immatricolati come "euro 0" o "euro 1", per i predetti autoveicoli consegnati ad un demolitore dal 1° gennaio 2007 al 31 dicembre 2007, è disposta la concessione, a fronte della presentazione del certificato di avvenuta rottamazione rilasciato da centri autorizzati, di un contributo pari al costo di demolizione disciplinato ai sensi dell'articolo 5 del decreto legislativo 24 giugno 2003, n. 209, e successive modificazioni, e comunque nei limiti di 80 euro per ciascun veicolo. Tale contributo è anticipato dal centro autorizzato che ha effettuato la rottamazione che recupera il corrispondente importo come credito d'imposta da utilizzare in compensazione secondo le disposizioni previste dai periodi secondo e quarto del comma 231 (1)(2).

(1) Vedi, anche, l'articolo 13, comma 8-quater, del D.L. 31 gennaio 2007, n. 7.
(2) Per la proroga delle disposizioni di cui al presente comma, vedi l'articolo 29 del D.L. 31 dicembre 2007 n. 248.

225. Coloro che effettuano la rottamazione senza sostituzione ai sensi del comma 224 possono richiedere, qualora non risultino intestatari di veicoli registrati, quale agevolazione ulteriore, il totale rimborso dell'abbonamento al trasporto pubblico locale nell'ambito del comune di residenza e di domicilio, ovvero del comune dove è ubicata la sede di lavoro, di durata pari ad una annualità. Con decreto del Ministro dell'economia e delle finanze, di concerto con il Ministro dell'ambiente e della tutela del territorio e del mare, d'intesa con la Conferenza unificata di cui all'articolo 8 del decreto legislativo 28 agosto 1997, n. 281, sono definite le modalità di erogazione del rimborso di cui al presente comma (1)(2).

(1) Comma modificato dall'articolo 13, comma 8-quinquies, del D.L. 31 gennaio 2007, n. 7.
(2) Per la proroga delle disposizioni di cui al presente comma, vedi l'articolo 29 del D.L. 31 dicembre 2007 n. 248.

226. In attuazione del principio di salvaguardia ambientale ed al fine di incentivare la sostituzione, realizzata attraverso la demolizione con le modalità indicate al comma 233, di autovetture ed autoveicoli per il trasporto promiscuo immatricolati come "euro 0" o "euro 1", con autovetture nuove immatricolate come "euro 4" o "euro 5", che emettono non oltre 140 grammi di CO_2 al chilometro, è concesso un contributo di euro 800 per l'acquisto di detti autoveicoli nonché l'esenzione dal pagamento delle tasse automobilistiche per detti autoveicoli, per un periodo di due annualità. La predetta esenzione è estesa per un'altra annualità per l'acquisto di autoveicoli che hanno una cilindrata inferiore a 1300 cc. Tali limiti di cilindrata non si applicano alle autovetture e autoveicoli acquistati da persone fisiche il cui nucleo familiare, certificato da idoneo stato di famiglia, sia formato da almeno sei componenti, i quali non risultino intestatari di altra autovettura o autoveicolo.

227. Allo scopo di favorire il rinnovo del parco autocarri circolante mediante la sostituzione, realizzata attraverso la demolizione con le modalità indicate al comma 233, di veicoli immatricolati come "euro 0" o "euro 1" con veicoli nuovi a minore impatto ambientale, è concesso un contributo di euro 2.000 per ogni veicolo di cui all'articolo 54, comma 1, lettera d), del decreto legislativo 30 aprile 1992, n. 285, di peso complessivo non superiore a 3,5 tonnellate, immatricolato come "euro 4" o "euro 5". Il beneficio è accordato a fronte della sostituzione di un veicolo avente sin dalla prima immatricolazione da parte del costruttore la medesima categoria e peso complessivo non superiore a 3,5 tonnellate ed immatricolato come "euro 0" o "euro 1".

228. Per l'acquisto di autovetture e di veicoli di cui al comma 227, nuovi ed omologati dal costruttore per la circolazione mediante alimentazione, esclusiva o doppia, del motore con gas metano o GPL, nonché mediante alimentazione elettrica ovvero ad idrogeno è concesso un contributo pari ad euro 1.500, incrementato di ulteriori euro 500 nel caso in cui il veicolo acquistato, nell'alimentazione ivi considerata, abbia emissioni di CO_2 inferiori a 120 grammi per chilometro. Le agevolazioni di cui al presente comma sono cumulabili, ove se ne presentino le condizioni, con quelle di cui ai commi 226 o 227.

229. Le disposizioni di cui ai commi 226, 227 e 228 possono essere fruite nel rispetto della regola degli aiuti "de minimis" di cui al regolamento (CE) n. 69/2001 della Commissione, del 12 gennaio 2001. Le disposizioni di cui ai commi 226 e 227 hanno validità per i veicoli nuovi acquistati e risultanti da contratto stipulato dal venditore e acquirente a decorrere dal 3 ottobre 2006 e fino al 31 dicembre 2007; i

suddetti veicoli non possono essere immatricolati oltre il 31 marzo 2008; le disposizioni di cui al comma 228 hanno validità per i veicoli nuovi ivi previsti per i quali il predetto contratto è stipulato a decorrere dal 3 ottobre 2006 e fino al 31 dicembre 2009, con possibilità di immatricolazione dei veicoli fino al 31 marzo 2010.

230. Al fine di consentire agli enti impositori di verificare la sussistenza dei requisiti richiesti per beneficiare dell'esenzione e del contributo di cui ai commi 226, 227, 228 e 236, il venditore integra la documentazione da consegnare al pubblico registro automobilistico, per la trascrizione del titolo di acquisto del nuovo veicolo, con una dichiarazione resa ai sensi dell'articolo 47 del testo unico di cui al decreto del Presidente della Repubblica 28 dicembre 2000, n. 445, in cui devono essere indicati:

a) la conformità del veicolo acquistato ai requisiti prescritti dai commi 226, 227, 228 e 236;

b) la targa del veicolo ritirato per la consegna ai centri autorizzati di cui all'articolo 3, comma 1, lettera p), del decreto legislativo 24 giugno 2003, n. 209, e la conformità dello stesso ai requisiti stabiliti dai commi 226, 227, 228 e 236;

c) copia del documento di presa in carico da parte del centro autorizzato per la demolizione [(1)].

[(1)] *Lettera sostituita dall'articolo 1, comma 9-bis, del D.L. 10 febbraio 2009, n. 5.*

231. Ai fini dell'applicazione dei commi 224, 226, 227 e 228, i centri autorizzati che hanno effettuato la rottamazione, ovvero le imprese costruttrici o importatrici del veicolo nuovo rimborsano al venditore l'importo del contributo e recuperano detto importo quale credito di imposta solo ai fini della compensazione di cui al decreto legislativo 9 luglio 1997, n. 241, a decorrere dal momento in cui viene richiesto al pubblico registro automobilistico l'originale del certificato di proprietà. Il credito di imposta non è rimborsabile, non concorre alla formazione del valore della produzione netta di cui al decreto legislativo 15 dicembre 1997, n. 446, né dell'imponibile agli effetti delle imposte sui redditi e non rileva ai fini del rapporto di cui agli articoli 96 e 109, comma 5, del testo unico delle imposte sui redditi di cui al decreto del Presidente della Repubblica 22 dicembre 1986, n. 917. Il contributo di cui ai commi 226, 227 e 228 non spetta per gli acquisti dei veicoli per la cui produzione o al cui scambio è diretta l'attività dell'impresa. Il contributo di cui ai commi 226, 227 e 228 spetta anche nel caso in cui il veicolo demolito sia intestato ad un familiare convivente, risultante dallo stato di famiglia.

232. Fino al 31 dicembre del quinto anno successivo a quello in cui è stata emessa la fattura di vendita, le imprese costruttrici o importatrici conservano, anche su supporto elettronico, la seguente documentazione, che deve essere ad esse trasmessa dal venditore:

a) copia della fattura di vendita, del contratto di acquisto e della domanda di immatricolazione o della carta provvisoria di circolazione;

b) copia del libretto o della carta di circolazione e del foglio complementare o del certificato di proprietà del veicolo usato; in caso di mancanza, copia dell'estratto cronologico;

c) copia della domanda di cancellazione per demolizione e copia del documento di presa in carico da parte del centro autorizzato per la demolizione;

d) copia dello stato di famiglia nel caso in cui il veicolo demolito sia intestato a familiare convivente [(1)].

[(1)] *Comma sostituito dall'articolo 1, comma 9-ter, del D.L. 10 febbraio 2009, n. 5.*

233. Entro quindici giorni dalla data di consegna del veicolo nuovo, il venditore ha l'obbligo di consegnare ad un demolitore il veicolo ritirato per la demolizione e di provvedere direttamente o tramite delega alla richiesta di cancellazione per demolizione al pubblico registro automobilistico. I veicoli ritirati per la demolizione non possono essere rimessi in circolazione e vanno avviati o alle case costruttrici o ai centri appositamente autorizzati, anche convenzionati con le stesse, al fine della messa in sicurezza, della demolizione, del recupero di materiali e della rottamazione. Entro il 31 dicembre 2007 il Governo presenta una relazione al Parlamento sull'efficacia della presente disposizione, sulla base dei dati rilevati dal Ministero dei trasporti, 1121, subordinatamente al rispetto del raggiungimento degli obiettivi di finanza pubblica.

234. Con decreto del Ministero dell'economia e delle finanze, di concerto con il Ministero dei trasporti, sentiti il soggetto gestore del pubblico registro automobilistico ed il Comitato interregionale di gestione di cui all'articolo 5 del protocollo di intesa tra le regioni e le province autonome ed il Ministero dell'economia e delle finanze per la costituzione, gestione ed aggiornamento degli archivi regionali e nazionale delle tasse automobilistiche, da adottare entro sessanta giorni dalla data di entrata in vigore della presente legge, sono stabiliti i criteri di collegamento tra gli archivi informatici relativi ai veicoli, al fine di rendere uniformi le informazioni in essi contenute e di consentire l'aggiornamento in tempo reale dei dati in essi presenti.

235. Con decreto del Ministero dell'economia e delle finanze, di concerto con il Ministero dei trasporti e il Ministero per le riforme e le innovazioni nella pubblica amministrazione, da adottare entro novanta giorni dalla data di entrata in vigore della presente legge, d'intesa con la Conferenza permanente per i rapporti tra lo Stato, le regioni e le province autonome di Trento e di Bolzano, sono effettuate le regolazioni finanziarie delle minori entrate nette derivanti dall'attuazione delle norme dei commi da 224 a 234 e sono stabiliti i criteri e le modalità per la corrispondente definizione dei trasferimenti dello Stato alle regioni ed alle province autonome.

236. A decorrere dal 1° dicembre 2006 e fino al 31 dicembre 2007, in caso di acquisto di un motociclo nuovo di categoria "euro 3", con contestuale sostituzione di un motociclo appartenente alla categoria "euro 0", realizzata attraverso la demolizione con le modalità indicate al comma 233, è concessa l'esenzione dal pagamento delle tasse automobilistiche per cinque annualità. Il costo di rottamazione è a carico del bilancio dello Stato, nei limiti di 80 euro per ciascun motociclo, ed è anticipato dal venditore che recupera detto importo quale credito d'imposta da utilizzare in compensazione secondo le disposizioni del comma 231. Si applicano, per il resto, in quanto compatibili, le disposizioni dei commi da 230 a 235, con il rispetto della regola degli aiuti "de minimis" di cui al regolamento (CE) n. 69/2001 della Commissione, del 12 gennaio 2001. Le disposizioni di cui al presente comma hanno validità per i motocicli nuovi acquistati e risultanti da contratto stipulato dal venditore e acquirente. I suddetti motocicli non possono essere imma-

tricolati oltre il 31 marzo 2008. Per i motocicli acquistati dal 1° dicembre 2006 al 31 dicembre 2006, gli adempimenti previsti dai commi 230 e 233 possono essere effettuati entro il 31 gennaio 2007 (1).

(1) *Per la proroga delle disposizioni di cui al presente comma, vedi l'articolo 29 del D.L. 31 dicembre 2007 n. 248.*

237. Al comma 63 dell'articolo 2 del decreto- legge 3 ottobre 2006, n. 262, convertito, con modificazioni, dalla legge 24 novembre 2006, n. 286, è aggiunto il seguente periodo: "Gli incrementi percentuali approvati dalle regioni o dalle province autonome di Trento e di Bolzano prima della data di entrata in vigore della legge di conversione del presente decreto vengono ricalcolati sugli importi della citata tabella 1".

238. Il comma 59 dell'articolo 2 del decreto- legge 3 ottobre 2006, n. 262, convertito, con modificazioni, dalla legge 24 novembre 2006, n. 286, è sostituito dal seguente: "59. Per gli interventi finalizzati ad incentivare l'installazione su autoveicoli immatricolati come "euro 0" o "euro 1" di impianti a GPL o a metano per autotrazione, è autorizzata la spesa di 50 milioni di euro per ciascuno degli anni 2007, 2008 e 2009". Resta fermo quanto previsto dall'articolo 1, comma 2, terzo periodo, del decreto-legge 25 settembre 1997, n. 324, convertito, con modificazioni, dalla legge 25 novembre 1997, n. 403 (1).

(1) *A norma dell'articolo 1 del D.M. 11 gennaio 2007, l'entità del contributo previsto dal presente comma è stabilita in euro 350.*

239. Fatte salve le agevolazioni già in vigore, le misure della tassa automobilistica previste per le autovetture ed i veicoli per il trasporto promiscuo immatricolati come "euro 0", "euro 1", "euro 2", "euro 3" e "euro 4", di cui al comma 321, non si applicano per i veicoli omologati dal costruttore per la circolazione mediante alimentazione, esclusiva o doppia, elettrica, a gas metano, a GPL, a idrogeno. Tale agevolazione si applica anche ai veicoli sui quali il sistema di doppia alimentazione venga installato successivamente alla immatricolazione.

240. All'articolo 2, primo comma, lettera d), del testo unico delle leggi sulle tasse automobilistiche, di cui al decreto del Presidente della Repubblica 5 febbraio 1953, n. 39, dopo le parole: "per gli autoveicoli di peso complessivo a pieno carico inferiore a 12 tonnellate" sono aggiunte le seguenti: "ad eccezione dei veicoli che, pur immatricolati o reimmatricolati come N1, presentino codice di carrozzeria F0 (Effe zero) con quattro o più posti ed abbiano un rapporto tra la potenza espressa in kw e la portata del veicolo espressa in tonnellate maggiore o uguale a 180, per i quali la tassazione continua ad essere effettuata in base alla potenza effettiva dei motori".

241. Le disposizioni del comma 240 hanno effetto a decorrere dal 3 ottobre 2006. È abrogato il comma 55 dell'articolo 2 del decreto-legge 3 ottobre 2006, n. 262, convertito, con modificazioni, dalla legge 24 novembre 2006, n. 286.

242. Per i soggetti indicati nell'articolo 73, comma 1, lettera a), del testo unico delle imposte sui redditi, di cui al decreto del Presidente della Repubblica 22 dicembre 1986, n. 917, che risultano da operazioni di aggregazione aziendale realizzate attraverso fusione o scissione, effettuate negli anni 2007 e 2008, si considera riconosciuto, ai fini fiscali, il valore di avviamento e quello attribuito ai beni strumentali materiali e immateriali, per effetto della imputazione in bilancio del disavanzo da concambio, per un ammontare complessivo non eccedente l'importo di 5 milioni di euro.

243. Nel caso di operazioni di conferimento di azienda effettuate ai sensi dell'articolo 176 del testo unico delle imposte sui redditi di cui al decreto del Presidente della Repubblica 22 dicembre 1986, n. 917, negli anni 2007 e 2008, si considerano riconosciuti, ai fini fiscali, i maggiori valori iscritti dal soggetto conferitario di cui al comma 242 a titolo di avviamento o beni strumentali materiali e immateriali, per un ammontare complessivo non eccedente l'importo di 5 milioni di euro.

244. Le disposizioni dei commi 242 e 243 si applicano qualora alle operazioni di aggregazione aziendale partecipino esclusivamente imprese operative da almeno due anni. Le medesime disposizioni non si applicano qualora le imprese che partecipano alle predette operazioni facciano parte dello stesso gruppo societario. Sono in ogni caso esclusi i soggetti legati tra loro da un rapporto di partecipazione ovvero controllati anche indirettamente dallo stesso soggetto ai sensi dell'articolo 2359 del codice civile.

245. Le disposizioni dei commi 242, 243 e 244 si applicano qualora le imprese interessate dalle operazioni di aggregazione aziendale si trovino o si siano trovate ininterrottamente, nei due anni precedenti l'operazione, nelle condizioni che consentono il riconoscimento fiscale di cui ai commi 242 e 243.

246. L'applicazione delle disposizioni di cui ai commi da 242 a 245 è subordinata alla presentazione all'Agenzia delle entrate di una istanza preventiva ai sensi dell'articolo 11 della legge 27 agosto 2000, n. 212, al fine di dimostrare la sussistenza dei requisiti previsti dai commi da 242 a 249.

247. Per la liquidazione, l'accertamento, la riscossione, i rimborsi, le sanzioni e il contenzioso si applicano le disposizioni previste per le imposte sui redditi.

248. La società risultante dall'aggregazione che nei primi quattro periodi d'imposta dalla effettuazione dell'operazione pone in essere ulteriori operazioni straordinarie, di cui al titolo III, capi III e IV, del testo unico delle imposte sui redditi di cui al decreto del Presidente della Repubblica 22 dicembre 1986, n. 917, ovvero cede i beni iscritti o rivalutati ai sensi dei commi da 242 a 249, decade dall'agevolazione, fatta salva l'attivazione della procedura di cui all'articolo 37-bis, comma 8, del decreto del Presidente della Repubblica 29 settembre 1973, n. 600.

249. Nella dichiarazione dei redditi del periodo d'imposta in cui si verifica la decadenza prevista al comma 248, la società è tenuta a liquidare e versare l'imposta sul reddito delle società e l'imposta regionale sulle attività produttive dovute sul maggior reddito, relativo anche ai periodi di imposta precedenti, determinato senza tenere conto dei maggiori valori riconosciuti fiscalmente ai sensi dei commi 242 e 243. Sulle maggiori imposte liquidate non sono dovute sanzioni e interessi.

250. Dopo il comma 2-bis dell'articolo 01 del decreto-legge 5 ottobre 1993, n. 400, convertito, con modificazioni, dalla legge 4 dicembre 1993, n. 494, è aggiunto il seguente:

"2-ter. Le concessioni di cui al comma 1 sono revocate qualora il concessionario si renda, dalla data di entrata in vigore della presente disposizione, responsabile di gravi violazioni edilizie, che costituiscono inadempimento agli obblighi derivanti dalla concessione ai sensi dell'articolo 5 del regolamento di cui al decreto del Presidente della Repubblica 13 settembre 2005, n. 296".

251. Il comma 1 dell'articolo 03 del decreto- legge 5 ottobre 1993, n. 400, convertito, con modificazioni, dalla legge 4 dicembre 1993, n. 494, è sostituito dal seguente:

"1. I canoni annui per concessioni rilasciate o rinnovate con finalità turistico-ricreative di aree, pertinenze demaniali marittime e specchi acquei per i quali si applicano le disposizioni relative alle utilizzazioni del demanio marittimo sono determinati nel rispetto dei seguenti criteri:

a) classificazione, a decorrere dal 1° gennaio 2007, delle aree, manufatti, pertinenze e specchi acquei nelle seguenti categorie:

1) categoria A: aree, manufatti, pertinenze e specchi acquei, o parti di essi, concessi per utilizzazioni ad uso pubblico ad alta valenza turistica;

2) categoria B: aree, manufatti, pertinenze e specchi acquei, o parti di essi, concessi per utilizzazione ad uso pubblico a normale valenza turistica. L'accertamento dei requisiti di alta e normale valenza turistica è riservato alle regioni competenti per territorio con proprio provvedimento. Nelle more dell'emanazione di detto provvedimento la categoria di riferimento è da intendersi la B. Una quota pari al 10 per cento delle maggiori entrate annue rispetto alle previsioni di bilancio derivanti dall'utilizzo delle aree, pertinenze e specchi acquei inseriti nella categoria A è devoluta alle regioni competenti per territorio;

b) misura del canone annuo determinata come segue:

1) per le concessioni demaniali marittime aventi ad oggetto aree e specchi acquei, per gli anni 2004, 2005 e 2006 si applicano le misure unitarie vigenti alla data di entrata in vigore della presente legge e non operano le disposizioni maggiorative di cui ai commi 21, 22 e 23 dell'articolo 32 del decreto-legge 30 settembre 2003, n. 269, convertito, con modificazioni, dalla legge 24 novembre 2003, n. 326, e successive modificazioni; a decorrere dal 1° gennaio 2007, si applicano i seguenti importi aggiornati degli indici ISTAT maturati alla stessa data:

1.1) area scoperta: euro 1,86 al metro quadrato per la categoria A; euro 0,93 al metro quadrato per la categoria B;

1.2) area occupata con impianti di facile rimozione: euro 3,10 al metro quadrato per la categoria A; euro 1,55 al metro quadrato per la categoria B;

1.3) area occupata con impianti di difficile rimozione: euro 4,13 al metro quadrato per la categoria A; euro 2,65 al metro quadrato per la categoria B;

1.4) euro 0,72 per ogni metro quadrato di mare territoriale per specchi acquei o delimitati da opere che riguardano i porti così come definite dall'articolo 5 del testo unico di cui al regio decreto 2 aprile 1885, n. 3095, e comunque entro 100 metri dalla costa;

1.5) euro 0,52 per gli specchi acquei compresi tra 100 e 300 metri dalla costa;

1.6) euro 0,41 per gli specchi acquei oltre 300 metri dalla costa;

1.7) euro 0,21 per gli specchi acquei utilizzati per il posizionamento di campi boa per l'ancoraggio delle navi al di fuori degli specchi acquei di cui al numero 1.3);

2) per le concessioni comprensive di pertinenze demaniali marittime si applicano, a decorrere dal 1° gennaio 2007, i seguenti criteri:

2.1) per le pertinenze destinate ad attività commerciali, terziario-direzionali e di produzione di beni e servizi, il canone è determinato moltiplicando la superficie complessiva del manufatto per la media dei valori mensili unitari minimi e massimi indicati dall'Osservatorio del mercato immobiliare per la zona di riferimento. L'importo ottenuto è moltiplicato per un coefficiente pari a 6,5. Il canone annuo così determinato è ulteriormente ridotto delle seguenti percentuali, da applicare per scaglioni progressivi di superficie del manufatto: fino a 200 metri quadrati, 0 per cento; oltre 200 metri quadrati e fino a 500 metri quadrati, 20 per cento; oltre 500 metri quadrati e fino a 1.000 metri quadrati, 40 per cento; oltre 1.000 metri quadrati, 60 per cento. Qualora i valori dell'Osservatorio del mercato immobiliare non siano disponibili, si fa riferimento a quelli del più vicino comune costiero rispetto al manufatto nell'ambito territoriale della medesima regione;

2.2) per le aree ricomprese nella concessione, per gli anni 2004, 2005 e 2006 si applicano le misure vigenti alla data di entrata in vigore della presente legge e non operano le disposizioni maggiorative di cui ai commi 21, 22 e 23 dell'articolo 32 del decreto-legge 30 settembre 2003, n. 269, convertito, con modificazioni, dalla legge 24 novembre 2003, n. 326, e successive modificazioni; a decorrere dal 1° gennaio 2007, si applicano quelle di cui alla lettera b), numero 1);

c) riduzione dei canoni di cui alla lettera b) nella misura del 50 per cento:

1) in presenza di eventi dannosi di eccezionale gravità che comportino una minore utilizzazione dei beni oggetto della concessione, previo accertamento da parte delle competenti autorità marittime di zona;

2) nel caso di concessioni demaniali marittime assentite alle società sportive dilettantistiche senza scopo di lucro affiliate alle Federazioni sportive nazionali con l'esclusione dei manufatti pertinenziali adibiti ad attività commerciali;

d) riduzione dei canoni di cui alla lettera b) nella misura del 90 per cento per le concessioni indicate al secondo comma dell'articolo 39 del codice della navigazione e all'articolo 37 del regolamento per l'esecuzione del codice della navigazione, di cui al decreto del Presidente della Repubblica 15 febbraio 1952, n. 328;

e) obbligo per i titolari delle concessioni di consentire il libero e gratuito accesso e transito, per il raggiungimento della battigia antistante l'area ricompresa nella concessione, anche al fine di balneazione;

f) riduzione, per le imprese turistico-ricettive all'aria aperta, dei valori inerenti le superfici del 25 per cento".

252. Il comma 3 dell'articolo 03 del decreto- legge 5 ottobre 1993, n. 400, convertito, con modificazioni, dalla legge 4 dicembre 1993, n. 494, è sostituito dal seguente:

"3. Le misure dei canoni di cui al comma 1, lettera b), si applicano, a decorrere dal 1° gennaio 2007, anche alle concessioni dei beni del demanio marittimo e di zone del mare territoriale aventi ad oggetto la realizzazione e la gestione di strutture dedicate alla nautica da diporto".

253. All'articolo 03 del decreto-legge 5 ottobre 1993, n. 400, convertito, con modificazioni, dalla legge 4 dicembre 1993, n. 494, è aggiunto, in fine, il seguente comma:

"4-bis. Ferme restando le disposizioni di cui all'articolo 01, comma 2, le concessioni di cui al presente articolo possono avere durata superiore a sei anni e comunque non superiore a venti anni in ragione dell'entità e della rilevanza economica delle opere da realizzare e sulla base dei piani di utilizzazione delle aree del demanio marittimo predisposti dalle regioni".

254. Le regioni, nel predisporre i piani di utilizzazione delle aree del demanio marittimo di cui all'articolo 6, comma 3, del decreto- legge 5 ottobre 1993, n. 400, convertito, con modificazioni, dalla legge 4 dicembre 1993, n. 494, sentiti i comuni interessati, devono altresì individuare un corretto equilibrio tra le aree concesse a soggetti privati e gli arenili liberamente fruibili; devono inoltre individuare le modalità e la collocazione dei varchi necessari al fine di consentire il libero e gratuito accesso e transito, per il raggiungimento della battigia antistante l'area ricompresa nella concessione, anche al fine di balneazione.

255. All'articolo 5 del decreto-legge 5 ottobre 1993, n. 400, convertito, con modificazioni, dalla legge 4 dicembre 1993, n. 494, è aggiunto, in fine, il seguente comma:"1-bis. Le somme per canoni relative a concessioni demaniali marittime aventi finalità turistico-ricreative versate in eccedenza rispetto a quelle dovute a decorrere dal 1° gennaio 2004 ai sensi dell'articolo 03, comma 1, sono compensate con quelle da versare allo stesso titolo, in base alla medesima disposizione".

256. I commi 21, 22 e 23 dell'articolo 32 del decreto-legge 30 settembre 2003, n. 269, convertito, con modificazioni, dalla legge 24 novembre 2003, n. 326, e il comma 4 dell'articolo 10 della legge 17 dicembre 1997, n. 449, sono abrogati.

257. Le disposizioni di cui all'articolo 8 del decreto-legge 5 ottobre 1993, n. 400, convertito, con modificazioni, dalla legge 4 dicembre 1993, n. 494, e successive modificazioni, si interpretano nel senso che le utilizzazioni ivi contemplate fanno riferimento alla mera occupazione di beni demaniali marittimi e relative pertinenze. Qualora, invece, l' occupazione consista nella realizzazione sui beni demaniali marittimi di opere inamovibili in difetto assoluto di titolo abilitativo o in presenza di titolo abilitativo che per il suo contenuto è incompatibile con la destinazione e disciplina del bene demaniale, l'indennizzo dovuto è commisurato ai valori di mercato, ferma restando l'applicazione delle misure sanzionatorie vigenti, ivi compreso il ripristino dello stato dei luoghi.

258. Con decreto del Ministro dei trasporti, di concerto con il Ministro dell'economia e delle finanze, il canone annuo per l'uso dei beni del demanio dovuto dalle società di gestione che provvedono alla gestione aeroportuale totale o parziale, anche in regime precario, è proporzionalmente incrementato nella misura utile a determinare un introito diretto per l'erario pari a 3 milioni di euro nel 2007, 9,5 milioni di euro nel 2008 e 10 milioni di euro nel 2009.

259. Dopo l'articolo 3 del decreto-legge 25 settembre 2001, n. 351, convertito, con modificazioni, dalla legge 23 novembre 2001, n. 410, è inserito il seguente:

"Art. 3-bis. – (Valorizzazione e utilizzazione a fini economici dei beni immobili tramite concessione o locazione). – 1. I beni immobili di proprietà dello Stato individuati ai sensi dell'articolo 1 possono essere concessi o locati a privati, a titolo oneroso, per un periodo non superiore a cinquanta anni, ai fini della riqualificazione e riconversione dei medesimi beni tramite interventi di recupero, restauro, ristrutturazione anche con l'introduzione di nuove destinazioni d'uso finalizzate allo svolgimento di attività economiche o attività di servizio per i cittadini, ferme restando le disposizioni contenute nel codice dei beni culturali e del paesaggio, di cui al decreto legislativo 22 gennaio 2004, n. 42, e successive modificazioni.

2. Il Ministero dell'economia e delle finanze può convocare una o più conferenze di servizi o promuovere accordi di programma per sottoporre all'approvazione iniziative per la valorizzazione degli immobili di cui al presente articolo.

3. Agli enti territoriali interessati dal procedimento di cui al comma 2 è riconosciuta una somma non inferiore al 50 per cento e non superiore al 100 per cento del contributo di costruzione dovuto ai sensi dell'articolo 16 del testo unico delle disposizioni legislative e regolamentari in materia edilizia, di cui al decreto del Presidente della Repubblica 6 giugno 2001, n. 380, e successive modificazioni, per l'esecuzione delle opere necessarie alla riqualificazione e riconversione. Tale importo è corrisposto dal concessionario all'atto del rilascio o dell'efficacia del titolo abilitativo edilizio.

4. Le concessioni e le locazioni di cui al presente articolo sono assegnate con procedure ad evidenza pubblica, per un periodo di tempo commisurato al raggiungimento dell'equilibrio economico-finanziario dell'iniziativa e comunque non eccedente i cinquanta anni.

5. I criteri di assegnazione e le condizioni delle concessioni o delle locazioni di cui al presente articolo sono contenuti nei bandi predisposti dall'Agenzia del demanio, prevedendo, in particolare, nel caso di revoca della concessione o di recesso dal contratto di locazione il riconoscimento all'affidatario di un indennizzo valutato sulla base del piano economico-finanziario.

6. Per il perseguimento delle finalità di valorizzazione e utilizzazione a fini economici dei beni di cui al presente articolo, i beni medesimi possono essere affidati a terzi ai sensi dell'articolo 143 del codice dei contratti pubblici relativi a lavori, servizi e forniture, di cui al decreto legislativo 12 aprile 2006, n. 163, in quanto compatibile".

260. Allo scopo di devolvere allo Stato i beni vacanti o derivanti da eredità giacenti, il Ministro della giustizia, di concerto con il Ministro dell'interno ed il Ministro dell'economia e delle finanze, determina, con decreto da emanare entro sei mesi dalla data di entrata in vigore della presente legge, i criteri per l'acquisizione dei dati e delle informazioni rilevanti per individuare i beni giacenti o vacanti nel territorio dello Stato. Al possesso esercitato sugli immobili vacanti o derivanti da eredità giacenti si applica la disposizione dell'articolo 1163 del codice civile sino a quando il terzo esercente attività corrispondente al diritto di proprietà o ad altro diritto reale non notifichi all'Agenzia del demanio di essere in possesso del bene vacante o derivante da eredità giacenti. Nella comunicazione inoltrata all'Agenzia del demanio gli immobili sui quali è esercitato il possesso corrispondente al diritto di proprietà o ad altro diritto reale devono essere identificati descrivendone la consistenza mediante la indicazione dei dati catastali.

261. All'articolo 14 del regolamento di cui al decreto del Presidente della Repubblica 13 settembre 2005, n. 296, dopo il comma 2 è aggiunto il seguente:

"2-bis. Per i soggetti di cui alla lettera a) del comma 1 dell'articolo 11, qualora ricorrano le condizioni di cui al comma 2, secondo periodo, del presente articolo, la durata delle concessioni o locazioni può essere stabilita in anni cinquanta".

262. All'articolo 3 del decreto-legge 25 settembre 2001, n. 351, convertito, con modificazioni, dalla legge 23 novembre 2001, n. 410, e successive modificazioni, dopo il comma 15 sono inseriti i seguenti:

"15-bis. Per la valorizzazione di cui al comma 15, l'Agenzia del demanio può individuare, d'intesa con gli enti territoriali interessati, una pluralità di beni immobili pubblici per i quali è attivato un processo di valorizzazione unico, in coerenza con gli indirizzi di sviluppo territoriale, che possa costituire, nell'ambito del contesto economico e sociale di riferimento, elemento di stimolo ed attrazione di interventi di sviluppo locale. Per il finanziamento degli studi di fattibilità dei programmi facenti capo ai programmi unitari di valorizzazione dei beni demaniali per la promozione e lo sviluppo dei sistemi locali si provvede a valere sul capitolo relativo alle somme da attribuire all'Agenzia del demanio per l'acquisto dei beni immobili, per la manutenzione, la ristrutturazione, il risanamento e la valorizzazione dei beni del demanio e del patrimonio immobiliare statale, nonché per gli interventi sugli immobili confiscati alla criminalità organizzata. È elemento prioritario di individuazione, nell'ambito dei predetti programmi unitari, la suscettività di valorizzazione dei beni immobili pubblici mediante concessione d'uso o locazione, nonché l'allocazione di funzioni di interesse sociale, culturale, sportivo, ricreativo, per l'istruzione, la promozione delle attività di solidarietà e per il sostegno alle politiche per i giovani, nonché per le pari opportunità.

[15-ter. Nell'ambito dei processi di razionalizzazione dell'uso degli immobili pubblici ed al fine di adeguare l'assetto infrastrutturale delle Forze armate alle esigenze derivanti dall'adozione dello strumento professionale, il Ministero della difesa può individuare beni immobili di proprietà dello Stato mantenuti in uso al medesimo Dicastero per finalità istituzionali, suscettibili di permuta con gli enti territoriali. Le attività e le procedure di permuta sono effettuate dall'Agenzia del demanio, d'intesa con il Ministero della difesa, nel rispetto dei princìpi generali dell'ordinamento giuridico-contabile"] [(1)].

(1) L'articolo 2268, comma 1, del D.Lgs. 15 marzo 2010, n. 66 ha abolito il presente comma nella parte relativa all'inserimento del comma 15-ter nell'articolo 3 del D.L. n. 351 del 25 settembre 2001.

263. All'articolo 27 del decreto-legge 30 settembre 2003, n. 269, convertito, con modificazioni, dalla legge 24 novembre 2003, n. 326, sono apportate le seguenti modificazioni:

[a) al comma 13-bis, le parole: "L'Agenzia del demanio, di concerto con la Direzione generale dei lavori e del demanio del Ministero della difesa" sono sostituite dalle seguenti: "Il Ministero della difesa, con decreti da adottare d'intesa con l'Agenzia del demanio"; le parole: "da inserire in programmi di dismissione per le finalità di cui all'articolo 3, comma 112, della legge 23 dicembre 1996, n. 662, e successive modificazioni " sono sostituite dalle seguenti: "da consegnare all'Agenzia del demanio per essere inseriti in programmi di dismissione e valorizzazione ai sensi delle norme vigenti in materia"; e sono aggiunti, in fine, i seguenti periodi: "Relativamente a tali programmi che interessino Enti locali, si procede mediante accordi di programma ai sensi e per gli effetti di quanto disposto dall'articolo 34 del testo unico di cui al decreto legislativo 18 agosto 2000, n. 267. Nell'ambito degli accordi di programma può essere previsto il riconoscimento in favore degli Enti locali di una quota del maggior valore degli immobili determinato per effetto delle valorizzazioni assentite.";] [(1)]

[b) al comma 13-ter, le parole da: "il Ministero" fino alla fine del comma sono sostituite dalle seguenti: "con decreti adottati ai sensi del medesimo comma 13-bis sono individuati: a) entro il 28 febbraio 2007, beni immobili, per un valore complessivo pari a 1.000 milioni di euro, da consegnare all'Agenzia del demanio entro il 30 giugno 2007; b) entro il 31 luglio 2007, beni immobili, per un valore complessivo pari a 1.000 milioni di euro, da consegnare all'Agenzia del demanio entro il 31 dicembre 2007. Con le modalità indicate nel primo periodo e per le medesime finalità, nell'anno 2008 sono individuati, entro il 28 febbraio ed entro il 31 luglio, beni immobili per un valore pari a complessivi 2.000 milioni di euro";] [(2)]

c) i commi 13-quinquies e 13-sexies sono abrogati.

(1) Lettera abrogata dall'articolo 2268, comma 1, del D.Lgs. 15 marzo 2010, n. 66.

(2) Lettera abrogata dall'articolo 2268, comma 1, del D.Lgs. 15 marzo 2010, n. 66.

[264. Il comma 482 dell'articolo 1 della legge 23 dicembre 2005, n. 266, è abrogato.] [(1)]

(1) Comma abrogato dall'articolo 2268, comma 1, del D.Lgs. 15 marzo 2010, n. 66.

265. All'articolo 1 del decreto-legge 25 settembre 2001, n. 351, convertito, con modificazioni, dalla legge 23 novembre 2001, n. 410, dopo il comma 6-ter è inserito il seguente:

"6-quater. Sui beni immobili non più strumentali alla gestione caratteristica dell'impresa ferroviaria, di proprietà di Ferrovie dello Stato spa o delle società dalla stessa direttamente o indirettamente controllate, che siano ubicati in aree naturali protette e in territori sottoposti a vincolo paesaggistico, in caso di alienazione degli stessi è riconosciuto il diritto di prelazione degli enti locali e degli altri soggetti pubblici gestori delle aree protette. I vincoli di destinazione urbanistica degli immobili e quelli peculiari relativi alla loro finalità di utilità pubblica sono parametri di valutazione per la stima del valore di vendita".

266. All'articolo 11 del decreto legislativo 15 dicembre 1997, n. 446, e successive modificazioni, sono apportate le seguenti modificazioni:

a) al comma 1, la lettera a) è sostituita dalla seguente:

"a) sono ammessi in deduzione:

1) i contributi per le assicurazioni obbligatorie contro gli infortuni sul lavoro;

2) per i soggetti di cui all'articolo 3, comma 1, lettere da a) a e), esclusi le banche, gli altri enti finanziari, le imprese di assicurazione e le imprese operanti in concessione e a tariffa nei settori dell'energia, dell'acqua, dei trasporti, delle infrastrutture, delle poste, delle telecomunicazioni, della raccolta e depurazione delle acque di scarico e della raccolta e smaltimento rifiuti, un importo pari a 5.000 euro, su base annua, per ogni lavoratore dipendente a tempo indeterminato impiegato nel periodo di imposta;

3) per i soggetti di cui all'articolo 3, comma 1, lettere da a) a e), esclusi le banche, gli altri enti finanziari, le imprese di assicurazione e le imprese operanti in concessione e a tariffa nei settori dell'energia, dell'acqua, dei trasporti, delle infrastrutture, delle poste, delle telecomunicazioni, della raccolta e depurazione delle acque di scarico e della raccolta e smaltimento rifiuti, un importo fino a 10.000 euro, su base annua, per ogni lavoratore dipendente a tempo indeterminato

impiegato nel periodo d'imposta nelle regioni Abruzzo, Basilicata, Calabria, Campania, Molise, Puglia, Sardegna e Sicilia; tale deduzione è alternativa a quella di cui al numero 2), e può essere fruita nel rispetto dei limiti derivanti dall'applicazione della regola de minimis di cui al regolamento (CE) n. 69/2001 della Commissione, del 12 gennaio 2001, e successive modificazioni;

4) per i soggetti di cui all'articolo 3, comma 1, lettere da a) a e), esclusi le banche, gli altri enti finanziari, le imprese di assicurazione e le imprese operanti in concessione e a tariffa nei settori dell'energia, dell'acqua, dei trasporti, delle infrastrutture, delle poste, delle telecomunicazioni, della raccolta e depurazione delle acque di scarico e della raccolta e smaltimento rifiuti, i contributi assistenziali e previdenziali relativi ai lavoratori dipendenti a tempo indeterminato;

5) le spese relative agli apprendisti, ai disabili e le spese per il personale assunto con contratti di formazione e lavoro, nonché, per i soggetti di cui all'articolo 3, comma 1, lettere da a) a e), i costi sostenuti per il personale addetto alla ricerca e sviluppo, ivi compresi quelli per il predetto personale sostenuti da consorzi tra imprese costituiti per la realizzazione di programmi comuni di ricerca e sviluppo, a condizione che l'attestazione di effettività degli stessi sia rilasciata dal presidente del collegio sindacale ovvero, in mancanza, da un revisore dei conti o da un professionista iscritto negli albi dei revisori dei conti, dei dottori commercialisti, dei ragionieri e periti commerciali o dei consulenti del lavoro, nelle forme previste dall'articolo 13, comma 2, del decreto-legge 28 marzo 1997, n. 79, convertito, con modificazioni, dalla legge 28 maggio 1997, n. 140, e successive modificazioni, ovvero dal responsabile del centro di assistenza fiscale";

b) al comma 4-bis.1, dopo le parole: "pari a euro 2.000" sono inserite le seguenti:", su base annua," e le parole da: "; la deduzione " fino a: "di cui all'articolo 10, comma 2" sono soppresse;

c) al comma 4-bis.2 è aggiunto, in fine, il seguente periodo: "Le deduzioni di cui ai commi 1, lettera a), numeri 2) e 3), e 4- bis.1 sono ragguagliate ai giorni di durata del rapporto di lavoro nel corso del periodo d'imposta nel caso di contratti di lavoro a tempo indeterminato e parziale, nei diversi tipi e modalità di cui all'articolo 1 del decreto legislativo 25 febbraio 2000, n. 61, e successive modificazioni, ivi compreso il lavoro a tempo parziale di tipo verticale e di tipo misto, sono ridotte in misura proporzionale; per i soggetti di cui all'articolo 3, comma 1, lettera e), le medesime deduzioni spettano solo in relazione ai dipendenti impiegati nell'esercizio di attività commerciali e, in caso di dipendenti impiegati anche nelle attività istituzionali, l'importo è ridotto in base al rapporto di cui all'articolo 10, comma 2";

d) al comma 4-ter, le parole: "la deduzione di cui ai commi 4-bis e 4-bis.1" sono sostituite dalle seguenti: "le deduzioni indicate nel presente articolo";

e) dopo il comma 4-quinquies sono aggiunti i seguenti:

"4-sexies. In caso di lavoratrici donne rientranti nella definizione di lavoratore svantaggiato di cui al regolamento (CE) n. 2204/2002 della Commissione, del 5 dicembre 2002, in materia di aiuti di Stato a favore dell'occupazione, in alternativa a quanto previsto dal comma 4-quinquies, l'importo deducibile è, rispettivamente, moltiplicato per sette e per cinque nelle suddette aree, ma in questo caso l'intera maggiorazione spetta nei limiti di intensità nonché alle condizioni previsti dal predetto regolamento sui regimi di aiuto a favore dell'assunzione di lavoratori svantaggiati.

4-septies. Per ciascun dipendente l'importo delle deduzioni ammesse dai precedenti commi 1, 4-bis.1 e 4-quater, non può comunque eccedere il limite massimo rappresentato dalla retribuzione e dagli altri oneri e spese a carico del datore di lavoro e l'applicazione delle disposizioni di cui al comma 1, lettera a), numeri 2), 3) e 4), è alternativa alla fruizione delle disposizioni di cui ai commi 1, lettera a), numero 5), 4-bis.1, 4- quater, 4-quinquies e 4-sexies".

267. Le deduzioni di cui all'articolo 11, comma 1, lettera a), numeri 2) e 4), del decreto legislativo 15 dicembre 1997, n. 446, come da ultimo modificato dal comma 266, spettano *[, subordinatamente all'autorizzazione delle competenti autorità europee,]* a decorrere dal mese di febbraio 2007 nella misura del 50 per cento e per il loro intero ammontare a decorrere dal successivo mese di luglio, con conseguente ragguaglio ad anno di quella prevista dal citato numero 2)[(1)].

[(1)] Comma modificato dall'articolo 15-bis del D.L. 2 luglio 2007, n. 81.

268. La deduzione di cui all'articolo 11, comma 1, lettera a), numero 3), del decreto legislativo 15 dicembre 1997, n. 446, come da ultimo modificato dal comma 266, spetta in misura ridotta alla metà a decorrere dal mese di febbraio 2007 e per l'intero ammontare a decorrere dal successivo mese di luglio, con conseguente ragguaglio ad anno.

269. Nella determinazione dell'acconto dell'imposta regionale sulle attività produttive relativa al periodo d'imposta in corso al 1° febbraio 2007, può assumersi, come imposta del periodo precedente, la minore imposta che si sarebbe determinata applicando in tale periodo le disposizioni dei commi 266, 267 e 268. Agli stessi effetti, per il periodo d'imposta successivo a quello in corso al 1° febbraio 2007, può assumersi, come imposta del periodo precedente, la minore imposta che si sarebbe determinata applicando le disposizioni del comma 266 senza tenere conto delle limitazioni previste dai commi 267 e 268.

270. Al fine di garantire alle regioni che sottoscrivono gli accordi di cui al comma 796, lettera b), un ammontare di risorse equivalente a quello che deriverebbe dall'incremento automatico dell'aliquota dell'imposta regionale sulle attività produttive, applicata alla base imponibile che si sarebbe determinata in assenza delle disposizioni introdotte dai commi da 266 a 269, è ad esse riconosciuto, con riferimento alle esigenze finanziarie degli esercizi 2007, 2008 e 2009, un trasferimento pari a 89,81 milioni di euro per l'anno 2007, a 179 milioni di euro per l'anno 2008 e a 191,94 milioni di euro per l'anno 2009. Con decreto del Ministro dell'economia e delle finanze, le somme di cui al periodo precedente sono ripartite in proporzione al minor gettito dell'imposta regionale sulle attività produttive di ciascuna regione.

271. Alle imprese che effettuano l'acquisizione dei beni strumentali nuovi indicati nel comma 273, destinati a strutture produttive ubicate nelle aree delle regioni Calabria, Campania, Puglia, Sicilia, Basilicata, Sardegna, Abruzzo e Molise ammissibili alle deroghe previste dall'articolo 87, paragrafo 3, lettere a) e c), del Trattato istitutivo della Comunità europea, a decorrere dal periodo d'imposta successivo a quello in corso al 31 dicembre 2006 e fino alla chiusura del periodo d'imposta in corso alla data del 31 dicembre 2013, è attribuito un credito d'imposta automatico secondo

le modalità di cui ai commi da 272 a 279. È fatta salva la diversa decorrenza del credito d'imposta di cui al precedente periodo eventualmente prevista dall'autorizzazione di cui al comma 279 (1)(2)(3).

(1) Per l'estensione del credito d'imposta di cui al presente comma anche al settore della pesca, nel rispetto degli Orientamenti della Commissione europea in materia di aiuti nel settore della pesca e dell'acquacoltura, vedi l'articolo 15 del D.L. 2 luglio 2007, n. 81.
(2) Comma modificato dall'articolo 1, comma 284, della legge 24 dicembre 2007 n. 244 e dall'articolo 29 del D.L. 31 dicembre 2007, n. 248.
(3) A norma dell'articolo 5 del D.P.C.M. 20 febbraio 2014 la fruizione delle agevolazioni di cui al presente comma é, per l'anno 2014, limitata all'85 per cento di quanto spettante in base a quanto stabilito dalle disposizioni istitutive e attuative di ciascun credito d'imposta. Il residuo 15 per cento è utilizzabile in tre quote annuali a partire dall'anno 2015.

272. Il credito d'imposta è riconosciuto nella misura massima consentita in applicazione delle intensità di aiuto previste dalla Carta italiana degli aiuti a finalità regionale per il periodo 2007-2013 e non è cumulabile con il sostegno de minimis né con altri aiuti di Stato che abbiano ad oggetto i medesimi costi ammissibili (1)(2).

(1) Per l'estensione del credito d'imposta di cui al presente comma anche al settore della pesca, nel rispetto degli Orientamenti della Commissione europea in materia di aiuti nel settore della pesca e dell'acquacoltura, vedi l'articolo 15 del D.L. 2 luglio 2007, n. 81.
(2) Per la riduzione dell'autorizzazione di spesa, per l'anno 2013, di cui al presente comma vedi l'articolo 15, comma 3, lettera b), del D.L. 31 agosto 2013, n. 102, convertito, con modificazioni, dalla Legge 28 ottobre 2013, n. 124.

273. Ai fini del comma 271, si considerano agevolabili le acquisizioni, anche mediante contratti di locazione finanziaria, di:

a) macchinari, impianti, diversi da quelli infissi al suolo, ed attrezzature varie, classificabili nell'attivo dello stato patrimoniale di cui al primo comma, voci B.II.2 e B.II.3, dell'articolo 2424 del codice civile, destinati a strutture produttive già esistenti o che vengono impiantate nelle aree territoriali di cui al comma 271;

b) programmi informatici commisurati alle esigenze produttive e gestionali dell'impresa, limitatamente alle piccole e medie imprese;

c) brevetti concernenti nuove tecnologie di prodotti e processi produttivi, per la parte in cui sono utilizzati per l'attività svolta nell'unità produttiva; per le grandi imprese, come definite ai sensi della normativa comunitaria, gli investimenti in tali beni sono agevolabili nel limite del 50 per cento del complesso degli investimenti agevolati per il medesimo periodo d'imposta (1).

(1) Per l'estensione del credito d'imposta di cui al presente comma anche al settore della pesca, nel rispetto degli Orientamenti della Commissione europea in materia di aiuti nel settore della pesca e dell'acquacoltura, vedi l'articolo 15 del D.L. 2 luglio 2007, n. 81.

274. Il credito d'imposta è commisurato alla quota del costo complessivo dei beni indicati nel comma 273 eccedente gli ammortamenti dedotti nel periodo d'imposta, relativi alle medesime categorie dei beni d'investimento della stessa struttura produttiva, ad esclusione degli ammortamenti dei beni che formano oggetto dell'investimento agevolato effettuati nel periodo d'imposta della loro entrata in funzione. Per gli investimenti effettuati mediante contratti di locazione finanziaria, si assume il costo sostenuto dal locatore per l'acquisto dei beni; detto costo non comprende le spese di manutenzione (1).

(1) Per l'estensione del credito d'imposta di cui al presente comma anche al settore della pesca, nel rispetto degli Orientamenti della Commissione europea in materia di aiuti nel settore della pesca e dell'acquacoltura, vedi l'articolo 15 del D.L. 2 luglio 2007, n. 81.

275. L'agevolazione di cui al comma 271 non si applica ai soggetti che operano nei settori dell'industria siderurgica e delle fibre sintetiche, come definiti rispettivamente agli allegati I e II agli Orientamenti in materia di aiuti di Stato a finalità regionale 2007- 2013, pubblicati nella Gazzetta Ufficiale dell'Unione europea C 54 del 4 marzo 2006, nonché ai settori *[della pesca,]* dell'industria carbonifera, creditizio, finanziario e assicurativo. Il credito d'imposta a favore di imprese o attività che riguardano prodotti o appartengono ai settori soggetti a discipline comunitarie specifiche, ivi inclusa la disciplina multisettoriale dei grandi progetti, è riconosciuto nel rispetto delle condizioni sostanziali e procedurali definite dalle predette discipline dell'Unione europea e previa autorizzazione, ove prescritta, della Commissione europea (1).

(1) Comma modificato dall'articolo 15 del D.L. 2 luglio 2007, n. 81.

276. Il credito d'imposta è determinato con riguardo ai nuovi investimenti eseguiti in ciascun periodo d'imposta e deve essere indicato nella relativa dichiarazione dei redditi. Esso non concorre alla formazione del reddito né della base imponibile dell'imposta regionale sulle attività produttive, non rileva ai fini del rapporto di cui agli articoli 96 e 109, comma 5, del testo unico delle imposte sui redditi, di cui al decreto del Presidente della Repubblica 22 dicembre 1986, n. 917, e successive modificazioni, ed è utilizzabile ai fini dei versamenti delle imposte sui redditi; l'eventuale eccedenza è utilizzabile in compensazione ai sensi dell'articolo 17 del decreto legislativo 9 luglio 1997, n. 241, e successive modificazioni, a decorrere dal sesto mese successivo al termine per la presentazione della dichiarazione dei redditi relativa al periodo d'imposta con riferimento al quale il credito è concesso (1).

(1) Per l'estensione del credito d'imposta di cui al presente comma anche al settore della pesca, nel rispetto degli Orientamenti della Commissione europea in materia di aiuti nel settore della pesca e dell'acquacoltura, vedi l'articolo 15 del D.L. 2 luglio 2007, n. 81.

277. Se i beni oggetto dell'agevolazione non entrano in funzione entro il secondo periodo d'imposta successivo a quello della loro acquisizione o ultimazione, il credito d'imposta è rideterminato escludendo dagli investimenti agevolati il costo dei beni non entrati in funzione. Se entro il quinto periodo d'imposta successivo a quello nel quale sono entrati in funzione i beni sono dismessi, ceduti a terzi, destinati a finalità estranee all'esercizio dell'impresa ovvero destinati a strutture produttive diverse da quelle che hanno dato diritto all'agevolazione, il credito d'imposta è rideterminato escludendo dagli investimenti agevolati il costo dei beni anzidetti; se nel periodo d'imposta in cui si verifica una delle predette ipotesi vengono acquisiti beni della stessa categoria di quelli agevolati, il credito d'imposta è rideterminato escludendo il costo non ammortizzato degli investi-

menti agevolati per la parte che eccede i costi delle nuove acquisizioni. Per i beni acquisiti in locazione finanziaria le disposizioni di cui al presente comma si applicano anche se non viene esercitato il riscatto. Il credito d'imposta indebitamente utilizzato che deriva dall'applicazione del presente comma è versato entro il termine per il versamento a saldo dell'imposta sui redditi dovuta per il periodo d'imposta in cui si verificano le ipotesi ivi indicate [(1)].

(1) *Per l'estensione del credito d'imposta di cui al presente comma anche al settore della pesca, nel rispetto degli Orientamenti della Commissione europea in materia di aiuti nel settore della pesca e dell'acquacoltura, vedi l'articolo 15 del D.L. 2 luglio 2007, n. 81.*

278. Con uno o più decreti del Ministro dell'economia e delle finanze, di concerto con il Ministro dello sviluppo economico, sono adottate le disposizioni per l'effettuazione delle verifiche necessarie a garantire la corretta applicazione dei commi da 271 a 277. Tali verifiche, da effettuare dopo almeno dodici mesi dall'attribuzione del credito d'imposta, sono, altresì, finalizzate alla valutazione della qualità degli investimenti effettuati, anche al fine di valutare l'opportunità di effettuare un riequilibrio con altri strumenti aventi analoga finalità [(1)].

(1) *Per l'estensione del credito d'imposta di cui al presente comma anche al settore della pesca, nel rispetto degli Orientamenti della Commissione europea in materia di aiuti nel settore della pesca e dell'acquacoltura, vedi l'articolo 15 del D.L. 2 luglio 2007, n. 81.*

279. L'efficacia dei commi da 271 a 278 è subordinata, ai sensi dell'articolo 88, paragrafo 3, del Trattato istitutivo della Comunità europea, all'autorizzazione della Commissione europea [(1)].

(1) *Per l'estensione del credito d'imposta di cui al presente comma anche al settore della pesca, nel rispetto degli Orientamenti della Commissione europea in materia di aiuti nel settore della pesca e dell'acquacoltura, vedi l'articolo 15 del D.L. 2 luglio 2007, n. 81.*

279-bis. [(1)]Per i progetti di investimento agevolabili ai sensi dei commi da 271 a 279 per i quali l'Agenzia delle entrate ha comunicato ai soggetti interessati il nulla osta ai fini della relativa copertura finanziaria ai sensi e per gli effetti dell'articolo 2 del decreto-legge 3 giugno 2008, n. 97, convertito, con modificazioni, dalla legge 2 agosto 2008, n. 129, il beneficio del credito d'imposta è applicabile agli investimenti, effettuati dal 1° gennaio 2007 e ultimati entro il 31 dicembre 2013, anche se le opere sono relative a progetti di investimento iniziati in data anteriore al 1° gennaio 2007, salvo che i medesimi investimenti non costituiscano mero completamento di investimenti già agevolati ai sensi della legge 23 dicembre 2000, n. 388.

(1) *Comma inserito dall'articolo 1, comma 46, della Legge 23 dicembre 2014, n. 190.*

[280. A decorrere dal periodo d'imposta successivo a quello in corso al 31 dicembre 2006 e fino alla chiusura del periodo d'imposta in corso alla data del 31 dicembre 2009, alle imprese è attribuito un credito d'imposta nella misura del 10 per cento dei costi sostenuti per attività di ricerca industriale e di sviluppo precompetitivo, in conformità alla vigente disciplina comunitaria degli aiuti di Stato in materia, secondo le modalità dei commi da 281 a 285. La misura del 10 per cento è elevata al 40 per cento qualora i costi di ricerca e sviluppo siano riferiti a contratti stipulati con università ed enti pubblici di ricerca [(1)(2)(3)]*.]* [(4)(A)]

(1) *Comma modificato dall'articolo 1, comma 66 lettera a), della legge 24 dicembre 2007 n. 244.*
(2) *Per l'interpretazione autentica delle disposizioni di cui al presente comma vedi l'articolo 17, comma 2, del D.L. 29 novembre 2008, n. 185.*
(3) *A norma dell'articolo 29, comma 2, del D.L. 29 novembre 2008 n. 185, per il credito di imposta di cui al presente comma, gli stanziamenti nel bilancio dello Stato sono pari a 375,2 milioni di euro per l'anno 2008, a 533,6 milioni di euro per l'anno 2009, a 654 milioni di euro per l'anno 2010 e a 65,4 milioni di euro per l'anno 2011.*
(4) *Comma abrogato dall'articolo 23, comma 7, del D.L. 22 giugno 2012, n. 83. Per i procedimenti avviati in data anteriore a quella di entrata in vigore del suddetto D.L. 83/2012, vedi quanto disposto dal comma 11 del medesimo articolo 23.*
(A) *In riferimento al presente comma vedi: Risoluzione Agenzia delle Entrate 18 aprile 2013 n. 26/E.*

[281. Ai fini della determinazione del credito d'imposta i costi non possono, in ogni caso, superare l'importo di 50 milioni di euro per ciascun periodo d'imposta [(1)(2)(3)]*.]* [(4)(A)]

(1) *Comma modificato dall'articolo 1, comma 66 lettera b), della legge 24 dicembre 2007 n. 244.*
(2) *Per l'interpretazione autentica delle disposizioni di cui al presente comma vedi l'articolo 17, comma 2, del D.L. 29 novembre 2008, n. 185.*
(3) *A norma dell'articolo 29, comma 2, del D.L. 29 novembre 2008 n. 185, per il credito di imposta di cui al presente comma, gli stanziamenti nel bilancio dello Stato sono pari a 375,2 milioni di euro per l'anno 2008, a 533,6 milioni di euro per l'anno 2009, a 654 milioni di euro per l'anno 2010 e a 65,4 milioni di euro per l'anno 2011.*
(4) *Comma abrogato dall'articolo 23, comma 7, del D.L. 22 giugno 2012, n. 83. Per i procedimenti avviati in data anteriore a quella di entrata in vigore del suddetto D.L. 83/2012, vedi quanto disposto dal comma 11 del medesimo articolo 23.*
(A) *In riferimento al presente comma vedi: Risoluzione Agenzia delle Entrate 18 aprile 2013 n. 26/E.*

[282. Il credito d'imposta deve essere indicato nella relativa dichiarazione dei redditi. Esso non concorre alla formazione del reddito né della base imponibile dell'imposta regionale sulle attività produttive, non rileva ai fini del rapporto di cui agli articoli 96 e 109, comma 5, del testo unico delle imposte sui redditi, di cui al decreto del Presidente della Repubblica 22 dicembre 1986, n. 917, e successive modificazioni, ed è utilizzabile ai fini dei versamenti delle imposte sui redditi e dell'imposta regionale sulle attività produttive dovute per il periodo d'imposta in cui le spese di cui al comma 280 sono state sostenute; l'eventuale eccedenza è utilizzabile in compensazione ai sensi dell'articolo 17 del decreto legislativo 9 luglio 1997, n. 241, e successive modificazioni, a decorrere dal mese successivo al termine per la presentazione della dichiarazione dei redditi relativa al periodo d'imposta con riferimento al quale il credito è concesso [(1)(2)]*.]*[(3)(A)]

(1) *Per l'interpretazione autentica delle disposizioni di cui al presente comma vedi l'articolo 17, comma 2, del D.L. 29 novembre 2008, n. 185.*
(2) *A norma dell'articolo 29, comma 2, del D.L. 29 novembre 2008 n. 185, per il credito di imposta di cui al presente comma, gli stanziamenti nel bilancio dello Stato sono pari a 375,2 milioni di euro per l'anno 2008, a 533,6 milioni di euro per l'anno 2009, a 654 milioni di euro per l'anno 2010 e a 65,4 milioni di euro per l'anno 2011.*
(3) *Comma abrogato dall'articolo 23, comma 7, del D.L. 22 giugno 2012, n. 83. Per i procedimenti avviati in data anteriore a quella di entrata in vigore del suddetto D.L. 83/2012, vedi quanto disposto dal comma 11 del medesimo articolo 23.*
(A) *In riferimento al presente comma vedi: Risoluzione Agenzia delle Entrate 18 aprile 2013 n. 26/E.*

[283. Con decreto del Ministro dello sviluppo economico, di concerto con il Ministro dell'economia e delle finanze, da adottare entro il 31 marzo 2008, sono individuati gli obblighi di comunicazione a carico delle imprese per quanto attiene alla definizione delle attività di ricerca

e sviluppo agevolabili e le modalità di verifica ed accertamento della effettività delle spese sostenute e coerenza delle stesse con la disciplina comunitaria di cui al comma 280 (1)(2)(3)*.]* (4)(A)

(1) *Comma modificato dall'articolo 29 del D.L. 31 dicembre 2007, n. 248.*
(2) *Per l'interpretazione autentica delle disposizioni di cui al presente comma vedi l'articolo 17, comma 2, del D.L. 29 novembre 2008, n. 185.*
(3) *A norma dell'articolo 29, comma 2, del D.L. 29 novembre 2008 n. 185, per il credito di imposta di cui al presente comma, gli stanziamenti nel bilancio dello Stato sono pari a 375,2 milioni di euro per l'anno 2008, a 533,6 milioni di euro per l'anno 2009, a 654 milioni di euro per l'anno 2010 e a 65,4 milioni di euro per l'anno 2011.*
(4) *Comma abrogato dall'articolo 23, comma 7, del D.L. 22 giugno 2012, n. 83. Per i procedimenti avviati in data anteriore a quella di entrata in vigore del suddetto D.L. 83/2012, vedi quanto disposto dal comma 11 del medesimo articolo 23.*
(A) *In riferimento al presente comma vedi: Risoluzione Agenzia delle Entrate 18 aprile 2013 n. 26/E.*

[284. L'efficacia dei commi da 280 a 283 è subordinata, ai sensi dell'articolo 88, paragrafo 3, del Trattato istitutivo della Comunità europea, all'autorizzazione della Commissione europea.] (1)

(1) *Comma abrogato dall'articolo 1, comma 66, lettera c), della legge 24 dicembre 2007 n. 244.*

285. Entro il 31 dicembre 2007 il Ministero dell'economia e delle finanze – Amministrazione autonoma dei monopoli di Stato ha facoltà di bandire, nei limiti di una corretta ed equilibrata distribuzione territoriale, una o più nuove gare, per un massimo di ulteriori 1.000 agenzie, alle medesime condizioni previste dai bandi di gara pubblicati nella Gazzetta Ufficiale, parte II, n. 199 del 28 agosto 2006.

286. Con decreto del Ministro dell'economia e delle finanze il 20 per cento delle maggiori entrate derivanti dalla disposizione di cui al comma precedente è destinato ad un Fondo finalizzato ad interventi a favore del personale dell'amministrazione finanziaria impegnato nel contrasto dell'evasione fiscale. Con lo stesso decreto il medesimo Fondo è ripartito tra le competenti unità previsionali di base dello stato di previsione del predetto Ministero.

[287. Le piccole e medie imprese di produzioni musicali possono beneficiare di un credito d'imposta a titolo di spesa di produzione, di sviluppo, di digitalizzazione e di promozione di registrazioni fonografiche o videografiche musicali per opere prime o seconde di artisti emergenti] (1).

(1) *Comma abrogato dall'articolo 7, comma 8, del D.L. 8 agosto 2013 n. 91, convertito, con modificazioni, dalla Legge 7 ottobre 2013, n. 112.*

[288. Possono accedere al credito d'imposta di cui al comma 287 fermo restando il rispetto dei limiti della regola de minimis di cui al regolamento (CE) n. 69/2001 della Commissione, del 12 gennaio 2001, solo le imprese che abbiano un fatturato annuo o un totale di bilancio annuo non superiore a 15 milioni di euro e che non siano possedute, direttamente o indirettamente, da un editore di servizi radiotelevisivi] (1).

(1) *Comma abrogato dall'articolo 7, comma 8, del D.L. 8 agosto 2013 n. 91, convertito, con modificazioni, dalla Legge 7 ottobre 2013, n. 112.*

289. Per gli anni 2007, 2008 e 2009 alle imprese agricole e agroalimentari soggette al regime obbligatorio di certificazione e controllo della qualità ai sensi del regolamento (CEE) n. 2092/1991, del Consiglio, del 24 giugno 1991, e del regolamento (CE) n. 510/2006 del Consiglio, del 20 marzo 2006, anche se riunite in consorzi o costituite in forma cooperativa, è concesso un credito d'imposta pari al 50 per cento del totale delle spese sostenute ai fini dell'ottenimento dei previsti certificati e delle relative attestazioni di conformità. Con decreto del Ministro dell'economia e delle finanze, da adottare entro trenta giorni dalla data di entrata in vigore della presente legge, di concerto con il Ministro delle politiche agricole alimentari e forestali, sono stabilite, nel rispetto delle disposizioni comunitarie in materia di aiuti di Stato, le modalità per l'accesso all'agevolazione di cui al presente comma, entro un limite di spesa pari a 10 milioni di euro per ciascuno degli anni 2007, 2008 e 2009 (1).

(1) *Per la riduzione dell'autorizzazione di spesa, per l'anno 2007, di cui al presente comma vedi articolo 42 del D.L. 1 ottobre 2007, n.159. Per un'ulteriore riduzione dell'autorizzazione di spesa vedi l'articolo 1 ter del D.L. 3 novembre 2008, n. 171.*

290. Nelle more degli accordi internazionali in sede di Organizzazione mondiale del commercio, sono ammessi al credito di imposta di cui al comma precedente gli oneri sostenuti dalle imprese agricole ed agroalimentari, anche se riunite in consorzi o costituite in forma cooperativa, per la registrazione nei Paesi extracomunitari delle denominazioni protette ai sensi del regolamento (CE) n. 510/2006 del Consiglio, del 20 marzo 2006.

291. Nell'articolo 32-bis, comma 8, del decreto del Presidente della Repubblica 26 ottobre 1972, n. 633, e successive modificazioni, le parole: "La prima rata è versata entro il 27 dicembre 2006." sono soppresse.

292. Sono fatti salvi gli effetti prodotti dall'applicazione delle norme, oggetto di mancata conversione, di cui all'articolo 35, commi 8, lettera a), e 10, del decreto-legge 4 luglio 2006, n. 223, concernenti l'applicazione dell'imposta sul valore aggiunto e dell'imposta di registro alle cessioni e alle locazioni, anche finanziarie, di immobili. Tuttavia, il cedente o locatore può optare per l'applicazione dell'imposta sul valore aggiunto, ai sensi dell'articolo 10, numeri 8) ed 8-ter), del decreto del Presidente della Repubblica 26 ottobre 1972, n. 633, in presenza dei presupposti ivi previsti. In caso di opzione l'imposta di registro e le imposte ipotecarie e catastali sono dovute sulla base delle regole di cui all'articolo 35, commi 10 e 10-bis, del decreto-legge 4 luglio 2006 n. 223, convertito, con modificazioni, dalla legge 4 agosto 2006, n. 248. Il cedente o locatore che intende esercitare l'opzione per ipotesi diverse da quelle disciplinate dall'articolo 35, comma 10-quinquies, del citato decreto-legge, ne dà comunicazione nella dichiarazione annuale relativa all'imposta sul valore aggiunto dovuta per l'anno 2006. Per le cessioni l'eventuale eccedenza dell'imposta di registro conseguente all'effettuazione dell'opzione è compensata con i maggiori importi dovuti ai fini delle imposte ipotecarie e catastali, fermo restando la possibilità di chiedere il rimborso per gli importi che non trovano capienza in tale compensazione.

293. All'articolo 37 del decreto-legge 4 luglio 2006, n. 223, convertito, con modificazioni, dalla legge 4 agosto 2006, n. 248, dopo il comma 14 è inserito il seguente:

"14-bis. Resta ferma la disposizione di cui all'articolo 40 del decreto legislativo 9 luglio 1997, n. 241, concernente la adozione di regolamenti ministeriali nella materia ivi indicata. I regolamenti previsti dal citato articolo 40 del decreto legislativo n. 241 del 1997 possono comunque essere adottati qualora disposizioni legislative successive a quelle contenute dal presente decreto regolino la materia, a meno che la legge successiva non lo escluda espressamente".

294. All'articolo 3 del decreto-legge 30 settembre 2005, n. 203, convertito, con modificazioni, dalla legge 2 dicembre 2005, n. 248, dopo il comma 23, è inserito il seguente:

"23-bis. Agli agenti della riscossione non si applicano l'articolo 2, comma 4, del regolamento approvato con decreto del Ministro delle finanze 11 settembre 2000, n. 289, e le disposizioni di tale regolamento relative all'esercizio di influenza dominante su altri agenti della riscossione, nonché al divieto, per i legali rappresentanti, gli amministratori e i sindaci, di essere pubblici dipendenti ovvero coniugi, parenti ed affini entro il secondo grado di pubblici dipendenti".

295. Alle Agenzie fiscali continuano ad applicarsi le disposizioni riguardanti le amministrazioni dello Stato di cui ai decreti del Presidente della Repubblica 26 ottobre 1972, n. 641, 26 ottobre 1972, n. 642 e 26 aprile 1986, n. 131.

296. Per l'anno 2007, ai docenti delle scuole pubbliche di ogni ordine e grado, anche non di ruolo con incarico annuale, nonché al personale docente presso le università statali ai fini dell'imposta sul reddito delle persone fisiche, spetta una detrazione dall'imposta lorda e fino a capienza della stessa nella misura del 19 per cento delle spese documentate sostenute ed effettivamente rimaste a carico, fino ad un importo massimo delle stesse di 1.000 euro, per l'acquisto di un solo personal computer nuovo di fabbrica.

297. Con decreto di natura non regolamentare, adottato dal Ministro della pubblica istruzione, di concerto con il Ministro dell'economia e delle finanze e con il Ministro dell'università e della ricerca, sono stabilite le modalità di attuazione delle disposizioni di cui al comma 296.

298. Nello stato di previsione del Ministero dell'economia e delle finanze è istituito un Fondo con dotazione di 10 milioni di euro, per l'anno 2007, destinato all'erogazione di contributi ai collaboratori coordinati e continuativi, compresi i collaboratori a progetto, per le spese documentate sostenute entro il 31 dicembre 2007 per l'acquisto di un personal computer nuovo di fabbrica. Entro sessanta giorni dalla data di entrata in vigore della presente legge il Ministro dell'economia e delle finanze, con proprio decreto, definisce modalità, limiti e criteri per l'attribuzione dei contributi di cui al presente comma, ivi comprese le procedure per assicurare il rispetto dei limiti di stanziamento di cui al periodo precedente. A valere sulle risorse del Fondo non impegnate entro la chiusura dell'esercizio 2007, i contributi di cui al primo periodo del presente comma sono erogati ai collaboratori coordinati e continuativi, compresi i collaboratori a progetto e i titolari di assegni per la collaborazione ad attività di ricerca, di cui al comma 6 dell'articolo 51 della legge 27 dicembre 1997, n. 449, e successive modificazioni, per le spese documentate relative all'acquisto di un computer nuovo di fabbrica, sostenute entro il 31 dicembre 2008 [(1)(2)].

[(1)] *Per i criteri e le modalità di concessione di contributi per l'acquisto dei PC da parte di collaboratori coordinati e continuativi e di collaboratori a progetto, in attuazione del presente comma, vedi il D.M. 8 giugno 2007.*
[(2)] *Comma modificato dall'articolo 2, comma 513, della legge 24 dicembre 2007 n. 244.*

299. All'articolo 67 del testo unico di cui al decreto del Presidente della Repubblica 22 dicembre 1986, n. 917, al comma 1, lettera m), sono apportate le seguenti modifiche:

a) al primo periodo, dopo le parole: "compensi erogati" sono inserite le seguenti:"ai direttori artistici ed ai collaboratori tecnici per prestazioni di natura non professionale da parte di cori, bande musicali e filodrammatiche che perseguono finalità dilettantistiche, e quelli erogati";

b) al secondo periodo sono soppresse le seguenti parole: "e di cori, bande e filodrammatiche da parte del direttore e dei collaboratori tecnici".

300. Per contratti di scrittura connessi con gli spettacoli teatrali di cui al n. 119) della Tabella A, parte III, allegata al decreto del Presidente della Repubblica 26 ottobre 1972, n. 633, devono intendersi i contratti di scrittura connessi con gli spettacoli individuati al n. 123) della stessa Tabella A, parte III, allegata al decreto del Presidente della Repubblica n. 633 del 1972 [(A)].

[(A)] *In riferimento al presente comma vedi: Circolare del Ministero dell'economia e delle Finanze 7 giugno 2007, n. 37/E*

301. All'articolo 110, comma 11, del testo unico delle imposte sui redditi, di cui al decreto del Presidente della Repubblica 22 dicembre 1986, n. 917, sono apportate le seguenti modifiche:

a) dopo il primo periodo è inserito il seguente: "Le spese e gli altri componenti negativi deducibili ai sensi del primo periodo sono separatamente indicati nella dichiarazione dei redditi.";

b) l'ultimo periodo è soppresso.

302. All'articolo 8 del decreto legislativo 18 dicembre 1997, n. 471, dopo il comma 3 è aggiunto il seguente:

"3-bis. Quando l'omissione o incompletezza riguarda l'indicazione delle spese e degli altri componenti negativi di cui all'articolo 110, comma 11, del testo unico delle imposte sui redditi, di cui al decreto del Presidente della Repubblica 22 dicembre 1986, n. 917, si applica una sanzione amministrativa pari al 10 per cento dell'importo complessivo delle spese e dei componenti negativi non indicati nella dichiarazione dei redditi, con un minimo di euro 500 ed un massimo di euro 50.000".

303. La disposizione del comma 302 si applica anche per le violazioni commesse prima della data di entrata in vigore della presente legge, sempre che il contribuente fornisca la prova di cui all'articolo 110, comma 11, primo periodo, del citato testo unico delle imposte sui redditi. Resta ferma in tal caso l'applicazione della sanzione di cui all'articolo 8, comma 1, del decreto legislativo 18 dicembre 1997, n. 471.

304. All'articolo 19-bis 1, comma 1, lettera e), del decreto del Presidente della Repubblica 26 ottobre 1972, n. 633, le parole: ", a somministrazioni di alimenti e bevande, con esclusione" sono sostituite dalle seguenti: "e a somministrazioni di alimenti e bevande, con esclusione di quelle inerenti alla partecipazione a convegni, congressi e simili, erogate nei giorni di svolgimento degli stessi,".

305. Per l'anno 2007 le detrazioni di cui al comma 304 spettano nella misura del 50 per cento.

306. Nell'articolo 36, comma 15, del decreto- legge 4 luglio 2006, n. 223, convertito, con modificazioni, dalla legge 4 agosto 2006, n. 248, le parole: "edilizia residenziale convenzionata pubblica" sono sostituite dalle seguenti: "edilizia residenziale convenzionata ". La disposizione recata dal periodo precedente ha effetto per gli atti pubblici formati e le scritture private autenticate a decorrere dalla data di entra-

ta in vigore della presente legge.

307. Per la uniforme e corretta applicazione delle norme di cui all'articolo 54, terzo comma, del decreto del Presidente della Repubblica 26 ottobre 1972, n. 633, all'articolo 39, primo comma, del decreto del Presidente della Repubblica 29 settembre 1973, n. 600, e all'articolo 52 del testo unico delle disposizioni concernenti l'imposta di registro, di cui al decreto del Presidente della Repubblica 26 aprile 1986, n. 131, con provvedimento del direttore dell'Agenzia delle entrate sono individuati periodicamente i criteri utili per la determinazione del valore normale dei fabbricati ai sensi dell'articolo 14 del citato decreto n. 633 del 1972, dell'articolo 9, comma 3, del testo unico delle imposte sui redditi di cui al decreto del Presidente della Repubblica 22 dicembre 1986, n. 917, e dell'articolo 51, comma 3, del citato decreto n. 131 del 1986 (1).

(1) *Per le disposizioni in materia di individuazione dei criteri utili per la determinazione del valore normale dei fabbricati, di cui al presente comma, vedi Provvedimento dell'Agenzia delle entrate 27 luglio 2007.*

308. Nell'articolo 38-bis del decreto del Presidente della Repubblica 26 ottobre 1972, n. 633, sono apportate le seguenti modificazioni:

a) al secondo comma, le parole: "di cui alle lettere a) e b)" sono sostituite dalle seguenti: "di cui alle lettere a), b) ed e)";

b) dopo l'ultimo comma, è aggiunto il seguente:

"Con decreti del Ministro dell'economia e delle finanze sono individuate, anche progressivamente, in relazione all'attività esercitata ed alle tipologie di operazioni effettuate, le categorie di contribuenti per i quali i rimborsi di cui al primo e al secondo comma sono eseguiti in via prioritaria entro tre mesi dalla richiesta".

309. All'articolo 1, comma 497, primo periodo, della legge 23 dicembre 2005, n. 266, e successive modificazioni, le parole:"per le sole cessioni fra persone fisiche" sono sostituite dalle seguenti: "e fatta salva l'applicazione dell'articolo 39, primo comma, lettera d), ultimo periodo, del decreto del Presidente della Repubblica 29 settembre 1973, n. 600, per le sole cessioni nei confronti di persone fisiche".

310. Nell'articolo 1, comma 496, primo periodo, della legge 23 dicembre 2005, n. 266, e successive modificazioni, le parole: "e di terreni suscettibili di utilizzazione edificatoria secondo gli strumenti urbanistici vigenti al momento della cessione," sono soppresse.

311. Al comma 1-bis dell'articolo 17 del decreto legislativo 15 novembre 1993, n. 507, sono apportate le seguenti modificazioni:

a) dopo il primo periodo è inserito il seguente: "Con regolamento del Ministro dell'economia e delle finanze, di concerto con il Ministro per lo sviluppo economico, da emanare, d'intesa con la Conferenza Statocittà e autonomie locali, entro il 31 marzo 2007, possono essere individuate le attività per le quali l'imposta è dovuta per la sola superficie eccedente i 5 metri quadrati.";

b) nel secondo periodo, le parole: "di cui al periodo precedente", sono sostituite dalle seguenti: "di cui al primo periodo del presente comma".

312. All'articolo 10, primo comma, numero 27-ter), del decreto del Presidente della Repubblica 26 ottobre 1972, n. 633, e successive modificazioni, dopo la parola: "devianza," sono inserite le seguenti: "di persone migranti, senza fissa dimora, richiedenti asilo, di persone detenute, di donne vittime di tratta a scopo sessuale e lavorativo,".

313. Nell'articolo 10, comma 1, lettera e bis), primo periodo, del testo unico delle imposte sui redditi, di cui al decreto del Presidente della Repubblica 22 dicembre 1986, n. 917, e successive modificazioni, dopo le parole: "previste dal decreto legislativo 21 aprile 1993, n. 124" sono aggiunte le seguenti: ", nonché quelli versati alle forme pensionistiche complementari istituite negli Stati membri dell'Unione europea e negli Stati aderenti all'Accordo sullo spazio economico europeo che sono inclusi nella lista di cui al decreto del Ministro delle finanze 4 settembre 1996, pubblicato nella Gazzetta Ufficiale n. 220 del 19 settembre 1996, e successive modificazioni, emanato in attuazione dell'articolo 11, comma 4, lettera c), del decreto legislativo 1° aprile 1996, n. 239".

314. Il comma 2 dell'articolo 21 del decreto legislativo 5 dicembre 2005, n. 252, è sostituito dal seguente:

"2. La lettera e-bis) del comma 1 dell'articolo 10 del testo unico delle imposte sui redditi, di cui al decreto del Presidente della Repubblica 22 dicembre 1986, n. 917, è sostituita dalla seguente:

"e-bis) i contributi versati alle forme pensionistiche complementari di cui al decreto legislativo 5 dicembre 2005, n. 252, alle condizioni e nei limiti previsti dall'articolo 8 del medesimo decreto. Alle medesime condizioni ed entro gli stessi limiti sono deducibili i contributi versati alle forme pensionistiche complementari istituite negli Stati membri dell'Unione europea e negli Stati aderenti all'Accordo sullo spazio economico europeo che sono inclusi nella lista di cui al decreto del Ministro delle finanze 4 settembre 1996, pubblicato nella Gazzetta Ufficiale n. 220 del 19 settembre 1996, e successive modificazioni, emanato in attuazione dell'articolo 11, comma 4, lettera c), del decreto legislativo 1° aprile 1996, n. 239"".

315. All'articolo 10-ter della legge 23 marzo 1983, n. 77, sull'istituzione e disciplina dei fondi comuni d'investimento mobiliare, sono apportate le seguenti modificazioni:

a) nel primo periodo del comma 1, le parole: "situati negli Stati membri dell'Unione europea, conformi alle direttive comunitarie e le cui quote sono collocate nel territorio dello Stato ai sensi dell'articolo 10- bis," sono sostituite dalle seguenti: "conformi alle direttive comunitarie situati negli Stati membri dell'Unione europea e negli Stati aderenti all'Accordo sullo spazio economico europeo che sono inclusi nella lista di cui al decreto del Ministro delle finanze 4 settembre 1996, pubblicato nella Gazzetta Ufficiale n. 220 del 19 settembre 1996, e successive modificazioni, emanato in attuazione dell'articolo 11, comma 4, lettera c), del decreto legislativo 1° aprile 1996, n. 239, e le cui quote sono collocate nel territorio dello Stato ai sensi dell'articolo 42 del testo unico delle disposizioni in materia di intermediazione finanziaria, di cui al decreto legislativo 24 febbraio 1998, n. 58,";

b) al comma 9, le parole: "situati negli Stati membri della Comunità economica europea e conformi alle direttive comunitarie" sono sostituite dalle seguenti: "conformi alle direttive comunitarie situati negli Stati membri dell'Unione europea e negli Stati aderenti all'Accordo sullo spazio economico europeo che sono inclusi nella lista di cui al decreto del Ministro delle finanze 4 settembre 1996, pubblicato nella Gazzetta Ufficiale n. 220 del 19 settembre 1996, e successive modificazioni, emanato in attuazione dell'articolo 11, comma 4, lettera c), del decreto legislativo 1° aprile 1996, n. 239".

316. Il terzo periodo del comma 1 dell'articolo 26 del decreto del Presidente della Repubblica 29 settembre 1973, n. 600, è sostituito dal seguente: "Tuttavia, se i titoli indicati nel precedente periodo sono emessi da società o enti, diversi dalle banche, il cui capitale è rappresentato da azioni non negoziate in mercati regolamentati degli Stati membri dell'Unione europea e degli Stati aderenti all'Accordo sullo spazio economico europeo che sono inclusi nella lista di cui al decreto del Ministro delle finanze 4 settembre 1996, pubblicato nella Gazzetta Ufficiale n. 220 del 19 settembre 1996, e successive modificazioni, emanato in attuazione dell'articolo 11, comma 4, lettera c), del decreto legislativo 1° aprile 1996, n. 239, ovvero da quote, l'aliquota del 12,50 per cento si applica a condizione che, al momento di emissione, il tasso di rendimento effettivo non sia superiore: a) al doppio del tasso ufficiale di riferimento, per le obbligazioni ed i titoli similari negoziati in mercati regolamentati degli Stati membri dell'Unione europea e degli Stati aderenti all'Accordo sullo spazio economico europeo che sono inclusi nella lista di cui al citato decreto del Ministro delle finanze 4 settembre 1996, e successive modificazioni, o collegati mediante offerta al pubblico ai sensi della disciplina vigente al momento di emissione; b) al tasso ufficiale di riferimento aumentato di due terzi, per le obbligazioni e titoli similari diversi dai precedenti".

317. All'articolo 11, comma 4, lettera c), del decreto legislativo 1° aprile 1996, n. 239, e successive modificazioni, le parole: "in mercati regolamentati italiani" sono sostituite dalle seguenti:"in mercati regolamentati degli Stati membri dell'Unione europea e degli Stati aderenti all'Accordo sullo spazio economico europeo che sono inclusi nella lista di cui al decreto del Ministro delle finanze 4 settembre 1996, pubblicato nella Gazzetta Ufficiale n. 220 del 19 settembre 1996, e successive modificazioni".

318. All'articolo 54, comma 8, del testo unico delle imposte sui redditi, di cui al decreto del Presidente della Repubblica 22 dicembre 1986, n. 917, e successive modificazioni, dopo le parole: "ridotto del 25 per cento a titolo di deduzione forfettaria delle spese" sono inserite le seguenti: ", ovvero del 40 per cento se i relativi compensi sono percepiti da soggetti di età inferiore a 35 anni".

319. All'articolo 15 del testo unico delle imposte sui redditi, di cui al decreto del Presidente della Repubblica 22 dicembre 1986, n. 917, sono apportate le seguenti modificazioni:

a) al comma 1, dopo la lettera i-quater) sono aggiunte le seguenti:

"i-quinquies) le spese, per un importo non superiore a 210 euro, sostenute per l'iscrizione annuale e l'abbonamento, per i ragazzi di età compresa tra 5 e 18 anni, ad associazioni sportive, palestre, piscine ed altre strutture ed impianti sportivi destinati alla pratica sportiva dilettantistica rispondenti alle caratteristiche individuate con decreto del Presidente del Consiglio dei ministri, o Ministro delegato, di concerto con il Ministro dell'economia e delle finanze, e le attività sportive;

i-sexies) i canoni di locazione derivanti dai contratti di locazione stipulati o rinnovati ai sensi della legge 9 dicembre 1998, n. 431, e successive modificazioni, dagli studenti iscritti ad un corso di laurea presso una università ubicata in un comune diverso da quello di residenza, distante da quest'ultimo almeno 100 chilometri e comunque in una provincia diversa, per unità immobiliari situate nello stesso comune in cui ha sede l'università o in comuni limitrofi, per un importo non superiore a 2.633 euro;

i-septies) le spese, per un importo non superiore a 2.100 euro, sostenute per gli addetti all'assistenza personale nei casi di non autosufficienza nel compimento degli atti della vita quotidiana, se il reddito complessivo non supera 40.000 euro";

b) al comma 2, primo periodo, le parole: "e) e f)" sono sostituite dalle seguenti: "e), f), i-quinquies) e i-sexies)"; nel secondo periodo del medesimo comma le parole: "dal comma 3" sono sostituite dalle seguenti:"dal comma 2" ed è aggiunto, in fine, il seguente periodo: "Per le spese di cui alla lettera i-septies) del citato comma 1, la detrazione spetta, alle condizioni ivi stabilite, anche se sono state sostenute per le persone indicate nell'articolo 12 ancorché non si trovino nelle condizioni previste dal comma 2 del medesimo articolo".

320. All'articolo 1-bis, comma 1, della legge 29 ottobre 1961, n. 1216, il secondo periodo è sostituito dal seguente: "Tale misura si applica anche alle assicurazioni di altri rischi inerenti al veicolo o al natante o ai danni causati dalla loro circolazione".

321. A decorrere dai pagamenti successivi al 1° gennaio 2007, la tabella di cui all'articolo 1, comma 2, del decreto del Ministro delle finanze 27 dicembre 1997, pubblicato nella Gazzetta Ufficiale n. 303 del 31 dicembre 1997, è sostituita dalla Tabella 2 annessa alla presente legge. Gli incrementi percentuali approvati dalle regioni o dalle province autonome di Trento e di Bolzano prima della data di entrata in vigore della presente legge vengono ricalcolati sugli importi della citata Tabella 2. I trasferimenti erariali in favore delle regioni o delle province autonome di cui al periodo precedente sono ridotti in misura pari al maggior gettito derivante ad esse dal presente comma. La riduzione dei trasferimenti erariali di cui al periodo precedente non si applica per gli anni dal 2023 al 2033 [(1)].

[(1)] *Comma modificato dall'articolo 39, comma 14-quater, del D.L. 30 dicembre 2019, n. 162, convertito, con modificazioni dalla Legge 28 febbraio 2020, n. 8. Successivamente, la Corte Costituzionale, con sentenza 27 maggio 2021, n. 107, ha dichiarato l'illegittimità costituzionale dell'articolo 39, comma 14-quater del D.L. 162/2019 citato, nella parte in cui si applica alle Province autonome di Trento e di Bolzano.*

322. Con decreto del Ministero dell'economia e delle finanze, da adottare entro tre mesi dalla data di entrata in vigore della presente legge, d'intesa con la Conferenza permanente per i rapporti tra lo Stato, le regioni e le province autonome di Trento e di Bolzano, sono effettuate le regolazioni finanziarie delle maggiori entrate nette derivanti dall'attuazione delle norme del comma 321 e sono definiti i criteri e le modalità per la corrispondente riduzione dei trasferimenti dello Stato alle regioni e alle province autonome di Trento e di Bolzano. Il presente comma non trova applicazione per gli anni dal 2023 al 2033. Per ciascuno degli anni dal 2016 al 2022, la regolazione finanziaria è definita con decreto del Ministero dell'economia e delle finanze, previa intesa in sede di Conferenza permanente per i rapporti tra lo Stato, le regioni e le province autonome di Trento e di

Bolzano, da emanare entro il 28 febbraio 2023. In mancanza dei dati definitivi, per l'anno 2022 si utilizzano i dati relativi all'annualità 2021. Per ciascun anno dall'esercizio 2023 all'esercizio 2029 si procede alla regolazione finanziaria di una annualità, fatta salva la facoltà regionale di disporre anticipatamente la regolazione di più annualità (1).

(1) Comma modificato dall'articolo 39, comma 14-quinquies, del D.L. 30 dicembre 2019, n. 162, convertito, con modificazioni dalla Legge 28 febbraio 2020, n. 8. Successivamente, la Corte Costituzionale, con sentenza 27 maggio 2021, n. 107, ha dichiarato l'illegittimità costituzionale dell'articolo 39, comma 14-quinques del D.L. 162/2019 citato, nella parte in cui si applica alle Province autonome di Trento e di Bolzano. Successivamente il presente comma è stato modificato dall'articolo 1, comma 816, della Legge 29 dicembre 2022, n. 197.

322-bis. Per ciascuno degli anni dal 2023 al 2033, le risorse derivanti dalla mancata riduzione dei trasferimenti di cui al comma 321 del presente articolo e all'articolo 2, comma 64, del decreto-legge 3 ottobre 2006, n. 262, convertito, con modificazioni, dalla legge 24 novembre 2006, n. 286, sono destinate dalle regioni e dalle Province autonome di Trento e di Bolzano a nuovi investimenti diretti e indiretti per le finalità di cui all'articolo 1, comma 134, della legge 30 dicembre 2018, n. 145 (1).

(1) Comma inserito dall'articolo 39, comma 14-sexies del D.L. 30 dicembre 2019, n. 162, convertito, con modificazioni dalla Legge 28 febbraio 2020, n. 8. Successivamente, la Corte Costituzionale, con sentenza 27 maggio 2021, n. 107, ha dichiarato l'illegittimità costituzionale dell'articolo 39, comma 14-sexies del D.L. 162/2019 citato, nella parte in cui si applica alle Province autonome di Trento e di Bolzano.

323. Le disposizioni dell'articolo 2 del decreto-legge 8 luglio 2002, n. 138, convertito, con modificazioni, dalla legge 8 agosto 2002, n. 178, nonché quelle dell'articolo 1 del decreto-legge 13 gennaio 2003, n. 2, convertito, con modificazioni, dalla legge 14 marzo 2003, n. 39, si interpretano nel senso che le esenzioni ivi previste si applicano esclusivamente agli atti di acquisto di autoveicoli le cui richieste di iscrizione al pubblico registro automobilistico siano state presentate entro i sessanta giorni successivi alla data di acquisto, ai sensi degli articoli 93 e 94 del decreto legislativo 30 aprile 1992, n. 285.

324. Al comma 72 dell'articolo 2 del decreto- legge 3 ottobre 2006, n. 262, convertito, con modificazioni, dalla legge 24 novembre 2006, n. 286, sono apportate le seguenti modificazioni:

a) il primo periodo è sostituito dai seguenti: "Le disposizioni della lettera a) del comma 71 hanno effetto a partire dal periodo di imposta successivo a quello di entrata in vigore del presente decreto. Le altre disposizioni del medesimo comma 71, in deroga all'articolo 3 della legge 27 luglio 2000, n. 212, recante disposizioni in materia di statuto dei diritti del contribuente, hanno effetto a partire dal periodo d'imposta in corso alla data di entrata in vigore del presente decreto.";

b) nel terzo periodo, dopo le parole: "legge 23 agosto 1988, n. 400,", sono inserite le seguenti: "sentite le Commissioni parlamentari competenti";

c) nel quarto periodo, dopo le parole: "La modifica è effettuata," sono inserite le seguenti: "prioritariamente con riferimento alle disposizioni in materia di reddito di lavoro dipendente di cui alla lettera a) del comma 71,".

325. All'articolo 7, comma 4, del decreto del Presidente della Repubblica 26 ottobre 1972, n. 633, dopo la lettera f-quater) è aggiunta la seguente:

"f-quinquies) le prestazioni di intermediazione, relative ad operazioni diverse da quelle di cui alla lettera d) del presente comma e da quelle di cui all'articolo 40, commi 5 e 6, del decreto-legge 30 agosto 1993, n. 331, convertito, con modificazioni, dalla legge 29 ottobre 1993, n. 427, si considerano effettuate nel territorio dello Stato quando le operazioni oggetto dell'intermediazione si considerano ivi effettuate, a meno che non siano commesse da soggetto passivo in un altro Stato membro dell'Unione europea; le suddette prestazioni si considerano in ogni caso effettuate nel territorio dello Stato se il committente delle stesse è ivi soggetto passivo d'imposta".

326. All'articolo 30, comma 1, della legge 23 dicembre 1994, n. 724, è aggiunto, in fine, il seguente periodo: "Le percentuali di cui alle lettere a) e c) sono ridotte rispettivamente all'1 per cento e al 10 per cento per i beni situati in comuni con popolazione inferiore ai 1.000 abitanti".

327. Il comma 37 dell'articolo 37 del decreto- legge 4 luglio 2006, n. 223, convertito, con modificazioni, dalla legge 4 agosto 2006, n. 248, è sostituito dal seguente:

"37. L'efficacia delle disposizioni di cui ai commi 33, 34 e 35 decorre dalla data progressivamente individuata, per singole categorie di contribuenti, con provvedimento del Direttore dell'Agenzia delle entrate da adottare entro il 1° giugno 2008".

328. All'articolo 37 del decreto-legge 4 luglio 2006, n. 223, convertito, con modificazioni, dalla legge 4 agosto 2006, n. 248, dopo il comma 37 sono inseriti i seguenti:

"37-bis. Gli apparecchi misuratori di cui all'articolo 1 della legge 26 gennaio 1983, n. 18, immessi sul mercato a decorrere dal 1° gennaio 2008 devono essere idonei alla trasmissione telematica prevista dai commi 33 e seguenti. Per detti apparecchi è consentita la deduzione integrale delle spese di acquisizione nell'esercizio in cui sono state sostenute, anche in deroga a quanto stabilito dall'articolo 102, comma 5, del testo unico delle imposte sui redditi, di cui al decreto del Presidente della Repubblica 22 dicembre 1986, n. 917, e successive modificazioni. Gli apparecchi misuratori di cui al presente comma non sono soggetti alla verificazione periodica di cui al provvedimento del Direttore dell'Agenzia delle entrate del 28 luglio 2003, pubblicato nella Gazzetta Ufficiale n. 221 del 23 settembre 2003. I soggetti che effettuano la trasmissione telematica emettono scontrino non avente valenza fiscale, secondo le modalità stabilite con il regolamento di cui al comma 37-ter.

37-ter. Con regolamento emanato ai sensi dell'articolo 17, comma 2, della legge 23 agosto 1988, n. 400, entro centottanta giorni dalla data di entrata in vigore della presente disposizione sono emanate disposizioni atte a disciplinare le modalità di rilascio delle certificazioni dei corrispettivi, non aventi valore fiscale, in correlazione alla trasmissione, in via telematica, dei corrispettivi medesimi ".

329. L'aliquota di accisa sul metano usato per autotrazione di cui all'allegato I del testo unico delle disposizioni legislative concernenti le imposte sulla produzione e sui consumi e relative sanzioni penali e amministrative, di cui al decreto legislativo 26 ottobre 1995, n. 504, e successive modificazioni, è ridotta a euro 0,00291 per metro cubo di prodotto.

330. All'articolo 10 del decreto del Presidente della Re-

pubblica 26 ottobre 1972, n. 633, e successive modificazioni, sono apportate le seguenti modificazioni:

a) al numero 8) dopo le parole: “escluse le locazioni di” sono inserite le seguenti:”fabbricati abitativi effettuate in attuazione di piani di edilizia abitativa convenzionata dalle imprese che li hanno costruiti o che hanno realizzato sugli stessi interventi di cui all’articolo 31, primo comma, lettere c), d) ed e), della legge 5 agosto 1978, n. 457, entro quattro anni dalla data di ultimazione della costruzione o dell’intervento e a condizione che il contratto abbia durata non inferiore a quattro anni, e le locazioni di”;

b) al numero 8-bis), le parole da: “, entro quattro anni” fino alla fine del numero sono sostituite dalle seguenti: “dalle imprese costruttrici degli stessi o dalle imprese che vi hanno eseguito, anche tramite imprese appaltatrici, gli interventi di cui all’articolo 31, primo comma, lettere c), d) ed e), della legge 5 agosto 1978, n. 457, entro quattro anni dalla data di ultimazione della costruzione o dell’intervento o anche successivamente nel caso in cui entro tale termine i fabbricati siano stati locati per un periodo non inferiore a quattro anni in attuazione di programmi di edilizia residenziale convenzionata”.

331. *[Il numero 41-bis) della tabella A, parte II, allegata al decreto del Presidente della Repubblica 26 ottobre 1972, n. 633, e successive modificazioni, si interpreta nel senso che sono ricomprese anche le prestazioni di cui ai numeri 18), 19), 20), 21) e 27-ter) dell’articolo 10 del predetto decreto rese in favore dei soggetti indicati nel medesimo numero 41-bis) da cooperative e loro consorzi sia direttamente sia in esecuzione di contratti di appalto e di convenzioni in genere. Resta salva la facoltà per le cooperative sociali di cui alla legge 8 novembre 1991, n. 381, di optare per la previsione di cui all’articolo 10, comma 8, del decreto legislativo 4 dicembre 1997, n. 460.]* Nella tabella A, parte III, allegata al citato decreto del Presidente della Repubblica 26 ottobre 1972, n. 633, e successive modificazioni, è aggiunto, in fine, il seguente numero:

“127-duodevicies) locazioni di immobili di civile abitazione effettuate in esecuzione di programmi di edilizia abitativa convenzionata dalle imprese che li hanno costruiti o che hanno realizzato sugli stessi interventi di cui all’articolo 31, primo comma, lettere c), d) ed e), della legge 5 agosto 1978, n. 457” [(1)].

[(1)] *Comma modificato dall’articolo 1, comma 489, della Legge 24 dicembre 2012, n. 228; vedi anche quanto disposto dal comma 490 del medesimo articolo 1.*

[(2)] *Per la soppressione del primo e secondo periodo del presente comma e la relativa applicabilità, vedi l’articolo 1, commi 962 e 963, della Legge 28 dicembre 2015, n. 208.*

332. All’articolo 6, comma 3, della legge 13 maggio 1999, n. 133, dopo la lettera c) è aggiunta la seguente:

“c-bis) a società che svolgono operazioni relative alla riscossione dei tributi da altra società controllata, controllante o controllata dalla stessa controllante, ai sensi dell’articolo 2359, commi primo e secondo, del codice civile”.

333. All’articolo 38, comma 1, del decreto legislativo 9 luglio 1997, n. 241, dopo le parole: “ai centri” sono inserite le seguenti: “e, a decorrere dall’anno 2006, agli iscritti nell’Albo dei dottori commercialisti e degli esperti contabili di cui all’articolo 1, comma 4, e all’articolo 78 del decreto legislativo 28 giugno 2005, n. 139, e nell’albo dei consulenti del lavoro di cui alla legge 11 gennaio 1979, n. 12,”.

334. All’articolo 54 del testo unico delle imposte sui redditi, di cui al decreto del Presidente della Repubblica 22 dicembre 1986, n. 917, e successive modificazioni, sono apportate le seguenti modificazioni:

a) al comma 1-bis, alinea, le parole: “e le minusvalenze” e “gli immobili e” sono soppresse e, dopo le parole: “o da collezione “, sono inserite le seguenti: “di cui al comma 5”;

b) dopo il comma 1-bis è inserito il seguente:

“1-bis.1. Le minusvalenze dei beni strumentali di cui al comma 1-bis sono deducibili se sono realizzate ai sensi delle lettere a) e b) del medesimo comma 1-bis”;

c) il comma 2 è sostituito dal seguente:

“2. Per i beni strumentali per l’esercizio dell’arte o della professione, esclusi gli oggetti d’arte, di antiquariato o da collezione di cui al comma 5, sono ammesse in deduzione quote annuali di ammortamento non superiori a quelle risultanti dall’applicazione al costo dei beni dei coefficienti stabiliti, per categorie di beni omogenei, con decreto del Ministro dell’economia e delle finanze. È tuttavia consentita la deduzione integrale, nel periodo d’imposta in cui sono state sostenute, delle spese di acquisizione di beni strumentali il cui costo unitario non sia superiore a euro 516,4. La deduzione dei canoni di locazione finanziaria di beni strumentali è ammessa a condizione che la durata del contratto non sia inferiore alla metà del periodo di ammortamento corrispondente al coefficiente stabilito nel predetto decreto e comunque con un minimo di otto anni e un massimo di quindici se lo stesso ha per oggetto beni immobili. Ai fini del calcolo delle quote di ammortamento deducibili dei beni immobili strumentali, si applica l’articolo 36, commi 7 e 7-bis, del decreto-legge 4 luglio 2006, n. 223, convertito, con modificazioni, dalla legge 4 agosto 2006, n. 248. Per i beni di cui all’articolo 164, comma 1, lettera b), la deducibilità dei canoni di locazione finanziaria è ammessa a condizione che la durata del contratto non sia inferiore al periodo di ammortamento corrispondente al coefficiente stabilito a norma del primo periodo. I canoni di locazione finanziaria dei beni strumentali sono deducibili nel periodo d’imposta in cui maturano. Le spese relative all’ammodernamento, alla ristrutturazione e alla manutenzione di immobili utilizzati nell’esercizio di arti e professioni, che per le loro caratteristiche non sono imputabili ad incremento del costo dei beni ai quali si riferiscono, sono deducibili, nel periodo d’imposta di sostenimento, nel limite del 5 per cento del costo complessivo di tutti i beni materiali ammortizzabili, quale risulta all’inizio del periodo d’imposta dal registro di cui all’articolo 19 del decreto del Presidente della Repubblica 29 settembre 1973, n. 600, e successive modificazioni; l’eccedenza è deducibile in quote costanti nei cinque periodi d’imposta successivi”;

d) al comma 3, i periodi secondo e terzo sono sostituiti dai seguenti:

“Per gli immobili utilizzati promiscuamente, a condizione che il contribuente non disponga nel medesimo comune di altro immobile adibito esclusivamente all’esercizio dell’arte o professione, è deducibile una somma pari al 50 per cento della rendita ovvero, in caso di immobili acquisiti mediante locazione, anche finanziaria, un importo pari al 50 per cento del relativo canone. Nella stessa misura sono deducibili le spese per i servizi relativi a tali immobili nonché quelle relative all’ammodernamento, ristrutturazione e manutenzione degli immobili utilizzati, che per le loro caratteristiche non sono imputabili ad incremento del costo dei beni ai quali si riferiscono".

335. Le disposizioni introdotte dal comma 334 in materia di deduzione dell'ammortamento o dei canoni di locazione finanziaria degli immobili strumentali per l'esercizio dell'arte o della professione si applicano agli immobili acquistati nel periodo dal 1° gennaio 2007 al 31 dicembre 2009 e ai contratti di locazione finanziaria stipulati nel medesimo periodo; tuttavia, per i periodi d'imposta 2007, 2008 e 2009, gli importi deducibili sono ridotti a un terzo.

336. All'articolo 3, comma 3, del testo unico delle imposte sui redditi, di cui al decreto del Presidente della Repubblica 22 dicembre 1986, n. 917, e successive modificazioni, dopo la lettera d-bis) è aggiunta la seguente:

"d-ter) le somme corrisposte a titolo di borsa di studio dal Governo italiano a cittadini stranieri in forza di accordi e intese internazionali ".

337. Fino al 31 dicembre 2006 le comunicazioni previste dall'articolo 8, comma 4-bis, del regolamento di cui al decreto del Presidente della Repubblica 22 luglio 1998, n. 322, come modificato dall'articolo 37, comma 8, del decreto-legge 4 luglio 2006, n. 223, convertito, con modificazioni, dalla legge 4 agosto 2006, n. 248, si considerano validamente effettuate anche se il contribuente, invece di indicare il codice fiscale dei soggetti titolari di partita IVA da cui sono stati effettuati acquisti rilevanti ai fini dell'applicazione dell'IVA, abbia indicato il numero di partita IVA dei predetti soggetti.

338. All'articolo 4, comma 4, del decreto legislativo 4 maggio 2001, n. 207, e successive modificazioni, le parole: "31 dicembre 2006" sono sostituite dalle seguenti: "31 dicembre 2007".

339. All'articolo 2 del decreto-legge 3 ottobre 2006, n. 262, convertito, con modificazioni, dalla legge 24 novembre 2006, n. 286, sono apportate le seguenti modificazioni:

a) il comma 34 è sostituito dal seguente:

"34. In sede di prima applicazione del comma 33, l'aggiornamento della banca dati catastale avviene sulla base dei dati contenuti nelle dichiarazioni di cui al comma 33, presentate dai soggetti interessati nell'anno 2006 e messe a disposizione della Agenzia del territorio dall'AGEA. L'Agenzia del territorio provvede ad inserire in atti i nuovi redditi relativi agli immobili oggetto delle variazioni colturali, anche sulla scorta delle informazioni contenute nelle suddette dichiarazioni.In deroga alle vigenti disposizioni ed in particolare all'articolo 74, comma 1, della legge 21 novembre 2000, n. 342, l'Agenzia del territorio, con apposito comunicato da pubblicare nella Gazzetta Ufficiale, rende noto, per ciascun comune, il completamento delle operazioni e provvede a pubblicizzare, per i sessanta giorni successivi alla pubblicazione del comunicato, presso i Comuni interessati, tramite gli uffici provinciali e sul proprio sito internet, i risultati delle relative operazioni catastali di aggiornamento; i ricorsi di cui all'articolo 2, comma 2, del decreto legislativo 31 dicembre 1992, n. 546, e successive modificazioni, avverso la variazione dei redditi possono essere proposti entro il termine di sessanta giorni decorrenti dalla data di pubblicazione nella Gazzetta Ufficiale del comunicato relativo al completamento delle operazioni di aggiornamento catastale per gli immobili interessati; i nuovi redditi così attribuiti producono effetti fiscali dal 1° gennaio 2006. In tale caso non sono dovute le sanzioni previste dall'articolo 3 del decreto legislativo 18 dicembre 1997, n. 471.";

b) il comma 36 è sostituito dal seguente:

"36. L'Agenzia del territorio, anche sulla base delle informazioni fornite dall'AGEA e delle verifiche, amministrative, da telerilevamento e da sopralluogo sul terreno, dalla stessa effettuate nell'ambito dei propri compiti istituzionali, individua i fabbricati iscritti al catasto terreni per i quali siano venuti meno i requisiti per il riconoscimento della ruralità ai fini fiscali, nonché quelli che non risultano dichiarati al catasto. L'Agenzia del territorio, con apposito comunicato da pubblicare nella Gazzetta Ufficiale, rende nota la disponibilità, per ciascun comune, dell'elenco degli immobili individuati ai sensi del periodo precedente, comprensivo, qualora accertata, della data cui riferire la mancata presentazione della dichiarazione al catasto, e provvede a pubblicizzare, per i sessanta giorni successivi alla pubblicazione del comunicato, presso i comuni interessati e tramite gli uffici provinciali e sul proprio sito internet, il predetto elenco, con valore di richiesta, per i titolari dei diritti reali, di presentazione degli atti di aggiornamento catastale redatti ai sensi del regolamento di cui al decreto del Ministro delle finanze 19 aprile 1994, n. 701. Se questi ultimi non ottemperano alla richiesta entro novanta giorni dalla data di pubblicazione del comunicato di cui al periodo precedente, gli uffici provinciali dell'Agenzia del territorio provvedono con oneri a carico dell'interessato, alla iscrizione in catasto attraverso la predisposizione delle relative dichiarazioni redatte in conformità al regolamento di cui al decreto del Ministro delle finanze 19 aprile 1994, n. 701, e a notificarne i relativi esiti. Le rendite catastali dichiarate o attribuite producono effetto fiscale, in deroga alle vigenti disposizioni, a decorrere dal 1° gennaio dell'anno successivo alla data cui riferire la mancata presentazione della denuncia catastale, ovvero, in assenza di tale indicazione, dal 1° gennaio dell'anno di pubblicazione del comunicato di cui al secondo periodo. Con provvedimento del Direttore dell'Agenzia del territorio, da adottare entro novanta giorni dalla data di entrata in vigore della presente disposizione, sono stabilite modalità tecniche ed operative per l'attuazione del presente comma. Si applicano le sanzioni per le violazioni previste dall'articolo 28 del regio decreto- legge 13 aprile 1939, n. 652, convertito, con modificazioni, dalla legge 11 agosto 1939, n. 1249, e successive modificazioni".

340. Al fine di contrastare i fenomeni di esclusione sociale negli spazi urbani e favorire l'integrazione sociale e culturale delle popolazioni abitanti in circoscrizioni o quartieri delle città caratterizzati da degrado urbano e sociale, sono istituite, con le modalità di cui al comma 342, zone franche urbane con un numero di abitanti non superiore a 30.000. Per le finalità di cui al periodo precedente, è istituito nello stato di previsione del Ministero dello sviluppo economico un apposito Fondo con una dotazione di 50 milioni di euro per ciascuno degli anni 2008 e 2009, che provvede al finanziamento di programmi di intervento, ai sensi del comma 342. L'importo di cui al periodo precedente costituisce tetto massimo di spesa (1).

(1) Comma sostituito dall'articolo 2, comma 561, della legge 24 dicembre 2007 n. 244 e successivamente modificato dall'articolo 9, comma 4, del D.L. 30 dicembre 2009, n. 194.

341. Le piccole e micro imprese, come individuate dalla raccomandazione 2003/ 361/CE della Commissione, del 6 maggio 2003, che iniziano, nel periodo compreso tra il 6

aprile 2009 e il 31 dicembre 2012, una nuova attività economica nelle zone franche urbane individuate secondo le modalità di cui al comma 342, possono fruire delle seguenti agevolazioni, nei limiti delle risorse del Fondo di cui al comma 340 a tal fine vincolate (1):

a) esenzione dalle imposte sui redditi per i primi cinque periodi di imposta. Per i periodi di imposta successivi, l'esenzione è limitata, per i primi cinque al 60 per cento, per il sesto e settimo al 40 per cento e per l'ottavo e nono al 20 per cento. L'esenzione di cui alla presente lettera spetta fino a concorrenza dell'importo di euro 100.000 del reddito derivante dall'attività svolta nella zona franca urbana, maggiorato, a decorrere dal periodo di imposta in corso al 1° gennaio 2009 e per ciascun periodo di imposta, di un importo pari a euro 5.000, ragguagliato ad anno, per ogni nuovo assunto a tempo indeterminato, residente all'interno del sistema locale di lavoro in cui ricade la zona franca urbana;

b) esenzione dall'imposta regionale sulle attività produttive, per i primi cinque periodi di imposta, fino a concorrenza di euro 300.000, per ciascun periodo di imposta, del valore della produzione netta;

c) esenzione dall'imposta comunale sugli immobili, a decorrere dall'anno 2009 e fino all'anno 2012, per i soli immobili siti nelle zone franche urbane dalle stesse imprese posseduti ed utilizzati per l'esercizio delle nuove attività economiche (2);

d) esonero dal versamento dei contributi sulle retribuzioni da lavoro dipendente, per i primi cinque anni di attività, nei limiti di un massimale di retribuzione definito con decreto del Ministro del lavoro e della previdenza sociale, solo in caso di contratti a tempo indeterminato, o a tempo determinato di durata non inferiore a dodici mesi, e a condizione che almeno il 30 per cento degli occupati risieda nel sistema locale di lavoro in cui ricade la zona franca urbana. Per gli anni successivi l'esonero è limitato per i primi cinque al 60 per cento, per il sesto e settimo al 40 per cento e per l'ottavo e nono al 20 per cento. L'esonero di cui alla presente lettera spetta, alle medesime condizioni, anche ai titolari di reddito di lavoro autonomo che svolgono l'attività all'interno della zona franca urbana (3).

(1) A norma dell'articolo 10, comma 1-bis, del D.L. 28 aprile 2009, n. 39, il termine del 1° gennaio 2008, di cui al presente alinea è sostituito dal termine del 6 aprile 2009.
(2) Lettera modificata dall'articolo 10, comma 1-bis, del D.L. 28 aprile 2009, n. 39. A norma dell'articolo 37, comma 3, del D.L. 10 ottobre 2012, n. 179, l'esenzione di cui alla presente lettera deve intendersi riferita alla «imposta municipale propria».
(3) Comma sostituito dall'articolo 2, comma 562, della legge 24 dicembre 2007 n. 244.

341-bis. Le piccole e le micro imprese che hanno avviato la propria attività in una zona franca urbana antecedentemente al 6 aprile 2009 possono fruire delle agevolazioni di cui al comma 341, nel rispetto del regolamento (CE) n. 1998/2006 della Commissione, del 15 dicembre 2006, relativo all'applicazione degli articoli 87 e 88 del Trattato agli aiuti di importanza minore, pubblicato nella Gazzetta Ufficiale dell'Unione europea n. L 379 del 28 dicembre 2006 (1)(2).

(1) Comma aggiunto dall'articolo 2, comma 562, della legge 24 dicembre 2007 n. 244.
(2) A norma dell'articolo 10, comma 1-bis, del D.L. 28 aprile 2009, n. 39, il termine del 1° gennaio 2008, di cui al presente comma è sostituito dal termine del 6 aprile 2009.

341-ter. Sono, in ogni caso, escluse dal regime agevolativo le imprese operanti nei settori della costruzione di automobili, della costruzione navale, della fabbricazione di fibre tessili artificiali o sintetiche, della siderurgia e del trasporto su strada (1).

(1) Comma aggiunto dall'articolo 2, comma 562, della legge 24 dicembre 2007 n. 244.

341-quater. Con decreto del Ministro dell'economia e delle finanze, da emanare entro trenta giorni dalla data di entrata in vigore della presente disposizione, saranno determinati le condizioni, i limiti e le modalità di applicazione delle esenzioni fiscali di cui ai commi da 341 a 341-ter (1).

(1) Comma aggiunto dall'articolo 2, comma 562, della legge 24 dicembre 2007 n. 244.

342. Il Comitato interministeriale per la programmazione economica (CIPE), su proposta del Ministro dello sviluppo economico, di concerto con il Ministro della solidarietà sociale, provvede alla definizione dei criteri per l'allocazione delle risorse e per la individuazione e la selezione delle zone franche urbane, sulla base di parametri socio-economici, rappresentativi dei fenomeni di degrado di cui al comma 340. Provvede successivamente, su proposta del Ministro dello sviluppo economico, alla perimetrazione delle singole zone franche urbane ed alla concessione del finanziamento in favore dei programmi di intervento di cui al comma 340. L'efficacia delle disposizioni dei commi da 341 a 342 è subordinata, ai sensi dell'articolo 88, paragrafo 3, del Trattato istitutivo della Comunità europea, all'autorizzazione della Commissione europea (1).

(1) Comma sostituito dall'articolo 2, comma 563, della legge 24 dicembre 2007 n. 244.

343. Il Nucleo di valutazione e verifica del Ministero dello sviluppo economico, anche in coordinamento con i nuclei di valutazione delle regioni interessate, provvede al monitoraggio ed alla valutazione di efficacia degli interventi e presenta a tal fine al CIPE una relazione annuale sugli esiti delle predette attività.

344. Per le spese documentate, sostenute entro il 31 dicembre 2007, relative ad interventi di riqualificazione energetica di edifici esistenti, che conseguono un valore limite di fabbisogno di energia primaria annuo per la climatizzazione invernale inferiore di almeno il 20 per cento rispetto ai valori riportati nell'allegato C, numero 1), tabella 1, annesso al decreto legislativo 19 agosto 2005, n. 192, spetta una detrazione dall'imposta lorda per una quota pari al 55 per cento degli importi rimasti a carico del contribuente, fino a un valore massimo della detrazione di 100.000 euro, da ripartire in tre quote annuali di pari importo (1).

(1) Per l'applicazione delle disposizioni di cui al presente comma vedi articolo 1, comma 20, 22 e 24 della legge 24 dicembre 2007, n. 244.

345. Per le spese documentate, sostenute entro il 31 dicembre 2007, relative ad interventi su edifici esistenti, parti di edifici esistenti o unità immobiliari, riguardanti strutture opache verticali, strutture opache orizzontali (coperture e pavimenti), finestre comprensive di infissi, spetta una detra-

zione dall'imposta lorda per una quota pari al 55 per cento degli importi rimasti a carico del contribuente, fino a un valore massimo della detrazione di 60.000 euro, da ripartire in tre quote annuali di pari importo, a condizione che siano rispettati i requisiti di trasmittanza termica U, espressa in W/m2K, della Tabella 3 allegata alla presente legge (1).

(1) Per l'applicazione delle disposizioni di cui al presente comma vedi articolo 1, comma 20, 22 e 24 della legge 24 dicembre 2007, n. 244.

346. Per le spese documentate, sostenute entro il 31 dicembre 2007, relative all'installazione di pannelli solari per la produzione di acqua calda per usi domestici o industriali e per la copertura del fabbisogno di acqua calda in piscine, strutture sportive, case di ricovero e cura, istituti scolastici e università, spetta una detrazione dall'imposta lorda per una quota pari al 55 per cento degli importi rimasti a carico del contribuente, fino a un valore massimo della detrazione di 60.000 euro, da ripartire in tre quote annuali di pari importo (1)(A).

(A) In riferimento alla detrazione prevista per le spese di riqualificazione energetica vedi: Risposta Agenzia delle Entrate 04/04/2019 n. 95

(1) Per l'applicazione delle disposizioni di cui al presente comma vedi articolo 1, comma 20, 22 e 24 della legge 24 dicembre 2007, n. 244.

347. Per le spese documentate, sostenute entro il 31 dicembre 2007, per interventi di sostituzione di impianti di climatizzazione invernale con impianti dotati di caldaie a condensazione e contestuale messa a punto del sistema di distribuzione, spetta una detrazione dall'imposta lorda per una quota pari al 55 per cento degli importi rimasti a carico del contribuente, fino a un valore massimo della detrazione di 30.000 euro, da ripartire in tre quote annuali di pari importo (1).

(1) A norma dell'articolo 1, comma 286, della legge 24 dicembre 2007 n. 244, le disposizioni di cui al presente comma, si applicano, nella misura e alle condizioni previste, anche alle spese relative alla sostituzione di impianti di climatizzazione invernale con pompe di calore ad alta efficienza e con impianti geotermici a bassa entalpia. Vedi anche l'articolo 1, comma 20 e 22, della medesima legge 244/2007.

348. La detrazione fiscale di cui ai commi 344, 345, 346 e 347 è concessa con le modalità di cui all'articolo 1 della legge 27 dicembre 1997, n. 449, e successive modificazioni, e alle relative norme di attuazione previste dal regolamento di cui al decreto del Ministro delle finanze 18 febbraio 1998, n. 41, e successive modificazioni, sempreché siano rispettate le seguenti ulteriori condizioni:

a) la rispondenza dell'intervento ai previsti requisiti è asseverata da un tecnico abilitato, che risponde civilmente e penalmente dell'asseverazione;

b) il contribuente acquisisce la certificazione energetica dell'edificio, di cui all'articolo 6 del decreto legislativo 19 agosto 2005, n. 192, qualora introdotta dalla regione o dall'ente locale, ovvero, negli altri casi, un "attestato di qualificazione energetica", predisposto ed asseverato da un professionista abilitato, nel quale sono riportati i fabbisogni di energia primaria di calcolo, o dell'unità immobiliare ed i corrispondenti valori massimi ammissibili fissati dalla normativa in vigore per il caso specifico o, ove non siano fissati tali limiti, per un identico edificio di nuova costruzione. L'attestato di qualificazione energetica comprende anche l'indicazione di possibili interventi migliorativi delle prestazioni energetiche dell'edificio o dell'unità immobiliare, a seguito della loro eventuale realizzazione. Le spese per la certificazione energetica, ovvero per l'attestato di qualificazione energetica, rientrano negli importi detraibili.

349. Ai fini di quanto disposto dai commi da 344 a 350 si applicano le definizioni di cui al decreto legislativo 19 agosto 2005, n. 192. Con decreto del Ministro dell'economia e delle finanze, di concerto con il Ministro dello sviluppo economico, da adottare entro il 28 febbraio 2007, sono dettate le disposizioni attuative di quanto disposto ai commi 344, 345, 346 e 347 (1).

(1) Per le disposizioni in materia di detrazioni per le spese di riqualificazione energetica del patrimonio edilizio esistente, di cui al presente comma, vedi il D.M. 19 febbraio 2007.

350. All'articolo 4 del testo unico delle disposizioni legislative e regolamentari in materia edilizia, di cui al decreto del Presidente della Repubblica 6 giugno 2001, n. 380, dopo il comma 1 è inserito il seguente:

"1-bis. Nel regolamento di cui al comma 1, ai fini del rilascio del permesso di costruire, deve essere prevista l'installazione dei pannelli fotovoltaici per la produzione di energia elettrica per gli edifici di nuova costruzione, in modo tale da garantire una produzione energetica non inferiore a 0,2 kW per ciascuna unità abitativa".

351. Gli interventi di realizzazione di nuovi edifici o nuovi complessi di edifici, di volumetria complessiva superiore a 10.000 metri cubi, con data di inizio lavori entro il 31 dicembre 2007 e termine entro i tre anni successivi, che conseguono un valore limite di fabbisogno di energia primaria annuo per metro quadrato di superficie utile dell'edificio inferiore di almeno il 50 per cento rispetto ai valori riportati nell'allegato C, numero 1), tabella 1, annesso al decreto legislativo 19 agosto 2005, n. 192, nonché del fabbisogno di energia per il condizionamento estivo e l'illuminazione, hanno diritto a un contributo pari al 55 per cento degli extra costi sostenuti per conseguire il predetto valore limite di fabbisogno di energia, incluse le maggiori spese di progettazione.

352. Per l'attuazione del comma 351 è costituito un Fondo di 15 milioni di euro per ciascuno degli anni del triennio 2007-2009. Con decreto del Ministro dell'economia e delle finanze, di concerto con il Ministro dello sviluppo economico, sono fissate le condizioni e le modalità per l'accesso e l'erogazione dell'incentivo, nonché i valori limite relativi al fabbisogno di energia per il condizionamento estivo e l'illuminazione.

353. Per le spese documentate, sostenute entro il 31 dicembre 2007, per la sostituzione di frigoriferi, congelatori e loro combinazioni con analoghi apparecchi di classe energetica non inferiore ad A+ spetta una detrazione dall'imposta lorda per una quota pari al 20 per cento degli importi rimasti a carico del contribuente, fino a un valore massimo della detrazione di 200 euro per ciascun apparecchio, in un'unica rata (1).

(1) Per l'applicazione delle disposizioni di cui al presente comma vedi articolo 1, comma 20, della legge 24 dicembre 2007, n. 244.

354. Ai soggetti esercenti attività d'impresa rientrante nel settore del commercio che effettuano interventi di efficienza energetica per l'illuminazione nei due periodi d'imposta

successivi a quello in corso al 31 dicembre 2006, spetta una ulteriore deduzione dal reddito d'impresa pari al 36 per cento dei costi sostenuti nei seguenti casi:

a) sostituzione, negli ambienti interni, di apparecchi illuminanti con altri ad alta efficienza energetica, maggiore o uguale al 60 per cento;

b) sostituzione, negli ambienti interni, di lampade ad incandescenza con lampade fluorescenti di classe A purché alloggiate in apparecchi illuminanti ad alto rendimento ottico, maggiore o uguale al 60 per cento;

c) sostituzione, negli ambienti esterni, di apparecchi illuminanti dotati di lampade a vapori di mercurio con apparecchi illuminanti ad alto rendimento ottico, maggiore o uguale all'80 per cento, dotati di lampade a vapori di sodio ad alta o bassa pressione o di lampade a ioduri metallici;

d) azione o integrazione, in ambienti interni o esterni, di regolatori del flusso luminoso.

355. Nella determinazione dell'acconto dovuto ai fini delle imposte sul reddito per il secondo e il terzo periodo d'imposta successivi a quello in corso al 31 dicembre 2006, si assume, quale imposta del periodo precedente, quella che si sarebbe determinata senza tenere conto delle disposizioni del comma 354.

356. All'onere di cui ai commi 354 e 355, pari a 11 milioni di euro per ciascuno degli anni 2008 e 2009, si provvede a valere sulle risorse del Fondo di cui al comma 362 [(1)].

[(1)] La Corte Costituzionale con sentenza 23 maggio 2008, n. 168 (in Gazz. Uff., 28 maggio 2008, n. 23) ha dichiarato l'illegittimità costituzionale consequenziale del presente comma: a) nella parte in cui non contiene, dopo le parole «si provvede», le parole «d'intesa con la Conferenza unificata»; e b) nella parte in cui contiene l'inciso: «pari a 11 milioni di euro».

357. Allo scopo di favorire il rinnovo del parco apparecchi televisivi in vista della migrazione della televisione analogica alla televisione digitale, agli utenti del servizio di radiodiffusione che dimostrino di essere in regola, per l'anno 2007, con il pagamento del canone di abbonamento di cui al regio decreto- legge 21 febbraio 1938, n. 246, convertito dalla legge 4 giugno 1938, n. 880, spetta, ai fini dell'imposta sul reddito delle persone fisiche, una detrazione dall'imposta lorda per una quota pari al 20 per cento delle spese sostenute entro il 31 dicembre 2007 ed effettivamente rimaste a carico, fino ad un importo massimo delle stesse di 1.000 euro, per l'acquisto di un apparecchio televisivo dotato anche di sintonizzatore digitale integrato. In deroga all'articolo 3 della legge 27 luglio 2000, n. 212, nella determinazione dell'acconto dovuto ai fini dell'imposta sul reddito delle persone fisiche per il periodo d'imposta successivo a quello in corso alla data di entrata in vigore della presente legge, si assume, quale imposta del periodo d'imposta precedente, quella che si sarebbe determinata senza tenere conto delle disposizioni del primo periodo del presente comma.

358. Per le spese documentate, sostenute entro il 31 dicembre 2007, per l'acquisto e l'installazione di motori ad elevata efficienza di potenza elettrica, compresa tra 5 e 90 kW, nonché per la sostituzione di motori esistenti con motori ad elevata efficienza di potenza elettrica, compresa tra 5 e 90 kW, spetta una detrazione dall'imposta lorda per una quota pari al 20 per cento degli importi rimasti a carico del contribuente, fino a un valore massimo della detrazione di 1.500 euro per motore, in un'unica rata [(1)(2)].

[(1)] Per le disposizioni in materia di detrazioni per le spese sostenute per l'acquisto e l'installazione di motori ad elevata efficienza e variatori di velocità (inverter), di cui al presente comma, vedi il D.M. 19 febbraio 2007.

[(2)] Per l'applicazione delle disposizioni di cui al presente comma vedi articolo 1, comma 20, della legge 24 dicembre 2007, n. 244.

359. Per le spese documentate, sostenute entro il 31 dicembre 2007, per l'acquisto e l'installazione di variatori di velocità (inverter) su impianti con potenza elettrica compresa tra 7,5 e 90 kW spetta una detrazione dall'imposta lorda per una quota pari al 20 per cento degli importi rimasti a carico del contribuente, fino a un valore massimo della detrazione di 1.500 euro per intervento, in un'unica rata [(1)(2)].

[(1)] Per le disposizioni in materia di detrazioni per le spese sostenute per l'acquisto e l'installazione di motori ad elevata efficienza e variatori di velocità (inverter), di cui al presente comma, vedi il D.M. 19 febbraio 2007.

[(2)] Per l'applicazione delle disposizioni di cui al presente comma vedi articolo 1, comma 20, della legge 24 dicembre 2007, n. 244.

360. Entro il 28 febbraio 2007, con decreto del Ministro dello sviluppo economico, di concerto con il Ministro dell'economia e delle finanze, sono definite le caratteristiche cui devono rispondere i motori ad elevata efficienza e i variatori di velocità (inverter) di cui ai commi 358 e 359, i tetti di spesa massima in funzione della potenza dei motori e dei variatori di velocità (inverter) di cui ai medesimi commi, nonché le modalità per l'applicazione di quanto disposto ai commi 357, 358 e 359 e per la verifica del rispetto delle disposizioni in materia di ritiro delle apparecchiature sostituite.

361. Entro il 28 febbraio 2007, con decreto del Ministro delle comunicazioni, di concerto con il Ministro dell'economia e delle finanze, sono definite le caratteristiche a cui devono rispondere gli apparecchi televisivi di cui al comma 357 al fine di garantire il rispetto del principio di neutralità tecnologica e la compatibilità con le piattaforme trasmissive esistenti, nonché le modalità per l'applicazione di quanto disposto al medesimo comma 357.

362. Il maggiore gettito fiscale derivante dall'incidenza dell'imposta sul valore aggiunto sui prezzi di carburanti e combustibili di origine petrolifera, in relazione ad aumenti del prezzo internazionale del petrolio greggio, rispetto al valore di riferimento previsto nel Documento di programmazione economico- finanziaria per gli anni 2007-2011, è destinato, nel limite di 100 milioni di euro annui, alla costituzione di un apposito Fondo da utilizzare a copertura di interventi di efficienza energetica e di riduzione dei costi della fornitura energetica per finalità sociali [(1)(2)(3)].

[(1)] La Corte Costituzionale con sentenza 23 maggio 2008, n. 168 (in Gazz. Uff., 28 maggio 2008, n. 23) ha dichiarato l'illegittimità costituzionale del combinato disposto del presente comma e dei commi 363 e 364, nella parte in cui, in riferimento all', pone il vincolo di destinazione specifica del fondo di cui al presente comma per interventi di riduzione dei costi della fornitura energetica per finalità sociali e dispone che, per il medesimo anno, con decreto del Ministro dell'economia e delle finanze, di concerto con il Ministro dello sviluppo economico, sono stabiliti le condizioni, le modalità e i termini per l'utilizzo della dotazione del fondo stesso.

[(2)] La Corte Costituzionale con sentenza 23 maggio 2008, n. 168 (in Gazz. Uff., 28 maggio 2008, n. 23) ha dichiarato l'illegittimità costituzionale del presente comma, nella parte in cui, in riferimento agli anni successivi al 2009, non prevede l'intesa con le Regioni per determinare la concreta destinazione dei finanziamenti a carico del fondo istituito dallo stesso comma.

ACCERTAMENTO

(3) *Per le condizioni, modalità e termini per l'utilizzo della dotazione del Fondo di cui al presente comma vedi il D.M. 26 gennaio 2012.*

363. Nello stato di previsione del Ministero dello sviluppo economico è istituito il Fondo di cui al comma 362 che, per il triennio 2007-2009, ha una dotazione iniziale di 50 milioni di euro annui [(1)(2)].

(1) *La Corte Costituzionale con sentenza 23 maggio 2008, n. 168 (in Gazz. Uff., 28 maggio 2008, n. 23) ha dichiarato l'illegittimità costituzionale del combinato disposto del presente comma e dei commi 362 e 364, nella parte in cui, in riferimento all', pone il vincolo di destinazione specifica del fondo di cui al comma 362 per interventi di riduzione dei costi della fornitura energetica per finalità sociali e dispone che, per il medesimo anno, con decreto del Ministro dell'economia e delle finanze, di concerto con il Ministro dello sviluppo economico, sono stabiliti le condizioni, le modalità e i termini per l'utilizzo della dotazione del fondo stesso.*
(2) *Per le condizioni, modalità e termini per l'utilizzo della dotazione del Fondo di cui al presente comma vedi il D.M. 26 gennaio 2012.*

364. Con decreto del Ministro dell'economia e delle finanze, di concerto con il Ministro dello sviluppo economico, da adottare entro tre mesi dalla data di entrata in vigore della presente legge, sono stabiliti le condizioni, le modalità e i termini per l'utilizzo della dotazione del Fondo di cui al comma 362, da destinare al finanziamento di interventi di carattere sociale, da parte dei comuni, per la riduzione dei costi delle forniture di energia per usi civili a favore di clienti economicamente disagiati, anziani e disabili e, per una somma di 11 milioni di euro annui per il biennio 2008-2009, agli interventi di efficienza energetica di cui ai commi da 353 a 361 [(1)(2)(3)].

(1) *La Corte Costituzionale con sentenza 23 maggio 2008, n. 168 (in Gazz. Uff., 28 maggio 2008, n. 23) ha dichiarato l'illegittimità costituzionale del combinato disposto del presente comma e dei commi 362 e 363, nella parte in cui, in riferimento all', pone il vincolo di destinazione specifica del fondo di cui al comma 362 per interventi di riduzione dei costi della fornitura energetica per finalità sociali e dispone che, per il medesimo anno, con decreto del Ministro dell'economia e delle finanze, di concerto con il Ministro dello sviluppo economico, sono stabiliti le condizioni, le modalità e i termini per l'utilizzo della dotazione del fondo stesso.*
(2) *La Corte Costituzionale con sentenza 23 maggio 2008, n. 168 (in Gazz. Uff., 28 maggio 2008, n. 23) ha dichiarato l'illegittimità costituzionale del presente comma: a) nella parte in cui, in riferimento al biennio 2008-2009, non contiene, dopo le parole «da adottare», le parole «d'intesa con la Conferenza unificata»; e b) nella parte in cui contiene, in riferimento al biennio 2008-2009, l'inciso: «per una somma di 11 milioni di euro annui per il biennio 2008-2009».*
(3) *Per le condizioni, modalità e termini per l'utilizzo della dotazione del Fondo di cui al presente comma vedi il D.M. 26 gennaio 2012.*

365. Per dare efficace attuazione a quanto previsto al comma 364, sono stipulati accordi tra il Governo, le regioni e gli enti locali che garantiscano la individuazione o la creazione, ove non siano già esistenti, di strutture amministrative, almeno presso ciascun comune capoluogo di provincia, per la gestione degli interventi di cui al comma 364, i cui costi possono in parte essere coperti dalle risorse del Fondo di cui al comma 362 [(1)].

(1) *Per le condizioni, modalità e termini per l'utilizzo della dotazione del Fondo di cui al presente comma vedi il D.M. 26 gennaio 2012.*

366. All'articolo 20, comma 1-bis, del decreto legislativo 25 novembre 1996, n. 625, e successive modificazioni, le parole: "incluse nell'obiettivo n. 1 di cui al regolamento (CEE) n. 2052/88 del Consiglio, del 24 giugno 1988, e successive modificazioni" sono sostituite dalle seguenti: "del Mezzogiorno".

367. Nel decreto legislativo 30 maggio 2005, n. 128, recante le disposizioni di attuazione della direttiva 2003/30/CE relativa alla promozione dell'uso dei biocarburanti o di altri carburanti rinnovabili nei trasporti, l'articolo 3 è sostituito dal seguente:

"Art. 3. – (Obiettivi indicativi nazionali).– 1. Sono fissati i seguenti obiettivi indicativi nazionali, calcolati sulla base del tenore energetico, di immissione in consumo di biocarburanti e altri carburanti rinnovabili, espressi come percentuale del totale del carburante diesel e di benzina nei trasporti immessi al consumo nel mercato nazionale:

a) entro il 31 dicembre 2005: 1,0 per cento;

b) entro il 31 dicembre 2008: 2,5 per cento;

c) entro il 31 dicembre 2010: 5,75 per cento.

2. Ai fini del rispetto degli obiettivi indicativi di cui al comma 1, concorrono, nell'ambito dei rispettivi programmi di agevolazione di cui ai commi 1 e 5 dell'articolo 22- bis del testo unico delle disposizioni legislative concernenti le imposte sulla produzione e sui consumi e relative sanzioni penali e amministrative di cui al decreto legislativo 26 ottobre 1995, n. 504, le immissioni in consumo di biodiesel e dei prodotti di cui al predetto comma 5".

368. Nel decreto-legge 10 gennaio 2006, n. 2, convertito, con modificazioni, dalla legge 11 marzo 2006, n. 81, recante disposizioni in materia di interventi nel settore agroenergetico, l'articolo 2-quater è sostituito dal seguente:

"Art. 2-quater. – (Interventi nel settore agroenergetico). – 1. A decorrere dal 1° gennaio 2007 i soggetti che immettono in consumo benzina e gasolio, prodotti a partire da fonti primarie non rinnovabili e destinati ad essere impiegati per autotrazione, hanno l'obbligo di immettere in consumo nel territorio nazionale una quota minima di biocarburanti e degli altri carburanti rinnovabili indicati al comma 4, con le modalità di cui al comma 3. I medesimi soggetti possono assolvere al predetto obbligo anche acquistando, in tutto o in parte, l'equivalente quota o i relativi diritti da altri soggetti.

2. Per l'anno 2007 la quota minima di cui al comma 1 è fissata nella misura dell'1,0 per cento di tutto il carburante, benzina e gasolio, immesso in consumo nell'anno solare precedente, calcolata sulla base del tenore energetico; a partire dall'anno 2008, tale quota minima è fissata nella misura del 2,0 per cento. Con decreto del Ministro dello sviluppo economico, di concerto con il Ministro dell'economia e delle finanze, il Ministro dell'ambiente e della tutela del territorio e del mare e il Ministro delle politiche agricole alimentari e forestali, da emanare entro tre mesi dalla data di entrata in vigore della presente disposizione, vengono fissate le sanzioni amministrative pecuniarie, proporzionali e dissuasive, per il mancato raggiungimento dell'obbligo previsto per i singoli anni di attuazione della presente disposizione successivi al 2007, tenendo conto dei progressi compiuti nello sviluppo delle filiere agroenergetiche di cui al comma 3. Gli importi derivanti dalla comminazione delle eventuali sanzioni sono versati al Fondo di cui all'articolo 1, comma 422, della legge 23 dicembre 2005, n. 266, per essere riassegnati quale maggiorazione del quantitativo di biodiesel che annualmente può godere della riduzione dell'accisa o quale aumento allo stanziamento previsto per l'incentivazione del bioetanolo e suoi derivati o quale sostegno della defiscaliz-

zazione di programmi sperimentali di nuovi biocarburanti.

3. Con decreto del Ministro delle politiche agricole alimentari e forestali, di concerto con il Ministro dello sviluppo economico, il Ministro dell'ambiente e della tutela del territorio e del mare e il Ministro dell'economia e delle finanze, da emanare entro tre mesi dalla data di entrata in vigore della presente disposizione, sono dettati criteri, condizioni e modalità per l'attuazione dell'obbligo di cui al comma 1, secondo obiettivi di sviluppo di filiere agroenergetiche e in base a criteri che in via prioritaria tengono conto della quantità di prodotto proveniente da intese di filiera, da contratti quadro o contratti ad essi equiparati (1).

4. I biocarburanti e gli altri carburanti rinnovabili da immettere in consumo ai sensi dei commi 1, 2 e 3 sono il biodiesel, il bioetanolo e suoi derivati, l'ETBE e il bioidrogeno.

5. La sottoscrizione di un contratto di filiera o contratto quadro, o contratti ad essi equiparati, costituisce titolo preferenziale: a) nei bandi pubblici per i finanziamenti delle iniziative e dei progetti nel settore della promozione delle energie rinnovabili e dell'impiego dei biocarburanti; b) nei contratti di fornitura dei biocarburanti per il trasporto ed il riscaldamento pubblici.

6. Le pubbliche amministrazioni stipulano contratti o accordi di programma con i soggetti interessati al fine di promuovere la produzione e l'impiego di biomasse e di biocarburanti di origine agricola, la ricerca e lo sviluppo di specie e varietà vegetali da destinare ad utilizzazioni energetiche.

7. Ai fini dell'articolo 21, comma 5, del testo unico di cui al decreto legislativo 26 ottobre 1995, n. 504, il biogas è equiparato al gas naturale.

8. Gli operatori della filiera di produzione e distribuzione dei biocarburanti di origine agricola devono garantire la tracciabilità e la rintracciabilità della filiera. A tal fine realizzano un sistema di identificazioni e registrazioni di tutte le informazioni necessarie a ricostruire il percorso del biocarburante attraverso tutte le fasi della produzione, trasformazione e distribuzione, con particolare riferimento alle informazioni relative alla biomassa ed alla materia prima agricola, specificando i fornitori e l'ubicazione dei siti di produzione".

(1) *Per l'attuazione del presente punto vedi il D.M. 29 aprile 2008, n.110.*

369. Nella legge 23 dicembre 2005, n. 266, all'articolo 1, il comma 423 è sostituito dal seguente:

"*423. Ferme restando le disposizioni tributarie in materia di accisa, la produzione e la cessione di energia elettrica e calorica da fonti rinnovabili agroforestali e fotovoltaiche nonché di carburanti ottenuti da produzioni vegetali provenienti prevalentemente dal fondo e di prodotti chimici derivanti da prodotti agricoli provenienti prevalentemente dal fondo effettuate dagli imprenditori agricoli, costituiscono attività connesse ai sensi dell'articolo 2135, terzo comma, del codice civile e si considerano produttive di reddito agrario*".

370. All'onere derivante dall'attuazione del comma 369, pari a un milione di euro a decorrere dall'anno 2007, si provvede mediante corrispondente riduzione dell'autorizzazione di spesa di cui all'articolo 5, comma 3-ter, del decreto-legge 1° ottobre 2005, n. 202, convertito, con modificazioni, dalla legge 30 novembre 2005, n. 244.

371. Nel testo unico delle disposizioni legislative concernenti le imposte sulla produzione e sui consumi e relative sanzioni penali e amministrative di cui al decreto legislativo 26 ottobre 1995, n. 504, sono apportate le seguenti modificazioni:

a) all'articolo 21:

1) il comma 6 è sostituito dal seguente:

"*6. Le disposizioni del comma 2 si applicano anche al biodiesel (codice NC 3824 90 99) usato come carburante, come combustibile, come additivo ovvero per accrescere il volume finale dei carburanti e dei combustibili.La fabbricazione o la miscelazione con oli minerali del biodiesel è effettuata in regime di deposito fiscale. Per il trattamento fiscale del biodiesel destinato ad essere usato come combustibile per riscaldamento valgono, in quanto applicabili, le disposizioni di cui all'articolo 61.*";

2) i commi 6.1, 6.2, 6-bis e 6-ter sono abrogati;

b) dopo l'articolo 22 è inserito il seguente:

"*Art. 22-bis. - (Disposizioni particolari in materia di biodiesel ed alcuni prodotti derivati dalla biomassa). – 1. Nell'ambito di un programma pluriennale con decorrenza dal 1° gennaio 2007 al 31 dicembre 2010 e nel limite di un contingente annuo di 250.000 tonnellate, al biodiesel, destinato ad essere impiegato in autotrazione in miscela con il gasolio, è applicata una aliquota di accisa pari al 20 per cento di quella applicata al gasolio usato come carburante di cui all'allegato I.Con decreto del Ministro dell'economia e delle finanze, di concerto con i Ministri dello sviluppo economico, dell'ambiente e della tutela del territorio e del mare e delle politiche agricole alimentari e forestali, da emanare entro sei mesi dalla data di entrata in vigore della presente disposizione, sono determinati i requisiti che gli operatori e i rispettivi impianti di produzione, nazionali e comunitari, devono possedere per partecipare al programma pluriennale nonché le caratteristiche fiscali del prodotto con i relativi metodi di prova, le percentuali di miscelazione consentite, i criteri per l'assegnazione dei quantitativi agevolati agli operatori su base pluriennale dando priorità al prodotto proveniente da intese di filiera o da contratti quadro. Con lo stesso decreto sono stabilite le forme di garanzia che i soggetti che partecipano al programma pluriennale devono fornire per il versamento del 5 per cento della accisa che graverebbe sui quantitativi assegnati e non immessi in consumo. Per ogni anno di validità del programma i quantitativi del contingente che risultassero, al termine di ciascun anno, non immessi in consumo sono ripartiti tra gli operatori proporzionalmente alle quote loro assegnate dal nuovo programma pluriennale purché vengano immessi in consumo entro il successivo 30 giugno. In caso di rinuncia, totale o parziale, alle quote risultanti dalla predetta ripartizione da parte di un beneficiario, le stesse sono ridistribuite, proporzionalmente alle relative assegnazioni, fra gli altri beneficiari. Nelle more dell'entrata in vigore del predetto decreto trovano applicazione, in quanto compatibili, le disposizioni del regolamento cui al decreto del Ministro dell'economia e delle finanze 25 luglio 2003, n. 256. L'efficacia della disposizione di cui al presente comma è subordinata, ai sensi dell'articolo 88, paragrafo 3, del Trattato istitutivo della Comunità europea, alla preventiva autorizzazione da parte della Commissione europea.*

2. Nelle more dell'autorizzazione comunitaria di cui al comma 1 e dell'entrata in vigore del decreto di cui al medesimo comma 1, per l'anno 2007, una parte del contingente pari a 180.000 tonnellate è assegnata, con i criteri di cui al predetto regolamento n. 256 del 2003, dall'Agenzia delle dogane agli operatori che devono garantire il pagamento della maggiore accisa gravante sui quantitativi di biodiesel rispettivamente assegnati.In caso di mancata autorizzazione comunitaria di cui al comma 1 i soggetti assegnatari del predetto quantitativo di 180.000 tonnellate sono tenuti al versamento dell'accisa gravante sul biodiesel rispettivamente immesso in consumo. La parte restante del contingente è assegnata, dall'Agenzia delle dogane, previa comunicazione del Ministero delle politiche agricole alimentari e forestali relativa ai produttori di biodiesel che hanno stipulato contratti di coltivazione realizzati nell'ambito di contratti quadro o intese di filiera e delle relative quantità di biodiesel ottenibili dalle materie prime oggetto dei contratti sottoscritti, proporzionalmente a tali quantità. L'eventuale mancata realizzazione delle produzioni previste dai contratti quadro e intese di filiera, nonché dai relativi contratti di coltivazione con gli agricoltori, comporta la decadenza dall'accesso al contingente agevolato per i volumi non realizzati e determina la riduzione di pari volume del quantitativo assegnato all'operatore nell'ambito del programma pluriennale per i due anni successivi.

3. Entro il 1° marzo di ogni anno di validità del programma di cui al comma 1, i Ministeri dello sviluppo economico e delle politiche agricole alimentari e forestali comunicano al Ministero dell'economia e delle finanze i costi industriali medi del gasolio, del biodiesel e delle materie prime necessarie alla sua produzione, rilevati nell'anno solare precedente. Sulla base delle suddette rilevazioni, al fine di evitare la sovracompensazione dei costi addizionali legati alla produzione, con decreto del Ministro dell'economia e delle finanze, di concerto con i Ministri dello sviluppo economico, dell'ambiente e della tutela del territorio e del mare e delle politiche agricole alimentari e forestali, da emanare entro il 30 aprile di ogni anno di validità del programma di cui al comma 1, è rideterminata la misura dell'agevolazione di cui al medesimo comma 1.

4. A seguito della eventuale rideterminazione della misura dell'agevolazione di cui al comma 3, il contingente di cui al comma 1 è conseguentemente aumentato, senza costi aggiuntivi per l'erario, a partire dall'anno successivo a quello della rideterminazione.Qualora la misura dell'aumento del contingente risultante dalle disposizioni di cui al presente comma richieda la preventiva autorizzazione ai sensi dell'articolo 88, paragrafo 3, del Trattato istitutivo della Comunità europea, l'efficacia delle disposizioni di cui al presente comma è subordinata all'autorizzazione stessa.

5. Per l'anno 2007 continuano ad applicarsi le disposizioni relative al programma triennale di cui all'articolo 21, commi 6-bis e 6-ter, del presente decreto nella formulazione in vigore al 31 dicembre 2006; nell'ambito del predetto programma, a partire dal 1° gennaio 2007, l'aliquota di accisa ridotta relativa all'etere etilterbutilico (ETBE), derivato da alcole di origine agricola è rideterminata in euro 298,92 per 1.000 litri".

372. Con effetto dal 1° gennaio 2008 nel testo unico delle disposizioni legislative concernenti le imposte sulla produzione e sui consumi e relative sanzioni penali e amministrative di cui al decreto legislativo 26 ottobre 1995, n. 504, all'articolo 22-bis sono apportate le seguenti modificazioni:

a) il comma 5 è sostituito dal seguente:

"*5. Allo scopo di incrementare l'utilizzo di fonti energetiche che determinino un ridotto impatto ambientale è stabilita, nell'ambito di un programma triennale a decorrere dal 1° gennaio 2008, una accisa ridotta, secondo le aliquote di seguito indicate, applicabile sui seguenti prodotti impiegati come carburanti da soli o in miscela con oli minerali:*

a) bioetanolo derivato da prodotti di origine agricola: euro 289,22 per 1.000 litri;

b) etere etilterbutilico (ETBE), derivato da alcole di origine agricola: euro 298,92 per 1.000 litri;

c) additivi e riformulanti prodotti da biomasse:

1) per benzina senza piombo: euro 289,22 per 1.000 litri;

2) per gasolio, escluso il biodiesel: euro 245,32 per 1.000 litri.";

b) dopo il comma 5 sono aggiunti i seguenti:

"*5-bis. Con decreto del Ministro dell'economia e delle finanze, di concerto con i Ministri dello sviluppo economico, dell'ambiente e della tutela del territorio e del mare e delle politiche agricole alimentari e forestali, sono fissati, entro il limite complessivo di spesa di 73 milioni di euro annui, comprensivo dell'imposta sul valore aggiunto, i criteri di ripartizione dell'agevolazione prevista dal comma 5, tra le varie tipologie di prodotti e tra gli operatori, le caratteristiche tecniche dei prodotti singoli e delle relative miscele ai fini dell'impiego nella carburazione, nonché le modalità di verifica della loro idoneità ad abbattere i principali agenti inquinanti, valutata sull'intero ciclo di vita. Con cadenza semestrale dall'inizio del programma triennale di cui al comma 5, i Ministeri dello sviluppo economico e delle politiche agricole alimentari e forestali comunicano al Ministero dell'economia e delle finanze i costi industriali medi dei prodotti agevolati di cui al comma 5, rilevati nei sei mesi immediatamente precedenti. Sulla base delle suddette rilevazioni, al fine di evitare la sovracompensazione dei costi addizionali legati alla produzione, con decreto del Ministro dell'economia e delle finanze, di concerto con i Ministri dello sviluppo economico, dell'ambiente e della tutela del territorio e del mare e delle politiche agricole alimentari e forestali, da emanare entro sessanta giorni dalla fine del semestre, è eventualmente rideterminata la misura dell'agevolazione di cui al medesimo comma 5.*

5-ter. In caso di aumento dell'aliquota di accisa sulle benzine di cui all'allegato I, l'aliquota di accisa relativa all'ETBE, di cui al comma 5, lettera b), è conseguentemente aumentata nella misura del 53 per cento della aliquota di accisa sulle benzine, coerentemente con quanto previsto dall'articolo 2, paragrafo 2, lettera f), della direttiva 2003/30/CE del Parlamento europeo e del Consiglio, dell'8 maggio 2003, relativa alla promozione dell'uso dei biocarburanti o di altri carburanti rinnovabili nei trasporti".

373. L'efficacia delle disposizioni di cui al comma 372 è subordinata, ai sensi dell'articolo 88, paragrafo 3, del Trattato istitutivo della Comunità europea, alla preventiva autorizzazione da parte della Commissione europea.

374. Per l'anno 2007 la quota di contingente di biodiesel di cui all'articolo 22-bis, comma 1, del testo unico di cui al decreto legislativo 26 ottobre 1995, n. 504, assegnato secondo le modalità di cui all'articolo 22- bis, comma 2, primo periodo, è incrementata in misura corrispondente alla somma di euro 16.726.523 *[e, nei limiti di tali risorse, può essere destinata anche come combustibile per riscaldamento]*. Al relativo onere si provvede mediante corrispondente versamento all'entrata del bilancio dello Stato della somma di euro 16.726.523 a valere sulle disponibilità del Fondo per le iniziative a vantaggio dei consumatori di cui all'articolo 148 della legge 23 dicembre 2000, n. 388, iscritto nello stato di previsione del Ministero dello sviluppo economico, relativamente alle disponibilità recate ai sensi dell'articolo 4, comma 1, del decreto del Ministro delle attività produttive 28 ottobre 2005. Il Ministero dell'economia e delle finanze è autorizzato ad apportare le occorrenti variazioni di bilancio [1]

[1] *Comma modificato dall'articolo 26, comma 4-quinquies, del D.L. 1 ottobre 2007, n.159.*

375. Per l'anno 2007 gli importi corrispondenti al quantitativo di biodiesel di cui all'articolo 22-bis, comma 2, del testo unico di cui al decreto legislativo 26 ottobre 1995, n. 504, da assegnare secondo le modalità dettate dall'articolo 1, comma 421, lettera a), della legge 23 dicembre 2005, n. 266, che risultassero non assegnati al termine dell'anno, sono trasferiti al fondo per la promozione e lo sviluppo delle filiere agroenergetiche di cui all'articolo 1, comma 422, della medesima legge n. 266 del 2005.

376. Gli importi annui previsti dall'articolo 21, comma 6-ter, del testo unico di cui al decreto legislativo 26 ottobre 1995, n. 504, come modificato dal comma 520 dell'articolo 1 della legge 30 dicembre 2004, n. 311, eventualmente non utilizzati negli anni 2005 e 2006, sono destinati per il 50 per

cento dei medesimi importi, con decreto del Ministro dell'economia e delle finanze, all'incremento del contingente di biodiesel di cui all'articolo 22-bis, comma 1, del testo unico di cui al decreto legislativo n. 504 del 1995 per gli anni 2007-2010. Il restante 50 per cento è assegnato al Fondo di cui all'articolo 1, comma 422, della legge 23 dicembre 2005, n. 266, destinando l'importo di 15 milioni di euro a programmi di ricerca e sperimentazione del Ministero delle politiche agricole alimentari e forestali nel campo bioenergetico.

377. In caso di mancato impiego del contingente di biodiesel di cui all'articolo 22- bis, comma 1, del testo unico di cui al decreto legislativo 26 ottobre 1995, n. 504, le corrispondenti maggiori entrate per lo Stato possono essere destinate, con decreto del Ministro dell'economia e delle finanze, di concerto con i Ministri dello sviluppo economico, dell'ambiente e della tutela del territorio e del mare e delle politiche agricole alimentari e forestali, per le finalità di sostegno ai biocarburanti, tra cui il bioetanolo, di cui all'articolo 22-bis, comma 5, del testo unico di cui al medesimo decreto legislativo n. 504 del 1995.

378. All'articolo 1, comma 422, della legge 23 dicembre 2005, n. 266, le parole:", da utilizzare tenuto conto delle linee di indirizzo definite dalla Commissione biocombustibili, di cui all'articolo 5 del decreto legislativo 29 dicembre 2003, n. 387" sono soppresse.

379. Senza comportare restrizioni alla concorrenza, ai fini di quanto disposto dai commi da 367 a 378, per "*intesa di filiera*" e "*contratto quadro*" si intende quanto stabilito dal decreto legislativo 27 maggio 2005, n. 102.

[380. È esentato dall'accisa, entro un importo massimo di 1 milione di euro per ogni anno a decorrere dall'anno 2007, l'impiego a fini energetici nel settore agricolo, per autoconsumo nell'ambito dell'impresa singola o associata, dell'olio vegetale puro, come definito dall'allegato I, lettera l), del decreto legislativo 30 maggio 2005, n. 128. Con decreto del Ministro delle politiche agricole alimentari e forestali, d'intesa con il Ministro dell'economia e delle finanze, da adottare entro trenta giorni dalla data di entrata in vigore della presente legge, sono definite le modalità per l'accesso all'agevolazione di cui al presente comma.] (1)

(1) *Comma abrogato dall'articolo 1 del D.L. 3 novembre 2008, n. 171.*

[381. All'onere derivante dall'attuazione del comma 380, pari a un milione di euro per ciascuno degli anni 2007, 2008 e 2009, si provvede mediante corrispondente riduzione dell'autorizzazione di spesa di cui all'articolo 5, comma 3-ter, del decreto-legge 1° ottobre 2005, n. 202, convertito, con modificazioni, dalla legge 30 novembre 2005, n. 244.] (1)

(1) *Comma abrogato dall'articolo 1 del D.L. 3 novembre 2008, n. 171.*

382. La produzione di energia elettrica mediante impianti alimentati da biomasse e biogas derivanti da prodotti agricoli, di allevamento e forestali, ivi inclusi i sottoprodotti, ottenuti nell'ambito di intese di filiera o contratti quadro ai sensi degli articoli 9 e 10 del decreto legislativo 27 maggio 2005, n. 102, oppure di filiere corte, cioè ottenuti entro un raggio di 70 chilometri dall'impianto che li utilizza per produrre energia elettrica, autorizzata in data successiva al 31 dicembre 2007, è incentivata con i meccanismi di cui ai successivi commi. Con le medesime modalità è incentivata la sola quota di produzione di energia elettrica imputabile alle fonti energetiche di cui sopra, realizzata in impianti che impiegano anche altre fonti energetiche non rinnovabili (1)(2).

(1) *Comma sostituito dall'articolo 26, comma 4-bis, del D.L. 1 ottobre 2007, n.159.*
(2) *Comma abrogato, con effetto a decorrere dal 1° gennaio 2016, dall'articolo 25, comma 11, lettera c), numero 3), del D.Lgs. 3 marzo 2011, n. 28.*

382-bis. La produzione di energia elettrica mediante impianti alimentati dalle fonti di cui al comma 382 e di potenza elettrica superiore ad 1 megawatt (MW), è incentivata mediante il rilascio di certificati verdi, per un periodo di quindici anni. Sono fatti salvi i più favorevoli diritti acquisiti ai sensi del comma 382-quinquies. I predetti certificati sono utilizzabili per assolvere all'obbligo della quota minima di cui all'articolo 11 del decreto legislativo 16 marzo 1999, n. 79. L'immissione dell'energia elettrica prodotta nel sistema elettrico è regolata sulla base dell'articolo 13 del decreto legislativo 29 dicembre 2003, n. 387 (1)(2).

(1) *Comma aggiunto dall'articolo 26, comma 4-bis, del D.L. 1 ottobre 2007, n.159.*
(2) *Comma abrogato, con effetto a decorrere dal 1° gennaio 2016, dall'articolo 25, comma 11, lettera c), numero 3), del D.Lgs. 3 marzo 2011, n. 28.*

[382-ter. La produzione di energia elettrica mediante impianti alimentati dalle fonti di cui al comma 382 e di potenza elettrica non superiore ad 1 MW, immessa nel sistema elettrico, ha diritto, in alternativa ai certificati verdi di cui al comma 382-bis e su richiesta del produttore, a una tariffa fissa omnicomprensiva pari a 0,30 euro per ogni kWh, per un periodo di quindici anni. Al termine di tale periodo, l'energia elettrica è remunerata, con le medesime modalità, alle condizioni economiche previste dall'articolo 13 del decreto legislativo 29 dicembre 2003, n. 387. La tariffa omnicomprensiva di cui al presente comma può essere variata, ogni tre anni, con decreto del Ministro dello sviluppo economico di concerto con il Ministro delle politiche agricole alimentari e forestali, assicurando la congruità della remunerazione ai fini dell'incentivazione dello sviluppo di tali fonti.] (1)

(1) *Comma aggiunto dall'articolo 26, comma 4-bis, del D.L. 1 ottobre 2007, n.159 e successivamente abrogato dall'articolo 42, comma 5, della legge 23 luglio 2009, n. 99.*

382-quater. A partire dall'anno 2008, i certificati verdi, ai fini del soddisfacimento della quota dell'obbligo di cui all'articolo 11, comma 1, del decreto legislativo 16 marzo 1999, n. 79, hanno un valore unitario pari ad 1 MWh e vengono emessi dal Gestore del sistema elettrico (GSE) per ciascun impianto a produzione incentivata, in numero pari al prodotto della produzione di energia elettrica dalle fonti di cui al comma 382 dell'anno precedente, moltiplicata per il coefficiente di 1,8. Tale coefficiente può essere aggiornato, ogni tre anni, con decreto del Ministro dello sviluppo economico, di concerto con il Ministro delle politiche agricole alimentari e forestali, assicurando la congruità della remunerazione ai fini dell'incentivazione dello sviluppo delle suddette fonti (1)(2).

(1) *Comma aggiunto dall'articolo 26, comma 4-bis, del D.L. 1 ottobre 2007, n.159.*
(2) *Comma abrogato, con effetto a decorrere dal 1° gennaio 2016, dall'articolo 25, comma 11, lettera c), numero 3), del D.Lgs. 3 marzo 2011, n. 28.*

382-quinquies. Per gli impianti alimentati dalle fonti di cui al comma 382, l'elevazione del periodo di riconoscimento dei certificati verdi eventualmente acquisita ai sensi dell'articolo 20, comma 6, del decreto legislativo 29 dicembre 2003, n. 387, e successive modificazioni, è da intendersi aggiuntiva al prolungamento del periodo di diritto ai certificati verdi, di cui al medesimo articolo 20, comma 5, ottenuto dagli impianti entrati in esercizio dopo il 29 aprile 2006 e fino al 31 dicembre 2007. Per i medesimi impianti l'accesso agli incentivi di cui ai commi da 382 a 382-quinquies è cumulabile con altri incentivi pubblici di natura nazionale, regionale, locale o comunitaria in conto capitale o conto interessi con capitalizzazione anticipata, non eccedenti il 40 per cento del costo dell'investimento (1)(2).

(1) Comma aggiunto dall'articolo 26, comma 4-bis, del D.L. 1 ottobre 2007, n.159.
(2) Comma abrogato, con effetto a decorrere dal 1° gennaio 2016, dall'articolo 25, comma 11, lettera c), numero 3), del D.Lgs. 3 marzo 2011, n. 28.

382-sexies. In caso di sostituzione del combustibile di origine agricola di cui al comma 382, in data successiva all'autorizzazione, con altre biomasse agricole, viene acquisito il diritto alle diverse e specifiche forme di incentivazione eventualmente previste per tali combustibili in sostituzione di quelle previste dai commi 382-ter e 382-quater. In caso di sostituzione con altri combustibili non di origine agricola, tale quota di energia non avrà diritto all'emissione di certificati verdi (1)(2).

(1) Comma aggiunto dall'articolo 26, comma 4-bis, del D.L. 1 ottobre 2007, n.159.
(2) Comma abrogato, con effetto a decorrere dal 1° gennaio 2016, dall'articolo 25, comma 11, lettera c), numero 3), del D.Lgs. 3 marzo 2011, n. 28.

382-septies. Con decreto del Ministro delle politiche agricole alimentari e forestali di concerto con il Ministro dello sviluppo economico, da emanare entro sessanta giorni dalla data di entrata in vigore della presente disposizione, sono stabilite le modalità con le quali gli operatori della filiera di produzione e distribuzione di biomasse e biogas derivanti da prodotti agricoli, di allevamento e forestali, ivi inclusi i sottoprodotti, sono tenuti a garantire la tracciabilità e la rintracciabilità della filiera, al fine di accedere agli incentivi di cui ai commi da 382 a 382-quinquies (1)(2)(3).

(1) Comma aggiunto dall'articolo 26, comma 4-bis, del D.L. 1 ottobre 2007, n.159.
(2) Vedi il D.M. 2 marzo 2010.
(3) Comma abrogato, con effetto a decorrere dal 1° gennaio 2016, dall'articolo 25, comma 11, lettera c), numero 3), del D.Lgs. 3 marzo 2011, n. 28.

[383. Ai certificati verdi riconosciuti ai produttori di energia ai sensi del comma 382, non si applicano le disposizioni di cui all'articolo 1, comma 87, della legge 23 agosto 2004, n. 239.] (1)(2)

(1) Comma abrogato dall'articolo 2, comma 154 lettera b), della legge 24 dicembre 2007 n. 244, con decorrenza dal 1° gennaio 2008.
(2) Comma abrogato, con effetto a decorrere dal 1° gennaio 2016, dall'articolo 25, comma 11, lettera c), numero 3), del D.Lgs. 3 marzo 2011, n. 28.

384. Il numero 122) della tabella A, parte III, allegata al decreto del Presidente della Repubblica 26 ottobre 1972, n. 633, è sostituito dal seguente:

"122) prestazioni di servizi e forniture di apparecchiature e materiali relativi alla fornitura di energia termica per uso domestico attraverso reti pubbliche di teleriscaldamento o nell'ambito del contratto servizio energia, come definito nel decreto interministeriale di cui all'articolo 11, comma 1, del regolamento di cui al decreto del Presidente della Repubblica 26 agosto 1993, n. 412, e successive modificazioni; sono incluse le forniture di energia prodotta da fonti rinnovabili o da impianti di cogenerazione ad alto rendimento; alle forniture di energia da altre fonti, sotto qualsiasi forma, si applica l'aliquota ordinaria ".

385. Il secondo periodo del comma 369 dell'articolo 1 della legge 30 dicembre 2004, n. 311, è soppresso.

386. I commi 370, 371 e 372 dell'articolo 1 della legge 30 dicembre 2004, n. 311, sono sostituiti dai seguenti:

"370. I documenti, i dati e le informazioni catastali ed ipotecarie sono riutilizzabili commercialmente, nel rispetto della normativa in materia di protezione dei dati personali; per l'acquisizione originaria di documenti, dati ed informazioni catastali, i riutilizzatori commerciali autorizzati devono corrispondere un importo fisso annuale determinato con decreto del Ministro dell'economia e delle finanze; per l'acquisizione originaria di documenti, dati ed informazioni ipotecarie, i riutilizzatori commerciali autorizzati devono corrispondere i tributi previsti maggiorati nella misura del 20 per cento. L'importo fisso annuale e la percentuale di aumento possono comunque essere rideterminati annualmente con decreto del Ministro dell'economia e delle finanze anche tenendo conto dei costi complessivi di raccolta, produzione e diffusione di dati e documenti sostenuti dall'Agenzia del territorio, maggiorati di un adeguato rendimento degli investimenti e dell'andamento delle relative riscossioni. Con decreto del Ministro dell'economia e delle finanze sono individuate le categorie di ulteriori servizi telematici che possono essere forniti dall'Agenzia del territorio esclusivamente ai riutilizzatori commerciali autorizzati a fronte del pagamento di un corrispettivo da determinare con lo stesso decreto.

371. Per ciascun atto di riutilizzazione commerciale non consentito sono dovuti i tributi nella misura prevista per l'acquisizione, anche telematica, dei documenti, dei dati o delle informazioni direttamente dagli uffici dell'Agenzia del territorio.

372. Chi pone in essere atti di riutilizzazione commerciale non consentiti, oltre a dover corrispondere i tributi di cui al comma 371, è soggetto altresì ad una sanzione amministrativa tributaria di ammontare compreso fra il triplo ed il quintuplo dei tributi dovuti ai sensi del comma 370 e, nell'ipotesi di dati la cui acquisizione non è soggetta al pagamento di tributi, una sanzione amministrativa tributaria da euro 10.000 a euro 50.000. Si applicano le disposizioni del decreto legislativo 18 dicembre 1997, n. 472, e successive modificazioni".

387. Sono prorogate per l'anno 2007, per una quota pari al 36 per cento delle spese sostenute, nel limite di 48.000 euro per unità immobiliare, ferme restando le altre condizioni ivi previste, le agevolazioni tributarie in materia di recupero del patrimonio edilizio relative:

a) agli interventi di cui all'articolo 2, comma 5, della legge 27 dicembre 2002, n. 289, e successive modificazioni, per le spese sostenute dal 1° gennaio 2007 al 31 dicembre 2007;

b) alle prestazioni di cui all'articolo 7, comma 1, lettera b), della legge 23 dicembre 1999, n. 488, fatturate dal 1° gennaio 2007.

388. Le agevolazioni di cui al comma 387 spettano a condizione che il costo della relativa manodopera sia evidenziato in fattura.

389. Al fine di incentivare l'abbattimento delle barriere ar-

chitettoniche negli esercizi commerciali, presso il Ministero dello sviluppo economico è istituito un fondo con una dotazione di 5 milioni di euro destinato all'erogazione di contributi ai gestori di attività commerciali per le spese documentate e documentabili sostenute entro il 31 dicembre 2008 per l'eliminazione delle barriere architettoniche nei locali aperti al pubblico. Entro settanta giorni dalla data di entrata in vigore della presente legge il Ministro dell'economia e delle finanze, con proprio decreto, adottato d'intesa con i Ministri dello sviluppo economico e della solidarietà sociale, definisce modalità, limiti e criteri per l'attribuzione dei contributi di cui al presente comma.

(1) Comma modificato dall'articolo 4 del D.L. 31 dicembre 2007 n. 248.

390. All'articolo 45, comma 1, del decreto legislativo 15 dicembre 1997, n. 446, e successive modificazioni, le parole da: "*per i sette periodi d'imposta successivi*" fino alla fine del comma sono sostituite dalle seguenti: "*per gli otto periodi d'imposta successivi l'aliquota è stabilita nella misura dell'1,9 per cento; per il periodo d'imposta in corso al 1° gennaio 2007 l'aliquota è stabilita nella misura del 3,75 per cento*".

391. Per l'anno 2007 sono prorogate le disposizioni di cui all'articolo 11 della legge 23 dicembre 2000, n. 388.

392. Il termine del 31 dicembre 2006, di cui al comma 120 dell'articolo 1 della legge 23 dicembre 2005, n. 266, concernente le agevolazioni tributarie per la formazione e l'arrotondamento della proprietà contadina, è prorogato al 31 dicembre 2009 (1).

(1) Termine prorogato dall'articolo 1, comma 173, della legge 24 dicembre 2007 n. 244, come modificato dall'articolo 2, comma 8, della legge 22 dicembre 2008, n. 203.

393. Le disposizioni di cui al comma 1 dell'articolo 21 della legge 23 dicembre 1998, n. 448, in materia di deduzione forfetaria in favore degli esercenti impianti di distribuzione di carburante, si applicano per il periodo d'imposta in corso al 31 dicembre 2007.

394. A decorrere dalla data di entrata in vigore della presente legge e fino al 31 dicembre 2007 si applicano:

a) le disposizioni in materia di riduzione di aliquote di accisa sulle emulsioni stabilizzate, di cui all'articolo 24, comma 1, lettera d), della legge 23 dicembre 2000, n. 388, nonché la disposizione contenuta nell'articolo 1, comma 1-bis, del decreto-legge 28 dicembre 2001, n. 452, convertito, con modificazioni, dalla legge 27 febbraio 2002, n. 16, e, per il medesimo periodo, l'aliquota di cui al numero 1) della predetta lettera d) è stabilita in euro 256,70 per mille litri;

b) le disposizioni in materia di aliquota di accisa sul gas metano per combustione per uso industriale, di cui all'articolo 4 del decreto- legge 1° ottobre 2001, n. 356, convertito, con modificazioni, dalla legge 30 novembre 2001, n. 418;

c) le disposizioni in materia di accisa concernenti le agevolazioni sul gasolio e sul GPL impiegati nelle zone montane e in altri specifici territori nazionali, di cui all'articolo 5 del decreto-legge 1° ottobre 2001, n. 356, convertito, con modificazioni, dalla legge 30 novembre 2001, n. 418;

d) le disposizioni in materia di agevolazione per le reti di teleriscaldamento alimentate con biomassa ovvero con energia geotermica, di cui all'articolo 6 del decreto-legge 1° ottobre 2001, n. 356, convertito, con modificazioni, dalla legge 30 novembre 2001, n. 418;

e) le disposizioni in materia di aliquote di accisa sul gas metano per combustione per usi civili, di cui all'articolo 27, comma 4, della legge 23 dicembre 2000, n. 388;

f) le disposizioni in materia di accisa concernenti le agevolazioni sul gasolio e sul GPL impiegati nelle frazioni parzialmente non metanizzate di comuni ricadenti nella zona climatica E, di cui all'articolo 13, comma 2, della legge 28 dicembre 2001, n. 448;

g) le disposizioni in materia di accisa concernenti il regime agevolato per il gasolio per autotrazione destinato al fabbisogno della provincia di Trieste e dei comuni della provincia di Udine, di cui all'articolo 21, comma 6, della legge 27 dicembre 2002, n. 289, e successive modificazioni;

h) le disposizioni in materia di accisa concernenti le agevolazioni sul gasolio utilizzato nelle coltivazioni sotto serra, di cui all'articolo 2, comma 4, della legge 24 dicembre 2003, n. 350 (1).

(1) Per l'applicazione dell'agevolazione di cui alla presente lettera, vedi l'articolo 8 del D.Lgs. 2 febbraio 2007, n. 26.

395. L'efficacia delle disposizioni di cui al comma 394, lettera a), è subordinata alla preventiva approvazione da parte della Commissione europea ai sensi dell'articolo 88, paragrafo 3, del Trattato istitutivo della Comunità europea.

396. Le disposizioni dell'articolo 1, comma 103, della legge 23 dicembre 2005, n. 266, nei limiti di spesa ivi indicati, si applicano anche alle somme versate nel periodo d'imposta 2006 ai fini della compensazione dei versamenti effettuati dal 1° gennaio 2007 al 31 dicembre 2007.

397. Le disposizioni dell'articolo 1, comma 106, della legge 23 dicembre 2005, n. 266, nei limiti di spesa ivi indicati, sono prorogate al periodo d'imposta in corso alla data del 31 dicembre 2006.

398. All'articolo 2, comma 11, della legge 27 dicembre 2002, n. 289, e successive modificazioni, le parole: "*Per gli anni 2003, 2004, 2005 e 2006*" sono sostituite dalle seguenti: "*Per gli anni 2003, 2004, 2005, 2006 e 2007*".

399. Per l'anno 2007, il limite di non concorrenza alla formazione del reddito di lavoro dipendente, relativamente ai contributi di assistenza sanitaria, di cui all'articolo 51, comma 2, lettera a), del testo unico delle imposte sui redditi, di cui al decreto del Presidente della Repubblica 22 dicembre 1986, n. 917, e successive modificazioni, è fissato in euro 3.615,20 (1).

(1) Per la proroga dell'efficacia di quanto stabilito dal presente comma, fino alla data di entrata in vigore del decreto del Ministro della salute di cui all'articolo 10, comma 1, lettera e-ter), del decreto del Presidente della Repubblica 22 dicembre 1986, n. 917, vedi l'articolo 1, comma 198, della legge 24 dicembre 2007 n. 244.

400. Le disposizioni dell'articolo 1, comma 335, della legge 23 dicembre 2005, n. 266, si applicano anche relativamente al periodo d'imposta 2006.

401. Il comma 9 dell'articolo 102 del testo unico delle imposte sui redditi, di cui al decreto del Presidente della Repubblica 22 dicembre 1986, n. 917, e successive modificazioni, è sostituito dal seguente:

"*9. Le quote d'ammortamento, i canoni di locazione anche finanziaria o di noleggio e le spese di impiego e manutenzione relativi ad apparecchiature terminali per servizi di comunicazione elettronica ad uso pubblico di cui alla lettera gg) del comma 1 dell'articolo 1 del codice delle comunicazioni elettroniche, di cui al decreto legislativo 1° agosto 2003, n. 259, sono deducibili nella misura dell'80 per cento. La percentuale di cui al precedente periodo è elevata al 100 per cento per gli oneri relativi ad impianti di telefonia dei veicoli utilizzati per il trasporto di merci da parte di imprese di autotrasporto limitatamente ad un solo impianto per ciascun veicolo ".*

402. Il comma 3-bis dell'articolo 54 del testo unico delle imposte sui redditi, di cui al decreto del Presidente della Repubblica 22 dicembre 1986, n. 917, è sostituito dal seguente:

"3-bis. Le quote d'ammortamento, i canoni di locazione anche finanziaria o di noleggio e le spese di impiego e manutenzione relativi ad apparecchiature terminali per servizi di comunicazione elettronica ad uso pubblico di cui alla lettera gg) del comma 1 dell'articolo 1 del codice delle comunicazioni elettroniche, di cui al decreto legislativo 1° agosto 2003, n. 259, sono deducibili nella misura dell'80 per cento".

403. Le disposizioni introdotte dai commi 401 e 402 si applicano a decorrere dal periodo d'imposta successivo a quello in corso al 31 dicembre 2006; per il medesimo periodo d'imposta, nella determinazione dell'acconto dovuto ai fini delle imposte sul reddito e dell'imposta regionale sulle attività produttive, si assume quale imposta del periodo precedente quella che si sarebbe determinata tenendo conto delle disposizioni dei predetti commi 401 e 402.

404. Al fine di razionalizzare e ottimizzare l'organizzazione delle spese e dei costi di funzionamento dei Ministeri, con regolamenti da emanare, entro il 30 aprile 2007, ai sensi dell'articolo 17, comma 4-bis, della legge 23 agosto 1988, n. 400, si provvede:

a) alla riorganizzazione degli uffici di livello dirigenziale generale e non generale, procedendo alla riduzione in misura non inferiore al 10 per cento di quelli di livello dirigenziale generale ed al 5 per cento di quelli di livello dirigenziale non generale nonché alla eliminazione delle duplicazioni organizzative esistenti, garantendo comunque nell'ambito delle procedure sull'autorizzazione alle assunzioni la possibilità della immissione, nel quinquennio 2007-2011, di nuovi dirigenti assunti ai sensi dell'articolo 28, commi 2, 3 e 4, del decreto legislativo 30 marzo 2001, n. 165, e successive modificazioni, in misura non inferiore al 10 per cento degli uffici dirigenziali [(1)];

b) alla gestione unitaria del personale e dei servizi comuni anche mediante strumenti di innovazione amministrativa e tecnologica;

c) alla rideterminazione delle strutture periferiche, prevedendo la loro riduzione e, ove possibile, la costituzione di uffici regionali o la riorganizzazione presso le prefetture-uffici territoriali del Governo, ove risulti sostenibile e maggiormente funzionale sulla base dei princìpi di efficienza ed economicità a seguito di valutazione congiunta tra il Ministro competente, il Ministro dell'interno, il Ministro dell'economia e delle finanze, il Ministro per i rapporti con il Parlamento e le riforme istituzionali ed il Ministro per le riforme e le innovazioni nella pubblica amministrazione, attraverso la realizzazione dell'esercizio unitario delle funzioni logistiche e strumentali, l'istituzione dei servizi comuni e l'utilizzazione in via prioritaria dei beni immobili di proprietà pubblica;

d) alla riorganizzazione degli uffici con funzioni ispettive e di controllo;

e) alla riduzione degli organismi di analisi, consulenza e studio di elevata specializzazione;

f) alla riduzione delle dotazioni organiche in modo da assicurare che il personale utilizzato per funzioni di supporto (gestione delle risorse umane, sistemi informativi, servizi manutentivi e logistici, affari generali, provveditorati e contabilità) non ecceda comunque il 15 per cento delle risorse umane complessivamente utilizzate da ogni amministrazione, mediante processi di riorganizzazione e di formazione e riconversione del personale addetto alle predette funzioni che consentano di ridurne il numero in misura non inferiore all'8 per cento all'anno fino al raggiungimento del limite predetto;

g) all'avvio della ristrutturazione, da parte del Ministero degli affari esteri, della rete diplomatica, consolare e degli istituti di cultura in considerazione del mutato contesto geopolitico, soprattutto in Europa, ed in particolare all'unificazione dei servizi contabili degli uffici della rete diplomatica aventi sede nella stessa città estera, prevedendo che le funzioni delineate dagli articoli 3, 4 e 6 del regolamento di cui al decreto del Presidente della Repubblica 22 marzo 2000, n. 120, siano svolte dal responsabile dell'ufficio unificato per conto di tutte le rappresentanze medesime [(2)(3)(4)(5)(A)].

[(1)] Vedi l'articolo 74, comma 1, lettera a), del D.L. 25 giugno 2008, n. 112, come modificato dalla legge 6 agosto 2008, n. 133, in sede di conversione. Per l'attuazione della presente lettera vedi l'articolo 964 del D.P.R. 15 marzo 2010, n. 90.

[(2)] Per l'attuazione delle disposizioni contenute nel presente comma, vedi il D.P.C.M. 13 aprile 2007.

[(3)] Vedi, anche, l'articolo 18 del D.L. 1° ottobre 2007, n.159.

[(4)] Per il regolamento di riorganizzazione del Ministero per i beni e le attività culturali, di cui al presente comma, vedi il D.P.R. 26 novembre 2007 n. 233, per il regolamento di riorganizzazione del Ministero del commercio internazionale, in attuazione del presente comma, vedi il D.P.R. 14 novembre 2007 n. 253, per il regolamento di riorganizzazione del Ministero degli affari esteri, in attuazione del presente comma, vedi il D.P.R. 19 dicembre 2007 n.258, per il regolamento di riorganizzazione del Ministero delle politiche agricole alimentari e forestali, in attuazione del presente comma, vedi il D.P.R. 9 gennaio 2008, n.18, per il regolamento di riorganizzazione del Ministero dei trasporti, in attuazione del presente comma, vedi il D.P.R. 8 dicembre 2007 n.271.

[(5)] Vedi, anche, l'articolo 2, comma 55, della legge 24 dicembre 2007 n. 244 e l'articolo 3, commi 109 e 110, della legge 24 dicembre 2007 n. 244.

[(A)] In riferimento al presente comma vedi: Circolare AGEA 21 maggio 2009, APAU.2009.52.

405. I regolamenti di cui al comma 404 prevedono la completa attuazione dei processi di riorganizzazione entro diciotto mesi dalla data della loro emanazione [(1)].

[(1)] Per l'attuazione delle disposizioni contenute nel presente comma, vedi il D.P.C.M. 13 aprile 2007.

406. Dalla data di emanazione dei regolamenti di cui al comma 404 sono abrogate le previgenti disposizioni regolatrici delle materie ivi disciplinate. Con i medesimi regolamenti si provvede alla loro puntuale ricognizione [(1)].

[(1)] Per l'attuazione delle disposizioni contenute nel presente comma, vedi il D.P.C.M. 13 aprile 2007.

407. Le amministrazioni, entro due mesi dalla data di entrata in vigore della presente legge, trasmettono al Dipartimento della funzione pubblica della Presidenza del Consiglio dei ministri e al Ministero dell'economia e delle finanze gli schemi di regolamento di cui al comma 404, il cui esame deve concludersi entro un mese dalla loro ricezione, corredati:

a) da una dettagliata relazione tecnica asseverata, ai fini di cui all'articolo 9, comma 3, del regolamento di cui al decreto del Presidente della Repubblica 20 febbraio 1998, n. 38, dai competenti uffici centrali del bilancio, che specifichi, per ciascuna modifica organizzativa, le riduzioni di spesa previste nel triennio;

b) da un analitico piano operativo asseverato, ai fini di cui all'articolo 9, comma 3, del regolamento di cui al decreto del Presidente della Repubblica 20 febbraio 1998, n. 38, dai competenti uffici centrali del bilancio, con indicazione puntuale degli obiettivi da raggiungere, delle azioni da porre in essere e dei relativi tempi e termini [1].

[1] *Per l'attuazione delle disposizioni contenute nel presente comma, vedi il D.P.C.M. 13 aprile 2007.*

408. In coerenza con le disposizioni di cui al comma 404, lettera f), e tenuto conto del regime limitativo delle assunzioni di cui alla normativa vigente, le amministrazioni statali attivano con immediatezza, previa consultazione delle organizzazioni sindacali, piani di riallocazione del personale in servizio, idonei ad assicurare che le risorse umane impegnate in funzioni di supporto siano effettivamente ridotte nella misura indicata al comma 404, lettera f). I predetti piani, da predisporre entro il 31 marzo 2007, sono approvati con decreto del Presidente del Consiglio dei ministri, su proposta del Ministro per le riforme e le innovazioni nella pubblica amministrazione, di concerto con il Ministro dell'economia e delle finanze. Nelle more dell'approvazione dei piani non possono essere disposte nuove assunzioni. La disposizione di cui al presente comma si applica anche alle Forze armate, ai Corpi di polizia e al Corpo nazionale dei vigili del fuoco [1].

[1] *Per l'attuazione delle disposizioni contenute nel presente comma, vedi il D.P.C.M. 13 aprile 2007.*

409. Il Ministro dell'economia e delle finanze e il Ministro per le riforme e le innovazioni nella pubblica amministrazione verificano semestralmente lo stato di attuazione delle disposizioni di cui ai commi da 404 a 416 e trasmettono alle Camere una relazione sui risultati di tale verifica [1].

[1] *Per l'attuazione delle disposizioni contenute nel presente comma, vedi il D.P.C.M. 13 aprile 2007.*

410. Alle amministrazioni che non abbiano provveduto nei tempi previsti alla predisposizione degli schemi di regolamento di cui al comma 404 è fatto divieto, per gli anni 2007 e 2008, di procedere ad assunzioni di personale a qualsiasi titolo e con qualsiasi tipo di contratto [1].

[1] *Per l'attuazione delle disposizioni contenute nel presente comma, vedi il D.P.C.M. 13 aprile 2007.*

411. I competenti organi di controllo delle amministrazioni, nell'esercizio delle rispettive attribuzioni, effettuano semestralmente il monitoraggio sull'osservanza delle disposizioni di cui ai commi da 404 a 416 e ne trasmettono i risultati ai Ministeri vigilanti e alla Corte dei conti. Successivamente al primo biennio, verificano il rispetto del parametro di cui al comma 404, lettera f), relativamente al personale utilizzato per lo svolgimento delle funzioni di supporto [1].

[1] *Per l'attuazione delle disposizioni contenute nel presente comma, vedi il D.P.C.M. 13 aprile 2007.*

412. Il Presidente del Consiglio dei ministri, sentiti il Ministro per le riforme e le innovazioni nella pubblica amministrazione, il Ministro dell'economia e delle finanze e il Ministro dell'interno, emana linee guida per l'attuazione delle disposizioni di cui ai commi da 404 a 416 [1].

[1] *Per l'attuazione delle disposizioni contenute nel presente comma, vedi il D.P.C.M. 13 aprile 2007.*

413. Le direttive generali per l'attività amministrativa e per la gestione, emanate annualmente dai Ministri, contengono piani e programmi specifici sui processi di riorganizzazione e di riallocazione delle risorse necessari per il rispetto del parametro di cui al comma 404, lettera f), e di quanto disposto dal comma 408 [1].

[1] *Per l'attuazione delle disposizioni contenute nel presente comma, vedi il D.P.C.M. 13 aprile 2007.*

414. Il mancato raggiungimento degli obiettivi previsti nel piano operativo di cui al comma 407, lettera b), e nei piani e programmi di cui al comma 413 sono valutati ai fini della corresponsione ai dirigenti della retribuzione di risultato e della responsabilità dirigenziale [1].

[1] *Per l'attuazione delle disposizioni contenute nel presente comma, vedi il D.P.C.M. 13 aprile 2007.*

415. L'attuazione delle disposizioni di cui ai commi da 404 a 414 è coordinata anche al fine del conseguimento dei risultati finanziari di cui al comma 416 dall' "*Unità per la riorganizzazione*" composta dai Ministri per le riforme e le innovazioni nella pubblica amministrazione, dell'economia e delle finanze e dell'interno, che opera anche come centro di monitoraggio delle attività conseguenti alla predetta attuazione. Nell'esercizio delle relative funzioni l'Unità per la riorganizzazione si avvale, nell'ambito delle attività istituzionali, senza nuovi o maggiori oneri per il bilancio dello Stato, delle strutture già esistenti presso le competenti amministrazioni [1].

[1] *Per l'attuazione delle disposizioni contenute nel presente comma, vedi il D.P.C.M. 13 aprile 2007.*

416. Dall'attuazione delle disposizioni di cui ai commi da 404 a 415 e da 425 a 429 devono conseguire risparmi di spesa non inferiori a 7 milioni di euro per l'anno 2007, 14 milioni di euro per l'anno 2008 e 20 milioni di euro per l'anno 2009 [1].

[1] *Per l'attuazione delle disposizioni contenute nel presente comma, vedi il D.P.C.M. 13 aprile 2007.*

417. Al fine di concorrere alla stabilizzazione dei rapporti di lavoro nelle pubbliche amministrazioni, oltre alle specifiche misure di stabilizzazione previste dai commi 418 e 419, è istituito un "*Fondo per la stabilizzazione dei rapporti di lavoro pubblici*" finalizzato alla realizzazione di piani straordinari per l'assunzione a tempo indeterminato di personale già assunto o utilizzato attraverso tipologie contrattuali non a tempo indeterminato [1].

[1] *Per l'incremento della somma di 20 milioni di euro a decorrere*

dall'anno 2008 del Fondo di cui al presente comma, vedi l'articolo 3, comma 97, della legge 24 dicembre 2007 n. 244.

418. Con decreto del Presidente del Consiglio dei ministri, su proposta del Ministro per le riforme e le innovazioni nella pubblica amministrazione, di concerto con il Ministro dell'economia e delle finanze e con il Ministro del lavoro e della previdenza sociale, previo confronto con le organizzazioni sindacali, da adottare entro il 30 aprile 2007, sono fissati i criteri e le procedure per l'assegnazione delle risorse disponibili alle amministrazioni pubbliche che ne facciano richiesta. Nella definizione dei criteri sono, altresì, fissati i requisiti dei soggetti interessati alla stabilizzazione e le relative modalità di selezione (1).

(1) Vedi, anche, l'articolo 3, comma 96, della legge 24 dicembre 2007 n. 244.

419. È fatto divieto alle Amministrazioni destinatarie delle risorse di ricorrere a nuovi rapporti di lavoro precario nei cinque anni successivi all'attribuzione delle stesse. L'inosservanza di tale divieto comporta responsabilità patrimoniale dell'autore della violazione.

420. Per il finanziamento del Fondo di cui al comma 417 è autorizzata la spesa di 5 milioni di euro a decorrere dall'anno 2007. Il medesimo Fondo può essere, altresì, alimentato da:

a) una somma pari al risparmio di interessi derivante dalla riduzione del debito pubblico, conseguente al versamento, al Fondo di cui all'articolo 2 della legge 27 ottobre 1993, n. 432, e successive modificazioni, di una quota fino al venti per cento delle somme giacenti sui conti di cui all'articolo 1, comma 345, della legge 23 dicembre 2005, n. 266, a seguito della definizione del regolamento prevista dal medesimo comma;

b) una somma pari al risparmio di interessi derivante dalla riduzione del debito pubblico, conseguente al versamento, al Fondo di cui all'articolo 2 della legge 27 ottobre 1993, n. 432, e successive modificazioni, di una quota fino al 5 per cento dei versamenti a titolo di dividendi derivanti da società pubbliche, eccedenti rispetto alle previsioni ed alla realizzazione degli obiettivi di indebitamento netto delle pubbliche amministrazioni, definiti nel documento di programmazione economico finanziaria.

421. Al comma 7 dell'articolo 29 del decreto- legge 4 luglio 2006, n. 223, convertito, con modificazioni, dalla legge 4 agosto 2006, n. 248, dopo le parole: "*non si applicano*" sono inserite le seguenti: "*ai commissari straordinari del Governo di cui all'articolo 11 della legge 23 agosto 1988, n. 400, e*".

422. All'articolo 8, comma 1, del decreto legislativo 30 luglio 1999, n. 303, è aggiunto, in fine, il seguente periodo: "*Con detti decreti si provvede altresì all'attuazione di disposizioni legislative recanti limiti per specifiche categorie di spesa in modo da assicurare, nel sistema dell'autonomia contabile e di bilancio della Presidenza e dandone adeguata evidenza, l'invarianza in termini di fabbisogno e di indebitamento netto dei risultati previsti dalle disposizioni legislative medesime*".

423. Fino al completo riordino del Consiglio superiore delle comunicazioni, ai sensi dell'articolo 29 del decreto-legge 4 luglio 2006, n. 223, convertito, con modificazioni, dalla legge 4 agosto 2006, n. 248, l'efficacia dell'articolo 1, comma 2, lettera b), del regolamento di cui al decreto del Presidente della Repubblica 9 novembre 2005, n. 243, è sospesa.

424. All'articolo 1, comma 22-bis, del decreto-legge 18 maggio 2006, n. 181, convertito, con modificazioni, dalla legge 17 luglio 2006, n. 233, sono apportate le seguenti modifiche:

a) al secondo periodo, dopo le parole: "*segreteria tecnica*" sono aggiunte le seguenti: "*che costituisce struttura di missione ai sensi dell'articolo 7, comma 4, del decreto legislativo 30 luglio 1999, n. 303*";

b) dopo il quarto periodo, è inserito il seguente: "*Non si applicano l'articolo 1, comma 9, della legge 23 dicembre 2005, n. 266, nonché l'articolo 29 del decreto-legge 4 luglio 2006, n. 223, convertito, con modificazioni, dalla legge 4 agosto 2006, n. 248, fermo restando il vincolo di spesa di cui al presente comma*";

c) in fine, sono aggiunti i seguenti periodi:"Allo scopo di assicurare la funzionalità del CIPE, l'articolo 29 del decreto-legge 4 luglio 2006, n. 223, convertito, con modificazioni, dalla legge 4 agosto 2006, n. 248, non si applica, altresì, all'Unità tecnica – finanza di progetto di cui all'articolo 7 della legge 17 maggio 1999, n. 144, e alla segreteria tecnica della cabina di regia nazionale di cui all'articolo 5, comma 3, del decreto legislativo 5 dicembre 1997, n. 430, e all'articolo 6 del regolamento di cui al decreto del Presidente della Repubblica 9 febbraio 1999, n. 61. La segreteria tecnico-operativa istituita ai sensi dell'articolo 22, comma 2, della legge 9 gennaio 1991, n. 10, e successive modificazioni, costituisce organo di direzione ricadente tra quelli di cui all'articolo 29, comma 7, del decreto-legge 4 luglio 2006, n. 223, convertito, con modificazioni, dalla legge 4 agosto 2006, n. 248".

425. In coerenza con la revisione dell'ordinamento degli enti locali prevista dal titolo V della parte seconda della Costituzione e con il conferimento di nuove funzioni agli stessi ai sensi dell'articolo 118 della Costituzione, con regolamento da adottare ai sensi dell'articolo 17, comma 1, della legge 23 agosto 1988, n. 400, e successive modificazioni, su proposta del Ministero dell'interno, sono individuati gli ambiti territoriali determinati per l'esercizio delle funzioni di competenza degli uffici periferici dell'Amministrazione dell'interno, di cui all'articolo 15 del decreto legislativo 30 luglio 1999, n. 300, tenendo conto dei seguenti criteri e indirizzi:

a) semplificazione delle procedure amministrative e riduzione dei tempi dei procedimenti e contenimento dei relativi costi;

b) realizzazione di economie di scala, evitando duplicazioni funzionali;

c) ottimale impiego delle risorse;

d) determinazione della dimensione territoriale, correlata alle attività economiche, ai servizi essenziali alla vita sociale, alla tutela dell'ordine e della sicurezza pubblica, alle realtà etnico-linguistiche;

e) ponderazione dei precedenti criteri, con riguardo alle specificità dell'ambito territoriale di riferimento e alla esigenza di garantire principalmente la prossimità dei servizi resi al cittadino.

426. Ai fini di quanto previsto dai commi da 404 a 416 l'articolazione periferica del Ministero dell'economia e delle finanze è ridefinita su base regionale e, ove se ne ravvisi l'opportunità, interregionale e interprovinciale, in relazione alle esigenze di conseguimento di economie di gestione e del miglioramento dei servizi resi all'utenza.

427. Con le modalità, i tempi e i criteri previsti dai commi da 404 a 416 si provvede:

a) al riordino dell'articolazione periferica del Ministero dell'economia e delle finanze e alla soppressione dei Dipartimenti provinciali del tesoro, del bilancio e della programmazione economica, nonché delle Ragionerie provinciali dello Stato e delle Direzioni provinciali dei servizi vari;

b) alla ridefinizione delle competenze e delle strutture dei Dipartimenti centrali [1].

[1] *Vedi, anche, l'articolo 1 del D.M. 30 aprile 2007.*

428. A decorrere dalla data di entrata in vigore del regolamento di cui al comma 404 gli uffici di cui al comma 427, lettera a), assumono le seguenti denominazioni: "*Direzioni territoriali dell'economia e delle finanze*" e "*Ragionerie territoriali dello Stato*".

429. Previa stipula di apposite convenzioni, gli uffici territoriali dell'economia e delle finanze possono delegare alle aziende sanitarie locali lo svolgimento, in tutto o in parte, delle residue funzioni attribuite alle commissioni mediche di verifica.

430. Al fine di conseguire economie, garantendo comunque la piena funzionalità dell'Amministrazione della pubblica sicurezza, le Direzioni interregionali della Polizia di Stato sono soppresse a decorrere dal 1° dicembre 2007 e le relative funzioni sono ripartite tra le strutture centrali e periferiche della stessa Amministrazione, assicurando il decentramento di quelle attinenti al supporto tecnico-logistico [1].

[1] *A norma dell'articolo 2, comma 92, della legge 24 dicembre 2007 n. 244, in relazione a quanto previsto dal presente comma, la qualifica di dirigente generale di pubblica sicurezza e le corrispondenti posizioni di organico di livello B sono soppresse. I dirigenti che rivestivano la predetta qualifica alla data del 31 dicembre 2007 sono inquadrati, a decorrere dal giorno successivo, nella qualifica di prefetto e collocati in un ruolo ad esaurimento soprannumerario, riassorbibile all'atto del collocamento a riposo. Agli stessi è garantito l'impiego fino alla cessazione del servizio, a norma del comma 433 della presente legge.*

431. Al medesimo fine di cui al comma 430, l'Amministrazione della pubblica sicurezza provvede alla razionalizzazione del complesso delle strutture preposte alla formazione e all'aggiornamento del proprio personale, nonché dei presìdi esistenti nei settori specialistici della Polizia di Stato.

432. I provvedimenti di organizzazione occorrenti, comprese le modificazioni ai regolamenti previsti dall'articolo 6 della legge 31 marzo 2000, n. 78, e successive modificazioni, e dall'articolo 17, comma 4-bis, della legge 23 agosto 1988, n. 400, sono adottati entro sei mesi dalla data di entrata in vigore della presente legge.

433. Con successivi provvedimenti si provvede alla revisione delle norme concernenti i dirigenti generali di pubblica sicurezza di livello B, garantendo ai funzionari che rivestono tale qualifica alla data di entrata in vigore della presente legge, l'applicazione ad esaurimento dell'articolo 42, comma 3, della legge 1° aprile 1981, n. 121, e successive modificazioni, nonché il loro successivo impiego sino alla cessazione del servizio. Con gli stessi provvedimenti, si provvede altresì ad adeguare l'organico dei dirigenti generali di pubblica sicurezza, nonché la disciplina relativa all'inquadramento nella qualifica di prefetto degli stessi dirigenti, assicurando, comunque, l'invarianza della spesa [1].

[1] *A norma dell'articolo 2, comma 92, della legge 24 dicembre 2007 n. 244, in relazione a quanto previsto dal comma 430 della presente legge, la qualifica di dirigente generale di pubblica sicurezza e le corrispondenti posizioni di organico di livello B sono soppresse. I dirigenti che rivestivano la predetta qualifica alla data del 31 dicembre 2007 sono inquadrati, a decorrere dal giorno successivo, nella qualifica di prefetto e collocati in un ruolo ad esaurimento soprannumerario, riassorbibile all'atto del collocamento a riposo. Agli stessi è garantito l'impiego fino alla cessazione del servizio, a norma del presente comma.*

434. Dall'attuazione delle disposizioni di cui ai commi da 430 a 433 devono derivare risparmi di spesa non inferiori a 3 milioni di euro per l'anno 2007, a 8,1 milioni di euro per l'anno 2008 e a 13 milioni di euro per l'anno 2009.

435. Al fine di conseguire il più razionale impiego delle risorse umane, logistiche, tecnologiche e dei mezzi delle forze di polizia nell'espletamento dei compiti di ordine e di sicurezza pubblica, e di conseguire gli obiettivi di sicurezza pubblica nell'ambito delle risorse disponibili, il Ministro dell'interno, sentito il Comitato nazionale dell'ordine e della sicurezza pubblica, predispone, entro il 30 giugno 2007, appositi piani pluriennali, di carattere interforze, di riarticolazione e ridislocazione dei presidi territoriali delle Forze di polizia, con l'obiettivo di realizzare una riduzione della spesa corrente per locazioni, manutenzioni e canoni di servizio, almeno pari al 5 per cento entro l'anno 2007 e ad un ulteriore 5 per cento entro l'anno 2008, anche mediante le convenzioni di cui al comma 439.

436. Le disposizioni di cui all'articolo 3 della legge 23 dicembre 1992, n. 498, si applicano agli enti previdenziali fino al 31 dicembre 2009.

437. Al fine di assicurare la migliore utilizzazione delle risorse disponibili, i mezzi, gli immobili e gli altri beni sequestrati o confiscati ed affidati in uso alle Forze di polizia sulla base delle disposizioni di legge o di regolamento in vigore possono essere utilizzati per tutti i compiti di pubblica sicurezza e di polizia giudiziaria definiti dall'amministrazione assegnataria.

438. Le disposizioni di cui all'articolo 3 della legge 23 dicembre 1992, n. 498, si applicano agli enti previdenziali fino al 31 dicembre 2009. L'Istituto nazionale per le assicurazioni contro gli infortuni sul lavoro (INAIL) procede alla realizzazione degli investimenti di cui all'articolo 1, comma 301, della legge 23 dicembre 2005, n. 266, con priorità per il "*Centro polifunzionale della Polizia di Stato*" di Napoli, rientrante tra quelli previsti dall'articolo 1, comma 1, lettera g), del decreto del Ministro del lavoro e delle politiche sociali 24 marzo 2005, pubblicato nella Gazzetta Ufficiale n. 169 del 22 luglio 2005, nonché alla realizzazione degli investimenti di cui al primo periodo del presente comma.

439. Per la realizzazione di programmi straordinari di incremento dei servizi di polizia, di soccorso tecnico urgente e per la sicurezza dei cittadini, il Ministro dell'interno e, per sua delega, i prefetti, possono stipulare convenzioni con le regioni e gli enti locali che prevedano la contribuzione logistica, strumentale o finanziaria delle stesse regioni e degli enti locali. Per le contribuzioni del presente comma non si applica l'articolo 1, comma 46, della legge 23 dicembre 2005, n. 266.

440. Il personale utilizzato dalle agenzie e dagli enti pubblici non economici nazionali per lo svolgimento delle funzioni di supporto, ivi incluse quelle relative alla gestione delle risorse umane, dei servizi manutentivi e logistici, degli affari generali, dei provveditorati e della contabilità, non può

eccedere il 15 per cento delle risorse umane complessivamente utilizzate dalle amministrazioni stesse. Tale misura deve essere raggiunta mediante processi di riorganizzazione e di formazione e riconversione del personale addetto alle predette funzioni che consentano di ridurne il numero in misura non inferiore all'8 per cento all'anno fino al raggiungimento del limite predetto. Le disposizioni del presente comma non si applicano all'Agenzia nazionale per la sicurezza del volo ed alle Agenzie fiscali.

441. Le agenzie e gli enti di cui al comma 440 adottano, entro tre mesi dalla data di entrata in vigore della presente legge, i provvedimenti di riorganizzazione e di riallocazione delle risorse necessari per rispettare il parametro di cui al medesimo comma, riducendo contestualmente le dotazioni organiche.

442. I provvedimenti di riorganizzazione e di riallocazione delle risorse di cui al comma 441 sono trasmessi alla Presidenza del Consiglio dei ministri – Dipartimento della funzione pubblica e al Ministero dell'economia e delle finanze – Dipartimento della Ragioneria generale dello Stato.

443. I processi riorganizzativi di cui ai commi da 440 a 442 devono essere portati a compimento entro il termine massimo di un anno dalla data di entrata in vigore della presente legge salvo quanto previsto dall'ultimo periodo del comma 440.

444. I competenti organi di controllo delle amministrazioni effettuano il monitoraggio sull'osservanza delle disposizioni di cui ai commi da 440 a 445 e ne trasmettono i risultati, entro il 29 febbraio 2008, ai Ministri vigilanti e alla Corte dei conti. Successivamente verificano ogni anno il rispetto del parametro di cui al comma 440 relativamente al personale utilizzato per lo svolgimento delle funzioni di supporto.

445. In caso di mancata adozione entro il termine previsto dei provvedimenti di cui al comma 441, o di mancato rispetto, a partire dal 1° gennaio 2008, del parametro di cui al comma 440, gli organi di governo dell'ente o dell'agenzia sono revocati o sciolti ed è nominato in loro vece, con decreto del Presidente del Consiglio dei ministri, su proposta dei Ministri vigilanti, un commissario straordinario, con il compito di assicurare la prosecuzione dell'attività istituzionale e di procedere, entro il termine massimo di un anno, all'attuazione di quanto previsto dai commi da 440 a 444.

446. Allo scopo di razionalizzare, omogeneizzare ed eliminare duplicazioni e sovrapposizioni degli adempimenti e dei servizi della pubblica amministrazione per il personale e per favorire il monitoraggio della spesa del personale, tutte le amministrazioni dello Stato, ad eccezione delle Forze armate compresa l'Arma dei carabinieri, per il pagamento degli stipendi si avvalgono delle procedure informatiche e dei servizi del Ministero dell'economia e delle finanze – Dipartimento dell'amministrazione generale, del personale e dei servizi del tesoro.

447. Entro sei mesi dalla data di entrata in vigore della presente legge, sono stipulate apposite convenzioni per stabilire tempi e modalità di erogazione del pagamento degli stipendi e degli altri assegni fissi e continuativi a carico del bilancio dello Stato mediante ordini collettivi di pagamento emessi in forma dematerializzata, come previsto dal decreto del Ministro dell'economia e delle finanze 31 ottobre 2002, pubblicato nella Gazzetta Ufficiale n. 295 del 17 dicembre 2002. Il Ministero della difesa assicura, per le Forze armate compresa l'Arma dei carabinieri, l'invio dei dati mensili di pagamento relativi alle competenze fisse e accessorie al Dipartimento della ragioneria generale dello Stato mediante protocolli di colloquio tra sistemi informativi da definire ai sensi e per le finalità di cui al Titolo V del decreto legislativo 30 marzo 2001, n. 165 (1).

(1) *A norma dell'articolo 1, comma 402, della Legge 27 dicembre 2013, n. 147, per le Forze armate, compresa l'Arma dei carabinieri, l'invio dei dati mensili di cui al secondo periodo del presente comma, cessa in corrispondenza della prima mensilità per il cui pagamento ci si avvale delle procedure informatiche indicate al primo e al secondo periodo del suddetto comma 402 dell'articolo 1 della Legge n. 147 del 2013.*

448. I dati aggregati della spesa per gli stipendi sono posti a disposizione del Dipartimento della funzione pubblica della Presidenza del Consiglio dei ministri ai fini di quanto previsto dall'articolo 58 del decreto legislativo 30 marzo 2001, n. 165.

449. Nel rispetto del sistema delle convenzioni di cui agli articoli 26 della legge 23 dicembre 1999, n. 488, e successive modificazioni, e 58 della legge 23 dicembre 2000, n. 388, *[con decreto del Ministro dell'economia e delle finanze sono individuati, entro il mese di gennaio di ogni anno, tenuto conto delle caratteristiche del mercato e del grado di standardizzazione dei prodotti, le tipologie di beni e servizi per le quali]* tutte le amministrazioni statali centrali e periferiche, ivi compresi gli istituti e le scuole di ogni ordine e grado, le istituzioni educative e le istituzioni universitarie, nonché gli enti nazionali di previdenza e assistenza sociale pubblici e le agenzie fiscali di cui al decreto legislativo 30 luglio 1999, n. 300, sono tenute ad approvvigionarsi utilizzando le convenzioni quadro. Le restanti amministrazioni pubbliche di cui all'articolo 1 del decreto legislativo 30 marzo 2001, n. 165, e successive modificazioni, nonché le autorità indipendenti, possono ricorrere alle convenzioni di cui al presente comma e al comma 456 del presente articolo, ovvero ne utilizzano i parametri di prezzo-qualità come limiti massimi per la stipulazione dei contratti. Gli enti del Servizio sanitario nazionale sono in ogni caso tenuti ad approvvigionarsi utilizzando le convenzioni stipulate dalle centrali regionali di riferimento ovvero, qualora non siano operative convenzioni regionali, le convenzioni-quadro stipulate da Consip S.p.A (1)(2).

(1) *Vedi, anche, l'articolo 2, commi 573 e 574, della legge 24 dicembre 2007 n. 244.*
(2) *Comma modificato dall'articolo 7, comma 1, del D.L. 7 maggio 2012, n. 52, dall'articolo 1, comma 150, della Legge 24 dicembre 2012, n. 228, dall'articolo 22, comma 8, lettera a), del D.L. 24 giugno 2014, n. 90, convertito con modificazioni dalla Legge 11 agosto 2014, n. 114 e successivamente dall'articolo 1, comma 495, lettera a), della Legge 28 dicembre 2015 n. 208.*

450. *[Dal 1° luglio 2007,]* le amministrazioni statali centrali e periferiche, ad esclusione degli istituti e delle scuole di ogni ordine e grado, delle istituzioni educative e delle istituzioni universitarie, nonché gli enti nazionali di previdenza e assistenza sociale pubblici e le agenzie fiscali di cui al decreto legislativo 30 luglio 1999, n. 300, per gli acquisti di beni e servizi di importo pari o superiore a 5.000 euro e al di sotto della soglia di rilievo comunitario, sono tenute a fare ricorso al mercato elettronico della pubblica amministrazione di cui all'articolo 328, comma 1, del regolamento di cui al decreto del Presidente della Repubblica 5 ottobre 2010, n. 207. Fermi restando gli obblighi e le facoltà previsti al comma 449 del presente articolo, le altre amministrazioni pubbliche

di cui all'articolo 1 del decreto legislativo 30 marzo 2001, n. 165, nonché le autorità indipendenti, per gli acquisti di beni e servizi di importo pari o superiore a 5.000 euro e inferiore alla soglia di rilievo comunitario sono tenute a fare ricorso al mercato elettronico della pubblica amministrazione ovvero ad altri mercati elettronici istituiti ai sensi del medesimo articolo 328. Per gli istituti e le scuole di ogni ordine e grado, le istituzioni educative e *[le università statali]*, tenendo conto delle rispettive specificità, sono definite, con decreto del Ministro dell'istruzione, dell'università e della ricerca, linee guida indirizzate alla razionalizzazione e al coordinamento degli acquisti di beni e servizi omogenei per natura merceologica tra più istituzioni, avvalendosi delle procedure di cui al presente comma. A decorrere dal 2014 i risultati conseguiti dalle singole istituzioni sono presi in considerazione ai fini della distribuzione delle risorse per il funzionamento [(1)(2)(3)].

(1) Comma modificato dall'articolo 7, comma 2, del D.L. 7 maggio 2012, n. 52, dall'articolo 1, comma 149, lettere a) e b), della Legge 24 dicembre 2012, n. 228, successivamente dall'articolo 22, comma 8, lettera b), del D.L. 24 giugno 2014, n. 90, convertito con modificazioni dalla Legge 11 agosto 2014, n. 114, dall'articolo 1, comma 502, lettere a), b) e c), della Legge 28 dicembre 2015, n. 208, dall'articolo 1, comma 495, lettera b), della Legge 28 dicembre 2015 n. 208, dall'articolo 1, comma 1, del D.Lgs. 22 gennaio 2016, n. 10 e, da ultimo dall'articolo 1, comma 57, della Legge 30 dicembre 2018, n. 145.
(2) Vedi, anche, l'articolo 2, comma 574, della legge 24 dicembre 2007 n. 244.
(3) In riferimento al presente comma vedi l'articolo 4 del D.L. 29 ottobre 2019, n. 126, non ancora convertito in legge.

451. Il Ministero dell'economia e delle finanze è autorizzato, anche in deroga alla normativa vigente, a sperimentare l'introduzione della carta di acquisto elettronica per i pagamenti di limitato importo relativi agli acquisti di beni e servizi. Successivamente, con regole tecniche da emanare ai sensi degli articoli 38 e 71 del codice dell'amministrazione digitale, di cui al decreto legislativo 7 marzo 2005, n. 82, e successive modificazioni, è disciplinata l'introduzione dei predetti sistemi di pagamento per la pubblica amministrazione.

452. Le transazioni compiute dalle amministrazioni statali centrali e periferiche, ad esclusione degli istituti e delle scuole di ogni ordine e grado, delle istituzioni educative e delle istituzioni universitarie, avvengono, per le convenzioni che hanno attivo il negozio elettronico, attraverso la rete telematica, salvo che la stessa rete sia temporaneamente inutilizzabile per cause non imputabili all'amministrazione procedente e sussistano ragioni di imprevedibile necessità e urgenza certificata dal responsabile dell'ufficio. [(1)].

(1) In riferimento al presente comma vedi l'articolo 4 del D.L. 29 ottobre 2019, n. 126, non ancora convertito in legge.

453. Con successivo decreto del Ministero dell'economia e delle finanze possono essere previsti, previa verifica della insussistenza di effetti finanziari negativi, anche indiretti, sui saldi di finanza pubblica, meccanismi di remunerazione sugli acquisti da imporre a carico dell'aggiudicatario delle convenzioni di cui all'articolo 26, comma 1, della legge 23 dicembre 1999, n. 488, dell'aggiudicatario di gare su delega bandite da Consip S.p.A. anche ai sensi dell'articolo 2, comma 574, della legge 24 dicembre 2007, n. 244, dell'aggiudicatario degli appalti basati su accordi quadro conclusi da Consip S.p.A. anche ai sensi dell'articolo 2, comma 574, della legge 24 dicembre 2007, n. 244 [(1)].

(1) Comma sostituito dall'articolo 11, comma 11, del D.L. 6 luglio 2011 n. 98.

454. Il Ministro per le riforme e le innovazioni nella pubblica amministrazione, di concerto con il Ministro dell'economia e delle finanze e con il supporto della CONSIP Spa, realizza, sentita l'Autorità per la vigilanza sui contratti pubblici di lavori, servizi e forniture, un programma per l'adozione di sistemi informativi comuni alle amministrazioni dello Stato a supporto della definizione dei fabbisogni di beni e servizi e definisce un insieme di indicatori sui livelli di spesa sostenibili, per le categorie di spesa comune, che vengono utilizzati nel processo di formazione dei relativi capitoli di bilancio. Dall'attuazione del presente comma non devono derivare nuovi o maggiori oneri a carico del bilancio dello Stato [(1)].

(1) Vedi, anche, l'articolo 2, comma 570, della legge 24 dicembre 2007 n. 244.

455. Ai fini del contenimento e della razionalizzazione della spesa per l'acquisto di beni e servizi, le regioni possono costituire centrali di acquisto anche unitamente ad altre regioni, che operano quali centrali di committenza ai sensi dell'articolo 33 del codice dei contratti pubblici relativi a lavori, servizi e forniture, di cui al decreto legislativo 12 aprile 2006, n. 163, in favore delle amministrazioni ed enti regionali, degli enti locali, degli enti del Servizio sanitario nazionale e delle altre pubbliche amministrazioni aventi sede nel medesimo territorio.

456. Le centrali di cui al comma 455 stipulano, per gli ambiti territoriali di competenza, convenzioni di cui all'articolo 26, comma 1, della legge 23 dicembre 1999, n. 488, e successive modificazioni.

457. Le centrali regionali e la CONSIP Spa costituiscono un sistema a rete, perseguendo l'armonizzazione dei piani di razionalizzazione della spesa e realizzando sinergie nell'utilizzo degli strumenti informatici per l'acquisto di beni e servizi. Nel quadro del patto di stabilità interno, la Conferenza permanente per i rapporti tra lo Stato, le regioni e le province autonome di Trento e di Bolzano approva annualmente i programmi per lo sviluppo della rete delle centrali di acquisto della pubblica amministrazione e per la razionalizzazione delle forniture di beni e servizi, definisce le modalità e monitora il raggiungimento dei risultati rispetto agli obiettivi. Dall'attuazione del presente comma non devono derivare nuovi o maggiori oneri a carico della finanza pubblica.

458. è abrogato l'articolo 59 della legge 23 dicembre 2000, n. 388, e successive modificazioni, ad eccezione del comma 3. All'articolo 59, comma 3, della legge 23 dicembre 2000, n. 388, le parole: "*Per le finalità di cui al presente articolo, nonché*" e le parole: "*, in luogo delle aggregazioni di cui alla lettera c) del comma 2,*" sono soppresse.

[459. Ai fini del contenimento della spesa pubblica, il numero dei membri del consiglio di amministrazione della Società di cui al decreto legislativo 9 gennaio 1999, n. 1, nonché della Società di cui all'articolo 13, comma 2, lettera e), del decreto legislativo 16 marzo 1999, n. 79, è ridotto a tre. I componenti dei suddetti consigli di amministrazione

ACCERTAMENTO

cessano dall'incarico alla data di entrata in vigore della presente legge ed i nuovi componenti sono nominati entro i successivi quarantacinque giorni. Il limite di tre si applica anche per il numero dei componenti dei consigli di amministrazione delle società di cui al comma 461.] (1)(2)

(1) *Vedi, anche, l'articolo 3, commi 12 e 16, della legge 24 dicembre 2007 n. 244.*
(2) *Comma soppresso dall'articolo 19, comma 9, del D.L. 1° luglio 2009, n. 78.*

460. La Società Sviluppo Italia Spa assume la denominazione di "*Agenzia nazionale per l'attrazione degli investimenti e lo sviluppo d'impresa Spa*" ed è società a capitale interamente pubblico. Il Ministro dello sviluppo economico definisce, con apposite direttive, le priorità e gli obiettivi della Società e approva le linee generali di organizzazione interna, il documento previsionale di gestione ed i suoi eventuali aggiornamenti e, d'intesa con il Ministro dell'economia e delle finanze, lo statuto. Con decreto del Ministro dello sviluppo economico sono individuati gli atti di gestione ordinaria e straordinaria della Società e delle sue controllate dirette ed indirette che, ai fini della loro efficacia e validità, necessitano della preventiva approvazione ministeriale (1).

(1) *Vedi, anche, l'articolo 3, comma 12, della legge 24 dicembre 2007 n. 244.*

461. Sulla base dei contenuti e dei termini fissati con direttiva del Ministro dello sviluppo economico, la Società di cui al comma 460 predispone entro il 31 marzo 2007 un piano di riordino e di dismissione delle proprie partecipazioni societarie, nei settori non strategici di attività. Il predetto piano di riordino e di dismissione dovrà prevedere che entro il 30 giugno 2007 il numero delle società controllate sia ridotto a non più di tre, nonché entro lo stesso termine la cessione, anche tramite una società veicolo, delle partecipazioni di minoranza acquisite; per le società regionali si procederà d'intesa con le regioni interessate anche tramite la cessione a titolo gratuito alle stesse Regioni o altre amministrazioni pubbliche delle relative partecipazioni. Le conseguenti operazioni di riorganizzazione, nonché quelle complementari e strumentali sono esenti da imposte dirette e indirette e da tasse (1)(2).

(1) *Vedi, anche, l'articolo 3, commi 12 e 16, della legge 24 dicembre 2007 n. 244.*
(2) *Per il differimento dal 30 giugno 2007 al 30 giugno 2009 del termine di cui al secondo periodo del presente comma, vedi l'articolo 28 del D.L. 31 dicembre 2007 n. 248, come modificato dall'articolo 20, comma 1, del D.L. 30 dicembre 2008, n. 207.*

462. All'articolo 8, comma 1, della legge 1° agosto 2002, n. 166, sono soppresse le parole:", regionali e locali" (1).

(1) *Vedi, anche, l'articolo 3, comma 12, della legge 24 dicembre 2007 n. 244.*

463. Al decreto legislativo 9 gennaio 1999, n. 1, sono apportate le seguenti modificazioni:

a) all'articolo 2, comma 5, le parole: "*, regionali e locali*" sono soppresse;

b) all'articolo 2, il comma 6 è sostituito dal seguente:"6. I diritti dell'azionista in riferimento alla società Sviluppo Italia sono esercitati dal Ministero dell'economia e delle finanze, d'intesa con il Ministero dello sviluppo economico. Il Ministro dello sviluppo economico, d'intesa con il Ministro dell'economia e delle finanze, nomina gli organi della società e ne riferisce al Parlamento";

c) all'articolo 2, dopo il comma 6 è aggiunto il seguente:"6-bis. Un magistrato della Corte dei conti, nominato dal Presidente della Corte stessa, assiste alle sedute degli organi di amministrazione e di revisione della Società.";

d) l'articolo 4 è sostituito dal seguente: "*Art. 4. – 1. La società presenta annualmente al Ministero dello sviluppo economico una relazione sulle attività svolte ai fini della valutazione di coerenza, efficacia ed economicità e ne riferisce alle Camere*" (1).

(1) *Vedi, anche, l'articolo 3, comma 12, della legge 24 dicembre 2007 n. 244.*

464. All'articolo 2, comma 6, del decreto legislativo 9 gennaio 1999, n. 1, le parole: "*e con il Ministro per le politiche agricole*" sono soppresse.

465. Il Ministro dell'economia e delle finanze, di concerto con gli altri Ministri competenti entro quarantacinque giorni dalla data di entrata in vigore della presente legge, emana un atto di indirizzo volto, ove necessario, al contenimento del numero dei componenti dei consigli di amministrazione delle società non quotate partecipate dal Ministero dell'economia e delle finanze e rispettive società controllate e collegate, al fine di rendere la composizione dei predetti consigli coerente con l'oggetto sociale delle società.

466. *[A decorrere dalla data di entrata in vigore della presente legge, per il conferimento di nuovi incarichi, nelle società di cui al comma 465, i compensi degli amministratori investiti di particolari cariche, ai sensi dell'articolo 2389, terzo comma, del codice civile, non possono superare l'importo di 500.000 euro annui, a cui potrà essere aggiunta una quota variabile, non superiore al 50 per cento della retribuzione fissa, che verrà corrisposta al raggiungimento di obiettivi annuali, oggettivi e specifici. Tali importi saranno rivalutati annualmente con decreto del Ministro dell'economia e delle finanze, in relazione al tasso di inflazione programmato. Per comprovate ed effettive esigenze il Ministro dell'economia e delle finanze può concedere autorizzazioni in deroga.]* Nella regolamentazione del rapporto di amministrazione, le società non potranno inserire clausole contrattuali che, al momento della cessazione dell'incarico, prevedano per i soggetti di cui sopra benefici economici superiori ad una annualità di indennità (1).

(1) *Comma modificato dall'articolo 3, comma 51, della legge 24 dicembre 2007 n. 244. A norma del medesimo articolo 3, comma 51, della legge 24 dicembre 2007 n. 244 alle fattispecie già disciplinate dai periodi soppressi si applicano i commi 44 e 45 dell'articolo 3 della citata legge 244/2007.*

467. L'articolo 1, comma 9, della legge 23 dicembre 2005, n. 266, e l'articolo 1, comma 11, della legge 30 dicembre 2004, n. 311, non si applicano agli incarichi di consulenza conferiti per lo svolgimento di attività propedeutiche ai processi di dismissione di società partecipate dal Ministero dell'economia e delle finanze, ovvero di analisi funzionali alla verifica della sussistenza dei presupposti normativi e di mercato per l'attivazione di detti processi.

468. Le disposizioni di cui al comma 216 dell'articolo 1 della legge 23 dicembre 2005, n. 266, non si applicano *[al personale con qualifica non inferiore a dirigente di prima fascia e alle categorie equiparate, nonché]* ai voli transcontinentali superiori alle cinque ore (1).

(1) Comma modificato dall'articolo 18, comma 1, del D.L. 13 agosto 2011, n. 138.

469. Al fine di conseguire gli obiettivi di stabilità e crescita, di ridurre il complesso della spesa di funzionamento delle Amministrazioni pubbliche, nonché di incrementarne l'efficienza e migliorare la qualità dei servizi, con uno o più regolamenti, da emanare ai sensi dell'articolo 17, comma 2, della legge 23 agosto 1988, n. 400, entro il 30 giugno 2007, il Governo, su proposta del Ministro del lavoro e della previdenza sociale, di concerto con il Ministro dell'economia e delle finanze, sentite le organizzazioni sindacali, procede, senza oneri diretti o indiretti a carico delle amministrazioni pubbliche, al riordino, alla semplificazione e alla razionalizzazione degli organismi preposti alla definizione dei ricorsi in materia pensionistica.

470. Gli uffici centrali del bilancio valutano, in sede di applicazione delle norme di spesa e minore entrata, la congruenza delle clausole di copertura.

471. All'articolo 7, comma 2, della legge 11 febbraio 1992, n. 157, le parole: "*è sottoposto alla vigilanza della Presidenza del Consiglio dei ministri*" sono sostituite dalle seguenti: "*è sottoposto alla vigilanza del Ministero dell'ambiente e della tutela del territorio e del mare*".

472. All'articolo 7, comma 4, della legge 11 febbraio 1992, n. 157, è aggiunto, in fine, il seguente periodo: "*Con regolamento, da adottare con decreto del Presidente del Consiglio dei ministri su proposta del Ministro dell'ambiente e della tutela del territorio e del mare, di concerto con il Ministro delle politiche agricole alimentari e forestali, sono disposte tutte le successive modificazioni statutarie che si rendano necessarie per rimodulare l'assetto organizzativo e strutturale dell'Istituto nazionale per la fauna selvatica, onde consentire ad esso l'ottimale svolgimento dei propri compiti, in modo da realizzare una più efficiente e razionale gestione delle risorse finanziarie disponibili*".

473. Il terzo periodo del comma 4 dell'articolo 3 della legge 14 gennaio 1994, n. 20, è sostituito dal seguente: "*La Corte definisce annualmente i programmi e i criteri di riferimento del controllo sulla base delle priorità previamente deliberate dalle competenti Commissioni parlamentari a norma dei rispettivi regolamenti*".

474. Presso il Ministero dell'economia e delle finanze è istituita la Commissione tecnica per la finanza pubblica, composta di dieci membri, per le seguenti finalità di studio e di analisi:

a) formulare proposte finalizzate ad accelerare il processo di armonizzazione e di coordinamento della finanza pubblica e di riforma dei bilanci delle amministrazioni pubbliche che sia diretto a:

1) per quanto concerne specificamente il bilancio dello Stato, disegnare una diversa classificazione della spesa, anche mediante ridefinizione delle unità elementari ai fini dell'approvazione parlamentare, finalizzata al miglioramento della scelta allocativa e ad una efficiente gestione delle risorse, rafforzando i processi di misurazione delle attività pubbliche e la responsabilizzazione delle competenti amministrazioni;

2) migliorare la trasparenza dei dati conoscitivi della finanza pubblica, con evidenziazione nel bilancio dello Stato della quota di stanziamenti afferenti alle autorizzazioni legislative di spesa, nonché con una prospettazione delle decisioni in termini di classificazione funzionale, economica e per macrosettori;

3) armonizzare i criteri di classificazione dei bilanci delle pubbliche amministrazioni, per un più agevole consolidamento dei conti di cassa e di contabilità nazionale;

b) elaborare studi preliminari e proposte tecniche per la definizione dei princìpi generali e degli strumenti di coordinamento della finanza pubblica e del sistema tributario, con particolare attenzione al coordinamento dei rapporti finanziari tra lo Stato ed il sistema delle autonomie territoriali, nonché all'efficacia dei meccanismi di controllo della finanza territoriale in relazione al rispetto del Patto di stabilità europeo;

c) elaborare studi e analisi concernenti l'attività di monitoraggio sui flussi di spesa del Dipartimento della Ragioneria generale dello Stato del Ministero dell'economia e delle finanze;

d) valutare, in collaborazione con l'ISTAT e con gli altri enti del sistema statistico nazionale, l'affidabilità, la trasparenza e la completezza dell'informazione statistica relativa agli andamenti della finanza pubblica;

e) svolgere, su richiesta delle competenti Commissioni parlamentari, ricerche, studi e rilevazioni e cooperare alle attività poste in essere dal Parlamento in attuazione del comma 480 (1).

(1) A norma dell'articolo 45, comma 3, del D.L. 25 giugno 2008, n. 112, come modificato dalla legge 6 agosto 2008, n. 133, in sede di conversione, l'organismo previsto dal presente comma, è soppresso.

475. La Commissione di cui al comma 474 opera sulla base dei programmi predisposti dal Ministro dell'economia e delle finanze, sentiti i Ministri competenti in relazione alle diverse finalità e la Conferenza unificata di cui all'articolo 8 del decreto legislativo 28 agosto 1997, n. 281. Entro il 31 gennaio di ciascun anno il Ministro dell'economia e delle finanze presenta al Parlamento una relazione sull'attività svolta dalla Commissione e sul programma di lavoro per l'anno in corso. Per l'anno 2007 la Commissione avvia la propria attività sulla base delle disposizioni di cui ai commi da 474 a 481, con priorità per le attività di supporto del programma di cui al comma 480.

476. Ai fini del raccordo operativo con la Commissione di cui al comma 474, è istituito un apposito Servizio studi nell'ambito del Dipartimento della Ragioneria generale dello Stato del Ministero dell'economia e delle finanze, cui è preposto un dirigente di prima fascia del medesimo Dipartimento composto di personale appartenente al Dipartimento stesso.

[477. Per l'espletamento della sua attività la Commissione di cui al comma 474 si avvale, altresì, della struttura di supporto dell'Alta Commissione di studio di cui all'articolo 3, comma 1, lettera b), della legge 27 dicembre 2002, n. 289, e successive modificazioni, la quale è contestualmente soppressa. La Commissione può altresì avvalersi degli strumenti di supporto già previsti per la Commissione tecnica per la spesa pubblica, di cui all'articolo 32 della legge 30 marzo 1981, n. 119, e successive modificazioni, ivi incluso l'accesso ai sistemi informativi, di cui al quarto comma del medesimo articolo 32, nonché l'istituzione di una segreteria tecnica e la stipula di contratti di consulenza, ai sensi dei commi 4 e 5 dell'articolo 8 della legge 17 dicembre 1986, n. 878. A tal fine è autorizzata la spesa di 1.200.000 euro annui a decorrere dall'anno 2007.] (1)

(1) Comma abrogato dall'articolo 45, comma 3, del D.L. 25 giugno 2008, n. 112, come modificato dalla legge 6 agosto 2008, n. 133, in sede di conversione.

[478. Entro il 31 gennaio 2007, il Ministro dell'economia e delle finanze, con proprio decreto, nomina la Commissione di cui al comma 474 e stabilisce le regole per il suo funzionamento, nonché la data di inizio della sua attività. I membri della Commissione, incluso il presidente, sono scelti tra esperti di alto profilo tecnico-scientifico e di riconosciuta competenza in materia di finanza pubblica; tre dei componenti sono scelti tra una rosa di nomi indicata dalla Conferenza unificata di cui all'articolo 8 del decreto legislativo 28 agosto 1997, n. 281. Il decreto di cui al presente comma è comunicato alle competenti Commissioni parlamentari.] (1)

(1) *Comma abrogato dall'articolo 45, comma 3, del D.L. 25 giugno 2008, n. 112, come modificato dalla legge 6 agosto 2008, n. 133, in sede di conversione.*

[479. I componenti della Commissione di cui al comma 474 sono nominati per un triennio e possono, alla scadenza, essere rinnovati per una sola volta.] (1)

(1) *Comma abrogato dall'articolo 45, comma 3, del D.L. 25 giugno 2008, n. 112, come modificato dalla legge 6 agosto 2008, n. 133, in sede di conversione.*

480. Per l'anno 2007 il Ministro dell'economia e delle finanze, avvalendosi anche della Commissione di cui al comma 474, promuove la realizzazione di un programma straordinario di analisi e valutazione della spesa delle amministrazioni centrali, anche in relazione alla applicazione delle disposizioni del comma 507, individuando le criticità, le opzioni di riallocazione delle risorse, le possibili strategie di miglioramento dei risultati ottenibili con le risorse stanziate, sul piano della qualità e dell'economicità. Ai fini dell'attuazione del programma di cui al presente comma, le amministrazioni dello Stato trasmettono, entro il 31 marzo 2007, al Ministero dell'economia e delle finanze un rapporto sullo stato della spesa nei rispettivi settori di competenza, anche alla luce dell'applicazione delle disposizioni del comma 507 e delle altre disposizioni di cui ai commi da 404 a 512, indicando le difficoltà emerse e formulando proposte di intervento in ordine alla allocazione delle risorse e alle azioni che possono incrementare l'efficacia della spesa. Il Governo riferisce sull'attuazione del programma di cui al presente comma nell'ambito del Documento di programmazione economico-finanziaria presentato nell'anno 2007. Il Ministro dell'economia e delle finanze, entro il 30 settembre 2007, presenta al Parlamento una relazione sui risultati del programma straordinario di analisi e valutazione della spesa delle amministrazioni centrali di cui al presente comma e sulle conseguenti iniziative di intervento. In allegato alla relazione un apposito documento dà conto dei provvedimenti adottati ai sensi delle disposizioni introdotte dal comma 482 (1).

(1) *Vedi, anche, l'articolo 3, comma 67, della legge 24 dicembre 2007 n. 244.*

481. Per il potenziamento delle attività e degli strumenti di analisi e monitoraggio degli andamenti di finanza pubblica, a decorrere dall'anno 2007, è autorizzata la spesa di 5 milioni di euro annui di cui una quota parte non inferiore a 3 milioni di euro da destinare al Dipartimento della Ragioneria generale dello Stato del Ministero dell'economia e delle finanze. Con decreto del Ministro dell'economia e delle finanze lo stanziamento è ripartito tra le amministrazioni interessate per gli scopi di cui al presente comma. A decorrere dal medesimo anno 2007 è altresì autorizzata la spesa di 600.000 euro in favore di ciascuna Camera per il potenziamento e il collegamento delle strutture di supporto del Parlamento, anche avvalendosi della cooperazione di altre istituzioni e di istituti di ricerca. In relazione alle finalità di cui al presente comma, una quota, stabilita con decreto del Ministro dell'economia e delle finanze, delle risorse attribuite al Dipartimento della Ragioneria generale dello 2, comma 2, secondo periodo, del decreto-legge 30 settembre 2005, n. 203, convertito, con modificazioni, dalla legge 2 dicembre 2005, n. 248.

482. All'articolo 28 della legge 28 dicembre 2001, n. 448, e successive modificazioni, sono apportate le seguenti modificazioni:

a) il comma 1 è sostituito dal seguente:

"*1. Al fine di conseguire gli obiettivi di stabilità e crescita, di ridurre il complesso della spesa di funzionamento delle amministrazioni pubbliche, di incrementare l'efficienza e di migliorare la qualità dei servizi, con uno o più regolamenti, da emanare ai sensi dell'articolo 17, comma 2, della legge 23 agosto 1988, n. 400, entro il 30 giugno 2007, il Governo, su proposta del Ministro per le riforme e le innovazioni nella pubblica amministrazione, di concerto con il Ministro dell'economia e delle finanze e con il Ministro interessato, sentite le organizzazioni sindacali per quanto riguarda i riflessi sulla destinazione del personale, procede al riordino, alla trasformazione o alla soppressione e messa in liquidazione degli enti ed organismi pubblici, nonché di strutture amministrative pubbliche nel rispetto dei seguenti principi e criteri direttivi:*

a) fusione degli enti, organismi e strutture pubbliche comunque denominate che svolgono attività analoghe o complementari, con conseguente riduzione della spesa complessiva e corrispondente riduzione del contributo statale di funzionamento;

b) trasformazione degli enti ed organismi pubblici che non svolgono funzioni e servizi di rilevante interesse pubblico in soggetti di diritto privato ovvero soppressione e messa in liquidazione degli stessi secondo le modalità previste dalla legge 4 dicembre 1956, n. 1404, e successive modificazioni, fermo restando quanto previsto dalla lettera d) del presente comma, nonché dall'articolo 9, comma 1-bis, lettera c), del decreto-legge 15 aprile 2002, n. 63, convertito, con modificazioni, dalla legge 15 giugno 2002, n. 112;

c) razionalizzazione e riduzione degli organi di indirizzo amministrativo, gestione e consultivi;

d) per gli enti soppressi e messi in liquidazione lo Stato risponde delle passività nei limiti dell'attivo della singola liquidazione;

e) abrogazione delle disposizioni legislative che prescrivono il finanziamento, diretto o indiretto, a carico del bilancio dello Stato o di altre amministrazioni pubbliche, degli enti ed organismi pubblici soppressi e posti in liquidazione o trasformati in soggetti di diritto privato ai sensi della lettera b)";

b) i commi 2, 2-bis, 5 e 6 sono abrogati.

483. Dall'attuazione del comma 482 deve derivare un miglioramento dell'indebitamento netto non inferiore a 205 milioni di euro per l'anno 2007, a 310 milioni di euro per l'anno 2008 e a 415 milioni di euro a decorrere dall'anno 2009. A tal fine, entro il 30 settembre 2007, il Governo dà conto dei provvedimenti adottati in apposito documento allegato alla relazione di cui al comma 480 (1).

(1) *Per il miglioramento dell'indebitamento netto di cui al presente comma vedi l'articolo 2, comma 641, della legge 24 dicembre 2007 n. 244.*

484. La società di cui all'articolo 9, comma 1-bis, lettera c), del decreto-legge 15 aprile 2002, n. 63, convertito, con modificazioni, dalla legge 15 giugno 2002, n. 112, e successive modificazioni, ovvero una delle società dalla stessa controllate, acquista nell'anno 2007 gli immobili delle gestioni liquidatorie di cui alla legge 4 dicembre 1956, n. 1404, e successive modificazioni, per un controvalore non inferiore a 180 milioni di euro. A tale compravendita si applicano le disposizioni di cui all'articolo 2, comma 59, della legge 23 dicembre 1996, n. 662. La determinazione del prezzo di vendita di ciascun bene immobile e unità immobiliare, da effettuare, in ogni caso, con riguardo alla situazione di fatto sulla base delle valutazioni correnti di mercato, nonchè l'espletamento, ove necessario, delle attività inerenti all'accatastamento dei beni immobili suscettibili di trasferimento e la ricostruzione della documentazione catastale ad essi relativa sono affidati all'Agenzia del territorio. Gli oneri derivanti dall'attività di valutazione e di accatastamento sono posti a carico delle gestioni liquidatorie interessate sulla base di apposita convenzione da stipulare con l'Agenzia del territorio. La convenzione provvede anche a disciplinare modalità, flussi informativi e tempi necessari per l'espletamento dei servizi affidati alla medesima Agenzia [(1)].

(1) *Comma sostituito dall'articolo 15 del D.L. 2 luglio 2007, n. 81.*

485. La lettera e) dell'articolo 2 della legge 7 luglio 1901, n. 306, come sostituita dal comma 23 dell'articolo 52 della legge 27 dicembre 2002, n. 289, è sostituita dalla seguente:

"*e) il contributo obbligatorio di tutti i sanitari dipendenti pubblici, iscritti ai rispettivi ordini professionali italiani dei medici chirurghi, odontoiatri, veterinari e farmacisti, nella misura e con modalità di versamento fissate dal Consiglio di amministrazione della fondazione con regolamenti soggetti ad approvazione dei Ministeri vigilanti ai sensi dell'articolo 3, comma 2, del decreto legislativo 30 giugno 1994, n. 509, e successive modificazioni*".

486. I commi 89, 90 e 91 dell'articolo 1 della legge 23 dicembre 2005, n. 266, sono sostituiti dai seguenti:

"*89. L'Ispettorato generale per la liquidazione degli enti disciolti del Dipartimento della Ragioneria generale dello Stato del Ministero dell'economia e delle finanze è soppresso. Con decreto del Ministro dell'economia e delle finanze le competenze dell'Ispettorato sono attribuite ad uno o più Ispettorati generali del Dipartimento della Ragioneria generale dello Stato.*

90. Il personale adibito, alla data di entrata in vigore della presente disposizione, alle procedure di liquidazione previste dalla legge 4 dicembre 1956, n. 1404, e successive modificazioni, è destinato alle altre attività istituzionali del citato Dipartimento della ragioneria generale dello Stato.

91. Alla definizione delle pregresse posizioni previdenziali del personale degli enti soppressi, per il quale non sia stata ancora effettuata, ai sensi degli articoli 74, 75 e 76 del decreto del Presidente della Repubblica 20 dicembre 1979, n. 761, e della legge 27 ottobre 1988, n. 482, la ricongiunzione dei servizi ai fini dell'indennità di anzianità e del trattamento integrativo di previdenza, provvede la gestione previdenziale di destinazione di detto personale. Entro sei mesi dalla data di entrata in vigore della presente disposizione, l'INPS, l'INPDAP e l'INAIL, limitatamente ai trattamenti pensionistici integrativi relativi alla soppressa gestione sanitaria, concordano con il Dipartimento della Ragioneria generale dello Stato del Ministero dell'economia e delle finanze, anche in via presuntiva e a completa definizione delle predette posizioni previdenziali, l'ammontare dei capitali di copertura necessari. L'INPS e l'INPDAP subentrano, a decorrere dalla data di perfezionamento dell'accordo con il Dipartimento della Ragioneria generale dello Stato, al Ministero dell'economia e delle finanze nelle vertenze innanzi al giudice ordinario e a quello amministrativo, concernenti le pregresse posizioni previdenziali del personale degli enti soppressi" [(1)].

(1) *Per le modifiche alla struttura organizzativa del Dipartimento della Ragioneria generale dello Stato, in applicazione del presente comma vedi il D.M. 30 aprile 2007.*

487. L'ammontare della remunerazione di cui al capitolo 2835 dello stato di previsione della spesa del Ministero dell'economia e delle finanze per l'anno finanziario 2006 e successivi è annualmente determinato con decreto del Ministro dell'economia e delle finanze con riferimento ai servizi resi nell'anno precedente dalla società di cui all'articolo 9, comma 1-bis, lettera c), del decreto- legge 15 aprile 2002, n. 63, convertito, con modificazioni, dalla legge 15 giugno 2002, n. 112, per la gestione della liquidazione e del contenzioso degli enti pubblici, nel limite dello stanziamento di bilancio a legislazione vigente.

488. Sono trasferiti alla società FINTECNA o a società da essa interamente controllata, con ogni loro componente attiva e passiva, ivi compresi i rapporti in corso e le cause pendenti, i patrimoni di EFIM in liquidazione coatta amministrativa e delle società in liquidazione coatta amministrativa interamente controllate da EFIM. Detti patrimoni costituiscono tra loro un unico patrimonio, separato dal residuo patrimonio della società trasferitaria. Alla data del trasferimento sono chiuse le liquidazioni coatte amministrative di EFIM e delle predette società, con conseguente estinzione delle stesse e con contestuale cessazione dalla carica dei loro commissari liquidatori. La società trasferitaria procede alla cancellazione di tali società dal registro delle imprese.

489. Il trasferimento di cui al comma 488 decorre dal quindicesimo giorno successivo alla data di presentazione al Ministero dell'economia e delle finanze del rendiconto finale delle liquidazioni coatte amministrative, che è presentato dal commissario liquidatore di EFIM in liquidazione coatta amministrativa entro centottanta giorni dalla data di entrata in vigore della presente legge. Al predetto commissario devono essere comunicati, almeno centoventi giorni prima, i rendiconti finali delle procedure delle società di cui al comma 488.

490. Per il trasferimento dei patrimoni di cui al comma 488, il commissario liquidatore di EFIM predispone una situazione patrimoniale di riferimento tenendo conto del rendiconto finale di cui al comma 489. Un collegio di tre periti verifica, entro novanta giorni dalla nomina, tale situazione patrimoniale e predispone, sulla base della stessa, una valutazione estimativa dell'esito finale della liquidazione dei patrimoni trasferiti. Tale valutazione deve, tra l'altro, tenere conto delle garanzie di cui al comma 491, nonché di tutti i costi e gli oneri necessari per il completamento della liquidazione di detti patrimoni, individuando altresì il fabbisogno finanziario stimato per la chiusura della liquidazione medesima. I componenti del collegio sono designati, uno ciascuno, da EFIM e dalla società trasferitaria e il presidente è scelto dal Ministero dell'economia e delle finanze. L'importo massimo del compenso per i periti è determinato dal Ministero dell'economia e delle finanze con il decreto di cui al comma 497 ed è ad esclusivo carico delle parti. Il valore stimato dell'esito finale della liquidazione costituisce il corri-

ACCERTAMENTO

spettivo per il trasferimento stesso, che è corrisposto dalla società trasferitaria al Ministero dell'economia e delle finanze, fermo restando quanto previsto al comma 494.

491. Effettuato il trasferimento, la società trasferitaria procede alla liquidazione dei patrimoni trasferiti, avendo per scopo la finale monetizzazione degli attivi, la più celere definizione dei rapporti creditori e debitori e dei contenziosi in corso e il pagamento dei creditori dei patrimoni trasferiti, assicurando il rigoroso rispetto del principio della separatezza di tali patrimoni dal proprio. La società trasferitaria non risponde con il proprio patrimonio dei debiti e degli oneri dei patrimoni ad essa trasferiti in base alla presente legge, ivi compresi quelli sostenuti per la liquidazione di tali patrimoni. Ai creditori dei patrimoni trasferiti continua ad applicarsi la garanzia dello Stato prevista dall'articolo 5 del decreto-legge 19 dicembre 1992, n. 487, convertito, con modificazioni, dalla legge 17 febbraio 1993, n. 33, e successive modificazioni. Le disponibilità finanziarie rivenienti e conseguenti ai trasferimenti di cui ai commi da 488 a 497 devono affluire su un apposito conto corrente infruttifero da aprire presso la Tesoreria centrale per conto dello Stato, intestato alla società trasferitaria. Con decreto del Ministero dell'economia e delle finanze è fissato, tenendo conto del fabbisogno finanziario, come individuato ai sensi del comma 490, l'ammontare delle risorse finanziarie tratte dal predetto conto corrente infruttifero e depositate presso il sistema bancario per le esigenze urgenti ed improcrastinabili relative alla liquidazione dei patrimoni trasferiti.

492. Dalla data del trasferimento, la società trasferitaria subentra automaticamente nei processi attivi e passivi pendenti nei quali sono parti EFIM in liquidazione coatta amministrativa e le società di cui al comma 488, in luogo di essi, senza che si faccia luogo all'interruzione dei processi e senza mutamento del rito applicabile. Le spese legali e di consulenza tecnica relative a tali processi o alle eventuali transazioni non possono comunque superare, per ciascuna vertenza comprensiva di tutti i diversi gradi di giudizio, l'ammontare di 300.000 euro.

493. Al termine della liquidazione dei patrimoni trasferiti, il collegio dei periti di cui al comma 490, determina l'eventuale maggiore importo risultante dalla differenza tra l'esito economico effettivo consuntivato alla chiusura della liquidazione e il corrispettivo versato di cui al medesimo comma 490. Di tale eventuale maggiore importo, detratto il costo della valutazione, il 70 per cento è attribuito al Ministero dell'economia e delle finanze e la residua quota del 30 per cento è di competenza della società trasferitaria in ragione del migliore risultato conseguito nella liquidazione.

494. Allo scopo di accelerare e razionalizzare la prosecuzione delle liquidazioni coatte amministrative delle società non interamente controllate, direttamente o indirettamente da EFIM in liquidazione coatta amministrativa, nella stessa data di cui al comma 489 i commissari liquidatori delle stesse decadono dalle loro funzioni e la funzione di commissario liquidatore è assunta dalla società trasferitaria. Il trasferimento delle funzioni è disciplinato dalle vigenti norme in materia di liquidazione coatta amministrativa.

495. Tutti gli atti compiuti in attuazione delle disposizioni di cui ai commi da 488 a 494 sono esenti da qualunque imposta, diretta o indiretta, tassa, obbligo e onere tributario comunque inteso o denominato.

496. Le disposizioni di cui ai commi da 488 a 495 si applicano, in quanto compatibili, alla società ITALTRADE Spa in liquidazione.

497. Il Ministero dell'economia e delle finanze stabilisce con uno o più decreti i criteri e le modalità di attuazione dei commi da 488 a 496.

498. I commissari liquidatori, nominati a norma dell'articolo 7, comma 3, della legge 12 dicembre 2002, n. 273, nelle procedure di amministrazione straordinaria disciplinate dal decreto-legge 30 gennaio 1979, n. 26, convertito, con modificazioni, dalla legge 3 aprile 1979, n. 95, e successive modificazioni, e i commissari straordinari nominati nelle procedure di amministrazione straordinaria disciplinate dal decreto legislativo 8 luglio 1999, n. 270, e dal decreto-legge 23 dicembre 2003, n. 347, convertito, con modificazioni, dalla legge 18 febbraio 2004, n. 39, decadono se non confermati entro novanta giorni dalla data di entrata in vigore della presente legge. A tal fine, il Ministro dello sviluppo economico, con proprio decreto, può disporre l'attribuzione al medesimo organo commissariale, se del caso con composizione collegiale, dell'incarico relativo a più procedure che si trovano nella fase liquidatoria, dando mandato ai commissari di realizzare una gestione unificata dei servizi generali e degli affari comuni, al fine di assicurare le massime sinergie organizzative e conseguenti economie gestionali. Con il medesimo decreto l'incarico di commissario può essere attribuito a studi professionali associati o a società tra professionisti, in conformità a quanto disposto all'articolo 28, primo comma, lettera b), del regio decreto 16 marzo 1942, n. 267, e successive modificazioni.

499. Il numero dei commissari nominati o confermati ai sensi del comma 498 non può superare la metà del numero dei commissari in carica alla data di entrata in vigore della presente legge. Gli stessi stipulano convenzioni con i professionisti la cui opera si rende necessaria nell'interesse della procedura, al fine di ridurre i costi a carico dei creditori.

500. Con decreto del Ministro dello sviluppo economico, da adottare nel termine di centottanta giorni dalla data di entrata in vigore della presente legge, sono definiti i criteri per la determinazione e la liquidazione dei compensi dovuti ai commissari liquidatori nominati nelle procedure di amministrazione straordinaria disciplinate dal decreto legge 30 gennaio 1979, n. 26, convertito, con modificazioni, dalla legge 3 aprile 1979, n. 95, e successive modificazioni, tenuto conto dei criteri previsti dal regolamento di cui al decreto del Ministro di grazia e giustizia 28 luglio 1992, n. 570, nonché delle modifiche e degli adattamenti suggeriti dalla diversità delle procedure.

501. Il compenso dei commissari di cui al comma 498 è determinato nella misura spettante in relazione al numero delle procedure ad essi assegnate ridotto del 30 per cento.

502. All'articolo 8 del decreto-legge 23 dicembre 2003, n. 347, convertito, con modificazioni, dalla legge 18 febbraio 2004, n. 39, dopo il comma 1, è aggiunto il seguente:

"*1-bis. La facoltà prevista dall'articolo 97 del decreto legislativo n. 270 è esercitata dal Commissario straordinario nominato ai sensi dell'articolo 2, comma 2 del presente decreto. Nel caso di concordato con assunzione, la medesima facoltà è esercitata, dopo la chiusura della procedura a norma dell'articolo 4-bis, comma 11, del presente decreto dall'assuntore del concordato. Se, al momento della chiusura della procedura, il commissario straordinario è costituito parte civile nel processo penale, l'assuntore subentra nell'azione anche se è scaduto il termine previsto dall'articolo 79 del codice di procedura penale*".

503. Il Ministero dell'economia e delle finanze, di concerto con il Ministero dell'ambiente e della tutela del territorio e del mare, sentito il Ministero delle infrastrutture, è autorizzato a procedere, entro centottanta giorni dalla data di entrata in vigore della presente legge, alla trasformazione della SOGESID Spa, al fine di renderla strumentale alle esigenze e finalità del Ministero dell'ambiente e della tutela del territorio e del mare, anche procedendo a tale scopo alla fusione per incorporazione con altri soggetti, società e organismi di diritto pubblico che svolgono attività nel medesimo settore della SOGESID Spa.

504. Per la realizzazione delle finalità di cui al comma 503, alla data di entrata in vigore della presente legge, gli organismi di amministrazione della SOGESID Spa sono sciolti e sono nominati un Commissario straordinario e un subcommissario, con decreto del Ministro dell'economia e delle finanze, su proposta del Ministro dell'ambiente e della tutela del territorio e del mare, sentito il Ministro delle infrastrutture.

505. A decorrere dall'anno 2007, le disposizioni di cui all'articolo 1, commi 9, 10, 11, 56, 58 e 61, della legge 23 dicembre 2005, n. 266, e successive modificazioni, si applicano alle amministrazioni pubbliche inserite nel conto economico consolidato della pubblica amministrazione, di cui all'elenco ISTAT pubblicato in attuazione del comma 5 dell'articolo 1 della legge 30 dicembre 2004, n. 311. Restano salve le esclusioni previste dai commi 9, 12 e 64 dell'articolo 1 della legge 23 dicembre 2005, n. 266, e successive modificazioni. Per quanto riguarda le spese di personale, le predette amministrazioni adeguano le proprie politiche ai principi di contenimento e razionalizzazione di cui alla presente legge. Il presente comma non si applica agli organi costituzionali.

506. Agli enti pubblici di ricerca, all'Istituto nazionale di economia agraria, all'Istituto nazionale di ricerca per gli alimenti e la nutrizione, al Consiglio per la ricerca e la sperimentazione in agricoltura, all'Agenzia per la protezione dell'ambiente e per i servizi tecnici e alle agenzie regionali per l'ambiente, non si applica l'articolo 22, comma 2, del decreto-legge 4 luglio 2006, n. 223, convertito, con modificazioni, dalla legge 4 agosto 2006, n. 248.

507. Per gli esercizi 2007, 2008 e 2009, è accantonata e resa indisponibile, in maniera lineare, con esclusione degli effetti finanziari derivanti dalla presente legge, una quota, pari rispettivamente a 4.572 milioni di euro, a 5.031 milioni di euro e a 4.922 milioni di euro, delle dotazioni delle unità previsionali di base iscritte nel bilancio dello Stato, anche con riferimento alle autorizzazioni di spesa predeterminate legislativamente, con esclusione del comparto della radiodiffusione televisiva locale, relative a consumi intermedi (categoria 2), a trasferimenti correnti ad amministrazioni pubbliche (categoria 4), con esclusione dei trasferimenti a favore della protezione civile, del Fondo ordinario delle università statali, degli enti territoriali, degli enti previdenziali e degli organi costituzionali, ad altri trasferimenti correnti (categorie 5, 6 e 7), con esclusione dei trasferimenti all'estero aventi natura obbligatoria, delle pensioni di guerra e altri assegni vitalizi, delle erogazioni agli istituti di patronato e di assistenza sociale, nonché alle confessioni religiose di cui alla legge 20 maggio 1985, n. 222, e successive modificazioni, ad altre uscite correnti (categoria 12) e alle spese in conto capitale, con esclusione dei trasferimenti a favore della protezione civile, di una quota pari al 50 per cento dello stanziamento del Fondo per le aree sottoutilizzate, dei limiti di impegno già attivati, delle rate di ammortamento mutui, dei trasferimenti agli enti territoriali e delle acquisizioni di attività finanziarie. Ai fini degli accantonamenti complessivi indicati, le dotazioni iscritte nelle unità previsionali di base dello stato di previsione del Ministero della pubblica istruzione sono accantonate e rese indisponibili, in maniera lineare, per un importo complessivo di 40 milioni di euro per ciascun anno del triennio 2007-2009. Con decreto del Ministro dell'economia e delle finanze, da adottare, su proposta dei Ministri competenti, entro il 31 marzo di ciascun anno del triennio 2007-2009, possono essere disposte variazioni degli accantonamenti di cui al primo periodo, anche interessando diverse unità previsionali relative alle suddette categorie con invarianza degli effetti sul fabbisogno e sull'indebitamento netto della pubblica amministrazione, restando preclusa la possibilità di utilizzo di risorse di conto capitale per disaccantonare risorse di parte corrente. Lo schema di decreto è trasmesso al Parlamento per l'acquisizione del parere delle Commissioni competenti per le conseguenze di carattere finanziario (1)(2)(3).

(1) Per il reintegro dell'autorizzazione di spesa e i disaccantonamenti, per l'anno 2007, di cui al presente comma, vedi l'articolo 7 del D.L. 2 luglio 2007, n. 81. Per la ripartizione delle risorse finanziarie afferenti al Fondo nazionale per le politiche sociali, per l'anno 2007, vedi l'articolo 4 del D.M. 16 giugno 2007.
(2) Vedi, anche, l'articolo 2, comma 45, della legge 24 dicembre 2007 n. 244
(3) Vedi l'articolo 60, comma 10 del D.L. 25 giugno 2008, n.112, come modificato dalla legge 6 agosto 2008, n. 133, in sede di conversione.

508. Il Ministro competente, di concerto con il Ministro dell'economia e delle finanze, può comunicare all'Ufficio centrale del bilancio ulteriori accantonamenti aggiuntivi delle dotazioni delle unità previsionali di parte corrente del proprio stato di previsione, fatta eccezione per le spese obbligatorie e per quelle predeterminate legislativamente, da destinare a consuntivo, per una quota non superiore al 30 per cento, ad appositi fondi per l'incentivazione, mediante contrattazione integrativa, del personale dirigente e non dirigente che abbia contribuito direttamente al conseguimento degli obiettivi di efficienza e di razionalizzazione dei processi di spesa (1).

(1) Vedi l'articolo 60, comma 10 del D.L. 25 giugno 2008, n.112, come modificato dalla legge 6 agosto 2008, n. 133, in sede di conversione.

509. Le dotazioni relative alle autorizzazioni di spesa di cui alla Tabella C allegata alla presente legge sono ridotte, in maniera lineare, per un importo complessivo pari a euro 126,4 milioni per l'anno 2007, a euro 335,4 milioni per l'anno 2008 e a euro 11,4 milioni per l'anno 2009.

510. Nell'ambito delle risorse disponibili, in attuazione dell'articolo 3, comma 1, del decreto-legge 13 maggio 1999, n. 132, convertito, con modificazioni, dalla legge 13 luglio 1999, n. 226, i termini previsti dall'articolo 4, comma 92, della legge 24 dicembre 2003, n. 350, sono prorogati fino al 31 dicembre 2007 (1).

(1) Per la proroga fino al 31 dicembre 2008 del termine di cui al presente comma vedi l'articolo 2, comma 113, della legge 24 dicembre 2007 n. 244.

511. Nello stato di previsione del Ministero dell'economia e delle finanze è istituito, con una dotazione, in termini di sola cassa, di 520 milioni di euro per l'anno 2007, un Fondo per la compensazione degli effetti finanziari non previsti a legislazione vigente conseguenti all'attualizzazione di contributi pluriennali, ai sensi del comma 177-bis dell'articolo 4 della legge 24 dicembre 2003, n. 350, introdotto dal comma 512 del presente articolo. All'utilizzo del Fondo per le finalità di cui al primo periodo si provvede con decreto del Ministro dell'economia e delle finanze, da trasmettere al Parlamento, per il parere delle Commissioni parlamentari competenti per materia e per i profili finanziari, e alla Corte dei conti (1).

(1) *Per l'autorizzazione all'attualizzazione di contributi pluriennali di cui al presente comma, vedi il D.P.C.M. 23 maggio 2007 e il D.P.C.M. 2 maggio 2008.*

512. Dopo il comma 177 dell'articolo 4 della legge 24 dicembre 2003, n. 350, è inserito il seguente:

"*177-bis. In sede di attuazione di disposizioni legislative che autorizzano contributi pluriennali, il relativo utilizzo, anche mediante attualizzazione, è disposto con decreto del Ministro competente, di concerto con il Ministro dell'economia e delle finanze, previa verifica dell'assenza di effetti peggiorativi sul fabbisogno e sull'indebitamento netto rispetto a quelli previsti dalla legislazione vigente. In caso si riscontrino effetti finanziari non previsti a legislazione vigente gli stessi possono essere compensati a valere sulle disponibilità del Fondo per la compensazione degli effetti conseguenti all'attualizzazione dei contributi pluriennali. Le disposizioni del presente comma si applicano anche alle operazioni finanziarie poste in essere dalle pubbliche amministrazioni di cui all'articolo 1, comma 5, della legge 30 dicembre 2004, n. 311, a valere sui predetti contributi pluriennali, il cui onere sia posto a totale carico dello Stato. Le amministrazioni interessate sono, inoltre, tenute a comunicare preventivamente al Ministero dell'economia e delle finanze – Dipartimento della Ragioneria generale dello Stato e Dipartimento del tesoro, all'ISTAT e alla Banca d'Italia la data di attivazione delle operazioni di cui al presente comma ed il relativo ammontare*" (1).

(1) *Per l'autorizzazione all'attualizzazione di contributi pluriennali di cui al presente comma, vedi il D.P.C.M. 23 maggio 2007 e il D.P.C.M. 2 maggio 2008.*

513. Per l'anno 2007, a valere sul fondo di cui al comma 96 dell'articolo 1 della legge 30 dicembre 2004, n. 311, appositamente incrementato, per gli anni 2007, 2008 e 2009, di 31,1 milioni di euro, i Corpi di polizia sono autorizzati, entro il 30 marzo, ad effettuare assunzioni per un contingente complessivo di personale non superiore a 2.000 unità. In questo contingente sono compresi 1.316 agenti della Polizia di Stato trattenuti in servizio, da ultimo, ai sensi del decreto-legge 27 settembre 2006, n. 260, convertito, con modificazioni dalla legge 10 novembre 2006, n. 280, che sono assunti a tempo indeterminato a decorrere dal 1° gennaio 2007 con le modalità previste all'articolo 1 del decreto-legge 30 dicembre 2005, n. 272, convertito, con modificazioni, dalla legge 21 febbraio 2006, n. 49 (1).

(1) *Per l'autorizzazione ad assumere personale a tempo indeterminato nelle Amministrazioni dello Stato, enti pubblici non economici e di ricerca a norma del presente comma, vedi il D.P.R. 29 novembre 2007.*

514. Per l'anno 2007 è autorizzata, a decorrere dal 1° luglio 2007, l'assunzione di un contingente di 600 vigili del fuoco.

[515. Per l'anno 2007, per esigenze connesse con la prevenzione ed il contrasto del terrorismo, anche internazionale, e della criminalità organizzata, l'Arma dei carabinieri è autorizzata, in deroga all'articolo 1, comma 95, della legge 30 dicembre 2004, n. 311, ad effettuare reclutamenti straordinari, entro un limite di spesa di 5 milioni di euro per l'anno 2007 e di 10 milioni di euro a decorrere dall'anno 2008. Con decreto del Ministro della difesa, adottato di concerto con il Ministro dell'economia e delle finanze e con il Ministro per le riforme e le innovazioni nella pubblica amministrazione, si provvede, entro il predetto limite di spesa, alla distribuzione nei vari gradi dei relativi reclutamenti.] (1)

(1) *Comma abrogato dall'articolo 2268, comma 1, del D.Lgs. 15 marzo 2010, n. 66.*

516. Per l'anno 2007, al fine di garantire il consolidamento dell'azione di contrasto all'economia sommersa, nonché la piena efficacia degli interventi in materia di polizia economica e finanziaria, il Corpo della guardia di finanza è autorizzato, in deroga all'articolo 1, comma 95, della legge 30 dicembre 2004, n. 311, ad effettuare reclutamenti straordinari, entro un limite di spesa di 5 milioni di euro per l'anno 2007 e di 10 milioni di euro a decorrere dall'anno 2008. Con decreto del Ministro dell'economia e delle finanze, adottato di concerto con il Ministro per le riforme e le innovazioni nella pubblica amministrazione, si provvede, entro il predetto limite di spesa, alla distribuzione nei vari gradi dei relativi reclutamenti.

517. Per l'anno 2007, è autorizzato, in deroga all'articolo 1, comma 95, della legge 30 dicembre 2004, n. 311, il reclutamento di magistrati ordinari entro il limite di spesa di 3 milioni di euro per l'anno 2007 e di 15 milioni di euro a decorrere dall'anno 2008.

518. Per l'anno 2007, è autorizzato, in deroga all'articolo 1, comma 95, della legge 30 dicembre 2004, n. 311, il reclutamento di magistrati amministrativi e contabili, di avvocati e procuratori dello Stato, entro il limite di spesa di 1,370 milioni di euro per l'anno 2007 e di 5,671 milioni di euro a decorrere dall'anno 2008. Alla ripartizione delle predette assunzioni, si provvede mediante decreto del Presidente del Consiglio dei ministri adottato su proposta del Ministro per le riforme e le innovazioni nella pubblica amministrazione, di concerto con il Ministro dell'economia e delle finanze (1)(2)(3).

(1) *A norma dell'articolo 3, comma 86, della legge 24 dicembre 2007 n. 244 le assunzioni autorizzate per l'anno 2007 ai sensi del presente comma, possono essere effettuate entro il 31 maggio 2008.*

(2) *Per la ripartizione delle assunzioni dei magistrati amministrativi e contabili, di avvocati e procuratori dello Stato, ai sensi del presente comma, vedi il D.P.C.M. 1° ottobre 2007.*

(3) *Per il differimento del termine di cui al presente comma vedi l'articolo 4-bis, comma 2 del D.L. 3 giugno 2008, n. 97.*

519. Per l'anno 2007 una quota pari al 20 per cento del fondo di cui al comma 513 è destinata alla stabilizzazione a domanda del personale non dirigenziale in servizio a tempo determinato da almeno tre anni, anche non continuativi, o che consegua tale requisito in virtù di contratti stipulati anteriormente alla data del 29 settembre 2006 o che sia stato in servizio per almeno tre anni, anche non continuativi, nel quinquennio anteriore alla data di entrata in vigore della

presente legge, che ne faccia istanza, purché sia stato assunto mediante procedure selettive di natura concorsuale o previste da norme di legge. Alle iniziative di stabilizzazione del personale assunto a tempo determinato mediante procedure diverse si provvede previo espletamento di prove selettive. Le amministrazioni continuano ad avvalersi del personale di cui al presente comma, e prioritariamente del personale di cui all'articolo 23, comma 1, del decreto legislativo 8 maggio 2001, n. 215, e successive modificazioni, in servizio al 31 dicembre 2006, nelle more della conclusione delle procedure di stabilizzazione. Nei limiti del presente comma, la stabilizzazione del personale volontario del Corpo nazionale dei vigili del fuoco è consentita al personale che risulti iscritto negli appositi elenchi, di cui all'articolo 6 del decreto legislativo 8 marzo 2006, n. 139, da almeno tre anni ed abbia effettuato non meno di centoventi giorni di servizio. Con decreto del Ministro dell'interno, fermo restando il possesso dei requisiti ordinari per l'accesso alla qualifica di vigile del fuoco previsti dalle vigenti disposizioni, sono stabiliti i criteri, il sistema di selezione, nonché modalità abbreviate per il corso di formazione. Le assunzioni di cui al presente comma sono autorizzate secondo le modalità di cui all'articolo 39, comma 3-ter, della legge 27 dicembre 1997, n. 449, e successive modificazioni (1)(2)(3).

(1) Per l'applicazione del presente comma, vedi la Direttiva 30 aprile 2007, n. 7
(2) Vedi, anche, l'articolo 3, commi 90, 91, 92, 93, 94, 95,106 e 113, della legge 24 dicembre 2007 n. 244.
(3) Per l'autorizzazione alla stabilizzazione del personale non dirigenziale in servizio a tempo determinato, a norma del presente comma vedi il D.P.R. 29 dicembre 2007.

520. Per l'anno 2007, per le specifiche esigenze degli enti di ricerca, è costituito, nello stato di previsione del Ministero dell'economia e delle finanze, un apposito fondo, destinato alla stabilizzazione di ricercatori, tecnologi, tecnici e personale impiegato in attività di ricerca in possesso dei requisiti temporali e di selezione di cui al comma 519, nonché all'assunzione dei vincitori di concorso con uno stanziamento pari a 20 milioni di euro per l'anno 2007 e a 30 milioni di euro, a decorrere dall'anno 2008. All'utilizzo del predetto fondo si provvede con decreto del Presidente del Consiglio dei ministri, da adottare, previa deliberazione del Consiglio dei ministri, sentite le amministrazioni vigilanti, su proposta della Presidenza del Consiglio dei ministri – Dipartimento della funzione pubblica, di concerto con il Ministero dell'economia e delle finanze – Dipartimento della Ragioneria generale dello Stato (1)(2).

(1) Per l'applicazione del presente comma, vedi la Direttiva 30 aprile 2007, n. 7
(2) A norma dell'articolo 3, comma 86, della legge 24 dicembre 2007 n. 244 le assunzioni autorizzate per l'anno 2007 ai sensi del presente comma, possono essere effettuate entro il 31 maggio 2008. Per l'autorizzazione alla stabilizzazione ed assunzione dei vincitori di concorso degli enti di ricerca di cui al presente comma, vedi il D.P.C.M. 16 novembre 2007.

521. Le modalità di assunzione di cui al comma 519 trovano applicazione anche nei confronti del personale di cui all'articolo 1, commi da 237 a 242, della legge 23 dicembre 2005, n. 266, in possesso dei requisiti previsti dal citato comma 519, fermo restando il relativo onere a carico del fondo previsto dall'articolo 1, comma 251, della legge 23 dicembre 2005, n. 266, fatto salvo per il restante personale quanto disposto dall'articolo 1, comma 249, della stessa legge n. 266 del 2005 (1).

(1) Per l'attuazione del presente comma, vedi l'articolo 20 D.P.R. 26 novembre 2007 n. 233.

522. Al fine di potenziare l'attività di sorveglianza nelle aree naturali protette di rilievo internazionale e nazionale, ai sensi dell'articolo 19 della legge 6 dicembre 1991, n. 394, il Corpo forestale dello Stato è autorizzato ad assumere, a decorrere dal 1° gennaio 2007, in deroga all'articolo 1, comma 95, della legge 30 dicembre 2004, n. 311, 166 idonei non vincitori del concorso pubblico per 500 allievi agenti forestali svolto in attuazione dell'articolo 1, comma 2, della legge 27 marzo 2004, n. 77. Al relativo onere, pari a 2,2 milioni di euro per l'anno 2007 e a 5,24 milioni di euro a decorrere dall'anno 2008, si provvede mediante corrispondente riduzione dell'autorizzazione di spesa di cui all'articolo 4, comma 7, della legge 6 febbraio 2004, n. 36, relativamente ai fondi di cui al decreto legislativo 18 maggio 2001, n. 227. Il Ministro dell'economia e delle finanze è autorizzato ad apportare, con propri decreti, le occorrenti variazioni di bilancio.

523. Per l'anno 2008 le amministrazioni dello Stato, anche ad ordinamento autonomo, ivi compresi i Corpi di polizia ed il Corpo nazionale dei vigili del fuoco, le agenzie, incluse le agenzie fiscali di cui agli articoli 62, 63 e 64 del decreto legislativo 30 luglio 1999, n. 300, e successive modificazioni, gli enti pubblici non economici e gli enti pubblici di cui all'articolo 70, comma 4, del decreto legislativo 30 marzo 2001, n. 165, e successive modificazioni, possono procedere, per il medesimo anno, ad assunzioni di personale a tempo indeterminato nel limite di un contingente di personale complessivamente corrispondente ad una spesa pari al 20 per cento di quella relativa alle cessazioni avvenute nell'anno precedente. Il limite di cui al presente comma si applica anche alle assunzioni del personale di cui all'articolo 3 del decreto legislativo 30 marzo 2001, n. 165, e successive modificazioni. Le limitazioni di cui al presente comma non si applicano alle assunzioni di personale appartenente alle categorie protette e a quelle connesse con la professionalizzazione delle Forze armate di cui alla legge 14 novembre 2000, n. 331, al decreto legislativo 8 maggio 2001, n. 215, ed alla legge 23 agosto 2004, n. 226, fatto salvo quanto previsto dall'articolo 25 della medesima legge n. 226 del 2004 (1)(2)(3)(4)(5)(6)(7).

(1) A norma dell'articolo 3, comma 102, della legge 24 dicembre 2007 n. 244, come modificato dall'articolo 66, comma 7, del D.L. 25 giugno 2008, n.112, convertito con modificazioni, in legge 6 agosto 2008, n. 133, le amministrazioni di cui al presente comma, per gli anni 2010 e 2011, possono procedere, per ciascun anno, previo effettivo svolgimento delle procedure di mobilità, ad assunzioni di personale a tempo indeterminato nel limite di un contingente di personale complessivamente corrispondente ad una spesa pari al 20 per cento di quella relativa al personale cessato nell'anno precedente. In ogni caso il numero delle unità di personale da assumere non può eccedere, per ciascun anno, il 20 per cento delle unità cessate nell'anno precedente.
(2) Comma modificato dall'articolo 66, comma 2 del D.L. 25 giugno 2008, n.112, come modificato dalla legge 6 agosto 2008, n. 133, in sede di conversione. Vedi inoltre il comma 3 dell'articolo 66 del D.L. 112/2008 medesimo.
(3) Vedi l'articolo 4-bis, comma 3 del D.L. 3 giugno 2008, n. 97.
(4) Vedi inoltre l'articolo 66, comma 9, del D.L. 25 giugno 2008, n.112, convertito con modificazioni, in legge 6 agosto 2008, n. 133.

ACCERTAMENTO

(5) *A norma dell'articolo 41, comma 1, del D.L. 30 dicembre 2008, n. 207, il termine per procedere alle assunzioni di personale a tempo indeterminato relative alle cessazioni verificatesi nell'anno 2007, di cui al presente comma, è prorogato al 31 dicembre 2009 e le relative autorizzazioni possono essere concesse entro il 30 giugno 2009.*
(6) *Vedi il D.P.C.M. 23 dicembre 2009.*
(7) *A norma dell'articolo 1, comma 1, del D.L. 29 dicembre 2011, n. 216, il termine per procedere alle assunzioni di personale a tempo indeterminato di cui al presente comma è prorogato al 31 dicembre 2012. Successivamente, l'articolo 1, comma 388, della Legge 24 dicembre 2012, n. 228, ha prorogato il predetto termine al 30 giugno 2013. Ancora, a norma del predetto articolo 1 del D.L. n. 216/2011, come modificato dall'articolo 1, comma 1, lettera a) del D.L. 31 dicembre 2014, n. 192, convertito, con modificazioni, dalla Legge 27 febbraio 2015, n. 11, come modificato dall'articolo 1, comma 1, lettera a), del D.L. 30 dicembre 2015, n. 210, convertito con modificazioni dalla Legge 26 febbraio 2016, n. 21, il termine è stato ulteriormente prorogato al 31 dicembre 2016.*

524. L'Agenzia autonoma per la gestione dell'albo dei segretari comunali e provinciali procede a bandire il corso-concorso per l'accesso in carriera dei segretari comunali e provinciali secondo le vigenti disposizioni normative. Il corso-concorso, fermo restando per il resto quanto previsto dalle norme vigenti, ha una durata di nove mesi ed è seguito da un tirocinio pratico di tre mesi presso uno o più comuni. Durante il corso è prevista una verifica volta ad accertare l'apprendimento.

525. Per l'anno 2007, le vacanze organiche nei ruoli dei sovrintendenti e degli ispettori del Corpo di polizia penitenziaria di cui alla tabella A allegata al decreto legislativo 30 ottobre 1992, n. 443, come sostituita dalla allegata al tabella F decreto legislativo 21 maggio 2000, n. 146, possono essere utilizzate per le assunzioni di agenti anche in eccedenza alla dotazione organica del ruolo degli agenti ed assistenti della predetta tabella F, mediante assunzione, a domanda, degli agenti ausiliari del Corpo di polizia penitenziaria, reclutati ai sensi dell'articolo 6 della legge 30 novembre 2000, n. 356, e dell'articolo 50 della legge 23 dicembre 2000, n. 388, anche se cessati dal servizio nel limite di 500 unità e comunque, entro un limite di spesa annua di 15 milioni di euro a decorrere dall'anno 2007. Le conseguenti posizioni di soprannumero nel ruolo degli agenti ed assistenti sono riassorbite per effetto dei passaggi per qualunque causa del personale del predetto ruolo a quelli dei sovrintendenti e degli ispettori. Ferme restando le procedure di autorizzazione di cui al comma 536, con decreto del Ministro della giustizia sono definiti i requisiti e le modalità per le predette assunzioni, nonché i criteri per la formazione della relativa graduatoria e le modalità abbreviate del corso di formazione, anche in deroga agli articoli 6 e 7 del decreto legislativo 30 ottobre 1992, n. 443.

526. Le amministrazioni di cui al comma 523 possono altresì procedere, per l'anno 2008, nel limite di un contingente di personale non dirigenziale complessivamente corrispondente ad una spesa pari al 40 per cento di quella relativa alle cessazioni avvenute nell'anno precedente, alla stabilizzazione del rapporto di lavoro del personale, in possesso dei requisiti di cui al comma 519. Nel limite del predetto contingente, per avviare anche per il Corpo nazionale dei vigili del fuoco la trasformazione in rapporti a tempo indeterminato delle forme di organizzazione precaria del lavoro, è autorizzata una stabilizzazione del personale volontario, di cui agli articoli 6, 8 e 9, del decreto legislativo 8 marzo 2006, n. 139, che, alla data del 1° gennaio 2007, risulti iscritto negli appositi elenchi di cui al predetto articolo 6 del decreto legislativo 8 marzo 2006, n. 139, da almeno tre anni ed abbia effettuato non meno di centoventi giorni di servizio. Con decreto del Ministro dell'interno, fermo restando il possesso dei requisiti ordinari per l'accesso alla qualifica di vigile del fuoco previsti dalle vigenti disposizioni, sono stabiliti i criteri, il sistema di selezione, nonché modalità abbreviate per il corso di formazione (1)(2)(3)(4)(5).

(1) *Comma modificato dall'articolo 66, comma 4 del D.L. 25 giugno 2008, n.112, come modificato dalla legge 6 agosto 2008, n. 133, in sede di conversione. Vedi inoltre il comma 5 dell'articolo 66 del D.L. 112/2008 medesimo.*
(2) *A norma dell'articolo 41, comma 2, del D.L. 30 dicembre 2008, n. 207, il termine per procedere alle stabilizzazioni di personale relative alle cessazioni verificatesi nell'anno 2007, di cui al presente comma, è prorogato al 30 giugno 2009 e le relative autorizzazioni possono essere concesse entro il 31 marzo 2009.*
(3) *A norma dell'articolo 17, comma 15, del D.L. 1° luglio 2009, n. 78, il termine per procedere alle stabilizzazioni di personale relative alle cessazioni verificatesi nell'anno 2007, di cui al presente comma, è prorogato al 31 dicembre 2010 e le relative autorizzazioni possono essere concesse entro il 31 dicembre 2009.*
(4) *Vedi il D.P.C.M. 23 dicembre 2009.*
(5) *A norma dell'articolo 15, comma 2-bis, del D.L. 29 dicembre 2011, n. 216, è prorogato al 31 dicembre 2013 il temrine della validità della graduatoria adottata in attuazione del presente articolo.*

527. Per l'anno 2008 le amministrazioni di cui al comma 523 possono procedere ad ulteriori assunzioni di personale a tempo indeterminato, previo effettivo svolgimento delle procedure di mobilità, nel limite di un contingente complessivo di personale corrispondente ad una spesa annua lorda pari a 75 milioni di euro a regime. A tal fine è istituito un apposito fondo nello stato di previsione del Ministero dell'economia e delle finanze pari a 25 milioni di euro per l'anno 2008 ed a 75 milioni di euro a decorrere dall'anno 2009. Le autorizzazioni ad assumere sono concesse secondo le modalità di cui all'articolo 39, comma 3-ter, della legge 27 dicembre 1997, n. 449, e successive modificazioni (1)(2)(3)(4)(5)(6)(7)(8)(9).

(1) *Comma modificato dall'articolo 2, comma 368, della legge 24 dicembre 2007 n. 244, dall'articolo 3, comma 88, della legge 24 dicembre 2007 n. 244 e successivamente sostituito dall'articolo 66, comma 6, del D.L. 25 giugno 2008, n. 112, come modificato dalla legge 6 agosto 2008, n. 133, in sede di conversione*
(2) *Vedi l'articolo 2, comma 63, della legge 24 dicembre 2007 n. 244, l'articolo 14-bis, comma 1, del D.L. 31 dicembre 2007, n. 248 e l'articolo 4-bis, comma 3 del D.L. 3 giugno 2008, n. 97*
(3) *Vedi inoltre l'articolo 74, comma 5-bis, del D.L. 25 giugno 2008, n. 112, come modificato dalla legge 6 agosto 2008, n. 133, in sede di conversione.*
(4) *A norma dell'articolo 41, comma 2, del D.L. 30 dicembre 2008, n. 207, il termine per procedere alle assunzioni di personale a tempo indeterminato, di cui al presente comma, è prorogato al 30 settembre 2009 e le relative autorizzazioni possono essere concesse entro il 30 giugno 2009.*
(5) *A norma dell'articolo 17, comma 16, del D.L. 1° luglio 2009, n. 78, il termine per procedere alle assunzioni di personale a tempo indeterminato, di cui al presente comma, è prorogato al 31 dicembre 2010 e le relative autorizzazioni possono essere concesse entro il 31 dicembre 2009.*
(6) *A norma dell'articolo 1, comma 1, del D.L. 29 dicembre 2011, n. 216, il termine per procedere alle assunzioni di personale a tempo indeterminato di cui al presente comma è prorogato al 31 dicembre 2012. Successivamente, l'articolo 1, comma 388, della Legge 24 dicembre 2012, n. 228, ha prorogato il predetto termine al 30 giugno 2013.*
(7) *Per la riduzione dell'autorizzazione di spesa, per l'anno 2013, di cui al presente comma vedi l'articolo 15, comma 3, lettera b), del D.L. 31 agosto 2013, n. 102, convertito, con modificazioni, dalla Legge 28 ottobre 2013, n. 124.*
(8) *Per un'ulteriore riduzione di spesa di cui al presente comma vedi l'articolo 30, comma 2.4, del D.Lgs. 30 marzo 2001, n. 165, come modificato dall'articolo 4, comma 1, del D.L. 24 giugno 2014, n. 90,*

convertito, con modificazioni, dalla Legge 11 agosto 2014, n. 114.
[9] *A norma dell'articolo 1, comma 1, del D.L. 29 dicembre 2011, n. 216, come modificato dall'articolo 1, comma 1, lettera a) del D.L. 31 dicembre 2014, n. 192, convertito, con modificazioni, dalla Legge 27 febbraio 2015, n. 11, come modificato dall'articolo 1, comma 1, lettera a), del D.L. 30 dicembre 2015, n. 210, convertito con modificazioni dalla Legge 26 febbraio 2016, n. 21, il termine per procedere alle assunzioni di personale a tempo indeterminato di cui al presente comma, è prorogato al 31 dicembre 2016.*

528. Le procedure di conversione in rapporti di lavoro a tempo indeterminato dei contratti di formazione e lavoro prorogati ai sensi dell'articolo 1, comma 243, della legge 23 dicembre 2005, n. 266, ovvero in essere alla data del 30 settembre 2006, possono essere attuate a decorrere dalla data di entrata in vigore della presente legge, nel limite dei posti disponibili in organico. Nell'attesa delle procedure di conversione di cui al presente comma i contratti di formazione e lavoro sono prorogati al 31 dicembre 2007 [1][2].

[1] *A norma dell'articolo 3, comma 86, della legge 24 dicembre 2007 n. 244 le assunzioni autorizzate per l'anno 2007 ai sensi del presente comma, possono essere effettuate entro il 31 maggio 2008.*
[2] *Per la proroga al 31 dicembre 2008 dei contratti di formazione e lavoro, non convertiti entro il 31 dicembre 2007, di cui al presente comma, vedi l'articolo 3, comma 100, della legge 24 dicembre 2007 n. 244.*

529. Per il triennio 2007-2009 le pubbliche amministrazioni indicate al comma 523, che procedono all'assunzione di personale a tempo determinato, nei limiti ed alle condizioni previsti dal comma 1-bis dell'articolo 36 del decreto legislativo 30 marzo 2001, n. 165, nonché dal comma 538 del presente articolo, nel bandire le relative prove selettive riservano una quota del 60 per cento del totale dei posti programmati ai soggetti con i quali hanno stipulato uno o più contratti di collaborazione coordinata e continuativa, per la durata complessiva di almeno un anno raggiunta alla data del 29 settembre 2006, attraverso i quali le medesime abbiano fronteggiato esigenze attinenti alle ordinarie attività di servizio [1][2].

[1] *Per l'applicazione del presente comma, vedi la Direttiva 30 aprile 2007, n. 7*
[2] *Vedi, anche, l'articolo 3, comma 78, della legge 24 dicembre 2007 n. 244.*

530. Al fine di potenziare l'azione di contrasto dell'evasione e dell'elusione fiscale, nonché l'attività di monitoraggio e contenimento della spesa, una quota parte, stabilita con decreto del Ministro dell'economia e delle finanze, delle risorse previste per il finanziamento di specifici programmi di assunzione del personale dell'amministrazione economico-finanziaria, è destinata alle agenzie fiscali. Le modalità di reclutamento del personale dell'amministrazione economico-finanziaria, incluso quello delle agenzie fiscali, sono definite, anche in deroga ai limiti previsti dalle vigenti disposizioni, sentite le organizzazioni sindacali, ai sensi dell'articolo 2, comma 2, secondo periodo, del decreto- legge 30 settembre 2005, n. 203, convertito, con modificazioni, dalla legge 20 dicembre 2005, n. 248.

531. All'articolo 12, comma 1, del decreto- legge 28 marzo 1997, n. 79, convertito, con modificazioni, dalla legge 28 maggio 1997, n. 140, e successive modificazioni, sono apportate le seguenti modificazioni:

a) dopo le parole: "*attività di controllo fiscale,*" sono inserite le seguenti: "*dei risparmi di spesa conseguenti a controlli che abbiano determinato il disconoscimento in via definitiva di richieste di rimborsi o di crediti d'imposta,*";

b) dopo le parole: "*di tali risorse*" sono inserite le seguenti: "*, per l'amministrazione economica e per quella finanziaria in relazione a quelle di rispettiva competenza,*";

c) le parole: "*con effetto dall'anno 2004*" sono sostituite dalle seguenti: "*per gli anni 2004 e 2005*";

d) è aggiunto, in fine, il seguente periodo: "*Con effetto dall'anno 2006, le predette percentuali sono determinate ogni anno in misura tale da destinare alle medesime finalità un livello di risorse non superiore a quello assegnato per il 2004, ridotto del 10 per cento*".

532. Al comma 213-bis dell'articolo 1 della legge 23 dicembre 2005, n. 266, e successive modificazioni, sono aggiunte, in fine, le seguenti parole: "*, nonché al personale delle agenzie fiscali*".

533. L'autorizzazione di spesa di cui all'articolo 2, comma 4, del decreto-legge 17 giugno 2005, n. 106, convertito, con modificazioni, dalla legge 31 luglio 2005, n. 156, è ridotta di 500.000 euro per l'anno 2007.

534. Sono prorogati fino al 31 dicembre 2007 i comandi del personale appartenente a Poste italiane Spa [1].

[1] *Per la proroga fino alla conclusione delle procedure di inquadramento, e comunque non oltre il 31 dicembre 2008, dei comandi del personale di cui al presente comma, vedi l'articolo 3, comma 112, della legge 24 dicembre 2007 n. 244.*

535. All'articolo 10-bis, comma 5, quinto periodo, del decreto-legge 30 settembre 2005, n. 203, convertito, con modificazioni, dalla legge 2 dicembre 2005, n. 248, le parole:"31 dicembre 2006" sono sostituite dalle seguenti: "*31 dicembre 2007*".

536. Le assunzioni di cui ai commi 523, 526, 528 e 530 sono autorizzate secondo le modalità di cui all'articolo 35, comma 4, del decreto legislativo 30 marzo 2001, n. 165, e successive modificazioni, previa richiesta delle amministrazioni interessate, corredata da analitica dimostrazione delle cessazioni avvenute nell'anno precedente e dei relativi oneri. Il termine di validità di cui all'articolo 1, comma 100, della legge 30 dicembre 2004, n. 311, è prorogato al 31 dicembre 2008 [1].

[1] *Vedi, anche, l'articolo 3, comma 103, della legge 24 dicembre 2007 n. 244, l'articolo 12, comma 3, del D.L. 31 dicembre 2007, n. 248 e, da ultimo, il D.P.C.M. 23 dicembre 2009.*

537. All'articolo 1, comma 103, della legge 30 dicembre 2004, n. 311, le parole: "*A decorrere dall'anno 2008*" sono sostituite dalle seguenti: "*A decorrere dall'anno 2010*".

538. Con effetto dall'anno 2007, all'articolo 1, comma 187, della legge 23 dicembre 2005, n. 266, le parole: "*60 per cento*" sono sostituite dalle seguenti: "*40 per cento*".

539. I commi 228 e 229 dell'articolo 1 della legge 23 dicembre 2005, n. 266, sono abrogati.

540. All'articolo 1, comma 97, della legge 30 dicembre 2004, n. 311, e successive modificazioni, sono aggiunte, in fine, le seguenti lettere:

"h-bis) per la copertura delle posizioni dirigenziali della Presidenza del Consiglio dei ministri;

h-ter) del personale del Ministero degli affari esteri;

h-quater) del personale dell'Ente nazionale per l'aviazione civile;

h-quinquies) del personale di magistratura della giustizia amministrativa" [1].

[1] *Per l'applicazione del presente comma, vedi la Direttiva 30 aprile 2007, n. 7*

541. Le assunzioni autorizzate per l'anno 2006 con decreto del Presidente della Repubblica 28 aprile 2006, pubblicato nella Gazzetta Ufficiale n. 117 del 22 maggio 2006, possono essere effettuate entro il 30 aprile 2007.

542. Al fine di perseguire il migliore espletamento dei propri compiti istituzionali e, in particolare, di quelli di vigilanza e di controllo, il Garante per la protezione dei dati personali è autorizzato ad incrementare la propria dotazione organica in misura non superiore al 25 per cento della consistenza attualmente prevista dall'articolo 156, comma 2, del codice in materia di protezione dei dati personali, di cui al decreto legislativo 30 giugno 2003, n. 196, nei limiti della dotazione prevista nella Tabella C allegata alla presente legge.

543. L'Autorità per le garanzie nelle comunicazioni, al fine di perseguire il migliore espletamento dei propri compiti istituzionali, può proporre una graduale ridefinizione della propria dotazione organica in misura non superiore al 25 per cento della consistenza attuale, mediante le risorse ad essa assicurate in via continuativa dall'articolo 1, commi 65 e 66, della legge 23 dicembre 2005, n. 266, senza aumenti del finanziamento a carico del bilancio statale. La delibera dell'Autorità recante la proposta motivata di cui al periodo precedente è sottoposta al Presidente del Consiglio dei ministri per l'approvazione, sentiti il Ministro delle comunicazioni e il Ministro dell'economia e delle finanze, entro il termine di trenta giorni dal ricevimento, trascorso il quale la delibera diventa esecutiva.

544. Al fine di fronteggiare le esigenze scaturenti dai nuovi compiti recati dalla presente legge, con particolare riferimento alle politiche di contrasto del lavoro sommerso e di prevenzione degli incidenti sul lavoro e del fenomeno delle morti bianche, il Ministero del lavoro e della previdenza sociale è autorizzato:

a) all'immissione in servizio trecento unità di personale risultato idoneo in seguito allo svolgimento dei concorsi pubblici, per esami, a complessivi 795 posti di ispettore del lavoro, area funzionale C, posizione economica C2, per gli uffici del Ministero del lavoro e della previdenza sociale, ubicati nelle regioni Abruzzo, Basilicata, Calabria, Emilia-Romagna, Friuli-Venezia Giulia, Lazio, Liguria, Lombardia, Marche, Piemonte, Puglia, Sardegna, Toscana, Umbria, Veneto, Campania, Molise e Sicilia;

b) all'immissione nei ruoli di destinazione finale e al conseguente adeguamento delle competenze economiche, del personale in servizio risultato vincitore ovvero idoneo nei relativi percorsi di riqualificazione [1].

[1] *Per l'utilizzazione delle risorse stanziate per l'anno 2007 dal presente comma, vedi l'articolo 4 della legge 3 agosto 2007, n.123.*

545. Per l'attuazione del comma 544, a decorrere dall'anno 2007 è autorizzata la spesa annua di 8,5 milioni di euro con riferimento al comma 544, lettera a), e di 5 milioni di euro con riferimento al comma 544, lettera b)[1].

[1] *Per l'utilizzazione delle risorse stanziate per l'anno 2007 dal presente comma, vedi l'articolo 4 della legge 3 agosto 2007, n.123.*

546. Ai fini di quanto disposto dall'articolo 48, comma 1, del decreto legislativo 30 marzo 2001, n. 165, le risorse per la contrattazione collettiva nazionale previste per il biennio 2006-2007 dall'articolo 1, comma 183, della legge 23 dicembre 2005, n. 266, a carico del bilancio statale sono incrementate per l'anno 2007 di 807 milioni di euro e a decorrere dall'anno 2008 di 2.193 milioni di euro [1][2].

[1] *Per l'autorizzazione di spesa in aggiunta a quanto previsto dal presente comma vedi l'articolo 15 del D.L. 1 ottobre 2007, n.159.*
[2] *Vedi, anche, l'articolo 3, commi 131 e 133, della legge 24 dicembre 2007 n. 244.*

547. In sede di definizione delle linee generali di indirizzo per la contrattazione collettiva del biennio 2006-2007, ai sensi dell'articolo 41 del decreto legislativo 30 marzo 2001, n. 165, e successive modificazioni, in applicazione delle disposizioni di cui al comma 546, è reso esigibile interamente, per il medesimo biennio, il complesso delle risorse di cui al medesimo comma 546.

548. All'articolo 47 del decreto legislativo 30 marzo 2001, n. 165, il comma 7 è sostituito dal seguente:

"7. *La procedura di certificazione dei contratti collettivi deve concludersi entro quaranta giorni dalla sottoscrizione dell'ipotesi di accordo, decorsi i quali i contratti sono efficaci, fermo restando che, ai fini dell'esame dell'ipotesi di accordo da parte del Consiglio dei ministri, il predetto termine può essere sospeso una sola volta e per non più di quindici giorni, per motivate esigenze istruttorie dei comitati di settore o del Presidente del Consiglio dei ministri. L'ARAN provvede a fornire i chiarimenti richiesti entro i successivi sette giorni. La deliberazione del Consiglio dei ministri deve comunque essere adottata entro otto giorni dalla ricezione dei chiarimenti richiesti, o dalla scadenza del termine assegnato all'ARAN, fatta salva l'autonomia negoziale delle parti in ordine ad un'eventuale modifica delle clausole contrattuali. In ogni caso i contratti divengono efficaci trascorso il cinquantacinquesimo giorno dalla sottoscrizione dell'ipotesi di accordo, che è trasmesso dall'ARAN, corredato della prescritta relazione tecnica, al comitato di settore entro tre giorni dalla predetta sottoscrizione. Resta escluso comunque dall'applicazione del presente articolo ogni onere aggiuntivo a carico del bilancio dello Stato anche nell'ipotesi in cui i comitati di settore delle amministrazioni di cui all'articolo 41, comma 3, non si esprimano entro il termine di cui al comma 3 del presente articolo*".

549. Le risorse previste dall'articolo 1, comma 184, della legge 23 dicembre 2005, n. 266, per corrispondere i miglioramenti retributivi al personale statale in regime di diritto pubblico per il biennio 2006-2007 sono incrementate per l'anno 2007 di 374 milioni di euro e a decorrere dall'anno 2008 di 1.032 milioni di euro, con specifica destinazione, rispettivamente, di 304 milioni di euro e di 805 milioni di euro per il personale delle Forze armate e dei Corpi di polizia di cui al decreto legislativo 12 maggio 1995, n. 195. In aggiunta a quanto previsto dal primo periodo è stanziata, per l'anno 2007, la somma di 40 milioni di euro e a decorrere dall'anno 2008 la somma di 80 milioni di euro da destinare al trattamento accessorio del personale delle Forze armate e dei Corpi di polizia di cui al decreto legislativo 12 maggio 1995, n. 195, in relazione alle speciali esigenze connesse con la tutela dell'ordine e della sicurezza pubblica, con la prevenzione e la repressione dei reati, nonché alle speciali esigenze della difesa nazionale, anche in relazione agli accresciuti impegni in campo internazionale [1][2].

(1) Per l'autorizzazione di spesa in aggiunta a quanto previsto dal presente comma vedi l'articolo 15 del D.L. 1 ottobre 2007, n.159. Per la riduzione dell'autorizzazione di spesa recata dal presente comma vedi l'articolo 27 del D.P.R. 4 aprile 2008 n.105.
(2) Vedi, anche, l'articolo 3, commi 131 e 133, della legge 24 dicembre 2007 n. 244.

550. Il Fondo unico di amministrazione per il miglioramento dell'efficacia e dell'efficienza dei servizi istituzionali del Ministero dell'interno è incrementato, a decorrere dal 2007, di 6 milioni di euro [1].

(1) Vedi l'articolo 67, commi 2 e 3, del D.L. 25 giugno 2008, n. 112.

551. Allo scopo del miglioramento dell'efficacia e dell'efficienza delle funzioni di competenza statale in campo infrastrutturale, a decorrere dal 2007 è autorizzata la spesa di 6 milioni di euro da destinare, con criteri fissati in sede di contrattazione integrativa, al personale applicato alle attività di programmazione, indirizzo, vigilanza tecnica ed operativa e controllo su ANAS Spa e sui concessionari autostradali, nonché alle attività di cui all'articolo 1 del decreto del Presidente del Consiglio dei ministri 5 luglio 2006, pubblicato nella Gazzetta ufficiale n. 179 del 3 agosto 2006 [1].

(1) Vedi l'articolo 67, commi 2 e 3, del D.L. 25 giugno 2008, n. 112.

552. A decorrere dal 1° gennaio 2007, in sede di contrattazione integrativa, un importo non superiore a un milione di euro annui, viene destinato a garantire il funzionamento della Cassa di previdenza ed assistenza per i dipendenti dell'ex Ministero delle infrastrutture e dei trasporti, con modalità stabilite ai sensi dell'articolo 5, lettera a), del decreto- legge 21 dicembre 1966, n. 1090, convertito, con modificazioni, dalla legge 16 febbraio 1967, n. 14, e successive modificazioni.

553. Nell'ambito dell'autorizzazione di spesa di cui al comma 634, a decorrere dall'anno 2007 è stanziata la somma di euro 7.000.000 annui per le finalità di cui all'articolo 2-octies del decreto-legge 26 aprile 2005, n. 63, convertito, con modificazioni, dalla legge 25 giugno 2005, n. 109, da destinare ai dipendenti del Ministero della pubblica istruzione. Con decreto del Ministro della pubblica istruzione sono stabiliti i criteri di riparto della citata somma [1].

(1) Vedi l'articolo 67, commi 2 e 3, del D.L. 25 giugno 2008, n. 112.

554. Le somme di cui ai commi 546 e 549, comprensive degli oneri contributivi e dell'IRAP di cui al decreto legislativo 15 dicembre 1997, n. 446, concorrono a costituire l'importo complessivo massimo di cui all'articolo 11, comma 3, lettera h), della legge 5 agosto 1978, n. 468.

555. Le disposizioni di cui all'articolo 1, commi 219, 220 e 221, della legge 23 dicembre 2005, n. 266, non si applicano, a decorrere dalla data di entrata in vigore della medesima legge, alle spese di cura, comprese quelle per ricoveri in istituti sanitari e per protesi, con esclusione delle cure balneotermali, idropiniche e inalatorie, sostenute dal personale del Corpo nazionale dei vigili del fuoco, delle Forze armate e di polizia e conseguenti a ferite o lesioni riportate nell'espletamento di servizi di polizia o di soccorso pubblico, ovvero nello svolgimento di attività operative o addestrative, riconosciute dipendenti da causa di servizio. Resta ferma la vigente disciplina in materia prevista dai contratti collettivi nazionali o da provvedimenti di recepimento di accordi sindacali.

556. Per il personale dipendente da amministrazioni, istituzioni ed enti pubblici diversi dall'amministrazione statale, gli oneri derivanti dai rinnovi contrattuali per il biennio 2006-2007, nonché quelli derivanti dalla corresponsione dei miglioramenti economici al personale di cui all'articolo 3, comma 2, del decreto legislativo 30 marzo 2001, n. 165, sono posti a carico dei rispettivi bilanci ai sensi dell'articolo 48, comma 2, del medesimo decreto legislativo n. 165 del 2001. In sede di deliberazione degli atti di indirizzo previsti dall'articolo 47, comma 1, del decreto legislativo 30 marzo 2001, n. 165, i comitati di settore provvedono alla quantificazione delle relative risorse, attenendosi, quale tetto massimo di crescita delle retribuzioni, ai criteri previsti per il personale delle amministrazioni dello Stato di cui al comma 546. A tale fine, i comitati di settore si avvalgono dei dati disponibili presso il Ministero dell'economia e delle finanze comunicati dalle rispettive amministrazioni in sede di rilevazione annuale dei dati concernenti il personale dipendente.

557. Ai fini" del concorso delle autonomie regionali e locali al rispetto degli obiettivi di finanza pubblica, gli enti sottoposti al patto di stabilità interno assicurano la riduzione delle spese di personale, al lordo degli oneri riflessi a carico delle amministrazioni e dell'IRAP, con esclusione degli oneri relativi ai rinnovi contrattuali, garantendo il contenimento della dinamica retributiva e occupazionale, con azioni da modulare nell'ambito della propria autonomia e rivolte, in termini di principio, ai seguenti ambiti prioritari di intervento:

[a) riduzione dell'incidenza percentuale delle spese di personale rispetto al complesso delle spese correnti, attraverso parziale reintegrazione dei cessati e contenimento della spesa per il lavoro flessibile;] [1]

b) razionalizzazione e snellimento delle strutture burocratico-amministrative, anche attraverso accorpamenti di uffici con l'obiettivo di ridurre l'incidenza percentuale delle posizioni dirigenziali in organici;

c) contenimento delle dinamiche di crescita della contrattazione integrativa, tenuto anche conto delle corrispondenti disposizioni dettate per le amministrazioni statali [2][3].

(1) Lettera abrogata dall'articolo 16, comma 1, del D.L. 24 giugno 2016, n. 113, convertito con modificazioni dalla Legge 7 agosto 2016, n. 160.
(2) Per la deroga ai vincoli legislativi in materia di assunzioni e di spesa annuale di cui al presente comma vedi l'articolo 2, comma 551, della legge 24 dicembre 2007 n. 244. Vedi, anche, articolo 3, comma 113, della legge 24 dicembre 2007 n. 244.
(3) Comma modificato dall'articolo 3, comma 120, della legge 24 dicembre 2007 n. 244, dall'articolo 76, comma 1, del D.L. 25 giugno 2008, n.112, come modificato dalla legge 6 agosto 2008, n. 133 ed infine sostituito dall'articolo 14, comma 7, del D.L. 31 maggio 2010, n. 78.

557-bis. Ai fini dell'applicazione del comma 557, costituiscono spese di personale anche quelle sostenute per i rapporti di collaborazione coordinata e continuativa, per la somministrazione di lavoro, per il personale di cui all'articolo 110 del decreto legislativo 18 agosto 2000, n. 267, nonché per tutti i soggetti a vario titolo utilizzati, senza estinzione del rapporto di pubblico impiego, in strutture e organismi variamente denominati partecipati o comunque facenti capo all'ente.

(1) Comma inserito dall'articolo 14, comma 7, del D.L. 31 maggio 2010, n. 78.

557-ter. In caso di mancato rispetto del comma 557, si applica il divieto di cui all'art. 76, comma 4, del decreto-legge 25 giugno 2008, n. 112, convertito, con modificazioni, dalla legge 6 agosto 2008, n.133.

(1) Comma inserito dall'articolo 14, comma 7, del D.L. 31 maggio 2010, n. 78.

557-quater. Ai fini dell'applicazione del comma 557, a decorrere dall'anno 2014 gli enti assicurano, nell'ambito della programmazione triennale dei fabbisogni di personale, il contenimento delle spese di personale con riferimento al valore medio del triennio precedente alla data di entrata in vigore della presente disposizione.

(1) Comma inserito dall'articolo 3, comma 5-bis, del D.L. 24 giugno 2014, n. 90, convertito, con modificazioni, dalla Legge 11 agosto 2014, n. 114.

558. A decorrere dalla data di entrata in vigore della presente legge, gli enti di cui al comma 557 fermo restando il rispetto delle regole del patto di stabilità interno, possono procedere, nei limiti dei posti disponibili in organico, alla stabilizzazione del personale non dirigenziale in servizio a tempo determinato da almeno tre anni, anche non continuativi, o che consegua tale requisito in virtù di contratti stipulati anteriormente alla data del 29 settembre 2006 o che sia stato in servizio per almeno tre anni, anche non continuativi, nel quinquennio anteriore alla data di entrata in vigore della presente legge, nonché del personale di cui al comma 1156, lettera f), purché sia stato assunto mediante procedure selettive di natura concorsuale o previste da norme di legge. Alle iniziative di stabilizzazione del personale assunto a tempo determinato mediante procedure diverse si provvede previo espletamento di prove selettive.

559. Il personale proveniente dai consorzi agrari ai sensi dei commi 6 e 7 dell'articolo 5 della legge 28 ottobre 1999, n. 410, e collocato in mobilità collettiva alla data del 29 settembre 2006 può essere inquadrato a domanda presso le regioni e gli enti locali nei limiti delle dotazioni organiche vigenti alla data di entrata in vigore della presente legge (1).

(1) Per il differimento del termine di cui al presente comma, vedi l'articolo 26, comma 5, del D.L. 31 dicembre 2007 n. 248.

560. Per il triennio 2007-2009 le amministrazioni di cui al comma 557, che procedono all'assunzione di personale a tempo determinato, nei limiti e alle condizioni previste dal comma 1-bis dell'articolo 36 del decreto legislativo 30 marzo 2001, n. 165, nel bandire le relative prove selettive riservano una quota non inferiore al 60 per cento del totale dei posti programmati ai soggetti con i quali hanno stipulato uno o più contratti di collaborazione coordinata e continuativa, esclusi gli incarichi di nomina politica, per la durata complessiva di almeno un anno raggiunta alla data del 29 settembre 2006 (1)(2).

(1) Vedi, anche, l'articolo 3, comma 78, della legge 24 dicembre 2007 n. 244.
(2) La Corte Costituzionale con sentenza 11 aprile 2008, n. 95 (in Gazz. Uff., 16 aprile 2008, n. 17), ha dichiarato l'illegittimità costituzionale del presente comma, nella parte in cui si applica anche alle Regioni ed alle Province autonome di Trento e di Bolzano.

561. Gli enti che non abbiano rispettato per l'anno 2006 le regole del patto di stabilità interno non possono procedere ad assunzioni di personale a qualsiasi titolo e con qualsiasi tipo di contratto (1).

(1) A norma dell'articolo 6, comma 8-sexies, del D.L. 28 dicembre 2006 n. 300, per l'anno 2007, agli enti che non abbiano rispettato per l'anno 2006 le regole del patto di stabilità interno non si applicano le disposizioni previste dal presente comma.

562. Per gli enti non sottoposti alle regole del patto di stabilità interno, le spese di personale, al lordo degli oneri riflessi a carico delle amministrazioni e dell'IRAP, con esclusione degli oneri relativi ai rinnovi contrattuali, non devono superare il corrispondente ammontare dell'anno 2008. Gli enti di cui al primo periodo possono procedere all'assunzione di personale nel limite delle cessazioni di rapporti di lavoro a tempo indeterminato complessivamente intervenute nel precedente anno, ivi compreso il personale di cui al comma 558. *[Eventuali deroghe ai sensi dell'articolo 19, comma 8, della legge 28 dicembre 2001, n. 448, devono comunque assicurare il rispetto delle seguenti condizioni:*

a) che il volume complessivo della spesa per il personale in servizio non sia superiore al parametro obiettivo valido ai fini dell'accertamento della condizione di ente strutturalmente deficitario, ridotto del 15 per cento;

b) che il rapporto medio tra dipendenti in servizio e popolazione residente non superi quello determinato per gli enti in condizioni di dissesto, ridotto del 20 per cento] (1).

(1) Comma modificato dall'articolo 3, comma 121, della legge 24 dicembre 2007 n. 244, dall'articolo 14, comma 10, del D.L. 31 maggio 2010, n. 78 e dall'articolo 4-ter, comma 11, del D.L. 2 marzo 2012, n. 16.

563. Il personale, già appartenente all'Amministrazione autonoma dei monopoli di Stato distaccato presso l'Ente tabacchi italiani, dichiarato in esubero a seguito di ristrutturazioni aziendali e ricollocato presso uffici delle pubbliche amministrazioni, ai sensi dell'articolo 4 del decreto legislativo 9 luglio 1998, n. 283, attualmente inquadrato nel ruolo fino ad esaurimento, previsto dall'articolo 4, comma 1, del medesimo decreto legislativo n. 283 del 1998 e inserito nella specifica sezione 1/G prevista dal decreto del Ministro delle finanze n. 1390 del 28 dicembre 2000, pubblicato nella Gazzetta Ufficiale n. 9 del 12 gennaio 2001, che ne fa esplicita richiesta, viene assegnato anche in posizione di soprannumero, salvo riassorbimento al verificarsi delle relative vacanze in organico, nei ruoli degli enti presso i quali presta al momento servizio. Su dichiarazione dei relativi enti è riconosciuta l'eventuale professionalità acquisita con l'assegnazione della qualifica o profili corrispondenti. Il Ministero dell'economia e delle finanze provvede, senza aggravio di spesa, ad assegnare agli enti le relative risorse finanziarie, attualmente attestate in un unico capitolo di spesa di bilancio gestito dal Dipartimento per le politiche fiscali.

564. All'articolo 208 del decreto legislativo 30 aprile 1992, n. 285, e successive modificazioni, dopo il comma 4, è aggiunto il seguente:

"*4-bis. La quota dei proventi delle sanzioni amministrative pecuniarie per violazioni previste dal presente codice, annualmente destinata con delibera di Giunta al miglioramento della circolazione sulle strade, può essere destinata ad assunzioni stagionali a progetto nelle forme di contratti a tempo determinato e a forme flessibili di lavoro*".

565. Per garantire il rispetto degli obblighi comunitari e la realizzazione degli obiettivi di finanza pubblica per il trien-

nio 2007- 2009, in attuazione del protocollo d'intesa tra il Governo, le regioni e le province autonome di Trento e di Bolzano, per un patto nazionale per la salute, sul quale la Conferenza delle regioni e delle province autonome, in data 28 settembre 2006, ha espresso la propria condivisione:

a) gli enti del Servizio sanitario nazionale, fermo restando quanto previsto per gli anni 2005 e 2006 dall'articolo 1, commi 98 e 107, della legge 30 dicembre 2004, n. 311, e, per l'anno 2006, dall'articolo 1, comma 198, della legge 23 dicembre 2005, n. 266, concorrono alla realizzazione degli obiettivi di finanza pubblica adottando misure necessarie a garantire che le spese del personale, al lordo degli oneri riflessi a carico delle amministrazioni e dell'IRAP, non superino per ciascuno degli anni 2007, 2008 e 2009 il corrispondente ammontare dell'anno 2004 diminuito dell'1,4 per cento. A tale fine si considerano anche le spese per il personale con rapporto di lavoro a tempo determinato, con contratto di collaborazione coordinata e continuativa, o che presta servizio con altre forme di rapporto di lavoro flessibile o con convenzioni;

b) ai fini dell'applicazione delle disposizioni di cui alla lettera a), le spese di personale sono considerate al netto: 1) per l'anno 2004, delle spese per arretrati relativi ad anni precedenti per rinnovo dei contratti collettivi nazionali di lavoro; 2) per ciascuno degli anni 2007, 2008 e 2009, delle spese derivanti dai rinnovi dei contratti collettivi nazionali di lavoro intervenuti successivamente all'anno 2004. Sono comunque fatte salve, e pertanto devono essere escluse sia per l'anno 2004 sia per ciascuno degli anni 2007, 2008 e 2009, le spese di personale totalmente a carico di finanziamenti comunitari o privati nonché le spese relative alle assunzioni a tempo determinato e ai contratti di collaborazione coordinata e continuativa per l'attuazione di progetti di ricerca finanziati ai sensi dell'articolo 12-bis del decreto legislativo 30 dicembre 1992, n. 502, e successive modificazioni;

c) gli enti destinatari delle disposizioni di cui alla lettera a), nell'ambito degli indirizzi fissati dalle regioni nella loro autonomia, per il conseguimento degli obiettivi di contenimento della spesa previsti dalla medesima lettera:

1) individuano la consistenza organica del personale dipendente a tempo indeterminato in servizio alla data del 31 dicembre 2006 e la relativa spesa;

2) individuano la consistenza del personale che alla medesima data del 31 dicembre 2006 presta servizio con rapporto di lavoro a tempo determinato, con contratto di collaborazione coordinata e continuativa o con altre forme di lavoro flessibile o con convenzioni e la relativa spesa;

3) predispongono un programma annuale di revisione delle predette consistenze finalizzato alla riduzione della spesa complessiva di personale. In tale ambito e nel rispetto dell'obiettivo di cui alla lettera a), è verificata la possibilità di trasformare le posizioni di lavoro già ricoperte da personale precario in posizioni di lavoro dipendente a tempo indeterminato. A tale fine le regioni nella definizione degli indirizzi di cui alla presente lettera possono nella loro autonomia far riferimento ai princìpi desumibili dalle disposizioni di cui ai commi da 513 a 543 [(1)];

4) fanno riferimento, per la determinazione dei fondi per il finanziamento della contrattazione integrativa, alle disposizioni recate dall'articolo 1, commi 189, 191 e 194, della legge 23 dicembre 2005, n. 266, al fine di rendere coerente la consistenza dei fondi stessi con gli obiettivi di riduzione della spesa complessiva di personale e di rideterminazione della consistenza organica;

d) a decorrere dalla data di entrata in vigore della presente legge per gli enti del Servizio sanitario nazionale le misure previste per gli anni 2007 e 2008 dall'articolo 1, comma 98, della legge 30 dicembre 2004, n. 311, e dall'articolo 1, commi da 198 a 206, della legge 23 dicembre 2005, n. 266, sono sostituite da quelle indicate nel presente comma;

e) alla verifica dell'effettivo conseguimento degli obiettivi previsti dalle disposizioni di cui alla lettera a) per gli anni 2007, 2008 e 2009, nonché di quelli previsti per i medesimi enti del Servizio sanitario nazionale dall'articolo 1, commi 98 e 107, della legge 30 dicembre 2004, n. 311, per gli anni 2005 e 2006 e dall'articolo 1, comma 198, della legge 23 dicembre 2005, n. 266, per l'anno 2006, si provvede nell'ambito del Tavolo tecnico per la verifica degli adempimenti di cui all'articolo 12 dell'intesa 23 marzo 2005, sancita dalla Conferenza permanente per i rapporti tra lo Stato, le regioni e le province autonome di Trento e di Bolzano, pubblicata nel supplemento ordinario n. 83 alla Gazzetta Ufficiale n. 105 del 7 maggio 2005. La regione è giudicata adempiente accertato l'effettivo conseguimento degli obiettivi previsti. In caso contrario la regione è considerata adempiente solo ove abbia comunque assicurato l'equilibrio economico. Nelle procedure di reclutamento della dirigenza sanitaria, svolte in attuazione della presente legge, il servizio prestato nelle forme previste dalla lettera a) del presente comma presso l'azienda che bandisce il concorso è valutato ai sensi degli articoli 27, 35, 39, 43, 47 e 55 del regolamento di cui al decreto del Presidente della Repubblica 10 dicembre 1997, n. 483 [(2)].

(1) Numero modificato dall'articolo 3, comma 115 lettera a), della legge 24 dicembre 2007 n. 244.
(2) Comma modificato dall'articolo 3, comma 115 lettera b), della legge 24 dicembre 2007 n. 244.

566. Al fine di dare continuità alle attività di sorveglianza epidemiologica, prevenzione e sperimentazione di cui alla legge 19 gennaio 2001, n. 3, gli Istituti zooprofilattici sperimentali sono autorizzati a procedere all'assunzione di personale a tempo indeterminato, nei limiti della dotazione organica all'uopo rideterminata e del finanziamento complessivo deliberato annualmente dal CIPE, integrato dalla quota parte della somma di cui al terzo periodo del presente comma. Nelle procedure di assunzione si provvede prioritariamente alla stabilizzazione del personale precario, che sia in servizio da almeno tre anni, anche non continuativi, o che consegua tale requisito in virtù di contratti stipulati anteriormente alla data del 29 settembre 2006 ovvero che sia stato in servizio per almeno tre anni anche non continuativi, nel quinquennio anteriore alla data di entrata in vigore della presente legge, ed accertati i requisiti specifici professionali e generali di idoneità. Lo stanziamento di cui al decreto-legge 21 novembre 2000, n. 335, convertito, con modificazioni, dalla legge 19 gennaio 2001, n. 3, è rideterminato, a decorrere dall'anno 2008, in euro 35.300.000. Il Ministero della salute di concerto con il Ministero dell'economia e delle finanze, sentiti gli Istituti zooprofilattici sperimentali, definisce con apposito programma annuale le attività da svolgere nonché i criteri e i parametri di distribuzione agli stessi di quota parte del predetto stanziamento [(1)(2)].

(1) *Comma modificato dall'articolo 2, comma 375, della legge 24 dicembre 2007 n. 244.*
(2) *Per l'attuazione delle disposizioni di cui al presente comma vedi D.M. 6 maggio 2008.*

567. È autorizzata, a decorrere dal 2007, la spesa di euro 6 milioni da destinare, attraverso la contrattazione collettiva nazionale integrativa, all'incentivazione della produttività del personale delle aree funzionali in servizio presso il Ministero degli affari esteri in relazione all'incremento dei compiti ad esso assegnati e connessi al supporto delle missioni umanitarie, di stabilizzazione e di ricostruzione in atto, di cui alla legge 4 agosto 2006, n. 247, e al decreto-legge 28 agosto 2006, n. 253, convertito, con modificazioni, dalla legge 20 ottobre 2006, n. 270, ivi incluse la gestione e l'amministrazione degli interventi (1).

(1) *Vedi l'articolo 67, commi 2 e 3, del D.L. 25 giugno 2008, n. 112.*

568. Una quota delle maggiori entrate di ciascun anno provenienti dalla applicazione della tariffa consolare di cui all'articolo 56 del decreto del Presidente della Repubblica 5 gennaio 1967, n. 200, certificate con decreto del Ministro degli affari esteri, nel limite di 10 milioni di euro annui, è destinata al funzionamento e alla razionalizzazione delle sedi all'estero (1).

(1) *Vedi, anche, l'articolo 2, comma 58, della legge 24 dicembre 2007 n. 244.*

569. L'articolo 80, comma 42, della legge 27 dicembre 2002, n. 289, e successive modificazioni, è abrogato.

[570. Gli oneri previsti dalla tabella A allegata alla legge 14 novembre 2000, n. 331, nonché dalla tabella C allegata alla legge 23 agosto 2004, n. 226, sono ridotti del 15 per cento in ragione d'anno a decorrere dall'anno 2007.] (1)

(1) *Comma abrogato dall'articolo 2268, comma 1, del D.Lgs. 15 marzo 2010, n. 66.*

[571. Al fine di potenziare l'attività ispettiva, il Comando dei carabinieri per la tutela del lavoro è incrementato di sessanta unità di personale, di cui tre tenenti colonnello/maggiori, un capitano, venticinque ispettori, quattordici sovrintendenti e diciassette appuntati/ carabinieri, da considerare in soprannumero rispetto all'organico dell'Arma dei carabinieri previsto dalle norme vigenti (1).] (2)

(1) *Per l'utilizzazione delle risorse stanziate per l'applicazione del presente comma vedi l'articolo 2, comma 520, della legge 24 dicembre 2007 n. 244.*
(2) *Comma abrogato dall'articolo 2268, comma 1, del D.Lgs. 15 marzo 2010, n. 66.*

572. Per le finalità di cui al comma 571, è autorizzato il ricorso ad arruolamenti straordinari, per un numero corrispondente di unità di personale, in deroga a quanto previsto dall'articolo 39 della legge 27 dicembre 1997, n. 449, e successive modificazioni.

573. Nel nuovo contingente di cui al comma 571 deve essere previsto almeno il 50 per cento di unità già in possesso di esperienza e capacità operativa nella materia giuslavoristica.

[574. Al fine di potenziare gli strumenti per la lotta all'ecomafia ed alle altre forme di criminalità organizzata in campo ambientale, anche attraverso azioni di ricerca operativa e di intelligence, e per ottimizzare gli interventi di prevenzione e repressione delle violazioni commesse in danno dell'ambiente sul territorio nazionale, il Ministero dell'ambiente e della tutela del territorio e del mare è autorizzato ad avvalersi di strutture specialistiche del Comando dei carabinieri per la tutela dell'ambiente, che è a tale fine autorizzato per l'anno 2007 a ricorrere ad arruolamenti straordinari fino ad un massimo di venti unità di personale, di cui sei tenenti, dodici ispettori e due appuntati/carabinieri, da considerare in soprannumero rispetto all'organico dell'Arma dei carabinieri previsto dalle norme vigenti (1).] (2)

(1) *A norma dell'articolo 2, comma 77, della legge 24 dicembre 2007 n. 244 gli arruolamenti autorizzati, per l'anno 2007, dal presente comma possono essere effettuati anche nel 2008.*
(2) *Comma abrogato dall'articolo 2268, comma 1, del D.Lgs. 15 marzo 2010, n. 66.*

575. Il trattamento economico complessivo dei Ministri e dei Sottosegretari di Stato membri del Parlamento nazionale, previsto dall'articolo 2, primo comma, della legge 8 aprile 1952, n. 212, è ridotto del 30 per cento a decorrere dal 1° gennaio 2007.

576. Per il personale non contrattualizzato di cui all'articolo 3 del decreto legislativo 30 marzo 2001, n. 165, e successive modificazioni, l'adeguamento retributivo previsto dall'articolo 24, commi 1 e 4, della legge 23 dicembre 1998, n. 448, fermo restando il procedimento di determinazione ivi disciplinato, è corrisposto per l'anno 2007 nella misura del 70 per cento, con riferimento al personale con retribuzioni complessivamente superiori a 53.000 euro annui, senza dare luogo a successivi recuperi, con applicazione nell'anno 2008 nella misura piena dell'indice di adeguamento e reintegrazione della base retributiva cui applicarlo (1).

(1) *Comma modificato dall'articolo 3, comma 66, della legge 24 dicembre 2007 n. 244.*

577. Con il decreto del Presidente del Consiglio dei ministri di cui all'articolo 24, comma 2, del decreto legislativo 30 marzo 2001, n. 165, come modificato dall'articolo 34, comma 1, del decreto-legge 4 luglio 2006, n. 223, convertito, con modificazioni, dalla legge 4 agosto 2006, n. 248, sono anche disciplinati i criteri applicativi dell'articolo 22-bis, comma 1, dello stesso decreto-legge, sulla base dei medesimi principi e modalità. Il decreto del Presidente del Consiglio dei ministri di cui al primo periodo del presente comma trova applicazione anche nei confronti del personale di cui all'articolo 5, terzo comma, della legge 1° aprile 1981, n. 121, e successive modificazioni, nonché del personale di cui all'articolo 65, comma 4, del decreto legislativo 30 dicembre 1997, n. 490, e successive modificazioni, in relazione ai trattamenti indennitari comunque denominati in godimento.

578. L'articolo 23-bis, comma 1, del decreto legislativo 30 marzo 2001, n. 165, si interpreta nel senso che ai dirigenti delle pubbliche amministrazioni, agli appartenenti alla carriera diplomatica e prefettizia nonché ai magistrati ordinari, amministrativi e contabili, agli avvocati e procuratori dello Stato, collocati in aspettativa senza assegni presso soggetti e organismi pubblici, è riconosciuta l'anzianità di servizio. È fatta salva l'esecuzione dei giudicati formatisi alla data di entrata in vigore della presente legge.

579. Sui provvedimenti di attuazione delle disposizioni di cui ai commi da 404 a 577, aventi riflessi sull'organizzazione e sulla gestione dei rapporti di lavoro o sullo stato giuridico dei pubblici dipendenti, sono sentite le organizzazioni sin-

dacali maggiormente rappresentative.

[580. Al fine di contribuire all'ammodernamento delle amministrazioni pubbliche, di migliorare la qualità delle attività formative pubbliche, di garantire una selezione rigorosa della dirigenza dello Stato e di fornire adeguato sostegno alle amministrazioni nella valutazione dei loro fabbisogni formativi e nella sperimentazione delle innovazioni organizzative e gestionali, è istituita l'Agenzia per la formazione dei dirigenti e dipendenti delle amministrazioni pubbliche-Scuola nazionale della pubblica amministrazione, di seguito indicata come Agenzia per la formazione. Essa è dotata di personalità giuridica di diritto pubblico e di autonomia amministrativa e contabile e sottoposta alla vigilanza della Presidenza del Consiglio dei ministri. La Scuola superiore della pubblica amministrazione è soppressa a decorrere dalla data di entrata in vigore dei regolamenti di cui al comma 585 e le relative dotazioni finanziarie, strumentali e di personale sono trasferite alla Agenzia, la quale subentra nei suoi rapporti attivi e passivi e nei relativi diritti ed obblighi. L'Istituto diplomatico, la Scuola superiore dell'amministrazione dell'interno e la Scuola superiore dell'economia e delle finanze fanno parte dell'Agenzia per la formazione, che ne coordina l'attività, mantenendo la loro autonomia organizzativa e l'inquadramento del personale nelle rispettive amministrazioni. Il regolamento di cui al comma 585 provvede alle necessarie armonizzazioni ordinamentali (1)*.]* (2)

(1) Comma modificato dall'articolo 4, comma 1-bis, del D.L. 28 dicembre 2006 n. 300 e dall'articolo 13 del D.L. 1° ottobre 2007, n.159.
(2) Comma abrogato dall'articolo 26, comma 3, del D.L. 25 giugno 2008, n. 112, come modificato dalla legge 6 agosto 2008, n. 133, in sede di conversione.

[581. L'Agenzia per la formazione ha i seguenti compiti: raccolta, elaborazione e sviluppo delle metodologie formative; ricerca, sviluppo, sperimentazione e trasferimento delle innovazioni di processo e di prodotto delle pubbliche amministrazioni; accreditamento delle strutture di formazione; cooperazione europea ed internazionale in materia di formazione e innovazione amministrativa; supporto, consulenza e assistenza alle amministrazioni pubbliche nell'analisi dei fabbisogni formativi, nello sviluppo e trasferimento di modelli innovativi, nella definizione dei programmi formativi.] (1)

(1) Comma abrogato dall'articolo 26, comma 3, del D.L. 25 giugno 2008, n. 112, come modificato dalla legge 6 agosto 2008, n. 133, in sede di conversione.

[582. Il reclutamento e la formazione dei dirigenti delle amministrazioni dello Stato è affidata alla Agenzia per la formazione ed alle Scuole speciali, costituite per il reclutamento e la formazione del personale delle carriere militare e dei Corpi di polizia. Il reclutamento e la formazione dei segretari comunali e provinciali resta affidato alla Scuola superiore della pubblica amministrazione locale, della quale gli enti locali possono avvalersi altresì per la formazione dei loro dirigenti.] (1)

(1) Comma abrogato dall'articolo 26, comma 3, del D.L. 25 giugno 2008, n. 112, come modificato dalla legge 6 agosto 2008, n. 133, in sede di conversione.

[583. Salvo quanto disposto dal comma 582, le pubbliche amministrazioni si avvalgono, per la formazione e l'aggiornamento professionale dei loro dipendenti, di istituzioni o organismi formativi pubblici o privati dotati di competenza ed esperienza adeguate, a tal fine inseriti in un apposito elenco nazionale tenuto dalla Agenzia per la formazione, che provvede alla relativa attività di accreditamento e certificazione. Ai fini dello svolgimento delle iniziative di formazione e aggiornamento professionale di propri dipendenti, da esse promosse, le pubbliche amministrazioni procedono alla scelta dell'istituzione formativa, mediante procedura competitiva tra le strutture accreditate.] (1)

(1) Comma abrogato dall'articolo 26, comma 3, del D.L. 25 giugno 2008, n. 112, come modificato dalla legge 6 agosto 2008, n. 133, in sede di conversione.

[584. Entro il 28 febbraio di ogni anno il Consiglio dei ministri, su proposta del Ministro per le riforme e le innovazioni nella pubblica amministrazione, sentite le organizzazioni sindacali più rappresentative nel settore pubblico, stabilisce il numero di posti di dirigente dello Stato e degli enti pubblici nazionali messi a concorso dalla Agenzia per la formazione, ripartendoli tra il concorso riservato a dipendenti pubblici in possesso dei requisiti di cui all'articolo 28, comma 2, del decreto legislativo 30 marzo 2001, n. 165, e il concorso aperto ai cittadini dei Paesi dell'Unione europea in possesso di qualificata formazione universitaria.] (1)

(1) Comma abrogato dall'articolo 26, comma 3, del D.L. 25 giugno 2008, n. 112, come modificato dalla legge 6 agosto 2008, n. 133, in sede di conversione.

[585. Con uno o più regolamenti adottati, entro novanta giorni dalla data di entrata in vigore della presente legge, ai sensi dell'articolo 17, comma 2, della legge 23 agosto 1988, n. 400, su proposta del Ministro per le riforme e le innovazioni nella pubblica amministrazione, di concerto con il Ministro dell'economia e delle finanze, con il Ministro degli affari esteri e con il Ministro dell'interno, anche modificando le disposizioni legislative vigenti, si provvede a dare attuazione alle disposizioni dei commi precedenti, a riformare il sistema della formazione dei dirigenti e dipendenti delle pubbliche amministrazioni e di sostegno all'innovazione ed alla modernizzazione delle amministrazioni pubbliche ed a riordinare le relative strutture pubbliche o partecipate dallo Stato, anche in forma associativa, nonché i loro strumenti di finanziamento, in modo da ridurre l'ammontare delle spese attualmente sostenute e da conseguire consistenti miglioramenti nella qualità e nei risultati dell'attività formativa e di sostegno all'innovazione, attenendosi ai seguenti criteri:

a) accorpamento delle strutture nazionali preposte a funzioni coincidenti o analoghe, con eliminazione di sovrapposizioni e duplicazioni;

b) precisa indicazione delle missioni e dei compiti di ciascuna struttura;

c) disciplina della missione e dell'attività della Agenzia per la formazione come struttura di governo e coordinamento unitario del sistema della formazione pubblica, in attuazione di quanto disposto dai commi 580 e 581; attribuzione all'Agenzia per la formazione dei poteri necessari per assicurare la razionalizzazione delle attività delle strutture di cui al comma 580, la realizzazione delle sinergie possibili, la gestione unitaria e coordinata delle relative risorse finanziarie;

d) definizione dell'organizzazione della Agenzia per la formazione, anche mediante la previsione di autonome strutture organizzative; definizione dei suoi organi di indirizzo, direzione e supervisione scientifica, assicurando una qualificata partecipazione di esperti della formazione e della innovazione amministrativa, italiani e stranieri, e di alti dirigenti pubblici, individuati anche su indicazione delle regioni, delle autonomie locali e delle parti sociali; istituzione di un comitato di coordinamento presieduto dal Presidente dell'Agenzia per la formazione e formato dai direttori delle Scuole speciali e delle strutture autonome;

e) ad eccezione delle Scuole di cui ai commi 580 e 582, soppressione delle strutture aventi finalità identiche o analoghe a quelle elencate nel comma 581; attribuzione all'Agenzia per la formazione delle relative attività e dotazioni umane, strumentali e finanziarie, ivi compresi i rapporti di lavoro a tempo determinato e le collaborazioni coordinate e continuative o di progetto; scorporo e attribuzione all'Agenzia per la formazione degli uffici o delle risorse dedicati o comunque impiegati, nel corso del 2006, alle attività di cui al predetto comma 581, nell'ambito di strutture o organismi pubblici o comunque partecipati dallo Stato non destinati alla soppressione in quanto svolgenti anche altre attività;

f) trasferimento del personale con contratto di lavoro subordinato a tempo indeterminato, in servizio presso gli organismi di cui alla lettera e), oggetto della soppressione o dello scorporo e del conferimento all'Agenzia per la formazione, nei ruoli organici dell'Agenzia stessa, secondo i criteri di equiparazione tra figure professionali, stabiliti con decreto del Presidente del Consiglio dei ministri adottato sulla base di apposito accordo con le organizzazioni sindacali. Il personale trasferito nei ruoli organici dell'Agenzia per la formazione mantiene il trattamento economico in godimento presso le strutture di provenienza. Si applica il disposto dell'articolo 11, commi 5 e 6, del decreto legislativo 30 luglio 1999, n. 303. Il termine per l'esercizio del diritto di opzione previsto da tale disposizione è prorogato al 31 dicembre 2008 (1)*.]* (2)

(1) *Lettera modificata dall'articolo 4, comma 1-ter, del D.L. 28 dicembre 2006 n. 300.*
(2) *Comma abrogato dall'articolo 26, comma 3, del D.L. 25 giugno 2008, n. 112.*

586. Dalla attuazione dei regolamenti di cui al comma 585 dovrà derivare una riduzione di spesa non inferiore a 3 milioni di euro nel 2007 e a 6 milioni di euro negli anni 2008 e seguenti.

[587. Entro il 30 aprile di ciascun anno le amministrazioni pubbliche statali, regionali e locali sono tenute a comunicare, in via telematica o su apposito supporto magnetico, al Dipartimento della funzione pubblica l'elenco dei consorzi di cui fanno parte e delle società a totale o parziale partecipazione da parte delle amministrazioni medesime, indicando la ragione sociale, la misura della partecipazione, la durata dell'impegno, l'onere complessivo a qualsiasi titolo gravante per l'anno sul bilancio dell'amministrazione, il numero dei rappresentanti dell'amministrazione negli organi di governo, il trattamento economico complessivo a ciascuno di essi spettante] (1).

(1) *Comma abrogato dall'articolo 17, comma 5, del D.L. 24 giugno 2014, n. 90, convertito, con modificazioni, dalla Legge 11 agosto 2014, n. 114.*

[588. Nel caso di mancata o incompleta comunicazione dei dati di cui al comma 587, è vietata l'erogazione di somme a qualsivoglia titolo da parte dell'amministrazione interessata a favore del consorzio o della società, o a favore dei propri rappresentanti negli organi di governo degli stessi (1)*]* (2).

(1) *La Corte Costituzionale con sentenza 6 giugno 2008, n. 190 (in Gazz. Uff., 11 giugno 2008, n. 25) ha dichiarato l'illegittimità costituzionale del presente comma.*
(2) *Comma abrogato dall'articolo 17, comma 5, del D.L. 24 giugno 2014, n. 90, convertito, con modificazioni, dalla Legge 11 agosto 2014, n. 114.*

[589. Nel caso di inosservanza delle disposizioni di cui ai commi 587 e 588 una cifra pari alle spese da ciascuna amministrazione sostenuta nell'anno viene detratta dai fondi a qualsiasi titolo trasferiti a quella amministrazione dallo Stato nel medesimo anno (1)*]* (2).

(1) *La Corte Costituzionale con sentenza 6 giugno 2008, n. 190 (in Gazz. Uff., 11 giugno 2008, n. 25) ha dichiarato l'illegittimità costituzionale del presente comma.*
(2) *Comma abrogato dall'articolo 17, comma 5, del D.L. 24 giugno 2014, n. 90, convertito, con modificazioni, dalla Legge 11 agosto 2014, n. 114.*

[590. Le disposizioni di cui ai commi 587, 588 e 589 costituiscono per le regioni principio fondamentale di coordinamento della finanza pubblica, ai fini del rispetto dei parametri stabiliti dal patto di stabilità e crescita dell'Unione europea (1)*]* (2).

(1) *La Corte Costituzionale con sentenza 6 giugno 2008, n. 190 (in Gazz. Uff., 11 giugno 2008, n. 25) ha dichiarato l'illegittimità costituzionale del presente comma.*
(2) *Comma abrogato dall'articolo 17, comma 5, del D.L. 24 giugno 2014, n. 90, convertito, con modificazioni, dalla Legge 11 agosto 2014, n. 114.*

[591. I dati raccolti ai sensi del comma 587 sono pubblici, e sono esposti nel sito web del Dipartimento della funzione pubblica. Il Ministro per le riforme e le innovazioni nella pubblica amministrazione riferisce annualmente alle Camere.](1)

(1) *Comma abrogato dall'articolo 17, comma 5, del D.L. 24 giugno 2014, n. 90, convertito, con modificazioni, dalla Legge 11 agosto 2014, n. 114.*

592. All'articolo 43, comma 1, lettera b), della legge 27 dicembre 2002, n. 289, dopo le parole: "*legge 28 febbraio 1986, n. 41*" sono aggiunte le seguenti: "*; gli effetti si estendono anche alle eventuali partite debitorie pregresse a carico dell'Ente definite alla data di entrata in vigore della presente legge*".

[593. Fermo restando quanto previsto al comma 466, per gli amministratori delle società partecipate direttamente o indirettamente dallo Stato, la retribuzione dei dirigenti delle pubbliche amministrazioni di cui all'articolo 19, comma 6, del decreto legislativo n. 165 del 2001, dei consulenti, dei membri di commissioni e di collegi e dei titolari di qualsivoglia incarico corrisposto dallo Stato, da enti pubblici o da società a prevalente partecipazione pubblica non quotate in borsa, non può superare quella del primo presidente della Corte di cassazione. Nessun atto comportante spesa ai sensi del precedente periodo può ricevere attuazione, se non sia stato previamente reso noto, con l'indicazione nominativa dei destinatari e dell'ammontare del compenso, attraverso la pubblicazione sul sito web dell'amministrazione o del soggetto interessato, nonché comunicato al Governo e al Parlamento. In caso di violazione, l'amministratore che abbia disposto il pagamento e il destinatario del medesimo sono tenuti al rimborso in solido, a titolo di danno erariale, di una somma pari a dieci volte l'ammontare eccedente la cifra consentita.] (1)

(1) *Comma abrogato dall'articolo 3, comma 43, della legge 24 dicembre 2007 n. 244.*

594. Fatti salvi gli uffici di rappresentanza delle regioni presso gli organi dell'Unione europea, non possono essere coperte con fondi derivanti da trasferimenti a qualunque titolo da parte dello Stato le spese sostenute dalle regioni per l'acquisto o la gestione di sedi di rappresentanza in Paesi esteri, o per la istituzione di uffici o di strutture comunque denominate per la promozione economica, commerciale, turistica.

595. Qualora le regioni sostengano spese ricadenti nelle fattispecie di cui al comma precedente, una cifra pari alle spese da ciascuna regione sostenute nell'anno viene detratta dai fondi a qualsiasi titolo complessivamente trasferiti a quella regione dallo Stato nel medesimo anno.

596. Le disposizioni di cui ai commi 594 e 595 costituiscono principio fondamentale di coordinamento della finanza pubblica, ai fini del rispetto dei parametri stabiliti dal patto di stabilità e crescita dell'Unione europea.

597. Fatti salvi gli uffici di rappresentanza delle associazioni nazionali degli enti locali presso gli organi dell'Unione

europea, non è consentito a comuni e province, anche in forma associata, acquistare o gestire sedi di rappresentanza in Paesi esteri, o l'istituzione di uffici o di strutture comunque denominate per la promozione economica, commerciale, turistica.

598. è fatto altresì divieto a comuni e province di coprire, con fondi derivanti da trasferimenti a qualunque titolo da parte dello Stato, le spese sostenute, anche in forma associata, nell'ambito delle fattispecie di cui al comma 596.

599. Qualora gli enti locali sostengano, anche in forma associata, spese ricadenti nelle fattispecie di cui al comma 596, una cifra pari alle spese da ciascun ente sostenute nell'anno viene detratta dai fondi a qualsiasi titolo complessivamente trasferiti a quell'ente dallo Stato nel medesimo anno.

600. All'articolo 1, comma 213-bis della legge 23 dicembre 2005, n. 266, dopo le parole: "*dell'Istituto nazionale della previdenza sociale (INPS)*" sono inserite le seguenti: "*, dell'Ente nazionale di previdenza e assistenza per i lavoratori dello spettacolo (ENPALS), dell'Istituto di previdenza per il settore marittimo (IPSEMA)*".

601. A decorrere dall'anno 2007, al fine di aumentare l'efficienza e la celerità dei processi di finanziamento a favore delle scuole statali, sono istituiti nello stato di previsione del Ministero della pubblica istruzione, in apposita unità previsionale di base, i seguenti fondi: "Fondo per le competenze dovute al personale delle istituzioni scolastiche, con esclusione delle spese per stipendi del personale a tempo indeterminato e determinato" e "Fondo per il funzionamento delle istituzioni scolastiche". Ai predetti fondi affluiscono gli stanziamenti dei capitoli iscritti nelle unità previsionali di base dello stato di previsione del Ministero della pubblica istruzione "Strutture scolastiche " e "Interventi integrativi disabili", nonché gli stanziamenti iscritti nel centro di responsabilità "Programmazione ministeriale e gestione ministeriale del bilancio" destinati ad integrare i fondi stessi nonché l'autorizzazione di spesa di cui alla legge 18 dicembre 1997, n. 440 , quota parte pari a 15,7 milioni dei fondi destinati all'attuazione del piano programmatico di cui all' articolo 1, comma 3, della legge 28 marzo 2003, n. 53 , l'autorizzazione di spesa di cui al comma 634 del presente articolo, salvo quanto disposto dal comma 875. Il Ministro dell'economia e delle finanze è autorizzato ad apportare con propri decreti le occorrenti variazioni di bilancio. Con decreto del Ministro della pubblica istruzione sono stabiliti i criteri e i parametri per l'assegnazione diretta alle istituzioni scolastiche delle risorse di cui al presente comma nonché per la determinazione delle misure nazionali relative al sistema pubblico di istruzione e formazione. Al fine di avere la completa conoscenza delle spese effettuate da parte delle istituzioni scolastiche a valere sulle risorse finanziarie derivanti dalla costituzione dei predetti fondi, il Ministero della pubblica istruzione procede a una specifica attività di monitoraggio [1][2][3][4][5][6][7][8][9][10][11][12][13].

(1) *Vedi, anche, l'articolo 2, comma 575, della legge 24 dicembre 2007 n. 244 .*

(2) *A norma dell'articolo 63, comma 3 del D.L. 25 giugno 2008, n.112, come modificato dalla legge 6 agosto 2008, n. 133, in sede di conversione, il "Fondo per il funzionamento delle istituzioni scolastiche" di cui al presente comma, è incrementato dell'importo di euro 200 milioni per l'anno 2008.*

(3) *Comma modificato dall'articolo 7, comma 37, lettere a) e b), del D.L. 6 luglio 2012, n. 95.*

(4) *Per la riduzione del Fondo di cui al presente comma vedi l'articolo 1, commi 135 e 171, della Legge 23 dicembre 2014, n. 190.*

(5) *Per l'incremento del Fondo di cui al presente comma vedi l'articolo 1, comma 25, della Legge 13 luglio 2015, n. 107.*

(6) *Per la riduzione del Fondo, di cui al presente comma, vedi l'articolo 1, comma 204, lettera c) della Legge 13 luglio 2015, n. 107.*

(7) *Per l'incremento del Fondo di cui al presente comma vedi l'articolo 1, comma 230, della Legge 28 dicembre 2015, n. 208.*

(8) *Per la riduzione dell'autorizzazione di spesa di cui al presente comma, vedi l'articolo 3, comma 1, lettera b), del D.L. 29 marzo 2016, n. 42, convertito con modificazioni dalla Legge 26 maggio 2016, n. 89.*

(9) *Per la riduzione dell'autorizzazione di spesa di cui al presente comma, vedi l' articolo 18-bis, comma 5, lettera a), del D.L. 17 ottobre 2016, n. 189, convertito con modificazioni dalla Legge 15 dicembre 2016, n. 229*

(10) *Per l'incremento del Fondo di cui al presente comma vedi l'articolo 1, comma 763 della Legge 30 dicembre 2018, n.145*

(11) *Per l'incremento del Fondo di euro 8,426 milioni nell'anno 2019, di cui al presente comma, vedi l'articolo 8, comma 1, del D.L. 29 ottobre 2019, n. 126, convertito con modificazioni dalla Legge 20 dicembre 2019, n. 159.*

(12) *A norma dell'articolo 231, comma 1, del D.L. 19 maggio 2020, n. 34, convertito, con modificazioni, dalla Legge 17 luglio 2020, n. 77, il fondo per il funzionamento delle istituzioni scolastiche di cui al presente comma, è incrementato di 331 milioni di euro per l'anno 2020, vedi ulteriore incremento di cui all'articolo 1, comma 505 della Legge 30 dicembre 2020, n. 178.*

(13) *A norma dell'articolo 31, comma 1, del D.L. 22 marzo 2021, n. 41, convertito con modificazioni dalla Legge 21 maggio 2021, n. 69, il fondo di sui al presente comma è incrementato di 150 milioni di euro nell'anno 2021. Vedi inoltre l'articolo 42, comma 10, del medesimo D.L. 41 del 2021.*

602. Le disponibilità iscritte nel fondo di cui alla legge 18 dicembre 1997, n. 440, non utilizzate nel corso dell'anno di competenza, sono utilizzate nell'esercizio successivo. La quota del predetto fondo non ripartita nell'anno 2006 è assegnata nell'anno 2007, alle istituzioni scolastiche autonome, per il miglioramento dell'offerta formativa e per la formazione del personale, sulla base di quanto previsto dalla direttiva del Ministro dell'istruzione, dell'università e della ricerca n. 33 del 3 aprile 2006.

603. Tutti i collegi universitari gestiti da fondazioni, enti morali, nonché enti ecclesiastici che abbiano le finalità di cui all'articolo 1, comma 4, primo periodo della legge 14 novembre 2000, n. 338, ed iscritti ai registri delle prefetture, sono equiparati ai collegi universitari legalmente riconosciuti.

604. Ai collegi universitari di cui al comma 603 è applicata l'esenzione dall'imposta sul valore aggiunto prevista dall'articolo 10, primo comma, numero 20), del decreto del Presidente della Repubblica 26 ottobre 1972, n. 633, e successive modificazioni.

605. Per meglio qualificare il ruolo e l'attività dell'amministrazione scolastica attraverso misure e investimenti, anche di carattere strutturale, che consentano il razionale utilizzo della spesa e diano maggiore efficacia ed efficienza al sistema dell'istruzione, con uno o più decreti del Ministro della pubblica istruzione sono adottati interventi concernenti:

a) nel rispetto della normativa vigente, la revisione, a decorrere dall'anno scolastico 2007/2008, dei criteri e dei parametri per la formazione delle classi al fine di valorizzare la responsabilità dell'amministrazione e delle istituzioni scolastiche, individuando obiettivi, da attribuire ai dirigenti responsabili, articolati per i diversi ordini e gradi di scuola e le diverse realtà territoriali, in modo da incrementare il valore medio nazionale del rapporto alunni/classe dello 0,4. Si procede, altresì, alla revisione dei criteri e parametri di riferimento ai fini della riduzione della dotazione organica del personale amministrativo, tecnico ed ausiliario (ATA).

L'adozione di interventi finalizzati alla prevenzione e al contrasto degli insuccessi scolastici attraverso la flessibilità e l'individualizzazione della didattica, anche al fine di ridurre il fenomeno delle ripetenze;

b) il perseguimento della sostituzione del criterio previsto dall'articolo 40, comma 3, della legge 27 dicembre 1997, n. 449, con l'individuazione di organici corrispondenti alle effettive esigenze rilevate, tramite una stretta collaborazione tra regioni, uffici scolastici regionali, aziende sanitarie locali e istituzioni scolastiche, attraverso certificazioni idonee a definire appropriati interventi formativi (1);

c) la definizione di un piano triennale per l'assunzione a tempo indeterminato di personale docente per gli anni 2007-2009, da verificare annualmente, d'intesa con il Ministero dell'economia e delle finanze e con la Presidenza del Consiglio dei ministri – Dipartimento della funzione pubblica, circa la concreta fattibilità dello stesso, per complessive 150.000 unità, al fine di dare adeguata soluzione al fenomeno del precariato storico e di evitarne la ricostituzione, di stabilizzare e rendere più funzionali gli assetti scolastici, di attivare azioni tese ad abbassare l'età media del personale docente. Analogo piano di assunzioni a tempo indeterminato è predisposto per il personale amministrativo, tecnico ed ausiliario (ATA), per complessive 30.000 unità. Le nomine disposte in attuazione dei piani di cui alla presente lettera sono conferite nel rispetto del regime autorizzatorio in materia di assunzioni di cui all'articolo 39, comma 3-bis, della legge 27 dicembre 1997, n. 449. Contestualmente all'applicazione del piano triennale, il Ministro della pubblica istruzione realizza un'attività di monitoraggio sui cui risultati, entro diciotto mesi dalla data di entrata in vigore della presente legge, riferisce alle competenti Commissioni parlamentari, anche al fine di individuare nuove modalità di formazione e abilitazione e di innovare e aggiornare gli attuali sistemi di reclutamento del personale docente, nonché di verificare, al fine della gestione della fase transitoria, l'opportunità di procedere a eventuali adattamenti in relazione a quanto previsto nei periodi successivi. Con effetto dalla data di entrata in vigore della presente legge le graduatorie permanenti di cui all'articolo 1 del decreto-legge 7 aprile 2004, n. 97, convertito, con modificazioni, dalla legge 4 giugno 2004, n. 143, sono trasformate in graduatorie ad esaurimento. Sono fatti salvi gli inserimenti nelle stesse graduatorie da effettuare per il biennio 2007-2008 per i docenti già in possesso di abilitazione, e con riserva del conseguimento del titolo di abilitazione, per i docenti che frequentano, alla data di entrata in vigore della presente legge, i corsi abilitanti speciali indetti ai sensi del predetto decreto-legge n. 97 del 2004, i corsi presso le scuole di specializzazione all'insegnamento secondario (SISS), i corsi biennali accademici di secondo livello ad indirizzo didattico (COBASLID), i corsi di didattica della musica presso i Conservatori di musica e il corso di laurea in Scienza della formazione primaria. La predetta riserva si intende sciolta con il conseguimento del titolo di abilitazione. Con decreto del Ministro della pubblica istruzione, sentito il Consiglio nazionale della pubblica istruzione (CNPI), è successivamente disciplinata la valutazione dei titoli e dei servizi dei docenti inclusi nelle predette graduatorie ai fini della partecipazione ai futuri concorsi per esami e titoli. In correlazione alla predisposizione del piano per l'assunzione a tempo indeterminato per il personale docente previsto dalla presente lettera, è abrogata con effetto dal 1° settembre 2007 la disposizione di cui al punto B.3), lettera h), della tabella di valutazione dei titoli allegata al decreto-legge 7 aprile 2004, n. 97, convertito, con modificazioni, dalla legge 4 giugno 2004, n. 143. È fatta salva la valutazione in misura doppia dei servizi prestati anteriormente alla predetta data. Ai docenti in possesso dell'abilitazione in educazione musicale, conseguita entro la data di scadenza dei termini per l'inclusione nelle graduatorie permanenti per il biennio 2005/ 2006-2006/2007, privi del requisito di servizio di insegnamento che, alla data di entrata in vigore della legge 3 maggio 1999, n. 124, erano inseriti negli elenchi compilati ai sensi del decreto del Ministro della pubblica istruzione 13 febbraio 1996, pubblicato nella Gazzetta Ufficiale n. 102 del 3 maggio 1996, è riconosciuto il diritto all'iscrizione nel secondo scaglione delle graduatorie permanenti di strumento musicale nella scuola media previsto dall'articolo 1, comma 2-bis, del decreto-legge 3 luglio 2001, n. 255, convertito, con modificazioni, dalla legge 20 agosto 2001, n. 333. Sono comunque fatte salve le assunzioni a tempo indeterminato già effettuate su posti della medesima classe di concorso. Sui posti vacanti e disponibili relativi agli anni scolastici 2007/2008, 2008/2009 e 2009/2010, una volta completate le nomine di cui al comma 619, si procede alla nomina dei candidati che abbiano partecipato alle prove concorsuali della procedura riservata bandita con decreto del Ministro della pubblica istruzione 3 ottobre 2006, pubblicato nella Gazzetta Ufficiale, 4ª serie speciale, n. 76 del 6 ottobre 2006, che abbiano completato la relativa procedura concorsuale riservata, alla quale siano stati ammessi per effetto dell'aliquota aggiuntiva del 10 per cento e siano risultati idonei e non nominati in relazione al numero dei posti previsti dal bando. Successivamente si procede alla nomina dei candidati che abbiano partecipato alle prove concorsuali delle procedure riservate bandite con decreto dirigenziale 17 dicembre 2002, pubblicato nella Gazzetta Ufficiale, 4ª serie speciale, n. 100 del 20 dicembre 2002 e con il predetto decreto ministeriale 3 ottobre 2006, che abbiano superato il colloquio di ammissione ai corsi di formazione previsti dalle medesime procedure, ma non si siano utilmente collocati nelle rispettive graduatorie per la partecipazione agli stessi corsi di formazione. Detti candidati possono partecipare a domanda ad un apposito periodo di formazione e sono ammessi a completare l'iter concorsuale sostenendo gli esami finali previsti nei citati bandi, inserendosi nelle rispettive graduatorie dopo gli ultimi graduati. L'onere relativo al corso di formazione previsto dal precedente periodo deve essere sostenuto nei limiti degli ordinari stanziamenti di bilancio. Le nomine, fermo restando il regime autorizzatorio in materia di assunzioni di cui all'articolo 39, comma 3-bis, della legge 27 dicembre 1997, n. 449, sono conferite secondo l'ordine di indizione delle medesime procedure concorsuali. Nella graduatoria del concorso riservato indetto con il decreto dirigenziale 17 dicembre 2002 sono, altresì, inseriti, ulteriormente in coda, coloro che hanno frequentato nell'ambito della medesima procedura il corso di formazione, superando il successivo esame finale, ma che risultano privi del requisito di almeno un anno di incarico di presidenza (2)(3)(4);

d) l'attivazione, presso gli uffici scolastici provinciali, di attività di monitoraggio a sostegno delle competenze dell'autonomia scolastica relativamente alle supplenze brevi, con l'obiettivo di ricondurre gli scostamenti più significativi delle assenze ai valori medi nazionali;

e) ai fini della compiuta attuazione di quanto previsto dall'articolo 1, comma 128, della legge 30 dicembre 2004, n. 311, l'adozione di un piano biennale di formazione per i docenti della scuola primaria, da realizzare negli anni scolastici 2007/2008 e 2008/2009, finalizzato al conseguimento delle competenze necessarie per l'insegnamento della lingua inglese. A tale fine, per un rapido conseguimento dell'obiettivo, sono attivati corsi di formazione anche a distanza, integrati da momenti intensivi in presenza;

f) il miglioramento dell'efficienza ed efficacia degli attuali ordinamenti dell'istruzione professionale anche attraverso la riduzione, a decorrere dall'anno scolastico 2007/2008, dei carichi orari settimanali delle lezioni, secondo criteri di maggiore flessibilità, di più elevata professionalizzazione e di funzionale collegamento con il territorio [5].

[1] Vedi, anche, l'articolo 2, comma 413, della legge 24 dicembre 2007 n. 244.
[2] Lettera modificata dall'articolo 2, comma 415, della legge 24 dicembre 2007 n. 244. Vedi, anche, l'articolo 24-quinquies del D.L. 31 dicembre 2007, n. 248.
[3] Per l'interpretazione autentica di cui alla presente lettera vedi l'articolo 1, comma 4-ter del D.L. 25 settembre 2009, n. 134.
[4] A norma dell'articolo 1, comma 10-bis, del D.L. 30 dicembre 2015, n. 210, convertito con modificazioni dalla Legge 25 febbraio 2016, n. 21, il termine per l'aggiornamento delle graduatorie ad esaurimento di cui alla presente lettera, già aggiornate per il triennio 2014/2017, è prorogato all'anno scolastico 2018/2019 per il triennio successivo.
[5] Per l'attuazione del presente comma, per la programmazione triennale delle assunzioni a tempo indeterminato di personale docente, educativo ed A.T.A., per il triennio scolastico 2007/2009, vedi il D.M. 17 luglio 2007.

606. Il decreto concernente la materia di cui alla lettera a) del comma 605 è adottato di concerto con il Ministro dell'economia e delle finanze. Il decreto concernente la materia di cui alla lettera b) del comma 605 è adottato d'intesa con il Ministro della salute. Il decreto concernente la materia di cui alla lettera c) del comma 605 è adottato di concerto con il Ministro dell'economia e delle finanze e con il Ministro per le riforme e le innovazioni nella pubblica amministrazione [1].

[1] Per l'attuazione del presente comma, per la programmazione triennale delle assunzioni a tempo indeterminato di personale docente, educativo ed A.T.A., per il triennio scolastico 2007/2009, vedi il D.M. 17 luglio 2007.

607. La tabella di valutazione dei titoli allegata al decreto-legge 7 aprile 2004, n. 97, convertito, con modificazioni, dalla legge 4 giugno 2004, n. 143, e successive modificazioni, è ridefinita con decreto del Ministro della pubblica istruzione, sentito il CNPI. Il decreto è adottato, a decorrere dal biennio 2007/2008-2008/2009, in occasione degli aggiornamenti biennali delle graduatorie permanenti di cui all'articolo 401 del testo unico di cui al decreto legislativo 16 aprile 1994, n. 297, e successive modificazioni. Sono fatte salve le valutazioni dei titoli conseguiti anteriormente e già riconosciuti nelle graduatorie permanenti relative al biennio 2005/2006-2006/2007. Sono ridefinite, in particolare, le disposizioni riguardanti la valutazione dei titoli previsti dal punto C.11) della predetta tabella, e successive modificazioni. Ai fini di quanto previsto dal precedente periodo, con il decreto di cui al presente comma sono definiti criteri e requisiti per l'accreditamento delle strutture formative e dei corsi.

608. Ai fini di quanto previsto dall'articolo 35, comma 5, terzo periodo, della legge 27 dicembre 2002, n. 289, il Ministro per le riforme e le innovazioni nella pubblica amministrazione predispone, di concerto con il Ministro della pubblica istruzione, un piano organico di mobilità, relativamente al personale docente permanentemente inidoneo ai compiti di insegnamento e collocato fuori ruolo. Tale piano, da definire entro il 30 giugno 2007, tiene conto prioritariamente dei posti vacanti, presso gli uffici dell'amministrazione scolastica, nonché presso le amministrazioni pubbliche in cui possono essere meglio utilizzate le professionalità del predetto personale. In connessione con la realizzazione del piano, il termine fissato dalle disposizioni di cui al citato articolo 35, comma 5, della legge 27 dicembre 2002, n. 289, è prorogato di un anno, ovvero fino al 31 dicembre 2008.

609. Il Ministro della pubblica istruzione predispone uno specifico piano di riconversione professionale del personale docente in soprannumero sull'organico provinciale, finalizzato all'assorbimento del medesimo personale. La riconversione, obbligatoria per i docenti interessati, è finalizzata alla copertura dei posti di insegnamento per materie affini e dei posti di laboratorio compatibili con l'esperienza professionale maturata, nonché all'acquisizione del titolo di specializzazione per l'insegnamento sui posti di sostegno. L'assorbimento del personale di cui al presente comma trova completa attuazione entro l'anno scolastico 2007/2008 [1].

[1] A norma dell'articolo 2, comma 411 lettera d), della legge 24 dicembre 2007 n. 244, per una maggiore qualificazione dei servizi scolastici, l'assorbimento del personale di cui al presente comma è completato entro il termine dell'anno scolastico 2009/2010, e la riconversione del suddetto personale è attuata anche prescindendo dal possesso dello specifico titolo di studio richiesto per il reclutamento del personale, tramite corsi di specializzazione intensivi, compresi quelli di sostegno, cui è obbligatorio partecipare. Vedi, anche, il comma 412 dell'articolo 2 della medesima legge 24 dicembre 2007 n. 244.

[610. *Allo scopo di sostenere l'autonomia delle istituzioni scolastiche nella dimensione dell'Unione europea ed i processi di innovazione e di ricerca educativa delle medesime istituzioni, nonché per favorirne l'interazione con il territorio, è istituita, presso il Ministero della pubblica istruzione, ai sensi degli articoli 8 e 9 del decreto legislativo 30 luglio 1999, n. 300, la "Agenzia nazionale per lo sviluppo dell'autonomia scolastica", di seguito denominata "Agenzia", avente sede a Firenze, articolata, anche a livello periferico, in nuclei allocati presso gli uffici scolastici regionali ed in raccordo con questi ultimi, con le seguenti funzioni:*

a) ricerca educativa e consulenza pedagogico- didattica;

b) formazione e aggiornamento del personale della scuola;

c) attivazione di servizi di documentazione pedagogica, didattica e di ricerca e sperimentazione;

d) partecipazione alle iniziative internazionali nelle materie di competenza;

e) collaborazione alla realizzazione delle misure di sistema nazionali in materia di istruzione per gli adulti e di istruzione e formazione tecnica superiore;

f) collaborazione con le regioni e gli enti locali] [1].

[1] Comma abrogato dall'articolo 19, comma 1, del D.L. 6 luglio 2011, n. 98.

[611. *L'organizzazione dell'Agenzia, con articolazione centrale e periferica, è definita con regolamento adottato ai sensi dell'articolo 8, comma 4, del decreto legislativo 30 luglio 1999, n. 300. L'Agenzia subentra nelle funzioni e nei compiti attualmente svolti dagli Istituti regionali di ricerca educativa (IRRE) e dall'Istituto nazionale di documentazione per l'innovazione e la ricerca educativa (INDIRE), che sono contestualmente soppressi. Al fine di assicurare l'avvio delle attività dell'Agenzia, e in attesa della costituzione degli organi previsti dagli articoli 8 e 9 del decreto legislativo 30 luglio 1999, n. 300, il Presidente del Consiglio dei ministri, su proposta del Ministro della pubblica istruzione, nomina uno o più commissari straordinari. Con il regolamento di cui al presente comma è individuata la dotazione organica del personale dell'Agenzia e delle sue articolazioni territoriali nel limite complessivo del 50 per cento dei contingenti di personale già previsti per l'INDIRE e per gli IRRE, che in fase di prima attuazione, per il periodo contrattuale in corso, conserva il trattamento giuridico ed economico in godimento. Il predetto regolamento disciplina, altresì, le modalità di stabilizzazione, attraverso prove selettive, dei rapporti di lavoro esistenti anche a titolo precario, purché costituite mediante procedure selettive di natura concorsuale.]* (1)

(1) *Comma abrogato dall'articolo 19, comma 1, del D.L. 6 luglio 2011, n. 98.*

612. Al fine di potenziare la qualificazione scientifica nonché l'autonomia amministrativa dell'Istituto nazionale per la valutazione del sistema educativo di istruzione e di formazione (INVALSI), al decreto legislativo 19 novembre 2004, n. 286, sono apportate le seguenti modificazioni, che non devono comportare oneri aggiuntivi a carico del bilancio dello Stato:

a) le parole: "*Comitato direttivo*" sono sostituite, ovunque ricorrano, dalle seguenti: "*Comitato di indirizzo*";

b) l'articolo 4 è sostituito dal seguente:

"*Art. 4. – (Organi). – 1. Gli organi dell'Istituto sono:*

a) il Presidente;

b) il Comitato di indirizzo;

c) il Collegio dei revisori dei conti";

c) all'articolo 5, il comma 1 è sostituito dal seguente:

"*1. Il Presidente è scelto tra persone di alta qualificazione scientifica e con adeguata conoscenza dei sistemi di istruzione e formazione e dei sistemi di valutazione in Italia ed all'estero. È nominato con decreto del Presidente della Repubblica, previa deliberazione del Consiglio dei ministri, su designazione del Ministro, tra una terna di nominativi proposti dal Comitato di indirizzo dell'Istituto fra i propri componenti. L'incarico ha durata triennale ed è rinnovabile, con le medesime modalità, per un ulteriore triennio*";

d) all'articolo 6, il comma 1 è sostituito dal seguente:

"*1. Il Comitato di indirizzo è composto dal Presidente e da otto membri, nel rispetto del principio di pari opportunità, dei quali non più di quattro provenienti dal mondo della scuola. I componenti del Comitato sono scelti dal Ministro tra esperti nei settori di competenza dell'Istituto, sulla base di una indicazione di candidati effettuata da un'apposita commissione, previo avviso da pubblicare nella Gazzetta Ufficiale finalizzato all'acquisizione dei curricula. La commissione esaminatrice, nominata dal Ministro, è composta da tre membri compreso il Presidente, dotati delle necessarie competenze amministrative e scientifiche*".

613. L'INVALSI, fermo restando quando previsto dall'articolo 20 del contratto collettivo nazionale di lavoro relativo al personale dell'area V della dirigenza per il quadriennio normativo 2002-2005 ed il primo biennio economico 2002-2003, pubblicato nel supplemento ordinario n. 113 alla Gazzetta Ufficiale n. 103 del 5 maggio 2006 e nel rispetto delle prerogative del dirigente generale dell'ufficio scolastico regionale, sulla base delle indicazioni del Ministro della pubblica istruzione, assume i seguenti compiti:a) formula al Ministro della pubblica istruzione proposte per la piena attuazione del sistema di valutazione dei dirigenti scolastici; b) definisce le procedure da seguire per la valutazione dei dirigenti scolastici; c) formula proposte per la formazione dei componenti del team di valutazione; d) realizza il monitoraggio sullo sviluppo e sugli esiti del sistema di valutazione.

614. Le procedure concorsuali di reclutamento del personale, di cui alla dotazione organica definita dalla tabella A allegata al decreto legislativo 19 novembre 2004, n. 286, devono essere espletate entro sei mesi dalla indizione dei relativi bandi, con conseguente assunzione con contratto a tempo indeterminato dei rispettivi vincitori.

615. A decorrere dalla data di entrata in vigore della presente legge, il Presidente e i componenti del Comitato direttivo dell'INVALSI cessano dall'incarico. In attesa della costituzione dei nuovi organi, il Presidente del Consiglio dei ministri, su proposta del Ministro della pubblica istruzione, nomina uno o più commissari straordinari.

616. Il riscontro di regolarità amministrativa e contabile presso le istituzioni scolastiche statali è effettuato da due revisori dei conti, nominati dal Ministro dell'economia e delle finanze e dal Ministro della pubblica istruzione, con riferimento agli ambiti territoriali scolastici. A decorrere dal 2013 gli ambiti territoriali scolastici sono limitati nel numero a non più di 2.000 e comunque composti da almeno quattro istituzioni (1).

(1) *Comma modificato dall'articolo 6, comma 20, lettera a), del D.L. 6 luglio 2012, n. 95.*

616 bis. I revisori di cui al comma 616 sono tenuti allo svolgimento dei controlli ispettivi di secondo livello per i fondi europei, nonché ogni altra verifica e controllo richiesti dal Ministero dell'istruzione, dell'università e della ricerca e dal Ministero dell'economia e delle finanze (1).

(1) *Comma inserito dall'articolo 6, comma 20, lettera b), del D.L. 6 luglio 2012, n. 95.*

616 ter. Il Ministero dell'istruzione, dell'università e della ricerca, relativamente al programma operativo nazionale "*Per la scuola – competenze e ambienti per l'apprendimento*" riferito al periodo di programmazione 2014/2020, può condurre le verifiche di cui all'articolo 125, paragrafo 5, del regolamento (UE) n. 1303/2013 del Parlamento europeo e del Consiglio, del 17 dicembre 2013, avvalendosi dei revisori dei conti di cui al comma 616 del presente articolo, rispettando il principio della separazione delle funzioni previsto dalla normativa dell'Unione europea che disciplina l'intervento dei Fondi strutturali (1).

(1) *Comma inserito dall'articolo 1, comma 312, della Legge 11 dicembre 2016, n. 232.*

617. I revisori dei conti, in rappresentanza del Ministero dell'economia e delle finanze e del Ministero della pubblica istruzione, già nominati dal competente ufficio scolastico regionale, sono confermati fino all'emanazione del decreto di nomina dei rispettivi Ministeri e comunque non oltre l'entrata in vigore del provvedimento di modifica al regolamento concernente le "*Istruzioni generali sulla gestione amministrativo-contabile delle istituzioni scolastiche*" di cui al decreto del

Ministero della pubblica istruzione 1° febbraio 2001, n. 44.

[618. Con regolamento da emanare ai sensi dell'articolo 17, comma 2, della legge 23 agosto 1988, n. 400, sono definite le modalità delle procedure concorsuali per il reclutamento dei dirigenti scolastici secondo i seguenti principi: cadenza triennale del concorso su tutti i posti vacanti nel triennio; unificazione dei tre settori di dirigenza scolastica; accesso aperto al personale docente ed educativo delle istituzioni scolastiche ed educative statali, in possesso di laurea, che abbia maturato dopo la nomina in ruolo un servizio effettivamente prestato di almeno cinque anni; previsione di una preselezione mediante prove oggettive di carattere culturale e professionale, in sostituzione dell'attuale preselezione per titoli; svolgimento di una o più prove scritte, cui sono ammessi tutti coloro che superano la preselezione; effettuazione di una prova orale; valutazione dei titoli; formulazione della graduatoria di merito; periodo di formazione e tirocinio, di durata non superiore a quattro mesi, nei limiti dei posti messi a concorso, con conseguente soppressione dell'aliquota aggiuntiva del 10 per cento. Con effetto dalla data di entrata in vigore del regolamento previsto dal presente comma sono abrogate le disposizioni vigenti con esso incompatibili, la cui ricognizione è affidata al regolamento medesimo (1)*.]*(2)

(1) *Per il regolamento previsto dal presente comma vedi il D.P.R. 10 luglio 2008, n. 140.*
(2) *Comma abrogato dall'articolo 17, comma 4, del D.L. 12 settembre 2013, n. 104, convertito, con modificazioni, dalla Legge 8 novembre 2013 n. 128.*

619.Il regolamento di cui al comma 618 è emanato entro il 31 dicembre 2007. In attesa della sua emanazione si procede alla nomina sui posti previsti dal bando di concorso ordinario a dirigente scolastico indetto con decreto direttoriale del Ministero dell'istruzione, dell'università e della ricerca 22 novembre 2004, pubblicato nella Gazzetta Ufficiale – 4ª serie speciale – n. 94 del 26 novembre 2004, e, ove non sufficienti, sui posti vacanti e disponibili relativi agli anni scolastici 2007/2008 e 2008/2009, dei candidati del citato concorso, successivamente alla nomina dei candidati ammessi pleno jure, compresi i candidati in possesso dei prescritti requisiti ammessi con riserva a seguito di provvedimento cautelare in sede giurisdizionale o amministrativa, che abbiano superato le prove di esame propedeutiche alla fase della formazione con la produzione da parte degli stessi di una regionale relativi al medesimo periodo, alla nomina degli altri candidati che abbiano superato le prove di esame propedeutiche al corso di formazione del predetto concorso ma non vi abbiano partecipato perché non utilmente collocati nelle relative graduatorie; questi ultimi devono partecipare con esito positivo ad un apposito corso intensivo di formazione, indetto dall'amministrazione con le medesime modalità di cui sopra, che si conclude nell'anno scolastico 2006/2007; le nomine di cui al presente comma, fermo restando il regime autorizzatorio in materia di assunzioni di cui all'articolo 39, comma 3-bis, della legge 27 dicembre 1997, n. 449, sono conferite secondo l'ordine della graduatoria di merito (1)(2).

(1) *Comma modificato dall'articolo 1, comma 6-sexies, del D.L. 28 dicembre 2006, n. 300.*
(2) *Vedi, anche, l'articolo 24-quinquies del D.L. 31 dicembre 2007, n. 248.*

620. Dall'attuazione dei commi da 605 a 619 devono conseguire economie di spesa per un importo complessivo non inferiore a euro 448,20 milioni per l'anno 2007, a euro 1.324,50 milioni per l'anno 2008 e a euro 1.402,20 milioni a decorrere dall'anno 2009 (1).

(1) *Per la determinazione delle economie di spesa di cui al presente comma, per gli anni 2008, 2009 e 2010 a decorrere dall'anno 2011, vedi l'articolo 2, comma 412, della legge 24 dicembre 2007 n. 244.*

621. Al fine di garantire l'effettivo conseguimento degli obiettivi di risparmio di cui ai commi 483 e 620, in caso di accertamento di minori economie, si provvede:

a) relativamente al comma 483, alla riduzione delle dotazioni di bilancio, relative ai trasferimenti agli enti pubblici, ivi comprese quelle determinate ai sensi dell'articolo 11, comma 3, lettera d), della legge 5 agosto 1978, n. 468, e successive modificazioni, in maniera lineare, fino a concorrenza degli importi indicati dal medesimo comma 483 (1)(2);

b) relativamente al comma 620, a ridurre le dotazioni complessive di bilancio del Ministero della pubblica istruzione, ad eccezione di quelle relative alle competenze spettanti al personale della scuola e dell'amministrazione centrale e periferica della pubblica istruzione, in maniera lineare, fino a concorrenza degli importi indicati dal medesimo comma 620 (3).

(1) *Per il miglioramento dell'indebitamento netto relativo alla presente lettera vedi l'articolo 2, comma 641, della legge 24 dicembre 2007 n. 244.*
(2) *A norma dell'articolo 63, comma 2, del D.L. 25 giugno 2008, n. 112, come modificato dalla legge 6 agosto 2008, n. 133, in sede di conversione, la disposizione di cui alla presente lettera, non si applica limitatamente all'anno 2008.*
(3) *A norma dell'articolo 12 del D.L. 1 ottobre 2007, n.159, la disposizione di cui alla presente lettera, non si applica limitatamente all'anno 2007. Per l'applicazione della procedura prevista dalla presente lettera, per l'effettivo conseguimento degli obiettivi di risparmio relativi agli interventi di cui al comma 411, lettere da a) a d), dell'articolo 2 della legge 24 dicembre 2007 n. 244, vedi l'articolo 2, comma 412, della legge 24 dicembre 2007 n. 244.*

622. L'istruzione impartita per almeno dieci anni è obbligatoria ed è finalizzata a consentire il conseguimento di un titolo di studio di scuola secondaria superiore o di una qualifica professionale di durata almeno triennale entro il diciottesimo anno di età. L'età per l'accesso al lavoro è conseguentemente elevata da quindici a sedici anni. Resta fermo il regime di gratuità ai sensi degli articoli 28, comma 1, e 30, comma 2, secondo periodo, del decreto legislativo 17 ottobre 2005, n. 226. L'adempimento dell'obbligo di istruzione deve consentire, una volta conseguito il titolo di studio conclusivo del primo ciclo, l'acquisizione dei saperi e delle competenze previste dai curricula relativi ai primi due anni degli istituti di istruzione secondaria superiore, sulla base di un apposito regolamento adottato dal Ministro della pubblica istruzione ai sensi dell'articolo 17, comma 3, della legge 23 agosto 1988, n. 400. L'obbligo di istruzione si assolve anche nei percorsi di istruzione e formazione professionale di cui al Capo III del decreto legislativo 17 ottobre 2005, n. 226, e, sino alla completa messa a regime delle disposizioni ivi contenute, anche nei percorsi sperimentali di istruzione e formazione professionale di cui al comma 624 del presente articolo. Sono fatte salve le competenze delle regioni a statuto speciale e delle province autonome di Trento e di Bolzano, in conformità ai rispettivi statuti e alle relative norme di attuazione, nonché alla legge costituzionale 18 ottobre 2001, n. 3. L'innalzamento dell'obbligo di istruzione decorre dall'anno scolastico 2007/ 2008 (1)(2).

(1) *Per il Regolamento recante norme in materia di adempimento*

dell'obbligo di istruzione vedi il D.M. 22 agosto 2007 n.139. Per l'autorizzazione di spesa di 150 milioni di euro per l'anno 2007 per il sostegno all'adempimento dell'obbligo di istruzione vedi l'articolo 12 del D.L. 1 ottobre 2007, n.159.

(2) Comma modificato dall'articolo 64, comma 4-bis, del D.L. 25 giugno 2008, n. 112, come modificato dalla legge 6 agosto 2008, n. 133, in sede di conversione.

623. Nella provincia autonoma di Bolzano, considerato il suo particolare sistema della formazione professionale, l'ultimo anno dell'obbligo scolastico di cui al precedente comma può essere speso anche nelle scuole professionali provinciali in abbinamento con adeguate forme di apprendistato.

624. Fino alla messa a regime di quanto previsto dal comma 622, proseguono i percorsi sperimentali di istruzione e formazione professionale di cui all'articolo 28 del decreto legislativo 17 ottobre 2005, n. 226. Restano, pertanto, confermati i finanziamenti destinati dalla normativa vigente alla realizzazione dei predetti percorsi. Dette risorse per una quota non superiore al 3 per cento sono destinate alle misure nazionali di sistema ivi compreso il monitoraggio e la valutazione. Le strutture che realizzano tali percorsi sono accreditate dalle regioni sulla base dei criteri generali definiti con decreto adottato dal Ministro della pubblica istruzione di concerto con il Ministro del lavoro e della previdenza sociale, previa intesa con la Conferenza unificata di cui all'articolo 8 del decreto legislativo 28 agosto 1997, n. 281.

625. Per l'attivazione dei piani di edilizia scolastica di cui all'articolo 4 della legge 11 gennaio 1996, n. 23, è autorizzata la spesa di 50 milioni di euro per l'anno 2007 e di 100 milioni di euro per ciascuno degli anni 2008 e 2009. Il 50 per cento delle risorse assegnate annualmente ai sensi del precedente periodo è destinato al completamento delle attività di messa in sicurezza e di adeguamento a norma degli edifici scolastici da parte dei competenti enti locali. Per le finalità di cui al precedente periodo, lo Stato, la regione e l'ente locale interessato concorrono, nell'ambito dei piani di cui all'articolo 4 della medesima legge n. 23 del 1996, in parti uguali per l'ammontare come sopra determinato, ai fini del finanziamento dei singoli interventi. Per il completamento delle opere di messa in sicurezza e di adeguamento a norma, le regioni possono fissare un nuovo termine di scadenza al riguardo, comunque non successivo al 31 dicembre 2009, decorrente dalla data di sottoscrizione dell'accordo denominato "*patto per la sicurezza*" tra Ministero della pubblica istruzione, regione ed enti locali della medesima regione.

626. Nella logica degli interventi per il miglioramento delle misure di prevenzione di cui al decreto legislativo 23 febbraio 2000, n. 38, e successive modificazioni, il consiglio di indirizzo e di vigilanza dell'Istituto nazionale per l'assicurazione contro gli infortuni sul lavoro (INAIL) definisce, in via sperimentale per il triennio 2007-2009, d'intesa con il Ministro del lavoro e della previdenza sociale, con il Ministro della pubblica istruzione e con gli enti locali competenti, indirizzi programmatici per la promozione ed il finanziamento di progetti degli istituti di istruzione secondaria di primo grado e superiore per l'abbattimento delle barriere architettoniche o l'adeguamento delle strutture alle vigenti disposizioni in tema di sicurezza e igiene del lavoro. Il consiglio di indirizzo e di vigilanza dell'INAIL determina altresì l'entità delle risorse da destinare annualmente alle finalità di cui al presente comma, utilizzando a tale fine anche le risorse che si rendessero disponibili a conclusione delle iniziative di attuazione dell'articolo 24 del citato decreto legislativo n. 38 del 2000. Sulla base degli indirizzi definiti, il consiglio di amministrazione dell'INAIL definisce i criteri e le modalità per l'approvazione dei singoli progetti e provvede all'approvazione dei finanziamenti dei singoli progetti (1).

(1) Vedi anche l'articolo 53, comma 5, lettera b), del D.L. 9 febbraio 2012, n. 5.

627. Al fine di favorire ampliamenti dell'offerta formativa e una piena fruizione degli ambienti e delle attrezzature scolastiche, anche in orario diverso da quello delle lezioni, in favore degli alunni, dei loro genitori e, più in generale, della popolazione giovanile e degli adulti, il Ministro della pubblica istruzione definisce, secondo quanto previsto dall'articolo 9 del regolamento di cui al decreto del Presidente della Repubblica 8 marzo 1999, n. 275, criteri e parametri sulla base dei quali sono attribuite le relative risorse alle istituzioni scolastiche (1).

(1) A norma dell'articolo 8, comma 2, del D.L. 12 settembre 2013 n. 104, convertito, con modificazioni, dalla Legge 8 novembre 2013 n. 128 per le finalità di cui al presente comma, è autorizzata la spesa di euro 3,6 milioni per l'anno 2013 e destinabili sia alle spese di funzionamento del Programma di cui al comma 1 dell'articolo 8 del D.L. 104 del 2013, sia a compenso delle prestazioni aggiuntive del personale docente coinvolto, oltre alle risorse previste nell'ambito di finanziamenti di programmi europei e internazionali per finalità coerenti.

628. La gratuità parziale dei libri di testo di cui all'articolo 27, comma 1, della legge 23 dicembre 1998, n. 448, è estesa agli studenti del primo e del secondo anno dell'istruzione secondaria superiore. Il disposto del comma 3 del medesimo articolo 27 si applica anche per il primo e per il secondo anno dell'istruzione secondaria superiore e si applica, altresì, limitatamente all'individuazione dei criteri per la determinazione del prezzo massimo complessivo della dotazione libraria, agli anni successivi al secondo. Le istituzioni scolastiche, le reti di scuole e le associazioni dei genitori sono autorizzate al noleggio di libri scolastici agli studenti e ai loro genitori.

629. Le amministrazioni interessate possono, a fronte di particolari esigenze, disporre che il beneficio previsto dall'articolo 27, comma 1, della citata legge n. 448 del 1998 sia utilizzato per l'assegnazione, anche in comodato, dei libri di testo agli alunni, in possesso dei requisiti richiesti che adempiono l'obbligo scolastico.

630. Per fare fronte alla crescente domanda di servizi educativi per i bambini al di sotto dei tre anni di età, sono attivati, previo accordo in sede di Conferenza unificata di cui all'articolo 8 decreto legislativo 28 agosto 1997, n. 281, progetti tesi all'ampliamento qualificato dell'offerta formativa rivolta a bambini dai 24 ai 36 mesi di età, anche mediante la realizzazione di iniziative sperimentali improntate a criteri di qualità pedagogica, flessibilità, rispondenza alle caratteristiche della specifica fascia di età. I nuovi servizi possono articolarsi secondo diverse tipologie, con priorità per quelle modalità che si qualificano come sezioni sperimentali aggregate alla scuola dell'infanzia, per favorire un'effettiva continuità del percorso formativo lungo l'asse cronologico 0- 6 anni di età. Il Ministero della pubblica istruzione concorre alla realizzazione delle sezioni sperimentali attraverso un progetto nazionale di innovazione ordinamentale ai sensi

dell'articolo 11 del regolamento di cui al decreto del Presidente della Repubblica 8 marzo 1999, n. 275, e assicura specifici interventi formativi per il personale docente e non docente che chiede di essere utilizzato nei nuovi servizi. *[A tale fine sono utilizzate annualmente le risorse previste dall'articolo 7, comma 5, della legge 28 marzo 2003, n. 53, destinate al finanziamento dell'articolo 2, comma 1, lettera e), ultimo periodo, della medesima legge.]* L'articolo 2 del decreto legislativo 19 febbraio 2004, n. 59, è abrogato [(1)(2)].

(1) Comma modificato dall'articolo 7, comma 1, lettera a), del D.P.R. 20 marzo 2009, n. 89.
(2) Per l'attuazione del presente comma, vedi il Provvedimento 14 giugno 2007, n. 48. Vedi, anche, l'articolo 1 del D.L. 7 settembre 2007, n.147.

631. A decorrere dall'anno 2007, il sistema dell'istruzione e formazione tecnica superiore (IFTS), di cui all'articolo 69 della legge 17 maggio 1999, n. 144, è riorganizzato nel quadro del potenziamento dell'alta formazione professionale e delle misure per valorizzare la filiera tecnico-scientifica, secondo le linee guida adottate con decreto del Presidente del Consiglio dei ministri, su proposta del Ministro della pubblica istruzione formulata di concerto con il Ministro del lavoro e della previdenza sociale e con il Ministro dello sviluppo economico, previa intesa in sede di Conferenza unificata di cui all'articolo 8 del decreto legislativo 28 agosto 1997, n. 281, ai sensi del medesimo decreto legislativo.

632. Ferme restando le competenze delle regioni e degli enti locali in materia, in provinciale e articolati in reti territoriali e ridenominati "*Centri provinciali per l'istruzione degli adulti*". Ad essi è attribuita autonomia amministrativa, organizzativa e didattica, con il riconoscimento di un proprio organico distinto da quello degli ordinari percorsi scolastici, da determinare in sede di contrattazione collettiva nazionale, nei limiti del numero delle autonomie scolastiche istituite in ciascuna regione e delle attuali disponibilità complessive di organico. Alla riorganizzazione di cui al presente comma, si provvede con decreto del Ministro della pubblica istruzione, sentita la Conferenza unificata di cui all'articolo 8 del decreto legislativo 28 agosto 1997, n. 281, ai sensi del medesimo decreto legislativo [(1)(A)].

(1) Per la riorganizzazione dei centri territoriali permanenti per l'educazione degli adulti e dei corsi serali, in attuazione del presente comma vedi il D.M. 25 ottobre 2007.
(A) In riferimento al presente comma vedi: Circolare Ministero dell'Istruzione, dell'Università e della Ricerca 04 luglio 2013, n. 18.

633. Per gli anni 2007, 2008 e 2009, è autorizzata la spesa di 30 milioni di euro, da iscrivere nello stato di previsione del Ministero della pubblica istruzione, con lo scopo di dotare le scuole di ogni ordine e grado delle innovazioni tecnologiche necessarie al migliore supporto delle attività didattiche.

634. Per gli interventi previsti dai commi da 622 a 633, con esclusione del comma 625, è autorizzata la spesa di euro 220 milioni a decorrere dall'anno 2007. *[Su proposta del Ministro della pubblica istruzione sono disposte, con decreto del Ministro dell'economia e delle finanze, le variazioni di bilancio per l'assegnazione delle risorse agli interventi previsti dai commi da 622 a 633]* [(1)(2)(3)].

(1) Per la riduzione dell'autorizzazione di spesa di cui al presente comma vedi l'articolo 1 del D.L. 7 settembre 2007, n.147.
(2) Per la finalizzazione dell'autorizzazione di spesa di cui al presente comma, vedi l'articolo 2, comma 427, della legge 24 dicembre 2007 n. 244.
(3) Comma modificato dall'articolo 7, comma 37 bis del D.L. 6 luglio 2012, n. 95.

635. Al fine di dare il necessario sostegno alla funzione pubblica svolta dalle scuole paritarie nell'ambito del sistema nazionale di istruzione, a decorrere dall'anno 2007, gli stanziamenti, iscritti nelle unità previsionali di base "*Scuole non statali*" dello stato di previsione del Ministero della pubblica istruzione, sono incrementati complessivamente di 100 milioni di euro, da destinare prioritariamente alle scuole dell'infanzia [(1)].

(1) A norma dell'articolo 33, comma 16, della L. 12 novembre 2011, n. 183, per le finalità di cui al presente articolo, è autorizzata la spesa di 242 milioni di euro per l'anno 2012.

636. Il Ministro della pubblica istruzione definisce annualmente, con apposito decreto, i criteri e i parametri per l'assegnazione dei contributi alle scuole paritarie e, in via prioritaria, a quelle che svolgono il servizio scolastico senza fini di lucro e che comunque non siano legate con società aventi fini di lucro o da queste controllate. In tale ambito i contributi sono assegnati secondo il seguente ordine di priorità: scuole dell'infanzia, scuole primarie e scuole secondarie di primo e secondo grado [(1)].

(1) In riferimento al presente articolo vedi: Nota del Ministero dell'Istruzione, dell'Università e della Ricerca 18 marzo 2009, n. 2716.

637. Il sistema universitario concorre alla realizzazione degli obiettivi di finanza pubblica per il triennio 2007-2009, garantendo che il fabbisogno finanziario, riferito alle università statali, ai dipartimenti e a tutti gli altri centri con autonomia finanziaria e contabile, da esso complessivamente generato in ciascun anno non sia superiore al fabbisogno determinato a consuntivo nell'esercizio precedente, incrementato del 3 per cento. Il Ministro dell'università e della ricerca procede annualmente alla determinazione del fabbisogno finanziario programmato per ciascun ateneo, sentita la Conferenza dei rettori delle università italiane (CRUI), tenendo conto degli obiettivi di riequilibrio nella distribuzione delle risorse e delle esigenze di razionalizzazione del sistema universitario, garantendo l'equilibrata distribuzione delle opportunità formative.

638. Il Consiglio nazionale delle ricerche, l'Agenzia spaziale italiana, l'Istituto nazionale di fisica nucleare, l'Ente per le nuove tecnologie, l'energia e l'ambiente, il Consorzio per l'area di ricerca scientifica e tecnologica di Trieste e l'Istituto nazionale di geofisica e vulcanologia concorrono alla realizzazione degli obiettivi di finanza pubblica per il triennio 2007-2009, garantendo che il fabbisogno finanziario complessivamente generato in ciascun anno non sia superiore al fabbisogno determinato a consuntivo nell'esercizio precedente incrementato del 4 per cento annuo.

639. Il fabbisogno programmato di ciascuno degli enti di ricerca indicati al comma 638 è determinato annualmente dal Ministero dell'economia e delle finanze nella misura inferiore tra il fabbisogno programmato e quello realizzato nell'anno precedente, incrementato del 4 per cento. Non concorrono alla determinazione del fabbisogno finanziario annuale: a) i pagamenti derivanti dagli accordi di programma e convenzioni per effetto dei quali gli enti medesimi agiscono in veste di attuatori dei programmi e delle attività per

ACCERTAMENTO

conto e nell'interesse dei Ministeri che li finanziano, nei limiti dei finanziamenti concessi; b) i pagamenti dell'Agenzia spaziale italiana (ASI) relativi alla contribuzione annuale dovuta all'Agenzia spaziale europea (ESA), in quanto correlati ad accordi internazionali, nonché i pagamenti per programmi in collaborazione con la medesima ESA e i programmi realizzati con leggi speciali, ivi compresa la partecipazione al programma "Sistema satellitare di navigazione globale GNSS-Galileo" ai sensi della legge 29 gennaio 2001, n. 10, e dell'articolo 15, comma 2, del decreto legislativo 4 giugno 2003, n. 128; c) i pagamenti del Consorzio per l'area di ricerca scientifica e tecnologica di Trieste relativi alla contribuzione annuale dovuta alla Società consortile Elettra Sincrotrone di Trieste, di interesse nazionale, di cui all'articolo 10, comma 4, della legge 19 ottobre 1999, n. 370, di cui il Consorzio detiene la maggioranza del capitale sociale. Al fine di consentire il monitoraggio dell'utilizzo del fabbisogno finanziario programmato, gli enti di ricerca indicati al comma 638 comunicano al Ministero dell'economia e delle finanze - Dipartimento della Ragioneria generale dello Stato, entro il quindicesimo giorno del mese successivo a quello di riferimento, i pagamenti di cui alle lettere a), b) e c). I Ministeri vigilanti, ciascuno per i propri enti di ricerca, comunicano al Ministero dell'economia e delle finanze - Dipartimento della Ragioneria generale dello Stato, entro il 20 gennaio dell'anno successivo a quello di riferimento, l'ammontare complessivo dei finanziamenti concessi a ciascun ente di ricerca, erogati a fronte dei pagamenti di cui alla lettera a)(1).

(1) Comma sostituito dall'articolo 1, comma 749, della Legge 28 dicembre 2015, n. 208.

640. Per il triennio 2007-2009 continua ad applicarsi la disciplina di cui all'articolo 3, comma 5, della legge 24 dicembre 2003, n. 350.

641. Per le finalità di cui al decreto legislativo 5 giugno 1998, n. 204, recante disposizioni per il coordinamento, la programmazione e la valutazione della politica nazionale relativa alla ricerca scientifica e tecnologica, è autorizzata la spesa di 20 milioni di euro per gli anni 2007, 2008 e 2009.

642. Il fabbisogno finanziario annuale determinato per il sistema universitario statale dal comma 637 e per i principali enti pubblici di ricerca dal comma 638 è incrementato degli oneri contrattuali del personale limitatamente a quanto dovuto a titolo di competenze arretrate.

643. Per gli anni 2008 e 2009 gli enti di ricerca pubblici possono procedere ad assunzioni di personale con rapporto di lavoro a tempo indeterminato entro il limite dell'80 per cento delle proprie entrate correnti complessive, come risultanti dal bilancio consuntivo dell'anno precedente, purché entro il limite delle risorse relative alla cessazione dei rapporti di lavoro a tempo indeterminato complessivamente intervenute nel precedente anno (1)(2)(3)(4).

(1) Vedi, anche, l'articolo 12, comma 3, del D.L. 31 dicembre 2007, n. 248.
(2) A norma dell'articolo 41, comma 1, del D.L. 30 dicembre 2008, n. 207, il termine per procedere alle assunzioni di personale a tempo indeterminato relative alle cessazioni verificatesi nell'anno 2007, di cui al presente comma, è prorogato al 31 dicembre 2009 e le relative autorizzazioni possono essere concesse entro il 30 giugno 2009.
(3) A norma dell'articolo 1, comma 1, del D.L. 29 dicembre 2011, n. 216, il termine per procedere alle assunzioni di personale a tempo indeterminato di cui al presente comma è prorogato al 31 dicembre 2012. Successivamente, l'articolo 1, comma 388, della Legge 24 dicembre 2012, n. 228, ha prorogato il predetto termine al 30 giugno 2013.
(4) A norma dell'articolo 1, comma 1, del D.L. 29 dicembre 2011, n. 216, come modificato dall'articolo 1, comma 1, lettera a) del D.L. 31 dicembre 2014, n. 192, convertito, con modificazioni, dalla Legge 27 febbraio 2015, n. 11, come modificato dall'articolo 1, comma 1, lettera a), del D.L. 30 dicembre 2015, n. 210, convertito con modificazioni dalla Legge 26 febbraio 2016, n. 21, il termine per procedere alle assunzioni di personale a tempo indeterminato di cui al presente comma, è prorogato al 31 dicembre 2016.

644. Sono fatti salvi i princìpi di cui ai commi 526 e 529.

645. Nell'anno 2007, gli enti di cui al comma 643 possono avviare procedure concorsuali volte alla costituzione di rapporti di lavoro a tempo indeterminato, la cui costituzione effettiva non può comunque intervenire in data antecedente al 1° gennaio 2008, fermi i limiti di cui al medesimo comma 643 riferiti all'anno 2006.

646. Ai fini dell'applicazione dei commi 643 e 645, sono fatte salve le assunzioni conseguenti a bandi di concorso già pubblicati ovvero a procedure già avviate alla data del 30 settembre 2006 e i rapporti di lavoro costituiti all'esito dei medesimi sono computati ai fini dell'applicazione dei predetti commi.

647. In attesa della riforma dello stato giuridico dei ricercatori universitari, il Ministro dell'università e della ricerca, con proprio decreto da emanare entro il 31 marzo 2007, sentiti il Consiglio universitario nazionale (CUN) e la CRUI, disciplina le modalità di svolgimento dei concorsi per ricercatore, banditi dalle università successivamente alla data di emanazione del predetto decreto ministeriale, con particolare riguardo alle modalità procedurali ed ai criteri di valutazione dei titoli didattici e dell'attività di ricerca, garantendo celerità, trasparenza e allineamento agli standard internazionali (1).

(1) Vedi, anche, l'articolo 12, comma 2-bis, del D.L. 31 dicembre 2007, n. 248.

648. Al fine di consentire il reclutamento straordinario di ricercatori, il decreto di cui al comma 647 definisce un numero aggiuntivo di posti di ricercatore da assegnare alle università e da coprire con concorsi banditi entro il 30 giugno 2008 (1)(2).

(1) A norma dell'articolo 3 del D.L. 7 settembre 2007, n.147 al fine di garantire una più ampia assunzione di ricercatori nelle università e negli enti di ricerca, le disposizioni di cui al presente comma non si applicano per l'anno 2007 con riferimento alle assunzioni ivi previste.
(2) Vedi l'articolo 4-bis, comma 17, del D.L. 3 giugno 2008, n. 97.

649. Per l'anno 2007, il personale in servizio con contratto a tempo determinato presso gli enti e le istituzioni pubbliche di ricerca, che risulti vincitore di concorso per l'assunzione con contratto a tempo indeterminato, già espletato ovvero con procedure in corso alla data del 30 settembre 2006, la cui assunzione risulti dal 2008 compatibile con i limiti posti dal comma 523, può essere mantenuto in servizio a tempo determinato per l'anno 2007, qualora i relativi oneri non siano posti a carico dei bilanci di funzionamento o del Fondo di finanziamento ordinario degli enti stessi.

650. All'onere derivante dal comma 648 si provvede nel limite di 20 milioni di euro per l'anno 2007, di 40 milioni di euro per l'anno 2008 e di 80 milioni di euro a decorrere dall'anno 2009 (1).

[(1)] *Per la diversa destinazione delle risorse di cui al presente comma, per l'anno 2007, vedi l'articolo 3 del D.L. 7 settembre 2007, n.147.*

651. Fermo quanto previsto dai commi 643, 644 e 645, entro il 30 aprile 2007 il Ministro dell'università e della ricerca, sentiti i presidenti degli enti interessati, bandisce un piano straordinario di assunzioni di ricercatori nell'ambito degli enti pubblici di ricerca vigilati dal Ministero dell'università e della ricerca, definendone il numero complessivo e le modalità procedimentali con particolare riferimento ai criteri di valutazione dei pregressi rapporti di lavoro, dei titoli scientifici e dell'attività di ricerca svolta [(1)(2)].

[(1)] *A norma dell'articolo 3 del D.L. 7 settembre 2007, n.147 al fine di garantire una più ampia assunzione di ricercatori nelle università e negli enti di ricerca, le disposizioni di cui al presente comma non si applicano per l'anno 2007 con riferimento alle assunzioni ivi previste.*
[(2)] *Vedi l'articolo 4-bis, comma 17, del D.L. 3 giugno 2008, n. 97.*

652. Per l'attuazione del piano di cui al comma 651, è autorizzata la spesa di 7,5 milioni di euro per l'anno 2007 e di 30 milioni di euro a decorrere dall'anno 2008 [(1)].

[(1)] *Per la diversa destinazione delle risorse di cui al presente comma, per l'anno 2007, vedi l'articolo 3 del D.L. 7 settembre 2007, n.147.*

653. Per gli anni dal 2007 al 2009 incluso, è fatto divieto alle università statali e non statali, autorizzate a rilasciare titoli accademici aventi valore legale, di istituire e attivare facoltà o corsi di studio in comuni diversi da quello ove l'ateneo ha la sede legale e amministrativa, salvo che si tratti di comune confinante o di razionalizzazione dell'offerta didattica mediante accorpamento di sedi decentrate già esistenti nella regione Valle d'Aosta e nelle province autonome di Trento e di Bolzano, o di istituzione di centri di ricerca funzionali alle attività produttive della regione.

654. In favore della "Fondazione Collegio europeo" di Parma è autorizzata per ciascuno degli anni 2007-2008, la somma di 500.000 euro da destinare al funzionamento.

655. Ai fini della tutela dell'unità economica della Repubblica, le regioni e le province autonome di Trento e di Bolzano concorrono alla realizzazione degli obiettivi di finanza pubblica per il triennio 2007-2009 con il rispetto delle disposizioni di cui ai commi da 656 a 672, che costituiscono princi pi fondamentali del coordinamento della finanza pubblica ai sensi degli articoli 117, terzo comma, e 119, secondo comma, della Costituzione.

656. A decorrere dall'anno 2007, è avviata una sperimentazione, con le regioni e le province autonome di Trento e di Bolzano indicate dalla Conferenza permanente per i rapporti tra lo Stato, le regioni e le province autonome di Trento e di Bolzano, finalizzata ad assumere, quale base di riferimento per il patto di stabilità interno, il saldo finanziario. I criteri di definizione del saldo e le modalità di sperimentazione sono definiti con decreto del Ministro dell'economia e delle finanze, di concerto con il Ministro per gli affari regionali e le autonomie locali, sentita la predetta Conferenza.

657. In attesa dei risultati della sperimentazione di cui al comma 656, per il triennio 2007-2009, il complesso delle spese finali di ciascuna regione a statuto ordinario, determinato ai sensi del comma 658, non può essere superiore, per l'anno 2007, al corrispondente complesso di spese finali dell'anno 2005 diminuito dell'1,8 per cento e, per gli anni 2008 e 2009, non può essere superiore al complesso delle corrispondenti spese finali dell'anno precedente, calcolato assumendo il pieno rispetto del patto di stabilità interno, aumentato, rispettivamente, del 2,5 per cento e del 2,4 per cento.

658. Il complesso delle spese finali è determinato dalla somma delle spese correnti ed in conto capitale, al netto delle:

a) spese per la sanità, cui si applica la specifica disciplina di settore;

b) spese per la concessione di crediti.

658-bis. Nei casi in cui la regione o la provincia autonoma non consegua per l'anno 2007 l'obiettivo di spesa determinato in applicazione del patto di stabilità interno e lo scostamento registrato rispetto all'obiettivo non sia superiore alle spese in conto capitale per interventi cofinanziati correlati ai finanziamenti dell'Unione europea, con esclusione delle quote di finanziamento nazionale, non si applicano le sanzioni previste per il mancato rispetto del patto di stabilità *[, a condizione che lo scostamento venga recuperato nell'anno 2008]* [(1)].

[(1)] *Comma inserito dall'articolo 7-bis del D.L. 1 ottobre 2007, n.159 e successivamente modificato dall'articolo 2, comma 39, della legge 22 dicembre 2008, n. 203.*

659. Le spese finali sono determinate sia in termini di competenza sia in termini di cassa.

660. Per gli esercizi 2007, 2008 e 2009, le regioni a statuto speciale e le province autonome di Trento e di Bolzano concordano, entro il 31 marzo di ciascun anno, con il Ministro dell'economia e delle finanze il livello complessivo delle spese correnti e in conto capitale, nonché dei relativi pagamenti, in coerenza con gli obiettivi di finanza pubblica per il periodo 2007-2009; a tale fine, entro il 31 gennaio di ciascun anno, il presidente dell'ente trasmette la proposta di accordo al Ministro dell'economia e delle finanze. In caso di mancato accordo si applicano le disposizioni stabilite per le regioni a statuto ordinario. Per gli enti locali dei rispettivi territori provvedono alle finalità di cui ai commi da 676 a 695 le regioni a statuto speciale e le province autonome di Trento e di Bolzano, ai sensi delle competenze alle stesse attribuite dai rispettivi statuti di autonomia e dalle relative norme di attuazione. Qualora le predette regioni e province autonome non provvedano, entro il 31 marzo di ciascun anno, si applicano, per gli enti locali dei rispettivi territori, le disposizioni previste per gli altri enti locali dai commi da 676 a 695 [(1)].

[(1)] *Vedi le disposizioni di cui all'articolo 1, comma 385, della legge 24 dicembre 2007, n. 244.*

661. Le regioni a statuto speciale e le province autonome di Trento e di Bolzano concorrono al riequilibrio della finanza pubblica, oltre che nei modi stabiliti dal comma 660, anche con misure finalizzate a produrre un risparmio per il bilancio dello Stato, in misura proporzionale all'incidenza della finanza di ciascuna regione a statuto speciale o provincia autonoma sulla finanza regionale e locale complessiva, anche mediante l'assunzione dell'esercizio di funzioni statali, attraverso l'emanazione, entro il 31 marzo 2007 e con le modalità stabilite dai rispettivi statuti, di specifiche norme di attuazione statutaria; tali norme di attuazione precisano le modalità e l'entità dei risparmi per il bilancio dello Stato da ottenere in modo permanente o comunque per annualità definite.

662. Sulla base degli esiti della sperimentazione di cui al comma 656, le norme di attuazione devono altresì prevedere le disposizioni per assicurare in via permanente il coordinamento tra le misure di finanza pubblica previste dalle leggi costituenti la manovra finanziaria dello Stato e l'ordinamento della finanza regionale previsto da ciascuno statuto speciale e dalle relative norme di attuazione, nonché le modalità per il versamento dell'imposta regionale sulle attività produttive e dell'addizionale dell'imposta sul reddito delle persone fisiche.

663. Resta ferma la facoltà delle regioni e delle province autonome di Trento e di Bolzano di estendere le regole del patto di stabilità interno nei confronti dei loro enti ed organismi strumentali, nonché per gli enti ad ordinamento regionale o provinciale [(1)].

(1) *Per l'estensione della facoltà di cui al presente comma vedi articolo 1, comma 380 della legge 24 dicembre 2007, n. 244.*

664. Ai fini del rispetto del principio del coordinamento della finanza pubblica, le regioni e le province autonome di Trento e di Bolzano autorizzano le proprie strutture sanitarie alla contrazione di mutui e al ricorso ad altre forme di indebitamento, secondo quanto stabilito dall'articolo 3, commi da 16 a 21, della legge 24 dicembre 2003, n. 350, fino ad un ammontare complessivo delle relative rate, per capitale ed interessi, non superiore al 15 per cento delle entrate proprie correnti di tali strutture. Le regioni e le province autonome sono tenute ad adeguare i rispettivi ordinamenti; è fatta comunque salva la facoltà di prevedere un limite inferiore all'indebitamento.

665. Sulla base degli esiti della sperimentazione di cui al comma 656, si procede, anche nei confronti di una sola o più regioni o province autonome, a ridefinire legislativamente le regole del patto di stabilità interno e l'anno di prima applicazione delle regole. Le nuove regole devono comunque tenere conto del saldo in termini di competenza e di cassa. Il saldo di competenza è calcolato quale somma algebrica degli importi risultanti dalla differenza tra accertamenti e impegni, per la parte corrente, e dalla differenza tra incassi e pagamenti, per la parte in conto capitale.

666. Per il monitoraggio degli adempimenti relativi al patto di stabilità interno, le regioni e le province autonome di Trento e di Bolzano trasmettono trimestralmente al Ministero dell'economia e delle finanze – Dipartimento della Ragioneria generale dello Stato, entro trenta giorni dalla fine del periodo di riferimento, utilizzando il sistema web appositamente previsto per il patto di stabilità interno nel sito "*www.pattostabilita.rgs.tesoro.it*", le informazioni riguardanti sia la gestione di competenza sia quella di cassa, attraverso un prospetto e con le modalità definiti con decreto del predetto Ministero, sentita la Conferenza permanente per i rapporti tra lo Stato, le regioni e le province autonome di Trento e di Bolzano [(1)].

(1) *Per il monitoraggio del "patto di stabilità interno" per l'anno 2007, per le regioni e le province autonome di Trento e Bolzano, di cui al presente comma, vedi il D.M. 12 luglio 2007.*

667. Ai fini della verifica del rispetto degli obiettivi del patto di stabilità interno, ciascuna regione e provincia autonoma è tenuta ad inviare, entro il termine perentorio del 31 marzo dell'anno successivo a quello di riferimento, al Ministero dell'economia e delle finanze – Dipartimento della Ragioneria generale dello Stato, una certificazione, sottoscritta dal rappresentante legale dell'ente e dal responsabile del servizio finanziario secondo un prospetto e con le modalità definite dal decreto di cui al comma 666. Per il patto relativo all'anno 2007 la certificazione è prodotta entro il termine perentorio del 31 maggio 2008 [(1)(2)].

(1) *Comma modificato dall'articolo 40-bis del D.L. 31 dicembre 2007, n. 248.*
(2) *A norma dell'articolo 7-quater, comma 16, del D.L. 10 febbraio 2009, n. 5, la certificazione di cui al presente comma, deve essere inviata entro il termine perentorio del 31 maggio 2009.*

668. Ai fini della verifica del rispetto degli obiettivi del patto di stabilità interno, ciascuna regione a statuto speciale e provincia autonoma è tenuta ad osservare quanto previsto dalle norme di attuazione statutaria emanate in relazione a quanto stabilito nel comma 662. Fino alla emanazione delle predette norme di attuazione statutaria si provvede secondo quanto disposto dall'accordo concluso ai sensi del comma 660.

669. In caso di mancato rispetto del patto di stabilità interno relativo agli anni 2007- 2009, accertato con le procedure di cui ai commi 667 e 668, il Presidente del Consiglio dei ministri, ai sensi dell'articolo 8, comma 1, della legge 5 giugno 2003, n. 131, diffida la regione o provincia autonoma ad adottare i necessari provvedimenti entro il 31 maggio dell'anno successivo a quello di riferimento. Detti provvedimenti devono essere comunicati al Ministero delle finanze 666. Qualora l'ente non adempia, il presidente della regione, in qualità di commissario ad acta, adotta entro il 30 giugno i necessari provvedimenti che devono essere comunicati, entro la medesima data, con le stesse modalità. Allo scopo di assicurare al contribuente l'informazione necessaria per il corretto adempimento degli obblighi tributari, il Ministero delle finanze 666 degli elenchi contenenti le regioni e le province autonome che non hanno rispettato il patto di stabilità interno, di quelle che hanno adottato opportuni provvedimenti e di quelle per le quali i commissari ad acta non hanno inviato la prescritta comunicazione [(1)].

(1) *A norma dell'articolo 40-bis del D.L. 31 dicembre 2007, n. 248, tutti i termini previsti dal presente comma sono prorogati di due mesi con riferimento al mancato rispetto del patto di stabilità interno relativo all'anno 2007.*

670. Decorso inutilmente il termine del 30 giugno previsto dal comma 669, nella regione o nella provincia autonoma interessata, con riferimento all'anno in corso, si applica automaticamente:

[a) l'imposta regionale sulla benzina per autotrazione, di cui all'articolo 17 del decreto legislativo 21 dicembre 1990, n. 398, nella misura di euro 0,0258, con efficacia dal 15 luglio ;][(1)]

b) la tassa automobilistica, di cui al titolo III, capo I, del decreto legislativo 30 dicembre 1992, n. 504, con l'aumento di 5 punti percentuali delle tariffe vigenti [(2)].

(1) *Lettera abrogata dall'articolo 1, comma 628, della Legge 30 dicembre 2020, n. 178. Sono fatti salvi gli effetti delle obbligazioni tributarie già insorte.*
(2) *A norma dell' articolo 40-bis del D.L. 31 dicembre 2007, n. 248, tutti i termini previsti dal presente comma sono prorogati di due mesi con riferimento al mancato rispetto del patto di stabilità interno relativo all'anno 2007.*

[671. Nelle regioni e nelle province autonome in cui l'imposta regionale sulla benzina è già in vigore nella misura massima prevista dalla legge si applica l'ulteriore aumento di euro 0,0129.] (1)

(1) Comma abrogato dall'articolo 1, comma 628, della Legge 30 dicembre 2020, n. 178. Sono fatti salvi gli effetti delle obbligazioni tributarie già insorte.

672. Scaduto il termine del 30 giugno i provvedimenti del commissario ad acta non possono avere ad oggetto i tributi di cui ai commi 670 e 671.

673. L'ultimo periodo del comma 1 dell'articolo 34-quinquies del decreto-legge 4 luglio 2006, n. 223, convertito, con modificazioni, dalla legge 4 agosto 2006, n. 248, è soppresso.

674. Il primo periodo del comma 323 dell'articolo 1 della legge 23 dicembre 2005, n. 266 è soppresso.

675. All'articolo 6 del decreto legislativo 18 febbraio 2000, n. 56, è aggiunto il seguente comma:

"*1-bis. Le aliquote e le compartecipazioni definitive di cui all'articolo 5, comma 3, sono rideterminate, a decorrere dal 1° gennaio del secondo anno successivo all'adozione dei provvedimenti di attuazione dell'articolo 119 della Costituzione al fine di assicurare la copertura degli oneri connessi alle funzioni attribuite alle regioni a statuto ordinario di cui al comma 1*".

676. Ai fini della tutela dell'unità economica della Repubblica, le province e i comuni con popolazione superiore a 5.000 abitanti concorrono alla realizzazione degli obiettivi di finanza pubblica per gli anni 2007-2010 con il rispetto delle disposizioni di cui ai commi da 677 a 695, che costituiscono princìpi fondamentali del coordinamento della finanza pubblica ai sensi degli articoli 117, terzo comma, e 119, secondo comma, della Costituzione (1)(2).

(1) Comma modificato dall'articolo 1, comma 379, lettera a), della legge 24 dicembre 2007 n. 244.
(2) in riferimento al presente commi vedi: Circolare del Ministero dell'Economia e delle Finanze 22 febbraio 2007, n. 12

677. La manovra finanziaria è fissata in termini di riduzione del saldo tendenziale di comparto per ciascuno degli anni 2007, 2008, 2009 e 2010 (1)(2).

(1) Comma modificato dall'articolo 1, comma 379, lettera b), della legge 24 dicembre 2007 n. 244.
(2) in riferimento al presente commi vedi: Circolare del Ministero dell'Economia e delle Finanze 22 febbraio 2007, n. 12

678. Per la determinazione del proprio obiettivo specifico di miglioramento del saldo, gli enti di cui al comma 676 devono seguire la seguente procedura:

a) calcolare la media triennale per il periodo 2003-2005 dei saldi di cassa, come definiti al comma 680 e risultanti dai propri conti consuntivi, ed applicare ad essa, solo se negativa, i seguenti coefficienti:

1) province: 0,400 per l'anno 2007, 0,210 per l'anno 2008 e 0,117 per l'anno 2009;

2) comuni con popolazione superiore a 5.000 abitanti: 0,330 per l'anno 2007, 0,205 per l'anno 2008 e 0,155 per l'anno 2009;

b) calcolare la media triennale della spesa corrente sostenuta in termini di cassa in ciascuno degli anni 2003, 2004 e 2005, come risultante dai propri conti consuntivi, ed applicare ad essa i seguenti coefficienti:

1) province: 0,041 per l'anno 2007, 0,022 per l'anno 2008 e 0,012 per l'anno 2009;

2) comuni con popolazione superiore a 5.000 abitanti: 0,029 per l'anno 2007, 0,017 per l'anno 2008 e 0,013 per l'anno 2009;

c) determinare l'importo annuo della manovra mediante la somma degli importi, considerati in valore assoluto, di cui alle lettere a) e b). Gli enti che presentano una media triennale positiva per il periodo 2003- 2005 dei saldi di cassa determinano l'importo del concorso alla manovra applicando solo i coefficienti relativi alla spesa di cui alla lettera b)(1).

(1) In riferimento al presente commi vedi: Circolare del Ministero dell'Economia e delle Finanze 22 febbraio 2007, n. 12

678-bis. Per l'anno 2010 si applicano i coefficienti stabiliti per l'anno 2009 ai sensi del comma 678, fermi restando i dati triennali originariamente assunti ai fini della quantificazione della manovra (1)(2).

(1) Comma inserito dall'articolo 1, comma 379, lettera c), della legge 24 dicembre 2007 n. 244.
(2) In riferimento al presente commi vedi: Circolare del Ministero dell'Economia e delle Finanze 22 febbraio 2007, n. 12

679. Nel caso in cui l'incidenza percentuale dell'importo di cui al comma 678, lettera c), sull'importo della media triennale 2003-2005 delle spese finali al netto delle concessioni di crediti risulti, per i comuni di cui al comma 676, superiore all'8 per cento, il comune deve considerare come obiettivo del patto di stabilità interno l'importo corrispondente all'8 per cento della suddetta media triennale (1).

(1) In riferimento al presente commi vedi: Circolare del Ministero dell'Economia e delle Finanze 22 febbraio 2007, n. 12

679-bis. Per gli anni 2008-2010 il concorso alla manovra delle province e dei comuni, determinato ai sensi dei commi 678 e 679, che presentano una media triennale positiva per il periodo 2003-2005 del saldo di cassa, calcolata ai sensi del comma 680, è pari a zero. Conseguentemente, gli obiettivi programmatici di cui al comma 681 sono pari al corrispondente saldo finanziario medio del triennio 2003-2005 calcolato in termini di competenza mista, costituito dalla somma algebrica degli importi risultanti dalla differenza tra accertamenti e impegni, per la parte corrente, e dalla differenza tra incassi e pagamenti per la parte in conto capitale, al netto delle entrate derivanti dalla riscossione di crediti e delle spese derivanti dalla concessione di crediti (1)(2).

(1) Comma inserito dall'articolo 1, comma 379 lettera d), della legge 24 dicembre 2007 n. 244.
(2) In riferimento al presente commi vedi: Circolare del Ministero dell'Economia e delle Finanze 22 febbraio 2007, n. 12

680. Il saldo finanziario è calcolato in termini di cassa quale differenza tra entrate finali, correnti e in conto capitale, e spese finali, correnti e in conto capitale, quali risultano dai conti consuntivi. Nel saldo finanziario non sono considerate le entrate derivanti dalla riscossione di crediti e le spese derivanti dalla concessione di crediti (1)(2).

(1) Per l'utilizzo della quota avanzo di amministrazione per i singoli enti locali, vedi l'articolo 2 del D.L. 2 luglio 2007, n. 81.
(2) In riferimento al presente commi vedi: Circolare del Ministero dell'Economia e delle Finanze 22 febbraio 2007, n. 12

681. Per il rispetto degli obiettivi del patto di stabilità interno gli enti devono conseguire un saldo finanziario in termini di cassa e di competenza, per l'esercizio 2007, e di sola competenza mista, per gli esercizi 2008, 2009 e 2010, pari al corrispondente saldo medio del triennio 2003-2005 migliorato della misura annualmente determinata ai sensi del comma 678, lettera c), ovvero dei commi 679 e 679-bis. Per il solo anno 2008 gli enti che nel triennio 2003-2005 hanno registrato un saldo medio di competenza mista positivo e maggiore del saldo medio di cassa possono conseguire l'obiettivo di miglioramento in termini di saldo finanziario di competenza mista o, in alternativa, in termini di cassa e di competenza. Le maggiori entrate derivanti dall'attuazione dei commi 142, 143 e 144 concorrono al conseguimento degli obiettivi del patto di stabilità interno [1][2].

[1] *Comma sostituito dall'articolo 1, comma 379, lettera e), della legge 24 dicembre 2007 n. 244.*
[2] *In riferimento al presente commi vedi: Circolare del Ministero dell'Economia e delle Finanze 22 febbraio 2007, n. 12*

681-bis. Per gli enti di cui al comma 679- bis che presentano, nel triennio 2003-2005, un valore medio delle entrate in conto capitale derivanti dalla dismissione del patrimonio immobiliare e mobiliare, non destinate nel medesimo triennio all'estinzione anticipata dei prestiti, superiore al 15 per cento della media delle entrate finali, al netto delle riscossioni di crediti, gli obiettivi programmatici per gli anni 2008-2010 sono ridotti di un importo pari alla differenza tra l'ammontare dei proventi in eccesso al predetto limite del 15 per cento e quello del contributo annuo determinato ai sensi dei commi 678 e 679, a condizione che tale differenza sia positiva. In caso di differenza pari a zero o negativa gli obiettivi programmatici restano determinati in misura pari al saldo finanziario medio del triennio 2003-2005 calcolato in termini di competenza mista [1][2].

[1] *Comma aggiunto dall'articolo 1, comma 379, lettera e), della legge 24 dicembre 2007 n. 244.*
[2] *In riferimento al presente commi vedi: Circolare del Ministero dell'Economia e delle Finanze 22 febbraio 2007, n. 12*

682. Ai fini dei saldi utili per il rispetto del patto di stabilità interno i trasferimenti statali sono conteggiati, in termini di competenza e di cassa, nella misura a tale titolo comunicata dall'amministrazione statale interessata [1].

[1] *In riferimento al presente commi vedi: Circolare del Ministero dell'Economia e delle Finanze 22 febbraio 2007, n. 12*

683. Ai fini del comma 686, il saldo finanziario e quello medio del triennio 2003-2005 sono calcolati, per l'anno 2007, sia per la gestione di competenza sia per quella di cassa e, per gli anni 2008, 2009 e 2010, per la sola gestione di competenza mista, quale differenza tra le entrate finali e le spese finali al netto delle entrate derivanti dalla riscossione di crediti e delle spese derivanti dalla concessione di crediti. Nel saldo finanziario non sono considerate le entrate in conto capitale riscosse nel triennio 2003- 2005, derivanti dalla dismissione del patrimonio immobiliare e mobiliare destinate, nel medesimo triennio, all'estinzione anticipata di prestiti. Per i comuni con popolazione superiore a 5.000 abitanti nel saldo finanziario non sono considerate le spese in conto capitale e di parte corrente, autorizzate dal Ministero, necessarie per l'attivazione di nuove sedi di uffici giudiziari, ivi incluse quelle relative al trasloco [1][2].

[1] *Comma modificato dall'articolo 1, comma 379 lettera f), della legge 24 dicembre 2007 n. 244.*
[2] *In riferimento al presente commi vedi: Circolare del Ministero dell'Economia e delle Finanze 22 febbraio 2007, n. 12*

683-bis. Limitatamente all'anno 2007, nel saldo finanziario utile per il rispetto del patto di stabilità interno non sono considerate le spese in conto capitale e di parte corrente sostenute dai comuni per il completamento dell'attuazione delle ordinanze emanate dal Presidente del Consiglio dei ministri a seguito di dichiarazione dello stato di emergenza. Con decreto del Presidente del Consiglio dei ministri sono individuati le spese di cui al periodo precedente, i comuni interessati e la misura riconosciuta a favore di ogni singolo comune entro l'importo complessivo di 5 milioni di euro per l'anno 2007 [1][2].

[1] *Comma inserito dall'articolo 1-bis del D.L. 2 luglio 2007, n. 81*
[2] *In riferimento al presente commi vedi: Circolare del Ministero dell'Economia e delle Finanze 22 febbraio 2007, n. 12*

684. Il bilancio di previsione degli enti locali ai quali si applicano le disposizioni del patto di stabilità interno deve essere approvato, a decorrere dall'anno 2008, iscrivendo le previsioni di entrata e di spesa di parte corrente in misura tale che, unitamente alle previsioni dei flussi di cassa di entrate e spese di parte capitale, al netto delle riscossioni e delle concessioni di crediti, sia garantito il rispetto delle regole che disciplinano il patto. A tal fine, gli enti locali sono tenuti ad allegare al bilancio di previsione un apposito prospetto contenente le previsioni di competenza e di cassa degli aggregati rilevanti ai fini del patto di stabilità interno [1][2].

[1] *Comma sostituito dall'articolo 1, comma 37,9 lettera g), della legge 24 dicembre 2007 n. 244.*
[2] *In riferimento al presente commi vedi: Circolare del Ministero dell'Economia e delle Finanze 22 febbraio 2007, n. 12*

685. Per il monitoraggio degli adempimenti relativi al patto di stabilità interno e per acquisire elementi informativi utili per la finanza pubblica, le province e i comuni con popolazione superiore a 5.000 abitanti trasmettono trimestralmente al Ministero dell'economia e delle finanze – Dipartimento della Ragioneria generale dello Stato, entro trenta giorni dalla fine del periodo di riferimento, utilizzando il sistema web appositamente previsto per il patto di stabilità interno nel sito «www.pattostabilita.rgs.tesoro.it», le informazioni riguardanti sia la gestione di competenza che quella di cassa, attraverso un prospetto e con le modalità definiti con decreto del predetto Ministero, sentita la Conferenza Stato-città ed autonomie locali. Con lo stesso decreto è definito il prospetto dimostrativo dell'obiettivo determinato per ciascun ente ai sensi dei commi 678, 679, 679-bis e 681-bis. La mancata trasmissione del prospetto dimostrativo degli obiettivi programmatici costituisce inadempimento al patto di stabilità interno. La mancata comunicazione al sistema web della situazione di commissariamento ai sensi del comma 688, secondo le indicazioni di cui allo stesso decreto, determina per l'ente inadempiente l'assoggettamento alle regole del patto di stabilità interno [1][2][3].

(1) *Per il «Patto di stabilità interno» 2007/2009, di cui al presente comma prima della sostituzione, vedi il D.M. 23 marzo 2007.*
(2) *Comma sostituito dall'articolo 1, comma 379, lettera h), della legge 24 dicembre 2007 n. 244.*
(3) *In riferimento al presente commi vedi: Circolare del Ministero dell'Economia e delle Finanze 22 febbraio 2007, n. 12*

685-bis. Al fine di attivare, con la partecipazione delle associazioni degli enti locali, un nuovo sistema di acquisizione di dati riguardanti la competenza finanziaria dei bilanci degli enti locali che si affianca al Sistema informativo delle operazioni degli enti pubblici (SIOPE), con decreto del Ministro dell'economia e delle finanze, di concerto con il Ministro dell'interno e con il Ministro per gli affari regionali e le autonomie locali, sentita la Conferenza Stato-città ed autonomie locali, sono stabiliti i contenuti e le modalità per monitorare, in corso d'anno, gli accertamenti e gli impegni assunti, secondo aggregazioni e scansioni temporali adeguate alle esigenze della finanza pubblica. La concreta realizzazione del sistema è effettuata previa quantificazione dei costi e individuazione della relativa copertura finanziaria (1)(2).

(1) *Comma inserito dall'articolo 1, comma 379, lettera i), della legge 24 dicembre 2007 n. 244.*
(2) *In riferimento al presente commi vedi: Circolare del Ministero dell'Economia e delle Finanze 22 febbraio 2007, n. 12*

686. Ai fini della verifica del rispetto degli obiettivi del patto di stabilità interno, ciascuno degli enti di cui al comma 676 è tenuto a inviare, entro il termine perentorio del 31 marzo dell'anno successivo a quello di riferimento, al Ministero dell'economia e delle finanze – Dipartimento della Ragioneria generale dello Stato una certificazione, sottoscritta dal rappresentante legale e dal responsabile del servizio finanziario, secondo un prospetto e con le modalità definiti dal decreto di cui al comma 685. La mancata trasmissione della certificazione costituisce inadempimento al patto di stabilità interno. Per il patto relativo all'anno 2007 la certificazione è prodotta entro il termine perentorio del 31 maggio 2008 (1)(2)(3).

(1) *Comma modificato dall'articolo 1, comma 379, lettera l), della legge 24 dicembre 2007 n. 244 e dall'articolo 40-bis del D.L. 31 dicembre 2007, n. 248.*
(2) *In riferimento al presente commi vedi: Circolare del Ministero dell'Economia e delle Finanze 22 febbraio 2007, n. 12*
(3) *A norma dell'articolo 7-quater, comma 16, del D.L. 10 febbraio 2009, n. 5, la certificazione di cui al presente comma, deve essere inviata entro il termine perentorio del 31 maggio 2009.*

686-bis. Qualora si registrino prelevamenti dai conti della tesoreria statale degli enti locali non coerenti con gli obiettivi in materia di debito assunti con l'Unione europea, il Ministro dell'economia e delle finanze, sentita la Conferenza Stato-città ed autonomie locali, adotta adeguate misure di contenimento dei prelevamenti (1)(2).

(1) *Comma inserito dall'articolo 1, comma 379, lettera m), della legge 24 dicembre 2007 n. 244.*
(2) *In riferimento al presente commi vedi: Circolare del Ministero dell'Economia e delle Finanze 22 febbraio 2007, n. 12*

687. Per gli enti istituiti nel periodo 2003- 2005, si fa riferimento alla media degli anni, compresi nello stesso periodo, per i quali sono disponibili i bilanci consuntivi; se si dispone del bilancio di un solo anno, quest'ultimo costituisce la base annuale di calcolo su cui applicare le regole del patto di stabilità interno. Il termine per l'applicazione delle regole del patto di stabilità interno agli enti istituiti nell'anno 2006 ed alle province della regione autonoma della Sardegna istituite ai sensi della legge regionale 2 gennaio 1997, n. 4, e i cui organi sono stati eletti a seguito delle consultazioni amministrative dell'8 e 9 maggio 2005, è prorogato al 1° gennaio 2009, assumendo, quale base di calcolo su cui applicare le regole, le risultanze dell'esercizio 2007 (1)(2).

(1) *Comma modificato dall'articolo 6, comma 8-octies, del D.L. 28 dicembre 2006 n. 300.*
(2) *In riferimento al presente commi vedi: Circolare del Ministero dell'Economia e delle Finanze 22 febbraio 2007, n. 12*

688. Gli enti locali commissariati ai sensi dell'articolo 143 del testo unico delle leggi sull'ordinamento degli enti locali, di cui al decreto legislativo 18 agosto 2000, n. 267, sono soggetti alle regole del patto di stabilità interno dall'anno successivo a quello della rielezione degli organi istituzionali (1).

(1) *In riferimento al presente commi vedi: Circolare del Ministero dell'Economia e delle Finanze 22 febbraio 2007, n. 12*

689. Si intendono esclusi per gli anni 2006 e 2007 dal rispetto degli obiettivi del patto di stabilità interno, gli enti locali per i quali negli anni 2004 e 2005, anche per frazione di anno, l'organo consiliare è stato commissariato ai sensi degli articoli 141 e 143 del testo unico delle leggi sull'ordinamento degli enti locali, di cui al decreto legislativo 18 agosto 2000, n. 267(1)(2).

(1) *Per la proroga per l'anno 2008 dell'esclusione dal rispetto degli obiettivi del patto di stabilità interno, di cui al presente comma, vedi l'articolo 1, comma 386, della legge 24 dicembre 2007 n. 244.*
(2) *In riferimento al presente commi vedi: Circolare del Ministero dell'Economia e delle Finanze 22 febbraio 2007, n. 12*

690. Le informazioni previste dai commi 685 e 686 sono messe a disposizione dell'UPI e dell'ANCI da parte del Ministero dell'economia e delle finanze secondo modalità e con contenuti individuati tramite apposite convenzioni (1).

(1) *In riferimento al presente commi vedi: Circolare del Ministero dell'Economia e delle Finanze 22 febbraio 2007, n. 12*

691. In caso di mancato rispetto del patto di stabilità interno, accertato con la procedura di cui al comma 686 del presente articolo, il Presidente del Consiglio dei ministri, ai sensi dell'articolo 8, comma 1, della legge 5 giugno 2003, n. 131, diffida gli enti locali ad adottare i necessari provvedimenti entro il 31 maggio dell'anno successivo a quello di riferimento. Detti provvedimenti devono essere comunicati al Ministero delle finanze 685. Qualora i suddetti enti non adempiano, il sindaco o il presidente della provincia, in qualità di commissari ad acta, adottano entro il 30 giugno i necessari provvedimenti, che devono essere comunicati, entro la medesima data, con le modalità indicate dal decreto di cui al comma 685. Allo scopo di assicurare al contribuente l'informazione necessaria per il corretto adempimento degli obblighi tributari, il Ministero dell'economia e delle finanze – Dipartimento della Ragioneria generale dello Stato cura la pubblicazione sul sito informatico di cui al comma 685 degli elenchi contenenti gli enti locali che non hanno rispettato il patto di stabilità interno, di quelli che hanno adottato op-

portuni provvedimenti nonché di quelli per i quali i commissari ad acta non hanno inviato la prescritta comunicazione [(1)(2)].

(1) *A norma dell'articolo 40-bis del D.L. 31 dicembre 2007, n. 248, tutti i termini previsti dal presente comma sono prorogati di due mesi con riferimento al mancato rispetto del patto di stabilità interno relativo all'anno 2007.*
(2) *In riferimento al presente commi vedi: Circolare del Ministero dell'Economia e delle Finanze 22 febbraio 2007, n. 12*

692. Decorso inutilmente il termine del 30 giugno previsto dal comma 691:

a) nei comuni interessati, con riferimento al periodo di imposta in corso, i contribuenti tenuti al versamento dell'addizionale comunale all'imposta sul reddito delle persone fisiche calcolano l'imposta maggiorando l'aliquota vigente nei comuni stessi dello 0,3 per cento;

b) nelle province interessate, con riferimento al periodo di imposta in corso, l'imposta provinciale di trascrizione, per i pagamenti effettuati a decorrere dal 1° luglio, è calcolata applicando un aumento del 5 per cento sulla tariffa vigente nelle province stesse [(1)(2)].

(1) *A norma dell'articolo 40-bis del D.L. 31 dicembre 2007, n. 248, tutti i termini previsti dal presente comma sono prorogati di due mesi con riferimento al mancato rispetto del patto di stabilità interno relativo all'anno 2007.*
(2) *In riferimento al presente commi vedi: Circolare del Ministero dell'Economia e delle Finanze 22 febbraio 2007, n. 12*

693. Scaduto il termine del 30 giugno i provvedimenti del commissario ad acta non possono avere ad oggetto i tributi di cui al comma 692 [(1)].

(1) *In riferimento al presente commi vedi: Circolare del Ministero dell'Economia e delle Finanze 22 febbraio 2007, n. 12*

694. I commi 23, 24, 25 e 26 dell'articolo 1 della legge 23 dicembre 2005, n. 266, e successive modificazioni, sono abrogati [(1)].

(1) *In riferimento al presente commi vedi: Circolare del Ministero dell'Economia e delle Finanze 22 febbraio 2007, n. 12*

695. All'articolo 1, comma 6, della legge 30 dicembre 2004, n. 311, dopo le parole: "*per il Consiglio superiore della magistratura,* " *sono inserite le seguenti:* "*per gli enti gestori delle aree naturali protette,*" [(1)].

(1) *In riferimento al presente commi vedi: Circolare del Ministero dell'Economia e delle Finanze 22 febbraio 2007, n. 12*

696. I trasferimenti erariali per l'anno 2007 in favore di ogni singolo ente locale sono determinati in base alle disposizioni recate dall'articolo 1, commi 153 e 154, della legge 23 dicembre 2005, n. 266 [(1)].

(1) *In riferimento al presente commi vedi: Circolare del Ministero dell'Economia e delle Finanze 22 febbraio 2007, n. 12*

697. Le disposizioni in materia di compartecipazione provinciale al gettito dell'imposta sul reddito delle persone fisiche di cui all'articolo 31, comma 8, della legge 27 dicembre 2002, n. 289, confermate, da ultimo, per l'anno 2006, dall'articolo 1, comma 152, della legge 23 dicembre 2005, n. 266, sono prorogate per l'anno 2007 [(1)].

(1) *In riferimento al presente commi vedi: Circolare del Ministero dell'Economia e delle Finanze 22 febbraio 2007, n. 12*

698. All'articolo 204, comma 1, del testo unico delle leggi sull'ordinamento degli enti locali, di cui al decreto legislativo 18 agosto 2000, n. 267, e successive modificazioni, le parole: "*non supera il 12 per cento*" sono sostituite dalle seguenti: "*non supera il 15 per cento*". All'articolo 1, comma 45, della legge 30 dicembre 2004, n. 311, alla lettera b), le parole: "*non superiore al 16 per cento*" sono sostituite dalle seguenti: "*non superiore al 15 per cento*" e la lettera c) è abrogata [(1)].

(1) *In riferimento al presente commi vedi: Circolare del Ministero dell'Economia e delle Finanze 22 febbraio 2007, n. 12*

699. Al comma 3 dell'articolo 28 della legge 23 dicembre 1998, n. 448, il secondo periodo è soppresso con decorrenza dal 1° gennaio 2007 [(1)].

(1) *In riferimento al presente commi vedi: Circolare del Ministero dell'Economia e delle Finanze 22 febbraio 2007, n. 12*

700. Sono abrogati i commi 38, 39, 40 e 41 dell'articolo 4 della legge 24 dicembre 2003, n. 350 [(1)].

(1) *In riferimento al presente commi vedi: Circolare del Ministero dell'Economia e delle Finanze 22 febbraio 2007, n. 12*

701. Il primo periodo del comma 150 dell'articolo 1 della legge 23 dicembre 2005, n. 266, è sostituito dal seguente: "*Continuano ad applicarsi le disposizioni recate dall'articolo 1, commi 30, 32 e 37, della legge 30 dicembre 2004, n. 311*" [(1)].

(1) *In riferimento al presente comma vedi: Circolare del Ministero dell'Economia e delle Finanze 22 febbraio 2007, n. 12*

702. In ragione del contributo apportato nel 2006 al conseguimento degli obiettivi di finanza pubblica, la ripartizione dell'incremento del gettito compartecipato di cui al comma 191, sarà effettuata nel 2008 esclusivamente a favore dei comuni che hanno rispettato nel 2006 il patto di stabilità interno [(1)].

(1) *In riferimento al presente commi vedi: Circolare del Ministero dell'Economia e delle Finanze 22 febbraio 2007, n. 12*

703. Per ciascuno degli anni 2007, 2008 e 2009, a valere sul fondo ordinario di cui all'articolo 34, comma 1, lettera a), del decreto legislativo 30 dicembre 1992, n. 504, sono disposti i seguenti interventi di cui 37,5 milioni di euro destinati a compensare gli effetti sul fabbisogno e sull'indebitamento netto derivanti dalle disposizioni recate dal comma 562 del presente articolo:

a) fino ad un importo complessivo di 45 milioni di euro, il contributo ordinario, al lordo della detrazione derivante dall'attribuzione di una quota di compartecipazione al gettito dell'imposta sul reddito delle persone fisiche, è incrementato in misura pari al 30 per cento per i comuni con popolazione fino a 5.000 abitanti, nei quali il rapporto tra la popolazione residente ultrasessantacinquenne e la popolazione residente complessiva è superiore al 25 per cento, secondo gli ultimi dati ISTAT disponibili. Almeno il 50 per cento della maggiore assegnazione è finalizzato ad interventi di natura sociale e socio-assistenziale. In caso di insufficienza del predetto importo, il contributo è proporzionalmente ridotto [1];

b) fino ad un importo complessivo di 81 milioni di euro, il contributo ordinario, al lordo della detrazione derivante dall'attribuzione di una quota di compartecipazione al gettito dell'imposta sul reddito delle persone fisiche, è incrementato in misura pari al 30 per cento per i comuni con popolazione fino a 5.000 abitanti, nei quali il rapporto tra la popolazione residente di età inferiore a cinque anni e la popolazione residente complessiva è superiore al 4,5 per cento, secondo gli ultimi dati ISTAT disponibili. Almeno il 50 per cento della maggiore assegnazione è finalizzato ad interventi di natura sociale. In caso di insufficienza del predetto importo, il contributo è proporzionalmente ridotto [2];

c) ai comuni con popolazione inferiore a 3.000 abitanti, è concesso un ulteriore contributo, fino ad un importo complessivo di 42 milioni di euro, per le medesime finalità dei contributi attribuiti a valere sul fondo nazionale ordinario per gli investimenti;

d) alle comunità montane è attribuito un contributo complessivo di 20 milioni di euro, da ripartire in proporzione alla popolazione residente nelle zone montane [3][4].

(1) Lettera modificata dall'articolo 2, comma 10, della legge 24 dicembre 2007 n. 244 e successivamente dall'articolo 2, comma 40, lettera a), della legge 22 dicembre 2008, n. 203.

(2) Lettera modificata dall'articolo 2, comma 40, lettera b), della legge 22 dicembre 2008, n. 203.

(3) Per la destinazione delle risorse all'incremento del contributo ordinario di cui al presente comma vedi l'articolo 2, comma 31, della legge 24 dicembre 2007 n. 244.

(4) A norma dell'articolo 2, comma 23, della legge 23 dicembre 2009, n. 191, relativamente agli anni 2010, 2011 e 2012, sono prorogate le disposizioni di cui al presente comma con una riduzione complessiva dei relativi stanziamenti pari a 10 milioni di euro per ciascuno degli anni indicati.

704. A decorrere dall'anno 2007 gli oneri relativi alle commissioni straordinarie di cui all'articolo 144 del testo unico di cui al decreto legislativo 18 agosto 2000, n. 267, sono posti a carico dello Stato, che provvede al rimborso a favore degli enti locali previa presentazione della relativa richiesta. Gli enti locali destinano gli importi rimborsati a spese di investimento.

705. In deroga alla normativa vigente, a favore degli enti locali i cui organi consiliari sono stati sciolti ai sensi dell'articolo 143 del testo unico di cui al decreto legislativo 18 agosto 2000, n. 267, il Ministero dell'interno provvede, su richiesta della commissione straordinaria, ad erogare in un'unica soluzione i trasferimenti erariali e la quota di compartecipazione al gettito dell'IRPEF spettanti per l'intero esercizio.

706. Per la copertura degli oneri di cui all'articolo 145 del testo unico di cui al decreto legislativo 18 agosto 2000, n. 267, è autorizzata la spesa di 5 milioni di euro a decorrere dall'anno 2007 [1].

(1) A norma dell'articolo 29, comma 1, del D.L 4 ottobre 2018, n. 113, convertito con modificazioni dalla Legge 1° dicembre 2018, n. 132, le risorse di cui al presente comma possono essere incrementate, nel rispetto dell'invarianza dei saldi di finanza pubblica, fino ad un massimo di 5.000.000 euro annui a decorrere dal 2018, mediante utilizzo delle risorse che si rendono disponibili nel corso dell'anno, relative alle assegnazioni a qualunque titolo spettanti agli enti locali, corrisposte annualmente dal Ministero dell'interno.

707. Per gli anni 2007, 2008 e 2009 a favore degli enti locali che si trovano, alla data del 1° gennaio di ciascun anno, nella condizione di cui all'articolo 143 del testo unico di cui al decreto legislativo 18 agosto 2000, n. 267, è corrisposto dal Ministero dell'interno un contributo destinato alla realizzazione o manutenzione di opere pubbliche nella misura massima annuale di 30 milioni di euro, ripartiti in base alla popolazione residente come risultante al 31 dicembre del penultimo anno precedente. Ai fini del riparto, gli enti con popolazione superiore a 5.000 abitanti sono considerati come enti di 5.000 abitanti.

708. Agli oneri derivanti dall'applicazione dei commi da 704 a 707 si provvede a valere sul fondo ordinario di cui all'articolo 34, comma 1, lettera a), del decreto legislativo 30 dicembre 1992, n. 504.

709. All'articolo 1, comma 494, della legge 23 dicembre 2005, n. 266, dopo il secondo periodo, è aggiunto il seguente: "*La ripartizione è effettuata per il 90 per cento in base alla popolazione e per il 10 per cento in base al territorio, assicurando il 40 per cento del fondo complessivo ai soli comuni confinanti con il territorio delle province autonome di Trento e di Bolzano*".

710. Ai fini dell'approvazione del bilancio di previsione degli enti locali e della verifica della salvaguardia degli equilibri di bilancio sono confermate, per l'anno 2007, le disposizioni di cui all'articolo 1, comma 1-bis, del decreto-legge 30 dicembre 2004, n. 314, convertito, con modificazioni, dalla legge 1° marzo 2005, n. 26.

711. Al comma 3 dell'articolo 6 della legge 23 dicembre 1999, n. 488, dopo le parole: "*servizi non commerciali*" sono inserite le seguenti: "*, per i quali è previsto il pagamento di una tariffa da parte degli utenti,*".

712. A decorrere dall'anno 2007, la dichiarazione di cui all'articolo 2, comma 4, del regolamento recante determinazione delle rendite catastali e conseguenti trasferimenti erariali ai comuni, di cui al decreto del Ministro dell'interno 1° luglio 2002, n. 197, attestante il minor gettito dell'imposta comunale sugli immobili derivante da fabbricati del gruppo catastale D, deve essere inviata al Ministero dell'interno entro il termine perentorio, a pena di decadenza, del 30 giugno dell'anno successivo a quello in cui si è verificata la minore entrata.

713. Per l'anno 2007 i proventi delle concessioni edilizie e delle sanzioni previste dal testo unico delle disposizioni legislative e regolamentari in materia edilizia di cui al decreto del Presidente della Repubblica 6 giugno 2001, n. 380, possono essere utilizzati per una quota non superiore al 50 per cento per il finanziamento di spese correnti e per una quota non superiore ad un ulteriore 25 per cento esclusivamente per spese di manutenzione ordinaria del patrimonio comunale.

714. All'articolo 242, comma 2, del testo unico di cui al decreto legislativo 18 agosto 2000, n. 267, concernente l'individuazione degli enti locali strutturalmente deficitari e relativi controlli, è aggiunto, in fine, il seguente periodo: "Fino alla fissazione di nuovi parametri triennali si applicano quelli vigenti per il triennio precedente".

715. Nei casi di scioglimento dei consigli comunali e provinciali ai sensi dell'articolo 143 del testo unico di cui al decreto legislativo 18 agosto 2000, n. 267, gli incarichi di cui all'articolo 110 del medesimo testo unico nonché l'incarico di revisore dei conti e i rapporti di consulenza e di collaborazione coordinata e continuativa sono risolti di diritto se non rinnovati entro quarantacinque giorni dall'insediamento

della commissione straordinaria per la gestione dell'ente.

716. Ai fini dell'invarianza delle disposizioni recate dai commi da 703 a 707 sul fabbisogno e sull'indebitamento netto delle pubbliche amministrazioni, il fondo per le aree sottoutilizzate, di cui all'articolo 61 della legge 27 dicembre 2002, n. 289, e successive modificazioni, è ridotto di 195 milioni di euro per l'anno 2007, di 130 milioni di euro per l'anno 2008 e di 65 milioni di euro per l'anno 2009.

717. Il comma 2-ter dell'articolo 3 della legge 7 agosto 1990, n. 250, e successive modificazioni, è sostituito dal seguente:

"2-ter. I contributi previsti dalla presente legge, con esclusione di quelli previsti dal comma 11, e in misura, comunque, non superiore al 50 per cento dei costi complessivi, compresi gli ammortamenti, risultanti dal bilancio dell'impresa stessa, sono concessi alle imprese editrici e alle emittenti radiotelevisive, comunque costituite, che editino giornali quotidiani o trasmettano programmi in lingua francese, ladina, slovena e tedesca nelle regioni autonome Valle d'Aosta, Friuli-Venezia Giulia e Trentino-Alto Adige, a condizione che le imprese beneficiarie non editino altri giornali quotidiani o che non possiedano altre emittenti radiotelevisive e possiedano i requisiti di cui alle lettere b), c), d), e), f) e g) del comma 2 del presente articolo. Alle emittenti radiotelevisive di cui al periodo precedente i contributi sono concessi nel limite complessivo di due milioni di euro per ciascuno degli anni 2007, 2008 e 2009. A decorrere dal 1° gennaio 2002 i contributi di cui ai commi 8 e 11 e in misura, comunque, non superiore al 50 per cento dei costi complessivi, compresi gli ammortamenti, risultanti dal bilancio dell'impresa stessa, sono concessi ai giornali quotidiani italiani editi e diffusi all'estero a condizione che le imprese editrici beneficiarie possiedano i requisiti di cui alle lettere b), c), d) e g) del comma 2 del presente articolo. Tali imprese devono allegare alla domanda i bilanci corredati da una relazione di certificazione da parte di società abilitate secondo la normativa dello Stato in cui ha sede l'impresa".

718. Fermo restando quanto disposto dagli articoli 60 e 63 del testo unico di cui al decreto legislativo 18 agosto 2000, n. 267, e successive modificazioni, l'assunzione, da parte dell'amministratore di un ente locale, della carica di componente degli organi di amministrazione di società di capitali partecipate dallo stesso ente non dà titolo alla corresponsione di alcun emolumento a carico della società.

719. L'indennità di fine mandato prevista dall'articolo 10 del regolamento di cui al decreto del Ministro dell'interno 4 aprile 2000, n. 119, spetta nel caso in cui il mandato elettivo abbia avuto una durata superiore a trenta mesi.

720. All'articolo 13 del decreto-legge 4 luglio 2006, n. 223, convertito, con modificazioni, dalla legge 4 agosto 2006, n. 248, sono apportate le seguenti modifiche:

a) al comma 3, primo periodo, le parole "dodici mesi" sono sostituite dalle seguenti "ventiquattro mesi";

b) al comma 3, secondo periodo, sono soppresse le seguenti parole: "da collocare sul mercato, secondo le procedure del decreto- legge 31 maggio 1994, n. 332, convertito, con modificazioni, dalla legge 30 luglio 1994, n. 474, entro ulteriori diciotto mesi";

c) al comma 4, secondo periodo, la parola: "perfezionate" è sostituita dalla seguente:"bandite".

721. Ai fini del contenimento della spesa pubblica, le regioni, entro sei mesi dalla data di entrata in vigore della presente legge, adottano disposizioni, normative o amministrative, finalizzate ad assicurare la riduzione degli oneri degli organismi politici e degli apparati amministrativi, con particolare riferimento alla diminuzione dell'ammontare dei compensi e delle indennità dei componenti degli organi rappresentativi e del numero di questi ultimi, alla soppressione degli enti inutili, alla fusione delle società partecipate e al ridimensionamento delle strutture organizzative.

722. La disposizione di cui al comma 721 costituisce principio fondamentale di coordinamento della finanza pubblica, ai fini del rispetto dei parametri stabiliti dal patto di stabilità e crescita dell'Unione europea.

723. I risparmi di spesa derivanti dall'attuazione del comma 721 devono garantire un miglioramento dei saldi finanziari dei bilanci regionali pari al 10 per cento rispetto ai saldi dell'anno precedente.

724. Al fine di assicurare un controllo indipendente e continuativo della qualità dell'azione di governo degli enti locali, è istituita un'Unità per il monitoraggio con il compito di accertare la ricorrenza dei presupposti per il riconoscimento delle misure premiali previste dalla normativa vigente e di provvedere alla verifica delle dimensioni organizzative ottimali degli enti locali anche mediante la valutazione delle loro attività, la misurazione dei livelli delle prestazioni e dei servizi resi ai cittadini e l'apprezzamento dei risultati conseguiti, tenendo altresì conto dei dati relativi al patto di stabilità interno. Con successivo decreto del Presidente del Consiglio dei ministri, su proposta del Ministro per gli affari regionali e le autonomie locali, di concerto con il Ministro dell'interno e con il Ministro dell'economia e delle finanze e sentita la Conferenza unificata di cui all'articolo 8 del decreto legislativo 28 agosto 1997, n. 281, sono emanate le disposizioni relative alla composizione dell'Unità, alla sua organizzazione ed al suo funzionamento.Al Ministro per gli affari regionali e le autonomie locali sono attribuite le funzioni di vigilanza sull'Unità. Per il funzionamento dell'Unità è istituito un fondo, nell'ambito del bilancio della Presidenza del Consiglio dei ministri, con una dotazione finanziaria pari a 2 milioni di euro a decorrere dal 2007. Restano ferme le competenze istituzionali della Ragioneria generale dello Stato e della Corte dei conti (1).

(1) *A norma dell'articolo 26, comma 6, del D.L. 25 giugno 2008, n. 112, come modificato dalla legge 6 agosto 2008, n. 133, in sede di conversione, l'Unità per il monitoraggio, di cui al presente articolo, è soppressa con la decorrenza di cui all'articolo 26 del D.L. 112/2008.*

[725. Nelle società a totale partecipazione di comuni o province, il compenso lordo annuale, onnicomprensivo, attribuito al presidente e ai componenti del consiglio di amministrazione, non può essere superiore per il presidente al 70 per cento e per i componenti al 60 per cento delle indennità spettanti, rispettivamente, al sindaco e al presidente della provincia ai sensi dell'articolo 82 del testo unico di cui al decreto legislativo 18 agosto 2000, n. 267. Resta ferma la possibilità di prevedere indennità di risultato solo nel caso di produzione di utili e in misura comunque non superiore al doppio del compenso onnicomprensivo di cui al primo periodo. Le disposizioni del presente comma si applicano anche alle società controllate, ai sensi dell'articolo 2359 del codice civile, dalle società indicate nel primo periodo del presente comma (1)(2).] (3)

(1) *La Corte Costituzionale con sentenza 20 maggio 2008, n. 159 (in Gazz. Uff., 28 maggio 2008, n. 23) ha dichiarato l'illegittimità costituzionale del presente comma, nella parte in cui esso trova*

applicazione per gli enti locali delle Province autonome di Trento e di Bolzano.
[2] *Comma modificato dall'articolo 61, comma 12, del D.L. 25 giugno 2008, n. 112, come modificato dalla legge 6 agosto 2008, n. 133, in sede di conversione, con la decorrenza prevista dal comma 13, dell'articolo 61 medesimo.*
[3] *Comma abrogato dall'articolo 28, comma 1, lettera e), del D.Lgs. 19 agosto 2016, n. 175.*

[726. Nelle società a totale partecipazione pubblica di una pluralità di enti locali, il compenso di cui al comma 725, nella misura ivi prevista, va calcolato in percentuale della indennità spettante al rappresentante del socio pubblico con la maggiore quota di partecipazione e, in caso di parità di quote, a quella di maggiore importo tra le indennità spettanti ai rappresentanti dei soci pubblici [1].] [2]

[1] *La Corte Costituzionale con sentenza 20 maggio 2008, n. 159 (in Gazz. Uff., 28 maggio 2008, n. 23) ha dichiarato l'illegittimità costituzionale del presente comma, nella parte in cui esso trova applicazione per gli enti locali delle Province autonome di Trento e di Bolzano.*
[2] *Comma abrogato dall'articolo 28, comma 1, lettera e), del D.Lgs. 19 agosto 2016, n. 175.*

[727. Al Presidente e ai componenti del consiglio di amministrazione sono dovuti gli emolumenti di cui all'articolo 84 del testo unico di cui al decreto legislativo 18 agosto 2000, n. 267, e successive modificazioni, alle condizioni e nella misura ivi stabilite [1].] [2]

[1] *La Corte Costituzionale con sentenza 20 maggio 2008, n. 159 (in Gazz. Uff., 28 maggio 2008, n. 23) ha dichiarato l'illegittimità costituzionale del presente comma, nella parte in cui esso trova applicazione per gli enti locali delle Province autonome di Trento e di Bolzano.*
[2] *Comma abrogato dall'articolo 28, comma 1, lettera e), del D.Lgs. 19 agosto 2016, n. 175.*

[728. Nelle società a partecipazione mista di enti locali e altri soggetti pubblici o privati, i compensi di cui ai commi 725 e 726 possono essere elevati in proporzione alla partecipazione di soggetti diversi dagli enti locali, nella misura di un punto percentuale ogni cinque punti percentuali di partecipazione di soggetti diversi dagli enti locali nelle società in cui la partecipazione degli enti locali è pari o superiore al 50 per cento del capitale, e di due punti percentuali ogni cinque punti percentuali di partecipazione di soggetti diversi dagli enti locali nelle società in cui la partecipazione degli enti locali è inferiore al 50 per cento del capitale [1].] [2]

[1] *La Corte Costituzionale con sentenza 20 maggio 2008, n. 159 (in Gazz. Uff., 28 maggio 2008, n. 23) ha dichiarato l'illegittimità costituzionale del presente comma, nella parte in cui esso trova applicazione per gli enti locali delle Province autonome di Trento e di Bolzano.*
[2] *Comma abrogato dall'articolo 28, comma 1, lettera e), del D.Lgs. 19 agosto 2016, n. 175.*

[729. Il numero complessivo di componenti del consiglio di amministrazione delle società partecipate totalmente anche in via indiretta da enti locali, non può essere superiore a tre, ovvero a cinque per le società con capitale, interamente versato, pari o superiore all'importo che sarà determinato con decreto del Presidente del Consiglio dei ministri su proposta del Ministro per gli affari regionali e le autonomie locali, di concerto con il Ministro dell'interno e con il Ministro dell'economia e delle finanze, sentita la Conferenza Stato-città e autonomie locali, entro sei mesi dalla data di entrata in vigore della presente legge. Nelle società miste il numero massimo di componenti del consiglio di amministrazione designati dai soci pubblici locali comprendendo nel numero anche quelli eventualmente designati dalle regioni non può essere superiore a cinque. Le società adeguano i propri statuti e gli eventuali patti parasociali entro tre mesi dall'entrata in vigore del citato decreto del Presidente del Consiglio dei ministri [1][2].] [3]

[1] *Per la determinazione dell'importo di capitale delle società partecipate dagli enti locali ai fini dell'individuazione del numero massimo dei componenti del consiglio di amministrazione, di cui al presente comma, vedi l'articolo unico del D.P.C.M. 26 giugno 2007.*
[2] *Vedi, anche, l'articolo 3, comma 17, della legge 24 dicembre 2007 n. 244.*
[3] *Comma abrogato dall'articolo 28, comma 1, lettera e), del D.Lgs. 19 agosto 2016, n. 175.*

[730. Le regioni e le province autonome di Trento e di Bolzano adeguano ai princìpi di cui ai commi da 725 a 735 la disciplina dei compensi degli amministratori delle società da esse partecipate, e del numero massimo dei componenti del consiglio di amministrazione di dette società. L'obbligo di cui al periodo che precede costituisce principio di coordinamento della finanza pubblica [1].] [2]

[1] *La Corte Costituzionale con sentenza 20 maggio 2008, n. 159 (in Gazz. Uff., 28 maggio 2008, n. 23) ha dichiarato l'illegittimità costituzionale del presente comma.*
[2] *Comma abrogato dall'articolo 28, comma 1, lettera e), del D.Lgs. 19 agosto 2016, n. 175.*

731. Nell'articolo 82 del testo unico di cui al decreto legislativo 18 agosto 2000, n. 267, sono apportate le seguenti modifiche:

a) al comma 1, dopo le parole: "consigli circoscrizionali" sono inserite le seguenti: "dei soli comuni capoluogo di provincia";

b) al comma 2, dopo la parola: "circoscrizionali" sono inserite le seguenti: ", limitatamente ai comuni capoluogo di provincia, ".

732. Nel comma 3 dell'articolo 234 del testo unico di cui al decreto legislativo 18 agosto 2000, n. 267, il numero: "5.000" è sostituito dal seguente: "15.000".

[733. Le disposizioni di cui ai commi da 725 a 730 non si applicano alle società quotate in borsa.] [1]

[1] *Comma abrogato dall'articolo 28, comma 1, lettera e), del D.Lgs. 19 agosto 2016, n. 175.*

734. Non può essere nominato amministratore di ente, istituzione, azienda pubblica, società a totale o parziale capitale pubblico chi, avendo ricoperto nei cinque anni precedenti incarichi analoghi, abbia chiuso in perdita tre esercizi consecutivi [1][2].

[1] *La Corte Costituzionale con sentenza 20 maggio 2008, n. 159 (in Gazz. Uff., 28 maggio 2008, n. 23) ha dichiarato l'illegittimità costituzionale del presente comma, nella parte in cui esso si riferisce alle Regioni e alle Province autonome di Trento e di Bolzano.*
[2] *A norma dell'articolo 3, comma 32 bis, della legge 24 dicembre 2007, n. 244, il presente comma si interpreta nel senso che non può essere nominato amministratore di ente, istituzione, azienda pubblica, società a totale o parziale capitale pubblico chi, avendo ricoperto nei cinque anni precedenti incarichi analoghi, abbia registrato, per tre esercizi consecutivi, un progressivo peggioramento dei conti per ragioni riferibili a non necessitate scelte gestionali.*

[735. Gli incarichi di amministratore delle società di cui ai commi da 725 a 734 conferiti da soci pubblici e i relativi compensi sono pubblicati nell'albo e nel sito informatico dei soci pubblici a cura del responsabile individuato da ciascun ente. La pubblicità è soggetta ad aggiornamento semestrale. La violazione dell'obbligo di pubblicazione è punita con la sanzione amministrativa pecuniaria fino a 10.000

euro, irrogata dal prefetto nella cui circoscrizione ha sede la società. La stessa sanzione si applica agli amministratori societari che non comunicano ai soci pubblici il proprio incarico ed il relativo compenso entro trenta giorni dal conferimento ovvero, per le indennità di risultato di cui al comma 725, entro trenta giorni dal percepimento.] [1]

[1] *Comma abrogato dall'articolo 28, comma 1, lettera e), del D.Lgs. 19 agosto 2016, n. 175.*

736. Le norme del presente comma costituiscono princìpi fondamentali per il coordinamento della finanza pubblica di cui agli articoli 117, terzo comma, e 119, secondo comma, della Costituzione. Le operazioni di gestione del debito tramite utilizzo di strumenti derivati, da parte delle regioni e degli enti di cui al testo unico di cui al decreto legislativo 18 agosto 2000, n. 267, devono essere improntate alla riduzione del costo finale del debito e alla riduzione dell'esposizione ai rischi di mercato. Gli enti possono concludere tali operazioni solo in corrispondenza di passività effettivamente dovute, avendo riguardo al contenimento dei rischi di credito assunti [1].

[1] *In riferimento al presenta comma vedi: Circolare del Ministero dell'Economia e delle Finanze 31 gennaio 2007, n. 1.*

737. All'articolo 41 della legge 28 dicembre 2001, n. 448, dopo il comma 2, sono inseriti i seguenti:

"2-bis. A partire dal 1° gennaio 2007, nel quadro di coordinamento della finanza pubblica di cui all'articolo 119 della Costituzione, i contratti con cui le regioni e gli enti di cui al testo unico di cui al decreto legislativo 18 agosto 2000, n. 267, pongono in essere le operazioni di ammortamento del debito con rimborso unico a scadenza e le operazioni in strumenti derivati devono essere trasmessi, a cura degli enti contraenti, al Ministero dell'economia e delle finanze – Dipartimento del tesoro. Tale trasmissione, che deve avvenire prima della sottoscrizione dei contratti medesimi, è elemento costitutivo dell'efficacia degli stessi. Restano valide le disposizioni del decreto di cui al comma 1 del presente articolo, in materia di monitoraggio.

2-ter. Delle operazioni di cui al comma precedente che risultino in violazione alla vigente normativa, viene data comunicazione alla Corte dei conti per l'adozione dei provvedimenti di sua competenza" [1].

[1] *In riferimento al presenta comma vedi: Circolare del Ministero dell'Economia e delle Finanze 31 gennaio 2007, n. 1.*

738. Gli enti tenuti alle comunicazioni previste dall'articolo 41 della legge n. 448 del 2001 conservano, per almeno cinque anni, appositi elenchi aggiornati contenenti i dati di tutte le operazioni finanziarie e di indebitamento effettuate ai sensi della normativa sopra citata. L'organo di revisione dell'ente territoriale vigila sul corretto e tempestivo adempimento da parte degli enti stessi [1].

[1] *In riferimento al presenta comma vedi: Circolare del Ministero dell'Economia e delle Finanze 31 gennaio 2007, n. 1.*

739. Dal 1° gennaio 2007 alle operazioni di indebitamento di cui al comma 17 dell'articolo 3 della legge 24 dicembre 2003, n. 350, si aggiungono le operazioni di cessione o cartolarizzazione dei crediti vantati dai fornitori di beni e servizi per i cui pagamenti l'ente assume, ancorché indirettamente, nuove obbligazioni, anche mediante la ristrutturazione dei piani di ammortamento. Sono escluse le operazioni di tale natura per le quali la delibera della Giunta regionale sia stata adottata prima del 4 settembre 2006, purchè completate entro e non oltre il 31 marzo 2007 [1].

[1] *In riferimento al presenta comma vedi: Circolare del Ministero dell'Economia e delle Finanze 31 gennaio 2007, n. 1.*

740. Al comma 17, primo periodo, dell'articolo 3 della legge 24 dicembre 2003, n. 350, sono soppresse le parole: "non collegati a un'attività patrimoniale preesistente".

COMMA 741

741. All'articolo 255 del testo unico delle leggi sull'ordinamento degli enti locali, di cui al decreto legislativo 18 agosto 2000, n. 267, il comma 10 è sostituito dal seguente:

"10. Non compete all'organo straordinario di liquidazione l'amministrazione dei residui attivi e passivi relativi ai fondi a gestione vincolata, ai mutui passivi già attivati per investimenti, ivi compreso il pagamento delle relative spese, nonché l'amministrazione dei debiti assistiti dalla garanzia della delegazione di pagamento di cui all'articolo 206".

742. L'adeguamento dei trasferimenti dovuti dallo Stato, ai sensi rispettivamente dell'articolo 37, comma 3, lettera c), della legge 9 marzo 1989, n. 88, e successive modificazioni, e dell'articolo 59, comma 34, della legge 27 dicembre 1997, n. 449, come da ultimo modificato dal comma 746, è stabilito per l'anno 2007:

a) in 469,16 milioni di euro in favore del Fondo pensioni lavoratori dipendenti, delle gestioni dei lavoratori autonomi, della gestione speciale minatori, nonché in favore dell'Ente nazionale di previdenza e di assistenza per i lavoratori dello spettacolo (ENPALS);

b) in 115,93 milioni di euro in favore del Fondo pensioni lavoratori dipendenti, ad integrazione dei trasferimenti di cui alla lettera a), della gestione esercenti attività commerciali e della gestione artigiani.

743. Conseguentemente a quanto previsto dal comma 742, gli importi complessivamente dovuti dallo Stato sono determinati per l'anno 2007 in 16.650,39 milioni di euro per le gestioni di cui al comma 742, lettera a), e in 4.114,39 milioni di euro per le gestioni di cui al comma 742, lettera b).

744. Gli importi complessivi di cui ai commi 742 e 743 sono ripartiti tra le gestioni interessate con il procedimento di cui all'articolo 14 della legge 7 agosto 1990, n. 241, e successive modificazioni, al netto, per quanto attiene al trasferimento di cui al comma 742, lettera a), della somma di 945,10 milioni di euro attribuita alla gestione per i coltivatori diretti, mezzadri e coloni a completamento dell'integrale assunzione a carico dello Stato dell'onere relativo ai trattamenti pensionistici liquidati anteriormente al 1° gennaio 1989, nonché al netto delle somme di 2,50 milioni di euro e di 57,94 milioni di euro di pertinenza, rispettivamente, della gestione speciale minatori e dell'ENPALS.

745. All'articolo 3, comma 2, della legge 8 agosto 1995, n. 335, le parole da: "secondo i seguenti criteri" fino alla fine del comma sono sostituite dalle seguenti: "secondo il criterio del rapporto tra contribuzione e prestazioni con l'applicazione di aliquote contributive non inferiori alla media, ponderata agli iscritti, delle aliquote vigenti nei regimi interessati".

746. All'articolo 59, comma 34, della legge 27 dicembre

1997, n. 449, e successive modificazioni, il quinto periodo è sostituito dal seguente: "Sono altresì escluse dal predetto procedimento le quote assegnate alle gestioni di cui agli articoli 21, 28, 31 e 34 della legge 9 marzo 1989, n. 88, per un importo pari al 50 per cento di quello definito con legge 23 dicembre 1996, n. 663, e successive modificazioni, rivalutato, a decorrere dall'anno 1997, in misura proporzionale al complessivo incremento dei trasferimenti stabiliti annualmente con legge finanziaria, ai sensi dell'articolo 37, comma 5, della legge 9 marzo 1989, n. 88, e successive modificazioni, e annualmente adeguato secondo i medesimi criteri".

747. Al fine di pervenire alla sistemazione del debito di Poste italiane Spa verso la tesoreria statale per sovvenzioni ricevute per pagamenti di pensioni effettuati fino alla fine dell'anno 2000, le anticipazioni di tesoreria ricevute da Poste italiane Spa, ai sensi dell'articolo 16 della legge 12 agosto 1974, n. 370, per il pagamento delle pensioni a carico dell'INPS fino alla predetta data si intendono concesse direttamente all'INPS e, conseguentemente, sono apportate le necessarie variazioni nelle scritturazioni del conto del patrimonio dello Stato.

748. Ai fini della copertura dei maggiori oneri a carico della gestione per l'erogazione delle pensioni, assegni e indennità agli invalidi civili, ciechi e sordi di cui all'articolo 130 del decreto legislativo 31 marzo 1998, n. 112, valutati in 534 milioni di euro per l'esercizio 2005 e in 400 milioni di euro per l'anno 2006:

a) per l'anno 2005, sono utilizzate le somme che risultano, sulla base del bilancio consuntivo dell'INPS per l'anno 2005, trasferite alla gestione di cui all'articolo 37 della legge 9 marzo 1989, n. 88, e successive modificazioni, in eccedenza rispetto agli oneri per prestazioni e provvidenze varie, per un ammontare complessivo pari a 534 milioni di euro;

b) per l'anno 2006, sono utilizzate le seguenti risorse:

1) le somme che risultano, sulla base del bilancio consuntivo dell'INPS per l'anno 2005, trasferite alla gestione di cui all'articolo 37 della legge 9 marzo 1989, n. 88, e successive modificazioni, in eccedenza rispetto agli oneri per prestazioni e provvidenze varie, per un ammontare complessivo pari a 87,48 milioni di euro;

2) le risorse trasferite all'INPS ed accantonate presso la medesima gestione, come risultanti dal bilancio consuntivo dell'anno 2005 del medesimo Istituto, per un ammontare complessivo di 312,52 milioni di euro, in quanto non utilizzate per i rispettivi scopi.

749. All'articolo 23 del decreto legislativo 5 dicembre 2005, n. 252, e successive modificazioni, sono apportate le seguenti modifiche:

a) le parole: "1° gennaio 2008" e "31 dicembre 2007", ovunque ricorrano, con esclusione dei commi 3 e 4, sono sostituite rispettivamente dalle seguenti: "1° gennaio 2007" e "31 dicembre 2006";

b) al comma 5:

1) nel primo periodo, la parola: "erogate" è soppressa;

2) nel secondo periodo, le parole: "alle prestazioni maturate" sono sostituite dalle seguenti: "ai montanti delle prestazioni accumulate";

c) al comma 7, nelle lettere b) e c), le parole: "alle prestazioni pensionistiche maturate" sono sostituite dalle seguenti: "ai montanti delle prestazioni";

d) al comma 3, le parole da: "Entro il 31 dicembre" fino a: "lettera b), n. 1):" sono sostituite dalle seguenti: "Per ricevere nuove adesioni, anche con riferimento al finanziamento tramite conferimento del TFR:";

e) al comma 3, lettera b), n. 1), dopo le parole: "alla costituzione" sono inserite le seguenti: ", entro il 31 marzo 2007,";

f) il comma 3-bis è sostituito dal seguente:

"3-bis. Per le forme pensionistiche complementari di cui agli articoli 12 e 13, le disposizioni previste agli articoli 4 e 5 in materia di responsabile della forma pensionistica e dell'organismo di sorveglianza si applicano a decorrere dal 1° luglio 2007.";

g) il comma 4 è sostituito dal seguente:

"4. A decorrere dal 1° gennaio 2007, le forme pensionistiche complementari che hanno provveduto agli adeguamenti di cui alle lettere a) e b), n. 2), del comma 3, dandone comunicazione alla COVIP secondo le istruzioni impartite dalla stessa, possono ricevere nuove adesioni anche con riferimento al finanziamento tramite conferimento del TFR. Relativamente a tali adesioni, le forme pensionistiche complementari che entro il 30 giugno 2007 abbiano ricevuto da parte della COVIP, anche tramite procedura di silenzioassenso ai sensi dell'articolo 19, comma 2, lettera b), l'autorizzazione o l'approvazione in ordine ai predetti adeguamenti ed abbiano altresì provveduto, per quanto di competenza, agli ulteriori adeguamenti di cui al comma 3, lettera b), n. 1), ricevono, a decorrere dal 1° luglio 2007, il versamento del TFR e dei contributi eventualmente previsti, anche con riferimento al periodo compreso tra il 1° gennaio 2007 e il 30 giugno 2007. Con riguardo ai lavoratori di cui all'articolo 8, comma 7, lettera c), n. 1), il predetto differimento si applica relativamente al versamento del residuo TFR. Qualora la forma pensionistica complementare non abbia ricevuto entro il 30 giugno 2007 la predetta autorizzazione o approvazione, all'aderente è consentito trasferire l'intera posizione individuale maturata ad altra forma pensionistica complementare, anche in mancanza del periodo minimo di partecipazione di due anni di cui all'articolo 14, comma 6".

750. Per le disposizioni di cui al comma 749 sono fatte salve le competenze delle regioni a statuto speciale e delle province autonome di Trento e di Bolzano, previste dai relativi statuti, dalle norme di attuazione e dal titolo V della parte II della Costituzione.

751. All'articolo 1, comma 3, lettera c), del decreto legislativo 5 dicembre 2005, n. 252, le parole: "Commissione di vigilanza sulle forme pensionistiche complementari" sono sostituite dalle seguenti: "Commissione di vigilanza sui fondi pensione".

752. Restano validi gli atti ed i provvedimenti adottati e sono fatti salvi gli effetti prodottisi ed i rapporti giuridici sorti sulla base del decreto-legge 13 novembre 2006, n. 279.

753. All'articolo 23 del decreto legislativo 5 dicembre 2005, n. 252, e successive modificazioni, dopo il comma 4, è inserito il seguente:

"4-bis. Le forme pensionistiche complementari istituite alla data di entrata in vigore della legge 23 ottobre 1992, n. 421, possono ricevere nuove adesioni anche con riferimento al finanziamento tramite conferimento del TFR a far data dal 1° gennaio 2007. Tali forme, ai fini del conferimento del TFR, devono adeguarsi, in conformità delle disposizioni emanate in attuazione dell'articolo 20, comma 2, del presente decreto legislativo, entro il 31 maggio 2007".

754. Con decreto del Ministro del lavoro e della previdenza sociale, di concerto con il Ministro dell'economia e delle finanze, sono disciplinate le modalità di regolazione di debito e credito delle imprese nei confronti dell'INPS, relativi agli sgravi contributivi di cui ai decreti del Ministro del lavoro e della previdenza sociale 5 agosto 1994 e 24 dicembre 1997, pubblicati rispettivamente nella Gazzetta Ufficiale n. 184 del 20 agosto 1994 e n. 57 del 10 marzo 1998. Nelle more dell'emanazione del decreto sono sospese le procedure esecutive e le imprese stesse non sono considerate morose ai fini del rilascio del documento unico di regolarità contributiva (DURC)[A].

[A] In riferimento al presente comma vedi: Messaggio INPS 15 gennaio 2007, n. 1433.

755. Con effetto dal 1° gennaio 2007, è istituito il "Fondo per l'erogazione ai lavoratori dipendenti del settore privato dei trattamenti di fine rapporto di cui all'articolo 2120 del codice civile", le cui modalità di finanziamento rispondono al principio della ripartizione, ed è gestito, per conto dello Stato, dall'INPS su un apposito conto corrente aperto presso la tesoreria dello Stato. Il predetto Fondo garantisce ai lavoratori dipendenti del settore privato l'erogazione dei trattamenti di fine rapporto di cui all'articolo 2120 del codice civile, per la quota corrispondente ai versamenti di cui al comma 756, secondo quanto previsto dal codice civile medesimo [1].

[1] Per le modalità di attuazione delle disposizioni di cui al presente comma, vedi il D.M. 30 gennaio 2007.

756. Con effetto sui periodi di paga decorrenti dal 1° gennaio 2007, al fine del finanziamento del Fondo di cui al comma 755, al medesimo Fondo affluisce un contributo pari alla quota di cui all'articolo 2120 del codice civile, al netto del contributo di cui all'articolo 3, ultimo comma, della legge 29 maggio 1982, n. 297, maturata a decorrere dalla predetta data e non destinata alle forme pensionistiche complementari di cui al decreto legislativo 5 dicembre 2005, n. 252, ovvero all'opzione di cui al comma 756-bis. Il predetto contributo è versato mensilmente dai datori di lavoro al Fondo di cui al comma 755, secondo le modalità stabilite con il decreto di cui al comma 757. Non sono tenuti al versamento del predetto contributo i datori di lavoro che abbiano alle proprie dipendenze meno di 50 addetti. La liquidazione del trattamento di fine rapporto e delle relative anticipazioni al lavoratore viene effettuata, sulla base di un'unica domanda, presentata dal lavoratore al proprio datore di lavoro, secondo le modalità stabilite con il decreto di cui al comma 757, dal Fondo di cui al comma 755, limitatamente alla quota corrispondente ai versamenti effettuati al Fondo medesimo, mentre per la parte rimanente resta a carico del datore di lavoro. Al contributo di cui al presente comma si applicano le disposizioni in materia di accertamento e riscossione dei contributi previdenziali obbligatori, con esclusione di qualsiasi forma di agevolazione contributiva [1][2].

[1] Comma modificato dall'articolo 1, comma 26, lettera b) della Legge 23 dicembre 2014, n. 190.
[2] Per le modalità di attuazione delle disposizioni di cui al presente comma, vedi il D.M. 30 gennaio 2007.

756-bis. In via sperimentale, in relazione ai periodi di paga decorrenti dal 1° marzo 2015 al 30 giugno 2018, i lavoratori dipendenti del settore privato, esclusi i lavoratori domestici e i lavoratori del settore agricolo, che abbiano un rapporto di lavoro in essere da almeno sei mesi presso il medesimo datore di lavoro, possono richiedere al datore di lavoro medesimo, entro i termini definiti con il decreto del Presidente del Consiglio dei ministri che stabilisce le modalità di attuazione della presente disposizione, di percepire la quota maturanda di cui all'articolo 2120 del codice civile, al netto del contributo di cui all'articolo 3, ultimo comma, della legge 29 maggio 1982, n. 297, compresa quella eventualmente destinata ad una forma pensionistica complementare di cui al decreto legislativo 5 dicembre 2005, n. 252, tramite liquidazione diretta mensile della medesima quota maturanda come parte integrativa della retribuzione. La predetta parte integrativa della retribuzione è assoggettata a tassazione ordinaria, non rileva ai fini dell'applicazione delle disposizioni contenute nell'articolo 19 del testo unico delle imposte sui redditi, di cui al decreto del Presidente della Repubblica 22 dicembre 1986, n. 917, e non è imponibile ai fini previdenziali. Resta in ogni caso fermo quanto previsto al comma 756. La manifestazione di volontà di cui al presente comma, qualora esercitata, è irrevocabile fino al 30 giugno 2018. All'atto della manifestazione della volontà di cui al presente comma il lavoratore deve aver maturato almeno sei mesi di rapporto di lavoro presso il datore di lavoro tenuto alla corresponsione della quota maturanda di cui all'articolo 2120 del codice civile. Le disposizioni di cui al presente comma non si applicano ai datori di lavoro sottoposti a procedure concorsuali e alle aziende dichiarate in crisi di cui all'articolo 4 della citata legge n. 297 del 1982. In caso di mancata espressione della volontà di cui al presente comma resta fermo quanto stabilito dalla normativa vigente.

[1] Comma inserito dall'articolo 1, comma 26, lettera a) della Legge 23 dicembre 2014, n. 190; vedi anche quanto disposto ai commi 28, 29, 30 e 31 del medesimo articolo. Vedi, inoltre, il D.P.C.M. 20 febbraio 2015, n. 29.

757. Le modalità di attuazione delle disposizioni dei commi 755 e 756 sono stabilite con decreto del Ministro del lavoro e della previdenza sociale, di concerto con il Ministro dell'economia e delle finanze, da emanare entro un mese dalla data di entrata in vigore della presente legge.

758. Le risorse del Fondo di cui al comma 755, al netto delle prestazioni erogate, della valutazione dei maggiori oneri derivanti dall'esonero dal versamento del contributo di cui all'articolo 10, comma 2, del decreto legislativo 5 dicembre 2005, n. 252, come modificato dal comma 764, e degli oneri conseguenti alle maggiori adesioni alle forme pensionistiche complementari derivanti dall'applicazione della presente disposizione, nonchè dall'applicazione delle disposizioni di cui all'articolo 8 del decreto-legge 30 settembre 2005, n. 203, convertito, con modificazioni, dalla legge 2 dicembre 2005, n. 248, come da ultimo sostituito dal comma 766, nonché degli oneri di cui al comma 765, sono destinate, nei limiti degli importi di cui all'elenco 1 annesso alla presente legge, al finanziamento dei relativi interventi, e in ogni caso nei limiti delle risorse accertate con il procedimento di cui al comma 759. Al fine di garantire la tempestiva attivazione del finanziamento in corso d'anno degli interventi previsti nel predetto elenco 1, è consentito, per l'anno 2007, l'utilizzo di una parte delle quote accantonate per ciascun intervento, nel

limite di importi corrispondenti a effetti in termini di indebitamento netto pari all'ottanta per cento di quelli determinati nel medesimo elenco 1. Per gli anni 2008 e 2009 è consentito l'utilizzo di una parte delle quote accantonate per ciascun intervento, nel limite di importi corrispondenti a effetti in termini di indebitamento netto pari al settanta per cento di quelli determinati nel medesimo elenco 1[(1)(2)].

(1) *Per lo sblocco delle risorse vincolate su TFR, per l'anno 2007, vedi l'articolo 13 del D.L. 2 luglio 2007, n. 81. Vedi anche l'articolo 51 del D.L. 31 dicembre 2007, n. 248.*
(2) *Comma modificato dall'articolo 3 del D.L. 1 ottobre 2007, n.159.*

759. Con il procedimento di cui all'articolo 14 della legge 7 agosto 1990, n. 241, e successive modificazioni, sono *[trimestralmente]* accertate le risorse del Fondo di cui al comma 755, al netto delle prestazioni e degli oneri di cui al comma 758 [(1)].

(1) *Per lo sblocco delle risorse vincolate su TFR, per l'anno 2007, vedi l'articolo 13 del D.L. 2 luglio 2007, n. 81. Comma modificato dall'articolo 3 del D.L. 1 ottobre 2007, n.159.*

760. Entro il 30 settembre di ogni anno, il Ministro del lavoro e della previdenza sociale di concerto con il Ministro dell'economia e delle finanze, presenta al Parlamento una relazione contenente i dati relativi alla costituzione e ai rendimenti delle forme pensionistiche complementari di cui all'articolo 3 del decreto legislativo 5 dicembre 2005, n. 252, quantificando altresì le adesioni alle forme pensionistiche complementari derivanti dall'applicazione dei commi 749 e seguenti del presente articolo, specificando dettagliatamente la consistenza finanziaria e le modalità di utilizzo del Fondo di cui al comma 755. Nella prima relazione il Ministro riferisce altresì sulle condizioni tecnico- finanziarie necessarie per la costituzione di una eventuale apposita gestione INPS, alimentata con il TFR, dei trattamenti aggiuntivi a quelli della pensione obbligatoria definendo un apposito Fondo di riserva.

761. Lo schema di ripartizione delle risorse del Fondo di cui al comma 755 e la relativa assegnazione ai singoli interventi di cui all'elenco 1 annesso alla presente legge è altresì trasmesso alle Camere ai fini dell'espressione dei pareri da parte delle Commissioni parlamentari competenti per materia e per le conseguenze di carattere finanziario, che sono resi entro trenta giorni.

762. Gli stanziamenti relativi agli interventi di cui al comma 758, nei limiti degli importi di cui all'elenco 1 annesso alla presente legge, sono accantonati e possono essere utilizzati secondo quanto previsto dai commi 758 e 759, con appositi decreti del Presidente del Consiglio dei ministri, su proposta del Ministro dell'economia e delle finanze, subordinatamente alla decisione delle autorità statistiche comunitarie in merito al trattamento contabile del Fondo di cui al comma 755 e alla conseguente compatibilità degli effetti complessivi del comma 758 con gli impegni comunitari assunti in sede di valutazione del programma di stabilità dell'Italia [(1)].

(1) *Comma modificato dall'articolo 3 del D.L. 1 ottobre 2007, n.159.*

763. All'articolo 3, comma 12, della legge 8 agosto 1995, n. 335, il primo e il secondo periodo sono sostituiti dai seguenti: "Nel rispetto dei princìpi di autonomia affermati dal decreto legislativo 30 giugno 1994, n. 509, e dal decreto legislativo 10 febbraio 1996, n. 103, e con esclusione delle forme di previdenza sostitutive dell'assicurazione generale obbligatoria, allo scopo di assicurare l'equilibrio di bilancio in attuazione di quanto previsto dall'articolo 2, comma 2, del suddetto decreto legislativo n. 509 del 1994, la stabilità delle gestioni previdenziali di cui ai predetti decreti legislativi è da ricondursi ad un arco temporale non inferiore ai trenta anni. Il bilancio tecnico di cui al predetto articolo 2, comma 2, è redatto secondo criteri determinati con decreto del Ministro del lavoro e della previdenza sociale di concerto con il Ministro dell'economia e delle finanze, sentite le associazioni e le fondazioni interessate, sulla base delle indicazioni elaborate dal Consiglio nazionale degli attuari nonché dal Nucleo di valutazione della spesa previdenziale. In esito alle risultanze e in attuazione di quanto disposto dal suddetto articolo 2, comma 2, sono adottati dagli enti medesimi, i provvedimenti necessari per la salvaguardia dell'equilibrio finanziario di lungo termine, avendo presente il principio del pro rata in relazione alle anzianità già maturate rispetto alla introduzione delle modifiche derivanti dai provvedimenti suddetti e comunque tenuto conto dei criteri di gradualità e di equità fra generazioni. Qualora le esigenze di riequilibrio non vengano affrontate, dopo aver sentito l'ente interessato e la valutazione del Nucleo di valutazione della spesa previdenziale, possono essere adottate le misure di cui all'articolo 2, comma 4, del decreto legislativo 30 giugno 1994, n. 509". Sono fatti salvi gli atti e le deliberazioni in materia previdenziale adottati dagli enti di cui al presente comma ed approvati dai Ministeri vigilanti prima della data di entrata in vigore della presente legge [(1)].

(1) *Per l'interpretazione autentica del presente comma vedi l'articolo 1, comma 488, della Legge 27 dicembre 2013, n. 147.*

764. All'articolo 10 del decreto legislativo 5 dicembre 2005, n. 252, sono apportate le seguenti modificazioni:

a) i commi da 1 a 3 sono sostituiti dai seguenti:

"1. Dal reddito d'impresa è deducibile un importo pari al 4 per cento dell'ammontare del TFR annualmente destinato a forme pensionistiche complementari e al Fondo per l'erogazione ai lavoratori dipendenti del settore privato dei trattamenti di fine rapporto di cui all'articolo 2120 del codice civile; per le imprese con meno di 50 addetti tale importo è elevato al 6 per cento.

2. Il datore di lavoro è esonerato dal versamento del contributo al Fondo di garanzia previsto dall'articolo 2 della legge 29 maggio 1982, n. 297, e successive modificazioni, nella stessa percentuale di TFR maturando conferito alle forme pensionistiche complementari e al Fondo per l'erogazione ai lavoratori dipendenti del settore privato dei trattamenti di fine rapporto di cui all'articolo 2120 del codice civile.

3. Un'ulteriore compensazione dei costi per le imprese, conseguenti al conferimento del TFR alle forme pensionistiche complementari e al Fondo per l'erogazione ai lavoratori dipendenti del settore privato dei trattamenti di fine rapporto di cui all'articolo 2120 del codice civile, è assicurata anche mediante una riduzione del costo del lavoro, attraverso una riduzione degli oneri impropri, correlata al flusso di TFR maturando conferito, nei limiti e secondo quanto stabilito dall'articolo 8 del decreto-legge 30 settembre 2005, n.

203, convertito, con modificazioni, dalla legge 2 dicembre 2005, n. 248, e successive modificazioni";

b) il comma 4 è abrogato;

c) al comma 5, le parole: "al presente articolo" sono sostituite dalle seguenti: "al comma 1".

765. Ai fini della realizzazione di campagne informative a cura della Presidenza del Consiglio dei ministri, d'intesa con il Ministro del lavoro e della previdenza sociale, volte a promuovere adesioni consapevoli alle forme pensionistiche complementari nonché per fare fronte agli oneri derivanti dall'attuazione delle connesse procedur e di espressione delle volontà dei lavoratori di cui all'articolo 8 del decreto legislativo 5 dicembre 2005, n. 252, è autorizzata, per l'anno 2007, la spesa di 17 milioni di euro. Alla ripartizione delle predette somme si provvede con decreto del Presidente del Consiglio dei ministri, di concerto con il Ministro del lavoro e della previdenza sociale e con il Ministro dell'economia e delle finanze. Con decreto del Ministro del lavoro e della previdenza sociale, di concerto con il Ministro dell'economia e delle finanze, sentita la Commissione di vigilanza sui fondi pensione (COVIP), da emanare entro un mese dalla data di entrata in vigore della presente legge, sono definite le modalità di attuazione di quanto previsto dal predetto articolo 8 del decreto legislativo n. 252 del 2005, con particolare riferimento alle procedure di espressione della volontà del lavoratore circa la destinazione del trattamento di fine rapporto maturando, e dall'articolo 9 del medesimo decreto legislativo n. 252 del 2005 [(1)].

[(1)] *Per l'attuazione del presente comma, vedi il D.M. 30 gennaio 2007.*

766. Al decreto-legge 30 settembre 2005, n. 203, convertito, con modificazioni, dalla legge 2 dicembre 2005, n. 248, e successive modificazioni, sono apportate le seguenti modificazioni:

a) l'articolo 8 è sostituito dal seguente:

"Art. 8. – (Compensazioni alle imprese che conferiscono il TFR a forme pensionistiche complementari e al Fondo per l'erogazione del TFR). – 1. In relazione ai maggiori oneri finanziari sostenuti dai datori di lavoro per il versamento di quote di trattamento di fine rapporto (TFR) alle forme pensionistiche complementari ovvero al "Fondo per l'erogazione ai lavoratori dipendenti del settore privato dei trattamenti di fine rapporto di cui all'articolo 2120 del codice civile" istituito presso la tesoreria dello Stato, a decorrere dal 1° gennaio 2008, è riconosciuto, in funzione compensativa, l'esonero dal versamento dei contributi sociali da parte degli stessi datori di lavoro dovuti alla gestione di cui all'articolo 24 della legge 9 marzo 1989, n. 88, per ciascun lavoratore, nella misura dei punti percentuali indicati nell'allegata tabella A, applicati nella stessa percentuale di TFR maturando conferito alle forme pensionistiche complementari e al predetto Fondo presso la tesoreria dello Stato. L'esonero contributivo di cui al presente comma si applica prioritariamente considerando, nell'ordine, i contributi dovuti per assegni familiari, per maternità e per disoccupazione e in ogni caso escludendo il contributo al Fondo di garanzia di cui all'articolo 2 della legge 29 maggio 1982, n. 297, nonché il contributo di cui all'articolo 25, quarto comma, della legge 21 dicembre 1978, n. 845. Qualora l'esonero di cui al presente comma non trovi capienza, con riferimento ai contributi effettivamente dovuti dal datore di lavoro, per il singolo lavoratore, alla gestione di cui al citato articolo 24 della legge 9 marzo 1989, n. 88, l'importo differenziale è trattenuto, a titolo di esonero contributivo, dal datore di lavoro sull'ammontare complessivo dei contributi dovuti all'INPS medesimo. L'onere derivante dal presente comma è valutato in 414 milioni di euro per l'anno 2008 e in 460 milioni di euro a decorrere dall'anno 2009";

b) alla tabella A, le parole: "prevista dall'articolo 8, comma 2" sono sostituite dalle seguenti: "prevista dall'articolo 8, comma 1".

767. Le risorse di cui all'articolo 74, comma 1, della legge 23 dicembre 2000, n. 388, limitatamente allo stanziamento relativo all'anno 2007 possono essere utilizzate anche ai fini del finanziamento delle spese di avvio dei Fondi di previdenza complementare dei dipendenti delle amministrazioni pubbliche.

768. Con effetto dal 1° gennaio 2007, le aliquote contributive per il finanziamento delle gestioni pensionistiche dei lavoratori artigiani e commercianti iscritti alle gestioni autonome dell'INPS sono stabilite in misura pari al 19,5 per cento. A decorrere dal 1° gennaio 2008, le predette aliquote sono elevate al 20 per cento [(A)].

[(A)] *In riferimento al presente comma 768 vedi: Circolare INPS 29 gennaio 2007, n. 29 Circolare INPS 1 febbraio 2008, n. 13.*

769. Con effetto dal 1° gennaio 2007, l'aliquota contributiva di finanziamento per gli iscritti all'assicurazione generale obbligatoria ed alle forme sostitutive ed esclusive della medesima, è elevata dello 0,3 per cento, per la quota a carico del lavoratore. In conseguenza del predetto incremento, le aliquote di cui al presente comma non possono comunque superare, nella somma delle quote dovute dal lavoratore e dal datore di lavoro, il 33 per cento [(A)].

[(A)] *In riferimento al presente comma vedi: Circolare INPS 24 gennaio 2007, n. 23; Nota INPDAP 23 gennaio 2007, n. 2.*

770. Con effetto dal 1° gennaio 2007, l'aliquota contributiva pensionistica per gli iscritti alla gestione separata di cui all'articolo 2, comma 26, della legge 8 agosto 1995, n. 335, che non risultino assicurati presso altre forme obbligatorie, e la relativa aliquota contributiva per il computo delle prestazioni pensionistiche sono stabilite in misura pari al 23 per cento. Con effetto dalla medesima data per i rimanenti iscritti alla predetta gestione l'aliquota contributiva pensionistica e la relativa aliquota contributiva per il computo delle prestazioni pensionistiche sono stabilite in misura pari al 16 per cento.

771. All'articolo 58 della legge 17 maggio 1999, n. 144, sono apportate le seguenti modificazioni:

a) al comma 2:

1) la parola "dodici" è sostituita dalla seguente: "tredici";

2) le parole: "cinque designati dalle associazioni sindacali rappresentative degli iscritti al Fondo medesimo" sono sostituite dalle seguenti: "sei eletti dagli iscritti al Fondo";

b) il comma 3 è sostituito dal seguente:

"3. Il presidente del comitato amministratore è eletto tra i componenti eletti dagli iscritti al Fondo".

772. L'incremento contributivo di cui al comma 770 non può in ogni caso determinare una riduzione del compenso netto percepito dal lavoratore superiore ad un terzo dell'aumento dell'aliquota. A tal fine, si assume a riferimento

il compenso netto mensile già riconosciuto alla data di entrata in vigore della presente legge, in caso di rapporti in essere alla medesima data, ovvero il compenso netto mensile riconosciuto sulla base dell'ultimo contratto stipulato dal lavoratore con il medesimo committente. In ogni caso, i compensi corrisposti ai lavoratori a progetto devono essere proporzionati alla quantità e qualità del lavoro eseguito e devono tenere conto dei compensi normalmente corrisposti per prestazioni di analoga professionalità, anche sulla base dei contratti collettivi nazionali di riferimento.

773. Con effetto sui periodi contributivi maturati a decorrere dal 1° gennaio 2007 la contribuzione dovuta dai datori di lavoro per gli apprendisti artigiani e non artigiani è complessivamente rideterminata nel 10 per cento della retribuzione imponibile ai fini previdenziali. Con decreto del Ministro del lavoro e della previdenza sociale, di concerto con il Ministro dell'economia e delle finanze, da emanare entro due mesi dalla data di entrata in vigore della presente legge, è stabilita la ripartizione del predetto contributo tra le gestioni previdenziali interessate. Le disposizioni di cui al presente comma si applicano anche con riferimento agli obblighi contributivi previsti dalla legislazione vigente in misura pari a quella degli apprendisti. Con riferimento ai periodi contributivi di cui al presente comma viene meno per le regioni l'obbligo del pagamento delle somme occorrenti per le assicurazioni in favore degli apprendisti artigiani di cui all'articolo 16 della legge 21 dicembre 1978, n. 845. Per i datori di lavoro che occupano alle dipendenze un numero di addetti pari o inferiore a nove la predetta complessiva aliquota del 10 per cento a carico dei medesimi datori di lavoro è ridotta in ragione dell'anno di vigenza del contratto e limitatamente ai soli contratti di apprendistato di 8,5 punti percentuali per i periodi contributivi maturati nel primo anno di contratto e di 7 punti percentuali per i periodi contributivi maturati nel secondo anno di contratto, restando fermo il livello di aliquota del 10 per cento per i periodi contributivi maturati negli anni di contratto successivi al secondo. A decorrere dal 1° gennaio 2007 ai lavoratori assunti con contratto di apprendistato ai sensi del capo I del titolo VI del decreto legislativo 10 settembre 2003, n. 276, e successive modificazioni, sono estese le disposizioni in materia di indennità giornaliera di malattia secondo la disciplina generale prevista per i lavoratori subordinati e la relativa contribuzione è stabilita con il decreto di cui al secondo periodo del presente comma [(1)].

[(1)] Vedi l'articolo 22, comma 1, della L. 12 novembre 2011, n. 183, a decorrere dal 1° gennaio 2012, ai sensi dell'articolo 36, comma 1, della medesima L. 183/2011. Vedi anche l'articolo 1, comma 8 della Legge 27 dicembre 2019, n. 160.

774. L'estensione della disciplina del trattamento pensionistico a favore dei superstiti di assicurato e pensionato vigente nell'ambito del regime dell'assicurazione generale obbligatoria a tutte le forme esclusive e sostitutive di detto regime prevista dall'articolo 1, comma 41, della legge 8 agosto 1995, n. 335, si interpreta nel senso che per le pensioni di reversibilità sorte a decorrere dall'entrata in vigore della legge 8 agosto 1995, n. 335, indipendentemente dalla data di decorrenza della pensione diretta, l'indennità integrativa speciale già in godimento da parte del dante causa, parte integrante del complessivo trattamento pensionistico percepito, è attribuita nella misura percentuale prevista per il trattamento di reversibilità.

775. Sono fatti salvi i trattamenti pensionistici più favorevoli in godimento alla data di entrata in vigore della presente legge, già definiti in sede di contenzioso, con riassorbimento sui futuri miglioramenti pensionistici.

776. È abrogato l'articolo 15, comma 5, della legge 23 dicembre 1994, n. 724.

777. L'articolo 5, secondo comma, del decreto del Presidente della Repubblica 27 aprile 1968, n. 488, e successive modificazioni, si interpreta nel senso che, in caso di trasferimento presso l'assicurazione generale obbligatoria italiana dei contributi versati ad enti previdenziali di Paesi esteri in conseguenza di convenzioni ed accordi internazionali di sicurezza sociale, la retribuzione pensionabile relativa ai periodi di lavoro svolto nei Paesi esteri è determinata moltiplicando l'importo dei contributi trasferiti per cento e dividendo il risultato per l'aliquota contributiva per invalidità, vecchiaia e superstiti in vigore nel periodo cui i contributi si riferiscono. Sono fatti salvi i trattamenti pensionistici più favorevoli già liquidati alla data di entrata in vigore della presente legge [(A)].

[(A)] In riferimento al presente comma vedi: Messaggio INPS 19 febbraio 2007, n. 4547.

778. Con effetto dall'anno 2006, a decorrere dal 1° luglio di ciascun anno, alle prestazioni economiche erogate a norma dell'articolo 14-viciesquater del decreto-legge 30 giugno 2005, n. 115, convertito, con modificazioni, dalla legge 17 agosto 2005, n. 168, si applicano le disposizioni di cui all'articolo 11 del decreto legislativo 23 febbraio 2000, n. 38, e successive modificazioni. È abrogato il comma 2 dell'articolo 14-viciesquater del decreto-legge 30 giugno 2005, n. 115, convertito, con modificazioni, dalla legge 17 agosto 2005, n. 168.

779. Con riferimento alla gestione di cui all'articolo 1, comma 1, lettera b), del decreto legislativo 23 febbraio 2000, n. 38, sono ridotti con decreto del Ministro del lavoro e della previdenza sociale, di concerto con il Ministro dell'economia e delle finanze, su delibera del consiglio di amministrazione dell'INAIL, i premi per l'assicurazione contro gli infortuni sul lavoro e le malattie professionali, nel limite complessivo di un importo pari a 100 milioni di euro per l'anno 2007.

780. Con effetto dal 1° gennaio 2008, con decreto del Ministro del lavoro e della previdenza sociale, di concerto con il Ministro dell'economia e delle finanze, su delibera del consiglio di amministrazione dell'INAIL, è stabilita con riferimento alla gestione di cui all'articolo 1, comma 1, lettera b), del decreto legislativo 23 febbraio 2000, n. 38, la riduzione dei premi per l'assicurazione contro gli infortuni sul lavoro e le malattie professionali, nel limite complessivo di un importo pari alle risorse originate da un tasso di incremento del gettito contributivo complessivo relativo alla gestione unitaria dell'ente accertato in sede di bilancio consuntivo per l'anno 2007 superiore al tasso di variazione nominale del prodotto interno lordo indicato per il medesimo anno nella Relazione previsionale e programmatica per l'anno 2007 e, comunque, per un importo non superiore a 300 milioni di euro.

781. La riduzione dei premi di cui al comma 780 è prioritariamente riconosciuta alle imprese in regola con tutti gli

obblighi previsti dal decreto legislativo 19 settembre 1994, n. 626, e successive modificazioni, e dalle specifiche normative di settore, le quali:

a) abbiano adottato piani pluriennali di prevenzione per l'eliminazione delle fonti di rischio e per il miglioramento delle condizioni di sicurezza e di igiene nei luoghi di lavoro, concordati da associazioni dei datori e prestatori di lavoro comparativamente più rappresentative sul piano nazionale e territoriale, anche all'interno di enti bilaterali, e trasmessi agli Ispettorati del lavoro;

b) non abbiano registrato infortuni nel biennio precedente alla data della richiesta di ammissione al beneficio.

782. Dopo l'articolo 13 del decreto legislativo 23 febbraio 2000, n. 38, è inserito il seguente:

"Art. 13-bis. - (Disposizioni in tema di menomazione dell'integrità psico-fisica) – 1. All'articolo 178 del testo unico di cui al decreto del Presidente della Repubblica 30 giugno 1965, n. 1124, al secondo comma, sono aggiunte, in fine, le seguenti parole: "e, per gli infortuni sul lavoro verificatisi nonché le malattie professionali denunciate a decorrere dal 1° gennaio 2007, abbiano subito o subiscano una menomazione dell'integrità psicofisica di grado pari o superiore al 60 per cento".

2. All'articolo 150, primo comma, del decreto del Presidente della Repubblica 30 giugno 1965, n. 1124, dopo le parole: "purché non superiore all'ottanta per cento" sono inserite le seguenti: "e, per le malattie denunciate a decorrere dal 1° gennaio 2007, con menomazione dell'integrità psicofisica di qualunque grado, purché non superiore al 60 per cento".

3. All'articolo 220 del decreto del Presidente della Repubblica 30 giugno 1965, n. 1124, dopo le parole: "di grado non inferiore al 50 per cento" sono inserite le seguenti: "e, per gli infortuni sul lavoro verificatisi nonché le malattie professionali denunciate a decorrere dal 1° gennaio 2007, ai titolari di rendita per menomazione dell'integrità psicofisica di grado non inferiore al 35 per cento".

4. All'articolo 76, primo comma, del decreto del Presidente della Repubblica 30 giugno 1965, n. 1124, dopo le parole: "invalidità permanente assoluta conseguente a menomazioni elencate nella tabella allegato n. 3" sono inserite le seguenti: "e, per gli infortuni sul lavoro verificatisi nonché le malattie professionali denunciate a decorrere dal 1° gennaio 2007, nei casi di invalidità conseguente a menomazioni elencate nella predetta tabella ".

5. All'articolo 218, primo comma, del decreto del Presidente della Repubblica 30 giugno 1965, n. 1124, dopo le parole: "invalidità permanente assoluta conseguente a menomazioni elencate nella tabella allegato n. 3" sono inserite le seguenti: "e, per gli infortuni sul lavoro verificatisi nonché le malattie professionali denunciate a decorrere dal 1° gennaio 2007, nei casi di invalidità conseguente a menomazioni elencate nella predetta tabella".

6. All'articolo 11 della legge 10 maggio 1982, n. 251, è aggiunto il seguente comma:"Ferme restando tutte le altre condizioni, per gli infortuni sul lavoro verificatisi nonchè le malattie professionali denunciate a decorrere dal 1° gennaio 2007, lo speciale assegno continuativo mensile di cui al primo comma spetta nel caso di morte, avvenuta per cause non dipendenti dall'infortunio o dalla malattia professionale, del titolare di rendita per menomazione dell'integrità psicofisica di grado non inferiore al 48 per cento".

7. All'articolo 10, terzo comma, della legge 5 maggio 1976, n. 248, al numero 1) sono aggiunte, in fine, le seguenti parole: "e, per gli infortuni sul lavoro verificatisi nonché le malattie professionali denunciate a decorrere dal 1° gennaio 2007, dell'integrità psicofisica di grado superiore al 20 per cento"".

783. All'articolo 16 della legge 30 dicembre 1991, n. 412, al comma 6, primo periodo, dopo le parole: "sulla domanda" sono inserite le seguenti: ", laddove quest'ultima risulti completa di tutti gli atti, documenti ed altri elementi necessari per l'avvio del procedimento, salvi i documenti attestanti atti, fatti, qualità e stati soggettivi, già in possesso della pubblica amministrazione procedente o di altre pubbliche amministrazioni acquisibili d'ufficio ai sensi e per gli effetti dell'articolo 18, comma 2, della legge 7 agosto 1990, n. 241, e successive modificazioni. Nel caso in cui la domanda risulti incompleta, gli interessi legali ed altri oneri accessori decorrono dalla data del suo perfezionamento. Gli enti indicano preventivamente attraverso idonei strumenti di pubblicità l'elenco completo della documentazione necessaria al fine dell'esame della domanda".

784. A decorrere dal 1° gennaio 2007, gli interessi legali di cui all'articolo 16, comma 6, della legge 30 dicembre 1991, n. 412, come modificato dal comma 783, sulle prestazioni di disoccupazione con requisiti normali e con requisiti ridotti in agricoltura, decorrono dal termine per la pubblicazione degli elenchi nominativi annuali degli operai agricoli di cui all'articolo 9-quinquies, comma 3, del decreto-legge 1° ottobre 1996, n. 510, convertito, con modificazioni, dalla legge 28 novembre 1996, n. 608, e successive modificazioni.

785. Il comma 4 dell'articolo 01 del decreto- legge 10 gennaio 2006, n. 2, convertito, con modificazioni, dalla legge 11 marzo 2006, n. 81, si interpreta nel senso che per i soggetti di cui all'articolo 8 della legge 12 marzo 1968, n. 334, e per gli iscritti alla gestione dei coltivatori diretti, coloni e mezzadri continuano a trovare applicazione le disposizioni recate dall'articolo 28 del decreto del Presidente della Repubblica 27 aprile 1968, n. 488, e dall'articolo 7 della legge 2 agosto 1990, n. 233.

786. Al comma 5 dell'articolo 01 del decreto- legge 10 gennaio 2006, n. 2, convertito, con modificazioni, dalla legge 11 marzo 2006, n. 81, le parole: "e assimilati" sono soppresse.

787. Per la categoria dei lavoratori soci di cooperative sociali di cui all'articolo 1, comma 1, lettera a), della legge 8 novembre 1991, n. 381, e di cooperative che esplicano l'attività nell'area di servizi socio-assistenziali, sanitari e socio educativi, nonché di altre cooperative, operanti in settori e ambiti territoriali per i quali sono stati adottati, ai sensi dell'articolo 35 del testo unico delle norme concernenti gli assegni familiari, di cui al decreto del Presidente della Repubblica 30 maggio 1955, n. 797, decreti ministeriali ai fini del versamento dei contributi di previdenza ed assistenza sociale, la retribuzione giornaliera imponibile fissata dai suddetti decreti, ai fini dei contributi previdenziali ed assistenziali è aumentata secondo le seguenti decorrenze, percentuali e modalità di calcolo: del 30 per cento per l'anno 2007; del 60 per cento per l'anno 2008; del 100 per cento per l'anno 2009. Il calcolo è effettuato sulla differenza retributiva esistente tra la predetta retribuzione imponibile e il corrispondente minimo contrattuale giornaliero, di cui all'articolo 1, comma 1, del decreto-legge 9 ottobre 1989, n.

338, convertito, con modificazioni, dalla legge 7 dicembre 1989, n. 389. Le contribuzioni versate sulle retribuzioni superiori a quelle convenzionali restano acquisite alle gestioni previdenziali. È fatta salva, nei periodi indicati al primo periodo, la facoltà di versamento dei contributi dovuti sulle retribuzioni effettivamente corrisposte, purché non inferiori all'imponibile convenzionale come sopra determinato. La contribuzione di cui al terzo e quarto periodo ha efficacia in proporzione alla misura del versamento effettuato.

788. A decorrere dal 1° gennaio 2007, ai lavoratori a progetto e categorie assimilate iscritti alla gestione separata di cui all'articolo 2, comma 26, della legge 8 agosto 1995, n. 335, non titolari di pensione e non iscritti ad altre forme previdenziali obbligatorie, è corrisposta un'indennità giornaliera di malattia a carico dell'INPS entro il limite massimo di giorni pari a un sesto della durata complessiva del rapporto di lavoro e comunque non inferiore a venti giorni nell'arco dell'anno solare, con esclusione degli eventi morbosi di durata inferiore a quattro giorni. Per la predetta prestazione si applicano i requisiti contributivi e reddituali previsti per la corresponsione dell'indennità di degenza ospedaliera a favore dei lavoratori iscritti alla gestione separata. La misura della predetta prestazione è pari al 50 per cento dell'importo corrisposto a titolo di indennità per degenza ospedaliera previsto dalla normativa vigente per tale categoria di lavoratori. Resta fermo, in caso di degenza ospedaliera, il limite massimo indennizzabile di centottanta giorni nell'arco dell'anno solare. Per la certificazione e l'attestazione dello stato di malattia che dia diritto alla predetta indennità si applicano le disposizioni di cui all'articolo 2 del decreto-legge 30 dicembre 1979, n. 663, convertito, con modificazioni, dalla legge 29 febbraio 1980, n. 33, e successive modificazioni. Ai lavoratori di cui al presente comma si applicano le disposizioni in materia di fasce orarie di reperibilità e di controllo dello stato di malattia di cui all'articolo 5, comma 14, del decreto-legge 12 settembre 1983, n. 463, convertito, con modificazioni, dalla legge 11 novembre 1983, n. 638, e successive modificazioni. *[Ai lavoratori di cui al presente comma, che abbiano titolo all'indennità di maternità, è corrisposto per gli eventi di parto verificatisi a decorrere dal 1° gennaio 2007 un trattamento economico per congedo parentale, limitatamente ad un periodo di tre mesi entro il primo anno di vita del bambino, la cui misura è pari al 30 per cento del reddito preso a riferimento per la corresponsione dell'indennità di maternità. Le disposizioni di cui al precedente periodo si applicano anche nei casi di adozione o affidamento per ingressi in famiglia con decorrenza dal 1° gennaio 2007.]* Le prestazioni di cui al presente comma sono finanziate a valere sul contributo previsto dall'articolo 84 del testo unico delle disposizioni legislative in materia di tutela e sostegno della maternità e della paternità, di cui al decreto legislativo 26 marzo 2001, n. 151 [(A)].

[(A)] *In riferimento al presente comma vedi: Circolare INPS 13 maggio 2013 n. 77*
[(1)] *Comma modificato dall'articolo 8, comma 8, della Legge 22 maggio 2017 n. 81.*

789. La facoltà di riscatto dei periodi di aspettativa per motivi di famiglia di cui all'articolo 4, comma 2, della legge 8 marzo 2000, n. 53, è estesa anche ai periodi antecedenti al 31 dicembre 1996 [(A)].

[(A)] *In riferimento al presente comma vedi: Circolare INPS 28 febbraio 2008, n. 26.*

790. Con decreto del Ministro del lavoro e della previdenza sociale, di concerto con il Ministro delle politiche per la famiglia e con il Ministro dell'economia e delle finanze, da adottare entro sessanta giorni dalla data di entrata in vigore della presente legge, sono stabilite le modalità di attuazione della disposizione di cui al comma 789. Con il medesimo decreto sono adeguate le tabelle emanate per l'applicazione dell'articolo 13 della legge 12 agosto 1962, n. 1338.

791. All'articolo 64, comma 2, del testo unico di cui al decreto legislativo 26 marzo 2001, n. 151, e successive modificazioni, sono apportate le seguenti modificazioni:

a) le parole da: "con decreto del Ministro del lavoro" fino a: "provvedimento," sono soppresse;

b) è aggiunto, in fine, il seguente periodo: "Con decreto del Ministro del lavoro e della previdenza sociale, di concerto con il Ministro dell'economia e delle finanze, è disciplinata l'applicazione delle disposizioni di cui agli articoli 7, 17 e 22 nei limiti delle risorse rinvenienti dallo specifico gettito contributivo, da determinare con il medesimo decreto" [(1)].

[(1)] *Lettera modificata dall'articolo 1, comma 83, della legge 24 dicembre 2007, n. 247.*

792. All'articolo 4 della legge 3 agosto 2004, n. 206, dopo il comma 2 è inserito il seguente:

"2-bis. Per i soggetti che abbiano proseguito l'attività lavorativa ancorché l'evento dannoso sia avvenuto anteriormente alla data di entrata in vigore della presente legge, inclusi i casi di revisione o prima valutazione, purché l'invalidità permanente riconosciuta non risulti inferiore ad un quarto della capacità lavorativa o della rivalutazione dell'invalidità con percentuale omnicomprensiva anche del danno biologico e morale come indicato all'articolo 6, comma 1, al raggiungimento del periodo massimo pensionabile, anche con il concorso degli anni di contribuzione previsti dall'articolo 3, comma 1, la misura del trattamento di quiescenza è pari all'ultima retribuzione annua integralmente percepita e maturata, rideterminata secondo le previsioni di cui all'articolo 2, comma 1".

793. Per gli assistenti domiciliari all'infanzia, qualificati o accreditati presso la provincia autonoma di Bolzano, i contributi previdenziali ed assicurativi sono dovuti secondo le misure previste dall'articolo 5 del decreto del Presidente della Repubblica 31 dicembre 1971, n. 1403, e successive modificazioni, anche nel caso in cui le prestazioni di lavoro siano rese presso il domicilio delle lavoratrici e dei lavoratori interessati, sia che dipendano direttamente da persone fisiche o nuclei familiari, sia che dipendano da imprese individuali o persone giuridiche. L'INPS determina le modalità ed i termini di versamento.

[(1)] *Comma abrogato dall'articolo 24 della Legge 22 maggio 2017 n. 81 a decorrere dal 1° settembre 2017.*

794. All'articolo 3 della legge 3 agosto 2004, n. 206, al comma 1, le parole: "inferiore all'80 per cento" sono sostituite dalle seguenti: "di qualsiasi entità e grado".

795. All'articolo 3 della legge 3 agosto 2004, n. 206, al comma 1, dopo le parole:"dalle stragi di tale matrice," sono aggiunte le seguenti: "e ai loro familiari, anche superstiti, limitatamente al coniuge ed ai figli anche maggiorenni, ed in mancanza, ai genitori, siano essi dipendenti pubblici o priva-

ti o autonomi, anche sui loro trattamenti diretti ".

796. Per garantire il rispetto degli obblighi comunitari e la realizzazione degli obiettivi di finanza pubblica per il triennio 2007- 2009, in attuazione del protocollo di intesa tra il Governo, le regioni e le province autonome di Trento e di Bolzano per un patto nazionale per la salute sul quale la Conferenza delle regioni e delle province autonome, nella riunione del 28 settembre 2006, ha espresso la propria condivisione:

a) il finanziamento del Servizio sanitario nazionale, cui concorre ordinariamente lo Stato, è determinato in 96.040 milioni di euro per l'anno 2007, in 99.082 milioni di euro per l'anno 2008 e in 102.285 milioni di euro per l'anno 2009, comprensivi dell'importo di 50 milioni di euro, per ciascuno degli anni indicati, a titolo di ulteriore finanziamento a carico dello Stato per l'ospedale "Bambino Gesù", preventivamente accantonati ed erogati direttamente allo stesso ospedale dallo Stato. All'articolo 1, comma 278, della legge 23 dicembre 2005, n. 266, le parole: "a decorrere dall'anno 2006" sono sostituite dalle seguenti: "limitatamente all'anno 2006" (1);

b) è istituito per il triennio 2007-2009, un Fondo transitorio di 1.000 milioni di euro per l'anno 2007, di 850 milioni di euro per l'anno 2008 e di 700 milioni di euro per l'anno 2009, la cui ripartizione tra le regioni interessate da elevati disavanzi è disposta con decreto del Ministro della salute, di concerto con il Ministro dell'economia e delle finanze, d'intesa con la Conferenza permanente per i rapporti tra lo Stato, le regioni e le province autonome di Trento e di Bolzano. L'accesso alle risorse del Fondo di cui alla presente lettera è subordinato alla sottoscrizione di apposito accordo ai sensi dell'articolo 1, comma 180, della legge 30 dicembre 2004, n. 311, e successive modificazioni, comprensivo di un piano di rientro dai disavanzi. Il piano di rientro deve contenere sia le misure di riequilibrio del profilo erogativo dei livelli essenziali di assistenza, per renderlo conforme a quello desumibile dal vigente Piano sanitario nazionale e dal vigente decreto del Presidente del Consiglio dei ministri di fissazione dei medesimi livelli essenziali di assistenza, sia le misure necessarie all'azzeramento del disavanzo entro il 2010, sia gli obblighi e le procedure previsti dall'articolo 8 dell'intesa 23 marzo 2005 sancita dalla Conferenza permanente per i rapporti tra lo Stato, le regioni e le province autonome di Trento e di Bolzano, pubblicata nel supplemento ordinario n. 83 alla Gazzetta Ufficiale n. 105 del 7 maggio 2005. Tale accesso presuppone che sia scattata formalmente in modo automatico o che sia stato attivato l'innalzamento ai livelli massimi dell'addizionale regionale all'imposta sul reddito delle persone fisiche e dell'aliquota dell'imposta regionale sulle attività produttive, fatte salve le aliquote ridotte disposte con leggi regionali a favore degli esercenti un'attività imprenditoriale, commerciale, artigianale o comunque economica, ovvero una libera arte o professione, che abbiano denunciato richieste estorsive e per i quali ricorrano le condizioni di cui all'articolo 4 della legge 23 febbraio 1999, n. 44. Qualora nel procedimento di verifica annuale del piano si prefiguri il mancato rispetto di parte degli obiettivi intermedi di riduzione del disavanzo contenuti nel piano di rientro, la regione interessata può proporre misure equivalenti che devono essere approvate dai Ministeri della salute e dell'economia e delle finanze. In ogni caso l'accertato verificarsi del mancato raggiungimento degli obiettivi intermedi comporta che, con riferimento all'anno d'imposta dell'esercizio successivo, l'addizionale all'imposta sul reddito delle persone fisiche e l'aliquota dell'imposta regionale sulle attività produttive si applicano oltre i livelli massimi previsti dalla legislazione vigente fino all'integrale copertura dei mancati obiettivi. La maggiorazione ha carattere generalizzato e non settoriale e non è suscettibile di differenziazioni per settori di attività e per categorie di soggetti passivi. Qualora invece sia verificato che il rispetto degli obiettivi intermedi è stato conseguito con risultati ottenuti quantitativamente migliori, la regione interessata può ridurre, con riferimento all'anno d'imposta dell'esercizio successivo, l'addizionale all'imposta sul reddito delle persone fisiche e l'aliquota dell'imposta regionale sulle attività produttive per la quota corrispondente al miglior risultato ottenuto. Gli interventi individuati dai programmi operativi di riorganizzazione, qualificazione o potenziamento del servizio sanitario regionale, necessari per il perseguimento dell'equilibrio economico, nel rispetto dei livelli essenziali di assistenza, oggetto degli accordi di cui all'articolo 1, comma 180, della legge 30 dicembre 2004, n. 311, e successive modificazioni, come integrati dagli accordi di cui all'articolo 1, commi 278 e 281, della legge 23 dicembre 2005, n. 266, sono vincolanti per la regione che ha sottoscritto l'accordo e le determinazioni in esso previste possono comportare effetti di variazione dei provvedimenti normativi ed amministrativi già adottati dalla medesima regione in materia di programmazione sanitaria. Il Ministero della salute, anche avvalendosi del supporto tecnico-operativo dell'Agenzia nazionale per i servizi sanitari regionali, di concerto con il Ministero dell'economia e delle finanze, assicura l'attività di affiancamento delle regioni che hanno sottoscritto l'accordo di cui all'articolo 1, comma 180, della legge 30 dicembre 2004, n. 311, comprensivo di un Piano di rientro dai disavanzi, sia ai fini del monitoraggio dello stesso, sia per i provvedimenti regionali da sottoporre a preventiva approvazione da parte del Ministero della 1, comma 288, della legge 23 dicembre 2005, n. 266 (2);

c) all'articolo 1, comma 174, della legge 30 dicembre 2004, n. 311, e successive modificazioni, le parole: "all'anno d'imposta 2006" sono sostituite dalle seguenti: "agli anni di imposta 2006 e successivi". Il procedimento per l'accertamento delle risultanze contabili regionali, ai fini dell'avvio delle procedure di cui al citato articolo 1, comma 174, della legge 30 dicembre 2004, n. 311, e successive modificazioni, è svolto dal Tavolo tecnico per la verifica degli adempimenti di cui all'articolo 12 della citata intesa 23 marzo 2005;

d) al fine di consentire in via anticipata l'erogazione del finanziamento a carico dello Stato:

1) in deroga a quanto stabilito dall'articolo 13, comma 6, del decreto legislativo 18 febbraio 2000, n. 56, il Ministero dell'economia e delle finanze, per gli anni 2007, 2008 e 2009, è autorizzato a concedere alle regioni a statuto ordinario anticipazioni con riferimento alle somme indicate alla lettera a) del presente comma da accreditare sulle contabilità speciali di cui al comma 6 dell'articolo 66 della legge 23 dicembre 2000, n. 388, in essere presso le tesorerie provinciali dello Stato, nella misura pari al 97 per cento delle somme dovute alle regioni a statuto ordinario a titolo di finanziamento della quota indistinta del fabbisogno sanitario, quale risulta dall'intesa espressa, ai sensi delle norme vigenti, dalla

Conferenza permanente per i rapporti tra lo Stato, le regioni e le province autonome di Trento e di Bolzano sulla ripartizione delle disponibilità finanziarie complessive destinate al finanziamento del Servizio sanitario nazionale per i medesimi anni;

2) per gli anni 2007, 2008 e 2009, il Ministero dell'economia e delle finanze è autorizzato a concedere alla Regione siciliana anticipazioni nella misura pari al 97 per cento delle somme dovute a tale regione a titolo di finanziamento della quota indistinta, quale risulta dall'intesa espressa, ai sensi delle norme vigenti, dalla Conferenza permanente per i rapporti tra lo Stato, le regioni e le province autonome di Trento e di Bolzano sulla ripartizione delle disponibilità finanziarie complessive destinate al finanziamento del Servizio sanitario nazionale per i medesimi anni, al netto delle entrate proprie e delle partecipazioni della medesima regione;

3) alle regioni che abbiano superato tutti gli adempimenti dell'ultima verifica effettuata dal Tavolo tecnico per la verifica degli adempimenti di cui all'articolo 12 della citata intesa 23 marzo 2005, si riconosce la possibilità di un incremento di detta percentuale compatibilmente con gli obblighi di finanza pubblica;

4) all'erogazione dell'ulteriore 3 per cento nei confronti delle singole regioni si provvede a seguito dell'esito positivo della verifica degli adempimenti previsti dalla vigente normativa e dalla presente legge;

5) nelle more dell'intesa espressa, ai sensi delle norme vigenti, dalla Conferenza permanente per i rapporti tra lo Stato, le regioni e le province autonome di Trento e di Bolzano sulla ripartizione delle disponibilità finanziarie complessive destinate al finanziamento del Servizio sanitario nazionale, le anticipazioni sono commisurate al livello del finanziamento corrispondente a quello previsto dal riparto per l'anno 2006, quale risulta dall'intesa espressa dalla Conferenza permanente per i rapporti tra lo Stato, le regioni e le province autonome di Trento e di Bolzano, e incrementato, a decorrere dall'anno 2008, sulla base del tasso di crescita del prodotto interno lordo nominale programmato;

6) sono autorizzati, in sede di conguaglio, eventuali recuperi necessari anche a carico delle somme a qualsiasi titolo spettanti alle regioni per gli esercizi successivi;

7) sono autorizzate, a carico di somme a qualsiasi titolo spettanti, le compensazioni degli importi a credito e a debito di ciascuna regione e provincia autonoma, connessi alla mobilità sanitaria interregionale di cui all'articolo 12, comma 3, lettera b), del decreto legislativo 30 dicembre 1992, n. 502, e successive modificazioni, nonché alla mobilità sanitaria internazionale di cui all'articolo 18, comma 7, dello stesso decreto legislativo n. 502 del 1992, e successive modificazioni. I predetti importi sono definiti dal Ministero della salute di intesa con la Conferenza permanente per i rapporti tra lo Stato, le regioni e le province autonome di Trento e di Bolzano;

e) ai fini della copertura dei disavanzi pregressi nel settore sanitario, cumulativamente registrati e certificati fino all'anno 2005, al netto per l'anno 2005 della copertura derivante dall'incremento automatico delle aliquote, di cui all'articolo 1, comma 174, della legge 30 dicembre 2004, n. 311, come da ultimo modificato dalla lettera c) del presente comma, per le regioni che, al fine della riduzione strutturale del disavanzo, sottoscrivono l'accordo richiamato alla lettera b) del presente comma, risultano idonei criteri di copertura a carattere pluriennale derivanti da specifiche entrate certe e vincolate, in sede di verifica degli adempimenti del Tavolo tecnico per la verifica degli adempimenti di cui all'articolo 12 della citata intesa 23 marzo 2005;

f) per gli anni 2007 e seguenti sono confermate le misure di contenimento della spesa farmaceutica assunte dall'Agenzia italiana del farmaco (AIFA) ai fini del rispetto dei tetti stabiliti dall'comma 1, del decreto-legge 30 settembre 2003, n. 269, convertito, con modarticolo 48, ificazioni, dalla legge 24 novembre 2003, n. 326, con le deliberazioni del consiglio di amministrazione n. 34 del 22 dicembre 2005, n. 18 dell'8 giugno 2006, n. 21 del 21 giugno 2006, n. 25 del 20 settembre 2006 e n. 26 del 27 settembre 2006, salvo rideterminazioni delle medesime da parte dell'AIFA stessa sulla base del monitoraggio degli andamenti effettivi della spesa [3];

g) in riferimento alla disposizione di cui alla lettera f) del presente comma, per il periodo 1° marzo 2007-29 febbraio 2008 e limitatamente ad un importo di manovra pari a 807 milioni di euro di cui 583,7 milioni a carico delle aziende farmaceutiche, 178,7 milioni a carico dei farmacisti e 44,6 milioni a carico dei grossisti, sulla base di tabelle di equivalenza degli effetti economico-finanziari per il Servizio sanitario nazionale, approvate dall'AIFA e definite per regione e per azienda farmaceutica, le singole aziende farmaceutiche, entro il termine perentorio del 30 gennaio 2007, possono chiedere alla medesima AIFA la sospensione, nei confronti di tutti i propri farmaci, della misura della ulteriore riduzione del 5 per cento dei prezzi di cui alla deliberazione del consiglio di amministrazione dell'AIFA n. 26 del 27 settembre 2006. La richiesta deve essere corredata dalla contestuale dichiarazione di impegno al versamento, a favore delle regioni interessate, degli importi, al lordo dell'IVA, indicati nelle tabelle di equivalenza approvate dall'AIFA, secondo le modalità indicate nella presente disposizione normativa e nei provvedimenti attuativi dell'AIFA, per un importo complessivo equivalente a quello derivante, a livello nazionale, dalla riduzione del 5 per cento dei prezzi dei propri farmaci. L'AIFA delibera, entro il 10 febbraio 2007, l'approvazione della richiesta delle singole aziende farmaceutiche e dispone, con decorrenza 1° marzo 2007, il ripristino dei prezzi dei relativi farmaci in vigore il 30 settembre 2006, subordinando tale ripristino al versamento, da parte dell'azienda farmaceutica, degli importi dovuti alle singole regioni e all'erario in base alle tabelle di equivalenza, in tre rate di pari importo da corrispondersi entro i termini improrogabili del 20 febbraio 2007, 20 giugno 2007 e 20 settembre 2007. Gli importi determinati dall'AIFA ai sensi del secondo periodo sono versati per il 90,91 per cento alle singole regioni e per il 9,09 per cento all'erario, senza possibilità di compensazione, secondo le modalità indicate all'articolo 17 del decreto legislativo 9 luglio 1997, n. 241. Gli atti che attestano il versamento alle singole regioni e all'erario devono essere inviati da ciascuna azienda farmaceutica contestualmente all'AIFA, al Ministero dell'economia e delle finanze e al Ministero della salute rispettivamente entro il 22 febbraio 2007, 22 giugno 2007 e 22 settembre 2007. La mancata corresponsione, nei termini previsti, a ciascuna regione di una rata comporta, per i farmaci dell'azienda farmaceutica inadempiente, l'automatico ripristino, dal primo giorno del mese successivo, del prezzo dei farmaci in vigore il 1° ottobre 2006 [4][5];

h) in coerenza con quanto previsto dalla lettera g) l'AIFA ridetermina, in via temporanea, le quote di spettanza dovute al farmacista e al grossista per i farmaci oggetto delle misure indicate nella medesima disposizione, in modo tale da assicurare, attraverso la riduzione delle predette quote e il corrispondente incremento della percentuale di sconto a favore del Servizio sanitario nazionale, una minore spesa dello stesso Servizio di entità pari a 223,3 milioni di euro, di cui 178,7 milioni a carico dei farmacisti e 44,6 milioni a carico dei grossisti;

i) in caso di rideterminazione delle misure di contenimento della spesa farmaceutica ai sensi di quanto stabilito nella parte conclusiva della lettera f), l'AIFA provvede alla conseguente rimodulazione delle disposizioni attuative di quanto previsto dalle norme di cui alle lettere g) e h);

l) nei confronti delle regioni che abbiano comunque garantito la copertura degli eventuali relativi disavanzi, è consentito l'accesso agli importi di cui all'articolo 1, comma 181, della legge 30 dicembre 2004, n. 311, con riferimento alla spesa farmaceutica registrata negli esercizi 2005 e 2006 anche alle seguenti condizioni:

1) con riferimento al superamento del tetto del 13 per cento, per la spesa farmaceutica convenzionata, in assenza del rispetto dell'obbligo regionale di contenimento della spesa per la quota a proprio carico, con le misure di cui all'articolo 5 del decreto-legge 18 settembre 2001, n. 347, convertito, con modificazioni, dalla legge 16 novembre 2001, n. 405, l'avvenuta applicazione, entro la data del 28 febbraio 2007, nell'ambito della procedura di cui all'articolo 1, comma 174, della legge 30 dicembre 2004, n. 311, come da ultimo modificato dalla lettera c) del presente comma, di una quota fissa per confezione di importo idoneo a garantire l'integrale contenimento del 40 per cento. Le regioni interessate, in alternativa alla predetta applicazione di una quota fissa per confezione, possono adottare anche diverse misure regionali di contenimento della spesa farmaceutica convenzionata, purché di importo adeguato a garantire l'integrale contenimento del 40 per cento, la cui adozione e congruità è verificata entro il 28 febbraio 2007 dal Tavolo tecnico di verifica degli adempimenti di cui all'articolo 12 della citata intesa del 23 marzo 2005, avvalendosi del supporto tecnico dell'AIFA;

2) con riferimento al superamento della soglia del 3 per cento, per la spesa farmaceutica non convenzionata, in assenza del rispetto dell'obbligo regionale di contenimento della spesa per la quota a proprio carico, l'avvenuta presentazione, da parte della regione interessata, entro la data del 28 febbraio 2007, ai Ministeri della salute e dell'economia e delle finanze di un Piano di contenimento della spesa farmaceutica ospedaliera, che contenga interventi diretti al controllo dei farmaci innovativi, al monitoraggio dell'uso appropriato degli stessi e degli appalti per l'acquisto dei farmaci, la cui idoneità deve essere verificata congiuntamente nell'ambito del Comitato paritetico permanente per la verifica dell'erogazione dei livelli essenziali di assistenza e del Tavolo tecnico per la verifica degli adempimenti di cui alla citata intesa 23 marzo 2005;

m) all'articolo 1, comma 28, della legge 23 dicembre 1996, n. 662, sono apportate le seguenti modificazioni:

1) il secondo periodo è sostituito dal seguente:"I percorsi diagnostico-terapeutici sono costituiti dalle linee-guida di cui all'articolo 1, comma 283, terzo periodo, della legge 23 dicembre 2005, n. 266, nonché da percorsi definiti ed adeguati periodicamente con decreto del Ministro della salute, previa intesa con la Conferenza permanente per i rapporti tra lo Stato, le regioni e le province autonome di Trento e di Bolzano, su proposta del Comitato strategico del Sistema nazionale linee-guida, di cui al decreto del Ministro della salute 30 giugno 2004, integrato da un rappresentante della Federazione nazionale degli ordini dei medici chirurghi e degli odontoiatri";

2) al terzo periodo, le parole: "Il Ministro della sanità" sono sostituite dalle seguenti:"Il Ministro della salute, di concerto con il Ministro dell'economia e delle finanze, " e dopo le parole: "di Trento e di Bolzano," sono inserite le seguenti: "entro il 31 marzo 2007,";

n) ai fini del programma pluriennale di interventi in materia di ristrutturazione edilizia e di ammodernamento tecnologico, l'importo fissato dall'articolo 20 della legge 11 marzo 1988, n. 67, e successive modificazioni, come rideterminato dall'articolo 83, comma 3, della legge 23 dicembre 2000, n. 388, è elevato a 23 miliardi di euro, fermo restando, per la sottoscrizione di accordi di programma con le regioni e l'assegnazione di risorse agli altri enti del settore sanitario interessati, il limite annualmente definito in base alle effettive disponibilità di bilancio. Il maggior importo di cui alla presente lettera è vincolato per 100 milioni di euro per l'esecuzione di un programma pluriennale di interventi in materia di ristrutturazione edilizia e di ammodernamento tecnologico del patrimonio sanitario pubblico, finalizzato al potenziamento delle "unità di risveglio dal coma"; per 7 milioni di euro per l'esecuzione di un programma pluriennale di interventi in materia di ristrutturazione edilizia e di ammodernamento tecnologico del patrimonio sanitario pubblico, destinati al potenziamento e alla creazione di unità di terapia intensiva neonatale (TIN); per 3 milioni di euro per l'esecuzione di un programma pluriennale di interventi in materia di ammodernamento tecnologico del patrimonio sanitario pubblico, destinati all'acquisto di nuove metodiche analitiche, basate sulla spettrometria di "massa tandem", per effettuare screening neonatali allargati, per patologie metaboliche ereditarie, per la cui terapia esistono evidenze scientifiche efficaci; per 500 milioni di euro alla riqualificazione strutturale e tecnologica dei servizi di radiodiagnostica e di radioterapia di interesse oncologico con prioritario riferimento alle regioni meridionali ed insulari, per 150 milioni di euro ad interventi per la realizzazione di strutture residenziali e l'acquisizione di tecnologie per gli interventi territoriali dedicati alle cure palliative, ivi comprese quelle relative alle patologie degenerative neurologiche croniche invalidanti; con prioritario riferimento alle regioni che abbiano completato il programma realizzativo di cui all'articolo 1, comma 1, del decreto-legge 28 dicembre 1998, n. 450, convertito, con modificazioni, dalla legge 26 febbraio 1999, n. 39, e che abbiano avviato programmi di assistenza domiciliare nel campo delle cure palliative, per 100 milioni di euro all'implementazione e all'ammodernamento dei sistemi informatici delle aziende sanitarie ed ospedaliere e all'integrazione dei medesimi con i sistemi informativi sanitari delle regioni e per 100 milioni di euro per strutture di assistenza odontoiatrica. Nella sottoscrizione di accordi di programma con le regioni, è data, inoltre, priorità agli interventi relativi ai seguenti settori assistenziali, tenuto conto delle esigenze della programmazione sanitaria nazionale e regionale: realizzazione di strutture sanitarie territoriali, residenziali e semiresidenziali. Il Ministero della salute, attraverso la valutazione preventiva dei programmi di investimento e il monitoraggio della loro attuazione, assicura il raggiungimento dei predetti obiettivi prioritari, verificando nella programmazione regionale la copertura del fabbisogno relativo anche attraverso i precedenti programmi di investimento. Il riparto fra le regioni del maggiore importo di cui alla presente lettera è effettuato con riferimento alla valutazione dei bisogni relativi ai seguenti criteri e linee prioritarie:

1) innovazione tecnologica delle strutture del Servizio sanitario nazionale, con particolare riferimento alla diagnosi e terapia nel campo dell'oncologia e delle malattie rare;

2) superamento del divario Nord-Sud;

3) possibilità per le regioni che abbiano già realizzato la programmazione pluriennale, di attivare una programmazione aggiuntiva;

4) messa a norma delle strutture pubbliche ai sensi dell'atto di indirizzo e coordinamento di cui al decreto del Presidente della Repubblica 14 gennaio 1997, pubblicato nel supplemento ordinario n. 37 alla Gazzetta Ufficiale n. 42 del 20 febbraio 1997;

5) premialità per le regioni sulla base della tempestività e della qualità di interventi di ristrutturazione edilizia e ammodernamento tecnologico già eseguiti per una quota pari al 10 per cento (6)(7);

o) fatto salvo quanto previsto in materia di aggiornamento dei tariffari delle prestazioni sanitarie dall'articolo 1, comma 170, quarto periodo, della legge 30 dicembre 2004, n. 311, come modificato dalla presente lettera, a partire dalla data di entrata in vigore della presente legge le strutture private accreditate, ai fini della remunerazione delle prestazioni rese per conto del Servizio sanitario nazionale, praticano uno sconto pari al 2 per cento degli importi indicati per le prestazioni specialistiche dal decreto del Ministro della sanità 22 luglio 1996, pubblicato nel supplemento ordinario n. 150 alla Gazzetta Ufficiale n. 216 del 14 settembre 1996, e pari al 20 per cento degli importi indicati per le prestazioni di diagnostica di laboratorio dal medesimo decreto. Fermo restando il predetto sconto, le regioni provvedono, entro il 28 febbraio 2007, ad approvare un piano di riorganizzazione della rete delle strutture pubbliche e private accreditate eroganti prestazioni specialistiche e di diagnostica di laboratorio, al fine dell'adeguamento degli standard organizzativi e di personale coerenti con i processi di incremento dell'efficienza resi possibili dal ricorso a metodiche automatizzate. All'articolo 1, comma 170, della legge 30 dicembre 2004, n. 311, sono aggiunte, in fine, le seguenti parole: ", sentite le società scientifiche e le associazioni di categoria interessate";

p) a decorrere dal 1° gennaio 2007, per le prestazioni di assistenza specialistica ambulatoriale gli assistiti non esentati dalla quota di partecipazione al costo sono tenuti al pagamento di una quota fissa sulla ricetta pari a 10 euro. Per le prestazioni erogate in regime di pronto soccorso ospedaliero non seguite da ricovero, la cui condizione è stata codificata come codice bianco, ad eccezione di quelli afferenti al pronto soccorso a seguito di traumatismi ed avvelenamenti acuti, gli assistiti non esenti sono tenuti al pagamento di una quota fissa pari a 25 euro. La quota fissa per le prestazioni erogate in regime di pronto soccorso non è, comunque, dovuta dagli assistiti non esenti di età inferiore a 14 anni. Sono fatte salve le disposizioni eventualmente assunte dalle regioni che, per l'accesso al pronto soccorso ospedaliero, pongono a carico degli assistiti oneri più elevati (8);

p-bis) per le prestazioni di assistenza specialistica ambulatoriale, di cui al primo periodo della lettera p), fermo restando l'importo di manovra pari a 811 milioni di euro per l'anno 2007, 834 milioni di euro per l'anno 2008 e 834 milioni di euro per l'anno 2009, le regioni, sulla base della stima degli effetti della complessiva manovra nelle singole regioni, definita dal Ministero della salute di concerto con il Ministero dell'economia e delle finanze, anziché applicare la quota fissa sulla ricetta pari a 10 euro, possono, anche congiuntamente:

1) adottare altre misure di partecipazione al costo delle prestazioni sanitarie, la cui entrata in vigore nella regione interessata è subordinata alla certificazione del loro effetto di equivalenza per il mantenimento dell'equilibrio economico-finanziario e per il controllo dell'appropriatezza, da parte del Tavolo tecnico per la verifica degli adempimenti di cui all'articolo 12 dell'intesa Stato-Regioni del 23 marzo 2005;

2) stipulare con il Ministero della salute e il Ministero dell'economia e delle finanze un accordo per la definizione di altre misure di partecipazione al costo delle prestazioni sanitarie, equivalenti sotto il profilo del mantenimento dell'equilibrio economico-finanziario e del controllo dell'appropriatezza. Le misure individuate dall'accordo si applicano, nella regione interessata, a decorrere dal giorno successivo alla data di sottoscrizione dell'accordo medesimo.(9)

2-bis) fermo restando il rispetto dell'equilibrio economico del settore sanitario, adottare azioni di efficientamento della spesa e promozione dell'appropriatezza delle prestazioni, certificate congiuntamente dal Comitato paritetico permanente per la verifica dell'erogazione dei livelli essenziali di assistenza e dal Tavolo tecnico per la verifica degli adempimenti, di cui agli articoli 9 e 12 della citata intesa 23 marzo 2005 (12).

q) all'articolo 1, comma 292, della legge 23 dicembre 2005, n. 266, la lettera a) è sostituita dalla seguente:

"a) con le procedure di cui all'articolo 54 della legge 27 dicembre 2002, n. 289, si provvede, entro il 28 febbraio 2007, alla modificazione degli allegati al citato decreto del Presidente del Consiglio dei ministri 29 novembre 2001, e successive modificazioni, di definizione dei livelli essenziali di assistenza, finalizzata all'inserimento, nell'elenco delle prestazioni di specialistica ambulatoriale, di prestazioni già erogate in regime di ricovero ospedaliero, nonché alla integrazione e modificazione delle soglie di appropriatezza per le prestazioni di ricovero ospedaliero in regime di ricovero ordinario diurno";

r) a decorrere dal 1° gennaio 2007, i cittadini, anche se esenti dalla partecipazione alla spesa sanitaria, che non abbiano ritirato i risultati di visite o esami diagnostici e di laboratorio sono tenuti al pagamento per intero della prestazione usufruita, con le modalità più idonee al recupero delle somme dovute stabilite dai provvedimenti regionali;

s) a decorrere dal 1° gennaio 2008, cessano i transitori accreditamenti delle strutture private già convenzionate, ai sensi dell'articolo 6, comma 6, della legge 23 dicembre 1994, n. 724, non confermati da accreditamenti provvisori o definitivi disposti ai sensi dell'articolo 8-quater del decreto legislativo 30 dicembre 1992, n. 502, e successive modificazioni;

t) le regioni provvedono ad adottare provvedimenti finalizzati a garantire che dal 1° gennaio 2011 cessino gli accreditamenti provvisori delle strutture private ospedaliere e ambulatoriali, di cui all'articolo 8-quater, comma 7, del decreto legislativo 30 dicembre 1992, n. 502, non confermati dagli accreditamenti definitivi di cui all'articolo 8-quater, comma 1, del medesimo decreto legislativo n. 502 del 1992; le regioni provvedono ad adottare provvedimenti finalizzati a garantire che dal 31 ottobre 2014 cessino gli accreditamenti provvisori di tutte le altre strutture sanitarie e sociosanitarie private, nonché degli stabilimenti termali come individuati dalla legge 24 ottobre 2000, n. 323, non confermati dagli accreditamenti definitivi di cui all'articolo 8-quater, comma 1, del decreto legislativo n. 502 del 1992. Qualora le regioni non provvedano ai citati adempimenti entro il 31 ottobre 2014, il Consiglio dei ministri, su proposta del Ministro della salute, di concerto con il Ministro dell'economia e delle finanze, e sentito il Ministro per gli affari regionali e le autonomie, nomina il Presidente della regione o altro soggetto commissario ad acta ai fini dell'adozione dei predetti provvedimenti [10].

u) le regioni provvedono ad adottare provvedimenti finalizzati a garantire che, a decorrere dal 1° gennaio 2008, non possano essere concessi nuovi accreditamenti, ai sensi dell'articolo 8-quater del decreto legislativo 30 dicembre 1992, n. 502, e successive modificazioni, in assenza di un provvedimento regionale di ricognizione e conseguente determinazione, ai sensi del comma 8 del medesimo articolo 8-quater del decreto legislativo n. 502 del 1992. Il provvedimento di ricognizione è trasmesso al Comitato paritetico permanente per la verifica dell'erogazione dei livelli essenziali di assistenza di cui all'articolo 9 della citata intesa 23 marzo 2005. Per le regioni impegnate nei piani di rientro previsti dall'accordo di cui alla lettera b), le date del 1° gennaio 2008 di cui alla presente lettera e alla lettera s) sono anticipate al 1° luglio 2007 limitatamente alle regioni nelle quali entro il 31 maggio 2007 non si sia provveduto ad adottare o ad aggiornare, adeguandoli alle esigenze di riduzione strutturale dei disavanzi, i provvedimenti di cui all'articolo 8-quinquies, commi 1 e 2, del citato decreto legislativo 30 dicembre 1992, n. 502, e successive modificazioni;

v) il Ministero della salute, avvalendosi della Commissione unica sui dispositivi medici e della collaborazione istituzionale dell'Agenzia per i servizi sanitari regionali, individua, entro il 31 gennaio 2007, tipologie di dispositivi per il cui acquisto la corrispondente spesa superi il 50 per cento della spesa complessiva dei dispositivi medici registrata per il Servizio sanitario nazionale. Fermo restando quanto previsto dal comma 5 dell'articolo 57 della legge 27 dicembre 2002, n. 289, e dal numero 2) della lettera a) del comma 409 dell'articolo 1 della legge 23 dicembre 2005, n. 266, entro il 30 aprile 2007, con decreto del Ministro della salute, di concerto con il Ministro dell'economia e delle finanze, di intesa con la Conferenza permanente per i rapporti tra lo Stato, le regioni e le province autonome di Trento e di Bolzano, sono stabiliti i prezzi dei dispositivi individuati ai sensi della presente lettera, da assumere, con decorrenza dal 1° maggio 2007, come base d'asta per le forniture del Servizio sanitario nazionale. I prezzi sono stabiliti tenendo conto dei più bassi prezzi unitari di acquisto da parte del Servizio sanitario nazionale risultanti dalle informazioni in possesso degli osservatori esistenti e di quelle rese disponibili dall'ottemperanza al disposto del successivo periodo della presente lettera. Entro il 15 marzo 2007 le regioni trasmettono al Ministero della salute – Direzione generale dei farmaci e dei dispositivi medici, anche per il tramite dell'Agenzia per i servizi sanitari regionali, i prezzi unitari corrisposti dalle aziende sanitarie nel corso del biennio 2005-2006; entro la stessa data le aziende che producono o commercializzano in Italia dispositivi medici trasmettono alla predetta Direzione generale, sulla base di criteri stabiliti con decreto del Ministro della salute, i prezzi unitari relativi alle forniture effettuate alle aziende sanitarie nel corso del medesimo biennio. Nelle gare in cui la fornitura di dispositivi medici è parte di una più ampia fornitura di beni e servizi, l'offerente deve indicare in modo specifico il prezzo unitario di ciascun dispositivo e i dati identificativi dello stesso. Il Ministero della salute, avvalendosi della Commissione unica sui dispositivi medici e della collaborazione istituzionale dell'Istituto superiore di sanità e dell'Agenzia per i servizi sanitari regionali, promuove la realizzazione, sulla base di una programmazione annuale, di studi sull'appropriatezza dell'impiego di specifiche tipologie di dispositivi medici, anche mediante comparazione dei costi rispetto ad ipotesi alternative. I risultati degli studi sono pubblicati sul sito INTERNET del Ministero della salute [11];

z) la disposizione di cui all'articolo 3, comma 2, del decreto-legge 17 febbraio 1998, n. 23, convertito, con modificazioni, dalla legge 8 aprile 1998, n. 94, non è applicabile al ricorso a terapie farmacologiche a carico del Servizio sanitario nazionale, che, nell'ambito dei presìdi ospedalieri o di altre strutture e interventi sanitari, assuma carattere diffuso e sistematico e si configuri, al di fuori delle condizioni di autorizzazione all'immissione in commercio, quale alternativa terapeutica rivolta a pazienti portatori di patologie per le quali risultino autorizzati farmaci recanti specifica indicazione al trattamento. Il ricorso a tali terapie è consentito solo nell'ambito delle sperimentazioni cliniche dei medicinali di cui al decreto legislativo 24 giugno 2003, n. 211, e successive modificazioni. In caso di ricorso improprio si applicano le disposizioni di cui all'articolo 3, commi 4 e 5, del citato decreto-legge 17 febbraio 1998, n. 23, convertito, con modificazioni, dalla legge 8 aprile 1998, n. 94. Le regioni provvedono ad adottare entro il 28 febbraio 2007 disposizioni per le aziende sanitarie locali, per le aziende ospedaliere, per le aziende ospedaliere universitarie e per gli Istituti di ricovero e cura a carattere scientifico volte alla individuazione dei responsabili dei procedimenti applicativi delle disposizioni di cui alla presente lettera, anche sotto il profilo della responsabilità amministrativa per danno erariale. Fino alla data di entrata in vigore delle disposizioni regionali di cui alla presente lettera, tale responsabilità è attribuita al direttore sanitario delle aziende sanitarie locali, delle aziende ospedaliere, delle aziende ospedaliere universitarie e degli Istituti di ricovero e cura a carattere scientifico.

[1] *Lettera modificata dall'articolo 43 del D.L. 31 dicembre 2007, n. 248. Vedi, anche, l'articolo 79, comma 1, del D.L. 25 giugno 2008, n.112.*

[2] *Vedi, anche, l'articolo 1-bis del D.L. 20 marzo 2007, n. 23. Lettera modificata dall'articolo 2, comma 50, della legge 24 dicembre 2007 n. 244. Vedi anche l'articolo 8, comma 1 lettera a), del D.L. 31 dicembre 2007, n. 248. Vedi inoltre il comma 51 dell'articolo 2 della medesima legge. Per l'incremento, per l'esercizio finanziario 2008, di 14 milioni del fondo transitorio di cui alla presente lettera vedi l'articolo 8-ter del D.L. 31 dicembre 2007, n. 248. Lettera successivamente modificata dall'articolo 1, comma 573, della Legge 23 dicembre 2014, n. 190.*

[3] *Vedi, anche, l'articolo 5, comma 2, del D.L. 1 ottobre 2007, n.159.*

[4] *Per l'approvazione delle tabelle di equivalenza elaborate ai sensi e per gli effetti della presente lettera, vedi il Comunicato dell'Agenzia Italiana del Farmaco 10 febbraio 2007. Vedi, anche, l'articolo 5, comma 2 del D.L. 1 ottobre 2007, n.159 e l'articolo 9, comma 1, del D.L. 31 dicembre 2007, n. 248.*

[5] *A norma dell'articolo 64, comma 1, della legge 23 luglio 2009, n. 99, come modificato dall'articolo 6, comma 6, del D.L.30 dicembre 2009, n. 194 e dall'articolo 1, comma 1, del D.L. 29 dicembre 2010, n. 225, la disposizione di cui alla presente lettera si applica, fino al 31 marzo 2011, su richiesta delle imprese interessate, anche ai farmaci immessi in commercio dopo il 31 dicembre 2006. Successivamente, l'articolo 10, comma 5, del D.L. 29 dicembre 2011, n. 216, ha ulteriormente prorogato l'applicazione delle disposizioni di cui al presente comma al 31 dicembre 2012. Da ultimo, l'articolo 1, comma 1, del D.P.C.M. 25 marzo 2011, ha sostituito il termine di scadenza del 31 marzo 2011 di cui al presente comma, al 31 dicembre 2011. A norma dell'articolo 1, comma 1, del D.P.C.M. 26 giugno 2013, il termine di cui al presente comma è ulteriormente prorogato sino al 31 dicembre 2013. Da ultimo, la presente lettera è stata modificata dall'articolo 1, comma 400, della Legge 27 dicembre 2017, n. 205.*

[6] *Lettera modificata dall'articolo 2, commi 279 e 280, della legge 24 dicembre 2007 n. 244. Vedi anche il comma 281 dell'articolo 2 della medesima legge.*

[7] *La Corte Costituzionale con sentenza 4 marzo 2008, n. 45 (in Gazz.Uff., 12 marzo 2008, n. 12) ha dichiarato l'illegittimità costituzionale della presente lettera, limitatamente alle seguenti parole: «Il maggior importo di cui alla presente lettera è vincolato per 500 milioni di euro alla riqualificazione strutturale e tecnologica dei servizi di radiodiagnostica e di radioterapia di interesse oncologico con prioritario riferimento alle regioni meridionali ed insulari, per 100 milioni di euro ad interventi per la realizzazione di strutture residenziali dedicate alle cure palliative con prioritario riferimento alle regioni che abbiano completato il programma realizzativo di cui all'articolo 1, comma 1, del decreto-legge 28 dicembre 1998, n. 450, convertito, con modificazioni, dalla legge 26 febbraio 1999, n. 39, e che abbiano avviato programmi di assistenza domiciliare nel campo delle cure palliative, per 100 milioni di euro all'implementazione e all'ammodernamento dei sistemi informatici delle aziende sanitarie ed ospedaliere e all'integrazione dei medesimi con i sistemi informativi sanitari delle regioni e per 100 milioni di euro per strutture di assistenza odontoiatrica.».*

[8] *A norma dell'articolo 6-quater del D.L. 28 dicembre 2006 n. 300 le disposizioni relative alla quota fissa di cui alla presente lettera, si applicano fino al 31 marzo 2007 e comunque fino all'entrata in vigore delle misure o alla stipulazione dell'accordo di cui alla lettera p-bis). Per la rideterminazione dell'importo della manovra derivante dalle disposizioni di cui alla presente lettera, vedi l'articolo 1-bis del D.L. 20 marzo 2007, n.23. A norma dell'articolo 2, comma 376, della legge 24 dicembre 2007 n. 244, per l'anno 2008, la quota di partecipazione al costo per le prestazioni di assistenza specialistica ambulatoriale per gli assistiti non esentati, di cui alla presente lettera è abolita. Vedi anche il comma 377 dell'articolo 2 della medesima legge 244/2007. A norma dell'articolo 61, comma 19, del D.L. 25 giugno 2008, n. 112, come modificato dalla legge 6 agosto 2008, n. 133, in sede di conversione, per gli anni 2009, 2010 e 2011, la quota di partecipazione al costo per le prestazioni di assistenza specialistica ambulatoriale per gli assistiti non esentati, di cui alla presente lettera, è abolita. A norma dell'articolo 1, comma 446 della Legge 27 dicembre 2019, n. 160, a decorrere dal 1° settembre 2020, la quota di partecipazione al costo per le prestazioni di assistenza specialistica ambulatoriale per gli assistiti non esentati, di cui alla presente lettera, è abolita.*

[9] *Lettera inserita dall'articolo 6-quater del D.L. 28 dicembre 2006 n. 300 e successivamente modificata dall'articolo 1, comma 549, lettera a) della Legge 30 dicembre 2018, n.145.*

[10] *Lettera modificata dall'articolo 2, comma 100, della legge 23 dicembre 2009, n.191, dall'articolo 2, comma 35, del D.L. 29 dicembre 2010, n. 225 e dall'articolo 7, comma 1-bis, del D.L. 30 dicembre 2013, n. 150, convertito, con modificazioni, dalla Legge 27 febbraio 2014, n. 15.*

[11] *Per i criteri per la trasmissione da parte delle aziende che producono o commercializzano in Italia dispositivi medici delle informazioni, relative ai prezzi unitari per le forniture effettuate alle aziende sanitarie nel biennio 2005-2006, vedi il D.M. 23 gennaio 2007. Vedi, anche, il Comunicato del Ministero della salute 30 gennaio 2007. Per la determinazione di taluni prezzi da assumere come base d'asta per le forniture al Servizio sanitario nazionale, a norma della presente lettera vedi il D.M. 11 ottobre 2007.*

[12] *Numero aggiunto dall'articolo 1, comma 549, lettera b) della Legge 30 dicembre 2018, n.145. A norma dell'articolo 1, comma 446 della Legge 27 dicembre 2019, n. 160, a decorrere dal 1° settembre 2020, cessano le misure alternative adottate dalle regioni ai sensi della presente lettera.*

797. Il finanziamento del Servizio sanitario nazionale cui concorre lo Stato è incrementato per l'anno 2006 di 2.000 milioni di euro. Tale importo è ripartito fra le regioni con i medesimi criteri adottati per lo stesso anno, salvo diversa proposta di riparto elaborata dalle regioni da trasmettere al Ministero della salute e al Ministero dell'economia e delle finanze entro il 15 gennaio 2007 [1].

[1] *Per la ripartizione tra le regioni della somma di 2.000 milioni di euro destinata ad incrementare per l'anno 2006 il finanziamento del Servizio sanitario nazionale, di cui al presente comma, vedi la Deliberazione CIPE 16 marzo 2007, n. 11.*

798. Al secondo periodo del comma 289 dell'articolo 1 della legge 23 dicembre 2005, n. 266, le parole: "per ciascuno degli anni 2006, 2007 e 2008" sono sostituite dalle seguenti: "per l'anno 2006 e di 8 milioni di euro a decorrere dall'anno 2007. Con le risorse di cui al presente comma si provvede anche alla copertura delle spese sostenute dal Ministero della salute e dal Ministero dell'economia e delle finanze per l'attività di affiancamento alle regioni impegnate nei Piani di rientro dai disavanzi di cui all'articolo 1, comma 180, della legge 30 dicembre 2004, n. 311, comprese le spese di missione del personale dei predetti Ministeri incaricato di tali attività".

799. Con le modalità di cui all'articolo 1, comma 9, del decreto legislativo 30 dicembre 1992, n. 502, e successive modificazioni, su proposta del Ministro della salute, sentita la Conferenza permanente per i rapporti tra lo Stato, le regioni e le province autonome di Trento e di Bolzano, è modificato il Piano sanitario nazionale 2006-2008, di cui al decreto del Presidente della Repubblica 7 aprile 2006, pubblicato nel supplemento ordinario n. 149 alla Gazzetta Ufficiale n. 139 del 17 giugno 2006, al fine di armonizzarne i contenuti e la tempistica al finanziamento complessivo del Servizio sanitario nazionale per il triennio 2007-2009.

800. I consiglieri e referendari medici in servizio presso l'Ufficio medico della Presidenza del Consiglio dei ministri possono svolgere attività professionali sanitarie esterne, secondo modalità definite con decreto del Presidente del Consiglio dei ministri.

801. Il prezzo al pubblico dei medicinali non soggetti a prescrizione medica disciplinati dall'articolo 96 del decreto legislativo 24 aprile 2006, n. 219, è stabilito da ciascun titolare di farmacia o di esercizio di vendita previsto dall'articolo 5 del decreto-legge 4 luglio 2006, n. 223, convertito, con modificazioni, dalla legge 4 agosto 2006, n. 248. Il prezzo deve essere chiaramente reso noto al pubblico nel punto di vendita, mediante listini o altre equivalenti modalità. Nei confronti dei medicinali predetti cessano di applicarsi le disposizioni di cui all'articolo 73, comma 1, lettera r), del decreto legislativo 24 aprile 2006, n. 219, all'articolo 85, comma 25, della legge 23 dicembre 2000, n. 388, e all'articolo 1, comma 3, secondo periodo, del decreto-legge 27 maggio 2005, n. 87, convertito, con modificazioni, dalla legge 26 luglio 2005, n. 149.

802. Fino al 31 dicembre 2007, le farmacie e gli altri esercizi al dettaglio non possono vendere i medicinali di cui al comma 801 a un prezzo superiore al prezzo massimo di vendita in vigore al 31 dicembre 2006, pubblicato sul sito INTERNET dell'AIFA. Per lo stesso periodo, fino al 31 dicembre 2007 le aziende farmaceutiche titolari

dell'autorizzazione all'immissione in commercio nella cessione dei prodotti al dettagliante devono assicurare un margine non inferiore al 25 per cento calcolato sul prezzo massimo di vendita di cui al periodo precedente.

803. Sul prezzo massimo di vendita di cui al comma 802 è calcolato, fino al 31 dicembre 2007, lo sconto minimo cui hanno diritto, ai sensi della normativa vigente, gli ospedali e le altre strutture del Servizio sanitario nazionale che acquistano i medicinali di cui al comma 801 dai produttori e dai titolari dell'autorizzazione all'immissione in commercio.

804. Il prezzo di vendita al pubblico dei medicinali soggetti a prescrizione medica appartenenti alla classe di cui alla lettera c) del comma 10 dell'articolo 8 della legge 24 dicembre 1993, n. 537, e successive modificazioni, stabilito dai titolari dell'autorizzazione all'immissione in commercio ai sensi dell'articolo 1, comma 3, del decreto-legge 27 maggio 2005, n. 87, convertito, con modificazioni, dalla legge 26 luglio 2005, n. 149, non può essere superiore, per l'anno 2007, al prezzo in vigore nel 2006, aumentato sulla base delle variazioni dell'indice ISTAT sul costo della vita relative al periodo dicembre 2005-dicembre 2006.

805. Al fine di rimuovere gli squilibri sanitari connessi alla disomogenea distribuzione registrabile tra le varie realtà regionali nelle attività realizzative del Piano sanitario nazionale, per il triennio 2007, 2008 e 2009 è istituito un Fondo per il cofinanziamento dei progetti attuativi del Piano sanitario nazionale nonché per il cofinanziamento di analoghi progetti da parte delle regioni Valle d'Aosta e Friuli-Venezia Giulia e delle province autonome di Trento e di Bolzano (1).

(1) Per i progetti attuativi del Piano sanitario nazionale - Linee guida per l'accesso al cofinanziamento alle regioni e alle province autonome di Trento e Bolzano di cui al presente comma vedi il D.M. 10 luglio 2007.

806. L'importo annuale del Fondo di cui al comma 805 è stabilito in 65,5 milioni di euro, di cui 5 milioni per iniziative nazionali realizzate dal Ministero della salute e 60,5 milioni da assegnare alle regioni ed alle province autonome di Trento e di Bolzano, con decreto del Ministro della salute, previa intesa con la Conferenza permanente per i rapporti tra lo Stato, le regioni e le province autonome di Trento e di Bolzano, per l'integrazione ed il cofinanziamento dei progetti regionali in materia di:

a) sperimentazione del modello assistenziale case della salute, per 10 milioni di euro;

b) iniziative per la salute della donna ed iniziative a favore delle gestanti, della partoriente e del neonato, per 10 milioni di euro;

c) malattie rare, per 30 milioni di euro;

d) implementazione della rete delle unità spinali unipolari, per 10,5 milioni di euro (1)(2).

(1) Per i progetti attuativi del Piano sanitario nazionale - Linee guida per l'accesso al cofinanziamento alle regioni e alle province autonome di Trento e Bolzano di cui al presente comma vedi il D.M. 10 luglio 2007.
(2) Per la destinazione delle risorse di cui al presente comma vedi l'articolo 2, comma 374, della legge 24 dicembre 2007 n. 244.

807. L'importo di 60,5 milioni di euro di cui al comma 806 è assegnato con decreto del Ministro della salute, su proposta del Comitato permanente per la verifica dei livelli essenziali di assistenza, di cui all'articolo 9 dell'intesa 23 marzo 2005 sancita dalla Conferenza permanente per i rapporti tra lo Stato, le regioni e le province autonome di Trento e di Bolzano, pubblicata nel supplemento ordinario n. 83 alla Gazzetta Ufficiale n. 105 del 7 maggio 2005, alle regioni che abbiano presentato i progetti attuativi del Piano sanitario nazionale contenenti linee di intervento relative alle materie di cui al comma 806, coerenti con linee progettuali previamente indicate con decreto del Ministro della salute.

808. Per il proseguimento dell'intervento speciale per la diffusione degli screening oncologici di cui all'articolo 2-bis del decreto-legge 29 marzo 2004, n. 81, convertito, con modificazioni, dalla legge 26 maggio 2004, n. 138, è autorizzata la spesa di 20 milioni di euro per l'anno 2007 e 18 milioni di euro per ciascuno degli anni 2008 e 2009, per la concessione da parte del Ministero della salute di finanziamenti finalizzati alle regioni meridionali ed insulari.

809. A decorrere dal 2007 è autorizzato il finanziamento per un importo di 500.000 euro annui per il funzionamento della Consulta del volontariato per la lotta contro l'Aids istituita presso il Ministero della salute. La Consulta è convocata e sentita almeno tre volte l'anno, al fine di raccogliere contributi e pareri riguardo alla ideazione, realizzazione e verifica, dei programmi di informazione e prevenzione nella lotta contro la diffusione dell'epidemia da HIV (AIDS). La Consulta può dare incarico ad esperti di redigere pareri e studi sui predetti programmi (1)(2).

(1) Per la proroga dell'organismo di cui al presente comma, vedi l'articolo 1, comma 2, del D.L. 28 giugno 2012, n. 89.
(2) A norma dell'articolo 2, comma 1, lettera m) del D.P.R. 28 marzo 2013, n. 44, le funzioni in atto esercitate dall'organismo di cui al presente comma sono trasferite ad un unico organo collegiale, denominato: «Comitato tecnico sanitario».

810. All'articolo 50 del decreto-legge 30 settembre 2003, n. 269, convertito, con modificazioni, dalla legge 24 novembre 2003, n. 326, e successive modificazioni, sono apportate le seguenti modificazioni:

a) al comma 3, terzo periodo, dopo le parole: "accertamenti specialistici prescritti" sono aggiunte le seguenti: "ovvero dei dispositivi di assistenza protesica e di assistenza integrativa";

b) al comma 5, primo periodo, dopo le parole: "presidi di specialistica ambulatoriale " sono inserite le seguenti: ", delle strutture per l'erogazione delle prestazioni di assistenza protesica e di assistenza integrativa ";

c) dopo il comma 5 sono inseriti i seguenti:

"5-bis. Per le finalità di cui al comma 1, a partire dal 1° luglio 2007, il Ministero dell'economia e delle finanze rende disponibile il collegamento in rete dei medici del SSN di cui al comma 2, in conformità alle regole tecniche concernenti il Sistema pubblico di connettività ed avvalendosi, ove possibile, delle infrastrutture regionali esistenti, per la trasmissione telematica dei dati delle ricette al Ministero dell'economia e delle finanze e delle certificazioni di malattia all'INPS, secondo quanto previsto all'articolo 1, comma 149, della legge 30 dicembre 2004, n. 311. Con decreto del Presidente del Consiglio dei ministri o del Ministro delegato per le riforme e le innovazioni nella pubblica amministrazione, da emanare, entro il 30 aprile 2007, ai sensi del codice dell'amministrazione digitale, di cui al decreto legislativo 7 marzo 2005, n. 82, e successive modificazioni, su proposta del Ministro dell'economia e delle finanze, di concerto con i Ministri della salute e del lavoro e della previdenza sociale, previo parere del Garante per la protezione dei dati personali, sentita la Conferenza permanente per i rapporti tra lo Stato, le regioni e le province autonome di Trento e di Bolzano, sono definite le regole tecniche concernenti i dati di cui al presente comma e le modalità di trasmissione. Ai fini predetti, il parere del Centro nazionale per l'informatica nella pubblica amministrazione è reso entro il 31 marzo 2007; in mancanza, il predetto decreto può essere comunque emanato. Con uno o più decreti del Ministro dell'economia e delle finanze, di concerto con il Ministro della salute, sono emanate le ulteriori disposizioni attuative del presente comma.

5-ter. Per la trasmissione telematica dei dati delle ricette di cui al comma 5-bis, con decreto del Ministero dell'economia e delle finanze, di concerto con il Ministero della salute, è definito un contributo da riconoscere ai medici convenzionati con il SSN, per l'anno 2008, nei limiti di 10 milioni di euro. Al relativo onere si provvede utilizzando le risorse di cui al comma 12" [(1)];

d) al comma 7, secondo periodo, dopo le parole: "All'atto della utilizzazione di una ricetta medica recante la prescrizione di prestazioni specialistiche" sono inserite le seguenti: "ovvero dei dispositivi di assistenza protesica e di assistenza integrativa" e dopo le parole: "codici del nomenclatore delle prestazioni specialistiche" sono aggiunte le seguenti: "ovvero i codici del nomenclatore delle prestazioni di assistenza protesica ovvero i codici del repertorio dei prodotti erogati nell'ambito dell'assistenza integrativa";

e) al comma 8, primo periodo, e successive modificazioni, dopo le parole: "pubbliche e private" sono aggiunte le seguenti:"e per le strutture di erogazione dei servizi sanitari non autorizzate al trattamento del codice fiscale dell'assistito";

f) al comma 9, primo periodo, dopo le parole: "Al momento della ricezione dei dati trasmessi telematicamente ai sensi" sono inserite le seguenti: "del comma 5-bis e"; al medesimo comma, ultimo periodo, dopo le parole: "e al nomenclatore ambulatoriale " sono aggiunte le seguenti: "nonché al nomenclatore delle prestazioni di assistenza protesica e al repertorio dei prodotti erogati nell'ambito dell'assistenza integrativa";

g) al comma 10, dopo il secondo periodo è inserito il seguente: "Con decreto del Ministero dell'economia e delle finanze, di concerto con il Ministero della salute, da emanare entro il 31 marzo 2007, sono definiti i dati, relativi alla liquidazione periodica dei rimborsi erogati alle strutture di erogazione di servizi sanitari, che le aziende sanitarie locali di ogni regione trasmettono al Ministero dell'economia e delle finanze, nonché le modalità di trasmissione".

(1) Per l'attuazione della presente lettera vedi il D.P.C.M. 26 marzo 2008.

811. Qualora il farmacista titolare di farmacia privata o direttore di una farmacia gestita da una società di farmacisti ai sensi dell'articolo 7 della legge 8 novembre 1991, n. 362, e successive modificazioni, sia condannato con sentenza passata in giudicato, per il reato di truffa ai danni del Servizio sanitario nazionale, l'autorità competente può dichiarare la decadenza dall'autorizzazione all'esercizio della farmacia, anche in mancanza delle condizioni previste dall'articolo 113, primo comma, lettera e), del testo unico delle leggi sanitarie, di cui al regio decreto 27 luglio 1934, n. 1265. La decadenza è comunque dichiarata quando la sentenza abbia accertato un danno superiore a 50.000 euro, anche nell'ipotesi di mancata costituzione in giudizio della parte civile. L'autorizzazione sanitaria all'esercizio della farmacia, in caso di condanna con sentenza di primo grado per i fatti disciplinati dal presente comma, non può essere trasferita per atto tra vivi fino alla conclusione del procedimento penale a seguito di sentenza definitiva [(1)]

(1) Comma modificato dall'articolo 11-bis del D.L. 13 settembre 2012, n. 158.

812. Quando la truffa ai danni del Servizio sanitario nazionale, accertata con sentenza passata in giudicato, è commessa da altro sanitario che, personalmente o per il tramite di una società di cui è responsabile, eroga prestazioni per conto del Servizio sanitario nazionale, è subito avviata, sulla base delle norme vigenti, la procedura di risoluzione del rapporto instaurato con il Servizio sanitario nazionale; il rapporto è risolto di diritto quando la sentenza abbia accertato un danno superiore a 50.000 euro, anche nell'ipotesi di mancata costituzione in giudizio della parte civile.

813. Per gli anni 2007, 2008 e 2009, nell'utilizzazione delle risorse previste nella Tabella C allegata alla presente legge e destinate al finanziamento di progetti di ricerca sanitaria di cui all'articolo 12-bis del decreto legislativo 30 dicembre 1992, n. 502, e successive modificazioni, un importo pari a 10 milioni di euro è vincolato al finanziamento di progetti proposti dagli Istituti zooprofilattici sperimentali in materia di sicurezza degli alimenti e tre importi pari a 3 milioni di euro ciascuno sono vincolati al finanziamento di progetti per il miglioramento degli interventi di diagnosi e cura delle malattie rare anche in riferimento alla facilitazione della erogazione ai pazienti dei farmaci orfani, al finanziamento di progetti per l'utilizzazione di cellule staminali e al finanziamento di progetti per la qualificazione ed il potenziamento delle attività di tutela della salute nei luoghi di lavoro.

814. A decorrere dall'anno 2007, nell'ambito delle risorse di cui all'autorizzazione di spesa recata dall'articolo 12 del decreto legislativo 30 dicembre 1992, n. 502, come determinata dalla Tabella C allegata alla presente legge, una quota non inferiore al 5 per cento relativamente al 2007 e al 10 per cento a partire dal 2008 è destinata ai progetti di ricerca sanitaria svolta dai soggetti di cui all'articolo 12-bis, comma 6, del citato decreto legislativo n. 502 del 1992, presentati da ricercatori di età inferiore ai quaranta anni e previamente valutati, secondo la tecnica di valutazione tra pari, da un comitato. Detto comitato è composto da ricercatori, di nazionalità italiana o straniera, di età inferiore ai quaranta anni, operanti, almeno per la metà, presso istituzioni ed enti di ricerca non italiani e riconosciuti di livello eccellente sulla base di indici bibliometrici, quali l'impact factor ed il citation index. L'attuazione del presente comma è demandata ad apposito decreto del Presidente del Consiglio dei ministri, da adottarsi di concerto con il Ministro della salute ed il Ministro dell'università e della ricerca entro sessanta giorni dalla data di entrata in vigore della presente legge [(1)(2)(3)].

(1) Comma modificato dall'articolo 2, comma 316, della legge 24 dicembre 2007 n. 244.
(2) Per la proroga dell'organismo di cui al presente comma, vedi l'articolo 1, comma 2, del D.L. 28 giugno 2012, n. 89.
(3) A norma dell'articolo 2, comma 1, lettera d) del D.P.R. 28 marzo 2013, n. 44, le funzioni in atto esercitate dall'organismo di cui al presente comma sono trasferite ad un unico organo collegiale, denominato:

«Comitato tecnico sanitario».

815. L'onere derivante dall'istituzione e dal funzionamento del comitato di cui al comma 814 è quantificato nel limite massimo di 100.000 euro annui.

(1) Comma modificato dall'articolo 2, comma 317, della legge 24 dicembre 2007 n. 244.

816. Ai fini del completamento delle attività di cui all'articolo 92, comma 7, della legge 23 dicembre 2000, n. 388, e all'articolo 4, comma 170, della legge 24 dicembre 2003, n. 350, è autorizzato lo stanziamento di 8 milioni di euro per gli anni 2007, 2008 e 2009 a favore dell'Istituto superiore di sanità.

817. Per il consolidamento e rafforzamento degli scopi perseguiti dalla Lega italiana per la lotta contro i tumori è autorizzata l'erogazione di un ulteriore contributo straordinario annuo pari ad euro 2 milioni per ciascuno degli anni 2007, 2008 e 2009.

818. La natura esclusiva degli incarichi del direttore generale, del direttore scientifico, del direttore amministrativo e del direttore sanitario degli Istituti di ricovero e cura a carattere scientifico di cui al comma 3 dell'articolo 11 del decreto legislativo 16 ottobre 2003, n. 288, comporta l'incompatibilità con qualsiasi altro rapporto di lavoro pubblico e privato e con l'esercizio di qualsiasi attività professionale.

819. Con accordo tra lo Stato, le regioni e le province autonome di Trento e di Bolzano, concluso ai sensi dell'articolo 4 del decreto legislativo 28 agosto 1997, n. 281, su proposta del Ministro della salute, sono definiti gli indirizzi per la realizzazione di un programma di farmacovigilanza attiva, attraverso la stipula di convenzioni tra l'AIFA e le singole regioni per l'utilizzazione delle risorse di cui all'articolo 36, comma 14, della legge 27 dicembre 1997, n. 449, pari a 25 milioni di euro, confluite nelle fonti di finanziamento del bilancio ordinario dell'AIFA.

820. Al fine di evitare sprechi di confezioni di medicinali correlati alla non chiara leggibilità della data di scadenza posta con modalità "a secco", la data di scadenza e il numero di lotto riportati sulle confezioni dei medicinali per uso umano devono essere stampati, con caratteri non inferiori al corpo 8, a inchiostro o con altra modalità che assicuri il contrasto cromatico fra tali indicazioni e lo sfondo del materiale di confezionamento.

821. All'articolo 15 della legge 21 ottobre 2005, n. 219, al comma 2, dopo le parole: "oggetto delle convenzioni ubicati sul territorio dell'Unione europea" sono inserite le seguenti: "nei Paesi la cui normativa consenta la lavorazione del plasma nazionale, proveniente da donazioni volontarie e non retribuite, all'estero, in regime di reciprocità, da parte di aziende parimenti ubicate sul territorio dell'Unione europea".

822. All'articolo 15 della legge n. 219 del 2005, il comma 6 è sostituito dal seguente:"6. Le convenzioni di cui al presente articolo sono stipulate decorso un anno dalla data di entrata in vigore del decreto previsto dal comma 5 del presente articolo".

823. All'articolo 16, comma 1, della legge n. 219 del 2005 alla fine del secondo periodo sono aggiunte le seguenti parole: "ed alla esportazione di emoderivati pronti per l'impiego ottenuti da plasma regolarmente importato, a condizione che gli stessi risultino autorizzati alla commercializzazione nei Paesi destinatari".

824. L'articolo 27 del decreto legislativo 19 agosto 2005, n. 191, è sostituito dal seguente: "Art. 27. - (Produzione di medicinali derivati dal sangue o dal plasma). – 1. Alla raccolta e al controllo del sangue e del plasma umani da utilizzare per la produzione di medicinali, si applica quanto disposto dal presente decreto. Il plasma raccolto in Paesi esteri ed i relativi intermedi, destinati alla produzione di prodotti finiti emoderivati, devono invece rispondere ai requisiti previsti dalla Farmacopea europea, versione vigente, ed alle direttive europee applicabili, anche in considerazione di quanto previsto dall'articolo 135, comma 2, del decreto legislativo 24 aprile 2006, n. 219".

825. All'articolo 1, comma 409, della legge 23 dicembre 2005, n. 266, sono apportate le seguenti modificazioni:

a) alla lettera c), le parole: "le aziende che producono o immettono in commercio in Italia dispositivi medici" sono sostituite dalle seguenti: "le aziende che producono o commercializzano in Italia dispositivi medici, compresi i dispositivi medico-diagnostici in vitro e i dispositivi su misura";

b) la lettera d) è sostituita dalla seguente:

"d) entro il 30 aprile di ogni anno, le aziende di cui alla lettera c) versano, in conto entrate del bilancio dello Stato, un contributo pari al 5 per cento delle spese autocertificate, calcolate al netto delle spese per il personale addetto. L'importo dovuto è maggiorato del 5 per cento per ciascun mese di ritardo rispetto alla scadenza prevista. Il mancato pagamento entro l'anno di riferimento comporta una sanzione da 7.500 a 45.000 euro, oltre al versamento di quanto dovuto. I proventi derivanti dai versamenti sono riassegnati, con uno o più decreti del Ministro dell'economia e delle finanze, sulle corrispondenti unità previsionali di base dello stato di previsione del Ministero della salute e utilizzati dalla Direzione generale dei farmaci e dispositivi medici per il miglioramento e il potenziamento della attività del settore dei dispositivi medici, con particolare riguardo alle attività di sorveglianza del mercato, anche attraverso l'aggiornamento e la manutenzione della classificazione nazionale dei dispositivi e la manutenzione del repertorio generale di cui alla lettera a), alla attività di vigilanza sugli incidenti, alla formazione del personale ispettivo, all'attività di informazione nei riguardi degli operatori professionali e del pubblico, alla effettuazione di studi in materia di valutazione tecnologica, alla istituzione di registri di patologie che implichino l'utilizzazione di dispositivi medici, nonché per la stipula di convenzioni con università e istituti di ricerca o con esperti del settore";

c) la lettera e) è sostituita dalla seguente:

"e) i produttori e i commercianti di dispositivi medici che omettono di comunicare al Ministero della salute i dati e le documentazioni previste dal comma 3-bis dell'articolo 13 del decreto legislativo 24 febbraio 1997, n. 46, e successive modificazioni, applicabile anche ai dispositivi impiantabili attivi, e dall'articolo 10 del decreto legislativo 8 settembre 2000, n. 332, sono soggetti, quando non siano previste e non risultino applicabili altre sanzioni, alla sanzione amministrativa pecuniaria di cui al comma 4 dell'articolo 23 del decreto legislativo n. 46 del 1997 e al comma 3 dell'articolo 19 del decreto legislativo n. 332 del 2000. Per l'inserimento delle informazioni nella banca dati necessaria alla istituzione e alla gestione del repertorio dei dispositivi medici, i produttori e i distributori tenuti alla comunicazione sono soggetti al pagamento, a favore del Ministero della salute, di una tariffa di euro 100 per ogni dispositivo. Sono considerati un unico dispositivo, ai fini del pagamento della tariffa, i dispositivi che abbiano uno stesso file tecnico, secondo criteri individuati dalla Commissione unica sui dispositivi medici e approvati con decreto del Ministro della salute. La tariffa è dovuta anche per l'inserimento di informazioni relative a modifiche dei dispositivi già inclusi nella banca dati. I proventi derivanti dalle tariffe sono versati all'entrata del bilancio dello Stato per essere riassegnati, con decreto del Ministro dell'economia e delle finanze, alle competenti unità previsionali di base dello stato di previsione del Ministero della salute ed utilizzati dalla Direzione generale dei farmaci e dispositivi medici per la manutenzione del repertorio generale di cui alla lettera a)".

826. Al fine di favorire il mantenimento di un'efficiente rete di assistenza farmaceutica territoriale anche nelle zone disagiate, l'ulteriore riduzione delle percentuali di sconto a carico delle farmacie con un fatturato annuo in regime di Servizio sanitario nazionale al netto dell'imposta sul valore aggiunto non superiore ad euro 258.228,45 rispetto alla riduzione prevista dal quinto periodo del comma 40 dell'articolo 1 della legge 23 dicembre 1996, n. 662, e successive modificazioni, disposta, limitatamente all'arco temporale decorrente dal 1° marzo al 31 dicembre 2006, dall'articolo 38 del decreto- legge 30 dicembre 2005, n. 273, convertito, con modificazioni, dalla legge 23 febbraio 2006, n. 51, è prorogata per il triennio 2007-2009. La misura dell'ulteriore riduzione è annualmente stabilita con decreto del Ministro della salute, di concerto con il Ministro dell'economia e delle finanze, sentita la Conferenza permanente per i rapporti tra lo Stato, le regioni e le province autonome di Trento e di Bolzano, per una maggiore spesa complessiva, a carico del Servizio sanitario nazionale, non superiore a 2,5 milioni di euro per ciascuno degli anni 2007, 2008 e 2009. Per la copertura dei relativi oneri è autorizzata la spesa di 2,5 milioni di euro per ciascuno degli anni 2007, 2008 e 2009.

827. È autorizzata la spesa di 5 milioni di euro per l'anno 2007 e di 10 milioni di euro per ciascuno degli anni 2008 e 2009 per la promozione da parte del Ministero della salute ed il finanziamento di un progetto di sperimentazione gestionale, ai sensi dell'articolo 9-bis del decreto legislativo 30 dicembre 1992, n. 502, e successive modificazioni, da autorizzare da parte della regione Lazio con la partecipazione della regione Puglia, della Regione siciliana e di altre regioni interessate, finalizzato alla realizzazione, nella città di Roma, di un Istituto nazionale per la promozione della salute delle popolazioni migranti ed il contrasto delle malattie della povertà, con compiti di prevenzione, cura, formazione e ricerca sanitaria, in cui far confluire il Centro di riferimento della regione Lazio per la promozione della salute delle popolazioni migranti, senza fissa dimora, nomadi e a rischio di emarginazione, già operante presso l'Istituto dermosifilopatico Santa Maria e San Gallicano-IFO [1][2].

[1] *Per la riduzione dell'autorizzazione di spesa di cui al presente comma vedi l'allegato 1 al D.L. 27 maggio 2008, n. 93.*
[2] *Per la proroga del progetto di sperimentazione gestionale di cui al presente comma, fino al 31 dicembre 2013, vedi l'articolo 17, comma 7, del D.L. 6 luglio 2011, n. 98.*

828. Per consentire il potenziamento delle attività affidate alla Commissione per la vigilanza e il controllo sul doping e per la tutela della salute nelle attività sportive e ai laboratori per il controllo sanitario sulle attività sportive di cui agli articoli 3 e 4 della legge 14 dicembre 2000, n. 376, è autorizzata per ciascuno degli anni 2007, 2008, 2009 una spesa ulteriore di 2 milioni di euro.

829. All'articolo 4 della legge 14 agosto 1991, n. 281, il comma 1 è sostituito dal seguente:

"1. I comuni, singoli o associati, e le comunità montane provvedono prioritariamente ad attuare piani di controllo delle nascite incruenti attraverso la sterilizzazione. A tali piani è destinata una quota non inferiore al 60 per cento delle risorse di cui all'articolo 3, comma 6. I comuni provvedono, altresì, al risanamento dei canili comunali esistenti e costruiscono rifugi per i cani, nel rispetto dei criteri stabiliti con legge regionale e avvalendosi delle risorse di cui all'articolo 3, comma 6".

830. Al fine di addivenire al completo trasferimento della spesa sanitaria a carico del bilancio della Regione siciliana, la misura del concorso della Regione a tale spesa è pari al 44,85 per cento per l'anno 2007, al 47,05 per cento per l'anno 2008 e al 49,11 per cento per l'anno 2009.

831. L'applicazione delle disposizioni di cui al comma 830 resta sospesa fino al 30 aprile 2007. Entro tale data dovrà essere raggiunta l'intesa preliminare all'emanazione delle nuove norme di attuazione dello Statuto della Regione siciliana in materia sanitaria, già disciplinate dal decreto del Presidente della Repubblica 9 agosto 1956, n. 1111, e successive modificazioni. In caso di mancato raggiungimento dell'intesa entro tale data, il concorso della Regione siciliana di cui al comma 830 è determinato, per l'anno 2007, in misura pari al 44,09 per cento.

832. Nelle norme di attuazione di cui al comma 831, è riconosciuta la retrocessione alla Regione siciliana di una percentuale non inferiore al 20 e non superiore al 50 per cento del gettito delle accise sui prodotti petroliferi immessi in consumo nel territorio regionale; tale retrocessione aumenta simmetricamente, fino a concorrenza, la misura percentuale del concorso della Regione alla spesa sanitaria, come disposto dal comma 830. Alla determinazione dell'importo annuo della quota da retrocedere alla Regione si provvede con decreto del Presidente del Consiglio dei ministri, su proposta del Ministro dell'economia e delle finanze, previo parere della Commissione paritetica prevista dall'articolo 43 dello Statuto della Regione siciliana, approvato con decreto legislativo 15 maggio 1946, n. 455, convertito in legge costituzionale dalla legge costituzionale 26 febbraio 1948, n. 2 [1].

[1] *La Corte Costituzionale con sentenza 16 maggio 2008, n. 145 (in Gazz. Uff., 21 maggio 2008, n. 22) ha dichiarato illegittimità costituzionale del terzo periodo del presente comma.*

833. A valere sul gettito delle accise sui prodotti petroliferi immessi in consumo nel territorio della Regione siciliana è retrocesso alla Regione un importo pari a 60 milioni di euro per ciascuno degli anni 2008 e 2009 a titolo di contributo di solidarietà nazionale, di cui all'articolo 38 dello Statuto regionale, dovuto per gli stessi anni 2008 e 2009 e ad integrazione, per l'anno 2008, dei finanziamenti attribuiti ai sensi dell'articolo 5, comma 3-ter, del decreto-legge 30 settembre 2005, n. 203, convertito, con modificazioni, dalla legge 2 dicembre 2005, n. 248. L'erogazione dei contributi è subor-

dinata alla redazione di un piano economico finalizzato prevalentemente al risanamento ambientale dei luoghi di insediamento degli stabilimenti petroliferi, nonché ad investimenti infrastrutturali.

834. L'articolo 8 dello Statuto speciale per la Sardegna, di cui alla legge costituzionale 26 febbraio 1948, n. 3, e successive modificazioni, è sostituito dal seguente:

"Art. 8. – Le entrate della regione sono costituite:

a) dai sette decimi del gettito delle imposte sul reddito delle persone fisiche e sul reddito delle persone giuridiche riscosse nel territorio della regione;

b) dai nove decimi del gettito delle imposte sul bollo, di registro, ipotecarie, sul consumo dell'energia elettrica e delle tasse sulle concessioni governative percette nel territorio della regione;

c) dai cinque decimi delle imposte sulle successioni e donazioni riscosse nel territorio della regione;

d) dai nove decimi dell'imposta di fabbricazione su tutti i prodotti che ne siano gravati, percetta nel territorio della regione;

e) dai nove decimi della quota fiscale dell'imposta erariale di consumo relativa ai prodotti dei monopoli dei tabacchi consumati nella regione;

f) dai nove decimi del gettito dell'imposta sul valore aggiunto generata sul territorio regionale da determinare sulla base dei consumi regionali delle famiglie rilevati annualmente dall'ISTAT; g) dai canoni per le concessioni idroelettriche;

h) da imposte e tasse sul turismo e da altri tributi propri che la regione ha facoltà di istituire con legge in armonia con i princì pi del sistema tributario dello Stato;

i) dai redditi derivanti dal proprio patrimonio e dal proprio demanio;

l) da contributi straordinari dello Stato per particolari piani di opere pubbliche e di trasformazione fondiaria;

m) dai sette decimi di tutte le entrate erariali, dirette o indirette, comunque denominate, ad eccezione di quelle di spettanza di altri enti pubblici.

Nelle entrate spettanti alla regione sono comprese anche quelle che, sebbene relative a fattispecie tributarie maturate nell'ambito regionale, affluiscono, in attuazione di disposizioni legislative o per esigenze amministrative, ad uffici finanziari situati fuori del territorio della regione".

835. Ad integrazione delle somme stanziate negli anni 2004, 2005 e 2006 è autorizzata la spesa di euro 25 milioni per ciascuno degli anni dal 2007 al 2026 per la devoluzione alla regione Sardegna delle quote di compartecipazione all'imposta sul valore aggiunto riscossa nel territorio regionale, concordate, ai sensi dell'articolo 38 del decreto del Presidente della Repubblica 19 maggio 1949, n. 250, per gli anni 2004, 2005 e 2006.

836. Dall'anno 2007 la regione Sardegna provvede al finanziamento del fabbisogno complessivo del Servizio sanitario nazionale sul proprio territorio senza alcun apporto a carico del bilancio dello Stato.

837. Alla regione Sardegna sono trasferite le funzioni relative al trasporto pubblico locale (Ferrovie Sardegna e Ferrovie Meridionali Sarde) e le funzioni relative alla continuità territoriale. Al fine di disciplinare gli aspetti operativi del trasporto di persone relativi alle Ferrovie della Sardegna ed alle Ferrovie Meridionali Sarde, il Ministero dei trasporti e la Regione Autonoma della Sardegna, entro il 31 marzo 2007, sentito il Ministero dell'economia e delle finanze, sottoscrivono un accordo attuativo relativo agli aspetti finanziari, demaniali ed agli investimenti in corso.

838. L'attuazione delle previsioni relative alla compartecipazione al gettito delle imposte di cui alle lettere a) e m) del primo comma dell'articolo 8 dello Statuto speciale di cui alla legge costituzionale 26 febbraio 1948, n. 3, come da ultimo sostituito dal comma 834 del presente articolo, non può determinare oneri aggiuntivi a carico del bilancio dello Stato superiori rispettivamente a 344 milioni di euro per l'anno 2007, a 371 milioni di euro per l'anno 2008 e a 482 milioni di euro per l'anno 2009. La nuova compartecipazione della regione Sardegna al gettito erariale entra a regime dall'anno 2010.

839. Dall'attuazione del combinato disposto della lettera f), del primo comma, dell'articolo 8 del citato Statuto speciale di cui alla legge costituzionale 26 febbraio 1948, n. 3, come da ultimo sostituito dal comma 834 del presente articolo, e del comma 836 del presente articolo, per gli anni 2007, 2008 e 2009 non può derivare alcun onere aggiuntivo per il bilancio dello Stato. Per gli anni 2007-2009 la quota dei nove decimi dell'imposta sul valore aggiunto sui consumi è attribuita sino alla concorrenza dell'importo risultante a carico della regione per la spesa sanitaria dalle delibere del CIPE per gli stessi anni 2007-2009, aumentato dell'importo di 300 milioni di euro per ciascuno degli anni 2007, 2008 e 2009.

840. Per gli anni 2007, 2008 e 2009 gli oneri relativi alle funzioni trasferite di cui al comma 837 rimangono a carico dello Stato.

841. Al fine di perseguire la maggiore efficacia delle misure di sostegno all'innovazione industriale, presso il Ministero dello sviluppo economico è istituito, ferme restando le vigenti competenze del CIPE, il Fondo per la competitività e lo sviluppo, al quale sono conferite le risorse assegnate ai Fondi di cui all'articolo 60, comma 3, della legge 27 dicembre 2002, n. 289, ed all'articolo 52 della legge 23 dicembre 1998, n. 448, che sono contestualmente soppressi. Al Fondo è altresì conferita la somma di 300 milioni di euro per il 2007 e di 360 milioni di euro per ciascuno degli anni 2008 e 2009, assicurando, unitamente al finanziamento dei progetti di cui al comma 842, la continuità degli interventi previsti dalla normativa vigente. Per la programmazione delle risorse nell'ambito del Fondo per la competitività e lo sviluppo si applicano le disposizioni di cui all'articolo 60 della legge 27 dicembre 2002, n. 289, e quelle dettate per il funzionamento del Fondo di cui all'articolo 52 della legge 23 dicembre 1998, n. 448. Il Fondo è altresì alimentato, per quanto riguarda gli interventi da realizzare nelle aree sottoutilizzate, in coerenza con i relativi documenti di programmazione, dalle risorse assegnate dal CIPE al Ministero dello sviluppo economico nell'ambito del riparto del Fondo per le aree sottoutilizzate, di cui all'articolo 61 della legge 27 dicembre 2002, n. 289, e successive modificazioni, e, per gli esercizi successivi al 2009, dalle risorse stanziate ai sensi dell'articolo 11, comma 3, lettera f), della legge 5 agosto 1978, n. 468, e successive modificazioni [(1)(2)(3)].

(1) Per la dotazione del Fondo per la competitività e per lo sviluppo di cui al presente comma, vedi l'articolo 29 del D.L. 31 dicembre 2007 n. 248.
(2) Per la riduzione dell'autorizzazione di spesa di cui al presente comma, vedi l'articolo 1, comma 2-septies, lettera a) del D.L. 23 aprile 2008, n. 80.
(3) Per l'assegnazione di una quota delle risorse nazionali disponibili del Fondo aree sottoutilizzate, al Fondo di cui al presente comma, vedi

l'articolo 18, comma 1, lettera b-bis), del D.L. 29 novembre 2008 n. 185.

842. A valere sulla quota di risorse del Fondo di cui al comma 841 individuata con decreto del Ministro dello sviluppo economico, di concerto con il Ministro dell'economia e delle finanze nonché con il Ministro per gli affari regionali e le autonomie locali, di concerto con il Ministro per i diritti e le pari opportunità, di intesa con la Conferenza permanente per i rapporti tra lo Stato, le regioni e le provincie autonome di Trento e di Bolzano, ai sensi dell'articolo 3 del decreto legislativo 28 agosto 1997, n. 281, sono finanziati, nel rispetto degli obiettivi della Strategia di Lisbona stabiliti dal Consiglio europeo dei Capi di Stato e di Governo del 16 e 17 giugno 2005, i progetti di innovazione industriale individuati nell'ambito delle aree tecnologiche dell'efficienza energetica, della mobilità sostenibile, delle nuove tecnologie della vita, delle nuove tecnologie per il made in Italy e delle tecnologie innovative per i beni e le attività culturali e turistiche [(1)(2)].

(1) Comma modificato dall'articolo 2, comma 184, della legge 24 dicembre 2007 n. 244.
(2) A norma dell'articolo 28, comma 1, del D.L. 22 giugno 2012, n. 83, le agevolazioni concesse in favore dei programmi oggetto dei progetti di innovazione industriale di cui al presente comma, sono revocate qualora entro diciotto mesi dalla data del provvedimento di concessione delle agevolazioni non sia stata avanzata almeno una richiesta di erogazione per stato di avanzamento.

843. Per l'individuazione dei contenuti di ciascuno dei progetti di cui al comma 842, il Ministro dello sviluppo economico, sentiti i Ministri dell'università e della ricerca, per le riforme e le innovazioni nella pubblica amministrazione, per gli affari regionali e le autonomie locali e per i diritti e le pari opportunità nonché gli altri Ministri interessati relativamente ai progetti in cui gli stessi concorrono, nomina un responsabile di progetto, scelto, in relazione alla complessità dei compiti, tra i soggetti in possesso di comprovati requisiti di capacità ed esperienza rispetto agli obiettivi tecnologico-produttivi da perseguire. Il responsabile di progetto, nella fase di elaborazione, avvalendosi eventualmente della collaborazione di strutture ed enti specializzati, provvede, con onere a carico delle risorse stanziate per i singoli progetti, alla definizione delle modalità e dei criteri per l'individuazione degli enti e delle imprese da coinvolgere nel progetto ed alla individuazione delle azioni e delle relative responsabilità attuative.

844. Il Ministro dello sviluppo economico, con decreti adottati, previa intesa in sede di Conferenza permanente per i rapporti tra lo Stato, le regioni e le province autonome di Trento e di Bolzano, ai sensi dell'articolo 3 del decreto legislativo 28 agosto 1997, n. 281, di concerto con i Ministri dell'università e della ricerca, per le riforme e le innovazioni nella pubblica amministrazione, per gli affari regionali e le autonomie locali, nonché con gli altri Ministri interessati relativamente ai progetti cui gli stessi concorrono, adotta i progetti di cui al comma 842 sulla base delle proposte del responsabile, e ne definisce le modalità attuative, anche prevedendo che dell'esecuzione siano incaricati enti strumentali all'amministrazione, ovvero altri soggetti esterni scelti nel rispetto delle disposizioni nazionali e comunitarie, ove le risorse di personale interno non risultino sufficienti ed adeguate, con onere a carico delle risorse stanziate per i singoli progetti. I progetti finanziati con le risorse per le aree sottoutilizzate sono trasmessi per l'approvazione, previa istruttoria, al CIPE, che si pronuncia in una specifica seduta, sotto la presidenza del Presidente del Consiglio dei ministri e alla presenza dei Ministri componenti senza possibilità di delega. Ove il CIPE non provveda nel termine di trenta giorni, il Ministro dello sviluppo economico può comunque procedere all'attuazione del progetto. Il CIPE, con propria delibera, adotta, entro due mesi dalla data di entrata in vigore della presente legge, le norme procedurali relative al proprio funzionamento per l'attuazione del presente comma.

845. Il Ministro dello sviluppo economico, con proprio decreto, istituisce appositi regimi di aiuto in conformità alla normativa comunitaria. Lo stesso Ministro riferisce annualmente al Parlamento e alla Conferenza permanente per i rapporti tra lo Stato, le regioni e le province autonome di Trento e di Bolzano sui criteri utilizzati per l'individuazione dei progetti e delle azioni, sullo stato degli interventi finanziati e sul grado di raggiungimento degli obiettivi, allegando il prospetto inerente le spese sostenute per la gestione, che sono poste a carico dei singoli progetti nel limite massimo del 5 per cento di ciascuno stanziamento [(1)].

(1) Per il Regolamento di istituzione di un regime di aiuto a favore delle attività di ricerca, sviluppo e innovazione, di cui al presente comma, vedi il D.M. 27 marzo 2008 n.87. Per le agevolazioni alle imprese per la diffusione e il rafforzamento dell'economia sociale vedi il D.M. 3 luglio 2015.

846. I progetti di cui al comma 842 possono essere oggetto di cofinanziamento deciso da parte di altre amministrazioni statali e regionali. A tal fine, è istituita, presso il Ministero dello sviluppo economico, senza oneri aggiuntivi per il bilancio dello Stato, una sede stabile di concertazione composta dai rappresentanti delle regioni e delle province autonome di Trento e Bolzano e delle amministrazioni centrali dello Stato, di cui uno designato dal Ministro per gli affari regionali e le autonomie locali. Essa si pronuncia:

a) sul monitoraggio dello stato di attuazione dei progetti di innovazione industriale;

b) sulla formulazione delle proposte per il riordino del sistema degli incentivi;

c) sulla formulazione di proposte per gli interventi per la finanza di impresa.

[847. In attesa della riforma delle misure a favore dell'innovazione industriale, è istituito il Fondo per la finanza d'impresa, al quale sono conferite le risorse [del Fondo di cui all'articolo 15 della legge 7 agosto 1997, n. 266,] del Fondo di cui all'articolo 4, comma 106, della legge 24 dicembre 2003, n. 350, che viene soppresso, nonché le risorse destinate all'attuazione dell'articolo 106 della legge 23 dicembre 2000, n. 388, e successive modificazioni, e dell'articolo 1, comma 222, della legge 30 dicembre 2004, n. 311. Al Fondo è altresì conferita la somma di 50 milioni di euro per l'anno 2007, di 100 milioni di euro per l'anno 2008 e di 150 milioni di euro per l'anno 2009. Il Fondo opera con interventi mirati a facilitare operazioni di finanziamento, di concessione di garanzie su finanziamenti e di partecipazione al capitale di rischio delle imprese anche tramite banche o società finanziarie sottoposte alla vigilanza della Banca d'Italia e la partecipazione a operazioni di finanza strutturata, anche tramite sottoscrizione di fondi di investimento chiusi, privilegiando gli interventi di sistema in grado di attivare ulteriori risorse finanziarie pubbliche e private in coerenza con la normativa nazionale in materia di

intermediazione finanziaria.Con riferimento alle operazioni di partecipazione al capitale di rischio gli interventi del Fondo per la finanza di impresa sono prioritariamente destinati al finanziamento di programmi di investimento per la nascita ed il consolidamento delle imprese operanti in comparti di attività ad elevato contenuto tecnologico, al rafforzamento patrimoniale delle piccole e medie imprese localizzate nelle aree dell'obiettivo 1 e dell'obiettivo 2 di cui al regolamento (CE) n. 1260/1999 del Consiglio, del 21 giugno 1999, nonché a programmi di sviluppo posti in essere da piccole e medie imprese e per sostenere la creazione di nuove imprese femminili ed il consolidamento aziendale di piccole e medie imprese femminili [1][2].] [3]

[1] Comma modificato dall'articolo 2, comma 182, della legge 24 dicembre 2007 n. 244 e dall'articolo 8, comma 5, lettera a), del D.L. 13 maggio 2011 n. 70.
[2] Per la riduzione dell'autorizzazione di spesa di cui al presente comma, vedi l'articolo 1, comma 2-septies, lettera b) del D.L. 23 aprile 2008, n. 80.
[3] Comma abrogato dall'articolo 23, comma 7, del D.L. 22 giugno 2012, n. 83. Per i procedimenti avviati in data anteriore a quella di entrata in vigore del suddetto D.L. 83/2012, vedi quanto disposto dal comma 11 del medesimo articolo 23.

[848. Con decreto del Ministro dello sviluppo economico adottato di concerto con il Ministro dell'economia e delle finanze, sentita la Banca d'Italia, previa intesa in sede di Conferenza permanente per i rapporti tra lo Stato, le regioni e le province autonome di Trento e di Bolzano, ai sensi dell'articolo 3 del decreto legislativo 28 agosto 1997, n. 281, entro due mesi dalla data di entrata in vigore della presente legge vengono stabiliti le modalità di funzionamento del Fondo di cui al comma 847, anche attraverso l'affidamento diretto ad enti strumentali all'amministrazione ovvero altri soggetti esterni, con eventuale onere a carico delle risorse stanziate per i singoli progetti, scelti nel rispetto delle disposizioni nazionali e comunitarie, nonché i criteri per la realizzazione degli interventi di cui al medesimo comma 847, le priorità di intervento e le condizioni per la eventuale cessione a terzi degli impegni assunti a carico dei fondi le cui rinvenienze confluiscono al Fondo di cui al comma 847. Nel caso in cui si adottino misure per sostenere la creazione di nuove imprese femminili e il consolidamento aziendale di piccole e medie imprese femminili, il decreto che fissa i criteri di intervento è adottato dal Ministro dello sviluppo economico di concerto con il Ministro per i diritti e le pari opportunità [1].] [2]

[1] Comma modificato dall'articolo 46-ter del D.L. 1 ottobre 2007, n.159.
[2] Comma abrogato dall'articolo 23, comma 7, del D.L. 22 giugno 2012, n. 83. Per i procedimenti avviati in data anteriore a quella di entrata in vigore del suddetto D.L. 83/2012, vedi quanto disposto dal comma 11 del medesimo articolo 23.

[849. Fino all'emanazione del decreto di cui al comma 848, l'attuazione dei regimi di aiuto già ritenuti compatibili con il mercato comune dalla Commissione europea prosegue secondo le modalità già comunicate alla Commissione stessa.] [1]

[1] Comma abrogato dall'articolo 23, comma 7, del D.L. 22 giugno 2012, n. 83. Per i procedimenti avviati in data anteriore a quella di entrata in vigore del suddetto D.L. 83/2012, vedi quanto disposto dal comma 11 del medesimo articolo 23.

[850. Con decreto del Presidente del Consiglio dei ministri sono conferite al Fondo di cui al comma 847 le ulteriori disponibilità degli altri fondi di amministrazioni e soggetti pubblici nazionali per la finanza di imprese individuate dal medesimo decreto.][1]

[1] Comma abrogato dall'articolo 23, comma 7, del D.L. 22 giugno 2012, n. 83. Per i procedimenti avviati in data anteriore a quella di entrata in vigore del suddetto D.L. 83/2012, vedi quanto disposto dal comma 11 del medesimo articolo 23.

851. Con decreto del Ministro dello sviluppo economico, di concerto con il Ministro dell'economia e delle finanze, da emanare entro un mese dalla data di entrata in vigore della presente legge, sono istituiti i diritti sui brevetti per invenzione industriale e per i modelli di utilità e sulla registrazione di segni e modelli nonché i diritti di opposizione alla registrazione dei marchi d'impresa. Sono esonerate dal pagamento dei diritti di deposito e di trascrizione, relativamente ai brevetti per invenzione e ai modelli di utilità, le università, le amministrazioni pubbliche aventi fra i loro scopi istituzionali finalità di ricerca e le amministrazioni della difesa e delle politiche agricole alimentari e forestali. I diritti per il mantenimento in vita dei brevetti per invenzione industriale e per i modelli di utilità e per la registrazione di disegni e modelli, previsti dall'articolo 227 del codice della proprietà industriale, di cui al decreto legislativo 10 febbraio 2005, n. 30, sono dovuti secondo i seguenti criteri:

a) dalla quinta annualità per il brevetto per invenzione industriale;

b) dal secondo quinquennio per il brevetto per modello di utilità;

c) dal secondo quinquennio per la registrazione di disegni e modelli.

Le somme derivanti dal pagamento dei diritti di cui al presente comma sono versate all'entrata del bilancio dello Stato per essere riassegnate, per la parte eccedente l'importo di 25 milioni di euro per l'anno 2012 e di 50 milioni di euro a decorrere dall'anno 2013, allo stato di previsione del Ministero dello sviluppo economico, anche al fine di potenziare le attività del medesimo Ministero di promozione, di regolazione e di tutela del sistema produttivo nazionale, di permettere alle piccole e medie imprese la piena partecipazione al sistema di proprietà industriale, di rafforzare il brevetto italiano, anche con l'introduzione della ricerca di anteriorità per le domande di brevetto per invenzione industriale [1][2].

[1] Per la determinazione dei diritti sui brevetti e sui modelli, in attuazione del presente comma, vedi il D.M. 2 aprile 2007.
[2] Comma modificato dall'articolo 24, comma 12, del D.L. 22 giugno 2012, n. 83.

852. Il Ministero dello sviluppo economico, al fine di contrastare il declino dell'apparato produttivo anche mediante salvaguardia e consolidamento di attività e livelli occupazionali delle imprese di rilevanti dimensioni di cui all'articolo 2, comma 1, lettera a), del decreto legislativo 8 luglio 1999, n. 270, che versino in crisi economico-finanziaria, istituisce, d'intesa con il Ministero del lavoro e della previdenza sociale, un'apposita struttura e prevede forme di cooperazione interorganica fra i due Ministeri, anche modificando il proprio regolamento di organizzazione e avvalendosi, per le attività ricognitive e di monitoraggio, delle camere di commercio, industria, artigianato e agricoltura. Tale struttura opera in collaborazione con le regioni nel cui ambito si verificano le situazioni di crisi d'impresa oggetto d'intervento. A tal fine è autorizzata la spesa di 300.000 euro destinata, nella misura non superiore al 40 per cento, allo svolgimento di attività di supporto finalizzate alla trattazione di tematiche concernenti le procedure di amministrazione straordinaria di cui al decreto legislativo 8 luglio 1999, n. 270 e al decreto-

legge 23 dicembre 2003, n. 347, convertito, con modificazioni, dalla legge 18 febbraio 2004, n. 39, a decorrere dall'anno 2007, cui si provvede mediante riduzione dell'autorizzazione di spesa di cui all'articolo 3 della legge 11 maggio 1999, n. 140. Con il medesimo provvedimento si provvede, anche mediante soppressione, al riordino degli organismi esistenti presso il Ministero dello sviluppo economico, finalizzati al monitoraggio delle attività industriali e delle crisi di impresa [(1)(2)].

[(1)] *Comma modificato dall'articolo 39, comma 3, del D.L. 19 maggio 2020, n. 34, convertito con modificazioni dalla Legge 17 luglio 2020, n. 77.*
[(2)] *A norma dell'articolo 37, comma 7-bis, del D.L. 22 marzo 2021, n. 41, convertito, con modificazioni, dalla Legge 21 maggio 2021, n. 69, l'autorizzazione di spesa di cui al quinto periodo del presente comma, è incrementata di 1 milione di euro per l'anno 2021, da destinare al potenziamento e all'implementazione delle attività ivi previste.*

[853. Gli interventi del Fondo di cui all'articolo 11, comma 3, del decreto-legge 14 marzo 2005, n. 35, convertito, con modificazioni, dalla legge 14 maggio 2005, n. 80, sono disposti sulla base di criteri e modalità fissati con delibera del CIPE, adottata su proposta del Ministro dello sviluppo economico, previa intesa con la Conferenza permanente per i rapporti tra lo Stato, le regioni e le province autonome di Trento e di Bolzano, con la quale si provvede in particolare a determinare, in conformità agli orientamenti comunitari in materia, le tipologie di aiuto concedibile, le priorità di natura produttiva, i requisiti economici e finanziari delle imprese da ammettere ai benef `ci e per l'eventuale coordinamento delle altre amministrazioni interessate. Per l'attuazione degli interventi di cui al presente comma il Ministero dello sviluppo economico puo` avvalersi, senza oneri aggiuntivi per il bilancio dello Stato, di Sviluppo Italia Spa. I commi 5 e 6 dell'articolo 11 del decreto-legge 14 marzo 2005, n. 35, convertito, con modificazioni, dalla legge 14 maggio 2005, n. 80, sono abrogati [(1)(2)].] [(3)]

[(1)] *La Corte Costituzionale con sentenza 14 marzo 2008, n. 63 (in Gazz.Uff., 19 marzo 2008, n. 13) ha dichiarato l'illegittimità costituzionale del presente comma nella parte in cui non prevede che i poteri del CIPE di determinazione dei criteri e delle modalità di attuazione degli interventi di cui al Fondo per il finanziamento degli interventi consentiti dagli Orientamenti UE sugli aiuti di Stato per il salvataggio e la ristrutturazione delle imprese in difficoltà siano esercitati d'intesa con la Conferenza permanente per i rapporti tra lo Stato, le Regioni e le Province autonome di Trento e Bolzano.*
[(2)] *Comma modificato dall'articolo 3, comma 7, della legge 23 luglio 2009, n. 99*
[(3)] *Comma abrogato dall'articolo 23, comma 7, del D.L. 22 giugno 2012, n. 83. Per i procedimenti avviati in data anteriore a quella di entrata in vigore del suddetto D.L. 83/2012, vedi quanto disposto dal comma 11 del medesimo articolo 23.*

854. Entro il 30 giugno di ogni anno il Governo presenta al Parlamento una relazione concernente l'operatività delle misure di sostegno previste dai commi da 841 a 853, con particolare riferimento ai risultati ottenuti e alle somme erogate.

855. Nel rispetto delle disposizioni di cui all'articolo 1, comma 354 e commi da 358 a 361, della legge 30 dicembre 2004, n. 311, e successive modificazioni, l'ambito di operatività del Fondo rotativo per il sostegno alle imprese e gli investimenti in ricerca (FRI) è esteso agli interventi previsti da leggi regionali di agevolazione ovvero conferiti alle regioni ai sensi del decreto legislativo 31 marzo 1998, n. 112, per gli investimenti produttivi e per la ricerca. Gli interventi di cui al presente comma possono assumere anche la forma di contributi in conto interessi concessi dalle Regioni e dalle Province autonome di Trento e Bolzano a valere sulle proprie risorse a fronte di finanziamenti deliberati da Cassa depositi e prestiti S.p.a. al tasso di interesse vigente pro tempore, determinato con il decreto di cui all'articolo 1, comma 358 della legge 30 dicembre 2004, n. 311 [(1)(2)].

[(1)] *Vedi le disposizioni di cui all'articolo 5, comma 11-bis, del D.L. 27 maggio 2008, n. 93.*
[(2)] *Comma modificato dall'articolo 30, comma 1, del D.L. 22 giugno 2012, n. 83.*

856. Per le finalità di cui al comma 855, la Cassa depositi e prestiti Spa è autorizzata ad apportare alla dotazione iniziale del Fondo di cui al medesimo comma 855 un incremento nell'importo massimo fino a 2 miliardi di euro, nel rispetto dei limiti annuali di spesa sul bilancio dello Stato fissati ai sensi dell'articolo 1, comma 361, della legge 30 dicembre 2004, n. 311, e successive modificazioni, che allo scopo possono essere integrati:

a) a valere sul Fondo per la competitività e lo sviluppo di cui al comma 841, secondo la procedura di cui al comma 844, per il finanziamento di interventi regionali complementari o integrativi dei progetti di innovazione industriale, approvati ai sensi del medesimo comma 844;

b) a valere sulle risorse delle regioni e delle province autonome di Trento e di Bolzano ai sensi del comma 858 [(1)].

[(1)] *Vedi le disposizioni di cui all'articolo 5, comma 11-bis, del D.L. 27 maggio 2008, n. 93.*

857. Ai fini dell'attuazione degli interventi regionali complementari o integrativi dei progetti di innovazione industriale ai sensi del comma 856, le regioni e le province autonome di Trento e di Bolzano stipulano apposite convenzioni, in conformità agli indirizzi fissati dai Ministri dell'economia e delle finanze e dello sviluppo economico, con la Cassa depositi e prestiti Spa, per la regolamentazione delle modalità di intervento, prevedendo anche la misura minima del tasso di interesse da applicare e la durata massima del piano di rientro.

858. Ai fini dell'attuazione del comma 856 relativamente agli interventi agevolativi alle imprese e alla ricerca previsti in atti di legislazione regionale o di programmazione comunitaria diversi da quelli di cui al comma 857, le regioni e le province autonome di Trento e di Bolzano possono stipulare apposite convenzioni, in conformità agli indirizzi fissati dai Ministri dell'economia e delle finanze e dello sviluppo economico, con la Cassa depositi e prestiti Spa, per il finanziamento degli interventi di interesse, mediante l'impegno dei relativi limiti annuali di spesa, nonché per la regolamentazione delle modalità di intervento, prevedendo anche la misura minima del tasso di interesse da applicare e la durata massima del piano di rientro. I relativi oneri per interessi sono posti a carico delle regioni e delle province autonome.

859. Le risorse non utilizzate dalle regioni e dalle province autonome ai sensi del comma 858 integrano la dotazione del Fondo di cui al comma 855 dell'anno successivo.

860. Nell'ambito dei progetti elaborati dai soggetti convenzionati con il Ministero dello sviluppo economico per l'attuazione degli interventi di promozione e assistenza tecnica per l'avvio di imprese innovative operanti in comparti di attività ad elevato impatto tecnologico, di cui agli articoli 103 e 106 della legge 23 dicembre 2000, n. 388, e successive

modificazioni, possono essere previsti anche programmi di ricerca e sviluppo svolti dalle imprese innovative di nuova costituzione ai sensi dell'articolo 14 della legge 17 febbraio 1982, n. 46, e successive modificazioni, e della direttiva del Ministro dell'industria, del commercio e dell'artigianato 16 gennaio 2001, pubblicata nella Gazzetta Ufficiale n. 79 del 4 aprile 2001, recante le direttive per la concessione delle agevolazioni del Fondo speciale rotativo per l'innovazione tecnologica di cui al citato articolo 14 della legge n. 46 del 1982.

861. Ai soggetti convenzionati con il Ministero dello sviluppo economico per le azioni di sostegno alla nascita di imprese innovative puo` essere affidata l'istruttoria dei programmi di cui al comma 860, secondo modalità anche semplificate, determinate con decreto del Ministro dello sviluppo economico, sentito il Ministro dell'economia e delle finanze.

862. Le iniziative agevolate finanziate a valere sugli strumenti della programmazione negoziata, non ancora completate alla data di scadenza delle proroghe concesse ai sensi della vigente normativa e che, alla medesima data, risultino realizzate in misura non inferiore al 40 per cento degli investimenti ammessi, possono essere completate entro il 31 dicembre 2012. La relativa rendicontazione è completata entro i sei mesi successivi [(1)(2)].

[(1)] Comma sostituito dall'articolo 3, comma 35, della legge 24 dicembre 2007 n. 244.
[(2)] A norma dell'articolo 43, comma 7-bis, del D.L. 25 giugno 2008, n. 112, come modificato dalla legge 6 agosto 2008, n. 133, in sede di conversione, il termine di cui al presente comma, precedentemente stabilito al 31 dicembre 2008, è prorogato al 31 dicembre 2009; successivamente, a norma dell'articolo 2, comma 17-ter del D.L. 29 dicembre 2010, n. 225, il termine di cui al presente comma, è prorogato al 31 dicembre 2011; da ultimo, a norma dell'articolo 40, comma 9-ter, del D.L. 6 dicembre 2011, n. 201, il termine di cui al presente comma è stato ulteriormente prorogato al 31 dicembre 2012.

863. In attuazione dell'articolo 119, quinto comma, della Costituzione e in coerenza con l'indirizzo assunto nelle Linee guida per l'elaborazione del Quadro strategico nazionale per la politica di coesione 2007-2013, approvate con l'intesa sancita dalla Conferenza unificata di cui all'articolo 8 del decreto legislativo 28 agosto 1997, n. 281, in data 3 febbraio 2005, il Fondo per le aree sottoutilizzate, di cui all'articolo 61 della legge 27 dicembre 2002, n. 289, e successive modificazioni, iscritto nello stato di previsione del Ministero dello sviluppo economico, è incrementato di 64.379 milioni di euro, di cui 100 milioni per l'anno 2007, 1.100 milioni per l'anno 2008, 4.400 milioni per l'anno 2009, 9.166 milioni per l'anno 2010, 9.500 milioni per l'anno 2011, 11.000 milioni per l'anno 2012, 11.000 milioni per l'anno 2013, 9.400 milioni per l'anno 2014 e 8.713 milioni per l'anno 2015, per la realizzazione degli interventi di politica regionale nazionale relativi al periodo di programmazione 2007-2013. Non meno del 30 per cento delle risorse di cui al periodo precedente è destinato al finanziamento di infrastrutture e servizi di trasporto di rilievo strategico nelle regioni meridionali. La dotazione aggiuntiva complessiva ed il periodo finanziario di riferimento, di cui al presente comma, non possono essere variati, salvo approvazione da parte del CIPE, sentita la Conferenza unificata di cui all'articolo 8 del decreto legislativo 28 agosto 1997, n. 281 [(1)].

[(1)] Comma modificato dall'articolo 2, comma 537 lettera a), della legge 24 dicembre 2007 n. 244.

864. Il Quadro strategico nazionale, in coerenza con l'indirizzo assunto nelle Linee guida di cui al comma 863, costituisce la sede della programmazione unitaria delle risorse aggiuntive, nazionali e comunitarie, e rappresenta, per le priorità individuate, il quadro di riferimento della programmazione delle risorse ordinarie in conto capitale, fatte salve le competenze regionali in materia. Per garantire l'unitarietà dell'impianto programmatico del Quadro strategico nazionale e per favorire l'ottimale e coordinato utilizzo delle relative risorse finanziarie, tenuto anche conto delle risorse ordinarie disponibili per la copertura degli interventi, presso il Ministero dello sviluppo economico è istituita, avvalendosi delle risorse umane, strumentali e finanziarie già esistenti, senza nuovi o maggiori oneri per il bilancio dello Stato, una cabina di regia per gli interventi nel settore delle infrastrutture e dei trasporti, composta dai rappresentanti delle regioni del Mezzogiorno e dei Ministeri competenti.

865. Per il periodo di programmazione 2007-2013 e comunque non oltre l'esercizio 2015, ai sensi dell'articolo 11, comma 3, della legge 5 agosto 1978, n. 468, e successive modificazioni, la legge finanziaria determina la quota delle risorse di cui al comma 863 da iscrivere nel bilancio di ciascuno degli anni considerati dal bilancio pluriennale.

866. Le somme di cui al comma 863 sono interamente ed immediatamente impegnabili. Le somme non impegnate nell'esercizio di assegnazione possono essere mantenute in bilancio, quali residui, fino alla chiusura dell'esercizio 2013.

[(1)] Comma modificato dall'articolo 2, comma 537 lettera b), della legge 24 dicembre 2007 n. 244.

867. Ai fini della realizzazione delle opere e degli interventi di cui all'accordo di programma quadro sottoscritto il 7 aprile 2006 tra Ministero dell'economia e delle finanze, Ministero dell'ambiente e della tutela del territorio, Ministero delle infrastrutture e dei trasporti, Magistrato alle acque di Venezia e il Commissario delegato per l'emergenza socio-economico e ambientale relativa ai canali portuali di grande navigazione della Laguna di Venezia-Porto Marghera, nonchè per gli interventi di risanamento del Polo chimico Laghi di Mantova è autorizzata la spesa complessiva di euro 209 milioni, di cui euro 52 milioni per ciascuno degli anni 2007, 2008 e 2009 e euro 53 milioni per l'anno 2010. L'utilizzo delle risorse è disposto con decreto interministeriale del Ministro dello sviluppo economico e del Ministro dell'ambiente e della tutela del territorio e del mare.

868. Entro il 31 gennaio 2007, il Ministro dell'economia e delle finanze e il Ministro dell'ambiente e della tutela del territorio e del mare, formulano un piano per la riassegnazione al Ministero dell'ambiente e della tutela del territorio e del mare delle somme da versare allo Stato a titolo di risarcimento del danno ambientale a seguito della sottoscrizione di accordi transattivi negli anni 2001, 2005 e 2006 e non riassegnabili per effetto dell'articolo 1, comma 9, della legge 30 dicembre 2004, n. 311, e dell'articolo 1, comma 46, della legge 23 dicembre 2005, n. 266[(1)].

[(1)] Comma modificato dall'articolo 17 del D.L. 1 ottobre 2007, n.159.

869. Le risorse individuate con delibere CIPE n. 19/2004, del 29 settembre 2004, n. 34/05, del 27 maggio 2005, e n.

2/06, del 22 marzo 2006, per gli anni 2006 e 2007 e destinate a Sviluppo Italia Spa per contributi a fondo perduto a favore dell'autoimprenditorialità e dell'autoimpiego sono versate all'entrata del bilancio dello Stato per una quota di 225 milioni di euro nell'anno 2007 e di 75 milioni di euro nell'anno 2008.

870. Al fine di garantire la massima efficacia degli interventi nel settore della ricerca, è istituito, nello stato di previsione del Ministero dell'università e della ricerca, il Fondo per gli investimenti nella ricerca scientifica e tecnologica (FIRST). Al Fondo confluiscono le risorse annuali per i progetti di ricerca di interesse nazionale delle università, nonchè le risorse del Fondo per le agevolazioni alla ricerca, di cui all'articolo 5 del decreto legislativo 27 luglio 1999, n. 297, del Fondo per gli investimenti della ricerca di base, di cui all'articolo 104 della legge 23 dicembre 2000, n. 388, e, per quanto di competenza del Ministero dell'università e della ricerca, del Fondo per le aree sottoutilizzate di cui all'articolo 61 della legge 27 dicembre 2002, n. 289, e successive modificazioni (1)(2)(3)(4)(5).

(1) Per la destinazione delle risorse del Fondo di cui al presente comma vedi l'articolo 2, comma 313, della legge 24 dicembre 2007 n. 244. Vedi, anche, il comma 314 dell'articolo 2 della medesima legge. Vedi inoltre l'articolo 32, comma 3, del D.L. 9 febbraio 2012, n. 5.
(2) A norma dell'articolo 1, comma 49, della legge 24 dicembre 2012, n. 228, l'autorizzazione di spesa di cui al presente comma, è ridotta di euro 20 milioni a decorrere dall'anno 2013.
(3) Per la ripartizione del fondo di cui al presente comma, per l'anno 2012, vedi il D.M. 27 dicembre 2012, n. 955.
(4) Per la riduzione del fondo di cui al presente comma vedi l'articolo 27, comma 2, lettera f), del D.L. 12 settembre 2013 n. 104, convertito, con modificazioni, dalla Legge 8 novembre 2013 n. 128.
(5) A norma dell'articolo 238, comma 4, del D.L. 19 maggio 2020, n. 34, convertito con modificazioni dalla Legge 17 luglio 2020, n. 77, il Fondo per gli investimenti nella ricerca scientifica e tecnologica (FIRST) di cui al presente comma è incrementato, per l'anno 2021 di 250 milioni e per l'anno 2022 di 300 milioni di euro.

871. Il Fondo di cui al primo periodo del comma 870 è alimentato in via ordinaria dai conferimenti, annualmente disposti dalla legge finanziaria, dai rientri dei contributi concessi sotto forma di credito agevolato e, per quanto riguarda le aree sottoutilizzate, delle risorse assegnate dal CIPE, nell'ambito del riparto dell'apposito Fondo.

872. In coerenza con gli indirizzi del Programma nazionale della ricerca, il Ministro dell'istruzione, dell'università e della ricerca con proprio decreto *[di concerto con il Ministro dell'economia e delle finanze]* provvede alla ripartizione del fondo di cui al comma 870 tra gli strumenti previsti nel decreto di cui al comma 873, destinando una quota non inferiore al 15 per cento delle disponibilità complessive del fondo al finanziamento degli interventi presentati nel quadro di programmi dell'Unione europea o di accordi internazionali. Il Ministero dell'istruzione, dell'università e della ricerca, con proprio decreto da emanare entro sessanta giorni dalla data di entrata in vigore della legge di conversione del presente decreto, provvede a fissare i criteri di selezione dei progetti, prevedendo misure premiali per quelli presentati da piccole e medie imprese (1).

(1) Comma sostituito dall'articolo 32, comma 2, lett. a) del D.L. 9 febbraio 2012, n. 5 e successivamente modificato dall'articolo 10, comma 2, del D.Lgs. 25 novembre 2016, n. 218.

873. Il Ministro dell'istruzione, dell'università e della ricerca, con decreto adottato ai sensi dell'articolo 17, comma 3, della legge 23 agosto 1988, n. 400, definisce i criteri di accesso e le modalità di utilizzo e gestione del fondo cui al comma 870 per la concessione delle agevolazioni per la ricerca di competenza del Ministero dell'istruzione, dell'università e della ricerca, al fine di garantire la massima efficacia e omogeneità degli interventi, senza nuovi o maggiori oneri per la finanza pubblica (1)(2)(3).

(1) Comma modificato dall'articolo 13 del D.L. 1 ottobre 2007, n.159.
(2) Per la destinazione delle risorse del Fondo di cui al presente comma vedi l'articolo 2, comma 313, della legge 24 dicembre 2007 n. 244. Vedi, anche, il comma 314 dell'articolo 2 della medesima legge.
(3) Comma sostituito dall'articolo 32, comma 2, lett. b) del D.L. 9 febbraio 2012, n. 5.

874. è autorizzata la spesa di 300 milioni di euro per ciascuno degli anni 2007 e 2008 e di 360 milioni di euro per l'anno 2009 da destinare ad integrazione del Fondo di cui al comma 870.

875. Al fine di assicurare una più efficace utilizzazione delle risorse finanziarie destinate all'attuazione degli interventi di cui al comma 631, è istituito, nello stato di previsione del Ministero della pubblica istruzione, il Fondo per l'istruzione e formazione tecnica superiore. Al Fondo confluiscono quota parte pari a euro 14 milioni dell'autorizzazione di spesa di cui al comma 634, confluita nei fondi di cui al comma 601, nonché le risorse assegnate dal CIPE, per quanto riguarda le aree sottoutilizzate, per progetti finalizzati alla realizzazione dell'istruzione e formazione tecnica superiore, con l'obiettivo di migliorare l'occupabilità dei giovani che hanno concluso il secondo ciclo di istruzione e formazione. Quota parte pari a euro 14 milioni del Fondo per l'istruzione e formazione tecnica superiore è destinata ai percorsi di cui al decreto del Presidente del Consiglio dei Ministri 25 gennaio 2008, pubblicato nella Gazzetta Ufficiale n. 86 dell'11 aprile 2008, svolti dagli istituti tecnici superiori (1)(2).

(1) Comma modificato dall'articolo 7, comma 37 ter, lettere a) e b) del D.L. 6 luglio 2012, n. 95.
(2) A norma dell'articolo 1, comma 67 della Legge 27 dicembre 2017, n. 205 il Fondo previsto dal presente comma è incrementato di 10 milioni di euro nell'anno 2018, 20 milioni di euro nell'anno 2019 e 35 milioni di euro a decorrere dall'anno 2020, per ulteriore incremento per l'anno 2021 vedi l'articolo 1, comma 289 della Legge 30 dicembre 2020, n. 1.78.

876. Il Fondo di cui all'articolo 16, comma 1, della legge 7 agosto 1997, n. 266, e successive modificazioni, è integrato di 30 milioni di euro per l'anno 2007 e di 40 milioni di euro per ciascuno degli anni 2008 e 2009. Il CIPE, su proposta del Ministro dello sviluppo economico, sentita la Conferenza permanente per i rapporti tra lo Stato, le regioni e le province autonome di Trento e di Bolzano, definisce le modalità per una semplificazione dei criteri di riparto e di gestione del cofinanziamento nazionale dei progetti strategici. Le disponibilità rivenienti dal mancato trasferimento alle regioni degli stanziamenti di cui all'articolo 2, comma 42, della legge 28 dicembre 1995, n. 549, per gli interventi nel settore del commercio e del turismo delle regioni e province autonome, affluiscono al Fondo di cui all'articolo 16, comma 1, della legge 7 agosto 1997, n. 266, e successive modificazioni, per il trasferimento alle regioni stesse ai fini del cofinanziamento dei programmi attuativi di cui al medesimo articolo 16 della legge 7 agosto 1997, n. 266, e successive modifica-

zioni. Con la delibera del CIPE di cui al presente comma sono definite le modalità di assegnazione delle predette risorse [1].

[1] *Comma modificato dall'articolo 8-bis del D.L. 2 luglio 2007, n. 81.*

877. All'articolo 24, comma 4, lettera a), del decreto legislativo 31 marzo 1998, n. 114, dopo la parola: "controgaranzie" sono inserite le seguenti: "e cogaranzie".

878. Per le finalità previste dall'articolo 24, comma 4, lettera a), del decreto legislativo 31 marzo 1998, n. 114, come modificato dal comma 877 del presente articolo, è attribuito un contributo di 30 milioni di euro per l'anno 2007 e di 20 milioni di euro per ciascuno degli anni 2008 e 2009. I predetti contributi sono assegnati alle società finanziarie costituitesi a norma del regolamento di cui al decreto del Ministro dell'industria, del commercio e dell'artigianato 30 marzo 2001, n. 400, ed operanti alla data di entrata in vigore della presente disposizione, in ragione della medesima ripartizione percentuale dei fondi di garanzia interconsortili ottenuta in fase di prima attuazione del regolamento di cui al citato decreto 30 marzo 2001, n. 400 [1].

[1] *Comma modificato dall'articolo 1, comma 133, della legge 24 dicembre 2007 n. 244.*

879. Le disposizioni di cui all'articolo 13, comma 33, del decreto-legge 30 settembre 2003, n. 269, convertito, con modificazioni, dalla legge 24 novembre 2003, n. 326, si applicano anche alle società finanziarie di cui all'articolo 24 del decreto legislativo 31 marzo 1998, n. 114, come da ultimo modificato dal comma 877 del presente articolo.

880. All'articolo 13 del decreto-legge 30 settembre 2003, n. 269, convertito, con modificazioni, dalla legge 24 novembre 2003, n. 326, sono apportate le seguenti modificazioni:

a) i commi 25, 26, 27 e 61-ter sono abrogati;

b) al comma 1, il secondo periodo è soppresso;

c) al comma 23, secondo periodo, le parole: "ai Fondi di garanzia indicati dai commi 25 e 28" sono sostituite dalle seguenti: "al fondo di garanzia di cui all'articolo 2, comma 100, lettera a), della legge 23 dicembre 1996, n. 662";

d) al comma 24, le parole: "ai Fondi di garanzia previsti dai commi 25 e 28" sono sostituite dalle seguenti: "al fondo di garanzia di cui all'articolo 2, comma 100, lettera a), della legge 23 dicembre 1996, n. 662".

881. Al fine di accelerare lo sviluppo dei consorzi di garanzia collettiva fidi di cui all'articolo 13 del decreto-legge 30 settembre 2003, n. 269, convertito, con modificazioni, dalla legge 24 novembre 2003, n. 326, e successive modificazioni, di seguito denominati "confidi", anche mediante fusioni o trasformazioni in intermediari finanziari vigilati, iscritti nell'elenco speciale di cui all'articolo 107 del testo unico di cui al decreto legislativo 1° settembre 1993, n. 385, o in banche di credito cooperativo ai sensi dei commi 29, 30, 31 e 32 dell'articolo 13 del decreto-legge 30 settembre 2003, n. 269, convertito, con modificazioni, dalla legge 24 novembre 2003, n. 326, entro il 30 giugno 2007 i confidi provvedono ad imputare al fondo consortile o al capitale sociale le risorse proprie costituite da fondi rischi o da altri fondi o riserve patrimoniali derivanti da contributi dello Stato, degli enti locali o territoriali o di altri enti pubblici. Tali risorse sono attribuite unitariamente al patrimonio a fini di vigilanza dei relativi confidi, senza vincoli di destinazione, fatta eccezione per i soggetti di cui all'articolo 2 del regolamento di cui al decreto del Presidente della Repubblica 11 giugno 1997, n. 315, per i quali permangono i vincoli di destinazione previsti dalla legge 7 marzo 1996, n. 108 [1].

[1] *Comma modificato dall'articolo 3, comma 1, della Legge 27 gennaio 2012, n. 3.*

882. Al fine di favorire il rafforzamento patrimoniale dei confidi, i fondi di garanzia interconsortile di cui al comma 20 dell'articolo 13 del decreto-legge 30 settembre 2003, n. 269, convertito, con modificazioni, dalla legge 24 novembre 2003, n. 326, possono essere destinati anche alla prestazione di servizi ai confidi soci ai fini dell'iscrizione nell'elenco speciale di cui all'articolo 107 del testo unico di cui al decreto legislativo 1° settembre 1993, n. 385, nonchè, in generale, ai fini della riorganizzazione, integrazione e sviluppo operativo dei confidi stessi. *[Per le medesime finalità, in attesa dell'attuazione della direttiva 2005/60/CE del Parlamento europeo e del Consiglio, del 26 ottobre 2005, III direttiva in materia di antiriciclaggio, i confidi non sono assoggettati agli obblighi di cui all'articolo 2 del decreto-legge 3 maggio 1991, n. 143, convertito, con modificazioni, dalla legge 5 luglio 1991, n. 197]* [1].

[1] *Comma modificato dall'articolo 64 del D.Lgs. 21 novembre 2007, n. 231. Vedi ora l'articolo 73, comma 1, lettera g), del D.Lgs. 21 novembre 2007, n. 231.*

883. Per le finalità di cui all'articolo 3, primo comma, lettera a), della legge 24 dicembre 1985, n. 808, sono autorizzati contributi quindicennali di 40 milioni di euro per ciascuno degli anni 2007, 2008 e 2009, da erogare alle imprese nazionali del settore aeronautico, ai sensi dell'articolo 5, comma 16- bis, del decreto-legge 14 marzo 2005, n. 35, convertito, con modificazioni, dalla legge 14 maggio 2005, n. 80.

884. Per le finalità di cui all'articolo 1, comma 1, lettera a), della legge 11 maggio 1999, n. 140, sono autorizzati contributi quindicennali di 10 milioni di euro per l'anno 2007 e di 30 milioni di euro per ciascuno degli anni 2008 e 2009, da erogare alle imprese nazionali ai sensi dell'articolo 5, comma 16-bis, del decreto-legge 14 marzo 2005, n. 35, convertito, con modificazioni, dalla legge 14 maggio 2005, n. 80.

885. Per le finalità di cui all'articolo 4, comma 3, della legge 7 agosto 1997, n. 266, sono autorizzati contributi quindicennali rispettivamente di 50 milioni di euro per l'anno 2007, di 40 milioni di euro per l'anno 2008 e di 30 milioni di euro per l'anno 2009, da erogare alle imprese nazionali ai sensi dell'articolo 5, comma 16-bis, del decreto-legge 14 marzo 2005, n. 35, convertito, con modificazioni, dalla legge 14 maggio 2005, n. 80.

886. Gli incentivi alla ricerca applicata e alla innovazione tecnologica, relativi ai Fondi di competenza dei Ministeri dello sviluppo economico e dell'università e della ricerca e del Dipartimento per l'innovazione e le tecnologie della Presidenza del Consiglio dei ministri sono gestiti dalle medesime amministrazioni in modo coordinato anche in conformità alle direttive adottate congiuntamente dai tre Ministri.

887. Le amministrazioni di cui al comma 886 conformano la propria attività a quanto disposto dal medesimo comma, in modo da assicurare criteri coordinati di selezione e valutazione delle domande, anche tramite l'emanazione di bandi unitari e l'acquisizione delle domande di agevolazione pres-

so un unico ufficio, individuando idonee forme di coordinamento per la valutazione integrata delle domande stesse.

888. Per il finanziamento degli interventi di cui all'articolo 1, comma 92, della legge 23 dicembre 2005, n. 266, e a favore del Fondo per la mobilità al servizio delle fiere previsto dalla legge 27 febbraio 2006, n. 105, è autorizzato un contributo quindicennale di 3 milioni di euro a decorrere dall'anno 2007.

889. All'articolo 1, comma 366, della legge 23 dicembre 2005, n. 266, la parola: "372" è sostituita dalla seguente: "371".

890. All'articolo 1 della legge 23 dicembre 2005, n. 266, dopo il comma 371 sono inseriti i seguenti:

"371-bis. In attesa dell'adozione del decreto del Ministro dell'economia e delle finanze di cui al comma 366, puo` essere riconosciuto un contributo statale a progetti in favore dei distretti produttivi adottati dalle regioni, per un ammontare massimo del 50 per cento delle risorse pubbliche complessivamente impiegate in ciascun progetto.

371-ter. Con decreto del Ministro dello sviluppo economico, adottato di concerto con il Ministro dell'economia e delle finanze, sentita la Conferenza permanente per i rapporti tra lo Stato, le regioni e le province autonome di Trento e di Bolzano, sono individuati i progetti regionali ammessi al beneficio di cui al comma 371-bis ed i relativi oneri per il bilancio dello Stato ed eventuali ulteriori progetti di carattere nazionale, fermo restando il limite massimo di cui al comma 372" [(1)].

(1) *Vedi il D.M. 7 maggio 2010.*

891. All'articolo 1, comma 372, della legge 23 dicembre 2005, n. 266, la parola: "371" è sostituita dalla seguente: "371-ter".

892. Al fine di estendere e sostenere in tutto il territorio nazionale la realizzazione di progetti per la società dell'informazione, è autorizzata una spesa di 10 milioni di euro per ciascuno degli anni 2007, 2008 e 2009. Con decreto di natura non regolamentare, entro quattro mesi dalla data di entrata in vigore della presente legge, il Ministro per le riforme e le innovazioni nella pubblica amministrazione, di concerto con il Ministro per gli affari regionali e le autonomie locali per gli interventi relativi alle regioni e agli enti locali, individua le azioni da realizzare sul territorio nazionale, le aree destinatarie della sperimentazione e le modalità operative e di gestione di tali progetti.

893. è istituito, presso la Presidenza del Consiglio dei ministri, un apposito fondo, denominato "Fondo per il sostegno agli investimenti per l'innovazione negli enti locali", con una dotazione finanziaria pari a 15 milioni di euro per ciascuno degli anni 2007, 2008 e 2009. Il Fondo finanzia progetti degli enti locali relativi agli interventi di digitalizzazione dell'attività amministrativa, in particolare per quanto riguarda i procedimenti di diretto interesse dei cittadini e delle imprese.

894. Con successivo decreto dei Ministri per le riforme e le innovazioni nella pubblica amministrazione e per gli affari regionali e le autonomie locali, di concerto con il Ministro dell'economia e delle finanze, sentita la Conferenza unificata di cui all'articolo 8 del decreto legislativo 28 agosto 1997, n. 281, previo parere della Commissione permanente per l'innovazione tecnologica nelle regioni e negli enti locali di cui all'articolo 14, comma 3-bis, del decreto legislativo 7 marzo 2005, n. 82, vengono stabiliti i criteri di distribuzione ed erogazione del Fondo di cui al comma 893 [(1)].

(1) *Per l'attuazione del presente comma vedi il Decreto della presidenza del consiglio dei ministri 18 giugno 2007.*

895. Nella valutazione dei progetti da finanziare, di cui al comma 892, è data priorità a quelli che utilizzano o sviluppano applicazioni software a codice aperto. I codici sorgente, gli eseguibili e la documentazione dei software sviluppati sono mantenuti in un ambiente di sviluppo cooperativo, situato in un web individuato dal Ministero per le riforme e le innovazioni nella pubblica amministrazione al fine di poter essere visibili e riutilizzabili.

[896. Per il finanziamento degli interventi a sostegno dell'economia nel settore dell'industria nazionale ad elevato contenuto tecnologico è istituito un apposito fondo iscritto nello stato di previsione del Ministero della difesa, con una dotazione di 1.700 milioni di euro per l'anno 2007, di 1.550 milioni di euro per l'anno 2008 e di 1.200 milioni di euro per l'anno 2009, per la realizzazione di programmi di investimento pluriennale per esigenze di difesa nazionale, derivanti anche da accordi internazionali. Dall'anno 2010, per la dotazione del fondo si provvede ai sensi dell'articolo 11, comma 3, lettera f), della legge 5 agosto 1978, n. 468, e successive modificazioni. Con uno o piu` decreti del Ministro della difesa, da comunicare, anche con evidenze informatiche, al Ministero dell'economia e delle finanze, tramite l'ufficio centrale del bilancio, e alla Corte dei conti, sono individuati, nell'ambito della predetta pianificazione, i programmi in esecuzione o da avviare con le disponibilità del fondo, disponendo delle conseguenti variazioni di bilancio. Con decreti del Ministro della difesa, di concerto con il Ministro dell'economia e delle finanze, sono individuate le modalità e le procedure di assunzione di spesa anche a carattere pluriennale per i programmi derivati da accordi internazionali [(1)]*.]* [(2)]

(1) *A norma dell'articolo 60, comma 12 del D.L. 25 giugno 2008, n.112, come modificato dalla legge 6 agosto 2008, n. 133, in sede di conversione, l'autorizzazione di spesa di cui al presente comma, è ridotta di 183 milioni di euro per l'anno 2009.*
(2) *Comma abrogato dall'articolo 2268, comma 1, del D.Lgs. 15 marzo 2010, n. 66.*

[897. Gli articoli 2 e 3 del decreto legislativo 6 ottobre 2005, n. 216, sono abrogati. Conseguentemente è ripristinata la Direzione generale di commissariato e di servizi generali di cui all'articolo 15 del decreto legislativo 16 luglio 1997, n. 264.] [(1)]

(1) *Comma abrogato dall'articolo 2268, comma 1, del D.Lgs. 15 marzo 2010, n. 66.*

[898. Nello stato di previsione della spesa del Ministero della difesa è istituito un fondo di conto capitale, con una dotazione di 25 milioni di euro, destinato alle bonifiche delle aree militari, sia dismesse che attive, e di pertinenza dei poligoni militari di tiro, nonchè delle unità navali, effettuate d'intesa con il Ministero dell'ambiente e della tutela del territorio e del mare, anche mediante l'impiego del genio militare. Con uno o più decreti del Ministro della difesa, di concerto con il Ministro dell'ambiente e della tutela del territorio e del mare, da comunicare anche con evidenze informatiche al Ministero dell'economia e delle finanze, si provvede alla ripartizione del fondo di cui al presente comma [(1)]*.]* [(2)]

(1) *Per la determinazione della dotazione del Fondo istituito dal presente comma vedi l'articolo 2, comma 80, della legge 24 dicembre 2007 n. 244.*

ACCERTAMENTO

(2) Comma abrogato dall'articolo 2268, comma 1, del D.Lgs. 15 marzo 2010, n. 66.

[899. Nello stato di previsione della spesa del Ministero della difesa è istituito un fondo di conto capitale, con una dotazione di 20 milioni di euro, destinato alla ristrutturazione e all'adeguamento degli arsenali militari, comprese le darsene interne, e degli stabilimenti militari. Con uno o piu` decreti del Ministro della difesa, da comunicare anche con evidenze informatiche al Ministero dell'economia e delle finanze, si provvede alla ripartizione del fondo di cui al presente comma (1)*.]* (2)

(1) Per la determinazione della dotazione del Fondo istituito dal presente comma vedi l'articolo 2, comma 73, della legge 24 dicembre 2007 n. 244.
(2) Comma abrogato dall'articolo 2268, comma 1, del D.Lgs. 15 marzo 2010, n. 66.

[900. Nello stato di previsione della spesa del Ministero della difesa è istituito un fondo di conto capitale, con una dotazione di 5 milioni di euro, destinato all'ammodernamento del parco autoveicoli, dei sistemi operativi e delle infrastrutture dell'Arma dei carabinieri. Con uno o più decreti del Ministro della difesa, da comunicare anche con evidenze informatiche al Ministero dell'economia e delle finanze, si provvede alla ripartizione del fondo di cui al presente comma.] (1)

(1) Comma abrogato dall'articolo 2268, comma 1, del D.Lgs. 15 marzo 2010, n. 66.

[901. Per l'anno 2007, le dotazioni delle unità previsionali di base dello stato di previsione del Ministero della difesa concernenti investimenti fissi lordi (categoria 21) sono ridotte, in maniera lineare, di 50 milioni di euro.] (1)

(1) Comma abrogato dall'articolo 2268, comma 1, del D.Lgs. 15 marzo 2010, n. 66.

[902. è autorizzata la spesa di 10 milioni di euro per l'anno 2007 finalizzata ad interventi sanitari che si rendano eventualmente necessari in favore di personale affetto da infermità letali ovvero da invalidità o inabilità permanente nonchè al monitoraggio delle condizioni sanitarie del personale militare e civile italiano impiegato e delle popolazioni abitanti in aree interessate da conflitti per i quali siano in corso missioni internazionali e di assistenza umanitaria, nonchè in poligoni di tiro nazionali, e nelle zone adiacenti, nei quali siano sperimentati munizionamento e sistemi di armamento.] (1)

(1) Comma abrogato dall'articolo 2268, comma 1, del D.Lgs. 15 marzo 2010, n. 66.

903. Per il finanziamento degli interventi consentiti dagli Orientamenti dell'Unione europea per il salvataggio e la ristrutturazione delle imprese in difficoltà sugli aiuti di Stato del Fondo di cui all'articolo 11, comma 3, del decreto-legge 14 marzo 2005, n. 35, convertito, con modificazioni, dalla legge 14 maggio 2005, n. 80, è autorizzata la spesa di 15 milioni di euro per l'anno 2007 e di 35 milioni di euro per ciascuno degli anni 2008 e 2009.

904. Per ciascuno degli anni 2007, 2008 e 2009, nello stato di previsione del Ministero dell'economia e delle finanze, la dotazione del fondo da ripartire di cui all'articolo 1, comma 15, della legge 23 dicembre 2005, n. 266, nel quale confluiscono gli importi delle dotazioni di bilancio relative ai trasferimenti correnti alle imprese, è integrata di 565 milioni di euro per ciascuno degli anni 2007 e 2008 e di 170 milioni a decorrere dall'anno 2009, ai fini della corresponsione dei corrispettivi per le imprese pubbliche in relazione agli oneri di servizio pubblico sostenuti in applicazione dei rispettivi contratti di programma.

905. Con decreto del Presidente del Consiglio dei ministri in attuazione dell'articolo 2 decreto-legge 31 maggio 1994, n. 332, convertito, con modificazioni, dalla legge 30 luglio 1994, n. 474, e dell'articolo 1, comma 2, della legge 14 novembre 1995, n. 481, sono emanate, tenendo conto dei principi del diritto comunitario, disposizioni in merito all'attuazione di quanto previsto dall'articolo 1-ter, comma 4, del decreto-legge 29 agosto 2003, n. 239, convertito, con modificazioni, dalla legge 27 ottobre 2003, n. 290, come modificato dall'articolo 1, comma 373, della legge 23 dicembre 2005, n. 266, relativamente alla cessione delle quote superiori al 20 per cento del capitale delle società che sono proprietarie e che gestiscono reti nazionali di trasporto del gas naturale controllate direttamente o indirettamente dallo Stato.

906. Il termine del 31 dicembre 2008 stabilito dall'articolo 1-ter, comma 4, del decreto- legge 29 agosto 2003, n. 239, convertito, con modificazioni, dalla legge 27 ottobre 2003, n. 290, come prorogato dall'articolo 1, comma 373, della legge 23 dicembre 2005, n. 266, nei soli confronti delle società di cui al comma 905 del presente articolo, è rideterminato in ventiquattro mesi a decorrere dalla data di entrata in vigore del decreto del Presidente del Consiglio dei ministri di cui al medesimo comma 905.

[907. Per la realizzazione, l'acquisizione ed il completamento di opere pubbliche o di pubblica utilità i committenti tenuti all'applicazione del codice dei contratti pubblici relativi a lavori, servizi e forniture, di cui al decreto legislativo 12 aprile 2006, n. 163, possono avvalersi anche del contratto di locazione finanziaria.] (1)

(1) Comma abrogato dall'articolo 5 del D.Lgs. 31 luglio 2007 n.113.

[908. Nei casi di cui al comma 907, il bando, ferme le altre indicazioni previste dal codice di cui al decreto legislativo 12 aprile 2006, n. 163, determina i requisiti soggettivi, funzionali, economici, tecnico-realizzativi ed organizzativi di partecipazione, le caratteristiche tecniche ed estetiche dell'opera, i costi, i tempi e le garanzie dell'operazione, nonchè i parametri di valutazione tecnica ed economico-finanziaria dell'offerta economicamente più vantaggiosa.] (1)

(1) Comma abrogato dall'articolo 5 del D.Lgs. 31 luglio 2007 n.113.

[909. Al codice dei contratti pubblici, di cui al decreto legislativo 12 aprile 2006, n. 163, sono apportate le seguenti modificazioni:

a) all'articolo 86, dopo il comma 3, è inserito il seguente:

"3-bis. Nella predisposizione delle gare di appalto e nella valutazione, nei casi previsti dalla normativa vigente, dell'anomalia delle offerte nelle procedure di affidamento di appalti di lavori pubblici, di servizio e di forniture, gli enti aggiudicatori sono tenuti a valutare che il valore economico sia adeguato e sufficiente rispetto al costo del lavoro come determinato periodicamente, in apposite tabelle, dal Ministro del lavoro e della previdenza sociale, sulla base dei valori economici previsti dalla contrattazione collettiva stipulata dai sindacati comparativamente piu rappresentativi, delle norme in materia previdenziale ed assistenziale, dei diversi settori merceologici e delle differenti aree territoriali. In mancanza di contratto collettivo applicabile, il costo del lavoro è determinato in relazione al contratto collettivo del settore merceologico piu vicino a quello preso in considerazione";

b) all'articolo 87, al comma 2, la lettera e) è abrogata;

c) all'articolo 87, al comma 4, le parole: "In relazione a servizi e forniture," sono soppresse;

d) all'articolo 87, dopo il comma 4, è inserito il seguente:

"4-bis. Nell'ambito dei requisiti per la qualificazione di cui all'articolo 40 del presente decreto, devono essere considerate anche le informazioni fornite dallo stesso soggetto interessato relativamente all'avvenuto adempimento, all'interno della propria azienda, degli obblighi di sicurezza previsti dalla vigente normativa".] (1)

(1) Comma abrogato dall'articolo 217, comma 1, lettera g) del D.Lgs. 18 aprile 2016, n. 50.

910. All'articolo 7 del decreto legislativo 19 settembre 1994, n. 626, sono apportate le seguenti modificazioni:

a) al comma 1, l'alinea è sostituito dal seguente: "Il datore di lavoro, in caso di affidamento dei lavori ad imprese appaltatrici o a lavoratori autonomi all'interno della propria azienda, o di una singola unità produttiva della stessa, nonchè nell'ambito dell'intero ciclo produttivo dell'azienda medesima:";

b) è aggiunto, in fine, il seguente comma:

"3-bis. L'imprenditore committente risponde in solido con l'appaltatore, nonchè con ciascuno degli eventuali ulteriori subappaltatori, per tutti i danni per i quali il lavoratore, dipendente dall'appaltatore o dal subappaltatore, non risulti indennizzato ad opera dell'Istituto nazionale per l'assicurazione contro gli infortuni sul lavoro".

911. L'articolo 29, comma 2, del decreto legislativo 10 settembre 2003, n. 276, è sostituito dal seguente:

"2. In caso di appalto di opere o di servizi il committente imprenditore o datore di lavoro è obbligato in solido con l'appaltatore, nonchè con ciascuno degli eventuali ulteriori subappaltatori entro il limite di due anni dalla cessazione dell'appalto, a corrispondere ai lavoratori i trattamenti retributivi e i contributi previdenziali dovuti".

[912. L'offerente di cui al comma 908 puo` essere anche un'associazione temporanea costituita dal soggetto finanziatore e dal soggetto realizzatore, responsabili, ciascuno, in relazione alla specifica obbligazione assunta, ovvero un contraente generale. In caso di fallimento, inadempimento o sopravvenienza di qualsiasi causa impeditiva all'adempimento dell'obbligazione da parte di uno dei due soggetti costituenti l'associazione temporanea di imprese, l'altro può sostituirlo, con l'assenso del committente, con altro soggetto avente medesimi requisiti e caratteristiche.] (1)

(1) Comma abrogato dall'articolo 5 del D.Lgs. 31 luglio 2007 n.113.

[913. L'adempimento degli impegni della stazione appaltante resta in ogni caso condizionato al positivo controllo della realizzazione ed eventuale gestione funzionale dell'opera secondo le modalità previste.] (1)

(1) Comma abrogato dall'articolo 5 del D.Lgs. 31 luglio 2007 n.113.

[914. Al fine di assicurare la massima estensione dei principi comunitari e delle regole di concorrenza negli appalti di servizi o di servizi pubblici locali la stazione appaltante considera, in ogni caso, rispettati i requisiti tecnici prescritti anche ove la disponibilità dei mezzi tecnici necessari ed idonei all'espletamento del servizio è assicurata mediante contratti di locazione finanziaria con soggetti terzi.] (1)

(1) Comma abrogato dall'articolo 5 del D.Lgs. 31 luglio 2007 n.113.

915. Per gli interventi previsti dall'articolo 2, comma 3, del decreto-legge 28 dicembre 1998, n. 451, convertito, con modificazioni, dalla legge 26 febbraio 1999, n. 40, come prorogati dall'articolo 45, comma 1, lettera c), della legge 23 dicembre 1999, n. 488, relativi all'anno 2006, è autorizzata un'ulteriore spesa di 50 milioni di euro per l'anno 2007.

916. Il 40 per cento delle disponibilità finanziarie del Fondo istituito dall'articolo 1, comma 108, della legge 23 dicembre 2005, n. 266, deve essere destinato per la realizzazione e il completamento di strutture logistiche intermodali di I livello le cui opere e servizi sono già previsti dai piani regionali trasporti.

917. Per gli interventi previsti dall'articolo 2, comma 2, del decreto-legge 28 dicembre 1998, n. 451, convertito, con modificazioni, dalla legge 26 febbraio 1999, n. 40, come prorogati dall'articolo 45, comma 1, lettera b), della legge 23 dicembre 1999, n. 488, relativi all'anno 2006, è autorizzata un'ulteriore spesa di 54 milioni di euro per l'anno 2007.

918. Per il proseguimento degli interventi a favore dell'autotrasporto di merci, nonche, ove si individuino misure compatibili con il mercato comune ai sensi dell'articolo 87 del Trattato istitutivo della Comunità europea, per interventi di riduzione del costo del lavoro delle imprese di autotrasporto di merci relativo all'anno 2006, al fondo istituito dall'articolo 1, comma 108, della legge 23 dicembre 2005, n. 266, è assegnata la somma di euro 186 milioni per l'anno 2007. Con regolamento emanato ai sensi dell'articolo 17, comma 1, della legge 23 agosto 1988, n. 400, su proposta del Ministro dei trasporti, di concerto con il Ministro dell'economia e delle finanze e il Ministro per le politiche europee, sono disciplinate le modalità di utilizzazione del fondo di cui al primo periodo. L'efficacia delle modalità di utilizzazione di tale fondo è comunque subordinata, ai sensi dell'articolo 88, paragrafo 3, del Trattato istitutivo della Comunità europea, alla autorizzazione della Commissione europea (1).

(1) Vedi l'articolo 83-bis, comma 23, del D.L. 25 giugno 2008, n. 112, come modificato dalla legge 6 agosto 2008, n. 133, in sede di conversione.

919. A carico del fondo di cui al comma 918 è prelevato l'importo di 70 milioni di euro, da destinare a misure agevolative a favore dei soggetti che acquisiscano, anche mediante locazione finanziaria, autoveicoli adibiti al trasporto di merci, di massa complessiva pari o superiore a 11,5 tonnellate. Con il regolamento di cui al comma 918 sono determinati criteri e modalità per la fruizione di dette agevolazioni.

920. Dalla somma di 80 milioni di euro autorizzata, per l'anno 2006, ai sensi del comma 108 dell'articolo 1 della legge 23 dicembre 2005, n. 266, è prelevato l'importo di 42 milioni di euro, mediante riduzione dell'autorizzazione di spesa, per essere destinato alla misura prevista all'articolo 1, comma 105, della legge 23 dicembre 2005, n. 266. Il Ministro dell'economia e delle finanze è autorizzato ad apportare, con propri decreti, le occorrenti variazioni di bilancio. Le disposizioni del presente comma entrano in vigore il giorno stesso della pubblicazione della presente legge nella Gazzetta Ufficiale (1).

(1) Per la destinazione di una quota dell'importo riassegnato, fino a 5 milioni di euro, per le finalità di cui al presente comma, vedi l'articolo 12 del D.L. 2 luglio 2007, n. 81.

921. A decorrere dal 1° gennaio 2007, con decreto del Ministro dei trasporti, di concerto con il Ministro dell'economia e delle finanze, da emanare entro il 31 marzo 2007, è stabilito un incremento delle tariffe applicabili per le operazioni in materia di motorizzazione di cui all'articolo 18 della legge 1° dicembre 1986, n. 870, in modo da assicurare, su base annua, maggiori entrate pari ad almeno 50 milioni di euro. Di conseguenza è autorizzata, a decorrere dal 2007, la spesa di 25 milioni di euro, in aggiunta alle somme già stanziate sul pertinente capitolo di bilancio, per il funzionamento del Centro elaborazione dati del Dipartimento per i trasporti terrestri, personale, affari generali e la pianificazione generale dei trasporti del Ministero dei trasporti e la spesa di 10 milioni di euro per la predisposizione del piano generale di mobilità, i sistemi informativi di supporto, il monitoraggio e la valutazione di efficacia degli interventi.

922. Per la copertura degli oneri connessi alla prosecuzione e al completamento di progetti informatici di competenza del Ministero delle infrastrutture, già previsti nell'ambito del Piano triennale per l'informatica 2007- 2009 è autorizzata la spesa di euro 8.500.000 per l'anno 2007 e di euro 4.200.000 per ciascuno degli anni 2008 e 2009, da iscrivere nello stato di previsione del medesimo Ministero.

923. Con decreto del Ministro dei trasporti, di concerto con il Ministro dell'economia e delle finanze, da emanare entro il 31 gennaio 2007, ai sensi del comma 12 dell'articolo 80 del codice della strada, di cui al decreto legislativo 30 aprile 1992, n. 285, è stabilito un incremento delle tariffe applicabili per le operazioni di revisione dei veicoli a motore e dei loro rimorchi in cifra uguale per le operazioni eseguite dagli uffici della Motorizzazione e per quelle eseguite dai centri privati concessionari di dette operazioni ai sensi dello stesso articolo 80, comma 8.

924. è autorizzata la spesa di 5 milioni di euro a decorrere dall'anno 2007 a favore dell'Agenzia nazionale per la diffusione delle tecnologie per l'innovazione.

925. Al fine di sostenere nuovi processi di realizzazione delle infrastrutture per la larga banda e di completare il "Programma per lo sviluppo della larga banda nel Mezzogiorno ", le risorse del Fondo per le aree sottoutilizzate di cui all'articolo 61 della legge 27 dicembre 2002, n. 289, destinate al finanziamento degli interventi attuativi del suddetto Programma da parte del Ministero delle comunicazioni per il tramite della Società infrastrutture e telecomunicazioni per l'Italia Spa (Infratel Italia) di cui all'articolo 7 del decreto-legge 14 marzo 2005, n. 35, convertito, con modificazioni, dalla legge 14 maggio 2005, n. 80, sono incrementate di 10 milioni di euro per ciascuno degli anni 2007, 2008 e 2009.

926. Nell'ambito del riparto del Fondo per le aree sottoutilizzate di cui all'della articolo 61 legge 27 dicembre 2002, n. 289, il CIPE, con propria delibera ai sensi del comma 5 del medesimo articolo 61, assegna ulteriori 50 milioni di euro per l'anno 2009 al Ministero delle comunicazioni per la realizzazione delle finalità di cui al comma 925. Conseguentemente, le risorse del medesimo Fondo destinate al Ministero dello sviluppo economico per l'anno 2009 sono diminuite di 50 milioni di euro.

927. Al fine di diffondere la tecnologia della televisione digitale sul territorio nazionale, è istituito presso il Ministero delle comunicazioni il "Fondo per il passaggio al digitale" per la realizzazione dei seguenti interventi:

a) incentivare la produzione di contenuti di particolare valore in tecnica digitale;

b) incentivare il passaggio al digitale terrestre da parte del titolare dell'obbligo di copertura del servizio universale;

c) favorire la progettazione, realizzazione e messa in onda di servizi interattivi di pubblica utilità diffusi su piattaforma televisiva digitale;

d) favorire la transizione al digitale da parte di famiglie economicamente o socialmente disagiate;

e) incentivare la sensibilizzazione della popolazione alla tecnologia del digitale [1].

[1] Per l'incremento di 20 milioni di euro per l'anno 2008 del Fondo per il passaggio al digitale di cui al presente comma vedi l'articolo 2, comma 300, della legge 24 dicembre 2007 n. 244. Per l'ulteriore incremento del fondo vedi l'articolo 7-quinquies, comma 12, del D.L. 10 febbraio 2009, n. 5.

[2] Gli interventi di cui al presente comma sono prorogati per l'anno 2011, a norma dell'articolo 2, comma 4-opties, del D.L. 29 dicembre 2010, n. 225.

928. Il Ministro delle comunicazioni, con proprio decreto, individua gli interventi di cui al comma 927 e le concrete modalità di realizzazione dei medesimi, i requisiti e le condizioni per accedere agli interventi, le categorie di destinatari, la durata delle sperimentazioni, nonchè le modalità di monitoraggio e di verifica degli interventi [1][2].

[1] Per l'incremento di 20 milioni di euro per l'anno 2008 del Fondo per il passaggio al digitale di cui al presente comma vedi l'articolo 2, comma 300, della legge 24 dicembre 2007 n. 244. Per l'ulteriore incremento del fondo vedi l'articolo 7-quinquies, comma 12, del D.L. 10 febbraio 2009, n. 5.

[2] Gli interventi di cui al presente comma sono prorogati per l'anno 2011, a norma dell'articolo 2, comma 4-opties, del D.L. 29 dicembre 2010, n. 225.

929. Per la realizzazione degli interventi di cui al comma 927 è autorizzata la spesa di 40 milioni di euro per ciascuno degli anni 2007, 2008 e 2009 [1][2].

[1] Per l'incremento di 20 milioni di euro per l'anno 2008 del Fondo per il passaggio al digitale di cui al presente comma vedi l'articolo 2, comma 300, della legge 24 dicembre 2007 n. 244. Per l'ulteriore incremento del fondo vedi l'articolo 7-quinquies, comma 12, del D.L. 10 febbraio 2009, n. 5.

[2] Gli interventi di cui al presente comma sono prorogati per l'anno 2011, a norma dell'articolo 2, comma 4-opties, del D.L. 29 dicembre 2010, n. 225.

930. Nei confronti dei soggetti esercenti la radiodiffusione sonora, nonchè la radiodiffusione televisiva in ambito locale, le sanzioni amministrative previste dall'articolo 98 del codice delle comunicazioni elettroniche, di cui al decreto legislativo 1° agosto 2003, n. 259, e successive modificazioni, sono ridotte a un decimo.

931. Le disposizioni di cui all'articolo 1, comma 57, primo e secondo periodo, della legge 30 dicembre 2004, n. 311, non si applicano alle spese relative a progetti cofinanziati dall'Unione europea, ivi comprese le corrispondenti quote di parte nazionale.

932. Tutti i fondi rotativi gestiti dalla SIMEST Spa destinati ad operazioni di venture capital in Paesi non aderenti all'Unione europea nonchè il fondo di cui all'articolo 5, comma 2, lettera c), della legge 21 marzo 2001, n. 84, sono unificati in un unico fondo [1].

[1] A norma dell'articolo 18-quater, comma 1, del D.L. 30 aprile 2019, n.

34, convertito con modificazioni dalla Legge 28 giugno 2019, n. 58, l'ambito di operatività del fondo rotativo per operazioni di venture capital di cui al presente comma, è esteso a tutti gli Stati non appartenenti all'Unione europea o allo Spazio economico europeo.

933. Dopo l'articolo 2 del decreto-legge 28 maggio 1981, n. 251, convertito, con modificazioni, dalla legge 29 luglio 1981, n. 394, e successive modificazioni, è inserito il seguente:

"Art. 2-bis. – 1. Il fondo rotativo di cui all'articolo 2 può essere, a cura dell'ente gestore, garantito contro i rischi di mancato rimborso, presso una compagnia di assicurazione o istituti di credito. I costi della garanzia o assicurazione sono dall'ente gestore addebitati agli operatori beneficiari dei finanziamenti. Le condizioni e le modalità del contratto di assicurazione o garanzia sono sottoposte all'approvazione del comitato di gestione del fondo e non devono comportare oneri a carico del fondo".

934. All'articolo 3, comma 5, della legge 24 aprile 1990, n. 100, e successive modificazioni, le parole: "per le finalità di cui alla presente legge" sono sostituite dalle seguenti: "per interventi volti a sostenere l'internazionalizzazione del sistema produttivo italiano".

935. All'articolo 6, comma 6, del decreto legislativo 18 dicembre 1997, n. 471, sono aggiunti, in fine, i seguenti periodi: "In caso di applicazione dell'imposta in misura superiore a quella effettiva, erroneamente assolta dal cedente o prestatore, fermo restando il diritto del cessionario o committente alla detrazione ai sensi degli articoli 19 e seguenti del decreto del Presidente della Repubblica 26 ottobre 1972, n. 633, l'anzidetto cessionario o committente è punito con la sanzione amministrativa compresa fra 250 euro e 10.000 euro. La restituzione dell'imposta è esclusa qualora il versamento sia avvenuto in un contesto di frode fiscale". Le disposizioni di cui al presente comma si applicano anche ai casi verificatisi prima dell'entrata in vigore della presente legge [(1)].

[(1)] Comma modificato dall'articolo 6, comma 3-bis, del D.L. 30 aprile 2019, n. 34, convertito, con modificazioni, dalla Legge 28 giugno 2019, n. 58.

936. Per le finalità di cui al comma 61 dell'articolo 4 della legge 24 dicembre 2003, n. 350, e successive modificazioni, anche al fine di favorire la penetrazione commerciale dei mercati esteri da parte delle imprese attraverso l'adozione di strumenti di marchio consortili, aventi natura privatistica, il fondo istituito per le azioni a sostegno del "made in Italy" è incrementato di ulteriori 20 milioni di euro per l'anno 2007 e 26 milioni di euro per ciascuno degli anni 2008 e 2009. Quota parte delle risorse di cui al precedente periodo, per un ammontare pari a 1 milione di euro per ciascuno degli anni 2007, 2008 e 2009, è destinata all'erogazione di contributi per la realizzazione di studi e ricerche diretti alla certificazione di qualità e di salubrità dei prodotti tessili cardati, realizzati con materie prime secondarie, che valorizzano la tipicità delle lavorazioni e le caratteristiche ecologiche dei relativi manufatti. Con decreto del Ministro dello sviluppo economico, di concerto con il Ministro del commercio internazionale, sono individuate le modalità per accedere ai contributi di cui al precedente periodo [(1)(2)].

[(1)] Per la riduzione dell'autorizzazione di spesa vedi l'articolo 1 ter del D.L. 3 novembre 2008, n. 171.
[(2)] Per le modalità di selezione dei programmi delle regioni italiane per la concessione di contributi di cui al presente comma vedi il D.M. 6 marzo 2013.

937. Al fine di promuovere la tutela e lo sviluppo delle produzioni di ceramiche artistiche e di qualità, in linea con le finalità fissate dalla legge 9 luglio 1990, n. 188, è autorizzata la spesa di 1 milione di euro per gli anni 2007 e 2008. A valere sull'autorizzazione di spesa di cui al presente comma, una somma pari a 50.000 euro per ciascun anno del triennio 2007-2009, è destinata al finanziamento del Museo internazionale delle ceramiche di Faenza di cui alla legge 17 febbraio 1968, n. 97.

938. L'utilizzo delle risorse di cui al comma 937 avviene secondo i criteri e le modalità di utilizzo di cui al decreto del Ministro delle attività produttive 16 maggio 2003, pubblicato nella Gazzetta Ufficiale n. 123 del 29 maggio 2003.

939. All'articolo 2, comma 85, del decreto- legge 3 ottobre 2006, n. 262, convertito, con modificazioni, dalla legge 24 novembre 2006, n. 286, è aggiunto, in fine, il seguente capoverso:

"5-ter. L'affidamento dei servizi di distribuzione carbolubrificanti e delle attività commerciali e ristorative nelle aree di servizio delle reti autostradali, in deroga rispetto a quanto previsto nelle lettere c) ed f) del comma 5, avviene secondo i seguenti principi:

a) verifica preventiva della sussistenza delle capacità tecnico-organizzative ed economiche dei concorrenti allo scopo di garantire un adeguato livello e la regolarità del servizio, secondo quanto disciplinato dalla normativa di settore;

b) valutazione delle offerte dei concorrenti che valorizzino l'efficienza, la qualità e la varietà dei servizi, gli investimenti in coerenza con la durata degli affidamenti e la pluralità dei marchi. I processi di selezione devono assicurare una prevalente importanza al progetto tecnico-commerciale rispetto alle condizioni economiche proposte;

c) modelli contrattuali idonei ad assicurare la competitività dell'offerta in termini di qualità e disponibilità dei servizi nonchè dei prezzi dei prodotti oil e non oil".

940. Al fine di garantire i livelli occupazionali del Parco nazionale del Gran Sasso e dei Monti della Laga e del Parco nazionale della Maiella è erogata a favore dell'ente Parco Nazionale del Gran Sasso e dei Monti della Laga e dell'ente Parco nazionale della Maiella la somma di euro 2.000.000, a decorrere dall'anno 2007, per consentire la stabilizzazione del personale fuori ruolo operante presso tali enti. Le relative stabilizzazioni sono effettuate nei limiti delle risorse assegnate con il presente comma e nel rispetto delle normative vigenti in materia di assunzioni, anche in soprannumero. I rapporti di lavoro in essere con il personale che presta attività professionale e collaborazione presso gli enti Parco sono regolati, sulla base di nuovi contratti che verranno stipulati, a decorrere dal 1° gennaio 2007 fino alla definitiva stabilizzazione del suddetto personale e, comunque, non oltre il 31 dicembre 2008. Al relativo onere si provvede attraverso riduzione del fondo di cui al comma 96 dell'articolo 1 della legge 30 dicembre 2004, n. 311.

941. In relazione a quanto previsto dal comma 61 dell'articolo 4 della legge 24 dicembre 2003, n. 350, al secondo periodo del comma 49 del medesimo articolo 4, sono aggiunte, in fine, le seguenti parole: "incluso l'uso fallace o fuorviante di marchi aziendali ai sensi della disciplina sulle pratiche commerciali ingannevoli".

942. Allo scopo di potenziare l'attività di promozione e sviluppo del "made in Italy", anche attraverso l'acquisizione

di beni strumentali ad elevato contenuto tecnologico e l'ammodernamento degli impianti già esistenti, è concesso, a favore degli enti fieristici, un contributo nel limite massimo complessivo di 10 milioni di euro per l'anno 2007 a valere sulle disponibilità di cui all'articolo 14-vicies semel del decreto-legge 30 giugno 2005, n. 115, convertito, con modificazioni, dalla legge 17 agosto 2005, n. 168, che è contestualmente abrogato. Le modalità, i criteri ed i limiti del contributo sono definiti con decreto del Ministro dello sviluppo economico entro due mesi dalla data di entrata in vigore della presente legge [(1)].

[(1)] Per il Regolamento concernente le modalità, i criteri ed i limiti per la concessione di contributi agli enti fieristici per potenziare l'attività di promozione e sviluppo del "made in Italy" ai sensi del presente comma vedi il D.M. 7 aprile 2008 n.83.

943. Per le politiche generali concernenti le collettività italiane all'estero, la loro integrazione, l'informazione, l'aggiornamento e la promozione culturale a loro favore, la valorizzazione del ruolo degli imprenditori italiani all'estero nonchè il coordinamento delle iniziative relative al rafforzamento e alla razionalizzazione della rete consolare, è autorizzata la spesa di 24 milioni di euro per l'anno 2007 e 14 milioni di euro per ciascuno degli anni 2008 e 2009.

944. Per la prosecuzione degli interventi per la salvaguardia di Venezia di cui alla legge 5 febbraio 1992, n. 139, e successive modificazioni, è autorizzata la spesa di 85 milioni di euro per l'anno 2007 e 15 milioni di euro per ciascuno degli anni 2008 e 2009, da ripartire secondo le modalità di cui al comma 2 dell'articolo 3 della legge 3 agosto 1998, n. 295.

945. Per l'attuazione del Protocollo d'intesa tra il Governo italiano e la regione autonoma Friuli-Venezia Giulia, è autorizzata la spesa di 40 milioni di euro per l'anno 2007, finalizzata al completamento del terzo lotto, secondo stralcio, tratto Gattinara-Padriciano, della grande viabilità triestina.

946. All'articolo 49, primo comma dello Statuto speciale della regione Friuli-Venezia Giulia, di cui alla legge costituzionale 31 gennaio 1963, n. 1, e successive modificazioni, l'alinea è sostituito dal seguente: "Spettano alla Regione le seguenti quote fisse delle sottoindicate entrate tributarie erariali riscosse nel territorio della Regione stessa:".

947. In applicazione dell'articolo 15 del decreto legislativo 1° aprile 2004, n. 111, ed al fine di rendere efficaci le disposizioni ivi contenute, ad eccezione di quelle di cui all'articolo 9, comma 7, del medesimo decreto relative ai servizi di trasporto ferroviario interregionale, da definire previa intesa fra il Ministero dei trasporti e le regioni Friuli-Venezia Giulia e Veneto, i cui oneri saranno quantificati con successivo provvedimento, al numero 4) del primo comma dell'articolo 49 dello Statuto speciale della regione Friuli-Venezia Giulia, di cui alla legge costituzionale 31 gennaio 1963, n. 1, e successive modificazioni, le parole: "otto decimi" sono sostituite dalle seguenti: "9,1 decimi".

948. L'efficacia delle disposizioni di cui ai commi 946 e 947 decorre dal 1° gennaio 2008; conseguentemente, sono ridotte le seguenti autorizzazioni di spesa per gli importi sotto indicati:

a) stato di previsione del Ministero dei trasporti: legge 23 dicembre 2005, n. 266, articolo 1, comma 15, per l'importo di euro 1.875.000;

b) stato di previsione del Ministero dell'economia e delle finanze: legge 23 dicembre 2005, n. 266, articolo 1, comma 15, per l'importo di euro 68.408.000.

949. Per la prosecuzione degli interventi per Roma-capitale della Repubblica, di cui alla legge 15 dicembre 1990, n. 396, e successive modificazioni, è autorizzata la spesa di 212,5 milioni di euro per ciascuno degli anni 2007 e 2008 e di 170 milioni di euro per l'anno 2009.

950. Per il finanziamento della promozione della candidatura italiana all'Esposizione universale del 2015 da parte della Presidenza del Consiglio dei ministri, d'intesa con il Ministero degli affari esteri, è autorizzata la spesa di 3 milioni di euro per l'anno 2007 e di 1 milione di euro per l'anno 2008.

951. Per la partecipazione dell'Italia all'Esposizione internazionale di Saragozza del 2008 è autorizzata la spesa di 2 milioni di euro per l'anno 2007, di 3,8 milioni di euro per l'anno 2008 e di 450.000 euro per l'anno 2009.

952. Per la partecipazione dell'Italia all'Esposizione universale di Shanghai 2010 è autorizzata la spesa di 800.000 euro per l'anno 2007, di 1,25 milioni di euro per l'anno 2008 e di 7 milioni di euro per l'anno 2009.

953. Per la partecipazione dell'Italia alle Esposizioni di Saragozza 2008 e Shanghai 2010 sono istituiti, rispettivamente, un Commissariato per l'Esposizione di Saragozza 2008 e un Commissariato generale per l'Esposizione di Shanghai 2010. Essi cessano di operare entro nove mesi dalla chiusura delle relative Esposizioni, dopo la presentazione dei rendiconti finali delle spese di cui, rispettivamente, ai commi 951 e 952.

954. Con decreto del Ministro degli affari esteri, di concerto con il Ministro dell'economia e delle finanze e con il Ministro del commercio internazionale, sono nominati il Commissario del Governo per l'Esposizione di Saragozza 2008 ed il Commissario generale del Governo per l'Esposizione di Shanghai 2010.

955. Con decreto del Ministro degli affari esteri, sono altresì nominati i Segretari generali del Commissariato e del Commissariato generale, scelti tra i funzionari della carriera diplomatica con il grado di ministro plenipotenziario, i quali esercitano le loro funzioni in raccordo con i rispettivi Commissari, sostituendoli in caso di assenza o di impedimento.

956. Il Commissario e il Commissario generale gestiscono i fondi di cui, rispettivamente, ai commi 951 e 952 e ordinano le spese da effettuare in Italia e all'estero per la partecipazione dell'Italia, nonchè le spese per le manifestazioni a carattere scientifico, culturale ed artistico collegate alle finalità delle esposizioni. Il Commissario e il Commissario generale, nello svolgimento dei loro compiti, sono autorizzati a derogare alle vigenti disposizioni di contabilità generale dello Stato in materia di contratti. Il Commissario e il Commissario generale presentano al Ministero degli affari esteri il preventivo delle spese e, entro nove mesi dalla data di chiusura delle rispettive esposizioni, i rendiconti finali delle spese sostenute.

957. Nello svolgimento delle proprie funzioni, il Commissario e il Commissario generale si avvalgono ciascuno del supporto di un dirigente di prima fascia ovvero di un dirigente incaricato di funzioni dirigenziali generali ai sensi dell'articolo 19, comma 4, del decreto legislativo 30 marzo 2001, n. 165, e successive modificazioni, anche in deroga all'articolo 3, comma 147, della legge 24 dicembre 2003, n.

350, nominato dal Ministero degli affari esteri tra gli appartenenti al proprio ruolo dirigenziale, con funzioni di direttore amministrativo, e di cinque unità di personale dipendente dal medesimo Ministero ovvero dalle amministrazioni pubbliche di cui all'articolo 1, comma 2, del decreto legislativo 30 marzo 2001, n. 165, e successive modificazioni, in posizione di comando o in altre posizioni analoghe, secondo i rispettivi ordinamenti. Le strutture di supporto al Commissario e al Commissario generale comprendono altresì personale assunto con contratto a tempo determinato, che ha diritto a un trattamento onnicomprensivo a carico del Commissariato o del Commissariato generale commisurato a quello stabilito dalle norme dello Stato ospitante nell'ambito delle Esposizioni. Tale personale, ove assunto in Italia, ha diritto altresì al rimborso delle spese di viaggio ed alloggio nelle sedi espositive, esclusa ogni indennità di missione. Il Commissario e il Commissario generale possono avvalersi di consulenti in possesso di specifiche professionalità.

958. Il Commissario e il Commissario generale, se dipendenti dalle pubbliche amministrazioni, i Segretari generali e i direttori amministrativi sono collocati per tutta la durata dell'incarico nella posizione di fuori ruolo o in posizione analoga secondo i rispettivi ordinamenti, in eccedenza alle quote stabilite dal decreto del Presidente della Repubblica 30 aprile 1958, n. 571, e successive modificazioni, o da qualsiasi altra disposizione legislativa o regolamentare.

959. Con decreto del Ministro degli affari esteri, di concerto con il Ministro dell'economia e delle finanze, è stabilita l'indennità spettante al Commissario, al Commissario generale, ai Segretari generali, ai direttori amministrativi ed al restante personale di cui al comma 957, per l'intero periodo di svolgimento delle funzioni, dovunque svolte, dalla data di conferimento dell'incarico. Tale indennità non ha natura retributiva e tiene conto della delicatezza dell'incarico, dei relativi oneri e dell'intensità dell'impegno lavorativo. Essa non puo` essere superiore a quelle spettanti ai corrispondenti gradi del personale appartenente ai ruoli della carriera diplomatica, di quella dirigenziale e delle altre carriere del Ministero degli affari esteri e si aggiunge, per il personale dipendente da pubbliche amministrazioni, alle competenze stipendiali di base metropolitane.

960. Per i periodi di servizio prestati fuori sede è corrisposto ai soggetti di cui ai commi 954, 955 e 957 il rimborso delle sole spese di viaggio, in conformità alle disposizioni vigenti.

961. Con decreto del Ministro degli affari esteri, di concerto con il Ministro dell'economia e delle finanze, è nominato un collegio di tre revisori dei conti, scelti tra i dirigenti dei rispettivi Ministeri, dei quali uno designato dal Ministro dell'economia e delle finanze, con funzioni di presidente, e due designati rispettivamente dal Ministro degli affari esteri e dal Ministro del commercio internazionale.

962. Agli oneri derivanti dai commi da 953 a 961 si provvede nell'ambito delle autorizzazioni di spesa di cui ai commi 951 e 952.

963. A decorrere dall'anno 2007 e fino alla revisione del sistema dei trasferimenti erariali agli enti locali, il contributo previsto dall'articolo 1 della legge 25 novembre 1964, n. 1280, da ultimo rideterminato dall'articolo 9, comma 1, della legge 16 dicembre 1999, n. 494, e confluito nel fondo consolidato di cui all'articolo 39, comma 1, del decreto legislativo 30 dicembre 1992, n. 504, è incrementato di 175 milioni di euro annui [(1)].

[(1)] *A norma dell'articolo 23, comma 12-quinques, del D.L. 6 luglio 2012 n. 95, per l'anno 2012 il contributo di cui al presente comma è incrementato di 30 milioni di euro.*

964. Per la prosecuzione degli interventi relativi al Sistema "Alta Velocità/Alta Capacità" della linea Torino-Milano-Napoli è autorizzata la spesa complessiva di 8.100 milioni di euro nel periodo 2007-2021, di cui 400 milioni per l'anno 2007, 1.300 milioni per l'anno 2008, 1.600 milioni per l'anno 2009 e 4.800 milioni per il periodo 2010- 2021, in ragione di 400 milioni di euro annui. Le somme di cui al precedente periodo sono interamente impegnabili a decorrere dal primo anno di iscrizione.

965. Per la prosecuzione degli interventi alle linee trasversali e, in particolare, per la progettazione definitiva del raddoppio dell'intero tracciato della linea ferroviaria Parma-La Spezia (Pontremolese), funzionale al rafforzamento del corridoio plurimodale Tirreno-Brennero, è autorizzata la spesa di 24 milioni di euro per ciascuno degli anni 2007 e 2008.

966. Gli oneri per capitale ed interessi dei titoli emessi e dei mutui contratti da Infrastrutture Spa fino alla data del 31 dicembre 2005 per il finanziamento degli investimenti per la realizzazione della infrastruttura ferroviaria ad alta velocità "Linea Torino-Milano- Napoli", nonchè gli oneri delle relative operazioni di copertura, sono assunti direttamente a carico del bilancio dello Stato. Fatti salvi i diritti dei creditori del patrimonio separato costituito da Infrastrutture Spa sono abrogati il comma 1, ultimo periodo, il comma 2, ultimo periodo, e il comma 4 dell'articolo 75 della legge 27 dicembre 2002, n. 289.

967. La Cassa depositi e prestiti Spa, in quanto succeduta ad Infrastrutture Spa ai sensi dell'articolo 1, comma 79, della legge 23 dicembre 2005 n. 266, promuove le iniziative necessarie per la liquidazione del patrimonio separato costituito da Infrastrutture Spa. A seguito della predetta liquidazione cessa la destinazione dei crediti e proventi di cui al comma 4 dell'articolo 75 della legge 27 dicembre 2002, n. 289, e sono estinti i debiti di Ferrovie dello Stato Spa e di società del Gruppo relativi al citato patrimonio separato sia nei confronti del patrimonio separato stesso sia nei confronti dello Stato.

968. L'assunzione degli oneri a carico del bilancio dello Stato di cui al comma 966 nonchè l'estinzione dei debiti di Ferrovie dello Stato Spa e di società del gruppo di cui al comma 967 si considerano fiscalmente irrilevanti.

969. I criteri e le modalità di assunzione da parte dello Stato degli oneri di cui al comma 966, di liquidazione del patrimonio separato di cui al comma 967, nonchè i criteri di attuazione del comma 964, sono determinati con uno o piu` decreti di natura non regolamentare del Ministro dell'economia e delle finanze.

970. Al comma 8 dell'articolo 17 del decreto legislativo 8 luglio 2003, n. 188, dopo il primo periodo, è inserito il seguente: "L'incremento annuo del canone dovuto per l'utilizzo dell'infrastruttura ferroviaria Alta Velocità/Alta Capacità non dovrà comunque essere inferiore al 2 per cento".

971. è autorizzata la spesa di euro 400 milioni per l'anno 2007 da riconoscere a Trenitalia Spa, a titolo di contributo per la remunerazione degli obblighi di servizio pubblico con

lo Stato forniti, ai sensi del regolamento (CEE) n. 1191/69 del Consiglio, del 26 giugno 1969, ed in conformità all'articolo 5 della direttiva 91/440/CEE del Consiglio, del 29 luglio 1991, fino al 2003.

972. Ai fini del rimborso degli interessi e della restituzione delle quote capitale dei mutui accesi in applicazione del decreto-legge 7 dicembre 1993, n. 505, convertito, dalla legge 29 gennaio 1994, n. 78, per il triennio 2007-2009, è posto a carico dello Stato, per l'importo annuo di 27 milioni di euro, l'onere per il servizio del debito già contratto nei confronti di Infrastrutture Spa, per il periodo dal 1° agosto 2006 al 31 dicembre 2007 in relazione alla realizzazione del "Sistema alta velocità/alta capacità".

973. è autorizzata la spesa complessiva di euro 311 milioni per l'anno 2007, in relazione all'adeguamento dei corrispettivi per gli oneri di servizio pubblico sostenuti in attuazione dei contratti di servizio con le regioni di cui all'articolo 9 del decreto legislativo 19 novembre 1997, n. 422, e successive modificazioni, e al relativo decreto del Presidente del Consiglio dei ministri 16 novembre 2000, pubblicato nel supplemento ordinario alla Gazzetta Ufficiale n. 303 del 30 dicembre 2000, ed all'articolo 52 della legge 23 dicembre 2000, n. 388, ivi compreso il recupero del tasso di inflazione programmata degli anni precedenti (1).

(1) *Per la destinazione delle risorse di cui al presente comma vedi l'articolo 9, comma 2, del D.L. 1 ottobre 2007, n.159.*

974. A copertura degli investimenti relativi alla rete tradizionale dell'infrastruttura ferroviaria nazionale è autorizzata l'ulteriore spesa di 1.600 milioni di euro per ciascuno degli anni 2007 e 2008; tale maggiore spesa è destinata, in misura non inferiore al 50 per cento, agli investimenti nella rete regionale e locale.

975. Il comma 84 dell'articolo 1 della legge 23 dicembre 2005, n. 266, è sostituto dal seguente:

"84. Sono concessi, ai sensi dell'articolo 4, comma 177, della legge 24 dicembre 2003, n. 350, e successive modificazioni, a Ferrovie dello Stato Spa o a società del gruppo contributi quindicennali di 100 milioni di euro annui a decorrere dal 2006 per la prosecuzione degli interventi relativi al sistema alta velocità/alta capacità Torino- Milano-Napoli e di 100 milioni di euro annui a decorrere dal 2007 a copertura degli investimenti relativi alla rete tradizionale dell'infrastruttura ferroviaria nazionale".

976. A valere sulle risorse di cui al comma 974, la somma di 20 milioni di euro per ciascuno degli anni 2007 e 2008 è destinata specificamente all'ammodernamento della tratta ferroviaria Aosta-Chivasso.

977. Per la prosecuzione degli interventi di realizzazione delle opere strategiche di preminente interesse nazionale di cui alla legge 21 dicembre 2001, n. 443, e successive modificazioni, è autorizzata la concessione di contributi quindicennali di 100 milioni di euro a decorrere da ciascuno degli anni 2007, 2008 e 2009, di cui 5 milioni di euro a decorrere dall'anno 2007 per le esigenze infrastrutturali delle capitanerie di porto.

978. Per ciascuno degli anni 2007, 2008 e 2009 è altresì autorizzato un contributo di 3 milioni di euro per consentire lo sviluppo del programma di potenziamento ed adeguamento delle infrastrutture del Corpo delle capitanerie di porto – guardia costiera.

979. Per assicurare il concorso dello Stato al completamento della realizzazione delle opere infrastrutturali della Pedemontana lombarda, a valere sulle risorse di cui al comma 977, è autorizzato un contributo quindicennale di 10 milioni di euro a decorrere dall'anno 2007, di 30 milioni di euro a decorrere dall'anno 2008 e di 40 milioni di euro a decorrere dall'anno 2009. A tal fine le funzioni ed i poteri di soggetto concedente e aggiudicatore attribuiti ad ANAS Spa per la realizzazione dell'autostrada Pedemontana Lombarda, dell'autostrada diretta Brescia- Bergamo-Milano, delle tangenziali esterne di Milano, sono trasferiti da ANAS Spa medesima ad un soggetto di diritto pubblico che subentra in tutti i diritti attivi e passivi inerenti alla realizzazione delle infrastrutture autostradali e che viene appositamente costituito in forma societaria e partecipato dalla stessa ANAS Spa e dalla regione Lombardia o da soggetto da essa interamente partecipato. Sempre a valere sugli importi di cui al comma 977, è altresì autorizzato un contributo quindicennale di 3 milioni di euro a decorrere dall'anno 2007, di 6 milioni di euro a decorrere dall'anno 2008 e di 6 milioni di euro a decorrere dall'anno 2009 per la realizzazione del tratto della metropolitana di Milano M4 Lorenteggio-Linate e delle altre tratte della metropolitana di Milano. A valere sul medesimo stanziamento una quota è destinata al potenziamento della rete ferroviaria locale lombarda con priorità per le tratte ad alta frequentazione adibite al trasporto dei pendolari (1).

(1) *Comma modificato dall'articolo 7, comma 3-bis, del D.L. 1° ottobre 2007, n.159.*

980. Le quote dei limiti di impegno, autorizzati dall'articolo 13, comma 1, della legge 1° agosto 2002, n. 166, e successivo finanziamento a carico dell'articolo 4, comma 176, della legge 24 dicembre 2003, n. 350, decorrenti dagli anni 2003, 2004 e 2005, non impegnate al 31 dicembre 2006, costituiscono economie di bilancio e sono reiscritte nella competenza degli esercizi successivi a quelli terminali dei rispettivi limiti.

981. Per assicurare il concorso dello Stato al completamento della realizzazione delle opere infrastrutturali della Pedemontana di Formia di cui alla delibera CIPE n. 98/06 del 29 marzo 2006, a valere sulle risorse di cui all'articolo 2, comma 92, del decreto-legge 3 ottobre 2006, n. 262, convertito, con modificazioni, dalla legge 24 novembre 2006, n. 286, che sono corrispondentemente ridotte, è autorizzato un contributo quindicennale di 5 milioni di euro a decorrere dal 2007. A tal fine, il completamento della progettazione e della relativa attività esecutiva, relativamente alla realizzazione dell'opera, puo` avvenire anche attraverso affidamento di ANAS Spa ad un organismo di diritto pubblico, costituito in forma societaria e partecipato dalla stessa società e dalla provincia di Latina. Con atto convenzionale è disciplinato il subentro nei rapporti attivi e passivi inerenti alla realizzazione delle predette opere infrastrutturali (1)(2).

(1) *Per l'autorizzazione di un contributo di 3 milioni di euro per l'anno 2008 e di 2 milioni di euro per l'anno 2009, per la realizzazione delle opere accessorie agli interventi di cui al presente comma vedi l'articolo 2, commi 257 e 258, della legge 24 dicembre 2007 n. 244.*
(2) *A norma dell'articolo 1, comma 62, della legge 24 dicembre 2012, n. 228, l'autorizzazione di spesa di cui al presente comma, è ridotta di euro 5 milioni per l'anno 2013, di euro 3 milioni per l'anno 2014 e di euro 2 milioni a decorrere dall'anno 2015. Per l'ulteriore riduzione, per l'anno 2015, dell'autorizzazione di spesa di cui al presente comma vedi l'articolo 1, comma 360, della Legge 23 dicembre 2014, n. 190.*

982. Per assicurare l'autonomia finanziaria alle autorità portuali nazionali e promuovere l'autofinanziamento delle attività e la razionalizzazione della spesa, anche al fine di finanziare gli interventi di manutenzioni ordinaria e straordinaria delle parti comuni nell'ambito portuale, con priorità per quelli previsti nei piani triennali già approvati, ivi compresa quella per il mantenimento dei fondali, sono attribuiti a ciascuna autorità portuale, a decorrere dall'anno 2007, per la circoscrizione territoriale di competenza:

a) il gettito della tassa erariale di cui all'articolo 2, primo comma, del decreto-legge 28 febbraio 1974, n. 47, convertito, con modificazioni, dalla legge 16 aprile 1974, n. 117, e successive modificazioni;

b) il gettito della tassa di ancoraggio di cui al capo I del titolo I della legge 9 febbraio 1963, n. 82, e successive modificazioni.

983. È istituito presso il Ministero dei trasporti un fondo perequativo dell'ammontare di 50 milioni di euro per l'anno 2007, di 10 milioni di euro per ciascuno degli anni 2008 e 2009, di 23 milioni di euro per l'anno 2010 e di 50 milioni di euro a decorrere dall'anno 2011, la cui dotazione è ripartita annualmente tra le autorità portuali secondo criteri fissati con decreto del Ministro dei trasporti, al quale compete altresì il potere di indirizzo e verifica dell'attività programmatica delle autorità portuali. A decorrere dall'anno 2007 sono conseguentemente soppressi gli stanziamenti destinati alle autorità portuali per manutenzioni dei porti [(1)(2)].

(1) *Comma modificato dall'articolo 5, comma 11, del D.L. 27 maggio 2008, n. 93.*
(2) *Per la riduzione dell'autorizzazione di spesa di cui al presente comma, vedi l'articolo 5, comma 7-quater, del D.L.30 dicembre 2009 n. 194.*

984. Le autorità portuali sono autorizzate all'applicazione di una addizionale su tasse, canoni e diritti per l'espletamento dei compiti di vigilanza e per la fornitura di servizi di sicurezza previsti nei piani di sicurezza portuali.

985. Resta ferma l'attribuzione a ciascuna autorità portuale del gettito della tassa sulle merci sbarcate e imbarcate di cui al capo III del titolo II della legge 9 febbraio 1963, n. 82, e successive modificazioni, e all'articolo 1 della legge 5 maggio 1976, n. 355.

986. Le disposizioni di cui alle lettere a) e b) del comma 982, nonchè quelle di cui al comma 985 si interpretano nel senso che le navi che compiono operazioni commerciali e le merci imbarcate e sbarcate nell'ambito di porti, rade o spiagge dello Stato, in zone o presso strutture di ormeggio, quali banchine, moli, pontili, piattaforme, boe, torri e punti di attracco, in qualsiasi modo realizzati, sono soggette alla tassa di ancoraggio e alle tasse sulle merci.

987. Gli uffici doganali provvedono alla riscossione delle tasse di cui ai commi 982, 984 e 985 senza alcun onere per gli enti cui è devoluto il relativo gettito.

988. In conseguenza del regime di autonomia finanziaria delle autorità portuali ad esse non si applica il disposto dell'articolo 1, comma 57, della legge 30 dicembre 2004, n. 311, e si applica il sistema di tesoreria mista di cui all'articolo 7 del decreto legislativo 7 agosto 1997, n. 279. Le somme giacenti al 31 dicembre 2006 nei sottoconti fruttiferi possono essere prelevate in due annualità nel mese di giugno negli anni 2007 e 2008.

989. Il Governo è autorizzato ad adottare, entro il 30 ottobre 2007 un regolamento, ai sensi dell'articolo 17, comma 2, della legge 23 agosto 1988, n. 400, volto a rivedere la disciplina delle tasse e dei diritti marittimi tenendo conto dei seguenti criteri direttivi:

a) semplificazione, con accorpamento delle tasse e delle procedure di riscossione;

b) accorpamento della tassa e della sovrattassa di ancoraggio, con attribuzione alle Autorità portuali;

c) adeguamento graduale dell'ammontare delle tasse e dei diritti sulla base del tasso d'inflazione a decorrere dalla data della loro ultima determinazione, con decreto del Ministro dei trasporti, di concerto con il Ministro dell'economia e delle finanze [(1)];

d) abrogazione espressa delle norme ritenute incompatibili [(2)].

(2) *Comma sostituito dall'articolo 16 del D.L. 2 luglio 2007, n. 81.*

(1) *Per l'applicazione delle disposizioni di cui alla presente lettera vedi l'articolo 5, comma 7-undecies del D.L.30 dicembre 2009 n. 194.*

989-bis. Il Ministro dei trasporti è autorizzato ad adottare, entro il 30 ottobre 2007, un regolamento, ai sensi dell'articolo 17, comma 3, della legge 23 agosto 1988, n. 400, volto a rivedere i criteri per l'istituzione delle autorità portuali e la verifica del possesso dei requisiti previsti per la conferma o la loro eventuale soppressione, tenendo conto della rilevanza dei porti, del collegamento con le reti strategiche, del volume dei traffici e della capacità di autofinanziamento [(1)].

(1) *Comma aggiunto dall'articolo 16 del D.L. 2 luglio 2007, n. 81.*

990. Al fine del completamento del processo di autonomia finanziaria delle autorità portuali, con decreto adottato di concerto tra il Ministero dei trasporti, il Ministero dell'economia e delle finanze e il Ministero delle infrastrutture, è determinata, per i porti rientranti nelle circoscrizioni territoriali delle autorità portuali, la quota dei tributi diversi dalle tasse e diritti portuali da devolvere a ciascuna autorità portuale, al fine della realizzazione di opere e servizi previsti nei rispettivi piani regolatori portuali e piani operativi triennali con contestuale soppressione dei trasferimenti dello Stato a tal fine.

991. È autorizzato un contributo di 10 milioni di euro per quindici anni a decorrere dall'anno 2007, a valere sulle risorse per la realizzazione delle opere strategiche di preminente interesse nazionale di cui alla legge 21 dicembre 2001, n. 443, e successive modificazioni, per la realizzazione di grandi infrastrutture portuali che risultino immediatamente cantierabili. Con il decreto di cui al comma 990, previa acquisizione dei corrispondenti piani finanziari presentati dalle competenti autorità portuali e garantiti con idonee forme fideiussorie dai soggetti gestori che si impegnano altresì a farsi carico di una congrua parte dell'investimento, sono stabilite le modalità di attribuzione del contributo.

992. Ai sensi e per gli effetti dell'articolo 3, comma 13, del decreto-legge 27 aprile 1990, n. 90, convertito, con modificazioni, dalla legge 26 giugno 1990, n. 165, la realizzazione in porti già esistenti di opere previste nel piano regolatore portuale e nelle relative varianti ovvero qualificate come adeguamenti tecnico-funzionali sono da intendersi quali attività di ampliamento, ammodernamento e riqualificazione degli stessi.

993. Gli atti di concessione demaniale rilasciati dalle autorità portuali, in ragione della natura giuridica di enti pubblici non economici delle autorità medesime, restano assoggettati alla sola imposta proporzionale di registro ed i relativi canoni non costituiscono corrispettivi imponibili ai fini dell'imposta sul valore aggiunto. Gli atti impositivi o sanzionatori fondati sull'applicazione dell'imposta sul valore aggiunto ai canoni demaniali marittimi introitati dalle autorità portuali perdono efficacia ed i relativi procedimenti tributari si estinguono.

994. è autorizzato un contributo di 15 milioni di euro annui per quindici anni a decorrere dall'anno 2007, a valere sulle risorse per la realizzazione delle opere strategiche di preminente interesse nazionale, di cui alla legge 21 dicembre 2001, n. 443, e successive modificazioni, quale contributo per i mutui contratti nell'anno 2007 per la realizzazione di grandi infrastrutture portuali che risultino immediatamente cantierabili [(1)].

[(1)] *Per la revoca e nuova destinazione dei fondi statali di cui al presente comma vedi l'articolo 13, comma 4, del D.L. 23 dicembre 2013, n. 145, convertito, con modificazioni, dalla Legge 21 febbraio 2014, n. 9.*

995. Con decreto del Ministro dei trasporti, da adottare d'intesa con il Ministro dell'economia e delle finanze, sono stabilite le disposizioni attuative del comma 994 al fine di assicurare il rispetto del limite di spesa di cui al medesimo comma 994.

996. All'articolo 5 della legge 28 gennaio 1994, n. 84, dopo il comma 11 sono aggiunti i seguenti:

"11-bis. Nei siti oggetto di interventi di bonifica di interesse nazionale ai sensi dell'articolo 252 del decreto legislativo 3 aprile 2006, n. 152, il cui perimetro comprende in tutto o in parte la circoscrizione dell'Autorità portuale, le operazioni di dragaggio possono essere svolte anche contestualmente alla predisposizione del progetto relativo alle attività di bonifica. Al fine di evitare che tali operazioni possano pregiudicare la futura bonifica del sito, il progetto di dragaggio, basato su tecniche idonee ad evitare la dispersione del materiale, è presentato dall'Autorità portuale, o laddove non istituita, dall'ente competente, al Ministero delle infrastrutture, che lo approva entro trenta giorni sotto il profilo tecnico-economico e lo trasmette al Ministero dell'ambiente e della tutela del territorio e del mare per l'approvazione definitiva. Il decreto di approvazione del Ministero dell'ambiente e della tutela del territorio e del mare deve intervenire entro trenta giorni dalla suddetta trasmissione. Il decreto di autorizzazione produce gli effetti previsti dal comma 6 del citato articolo 252 del decreto legislativo 3 aprile 2006, n. 152, nonchè, limitatamente alle attività di dragaggio inerenti al progetto, gli effetti previsti dal comma 7 dello stesso articolo.

11-ter. I materiali derivanti dalle attività di dragaggio, che presentano caratteristiche chimiche, fisiche e microbiologiche, analoghe al fondo naturale con riferimento al sito di prelievo e idonee con riferimento al sito di destinazione, nonchè non esibiscono positività a test ecotossicologici, possono essere immessi o refluiti in mare ovvero impiegati per formare terreni costieri, su autorizzazione del Ministero dell'ambiente e della tutela del territorio e del mare, che provvede nell'ambito del procedimento di cui al comma 11-bis. Restano salve le eventuali competenze della regione territorialmente interessata. I materiali di dragaggio aventi le caratteristiche di cui sopra possono essere utilizzati anche per il ripascimento degli arenili, su autorizzazione della regione territorialmente competente.

11-quater. I materiali derivanti dalle attività di dragaggio e di bonifica, se non pericolosi all'origine o a seguito di trattamenti finalizzati esclusivamente alla rimozione degli inquinanti, ad esclusione quindi dei processi finalizzati all'immobilizzazione degli inquinanti stessi, come quelli di solidificazione/stabilizzazione, possono essere refluiti, su autorizzazione della regione territorialmente competente, all'interno di casse di colmata, di vasche di raccolta, o comunque di strutture di contenimento poste in ambito costiero, il cui progetto è approvato dal Ministero delle infrastrutture, d'intesa con il Ministero dell'ambiente e della tutela del territorio e del mare. Le stesse devono presentare un sistema di impermeabilizzazione naturale o completato artificialmente al perimetro e sul fondo, in grado di assicurare requisiti di permeabilità almeno equivalenti a: K minore o uguale 1,0 x 10-9 m/s e spessore maggiore o uguale a 1 m. Nel caso in cui al termine delle attività di refluimento, i materiali di cui sopra presentino livelli di inquinamento superiori ai valori limite di cui alla tabella l, allegato 5, parte quarta, titolo V, del decreto legislativo n. 152 del 2006 deve essere attivata la procedura di bonifica dell'area derivante dall'attività di colmata in relazione alla destinazione d'uso.

11-quinquies. L'idoneità del materiale dragato ad essere gestito secondo quanto previsto ai commi 11-ter e 11-quater viene verificata mediante apposite analisi da effettuare nel sito prima del dragaggio sulla base di metodologie e criteri stabiliti con apposito decreto del Ministero dell'ambiente e della tutela del territorio e del mare, da adottare entro quarantacinque giorni dalla data di entrata in vigore della presente disposizione. In caso di realizzazione, nell'ambito dell'intervento di dragaggio, di strutture adibite al deposito temporaneo di materiali derivanti dalle attività di dragaggio nonchè dalle operazioni di bonifica, prima della loro messa a dimora definitiva, il termine massimo di deposito è fissato in trenta mesi senza limitazione di quantitativi, assicurando il non trasferimento degli inquinanti agli ambienti circostanti. Sono fatte salve le disposizioni adottate per la salvaguardia della Laguna di Venezia.

11-sexies. Si applicano le previsioni della vigente normativa ambientale nell'eventualità di una diversa destinazione e gestione a terra dei materiali derivanti dall'attività di dragaggio".

997. All'articolo 8, comma 3, della legge 28 gennaio 1994, n. 84, la lettera m) è sostituita dalla seguente:

"m) assicura la navigabilità nell'ambito portuale e provvede al mantenimento ed approfondimento dei fondali, fermo restando quanto disposto dall'articolo 5, commi 8 e 9. Ai fini degli interventi di escavazione e manutenzione dei fondali puo indire, assumendone la presidenza, una conferenza di servizi con le amministrazioni interessate da concludersi nel termine di sessanta giorni. Nei casi indifferibili di necessità ed urgenza puo` adottare provvedimenti di carattere coattivo. Resta fermo quanto previsto all'articolo 5, commi 11-bis e seguenti, ove applicabili".

998. Ai fini di completare il processo di liberalizzazione del settore del cabotaggio marittimo e di privatizzare le società esercenti i servizi di collegamento ritenuti essenziali per le finalità di cui all'articolo 8 della legge 20 dicembre 1974, n. 684, e agli articoli 1 e 8 della legge 19 maggio 1975,

n. 169, e successive modificazioni, nuove convenzioni, con scadenza in data non anteriore al 31 dicembre 2012, sono stipulate, nei limiti degli stanziamenti di bilancio a legislazione vigente, con dette società entro il 30 giugno 2007. A tal fine è autorizzata la spesa di 50 milioni di euro a decorrere dall'anno 2009. [(1)(2)]

(1) Per l'autorizzazione di spesa di 5 milioni di euro per l'anno 2008 e di 15 milioni di euro per l'anno 2009, per le finalità di cui al presente comma, vedi l'articolo 2, comma 223, della legge 24 dicembre 2007 n. 244.
(2) In riferimento alle disposizioni di cui al presente comma, vedi l'articolo 205, comma 1, del D.L. 19 maggio 2020, n. 34, convertito, con modificazioni, dalla Legge 17 luglio 2020, n. 77.

[999. *Le nuove convenzioni di cui al comma precedente sono stipulate, sulla base dei criteri stabiliti dal CIPE, dal Ministro dei trasporti, di concerto con il Ministro dell'economia e delle finanze, e determinano le linee da servire, le procedure e i tempi di liquidazione del rimborso degli oneri di servizio pubblico, introducendo meccanismi di efficientamento volti a ridurre i costi del servizio per l'utenza, nonchè forme di flessibilità tariffaria non distorsive della concorrenza. Le nuove convenzioni sono notificate alla Commissione europea per la verifica della loro compatibilità con il regime comunitario. Nelle more degli adempimenti comunitari si applicano le convenzioni attualmente in vigore* [(1)].] [(2)]

(1) Comma modificato dall'articolo 26, comma 1, del D.L. 30 dicembre 2008, n. 207.
(2) Comma abrogato dall'articolo 19-ter, comma 25, del D.L. 25 settembre 2009, n. 135.

1000. Sono abrogati:

a) gli articoli 11 e 12 della legge 5 dicembre 1986, n. 856;

b) i commi 1, 2 e 3 dell'articolo 9 del decreto-legge 4 marzo 1989, n. 77, convertito, con modificazioni, dalla legge 5 maggio 1989, n. 160;

c) il secondo comma dell'articolo 8 e l'articolo 9 della legge 20 dicembre 1974, n. 684;

d) l'articolo 1 della legge 20 dicembre 1974, n. 684.

1001. All'articolo 1, primo comma, della legge 19 maggio 1975, n. 169, dopo le parole: "partecipa in misura non inferiore al 51%" sono aggiunte le seguenti: "fino all'attuazione del processo di privatizzazione del gruppo Tirrenia e delle singole società che ne fanno parte".

1002. Al fine di garantire gli interventi infrastrutturali volti ad assicurare il necessario adeguamento strutturale, per l'ampliamento del porto di Taranto il Ministro delle infrastrutture procede ai sensi dell'articolo 163 del codice dei contratti pubblici di cui al decreto legislativo 12 aprile 2006, n. 163.

1003. Per lo sviluppo delle filiere logistiche dei servizi ed interventi concernenti i porti con connotazioni di hub portuali di interesse nazionale, nonchè per il potenziamento dei servizi mediante interventi finalizzati allo sviluppo dell'intermodalità e delle attività di transhipment, è autorizzato un contributo di 100 milioni di euro per l'anno 2008 da iscrivere nello stato di previsione della spesa del Ministero dei trasporti. Il Ministro dei trasporti, sentita la Conferenza permanente per i rapporti tra lo Stato, le regioni e le province autonome di Trento e di Bolzano, definisce con proprio decreto, adottato ai sensi dell'articolo 17, comma 3, della legge 23 agosto 1988, n. 400, i criteri e le caratteristiche per la individuazione degli hub portuali di interesse nazionale [(1)].

(1) Vedi l'articolo 19, comma 13-bis, del D.L. 1° luglio 2009, n. 78.

1004. Le risorse di cui al comma 1003 sono finalizzate, fino alla concorrenza del 50 per cento, ad assicurare lo sviluppo del porto di Gioia Tauro, quale piattaforma logistica del Mediterraneo in aggiunta ai porti già individuati, tra i quali quello di Augusta e il porto canale di Cagliari, nonchè al fine di incentivare la localizzazione nella relativa area portuale di attività produttive anche in regime di zona franca in conformità con la legislazione comunitaria vigente in materia.

1005. Per l'adozione del piano di sviluppo e di potenziamento dei sistemi portuali di interesse nazionale e per la determinazione dell'importo di spesa destinato a ciascuno di essi, è istituito un apposito Comitato composto dal Ministro dei trasporti, dal Ministro dell'interno, dal Ministro dell'economia e delle finanze, dal Ministro dello sviluppo economico, dal Ministro delle infrastrutture, dal Ministro dell'ambiente e della tutela del territorio e del mare, dal Ministro dell'università e della ricerca nonchè dai presidenti delle regioni interessate. Il Comitato, presieduto dal Presidente del Consiglio dei ministri o, per sua delega, dal Ministro dei trasporti, approva il piano di sviluppo, su proposta del Ministro dei trasporti.

1006. Le somme di cui al comma 1003 non utilizzate dai soggetti attuatori al termine della realizzazione delle opere, comprese quelle provenienti dai ribassi d'asta, sono versate all'entrata del bilancio dello Stato per essere riassegnate, con decreto del Ministro dell'economia e delle finanze, ad apposito capitolo da istituire nello stato di previsione del Ministero dei trasporti per gli interventi di cui ai commi 1003, 1004 e 1005.

1007. Agli interventi realizzati ai sensi dei commi 1003, 1004 e 1005 si applicano le disposizioni della parte II, titolo I, capo IV, sezione II, del codice dei contratti pubblici relativi a lavori, servizi e forniture, di cui al decreto legislativo 12 aprile 2006, n. 163.

1008. Al fine di garantire la prosecuzione degli interventi e delle opere di ricostruzione nelle zone colpite dagli eventi sismici nel territorio del Molise e nel territorio della provincia di Foggia, e, in particolare, delle esigenze ricostruttive del comune di San Giuliano di Puglia, si provvede alla ripartizione delle risorse finanziarie destinando il 50 per cento delle risorse stesse al comune di San Giuliano di Puglia e il restante 50 per cento ai rimanenti comuni con precedenza ai comuni del cratere mediante ordinanze del Presidente del Consiglio dei ministri adottate ai sensi dell'articolo 5, comma 2, della legge 24 febbraio 1992, n. 225, in modo da garantire ai comuni colpiti dal predetto sisma risorse nel limite di 85 milioni di euro per l'anno 2007 e di 35 milioni di euro per ciascuno degli anni 2008 e 2009, a valere sull'autorizzazione di spesa di cui al decreto-legge 3 maggio 1991, n. 142, convertito, con modificazioni, dalla legge 3 luglio 1991, n. 195, che è a tal fine integrata di 80 milioni di euro per l'anno 2007 e di 30 milioni di euro per ciascuno degli anni 2008 e 2009. Gli interventi di ricostruzione finanziati a valere sulle predette risorse finanziarie sono adottati in coerenza con i programmi già previsti da altri interventi infrastrutturali statali [(1)(2)(3)].

(1) Per la ripartizione delle risorse finanziarie, di cui al presente comma, per la prosecuzione degli interventi di ricostruzione dei territori delle regioni Molise e Puglia, colpite dagli eventi sismici del 2002, vedi

l'O.P.C.M. 16 marzo 2007, n. 3574. Per lo stanziamento di una somma di 50 milioni di euro, per l'anno 2007, per la prosecuzione degli interventi di cui al presente comma vedi l'articolo 21, comma 4-ter, del D.L. 1 ottobre 2007, n.159. Per un ulteriore rifinanziamento delle riorse di cui al presente comma vedi l'articolo 21-bis, del D.L. 1 ottobre 2007, n.159.

(2) Vedi, anche, l'articolo 2, comma 116, della legge 24 dicembre 2007 n. 244.

(3) Per l'autorizzazione di contributi quindicennali di 5 milioni di euro a decorrere rispettivamente dall'anno 2008 e dall'anno 2009, per la prosecuzione degli interventi di cui al presente comma vedi l'articolo 2, commi 257 e 258, della legge 24 dicembre 2007 n. 244.

1009. Ai fini della prosecuzione degli interventi previsti dall'articolo 2 della legge 31 dicembre 1991, n. 433, e successive modificazioni, è autorizzata la spesa di 3 milioni di euro per ciascuno degli anni 2007, 2008 e 2009, a favore dei comuni della Val di Noto riconosciuti dall'UNESCO come patrimonio mondiale dell'umanità, titolari di programmi comunitari URBAN, che abbiano una popolazione superiore a 30.000 abitanti e non siano capoluoghi di provincia.

1010. Per le finalità di cui all'articolo 17, comma 5, della legge 11 marzo 1988, n. 67, è autorizzata la spesa di 20 milioni di euro per l'anno 2007, di 30 milioni di euro per l'anno 2008 e di 50 milioni di euro per l'anno 2009. Le risorse di cui al presente comma possono essere utilizzate dai comuni beneficiari anche per le finalità di cui al primo comma dell'articolo 18 della legge 7 marzo 1981, n. 64; in tal caso i rapporti tra il provveditorato per le opere pubbliche ed i comuni interessati saranno disciplinati da apposita convenzione. Dalla data di entrata in vigore della presente legge non sono piu` ammesse domande di contributo finalizzate alla ricostruzione post terremoto (1).

(1) Vedi, anche, l'articolo 2, comma 258, della legge 24 dicembre 2007 n. 244.

1011. Ai soggetti destinatari dell'ordinanza del Presidente del Consiglio dei ministri 10 giugno 2005, n. 3442, pubblicata nella Gazzetta Ufficiale n. 139 del 17 giugno 2005, interessati dalla proroga dello stato di emergenza nella provincia di Catania, stabilita per l'anno 2006 con decreto del Presidente del Consiglio dei ministri 22 dicembre 2005, pubblicato nella Gazzetta Ufficiale n. 304 del 31 dicembre 2005, è consentita la definizione della propria posizione entro il 30 giugno 2008, relativamente ad adempimenti e versamenti, corrispondendo l'ammontare dovuto per ciascun tributo e contributo a titolo di capitale, al netto dei versamenti già eseguiti a titolo di capitale ed interessi, diminuito al 50 per cento, ferme restando le vigenti modalità di rateizzazione. I contribuenti hanno la facoltà di definire la propria posizione di cui al periodo precedente attraverso un unico versamento attualizzando il debito alla data del versamento medesimo. Per il ritardato versamento dei tributi e contributi di cui al presente comma si applica l'istituto del ravvedimento operoso di cui all'articolo 13 del decreto legislativo 18 dicembre 1997, n. 472, e successive modificazioni, ancorchè siano state notificate le cartelle esattoriali (1)(2).

(1) Vedi, anche, l'articolo 2, comma 116, della legge 24 dicembre 2007 n. 244 e quanto disposto dalla Decisione della Commissione 14 agosto 2015, n. 195.

(2) Comma modificato dall'articolo 36-bis del D.L. 31 dicembre 2007, n. 248.

1012. Per la prosecuzione degli interventi nei territori delle regioni Umbria e Marche colpiti dagli eventi sismici del settembre 1997, le risorse di cui al decreto-legge 30 gennaio 1998, n. 6, convertito, con modificazioni, dalla legge 30 marzo 1998, n. 61, sono integrate di un contributo annuo di 52 milioni di euro per l'anno 2007 e di 55 milioni di euro per ciascuno degli anni 2008 e 2009, da erogare alle medesime regioni secondo la ripartizione da effettuare con decreto del Presidente del Consiglio dei ministri. Una quota pari a 17 milioni di euro per l'anno 2007 è riservata, quanto a 12 milioni di euro per la copertura degli oneri di cui all'articolo 14, comma 14, e quanto a 5 milioni di euro per la copertura degli oneri di cui all'articolo 12, comma 3, del citato decreto-legge. I termini di recupero dei tributi e contributi sospesi di cui agli articoli 13 e 14, commi 1, 2 e 3, dell'ordinanza 28 settembre 1997, n. 2668, all'articolo 2, comma 1, dell'ordinanza 22 dicembre 1997, n. 2728, e all'articolo 2, comma 2, dell'ordinanza 30 dicembre 1998, n. 2908, del Ministro dell'interno, delegato per il coordinamento della protezione civile, e successive modificazioni, sono prorogati al 31 dicembre 2007. Ai relativi oneri, quantificati in 4 milioni di euro, si provvede a valere sul contributo previsto per l'anno 2007 (1).

(1) Per la ripartizione delle risorse finanziarie previste dal presente comma, in favore delle regioni Marche ed Umbria, vedi il D.P.C.M. 5 aprile 2007.

1013. A valere sulle risorse di cui al comma 977, per la prosecuzione degli interventi di ricostruzione nei territori delle regioni Basilicata e Campania colpiti dagli eventi sismici del 1980-81, di cui alla legge 23 gennaio 1992, n. 32, e successive modificazioni, è autorizzato un contributo quindicennale di 3,5 milioni di euro a decorrere da ciascuno degli anni 2007, 2008 e 2009, da erogare, alle medesime regioni, secondo modalità e criteri di ripartizione, determinati con decreto del Presidente del Consiglio dei ministri (1).

(1) Per l'autorizzazione di un ulteriore contributo decennale di 5 milioni di euro a decorrere dall'anno 2008, ad integrazione di quanto stabilito dal presente comma, vedi l'articolo 2, comma 115, della legge 24 dicembre 2007 n. 244.

1014. Per l'attuazione degli interventi a sostegno delle popolazioni dei comuni della regione Marche, colpiti dagli eventi alluvionali nell'anno 2006, a valere sulle risorse di cui al comma 977, è autorizzato un contributo quindicennale di 1,5 milioni di euro, a decorrere da ciascuno degli anni 2007, 2008 e 2009, da erogare secondo modalità e criteri determinati con decreto del Presidente del Consiglio dei ministri. Per il sostegno degli interventi a favore delle popolazioni delle regioni Liguria e Veneto, nonchè della provincia di Vibo Valentia e del comune di Marigliano in Campania colpite dagli eventi alluvionali e meteorologici dell'anno 2006, è autorizzata altresì la spesa, per ciascuno degli anni 2007, 2008 e 2009, di 10 milioni di euro complessivi. E ` autorizzata inoltre la spesa di 5 milioni di euro per l'anno 2007 e di 35 milioni di euro per gli anni 2007 e 2008 per la regione Umbria colpita dagli eventi meteorologici nel novembre 2005 e per il ristoro dei danni causati dall'esplosione verificatasi nell'oleificio "Umbra olii", nel comune di Campello sul Clitumno in provincia di Perugia (1).

(1) Per le modalità e i criteri di erogazione dei contributi previsti dal presente comma, vedi il D.P.C.M. 9 febbraio 2007, il D.P.C.M. 7 Marzo 2007 come modificato dalD.P.C.M. 21 dicembre 2007 e l'O.P.C.M. 29 agosto 2007, n. 3609.

1015. Per la prosecuzione degli interventi e delle opere di ricostruzione nelle zone colpite dagli eventi alluvionali del luglio 2006 nel territorio della provincia di Vibo Valentia, è autorizzato un contributo di 8 milioni di euro per l'anno 2007, da erogare ai comuni interessati secondo la ripartizione da effettuare con decreto del Presidente del Consiglio dei ministri.

1016. I fondi di cui alla legge 26 febbraio 1992, n. 211, e successive modificazioni, destinati al cofinanziamento delle opere di cui alla legge 21 dicembre 2001, n. 443, e successive modificazioni, possono essere utilizzati per il finanziamento parziale dell'opera intera, con le stesse modalità contabili e di rendicontazione previste per i fondi stanziati ai sensi della citata legge n. 443 del 2001. Per il completamento del programma degli interventi di cui all'articolo 9 della legge 26 febbraio 1992, n. 211, è autorizzata una spesa di 10 milioni di euro per ciascuno degli anni 2007, 2008 e 2009, destinata alla realizzazione di completamenti delle opere in corso di realizzazione. Il Ministero dei trasporti provvede, sentita la Conferenza permanente per i rapporti tra lo Stato, le regioni e le province autonome di Trento e di Bolzano, ad un piano di riparto di tali risorse, valutando le esigenze più valide ed urgenti in tema di trasporto.

1017. Nelle more dell'organico recepimento nell'ordinamento delle disposizioni di cui alla direttiva 2006/38/CE del Parlamento europeo e del Consiglio, del 17 maggio 2006, che modifica la direttiva 1999/62/CE relativa alla tassazione a carico di autoveicoli pesanti adibiti al trasporto di merci su strada per l'uso di alcune infrastrutture, con decreto del Presidente del Consiglio dei ministri, da emanare su proposta del Ministro delle infrastrutture, di concerto con il Ministro dell'economia e delle finanze e con il Ministro dei trasporti, sentito il parere del Ministero dell'ambiente e della tutela del territorio e del mare e delle competenti Commissioni parlamentari, sono individuate le tratte della rete stradale di rilievo nazionale e autostradale nelle quali sono attuate le disposizioni recate dalla citata direttiva 2006/ 38/CE. Gli introiti derivati dall'applicazione della direttiva 2006/38/CE sono utilizzati per investimenti ferroviari.

1018. Entro sei mesi dalla data di entrata in vigore della presente legge ANAS Spa predispone un nuovo piano economico-finanziario, riferito all'intera durata della sua concessione, nonchè l'elenco delle opere infrastrutturali di nuova realizzazione ovvero di integrazione e manutenzione di quelle esistenti, che costituisce parte integrante del piano. Il piano è approvato con decreto del Ministro delle infrastrutture, di concerto con il Ministro dell'economia e delle finanze, il Ministro dei trasporti e il Ministro dell'ambiente e della tutela del territorio e del mare, sentite le competenti Commissioni parlamentari; con analogo decreto è approvato l'aggiornamento del piano e dell'elenco delle opere che ANAS Spa predispone ogni cinque anni. In occasione di tali approvazioni è altresì sottoscritta una convenzione unica di cui il nuovo piano ed i successivi aggiornamenti costituiscono parte integrante, avente valore ricognitivo per tutto quanto non deriva dal nuovo piano ovvero dai suoi aggiornamenti.

1019. Ferma l'attuale durata della concessione di ANAS Spa fino alla data di perfezionamento della convenzione unica ai sensi del comma 1018, all'del articolo 7, comma 3, lettera d), decreto-legge 8 luglio 2002, n. 138, convertito, con modificazioni, dalla legge 8 agosto 2002, n. 178, le parole: "trenta anni" sono sostituite dalle seguenti: "cinquanta anni". In occasione del perfezionamento della convenzione unica, il Ministro delle infrastrutture, di concerto con il Ministro dell'economia e delle finanze, può adeguare la durata della concessione di ANAS Spa.

1020. A decorrere dal 1° gennaio 2007 la misura del canone annuo di cui all'articolo 10, comma 3, della legge 24 dicembre 1993, n. 537, è fissata nel 2,4 per cento dei proventi netti dei pedaggi di competenza dei concessionari. Il 42 per cento del predetto canone è corrisposto direttamente ad ANAS Spa che provvede a darne distinta evidenza nel piano economico-finanziario di cui al comma 1018 e che lo destina prioritariamente alle sue attività di vigilanza e controllo sui predetti concessionari fino alla concorrenza dei relativi costi, ivi compresa la corresponsione di contributi alle concessionarie, secondo direttive impartite dal Ministro delle infrastrutture, volte anche al conseguimento della loro maggiore efficienza ed efficacia. Il Ministero delle infrastrutture provvede, nei limiti degli ordinari stanziamenti di bilancio, all'esercizio delle sue funzioni di indirizzo, controllo e vigilanza tecnica ed operativa nei riguardi di ANAS Spa, nonchè dei concessionari autostradali, anche attraverso misure organizzative analoghe a quelle previste dall'articolo 163, comma 3, del codice dei contratti pubblici relativi a lavori, servizi e forniture, di cui al decreto legislativo 12 aprile 2006, n. 163; all'alinea del medesimo comma 3 dell'articolo 163, le parole: ", ove non vi siano specifiche professionalità interne," sono soppresse. Le convenzioni accessive alle concessioni in essere tra ANAS Spa ed i suoi concessionari sono corrispondentemente modificate al fine di assicurare l'attuazione delle disposizioni del presente comma (1)(2)(3)(4).

(1) Comma modificato dall'articolo 1-bis del D.L. 23 ottobre 2008, n. 162.
(2) Vedi l'articolo 19, comma 9-bis, del D.L. 1° luglio 2009, n. 78.
(3) Per l'integrazione della misura del canone annuo corrisposto direttamente all'ANAS S.p.A., vedi l'articolo 15, comma 4, del D.L. 31 maggio 2010, n. 78.
(4) A norma dell'articolo 1, comma 362, della Legge 23 dicembre 2014, n. 190, a decorrere dal 2017, le parole: «Il 42 per cento» sono sostituite dalle seguenti: «Il 21 per cento».

[1021. Il sovrapprezzo tariffario autostradale previsto, in particolare, dagli articoli 15 della legge 12 agosto 1982, n. 531, e successive modificazioni, e 11 della legge 29 dicembre 1990, n. 407, e successive modificazioni, è soppresso. A decorrere dal 1° gennaio 2007 è istituito, sulle tariffe di pedaggio di tutte le autostrade, un sovrapprezzo il cui importo è pari: a) per le classi di pedaggio A e B, a 2 millesimi di euro a chilometro dal 1° gennaio 2007, a 2,5 millesimi di euro a chilometro dal 1° gennaio 2008 e a 3 millesimi di euro a chilometro dal 1° gennaio 2009; b) per le classi di pedaggio 3, 4 e 5, a 6 millesimi di euro a chilometro dal 1° gennaio 2007, a 7,5 millesimi di euro a chilometro dal 1° gennaio 2008 e a 9 millesimi di euro a chilometro dal 1° gennaio 2009. I conseguenti introiti sono dovuti ad ANAS Spa, quale corrispettivo forfetario delle sue prestazioni volte ad assicurare l'adduzione del traffico alle tratte autostradali in concessione, attraverso la manutenzione ordinaria e straordinaria, l'adeguamento e il miglioramento delle strade ed autostrade non a pedaggio in gestione alla stessa ANAS Spa. Con decreto del Ministro delle infrastrutture, su proposta di ANAS Spa, sono stabilite le modalità di attuazione del presente comma, ivi incluse quelle relative al versamento del sovrapprezzo, nonchè quelle di utilizzazione degli introiti derivanti dal presente comma. Conseguentemente alle maggiori entrate sono ridotti i

pagamenti dovuti ad ANAS Spa a titolo di corrispettivo del contratto di servizio.] [1]

(1) *Comma abrogato dall'articolo 19, comma 9-bis, del D.L. 1° luglio 2009, n. 78.*

1022. Nello stato di previsione del Ministero delle infrastrutture è istituito un nuovo fondo per contribuire al finanziamento di investimenti in infrastrutture ferroviarie. Al fondo, confluiscono, previo versamento all'entrata del bilancio dello Stato, gli introiti derivanti da ulteriori sovrapprezzi sui pedaggi autostradali, da istituire per specifiche tratte della rete. Le concrete modalità di attuazione della misura di cui al presente comma sono definite con decreto del Ministro delle infrastrutture, di concerto con il Ministro dei trasporti e sentita la Conferenza permanente per i rapporti tra lo Stato, le regioni e le province autonome di Trento e di Bolzano, da adottare entro centoventi giorni dalla data di entrata in vigore della presente legge. Nei contratti di servizio con le imprese ferroviarie è stabilito che una quota corrispondente alle risorse di cui al presente comma è destinata all'acquisto di materiale rotabile per i servizi ferroviari regionali e metropolitani ed alla copertura dei costi di gestione dei servizi stessi.

[1023. Al fine di assicurare gli obiettivi di cui ai commi 1020 e 1021, con decreto del Ministro delle infrastrutture, di concerto con il Ministro dell'economia e delle finanze, sono impartite ad ANAS Spa, anche in deroga all'articolo 7 del decreto-legge 8 luglio 2002, n. 138, convertito, con modificazioni, dalla legge 8 agosto 2002, n. 178, come da ultimo modificato dai commi 1019, 1024 e 1028 del presente articolo, direttive per realizzare, anche attraverso la costituzione di apposita società, le cui azioni sono assegnate al Ministero dell'economia e delle finanze, che esercita i diritti dell'azionista di intesa con il Ministero delle infrastrutture, l'autonomia e la piena separazione organizzativa, amministrativa, finanziaria e contabile delle sue attività volte alla vigilanza e controllo sui concessionari autostradali, nonchè al concorso nella realizzazione dei compiti di cui all'articolo 6-ter, comma 2, del decreto-legge 30 settembre 2005, n. 203, convertito, con modificazioni, dalla legge 2 dicembre 2005, n. 248. Le direttive sono impartite altresì per assicurare le modalità di gestione e dell'eventuale trasferimento delle partecipazioni già possedute da ANAS Spa in società concessionarie autostradali. Presso il Ministero dell'economia e delle finanze è istituito un nuovo capitolo di bilancio nel quale affluiscono, in caso di costituzione della predetta società, quota parte dei contributi statali già attribuiti ad ANAS Spa per essere conseguentemente destinati a remunerare, sulla base di un contratto di servizio con il Ministero delle infrastrutture, di concerto con il Ministero dell'economia e delle finanze, le attività della medesima società.] [1]

(1) *Comma abrogato dall'articolo 36, comma 10, del D.L. 6 luglio 2011, n. 98.*

1024. All'articolo 7, comma 5-bis, del decreto- legge 8 luglio 2002, n. 138, convertito, con modificazioni, dalla legge 8 agosto 2002, n. 178, e successive modificazioni, al primo periodo le parole da: ", in conformità" fino a: "da essa costituite" sono sostituite dalla seguente: "svolge" ed il secondo periodo è soppresso. Nell'articolo 6-ter del decreto- legge 30 settembre 2005, n. 203, convertito, con modificazioni, dalla legge 2 dicembre 2005, n. 248, i commi 4 e 5 sono abrogati.

1025. Il Fondo centrale di garanzia per le autostrade e ferrovie metropolitane, di cui all'articolo 6 della legge 28 marzo 1968, n. 382, e successive modificazioni, è soppresso. ANAS Spa subentra nella mera gestione dell'intero patrimonio del citato Fondo, nei crediti e nei residui impegni nei confronti dei concessionari autostradali, nonchè nei rapporti con il personale dipendente. Il subentro non è soggetto ad imposizioni tributarie. Le disponibilità nette presenti nel patrimonio del Fondo alla data della sua soppressione e derivanti altresì dalla riscossione dei crediti nei confronti dei concessionari autostradali sono impiegate da ANAS Spa, secondo le direttive impartite dal Ministro delle infrastrutture, di concerto con il Ministro dell'economia e delle finanze, ad integrazione delle risorse già stanziate e comprese nell'ambito del contratto di programma ANAS Spa 2016-2020, compatibilmente con gli obiettivi programmati di finanza pubblica. Le predette disponibilità, alle quali si applicano le disposizioni di cui al comma 1026 nonchè quelle di cui all'articolo 9 della predetta legge n. 382 del 1968, sono evidenziate in apposita posta di bilancio di ANAS Spa; del loro impiego viene reso altresì conto, in modo analitico, nel piano economico-finanziario di cui al comma 1018 [1].

(1) *Comma modificato dall'articolo 49, comma 12-bis, del D.L. 24 aprile 2017, n. 50, convertito, con modificazioni, dalla legge 21 giugno 2017, n. 96.*

1026. A decorrere dal 1° gennaio 2007, ai finanziamenti pubblici erogati ad ANAS Spa a copertura degli investimenti funzionali ai compiti di cui essa è concessionaria ed all'ammortamento del costo complessivo di tali investimenti si applicano le disposizioni valide per il Gestore dell'infrastruttura ferroviaria nazionale di cui all'articolo 1, commi 86 e 87, della legge 23 dicembre 2005, n. 266. A tal fine è autorizzata la spesa di 1.560 milioni di euro per ciascuno degli anni 2008 e 2009 comprensiva, per gli anni medesimi, dell'importo di 60 milioni di euro, da destinare al rimborso delle rate di ammortamento dei mutui contratti da ANAS Spa di cui al contratto di programma 2003-2005.

1027. è autorizzata la spesa complessiva di 23.400.000 euro per l'anno 2008 per il ripristino della quota, relativa allo stesso anno, dei contributi annuali concessi per l'ammortamento dei mutui in essere contratti ai sensi dell'articolo 2, commi 86 e 87, della legge 23 dicembre 1996, n. 662, rispettivamente per l'importo di 4 milioni di euro ciascuno, nonchè dell'articolo 19-bis del decreto-legge 25 marzo 1997, n. 67, convertito, con modificazioni, dalla legge 23 maggio 1997, n. 135, per l'importo di 15.400.000 euro.

1028. All'articolo 7, comma 1-ter, del decreto- legge 8 luglio 2002, n. 138, convertito, con modificazioni, dalla legge 8 agosto 2002, n. 178, è aggiunto, in fine, il seguente periodo: "Per gli anni successivi si provvede ai sensi dell'articolo 11, comma 3, lettera f), della legge 5 agosto 1978, n. 468".

1029. Nell'elenco di cui al comma 1018, assumono priorità la costruzione di tunnel di sicurezza su galleria monotubo a carattere internazionale e la messa in sicurezza delle vie di accesso, in ottemperanza alla direttiva 2004/54/CE del Parlamento europeo e del Consiglio, del 29 aprile 2004, relativa ai requisiti minimi di sicurezza per le gallerie della rete stradale transeuropea.

1030. All'articolo 2 del decreto-legge 3 ottobre 2006, n. 262, convertito, con modificazioni, dalla legge 24 novembre 2006, n. 286, sono apportate le seguenti modificazioni:

a) al comma 82 le parole da: "; in fase di prima applicazione" sino alla fine del comma sono soppresse;

b) al comma 83:

1) sono premesse le seguenti parole: "Al fine di garantire una maggiore trasparenza del rapporto concessorio, di adeguare la sua regolamentazione al perseguimento degli interessi generali connessi all'approntamento delle infrastrutture e alla gestione del servizio secondo adeguati livelli di sicurezza, di efficienza e di qualità e in condizioni di economicità e di redditività, e nel rispetto dei principi comunitari e delle eventuali direttive del CIPE,";

2) alla lettera g) le parole: "in particolare" sono soppresse;

c) il comma 84 è sostituito dal seguente:

"84. Gli schemi di convenzione unica di cui al comma 82, concordati tra le parti e redatti conformemente a quanto stabilito dal comma 83, sentito il Nucleo di consulenza per l'attuazione delle linee guida sulla regolazione dei servizi di pubblica utilità (NARS), sono sottoposti all'esame del Comitato interministeriale per la programmazione economica (CIPE), anche al fine di verificare l'attuazione degli obiettivi di cui al comma 83. Tale esame si intende assolto positivamente in caso di mancata deliberazione entro quarantacinque giorni dalla richiesta di iscrizione all'ordine del giorno. Gli schemi di convenzione, unitamente alle eventuali osservazioni del CIPE, sono successivamente trasmessi alle Camere per il parere delle Commissioni parlamentari competenti per materia e per le conseguenze di carattere finanziario. Il parere è reso entro trenta giorni dalla trasmissione. Decorso il predetto termine senza che le Commissioni abbiano espresso i pareri di rispettiva competenza, le convenzioni possono essere comunque adottate. Qualora non si addivenga ad uno schema di convenzione concordato tra le parti entro quattro mesi dal verificarsi delle condizioni di cui al comma 82, il concessionario formula entro trenta giorni una propria proposta. Qualora il concedente ritenga di non accettare la proposta, si applica quanto previsto dai commi 87 e 88.";

d) al comma 85, capoverso 5:

1) la lettera c) è sostituita dalla seguente:

"c) agire a tutti gli effetti come amministrazione aggiudicatrice negli affidamenti di forniture e servizi di importo superiore alla soglia di rilevanza comunitaria nonchè di lavori, ancorchè misti con forniture o servizi e in tale veste attuare gli affidamenti nel rispetto del codice dei contratti pubblici relativi a lavori, servizi e forniture, di cui al decreto legislativo 12 aprile 2006, n. 163, e successive modificazioni" (1);

2) la lettera d) è sostituita dalla seguente:

"d) sottoporre gli schemi dei bandi di gara delle procedure di aggiudicazione all'approvazione di ANAS Spa, che deve pronunciarsi entro trenta giorni dal loro ricevimento: in caso di inutile decorso del termine si applica l'articolo 20 della legge 7 agosto 1990, n. 241; vietare la partecipazione alle gare per l'affidamento di lavori alle imprese comunque collegate ai concessionari, che siano realizzatrici della relativa progettazione. Di conseguenza, cessa di avere applicazione, a decorrere dal 3 ottobre 2006, la deliberazione del Consiglio dei ministri in data 16 maggio 1997, relativa al divieto di partecipazione all'azionariato stabile di Autostrade Spa di soggetti che operano in prevalenza nei settori delle costruzioni e della mobilità";

3) la lettera e) è sostituita dalla seguente:

"e) prevedere nel proprio statuto idonee misure atte a prevenire i conflitti di interesse degli amministratori, e, per gli stessi, speciali requisiti di onorabilità e professionalità, nonchè, per almeno alcuni di essi, di indipendenza ";

e) al comma 87, il primo periodo è sostituito dal seguente: "Nel caso in cui il concessionario, in occasione dell'aggiornamento del piano finanziario ovvero della revisione della convenzione di cui al comma 82, non convenga sulla convenzione unica, ovvero si verifichi quanto previsto dal comma 88, il rapporto concessorio si estingue, salvo l'eventuale diritto di indennizzo.";

f) il comma 88 è sostituito dal seguente:

"88. Qualora ANAS Spa ritenga motivatamente di non accettare la proposta alternativa che il concessionario formuli nei 30 giorni successivi al ricevimento della proposta di convenzione, il rapporto concessorio si estingue, salvo l'eventuale diritto di indennizzo.";

g) al comma 89, lettera a), il capoverso 5 è sostituito dal seguente:

"5. Il concessionario comunica al concedente, entro il 30 settembre di ogni anno, le variazioni tariffarie che intende applicare. Il concedente, nei successivi quarantacinque giorni, previa verifica della correttezza delle variazioni tariffarie, trasmette la comunicazione, nonchè una sua proposta, ai Ministri delle infrastrutture e dell'economia e delle finanze, i quali, di concerto, approvano o rigettano le variazioni proposte con provvedimento motivato nei trenta giorni successivi al ricevimento della comunicazione. Fermo quanto stabilito nel primo e secondo periodo, in presenza di un nuovo piano di interventi aggiuntivi, comportante rilevanti investimenti, il concessionario comunica al concedente, entro il 31 ottobre di ogni anno, la componente investimenti del parametro X relativo a ciascuno dei nuovi interventi aggiuntivi, che va ad integrare le variazioni tariffarie comunicate dal concessionario entro il 30 settembre. Il concedente, nei successivi trenta giorni, previa verifica della correttezza delle integrazioni tariffarie, trasmette la comunicazione, nonchè una sua proposta, ai Ministri delle infrastrutture e dell'economia e delle finanze, i quali, di concerto, approvano o rigettano con provvedimento motivato le integrazioni tariffarie nei trenta giorni successivi al ricevimento della comunicazione ".

(1) Per il differimento dell'efficacia al 1° gennaio 2008, delle disposizioni di cui al presente capoverso, limitatamente ai lavori e alle forniture per la manutenzione delle infrastrutture, vedi l'articolo 3, comma 3-ter, del D.L. 28 dicembre 2006 n. 300.

1031. Al fine di realizzare una migliore correlazione tra lo sviluppo economico, l'assetto territoriale e l'organizzazione dei trasporti e favorire il riequilibrio modale degli spostamenti quotidiani in favore del trasporto pubblico locale attraverso il miglioramento dei servizi offerti, è istituito presso il Ministero dei trasporti un fondo per gli investimenti destinato all'acquisto di veicoli adibiti a tali servizi. Tale fondo, per il quale è autorizzata la spesa di 100 milioni di euro per ciascuno degli anni 2007, 2008 e 2009, è destinato a contributi nella misura massima del 75 per cento:

a) per l'acquisto di veicoli ferroviari da destinare ai servizi di competenza regionale di cui agli articoli 8 e 9 del decreto legislativo 19 novembre 1997, n. 422, e successive modificazioni;

b) per l'acquisto di veicoli destinati a servizi su linee metropolitane, tranviarie e filoviarie, nonché per l'acquisto di unità navali destinate al trasporto pubblico locale effettuato per via marittima, lagunare, lacuale e fluviale e la prosecuzione degli interventi di cui al comma 4 dell'articolo 8 del decreto-legge 1° ottobre 2007, n. 159, convertito, con modificazioni, dalla legge 29 novembre 2007, n. 222, per gli anni 2013, 2014, 2015 e 2016 (1);

c) per l'acquisto di autobus a minor impatto ambientale o ad alimentazione non convenzionale;

c-bis) per l'acquisto di elicotteri e di idrovolanti destinati ad un servizio minimo di trasporto pubblico locale per garantire collegamenti con isole minori con le quali esiste un fenomeno di pendolarismo (2);

c-ter) all'acquisto dei veicoli di cui alle lettere a) e b) è riservato almeno il 50 per cento della dotazione del fondo (3)(4).

(1) Lettera modificata dall'articolo 16, comma 4-bis, del D.L. 22 giugno 2012, n. 83 e dall'articolo 34-undecies, comma 2, del D.L. 10 ottobre 2012, n. 179.
(2) Lettera aggiunta dall'articolo 1, comma 306, della legge 24 dicembre 2007 n. 244. Vedi anche le disposizioni di cui all'articolo 1, comma 304, della legge 24 dicembre 2007 n. 244.
(3) Lettera aggiunta dall'articolo 1, comma 306, della legge 24 dicembre 2007 n. 244. Vedi anche le disposizioni di cui all'articolo 1, comma 304, della legge 24 dicembre 2007 n. 244.
(4) Per l'autorizzazione di spesa di cui al presente comma vedi l'articolo 5-bis, comma 1, del D.L. 26 aprile 2013 n. 43, convertito, con modificazioni, dalla Legge 24 giugno 2013 n. 71 e l'articolo 1, comma 83, della Legge 27 dicembre 2013, n. 147.

1032. Il Ministero dei trasporti, d'intesa con la Conferenza permanente per i rapporti tra lo Stato, le regioni e le province autonome di Trento e di Bolzano, approva con proprio decreto un piano di riparto tra le regioni e le province autonome, in conformità ai seguenti criteri:

a) priorità al completamento dei programmi finanziati con la legge 18 giugno 1998, n. 194, e successive modificazioni, e con la legge 26 febbraio 1992, n. 211, e successive modificazioni;

b) condizioni di vetustà degli attuali parchi veicolari;

c) congruenza con le effettive esigenze di domanda di trasporto;

[d) priorità alle regioni ed alle province autonome le cui imprese si siano attenute alle disposizioni di cui ai commi da 3-ter a 3-septies dell'articolo 18 del decreto legislativo 19 novembre 1997, n. 422, introdotti dall'articolo 1, comma 393, della legge 23 dicembre 2005, n. 266.] (1)

(1) Lettera abrogata dall'articolo 1, comma 305, della legge 24 dicembre 2007 n. 244 e dall'articolo 63, comma 13 del D.L. 25 giugno 2008, n.112, come modificato dalla legge 6 agosto 2008, n. 133, in sede di conversione

1033. Al fine di razionalizzare la spesa e conseguire economie di scala, relativamente agli acquisti dei veicoli stradali e ferroviari di cui al comma 1031, le regioni, le regioni a Statuto speciale e le province autonome possono coordinarsi attraverso centri di acquisto comuni per modalità di trasporto, anche con il supporto del Ministero dei trasporti.

1034. Nel 2007 il Fondo istituito dall'articolo 1, comma 15, della legge 23 dicembre 2005, n. 266, presso il Ministero dei trasporti è incrementato di 15 milioni di euro.

1035. Il Ministero dei trasporti provvede, entro sei mesi dalla data di entrata in vigore della presente legge, all'aggiornamento del Piano nazionale della sicurezza stradale di cui all'articolo 32 della legge 17 maggio 1999, n. 144, e successive modificazioni. Per il finanziamento delle attività connesse all'attuazione, alla valutazione di efficacia ed all'aggiornamento del Piano è autorizzata la spesa di 53 milioni di euro per ciascuno degli anni 2007, 2008 e 2009.

1036. Al fine di consolidare ed accrescere l'attività del Ministero dei trasporti per la prevenzione in materia di circolazione ed antinfortunistica stradale, è autorizzata la spesa di 15 milioni di euro per ciascuno degli anni 2007, 2008 e 2009, finalizzata alla realizzazione di azioni volte a diffondere i valori della sicurezza stradale e ad assicurare una adeguata informazione agli utenti, ad aggiornare le conoscenze e le capacità dei conducenti, a rafforzare i controlli su strada anche attraverso l'implementazione di idonee attrezzature tecniche, a migliorare gli standard di sicurezza dei veicoli (1).

(1) Per la riduzione dell'autorizzazione di spesa di cui al presente comma vedi l'articolo 6-bis del D.L. 2 luglio 2007, n. 81.

1037. Nel 2007 per la razionalizzazione di servizi resi dal Ministero dei trasporti a favore dei cittadini a sostegno della sicurezza stradale, è autorizzata la spesa di 15 milioni di euro, finalizzati alla conduzione della centrale di infomobilità, all'implementazione dei controlli del circolante, delle ispezioni e delle verifiche previste dal codice della strada, al servizio di stampa ed invio delle patenti card, ivi comprese le relative spese di funzionamento.

1038. Per la realizzazione di interventi volti all'ammodernamento tecnologico dei sistemi di sicurezza, sia dell'infrastruttura ferroviaria sia installati a bordo dei materiali rotabili, finalizzati al conseguimento di un maggior livello della sicurezza della circolazione, per le gestioni commissariali governative e per le ferrovie di proprietà del Ministero dei trasporti, è autorizzata la spesa di 15 milioni di euro annui per ciascuno degli anni 2007, 2008 e 2009 (1).

(1) Per l'autorizzazione di spesa, per il proseguimento degli interventi previsti dal presente comma, vedi l'articolo 2, comma 248, della legge 24 dicembre 2007 n. 244.

1039. Per il potenziamento della componente aeronavale del Corpo delle capitanerie di porto è autorizzata la spesa di 7 milioni di euro per ciascuno degli anni 2007, 2008 e 2009.

1040. Nei limiti e per le finalità di cui alla sezione 3.3.1, paragrafo 15, della "Disciplina degli aiuti di Stato alla costruzione navale" del 30 dicembre 2003, pubblicata nella Gazzetta Ufficiale dell'Unione europea C 317 del 30 dicembre 2003, il Ministero dei trasporti è autorizzato a concedere alle imprese iscritte agli albi speciali delle imprese navalmeccaniche di cui all'della articolo 19 legge 14 giugno 1989, n. 234, un contributo non superiore al 20 per cento delle spese sostenute per la realizzazione dei seguenti progetti innovativi:

a) connessi all'applicazione industriale di prodotti e processi innovativi, prodotti o processi tecnologicamente nuovi o sensibilmente migliorativi rispetto allo stato dell'arte del settore nell'Unione europea, che comportano un rischio di insuccesso tecnologico o industriale;

b) limitati al sostegno delle spese di investimento, concezione, ingegneria industriale e collaudo direttamente ed esclusivamente collegate alla parte innovativa del progetto (1).

(1) Per le modalità e i criteri per l'applicazione dei benefici e le autorizzazioni di spesa, ai sensi del presente comma, vedi il D.M. 5

marzo 2007.

1041. Entro due mesi dalla data di entrata in vigore della presente legge, il Ministro dei trasporti, con proprio decreto, stabilisce le modalità ed i criteri per l'ammissione, la concessione e l'erogazione dei benefici di cui al comma 1040. A tal fine è autorizzato un contributo di 25 milioni di euro annui per ciascuno degli anni 2007, 2008 e 2009 (1).

(1) Per le modaliltà e i criteri per l'applicazione dei benefici e le autorizzazioni di spesa, ai sensi del presente comma, vedi il D.M. 5 marzo 2007.

1042. Per le finalità di cui all'articolo 5, comma 1, della legge 9 gennaio 2006, n. 13, il Ministero dei trasporti è autorizzato a concedere 1 milione di euro per ciascuno degli anni 2007, 2008 e 2009 all'Istituto nazionale per studi ed esperienze di architettura navale (INSEAN) di Roma.

1043. Al fine di razionalizzare la spesa e di garantire il raggiungimento delle finalità di cui all'articolo 5, comma 1, della legge 9 gennaio 2006, n. 13, il Ministro dei trasporti, di concerto con il Ministro della difesa ed il Ministro dell'università e della ricerca, provvede alla riorganizzazione, anche attraverso fusione ed accorpamento con altri enti pubblici di ricerca, dell'Istituto nazionale per studi ed esperienze di architettura navale (INSEAN) di Roma con regolamento adottato ai sensi dell'articolo 17, comma 3, della legge 23 agosto 1988, n. 400 (1).

(1) A norma dell'articolo 6 del D.L. 2 luglio 2007, n. 81 per provvedere alle esigenze dell'Istituto nazionale per studi ed esperienze di architettura navale (INSEAN), nella prospettiva della riorganizzazione dell'Istituto stesso, sotto la vigilanza del Ministero dei trasporti, prevista dal presente comma, è autorizzato un contributo straordinario di 5 milioni di euro per l'anno finanziario 2007.

1044. Al fine del completamento della rete nazionale degli interporti, con particolare riferimento al Mezzogiorno, è autorizzata la spesa di 30 milioni di euro per il 2008. Il Ministro dei trasporti con proprio decreto definisce gli interventi immediatamente cantierabili, tendenti ad eliminare i "colli di bottiglia" del sistema logistico nazionale ed a realizzare le interconnessioni stradali e ferroviarie fra hub portuali e interporti. E ` autorizzato altresì un contributo di 5 milioni di euro per il 2008 per il completamento della rete immateriale degli interporti al fine di potenziare il livello di servizio sulla rete logistica nazionale (1).

(1) Per il rifinanziamento degli interventi previsti dal presente comma, vedi l'articolo 2, comma 245, della legge 24 dicembre 2007 n. 244. Vedi, anche, il comma 246 del medesimo articolo 2.

1045. Al fine di promuovere una intesa tra lo Stato e la regione Veneto per la costruzione ed il completamento della realizzazione delle opere infrastrutturali nella regione medesima, a valere sulle risorse di cui al comma 977, è autorizzato un contributo quindicennale di 5 milioni di euro a decorrere dall'anno 2007, di 5 milioni di euro a decorrere dall'anno 2008 e di 5 milioni di euro dall'anno 2009.

1046. L'articolo 4 della legge 9 gennaio 2006, n. 13, è sostituito dal seguente:

"Art. 4. – (Fondo per favorire il potenziamento, la sostituzione e l'ammodernamento delle unità navali destinate al servizio di trasporto pubblico locale effettuato per via marittima, fluviale e lacuale). – 1. Al fine di favorire la demolizione delle unità navali destinate, in via esclusiva, al servizio di trasporto pubblico locale effettuato per via marittima, fluviale e lacuale, non più conformi ai più avanzati standard in materia di sicurezza della navigazione e di tutela dell'ambiente marino e la cui età è di oltre venti anni e che, alla data del 1° gennaio 2006, risultino iscritte nei registri tenuti dalle Autorità nazionali, è autorizzata la spesa di 24 milioni di euro per ciascuno degli anni 2007, 2008 e 2009. Il Ministro dei trasporti, di concerto con il Ministro dell'ambiente e della tutela del territorio e del mare, sentita la Conferenza unificata, di cui all'articolo 8 del decreto legislativo 28 agosto 1997, n. 281, determina con decreto, in conformità con la normativa comunitaria e internazionale vigente in materia di sicurezza e di tutela ambientale, e con le linee guida dell'IMO in materia di demolizione delle navi A. 962 (23) e di sviluppo del Piano di demolizione delle navi (MEPC Circ. 419 del 12 novembre 2004), i criteri e le modalità di attribuzione dei benefici di cui al presente comma" (1).

(1) Per l'attuazione del presente comma, vedi il D.M. 23 dicembre 2009.

1047. Le funzioni statali di vigilanza sull'attività di controllo degli organismi pubblici e privati nell'ambito dei regimi di produzioni agroalimentari di qualità registrata sono demandate all'Ispettorato centrale repressione frodi di cui all'articolo 10, comma 1, del decreto-legge 18 giugno 1986, n. 282, convertito, con modificazioni, dalla legge 7 agosto 1986, n. 462, che assume la denominazione di "Ispettorato centrale per il controllo della qualità dei prodotti agroalimentari " e costituisce struttura dipartimentale del Ministero delle politiche agricole alimentari e forestali.

[1048. I controlli di cui all'articolo 4, comma 4, del decreto-legge 10 gennaio 2006, n. 2, convertito, con modificazioni, dalla legge 11 marzo 2006, n. 81, e i compiti di cui all'articolo 11 del regolamento (CEE) n. 4045/89, a decorrere dal 1° luglio 2007, sono demandati all'Agenzia per le erogazioni in agricoltura (AGEA), senza maggiori oneri a carico della finanza pubblica.] (1)

(1) Comma abrogato dall'articolo 21, comma 1, lettera c), del D.Lgs. 21 maggio 2018, n. 74.

1049. All'articolo 14, comma 8, della legge 20 febbraio 2006, n. 82, le parole: "la prova preliminare di fermentazione e" sono soppresse.

1050. Per l'effettuazione dei controlli affidati ad Agecontrol Spa, anche ai sensi dell'articolo 18, commi 1-bis e 6, del decreto legislativo 29 marzo 2004, n. 99, come modificato dall'articolo 1, commi 4 e 5, del decreto- legge 28 febbraio 2005, n. 22, convertito, con modificazioni, dalla legge 29 aprile 2005, n. 71, è autorizzata la spesa di 48 milioni di euro per l'anno 2007 (1).

(1) Comma modificato dall'articolo 42, comma 1, del D.L. 1 ottobre 2007, n.159.

1051. In attuazione dell'articolo 18 del regolamento (CE) n. 510/2006 del Consiglio, del 20 marzo 2006, relativo alla protezione delle indicazioni geografiche e delle denominazioni d'origine dei prodotti agricoli alimentari, è istituito un contributo destinato a coprire le spese, comprese quelle sostenute in occasione dell'esame delle domande di registrazione delle dichiarazioni di opposizione, delle domande di modifica e delle richieste di cancellazione presentate a norma del citato regolamento. L'importo e le modalità di versamento del predetto contributo sono fissati con decreto del Ministro delle politiche agricole alimentari e forestali, di concerto con il Ministro dell'economia e delle finanze. I relativi proventi sono versati all'entrata del bilancio dello Stato per essere riassegnati allo stato di previsione del Ministero delle politiche agricole alimentari e forestali per le finalità di salvaguardia dell'immagine e di tutela in campo internazionale dei prodotti agroalimentari ad indicazione geografica. Il Ministro dell'economia e delle finanze è autorizzato ad apportare, con propri decreti, le occorrenti variazioni di bilancio.

1052. All'articolo 3 del decreto-legge 9 settembre 2005, n. 182, convertito, con modificazioni, dalla legge 11 novembre 2005, n. 231, sono apportate le seguenti modificazioni:

a) il comma 5-ter è abrogato;

b) il comma 5-quater è sostituito dal seguente:

"5-quater. Gli accrediti disposti ai sensi del comma 5-bis hanno per gli organismi pagatori effetto liberatorio dalla data di messa a disposizione dell'istituto tesoriere delle somme ivi indicate".

1053. All'articolo 51, comma 6, della legge 27 dicembre 1997, n. 449, dopo le parole: "l'ENEA e l'ASI", sono aggiunte le seguenti: ", nonchè il Corpo forestale dello Stato".

1054. All'articolo 2 del decreto-legge 10 gennaio 2006, n. 2, convertito, con modificazioni, dalla legge 11 marzo 2006, n. 81, sono apportate le seguenti modificazioni:

a) il comma 4 è abrogato;

b) al comma 4-bis, le parole: "Al Fondo di cui al comma 4 è altresì attribuita" sono sostituite dalle seguenti: "All'AGEA è attribuita".

1055. Entro il 30 novembre 2007, il Commissario straordinario dell'Ente per lo sviluppo dell'irrigazione e della trasformazione fondiaria in Puglia, Lucania ed Irpinia (EIPLI), di cui al decreto legislativo del Capo provvisorio dello Stato 18 marzo 1947, n. 281, ratificato, con modificazioni, dalla legge 11 luglio 1952, n. 1005, effettua una puntuale ricognizione della situazione debitoria dell'EIPLI e definisce, con i creditori, un piano di rientro che trasmette al Ministero delle politiche agricole alimentari e forestali che stabilisce le procedure amministrative e finanziarie per il risanamento dell'EIPLI. Fino alla predetta data sono sospese le procedure esecutive e giudiziarie nei confronti dell'EIPLI. Dopo aver proceduto al risanamento finanziario dell'Ente, il Ministro delle politiche agricole alimentari e forestali emana, d'intesa con le regioni Puglia, Basilicata e Campania, un decreto per la trasformazione dell'EIPLI in società per azioni, compartecipata dallo Stato e dalle regioni interessate. Al fine di concorrere alle esigenze piu` immediate dell'EIPLI è assegnato, allo stesso, un contributo straordinario di 5 milioni di euro per l'anno 2007 (1)(2).

(1) *Comma modificato dall'articolo 15 del D.L. 2 luglio 2007, n. 81.*
(2) *Per il differimento del termine di cui al presente comma, vedi l'articolo 26, comma 6, del D.L. 31 dicembre 2007 n. 248.*

1056. All'articolo 5, comma 1, del decreto- legge 22 ottobre 2001, n. 381, convertito, con modificazioni, dalla legge 21 dicembre 2001, n. 441, e successive modificazioni, le parole: "è prorogato di cinque anni" sono sostituite dalle seguenti: "è prorogato di sette anni". L'onere per l'attuazione del presente comma per l'anno 2007 è pari a 271.240 euro (1).

(1) *Comma modificato dall'articolo 15 del D.L. 2 luglio 2007, n. 81.*

1057. Le disposizioni dell'articolo 22 del decreto-legge 4 luglio 2006, n. 223, convertito, con modificazioni, dalla legge 4 agosto 2006, n. 248, non si applicano alle spese per l'energia utilizzata per il sollevamento dell'acqua ai fini della sua distribuzione.

1058. Al fine di garantire l'avvio della realizzazione delle opere previste dal Piano irriguo nazionale di cui alla delibera CIPE n. 74 del 27 maggio 2005, per l'esercizio 2007 è stanziata la somma di 100 milioni di euro e per ciascuno degli esercizi 2008 e 2009 è stanziata la somma di 150 milioni di euro annui (1).

(1) *Per l'autorizzazione di spesa, per le attività di progettazione delle opere previste nell'ambito del Piano irriguo nazionale di cui al presente comma, vedi l'articolo 2, comma 133, della legge 24 dicembre 2007 n. 244.*

1059. Per le finalità di cui al comma 1058 sono inoltre autorizzate le seguenti spese:

a) per l'anno 2007:

1) 46.958.020,22 euro quale terza annualità del contributo quindicennale previsto dall'articolo 4, comma 31, della legge 24 dicembre 2003, n. 350;

2) 45.730.000 euro quale prima annualità della quota parte del contributo quindicennale di cui all'articolo 1, comma 78, della legge 23 dicembre 2005, n. 266;

b) per l'anno 2008:

1) 46.958.020,22 euro quale quarta annualità del contributo quindicennale previsto dall'articolo 4, comma 31, della legge 24 dicembre 2003, n. 350;

2) 45.730.000 euro quale seconda annualità della quota parte del contributo quindicennale di cui al comma 78 dell'articolo l della legge 23 dicembre 2005, n. 266;

3) 50.000.000 di euro quale prima annualità del secondo contributo quindicennale previsto dal comma 31 dell'articolo 4 della legge 24 dicembre 2003, n. 350;

c) per l'anno 2009:

1) 46.958.020,22 euro quale quinta annualità del contributo quindicennale previsto dal comma 31, dell'articolo 4 della legge 24 dicembre 2003, n. 350;

2) 45.730.000 euro quale terza annualità della quota parte del contributo quindicennale di cui al comma 78 dell'articolo 1 della legge 23 dicembre 2005, n. 266;

3) 50.000.000 di euro quale seconda annualità del secondo contributo quindicennale previsto dal comma 31 dell'articolo 4 della legge 24 dicembre 2003, n. 350.

1060. Per la prosecuzione delle opere previste dal comma 1059 per l'anno 2010 sono inoltre autorizzate le seguenti spese:

a) 46.958.020,22 euro quale sesta annualità del contributo quindicennale previsto dal comma 31, dell'articolo 4 della legge 24 dicembre 2003, n. 350;

b) 45.730.000 euro quale quarta annualità della quota parte del contributo quindicennale di cui al comma 78 dell'articolo 1 della legge 23 dicembre 2005, n. 266;

c) 50.000.000 di euro quale terza annualità del secondo contributo quindicennale previsto dal comma 31 dell'articolo 4 della legge 24 dicembre 2003, n. 350 (1).

(1) *Vedi, anche, l'articolo 2, comma 133, della legge 24 dicembre 2007 n. 244.*

1061. Le somme di cui ai commi 1058, 1059 e 1060 sono immediatamente impegnabili anche a carico degli esercizi futuri.

1062. Le autorizzazioni di spesa previste dall'articolo 4, comma 31, della legge 23 dicembre 2003, n. 350, nonchè dall'articolo 1, comma 78, della legge 23 dicembre 2005, n. 266, sono ridotte per gli importi di cui ai commi 1059 e 1060.

1063. Al Fondo per la razionalizzazione e la riconversione della produzione bieticolosaccarifera, costituito presso l'Agenzia per le erogazioni in agricoltura (AGEA) ai sensi dell'articolo 2, comma 4, del decreto-legge 10 gennaio 2006, n. 2, convertito, con modificazioni, dalla legge 11 marzo 2006, n. 81, è altresì attribuita, per l'anno 2007, una dotazione finanziaria annuale di 65,8 milioni di euro, quale competenza del secondo anno del quinquennio previsto dalla normativa comunitaria [(1)].

[(1)] *Per il rifinanziamento, per l'anno 2008, dell'autorizzazione di spesa di cui al presente comma, vedi l'articolo 2, comma 122, della legge 24 dicembre 2007 n. 244. Vedi inoltre l'articolo 1, comma 489, della Legge 28 dicembre 2015 n. 208. Per un ulteriore rifinanziamento vedi l'articolo 56-bis, comma 1, del D.L. 24 aprile 2017, n. 50, convertito, con modificazioni, dalla Legge 21 giugno 2017, n. 96, successivamente a norma dell'articolo 1, comma 1178 della Legge 27 dicembre 2017, n. 205, il Fondo è incrementato di 4 milioni di euro per l'anno 2018, di 5 milioni di euro per l'anno 2019 e di 6 milioni di euro per l'anno 2020.*

1064. All'articolo 4, comma 8, del decreto legislativo 18 maggio 2001, n. 228, sono apportate le seguenti modificazioni:

a) le parole: "lire 80 milioni" sono sostituite dalle seguenti: "160.000 euro";

b) le parole: "lire 2 miliardi" sono sostituite dalle seguenti: "4 milioni di euro".

1065. Al fine di promuovere lo sviluppo dei mercati degli imprenditori agricoli a vendita diretta, con decreto del Ministro delle politiche agricole alimentari e forestali di natura non regolamentare, d'intesa con la Conferenza permanente per i rapporti tra lo Stato, le regioni e le province autonome di Trento e di Bolzano, da adottare entro tre mesi dalla data di entrata in vigore della presente legge, sono stabiliti i requisiti uniformi e gli standard per la realizzazione di detti mercati, anche in riferimento alla partecipazione degli imprenditori agricoli, alle modalità di vendita e alla trasparenza dei prezzi, nonchè le condizioni per poter beneficiare degli interventi previsti dalla legislazione in materia [(1)].

[(1)] *Per l'attuazione del presente comma vedi il D.M. 20 novembre 2007.*

1066. Ai fini dell'incentivazione della pratica dell' allevamento apistico e del nomadismo di cui all'articolo 5, comma 1, lettera l), della legge 24 dicembre 2004, n. 313, agli apicoltori, agli imprenditori apistici ed agli apicoltori professionisti di cui all'articolo 3 della medesima legge n. 313 del 2004 che attuano la pratica del nomadismo è riconosciuta l'aliquota ridotta di accisa prevista al punto 5 della tabella A allegata al testo unico delle disposizioni legislative concernenti le imposte sulla produzione e sui consumi e relative sanzioni penali e amministrative, di cui al decreto legislativo 26 ottobre 1995, n. 504, e successive modificazioni. Con decreto del Ministro delle politiche agricole alimentari e forestali, d'intesa con il Ministro dell'economia e delle finanze, da adottare entro sessanta giorni dalla data di entrata in vigore della presente legge, sono definite le modalità per l'accesso all'agevolazione di cui al presente comma.

1067. All'articolo 15, comma 2, del decreto legislativo 18 maggio 2001, n. 228, sono apportate le seguenti modificazioni:

a) le parole: "50 milioni di lire" sono sostituite dalle seguenti: "50.000 euro";

b) le parole: "300 milioni di lire" sono sostituite dalle seguenti: "a 300.000 euro".

1068. Al fine di favorire il ricambio generazionale e lo sviluppo delle imprese giovanili nel settore agricolo ed agroalimentare, è istituito presso il Ministero delle politiche agricole alimentari e forestali il Fondo per lo sviluppo dell'imprenditoria giovanile in agricoltura, avente una disponibilità finanziaria di 10 milioni di euro all'anno per il quinquennio 2007-2011 [(1)].

[(1)] *A norma dell'articolo 2, comma 120, della legge 24 dicembre 2007 n. 244 il Fondo per lo sviluppo dell'imprenditoria giovanile in agricoltura, istituito dal presente comma è altresì destinato al ricambio generazionale e allo sviluppo delle imprese giovanili nel settore della pesca.*

1069. Con decreto di natura non regolamentare del Ministro delle politiche agricole alimentari e forestali sono disciplinati i criteri, le modalità e le procedure di attuazione del Fondo di cui al comma 1068, in coerenza con la normativa comunitaria in materia di aiuti di Stato nel settore agricolo.

1070. L'articolo 3, comma 3, del decreto legislativo 29 marzo 2004, n. 99, e successive modificazioni, è abrogato.

1071. All'onere di cui al comma 1068, pari a 10 milioni di euro annui per il quinquennio 2007-2011, si provvede mediante corrispondente riduzione dell'autorizzazione di spesa di cui all'articolo 36 del decreto legislativo 18 maggio 2001, n. 228, per le finalità di cui all'articolo 1, comma 2, del medesimo decreto legislativo. Il Ministro dell'economia e delle finanze è autorizzato ad apportare, con propri decreti, le occorrenti variazioni di bilancio.

1072. Al fine di favorire la ripresa economica e produttiva delle imprese agricole colpite da gravi crisi di mercato e di limitarne le conseguenze economiche e sociali nei settori e nelle aree geografiche colpiti, è istituito presso il Ministero delle politiche agricole alimentari e forestali il Fondo per le crisi di mercato. Al Fondo confluiscono le risorse di cui all'articolo 1-bis, commi 13 e 14, del decreto-legge 10 gennaio 2006, n. 2, convertito, con modificazioni, dalla legge 11 marzo 2006, n. 81, non impegnate alla data del 31 dicembre 2006, che sono versate all'entrata del bilancio dello Stato per la successiva riassegnazione allo stato di previsione del Ministero delle politiche agricole alimentari e forestali. Il Ministro dell'economia e delle finanze è autorizzato ad apportare, con propri decreti, le occorrenti variazioni di bilancio [(1)(2)].

[(1)] *Per l'utilizzo delle disponibilità del fondo per le crisi del mercato agricolo, di cui al presente comma, vedi l'articolo 42, comma 2-bis, del D.L. 1 ottobre 2007, n.159.*
[(2)] *A norma dell'articolo 2, comma 123, della legge 24 dicembre 2007 n. 244 le disponibilità già destinate al fondo per le crisi di mercato agricolo, di cui al presente comma, sono versate all'entrata del bilancio dello Stato, nel limite di 30 milioni di euro. Vedi, anche, il comma 122 del medesimo articolo 2. Vedi, anche, l'articolo 3, comma 111, della legge 24 dicembre 2007 n. 244 e l'articolo 1- bis del D.L. 3 novembre 2008, n. 171.Per la riduzione dell'autorizzazione di spesa vedi l'articolo 4 quaterdecies del D.L. 3 novembre 2008, n. 171.*

1073. Ai sensi e per gli effetti del combinato disposto di cui alla legge 27 dicembre 2002, n. 292, e alla legge regionale della Campania 1° febbraio 2005, n. 3, la giunta regionale della Campania, d'intesa con il Ministero della salute e con i competenti uffici dell'Unione europea, entro il 15 gennaio 2007 provvede a sviluppare una campagna informativa e ad adottare un nuovo piano triennale per il contenimento e l'eradicazione della brucellosi, adeguato alle attuali esigenze, secondo principi di tutela previsti dalla speciale normativa di riferimento e seguendo le specifiche procedure stabilite dal consiglio regionale della Campania il 29 novembre 2006, a salvaguardia del patrimonio genetico della specie allevata, del livello occupazionale del comparto, delle produzioni agro-zootecniche-alimentari di filiera e del consumatore.

1074. Con decreto del Ministro delle politiche agricole alimentari e forestali, d'intesa con la Conferenza permanente per i rapporti tra lo Stato, le regioni e le province autonome di Trento e di Bolzano, da emanare entro tre mesi dalla data di entrata in vigore della presente legge, sono disciplinate le modalità operative di funzionamento del Fondo di cui al comma 1068, nel rispetto degli orientamenti comunitari in materia.

1075. Per gli imprenditori agricoli di cui all'articolo 1 del decreto legislativo 18 maggio 2001, n. 228, il credito d'imposta di cui al comma 271 si applica con le modalità di cui all'articolo 11 del decreto-legge 8 luglio 2002, n. 138, convertito, con modificazioni, dalla legge 8 agosto 2002, n. 178, nonchè in base a quanto definito dalla Commissione europea con decisione C/220 del 25 luglio 2002, e dagli articoli 26 e 28 del regolamento (CE) n. 1698/2005 del Consiglio, del 20 settembre 2005. Il credito d'imposta per gli imprenditori agricoli si applica, nell'ambito delle disponibilità complessive del credito d'imposta di cui al comma 271, nei limiti della somma di 10 milioni di euro per l'anno 2007 e 30 milioni di euro annui per ciascuno degli anni 2008 e 2009 [1][2].

[1] Per la riduzione dell'autorizzazione di spesa vedi l'articolo 1 ter del D.L. 3 novembre 2008, n. 171.
[2] A norma dell'articolo 5 del D.P.C.M. 20 febbraio 2014 la fruizione delle agevolazioni di cui al presente comma é, per l'anno 2014, limitata all'85 per cento di quanto spettante in base a quanto stabilito dalle disposizioni istitutive e attuative di ciascun credito d'imposta. Il residuo 15 per cento è utilizzabile in tre quote annuali a partire dall'anno 2015.

1076. All'articolo 1 del decreto-legge 18 maggio 2006, n. 181, convertito, con modificazioni, dalla legge 17 luglio 2006, n. 233, il quinto periodo del comma 9-bis deve intendersi nel senso che l'autorità di vigilanza nomina un nuovo commissario unico in sostituzione di tutti i commissari, monocratici o collegiali, dei consorzi agrari in stato di liquidazione coatta amministrativa, in carica alla data di entrata in vigore della legge di conversione suddetta. Nel medesimo periodo del comma 9-bis le parole: ", salvo che entro detto termine sia stata autorizzata una proposta di concordato ai sensi dell'articolo 214 del citato regio decreto" sono sostituite dalle seguenti: "la medesima disposizione si applica anche ai consorzi agrari in stato di concordato, limitatamente alla nomina di un nuovo commissario unico". Al medesimo comma 9-bis, le parole: "entro il 30 giugno 2007", sono sostituite dalle seguenti: "entro il 31 dicembre 2007" [1].

[1] La Corte Costituzionale, con sentenza 27 febbraio 2009 (in Gazz. Uff. 4 marzo 2009, n.9) ha dichiarato l'illegittimità costituzionale del presente comma nella parte in cui dispone la sostituzione automatica di tutti i «commissari monocratici» dei consorzi agrari in stato di liquidazione, in carica alla data di entrata in vigore della legge n. 233 del 2006, con altri «commissari monocratici».

1077. Al fine di assicurare la regolare gestione delle aree naturali protette, per il personale operaio forestale di cui all'articolo 1, comma 242, della legge 23 dicembre 2005, n. 266, le procedure di stabilizzazione, di cui al comma 521 del presente articolo, si applicano, nell'ambito delle disponibilità del fondo ivi previsto, anche in deroga alle disposizioni della legge 5 aprile 1985, n. 124.

1078. All'articolo 1, comma 9-bis, del decreto- legge 18 maggio 2006, n. 181, convertito, con modificazioni, dalla legge 17 luglio 2006, n. 233, le parole: "commi 2, 3 e 5" sono sostituite dalle seguenti: "commi 2, 3, 5 e 6".

1079. Per l'attuazione dell'articolo 21 della legge 23 luglio 1991, n. 223, ai fini del trattamento di integrazione salariale in favore dei lavoratori agricoli nelle aree agricole colpite da avversità atmosferiche eccezionali, compresi nel Piano assicurativo agricolo annuale di cui all'articolo 4 del decreto legislativo 29 marzo 2004, n. 102, alla delimitazione delle aree colpite provvedono le regioni.

1080. A decorrere dall'anno 2007, il contributo previsto dall'articolo 1-quinquies, comma 2, del decreto-legge 9 settembre 2005, n. 182, convertito, con modificazioni, dalla legge 11 novembre 2005, n. 231, è incrementato di 3 milioni di euro.

1081. La Cassa depositi e prestiti è autorizzata a concedere all'Istituto di servizi per il mercato agricolo alimentare (ISMEA) mutui ventennali per gli incentivi relativi allo sviluppo della proprietà coltivatrice di cui alla legge 14 agosto 1971, n. 817, e successive modificazioni. Gli oneri connessi al pagamento degli interessi relativi ai predetti finanziamenti restano a carico dello Stato fino al limite di 2 milioni di euro annui a decorrere dal 2007.

1082. Al fine di armonizzare l'attuazione delle disposizioni sovranazionali in materia forestale, in aderenza al Piano d'azione per le foreste dell'Unione europea e nel rispetto delle competenze istituzionali, il Ministero delle politiche agricole alimentari e forestali e il Ministero dell'ambiente e della tutela del territorio e del mare, sulla base degli strumenti di pianificazione regionale esistenti e delle linee guida definite ai sensi dell'articolo 3, comma 1, del decreto legislativo 18 maggio 2001, n. 227, propongono alla Conferenza permanente per i rapporti tra lo Stato, le regioni e le province autonome di Trento e di Bolzano, ai fini di un accordo ai sensi dell'articolo 4 del decreto legislativo 28 agosto 1997, n. 281, un programma quadro per il settore forestale finalizzato a favorire la gestione forestale sostenibile e a valorizzare la multifunzionalità degli ecosistemi forestali. Le azioni previste dal programma quadro possono accedere alle risorse di cui all'articolo 61 della legge 27 dicembre 2002, n. 289, nei limiti definiti dal CIPE nella deliberazione di cui allo stesso articolo 61, comma 3, della citata legge n. 289 del 2002.

1083. L'intesa di filiera o il contratto quadro di cui agli articoli 9 e 10 del decreto legislativo 27 maggio 2005, n. 102, hanno per scopo, altresì, l'integrazione della filiera forestale con quella agroenergetica, la valorizzazione, la produzione, la distribuzione e la trasformazione di biomasse derivanti da attività forestali, nonchè lo sviluppo della filiera del legno. Gli organismi che operano la gestione forestale in forma associata e le imprese di lavorazione e distribuzione del legno e di utilizzazione della biomassa forestale a fini energetici nonchè i soggetti interessati, pubblici o privati, stipulano contratti di coltivazione e fornitura in attuazione degli articoli 11, 12 e 13 del citato decreto legislativo n. 102 del 2005.

1084. Per l'attuazione dei piani nazionali di settore, compreso quello forestale, di competenza del Ministro delle politiche agricole alimentari e forestali, è autorizzata la spesa di 10 milioni di euro per l'anno 2007 e di 50 milioni di euro per ciascuno degli anni 2008 e 2009 (1).

(1) *Vedi anche l'articolo 2, comma 125 della legge 24 dicembre 2007 n. 244.*

1085. L'autorizzazione di spesa per l'attuazione del Piano d'azione nazionale per l'agricoltura biologica e i prodotti biologici di cui all'articolo 1, comma 87, della legge 30 dicembre 2004, n. 311, è incrementata di 10 milioni di euro per ciascuno degli anni 2007, 2008, 2009 (1).

(1) *Vedi, anche, l'articolo 2, comma 125, della legge 24 dicembre 2007 n. 244.*

1086. All'articolo 4, comma 24, della legge 24 dicembre 2003, n. 350, le parole: "al 31 marzo 2005" sono sostituite dalle seguenti: "al 31 dicembre 2005". In relazione alle minori entrate che derivano all'INPS, sono trasferiti allo stesso Istituto 15,3 milioni di euro per l'anno 2007 e 10,3 milioni di euro per gli anni dal 2008 al 2011 (A).

(A) *In riferimento al presente comma vedi: Circolare INPS 23 febbraio 2007, n. 44.*

1087. All'articolo 9, comma 3, lettera cbis), del decreto-legge 28 marzo 2003, n. 49, convertito, con modificazioni, dalla legge 30 maggio 2003, n. 119, dopo il primo periodo è aggiunto il seguente: "In caso di superamento di tale limite, la restituzione del prelievo supplementare non opera per la parte eccedente il 20 per cento".

1088. Alle imprese che producono prodotti di cui all'Allegato I del Trattato istitutivo della Comunità europea e alle piccole e medie imprese, come definite dal regolamento (CE) n. 800/2008 della Commissione, del 6 agosto 2008, che producono prodotti agroalimentari non ricompresi nel predetto Allegato I, anche se costituite in forma cooperativa o riunite in consorzi, nonché ai consorzi di tutela riconosciuti ai sensi dell'articolo 53 della legge 24 aprile 1998, n. 128, e successive modificazioni, e dell'articolo 19 della legge 10 febbraio 1992, n. 164, è riconosciuto, nei limiti delle risorse di cui al comma 1090 per gli anni 2008 e 2009, un credito di imposta nella misura del 50 per cento del valore degli investimenti in attività dirette in altri Stati membri o Paesi terzi intese ad indurre gli operatori economici o i consumatori all'acquisto di un determinato prodotto agricolo o agroalimentare di qualità, ai sensi dell'articolo 32 del regolamento (CE) n. 1698/2005 del Consiglio, del 20 settembre 2005, anche se non compreso nell'Allegato I, purché non rivolto al singolo marchio commerciale o riferito direttamente ad un'impresa, in eccedenza rispetto alla media degli analoghi investimenti realizzati nei tre periodi di imposta precedenti.(1)(A).

(1) *Comma sostituito dall'articolo 1 del D.L. 3 novembre 2008, n.171.*
(A) *In riferimento al presente comma vedi: Risoluzione del Ministero dell'Economia e delle Finanze 22 aprile 2010, n. 30/E.*

1089. Alle imprese diverse dalle piccole e medie imprese di cui al comma 1088 che producono prodotti agroalimentari non ricompresi nell'Allegato I del Trattato istitutivo della Comunità europea, il credito di imposta previsto dal medesimo comma 1088 è riconosciuto nei limiti delle risorse di cui al comma 1090 e nei limiti del regolamento (CE) n. 1998/2006 della Commissione, del 15 dicembre 2006, relativo all'applicazione degli articoli 87 e 88 del trattato agli aiuti di importanza minore (de minimis), pubblicato nella Gazzetta Ufficiale dell'Unione europea L 379 del 28 dicembre 2006 (1).

(1) *Comma sostituito dall'articolo 1 del D.L. 3 novembre 2008 n.171.*

1090. Il beneficio fiscale di cui ai commi 1088 e 1089 si applica anche alle imprese in attività alla data di entrata in vigore della presente legge, anche se con un'attività di impresa *[o di lavoro autonomo]* inferiore a tre anni. Per tali imprese la media degli investimenti da considerare è quella risultante dagli investimenti effettuati nei periodi di imposta precedenti a quello in corso alla data di entrata in vigore della presente legge o a quello successivo. *[Gli imprenditori agricoli di cui all'articolo 1 del decreto legislativo 18 maggio 2001, n. 228, in alternativa alla esclusione dalla base imponibile ai fini IRES o IRE possono beneficiare di un credito di imposta di importo pari ad un terzo del beneficio di cui ai commi 1088 e 1089 e per le medesime finalità.]* Con decreto del Ministro dell'economia e delle finanze, di concerto con il Ministro delle politiche agricole alimentari e forestali, sono dettate le modalità applicative dei commi da 1088 a 1090, nei limiti della somma di 25 milioni di euro per l'anno 2007 e 40 milioni di euro per l'anno 2008 e 41 milioni di euro per l'anno 2009 (1)(2).

(1) *Per la riduzione dell'autorizzazione di spesa, per l'anno 2007, di cui al presente comma, vedi l'articolo 42, comma 1, del D.L. 1 ottobre 2007, n.159.*
(2) *Comma modificato dall'articolo 1 del D.L. 3 novembre 2008 n.171.*

1091. L'attestazione di effettività delle spese sostenute è rilasciata dal presidente del collegio sindacale ovvero, in mancanza, da un revisore dei conti o da un professionista iscritto all'albo dei revisori dei conti, dei dottori commercialisti, dei ragionieri e periti commerciali o a quello dei consulenti del lavoro, nelle forme previste dall'articolo 13, comma 2, del decreto-legge 28 marzo 1997, n. 79, convertito, con modificazioni, dalla legge 28 maggio 1997, n. 140, e successive modificazioni, ovvero dal responsabile del centro di assistenza fiscale.

1092. Le modalità di applicazione dell'incentivo fiscale sono, per quanto non previsto dai commi da 1088 a 1091 del presente articolo, le stesse disposte dall'articolo 3 del decreto- legge 10 giugno 1994, n. 357, convertito, con modificazioni, dalla legge 8 agosto 1994, n. 489.

1093. Le società di persone, le società a responsabilità limitata e le società cooperative, che rivestono la qualifica di società agricola ai sensi dell'articolo 2 del decreto legislativo 29 marzo 2004, n. 99, come da ultimo modificato dal comma 1096 del presente articolo, possono optare per l'imposizione dei redditi ai sensi dell'articolo 32 del testo unico delle imposte sui redditi, di cui al decreto del Presidente della Repubblica 22 dicembre 1986, n. 917, e successive modificazioni (A). (1)

[1] Comma inizialmente abrogato dall'articolo 1, comma 513, della Legge 24 dicembre 2012, n. 228; l'articolo 1, comma 513, aveva inoltre disposto che le opzioni esercitate ai sensi del presente comma perdono efficacia con effetto dal periodo d'imposta successivo a quello in corso alla data del 31 dicembre 2014. Ai fini della determinazione dell'acconto delle imposte sui redditi dovuto per il periodo d'imposta successivo a quello in corso al 31 dicembre 2014, si tiene conto delle disposizioni di cui al presente comma. Successivamente, a norma dell'articolo 1, comma 36, della Legge 27 dicembre 2013, n. 147, le disposizioni di cui al presente comma riacquistano efficacia dal 1° gennaio 2014, data di entrata in vigore della Legge 147/2013.

[A] In riferimento al presente comma vedi: Circolare del Ministero dell'Economia e delle Finanze 1° ottobre 2010, n. 50/E.

1094. Si considerano imprenditori agricoli le società di persone e le società a responsabilità limitata, costituite da imprenditori agricoli, che esercitano esclusivamente le attività dirette alla manipolazione, conservazione, trasformazione, commercializzazione e valorizzazione di prodotti agricoli ceduti dai soci. In tale ipotesi, le società possono optare per la determinazione del reddito applicando all'ammontare dei ricavi il coefficiente di redditività del 25 per cento [1][2].

[1] Comma modificato dall'articolo 1, comma 177, della legge 24 dicembre 2007 n. 244.

[2] Comma inizialmente abrogato dall'articolo 1, comma 513, della Legge 24 dicembre 2012, n. 228; l'articolo 1, comma 513, aveva inoltre disposto che le opzioni esercitate ai sensi del presente comma perdono efficacia con effetto dal periodo d'imposta successivo a quello in corso alla data del 31 dicembre 2014. Ai fini della determinazione dell'acconto delle imposte sui redditi dovuto per il periodo d'imposta successivo a quello in corso al 31 dicembre 2014, si tiene conto delle disposizioni di cui al presente comma. Successivamente, a norma dell'articolo 1, comma 36, della Legge 27 dicembre 2013, n. 147, le disposizioni di cui al presente comma riacquistano efficacia dal 1° gennaio 2014, data di entrata in vigore della Legge 147/2013.

1095. Con decreto del Ministro dell'economia e delle finanze, di concerto con il Ministro delle politiche agricole alimentari e forestali, sono dettate le modalità applicative del comma 1093.

1096. All'articolo 2, comma 4-bis, del decreto legislativo 29 marzo 2004, n. 99, il secondo periodo è soppresso.

1097. I fondi provenienti da raccolta effettuata da Poste Italiane Spa per attività di bancoposta presso la clientela privata ai sensi dell'articolo 2, comma 1, lettera a), del regolamento di cui al decreto del Presidente della Repubblica 14 marzo 2001, n. 144, sono investiti in titoli governativi dell'area euro e, per una quota non superiore al 50 per cento dei fondi, in altri titoli assistiti dalla garanzia dello Stato italiano a cura di Poste Italiane Spa [1].

[1] Comma modificato dall'articolo 2, comma 182, della legge 23 dicembre 2009, n. 191 e successivamente dall''articolo 1, comma 285, della Legge 23 dicembre 2014, n. 190.

1098. è abrogato, limitatamente ai fondi di cui al comma 1097 del presente articolo, il vincolo di cui all'articolo 14 del decreto luogotenenziale 6 settembre 1917, n. 1451, e successive modificazioni, ivi comprese le disposizioni in materia contenute nel decreto- legge 30 settembre 2003, n. 269, convertito, con modificazioni, dalla legge 24 novembre 2003, n. 326, e successive modificazioni.

1099. L'attuazione progressiva del nuovo assetto di cui al comma 1097, da completare entro il 31 dicembre 2007, è effettuata in coordinamento con il Ministero dell'economia e delle finanze.

1100. Per l'attuazione di programmi annuali di interventi per la difesa del mare previsti dalla legge 31 dicembre 1982, n. 979, e successive modificazioni, e dei protocolli attuativi della Convenzione sulla salvaguardia del mar Mediterraneo dall'inquinamento, adottata a Barcellona il 16 febbraio 1976, ratificata ai sensi della legge 25 gennaio 1979, n. 30, è autorizzata la spesa di 10 milioni di euro per ciascuno degli anni 2007, 2008 e 2009.

1101. Per la quantificazione delle spese sostenute per gli interventi a tutela dell'ambiente marino conseguenti a danni provocati dai soggetti di cui al primo comma dell'articolo 12 della legge 31 dicembre 1982, n. 979, il Ministero dell'ambiente e della tutela del territorio e del mare applica il tariffario internazionalmente riconosciuto dalle compagnie di assicurazioni degli armatori (SCOPIC).

1102. Il secondo comma dell'articolo 14 della legge 31 dicembre 1982, n. 979, è sostituito dal seguente:

"Le somme recuperate a carico dei privati per le spese sostenute per gli interventi di cui all'articolo 12 sono versate all'entrata del bilancio dello Stato e sono riassegnate nella misura del 50 per cento con decreto del Ministro dell'economia e delle finanze allo stato di previsione del Ministero dell'ambiente e della tutela del territorio e del mare per le attività di difesa del mare dagli inquinamenti".

1103. Per l'attuazione di un programma triennale straordinario di interventi di demolizione delle opere abusive site nelle aree naturali protette nazionali è autorizzata la spesa di 3 milioni di euro per ciascuno degli anni 2007, 2008 e 2009.

1104. Nelle aree naturali protette l'acquisizione gratuita delle opere abusive di cui all'articolo 7, sesto comma, della legge 28 febbraio 1985, n. 47, e successive modificazioni, si verifica di diritto a favore degli organismi di gestione ovvero, in assenza di questi, a favore dei comuni. Restano confermati gli obblighi di notifica al Ministero dell'ambiente e della tutela del territorio e del mare degli accertamenti, delle ingiunzioni alla demolizione e degli eventuali abbattimenti direttamente effettuati, come anche le procedure e le modalità di demolizione vigenti alla data di entrata in vigore della presente legge.

1105. Restano altresì confermate le competenze delle regioni a statuto speciale e delle province autonome di Trento e di Bolzano che disciplinano la materia di cui ai commi 1103 e 1104 secondo i rispettivi statuti e le relative norme di attuazione.

1106. Al fine di salvaguardare gli equilibri ambientali e di scongiurare il prodursi di gravi alterazioni dell'ecosistema nei territori di cui all'articolo 1 della legge 2 maggio 1990, n. 102, limitatamente alla provincia di Sondrio, a decorrere dalla data di entrata in vigore della presente legge e per un periodo di due anni, le nuove concessioni per grandi e piccole derivazioni di acque ad uso idroelettrico sono rilasciate previo parere del Ministero dell'ambiente e della tutela del territorio e del mare, che allo scopo si avvale dell'Agenzia per la protezione dell'ambiente e per i servizi tecnici.

1107. L'applicazione delle disposizioni di cui all'articolo 1, comma 94, della legge 30 dicembre 2004, n. 311, è estesa al personale degli Enti parco nazionali funzionalmente equiparato al Corpo forestale dello Stato, ai sensi dell'articolo 2, comma 36, della legge 9 dicembre 1998, n. 426. Per il personale di cui al periodo precedente, nei limiti del territorio di competenza, è riconosciuta la qualifica di agente di pubblica sicurezza e si applicano le disposizioni previste dall'articolo 29, comma 1, della legge 11 febbraio 1992, n. 157.

1108. Al fine di realizzare rilevanti risparmi di spesa ed una piu` efficace utilizzazione delle risorse finanziarie destinate alla gestione dei rifiuti solidi urbani, la regione, previa diffida, provvede tramite un commissario ad acta a garantire il governo della gestione dei rifiuti a livello di ambito territoriale ottimale con riferimento a quegli ambiti territoriali ottimali all'interno dei quali non sia assicurata una raccolta differenziata dei rifiuti urbani pari alle seguenti percentuali minime:

a) almeno il quaranta per cento entro il 31 dicembre 2007;

b) almeno il cinquanta per cento entro il 31 dicembre 2009;

c) almeno il sessanta per cento entro il 31 dicembre 2011.

1109. Per gli anni successivi al 2011, la percentuale minima di raccolta differenziata da assicurare per i fini di cui al comma 1108 è stabilita con decreto del Ministero dell'ambiente e della tutela del territorio e del mare, sentita la Conferenza permanente per i rapporti tra lo Stato, le regioni e le province autonome di Trento e di Bolzano, in vista di una progressiva riduzione della quantità di rifiuti inviati in discarica e nella prospettiva di rendere concretamente realizzabile l'obiettivo "Rifiuti zero".

1110. Per il finanziamento delle misure finalizzate all'attuazione del Protocollo di Kyoto alla Convenzione quadro delle Nazioni Unite sui cambiamenti climatici, fatto a Kyoto l'11 dicembre 1997, reso esecutivo dalla legge 1° giugno 2002, n. 120, previste dalla delibera CIPE n. 123 del 19 dicembre 2002, pubblicata nella Gazzetta Ufficiale n. 68 del 22 marzo 2003, e successivi aggiornamenti, è istituito un Fondo rotativo (1).

(1) Vedi l'articolo 9, comma 1, del D.L. 24 giugno 2014, n. 91, convertito, con modificazioni, dalla Legge 11 agosto 2014, n. 116.

1111. Entro tre mesi dalla data di entrata in vigore della presente legge il Ministro dell'ambiente e della tutela del territorio e del mare, di concerto con il Ministro dello sviluppo economico, sentita la Conferenza unificata di cui all'articolo 8 del decreto legislativo 28 agosto 1997, n. 281, individua le modalità per l'erogazione di finanziamenti a tasso agevolato della durata non superiore a settantadue mesi a soggetti pubblici o privati. Nello stesso termine, con decreto del Ministro dell'economia e delle finanze, è individuato il tasso di interesse da applicare.

[1112. Per il triennio 2007-2009 sono finanziate prioritariamente le misure di seguito elencate:

a) installazione di impianti di microcogenerazione diffusa ad alto rendimento elettrico e termico;

b) installazione di impianti di piccola taglia per l'utilizzazione delle fonti rinnovabili per la generazione di elettricità e calore;

c) sostituzione dei motori elettrici industriali con potenza superiore a 45 kW con motori ad alta efficienza;

d) incremento dell'efficienza negli usi finali dell'energia nei settori civile e terziario;

e) eliminazione delle emissioni di protossido di azoto dai processi industriali;

f) progetti pilota di ricerca e sviluppo di nuove tecnologie e di nuove fonti di energia a basse emissioni o ad emissioni zero.

f-bis) pratiche di gestione forestale sostenibile attuate attraverso interventi diretti a ridurre il depauperamento dello stock di carbonio nei suoli forestali e nelle foreste (1).] (2)

(1) Lettera aggiunta dall'articolo 2, comma 124, della legge 24 dicembre 2007 n. 244.
(2) Articolo abrogato dall'articolo 57, comma 1, del D.L. 22 giugno 2012, n. 83.

1113. Nel triennio 2007-2009 le risorse destinate al Fondo di cui al comma 1110 ammontano a 200 milioni di euro all'anno. In sede di prima applicazione, al Fondo possono essere riversate, in aggiunta, le risorse di cui all'articolo 2, comma 3, della legge 1° giugno 2002, n. 120.

1114. Le rate di rimborso dei finanziamenti concessi sono destinate all'incremento delle risorse a disposizione del Fondo di cui al comma 1110.

1115. Il Fondo di cui al comma 1110 è istituito presso la Cassa depositi e prestiti Spa e con apposita convenzione ne sono definite le modalità di gestione. La Cassa depositi e prestiti Spa puo` avvalersi per l'istruttoria, l'erogazione e per tutti gli atti connessi alla gestione dei finanziamenti concessi di uno o piu` istituti di credito scelti sulla base di gare pubbliche in modo da assicurare una omogenea e diffusa copertura territoriale.

1116. Per l'anno 2007 una quota non inferiore a 5 milioni di euro delle risorse del Fondo unico investimenti per la difesa del suolo e tutela ambientale del Ministero dell'ambiente e della tutela del territorio e del mare, iscritte a bilancio ai sensi dell'articolo 1, comma 1, della legge 9 dicembre 1998, n. 426, è riservata in sede di riparto alla realizzazione di un sistema integrato per il controllo e la tracciabilità dei rifiuti, in funzione della sicurezza nazionale ed in rapporto all'esigenza di prevenzione e repressione dei gravi fenomeni di criminalità organizzata nell'ambito dello smaltimento illecito dei rifiuti.

1117. Dalla data di entrata in vigore della presente legge i finanziamenti e gli incentivi pubblici di competenza statale finalizzati alla promozione delle fonti rinnovabili per la produzione di energia elettrica sono concedibili esclusivamente per la produzione di energia elettrica prodotta da fonti energetiche rinnovabili, cos ` come definite dall'articolo 2 della direttiva 2001/77/CE del Parlamento europeo e del Consiglio, del 27 settembre 2001, sulla promozione dell'energia elettrica prodotta da fonti energetiche rinnovabili. Sono fatti salvi i finanziamenti e gli incentivi concessi, ai sensi della previgente normativa, ai soli impianti già autorizzati e di cui sia stata avviata concretamente la realizzazione anteriormente all'entrata in vigore della presente legge, ivi comprese le convenzioni adottate con delibera del Comitato interministeriale prezzi il 12 aprile 1992 e destinate al sostegno alle fonti energetiche assimilate, per i quali si applicano le disposizioni di cui al comma 1118 (1)(2).

(1) A norma dell'articolo 2, comma 136, della legge 24 dicembre 2007 n. 244, ai fini della piena attuazione della direttiva 2001/77/CE, i finanziamenti e gli incentivi di cui al secondo periodo del presente comma, sono concessi ai soli impianti realizzati ed operativi.
(2) Per la deroga al presente comma vedi l'articolo 1 dell'O.P.C.M. 6 febbraio 2008, n. 3656 e l'articolo 33, comma 1-octies del D.L. 31 dicembre 2007, n. 248.

1118. *[Il Ministro dello sviluppo economico, di concerto con il Ministro dell'ambiente e della tutela del territorio e del mare, con propri decreti ai sensi dell'articolo 17, comma 3, della legge 23 agosto 1988, n. 400, provvede a definire i criteri e le modalità di erogazione dei finanziamenti e degli incentivi pubblici di competenza statale concedibili alle fonti rinnovabili di cui all'articolo 2 della citata direttiva*

ACCERTAMENTO

2001/77/CE.] Il Ministro dello sviluppo economico provvede con propri decreti ai sensi dell'articolo 17, comma 3, della legge 23 agosto 1988, n. 400, a definire le condizioni e le modalità per l'eventuale riconoscimento in deroga del diritto agli incentivi a specifici impianti già autorizzati all'entrata in vigore della presente legge e non ancora in esercizio, non rientranti nella tipologia di cui al periodo precedente, nonchè a ridefinire l'entità e la durata dei sostegni alle fonti energetiche non rinnovabili assimilate alle fonti energetiche rinnovabili utilizzate da impianti già realizzati ed operativi alla data di entrata in vigore della presente legge, tenendo conto dei diritti pregressi e nel rispetto dei principi generali dell'ordinamento giuridico, allo scopo di ridurre gli oneri che gravano sui prezzi dell'energia elettrica e eliminare vantaggi economici che non risultino specificamente motivati e coerenti con le direttive europee in materia di energia elettrica (1)(2)(3).

(1) Comma modificato dall'articolo 2, comma 154 lettera b), della legge 24 dicembre 2007 n. 244, con decorrenza dal 1° gennaio 2008.
(2) A norma dell'articolo 2, comma 137, della legge 24 dicembre 2007 n. 244, la procedura del riconoscimento in deroga del diritto agli incentivi di cui al presente comma, per gli impianti autorizzati e non ancora in esercizio, e, in via prioritaria, per quelli in costruzione, è completata dal Ministro dello sviluppo economico, sentite le Commissioni parlamentari competenti, inderogabilmente entro tre mesi dalla data di entrata in vigore della citata legge 244/2007.
(3) Per la deroga al presente comma vedi l'articolo 1 dell'O.P.C.M. 6 febbraio 2008, n. 3656 e l'articolo 33, comma 1-octies del D.L. 31 dicembre 2007, n. 248.

1119. è fatta salva la normativa previgente per la produzione di energia elettrica di cui all'articolo 11, comma 14, del decreto-legge 14 marzo 2005, n. 35, convertito con modificazioni, dalla legge 14 maggio 2005, n. 80.

1120. Alla normativa in materia di produzione di energia da fonti rinnovabili sono apportate le seguenti modificazioni:

a) al decreto legislativo 29 dicembre 2003, n. 387, all'articolo 17, i commi 1, 3 e 4 sono abrogati; all'articolo 20, comma 6 del medesimo decreto, le parole: "e da rifiuti" sono soppresse;

b) alla legge 9 gennaio 1991, n. 9, all'articolo 22, al comma 1, sono soppresse le parole: "o assimilate"; al comma 5 è soppresso l'ultimo periodo; al comma 7 sono soppresse le parole: "ed assimilate";

c) alla legge 9 gennaio 1991, n. 9, nella rubrica degli articoli 22 e 23, le parole: "e assimilate" sono soppresse;

d) alla legge 10 gennaio 1991, n. 10, all'articolo 1, nel comma 3, primo periodo, le parole "o assimilate" e le parole: "ed inorganici" sono soppresse ed il secondo periodo è soppresso; all'articolo 11 della medesima legge, nella rubrica, le parole: "o assimilate" sono soppresse; all'articolo 26, comma 7, della medesima legge le parole: "o assimilate " sono soppresse;

e) al decreto legislativo 16 marzo 1999, n. 79, all'articolo 2, comma 15, le parole: "e inorganici" sono soppresse;

f) alla legge 1° marzo 2002, n. 43, all'articolo 39, comma 1, la lettera e) è abrogata;

g) alla legge 23 agosto 2004, n. 239, all'articolo 1, il comma 71 è abrogato;

h) al decreto legislativo 3 aprile 2006, n. 152, all'articolo 229, il comma 6 è abrogato;

i) al decreto legislativo 26 ottobre 1995, n. 504, all'articolo 52, comma 3, lettera a), sono soppresse le parole "ed assimilate".

1121. Allo scopo di finanziare interventi finalizzati al miglioramento della qualità dell'aria nelle aree urbane nonchè al potenziamento del trasporto pubblico, è istituito, nello stato di previsione del Ministero dell'ambiente e della tutela del territorio e del mare, il Fondo per la mobilità sostenibile, con uno stanziamento di 90 milioni di euro per ciascuno degli anni 2007, 2008 e 2009 (1).

(1) Per la riduzione dell'autorizzazione di spesa di cui al presente comma vedi l'articolo 8, comma 1, lettera e), del D.L. 10 febbraio 2009, n. 5.

1122. Il Fondo di cui al comma 1121 destina le proprie risorse, con decreto del Ministro dell'ambiente e della tutela del territorio e del mare, di concerto con il Ministro dei trasporti, prioritariamente all'adozione delle seguenti misure:

a) potenziamento ed aumento dell'efficienza dei mezzi pubblici, con particolare riguardo a quelli meno inquinanti e a favore dei comuni a maggiore crisi ambientale;

b) incentivazione dell'intermodalità;

c) introduzione di un sistema di incentivi e disincentivi per privilegiare la mobilità sostenibile;

d) valorizzazione degli strumenti del mobility management e del car sharing;

e) realizzazione di percorsi vigilati protetti casa-scuola;

f) riorganizzazione e razionalizzazione del settore di trasporto e consegna delle merci, attraverso la realizzazione di centri direzionali di smistamento che permetta una migliore organizzazione logistica, nonchè il progressivo obbligo di utilizzo di veicoli a basso impatto ambientale;

g) realizzazione e potenziamento della rete di distribuzione del gas metano, gpl, elettrica e idrogeno;

h) promozione di reti urbane di percorsi destinati alla mobilità ciclistica (1).

(1) La Corte Costituzionale con sentenza 16 maggio 2008, n. 142 (in Gazz. Uff., 21 maggio 2008, n. 22) ha dichiarato illegittimità costituzionale del presente comma nella parte in cui non prevede che il decreto del Ministro dell'ambiente e della tutela del territorio e del mare, di concerto con il Ministro dei trasporti, sia emanato previa acquisizione del parere della Conferenza unificata.

1123. Una quota non inferiore al 5 per cento del Fondo di cui al comma 1121, è destinata agli interventi di cui alla legge 19 ottobre 1998, n. 366 (1).

(1) La Corte Costituzionale con sentenza 16 maggio 2008, n. 142 (in Gazz. Uff., 21 maggio 2008, n. 22) ha dichiarato illegittimità costituzionale del presente comma nella parte in cui non prevede che il decreto del Ministro dell'ambiente e della tutela del territorio e del mare, di concerto con il Ministro dei trasporti, sia emanato previa acquisizione del parere della Conferenza unificata.

1124. È istituito, nello stato di previsione del Ministero dell'ambiente e della tutela del territorio e del mare, il Fondo per lo sviluppo sostenibile, allo scopo di finanziare progetti per la sostenibilità ambientale di settori economico-produttivi o aree geografiche, l'educazione e l'informazione ambientale e progetti internazionali per la cooperazione ambientale sostenibile.

1125. Per il triennio 2007-2009 sono destinate al finanziamento del Fondo di cui al comma 1124 risorse per un importo annuo di 25 milioni di euro. Con decreto del Ministro dell'ambiente e della tutela del territorio e del mare, di concerto con il Ministro dell'economia e delle finanze e, limitatamente ai progetti internazionali per la cooperazione ambientale sostenibile, d'intesa con il Ministro degli affari esteri sentita la Conferenza unificata di cui all'articolo 8 del decreto legislativo 28 agosto 1997, n. 281, sono individuate annualmente le misure prioritarie da finanziare con il predetto Fondo.

1126. È autorizzata la spesa di 50.000 euro per finanziare l'attuazione e il monitoraggio di un "Piano d'azione per la sostenibilità ambientale dei consumi nel settore della pubblica amministrazione", predisposto dal Ministero dell'ambiente e della tutela del territorio e del mare, di concerto con i Ministri dell'economia e delle finanze e dello sviluppo economico, d'intesa con le regioni e le province autonome di Trento e di Bolzano, e sottoposto alla approvazione dalla CONSIP Spa, costituita in attuazione del decreto legislativo 19 novembre 1997, n. 414. Il Piano prevede l'adozione di misure volte all'integrazione delle esigenze di sostenibilità ambientale nelle procedure di acquisto di beni e servizi delle amministrazioni competenti, sulla base dei seguenti criteri:

a) riduzione dell'uso delle risorse naturali;

b) sostituzione delle fonti energetiche non rinnovabili con fonti rinnovabili;

c) riduzione della produzione di rifiuti;

d) riduzione delle emissioni inquinanti;

e) riduzione dei rischi ambientali.

1127. Il piano di cui al comma 1126 indica gli obiettivi di sostenibilità ambientale da raggiungere per gli acquisti nelle seguenti categorie merceologiche:

a) arredi;

b) materiali da costruzione;

c) manutenzione delle strade;

d) gestione del verde pubblico;

e) illuminazione e riscaldamento;

f) elettronica;

g) tessile;

h) cancelleria;

i) ristorazione;

l) materiali per l'igiene;

m) trasporti.

1128. Per il monitoraggio degli obiettivi di cui al comma 1127 è istituito un apposito Comitato composto dal Ministro dell'ambiente e della tutela del territorio e del mare, dal Ministro dell'economia e delle finanze, dal Ministro dello sviluppo economico nonchè dai presidenti delle regioni interessate.

[1129. Ai fini della riduzione delle emissioni di anidride carbonica in atmosfera, del rafforzamento della protezione ambientale e del sostegno alle filiere agro-industriali nel campo dei biomateriali, è avviato, a partire dall'anno 2007, un programma sperimentale a livello nazionale per la progressiva riduzione della commercializzazione di sacchi per l'asporto delle merci che, secondo i criteri fissati dalla normativa comunitaria e dalle norme tecniche approvate a livello comunitario, non risultino biodegradabili.] (1)

(1) Comma abrogato dall'articolo 9-bis, comma 3, lettera a), del D.L. 20 giugno 2017, n. 91, convertito con modificazioni dalla Legge 3 agosto 2017, n. 123.

[1130. Il programma di cui al comma 1129, definito con decreto del Ministro dello sviluppo economico, di concerto con il Ministro dell'ambiente e della tutela del territorio e del mare e con il Ministro delle politiche agricole alimentari e forestali, da adottare entro centoventi giorni dalla data di entrata in vigore della presente legge previo parere delle competenti Commissioni parlamentari, è finalizzato ad individuare le misure da introdurre progressivamente nell'ordinamento interno al fine di giungere al definitivo divieto, a decorrere dal 1° gennaio 2011, della commercializzazione di sacchi non biodegradabili per l'asporto delle merci che non rispondano entro tale data, ai criteri fissati dalla normativa comunitaria e dalle norme tecniche approvate a livello comunitario (1)(2)*.]* (3)

(1) Comma modificato dall'articolo 23, comma 21-novies, del D.L. 1° luglio 2009, n. 78.

(2) A norma dell'articolo 2, comma 1, del D.L. 25 gennaio 2012, n. 2 il termine di cui al presente comma è prorogato fino all'adozione del decreto di cui al comma 2 del citato decreto limitatamente alla commercializzazione dei sacchi monouso per l'asporto merci realizzati con polimeri conformi alla norma armonizzata UNI EN 13432:2002, secondo certificazioni rilasciate da organismi accreditati, di quelli riutilizzabili realizzati con altri polimeri che abbiano maniglia esterna alla dimensione utile del sacco e spessore superiore a 200 micron se destinati all'uso alimentare e 100 micron se destinati ad altri usi, di quelli riutilizzabili realizzati con altri polimeri che abbiano maniglia interna alla dimensione utile del sacco e spessore superiore ai 100 micron se destinati all'uso alimentare e 60 micron se destinati agli altri usi.

(3) Comma abrogato dall'articolo 9-bis, comma 3, lettera a), del D.L. 20 giugno 2017, n. 91, convertito con modificazioni dalla Legge 3 agosto 2017, n. 123.

[1131. Per l'avvio del programma di cui ai commi 1129 e 1130 è destinata una quota non inferiore a 1 milione di euro a valere sul "Fondo unico investimenti per la difesa del suolo e la tutela ambientale" del Ministero dell'ambiente e della tutela del territorio e del mare.] (1)

(1) Comma abrogato dall'articolo 9-bis, comma 3, lettera a), del D.L. 20 giugno 2017, n. 91, convertito con modificazioni dalla Legge 3 agosto 2017, n. 123.

1132. Al fine di assicurare il monitoraggio delle attività e dei dati relativi alla difesa del suolo e la piena integrazione con il sistema informativo unico e la rete nazionale integrati di rilevamento è autorizzata la spesa di 750.000 euro per ciascuno degli anni 2007, 2008 e 2009. Ferme restando le disposizioni di cui agli articoli 55 e 56 del decreto legislativo 3 aprile 2006, n. 152, le regioni e le province autonome di Trento e di Bolzano, nonchè le amministrazioni e gli enti territoriali trasmettono trimestralmente al Ministero dell'ambiente e della tutela del territorio e del mare e all'Agenzia per la protezione dell'ambiente e per i servizi tecnici (APAT), le informazioni riguardanti le attività di propria competenza in materia di difesa del suolo e lotta alla desertificazione, di tutela delle acque dall'inquinamento e di gestione delle risorse idriche e prevenzione del dissesto idrogeologico. Il Ministro dell'ambiente e della tutela del territorio e del mare con proprio decreto istituisce un Osservatorio per la raccolta, l'aggiornamento, l'elaborazione e la diffusione dei dati oggetto di monitoraggio.

1133. I rapporti di lavoro a tempo determinato previsti dall'articolo 1, comma 596, della legge 23 dicembre 2005, n. 266, sono prorogati fino al 31 dicembre 2007. Ai fini di cui al comma 404, lettera a), del presente articolo per gli uffici di livello dirigenziale generale del Ministero per i beni e le attività culturali si tiene conto di quanto già disposto dall'articolo 2, comma 94, del decreto-legge 3 ottobre 2006, n. 262, convertito, con modificazioni, dalla legge 24 novembre 2006, n. 286.

1134. All'articolo 2, comma 98, lettere b) e c), del decreto-legge 3 ottobre 2006, n. 262, convertito, con modificazioni, dalla legge 24 novembre 2006, n. 286, dopo le parole: "spesa derivante dall'attuazione del comma 1", sono inserite le seguenti: "dell'articolo 54 del decreto legislativo 30 luglio 1999, n. 300, e successive modificazioni".

1135. Per l'anno 2007, continuano ad applicarsi le disposizioni di cui all'articolo 3, commi 1 e 2, del decreto-legge 31 gennaio 2005, n. 7, convertito, con modificazioni, dalla legge 31 marzo 2005, n. 43, e successive modificazioni.

1136. Al fine di sostenere interventi in materia di attività culturali svolte sul territorio italiano, è istituito presso il Ministero per i beni e le attività culturali un Fondo per l'attuazione di accordi di cofinanziamento tra lo Stato e le autonomie. Con decreti del Ministro per i beni e le attività culturali si provvede al finanziamento degli interventi a valere sul predetto Fondo.

1137. Per le finalità di cui al comma 1136, è assegnato al Ministero per i beni e le attività culturali un contributo di 20 milioni di euro per ciascuno degli anni 2007, 2008 e 2009.

1138. A favore di specifiche finalità relative ad interventi di tutela e valorizzazione dei beni culturali e del paesaggio nonchè di progetti per la loro gestione è assegnato al Ministero per i beni e le attività culturali un contributo di 31,5 milioni di euro per ciascuno degli anni 2007, 2008 e 2009. Gli interventi sono stabiliti annualmente con decreto del Ministro per i beni e le attività culturali, sentito il Consiglio superiore per i beni culturali e paesaggistici.

1139. Per la prosecuzione degli interventi di cui all'articolo 5, comma 2, della legge 11 dicembre 2000, n. 381, è autorizzata la spesa di 50.000 euro per gli anni 2007, 2008 e 2009.

1140. Al Fondo di cui all'articolo 12, comma 1, del decreto legislativo 22 gennaio 2004, n. 28, e successive modificazioni, è assegnato un contributo di 20 milioni di euro per ciascuno degli anni 2007, 2008 e 2009. Tale contributo è finalizzato a favore di interventi di sostegno a istituzioni, grandi eventi di carattere culturale, nonchè ulteriori esigenze del settore dello spettacolo. In deroga al comma 4 del citato articolo 12, gli interventi sono stabiliti annualmente con decreto del Ministro per i beni e le attività culturali.

1141. I contributi per il restauro, la conservazione e la valorizzazione dei beni culturali, nonchè per l'istituzione del fondo in favore dell'editoria per ipovedenti e non vedenti di cui alla tabella A, n. 86, allegata alla legge 16 ottobre 2003, n. 291, da destinare anche in favore di case editrici o altri soggetti che forniscono servizi volti alla trasformazione dei prodotti esistenti in formati idonei alla fruizione da parte degli ipovedenti e non vedenti, alla creazione di prodotti editoriali nuovi e specifici, nonchè alla catalogazione, conservazione e distribuzione dei prodotti trasformati e creati, sono aumentati di un importo pari a 10 milioni di euro per l'anno 2007.

1142. Per consentire al Ministero per i beni e le attività culturali di far fronte con interventi urgenti al verificarsi di emergenze che possano pregiudicare la salvaguardia dei beni culturali e paesaggistici e di procedere alla realizzazione di progetti di gestione di modelli museali, archivistici e librari, nonchè di progetti di tutela paesaggistica e archeologico-monumentale e di progetti per la manutenzione, il restauro e la valorizzazione di beni culturali e paesaggistici, è autorizzata la spesa di 79 milioni di euro per l'anno 2007 e di 87 milioni di euro annui a decorrere dall'anno 2008. Con decreto del Ministro per i beni e le attività culturali sono stabiliti annualmente gli interventi e i progetti cui destinare le somme [(1)].

[(1)] Per la riduzione dell'autorizzazione di spesa di cui al presente comma, vedi l'articolo 2, commi 401 e 410, della legge 24 dicembre 2007 n. 244, l'articolo 3, comma 110, della legge 24 dicembre 2007 n. 244, l'articolo 1, comma 321, della Legge 28 dicembre 2015, n. 208 e l'articolo 11, comma 3-quater, del D.L. 30 dicembre 2016, n. 244, convertito in legge con modificazioni, dalla legge 27 febbraio 2017, n. 19. Per l'incremento dell'autorizzazione di spesa di cui al presente comma vedi l'articolo 22, comma 7-ter, del D.L. 24 aprile 2017, n. 50, convertito, con modificazioni, dalla Legge 21 giugno 2017, n. 96. Vedi inoltre, l'articolo 1, comma 316, della Legge 27 dicembre 2017, n. 205.

1143. Al comma 8 dell'articolo 3 del decreto- legge 25 marzo 1997, n. 67, convertito, con modificazioni, dalla legge 23 maggio 1997, n. 135, sono aggiunti, in fine, i seguenti periodi: "Le risorse finanziarie giacenti nelle contabilità speciali dei capi degli Istituti centrali e periferici del Ministero per i beni e le attività culturali, ai sensi delle disposizioni di cui al presente comma e all'articolo 7 del decreto-legge 20 maggio 1993, n. 149, convertito, con modificazioni, dalla legge 19 luglio 1993, n. 237, ove non impegnate con obbligazioni giuridicamente perfezionate entro il termine del 30 novembre 2006, sono riprogrammate con decreto del Ministro per i beni e le attività culturali nell'ambito dell'aggiornamento del piano e dell'assegnazione dei fondi di cui al penultimo periodo del comma 1 dell'articolo 7 del citato decreto-legge n. 149 del 1993, convertito, con modificazioni, dalla legge n. 237 del 1993, e, con le modalità di cui alla legge 3 marzo 1960, n. 169, possono essere trasferite da una contabilità speciale ad un'altra ai fini dell'attuazione dei nuovi interventi individuati con la riprogrammazione ove possibile, nell'ambito della stessa regione. Entro e non oltre il 30 gennaio 2007 i capi degli Istituti centrali e periferici del Ministero per i beni e le attività culturali titolari delle predette contabilità speciali sono tenuti a comunicare all'ufficio di gabinetto e all'ufficio centrale di bilancio del medesimo Ministero l'ammontare delle risorse finanziarie non impegnate con obbligazioni giuridicamente perfezionate da riprogrammare".

1144. Alla legge 17 aprile 2003, n. 91, sono apportate le seguenti modificazioni:

a) il titolo è sostituito dal seguente: "Istituzione del Museo Nazionale dell'Ebraismo Italiano e della Shoah";

b) all'articolo 1, il comma 1 è sostituito dal seguente:

"1. è istituito in Ferrara il Museo Nazionale dell'Ebraismo Italiano e della Shoah, di seguito denominato "Museo", quale testimonianza delle vicende che hanno caratterizzato la bimillenaria presenza ebraica in Italia ";

c) all'articolo 1, il comma 2 è sostituito dal seguente:

"2. Il Museo ha i seguenti compiti: a) far conoscere la storia, il pensiero e la cultura dell'ebraismo italiano; in esso un reparto dovrà essere dedicato alle testimonianze delle persecuzioni razziali ed alla Shoah in Italia; b) promuovere attività didattiche nonchè organizzare manifestazioni, incontri nazionali ed internazionali, convegni, mostre permanenti e temporanee, proiezioni di film e di spettacoli sui temi della pace e della fratellanza tra i popoli e dell'incontro tra culture e religioni diverse";

d) all'articolo 1, al comma 3, dopo le parole: "della collaborazione" aggiungere le seguenti: "dell'Unione delle Comunità Ebraiche Italiane (UCEI) e".

1145. È autorizzata la spesa di 20 milioni di euro per

l'anno 2007 a favore delle istituzioni di alta formazione e specializzazione artistica e musicale, di cui alla legge 21 dicembre 1999, n. 508, e successive modificazioni, destinata, quanto a 10 milioni di euro, all'ampliamento, alla ristrutturazione, al restauro e alla manutenzione straordinaria degli immobili utilizzati da tali soggetti per la propria attività con priorità verso gli immobili di proprietà pubblica e demaniale e, quanto a 10 milioni di euro, al loro funzionamento amministrativo e didattico.

1146. Per le finalità di cui alla legge 14 aprile 2004, n. 98, è disposta l'ulteriore erogazione di euro 1.500.000 annui per ciascuno degli anni 2007, 2008 e 2009.

1147. Al fine di razionalizzare gli interventi e conseguire economie di spesa, sono abrogati: gli articoli 37 e 40 della legge 14 agosto 1967, n. 800; l'articolo 8 del regolamento di cui al decreto del Presidente della Repubblica 21 aprile 1994, n. 394; i titoli III e IV del decreto del Ministro per i beni e le attività culturali 21 dicembre 2005, pubblicato nel supplemento ordinario n. 28 alla Gazzetta Ufficiale n. 29 del 4 febbraio 2006, recante criteri e modalità di erogazione di contributi in favore delle attività di spettacolo viaggiante, in corrispondenza agli stanziamenti del Fondo unico per lo spettacolo, di cui alla legge 30 aprile 1985, n. 163, ed in materia di autorizzazione all'esercizio dei parchi di divertimento. Sono fatte salve le competenze del Ministero dell'interno in materia di sicurezza.

1148. L'articolo 24 del decreto legislativo 29 giugno 1996, n. 367, e successive modificazioni, è sostituito dal seguente:

"Art. 24. – (Contributi dello Stato). – 1. I criteri di ripartizione della quota del Fondo unico per lo spettacolo destinata alle fondazioni lirico-sinfoniche sono determinati con decreto del Ministro per i beni e le attività culturali. Tali criteri sono determinati sulla base degli elementi quantitativi e qualitativi della produzione offerta e tengono conto degli interventi di riduzione delle spese".

1149. Le risorse stanziate con apposita delibera CIPE, ai sensi del comma 219 dell'articolo 1 della legge 30 dicembre 2004, n. 311, si intendono prorogate per il biennio 2008-2009.

1150. Al fine di conseguire i massimi risultati in termini di recupero delle somme a suo tempo erogate dallo Stato a sostegno delle attività di produzione nel settore cinematografico, all'articolo 18, comma 2, del decreto-legge 10 gennaio 2006, n. 4, convertito, con modificazioni, dalla legge 9 marzo 2006, n. 80, è aggiunto, in fine, il seguente periodo: "In tale convenzione sono stabilite, altresì, per tutte le deliberazioni di risorse statali ad imprese cinematografiche di produzione, distribuzione ed esportazione avvenute entro il 31 dicembre 2006, per le quali non vi sia stata completa restituzione, in base a quanto accertato e comunicato alla Direzione generale per il cinema del Ministero per i beni e le attività culturali dall'istituto gestore del Fondo di cui all'articolo 12, comma 1, del decreto legislativo 22 gennaio 2004, n. 28, le modalità per pervenire all'estinzione del debito maturato, per le singole opere finanziate secondo un meccanismo che preveda, tra l'altro, l'attribuzione della totalità dei diritti del film in capo, alternativamente, all'impresa ovvero al Ministero per i beni e le attività culturali, per conto dello Stato".

1151. Al fine di razionalizzare e rendere piu` efficiente l'erogazione e l'utilizzo delle risorse destinate dallo Stato a sostegno delle attività di produzione nel settore cinematografico, al decreto legislativo 22 gennaio 2004, n. 28, e successive modificazioni, sono apportate le seguenti modificazioni:

a) all'articolo 12, comma 3, lettera a), la parola: "finanziamento" è sostituita dalla seguente: "sostegno";

b) all'articolo 12, comma 5, le parole: "erogazione dei finanziamenti e dei contributi" sono sostituite dalle seguenti: "erogazione dei contributi" e le parole: "finanziamenti concessi" sono sostituite dalle seguenti: "contributi concessi";

c) l'articolo 12 è sostituito dal seguente:

"Art. 13. – (Disposizioni per le attività di produzione). – 1. A valere sul Fondo di cui all'articolo 12, comma 1, sono concessi i contributi indicati nei commi 2, 3 e 6.

2. Per i lungometraggi riconosciuti di interesse culturale, è concesso un contributo, a valere sul Fondo di cui all'articolo 12, comma 1, in misura non superiore al 50 per cento del costo del film, per un costo industriale massimo definito con il decreto ministeriale di cui all'articolo 12, comma 5. Per le opere prime e seconde, la misura di cui al periodo precedente è elevata fino al 90 per cento.

3. Per i cortometraggi riconosciuti di interesse culturale, è concesso un contributo, a valere sul Fondo di cui all'articolo 12, comma 1, fino al 100 per cento del costo del film, per un costo industriale massimo definito con il decreto ministeriale di cui all'articolo 12, comma 5.

4. Nel decreto ministeriale di cui all'articolo 12, comma 5, sono stabilite le modalità con le quali, decorsi cinque anni dall'erogazione del contributo, e nel caso in cui quest'ultimo non sia stato interamente restituito, è attribuita al Ministero per i beni e le attività culturali, per conto dello Stato, o, in alternativa, all'impresa di produzione interessata, la piena titolarità dei diritti di sfruttamento e di utilizzazione economica dell'opera.

5. Variazioni sostanziali nel trattamento e nel cast tecnico-artistico del film realizzato, rispetto al progetto valutato dalla sottocommissione di cui all'articolo 8, comma 1, lettera a), idonee a fare venire meno i requisiti per la concessione dei benefici di legge, e che non siano state comunicate ed approvate dalla predetta sottocommissione, comportano la revoca del contributo concesso, la sua intera restituzione, nonchè la cancellazione per cinque anni dagli elenchi di cui all'articolo 3. Per un analogo periodo di tempo, non possono essere iscritte ai medesimi elenchi imprese di produzione che comprendono soci, amministratori e legali rappresentanti dell'impresa esclusa.

6. Sono corrisposti annualmente contributi alle imprese di produzione, iscritte negli elenchi di cui all'articolo 3, per lo sviluppo di sceneggiature originali, di particolare rilievo culturale o sociale. Il contributo è revocato in caso di mancata presentazione del corrispondente progetto filmico entro due anni dalla data di erogazione. Esso viene restituito in caso di concessione dei contributi previsti ai commi 2 e 3. Una quota percentuale della somma, definita con il decreto ministeriale di cui all'aarticolo 12, comma 5, è destinata all'autore della sceneggiatura.

7. Un'apposita giuria, composta da cinque eminenti personalità della cultura, designate dal Ministro, provvede all'attribuzione dei premi di qualità di cui all'articolo 17.";

d) all'articolo 8, al comma 1, lettera a), le parole: "nonchè all'ammissione al finanziamento di cui all'articolo 13, comma 6, del presente decreto, ed alla valutazione delle sceneggiature di cui all'articolo 13, comma 8" sono sostituite dalle seguenti: "nonchè alla valutazione delle sceneggiature di cui all'articolo 13, comma 6" e, al comma 2, lettera d), le parole: "comma 8" sono sostituite dalle seguenti: "comma 6";

e) all'articolo 17, comma 1, le parole: "comma 9" sono sostituite dalle seguenti: "comma 7";

f) all'articolo 20, comma 1, secondo periodo, le parole: "comma 8" sono sostituite dalle seguenti: "comma 6".

1152. Per interventi di ammodernamento e di potenziamento della viabilità secondaria esistente nella Regione siciliana e nella regione Calabria, non compresa nelle strade gestite dalla società ANAS Spa, una quota rispettivamente pari a 350 milioni di euro e a 150 milioni di euro per l'anno 2007 è assegnata in sede di riparto delle somme stanziate sul fondo per le aree sottoutilizzate. Con decreto del Ministro delle infrastrutture, di concerto con il Ministro dello sviluppo economico, si provvede alla ripartizione di tali risorse tra le province della Regione siciliana e le province della regione Calabria, in proporzione alla viabilità presente in ciascuna di esse, e sono stabiliti criteri e modalità di gestione per l'utilizzo delle predette risorse [(1)].

(1) Comma sostituito dall'articolo 2, comma 538, della legge 24 dicembre 2007 n. 244.

1152-bis. L'autorizzazione di spesa di cui all'articolo 61, comma 1, della legge 27 dicembre 2002, n. 289, è ridotta di 500 milioni di euro per ciascuno degli anni 2008 e 2009 [(1)].

(1) Comma aggiunto dall'articolo 2, comma 538, della legge 24 dicembre 2007 n. 244, come modificato dall'articolo 5, comma 9, lettera b), numero 14) del D.L. 27 maggio 2008, n. 93.

1153. Per la realizzazione di opere viarie del Veneto è autorizzata la spesa di 10 milioni di euro per l'anno 2007.

1154. Per la realizzazione di un piano straordinario di edilizia residenziale pubblica sovvenzionata è autorizzata la spesa di 30 milioni di euro per ciascuno degli anni 2008 e 2009. Con decreto del Ministro delle infrastrutture, previa intesa in sede di Conferenza permanente per i rapporti tra lo Stato, le regioni e le province autonome di Trento e di Bolzano, sono definite le modalità di applicazione e di erogazione dei finanziamenti [(1)].

(1) Vedi l'articolo 11, comma 12, del D.L. 25 giugno 2008, n.112, come modificato dalla legge 6 agosto 2008, n. 133, in sede di conversione.

1155. All'articolo 2 del decreto-legge 3 ottobre 2006, n. 262, convertito, con modificazioni, dalla legge 24 novembre 2006, n. 286, sono apportate le seguenti modificazioni:

a) al comma 92, le parole: "in apposito capitolo di spesa dello stato di previsione del Ministero delle infrastrutture "Interventi per la realizzazione di opere infrastrutturali e di tutela dell'ambiente e difesa del suolo in Sicilia e in Calabria"" sono sostituite dalle seguenti: "in due distinti capitoli di spesa del Ministero delle infrastrutture e del Ministero dell'ambiente e della tutela del territorio e del mare denominati rispettivamente "Interventi per la realizzazione di opere infrastrutturali in Sicilia e in Calabria" e "Interventi di tutela dell'ambiente e difesa del suolo in Sicilia e in Calabria"";

b) al comma 93, le parole: "Ministro delle infrastrutture, di concerto con il Ministro dell'ambiente e della tutela del territorio e del mare e" sono sostituite dalle seguenti: "Ministro dell'ambiente e della tutela del territorio e del mare, di concerto" [(1)].

(1) Vedi le disposizioni di cui all'articolo 5, comma 6, del D.L. 27 maggio 2008, n. 93.

1156. A carico del Fondo per l'occupazione di cui all'articolo 1, comma 7, del decreto- legge 20 maggio 1993, n. 148, convertito, con modificazioni, dalla legge 19 luglio 1993, n. 236, si provvede ai seguenti interventi, nei limiti degli importi rispettivamente indicati, da stabilire in via definitiva con il decreto di cui al comma 1159 del presente articolo:

a) entro tre mesi dalla data di entrata in vigore della presente legge, il Ministro del lavoro e della previdenza sociale, con proprio decreto, sentite la Conferenza unificata di cui all'articolo 8 del decreto legislativo 28 agosto 1997, n. 281, e le organizzazioni nazionali comparativamente piu` rappresentative dei lavoratori e dei datori di lavoro, adotta un programma speciale di interventi e costituisce una cabina di regia nazionale di coordinamento che concorre allo sviluppo dei piani territoriali di emersione e di promozione di occupazione regolare nonchè alla valorizzazione dei comitati per il lavoro e l'emersione del sommerso (CLES). Entro sei mesi dalla data di entrata in vigore della presente legge, è istituito, con decreto del Ministro del lavoro e della previdenza sociale, di concerto con il Ministro dell'economia e delle finanze, un apposito Fondo per l'emersione del lavoro irregolare (FELI), destinato al finanziamento, d'intesa con le regioni e gli enti locali interessati, di servizi di supporto allo sviluppo delle imprese che attivino i processi di emersione di cui ai commi da 1192 a 1201. Ai fini della presente lettera si provvede, per ciascuno degli anni 2007 e 2008, nei limiti di 10 milioni di euro annui [(1)];

b) sono destinati 25 milioni di euro per l'anno 2007 alla finalità di cui all'articolo 1, comma 1, del decreto-legge 5 ottobre 2004, n. 249, convertito, con modificazioni, dalla legge 3 dicembre 2004, n. 291, e successive modificazioni;

c) in attesa della riforma degli ammortizzatori sociali e comunque non oltre il 31 dicembre 2007, possono essere concessi trattamenti di cassa integrazione guadagni straordinaria e di mobilità ai dipendenti delle imprese esercenti attività commerciali con piu` di cinquanta dipendenti, delle agenzie di viaggio e turismo, compresi gli operatori turistici, con piu` di cinquanta dipendenti e delle imprese di vigilanza con piu` di quindici dipendenti nel limite massimo di spesa di 45 milioni di euro [(2)(3)];

d) in attesa della riforma degli ammortizzatori sociali, al fine di sostenere programmi per la riqualificazione professionale ed il reinserimento occupazionale di collaboratori a progetto, che hanno prestato la propria opera presso aziende interessate da situazioni di crisi, con decreto del Ministro del lavoro e della previdenza sociale, da emanare entro due mesi dalla data di entrata in vigore della presente legge, sentita la Conferenza unificata di cui all'articolo 8 del decreto legislativo 28 agosto 1997, n. 281, sono definiti criteri e modalità inerenti alle disposizioni di cui alla presente lettera. Agli oneri di cui alla presente lettera si provvede nel limite di 15 milioni di euro per ciascuno degli anni 2007 e 2008 [(4)];

e) il Ministero del lavoro e della previdenza sociale è autorizzato a stipulare con i comuni, nel limite massimo complessivo di 1 milione di euro per l'anno 2007, previa intesa in sede di Conferenza permanente per i rapporti tra lo Stato, le regioni e le province autonome di Trento e di Bolzano, nuove convenzioni per lo svolgimento di attività socialmente utili e per l'attuazione di misure di politica attiva del lavoro riferite a lavoratori impegnati in attività socialmente utili, nella disponibilità da almeno sette anni di comuni con popolazione inferiore a 50.000 abitanti;

f) in deroga a quanto disposto dall'articolo 12, comma 4, del decreto legislativo 1 dicembre 1997, n. 468, e limitatamente all'anno 2007, i comuni con meno di 5.000 abitanti che hanno vuoti in organico possono, relativamente alle qualifiche di cui all'articolo 16 della legge 28 febbraio 1987, n. 56, e successive modificazioni, procedere ad assunzioni di soggetti collocati in attività socialmente utili nel limite massimo complessivo di 2.450 unità. Alle misure di cui alla presente lettera è esteso l'incentivo di cui all'articolo 7, comma 6, del decreto legislativo 28 febbraio 2000, n. 81. Agli oneri relativi, nel limite di 23 milioni di euro annui a decorrere dall'anno 2007, si provvede a valere sul Fondo per l'occupazione di cui all'articolo 1, comma 7, del decreto-legge 20 maggio 1993, n. 148, convertito, con modificazioni, dalla legge 19 luglio 1993, n. 236, che a tal fine è integrato del predetto importo (5);

f-bis) al fine di favorire la stabilizzazione dei lavoratori di cui all'articolo 2, comma 1, del decreto legislativo 28 febbraio 2000, n. 81, e di cui all'articolo 3, comma 1, del decreto legislativo 7 agosto 1997, n. 280, in favore della regione Calabria e della regione Campania è concesso un contributo per l'anno 2007 rispettivamente di 60 e 10 milioni di euro, da ripartire con decreto del Ministro dell'economia e delle finanze previa stipula di apposita convenzione con il Ministero del lavoro e della previdenza sociale, a valere sul Fondo per l'occupazione di cui all'articolo 1, comma 7, del decreto-legge 20 maggio 1993, n. 148, convertito, con modificazioni, dalla legge 19 luglio 1993, n. 236, che a tale fine è integrato del predetto importo per l'anno 2007. Ai soli fini della presente lettera e della lettera f), i lavoratori impegnati nelle attività di cui all'articolo 3, comma 1, del decreto legislativo 7 agosto 1997, n. 280, nella regione Calabria sono equiparati ai lavoratori di cui all'articolo 2, comma 1, del decreto legislativo 28 febbraio 2000, n. 81 (6).

g) il Ministro del lavoro e della previdenza sociale, con proprio decreto, dispone annualmente di una quota del Fondo per l'occupazione, nei limiti delle risorse disponibili del Fondo medesimo, per interventi strutturali ed innovativi volti a migliorare e riqualificare la capacità di azione istituzionale e l'informazione dei lavoratori e delle lavoratrici in materia di lotta al lavoro sommerso ed irregolare, promozione di nuova occupazione, tutela della salute e della sicurezza dei lavoratori, iniziative in materia di protezione sociale ed in ogni altro settore di competenza del Ministero del lavoro e della previdenza sociale.

g-bis) a decorrere dall'esercizio finanziario 2008, è disposto lo stanziamento di un ulteriore contributo di 50 milioni di euro annui per la stabilizzazione dei lavoratori socialmente utili e per le iniziative connesse alle politiche attive per il lavoro in favore delle regioni che rientrano negli obiettivi di convergenza dei fondi strutturali dell'Unione europea attraverso la stipula di un'apposita convenzione con il Ministero del lavoro e della previdenza sociale a valere sul Fondo di cui al presente comma (7).

(1) Vedi, anche, l'articolo 7, comma 3, del D.L. 31 dicembre 2007 n. 248.
(2) Per la definizione dei limiti di spesa, per l'anno 2007, per i trattamenti straordinari di integrazione salariale e di mobilità, di cui alla presente lettera, vedi il D.M. 15 maggio 2007, n. 40940.
(3) Per le assegnazioni definitive per gli interventi a carico del Fondo per l'occupazione di cui alla presente lettera vedi il D.M. 12 aprile 2007 come rettificato dal D.M. 29 novembre 2007 e il D.M. 1 aprile 2008.
(4) Per la ripartizione dei fondi di cui alla presente lettera alle regioni e province autonome, vedi articolo 1 del D.M. 3 dicembre 2008.
(5) Per le assegnazioni definitive per gli interventi a carico del Fondo per l'occupazione di cui alla presente lettera vedi il D.M. 12 aprile 2007 come rettificato dal D.M. 29 novembre 2007 e il D.M. 1 aprile 2008.
(6) Lettera inserita dall'articolo 27 del D.L. 1 ottobre 2007, n.159.
(7) Lettera aggiunta dall'articolo 2, comma 549, della legge 24 dicembre 2007 n. 244.

1157. In via sperimentale per l'anno 2007 ed in attesa della riforma degli ammortizzatori sociali, al fine di evitare il ricorso a licenziamenti collettivi da parte di imprese interessate da processi di cessione nell'ambito di procedure concorsuali in corso, è concessa, nel limite massimo complessivo di spesa di 10 milioni di euro, ai datori di lavoro cessionari che si trovino nelle condizioni di esercizio delle facoltà di cui al comma 4 dell'articolo 63 del decreto legislativo 8 luglio 1999, n. 270, a titolo di sperimentazione per la durata di un anno dalla data di entrata in vigore della presente legge ed in riferimento all'assunzione di lavoratori in esubero dipendenti dalle predette imprese beneficiari di trattamenti di integrazione salariale, l'applicazione degli sgravi contributivi previsti dall'articolo 8, commi 4 e 4- bis, e dall'articolo 25, comma 9, della legge 23 luglio 1991, n. 223, secondo le procedure ivi previste come integrate dalle previsioni di cui al comma 1158. Alla fine del periodo di sperimentazione, con decreto del Ministro dello sviluppo economico di concerto con il Ministro del lavoro e della previdenza sociale e con il Ministro dell'economia e delle finanze, attesi gli esiti della sperimentazione, si puo` disporre la prosecuzione degli interventi, compatibilmente con la disponibilità delle predette risorse (1).

(1) Vedi l'articolo unico del D.M. 2 ottobre 2009.

1158. Per le vendite intervenute nell'anno 2007 dopo l'entrata in vigore della presente legge, con decreto del Ministro del lavoro e della previdenza sociale, di concerto con il Ministro dell'economia e delle finanze, è disposta, sulla base di apposito accordo sindacale stipulato in sede governativa e di apposita relazione tecnica del Ministero per la

1159. All'assegnazione delle risorse finanziarie per gli interventi di cui al comma 1156 si provvede con decreto del Ministro del lavoro e della previdenza sociale, di concerto con il Ministro dell'economia e delle finanze (1).

(1) Per le assegnazioni definitive per gli interventi a carico del Fondo per l'occupazione di cui al presente coma vedi il D.M. 12 aprile 2007 come rettificato dal D.M. 29 novembre 2007.

1160. Al fine di promuovere la creazione di nuovi posti di lavoro e ridurre le uscite dal sistema produttivo dei lavoratori ultracinquantacinquenni, è istituito l'accordo di solidarietà tra generazioni, con il quale è prevista, su base volontaria, la trasformazione a tempo parziale dei contratti di lavoro dei dipendenti che abbiano compiuto i 55 anni di età e la correlativa assunzione con contratto di lavoro a tempo parziale, per un orario pari a quello ridotto, di giovani inoccupati o disoccupati di età inferiore ai 25 anni, oppure ai 29 anni se in possesso di diploma di laurea.

1161. Con decreto del Ministro del lavoro e della previdenza sociale, di concerto con il Ministro dell'economia e delle finanze, adottato entro sessanta giorni dalla data di entrata in vigore della presente legge, ai sensi dell'articolo 17, comma 3, della legge 23 agosto 1988, n. 400, sentite la Conferenza unificata di cui all'del articolo 8 decreto legislativo 28 agosto 1997, n. 281, e le organizzazioni sindacali e datoriali comparativamente piu` rappresentative a livello nazionale, sono stabiliti le modalità della stipula e i contenuti degli accordi di solidarietà di cui al comma 1160, i requisiti di accesso al finanziamento e le modalità di ripartizione delle risorse per l'attuazione degli accordi nel limite massimo complessivo di spesa di 3 milioni di euro per l'anno 2007 e 82,2 milioni di euro per ciascuno degli anni 2008 e 2009 (1).

(1) Per la riduzione, per ciascuno degli anni 2008 e 2009, dell'autorizzazione di spesa prevista dal presente comma, vedi l'articolo 1, comma 34, della legge 24 dicembre 2007, n. 247. Per l'ulteriore riduzione dell'autorizzazione di spesa prevista dal presente comma vedi l'articolo 21-quater, commi 2 e 4, del D.L. 31 dicembre 2007, n. 248.

1162. All'articolo 13, comma 4, della legge 12 marzo 1999, n. 68, le parole: "e lire 60 miliardi a decorrere dall'anno 2000" sono sostituite dalle seguenti: ", euro 37 milioni per l'anno 2007 ed euro 42 milioni a decorrere dall'anno 2008".

1163. Per il finanziamento delle attività di formazione professionale di cui all'articolo 12 del decreto-legge 22 dicembre 1981, n. 791, convertito, con modificazioni, dalla legge 26 febbraio 1982, n. 54, è autorizzata la spesa di 23 milioni di euro per l'anno 2007. Per i periodi successivi si provvede ai sensi dell'articolo 11, comma 3, lettera d), della legge 5 agosto 1978, n. 468, e successive modificazioni.

1164. A decorrere dall'anno 2008, i cittadini italiani rimpatriati dall'Albania possono ottenere a domanda, dall'INPS, la ricostruzione, nell'assicurazione generale obbligatoria per l'invalidità, la vecchiaia ed i superstiti, delle posizioni assicurative relative a periodi di lavoro dipendente ed autonomo effettivamente svolti nel predetto Paese dal 1° gennaio 1955 al 31 dicembre 1997. Con decreto, di natura non regolamentare, del Ministro del lavoro e della previdenza sociale, di concerto con il Ministro dell'economia e delle finanze, da adottare entro novanta giorni dalla data di entrata in vigore della presente legge, sono disciplinate le modalità di attuazione del presente comma. Il Ministro dell'economia e delle finanze provvede al monitoraggio degli oneri derivanti dall'attuazione del presente comma, anche ai fini dell'applicazione dell'articolo 11, comma 3, lettera i-quater), e dell'articolo 11-ter, comma 7, della legge 5 agosto 1978, n. 468, e successive modificazioni, e trasmette alle Camere, corredati da apposite relazioni, gli eventuali decreti emanati ai sensi dell'articolo 7, secondo comma, numero 2), della citata legge n. 468 del 1978. Il Ministro dell'economia e delle finanze è autorizzato ad apportare, con propri decreti, le occorrenti variazioni di bilancio (1)(A).

(1) Per la ricostruzione della posizione assicurativa dei soggetti rimpatriati dall'Albania, di cui al presente comma, vedi il D.M. 31 luglio 2007.
(A) In riferimento al presente comma vedi: Circolare INPS 22 febbraio 2008, n. 21.

1165. Per le finalità di cui all'articolo 117, comma 5, della legge 23 dicembre 2000, n. 388, è autorizzata la spesa nel limite massimo di euro 27.000.000 per l'anno 2007 e di euro 51.645.690 per l'anno 2008 a valere sul Fondo per l'occupazione di cui all'articolo 1, comma 7, del decreto-legge 20 maggio 1993, n. 148, convertito, con modificazioni, dalla legge 19 luglio 1993, n. 236, che a tal fine è integrato dei predetti importi, rispettivamente, per l'anno 2007 e per l'anno 2008.

1166. Nel limite complessivo di 35 milioni di euro, il Ministro del lavoro e della previdenza sociale è autorizzato a prorogare, previa intesa con la regione interessata, limitatamente all'esercizio 2007, le convenzioni stipulate, anche in deroga alla normativa vigente relativa ai lavori socialmente utili, direttamente con gli enti locali, per lo svolgimento di attività socialmente utili (ASU) e per l'attuazione, nel limite complessivo di 15 milioni di euro, di misure di politica attiva del lavoro riferite a lavoratori impiegati in ASU nella disponibilità degli stessi enti da almeno un triennio, nonchè ai soggetti, provenienti dal medesimo bacino, utilizzati attraverso convenzioni già stipulate in vigenza dell'articolo 10, comma 3, del decreto legislativo 1 dicembre 1997, n. 468, e successive modificazioni, e prorogate nelle more di una definitiva stabilizzazione occupazionale di tali soggetti. In presenza delle suddette convenzioni, il termine di cui all'articolo 78, comma 2, della legge 23 dicembre 2000, n. 388, è prorogato al 31 dicembre 2007. Ai fini di cui al presente comma, il Fondo per l'occupazione, di cui all'articolo 1, comma 7, del decreto-legge 20 maggio 1993, n. 148, convertito, con modificazioni, dalla legge 19 luglio 1993, n. 236, è rifinanziato di 50 milioni di euro per l'anno 2007 (1).

(1) Vedi, anche, l'articolo 2, commi 550 e 551, della legge 24 dicembre 2007 n. 244.

1167. Le disposizioni di cui all'articolo 13, comma 2, lettera a), del decreto-legge 14 marzo 2005, n. 35, convertito, con modificazioni, dalla legge 14 maggio 2005, n. 80, si applicano anche ai trattamenti di disoccupazione in pagamento dal 1° gennaio 2007.

1168. Al fine di coordinare specifici interventi di contrasto al lavoro sommerso ed alla evasione contributiva, l'obbligo di fornitura dei dati gravante sulle società e sugli enti di cui all'articolo 44, comma 5, del decreto- legge 30 settembre 2003, n. 269, convertito, con modificazioni, dalla legge 24 novembre 2003, n. 326, è esteso alle camere di commercio, industria, artigianato e agricoltura.

1169. I dati di cui al comma 1168 sono messi a disposizione, con modalità definite da apposite convenzioni, del Ministero del lavoro e della previdenza sociale anche mediante collegamenti telematici.

1170. Per l'attuazione di quanto previsto dai commi 1168 e 1169, nonchè per la realizzazione della banca dati telematica di cui all'articolo 10, comma 1, del decreto legislativo 23 aprile 2004, n. 124, e successive modificazioni, il Ministero del lavoro e della previdenza sociale puo` avvalersi, sulla base di apposite convenzioni, delle risorse umane e strumentali dell'INPS e dell'INAIL.

1171. Il Ministero del lavoro e della previdenza sociale, in possesso dei dati personali e identificativi acquisiti per effetto delle predette convenzioni, è titolare del trattamento ai sensi dell'articolo 28 del codice in materia di protezione dei dati personali, di cui al decreto legislativo 30 giugno 2003, n. 196.

1172. Nel settore agricolo, l'omesso versamento, nelle forme e nei termini di legge, delle ritenute previdenziali e assistenziali operate dal datore di lavoro sulle retribuzioni dei lavoratori dipendenti configura le ipotesi di cui ai commi 1-bis, 1-ter e 1-quater dell'articolo 2 del decreto-legge 12 settembre 1983, n. 463, convertito, con modificazioni, dalla legge 11 novembre 1983, n. 638. All'articolo 2 del citato decreto-legge n. 463 del 1983, il comma 3 è abrogato.

[1173. Al fine di promuovere la regolarità contributiva quale requisito per la concessione dei benefici e degli incentivi previsti dall'ordinamento, entro sei mesi dalla data di entrata in vigore della presente legge, il Ministro del lavoro e della previdenza sociale procede, in via sperimentale, con uno o più decreti, all'individuazione degli indici di congruità di cui al comma 1174 e delle relative procedure applicative, articolati per settore, per categorie di imprese e per territorio, sentiti il Ministro dell'economia e delle finanze nonchè i Ministri di settore interessati e le organizzazioni comparativamente piu` rappresentative sul piano nazionale dei datori di lavoro e dei lavoratori.] (1)

(1) *Comma abrogato dall'articolo 39, comma 10, lettera n), del D.L. 25 giugno 2008, n. 112, come modificato dalla legge 6 agosto 2008, n. 133, in sede di conversione.*

[1174. Il decreto di cui al comma 1173 individua i settori nei quali risultano maggiormente elevati i livelli di violazione delle norme in materia di incentivi ed agevolazioni contributive ed in materia di tutela della salute e sicurezza dei lavoratori. Per tali settori sono definiti gli indici di congruità del rapporto tra la qualità dei beni prodotti e dei servizi offerti e la quantità delle ore di lavoro necessarie nonchè lo scostamento percentuale dall'indice da considerare tollerabile, tenuto conto delle specifiche caratteristiche produttive e tecniche nonchè dei volumi di affari e dei redditi presunti.] (1)

(1) *Comma abrogato dall'articolo 39, comma 10, lettera n), del D.L. 25 giugno 2008, n. 112, come modificato dalla legge 6 agosto 2008, n. 133, in sede di conversione.*

1175. A decorrere dal 1° luglio 2007, i benefici normativi e contributivi previsti dalla normativa in materia di lavoro e legislazione sociale sono subordinati al possesso, da parte dei datori di lavoro, del documento unico di regolarità contributiva, fermi restando gli altri obblighi di legge ed il rispetto degli accordi e contratti collettivi nazionali nonchè di quelli regionali, territoriali o aziendali, laddove sottoscritti, stipulati dalle organizzazioni sindacali dei datori di lavoro e dei lavoratori comparativamente piu` rappresentative sul piano nazionale (A)(1).

(1) *Vedi l'articolo 13 bis, comma 5, del D.L. 7 maggio 2012, n. 52.*
(A) *In riferimento al presente comma vedi: Circolare INPS 18 aprile 2008, n. 51; Messaggio ENPALS 26 gennaio 2009, n. 2; Messaggio INPS 27 giugno 2013, n. 10357; Circolare INPS 01 agosto 2013, n. 116; Messaggio INPS 27 febbraio 2014, n. 2889; Messaggio INPS 26 novembre 2014, n. 9152; Interpello del Ministero del Lavoro e delle Politiche Sociali 20 maggio 2016, n. 18/2016; Messaggio INPS - 3 agosto 201,8 n. 3082*

1176. Con decreto del Ministro del lavoro e della previdenza sociale, sentiti gli istituti previdenziali interessati e le parti sociali comparativamente piu` rappresentative sul piano nazionale, da emanare entro tre mesi dalla data di entrata in vigore della presente legge, sono definite le modalità di rilascio, i contenuti analitici del documento unico di regolarità contributiva di cui al comma 1175, nonchè le tipologie di pregresse irregolarità di natura previdenziale ed in materia di tutela delle condizioni di lavoro da non considerare ostative al rilascio del documento medesimo. In attesa dell'entrata in vigore del decreto di cui al presente comma sono fatte salve le vigenti disposizioni speciali in materia di certificazione di regolarità contributiva nei settori dell'edilizia e dell'agricoltura (A).

(A) *In riferimento al presente comma vedi: Circolare INPS 18 aprile 2008, n. 51; Messaggio ENPALS 26 gennaio 2009, n.2.*

1177. Gli importi delle sanzioni amministrative previste per la violazione di norme in materia di lavoro, legislazione sociale, previdenza e tutela della sicurezza e salute nei luoghi di lavoro entrate in vigore prima del 1° gennaio 1999 sono quintuplicati, ad eccezione delle ipotesi di cui al comma 1178.

[1178. L'omessa istituzione e l'omessa esibizione dei libri di matricola e di paga previsti dagli articoli 20 e 21 del testo unico delle disposizioni per l'assicurazione obbligatoria contro gli infortuni sul lavoro e le malattie professionali, di cui al decreto del Presidente della Repubblica 30 giugno 1965, n. 1124, e dall'articolo 134 del regolamento di cui al regio decreto 28 agosto 1924, n. 1422, sono punite con la sanzione amministrativa da euro 4.000 ad euro 12.000. Nei confronti delle violazioni di cui al presente comma non è ammessa la procedura di diffida di cui all'articolo 13 del decreto legislativo 23 aprile 2004, n. 124.] (1)

(1) *Comma abrogato dall'articolo 39, comma 10, lettera j), del D.L. 25 giugno 2008, n. 112, come modificato dalla legge 6 agosto 2008, n. 133, in sede di conversione.*

1179. Le maggiori entrate derivanti dall'applicazione dei commi 1177 e 1178 integrano, a decorrere dall'anno 2007, la dotazione del Fondo per l'occupazione di cui all'articolo 1, comma 7, del decreto-legge 20 maggio 1993, n. 148, convertito, con modificazioni, dalla legge 19 luglio 1993, n. 236.

1180. All'articolo 9-bis del decreto-legge 1 ottobre 1996, n. 510, convertito, con modificazioni, dalla legge 28 novembre 1996, n. 608, il comma 2 è sostituito dai seguenti:

"2. In caso di instaurazione del rapporto di lavoro subordinato e di lavoro autonomo in forma coordinata e continuativa, anche nella modalità a progetto, di socio lavoratore di cooperativa e di associato in partecipazione con apporto lavorativo, i datori di lavoro privati, ivi compresi quelli agricoli, gli enti pubblici economici e le pubbliche amministrazioni sono tenuti a dame comunicazione al Servizio competente nel cui ambito territoriale è ubicata la sede di lavoro entro il giorno antecedente a quello di instaurazione dei relativi rapporti, mediante documentazione avente data certa di trasmissione. La comunicazione deve indicare i dati anagrafici del lavoratore, la data di assunzione, la data di cessazione qualora il rapporto non sia a tempo indeterminato, la tipologia contrattuale, la qualifica professionale e il trattamento economico e normativo applicato. La medesima procedura si applica ai tirocini di formazione e di orientamento e ad ogni altro tipo di esperienza lavorativa ad essi assimilata. Le Agenzie di lavoro autorizzate dal Ministero del lavoro e della previdenza sociale sono tenute a comunicare, entro il ventesimo giorno del mese successivo alla data di assunzione, al Servizio competente nel cui ambito territoriale è ubicata la loro sede operativa, l'assunzione, la proroga e la cessazione dei lavoratori temporanei assunti nel mese precedente.

2-bis. In caso di urgenza connessa ad esigenze produttive, la comunicazione di cui al comma 2 può essere effettuata entro cinque giorni dall'instaurazione del rapporto di lavoro, fermo restando l'obbligo di comunicare entro il giorno antecedente al Servizio competente, mediante comunicazione avente data certa di trasmissione, la data di inizio della prestazione, le generalità del lavoratore e del datore di lavoro".

1181. L'articolo 7, comma 2, del decreto legislativo 19 dicembre 2002, n. 297, è abrogato.

1182. Fino alla effettiva operatività delle modalità di trasferimento dei dati contenuti nei moduli per le comunicazioni obbligatorie di cui al decreto previsto dall'articolo 4-bis, comma 7, del decreto legislativo 21 aprile 2000, n. 181, resta in vigore l'obbligo di comunicazione all'INAIL di cui all'articolo 14, comma 2, del decreto legislativo 23 febbraio 2000, n. 38, da effettuarsi esclusivamente attraverso strumenti informatici. La medesima comunicazione deve essere effettuata all'IPSEMA per gli assicurati del settore marittimo.

1183. Al comma 5 dell'articolo 4-bis del decreto legislativo 21 aprile 2000, n. 181, sono aggiunte le seguenti lettere:

"e-bis) trasferimento del lavoratore;

e-ter) distacco del lavoratore;

e-quater) modifica della ragione sociale del datore di lavoro;

e-quinquies) trasferimento d'azienda o di ramo di essa".

1184. All'articolo 4-bis del decreto legislativo 21 aprile 2000, n. 181, il comma 6 è sostituito dai seguenti:

"6. Le comunicazioni di assunzione, cessazione, trasformazione e proroga dei rapporti di lavoro autonomo, subordinato, associato, dei tirocini e di altre esperienze professionali, previste dalla normativa vigente, inviate al Servizio competente nel cui ambito territoriale è ubicata la sede di lavoro, con i moduli di cui al comma 7, sono valide ai fini dell'assolvimento degli obblighi di comunicazione nei confronti delle direzioni regionali e provinciali del lavoro, dell'Istituto nazionale della previdenza sociale, dell'Istituto nazionale delle assicurazioni contro gli infortuni sul lavoro, o di altre forme previdenziali sostitutive o esclusive, nonchè nei confronti della Prefettura – Ufficio territoriale del Governo.

6-bis. All'articolo 7, comma 1, del testo unico di cui al decreto legislativo 25 luglio 1998, n. 286, le parole: "o lo assume per qualsiasi causa alle proprie dipendenze" sono soppresse.

6-ter. Per le comunicazioni di cui al presente articolo, i datori di lavoro pubblici e privati devono avvalersi dei servizi informatici resi disponibili dai servizi competenti presso i quali è ubicata la sede di lavoro. Il decreto di cui al comma 7 disciplina anche le modalità e i tempi di applicazione di quanto previsto dal presente comma".

1185. è abrogato l'articolo 19, comma 5, del decreto legislativo 10 settembre 2003, n. 276, e successive modificazioni.

1186. Alla lettera c) del secondo comma dell'articolo 197 del testo unico di cui al decreto del Presidente della Repubblica 30 giugno 1965, n. 1124, e successive modificazioni, sono aggiunte, in fine, le seguenti parole: "e per il finanziamento di attività promozionali ed eventi in materia di salute e sicurezza del lavoro, con particolare riferimento ai settori a piu` elevato rischio infortunistico, nel rispetto della legge 7 giugno 2000, n. 150, del relativo regolamento di attuazione, di cui al decreto del Presidente della Repubblica 21 settembre 2001, n. 422, e dei criteri e delle procedure individuati ogni due anni con decreto del Ministro del lavoro e della sociale".

1187. Al fine di assicurare un adeguato e tempestivo sostegno ai familiari delle vittime di gravi incidenti sul lavoro, anche per i casi in cui le vittime medesime risultino prive della copertura assicurativa obbligatoria contro gli infortuni sul lavoro e le malattie professionali di cui al testo unico di cui al decreto del Presidente della Repubblica 30 giugno 1965, n. 1124, è istituito presso il Ministero del lavoro e della previdenza sociale il Fondo di sostegno per le famiglie delle vittime di gravi infortuni sul lavoro, di seguito denominato Fondo. Al Fondo è conferita la somma di 2,5 milioni di euro per ciascuno degli anni 2007, 2008 e 2009. Con decreto del Ministro del lavoro e della previdenza sociale, da adottare entro sessanta giorni dalla data di entrata in vigore della presente legge, sono definite le tipologie dei benefici concessi, ivi comprese anticipazioni sulle prestazioni erogate dall'INAIL, nonchè i requisiti e le modalità di accesso agli stessi [1].

[1] Per l'incremento della dotazione del fondo di cui al presente comma vedi l'articolo 2, comma 534, della legge 24 dicembre 2007 n. 244 e l'articolo 1, comma 435 della Legge 30 dicembre 2018, n. 145. Per la determinazione, per l'esercizio finanziario 2014 degli importi dei benefici del Fondo di sostegno per le famiglie delle vittime di gravi infortuni sul lavoro, vedi il D.M. 19 novembre 2014. Da ultimo, vedi l'articolo 1, comma 482, della Legge 27 dicembre 2019, n. 160.

1188. All'articolo 118, comma 16, della legge 23 dicembre 2000, n. 388, e successive modificazioni, le parole: "e di 100 milioni di euro per ciascuno degli anni 2003, 2004, 2005 e 2006" sono sostituite dalle seguenti: "e di 100 milioni di euro per ciascuno degli anni 2003, 2004, 2005, 2006 e 2007".

1189. Ai fini della collocazione in mobilità, entro il 31 dicembre 2007, ai sensi dell'articolo 4 della legge 23 luglio 1991, n. 223, e successive modificazioni, le disposizioni di cui all'articolo 1-bis del decreto-legge 14 febbraio 2003, n. 23, convertito, con modificazioni, dalla legge 17 aprile 2003, n. 81, si applicano, avuto anche riguardo ai processi di riorganizzazione, ristrutturazione, conversione, crisi o modifica degli assetti societari aziendali, anche al fine di evitare il ricorso alla cassa integrazione guadagni straordinaria, nel limite complessivo di 6.000 unità, a favore di imprese o gruppi di imprese i cui piani di gestione delle eccedenze occupazionali siano stati oggetto di esame presso il Ministero del lavoro e della previdenza sociale nel periodo dal 1° gennaio 2007 al 28 febbraio 2007. Alle imprese sottoposte alle procedure di cui al decreto legislativo 8 luglio 1999, n. 270, ed al decreto-legge 23 dicembre 2003, n. 347, convertito, con modificazioni, dalla legge 18 febbraio 2004, n. 39, nonchè alle imprese del settore dell'elettronica sottoposte a procedure concorsuali e ubicate nelle regioni Abruzzo, Basilicata, Calabria, Campania, Molise, Puglia, Sardegna e Sicilia sono riservate rispettivamente 1.000 e 500 delle unità indicate nel periodo precedente. Gli oneri relativi alla permanenza in mobilità, ivi compresi quelli relativi alla contribuzione figurativa, sono posti a carico delle imprese per i periodi che eccedono la mobilità ordinaria. Ai lavoratori ammessi alla mobilità in base al presente comma si applicano, ai fini del trattamento pensionistico, le disposizioni di cui all'articolo 11 della legge 23 dicembre 1994, n. 724, e alla tabella A allegata al decreto legislativo 30 dicembre 1992, n. 503, come sostituita dalla citata legge n. 724 del 1994, nonchè le disposizioni di cui all'articolo 59, commi 6, 7, lettere a) e b), e 8, della legge 27 dicembre 1997, n. 449, e successive modificazioni. Le imprese o i gruppi di imprese che intendono avvalersi della presente disposizione devono presentare domanda al Ministero del lavoro e della previdenza sociale entro il 31 marzo 2007. Per l'attuazione del presente comma è autorizzata la spesa di 2 milioni di euro per l'anno 2007, di 59 milioni di euro per l'anno 2008 e di 140 milioni di euro a decorrere dall'anno 2009 (1).

(1) Per la definizione dei criteri generali ai fini dell'applicazione del presente comma, vedi la Direttiva del Ministero del Lavoro e della Previdenza Sociale 25 gennaio 2007.

1190. In attesa della riforma degli ammortizzatori sociali e nel limite complessivo di spesa di 460 milioni di euro a carico del Fondo per l'occupazione di cui all'articolo 1, comma 7, del decreto-legge 20 maggio 1993, n. 148, convertito, con modificazioni, dalla legge 19 luglio 1993, n. 236, il Ministro del lavoro e della previdenza sociale, di concerto con il Ministro dell'economia e delle finanze, puo` disporre, entro il 31 dicembre 2007, in deroga alla vigente normativa, concessioni, anche senza soluzione di continuità, dei trattamenti di cassa integrazione guadagni straordinaria, di mobilità e di disoccupazione speciale, nel caso di programmi finalizzati alla gestione di crisi occupazionali, anche con riferimento a settori produttivi e ad aree regionali, ovvero miranti al reimpiego di lavoratori coinvolti in detti programmi definiti in specifici accordi in sede governativa intervenuti entro il 15 giugno 2007 che recepiscono le intese già stipulate in sede istituzionale territoriale ed inviate al Ministero del lavoro e della previdenza sociale entro il 20 maggio 2007. Nell'ambito delle risorse finanziarie di cui al primo periodo, i trattamenti concessi ai sensi dell'articolo 1, comma 410, della legge 23 dicembre 2005, n. 266, e successive modificazioni, possono essere prorogati, con decreto del Ministro del lavoro e della previdenza sociale, di concerto con il Ministro dell'economia e delle finanze, qualora i piani di gestione delle eccedenze già definiti in specifici accordi in sede governativa abbiano comportato una riduzione nella misura almeno del 10 per cento del numero dei destinatari dei trattamenti scaduti il 31 dicembre 2006. La misura dei trattamenti di cui al secondo periodo è ridotta del 10 per cento nel caso di prima proroga, del 30 per cento nel caso di seconda proroga e del 40 per cento nel caso di proroghe successive. All'articolo 1, comma 155, primo periodo, della legge 30 dicembre 2004, n. 311, come modificato dall'articolo 13, comma 2, lettera b), del decreto- legge 14 marzo 2005, n. 35, convertito, con modificazioni, dalla legge 14 maggio 2005, n. 80, le parole: "31 dicembre 2006" sono sostituite dalle seguenti: "31 dicembre 2007" (1)(2).

(1) Per l'assegnazione ddei fondi alle regioni Sicilia, Toscana, Emilia Romagna, Umbria, Veneto e Lombardia, per la concessione, in deroga alle vigenti normative, dei trattamenti di CIGS, mobilità e disoccupazione speciale, a norma del presente comma, vedi il D.M. 31 luglio 2007, n. 41612.

(2) A norma dell'articolo 2, comma 521, della legge 24 dicembre 2007 n. 244 i trattamenti concessi dal presente comma possono essere prorogati, con decreto del Ministro del lavoro e della previdenza sociale, di concerto con il Ministro dell'economia e delle finanze, qualora i piani di gestione delle eccedenze già definiti in specifici accordi in sede governativa abbiano comportato una riduzione nella misura almeno del 10 per cento del numero dei destinatari dei trattamenti scaduti il 31 dicembre 2007. Vedi, anche, il comma 522 del medesimo articolo 2.

1191. Nell'ambito del limite complessivo di spesa di cui al comma 1190, sono destinati 12 milioni di euro, a valere sul Fondo per l'occupazione di cui all'articolo 1, comma 7, del decreto-legge 20 maggio 1993, n. 148, convertito, con modificazioni, dalla legge 19 luglio 1993, n. 236, alla concessione, per l'anno 2007, di una indennità pari al trattamento massimo di integrazione salariale straordinaria, nonchè alla relativa contribuzione figurativa ed agli assegni al nucleo familiare, ai lavoratori portuali che prestano lavoro temporaneo nei porti ai sensi della legge 28 gennaio 1994, n. 84, previa determinazione dei criteri da stabilirsi con decreto del Ministro dei trasporti, di concerto con il Ministro del lavoro e della previdenza sociale.

1192. Al fine di procedere alla regolarizzazione e al riallineamento retributivo e contributivo di rapporti di lavoro non risultanti da scritture o da altra documentazione obbligatoria, i datori di lavoro possono presentare, nelle sedi dell'INPS territorialmente competenti, entro il 30 settembre 2008, apposita istanza ai sensi del comma 1193 (1)(A).

(1) Comma modificato dall'articolo 7, comma 2, del D.L. 31 dicembre 2007 n. 248.

(A) In riferimento al presente comma vedi: Circolare INPS 8 maggio 2008, n. 56.

1193. L'istanza di cui al comma 1192 puo` essere presentata esclusivamente dai datori di lavoro che abbiano proceduto alla stipula di un accordo aziendale ovvero territoriale, nei casi in cui nelle aziende non siano presenti le rappresentanze sindacali o unitarie, con le organizzazioni sindacali aderenti alle associazioni nazionali comparativamente piu` rappresentative finalizzato alla regolarizzazione dei rapporti di lavoro di cui al comma 1192. Nell'istanza il datore di lavoro indica le generalità dei lavoratori che intende regolarizzare ed i rispettivi periodi oggetto di regolarizzazione, comunque non anteriori ai cinque anni precedenti alla data di presentazione dell'istanza medesima.

1194. L'accordo sindacale di cui al comma 1193, da allegare all'istanza, disciplina la regolarizzazione dei rapporti di lavoro mediante la stipula di contratti di lavoro subordinato e promuove la sottoscrizione di atti di conciliazione individuale che producono, nel rispetto della procedura dettata dalla normativa vigente, l'effetto conciliativo di cui agli articoli 410 e 411 del codice di procedura civile con riferimento ai diritti di natura retributiva, e a quelli ad essi connessi e conseguenti derivanti dai fatti descritti nella istanza di regolarizzazione e per i periodi in essa indicati, nonchè ai diritti di natura risarcitoria per i periodi medesimi.

1195. Ai fini del comma 1192 si applica il termine di prescrizione quinquennale per i periodi di mancata contribuzione precedenti al periodo oggetto di regolarizzazione di cui al comma 1193. L'accesso alla procedura di cui ai commi da 1192 a 1201 è consentito anche ai datori di lavoro che non siano stati destinatari di provvedimenti amministrativi o giurisdizionali definitivi concernenti il pagamento dell'onere contributivo ed assicurativo evaso o le connesse sanzioni amministrative. Gli effetti di tali provvedimenti sono comunque sospesi fino al completo assolvimento degli obblighi di cui al comma 1196. In ogni caso l'accordo sindacale di cui al comma 1194 comprende la regolarizzazione delle posizioni di tutti i lavoratori per i quali sussistano le stesse condizioni dei lavoratori la cui posizione sia stata oggetto di accertamenti ispettivi.

1196. All'adempimento degli obblighi contributivi e assicurativi a carico del datore di lavoro relativi ai rapporti di lavoro oggetto della procedura di regolarizzazione si provvede mediante il versamento di una somma pari a due terzi di quanto dovuto tempo per tempo alle diverse gestioni assicurative relative ai lavoratori dipendenti secondo le seguenti modalità:

a) versamento all'atto dell'istanza di una somma pari ad un quinto del totale dovuto;

b) per la parte restante, pagamento in sessanta rate mensili di pari importo senza interessi. I lavoratori sono comunque esclusi dal pagamento della parte di contribuzione a proprio carico. La misura del trattamento previdenziale relativa ai periodi oggetto di regolarizzazione è determinata in proporzione alle quote contributive effettivamente versate.

1197. Il versamento della somma di cui al comma 1196 comporta l'estinzione dei reati previsti da leggi speciali in materia di versamenti di contributi e premi, nonchè di obbligazioni per sanzioni amministrative e per ogni altro onere accessorio connesso alla denuncia e il versamento dei contributi e dei premi, ivi compresi quelli di cui all'articolo 51 del testo unico delle disposizioni per l'assicurazione obbligatoria contro gli infortuni sul lavoro e le malattie professionali, di cui al decreto del Presidente della Repubblica 30 giugno 1965, n. 1124, nonchè all'articolo 18 del decreto-legge 30 agosto 1968, n. 918, convertito, con modificazioni, dalla legge 25 ottobre 1968, n. 1089, in materia di sgravi degli oneri sociali.

1198. Nei confronti dei datori di lavoro che hanno presentato l'istanza di regolarizzazione di cui al comma 1192, per la durata di un anno a decorrere dalla data di presentazione, sono sospese le eventuali ispezioni e verifiche da parte degli organi di controllo e vigilanza nelle materie oggetto della regolarizzazione, ad esclusione di quelle concernenti la tutela della salute e la sicurezza dei lavoratori. Resta ferma la facoltà dell'organo ispettivo di verificare la fondatezza di eventuali elementi nuovi che dovessero emergere nelle materie oggetto della regolarizzazione, al fine dell'integrazione della regolarizzazione medesima da parte del datore di lavoro. L'efficacia estintiva di cui al comma 1197 resta condizionata al completo adempimento degli obblighi in materia di salute e sicurezza dei lavoratori [(1)].

[(1)] Comma sostituito dall'articolo 11 della legge 3 agosto 2007, n.123.

1199. Le agevolazioni contributive di cui al comma 1196 sono temporaneamente sospese nella misura del 50 per cento e definitivamente concesse al termine di ogni anno di lavoro prestato regolarmente da parte dei lavoratori di cui al comma 1194.

1200. La concessione delle agevolazioni di cui al comma 1196 resta condizionata al mantenimento in servizio del lavoratore per un periodo non inferiore a ventiquattro mesi dalla regolarizzazione del rapporto di lavoro, salve le ipotesi di dimissioni o di licenziamento per giusta causa.

1201. Ferma restando l'attività di natura istruttoria di spettanza dell'INPS, il direttore della direzione provinciale del lavoro, congiuntamente ai direttori provinciali dell'INPS, dell'INAIL e degli altri enti previdenziali, nell'ambito del coordinamento di cui all'articolo 5 del decreto legislativo 23 aprile 2004, n. 124, adottano i provvedimenti di accoglimento delle istanze di cui al comma 1192, previa, ove necessario, richiesta di integrazione della documentazione prodotta.

1202. In attesa di una revisione della disciplina della totalizzazione e della ricongiunzione dei periodi contributivi afferenti alle diverse gestioni previdenziali, al fine di promuovere la stabilizzazione dell'occupazione mediante il ricorso a contratti di lavoro subordinato nonchè di garantire il corretto utilizzo dei rapporti di collaborazione coordinata e continuativa anche a progetto, i committenti datori di lavoro, entro e non oltre il 30 settembre 2008, possono stipulare accordi aziendali ovvero territoriali, nei casi in cui nelle aziende non siano presenti le rappresentanze sindacali unitarie o aziendali, con le organizzazioni sindacali aderenti alle associazioni nazionali comparativamente piu` rappresentative conformemente alle previsioni dei commi da 1203 a 1208 [(1)(A)].

[(1)] Comma modificato dall'articolo 7, comma 2-bis, del D.L. 31 dicembre 2007 n. 248.
[(A)] In riferimento al presente comma vedi: Circolare INPS 10 aprile 2008, n. 49.

1203. Gli accordi sindacali di cui al comma 1202 promuovono la trasformazione dei rapporti di collaborazione coordinata e continuativa, anche a progetto, mediante la stipula di contratti di lavoro subordinato. A seguito dell'accordo i lavoratori interessati alla trasformazione sottoscrivono atti di conciliazione individuale conformi alla disciplina di cui agli articoli 410 e 411 del codice di procedura civile. I contratti di lavoro stipulati a tempo indeterminato godono dei benef ` ci previsti dalla legislazione vigente [(A)].

[(A)] In riferimento al presente comma vedi: Circolare INPS 10 aprile 2008, n. 49.

1204. Per i lavoratori che continuano ad essere titolari di rapporti di collaborazione coordinata a progetto, le parti sociali, ai sensi del comma 4 dell'articolo 61 e dell'articolo 63 del decreto legislativo 10 settembre 2003, n. 276, possono stabilire, anche attraverso accordi interconfederali, misure atte a contribuire al corretto utilizzo delle predette tipologie di lavoro nonchè stabilire condizioni piu` favorevoli per i collaboratori. Il Ministero del lavoro e della previdenza sociale provvede ad effettuare azioni di monitoraggio relative all'evoluzione della media dei corrispettivi effettivamente versati ai collaboratori coordinati a progetto, al netto delle ritenute previdenziali, al fine di effettuare un raffronto con la media dei corrispettivi versati nei tre anni precedenti a quello di entrata in vigore delle disposizioni di cui alla presente legge [(A)].

[(A)] In riferimento al presente comma vedi: Circolare INPS 10 aprile 2008, n. 49.

1205. La validità degli atti di conciliazione di cui al comma 1203 rimane condizionata all'adempimento dell'obbligo, per il solo datore di lavoro, del versamento alla gestione separata di cui all'articolo 2, comma 26, della legge 8 agosto 1995, n. 335, a titolo di contributo straordinario integrativo finalizzato al miglioramento del trattamento previdenziale, di una somma pari alla metà della quota di contribuzione a carico dei committenti per i periodi di vigenza dei contratti di collaborazione coordinata e continuativa anche a progetto, per ciascun lavoratore interessato alla trasformazione del rapporto di lavoro [(A)].

(A) In riferimento al presente comma vedi: Circolare INPS 10 aprile 2008, n. 49.

1206. I datori di lavoro depositano presso le competenti sedi dell'INPS gli atti di conciliazione di cui al comma 1203, unitamente ai contratti stipulati con ciascun lavoratore e all'attestazione dell'avvenuto versamento di una somma pari ad un terzo del totale dovuto ai sensi del comma 1205. I datori di lavoro sono autorizzati a provvedere per la parte restante del dovuto in trentasei ratei mensili successivi. Il Ministero del lavoro e della previdenza sociale, di concerto con il Ministero dell'economia e delle finanze, approva i relativi accordi con riferimento alla possibilità di integrare presso la gestione separata dell'INPS la posizione contributiva del lavoratore interessato nella misura massima occorrente per il raggiungimento del livello contributivo previsto nel fondo pensioni lavoratori dipendenti nei limiti delle risorse finanziarie di cui al comma 1209. Qualora il datore di lavoro non proceda ai versamenti di cui al presente comma, si applicano le sanzioni previste dalla normativa vigente in caso di omissione contributiva (A).

(A) In riferimento al presente comma vedi: Circolare INPS 10 aprile 2008, n. 49.

1207. Gli atti di conciliazione di cui al comma 1203 producono l'effetto di cui agli articoli 410 e 411 del codice di procedura civile con riferimento ai diritti di natura retributiva, contributiva e risarcitoria per il periodo pregresso. Il versamento della somma di cui al comma 1205 comporta l'estinzione dei reati previsti da leggi speciali in materia di versamenti di contributi o premi e di imposte sui redditi, nonchè di obbligazioni per sanzioni amministrative e per ogni altro onere accessorio connesso alla denuncia e il versamento dei contributi e dei premi, ivi compresi quelli di cui all'articolo 51 del testo unico delle disposizioni per l'assicurazione obbligatoria contro gli infortuni sul lavoro e le malattie professionali, di cui al decreto del Presidente della Repubblica 30 giugno 1965, n. 1124, nonchè all'articolo 18 del decreto-legge 30 agosto 1968, n. 918, convertito, con modificazioni, dalla legge 25 ottobre 1968, n. 1089, in materia di sgravi degli oneri sociali. Per effetto degli atti di conciliazione, è precluso ogni accertamento di natura fiscale e contributiva per i pregressi periodi di lavoro prestato dai lavoratori interessati dalle trasformazioni di cui ai commi da 1202 a 1208 (A).

(A) In riferimento al presente comma vedi: Circolare INPS 10 aprile 2008, n. 49.

1208. L'accesso alla procedura di cui al comma 1202 è consentito anche ai datori di lavoro che siano stati destinatari di provvedimenti amministrativi o giurisdizionali non definitivi concernenti la qualificazione del rapporto di lavoro. In ogni caso l'accordo sindacale di cui al comma 1202 comprende la stabilizzazione delle posizioni di tutti i lavoratori per i quali sussistano le stesse condizioni dei lavoratori la cui posizione sia stata oggetto di accertamenti ispettivi. Gli effetti di tali provvedimenti sono sospesi fino al completo assolvimento degli obblighi di cui ai commi 1205 e 1206 (A).

(A) In riferimento al presente comma vedi: Circolare INPS 10 aprile 2008, n. 49.

1209. Per le finalità dei commi da 1202 a 1208 è autorizzata la spesa di 300 milioni di euro per ciascuno degli anni 2008 e 2009 (1)(A).

(1) Per la riduzione dell'autorizzazione di spesa di cui al presente comma vedi l'articolo 2, comma 519 della legge 24 dicembre 2007 n. 244, come modificato dall'articolo 5, comma 9, lettera b), del D.L. 27 maggio 2008, n. 93.
(A) In riferimento al presente comma vedi: Circolare INPS 10 aprile 2008, n. 49.

1210. I contratti di lavoro subordinato di cui al comma 1203 prevedono una durata del rapporto di lavoro non inferiore a ventiquattro mesi (A).

(A) In riferimento al presente comma vedi: Circolare INPS 10 aprile 2008, n. 49.

1211. All'articolo 1, comma 1, primo periodo, del decreto-legge 20 gennaio 1998, n. 4, convertito, con modificazioni, dalla legge 20 marzo 1998, n. 52, e successive modificazioni, le parole: "31 dicembre 2006" sono sostituite dalle seguenti: "31 dicembre 2007" e dopo le parole: "e di 45 milioni di euro per il 2006" sono inserite le seguenti: "nonchè di 37 milioni di euro per il 2007".

1212. All'articolo 1, comma 2, primo periodo, del decreto-legge 20 gennaio 1998, n. 4, convertito, con modificazioni, dalla legge 20 marzo 1998, n. 52, e successive modificazioni, le parole: "31 dicembre 2006" sono sostituite dalle seguenti: "31 dicembre 2007". Ai fini dell'attuazione del presente comma, è autorizzata per l'anno 2007 la spesa di 25 milioni di euro a valere sul Fondo per l'occupazione di cui all'articolo 1, comma 7, del decreto-legge 20 maggio 1993, n. 148, convertito, con modificazioni, dalla legge 19 luglio 1993, n. 236.

[1213. Al fine di prevenire l'instaurazione delle procedure d'infrazione di cui agli articoli 226 e seguenti del Trattato istitutivo della Comunità europea o per porre termine alle stesse, le regioni, le province autonome di Trento e di Bolzano, gli enti territoriali, gli altri enti pubblici e i soggetti equiparati adottano ogni misura necessaria a porre tempestivamente rimedio alle violazioni, loro imputabili, degli obblighi degli Stati nazionali derivanti dalla normativa comunitaria. Essi sono in ogni caso tenuti a dare pronta esecuzione agli obblighi derivanti dalle sentenze rese dalla Corte di giustizia delle Comunità europee, ai sensi dell'articolo 228, paragrafo 1, del citato Trattato] (1).

(1) Comma abrogato dall'articolo 6, comma 2 della legge 25 febbraio 2008, n. 34 (Legge comunitaria 2007).

[1214. Lo Stato esercita nei confronti dei soggetti di cui al comma 1213, che si rendano responsabili della violazione degli obblighi derivanti dalla normativa comunitaria o che non diano tempestiva esecuzione alle sentenze della Corte di giustizia delle Comunità europee, i poteri sostitutivi necessari, secondo i princ `pi e le procedure stabiliti dall'articolo 8 della legge 5 giugno 2003, n. 131, e dall'articolo 11, comma 8, della legge 4 febbraio 2005, n. 11] (1).

(1) Comma abrogato dall'articolo 6, comma 2 della legge 25 febbraio 2008, n. 34 (Legge comunitaria 2007).

[1215. Lo Stato ha diritto di rivalersi nei confronti dei soggetti di cui al comma 1213 indicati dalla Commissione europea nelle regolazioni finanziarie operate a carico dell'Italia a valere sulle risorse del Fondo europeo agricolo di garanzia (FEAGA), del Fondo europeo

agricolo per lo sviluppo rurale (FEASR) e degli altri Fondi aventi finalità strutturali] (1).

(1) *Comma abrogato dall'articolo 6, comma 2 della legge 25 febbraio 2008, n. 34 (Legge comunitaria 2007).*

[1216. Lo Stato ha diritto di rivalersi sui soggetti responsabili delle violazioni degli obblighi di cui al comma 1213 degli oneri finanziari derivanti dalle sentenze di condanna rese dalla Corte di giustizia delle Comunità europee ai sensi dell'articolo 228, paragrafo 2, del Trattato istitutivo della Comunità europea] (1).

(1) *Comma abrogato dall'articolo 6, comma 2 della legge 25 febbraio 2008, n. 34 (Legge comunitaria 2007).*

[1217. Lo Stato ha altresì diritto di rivalersi sulle regioni, le province autonome di Trento e di Bolzano, gli enti territoriali, gli altri enti pubblici e i soggetti equiparati, i quali si siano resi responsabili di violazioni delle disposizioni della Convenzione per la salvaguardia dei diritti dell'uomo e delle libertà fondamentali, firmata a Roma il 4 novembre 1950, resa esecutiva dalla legge 4 agosto 1955, n. 848, e dei relativi Protocolli addizionali, degli oneri finanziari sostenuti per dare esecuzione alle sentenze di condanna rese dalla Corte europea dei diritti dell'uomo nei confronti dello Stato in conseguenza delle suddette violazioni] (1).

(1) *Comma abrogato dall'articolo 6, comma 2 della legge 25 febbraio 2008, n. 34 (Legge comunitaria 2007).*

[1218. Lo Stato esercita il diritto di rivalsa di cui ai commi 1215, 1216 e 1217:

a) nei modi indicati al comma 1219, qualora l'obbligato sia un ente territoriale;

b) mediante prelevamento diretto sulle contabilità speciali obbligatorie istituite presso le sezioni di tesoreria provinciale dello Stato, ai sensi della legge 20 ottobre 1984, n. 720, e successive modificazioni, per tutti gli enti e gli organismi pubblici, diversi da quelli indicati nella lettera a), assoggettati al sistema di tesoreria unica;

c) nelle vie ordinarie, qualora l'obbligato sia un soggetto equiparato ed in ogni altro caso non rientrante nelle previsioni di cui alle lettere a) e b)] (1).

(1) *Comma abrogato dall'articolo 6, comma 2 della legge 25 febbraio 2008, n. 34 (Legge comunitaria 2007).*

[1219. La misura degli importi dovuti allo Stato a titolo di rivalsa, comunque non superiore complessivamente agli oneri finanziari di cui ai commi 1215, 1216 e 1217, è stabilita con decreto del Ministro dell'economia e delle finanze da adottare entro tre mesi dalla notifica, nei confronti degli obbligati, della sentenza esecutiva di condanna della Repubblica italiana. Il decreto del Ministro dell'economia e delle finanze costituisce titolo esecutivo nei confronti degli obbligati e reca la determinazione dell'entità del credito dello Stato nonchè l'indicazione delle modalità e i termini del pagamento, anche rateizzato. In caso di oneri finanziari a carattere pluriennale o non ancora liquidi, possono essere adottati piu` decreti del Ministro dell'economia e delle finanze in ragione del progressivo maturare del credito dello Stato] (1).

(1) *Comma abrogato dall'articolo 6, comma 2 della legge 25 febbraio 2008, n. 34 (Legge comunitaria 2007).*

[1220. I decreti ministeriali di cui al comma 1219, qualora l'obbligato sia un ente territoriale, sono emanati previa intesa sulle modalità di recupero con gli enti obbligati. Il termine per il perfezionamento dell'intesa è di quattro mesi decorrenti dalla data della notifica, nei confronti dell'ente territoriale obbligato, della sentenza esecutiva di condanna della Repubblica italiana. L'intesa ha ad oggetto la determinazione dell'entità del credito dello Stato e l'indicazione delle modalità e dei termini del pagamento, anche rateizzato. Il contenuto dell'intesa è recepito, entro un mese dal perfezionamento, in un provvedimento del Ministero dell'economia e delle finanze che costituisce titolo esecutivo nei confronti degli obbligati. In caso di oneri finanziari a carattere pluriennale o non ancora liquidi, possono essere adottati piu` provvedimenti del Ministero delle finanze] (1).

(1) *Comma abrogato dall'articolo 6, comma 2 della legge 25 febbraio 2008, n. 34 (Legge comunitaria 2007).*

[1221. In caso di mancato raggiungimento dell'intesa, all'adozione del provvedimento esecutivo indicato nel comma 1220 provvede il Presidente del Consiglio dei ministri, nei successivi quattro mesi, sentita la Conferenza unificata di cui all'articolo 8 del decreto legislativo 28 agosto 1997, n. 281. In caso di oneri finanziari a carattere pluriennale o non ancora liquidi, possono essere adottati piu` provvedimenti del Presidente del Consiglio dei ministri in ragione del progressivo maturare del credito dello Stato, seguendo il procedimento disciplinato nel presente comma] (1).

(1) *Comma abrogato dall'articolo 6, comma 2 della legge 25 febbraio 2008, n. 34 (Legge comunitaria 2007).*

[1222. Le notifiche indicate nei commi 1218 e 1219 sono effettuate a cura e spese del Ministero dell'economia e delle finanze] (1).

(1) *Comma abrogato dall'articolo 6, comma 2 della legge 25 febbraio 2008, n. 34 (Legge comunitaria 2007).*

[1223. I destinatari degli aiuti di cui all'articolo 87 del Trattato che istituisce la Comunità europea possono avvalersi di tali misure agevolative solo se dichiarano, ai sensi dell'articolo 47 del testo unico di cui al decreto del Presidente della Repubblica 28 dicembre 2000, n. 445, e secondo le modalità stabilite con decreto del Presidente del Consiglio dei ministri, da pubblicare nella Gazzetta Ufficiale, di non rientrare fra coloro che hanno ricevuto e, successivamente, non rimborsato o depositato in un conto bloccato, gli aiuti che sono individuati quali illegali o incompatibili dalla Commissione europea, e specificati nel decreto di cui al presente comma] (1)(2).

(1) *Per la disciplina delle modalità con cui è effettuata la dichiarazione sostitutiva dell'atto di notorietà, concernente determinati aiuti di Stato, dichiarati incompatibili dalla Commissione europea, vedi il D.P.C.M. 23 maggio 2007.*
(2) *Comma abrogato dall'articolo 6, comma 2 della legge 25 febbraio 2008, n. 34 (Legge comunitaria 2007).*

1224. All'articolo 3, comma 3, della legge 24 marzo 2001, n. 89, le parole: ", del Ministro delle finanze quando si tratta di procedimenti del giudice tributario. Negli altri casi è proposto nei confronti del Presidente del Consiglio dei ministri" sono sostituite dalle seguenti: ". Negli altri casi è proposto nei confronti del Ministro dell'economia e delle finanze".

1225. Le disposizioni di cui al comma 1224, si applicano ai procedimenti iniziati dopo la data di entrata in vigore della presente legge. Al fine di razionalizzare le procedure di spesa ed evitare maggiori oneri finanziari conseguenti alla violazione di obblighi internazionali, ai pagamenti degli indennizzi procede, comunque, il Ministero dell'economia e delle finanze. I pagamenti di somme di denaro conseguenti alle pronunce di condanna della Corte europea dei diritti dell'uomo emanate nei confronti dello Stato italiano sono effettuati dal Ministero dell'economia e delle finanze. Con successivo decreto del Presidente del Consiglio dei ministri, d'intesa con il Ministro dell'economia e delle finanze, sono individuate le risorse umane, strumentali e finanziarie da trasferire per lo svolgimento delle funzioni di cui al comma 1224, ed al presente comma (1).

(1) Per l'interpretazione autentica del presente comma vedi l'articolo 55, comma 2-bis, del D.L. 22 giugno 2012, n. 83.

1226. Al fine di prevenire ulteriori procedure di infrazione, le regioni e le province autonome di Trento e di Bolzano devono provvedere agli adempimenti previsti dagli articoli 4 e 6 del regolamento di cui al decreto del Presidente della Repubblica 8 settembre 1997, n. 357, e successive modificazioni, o al loro completamento, entro tre mesi dalla data di entrata in vigore della presente legge, sulla base di criteri minimi uniformi definiti con apposito decreto del Ministro dell'ambiente e della tutela del territorio e del mare (1).

(1) La Corte Costituzionale con sentenza 18 aprile 2008, n. 104 (in Gazz. Uff., 23 aprile 2008, n. 18), ha dichiarato l'illegittimità costituzionale del presente comma, nella parte in cui obbliga le Province autonome di Trento e di Bolzano ad uniformarsi ai criteri minimi uniformi definiti dal decreto del Ministro dell'ambiente e della tutela del territorio e del mare.

1227. Per il sostegno del settore turistico è autorizzata la spesa di 10 milioni di euro annui per ciascuno degli anni 2007, 2008 e 2009. Con regolamento da emanare ai sensi dell'articolo 17, comma 2, della legge 23 agosto 1988, n. 400, su proposta della Presidenza del Consiglio dei ministri – Dipartimento per lo sviluppo e la competitività del turismo, si provvede all'attuazione del presente comma (1)(2).

(1) Per il Regolamento recante criteri, procedure e modalità di attuazione degli interventi a sostegno del settore turistico, a norma del presente comma, vedi il D.P.R. 24 luglio 2007 n.158.
(2) La Corte Costituzionale con sentenza 11 aprile 2008, n. 94 (in Gazz. Uff., 16 aprile 2008, n. 17), ha dichiarato l'illegittimità costituzionale del presente comma, nella parte in cui non stabilisce che i decreti ministeriali ivi previsti siano preceduti dall'intesa con la Conferenza permanente Stato-Regioni.

1228. Per le finalità di sviluppo del settore del turismo e per il suo posizionamento competitivo quale fattore produttivo di interesse nazionale, onde consentire la realizzazione di progetti di eccellenza per lo sviluppo e la promozione del sistema turistico nazionale, nonché il recupero della sua competitività sul piano internazionale, il Dipartimento per lo sviluppo e la competitività del turismo della Presidenza del Consiglio dei ministri può stipulare appositi protocolli di intesa con le regioni e gli enti locali, previa intesa con la Conferenza permanente per i rapporti tra lo Stato, le regioni e le province autonome di Trento e di Bolzano. Per il cofinanziamento delle iniziative e dei progetti presentati ai sensi del periodo precedente, è autorizzata la spesa di 48 milioni di euro per ciascuno degli anni 2007, 2008 e 2009. Il Dipartimento per lo sviluppo e la competitività del turismo provvede a cofinanziare le iniziative e i progetti di cui al presente comma attraverso accordi di programma con le regioni territorialmente interessate (1).

(1) La Corte Costituzionale con sentenza 11 aprile 2008, n. 94 (in Gazz. Uff., 16 aprile 2008, n. 17), aveva dichiarato l'illegittimità costituzionale del presente comma, nella parte in cui non stabiliva che i decreti ministeriali ivi previsti fossero preceduti dall'intesa con la Conferenza permanente Stato-Regioni. Successivamente il presente comma è stato sostituito dall'articolo 18, comma 1, della legge 18 giugno 2009, n. 69.

1229. è autorizzata la spesa di 2 milioni di euro per ciascuno degli anni 2007, 2008 e 2009, da assegnare all'Osservatorio nazionale del turismo di cui all'articolo 12, comma 7, del decreto-legge 14 marzo 2005, n. 35, convertito, con modificazioni, dalla legge 14 maggio 2005, n. 80, da destinare specificamente per le attività di monitoraggio della domanda e dei flussi turistici ed identificazione di strategie di interesse nazionale per lo sviluppo e la competitività del settore.

1230. Al fine di garantire il cofinanziamento dello Stato agli oneri a carico delle regioni e delle province autonome di Trento e di Bolzano per il rinnovo del secondo biennio economico del contratto collettivo 2004-2007 relativo al settore del trasporto pubblico locale, a decorrere dall'anno 2007 è autorizzata la spesa di 190 milioni di euro. Le risorse di cui al presente comma sono assegnate alle regioni e alle province autonome di Trento e di Bolzano con decreto del Ministro dei trasporti, di concerto con il Ministro dell'economia e delle finanze, d'intesa con la Conferenza unificata di cui all'articolo 8 del decreto legislativo 28 agosto 1997, n. 281. Le risorse sono attribuite con riferimento alla consistenza del personale in servizio alla data del 30 ottobre 2006 presso le aziende di trasporto pubblico locale e presso le aziende ferroviarie, limitatamente a quelle che applicano il contratto autoferrotranvieri di cui all'articolo 23 del decreto-legge 24 dicembre 2003, n. 355, convertito, con modificazioni, dalla legge 27 febbraio 2004, n. 47. Le spese sostenute dalle regioni e dalle province autonome di Trento e di Bolzano per la corresponsione alle aziende degli importi assegnati sono escluse dal patto di stabilità interno (1).

(1) Per la riduzione dell'autorizzazione di spesa di cui al presente comma vedi l'articolo 2, comma 252, lettera c), della legge 24 dicembre 2007 n. 244. Vedi anche le disposizioni di cui all'articolo 1, comma 297, lettera d) della legge 24 dicembre 2007 n. 244. Vedi anche le disposizioni di cui all'articolo 5, comma 1 del D.L 28 settembre 2018, n. 109 convertito, con modificazioi dalla Legge 16 novembre 2018, n. 130. A norma dell'articolo 1, comma 633, della Legge 28 dicembre 2015, n. 208, le risorse di cui al presente comma, sono ridotte di 3.765.800 euro per il 2016 e di 3.700.000 euro a decorrere dal 2017.

1231. All'articolo 1, comma 3, del decreto- legge 21 febbraio 2005, n. 16, convertito, con modificazioni, dalla legge 22 aprile 2005, n. 58, al secondo periodo, dopo le parole: "presso le aziende di trasporto pubblico locale" sono aggiunte le seguenti: "e presso le aziende ferroviarie, limitatamente a quelle che applicano il contratto autoferrotranvieri di cui all'articolo 23 del decreto-legge 24 dicembre 2003, n. 355, convertito, con modificazioni, dalla legge 27 febbraio 2004, n. 47".

1232. Alle lettere a), b) e c) del comma 74 dell'articolo 1 della legge 23 dicembre 2005, n. 266, le parole: "Agenzia delle entrate: 0,71 per cento", "Agenzia del territorio: 0,13 per cento" e "Agenzia delle dogane: 0,15 per cento" sono sostituite, rispettivamente, dalle seguenti: "Agenzia delle entrate: 0,7201 per cento", "Agenzia del territorio: 0,1592 per cento" e "Agenzia delle dogane: 0,1668 per cento".

1233. Il comma 69 dell'articolo 2 della legge 24 dicembre 2003, n. 350, è sostituito dal seguente:

"69. L'autorizzazione di spesa di cui all'articolo 47, secondo comma, della legge 20 maggio 1985, n. 222, relativamente alla quota destinata allo Stato dell'otto per mille dell'imposta sul reddito delle persone fisiche (IRPEF), è ridotta di 35 milioni di euro per l'anno 2007 e di 80 milioni di euro per ciascuno degli anni 2008 e 2009".

1234. Per l'anno finanziario 2007, fermo quanto già dovuto dai contribuenti a titolo di imposta sul reddito delle persone fisiche, una quota pari al 5 per mille dell'imposta stessa è destinata in base alla scelta del contribuente alle seguenti finalità:

a) sostegno delle organizzazioni non lucrative di utilità sociale di cui all'articolo 10 del decreto legislativo 4 dicembre 1997, n. 460, e successive modificazioni, nonchè delle associazioni di promozione sociale iscritte nei registri nazionale, regionali e provinciali, previsti dall'articolo 7, commi 1, 2, 3 e 4, della legge 7 dicembre 2000, n. 383, e delle associazioni riconosciute che operano nei settori di cui all'articolo 10, comma 1, lettera a), del decreto legislativo 4 dicembre 1997, n. 460", nonché delle fondazioni nazionali di carattere culturale e delle fondazioni riconosciute che operano nei settori di cui all'articolo 10, comma 1, lettera a), del decreto legislativo 4 dicembre 1997, n. 460 [1];

b) finanziamento agli enti della ricerca scientifica e dell'università; c) finanziamento agli enti della ricerca sanitaria [2][3].

[1] Lettera modificata dall'articolo 45 comma 1-bis del D.L. 31 dicembre 2007, n. 248 e articolo 2, comma 4-quinquiesdecies, del D.L. 25 marzo 2010 n. 40.
[2] A norma dell'articolo 20 del D.L. 1 ottobre 2007, n.159, a modifica del presente comma sono ammesse al riparto della quota del 5 per mille IRPEF le associazioni sportive dilettantistiche in possesso del riconoscimento ai fini sportivi rilasciato dal CONI a norma di legge.
[3] Per le nuove disposizioni relative all'anno finanziario 2008 vedi l'articolo 3, comma 5, della legge 24 dicembre 2007, n. 244.

1235. Una quota pari all'0,5 per cento del totale determinato dalle scelte dei contribuenti ai sensi del comma 1234 del presente articolo è destinata all'Agenzia per le organizzazioni non lucrative di utilità sociale ed alle organizzazioni nazionali rappresentative degli enti di cui alla lettera a) del comma 1234 riconosciute come parti sociali e alla copertura degli oneri necessari alla liquidazione agli aventi diritto delle quote del cinque per mille relative agli anni finanziari 2006 e 2007 [1][2].

[1] Per le nuove disposizioni relative all'anno finanziario 2008 vedi l'articolo 3, comma 5, della legge 24 dicembre 2007, n. 244.
[2] Comma modificato dall'articolo 3, comma 10, della legge 24 dicembre 2007 n. 244. Vedi, anche, il comma 9 del medesimo articolo 3.

1236. Con decreto di natura non regolamentare del Presidente del Consiglio dei ministri, su proposta del Ministro della solidarietà sociale, di concerto con il Ministro dell'economia e delle finanze, sono stabilite l'individuazione dei soggetti e le modalità di riparto delle somme di cui al comma 1235 [1].

[1] Per le nuove disposizioni relative all'anno finanziario 2008 vedi l'articolo 3, comma 5, della legge 24 dicembre 2007, n. 244.

1237. Per le finalità di cui ai commi da 1234 a 1236 è autorizzata la spesa nel limite massimo di 400 milioni di euro per l'anno 2008 [1][2].

[1] Comma modificato dall'articolo 3, comma 4, della legge 24 dicembre 2007 n. 244.
[2] Per le nuove disposizioni relative all'anno finanziario 2008 vedi l'articolo 3, comma 5, della legge 24 dicembre 2007, n. 244. Per l'incremento dell'autorizzazione di spesa di cui al presente comma, vedi l'articolo 45, comma 1-ter del D.L. 31 dicembre 2007, n. 248.

[1238. Nello stato di previsione del Ministero della difesa è istituito un fondo, con la dotazione di 350 milioni di euro per l'anno 2007 e di 450 milioni di euro per ciascuno degli anni 2008 e 2009, in conto spese per il funzionamento, con particolare riguardo alla tenuta in efficienza dello strumento militare, mediante interventi di sostituzione, ripristino e manutenzione ordinaria e straordinaria di mezzi, materiali, sistemi, infrastrutture, equipaggiamenti e scorte, assicurando l'adeguamento delle capacità operative e dei livelli di efficienza ed efficacia delle componenti militari, anche in funzione delle operazioni internazionali di pace. Il fondo è altresì alimentato con i pagamenti a qualunque titolo effettuati da Stati od organizzazioni internazionali, ivi compresi i rimborsi corrisposti dall'Organizzazione delle Nazioni Unite, quale corrispettivo di prestazioni rese dalle Forze armate italiane nell'ambito delle citate missioni di pace. A tale fine non si applica l'articolo 1, comma 46, della legge 23 dicembre 2005, n. 266. Il Ministro della difesa è autorizzato con propri decreti, da comunicare con evidenze informatiche al Ministero dell'economia e delle finanze, a disporre le relative variazioni di bilancio [1].] [2]

[1] Per l'incremento di 140 milioni di euro per l'anno 2008 della dotazione del fondo di cui al presente comma vedi l'articolo 2, comma 72, della legge 24 dicembre 2007 n. 244.
[2] Comma abrogato dall'articolo 2268, comma 1, del D.Lgs. 15 marzo 2010, n. 66.

[1239. Per ciascuno degli anni 2007, 2008 e 2009, è autorizzata la spesa di 20 milioni di euro da destinare al finanziamento di un programma straordinario di edilizia per la costruzione, acquisizione o manutenzione di alloggi per il personale volontario delle Forze armate.] [1]

[1] Comma abrogato dall'articolo 2268, comma 1, del D.Lgs. 15 marzo 2010, n. 66.

1240. È autorizzata, per ciascuno degli anni 2007, 2008 e 2009, la spesa di euro 1 miliardo per il finanziamento della partecipazione italiana alle missioni internazionali di pace. A tal fine è istituito un apposito fondo nell'ambito dello stato di previsione della spesa del Ministero dell'economia e delle finanze [1][2][3][4][5][6][7][8][9][10][11][12][13][14][15][16][17][18].

[1] Per la riduzione dell'autorizzazione di spesa di cui al presente comma, vedi l'articolo 7 del D.L. 31 gennaio 2007, n. 4, l'articolo 7, comma 1, lettera a), del D.L. 31 gennaio 2008, n. 8 e l'articolo 3, comma 1, lettera b), del D.L. 22 settembre 2008, n. 147.
[2] Vedi, anche, l'articolo 1 del D.L. 31 dicembre 2007, n. 248.
[3] A norma dell'articolo 63, comma 1 del D.L. 25 giugno 2008, n.112, come modificato dalla legge 6 agosto 2008, n. 133, in sede di conversione l'autorizzazione di spesa di cui al presente comma, è incrementata di euro 90 milioni per l'anno 2008, per il finanziamento della partecipazione italiana alle missioni internazionali di pace. A norma dell'articolo 1, comma 27 della legge 13 dicembre 2010, n. 220, la dotazione del fondo di cui al presente comma è stata incrementata di 750 milioni di euro per l'anno 2011.
[4] Per la riduzione dell'autorizzazione di spesa, di cui al presente comma, vedi l'articolo 7, comma 1, lettera a), del D.L. 30 dicembre 2008 n. 209.
[5] Per la riduzione dell'autorizzazione di spesa, di cui al presente comma, vedi l'articolo 3, comma 1, lettera b), del D.L. 22 settembre 2008, n. 147, l'articolo 7, comma 1, lettera a), del D.L. 30 dicembre 2008, n. 209, l'articolo 6, comma 1, lettera a), del D.L. 4 novembre 2009, n. 152, l'articolo 8, comma 2, del D.L 6 luglio 2010, n. 102 e l'articolo 10 comma 1, lettera b), del D.L. 12 luglio 2011, n. 107.
[6] Per la variazione dell'autorizzazione di spesa di cui al presente comma, vedi l'articolo 55, comma 5, del D.L. 31 maggio 2010, n. 78.

(7) Per l'incremento, per l'anno 2012, della dotazione del fondo di cui al presente comma, vedi l'articolo 33, comma 18, della L. 12 novembre 2011, n. 183, a decorrere dal 1° gennaio 2012, ai sensi dell'articolo 36, comma 1, della medesima L. 183/2011.
(8) Per la riduzione della dotazione del fondo di cui al presente comma vedi l'articolo 10, comma 1, del D.L. 29 dicembre 2011 n. 215.
(9) A norma dell'articolo 7, comma 19, del D.L. 6 luglio 2012, n. 95 il fondo di cui al presente comma è ridotto di 8,9 milioni di euro per l'anno 2012.
(10) Per l'incremento del fondo di cui al presente comma, per l'anno 2013, vedi l'articolo 23, comma 6, del D.L. 6 luglio 2012, n. 95.
(11) Per la riduzione della dotazione del fondo, di cui al presente comma, vedi l'articolo 8, comma 1, del D.L. 28 dicembre 2012, n. 227.
(12) Per la riduzione di spesa di cui al presente comma vedi l'articolo 8, comma 1, lettera a), del D.L. 10 ottobre 2013, n. 114, convertito, con modificazioni, dalla Legge 9 dicembre 2013, n. 135.
(13) Per l'incremento del fondo di cui al presente comma vedi l'articolo 1, comma 252, della Legge 27 dicembre 2013, n. 147.
(14) Per la riduzione del fondo di cui al presente comma vedi l'articolo 11, comma 1, lettera b), del D.L. 1° agosto 2014, n. 109, convertito, con modificazioni, dalla Legge 1° ottobre 2014, n. 141.
(15) Per l'incremento del Fondo di cui al presente comma vedi l'articolo 1, comma 178, della Legge 23 dicembre 2014, n. 190.
(16) Per la riduzione dell'autorizzazione di spesa di cui al presente comma vedi l'articolo 20, comma 6, lettera a), del D.L. 18 febbraio 2015, n. 7, convertito con modificazioni dalla Legge 17 aprile 2015, n. 43.
(17) Per la riduzione dell'autorizzazione di spesa di cui al presente comma vedi l'articolo 1, comma 3, lettera a), del D.L. 8 luglio 2015 n. 99, convertito in Legge 4 agosto 2015 n. 117.
(18) Per l'incremento del Fondo di cui al presente comma, vedi l'articolo 11, comma 13, lettera a), del D.L. 3 maggio 2016, n. 59, convertito, con modificazioni, dalla Legge 30 giugno 2016, n. 119.

[1241. Il termine per le autorizzazioni di spesa per la continuazione delle missioni internazionali di cui al decreto-legge 5 luglio 2006, n. 224, alla legge 4 agosto 2006, n. 247, e al decreto-legge 28 agosto 2006, n. 253, convertito, con modificazioni, dalla legge 20 ottobre 2006, n. 270, in scadenza al 31 dicembre 2006, è prorogato al 31 gennaio 2007. A tale scopo le amministrazioni competenti sono autorizzate a sostenere una spesa mensile nel limite di un dodicesimo degli stanziamenti ripartiti nell'ultimo semestre a valere sul fondo di cui al comma 1240. A tale scopo, su richiesta delle stesse amministrazioni, il Ministero dell'economia e delle finanze dispone il necessario finanziamento. Il Ministro dell'economia e delle finanze è autorizzato a disporre, con propri decreti, le relative variazioni di bilancio. Alle missioni di cui al presente comma si applica l'articolo 5 del citato decreto-legge n. 253 del 2006, convertito, con modificazioni, dalla legge n. 270 del 2006.] (1)

(1) Comma abrogato dall'articolo 2268, comma 1, del D.Lgs. 15 marzo 2010, n. 66.

1242. è autorizzata la spesa di 10 milioni di euro, per ciascuno degli anni 2007, 2008 e 2009, per la proroga della convenzione tra il Ministero delle comunicazioni e il Centro di produzione Spa, stipulata ai sensi dell'articolo 1, comma 1, della legge 11 luglio 1998, n. 224.

1243. L'autorizzazione di spesa correlata alla costituzione della Fondazione per la promozione dello sviluppo della ricerca avanzata nel campo delle biotecnologie, di cui all'articolo 1, comma 341, della legge 23 dicembre 2005, n. 266, è ridotta di 10 milioni di euro per ciascuno degli anni 2007 e 2008 e di 50 milioni di euro per l'anno 2009.

1244. Il finanziamento annuale previsto dall'articolo 52, comma 18, della legge 28 dicembre 2001, n. 448, come rideterminato dalla legge 27 dicembre 2002, n. 289, dalla legge 24 dicembre 2003, n. 350, dalla legge 30 dicembre 2004, n. 311, e dalla legge 23 dicembre 2005, n. 266, è incrementato di 30 milioni di euro per l'anno 2007, di 45 milioni di euro per l'anno 2008 e di 35 milioni di euro per l'anno 2009 (1)

(1) Per l'autorizzazione di spesa di cui al presente comma vedi l'articolo 2, comma 237, della Legge 23 dicembre 2009, n. 191.

1245. In attuazione del principio costituzionale del pluralismo dell'informazione e al fine di tutelare e promuovere lo sviluppo del settore dell'editoria, il Governo elabora, entro sei mesi dalla data di entrata in vigore della presente legge, una proposta di riforma della disciplina dello stesso settore. La riforma dovrà essere riferita tanto al prodotto quanto al mercato editoriale e alle provvidenze pubbliche ed essere indirizzata a sostenere le possibilità di crescita e di innovazione tecnologica delle imprese e la creazione di nuovi posti di lavoro, in coerenza con gli obiettivi di finanza pubblica e con la normativa europea. In particolare la riforma dovrà tenere conto della normativa europea in materia di servizi postali, privilegiando, quali destinatarie delle agevolazioni tariffarie, le imprese editoriali di minori dimensioni, l'editoria destinata alle comunità italiane all'estero e le imprese no profit.

1246. Con riferimento ai contributi di cui agli articoli 3, 4, 7 e 8 della legge 7 agosto 1990, n. 250, e successive modificazioni, nonchè all'articolo 23, comma 3, della legge 6 agosto 1990, n. 223, e successive modificazioni, e all'articolo 7, comma 13, della legge 3 maggio 2004, n. 112, le erogazioni si effettuano, ove necessario, mediante il riparto percentuale dei contributi tra gli aventi diritto. *[In questo caso le quote restanti sono erogate anche oltre il termine indicato dall'articolo 1, comma 454, della legge 23 dicembre 2005, n. 266]*(1)(2)(3).

(1) Vedi, anche, l'articolo 10 del D.L. 1 ottobre 2007, n.159.
(2) Per l'applicazione del presente comma vedi l'articolo 2, comma 294, della legge 24 dicembre 2007 n. 244.
(3) Comma modificato dall'articolo 21 del D.P.R. 25 novembre 2010, n. 223.

1247. I contributi previsti dall'articolo 4 della legge 7 agosto 1990, n. 250, sono corrisposti esclusivamente alle imprese radiofoniche che, oltre che attraverso esplicita menzione riportata in testata, risultino essere organi di partiti politici che abbiano il proprio gruppo parlamentare in una delle Camere o due rappresentanti nel Parlamento europeo, eletti nelle liste di movimento, nonchè alle imprese radiofoniche private che abbiano svolto attività di informazione di interesse generale ai sensi della legge 7 agosto 1990, n. 250. Le altre imprese radiofoniche ed i canali telematici satellitari di cui all'articolo 7, comma 13, della legge 3 maggio 2004, n. 112, che alla data del 31 dicembre 2005 abbiano maturato il diritto ai contributi di cui all'articolo 4 della legge 7 agosto 1990, n. 250, continuano a percepire in via transitoria con le medesime procedure i contributi stessi, fino alla ridefinizione dei requisiti di accesso. A decorrere dall'anno 2007, il finanziamento annuale di cui al comma 1244 spetta, nella misura del 15 per cento dell'ammontare globale dei contributi stanziati, alle emittenti radiofoniche locali legittimamente esercenti alla data di entrata in vigore della presente legge (1)(2)(3).

(1) Per la proroga all'annualità 2008 del diritto dei canali tematici satellitari a percepire i contributi spettanti ai sensi della normativa vigente, di cui al presente comma, vedi l'articolo 39 del D.L. 31 dicembre 2007 n. 248. Successivamente a norma dell'articolo 1, comma 164, lettera e), della Legge 28 dicembre 2015, n. 208 è abrogato l'ultimo periodo del presente comma con effetto a decorrere dalla data di entrata in vigore del regolamento di cui al comma 163 del citato articolo 1.
(2) A norma dell'articolo 32, comma 1, lettera o), del D.Lgs. 15 maggio

2017 n. 70, a decorrere dal 1° gennaio 2019 è soppresso il secondo periodo del presente comma.
(3) A norma dell'articolo 1, comma 810, lettera a), numero 2), della Legge 30 dicembre 2018, n. 145, a decorrere 1° gennaio 2020, le parole " nonché alle imprese radiofoniche private che abbiano svolto attività di informazione di interesse generale ai sensi della legge 7 agosto 1990, n. 250" sono soppresse.

1248. Le convenzioni aggiuntive di cui agli articoli 19 e 20 della legge 14 aprile 1975, n. 103, approvate fino al 31 dicembre 2005, sono prorogate fino al 31 dicembre 2006.

1249. Gli adempimenti e gli oneri finanziari relativi alle pubblicazioni di atti, di cui all'articolo 26 della legge 10 ottobre 1990, n. 287, all'articolo 2, comma 26, della legge 14 novembre 1995, n. 481, e all'articolo 1, comma 21, della legge 31 luglio 1997, n. 249, sono posti a carico delle Autorità interessate.

1250. Il Fondo per le politiche della famiglia di cui all'articolo 19, comma 1, del decreto-legge 4 luglio 2006, n. 223, convertito, con modificazioni, dalla legge 4 agosto 2006, n. 248, è destinato a finanziare interventi in materia di politiche per la famiglia e misure di sostegno alla famiglia, alla natalità, alla maternità e alla paternità, al fine prioritario del contrasto della crisi demografica, nonché misure di sostegno alla componente anziana dei nuclei familiari.

In particolare, il Fondo è utilizzato per finanziare:

a) l'Osservatorio nazionale sulla famiglia, prevedendo la rappresentanza paritetica delle amministrazioni statali da un lato e delle regioni, delle province autonome di Trento e di Bolzano e degli enti locali dall'altro, nonché la partecipazione dell'associazionismo e del terzo settore;

b) l'Osservatorio per il contrasto della pedofilia e della pornografia minorile, di cui all'articolo 17 della legge 3 agosto 1998, n. 269;

c) l'Osservatorio nazionale per l'infanzia e l'adolescenza previsto dal regolamento di cui al decreto del Presidente della Repubblica 14 maggio 2007, n. 103;

d) l'elaborazione, realizzata d'intesa con le altre amministrazioni statali competenti e con la Conferenza unificata di cui all'articolo 8 del decreto legislativo 28 agosto 1997, n. 281, di un Piano nazionale per la famiglia che costituisca il quadro conoscitivo, promozionale e orientativo degli interventi relativi all'attuazione dei diritti della famiglia, nonché per acquisire proposte e indicazioni utili per il medesimo Piano e per verificarne successivamente l'efficacia, attraverso la promozione e l'organizzazione con cadenza biennale di una Conferenza nazionale sulla famiglia;

e) interventi volti a valorizzare il ruolo dei consultori familiari e dei centri per la famiglia; a tal fine il Ministro per la famiglia e le disabilità, unitamente al Ministro della salute, realizza un'intesa in sede di Conferenza unificata ai sensi dell'articolo 8, comma 6, della legge 5 giugno 2003, n. 131, avente ad oggetto i criteri e le modalità per la riorganizzazione dei consultori familiari, finalizzata a potenziarne gli interventi sociali in favore delle famiglie;

f) interventi volti alla prevenzione di ogni abuso sessuale nei confronti dei minori e al contrasto della pedofilia e della pornografia minorile, nonché progetti volti ad assicurare adeguati percorsi di sostegno, anche di natura economica, ai minori orfani per crimini domestici e alle loro famiglie, affidatarie o adottive;

g) progetti finalizzati alla protezione e alla presa in carico dei minori vittime di violenza assistita, nonché interventi a favore delle famiglie in cui sono presenti minori vittime di violenza assistita;

h) interventi a tutela dell'infanzia e dell'adolescenza, con particolare riferimento alle situazioni di vulnerabilità socioeconomica e al disagio minorile, anche con riferimento al contrasto del fenomeno del cyberbullismo;

i) interventi per il sostegno dei genitori separati e divorziati, anche attraverso lo sviluppo del sistema territoriale dei servizi sociali finalizzati alla loro presa in carico;

i-bis) interventi per il sostegno ai genitori nei casi di morte del figlio. Per le finalità di cui alla presente lettera, il Fondo di cui all'articolo 19, comma 1, del decreto legge 4 luglio 2006, n. 223, convertito, con modificazioni, dalla legge 4 agosto 2006, n. 248, per l'anno 2021, è incrementato di 500.000 euro per l'anno 2021, da destinare al finanziamento delle associazioni che svolgono attività di assistenza psicologica o psicosociologica a favore dei genitori che subiscono gravi disagi sociali e psicologici in conseguenza della morte del figlio [(1)];

l) interventi per la diffusione della figura professionale dell'assistente familiare;

m) iniziative di abbattimento dei costi dei servizi per le famiglie con almeno tre figli minori, compresa la carta della famiglia di cui all'articolo 1, comma 391, della legge 28 dicembre 2015, n. 208;

n) iniziative di conciliazione del tempo di vita e di lavoro, nonché di promozione del welfare familiare aziendale, comprese le azioni di cui all'articolo 9 della legge 8 marzo 2000, n. 53;

o) interventi volti a favorire i nuclei familiari a rischio, al fine di prevenire l'abbandono e di consentire al minore di crescere e di essere educato nell'ambito della propria famiglia. A tale fine il Ministro per la famiglia e le disabilità, di concerto con i Ministri del lavoro e delle politiche sociali e della salute, promuove, ai sensi dell'articolo 8, comma 6, della legge 5 giugno 2003, n. 131, un'intesa in sede di Conferenza unificata avente ad oggetto la definizione dei criteri e delle modalità sulla base dei quali le regioni, in concorso con gli enti locali, definiscono e attuano un programma sperimentale di azioni al quale concorrono i sistemi regionali integrati dei servizi alla persona;

p) attività di informazione e di comunicazione in materia di politiche per la famiglia;

q) interventi che diffondano e valorizzino, anche attraverso opportune sinergie, le migliori iniziative in materia di politiche familiari adottate da enti pubblici e privati, enti locali, imprese e associazioni, al fine di agevolare il mutuo scambio, la condivisione e il sostegno di esperienze virtuose e di buone pratiche;

r) interventi in materia di adozione e di affidamento, volti a tutelare il superiore interesse del minore e a sostenere le famiglie adottive o affidatarie, anche al fine di sostenere il percorso successivo all'adozione. [(2)(3)].

(1) Lettera inserita dall'articolo 1, comma 26, della Legge 30 dicembre 2020, n. 178.
(2) Per l'attuazione del presente comma, vedi il Provvedimento 14 giugno 2007, n. 48.
(3) Comma modificato dall' articolo 46-bis del D.L. 31 dicembre 2007, n. 248 e successivamente dall'articolo 1, comma 413, della Legge 28 dicembre 2015 n. 208. Da ultimo sostituito dall' articolo 1, comma 482 della Legge 30 dicembre 2018, n.145.

1251. Il Ministro per la famiglia e le disabilità si avvale, altresì, del Fondo per le politiche della famiglia per finanziare ulteriori iniziative volte a sostenere, a realizzare e a promuovere politiche a favore della famiglia[(1)].

[(1)] *Comma modificato dall'articolo 2, comma 462, della legge 24 dicembre 2007 n. 244 e successivamente sostituito dall'articolo 1, comma 482 della Legge 30 dicembre 2018, n.145*

1251-bis. Il Ministro per la famiglia e le disabilità, entro tre mesi dalla data di entrata in vigore della presente disposizione, con uno o più regolamenti adottati ai sensi dell'articolo 17, comma 3, della legge 23 agosto 1988, n. 400, provvede alla razionalizzazione degli Osservatori di cui al comma 1250, lettere a), b) e c), anche mediante il riordino dell'organizzazione e del funzionamento degli stessi.[(1)]

[(1)] *Comma sostituito dall'articolo 1, comma 482 della Legge 30 dicembre 2018, n.145*

1252. Gli stanziamenti del Fondo per le politiche della famiglia sono ripartiti dal Ministro per la famiglia e le disabilità, con proprio decreto, ai fini del finanziamento del funzionamento degli Osservatori di cui alle lettere a), b) e c) del comma 1250 e dell'attuazione delle misure di competenza statale definite nell'ambito dei correlati Piani nazionali, nonché del finanziamento delle campagne istituzionali sui temi della famiglia;

per le restanti finalità di cui ai commi 1250 e 1251, il Fondo è ripartito dal Ministro per la famiglia e le disabilità, con proprio decreto da adottare d'intesa con la Conferenza unificata di cui all'articolo 8 del decreto legislativo 28 agosto 1997, n. 281 [(1)(2)].

[(1)] *Per la ripartizione degli stanziamenti del Fondo delle politiche per la famiglia, di cui al presente comma, vedi il Decreto della Presidenza del Consiglio dei ministri 2 luglio 2007.*
[(2)]*Comma sostituito dall'articolo 1, comma 482 della Legge 30 dicembre 2018, n.145.*

1253. Il Ministro delle politiche per la famiglia, entro tre mesi dalla data di entrata in vigore della presente legge, con regolamento adottato ai sensi dell'articolo 17, comma 3, della legge 23 agosto 1988, n. 400, disciplina l'organizzazione amministrativa e scientifica dell'Osservatorio nazionale sulla famiglia di cui al comma 1250.

1254. L'articolo 9 della legge 8 marzo 2000, n. 53, è sostituito dal seguente:

"Art. 9. - (Misure a sostegno della flessibilità di orario) – 1. Al fine di promuovere e incentivare azioni volte a conciliare tempi di vita e tempi di lavoro, nell'ambito del Fondo delle politiche per la famiglia di cui all'articolo 19 del decreto-legge 4 luglio 2006, n. 223, convertito, con modificazioni, dalla legge 4 agosto 2006, n. 248, è destinata annualmente una quota individuata con decreto del Ministro delle politiche per la famiglia, al fine di erogare contributi, di cui almeno il 50 per cento destinati ad imprese fino a cinquanta dipendenti, in favore di aziende, aziende sanitarie locali e aziende ospedaliere che applichino accordi contrattuali che prevedano azioni positive per le finalità di cui al presente comma, ed in particolare:

a) progetti articolati per consentire alla lavoratrice madre o al lavoratore padre, anche quando uno dei due sia lavoratore autonomo, ovvero quando abbiano in affidamento o in adozione un minore, di usufruire di particolari forme di flessibilità degli orari e dell'organizzazione del lavoro, tra cui part time, telelavoro e lavoro a domicilio, orario flessibile in entrata o in uscita, banca delle ore, flessibilità sui turni, orario concentrato, con priorità per i genitori che abbiano bambini fino a dodici anni di età o fino a quindici anni, in caso di affidamento o di adozione, ovvero figli disabili a carico;

b) programmi di formazione per il reinserimento dei lavoratori dopo il periodo di congedo;

c) progetti che consentano la sostituzione del titolare di impresa o del lavoratore autonomo, che benefici del periodo di astensione obbligatoria o dei congedi parentali, con altro imprenditore o lavoratore autonomo;

d) interventi ed azioni comunque volti a favorire la sostituzione, il reinserimento, l'articolazione della prestazione lavorativa e la formazione dei lavoratori con figli minori o disabili a carico ovvero con anziani non autosufficienti a carico".

[1255. Le risorse di cui al comma 1254 possono essere in parte destinate alle attività di promozione delle misure in favore della conciliazione, di consulenza alla progettazione, di monitoraggio delle azioni nonchè all'attività della Commissione tecnica con compiti di selezione e valutazione dei progetti.] [(1)]

[(1)] *Comma abrogato dall'articolo 38, comma 2, della Legge 18 giugno 2009, n. 69.*

[1256. Con decreto del Ministro delle politiche per la famiglia, di concerto con i Ministri del lavoro e della previdenza sociale e per i diritti e le pari opportunità, sono definiti i criteri per la concessione dei contributi di cui al comma 1254. In ogni caso, le richieste dei contributi provenienti dai soggetti pubblici saranno soddisfatte a concorrenza della somma che residua una volta esaurite le richieste di contributi delle imprese private.] [(1)]

[(1)] *Comma abrogato dall'articolo 38, comma 2, della Legge 18 giugno 2009, n. 69.*

1257. All'articolo 7, comma 4, primo periodo, della legge 3 dicembre 1999, n. 493, le parole: "33 per cento" sono sostituite dalle seguenti: "27 per cento".

1258. La dotazione del Fondo nazionale per l'infanzia e l'adolescenza, di cui all'articolo 1 della legge 28 agosto 1997, n. 285, a decorrere dall'anno 2007, è determinata, limitatamente alle risorse destinate ai comuni di cui al comma 2, secondo periodo, dello stesso articolo 1 annualmente dalla legge finanziaria, con le modalità di cui all'articolo 11, comma 3, della legge 5 agosto 1978, n. 468, e successive modificazioni. Le somme impegnate ma non liquidate entro la chiusura dell'esercizio finanziario in attuazione dell'articolo 1, comma 2, della legge 28 agosto 1997, n. 285, in favore dei comuni ivi indicati sono conservate nel bilancio della Presidenza del consiglio dei ministri per cinque anni [(1)].

[(1)] *Comma modificato dall'articolo 2, comma 470, della legge 24 dicembre 2007 n. 244 e successivamente dall'articolo 9, comma 2, del D.L. 1° marzo 2021, n. 22, convertito, con modificazioni dalla Legge 22 aprile 2021, n. 55.*

1259. Fatte salve le competenze delle regioni, delle province autonome di Trento e di Bolzano e degli enti locali, nelle more dell'attuazione dell'articolo 119 della Costituzione, il Ministro delle politiche per la famiglia, di concerto con i Ministri della pubblica istruzione, della solidarietà sociale e per i diritti e le pari opportunità, promuove, ai sensi dell'articolo 8, comma 6 della legge 5 giugno 2003, n. 131, una intesa in sede di Conferenza unificata di cui all'articolo 8 del decreto legislativo 28 agosto 1997, n. 281, avente ad oggetto il riparto di una somma di 100 milioni di euro per l'anno 2007, 170 milioni di euro per l'anno 2008 e 100 milioni di euro per l'anno 2009. Nell'intesa sono stabiliti, sulla base dei princ `pi fondamentali contenuti nella legislazione statale, i livelli essenziali delle prestazioni e i criteri e le modalità sulla cui base le regioni attuano un piano straordinario di intervento per lo sviluppo del sistema territoriale dei servizi socio-educativi, al quale concorrono gli asili nido, i servizi integrativi, diversificati per modalità strutturali, di accesso, di frequenza e di funzionamento, e i servizi innovativi nei luoghi di lavoro, presso le famiglie e presso i caseggiati, al fine di favorire il conseguimento entro il 2010, dell'obiettivo comune della copertura territoriale del 33 per cento fissato dal Consiglio europeo di Lisbona del 23-24 marzo 2000 e di attenuare gli squilibri esistenti tra le diverse aree del Paese. Per le finalità del piano è autorizzata una spesa di 100 milioni di euro per l'anno 2007, di 170 milioni di euro per l'anno 2008 e di 100 milioni di euro per l'anno 2009 (1)(2).

(1) Per l'integrazione dei finanziamenti dei servizi socio-educativi per la prima infanzia e del Fondo politiche sociali di cui al presente comma vedi l'articolo 45 del D.L. 1 ottobre 2007, n.159.
(2) Comma modificato dall'articolo 2, comma 457, della legge 24 dicembre 2007 n. 244. Vedi, anche, il comma 460 del medesimo articolo 2.

1260. Per le finalità di cui al comma 1259 puo` essere utilizzata parte delle risorse stanziate per il Fondo per le politiche della famiglia di cui al comma 1250.

1261. Il Fondo per le politiche relative ai diritti e alle pari opportunità, di cui all'articolo 19, comma 3, del decreto-legge 4 luglio 2006, n. 223, convertito, con modificazioni, dalla legge 4 agosto 2006, n. 248, è incrementato di 40 milioni di euro per ciascuno degli anni 2007, 2008 e 2009, di cui una quota per ciascuno degli anni 2007, 2008 e 2009 da destinare al Fondo nazionale contro la violenza sessuale e di genere. Il Ministro per i diritti e le pari opportunità, con decreto emanato di concerto con i Ministri della solidarietà sociale, del lavoro e della previdenza sociale, della salute e delle politiche per la famiglia, stabilisce i criteri di ripartizione del Fondo, che dovrà prevedere una quota parte da destinare all'istituzione di un Osservatorio nazionale contro la violenza sessuale e di genere e una quota parte da destinare al piano d'azione nazionale contro la violenza sessuale e di genere.

1262. Nello stato di previsione del Ministero dell'interno è istituito un Fondo da ripartire per fare fronte alle spese, escluse quelle per il personale, connesse agli interventi in materia di immigrazione ed asilo ed al funzionamento dei servizi connessi alla gestione delle emergenze derivanti dai flussi migratori, con dotazione di 3 milioni di euro a decorrere dall'anno 2007. Con decreti del Ministro dell'interno, da comunicare, anche con evidenze informatiche, al Ministero dell'economia e delle finanze, tramite l'ufficio centrale del bilancio, nonchè alle competenti Commissioni parlamentari e alla Corte dei conti, si provvede alla ripartizione del Fondo tra le unità previsionali di base del centro di responsabilità "Dipartimento per le libertà civili e l'immigrazione" del medesimo stato di previsione.

1263. Per le attività di prevenzione di cui all'articolo 2 della legge 9 gennaio 2006, n. 7, è autorizzata l'ulteriore spesa di 500.000 euro annui.

1264. Al fine di garantire l'attuazione dei livelli essenziali delle prestazioni assistenziali da garantire su tutto il territorio nazionale con riguardo alle persone non autosufficienti, è istituito presso il Ministero della solidarietà sociale un fondo denominato "Fondo per le non autosufficienze", al quale è assegnata la somma di 100 milioni di euro per l'anno 2007 e di 200 milioni di euro per ciascuno degli anni 2008 e 2009 (1)(2)(3).

(1) Per l'incremento di euro 100 milioni per l'anno 2008 e di euro 200 milioni per l'anno 2009 dell'autorizzazione di spesa di cui al presente comma vedi l'articolo 2, comma 465, della legge 24 dicembre 2007 n. 244. Per l'incremento di euro 400 milioni per l'anno 2010 vedi l' articolo 2, comma 102, della Legge 23 dicembre 2009, n. 191. A norma dell' articolo 1, comma 272, della Legge 24 dicembre 2012, n. 228 per gli interventi di pertinenza del Fondo per le non autosufficienze di cui al presente comma , ivi inclusi quelli a sostegno delle persone affette da sclerosi laterale amiotrofica, è autorizzata la spesa di 275 milioni di euro per l'anno 2013 .
(2) Per l'incremento dello stanziamento del Fondo di cui al presente comma vedi l' articolo 1, comma 159, della Legge 23 dicembre 2014, n. 190, successivamente l'articolo 1, comma 405, della Legge 28 dicembre 2015 n. 208 e l'articolo 1, comma 331, della Legge 27 dicembre 2019, n. 160.
(3) Per l'incremento di ulteriori 90 milioni di euro per l'anno 2020, di cui 20 milioni destinati alla realizzazione di progetti per la vita indipendente, vedi l'articolo 104, comma 1 del D.L. 19 maggio 2020, n. 34, convertito, con modificazioni, dalla Legge 17 luglio 2020, n. 77.

1265. Gli atti e provvedimenti concernenti l'utilizzazione del Fondo di cui al comma 1264 sono adottati dal Presidente del Consiglio dei ministri, su proposta del Ministro delegato per la famiglia e le disabilità e il Ministro del lavoro e delle politiche sociali, di concerto con il Ministro della salute e il Ministro dell'economia e delle finanze, previa intesa in sede di Conferenza unificata di cui all'articolo 8 del decreto legislativo 28 agosto 1997, n. 281 (1).

(1) Comma modificato dall'articolo 3, comma 4, del D.L. 12 luglio 2018, n. 86, convertito con modificazioni dalla Legge 9 agosto 2018, n. 97.

1266. All'articolo 42, comma 5, del testo unico delle disposizioni legislative in materia di tutela e sostegno della maternità e della paternità, di cui al decreto legislativo 26 marzo 2001, n. 151, e successive modificazioni, è aggiunto, in fine, il seguente periodo: "I soggetti che usufruiscono dei permessi di cui al presente comma per un periodo continuativo non superiore a sei mesi hanno diritto ad usufruire di permessi non retribuiti in misura pari al numero dei giorni di congedo ordinario che avrebbero maturato nello stesso arco di tempo lavorativo, senza riconoscimento del diritto a contribuzione figurativa ".

1267. Al fine di favorire l'inclusione sociale dei migranti e dei loro familiari, è istituito presso il Ministero della solidarietà sociale un fondo denominato "Fondo per l'inclusione sociale degli immigrati", al quale è assegnata la somma di 50 milioni di euro per l'anno 2007 e 5,1 milioni di euro per l'anno 2008. Il Fondo è altresì finalizzato alla realizzazione di un piano per l'accoglienza degli alunni stranieri, anche per favorire il rapporto scuola-famiglia, mediante l'utilizzo per fini non didattici di apposite figure professionali madrelingua quali mediatori culturali (1).

(1) Per l'integrazione di 50 milioni di euro per l'anno 2008 del Fondo di cui

al presente comma, vedi l'articolo 2, comma 536, della legge 24 dicembre 2007 n. 244, successivamente il presente comma è stato modificato dall'articolo 5, comma 11 del D.L. 27 maggio 2008, n. 93.

1268. Gli atti e i provvedimenti concernenti l'utilizzazione del Fondo di cui al comma 1267 sono adottati dal Ministro della solidarietà sociale, di concerto con il Ministro per i diritti e le pari opportunità.

1269. All'articolo 1, comma 429, della legge 23 dicembre 2005, n. 266, le parole: "3 milioni di euro annui per ciascuno degli anni 2006, 2007 e 2008" sono sostituite dalle seguenti: "3 milioni di euro per l'anno 2006 e di 750.000 euro per ciascuno degli anni 2007 e 2008" e, in fine, è aggiunto il seguente periodo: "Le risorse pari a 2,25 milioni di euro per gli anni 2007 e 2008 confluiscono nel Fondo nazionale per le politiche sociali di cui all'articolo 20, comma 8, della legge 8 novembre 2000, n. 328" (1).

(1) Vedi, anche, l'articolo 2, comma 438, della legge 24 dicembre 2007 n. 244.

[1270. Alla legge 3 agosto 2004, n. 206, all'articolo 1, dopo il comma 1, è aggiunto il seguente:

"1-bis. Le disposizioni della presente legge si applicano inoltre ai familiari delle vittime del disastro aereo di Ustica del 1980 nonchè ai familiari delle vittime e ai superstiti della cosiddetta "banda della Uno bianca". Ai beneficiari vanno compensate le somme già percepite" (1).] (A)

(1) Comma abrogato dall'articolo 2268, comma 1, del D.Lgs. 15 marzo 2010, n. 66.
(A) In riferimento al presente comma vedi: Circolare INPS 4 gennaio 2007, n. 5

1271. La Repubblica italiana riconosce a titolo di risarcimento soprattutto morale il sacrificio dei propri cittadini deportati ed internati nei lager nazisti nell'ultimo conflitto mondiale.

1272. è autorizzata la concessione di una medaglia d'onore ai cittadini italiani militari e civili deportati ed internati nei lager nazisti e destinati al lavoro coatto per l'economia di guerra, ai quali, se militari, è stato negato lo status di prigionieri di guerra, secondo la Convenzione relativa al trattamento dei prigionieri di guerra fatta a Ginevra il 27 luglio 1929 dall'allora governo nazista, e ai familiari dei deceduti, che abbiano titolo per presentare l'istanza di riconoscimento dello status di lavoratore coatto.

1273. Le domande di riconoscimento dello status di lavoratore coatto, eventualmente già presentate dagli interessati alla Organizzazione internazionale per le migrazioni (OIM), sono riconosciute valide a tutti gli effetti della presente legge. A tal fine l'OIM, tramite la sua missione di Roma, trasmette al comitato di cui al comma 1274 le istanze di riconoscimento sinora pervenute in uno alla documentazione eventualmente allegata.

1274. è istituito presso la Presidenza del Consiglio dei ministri un comitato, presieduto dal Presidente del Consiglio dei ministri o da un suo delegato, costituito da un rappresentante dei Ministeri della difesa, degli affari esteri, dell'interno e dell'economia e delle finanze, nominati dai rispettivi Ministri, nonchè da un rappresentante dell' Associazione nazionale reduci dalla prigionia, dall'internamento e dalla guerra di liberazione (ANRP) e da un rappresentante dell'Associazione nazionale ex internati (ANEI), nonchè da un rappresentante dell'OIM.

1275. Il comitato provvede alla individuazione degli aventi diritto.

1276. All'onere complessivo di 250.000 euro derivante dall'attuazione del presente articolo, ivi comprese le spese per il funzionamento del comitato di cui al comma 1274, stabilite in euro 50.000 per ciascuno degli anni 2007, 2008 e 2009, si provvede mediante l'utilizzazione di quota parte degli importi del fondo di cui al comma 343 dell'articolo 1 della legge 23 dicembre 2005, n. 266".

1277. Il fondo costituito presso la Presidenza del Consiglio dei ministri ai sensi della legge 8 agosto 1985, n. 440, è incrementato di 250.000 euro per ciascuno degli anni 2007, 2008 e 2009. A tal fine per gli anni 2007, 2008 e 2009 è corrispondentemente ridotta l'autorizzazione di spesa di cui all'articolo 20, comma 8, della legge 8 novembre 2000, n. 328.

1278. Per il finanziamento del Fondo nazionale per la montagna, di cui all'articolo 2 legge 31 gennaio 1994, n. 97, e successive modificazioni, è autorizzata la spesa di 25 milioni di euro per l'anno 2007.

1279. è istituito, sotto la vigilanza della Presidenza del Consiglio dei ministri, l'Ente italiano montagna (EIM) finalizzato al supporto alle politiche ed allo sviluppo socioeconomico e culturale dei territori montani (1).

(1) Per la soppressione dell'EIM, vedi l'articolo 7, comma 19, del D.L. 31 maggio 2010, n. 78.

1280. Entro trenta giorni dalla data di entrata in vigore della presente legge è soppresso l'Istituto nazionale della montagna (IMONT). I suoi impegni e funzioni, il patrimonio, i beni mobili, le attrezzature in dotazione e l'attuale dotazione organica sono trasferiti all'EIM.

1281. Con successivo decreto del Presidente del Consiglio dei ministri sono determinati, in coerenza con obiettivi di funzionalità, efficienza ed economicità, gli organi di amministrazione e controllo, la sede, le modalità di costituzione e di funzionamento, le procedure per la definizione e l'attuazione dei programmi per l'assunzione e l'utilizzo del personale, per l'erogazione delle risorse.

1282. Al funzionamento dell'EIM si provvederà in parte con le risorse disponibili che verranno trasferite su apposito capitolo alla Presidenza del Consiglio dei ministri, nella misura assegnata all'IMONT, e in parte con il concorso finanziario dei soggetti che aderiranno alle attività del medesimo (1).

(1) Per l'interpretazione del presente comma nel senso che le risorse da trasferire all'Ente italiano montagna (EIM) sono tutte quelle complessivamente già attribuite all'Istituto nazionale della montagna (IMONT) al 1° gennaio 2007, vedi l'articolo 2, comma 45, della legge 24 dicembre 2007 n. 244.

1283. Per garantire l'ordinaria amministrazione e lo svolgimento delle attività istituzionali fino all'avvio dell'EIM, il Presidente del Consiglio dei ministri, con proprio decreto, da emanarsi entro trenta giorni dalla data di entrata in vigore della presente legge, nomina un commissario.

1284. È istituito un fondo di solidarietà, presso la Presidenza del Consiglio dei ministri, finalizzato a promuovere il finanziamento esclusivo di progetti e interventi, in ambito nazionale e internazionale, atti a garantire il maggior accesso possibile alle risorse idriche secondo il principio della garanzia dell'accesso all'acqua a livello universale. Il fondo è alimentato dalle risorse di cui al comma 1284-ter. Con decreto del Ministro dell'ambiente e della tutela del territorio e del mare, di concerto con il Ministro degli affari esteri, sentito il parere delle competenti Commissioni parlamentari e della Conferenza unificata di cui all'articolo 8 del decreto legislativo 28 agosto 1997, n. 281, e successive modificazioni, sono indicate le modalità di funzionamento e di erogazione delle risorse del fondo [1][2].

[1] Comma sostituito dall'articolo 2, comma 334, della legge 24 dicembre 2007 n. 244. La Corte Costituzionale con sentenza 23 maggio 2008, n. 168 (in Gazz. Uff., 28 maggio 2008, n. 23) ha dichiarato l'illegittimità costituzionale del presente comma, come modificato dalla legge 244/2007, nella parte in cui prevede che le modalità di funzionamento e di erogazione delle risorse del fondo sono indicate «Con decreto del Ministro dell'ambiente e della tutela del territorio e del mare di concerto con il Ministro degli affari esteri, sentito il parere delle competenti Commissioni parlamentari e della Conferenza unificata di cui all'articolo 8 del decreto legislativo 28 agosto 1997, n. 281, e successive modificazioni», anziché «Con decreto del Ministro dell'ambiente e della tutela del territorio e del mare di concerto con il Ministro degli affari esteri, da adottare d'intesa con la Conferenza unificata di cui all'articolo 8 del decreto legislativo 28 agosto 1997, n. 281, e successive modificazioni, sentito il parere delle competenti Commissioni parlamentari».

[2] La Corte Costituzionale con sentenza 23 maggio 2008, n. 168 (in Gazz. Uff., 28 maggio 2008, n. 23) ha dichiarato l'illegittimità costituzionale del presente comma, nella parte in cui prevede che le modalità di funzionamento e di erogazione delle risorse del fondo sono indicate «Con decreto del Ministro dell'ambiente e della tutela del territorio e del mare di concerto con il Ministro degli affari esteri, sentito il parere delle competenti Commissioni parlamentari e della Conferenza unificata di cui all'articolo 8 del decreto legislativo 28 agosto 1997, n. 281», anziché «Con decreto del Ministro dell'ambiente e della tutela del territorio e del mare di concerto con il Ministro degli affari esteri, da adottare d'intesa con la Conferenza unificata di cui all'articolo 8 del decreto legislativo 28 agosto 1997, n. 281, sentito il parere delle competenti Commissioni parlamentari».

1284-bis. Al fine di tutelare le acque di falda, di favorire una migliore fruizione dell'acqua del rubinetto, di ridurre il consumo di acqua potabile e la produzione di rifiuti, nonché le emissioni di anidride carbonica, è istituito nello stato di previsione del Ministero dell'ambiente e della tutela del territorio e del mare un fondo a favore della potabilizzazione, naturizzazione, microfiltrazione e dolcificazione delle acque di rubinetto, del recupero delle acque meteoriche e della permeabilità dei suoli urbanizzati. Il fondo è alimentato, nel limite di 5 milioni di euro, per ciascuno degli anni 2008, 2009 e 2010, dalle maggiori entrate di cui al comma 1284-ter. Con decreto del Ministro dell'ambiente e della tutela del territorio e del mare sono disciplinate le modalità di funzionamento del fondo e sono individuati gli interventi ai quali sono destinati i contributi a valere sul fondo medesimo [1].

[1] Comma aggiunto dall'articolo 2, comma 334, della legge 24 dicembre 2007 n. 244 e successivamente modificato dall'articolo 6-bis del D.L. 30 dicembre 2008, n. 208.

1284-ter. È istituito un contributo di 0,5 centesimi di euro per ogni bottiglia di acqua minerale o da tavola in materiale plastico venduta al pubblico. Per materiale plastico si intende il composto macromolecolare organico ottenuto per polimerizzazione, policondensazione, poliaddizione o qualsiasi altro procedimento simile da molecole di peso molecolare inferiore, ovvero per modifica chimica di macromolecole simili. Le entrate derivanti dal contributo di cui al presente comma sono destinate per un decimo ad alimentare il fondo di cui al comma 1284 e per nove decimi ad alimentare il fondo di cui al comma 1284-bis [1].

[1] Comma aggiunto dall'articolo 2, comma 334, della legge 24 dicembre 2007 n. 244.

1285. All'articolo 80, comma 1, alinea, della legge 23 dicembre 2000, n. 388, e successive modificazioni, le parole: "30 aprile 2006" sono sostituite dalle seguenti: "30 giugno 2007".

1286. Le somme non spese da parte dei comuni entro il 30 giugno 2007 devono essere versate dai medesimi all'entrata del bilancio dello Stato per la successiva riassegnazione al Fondo nazionale per le politiche sociali di cui all'articolo 59, comma 44, della legge 27 dicembre 1997, n. 449.

1287. Le somme di cui all'articolo 1, comma 333, della legge 23 dicembre 2005, n. 266, erogate in favore di soggetti sprovvisti del requisito di cittadinanza italiana, ovvero comunitaria, non sono ripetibili.

1288. Le ordinanze-ingiunzioni emesse a norma dell'articolo 18 della legge 24 novembre 1981, n. 689, e successive modificazioni, in applicazione dell'articolo 1, comma 333, della legge 23 dicembre 2005, n. 266, sono inefficaci.

1289. I procedimenti di opposizione instaurati dai soggetti di cui al comma 1287 sono estinti.

1290. L'autorizzazione di spesa di cui al comma 2 dell'articolo 19 del decreto-legge 4 luglio 2006, n. 223, convertito, con modificazioni, dalla legge 4 agosto 2006, n. 248, è integrata di 120 milioni di euro per ciascuno degli anni 2007, 2008 e 2009.

1291. Al fine del potenziamento degli impianti sportivi e per la promozione e la realizzazione di interventi per gli eventi sportivi di rilevanza internazionale, tra cui la partecipazione dell'Italia ai Giochi Olimpici di Pechino 2008, è istituito presso la Presidenza del Consiglio dei ministri un fondo denominato "Fondo per gli eventi sportivi di rilevanza internazionale", al quale è assegnata la somma di 33 milioni di euro per l'anno 2007 [1][2].

[1] Per l'incremento del Fondo di cui al presente comma vedi l'articolo 2, commi 566 e 567, della legge 24 dicembre 2007 n. 244.

[2] A norma dell'articolo 23, comma 21-bis, del D.L. 1° luglio 2009, n. 78, il Fondo di cui al presente comma è incrementato di 10 milioni di euro per l'anno 2010

1292. In aggiunta agli stanziamenti previsti dall'articolo 11-quaterdecies, del decreto- legge 30 settembre 2005, n. 203, convertito, con modificazioni, dalla legge 2 dicembre 2005, n. 248, è autorizzata la spesa annua di 0,5 milioni di euro per quindici anni a decorrere dal 2007, nonchè quella annua di 0,5 milioni di euro per quindici anni a decorrere dall'anno 2008, per l'organizzazione, l'impiantistica sportiva e gli interventi infrastrutturali dei Campionati mondiali di nuoto che si terranno a Roma nel 2009, e la spesa annua di 1 milione di euro per quindici anni a decorrere dal 2007, nonchè quella annua di 1 milione di euro per quindici anni a decorrere dall'anno 2008, per le medesime finalità per i Giochi del Mediterraneo che si terranno a Pescara nel medesimo anno, a valere su quota parte dei contributi quindicennali di cui al comma 977.

1293. L'articolo 1, comma 556, della legge 23 dicembre 2005, n. 266, è sostituito dal seguente: "556. Al fine di prevenire fenomeni di disagio giovanile legato all'uso di sostanze stupefacenti, è istituito presso il Ministero della solidarietà sociale l'"Osservatorio per il disagio giovanile legato alle dipendenze". Con decreto del Ministro della solidarietà sociale, d'intesa con la Conferenza permanente per i rapporti tra lo Stato, le regioni e le province autonome di Trento e di Bolzano, è disciplinata la composizione e l'organizzazione dell'Osservatorio. Presso il Ministero di 2006, 2007, 2008 e 2009 è fissata in 5 milioni di euro, di cui il 25 per cento è destinato ai compiti istituzionali del Ministero della solidarietà sociale di comunicazione, informazione, ricerca, monitoraggio e valutazione, per i quali il Ministero si avvale del parere dell'Osservatorio per il disagio giovanile legato alle dipendenze; il restante 75 per cento del Fondo viene destinato alle associazioni e reti giovanili individuate con decreto del Ministro della solidarietà sociale, di concerto con il Ministro dell'economia e delle finanze e d'intesa con la Conferenza permanente per i rapporti tra lo Stato, le regioni e le province autonome di Trento e di Bolzano, da emanare entro sessanta giorni dalla data di entrata in vigore della presente legge. Con tale decreto, di natura regolamentare, vengono determinati anche i criteri per l'accesso al Fondo e le modalità di presentazione delle istanze".

1294. È assegnato all'Istituto per il credito sportivo, per agevolare il credito per la realizzazione di impianti sportivi, un contributo annuo di 20 milioni di euro per ciascuno degli anni 2007, 2008 e 2009.

1295. Il contributo di cui al comma 1294 concorre ad incrementare il fondo speciale di cui all'articolo 5 della legge 24 dicembre 1957, n. 1295, e successive modificazioni.

1296. Restano comunque ferme le disposizioni dell'articolo 5 del regolamento di cui al decreto del Ministro dell'economia e delle finanze 19 giugno 2003, n. 179.

1297. Al fine di contenere i costi di funzionamento, di conseguire risparmi di spesa e di adeguare la composizione degli organi dell'Istituto per il credito sportivo alle disposizioni contenute nell'articolo 1, comma 19, lettera a), del decreto-legge 18 maggio 2006, n. 181, convertito, con modificazioni, dalla legge 17 luglio 2006, n. 233, *[il consiglio di amministrazione dell'Istituto è composto da un membro designato dal Presidente del Consiglio dei ministri o dal Ministro delegato, da un membro designato dal Ministro dell'economia e delle finanze e da un membro designato dal Ministro per i beni e le attività culturali, tra i quali è scelto il presidente, nonché da un membro designato in rappresentanza delle regioni e delle autonomie locali, da un membro designato dalla Cassa depositi e prestiti spa, da un membro designato dalla giunta nazionale del Comitato olimpico nazionale italiano (CONI) e da tre membri designati dai restanti soggetti partecipanti al capitale dell'Istituto.]* il comitato esecutivo dell'Istituto è soppresso e le relative competenze sono attribuite al consiglio di amministrazione. *[Il collegio dei sindaci dell'Istituto è composto da un numero di membri effettivi non superiore a tre e da un membro supplente. Il presidente, il consiglio di amministrazione e il collegio dei sindaci dell'Istituto per il credito sportivo sono nominati con decreto del Presidente del Consiglio dei ministri d'intesa con il Ministro per i beni e le attività culturali e di concerto con il Ministro dell'economia e delle finanze.]* Alla data di entrata in vigore della presente legge gli organi dell'Istituto per il credito sportivo sono sciolti. Entro quarantacinque giorni dalla data di entrata in vigore della presente legge lo statuto dell'Istituto deve essere adeguato alle disposizioni di cui al presente comma. I compensi e le spese sostenute per gli organi dell'Istituto sono ridotti del 30 per cento a decorrere dal 1° gennaio 2007 (1).

(1) Comma modificato dall'articolo 11-sexies del D.L. 8 febbraio 2007, n. 8 e dall'articolo 2 del D.P.R. 27 ottobre 2011, n. 207.

1298. Per incrementare la promozione e lo sviluppo della pratica sportiva di base ed agonistica dei soggetti diversamente abili, il contributo al Comitato italiano paralimpico di cui all'articolo 1, comma 580, della legge 23 dicembre 2005, n. 266, è incrementato, per ciascuno degli anni 2007 e 2008, di 2,5 milioni di euro. Per i medesimi fini, al Comitato italiano paralimpico è concesso, per l'anno 2009, un contributo di 3 milioni di euro.

1299. Al fine di consentire la definizione delle procedure espropriative e dei contenziosi pendenti nonchè l'ultimazione dei collaudi tecnico- amministrativi relativi alle opere realizzate per lo svolgimento dei XX Giochi olimpici invernali "Torino 2006" e dei IX Giochi Paralimpici di Torino, il termine di cui all'articolo 3, comma 7, della legge 9 ottobre 2000, n. 285, è prorogato al 31 dicembre 2007. L'Agenzia per lo svolgimento dei Giochi olimpici provvede agli oneri derivanti dalla proroga nell'ambito delle proprie disponibilità, a valere sui risparmi realizzati nella utilizzazione dei fondi di cui all'articolo 10, commi 1, ultimo periodo, e 2, della legge 9 ottobre 2000, n. 285, e successive modificazioni.

1300. è abrogato l'articolo 7 della legge 9 ottobre 2000, n. 285, e successive modificazioni.

1301. A decorrere dal 1° gennaio 2007 il Comitato direttivo di cui all'articolo 5 della legge 9 ottobre 2000, n. 285, e successive modificazioni, è soppresso. Le relative competenze sono svolte dal direttore generale coadiuvato dai due vice direttori generali.

1302. Per la realizzazione di interventi infrastrutturali di interesse nazionale da realizzare nella regione Liguria sulla base di uno specifico accordo di programma tra il Governo nazionale, il presidente della regione Liguria e i rappresentanti degli enti locali interessati, è autorizzata la spesa di 97 milioni di euro. Al relativo onere si provvede a valere sulle somme resesi disponibili per pagamenti non più dovuti relativi all'autorizzazione di spesa di cui all'articolo 1, comma 1, della legge 18 marzo 1991, n. 99, che, per l'importo di 97 milioni di euro, sono mantenute nel conto dei residui per essere versate, nell'anno 2007, all'entrata del bilancio dello Stato ai fini della successiva riassegnazione nello stato di previsione del Ministero delle infrastrutture. Il predetto importo è versato su apposita contabilità speciale, *[ai fini del riversamento all'entrata del bilancio dello Stato negli anni dal 2007 al 2011]* in ragione di 13 milioni di euro nell'anno 2007 e di 21 milioni di euro in ciascuno degli anni dal 2008 al 2011 *[e della successiva riassegnazione, per gli stessi importi e nei medesimi anni, nello stato di previsione del Ministero delle infrastrutture]* (1).

(1) Comma modificato dall'articolo 23 del D.L. 1 ottobre 2007, n.159.

1303. Il Ministro dell'economia e delle finanze è autorizzato ad apportare, con propri decreti, le occorrenti variazioni di bilancio.

1304. Nello stato di previsione del Ministero della giustizia è istituito un fondo da ripartire per le esigenze correnti connesse all'acquisizione di beni e servizi dell'amministrazione, con una dotazione, per ciascuno degli anni 2007, 2008 e 2009, di 200 milioni di euro. Con decreti del Ministro della giustizia, da comunicare, anche con evidenze informatiche, al Ministero dell'economia e delle finanze, tramite l'ufficio centrale del bilancio, nonchè alle competenti Commissioni parlamentari e alla Corte dei conti, si provvede alla ripartizione del fondo tra le unità previsionali di base interessate del medesimo stato di previsione.

1305. All'articolo 7-viciesquater del decreto- legge 31 gennaio 2005, n. 7, convertito, dalla legge 31 marzo 2005, n. 43, e successive modificazioni, al comma 1, dopo le parole: "Ministro dell'interno" sono inserite le seguenti: "e con il Ministro per le riforme e le innovazioni nella pubblica amministrazione ". Il secondo periodo del comma 2 è sostituito dai seguenti: "Una quota pari a euro 1,85 dell'imposta sul valore aggiunto inclusa nel costo della carta d'identità elettronica è riassegnata al Ministero dell'interno per essere destinata per euro 1,15 alla copertura dei costi di gestione del Ministero medesimo e per euro 0,70 ai comuni, per la copertura delle spese connesse alla gestione e distribuzione del documento. Con decreto del Ministro dell'interno di concerto con il Ministro dell'economia e delle finanze sono stabilite le modalità di attuazione della presente disposizione".

1306. Al fine di assolvere tempestivamente nonchè in modo efficiente ed efficace ai compiti d'istituto attraverso uno stabile assetto funzionale ed organizzativo, la Commissione di vigilanza sui fondi pensione (COVIP) è autorizzata ad inquadrare in ruolo i dipendenti già assunti mediante procedura selettiva pubblica con contratti a tempo determinato ed in servizio da almeno tre anni, anche non continuativi, o che conseguano tale requisito in virtù di contratti stipulati anteriormente alla data del 29 settembre 2006 o che siano stati in servizio per almeno tre anni, anche non continuativi, nel quinquennio anteriore alla data di entrata in vigore della presente legge. L'inquadramento nei ruoli, nelle medesime qualifiche oggetto dei predetti contratti, avviene previo svolgimento di apposito esame-colloquio innanzi ad apposita Commissione presieduta dal presidente o da un commissario della COVIP e composta da due docenti universitari o esperti nelle materie di competenza istituzionale della COVIP; agli oneri relativi si provvede, senza aumenti del finanziamento a carico dello Stato, entro i limiti delle risorse assicurate in via continuativa alla COVIP dall'articolo 1, comma 65, della legge 23 dicembre 2005, n. 266.

1307. All'articolo 13, comma 6-bis, del testo unico delle disposizioni legislative e regolamentari in materia di spese di giustizia di cui al decreto del Presidente della Repubblica 30 maggio 2002, n. 115, alla fine del primo periodo, dopo le parole: "euro 250", sono aggiunte le seguenti: "; per i ricorsi previsti dall'articolo 23-bis., comma 1, della legge 6 dicembre 1971, n. 1034, nonchè da altre disposizioni che richiamano il citato articolo 23-bis, il contributo dovuto è di euro 1.000; per i predetti ricorsi in materia di affidamento di lavori, servizi e forniture, nonchè di provvedimenti delle Autorità, il contributo dovuto è di euro 2.000.

[1308. Presso il Consiglio di Stato, il Consiglio di giustizia amministrativa per la Regione siciliana e ogni organo giurisdizionale amministrativo di primo grado e sue sezioni staccate è istituita una commissione per il patrocinio a spese dello Stato, composta da due magistrati amministrativi, designati dal Presidente dell'organo giurisdizionale, il piu` anziano dei quali assume le funzioni di presidente della commissione, e da un avvocato, designato dal presidente dell'ordine degli avvocati del capoluogo in cui ha sede l'organo. Per ciascun componente sono designati uno o piu membri supplenti. Esercita le funzioni di segretario un funzionario di segreteria dell'organo giurisdizionale, nominato dal presidente dell'organo stesso. Al presidente e ai componenti non spetta nessun compenso nè rimborso spese.] [1]

[1] *Comma abrogato dall'articolo 4, comma 1, punto 37), dell'Allegato 4 al D.Lgs.2 luglio 2010, n. 104.*

1309. Per fronteggiare specifiche esigenze organizzative e funzionali, il Consiglio di Presidenza della giustizia amministrativa definisce per l'anno 2007 un programma straordinario di assunzioni fino a 50 unità di personale appartenente alle figure professionali strettamente necessarie ad assicurare la funzionalità dell'apparato amministrativo di supporto agli uffici giurisdizionali, con corrispondente incremento della dotazione organica. All'onere derivante dall'applicazione del presente comma, pari a 2,020 milioni di euro a decorrere dall'anno 2007, si provvede mediante corrispondente utilizzo di parte delle maggiori entrate recate dalle disposizioni di cui all'articolo 1, commi 306, 307 e 308, della legge 30 dicembre 2004, n. 311, che a tal fine sono detratte dall'ammontare delle riassegnazioni allo stato di previsione del Ministero della giustizia e allo stato di previsione del Ministero dell'economia e delle finanze per le spese riguardanti il funzionamento del Consiglio di Stato e dei tribunali amministrativi regionali, ai sensi del comma 309 del predetto articolo 1.

1310. L'articolo 5 della legge 25 luglio 2000, n. 209, è sostituito dal seguente:

"Art. 5. – (Catastrofi internazionali, gravi crisi umanitarie e iniziative della comunità internazionale). – 1. I crediti d'aiuto accordati dall'Italia al Paese o ai Paesi interessati possono essere annullati o convertiti nei casi:

a) di catastrofe naturale e nelle situazioni di gravi crisi umanitarie al fine di alleviare le condizioni delle popolazioni coinvolte;

b) di iniziative promosse dalla comunità internazionale a fini di sviluppo per consentire l'efficace partecipazione italiana a dette iniziative".

1311. Il Ministero degli affari esteri si avvale dell'Agenzia del demanio per la elaborazione, entro il 30 luglio 2007, di un piano di razionalizzazione del patrimonio immobiliare dello Stato ubicato all'estero, procedendo alla relativa ricognizione, alla stima, nonchè, previa analisi comparativa di costi e benefici, alla individuazione dei cespiti per i quali proporre la dismissione [1].

[1] *In riferimento al presente comma vedi l'articolo 1, comma 624, della Legge 28 dicembre 2015, n. 208.*

1312. Con proprio decreto il Ministro degli affari esteri, sulla base del piano di cui al comma 1311, individua gli immobili da dismettere, anche per il tramite dell'Agenzia del demanio [1].

[1] *In riferimento al presente comma vedi l'articolo 1, comma 624, della Legge 28 dicembre 2015, n. 208.*

1313. Per finalità di razionalizzazione dell'uso degli immobili pubblici, il Ministero della giustizia, di concerto con l'Agenzia del demanio, individua con decreto, entro il 31 gennaio 2007, beni immobili comunque in uso all'Amministrazione della giustizia che possono essere dismessi. Entro il medesimo termine l'Agenzia del demanio individua con decreto i beni immobili suscettibili di permuta con gli enti territoriali. Le attività e le procedure di permuta sono effettuate dall'Agenzia del demanio, d'intesa con il Ministero della giustizia, nel rispetto dei principi generali dell'ordinamento giuridico contabile.

1314. Con decreto del Ministro dell'economia e delle finanze, che ne verifica la compatibilità con gli obiettivi indicati nell'aggiornamento del programma di stabilità e crescita presentato all'Unione europea, una quota non inferiore al 30 per cento dei proventi derivanti dalle operazioni di dismissione di cui al comma 1312, puo` essere destinata al rifinanziamento della legge 31 dicembre 1998, n. 477, per la ristrutturazione, il restauro e la manutenzione straordinaria degli immobili ubicati all'estero (1)(2).

(1) *Comma modificato dall'articolo 10, comma 2-ter, del D.L. 30 dicembre 2008, n. 207.*
(2) *In riferimento al presente comma vedi l'articolo 1, comma 624, della Legge 28 dicembre 2015, n. 208.*

1315. A decorrere dall'applicazione dei nuovi importi dei diritti da riscuotere corrispondenti alle spese amministrative per il trattamento delle domande di visto per l'area Schengen, come modificati dalla decisione n. 2006/440/CE del Consiglio, del 1° giugno 2006, pubblicata nella Gazzetta Ufficiale dell'Unione europea L 175 del 29 giugno 2006, e comunque non prima della data di entrata in vigore della presente legge, l'importo della tariffa per i visti nazionali di breve e di lunga durata previsto all'articolo 26 della tabella dei diritti consolari, di cui all'articolo 1 della legge 2 maggio 1983, n. 185, è determinato nell'importo di 75 euro (1).

(1) *A norma dell'articolo 4, comma 4, del D.L. 1° gennaio 2009, n. 1, a decorrere dal 1° luglio 2010, l'importo di 75 euro di cui al presente comma è rideterminato in 90 euro, e a decorrere dal 1° luglio 2011, in 105 euro.*

1316. In caso di aggiornamenti successivi degli importi dei diritti da riscuotere corrispondenti alle spese amministrative per il trattamento delle domande di visto per l'area Schengen, al fine di rendere permanente la differenziazione delle due tariffe, l'importo della tariffa per i visti nazionali di breve e di lunga durata di cui alla tabella citata nel comma 1315, è conseguentemente aumentato di 15 euro rispetto alla tariffa prevista per i visti per l'area Schengen.

1317. Per assicurare il rispetto degli obblighi derivanti dagli impegni assunti in sede europea finalizzati al contrasto della criminalità organizzata e dell'immigrazione illegale, per le esigenze connesse alla componente nazionale del "Sistema d'informazione visti", nei limiti dell'autorizzazione di spesa di cui all'articolo 1, comma 5, del decreto-legge 14 marzo 2005, n. 35, convertito, con modificazioni, dalla legge 14 maggio 2005, n. 80, il contingente degli impiegati a contratto degli uffici all'estero, di cui all'articolo 152 del decreto del Presidente della Repubblica 5 gennaio 1967, n. 18, e successive modificazioni, è incrementato di non piu` di 65 unità.

[1318. Presso le rappresentanze diplomatiche e gli uffici consolari è istituito un Fondo speciale destinato a finanziare le seguenti tipologie di spesa:

a) manutenzione degli immobili;

b) contratti di servizio di durata limitata con agenzie di lavoro interinale;

c) attività di istituto, su iniziativa della rappresentanza diplomatica o dell'ufficio consolare interessati.

c-bis) spese di funzionamento (1)*.]* (2)(3)

(1) *Lettera inserita dall'articolo 10, comma 2-quater, del D.L. 30 dicembre 2008, n. 207.*
(2) *Comma abrogato dall'articolo 6, comma 2, lettera d), della legge 18 giugno 2009, n. 69 e dall'articolo 39, comma 1, lettera d) del D.P.R. 1° febbraio 2010, n. 54, con la decorrenza indicata dall'articolo 41, comma 1, del medesimo decreto.*
(3) *A norma dell'articolo 37, comma 1, del D.P.R. 1° febbraio 2010, n. 54, i Fondi speciali istituiti presso gli uffici all'estero ai sensi del presente comma, sono soppressi a decorrere dalla data di entrata in vigore del presente regolamento. Alla contabilizzazione ed alla rendicontazione fino alla data della chiusura dei Fondi si provvede ai sensi del decreto del Ministro degli affari esteri 5 ottobre 2007, pubblicato nella Gazzetta Ufficiale n. 13 del 16 gennaio 2008. Gli eventuali saldi attivi risultanti all'atto della chiusura sono iscritti nel bilancio dell'ufficio all'estero di pertinenza quali avanzi di gestione che si riportano dall'esercizio precedente.*

1319. A decorrere dal 1° giugno 2007, gli uffici consolari sono autorizzati a rilasciare e a rinnovare la carta d'identità a favore dei cittadini italiani residenti all'estero ed iscritti al registro dell'AIRE. Il costo per il rilascio e il rinnovo della carta d'identità è fissato in misura identica a quello previsto per i cittadini italiani residenti in Italia.

[1320. Al Fondo speciale di cui al comma 1319 affluiscono:

a) le somme rinvenienti da atti di donazione e di liberalità;

b) gli importi derivanti da contratti di sponsorizzazione stipulati con soggetti pubblici e privati. Tali contratti devono escludere forme di conflitto di interesse tra l'attività pubblica e quella privata.] (1)(2)

(1) *Comma abrogato dall'articolo 6, comma 2, lettera d), della legge 18 giugno 2009, n. 69 e dall'articolo 39, comma 1, lettera d) del D.P.R. 1° febbraio 2010, n. 54, con la decorrenza indicata dall'articolo 41, comma 1, del medesimo decreto.*
(2) *A norma dell'articolo 37, comma 1, del D.P.R. 1° febbraio 2010, n. 54, i Fondi speciali istituiti presso gli uffici all'estero ai sensi del presente comma, sono soppressi a decorrere dalla data di entrata in vigore del presente regolamento. Alla contabilizzazione ed alla rendicontazione fino alla data della chiusura dei Fondi si provvede ai sensi del decreto del Ministro degli affari esteri 5 ottobre 2007, pubblicato nella Gazzetta Ufficiale n. 13 del 16 gennaio 2008. Gli eventuali saldi attivi risultanti all'atto della chiusura sono iscritti nel bilancio dell'ufficio all'estero di pertinenza quali avanzi di gestione che si riportano dall'esercizio precedente.*

[1321. Con decreto del Ministro degli affari esteri, di concerto con il Ministro dell'economia e delle finanze, sono stabilite le modalità per il funzionamento e la rendicontazione del Fondo speciale di cui al comma 1319.] (1)(2)

(1) *Comma abrogato dall'articolo 6, comma 2, lettera d), della legge 18 giugno 2009, n. 69 e dall'articolo 39, comma 1, lettera d) del D.P.R. 1° febbraio 2010, n. 54, con la decorrenza indicata dall'articolo 41, comma 1, del medesimo decreto.*
(2) *A norma dell'articolo 37, comma 1, del D.P.R. 1° febbraio 2010, n. 54, i Fondi speciali istituiti presso gli uffici all'estero ai sensi del presente comma, sono soppressi a decorrere dalla data di entrata in vigore del presente regolamento. Alla contabilizzazione ed alla rendicontazione fino alla data della chiusura dei Fondi si provvede ai sensi del decreto del Ministro degli affari esteri 5 ottobre 2007, pubblicato nella Gazzetta Ufficiale n. 13 del 16 gennaio 2008. Gli eventuali saldi attivi risultanti all'atto della chiusura sono iscritti nel bilancio dell'ufficio all'estero di pertinenza quali avanzi di gestione che si riportano dall'esercizio precedente.*

1322. La legge 28 luglio 2004, n. 193, è prorogata fino al 31 dicembre 2009. Per l'attuazione degli articoli 1 e 2 della predetta legge è autorizzata la spesa di euro 6.200.000 per ciascuno degli anni 2007, 2008 e 2009.

1323. L'autorizzazione di spesa di cui all'articolo 56 della legge 27 dicembre 2002, n. 289, e successive modificazioni, è ridotta di 60 milioni di euro a decorrere dall'anno 2007.

1324. Per i soggetti non residenti, le detrazioni per carichi di famiglia di cui all'articolo 12 del decreto del Presidente della Repubblica 22 dicembre 1986, n. 917, e successive modificazioni, spettano per gli anni 2007, 2008, 2009,2010, 2011, 2012, 2013 e 2014 a condizione che gli stessi dimostrino, con idonea documentazione, individuata con apposito decreto del Ministro dell'economia e delle finanze da emanare entro trenta giorni dalla data di entrata in vigore della presente legge, che le persone alle quali tali detrazioni si riferiscono non possiedano un reddito complessivo superiore, al lordo degli oneri deducibili, al limite di cui al suddetto articolo 12, comma 2, compresi i redditi prodotti fuori dal territorio dello Stato, e di non godere, nel paese di residenza,di alcun beneficio fiscale connesso ai carichi familiari. La detrazione relativa all'anno 2010 non rileva ai fini della determinazione dell'acconto IRPEF per l'anno 2011. La detrazione relativa all'anno 2011 non rileva ai fini della determinazione dell'acconto IRPEF per l'anno 2012. La detrazione relativa all'anno 2012 non rileva ai fini della determinazione dell'acconto IRPEF per l'anno 2013. La detrazione relativa all'anno 2013 non rileva ai fini della determinazione dell'acconto IRPEF per l'anno 2014. La detrazione relativa all'anno 2014 non rileva ai fini della determinazione dell'acconto IRPEF per l'anno 2015 [1][2].

(1) *Per il Regolamento concernente le detrazioni per i carichi di famiglia ai soggetti non residenti, di cui al presente comma, vedi il D.M. 2 agosto 2007 n.149.Comma modificato dall'articolo 6, comma 4-quater del D.L. 29 novembre 2008, n. 185.*

(2) *Comma modificato dall'articolo 1, comma 54 lettere a) e b) della Legge 13 dicembre 2010, n. 220 e successivamente dall'articolo 29, comma 6 bis, lettere a) e b) del D.L. 29 dicembre 2011, n. 216; vedi anche quanto disposto dal comma 6 ter del medesimo articolo. Comma ulteriormente modificato dall'articolo 1, comma 526, lettere a) e b) della Legge 24 dicembre 2012, n. 228 e dall'articolo 9, comma 15-quater, del D.L. 30 dicembre 2013, n. 150, convertito con modificazioni, in Legge 27 febbraio 2014, n. 15.*

1325. Per i cittadini extracomunitari che richiedono, sia attraverso il sostituto d'imposta sia con la dichiarazione dei redditi, le detrazioni di cui al comma 1324, la documentazione puo` essere formata da:

a) documentazione originale prodotta dall'autorità consolare del Paese d'origine, con traduzione in lingua italiana e asseverazione da parte del prefetto competente per territorio;

b) documentazione con apposizione dell'apostille, per i soggetti che provengono dai Paesi che hanno sottoscritto la Convenzione dell'Aja del 5 ottobre 1961;

c) documentazione validamente formata dal Paese d'origine, ai sensi della normativa ivi vigente, tradotta in italiano e asseverata come conforme all'origine dal consolato italiano del Paese d'origine.

1326. La richiesta di detrazione, per gli anni successivi a quello di prima presentazione della documentazione di cui al comma 1325 deve essere accompagnata da dichiarazione che confermi il perdurare della situazione certificata ovvero da una nuova documentazione qualora i dati certificati debbano essere aggiornati.

1327. Il comma 6-bis dell'articolo 21 del decreto-legge 30 settembre 2003, n. 269, convertito, con modificazioni, dalla legge 24 novembre 2003, n. 326, è abrogato.

1328. Al fine di ridurre il costo a carico dello Stato del servizio antincendi negli aeroporti, l'addizionale sui diritti d'imbarco sugli aeromobili, di cui all'articolo 2, comma 11, della legge 24 dicembre 2003, n. 350, e successive modificazioni, è incrementata a decorrere dall'anno 2007 di 50 centesimi di euro a passeggero imbarcato. Un apposito fondo, alimentato dalle società aeroportuali in proporzione al traffico generato, concorre al medesimo fine per 30 milioni di euro annui. Con decreti del Ministero dell'interno, da comunicare, anche con evidenze informatiche, al Ministero dell'economia e delle finanze, tramite l'Ufficio centrale del bilancio, nonchè alle competenti Commissioni parlamentari e alla Corte dei conti, si provvede alla ripartizione del fondo tra le unità previsionali di base del centro di responsabilità "Dipartimento dei vigili del fuoco, del soccorso pubblico e della difesa civile" dello stato di previsione del Ministero dell'interno [1].

(1) *Vedi l'articolo 8, comma 5, della L. 12 novembre 2011, n. 184. In riferimento al presente comma, vedi l'articolo 1, comma 133 della Legge 27 dicembre 2019, n. 160.*

1329. Per l'anno 2007, nello stato di previsione del Ministero dell'economia e delle finanze, sono istituiti un fondo di parte corrente con una dotazione di 17 milioni di euro e un fondo di conto capitale con una dotazione di 12 milioni di euro, da ripartire, rispettivamente, per le esigenze di funzionamento e le esigenze infrastrutturali e di investimento del Corpo della guardia di finanza. Con decreti del Ministro dell'economia e delle finanze, da comunicare alle competenti Commissioni parlamentari e alla Corte dei conti, si provvede alla ripartizione dei predetti fondi tra le unità previsionali di base del centro di responsabilità "Guardia di finanza " del medesimo stato di previsione.

[1330. Nello stato di previsione del Ministero della difesa è istituito con una dotazione di 29 milioni di euro per l'anno 2007, un fondo da ripartire per le esigenze di funzionamento dell'Arma dei carabinieri. Con decreti del Ministro della difesa, da comunicare, anche con evidenze informatiche, al Ministero dell'economia e delle finanze, tramite l'ufficio centrale del bilancio, nonchè alle competenti Commissioni parlamentari e alla Corte dei conti, si provvede alla ripartizione del fondo tra le unità previsionali di base del centro di responsabilità "Arma dei carabinieri" del medesimo stato di previsione.] [1]

(1) *Comma abrogato dall'articolo 2268, comma 1, del D.Lgs. 15 marzo 2010, n. 66.*

1331. Nello stato di previsione del Ministero dei trasporti è istituito un Fondo di parte corrente, con una dotazione di 10 milioni di euro per l'anno 2007, da ripartire, per le esigenze di funzionamento del Corpo delle capitanerie di porto – Guardia costiera, con decreti del Ministro dei trasporti, da comunicare, anche con evidenze informatiche, al Ministero dell'economia e delle finanze, tramite l'ufficio centrale del bilancio [1].

(1) *Per l'autorizzazione di spesa di 20 milioni di euro da iscrivere nel Fondo di cui al presente comma vedi l'articolo 2, comma 98, della legge 24 dicembre 2007 n. 244.*

1332. Per l'anno 2007, nello stato di previsione del Ministero dell'interno, è istituito un fondo di conto capitale con una dotazione di 100 milioni di euro, da ripartire per le esigenze infrastrutturali e di investimento. Con decreti del Ministro dell'interno, da comunicare, anche con evidenze informatiche, al Ministero dell'economia e delle finanze, tramite l'ufficio centrale del bilancio, nonchè alle competenti Commissioni parlamentari e alla Corte dei conti, si provvede alla ripartizione del fondo tra le unità previsionali di base del medesimo stato di previsione.

1333. Le risorse residue di cui all'articolo 145 della legge 23 dicembre 2000, n. 388, comma 52, sono interamente destinate alle opere di infrastrutturazione del polo di ricerca e di attività industriali ed alta tecnologia. Per l'insediamento di una sede universitaria permanente per gli studi di ingegneria nell'ambito del polo di ricerca e di attività industriali ad alta tecnologia di cui al primo periodo, è autorizzata la spesa annua di 5 milioni di euro all'anno per quindici anni, a decorrere dall'anno 2007.

1334. All'articolo 2, comma 1, del decreto legislativo 31 marzo 1998, n. 143, primo periodo, le parole: "L'Istituto" sono sostituite dalle seguenti: "La società", la parola: "autorizzato" è sostituita dalla seguente: "autorizzata" e dopo le parole: "operatori nazionali" sono inserite le seguenti: "e le loro controllate e collegate estere".

1335. All'articolo 2, comma 1, del decreto legislativo 31 marzo 1998, n. 143, dopo le parole: "internazionalizzazione dell'economia italiana" sono inserite le seguenti: "; la società è altresì autorizzata a rilasciare, a condizioni di mercato, garanzie e coperture assicurative per imprese estere relativamente ad operazioni che siano di rilievo strategico per l'economia italiana sotto i profili dell'internazionalizzazione, della sicurezza economica e dell'attivazione di processi produttivi e occupazionali in Italia".

1336. All'articolo 2, comma 1, del decreto legislativo 31 marzo 1998, n. 143, le parole: "o estere per crediti da esse concessi ad operatori nazionali o alla controparte estera," sono sostituite dalle seguenti: ", nonchè a banche estere od operatori finanziari italiani od esteri quando rispettino adeguati princ `pi di organizzazione, vigilanza, patrimonializzazione ed operatività, per crediti concessi sotto ogni forma e".

1337. All'articolo 2, comma 1, del decreto legislativo 31 marzo 1998, n. 143, dopo le parole: "finanziamento delle suddette attività, " sono inserite le seguenti: "nonchè quelle connesse o strumentali" e le parole: "nonchè per i crediti dalle stesse concessi a Stati e banche centrali destinati al rifinanziamento di debiti di tali Stati" sono soppresse.

1338. All'articolo 2, comma 2, del decreto legislativo 31 marzo 1998, n. 143, le parole: "L'Istituto" sono sostituite dalle seguenti: "La società"; dopo la parola: "autorizzati" sono soppresse le seguenti parole: "ai sensi del decreto del Presidente della Repubblica 13 febbraio 1959, n. 449, e successive modificazioni e integrazioni" e dopo le parole: "nonchè con enti od imprese esteri e organismi internazionali" sono aggiunte le seguenti: "; la società puo` altresì stipulare altri contratti di copertura del rischio assicurativo, a condizioni di mercato con primari operatori del settore".

1339. SACE Spa provvede a ridurre il capitale sociale in misura adeguata alla sua attività, attribuendone l'eccedenza al socio tramite versamento al Fondo di cui all'articolo 2 della legge 27 ottobre 1993, n. 432, e successive modificazioni. Il termine per l'opposizione dei creditori, di cui al terzo comma dell'articolo 2445 del codice civile, è ridotto a trenta giorni. Le disposizioni del presente comma entrano in vigore il giorno stesso della pubblicazione della presente legge sulla Gazzetta Ufficiale.

1340. Le disponibilità rivenienti dalle autorizzazioni di spesa di cui all'articolo 9, comma 3, del decreto-legge 14 marzo 2005, n. 35, convertito, con modificazioni, dalla legge 14 maggio 2005, n. 80, ed all'articolo 2, comma 4, del decreto-legge 17 giugno 2005, n. 106, convertito, con modificazioni, dalla legge 31 luglio 2005, n. 156, quanto a euro 440 milioni per l'anno 2006 e 48 milioni di euro per l'anno 2007, sono rispettivamente versate ad apposita contabilità speciale di tesoreria, per essere successivamente riversate all'entrata del bilancio dello Stato, quanto ad euro 92 milioni per l'anno 2007, ad euro 112 milioni nell'anno 2008 e ad euro 284 milioni nell'anno 2009.La predetta disposizione entra in vigore il giorno successivo alla data di pubblicazione della presente legge.

1341. Per la realizzazione dell'archivio storico dell'Unione europea, presso l'Istituto universitario europeo di Firenze, da allocare nel compendio di Villa Salviati in Firenze, è autorizzata la spesa di euro 5 milioni per ciascuno degli anni 2007, 2008 e 2009.

1342. è autorizzata la spesa di 2,8 milioni di euro per ciascuno degli anni 2007, 2008 e 2009, per le spese di funzionamento e per la costruzione della nuova sede della "Scuola europea" di Parma.

[1343. Al comma 2 dell'articolo 1 della legge 14 gennaio 1994, n. 20, le parole: "si è verificato il fatto dannoso" sono sostituite dalle seguenti: "è stata realizzata la condotta produttiva di danno"] (1).

(1) *Comma abrogato dall'articolo 1 del D.L. 27 dicembre 2006, n. 299.*

1344. All'articolo 1, comma 27, della legge 23 dicembre 2005, n. 266, primo periodo, sono aggiunte, in fine, le parole: ", di 30 milioni di euro per l'anno 2007 e di 50 milioni di euro per ciascuno degli anni 2008 e 2009".

1345. In favore delle regioni interessate dal radicamento territoriale dei fenomeni della criminalità organizzata è istituito un fondo vincolato per il triennio 2007-2009, per lo sviluppo e la diffusione nelle scuole di azioni e politiche volte all'affermazione della cultura della legalità, al contrasto delle mafie, ed alla diffusione della cittadinanza attiva, per un ammontare di 950.000 euro per ciascuno degli anni 2007, 2008 e 2009. Le regioni interessate provvedono ad insediare, entro tre mesi dalla data di entrata in vigore della presente legge e d'intesa con il Ministro della pubblica istruzione, un proprio ufficio di coordinamento e monitoraggio delle iniziative. Il fondo di cui al presente comma opera attraverso un coordinamento tra le regioni interessate.

1346. Con decreto del Presidente della Repubblica di cui all'articolo 17, comma 2, della legge 23 agosto 1988, n. 400, da adottare entro sessanta giorni dalla data di entrata in vigore della presente legge, si provvede al riordino della Commissione per l'accesso ai documenti amministrativi prevista dall'articolo 27 della legge 7 agosto 1990, n. 241, in modo da assicurare un contenimento dei relativi costi non inferiore al 20 per cento delle spese sostenute nell'esercizio 2006, e prevedendo un riordino e una razionalizzazione delle relative funzioni, anche mediante soppressione di quelle che possono essere svolte da altri organi.

1347. L'autorizzazione di spesa di cui all'articolo 10, comma 5, del decreto-legge 29 novembre 2004, n. 282, convertito, con modificazioni, dalla legge 27 dicembre 2004, n. 307, relativa al Fondo per interventi strutturali di politica economica, è integrata di 14 milioni di euro per l'anno 2008.

1348. All'articolo 1 della legge 23 dicembre 2005, n. 266, dopo il comma 294, è inserito il seguente: "294-bis. Non sono soggetti ad esecuzione forzata i fondi destinati al pagamento di spese per servizi e forniture aventi finalità giudiziaria o penitenziaria, nonchè gli emolumenti di qualsiasi tipo dovuti al personale amministrato dal Ministero della giustizia e dalla Presidenza del Consiglio dei ministri, accreditati mediante aperture di credito in favore dei funzionari delegati degli uffici centrali e periferici del Ministero della giustizia, degli uffici giudiziari e della Direzione nazionale antimafia e antiterrorismo e della Presidenza del Consiglio dei ministri" (1).

(1) Comma modificato dall'articolo 20, comma 4, del D.L. 18 febbraio 2015 n. 7, convertito con modificazioni dalla Legge 17 aprile 2015, n. 43.

1349. Al fine di consentire la piena realizzazione delle procedure di valorizzazione e di dismissione già avviate nell'ambito degli interventi di risanamento finanziario della Fondazione Ordine Mauriziano e nelle more della nomina dei relativi organi ordinari, nell'alinea del comma 1 dell'articolo 3 del decreto- legge 19 novembre 2004, n. 277, convertito, con modificazioni, dalla legge 21 gennaio 2005, n. 4, le parole: "ventiquattro mesi" sono sostituite dalle seguenti: "trentasei mesi". A decorrere dalla data di entrata in vigore del medesimo decreto-legge, la gestione dell'attività sanitaria svolta dall'Ente Ordine Mauriziano di cui all'articolo 1, comma 1, dello stesso decreto-legge si intende integralmente a carico dell'azienda sanitaria ospedaliera Ordine Mauriziano di Torino, la quale succede nei contratti di durata in essere con l'Ente Ordine Mauriziano di Torino, esclusivamente nelle obbligazioni relative alla esecuzione dei medesimi successiva alla data di istituzione della predetta azienda sanitaria ospedaliera. Sono inefficaci nei confronti dell'azienda sanitaria ospedaliera Ordine Mauriziano di Torino i decreti di ingiunzione e le sentenze emanati o divenuti esecutivi dopo la data di entrata in vigore del decreto-legge 19 novembre 2004, n. 277, convertito, con modificazioni, dalla legge 21 gennaio 2005, n. 4, qualora riguardino crediti vantati nei confronti dell'Ente Ordine Mauriziano di Torino, per obbligazioni anteriori alla data di istituzione della predetta azienda sanitaria ospedaliera Ordine Mauriziano di Torino. Nelle azioni esecutive iniziate sulla base dei medesimi titoli di cui al presente comma, all'Ente Ordine Mauriziano succede la Fondazione di cui al comma 1, articolo 2, del citato decreto-legge 19 novembre 2004, n. 277 (1).

(1) La Corte Costituzionale con sentenza 12 dicembre 2012, n. 277 ha dichiarato l'illegittimità costituzionale del presente comma nella parte in cui esclude che l'Azienda sanitaria ospedaliera Ordine Mauriziano di Torino succeda all'Ordine Mauriziano nelle obbligazioni sorte dopo la data di entrata in vigore del decreto-legge 19 novembre 2004, n. 277, convertito, con modificazioni, nella legge 21 gennaio 2005, n. 4, nonché nella parte in cui, con riferimento alle medesime obbligazioni, priva di efficacia nei confronti dell'azienda sanitaria ospedaliera i decreti di ingiunzione e le sentenze emanati o divenuti esecutivi e dispone che la Fondazione succeda nelle azioni esecutive..

1350. La proprietà dei beni mobili ed immobili già appartenenti all'Ente Ordine Mauriziano di Torino è da intendersi attribuita, ai sensi dell'articolo 2, comma 2, del decreto-legge 19 novembre 2004, n. 277, convertito, con modificazioni, dalla legge 21 gennaio 2005, n. 4, alla Fondazione Ordine Mauriziano con sede in Torino, con esclusione dei beni immobili e mobili funzionalmente connessi allo svolgimento delle attività istituzionali del presidio ospedaliero Umberto I di Torino e dei beni mobili funzionalmente connessi allo svolgimento delle attività istituzionali dell'Istituto per la ricerca e la cura del cancro di Candiolo. La proprietà dei beni immobili già dell'Ente Ordine Mauriziano di Torino, attribuita alla Fondazione Ordine Mauriziano, puo` essere trasferita a titolo oneroso e per compendi unitari comprendenti piu` unità, ai valori di mercato, alla regione Piemonte nel rispetto dei contratti di affitto o locazione efficaci al momento del trasferimento. Alle operazioni di acquisto della regione Piemonte non si applicano i vincoli previsti dalla normativa vigente in termini di prelazione agraria.

1351. Dopo il comma 3 dell'articolo 117 del codice delle assicurazioni private, di cui al decreto legislativo 7 settembre 2005, n. 209, è aggiunto il seguente comma:

"3-bis. Sono esenti dagli obblighi previsti dal comma 1 gli intermediari di cui all'articolo 109, comma 2, lettere a), b) e d), che possano documentare in modo permanente con fideiussione bancaria una capacità finanziaria pari al 4 per cento dei premi incassati, con un minimo di euro 15.000".

1352. Per l'attività della "Fondazione 20 marzo 2006", costituita ai sensi della legge della regione Piemonte 16 giugno 2006, n. 21, e finalizzata all'utilizzo ed alla valorizzazione del patrimonio costituito dai beni realizzati, ampliati o ristrutturati in occasione dei XX Giochi Olimpici invernali e dei IX Giochi Paralimpici, è autorizzata la spesa di 10 milioni di euro per ciascuno degli anni 2007 e 2008.

1353. Gli importi da iscrivere nei fondi speciali di cui all'articolo 11-bis della legge 5 agosto 1978, n. 468, introdotto dall'articolo 6 della legge 23 agosto 1988, n. 362, per il finanziamento dei provvedimenti legislativi che si prevede possano essere approvati nel triennio 2007-2009, restano determinati, per ciascuno degli anni 2007, 2008 e 2009, nelle misure indicate nelleTabelle A e B, allegate alla presente legge, rispettivamente per il fondo speciale destinato alle spese correnti e per il fondo speciale destinato alle spese in conto capitale.

1354. Le dotazioni da iscrivere nei singoli stati di previsione del bilancio 2007 e del triennio 2007-2009, in relazione a leggi di spesa permanente la cui quantificazione è rinviata alla legge finanziaria, sono indicate nella Tabella C allegata alla presente legge.

1355. Ai sensi dell'articolo 11, comma 3, lettera f), della legge 5 agosto 1978, n. 468, come sostituita dall'articolo 2, comma 16, della legge 25 giugno 1999, n. 208, gli stanziamenti di spesa per il rifinanziamento di norme che prevedono interventi di sostegno dell'economia classificati fra le spese di conto capitale restano determinati, per ciascuno degli anni 2007, 2008 e 2009, nelle misure indicate nella Tabella D allegata alla presente legge.

1356. Ai termini dell'articolo 11, comma 3, lettera e), della legge 5 agosto 1978, n. 468, le autorizzazioni di spesa recate dalle leggi indicate nella Tabella E allegata alla presente legge sono ridotte degli importi determinati nella medesima Tabella.

1357. Gli importi da iscrivere in bilancio in relazione alle autorizzazioni di spesa recate da leggi a carattere pluriennale restano determinati, per ciascuno degli anni 2007, 2008 e 2009, nelle misure indicate nella Tabella F allegata alla presente legge.

1358. A valere sulle autorizzazioni di spesa in conto capitale recate da leggi a carattere pluriennale, riportate nella Tabella di cui al comma 1357, le amministrazioni e gli enti pubblici possono assumere impegni nell'anno 2007, a carico di esercizi futuri nei limiti massimi di impegnabilità indicati per ciascuna disposizione legislativa in apposita colonna della stessa Tabella, ivi compresi gli impegni già assunti nei precedenti esercizi a valere sulle autorizzazioni medesime.

1359. In applicazione dell'articolo 11, comma 3, lettera i-quater), della legge 5 agosto 1978, n. 468, le misure correttive degli effetti finanziari di leggi di spesa sono indicate nell'allegato 1 alla presente legge.

1360. In applicazione dell'articolo 46, comma 4, della legge 28 dicembre 2001, n. 448, le autorizzazioni di spesa e i relativi stanziamenti confluiti nei fondi per gli investimenti dello stato di previsione di ciascun Ministero interessato sono indicati nell'allegato 2 alla presente legge.

1361. La copertura della presente legge per le nuove o maggiori spese correnti, per le riduzioni di entrata e per le nuove finalizzazioni nette da iscrivere nel fondo speciale di parte corrente è assicurata, ai sensi dell'articolo 11, comma 5, della legge 5 agosto 1978, n. 468, e successive modificazioni, secondo il prospetto allegato.

1362. Le disposizioni della presente legge costituiscono norme di coordinamento della finanza pubblica per gli enti territoriali.

1363. Le disposizioni della presente legge sono applicabili nelle regioni a statuto speciale e nelle province autonome di Trento e di Bolzano compatibilmente con le norme dei rispettivi statuti e delle relative norme d'attuazione.

1364. La presente legge entra in vigore il 1° gennaio 2007, ad eccezione dei commi 966, 967, 968 e 969 che entrano in vigore dalla data di pubblicazione della presente legge.

La presente legge, munita del sigillo dello Stato, sarà inserita nella Raccolta ufficiale degli atti normativi della Repubblica italiana. È fatto obbligo a chiunque spetti di osservarla e di farla osservare come legge dello Stato.

11. D.L. 25 giugno 2008, n. 112

Decreto convertito, con modificazioni, in legge 6 agosto 2008, n. 133. Disposizioni urgenti per lo sviluppo economico, la semplificazione, la competitività, la stabilizzazione della finanza pubblica e la perequazione Tributaria (FINANZIARIA TRIENNALE) (A). *(Estratto artt. 1; 5-6; 36; 50-56; 58-63 bis; 66; 77-77 quater; 81-85)*

---

(1) *Pubblicato in Suppl. ordinario n. 152 alla Gazz. Uff., 25 giugno, n. 147.*

(A) *In riferimento al presente decreto vedi: Circolare Presidenza del consiglio dei ministri (vari dipartimenti) n. 13 del 11 novembre 2011. Parere Autorità per la vigilanza sui lavori pubblici 18 aprile 2004 n. 62; Circolare INAIL 27 novembre 2012, n. 64; Circolare Ministero della Difesa 01 marzo 2013 n. 10647.*

TITOLO I
Finalità e ambito di intervento

1. Finalità e ambito di intervento. – 1. Le disposizioni del presente decreto comprendono le misure necessarie e urgenti per attuare, a decorrere dalla seconda metà dell'esercizio finanziario in corso, un intervento organico diretto a conseguire, unitamente agli altri provvedimenti indicati nel Documento di programmazione economico-finanziaria per il 2009 (1):

a) un obiettivo di indebitamento netto delle amministrazioni pubbliche che risulti pari al 2,5 per cento del PIL nel 2008 e, conseguentemente, al 2 per cento nel 2009, all'1 per cento nel 2010 e allo 0,1 per cento nel 2011 nonché a mantenere il rapporto tra debito pubblico e PIL entro valori non superiori al 103,9 per cento nel 2008, al 102,7 per cento nel 2009, al 100,4 per cento nel 2010 ed al 97,2 per cento nel 2011;

a) la crescita del tasso di incremento del PIL rispetto agli andamenti tendenziali per l'esercizio in corso e per il successivo triennio attraverso l'immediato avvio di maggiori investimenti in materia di innovazione e ricerca, sviluppo dell'attività imprenditoriale, efficientamento e diversificazione delle fonti di energia, potenziamento dell'attività della pubblica amministrazione e rilancio delle privatizzazioni, edilizia residenziale e sviluppo delle città nonché attraverso interventi volti a garantire condizioni di competitività per la semplificazione e l'accelerazione delle procedure amministrative e giurisdizionali incidenti sul potere di acquisto delle famiglie e sul costo della vita e concernenti le attività di impresa nonché per la semplificazione dei rapporti di lavoro tali da determinare effetti positivi in termini di crescita economica e sociale.

1-bis. In via sperimentale, la legge finanziaria per l'anno 2009 contiene esclusivamente disposizioni strettamente attinenti al suo contenuto tipico con l'esclusione di disposizioni finalizzate direttamente al sostegno o al rilancio dell'economia nonché di carattere ordinamentale, microsettoriale e localistico (2)(3).

(1) Alinea modificato dall'articolo 1, comma 1, della legge 6 agosto 2008, n. 133, in sede di conversione.
(2) Comma aggiunto dall'articolo 1, comma 1, della legge 6 agosto 2008, n. 133, in sede di conversione.
(3) A norma dell'articolo 23, comma 21-ter, del D.L. 1° luglio 2009, n. 78, il presente articolo si applica anche alla legge finanziaria per l'anno 2010.

CAPO II
Impresa

5. Sorveglianza dei prezzi. – 1. I commi 198 e 199 dell'articolo 2 della legge 24 dicembre 2007, n. 244, sono sostituiti dai seguenti:

"198. È istituito presso il Ministero dello sviluppo economico il Garante per la sorveglianza dei prezzi che svolge la funzione di sovrintendere alla tenuta ed elaborazione dei dati e delle informazioni segnalate agli "uffici prezzi" delle camere di commercio, industria, artigianato e agricoltura di cui al comma 196. Esso verifica le segnalazioni delle associazioni dei consumatori riconosciute, analizza le ulteriori segnalazioni ritenute meritevoli di approfondimento e decide, se necessario, di avviare indagini conoscitive finalizzate a verificare l'andamento dei prezzi di determinati prodotti e servizi. I risultati dell'attività svolta sono messi a disposizione, su richiesta, dell'Autorità garante della concorrenza e del mercato." (1).

"199. Per l'esercizio della propria attività il Garante di cui al comma 198 si avvale dei dati rilevati dall'ISTAT, della collaborazione dei Ministeri competenti per materia, dell'Ismea, dell'Unioncamere, delle Camere di commercio, industria, artigianato e agricoltura, nonché del supporto operativo della Guardia di finanza per lo svolgimento di indagini conoscitive. Il Garante può convocare le imprese e le associazioni di categoria interessate al fine di verificare i livelli di prezzo dei beni e dei servizi di largo consumo corrispondenti al corretto e normale andamento del mercato. L'attività del Garante viene resa nota al pubblico attraverso il sito dell'Osservatorio dei prezzi del Ministero dello sviluppo economico. Nel sito sono altresì tempestivamente pubblicati ed aggiornati quadri di confronto, elaborati a livello provinciale, dei prezzi dei principali beni di consumo e durevoli, con particolare riguardo ai prodotti alimentari ed energetici, senza nuovi o maggiori oneri a carico della finanza pubblica" (2).

2. Ai commi 200 e 201 dell'articolo 2 della legge 24 dicembre 2007, n. 244, le parole "di cui al comma 199", sono sostituite dalle seguenti "di cui al comma 198".

(1) Capoverso modificato dall'articolo 1, comma 1, della legge 6 agosto 2008, n. 133, in sede di conversione.
(2) Capoverso modificato dall'articolo 1, comma 1, della legge 6 agosto 2008, n. 133, in sede di conversione.

6. Sostegno all'internazionalizzazione delle imprese. – 1. Le iniziative delle imprese italiane dirette alla loro promozione, sviluppo e consolidamento sui mercati anche diversi da quelli dell'Unione europea possono fruire di agevolazioni finanziarie nei limiti e alle condizioni previsti dalla vigente normativa europea in materia di aiuti di importanza minore (de minimis) e comunque in conformità con la normativa europea in materia di aiuti di Stato (1).

2. Le iniziative ammesse ai benefici sono:

a) la realizzazione di programmi aventi caratteristiche di investimento finalizzati al lancio ed alla diffusione di nuovi prodotti e servizi ovvero all'acquisizione di nuovi mercati per prodotti e servizi già esistenti, attraverso l'apertura di strutture volte ad assicurare in prospettiva la presenza stabile nei mercati di riferimento (1);

b) studi di prefattibilità e di fattibilità collegati ad investimenti italiani all'estero, nonché programmi di assistenza tecnica collegati ai suddetti investimenti (2);

c) altri interventi prioritari *[individuati e definiti dal Comitato interministeriale per la programmazione economica]* (3).

3. Con decreto di natura non regolamentare del Ministro dello sviluppo economico, di concerto con il Ministro dell'economia e delle finanze, sono determinati i termini, le modalità e le condizioni degli interventi, le attività e gli obblighi del gestore, le funzioni di controllo nonché la composizione e i compiti del Comitato per l'amministrazione del fondo di cui al comma 4. Sino alla emanazione del decreto restano in vigore i criteri e le procedure attualmente vigenti (4).

4. Per le finalità dei commi precedenti sono utilizzate le disponibilità del Fondo rotativo di cui all'articolo 2, comma 1, del decreto-legge 28 maggio 1981 n. 251, convertito, con modificazioni, dalla legge 29 luglio 1981, n. 394 con le stesse modalità di utilizzo delle risorse del Fondo rotativo, con riserva di destinazione alle piccole e medie imprese pari al 70% annuo (5).

5. È abrogato il decreto-legge 28 maggio 1981, n. 251, convertito, con modificazioni, dalla legge 29 luglio 1981, n. 394, ad eccezione dei commi 1 e 4 dell'articolo 2, e degli articoli 10, 11, 20, 22 e 24. È inoltre abrogata la legge 20 ottobre 1990, n. 304 ad eccezione degli articoli 4 e 6, e sono abrogati, altresì, i commi 5, 6, 6-bis, 7 e 8, dell'articolo 22 del decreto legislativo 31 marzo 1998, n. 143 (6).

6. I riferimenti alle norme abrogate ai sensi del presente articolo contenuti nel comma 1, dell'articolo 25 del decreto legislativo 31 marzo 1998, n. 143, devono intendersi sostituiti dal riferimento al presente articolo.

(1) Comma sostituito dall'articolo 18-bis, comma 1, del D.L. 30 aprile 2019, n. 34, convertito con modificazioni dalla Legge 28 giugno 2019, n. 58.
(2) Per l'attuazione delle disposizioni di cui alla presente lettera vedi la Deliberazione CIPE 6 novembre 2009, n. 113.
(3) Per l'attuazione delle disposizioni di cui alla presente lettera vedi la Deliberazione CIPE 6 novembre 2009, n. 113.
(4) Per l'attuazione della presente lettera, vedi la Deliberazione C.I.P.E. 6 novembre 2009, n. 112. Successivamente la presente lettera è stata modificata dall'articolo 42, comma 1, lettera a), del D.L. 22 giugno 2012, n. 83, convertito con modificazioni in Legge 7 agosto 2012, n. 134.
(5) Comma modificato dall'articolo 1, comma 1, della Legge 6 agosto 2008, n. 133, in sede di conversione, successivamente sostituito dall'articolo 42, comma 1, lettera b), del D.L. 22 giugno 2012, n. 83, convertito con modificazioni in Legge 7 agosto 2012, n. 134 e da ultimo modificato dall'articolo 1, comma 152, della Legge 24 dicembre 2012, n. 228 e dall'articolo 2, comma 12, del D.L. 21 settembre 2019, n. 104, convertito, con modificazioni, della Legge 18 novembre 2019, n. 132.
(6) Comma sostituito dall'articolo 42, comma 1, lettera c), del D.L. 22 giugno 2012, n. 83, convertito con modificazioni in Legge 7 agosto 2012, n. 134.
(7) Comma modificato dall'articolo 1, comma 1, della Legge 6 agosto 2008, n. 133, in sede di conversione.

6 bis. Distretti produttivi e reti di imprese (1). – *[1. Al fine di promuovere lo sviluppo del sistema delle imprese attraverso azioni di rete che ne rafforzino le misure organizzative, l'integrazione per filiera, lo scambio e la diffusione delle migliori tecnologie, lo sviluppo di servizi di sostegno e forme di collaborazione tra realtà produttive anche appartenenti a regioni diverse, con decreto del Ministro dello sviluppo economico di concerto con il Ministro dell'economia e delle finanze, previa intesa con la Conferenza permanente per i rapporti tra lo Stato, le regioni e le province autonome di Trento e di Bolzano, sono definite le caratteristiche e le modalità di individuazione delle reti delle imprese e delle catene di fornitura.*

2. Alle reti, di livello nazionale, delle imprese e alle catene di fornitura, quali libere aggregazioni di singoli centri produttivi coesi nello sviluppo unitario di politiche industriali, anche al fine di migliorare la presenza nei mercati internazionali, si applicano le disposizioni concernenti i distretti produttivi previste dall'articolo 1, commi 366 e seguenti, della legge 23 dicembre 2005, n. 266, come da ultimo modificati dal presente articolo [, ad eccezione delle norme inerenti i tributi dovuti agli enti locali] (2).

3. All'articolo 1 della legge 23 dicembre 2005, n. 266, e successive modificazioni, sono apportate le seguenti modificazioni:

a) al comma 366, primo periodo, dopo le parole: "Ministro per l'innovazione e le tecnologie," sono inserite le seguenti: "previa intesa con la Conferenza permanente per i rapporti tra lo Stato, le regioni e le province autonome di Trento e di Bolzano, e sentite le regioni interessate,";

b) al comma 368, alla lettera a), i numeri da 1) a 15) sono sostituiti dai seguenti:

"1) al fine della razionalizzazione e della riduzione degli

oneri legati alle risorse umane e finanziarie conseguenti alla effettuazione degli adempimenti in materia di imposta sul valore aggiunto, con regolamento da emanare ai sensi dell'articolo 17, comma 2, della legge 23 agosto 1988, n. 400, su proposta del Ministro dell'economia e delle finanze, previa intesa con la Conferenza permanente per i rapporti tra lo Stato, le regioni e le province autonome di Trento e di Bolzano, e sentite le regioni interessate, sono disciplinate, per le imprese appartenenti ai distretti di cui al comma 366, apposite semplificazioni contabili e procedurali, nel rispetto della disciplina comunitaria, e in particolare della direttiva 2006/112/CE del Consiglio, del 28 novembre 2006, e successive modificazioni;

2) rimane ferma la facoltà per le regioni e gli enti locali, secondo i propri ordinamenti, di stabilire procedure amministrative semplificate per l'applicazione di tributi propri";

c) al comma 368, lettera b), numero 1), ultimo periodo, dopo le parole: "Ministro per la funzione pubblica," sono inserite le seguenti: "previa intesa con la Conferenza permanente per i rapporti tra lo Stato, le regioni e le province autonome di Trento e Bolzano, e sentite le regioni interessate,";

d) al comma 368, lettera b), numero 2), ultimo periodo, dopo le parole: "Ministro dell'economia e delle finanze" sono inserite le seguenti: ", previa intesa con la Conferenza permanente per i rapporti tra lo Stato, le regioni e le province autonome di Trento e Bolzano, e sentite le regioni interessate,";

e) il comma 370 è abrogato.

4. Al comma 3 dell'articolo 23 del decreto legislativo 31 marzo 1998, n. 112, come modificato dall'articolo 1, comma 370, della legge 23 dicembre 2005, n. 266, le parole: "anche avvalendosi delle strutture tecnico-organizzative dei consorzi di sviluppo industriale di cui all'articolo 36, comma 4, della legge 5 ottobre 1991, n. 317" sono soppresse.

5. Dall'attuazione del presente articolo non devono derivare nuovi o maggiori oneri a carico della finanza pubblica.] (3)

(1) *Articolo aggiunto dall'articolo 1, comma 1, della Legge 6 agosto 2008, n. 133, in sede di conversione.*
(2) *Comma modificato dall'articolo 3, comma 1, del D.L. 10 febbraio 2009, n. 5, convertito con modificazioni in Legge 9 aprile 2009, n. 33.*
(3) *Articolo abrogato dall'articolo 1, comma 2, della Legge 23 luglio 2009, n. 99.*

6 *ter*. Banca del Mezzogiorno (1). – 1. Al fine di assicurare la presenza nelle regioni meridionali d'Italia di un istituto bancario in grado di sostenere lo sviluppo economico e di favorirne la crescita, è costituita la società per azioni «Banca del Mezzogiorno».

2. Con decreto del Ministro dell'economia e delle finanze da adottare, nel rispetto delle disposizioni del testo unico delle leggi in materia bancaria e creditizia, di cui al decreto legislativo 1° settembre 1993, n. 385, e successive modificazioni, entro centoventi giorni dalla data di entrata in vigore della legge di conversione del presente decreto, è nominato il comitato promotore, con oneri a carico delle risorse di cui al comma 4.

3. Con il decreto di cui al comma 2 sono altresì disciplinati:

a) i criteri per la redazione dello statuto, nel quale è previsto che la Banca abbia necessariamente sede in una regione del Mezzogiorno d'Italia;

b) le modalità di composizione dell'azionariato della Banca, in maggioranza privato e aperto all'azionariato popolare diffuso, e il riconoscimento della funzione di soci fondatori allo Stato, alle regioni, alle province, ai comuni, alle camere di commercio, industria, artigianato e agricoltura e agli altri enti e organismi pubblici, aventi sede nelle regioni meridionali, che conferiscono una quota di capitale sociale;

c) le modalità per provvedere, attraverso trasparenti offerte pubbliche, all'acquisizione di marchi e di denominazioni, entro i limiti delle necessità operative della Banca, di rami di azienda già appartenuti ai banchi meridionali e insulari;

d) e modalità di accesso della Banca ai fondi e ai finanziamenti internazionali, con particolare riferimento alle risorse prestate da organismi sopranazionali per lo sviluppo delle aree geografiche sottoutilizzate

4. È autorizzata la spesa di 5 milioni di euro per l'anno 2008 per l'apporto al capitale della Banca da parte dello Stato, quale soggetto fondatore. Entro cinque anni dall'inizio dell'operatività della Banca tale importo è restituito allo Stato, il quale cede alla Banca stessa tutte le azioni ad esso intestate ad eccezione di una.

5. All'onere di cui al comma 4 si provvede mediante corrispondente riduzione dello stanziamento del fondo speciale di parte corrente iscritto, ai fini del bilancio triennale 2008-2010, nell'ambito del programma «Fondi di riserva e speciali» della missione «Fondi da ripartire» dello stato di previsione del Ministero dell'economia e delle finanze per l'anno 2008, allo scopo parzialmente utilizzando, quanto a 2,5 milioni di euro, l'accantonamento relativo al Ministero per i beni e le attività culturali e, quanto a 2,5 milioni di euro, l'accantonamento relativo al Ministero della salute.

6. Il Ministro dell'economia e delle finanze è autorizzato ad apportare, con propri decreti, le occorrenti variazioni di bilancio.

(1) *Articolo inserito dall'articolo 1, comma 1, della legge 6 agosto 2008, n. 133, in sede di conversione.*

6 *quater*. Concentrazione strategica degli interventi del Fondo per le aree sottoutilizzate (1). – 1. Al fine di rafforzare la concentrazione su interventi di rilevanza strategica nazionale delle risorse del Fondo per le aree sottoutilizzate di cui all'articolo 61 della legge 27 dicembre 2002, n. 289, e successive modificazioni, su indicazione dei Ministri competenti sono revocate le relative assegnazioni operate dal Comitato interministeriale per la programmazione economica (CIPE) per il periodo 2000-2006 in favore di amministrazioni centrali con le delibere adottate fino al 31 dicembre 2006, nel limite dell'ammontare delle risorse che entro la data del 31 maggio 2008 non sono state impegnate o programmate nell'ambito di accordi di programma quadro sottoscritti entro la medesima data, con esclusione delle assegnazioni per progetti di ricerca, anche sanitaria. In ogni caso è fatta salva la ripartizione dell'85% delle risorse alle regioni del Mezzogiorno e del restante 15% alle regioni del Centro-Nord.

2. Le disposizioni di cui al comma 1, per le analoghe risorse ad esse assegnate, costituiscono norme di principio per le Regioni e le province autonome di Trento e di Bolzano. Il CIPE, su proposta del Ministro dello sviluppo economico, definisce, di concerto con i Ministri interessati, i criteri e le modalità per la ripartizione delle risorse disponi-

bili previa intesa con la Conferenza permanente per i rapporti tra lo Stato, le regioni e le province autonome di Trento e di Bolzano.

3. Le risorse oggetto della revoca di cui al comma 1 che siano già state trasferite ai soggetti assegnatari sono versate in entrata nel bilancio dello Stato per essere riassegnate alla unità previsionale di base in cui è iscritto il Fondo per le aree sottoutilizzate.

(1) Articolo inserito dall'articolo 1, comma 1, della legge 6 agosto 2008, n. 133, in sede di conversione.

6 quinquies. Fondo per il finanziamento di interventi finalizzati al potenziamento della rete infrastrutturale di livello nazionale (1)(2)(3). – 1. È istituito, nello stato di previsione del Ministero dello sviluppo economico, a decorrere dall'anno 2009, un fondo per il finanziamento, in via prioritaria, di interventi finalizzati al potenziamento della rete infrastrutturale di livello nazionale, ivi comprese le reti di telecomunicazione e quelle energetiche, di cui è riconosciuta la valenza strategica ai fini della competitività e della coesione del Paese. Il fondo è alimentato con gli stanziamenti nazionali assegnati per l'attuazione del Quadro Strategico Nazionale per il periodo 2007-2013 in favore di programmi di interesse strategico nazionale, di progetti speciali e di riserve premiali, fatte salve le risorse che, alla data del 31 maggio 2008, siano state vincolate all'attuazione di programmi già esaminati dal CIPE o destinate al finanziamento del meccanismo premiale disciplinato dalla delibera CIPE 3 agosto 2007, n. 82.

2. Con delibera del CIPE, su proposta del Ministero dello sviluppo economico d'intesa con il Ministero delle infrastrutture e dei trasporti, si provvede alla ripartizione del fondo di cui al comma 1, sentita la Conferenza Unificata di cui all'articolo 8 del decreto legislativo 28 agosto 1997, n. 281, e successive modificazioni, fermo restando il vincolo di concentrare nelle regioni del Mezzogiorno almeno l'85% degli stanziamenti nazionali per l'attuazione del quadro strategico nazionale per il periodo 2007-2013. Lo schema di delibera del CIPE è trasmesso al Parlamento per il parere delle Commissioni competenti per materia e per i profili di carattere finanziario. Nel rispetto delle procedure previste dal regolamento (CE) n. 1083/2006 del Consiglio, dell'11 luglio 2006, e successive modificazioni, i Programmi operativi nazionali finanziati con risorse comunitarie per l'attuazione del Quadro Strategico Nazionale per il periodo 2007-2013 possono essere ridefiniti in coerenza con i principi di cui al presente articolo.

3. Costituisce un principio fondamentale, ai sensi dell'articolo 117, terzo comma, della Costituzione, la concentrazione, da parte delle regioni, su infrastrutture di interesse strategico regionale delle risorse del Quadro Strategico Nazionale per il periodo 2007-2013 in sede di predisposizione dei programmi finanziati dal Fondo per le aree sottoutilizzate, di cui all'articolo 61 della legge 27 dicembre 2002, n. 289, e successive modificazioni, e di ridefinizione dei programmi finanziati dai Fondi strutturali comunitari.

(1) Articolo inserito dall'articolo 1, comma 1, della legge 6 agosto 2008, n. 133, in sede di conversione.
(2) Per l'assegnazione di una quota delle risorse nazionali disponibili del Fondo aree sottoutilizzate, al Fondo di cui al presente articolo, vedi l'articolo 18, comma 1, lettera a), del D.L. 29 novembre 2008 n. 185.
(3) A norma dell'articolo 5, comma 1, del D.L. 13 agosto 2011, n. 138, una quota del Fondo infrastrutture di cui al presente articolo, è destinata con decreto del Ministro delle infrastrutture e dei trasporti di concerto con il Ministro dell'economia e delle finanze, ad investimenti infrastrutturali effettuati dagli enti territoriali che procedano, rispettivamente, entro il 31 dicembre 2012 ed entro il 31 dicembre 2013, alla dismissione di partecipazioni in società esercenti servizi pubblici locali di rilevanza economica, diversi dal servizio idrico. L'effettuazione delle dismissioni è comunicata ai predetti Dicasteri. Le spese effettuate a valere sulla predetta quota sono escluse dai vincoli del patto di stabilità interno. La quota assegnata a ciascun ente territoriale non può essere superiore ai proventi della dismissione effettuata.

6 sexies. Ricognizione delle risorse per la programmazione unitaria (1). – 1. Per promuovere il coordinamento della programmazione statale e regionale ed in particolare per garantire l'unitarietà dell'impianto programmatico del Quadro strategico nazionale per la politica regionale di sviluppo 2007-2013 e favorire il tempestivo e coordinato utilizzo delle relative risorse, la Presidenza del Consiglio dei Ministri, sentito il Ministero dello sviluppo economico, effettua la ricognizione delle risorse generate da progetti originariamente finanziati con fonti di finanziamento diverse dai Fondi strutturali europei ed inseriti nei programmi cofinanziati che siano oggetto di rimborso a carico del bilancio comunitario e del fondo di rotazione di cui all'articolo 5 della legge 16 aprile 1987, n. 183, in particolare individuando le risorse che non siano state impegnate attraverso obbligazioni giuridicamente vincolanti correlate alla chiusura dei Programmi Operativi 2000-2006 e alla rendicontazione delle annualità 2007 e 2008 dei Programmi Operativi 2007-2013, anche individuando modalità per evitare il disimpegno automatico delle relative risorse impegnate sul bilancio comunitario.

2. All'esito della ricognizione di cui al comma 1 e comunque entro e non oltre il 31 dicembre 2011, la Presidenza del Consiglio dei Ministri, su proposta dei Ministri competenti, di concerto con i Ministri dell'economia e delle finanze e dello sviluppo economico e previa intesa con la Conferenza permanente per i rapporti tra lo Stato, le regioni e le province autonome di Trento e di Bolzano, adotta la riprogrammazione che definisce le modalità di impiego delle risorse, i criteri per la selezione e le modalità di attuazione degli interventi che consentano di assicurare la qualità della spesa e di accelerarne la realizzazione anche mediante procedure sostitutive nei casi di inerzia o inadempimento delle amministrazioni responsabili. L'intesa, tenuto conto del vincolo delle precedenti assegnazioni alle amministrazioni centrali e regionali, in attuazione dell'articolo 119, quinto comma, della Costituzione, individua gli interventi speciali per promuovere lo sviluppo economico e rimuovere gli squilibri economici e sociali, con priorità per gli interventi finalizzati al potenziamento della rete infrastrutturale di livello nazionale e regionale di cui è riconosciuta la valenza strategica ai fini della competitività e della coesione (2).

3. Il Comitato interministeriale per la programmazione economica (CIPE) approva l'intesa di cui al comma precedente ed assume con propria deliberazione gli atti necessari alla riprogrammazione delle risorse e all'attuazione della stessa. Prima dell'approvazione da parte del CIPE, la riprogrammazione delle risorse di cui al periodo precedente è trasmessa al Parlamento ai fini dell'espressione del parere delle competenti Commissioni parlamentari.

4. La Presidenza del Consiglio dei Ministri, sulla base dell'intesa di cui ai commi 2 e 3 e della riprogrammazione

delle risorse disponibili approvata dal CIPE, promuove con le singole regioni interessate la stipula delle intese istituzionali di programma di cui all'articolo 2, comma 203, lettera b) della legge 23 dicembre 1996, n. 662, e successive modificazioni, per individuare il programma degli interventi e le relative modalità di attuazione. Ai fini del conseguimento degli obiettivi ed in coerenza con le modalità di attuazione del Quadro strategico nazionale per la politica regionale di sviluppo 2007-2013 le intese saranno sottoscritte anche dal Ministro dello sviluppo economico di concerto con il Ministro per i rapporti con le regioni.

5. Le intese istituzionali di programma di cui al comma precedente costituiscono lo strumento di attuazione di quanto previsto dal comma 3 dell'articolo 6-quinquies del presente decreto.

(1) Articolo inserito dall'articolo 1, comma 1, della legge 6 agosto 2008, n. 133, in sede di conversione.
(2) Comma modificato dall'articolo 1, comma 1, del D.L. 29 dicembre 2010, n. 225, che ha sostituito il termine di scadenza dei novanta giorni dalla data di entrata in vigore della legge di conversione del presente decreto (20 novembre 2008) al 31 marzo 2011. Successivamente, a norma dell'articolo 1, comma 1, del DPCM 25 marzo 2011, il termine di scadenza di cui al presente comma, dichiarato precedentemente fino al 31 marzo 2011, è prorogato fino al 31 dicembre 2011.

36. Class action. Sottoscrizione dell'atto di trasferimento di partecipazioni societarie[1][A]. – 1. Anche al fine di individuare e coordinare specifici strumenti di tutela risarcitoria collettiva, anche in forma specifica nei confronti delle pubbliche amministrazioni, all'articolo 2, comma 447 «, della legge 24 dicembre 2007, n. 244, le parole "decorsi centottanta giorni" sono sostituite dalle seguenti: "decorso un anno" [2].

1-bis. L'atto di trasferimento di cui al secondo comma dell'articolo 2470 del codice civile può essere sottoscritto con firma digitale, nel rispetto della normativa anche regolamentare concernente la sottoscrizione dei documenti informatici, ed è depositato, entro trenta giorni, presso l'ufficio del registro delle imprese nella cui circoscrizione è stabilita la sede sociale, a cura di un intermediario abilitato ai sensi dell'articolo 31, comma 2-quater, della legge 24 novembre 2000, n. 340. *[In tale caso, l'iscrizione del trasferimento nel libro dei soci ha luogo, su richiesta dell'alienante e dell'acquirente, dietro esibizione del titolo da cui risultino il trasferimento e l'avvenuto deposito, rilasciato dall'intermediario che vi ha provveduto ai sensi del presente comma.]* Resta salva la disciplina tributaria applicabile agli atti di cui al presente comma [3][4]

1-ter. Tutti gli atti di natura fiscale di cui agli articoli 230-bis, da 2498 a 2506 e 2556 del codice civile, possono essere stipulati con atto pubblico informatico, nel rispetto della normativa anche regolamentare concernente la sottoscrizione dei documenti informaticie fatti salvi i requisiti formali per l'iscrizione nel registro delle imprese come prescritti dagli articoli 2436, primo comma, e 2556, secondo comma, del codice civile [5]

(A) In riferimento al presente articolo vedi: Circolare del Ministero dell'Economia e delle Finanze 17 ottobre 2008, n. 58.
(1) Rubrica modificata dall'articolo 1, comma 1, della Legge 6 agosto 2008, n. 133, in sede di conversione.
(2) Comma modificato dall'articolo 1, comma 1, della Legge 6 agosto 2008, n. 133, in sede di conversione.
(3) Comma aggiunto dall'articolo 1, comma 1, della Legge 6 agosto 2008, n. 133, in sede di conversione e successivamente modificato dall'articolo 16, comma 12-decies, del D.L. 29 novembre 2008, n. 185, convertito con modificazioni in Legge 28 gennaio 2009, n. 2.
(4) A norma dell'articolo 14, comma 8, della L. 12 novembre 2011, n. 183, la disposizione di cui al presente comma, deve intendersi nel senso che l'atto di trasferimento delle partecipazioni di società a responsabilità limitata ivi disciplinato è in deroga al secondo comma dell'articolo 2470 del codice civile ed è sottoscritto con la firma digitale di cui all'articolo 24 del codice di cui al decreto legislativo 7 marzo 2005, n. 82.
(5) Comma aggiunto dall'articolo 11-bis, comma 1, del D.L. 16 ottobre 2017, n. 148, convertito con modificazioni dalla Legge 4 dicembre 2017, n. 172 e successivamente modificato dall'articolo 1, comma 25, lettera a), della Legge 27 dicembre 2017, n. 205.

CAPO IX
Giustizia

50. Cancellazione della causa dal ruolo. – 1. Il primo comma dell'articolo 181 del codice di procedura civile è sostituito dal seguente:

"Se nessuna delle parti compare alla prima udienza, il giudice fissa un'udienza successiva, di cui il cancelliere dà comunicazione alle parti costituite. Se nessuna delle parti compare alla nuova udienza, il giudice ordina che la causa sia cancellata dal ruolo e dichiara l'estinzione del processo.".

51. Comunicazioni e notificazioni per via telematica. – *[1. A decorrere dal quindicesimo giorno successivo a quello della pubblicazione nella Gazzetta Ufficiale della Repubblica italiana dei decreti di cui al comma 2, negli uffici giudiziari indicati negli stessi decreti, le notificazioni e le comunicazioni di cui al primo comma dell'articolo 170 del codice di procedura civile, la notificazione di cui al primo comma dell'articolo 192 del codice di procedura civile e ogni altra comunicazione al consulente sono effettuate per via telematica all'indirizzo di posta elettronica certificata di cui all'articolo 16 del decreto-legge 29 novembre 2008, n. 185, convertito, con modificazioni, dalla legge 28 gennaio 2009, n. 2. Allo stesso modo si procede per le notificazioni e le comunicazioni previste dal regio decreto 16 marzo 1942, n. 267, e per le notificazioni a persona diversa dall'imputato a norma degli articoli 148, comma 2-bis, 149, 150 e 151, comma 2, del codice di procedura penale. La notificazione o comunicazione che contiene dati sensibili è effettuata solo per estratto con contestuale messa a disposizione, sul sito internet individuato dall'amministrazione, dell'atto integrale cui il destinatario accede mediante gli strumenti di cui all'articolo 64 del decreto legislativo 7 marzo 2005, n. 82.]* [1]

[2. Con uno o più decreti aventi natura non regolamentare, da adottarsi entro il 1° settembre 2010, sentiti l'Avvocatura generale dello Stato, il Consiglio nazionale forense ed i consigli dell'ordine degli avvocati interessati, il Ministro della giustizia, previa verifica, accerta la funzionalità dei servizi di comunicazione, individuando gli uffici giudiziari nei quali trovano applicazione le disposizioni di cui al comma 1.] [2]

[3. A decorrere dalla data fissata ai sensi del comma 1, le notificazioni e comunicazioni nel corso del procedimento alle parti che non hanno provveduto ad istituire e comunicare l'indirizzo elettronico di cui al medesimo comma, sono fatte presso la cancelleria o segreteria dell'ufficio giudiziario.] [3]

4. A decorrere dalla data fissata ai sensi del comma 1, le notificazioni e le comunicazioni di cui ai commi 1 e 2 dell'articolo 17 del decreto legislativo 17 gennaio 2003 n. 5, si effettuano ai sensi dell'articolo 170 del codice di procedura civile.

5. All'articolo 16 del regio decreto legge 27 novembre 1933, n. 1578, convertito, con modificazioni, dalla legge 22 gennaio 1934, n. 36, sono apportate le seguenti modificazioni:

a) dopo il primo comma è aggiunto il seguente: "Nell'albo è indicato l'indirizzo elettronico attribuito a ciascun professionista dal punto di accesso ai sensi dell'articolo 7 del regolamento di cui al decreto del Presidente della Repubblica 13 febbraio 2001, n. 123" (4);

b) il quarto comma è sostituito dal seguente: "A decorrere dalla data fissata dal Ministro della giustizia con decreto emesso sentiti i Consigli dell'Ordine, gli albi riveduti debbono essere comunicati per via telematica, a cura del Consiglio, al Ministero della giustizia nelle forme previste dalle regole tecnico-operative per l'uso di strumenti informatici e telematici nel processo civile".

(1) Comma modificato dall'articolo 1, comma 1, della Legge 6 agosto 2008, n. 133, in sede di conversione, successivamente sostituito dall'articolo 4, comma 3, lettera a), del D.L. 29 dicembre 2009, n. 193, convertito con modificazioni in Legge 22 febbraio 2010, n. 24 e da ultimo abrogato dall'articolo 16, comma 11, del D.L. 18 ottobre 2012, n. 179, convertito con modificazioni in Legge 17 dicembre 2012, n. 221.

(2) Comma sostituito dall'articolo 4, comma 3, lettera a), del D.L. 29 dicembre 2009, n. 193, convertito con modificazioni in Legge 22 febbraio 2010, n. 24 e successivamente abrogato dall'articolo 16, comma 11, del D.L. 18 ottobre 2012, n. 179, convertito con modificazioni in Legge 17 dicembre 2012, n. 221.

(3) Comma sostituito dall'articolo 4, comma 3, lettera a), del D.L. 29 dicembre 2009, n. 193, convertito con modificazioni in Legge 22 febbraio 2010, n. 24 e successivamente abrogato dall'articolo 16, comma 11, del D.L. 18 ottobre 2012, n. 179, convertito con modificazioni in Legge 17 dicembre 2012, n. 221.

(4) Lettera modificata dall'articolo 1, comma 1, della Legge 6 agosto 2008, n. 133, in sede di conversione.

52. Misure urgenti per il contenimento delle spese di giustizia. – 1. Alla parte VII, titolo II, del testo unico di cui al decreto del Presidente della Repubblica 30 maggio 2002, n. 115, dopo l'art. 227, è aggiunto il seguente capo:

"Capo VI-bis (1)

Riscossione mediante ruolo

articolo 227-bis (1)

(Quantificazione dell'importo dovuto).

- 1.Per la quantificazione dell'importo si applica la disposizione di cui all'articolo 211.

articolo 227-ter (1)

(Riscossione a mezzo ruolo).

1. Entro un mese dal passaggio in giudicato o dalla definitività del provvedimento da cui sorge l'obbligo, l'ufficio procede all'iscrizione a ruolo.

2. L'agente della riscossione notifica al debitore una comunicazione con l'intimazione a pagare l'importo dovuto nel termine di un mese e contestuale cartella di pagamento contenente l'intimazione ad adempiere entro il termine di giorni venti successivi alla scadenza del termine di cui alla comunicazione con l'avvertenza che in mancanza si procederà ad esecuzione forzata.

3. Se il ruolo è ripartito in più rate, l'intimazione ad adempiere contenuta nella cartella di pagamento produce effetti relativamente a tutte le rate.".

(1) Comma modificato dall'articolo 1, comma 1, della legge 6 agosto 2008, n. 133, in sede di conversione.

53. Razionalizzazione del processo del lavoro. – 1. Nel secondo comma dell'articolo 421 del Codice di Procedura Civile le parole "dell'articolo precedente" sono sostituite dalle parole "dell'articolo 420".

2. Il primo comma dell'articolo 429 del Codice di Procedura Civile è sostituito dal seguente: "Nell'udienza il giudice, esaurita la discussione orale e udite le conclusioni delle parti, pronuncia sentenza con cui definisce il giudizio dando lettura del dispositivo e della esposizione delle ragioni di fatto e di diritto della decisione. In caso di particolare complessità della controversia, il giudice fissa nel dispositivo un termine, non superiore a sessanta giorni, per il deposito della sentenza".

54. Accelerazione del processo amministrativo. – 1. All'articolo 9, comma 2, della legge 21 luglio 2000, n. 205, le parole "dieci anni" sono sostituite con le seguenti: "cinque anni".

2. La domanda di equa riparazione non è proponibile se nel giudizio dinanzi al giudice amministrativo in cui si assume essersi verificata la violazione di cui all'articolo 2, comma 1, della legge 24 marzo 2001, n. 89, non è stata presentata l'istanza di prelievo di cui all'articolo 71, comma 2, del codice del processo amministrativo, né con riguardo al periodo anteriore alla sua presentazione, *[nei sei mesi antecedenti alla scadenza dei termini di durata di cui all'articolo 4, comma 1-ter, lettera b).]*" (1)(2).

3. Alla legge 27 aprile 1982, n. 186, sono apportate le seguenti modificazioni:

a) all'articolo 1, secondo comma, le parole: ": le prime tre con funzioni consultive e le altre con funzioni giurisdizionali" sono sostituite dalle parole: "con funzioni consultive o giurisdizionali, oltre alla sezione normativa istituita dall'articolo 17, comma 28, della legge 15 maggio 1997, n. 127" (3);

b) all'articolo 1, dopo il quarto comma è aggiunto il seguente: "Il Presidente del Consiglio di Stato, con proprio provvedimento, all'inizio di ogni anno, sentito il Consiglio di Presidenza, individua le sezioni che svolgono funzioni giurisdizionali e consultive, determina le rispettive materie di competenza e la composizione, nonché la composizione della Adunanza Plenaria ai sensi dell'articolo 5, primo comma.";

[c) all'articolo 5, primo comma, le parole da "dal consiglio" sino alla parola: "giurisdizionali." sono sostituite dalle seguenti parole: "dal Presidente del Consiglio di Stato, sentito il Consiglio di Presidenza.";] (4)

[d) all'articolo 5, comma secondo, le parole "in modo da assicurare in ogni caso la presenza di quattro consiglieri per ciascuna sezione giurisdizionale" sono soppresse.] (4)

(1) Comma modificato dall'articolo 1, comma 1, della Legge 6 agosto 2008, n. 133, in sede di conversione e successivamente dall'articolo 3, comma 23, dell'Allegato 4, del D.Lgs. 2 luglio 2010, n. 104, come modificato dall'articolo 1, comma 3, lettera a), numero 6), del D.Lgs. 15 novembre 2011, n. 195.

(2) La Corte Costituzionale, con sentenza 6 marzo 2019, n. 34 (in Gazz. Uff. 13 marzo 2019, n. 11), ha dichiarato l'illegittimità costituzionale del presente comma.

(3) Lettera modificata dall'articolo 1, comma 1, della Legge 6 agosto 2008, n. 133, in sede di conversione.

(4) Lettera abrogata dall'articolo 4, comma 1, n. 40), dell'Allegato 4 del D.Lgs. 2 luglio 2010, n. 104.

55. Accelerazione del contenzioso tributario. – 1. Relativamente ai soli processi pendenti, su ricorso degli uffici dell'Amministrazione finanziaria, innanzi alla Commissione tributaria centrale alla data di entrata in vigore dell'articolo 1, comma 351, della legge 24 dicembre 2007, n.

244, per i quali non è stata ancora fissata l'udienza di trattazione alla data di entrata in vigore del presente decreto, i predetti uffici depositano presso la competente segreteria, entro sei mesi dalla data di entrata in vigore del presente decreto, apposita dichiarazione di persistenza del loro interesse alla definizione del giudizio. In assenza di tale dichiarazione i relativi processi si estinguono di diritto e le spese del giudizio restano a carico della parte che le ha sopportate [1].

2. A decorrere dalla data di entrata in vigore del presente decreto non si fa luogo alla nomina di nuovi giudici della Commissione tributaria centrale e le sezioni della stessa, ove occorrente, sono integrate esclusivamente con i componenti delle commissioni tributarie regionali presso le quali le predette sezioni hanno sede [2].

[1] Comma modificato dall'articolo 1, comma 1, della legge 6 agosto 2008, n. 133, in sede di conversione.
[2] Comma modificato dall'articolo 1, comma 1, della legge 6 agosto 2008, n. 133, in sede di conversione.

56. Disposizioni transitorie. – 1. Gli articoli 181 e 429 del codice di procedura civile, come modificati dal presente decreto-legge, si applicano ai giudizi instaurati dalla data della sua entrata in vigore [1].

[1] Comma modificato dall'articolo 1, comma 1, della legge 6 agosto 2008, n. 133, in sede di conversione.

58. Ricognizione e valorizzazione del patrimonio immobiliare di regioni. – 1. Per procedere al riordino, gestione e valorizzazione del patrimonio immobiliare di Regioni, Province, Comuni e altri Enti locali, nonché di società o Enti a totale partecipazione dei predetti enti, ciascuno di essi, con delibera dell'organo di Governo individua, redigendo apposito elenco, sulla base e nei limiti della documentazione esistente presso i propri archivi e uffici, i singoli beni immobili ricadenti nel territorio di competenza, non strumentali all'esercizio delle proprie funzioni istituzionali, suscettibili di valorizzazione ovvero di dismissione. Viene così redatto il piano delle alienazioni e valorizzazioni immobiliari allegato al bilancio di previsione nel quale, previa intesa, sono inseriti immobili di proprietà dello Stato individuati dal Ministero dell'economia e delle finanze-Agenzia del demanio tra quelli che insistono nel relativo territorio [1].

2. L'inserimento degli immobili nel piano ne determina la conseguente classificazione come patrimonio disponibile, fatto salvo il rispetto delle tutele di natura storico-artistica, archeologica, architettonica e paesaggistico-ambientale. Il piano è trasmesso agli Enti competenti, i quali si esprimono entro trenta giorni, decorsi i quali, in caso di mancata espressione da parte dei medesimi Enti, la predetta classificazione è resa definitiva. La deliberazione del consiglio comunale di approvazione, ovvero di ratifica dell'atto di deliberazione se trattasi di società o Ente a totale partecipazione pubblica, del piano delle alienazioni e valorizzazioni determina le destinazioni d'uso urbanistiche degli immobili. Le Regioni, entro 60 giorni dalla data di entrata in vigore della presente disposizione, disciplinano l'eventuale equivalenza della deliberazione del consiglio comunale di approvazione quale variante allo strumento urbanistico generale, ai sensi dell'articolo 25 della legge 28 febbraio 1985, n. 47, anche disciplinando le procedure semplificate per la relativa approvazione. Le Regioni, nell'ambito della predetta normativa approvano procedure di copianificazione per l'eventuale verifica di conformità agli strumenti di pianificazione sovraordinata, al fine di concludere il procedimento entro il termine perentorio di 90 giorni dalla deliberazione comunale. Trascorsi i predetti 60 giorni, si applica il comma 2 dell'articolo 25 della legge 28 febbraio 1985, n. 47. Le varianti urbanistiche di cui al presente comma, qualora rientrino nelle previsioni di cui al paragrafo 3 dell'articolo 3 della direttiva 2001/42/CE e al comma 4 dell'articolo 7 del decreto legislativo 3 aprile 2006, n. 152 e s.m.i. non sono soggette a valutazione ambientale strategica [2][3].

3. Gli elenchi di cui al comma 1, da pubblicare mediante le forme previste per ciascuno di tali enti, hanno effetto dichiarativo della proprietà, in assenza di precedenti trascrizioni, e producono gli effetti previsti dall'articolo 2644 del codice civile, nonché effetti sostitutivi dell'iscrizione del bene in catasto [4].

4. Gli uffici competenti provvedono, se necessario, alle conseguenti attività di trascrizione, intavolazione e voltura.

5. Contro l'iscrizione del bene negli elenchi di cui al comma 1, è ammesso ricorso amministrativo entro sessanta giorni dalla pubblicazione, fermi gli altri rimedi di legge [5].

6. La procedura prevista dall'articolo 3-bis del decreto-legge 25 settembre 2001 n. 351, convertito con modificazioni dalla legge 23 novembre 2001 n. 410, per la valorizzazione dei beni dello Stato si estende ai beni immobili inclusi negli elenchi di cui al comma 1. In tal caso, la procedura prevista al comma 2 dell'articolo 3-bis del citato decreto-legge n. 351 del 2001 si applica solo per i soggetti diversi dai Comuni e l'iniziativa è rimessa all'Ente proprietario dei beni da valorizzare. I bandi previsti dal comma 5 dell'articolo 3-bis del citato decreto-legge n. 351 del 2001 sono predisposti dall'Ente proprietario dei beni da valorizzare [6].

7. I soggetti di cui al comma 1 possono in ogni caso individuare forme di valorizzazione alternative, nel rispetto dei principi di salvaguardia dell'interesse pubblico e mediante l'utilizzo di strumenti competitivi, anche per quanto attiene alla alienazione degli immobili di cui alla legge 24 dicembre 1993, n. 560 [7].

8. Gli enti proprietari degli immobili inseriti negli elenchi di cui al comma 1 possono conferire i propri beni immobili anche residenziali a fondi comuni di investimento immobiliare ovvero promuoverne la costituzione secondo le disposizioni degli articoli 4 e seguenti del decreto-legge 25 settembre 2001 n. 351, convertito con modificazioni dalla legge 23 novembre 2001, n. 410 [8].

9. Ai conferimenti di cui al presente articolo, nonché alle dismissioni degli immobili inclusi negli elenchi di cui al comma 1, si applicano le disposizione dei commi 18 e 19 dell'articolo 3 del decreto-legge 25 settembre 2001, n. 351, convertito con modificazioni dalla legge 23 novembre 2001 n. 410 [9].

9-bis. In caso di conferimento a fondi di investimento immobiliare dei beni inseriti negli elenchi di cui al comma 1, la destinazione funzionale prevista dal piano delle alienazioni e delle valorizzazioni, se in variante rispetto alle previsioni urbanistiche ed edilizie vigenti ed in itinere, può essere conseguita mediante il procedimento di cui all'articolo 34 del decreto legislativo 18 agosto 2000, n. 267, e delle corrispondenti disposizioni previste dalla legislazione regionale. Il procedimento si conclude entro il termine perentorio di 180 giorni dall'apporto o dalla cessione sotto pena di retrocessione del bene all'ente locale. Con la medesima procedura si procede alla regolarizzazione edilizia ed urbanistica degli immobili conferiti [10].

[1] Comma modificato dall'articolo 1, comma 1, della Legge 6 agosto 2008, n. 133, in sede di conversione e successivamente sostituito dall'articolo 33-bis, comma 7, del D.L. 6 luglio 2011, n. 98, convertito con modificazioni in Legge 30 luglio 2010, n. 122, come modificato dall'articolo 27, comma 1, del D.L. 6 dicembre 2011, n. 201, convertito con modificazioni in Legge 22 dicembre 2011, n. 214.
[2] Comma modificato dall'articolo 1, comma 1, della Legge 6 agosto 2008, n. 133, in sede di conversione e successivamente sostituito dall'articolo 33-bis, comma 7, del D.L. 6 luglio 2011, n. 98, convertito con modificazioni in Legge 30 luglio 2010, n. 122, come modificato dall'articolo 27, comma 1, del D.L. 6 dicembre 2011, n. 201, convertito con modificazioni in Legge 22 dicembre 2011, n. 214.
[3] La Corte Costituzionale, con sentenza 16 dicembre 2009, n. 340 (in Gazz. Uff., 7 luglio, n. 1), ha dichiarato l'illegittimità costituzionale del presente comma, esclusa la proposizione iniziale: «L'inserimento degli immobili nel piano ne determina la conseguente classificazione come patrimonio disponibile e ne dispone espressamente la destinazione urbanistica».
[4] Comma modificato dall'articolo 1, comma 1, della Legge 6 agosto 2008, n. 133, in sede di conversione.
[5] Comma modificato dall'articolo 1, comma 1, della Legge 6 agosto 2008, n. 133, in sede di conversione.
[6] Comma modificato dall'articolo 1, comma 1, della Legge 6 agosto 2008, n. 133, in sede di conversione.
[7] Comma modificato dall'articolo 1, comma 1, della Legge 6 agosto 2008, n. 133, in sede di conversione e successivamente dall'articolo 19, comma 16-bis, del D.L. 31 maggio 2010, n. 78, convertito con modificazioni in Legge 30 luglio 2010, n. 122.
[8] Comma modificato dall'articolo 1, comma 1, della Legge 6 agosto 2008, n. 133, in sede di conversione.
[9] Comma modificato dall'articolo 1, comma 1, della Legge 6 agosto 2008, n. 133, in sede di conversione.
[10] Comma aggiunto dall'articolo 33, comma 6, del D.L. 6 luglio 2011, n. 98, convertito con modificazioni in Legge 15 luglio 2011, n. 111.

59. Finmeccanica S.p.a. – 1. In caso di delibera di aumenti di capitale nel corso del corrente esercizio, da parte della società Finmeccanica S.p.a., finalizzati ad iniziative strategiche di sviluppo, il Ministero dell'economia e delle finanze è autorizzato a sottoscrivere azioni di nuova emissione della stessa società per un importo massimo di 250 milioni di euro, attraverso l'esercizio di una quota dei diritti di opzione spettanti allo Stato, mediante utilizzo delle risorse derivanti, almeno per pari importo, dalla distribuzione di riserve disponibili da parte di società controllate dallo Stato e che vengono versate su apposita contabilità speciale per le finalità del presente articolo. In ogni caso, la quota percentuale del capitale sociale detenuta dallo Stato non può risultare inferiore al 30 per cento [1].

[1] Comma modificato dall'articolo 1, comma 1, della legge 6 agosto 2008, n. 133, in sede di conversione.

TITOLO III
Stabilizzazione della finanza pubblica

CAPO I
Bilancio dello stato

60. Missioni di spesa e monitoraggio della finanza pubblica. – 1. Per il triennio 2009-2011 le dotazioni finanziarie, a legislazione vigente, delle missioni di spesa di ciascun Ministero, sono ridotte per gli importi indicati nell'elenco n. 1, con separata indicazione della componente relativa a competenze predeterminate per legge.

2. Dalle riduzioni di cui al comma 1 sono escluse le dotazioni di spesa di ciascuna missione connesse a stipendi, assegni, pensioni e altre spese fisse; alle spese per interessi; alle poste correttive e compensative delle entrate, comprese le regolazioni contabili con le Regioni; ai trasferimenti a favore degli enti territoriali aventi natura obbligatoria; del fondo ordinario delle università; delle risorse destinate alla ricerca; delle risorse destinate al finanziamento del 5 per mille delle imposte sui redditi delle persone fisiche; nonché quelle dipendenti da parametri stabiliti dalla legge o derivanti da accordi internazionali [1].

3. Fermo restando quanto previsto in materia di flessibilità con la legge annuale di bilancio, in via sperimentale, limitatamente agli esercizi finanziari 2009 e 2010, nella legge di bilancio, nel rispetto dell'invarianza degli effetti sui saldi di finanza pubblica e dell'obiettivo di pervenire ad un consolidamento per missioni e per programmi di ciascuno stato di previsione, possono essere rimodulate tra i programmi le dotazioni finanziarie di ciascuna missione di spesa, fatta eccezione per le spese di natura obbligatoria, per le spese in annualità e a pagamento differito. Le rimodulazioni tra spese di funzionamento e spese per interventi sono consentite nel limite del 10 per cento delle risorse stanziate per gli interventi stessi. Resta precluso l'utilizzo degli stanziamenti di spesa in conto capitale per finanziare spese correnti. In apposito allegato a ciascuno stato di previsione della spesa sono esposte le autorizzazioni legislative ed i relativi importi da utilizzare per ciascun programma[2].

4. Ciascun Ministro prospetta le ragioni della riconfigurazione delle autorizzazioni di spesa di propria competenza nonché i criteri per il miglioramento della economicità ed efficienza e per la individuazione di indicatori di risultato relativamente alla gestione di ciascun programma nelle relazioni al Parlamento di cui al comma 68 dell'articolo 3 della legge 24 dicembre 2007, n. 244. Il termine di cui al citato comma 68 dell'articolo 3 della legge n. 244 del 2007 è differito, per l'anno 2008, al 30 settembre 2008[3].

5. Le rimodulazioni di spesa tra i programmi di ciascun Ministero di cui al comma 3 possono essere proposte nel disegno di legge di assestamento e negli altri provvedimenti di cui all'articolo 17 della legge 5 agosto 1978, n. 468, e successive modificazioni. In tal caso, dopo la presentazione al Parlamento dei relativi disegni di legge, le rimodulazioni possono essere comunque attuate, limitatamente all'esercizio finanziario 2009, in via provvisoria ed in misura tale da non pregiudicare il conseguimento delle finalità definite dalle relative norme sostanziali e comunque non superiore al 10 per cento delle risorse finanziarie complessivamente stanziate dalle medesime leggi, con decreto del Ministro dell'economia e delle finanze di concerto con il Ministro competente. Gli schemi dei decreti di cui al precedente periodo sono trasmessi al Parlamento per l'espressione del parere delle Commissioni competenti per materia e per i profili di carattere finanziario. I pareri devono essere espressi entro quindici giorni dalla data di trasmissione. Decorso inutilmente il termine senza che le Commissioni abbiano espresso i pareri di rispettiva competenza, i decreti possono essere adottati. Il Governo, ove non intenda conformarsi alle condizioni formulate con riferimento ai profili finanziari, ritrasmette alle Camere gli schemi di decreto corredati dei necessari elementi integrativi di informazione, per i pareri definitivi delle Commissioni competenti per i profili finan-

ziari, che devono essere espressi entro dieci giorni. Fatto salvo quanto previsto dagli articoli 2, comma 4-quinquies, della citata legge n. 468 del 1978, e 3, comma 5, del decreto legislativo 7 agosto 1997, n. 279, e successive modificazioni, nel caso si tratti di dotazioni finanziarie direttamente determinate da disposizioni di legge, i pareri espressi dalle Commissioni competenti per i profili di carattere finanziario sono vincolanti. I decreti di cui al secondo periodo perdono efficacia fin dall'inizio qualora il Parlamento non approvi la corrispondente variazione in sede di esame del disegno di legge di assestamento o degli altri provvedimenti di cui all'articolo 17 della legge n. 468 del 1978. Le rimodulazioni proposte con il disegno di legge di assestamento o con gli altri provvedimenti adottabili ai sensi dell'articolo 17 della legge n. 468 del 1978 o con i decreti ministeriali si riferiscono esclusivamente all'esercizio in corso[4].

6. Il comma 3 dell'articolo 5 del decreto-legge 27 maggio 2008, n. 93, convertito, con modificazioni, dalla legge 24 luglio 2008, n. 126, è abrogato[5].

7. Ai fini di assicurare il rispetto effettivo dei parametri imposti in sede internazionale e del patto di stabilità e crescita, nel definire la copertura finanziaria dei provvedimenti legislativi, qualora siano prevedibili specifici e rilevanti effetti sugli andamenti tendenziali del fabbisogno del settore pubblico e dell'indebitamento netto del conto consolidato delle pubbliche amministrazioni, il Ministero dell'economia e delle finanze fornisce i relativi elementi di valutazione nella relazione tecnica di cui all'articolo 11-ter della legge n. 468 del 1978, con specifico riferimento agli effetti che le innovazioni hanno sugli andamenti tendenziali, o con apposita nota scritta negli altri casi. Entro il 31 gennaio 2009, il Ministro dell'economia e delle finanze presenta al Parlamento, ai fini dell'adozione di atti di indirizzo da parte delle competenti Commissioni parlamentari, una relazione contenente informazioni sulle metodologie per la valutazione degli effetti sul fabbisogno e sull'indebitamento netto del conto consolidato delle pubbliche amministrazioni in ciascun settore di spesa[6].

8. Il fondo di cui all'articolo 5 comma 4, del decreto-legge 27 maggio 2008, n. 93, è integrato di 100 milioni di euro per l'anno 2009, 300 milioni di euro per ciascuno degli anni 2010 e 2011, da utilizzare a reintegro delle dotazioni finanziarie dei programmi di spesa. L'autorizzazione di spesa di cui all'articolo 5, comma 4, del decreto-legge 27 maggio 2008, n. 93, convertito, con modificazioni, dalla legge 24 luglio 2008, n. 126, come rideterminata ai sensi del presente comma, è ridotta dell'importo di 6 milioni di euro per l'anno 2008, di 12 milioni di euro per l'anno 2009 e di 10 milioni di euro per l'anno 2010[7].

[8-bis. Nello stato di previsione del Ministero della difesa è istituito un fondo con una dotazione pari a 3 milioni di euro per l'anno 2008, da utilizzare per far fronte alle esigenze prioritarie del Ministero stesso] [8][9]

8-ter. Agli oneri derivanti dal comma 8-bis, si provvede mediante corrispondente riduzione, per l'anno 2008, della dotazione del fondo di cui all'articolo 5, comma 4, del decreto-legge 27 maggio 2008, n. 93, convertito, con modificazioni, dalla legge 24 luglio 2008, n. 126[10].

8-quater. All'articolo 5 della legge 24 febbraio 1992, n. 225, dopo il comma 5 è aggiunto il seguente:

"5-bis. Al fine del rispetto dei vincoli di finanza pubblica, la situazione analitica dei crediti e dei debiti derivanti dalle operazioni poste in essere dai Commissari delegati, a qualsiasi titolo, anche in sostituzione di altri soggetti, deve essere rendicontata annualmente, nonché al termine della gestione, e trasmessa entro il 31 gennaio di ciascun anno alla Presidenza del Consiglio dei Ministri, al Ministero dell'economia e delle finanze - Dipartimento della Ragioneria Generale dello Stato e all'ISTAT per la valutazione degli effetti sui saldi di finanza pubblica. Per l'omissione o il ritardo nella rendicontazione si applica la sanzione prevista dall'articolo 337 del regio decreto 23 maggio 1924, n. 827, e successive modificazioni." [11].

9. Il Ministro dell'economia e delle finanze è autorizzato ad apportare, con propri decreti, le occorrenti variazioni di bilancio.

10. Per l'anno 2009 non si applicano le disposizioni di cui all'articolo 1, commi 507 e 508, della legge 27 dicembre 2006, n. 296 e la quota resa indisponibile per detto anno, ai sensi del citato comma 507, è portata in riduzione delle relative dotazioni di bilancio.

11. L'autorizzazione di spesa di cui alla legge 3 gennaio 1981, n. 7 e alla legge 26 febbraio 1987, n. 49 relativa all'aiuto pubblico a favore dei Paesi in via di sviluppo è ridotta di 170 milioni di euro annui a decorrere dall'anno 2009[12].

[12. L'autorizzazione di spesa di cui all'articolo 1, comma 896, della legge 27 dicembre 2006, n. 296, è ridotta di 183 milioni di euro per l'anno 2009.] [13]

13. All'articolo 1, comma 21, primo periodo, della legge 23 dicembre 2005, n. 266 le parole "a singoli capitoli," sono sostituite dalle seguenti: "ai singoli programmi".

14. Fermo quanto previsto dall'articolo 1, comma 21 della legge 23 dicembre 2005, n. 266, ai fini del controllo e monitoraggio della spesa pubblica, la mancata segnalazione da parte del funzionario responsabile dell'andamento della stessa in maniera tale da rischiare di non garantire il rispetto delle originarie previsioni di spesa costituisce evento valutabile ai fini della responsabilità disciplinare. Ai fini della responsabilità contabile, il funzionario responsabile risponde del danno derivante dal mancato rispetto dei limiti della spesa originariamente previsti, anche a causa della mancata tempestiva adozione dei provvedimenti necessari ad evitare efficacemente tale esito, nonché delle misure occorrenti per ricondurre la spesa entro i predetti limiti [14].

[15. Al fine di agevolare il perseguimento degli obiettivi di finanza pubblica, a decorrere dall'esercizio finanziario 2009, le amministrazioni dello Stato, escluso il comparto della sicurezza e del soccorso, possono assumere mensilmente impegni per importi non superiori ad un dodicesimo della spesa prevista da ciascuna unità previsionale di base, con esclusione delle spese per stipendi, retribuzioni, pensioni e altre spese fisse o aventi natura obbligatoria ovvero non frazionabili in dodicesimi, nonché per interessi, poste correttive e compensative delle entrate, comprese le regolazioni contabili, accordi internazionali, obblighi derivanti dalla normativa comunitaria, annualità relative ai limiti di impegno e rate di ammortamento mutui. La violazione del divieto di cui al presente comma rileva agli effetti della responsabilità contabile.] [15]

15-bis. Fermo restando quanto previsto dal comma 15, il Ministero degli affari esteri, per le spese connesse al funzionamento e alla sicurezza delle rappresentanze diplomatiche e consolari nonché agli interventi di emergenza per la tutela dei cittadini italiani all'estero, può assumere impegni superiori a quanto previsto dal predetto comma, nel rispetto, in ogni caso, del limite complessivo annuo anche a valere sulle altre unità previsionali di base del bilancio del medesimo Ministero(16).

(1) *Comma modificato dall'articolo 1, comma 1, della Legge 6 agosto 2008, n. 133, in sede di conversione.*
(2) *Comma sostituito dall'articolo 1, comma 1, della Legge 6 agosto 2008, n. 133, in sede di conversione e successivamente modificato dall'articolo 23, comma 21-quater, del D.L. 1° luglio 2009, n. 78.*
(3) *Comma sostituito dall'articolo 1, comma 1, della Legge 6 agosto 2008, n. 133, in sede di conversione.*
(4) *Comma sostituito dall'articolo 1, comma 1, della Legge 6 agosto 2008, n. 133, in sede di conversione.*
(5) *Comma sostituito dall'articolo 1, comma 1, della Legge 6 agosto 2008, n. 133, in sede di conversione.*
(6) *Comma sostituito dall'articolo 1, comma 1, della Legge 6 agosto 2008, n. 133, in sede di conversione.*
(7) *Comma modificato dall'articolo 1, comma 1, della Legge 6 agosto 2008, n. 133, in sede di conversione.*
(8) *Comma aggiunto dall'articolo 1, comma 1, della Legge 6 agosto 2008, n. 133, in sede di conversione e successivamente abrogato dall'articolo 2268, comma 1, numero 1071), del D.Lgs. 15 marzo 2010, n. 66.*
(9) *A norma dell'articolo 55, comma 5-septies, del D.L. 31 maggio 2010, n. 78, convertito con modificazioni in Legge 30 luglio 2010, n. 122, la dotazione del fondo di cui al presente comma, è stabilita in 5 milioni di euro per l'anno 2010, per le esigenze connesse alla Celebrazione del 150° anniversario dell'unità d'Italia.*
(10) *Comma aggiunto dall'articolo 1, comma 1, della Legge 6 agosto 2008, n. 133, in sede di conversione.*
(11) *Comma aggiunto dall'articolo 1, comma 1, della Legge 6 agosto 2008, n. 133, in sede di conversione.*
(12) *Comma modificato dall'articolo 1, comma 1, della Legge 6 agosto 2008, n. 133, in sede di conversione.*
(13) *Comma abrogato dall'articolo 2268, comma 1, numero 1071), del D.Lgs. 15 marzo 2010, n. 66.*
(14) *Comma modificato dall'articolo 1, comma 1, della Legge 6 agosto 2008, n. 133, in sede di conversione.*
(15) *Comma abrogato dall'articolo 5, comma 1, lettera c), del D.Lgs. 16 marzo 2018, n. 29, con efficacia a decorrere dal 1° gennaio 2019.*
(16) *Comma aggiunto dall'articolo 29, comma 1, della Legge 18 giugno 2009, n. 69.*

61. Ulteriori misure di riduzione della spesa ed abolizione della quota di partecipazione al costo per le prestazioni di assistenza specialistica (1). – 1. A decorrere dall'anno 2009 la spesa complessiva sostenuta dalle amministrazioni pubbliche inserite nel conto economico consolidato della pubblica amministrazione, come individuate dall'Istituto nazionale di statistica (ISTAT) ai sensi del comma 5 dell'articolo 1 della legge 30 dicembre 2004, n. 311, con esclusione delle Autorità indipendenti, per organi collegiali e altri organismi, anche monocratici, comunque denominati, operanti nelle predette amministrazioni, è ridotta del 30 per cento rispetto a quella sostenuta nell'anno 2007. A tale fine le amministrazioni adottano con immediatezza, e comunque entro trenta giorni dalla data di entrata in vigore della legge di conversione del presente decreto, le necessarie misure di adeguamento ai nuovi limiti di spesa(15).

2. Al fine di valorizzare le professionalità interne alle amministrazioni, riducendo ulteriormente la spesa per studi e consulenze, all'articolo 1, comma 9, della legge 23 dicembre 2005, n. 266, e successive modificazioni, sono apportate le seguenti modificazioni:

a) le parole: "al 40 per cento", sono sostituite dalle seguenti: "«al 30 per cento";

b) in fine, è aggiunto il seguente periodo: "Nel limite di spesa stabilito ai sensi del primo periodo deve rientrare anche la spesa annua per studi ed incarichi di consulenza conferiti a pubblici dipendenti" (2)(16).

3. Le disposizioni introdotte dal comma 2 si applicano a decorrere dal 1° gennaio 2009 (3).

4. All'articolo 53, comma 14, del decreto legislativo 30 marzo 2001, n. 165, e successive modificazioni, è aggiunto, in fine, il seguente periodo: "Entro il 31 dicembre di ciascun anno il Dipartimento della funzione pubblica trasmette alla Corte dei conti l'elenco delle amministrazioni che hanno omesso di effettuare la comunicazione, avente ad oggetto l'elenco dei collaboratori esterni e dei soggetti cui sono stati affidati incarichi di consulenza".

5. A decorrere dall'anno 2009 le amministrazioni pubbliche inserite nel conto economico consolidato della pubblica amministrazione, come individuate dall'Istituto nazionale di statistica (ISTAT) ai sensi del comma 5 dell'articolo 1 della legge 30 dicembre 2004, n. 311, non possono effettuare spese per relazioni pubbliche, convegni, mostre, pubblicità e di rappresentanza, per un ammontare superiore al 50 per cento della spesa sostenuta nell'anno 2007 per le medesime finalità. La disposizione del presente comma non si applica alle spese per convegni organizzati dalle università e dagli enti di ricerca.

6. A decorrere dall'anno 2009 le amministrazioni pubbliche inserite nel conto economico consolidato della pubblica amministrazione, come individuate dall'Istituto nazionale di statistica (ISTAT) ai sensi del comma 5 dell'articolo 1 della legge 30 dicembre 2004, n. 311, non possono effettuare spese per sponsorizzazioni per un ammontare superiore al 30 per cento della spesa sostenuta nell'anno 2007 per le medesime finalità.

7. Le società, inserite nel conto economico consolidato della pubblica amministrazione, come individuate dall'Istituto nazionale di statistica (ISTAT) ai sensi del comma 5 dell'articolo 1 della legge 30 dicembre 2004, n. 311, si conformano al principio di riduzione di spesa per studi e consulenze, per relazioni pubbliche, convegni, mostre e pubblicità, nonché per sponsorizzazioni, desumibile dai precedenti commi 2, 5 e 6. In sede di rinnovo dei contratti di servizio, i relativi corrispettivi sono ridotti in applicazione della disposizione di cui al primo periodo del presente comma. I soggetti che esercitano i poteri dell'azionista garantiscono che, all'atto dell'approvazione del bilancio, sia comunque distribuito, ove possibile, un dividendo corrispondente al relativo risparmio di spesa (4).

[7-bis. A decorrere dal 1 gennaio 2009, la percentuale prevista dall'articolo 92, comma 5, del codice dei contratti pubblici relativi a lavori, servizi e forniture, di cui al decreto legislativo 12 aprile 2006, n. 163, e successive modificazioni, è destinata nella misura dello 0,5 per cento alle finalità di cui alla medesima disposizione e, nella misura dell'1,5 per cento, è versata ad apposito capitolo dell'entrata del bilancio dello Stato per essere destinata al fondo di cui al comma 17 del presente articolo.] (5)

[8. A decorrere dal 1° gennaio 2009, la percentuale prevista dall'articolo 92, comma 5, del codice dei contratti pubblici relativi a lavori, servizi e forniture, di cui al decreto legislativo 12 aprile 2006, n. 163, è destinata nella misura dello 0,5 per cento alle finalità di cui alla medesima disposizione e, nella misura dell'1,5 per cento, è versata ad apposito capitolo dell'entrata del bilancio dello Stato.] (6)

9. Il 50 per cento del compenso spettante al dipendente pubblico per l'attività di componente o di segretario del collegio arbitrale è versato direttamente ad apposito capitolo del bilancio dello Stato; il predetto importo è riassegnato al fondo di amministrazione per il finanziamento del trattamento economico accessorio dei dirigenti ovvero ai fondi

perequativi istituiti dagli organi di autogoverno del personale di magistratura e dell'Avvocatura dello Stato ove esistenti; la medesima disposizione si applica al compenso spettante al dipendente pubblico per i collaudi svolti in relazione a contratti pubblici di lavori, servizi e forniture. Le disposizioni di cui al presente comma si applicano anche ai corrispettivi non ancora riscossi relativi ai procedimenti arbitrali ed ai collaudi in corso alla data di entrata in vigore della legge di conversione del presente decreto.

10. A decorrere dal 1° gennaio 2009 le indennità di funzione ed i gettoni di presenza indicati nell'articolo 82 del testo unico delle leggi sull'ordinamento degli enti locali, di cui al decreto legislativo 18 agosto 2000, n. 267, e successive modificazioni, sono rideterminati con una riduzione del 30 per cento rispetto all'ammontare risultante alla data del 30 giugno 2008 per gli enti indicati nel medesimo articolo 82 che nell'anno precedente non hanno rispettato il patto di stabilità. Sino al 2011 è sospesa la possibilità di incremento prevista nel comma 10 dell'articolo 82 del citato testo unico di cui al decreto legislativo n. 267 del 2000.

11. I contributi ordinari attribuiti dal Ministero dell'interno a favore degli enti locali sono ridotti a decorrere dall'anno 2009 di un importo pari a 200 milioni di euro annui per i comuni ed a 50 milioni di euro annui per le province.

12. All'articolo 1, comma 725, della legge 27 dicembre 2006, n. 296, sono apportate le seguenti modificazioni:

a) nel primo periodo, le parole: "all'80 per cento" e le parole "al 70 per cento" sono rispettivamente sostituite dalle seguenti: "al 70 per cento" ed "al 60 per cento";

b) nel secondo periodo, le parole: "e in misura ragionevole e proporzionata" sono sostituite dalle seguenti: "e in misura comunque non superiore al doppio del compenso onnicomprensivo di cui al primo periodo";

c) è aggiunto, in fine, il seguente periodo: "Le disposizioni del presente comma si applicano anche alle società controllate, ai sensi dell'articolo 2359 del codice civile, dalle società indicate nel primo periodo del presente comma".

13. Le disposizioni di cui al comma 12 si applicano a decorrere dal 1° gennaio 2009.

14. A decorrere dalla data di conferimento o di rinnovo degli incarichi i trattamenti economici complessivi spettanti ai direttori generali, ai direttori sanitari, ai direttori amministrativi, ed i compensi spettanti ai componenti dei collegi sindacali delle aziende sanitarie locali, delle aziende ospedaliere, delle aziende ospedaliero universitarie, degli istituti di ricovero e cura a carattere scientifico e degli istituti zooprofilattici sono rideterminati con una riduzione del 20 per cento rispetto all'ammontare risultante alla data del 30 giugno 2008 (7).

15. Fermo quanto previsto dal comma 14, le disposizioni di cui ai commi 1, 2, 5 e 6 non si applicano in via diretta alle regioni, alle province autonome, agli enti, di rispettiva competenza, del Servizio sanitario nazionale ed agli enti locali. Le disposizioni di cui ai commi 1, 2, 5 e 6 non si applicano agli enti previdenziali privatizzati.

16. Ai fini del contenimento della spesa pubblica, le regioni, entro il 31 dicembre 2008, adottano disposizioni, normative o amministrative, finalizzate ad assicurare la riduzione degli oneri degli organismi politici e degli apparati amministrativi, con particolare riferimento alla diminuzione dell'ammontare dei compensi e delle indennità dei componenti degli organi rappresentativi e del numero di questi ultimi, alla soppressione degli enti inutili, alla fusione delle società partecipate, al ridimensionamento delle strutture organizzative ed all'adozione di misure analoghe a quelle previste nel presente articolo. La disposizione di cui al presente comma costituisce principio fondamentale di coordinamento della finanza pubblica, ai fini del rispetto dei parametri stabiliti dal patto di stabilità e crescita dell'Unione europea. I risparmi di spesa derivanti dall'attuazione del presente comma, aggiuntivi rispetto a quelli previsti dal patto di stabilità interno, concorrono alla copertura degli oneri derivanti dall'attuazione del comma 19.

17. Le somme provenienti dalle riduzioni di spesa e le maggiori entrate di cui al presente articolo, con esclusione di quelle di cui ai commi 14 e 16, sono versate annualmente dagli enti e dalle amministrazioni dotati di autonomia finanziaria ad apposito capitolo dell'entrata del bilancio dello Stato. La disposizione di cui al primo periodo non si applica agli enti territoriali e agli enti, di competenza regionale o delle province autonome di Trento e di Bolzano, del Servizio sanitario nazionale. Le somme versate ai sensi del primo periodo sono riassegnate ad un apposito fondo di parte corrente. La dotazione finanziaria del fondo è stabilita in 200 milioni di euro annui a decorrere dall'anno 2009; la predetta dotazione è incrementata con le somme riassegnate ai sensi del periodo precedente. Con decreto del Ministro per la pubblica amministrazione e l'innovazione di concerto con il Ministro dell'interno e con il Ministro dell'economia e delle finanze una quota del fondo di cui al terzo periodo può essere destinata alla tutela della sicurezza pubblica e del soccorso pubblico, inclusa l'assunzione di personale in deroga ai limiti stabiliti dalla legislazione vigente ai sensi e nei limiti di cui al comma 22; un'ulteriore quota può essere destinata al finanziamento della contrattazione integrativa delle amministrazioni indicate nell'articolo 67, comma 5, ovvero delle amministrazioni interessate dall'applicazione dell'articolo 67, comma 2. Le somme destinate alla tutela della sicurezza pubblica sono ripartite con decreto del Ministro dell'interno, di concerto con il Ministro dell'economia e delle finanze, tra le unità previsionali di base interessate. La quota del fondo eccedente la dotazione di 200 milioni di euro non destinata alle predette finalità entro il 31 dicembre di ogni anno costituisce economia di bilancio (8)(9)(17).

18. Per l'anno 2009 è istituito nello stato di previsione del Ministero dell'interno un apposito fondo, con una dotazione di 100 milioni di euro, per la realizzazione, sulla base di apposite convenzioni tra il Ministero dell'interno ed i comuni interessati, delle iniziative urgenti occorrenti per il potenziamento della sicurezza urbana e la tutela dell'ordine pubblico. Con decreto del Ministro dell'interno, di concerto con il Ministro dell'economia e delle finanze, sono adottate le disposizioni per l'attuazione del presente comma.

19. Per gli anni 2009, 2010 e 2011, la quota di partecipazione al costo per le prestazioni di assistenza specialistica ambulatoriale per gli assistiti non esentati, di cui all'articolo 1, comma 796, lettera p), primo periodo, della legge 27 dicembre 2006, n. 296, è abolita. Resta fermo quanto previsto dal comma 21 del presente articolo (10)(11).

20. Ai fini della copertura degli oneri derivanti dall'attuazione del comma 19:

a) il livello del finanziamento del Servizio sanitario nazionale al quale concorre ordinariamente lo Stato, di cui all'articolo 79, comma 1, del presente decreto, è incrementato di 400 milioni di euro su base annua per gli anni 2009, 2010 e 2011;

b) le regioni:

1) destinano, ciascuna al proprio servizio sanitario regionale, le risorse provenienti dalle disposizioni di cui ai commi 14 e 16;

2) adottano ulteriori misure di incremento dell'efficienza e di razionalizzazione della spesa, dirette a realizzare la parte residuale della copertura degli oneri derivanti dall'attuazione del comma 19.

21. Le regioni, comunque, in luogo della completa adozione delle misure di cui ai commi 14 e 16 ed al numero 2) della lettera b) del comma 20 possono decidere di applicare, in misura integrale o ridotta, la quota di partecipazione abolita ai sensi del comma 19, ovvero altre forme di partecipazione dei cittadini alla spesa sanitaria di effetto finanziario equivalente. Ai fini dell'attuazione di quanto previsto al comma 20, lettera b), e al primo periodo del presente comma, il Ministero del lavoro, della salute e delle politiche sociali, di concerto con il Ministero dell'economia e delle finanze, comunica alle regioni, entro il 30 settembre 2008, l'importo che ciascuna di esse deve garantire ai fini dell'equivalenza finanziaria.

22. Per l'anno 2009, per le esigenze connesse alla tutela dell'ordine pubblico, alla prevenzione ed al contrasto del crimine, alla repressione delle frodi e delle violazioni degli obblighi fiscali ed alla tutela del patrimonio agroforestale, la Polizia di Stato, Corpo dei Vigili del Fuoco, l'Arma dei carabinieri, il Corpo della Guardia di finanza, il Corpo di polizia penitenziaria ed il Corpo forestale dello Stato sono autorizzati ad effettuare assunzioni in deroga alla normativa vigente entro un limite di spesa pari a 100 milioni di euro annui a decorrere dall'anno 2009, a valere, quanto a 40 milioni di euro per l'anno 2009 e a 100 milioni di euro a decorrere dall'anno 2010, sulle risorse di cui al comma 17, e quanto a 60 milioni di euro per l'anno 2009 a valere sulle risorse di cui all'articolo 60, comma 8. Tali risorse sono destinate prioritariamente al reclutamento di personale proveniente dalle Forze armate. Alla ripartizione delle predette risorse si provvede con decreto del Presidente della Repubblica, da adottarsi su proposta dei Ministri per la pubblica amministrazione e l'innovazione, dell'interno e dell'economia e delle finanze, entro il 31 marzo 2009, secondo le modalità di cui all'articolo 39, comma 3-ter, della legge 27 dicembre 1997, n. 449, e successive modificazioni (12)(13).

23. Le somme di denaro sequestrate nell'ambito di procedimenti penali o per l'applicazione di misure di prevenzione di cui alla legge 31 maggio 1965, n. 575, e successive modificazioni, o di irrogazione di sanzioni amministrative, anche di cui al decreto legislativo 8 giugno 2001, n. 231, affluiscono ad un unico fondo. Allo stesso fondo affluiscono altresì i proventi derivanti dai beni confiscati nell'ambito di procedimenti penali, amministrativi o per l'applicazione di misure di prevenzione di cui alla legge 31 maggio 1965, n. 575, e successive modificazioni, nonché alla legge 27 dicembre 1956, n. 1423, e successive modificazioni, o di irrogazione di sanzioni amministrative, anche di cui al decreto legislativo 8 giugno 2001, n. 231, e successive modificazioni. Per la gestione delle predette risorse può essere utilizzata la società di cui all'articolo 1, comma 367 della legge 24 dicembre 2007, n. 244. Con decreto del Ministro dell'economia e delle finanze, di concerto con il Ministro della giustizia e con il Ministro dell'interno, sono adottate le disposizioni di attuazione del presente comma.

[24. Il Presidente del Consiglio dei Ministri, su proposta del Ministro dell'economia e delle finanze, di concerto con il Ministro della giustizia e con il Ministro dell'interno, provvede annualmente a determinare con decreto i risparmi conseguiti per effetto dell'applicazione delle disposizioni del comma 23, che sono devoluti insieme ai proventi di cui al secondo periodo del citato comma 23, previa verifica di compatibilità e ammissibilità finanziaria delle relative utilizzazioni, per quota parte alla tutela della sicurezza pubblica e del soccorso pubblico, per altra quota al potenziamento dei servizi istituzionali del Ministero della giustizia, e per la restante parte sono versati all'entrata del bilancio dello Stato.] (14)

25. Sono abrogati i commi 102, 103 e 104 dell'articolo 2 della legge 24 dicembre 2007, n. 244.

26. All'articolo 301-bis del testo unico delle disposizioni legislative in materia doganale, di cui al decreto del Presidente della Repubblica 23 gennaio 1973, n. 43, nel comma 1, dopo le parole: "beni mobili" sono inserite le seguenti: "compresi quelli".

27. Dopo il comma 345 dell'articolo 1 della legge 23 dicembre 2005, n. 266, è inserito il seguente:

"345-bis. Quota parte del fondo di cui al comma 345, stabilita con decreto del Ministro dell'economia e delle finanze, è destinata al finanziamento della carta acquisti, di cui all'articolo 81, comma 32, del decreto-legge 25 giugno 2008, n. 112, finalizzata all'acquisto di beni e servizi a favore dei cittadini residenti che versano in condizione di maggior disagio economico".

(1) *Articolo sostituito dall'articolo 1, comma 1, della Legge 6 agosto 2008, n. 133, in sede di conversione.*

(2) *Vedi deroga di cui all'articolo 1, comma 11 del D.L. 4 novembre 2009, n. 152.*

(3) *Vedi deroga di cui all'articolo 1, comma 11 del D.L. 4 novembre 2009, n. 152.*

(4) *Comma modificato dall'articolo 8-novies, comma 1, del D.L. 10 febbraio 2009, n. 5, convertito con modificazioni in Legge 9 aprile 2009, n. 33.*

(5) *Comma aggiunto dall'articolo 18, comma 4-sexies, del D.L. 29 novembre 2008, n. 185, convertito con modificazioni in Legge 28 gennaio 2009, n. 2 e successivamente abrogato dall'articolo 35, comma 3, della Legge 4 novembre 2010, n. 183.*

(6) *Comma abrogato dall'articolo 1, comma 10-quater, del D.L. 23 ottobre 2008, n. 162, convertito con modificazioni in Legge 22 dicembre 2008, n. 201.*

(7) *La Corte Costituzionale, con sentenza 16 dicembre 2009, n. 341 (in Gazz. Uff., 7 gennaio 2010, n. 1), ha dichiarato l'illegittimità costituzionale del presente comma, nella parte in cui si applica alle Province autonome di Trento e di Bolzano, successivamente la Corte Costituzionale, con sentenza 14 ottobre 2022, n. 210, (in Gazz. Uff. 19 ottobre 2022, n. 42), ha dichiarato l'illegittimità costituzionale del presente comma, nella parte in cui prevede, limitatamente alla sua applicazione alle Camere di commercio, industria, artigianato e agricoltura dal 1° gennaio 2017 al 31 dicembre 2019, che le somme derivanti dalle riduzioni di spesa ivi previste siano versate annualmente ad apposito capitolo di entrata del bilancio dello Stato.*

(8) *Per l'utilizzo delle risorse di cui al presente comma, vedi l'articolo 2, comma 32, della Legge 22 dicembre 2008, n. 203. A norma dell'articolo 2, comma 65, della Legge 23 dicembre 2009, n. 191, l'autorizzazione di spesa di cui al presente comma, è ridotta di 100 milioni di euro a decorrere dall'anno 2010.*

(9) *La Corte Costituzionale, con sentenza 16 dicembre 2009, n. 341 (in Gazz. Uff., 7 gennaio 2010, n. 1), ha dichiarato l'illegittimità costituzionale del presente comma, nella parte in cui si applica all'Università della Valle d'Aosta.*

(10) *A norma dell'articolo 1, comma 5, del D.L. 7 ottobre 2008, n. 154, convertito con modificazioni in Legge 4 dicembre 2008, n. 189, limitatamente all'anno 2009, ai fini della copertura degli oneri derivanti dall'attuazione delle disposizioni di cui al presente comma, il livello del*

finanziamento del Servizio sanitario nazionale al quale concorre ordinariamente lo Stato è incrementato di 434 milioni di euro.

(11) *A norma dell'articolo 17, comma 6, del D.L. 6 luglio 2011, n. 98, convertito con modificazioni in Legge 15 luglio 2011, n. 111, a decorrere dal 17 luglio 2011, le disposizioni di cui al presente comma, cessano di avere effetto.*

(12) *Comma modificato dall'articolo 6, comma 1, del D.L.23 febbraio 2009, n. 11, convertito con modificazioni in Legge 23 aprile 2009, n. 38. A norma dell'articolo 4, comma 7, del D.L. 30 dicembre 2009, n. 194, convertito con modificazioni in Legge 26 febbraio 2010, n. 25, il termine per procedere alle assunzioni di personale a tempo indeterminato di cui al presente comma, è prorogato al 31 maggio 2010.*

(13) *Per la riduzione dell'autorizzazione di spesa di cui al presente comma, vedi l'articolo 5, comma 4, l'articolo 5-bis, comma 1, del D.L. 14 agosto 2013, n. 93, convertito, con modificazioni, dalla Legge 15 ottobre 2013, n. 119. Per un'ulteriore riduzione dell'autorizzazione di spesa, per l'anno 2013, di cui al presente commaarticolo 15, comma 3, lettera b), del D.L. 31 agosto 2013, n. 102, convertito, con modificazioni, dalla Legge 28 ottobre 2013, n. 124.*

(14) *Comma abrogato dall'articolo 2, comma 8, del D.L. 16 settembre 2008, n. 143, convertito con modificazioni in Legge 13 novembre 2008, n. 143.*

(15) *La Corte Costituzionale, con sentenza 14 ottobre 2022, n. 210, (in Gazz. Uff. 19 ottobre 2022, n. 42), ha dichiarato l'illegittimità costituzionale del presente comma, nella parte in cui prevede, limitatamente alla sua applicazione alle Camere di commercio, industria, artigianato e agricoltura dal 1° gennaio 2017 al 31 dicembre 2019, che le somme derivanti dalle riduzioni di spesa ivi previste siano versate annualmente ad apposito capitolo di entrata del bilancio dello Stato.*

(16) *La Corte Costituzionale, con sentenza 14 ottobre 2022, n. 210, (in Gazz. Uff. 19 ottobre 2022, n. 42), ha dichiarato l'illegittimità costituzionale del presente comma, nella parte in cui prevede, limitatamente alla sua applicazione alle Camere di commercio, industria, artigianato e agricoltura dal 1° gennaio 2017 al 31 dicembre 2019, che le somme derivanti dalle riduzioni di spesa ivi previste siano versate annualmente ad apposito capitolo di entrata del bilancio dello Stato.*

(17) *La Corte Costituzionale, con sentenza 14 ottobre 2022, n. 210, (in Gazz. Uff. 19 ottobre 2022, n. 42), ha dichiarato l'illegittimità costituzionale del presente comma, nella parte in cui prevede, limitatamente alla sua applicazione alle Camere di commercio, industria, artigianato e agricoltura dal 1° gennaio 2017 al 31 dicembre 2019, che le somme derivanti dalle riduzioni di spesa ivi previste siano versate annualmente ad apposito capitolo di entrata del bilancio dello Stato.*

62. Contenimento dell'uso degli strumenti derivati e dell'indebitamento delle regioni e degli enti locali (1). – 1. Le norme del presente articolo costituiscono princìpi fondamentali per il coordinamento della finanza pubblica e hanno il fine di assicurare la tutela dell'unità economica della Repubblica ai sensi degli articoli 117, secondo comma, lettera e), e terzo comma, 119, secondo comma, e 120 della Costituzione. Le disposizioni del presente articolo costituiscono altresì norme di applicazione necessaria.

2. Alle regioni, alle province autonome di Trento e di Bolzano e agli enti locali di cui all'articolo 2 del testo unico di cui al decreto legislativo 18 agosto 2000, n. 267, è fatto divieto di emettere titoli obbligazionari o altre passività che prevedano il rimborso del capitale in un'unica soluzione alla scadenza, nonché titoli obbligazionari o altre passività in valuta estera. Per tali enti, la durata di una singola operazione di indebitamento, anche se consistente nella rinegoziazione di una passività esistente, non può essere superiore a trenta né inferiore a cinque anni (2)(3).

3. Salvo quanto previsto ai successivi commi, agli enti di cui al comma 2 è fatto divieto di:

a) stipulare contratti relativi agli strumenti finanziari derivati previsti dall'articolo 1, comma 3, del testo unico delle disposizioni in materia di intermediazione finanziaria, di cui al decreto legislativo 24 febbraio 1998, n. 58;

b) procedere alla rinegoziazione dei contratti derivati già in essere alla data di entrata in vigore della presente disposizione;

c) stipulare contratti di finanziamento che includono componenti derivate (4).

3-bis. Dal divieto di cui al comma 3 sono esclusi:

a) le estinzioni anticipate totali dei contratti relativi agli strumenti finanziari derivati;

b) le riassegnazioni dei medesimi contratti a controparti diverse dalle originarie, nella forma di novazioni soggettive, senza che vengano modificati i termini e le condizioni finanziarie dei contratti riassegnati;

c) la possibilità di ristrutturare il contratto derivato a seguito di modifica della passività alla quale il medesimo contratto è riferito, esclusivamente nella forma di operazioni prive di componenti opzionali e volte alla trasformazione da tasso fisso a variabile o viceversa e con la finalità di mantenere la corrispondenza tra la passività rinegoziata e la collegata operazione di copertura;

d) il perfezionamento di contratti di finanziamento che includono l'acquisto di cap da parte dell'ente (5).

3-ter. Dal divieto di cui al comma 3 è esclusa la facoltà per gli enti di cui al comma 2 di procedere alla cancellazione, dai contratti derivati esistenti, di eventuali clausole di risoluzione anticipata, mediante regolamento per cassa nell'esercizio di riferimento del relativo saldo (6).

3-quater. Dal divieto di cui al comma 3 è esclusa altresì la facoltà per gli enti di cui al comma 2 di procedere alla cancellazione, dai contratti derivati esistenti, di componenti opzionali diverse dalla opzione cap di cui gli enti siano stati acquirenti, mediante regolamento per cassa nell'esercizio di riferimento del relativo saldo (7).

4. Nei casi previsti dai commi 3-bis, 3-ter e 3-quater, il soggetto competente per l'ente alla sottoscrizione del contratto attesta per iscritto di avere preso conoscenza dei rischi e delle caratteristiche del medesimo contratto, nonché delle variazioni intervenute nella copertura del sottostante indebitamento (8).

5. Il contratto relativo a strumenti finanziari derivati o il contratto di finanziamento che include l'acquisto di cap da parte dell'ente, stipulato in violazione delle disposizioni previste dal presente articolo o privo dell'attestazione di cui al comma 4, è nullo. La nullità può essere fatta valere solo dall'ente (9).

[6. Agli enti di cui al comma 2 è fatto divieto di stipulare, fino alla data di entrata in vigore del regolamento di cui al comma 3, e comunque per il periodo minimo di un anno decorrente dalla data di entrata in vigore del presente decreto, contratti relativi agli strumenti finanziari derivati. Resta ferma la possibilità di ristrutturare il contratto derivato a seguito di modifica della passività alla quale il medesimo contratto derivato è riferito, con la finalità di mantenere la corrispondenza tra la passività rinegoziata e la collegata operazione di copertura.] (10)

7. Fermo restando quanto previsto in termini di comunicazione ai sensi e per gli effetti dell'articolo 41, commi 2-bis e 2-ter, della legge 28 dicembre 2001, n. 448, il Ministero dell'economia e delle finanze trasmette altresì mensilmente alla Corte dei conti copia della documentazione ricevuta in relazione ai contratti stipulati di cui al comma 3.

8. Gli enti di cui al comma 2 allegano al bilancio di previsione e al bilancio consuntivo una nota informativa che evidenzi gli oneri e gli impegni finanziari, rispettivamente stimati e sostenuti, derivanti da contratti relativi a strumenti finanziari derivati o da contratti di finanziamento che includono una componente derivata.

9. All'articolo 3, comma 17, secondo periodo, della legge 24 dicembre 2003, n. 350, dopo le parole: "cessioni di crediti vantati verso altre amministrazioni pubbliche" sono aggiunte le seguenti: "nonché, sulla base dei criteri definiti in sede europea dall'Ufficio statistico delle Comunità europee (EUROSTAT), l'eventuale premio incassato al momento del perfezionamento delle operazioni derivate".

10. Sono abrogati l'articolo 41, comma 2, primo periodo, della legge 28 dicembre 2001, n. 448, nonché l'articolo 1, commi 381, 382, 383 e 384, della legge 24 dicembre 2007, n. 244. Le disposizioni relative all'utilizzo degli strumenti derivati da parte degli enti territoriali emanate in attuazione dell'articolo 41, comma 1, ultimo periodo, della legge 28 dicembre 2001, n. 448, sono abrogate dalla data di entrata in vigore della legge di stabilità 2014 [(11)].

11. Restano salve tutte le disposizioni in materia di indebitamento delle regioni, delle province autonome di Trento e di Bolzano e degli enti locali che non siano in contrasto con le disposizioni del presente articolo.

[(1)] *Articolo modificato dall'articolo 1, comma 1, della legge 6 agosto 2008, n. 133, in sede di conversione, e successivamente sostituito dall'articolo 3, comma 1, della Legge 22 dicembre 2008, n. 203.*

[(2)] *Per una deroga alle disposizioni di cui al presente comma, vedi l'articolo 4, comma 8, del D.L. 28 aprile 2009, n. 39, convertito con modificazioni in Legge 24 giugno 2009, n. 77.*

[(3)] *Comma modificato dall'articolo 1, comma 572, lettera a), della Legge 27 dicembre 2013, n. 147.*

[(4)] *Comma sostituito dall'articolo 1, comma 572, lettera b), della Legge 27 dicembre 2013, n. 147.*

[(5)] *Comma aggiunto dall'articolo 1, comma 572, lettera c), della Legge 27 dicembre 2013, n. 147.*

[(6)] *Comma aggiunto dall'articolo 1, comma 572, lettera c), della Legge 27 dicembre 2013, n. 147.*

[(7)] *Comma aggiunto dall'articolo 1, comma 572, lettera c), della Legge 27 dicembre 2013, n. 147.*

[(8)] *Comma sostituito dall'articolo 1, comma 572, lettera d), della Legge 27 dicembre 2013, n. 147.*

[(9)] *Comma sostituito dall'articolo 1, comma 572, lettera e), della Legge 27 dicembre 2013, n. 147.*

[(10)] *Comma abrogato dall'articolo 1, comma 572, lettera f), della Legge 27 dicembre 2013, n. 147.*

[(11)] *Comma modificato dall'articolo 1, comma 572, lettera g), della Legge 27 dicembre 2013, n. 147.*

63. Esigenze prioritarie. – 1. L'autorizzazione di spesa di cui all'articolo 1, comma 1240, della legge 27 dicembre 2006, n. 296, è incrementata di euro 90 milioni per l'anno 2008, per il finanziamento della partecipazione italiana alle missioni internazionali di pace. A tal fine è integrato l'apposito fondo nell'ambito dello stato di previsione della spesa del Ministero dell'economia e delle finanze.

2. La disposizione di cui all'articolo 1, comma 621, lettera a), della legge 27 dicembre 2006, n. 296, non si applica limitatamente all'anno 2008.

3. In relazione alle necessità connesse alle spese di funzionamento delle istituzioni scolastiche il "Fondo per il funzionamento delle istituzioni scolastiche" di cui all'articolo 1, comma 601, della legge 27 dicembre 2006, n. 296 (legge finanziaria 2007), iscritto nello stato di previsione del Ministero della pubblica istruzione è incrementato dell'importo di euro 200 milioni per l'anno 2008.

4. Per far fronte alle esigenze del Gruppo Ferrovie dello Stato S.p.a. è autorizzata la spesa di 300 milioni di euro per l'anno 2008. Con decreto del Ministro dell'economia e delle finanze, di concerto con il Ministro delle infrastrutture e dei trasporti, da emanarsi entro 30 giorni dalla data di entrata in vigore del presente decreto, è definita la destinazione del contributo.

5. Per far fronte alle obbligazioni già assunte per la realizzazione di interventi previsti nel contratto di programma 2003-2005 e in Accordi pregressi, a valere su residui passivi degli anni 2002 e precedenti, la Società ANAS S.p.a. è autorizzata ad utilizzare, in via di anticipazione, le disponibilità giacenti sul conto di tesoreria n. 20060, con obbligo di reintegro entro il 31 dicembre 2008, previa presentazione di apposita ricognizione riguardante il fabbisogno correlato all'attuazione degli interventi per il corrente esercizio e per l'anno 2009.

6. L'autorizzazione di spesa di cui all'articolo 1, comma 7, del decreto-legge 20 maggio 1993, n. 148, convertito, con modificazioni, dalla legge 19 luglio 1993, n. 236, relativa al Fondo per l'occupazione è incrementata di euro 700 milioni per l'anno 2009 [(1)].

7. L'autorizzazione di spesa di cui all'articolo 20, comma 8, della legge 8 novembre 2000, n. 328, relativa al Fondo da ripartire per le politiche sociali, come determinata dalla tabella C della legge 24 dicembre 2007, n. 244, è integrata di 300 milioni di euro per l'anno 2009.

8. Nello stato di previsione della spesa del Ministero dell'economia e delle finanze è costituito un apposito fondo, con una dotazione finanziaria di 900 milioni di euro per l'anno 2009 500 milioni a decorrere dall'anno 2010, per il finanziamento, con appositi provvedimenti normativi, delle misure di proroga di agevolazioni fiscali riconosciute a legislazione vigente [(2)(3)].

9. All'articolo 1, comma 282, secondo periodo, della legge 30 dicembre 2004, n. 311, le parole "quadriennio 2005-2008" sono sostituite dalle seguenti: "periodo 2005-2011".

9-bis Il contributo al Comitato italiano paraolimpico di cui all'articolo 1, comma 580, della legge 23 dicembre 2005, n. 266, è incrementato di 3 milioni di euro per ciascuno degli anni 2008, 2009 e 2010 [(4)].

10. Al fine di garantire le necessarie risorse finanziarie a carico del bilancio dello Stato occorrenti per i rinnovi contrattuali e gli adeguamenti retributivi del personale delle amministrazioni statali nonché per l'attuazione delle misure di cui all'articolo 78, il Fondo per interventi strutturali di politica economica di cui all'articolo 10, comma 5, del decreto-legge 29 novembre 2004, n. 282, convertito, con modificazioni, dalla legge 27 dicembre 2004, n. 307, è integrato dell'importo di 500 milioni di euro per l'anno 2008, di 2.340 milioni di euro a per gli anni 2009 e 2010 e di 2.310 milioni di euro a decorrere dall'anno 2011. Il predetto Fondo è altresì incrementato, a valere, per quanto attiene all'anno 2008, sulla quota delle maggiori entrate derivanti dalle modifiche normative previste dagli articoli 81 e 82 del presente decreto, dei seguenti importi: 0,8 milioni di euro per l'anno 2008, 20,6 milioni di euro per l'anno 2009, 51,7 milioni di euro per l'anno 2010, 24,5 milioni di euro per l'anno 2011 e 25,5 milioni di euro a decorrere dall'anno 2012. La dotazione del fondo per interventi strutturali di politica economica, di cui all'articolo 10, comma 5, del decreto-legge 29 novembre 2004, n. 282, convertito, con modificazioni, dalla legge 27 dicembre 2004, n. 307, è ulteriormente incrementata di 330 milioni di euro per l'anno 2009 e di 430 milioni per ciascuno degli anni 2010 e 2011 [(5)(6)].

[11. All'articolo 2, comma 488, della legge 24 dicembre 2007, n. 244, è aggiunto, in fine, il seguente periodo: "Nel rispetto del limite del

7 per cento dei fondi disponibili, l'Istituto nazionale per l'assicurazione contro gli infortuni sul lavoro (INAIL) è autorizzato a procedere, in forma diretta, alla realizzazione di investimenti per infrastrutture di interesse regionale nel limite di 75 milioni di euro per l'anno 2008.".] [7]

12. Per promuovere lo sviluppo economico e rimuovere gli squilibri economico-sociali è istituito, nello stato di previsione del Ministero delle infrastrutture e dei trasporti, il Fondo per la promozione e il sostegno dello sviluppo del trasporto pubblico locale, con una dotazione di 113 milioni di euro per l'anno 2008, di 130 milioni di euro per l'anno 2009 e di 110 milioni di euro per ciascuno degli anni 2010 e 2011. Per gli anni successivi, al finanziamento del Fondo si provvede ai sensi dell'articolo 11, comma 3, lettera f), della legge 5 agosto 1978, n. 468, e successive modificazioni. Le risorse del Fondo sono destinate alle finalità di cui all'articolo 1, comma 1031, della legge 27 dicembre 2006, n. 296, come modificato dal comma 306 dell'articolo 1 della legge 24 dicembre 2007, n. 244, e di cui all'articolo 9 della legge 26 febbraio 1992, n. 211, con le procedure e le modalità previste da tali disposizioni. Gli interventi finanziati, ai sensi e con le modalità della legge 26 febbraio 1992, n. 211, con le risorse di cui al presente comma, individuati con decreto del Ministro delle infrastrutture e dei trasporti, sono destinati al completamento delle opere in corso di realizzazione in misura non superiore al 20 per cento. Il finanziamento di nuovi interventi è subordinato all'esistenza di parcheggi di interscambio, ovvero alla loro realizzazione, che può essere finanziata con le risorse di cui al presente comma [8].

13. La ripartizione delle risorse di cui al comma 12 tra le finalità ivi previste è definita con decreto del Ministro delle infrastrutture e dei trasporti, d'intesa con la Conferenza unificata di cui all'articolo 8 del decreto legislativo 28 agosto 1997, n. 281, e successive modificazioni. In fase di prima applicazione, per il triennio 2008-2010, le risorse sono ripartite in pari misura tra le finalità previste. A decorrere dall'anno 2011 la ripartizione delle risorse tra le finalità di cui al comma 13 è effettuata con il medesimo decreto, tenendo conto di principi di premialità che incentivino l'efficienza, l'efficacia e la qualità nell'erogazione dei servizi, la mobilità pubblica e la tutela ambientale. All'articolo 1, comma 1032, della legge 27 dicembre 2006, n. 296, la lettera d) è abrogata [9].

13-bis. Per la realizzazione di progetti di settore finalizzati al sostegno di produzioni e allevamenti di particolare rilievo ambientale, economico, sociale ed occupazionale è autorizzata la spesa di 2 milioni di euro per ciascuno degli anni 2008 e 2009. All'attuazione degli interventi di cui al presente comma provvede con proprio decreto il Ministro delle politiche agricole alimentari e forestali [10].

13-ter. All'articolo 5, comma 9, del decreto-legge 27 maggio 2008, n. 93, convertito, con modificazioni, dalla legge 24 luglio 2008, n. 126, la lettera a) è abrogata. Alle minori entrate derivanti dall'attuazione del presente comma, valutate in 16.700.000 euro per l'anno 2008 e in 66.800.000 euro per ciascuno degli anni 2009 e 2010, si provvede mediante corrispondente riduzione dell'autorizzazione di spesa di cui all'articolo 5, comma 4, del citato decreto-legge n. 93 del 2008, come integrata con le risorse di cui all'articolo 60, comma 8, del presente decreto [11].

[1] Vedi l'articolo 2, comma 4, lettera a), del D.L. 28 agosto 2008, n. 134.
[2] Comma modificato dall'articolo 1, comma 1, della legge 6 agosto 2008, n. 133, in sede di conversione.
[3] Per la riduzione del fondo di cui al presente comma, vedi l'articolo 2, comma 16, della legge 22 dicembre 2008, n. 203.
[4] Comma inserito dall'articolo 1, comma 1, della legge 6 agosto 2008, n. 133, in sede di conversione.
[5] Comma modificato dall'articolo 1, comma 1, della legge 6 agosto 2008, n. 133, in sede di conversione.
[6] Per la riduzione del fondo di cui al presente comma, vedi l'articolo 2, commi 16 e 31, della legge 22 dicembre 2008, n. 203.
[7] Comma soppresso dall'articolo 1, comma 1, della legge 6 agosto 2008, n. 133, in sede di conversione.
[8] Comma modificato dall'articolo 1, comma 1, della legge 6 agosto 2008, n. 133, in sede di conversione.
[9] Comma modificato dall'articolo 1, comma 1, della legge 6 agosto 2008, n. 133, in sede di conversione.
[10] Comma inserito dall'articolo 1, comma 1, della legge 6 agosto 2008, n. 133, in sede di conversione.
[11] Comma inserito dall'articolo 1, comma 1, della legge 6 agosto 2008, n. 133, in sede di conversione.

63 *bis*. Cinque per mille [1]. – 1. Per l'anno finanziario 2009, con riferimento alle dichiarazioni dei redditi relative al periodo d'imposta 2008, sulla base dei criteri e delle modalità di cui al decreto del Presidente del Consiglio dei Ministri 20 gennaio 2006, pubblicato nella Gazzetta Ufficiale n. 22 del 27 gennaio 2006, fermo quanto già dovuto dai contribuenti a titolo di imposta sul reddito delle persone fisiche, una quota pari al cinque per mille dell'imposta stessa è destinata in base alla scelta del contribuente alle seguenti finalità:

a) sostegno del volontariato e delle altre organizzazioni non lucrative di utilità sociale di cui all'articolo 10 del decreto legislativo 4 dicembre 1997, n. 460, e successive modificazioni, nonché delle associazioni di promozione sociale iscritte nei registri nazionale, regionali e provinciali previsti dall'articolo 7, commi 1, 2, 3 e 4, della legge 7 dicembre 2000, n. 383, e delle associazioni e fondazioni riconosciute che operano nei settori di cui all'articolo 10, comma 1, lettera a), del citato decreto legislativo n. 460 del 1997;

b) finanziamento della ricerca scientifica e dell'università;

c) finanziamento della ricerca sanitaria;

d) sostegno delle attività sociali svolte dal comune di residenza del contribuente;

e) sostegno alle associazioni sportive dilettantistiche riconosciute ai fini sportivi dal CONI a norma di legge.

2. Resta fermo il meccanismo dell'otto per mille di cui alla legge 20 maggio 1985, n. 222.

3. I soggetti di cui al comma 1 ammessi al riparto devono redigere, entro un anno dalla ricezione delle somme ad essi destinate, un apposito e separato rendiconto dal quale risulti, anche a mezzo di una relazione illustrativa, in modo chiaro e trasparente la destinazione delle somme ad essi attribuite.

4. Con decreto di natura non regolamentare del Presidente del Consiglio dei Ministri, su proposta del Ministro dell'istruzione, dell'università e della ricerca e del Ministro del lavoro, della salute e delle politiche sociali, di concerto con il Ministro dell'economia e delle finanze, sono stabilite le modalità di richiesta, le liste dei soggetti ammessi al riparto e le modalità del riparto delle somme stesse nonché le modalità e i termini del recupero delle somme non rendicontate ai sensi del comma 3.

5. L'autorizzazione di spesa di cui all'articolo 3, comma 8, della legge 24 dicembre 2007, n. 244, è integrata di 20 mi-

lioni di euro per l'anno 2010.

6. Le disposizioni che riconoscono contributi a favore di associazioni sportive dilettantistiche a valere sulle risorse derivanti dal 5 mille dell'imposta sul reddito delle persone fisiche hanno effetto previa adozione di un decreto del Ministro dell'economia e delle finanze che disciplina le relative modalità di attuazione, prevedendo particolari modalità di accesso al contributo, di controllo e di rendicontazione, nonché la limitazione dell'incentivo nei confronti delle sole associazioni sportive che svolgono una rilevante attività di interesse sociale.

(1) *Articolo inserito dall'articolo 1, comma 1, della legge 6 agosto 2008, n. 133, in sede di conversione.*

66. Turn over. – Le amministrazioni di cui al presente articolo provvedono, entro il 31 dicembre 2008 a rideterminare la programmazione triennale del fabbisogno di personale in relazione alle misure di razionalizzazione, di riduzione delle dotazioni organiche e di contenimento delle assunzioni previste dal presente decreto.

2. All'articolo 1, comma 523, della legge 27 dicembre 2006, n. 296 le parole "per gli anni 2008 e 2009" sono sostituite dalle parole "per l'anno 2008" e le parole "per ciascun anno" sono sostituite dalle parole "per il medesimo anno".

3. Per l'anno 2009 le amministrazioni di cui all'articolo 1, comma 523, della legge 27 dicembre 2006, n. 296 possono procedere, previo effettivo svolgimento delle procedure di mobilità, ad assunzioni di personale a tempo indeterminato nel limite di un contingente di personale complessivamente corrispondente ad una spesa pari al 10 per cento di quella relativa alle cessazioni avvenute nell'anno precedente. In ogni caso il numero delle unità di personale da assumere non può eccedere, per ciascuna amministrazione, il 10 per cento delle unità cessate nell'anno precedente (1).

4. All'articolo 1, comma 526, della legge 27 dicembre 2006, n. 296 le parole "per gli anni 2008 e 2009" sono sostituite dalle seguenti: "per l'anno 2008".

5. Per l'anno 2009 le amministrazioni di cui all'articolo 1, comma 526, della legge 27 dicembre 2006, n. 296 possono procedere alla stabilizzazione di personale in possesso dei requisiti ivi richiamati nel limite di un contingente di personale complessivamente corrispondente ad una spesa pari al 10 per cento di quella relativa alle cessazioni avvenute nell'anno precedente. In ogni caso il numero delle unità di personale da stabilizzare non può eccedere, per ciascuna amministrazione, il 10 per cento delle unità cessate nell'anno precedente (2).

6. L'articolo 1, comma 527, della legge 27 dicembre 2006, n. 296 è sostituito dal seguente: "Per l'anno 2008 le amministrazioni di cui al comma 523 possono procedere ad ulteriori assunzioni di personale a tempo indeterminato, previo effettivo svolgimento delle procedure di mobilità, nel limite di un contingente complessivo di personale corrispondente ad una spesa annua lorda pari a 75 milioni di euro a regime. A tal fine è istituito un apposito fondo nello stato di previsione del Ministero dell'economia e delle finanze pari a 25 milioni di euro per l'anno 2008 ed a 75 milioni di euro a decorrere dall'anno 2009. Le autorizzazioni ad assumere sono concesse secondo le modalità di cui all'articolo 39, comma 3-ter, della legge 27 dicembre 1997, n. 449, e successive modificazioni.".

7. Il comma 102 dell'articolo 3 della legge 24 dicembre 2007, n. 244, è sostituito dal seguente: "Per gli anni 2010 e 2011, le amministrazioni di cui all'articolo 1, comma 523 della legge 27 dicembre 2006, n. 296, possono procedere, per ciascun anno, previo effettivo svolgimento delle procedure di mobilità, ad assunzioni di personale a tempo indeterminato nel limite di un contingente di personale complessivamente corrispondente ad una spesa pari al 20 per cento di quella relativa al personale cessato nell'anno precedente. In ogni caso il numero delle unità di personale da assumere non può eccedere, per ciascun anno, il 20 per cento delle unità cessate nell'anno precedente.

8. Sono abrogati i commi 103 e 104 dell'articolo 3, della legge 24 dicembre 2007, n. 244.

[9. Per l'anno 2015, le amministrazioni di cui all'articolo 1, comma 523 della legge 27 dicembre 2006, n. 296, possono procedere, previo effettivo svolgimento delle procedure di mobilità, ad assunzioni di personale a tempo indeterminato nel limite di un contingente di personale complessivamente corrispondente ad una spesa pari al 40 per cento di quella relativa al personale cessato nell'anno precedente. In ogni caso il numero delle unità di personale da assumere non può eccedere il 50 per cento delle unità cessate nell'anno precedente.] (3)

9-bis. Per gli anni 2010 e 2011 i Corpi di polizia e il Corpo nazionale dei vigili del fuoco possono procedere, secondo le modalità di cui al comma 10, ad assunzioni di personale a tempo indeterminato, nel limite di un contingente di personale complessivamente corrispondente a una spesa pari a quella relativa al personale cessato dal servizio nel corso dell'anno precedente e per un numero di unità non superiore a quelle cessate dal servizio nel corso dell'anno precedente La predetta facoltà assunzionale è fissata nella misura del venti per cento per il triennio 2012-2014, del cinquanta per cento nell'anno 2015 e del cento per cento a decorrere dall'anno 2016 (4)(5).

10. Le assunzioni di cui ai commi 3, 5, 7 e 9 sono autorizzate secondo le modalità di cui all'articolo 35, comma 4, del decreto legislativo 30 marzo 2001, n. 165 e successive modificazioni, previa richiesta delle amministrazioni interessate, corredata da analitica dimostrazione delle cessazioni avvenute nell'anno precedente e delle conseguenti economie e dall'individuazione delle unità da assumere e dei correlati oneri, asseverate dai relativi organi di controllo (6).

11. I limiti di cui ai commi 3, 7 e 9 si applicano anche alle assunzioni del personale di cui all'articolo 3 del decreto legislativo 30 marzo 2001, n. 165, e successive modificazioni. Le limitazioni di cui ai commi 3, 7 e 9 non si applicano alle assunzioni di personale appartenente alle categorie protette e a quelle connesse con la professionalizzazione delle forze armate cui si applica la specifica disciplina di settore.

12. All'articolo 1, comma 103 della legge 30 dicembre 2004, n. 311, come modificato da ultimo dall'articolo 3, comma 105 della legge 24 dicembre 2007, n. 244 le parole "A decorrere dall'anno 2011" sono sostituite dalle parole "A decorrere dall'anno 2013".

13. Per il triennio 2009-2011, le università statali, fermi restando i limiti di cui all'articolo 1, comma 105, della legge 30 dicembre 2004, n. 311, possono procedere, per ciascun anno, ad assunzioni di personale nel limite di un contingente corrispondente ad una spesa pari al cinquanta per cento di quella relativa al personale a tempo indeterminato complessivamente cessato dal servizio nell'anno precedente. Ciascuna università destina tale somma per una quota non inferio-

re al 50 per cento all'assunzione di ricercatori e per una quota non superiore al 20 per cento all'assunzione di professori ordinari. Fermo restando il rispetto dei predetti limiti di spesa, le quote di cui al periodo precedente non si applicano agli Istituti di istruzione universitaria ad ordinamento speciale. Sono fatte salve le assunzioni dei ricercatori per i concorsi di cui all'articolo 1, comma 648, della legge 27 dicembre 2006, n. 296, nei limiti delle risorse residue previste dal predetto articolo 1, comma 650. Nei limiti previsti dal presente comma è compreso, per l'anno 2009, anche il personale oggetto di procedure di stabilizzazione in possesso degli specifici requisiti previsti dalla normativa vigente. Nei confronti delle università per l'anno 2012 si applica quanto disposto dal comma 9. *[Le limitazioni di cui al presente comma non si applicano alle assunzioni di personale appartenente alle categorie protette.]* In relazione a quanto previsto dal presente comma, l'autorizzazione legislativa di cui all'articolo 5, comma 1, lettera a) della legge 24 dicembre 1993, n. 537, concernente il fondo per il finanziamento ordinario delle università, è ridotta di 63,5 milioni di euro per l'anno 2009, di 190 milioni di euro per l'anno 2010, di 316 milioni di euro per l'anno 2011, di 417 milioni di euro per l'anno 2012 e di 455 milioni di euro a decorrere dall'anno 2013 [7][8].

13-bis Per il biennio 2012-2013 il sistema delle università statali, può procedere ad assunzioni di personale a tempo indeterminato e di ricercatori a tempo determinato nel limite di un contingente corrispondente ad una spesa pari al venti per cento di quella relativa al corrispondente personale complessivamente cessato dal servizio nell'anno precedente. La predetta facoltà è fissata nella misura del 50 per cento per gli anni 2014 e 2015, del 60 per cento per l'anno 2016, dell'80 per cento per l'anno 2017 e del 100 per cento a decorrere dall'anno 2018. Per l'anno 2015, le università che rispettano la condizione di cui all'articolo 7, comma 1, lettera c), del decreto legislativo 29 marzo 2012, n. 49, e delle successive norme di attuazione del comma 6 del medesimo articolo 7 possono procedere, in aggiunta alle facoltà di cui al secondo periodo del presente comma, all'assunzione di ricercatori di cui all'articolo 24, comma 3, lettere a) e b), della legge 30 dicembre 2010, n. 240, anche utilizzando le cessazioni avvenute nell'anno precedente riferite ai ricercatori di cui al citato articolo 24, comma 3, lettera a), già assunti a valere sulle facoltà assunzionali previste dal presente comma. A decorrere dall'anno 2016, alle sole università che si trovano nella condizione di cui al periodo precedente, è consentito procedere alle assunzioni di ricercatori di cui all'articolo 24, comma 3, lettera a), della legge 30 dicembre 2010, n. 240, senza che a queste siano applicate le limitazioni da turn over. Resta fermo quanto disposto dal decreto legislativo 29 marzo 2012, n. 49, e dal decreto del Presidente del Consiglio dei ministri 31 dicembre 2014, pubblicato nella Gazzetta Ufficiale n. 66 del 20 marzo 2015, con riferimento alle facoltà assunzionali del personale a tempo indeterminato e dei ricercatori di cui all'articolo 24, comma 3, lettera b), della legge 30 dicembre 2010, n. 240. L'attribuzione a ciascuna università del contingente delle assunzioni di cui ai periodi precedenti è effettuata con decreto del Ministro dell'Istruzione, dell'Università e della Ricerca, tenuto conto di quanto previsto dall'articolo 7 del decreto legislativo 29 marzo 2012, n. 49. Il Ministero dell'Istruzione, dell'Università e della Ricerca procede annualmente al monitoraggio delle assunzioni effettuate comunicandone gli esiti al Ministero dell'economia e delle finanze. Al fine di completarne l'istituzione delle attività, sino al 31 dicembre 2014, le disposizioni precedenti non si applicano agli istituti ad ordinamento speciale, di cui ai decreti del Ministro dell'istruzione, dell'università e della ricerca 8 luglio 2005, pubblicato nella Gazzetta Ufficiale n. 178 del 2 agosto 2005, 18 novembre 2005, pubblicato nella Gazzetta Ufficiale n. 279 del 30 novembre 2005, e 18 novembre 2005, pubblicato nella Gazzetta Ufficiale n. 280 del 1° dicembre 2005 [9][10].

[14. Per il anno 2010 gli enti di ricerca possono procedere, previo effettivo svolgimento delle procedure di mobilità, ad assunzioni di personale a tempo indeterminato nei limiti di cui all'articolo 1, comma 643, della legge 27 dicembre 2006, n. 296. Per il triennio 2011-2013 gli enti di ricerca possono procedere, per ciascun anno, previo effettivo svolgimento delle procedure di mobilità, ad assunzioni di personale con rapporto di lavoro a tempo indeterminato entro il limite dell'80 per cento delle proprie entrate correnti complessive, come risultanti dal bilancio consuntivo dell'anno precedente, purché entro il limite del 20 per cento delle risorse relative alla cessazione dei rapporti di lavoro a tempo indeterminato intervenute nell'anno precedente. [La predetta facoltà assunzionale è fissata nella misura del 50 per cento negli anni 2014 e 2015, del 60 per cento nell'anno 2016, dell'80 per cento nell'anno 2017 e del 100 per cento a decorrere dall'anno 2018.] [In ogni caso il numero delle unità di personale da assumere in ciascuno dei predetti anni non può eccedere le unità cessate nell'anno precedente] [11][12]*.]* [13]

[1] *A norma dell'articolo 17, comma 17, del D.L. 1° luglio 2009, n. 78, convertito con modificazioni in Legge 3 agosto 2009, n. 102, il termine per procedere alle assunzioni di personale a tempo indeterminato relative alle cessazioni verificatesi nell'anno 2008, di cui al presente comma, è prorogato al 31 dicembre 2011 e le relative autorizzazioni possono essere concesse entro il 31 marzo 2010. Successivamente il predetto termine è stato ulteriormente prorogato al 31 dicembre 2014, dall'articolo 1, comma 1, del D.L. 29 dicembre 2011, n. 216, convertito con modificazioni in Legge 24 febbraio 2012, n. 14, come modificato dall'articolo 1, comma 388, della Legge 24 dicembre 2012, n. 228 e dall'articolo 1, comma 4, lettera a), del D.L. 30 dicembre 2013, n. 150, convertito con modificazioni in Legge 27 febbraio 2014, n. 15. Da ultimo, a norma dell'articolo 1, comma 1, del D.L. 29 dicembre 2011, n. 216, come modificato dall'articolo 1, comma 1, lettera a), del D.L. 31 dicembre 2014, n. 192, convertito, con modificazioni, dalla Legge 27 febbraio 2015, n. 11, come modificato dall'articolo 1, comma 3, lettera a), del D.L. 30 dicembre 2015, n. 210, convertito con modificazioni dalla Legge 26 febbraio 2016, n. 21, il termine per procedere alle assunzioni di personale a tempo indeterminato di cui al presente comma, è prorogato al 31 dicembre 2016 e successivamente dall'articolo 1, comma 1, del D.L. 31 dicembre 2020, n. 183, convertito con modificazioni dalla Legge 26 febbraio 2021, n. 21, il termine per procedere alle assunzioni di personale a tempo indeterminato di cui al presente comma, è prorogato al 31 dicembre 2021.*

[2] *A norma dell'articolo 17, comma 17, del D.L. 1° luglio 2009, n. 78, convertito con modificazioni in Legge 3 agosto 2009, n. 102, il termine per procedere alle assunzioni di personale a tempo indeterminato relative alle cessazioni verificatesi nell'anno 2008, di cui al presente comma, è prorogato al 31 dicembre 2011 e le relative autorizzazioni possono essere concesse entro il 31 marzo 2010.*

[3] *Comma modificato dall'articolo 9, comma 7, del D.L. 31 maggio 2010, n. 78, convertito con modificazioni in Legge 30 luglio 2010, n. 122, dall'articolo 14, comma 1, lettera b), del D.L. 6 luglio 2012, n. 95, convertito con modificazioni in Legge 7 agosto 2012, n. 135 e successivamente dall'articolo 1, comma 460, lettera a), della Legge 27 dicembre 2013, n. 147. Da ultimo, comma abrogato dall'articolo 3, comma 8, lettera a), del D.L. 24 giugno 2014, n. 90, convertito, con modificazioni, dalla Legge 11 agosto 2014, n. 114.*

[4] *Comma aggiunto dall'articolo 2, comma 208, della Legge 23 dicembre 2009, n. 191 e successivamente modificato dall'articolo 9, comma 6, del D.L. 31 maggio 2010, n. 78, convertito con modificazioni in Legge 30 luglio 2010, n. 122 e dall'articolo 14, comma 2, del D.L. 6 luglio 2012, n. 95, convertito con modificazioni in Legge 7 agosto 2012, n. 135.*

[5] *A norma dell'articolo 1, comma 1, del D.L. 29 dicembre 2010, n. 225,*

convertito con modificazioni in Legge 26 febbraio 2011, n. 10, il termine di scadenza di cui al presente comma, è fissato al 31 marzo 2011. Successivamente l'articolo 1 del D.P.C.M. 28 marzo 2011 ha ulteriormente prorogato il termine fino al 31 dicembre 2011. Da ultimo il predetto termine per procedere alle assunzioni di personale a tempo indeterminato relative alle cessazioni verificatesi negli anni 2013, 2014, 2015, 2016, 2017, 2018, 2019 e 2020 di cui al presente comma, è stato prorogato al 31 dicembre 2022, dall'articolo 1, comma 2, del D.L. 29 dicembre 2011, n. 216, convertito con modificazioni in Legge 24 febbraio 2012, n. 14, come modificato dall'articolo 1, comma 388, della Legge 24 dicembre 2012, n. 228, dall'articolo 1, comma 4, lettera b), del D.L. 30 dicembre 2013, n. 150, convertito con modificazioni in Legge 27 febbraio 2014, n. 15, dall'articolo 1, comma 1, lettera b), del D.L. 31 dicembre 2014, n. 192, convertito, con modificazioni, dalla Legge 27 febbraio 2015, n. 11, dall'articolo 1, comma 1, lettera b), del D.L. 30 dicembre 2015, n. 210, convertito con modificazioni dalla Legge 25 febbraio 2016, n. 21, dall'articolo 1, comma 2, lettera a), del D.L. 30 dicembre 2019, n. 162, convertito, con modificazioni dalla Legge 28 febbraio 2020, n. 8, dall'articolo 1, comma 1, del D.L. 31 dicembre 2020, n. 183, convertito con modificazioni dalla Legge 26 febbraio 2021, n. 21 e successivamente dall'articolo 1, comma 1, del D.L. 30 dicembre 2021, n. 228, convertito con modificazioni dalla Legge 25 febbraio 2022, n. 15 e successivamente dall'articolo 1, comma 8, del D.L. 29 dicembre 2022, n. 198, non ancora convertito in Legge.

(6) *Comma modificato dall'articolo 1, comma 1, della Legge 6 agosto 2008, n. 133, in sede di conversione.*

(7) *Comma modificato dall'articolo 1, comma 1, della Legge 6 agosto 2008, n. 133, in sede di conversione e successivamente dall'articolo 1, comma 3, del D.L. 10 novembre 2008, n. 180, covertito con modificazioni in Legge 9 gennaio 2009, n. 1. Per l'esclusione dall'applicazione delle disposizioni di cui al presente comma, vedi l'articolo 7, comma 4-bis, del D.L. 30 dicembre 2009, n. 194, convertito con modificazioni in Legge 26 febbraio 2010, n. 25. Successivamente il presente comma è stato modificato dagli articoli 9, comma 1, e 10, comma 1, della Legge 4 novembre 2010, n. 183, dall'articolo 29, comma 18, della Legge 30 dicembre 2010, n. 240, dall'articolo 1, comma 3, del D.L. 29 dicembre 2011, n. 216, convertito con modificazioni in Legge 24 febbraio 2012, n. 14 e da ultimo dall'articolo 14, comma 3, del D.L. 6 luglio 2012, n. 95, convertito con modificazioni in Legge 7 agosto 2012, n. 135.*

(8) *A norma dell'articolo 17, comma 18, del D.L. 1° luglio 2009, n. 78, convertito con modificazioni in Legge 3 agosto 2009, n. 102, il termine per procedere alle assunzioni di personale relative alle cessazioni verificatesi nell'anno 2008, di cui al presente comma, è prorogato al 31 dicembre 2010. Successivamente a norma dell'articolo 1, comma 1, del D.L. 29 dicembre 2010, n. 225, convertito con modificazioni in Legge 26 febbraio 2011, n. 10, il termine di scadenza di cui al presente comma, è fissato al 31 marzo 2011, successivamente l'articolo 1 del D.P.C.M. 28 marzo 2011 ha ulteriormente prorogato il termine fino al 31 dicembre 2011, e da ultimo il predetto termine è stato prorogato al 31 dicembre 2022, dall'articolo 1, comma 2, del D.L. 29 dicembre 2011, n. 216, convertito con modificazioni in Legge 24 febbraio 2012, n. 14, come modificato dall'articolo 1, comma 388, della Legge 24 dicembre 2012, n. 228, dall'articolo 1, comma 4, lettera b), del D.L. 30 dicembre 2013, n. 150, convertito con modificazioni in Legge 27 febbraio 2014, n. 15, dall'articolo 1, comma 1, lettera b), del D.L. 31 dicembre 2014, n. 192, convertito, con modificazioni, dalla Legge 27 febbraio 2015, n. 11, dall'articolo 1, comma 1, lettera b), del D.L. 30 dicembre 2015, n. 210, convertito con modificazioni dalla Legge 25 febbraio 2016, n. 21 , dall'articolo 1, comma 2, lettera a), del D.L. 30 dicembre 2019, n. 162, convertito, con modificazioni dalla Legge 28 febbraio 2020, n. 8, dall'articolo 1, comma 1 del D.L. 31 dicembre 2020, n. 183, convertito con modificazioni dalla Legge 26 febbraio 2021, n. 21 e successivamente dall'articolo 1, comma 1, del D.L. 30 dicembre 2021, n. 228, convertito con modificazioni dalla Legge 25 febbraio 2022, n. 15.*

(9) *Comma aggiunto dall'articolo 14, comma 3, del D.L. 6 luglio 2012, n. 95, convertito con modificazioni in Legge 7 agosto 2012, n. 135 e successivamente modificato dall'articolo 58, comma 1, lettera a), del D.L. 21 giugno 2013, n. 69, convertito con modificazioni in Legge 9 agosto 2013, n. 98, dall'articolo 1, comma 460, lettera b), della Legge 27 dicembre 2013, n. 147, dall'articolo 1, comma 346, della Legge 23 dicembre 2014, n. 190 e dall'articolo 1, comma 251, della Legge 28 dicembre 2015, n. 208.*

(10) *A norma dell'articolo 1, comma 2, del D.L. 29 dicembre 2011, n. 216, convertito con modificazioni in Legge 24 febbraio 2012, n. 14, come modificato dall'articolo 1, comma 388, della Legge 24 dicembre 2012, n. 228, dall'articolo 1, comma 4, lettera b), del D.L. 30 dicembre 2013, n. 150, convertito con modificazioni in Legge 27 febbraio 2014, n. 15, dall'articolo 1, comma 1, lettera b), del D.L. 31 dicembre 2014, n. 192, convertito, con modificazioni, dalla Legge 27 febbraio 2015, n. 11, dall'articolo 1, comma 1, lettera b), del D.L. 30 dicembre 2015, n. 210, convertito con modificazioni dalla Legge 25 febbraio 2016, n. 21, dall'articolo 1, comma 2, lettera a), del D.L. 30 dicembre 2019, n. 162, convertito, con modificazioni dalla Legge 28 febbraio 2020, n. 8, dall'articolo 1, comma 1 del D.L. 31 dicembre 2020, n. 183, convertito con modificazioni dalla Legge 26 febbraio 2021, n. 21, e successivamente dall'articolo 1, comma 1, del D.L. 30 dicembre 2021, n. 228, convertito con modificazioni dalla Legge 25 febbraio 2022, n. 15, il termine di cui al presente comma, è stato prorogato al 31 dicembre 2022.*

(11) *Comma modificato dall'articolo 1, comma 1, della Legge 6 agosto 2008, n. 133, in sede di conversione, dall'articolo 35, comma 2, del D.L. 30 dicembre 2008, n. 207, convertito con modificazioni in Legge 27 febbraio 2009, n. 14, dall'articolo 9, comma 9, del D.L. 31 maggio 2010, n. 78, convertito con modificazioni in Legge 30 luglio 2010, n. 122, dall'articolo 14, comma 4, del D.L. 6 luglio 2012, n. 95, convertito con modificazioni in Legge 7 agosto 2012, n. 135, dall'articolo 58, comma 1, lettera b), del D.L. 21 giugno 2013, n. 69, convertito con modificazioni in Legge 9 agosto 2013, n. 98 e successivamente dall'articolo 1, comma 460, lettera c), della Legge 27 dicembre 2013, n. 147. Da ultimo, comma modificato dall'articolo 3, comma 8, lettera b), del D.L. 24 giugno 2014, n. 90, convertito, con modificazioni, dalla Legge 11 agosto 2014, n. 114.*

(12) *A norma dell'articolo 17, comma 17, del D.L. 1° luglio 2009, n. 78, convertito con modificazioni in Legge 3 agosto 2009, n. 102, il termine per procedere alle assunzioni di personale a tempo indeterminato relative alle cessazioni verificatesi nell'anno 2008, di cui al presente comma, è prorogato al 31 dicembre 2011 e le relative autorizzazioni possono essere concesse entro il 31 marzo 2010 . Successivamente a norma dell'articolo 1, comma 1, del D.L. 29 dicembre 2010, n. 225, convertito con modificazioni in Legge 26 febbraio 2011, n. 10, il termine di scadenza di cui al presente comma, è fissato al 31 marzo 2011, successivamente l'articolo 1 del D.P.C.M. 28 marzo 2011 ha ulteriormente prorogato il termine fino al 31 dicembre 2011 e da ultimo il predetto termine è stato prorogato al 31 dicembre 2022, dall'articolo 1, comma 2, del D.L. 29 dicembre 2011, n. 216, convertito con modificazioni in Legge 24 febbraio 2012, n. 14, come modificato dall'articolo 1, comma 388, della Legge 24 dicembre 2012, n. 228, dall'articolo 1, comma 4, lettera b), del D.L. 30 dicembre 2013, n. 150, convertito con modificazioni in Legge 27 febbraio 2014, n. 15, dall'articolo 1, comma 1, lettera b), del D.L. 31 dicembre 2014, n. 192, convertito, con modificazioni, dalla Legge 27 febbraio 2015, n. 11, dall'articolo 1, comma 1, lettera b), del D.L. 30 dicembre 2015, n. 210, convertito con modificazioni dalla Legge 25 febbraio 2016, n. 21, dall'articolo 1, comma 2, lettera a), del D.L. 30 dicembre 2019, n. 162, convertito, con modificazioni dalla Legge 28 febbraio 2020, n. 8, dall'articolo 1, comma 1 del D.L. 31 dicembre 2020, n. 183, convertito con modificazioni dalla Legge 26 febbraio 2021, n. 21 e successivamente dall'articolo 1, comma 1, del D.L. 30 dicembre 2021, n. 228, convertito con modificazioni dalla Legge 25 febbraio 2022, n. 15.*

(13) *Comma soppresso dall'articolo 20, comma 3, del D.Lgs. 25 novembre 2016, n. 218.*

CAPO III
Patto di stabilità interno

77. Patto di stabilità interno. – 1. Ai fini della tutela dell'unità economica della Repubblica, le regioni, le province autonome di Trento e di Bolzano, le province e i comuni con popolazione superiore a 5.000 abitanti concorrono alla realizzazione degli obiettivi di finanza pubblica per il triennio 2009/2011 nelle misure seguenti in termini di fabbisogno e indebitamento netto:

a) il settore regionale per 1.500, 2.300 e 4.060 milioni, rispettivamente, per gli anni 2009, 2010 e 2011;

b) il settore locale per 1.650, 2.900 e 5.140 milioni, rispettivamente, per gli anni 2009, 2010 e 2011.

2. Nel caso in cui non fossero approvate entro il 31 luglio 2008 le disposizioni legislative per la disciplina del nuovo patto di stabilità interno, volta a conseguire gli effetti finanziari di cui al comma 1, gli stanziamenti relativi agli interventi individuati nell'elenco 2 annesso al presente decreto sono accantonati e possono essere utilizzati solo dopo l'approvazione delle predette disposizioni legislative (1).

2-bis. Al fine di pervenire alla successiva sostituzione dei trasferimenti statali in coerenza con l'articolo 119, secondo comma, della Costituzione, è istituito presso il Ministero dell'economia e delle finanze un fondo unico in cui far confluire tutti i trasferimenti erariali attribuiti alle regioni per finanziare funzioni di competenza regionale [2].

2-ter. Entro centottanta giorni dalla data di entrata in vigore della legge di conversione del presente decreto, il Presidente del Consiglio dei Ministri, di concerto con il Ministro per i rapporti con le regioni, con il Ministro dell'economia e delle finanze e con i Ministri interessati, procede all'individuazione dei trasferimenti di cui al comma 2-bis. Il fondo è costituito nell'anno 2010 e i criteri di ripartizione sono stabiliti con decreto del Presidente del Consiglio dei Ministri, su proposta del Ministro per i rapporti con le regioni, di concerto con il Ministro dell'economia e delle finanze, d'intesa con la Conferenza unificata di cui all'articolo 8 del decreto legislativo 28 agosto 1997, n. 281, e successive modificazioni. Lo schema di decreto è trasmesso al Parlamento per l'espressione del parere delle Commissioni parlamentari competenti per i profili finanziari. Il parere deve essere espresso entro trenta giorni dalla data di trasmissione [3].

2-quater. Il Ministro dell'economia e delle finanze provvede, con propri decreti, ad apportare le occorrenti variazioni di bilancio [4].

[1] Comma modificato dall'articolo 1, comma 1, della legge 6 agosto 2008, n. 133, in sede di conversione.
[2] Comma inserito dall'articolo 1, comma 1, della legge 6 agosto 2008, n. 133, in sede di conversione.
[3] Comma inserito dall'articolo 1, comma 1, della legge 6 agosto 2008, n. 133, in sede di conversione.
[4] Comma inserito dall'articolo 1, comma 1, della legge 6 agosto 2008, n. 133, in sede di conversione.

77 *bis*. Patto di stabilità interno per gli enti locali [1]. – 1. Ai fini della tutela dell'unità economica della Repubblica, le province e i comuni con popolazione superiore a 5.000 abitanti concorrono alla realizzazione degli obiettivi di finanza pubblica per il triennio 2009-2011 con il rispetto delle disposizioni di cui ai commi da 2 a 31, che costituiscono principi fondamentali di coordinamento della finanza pubblica ai sensi degli articoli 117, terzo comma, e 119, secondo comma, della Costituzione.

2. La manovra finanziaria è fissata in termini di riduzione del saldo tendenziale di comparto per ciascuno degli anni 2009, 2010 e 2011.

3. Ai fini della determinazione dello specifico obiettivo di saldo finanziario, le province e i comuni con popolazione superiore a 5.000 abitanti applicano al saldo dell'anno 2007, calcolato in termini di competenza mista ai sensi del comma 5, le seguenti percentuali:

a) se l'ente ha rispettato il patto di stabilità per l'anno 2007 e presenta un saldo per lo stesso anno 2007, in termini di competenza mista, negativo, le percentuali sono:

1) per le province: 17 per cento per l'anno 2009, 62 per cento per l'anno 2010 e 125 per cento per l'anno 2011;

2) per i comuni: 48 per cento per l'anno 2009, 1997 per cento per l'anno 2010 e 165 per cento per l'anno 2011;

b) se l'ente ha rispettato il patto di stabilità per l'anno 2007 e presenta un saldo per lo stesso anno 2007, in termini di competenza mista, positivo, le percentuali sono:

1) per le province: 10 per cento per l'anno 2009, 10 per cento per l'anno 2010 e 0 per cento per l'anno 2011;

2) per i comuni: 10 per cento per l'anno 2009, 10 per cento per l'anno 2010 e 0 per cento per l'anno 2011;

c) se l'ente non ha rispettato il patto di stabilità per l'anno 2007 e presenta un saldo per lo stesso anno 2007, in termini di competenza mista, positivo, le percentuali sono:

1) per le province: 0 per cento per l'anno 2009, 0 per cento per l'anno 2010 e 0 per cento per l'anno 2011;

2) per i comuni: 0 per cento per l'anno 2009, 0 per cento per l'anno 2010 e 0 per cento per l'anno 2011;

d) se l'ente non ha rispettato il patto di stabilità per l'anno 2007 e presenta un saldo per lo stesso anno 2007, in termini di competenza mista, negativo, le percentuali sono:

1) per le province: 22 per cento per l'anno 2009, 80 per cento per l'anno 2010 e 150 per cento per l'anno 2011;

2) per i comuni: 70 per cento per l'anno 2009, 110 per cento per l'anno 2010 e 180 per cento per l'anno 2011.

4. Per gli enti per i quali negli anni 2004-2005, anche per frazione di anno, l'organo consiliare era stato commissariato ai sensi dell'articolo 141 del testo unico delle leggi sull'ordinamento degli enti locali, di cui al decreto legislativo 18 agosto 2000, n. 267, e successive modificazioni, si applicano ai fini del patto di stabilità interno le stesse regole degli enti di cui al comma 3, lettera b) del presente articolo.

4-bis. Per gli enti per i quali negli anni 2007-2009, anche per frazione di anno, l'organo consiliare era stato commissariato ai sensi dell'articolo 143 del testo unico delle leggi sull'ordinamento degli enti locali, di cui al decreto legislativo 18 agosto 2000, n. 267, e successive modificazioni, si applicano ai fini del patto di stabilità interno le stesse regole degli enti di cui al comma 3, lettera b), del presente articolo, prendendo come base di riferimento le risultanze contabili dell'esercizio finanziario precedente a quello di assoggettamento alle regole del patto di stabilità interno [2].

5. Il saldo finanziario tra entrate finali e spese finali calcolato in termini di competenza mista è costituito dalla somma algebrica degli importi risultanti dalla differenza tra accertamenti e impegni, per la parte corrente, e dalla differenza tra incassi e pagamenti, per la parte in conto capitale, al netto delle entrate derivanti dalla riscossione di crediti e delle spese derivanti dalla concessione di crediti [3].

6. Gli enti di cui al comma 3, lettere a) e d) devono conseguire, per ciascuno degli anni 2009, 2010 e 2011, un saldo finanziario in termini di competenza mista almeno pari al corrispondente saldo finanziario dell'anno 2007, quale risulta dai conti consuntivi, migliorato dell'importo risultante dall'applicazione delle percentuali indicate nelle stesse lettere a) e d).

7. Gli enti di cui al comma 3, lettere b) e c) devono conseguire, per ciascuno degli anni 2009, 2010 e 2011, un saldo finanziario in termini di competenza mista almeno pari al corrispondente saldo finanziario dell'anno 2007, quale risulta dai conti consuntivi, peggiorato dell'importo risultante dall'applicazione delle percentuali indicate nelle stesse lettere b) e c).

7-bis. Nel saldo finanziario di cui al comma 5 non sono considerate le risorse provenienti dallo Stato e le relative spese di parte corrente e in conto capitale sostenute dalle province e dai comuni per l'attuazione delle ordinanze emanate dal Presidente del Consiglio dei ministri a seguito di dichiarazione dello stato di emergenza. L'esclusione delle spese opera anche se esse sono effettuate in più anni, purché nei limiti complessivi delle medesime risorse (4).

7-ter. Le province e i comuni che beneficiano dell'esclusione di cui al comma 7-bis sono tenuti a presentare alla Presidenza del Consiglio dei ministri - Dipartimento della protezione civile, entro il mese di gennaio dell'anno successivo, l'elenco delle spese escluse dal patto di stabilità interno, ripartite nella parte corrente e nella parte in conto capitale (5).

7-quater. Nel saldo finanziario di cui al comma 5 non sono considerate le risorse provenienti direttamente o indirettamente dall'Unione europea né le relative spese di parte corrente e in conto capitale sostenute dalle province e dai comuni. L'esclusione delle spese opera anche se effettuate in più anni, purché nei limiti complessivi delle medesime risorse (6).

7-quinquies. Nei casi in cui l'Unione europea riconosca importi inferiori a quelli considerati ai fini dell'applicazione di quanto previsto dal comma 7-quater, l'importo corrispondente alle spese non riconosciute è incluso tra le spese del patto di stabilità interno relativo all'anno in cui è comunicato il mancato riconoscimento. Ove la comunicazione sia effettuata nell'ultimo quadrimestre, il recupero può essere conseguito anche nell'anno successivo (7).

7-sexies. Nel saldo finanziario di cui al comma 5 non sono considerate le risorse provenienti dai trasferimenti di cui ai commi 704 e 707 dell'articolo 1 della legge 27 dicembre 2006, n. 296, né le relative spese in conto capitale sostenute dai comuni. L'esclusione delle spese opera anche se effettuate in più anni, purché nei limiti complessivi delle medesime risorse (8).

[8. Le risorse originate dalla cessione di azioni o quote di società operanti nel settore dei servizi pubblici locali nonché quelle derivanti dalla distribuzione dei dividendi determinati da operazioni straordinarie poste in essere dalle predette società, qualora quotate in mercati regolamentati, e le risorse relative alla vendita del patrimonio immobiliare non sono conteggiate nella base assunta a riferimento nel 2007 per l'individuazione degli obiettivi e dei saldi utili per il rispetto del patto di stabilità interno, se destinate alla realizzazione di investimenti o alla riduzione del debito.] (9)

9. Per l'anno 2009, nel caso in cui l'incidenza percentuale dell'importo di cui al comma 3, lettere a) e d), sull'importo delle spese finali dell'anno 2007, al netto delle concessioni di crediti, risulti per i comuni superiore al 20 per cento, il comune deve considerare come obiettivo del patto di stabilità interno l'importo corrispondente al 20 per cento della spesa finale.

9-bis. A decorrere dall'anno 2009, per gli enti di cui al comma 3, lettera b), che nell'anno 2007 hanno percepito dividendi determinati da operazioni straordinarie poste in essere da società quotate in mercati regolamentati operanti nel settore dei servizi pubblici locali, le percentuali indicate nel medesimo comma sono applicate alla media dei saldi del quinquennio 2003-2007, calcolati in termini di competenza mista ai sensi del comma 5 (10).

[10. Al fine di ricondurre la dinamica di crescita del debito in coerenza con gli obiettivi di finanza pubblica, le province e i comuni soggetti al patto di stabilità interno possono aumentare, a decorrere dall'anno 2010, la consistenza del proprio debito al 31 dicembre dell'anno precedente in misura non superiore alla percentuale annualmente determinata, con proiezione triennale e separatamente tra i comuni e le province, con decreto del Ministro dell'economia e delle finanze sulla base degli obiettivi programmatici indicati nei Documenti di programmazione economico-finanziaria. Resta fermo il limite di indebitamento stabilito dall'art. 204 del testo unico delle leggi sull'ordinamento degli enti locali, di cui al decreto legislativo 18 agosto 2000, n. 267, e successive modificazioni.] (11)

[11. Nel caso in cui la provincia o il comune soggetto al patto di stabilità interno registri per l'anno precedente un rapporto percentuale tra la consistenza complessiva del proprio debito e il totale delle entrate correnti, al netto dei trasferimenti statali e regionali, superiore alla misura determinata con decreto del Ministro dell'economia e delle finanze, sentita la Conferenza Stato-città ed autonomie locali, la percentuale di cui al comma 10 è ridotta di un punto. Il rapporto percentuale è aggiornato con cadenza triennale.] (12)

12. Il bilancio di previsione degli enti locali ai quali si applicano le disposizioni del patto di stabilità interno deve essere approvato iscrivendo le previsioni di entrata e spesa di parte corrente in misura tale che, unitamente alle previsioni dei flussi di cassa di entrata e spesa in conto capitale, al netto delle riscossioni e delle concessioni di crediti, sia garantito il rispetto delle regole che disciplinano il patto medesimo. A tal fine, gli enti locali sono tenuti ad allegare al bilancio di previsione un apposito prospetto contenente le previsioni di competenza e di cassa degli aggregati rilevanti ai fini del patto di stabilità interno.

13. Al fine di assicurare il raggiungimento degli obiettivi del patto di stabilità interno, il rimborso per le trasferte dei consiglieri comunali e provinciali é, per ogni chilometro, pari a un quinto del costo di un litro di benzina.

14. Per il monitoraggio degli adempimenti relativi al patto di stabilità interno e per acquisire elementi informativi utili per la finanza pubblica anche relativamente alla loro situazione debitoria, le province e i comuni con popolazione superiore a 5.000 abitanti trasmettono semestralmente al Ministero dell'economia e delle finanze Dipartimento della Ragioneria generale dello Stato, entro trenta giorni dalla fine del periodo di riferimento, utilizzando il sistema web appositamente previsto per il patto di stabilità interno nel sito web «www.pattostabilita.rgs.tesoro.it», le informazioni riguardanti le risultanze in termini di competenza mista, attraverso un prospetto e con le modalità definiti con decreto del predetto Ministero, sentita la Conferenza Stato-città ed autonomie locali. Con lo stesso decreto è definito il prospetto dimostrativo dell'obiettivo determinato per ciascun ente ai sensi dei commi 6 e 7. La mancata trasmissione del prospetto dimostrativo degli obiettivi programmatici costituisce inadempimento al patto di stabilità interno. La mancata comunicazione al sistema web della situazione di commissariamento ai sensi del comma 18, secondo le indicazioni di cui al decreto previsto dal primo periodo del presente comma, determina per l'ente inadempiente l'assoggettamento alle regole del patto di stabilità interno (13).

15. Ai fini della verifica del rispetto degli obiettivi del patto di stabilità interno, ciascuno degli enti di cui al comma 1 è tenuto a inviare, entro il termine perentorio del 31 marzo dell'anno successivo a quello di riferimento, al Ministero dell'economia e delle finanze Dipartimento della Ragioneria generale dello Stato una certificazione del saldo finanziario in termini di competenza mista conseguito, sottoscritta dal rappresentante legale e dal responsabile del servizio finanziario, secondo un prospetto e con le modalità definiti dal decreto di cui al comma 14. La mancata trasmissione della certificazione entro il termine perentorio del 31 marzo co-

stituisce inadempimento al patto di stabilità interno. Nel caso in cui la certificazione, sebbene trasmessa in ritardo, attesti il rispetto del patto, non si applicano le disposizioni di cui al comma 20, ma si applicano, fino alla data di invio della certificazione, solo quelle di cui al comma 4 dell'art. 76 (14).

16. Qualora dai conti della tesoreria statale degli enti locali si registrino prelevamenti non coerenti con gli impegni in materia di obiettivi di debito assunti con l'Unione europea, il Ministro dell'economia e delle finanze, sentita la Conferenza Stato-città ed autonomie locali, adotta adeguate misure di contenimento dei prelevamenti.

17. Gli enti istituiti negli anni 2007 e 2008 sono soggetti alle regole del patto di stabilità interno, rispettivamente, dagli anni 2010 e 2011 assumendo, quale base di calcolo su cui applicare le regole, le risultanze, rispettivamente, degli esercizi 2008 e 2009.

18. Gli enti locali commissariati ai sensi dell'art. 143 del testo unico delle leggi sull'ordinamento degli enti locali, di cui al decreto legislativo 18 agosto 2000, n. 267, sono soggetti alle regole del patto di stabilità interno dall'anno successivo a quello della rielezione degli organi istituzionali.

19. Le informazioni previste dai commi 14 e 15 sono messe a disposizione della Camera dei deputati e del Senato della Repubblica, nonché dell'Unione delle province d'Italia (UPI) e dell'Associazione nazionale dei comuni italiani (ANCI) da parte del Ministero dell'economia e delle finanze, secondo modalità e contenuti individuati tramite apposite convenzioni(15).

20. In caso di mancato rispetto del patto di stabilità interno relativo agli anni 2008-2011, alla provincia o comune inadempiente sono ridotti per un importo pari alla differenza, se positiva, tra il saldo programmatico e il saldo reale, e comunque per un importo non superiore al 5 per cento, i contributi ordinari dovuti dal Ministero dell'interno per l'anno successivo. Inoltre, l'ente inadempiente non può, nell'anno successivo a quello dell'inadempienza (16):

a) impegnare spese correnti in misura superiore all'importo annuale minimo dei corrispondenti impegni effettuati nell'ultimo triennio;

b) ricorrere all'indebitamento per gli investimenti. I mutui e i prestiti obbligazionari posti in essere con istituzioni creditizie o finanziarie per il finanziamento degli investimenti devono essere corredati da apposita attestazione, da cui risulti il conseguimento degli obiettivi del patto di stabilità interno per l'anno precedente. L'istituto finanziatore o l'intermediario finanziario non può procedere al finanziamento o al collocamento del prestito in assenza della predetta attestazione (17)(18).

21. Restano altresì ferme, per gli enti inadempienti al patto di stabilità interno, le disposizioni recate dal comma 4 dell'art. 76 (19).

21-bis. In caso di mancato rispetto del patto di stabilità interno per l'anno 2008 relativamente ai pagamenti concernenti spese per investimenti effettuati nei limiti delle disponibilità di cassa a fronte di impegni regolarmente assunti ai sensi dell'articolo 183 del testo unico delle leggi sull'ordinamento degli enti locali, di cui al decreto legislativo 18 agosto 2000, n. 267, e successive modificazioni, entro la data di entrata in vigore della legge di conversione del presente decreto, le disposizioni di cui ai commi 20 e 21 del presente articolo non si applicano agli enti locali che hanno rispettato il patto di stabilità interno nel triennio 2005-2007 e che hanno registrato nell'anno 2008 impegni per spesa corrente, al netto delle spese per adeguamenti contrattuali del personale dipendente, compreso il segretario comunale, per un ammontare non superiore a quello medio corrispondente del triennio 2005-2007 (20).

22. Le misure di cui ai commi 20, lettera a) e 21 non concorrono al perseguimento degli obiettivi assegnati per l'anno in cui le misure vengono attuate.

23. Qualora venga conseguito l'obiettivo programmatico assegnato al settore locale, le province e i comuni virtuosi possono, nell'anno successivo a quello di riferimento, escludere dal computo del saldo di cui al comma 15 un importo pari al 70 per cento della differenza, registrata nell'anno di riferimento, tra il saldo conseguito dagli enti inadempienti al patto di stabilità interno e l'obiettivo programmatico assegnato. La virtuosità degli enti è determinata attraverso la valutazione della posizione di ciascun ente rispetto ai due indicatori economico-strutturali di cui al comma 24. L'assegnazione a ciascun ente dell'importo da escludere è determinata mediante una funzione lineare della distanza di ciascun ente virtuoso dal valore medio degli indicatori individuato per classe demografica. Le classi demografiche considerate sono:

a) per le province:

1) province con popolazione fino a 400.000 abitanti;

2) province con popolazione superiore a 400.000 abitanti;

b) per i comuni:

1) comuni con popolazione superiore a 5.000 e fino a 50.000 abitanti;

2) comuni con popolazione superiore a 50.000 e fino a 100.000 abitanti;

3) comuni con popolazione superiore a 100.000 abitanti (21).

24. Gli indicatori di cui al comma 23 sono finalizzati a misurare il grado di rigidità strutturale dei bilanci e il grado di autonomia finanziaria degli enti (22).

25. Per le province l'indicatore per misurare il grado di autonomia finanziaria non si applica sino all'attuazione del federalismo fiscale (23).

26. Con decreto del Ministro dell'economia e delle finanze, di concerto con il Ministro dell'interno, d'intesa con la Conferenza Stato-città ed autonomie locali, sono definiti i due indicatori economico-strutturali di cui al comma 24 e i valori medi per fasce demografiche sulla base dei dati annualmente acquisiti attraverso la certificazione relativa alla verifica del rispetto del patto di stabilità interno. Con lo stesso decreto sono definite le modalità di riparto in base agli indicatori. Gli importi da escludere dal patto sono pubblicati nel sito web «www.pattostabilita.rgs.tesoro.it» del Dipartimento della Ragioneria generale dello Stato. A decorrere dall'anno 2010, l'applicazione degli indicatori di cui ai commi 23 e 24 dovrà tenere conto, oltre che delle fasce demografiche, anche delle aree geografiche da individuare con il decreto di cui al presente comma (24).

27. Resta ferma l'applicazione di quanto stabilito dall'art. 1, comma 685-bis, della legge 27 dicembre 2006, n. 296, introdotto dall'art. 1, comma 379, lettera i), della legge 24 dicembre 2007, n. 244, in relazione all'attivazione di un nuovo sistema di acquisizione dei dati di competenza finanziaria.

28. Le disposizioni recate dal presente articolo sono aggiornate anche sulla base dei nuovi criteri adottati in sede

europea ai fini della verifica del rispetto del patto di stabilità e crescita.

29. Le disposizioni di cui ai commi 10 e 11 si applicano anche ai comuni con popolazione fino a 5.000 abitanti.

[30. Resta confermata per il triennio 2009-2011, ovvero sino all'attuazione del federalismo fiscale se precedente all'anno 2011, la sospensione del potere degli enti locali di deliberare aumenti dei tributi, delle addizionali, delle aliquote ovvero delle maggiorazioni di aliquote di tributi ad essi attribuiti con legge dello Stato, di cui all'articolo 1, comma 7, del decreto-legge 27 maggio 2008, n. 93, convertito, con modificazioni, dalla legge 24 luglio 2008, n. 126, fatta eccezione per gli aumenti relativi alla tassa sui rifiuti solidi urbani (TARSU).] [25]

31. Le disposizioni del presente articolo si applicano, per il periodo rispettivamente previsto, fino alla definizione dei contenuti del nuovo patto di stabilità interno nel rispetto dei saldi fissati.

32. Ai fini dell'attuazione dell'articolo 1, comma 4, del citato decreto-legge 27 maggio 2008, n. 93, entro il 30 aprile 2009, i comuni trasmettono al Ministero dell'interno la certificazione del mancato gettito accertato, secondo modalità stabilite con decreto del medesimo Ministero [26].

(1) Articolo inserito dall'articolo 1, comma 1, della legge 6 agosto 2008, n. 133, in sede di conversione.
(2) Comma inserito dall'articolo 14, comma 12, del D.L. 31 maggio 2010, n. 78.
(3) Comma modificato dall'articolo 2, comma 41, lettera a), della legge 22 dicembre 2008, n. 203.
(4) Comma inserito dall'articolo 2, comma 41, lettera b), della legge 22 dicembre 2008, n. 203.
(5) Comma inserito dall'articolo 2, comma 41, lettera b), della legge 22 dicembre 2008, n. 203.
(6) Comma inserito dall'articolo 4, comma 4-septies, lettera a), del D.L. 25 gennaio 2010, n. 2.
(7) Comma inserito dall'articolo 4, comma 4-septies, lettera a), del D.L. 25 gennaio 2010, n. 2.
(8) Comma inserito dall'articolo 14, comma 12, del D.L. 31 maggio 2010, n. 78.
(9) Comma sostituito dall'articolo 2, comma 41, lettera c), della legge 22 dicembre 2008, n. 203 e successivamente abrogato dall'articolo 7-quater, comma 9, lettera a), del D.L. 10 febbraio 2009, n. 5.
(10) Comma inserito dall'articolo 4, comma 4-septies, lettera b), del D.L. 25 gennaio 2010, n. 2.
(11) Comma abrogato dall'articolo 1, comma 875, della Legge 27 dicembre 2017, n. 205.
(12) Comma abrogato dall'articolo 1, comma 875, della Legge 27 dicembre 2017, n. 205.
(13) Per gli obiettivi programmatici relativi al Patto di stabilità interno per il triennio 2009-2011 delle province e dei comuni con popolazione superiore a 5.000 abitanti, vedi D.M. 15 giugno 2009. Per il monitoraggio semestrale del patto di stabilità interno per l'anno 2009 per le province e i comuni con popolazione superiore a 5.000 abitanti, vedi il D.M. 31 luglio 2009.
(14) Comma modificato dall'articolo 9-bis, comma 4, del D.L. 1° luglio 2009, n. 78.
(15) Comma modificato dall'articolo 2, comma 41, lettera d), della legge 22 dicembre 2008, n. 203.
(16) Alinea modificato dall'articolo 2, comma 41, lettera e), della legge 22 dicembre 2008, n. 203.
(17) Vedi l'articolo 2, comma 48, della legge 22 dicembre 2008, n. 203.
(18) Per le modifiche in materia di riduzione di trasferimenti statali, vedi l'articolo 14, commi 3 e 4, del D.L. 31 maggio 2010, n. 78.
(19) Vedi l'articolo 2, comma 48, della legge 22 dicembre 2008, n. 203.
(20) Comma inserito dall'articolo 2, comma 41, lettera f), della legge 22 dicembre 2008, n. 203.
(21) Vedi l'articolo 14, comma 12, del D.L. 31 maggio 2010, n. 78.
(22) Vedi l'articolo 14, comma 12, del D.L. 31 maggio 2010, n. 78.
(23) Vedi l'articolo 14, comma 12, del D.L. 31 maggio 2010, n. 78.
(24) Vedi l'articolo 14, comma 12, del D.L. 31 maggio 2010, n. 78.
(25) Comma abrogato dall'articolo 4, comma 4, del D.L. 2 marzo 2012, n. 16. A norma del medesimo comma 4 dell'articolo 4, sono fatti salvi i provvedimenti normativi delle regioni e le deliberazioni delle province e dei comuni, relativi all'anno d'imposta 2012, emanati prima della data di entrata in vigore del suddetto D.L. n. 16/2012.
(26) Vedi anche l'articolo 1, comma 92, della Legge 13 dicembre 2010, n. 220

77 ter. Patto di stabilità interno delle regioni e delle province autonome [1]. – 1. Ai fini della tutela dell'unità economica della Repubblica, le regioni e le province autonome di Trento e di Bolzano concorrono alla realizzazione degli obiettivi di finanza pubblica per il triennio 2009-2011 con il rispetto delle disposizioni di cui ai commi da 2 a 19, che costituiscono principi fondamentali del coordinamento della finanza pubblica ai sensi degli articoli 117, terzo comma, e 119, secondo comma, della Costituzione.

2. Continua ad applicarsi la sperimentazione sui saldi di cui all'articolo 1, comma 656, della legge 27 dicembre 2006, n. 296.

3. In attesa dei risultati della sperimentazione di cui al comma 2, per gli anni 2009-2011, il complesso delle spese finali di ciascuna regione a statuto ordinario, determinato ai sensi del comma 4, non può essere superiore, per l'anno 2009, al corrispondente complesso di spese finali determinate sulla base dell'obiettivo programmatico per l'anno 2008 diminuito dello 0,6 per cento, e per gli anni 2010 e 2011, non può essere rispettivamente superiore al complesso delle corrispondenti spese finali dell'anno precedente, calcolato assumendo il pieno rispetto del patto di stabilità interno, aumentato dell'1,0 per cento per l'anno 2010 e diminuito dello 0,9 per cento per l'anno 2011. L'obiettivo programmatico per l'anno 2008 è quello risultante dall'applicazione dell'articolo 1, comma 657, della legge 27 dicembre 2006, n. 296.

4. Il complesso delle spese finali è determinato dalla somma delle spese correnti ed in conto capitale, al netto delle:

a) spese per la sanità, cui si applica la specifica disciplina di settore;

b) spese per la concessione di crediti.

5. Le spese finali sono determinate sia in termini di competenza sia in termini di cassa.

5-bis. A decorrere dall'anno 2008, le spese in conto capitale per interventi cofinanziati correlati ai finanziamenti dell'Unione europea, con esclusione delle quote di finanziamento statale e regionale, non sono computate nella base di calcolo e nei risultati del patto di stabilità interno delle regioni e delle province autonome [2].

5-ter. Nei casi in cui l'Unione europea riconosca importi inferiori a quelli considerati ai fini dell'applicazione di quanto previsto dal comma 5-bis, l'importo corrispondente alle spese non riconosciute è incluso tra le spese del patto di stabilità interno relativo all'anno in cui è comunicato il mancato riconoscimento. Ove la comunicazione sia effettuata nell'ultimo quadrimestre, il recupero può essere conseguito anche nell'anno successivo [3].

5-quater. Le regioni, cui si applicano limiti alla spesa, possono ridefinire il proprio obiettivo di cassa attraverso una corrispondente riduzione dell'obiettivo degli impegni di parte corrente relativi agli interessi passivi e oneri finanziari diversi, alla spesa di personale, alla produzione di servizi in economia e all'acquisizione di servizi e forniture, calcolata con riferimento agli impegni correnti dell'ultimo esercizio in cui la regione ha rispettato il patto. Entro il 30 giugno le regioni comunicano al Ministero dell'economia e delle finanze - Dipartimento della Ragioneria generale dello Stato l'obiettivo programmatico di cassa rideterminato, l'obiettivo programmatico di competenza relativo alle spese compensate e l'obiettivo programmatico di competenza relativo alle spese non compensate, unitamente agli elementi informativi necessari a verificare le modalità di calcolo degli obiettivi. Con decreto del Ministro dell'economia e delle finanze, sentita la Conferenza permanente per i rapporti tra lo Stato, le regioni e le province autonome di Trento e di Bolzano, sono definite le modalità per il monitoraggio e la certificazione di cui ai commi 12 e 13 (4).

6. Per gli esercizi 2009, 2010 e 2011, le regioni a statuto speciale e le province autonome di Trento e di Bolzano concordano, entro il 31 dicembre di ciascun anno precedente, con il Ministro dell'economia e delle finanze il livello complessivo delle spese correnti e in conto capitale, nonché dei relativi pagamenti, in coerenza con gli obiettivi di finanza pubblica per il periodo 2009-2011; a tale fine, entro il 31 ottobre di ciascun anno precedente, il presidente dell'ente trasmette la proposta di accordo al Ministro dell'economia e delle finanze. In caso di mancato accordo si applicano le disposizioni stabilite per le regioni a statuto ordinario. Per gli enti locali dei rispettivi territori provvedono alle finalità correlate al patto di stabilità interno le regioni a statuto speciale e le province autonome di Trento e di Bolzano, esercitando le competenze alle stesse attribuite dai rispettivi statuti di autonomia e dalle relative norme di attuazione. Qualora le predette regioni e province autonome non provvedano entro il 31 dicembre di ciascun anno precedente, si applicano, per gli enti locali dei rispettivi territori, le disposizioni previste per gli altri enti locali in materia di patto di stabilità interno.

7. Le regioni a statuto speciale e le province autonome di Trento e di Bolzano concorrono al riequilibrio della finanza pubblica, oltre che nei modi stabiliti dal comma 6, anche con misure finalizzate a produrre un risparmio per il bilancio dello Stato, mediante l'assunzione dell'esercizio di funzioni statali, attraverso l'emanazione, con le modalità stabilite dai rispettivi statuti, di specifiche norme di attuazione statutaria; tali norme di attuazione precisano le modalità e l'entità dei risparmi per il bilancio dello Stato da ottenere in modo permanente o comunque per annualità definite.

8. Sulla base degli esiti della sperimentazione di cui al comma 2, le norme di attuazione devono altresì prevedere le disposizioni per assicurare in via permanente il coordinamento tra le misure di finanza pubblica previste dalle leggi costituenti la manovra finanziaria dello Stato e l'ordinamento della finanza regionale previsto da ciascuno statuto speciale e dalle relative norme di attuazione.

9. Sulla base degli esiti della sperimentazione di cui al comma 2 si procede, anche nei confronti di una sola o più regioni, a ridefinire con legge le regole del patto di stabilità interno e l'anno di prima applicazione delle regole. Le nuove regole devono comunque tenere conto del saldo in termini di competenza mista calcolato quale somma algebrica degli importi risultanti dalla differenza tra accertamenti e impegni, per la parte corrente, e dalla differenza tra incassi e pagamenti, per la parte in conto capitale. Per le regioni a statuto speciale e per le province autonome di Trento e di Bolzano può essere assunto a riferimento, con l'accordo di cui al comma 6, il saldo finanziario anche prima della conclusione del procedimento e della approvazione del decreto previsto dall'articolo 1, comma 656, della legge n. 296 del 2006 a condizione che la sperimentazione effettuata secondo le regole stabilite dal presente comma abbia con seguito esiti positivi per il raggiungimento degli obiettivi di finanza pubblica.

10. Resta ferma la facoltà delle regioni e delle province autonome di Trento e di Bolzano di estendere le regole del patto di stabilità interno nei confronti dei loro enti ed organismi strumentali, nonché degli enti ad ordinamento regionale o provinciale.

11. Al fine di assicurare il raggiungimento degli obiettivi riferiti ai saldi di finanza pubblica, la regione, sulla base di criteri stabiliti in sede di consiglio delle autonomie locali, può adattare per gli enti locali del proprio territorio le regole e i vincoli posti dal legislatore nazionale, in relazione alla diversità delle situazioni finanziarie esistenti nelle regioni stesse, fermo restando l'obiettivo complessivamente determinato in applicazione dell'articolo 77-bis per gli enti della regione e risultante dalla comunicazione effettuata dal Ministero dell'economia e delle finanze - Dipartimento della Ragioneria generale dello Stato alla regione interessata.

12. Per il monitoraggio degli adempimenti relativi al patto di stabilità interno e per acquisire elementi informativi utili per la finanza pubblica anche relativamente alla propria situazione debitoria, le regioni e le province autonome di Trento e di Bolzano trasmettono trimestralmente al Ministero dell'economia e delle finanze - Dipartimento della Ragioneria generale dello Stato, entro trenta giorni dalla fine del periodo di riferimento, utilizzando il sistema web appositamente previsto per il patto di stabilità interno nel sito "www.pattostabilita.rgs.tesoro.it" le informazioni riguardanti sia la gestione di competenza sia quella di cassa, attraverso un prospetto e con le modalità definiti con decreto del predetto Ministero, sentita la Conferenza permanente per i rapporti tra lo Stato, le regioni e le province autonome di Trento e di Bolzano.

13. Ai fini della verifica del rispetto degli obiettivi del patto di stabilità interno, ciascuna regione e provincia autonoma è tenuta ad inviare, entro il termine perentorio del 31 marzo dell'anno successivo a quello di riferimento, al Ministero dell'economia e delle finanze, Dipartimento della Ragioneria generale dello Stato, una certificazione, sottoscritta dal rappresentante legale dell'ente e dal responsabile del servizio finanziario secondo un prospetto e con le modalità definite dal decreto di cui al comma 12. La mancata trasmissione della certificazione entro il termine perentorio del 31 marzo costituisce inadempimento al patto di stabilità interno. Nel caso in cui la certificazione, sebbene trasmessa in ritardo, attesti il rispetto del patto, non si applicano le disposizioni di cui al comma 15 del presente articolo, ma si applicano solo quelle di cui al comma 4 dell'articolo 76.

14. Ai fini della verifica del rispetto degli obiettivi del patto di stabilità interno, ciascuna regione a statuto speciale e provincia autonoma è tenuta ad osservare quanto previsto dalle norme di attuazione statutaria emanate ai sensi del comma 8. Fino alla emanazione delle predette norme di attuazione statutaria si provvede secondo quanto disposto dall'accordo concluso ai sensi del comma 6.

15. In caso di mancato rispetto del patto di stabilità interno relativo agli anni 2008-2011 la regione o la provincia autonoma inadempiente non può nell'anno successivo a quello dell'inadempienza:

a) impegnare spese correnti, al netto delle spese per la sanità, in misura superiore all'importo annuale minimo dei corrispondenti impegni effettuati nell'ultimo triennio;

b) ricorrere all'indebitamento per gli investimenti. I mutui e i prestiti obbligazionari posti in essere con istituzioni creditizie e finanziarie per il finanziamento degli investimenti devono essere corredati da apposita attestazione da cui risulti il conseguimento degli obiettivi del patto di stabilità interno per l'anno precedente. L'istituto finanziatore o l'intermediario finanziario non può procedere al finanziamento o al collocamento del prestito in assenza della predetta attestazione [5].

16. Restano altresì ferme per gli enti inadempienti al patto di stabilità interno le disposizioni recate dal comma 4 dell'articolo 76 [6].

17. Continuano ad applicarsi le disposizioni di cui all'articolo 1, comma 664, della legge 27 dicembre 2006, n. 296, e all'articolo 6, comma 1-bis, del decreto legislativo 18 febbraio 2000, n. 56, introdotto dall'articolo 1, comma 675, della legge n. 296 del 2006.

18. Le disposizioni recate dal presente articolo sono aggiornate anche sulla base dei nuovi criteri che vengono adottati in sede europea ai fini della verifica del rispetto del patto di stabilità e crescita.

[19. Resta confermata per il triennio 2009-2011, ovvero sino all'attuazione del federalismo fiscale se precedente all'anno 2011, la sospensione del potere delle regioni di deliberare aumenti dei tributi, delle addizionali, delle aliquote ovvero delle maggiorazioni di aliquote di tributi ad esse attribuiti con legge dello Stato di cui all'articolo 1, comma 7, del decreto-legge 27 maggio 2008, n. 93, convertito, con modificazioni, dalla legge 24 luglio 2008, n. 126.] [7]

20. Le disposizioni di cui al presente articolo si applicano per il periodo rispettivamente previsto fino alla definizione dei contenuti del nuovo patto di stabilità interno nel rispetto dei saldi fissati.

[1] *Articolo inserito dall'articolo 1, comma 1, della Legge 6 agosto 2008, n. 133, in sede di conversione.*
[2] *Comma aggiunto dall'articolo 2, comma 42, della Legge 22 dicembre 2008, n. 203.*
[3] *Comma aggiunto dall'articolo 2, comma 42, della Legge 22 dicembre 2008, n. 203.*
[4] *Comma aggiunto dall'articolo 4, comma 4-octies, del D.L. 25 gennaio 2010, n. 2, convertito con modificazioni in Legge 26 marzo 2010, n. 42.*
[5] *Per l'integrazione delle disposizioni in materia di riduzione di trasferimenti statali, di cui al presente comma, vedi l'articolo 14, commi 3 e 4, del D.L. 31 maggio 2010, n. 78.*
[6] *Per l'integrazione delle disposizioni in materia di riduzione di trasferimenti statali, di cui al presente comma, vedi l'articolo 14, commi 3 e 4, del D.L. 31 maggio 2010, n. 78.*
[7] *Comma abrogato dall'articolo 4, comma 4, del D.L. 2 marzo 2012, n. 16, convertito con modificazioni in Legge 26 aprile 2012, n. 44.*

77 quater. Modifiche della tesoreria unica ed eliminazione della rilevazione dei flussi trimestrali di cassa [1]. – 1. A decorrere dal 1° gennaio 2009 l'applicazione delle disposizioni di cui all'articolo 7 del decreto legislativo 7 agosto 1997, n. 279, come modificato dal comma 7 del presente articolo, è estesa:

a) alle regioni a statuto speciale e alle pr ovince autonome di Trento e di Bolzano, compatibilmente con le disposizioni statutarie e con quelle di cui all'articolo 77-ter;

b) a tutti gli enti locali di cui al testo unico delle leggi sull'ordinamento degli enti locali di cui al decreto legislativo 18 agosto 2000, n. 267, assoggettati al sistema di tesoreria unica;

c) alle Aziende sanitarie locali, alle Aziende ospedaliere, comprese le Aziende ospedaliero-universitarie di cui all'articolo 2 del decreto legislativo 21 dicembre 1999, n. 517, e i Policlinici universitari a gestione diretta, agli Istituti di ricovero e cura a carattere scientifico di diritto pubblico, agli Istituti zooprofilattici sperimentali e alle Agenzie sanitarie regionali.

2. Le somme che affluiscono mensilmente a titolo di imposta regionale sulle attività produttive (IRAP) e addizionale regionale all'imposta sul reddito delle persone fisiche (IRPEF) ai conti correnti di tesoreria di cui all'articolo 40, comma 1, del decreto legislativo 15 dicembre 1997, n. 446, intestati alle regioni e alle province autonome di Trento e di Bolzano, sono accreditate, entro il quinto giorno lavorativo del mese successivo, presso il tesoriere regionale o provinciale. Resta ferma per le regioni a statuto ordinario, fino alla determinazione definitiva della quota di compartecipazione all'imposta sul valore aggiunto (IVA), l'applicazione delle disposizioni di cui all'articolo 13, comma 3, del decreto legislativo 18 febbraio 2000, n. 56, e all'articolo 1, comma 321, della legge 23 dicembre 2005, n. 266, e successive modificazioni. Conseguentemente le eventuali eccedenze di gettito IRAP e addizionale regionale all'IRPEF - con esclusione degli effetti derivanti dalle manovre eventualmente disposte dalla regione - rispetto alle previsioni delle imposte medesime effettuate ai fini del finanziamento del Servizio sanitario nazionale cui concorre ordinariamente lo Stato sono riversate all'entrata statale in sede di conguaglio. Resta altresì ferma, per la Regione siciliana, l'applicazione delle disposizioni di cui all'articolo 39, comma 1, del decreto legislativo 15 dicembre 1997, n. 446.

3. L'anticipazione mensile per il finanziamento della spesa sanitaria, di cui all'articolo 1, comma 796, lettera d), della legge 27 dicembre 2006, n. 296, a favore delle regioni a statuto ordinario e della Regione siciliana, è accreditata sulle contabilità speciali infruttifere al netto delle somme cumulativamente trasferite a titolo di IRAP e di addizionale regionale all'IRPEF e delle somme trasferite ai sensi del comma 4 del presente articolo per le regioni a statuto ordinario e del comma 5 per la Regione siciliana. In caso di necessità i recuperi delle anticipazioni sono effettuati anche a valere sulle somme affluite nell'esercizio successivo sui conti correnti di cui all'articolo 40, comma 1, del decreto legislativo 15 dicembre 1997, n. 446, ovvero sulle somme da erogare a qualsiasi titolo a carico del bilancio statale. I recuperi delle anticipazioni di tesoreria non vengono comunque effettuati a valere sui proventi derivanti dalle manovre eventualmente disposte dalla regione con riferimento ai due tributi sopraccitati [2].

4. Nelle more del perfezionamento del riparto delle somme di cui al l'articolo 2, comma 4, del decreto legislativo 18 febbraio 2000, n. 56, la compartecipazione IVA è corrisposta alle regioni a statuto ordinario nella misura risultante dall'ultimo riparto effettuato, previo accantonamento di un importo corrispondente alla quota del finanziamento indistinto del fabbisogno sanitario condizionata alla verifica degli adempimenti regionali, ai sensi della legislazione vigente. Le risorse corrispondenti al predetto importo, condizionate alla verifica positiva degli adempimenti regionali, rimangono accantonate in bilancio fino alla realizzazione delle condizioni che, ai sensi della vigente legislazione, ne consentono l'erogabilità alle regioni e comunque per un periodo

non superiore al quinto anno successivo a quello di iscrizione in bilancio.

A decorrere dall'anno 2017:

a) fermo restando il livello complessivo del finanziamento erogabile alle regioni in corso d'anno, ai sensi dell'articolo 2, comma 68, della legge 23 dicembre 2009, n. 191, nelle more dell'adozione del Decreto del Presidente del Consiglio dei Ministri che assegna alle regioni le rispettive quote di compartecipazione all'IVA, in attuazione del citato decreto legislativo n. 56 del 2000, il Ministero dell'economia e delle finanze è autorizzato ad erogare quote di compartecipazione all'IVA facendo riferimento ai valori indicati nel riparto del fabbisogno sanitario nazionale e nella contestuale individuazione delle relative quote di finanziamento, come risultanti dall'Intesa raggiunta in Conferenza Stato-Regioni, ovvero dai decreti interministeriali di cui all'articolo 27, comma 1-bis, del decreto legislativo 6 maggio 2011, n. 68;

b) il Decreto del Presidente del Consiglio dei Ministri di assegnazione alle regioni delle rispettive quote di compartecipazione all'IVA per l'anno di riferimento non può fissare, per ciascuna regione, una quota di compartecipazione inferiore a quella stabilita in sede di riparto del fabbisogno sanitario nazionale e nell'individuazione delle relative quote di finanziamento di cui al richiamato articolo 27, comma 1-bis del decreto legislativo n. 68 del 2011;

c) il Ministero dell'economia e delle finanze, in funzione dell'attuazione della lettera a) del presente comma, è autorizzato, in sede di conguaglio, ad operare eventuali necessari recuperi, anche a carico delle somme a qualsiasi titolo spettanti per gli esercizi successivi.

Il Ministero dell'economia e delle finanze è autorizzato ad applicare le disposizioni di cui al terzo periodo del presente comma anche con riferimento agli esercizi 2016 e precedenti [(3)].

5. Alla Regione siciliana sono erogate le somme spettanti a titolo di Fondo sanitario nazionale, quale risulta dall'Intesa espressa, ai sensi delle norme vigenti, dalla Conferenza permanente per i rapporti fra lo Stato, le regioni e le province autonome di Trento e di Bolzano sulla ripartizione delle disponibilità finanziarie complessive destinate al finanziamento del Servizio sanitario nazionale, previo accantonamento di un importo corrispondente alla quota del finanziamento indistinto del fabbisogno sanitario condizionata alla verifica degli adempimenti regionali, ai sensi della legislazione vigente. Le risorse corrispondenti al predetto importo, condizionate alla verifica positiva degli adempimenti regionali, rimangono accantonate in bilancio fino alla realizzazione delle condizioni che, ai sensi della vigente legislazione, ne consentono l'erogabilità alle regioni e comunque per un periodo non superiore al quinto anno successivo a quello di iscrizione in bilancio [(4)].

6. Al fine di assicurare un'ordinata gestione degli effetti derivanti dalle disposizioni di cui al comma 2 del presente articolo, in funzione dell'applicazione delle disposizioni di cui all'articolo 13, comma 3, del decreto legislativo 18 febbraio 2000, n. 56, e successive modificazioni, all'articolo 1, comma 321, della legge 23 dicembre 2005, n. 266, e all'articolo 39, comma 1, del decreto legislativo 15 dicembre 1997, n. 446, le regioni possono accantonare le somme relative all'IRAP e all'addizionale regionale all'IRPEF accertate in eccesso rispetto agli importi delle medesime imposte spettanti a titolo di finanziamento del fabbisogno sanitario dell'anno di riferimento, quale risulta dall'Intesa espressa, ai sensi delle norme vigenti, dalla Conferenza permanente per i rapporti fra lo Stato, le regioni e le province autonome di Trento e di Bolzano sulla ripartizione delle disponibilità finanziarie complessive destinate al finanziamento del Servizio sanitario nazionale, e rispetto agli importi delle medesime imposte derivanti dall'attivazione della leva fiscale regionale per il medesimo anno. A tal fine, con riferimento alle manovre fiscali regionali sull'IRAP e sull'addizionale regionale all'IRPEF, il Ministero dell'economia e delle finanze - Dipartimento delle finanze quantifica annualmente i gettiti relativi all'ultimo anno consuntivabile indicando contestualmente una stima dei gettiti relativi a ciascuno degli anni compresi nel quadriennio successivo all'anno di consuntivazione e ne dà comunicazione alle regioni.

7. Il comma 2 dell'articolo 7 del decreto legislativo 7 agosto 1997, n. 279, è sostituito dal seguente:

"2. Le entrate costituite da assegnazioni, contributi e quanto altro proveniente direttamente dal bilancio dello Stato devono essere versate per le regioni, le province autonome e gli enti locali nelle contabilità speciali infruttifere ad essi intestate presso le sezioni di tesoreria provinciale dello Stato. Tra le predette entrate sono comprese quelle provenienti da operazioni di indebitamento assistite, in tutto o in parte, da interventi finanziari dello Stato sia in conto capitale che in conto interessi, nonché quelle connesse alla devoluzione di tributi erariali alle regioni a statuto speciale e alle province autonome di Trento e di Bolzano" [(5)].

8. Le risorse trasferite alle strutture sanitarie di cui al comma 1, lettera c), a carico diretto del bilancio statale sono accreditate in apposita contabilità speciale infruttifera, da aprire presso la sezione di tesoreria provinciale. Le somme giacenti alla data del 31 dicembre 2008 sulle preesistenti contabilità speciali per spese correnti e per spese in conto capitale, intestate alle stesse strutture sanitarie, possono essere prelevate in quote annuali costanti del venti per cento. Su richiesta della regione competente, con decreto del Presidente del Consiglio dei Ministri, su proposta del Ministro dell'economia e delle finanze, possono essere concesse deroghe al limite del prelievo annuale del 20 per cento, da riassorbire negli esercizi successivi [(6)].

9. A decorrere dal 1° gennaio 2009 cessano di avere efficacia le disposizioni relative alle sperimentazioni per il superamento della tesoreria unica, attuate con i decreti del Ministro del tesoro, del bilancio e della programmazione economica n. 31855 del 4 settembre 1998 e n. 152772 del 3 giugno 1999 e con i decreti del Ministro dell'economia e delle finanze n. 59453 del 19 giugno 2003 e n. 83361 dell'8 luglio 2005, pubblicato nella Gazzetta Ufficiale n. 165 del 18 luglio 2005.

10. Le disposizioni di cui al presente articolo si applicano per il periodo rispettivamente previsto fino alla definizione dei contenuti del nuovo patto di stabilità interno nel rispetto dei saldi fissati.

11. Gli enti pubblici soggetti al Sistema Informativo delle Operazioni degli Enti pubblici (SIOPE), istituito ai sensi dell'articolo 28, commi 3, 4 e 5, della legge 27 dicembre 2002, n. 289, e successive modificazioni, e i rispettivi tesorieri o cassieri non sono tenuti agli adempimenti relativi alla trasmissione dei dati periodici di cassa, di cui all'articolo 30 della legge 5 agosto 1978, n. 468, e successive modificazioni. I prospetti dei dati SIOPE e delle disponibilità liquide costi-

ACCERTAMENTO

tuiscono un allegato obbligatorio del rendiconto o del bilancio di esercizio. Con decreto del Ministero dell'economia e delle finanze - Dipartimento della Ragioneria generale dello Stato, sono stabilite, entro sessanta giorni dalla data di entrata in vigore della legge di conversione del presente decreto, le relative modalità di attuazione. Le sanzioni previste dagli articoli 30 e 32 della legge n. 468 del 1978 per il mancato invio dei prospetti di cassa operano per gli enti inadempienti al SIOPE [7][8].

[1] *Articolo aggiunto dall'articolo 1, comma 1, della Legge 6 agosto 2008, n. 133, in sede di conversione.*
[2] *Comma modificato dall'articolo 11, comma 3, del D.L. 31 maggio 2010, n. 78, convertito con modificazioni in Legge 30 luglio 2010, n. 122.*
[3] *Comma modificato dall'articolo 28, comma 6, del D.L. 6 dicembre 2011, n. 201, convertito con modificazioni in Legge 22 dicembre 2011, n. 214 e successivamente dall'articolo 34, comma 4, del D.L. 24 aprile 2017, n. 50, convertito, con modificazioni, dalla legge 21 giugno 2017, n. 96.*
[4] *Comma modificato dall'articolo 28, comma 6, del D.L. 6 dicembre 2011, n. 201, convertito con modificazioni in Legge 22 dicembre 2011, n. 214.*
[5] *La Corte Costituzionale, con sentenza 14 dicembre 2009, n. 334 (in Gazz. Uff. 23 dicembre, n. 51), ha dichiarato l'illegittimità costituzionale, del presente comma, nella parte in cui esso si applica alle Province autonome di Trento e Bolzano.*
[6] *In riferimento al presente comma vedi l'articolo 1 del DPCM 2 luglio 2009, l'articolo 1 del D.P.C.M. 28 dicembre 2009, l'articolo 1 del D.P.C.M.25 febbraio 2010, l'articolo 1 del D.P.C.M. 25 febbraio 2010 e l'articolo 1 del D.P.C.M. 25 febbraio 2010.*
[7] *In riferimento al presente articolo vedi: Circolare del Minisero dell'Economia e delle Finanze 26 novembre 2008, n. 33.*
[8] *In riferimeto al presente comma vedi l'articolo 1 del DPCM 30 dicembre 2009.*

TITOLO IV
Perequazione tributaria

CAPO I
Misure fiscali

81. Settori petrolifero e del gas [A]. – *[1. Per le produzioni ottenute a decorrere dal 1° gennaio 2008 dalle concessioni di coltivazione di cui all'articolo 19 del decreto legislativo 25 novembre 1996, n. 625, al verificarsi delle condizioni previste nel comma 2, il titolare unico o contitolare di ciascuna concessione è tenuto a corrispondere esclusivamente allo Stato il valore di un'aliquota del prodotto della coltivazione ulteriore rispetto a quella già prevista dall'articolo 19 del decreto legislativo 25 novembre 1996, n. 625, determinata secondo quanto previsto dal comma 4.]* [1]

[2. Il valore dell'ulteriore aliquota di prodotto è dovuto al verificarsi delle seguenti condizioni:

a) per l'olio, nel caso in cui la quotazione media annua del Brent dell'anno di riferimento espressa in euro sia superiore almeno del 10 per cento a 55 euro per barile. La quotazione media annua del Brent sarà determinata per ciascun anno come media delle quotazioni di fine mese pubblicate dal Platts in dollari al barile per il greggio Brent Dated e convertita in euro al barile sulla base del cambio medio annuo euro/dollaro rilevato dalla Banca d'Italia.

b) per il gas, nel caso in cui la media annua dell'indice QE, di cui all'articolo 19, comma 5-bis, lettera b), del decreto legislativo 25 novembre 1996, n. 625, dell'anno di riferimento sia superiore almeno del 10 per cento a 0,5643 centesimi di euro/MJ.] [2]

[3. Per gli anni successivi al 2008, le suddette quotazioni di riferimento per l'olio e il gas sono rideterminate tenendo conto delle variazioni annuali dei prezzi della produzione di prodotti industriali e del costo del lavoro per unità di prodotto nell'industria con decreto del Ministero dello sviluppo economico di concerto con il Ministero dell'economia e delle finanze.] [3]

[4. Verificandosi le condizioni di cui al comma 3, il valore dell'ulteriore aliquota di prodotto per l'olio e per il gas da corrispondere allo Stato si determina:

a) per le quantità di idrocarburi liquidi e gassosi estratti in terraferma e per le quantità di idrocarburi gassosi estratti in mare:

1) con l'aliquota del 2,1 per cento nel caso di incremento degli indici di cui alle lettere a) e b) del comma 2 in misura pari al 10 per cento;

2) con l'aliquota dello 0,3 per cento per ogni punto percentuale di incremento degli stessi indici ulteriore rispetto al 10 per cento;

b) per le quantità di idrocarburi liquidi estratti in mare:

1) con l'aliquota dell'1,2 per cento nel caso di incremento dell'indice di cui alla lettera a) del comma 2 in misura pari al 10 per cento;

2) con l'aliquota dello 0,15 per cento per ogni punto percentuale di incremento dello stesso indice ulteriore rispetto al 10 per cento.] [4]

[5. Le quantità esenti dal pagamento dell'aliquota di cui all'articolo 19 del decreto legislativo 25 novembre 1996, n. 625, sono esenti anche dal pagamento dell'ulteriore aliquota di cui al comma 1.] [5]

[6. Per la liquidazione, l'accertamento, la riscossione del prelievo dell'ulteriore aliquota di cui al comma 1, inclusa la disciplina sanzionatoria, si applica quanto previsto dall'articolo 19 del decreto legislativo 25 novembre 1996, n. 625, purché compatibile con la natura esclusivamente erariale di tale prelievo.] [6]

[7. All'ulteriore aliquota di prodotto della coltivazione dovuta ai sensi dei commi da 1 a 6 non si applicano le disposizioni di cui ai commi da 8 a 15.] [7]

[8. A decorrere dall'anno 2008, per le concessioni di coltivazioni di cui all'articolo 19 del decreto legislativo 25 novembre 1996, n. 625, il titolare unico o contitolare versa nel mese di novembre di ciascun anno a titolo d'acconto del valore delle aliquote di prodotto dovuto per l'anno in corso un importo pari al 100 per cento di quanto versato per l'anno precedente.] [8]

[9. Il versamento è effettuato allo Stato, alle Regioni a statuto ordinario ed ai Comuni interessati secondo le rispettive quote di competenza e con le stesse modalità previste per i versamenti di cui al predetto articolo 19, comma 8, del decreto legislativo n. 625 del 1996. Limitatamente all'acconto relativo al periodo d'imposta in corso alla data di entrata in vigore del presente decreto, le somme dovute allo Stato affluiscono all'entrata del bilancio dello Stato per la successiva riassegnazione al fondo speciale istituito con il comma 29. Se per l'anno precedente è stata omessa la presentazione del prospetto di cui al predetto articolo 19, comma 11, del decreto legislativo n. 625 del 1996, l'acconto è commisurato al 100 per cento del valore delle aliquote di prodotto che avrebbe dovuto essere dichiarato con tale prospetto.] [9]

[10. I versamenti in acconto relativi al valore delle aliquote di prodotto della coltivazione dei giacimenti di gas dovute allo Stato da cedere presso il mercato regolamentato ai sensi dell'articolo 11 del decreto-legge 31 gennaio 2007, n. 7, convertito, con modificazioni, dalla legge 2 aprile 2007, n. 40, sono determinati valorizzando la produzione secondo il criterio di cui al predetto articolo 19, comma 5-bis, lettera b).] [10]

[11. In caso di omesso o insufficiente versamento dell'acconto, si applica la disciplina sanzionatoria di cui all'articolo 13 del decreto legislativo 18 dicembre 1997, n. 471, oltre agli interessi di cui all'articolo 9 del decreto del Presidente della Repubblica 29 settembre 1973, n. 602. Si applicano altresì le disposizioni di cui all'articolo 13 del decreto legislativo 18 dicembre 1997, n. 472.] [11]

[12. Le disposizioni del comma 11 non si applicano nel caso in cui:

a) il versamento dovuto nei confronti di ciascun ente impositore separatamente considerato è inferiore a 100.000 euro;

b) quando l'acconto versato nei confronti di ciascun ente impositore separatamente considerato è inferiore a quello dovuto, ma non inferiore al 75 per cento del valore dell'aliquota di prodotto dovuto per l'anno in corso. Ai fini del periodo precedente è effettuata secondo il criterio di cui al comma 3 la valorizzazione delle aliquote di prodotto della coltivazione dei giacimenti di gas dovute allo Stato da cedere presso il mercato regolamentato ai sensi dell'articolo 11 del decreto-legge 31 gennaio 2007, n. 7, convertito, con modificazioni, dalla legge 2 aprile 2007, n. 40.] (12)

[13. Il credito risultante dall'eccedenza dell'acconto versato rispetto a quanto dovuto nei confronti di ciascun ente impositore è rimborsata entro 90 giorni dalla presentazione del prospetto di cui al predetto articolo 19, comma 8, del decreto legislativo n. 625 del 1996. Nel caso in cui il rimborso avvenga oltre tale termine maturano gli stessi interessi di cui al comma 11.] (13)

[14. La stessa eccedenza di cui al comma 13 può essere utilizzata in compensazione di quanto dovuto in acconto o a saldo nei confronti di altri enti impositori compensando prioritariamente:

a) le eccedenze nei confronti dei comuni con quanto dovuto alle rispettive regioni di appartenenza;

b) le eccedenze nei confronti delle regioni con quanto dovuto allo Stato anche a titolo di imposta sul reddito delle società.] (14)

[15. Il credito di cui al comma 13 può essere ceduto ad altro titolare o contitolare di concessione di coltivazione per essere compensato secondo quanto previsto dal comma 14.] (15)

16. In dipendenza dell'andamento dell'economia e dell'impatto sociale dell'aumento dei prezzi e delle tariffe del settore energetico, l'aliquota dell'imposta sul reddito delle società di cui all'articolo 75 del testo unico delle imposte sui redditi, approvato con decreto del Presidente della Repubblica 22 dicembre 1986, n. 917, e successive modificazioni, è applicata con una addizionale di 6,5 punti percentuali per i soggetti che abbiano conseguito nel periodo di imposta precedente un volume di ricavi superiore a 3 milioni di euro e un reddito imponibile superiore a 300 mila euro e che operano nei settori di seguito indicati (16):

a) ricerca e coltivazione di idrocarburi liquidi e gassosi;

b) raffinazione petrolio, produzione o commercializzazione di benzine, petroli, gasoli per usi vari, oli lubrificanti e residuati, gas di petrolio liquefatto e gas naturale;

c) produzione, trasmissione e dispacciamento, distribuzione o commercializzazione dell'energia elettrica (17);

c-bis) trasporto o distribuzione del gas naturale (18)

Nel caso di soggetti operanti anche in settori diversi da quelli di cui alle lettere a), b) e c), la disposizione del primo periodo si applica qualora i ricavi relativi ad attività riconducibili ai predetti settori siano prevalenti rispetto all'ammontare complessivo dei ricavi conseguiti. *[La medesima disposizione non si applica ai soggetti che producono energia elettrica mediante l'impiego prevalente di biomasse e di fonte solare-fotovoltaica o eolica]* (19)(20)(B).

16-bis. I soggetti indicati nel comma 16 che abbiano esercitato l'opzione per la tassazione di gruppo di cui all'articolo 117 del testo unico delle imposte sui redditi, approvato con decreto del Presidente della Repubblica 22 dicembre 1986, n. 917, e successive modificazioni, assoggettano autonomamente il proprio reddito imponibile all'addizionale prevista dal medesimo comma 16 e provvedono al relativo versamento (21).

16-ter. I soggetti indicati nel comma 16 che abbiano esercitato, in qualità di partecipati, l'opzione per la trasparenza fiscale di cui all'articolo 115 del testo unico delle imposte sui redditi, approvato con decreto del Presidente della Repubblica 22 dicembre 1986, n. 917, e successive modificazioni, assoggettano autonomamente il proprio reddito imponibile all'addizionale prevista dal medesimo comma 16 e provvedono al relativo versamento. I soggetti indicati nel comma 16 che abbiano esercitato, in qualità di partecipanti, l'opzione per la trasparenza fiscale di cui al citato articolo 115 del testo unico delle imposte sui redditi assoggettano il proprio reddito imponibile all'addizionale prevista dal medesimo comma 16 senza tener conto del reddito imputato dalla società partecipata (22).

17. In deroga all'articolo 3 della legge 27 luglio 2000, n. 212, la disposizione di cui al comma 16 si applica a decorrere dal periodo di imposta successivo a quello in corso al 31 dicembre 2007 (23)(24)(C).

18. È fatto divieto agli operatori economici dei settori richiamati al comma 16 di traslare l'onere della maggiorazione d'imposta sui prezzi al consumo. L'Autorità per l'energia elettrica e il gas vigila sulla puntuale osservanza della disposizione di cui al precedente periodo. L'Autorità per l'energia elettrica e il gas presenta, entro il 31 dicembre 2008, una relazione al Parlamento relativa agli effetti delle disposizioni di cui al comma 16. La vigilanza dell'Autorità per l'energia elettrica e il gas si svolge mediante accertamenti a campione e si esercita nei confronti dei soli soggetti il cui fatturato è superiore al fatturato totale previsto dall'articolo 16, comma 1, prima ipotesi, della legge 10 ottobre 1990, n. 287 (25)(26)(D).

19. Al testo unico delle imposte sui redditi approvato con decreto del Presidente della Repubblica del 22 dicembre 1986, n. 917, dopo l'articolo 92 è aggiunto il seguente:

"Art. 92-bis

(Valutazione delle rimanenze di alcune categorie di imprese).

1. La valutazione delle rimanenze finali dei beni indicati all'articolo 85, comma 1, lettere a) e b) è effettuata secondo il metodo della media ponderata o del "primo entrato primo uscito", anche se non adottati in bilancio, dalle imprese il cui volume di ricavi supera le soglie previste per l'applicazione degli studi di settore, esercenti le attività di:

a) ricerca e coltivazione di idrocarburi liquidi e gassosi;

b) raffinazione petrolio, produzione o commercializzazione di benzine, petroli, gasoli per usi vari, oli lubrificanti e residuati, di gas di petrolio liquefatto e di gas naturale.

2. La disposizione di cui al comma 1 si applica anche ai soggetti che redigono il bilancio in base ai principi contabili internazionali di cui al regolamento (CE) n. 1606/2002 del Parlamento europeo e del Consiglio, del 19 luglio 2002, ed anche a quelli che abbiano esercitato, relativamente alla valutazione dei beni fungibili, l'opzione di cui all'articolo 13, comma 4, del decreto legislativo 28 febbraio 2005, n. 38 (27).

3. Per quanto non diversamente disposto dal presente articolo si applicano le disposizioni dei commi 1, 5 e 7, dell'articolo 92.".

20. Le disposizioni di cui al comma 19 hanno effetto a decorrere dal periodo d'imposta in corso alla data di entrata in vigore del presente decreto.

21. Il maggior valore delle rimanenze finali che si determina per effetto della prima applicazione dell'articolo 92-bis, del testo unico delle imposte sui redditi approvato con decreto del Presidente della Repubblica del 22 dicembre 1986, n. 917, anche per le imprese che si sono avvalse dell'opzione di cui all'articolo 13, commi 2 e 4, del decreto legislativo 28 febbraio 2005, n. 38, non concorre alla formazione del reddito in quanto escluso ed è soggetto ad

un'imposta sostitutiva dell'imposta sul reddito delle persone fisiche, dell'imposta sul reddito delle società e dell'imposta regionale sulle attività produttive con l'aliquota del 16 per cento.

22. L'imposta sostitutiva dovuta è versata in un'unica soluzione contestualmente al saldo dell'imposta personale dovuta per l'esercizio di prima applicazione dell'articolo 92-bis del Testo Unico delle imposte sui redditi approvato con decreto del Presidente della Repubblica n. 917, del 1986. Alternativamente, su opzione del contribuente può essere versata in tre rate di eguale importo contestualmente al saldo delle imposte sul reddito relative all'esercizio di prima applicazione dell'articolo 92-bis del Testo Unico delle imposte sui redditi approvato con decreto del Presidente della Repubblica n. 917, del 1986 e dei due esercizi successivi. Sulla seconda e terza rata maturano interessi al tasso annuo semplice del 3 per cento.

23. Il maggior valore assoggettato ad imposta sostitutiva si considera fiscalmente riconosciuto dall'esercizio successivo a quello di prima applicazione dell'articolo 92-bis del testo unico delle imposte sui redditi approvato con decreto del Presidente della Repubblica n. 917, del 1986; tuttavia fino al terzo esercizio successivo:

a) le svalutazioni determinate in base all'articolo 92, comma 5, del testo unico delle imposte sui redditi approvato con decreto del Presidente della Repubblica n. 917, del 1986, fino a concorrenza del maggior valore assoggettato ad imposta sostitutiva non concorrono alla formazione del reddito ai fini delle imposte personali e dell'imposta regionale sulle attività produttive, ma determinano la riliquidazione della stessa imposta sostitutiva. In tal caso l'importo corrispondente al 16 per cento di tali svalutazioni è computato in diminuzione delle rate di eguale importo ancora da versare; l'eccedenza è compensabile a valere sui versamenti a saldo ed in acconto dell'imposta personale sul reddito;

a-bis) se la quantità delle rimanenze finali è inferiore a quella esistente al termine del periodo d'imposta di prima applicazione dell'articolo 92-bis del testo unico delle imposte sui redditi approvato con decreto del Presidente della Repubblica n. 917 del 1986, il valore fiscalmente riconosciuto delle quantità vendute è ridotto del maggior valore assoggettato ad imposta sostitutiva. In tal caso l'importo corrispondente dell'imposta sostitutiva è computato in diminuzione delle rate di eguale importo ancora da versare; l'eccedenza è compensabile a valere sui versamenti a saldo e in acconto dell'imposta personale sul reddito (28);

b) nel caso di conferimento dell'azienda comprensiva di tutte o parte delle rimanenze di cui all'articolo 92-bis del Testo Unico delle imposte sui redditi approvato con decreto del Presidente della Repubblica n. 917, del 1986, il diritto alla riliquidazione e l'obbligo di versamento dell'imposta sostitutiva si trasferiscono sul conferitario, solo nel caso in cui quest'ultimo non eserciti prima del conferimento le attività di cui al predetto articolo 92-bis e adotti lo stesso metodo di valutazione del conferente. In caso contrario, si rende definitiva l'imposta sostitutiva in misura corrispondente al maggior valore delle rimanenze conferite così come risultante dall'ultima riliquidazione effettuata dal conferente; fino a concorrenza di tale maggiore valore le svalutazioni determinate dal conferitario in base all'articolo 92, comma 5, del Testo Unico delle imposte sui redditi approvato con decreto del Presidente della Repubblica n. 917, del 1986, concorrono alla formazione del reddito per il 50 per cento del loro ammontare fino all'esercizio in corso al 31 dicembre 2011.

24. Fino al termine dell'esercizio in corso al 31 dicembre 2011, nel caso di cessione dell'azienda comprensiva di tutte o parte delle rimanenze di cui all'articolo 92-bis, del Testo Unico delle imposte sui redditi approvato con decreto del Presidente della Repubblica n. 917 del 1986, l'imposta sostitutiva in misura corrispondente al maggior valore delle rimanenze cedute così come risultante dall'ultima riliquidazione effettuata dal cedente si ridetermina con l'aliquota del 27,5 per cento.

25. L'applicazione dell'articolo 92-bis del Testo Unico delle imposte sui redditi approvato con decreto del Presidente della Repubblica n. 917 del 1986, come introdotto dal comma 19, costituisce deroga ai sensi dell'articolo 2423-bis del codice civile.

[26. Il titolare unico ovvero il contitolare di concessione di coltivazione di cui all'articolo 19 del decreto legislativo 25 novembre 1996, n. 625, conferisce allo Stato una quota, espressa in barili, pari all'uno per cento delle produzioni annue ottenute a decorrere dal 1° luglio 2008 dalle concessioni di coltivazione. Il conferimento è effettuato annualmente nelle forme del versamento all'Erario, a decorrere dal 2009, entro il 31 luglio, di una somma pari al valore del prodotto da conferire calcolato utilizzando la quotazione media annua del Brent per barile rilevata nel periodo dal 1° luglio dell'anno precedente al 30 giugno dell'anno in corso.] (29)

[27. Con decreto del Ministro dell'economia e delle finanze, di concerto con il Ministro dello sviluppo economico, sono stabilite le modalità di applicazione delle disposizioni di cui al comma 26.] (30)

[28. Per la disciplina sanzionatoria si applica quanto previsto dall'articolo 19 del decreto legislativo 25 novembre 1996, n. 625.] (31)

29. È istituito un Fondo speciale destinato al soddisfacimento delle esigenze prioritariamente di natura alimentare e successivamente anche energetiche e sanitarie dei cittadini meno abbienti (32).

30. Il Fondo è alimentato:

a) dalle somme riscosse in eccesso dagli agenti della riscossione ai sensi dell'articolo 83, comma 22;

b) dalle somme conseguenti al recupero dell'aiuto di Stato dichiarato incompatibile dalla decisione C(2008)869 def. dell'11 marzo 2008 della Commissione;

c) dalle somme versate dalle cooperative a mutualità prevalente di cui all'articolo 82, commi 25 e 26;

d) con trasferimenti dal bilancio dello Stato;

e) con versamenti a titolo spontaneo e solidale effettuati da chiunque, ivi inclusi in particolare le società e gli enti che operano nel comparto energetico (33).

[31. Con decreto del Ministro dell'economia e delle finanze di concerto con il Ministro del lavoro, della salute e delle politiche sociali sono stabilite le modalità di utilizzo del Fondo per la erogazione di aiuti eccezionali in presenza di effettive situazioni di bisogno.] (34)

32. In considerazione delle straordinarie tensioni cui sono sottoposti i prezzi dei generi alimentari e il costo delle bollette energetiche, nonché il costo per la fornitura di gas da privati, al fine di soccorrere le fasce deboli di popolazione in stato di particolare bisogno e su domanda di queste, è concessa ai residenti cittadini italiani o di Stati membri dell'Unione europea ovvero familiari di cittadini italiani o di Stati membri dell'Unione europea non aventi la cittadinanza di uno Stato membro che siano titolari del diritto di soggiorno o del diritto di soggiorno permanente, ovvero stranieri in possesso di permesso di soggiorno CE per soggior-

nanti di lungo periodo, che versano in condizione di maggior disagio economico, individuati ai sensi del comma 33, una carta acquisti finalizzata all'acquisto di tali beni e servizi, con onere a carico dello Stato [35].

33. Entro trenta giorni dalla data di entrata in vigore del presente decreto, con decreto interdipartimentale del Ministero dell'economia e delle finanze e del Ministero del lavoro, della salute e delle politiche sociali, sono disciplinati, nei limiti delle risorse disponibili a legislazione vigente:

a) i criteri e le modalità di individuazione dei titolari del beneficio di cui al comma 32, tenendo conto dell'età dei cittadini, dei trattamenti pensionistici e di altre forme di sussidi e trasferimenti già ricevuti dallo Stato, della situazione economica del nucleo familiare, dei redditi conseguiti, nonché di eventuali ulteriori elementi atti a escludere soggetti non in stato di effettivo bisogno;

b) l'ammontare del beneficio unitario;

c) le modalità e i limiti di utilizzo del Fondo di cui al comma 29 e di fruizione del beneficio di cui al comma 32 [36].

33-bis. Per favorire la diffusione della carta acquisti tra le fasce più deboli della popolazione, possono essere avviate idonee iniziative di comunicazione [37].

34. Ai fini dell'attuazione dei commi 32 e 33, che in ogni caso deve essere conseguita entro il 30 settembre 2008, il Ministero dell'economia e delle finanze può avvalersi di altre amministrazioni, di enti pubblici, di Poste italiane Spa, di SOGEI Spa o di CONSIP Spa [38].

35. Il Ministero dell'economia e delle finanze, ovvero uno dei soggetti di cui questo si avvale ai sensi del comma 34, individua:

a) i titolari del beneficio di cui al comma 32, in conformità alla disciplina di cui al comma 33;

b) il gestore del servizio integrato di gestione delle carte acquisti e dei relativi rapporti amministrativi, tenendo conto della disponibilità di una rete distributiva diffusa in maniera capillare sul territorio della Repubblica, che possa fornire funzioni di sportello relative all'attivazione della carta e alla gestione dei rapporti amministrativi, al fine di minimizzare gli oneri, anche di spostamento, dei titolari del beneficio, e tenendo conto altresì di precedenti esperienze in iniziative di erogazione di contributi pubblici.

36. Le pubbliche amministrazioni e gli enti pubblici che detengono informazioni funzionali all'individuazione dei titolari del beneficio di cui al comma 32 o all'accertamento delle dichiarazioni da questi effettuate per l'ottenimento dello stesso, forniscono, in conformità alle leggi che disciplinano i rispettivi ordinamenti, dati, notizie, documenti e ogni ulteriore collaborazione richiesta dal Ministero dell'economia e delle finanze o dalle amministrazioni o enti di cui questo si avvale, secondo gli indirizzi da questo impartiti.

37. Il Ministro dell'economia e delle finanze, di concerto con il Ministro del lavoro, della salute e delle politiche sociali, con apposite convenzioni, promuove il concorso del settore privato al supporto economico in favore dei titolari delle carte acquisti.

38. Agli oneri derivanti dall'attuazione dei commi da 32 a 37 si provvede mediante utilizzo del Fondo di cui al comma [39].

38-bis. Entro sei mesi dall'approvazione del decreto di cui al comma 33 e successivamente entro il 31 dicembre di ogni anno, il Governo presenta una relazione al Parlamento sull'attuazione della carta acquisti di cui al comma 32 [40].

38-ter. La dotazione del Fondo per interventi strutturali di politica economica di cui all'articolo 10, comma 5, del decreto-legge 29 novembre 2004, n. 282, convertito, con modificazioni, dalla legge 27 dicembre 2004, n. 307, è integrata a valere sulla quota delle maggiori entrate derivanti dalle modifiche normative previste dagli articoli 81 e 82 del presente decreto, dell'importo di 168 milioni di euro per l'anno 2008, 267,3 milioni di euro per l'anno 2009, 71,7 milioni di euro per l'anno 2010 e 77,5 milioni di euro a decorrere dall'anno 2011. Il medesimo fondo è ridotto di 168 milioni di euro nel 2008 e di 267 milioni di euro nel 2009 [41].

(1) *Comma soppresso dall'articolo 1, comma 1, della Legge 6 agosto 2008, n. 133, in sede di conversione.*

(2) *Comma soppresso dall'articolo 1, comma 1, della Legge 6 agosto 2008, n. 133, in sede di conversione.*

(3) *Comma soppresso dall'articolo 1, comma 1, della Legge 6 agosto 2008, n. 133, in sede di conversione.*

(4) *Comma soppresso dall'articolo 1, comma 1, della Legge 6 agosto 2008, n. 133, in sede di conversione.*

(5) *Comma soppresso dall'articolo 1, comma 1, della Legge 6 agosto 2008, n. 133, in sede di conversione.*

(6) *Comma soppresso dall'articolo 1, comma 1, della Legge 6 agosto 2008, n. 133, in sede di conversione.*

(7) *Comma soppresso dall'articolo 1, comma 1, della Legge 6 agosto 2008, n. 133, in sede di conversione.*

(8) *Comma soppresso dall'articolo 1, comma 1, della Legge 6 agosto 2008, n. 133, in sede di conversione.*

(9) *Comma soppresso dall'articolo 1, comma 1, della Legge 6 agosto 2008, n. 133, in sede di conversione.*

(10) *Comma soppresso dall'articolo 1, comma 1, della Legge 6 agosto 2008, n. 133, in sede di conversione.*

(11) *Comma soppresso dall'articolo 1, comma 1, della Legge 6 agosto 2008, n. 133, in sede di conversione.*

(12) *Comma soppresso dall'articolo 1, comma 1, della Legge 6 agosto 2008, n. 133, in sede di conversione.*

(13) *Comma soppresso dall'articolo 1, comma 1, della Legge 6 agosto 2008, n. 133, in sede di conversione.*

(14) *Comma soppresso dall'articolo 1, comma 1, della Legge 6 agosto 2008, n. 133, in sede di conversione.*

(15) *Comma soppresso dall'articolo 1, comma 1, della Legge 6 agosto 2008, n. 133, in sede di conversione.*

(16) *Alinea modificato dall'articolo 7, comma 1, lettera a), del D.L. 13 agosto 2011, n. 138, convertito con modificazioni in Legge 14 settembre 2011, n. 148 e successivamente dall'articolo 5, comma 1, del D.L. 21 giugno 2013, n. 69, convertito con modificazioni in Legge 9 agosto 2013, n. 98.*

(17) *Lettera sostituita dall'articolo 7, comma 1, lettera b), del D.L. 13 agosto 2011, n. 138, convertito con modificazioni in Legge 14 settembre 2011, n. 148.*

(18) *Lettera aggiunta dall'articolo 7, comma 1, lettera b), del D.L. 13 agosto 2011, n. 138, convertito con modificazioni in Legge 14 settembre 2011, n. 148.*

(19) *Comma sostituito dall'articolo 1, comma 1, della Legge 6 agosto 2008, n. 133, in sede di conversione e successivamente modificato dall'articolo 56, comma 3, della Legge 23 luglio 2009, n. 99 e dall'articolo 7, comma 1, lettera c), del D.L. 13 agosto 2011, n. 138, convertito con modificazioni in Legge 14 settembre 2011, n. 148.*

(20) *La Corte Costituzionale, con sentenza 11 febbraio 2015, n. 10 (in Gazz. Uff., 11 febbraio n. 6), ha dichiarato l'illegittimità costituzionale del presente comma a decorrere dal giorno successivo alla pubblicazione della sentenza nella Gazzetta Ufficiale della Repubblica.*

(21) *Comma aggiunto dall'articolo 1, comma 1, della Legge 6 agosto 2008, n. 133, in sede di conversione.*

(22) *Comma aggiunto dall'articolo 1, comma 1, della Legge 6 agosto 2008, n. 133, in sede di conversione.*

(23) *Comma modificato dall'articolo 1, comma 1, della Legge 6 agosto 2008, n. 133, in sede di conversione.*

(24) *La Corte Costituzionale, con sentenza 11 febbraio 2015, n. 10 (in Gazz. Uff., 11 febbraio n. 6), ha dichiarato l'illegittimità costituzionale del presente comma a decorrere dal giorno successivo alla pubblicazione della sentenza nella Gazzetta Ufficiale della Repubblica.*

(25) *Comma modificato dall'articolo 1, comma 1, della Legge 6 agosto 2008, n. 133, in sede di conversione e successivamente dall'articolo 11,*

comma 14, del D.L. 31 agosto 2013, n. 101, convertito con modificazioni in Legge 30 ottobre 2013, n. 125.

(26) *La Corte Costituzionale, con sentenza 11 febbraio 2015, n. 10 (in Gazz. Uff., 11 febbraio n. 6), ha dichiarato l'illegittimità costituzionale del presente comma a decorrere dal giorno successivo alla pubblicazione della sentenza nella Gazzetta Ufficiale della Repubblica.*

(27) *Comma modificato dall'articolo 1, comma 1, della Legge 6 agosto 2008, n. 133, in sede di conversione.*

(28) *Lettera aggiunta dall'articolo 1, comma 1, della Legge 6 agosto 2008, n. 133, in sede di conversione.*

(29) *Comma soppresso dall'articolo 1, comma 1, della Legge 6 agosto 2008, n. 133, in sede di conversione.*

(30) *Comma soppresso dall'articolo 1, comma 1, della Legge 6 agosto 2008, n. 133, in sede di conversione.*

(31) *Comma soppresso dall'articolo 1, comma 1, della Legge 6 agosto 2008, n. 133, in sede di conversione.*

(32) *Comma sostituito dall'articolo 1, comma 1, della Legge 6 agosto 2008, n. 133, in sede di conversione. Per le modalità di utilizzo del Fondo di cui al presente comma, vedi il D.M. 16 settembre 2008. Vedi anche il D.M. 11 dicembre 2008. A norma dell'articolo 19, comma 18, del D.L. 29 novembre 2008 n. 185, ai soggetti beneficiari delle provvidenze del Fondo di cui al presente comma, è riconosciuto, nel limite di spesa di 2 milioni di euro e per l'anno 2009, il rimborso delle spese occorrenti per l'acquisto di latte artificiale e pannolini per i neonati di età fino a tre mesi. Per l'incremento del fondo di cui al presente comma, vedi l'articolo 24, comma 29, della legge 7 luglio 2009, n. 88 (Legge comunitaria 2008). Per una riduzione del Fondo di cui al presente comma, vedi l'articolo 60, comma 3, del D.L. 9 febbraio 2012, n. 5. Per la riassegnazione di somme al Fondo di cui al presente comma vedi l'articolo 3, comma 3, del D.L. 28 giugno 2013, n. 76, convertito, con modificazioni, dalla Legge 9 agosto 2013, n. 99. Vedi inoltre l'articolo 1, comma 216, della Legge 27 dicembre 2013, n. 147. Per l'incremento del Fondo di cui al presente comma vedi l'articolo 1, comma 156, della Legge 23 dicembre 2014, n. 190.*

(33) *Comma sostituito dall'articolo 1, comma 1, della Legge 6 agosto 2008, n. 133, in sede di conversione.*

(34) *Comma soppresso dall'articolo 1, comma 1, della Legge 6 agosto 2008, n. 133, in sede di conversione.*

(35) *Comma sostituito dall'articolo 1, comma 1, della Legge 6 agosto 2008, n. 133, in sede di conversione e successivamente dall'articolo 1, comma 216, della Legge 27 dicembre 2013, n. 147. Vedi anche l'articolo 2, comma 46, del D.L. 29 dicembre 2010, n. 225, il Parere dell'Autorità garante per la protezione dei dati personali del 27 luglio 2011 e l'articolo 60, comma 1, del D.L. 9 febbraio 2012, n. 5*

(36) *Comma sostituito dall'articolo 1, comma 1, della Legge 6 agosto 2008, n. 133, in sede di conversione.*

(37) *Comma aggiunto dall'articolo 1, comma 1, della Legge 6 agosto 2008, n. 133, in sede di conversione.*

(38) *Comma sostituito dall'articolo 1, comma 1, della Legge 6 agosto 2008, n. 133, in sede di conversione.*

(39) *Comma modificato dall'articolo 1, comma 1, della Legge 6 agosto 2008, n. 133, in sede di conversione.*

(40) *Comma aggiunto dall'articolo 1, comma 1, della Legge 6 agosto 2008, n. 133, in sede di conversione.*

(41) *Comma aggiunto dall'articolo 1, comma 1, della Legge 6 agosto 2008, n. 133, in sede di conversione.*

(A) *In riferimento al presente articolo vedi: Messaggio INPS 30 luglio 2013, n. 12249.*

(B) *In riferimento al presente comma vedi: Circolare dell'Agenzia delle Entrate 28 aprile 2015, n. 18/E.*

(C) *In riferimento al presente comma vedi: Circolare dell'Agenzia delle Entrate 28 aprile 2015, n. 18/E.*

(D) *In riferimento al presente comma vedi: Circolare dell'Agenzia delle Entrate 28 aprile 2015, n. 18/E.*

82. Banche, assicurazioni, fondi di investimento immobiliari "familiari" e cooperative (A). – 1. All'articolo 96 del Testo Unico delle imposte sui redditi approvato con decreto del Presidente della Repubblica 22 dicembre 1986, n. 917, dopo il comma 5 è inserito il seguente:

"5-bis. Gli interessi passivi sostenuti dai soggetti indicati nel primo periodo del comma 5, sono deducibili dalla base imponibile della predetta imposta nei limiti del 96 per cento del loro ammontare. Nell'ambito del consolidato nazionale di cui agli articoli da 117 a 129, l'ammontare complessivo degli interessi passivi maturati in capo a soggetti di cui al periodo precedente partecipanti al consolidato a favore di altri soggetti partecipanti sono integralmente deducibili sino a concorrenza dell'ammontare complessivo degli interessi passivi maturati in capo ai soggetti partecipanti a favore di soggetti estranei al consolidato. La società o ente controllante opera la deduzione integrale degli interessi passivi di cui al periodo precedente in sede di dichiarazione di cui all'articolo 122, apportando la relativa variazione in diminuzione della somma algebrica dei redditi complessivi netti dei soggetti partecipanti." (1).

2. In deroga all'articolo 3 della legge 27 luglio 2000, n. 212, le disposizioni di cui al comma 5-bis dell'articolo 96 del Testo Unico delle imposte sui redditi approvato con decreto del Presidente della Repubblica n. 917, del 1986, come introdotto dal comma 1, si applicano a decorrere dal periodo d'imposta successivo a quello in corso al 31 dicembre 2007. Limitatamente al medesimo periodo d'imposta gli interessi passivi di cui al citato comma 5-bis sono deducibili nei limiti del 97 per cento del loro ammontare (2).

3. Al decreto legislativo 15 dicembre 1997, n. 446, sono apportate le seguenti modifiche:

a) all'articolo 6, comma 8, dopo il primo periodo è aggiunto il seguente: "Gli interessi passivi concorrono alla formazione del valore della produzione nella misura del 96 per cento del loro ammontare.";

b) all'articolo 6, comma 9, dopo il primo periodo è aggiunto il seguente: "Gli interessi passivi concorrono alla formazione del valore della produzione nella misura del 96 per cento del loro ammontare.";

c) all'articolo 7, comma 2, è aggiunto in fine il seguente periodo: "Gli interessi passivi concorrono alla formazione del valore della produzione nella misura del 96 per cento del loro ammontare.".

4. In deroga all'articolo 3 della legge 27 luglio 2000, n. 212, le disposizioni di cui al comma 3 si applicano a decorrere dal periodo d'imposta successivo a quello in corso al 31 dicembre 2007. Limitatamente al medesimo periodo d'imposta gli interessi passivi di cui al comma 3 sono deducibili nei limiti del 97 per cento del loro ammontare (3).

5. Nella determinazione degli acconti dovuti ai fini dell'imposta sul reddito delle società e dell'imposta regionale sulle attività produttive per il medesimo periodo d'imposta successivo a quello in corso al 31 dicembre 2007, in sede di versamento della seconda o unica rata, si assume, quale imposta del periodo precedente, quella che si sarebbe determinata applicando le disposizioni dei commi precedenti (4).

6. All'articolo 111, comma 3, del Testo Unico delle imposte sui redditi approvato con decreto del Presidente della Repubblica 22 dicembre 1986, n. 917, sono apportate le seguenti modifiche:

a) le parole "pari al 60 per cento" sono sostituite dalle seguenti "pari al 30 per cento";

b) le parole "nei nove esercizi successivi" sono sostituite dalle seguenti "nei diciotto esercizi successivi";

c) le parole "il 50 per cento della medesima riserva sinistri" sono sostituite dalle seguenti "il 75 per cento della medesima riserva sinistri".

7. Le residue quote dell'ammontare complessivo delle variazioni della riserva sinistri di cui all'articolo 111, comma 3, del Testo Unico delle imposte sui redditi approvato con decreto del Presidente della Repubblica n. 917 del 1986, che eccede il 60 per cento dell'importo iscritto in bilancio, for-

mate negli esercizi precedenti a quello in corso alla data di entrata in vigore del presente decreto e non ancora dedotte, sono deducibili per quote costanti fino al raggiungimento del diciottesimo esercizio successivo a quello di loro formazione.

8. In deroga all'articolo 3 della legge 27 luglio 2000, n. 212, le disposizioni di cui ai commi 6 e 7 si applicano a decorrere dal periodo d'imposta in corso alla data di entrata in vigore del presente decreto; nella determinazione degli acconti dovuti per il medesimo periodo di imposta, in sede di versamento della seconda o unica rata, si assume, quale imposta del periodo precedente, quella che si sarebbe determinata applicando le disposizioni dei commi 6 e 7.

9. La percentuale della somma da versare, nei termini e con le modalità previsti dall'articolo 15-bis del decreto del Presidente della Repubblica 26 ottobre 1972, n. 642, è elevata al 75 per cento per l'anno 2008, all'85 per cento per il 2009, al 95 per cento per gli anni dal 2010 al 2020 e al 100 per cento per gli anni successivi (5).

10. La percentuale della somma da versare nei termini e con le modalità previsti dall'articolo 9 comma 1-bis della legge 29 ottobre 1961, n. 1216, è elevata al 14 per cento per l'anno 2008, al 30 per cento per il 2009 e al 40 per cento per gli anni successivi.

11. All'articolo 106, comma 3, del Testo Unico delle imposte dirette approvato con decreto del Presidente della Repubblica 22 dicembre 1986, n. 917, sono apportate le seguenti modifiche:

a) le parole: "0,40 per cento", ovunque ricorrano, sono sostituite dalle seguenti: "0,30 per cento";

b) le parole "nei nove esercizi successivi" sono sostituite dalle seguenti "nei diciotto esercizi successivi".

12. Le residue quote dell'ammontare complessivo delle svalutazioni eccedenti la misura deducibile in ciascun esercizio ai sensi del comma 3 dell'articolo 106 del testo unico delle imposte sui redditi approvato con decreto del Presidente della Repubblica n. 917 del 1986, formate negli esercizi precedenti a quello in corso alla data di entrata in vigore del presente decreto e non ancora dedotte, sono deducibili per quote costanti fino al raggiungimento del diciottesimo esercizio successivo a quello in cui esse si sono formate (6).

13. In deroga all'articolo 3 della legge 27 luglio 2000, n. 212, le disposizioni di cui ai commi 11 e 12 si applicano a decorrere dal periodo d'imposta in corso alla data di entrata in vigore del presente decreto; nella determinazione degli acconti dovuti per il medesimo periodo di imposta, in sede di versamento della seconda o unica rata, si assume, quale imposta del periodo precedente, quella che si sarebbe determinata applicando le disposizioni dei commi 11 e 12.

13-bis. All'art. 1 del decreto-legge 24 settembre 2002, n. 209, convertito, con modificazioni, dalla legge 22 novembre 2002, n. 265, il comma 2-bis è sostituito dal seguente:

"2-bis. A decorrere dal periodo d'imposta successivo a quello in corso alla data del 31 dicembre 2008, la percentuale indicata nel comma 2 è aumentata allo 0,350 per cento. Per il periodo d'imposta in corso alla data del 31 dicembre 2008, la percentuale indicata nel comma 2 è aumentata allo 0,390 per cento; per il medesimo periodo d'imposta il versamento è effettuato, a titolo di acconto, entro il 30 novembre 2008, in misura pari allo 0,050 per cento delle riserve del bilancio dell'esercizio per il quale il termine di approvazione scade anteriormente al 25 giugno 2008» (7).

14. Al testo unico delle disposizioni concernenti l'imposta di registro di cui al decreto del Presidente della Repubblica 26 aprile 1986, n. 131, sono apportate le seguenti modificazioni:

a) all'articolo 5, comma 2, dopo le parole: "ad eccezione delle operazioni esenti e imponibili ai sensi dell'articolo 10, primo comma, numeri 8), 8-bis), 8-ter) e 27-quinquies), dello stesso decreto" sono aggiunte le seguenti: "nonché delle locazioni di immobili esenti ai sensi dell'articolo 6 della legge 13 maggio 1999, n. 133 e dell'articolo 10, secondo comma, del medesimo decreto n. 633 del 1972" (8);

b) all'articolo 40, comma 1 dopo le parole "27-quinquies) dello stesso decreto" sono inserite le seguenti: "nonché delle locazioni di immobili esenti ai sensi dell'articolo 6 della legge 13 maggio 1999, n. 133, e dell'articolo 10, secondo comma, del medesimo decreto n. 633 del 1972".

15. Con provvedimento del direttore dell'Agenzia delle entrate sono stabiliti le modalità e i termini degli adempimenti e del versamento dell'imposta commisurata ai canoni di locazione maturati a decorrere dalla data di entrata in vigore del presente decreto per i contratti di locazione in corso alla medesima data e per quelli stipulati successivamente.

16. Le disposizioni di cui all'articolo 1, comma 262, della legge 24 dicembre 2007, n. 244, si applicano a decorrere dal 1° gennaio 2009. Conseguentemente nel comma 264, dell'articolo 1, lettera a), della legge n. 244 del 2007, sono soppresse le parole", e al comma 262".

[17. A partire dal periodo d'imposta in corso alla data di entrata in vigore del presente decreto, ai fondi d'investimento immobiliare chiusi di cui all'articolo 37 del testo unico di cui al decreto legislativo 24 febbraio 1998, n. 58, che presentano i requisiti indicati nelle lettere a) e b) del comma 18 del presente articolo, si applica un'imposta patrimoniale sull'ammontare del valore netto dei fondi. La società di gestione preleva un ammontare pari all'1 per cento a titolo di imposta patrimoniale. Il valore netto del fondo deve essere calcolato come media annua dei valori risultanti dai prospetti redatti ai sensi dell'articolo 6, comma 1, lettera c), numero 3) del decreto legislativo 24 febbraio 1998, n. 58. Nel caso di fondi comuni avviati o cessati in corso d'anno, ai fini del calcolo della media annua si assumono, rispettivamente, i valori del patrimonio alla data di avvio o di cessazione del fondo. Ai fini dell'applicazione della presente disposizione non concorre a formare il valore del patrimonio netto l'ammontare dell'imposta patrimoniale dovuta per il periodo d'imposta e accantonata nel passivo. L'imposta è corrisposta entro il 16 febbraio dell'anno successivo. Per l'accertamento, la riscossione e le sanzioni dell'imposta non dichiarata o non versata si applicano le disposizioni stabilite in materia di imposte sui redditi] (9).

[18. L'imposta di cui al comma 17 è dovuta dai fondi per i quali non sia prevista la quotazione dei certificati in un mercato regolamentato e che abbiano un patrimonio inferiore a 400 milioni di euro qualora sussista almeno uno dei seguenti requisiti (10)*:*

a) le quote del fondo siano detenute, da meno di 10 partecipanti salvo che almeno il 50 per cento di tali quote siano detenute da uno o più dei soggetti di cui al comma 2 ultimo periodo dell'articolo 7 del decreto-legge 25 settembre 2001, n. 351, convertito, con modificazioni, dalla legge 23 novembre 2001, n. 410, dai soggetti indicati nell'articolo 6 del decreto legislativo 1° aprile 1996, n. 239, da imprenditori individuali, società ed enti se le partecipazioni sono relative all'impresa commerciale nonché da enti pubblici, enti di previdenza obbligatoria ed enti non commerciali di cui all'art. 73, comma 1, lettera c) del testo unico delle imposte sui redditi, di cui al decreto del Presidente della

ACCERTAMENTO

Repubblica 22 dicembre 1986, n. 917, e successive modificazioni [11]*;*

b) in ogni caso il fondo sia istituito ai sensi degli articoli 15 e 16 del regolamento del Ministro del tesoro del bilancio e della programmazione economica 24 maggio 1999, n. 228, e più dei due terzi delle quote siano detenute complessivamente, nel corso del periodo d'imposta, [al di fuori dell'esercizio d'impresa,] da una o più persone fisiche legate fra loro da rapporti di parentela o affinità ai sensi dell'articolo 5, comma 5, del Testo Unico delle imposte sui redditi approvato con decreto del Presidente della Repubblica 22 dicembre 1986, n. 917, nonché da società ed enti di cui le persone fisiche medesime detengano il controllo ai sensi dell'articolo 2359 del codice civile, ovvero il diritto di partecipazione agli utili superiore al 50 per cento e da trust di cui siano disponenti o beneficiari, salvo che le predette quote siano relative ad imprese commerciali esercitate da soggetti residenti ovvero a stabili organizzazioni nel territorio dello Stato di soggetti non residenti] [12][13].

[18-bis. L'imposta sostitutiva sui redditi diversi di natura finanziaria di cui all'articolo 5 del decreto legislativo 21 novembre 1997, n. 461, e successive modificazioni, realizzati in dipendenza della cessione o del rimborso di quote di partecipazione in fondi d'investimento immobiliare chiusi soggetti alle disposizioni del comma 18 del presente articolo è dovuta nella misura del 20 per cento. L'imposta è applicata nella medesima misura al momento della cessione o del rimborso anche qualora le quote siano immesse nei rapporti sui quali sia stata esercitata l'opzione per l'applicazione dell'imposta sostitutiva di cui all'articolo 7 del citato decreto legislativo n. 461 del 1997, e successive modificazioni] [14].

[19. La società di gestione del risparmio verifica la sussistenza dei requisiti di cui al comma 18, considerando la media annua del valore delle quote detenute dai partecipanti nel periodo d'imposta. A tal fine, entro il 31 dicembre di ogni anno, i possessori delle quote sono tenuti a rendere apposita comunicazione scritta contenente tutte le informazioni necessarie e aggiornate ai fini dell'applicazione delle disposizioni del comma 18. La società di gestione del risparmio segnala all'Agenzia delle entrate i casi in cui i partecipanti al fondo hanno omesso, in tutto o in parte, di rendere la comunicazione di cui al presente comma, non consentendo l'applicazione dell'imposta di cui al comma 17. Con provvedimento del direttore dell'Agenzia delle entrate sono stabiliti termini e modalità per la segnalazione di cui al periodo precedente] [15].

[20. La sussistenza dei requisiti indicati nel comma 18 determina l'applicazione dell'imposta patrimoniale di cui al comma 17 a partire dal periodo d'imposta nel quale esse si verificano.Qualora la società di gestione del risparmio non abbia potuto applicare l'imposta patrimoniale di cui al comma 17 a seguito della mancata comunicazione delle informazioni di cui al comma 19, l'imposta patrimoniale è applicata in capo ai partecipanti in proporzione al valore delle quote detenute nel medesimo periodo d'imposta e risultante dai relativi prospetti periodici redatti ai sensi dell'articolo 6, comma 1, lettera c) numero 3), del testo unico delle disposizioni in materia di intermediazione finanziaria, di cui al decreto legislativo 24 febbraio 1998, n. 58. Per l'accertamento dell'imposta si applicano le disposizioni del titolo IV del decreto del Presidente della Repubblica 29 settembre 1973, n. 600, e successive modificazioni, e le sanzioni sono applicate ai soli soggetti di cui al comma 19 del presente articolo che hanno omesso, in tutto o in parte, la comunicazione alla società di gestione del risparmio] [16].

21. Nell'articolo 7, comma 1, del decreto-legge 25 settembre 2001, n. 351, convertito, con modificazioni, dalla legge 23 novembre 2001, n. 410, le parole: "una ritenuta del 12,50 per cento", sono sostituite dalle seguenti: "una ritenuta del 20 per cento".

21-bis. Nel caso di rimborso delle quote di partecipazione dei fondi comuni di investimento immobiliare la ritenuta prevista dal comma 1 dell'articolo 7 del decreto-legge 25 settembre 2001, n. 351, convertito, con modificazioni, dalla legge 23 novembre 2001, n. 410, come modificato dal comma 21 del presente articolo, è operata sui proventi percepiti con l'aliquota del 12,50 per cento, fino a concorrenza della differenza positiva tra il valore risultante dall'ultimo rendiconto periodico redatto ai sensi dell'art. 6, comma 1, lettera c) numero 3), del testo unico delle disposizioni in materia di intermediazione finanziaria, di cui al decreto legislativo 24 febbraio 1998, n. 58, prima della data di entrata in vigore del presente decreto e il costo di sottoscrizione o acquisto [17].

22. All'articolo 73 del Testo Unico delle imposte sui redditi approvato con decreto del Presidente della Repubblica 22 dicembre 1986, n. 917, dopo il comma 5-ter, è inserito il seguente:

"5-quater. Salvo prova contraria, si considerano residenti nel territorio dello Stato le società o enti il cui patrimonio sia investito in misura prevalente in quote di fondi di investimento immobiliare chiusi di cui all'articolo 37 del testo unico di cui al decreto legislativo 24 febbraio 1998, n. 58, e siano controllati direttamente o indirettamente, per il tramite di società fiduciarie o per interposta persona, da soggetti residenti in Italia. Il controllo è individuato ai sensi dell'articolo 2359, commi primo e secondo, del codice civile, anche per partecipazioni possedute da soggetti diversi dalle società." [18].

23. Nel comma 2 dell'articolo 51 del Testo Unico delle imposte sui redditi, approvato con decreto del Presidente della Repubblica 29 dicembre 1986, n. 917, la lettera g-bis) è abrogata.

24. La disposizione di cui al comma 23 si applica in relazione alle azioni assegnate ai dipendenti a decorrere dalla data di entrata in vigore del presente decreto.

24-bis. Al comma 4 dell'articolo 27 del testo unico delle norme concernenti gli assegni familiari, di cui al decreto del Presidente della Repubblica 30 maggio 1955, n. 797, e successive modificazioni, è aggiunta, in fine, la seguente lettera:

«g-bis) i redditi da lavoro dipendente derivanti dall'esercizio di piani di stock option» [19].

24-ter. L'esclusione dalla base imponibile contributiva, disposta ai sensi della lettera g-bis) del comma 4 dell'articolo 27 del citato testo unico di cui al decreto del Presidente della Repubblica 30 maggio 1955, n. 797, introdotta dal comma 24-bis del presente articolo, opera in relazione alle azioni assegnate ai dipendenti a decorrere dalla data di entrata in vigore del presente decreto [20].

25. Le cooperative a mutualità prevalente di cui all'articolo 2512 del codice civile che presentano in bilancio un debito per finanziamento contratto con i soci superiore a 50 milioni di euro, sempre che tale debito sia superiore al patrimonio netto contabile, comprensivo dell'utile d'esercizio, così come risultanti alla data di approvazione del bilancio d'esercizio, destinano il 5 per cento dell'utile netto annuale al fondo di solidarietà per i cittadini meno abbienti di cui all'articolo 81, commi 29 e 30, del presente decreto, secondo le modalità e i termini stabiliti con decreto non regolamentare emanato dal Ministro dell'economia e delle finanze, d'intesa con il Ministro della giustizia [21].

26. La disposizione di cui al comma 25 si applica in relazione agli utili evidenziati nei bilanci relativi all'esercizio in corso alla data di entrata in vigore del presente decreto e a quello successivo.

27. Il comma 3 dell'articolo 6 del decreto-legge 15 aprile 2002, n. 63, convertito, con modificazioni, dalla legge 15 giugno 2002, n. 112, è sostituito dal seguente:

"3. Sugli interessi corrisposti dalle società cooperative e loro consorzi, che non soddisfano i requisiti della definizione di piccole e micro imprese di cui alla raccomandazione 2003/361/CE della Commissione, del 6 maggio 2003, ai propri soci persone fisiche residenti nel territorio dello Stato, relativamente ai prestiti erogati alle condizioni stabilite dall'articolo 13 del decreto del Presidente della Repubblica 29 settembre 1973, n. 601, si applica una ritenuta a titolo di imposta nella misura del 20 per cento." [(22)].

28. Al comma 460 dell'articolo 1 della legge 30 dicembre 2004, n. 311, dopo la lettera b) è inserita la seguente lettera:

"b-bis) per la quota del 55 per cento degli utili netti annuali delle società cooperative di consumo e loro consorzi".

29. In deroga all'articolo 3 della legge 27 luglio 2000, n. 212, le disposizioni di cui al comma 28 si applicano a decorrere dal periodo d'imposta in corso alla data di entrata in vigore del presente decreto; nella determinazione degli acconti dovuti per il medesimo periodo di imposta, in sede di versamento della seconda o unica rata, si assume, quale imposta del periodo precedente, quella che si sarebbe determinata applicando le disposizioni del comma 28.

[(A)] In riferimento al presente articolo vedi: Circolare del Ministero dell'Economia e delle Finanze 17 ottobre 2008, n. 58;Circolare del Minisero dell'Economia e delle Finanze 3 novembre 2008, n. 61; Circolare INPS 11 dicembre 2009, n. 123.

[(1)] Capoverso modificato dall'articolo 1, comma 1, della legge 6 agosto 2008, n. 133, in sede di conversione.

[(2)] Comma modificato dall'articolo 1, comma 1, della legge 6 agosto 2008, n. 133, in sede di conversione.

[(3)] Comma modificato dall'articolo 1, comma 1, della legge 6 agosto 2008, n. 133, in sede di conversione.

[(4)] Comma modificato dall'articolo 1, comma 1, della legge 6 agosto 2008, n. 133, in sede di conversione.

[(5)] Comma modificato dall'articolo 1, comma 1128, della Legge 30 dicembre 2018, n. 145.

[(6)] Comma modificato dall'articolo 1, comma 1, della legge 6 agosto 2008, n. 133, in sede di conversione.

[(7)] Comma inserito dall'articolo 1, comma 1, della legge 6 agosto 2008, n. 133, in sede di conversione.

[(8)] Comma modificato dall'articolo 1, comma 1, della legge 6 agosto 2008, n. 133, in sede di conversione.

[(9)] Comma modificato dall'articolo 1, comma 1, della legge 6 agosto 2008, n. 133, in sede di conversione e abrogato dall'articolo 32, comma 8, del D.L. 31 maggio 2010, n. 78, convertito con modificazioni in Legge 30 luglio 2010, n. 122.

[(10)] Alinea modificato dall'articolo 1, comma 1, della legge 6 agosto 2008, n. 133, in sede di conversione.

[(11)] Lettera modificata dall'articolo 1, comma 1, della legge 6 agosto 2008, n. 133, in sede di conversione.

[(12)] Lettera modificata dall'articolo 1, comma 1, della legge 6 agosto 2008, n. 133, in sede di conversione.

[(13)] Comma abrogato dall'articolo 32, comma 8, del D.L. 31 maggio 2010, n. 78, convertito con modificazioni in Legge 30 luglio 2010, n. 122.

[(14)] Comma inserito dall'articolo 1, comma 1, della legge 6 agosto 2008, n. 133, in sede di conversione e abrogato dall'articolo 32, comma 8, del D.L. 31 maggio 2010, n. 78, convertito con modificazioni in Legge 30 luglio 2010, n. 122.

[(15)] Comma sostituito dall'articolo 1, comma 1, della legge 6 agosto 2008, n. 133, in sede di conversione e abrogato dall'articolo 32, comma 8, del D.L. 31 maggio 2010, n. 78, convertito con modificazioni in Legge 30 luglio 2010, n. 122.

[(16)] Comma sostituito dall'articolo 1, comma 1, della legge 6 agosto 2008, n. 133, in sede di conversione e abrogato dall'articolo 32, comma 8, del D.L. 31 maggio 2010, n. 78, convertito con modificazioni in Legge 30 luglio 2010, n. 122.

[(17)] Comma inserito dall'articolo 1, comma 1, della legge 6 agosto 2008, n. 133, in sede di conversione.

[(18)] Capoverso modificato dall'articolo 1, comma 1, della legge 6 agosto 2008, n. 133, in sede di conversione.

[(19)] Comma inserito dall'articolo 1, comma 1, della legge 6 agosto 2008, n. 133, in sede di conversione.

[(20)] Comma inserito dall'articolo 1, comma 1, della legge 6 agosto 2008, n. 133, in sede di conversione.

[(21)] Comma modificato dall'articolo 1, comma 1, della legge 6 agosto 2008, n. 133, in sede di conversione.

[(22)] Capoverso modificato dall'articolo 1, comma 1, della legge 6 agosto 2008, n. 133, in sede di conversione.

83. Efficienza dell'Amministrazione finanziaria [(A)]. – 1. Al fine di garantire maggiore efficacia ai controlli sul corretto adempimento degli obblighi di natura fiscale e contributiva a carico dei soggetti non residenti e di quelli residenti ai fini fiscali da meno di 5 anni, l'I.N.P.S. e l'Agenzia delle entrate predispongono di comune accordo appositi piani di controllo anche sulla base dello scambio reciproco dei dati e delle informazioni in loro possesso. L'INPS e l'Agenzia delle entrate attivano altresì uno scambio telematico mensile delle posizioni relative ai titolari di partita IVA e dei dati annuali riferiti ai soggetti che percepiscono utili derivanti da contratti di associazione in partecipazione, quando l'apporto è costituito esclusivamente dalla prestazione di lavoro [(1)].

2. L'I.N.P.S. e l'Agenzia delle entrate determinano le modalità di attuazione della disposizione di cui al comma 1 con apposita convenzione.

2-bis. La convenzione di cui al comma 2 disciplina anche le modalità di trasmissione, tra le due Amministrazioni, delle violazioni in materia contributiva, per le quali non si applicano le disposizioni di cui all'articolo 1 del decreto legislativo 18 dicembre 1997, n. 462, rilevate dall'Agenzia delle entrate a seguito dei controlli effettuati e delle violazioni tributarie, comprese quelle riscontrate in materia di ritenute, individuate dall'INPS a seguito delle attività ispettive [(2)].

3. Nel triennio 2009-2011 l'Agenzia delle entrate realizza un piano di ottimizzazione dell'impiego delle risorse finalizzato ad incrementare la capacità operativa destinata alle attività di prevenzione e repressione della evasione fiscale, rispetto a quella media impiegata agli stessi fini nel biennio 2007-2008, in misura pari ad almeno il 10 per cento.

4. All'articolo 1 del decreto-legge 30 settembre 2005, n. 203, convertito, con modificazioni, dalla legge 2 dicembre 2005, n. 248, dopo il comma 2-bis, è aggiunto il seguente:

"2-ter. Il Dipartimento delle finanze con cadenza semestrale fornisce ai comuni, anche per il tramite dell'Associazione nazionale dei comuni italiani, l'elenco delle iscrizioni a ruolo delle somme derivanti da accertamenti ai quali i comuni abbiano contribuito ai sensi dei commi precedenti.".

5. Ai fini di una più efficace prevenzione e repressione dei fenomeni di frode in materia di IVA nazionale e comunitaria l'Agenzia delle entrate, l'Agenzia delle dogane e la Guardia di finanza incrementano la capacità operativa destinata a tali attività anche orientando appositamente loro funzioni o strutture al fine di assicurare:

a) l'analisi dei fenomeni e l'individuazione di specifici ambiti di indagine;

b) la definizione di apposite metodologie di contrasto;

c) la realizzazione di specifici piani di prevenzione e contrasto dei fenomeni medesimi;

d) il monitoraggio dell'efficacia delle azioni poste in essere.

6. Il coordinamento operativo tra i soggetti istituzionali di

cui al comma 5 è assicurato mediante un costante scambio informativo anche allo scopo di consentire la tempestiva emissione degli atti di accertamento e l'adozione di eventuali misure cautelari.

7. Gli esiti delle attività svolte in attuazione delle disposizioni di cui ai commi 5 e 6 formano oggetto di apposite relazioni annuali al Ministro dell'economia e delle finanze (3).

7-bis. Al fine di assicurare l'efficacia dei controlli in materia di IVA all'importazione, con provvedimento del direttore dell'Agenzia delle dogane, da emanare di concerto con il direttore dell'Agenzia delle entrate entro tre mesi dalla data di entrata in vigore della presente disposizione, sono stabilite le modalità per l'attivazione di un sistema completo e periodico di scambio di informazioni tra l'autorità doganale e quella fiscale, da attuare con le risorse umane, strumentali e finanziarie disponibili a legislazione vigente, senza nuovi o maggiori oneri per la finanza pubblica (4).

8. Nell'ambito della programmazione dell'attività di accertamento relativa agli anni 2009, 2010 e 2011 è pianificata l'esecuzione di un piano straordinario di controlli finalizzati alla determinazione sintetica del reddito delle persone fisiche a norma dell'articolo 38 del decreto del Presidente della Repubblica 29 settembre 1973, n. 600, sulla base di elementi e circostanze di fatto certi desunti dalle informazioni presenti nel sistema informativo dell'anagrafe tributaria nonché acquisiti in base agli ordinari poteri istruttori e in particolare a quelli acquisiti ai sensi dell'articolo 32, primo comma, numero 7), del citato decreto del Presidente della Repubblica n. 600 del 1973 (5).

9. Nella selezione delle posizioni ai fini dei controlli di cui al comma 8 è data priorità ai contribuenti che non hanno evidenziato nella dichiarazione dei redditi alcun debito d'imposta e per i quali esistono elementi indicativi di capacità contributiva (6).

10. Coerentemente con quanto previsto dall'articolo 33 del decreto del Presidente della Repubblica 29 settembre 1973, n. 600, e dall'articolo 63 del decreto del Presidente della Repubblica 26 ottobre 1972, n. 633, la Guardia di finanza contribuisce al piano straordinario di cui al comma 8 destinando una adeguata quota della propria capacità operativa alle attività di acquisizione degli elementi e circostanze di fatto certi necessari per la determinazione sintetica del reddito delle persone fisiche a norma dell'articolo 38 del decreto del Presidente della Repubblica n. 600 del 1973. L'Agenzia delle entrate e la Guardia di finanza definiscono annualmente, d'intesa tra loro, le modalità della loro cooperazione al piano.

11. Ai fini della realizzazione del piano di cui al comma 8 ed in attuazione della previsione di cui all'articolo 1 del decreto-legge 30 settembre 2005, n. 203, convertito, con modificazioni, dalla legge 2 dicembre 2005, n. 248, i comuni segnalano all'Agenzia delle entrate eventuali situazioni rilevanti per la determinazione sintetica del reddito di cui siano a conoscenza.

12. Al fine di favorire lo scambio di esperienze professionali e amministrative tra le Agenzie fiscali, nonché tra le predette Agenzie e il Ministero dell'economia e delle finanze, attraverso la mobilità dei loro dirigenti generali di prima fascia, nonché di contribuire al perseguimento della maggiore efficienza e funzionalità di tali Agenzie, su richiesta nominativa del direttore di una Agenzia fiscale, che indica altresì l'alternativa fra almeno due incarichi da conferire, il Ministro dell'economia e delle finanze assegna a tale Agenzia il dirigente generale di prima fascia in servizio presso il Ministero ovvero presso altra Agenzia fiscale, sentito il direttore della Agenzia presso la quale è in servizio il dirigente generale richiesto. Qualora per il nuovo incarico sia prevista una retribuzione complessivamente inferiore a quella percepita dal dirigente generale in relazione all'incarico già ricoperto, per la differenza sono fatti salvi gli effetti economici del contratto individuale di lavoro in essere presso il Ministero ovvero presso l'Agenzia fiscale di provenienza fino alla data di scadenza di tale contratto, in ogni caso senza maggiori oneri rispetto alle risorse assegnate a legislazione vigente alla Agenzia fiscale richiedente. In caso di rifiuto ad accettare gli incarichi alternativamente indicati nella richiesta, il dirigente generale è in esubero ai sensi e per gli effetti dell'articolo 33 del decreto legislativo 30 marzo 2001, n. 165 (7).

13. All'articolo 67 del decreto legislativo 30 luglio 1999, n. 300, sono apportate le seguenti modificazioni (8):

a) nel comma 1, lettera b), la parola "sei" è sostituita dalla seguente: "quattro";

b) nel comma 3, il secondo periodo è sostituito dal seguente: "Metà dei componenti sono scelti tra i dipendenti di pubbliche amministrazioni ovvero tra soggetti ad esse esterni dotati di specifica competenza professionale attinente ai settori nei quali opera l'agenzia.".

14. In sede di prima applicazione della disposizione di cui al comma 13 i comitati di gestione delle Agenzie fiscali in carica alla data di entrata in vigore del presente decreto cessano automaticamente il trentesimo giorno successivo.

15. Al fine di garantire la continuità delle funzioni di controllo e monitoraggio dei dati fiscali e finanziari, i diritti dell'azionista della società di gestione del sistema informativo dell'amministrazione finanziaria ai sensi dell'articolo 22, comma 4, della legge 30 dicembre 1991, n. 413, sono esercitati dal Ministero dell'economia e delle finanze ai sensi dell'articolo 6, comma 7, del regolamento di cui al decreto del Presidente della Repubblica 30 gennaio 2008, n. 43, che provvede agli atti conseguenti in base alla legislazione vigente. Sono abrogate tutte le disposizioni incompatibili con il presente comma. Il consiglio di amministrazione, composto di cinque componenti, è conseguentemente rinnovato entro il 30 giugno 2008 senza applicazione dell'articolo 2383, terzo comma, del codice civile (9).

16. Al fine di assicurare maggiore effettività alla previsione di cui all'articolo 1 del decreto-legge 30 settembre 2005, n. 203, convertito, con modificazioni, dalla legge 2 dicembre 2005, n. 248, i comuni, entro i sei mesi successivi alla richiesta di iscrizione nell'anagrafe degli italiani residenti all'estero, confermano all'Ufficio dell'Agenzia delle entrate competente per l'ultimo domicilio fiscale che il richiedente ha effettivamente cessato la residenza nel territorio nazionale. Per il triennio successivo alla predetta richiesta di iscrizione la effettività della cessazione della residenza nel territorio nazionale è sottoposta a vigilanza da parte dei comuni e dell'Agenzia delle entrate, la quale si avvale delle facoltà istruttorie di cui al Titolo IV del decreto del Presidente della Repubblica 29 settembre 1973, n. 600.

17. In fase di prima attuazione delle disposizioni del comma 16, la specifica vigilanza ivi prevista da parte dei comuni e dell'Agenzia delle entrate viene esercitata anche nei confronti delle persone fisiche che hanno chiesto la

iscrizione nell'anagrafe degli italiani residenti all'estero a far corso dal 1° gennaio 2006. L'attività dei comuni è anche in questo caso incentivata con il riconoscimento della quota pari al 33 per cento delle maggiori somme relative ai tributi statali riscosse a titolo definitivo previsto dall'articolo 1, comma 1, del decreto-legge 30 settembre 2005, n. 203, convertito, con modificazioni, dalla legge 2 dicembre 2005, n. 248 (10).

17-bis. I comuni, fermi restando gli obblighi di comunicazione all'Agenzia delle entrate di cui al comma 16, inviano entro i sei mesi successivi alla richiesta di iscrizione nell'anagrafe degli italiani residenti all'estero i dati dei richiedenti alla predetta agenzia al fine della formazione di liste selettive per i controlli relativi ad attività finanziarie e investimenti patrimoniali esteri non dichiarati; le modalità *[effettive]* di comunicazione e i criteri per la formazione delle liste sono disciplinati con provvedimento del direttore dell'Agenzia delle entrate da adottarsi entro tre mesi dall'entrata in vigore della presente disposizione (37).

17-ter. In fase di prima attuazione delle disposizioni del comma 17-bis, le attività ivi previste da parte dei comuni e dell'Agenzia delle entrate vengono esercitate anche nei confronti delle persone fisiche che hanno chiesto l'iscrizione nell'anagrafe degli italiani residenti all'estero a decorrere dal 1° gennaio 2010 e ai fini della formazione delle liste selettive si terrà conto della eventuale mancata presentazione delle istanze di collaborazione volontaria di cui agli articoli da 5-quater a 5-octies del decreto-legge 28 giugno 1990, n. 167, convertito, con modificazioni, dalla legge 4 agosto 1990, n. 227 (38).

18. Allo scopo di semplificare la gestione dei rapporti con l'Amministrazione fiscale, ispirandoli a principi di reciproco affidamento ed agevolando il contribuente mediante la compressione dei tempi di definizione, nel decreto legislativo 19 giugno 1997, n. 218, dopo l'articolo 5 è inserito il seguente:

"Art. 5-bis

(Adesione ai verbali di constatazione).

1. Il contribuente può prestare adesione anche ai verbali di constatazione in materia di imposte sui redditi e di imposta sul valore aggiunto redatti ai sensi dell'articolo 24 della legge 7 gennaio 1929, n. 4, che consentano l'emissione di accertamenti parziali previsti dall'articolo 41-bis del decreto del Presidente della Repubblica 29 settembre 1973, n. 600, e dall'articolo 54, quarto comma, del decreto del Presidente della Repubblica 26 ottobre 1972, n. 633.

2. L'adesione di cui al comma 1 può avere ad oggetto esclusivamente il contenuto integrale del verbale di constatazione e deve intervenire entro i 30 giorni successivi alla data della consegna del verbale medesimo mediante comunicazione al competente Ufficio dell'Agenzia delle entrate ed all'organo che ha redatto il verbale. Entro i 60 giorni successivi alla comunicazione al competente Ufficio dell'Agenzia delle entrate, lo stesso notifica al contribuente l'atto di definizione dell'accertamento parziale recante le indicazioni previste dall'articolo 7 (11).

3. In presenza dell'adesione di cui al comma 1 la misura delle sanzioni applicabili indicata nell'articolo 2, comma 5, è ridotta alla metà e e le somme dovute risultanti dall'atto di definizione dell'accertamento parziale devono essere versate nei termini e con le modalità di cui all'articolo 8, senza prestazione delle garanzie ivi previste in caso di versamento rateale. Sull'importo delle rate successive alla prima sono dovuti gli interessi al saggio legale calcolati dal giorno successivo alla data di notifica dell'atto di definizione dell'accertamento parziale (12).

4. In caso di mancato pagamento delle somme dovute di cui al comma 3 il competente ufficio dell'Agenzia delle entrate provvede all'i scrizione a ruolo a titolo definitivo delle predette somme a norma dell'articolo 14 del decreto del Presidente della Repubblica 29 settembre 1973, n. 602" (13).

18-bis. L'articolo 5-bis del decreto legislativo 19 giugno 1997, n. 218, si applica con riferimento ai verbali di constatazione consegnati a decorrere dalla data di entrata in vigore del presente decreto (14).

18-ter. In sede di prima applicazione dell'articolo 5-bis del decreto legislativo 19 giugno 1997, n. 218:

a) il termine per la comunicazione dell'adesione da parte del contribuente ai verbali consegnati entro la data di entrata in vigore della legge di conversione del presente decreto è comunque prorogato fino al 30 settembre 2008;

b) il termine per la notifica dell'atto di definizione dell'accertamento parziale relativo ai verbali consegnati al contribuente fino al 31 dicembre 2008 è comunque prorogato al 30 giugno 2009 (15).

18-quater. Con provvedimento del direttore dell'Agenzia delle entrate, da emanare entro trenta giorni dalla data di entrata in vigore della legge di conversione del presente decreto, sono stabilite le modalità di effettuazione della comunicazione dell'adesione da parte del contribuente prevista dall'articolo 5-bis del decreto legislativo 19 giugno 1997, n. 218 (16).

19. In funzione dell'attuazione del federalismo fiscale, a decorrere dal 1° gennaio 2009 gli studi di settore di cui all'articolo 62-bis del decreto-legge 30 agosto 1993, n. 331, convertito, con modificazioni, dalla legge 29 ottobre 1993, n. 427, vengono elaborati, sentite le associazioni professionali e di categoria, anche su base regionale o comunale, ove ciò sia compatibile con la metodologia prevista dal comma 1, secondo periodo, dello stesso articolo 62-bis (17).

20. Con decreto del Ministro dell'economia e delle finanze sono stabilite le modalità di attuazione del comma 19, prevedendo che la elaborazione su base regionale o comunale avvenga con criteri di gradualità entro il 31 dicembre 2013 e garantendo che alla stessa possano partecipare anche i comuni, in attuazione della previsione di cui all'articolo 1 del decreto-legge 30 settembre 2005, n. 203, convertito, con modificazioni, dalla legge 2 dicembre 2005, n. 248.

21. All'articolo 22 del decreto legislativo 13 aprile 1999, n. 112, dopo il comma 1 sono inseriti i seguenti:

"1-bis. In caso di versamento di somme eccedenti almeno cinquanta euro rispetto a quelle complessivamente richieste dall'agente della riscossione, quest'ultimo ne offre la restituzione all'avente diritto notificandogli una comunicazione delle modalità di restituzione dell'eccedenza. Decorsi tre mesi dalla notificazione senza che l'avente diritto abbia accettato la restituzione, ovvero, per le eccedenze inferiori a cinquanta euro, decorsi tre mesi dalla data del pagamento, l'agente della riscossione riversa le somme eccedenti all'ente creditore ovvero, se tale ente non è identificato né facilmente identificabile, all'entrata del bilancio dello Stato, ad esclusione di una quota pari al 15 per cento, che affluisce ad apposita contabilità speciale. Il riversamento è effettuato il giorno 20 dei mesi di giugno e dicembre di ciascun anno.

1-ter. La restituzione ovvero il riversamento sono effettuati al netto dell'importo delle spese di notificazione, determinate ai sensi dell'articolo 17, comma 7-ter, trattenute dall'agente della riscossione a titolo di rimborso delle spese sostenute per la notificazione.

1-quater. Resta fermo il diritto di chiedere, entro l'ordinario termine di prescrizione, la restituzione delle somme eccedenti di cui al comma 1-bis all'ente creditore ovvero allo Stato. In caso di richiesta allo Stato, le somme occorrenti per la restituzione sono prelevate dalla contabilità speciale prevista dal comma 1-bis e riversate all'entrata del bilancio dello Stato per essere riassegnate ad apposito capitolo dello stato di previsione del Ministero dell'economia e delle finanze.".

22. Le somme eccedenti di cui all'articolo 22, comma 1-bis, del decreto legislativo 13 aprile 1999, n. 112, incassate anteriormente al quinto anno precedente la data di entrata in vigore del presente decreto, sono versate entro il 20 dicembre 2008 ed affluiscono all'entrata del bilancio dello Stato per la successiva riassegnazione al Fondo speciale istituito con l'articolo 81, comma 29, del presente decreto [18].

23. All'articolo 19 del decreto del Presidente della Repubblica 29 settembre 1973, n. 602, sono apportate le seguenti modificazioni:

a) nel comma 1, sono soppresse le parole da "Se" a "cancellazione dell'ipoteca";

b) nel comma 4, le parole da "l'ultimo" a "mese" sono sostituite dalle seguenti: "nel giorno di ciascun mese indicato nell'atto di accoglimento dell'istanza di dilazione";

c) il comma 4-bis è abrogato. In ogni caso le sue disposizioni continuano a trovare applicazione nei riguardi delle garanzie prestate ai sensi dell'articolo 19 del citato decreto del Presidente della Repubblica n. 602 del 1973 nel testo vigente anteriormente alla data di entrata in vigore del presente decreto.

23-bis. All'articolo 28 del decreto del Presidente della Repubblica 29 settembre 1973, n. 602, dopo il comma 3 è inserito il seguente:

"3-bis. Il pagamento effettuato con i mezzi diversi dal contante individuati ai sensi del comma 3 si considera omesso:

a) in caso di utilizzazione di un assegno, se l'assegno stesso risulta scoperto o comunque non pagabile;

b) in caso di utilizzazione di una carta di credito, se il gestore della carta non fornisce la relativa provvista finanziaria" [19].

23-ter. All'articolo 47-bis, comma 1, del decreto del Presidente della Repubblica 29 settembre 1973, n. 602, dopo la parola: "concessionari" sono inserite le seguenti: "e ai soggetti da essi incaricati" [20].

24. All'articolo 79, comma 1, del decreto del Presidente della Repubblica 29 settembre 1973, n. 602, dopo la parola "131", sono inserite le seguenti: ", moltiplicato per tre".

25. È istituito presso il Ministero degli affari esteri il Comitato strategico per lo sviluppo e la tutela all'estero degli interessi nazionali in economia, con compiti di analisi, indirizzo, supporto e coordinamento nel campo dei fenomeni economici complessi propri della globalizzazione quali l'influenza dei fondi sovrani e lo sviluppo sostenibile nei Paesi in via di sviluppo. La composizione del Comitato, ai cui lavori partecipano qualificati rappresentanti di Ministeri, nonché alte professionalità ed esperienze tecniche nei suoi settori di intervento, è definita con decreto del Ministro degli affari esteri, di concerto con il Ministro dell'economia e delle finanze, con il quale sono stabilite altresì le disposizioni generali del suo funzionamento. Le funzioni di segreteria del Comitato sono assicurate, nei limiti degli ordinari stanziamenti di bilancio, dalle strutture del Ministero degli affari esteri. La partecipazione al Comitato è gratuita [21].

[26. Al Comitato competono, altresì, anche al fine di farne oggetto di pareri al Governo, l'analisi di fenomeni economici complessi propri della globalizzazione, quali l'influenza dei fondi sovrani e lo sviluppo sostenibile nei Paesi in via di sviluppo, nonché compiti di supporto alle funzioni di coordinamento degli sforzi per lo sviluppo delle attività all'estero di imprese italiane e delle iniziative di interesse nazionale all'estero.] [22]

[27. Il Comitato è composto, in numero non superiore a dieci, da alte professionalità tecniche dotate di elevata specializzazione nei suoi settori di intervento, nonché da qualificati rappresentanti dei Ministeri degli affari esteri, dell'economia e delle finanze, della difesa, dello sviluppo economico, delle infrastrutture e dei trasporti.] [23]

[28. Le funzioni di segreteria del Comitato sono assicurate, nei limiti degli ordinari stanziamenti di bilancio, dalla Presidenza del Consiglio dei Ministri. Il Comitato e la sua segreteria sono costituiti con decreto del Presidente del Consiglio dei Ministri, di concerto con il Ministro dell'economia e delle finanze, con il quale sono stabilite altresì le disposizioni generali sul loro funzionamento. Il Comitato riferisce ogni sei mesi sulla attività svolta e sui propri risultati. La partecipazione al Comitato è gratuita.] [24]

28-bis. All'articolo 19-bis.1, comma 1, lettera e), del decreto del Presidente della Repubblica 26 ottobre 1972, n. 633, le parole: "a prestazioni alberghiere e a somministrazione di alimenti e bevande, con esclusione di quelle inerenti alla partecipazione a convegni, congressi e simili, erogate nei giorni di svolgimento degli stessi, delle somministrazioni effettuate nei confronti dei datori di lavoro nei locali dell'impresa o in locali adibiti a mensa scolastica, aziendale o interaziendale e delle somministrazioni commesse da imprese che forniscono servizi sostitutivi di mense aziendali" sono soppresse [25].

28-ter. Le disposizioni del comma 28-bis si applicano alle operazioni effettuate a partire dal 1° settembre 2008 [26].

28-quater. Al testo unico delle imposte sui redditi, di cui al decreto del Presidente della Repubblica 22 dicembre 1986, n. 917, e successive modificazioni, sono apportate le seguenti modificazioni:

a) all'articolo 109, comma 5, è aggiunto, in fine, il seguente periodo: "Fermo restando quanto previsto dai periodi precedenti, le spese relative a prestazioni alberghiere e a somministrazioni di alimenti e bevande, diverse da quelle di cui al comma 3 dell'articolo 95, sono deducibili nella misura del 75 per cento.";

b) all'articolo 54, comma 5, il primo periodo è sostituito dal seguente: "Le spese relative a prestazioni alberghiere e a somministrazione di alimenti e bevande sono deducibili nella misura del 75 per cento e, in ogni caso, per un importo complessivamente non superiore al 2 per cento dell'ammontare dei compensi percepiti nel periodo di imposta" [27].

28-quinquies. Le disposizioni del comma 28-quater entrano in vigore a partire dal periodo d'imposta successivo a quello in corso al 31 dicembre 2008. Nella determinazione degli acconti dovuti per il medesimo periodo d'imposta, l'imposta del periodo precedente è determinata applicando le disposizioni del comma 28-quater [28].

[28-sexies. Nelle more dell'adozione del decreto del Ministero dell'economia e delle finanze previsto dall'articolo 1, comma 225, della legge 24 dicembre 2007, n. 244, gli enti locali e i soggetti di cui alla lettera b) del comma 5 dell'articolo 52 del decreto legislativo 15 dicembre 1997, n. 446, e successive modificazioni, accedono ai dati e alle informazioni disponibili presso il sistema informativo dell'Agenzia delle entrate, ivi compresi quelli di cui all'articolo 7, sesto comma, del decreto del Presidente della Repubblica 29 settembre 1973, n. 605, e successive modificazioni, sulla base delle disposizioni contenute nel decreto del Ministro delle finanze 16 novembre 2000, pubblicato nella Gazzetta Ufficiale n. 275 del 24 novembre 2000. Le facoltà ivi previste possono essere esercitate solo dopo la notifica dell'ingiunzione prevista dal testo unico delle disposizioni di legge relative alla riscossione delle entrate patrimoniali dello Stato, di cui al regio decreto 14 aprile 1910, n. 639. Il riferimento al numero identificativo del ruolo, contenuto nell'articolo 2 del citato decreto del Ministro delle finanze 16 novembre 2000, è sostituito con il riferimento alla data di notifica dell'ingiunzione e alla relativa causale. Il dirigente o responsabile dell'ufficio, nel caso degli enti locali, e il legale rappresentante o direttore generale, nel caso dei soggetti di cui alla citata lettera b) del comma 5 dell'articolo 52 del decreto legislativo n. 446 del 1997, e successive modificazioni, autorizzano preventivamente l'accesso in forma scritta e individuano in via generale i dipendenti destinati a provvedervi, scegliendoli tra quelli con rapporto di lavoro a tempo indeterminato da almeno due anni. I nominativi di tali dipendenti sono comunicati all'Agenzia delle entrate. A decorrere dall'anno 2009 l'elenco di tali nominativi è trasmesso entro il 31 marzo di ogni anno. È esclusa, quanto all'accesso, ogni discriminazione tra i soggetti di cui alla citata lettera b) del comma 5 dell'articolo 52 del decreto legislativo n. 446 del 1997, e successive modificazioni, e gli agenti della riscossione] [29][30][39].

28-septies. All'articolo 3 del decreto-legge 30 settembre 2005, n. 203, convertito, con modificazioni, dalla legge 2 dicembre 2005, n. 248, sono apportate le seguenti modificazioni:

a) al comma 1, sono aggiunte, in fine, le seguenti parole: ", sulla quale svolge attività di coordinamento, attraverso la preventiva approvazione dell'ordine del giorno delle sedute del consiglio di amministrazione e delle deliberazioni da assumere nello stesso consiglio";

b) al comma 14, le parole da: "i risultati" fino alla fine del comma sono sostituite dalle seguenti: "gli elementi acquisiti nello svolgimento dell'attività di coordinamento prevista dal comma 1" [31].

28-octies. In attuazione della decisione C(2008)869 def. dell'11 marzo 2008 della Commissione, i soggetti che si sono avvalsi del regime d'imposta sostitutiva di cui all'articolo 2, comma 26, della legge 24 dicembre 2003, n. 350, sono tenuti alla restituzione dell'aiuto fruito nei termini e con le modalità previsti dai commi da 28-novies a 28-undecies del presente articolo [32].

28-novies. L'importo dell'aiuto oggetto di recupero è determinato secondo i seguenti criteri:

a) applicazione, in luogo del regime d'imposta sostitutiva con aliquota del 9 per cento di cui al comma 28-octies dichiarato incompatibile con il mercato comune, del regime d'imposta sostitutiva di cui all'articolo 2, comma 25, della citata legge 24 dicembre 2003, n. 350, in materia di rivalutazione dei beni;

b) applicazione dell'aliquota del 19 per cento sulle differenze di valore riallineate relative a beni ammortizzabili e del 15 per cento su quelle relative a beni non ammortizzabili;

c) esclusione dal regime d'imposta sostitutiva delle differenze di valore relative alle partecipazioni detenute nella Banca d'Italia, in quanto fruenti del regime di esenzione previsto dall'articolo 87 del testo unico delle imposte sui redditi, di cui al decreto del Presidente della Repubblica 22 dicembre 1986, n. 917, e successive modificazioni;

d) attualizzazione alla data del 20 giugno 2004 delle somme versate in applicazione del regime dichiarato incompatibile e decorrenza del calcolo degli interessi dovuti sugli importi oggetto di recupero a decorrere dalla stessa data;

e) determinazione degli interessi secondo le disposizioni di cui al capo V del regolamento (CE) n. 794/2004 della Commissione, del 21 aprile 2004, e successive modificazioni [33].

28-decies. Con provvedimento del direttore dell'Agenzia delle entrate, da emanare entro trenta giorni dalla data di entrata in vigore della legge di conversione del presente decreto, è approvato l'apposito modello per la dichiarazione dei maggiori importi oggetto di restituzione. Il modello di dichiarazione dei maggiori importi dovuti deve essere presentato da parte dei soggetti tenuti alla restituzione dell'aiuto all'Agenzia delle entrate entro quindici giorni dalla emanazione del predetto provvedimento [34].

28-undecies. L'Agenzia delle entrate, sulla base delle dichiarazioni predisposte ai sensi del comma 28-decies e trasmesse da ciascun soggetto beneficiario dell'aiuto, liquida gli importi dovuti, comprensivi degli interessi, ed entro trenta giorni dalla data di scadenza del termine di presentazione della dichiarazione notifica apposita comunicazione contenente l'ingiunzione di pagamento, con l'intimazione che, in caso di mancato versamento entro trenta giorni dalla data di notifica, si procede, ai sensi del decreto del Presidente della Repubblica 29 settembre 1973, n. 602, e successive modificazioni, all'iscrizione a ruolo a titolo definitivo delle somme non versate, nonché degli ulteriori interessi dovuti [35].

28-duodecies. L'articolo 2, comma 26, della legge 24 dicembre 2003, n. 350, è abrogato [36].

[1] Comma modificato dall'articolo 1, comma 1, della Legge 6 agosto 2008, n. 133, in sede di conversione.

[2] Comma aggiunto dall'articolo 15, comma 8-terdecies, del D.L. 1 luglio 2009, n. 78, convertito con modificazioni inLegge 3 agosto 2009, n. 102.

[3] Comma modificato dall'articolo 1, comma 1, della Legge 6 agosto 2008, n. 133, in sede di conversione.

[4] Comma aggiunto dall'articolo 8, comma 4, della Legge 15 dicembre 2011, n. 217.

[5] Comma modificato dall'articolo 1, comma 1, della Legge 6 agosto 2008, n. 133, in sede di conversione.

[6] Comma modificato dall'articolo 1, comma 1, della Legge 6 agosto 2008, n. 133, in sede di conversione.

[7] Comma modificato dall'articolo 2, comma 1-bis, del D.L. 25 marzo 2010, n. 40, convertito con modificazioni in Legge 22 maggio 2010, n. 73.

[8] Alinea modificato dall'articolo 1, comma 1, della Legge 6 agosto 2008, n. 133, in sede di conversione.

[9] Comma modificato dall'articolo 1, comma 1, della Legge 6 agosto 2008, n. 133, in sede di conversione. Per ulteriori disposizioni, vedi l'articolo 1, comma 928, della Legge 27 dicembre 2017, n. 205.

[10] Comma modificato dall'articolo 1, comma 1, della Legge 6 agosto 2008, n. 133, in sede di conversione e successivamente dall'articolo 18, comma 6, del D.L. 31 maggio 2010, n. 78, convertito con modificazioni in Legge 30 luglio 2010, n. 122.

[11] Comma modificato dall'articolo 1, comma 1, della Legge 6 agosto 2008, n. 133, in sede di conversione.

[12] Comma modificato dall'articolo 1, comma 1, della Legge 6 agosto 2008, n. 133, in sede di conversione.

[13] Comma modificato dall'articolo 1, comma 1, della Legge 6 agosto 2008, n. 133, in sede di conversione.

(14) Comma aggiunto dall'articolo 1, comma 1, della Legge 6 agosto 2008, n. 133, in sede di conversione.
(15) Comma aggiunto dall'articolo 1, comma 1, della Legge 6 agosto 2008, n. 133, in sede di conversione.
(16) Comma aggiunto dall'articolo 1, comma 1, della Legge 6 agosto 2008, n. 133, in sede di conversione.
(17) Comma modificato dall'articolo 1, comma 1, della Legge 6 agosto 2008, n. 133, in sede di conversione.
(18) Comma modificato dall'articolo 1, comma 1, della Legge 6 agosto 2008, n. 133, in sede di conversione.
(19) Comma aggiunto dall'articolo 1, comma 1, della Legge 6 agosto 2008, n. 133, in sede di conversione.
(20) Comma aggiunto dall'articolo 1, comma 1, della Legge 6 agosto 2008, n. 133, in sede di conversione.
(21) Comma sostituito dall'articolo 1, comma 1, della Legge 6 agosto 2008, n. 133, in sede di conversione.
(22) Comma soppresso dall'articolo 1, comma 1, della Legge 6 agosto 2008, n. 133, in sede di conversione.
(23) Comma soppresso dall'articolo 1, comma 1, della Legge 6 agosto 2008, n. 133, in sede di conversione.
(24) Comma soppresso dall'articolo 1, comma 1, della Legge 6 agosto 2008, n. 133, in sede di conversione.
(25) Comma aggiunto dall'articolo 1, comma 1, della Legge 6 agosto 2008, n. 133, in sede di conversione.
(26) Comma aggiunto dall'articolo 1, comma 1, della Legge 6 agosto 2008, n. 133, in sede di conversione.
(27) Comma aggiunto dall'articolo 1, comma 1, della Legge 6 agosto 2008, n. 133, in sede di conversione.
(28) Comma aggiunto dall'articolo 1, comma 1, della Legge 6 agosto 2008, n. 133, in sede di conversione.
(29) Comma aggiunto dall'articolo 1, comma 1, della Legge 6 agosto 2008, n. 133, in sede di conversione e successivamente abrogato dall'articolo 7, comma 2, lettera gg-septies, del D.L. 13 maggio 2011, n. 70, convertito con modificazioni in Legge 12 luglio 2011, n. 106.
(30) Il presente comma era stato abrogato dall'articolo 7, comma 2, lettera gg-septies, del D.L. 13 maggio 2011, n. 70, convertito con modificazioni in Legge 12 luglio 2011, n. 106. L'abrogazione non è più prevista dalla nuova formulazione della suddetta lettera gg-septies), come modificata dall'articolo 5, comma 8-bis, del D.L. 2 marzo 2012, n. 16, convertito con modificazioni in Legge 26 aprile 2012, n. 44.
(31) Comma aggiunto dall'articolo 1, comma 1, della Legge 6 agosto 2008, n. 133, in sede di conversione.
(32) Comma aggiunto dall'articolo 1, comma 1, della Legge 6 agosto 2008, n. 133, in sede di conversione.
(33) Comma aggiunto dall'articolo 1, comma 1, della Legge 6 agosto 2008, n. 133, in sede di conversione.
(34) Comma aggiunto dall'articolo 1, comma 1, della Legge 6 agosto 2008, n. 133, in sede di conversione.
(35) Comma aggiunto dall'articolo 1, comma 1, della Legge 6 agosto 2008, n. 133, in sede di conversione.
(36) Comma aggiunto dall'articolo 1, comma 1, della Legge 6 agosto 2008, n. 133, in sede di conversione.
(37) Comma aggiunto dall'articolo 7, comma 5, del D.L. 22 ottobre 2016, n. 193,convertito, con modificazioni, dalla Legge 1° dicembre 2016 n. 225.
(38) Comma aggiunto dall'articolo 7, comma 5, del D.L. 22 ottobre 2016, n. 193,convertito, con modificazioni, dalla Legge 1° dicembre 2016 n. 225.
(39) Comma abrogato dall'articolo 1, comma 814, lettera c), della Legge 27 dicembre 2019, n. 160. Vedi anche le disposizioni di cui al comma 784 dell'articolo 1 della medesima Legge 160/2019.
(A) In riferimento al presente articolo vedi: Circolare del Ministero dell'Economia e delle Finanze 5 settembre 2008, n. 53;Circolare del Ministero dell'Economia e delle Finanze 17 ottobre 2008, n. 58;Circolare del Minisero dell'Economia e delle Finanze 23 ottobre 2008, n. 38.

83 *bis*. Tutela della sicurezza stradale e della regolarità del mercato dell'autotrasporto di cose per conto di terzi (1)(A). – *[1. L'Osservatorio sulle attività di autotrasporto di cui all'articolo 9 del decreto legislativo 21 novembre 2005, n. 286, sulla base di un'adeguata indagine a campione e tenuto conto delle rilevazioni effettuate mensilmente dal Ministero dello sviluppo economico sul prezzo medio del gasolio per autotrazione, determina mensilmente il costo medio del carburante per chilometro di percorrenza, con riferimento alle diverse tipologie di veicoli, e la relativa incidenza.]* (2)

[2. Lo stesso Osservatorio, con riferimento alle tipologie dei veicoli, determina, il quindicesimo giorno dei mesi di giugno e dicembre, la quota, espressa in percentuale, dei costi di esercizio dell'impresa di autotrasporto per conto di terzi rappresentata dai costi del carburante.] (3)

[3. Le disposizioni dei commi da 4 a 11 del presente articolo sono volte a disciplinare i meccanismi di adeguamento dei corrispettivi dovuti dal mittente per i costi del carburante sostenuti dal vettore e sono sottoposte a verifica con riferimento all'impatto sul mercato, dopo un anno dalla data della loro entrata in vigore.] (4)

4. Nel contratto di trasporto, anche stipulato in forma non scritta, di cui all'articolo 6 del decreto legislativo 21 novembre 2005, n. 286, e successive modificazioni, i prezzi e le condizioni sono rimessi all'autonomia negoziale delle parti, tenuto conto dei principi di adeguatezza in materia di sicurezza stradale e sociale. (5).

4-bis. Al fine di garantire l'affidamento del trasporto a vettori in regola con l'adempimento degli obblighi retributivi, previdenziali e assicurativi, il committente è tenuto a verificare preliminarmente alla stipulazione del contratto tale regolarità mediante acquisizione del documento di cui al comma 4-sexies. In tal caso il committente non assume gli oneri di cui ai commi 4-ter e 4-quinquies (6).

4-ter. Il committente che non esegue la verifica di cui al comma 4-bis ovvero di cui al comma 4-quater è obbligato in solido con il vettore, nonché con ciascuno degli eventuali sub-vettori, entro il limite di un anno dalla cessazione del contratto di trasporto, a corrispondere ai lavoratori i trattamenti retributivi, nonché i contributi previdenziali e i premi assicurativi agli enti competenti, dovuti limitatamente alle prestazioni ricevute nel corso della durata del contratto di trasporto, restando escluso qualsiasi obbligo per le sanzioni amministrative di cui risponde solo il responsabile dell'inadempimento. Il committente che ha eseguito il pagamento può esercitare l'azione di regresso nei confronti del coobbligato secondo le regole generali (7).

4-quater. La verifica sulla regolarità del vettore è effettuata limitatamente ai requisiti e ai sensi del comma 4-bis, fino alla data di adozione della delibera del presidente del Comitato centrale per l'albo nazionale delle persone fisiche e giuridiche che esercitano l'autotrasporto di cose per conto di terzi, da emanare entro sei mesi dalla data di entrata in vigore della presente disposizione. A decorrere dall'adozione della delibera di cui al primo periodo, la verifica sulla regolarità del vettore è assolta dal committente mediante accesso ad apposita sezione del portale internet attivato dal citato Comitato centrale, dal quale sia sinteticamente acquisita la qualificazione di regolarità del vettore a cui si intende affidare lo svolgimento di servizi di autotrasporto. A tal fine il medesimo Comitato centrale, previa opportuna intesa, acquisisce sistematicamente in via elettronica dalle amministrazioni e dagli enti competenti l'informazione necessaria a definire e aggiornare la regolarità dei vettori iscritti (8).

4-quinquies. In caso di contratto di trasporto stipulato in forma non scritta il committente che non esegue la verifica di cui al comma 4-bis ovvero di cui al comma 4-quater, oltre agli oneri di cui al comma 4-ter, si assume anche gli oneri relativi all'inadempimento degli obblighi fiscali e alle violazioni del codice della strada, di cui al decreto legislativo 30 aprile 1992, n. 285, commesse nell'espletamento del servizio di trasporto per suo conto eseguito (9).

4-sexies. All'atto della conclusione del contratto, il vettore è tenuto a fornire al committente un'attestazione rilasciata dagli enti previdenziali, di data non anteriore a tre mesi, dalla quale risulti che l'azienda è in regola ai fini del versamento dei contributi assicurativi e previdenziali (10).

5. Nel caso in cui il contratto abbia ad oggetto prestazioni di trasporto da effettuare in un arco temporale eccedente i trenta giorni, la parte del corrispettivo corrispondente al costo del carburante sostenuto dal vettore per l'esecuzione delle prestazioni contrattuali, come individuata nel contratto o nelle fatture emesse con riferimento alle prestazioni effettuate dal vettore nel primo mese di vigenza dello stesso, è adeguata sulla base delle variazioni intervenute nel prezzo del gasolio per autotrazione, ove tali variazioni superino del 2 per cento il valore preso a riferimento al momento della sottoscrizione del contratto stesso o dell'ultimo adeguamento effettuato. Tale adeguamento viene effettuato anche in relazione alle variazioni delle tariffe autostradali italiane (11).

[6. Qualora il contratto di trasporto di merci su strada non sia stipulato in forma scritta, ai sensi dell'articolo 6 del decreto legislativo 21 novembre 2005, n. 286, la fattura emessa dal vettore evidenzia, ai soli fini civilistici e amministrativi, la parte del corrispettivo dovuto dal mittente, corrispondente al costo del carburante sostenuto dal vettore per l'esecuzione delle prestazioni contrattuali. Tale importo deve corrispondere al prodotto dell'ammontare del costo chilometrico determinato, per la classe cui appartiene il veicolo utilizzato per il trasporto, ai sensi del comma 1, nel mese precedente a quello dell'esecuzione del trasporto, per il numero di chilometri corrispondenti alla prestazione indicata nella fattura. A tale fine nella fattura viene indicata, altresì, la lunghezza della tratta effettivamente percorsa.] (12)

[7. La parte del corrispettivo dovuto al vettore, diversa da quella di cui al comma 6, deve corrispondere a una quota dello stesso corrispettivo che, fermo restando quanto dovuto dal mittente a fronte del costo del carburante, sia almeno pari a quella identificata come corrispondente a costi diversi dai costi del carburante nel provvedimento di cui al comma 2.] (13)

[8. Laddove la parte del corrispettivo dovuto al vettore, diversa da quella di cui al comma 6, risulti indicata in un importo inferiore a quello indicato al comma 7, il vettore può chiedere al mittente il pagamento della differenza. Qualora il contratto di trasporto di merci su strada non sia stato stipulato in forma scritta, l'azione del vettore si prescrive decorsi cinque anni dal giorno del completamento della prestazione di trasporto. [Qualora il contratto di trasporto sia stipulato in forma scritta, l'azione del vettore si prescrive in un anno ai sensi dell'articolo 2951 del codice civile].] (14)

[9. Se il committente non provvede al pagamento entro i quindici giorni successivi, il vettore può proporre, entro i successivi quindici giorni, a pena di decadenza, domanda d'ingiunzione di pagamento mediante ricorso al giudice competente, ai sensi dell'articolo 638 del codice di procedura civile, producendo la documentazione relativa alla propria iscrizione all'albo degli autotrasportatori di cose per conto di terzi, la carta di circolazione del veicolo utilizzato per l'esecuzione del trasporto, la fattura per i corrispettivi inerenti alla prestazione di trasporto, la documentazione relativa all'avvenuto pagamento dell'importo indicato e i calcoli con cui viene determinato l'ulteriore corrispettivo dovuto al vettore ai sensi dei commi 7 e 8. Il giudice, verificata la regolarità della documentazione e la correttezza dei calcoli prodotti, ingiunge al committente, con decreto motivato, ai sensi dell'articolo 641 del codice di procedura civile, di pagare l'importo dovuto al vettore senza dilazione, autorizzando l'esecuzione provvisoria del decreto ai sensi dell'articolo 642 del codice di procedura civile e fissando il termine entro cui può essere fatta opposizione, ai sensi delle disposizioni di cui al libro IV, titolo I, capo I, del medesimo codice.] (15)

[10. Fino a quando non saranno disponibili le determinazioni di cui ai commi 1 e 2, il Ministero delle infrastrutture e dei trasporti elabora, con riferimento alle diverse tipologie di veicoli e alla percorrenza chilometrica, gli indici sul costo del carburante per chilometro e sulle relative quote di incidenza sulla base dei dati in suo possesso e delle rilevazioni mensili del Ministero dello sviluppo economico sul prezzo medio del gasolio per autotrazione, sentite le associazioni di categoria più rappresentative dei vettori e quelle della committenza.] (16)

[11. Le disposizioni dei commi da 3 a 10 del presente articolo trovano applicazione con riferimento alle variazioni intervenute nel costo del gasolio a decorrere dal 1 gennaio 2009 o dall'ultimo adeguamento effettuato a partire da tale data.] (17)

12. Ferma restando l'applicazione delle disposizioni di cui al decreto legislativo 9 ottobre 2002, n. 231, il termine di pagamento del corrispettivo relativo ai contratti di trasporto di merci su strada non può, comunque, essere superiore a sessanta giorni, decorrenti dalla data di emissione della fattura da parte del creditore *[, che deve avvenire entro e non oltre la fine del mese in cui si sono svolte le relative prestazioni di trasporto]*. È esclusa qualsiasi diversa pattuizione tra le parti, scritta o verbale, che non sia basata su accordi volontari di settore, conclusi tra organizzazioni associative di vettori rappresentati nella Consulta generale per l'autotrasporto e per la logistica, di cui al comma 16, e organizzazioni associative dei committenti (18).

13. In caso di mancato rispetto del termine di cui al comma 12, il creditore ha diritto alla corresponsione degli interessi moratori di cui all'articolo 5 del decreto legislativo 9 ottobre 2002, n. 231. Ove il pagamento del corrispettivo avvenga oltre il novantesimo giorno dalla data di emissione della fattura, oltre agli interessi moratori, al committente debitore si applicano le sanzioni di cui al comma 14 (19).

13-bis. Le disposizioni di cui ai commi 12 e 13 si applicano anche alle prestazioni fatturate dagli operatori della filiera, diversi dai vettori, che partecipano al servizio di trasporto di merci su strada (20).

14. Alla violazione delle norme di cui ai commi 13 e 13-bis consegue la sanzione amministrativa pecuniaria pari al 10 per cento dell'importo della fattura e comunque non inferiore a 1.000 euro. (21).

15. Le violazioni indicate al comma 14 sono constatate dalla Guardia di finanza e dall'Agenzia delle entrate in occasione dei controlli ordinari e straordinari effettuati presso le imprese per la successiva applicazione delle sanzioni ai sensi della legge 24 novembre 1981, n. 689 (22).

[16. Non si dà luogo all'applicazione delle sanzioni introdotte dal comma 14 nel caso in cui le parti abbiano stipulato un contratto di trasporto conforme a un accordo volontario concluso, tra la maggioranza delle organizzazioni associative dei vettori e degli utenti dei servizi di trasporto rappresentati nella Consulta generale per l'autotrasporto e per la logistica, per disciplinare lo svolgimento dei servizi di trasporto in uno specifico settore merceologico.] (23)

17. Al fine di garantire il pieno rispetto delle disposizioni dell'ordinamento comunitario in materia di tutela della concorrenza e di assicurare il corretto e uniforme funzionamento del mercato, l'installazione e l'esercizio di un impianto di distribuzione di carburanti non possono essere subordinati alla chiusura di impianti esistenti né al rispetto di vincoli, con finalità commerciali, relativi a contingentamenti numerici, distanze minime tra impianti e tra impianti ed esercizi o superfici minime commerciali o che pongono restrizioni od obblighi circa la possibilità di offrire, nel medesimo impian-

to o nella stessa area, attività e servizi integrativi o che prevedano obbligatoriamente la presenza contestuale di più tipologie di carburanti, ivi incluso il metano per autotrazione, se tale ultimo obbligo comporta ostacoli tecnici o oneri economici eccessivi e non proporzionali alle finalità dell'obbligo, come individuati da apposito decreto del Ministro dello sviluppo economico, sentite l'Autorità garante della concorrenza e del mercato e la Conferenza permanente per i rapporti tra lo Stato, le regioni e le province autonome di Trento e di Bolzano, tenuto conto delle esigenze di sviluppo del mercato dei combustibili alternativi ai sensi della direttiva 2014/94/UE del Parlamento europeo e del Consiglio, del 22 ottobre 2014 [24].

18. Le disposizioni di cui al comma 17 costituiscono principi generali in materia di tutela della concorrenza e livelli essenziali delle prestazioni ai sensi dell'articolo 117 della Costituzione.

19. All'articolo 1, comma 3, primo periodo, del decreto legislativo 11 febbraio 1998, n. 32, le parole: "iscritto al relativo albo professionale" sono sostituite dalle seguenti: "abilitato ai sensi delle specifiche normative vigenti nei Paesi dell'Unione europea".

20. All'articolo 7, comma 1, del decreto legislativo 11 febbraio 1998, n. 32, le parole: "e a fronte della chiusura di almeno settemila impianti nel periodo successivo alla data di entrata in vigore del presente decreto legislativo" sono soppresse.

21. Le regioni e le province autonome di Trento e di Bolzano, nell'ambito dei propri poteri di programmazione del territorio, promuovono il miglioramento della rete distributiva dei carburanti e la diffusione dei carburanti ecocompatibili, secondo criteri di efficienza, adeguatezza e qualità del servizio per i cittadini, nel rispetto dei principi di non discriminazione previsti dal comma 17 e della disciplina in materia ambientale, urbanistica e di sicurezza.

22. Il Ministro dello sviluppo economico, sentita l'Autorità per l'energia elettrica e il gas, determina entro sei mesi dalla data di entrata in vigore della legge di conversione del presente decreto i criteri di vettoriamento del gas per autotrazione attraverso le reti di trasporto e distribuzione del gas naturale.

23. Le somme disponibili per il proseguimento degli interventi a favore dell'autotrasporto sul fondo di cui all'articolo 1, comma 918, della legge 27 dicembre 2006, n. 296, al netto delle misure previste dal regolamento di cui al decreto del Presidente della Repubblica 29 dicembre 2007, n. 273, sono destinate, in via prioritaria e per gli importi indicati nei commi 24, 25, 26 e 28 del presente articolo, a interventi in materia di riduzione dei costi di esercizio delle imprese di autotrasporto di merci, con particolare riferimento al limite di esenzione contributiva e fiscale delle indennità di trasferta e all'imponibilità, ai fini del reddito da lavoro dipendente, delle maggiorazioni corrisposte per le prestazioni di lavoro straordinario, nonché a incentivi per la formazione professionale e per processi di aggregazione imprenditoriale.

[24. Nel limite di spesa di complessivi 30 milioni di euro, sono rideterminati:

a) la quota di indennità percepita nell'anno 2008 dai prestatori di lavoro addetti alla guida dipendenti delle imprese autorizzate all'autotrasporto di merci per le trasferte o le missioni fuori del territorio comunale effettuate nel medesimo anno, di cui al comma 5 dell'articolo 51 del testo unico delle imposte sui redditi, di cui al decreto del Presidente della Repubblica 22 dicembre 1986, n. 917, e successive modificazioni, che non concorre a formare il reddito di lavoro dipendente, ferme restando le ulteriori disposizioni del medesimo comma 5;

b) l'importo della deduzione forfetaria relativa a trasferte effettuate fuori dal territorio comunale nel periodo d'imposta in corso alla data di entrata in vigore della legge di conversione del presente decreto, previsto dall'articolo 95, comma 4, del testo unico delle imposte sui redditi, di cui al decreto del Presidente della Repubblica 22 dicembre 1986, n. 917, e successive modificazioni, al netto delle spese di viaggio e trasporto.] [25]

25. Nel limite di spesa di 30 milioni di euro, è fissata la percentuale delle somme percepite nel 2008 relative alle prestazioni di lavoro straordinario di cui al decreto legislativo 8 aprile 2003, n. 66, e successive modificazioni, effettuate nel medesimo anno dai prestatori di lavoro addetti alla guida dipendenti delle imprese autorizzate all'autotrasporto di merci, che non concorre alla formazione del reddito imponibile ai fini fiscali e contributivi. Ai fini dell'applicazione dell'imposta sostitutiva di cui all'articolo 2 del decreto-legge 27 maggio 2008, n. 93, convertito, con modificazioni, dalla legge 24 luglio 2008, n. 126, le somme di cui al periodo precedente rilevano nella loro interezza.

26. Per l'anno 2008, nel limite di spesa di 40 milioni di euro, è riconosciuto un credito di imposta corrispondente a quota parte dell'importo pagato quale tassa automobilistica per l'anno 2008 per ciascun veicolo, di massa massima complessiva non inferiore a 7,5 tonnellate, posseduto e utilizzato per la predetta attività. La misura del credito di imposta deve essere determinata in modo tale che, per i veicoli di massa massima complessiva superiore a 11,5 tonnellate, sia pari al doppio della misura del credito spettante per i veicoli di massa massima complessiva compresa tra 7,5 e 11,5 tonnellate. Il credito di imposta è usufruibile in compensazione ai sensi dell'articolo 17 del decreto legislativo 9 luglio 1997, n. 241, e successive modificazioni, non è rimborsabile, non concorre alla formazione del valore della produzione netta di cui al decreto legislativo 15 dicembre 1997, n. 446, e successive modificazioni, né dell'imponibile agli effetti delle imposte sui redditi e non rileva ai fini del rapporto di cui agli articoli 61 e 109, comma 5, del testo unico delle imposte sui redditi, di cui al decreto del Presidente della Repubblica 22 dicembre 1986, n. 917, e successive modificazioni.

27. Tenuto conto del numero degli aventi diritto e dei limiti di spesa indicati nei commi 24, 25 e 26, con provvedimenti del direttore dell'Agenzia delle entrate e, limitatamente a quanto previsto dal comma 25, di concerto con il Ministero del lavoro, della salute e delle politiche sociali, sono stabiliti la quota di indennità non imponibile, gli importi della deduzione forfetaria, la percentuale delle somme per lavoro straordinario non imponibile e la misura del credito di imposta, previsti dai medesimi commi, nonché le eventuali disposizioni applicative necessarie per assicurare il rispetto dei limiti di spesa di cui al comma 29.

28. Agli incentivi per le aggregazioni imprenditoriali e alla formazione professionale sono destinate risorse rispettivamente pari a 9 milioni di euro e a 7 milioni di euro. Con regolamenti governativi, da adottare entro novanta giorni dalla data di entrata in vigore della legge di conversione del presente decreto, sono disciplinate le modalità di erogazione delle risorse di cui al presente comma. Le risorse complessive di cui al presente comma potranno essere utilizzate indif-

ferentemente sia per il completamento di progetti di aggregazione o di formazione, sia per l'avvio di ulteriori progetti da attivare secondo le modalità stabilite dai regolamenti di cui sopra e con termini da fissare con provvedimento del Ministero delle infrastrutture e dei trasporti [26][27].

29. Agli oneri derivanti dall'attuazione dei commi 24, 25, 26 e 28, pari a complessivi 116 milioni di euro, di cui 106,5 milioni di euro per l'anno 2008 e 9,5 milioni di euro per l'anno 2009, si fa fronte con le risorse disponibili sul fondo di cui al comma 918 dell'articolo 1 della legge 27 dicembre 2006, n. 296.

30. Le misure previste dal regolamento di cui al decreto del Presidente della Repubblica 29 dicembre 2007, n. 273, sono estese all'anno 2009, nell'ambito degli interventi consentiti in attuazione dell'articolo 9 del presente decreto, previa autorizzazione della Commissione europea.

31. Il Ministero delle infrastrutture e dei trasporti individua, tra le misure del presente articolo, quelle relativamente alle quali occorre la previa verifica della compatibilità con la disciplina comunitaria in materia di aiuti di Stato, ai sensi dell'articolo 87 del Trattato che istituisce la Comunità europea.

[1] *Articolo inserito dall'articolo 1, comma 1, della Legge 6 agosto 2008, n. 133, in sede di conversione.*
[2] *Comma abrogato dall'articolo 1, comma 248, lettera a), della Legge 23 dicembre 2014, n. 190.*
[3] *Comma abrogato dall'articolo 1, comma 248, lettera a), della Legge 23 dicembre 2014, n. 190.*
[4] *Comma abrogato dall'articolo 1, comma 248, lettera a), della Legge 23 dicembre 2014, n. 190.*
[5] *Comma sostituito dall'articolo 2-quinques, comma 1, lettera a), del D.L. 23 ottobre 2008, n. 162, convertito con modificazioni in Legge 22 dicembre 2008, n. 201, successivamente modificato dall'articolo 7-sexies, comma 1, lettera a), del D.L. 10 febbraio 2009, n. 5, convertito con modificazioni in Legge 9 aprile 2009, n. 33 ulteriormente sostituito dall'articolo 1-bis, comma 1, lettera a), del D.L. 6 luglio 2010, n. 103, convertito con modificazioni in Legge 4 agosto 2010, n. 127 e modificato dall'articolo 7-bis, comma 1, lettera a), del D.L. 13 agosto 2011, n. 138, convertito con modificazioni in Legge 14 settembre 2011, n. 148. Da ultimo, comma sostituito dall'articolo 1, comma 248, lettera b), della Legge 23 dicembre 2014, n. 190.*
[6] *Comma aggiunto dall'articolo 1-bis, comma 1, lettera a), del D.L. 6 luglio 2010, n. 103, convertito con modificazioni in Legge 4 agosto 2010, n. 127 e successivamente modificato dall'articolo 7-bis, comma 1, lettera b), del D.L. 13 agosto 2011, n. 138, convertito con modificazioni in Legge 14 settembre 2011, n. 148. Da ultimo, comma sostituito dall'articolo 1, comma 248, lettera b), della Legge 23 dicembre 2014, n. 190.*
[7] *Comma aggiunto dall'articolo 1-bis, comma 1, lettera a), del D.L. 6 luglio 2010, n. 103, convertito con modificazioni in Legge 4 agosto 2010, n. 127 e successivamente sostituito dall'articolo 1, comma 248, lettera b), della Legge 23 dicembre 2014, n. 190.*
[8] *Comma aggiunto dall'articolo 1-bis, comma 1, lettera a), del D.L. 6 luglio 2010, n. 103, convertito con modificazioni in Legge 4 agosto 2010, n. 127 e successivamente sostituito dall'articolo 1, comma 248, lettera b), della Legge 23 dicembre 2014, n. 190.*
[9] *Comma aggiunto dall'articolo 1-bis, comma 1, lettera a), del D.L. 6 luglio 2010, n. 103, convertito con modificazioni in Legge 4 agosto 2010, n. 127 e successivamente sostituito dall'articolo 1, comma 248, lettera b), della Legge 23 dicembre 2014, n. 190.*
[10] *Comma inserito per effetto della sostituzione disposta dall'articolo 1, comma 248, lettera b), della Legge 23 dicembre 2014, n. 190.*
[11] *Comma sostituito dall'articolo 1, comma 248, lettera b), della Legge 23 dicembre 2014, n. 190.*
[12] *Comma modificato dall'articolo 12, comma 80, lettera a), del D.L. 6 luglio 2012, n. 95, convertito con modificazioni in Legge 7 agosto 2012, n. 135 e successivamente abrogato dall'articolo 1, comma 248, lettera c), della Legge 23 dicembre 2014, n. 190.*
[13] *Comma abrogato dall'articolo 1, comma 248, lettera c), della Legge 23 dicembre 2014, n. 190.*
[14] *Comma modificato dall'articolo 2-quinques, comma 1, lettera b), del D.L. 23 ottobre 2008, n. 162, convertito con modificazioni in Legge 22 dicembre 2008, n. 201 e successivamente abrogato dall'articolo 1, comma 248, lettera c), della Legge 23 dicembre 2014, n. 190.*
[15] *Comma abrogato dall'articolo 1, comma 248, lettera c), della Legge 23 dicembre 2014, n. 190.*
[16] *Comma modificato dall'articolo 2-quinques, comma 1, lettera c), del D.L. 23 ottobre 2008, n. 162, convertito con modificazioni in Legge 22 dicembre 2008, n. 201, sostituito dall'articolo 7-sexies, comma 1, lettera b), del D.L. 10 febbraio 2009, n. 5, convertito con modificazioni in Legge 9 aprile 2009, n. 33 e successivamente abrogato dall'articolo 1, comma 248, lettera c), della Legge 23 dicembre 2014, n. 190 e da ultimo abrogato dall'articolo 1, comma 248, lettera c), della Legge 23 dicembre 2014, n. 190.*
[17] *Comma modificato dall'articolo 2-quinques, comma 1, lettera d), del D.L. 23 ottobre 2008, n. 162, convertito con modificazioni in Legge 22 dicembre 2008, n. 201.*
[18] *Comma sostituito dall'articolo 1-bis, comma 1, lettera b), del D.L. 6 luglio 2010, n. 103, convertito con modificazioni in Legge 4 agosto 2010, n. 127 e successivamente modificato dall'articolo 1, comma 95, della Legge 27 dicembre 2013, n. 147.*
[19] *Comma sostituito dall'articolo 1-bis, comma 1, lettera c), del D.L. 6 luglio 2010, n. 103, convertito con modificazioni in Legge 4 agosto 2010, n. 127.*
[20] *Comma aggiunto dall'articolo 1-bis, comma 1, lettera d), del D.L. 6 luglio 2010, n. 103, convertito con modificazioni in Legge 4 agosto 2010, n. 127.*
[21] *Comma modificato dall'articolo 1-bis, comma 1, lettera e), del D.L. 6 luglio 2010, n. 103, convertito con modificazioni in Legge 4 agosto 2010, n. 127 e dall'articolo 2, comma 4-undecies, lettera a), del D.L. 29 dicembre 2010, n. 225, convertito con modificazioni in Legge 26 febbraio 2011, n. 10 e successivamente sostituito dall'articolo 12, comma 80, lettera b), del D.L. 6 luglio 2012, n. 95, convertito con modificazioni in Legge 7 agosto 2012, n. 135. Da ultimo, comma sostituito dall'articolo 1, comma 248, lettera d), della Legge 23 dicembre 2014, n. 190.*
[22] *Comma modificato dall'articolo 2-quinques, comma 1, lettera e), del D.L. 23 ottobre 2008, n. 162, convertito con modificazioni in Legge 22 dicembre 2008, n. 201, dall'articolo 2, comma 4-undecies, lettera b), del D.L. 29 dicembre 2010, n. 225, convertito con modificazioni in Legge 26 febbraio 2011, n. 10, dall'articolo 6, comma 2, lettera f-ter), del D.L. 13 maggio 2011, n. 70, convertito con modificazioni in Legge 12 luglio 2011, n. 106 e successivamente dall'articolo 12, comma 80, lettera b), del D.L. 6 luglio 2012, n. 95, convertito con modificazioni in Legge 7 agosto 2012, n. 135.*
[23] *Comma abrogato dall'articolo 1, comma 248, lettera c), della Legge 23 dicembre 2014, n. 190.*
[24] *Comma modificato dall'articolo 17, comma 5, del D.L. 24 gennaio 2012, n. 1, convertito con modificazioni in Legge 24 marzo 2012, n. 27 e successivamente dall'articolo 1, comma 98 della Legge 4 agosto 2017, n. 124.*
[25] *Comma abrogato dall'articolo 2-quinques, comma 1, lettera f), del D.L. 23 ottobre 2008, n. 162, convertito con modificazioni in Legge 22 dicembre 2008, n. 201.*
[26] *Comma modificato dall'articolo 3-quater, comma 1, del D.L. 5 agosto 2010, n. 125, convertito con modificazioni in Legge 1° ottobre 2010, n. 163.*
[27] *Per il regolamento recante modalità di ripartizione e di erogazione del fondo relativo agli incentivi per la formazione professionale nel settore dell'autotrasporto, di cui al presente comma, vedi il D.P.R. 29 maggio 2009, n. 83.*
[A] *In riferimento al presente articolo vedi: Circolare INPS 7 gennaio 2009, n. 288, Parere Autorità garante per la concorrenza e il mercato 24 giugno 2013, n. AS1058.*

TITOLO V
Disposizioni finanziarie e finali

84. Copertura finanziaria. – 1. Agli oneri derivanti dagli articoli 3, 14, 19, 22, 60, comma 8, 63, commi 1, 3, 4, 6, 7, 8, 9, 10 e 12, 72, commi da 7 a 11,79, comma 2, 81, 82, comma 16, del presente decreto-legge, pari a 1.520,5 milioni di euro per l'anno 2008, a 5.569,1 milioni di euro per l'anno 2009, a 4.203,2 milioni di euro per l'anno 2010 e a 4.486,3 milioni di euro per l'anno 2011, si provvede mediante utilizzo di parte delle maggiori entrate recate dal presente provvedimento [1].

1-bis. All'onere derivante dall'attuazione dell'articolo 63, comma 9-bis, pari a 3 milioni di euro per ciascuno degli anni

ACCERTAMENTO

2008, 2009 e 2010, si provvede mediante corrispondente riduzione dello stanziamento del fondo speciale di parte corrente iscritto, ai fini del bilancio triennale 2008-2010, nell'ambito del programma «Fondi di riserva e speciali» della missione «Fondi da ripartire» dello stato di previsione del Ministero dell'economia e delle finanze per l'anno 2008, allo scopo parzialmente utilizzando l'accantonamento relativo al Ministero della solidarietà sociale [2].

1-ter. All'onere derivante dall'attuazione dell'articolo 63-bis, comma 5, pari a 20 milioni di euro per l'anno 2010, si provvede mediante corrispondente riduzione dell'autorizzazione di spesa di cui all'articolo 5, comma 4, del decreto-legge 27 maggio 2008, n. 93, convertito, con modificazioni, dalla legge 24 luglio 2008, n. 126 [3].

1-quater. Agli ulteriori oneri derivanti dall'articolo 82, comma 27, pari a 1,4 milioni di euro a decorrere dall'anno 2008, si provvede mediante riduzione lineare degli stanziamenti di parte corrente relativi alle autorizzazioni di spesa come determinate dalla Tabella C allegata alla legge 24 dicembre 2007, n. 244. All'onere derivante dall'articolo 70, comma 1-bis, e 71, comma 1-bis, rispettivamente pari a 8,5 milioni di euro a decorrere dall'anno 2009 e a 0,9 milioni di euro a decorrere dall'anno 2009, si provvede mediante corrispondente riduzione della dotazione del fondo per interventi strutturali di politica economica, di cui all'articolo 10, comma 5, del decreto-legge 29 novembre 2004, n. 282, convertito, con modificazioni, dalla legge 27 dicembre 2004, n. 307 [4].

1-quinquies. Agli oneri derivanti dal comma 19 dell'articolo 61, pari a 400 milioni di euro per ciascuno degli anni 2009, 2010 e 2011, che aumentano a 530 milioni di euro per l'anno 2009 e a 450 milioni di euro per gli anni 2010 e 2011 ai fini della compensazione degli effetti in termini di fabbisogno ed indebitamento netto, si provvede:

a) quanto a 120 milioni di euro per l'anno 2009, mediante corrispondente riduzione dello stanziamento del fondo speciale di parte corrente iscritto, ai fini del bilancio triennale 2008-2010, nell'ambito del programma «Fondi di riserva e speciali» della missione «Fondi da ripartire» dello stato di previsione del Ministero dell'economia e delle finanze per l'anno 2008, allo scopo parzialmente utilizzando i seguenti accantonamenti:

Ministero dell'economia e delle finanze 846.000;
Ministero del lavoro e della previdenza sociale 519.000;
Ministero della giustizia 10.000;
Ministero degli affari esteri 7.800.000;
Ministero dell'interno 39.700.000;
Ministero per i beni e le attività culturali 1.568.000;
Ministero della salute 13.000.000;
Ministero dei trasporti 67.000;
Ministero dell'università e della ricerca 1.490.000;
Ministero della solidarietà sociale 55.000.000;

b) quanto a 60 milioni di euro per l'anno 2009, mediante riduzione dell'autorizzazione di spesa di cui all'articolo 5, comma 4, del decreto-legge 27 maggio 2008, n. 93, convertito, con modificazioni, dalla legge 24 luglio 2008, n. 126;

c) quanto a 50 milioni di euro per gli anni 2009, 2010 e 2011, mediante utilizzo di quota delle risorse di cui al comma 11 dell'articolo 61 del presente decreto;

d) quanto a 300 milioni di euro per l'anno 2009 e a 400 milioni di euro per ciascuno degli anni 2010 e 2011, mediante utilizzo del Fondo per interventi strutturali di politica economica, di cui all'articolo 10, comma 5, del decreto-legge 29 novembre 2004, n. 282, convertito, con modificazioni, dalla legge 27 dicembre 2004, n. 307. A tal fine quota parte della riduzione lineare delle dotazioni finanziarie, a legislazione vigente, delle missioni di spesa di ciascun Ministero, per un importo pari a 300 milioni di euro per l'anno 2009 e a 400 milioni di euro per ciascuno degli anni 2010 e 2011, affluisce nel Fondo di cui al primo periodo [5].

2. Il Ministro dell'economia e delle finanze è autorizzato ad apportare con propri decreti le occorrenti variazioni di bilancio.

[1] Comma modificato dall'articolo 1, comma 1, della legge 6 agosto 2008, n. 133, in sede di conversione.
[2] Comma inserito dall'articolo 1, comma 1, della legge 6 agosto 2008, n. 133, in sede di conversione.
[3] Comma inserito dall'articolo 1, comma 1, della legge 6 agosto 2008, n. 133, in sede di conversione.
[4] Comma inserito dall'articolo 1, comma 1, della legge 6 agosto 2008, n. 133, in sede di conversione.
[5] Comma inserito dall'articolo 1, comma 1, della legge 6 agosto 2008, n. 133, in sede di conversione.

85. Entrata in vigore. — 1. Il presente decreto entra in vigore il giorno stesso della sua pubblicazione nella Gazzetta Ufficiale della Repubblica italiana e sarà presentato alle Camere per la conversione in legge.

Il presente decreto, munito del sigillo dello Stato, sarà inserito nella Raccolta ufficiale degli atti normativi della Repubblica italiana. È fatto obbligo a chiunque spetti di osservarlo e di farlo osservare.

12. D.L.22 ottobre 2016, n. 193

Decreto convertito con modificazioni dalla Legge 1 dicembre 2016, n. 225. Disposizioni urgenti in materia fiscale e per il finanziamento di esigenze indifferibili. *[estratto art. 7 bis.]* [1]

[1] *Pubblicato in Gazzetta Uff. 24 ottobre 2016 n. 249*

7 *bis*. Introduzione di indici sintetici di affidabilità per la promozione dell'osservanza degli obblighi fiscali, per la semplificazione degli adempimenti e per la contestuale soppressione della disciplina degli studi di settore. – *[1. A decorrere dal periodo d'imposta in corso al 31 dicembre 2017, con decreto del Ministro dell'economia e delle finanze sono individuati indici sintetici di affidabilità fiscale cui sono collegati livelli di premialità per i contribuenti più affidabili, anche consistenti nell'esclusione o nella riduzione dei termini per gli accertamenti, al fine di promuovere l'adempimento degli obblighi tributari e il rafforzamento della collaborazione tra l'Amministrazione finanziaria e i contribuenti.*

2. Contestualmente all'adozione degli indici di cui al comma 1 cessano di avere effetto, al fine dell'accertamento dei tributi, le disposizioni relative agli studi di settore previsti dall'articolo 62-bis del decreto-legge 30 agosto 1993, n. 331, convertito, con modificazioni, dalla legge 29 ottobre 1993, n. 427, e ai parametri previsti dall'articolo 3, commi da 181 a 189, della legge 28 dicembre 1995, n. 549.] (1)

(1) *Articolo inserito dall'articolo 1, comma 1, della Legge 1° dicembre 2016 n. 225, in sede di conversione e successivamente abrogato dall'articolo 9-bis, comma 18, del D.L. 24 aprile 2017, n. 50, convertito, con modificazioni, dalla Legge 21 giugno 2017, n. 96.*

13. D.L. 24 aprile 2017, n. 50

Decreto convertito, con modificazioni, dalla Legge 21 giugno 2017 n. 96. Disposizioni urgenti in materia finanziaria, iniziative a favore degli enti territoriali, ulteriori interventi per le zone colpite da eventi sismici e misure di sviluppo (1)

(1) *Pubblicato in Gazzetta Uff. 24 aprile 2017 n. 95*

9 *bis*. Indici sintetici di affidabilità fiscale (A)(1)(2). – 1. Al fine di favorire l'emersione spontanea delle basi imponibili e di stimolare l'assolvimento degli obblighi tributari da parte dei contribuenti e il rafforzamento della collaborazione tra questi e l'Amministrazione finanziaria, anche con l'utilizzo di forme di comunicazione preventiva rispetto alle scadenze fiscali, sono istituiti indici sintetici di affidabilità fiscale per gli esercenti attività di impresa, arti o professioni, di seguito denominati "indici". Gli indici, elaborati con una metodologia basata su analisi di dati e informazioni relativi a più periodi d'imposta, rappresentano la sintesi di indicatori elementari tesi a verificare la normalità e la coerenza della gestione aziendale o professionale, anche con riferimento a diverse basi imponibili, ed esprimono su una scala da 1 a 10 il grado di affidabilità fiscale riconosciuto a ciascun contribuente, anche al fine di consentire a quest'ultimo, sulla base dei dati dichiarati entro i termini ordinariamente previsti, l'accesso al regime premiale di cui al comma 11.

2. Gli indici sono approvati con decreto del Ministro dell'economia e delle finanze entro il mese di marzo del periodo d'imposta successivo a quello per il quale sono applicati. Le eventuali integrazioni degli indici, indispensabili per tenere conto di situazioni di natura straordinaria, anche correlate a modifiche normative e ad andamenti economici e dei mercati, con particolare riguardo a determinate attività economiche o aree territoriali, sono approvate entro il mese di aprile del periodo d'imposta successivo a quello per il quale sono applicate. Con provvedimento del direttore dell'Agenzia delle entrate, da emanare entro il mese di gennaio di ciascun anno, sono individuate le attività economiche per le quali devono essere elaborati gli indici ovvero deve esserne effettuata la revisione. Per il periodo d'imposta in corso al 31 dicembre 2017, il provvedimento del direttore dell'Agenzia delle entrate di cui al precedente periodo è emanato entro novanta giorni dalla data di entrata in vigore della legge di conversione del presente decreto (3)(9).

3. I dati rilevanti ai fini della progettazione, della realizzazione, della costruzione e dell'applicazione degli indici sono acquisiti dalle dichiarazioni fiscali previste dall'ordinamento vigente, dalle fonti informative disponibili presso l'anagrafe tributaria, le agenzie fiscali, l'Istituto nazionale della previdenza sociale, l'Ispettorato nazionale del lavoro e il Corpo della guardia di finanza, nonché da altre fonti.

4. I contribuenti cui si applicano gli indici dichiarano, anche al fine di consentire un'omogenea raccolta informativa, i dati economici, contabili e strutturali rilevanti per l'applicazione degli stessi, sulla base di quanto previsto dalla relativa documentazione tecnica e metodologica approvata con il decreto del Ministro dell'economia e delle finanze di cui al comma 2, indipendentemente dal regime di determinazione del reddito utilizzato. Con provvedimento del direttore dell'Agenzia delle entrate, da emanare entro il 31 gennaio dell'anno per il quale si applicano gli indici, sono individuati i dati di cui al periodo precedente. La disposizione del primo periodo si applica, nelle more dell'approvazione degli indici per tutte le attività economiche interessate, anche ai parametri previsti dall'articolo 3, commi da 181 a 189, della legge 28 dicembre 1995, n. 549, e agli studi di settore previsti dall'articolo 62-bis del decreto-legge 30 agosto 1993, n. 331, convertito, con modificazioni, dalla legge 29 ottobre 1993, n. 427. Per i periodi d'imposta 2017 e 2018, il provvedimento di cui al secondo periodo del presente comma è emanato entro il termine previsto dall'articolo 1, comma 1, del regolamento di cui al decreto del Presidente della Repubblica 22 luglio 1998, n. 322, per l'approvazione dei modelli di dichiarazione relativi ai predetti periodi d'imposta (4).

4-bis. Dai modelli da utilizzare per la comunicazione dei dati rilevanti ai fini dell'applicazione degli indici sono esclusi i dati già contenuti negli altri quadri dei modelli di dichiarazione previsti ai fini delle imposte sui redditi, approvati con il provvedimento previsto dall'articolo 1, comma 1, del regolamento di cui al decreto del Presidente della Repubblica 22 luglio 1998, n. 322, fermo restando l'utilizzo, ai fini dell'applicazione degli indici, di tutti quelli individuati con il provvedimento di cui al comma 4 del presente articolo. L'Agenzia delle entrate rende disponibili agli operatori economici, nell'area riservata del proprio sito internet istituzionale, i dati in suo possesso che risultino utili per la comunicazione di cui al precedente periodo. Le disposizioni del presente comma si applicano dal periodo d'imposta in corso al 31 dicembre 2020 (5).

5. L'Agenzia delle entrate mette a disposizione dei contribuenti o degli intermediari di cui essi possono avvalersi, anche mediante l'utilizzo delle reti telematiche e delle nuove tecnologie informatiche, appositi programmi informatici di ausilio alla compilazione e alla trasmissione dei dati di cui al comma 4, nonché gli elementi e le informazioni derivanti dall'elaborazione e dall'applicazione degli indici.

6. Gli indici non si applicano ai periodi d'imposta nei quali il contribuente:

a) ha iniziato o cessato l'attività ovvero non si trova in condizioni di normale svolgimento della stessa;

b) dichiara ricavi di cui all'articolo 85, comma 1, esclusi

ACCERTAMENTO

quelli di cui alle lettere c), d) ed e), o compensi di cui all'articolo 54, comma 1, del testo unico delle imposte sui redditi, di cui al decreto del Presidente della Repubblica 22 dicembre 1986, n. 917, di ammontare superiore al limite stabilito dal decreto di approvazione o revisione dei relativi indici [B].

7. Con decreto del Ministro dell'economia e delle finanze possono essere previste ulteriori ipotesi di esclusione dell'applicabilità degli indici per determinate tipologie di contribuenti.

8. Con decreto del Ministro dell'economia e delle finanze è istituita una commissione di esperti, designati dallo stesso Ministro, tenuto anche conto delle segnalazioni dell'Amministrazione finanziaria, delle organizzazioni economiche di categoria e degli ordini professionali. La commissione è sentita nella fase di elaborazione e, prima dell'approvazione e della pubblicazione di ciascun indice, esprime il proprio parere sull'idoneità dello stesso a rappresentare la realtà cui si riferisce nonché sulle attività economiche per le quali devono essere elaborati gli indici. I componenti della commissione partecipano alle sue attività a titolo gratuito. Non spetta ad essi il rimborso delle spese eventualmente sostenute. Fino alla costituzione della commissione di cui al presente comma, le sue funzioni sono svolte dalla commissione degli esperti di cui all'articolo 10, comma 7, della legge 8 maggio 1998, n. 146. Le funzioni di quest'ultima sono attribuite alla commissione di cui al presente comma a decorrere dalla data della sua costituzione.

9. Per i periodi d'imposta per i quali trovano applicazione gli indici, i contribuenti interessati possono indicare nelle dichiarazioni fiscali ulteriori componenti positivi, non risultanti dalle scritture contabili, rilevanti per la determinazione della base imponibile ai fini delle imposte sui redditi, per migliorare il proprio profilo di affidabilità nonché per accedere al regime premiale di cui al comma 11. Tali ulteriori componenti positivi rilevano anche ai fini dell'imposta regionale sulle attività produttive e determinano un corrispondente maggior volume di affari rilevante ai fini dell'imposta sul valore aggiunto. Ai fini dell'imposta sul valore aggiunto, salva prova contraria, all'ammontare degli ulteriori componenti positivi di cui ai precedenti periodi si applica, tenendo conto dell'esistenza di operazioni non soggette ad imposta ovvero soggette a regimi speciali, l'aliquota media risultante dal rapporto tra l'imposta relativa alle operazioni imponibili, diminuita di quella relativa alle cessioni di beni ammortizzabili, e il volume d'affari dichiarato [6].

10. La dichiarazione degli importi di cui al comma 9 non comporta l'applicazione di sanzioni e interessi a condizione che il versamento delle relative imposte sia effettuato entro il termine e con le modalità previsti per il versamento a saldo delle imposte sui redditi, con facoltà di effettuare il pagamento rateale delle somme dovute a titolo di saldo e di acconto delle imposte ai sensi dell'articolo 20 del decreto legislativo 9 luglio 1997, n. 241.

11. In relazione ai diversi livelli di affidabilità fiscale conseguenti all'applicazione degli indici, determinati anche per effetto dell'indicazione di ulteriori componenti positivi di cui al comma 9, sono riconosciuti i seguenti benefici:

a) l'esonero dall'apposizione del visto di conformità per la compensazione di crediti per un importo non superiore a 50.000 euro annui relativamente all'imposta sul valore aggiunto e per un importo non superiore a 20.000 euro annui relativamente alle imposte dirette e all'imposta regionale sulle attività produttive;

b) l'esonero dall'apposizione del visto di conformità ovvero dalla prestazione della garanzia per i rimborsi dell'imposta sul valore aggiunto per un importo non superiore a 50.000 euro annui;

c) l'esclusione dell'applicazione della disciplina delle società non operative di cui all'articolo 30 della legge 23 dicembre 1994, n. 724, anche ai fini di quanto previsto al secondo periodo del comma 36-decies dell'articolo 2 del decreto-legge 13 agosto 2011, n. 138, convertito, con modificazioni, dalla legge 14 settembre 2011, n. 148;

d) l'esclusione degli accertamenti basati sulle presunzioni semplici di cui all'articolo 39, primo comma, lettera d), secondo periodo, del decreto del Presidente della Repubblica 29 settembre 1973, n. 600, e all'articolo 54, secondo comma, secondo periodo, del decreto del Presidente della Repubblica 26 ottobre 1972, n. 633;

e) l'anticipazione di almeno un anno, con graduazione in funzione del livello di affidabilità, dei termini di decadenza per l'attività di accertamento previsti dall'articolo 43, comma 1, del decreto del Presidente della Repubblica 29 settembre 1973, n. 600, con riferimento al reddito di impresa e di lavoro autonomo, e dall'articolo 57, comma 1, del decreto del Presidente della Repubblica 26 ottobre 1972, n. 633;

f) l'esclusione della determinazione sintetica del reddito complessivo di cui all'articolo 38 del decreto del Presidente della Repubblica 29 settembre 1973, n. 600, a condizione che il reddito complessivo accertabile non ecceda di due terzi il reddito dichiarato.

12. Con provvedimento del direttore dell'Agenzia delle entrate sono individuati i livelli di affidabilità fiscale, anche con riferimento alle annualità pregresse, ai quali è collegata la graduazione dei benefici premiali indicati al comma 11; i termini di accesso ai benefici possono essere differenziati tenendo conto del tipo di attività svolto dal contribuente.

13. Con riferimento al periodo d'imposta interessato dai benefici premiali di cui al comma 11, in caso di violazioni che comportano l'obbligo di denuncia ai sensi dell'articolo 331 del codice di procedura penale per uno dei reati previsti dal decreto legislativo 10 marzo 2000, n. 74, non si applicano le disposizioni di cui al comma 11, lettere c), d), e) e f), del presente articolo.

14. L'Agenzia delle entrate e il Corpo della guardia di finanza, nel definire specifiche strategie di controllo basate su analisi del rischio di evasione fiscale, tengono conto del livello di affidabilità fiscale dei contribuenti derivante dall'applicazione degli indici nonché delle informazioni presenti nell'apposita sezione dell'anagrafe tributaria di cui all'articolo 7, sesto comma, del decreto del Presidente della Repubblica 29 settembre 1973, n. 605.

15. All'articolo 10, comma 12, della legge 8 maggio 1998, n. 146, dopo le parole: "studi di settore," sono inserite le seguenti: "degli indici sintetici di affidabilità fiscale". La società indicata nell'articolo 10, comma 12, della legge 8 maggio 1998, n. 146, provvede, altresì, a porre in essere ogni altra attività idonea a sviluppare innovative tecniche di elaborazione dei dati, a potenziare le attività di analisi per contrastare la sottrazione all'imposizione delle basi imponibili, anche di natura contributiva, ad aggiornare la mappa del rischio di evasione e a individuare le relative aree territoriali e settoriali di intervento. Al fine di consentire lo svolgimento delle attività di cui al precedente periodo e di assicurare il

coordinamento delle stesse con ulteriori attività svolte dalla medesima società per altre finalità e per conto di altre amministrazioni, la stessa società può stipulare specifiche convenzioni con le amministrazioni pubbliche di cui all'articolo 1, comma 2, del decreto legislativo 30 marzo 2001, n. 165, ovvero con altri soggetti. Tali convenzioni, aventi ad oggetto anche lo scambio, l'utilizzo e la condivisione dei dati, dei risultati delle elaborazioni e delle nuove metodologie, nonché altre attività, sono stipulate esclusivamente per le finalità stabilite dal presente comma o da altre disposizioni normative. Le convenzioni che hanno ad oggetto la mappa del rischio di evasione e l'analisi per il contrasto della sottrazione di basi imponibili, anche di natura contributiva, sono stipulate, per le rispettive aree di competenza, con le agenzie fiscali, con l'Istituto nazionale della previdenza sociale, con l'Ispettorato nazionale del lavoro e con il Corpo della guardia di finanza. Le quote di partecipazione al capitale della società di cui al secondo periodo del presente comma possono essere cedute, in tutto o in parte, al Ministero dell'economia e delle finanze-Dipartimento del tesoro, in conformità ai principi disposti dal testo unico di cui al decreto legislativo 19 agosto 2016, n. 175 (7).

16. Nei casi di omissione della comunicazione dei dati rilevanti ai fini della costruzione e dell'applicazione degli indici, o di comunicazione inesatta o incompleta dei medesimi dati, si applica la sanzione amministrativa pecuniaria prevista dall'articolo 8, comma 1, del decreto legislativo 18 dicembre 1997, n. 471. L'Agenzia delle entrate, prima della contestazione della violazione, mette a disposizione del contribuente, con le modalità di cui all'articolo 1, commi da 634 a 636, della legge 23 dicembre 2014, n. 190, le informazioni in proprio possesso, invitando lo stesso ad eseguire la comunicazione dei dati o a correggere spontaneamente gli errori commessi. Del comportamento del contribuente si tiene conto nella graduazione della misura della sanzione. L'Agenzia delle entrate, nei casi di omissione della comunicazione di cui al primo periodo, può altresì procedere, previo contraddittorio, all'accertamento dei redditi, dell'imposta regionale sulle attività produttive e dell'imposta sul valore aggiunto ai sensi, rispettivamente, del secondo comma dell'articolo 39 del decreto del Presidente della Repubblica 29 settembre 1973, n. 600, e dell'articolo 55 del decreto del Presidente della Repubblica 26 ottobre 1972, n. 633.

17. Con provvedimento del direttore dell'Agenzia delle entrate sono emanate le ulteriori disposizioni necessarie per l'attuazione del presente articolo (8).

18. Le disposizioni normative e regolamentari relative all'elaborazione e all'applicazione dei parametri previsti dall'articolo 3, commi da 181 a 189, della legge 28 dicembre 1995, n. 549, e degli studi di settore previsti dagli articoli 62-bis e 62-sexies del decreto-legge 30 agosto 1993, n. 331, convertito, con modificazioni, dalla legge 29 ottobre 1993, n. 427, cessano di produrre effetti nei confronti dei soggetti interessati agli stessi, con riferimento ai periodi d'imposta in cui si applicano gli indici. Ad eccezione di quanto già disposto dal presente articolo, le norme che, per fini diversi dall'attività di controllo, rinviano alle disposizioni citate nel precedente periodo e ai limiti previsti per l'applicazione degli studi di settore si intendono riferite anche agli indici. Per le attività di controllo, di accertamento e di irrogazione delle sanzioni effettuate in relazione ai periodi d'imposta antecedenti a quelli di cui al primo periodo si applicano le disposizioni vigenti il giorno antecedente la data di entrata in vigore della legge di conversione del presente decreto. Sono abrogati l'articolo 10-bis della legge 8 maggio 1998, n. 146, e l'articolo 7-bis del decreto-legge 22 ottobre 2016, n. 193, convertito, con modificazioni, dalla legge 1° dicembre 2016, n. 225 .

19. Dall'attuazione delle disposizioni del presente articolo non devono derivare nuovi o maggiori oneri a carico della finanza pubblica.

(A) In riferimento al Modello F24 - ridenominazione del codice tributo "6494", di cui al presente articolo, vedi: Risoluzione Agenzia delle Entrate del 10 maggio 2019, n. 48/E.
- In riferimento agli Indici sintetici di affidabilità fiscale - periodo di imposta 2018, di cui al presente articolo, vedi: Circolare Agenzia delle Entrate 2 agosto 2019, n. 17/E; Circolare Agenzia delle Entrate 4 giugno 2021, n. 6/E.
- In riferimento alle cause di esclusione dell'applicazione degli indici sintetici di affidabilità fiscale (ISA), di cui al presente articolo, vedi: Risposta Agenzia delle Entrate 18 ottobre 2019, n. 418.
(B) In riferimento alle cause di esclusione ISA, di cui al presente comma, vedi: Risposta Agenzia delle Entrate 11 novembre 2019, n. 479.
(1) Articolo aggiunto dall'articolo 1, comma 1, della Legge 21 giugno 2017, n. 96, in sede di conversione.
(2) A norma dell'articolo 1, comma 931, della Legge 27 dicembre 2017, n. 205 gli indici sintetici di affidabilità fiscale, previsti dal presente articolo si applicano a decorrere dal periodo d'imposta in corso al 31 dicembre 2018. Vedi inoltre il D.M. 30 aprile 2021.
(3) Comma modificato dall'articolo 24, comma 2, del DL 21 giugno 2022, n. 73, convertito, con modificazioni, dalla Legge 4 agosto 2022, n. 122. Per la proroga dei termini di cui al presente comma, relativamente ai periodi di imposta in corso al 31 dicembre 2020 e 2021, vedi l'art. 148, comma 1, lett. c), del D.L. 19 maggio 2020, n. 34, convertito, con modificazioni, dalla Legge 17 luglio 2020, n. 77.
(4) In deroga a quanto previsto dal secondo periodo del presente comma vedi l'art. 148, comma 1, lett. b), del D.L. 19 maggio 2020, n. 34, convertito, con modificazioni, dalla Legge 17 luglio 2020, n. 77.
(5) Comma inserito dall'articolo 4-quinquies, comma 4, del D.L. 30 aprile 2019, n. 34, convertito, con modificazioni, dalla Legge 28 giugno 2019, n. 58.
(6) Vedi l'articolo 1, comma 18, lettera a), della Legge 30 dicembre 2018, n. 145.
(7) Comma modificato dall'articolo 1, comma 930, della Legge 27 dicembre 2017, n. 205.
(8) Per l'attuazione delle disposizioni di cui al presente comma, vedi Provvedimento 10 maggio 2019 e Provvedimento 30 aprile 2020.
(9) Comma modificato dall'articolo 24, comma 2, del DL 21 giugno 2022, n. 73, convertito, con modificazioni, dalla Legge 4 agosto 2022, n. 122.

14. D.L.12 luglio 2018, n. 87

Decreto convertito, con modificazioni dalla Legge 9 agosto 2018 n. 96. Disposizioni urgenti per la dignità dei lavoratori e delle imprese (DECRETO DIGNITÀ) *[estratto: artt.10-12 bis]* [1]

[1] *Pubblicato in Gazzetta Uff. 13/07/2018 n. 161*

10. Disposizioni in materia di redditometro. – 1. All'articolo 38 del decreto del Presidente della Repubblica 29 settembre 1973, n. 600, al quinto comma, dopo la parola «biennale» sono inserite le seguenti: «, sentiti l'Istituto nazionale di statistica (ISTAT) e le associazioni maggiormente rappresentative dei consumatori per gli aspetti riguardanti la metodica di ricostruzione induttiva del reddito complessivo in base alla capacità di spesa e alla propensione al risparmio dei contribuenti».

2. È abrogato il decreto del Ministro dell'economia e delle finanze 16 settembre 2015, pubblicato nella Gazzetta Ufficiale n. 223 del 25 settembre 2015. Le disposizioni del predetto decreto cessano di avere efficacia per gli anni di imposta successivi a quello in corso al 31 dicembre 2015 [1].

3. Il presente articolo non si applica agli inviti per fornire dati e notizie rilevanti ai fini dell'accertamento e agli altri atti previsti dall'articolo 38, settimo comma, del decreto del Presidente della Repubblica n. 600 del 1973, per gli anni di imposta fino al 31 dicembre 2015. In ogni caso non si applica agli atti già notificati e non si fa luogo al rimborso delle somme già pagate.

[1] *Comma modificato dall'articolo 1, comma 1, della Legge 9 agosto 2018, n. 96, in sede di conversione.*

11. Disposizioni in materia di invio dei dati delle fatture emesse e ricevute. – 1. Con riferimento all'obbligo di comunicazione di cui all'articolo 21, comma 1, del decreto-legge 31 maggio 2010, n. 78, convertito, con modificazioni, dalla legge 30 luglio 2010, n. 122, i dati relativi al terzo trimestre del 2018 possono essere trasmessi entro il 28 febbraio 2019 [1].

2. All'articolo 1-ter, comma 2, lettera a), del decreto-legge 16 ottobre 2017, n. 148, convertito, con modificazioni, dalla legge 4 dicembre 2017, n. 172, dopo le parole «cadenza semestrale» sono aggiunte le seguenti: «, entro il 30 settembre per il primo semestre ed entro il 28 febbraio dell'anno successivo per il secondo semestre,».

2-bis. All'articolo 1 del decreto legislativo 5 agosto 2015, n. 127, in materia di fatturazione elettronica e trasmissione telematica delle fatture o dei relativi dati, dopo il comma 3-bis è inserito il seguente:

"3-ter. I soggetti obbligati alla comunicazione dei dati delle fatture emesse e ricevute ai sensi del comma 3 del presente articolo sono esonerati dall'obbligo di annotazione in apposito registro, di cui agli articoli 23 e 25 del decreto del Presidente della Repubblica 26 ottobre 1972, n. 633" [2].

2-ter. Il comma 8-bis dell'articolo 36 del decreto-legge 18 ottobre 2012, n. 179, convertito, con modificazioni, dalla legge 17 dicembre 2012, n. 221, è abrogato [3].

2-quater. All'articolo 21, comma 1, del decreto-legge 31 maggio 2010, n. 78, convertito, con modificazioni, dalla legge 30 luglio 2010, n. 122, il terzo periodo è sostituito dal seguente: "A decorrere dal 1° gennaio 2018 sono esonerati dalla comunicazione i soggetti passivi di cui all'articolo 34, comma 6, del decreto del Presidente della Repubblica 26 ottobre 1972, n. 633" [4].

2-quinquies. All'onere derivante dal comma 2-quater, valutato in 3,5 milioni di euro per l'anno 2018, si provvede mediante corrispondente riduzione del Fondo per interventi strutturali di politica economica, di cui all'articolo 10, comma 5, del decreto-legge 29 novembre 2004, n. 282, convertito, con modificazioni, dalla legge 27 dicembre 2004, n. 307. Il Ministro dell'economia e delle finanze è autorizzato ad apportare, con propri decreti, le occorrenti variazioni di bilancio [5].

[1] *Comma modificato dall'articolo 1, comma 1, della Legge 9 agosto 2018, n. 96, in sede di conversione.*
[2] *Comma aggiunto dall'articolo 1, comma 1, della Legge 9 agosto 2018, n. 96, in sede di conversione.*
[3] *Comma aggiunto dall'articolo 1, comma 1, della Legge 9 agosto 2018, n. 96, in sede di conversione.*
[4] *Comma aggiunto dall'articolo 1, comma 1, della Legge 9 agosto 2018, n. 96, in sede di conversione.*
[5] *Comma aggiunto dall'articolo 1, comma 1, della Legge 9 agosto 2018, n. 96, in sede di conversione.*

11 *bis*. Proroga del termine di entrata in vigore degli obblighi di fatturazione elettronica per le cessioni di carburante [1]. – 1. All'articolo 1 della legge 27 dicembre 2017, n. 205, sono apportate le seguenti modificazioni:

a) al comma 917, lettera a), dopo le parole: "per motori" sono aggiunte le seguenti: ", ad eccezione delle cessioni di carburante per autotrazione presso gli impianti stradali di distribuzione, per le quali il comma 920 si applica dal 1° gennaio 2019";

b) il comma 927 è sostituito dal seguente:

"927. Le disposizioni di cui ai commi 920, 921 e 926 si applicano dal 1° gennaio 2019. Le disposizioni di cui ai commi da 922 a 925 si applicano dal 1° luglio 2018".

2. Il Fondo per interventi strutturali di politica economica, di cui all'articolo 10, comma 5, del decreto-legge 29 novembre 2004, n. 282, convertito, con modificazioni, dalla legge 27 dicembre 2004, n. 307, è incrementato di 12,6 milioni di euro per l'anno 2020.

3. All'onere derivante dall'attuazione dei commi 1 e 2 del presente articolo, pari a 56,9 milioni di euro per l'anno 2018, a 29 milioni di euro per l'anno 2019 e a 12,6 milioni di euro per l'anno 2020, si provvede:

a) quanto a 3 milioni di euro per l'anno 2018, mediante corrispondente utilizzo del fondo di parte corrente iscritto nello stato di previsione del Ministero dello sviluppo economico ai sensi dell'articolo 49, comma 2, lettere a) e b), del decreto-legge 24 aprile 2014, n. 66, convertito, con modificazioni, dalla legge 23 giugno 2014, n. 89;

b) quanto a 3 milioni di euro per l'anno 2018, mediante corrispondente utilizzo del fondo di parte corrente iscritto nello stato di previsione del Ministero dello sviluppo economico ai sensi dell'articolo 34-ter, comma 5, della legge 31 dicembre 2009, n. 196;

c) quanto a 30,9 milioni di euro per l'anno 2018 e a 29 milioni di euro per l'anno 2019, mediante corrispondente riduzione dello stanziamento del fondo speciale di parte corrente iscritto, ai fini del bilancio triennale 2018-2020, nell'ambito del programma "Fondi di riserva e speciali" della missione "Fondi da ripartire" dello stato di previsione del Ministero dell'economia e delle finanze per l'anno 2018, allo scopo parzialmente utilizzando l'accantonamento relativo al Ministero dello sviluppo economico per 1 milione di euro per l'anno 2018 e 2 milioni di euro per l'anno 2019 e l'accantonamento relativo al Ministero dell'economia e delle finanze per 29,9 milioni di euro per l'anno 2018 e 27 milioni di euro per l'anno 2019;

d) quanto a 20 milioni di euro per l'anno 2018, mediante corrispondente riduzione del Fondo di cui all'articolo 1, comma 199, della legge 23 dicembre 2014, n. 190;

e) quanto a 12,6 milioni di euro per l'anno 2020, mediante le maggiori entrate di cui al comma 1 del presente articolo.

4. Il Ministro dell'economia e delle finanze è autorizzato ad apportare, con propri decreti, le occorrenti variazioni di bilancio.

(1) Articolo aggiunto dall'articolo 1, comma 1, della Legge 9 agosto 2018, n. 96, in sede di conversione.

12. Split payment (A). – 1. All'articolo 17-ter del decreto del Presidente della Repubblica 26 ottobre 1972, n. 633, dopo il comma 1-quinquies è aggiunto il seguente: «1-sexies. Le disposizioni del presente articolo non si applicano alle prestazioni di servizi rese ai soggetti di cui ai commi 1, 1-bis e 1-quinquies, i cui compensi sono assoggettati a ritenute alla fonte a titolo di imposta sul reddito ovvero a ritenuta a titolo di acconto di cui all'articolo 25 del decreto del Presidente della Repubblica 29 settembre 1973, n. 600.».

2. Le disposizioni del comma 1 si applicano alle operazioni per le quali è emessa fattura successivamente alla data di entrata in vigore del presente decreto.

3. Agli oneri derivanti dal presente articolo, pari a 35 milioni di euro per l'anno 2018, a 70 milioni di euro per l'anno 2019, a 35 milioni di euro per l'anno 2020, si provvede:

a) quanto a 41 milioni di euro per l'anno 2019 e a 1 milione di euro per l'anno 2020, mediante corrispondente riduzione delle proiezioni dello stanziamento del fondo speciale di parte corrente iscritto, ai fini del bilancio triennale 2018-2020, nell'ambito del programma «Fondi di riserva e speciali» della missione «Fondi da ripartire» dello stato di previsione del Ministero dell'economia e delle finanze per l'anno 2018, allo scopo parzialmente utilizzando l'accantonamento relativo al Ministero dell'interno per 4 milioni di euro per l'anno 2019, l'accantonamento relativo al Ministero dell'ambiente e della tutela del territorio e del mare per 1 milione di euro per l'anno 2019, l'accantonamento relativo al Ministero dell'istruzione, dell'università e della ricerca per 5 milioni di euro per l'anno 2019, l'accantonamento relativo al Ministero dell'economia e delle finanze per 24 milioni di euro per l'anno 2019, l'accantonamento relativo al Ministero del lavoro e delle politiche sociali per 2 milioni di euro per l'anno 2019, l'accantonamento relativo al Ministero degli affari esteri e della cooperazione internazionale per 5 milioni di euro per l'anno 2019 e l'accantonamento relativo al Ministero dello sviluppo economico per 1 milione di euro per l'anno 2020;

b) quanto a 15 milioni di euro per l'anno 2019, mediante corrispondente utilizzo del fondo di parte corrente iscritto nello stato di previsione del Ministero dello sviluppo economico ai sensi dell'articolo 49, comma 2, lettere a) e b), del decreto-legge 24 aprile 2014, n. 66, convertito, con modificazioni, dalla legge 23 giugno 2014, n. 89;

c) quanto a 8 milioni di euro per l'anno 2019, mediante corrispondente riduzione del fondo per interventi strutturali di politica economica di cui all'articolo 10, comma 5, del decreto-legge 29 novembre 2004, n. 282, convertito, con modificazioni, dalla legge 27 dicembre 2004, n. 307;

d) quanto a 35 milioni di euro per l'anno 2018, a 6 milioni di euro per l'anno 2019 e a 34 milioni di euro per l'anno 2020, mediante quota parte delle maggiori entrate di cui all'articolo 9, comma 6 (1).

(A) In riferimento al presente articolo vedi: Circolare CNR - Consiglio Nazionale delle Ricerche 26 luglio 2018, n. 17/2018.
(1) Lettera modificata dall'articolo 1, comma 1, della Legge 9 agosto 2018, n. 96, in sede di conversione.

12 *bis*. Compensazione delle cartelle esattoriali in favore di imprese e professionisti titolari di crediti nei confronti della pubblica amministrazione (1). – 1. Le disposizioni di cui all'articolo 12, comma 7-bis, del decreto-legge 23 dicembre 2013, n. 145, convertito, con modificazioni, dalla legge 21 febbraio 2014, n. 9, si applicano, con le modalità previste dal decreto del Ministro dell'economia e delle finanze 24 settembre 2014, pubblicato nella Gazzetta Ufficiale n. 236 del 10 ottobre 2014, anche per l'anno 2018, con riferimento ai carichi affidati agli agenti della riscossione entro il 31 dicembre 2017.

(1) Articolo aggiunto dall'articolo 1, comma 1, della Legge 9 agosto 2018, n. 96, in sede di conversione.

RISCOSSIONE

1. D.P.R. 23 marzo 1998, n. 100

Regolamento recante norme per la semplificazione e la razionalizzazione di alcuni adempimenti contabili in materia di imposta sul valore aggiunto, ai sensi dell'articolo 3, comma 136, della l. 23 dicembre 1996, n. 662.[1]

[1] *Pubblicato in Gazz. Uff., 16 aprile, n. 88*

(*Omissis*).

1. Dichiarazioni e versamenti periodici. – 1. Entro il giorno 16 di ciascun mese, il contribuente determina la differenza tra l'ammontare complessivo dell'imposta sul valore aggiunto esigibile nel mese precedente, risultante dalle annotazioni eseguite o da eseguire nei registri relativi alle fatture emesse o ai corrispettivi delle operazioni imponibili, e quello dell'imposta, risultante dalle annotazioni eseguite, nei registri relativi ai beni ed ai servizi acquistati, sulla base dei documenti di acquisto di cui è in possesso e per i quali il diritto alla detrazione viene esercitato nello stesso mese ai sensi dell'articolo 19 del decreto del Presidente della Repubblica 26 ottobre 1972, n. 633. Entro il medesimo termine di cui al periodo precedente può essere esercitato il diritto alla detrazione dell'imposta relativa ai documenti di acquisto ricevuti e annotati entro il 15 del mese successivo a quello di effettuazione dell'operazione, fatta eccezione per i documenti di acquisto relativi ad operazioni effettuate nell'anno precedente. Il contribuente, qualora richiesto dagli organi dell'Amministrazione finanziaria, fornisce gli elementi in base ai quali ha operato la liquidazione periodica[1].

1-bis. Le disposizioni di cui al comma 1, ultimo periodo, si applicano anche ai soggetti di cui all'articolo 7 del decreto del Presidente della Repubblica 14 ottobre 1999, n. 542 [2].

1-ter. Resta ferma la possibilità per gli aventi diritto di presentare istanza di rimborso infrannuale [3].

[*2. A decorrere dal periodo d'imposta 1999, i dati contabili riepilogativi delle liquidazioni periodiche effettuate ai sensi del comma 1 sono indicati, unitamente agli altri elementi richiesti, in apposito modello di dichiarazione da approvare con decreto dirigenziale. Tale dichiarazione è presentata anche nell'ipotesi di liquidazione con eccedenza a credito. Sono esonerati dalla presentazione della dichiarazione periodica i contribuenti non soggetti per l'anno in corso all'obbligo di presentazione della dichiarazione annuale IVA o di effettuazione delle liquidazioni periodiche, sempreché nel corso dello stesso anno non vengano meno le predette condizioni di esonero, nonché i soggetti di cui all'articolo 88 del testo unico delle imposte sui redditi, approvato con decreto del Presidente della Repubblica 22 dicembre 1986, n. 917. Le persone fisiche presentano la dichiarazione sempreché abbiano realizzato nell'anno precedente un volume d'affari superiore a cinquanta milioni di lire.*][4]

[*2-bis. In caso di determinazione separata dell'imposta in presenza di più attività, il contribuente presenta una sola dichiarazione riepilogativa per ciascun periodo. In caso di liquidazioni periodiche separate concernenti periodi mensili e trimestrali, effettuate contestualmente entro il termine previsto dal comma 1 per le liquidazioni mensili, il contribuente presenta una sola dichiarazione contenente i dati riepilogativi delle liquidazioni effettuate.*][5]

[*2-ter. I contribuenti presentano la dichiarazione di cui al comma 2 entro l'ultimo giorno del mese nel quale vanno eseguite le liquidazioni periodiche di cui ai commi 1 e 5. La predetta dichiarazione è presentata per il tramite della Poste italiane S.p.a. o di una banca, convenzionate. I soggetti indicati all'articolo 3, commi 2, 2-bis, 2-ter e 3, del decreto del Presidente della Repubblica 22 luglio 1998, n. 322, trasmettono la dichiarazione in via telematica entro l'ultimo giorno del mese successivo a quello di presentazione.*][6]

3. A partire dal periodo di imposta in corso alla data di entrata in vigore del presente regolamento, il contribuente che affida a terzi la tenuta della contabilità e ne abbia dato comunicazione all'ufficio dell'imposta sul valore aggiunto competente nella prima dichiarazione annuale presentata nell'anno successivo alla scelta operata, può fare riferimento, ai fini del calcolo della differenza di imposta relativa al mese precedente, all'imposta divenuta esigibile nel secondo mese precedente. Per coloro che iniziano l'attività, l'opzione ha effetto dalla seconda liquidazione periodica [7].

4. Entro il termine stabilito nel comma 1, il contribuente versa l'importo della differenza nei modi di cui all'art. 38 del decreto del Presidente della Repubblica 26 ottobre 1972, n. 633, [*e annota sul registro gli estremi della relativa attestazione*]. Se l'importo dovuto non supera il limite di lire cinquantamila, il versamento è effettuato insieme a quello relativo al mese successivo. [*La dichiarazione di cui al comma 1 è presentata, anche nell'ipotesi di liquidazione con eccedenza a credito, entro il termine stabilito per il versamento dell'imposta.*] [8]

5. Le disposizioni di cui ai commi 1, 2, 2-bis, 2-ter e 4 si applicano anche nei confronti dei soggetti di cui agli articoli 33, 73, primo comma, lettera e), e 74, quarto comma, del decreto del Presidente della Repubblica n. 633 del 1972, con riferimento ai termini ivi stabiliti [9].

[1] *Comma modificato dall'articolo 2, comma 1, lettera a), del D.P.R. 14 ottobre 1999, n. 542, successivamente, sostituito dall'articolo 11, comma 1, lettera a), del 7 dicembre 2001, n. 435 e da ultimo modificato dall'articolo 14, comma 1, del D.L. 23 ottobre 2018, n. 119, convertito con modificazioni dalla Legge 17 dicembre 2018, n. 136.*
[2] *Comma inserito dall'articolo 11, comma 1, lettera a), del 7 dicembre 2001, n. 435, con effetto a decorrere dalle liquidazioni relative al 2002.*
[3] *Comma inserito dall'articolo 11, comma 1, lettera a), del 7 dicembre 2001, n. 435, con effetto a decorrere dalle liquidazioni relative al 2002.*
[4] *Comma sostituito dall'articolo 2, comma 1, lettera b), del D.P.R. 14 ottobre 1999, n. 542 e, successivamente, abrogato dall'articolo 11, comma 1, lettera b), del 7 dicembre 2001, n. 435.*
[5] *Comma inserito dall'articolo 2, comma 2, del D.P.R. 14 ottobre 1999, n. 542 e, successivamente, abrogato dall'articolo 11, comma 1, lettera b), del 7 dicembre 2001, n. 435.*
[6] *Comma inserito dall'articolo 2, comma 2, del D.P.R. 14 ottobre 1999, n. 542 e, successivamente, abrogato dall'articolo 11, comma 1, lettera b), del 7 dicembre 2001, n. 435.*
[7] *Comma modificato dall'articolo 2, comma 3, del D.P.R. 14 ottobre 1999, n. 542.*
[8] *Comma modificato dall'articolo 2, comma 4, del D.P.R. 14 ottobre 1999, n. 542 e, successivamente, modificato dall'articolo 11, comma 1, lettera c), del 7 dicembre 2001, n. 435.*
[9] *Comma modificato dall'articolo 2, comma 5, lettere a) e b), del D.P.R. 14 ottobre 1999, n. 542.*

2. Abrogazioni. – 1. Con effetto dalla data di entrata in vigore del presente regolamento, il primo e il secondo comma dell'articolo 27 del decreto del Presidente della Repubblica 26 ottobre 1972, n. 633, si intendono abrogati ai sensi dell'articolo 17, comma 2, della legge 23 agosto 1988, n. 400.

2. I riferimenti alle disposizioni indicate nel comma 1, contenuti in ogni altro atto normativo, si intendono fatti all'articolo 1 del presente regolamento.

2. D.Lgs. 26 febbraio 1999, n. 46

Riordino della disciplina della riscossione mediante ruolo, a norma dell'articolo 1 della legge 28 settembre 1998, n. 337.[1]

[1] *Pubblicato in Gazz. Uff., 5 marzo, n. 53*

(*Omissis*).

CAPO I
Modifiche al D.P.R. 29 settembre 1973, n. 602

1. Partizioni. – 1. Nel titolo I del decreto del Presidente della Repubblica 29 settembre 1973, n. 602, sono introdotte le seguenti partizioni interne:

a) prima dell'articolo 1: "Capo I - Versamenti diretti";

b) dopo l'articolo 9 e prima dell'articolo 10: "Capo II - Riscossione mediante ruoli".

2. Definizioni. – 1. L'art. 10, d.p.r. 29 settembre 1973, n. 602, è sostituito dal seguente:

"Art. 10 (Definizioni). - 1. Ai fini del presente decreto si intende per:

a) "concessionario": il soggetto cui è affidato in concessione il servizio di riscossione o il commissario governativo che gestisce il servizio stesso;

b) "ruolo": l'elenco dei debitori e delle somme da essi dovute formato dall'ufficio ai fini della riscossione a mezzo del concessionario.".

3. Oggetto e specie dei ruoli. – 1. L'art. 11, d.p.r. 29 settembre 1973, n. 602, è sostituito dal seguente:

"Art. 11 (Oggetto e specie dei ruoli). - 1. Nei ruoli sono iscritte le imposte, le sanzioni e gli interessi.

2. I ruoli si distinguono in ordinari e straordinari.

3. I ruoli straordinari sono formati quando vi è fondato pericolo per la riscossione.".

4. Formazione e contenuto dei ruoli e importo minimo iscrivibile. – 1. L'art. 12 del decreto del Presidente della Repubblica 29 settembre 1973, n. 602, è sostituito dai seguenti:

"Art. 12 (Formazione e contenuto dei ruoli). - 1. L'ufficio competente forma ruoli distinti per ciascuno degli ambiti territoriali in cui i concessionari operano. In ciascun ruolo sono iscritte tutte le somme dovute dai contribuenti che hanno il domicilio fiscale in comuni compresi nell'ambito territoriale cui il ruolo si riferisce.

2. Con decreto del Ministero delle finanze, di concerto con il Ministero del tesoro, del bilancio e della programmazione economica, sono stabiliti i dati che il ruolo deve contenere, i tempi e le procedure della sua formazione, nonché le modalità dell'intervento in tali procedure del consorzio nazionale obbligatorio fra i concessionari.

3. Nel ruolo deve essere comunque indicato il numero del codice fiscale del contribuente; in difetto non può farsi luogo all'iscrizione.

4. Il ruolo è sottoscritto, anche mediante firma elettronica, dal titolare dell'ufficio o da un suo delegato. Con la sottoscrizione il ruolo diviene esecutivo.

(Importo minimo iscrivibile a ruolo). - 1. Non si procede ad iscrizione a ruolo per somme inferiori a lire ventimila; tale importo può essere elevato con il regolamento previsto dall'art. 16, comma 2, della legge 8 maggio 1998, n. 146.".

5. Iscrizioni nei ruoli straordinari. – 1. Dopo l'art. 15 del decreto del Presidente della Repubblica 29 settembre 1973, n. 602, è inserito il seguente:

"Art. 15- bis (Iscrizioni nei ruoli straordinari). - 1. In deroga all'art. 15, nei ruoli straordinari le imposte, gli interessi e le sanzioni sono iscritti per l'intero importo risultante dall'avviso di accertamento, anche se non definitivo.".

6. Termini di decadenza per l'iscrizione a ruolo. – 1. L'art. 17, d.p.r. 29 settembre 1973, n. 602, è sostituito dal seguente:

"Art. 17 (Termini di decadenza per l'iscrizione a ruolo). - 1. Le somme dovute dai contribuenti sono iscritte in ruoli resi esecutivi a pena di decadenza:

a) entro il 31 dicembre del secondo anno successivo a quello di presentazione della dichiarazione, per le somme che risultano dovute a seguito dell'attività di liquidazione prevista dall'art. 36- bis del decreto del Presidente della Repubblica 29 settembre 1973, n. 600;

b) entro il 31 dicembre del terzo anno successivo a quello di presentazione della dichiarazione, per le somme che risultano dovute a seguito dell'attività di controllo formale prevista dall'art. 36- ter del decreto del Presidente della Repubblica 29 settembre 1973, n. 600;

c) entro il 31 dicembre dell'anno successivo a quello in cui l'accertamento è divenuto definitivo, per le somme dovute in base agli accertamenti dell'ufficio.".

7. Dilazione del pagamento e sospensione della riscossione. – 1. L'art. 19 del decreto del Presidente della Repubblica 29 settembre 1973, n. 602, è sostituito dai seguenti:

"Art. 19 (Dilazione del pagamento). - 1. L'ufficio, su richiesta del contribuente, può concedere, nelle ipotesi di temporanea situazione di obiettiva difficoltà dello stesso, la ripartizione del pagamento delle somme iscritte a ruolo fino ad un massimo di sessanta rate mensili ovvero la sospensione della riscossione per un anno e, successivamente, la ripartizione del pagamento fino ad un massimo di quarantotto rate mensili. Se l'importo iscritto a ruolo è superiore a cinquanta milioni di lire, il riconoscimento di tali benefici è subordinato alla prestazione di idonea garanzia mediante polizza fidejussoria o fidejussione bancaria.

2. La richiesta, di rateazione deve essere presentata, a pena di decadenza, prima dell'inizio della procedura esecutiva.

3. In caso di mancato pagamento della prima rata o, successivamente, di due rate:

a) il debitore decade automaticamente dal beneficio della rateazione;

b) l'intero importo iscritto a ruolo ancora dovuto è immediatamente ed automaticamente riscuotibile in unica soluzione;

c) il carico non può più essere rateizzato.

4. Le rate mensili nelle quali il pagamento è stato dilazionato ai sensi del comma 1 scadono l'ultimo giorno di ciascun mese.

(Sospensione della riscossione per situazioni eccezionali). - 1. Se si verificano situazioni eccezionali, a carattere generale o relative ad un'area significativa del territorio, tali da alterare gravemente lo svolgimento di un corretto rapporto con i contribuenti, la riscossione può essere sospesa, per non più di dodici mesi, con decreto del Ministero delle finanze.".

8. Interessi per ritardata iscrizione a ruolo. – 1. L'art. 20 del decreto del Presidente della Repubblica 29 settembre 1973, n. 602, è sostituito dal seguente:

"Art. 20 (Interessi per ritardata iscrizione a ruolo). - Sulle imposte o sulle maggiori imposte dovute in base alla liquidazione ed al controllo formale della dichiarazione od all'accertamento d'ufficio si applicano, a partire dalla scadenza del termine di presentazione della dichiarazione e fino alla data di consegna al concessionario dei ruoli nei quali tali imposte sono iscritte, gli interessi al tasso del cinque per cento annuo".

9. Interessi per dilazione di pagamento. – 1. All'art. 21 del decreto del Presidente della Repubblica 29 settembre 1973, n. 602, sono apportate le seguenti modificazioni:

a) la rubrica è sostituita dalla seguente: " Interessi per dilazione del pagamento ";

b) il primo comma è sostituito dal seguente:

"Sulle somme il cui pagamento è stato rateizzato o sospeso ai sensi dell'art. 19, comma 1, si applicano gli interessi al tasso del sei per cento annuo.".

10. Consegna del ruolo al concessionario. – 1. L'art. 24, d.p.r. 29 settembre 1973, n. 602, è sostituito dal seguente:

"Art. 24 (Consegna del ruolo al concessionario). - 1. L'ufficio consegna il ruolo al concessionario dell'ambito territoriale cui esso si riferisce secondo le modalità indicate con decreto del Ministero delle finanze, di concerto con il Ministero del tesoro, del bilancio e della programmazione economica.

2. Con lo stesso o con separato decreto sono individuati i compiti che possono essere affidati al consorzio nazionale obbligatorio fra i concessionari relativamente alla consegna dei ruoli e le ipotesi nelle quali l'affidamento dei ruoli ai concessionari avviene esclusivamente con modalità telematiche.".

11. Cartella di pagamento. – 1. L'art. 25, d.p.r. 29 settembre 1973, n. 602, è sostituito dal seguente:

"Art. 25 (Cartella di pagamento). - 1. Il concessionario notifica la cartella di pagamento, entro l'ultimo giorno del quarto mese successivo a quello di consegna del ruolo, al debitore iscritto a ruolo o al coobbligato nei confronti dei quali procede.

2. La cartella di pagamento, redatta in conformità al modello approvato con decreto del Ministero delle finanze, contiene l'intimazione ad adempiere l'obbligo risultante dal ruolo entro il termine di sessanta giorni dalla notificazione, con l'avvertimento che, in mancanza, si procederà ad esecuzione forzata.

3. Ai fini della scadenza del termine di pagamento il sabato è considerato giorno festivo.".

12. Notificazione della cartella di pagamento. – 1. Il primo comma dell'art. 26, d.p.r. 29 settembre 1973, n. 602, è sostituito dal seguente:

"La cartella è notificata dagli ufficiali della riscossione o da altri soggetti abilitati dal concessionario nelle forme previste dalla legge ovvero, previa eventuale convenzione tra comune e concessionario, dai messi comunali o dagli agenti della polizia municipale. La notifica può essere eseguita anche mediante invio di raccomandata con avviso di ricevimento; in tal caso, la cartella è notificata in plico chiuso e la notifica si considera avvenuta nella data indicata nell'avviso di ricevimento sottoscritto da una delle persone previste dal secondo comma.".

13. Modalità di pagamento. – 1. L'art. 28, d.p.r. 29 settembre 1973, n. 602, è sostituito dal seguente:

"Art. 28 (Modalità di pagamento). - 1. Il pagamento delle somme iscritte a ruolo può essere effettuato presso gli sportelli del concessionario, le agenzie postali e le banche. In caso di versamento presso le agenzie postali e le banche i costi dell'operazione sono a carico del contribuente.

2. Fuori del territorio nazionale, il pagamento può essere effettuato mediante bonifico bancario sul conto corrente bancario indicato dal concessionario nella cartella di pagamento.

3. Con decreto del Ministero delle finanze sono stabilite le modalità di pagamento, anche con mezzi diversi dal contante; in ogni caso, tali modalità devono essere tali da assicurare l'indicazione del codice fiscale del contribuente e gli estremi identificativi dell'imposta pagata.".

14. Interessi di mora. – 1. L'art. 30 del decreto del Presidente della Repubblica 29 settembre 1973, n. 602, è sostituito dal seguente:

"Art. 30 (Interessi di mora). - 1. Decorso inutilmente il termine previsto dall'art. 25, comma 2, sulle somme iscritte a ruolo si applicano, a partire dalla data della notifica della cartella e fino alla data del pagamento, gli interessi di mora al tasso determinato annualmente con decreto del Ministero delle finanze con riguardo alla media dei tassi bancari attivi.".

15. Sospensione amministrativa della riscossione. – 1. L'art. 39, d.p.r. 29 settembre 1973, n. 602, è sostituito dal seguente:

"Art. 39 (Sospensione amministrativa della riscossione). - 1. Il ricorso contro il ruolo di cui all'art. 19 del decreto legislativo 31 dicembre 1992, n. 546, non sospende la riscossione; tuttavia, l'ufficio delle entrate o il centro di servizio ha facoltà di disporla in tutto o in parte fino alla data di pubblicazione della sentenza della commissione tributaria provinciale, con provvedimento motivato notificato al concessionario e al contribuente. Il provvedimento può essere revocato ove sopravvenga fondato pericolo per la riscossione.

2. Sulle somme il cui pagamento è stato sospeso ai sensi del comma 1 e che risultano dovute dal debitore a seguito della sentenza della commissione tributaria provinciale si applicano gli interessi al tasso del sette per cento annuo; tali

interessi sono riscossi mediante ruolo formato dall'ufficio che ha emesso il provvedimento di sospensione.".

16. Riscossione coattiva. – 1. Il titolo II del decreto del Presidente della Repubblica 29 settembre 1973, n. 602, è sostituito dal seguente:

"*Titolo II*

RISCOSSIONE COATTIVA

Capo I

Disposizioni generali.

Art. 45 (Riscossione coattiva). - 1. Il concessionario procede alla riscossione coattiva delle somme iscritte a ruolo, degli interessi di mora e delle spese di esecuzione secondo le disposizioni del presente titolo.

Art. 46 (Delega ad altro concessionario). - 1. Il concessionario cui è stato consegnato il ruolo, se l'attività di riscossione deve essere svolta fuori del proprio ambito territoriale, delega in via telematica per la stessa il concessionario nel cui ambito territoriale si deve procedere, fornendo ogni informazione utile in suo possesso circa i beni sui quali procedere. La delega può riguardare anche la notifica della cartella.

2. A seguito della delega, il pagamento delle somme iscritte a ruolo è eseguito al delegato.

Art. 47 (Gratuità delle trascrizioni, iscrizioni e cancellazioni di pignoramenti e ipoteche). - 1. I conservatori dei pubblici registri mobiliari ed immobiliari eseguono le trascrizioni e le cancellazioni dei pignoramenti e le iscrizioni e le cancellazioni di ipoteche richieste dal concessionario, nonché la trascrizione dell'assegnazione prevista dall'art. 85 in esenzione da ogni tassa e diritto.

2. I conservatori sono altresì tenuti a rilasciare in carta libera e gratuitamente al concessionario l'elenco delle trascrizioni ed iscrizioni relative ai beni da lui indicati, contenente la specificazione dei titoli trascritti, dei crediti iscritti e del domicilio dei soggetti a cui favore risultano fatte le trascrizioni e le iscrizioni.

Art. 48 (Tasse e diritti per atti giudiziari). - 1. Le tasse e i diritti per atti giudiziari dovuti in occasione ed in conseguenza del procedimento di riscossione coattiva sono ridotti alla metà e prenotati a debito per il recupero nei confronti della parte soccombente, quando questa non sia il concessionario.

2. Nei casi previsti dal comma 1 il concessionario non può abbandonare il procedimento in seguito al pagamento del credito, ma deve proseguirlo ai fini del recupero delle tasse e dei diritti prenotati a debito. In difetto, ne risponde in proprio.

Capo II

Espropriazione forzata.

Sezione I

Disposizioni generali.

Art. 49 (Espropriazione forzata). - 1. Per la riscossione delle somme non pagate il concessionario procede ad espropriazione forzata sulla base del ruolo, che costituisce titolo esecutivo.

2. Il procedimento di espropriazione forzata è regolato dalle norme ordinarie applicabili in rapporto al bene oggetto di esecuzione, in quanto non derogate dalle disposizioni del presente capo e con esso compatibili.

3. Le funzioni demandate agli ufficiali giudiziari sono esercitate dagli ufficiali della riscossione.

Art. 50 (Termine per l'inizio dell'esecuzione). - 1. Il concessionario procede ad espropriazione forzata quando è inutilmente decorso il termine di sessanta giorni dalla notificazione della cartella di pagamento, salve le disposizioni relative alla dilazione ed alla sospensione del pagamento.

2. Se l'espropriazione non è iniziata entro un anno dalla notifica della cartella di pagamento, l'espropriazione stessa deve essere preceduta dalla notifica di un avviso che contiene l'intimazione ad adempiere l'obbligo risultante dal ruolo entro cinque giorni.

3. L'avviso di cui al comma 2 è redatto in conformità al modello approvato con decreto del Ministero delle finanze e perde efficacia trascorsi centottanta giorni dalla data della notifica.

Art. 51 (Surroga del concessionario in procedimenti esecutivi già iniziati). - 1. Qualora sui beni del debitore sia già iniziato un altro procedimento di espropriazione, il concessionario può dichiarare al giudice dell'esecuzione di volersi surrogare al creditore procedente, indicando il credito in relazione al quale la surroga è esercitata. La dichiarazione è notificata al creditore procedente ed al debitore.

2. Se entro dieci giorni dalla notificazione il creditore procedente o il debitore non hanno corrisposto al concessionario l'importo del suo credito, il concessionario resta surrogato negli atti esecutivi già iniziati e li prosegue secondo le norme del presente titolo.

3. Il concessionario può esercitare il diritto di surroga fino al momento dell'aggiudicazione o dell'assegnazione.

Art. 52 (Procedimento di vendita). - 1. La vendita dei beni pignorati è effettuata, mediante pubblico incanto o nelle altre forme previste dal presente decreto, a cura del concessionario, senza necessità di autorizzazione dell'autorità giudiziaria.

2. L'incanto è tenuto e verbalizzato dall'ufficiale della riscossione.

Art. 53 (Cessazione dell'efficacia del pignoramento e cancellazione della trascrizione). - 1. Il pignoramento perde efficacia quando dalla sua esecuzione sono trascorsi centoventi giorni senza che sia stato effettuato il primo incanto.

2. Se il pignoramento è stato trascritto in pubblico registro mobiliare o immobiliare, il concessionario, nell'ipotesi prevista dal comma 1 ed in ogni altro caso di estinzione del procedimento richiede entro dieci giorni al conservatore la cancellazione della trascrizione.

Art. 54 (Intervento dei creditori). - 1. I creditori che intendono intervenire nell'esecuzione debbono notificare al concessionario un atto contenente le indicazioni prescritte dal secondo comma dell'art. 499 del codice di procedura civile.

2. L'intervento conferisce ai creditori soltanto il diritto di partecipare alla distribuzione della somma ricavata dalla vendita dei beni pignorati.

3. I creditori chirografari che intervengono oltre la data fissata per primo incanto o, nel caso di espropriazione presso terzi, per l'assegnazione del credito pignorato, concorrono alla distribuzione della parte della somma ricavata che sopravanza dopo che sono stati soddisfatti i diritti del concessionario, dei creditori aventi diritto di prelazione e dei creditori chirografari intervenuti prima di detta data.

Art. 55 (Divieto per il concessionario di acquisto dei beni pignorati). - 1. Fermo il disposto degli articoli 539 e 553 del codice di procedura civile, il concessionario non può chiedere l'assegnazione dei beni pignorati, nè rendersi acquirente dei medesimi negli incanti, neppure per interposta persona.

Art. 56 (Deposito degli atti e del prezzo). - 1. Gli atti del procedimento di espropriazione, compresa la prova degli adempimenti prescritti dall'art. 498 del codice di procedura civile, sono depositati, a cura del concessionario, nella cancelleria del giudice dell'esecuzione nel termine di dieci giorni dalla vendita.

2. Nello stesso termine, salvo quanto previsto dal comma 3, la somma ricavata dalla vendita è consegnata al cancelliere per essere depositata nella forma dei depositi giudiziari.

3. Se nell'esecuzione non sono intervenuti altri creditori aventi diritto ad essere soddisfatti con preferenza o in via concorrente rispetto al concessionario, ovvero se la somma ricavata è sufficiente a soddisfarli integralmente, il giudice dell'esecuzione autorizza il concessionario a trattenere l'ammontare del suo credito, depositando in cancelleria l'eventuale eccedenza, ovvero, se non sono intervenuti altri creditori, restituendola al debitore.

Art. 57 (Opposizione all'esecuzione o agli atti esecutivi). - 1. Non sono ammesse:

a) le opposizioni regolate dall'art. 615 del codice di procedura civile, fatta eccezione per quelle concernenti la pignorabilità dei beni;

b) le opposizioni regolate dall'art. 617 del codice di procedura civile relative alla regolarità formale ed alla notificazione del titolo esecutivo.

2. Se è proposta opposizione all'esecuzione o agli atti esecutivi, il giudice fissa l'udienza di comparizione delle parti avanti a sè con decreto steso in calce al ricorso, ordinando al concessionario di depositare in cancelleria, cinque giorni prima dell'udienza, l'estratto del ruolo e copia di tutti gli atti di esecuzione.

Art. 58 (Opposizione di terzi). - 1. L'opposizione prevista dall'art. 619 del codice di procedura civile deve essere promossa prima della data fissata per il primo incanto.

2. L'opposizione non può essere proposta quando i mobili pignorati nella casa di abitazione o nell'azienda del debitore iscritto a ruolo o dei coobbligati, o in altri luoghi a lui appartenenti, hanno formato oggetto di una precedente vendita nell'ambito di una procedura di espropriazione forzata promossa dal concessionario a carico del medesimo debitore.

3. Il coniuge, i parenti e gli affini fino al terzo grado del debitore iscritto a ruolo e dei coobbligati, per quanto riguarda i beni mobili pignorati nella casa di abitazione o nell'azienda del debitore o del coobbligato, o in altri luoghi a loro appartenenti, possono dimostrare la proprietà del bene esclusivamente con atti pubblici o scritture private di data certa anteriore:

a) alla presentazione della dichiarazione, se prevista e se presentata;

b) al momento in cui si è verificata la violazione che ha dato origine all'iscrizione a ruolo, se non è prevista la presentazione della dichiarazione o se la dichiarazione non è comunque stata presentata;

c) al momento in cui si è verificato il presupposto dell'iscrizione a ruolo, nei casi non rientranti nelle ipotesi di cui alle lettere a) e b).

Art. 59 (Risarcimento dei danni). - 1. Chiunque si ritenga leso dall'esecuzione può proporre azione contro il concessionario dopo il compimento dell'esecuzione stessa ai fini del risarcimento dei danni.

2. Il concessionario risponde dei danni e delle spese del giudizio anche con la cauzione prestata, salvi i diritti degli enti creditori.

Art. 60 (Sospensione dell'esecuzione). - 1. Il giudice dell'esecuzione non può sospendere il processo esecutivo, salvo che ricorrano gravi motivi e vi sia fondato pericolo di grave e irreparabile danno.

Art. 61 (Estinzione del procedimento per pagamento del debito). - 1. Salvo quanto previsto dall'art. 48, comma 1, il procedimento di espropriazione si estingue se il debitore o un terzo, in qualunque momento anteriore alla vendita, paga all'ufficiale della riscossione la somma portata dal ruolo, i relativi accessori e le spese, ovvero gli esibisce la quietanza rilasciata dal concessionario.

Sezione II

Disposizioni particolari in materia di espropriazione mobiliare.

Art. 62 (Disposizioni particolari sui beni pignorabili). - 1. I beni mobili indicati nel n. 4 del primo comma dell'art. 514 del codice di procedura civile possono essere pignorati nei casi in cui sono soggetti al privilegio previsto dall'art. 2759 del codice civile.

2. I frutti dei fondi del debitore soggetti al privilegio stabilito dall'art. 2771 del codice civile possono essere pignorati nelle forme dell'espropriazione presso il debitore ancorché i fondi stessi siano affittati.

Art. 63 (Astensione dal pignoramento). - 1. L'ufficiale della riscossione deve astenersi dal pignoramento o desistere dal procedimento quando è dimostrato che i beni appartengano a persona diversa dal debitore iscritto a ruolo, dai coobbligati o dai soggetti indicati dall'art. 58, comma 3, in virtù di titolo avente data anteriore all'anno cui si riferisce l'entrata iscritta a ruolo. Tale dimostrazione può essere offerta soltanto mediante esibizione di atto pubblico o scrittura privata autenticata, ovvero di sentenza passata in giudicato pronunciata su domanda proposta prima di detto anno.

Art. 64 (Custodia dei beni pignorati). - 1. Salvo quanto disposto dall'art. 520, primo comma, del codice di procedura civile e dall'art. 70, la custodia dei beni mobili pignorati è affidata allo stesso debitore o a un terzo. Il concessionario non può essere nominato custode.

2. Il concessionario può in ogni tempo disporre la sostituzione del custode.

3. In mancanza di persone idonee all'affidamento della custodia, i beni pignorati sono presi in consegna dal comune.

Art. 65 (Notifica del verbale di pignoramento). - 1. Il verbale di pignoramento è notificato al debitore.

2. La notificazione, se al pignoramento assiste il debitore o un suo rappresentante, è eseguita mediante consegna allo stesso di una copia del verbale.

Art. 66 (Avviso di vendita dei beni pignorati). - 1. Per procedere alla vendita dei beni pignorati il concessionario affigge alla casa comunale, per cinque giorni consecutivi anteriori alla data fissata per il primo incanto, un avviso contenente l'indicazione del giorno, dell'ora e del luogo del primo e del secondo incanto.

2. Il primo incanto non può aver luogo prima che siano decorsi dieci giorni dal pignoramento. Il secondo incanto non può aver luogo nello stesso giorno stabilito per il primo e deve essere fissato non oltre il decimo giorno dalla data del primo incanto.

3. Su istanza del debitore o del concessionario, il giudice può ordinare che degli incanti, ferma la data fissata per gli stessi, sia data notizia al pubblico a mezzo di giornali o con altre idonee forme di pubblicità commerciale. Le spese sono anticipate dalla parte richiedente.

Art. 67 (Incanto anticipato). - 1. Se vi è pericolo di deterioramento dei beni pignorati o quando la conservazione degli stessi risulta eccessivamente onerosa, il giudice dell'esecuzione può autorizzare il concessionario a procedere all'incanto in deroga ai termini previsti dall'art. 66.

Art. 68 (Prezzo base del primo incanto). - 1. Se il valore dei beni pignorati non risulta da listino di borsa o di mercato, il prezzo base del primo incanto è determinato dal valore ad essi attribuito nel verbale di pignoramento.

2. Tuttavia, quando il concessionario lo richiede, e in ogni caso per gli oggetti preziosi, il prezzo base è stabilito da uno stimatore designato dal giudice dell'esecuzione. Nello stesso modo si provvede, sentito il concessionario, se vi è richiesta del debitore e la nomina dello stimatore risulti opportuna in rapporto alle particolari caratteristiche dei beni pignorati.

Art. 69 (Secondo incanto). - 1. Nel secondo incanto, salvo quanto previsto dall'art. 539 del codice di procedura civile, i beni sono venduti al miglior offerente ad un prezzo non inferiore alla metà del prezzo base del primo incanto.

Art. 70 (Beni invenduti). - 1. Se i beni restano invenduti anche al secondo incanto, il concessionario entro tre mesi procede alla vendita a trattativa privata per un prezzo non inferiore alla metà del prezzo base del secondo incanto o ad un terzo incanto ad offerta libera.

2. I beni rimasti invenduti anche dopo l'applicazione delle disposizioni del comma 1 sono messi a disposizione del debitore, che, ove ne sia stato effettuato l'asporto, è invitato a ritirarli entro il termine di quindici giorni dalla notificazione dell'invito.

3. Decorso inutilmente il termine di cui al comma 2, i beni non ritirati sono distrutti o donati, senza liberazione del debitore, ad enti di beneficenza ed assistenza, secondo le determinazioni del concessionario, che ne redige verbale.

Art. 71 (Intervento degli istituti vendite giudiziarie). - 1. Per l'asporto, la custodia e la vendita dei beni mobili, anche registrati, sottoposti a pignoramento, il concessionario può avvalersi degli istituti previsti dall'art. 159 delle disposizioni di attuazione del codice di procedura civile.

2. Con decreto del Ministro delle finanze, di concerto con il Ministro di grazia e giustizia, sono stabilite le modalità di intervento dei predetti istituti nella procedura esecutiva e la remunerazione ad essi spettante.

Sezione III

Disposizioni particolari in materia di espropriazione presso terzi.

Art. 72 (Pignoramento di fitti o pigioni). - 1. L'atto di pignoramento di fitti o pigioni dovute da terzi al debitore iscritto a ruolo o ai coobbligati contiene, in luogo della citazione di cui al n. 4) dell'art. 543 del codice di procedura civile, l'ordine all'affittuario o all'inquilino di pagare direttamente al concessionario i fitti e le pigioni scaduti e non corrisposti nel termine di quindici giorni dalla notifica ed i fitti e le pigioni a scadere alle rispettive scadenze fino a concorrenza del credito per cui il concessionario procede.

2. Nel caso di inottemperanza all'ordine di pagamento si procede, previa citazione del terzo intimato e del debitore, secondo le norme del codice di procedura civile.

Art. 73 (Pignoramento di cose del debitore in possesso di terzi). - 1. Se il terzo, presso il quale il concessionario ha proceduto al pignoramento, si dichiara o si è dichiarato possessore di beni appartenenti al debitore iscritto a ruolo o ai coobbligati, il giudice dell'esecuzione ordina la consegna dei beni stessi al concessionario, che procede alla vendita secondo le norme del presente titolo.

Art. 74 (Vendita e assegnazione dei crediti pignorati). - 1. Il concessionario, per la vendita dei crediti pignorati e per l'assegnazione dei crediti a lui assegnati, si avvale della procedura prevista nel presente titolo.

2. Il concessionario, se diviene assegnatario di un credito verso lo Stato, pagabile a rate per un periodo che supera di quattro anni la scadenza del contratto di concessione, può cedere il credito all'erario e ha diritto al discarico della quota per inesigibilità.

3. Della cessione viene dato atto con verbale del cancelliere.

Art. 75 (Pignoramenti presso pubbliche amministrazioni). - 1. Se il pignoramento di crediti verso lo Stato, le regioni, le province, i comuni ed ogni altro ente sottoposto al controllo della corte dei conti ha avuto, in tutto o in parte, esito negativo, gli enti indicati non possono effettuare pagamenti in favore dell'esecutato per un periodo di cinque anni dalla data della dichiarazione prevista dall'art. 547 del codice di procedura civile, se egli non prova, con attestazione rilasciata dal concessionario, l'avvenuto pagamento del credito per il quale si è proceduto.

2. La disposizione del comma 1 non si applica ai pagamenti corrispondenti a crediti dichiarati impignorabili per legge.

Sezione IV

Disposizioni particolari in materia di espropriazione immobiliare.

Art. 76 (Espropriazione immobiliare). - 1. Il concessionario può procedere all'espropriazione immobiliare se le somme iscritte a ruolo nei confronti del debitore superano complessivamente tre milioni di lire. Tale limite può essere aggiornato con decreto del Ministero delle finanze.

2. Il concessionario non procede all'espropriazione immobiliare se il valore del bene, determinato a norma dell'art. 79 e diminuito delle passività ipotecarie aventi priorità sul credito per il quale si procede, è inferiore all'importo indicato nel comma 1.

Art. 77 (Iscrizione di ipoteca). - 1. Decorso inutilmente il termine di cui all'art. 50, comma 1, il ruolo costituisce titolo per iscrivere ipoteca sugli immobili del debitore e dei coobbligati per un importo pari al doppio delle somme complessivamente iscritte.

2. Se le somme complessivamente iscritte a ruolo non superano il cinque per cento del valore dell'immobile da sottoporre ad espropriazione determinato a norma dell'art. 79, il concessionario, prima di procedere all'esecuzione, deve iscrivere ipoteca. Decorsi sei mesi dall'iscrizione senza che il debito sia stato estinto, il concessionario procede all'espropriazione.

Art. 78 (Avviso di vendita). - 1. Il pignoramento immobiliare si esegue mediante la trascrizione, a norma dell'art. 555, secondo comma, del codice di procedura civile, di un avviso contenente:

a) le generalità del soggetto nei confronti del quale si procede;

b) la descrizione degli immobili con le indicazioni catastali e la precisazione dei confini;

c) l'indicazione della destinazione urbanistica del terreno risultante dal certificato di cui all'art. 18 della legge 28 febbraio 1985, n. 47;

d) il giorno, l'ora e il luogo del primo, del secondo e del terzo incanto, con intervallo minimo di venti giorni;

e) l'ammontare delle somme complessivamente iscritte a ruolo, distinte per imposta, per periodo d'imposta, per interessi di mora e per spese di esecuzione già maturate;

f) il prezzo base dell'incanto;

g) la misura minima dell'aumento da apportare alle offerte;

h) l'avvertenza che le spese di vendita e gli oneri tributari concernenti il trasferimento sono a carico dell'aggiudicatario;

i) l'ammontare della cauzione ed il termine entro il quale deve essere prestata dagli offerenti;

l) il termine di versamento del prezzo di cui all'art. 82, comma 1;

m) l'ingiunzione ad astenersi da qualunque atto diretto a sottrarre alla garanzia del credito i beni assoggettati all'espropriazione e i frutti di essi.

2. Entro cinque giorni dalla trascrizione l'avviso di vendita è notificato al soggetto nei confronti del quale si procede. In mancanza della notificazione non può procedersi alla vendita.

Art. 79 (Prezzo base e cauzione). - 1. Il prezzo base dell'incanto è pari all'importo stabilito a norma dell'art. 52, comma 4, del testo unico delle disposizioni concernenti l'imposta di registro, approvato con decreto del Presidente della Repubblica 26 aprile 1986, n. 131.

2. Se non è possibile determinare il prezzo base secondo le disposizioni del comma 1, il concessionario richiede l'attribuzione della rendita catastale del bene stesso al competente ufficio del territorio, che provvede entro centoventi giorni; se si tratta di terreni per i quali gli strumenti urbanistici prevedono la destinazione edificatoria, il prezzo è stabilito con perizia dell'ufficio del territorio.

3. La cauzione prevista dall'art. 580 del codice di procedura civile è prestata al concessionario ed è fissata, per ogni incanto, nella misura del dieci per cento del prezzo base.

Art. 80 (Pubblicazione e notificazione dell'avviso di vendita). - 1. Almeno venti giorni prima di quello fissato per il primo incanto l'avviso di vendita è inserito nel foglio degli annunci legali della provincia ed è affisso, a cura dell'ufficiale della riscossione, alla porta esterna della cancelleria del giudice dell'esecuzione e all'albo del comune o dei comuni nel cui territorio sono situati gli immobili.

2. Su istanza del soggetto nei confronti del quale si procede o del concessionario, il giudice può disporre che degli incanti, ferma la data fissata per gli stessi, sia data notizia al pubblico a mezzo di giornali o con altre idonee forme di pubblicità commerciale. Le spese sono anticipate dalla parte richiedente.

Art. 81 (Secondo e terzo incanto). - 1. Se la vendita non ha luogo al primo incanto per mancanza di offerte valide, si procede al secondo incanto nel giorno fissato dall'avviso di vendita e con un prezzo base inferiore di un terzo a quello precedente.

2. Qualora la vendita non abbia luogo nemmeno al secondo incanto, il concessionario procede ad un terzo incanto, con un prezzo base inferiore di un terzo a quello del precedente incanto.

Art. 82 (Versamento del prezzo). - 1. L'aggiudicatario deve versare il prezzo nel termine di trenta giorni dall'aggiudicazione.

2. Se il prezzo non è versato nel termine, il giudice dell'esecuzione con decreto dichiara la decadenza dell'aggiudicatario e la perdita della cauzione a titolo di multa; il concessionario procede a nuovo incanto per un prezzo base pari a quello dell'ultimo incanto. Se il prezzo che se ne ricava, unito alla cauzione confiscata, risulta inferiore a quello della precedente aggiudicazione, l'aggiudicatario inadempiente è tenuto al pagamento della differenza.

Art. 83 (Progetto di distribuzione). - 1. Se vi è intervento di altri creditori, il concessionario deposita nella cancelleria del giudice dell'esecuzione, nel termine di dieci giorni dal versamento del prezzo, unitamente agli atti del procedimento, un progetto di distribuzione delle somme ricavate.

Art. 84 (Distribuzione della somma ricavata). - 1. Il giudice dell'esecuzione, se non vi sono creditori intervenuti, provvede a norma dell'art. 510, primo comma, del codice di procedura civile.

2. In caso di intervento di altri creditori, il giudice dell'esecuzione, apportate le eventuali variazioni al progetto di distribuzione presentato dal concessionario, provvede a norma dell'art. 596 del codice di procedura civile.

Art. 85 (Assegnazione dell'immobile allo Stato). - 1. Se il terzo incanto ha esito negativo, il concessionario, nei dieci giorni successivi, chiede al giudice dell'esecuzione l'assegnazione dell'immobile allo Stato per il minor prezzo tra il prezzo base del terzo incanto e la somma per la quale si procede, depositando nella cancelleria del giudice dell'esecuzione gli atti del procedimento.

2. Il giudice dell'esecuzione dispone l'assegnazione, secondo la procedura prevista dall'art. 590 del codice di procedura civile. Il termine per il versamento dell'eventuale conguaglio non può essere inferiore a sei mesi.

3. In caso di mancato versamento dell'eventuale conguaglio nel termine, il processo esecutivo si estingue se il concessionario, nei trenta giorni successivi alla scadenza di tale termine, non dichiara, su indicazione dell'ufficio che ha formato il ruolo, di voler procedere a un ulteriore incanto per un prezzo base inferiore di un terzo rispetto a quello dell'ultimo incanto. Il processo esecutivo si estingue comunque se anche tale incanto ha esito negativo.

Capo III

Disposizioni particolari in materia di espropriazione di beni mobili registrati.

Art. 86 (Fermo di beni mobili registrati). - 1. Qualora non sia possibile, per mancato reperimento del bene, eseguire il pignoramento di beni mobili del debitore o dei coobbligati iscritti in pubblici registri, la direzione regionale delle entrate ne dispone il fermo.

2. Il fermo si esegue mediante iscrizione del provvedimento che lo dispone nei registri mobiliari a cura del concessionario, che ne dà altresì comunicazione al soggetto nei confronti del quale si procede.

3. Chiunque circola con veicoli, autoscafi o aeromobili sottoposti al fermo è soggetto alla sanzione prevista dall'art. 214, comma 8, del decreto legislativo 30 aprile 1992, n. 285.

4. Con decreto del Ministro delle finanze, di concerto con i Ministri dell'interno e dei lavori pubblici, sono stabiliti le modalità, i termini e le procedure per l'attuazione di quanto previsto nel presente articolo.

Capo IV

Procedure concorsuali.

Sezione I

Fallimento e liquidazione coatta amministrativa.

Art. 87 (Domanda di ammissione al passivo). - 1. Se il debitore è dichiarato fallito, ovvero sottoposto a liquidazione coatta amministrativa, il concessionario chiede, sulla base del ruolo, l'ammissione al passivo della procedura.

Art. 88 (Ammissione al passivo con riserva). - 1. Se sulle somme iscritte a ruolo sorgono contestazioni, il credito è ammesso al passivo con riserva, anche nel caso in cui la domanda di ammissione sia presentata in via tardiva a norma dell'art. 101 del regio decreto 16 marzo 1942, n. 267.

2. Nel fallimento, la riserva è sciolta dal giudice delegato con decreto, su istanza del curatore o del concessionario, quando è inutilmente decorso il termine prescritto per la proposizione della controversia davanti al giudice competente, ovvero quando il giudizio è stato definito con decisione irrevocabile o risulta altrimenti estinto.

3. Nella liquidazione coatta amministrativa, il commissario liquidatore provvede direttamente, o su istanza del concessionario, allo scioglimento della riserva nei casi indicati nel comma 2, apportando le conseguenti variazioni all'elenco dei crediti ammessi.

4. Il provvedimento di scioglimento della riserva è comunicato al concessionario dal curatore o dal commissario liquidatore mediante lettera raccomandata con avviso di ricevimento. Contro di esso il concessionario, nel termine di dieci giorni dalla comunicazione, può proporre reclamo al tribunale, che decide in camera di consiglio con decreto motivato, sentite le parti.

5. Se all'atto delle ripartizioni parziali o della ripartizione finale dell'attivo la riserva non risulta ancora sciolta si applicano, rispettivamente, il n. 3 dell'art. 113 del regio decreto 16 marzo 1942, n. 267, ed il secondo periodo del secondo comma dell'art. 117 della medesima legge.

Art. 89 (Esenzione dell'azione revocatoria). - 1. I pagamenti di imposte scadute non sono soggetti alla revocatoria prevista dall'art. 67 del regio decreto 16 marzo 1942, n. 267.".

Sezione II

Concordato preventivo e amministrazione controllata.

Art. 90 (Ammissione del debitore al concordato preventivo o all'amministrazione controllata). - 1. Se il debitore è ammesso al concordato preventivo o all'amministrazione controllata, il concessionario compie, sulla base del ruolo, ogni attività necessaria ai fini dell'inserimento del credito da esso portato nell'elenco dei crediti della procedura.

2. Se sulle somme iscritte a ruolo sorgono contestazioni, il credito è comunque inserito in via provvisoria nell'elenco ai fini previsti agli articoli 176, primo comma, e 181, terzo comma, primo periodo del regio decreto 16 marzo 1942, n. 267.".

CAPO II
Estensione delle disposizioni sulla riscossione mediante ruolo

17. Entrate riscosse mediante ruolo. – 1. Salvo quanto previsto dal comma 2, si effettua mediante ruolo la riscossione coattiva delle entrate dello Stato, anche diverse dalle imposte sui redditi, e di quelle degli altri enti pubblici, anche previdenziali, esclusi quelli economici.

2. Può essere effettuata mediante ruolo affidato ai concessionari la riscossione coattiva delle entrate delle regioni, delle province, anche autonome, dei comuni e degli altri enti locali, nonché quella della tariffa di cui all'articolo 156 del decreto legislativo 3 aprile 2006, n. 152 (1).

3. Continua comunque ad effettuarsi mediante ruolo la riscossione delle entrate già riscosse con tale sistema in base alle disposizioni vigenti alla data di entrata in vigore del presente decreto.

3-bis. Il Ministro dell'economia e delle finanze può autorizzare la riscossione coattiva mediante ruolo di specifiche tipologie di crediti delle società per azioni a partecipazione pubblica, previa valutazione della rilevanza pubblica di tali crediti (2).

3-ter. In caso di emanazione dell'autorizzazione di cui al

comma 3-bis, la società interessata procede all'iscrizione a ruolo dopo aver emesso, vidimato e reso esecutiva un'ingiunzione conforme all'articolo 2, primo comma, del testo unico di cui al regio decreto 14 aprile 1910, n. 639 (3).

(1) Comma modificato dall'articolo 2, comma 11, del D.L. 3 ottobre 2006, n. 262, convertito, con modificazioni, dalla Legge 24 novembre 2006, n. 286.
(2) Comma inserito dall'articolo 7, comma 1-sexies del D.L. 8 luglio 2002, n. 138, convertito, con modificazioni, dalla Legge 8 agosto 2002, n. 178 come introdotto dall'articolo 3, comma 117, della Legge 24 dicembre 2003, n. 350 e, successivamente, modificato dall'articolo 1, comma 151, lettera a), della legge 24 dicembre 2007, n. 244.
(3) Comma inserito dall'articolo 7, comma 1-sexies del D.L. 8 luglio 2002, n. 138, convertito, con modificazioni, dalla Legge 8 agosto 2002, n. 178 come introdotto dall'articolo 3, comma 117, della Legge 24 dicembre 2003, n. 350e, successivamente, modificato dall'articolo 1, comma 151, lettera b), della legge 24 dicembre 2007, n. 244.

18. Estensione delle disposizioni del decreto del Presidente della Repubblica 29 settembre 1973, n. 602. – 1. Salvo quanto previsto dagli articoli seguenti, le disposizioni di cui al capo II del titolo I e al titolo II del decreto del Presidente della Repubblica 29 settembre 1973, n. 602, come modificate dal presente decreto, si applicano, nel rispetto degli ambiti di competenza, anche interna, dei singoli soggetti creditori anche alle entrate riscosse mediante ruolo a norma dell'articolo 17 del presente decreto ed alle relative sanzioni ed accessori.

18 *bis*. Disposizioni applicabili alle entrate da iscrivere a ruolo entro termini di decadenza. – 1. Le disposizioni previste dagli articoli 12, comma 3, e 25, comma 2-bis, del decreto del Presidente della Repubblica 29 settembre 1973, n. 602, si applicano esclusivamente alle entrate per la cui iscrizione a ruolo è previsto un termine di decadenza (1).

(1) Articolo aggiunto dall'articolo 8, comma 1, del D.Lgs. 26 gennaio 2001, n. 32. Le disposizioni di cui al presente articolo si applicano ai ruoli resi esecutivi a decorrere dal 1° luglio 2001.

19. Disposizioni applicabili alle sole imposte sui redditi. – 1. Le disposizioni previste dagli articoli 14, 15, 32, 33, 34, 35 [, *36*], 37, 38, 41, 42-bis, 43-bis, 43-ter, 44 e 44-bis del decreto del Presidente della Repubblica 29 settembre 1973, n. 602, si applicano alle sole imposte sui redditi (1).

(1) Comma modificato dall'articolo 2, comma 1, lettera a), del D.Lgs. 17 agosto 1999, n. 326, dall'articolo 2, del D.Lgs. 27 aprile 2001, n. 193 e, da ultimo dall'articolo 28, comma 7, del D.Lgs. 21 novembre 2014, n. 175.

20. Disposizioni applicabili alle sole entrate tributarie dello Stato. – 1. Le disposizioni contenute negli articoli 15-bis, 20, come sostituito dall'articolo 8 del presente decreto, e 28-bis del decreto del Presidente della Repubblica 29 settembre 1973, n. 602, si applicano esclusivamente alle entrate tributarie dello Stato (1).

(1) Comma modificato dall'articolo 2, del D.Lgs. 27 aprile 2001, n. 193.

20 *bis*. Ambito di applicazione dell'articolo 28-ter del decreto del Presidente(1). – 1. Può essere effettuato mediante la compensazione volontaria di cui all'articolo 28-ter del decreto del Presidente della Repubblica 29 settembre 1973, n. 602, il pagamento di tutte le entrate iscritte a ruolo dall'Agenzia delle entrate. Tuttavia, l'agente della riscossione, una volta ricevuta la segnalazione di cui al comma 1 dello stesso articolo 28-ter, formula la proposta di compensazione con riferimento a tutte le somme iscritte a ruolo a carico del soggetto indicato in tale segnalazione.

2. Le altre Agenzie fiscali e gli enti previdenziali possono stipulare una convenzione con l'Agenzia delle entrate per disciplinare la trasmissione, da parte di quest'ultima, della segnalazione di cui al citato articolo 28-ter, comma 1, anche nel caso in cui il beneficiario di un credito d'imposta sia iscritto a ruolo da uno dei predetti enti creditori. Con tale convenzione è regolata anche la suddivisione, tra gli stessi enti creditori, dei rimborsi spese spettanti all'agente della riscossione.

(1) Articolo inserito dall'articolo 2, comma 14, del D.L. 3 ottobre 2006, n. 262, convertito, con modificazioni, dalla Legge 24 novembre 2006, n. 286.

21. Presupposti dell'iscrizione a ruolo. – 1. Salvo che sia diversamente disposto da particolari disposizioni di legge, e salvo, altresì, quanto stabilito dall'art. 24 per le entrate degli enti previdenziali, le entrate previste dall'articolo 17 aventi causa in rapporti di diritto privato sono iscritte a ruolo quando risultano da titolo avente efficacia esecutiva.

22. Decreti di attuazione. – 1. I decreti previsti dagli articoli 12, comma 2, 24, commi 1 e 2, 25, comma 2, 28, comma 3, 30 e 50, comma 3, del decreto del Presidente della Repubblica 29 settembre 1973, n. 602, come sostituiti dal presente decreto, sono adottati dal Ministero delle finanze anche per le entrate diverse dalle imposte sui redditi.

2. I decreti attuativi previsti dal presente decreto sono adottati entro sessanta giorni dalla pubblicazione dello stesso nella Gazzetta Ufficiale.

3. Resta fermo quanto disposto dal comma 3 dell'articolo 13 del decreto-legge 30 dicembre 1993, n. 557, convertito, con modificazioni, dalla legge 26 febbraio 1994, n. 133.

23. Iscrizioni a ruolo a titolo provvisorio e termini di decadenza. (1) – 1. Le disposizioni previste dall'articolo 15, primo comma, del decreto del Presidente della Repubblica 29 settembre 1973, n. 602, come sostituito dall'articolo 4 del decreto legislativo 18 dicembre 1997, n. 462, nonché i termini di decadenza di cui all'articolo 25, comma 1, del decreto del Presidente della Repubblica 29 settembre 1973, n. 602, si applicano anche all'imposta sul valore aggiunto";

(1) Articolo sostituito dall'articolo 2, comma 1, lettera c), del D.Lgs. 27 aprile 2001, n. 193 e successivamente dall'articolo 1, comma 5-ter, del D.L. 17 giugno 2005, n. 106, convertito, con modificazioni, dalla Legge 31 luglio 2005, n. 156.

24. Iscrizioni a ruolo dei crediti degli enti previdenziali. – 1. I contributi o premi dovuti agli enti pubblici previdenziali non versati dal debitore nei termini previsti da disposizioni di legge o dovuti in forza di accertamenti effettuati dagli uffici sono iscritti a ruolo, unitamente alle sanzioni ed alle somme aggiuntive calcolate fino alla data di consegna del ruolo al concessionario, al netto dei pagamenti effettuati spontaneamente dal debitore (1).

2. L'ente ha facoltà di richiedere il pagamento mediante avviso bonario al debitore. L'iscrizione a ruolo non è eseguita, in tutto o in parte, se il debitore provvede a pagare le somme dovute entro trenta giorni dalla data di ricezione del predetto avviso. Se, a seguito della ricezione di tale avviso, il contribuente presenta domanda di rateazione, questa viene definita secondo la normativa in vigore e si procede all'iscrizione a ruolo delle rate dovute. Fatto salvo quanto previsto dall'articolo 25, l'iscrizione a ruolo è eseguita nei sei mesi successivi alla data prevista per il versamento.

3. Se l'accertamento effettuato dall'ufficio è impugnato davanti all'autorità giudiziaria, l'iscrizione a ruolo è eseguita in presenza di provvedimento esecutivo del giudice.

4. In caso di gravame amministrativo contro l'accertamento effettuato dall'ufficio, l'iscrizione a ruolo è eseguita dopo la decisione del competente organo amministrativo e comunque entro i termini di decadenza previsti dall'articolo 25.

5. Contro l'iscrizione a ruolo il contribuente può proporre opposizione al giudice del lavoro entro il termine di quaranta giorni dalla notifica della cartella di pagamento. Il ricorso va notificato all'ente impositore (2).

6. Il giudizio di opposizione contro il ruolo per motivi inerenti il merito della pretesa contributiva è regolato dagli articoli 442 e seguenti del codice di procedura civile. Nel corso del giudizio di primo grado il giudice del lavoro può sospendere l'esecuzione del ruolo per gravi motivi.

7. Il ricorrente deve notificare il provvedimento di sospensione al concessionario.

8. Resta salvo quanto previsto dal decreto legislativo 18 dicembre 1997, n. 462 (3).

(1) Comma modificato dall'articolo 2, comma 1, lettera b), del D.Lgs. 17 agosto 1999, n. 326.
(2) Comma modificato dall'articolo 4, comma 2-quater, del D.L. 24 settembre 2002, n. 209, convertito, con modificazioni, dalla Legge 22 novembre 2002, n. 265.
(3) In riferimento al presente articolo vedi: Circolare ENPALS 12 giugno 2009, n. 14

25. Termini di decadenza per l'iscrizione a ruolo dei crediti degli enti pubblici previdenziali. – 1. I contributi o premi dovuti agli enti pubblici previdenziali sono iscritti in ruoli resi esecutivi, a pena di decadenza (1):

a) per i contributi o premi non versati dal debitore, entro il 31 dicembre dell'anno successivo al termine fissato per il versamento; in caso di denuncia o comunicazione tardiva o di riconoscimento del debito, tale termine decorre dalla data di conoscenza, da parte dell'ente;

b) per i contributi o premi dovuti in forza di accertamenti effettuati dagli uffici, entro il 31 dicembre dell'anno successivo alla data di notifica del provvedimento ovvero, per quelli sottoposti a gravame giudiziario, entro il 31 dicembre dell'anno successivo a quello in cui il provvedimento è divenuto definitivo.

[2. Dopo l'iscrizione a ruolo l'ente, in pendenza di gravame amministrativo, può sospendere la riscossione con provvedimento motivato notificato al concessionario ed al contribuente. Il provvedimento può essere revocato ove sopravvenga fondato pericolo per la riscossione](2).

(1) Alinea modificato dall'articolo 2, comma 1, lettera d), del D.Lgs. 27 aprile 2001, n. 193.
(2) Comma abrogato dall'articolo 30, comma 10, del D.L. 31 maggio 2010, n. 78, convertito, con modificazioni, dalla Legge 30 luglio 2010, n. 122.

26. Rateazione delle entrate diverse dalle imposte sui redditi. – 1. Le disposizioni dell'articolo 19 del decreto del Presidente della Repubblica 29 settembre 1973, n. 602, e successive modificazioni, si applicano alle entrate iscritte a ruolo dalle amministrazioni statali, dalle agenzie istituite dallo Stato, dalle autorità amministrative indipendenti e dagli enti pubblici previdenziali, fermo restando quanto previsto dalle norme speciali in materia di rateizzazione delle pene pecuniarie di cui all'articolo 236, comma 1, del testo unico di cui al decreto del Presidente della Repubblica 30 maggio 2002, n. 115 (1).

1-bis. Le disposizioni di cui al comma 1 si applicano altresì alle restanti entrate iscritte a ruolo, salvo diversa determinazione dell'ente creditore, da comunicare all'agente della riscossione competente in ragione della sede legale dello stesso ente; tale determinazione produce effetti a decorrere dal trentesimo giorno successivo alla ricezione della comunicazione da parte del competente agente della riscossione (2).

2. Le rate scadono l'ultimo giorno del mese.

(1) Comma sostituito dall'articolo 36, comma 2-ter, lett. a) del D.L. 31 dicembre 2007, n. 248, convertito, con modificazioni, dalla Legge 28 febbraio 2008, n. 31.
(2) Comma inserito dall'articolo 36, comma 2-ter, lett. b) del D.L. 31 dicembre 2007, n. 248, convertito, con modificazioni, dalla Legge 28 febbraio 2008, n. 31.

27. Accessori dei crediti previdenziali. – 1. In deroga all'articolo 30 del decreto del Presidente della Repubblica 29 settembre 1973, n. 602, come sostituito dall'articolo 14 del presente decreto, sui contributi o premi dovuti agli enti pubblici previdenziali, decorso il termine previsto dall'articolo 25 del decreto del Presidente della Repubblica 29 settembre 1973, n. 602, come sostituito dall'articolo 11 del presente decreto, le sanzioni e le somme aggiuntive dovute sono calcolate, secondo le disposizioni che le regolano, dalla data della notifica e fino alla data del pagamento (1).

2. All'art. 35, quinto comma, primo periodo, della legge 24 novembre 1981, n. 689, dopo il n. "26", è aggiunto il seguente "27," (A).

(1) In riferimento al presente comma vedi anche l'articolo 6, comma 1, e 8 lettera b), del D.L. 22 ottobre 2016, n. 193convertito, con modificazioni dalla legge 1° dicembre 2016 n. 225.
(A) In riferimento al presente articolo vedi: Circolare ENPALS 9 febbraio 2010, n.5.

28. Sospensione amministrativa della riscossione. – 1. In caso di impugnazione del ruolo, il soggetto creditore può, con provvedimento motivato, sospendere la riscossione anche per le entrate diverse da quelle elencate dall'articolo 2 del decreto legislativo 31 dicembre 1992, n. 546.

29. Garanzie giurisdizionali per entrate non devolute alle commissioni tributarie. – 1. Per le entrate tributarie diverse da quelle elencate dall'articolo 2 del decreto legislativo 31 dicembre 1992, n. 546, e per quelle non tributarie, il giudice competente a conoscere le controversie concernenti il ruolo può sospendere la riscossione se ricorrono gravi motivi.

2. Alle entrate indicate nel comma 1 non si applica la disposizione del comma 1 dell'articolo 57 del decreto del Presidente della Repubblica 29 settembre 1973, n. 602, come sostituito dall'articolo 16 del presente decreto e le opposizioni all'esecuzione ed agli atti esecutivi si propongono nelle forme ordinarie.

3. Ad esecuzione iniziata il giudice può sospendere la riscossione solo in presenza dei presupposti di cui all'art. 60 del decreto del Presidente della Repubblica 29 settembre 1973, n. 602, come sostituito dall'articolo 16 del presente decreto.

30. Esito negativo del terzo incanto nell' espropriazione forzata immobiliare. – 1. La disposizione prevista dall'art. 85 del decreto del Presidente della Repubblica 29 settembre 1973, n. 602, come sostituito dall'articolo 16 del presente decreto, si applica solo se si procede per entrate tributarie dello Stato.

2. Negli altri casi, se nelle procedure di espropriazione forzata immobiliare il terzo incanto ha esito negativo, il procedimento si estingue qualora, nel termine di sessanta giorni da tale incanto, il concessionario non dichiara, su indicazione dell'ufficio che ha formato il ruolo, di voler procedere ad un ulteriore incanto per un prezzo base inferiore di un terzo rispetto a quello dell'ultimo incanto. Il processo esecutivo si estingue comunque se anche tale incanto ha esito negativo.

31. Limiti all'applicazione delle disposizioni sulle procedure concorsuali. – 1. Le disposizioni previste dagli articoli 88 e 90, comma 2, del decreto del Presidente della Repubblica 29 settembre 1973, n. 602, come sostituiti dall'articolo 16 del presente decreto, non si applicano se le contestazioni relative alle somme iscritte a ruolo sono devolute alla giurisdizione del giudice ordinario.

32. Riscossione spontanea a mezzo ruolo [(1)]. – 1. La riscossione spontanea a mezzo ruolo è effettuata nel numero di rate previsto dalle disposizioni relative alle singole entrate; le rate scadono l'ultimo giorno del mese. Si considera riscossione spontanea a mezzo ruolo quella da effettuare, nei casi previsti dalla legge:

a) a seguito di iscrizione a ruolo non derivante da inadempimento;

b) quando la somma da iscrivere a ruolo è ripartita in più rate su richiesta del debitore.

2. Nel caso previsto dal comma 1, lettera a):

a) su richiesta dell'ente creditore, possono essere regolate con convenzioni da stipulare con i concessionari del servizio nazionale della riscossione:

1) le procedure di formazione e consegna dei ruoli;

2) limitatamente alla fase antecedente la notifica della cartella di pagamento, le modalità di richiesta del pagamento al debitore e di riversamento delle somme riscosse e la remunerazione per lo svolgimento del servizio;

3) i termini di notifica della cartella di pagamento;

4) le penalità per l'inadempimento degli obblighi derivanti dalla convenzione;

b) in mancanza della richiesta di cui alla lettera a), la cadenza delle eventuali rate è indicata dall'ente creditore e i concessionari possono far precedere la notifica della cartella di pagamento dall'invio, a mezzo lettera non raccomandata, di una comunicazione contenente gli elementi da indicare nella cartella stessa. In ogni caso, essi inviano tale comunicazione in modo che la prima o unica rata di pagamento cada entro l'ultimo giorno del terzo mese successivo a quello di consegna del ruolo [(2)].

3. Nel caso previsto dal comma 1, lettera b), il concessionario provvede alla notifica della cartella di pagamento entro l'ultimo giorno del secondo mese successivo a quello di consegna del ruolo.

4. Se il ruolo emesso per la riscossione spontanea è ripartito in più rate, l'intimazione ad adempiere contenuta nella cartella di pagamento produce effetti relativamente a tutte le rate.

[(1)] *Articolo sostituito dall'articolo 2, comma 1, lettera c), del D.Lgs. 17 agosto 1999, n. 326.*
[(2)] *Comma sostituito dall'articolo 2, comma 1, lettera e), del D.Lgs. 27 aprile 2001, n. 193.*

CAPO III
Disposizioni transitorie e finali

33. Modifica dell'art. 2752 del codice civile. – 1. Nell'art. 2752 del codice civile sono apportate le seguenti modificazioni:

a) il primo comma è sostituito dal seguente:

"Hanno privilegio generale sui mobili del debitore i crediti dello Stato per l'imposta sul reddito delle persone fisiche, per l'imposta sul reddito delle persone giuridiche e per l'imposta locale sui redditi, diversi da quelli indicati nel primo comma dell'art. 2771, iscritti nei ruoli resi esecutivi nell'anno in cui il concessionario del servizio di riscossione procede o interviene nell'esecuzione e nell'anno precedente.";

b) il secondo comma è soppresso.

34. Modifica dell'art. 2771 del codice civile. – 1. Il secondo comma dell'art. 2771 del codice civile è sostituito dal seguente:

"Il privilegio previsto nel primo comma è limitato alle imposte iscritte nei ruoli resi esecutivi nell'anno in cui il concessionario del servizio di riscossione procede o interviene nell'esecuzione e nell'anno precedente.".

35. Denominazioni. – 1. Nel decreto del Presidente della Repubblica 29 settembre 1973, n. 602, le parole: "esattore" e: "esattoria" sono sostituite, dove compaiono, dalla parola: "concessionario".

36. Disposizioni transitorie. – 1. Fino all'entrata in vigore del regolamento previsto nell'art. 12- bis del decreto del Presidente della Repubblica 29 settembre 1973, n. 602, introdotto dall'art. 4 del presente decreto, per le entrate tributarie dello Stato e degli enti locali non si fa luogo all'iscrizione a ruolo per gli importi individuati con il regolamento previsto nell'art. 16, comma 2, della legge 8 maggio 1998, n. 146.

2. In deroga all'articolo 25, comma 1, lettera a), del decreto del Presidente della Repubblica 29 settembre 1973, n. 602, per le somme che risultano dovute a seguito dell'attività

di liquidazione delle dichiarazioni, la cartella di pagamento è notificata, a pena di decadenza, entro il 31 dicembre:

a) del quarto anno successivo a quello di presentazione della dichiarazione, relativamente alle dichiarazioni presentate negli anni 2002 e 2003;

b) del quinto anno successivo a quello di presentazione della dichiarazione, relativamente alle dichiarazioni presentate entro il 31 dicembre 2001 [(1)].

2-bis. Fino al 30 settembre 1999 i ruoli possono essere formati e resi esecutivi secondo le disposizioni in vigore al 30 giugno 1999. A tali ruoli e a quelli resi esecutivi antecedentemente al 1 luglio 1999 si applicano gli articoli 24, 25, 26, 27, 28, 29, 30 e 46 del decreto del Presidente della Repubblica 29 settembre 1973, n. 602, nel testo vigente prima di tale data; in deroga all'articolo 68, comma 1, del decreto legislativo 13 aprile 1999, n. 112, su tali ruoli sono dovuti i compensi e gli interessi semestrali di mora di cui all'articolo 61, comma 6, del decreto del Presidente della Repubblica 28 gennaio 1988, n. 43 [(2)].

3. Per le entrate amministrate dal dipartimento delle entrate del Ministero delle finanze, fino all'attivazione degli uffici delle entrate la sospensione prevista dall'art. 39 del decreto del Presidente della Repubblica 29 settembre 1973, n. 602, come sostituito dall'art. 15 del presente decreto, è disposta dalla sezione staccata della direzione regionale delle entrate, sentito l'ufficio che ha provveduto all'iscrizione a ruolo.

4. Il divieto stabilito nell'art. 55 del decreto del Presidente della Repubblica 29 settembre 1973, n. 602, come sostituito dall'art. 16 del presente decreto, non si applica se il concessionario è una banca che procede all'espropriazione di beni immobili anche per la tutela di crediti propri, non portati dal ruolo, e che ha ottenuto il nulla osta del servizio di vigilanza.

5. In via transitoria, e fino all'attivazione degli uffici del territorio, i compiti agli stessi affidati dall'art. 79, comma 2, del decreto del Presidente della Repubblica 29 settembre 1973, n. 602, come sostituito dall'art. 16 del presente decreto, sono svolti dagli uffici tecnici erariali.

6. Le disposizioni contenute nell'articolo 25 si applicano ai contributi e premi non versati e agli accertamenti notificati successivamente alla data del 1 gennaio 2004 [(3)].

7. I privilegi dei crediti dello Stato per le imposte sui redditi portati da ruoli resi esecutivi in data precedente a quella di entrata in vigore del presente decreto continuano ad essere regolati dagli articoli 2752 e 2771 del codice civile, nel testo anteriormente vigente.

8. In via transitoria, e fino alla data di efficacia delle disposizioni del decreto legislativo 19 febbraio 1998, n. 51, le funzioni di giudice dell'esecuzione nelle procedure di espropriazione promosse a norma del titolo II del decreto del Presidente della Repubblica 29 settembre 1973, n. 602, come modificato dal presente decreto, sono svolte dal pretore.

9. Le procedure esecutive in corso alla data di entrata in vigore del presente decreto continuano ad essere regolate dalle norme vigenti anteriormente a tale data.

10. Resta fermo quanto disposto in tema di cessione e cartolarizzazione dei crediti dell'istituto nazionale della previdenza ed assistenza sociale; ai crediti oggetto della cessione si applicano le disposizioni del presente decreto, a partire dalla data della sua entrata in vigore.

10-bis. Entro il 31 dicembre 2002, l'ente creditore procede automaticamente all'annullamento dei ruoli resi esecutivi prima del 31 dicembre 1994 e non riscossi, a condizione che, alla data del 31 dicembre 2001:

a) le somme iscritte in tali ruoli non siano oggetto di provvedimenti di sospensione;

b) non siano scaduti i termini di cui all'articolo 77 del decreto del Presidente della Repubblica 28 gennaio 1988, n. 43, per la presentazione, da parte del concessionario, delle domande di rimborso o di discarico delle quote iscritte nei predetti ruoli [(4)].

10-bis. Entro il 31 dicembre 2002, l'ente creditore procede automaticamente all'annullamento dei ruoli resi esecutivi prima del 31 dicembre 1994 e non riscossi, a condizione che, alla data del 31 dicembre 2001:

a) le somme iscritte in tali ruoli non siano oggetto di provvedimenti di sospensione;

b) non siano scaduti i termini di cui all'articolo 77 del decreto del Presidente della Repubblica 28 gennaio 1988, n. 43, per la presentazione, da parte del concessionario, delle domande di rimborso o di discarico delle quote iscritte nei predetti ruoli [(5)].

10-ter. A seguito dell'annullamento dei ruoli di cui al comma 10-bis, l'ente creditore rimborsa al concessionario le somme dallo stesso anticipate in adempimento dell'obbligo del non riscosso come riscosso [(6)].

10-quater. Le disposizioni di cui ai commi 10-bis e 10-ter non devono comportare oneri a carico del bilancio dello Stato [(7)].

(1) Comma sostituito dall'articolo 1, comma 5-ter, lettera b), numero 2), del D.L. 17 giugno 2005, n. 106, convertito con modificazioni dalla Legge 31 luglio 2005, n. 156.
(2) Comma inserito dall'articolo 2, comma 1, lettera d), del D.Lgs. 17 agosto 1999, n. 326.
(3) Comma modificato dall'articolo 78, comma 24, della Legge 23 dicembre 2000, n. 388 e, successivamente, sostituito dall'articolo 38, comma 8, della Legge 27 dicembre 2002, n. 289 e, da ultimo, modificato dall'articolo 4, comma 25, della Legge 24 dicembre 2003, n. 350.
(4) Comma inserito dall'articolo 4, comma 2-undeces, del D.L. 24 settembre 2002, n. 209, convertito, con modificazioni, dalla Legge 22 novembre 2002, n. 265.
(5) Comma inserito dall'articolo 4, comma 2-undeces, del D.L. 24 settembre 2002, n. 209, convertito, con modificazioni, dalla Legge 22 novembre 2002, n. 265.
(6) Comma inserito dall'articolo 4, comma 2-undeces, del D.L. 24 settembre 2002, n. 209, convertito, con modificazioni, dalla Legge 22 novembre 2002, n. 265.
(7) Comma inserito dall'articolo 4, comma 2-undeces, del D.L. 24 settembre 2002, n. 209, convertito, con modificazioni, dalla Legge 22 novembre 2002, n. 265.

37. Abrogazioni. – 1. Sono abrogati l'articolo 60, commi dal secondo al quinto, e 61 del decreto del Presidente della Repubblica 26 ottobre 1972, n. 633, gli articoli 9, 13, 15, secondo comma, 18, 23, 27, 29, secondo comma, 40, e 42, settimo comma, del decreto del Presidente della Repubblica 29 settembre 1973, n. 602, l'articolo 35, quinto comma, secondo periodo, e nono comma della legge 24 novembre 1981, n. 689, l'articolo 2, ad eccezione dei commi 11, 12, 15, 16, 17, 18 e 19, del decreto-legge 9 ottobre 1989, n. 338, convertito, con modificazioni, dalla legge 7 dicembre 1989, n. 389, e l'articolo 11, commi 4-bis e 5, del decreto-legge 13 maggio 1991, n. 151, convertito, con modificazioni, dalla legge 12 luglio 1991, n. 202 [(1)].

(1) Comma modificato dall'articolo 2, comma 1, lettera e), del D.Lgs. 17 agosto 1999, n. 326 e, successivamente dall'articolo 2, comma 1, lettera f), del D.Lgs. 27 aprile 2001, n. 193.

38. Norma di coordinamento. – 1. Dalla data di entrata in vigore del presente decreto:

a) i rinvii contenuti in norme vigenti alle disposizioni del decreto Presidente della Repubblica 29 settembre 1973, n. 602, abrogate dal presente decreto, si intendono riferiti alle corrispondenti disposizioni del presente decreto;

b) i riferimenti contenuti nelle norme ai ruoli principali, suppletivi e speciali, già disciplinati dal decreto del Presidente della Repubblica 29 settembre 1973, n. 602, si intendono effettuati ai ruoli ordinari di cui all'articolo 11 del medesimo decreto n. 602 del 1973, come sostituito dall'articolo 3 del presente decreto.

39. Entrata in vigore. – Il presente decreto legislativo entra in vigore il 1° luglio 1999.

3. D.L 30 settembre 2005, n. 203

Decreto convertito, con modificazioni, dalla legge 2 dicembre 2005, n. 248. - Misure di contrasto all'evasione fiscale e disposizioni urgenti in materia tributaria e finanziaria [(1)(2)(3)].

(1) *Pubblicato in Gazz.Uff., 3 ottobre, n. 230.*

(2) *A norma dei Comunicati 3 gennaio 2006, (in Gazz. Uff., 3 gennaio, n. 2), le disposizioni del D.L. 2 novembre 2005, n. 223 e del D.L. 3 novembre 2005 n. 224, non convertiti in legge, sono state recepite dal presente decreto-legge.*

(3) *In riferimento al presente decreto legge vedi: Circolare del Ministero dell'Economia e delle Finanze 7 novembre 2006, n. 38, Circolare del Ministero dell'Economia e delle Finanze 8 gennaio 2007 e Circolare INPS 31 marzo 2011, n. 61.*

TITOLO I
Contrasto all'evasione fiscale

1. Partecipazione dei comuni al contrasto all'evasione fiscale. – 1. Per potenziare l'azione di contrasto all'evasione fiscale e contributiva, in attuazione dei principi di economicità, efficienza e collaborazione amministrativa, la partecipazione dei comuni all'accertamento fiscale e contributivo è incentivata mediante il riconoscimento di una quota pari al 33 per cento delle maggiori somme relative a tributi statali riscosse a titolo definitivo nonché delle sanzioni civili applicate sui maggiori contributi riscossi a titolo definitivo, a seguito dell'intervento del comune che abbia contribuito all'accertamento stesso [(1)].

2. Con provvedimento del direttore dell'Agenzia delle entrate, emanato entro quarantacinque giorni dalla data di entrata in vigore della presente disposizione, d'intesa con l'INPS e la Conferenza unificata, sono stabilite le modalità tecniche di accesso alle banche dati e di trasmissione ai comuni, anche in via telematica, di copia delle dichiarazioni relative ai contribuenti in essi residenti, nonché quelle della partecipazione dei comuni all'accertamento fiscale e contributivo di cui al comma 1. Per le attività di supporto all'esercizio di detta funzione di esclusiva competenza comunale, i comuni possono avvalersi delle società e degli enti partecipati dai comuni stessi ovvero degli affidatari delle entrate comunali i quali, pertanto, devono garantire ai comuni l'accesso alle banche dati utilizzate. Con il medesimo provvedimento sono altresì individuate le ulteriori materie per le quali i comuni partecipano all'accertamento fiscale e contributivo; in tale ultimo caso, il provvedimento, adottato d'intesa con il direttore dell'Agenzia del territorio per i tributi di relativa competenza, può prevedere anche una applicazione graduale in relazione ai diversi tributi. [(2)].

2-bis. Nelle province autonome di Trento e di Bolzano rimane fermo quanto previsto dallo statuto speciale e dalle relative norme di attuazione, ed in particolare dall'articolo 13 del decreto legislativo 16 marzo 1992, n. 268 [(3)(4)].

[2-ter. Il Dipartimento delle finanze con cadenza semestrale fornisce ai comuni, anche per il tramite dell'Associazione nazionale dei comuni italiani, l'elenco delle iscrizioni a ruolo delle somme derivanti da accertamenti ai quali i comuni abbiano contribuito ai sensi dei commi precedenti] [(5)].

(1) *Comma sostituito dalla legge 2 dicembre 2005, n. 248, in sede di conversione e dall'articolo 18, comma 5, lettera a), del D.L. 31 maggio 2010, n. 78. Vedi anche l'articolo 2, comma 10, lettera b), del D.Lgs. 14 marzo 2011, n. 23. A norma dell'articolo 1, comma 702, della Legge 23 dicembre 2014, n. 190, per gli anni 2015, 2016 e 2017, la quota di cui al predetto articolo 2, comma 10, lettera b), del D.Lgs. n. 23/2011, è determinata nel 55 per cento.*

(2) *Comma modificato dalla legge 2 dicembre 2005, n. 248, in sede di conversione e successivamente sostituito dall'articolo 18, comma 5, lettera b), del D.L. 31 maggio 2010, n. 78.*

(3) *Comma inserito dalla legge 2 dicembre 2005, n. 248, in sede di conversione.*

(4) *Vedi, anche, l'articolo 1, comma 146, della legge 23 dicembre 2005, n. 266.*

(5) *Comma inserito dall'articolo 83, comma 4, del D.L. 25 giugno 2008, n.112 e successivamente abrogato dall'articolo 18, comma 5, lettera c), del D.L. 31 maggio 2010, n. 78.*

1 *bis*. Norme per la semplificazione delle procedure di iscrizione al registro delle imprese ed al repertorio delle notizie economiche ed amministrative - REA [(1)] – 1. Con uno o più regolamenti emanati secondo quanto disposto dal comma 2, sono stabilite le norme di adeguamento del regolamento istitutivo del registro delle imprese, di cui all'articolo 8 della legge 29 dicembre 1993, n. 580, che dovranno prevedere in particolare:

a) la razionalizzazione delle forme di pubblicità per le imprese in coordinamento con le disposizioni di riforma del diritto societario, di cui al decreto legislativo 17 gennaio 2003, n. 6, emanate in attuazione della legge 3 ottobre 2001, n. 366;

b) la semplificazione delle procedure di iscrizione, modifica e cancellazione delle imprese, in coerenza con i processi di riforma della regolazione e secondo criteri di omogeneità di disciplina, unicità di responsabilità, snellimento di fasi ed eliminazione di adempimenti, anche in linea con i principi di telematizzazione del registro delle imprese, introdotti dall'articolo 31 della legge 24 novembre 2000, n. 340, e successive modificazioni, prevedendo l'attivazione di collegamenti telematici con le pubbliche amministrazioni e l'utilizzo del portale per i servizi integrati per le imprese;

c) l'individuazione, nel rispetto delle disposizioni del codice civile ed in attuazione dei principi della legislazione in materia di imprese, degli elementi informativi su soggetti, atti e fatti che devono essere riportati nel repertorio delle notizie economiche e amministrative (REA), prevedendo altresì interventi di iscrizione e cancellazione d'ufficio ed evitando duplicazioni di adempimenti a carico delle imprese;

d) la disciplina di sanzioni amministrative, comprese tra un ammontare minimo di euro 50 ed un ammontare massimo di euro 500, per il ritardo o l'omissione della presentazione delle domande d'iscrizione al REA, secondo criteri di tassatività, trasparenza e proporzionalità;

e) il rilascio, anche per corrispondenza e per via telematica, a chiunque ne faccia richiesta, di certificati e visure, attestanti l'iscrizione nel registro delle imprese e nel REA, ovvero il deposito di atti a tal fine richiesti, o che attestino la mancanza di iscrizione, nonché di copia integrale o parziale di ogni atto per il quale siano previsti l'iscrizione o il deposito nel registro delle imprese e nel REA, in conformità alle norme vigenti;

f) la disciplina semplificata delle misure da adottare in caso di smarrimento, distruzione o malfunzionamento del dispositivo di firma digitale o comunque di impedimento da parte del soggetto obbligato, anche per motivi dipendenti da disfunzioni del sistema, in modo da garantire la continuità di gestione amministrativa delle attività di pubblicità presso il registro delle imprese;

g) l'espressa abrogazione delle disposizioni regolamentari nonché delle disposizioni legislative di natura procedimentale in materia di registro delle imprese incompatibili con la nuova normativa, con particolare riferimento ai regolamenti di cui al decreto del Presidente della Repubblica 7 dicembre 1995, n. 581, ed al decreto del Presidente della Repubblica 14 dicembre 1999, n. 558;

h) l'integrazione della modulistica in uso per il registro delle imprese, per l'attivazione automatica dell'iscrizione agli enti previdenziali, ai sensi dell'articolo 44 del decreto-legge 30 settembre 2003, n. 269, convertito, con modificazioni, dalla legge 24 novembre 2003, n. 326, e successive modificazioni.

2. I regolamenti di cui al comma 1 sono emanati ai sensi dell'articolo 17, comma 2, della legge 23 agosto 1988, n. 400, con decreto del Presidente della Repubblica, previa deliberazione del Consiglio dei Ministri, su proposta del Ministro delle attività produttive, di concerto con i Ministri della giustizia, dell'economia e delle finanze e per la funzione pubblica, previa acquisizione del parere della Conferenza unificata di cui all'articolo 8 del decreto legislativo 28 agosto 1997, n. 281, dei pareri del Consiglio di Stato nonché delle competenti Commissioni parlamentari. I pareri della Conferenza unificata e del Consiglio di Stato sono resi entro novanta giorni dalla richiesta; quello delle Commissioni parlamentari è reso, successivamente ai precedenti, entro sessanta giorni dalla richiesta. Decorsi sessanta giorni dalla richiesta di parere alle Commissioni parlamentari, i regolamenti possono essere comunque emanati.

3. Dall'attuazione del presente articolo non devono derivare nuovi o maggiori oneri a carico della finanza pubblica.

2. Norme in materia di rafforzamento e di funzionamento dell'Agenzia delle entrate. – 1. All'articolo 54-bis del decreto del Presidente della Repubblica 26 ottobre 1972, n. 633, e successive modificazioni, sono apportate le seguenti modificazioni:

a) dopo il comma 2 è inserito il seguente: «2-bis. Se vi è pericolo per la riscossione, l'ufficio può provvedere, anche prima della presentazione della dichiarazione annuale, a controllare la tempestiva effettuazione dei versamenti dell'imposta, da eseguirsi ai sensi dell'articolo 1, comma 4, del decreto del Presidente della Repubblica 23 marzo 1998, n. 100, degli articoli 6 e 7 del decreto del Presidente della Repubblica 14 ottobre 1999, n. 542, nonché dell'articolo 6 della legge 29 dicembre 1990, n. 405.»;

b) nel comma 3 dopo le parole: «indicato nella dichiarazione,» sono inserite le seguenti: «ovvero dai controlli eseguiti dall'ufficio, ai sensi del comma 2-bis, emerge un'imposta o una maggiore imposta,».

2. Al fine di potenziare l'azione di contrasto all'evasione fiscale, alle frodi fiscali e all'economia sommersa, nonché le attività connesse al controllo, alla verifica e al monitoraggio degli andamenti di finanza pubblica, a valere sulle maggiori entrate derivanti dalle disposizioni del presente decreto, è autorizzata la spesa, nel limite di 40 milioni di euro per l'anno 2006, di 80 milioni di euro a decorrere dall'anno 2007, per procedere, anche in deroga ai limiti previsti dalle disposizioni vigenti, ad assunzioni di personale per l'amministrazione dell'economia e delle finanze e all'incremento di organico ed alle assunzioni di personale del Corpo della Guardia di finanza. Con decreto del Ministro dell'economia e delle finanze sono determinate le quote di personale, nell'ambito del contingente massimo consentito ai sensi del precedente periodo, assegnate alle articolazioni dell'amministrazione dell'economia e delle finanze, nonché all'incremento di organico ed alle assunzioni di personale del Corpo della Guardia di finanza e sono stabilite le modalità, anche speciali, per il reclutamento, ivi inclusa la possibilità di utilizzare graduatorie formate a seguito di procedure selettive già espletate, anche ai sensi dell'articolo 36 del decreto legislativo 30 marzo 2001, n. 165, ovvero di ricorrere alla mobilità. In relazione al maggior impegno derivante dall'attuazione del presente decreto, a valere sulle disponibilità di cui al primo periodo, l'Agenzia delle entrate è autorizzata, anche in deroga ai limiti previsti dalle disposizioni vigenti, a procedere ad assunzioni di personale nel limite di spesa, rispettivamente, di 39,1 milioni di euro per il 2006 e di 69,5 milioni di euro a decorrere dal 2007, anche utilizzando le graduatorie formate a seguito di procedure selettive bandite ai sensi dell'articolo 36 del decreto legislativo 30 marzo 2001, n. 165 (1).

3. L'Agenzia delle dogane, attraverso le misure di potenziamento delle attività di accertamento, ispettive e di contrasto alle frodi, previste dal comma 4 dell'articolo 1 del decreto-legge 14 marzo 2005, n. 35, convertito, con modificazioni, dalla legge 14 maggio 2005, n. 80, consegue maggiori diritti accertati per imposta sul valore aggiunto pari ad almeno 350 milioni di euro per l'anno 2006 ed a 364 e 385 milioni di euro, rispettivamente, per gli anni 2007 e 2008. A tale fine, in attesa delle autorizzazioni alle assunzioni a tempo indeterminato necessarie a completare le proprie dotazioni organiche, l'Agenzia delle dogane si avvale di personale con contratto di formazione e lavoro, utilizzando i fondi

(1) *Articolo inserito dalla legge 2 dicembre 2005, n. 248, in sede di conversione.*

destinati alla stessa Agenzia ai sensi del disposto di cui al n. 3) della lettera i) del comma 1 dell'articolo 3 della legge 10 ottobre 1989, n. 349, nell'ambito della relativa quota individuata dall'articolo 1, comma 4, del decreto-legge 14 marzo 2005, n. 35, convertito, con modificazioni, dalla legge 14 maggio 2005, n. 80, nel limite di spesa massimo di 17 milioni di euro nel 2006 e 10 milioni di euro nel 2007 (2).

4. Le disposizioni previste dai commi 1, 2, 3 e 4 dell'articolo 1 del decreto-legge 14 marzo 2005, n. 35, convertito, con modificazioni, dalla legge 14 maggio 2005, n. 80, per il rilancio del sistema portuale, riguardano tutti gli uffici dell'Agenzia delle dogane ove si provvede ad operazioni di sdoganamento.

4-bis. All'articolo 1 del decreto-legge 14 marzo 2005, n. 35, convertito, con modificazioni, dalla legge 14 maggio 2005, n. 80, sono apportate le seguenti modificazioni:

a) al comma 7, al primo periodo, dopo le parole: "sanzione amministrativa pecuniaria" sono inserite le seguenti: "da 100 euro" e sono aggiunti, in fine, i seguenti periodi: "Qualora l'acquisto sia effettuato da un operatore commerciale o importatore o da qualunque altro soggetto diverso dall'acquirente finale, la sanzione amministrativa pecuniaria é stabilita da un minimo di 20.000 euro fino ad un milione di euro. Le sanzioni sono applicate ai sensi della legge 24 novembre 1981, n. 689, e successive modificazioni. Fermo restando quanto previsto in ordine ai poteri di accertamento degli ufficiali e degli agenti di polizia giudiziaria dall'articolo 13 della citata legge n. 689 del 1981, all'accertamento delle violazioni provvedono, d'ufficio o su denunzia, gli organi di polizia amministrativa";

b) al comma 8 è aggiunto, in fine, il seguente periodo: "Nel caso di sanzioni applicate da organi di polizia locale, le somme sono destinate per il 50 per cento all'ente locale competente e per il restante 50 per cento allo Stato, secondo le modalità di cui al primo periodo" (3).

4-ter. All'articolo 1 del decreto-legge 14 marzo 2005, n. 35, convertito, con modificazioni, dalla legge 14 maggio 2005, n. 80, dopo il comma 6, è inserito il seguente:

"6-bis. Al fine di potenziare l'attività della SIMEST S.p.a. a supporto dell'internazionalizzazione delle imprese, le regioni possono assegnare in gestione alla società stessa propri fondi rotativi con finalità di venture capital, per l'acquisizione di quote aggiuntive di partecipazione fino ad un massimo del 49 per cento del capitale o fondo sociale di società o imprese partecipate da imprese operanti nel proprio territorio. Tali fondi sono autonomi e restano distinti dal patrimonio di SIMEST S.p.a." (4).

4-quater. All'articolo 1 della legge 24 aprile 1990, n. 100, il comma 6 è sostituito dal seguente:

"6. Il consiglio di amministrazione della SIMEST S.p.a. è composto da undici membri, di cui sei su indicazione del Ministro delle attività produttive, compreso il presidente, dei quali due designati, rispettivamente, dai Ministri degli affari esteri e dell'economia e delle finanze; uno su proposta della Conferenza permanente per i rapporti tra lo Stato, le regioni e le province autonome di Trento e di Bolzano di cui al decreto legislativo 28 agosto 1997, n. 281. Le nomine dei componenti degli organi sociali della SIMEST S.p.a. sono effettuate dall'assemblea" (5).

4-quinquies. Alla data di entrata in vigore della legge di conversione del presente decreto è rinnovato il consiglio di amministrazione della SIMEST S.p.a. e viene adeguato lo statuto della società. (6).

5. Le intese di cui al comma 59 dell'articolo 4 della legge 24 dicembre 2003, n. 350, finalizzate all'adozione del decreto del Presidente del Consiglio dei Ministri previsto nella medesima norma, devono intervenire nel termine di tre mesi dalla data di entrata in vigore del presente decreto. In mancanza le stesse si intendono positivamente acquisite.

6. Al fine di intensificare la sua azione, il Corpo della Guardia di finanza, fermo restando l'espletamento delle ordinarie attività ispettive nell'ambito delle proprie funzioni di polizia economica e finanziaria, sviluppa nel triennio 2005-2007 appositi piani di intervento finalizzati al contrasto dell'economia sommersa, delle frodi fiscali e dell'immigrazione clandestina, rafforzando il controllo economico del territorio, anche al fine di proseguire il controllo dei prezzi.

7. Per le finalità di cui al comma 6, a decorrere dalla data di entrata in vigore del presente decreto e fino al 31 dicembre 2007, la Guardia di finanza sviluppa un incremento dell'impiego delle risorse di personale nel contrasto all'economia sommersa, alle frodi fiscali e all'immigrazione clandestina, in misura non inferiore al 25 per cento medio annuo rispetto a quanto pianificato per l'anno 2005 (7).

8. Al primo ed al secondo periodo del numero 2) del secondo comma dell'articolo 51 del decreto del Presidente della Repubblica 26 ottobre 1972, n. 633, dopo le parole: «o dell'articolo 63, primo comma», sono inserite le seguenti: «, o acquisiti ai sensi dell'articolo 18, comma 3, lettera b), del decreto legislativo 26 ottobre 1995, n. 504».

9. Al primo ed al secondo periodo del numero 2) del primo comma, dell'articolo 32 del decreto del Presidente della Repubblica 29 settembre 1973, n. 600, dopo le parole «terzo comma» sono aggiunte le seguenti parole: «, o acquisiti ai sensi dell'articolo 18, comma 3, lettera b), del decreto legislativo 26 ottobre 1995, n. 504» (8).

10. All'articolo 36-bis del decreto del Presidente della Repubblica 29 settembre 1973, n. 600, e successive modificazioni, sono apportate le seguenti modificazioni:

a) dopo il comma 2 è inserito il seguente: «2-bis. Se vi è pericolo per la riscossione, l'ufficio può provvedere, anche prima della presentazione della dichiarazione annuale, a controllare la tempestiva effettuazione dei versamenti delle imposte, dei contributi e dei premi dovuti a titolo di acconto e di saldo e delle ritenute alla fonte operate in qualità di sostituto d'imposta.»;

b) nel comma 3 dopo le parole: «indicato nella dichiarazione,» sono inserite le seguenti: «ovvero dai controlli eseguiti dall'ufficio, ai sensi del comma 2-bis, emerge un'imposta o una maggiore imposta,».

10-bis. I soggetti indicati nell'articolo 3, commi 2 e 2-bis, del regolamento di cui al decreto del Presidente della Repubblica 22 luglio 1998, n. 322, e successive modificazioni, hanno facoltà, a partire dal febbraio 2006, di effettuare i versamenti unitari indicati nell'articolo 17 del decreto legislativo 9 luglio 1997, n. 241, e successive modificazioni, tramite le procedure telematiche, direttamente ovvero tramite gli incaricati indicati nell'articolo 3 richiamato (9).

11. All'articolo 2, comma 1, del decreto legislativo 18 dicembre 1997, n. 462, e successive modificazioni, dopo le parole: «controlli automatici» sono inserite le seguenti: «, ovvero dei controlli eseguiti dagli uffici,».

12. Il quarto comma dell'articolo 54 del decreto del Presi-

dente della Repubblica 26 ottobre 1972, n. 633, e successive modificazioni, è abrogato.

13. Il comma 5 dell'articolo 6 del decreto del Ministro dell'economia e delle finanze, di concerto con il Ministro delle politiche agricole e forestali 14 dicembre 2001, n. 454, è sostituito dal seguente:

«5. Il libretto di controllo, tenuto nel rispetto dei principi fissati dall'articolo 2219 del codice civile, è detenuto dal titolare unitamente ai documenti fiscali a corredo ed è dallo stesso custodito per un periodo di cinque anni dalla data dell'ultima scritturazione.».

14. Al decreto del Presidente della Repubblica 29 settembre 1973, n. 605, sono apportate le seguenti modificazioni:

a) nell'articolo 6, primo comma, lettera e), le parole: «concessioni in materia edilizia e urbanistica rilasciate ai sensi della legge 28 gennaio 1977, n. 10, relativamente ai beneficiari delle concessioni ed ai progettisti dell'opera», sono soppresse, e sono aggiunte, in fine, le seguenti parole: "; immatricolazione e reimmatricolazione di autoveicoli, motoveicoli e rimorchi» [10];

b) nell'articolo 7, quinto comma, dopo le parole: «attivata l'utenza» sono aggiunte le seguenti: «, dichiarati dagli utenti»;

c) nell'articolo 7, sesto comma:

1) dopo la parola: " effettui" sono inserite le seguenti: ", per conto proprio ovvero per conto o a nome di terzi,";

2) dopo le parole: "operazione di natura finanziaria" sono aggiunte le seguenti: "ad esclusione di quelle effettuate tramite bollettino di conto corrente postale per un importo unitario inferiore a 1.500 euro" [11];

c-bis) nell'articolo 7, undicesimo comma:

1) le parole: "di cui ai commi dal primo all'ottavo" sono sostituite dalle seguenti: "di cui ai commi dal primo al quinto e dal settimo all'ottavo";

2) è aggiunto, in fine, il seguente periodo: "Le rilevazioni e le evidenziazioni di cui al sesto comma sono utilizzate ai fini delle richieste e delle risposte in via telematica di cui all'articolo 32, primo comma, numero 7), del decreto del Presidente della Repubblica 29 settembre 1973, n. 600, e successive modificazioni, e all'articolo 51, secondo comma, numero 7), del decreto del Presidente della Repubblica 26 ottobre 1972, n. 633, e successive modificazioni" [12];

d) nell'articolo 13, comma 1, lettera c), dopo le parole: «codice fiscale», sono aggiunte le seguenti: «e i dati catastali di cui all'articolo 7, quinto comma» [13].

14-bis. Le disposizioni di cui al sesto comma dell'articolo 7 del decreto del Presidente della Repubblica 29 settembre 1973, n. 605, come modificate dal comma 14 del presente articolo, hanno effetto dal 1° gennaio 2006 [14].

14-ter. Per i periodi di imposta antecedenti il 1° gennaio 2006 e relativamente alle richieste di cui all'articolo 32, primo comma, numero 7), del decreto del Presidente della Repubblica 29 settembre 1973, n. 600, e successive modificazioni, e all'articolo 51, secondo comma, numero 7), del decreto del Presidente della Repubblica 26 ottobre 1972, n. 633, e successive modificazioni, i soggetti destinatari ivi indicati utilizzano, ai fini delle risposte relative ai dati, notizie e documenti riguardanti operazioni non transitate in un conto, le rilevazioni effettuate ai sensi dell'articolo 2 del decreto-legge 3 maggio 1991, n. 143, convertito, con modificazioni, dalla legge 5 luglio 1991, n. 197, e dei relativi provvedimenti di attuazione [15].

14-quater. All'articolo 38, quinto comma, del decreto del Presidente della Repubblica 29 settembre 1973, n. 600, e successive modificazioni, le parole: "nei cinque precedenti" sono sostituite dalle seguenti: "nei quattro precedenti" [16].

14-quinquies. La disposizione di cui al comma 14-quater ha effetto per gli accertamenti notificati a decorrere dalla data di entrata in vigore della legge di conversione del presente decreto [17].

14-sexies. All'articolo 1, comma 426, terzo periodo, della legge 30 dicembre 2004, n. 311, le parole: "la prima pari al 40 per cento del totale, da versare entro il 30 giugno 2005" sono sostituite dalle seguenti: "la prima pari al 40 per cento del totale, da versare entro dieci giorni dalla data di entrata in vigore del decreto di cui all'ultimo periodo del presente comma, e comunque entro il 20 dicembre 2005" [18].

14-septies. All'articolo 3, comma 11, della legge 17 gennaio 2000, n. 7, è aggiunto, in fine, il seguente periodo: "A tal fine, indipendentemente dalle risultanze contabili del contribuente, la data di effettuazione delle operazioni si intende quella risultante dagli atti di accertamento definitivo dell'amministrazione finanziaria o dalle eventuali sentenze passate in giudicato anteriormente alla data di entrata in vigore della presente legge." [19].

[1] *Per la riduzione dell'autorizzazione di spesa, per l'anno 2013, di cui al presente comma vedi l'articolo 15, comma 3, lettera b), del D.L. 31 agosto 2013, n. 102, convertito, con modificazioni, dalla Legge 28 ottobre 2013, n. 124.*

[2] *Comma modificato dalla legge 2 dicembre 2005, n. 248, in sede di conversione.*

[3] *Comma aggiunto dalla legge 2 dicembre 2005, n. 248, in sede di conversione.*

[4] *Comma aggiunto dalla legge 2 dicembre 2005, n. 248, in sede di conversione.*

[5] *Comma aggiunto dalla legge 2 dicembre 2005, n. 248, in sede di conversione.*

[6] *Comma aggiunto dalla legge 2 dicembre 2005, n. 248, in sede di conversione.*

[7] *Comma modificato dalla legge 2 dicembre 2005, n. 248, in sede di conversione.*

[8] *Comma modificato dalla legge 2 dicembre 2005, n. 248, in sede di conversione.*

[9] *Comma aggiunto dalla legge 2 dicembre 2005, n. 248, in sede di conversione.*

[10] *Lettera modificata dalla legge 2 dicembre 2005, n. 248, in sede di conversione.*

[11] *Lettera sostituita dalla legge 2 dicembre 2005, n. 248, in sede di conversione.*

[12] *Lettera aggiunta dalla legge 2 dicembre 2005, n. 248, in sede di conversione.*

[13] *Lettera modificata dalla legge 2 dicembre 2005, n. 248, in sede di conversione.*

[14] *Comma aggiunto dalla legge 2 dicembre 2005, n. 248, in sede di conversione.*

[15] *Comma aggiunto dalla legge 2 dicembre 2005, n. 248, in sede di conversione.*

[16] *Comma aggiunto dalla legge 2 dicembre 2005, n. 248, in sede di conversione.*

[17] *Comma aggiunto dalla legge 2 dicembre 2005, n. 248, in sede di conversione.*

[18] *Comma aggiunto dalla legge 2 dicembre 2005, n. 248, in sede di conversione.*

[19] *Comma aggiunto dalla legge 2 dicembre 2005, n. 248, in sede di conversione.*

2 *bis*. Comunicazione degli esiti della liquidazione delle dichiarazioni.[1] – 1. A partire dalle dichiarazioni presentate dal 1° gennaio 2006, l'invito previsto dall'articolo 6, comma 5, della legge 27 luglio 2000, n. 212, è effettuato:

a) con mezzi telematici ai soggetti di cui all'articolo 3, comma 3, del regolamento di cui al decreto del Presidente della Repubblica 22 luglio 1998, n. 322, che, se previsto nell'incarico di trasmissione, portano a conoscenza dei contribuenti interessati, tempestivamente e comunque nei termini di cui all'articolo 2, comma 2, del decreto legislativo 18 dicembre 1997, n. 462, e successive modificazioni, gli esiti della liquidazione delle dichiarazioni contenuti nell'invito;

b) mediante raccomandata in ogni altro caso [(2)].

[2. L'Agenzia delle entrate può, su istanza motivata, derogare all'obbligo previsto dalla lettera a) del comma 1, qualora siano riconosciute difficoltà da parte degli intermediari nell'espletamento delle attività di cui alla medesima lettera a)] [(3)].

3. Il termine di cui all'articolo 2, comma 2, del decreto legislativo 18 dicembre 1997, n. 462, e successive modificazioni, decorre dal sessantesimo giorno successivo a quello di trasmissione telematica dell'invito di cui alla lettera a) del comma 1 del presente articolo.

4. Con provvedimento del direttore dell'Agenzia delle entrate sono definiti il contenuto e la modalità della risposta telematica".

(1) Articolo inserito dalla legge 2 dicembre 2005, n. 248, in sede di conversione e successivamente sostituito dall'articolo 1, comma 62, della legge 27 dicembre 2006, n. 296.
(2) Lettera modificata dall'articolo 39, comma 8-bis, del D.L. 1° ottobre 2007, n. 159.
(3) Comma abrogato dall'articolo 39, comma 8-bis, del D.L. 1° ottobre 2007, n. 159.

2 ter. Prodotti con false o fallaci indicazioni.[(1)] – 1. All'articolo 4, comma 49, della legge 24 dicembre 2003, n. 350, e successive modificazioni, dopo le parole: "L'importazione e l'esportazione a fini di commercializzazione ovvero la commercializzazione" sono inserite le seguenti: "o la commissione di atti diretti in modo non equivoco alla commercializzazione."».

(1) Articolo inserito dalla legge 2 dicembre 2005, n. 248, in sede di conversione.

TITOLO II
Riforma della riscossione e disposizioni in materia di giustizia tributaria [(1)]

(1) Rubrica modificata dalla legge 2 dicembre 2005, n. 248, in sede di conversione.

3. Disposizioni in materia di servizio nazionale della riscossione. – 1. A decorrere dal 1° ottobre 2006, è soppresso il sistema di affidamento in concessione del servizio nazionale della riscossione e le funzioni relative alla riscossione nazionale sono attribuite all'Agenzia delle entrate, che le esercita mediante la società di cui al comma 2, sulla quale svolge attività di coordinamento, attraverso la preventiva approvazione dell'ordine del giorno delle sedute del consiglio di amministrazione e delle deliberazioni da assumere nello stesso consiglio [(1)].

2. Per l'immediato avvio delle attività occorrenti al conseguimento dell'obiettivo di cui al comma 1 ed al fine di un sollecito riordino della disciplina delle funzioni relative alla riscossione nazionale, volto ad adeguarne i contenuti al medesimo obiettivo, l'Agenzia delle entrate e l'Istituto nazionale della previdenza sociale (I.N.P.S.) procedono, entro trenta giorni dalla data di entrata in vigore del presente decreto, alla costituzione della «Riscossione S.p.a.», con un capitale iniziale di 150 milioni di euro, di cui il 51 per cento versato dall'Agenzia delle entrate ed il 49 per cento versato dall'INPS [(2)].

3. All'atto della costituzione della Riscossione S.p.a. si procede all'approvazione dello statuto ed alla nomina delle cariche sociali; [la maggioranza dei membri del consiglio di amministrazione è composta da dirigenti di vertice dall'Agenzia delle entrate e dell'I.N.P.S. ed] il presidente del collegio sindacale è scelto tra i magistrati della Corte dei conti [(3)].

4. La Riscossione S.p.a., anche avvalendosi, senza nuovi o maggiori oneri a carico della finanza pubblica, di personale dell'Agenzia delle entrate e dell'I.N.P.S. ed anche attraverso altre società per azioni, partecipate ai sensi del comma 7:

a) effettua l'attività di riscossione mediante ruolo, con i poteri e secondo le disposizioni di cui al titolo I, capo II, e al titolo II del decreto del Presidente della Repubblica 29 settembre 1973, n. 602, nonché l'attività di cui all'articolo 4 del decreto legislativo 9 luglio 1997, n. 237;

b) può effettuare:

1) le attività di riscossione spontanea, liquidazione ed accertamento delle entrate, tributarie o patrimoniali, degli enti pubblici, anche territoriali, e delle loro società partecipate, nel rispetto di procedure di gara ad evidenza pubblica; qualora dette attività riguardino entrate delle regioni o di società da queste partecipate, possono essere compiute su richiesta della regione interessata ovvero previa acquisizione del suo assenso;

2) altre attività, strumentali a quelle dell'Agenzia delle entrate, anche attraverso la stipula di appositi contratti di servizio e, a tale fine, può assumere finanziamenti e svolgere operazioni finanziarie a questi connesse [(4)].

5. Ai fini dell'esercizio dell'attività di cui al comma 4, lettera a), il Corpo della Guardia di finanza, con i poteri e le facoltà previsti dall'articolo 2, comma 4, del decreto legislativo 19 marzo 2001, n. 68, attua forme di collaborazione con la Riscossione S.p.a., secondo le modalità stabilite con decreto del Ministro dell'economia e delle finanze, sentiti il comandante generale dello stesso Corpo della Guardia di finanza ed il direttore dell'Agenzia delle entrate; con lo stesso decreto possono, altresì, essere stabilite le modalità applicative agli effetti dell'articolo 27, comma 2, della legge 23 dicembre 1999, n. 488 [(5)].

6. La Riscossione S.p.a. effettua le attività di riscossione senza obbligo di cauzione ed è iscritta di diritto, per le attività di cui al comma 4, lettera b), n. 1), all'albo di cui all'articolo 53 del decreto legislativo 15 dicembre 1997, n. 446.

7. La Riscossione S.p.a., previa formulazione di apposita proposta diretta alle società concessionarie del servizio nazionale della riscossione, può acquistare una quota non inferiore al 51 per cento del capitale sociale di tali società ovvero il ramo d'azienda delle banche che hanno operato la gestione diretta dell'attività di riscossione, a condizione che il cedente, a sua volta, acquisti una partecipazione al capitale sociale della stessa Riscossione S.p.a.; il rapporto proporzionale tra i prezzi di acquisto determina le percentuali del capitale sociale della Riscossione S.p.a. da assegnare ai soggetti cedenti, ferma restando la partecipazione pubblica dell'Agenzia delle entrate e dell'INPS, nelle medesime proporzioni previste nell'atto costitutivo, in misura non inferiore al 51 per cento. Decorsi ventiquattro mesi dall'acquisto,

le azioni della Riscossione S.p.a. così trasferite ai predetti soci privati possono essere alienate a terzi, con diritto di prelazione a favore dei soci pubblici [(6)].

7-bis. A seguito dell'acquisto dei rami d'azienda di cui al comma 7, primo periodo, nonché delle operazioni di fusione, scissione, conferimento e cessione di aziende o di rami d'azienda effettuate tra agenti della riscossione, i privilegi e le garanzie di qualsiasi tipo, da chiunque prestate o comunque esistenti a favore del venditore ovvero della società incorporata, scissa, conferente o cedente, nonché le trascrizioni nei pubblici registri degli atti di acquisto dei beni oggetto di locazione finanziaria compresi nella cessione, ovvero facenti parte del patrimonio della società incorporata, assegnati per scissione, conferiti o ceduti, conservano la loro validità e il loro grado a favore dell'acquirente ovvero della società incorporante, beneficiaria, conferitaria o cessionaria, senza bisogno di alcuna formalità o annotazione, previa pubblicazione di apposito avviso nella Gazzetta Ufficiale [(7)].

7-ter. Nell'ambito degli acquisti di cui al comma 7, la Equitalia S.p.a. può attribuire ai soggetti cedenti, in luogo di proprie azioni, obbligazioni ovvero altri strumenti finanziari [(8)].

8. Entro il 31 dicembre 2010, i soci pubblici della Riscossione S.p.a. riacquistano le azioni cedute ai sensi del comma 7 a privati; entro lo stesso termine la Riscossione S.p.a. acquista le azioni eventualmente ancora detenute da privati nelle società da essa non interamente partecipate. Dopo la scadenza del termine di cui al precedente periodo, i soci pubblici possono cedere le loro azioni anche a soci privati, scelti in conformità alle regole di evidenza pubblica, entro il limite del 49 per cento del capitale sociale della Riscossione S.p.a. [(9)].

9. I prezzi delle operazioni da effettuare ai sensi dei commi 7 e 8 sono stabiliti sulla base di criteri generali individuati da primarie istituzioni finanziarie, scelte con procedure competitive.

10. A seguito degli acquisti delle società concessionarie previsti dal comma 7, si trasferisce ai cedenti l'obbligo di versamento delle somme da corrispondere a qualunque titolo in conseguenza dell'attività di riscossione svolta fino alla data dell'acquisto, nonché di quelle dovute per l'eventuale adesione alla sanatoria prevista dall'articolo 1, commi 426 e 426-bis, della legge 30 dicembre 2004, n. 311 [(10)].

11. A garanzia delle obbligazioni derivanti dal comma 10, i soggetti di cui allo stesso comma 10 prestano, fino al 31 dicembre 2010, con le modalità stabilite dall'articolo 28 del decreto legislativo 13 aprile 1999, n. 112, ovvero mediante pegno su titoli di Stato o garantiti dallo Stato o sulle proprie azioni della Riscossione S.p.a., una cauzione per un importo pari al venti per cento della garanzia prestata dalla società concessionaria; nel contempo, tale ultima garanzia è svincolata.

12. Per i ruoli consegnati fino al 31 dicembre 2011 alle società partecipate dalla Riscossione S.p.a. ai sensi del comma 7, le comunicazioni di inesigibilità sono presentate entro il 31 dicembre 2014 [(11)(12)].

13. Per effetto degli acquisti di cui al comma 7, relativamente a ciascuno di essi:

a) le anticipazioni nette effettuate a favore dello Stato in forza dell'obbligo del non riscosso come riscosso sono restituite, in dieci rate annuali [di pari importo], decorrenti dal 2008, ad un tasso d'interesse pari all'euribor diminuito di 0,60 punti. La tipologia e la data dell'euribor da assumere come riferimento sono stabilite con decreto del Ministro dell'economia e delle finanze;

b) i provvedimenti di sgravio provvisorio e di dilazione relativi alle quote cui si riferiscono le anticipazioni da restituire ai sensi della lettera a) assumono il valore di provvedimenti di rimborso definitivi;

c) le anticipazioni nette effettuate in forza dell'obbligo del non riscosso come riscosso, riferite a quote non erariali sono restituite in venti rate annuali decorrenti dal 2008, ad un tasso di interesse pari all'euribor diminuito di 0,50 punti; per tali quote, se comprese in domande di rimborso o comunicazioni di inesigibilità presentate prima della data di entrata in vigore della presente disposizione la restituzione dell'anticipazione è effettuata con una riduzione del 10% del loro complessivo ammontare. La tipologia e la data dell'euribor da assumere come riferimento sono stabilite con il decreto di cui alla lettera a);

d) ai fini delle restituzioni di cui alle lettere a) e c), sono rimborsati rispettivamente in dieci e venti annualità di pari entità i crediti risultanti alla data del 31 dicembre 2007 dai bilanci delle società agenti della riscossione. Il riscontro dell'ammontare dei crediti oggetto di restituzione è eseguito in occasione del controllo sull'inesigibilità delle quote, secondo le disposizioni in materia, da effettuarsi a campione, sulla base dei criteri stabiliti da ciascun ente creditore. Il recupero dei crediti eventualmente non spettanti è effettuato mediante riversamento all'entrata del bilancio dello Stato delle somme dovute a seguito del diniego del discarico o del rimborso da parte dei soggetti di cui al comma 10, fatti salvi gli effetti della sanatoria prevista dall'art. 1 commi 426 e 426-bis della legge 30 dicembre 2004, n. 311. Le riscossioni conseguite dagli agenti della riscossione in data successiva al 31 dicembre 2007 sono riversate all'entrata del bilancio dello Stato. Le somme incassate fino al 31 dicembre 2008 sono comunque riversate, in unica soluzione, entro il 20 gennaio 2009 [(13)].

14. Il Ministro dell'economia e delle finanze rende annualmente al Parlamento una relazione sullo stato dell'attività di riscossione; a tale fine, l'Agenzia delle entrate fornisce allo stesso Ministro dell'economia e delle finanze gli elementi acquisiti nello svolgimento dell'attività di coordinamento prevista dal comma 1 [(14)].

15. A decorrere dal 1° ottobre 2006, il Consorzio nazionale concessionari - C.N.C., previsto dall'articolo 1, comma 1, del decreto del Presidente della Repubblica 28 gennaio 1988, n. 44, opera in forma di società per azioni [(15)].

16. Dal 1° ottobre 2006, i dipendenti delle società non partecipate dalla Riscossione S.p.a., in servizio alla data del 31 dicembre 2004 con contratto di lavoro a tempo indeterminato e per i quali il rapporto di lavoro è ancora in essere alla predetta data del 1° ottobre 2006, sono trasferiti alla stessa Riscossione S.p.a., sulla base della valutazione delle esigenze operative di quest'ultima, senza soluzione di continuità e con garanzia della posizione giuridica, economica e previdenziale maturata alla data di entrata in vigore del presente decreto. Il predetto personale non può essere trasferito senza consenso del lavoratore in altra sede territoriale fino al 31 dicembre 2010. Resta fermo il riconoscimento di miglioramenti economici contrattuali tabellari previsti dal rinnovo in corso alla data di entrata in vigore del presente decreto nei limiti di quanto già concordato nel settore del

credito [16].

17. Gli acquisti di cui al comma 7 lasciano immutata la posizione giuridica, economica e previdenziale del personale maturata alla data di entrata in vigore del presente decreto; a tali operazioni non si applicano le disposizioni dell'articolo 47 della legge 29 dicembre 1990, n. 428.

18. Restano ferme le disposizioni relative al fondo di previdenza di cui alla legge 2 aprile 1958, n. 377, e successive modificazioni.

Alle prestazioni straordinarie di cui all'articolo 5, comma 1, lettera b), n. 1), del decreto del Ministro del lavoro e delle politiche sociali, di concerto con il Ministro dell'economia e delle finanze 24 novembre 2003, n. 375, sono ammessi i soggetti individuati dall'articolo 2 del citato decreto n. 375 del 2003, per i quali la relativa richiesta sia presentata entro dieci anni dalla data di entrata in vigore dello stesso. Tali prestazioni straordinarie sono erogate dal fondo costituito ai sensi del decreto n. 375 del 2003, per un massimo di novantasei mesi dalla data di accesso alle stesse, in favore dei predetti soggetti, che conseguano la pensione entro un periodo massimo di novantasei mesi dalla data di cessazione del rapporto di lavoro, su richiesta del datore di lavoro e fino alla maturazione del diritto alla pensione di anzianità o di vecchiaia.

19. Il personale in servizio alla data del 31 dicembre 2004, con contratto di lavoro a tempo indeterminato, alle dipendenze dell'associazione nazionale fra i concessionari del servizio di riscossione dei tributi ovvero del consorzio di cui al comma 15 ovvero delle società da quest'ultimo partecipate, per il quale il rapporto di lavoro è in essere con la predetta associazione o con il predetto consorzio alla data del 1° ottobre 2006 ed è regolato dal contratto collettivo nazionale di settore, è trasferito, a decorrere dalla stessa data del 1° ottobre 2006, alla Riscossione S.p.a. ovvero alla società di cui al citato comma 15, senza soluzione di continuità e con garanzia della posizione giuridica, economica e previdenziale maturata alla data di entrata in vigore del presente decreto [17].

19-bis. Fino al 31 dicembre 2010 il personale di cui ai commi 16, 17 e 19 non può essere trasferito, senza il consenso del lavoratore, in una sede territoriale posta al di fuori della provincia in cui presta servizio alla data di entrata in vigore del presente decreto; a tale personale si applicano i miglioramenti economici contrattuali tabellari che saranno riconosciuti nel contratto collettivo nazionale di categoria, il cui rinnovo è in corso alla predetta data, nei limiti di quanto già concordato nel settore del credito [18].

20. Le operazioni di cui ai commi 7, 8 e 15 sono escluse da ogni imposta indiretta, diversa dall'imposta sul valore aggiunto, e da ogni tassa.

21. La Riscossione S.p.a. assume iniziative idonee ad assicurare il contenimento dei costi dell'attività di riscossione coattiva, tali da assicurare, rispetto agli oneri attualmente iscritti nel bilancio dello Stato per i compensi per tale attività, risparmi pari ad almeno 65 milioni di euro, per l'anno 2007, 160 milioni di euro per l'anno 2008 e 170 milioni di euro a decorrere dall'anno 2009.

22. Per lo svolgimento dell'attività di riscossione mediante ruolo, la Riscossione S.p.a. e le società dalla stessa partecipate ai sensi del comma 7 sono remunerate:

a) per gli anni 2007 e 2008, secondo quanto previsto dall'articolo 4, comma 118, della legge 24 dicembre 2003, n. 350, ferme restando le disposizioni di cui al comma 21;

b) successivamente, ai sensi dell'articolo 17 del decreto legislativo 13 aprile 1999, n. 112 [19].

23. Le società partecipate dalla Riscossione S.p.a. ai sensi del comma 7 restano iscritte all'albo di cui all'articolo 53, comma 1, del decreto legislativo 15 dicembre 1997, n. 446, se nei loro riguardi permangono i requisiti previsti per tale iscrizione.

23-bis. Agli agenti della riscossione non si applicano l'articolo 2, comma 4, del regolamento approvato con decreto del Ministro delle finanze 11 settembre 2000, n. 289, e le disposizioni di tale regolamento relative all'esercizio di influenza dominante su altri agenti della riscossione, nonché al divieto, per i legali rappresentanti, gli amministratori e i sindaci, di essere pubblici dipendenti ovvero coniugi, parenti ed affini entro il secondo grado di pubblici dipendenti [20].

24. Fino al momento dell'eventuale cessione, totale o parziale, del proprio capitale sociale alla Riscossione S.p.a., ai sensi del comma 7, o contestualmente alla stessa, le aziende concessionarie possono trasferire ad altre società il ramo d'azienda relativo alle attività svolte in regime di concessione per conto degli enti locali, nonché a quelle di cui all'articolo 53, comma 1, del decreto legislativo 15 dicembre 1997, n. 446. In questo caso:

a) fino al 31 dicembre 2011 ed in mancanza di diversa determinazione degli stessi enti, le predette attività sono gestite dalle società cessionarie del predetto ramo d'azienda, se queste ultime possiedono i requisiti per l'iscrizione all'albo di cui al medesimo articolo 53, comma 1, del decreto legislativo n. 446 del 1997, in presenza dei quali tale iscrizione avviene di diritto;

b) la riscossione coattiva delle entrate di spettanza dei predetti enti è effettuata con la procedura indicata dal regio decreto 14 aprile 1910, n. 639, salvo che per i ruoli consegnati fino alla data del trasferimento, per i quali il rapporto con l'ente locale è regolato dal decreto legislativo 13 aprile 1999, n. 112, e si procede nei confronti dei soggetti iscritti a ruolo sulla base delle disposizioni di cui al decreto del Presidente della Repubblica 29 settembre 1973, n. 602, applicabili alle citate entrate ai sensi dell'articolo 18 del decreto legislativo 26 febbraio 1999, n. 46. Ai fini e per gli effetti dell'articolo 19, comma 2, lettera d) del decreto legislativo 13 aprile 1999, n. 112, le società cessionarie del ramo di azienda relativo alle attività svolte in regime di concessione per conto degli enti locali possono richiedere i dati e le notizie relative ai beni dei contribuenti iscritti nei ruoli in carico alle stesse all'Ente locale, che a tal fine può accedere al sistema informativo del Ministero dell'economia e delle finanze [21][22][23].

25. Fino al 31 dicembre 2011, in mancanza di trasferimento effettuato ai sensi del comma 24 e di diversa determinazione dell'ente creditore, le attività di cui allo stesso comma 24 sono gestite dalla Riscossione S.p.a. o dalle società dalla stessa partecipate ai sensi del comma 7, fermo il rispetto di procedure di gara ad evidenza pubblica. Fino alla stessa data possono essere prorogati i contratti in corso tra gli enti locali e le società iscritte all'albo di cui all'articolo 53, comma 1, del decreto legislativo 15 dicembre 1997, n. 446 [24][25].

25-bis. Salvo quanto previsto al comma 25, le società di cui al comma 24, lettera a), la Riscossione S.p.a. e le società da quest'ultima partecipate possono svolgere l'attività di riscossione, spontanea o coattiva delle entrate degli enti pubblici territoriali soltanto a seguito di affidamento mediante procedure ad evidenza pubblica e dal 31 dicembre 2011. Le altre attività di cui al comma 4, lettera b), numero 1), relativamente agli enti pubblici territoriali, possono essere svolte da Riscossione S.p.a. e dalle società da quest'ultima partecipate a decorrere dal 31 dicembre 2011, e nel rispetto di procedure di gara ad evidenza pubblica (26)(27).

25-ter. Se la titolarità delle attività di cui al comma 24 non è trasferita alla Riscossione Spa o alle sue partecipate, il personale delle società concessionarie addetto a tali attività è trasferito, con le stesse garanzie previste dai commi 16, 17 e 19-bis, ai soggetti che esercitano le medesime attività (28).

26. Relativamente alle società concessionarie delle quali la Riscossione S.p.a. non ha acquistato, ai sensi del comma 7, almeno il 51 per cento del capitale sociale, la restituzione delle anticipazioni nette effettuate in forza dell'obbligo del non riscosso come riscosso avviene:

a) per le anticipazioni a favore dello Stato, nel decimo anno successivo a quello di riconoscimento dell'inesigibilità;

b) per le restanti anticipazioni, nel ventesimo anno successivo a quello di riconoscimento dell'inesigibilità.

27. Le disposizioni del presente articolo, relative ai concessionari del servizio nazionale della riscossione, trovano applicazione, se non diversamente stabilito, anche nei riguardi dei commissari governativi delegati provvisoriamente alla riscossione.

28. A decorrere dal 1° ottobre 2006, i riferimenti contenuti in norme vigenti ai concessionari del servizio nazionale della riscossione si intendono riferiti alla Riscossione S.p.a. ed alle società dalla stessa partecipate ai sensi del comma 7, complessivamente denominate agenti della riscossione, anche ai fini di cui all'articolo 9 del decreto-legge 28 marzo 1997, n. 79, convertito, con modificazioni, dalla legge 28 maggio 1997, n. 140, ed all'articolo 23-decies, comma 6, del decreto-legge 24 dicembre 2003, n. 355, convertito, con modificazioni, dalla legge 27 febbraio 2004, n. 47; per l'anno 2005 nulla è mutato quanto agli obblighi conseguenti all'applicazione delle predette disposizioni (29).

All'articolo 1 del decreto-legge 10 dicembre 2003, n. 341, convertito, con modificazioni, dalla legge 9 febbraio 2004, n. 31, sono abrogati i commi 1, 3, 4, 5 e 6 (30).

29. Ai fini di cui al capo II del titolo III della parte I del decreto legislativo 30 giugno 2003, n. 196, la Riscossione S.p.a. e le società dalla stessa partecipate ai sensi del comma 7 sono equiparate ai soggetti pubblici; ad esse si applicano altresì le disposizioni previste dall'articolo 66 dello stesso decreto legislativo n. 196 del 2003 (31).

29-bis. Nel territorio della Regione siciliana, relativamente alle entrate non spettanti a quest'ultima, le funzioni di cui al comma 1 sono svolte dall'Agenzia delle entrate mediante la Riscossione S.p.a. ovvero altra società per azioni a maggioranza pubblica, che, con riferimento alle predette entrate, opera con i medesimi diritti ed obblighi previsti per la stessa Riscossione S.p.a (32)(47).

30. Entro il 31 marzo 2006 il presidente del consorzio di cui al comma 15 provvede all'approvazione del bilancio di cui all'articolo 10, comma 2, lettera a), del decreto del Presidente della Repubblica 28 gennaio 1988, n. 44.

31. Agli acquisti di cui al comma 7 non si applicano le disposizioni del decreto legislativo 13 aprile 1999, n. 112, relative all'obbligo di preventiva autorizzazione.

32. Nei confronti delle società partecipate dalla Riscossione S.p.a. ai sensi del comma 7 non si applicano altresì le disposizioni di cui all'articolo 5 del decreto legislativo 13 aprile 1999, n. 112.

33. Ai fini di cui al comma 1, si applicano, per il passaggio dei residui di gestione, le disposizioni previste dagli articoli 14 e 16 del decreto legislativo 13 aprile 1999, n. 112.

34. A decorrere dalla data di entrata in vigore del presente decreto, cessano di trovare applicazione le disposizioni di cui all'articolo 29, comma 1, del decreto legislativo 13 aprile 1999, n. 112.

35. In deroga a quanto previsto dal comma 13, lettera c), restano ferme le convenzioni già stipulate ai sensi dell'articolo 61 del decreto legislativo 13 aprile 1999, n. 112, e dell'articolo 79, comma 5, della legge 21 novembre 2000, n. 342.

35-bis. A decorrere dal 1° gennaio 2008 gli agenti della riscossione non possono svolgere attività finalizzate al recupero di somme, di spettanza comunale, iscritte in ruoli relativi a sanzioni amministrative per violazioni del codice della strada di cui al decreto legislativo 30 aprile 1992, n. 285, per i quali, alla data dell'acquisizione di cui al comma 7, la cartella di pagamento non era stata notificata entro due anni dalla consegna del ruolo (33).

36. Al decreto legislativo 13 aprile 1999, n. 112, sono apportate le seguenti modificazioni:

a) nell'articolo 18:

1) al comma 1, le parole da: «agli uffici» a: «telematica» sono sostituite dalle seguenti: «, gratuitamente ed anche in via telematica, a tutti i dati rilevanti a tali fini, anche se detenuti da uffici pubblici»;

2) al comma 3, dopo la parola: «decreto», sono inserite le seguenti: «di natura non regolamentare»;

3) dopo il comma 3, è aggiunto, in fine, il seguente: «3-bis. I concessionari possono procedere al trattamento dei dati acquisiti ai sensi dei commi 1 e 2 senza rendere l'informativa di cui all'articolo 13 del decreto legislativo 30 giugno 2003, n. 196.»;

b) nell'articolo 19, comma 2, lettera d-bis), dopo la parola: «segnalazioni», sono inserite le seguenti: «di azioni esecutive e cautelari»;

c) nell'articolo 20, dopo il comma 1, è inserito il seguente:

«1-bis. Il controllo di cui al comma 1 è effettuato a campione, sulla base dei criteri stabiliti da ciascun ente creditore.»;

c-bis) all'articolo 42, dopo il comma 1 è inserito il seguente:

"1-bis. All'indizione degli esami per conseguire l'abilitazione all'esercizio delle funzioni di ufficiale della riscossione si procede senza cadenze temporali predeterminate, sulla base di una valutazione delle effettive esigenze del sistema di riscossione coattiva dei crediti pubblici" (34).

d) nell'articolo 59:

1) è abrogato il comma 4-bis;

2) il comma 4-quater è sostituito dal seguente: «4-quater. Per i ruoli consegnati fino al 30 giugno 2003 la comunicazione di inesigibilità di cui all'articolo 19, comma 2, lettera c), è presentata entro il 30 giugno 2006.» (35);

3) al comma 4-quinquies, le parole: «1° ottobre 2005» sono sostituite dalle seguenti: «1° luglio 2006».

37. All'articolo 4 della legge 24 dicembre 2003, n. 350, sono apportate le seguenti modificazioni:

a) nel comma 118:

1) le parole: «Nell'anno 2004» sono sostituite dalle seguenti: «Negli anni 2004, 2005 e 2006»;

2) dopo le parole: «un importo», è inserita la seguente: «annuo»;

b) nel comma 119, la parola: «2004» è sostituita dalle seguenti: «degli anni 2004, 2005 e 2006».

38. All'articolo 1 della legge 30 dicembre 2004, n. 311, sono apportate le seguenti modificazioni:

a) nel comma 426, secondo periodo, le parole: «20 novembre 2004» sono sostituite dalle seguenti: «30 giugno 2005»;

b) nel comma 426-bis:

1) le parole da: «30 ottobre 2003» a: «20 novembre 2004» sono sostituite dalle seguenti: «30 settembre 2003»;

2) le parole: «30 ottobre 2006» sono sostituite dalle seguenti: «30 settembre 2006»;

3) le parole: «1° novembre 2006» sono sostituite dalle seguenti: «1° ottobre 2006»;

c) dopo il comma 426-bis è inserito il seguente:

«426-ter. Le somme versate ai sensi del comma 426 rilevano, nella misura del cinquanta per cento, ai fini della determinazione del reddito delle società che provvedono a tale versamento.»;

d) nel comma 427, le parole: «31 dicembre» sono sostituite dalle seguenti: «30 settembre».

39. All'articolo 1, comma 5, del decreto-legge 17 giugno 2005, n. 106, convertito, con modificazioni, dalla legge 31 luglio 2005, n. 156, le parole: «30 settembre 2005» sono sostituite dalle seguenti: «29 dicembre 2005».

40. Al decreto del Presidente della Repubblica 29 settembre 1973, n. 602, sono apportate le seguenti modificazioni:

a) dopo l'articolo 47, è inserito il seguente:

«Art. 47-bis (Gratuità di altre attività e misura dell'imposta di registro sui trasferimenti coattivi di beni mobili). 1. I competenti uffici dell'Agenzia del territorio rilasciano gratuitamente ai concessionari le visure ipotecarie e catastali relative agli immobili dei debitori iscritti a ruolo e dei coobbligati e svolgono gratuitamente le attività di cui all'articolo 79, comma 2 (36).

2. Ai trasferimenti coattivi di beni mobili non registrati, la cui vendita è curata dai concessionari, l'imposta di registro si applica nella misura fissa di dieci euro.»;

b) dopo l'articolo 72, è inserito il seguente:

«72-bis (Espropriazione del quinto dello stipendio e di altri emolumenti connessi ai rapporti di lavoro). 1. L'atto di pignoramento del quinto dello stipendio contiene, in luogo della citazione di cui all'articolo 543, secondo comma, n. 4), del codice di procedura civile, l'ordine al datore di lavoro di pagare direttamente al concessionario, fino a concorrenza del credito per il quale si procede e fermo restando quanto previsto dall'articolo 545, commi quarto, quinto e sesto dello stesso codice di procedura civile:

a) nel termine di quindici giorni dalla notifica del predetto atto, il quinto degli stipendi non corrisposti per i quali, sia maturato, anteriormente alla data di tale notifica, il diritto alla percezione;

b) alle rispettive scadenze, il quinto degli stipendi da corrispondere e delle somme dovute a seguito della cessazione del rapporto di lavoro.» (37).

b-bis) all'articolo 76, comma 1, le parole: "tre milioni di lire" sono sostituite dalle seguenti: "ottomila euro" (38).

b-ter) nell'articolo 85:

1) al comma 2, secondo periodo, le parole: "dell'eventuale conguaglio" sono sostituite dalle seguenti: "del prezzo per il quale è stata disposta l'assegnazione";

2) al comma 3, primo periodo, le parole: "dell'eventuale conguaglio" sono sostituite dalle seguenti: "del prezzo di assegnazione" (39).

41. Le disposizioni dell'articolo 86 del decreto del Presidente della Repubblica 29 settembre 1973, n. 602, si interpretano nel senso che, fino all'emanazione del decreto previsto dal comma 4 dello stesso articolo, il fermo può essere eseguito dal concessionario sui veicoli a motore nel rispetto delle disposizioni, relative alle modalità di iscrizione e di cancellazione ed agli effetti dello stesso, contenute nel decreto del Ministro delle finanze 7 settembre 1998, n. 503.

41-bis. All'articolo 7, comma 3, della legge 9 luglio 1990, n. 187, é aggiunto, in fine, il seguente periodo: "È comunque gratuita, anche se effettuata mediante supporto informatico o tramite collegamento telematico, qualunque fornitura di dati agli organi costituzionali, agli organi giurisdizionali, di polizia e militari, alle amministrazioni centrali e periferiche dello Stato e alle agenzie fiscali, nonché, limitatamente ai casi in cui l'erogazione si renda necessaria ai fini dello svolgimento dell'attività affidata in concessione, ai concessionari del servizio nazionale della riscossione; su tali forniture non è dovuto all'Automobile Club d'Italia (ACI) alcun rimborso dei costi sostenuti per il collegamento telematico" (40).

42. All'articolo 39, primo comma, del decreto del Presidente della Repubblica 26 ottobre 1972, n. 642, dopo le parole: "rivenditori di generi di monopolio," sono inserite le seguenti: "nonché presso" (41).

42-bis. Con regolamento del direttore generale dell'Amministrazione autonoma dei monopoli di Stato sono stabiliti le condizioni ed i termini per la diretta assegnazione di una rivendita di generi di monopolio ai titolari di ricevitoria del lotto non abbinata ad una rivendita di generi di monopolio, che, per effetto di nuove attivazioni di ricevitorie del lotto presso rivendite di generi di monopolio o trasferimenti di sede delle stesse, si trovino a distanza inferiore ai 200 metri da altra ricevitoria, o comunque, quando, a seguito dell'ampliamento della rete di raccolta, sia intervenuto un significativo mutamento delle condizioni di mercato che abbia determinato una concentrazione eccessiva in relazione alla domanda. La possibilità di assegnazione è estesa, qualora non esercitata dal titolare della ricevitoria, in subordine ai coadiutori od ai parenti entro il quarto grado od agli affini entro il terzo grado. Per l'istituzione delle rivendite di cui al presente comma devono essere rispettati i parametri vigenti di distanza e redditività (42).

42-ter. Le disposizioni contenute nell'articolo 69, quinto comma, del regio decreto 18 novembre 1923, n. 2440, si interpretano nel senso che, successivamente all'istituzione delle agenzie fiscali previste dall'articolo 57, comma 1, del decreto legislativo 30 luglio 1999, n. 300, il potere di cui allo stesso articolo 69, quinto comma, del regio decreto 18 novembre 1923, n. 2440, può essere esercitato anche da tali agenzie e dall'ente pubblico economico Agenzia del demanio (43).

42-quater. Le disposizioni di cui all'articolo 3, comma 3, del decreto-legge 8 luglio 2002, n. 138, convertito, con modificazioni, dalla legge 8 agosto 2002, n. 178, devono intendersi nel senso che non sono dovuti gli oneri di riscossione [(44)].

42-quinquies. All'articolo 13, comma 1, primo periodo, della legge 23 dicembre 1998, n. 448, le parole: "31 dicembre 2005" sono sostituite dalle seguenti: "31 dicembre 2008" [(45)].

42-sexies. Al fine di rendere più efficienti per la finanza pubblica le operazioni di cartolarizzazione di crediti contributivi, nonché in funzione di una riforma organica della contribuzione previdenziale in agricoltura, le disposizioni del comma 42-quinquies non si applicano ai crediti previdenziali agricoli [(46)].

[(1)] *Comma modificato dall'articolo 83, comma 28-septies, del D.L. 25 giugno 2008, n. 112.*
[(2)] *Comma integrato dalla legge 2 dicembre 2005, n. 248, in sede di conversione. Vedi l'articolo 36, comma 4-septies del D.L. 31 dicembre 2007, n. 248.*
[(3)] *Comma modificato dall'articolo 2, comma 1, del D.L. 3 ottobre 2006, n. 262.*
[(4)] *Comma integrato dalla legge 2 dicembre 2005, n. 248, in sede di conversione.*
[(5)] *Comma modificato dalla legge 2 dicembre 2005, n. 248, in sede di conversione.*
[(6)] *Comma modificato dalla legge 2 dicembre 2005, n. 248, in sede di conversione. Vedi, anche, l'articolo 35, commi 25, 26, 26-bis, del D.L. 4 luglio 2006, n. 223.*
[(7)] *Comma inserito dall'articolo 2, comma 4, del D.L. 3 ottobre 2006, n. 262 e successivamente modificato dall'articolo 1, comma 152, lettere a), b), c) e d), della legge 24 dicembre 2007, n. 244.*
[(8)] *Comma inserito dall'articolo 39, comma 5, del D.L. 1 ottobre 2007, n.159.*
[(9)] *Comma integrato dalla legge 2 dicembre 2005, n. 248, in sede di conversione.*
[(10)] *Vedi l'articolo 2, comma 2-septies, del D.L. 25 marzo 2010 n. 40.*
[(11)] *Comma modificato dalla legge 2 dicembre 2005, n. 248, in sede di conversione, successivamente dall'articolo 39 del D.L. 1 ottobre 2007, n.159, dall'articolo 1, comma 12, del D.L.30 dicembre 2009, n. 194, dall'articolo 23, comma 34, lettera a) del D.L. 6 luglio 2011, n. 98, dall'articolo 29, comma 4, del D.L. 29 dicembre 2011, n. 216 e da ultimo dall'articolo 1, comma 530, della Legge 24 dicembre 2012, n. 228.*
[(12)] *Per l'interpretazione di cui al presente comma vedi l'articolo 36, comma 4- quinquies del D.L. 31 dicembre 2007, n. 248.*
[(13)] *Comma modificato dall'articolo 32, comma 3, del D.L. 29 novembre 2008, n. 185.*
[(14)] *Comma modificato dall'articolo 83, comma 28-septies, del D.L. 25 giugno 2008, n. 112, come modificato dalla legge 6 agosto 2008, n. 133, in sede di conversione.*
[(15)] *Comma modificato dalla legge 2 dicembre 2005, n. 248, in sede di conversione.*
[(16)] *Comma modificato dalla legge 2 dicembre 2005, n. 248, in sede di conversione.*
[(17)] *Comma modificato dalla legge 2 dicembre 2005, n. 248, in sede di conversione.*
[(18)] *Comma aggiunto dalla legge 2 dicembre 2005, n. 248, in sede di conversione.*
[(19)] *Comma modificato dalla legge 2 dicembre 2005, n. 248, in sede di conversione e dall'articolo 2, comma 5, del D.L. 3 ottobre 2006, n. 262.*
[(20)] *Comma aggiunto dall'articolo 1, comma 294, della legge 27 dicembre 2006, n. 296.*
[(21)] *Comma modificato dalla legge 2 dicembre 2005, n. 248, in sede di conversione.*
[(22)] *Lettera modificata dall'articolo 38, comma 10, del D.L. 31 maggio 2010, n. 78.*
[(23)] *Comma modificato dall'articolo 1, comma 1, del D.L. 29 dicembre 2010, n. 225, che ha sostituito il termine di scadenza del 31 dicembre 2010, di cui al presente comma, al 31 marzo 2011. Successivamente, a norma dell'articolo 1, comma 1, del D.P.C.M. 25 marzo 2011, il termine di scadenza di cui al presente comma, dichiarato precedentemente fino al 31 marzo 2011, è prorogato fino al 31 dicembre 2011. Infine, a norma dell'articolo 10, comma 13-novies, del D.L. 6 dicembre 2011, n. 201, il termine di scadenza di cui al presente comma, è prorogato al 31 dicembre 2012. A norma dell'articolo 9, comma 4, del D.L. 10 ottobre 2012, n. 174 il termine di cui al presente comma è stabilito al 30 giugno 2013. Per l'ulteriore proroga del termine di cui al presente comma vedi l'articolo 7, comma 7, del D.L. 19 giugno 2015, n. 78, convertito, con modificazioni, dalla Legge 6 agosto 2015, n. 125.*
[(24)] *Comma modificato dalla legge 2 dicembre 2005, n. 248, in sede di conversione.*
[(25)] *Comma modificato dall'articolo 1, comma 1, del D.L. 29 dicembre 2010, n. 225, che ha sostituito il termine di scadenza del 31 dicembre 2010, di cui al presente comma, al 31 marzo 2011. Successivamente, a norma dell'articolo 1, comma 1, del D.P.C.M. 25 marzo 2011, il termine di scadenza di cui al presente comma, dichiarato precedentemente fino al 31 marzo 2011, è prorogato fino al 31 dicembre 2011. Infine, a norma dell'articolo 10, comma 13-novies, del D.L. 6 dicembre 2011, n. 201, il termine di scadenza di cui al presente comma, è prorogato al 31 dicembre 2012. A norma dell'articolo 9, comma 4, del D.L. 10 ottobre 2012, n. 174 il termine di cui al presente comma è stabilito al 30 giugno 2013. Per l'ulteriore proroga del termine di cui al presente comma vedi l'articolo 7, comma 7, del D.L. 19 giugno 2015, n. 78, convertito, con modificazioni, dalla Legge 6 agosto 2015, n. 125.*
[(26)] *Comma aggiunto dalla legge 2 dicembre 2005, n. 248, in sede di conversione e modificato dall'articolo 1, comma 6-quater, del D.L. 25 marzo 2010 n. 40.*
[(27)] *Comma modificato dall'articolo 1, comma 1, del D.L. 29 dicembre 2010, n. 225, che ha sostituito il termine di scadenza del 1° gennaio 2011, di cui al presente comma, al 31 marzo 2011. Successivamente, a norma dell'articolo 1, comma 1, del D.P.C.M. 25 marzo 2011, il termine di scadenza di cui al presente comma, dichiarato precedentemente fino al 31 marzo 2011, è prorogato fino al 31 dicembre 2011. Infine, a norma dell'articolo 10, comma 13-novies, del D.L. 6 dicembre 2011, n. 201, il termine di scadenza di cui al presente comma, è prorogato al 31 dicembre 2012. A norma dell'articolo 9, comma 4, del D.L. 10 ottobre 2012, n. 174 il termine di cui al presente comma è stabilito al 30 giugno 2013. Per l'ulteriore proroga del termine di cui al presente comma vedi l'articolo 7, comma 7, del D.L. 19 giugno 2015, n. 78, convertito, con modificazioni, dalla Legge 6 agosto 2015, n. 125.*
[(28)] *Comma inserito dall'articolo 1, comma 468, della legge 23 dicembre 2005, n. 266.*
[(29)] *Comma modificato dall'articolo 2, comma 12, del D.L. 3 ottobre 2006, n. 262.*
[(30)] *Comma integrato dalla legge 2 dicembre 2005, n. 248, in sede di conversione.*
[(31)] *Comma modificato dalla legge 2 dicembre 2005, n. 248, in sede di conversione.*
[(32)] *Comma modificato dalla legge 2 dicembre 2005, n. 248, in sede di conversione.*
[(33)] *Comma aggiunto dall'articolo 1, comma 153, della legge 24 dicembre 2007, n. 244.*
[(34)] *Lettera aggiunta dalla legge 2 dicembre 2005, n. 248, in sede di conversione.*
[(35)] *Numero modificato dalla legge 2 dicembre 2005, n. 248, in sede di conversione.*
[(36)] *Lettera modificata dalla legge 2 dicembre 2005, n. 248, in sede di conversione.*
[(37)] *Lettera modificata dalla legge 2 dicembre 2005, n. 248, in sede di conversione.*
[(38)] *Lettera aggiunta dalla legge 2 dicembre 2005, n. 248, in sede di conversione.*
[(39)] *Lettera aggiunta dalla legge 2 dicembre 2005, n. 248, in sede di conversione.*
[(40)] *Comma aggiunto dalla legge 2 dicembre 2005, n. 248, in sede di conversione.*
[(41)] *Comma sostituito dalla legge 2 dicembre 2005, n. 248, in sede di conversione.*
[(42)] *Comma aggiunto dalla legge 2 dicembre 2005, n. 248, in sede di conversione.*
[(43)] *Comma aggiunto dalla legge 2 dicembre 2005, n. 248, in sede di conversione.*
[(44)] *Comma aggiunto dalla legge 2 dicembre 2005, n. 248, in sede di conversione.*
[(45)] *Comma aggiunto dalla legge 2 dicembre 2005, n. 248, in sede di conversione.*
[(46)] *Comma aggiunto dalla legge 2 dicembre 2005, n. 248, in sede di conversione.*
[(47)] *A norma dell'articolo 76, comma 2, del D.L. 25 maggio 2021, n. 73, non ancora convertito in Legge, a decorrere dal 1° ottobre 2021, le parole ", relativamente alle entrate non spettanti a quest'ultima," e le parole ", con riferimento alle predette entrate," sono soppresse.*

3 *bis*. Disposizioni in materia di giustizia tributaria. [(1)] – 1. All'articolo 2 del decreto legislativo 31 dicembre 1992, n. 546, sono apportate le seguenti modificazioni:

a) al comma 1, dopo le parole: "tributi di ogni genere e specie" sono inserite le seguenti: «comunque denominati»;

b) al comma 2, è aggiunto il seguente periodo: "Appartengono alla giurisdizione tributaria anche le controversie relative alla debenza del canone per l'occupazione di spazi ed aree pubbliche previsto dall'articolo 63 del decreto legislativo 15 dicembre 1997, n. 446, e successive modificazioni, e del canone per lo scarico e la depurazione delle acque reflue e per lo smaltimento dei rifiuti urbani, nonché le controversie attinenti l'imposta o il canone comunale sulla pubblicità e il diritto sulle pubbliche affissioni".

2. L'articolo 11 del decreto legislativo 31 dicembre 1992, n. 545, e successive modificazioni, è sostituito dal seguente:

"Art. 11 (Durata dell'incarico e assegnazione degli incarichi per trasferimento). - 1. La nomina a una delle funzioni dei componenti delle commissioni tributarie provinciali e regionali non costituisce in nessun caso rapporto di pubblico impiego.

2. I componenti delle commissioni tributarie provinciali e regionali, indipendentemente dalle funzioni svolte, cessano dall'incarico, in ogni caso, al compimento del settantacinquesimo anno di età.

3. I presidenti di sezione, i vice presidenti e i componenti delle commissioni tributarie provinciali e regionali non possono essere assegnati alla stessa sezione della medesima commissione per più di cinque anni consecutivi.

4. L'assegnazione di diverso incarico o del medesimo incarico per trasferimento dei componenti delle commissioni tributarie in servizio è disposta nel rispetto dei seguenti criteri:

a) la vacanza dei posti di presidente, di presidente di sezione, di vice presidente e di componenti delle commissioni tributarie provinciali e regionali è annunciata dal Consiglio di presidenza e portata a conoscenza di tutti i componenti delle commissioni tributarie in servizio, a prescindere dalle funzioni svolte, con indicazione del termine entro il quale i componenti che aspirano all'incarico devono presentare domanda;

b) alla nomina in ciascuno degli incarichi di cui alla lettera a) si procede in conformità a quanto previsto dall'articolo 9, commi 1, 2, 3 e 6. La scelta tra gli aspiranti è fatta dal Consiglio di presidenza secondo i criteri di valutazione ed i punteggi di cui alle tabelle E e F, risultanti dall'applicazione delle disposizioni di cui all'articolo 44-ter, allegate al presente decreto, tenendo conto delle attitudini, della laboriosità e della diligenza di ciascuno di essi e, nel caso di parità di punteggio, della maggiore anzianità di età;

c) i componenti delle commissioni tributarie, indipendentemente dalla funzione o dall'incarico svolti, non possono concorrere all'assegnazione di altri incarichi prima di due anni dal giorno in cui sono stati immessi nelle funzioni dell'incarico ricoperto.

5. Per la copertura dei posti rimasti vacanti dopo l'espletamento dei concorsi di cui al comma 4, si applica il procedimento previsto dall'articolo 9, riservato a coloro che aspirano, per la prima volta, a un incarico nelle commissioni tributarie provinciali e regionali".

3. All'articolo 7, comma 1, del decreto legislativo 31 dicembre 1992, n. 545, la lettera d) è sostituita dalla seguente:

"d) non avere superato, alla data di scadenza del termine stabilito nel bando di concorso per la presentazione della domanda di ammissione, settantadue anni di età;".

4. All'articolo 44, comma 1, del decreto legislativo 31 dicembre 1992, n. 545, le parole: "fino alla cessazione della sua attività" sono sostituite dalle seguenti: "fino alla cessazione dell'attività di tale organo, a partire da tale data entrano a far parte dell'ordinamento giudiziario tributario e".

5. All'articolo 7 del decreto legislativo 31 dicembre 1992, n. 546, il comma 3 è abrogato.

6. All'articolo 22, comma 1, del decreto legislativo 31 dicembre 1992, n. 546, dopo le parole: "commissione tributaria adita," sono inserite le seguenti: "o trasmette a mezzo posta, in plico raccomandato senza busta con avviso di ricevimento,".

7. All'articolo 53, comma 2, del decreto legislativo 31 dicembre 1992, n. 546, è aggiunto, in fine, il seguente periodo: "Ove il ricorso non sia notificato a mezzo di ufficiale giudiziario, l'appellante deve, a pena d'inammissibilità, depositare copia dell'appello presso l'ufficio di segreteria della commissione tributaria che ha pronunciato la sentenza impugnata".

8. Dall'attuazione delle disposizioni del presente articolo non devono derivare nuovi o maggiori oneri per la finanza pubblica.

9. All'articolo 12 del decreto legislativo 31 dicembre 1992, n. 546, in materia di assistenza tecnica dinanzi alle commissioni tributarie, sono apportate le seguenti modificazioni:

a) al comma 2, il primo periodo è sostituito dal seguente: "Sono abilitati all'assistenza tecnica dinanzi alle commissioni tributarie, se iscritti nei relativi albi professionali, gli avvocati, i dottori commercialisti, i ragionieri e i periti commerciali, nonché i consulenti del lavoro purché non dipendenti dall'amministrazione pubblica";

b) al comma 2, secondo periodo, le parole: "i consulenti del lavoro, per le materie concernenti le ritenute alla fonte sui redditi di lavoro dipendente ed assimilati e gli obblighi di sostituto di imposta relativi alle ritenute medesime," sono soppresse.

10. All'articolo 2 della legge 11 gennaio 1979, n. 12, dopo il primo comma è inserito il seguente: "I consulenti del lavoro svolgono l'assistenza fiscale nei confronti dei contribuenti non titolari di reddito autonomo e di impresa, di cui all'articolo 34, comma 4, del decreto legislativo 9 luglio 1997, n. 241".

(1) *Articolo inserito dalla legge 2 dicembre 2005, n. 248, in sede di conversione.*

3 *ter*. Differimento di termine.(1) – 1. All'articolo 14-quinquies, comma 1, del decreto-legge 30 giugno 2005, n. 115, convertito, con modificazioni, dalla legge 17 agosto 2005, n. 168, le parole: "31 ottobre 2005" sono sostituite dalle seguenti: "15 dicembre 2005".

(1) *Articolo inserito dalla legge 2 dicembre 2005, n. 248, in sede di conversione.*

TITOLO III
Perequazione delle basi imponibili, interventi per l'utilizzo di gpl e metano per autotrazione e disposizioni concernenti l'ANAS S.p.A. (1)

(1) *Rubrica modificata dalla legge 2 dicembre 2005, n. 248, in sede di conversione.*

4. Ambito di applicazione. – 1. In anticipazione del

disegno di perequazione delle basi imponibili contenuto nella legge finanziaria per l'anno 2006, operano le disposizioni del presente titolo.

5. Plusvalenze finanziarie delle società. – 1. Al testo unico delle imposte sui redditi di cui al decreto del Presidente della Repubblica 22 dicembre 1986, n. 917, sono apportate le seguenti modificazioni:

a) all'articolo 64, il comma 1 è sostituito dal seguente: "1.Le minusvalenze realizzate relative a partecipazioni con i requisiti di cui all'articolo 87, comma 1, lettere b), c) e d), possedute ininterrottamente dal primo giorno del dodicesimo mese precedente quello dell'avvenuta cessione, considerando cedute per prime le azioni o quote acquisite in data più recente, ed i costi specificamente inerenti al realizzo di tali partecipazioni, sono indeducibili in misura corrispondente alla percentuale di cui all'articolo 58, comma 2." [1];

b) all'articolo 87, comma 1, nell'alinea, dopo le parole: «Non concorrono alla formazione del reddito imponibile in quanto esenti» sono inserite le seguenti: «nella misura del 91 per cento, e dell'84 per cento a decorrere dal 2007»; nello stesso comma, lettera a), la parola: «dodicesimo» è sostituita dalla seguente: «diciottesimo» [2];

c) all'articolo 97, dopo il comma 1, è inserito il seguente: «1-bis. Agli effetti del comma 1, il requisito di cui all'articolo 87, comma 1, lettera a), si intende conseguito qualora le partecipazioni siano possedute ininterrottamente dal primo giorno del dodicesimo mese precedente quello della fine del periodo d'imposta.» [3];

d) all'articolo 101, dopo il comma 1, è inserito il seguente: «1-bis. Per i beni di cui all'articolo 87, fermi restando i requisiti ivi previsti al comma 1, lettere b), c) e d), l'applicazione del comma 1 del presente articolo è subordinata all'ininterrotto possesso dal primo giorno del dodicesimo mese precedente quello dell'avvenuta cessione, considerando cedute per prime le azioni o quote acquisite in data più recente.» [4].

2. A decorrere dal 1° gennaio 2007 i commi da 171 a 184 dell'articolo 3 della legge 23 dicembre 1996, n. 662, sono abrogati [5].

3. Le disposizioni di cui al comma 1 hanno effetto per le cessioni effettuate a decorrere dalla data di entrata in vigore del presente decreto.

3-bis. Alla Regione siciliana per la definizione dei rapporti finanziari pregressi riferiti al periodo 2002-2004 sono attribuiti, a titolo di acconto a valere sulle spettanze relative alle imposte sulle assicurazioni Rc auto, derivanti dalla sentenza della Corte costituzionale n. 306 del 13 ottobre 2004, contributi quindicennali di 10 milioni di euro a decorrere dall'anno 2006, di 40 milioni di euro dal 2007 e di ulteriori 36 milioni di euro dal 2008 [6].

3-ter. In attuazione dell'articolo 38 dello statuto della Regione siciliana, di cui al regio decreto legislativo 15 maggio 1946, n. 455, convertito dalla legge costituzionale 26 febbraio 1948, n. 2, è corrisposto alla Regione, a titolo di contributo di solidarietà nazionale per l'anno 2008, un contributo quindicennale di 10 milioni di euro annui a decorrere dallo stesso anno 2008. L'erogazione dei predetti contributi è subordinata alla redazione di un piano economico degli investimenti, che la Regione siciliana è tenuta a realizzare, finalizzato all'aumento del rapporto tra PIL regionale e PIL nazionale [7][8].

[1] Lettera modificata dalla legge 2 dicembre 2005, n. 248, in sede di conversione.
[2] Lettera modificata dalla legge 2 dicembre 2005, n. 248, in sede di conversione.
[3] Lettera modificata dalla legge 2 dicembre 2005, n. 248, in sede di conversione.
[4] Lettera modificata dalla legge 2 dicembre 2005, n. 248, in sede di conversione.
[5] Comma sostituito dalla legge 2 dicembre 2005, n. 248, in sede di conversione.
[6] Comma aggiunto dalla legge 2 dicembre 2005, n. 248, in sede di conversione.
[7] Comma aggiunto dalla legge 2 dicembre 2005, n. 248, in sede di conversione.
[8] Per la riduzione dell'autorizzazione di spesa di cui al presente comma vedi l'articolo 11, comma 3, lettera d), del D.L. 8 aprile 2013, n. 35, convertito, con modificazioni, dalla Legge 6 giugno 2013, n. 64.

5 *bis*. Ammortamento dell'avviamento.[1] – 1. All'articolo 103, comma 3, del testo unico delle imposte sui redditi di cui al decreto del Presidente della Repubblica 22 dicembre 1986, n. 917, le parole: "un decimo" sono sostituite dalle seguenti: "un ventesimo".

2. La disposizione del comma 1 si applica a decorrere dal periodo d'imposta in corso alla data di entrata in vigore della legge di conversione del presente decreto, anche con riferimento alle residue quote di ammortamento del valore di avviamento iscritto in periodi di imposta precedenti.

[1] Articolo inserito dalla legge 2 dicembre 2005, n. 248, in sede di conversione.

5 *ter*. Durata del contratto di leasing immobiliare.[1] – 1. All'articolo 102, comma 7, primo periodo, del testo unico delle imposte sui redditi, di cui al decreto del Presidente della Repubblica 22 dicembre 1986, n. 917, le parole da: "a otto anni" fino alla fine del periodo sono sostituite dalle seguenti: "alla metà del periodo di ammortamento corrispondente al coefficiente stabilito a norma del comma 2, in relazione all'attività esercitata dall'impresa stessa, se il contratto ha per oggetto beni mobili, e comunque con un minimo di otto anni ed un massimo di quindici anni se lo stesso ha per oggetto beni immobili".

2. La disposizione di cui al comma 1 trova applicazione relativamente ai contratti di locazione finanziaria stipulati successivamente alla data di entrata in vigore della legge di conversione del presente decreto.

[1] Articolo inserito dalla legge 2 dicembre 2005, n. 248, in sede di conversione.

5 *quater*. Modifica all'articolo 65 della legge 27 dicembre 2002, n. 289[1]. – 1. Il comma 2 dell'articolo 65 della legge 27 dicembre 2002, n. 289, è sostituito dal seguente: "2. A decorrere dal periodo di imposta in corso alla data del concambio, la perdita conseguente alla minusvalenza patrimoniale di cui al predetto concambio, nonché le perdite relative ai due periodi d'imposta successivi, sono computabili in diminuzione, anche in deroga al limite temporale previsto dal comma 1 dell'articolo 84del testo unico delle imposte sui redditi, di cui al decreto del Presidente della Repubblica 22 dicembre 1986, n. 917, fino a concorrenza del 50 per cento dei redditi imponibili del periodo d'imposta in corso alla data del 31 dicembre 2005 e di quelli successivi.".

[1] Articolo inserito dalla legge 2 dicembre 2005, n. 248, in sede di conversione.

5 *quinquies*. Indeducibilità di minusvalenze su dividendi non tassati[1]. – 1. All'articolo 109 del testo unico delle imposte sui redditi, di cui al decreto del Presidente della Repubblica 22 dicembre 1986, n. 917, dopo il comma 3, sono inseriti i seguenti:

"3-bis. Le minusvalenze realizzate ai sensi dell'articolo 101 sulle azioni, quote e strumenti finanziari similari alle azioni che non possiedono i requisiti di cui all'articolo 87 non rilevano fino a concorrenza dell'importo non imponibile dei dividendi, ovvero dei loro acconti, percepiti nei trentasei mesi precedenti il realizzo. Tale disposizione si applica anche alle differenze negative tra i ricavi dei beni di cui all'articolo 85, comma 1, lettere c) e d), e i relativi costi.

3-ter. Le disposizioni del comma 3-bis si applicano con riferimento alle azioni, quote e strumenti finanziari similari alle azioni acquisite nei trentasei mesi precedenti il realizzo, sempre che soddisfino i requisiti per l'esenzione di cui alle lettere c) e d) del comma 1 dell'articolo 87.

3-quater. Resta ferma l'applicazione dell'articolo 37-bis del decreto del Presidente della Repubblica 29 settembre 1973, n. 600, anche con riferimento ai differenziali negativi di natura finanziaria derivanti da operazioni iniziate nel periodo d'imposta o in quello precedente sulle azioni, quote e strumenti finanziari similari alle azioni di cui al comma 3-bis.".

2. Le disposizioni di cui al comma 1 si applicano alle minusvalenze e alle differenze negative realizzate a decorrere dal 1° gennaio 2006.

3. Relativamente alle minusvalenze e alle differenze negative di cui al comma 1, di ammontare superiore a 50.000 euro, derivanti da operazioni su azioni o altri titoli negoziati, anche a seguito di più operazioni, in mercati regolamentati italiani o esteri e realizzate a decorrere dal periodo d'imposta cui si applicano le disposizioni del decreto legislativo 12 dicembre 2003, n. 344, il contribuente comunica all'Agenzia delle entrate i dati e le notizie necessari al fine di consentire l'accertamento della conformità delle relative operazioni alle disposizioni dell'articolo 37-bis del decreto del Presidente della Repubblica 29 settembre 1973, n. 600. Con provvedimento del direttore dell'Agenzia delle entrate sono stabiliti i dati e le notizie oggetto delle comunicazioni, nonché le procedure e i termini delle stesse.[In caso di comunicazione omessa, incompleta o infedele, la minusvalenza e la differenza negativa realizzata sono fiscalmente indeducibili] [2].

4. Ai fini del versamento degli acconti delle imposte sui redditi e dell'imposta regionale sulle attività produttive relativi al periodo di imposta che ha inizio a decorrere dal 1° gennaio 2006, gli acconti sono calcolati assumendo come imposte del periodo precedente quelle che si sarebbero determinate tenendo conto delle disposizioni del presente articolo.

[1] *Articolo inserito dalla legge 2 dicembre 2005, n. 248, in sede di conversione.*
[2] *Comma modificato dall'articolo 11, comma 2, del D.L. 2 marzo 2012, n. 16.*

5 *sexies*. Interventi in favore dell'utilizzo di GPL e metano per autotrazione[1]. – 1. Per gli interventi finalizzati a promuovere l'utilizzo di GPL e metano per autotrazione, di cui all'articolo 1, comma 2, del decreto-legge 25 settembre 1997, n. 324, convertito, con modificazioni, dalla legge 25 novembre 1997, n. 403, e successive modificazioni, è autorizzata la spesa di 40 milioni di euro per l'anno 2005.

2. Dopo il comma 2 dell'articolo 1 del decreto-legge 25 settembre 1997, n. 324, convertito, con modificazioni, dalla legge 25 novembre 1997, n. 403, sono inseriti i seguenti: "2-bis. L'importo delle agevolazioni per l'installazione di impianti di alimentazione a metano o a GPL può essere recuperato, mediante credito d'imposta di cui all'articolo 29 del decreto-legge 31 dicembre 1996, n. 669, convertito, con modificazioni, dalla legge 28 febbraio 1997, n. 30, dall'interessato alla filiera di settore, secondo modalità che verranno definite con accordo di programma tra il Ministero delle attività produttive e le associazioni di settore maggiormente rappresentative, ai sensi del regolamento di cui al decreto del Ministro delle attività produttive 2 luglio 2003, n. 183.

2-ter. il credito d'imposta è utilizzabile esclusivamente in compensazione ai sensi del decreto legislativo 9 luglio 1997, n. 241, successivamente alla comunicazione di avvenuto riconoscimento del contributo. Il credito d'imposta non è rimborsabile, non concorre alla formazione del valore della produzione netta di cui al decreto legislativo 15 dicembre 1997, n. 446, né dell'imponibile agli effetti delle imposte sui redditi e non rileva ai fini del rapporto di cui all'articolo 96 del testo unico delle imposte sui redditi, di cui al decreto del Presidente della Repubblica 22 dicembre 1986, n. 917.".

3. Il Ministero delle attività produttive, raggiunto il limite dell'80 per cento degli stanziamenti disponibili, pubblica un avviso nella Gazzetta Ufficiale indicando la data di sospensione degli interventi finalizzati a promuovere l'utilizzo di GPL e metano per autotrazione.

4. L'efficacia delle disposizioni del presente articolo decorre dalla data di entrata in vigore del decreto del Ministro delle attività produttive, emanato di concerto con il Ministro dell'economia e delle finanze, che stabilisce le modalità di fruizione del credito d'imposta di cui ai commi 2-bis e 2-ter dell'articolo 1 del decreto-legge 25 settembre 1997, n. 324, convertito, con modificazioni, dalla legge 25 novembre 1997, n. 403, introdotti dal comma 2 del presente articolo, secondo i contenuti dell'accordo di programma ivi indicato.

5. All'onere derivante dall'attuazione del presente articolo, pari a 40 milioni di euro per l'anno 2005, si provvede a valere sulle maggiori entrate derivanti dal presente decreto.

6. Il Ministro dell'economia e delle finanze è autorizzato ad apportare, con propri decreti, le occorrenti variazioni di bilancio.

[1] *Articolo inserito dalla legge 2 dicembre 2005, n. 248, in sede di conversione.*

6. Banche ed assicurazioni. – 1. All'articolo 7, comma 1, del decreto legislativo 15 dicembre 1997, n. 446, è aggiunto, in fine, il seguente periodo: «Non si tiene conto delle svalutazioni, delle riprese di valore e degli accantonamenti effettuati ai sensi dell'articolo 16, comma 9, ultimo periodo, del decreto legislativo 26 maggio 1997, n. 173.».

2. All'articolo 111 del testo unico delle imposte sui redditi, di cui al decreto del Presidente della Repubblica 22 dicembre 1986, n. 917, al comma 3 le parole: «in misura pari al 90 per cento» sono sostituite dalle seguenti: «in misura pari al 60 per cento».

3. All'articolo 106, comma 3, del testo unico delle imposte sui redditi, di cui al decreto del Presidente della Repubblica

22 dicembre 1986, n. 917, le parole: «0,60 per cento», ovunque ricorrano, sono sostituite dalle seguenti: «0,40 per cento».

4. Le disposizioni del presente articolo si applicano a decorrere dal periodo d'imposta in corso alla data di entrata in vigore del presente decreto.

6 *bis*. Tassa sui contratti di borsa [(1)(2)] – 1. Le società di gestione del risparmio possono corrispondere la tassa sui contratti di borsa in modo virtuale con le modalità da stabilirsi con decreto del Ministro dell'economia e delle finanze.

(1) *Articolo inserito dalla legge 2 dicembre 2005, n. 248, in sede di conversione.*
(2) *Per la soppressione della tassa sui contratti vedi l'articolo 37 del D.L 31 dicembre 2007, n. 248.*

6 *ter*. Disposizioni concernenti l'ANAS S.p.a. [(1)] – 1. All'articolo 7 del decreto-legge 8 luglio 2002, n. 138, convertito, con modificazioni, dalla legge 8 agosto 2002, n. 178, sono apportate le seguenti modifiche:

a) il comma 1-bis è abrogato;

b) al comma 1-quater, nel primo periodo, le parole: "alla somma del valore netto della rete autostradale e stradale nazionale di cui al comma 1-bis e del" sono sostituite dalla seguente: "al" e il secondo periodo è soppresso;

c) al comma 1-quinquies, le parole: "La riscossione delle entrate derivanti dall'utilizzazione dei beni demaniali trasferiti all'ANAS S.p.a., ai sensi del comma 1-bis" sono sostituite dalle seguenti: "Sono di competenza dell'ANAS S.p.a. le entrate derivanti dall'utilizzazione dei beni demaniali relativamente ai quali esercita i diritti ed i poteri dell'ente proprietario in virtù della concessione di cui al comma 2, la cui riscossione";

d) al comma 4, sono aggiunte, in fine, le seguenti parole: "anche tenendo conto delle diverse caratteristiche economiche e tecniche della rete stradale, nonché i relativi contratti di servizio";

e) dopo il comma 5, è inserito il seguente:

"5-bis. L'ANAS S.p.a., in conformità con l'atto di indirizzo adottato, entro trenta giorni dalla data di entrata in vigore della presente disposizione, dal Ministro delle infrastrutture e dei trasporti, di concerto con il Ministro dell'economia e delle finanze, può subconcedere ad una o più società da essa costituite i compiti ad essa affidati di cui all'articolo 2, comma 1, lettere a), b) e c), del decreto legislativo 26 febbraio 1994, n. 143, relativamente a talune tratte stradali o autostradali assoggettate o assoggettabili a pedaggio reale o figurativo. La società subconcessionarie, cui saranno trasferite le pertinenti organizzazioni aziendali, saranno tenute nei confronti dell'ANAS S.p.a. agli stessi obblighi e condizioni assunti dall'ANAS S.p.a. nei confronti del Ministero delle infrastrutture e dei trasporti per i medesimi compiti, restando l'ANAS S.p.a., comunque responsabile del loro adempimento nei confronti del Ministero concedente";

f) il comma 6 è sostituito dal seguente:

"6. Le azioni sono attribuite al Ministero dell'economia e delle finanze, che esercita i diritti dell'azionista di concerto con il Ministero delle infrastrutture e dei trasporti".

2. Al Ministero delle infrastrutture e dei trasporti sono attribuite le seguenti funzioni:

a) programmazione decennale degli interventi di progressivo miglioramento, adeguamento e implementazione della rete delle strade e autostrade statali, della relativa segnaletica e dei relativi servizi accessori;

b) programmazione triennale attuativa della lettera a);

c) individuazione delle misure di carattere generale di miglioramento della sicurezza del traffico e della segnaletica.

3. Il Ministro delle infrastrutture e dei trasporti, nell'atto di indirizzo di cui al comma 4, può prevedere di esercitare tali funzioni avvalendosi del supporto delle strutture appartenenti all'ANAS S.p.a. In tale caso l'ANAS S.p.a. conferisce ad una società da essa costituita il ramo d'azienda relativo alle attività di cui al comma 2. Contestualmente al conferimento, le azioni di tale società sono trasferite a titolo gratuito al Ministero dell'economia e delle finanze, che esercita i diritti dell'azionista di concerto con il Ministero delle infrastrutture e dei trasporti. Le attività di questa società sono svolte sulla base di un contratto di servizio stipulato con il Ministero delle infrastrutture e dei trasporti, di concerto con il Ministero dell'economia e delle finanze per quanto attiene agli aspetti finanziari. Ai corrispettivi previsti nel contratto di servizio si fa fronte tramite una corrispondente riduzione dei trasferimenti all'ANAS S.p.a.

[4. Con atto di indirizzo del Ministro delle infrastrutture e dei trasporti, di concerto con il Ministro dell'economia e delle finanze, adottato entro trenta giorni dalla data di entrata in vigore della legge di conversione del presente decreto, sono individuate le tratte stradali ed autostradali di cui al comma 1, lettera e), sono disciplinate le modalità con cui l'ANAS S.p.a. procede alla gestione o alla cessione della partecipazione, ovvero della partecipazione di maggioranza, delle società subconcessionarie di cui al medesimo comma 1, lettera e), delle tratte stradali e autostradali assoggettate a pedaggi reali o virtuali. Con il medesimo atto di indirizzo sono individuate le modalità di gestione e dell'eventuale trasferimento, anche a società all'uopo costituita, delle partecipazioni già possedute dall'ANAS S.p.a. in società concessionarie autostradali, ivi comprese le modalità di designazione degli organi sociali in sede di costituzione delle nuove società di cui al comma 1, lettera e).] [(2)]

[5. Lo Stato definanzia per un importo pari agli introiti netti derivanti dalle cessioni di cui al comma 4 i trasferimenti attualmente previsti per l'ANAS S.p.a. ed iscritti nello stato di previsione del Ministero dell'economia e delle finanze.] [(3)]

(1) *Articolo inserito dalla legge 2 dicembre 2005, n. 248, in sede di conversione.*
(2) *Comma abrogato dall'articolo 1, comma 1024, della legge 27 dicembre 2006, n. 296*
(3) *Comma abrogato dall'articolo 1, comma 1024, della legge 27 dicembre 2006, n. 296*

7. Immobili di proprietà delle imprese. [(1)] – 1. Al testo unico delle imposte sui redditi, di cui al decreto del Presidente della Repubblica 22 dicembre 1986, n. 917, sono apportate le seguenti modificazioni:

a) nell'articolo 90, comma 1, è aggiunto, in fine, il seguente periodo: «In caso di immobili locati, qualora il canone risultante dal contratto di locazione ridotto, fino ad un massimo del 15 per cento del canone medesimo, dell'importo delle spese documentate sostenute ed effettivamente rimaste a carico per la realizzazione degli interventi di cui alla lettera

RISCOSSIONE

a) del comma 1 dell'articolo 3 del decreto del Presidente della Repubblica 6 giugno 2001, n. 380, risulti superiore al reddito medio ordinario dell'unità immobiliare, il reddito è determinato in misura pari a quella del canone di locazione al netto di tale riduzione.»;

b) nell'articolo 144, comma 1, è aggiunto, in fine, il seguente periodo: «Per i redditi derivanti da immobili locati non relativi all'impresa si applicano comunque le disposizioni dell'articolo 90, comma 1, ultimo periodo.».

1-bis. La disposizione di cui al secondo periodo del comma 7 dell'articolo 8 della legge 23 dicembre 2000, n. 388, si interpreta nel senso che gli immobili strumentali per natura, ai sensi dell'articolo 43, comma 2, secondo periodo, del testo unico delle imposte sui redditi, di cui al decreto del Presidente della Repubblica 22 dicembre 1986, n. 917, i quali costituiscono un complesso immobiliare unitario polifunzionale destinato allo svolgimento di attività commerciale, qualora siano locati a terzi, non si intendono destinati a struttura produttiva diversa, a condizione che gli stessi vengano destinati allo svolgimento di attività d'impresa ai sensi dell'articolo 55 del citato testo unico (2).

2. Le disposizioni di cui al comma 1, lettere a) e b), del presente articolo si applicano a decorrere dal periodo d'imposta in corso alla data di entrata in vigore del presente decreto (3).

[2-bis. L'esenzione disposta dall'articolo 7, comma 1, lettera i), del decreto legislativo 30 dicembre 1992, n. 504, si intende applicabile alle attività indicate nella medesima lettera che non abbiano esclusivamente natura commerciale.] (4)

(1) *Rubrica modificata dalla legge 2 dicembre 2005, n. 248, in sede di conversione.*
(2) *Comma inserito dalla legge 2 dicembre 2005, n. 248, in sede di conversione.*
(3) *Comma modificato dalla legge 2 dicembre 2005, n. 248, in sede di conversione.*
(4) *Comma inserito dalla legge 2 dicembre 2005, n. 248, in sede di conversione, modificato dall'articolo 1, comma 133, della legge 23 dicembre 2005, n. 266, successivamente sostituito dall'articolo 39 del D.L. 4 luglio 2006, n. 223 e da ultimo abrogato dall'articolo 91-bis, comma 4, del D.L. 24 gennaio 2012, n. 1.*

7 *bis*. Disposizioni in materia di unità immobiliari degli enti previdenziali.(1) – 1. Sono estesi i diritti di opzione, di prelazione, di garanzia e di prezzo, di cui all'articolo 3 del decreto-legge 25 settembre 2001, n. 351, convertito, con modificazioni, dalla legge 23 novembre 2001, n. 410, agli occupanti delle unità immobiliari ad uso residenziale degli enti previdenziali di cui al medesimo decreto che erano privi del titolo alla data di entrata in vigore del medesimo, ed ai conduttori in base ad assegnazione irregolare avvenuta entro la stessa data, purché essi risultino in possesso dei requisiti previsti dalla vigente normativa sulle assegnazioni degli alloggi di enti pubblici e provvedano al pagamento dell'indennità di occupazione, nella misura equivalente al canone di locazione determinato ai sensi di legge dalla data di inizio dell'occupazione, ed al rimborso degli oneri accessori dovuti per il medesimo periodo, nonché alla rinunzia ai giudizi eventualmente pendenti (2).

2. Gli enti previdenziali pubblici di cui all'articolo 1, comma 1, del decreto legislativo 16 febbraio 1996, n. 104, sono autorizzati a definire bonariamente la posizione debitoria dei conduttori degli immobili ad uso abitativo di cui al comma 1, maturata al 30 dicembre 2004, purché detti conduttori, previa formale rinuncia a qualsiasi azione, eccezione o pretesa, versino in un'unica soluzione e senza interessi l'80 per cento delle somme risultanti a loro debito dalle scritture contabili a titolo di morosità locativa per canone ed oneri accessori.

3. Sono esclusi dal dispositivo del presente articolo i soggetti la cui condotta integri ipotesi di reato diverse dalla descritta occupazione abusiva.

(1) *Articolo inserito dalla legge 2 dicembre 2005, n. 248, in sede di conversione.*
(2) *Vedi quanto disposto dall'articolo 3, comma 20-bis, del D.L. 25 settembre 2001, n. 351, come modificato dall'articolo 20, comma 4, lettera c-bis) del D.L. 13 settembre 2014, n. 133, convertito, con modificazioni, dalla Legge 11 novembre 2014 n. 164.*

7 *ter*. Privatizzazione di enti e aziende delle regioni.(1) – 1. All'articolo 115 del testo unico di cui al decreto legislativo 18 agosto 2000, n. 267, e successive modificazioni, è aggiunto, in fine, il seguente comma:

"7-ter. Alla privatizzazione di enti ed aziende delle regioni a statuto ordinario e ad autonomia speciale, fermo restando quanto stabilito dalla legislazione regionale in materia, si applicano le disposizioni di cui ai precedenti commi. Delle obbligazioni sorte anteriormente alla costituzione delle società di capitali di cui al comma 1 rispondono in ogni caso le regioni."

(1) *Articolo inserito dalla legge 2 dicembre 2005, n. 248, in sede di conversione.*

7 *quater*. Rappresentanza presso gli uffici dell'amministrazione.(1) – 1. All'articolo 63, secondo comma, terzo periodo, del decreto del Presidente della Repubblica 29 settembre 1973, n. 600, e successive modificazioni, dopo le parole: "nell'elenco previsto dal terzo comma" sono inserite le seguenti: "ovvero ai soggetti indicati nell'articolo 4, comma 1, lettere e), f) ed i), del decreto legislativo 31 dicembre 1992, n. 545."

(1) *Articolo inserito dalla legge 2 dicembre 2005, n. 248, in sede di conversione.*

7 *quinquies*. Competenza sull'assistenza fiscale e norme di coordinamento.(1) – 1. All'articolo 1, comma 4, del decreto legislativo 28 giugno 2005, n. 139, dopo la lettera f) è aggiunta la seguente:

"f-bis) l'assistenza fiscale nei confronti dei contribuenti non titolari di reddito di lavoro autonomo e di impresa, di cui all'articolo 34, comma 4, del decreto legislativo 9 luglio 1997, n. 241".

2. All'articolo 78 del decreto legislativo 28 giugno 2005, n. 139, ai commi 3 e 4 le parole: "alla data di entrata in vigore del presente decreto" sono soppresse.

(1) *Articolo inserito dalla legge 2 dicembre 2005, n. 248, in sede di conversione.*

7 *sexies*. Asseverazione degli studi di settore. (1) – 1. Nell'articolo 10 della legge 8 maggio 1998, n. 146, dopo il comma 3-bis, è inserito il seguente:

"3-ter. In caso di mancato adeguamento ai ricavi o compensi determinati sulla base degli studi di settore, possono essere attestate le cause che giustificano la non congruità dei ricavi o compensi dichiarati rispetto a quelli derivanti dall'applicazione degli studi medesimi. Possono essere attestate, altresì, le cause che giustificano un'incoerenza rispetto agli indici economici individuati dai predetti studi. Tale attestazione è rilasciata, su richiesta dei contribuenti, dai soggetti indicati alle lettere a) e b) del comma 3 dell'articolo 3 del regolamento di cui al decreto del Presidente della Repubblica 22 luglio 1998, n. 322, abilitati alla trasmissione telematica delle dichiarazioni, dai responsabili dell'assistenza fiscale dei centri costituiti dai soggetti di cui alle lettere a), b) e c) dell'articolo 32, comma 1, del decreto legislativo 9 luglio 1997, n. 241, e dai dipendenti e funzionari delle associazioni di categoria abilitati all'assistenza tecnica di cui all'articolo 12, comma 2, del decreto legislativo 31 dicembre 1992, n. 546."

2. Nell'articolo 3 del regolamento di cui al decreto del Ministro delle finanze 31 maggio 1999, n. 164, il comma 2 è abrogato.

(1) Articolo inserito dalla legge 2 dicembre 2005, n. 248, in sede di conversione.

TITOLO IV
Previdenza e sanità. ulteriori interventi (1)

(1) Rubrica modificata dalla legge 2 dicembre 2005, n. 248, in sede di conversione.

8. Compensazioni alle imprese che conferiscono il TFR. – 1. In relazione ai maggiori oneri finanziari sostenuti dai datori di lavoro per il versamento di quote di trattamento di fine rapporto (TFR) alle forme pensionistiche complementari ovvero al "Fondo per l'erogazione ai lavoratori dipendenti del settore privato dei trattamenti di fine rapporto di cui all'articolo 2120 del codice civile" istituito presso la tesoreria dello Stato, a decorrere dal 1° gennaio 2008, è riconosciuto, in funzione compensativa, l'esonero dal versamento dei contributi sociali da parte degli stessi datori di lavoro dovuti alla gestione di cui all'articolo 24 della legge 9 marzo 1989, n. 88, per ciascun lavoratore, nella misura dei punti percentuali indicati nell'allegata tabella A, applicati nella stessa percentuale di TFR maturando conferito alle forme pensionistiche complementari e al predetto Fondo presso la tesoreria dello Stato. L'esonero contributivo di cui al presente comma si applica prioritariamente considerando, nell'ordine, i contributi dovuti per assegni familiari, per maternità e per disoccupazione e in ogni caso escludendo il contributo al Fondo di garanzia di cui all'articolo 2 della legge 29 maggio 1982, n. 297, nonché il contributo di cui all'articolo 25, quarto comma, della legge 21 dicembre 1978, n. 845. Qualora l'esonero di cui al presente comma non trovi capienza, con riferimento ai contributi effettivamente dovuti dal datore di lavoro, per il singolo lavoratore, alla gestione di cui al citato articolo 24 della legge 9 marzo 1989, n. 88, l'importo differenziale è trattenuto, a titolo di esonero contributivo, dal datore di lavoro sull'ammontare complessivo dei contributi dovuti all'INPS medesimo. L'onere derivante dal presente comma è valutato in 414 milioni di euro per l'anno 2008 e in 460 milioni di euro a decorrere dall'anno 2009 (2).

(1) Articolo modificato dalla legge 2 dicembre 2005, n. 248, in sede di conversione, dall'articolo 1 comma 269 della legge 23 dicembre 2005, n. 266 e sostituito dall'articolo 1, comma 766, della legge 27 dicembre 2006, n. 296.
(2) Vedi l'articolo 1 del D.M. 22 gennaio 2007.

8 bis. Incremento dei livelli occupazionali.(1) – 1. Al fine di sostenere gli interventi mirati nella prospettiva dell'incremento dei livelli occupazionali in atto nelle aree individuate dall'obiettivo 1 del regolamento (CE) n. 1260/1999 del Consiglio, del 21 giugno 1999, ai comuni con popolazione superiore a 230.000 abitanti che, dal 1° luglio 2004 fino alla data di entrata in vigore della legge di conversione del presente decreto, abbiano avviato con esito positivo iniziative per la trasformazione a tempo indeterminato del rapporto di lavoro con i lavoratori socialmente utili, individuati ai sensi del decreto legislativo 28 febbraio 2000, n. 81, è erogato un contributo complessivo una tantum di 18 milioni di euro per l'anno 2006, ripartito proporzionalmente tra i comuni interessati, finalizzato alla proroga per il citato anno 2006 dei rapporti di lavoro in atto. I conseguenti interventi sono effettuati nei limiti delle risorse di cui al presente comma, nonché, in relazione agli oneri a carico dei comuni, nel rispetto della normativa vigente in materia di personale. Alla corresponsione del contributo provvede il Ministero dell'interno sulla base dei dati certificati dai comuni interessati, a pena di decadenza, entro due mesi dalla data di entrata in vigore della legge di conversione del presente decreto. Sono esclusi i comuni che abbiano già goduto di analogo beneficio. Al relativo onere si provvede nel limite di 18 milioni di euro per l'anno 2006, a valere sul Fondo per l'occupazione di cui all'articolo 1, comma 7, del decreto-legge 20 maggio 1993, n. 148, convertito, con modificazioni, dalla legge 19 luglio 1993, n. 236 (2).

2. Il CIPE, in sede di riparto delle risorse del Fondo per le aree sottoutilizzate di cui all'articolo 61, comma 1, della legge 27 dicembre 2002, n. 289, provvede al reintegro di pari importo, per l'anno 2006, del Fondo per l'occupazione di cui all'articolo 1, comma 7, del decreto-legge 20 maggio 1993, n. 148, convertito, con modificazioni, dalla legge 19 luglio 1993, n. 236. Limitatamente al periodo necessario all'integrazione del Fondo per l'occupazione da parte del CIPE, con decreto del Ministro del lavoro e delle politiche sociali, di concerto con il Ministro dell'economia e delle finanze, si provvede a rideterminare gli interventi posti a carico del Fondo per l'occupazione.

3. Il Ministro dell'economia e delle finanze è autorizzato ad apportare, con propri decreti, le occorrenti variazioni di bilancio.

(1) Articolo inserito dalla legge 2 dicembre 2005, n. 248, in sede di conversione.
(2) Comma modificato dall'articolo 1 comma 258 della legge 23 dicembre 2005, n. 266.

9. Potenziamento di strumenti di programmazione finanziaria nel settore. – 1. Al fine di garantire nel settore sanitario la corretta e ordinata gestione delle risorse programmate nell'ambito del livello di finanziamento cui concorre lo Stato, di cui all'articolo 1, comma 164, della legge 30 dicembre 2004, n. 311, nonché il rispetto del relativo equilibrio economico-finanziario, a decorrere dal biennio economico 2006-2007, per le regioni al cui finanziamento concorre lo Stato, nel rispetto della propria autonomia contabile, costituisce obbligo ai fini dell'accesso al finanziamento integrativo a carico dello Stato secondo quanto previsto dall'articolo 1, comma 173, della legge 30 dicembre 2004, n. 311, e dalla conseguente Intesa Stato-Regioni del 23 marzo 2005, pubblicata nel supplemento ordinario alla Gazzetta Ufficiale n. 105 del 7 maggio 2005, la costituzione di accantonamenti nel proprio bilancio delle somme necessarie alla copertura degli oneri derivanti dal rinnovo dei contratti collettivi nazionali per il personale dipendente del Servizio sanitario nazionale (SSN) e degli accordi collettivi nazionali per il personale convenzionato con il SSN, nell'ambito del proprio territorio, quantificati sulla base dei parametri previsti dai documenti di finanza pubblica. Ciascuna regione dà evidenza di tale accantonamento nel modello CE riepilogativo regionale di cui al decreto del Ministro della sanità in data 16 febbraio 2001, pubblicato nel supplemento ordinario alla Gazzetta Ufficiale n. 90 del 18 aprile 2001, e al decreto del Ministro della sanità in data 28 maggio 2001, pubblicato nella Gazzetta Ufficiale n. 132 del 9 giugno 2001. Qualora dai dati del monitoraggio trimestrale in sede di verifica delle certificazioni trimestrali di accompagnamento del conto economico, di cui all'articolo 6 dell'Intesa Stato-Regioni del 23 marzo 2005, si evidenzi il mancato o parziale accantonamento, il Ministro della salute, di concerto con il Ministro dell'economia e delle finanze, segnala alla regione tale circostanza [(1)(2)].

2. Al fine di garantire nel settore sanitario la corretta e ordinata gestione delle risorse programmate nell'ambito del livello di finanziamento cui concorre lo Stato, di cui all'articolo 1, comma 164, della legge 30 dicembre 2004, n. 311, nonché il rispetto del relativo equilibrio economico-finanziario, per l'anno 2005, per le regioni al cui finanziamento concorre lo Stato, nel rispetto della propria autonomia contabile, costituisce obbligo ai fini dell'accesso al finanziamento integrativo a carico dello Stato, secondo quanto previsto dall'articolo 1, comma 173, della legge 30 dicembre 2004, n. 311, e dalla conseguente Intesa Stato-Regioni del 23 marzo 2005, la costituzione di accantonamenti nel proprio bilancio delle somme necessarie alla copertura degli oneri derivanti dal rinnovo dei contratti collettivi nazionali dell'area della dirigenza medico-veterinaria, dell'area della dirigenza dei ruoli sanitario, professionale, tecnico e amministrativo e del personale del comparto del SSN, biennio economico 2004-2005, nell'ambito del proprio territorio, quantificati sulla base dei parametri previsti dai documenti di finanza pubblica. Ciascuna regione dà evidenza di tale accantonamento nel modello CE riepilogativo regionale di cui ai citati decreti in data 16 febbraio 2001 e 28 maggio 2001. Qualora dai dati del monitoraggio trimestrale in sede di verifica delle certificazioni trimestrali di accompagnamento del conto economico, di cui all'articolo 6 dell'Intesa Stato-Regioni del 23 marzo 2005, si evidenzi il mancato o parziale accantonamento, il Ministro della salute, di concerto con il Ministro dell'economia e delle finanze, segnala alla regione tale circostanza [(3)].

(1) Comma modificato dalla legge 2 dicembre 2005, n. 248, in sede di conversione.
(2) In riferimento all'accantonamento a cui le regioni sono tenute dal presente comma vedi inoltre l'articolo 1, comma 593, della Legge 27 dicembre 2013, n. 147.
(3) Comma modificato dalla legge 2 dicembre 2005, n. 248, in sede di conversione.

10. Trasferimento all'I.N.P.S. di competenze in materia di invalidità civile e certificazione. – 1. L'Istituto nazionale della previdenza sociale (I.N.P.S.) subentra nell'esercizio delle funzioni residuate allo Stato in materia di invalidità civile, cecità civile, sordomutismo, handicap e disabilità, già di competenza del Ministero dell'economia e delle finanze. Resta ferma la partecipazione nelle commissioni mediche di verifica dei medici nominati in rappresentanza dell'Associazione nazionale mutilati e invalidi civili, dell'Unione italiana dei ciechi e dell'Ente nazionale per la protezione e l'assistenza dei sordomuti [(1)].

2. Con uno o più decreti del Presidente del Consiglio dei Ministri, da emanare entro sei mesi dalla data di entrata in vigore del presente decreto, è stabilita la data di effettivo esercizio da parte dell'I.N.P.S. delle funzioni trasferite e sono individuate le risorse, umane, strumentali e finanziarie da trasferire [(2)].

3. Il personale trasferito ai sensi del comma 2 conserva il trattamento giuridico ed economico in godimento fino al rinnovo del contratto collettivo nazionale di lavoro del personale del comparto degli enti pubblici non economici, in cui il personale trasferito dovrà confluire. A seguito del trasferimento del personale sono ridotte in maniera corrispondente le dotazioni organiche del Ministero dell'economia e delle finanze e le relative risorse sono trasferite all'I.N.P.S.

4. Fino alla data stabilita con i decreti di cui al comma 2, resta fermo, in materia processuale, quanto stabilito dall'articolo 42, comma 1, del decreto-legge 30 settembre 2003, n. 269, convertito, con modificazioni, dalla legge 24 novembre 2003, n. 326.

5. Per le controversie instaurate nel periodo compreso tra la data di entrata in vigore del presente decreto e la data di effettivo esercizio da parte dell'I.N.P.S. delle funzioni trasferite, la difesa in giudizio del Ministero dell'economia e delle finanze è assunta, ai sensi del predetto articolo 42, comma 1, del citato decreto-legge n. 269 del 2003, da propri funzionari ovvero da avvocati dipendenti dall'I.N.P.S.

6. A decorrere dalla data di effettivo esercizio da parte dell'I.N.P.S. delle funzioni trasferite gli atti introduttivi dei procedimenti giurisdizionali in materia di invalidità civile, cecità civile, sordomutismo, handicap e disabilità, nonché le sentenze ed ogni provvedimento reso in detti giudizi devono essere notificati [anche] all'I.N.P.S. La notifica va effettuata [sia presso gli Uffici dell'Avvocatura dello Stato, ai sensi dell'articolo 11 del regio decreto 30 ottobre 1933, n. 1611, sia] presso le sedi provinciali dell'I.N.P.S. Nei procedimenti giurisdizionali di cui al presente comma l'I.N.P.S. [è litisconsorte necessario ai sensi dell'articolo 102 del codice di procedura civile e], con esclusione del giudizio di cassazione, è rappresentato e difeso direttamente da propri dipendenti [(3)].

6-bis. Nei procedimenti giurisdizionali civili relativi a prestazioni sanitarie previdenziali ed assistenziali, nel caso in cui il giudice nomini un consulente tecnico d'ufficio, alle indagini assiste un medico legale dell'ente, su richiesta, del consulente nominato dal giudice, il quale provvede ad inviare, entro 15 giorni antecedenti l'inizio delle operazioni peritali, anche in via telematica, apposita comunicazione al direttore della sede provinciale dell'INPS competente o a suo delegato. Alla relazione peritale è allegato, a pena di nullità, il riscontro di ricevuta della predetta comunicazione. L'eccezione di nullità è rilevabile anche d'ufficio dal giudice.

Il medico legale dell'ente è autorizzato a partecipare alle operazioni peritali in deroga al comma primo dell'articolo 201 del codice di procedura civile. Al predetto componente competono le facoltà indicate nel secondo comma dell'articolo 194 del codice di procedura civile. Nell'ipotesi di sentenze di condanna relative a ricorsi depositati a far data dal 1° aprile 2007 a carico del Ministero dell'Economia e delle Finanze o del medesimo in solido con l'INPS, all'onere delle spese legali, di consulenza tecnica o del beneficio assistenziale provvede comunque l'INPS [(4)].

7. Per accedere ai benefici ed alle sovvenzioni comunitari le imprese di tutti i settori sono tenute a presentare il documento unico di regolarità contributiva di cui all'articolo 2, comma 2, del decreto-legge 25 settembre 2002, n. 210, convertito, con modificazioni, dalla legge 22 novembre 2002, n. 266 [(5)].

[(1)] *Comma modificato dalla legge 2 dicembre 2005, n. 248, in sede di conversione. Per la temporanea sospensione delle disposizioni di cui al presente comma, vedi l'articolo 1 del D.L. 10 gennaio 2006, n. 2.*
[(2)] *Per l'attuazione del presente comma, vedi il D.P.C.M. 30 marzo 2007.*
[(3)] *Comma modificato dalla legge 2 dicembre 2005, n. 248, in sede di conversione e successivamente dall'articolo 20, comma 5, lettere da a) a c), del D.L. 1° luglio 2009, n. 78. Per la temporanea sospensione delle disposizioni di cui al presente comma, vedi l'articolo 1 del D.L. 10 gennaio 2006, n. 2. Da ultimo, comma modificato dall'articolo 16, comma 9, del D.L. 9 febbraio 2012, n. 5.*
[(4)] *Comma inserito dall'articolo 20, comma 5-bis, del D.L. 1° luglio 2009, n. 78 e successivamente modificato dall'articolo 38, comma 8, del D.L. 6 luglio 2011, n. 98.*
[(5)] *Comma modificato dalla legge 2 dicembre 2005, n. 248, in sede di conversione. Per la temporanea sospensione delle disposizioni di cui al presente comma, vedi l'articolo 1 del D.L. 10 gennaio 2006, n. 2.*

10 *bis*. Efficienza delle amministrazioni pubbliche.[(1)] – 1. In considerazione delle disposizioni di legge rivolte al contenimento delle spese per incarichi e rapporti di collaborazione da parte delle pubbliche amministrazioni e al fine di assicurare trasparenza ed efficacia all'attività amministrativa, anche tramite l'attivazione di un numero verde per la segnalazione, da parte dei cittadini, di ritardi o inadempienze, all'articolo 60, comma 6, del decreto legislativo 30 marzo 2001, n. 165, sono aggiunti, in fine, i seguenti periodi: "Per l'esercizio delle funzioni ispettive connesse, in particolare, al corretto conferimento degli incarichi e ai rapporti di collaborazione, svolte anche d'intesa con il Ministero dell'economia e delle finanze, l'ispettorato si avvale dei dati comunicati dalle amministrazioni al Dipartimento della funzione pubblica ai sensi dell'articolo 53. L'ispettorato, inoltre, al fine di corrispondere a segnalazioni da parte di cittadini o pubblici dipendenti circa presunte irregolarità, ritardi o inadempienze delle amministrazioni, di cui all'articolo 1, comma 2, può richiedere chiarimenti e riscontri in relazione ai quali l'amministrazione interessata ha l'obbligo di rispondere, anche per via telematica, entro quindici giorni. A conclusione degli accertamenti, gli esiti delle verifiche svolte dall'ispettorato costituiscono obbligo di valutazione, ai fini dell'individuazione delle responsabilità e delle eventuali sanzioni disciplinari di cui all'articolo 55, per l'amministrazione medesima. Gli ispettori, nell'esercizio delle loro funzioni, hanno piena autonomia funzionale ed hanno l'obbligo, ove ne ricorrano le condizioni, di denunciare alla procura generale della Corte dei conti le irregolarità riscontrate".

2. Al fine di garantire il rafforzamento delle attività di semplificazione delle norme e delle procedure amministrative e di monitoraggio dei servizi resi dalla pubblica amministrazione alle imprese e ai cittadini, nonché delle attività connesse alla gestione del personale in eccedenza di cui agli articoli 34 e 34-bis del decreto legislativo 30 marzo 2001, n. 165, e successive modificazioni, la Presidenza del Consiglio dei ministri - Dipartimento della funzione pubblica si avvale, per un periodo non superiore a quattro anni, di un contingente di personale di 30 unità [(2)].

3. Alla copertura del contingente si provvede attraverso l'utilizzo temporaneo dei segretari comunali e provinciali di cui all'articolo 3-ter del decreto-legge 28 maggio 2004, n. 136, convertito, con modificazioni, dalla legge 27 luglio 2004, n. 186, già in posizione di disponibilità ai sensi dell'articolo 101 del testo unico di cui al decreto legislativo 18 agosto 2000, n. 267, alla data di entrata in vigore della legge di conversione del presente decreto e con invarianza del trattamento economico complessivo. L'utilizzo temporaneo cessa nel caso di conferimento di incarico ai segretari da parte di un comune o di una provincia.

4. Le modalità di utilizzo temporaneo dei segretari comunali e provinciali di cui al comma 3 e di trasferimento delle relative risorse sono disciplinate con decreto del Ministro per la funzione pubblica, di concerto con il Ministro dell'economia e delle finanze, senza maggiori oneri a carico della finanza pubblica.

5. Al fine di garantire l'efficienza e l'omogeneità su tutto il territorio nazionale dell'attività di rilevazione statistica, l'ISTAT è autorizzato a costituire una società di rilevazione statistica [con la partecipazione di regioni, enti locali, autonomie funzionali e loro associazioni], sottoposta alla vigilanza della Presidenza del Consiglio dei Ministri - Dipartimento della funzione pubblica. La società di rilevazione statistica nazionale può avvalersi di rapporti di lavoro privato subordinato e di forme di collaborazione. Il personale impiegato a tal fine presso l'ISTAT e le amministrazioni centrali e gli enti pubblici [partecipanti alla società] può transitare nella società per trasferimento di attività ai sensi dell'articolo 31 del decreto legislativo 30 marzo 2001, n. 165. Con apposito regolamento, da emanare entro centoventi giorni dalla data di entrata in vigore della legge di conversione del presente decreto, sono disciplinati l'organizzazione ed il funzionamento della società. I contratti di collaborazione attivati dall'ISTAT in essere alla data del 30 settembre 2005, finalizzati alla rilevazione statistica delle forze di lavoro del settore pubblico e privato, possono essere prorogati fino alla costituzione della società di cui al presente comma e, comunque, non oltre il 30 giugno 2009. I relativi oneri continuano ad essere posti a carico del bilancio dell'Istituto [(3)].

6. Presso la Presidenza del Consiglio dei Ministri è istituito, senza oneri aggiuntivi a carico dello Stato, un apposito Comitato per il riordino e l'accorpamento degli uffici e delle sedi della Organizzazione delle Nazioni Unite (ONU) presenti in Italia.

7. Il Comitato di cui al comma 6, nominato con decreto del Presidente del Consiglio dei ministri, è composto da cinque esperti, scelti tra professori universitari, magistrati amministrativi, contabili ed ordinari, avvocati dello Stato, funzionari parlamentari, avvocati del libero foro con almeno quindici anni di iscrizione all'albo professionale, dirigenti delle amministrazioni pubbliche ed esperti di elevata professionalità. Il Comitato si avvale del supporto tecnico del Di-

partimento per il coordinamento amministrativo della Presidenza del Consiglio dei Ministri.

8. Il Comitato di cui al comma 6, previa individuazione dei criteri cui attenersi nella valutazione dei progetti e nell'individuazione delle modalità con cui procedere alle operazioni necessarie, provvede all'istruttoria dei progetti presentati finalizzati a realizzare l'accorpamento in un'unica sede, sita nell'area della provincia di Roma, degli uffici e delle sedi dell'ONU presenti in Italia.

9. All'articolo 5 del decreto-legge 15 novembre 1993, n. 453, convertito, con modificazioni, dalla legge 14 gennaio 1994, n. 19, il comma 8 è sostituito dal seguente:

"8. Il limite di somma di cui all'articolo 55 del testo unico delle leggi sulla Corte dei conti, di cui al regio decreto 12 luglio 1934, n. 1214, e all'articolo 49 del regio decreto 13 agosto 1933, n. 1038, è elevato ad euro 5.000 e può essere aggiornato, in relazione alle variazioni dell'indice ISTAT sul costo della vita, con decreto del Presidente del Consiglio dei Ministri, su proposta del Presidente della Corte dei conti".

10. Le disposizioni dell'articolo 3, comma 2-bis, del decreto-legge 23 ottobre 1996, n. 543, convertito, con modificazioni, dalla legge 20 dicembre 1996, n. 639 e dell'articolo 18, comma 1, del decreto-legge 25 marzo 1997, n. 67, convertito, con modificazioni, dalla legge 23 maggio 1997, n. 135, si interpretano nel senso che il giudice contabile, in caso di proscioglimento nel merito, e con la sentenza che definisce il giudizio, ai sensi e con le modalità di cui all'articolo 91 del codice di procedura civile non può disporre la compensazione delle spese del giudizio e liquida l'ammontare degli onorari e diritti spettanti alla difesa del prosciolto, fermo restando il parere di congruità dell'Avvocatura dello Stato da esprimere sulle richieste di rimborso avanzate all'amministrazione di appartenenza [(4)].

[(1)] Articolo inserito dalla legge 2 dicembre 2005, n. 248, in sede di conversione.

[(2)] A norma dell'articolo 1, comma 6-quater, del D.L. 29 dicembre 2011, n. 216, per le esigenze funzionali di cui al presente comma, la possibilità di utilizzo temporaneo del contingente di personale in servizio presso il Dipartimento della funzione pubblica alla data di entrata in vigore della legge di conversione del suddetto D.L. n. 216 del 2011, secondo le modalità del comma 3 del medesimo articolo, è consentita fino al 31 dicembre 2015.

[(3)] Comma modificato dall'articolo 1, comma 535, della legge 27 dicembre 2006, n. 296, dall'articolo 3, comma 73, della legge 24 dicembre 2007, n. 244 e successivamente dall'articolo 7, comma 1, del D.L. 30 dicembre 2008, n. 207.

[(4)] Comma modificato dall'articolo 17, comma 30-quinquies, del D.L. 1° luglio 2009, n. 78.

10 *ter*. Trasferimenti patrimoniali da Sviluppo Italia S.p.a. ad ISA S.p.a. [(1)] – 1. Entro trenta giorni dalla data di entrata in vigore della legge di conversione del presente decreto, Sviluppo Italia S.p.a. trasferisce all'Istituto per lo sviluppo agroalimentare (ISA) S.p.a., senza alcun costo o spesa, ad eccezione dei costi notarili a carico di ISA S.p.a, ed in coerenza con le risultanze della «Relazione dell'anno 2004 sullo stato di attuazione dei progetti approvati», predisposta ai sensi della delibera CIPE n. 90 del 4 agosto 2000, pubblicata nella Gazzetta Ufficiale n. 251 del 26 ottobre 2000, il seguente patrimonio:

a) credito risultante dal finanziamento ad ISA S.p.a. erogato da Sviluppo Italia S.p.a. il 4 aprile 2005, pari a euro 200.000.000;

b) partecipazioni acquisite ai sensi degli articoli 2, 3 e 4 della legge 19 dicembre 1983, n. 700, e successive modificazioni, e dell'articolo 23 della legge 7 agosto 1997, n. 266, al netto dei fondi rettificativi e comprensive di ogni e qualsiasi diritto esistente o maturato alla data del trasferimento;

c) crediti derivanti da finanziamenti erogati ai sensi delle medesime disposizioni di cui alla lettera b) al netto dei fondi rettificativi e comprensivi di ogni e qualsiasi diritto esistente o maturato alla data del trasferimento;

d) disponibilità liquide ai sensi delle richiamate disposizioni di cui alla lettera b) per un importo pari a euro 50.000.000;

e) debito residuo inerente al finanziamento bancario contratto ai sensi dell'articolo 2 della legge 2 dicembre 1998, n. 423, con il relativo residuo beneficio del rimborso da parte dello Stato.

Sono altresì trasferiti ad ISA S.p.a.:

a) gli impegni assunti nei confronti di terzi, ivi compresi quelli conseguenti a deliberazioni adottate ed ancora in fase di attuazione, nello svolgimento delle attività di cui agli articoli 2, 3 e 4 della legge 19 dicembre 1983, n. 700, e dell'articolo 23 della legge 7 agosto 1997, n. 266, ed ogni altro e qualsiasi diritto esistente o maturato alla data del trasferimento;

b) le competenze relative agli interventi di cui alla citata delibera CIPE n. 90 del 4 agosto 2000.

3. Resta a carico di ISA S.p.a l'attuazione di quanto previsto dall'articolo 10, comma 10, del decreto-legge 14 marzo 2005, n. 35, convertito, con modificazioni, dalla legge 14 maggio 2005, n. 80.

4. La quota di partecipazione di Sviluppo Italia S.p.a in ISA S.p.a. è trasferita al Ministero delle politiche agricole e forestali per l'importo di euro 240.000. Al relativo onere si provvede per l'anno 2005 mediante riduzione dell'autorizzazione di spesa di cui all'articolo 36 del decreto legislativo 18 maggio 2001, n. 228, per le finalità di cui all'articolo 1, comma 2, del medesimo decreto legislativo.

5. Sviluppo Italia S.p.a. è autorizzata ad iscrivere nelle proprie scritture contabili patrimoniali esclusivamente i decrementi conseguenti al trasferimento delle poste patrimoniali di cui al comma 1.

6. ISA S.p.a. iscriverà nelle proprie scritture contabili le poste patrimoniali, di cui al comma 1, trasferite al valore di libro come iscritte in Sviluppo Italia S.p.a. al momento del trasferimento apponendo una riserva speciale di natura patrimoniale esente da imposte e tasse, senza vincoli di utilizzo.

7. Le operazioni di trasferimento di cui ai commi 1 e 2 sono esenti da imposte dirette ed indirette e da tasse, in base a quanto disposto dall'articolo 4, comma 2, del decreto legislativo 9 gennaio 1999, n. 1.

8. Gli interventi di cui alla legge 19 dicembre 1983, n. 700, ed alla legge 7 agosto 1997, n. 266, possono accedere alle risorse del fondo per le aree sottoutilizzate di cui agli articoli 60 e 61 della legge 27 dicembre 2002, n. 289, e successive modificazioni, in attuazione delle disposizioni dettate dall'articolo 66, comma 1, della citata legge n. 289 del 2002 e, secondo i criteri stabiliti dal CIPE [(2)].

9. All'articolo 4, comma 42, della legge 24 dicembre 2003, n. 350, le parole: "relative agli interventi di cui alla delibera CIPE 4 agosto 2000, n. 90, e successive modificazioni, nonché quelle" sono soppresse.

10. All'articolo 5, comma 7-bis, della legge 27 marzo

2001, n. 122, è aggiunto, in fine, il seguente periodo: "Nell'ambito dei predetti limiti e per un importo massimo di 560.000 euro, il commissario ad acta opera anche attraverso specifiche convenzioni con l'Istituto per lo sviluppo agroalimentare (ISA) S.p.a., per l'attività inerente la prosecuzione degli interventi relativi al progetto speciale promozionale per le aree interne del Mezzogiorno per la valorizzazione dei prodotti agricoli tipici, di cui alla delibera CIPE n. 132 del 6 agosto 1999, pubblicata nella Gazzetta Ufficiale n. 255 del 29 ottobre 1999".

11. All'articolo 2 della legge 23 dicembre 1996, n. 662, sono apportate le seguenti modificazioni:

a) il comma 132 è sostituito dal seguente:

"132. L'Istituto per lo sviluppo agroalimentare (ISA) S.p.a., nell'ambito delle operazioni di acquisizione delle partecipazioni azionarie e di erogazioni di finanziamenti a società ed organismi operanti nel settore della trasformazione e commercializzazione dei prodotti agricoli, può definire condizioni compatibili con i principi di economia di mercato e stipulare appositi accordi con i quali, tra l'altro, gli altri soci, o eventualmente terzi, si impegnano a riscattare al valore di mercato, nel termine stabilito dal relativo piano specifico di intervento, le azioni o le quote sociali acquisite";

b) dopo il comma 132 sono inseriti i seguenti:

"132-bis. ISA S.p.a., con le medesime modalità di cui al comma 132, partecipa ad iniziative promosse da società, enti, fiere ed altri organismi allo scopo di predisporre studi, ricerche, programmi di promozione e di potenziamento dei circuiti commerciali dei prodotti agricoli ed agroindustriali.

132-ter. Per le finalità di cui ai commi 132 e 132-bis, ISA S.p.a. si avvale dei propri fondi eventualmente integrati con le risorse del fondo per le aree sottoutilizzate di cui agli articoli 60 e 61 della legge 27 dicembre 2002, n. 289, e successive modificazioni, secondo i criteri stabiliti dal CIPE".

12. Il Ministro dell'economia e delle finanze è autorizzato ad apportare, con propri decreti, le occorrenti variazioni di bilancio.

(1) *Articolo inserito dalla legge 2 dicembre 2005, n. 248, in sede di conversione.*
(2) *Comma modificato dall'articolo 1, comma 413 della legge 23 dicembre 2005, n. 266.*

11. Totalizzazione dei periodi assicurativi ed integrazione tabella C. – 1. Ai fini della copertura finanziaria degli oneri derivanti dall'esercizio del criterio di delega di cui all'articolo 1, comma 2, lettera o), della legge 23 agosto 2004, n. 243, è autorizzata la spesa di 160 milioni di euro annui a decorrere dall'anno 2006. Gli enti previdenziali interessati provvedono al monitoraggio degli effetti derivanti dalle disposizioni introdotte in sede di esercizio della delega di cui al periodo precedente, comunicando i risultati al Ministero del lavoro e delle politiche sociali ed al Ministero dell'economia e delle finanze, anche ai fini dell'adozione dei provvedimenti correttivi di cui all'articolo 11-ter, comma 7, della legge 5 agosto 1978, n. 468, e successive modificazioni, ovvero delle misure correttive da assumere ai sensi dell'articolo 11, comma 3, lettera i-quater), della medesima legge. Limitatamente al periodo strettamente necessario all'adozione dei predetti provvedimenti correttivi, alle eventuali eccedenze di spesa rispetto alle previsioni a legislazione vigente si provvede mediante corrispondente rideterminazione, da effettuare con decreto del Ministro del lavoro e delle politiche sociali, di concerto con il Ministro dell'economia e delle finanze, degli interventi posti a carico del Fondo di cui all'articolo 1, comma 7, del decreto-legge 20 maggio 1993, n. 148, convertito, con modificazioni, dalla legge 19 luglio 1993, n. 236 (1).

[2. La dotazione relativa all'autorizzazione di spesa di cui all'articolo 9-ter della legge 5 agosto 1978, n. 468, e successive modificazioni ed integrazioni, come determinata dalla tabella C della legge 30 dicembre 2004, n. 311, è integrata dell'importo di 40 milioni di euro per l'anno 2005.] (2)

(1) *Comma modificato dalla legge 2 dicembre 2005, n. 248, in sede di conversione.*
(2) *Comma abrogato dalla legge 2 dicembre 2005, n. 248, in sede di conversione.*

11 *bis*. Interventi in materia di programmazione dello sviluppo economico e sociale. (1) – 1. È autorizzata la spesa di euro 222 milioni per l'anno 2005 e di euro 5 milioni per l'anno 2006 per la concessione di ulteriori contributi statali al finanziamento degli interventi di cui all'articolo 1, comma 28, della legge 30 dicembre 2004, n. 311, e successive modificazioni. All'erogazione degli ulteriori contributi disposti dal presente comma si provvede ai sensi del comma 29, primo e secondo periodo, dell'articolo 1 della medesima legge n. 311 del 2004, e successive modificazioni, sentite le Commissioni parlamentari competenti in materia di bilancio, programmazione e lavori pubblici. I contributi che, alla data del 30 aprile 2006, non risultino impegnati dagli enti pubblici sono revocati per essere riassegnati secondo la procedura di cui al precedente periodo. Gli altri soggetti non di diritto pubblico devono produrre annualmente, per la stessa finalità, la dichiarazione di assunzione di responsabilità in ordine al rispetto del vincolo di destinazione del finanziamento statale. Ai fini dell'erogazione del finanziamento, l'ente beneficiario smette entro il 31 maggio 2006 apposita attestazione al dipartimento della Ragioneria generale dello Stato, secondo lo schema stabilito dal decreto di cui al citato comma 29, primo periodo, dell'articolo 1 della legge n. 311 del 2004 (2).

2. All'onere derivante dall'attuazione del comma 1 si provvede: quanto a euro 100.000.000, mediante utilizzo delle risorse relative all'autorizzazione di spesa di cui all'articolo 55 della legge 28 dicembre 2001, n. 448, e successive modificazioni, risultanti dall'elenco allegato al conto consuntivo dell'esercizio 2004, ai sensi dell'articolo 11-bis, comma 5, della legge 5 agosto 1978, n. 468, e successive modificazioni; quanto a euro 122.000.000, mediante corrispondente riduzione dello stanziamento iscritto, ai fini del bilancio triennale 2005-2007, nell'ambito dell'unità previsionale di base di conto capitale «Fondo speciale» dello stato di previsione del Ministero dell'economia e delle finanze per l'anno 2005, allo scopo parzialmente utilizzando, quanto a euro 117.000.000, l'accantonamento relativo al medesimo Ministero e, quanto a euro 5.000.000, l'accantonamento relativo al Ministero per i beni e le attività culturali.

3. Il Ministro dell'economia e delle finanze è autorizzato ad apportare, con propri decreti, le occorrenti variazioni di bilancio (3).

(1) *Articolo inserito dalla legge 2 dicembre 2005, n. 248, in sede di conversione.*

(2) *Comma modificato dall'articolo 1, comma 575, della legge 23 dicembre 2005, n. 266 e successivamente dall'articolo 39 sexies decies del D.L. 30 dicembre 2005, n. 273.*

(3) *Vedi inoltre l'articolo 1, comma 1 del D.M. 22 dicembre 2007.*

11 *ter*. Contenimento spese del bilancio dello Stato e degli enti pubblici non territoriali.(1) – 1. Per l'anno 2005, le dotazioni di competenza e di cassa delle unità previsionali di base degli stati di previsione dei Ministeri concernenti spese per consumi intermedi e per investimenti fissi lordi, esclusi i comparti della difesa, della sicurezza e del soccorso, sono ridotte secondo gli importi indicati rispettivamente negli elenchi 1 e 2 allegati al presente decreto.

2. L'accantonamento relativo al Ministero degli affari esteri del Fondo speciale di parte corrente dello stato di previsione del Ministero dell'economia e delle finanze per l'anno 2005 è ridotto di 31 milioni di euro per il medesimo anno.

3. Per l'anno 2005 l'autorizzazione di spesa di cui all'articolo 9-ter della legge 5 agosto 1978, n. 468, è ridotta di 116 milioni di euro e l'autorizzazione di spesa di cui alla legge 3 gennaio 1981, n. 7, e all'articolo 37 della legge 26 febbraio 1987, n. 49, come determinate dalla tabella C della legge 30 dicembre 2004, n. 311, è ridotta di 30 milioni di euro in termini di competenza e di 70 milioni di euro in termini di cassa.

4. Gli stanziamenti per l'anno 2005 relativi a spese per consumi intermedi dei bilanci di enti ed organismi pubblici non territoriali, che adottano contabilità anche finanziaria, individuati ai sensi dell'articolo 1, commi 5 e 6, della legge 30 dicembre 2004, n. 311, con esclusione delle aziende sanitarie ed ospedaliere, degli Istituti di ricovero e cura a carattere scientifico, dell'Istituto superiore di sanità, dell'Istituto superiore per la prevenzione e la sicurezza del lavoro, dell'Agenzia italiana del farmaco, degli Istituti zooprofilattici sperimentali e delle istituzioni scolastiche, sono ridotti nella misura del 10 per cento, comunque nei limiti delle disponibilità non impegnate alla data di entrata in vigore della legge di conversione del presente decreto. Per gli enti ed organismi pubblici che adottano una contabilità esclusivamente civilistica, i costi della produzione, individuati all'articolo 2425, primo comma, lettera b), numeri 6), 7) e 8), del codice civile, previsti nei rispettivi budget 2005, concernenti i beni di consumo, i servizi ed il godimento di beni di terzi, sono ridotti del 10 per cento.

5. Le somme provenienti dalle riduzioni di cui al comma 4 sono versate da ciascun ente, entro il 30 giugno 2006, all'entrata del bilancio dello Stato, con imputazione al capo X, capitolo 2961. È fatto divieto alle amministrazioni vigilanti di approvare i bilanci di enti ed organismi pubblici in cui gli amministratori non abbiano espressamente dichiarato nella relazione sulla gestione di aver ottemperato alle disposizioni di cui al comma 4 e al primo periodo del presente comma.

6. A valere sulle maggiori entrate derivanti dall'attuazione dell'articolo 11-quater del presente decreto, un importo pari a 50 milioni di euro è iscritto in un apposito fondo da istituire nello stato di previsione del Ministero dell'economia e delle finanze, la cui utilizzazione è effettuata con decreto del Presidente del Consiglio dei Ministri, su motivata richiesta delle amministrazioni interessate, per indifferibili esigenze connesse alle spese per consumi intermedi.

(1) *Articolo inserito dalla legge 2 dicembre 2005, n. 248, in sede di conversione.*

11 *quater*. Ammortamento dei beni materiali strumentali per l'esercizio di alcune attività regolate.(1) – 1. Per il periodo di imposta in corso alla data di entrata in vigore della legge di conversione del presente decreto opera la disciplina del presente articolo relativamente all'ammortamento dei beni materiali strumentali per l'esercizio delle seguenti attività regolate:

a) distribuzione e trasporto di gas naturale di cui all'articolo 2, comma 1, lettere n) e ii), del decreto legislativo 23 maggio 2000, n. 164, di attuazione della direttiva 98/30/CE relativa a norme comuni per il mercato interno del gas;

b) distribuzione di energia elettrica e gestione della rete di trasmissione nazionale dell'energia elettrica di cui all'articolo 2, commi 14 e 20, del decreto legislativo 16 marzo 1999, n. 79, di attuazione della direttiva 96/92/CE recante norme comuni per il mercato interno dell'energia elettrica.

2. Le quote di ammortamento del costo dei beni materiali strumentali per l'esercizio delle attività regolate di cui al comma 1 sono deducibili in misura non superiore a quella che si ottiene dividendo il costo dei beni per le rispettive vite utili così come determinate ai fini tariffari dall'Autorità per l'energia elettrica e il gas, e riducendo il risultato del 20 per cento (2):

a) nelle tabelle 1 e 2, rubricate «durata convenzionale tariffaria delle infrastrutture» ed allegate alle delibere 29 luglio 2005, n. 166, e 30 settembre 2005, n. 206, rispettivamente per l'attività di trasporto e distribuzione di gas naturale. Per i fabbricati iscritti a bilancio fino all'esercizio in corso al 31 dicembre 2004 si assume una vita utile pari a 50 anni;

b) nell'appendice 1 della relazione tecnica alla delibera 30 gennaio 2004, n. 5, per l'attività di trasmissione e distribuzione di energia elettrica, rubricata «capitale investito riconosciuto e vita utile dei cespiti».

3. Per i beni cui al comma 1, la vita utile cui fare riferimento ai fini di cui al comma 2 decorre dall'esercizio di entrata in funzione, anche se avvenuta presso precedenti soggetti utilizzatori, e non si modifica per effetto di eventuali successivi trasferimenti. Le quote di ammortamento del costo dei beni di cui al comma 1 sono deducibili a partire dall'esercizio di entrata in funzione del bene e per i beni ceduti o devoluti all'ente concessionario fino all'esercizio in cui avviene il trasferimento ed in proporzione alla durata del possesso.

4. Non è ammessa alcuna ulteriore deduzione per ammortamento anticipato o per una più intensa utilizzazione dei beni rispetto a quella normale del settore. Resta ferma, per quanto non diversamente disposto, la disciplina di cui all'articolo 102 del testo unico delle imposte sui redditi, di cui al decreto del Presidente della Repubblica 22 dicembre 1986, n. 917.

5. Le eventuali modifiche delle vite utili di cui al comma 2, deliberate ai fini tariffari dall'Autorità per l'energia elettrica e il gas successivamente all'entrata in vigore del presente decreto, rilevano anche ai fini della determinazione delle quote di ammortamento deducibili.

6. In caso di beni utilizzati in locazione finanziaria, indipendentemente dai criteri di contabilizzazione, la deduzione delle quote di ammortamento compete all'impresa utilizza-

trice; alla formazione del reddito imponibile di quella concedente, concorrono esclusivamente i proventi finanziari impliciti nei canoni di locazione finanziaria determinati in ciascun esercizio nella misura risultante dal piano di ammortamento finanziario.

7. Quanto previsto dai precedenti commi si applica esclusivamente ai beni classificabili nelle categorie omogenee individuate dall'Autorità per l'energia elettrica e il gas. Per i beni non classificabili in tali categorie continua ad applicarsi l'articolo 102 del testo unico delle imposte sui redditi, di cui al decreto del Presidente della Repubblica 22 dicembre 1986, n. 917.

8. La disposizione di cui al comma 6 si applica ai contratti di locazione finanziaria la cui esecuzione inizia successivamente all'entrata in vigore del presente decreto.

9. Per i costi incrementativi capitalizzati successivamente all'entrata in funzione dei beni di cui al comma 1 le quote di ammortamento sono determinate in base alla vita utile residua dei beni.

10. Nella determinazione dell'acconto dovuto ai fini dell'imposta sul reddito delle società (IRES) e dell'imposta regionale sulle attività produttive (IRAP) per il periodo d'imposta in corso alla data di entrata in vigore del presente decreto, calcolato in ogni caso in base alle disposizioni generali sui versamenti degli acconti delle imposte sui redditi di cui alla legge 23 marzo 1977, n. 97, in deroga all'articolo 3 della legge 27 luglio 2000, n. 212, si assume, quale imposta del periodo precedente, quella che si sarebbe determinata applicando le disposizioni del presente articolo; eventuali conguagli sono versati insieme alla seconda ovvero unica rata dell'acconto [(3)].

11. Le maggiori entrate derivanti dal presente articolo, ad eccezione di quelle utilizzate ai sensi dell'articolo 11-ter, comma 6, sono interamente destinate al miglioramento dei saldi di finanza pubblica.

[(1)] *Articolo inserito dalla legge 2 dicembre 2005, n. 248, in sede di conversione.*
[(2)] *Alinea modificato dall'articolo 1, comma 522, della legge 23 dicembre 2005, n. 266.*
[(3)] *Comma modificato dall'articolo 1, comma 328 della legge 23 dicembre 2005, n. 266.*

11 *quinquies*. Dismissione di immobili.[(1)] – 1. Nell'ambito delle azioni di contenimento della spesa relativa agli immobili condotti in locazione dallo Stato e di perseguimento degli obiettivi di finanza pubblica attraverso la dismissione di beni immobili pubblici, l'alienazione e la permuta di tali immobili sono considerate urgenti con prioritario riferimento a quelli il cui prezzo sia determinato secondo criteri e valori di mercato, anche riferite a immobili utili alla realizzazione di iniziative immobiliari strategiche connesse ai traguardi e agli obiettivi stabiliti dal Piano nazionale di ripresa e resilienza, valutati al valore di mercato. L'Agenzia del demanio è autorizzata, con decreto dirigenziale del Ministero dell'economia e delle finanze, di concerto con le amministrazioni che li hanno in uso, a permutare e a vendere con le modalità di cui all'articolo 7 del decreto-legge 24 dicembre 2002, n. 282, convertito, con modificazioni, dalla legge 21 febbraio 2003, n. 27, i beni immobili ad uso non prevalentemente abitativo appartenenti al patrimonio pubblico, ivi compresi quelli individuati ai sensi dei commi 13, 13-bis e 13-ter dell'articolo 27 del decreto-legge 30 settembre 2003, n. 269, convertito, con modificazioni, dalla legge 24 novembre 2003, n. 326, e successive modificazioni. Le operazioni di permuta di cui al presente articolo sono realizzate senza conguagli in denaro a carico dello Stato e non comportano nuovi o maggiori oneri per la finanza pubblica. L'autorizzazione all'operazione può ricomprendere anche immobili degli enti territoriali e delle altre pubbliche amministrazioni di cui all'articolo 1, comma 2, del decreto legislativo 30 marzo 2001, n. 165, e successive modificazioni,; in questo caso, ferme restando le previsioni dettate dal presente articolo, gli enti territoriali interessati individuano, con apposita delibera ai sensi e per gli effetti dell'articolo 58 del decreto-legge 25 giugno 2008, n. 112, convertito, con modificazioni, dalla legge 6 agosto 2008, n. 133, gli immobili che intendono dismettere e le altre pubbliche amministrazioni di cui all'articolo 1, comma 2, del decreto legislativo n. 165 del 2001 provvedono secondo i rispettivi ordinamenti, fermo restando quanto previsto dall'articolo 6, comma 8, della legge 12 novembre 2011, n. 183. La delibera conferisce mandato al Ministero dell'economia e delle finanze per l'inserimento nel decreto dirigenziale di cui al secondo periodo del presente comma. Sono in ogni caso vietate l'alienazione e la permuta di immobili di cui al presente comma a società la cui struttura non consente l'identificazione delle persone fisiche o delle società che ne detengono la proprietà o il controllo. L'utilizzo di società anonime, aventi sede all'estero, nelle operazioni immobiliari di cui al presente comma è vietato e costituisce causa di nullità dell'atto di trasferimento. Fermi restando i controlli già previsti dalla vigente normativa antimafia, sono esclusi dalla trattativa privata i soggetti che siano stati condannati, con sentenza irrevocabile, per reati fiscali o tributari [(2)].

2. Ferma restando l'applicazione dell'articolo 27 del decreto-legge 30 settembre 2003, n. 269, convertito, con modificazioni, dalla legge 24 novembre 2003, n. 326, per la dismissione dei beni già individuati ai sensi dei commi 13, 13-bis e 13-ter; del medesimo articolo 27 , la vendita e la permuta fanno venir meno l'uso governativo, le concessioni in essere e l'eventuale diritto di prelazione spettante a terzi anche in caso di rivendita. Si intendono applicabili, anche quanto alle dichiarazioni urbanistiche nonché agli attestati inerenti la destinazione urbanistico edilizia previsti dalla legge, le disposizioni di cui al secondo periodo del comma 17 dell'articolo 3 del decreto-legge 25 settembre 2001, n. 351, convertito, con modificazioni, dalla legge 23 novembre 2001, n. 410, e successive modificazioni, nonché al primo ed al secondo periodo del comma 18 e al comma 19 del medesimo articolo 3. Resta ferma l'applicazione degli articoli 12, 54, 55, 56 e 57 del decreto legislativo 22 gennaio 2004, n. 42, per le procedure di dismissione successive a quelle di cui al primo periodo [(3)].

3. Agli atti di alienazione e di permuta di cui al comma 1 del presente articolo o comunque connessi alla dismissione del patrimonio immobiliare di proprietà dello Stato si applicano le disposizioni di cui all'articolo 1, comma 275, della legge 30 dicembre 2004, n. 311 [(4)].

4. Con decreto del Ministro dell'economia e delle finanze sono riconosciuti all'Agenzia del demanio i maggiori costi sostenuti per le attività connesse all'attuazione del presente articolo, a valere sulle conseguenti maggiori entrate.

5. All'articolo 27, comma 13-ter, del decreto-legge 30 set-

RISCOSSIONE

tembre 2003, n. 269, convertito, con modificazioni, dalla legge 24 novembre 2003, n. 326, l'ultimo periodo è soppresso.

6. Il disposto dell'articolo 3, commi 18 e 19, del decreto-legge 25 settembre 2001, n. 351, convertito, con modificazioni, dalla legge 23 novembre 2001, n. 410, deve interpretarsi nel senso che lo Stato, gli enti pubblici nonché le società di cui al comma 1 del citato articolo 3 del decreto-legge n. 351 del 2001 sono esonerati anche dall'obbligo di rendere le dichiarazioni urbanistiche richieste dalla legge per la validità degli atti nonché dall'obbligo di allegazione del certificato di destinazione urbanistica contenente le prescrizioni urbanistiche riguardanti le aree interessate dal trasferimento.

7. Gli immobili siti in Roma, via Nicola Salvi n. 68 e via Monte Oppio n. 12, già inseriti nelle procedure di vendita di cui al decreto-legge 25 settembre 2001, n. 351, convertito, con modificazioni, dalla legge 23 novembre 2001, n. 410, sono esclusi da dette procedure di vendita [5].

[1] *Articolo inserito dall'articolo 1, comma 1, della Legge 2 dicembre 2005, n. 248, in sede di conversione.*
[2] *Comma modificato dall'articolo 3, comma 2, del D.L. 30 novembre 2013, n. 133, convertito con modificazioni dalla Legge 29 gennaio 2014, n. 5, dall'articolo 20, comma 4-quater, del D.L. 12 settembre 2014, n. 133, convertito con modificazioni dalla Legge 11 novembre 2014, n. 164 e successivamente dall'articolo 5, comma 5-bis, lettera a), del D.L. 27 gennaio 2022, n. 4, convertito con modificazioni dalla Legge 28 marzo 2022, n. 25.*
[3] *Comma modificato dall'articolo 5, comma 5-bis, lettera b), del D.L. 27 gennaio 2022, n. 4, convertito con modificazioni dalla Legge 28 marzo 2022, n. 25.*
[4] *Comma modificato dall'articolo 5, comma 5-bis, lettera c), del D.L. 27 gennaio 2022, n. 4, convertito con modificazioni dalla Legge 28 marzo 2022, n. 25.*
[5] *La Corte Costituzionale, con sentenza 13 luglio 2007, n. 267 (in Gazz. Uff. 18 luglio 2007, n. 28), ha dichiarato l'illegittimità costituzionale del presente comma.*

11 *sexies*. Razionalizzazione ed incremento dell'efficienza del settore del controllo del traffico aereo.[1] – 1. All'articolo 5 del decreto-legge 4 marzo 1989, n. 77, convertito, con modificazioni, dalla legge 5 maggio 1989, n. 160, sono apportate le seguenti modificazioni:

a) al comma 1, lettera b), le parole: "ed i voli" sono sostituite dalle seguenti: ", comunitari e";

b) al comma 3 le parole da: "secondo la formula: " fino alla fine del comma sono sostituite dalle seguenti: "secondo la formula: «T=CTT * p * a», nella quale «T» è l'ammontare della tassa, «CTT» è il coefficiente unitario di tassazione di terminale, «p» è il coefficiente di peso ricavato elevando il peso massimo dell'aeromobile al decollo come definito dall'articolo 6 della legge 11 luglio 1977, n. 411, ad un valore determinato con decreto del Ministro delle infrastrutture e dei trasporti, tenuto conto dell'effettivo costo di erogazione del servizio di controllo al volo in base al peso degli aeromobili. Fino all'emanazione di detto decreto il valore cui elevare il peso è stabilito in 0,95. Il coefficiente «a» è determinato con decreto del Ministro delle infrastrutture e dei trasporti, tenuto conto dell'effettivo costo di assistenza al volo sostenuto per categoria di aeroporto; fino all'emanazione del decreto di determinazione del coefficiente, «a» è pari a 1 per tutti gli aeroporti";

c) al comma 4, le parole da: "costo complessivo previsto" a: "intera rete aeroportuale" sono sostituite dalle seguenti: "costo complessivo ammesso per i servizi di terminale nel complesso degli aeroporti, al netto dei costi previsti negli aeroporti nei quali si sviluppa, singolarmente, un traffico in termini di unità di servizio inferiore all'1,5 per cento del totale previsto per l'anno di applicazione della tariffa sull'intera rete nazionale e comunque non superiore ad un numero di unità di servizio stabilito con decreto del Ministro delle infrastrutture e dei trasporti, di concerto con il Ministro dell'economia e delle finanze, nonché della sommatoria dei costi previsti nei restanti aeroporti per fornire un numero di unità di servizio pari all'1,5 per cento del totale previsto per l'anno di applicazione della tariffa sull'intera rete nazionale e comunque non superiore ad un numero di unità di servizio stabilito con decreto del Ministro delle infrastrutture e dei trasporti, di concerto con il Ministro dell'economia e delle finanze";

d) il comma 5 è sostituito dal seguente:

"5. Per i soli voli nazionali e comunitari, la tassa di terminale di cui al comma 1, lettera b), può essere applicata in misura ridotta fino al 50 per cento. La quota di riduzione è stabilita con decreto del Ministro delle infrastrutture e dei trasporti, di concerto con il Ministro dell'economia e delle finanze; fino all'emanazione di tale decreto la riduzione è stabilita nella misura del 50 per cento";

e) al comma 6 le parole: "dall'articolo 7 della legge 11 luglio 1977, n. 411" sono sostituite dalle seguenti: "dall'articolo 4 della legge 20 dicembre 1995, n. 575";

f) dopo il comma 7 è inserito il seguente:

"7-bis. I coefficienti unitari di tassazione, di cui al comma 4 del presente articolo e di cui all'articolo 3 della legge 11 luglio 1977, n. 411, sono determinati secondo parametri di efficientamento dei costi indicati nel contratto di programma di cui all'articolo 9, comma 2, della legge 21 dicembre 1996, n. 665. Nel contratto di programma è assegnato all'Azienda un obiettivo di recupero della produttività tenendo conto del livello qualitativo e quantitativo dei servizi offerti, delle esigenze di recupero dei costi, in base a criteri di efficienza e di sviluppo delle strutture di assistenza al volo, dell'effettivo conseguimento degli obiettivi di sicurezza, nonché di un sistema di contabilità analitica, certificato da società di revisione contabile, che consenta l'individuazione dei ricavi e dei costi di competenza afferenti a ciascuno dei servizi, regolamentati e non regolamentati";

g) al comma 8, la lettera b) è sostituita dalla seguente: "b) i mancati introiti dell'Azienda in base a quanto previsto dai commi 4 e 5 del presente articolo";

h) al comma 9, le parole da: "di cui al comma 1" fino alla fine del comma sono sostituite dalle seguenti: "è determinato con decreto del Ministro delle infrastrutture e dei trasporti, di concerto con il Ministro dell'economia e delle finanze, sulla base di un'istruttoria effettuata dall'ENAC sentita l'Azienda".

2. Per l'anno 2006, l'obiettivo di recupero della produttività di cui al comma 7-bis dell'articolo 5 del decreto-legge n. 77 del 1989, convertito, con modificazioni, dalla legge n. 160 del 1989, introdotto dal comma 1 del presente articolo, è determinato in misura non inferiore al 5 per cento.

3. Per gli interventi di cui al comma 1, lettera c), è autorizzata la spesa di 32 milioni di euro annui a decorrere dall'anno 2006. Per gli interventi di cui al comma 1, lettera d), è autorizzata la spesa di 20 milioni di euro a decorrere dall'anno 2006.

[1] *Articolo inserito dalla legge 2 dicembre 2005, n. 248, in sede di conversione.*

11 *septies*. Interventi a favore della sicurezza degli impianti ed operativa.[(1)] – 1. All'art. 2, comma 11, della legge 24 dicembre 2003, n. 350, le parole: "per la parte eccedente 30 milioni di euro" sono sostituite dalle seguenti: "quanto a 30 milioni di euro, in un apposito fondo istituito presso il Ministero delle infrastrutture e dei trasporti destinato a compensare ENAV S.p.a., secondo modalità regolate dal contratto di servizio di cui all'articolo 9 della legge 21 dicembre 1996, n. 665, per i costi sostenuti da ENAV S.p.a. per garantire la sicurezza ai propri impianti e per garantire la sicurezza operativa e, quanto alla residua quota,".

2. Per l'attuazione del comma 1 è autorizzata la spesa di 30 milioni di euro annui a decorrere dall'anno 2006.

(1) *Articolo inserito dalla legge 2 dicembre 2005, n. 248, in sede di conversione.*

11 *octies*. Compensazione per gli eventi dell'11 settembre 2001.[(1)] – 1. È autorizzata la spesa di 13 milioni di euro per l'anno 2005 per la liquidazione dei risarcimenti dei danni di cui all'articolo 2, comma 1-bis, del decreto-legge 27 dicembre 2001, n. 450, convertito, con modificazioni, dalla legge 27 febbraio 2002, n. 14. Le modalità e i termini delle liquidazioni dei predetti risarcimenti sono stabiliti con il decreto di cui al comma 1-septies dall'articolo 2 del decreto-legge n. 450 del 2001, convertito, con modificazioni, dalla legge n. 14 del 2002.

(1) *Articolo inserito dalla legge 2 dicembre 2005, n. 248, in sede di conversione.*

11 *nonies*. Razionalizzazione e incremento dell'efficienza del settore dei gestori aeroportuali.[(1)(2)] – 1. Alla legge 24 dicembre 1993, n. 537, sono apportate le seguenti modificazioni:

a) il comma 10 dell'articolo 10 è sostituito dal seguente:

"10. La misura dei diritti aeroportuali di cui alla legge 5 maggio 1976, n. 324, è determinata per i singoli aeroporti, sulla base di criteri stabiliti dal CIPE, con decreti del Ministro delle infrastrutture e dei trasporti, di concerto con il Ministro dell'economia e delle finanze. Con i medesimi decreti viene altresì fissata, per un periodo predeterminato, comunque compreso tra tre e cinque anni, la variazione massima annuale applicabile ai medesimi diritti aeroportuali. La variazione è determinata prendendo a riferimento il tasso di inflazione programmato, l'obiettivo di recupero della produttività assegnato al gestore aeroportuale, la remunerazione del capitale investito, gli ammortamenti dei nuovi investimenti realizzati con capitale proprio o di credito, che sono stabiliti in contratti di programma stipulati tra l'Ente nazionale per l'aviazione civile (ENAC) e il gestore aeroportuale, approvati dal Ministro delle infrastrutture e dei trasporti di concerto con il Ministro dell'economia e delle finanze. La misura iniziale dei diritti e l'obiettivo di recupero della produttività assegnato vengono determinati tenendo conto:

a) di un sistema di contabilità analitica, certificato da società di revisione contabile, che consenta l'individuazione dei ricavi e dei costi di competenza afferenti a ciascuno dei servizi, regolamentati e non regolamentati, quali lo svolgimento di attività commerciali, offerti sul sedime aeroportuale;

b) del livello qualitativo e quantitativo dei servizi offerti;

c) delle esigenze di recupero dei costi, in base a criteri di efficienza e di sviluppo delle strutture aeroportuali;

d) dell'effettivo conseguimento degli obiettivi di tutela ambientale;

e) di una quota non inferiore al 50 per cento del margine conseguito dal gestore aeroportuale in relazione allo svolgimento nell'ambito del sedime aeroportuale di attività non regolamentate";

b) dopo il comma 10 sono inseriti i seguenti:

"10-bis. È soppressa la maggiorazione del 50 per cento dei diritti aeroportuali applicata nei casi di approdo o partenza nelle ore notturne, di cui alla legge 5 maggio 1976, n. 324.

10-ter. Il Ministro delle infrastrutture e dei trasporti, di concerto con il Ministro dell'economia e delle finanze, può definire norme semplificative, rispetto a quelle previste al comma 10, per la determinazione dei diritti aeroportuali per gli aeroporti aventi un traffico inferiore a 600.000 unità di carico, ciascuna equivalente ad un passeggero o cento chili di merce o di posta.

10-quater. La metodologia di cui al comma 10 si applica anche per la determinazione dei corrispettivi per i servizi di sicurezza previsti dall'articolo 5, comma 3, del decreto-legge 18 gennaio 1992, n. 9, convertito, con modificazioni, dalla legge 28 febbraio 1992, n. 217, nonché per la determinazione della tassa di imbarco e sbarco sulle merci trasportate per via aerea in base al decreto-legge 28 febbraio 1974, n. 47, convertito, con modificazioni, dalla legge 16 aprile 1974, n. 117" [(3)].

2. Il comma 190 dell'articolo 2 della legge 23 dicembre 1996, n. 662, è abrogato.

(1) *Articolo inserito dalla legge 2 dicembre 2005, n. 248, in sede di conversione.*
(2) *La Corte Costituzionale, con sentenza 7 marzo 2008, n. 51 (in Gazz. Uff., 12 marzo 2008, n. 12), ha dichiarato l'illegittimità del presente articolo, nella parte in cui non prevede che, prima dell'adozione della delibera CIPE, sia acquisito il parere della Conferenza unificata.*
(3) *Vedi, anche, l'articolo 1 del D.M. 3 febbraio 2006.*

11 *decies*. Competitività del sistema aeroportuale.[(1)] – 1. Al fine di incrementare la competitività e razionalizzare il sistema del trasporto aereo nazionale, i canoni di concessione demaniale, istituiti dal decreto-legge 28 giugno 1995, n. 251, convertito, con modificazioni, dalla legge 3 agosto 1995, n. 351, sono ridotti del 75 per cento fino alla data di introduzione del sistema di determinazione dei diritti aeroportuali di cui all'articolo 11-nonies del presente decreto.

2. Fino alla determinazione dei diritti aeroportuali di cui alla legge 5 maggio 1976, n. 324, secondo le modalità previste nel comma 10 dell'articolo 10 della legge 24 dicembre 1993, n. 537, come sostituito dall'articolo 11-nonies del presente decreto, la misura dei diritti aeroportuali attualmente in vigore è ridotta in misura pari all'importo della riduzione dei canoni demaniali di cui al comma 1 del presente articolo. Detta misura è ulteriormente ridotta del 10 per cento per i gestori che non adottano un sistema di contabilità analitica, certificato da società di revisione contabile, che consenta l'individuazione, per tutti i servizi offerti, dei ricavi e dei costi di competenza afferenti a ciascun singolo servizio.

3. Alle minori entrate derivanti dall'attuazione del presen-

te articolo, valutate in 42 milioni di euro a decorrere dall'anno 2006, si provvede ai sensi dell'articolo 12 (2)(3)(4).

(1) *Articolo inserito dalla legge 2 dicembre 2005, n. 248, in sede di conversione.*
(2) *Per la riduzione dell'autorizzazione di spesa, per l'anno 2013, di cui al presente comma vedi l'articolo 15, comma 3, lettera b), del D.L. 31 agosto 2013, n. 102, convertito, con modificazioni, in Legge 28 ottobre 2013, n. 124.*
(3) *Per una riduzione dei trasferimenti correnti da parte dello Stato all'Ente Nazionale per l'Aviazione Civile di cui al presente articolo, vedi l'articolo 13, comma 18 del D.L. 23 dicembre 2013, n. 145, convertito, con modificazioni, dalla Legge 21 febbraio 2014, n. 9.*
(4) *Per la riduzione di spesa di cui al presente comma vedi l'articolo 28, comma 2, del D.L. 12 settembre 2014, n. 133, convertito, con modificazioni, dalla Legge 11 novembre 2014, n. 164.*

11 *undecies*. Sviluppo delle infrastrutture aeroportuali.(1) – 1. La programmazione degli interventi infrastrutturali per il settore dell'aviazione civile, di competenza del Ministero delle infrastrutture e dei trasporti, soddisfa, in via prioritaria, le esigenze dei collegamenti con gli aeroporti d'interesse nazionale e, in particolare, con gli hub aeroportuali di Roma Fiumicino e di Milano Malpensa.

2. I piani d'intervento infrastrutturale dell'Ente nazionale per l'aviazione civile (ENAC) e dell'Ente nazionale per l'assistenza al volo (ENAV Spa) sono redatti in coerenza con le linee d'indirizzo contenute nella programmazione di cui al comma 1, consultate le associazioni rappresentative dei vettori aerei e dei gestori aeroportuali (2).

(1) *Articolo inserito dalla legge 2 dicembre 2005, n. 248, in sede di conversione.*
(2) *La Corte Costituzionale, con sentenza 7 marzo 2008, n. 51 (in Gazz. Uff., 12 marzo 2008, n. 12), ha dichiarato l'illegittimità del presente comma, nella parte in cui, con riferimento ai piani di intervento infrastrutturale, non prevede che sia acquisito il parere della Regione interessata.*

11 *duodecies*. Sicurezza aeroportuale.(1) – 1. Con decreto del Ministro delle infrastrutture e dei trasporti e del Ministro dell'interno, emanato entro novanta giorni dalla data di entrata in vigore del presente decreto, previa istruttoria effettuata dall'ENAC, sono definite le attività necessarie a garantire la sicurezza aeroportuale relativa al controllo bagagli e passeggeri, lo svolgimento delle quali è affidato ai gestori aeroportuali ed ai vettori, individuando le diverse competenze e responsabilità agli stessi assegnate.

2. Con decreto del Ministro delle infrastrutture e dei trasporti, tenuto conto della imputazione delle attività definite con il decreto di cui al comma 1, è definita la ripartizione, tra gestori aeroportuali e vettori, dei corrispettivi stabiliti in base all'articolo 5, comma 3, del decreto-legge 18 gennaio 1992, n. 9, convertito, con modificazioni, dalla legge 28 febbraio 1992, n. 217 (2).

(1) *Articolo inserito dalla legge 2 dicembre 2005, n. 248, in sede di conversione.*
(2) *Vedi, anche, l'articolo 1 del D.M. 3 febbraio 2006.*

11 *terdecies*. Royalties sui carburanti.(1) – 1. In applicazione alla normativa di settore, per i servizi regolamentati o comunque sottoposti alla vigilanza dell'ENAC in base alla direttiva 96/67/CE del Consiglio, del 15 ottobre 1996, non possono essere applicati dai gestori aeroportuali e dai fornitori dei servizi sovrapprezzi, in particolare royalties sulla fornitura di carburanti, non effettivamente connessi ai costi sostenuti per l'offerta del medesimo servizio.

(1) *Articolo inserito dalla legge 2 dicembre 2005, n. 248, in sede di conversione.*

11 *quaterdecies*. Interventi infrastrutturali, per la ricerca e per l'occupazione.(1) – 1. Per consentire l'organizzazione e l'adeguamento degli impianti e attrezzature necessari allo svolgimento dei Campionati mondiali di nuoto che si terranno a Roma nel 2009 e dei Giochi del Mediterraneo che si terranno a Pescara nel medesimo anno, il Dipartimento della protezione civile è autorizzato a provvedere con contributi quindicennali nei confronti dei soggetti competenti. A tal fine è autorizzata la spesa annua di 2 milioni di euro per quindici anni a decorrere dal 2007, nonché quella annua di 2 milioni di euro per quindici anni a decorrere dall'anno 2008, da ripartire in eguale misura tra le manifestazioni di cui al primo periodo del presente comma.

[2. Per l'organizzazione e l'adeguamento infrastrutturale necessario alla realizzazione del convegno internazionale interconfessionale, è autorizzata la spesa di 5 milioni di euro per l'anno 2006.] (2)

3. Per la prosecuzione degli interventi previsti dall'articolo 1, comma 279, della legge 30 dicembre 2004, n. 311, è autorizzata la spesa di ulteriori 3 milioni di euro a decorrere dall'anno 2006; è altresì autorizzata la spesa di ulteriori 1,5 milioni di euro per la prosecuzione degli interventi previsti dall'articolo 1, comma 278, della citata legge n. 311 del 2004in favore della Facoltà ivi indicata della Seconda Università degli studi di Napoli (3).

4. Al comma 2 dell'articolo 2 del decreto-legge 24 dicembre 2002, n. 282, convertito, con modificazioni, dalla legge 21 febbraio 2003, n. 27, e successive modificazioni, sono apportate le seguenti modificazioni:

a) al primo periodo, le parole: "1° luglio 2003" sono sostituite dalle seguenti: "1° gennaio 2005";

b) al secondo periodo, le parole: "30 giugno 2005" sono sostituite dalle seguenti: "30 giugno 2006";

c) al terzo periodo, le parole: "30 giugno 2005" sono sostituite dalle seguenti: "30 giugno 2006".

5. Le regioni e le province autonome di Trento e di Bolzano, sentito il parere dell'Istituto nazionale per la fauna selvatica o, se istituti, degli istituiti regionali, possono, sulla base di adeguati piani di abbattimento selettivi, distinti per sesso e classi di età, regolamentare il prelievo di selezione degli ungulati appartenenti alle specie cacciabili anche al di fuori dei periodi e degli orari di cui alla legge 11 febbraio 1992, n. 157.

6. Al comma 1 dell'articolo 70 del decreto legislativo 10 settembre 2003, n. 276, è aggiunta la seguente lettera: "e-ter) dell'esecuzione di vendemmie di breve durata e a carattere saltuario, effettuata da studenti e pensionati". A tal fine è autorizzata la spesa annua di 200.000 euro dal 2006.

7. Al fine di garantire i livelli occupazionali nel parco nazionale d'Abruzzo, Lazio e Molise, è erogata a favore dell'ente parco nazionale d'Abruzzo, Lazio e Molise la somma di euro 2.500.000, a decorrere dall'anno 2006, per consentire la stabilizzazione del personale fuori ruolo operante presso l'ente. Le relative stabilizzazioni sono effettuate nei limiti delle risorse assegnate con il presente comma e nel rispetto delle normative vigenti in materia di assunzioni, anche in soprannumero. I rapporti di lavoro in essere con il

personale che presta attività professionale e collaborazione presso l'ente parco sono regolati, sulla base di nuovi contratti che verranno stipulati dall'ente, a decorrere dal 1° gennaio 2006, fino alla definitiva stabilizzazione del suddetto personale e, comunque, non oltre il 31 dicembre 2007 nei limiti delle risorse di cui al primo periodo. Al relativo onere si provvede attraverso riduzione del fondo di cui al comma 96 dell'articolo 1 della legge 30 dicembre 2004, n. 311.

8. Il comma 12 dell'articolo 9 della legge 6 dicembre 1991, n. 394, è sostituito dal seguente:

"12. Gli organi dell'Ente parco durano in carica cinque anni".

9. All'articolo 17, commi 1, 2 e 6, lettera a), del decreto legislativo 13 gennaio 2003, n. 36, e successive modificazioni, le parole: "31 dicembre 2005" sono sostituite dalle seguenti: "31 dicembre 2006". La disposizione del presente comma non si applica alle discariche di II categoria, di tipo A, di tipo ex 2A e alle discariche per inerti cui si conferiscono materiali di matrice cementizia contenenti amianto, per le quali il termine di conferimento è fissato alla data di entrata in vigore della legge di conversione del presente decreto [(4)].

10. Il contributo di cui alla legge 23 settembre 1993, n. 379, è aumentato, a decorrere dall'anno 2006, ad euro 2.300.000. Per le attività e il conseguimento delle finalità scientifiche del Polo nazionale di cui alla tabella A prevista dall'articolo 1 della legge 29 ottobre 2003, n. 291, viene riconosciuto alla Sezione italiana dell'Agenzia internazionale per la prevenzione della cecità un contributo annuo di euro 750.000. È concesso un contributo di 1 milione di euro per ciascuno degli anni 2006, 2007 e 2008 in favore dell'ente morale riconosciuto con decreto del Presidente della Repubblica 19 maggio 1967, n. 516. Il contributo di cui all'articolo 1, comma 113, della legge 30 dicembre 2004, n. 311, deve essere inteso come contributo statale annuo ordinario; a decorrere dall'anno 2006 esso è pari a 400.000 euro. Per le finalità di cui all'articolo 1, comma 187, della legge 30 dicembre 2004, n. 311, è autorizzata per il 2006 la spesa di 15 milioni di euro e per ciascuno degli anni 2007 e 2008 la spesa di un milione di euro. In favore della Lega italiana tumori è autorizzata la spesa di 1 milione di euro per ciascuno degli anni 2006, 2007 e 2008 [(5)].

11. In considerazione del rilievo nazionale e internazionale nella sperimentazione sanitaria di elevata specializzazione e nella cura delle patologie nel campo dell'oftalmologia, per l'anno 2006 è autorizzata la concessione di un contributo di 1 milione di euro in favore della Fondazione «G.B. Bietti» per lo studio e la ricerca in oftalmologia, con sede in Roma. Allo scopo di promuovere il miglioramento della salute e di offrire ai cittadini alti livelli di assistenza ospedaliera, è autorizzata la concessione di un contributo associativo nel limite di 50.000 euro annui per ciascuno degli anni 2006, 2007 e 2008 in favore del Comitato permanente degli Ospedali dell'Unione europea (Hope) con sede in Belgio. È autorizzata la spesa di 219.000 euro, per l'anno 2006, 500.000 euro per l'anno 2007 e 500.000 euro per l'anno 2008 per l'interconnessione e la formazione sanitaria tra centri sanitari all'estero e in Italia che il Ministro della salute, il Ministro per gli italiani nel Mondo, il Ministro degli affari esteri, il Ministro dell'istruzione, dell'università e della ricerca e il Ministro per l'innovazione e le tecnologie attuano congiuntamente avvalendosi, in particolare, dell'Associazione denominata «Alleanza degli Ospedali italiani nel mondo», da essi congiuntamente costituita in data 2 febbraio 2004.

12. Il prestito vitalizio ipotecario ha per oggetto la concessione da parte di banche nonché di intermediari finanziari, di cui all'articolo 106 del testo unico di cui al decreto legislativo 1° settembre 1993, n. 385, e successive modificazioni, di finanziamenti a medio e lungo termine, con capitalizzazione annuale di interessi e di spese, riservati a persone fisiche con età superiore a sessanta anni compiuti, il cui rimborso integrale in un'unica soluzione può essere richiesto al momento della morte del soggetto finanziato ovvero qualora vengano trasferiti, in tutto o in parte, la proprietà o altri diritti reali o di godimento sull'immobile dato in garanzia o si compiano atti che ne riducano significativamente il valore, inclusa la costituzione di diritti reali di garanzia in favore di terzi che vadano a gravare sull'immobile [(6)].

12-bis. È fatta salva la volontà del finanziato di concordare, al momento della stipulazione del contratto, modalità di rimborso graduale della quota di interessi e delle spese, prima del verificarsi degli eventi di cui al comma 12, sulla quale non si applica la capitalizzazione annuale degli interessi. In caso di inadempimento si applica l'articolo 40, comma 2, del testo unico di cui al decreto legislativo 1° settembre 1993, n. 385 [(7)].

12-ter. Ai fini dell'applicazione della disciplina prevista dagli articoli 15 e seguenti del decreto del Presidente della Repubblica 29 settembre 1973, n. 601, e successive modificazioni, non rileva la data di rimborso del prestito vitalizio ipotecario [(8)].

12-quater. I finanziamenti di cui al comma 12 del presente articolo sono garantiti da ipoteca di primo grado su immobili residenziali e agli stessi si applica l'articolo 39, commi 1, 2, 3, 4 e 7, del testo unico di cui al decreto legislativo 1° settembre 1993, n. 385. L'ipoteca di primo grado a garanzia del finanziamento di cui al comma 12 non può essere iscritta contemporaneamente su più immobili di proprietà del finanziato. Qualora il finanziamento non sia integralmente rimborsato entro dodici mesi dal verificarsi degli eventi di cui al citato comma 12, il finanziatore vende l'immobile ad un valore pari a quello di mercato, determinato da un perito indipendente incaricato dal finanziatore, utilizzando le somme ricavate dalla vendita per estinguere il credito vantato in dipendenza del finanziamento stesso. Trascorsi ulteriori dodici mesi senza che sia stata perfezionata la vendita, tale valore viene decurtato del 15 per cento per ogni dodici mesi successivi fino al perfezionamento della vendita dell'immobile. In alternativa, l'erede può provvedere alla vendita dell'immobile, in accordo con il finanziatore, purché la compravendita si perfezioni entro dodici mesi dal conferimento dello stesso. Le eventuali somme rimanenti, ricavate dalla vendita e non portate a estinzione del predetto credito, sono riconosciute al soggetto finanziato o ai suoi aventi causa. L'importo del debito residuo non può superare il ricavato della vendita dell'immobile, al netto delle spese sostenute. Nei confronti dell'acquirente dell'immobile non hanno effetto le domande giudiziali di cui all'articolo 2652, primo comma, numeri 7) e 8), del codice civile trascritte successivamente alla trascrizione dell'acquisto [(9)].

12-quinquies. Il Ministro dello sviluppo economico, entro tre mesi dalla data di entrata in vigore della presente disposizione, sentite l'Associazione bancaria italiana e le associazioni dei consumatori, con proprio decreto, adotta un regolamento nel quale sono stabilite le regole per l'offerta dei prestiti vitalizi ipotecari e sono individuati i casi e le formalità che comportino una riduzione significativa del valore di mercato dell'immobile, tale da giustificare la richiesta di rimborso integrale del finanziamento, e con il quale garantire trasparenza e certezza dell'importo oggetto del finanziamento, dei termini di pagamento, degli interessi e di ogni altra spesa dovuta [10].

12-sexies. I finanziamenti stipulati prima della data di entrata in vigore della presente disposizione continuano a essere regolati dalle disposizioni vigenti a tale data [11].

13. Entro ventiquattro mesi dalla data di entrata in vigore della legge di conversione del presente decreto, il Ministro delle attività produttive di concerto con il Ministro dell'ambiente e della tutela del territorio, emana uno o più decreti, ai sensi dell'articolo 17 della legge 23 agosto 1988, n. 400, volti a disciplinare:

a) il riordino delle disposizioni in materia di attività di installazione degli impianti all'interno degli edifici [12];

b) la definizione di un reale sistema di verifiche degli impianti di cui alla lettera a) con l'obiettivo primario di tutelare gli utilizzatori degli impianti garantendo una effettiva sicurezza;

c) la determinazione delle competenze dello Stato, delle regioni e degli enti locali secondo i principi di sussidiarietà e di leale collaborazione, anche tramite lo strumento degli accordi in sede di Conferenza unificata di cui all'articolo 8 del decreto legislativo 28 agosto 1997, n. 281;

d) la previsione di sanzioni in caso di violazione degli obblighi stabiliti dai provvedimenti previsti alle lettere a) e b).

14. Per la prosecuzione ed il completamento degli interventi di cui all'articolo 52, comma 21 della legge 27 dicembre 2002, n. 289, è autorizzata la spesa di 10 milioni di euro a decorrere dall'anno 2006.

15. Al comma 4 dell'articolo 1 della legge 9 dicembre 1998, n. 426, dopo la lettera p-terdecies), è aggiunta la seguente:

"p-quaterdecies) area del territorio di cui al decreto del Presidente del Consiglio dei Ministri 19 maggio 2005, pubblicato nella Gazzetta Ufficiale n. 122 del 27 maggio 2005".

16. Ai fini dell'applicazione del decreto legislativo 30 dicembre 1992, n. 504, la disposizione prevista dall'articolo 2, comma 1, lettera b) dello stesso decreto si interpreta nel senso che un'area è da considerare comunque fabbricabile se è utilizzabile a scopo edificatorio in base allo strumento urbanistico generale, indipendentemente dall'adozione di strumenti attuativi del medesimo.

17. È autorizzato un contributo quindicennale di 1 milione di euro a decorrere dall'anno 2006 in favore dell'ANAS Spa per la realizzazione di lavori di raccordo stradale tra le strade pugliesi SP 231 e SP 238 [13].

18. Con decreto del Ministro delle attività produttive è determinata annualmente la quota risorse del Fondo speciale rotativo per l'innovazione tecnologica di cui all'articolo 14 della legge 17 febbraio 1982, n. 46, da destinare, a valere sulla quota erogata a fondo perduto, agli interventi previsti dal comma 270 dell'articolo 1 della legge 30 dicembre 2004, n. 311.

19. Il primo periodo del comma 1 dell'articolo 155 del testo unico delle imposte sui redditi, di cui al decreto del Presidente della Repubblica 22 dicembre 1986, n. 917, è sostituito dal seguente: "Il reddito imponibile dei soggetti di cui all'articolo 73, comma 1, lettera a), derivante dall'utilizzo in traffico internazionale delle navi indicate nell'articolo 8-bis, comma 1, lettera a), del decreto del Presidente della Repubblica 26 ottobre 1972, n. 633, e successive modificazioni, iscritte nel registro internazionale di cui al decreto-legge 30 dicembre 1997, n. 457, convertito, con modificazioni, dalla legge 27 febbraio 1998, n. 30, e dagli stessi armate, nonché delle navi noleggiate il cui tonnellaggio non sia superiore al 50 per cento di quello complessivamente utilizzato, è determinato ai sensi della presente sezione qualora il contribuente comunichi un'opzione in tal senso all'Agenzia delle entrate entro tre mesi dall'inizio del periodo d'imposta a partire dal quale intende fruirne con le modalità di cui al decreto previsto dall'articolo 161".

20. Per la prosecuzione degli interventi previsti dall'articolo 2 della legge 30 luglio 2002, n. 174, nonché per la realizzazione di opere di natura sociale, culturale e sportiva, è autorizzato un contributo quindicennale di 1 milione di euro a decorrere dall'anno 2006 [14].

21. All'articolo 1 del decreto-legge 24 dicembre 2003, n. 353, convertito, con modificazioni, dalla legge 27 febbraio 2004, n. 46, al comma 3 dopo le parole: "dell'ambiente naturale" sono inserite, le seguenti: ", le associazioni riconosciute a carattere nazionale aventi per oggetto statutario, da più di quaranta anni, lo svolgimento o la promozione di attività di ricerca oncologica" [15][16].

[1] *Articolo inserito dalla legge 2 dicembre 2005, n. 248, in sede di conversione.*
[2] *Comma abrogato dall'articolo 1, comma 575, della legge 23 dicembre 2005, n. 266.*
[3] *A norma dell'articolo 1, comma 338, della Legge 23 dicembre 2014, n. 190, il secondo periodo del presente comma è soppresso.*
[4] *Comma modificato dall'articolo 22-bis del D.L. 30 dicembre 2005, n. 273.*
[5] *Comma modificato dall'articolo 4 - ter del D.L. 5 dicembre 2005, n. 250.*
[6] *Comma sostituito dall'articolo 1 della Legge 2 aprile 2015 n.44.*
[7] *Comma inserito dall'articolo 1 della Legge 2 aprile 2015 n.44.*
[8] *Comma inserito dall'articolo 1 della Legge 2 aprile 2015 n.44.*
[9] *Comma inserito dall'articolo 1 della Legge 2 aprile 2015 n.44.*
[10] *Comma inserito dall'articolo 1 della Legge 2 aprile 2015 n.44.*
[11] *Comma inserito dall'articolo 1 della Legge 2 aprile 2015 n.44.*
[12] *Per il Regolamento di attuazione della presente lettera vedi il D.M. 22 gennaio 2008 n. 37.*
[13] *Comma modificato dall'articolo 3 del D.L. 10 gennaio 2006, n. 2.*
[14] *Comma modificato dall'articolo 39 septies decies del D.L. 30 dicembre 2005, n. 273.*
[15] *Vedi, anche, l'articolo 10 dell'O.P.C.M. 28 luglio 2006, n. 3536.*
[16] *Per l'autorizzazione di spesa per gli interventi di cui al presente articolo, vedi l'articolo 1, comma 1292, della legge 27 dicembre 2006, n. 296. In aggiunta agli stanziamenti previsti dal presente articolo l'articolo 2, comma 262, della legge 24 dicembre 2007, n. 244 ha autorizzato la spesa di 0,4 milioni di euro per l'anno 2008 e di 0,7 milioni di euro per quattordici anni a decorrere dal 2009, per l'organizzazione, l'impiantistica sportiva e gli interventi infrastrutturali dei Giochi del Mediterraneo che si terranno a Pescara nel 2009; l'articolo 2, comma 271, della legge 24 dicembre 2007, n. 244 ha autorizzato la spesa annua di 0,4 milioni di euro per quattordici anni a decorrere dal 2008 per l'organizzazione, l'impiantistica sportiva e gli interventi infrastrutturali dei Campionati del mondo di nuoto di Roma nel 2009.*

11 *quinquiesdecies*. Contrasto alla diffusione del gioco illegale.[1] – 1. Il Ministero dell'economia e delle finanze - Amministrazione autonoma dei monopoli di Stato definisce con propri provvedimenti entro il 30 aprile 2006, sentite le associazioni di categoria maggiormente rappresentative sul territorio nazionale dei soggetti operanti la raccolta dei giochi, nonché l'UNIRE per le scommesse sulle corse dei cavalli, le regole della raccolta, attraverso internet, televisione digitale, terrestre e satellitare, nonché attraverso la telefonia fissa e mobile, del lotto, del concorso pronostici enalotto, dei concorsi pronostici su base sportiva, delle scommesse a totalizzatore previste dal regolamento di cui al decreto del Ministro delle finanze 2 agosto 1999, n. 278, e della nuova scommessa ippica di cui all'articolo 1, comma 498, della legge 30 dicembre 2004, n. 311. I provvedimenti, valorizzando, anche per la tutela dell'ordine pubblico e del giocatore, le attuali reti di raccolta dei giochi e la diffusione dei mezzi di pagamento on line, prevedono, in particolare:

a) l'estrazione giornaliera della ruota nazionale del lotto, di cui all'articolo 1, comma 498, della legge 30 dicembre 2004, n. 311, nonché l'effettuazione giornaliera del concorso pronostici enalotto;

b) l'estensione, nel caso in cui non sia già previsto dalle vigenti convenzioni di concessione, dell'oggetto, alle condizioni vigenti, delle concessioni del lotto, del concorso pronostici enalotto, dei concorsi pronostici su base sportiva, delle scommesse a totalizzatore di cui al citato decreto ministeriale 2 agosto 1999, n. 278, e della nuova scommessa ippica di cui all'articolo 1, comma 498, della legge 30 dicembre 2004, n. 311, al gioco raccolto con i mezzi di partecipazione a distanza sopra indicati. La predetta estensione esclude ogni diversa modifica dell'oggetto delle concessioni e non comporta, l'attribuzione per ciascun concessionario, di giochi diversi da quelli dallo stesso gestiti in virtù della o delle concessioni conferite;

c) la possibilità di raccolta a distanza dei giochi di cui alla lettera b) da parte dei soggetti titolari di concessione per l'esercizio o per la raccolta dei giochi, concorsi o scommesse riservati allo Stato, i quali dispongono di un sistema di raccolta conforme ai requisiti tecnici ed organizzativi stabiliti dall'Amministrazione autonoma dei monopoli di Stato. I provvedimenti del Ministero dell'economia e delle finanze - Amministrazione autonoma dei monopoli di Stato definiscono criteri di connessione tra i soggetti che effettuano la raccolta a distanza e i soggetti titolari di concessione di cui alla lettera b), che garantiscono la sicurezza nelle transazioni in rete e la possibilità di collegamento tra tutti i concessionari di giochi, nonché le modalità di retribuzione di tali soggetti;

d) la commercializzazione dei mezzi di pagamento, ai sensi dell'articolo 1, commi 290 e 291, della legge 30 dicembre 2004, n. 311, attraverso le attuali reti di raccolta, del lotto, del concorso pronostici enalotto, dei concorsi pronostici su base sportiva, delle scommesse a totalizzatore di cui al citato decreto ministeriale 2 agosto 1999, n. 278, e della nuova scommessa ippica di cui all'articolo 1, comma 498, della legge 30 dicembre 2004, n. 311, assicurando che ciascuna rete commercializzi in via esclusiva i mezzi di pagamento relativi ai giochi da essa gestiti. I mezzi di pagamento sono utilizzati anche per la partecipazione a distanza dei giochi di cui al comma 292 del citato art. 1 della legge n. 311 del 2004. Per tali attività è riconosciuto un aggio pari al 6 per cento del valore dei mezzi di pagamento venduti (2).

2. Per il triennio 2006-2008 è introdotto, in via sperimentale, un meccanismo di variazione dell'aggio sui giochi del lotto, del concorso pronostici enalotto, del concorso pronostici totip, dei concorsi pronostici su base sportiva, delle scommesse a totalizzatore di cui al decreto ministeriale 2 agosto 1999, n. 278, della scommessa tris e della nuova scommessa ippica di cui all'articolo 1, comma 498, della legge 30 dicembre 2004, n. 311, correlato al livello di raccolta conseguito nell'anno precedente, basato sui seguenti criteri:

a) nel caso in cui nell'anno 2006, la raccolta dei giochi sopra richiamati, nonché di eventuali altri nuovi giochi distribuiti in ricevitoria, sia superiore a 11.200 milioni di euro, l'aggio riconosciuto ai ricevitori per la raccolta relativa all'anno 2007 è fissato nella misura del 9 per cento della raccolta ed il prelievo erariale relativo al concorso pronostici enalotto, al concorso pronostici totip, ai concorsi pronostici su base sportiva, alle scommesse a totalizzatore di cui al decreto ministeriale 2 agosto 1999, n. 278, alla scommessa tris ed alla nuova scommessa ippica di cui all'articolo 1, comma 498, della legge 30 dicembre 2004, n. 311, è diminuito di un punto percentuale rispetto alla raccolta;

b) nel caso in cui, nell'anno 2007, la raccolta dei giochi sopra richiamati, nonché di eventuali altri nuovi giochi distribuiti in ricevitoria, sia superiore a 11.600 milioni di euro, è confermata, per gli anni 2008 e successivi, la percentuale di aggio prevista dalla lettera a).

3. Entro il 30 giugno 2006, il Ministero dell'economia e delle finanze - Amministrazione autonoma dei monopoli di Stato individua, con proprio provvedimento, le modalità di determinazione e di pubblicizzazione del livello di raccolta conseguito dai giochi previsti dal comma 1.

4. Con decreto direttoriale del Ministero dell'economia e delle finanze - Amministrazione autonoma dei monopoli di Stato, da emanare entro sessanta giorni dalla data di entrata in vigore della legge di conversione del presente decreto, sono stabilite le modalità e le disposizioni tecniche occorrenti per l'attuazione di formule di gioco opzionali, complementari al concorso pronostici enalotto ed al gioco del lotto, senza variazioni nella misura dell'aggio, basate sui seguenti principi:

a) posta di gioco per ogni combinazione pari a 0,50 euro;

b) restituzione al giocatore non inferiore al 50 per cento dell'ammontare complessivo delle poste di gioco;

c) autonomia dei premi rispetto a quelli previsti dalle formule di gioco attuali;

d) introduzione di premi istantanei, cumulabili con gli eventuali premi a punteggio;

e) possibilità di accesso al gioco attraverso mezzi di comunicazione a distanza ai sensi del comma 1.

[5. Per garantire l'effettiva concorrenza e competitività nel settore del gioco e delle scommesse, il concessionario delle scommesse ippiche e sportive non può essere titolare di oltre cento agenzie sul territorio nazionale. A tal fine, nel numero di agenzie si considerano anche i soggetti controllanti o controllati, ovvero sottoposti, anche per interposta persona, ai sensi dell'articolo 2359 del codice civile.] (3)

6. Al fine di contrastare la diffusione del gioco irregolare ed illegale, ciascun affidatario delle concessioni previste dal regolamento di cui al decreto del Presidente della Repubblica 8 aprile 1998, n. 169, o dal regolamento di cui al decreto del Ministro delle finanze 2 giugno 1998, n. 174, esercita la propria attività anche mediante l'apertura di tre sportelli distaccati, presso sedi diverse dai locali nei quali si effettua già la raccolta delle scommesse, ma comunque ubicati nella stessa regione, da attivare entro il 31 marzo 2006 e fino alla operatività del riordino del settore delle scommesse sportive di cui all'articolo 1, commi 286 e 287, della legge 30 dicembre 2004, n. 311. L'apertura degli sportelli distaccati non

determina alcun diritto preferenziale nell'ambito della procedura di riordino del comparto delle scommesse sportive di cui ai citati commi. Con uno o più provvedimenti, da adottare entro il 31 gennaio 2006, il Ministero dell'economia e delle finanze - Amministrazione autonoma dei monopoli di Stato determina le modalità di apertura degli sportelli distaccati di raccolta delle scommesse, assicurando priorità ai comuni con popolazione superiore a 15.000 abitanti, attualmente non serviti da agenzie di scommesse.

[7. All'articolo 19 del decreto del Presidente della Repubblica 26 ottobre 1972, n. 633, sono apportate le seguenti modificazioni:

a) al comma 3 è aggiunta la seguente lettera:

"e-bis) le operazioni inerenti e connesse all'organizzazione ed all'esercizio delle attività di cui all'articolo 10, numeri 6) e 7), e le prestazioni di mandato, mediazione e intermediazione relative a dette operazioni";

b) al comma 5, è aggiunto, in fine, il seguente periodo: "La disposizione di cui al presente comma non si applica alle operazioni di cui all'articolo 10, numeri 6) e 7), e alle prestazioni di mandato, mediazione e intermediazione relative a dette operazioni".] (4)

[8. L'applicazione delle disposizioni di cui al comma 7 è subordinata alla preventiva approvazione da parte della Commissione europea ai sensi dell'articolo 88, paragrafo 3, del Trattato istitutivo della Comunità europea.] (4)

9. A decorrere dal 1° gennaio 2006, la posta unitaria per le scommesse diverse da quelle sulle corse dei cavalli è stabilita in 1 euro e l'importo minimo per ogni biglietto giocato non può essere inferiore a tre euro. Eventuali variazioni della posta unitaria per qualunque tipo di scommessa sono determinate con provvedimento del Ministero dell'economia e delle finanze - Amministrazione autonoma dei monopoli di Stato, sentita l'UNIRE per le scommesse sulle corse dei cavalli (5).

10. Il personale dipendente dalla CONI servizi S.p.A. per effetto dell'articolo 8 del decreto-legge 8 luglio 2002, n. 138, convertito, con modificazioni, dalla legge 8 agosto 2002, n. 178, in posizione di distacco presso l'Amministrazione autonoma dei monopoli di Stato e con oneri a carico della predetta Amministrazione, è trasferito, a domanda, nei ruoli della citata Amministrazione, con le modalità previste dall'articolo 1, comma 124, della legge 30 dicembre 2004, n. 311.

11. Ferme restando le previsioni dell'articolo 1, commi 290 e 291, della legge 30 dicembre 2004, n. 311, entro il 31 gennaio 2006 il Ministero dell'economia e delle finanze - Amministrazione autonoma dei monopoli di Stato definisce, con propri provvedimenti, misure per la regolamentazione della raccolta a distanza delle scommesse, del bingo e delle lotterie attraverso Internet, televisione digitale, terrestre e satellitare, nonché attraverso la telefonia fissa e mobile. I provvedimenti, nel quadro di modalità di gioco atte a garantire la sicurezza del giocatore, la tutela dell'ordine pubblico e la possibilità di connessione a tutti gli altri operatori, prevedono in particolare:

a) la possibilità di raccolta da parte dei soggetti titolari di concessione per l'esercizio di giochi, concorsi o scommesse riservati allo Stato, i quali dispongano di un sistema di raccolta conforme ai requisiti tecnici ed organizzativi stabiliti dall'Amministrazione autonoma dei monopoli di Stato, delle lotterie differite ed istantanee con partecipazione a distanza previste dall'articolo 1, comma 292, della legge 30 dicembre 2004, n. 311. Per tale attività è riconosciuto un aggio pari all'8 per cento della raccolta effettuata;

[b) la possibilità di attivazione, da parte dei concessionari per l'esercizio delle scommesse a quota fissa, di apparecchiature che consentono al giocatore, in luoghi diversi dai locali della sede autorizzata, l'effettuazione telematica delle giocate verso tutti i concessionari autorizzati all'esercizio di tali scommesse, nel rispetto del divieto di intermediazione nella raccolta delle scommesse e tenendo conto delle specifiche discipline relative alla raccolta a distanza delle scommesse previste dal regolamento di cui al decreto del Presidente della Repubblica 8 aprile 1998, n. 169, nonché dal regolamento di cui al decreto del Ministro delle finanze 2 giugno 1998, n. 174] (6);

c) le modalità di estrazione centralizzata, di gestione gioco e di raccolta a distanza, affidata agli attuali concessionari, del gioco previsto dal regolamento di cui al decreto del Ministro delle finanze 31 gennaio 2000, n. 29.

12. All'articolo 4, comma 1, del decreto legislativo 23 dicembre 1998, n. 504, e successive modificazioni, la lettera b) è sostituita dalla seguente:

"b) per le scommesse:

1) per la scommessa tris e per le scommesse ad essa assimilabili, ai sensi dell'articolo 4, comma 6, del regolamento di cui al decreto del Presidente della Repubblica 8 aprile 1998, n. 169: 22,50 per cento della quota di prelievo stabilita per ciascuna scommessa;

2) per ogni tipo di scommessa ippica a totalizzatore ed a quota fissa, salvo quanto previsto dall'articolo 1, comma 498, della legge 30 dicembre 2004, n. 311: 15,70 per cento della quota prelievo stabilita per ciascuna scommessa;

3) per le scommesse a quota fissa su eventi diversi dalle corse dei cavalli: dal 1° gennaio 2006, nella misura del 3 per cento per ciascuna scommessa composta fino a sette eventi e nella misura del 9,5 per cento per ciascuna scommessa composta da più di sette eventi; dal 1° gennaio 2007, nel caso in cui la raccolta dell'intero anno 2006 afferente alle scommesse a quota fissa su eventi diversi dalle corse dei cavalli sia superiore a 1.850 milioni di euro, nella misura del 3 per cento per ciascuna scommessa composta fino a sette eventi e nella misura dell'8 per cento per ciascuna scommessa composta da più di sette eventi; dal 1° gennaio 2008, nel caso in cui la raccolta dell'intero anno 2007 afferente alle scommesse a quota fissa su eventi diversi dalle corse dei cavalli sia superiore a 2.150 milioni di euro, nella misura del 3 per cento per ciascuna scommessa composta fino a sette eventi e nella misura del 6,6 per cento per ciascuna scommessa composta da più di sette eventi;

4) per le scommesse a totalizzatore su eventi diversi dalle corse dei cavalli: 20 per cento di ciascuna scommessa.".

13. Il Ministero dell'economia e delle finanze - Amministrazione autonoma dei Monopoli di Stato indice, con proprio provvedimento, un'apposita lotteria istantanea i cui utili, fino ad un massimo di 30 milioni di euro, sono direttamente devoluti all'Amministrazione stessa al fine di promuovere, attraverso attività di sponsorizzazione e di licenza di marchio, i Giochi olimpici invernali "Torino 2006" (7).

(1) *Articolo inserito dalla legge 2 dicembre 2005, n. 248, in sede di conversione.*

(2) *Comma modificato dall'articolo 1, comma 424 della legge 23 dicembre 2005, n. 266.*

[3] *Comma abrogato dall'articolo 1, comma 424 della legge 23 dicembre 2005, n. 266.*
[4] *Comma abrogato dall'articolo 1, comma 35, della legge 27 dicembre 2006, n. 296.*
[5] *Comma modificato dall'articolo 1, comma 424 della legge 23 dicembre 2005, n. 266.*
[6] *Lettera abrogata dall'articolo 2, comma 2-bis, del D.L. 25 marzo 2010 n. 40.*
[7] *Comma sostituito dall'articolo 3 del D.L. 30 dicembre 2005, n. 272.*

11 *sexiesdecies*. Applicazione degli articoli 11-sexies 11-septies, 11-nonies e 11- decies.[1] – 1. Le disposizioni di cui agli articoli 11-sexies, 11-septies, 11-nonies e 11-decies del presente decreto trovano applicazione a decorrere dal 1° gennaio 2006.

[1] *Articolo inserito dalla legge 2 dicembre 2005, n. 248, in sede di conversione.*

12. Copertura finanziaria. – 1. Agli oneri derivanti dall'attuazione degli articoli da 3 a 11 del presente decreto, pari a 76,5 milioni di euro per l'anno 2005, 412 milioni di euro per l'anno 2006, 655 milioni di euro per l'anno 2007 e 987 milioni di euro a decorrere dal 2008, si provvede [1]:

a) per l'anno 2005, quanto a 76,5 milioni di euro, mediante corrispondente riduzione dell'autorizzazione di spesa di cui all'articolo 2, comma 14, della legge 23 dicembre 1996, n. 662. Per la compensazione degli effetti sul fabbisogno di cassa si provvede mediante riduzione di 73,5 milioni di euro, per l'anno 2005, della dotazione di cassa relativa all'unità previsionale di base 3.2.3.20 «Banche, Fondi ed Organismi internazionali» dello stato di previsione del Ministero dell'economia e delle finanze [2];

b) per gli anni successivi, quanto a 86 milioni di euro a decorrere dal 2006, mediante utilizzo di parte delle risorse riveniente dalla soppressione dell'autorizzazione di spesa di cui all'articolo 59, comma 4-bis, del decreto legislativo 13 aprile 1999, n. 112, prevista dall'articolo 3, comma 36, lettera d), numero 1);

c) quanto a 65 milioni di euro per il 2007 e 160 milioni di euro a decorrere dal 2008, mediante corrispondente riduzione dell'autorizzazione di spesa di cui all'articolo 17 del decreto legislativo 13 aprile 1999, n. 112, in relazione a quanto disposto dall'articolo 3, comma 21;

d) quanto a 326 milioni di euro per il 2006, 504 milioni di euro per il 2007 e 741 milioni di euro a decorrere dal 2008, mediante utilizzo di parte delle maggiori entrate recate dal presente decreto.

1-bis. Agli oneri derivanti dall'attuazione degli articoli 11-sexies, comma 1, lettere c) e d), 11-septies, 11-octies e 11-decies, pari a 13 milioni di euro per l'anno 2005 e a 124 milioni di euro a decorrere dall'anno 2006, si provvede per l'anno 2005 mediante utilizzo di parte delle maggiori entrate derivanti dall'articolo 11-quater. Per gli anni successivi si provvede ai sensi dei commi 1-ter e 1-quater [3].

1-ter. Una quota delle risorse rivenienti dal presente decreto, pari a 372 milioni di euro, confluisce nel Fondo per interventi strutturali di politica economica di cui all'articolo 10, comma 5, del decreto-legge 29 novembre 2004, n. 282, convertito, con modificazioni, dalla legge 27 dicembre 2004, n. 307. Il predetto importo è versato su apposita contabilità speciale, ai fini del riversamento all'entrata del bilancio dello Stato negli anni dal 2006 al 2008, per 124 milioni di euro all'anno. Della predetta somma una quota pari a 30 milioni di euro resta acquisita all'entrata del bilancio dello Stato a copertura delle minori entrate derivanti dall'articolo 11-septies e la restante quota di 94 milioni di euro è riassegnata per provvedere alle spese recate dagli articoli 11-sexies, comma 1, lettere c) e d), 11-octies e 11-decies. Alla compensazione degli effetti finanziari derivanti dal precedente periodo, in termini di fabbisogno e di indebitamento netto delle amministrazioni pubbliche, si provvede mediante riduzione dell'autorizzazione di spesa di cui all'articolo 2, comma 14, della legge 23 dicembre 1996, n. 662 [4].

1-quater. A decorrere dall'anno 2009 si provvede mediante utilizzo di parte delle maggiori entrate derivanti dal presente decreto [5].

1-quinquies. Agli ulteriori oneri derivanti dall'attuazione del presente decreto si provvede mediante utilizzo di parte delle maggiori entrate derivanti dal presente decreto [6].

2. Il Ministro dell'economia e delle finanze è autorizzato ad apportare, con propri decreti, le occorrenti variazioni di bilancio.

[1] *Alinea modificato dalla legge 2 dicembre 2005, n. 248, in sede di conversione.*
[2] *Lettera modificata dalla legge 2 dicembre 2005, n. 248, in sede di conversione.*
[3] *Comma aggiunto dalla legge 2 dicembre 2005, n. 248, in sede di conversione.*
[4] *Comma aggiunto dalla legge 2 dicembre 2005, n. 248, in sede di conversione.*
[5] *Comma aggiunto dalla legge 2 dicembre 2005, n. 248, in sede di conversione.*
[6] *Comma aggiunto dalla legge 2 dicembre 2005, n. 248, in sede di conversione.*

13. Entrata in vigore. – 1. Il presente decreto entra in vigore il giorno successivo a quello della sua pubblicazione nella Gazzetta Ufficiale della Repubblica italiana e sarà presentato alle Camere per la conversione in legge.

Il presente decreto, munito del sigillo dello Stato, sarà inserito nella Raccolta ufficiale degli atti normativi della Repubblica italiana. È fatto obbligo a chiunque spetti di osservarlo e di farlo osservare.

Allegati
Omissis.

4. L. 24 dicembre 2012, n. 228

Disposizioni per la formazione del bilancio annuale e pluriennale dello Stato (LEGGE DI STABILITÀ 2013)[1][A]. (*Estratto art. 1*)

---

(1) *Pubblicato in Suppl. ordinario n. 212 alla Gazz. Uff., 29 dicembre 2012, n. 302*

(A) *In riferimento alla presente legge vedi: Messaggio INPS 14 gennaio 2013 n. 769; Messaggio INPS 28 gennaio 2013 n. 1636; Messaggio INPS 12 febbraio 2013 n. 2698; Circolare Ministero del Lavoro e delle Politiche sociali 06 marzo 2013 n. 10/2013; Nota Inail 11 febbraio 2013 n. 1039; Circolare Inps 26 febbraio 2013 n. 32; Circolare Inps 14 marzo 2013, n. 37; Risoluzione Ministero dell'Economia e delle Finanze 28 marzo 2013 n. 5/DF; Circolare Ministero del Lavoro e delle Politiche sociali 03 aprile 2013 n. 15/2013; Circolare Agenzia delle Entrate 03 maggio 2013, n. 12/E; Circolare Ministero dell'Istruzione, dell'Università e della Ricerca 14 maggio 2013 n. 15; Circolare CNR 16 maggio 2013, n. 17/2013; Circolare Ministero delle Infrastrutture e dei Trasporti 01 luglio 2013, n. 16988; Circolare INAIL 23 luglio 2013, n. 35.*

1. – *Omissis.*

17. All'articolo 13 del testo unico di cui al decreto del Presidente della Repubblica 30 maggio 2002, n. 115, dopo il comma 1-ter è inserito il seguente:

«*1-quater. Quando l'impugnazione, anche incidentale, è respinta integralmente o è dichiarata inammissibile o improcedibile, la parte che l'ha proposta è tenuta a versare un ulteriore importo a titolo di contributo unificato pari a quello dovuto per la stessa impugnazione, principale o incidentale, a norma del comma 1-bis. Il giudice dà atto nel provvedimento della sussistenza dei presupposti di cui al periodo precedente e l'obbligo di pagamento sorge al momento del deposito dello stesso*».

18. Le disposizioni di cui al comma 17 si applicano ai procedimenti iniziati dal trentesimo giorno successivo alla data di entrata in vigore della presente legge.

19. Al decreto-legge 18 ottobre 2012, n. 179, sono apportate le seguenti modificazioni:

1) all'articolo 16 apportare le seguenti modificazioni:

a) al comma 9:

1) dopo la lettera c) inserire la seguente:

«*c-bis) a decorrere dal 15 dicembre 2014 per le notificazioni a persona diversa dall'imputato a norma degli articoli 148, comma 2-bis, 149, 150 e 151, comma 2, del codice di procedura penale nei procedimenti dinanzi ai tribunali e alle corti di appello*»;

2) sostituire la lettera d) con la seguente:

«*d) a decorrere dal quindicesimo giorno successivo a quello della pubblicazione nella Gazzetta Ufficiale della Repubblica italiana dei decreti di cui al comma 10 per gli uffici giudiziari diversi dai tribunali e dalle corti d'appello*»;

b) al comma 12, il secondo periodo è sostituito dal seguente: «*L'elenco formato dal Ministero della giustizia è consultabile esclusivamente dagli uffici giudiziari, dagli uffici notificazioni. esecuzioni e protesti, e dagli avvocati*»;

2) dopo l'articolo 16 inserire i seguenti:

«*Art. 16-bis. - (Obbligatorietà del deposito telematico degli atti processuali). - 1. Salvo quanto previsto dal comma 5, a decorrere dal 30 giugno 2014 nei procedimenti civili, contenziosi o di volontaria giurisdizione, innanzi al tribunale, il deposito degli atti processuali e dei documenti da parte dei difensori delle parti precedentemente costituite ha luogo esclusivamente con modalità telematiche, nel rispetto della normativa anche regolamentare concernente la sottoscrizione, la trasmissione e la ricezione dei documenti informatici. Allo stesso modo si procede per il deposito degli atti e dei documenti da parte dei soggetti nominati o delegati dall'autorità giudiziaria. Le parti provvedono, con le modalità di cui al presente comma. a depositare gli atti e i documenti provenienti dai soggetti da esse nominati.*

2. Nei processi esecutivi di cui al libro III del codice di procedura civile la disposizione di cui al comma 1 si applica successivamente al deposito dell'atto con cui inizia l'esecuzione.

3. Nelle procedure concorsuali la disposizione di cui al comma 1 si applica esclusivamente al deposito degli atti e dei documenti da parte del curatore, del commissario giudiziale, del liquidatore, del commissario liquidatore e del commissario straordinario.

4. A decorrere dal 30 giugno 2014, per il procedimento davanti al tribunale di cui al libro IV, titolo I, capo I del codice di procedura civile, escluso il giudizio di opposizione, il deposito dei provvedimenti, degli atti di parte e dei documenti ha luogo esclusivamente con modalità telematiche, nel rispetto della normativa anche regolamentare concernente la sottoscrizione, la trasmissione e la ricezione dei documenti informatici. Il presidente del tribunale può autorizzare il deposito di cui al periodo precedente con modalità non telematiche quando i sistemi informatici del dominio giustizia non sono funzionanti e sussiste una indifferibile urgenza. Resta ferma l'applicazione della disposizione di cui al comma 1 al giudizio di opposizione al decreto d'ingiunzione.

5. Con uno o più decreti aventi natura non regolamentare, da adottarsi sentiti l'Avvocatura generale dello Stato, il Consiglio nazionale forense ed i consigli dell'ordine degli avvocati interessati, il Ministro della giustizia, previa verifica, accerta la funzionalità dei servizi di comunicazione, individuando i tribunali nei quali viene anticipato, anche limitatamente a specifiche categorie di procedimenti, il termine previsto dai commi da 1 a 4.

6. Negli uffici giudiziari diversi dai tribunali le disposizioni di cui ai commi 1 e 4 si applicano a decorrere dal quindicesimo giorno successivo alla pubblicazione nella Gazzetta Ufficiale della Repubblica italiana dei decreti, aventi natura non regolamentare, con i quali il Ministro della giustizia, previa verifica, accerta la funzionalità dei servizi di comunicazione. I decreti previsti dal presente comma sono adottati sentiti l'Avvocatura generale dello Stato, il Consiglio nazionale forense ed i consigli dell'ordine degli avvocati interessati.

7. Il deposito di cui ai commi da 1 a 4 si ha per avvenuto al momento in cui viene generata la ricevuta di avvenuta consegna da parte del gestore di posta elettronica certificata del ministero della giustizia.

8. Fermo quanto disposto al comma 4, secondo periodo, il giudice può autorizzare il deposito degli atti processuali e dei documenti di cui ai commi che precedono con modalità non telematiche quando i sistemi informatici del dominio giustizia non sono funzionanti.

9. Il giudice può ordinare il deposito di copia cartacea di singoli atti e documenti per ragioni specifiche.

Art. 16-ter. - (Pubblici elenchi per notificazioni e comunicazioni). - 1. A decorrere dal 15 dicembre 2013, ai fini della notificazione e comunicazione degli atti in materia civile, penale, amministrativa e stragiudiziale si intendono per pubblici elenchi quelli previsti dagli articoli 4 e 16, comma 12, del presente decreto; dall'articolo 16 del decreto-legge 29 novembre 2008, n. 185, convertito con modificazioni dalla legge 28 gennaio 2009, n. 2, dall'articolo 6-bis del decreto legislativo 7 marzo 2005, n. 82, nonché il registro generale degli indirizzi elettronici, gestito dal ministero della giustizia.

Art. 16-quater. - (Modifiche alla legge 21 gennaio 1994, n. 53). - 1. Alla legge 21 gennaio 1994, n. 53, sono apportate le seguenti modificazioni:

a) all'articolo 2, comma 1, dopo le parole: "all'articolo 1" sono inserite le seguenti: "effettuata a mezzo del servizio postale";

b) all'articolo 3, comma 1, alinea, le parole: "«di cui all'articolo 1 deve" sono sostituite dalle seguenti: "che procede a norma dell'articolo 2 deve";

c) all'articolo 3, il comma 3-bis è abrogato;

d) dopo l'articolo 3 è inserito il seguente:

"Art. 3-bis. - 1. La notificazione con modalità telematica si esegue a mezzo di posta elettronica certificata all'indirizzo risultante da pubblici elenchi, nel rispetto della normativa, anche regolamentare, concernente la sottoscrizione, la trasmissione e la ricezione dei documenti informatici. La notificazione può essere eseguita esclusivamente utilizzando un indirizzo di posta elettronica certificata del notificante risultante da pubblici elenchi.

2. Quando l'atto da notificarsi non consiste in un documento informatico, l'avvocato provvede ad estrarre copia informatica dell'atto formato su supporto analogico, attestandone la conformità all'originale a norma dell'articolo 22, comma 2, del decreto legislativo 7 marzo 2005, n. 82. La notifica si esegue mediante allegazione dell'atto da notificarsi al messaggio di posta elettronica certificata.

3. La notifica si perfeziona, per il soggetto notificante, nel momento in cui viene generata la ricevuta di accettazione prevista dall'articolo 6, comma 1, del decreto del Presidente della Repubblica 11 febbraio 2005, n. 68, e, per il destinatario, nel momento in cui viene generata la ricevuta di avvenuta consegna prevista dall'articolo 6, comma 2, del decreto del Presidente della Repubblica 11 febbraio 2005, n. 68.

4. Il messaggio deve indicare nell'oggetto la dizione: «notificazione ai sensi della legge n. 53 del 1994.

5. L'avvocato redige la relazione di notificazione su documento informatico separato, sottoscritto con firma digitale ed allegato al messaggio di posta elettronica certificata. La relazione deve contenere:

a) il nome, cognome ed il codice fiscale dell'avvocato notificante;

b) gli estremi del provvedimento autorizzativo del consiglio dell'ordine nel cui albo è iscritto;

c) il nome e cognome o la denominazione e ragione sociale ed il codice fiscale della parte che ha conferito la procura alle liti;

d) il nome e cognome o la denominazione e ragione sociale del destinatario;

e) l'indirizzo di posta elettronica certificata a cui l'atto viene notificato;

f) l'indicazione dell'elenco da cui il predetto indirizzo è stato estratto;

g) l'attestazione di conformità di cui al comma 2.

6. Per le notificazioni effettuate in corso di procedimento deve, inoltre, essere indicato l'ufficio giudiziario, la sezione, il numero e l'anno di ruolo.";

e) all'articolo 4, comma 1, le parole: "a mezzo posta elettronica certificata, ovvero" sono soppresse;

f) all'articolo 5, il comma 1 è abrogato;

g) all'articolo 6, comma 1, le parole: "la relazione di cui all'articolo 3" sono sostituite dalle seguenti: "la relazione o le attestazioni di cui agli articoli 3, 3-bis e 9";

h) all'articolo 8, dopo il comma 4, è aggiunto il seguente:

"4-bis. Le disposizioni del presente articolo non si applicano alle notifiche effettuate a mezzo posta elettronica certificata.";

i) all'articolo 9, è aggiunto, in fine, il seguente comma:

"1-bis. Qualora non si possa procedere al deposito con modalità telematiche dell'atto notificato a norma dell'articolo 3-bis, l'avvocato estrae copia su supporto analogico del messaggio di posta elettronica certificata, dei suoi allegati e della ricevuta di accettazione e di avvenuta consegna e ne attesta la conformità ai documenti informatici da cui sono tratte ai sensi dell'articolo 23, comma 1, del decreto legislativo 7 marzo 2005, n. 82.";

l) all'articolo 10, comma 1, è inserito, in fine, il seguente periodo: "Quando l'atto è notificato a norma dell'articolo 3-bis al pagamento dell'importo di cui al periodo precedente si provvede mediante sistemi telematici".

2. Con decreto del Ministro della giustizia, da adottarsi entro centottanta giorni dall'entrata in vigore della legge di conversione del presente decreto, si procede all'adeguamento delle regole tecniche di cui al decreto del Ministro della giustizia 21 febbraio 2011, n. 44.

3. Le disposizioni di cui al comma 1 acquistano efficacia a decorrere dal quindicesimo giorno successivo alla pubblicazione nella Gazzetta Ufficiale della Repubblica italiana del decreto di cui al comma 2.

Art. 16-quinquies. - (Copertura finanziaria). - 1. Per l'adeguamento dei sistemi informativi hardware e software presso gli uffici giudiziari, per il potenziamento delle reti di trasmissione dati, nonché per la manutenzione dei relativi servizi e per gli oneri connessi alla formazione del personale di magistratura, amministrativo e tecnico, è autorizzata la spesa di euro 1.320.000,00 per l'anno 2012, di euro 5.000.000 per l'anno 2013 e di euro 3.600.000 a decorrere dall'anno 2014.

2. Al relativo onere si provvede con quota parte delle maggiori entrate derivanti dall'applicazione delle disposizioni di cui all'articolo 28, comma 2, della legge 12 novembre 2011, n. 183, che sono conseguentemente iscritte nello stato di previsione dell'entrata ed in quello del Ministero della giustizia.

3. Il Ministro dell'economia e delle finanze è autorizzato ad apportare, con propri decreti, le occorrenti variazioni di bilancio.»;

3) all'articolo 17 apportare le seguenti modificazioni:

a) al comma 1, lettera e), sostituire il punto 2) con il seguente:

«2) il secondo comma è sostituito dal seguente:

"Il ricorso può essere sottoscritto anche personalmente dalla parte ed è formato ai sensi degli articoli 21, comma 2, ovvero 22, comma 3, del decreto legislativo 7 marzo 2005, n. 82, e successive modificazioni e, nel termine stabilito dal primo comma, è trasmesso all'indirizzo di posta elettronica certificata del curatore indicato nell'avviso di cui all'articolo 92, unitamente ai documenti di cui al successivo sesto comma. L'originale del titolo di credito allegato al ricorso è depositato presso la cancelleria del tribunale."»;

b) dopo il comma 2 è inserito il seguente:

«2-bis. Il curatore, il commissario giudiziale nominato a norma dell'articolo 163 del regio decreto 16 marzo 1942, n. 267, il commissario liquidatore e il commissario giudiziale nominato a norma dell'articolo 8 del decreto legislativo 8 luglio 1999, n. 270, entro dieci giorni dalla nomina, comunicano al registro delle imprese, ai fini dell'iscrizione. il proprio indirizzo di posta elettronica certificata» [(A)].

[(A)] *In riferimento al presente comma vedi:* [(A)] *In riferimento al presente articolo vedi: Circolare Ministero dello Sviluppo economico 01 agosto 2014, n. 140030.*

Omissis.

326. Al decreto-legge 30 agosto 1993, n. 331, convertito, con modificazioni, dalla legge 29 ottobre 1993, n. 427, sono apportate le seguenti modificazioni:

a) all'articolo 38, comma 5, lettera a), dopo la parola: «*oggetto*» sono inserite le seguenti: «*di perizie o*»;

b) l'articolo 39 è sostituito dal seguente:

«Art. 39. - (Effettuazione delle cessioni e degli acquisti intracomunitari). - 1. Le cessioni intracomunitarie e gli acquisti intracomunitari di beni si considerano effettuati all'atto dell'inizio del trasporto o della spedizione al cessionario o a terzi per suo conto, rispettivamente dal territorio dello Stato o dal territorio dello Stato membro di provenienza. Tuttavia se gli effetti traslativi o costitutivi si producono in un momento successivo alla consegna, le operazioni si considerano effettuate nel momento in cui si producono tali effetti e comunque dopo il decorso di un anno dalla consegna. Parimenti nel caso di beni trasferiti in

dipendenza di contratti estimatori e simili, l'operazione si considera effettuata all'atto della loro rivendita a terzi o del prelievo da parte del ricevente ovvero, se i beni non sono restituiti anteriormente, alla scadenza del termine pattuito dalle parti e in ogni caso dopo il decorso di un anno dal ricevimento. Le disposizioni di cui al secondo e al terzo periodo operano a condizione che siano osservati gli adempimenti di cui all'articolo 50, comma 5.

2. Se anteriormente al verificarsi dell'evento indicato nel comma 1 è stata emessa la fattura relativa ad un'operazione intracomunitaria la medesima si considera effettuata, limitatamente all'importo fatturato, alla data della fattura.

3. Le cessioni ed i trasferimenti di beni,. di cui all'articolo 41, comma 1, lettera a), e comma 2, lettere b) e c), e gli acquisti intracomunitari di cui all'articolo 38, commi 2 e 3, se effettuati in modo continuativo nell'arco di un periodo superiore ad un mese solare, si considerano effettuati al termine di ciascun mese.»;

c) all'articolo 41, comma 3, dopo la parola: «*oggetto*» sono inserite le seguenti: «*di perizie o*»;

d) all'articolo 43 sono apportate le seguenti modificazioni:

1) al comma 1, le parole: «*escluso il comma 4,*» sono soppresse;

2) il comma 3 è abrogato;

e) all'articolo 46 sono apportate le seguenti modificazioni:

1) al comma 1, secondo periodo, le parole: «*unitamente alla relativa norma*» sono sostituite dalle seguenti: «*con l'eventuale indicazione della relativa norma comunitaria o nazionale*»;

2) al comma 2, il primo periodo è sostituito dal seguente: «*Per le cessioni intracomunitarie di cui all'articolo 41, è emessa fattura a norma dell'articolo 21 del decreto del Presidente della Repubblica 26 ottobre 1972, n. 633, entro il giorno 15 del mese successivo a quello di effettuazione dell'operazione, con l'indicazione, in luogo dell'ammontare dell'imposta, che si tratta di operazione non imponibile e con l'eventuale specificazione della relativa norma comunitaria o nazionale.*»;

3) al comma 2, secondo periodo, le parole: «*o committente*» sono soppresse;

4) il comma 5 è sostituito dal seguente:

«*5. Il cessionario di un acquisto intracomunitario di cui all'articolo 38, commi 2 e 3, lettere b) e c), che non ha ricevuto la relativa fattura entro il secondo mese successivo a quello di effettuazione dell'operazione, deve emettere entro il giorno 15 del terzo mese successivo a quello di effettuazione dell'operazione stessa la fattura di cui al comma 1, in unico esemplare; se ha ricevuto una fattura indicante un corrispettivo inferiore a quello reale deve emettere fattura integrativa entro il giorno 15 del mese successivo alla registrazione della fattura originaria.*»;

f) all'articolo 47 sono apportate le seguenti modificazioni:

1) il comma 1 è sostituito dal seguente:

«*1. Le fatture relative agli acquisti intracomunitari di cui all'articolo 38, commi 2 e 3, lettera b), previa integrazione a norma dell'articolo 46, comma 1, sono annotate distintamente, entro il giorno 15 del mese successivo a quello di ricezione della fattura, e con riferimento al mese precedente nel registro di cui all'articolo 23 del decreto del Presidente della Repubblica 26 ottobre 1972, n. 633, secondo l'ordine della numerazione, con l'indicazione anche del corrispettivo delle operazioni espresso in valuta estera. Le fatture di cui all'articolo 46, comma 5, sono annotate entro il termine di emissione e con riferimento al mese precedente. Ai fini dell'esercizio del diritto alla detrazione dell'imposta, le fatture sono annotate distintamente anche nel registro di cui all'articolo 25 del predetto decreto.*»;

2) il comma 3 è sostituito dal seguente:

«*3. I soggetti di cui all'articolo 4, quarto comma, del decreto del Presidente della Repubblica 26 ottobre 1972, n. 633, non soggetti passivi d'imposta annotano le fatture di cui al comma 1, previa loro progressiva numerazione ed entro gli stessi termini indicati al comma 1) in apposito registro, tenuto e conservato a norma dell'articolo 39 dello stesso decreto n. 633 del 1972.*»;

3) il comma 4 è sostituito dal seguente:

«*4. Le fatture relative alle cessioni intra-comunitarie di cui all'articolo 46, comma 2, sono annotate distintamente nel registro di cui all'articolo 23 del decreto del Presidente della Repubblica 26 ottobre 1972, n. 633, secondo l'ordine della numerazione ed entro il termine di emissione, con riferimento al mese di effettuazione dell'operazione.*»;

g) all'articolo 49, comma 1, il primo periodo è sostituito dal seguente: «I soggetti di cui all'articolo 4, quarto comma, del decreto del Presidente della Repubblica 26 ottobre 1972, n. 633, non soggetti passivi d'imposta, che hanno effettuato acquisti intracomunitari per i quali è dovuta l'imposta, salvo quanto disposto nel comma 3 del presente articolo, presentano, in via telematica ed entro ciascun mese, una dichiarazione relativa agli acquisti registrati con riferimento al secondo mese precedente, redatta in conformità al modello approvato con provvedimento del Direttore dell'Agenzia delle entrate.».

Omissis.

328. All'articolo 1 della legge 26 gennaio 1983, n. 18, dopo il terzo comma è inserito il seguente:

«Le fatture di cui agli articoli 21 e 21-bis del decreto del Presidente della Repubblica 26 ottobre 1972, n. 633, possono essere emesse, alle condizioni previste dagli stessi articoli, mediante gli apparecchi misuratori fiscali di cui al primo comma. In tale caso le fatture possono recare, per l'identificazione del soggetto cedente o prestatore, in luogo delle indicazioni richieste dagli articoli 21, comma 2, lettera c), e 21-bis, comma 1, lettera c), dello stesso decreto, i relativi dati identificativi determinati con il decreto del Ministro dell'economia e delle finanze di cui al terzo comma.».

329. All'articolo 1, comma 1, lettera a), primo periodo, del decreto-legge 29 dicembre 1983, n. 746, convertito, con modificazioni, dalla legge 27 febbraio 1984, n. 17, dopo le parole: «soggetti a vigilanza doganale» sono inserite le seguenti: «e delle operazioni di cui all'articolo 21, comma 6-bis, del decreto del Presidente della Repubblica 26 ottobre 1972, n. 633».

330. Al decreto del Presidente della Repubblica 26 ottobre 1972, n. 633, sono apportate le seguenti modificazioni:

a) all'articolo 6, quinto comma, terzo periodo, le parole «di cui all'articolo 21, quarto comma, quarto periodo» sono sostituite dalle seguenti «di cui all'articolo 21, comma 4, terzo periodo, lettera b)»;

b) all'articolo 8, primo comma, lettera a), terzo periodo, le parole «di cui all'articolo 21, quarto comma, secondo periodo» sono sostituite dalle seguenti «di cui all'articolo 21, comma 4, terzo periodo, lettera a)»;

c) all'articolo 23, primo comma, secondo periodo, le parole: «di cui al quarto comma, seconda parte, dell'articolo 21» sono sostituite dalle seguenti: «di cui all'articolo 21, comma 4, terzo periodo, a), c) e d)» e le parole: «consegna o spedizione dei beni» sono sostituite dalle seguenti; «effettuazione delle operazioni»;

d) all'articolo 23, terzo comma, secondo periodo, le parole: «operazioni non imponibili o esenti di cui al sesto comma dell'articolo 21» sono sostituite dalle seguenti: «operazioni di cui all'articolo 21, commi 6 e 6-bis,», le parole: «e la relativa norma» sono sostituite dalle seguenti: «ed, eventualmente, la relativa norma»;

e) all'articolo 24, primo comma, primo periodo, le parole: «operazioni non imponibili di cui all'articolo 21, sesto comma e, distintamente, all'articolo 38-quater e quello delle operazioni esenti ivi indicate» sono sostituite dalle seguenti: «operazioni di cui all'articolo 21, commi 6 e 6-bis, distintamente per ciascuna tipologia di operazioni ivi indicata»;

f) all'articolo 25, terzo comma, le parole: «operazioni non imponibili o esenti di cui al sesto comma dell'articolo 21» sono sostituite dalle seguenti: «operazioni di cui all'articolo 21, commi 6 e 6-bis,» e le parole: «e la relativa norma» sono sostituite dalle seguenti: «e, eventualmente, la relativa norma»;

g) all'articolo 35, comma 4, secondo periodo, le parole: «nell'ultimo comma» sono sostituite dalle seguenti: «nel quinto comma»;

h) all'articolo 74-ter, comma 8, le parole: «dal primo comma, secondo periodo dell'articolo 21» sono sostituite dalle seguenti: «dall'articolo 21, comma 1, quarto periodo».

331. All'articolo 1, secondo comma, lettera a), del decreto del Presidente della Repubblica 6 ottobre 1978, n. 627, le parole: «dell'articolo 21, n. 1)» sono sostituite dalle seguenti: «dell'articolo 21, comma 2, lettere c) e d)».

332. All'articolo 1, comma 3, primo periodo, del decreto del Presidente della Repubblica 14 agosto 1996, n. 472, le parole: «dall'articolo 21, quarto comma, secondo periodo,» sono sostituite dalle seguenti: «dall'articolo 21, comma 4, terzo periodo, lettera a),».

333. Al decreto del Presidente della Repubblica 21 dicembre 1996, n. 696, sono apportate le seguenti modificazioni:

a) all'articolo 2, comma 1, lettera d), le parole: «di cui all'articolo 21, comma 4»sono sostituite dalle seguenti: «di cui all'articolo 21, comma 4, terzo periodo, lettera a)»;

b) all'articolo 3, comma 3, le parole: «nell'articolo 21, quarto comma» sono sostituite dalle seguenti: «nell'articolo 21, comma 4, terzo periodo, lettera a)».

334. All'articolo 1, comma 109, della legge 30 dicembre 2004, n. 311, le parole: «all'articolo 21, comma 2, lettera a)» sono sostituite dalle seguenti: «all'articolo 21, comma 2, lettera c)».

335. Le disposizioni di cui ai commi da 325 a 334 del presente articolo si applicano alle operazioni effettuate a partire dal 1° gennaio 2013.

336. Al testo unico delle disposizioni legislative in materia di sostegno della maternità e paternità, di cui al decreto legislativo 26 marzo 2001, n. 151, e successive modificazioni, sono apportate le seguenti modificazioni:

a) all'articolo 66, comma 1, le parole: «e alle imprenditrici agricole a titolo principale» sono sostituite dalle seguenti: «alle imprenditrici agricole a titolo principale, nonché alle pescatrici autonome della piccola pesca marittima e delle acque interne, di cui alla legge 13 marzo 1958, n. 250, e successive modificazioni»;

b) all'articolo 68, dopo il comma 2 è inserito il seguente:

«2-bis. Alle pescatrici autonome della piccola pesca marittima e delle acque interne è corrisposta, per i due mesi antecedenti la data del parto e per i tre mesi successivi alla stessa data effettiva del parto una indennità giornaliera pari all'80 per cento della massima giornaliera del salario convenzionale previsto per i pescatori della piccola pesca marittima e delle acque interne dall'articolo 10 della legge 13 marzo 1958, n. 250, come successivamente adeguato in base alle disposizioni vigenti.»;

c) all'articolo 82 sono apportate le seguenti modificazioni:

1) dopo il comma 1 è inserito il seguente:

«1-bis. Il contributo annuo previsto al comma 1 si applica, altresì alle persone che esercitano, per proprio conto, quale esclusiva e prevalente attività lavorativa, la piccola pesca marittima e delle acque interne, iscritte al fondo di cui all'articolo 12, terzo comma, della legge 13 marzo 1958, n. 250.»;

2) al comma 2, le parole «di cui al comma 1» sono sostituite dalle seguenti: «previsti ai commi 1 e 1-bis».

337. Le disposizioni previste dall'articolo 69, commi 1 e 1-bis, del decreto legislativo 26 marzo 2001, n. 151, e successive modificazioni, trovano applicazione anche nei confronti delle pescatrici autonome della piccola pesca marittima e delle acque interne.

Omissis.

367. Per i pagamenti dovuti ai sensi del comma 366 i soggetti di cui al comma 365 possono chiedere ai soggetti autorizzati all'esercizio del credito operanti nei territori di cui all'articolo 1, comma 1, del decreto-legge 6 giugno 2012, n. 74, convertito, con modificazioni, dalla legge 1° agosto 2012, n. 122, un finanziamento, assistito dalla garanzia dello Stato, nei termini stabiliti dall'articolo 11, comma 7, del decreto-legge 10 ottobre 2012, n. 174, convertito, con modificazioni, dalla legge 7 dicembre 2012, n. 213. A tale fine, i predetti soggetti finanziatori possono contrarre finanziamenti, secondo contratti tipo definiti previa integrazione della convenzione di cui al predetto articolo 11, comma 7, del decreto-legge n. 174 del 2012, convertito, con modificazioni, dalla legge n. 213 del 2012, tra la Cassa depositi e prestiti e l'Associazione bancaria italiana, assistiti dalla garanzia dello Stato, nei limiti dell'importo di cui al predetto articolo 11, comma 7, ai sensi dell'articolo 5, comma 7, lettera a), secondo periodo, del decreto-legge 30 settembre 2003, n. 269, convertito, con modificazioni, dalla legge 24 novembre 2003, n. 326. Con decreto del Ministro dell'economia e delle finanze sono concesse le garanzie dello Stato di cui al presente comma e sono definiti i criteri e le modalità di operatività delle stesse. Le garanzie dello Stato di cui al presente comma sono elencate nell'allegato allo stato di previsione del Ministero dell'economia e delle finanze di cui all'articolo 31 della legge 31 dicembre 2009, n. 196.

(1) *Vedi l'articolo 6, comma 1, del D.L. 24 giugno 2016, n. 113, convertito con modificazioni dalla Legge 7 agosto 2016, n. 160*

368. Per accedere al finanziamento i soggetti di cui al comma 365 presentano:

a) ai Presidenti delle Regioni Emilia-Romagna, Lombardia e Veneto, nella loro qualità di Commissari delegati, anche ai fini dei successivi controlli di rito in collaborazione con l'Agenzia delle entrate o con la Guardia di Finanza, nonché ai soggetti finanziatori una perizia asseverata che attesta l'entità della riduzione del reddito 2012 rispetto alla media dei tre anni precedenti nonché la ricorrenza di almeno una delle condizioni di cui al comma 365, lettere a), b), c) e d) nonché la circostanza che il danno economico diretto subito in occasione degli eventi sismici è stato tale da determinare la crisi di liquidità che ha impedito il tempestivo versamento dei tributi, contributi e premi di cui al comma 366 [(1)];

b) ai soli soggetti finanziatori:

1) copia del modello di cui al comma 371, presentato telematicamente all'Agenzia delle entrate;

2) i modelli di pagamento per gli importi di cui al comma 366.

(1) *Lettera modificata dall'articolo 6-septies, comma 1, lettera b), del D.L. 26 aprile 2013 n. 43, convertito, con modificazioni, dalla Legge 24 giugno 2013 n. 71.*

369. I soggetti finanziatori comunicano all'Agenzia delle entrate i dati identificativi dei soggetti che omettono i pagamenti previsti nel piano di ammortamento, nonché i relativi importi, per la loro successiva iscrizione, con gli interessi di mora, a ruolo di riscossione.

370. Gli interessi relativi ai finanziamenti erogati, nonché le spese strettamente necessarie alla loro gestione, sono corrisposti ai soggetti finanziatori mediante un credito di imposta di importo pari, per ciascuna scadenza di rimborso, all'importo relativo agli interessi e alle spese dovuti. Il credito di imposta è utilizzabile ai sensi dell'articolo 17 del decreto legislativo 9 luglio 1997, n. 241, senza applicazione del limite di cui all'articolo 34 della legge 23 dicembre 2000, n. 388, ovvero può essere ceduto secondo quanto previsto dall'articolo 43-ter del decreto del Presidente della Repubblica 29 settembre 1973, n. 602. La quota capitale è restituita dai soggetti di cui al comma 365 secondo il piano di ammortamento definito nel contratto di finanziamento.

371. Con provvedimento del Direttore della Agenzia delle entrate è approvato il modello indicato al comma 368, lettera b), n. 1), idoneo altresì ad esporre distintamente i diversi importi dei versamenti da effettuare, nonché sono stabiliti i tempi e le modalità della relativa presentazione. Con analogo provvedimento possono essere disciplinati modalità e tempi di trasmissione all'Agenzia delle entrate, da parte dei soggetti finanziatori, dei dati relativi ai finanziamenti erogati e al loro utilizzo, nonché quelli di attuazione del comma 369.

372. Ai fini del monitoraggio dei limiti di spesa, l'Agenzia delle entrate comunica al Ministero dell'economia e delle finanze i dati risultanti dal modello di cui al comma 371, i dati delle compensazioni effettuate dai soggetti finanziatori per la fruizione del credito d'imposta e i dati trasmessi dai soggetti finanziatori.

373. I soggetti di cui al comma 365 possono richiedere ai soggetti autorizzati all'esercizio del credito il finanziamento di cui al comma 367 entro il 31 ottobre 2013. Ai fini del rispetto della normativa in materia di aiuti di Stato relativa ai finanziamenti di cui ai commi da 365 a 372 del presente articolo si tiene conto dell'eventuale differenza positiva fra il tasso di interesse fissato dall'istituto di credito e il tasso di riferimento calcolato in base alla comunicazione della Commissione relativa alla revisione del metodo di fissazione dei tassi di riferimento e attualizzazione, pubblicata nella Gazzetta Ufficiale dell'Unione europea n. C14 del 19 gennaio 2008; ai medesimi fini, i Presidenti delle regioni Emilia-Romagna, Lombardia e Veneto, in qualità di commissari delegati ai sensi dell'articolo 1, comma 4, del decreto-legge 6 giugno 2012, n. 74, convertito, con modificazioni, dalla legge 1° agosto 2012, n. 122, verificano l'assenza di sovracompensazioni dei danni subiti per effetto degli eventi sismici del 20 e 29 maggio 2012, tenendo conto anche degli eventuali indennizzi assicurativi. A tal fine, istituiscono e curano un registro degli aiuti concessi a ciascun soggetto che eserciti attività economica per la compensazione dei danni causati dal medesimo sisma. L'aiuto è concesso nei limiti e alle condizioni del regolamento (CE) n. 1998/2006 della Commissione, del 15 dicembre 2006, relativo all'applicazione degli articoli 87 e 88 del trattato agli aiuti d'importanza minore (*de minimis*)(1)

(1) *Comma sostituito dall'articolo 6-septies, comma 1, lettera c), del D.L. 26 aprile 2013 n. 43, convertito, con modificazioni, dalla Legge 24 giugno 2013 n. 71e successivamente modificato dall'articolo 1, comma 661, della Legge 23 dicembre 2014, n. 190.*

374. Al primo periodo del comma 2 dell'articolo 3-bis del decreto-legge 6 luglio 2012, n. 95, convertito, con modificazioni, dalla legge 7 agosto 2012, n. 135, sono aggiunte, in fine, le seguenti parole: «, nonché le spese strettamente necessarie alla gestione dei medesimi finanziamenti».

375. All'articolo 10, comma 14, del decreto-legge 22 giugno 2012, n. 83, convertito, con modificazioni, dalla legge 7 agosto 2012, n. 134, sono apportate le seguenti modificazioni:

a) le parole «il Ministero dell'economia e delle finanze» sono sostituite dalle seguenti «i Commissari delegati di cui all'articolo 1, comma 2, del decreto-legge 6 giugno 2012, n. 74, ai sensi del comma 4 dello stesso articolo 1 del citato decreto-legge n. 74 del 2012»;

b) dopo le parole «Ai relativi oneri, nel limite di euro 2 milioni per ciascuno degli anni 2012, 2013 e 2014» sono aggiunte le seguenti: «da trasferirsi ai Commissari delegati per il pagamento di quanto dovuto in relazione alla predetta convenzione».

376. Nel comma 4 dell'articolo 3-bis del decreto-legge 6 luglio 2012, n. 95, convertito, con modificazioni, dalla legge 7 agosto 2012, n. 135, sono aggiunti, in fine, i seguenti periodi: «In tutti i casi di risoluzione del contratto di finanziamento, il soggetto finanziatore chiede al beneficiario la restituzione del capitale, degli interessi e di ogni altro onere dovuto. In mancanza di tempestivo pagamento spontaneo, lo stesso soggetto finanziatore comunica al Presidente della Regione, per la successiva iscrizione a ruolo, i dati identificativi del debitore e l'ammontare dovuto, fermo restando il recupero da parte del soggetto finanziatore delle somme erogate e dei relativi interessi nonché delle spese strettamente necessarie alla gestione dei finanziamenti, non rimborsati spontaneamente dal beneficiario, mediante compensazione ai sensi dell'articolo 17 del decreto legislativo 9 luglio 1997, n. 241. Le somme riscosse a mezzo ruolo sono riversate in apposito capitolo di entrata del bilancio dello Stato per essere riassegnate al fondo per la ricostruzione».

377. Con decreto del Ministro dell'economia e delle finanze di natura non regolamentare sono adottate linee guida dirette ad assistere gli enti territoriali colpiti dal sisma di maggio 2012 ai fini dell'accesso al credito nell'ambito delle risorse disponibili presso la Banca di sviluppo del Consiglio d'Europa (CEB).

378. Al fine di garantire il rispetto dei vincoli di finanza pubblica e la migliore attuazione di quanto disposto dal decreto-legge 6 giugno 2012, n. 74, convertito, con modificazioni, dalla legge 1° agosto 2012, n. 122, e dall'articolo 67-septies del decreto-legge 22 giugno 2012, n. 83, convertito, con modificazioni, dalla legge 7 agosto 2012, n. 134, le disposizioni di cui all'articolo 11, comma 6-bis, del decreto-

legge 10 ottobre 2012, n. 174, convertito, con modificazioni, dalla legge 7 dicembre 2012, n. 213, si interpretano nel senso che, per i titolari di reddito d'impresa, i titolari di lavoro autonomo, nonché per gli esercenti attività agricole che hanno sede operativa ovvero domicilio fiscale nei Comuni di Ferrara e Mantova, le agevolazioni di cui al medesimo articolo 11, commi da 7 a 7-quater, si applicano esclusivamente se dotati dei requisiti per accedere, limitatamente ai danni subiti in relazione alle attività dagli stessi rispettivamente svolte, ai contributi di cui all'articolo 3 del decreto-legge 6 giugno 2012, n. 74, convertito, con modificazioni, dalla legge 1° agosto 2012, n. 122, ovvero all'articolo 3-bis del decreto-legge 6 luglio 2012, n. 95, convertito, con modificazioni, dalla legge 7 agosto 2012, n. 135.

379. La disposizione di cui all'articolo 11, comma 5, ultimo periodo, del decreto-legge 10 ottobre 2012, n. 174, convertito, con modificazioni, dalla legge 7 dicembre 2012, n. 213, si interpreta nel senso che le ritenute ivi previste includono altresì i contributi previdenziali e assistenziali, nonché i premi per l'assicurazione obbligatoria, sia per la quota a carico dell'impresa sia per quella a carico del lavoratore.

380. Al fine di assicurare la spettanza ai Comuni del gettito dell'imposta municipale propria, di cui all'articolo 13 del decreto-legge 6 dicembre 2011, n. 201, convertito, con modificazioni, dalla legge 22 dicembre 2011, n. 214, [per gli anni 2013 e 2014] (1):

a) è soppressa la riserva allo Stato di cui al comma 11 del citato articolo 13 del decreto-legge n. 201 del 2011;

b) è istituito, nello stato di previsione del Ministero dell'interno, il Fondo di solidarietà comunale che è alimentato con una quota dell'imposta municipale propria, di spettanza dei comuni, di cui al citato articolo 13 del decreto-legge n. 201 del 2011, definita con decreto del Presidente del Consiglio dei Ministri, su proposta del Ministro dell'economia e delle finanze, di concerto con il Ministro dell'interno, previo accordo da sancire presso la Conferenza Stato-Città ed autonomie locali, da emanare entro il 30 aprile 2013 per l'anno 2013 [ed entro il 31 dicembre 2013 per l'anno 2014]. In caso di mancato accordo, il decreto del Presidente del Consiglio dei ministri è comunque emanato entro i 15 giorni successivi. L'ammontare iniziale del predetto Fondo è pari, per l'anno 2013, a 4.717,9 milioni di euro [e, per l'anno 2014, a 4.145,9 milioni di euro].

Corrispondentemente, nei predetti esercizi è versata all'entrata del bilancio statale una quota di pari importo dell'imposta municipale propria, di spettanza dei comuni. A seguito dell'emanazione del decreto di cui al primo periodo, è rideterminato l'importo da versare all'entrata del bilancio dello Stato. La eventuale differenza positiva tra tale nuovo importo e lo stanziamento iniziale è versata al bilancio statale, per essere riassegnata al fondo medesimo. Il Ministro dell'economia e delle finanze è autorizzato ad apportare, con propri decreti, le occorrenti variazioni di bilancio. Le modalità di versamento al bilancio dello Stato sono determinate con il medesimo DPCM (2);

c) la dotazione del Fondo di solidarietà comunale di cui alla lettera b) è incrementata della somma di 1.833,5 milioni di euro milioni di euro per l'anno 2013 [e di 318,5 milioni di euro per l'anno 2014]; i predetti importi considerano quanto previsto dal comma 381 (3);

d) con il medesimo DPCM di cui alla lettera b) sono stabiliti i criteri di formazione e di riparto del Fondo di solidarietà comunale, tenendo anche conto per i singoli comuni:

1) degli effetti finanziari derivanti dalle disposizioni di cui alle lettere a) ed f);

2) della definizione dei costi e dei fabbisogni standard;

3) della dimensione demografica e territoriale;

4) della dimensione del gettito dell'imposta municipale propria ad aliquota base di spettanza comunale;

5) della diversa incidenza delle risorse soppresse di cui alla lettera e) sulle risorse complessive per l'anno 2012;

6) delle riduzioni di cui al comma 6 dell'articolo 16 del decreto-legge 26 luglio 2012, n. 95, convertito, con modificazioni, dalla legge 7 agosto 2012, n. 135;

7) dell'esigenza di limitare le variazioni, in aumento ed in diminuzione, delle risorse disponibili ad aliquota base, attraverso l'introduzione di un'appropriata clausola di salvaguardia;

e) sono soppressi il fondo sperimentale di riequilibrio di cui all'articolo 2 del decreto legislativo 14 marzo 2011, n. 23, nonché i trasferimenti erariali a favore dei comuni della Regione Siciliana e della Regione Sardegna, limitatamente alle tipologie di trasferimenti fiscalizzati di cui ai decreti del Ministro dell'interno, di concerto con il Ministro dell'economia e delle finanze, del 21 giugno 2011 e del 23 giugno 2012;

f) è riservato allo Stato il gettito dell'imposta municipale propria di cui all'articolo 13 del citato decreto-legge n. 201 del 2011, derivante dagli immobili ad uso produttivo classificati nel gruppo catastale D, calcolato ad aliquota standard dello 0,76 per cento, prevista dal comma 6, primo periodo, del citato articolo 13; tale riserva non si applica agli immobili ad uso produttivo classificati nel gruppo catastale D posseduti dai comuni e che insistono sul rispettivo territorio. Per l'accertamento, la riscossione, i rimborsi, le sanzioni, gli interessi e il contenzioso si applicano le disposizioni vigenti in materia di imposta municipale propria. Le attività di accertamento e riscossione relative agli immobili ad uso produttivo classificati nel gruppo catastale D sono svolte dai comuni ai quali spettano le maggiori somme derivanti dallo svolgimento delle suddette attività a titolo di imposta, interessi e sanzioni. Tale riserva non si applica altresì ai fabbricati rurali ad uso strumentale ubicati nei comuni classificati montani o parzialmente montani di cui all'elenco dei comuni italiani predisposto dall'Istituto nazionale di statistica (ISTAT), assoggettati dalle province autonome di Trento e di Bolzano all'imposta municipale propria ai sensi dell'articolo 9, comma 8, del decreto legislativo 14 marzo 2011, n. 23, e successive modificazioni (4);

g) i comuni possono aumentare sino a 0,3 punti percentuali l'aliquota standard dello 0,76 per cento, prevista dal comma 6, primo periodo del citato articolo 13 del decreto-legge n. 201 del 2011 per gli immobili ad uso produttivo classificati nel gruppo catastale D;

h) sono abrogati il comma 11 dell'articolo 13 del decreto-legge n. 201 del 2011 e i commi da 1 a 5 e da 7 a 9 dell'articolo 2 del decreto legislativo n. 23 del 2011. Il comma 17 dell'articolo 13 del decreto-legge n. 201 del 2011 continua ad applicarsi nei soli territori delle regioni Friuli-Venezia Giulia e Valle d'Aosta e delle province autonome di Trento e di Bolzano (5).

i) gli importi relativi alle lettere a), c), e) ed f) possono essere modificati a seguito della verifica del gettito dell'imposta municipale propria riscontrato per il 2012, da effettuarsi ai sensi del comma 3 dell'articolo 5 dell'Accordo del 1° marzo 2012 presso la Conferenza Stato città e autonomie locali. Il Ministro dell'economia e delle finanze è autorizzato ad apportare le conseguenti variazioni compensative di bilancio [(6)(7)(A)].

[(1)] *Alinea modificato dall'articolo 1, comma 729, lettera a), della Legge 27 dicembre 2013, n. 147.*
[(2)] *Lettera modificata dall'articolo 1, comma 729, lettera b), della Legge 27 dicembre 2013, n. 147. Per l'incremento per l'anno 2020, dell'importo di euro 400.000.000, vedi l'articolo 107 del D.L. 19 maggio 2020, n. 34, convertito, con modificazioni, dalla Legge 17 luglio 2020, n. 77.*
[(3)] *Lettera modificata dall'articolo 10, comma 2, lettera e), del D.L. 8 aprile 2013, n. 35, convertito, con modificazioni, dalla Legge 6 giugno 2013, n. 64 e successivamente dall'articolo 1, comma 729, lettera d), della Legge 27 dicembre 2013, n. 147.*
[(4)] *Lettera modificata dall'articolo 10, comma 4 quater, lettera a), del D.L. 8 aprile 2013, n. 35, convertito, con modificazioni, dalla Legge 6 giugno 2013, n. 64.*
[(5)] *Lettera sostituita dall'articolo 1, comma 729, lettera e), della Legge 27 dicembre 2013, n. 147.*
[(6)] *Per l'integrazione del fondo di solidarietà comunale, per l'anno 2013, di cui al presente comma vedi l'articolo 2, comma 1, del D.L. 15 ottobre 2013 n. 120, convertito, con modificazioni, dalla Legge 13 dicembre 2013, n. 137.*
[(7)] *Per il Fondo di solidarietà comunale, di cui alla lettera b) del presente comma, vedi l'articolo 1, comma 921, della Legge 30 dicembre 2018, n. 145.*
[(A)] *In riferimento al presente comma vedi: Risoluzione Agenzia delle Entrate 21 maggio 2013, n. 33/E; Circolare Ministero dell'Economia e delle Finanze 23 maggio 2013 n. 2/DF.*

380-bis. Per l'anno 2013, il decreto del Presidente del Consiglio dei ministri di cui al comma 380, lettera b), tiene conto esclusivamente dei criteri di cui ai numeri 1), 5), 6) e 7) della lettera d) del medesimo comma 380 e dei dati del gettito dell'imposta municipale propria ad aliquota di base spettante ai comuni per l'anno 2013, come stimato dal Ministero dell'economia e delle finanze.

[(1)] *Comma inserito dall'articolo 10 sexies, comma 1, del D.L. 8 aprile 2013, n. 35, convertito, con modificazioni, dalla Legge 6 giugno 2013, n. 64.*

Per le medesime finalità di cui al comma 380, a decorrere dall'anno 2014:

a) la dotazione del Fondo di solidarietà comunale è pari a 6.647.114.923,12 euro per l'anno 2014 e a 6.547.114.923,12 euro per gli anni 2015 e successivi, comprensivi di 943 milioni di euro quale quota del gettito di cui alla lettera f) del comma 380. A decorrere dall'anno 2016 la dotazione del Fondo di solidarietà comunale di cui al primo periodo è incrementata di 3.767,45 milioni di euro. La dotazione del Fondo di cui al primo periodo è assicurata attraverso una quota dell'imposta municipale propria, di spettanza dei comuni, di cui al citato articolo 13 del decreto-legge n. 201 del 2011, pari a 4.717,9 milioni di euro per ciascuno degli anni 2014 e 2015 e a 2.768,8 milioni di euro per ciascuno degli anni 2016 e seguenti. Corrispondentemente, nei predetti esercizi è versata all'entrata del bilancio statale una quota di pari importo dell'imposta municipale propria, di spettanza dei comuni. A seguito della riduzione della quota di imposta municipale propria di spettanza comunale da versare al bilancio dello Stato per alimentare il Fondo di solidarietà comunale, a decorrere dall'anno 2016, la dotazione del predetto Fondo è corrispondentemente ridotta in misura pari a 1. 949,1 milioni di euro annui. Con la legge di assestamento o con appositi decreti di variazione del Ministro dell'economia e delle finanze, sono adottate le variazioni compensative in aumento o in diminuzione della dotazione del Fondo di solidarietà comunale per tenere conto dell'effettivo gettito dell'imposta municipale propria derivante dagli immobili ad uso produttivo classificati nel gruppo catastale D. Al fine di incentivare il processo di riordino e semplificazione degli enti territoriali, una quota del Fondo di solidarietà comunale, non inferiore a 30 milioni di euro a decorrere dall'anno 2014, è destinata ad incrementare il contributo spettante alle unioni di comuni ai sensi dell'articolo 53, comma 10, della legge 23 dicembre 2000, n. 388, e successive modificazioni, e una quota non inferiore a 30 milioni di euro è destinata, ai sensi dell'articolo 20 del decreto-legge 6 luglio 2012, n. 95, convertito, con modificazioni, dalla legge 7 agosto 2012, n. 135, e successive modificazioni, ai comuni istituiti a seguito di fusione [(3)];

b) con decreto del Presidente del Consiglio dei ministri, su proposta del Ministro dell'economia e delle finanze, di concerto con il Ministro dell'interno, previo accordo da sancire in sede di Conferenza Stato-città e autonomie locali, da emanare entro il 30 aprile 2014 per l'anno 2014 ed entro il 31 dicembre dell'anno precedente a quello di riferimento per l'anno 2015, entro il 30 aprile per l'anno 2016 ed entro il 30 novembre dell'anno precedente a quello di riferimento per gli anni 2017 e successivi, sono stabiliti i criteri di formazione e di riparto del Fondo di solidarietà comunale, tenendo anche conto, per i singoli comuni:

1) di quanto previsto dai numeri 1), 4), 5) e 6) della lettera d) del comma 380;

2) della soppressione dell'IMU sulle abitazioni principali e dell'istituzione della TASI;

3) dell'esigenza di limitare le variazioni, in aumento e in diminuzione, delle risorse disponibili ad aliquota base, attraverso l'introduzione di un'appropriata clausola di salvaguardia [(4)(5)];

c) in caso di mancato accordo, il decreto del Presidente del Consiglio dei ministri di cui alla lettera b) è comunque emanato entro i quindici giorni successivi;

d) con il decreto del Presidente del Consiglio dei ministri di cui alla lettera b) può essere variata la quota di gettito dell'imposta municipale propria di spettanza comunale di cui alla lettera a) da versare al bilancio dello Stato e, corrispondentemente, rideterminata la dotazione del Fondo di cui alla medesima lettera a). Le modalità di versamento al bilancio dello Stato sono determinate con il medesimo decreto del Presidente del Consiglio dei ministri. Il Ministro dell'economia e delle finanze è autorizzato ad apportare, con propri decreti, le occorrenti variazioni di bilancio [(6)].

[(1)] *Comma aggiunto dall'articolo 1, comma 730, della Legge 27 dicembre 2013, n. 147.*
[(2)] *Per la riduzione del fondo di cui al presente comma vedi l'articolo 47, comma 8, del D.L. 24 aprile 2014, n. 66, convertito, con modificazioni, dalla Legge 23 giugno 2014, n. 89. Per un'ulteriore riduzione, a decorrere dall'anno 2015, della dotazione del Fondo di solidarietà comunale di cui al presente comma, vedi l'articolo 1, comma 435, della Legge 23 dicembre 2014, n. 190; per l'applicazione della riduzione prevista dal citato comma 435 vedi quanto disposto dal comma 436 della medesima legge.*
[(3)] *Lettera modificata dall'articolo 1, comma 17, lettere a) e b), della Legge 28 dicembre 2015, n. 208.*
[(4)] *Vedi il D.P.C.M. 1° dicembre 2014 e il D.P.C.M. 10 settembre 2015.*
[(5)] *Lettera modificata dall'articolo 1, comma 17, lettera c), della Legge 28 dicembre 2015, n. 208.*
[(6)] *Lettera modificata dall'articolo 1, comma 17, lettera d), della Legge 28 dicembre 2015, n. 208.*

380-quater [1].Con riferimento ai comuni delle regioni a statuto ordinario, il 20 per cento per l'anno 2015, il 30 per cento per l'anno 2016, il 40 percento per l'anno 2017 e il 55 per cento per l'anno 2018 dell'importo attribuito a titolo di Fondo di solidarietà comunale di cui al comma 380-ter è accantonato per essere redistribuito, con il decreto del Presidente del Consiglio dei ministri di cui alla lettera b) del medesimo comma 380-ter, tra i comuni sulla base della differenza tra le capacità fiscali e i fabbisogni standard approvati dalla Commissione tecnica per i fabbisogni standard entro il 31 dicembre dell'anno precedente a quello di riferimento. Per l'anno 2016, sono assunti a riferimento i fabbisogni standard approvati dalla predetta Commissione entro il 31 marzo 2016. Per la quota del Fondo di solidarietà comunale attribuita con il criterio di cui al periodo precedente non operano i criteri di cui alla lettera b) del predetto comma 380-ter e si può applicare un correttivo statistico finalizzato a limitare le variazioni, in aumento e in diminuzione, delle risorse attribuite a ciascun Comune. Per gli anni 2015 e 2016, l'ammontare complessivo della capacità fiscale dei comuni delle regioni a statuto ordinario è determinata in misura pari all'ammontare complessivo delle risorse nette spettanti ai predetti comuni a titolo di imposta municipale propria e di tributo per i servizi indivisibili, ad aliquota standard, nonché a titolo di Fondo di solidarietà comunale netto per gli anni 2015 e 2016, ed è pari al 45,8 per cento dell'ammontare complessivo della capacità fiscale [2].

[1] *Comma inizialmente aggiunto dall'articolo 1, comma 730, della Legge 27 dicembre 2013, n. 147 e successivamente sostituito dall'articolo 14, comma 1, lettera a), del D.L. 6 marzo 2014, n. 16, convertito, con modificazioni, dalla Legge 2 maggio 2014, n. 68, modificato dall'articolo 1, comma 459, della Legge 23 dicembre 2014, n. 190 e dall'articolo 3, comma 3, lettere a) e b), del D.L. 19 giugno 2015, n. 78, convertito, con modificazioni, dalla Legge 6 agosto 2015, n. 125. Da ultimo, comma modificato dall'articolo 1, comma 17, lettera e), della Legge 28 dicembre 2015, n. 208 e dall'articolo 1, comma 3, del D.L. 24 giugno 2016, n. 113, convertito con modificazioni dalla Legge 7 agosto 2016, n. 160.*
[2] *Vedi il D.P.C.M. 10 settembre 2015.*

380 quinquies [1] Ai fini dell'applicazione del comma 380-quater, le modalità e i criteri di attuazione sono stabiliti mediante intesa in sede di Conferenza Stato-città ed autonomie locali, da adottare entro il 15 aprile 2014. In caso di mancata intesa, le risorse corrispondenti sono distribuite per l'anno 2014 con la medesima metodologia applicata per il riparto del fondo di solidarietà di cui al comma 380-ter e, a decorrere dall'anno 2015, in base alle disposizioni del predetto comma 380-quater.

[1] *Comma inserito dall'articolo 14, comma 1, lettera b), del D.L. 6 marzo 2014, n. 16, convertito, con modificazioni, dalla Legge 2 maggio 2014, n. 68.*

380 sexies. Con il medesimo decreto del Presidente del Consiglio dei ministri di cui alla lettera b) del comma 380-ter, l'incremento di 3.767,45 milioni di euro per gli anni 2016 e successivi della dotazione del Fondo di solidarietà comunale, in deroga a quanto disposto dai commi 380-ter e 380-quater, è ripartito tra i comuni interessati sulla base del gettito effettivo IMU e TASI derivante dagli immobili adibiti ad abitazione principale e dai terreni agricoli, relativo all'anno 2015. A decorrere dall'anno 2016, in deroga a quanto disposto dai commi 380-ter e 380-quater, una quota del Fondo di solidarietà comunale, nell'importo massimo di 80 milioni di euro, è accantonata per essere ripartita tra i comuni per i quali il riparto dell'importo di 3.767,45 milioni di euro, di cui al periodo precedente, non assicura il ristoro di un importo equivalente al gettito della TASI sull'abitazione principale stimato ad aliquota di base. La quota di 80 milioni di euro del Fondo di solidarietà comunale è ripartita in modo da garantire a ciascuno dei comuni di cui al precedente periodo l'equivalente del gettito della TASI sull'abitazione principale stimato ad aliquota di base [1][2].

[1] *Comma inserito dall'articolo 1, comma 17, lettera f), della Legge 28 dicembre 2015, n. 208.*
[2] *Comma modificato dall'articolo 1, comma 1, del D.L. 24 giugno 2016, n. 113, convertito con modificazioni dalla Legge 7 agosto 2016, n. 160.*

380 septies [1]A decorrere dall'anno 2016 l'ammontare del Fondo di solidarietà comunale di cui al comma 380-ter, al netto degli importi erogati ai sensi del comma 380-sexies, per ciascun comune:

a) della Regione siciliana e della regione Sardegna è determinato in modo tale da garantire la medesima dotazione netta del Fondo di solidarietà comunale per l'anno 2015;

b) delle regioni a statuto ordinario non ripartito secondo i criteri di cui al comma 380-quater è determinato in modo tale da garantire proporzionalmente la dotazione netta del Fondo di solidarietà comunale per l'anno 2015.

[1] *Comma inserito dall'articolo 1, comma 17, lettera f), della Legge 28 dicembre 2015, n. 208.*

380-octies. Ai fini del comma 380-septies, per dotazione netta si intende la differenza tra le assegnazioni di risorse, al netto degli importi erogati ai sensi del comma 380-sexies per ciascun comune, e la quota di alimentazione del fondo a carico di ciascun comune

[1] *Comma inserito dall'articolo 1, comma 17, lettera f), della Legge 28 dicembre 2015, n. 208.*

380-novies. Le disposizioni di cui ai commi da 380 a 380-octies che riguardano i criteri di ripartizione del Fondo di solidarietà comunale, ad eccezione di quelle di cui al comma 380-ter, lettera a), riguardanti il contributo di 30 milioni di euro annui spettante alle unioni di comuni ai sensi dell'articolo 53, comma 10, della legge 23 dicembre 2000, n. 388, nonché il contributo di 30 milioni di euro annui destinato, ai sensi dell'articolo 20 del decreto-legge 6 luglio 2012, n. 95, convertito, con modificazioni, dalla legge 7 agosto 2012, n. 135, ai comuni istituiti a seguito di fusione, trovano applicazione sino alla determinazione del Fondo stesso relativo all'anno 2016.

[1] *Comma inserito dall'articolo 1, comma 446, della Legge 11 dicembre 2016, n. 232.*

381. Per l'anno 2013 è differito al 30 settembre 2013 il termine per la deliberazione del bilancio di previsione degli enti locali di cui all'articolo 151 del Testo unico delle leggi sull'ordinamento degli enti locali approvato con decreto legislativo 18 agosto 2000, n. 267Ove il bilancio di previsione sia deliberato dopo il 1° settembre, per l'anno 2013 è facoltativa l'adozione della delibera consiliare di cui all'articolo 193, comma 2, del citato testo unico di cui al decreto legislativo n. 267 del 2000. Tale delibera, per gli enti locali che hanno approvato il bilancio di previsione entro il 31 agosto 2013, è adottata entro il termine massimo del 30

novembre 2013 [1].

[1] *Comma modificato dall'articolo 10, comma 4-quater, lettera b), numeri 1) e 2), del D.L. 8 aprile 2013, n. 35, convertito, con modificazioni, dalla Legge 6 giugno 2013, n. 64 e dall'articolo 12-bis, comma 1, del D.L. 14 agosto 2013, n. 93, convertito, con modificazioni, dalla Legge 15 ottobre 2013, n. 119.*

382. Entro il 28 febbraio 2013 il Ministero dell'interno eroga ai comuni delle Regioni a statuto ordinario ed ai comuni della Regione Siciliana e della Regione Sardegna un importo, a titolo di anticipo su quanto spettante per l'anno 2013 a titolo di Fondo di solidarietà comunale. L'importo dell'attribuzione è pari, per ciascun comune delle regioni a statuto ordinario, al 20 per cento di quanto spettante per l'anno 2012 a titolo di fondo sperimentale di riequilibrio e pari al 20 per cento, per ciascun comune della Regione Siciliana e della Regione Sardegna, di quanto spettante per l'anno 2012 a titolo di trasferimenti erariali. Ai fini di cui al presente comma si considerano validi i dati relativi agli importi spettanti pubblicati sul sito internet del Ministero dell'interno alla data del 31 dicembre 2012.

383. La verifica del gettito dell'imposta municipale propria dell'anno 2012, di cui al comma 6-bis dell'articolo 9 del decreto-legge 10 ottobre 2012, n. 174, convertito, con modificazioni, dalla legge 7 dicembre 2012, n. 213, avviene utilizzando anche i dati relativi alle aliquote e ai regimi agevolativi deliberati dai singoli comuni e raccolti dall'IFEL nell'ambito dei propri compiti istituzionali sulla base di una metodologia concordata con il Ministero dell'economia e delle finanze.

384. Per gli anni 2013 e 2014, le disposizioni vigenti in materia di sanzioni che richiamano il fondo sperimentale di riequilibrio o i trasferimenti erariali in favore dei comuni della Regione Siciliana e della Regione Sardegna si intendono riferite al fondo di solidarietà comunale.

385. L'articolo 4, comma 6, del decreto-legge 6 luglio 2012, n. 95, convertito, con modificazioni, dalla legge 7 agosto 2012, n. 135, non si applica all'Istituto per la finanza e l'economia locale - IFEL.

386. Per gli anni 2013 e 2014, il contributo di cui all'articolo 10, comma 5, del decreto legislativo 30 dicembre 1992, n. 504, e successive modificazioni, è rideterminato nella misura dello 0,6 per mille ed è calcolato sulla quota di gettito dell'imposta municipale propria relativa agli immobili diversi da quelli destinati ad abitazione principale e relative pertinenze, spettante al comune ai sensi dei commi da 380 a 387.

387. All'articolo 14 del decreto-legge 6 dicembre 2011, n. 201, convertito con modificazioni dalla legge 22 dicembre 2011, n. 214, sono apportate le seguenti modificazioni:

a) al comma 1 le parole da «*svolto mediante l'attribuzione*» a «*legge 14 settembre 2011, n. 248,*» sono sostituite dalle seguenti: «*svolto in regime di privativa pubblica ai sensi della vigente normativa ambientale*»;

b) il comma 9 è sostituito dal seguente:

«*9. La tariffa è commisurata alle quantità e qualità medie ordinarie di rifiuti prodotti per unità di superficie, in relazione agli usi e alla tipologia di attività svolte, sulla base dei criteri determinati con il regolamento di cui al decreto del Presidente della Repubblica 27 aprile 1999, n. 158. Fino all'attuazione delle disposizioni di cui al comma 9-bis, la superficie delle unità immobiliari a destinazione ordinaria iscritte o iscrivibili nel catasto edilizio urbano assoggettabile al tributo è costituita da quella calpestabile dei locali e delle aree suscettibili di produrre rifiuti urbani e assimilati. Ai fini dell'applicazione del tributo si considerano le superfici dichiarate o accertate ai fini della Tassa per lo smaltimento dei rifiuti solidi urbani di cui al decreto legislativo 13 novembre 1993, n. 507 (TARSU), o della Tariffa di igiene ambientale prevista dall'articolo 49 del decreto legislativo 5 febbraio 1997, n. 22 (TIA 1) o dall'articolo 238 del decreto legislativo 3 aprile 2006, n. 152 (TIA 2). Ai fini dell'attività di accertamento, il comune, per le unità immobiliari a destinazione ordinaria iscritte o iscrivibili nel catasto edilizio urbano, può considerare come superficie assoggettabile al tributo quella pari all'80 per cento della superficie catastale determinata secondo i criteri stabiliti dal regolamento di cui al decreto del Presidente della Repubblica 23 marzo 1998, n. 138. Con provvedimento del direttore dell'Agenzia del territorio, sentita la Conferenza Stato-città ed autonomie locali e l'Associazione Nazionale dei Comuni Italiani sono stabilite le procedure di interscambio dei dati tra i comuni e la predetta Agenzia. Per le altre unità immobiliari la superficie assoggettabile al tributo rimane quella calpestabile*»;

c) dopo il comma 9 è aggiunto il seguente comma:

«*9-bis. Nell'ambito della cooperazione tra i comuni e l'Agenzia del territorio per la revisione del catasto, vengono attivate le procedure per l'allineamento tra i dati catastali relativi alle unità immobiliari a destinazione ordinaria e i dati riguardanti la toponomastica e la numerazione civica interna ed esterna di ciascun comune, al fine di addivenire alla determinazione della superficie assoggettabile al tributo pari all'80 per cento di quella catastale determinata secondo i criteri stabiliti dal regolamento di cui al decreto del Presidente della Repubblica n. 138 del 1998. I comuni comunicano ai contribuenti le nuove superfici imponibili adottando le più idonee forme di comunicazione e nel rispetto dell'articolo 6 della legge 27 luglio 2000, n. 212;*

d) il comma 12 è abrogato;

e) al comma 34 è aggiunto, alla fine, il seguente periodo: «Al fine di acquisire le informazioni riguardanti la toponomastica e la numerazione civica interna ed esterna di ciascun comune, nella dichiarazione delle unità immobiliari a destinazione ordinaria devono essere obbligatoriamente indicati i dati catastali, il numero civico di ubicazione dell'immobile e il numero dell'interno, ove esistente»;

f) il comma 35 è sostituito dal seguente: «*35. I comuni, in deroga all'articolo 52 del decreto legislativo 15 dicembre 1997, n. 446, possono affidare, fino al 31 dicembre 2013, la gestione del tributo o della tariffa di cui al comma 29, ai soggetti che, alla data del 31 dicembre 2012, svolgono, anche disgiuntamente, il servizio di gestione dei rifiuti e di accertamento e riscossione della TARSU, della TIA 1 o della TIA 2. Il versamento del tributo, della tariffa di cui al comma 29 nonché della maggiorazione di cui al comma 13 è effettuato, in deroga all'articolo 52 del decreto legislativo 15 dicembre 1997, n. 446, secondo le disposizioni di cui all'articolo 17 del decreto legislativo 9 luglio 1997, n. 241, nonché, tramite apposito bollettino di conto corrente postale al quale si applicano le disposizioni di cui al citato articolo 17, in quanto compatibili. Con uno o più decreti del direttore generale del Dipartimento delle finanze del Ministero dell'economia e delle finanze, di concerto con il Direttore dell'Agenzia delle entrate e sentita l'Associazione Nazionale dei Comuni Italiani, sono stabilite le modalità di versamento, assicurando in ogni caso la massima semplificazione degli adempimenti da parte dei soggetti interessati, prevedendo anche forme che rendano possibile la previa compilazione dei modelli di pagamento. Il tributo e la maggiorazione, in deroga all'articolo 52 del decreto legislativo n. 446 del 1997, sono versati esclusivamente al comune. Il versamento del tributo, della tariffa di cui al comma 29 nonché della maggiorazione di cui al comma 13 per l'anno di riferimento è effettuato in quattro rate trimestrali, scadenti nei mesi di gennaio, aprile, luglio e ottobre. I comuni possono variare la scadenza e il numero delle rate di versamento. Per l'anno 2013, il termine di versa-*

mento della prima rata è comunque posticipato ad aprile, ferma restando la facoltà per il comune di posticipare ulteriormente tale termine. Per l'anno 2013, fino alla determinazione delle tariffe ai sensi dei commi 23 e 29, l'importo delle corrispondenti rate è determinato in acconto, commisurandolo all'importo versato, nell'anno precedente, a titolo di TARSU o di TIA 1 oppure di TIA 2. Per le nuove occupazioni decorrenti dal 1° gennaio 2013, l'importo delle corrispondenti rate di cui al periodo precedente è determinato tenendo conto delle tariffe relative alla TARSU o alla TIA 1 oppure alla TIA 2 applicate dal comune nell'anno precedente. In ogni caso il versamento a conguaglio è effettuato con la rata successiva alla determinazione delle tariffe ai sensi dei commi 23 e 29. Per l'anno 2013, il pagamento della maggiorazione di cui al comma 13 è effettuato in base alla misura standard, pari a 0,30 euro per metro quadrato, senza applicazione di sanzioni e interessi, contestualmente al tributo o alla tariffa di cui al comma 29, alla scadenza delle prime tre rate. L'eventuale conguaglio riferito all'incremento della maggiorazione fino a 0,40 euro è effettuato al momento del pagamento dell'ultima rata. È consentito il pagamento in unica soluzione entro il mese di giugno di ciascun anno».

Omissis.

479. A decorrere dal 1° gennaio 2013 la misura del prelievo erariale unico sugli apparecchi di cui all'articolo 110, comma 6, lettera b), del regio decreto 18 giugno 1933, n. 773, è fissata in misura pari al 5 per cento dell'ammontare delle somme giocate.

480. Il comma 1-ter dell'articolo 40 del decreto-legge 6 luglio 2011, n. 98, convertito, con modificazioni, dalla legge 15 luglio 2011, n. 111, e successive modificazioni, è sostituito dal seguente:

«1-ter. A decorrere dal 1° luglio 2013, l'aliquota dell'imposta sul valore aggiunto del 21 per cento è rideterminata nella misura del 22 per cento».

481. Per la proroga, nel periodo dal 1° gennaio al 31 dicembre 2013, di misure sperimentali per l'incremento della produttività del lavoro, è introdotta una speciale agevolazione. L'agevolazione di cui al primo periodo trova applicazione nel limite massimo di onere di 950 milioni di euro per l'anno 2013 e di 305 milioni di euro per l'anno 2014. Con decreto del Presidente del Consiglio dei ministri, di concerto con il Ministro dell'economia e delle finanze, nel rispetto dell'onere massimo fissato al secondo periodo, sono stabilite le modalità di attuazione del presente comma. Se il decreto di cui al terzo periodo non è emanato entro il 15 gennaio 2013, il Governo, previa comunicazione alle Camere, promuove un'apposita iniziativa legislativa per destinare le risorse di cui al presente comma a politiche per l'incremento della produttività, nonché al rafforzamento del sistema dei confidi per migliorare l'accesso al credito delle piccole e medie imprese, e per incrementare le risorse del fondo di garanzia per le piccole e medie imprese, di cui all'articolo 2, comma 100, lettera a), della legge 23 dicembre 1996, n. 662 (1)(2).

(1) *Per le modalità di attuazione delle misure sperimentali per l'incremento della produttività del lavoro nel periodo 1° gennaio - 31 dicembre 2013, ai sensi del presente comma, vedi il D.P.C.M. 22 gennaio 2013. Per le modalità di attuazione delle misure sperimentali per l'incremento della produttività del lavoro nel periodo 1° gennaio - 31 dicembre 2014 vedi il D.P.C.M. 19 febbraio 2014.*

(2) *Comma modificato dall'articolo 1, comma 413, della Legge 27 dicembre 2013, n. 147.*

482. Le misure di cui al comma 481 si applicano con le medesime modalità anche per il periodo dal 1° gennaio 2014 al 31 dicembre 2014 entro il limite massimo complessivo di 800 milioni di euro. Il relativo onere non può essere superiore a 600 milioni di euro per l'anno 2014 e a 200 milioni di euro per l'anno 2015 e, a tal fine, il termine per l'emanazione del decreto del Presidente del Consiglio dei ministri di cui al terzo periodo del medesimo comma 481 è fissato al 15 gennaio 2014.

483. A decorrere dal 1° gennaio 2013, all'articolo 12, comma 1, lettera c), del testo unico delle imposte sui redditi, di cui al decreto del Presidente della Repubblica 22 dicembre 1986, n. 917, e successive modificazioni, le parole: «800 euro per ciascun figlio, compresi i figli naturali riconosciuti, i figli adottivi e gli affidati o affiliati. La detrazione è aumentata a 900 euro per ciascun figlio di età inferiore a tre anni. Le predette detrazioni sono aumentate di un importo pari a 220 euro per ogni figlio portatore di handicap» sono sostituite dalle seguenti: «950 euro per ciascun figlio, compresi i figli naturali riconosciuti, i figli adottivi o affidati. La detrazione è aumentata a 1.220 euro per ciascun figlio di età inferiore a tre anni. Le predette detrazioni sono aumentate di un importo pari a 400 euro per ogni figlio portatore di handicap».

484. All'articolo 11 del decreto legislativo 15 dicembre 1997, n. 446, e successive modificazioni, sono apportate le seguenti modificazioni:

a) al comma 1, lettera a):

1) al numero 2), le parole: «4.600 euro» e «10.600 euro» sono sostituite, rispettivamente, dalle seguenti: «7.500 euro» e «13.500 euro»;

2) al numero 3), le parole: «9.200 euro» e «15.200 euro» sono sostituite, rispettivamente, dalle seguenti: «15.000 euro» e «21.000 euro»;

b) il comma 4-bis è sostituito dal seguente:

«4-bis. Per i soggetti di cui all'articolo 3, comma 1, lettere da a) ad e), sono ammessi in deduzione, fino a concorrenza, i seguenti importi:

a) euro 8.000 se la base imponibile non supera euro 180.759,91;

b) euro 6.000 se la base imponibile supera euro 180.759,91 ma non euro 180.839,91;

c) euro 4.000 se la base imponibile supera euro 180.839,91 ma non euro 180.919,91;

d) euro 2.000 se la base imponibile supera euro 180.919,91 ma non euro 180.999,91;

d-bis) per i soggetti di cui all'articolo 3, comma 1, lettere b) e c), l'importo delle deduzioni indicate nelle lettere da a) a d) del presente comma è aumentato, rispettivamente, di euro 2.500, di euro 1.875, di euro 1.250 e di euro 625».

485. Le disposizioni dell'articolo 11 del decreto legislativo 15 dicembre 1997, n. 446, come da ultimo modificato dal comma 484 del presente articolo, si applicano a decorrere dal periodo d'imposta successivo a quello in corso al 31 dicembre 2013. Entro tale data, il Governo regola, previa intesa in sede di Conferenza permanente per i rapporti tra lo Stato, le regioni e le province autonome di Trento e di Bolzano, i rapporti finanziari con le regioni e le province autonome di Trento e di Bolzano in modo che sia garantita l'invarianza delle risorse spettanti a legislazione vigente alle stesse regioni e province autonome.

486. All'articolo 18, comma 1, primo periodo, del testo unico di cui al decreto del Presidente della Repubblica 30 maggio 2002, n. 115, dopo le parole: «processo penale» sono

inserite le seguenti: «, con la sola esclusione dei certificati penali,».

487. A decorrere dal 1° gennaio 2013 restano confermate le aliquote di accisa stabilite con la determinazione del direttore dell'Agenzia delle dogane 9 agosto 2012, n. 88789.

488. In vista della riforma dei regimi IVA speciali dell'Unione europea previsti dalla direttiva 112/2006/CE del Consiglio, del 28 novembre 2006, il numero 41-bis) della tabella A, parte II, allegata al decreto del Presidente della Repubblica 26 ottobre 1972, n. 633, non si applica alle società cooperative e loro consorzi diversi da quelli di cui alla legge 8 novembre 1991, n. 381 (1).

(1) Comma sostituito dall'articolo 1, comma 172, della Legge 27 dicembre 2013, n. 147. Per effetto della sostituzione gli originari commi 488 e 489 sono stati sostituiti da presente comma 488.

[*489. All'articolo 1, comma 331, della legge 27 dicembre 2006, n. 296, il primo e il secondo periodo sono soppressi.*] (1)

(1) Comma soppresso per effetto della sostituzione disposta dall'articolo 1, comma 172, della Legge 27 dicembre 2013, n. 147. Per effetto della sostituzione gli originari commi 488 e 489 sono stati sostituiti dal comma 488.

490. Le disposizioni dei commi 488 e 489 si applicano alle operazioni effettuate sulla base di contratti stipulati dopo il 31 dicembre 2013.

491. Il trasferimento della proprietà di azioni e di altri strumenti finanziari partecipativi di cui al sesto comma dell'articolo 2346 del codice civile, emessi da società residenti nel territorio dello Stato, nonché di titoli rappresentativi dei predetti strumenti indipendentemente dalla residenza del soggetto emittente, è soggetto ad un'imposta sulle transazioni finanziarie con l'aliquota dello 0,2 per cento sul valore della transazione. È soggetto all'imposta di cui al precedente periodo anche il trasferimento di proprietà di azioni che avvenga per effetto della conversione di obbligazioni. L'imposta non si applica qualora il trasferimento della proprietà avvenga per successione o donazione. Per valore della transazione si intende il valore del saldo netto delle transazioni regolate giornalmente relative al medesimo strumento finanziario e concluse nella stessa giornata operativa da un medesimo soggetto, ovvero il corrispettivo versato. L'imposta è dovuta indipendentemente dal luogo di conclusione della transazione e dallo Stato di residenza delle parti contraenti. L'aliquota. dell'imposta è ridotta alla metà per i trasferimenti che avvengono in mercati regolamentati e sistemi multilaterali di negoziazione. Sono escluse dall'imposta le operazioni di emissione e di annullamento dei titoli azionari e dei predetti strumenti finanziari, nonché le operazioni di conversione in azioni di nuova emissione e le operazioni di acquisizione temporanea di titoli indicate nell'articolo 2, punto 10, del regolamento (CE) 1287/2006 della Commissione del 10 agosto 2006. Sono altresì esclusi dall'imposta i trasferimenti di proprietà di azioni negoziate in mercati regolamentari o sistemi multilaterali di negoziazione emesse da società la cui capitalizzazione media nel mese di novembre dell'anno precedente a quello in cui avviene il trasferimento di proprietà sia inferiore a 500 milioni di euro (1)(A).

(1) Per l'attuazione del presente comma vedi il D.M. 21 febbraio 2013. Per l'applicazione dell'imposta di cui al presente comma vedi l'articolo 2 del D.M. 21 febbraio 2013. Per la fissazione dell''aliquota di imposta per i trasferimenti di proprietà di cui al presente comma vedi l'articolo 6 del D.M. 21 febbraio 2013. Per le esclusioni dall'ambito di applicazione dell'imposta di cui al presente comma vedi l'articolo 15 del D.M. 21 febbraio 2013. Per l'esenzione dall'imposta di cui al presente comma vedi l'art. 16 del D.M. 21 febbraio 2013. A norma dell'articolo 18 del D.M. 21 febbraio 2013, l'imposta di cui al presente comma non è deducibile ai fini delle imposte sui redditi, ivi incluse le imposte sostitutive delle medesime, nonché ai fini dell'imposta regionale sulle attività produttive. A norma dell'articolo 21, comma 5, del D.M. 21 febbraio 2013, l''imposta di cui al presente comma, è fissata, per il 2013, nella misura dello 0,22 per cento. L'aliquota è ridotta allo 0,12 per cento per i trasferimenti che avvengono in mercati regolamentati e sistemi multilaterali di negoziazione.

(A) In riferimento all'imposta sulle transazioni finanziarie (Tobin tax) utilizzo del credito di imposta da parte di una società madre vedi: Risposta Agenzia delle Entrate 11/09/2020 n. 347.

492. Le operazioni su strumenti finanziari derivati di cui all'articolo 1, comma 3, del decreto legislativo 24 febbraio 1998, n. 58, e successive modificazioni, che abbiano come sottostante prevalentemente uno o più strumenti finanziari di cui al comma 491, oil cui valore dipenda prevalentemente da uno o più degli strumenti finanziari di cui al medesimo comma, e le operazioni sui valori mobiliari di cui all'articolo 1, comma Ibis, lettere c) e d), del medesimo decreto legislativo, che permettano di acquisire o di vendere prevalentemente uno o più strumenti finanziari di cui al comma 491 o che comportino un regolamento in contanti determinato con riferimento prevalentemente a uno o più strumenti finanziari indicati al precedente comma, inclusi warrants, covered warrants e certificates, sono soggette, al momento della conclusione, ad imposta in misura fissa, determinata con riferimento alla tipologia di strumento e al valore del contratto, secondo la tabella 3 allegata alla presente legge. L'imposta è dovuta indipendentemente dal luogo. di conclusione della transazione e dallo Stato di residenza delle parti contraenti. Nel caso in cui le operazioni di cui al primo periodo prevedano come modalità di regolamento anche il trasferimento delle azioni o degli altri strumenti finanziari partecipativi, il trasferimento della proprietà di tali strumenti finanziari che avviene al momento del regolamento è soggetto all'imposta con le modalità e nella misura previste dal comma 491. Per le operazioni che avvengono in mercati regolamentati o sistemi multilaterali di negoziazione, la medesima imposta in misura fissa, ridotta a 1/5, potrà essere determinata con riferimento al valore di un contratto standard (lotto) con il decreto del Ministro dell'economia e finanze di cui al comma 500, tenendo conto del valore medio del contratto standard (lotto) nel trimestre precedente (1)(A).

(1) Per l'attuazione del presente comma vedi il D.M. 21 febbraio 2013. Per l'applicazione dell'imposta di cui al presente comma vedi l'articolo 7 del D.M. 21 febbraio 2013. Per la determinazione dell'imposta sulle operazioni di cui al presente comma vedi l'articolo 11 del D.M. 21 febbraio 2013. Per le esclusioni dall'ambito di applicazione dell'imposta di cui al presente comma vedi l'articolo 15 del D.M. 21 febbraio 2013. Per l'esenzione dall'imposta di cui al presente comma vedi l'articolo 16 del D.M. 21 febbraio 2013. A norma dell'art. 18 del D.M. 21 febbraio 2013, l'imposta di cui al presente comma non è deducibile ai fini delle imposte sui redditi, ivi incluse le imposte sostitutive delle medesime, nonché ai fini dell'imposta regionale sulle attività produttive. Per l'applicazione dell'imposta di cui al presente comma, nell'anno 2013, vedi l'articolo 21 del D.M. 21 febbraio 2013.

(A) In riferimento all'imposta sulle transazioni finanziarie (Tobin tax) utilizzo del credito di imposta da parte di una società madre vedi: Risposta Agenzia delle Entrate 11/09/2020 n. 347.

493. Ai fini dell'applicazione delle disposizioni di cui ai commi 491 e 492, per mercati regolamentati e sistemi multi-

laterali di negoziazione si intendono i mercati definiti ai sensi dell'articolo 4, paragrafo 1, punti 14 e 15, della direttiva 2004/39/CE del Parlamento europeo e del Consiglio del 21 aprile 2004 degli Stati membri dell'Unione europea e degli Stati aderenti all'Accordo sullo spazio economico europeo, inclusi nella lista di cui al decreto ministeriale emanato ai sensi dell'articolo 168-bis del decreto del Presidente della Repubblica 22 dicembre 1986, n. 917 (1).

(1) *Per l'attuazione del presente comma vedi il D.M. 21 febbraio 2013.*

494. L'imposta di cui al comma 491 è dovuta dal soggetto a favore del quale avviene il trasferimento; quella di cui al comma 492 è dovuta nella misura ivi stabilita da ciascuna delle controparti delle operazioni. L'imposta di cui ai commi 491 e 492 non si applica ai soggetti che si interpongono nelle medesime operazioni. Nel caso di trasferimento della proprietà di azioni e strumenti finanziari di cui al comma 491, nonché per le operazioni su strumenti finanziari. di cui al comma 492, l'imposta è versata dalle banche, dalle società fiduciarie e dalle imprese di investimento abilitate all'esercizio professionale nei confronti del pubblico dei servizi e delle attività di investimento, di cui all'articolo 18 del decreto legislativo 24 febbraio 1998, n. 58, e successive modificazioni, nonché dagli altri soggetti che comunque intervengono nell'esecuzione delle predette operazioni, ivi compresi gli intermediari non residenti. Qualora nell'esecuzione dell'operazione intervengano più soggetti tra quelli indicati nel terzo periodo, l'imposta è versata da colui che riceve direttamente dall'acquirente o dalla controparte finale l'ordine di esecuzione. Negli altri casi l'imposta è versata dal contribuente. Gli intermediari e gli altri soggetti non residenti che intervengono nell'operazione possono nominare un rappresentante fiscale individuato tra i soggetti indicati nell'articolo 23 del decreto del Presidente della Repubblica 29 settembre 1973, n. 600 che risponde, negli stessi termini e con le stesse responsabilità del soggetto non residente, per gli adempimenti dovuti in relazione alle operazioni di cui ai commi precedenti. Il versamento dell'imposta deve essere effettuato entro il giorno sedici del mese successivo a quello del trasferimento della proprietà di cui al comma 491 o della conclusione delle operazioni di cui al comma 492. Sono esenti da imposta le operazioni che hanno come controparte l'Unione europea, la Banca centrale europea, le banche centrali degli Stati membri dell'Unione europea e le banche centrali e gli organismi che gestiscono anche le riserve ufficiali di altri Stati, nonché gli enti od organismi internazionali costituiti in base ad accordi internazionali resi esecutivi in Italia. L'imposta di cui ai commi 491 e 492 non si applica:

a) ai soggetti che effettuano le transazioni e le operazioni di cui ai commi 491 e 492, nell'ambito dell'attività di supporto agli scambi, e limitatamente alla stessa, come definita dall'articolo 2, paragrafo 1, lettera k), del regolamento (UE) n. 236/2012 del Parlamento europeo e del Consiglio del 14 marzo 2012;

b) ai soggetti che effettuano, per conto di una società emittente, le transazioni e le operazioni di cui ai commi 491 e 492 in vista di favorire la liquidità delle azioni emesse dalla medesima società emittente, nel quadro delle pratiche di mercato ammesse, accettate dall'Autorità dei mercati finanziari in applicazione della direttiva 2003/ 6/CE del Parlamento Europeo e del Consiglio del 28 gennaio 2003 e della direttiva 2004/72/CE della Commissione del 29 aprile 2004;

c) agli enti di previdenza obbligatoria, nonché alle forme pensionistiche complementari di cui al decreto legislativo 5 dicembre 2005, n. 252 e ai prodotti pensionistici individuali paneuropei (PEPP) di cui al regolamento (UE) 2019/1238 (1);

d) alle transazioni ed alle operazioni tra società fra le quali sussista il rapporto di controllo di cui all'articolo 2359, commi primo, n. 1) e 2), e secondo del codice civile, ovvero a seguito di operazioni di riorganizzazione aziendale effettuate alle condizioni indicate nel decreto di cui al comma 500 (A).

e) alle transazioni e alle operazioni relative a prodotti e servizi qualificati come etici o socialmente responsabili a norma dell'articolo 117-ter del decreto legislativo 24 febbraio 1998, n. 58, e della relativa normativa di attuazione (2).

(1) *Lettera modificata dall'articolo 16, comma 9, del D.Lgs. 3 agosto 2022, n. 114.*
(2) *Per l'attuazione del presente comma vedi il D.M. 21 febbraio 2013.*
(A) *In riferimento alle cause di esclusione dall'imposta sulle transazioni finanziarie vedi: Risoluzione Agenzia delle Entrate 29/03/2019 n. 38/E.*
- In riferimento all'imposta sulle transazioni finanziarie, vedi: Risposta Agenzia delle Entrate 18 giugno 2021, n. 417.

495. Le operazioni effettuate sul mercato finanziario italiano sono soggette ad un'imposta sulle negoziazioni ad alta frequenza relative agli strumenti finanziari di cui ai commi 491 e 492. Si considera attività di negoziazione ad alta frequenza quella generata da un algoritmo informatico che determina in maniera automatica le decisioni relative all'invio, alla modifica o alla cancellazione degli ordini e dei relativi parametri, laddove l'invio, la modifica o la cancellazione degli ordini su strumenti finanziari della medesima specie sono effettuati. con un intervallo minimo inferiore al valore stabilito con il decreto del Ministro dell'economia e delle finanze di cui al comma 500. Tale valore non può comunque essere superiore a mezzo secondo. L'imposta si applica con un'aliquota dello 0,02 per cento sul controvalore degli ordini annullati o modificati che in una giornata di borsa superino la soglia numerica stabilita con il decreto di cui al precedente periodo. Tale soglia non può in ogni caso essere inferiore al 60 per cento degli ordini trasmessi (1).

(1) *Per l'attuazione del presente comma vedi il D.M. 21 febbraio 2013. A norma dell'articolo 18 del D.M. 21 febbraio 2013, l'imposta di cui al presente comma non è deducibile ai fini delle imposte sui redditi, ivi incluse le imposte sostitutive delle medesime, nonché ai fini dell'imposta regionale sulle attività produttive. Per l'applicazione dell'imposta di cui al presente comma, nell'anno 2013, vedi l'articolo 21 del D.M. 21 febbraio 2013.*
(A) *In riferimento all'imposta sulle transazioni finanziarie (Tobin tax) utilizzo del credito di imposta da parte di una società madre vedi: Risposta Agenzia delle Entrate 11/09/2020 n. 347.*

496. L'imposta di cui al comma 495 è dovuta dal soggetto per conto del quale sono eseguiti gli ordini di cui al medesimo comma. Ai fui del versamento, si applicano, in quanto compatibili, le disposizioni di cui al comma 494 (1).

(1) *Per l'attuazione del presente comma vedi il D.M. 21 febbraio 2013.*

497. L'imposta di cui ai commi 491, 492 e 495 si applica alle transazioni concluse a decorrere dal 1° marzo 2013 per i

trasferimenti di cui al comma 491 e per le operazioni di cui al comma 495 relative ai citati trasferimenti, e a decorrere dal 1° settembre 2013 per le operazioni di cui al comma 492 e per quelle di cui al comma 495 su strumenti finanziari derivati e valori mobiliari. Per il 2013 l'imposta di cui al comma 491, primo periodo, è fissata nella misura dello 0,22 per cento; quella di cui al sesto periodo del medesimo comma è fissata in misura pari a 0,12 per cento. L'imposta dovuta sui trasferimenti di proprietà di cui al comma 491 e sugli ordini di cui al comma 495 relativi ai predetti trasferimenti di cui al comma 491 effettuati fino al 30 settembre 2013 è versata entro il 16 ottobre 2013. L'imposta dovuta sulle operazioni di cui al comma 492 e sugli ordini di cui al comma 495 su strumenti finanziari derivati e valori mobiliari effettuati nel mese di settembre del 2013 è versata entro il 16 ottobre 2013 [(1)(2)].

(1) Per l'attuazione del presente comma vedi il D.M. 21 febbraio 2013.
(2) Comma sostituito dall'articolo 56, comma 1, del D.L. 21 giugno 2013, n. 69, convertito, con modificazioni, dalla Legge 9 agosto 2013, n. 98.

498. Ai fini dell'accertamento, delle sanzioni e della riscossione dell'imposta di cui ai commi 491, 492 e 495 nonché per il relativo contenzioso si applicano le disposizioni in materia di imposta sul valore aggiunto, in quanto compatibili. Le sanzioni per omesso o ritardato versamento si applicano esclusivamente nei confronti dei soggetti tenuti a tale adempimento, che rispondono anche del pagamento dell'imposta. Detti soggetti possono sospendere l'esecuzione dell'operazione fino a che non ottengano provvista per il versamento dell'imposta [(1)].

(1) Per l'attuazione del presente comma vedi il D.M. 21 febbraio 2013.

499. L'imposta di cui ai commi 491, 492 e 495 non è deducibile ai fini delle imposte sui redditi e dell'imposta regionale sulle attività produttive [(1)].

(1) Per l'attuazione del presente comma vedi il D.M. 21 febbraio 2013.

449-bis. Il complesso delle spese finali in termini di competenza eurocompatibile di ciascuna regione a statuto ordinario non può essere superiore, per ciascuno degli anni dal 2014 al 2017, agli importi indicati nella tabella seguente:

Regione	Obiettivi patto di stabilità interno (milioni di euro) Anno 2014	Anni 2015-2017
Piemonte	1.928	1.901
Liguria	714	704
Lombardia	3.026	2.960
Veneto	1.515	1.485
Emilia-Romagna	1.514	1.485
Toscana	1.440	1.418
Umbria	548	543
Marche	637	628
Lazio	1.943	1.909
Abruzzo	673	666
Molise	261	259
Campania	2.327	2.304
Puglia	1.305	1.289
Basilicata	539	535
Calabria	1.022	1.013
TOTALE	**19.390**	**19.099**

[(1)(2)].

(1) Comma inserito dall'articolo 1, comma 497, della Legge 27 dicembre 2013, n. 147, a decorrere dal 1° gennaio 2014.
(2) A norma dell'articolo 46, comma 7, del D.L. 24 aprile 2014, n. 66, convertito, con modificazioni, dalla Legge 23 giugno 2014, n. 89, il complesso delle spese finali espresse in termini di competenza eurocompatibile di ciascuna regione a statuto ordinario, di cui al presente comma, è ridotto per ciascuno degli anni dal 2014 al 2017, tenendo conto degli importi determinati ai sensi del comma 6 del D.L. 66/2014.

500. Con decreto del Ministro dell'economia e finanze, da emanare entro trenta giorni dalla data di entrata in vigore della presente legge, sono stabilite le modalità di applicazione dell'imposta di cui ai commi da 491 a 498, compresi gli eventuali obblighi dichiarativi. Con uno o più provvedimenti del Direttore dell'Agenzia delle entrate possono essere previsti gli adempimenti e le modalità per l'assolvimento dell'imposta di cui ai commi da 491 a 498.

501. All'articolo 164, comma 1, lettera b), del testo unico delle imposte sui redditi, di cui al decreto del Presidente della Repubblica 22 dicembre 1986, n. 917, come modificato, da ultimo, dall'articolo 4, comma 72, della legge 28 giugno 2012, n. 92, le parole: «nella misura del 27,5 per cento» sono sostituite dalle seguenti: «nella misura del 20 per cento». Resta fermo quanto previsto dal comma 73 del citato articolo 4 della legge n. 92 del 2012.

502. Al comma 14 dell'articolo 23 del decreto-legge 6 luglio 2011, n. 98, convertito, con modificazioni, dalla legge 15 luglio 2011, n. 111, le parole: «al 31 dicembre 2012» sono sostituite dalle seguenti: «al 31 dicembre 2017».

503. All'articolo 20, comma 2, del decreto-legge 6 dicembre 2011, n. 201, convertito, con modificazioni, dalla legge 22 dicembre 2011, n. 214, le parole: «al 31 dicembre 2014» sono sostituite dalle seguenti: «al 31 dicembre 2019».

504. All'articolo 20, comma 1, del decreto-legge 6 dicembre 2011, n. 201, convertito, con modificazioni, dalla legge 22 dicembre 2011, n. 214, le parole: «in tre rate di pari importo da versare: a) la prima, entro il termine di scadenza dei versamenti del saldo delle imposte sui redditi dovute per il periodo d'imposta 2012; b) la seconda e la terza entro il termine di scadenza dei versamenti, rispettivamente, della prima e della seconda o unica rata di acconto delle imposte sui redditi dovute per il periodo di imposta 2014» sono sostituite dalle seguenti: «in un'unica rata da versare entro il termine di scadenza dei versamenti del saldo delle imposte sui redditi dovute per il periodo d'imposta 2012».

505. All'articolo 20, comma 1-bis, del decreto-legge 6 dicembre 2011, n. 201, convertito, con modificazioni, dalla legge 22 dicembre 2011, n. 214, al primo periodo, le parole: «I termini di versamento di cui al comma 1 si applicano» sono sostituite dalle seguenti: «Il termine di versamento di cui al comma 1 si applica»; e, al secondo periodo, le parole: «su ciascuna rata» sono soppresse.

506. All'articolo 1, comma 2-bis, del decreto-legge 24 settembre 2002, n. 209, convertito, con modificazioni, dalla legge 22 novembre 2002, n. 265, e successive modificazioni, è aggiunto, in fine, il seguente periodo: «La percentuale indicata nel comma 2 è aumentata:

a) per il periodo d'imposta in corso alla data del 31 dicembre 2012, allo 0,50 per cento, in deroga alle disposizioni dell'articolo 3 della legge 27 luglio 2000, n. 212;

b) a decorrere dal periodo d'imposta successivo a quello in corso alla data del 31 dicembre 2012, allo 0,45 per cento».

507. All'articolo 1, comma 2, del decreto-legge 24 settembre 2002, n. 209, convertito, con modificazioni, dalla legge

22 novembre 2002, n. 265, e successive modificazioni, è aggiunto, in fine, il seguente periodo: «Se nel 2013 l'ammontare del credito d'imposta non ancora compensato o ceduto a norma delle disposizioni precedenti, aumentato dell'imposta da versare, eccede il 2,50 per cento delle riserve matematiche dei rami vita iscritte nel bilancio dell'esercizio, l'imposta da versare per tale anno è corrispondentemente ridotta; in ciascuno degli anni successivi tale percentuale è ridotta di 0,1 punti percentuali fino al 2024 ed è pari all'1,25 per cento a partire dal 2025.».

508. A decorrere dall'anno 2013, per i contratti di assicurazione sulla vita e di capitalizzazione stipulati entro il 31 dicembre 1995 da soggetti esercenti attività commerciali, si applicano le disposizioni introdotte dal decreto legislativo 18 febbraio 2000, n. 47. I redditi costituiti dalla differenza tra il valore della riserva matematica di ciascuna polizza alla data del 31 dicembre 2012 e i premi versati si considerano corrisposti a tale data; la ritenuta è applicata a titolo di imposta, ai sensi dell'articolo 6 della legge 26 settembre 1985, n. 482 ed è versata, nella misura del 60 per cento, entro il 16 febbraio 2013; la residua parte è versata, a partire dal 2014, in quattro rate. annuali di pari importo entro il 16 febbraio di ciascun anno. La provvista della ritenuta può essere acquisita dall'impresa di assicurazione mediante la riduzione della predetta riserva.

509. Nel sesto periodo della nota 3-ter dell'articolo 13 della. tariffa. allegata al decreto del Presidente della Repubblica 26 ottobre 1971, n. 642, dopo le parole «e, limitatamente all'anno 2012, nella misura massima di euro 1.200» sono inserite le seguenti: «, nonché, a decorrere dall'anno 2013, nella misura massima di euro 4.500 se il cliente è soggetto diverso da persona fisica.»

510. All'articolo 22 del decreto-legge 18 ottobre 2012, n. 179, recante ulteriori misure urgenti per la crescita del Paese, il comma 13 è sostituito dal seguente:

«13. Anche al fine di incentivare lo sviluppo delle forme di collaborazione di cui ai commi precedenti nei rami assicurativi danni e di fornire impulso alla concorrenza attraverso l'eliminazione di ostacoli di carattere tecnologico, entro centottanta giorni dalla data di entrata in vigore della legge di conversione del presente decreto, l'IVASS, di concerto con il Ministero dello sviluppo economico e sentite l'ANIA e le principali associazioni rappresentative degli intermediari assicurativi, dovrà definire specifiche e standard tecnici uniformi ai fini della costituzione e regolazione dell'accesso ad una piattaforma di interfaccia comune per le attività di consultazione di cui all'articolo 34, comma 1 del decreto-legge 24 gennaio 2012, n. 1, convento, con modificazioni, dalla legge 24 marzo 2012, n. 27, nonché di preventivazione, monitoraggio e valutazione dei contratti di assicurazione contro i darmi».

511. Sono compresi tra i crediti d'imposta ammessi alla copertura delle riserve tecniche nonché tra gli attivi delle gestioni separate delle imprese di assicurazione anche i crediti d'imposta di cui all'articolo 1, comma 2, del decreto-legge 24 settembre 2002, n. 209, convertito, con modificazioni, dalla legge 22 novembre 2002, n. 265, e successive modificazioni.

512. Ai soli fini della determinazione delle imposte sui redditi, per i periodi d'imposta 2013, 2014 e 2015, nonché a decorrere dal periodo di imposta 2016, i redditi dominicale e agrario sono rivalutati rispettivamente del 15 per cento per i periodi di imposta 2013 e 2014 e del 30 per cento per il periodo di imposta 2015, nonché del 30 per cento a decorrere dal periodo di imposta 2016. Per i terreni agricoli, nonché per quelli non coltivati, posseduti e condotti dai coltivatori diretti e dagli imprenditori agricoli professionali iscritti nella previdenza agricola, la rivalutazione è pari al 5 per cento per i periodi di imposta 2013 e 2014 e al 10 per cento per il periodo di imposta 2015. L'incremento si applica sull'importo risultante dalla rivalutazione operata ai sensi dell'articolo 3, comma 50, della legge 23 dicembre 1996, n. 662. Ai fini della determinazione dell'acconto delle imposte sui redditi dovute per gli anni 2013, 2015 e 2016, si tiene conto delle disposizioni di cui al presente comma (1).

(1) Comma sostituito dall'articolo 7, comma 4, del D.L. 24 giugno 2014, n. 91, convertito, con modificazioni, dalla Legge 11 agosto 2014, n. 116 e successivamente modificato dall'articolo 1, comma 909, della Legge 28 dicembre 2015, n. 208.

[513. I commi 1093 e 1094 dell'articolo 1 della legge 27 dicembre 2006, n. 296, e successive modificazioni, sono abrogati e le opzioni esercitate ai sensi dei medesimi commi perdono efficacia con effetto dal periodo d'imposta successivo a quello in corso alla data del 31 dicembre 2014. Ai fini della determinazione dell'acconto delle imposte sui redditi dovuto per il periodo d'imposta successivo a quello in corso al 31 dicembre 2014, si tiene conto delle disposizioni di cui al presente comma.] (1)

(1) Comma abrogato dall'articolo 1, comma 36, della Legge 27 dicembre 2013, n. 147.

[514. Con decreto del Ministro dell'economia e delle finanze possono essere adottate disposizioni transitorie per l'applicazione del comma 513.] (1)

(1) Comma abrogato dall'articolo 1, comma 36, della Legge 27 dicembre 2013, n. 147.

515. Nello stato di previsione del Ministero dell'economia e delle finanze è istituito, a decorrere dal 2014, un fondo finalizzato ad escludere dall'ambito di applicazione dell'imposta regionale sulle attività produttive, di cui al decreto legislativo 15 dicembre 1997, n. 446, le persone fisiche esercenti le attività commerciali indicate all'articolo 55 del testo unico delle imposte sui redditi, di cui al decreto del Presidente della Repubblica 22 dicembre 1986, n. 917, e successive modificazioni, ovvero arti e professioni, che non si avvalgono di lavoratori dipendenti o assimilati e che impiegano, anche mediante locazione, beni strumentali il cui ammontare massimo è determinato con decreto del Ministro dell'economia e delle finanze adottato previo parere conforme delle Commissioni parlamentari competenti per i profili finanziari, che si esprimono entro trenta giorni dalla data di trasmissione del relativo schema. La dotazione annua del predetto fondo è di 188 milioni di euro per l'anno 2014, di 252 milioni di euro per l'anno 2015, e di 242 milioni di euro a decorrere dall'anno 2016 (1)(2).

(1) Per la riduzione della dotazione del Fondo di cui al presente comma vedi l'articolo 12, comma 1, lettera e), del D.L. 28 giugno 2013, n. 76, convertito, con modificazioni, dalla Legge 9 agosto 2013, n. 99 e per un'ulteriore riduzione della dotazione del Fondo di cui al presente comma vedi l'articolo 14, comma 1, lettera f), del D.L. 28 marzo 2014, n. 47, convertito, con modificazioni, dalla Legge 23 maggio 2014, n. 80.
(2) A norma dell'articolo 1, comma 407, della Legge 27 dicembre 2013, n.

147, l'autorizzazione di spesa di cui al presente comma è soppressa a decorrere dall'anno 2015.

516. Ai fini dell'applicazione delle aliquote ridotte previste al punto 5 della tabella A allegata al testo unico delle disposizioni legislative concernenti le imposte sulla produzione e sui consumi e relative sanzioni penali e amministrative, di cui al decreto legislativo 26 ottobre 1995, n. 504, e successive modificazioni, le regioni utilizzano i dati desunti dal Sistema informativo agricolo nazionale. L'estensione dei terreni dichiarata dai richiedenti le aliquote ridotte di cui al primo periodo non può essere superiore a quella indicata nel fascicolo aziendale di cui all'articolo 13 del decreto legislativo 29 marzo 2004, n. 99, e all'articolo 25, comma 2, del decreto-legge 9 febbraio 2012, n. 5, convertito, con modificazioni, dalla legge 4 aprile 2012, n. 35.

517. Per l'anno 2014, i consumi medi standardizzati di gasolio da ammettere all'impiego agevolato di cui al decreto del Ministro delle politiche agricole e forestali 26 febbraio 2002, recante "Determinazione dei consumi medi dei prodotti petroliferi impiegati in lavori agricoli, orticoli, in allevamento, nella silvicoltura e piscicoltura e nelle coltivazioni sotto serra ai fini dell'applicazione delle aliquote ridotte o dell'esenzione dell'accisa", pubblicato nella Gazzetta Ufficiale n. 67 del 20 marzo 2002, sono ridotti del 15 per cento. A decorrere dal 1° gennaio 2015 i consumi medi standardizzati di cui al periodo precedente sono ridotti del 23 per cento. Limitatamente all'anno 2013 i consumi medi standardizzati di cui al periodo precedente sono ridotti del 10 per cento [(1)].

[(1)] Comma modificato dall'articolo 1, comma 710, della Legge 27 dicembre 2013, n. 147 e successivamente dall'articolo 1, comma 384, della Legge 23 dicembre 2014, n. 190.

518. All'articolo 19 del decreto-legge 6 dicembre 2011, n. 201, convertito, con modificazioni, dalla legge 22 dicembre 2011, n. 214, e successive modificazioni, sono apportate le seguenti modificazioni:

a) al comma 13, le parole: «dal 2011» sono sostituite dalle seguenti: «dal 2012»;

b) al comma 15-bis:

1) le parole: «Per i soggetti che prestano lavoro all'estero per lo Stato italiano, per una sua suddivisione politica o amministrativa o per un suo ente locale e le persone fisiche che lavorano all'estero presso organizzazioni internazionali cui aderisce l'Italia la cui residenza fiscale in Italia sia determinata, in deroga agli ordinari criteri previsti dal Testo Unico delle imposte sui redditi, in base ad accordi internazionali ratificati,» sono soppresse;

2) i periodi secondo e sesto sono soppressi;

c) dopo il comma 15-bis è inserito il seguente:

«15-ter. Per gli immobili di cui al comma 15-bis e per gli immobili non locati assoggettati all'imposta di cui al comma 13 del presente articolo non si applica l'articolo 70, comma 2, del testo unico di cui al decreto del Presidente della Repubblica 22 dicembre 1986, n. 917, e successive modificazioni»;

d) al comma 17, dopo le parole: «persone fisiche» sono aggiunte le seguenti: «, ivi comprese quelle relative alle modalità di versamento dell'imposta in acconto e a saldo»;

e) al comma 18, le parole: «dal 2011» sono sostituite dalle seguenti: «dal 2012»;

f) al comma 20, al primo periodo, le parole: «il 2011 e» e, al secondo periodo, le parole: «detenuti in Paesi della Unione europea o in Paesi aderenti allo Spazio economico Europeo che garantiscono un adeguato scambio di informazioni» sono soppresse;

g) al comma 22, dopo le parole: «persone fisiche» sono aggiunte le seguenti: «, ivi comprese quelle relative alle modalità di versamento dell'imposta in acconto e a saldo»;

h) al comma 23, le parole: «, disponendo comunque che il versamento delle imposte di cui ai commi 13 e 18 è effettuato entro il termine del versamento a saldo delle imposte sui redditi relative all'anno di riferimento» sono soppresse [(A)].

[(A)] In riferimento al presente comma vedi: Risoluzione Agenzia delle Entrate 19 aprile 2013 n. 27/E.

519. I versamenti relativi all'imposta sul valore degli immobili situati all'estero e all'imposta sul valore delle attività finanziarie detenute all'estero effettuati per l'anno 2011 in conformità al provvedimento del direttore dell'Agenzia delle entrate del 5 giugno 2012 si considerano eseguiti in acconto per l'anno 2012, ai sensi, rispettivamente, dei commi 17 e 22 dell'articolo 19 del decreto-legge 6 dicembre 2011, n. 201, convertito, con modificazioni, dalla legge 22 dicembre 2011, n. 214, come da ultimo modificati dal comma 518 del presente articolo [(A)].

[(A)] In riferimento al presente comma vedi: Risoluzione Agenzia delle Entrate 19 aprile 2013 n. 27/E.

520. Al decreto del Presidente della Repubblica 26 ottobre 1972, n. 633, e successive modificazioni, sono apportate le seguenti modificazioni:

a) all'articolo 10, primo comma, numero 4), il primo periodo è sostituito dal seguente: «le operazioni relative ad azioni, obbligazioni o altri titoli non rappresentativi di merci e a quote sociali, eccettuati la custodia e l'amministrazione dei titoli nonché il servizio di gestione individuale di portafogli; le operazioni relative a valori mobiliari e a strumenti finanziari diversi dai titoli, incluse le negoziazioni e le opzioni ed eccettuati la custodia e l'amministrazione nonché il servizio di gestione individuale di portafogli»;

b) all'articolo 36, terzo comma, è aggiunto, in fine, il seguente periodo: «Le disposizioni del presente comma si applicano, altresì, ai soggetti che svolgono sia il servizio di gestione individuale di portafogli, ovvero prestazioni di mandato, mediazione o intermediazione relative al predetto servizio, sia attività esenti dall'imposta ai sensi dell'articolo 10, primo comma».

521. Le disposizioni di cui al comma 520 si applicano alle operazioni effettuate a partire dal 1° gennaio 2013.

522. Alla legge 12 giugno 1990, n. 146, e successive modificazioni, sono apportate le seguenti modificazioni:

a) all'articolo 4:

1) al comma 2, le parole: «a euro 5.000» sono sostituite dalle seguenti: «a euro 2.500»;

2) al comma 4, le parole: «da euro 5.000» sono sostituite dalle seguenti: «da euro 2.500»;

3) al comma 4-bis, le parole: «di euro 5.000» sono sostituite dalle seguenti: «di euro 2.500»;

b) all'articolo 9, comma 1, secondo periodo, le parole: «da euro 5.000» sono sostituite dalle seguenti: «da euro 2.500».

523. Per gli anni 2014, 2015 e 2016 è attribuita all'Autorità di cui al codice in materia di protezione dei dati personali, di

cui al decreto legislativo 30 giugno 2003, n. 196, una quota pari a 2 milioni di euro, per ciascun anno, a valere su ciascuna delle seguenti fonti di finanziamento: entrate di cui all'articolo 23 della legge n. 576 del 1982, e successive modificazioni; entrate di cui all'articolo 2, comma 38, della legge n. 481 del 1995; entrate di cui all'articolo 1, comma 6, lettera c), numero 5), della legge n. 249 del 1997; entrate di cui all'articolo 1, comma 67, della legge n. 266 del 2005, e successive modificazioni; entrate di cui all'articolo 10, comma 7-ter, della legge 10 ottobre 1990, n. 287, ed entrate di cui all'articolo 40 della legge n. 724 del 1994. Per gli anni 2014 e 2015 è attribuita, all'Autorità di cui alla legge 12 giugno 1990, n. 146, una quota pari a 0,17 milioni di euro, per ciascun anno, a valere su ciascuna delle seguenti fonti di finanziamento: entrate di cui al citato articolo 23 della legge n. 576 del 1982; entrate di cui al citato articolo 2, comma 38, della legge n. 481 del 1995; entrate di cui al citato articolo 1, comma 6, lettera c), numero 5), della legge n. 249 del 1997; entrate di cui al citato articolo 1, comma 67, della legge n. 266 del 2005; entrate di cui all'articolo 10, comma 7-ter, della legge 10 ottobre 1990, n. 287, ed entrate di cui all'articolo 40 della legge n. 724 del 1994; una quota pari a 0,98 milioni di euro, per ciascun anno, delle entrate di cui all'articolo 13 della legge 8 agosto 1995, n. 335, e successive modificazioni, e delle entrate di cui all'articolo 59, comma 39, della legge 27 dicembre 1997, n. 449 (1).

(1) Comma sostituito dall'articolo 1, comma 416, della Legge 27 dicembre 2013, n. 147. vedi anche il comma 269 del medesimo articolo 1.

524. Al testo unico delle imposte sui redditi, di cui al decreto del Presidente della Repubblica 22 dicembre 1986, n. 917, e successive modificazioni, sono apportate le seguenti modificazioni:

a) all'articolo 15, comma 1, dopo la lettera i-octies) è aggiunta la seguente: «i-novies) le erogazioni liberali in denaro al Fondo per l'ammortamento dei titoli di Stato, di cui all'articolo 45, comma 1, lettera e), del testo unico di cui al decreto del Presidente della Repubblica 30 dicembre 2003, n. 398, effettuate mediante versamento bancario o postale ovvero secondo altre modalità stabilite con apposito decreto del Ministro dell'economia e delle finanze»;

b) all'articolo 78, dopo il comma 1 è aggiunto il seguente:

«1-bis. Dall'imposta lorda si detrae, fino a concorrenza del suo ammontare, un importo pari al 19 per cento dell'onere di cui all'articolo 15, comma 1, lettera i-novies).».

525. All'articolo 8-quinquies del decreto-legge 10 febbraio 2009, n. 5, convertito, con modificazioni, dalla legge 9 aprile 2009, n. 33, sono apportate le seguenti modificazioni:

a) il comma 10 è sostituito dal seguente:

«10. Nei casi di mancata adesione alla rateizzazione e in quelli di decadenza dal beneficio della dilazione l'AGEA procede alla riscossione mediante ruolo, avvalendosi, su base convenzionale, per le fasi di formazione del ruolo, di stampa della cartella di pagamento e degli altri atti della riscossione, nonché per l'eventuale assistenza nella fase di gestione del contenzioso, delle società del Gruppo Equitalia. Tali attività sono remunerate avuto riguardo ai costi medi di produzione stimati per le analoghe attività normalmente svolte dalle stesse società»;

b) dopo il comma 10 sono aggiunti i seguenti:

«10-bis. La notificazione della cartella di pagamento prevista dall'articolo 25 del decreto del Presidente della Repubblica 29 settembre 1973, n. 602, e successive modificazioni, e ogni altra attività contemplata dal titolo II del medesimo decreto del Presidente della Repubblica n. 602 del 1973, e successive modificazioni, sono effettuate dall'AGEA, che a tal fine si avvale del Corpo della guardia di finanza. Il personale di quest'ultimo esercita le funzioni demandate dalla legge agli ufficiali della riscossione.

10-ter. Le procedure di riscossione coattiva sospese ai sensi del comma 2 sono proseguite, sempre avvalendosi del Corpo della guardia di finanza, dalla stessa AGEA, che resta surrogata negli atti esecutivi eventualmente già avviati dall'agente della riscossione e nei cui confronti le garanzie già attivate mantengono validità e grado».

526. All'articolo 1, comma 1324, della legge 27 dicembre 2006, n. 296, e successive modificazioni, sono apportate le seguenti modificazioni:

a) le parole: «e 2012» sono sostituite dalle seguenti: «, 2012 e 2013»;

b) è aggiunto, in fine, il seguente periodo: «La detrazione relativa all'anno 2013 non rileva ai fini della determinazione dell'acconto IRPEF per l'anno 2014».

527. Decorsi sei mesi dalla data di entrata in vigore della presente legge, i crediti di importo fino a duemila euro, comprensivo di capitale, interessi per ritardata iscrizione a ruolo e sanzioni, iscritti in ruoli resi esecutivi fino al 31 dicembre 1999, sono automaticamente annullati. Ai fini del conseguente discarico ed eliminazione dalle scritture patrimoniali dell'ente creditore, con decreto del Ministero dell'Economia e delle finanze sono stabilite le modalità di trasmissione agli enti interessati dell'elenco delle quote annullate e di rimborso agli agenti della riscossione delle relative spese per le procedure esecutive poste in essere (1).

(1) Vedi l'articolo 1 del D.M. 15 giugno 2015.

528. Per i crediti diversi da quelli di cui al comma 527, iscritti in ruoli resi esecutivi fino al 31 dicembre 1999, esaurite le attività di competenza, l'agente della riscossione provvede a darne notizia all'ente creditore, anche in via telematica, con le modalità stabilite dal decreto di cui allo stesso comma 527 (1).

(1) Vedi l'articolo 2 del D.M. 15 giugno 2015.

529. Ai crediti previsti dai commi 527 e 528 non si applicano gli articoli 19 e 20 del decreto legislativo 13 aprile 1999, n. 112 e, fatti salvi i casi di dolo, non si procede a giudizio di responsabilità amministrativo e contabile.

529-bis. I commi 527, 528 e 529 non si applicano ai crediti iscritti a ruolo costituiti da risorse proprie tradizionali di cui all'articolo 2, paragrafo 1, lettere a) e b), della decisione 94/728/CE, Euratom del Consiglio, del 31 ottobre 1994, come riformato dalla decisione 2007/436/CE, Euratom del Consiglio, del 7 giugno 2007, e all'imposta sul valore aggiunto riscossa all'importazione (1).

(1) Comma inserito dall'articolo 10, comma 3, lettera a), della Legge 30 ottobre 2014, n. 161.

530. All'articolo 3, comma 12, del decreto-legge 30 settembre 2005, n. 203, convertito, con modificazioni, dalla legge 2 dicembre 2005, n. 248, le parole: «31 dicembre 2010» sono sostituite dalle seguenti: «31 dicembre 2011» e le

parole: «31 dicembre 2013» sono sostituite dalle seguenti: «31 dicembre 2014». All'articolo 36, commi 4-quinquies e 4-sexies, del decreto-legge 31 dicembre 2007, n. 248, convertito, con modificazioni, dalla legge 28 febbraio 2008, n. 31, le parole: «31 dicembre 2013», ovunque ricorrano, sono sostituite dalle seguenti: «31 dicembre 2014», le parole: «31 dicembre 2010» sono sostituite dalle seguenti: «31 dicembre 2011» e le parole: "1° gennaio 2014», sono sostituite dalle seguenti: «1° gennaio 2015».

531. Con decreto di natura non regolamentare del Ministro dell'Economia e delle finanze da emanarsi entro il 30 giugno 2013 è istituito, senza maggiori oneri per la finanza pubblica, il Comitato di indirizzo e verifica dell'attività di riscossione mediante ruolo effettuata ai sensi dell'articolo 3 del decreto-legge 30 settembre 2005, n. 203, convertito, con modificazioni, dalla legge 2 dicembre 2005, n. 248. Il Comitato è composto da un magistrato della Corte dei Conti, anche in pensione, con funzione di Presidente, e da un massimo di ulteriori sei componenti, appartenenti due al Ministero dell'Economia e delle finanze, uno all'Agenzia delle entrate, uno all'Istituto Nazionale della Previdenza Sociale ed i restanti, a rotazione, espressione degli altri enti creditori che si avvalgono delle società del Gruppo Equitalia (1).

(1) Per l'istituzione del Comitato di indirizzo e verifica dell'attività di riscossione mediante ruolo, vedi il D.M. 16 novembre 2013; per la nomina dei membri del Comitato di indirizzo e verifica dell'attività di riscossione mediante ruolo, vedi il Comunicato 10 maggio 2016.

532. Con il decreto di cui al comma 531 sono stabilite le modalità di funzionamento del Comitato e di nomina dei relativi componenti, i requisiti che gli stessi devono possedere e il termine di durata delle rispettive cariche (1).

(1) Per l'istituzione del Comitato di indirizzo e verifica dell'attività di riscossione mediante ruolo, vedi il D.M. 16 novembre 2013; per la nomina dei membri del Comitato di indirizzo e verifica dell'attività di riscossione mediante ruolo, vedi il Comunicato 10 maggio 2016.

533. Il Comitato elabora annualmente criteri:

a) di individuazione delle categorie dei crediti oggetto di recupero coattivo e linee guida a carattere generale per lo svolgimento mirato e selettivo dell'azione di riscossione che tenga conto della capacità operativa degli agenti della riscossione e dell'economicità della stessa azione;

abis) i criteri e le linee guida di cui alla lettera a) non possono escludere o limitare le attività di riscossione dei crediti afferenti alle risorse proprie tradizionali di cui all'articolo 2, paragrafo 1, lettera a), della decisione 2007/436/CE, Euratom del Consiglio, del 7 giugno 2007, e all'imposta sul valore aggiunto riscossa all'importazione (1);

b) di controllo dell'attività svolta sulla base delle indicazioni impartite (2);

b-bis) di individuazione mirata e selettiva, nel rispetto dei principi di economicità ed efficacia, delle posizioni da sottoporre a controllo puntuale, tenuto conto della capacità operativa delle strutture a tal fine deputate (3).

(1) Lettera inserita dall'articolo 10, comma 3, lettera b), della Legge 30 ottobre 2014, n. 161.
(2) Per l'istituzione del Comitato di indirizzo e verifica dell'attività di riscossione mediante ruolo, vedi il D.M. 16 novembre 2013; per la nomina dei membri del Comitato di indirizzo e verifica dell'attività di riscossione mediante ruolo, vedi il Comunicato 10 maggio 2016.
(3) Lettera aggiunta dall'articolo 1, comma 611, lettera c), numero 1), della Legge 27 dicembre 2013, n. 147.

533-bis.
Nella definizione dei criteri di cui al comma 533 il Comitato tiene conto della necessità di salvaguardare i crediti affidati in riscossione, mediante atti idonei a evitare la decadenza e la prescrizione, e di assicurare la deterrenza e la massima efficacia dell'azione di riscossione avuto anche riguardo alle specificità connesse al recupero delle diverse tipologie di crediti (1).

(1) Comma inserito dall'articolo 1, comma 611, lettera c), numero 2), della Legge 27 dicembre 2013, n. 147

534. I criteri sono approvati con decreto del Ministro dell'economia e delle finanze, previo parere obbligatorio delle Commissioni parlamentari competenti ed operano per l'anno successivo a quello in cui sono stati approvati (1).

(1) Per l'istituzione del Comitato di indirizzo e verifica dell'attività di riscossione mediante ruolo, vedi il D.M. 16 novembre 2013; per la nomina dei membri del Comitato di indirizzo e verifica dell'attività di riscossione mediante ruolo, vedi il Comunicato 10 maggio 2016.

535. Le disposizioni di cui ai commi da 531 a 534 si applicano alle quote affidate agli agenti della riscossione a decorrere dal 1° gennaio 2015 (1)(2).

(1) Per l'istituzione del Comitato di indirizzo e verifica dell'attività di riscossione mediante ruolo, vedi il D.M. 16 novembre 2013; per la nomina dei membri del Comitato di indirizzo e verifica dell'attività di riscossione mediante ruolo, vedi il Comunicato 10 maggio 2016.
(2) Comma modificato dall'articolo 1, comma 689, della Legge 23 dicembre 2014, n. 190.

536. Nel comma 6 dell'articolo 23-quinques del decreto-legge 6 luglio 2012, n. 95, convertito, con modificazioni, dalla legge 7 agosto 2012, n. 135, sono apportate le seguenti modificazioni:

a) le parole «da direzione della giustizia tributaria e» sono soppresse;

b) le parole «sono trasferite» sono sostituite dalle seguenti «è trasferita»;

c) le parole «gli attuali titolari» sono sostituite dalle seguenti «l'attuale titolare»;

d) le parole da «direzione legislazione» fino a «ad esercitare» sono sostituite dalla seguente «esercita»;

e) le parole «coordinamento della» sono soppresse.

537. A decorrere dalla data di entrata in vigore della presente legge, gli enti e le società incaricate per la riscossione dei tributi, di seguito denominati «concessionari per la riscossione», sono tenuti a sospendere immediatamente ogni ulteriore iniziativa finalizzata alla riscossione delle somme iscritte a ruolo o affidate, su presentazione di una dichiarazione da parte del debitore, limitatamente alle partite relative agli atti espressamente indicati dal debitore, effettuata ai sensi del comma 538.

538. Ai fini di quanto stabilito al comma 537, a pena di decadenza entro sessanta giorni dalla notifica, da parte del concessionario per la riscossione, del primo atto di riscossione utile o di un atto della procedura cautelare o esecutiva eventualmente intrapresa dal concessionario il contribuente presenta al concessionario per la riscossione una dichiarazione anche con modalità telematiche, con la quale venga documentato che gli atti emessi dall'ente creditore prima della formazione del ruolo, ovvero la successiva cartella di pagamento o l'avviso per i quali si procede, sono stati interessati:

a) da prescrizione o decadenza del diritto di credito sotteso, intervenuta in data antecedente a quella in cui il ruolo è reso esecutivo;

b) da un provvedimento di sgravio emesso dall'ente creditore;

c) da una sospensione amministrativa comunque concessa dall'ente creditore;

d) da una sospensione giudiziale, oppure da una sentenza che abbia annullato in tutto o in parte la pretesa dell'ente creditore, emesse in un giudizio al quale il concessionario per la riscossione non ha preso parte;

e) da un pagamento effettuato, riconducibile al ruolo in oggetto, in data antecedente alla formazione del ruolo stesso, in favore dell'ente creditore;

[f) da qualsiasi altra causa di non esigibilità del credito sotteso] [(2)].

[(1)] *Comma modificato dall'articolo 1, comma 1, lettera a), punto 1), del DLgs. 24 settembre 2015 n. 159. Per l'applicazione delle presenti disposizioni vedi l'articolo 15 del Dlgs 159/2015.*
[(2)] *Lettera soppressa dall'articolo 1, comma 1, lettera a), punto 2), del DLgs. 24 settembre 2015 n. 159. Per l'applicazione delle presenti disposizioni vedi l'articolo 15 del Dlgs 159/2015.*

539. Entro il termine di dieci giorni successivi alla data di presentazione della dichiarazione di cui al comma 538, il concessionario per la riscossione trasmette all'ente creditore la dichiarazione presentata dal debitore e la documentazione allegata al fine di avere conferma dell'esistenza delle ragioni del debitore ed ottenere, in caso affermativo, la sollecita trasmissione della sospensione o dello sgravio direttamente sui propri sistemi informativi. L'ente creditore, tramite apposito canale telematico, a mezzo posta elettronica certificata oppure a mezzo raccomandata con ricevuta di ritorno, comunica al debitore l'esito dell'esame della dichiarazione, dando altresì comunicazione al concessionario del provvedimento di sospensione o sgravio ovvero conferma della legittimità del debito iscritto a ruolo. Fino a tale momento resta sospeso il termine di cui all'articolo 53, comma 1, del decreto del Presidente della Repubblica 29 settembre 1973, n. 602 [(1)].

[(1)] *Comma modificato dall'articolo 1, comma 1, lettera b), punto 1) e 2), del DLgs. 24 settembre 2015 n. 159. Per l'applicazione delle presenti disposizioni vedi l'articolo 15 del Dlgs 159/2015.*

La reiterazione della dichiarazione di cui al comma 538 non è ammessa e, in ogni caso, non comporta la sospensione delle iniziative finalizzate alla riscossione.

[(1)] *Comma inserito dall'articolo 1, comma 1, lettera c), del DLgs. 24 settembre 2015 n. 159. Per l'applicazione delle presenti disposizioni vedi l'articolo 15 del Dlgs 159/2015.*

540. In caso di mancato invio, da parte dell'ente creditore, della comunicazione prevista dal comma 539 e di mancata trasmissione dei conseguenti flussi informativi al concessionario della riscossione, trascorso inutilmente il termine di duecentoventi giorni dalla data di presentazione della dichiarazione del debitore allo stesso concessionario della riscossione, le partite di cui al comma 537 sono annullate di diritto e quest'ultimo è considerato automaticamente discaricato dei relativi ruoli. Contestualmente sono eliminati dalle scritture patrimoniali dell'ente creditore i corrispondenti importi. L'annullamento non opera in presenza di motivi diversi da quelli elencati al comma 538 ovvero nei casi di sospensione giudiziale o amministrativa o di sentenza non definitiva di annullamento del credito.

[(1)] *Comma modificato dall'articolo 1, comma 1, lettera d), del DLgs. 24 settembre 2015 n. 159. Per l'applicazione delle presenti disposizioni vedi l'articolo 15 del Dlgs 159/2015.*

541. Ferma restando la responsabilità penale, nel caso in cui il contribuente, ai sensi del comma 538, produca documentazione falsa, si applica la sanzione amministrativa dal 100 al 200 per cento dell'ammontare delle somme dovute, con un importo minimo di 258 euro [(A)].

[(A)] *In riferimento al presente comma vedi: Risoluzione dell'Agenzia delle Entrate 22 marzo 2016, n. 14/E.*

542. I concessionari per la riscossione sono tenuti a fornire agli enti creditori il massimo supporto per l'automazione delle fasi di trasmissione di provvedimenti di annullamento o sospensione dei carichi iscritti a ruolo.

543. Le disposizioni di cui ai commi da 537 a 542 si applicano anche alle dichiarazioni presentate al concessionario della riscossione prima della data di entrata in vigore della presente legge. L'ente creditore invia la comunicazione e provvede agli adempimenti di cui al comma 539, entro 90 giorni dalla data di pubblicazione della presente legge; in mancanza, trascorso inutilmente il termine di 220 giorni dalla stessa data, le partite di cui al comma 537 sono annullate di diritto ed il concessionario della riscossione è considerato automaticamente discaricato dei relativi ruoli. Contestualmente sono eliminati dalle scritture patrimoniali dell'ente creditore i corrispondenti importi.

544. In tutti i casi di riscossione coattiva di debiti fino a mille euro ai sensi del decreto del Presidente della Repubblica 29 settembre 1973, n. 602, intrapresa successivamente alla data di entrata in vigore della presente disposizione, salvo il caso in cui l'ente creditore abbia notificato al debitore la comunicazione di inidoneità della documentazione ai sensi del comma 539, non si procede alle azioni cautelari ed esecutive prima del decorso di centoventi giorni dall'invio, mediante posta ordinaria, di una comunicazione contenente il dettaglio delle iscrizioni a ruolo [(1)].

[(1)] *A norma dell'articolo 10, comma 1, della Legge 30 ottobre 2014, n. 161, le disposizioni di cui al presente comma, non si applicano alle entrate che costituiscono risorse proprie iscritte nel bilancio dell'Unione europea ai sensi dell'articolo 2, paragrafo 1, lettera a), della decisione 2007/436/CE, Euratom del Consiglio, del 7 giugno 2007, né all'imposta sul valore aggiunto riscossa all'importazione*

545. La lettera gg-quinquies) del comma 2 dell'articolo 7 del decreto-legge 13 maggio 2011, n. 70, convertito, con modificazioni, dalla legge 12 luglio 2011, n. 106, è abrogata.

546. Dalle disposizioni di cui ai commi da 537 a 544 non devono derivare nuovi o maggiori oneri a carico della finanza pubblica.

Omissis.

5. D.L. 22 ottobre 2016, n. 193

Decreto convertito, con modificazioni dalla legge 1° dicembre 2016, n. 225. Disposizioni urgenti in materia fiscale e per il finanziamento di esigenze indifferibili (Estratto: artt. 1, 2,2-bis, 3, 6, 6-ter e 7-quater).

(1) *Pubblicato in Gazzetta Uff. 24/10/2016 n. 249*

1. Disposizioni in materia di soppressione di Equitalia e di patrocinio dell'Avvocatura dello Stato. – 1. A decorrere dal 1° luglio 2017 le società del Gruppo Equitalia sono sciolte, a esclusione della società di cui alla lettera b) del comma 11, che svolge funzioni diverse dalla riscossione. Le stesse sono cancellate d'ufficio dal registro delle imprese ed estinte, senza che sia esperita alcuna procedura di liquidazione. Dalla data di entrata in vigore del presente decreto è fatto divieto alle società di cui al presente comma di effettuare assunzioni di personale a qualsiasi titolo e con qualsivoglia tipologia di contratto di lavoro subordinato (2) .

2. Dalla data di cui al comma 1, l'esercizio delle funzioni relative alla riscossione nazionale, di cui all'articolo 3, comma 1, del decreto-legge 30 settembre 2005, n. 203, convertito, con modificazioni, dalla legge 2 dicembre 2005, n. 248, è attribuito all'Agenzia delle entrate di cui all'articolo 62 del decreto legislativo 30 luglio 1999, n. 300, ed è svolto dall'ente strumentale di cui al comma 3 (3) .

3. Al fine di garantire la continuità e la funzionalità delle attività di riscossione, è istituito, a far data dal 1° luglio 2017, un ente pubblico economico, denominato «Agenzia delle entrate-Riscossione» , ente strumentale dell'Agenzia delle entrate sottoposto all'indirizzo operativo e al controllo della stessa Agenzia delle entrate, che ne monitora costantemente l'attività, secondo principi di trasparenza e pubblicità. L'ente subentra, a titolo universale, nei rapporti giuridici attivi e passivi, anche processuali, delle società del Gruppo Equitalia di cui al comma 1 e assume la qualifica di agente della riscossione con i poteri e secondo le disposizioni di cui al titolo I, capo II, e al titolo II, del decreto del Presidente della Repubblica 29 settembre 1973, n. 602. L'ente può anche svolgere le attività di riscossione delle entrate tributarie o patrimoniali delle amministrazioni locali, come individuate dall'Istituto nazionale di statistica (ISTAT) ai sensi dell'articolo 1, comma 3, della legge 31 dicembre 2009, n. 196, con esclusione delle società di riscossione, e, fermo restando quanto previsto dall'articolo 17, commi 3-bis e 3-ter, del decreto legislativo 26 febbraio 1999, n. 46, delle società da esse partecipate. L'ente ha autonomia organizzativa, patrimoniale, contabile e di gestione. Sono organi dell'ente il direttore, il comitato di gestione e il collegio dei revisori dei conti, il cui presidente è scelto tra i magistrati della Corte dei conti (4) .

4. Il direttore dell'ente è il direttore dell'Agenzia delle entrate. Il comitato di gestione è composto dal direttore, che lo presiede, e da due componenti nominati dall'Agenzia delle entrate tra i propri dirigenti. Ai componenti del comitato di gestione non spetta alcun compenso, indennità o rimborso spese (5) .

5. Lo statuto, approvato con decreto del Ministro dell'economia e delle finanze secondo le previsioni di cui al comma 5-bis, disciplina le funzioni e le competenze degli organi, indica le entrate dell'ente necessarie a garantirne l'equilibrio economico-finanziario, stabilendo i criteri concernenti la determinazione e le modalità di erogazione delle risorse stanziate in favore dello stesso, nonché i criteri per la definizione degli altri corrispettivi per i servizi prestati a soggetti pubblici o privati, incluse le amministrazioni statali. Lo statuto disciplina i casi e le procedure, anche telematiche, di consultazione pubblica sugli atti di rilevanza generale, altresì promuovendo la partecipazione dei soggetti interessati. Il comitato di gestione, su proposta del direttore, delibera le modifiche allo statuto e gli atti di carattere generale che disciplinano l'organizzazione e il funzionamento dell'ente, i bilanci preventivi e consuntivi, i piani aziendali e le spese che impegnano il bilancio dell'ente per importi superiori al limite fissato dallo statuto. Il comitato di gestione delibera altresì il piano triennale per la razionalizzazione delle attività di riscossione e gli interventi di incremento dell'efficienza organizzativa ed economica finalizzati alla riduzione delle spese di gestione e di personale. Nel rapporto con i contribuenti l'ente si conforma ai principi dello statuto dei diritti del contribuente, di cui alla legge 27 luglio 2000, n. 212, con particolare riferimento ai principi di trasparenza, leale collaborazione e tutela dell'affidamento e della buona fede, nonché agli obiettivi individuati dall'articolo 6 della legge 11 marzo 2014, n. 23, in materia di cooperazione rafforzata, riduzione degli adempimenti, assistenza e tutoraggio del contribuente. L'ente opera nel rispetto dei principi di legalità e imparzialità, con criteri di efficienza gestionale, economicità dell'attività ed efficacia dell'azione, nel perseguimento degli obiettivi stabiliti nella convenzione di cui al comma 13 e garantendo la massima trasparenza degli obiettivi stessi, dell'attività svolta e dei risultati conseguiti. [Agli atti a carattere generale indicati nell'atto aggiuntivo di cui al comma 13, e al piano triennale per la razionalizzazione delle attività di riscossione si applica l'articolo 60 del decreto legislativo n. 300 del 1999] (6) .

5-bis. Le deliberazioni del comitato di gestione relative allo statuto sono trasmesse al Ministero dell'economia e delle finanze per l'approvazione, secondo le forme e le modalità previste dall'articolo 60 del decreto legislativo 30 luglio 1999, n. 300 (7) .

5-ter. Le deliberazioni del comitato di gestione relative alle modifiche dei regolamenti e degli atti di carattere generale che regolano il funzionamento dell'Agenzia delle entrate-Riscossione, nonché ai bilanci e ai piani pluriennali di investimento sono trasmesse per l'approvazione all'Agenzia delle entrate. L'approvazione può essere negata per ragioni di legittimità o di merito. Le deliberazioni si intendono approvate se nei quarantacinque giorni dalla ricezione delle stesse non è emanato alcun provvedimento ovvero non sono chiesti chiarimenti o documentazione integrativa; in tale ultima ipotesi il termine per l'approvazione è interrotto fino a quando non pervengono gli elementi richiesti; per l'approvazione dei bilanci e dei piani pluriennali di investimento si applicano i termini previsti dal regolamento di cui al decreto del Presidente della Repubblica 9 novembre 1998, n. 439. Fermi restando i controlli sui risultati, gli altri atti di gestione dell'Agenzia delle entrate-Riscossione non sono sottoposti all'approvazione preventiva dell'Agenzia delle entrate [8] .

5-quater. Al fine di incrementare l'efficacia, l'efficienza e l'economicità nello svolgimento sinergico delle rispettive funzioni istituzionali, l'Agenzia delle entrate e l'Agenzia delle entrate-Riscossione possono stipulare, senza nuovi o maggiori oneri, apposite convenzioni o protocolli di intesa che prevedono anche forme di assegnazione temporanea, comunque denominate, di personale da un'agenzia all'altra [9] .

5-quinquies. Al fine di agevolare l'integrazione logistica dell'Agenzia delle entrate e dell'Agenzia delle entrate-Riscossione anche attraverso la gestione congiunta dei fabbisogni immobiliari, l'Agenzia delle entrate-Riscossione può avvalersi di tutte le soluzioni allocative individuate per l'Agenzia delle entrate, anche nel caso di utilizzo, di immobili demaniali oppure, previo rimborso della corrispondente quota di canone, di edifici appartenenti ai fondi pubblici di investimento immobiliare o oggetto di acquisto da parte degli enti previdenziali, ai sensi dell'articolo 8, comma 4, del decreto-legge 31 maggio 2010, n. 78, convertito, con modificazioni, dalla legge 30 luglio 2010, n. 122. Ove richiesto dall'Agenzia delle entrate, nell'assegnazione di tali tipologie di immobili, ovvero ai fini dell'attuazione delle previsioni dell'articolo 8, comma 4, sopra richiamato, l'Agenzia del demanio considera congiuntamente i fabbisogni espressi dall'Agenzia delle entrate stessa e dall'Agenzia delle entrate-Riscossione. [10]

6. Salvo quanto previsto dal presente decreto, l'Agenzia delle entrate-Riscossione è sottoposta alle disposizioni del codice civile e delle altre leggi relative alle persone giuridiche private. Ai fini dello svolgimento della propria attività è autorizzata ad utilizzare anticipazioni di cassa.

6-bis. I risparmi di spesa conseguiti a seguito dell'applicazione delle norme che prevedono riduzioni di spesa per le amministrazioni inserite nel conto economico consolidato della pubblica amministrazione sono versati dall'ente di cui al comma 3 ad apposito capitolo dell'entrata del bilancio dello Stato nei limiti del risultato d'esercizio dell'ente stesso [11] .

7. Resta fermo quanto previsto dall'articolo 9 del decreto legislativo 24 settembre 2015, n. 159. Per l'anno 2017, sono validi i costi determinati, approvati e pubblicati da Equitalia S.p.A., ai sensi del citato articolo 9.

8. L'ente è autorizzato ad avvalersi del patrocinio dell'Avvocatura dello Stato ai sensi dell'articolo 43 del testo unico delle leggi e delle norme giuridiche sulla rappresentanza e difesa in giudizio dello Stato e sull'ordinamento dell'Avvocatura dello Stato, di cui al regio decreto 30 ottobre 1933, n. 1611, fatte salve le ipotesi di conflitto e comunque su base convenzionale. Lo stesso ente può altresì avvalersi, sulla base di specifici criteri definiti negli atti di carattere generale deliberati ai sensi del comma 5 del presente articolo, di avvocati del libero foro, nel rispetto delle previsioni di cui agli articoli 4 e 17 del decreto legislativo 18 aprile 2016, n. 50, ovvero può avvalersi ed essere rappresentato, davanti al tribunale e al giudice di pace, da propri dipendenti delegati, che possono stare in giudizio personalmente; in ogni caso, ove vengano in rilievo questioni di massima o aventi notevoli riflessi economici, l'Avvocatura dello Stato, sentito l'ente, può assumere direttamente la trattazione della causa. Per il patrocinio davanti alle commissioni tributarie continua ad applicarsi l'articolo 11, comma 2, del decreto legislativo 31 dicembre 1992, n. 546. Per la tutela dell'integrità dei bilanci pubblici e delle entrate degli enti territoriali, nonché nel rispetto delle disposizioni contenute nel decreto legislativo 18 aprile 2016, n. 50, le funzioni e le attività di supporto propedeutiche all'accertamento e alla riscossione delle entrate degli enti locali e delle società da essi partecipate sono affidate a soggetti iscritti all'albo previsto dall'articolo 53 del decreto legislativo 15 dicembre 1997, n. 446 [12][13] .

8-bis. Gli enti vigilati dal Ministero della salute sono autorizzati ad avvalersi del patrocinio dell'Avvocatura dello Stato ai sensi dell'articolo 43 del testo unico di cui al regio decreto 30 ottobre 1933, n. 1611 [14] .

9. Tenuto conto della specificità delle funzioni proprie della riscossione fiscale e delle competenze tecniche necessarie al loro svolgimento, per assicurarle senza soluzione di continuità, a decorrere dalla data di cui al comma 1 il personale delle società del Gruppo Equitalia con contratto di lavoro a tempo indeterminato e determinato, fino a scadenza, in servizio alla data di entrata in vigore del presente decreto, senza soluzione di continuità e con la garanzia della conservazione della posizione giuridica, economica e previdenziale maturata alla data del trasferimento, è trasferito all'ente pubblico economico di cui al comma 3, ferma restando la ricognizione delle competenze possedute, ai fini di una collocazione organizzativa coerente e funzionale alle esigenze dello stesso ente. A tale personale si applica l'articolo 2112 del codice civile [15] .

9-bis. Con decreto del Ministro del lavoro e delle politiche sociali sono individuate le modalità di utilizzazione, a decorrere dal 1° luglio 2017, delle risorse del Fondo di previdenza di cui alla legge 2 aprile 1958, n. 377, per l'armonizzazione della disciplina previdenziale del personale proveniente dal gruppo Equitalia con quella dell'assicurazione generale obbligatoria sulla base dei principi e dei criteri direttivi indicati nella legge 8 agosto 1995, n. 335 [16] . [A]

[10. A far data dall'entrata in vigore della legge di conversione del presente decreto, il personale delle società del Gruppo Equitalia proveniente da altre amministrazioni pubbliche è ricollocato nella posizione economica e giuridica originariamente posseduta nell'amministrazione pubblica di provenienza la quale, prima di poter effettuare nuove assunzioni, procede al riassorbimento di detto personale, mediante l'utilizzo delle procedure di mobilità di cui all'articolo 30 del decreto legislativo n. 165 del 2001 e nel rispetto dei vincoli in materia di finanza pubblica e contenimento delle spese di personale. Il riassorbimento può essere disposto solo nei limiti dei posti vacanti nelle dotazioni organiche dell'amministrazione interessata e nell'ambito delle facoltà assunzionali disponibili. Nel caso di indisponibilità di posti vacanti nella dotazione organica dell'amministrazione di provenienza, tale personale può essere ricollocato, previa intesa, ad altra pubblica amministrazione con carenze di organico, anche in deroga alle vigenti disposizioni in materia di mobilità e, comunque, nell'ambito delle facoltà assunzionali delle amministrazioni interessate.] [17]

11. Entro la data di cui al comma 1:

a) l'Agenzia delle entrate acquista, al valore nominale, le azioni di Equitalia S.p.A., detenute, ai sensi dell'articolo 3, comma 2, del citato decreto-legge n. 203 del 2005, e successive modificazioni, dall'Istituto nazionale della previdenza sociale; [a seguito di tale acquisto e in proporzione alla partecipazione societaria detenuta alla data dello stesso acquisto, si trasferisce in capo al cessionario l'obbligo di versamento delle somme da corrispondere a qualunque titolo, in conseguenza dell'attività di riscossione svolta fino a tale data] [18] ;

b) le azioni di Equitalia Giustizia S.p.A., detenute da Equitalia S.p.A., sono cedute a titolo gratuito al Ministero dell'economia e delle finanze. La predetta società Equitalia Giustizia Spa continua a svolgere le funzioni diverse dalla riscossione e, in particolare, quelle di cui al decreto-legge 16 settembre 2008, n. 143, convertito, con modificazioni, dalla legge 13 novembre 2008, n. 181, e all'articolo 61, comma 23, del decreto-legge 25 giugno 2008, n. 112, convertito, con modificazioni, dalla legge 6 agosto 2008, n. 133. I servizi di natura informatica in favore di Equitalia Giustizia S.p.A. continuano ad essere forniti dalla società di cui all'articolo 83, comma 15, del decreto-legge 25 giugno 2008, n. 112, convertito, con modificazioni, dalla legge 6 agosto 2008, n. 133 [19] ;

c) gli organi societari delle società di cui al comma 1 deliberano i bilanci finali di chiusura, corredati delle relazioni di legge, che sono trasmessi per l'approvazione al Ministero dell'economia e delle finanze. Ai componenti degli organi delle società soppresse sono corrisposti compensi, indennità ed altri emolumenti solo fino alla data di soppressione. Per gli adempimenti successivi relativi al presente comma, ai predetti componenti spetta esclusivamente, ove dovuto, il rimborso delle spese sostenute nella misura prevista dal rispettivo ordinamento [20] .

11-bis. Entro centoventi giorni dalla data dello scioglimento delle società di cui al comma 1, gli organi dell'ente previsto dal comma 3 deliberano i bilanci finali delle stesse società, corredati delle relazioni di legge. Tali bilanci sono trasmessi per l'approvazione al Ministero dell'economia e delle finanze; si applicano le disposizioni dell'articolo 2 del regolamento di cui al decreto del Presidente della Repubblica 9 novembre 1998, n. 439. Ai componenti degli organi delle predette società sono corrisposti compensi, indennità e altri emolumenti esclusivamente fino alla data dello scioglimento [21] .

11-ter. Le società di cui al comma 1 redigono i bilanci relativi all'esercizio 2016 e quelli indicati al comma 11-bis secondo le previsioni del decreto legislativo 18 agosto 2015, n. 136 [22] .

12. Le operazioni di cui al comma 11 sono esenti da imposizione fiscale.

13. La convenzione di cui all'articolo 59 del decreto legislativo 30 luglio 1999, n. 300, stipulata tra il Ministro dell'economia e delle finanze e il direttore dell'Agenzia delle entrate, individua, per l'attività svolta dall'Agenzia delle entrate-Riscossione [23] :

a) i servizi dovuti;

b) le risorse necessarie a far fronte agli oneri di funzionamento del servizio nazionale della riscossione, stanziate sul bilancio dello Stato per il trasferimento in favore dell'Agenzia delle entrate-Riscossione, per:

1) gli oneri di gestione calcolati, per le attività svolte dalla stessa, sulla base di un'efficiente conduzione aziendale e dei vincoli di servizio imposti per esigenze di carattere generale;

2) le spese di investimento necessarie per realizzare i miglioramenti programmati »;

3) alla lettera c), la parola: « tributari » è sostituita dalle seguenti: « affidati dagli enti impositori »;

4) alla lettera f), le parole: « vigilanza sull'operato dell'ente da parte del Ministero dell'economia e delle finanze » sono sostituite dalle seguenti: « indirizzo operativo e controllo sull'operato dell'ente da parte dell'Agenzia delle entrate [24] ;

c) le strategie per la riscossione dei crediti tributari, con particolare riferimento alla definizione delle priorità, mediante un approccio orientato al risultato piuttosto che al processo;

d) gli obiettivi quantitativi da raggiungere in termini di economicità della gestione, soddisfazione dei contribuenti per i servizi prestati, e ammontare delle entrate erariali riscosse, anche mediante azioni di prevenzione e contrasto dell'evasione ed elusione fiscale;

e) gli indicatori e le modalità di verifica del conseguimento degli obiettivi di cui alla lettera d);

f) le modalità di vigilanza sull'operato dell'ente da parte del Ministero dell'economia e delle finanze, anche in relazione alla garanzia della trasparenza, dell'imparzialità e della correttezza nell'applicazione delle norme, con particolare riguardo ai rapporti con i contribuenti [25] ;

g) la gestione della funzione della riscossione con modalità organizzative flessibili, che tengano conto della necessità di specializzazioni tecnico-professionali, mediante raggruppamenti per tipologia di contribuenti, ovvero sulla base di altri criteri oggettivi preventivamente definiti, e finalizzati ad ottimizzare il risultato economico della medesima riscossione;

h) la tipologia di comunicazioni e informazioni preventive volte ad evitare aggravi moratori per i contribuenti, ed a migliorarne il rapporto con l'amministrazione fiscale, in attuazione della legge 27 luglio 2000, n. 212, anche mediante l'istituzione di uno sportello unico telematico per l'assistenza e l'erogazione di servizi, secondo criteri di trasparenza che consentano al contribuente anche di individuare con certezza il debito originario [26] .

[13-bis. Lo schema dell'atto aggiuntivo di cui al comma 13 è trasmesso alle Camere ai fini dell'espressione dei pareri da parte delle Commissioni parlamentari competenti per materia e per i profili finanziari, che sono resi entro trenta giorni dalla data di trasmissione. Le Commissioni possono chiedere al Presidente della rispettiva Camera di prorogare di venti giorni il termine per l'espressione del parere, qualora ciò si renda necessario per la complessità della materia. Decorso il termine previsto per l'espressione del parere o quello eventualmente prorogato, l'atto aggiuntivo può essere comunque stipulato.] [27]

14. Costituisce risultato particolarmente negativo della gestione, ai sensi dell'articolo 69, comma 1, del decreto legislativo n. 300 del 1999, il mancato raggiungimento, da parte dell'ente di cui al comma 3, degli obiettivi stabiliti nella convenzione di cui al comma 13, non attribuibile a fattori eccezionali o comunque non tempestivamente segnalati all'Agenzia delle entrate e, a cura di quest'ultima, al Ministero dell'economia e delle finanze, per consentire l'adozione dei necessari correttivi [28] .

14-bis. Il soggetto preposto alla riscossione nazionale redige una relazione annuale sui risultati conseguiti, evidenziando i dati relativi ai carichi di ruolo ad esso affidati, l'ammontare delle somme riscosse e i crediti ancora da riscuotere, le quote di credito divenute inesigibili, le procedure di riscossione che hanno condotto ai risultati conseguiti. La relazione è trasmessa all'Agenzia delle entrate per la predisposizione del rapporto di cui all'articolo 10-bis.1 della legge 31 dicembre 2009, n. 196 (29) .

15. Fino alla data di cui al comma 1, l'attività di riscossione prosegue nel regime giuridico vigente. In sede di prima applicazione, entro il 30 aprile 2017, con decreto del Presidente del Consiglio dei ministri, l'Amministratore delegato di Equitalia S.p.A. è nominato commissario straordinario per gli adempimenti propedeutici all'istituzione dell'ente di cui al comma 3, per l'elaborazione dello statuto ai fini di cui al comma 5 e per la vigilanza e la gestione della fase transitoria (30) .

16. I riferimenti contenuti in norme vigenti agli ex concessionari del servizio nazionale della riscossione e agli agenti della riscossione di cui all'articolo 3 del decreto-legge 30 settembre 2005, n. 203, convertito, con modificazioni, dalla legge 2 dicembre 2005, n. 248, si intendono riferiti, in quanto compatibili, all'agenzia di cui al comma 3 del presente articolo (31) .

16-bis. Al fine di garantire le competenze necessarie ai concessionari della gestione dei servizi della pubblica amministrazione, all'articolo 6, numero 9-bis), della legge 22 dicembre 1957, n. 1293, dopo le parole: "dall'assegnazione" sono inserite le seguenti: "o dal rinnovo" e dopo le parole: "corsi di formazione" sono inserite le seguenti: ", anche in modalità a distanza," (32) .

(A) In riferimento al presente comma, vedi: Circolare INPS - Istituto nazionale previdenza sociale 21 luglio 2021, n. 112.
(1) Rubrica sostituita dall'articolo 1, comma 1, della Legge 1° dicembre 2016 n. 225, in sede di conversione.
(2) Comma modificato dall'articolo 1, comma 1, della Legge 1° dicembre 2016 n. 225, in sede di conversione.
(3) Comma modificato dall'articolo 1, comma 1, della Legge 1° dicembre 2016 n. 225, in sede di conversione.
(4) Comma modificato dall'articolo 1, comma 1, della Legge 1° dicembre 2016 n. 225, in sede di conversione e successivamente dall'articolo 35, comma 1, lettera a), del D.L. 24 aprile 2017, n. 50, convertito, con modificazioni, dalla legge 21 giugno 2017, n. 96e dall'articolo 1, comma 14, lettera a), della Legge 30 dicembre 2021, n. 234.
(5) Comma modificato dall'articolo 1, comma 1, della Legge 1° dicembre 2016 n. 225, in sede di conversione e successivamente sostituito dall'articolo 1, comma 14, lettera b), della Legge 30 dicembre 2021, n. 234.
(6) Comma modificato dall'articolo 1, comma 1, della Legge 1° dicembre 2016 n. 225, in sede di conversione e successivamente dall'articolo 1, comma 14, lettera c), della Legge 30 dicembre 2021, n. 234.
(7) Comma inserito dall'articolo 1, comma 1, della Legge 1° dicembre 2016 n. 225, in sede di conversione e successivamente sostituito dall'articolo 1, comma 14, lettera d), della Legge 30 dicembre 2021, n. 234.
(8) Comma inserito dall'articolo 1, comma 14, lettera d), della Legge 30 dicembre 2021, n. 234.
(9) Comma inserito dall'articolo 1, comma 14, lettera d), della Legge 30 dicembre 2021, n. 234.
(10) Comma inserito dall'articolo 21, comma 1, del DL 21 giugno 2022, n. 73, convertito, con modificazioni, dalla Legge 4 agosto 2022, n. 122.
(11) Comma inserito dall'articolo 1, comma 1, della Legge 1° dicembre 2016 n. 225, in sede di conversione.
(12) Comma sostituito dall'articolo 1, comma 1, della Legge 1° dicembre 2016 n. 225, in sede di conversione e successivamente modificato dall'articolo 1, comma 11, del D.L. 16 ottobre 2017, n. 148, convertito con modificazioni dalla Legge 4 dicembre 2017, n. 172. Da ultimo, il comma 11 dell'articolo 1 del D.L. 148/2017 è stato modificato dall'articolo 1, comma 39, della Legge 27 dicembre 2017, n. 205.
(13) A norma dell'articolo dall'articolo 4-nonies, comma 1, del D.L. 30 aprile 2019, n. 34, convertito, con modificazioni, dalla Legge 28 giugno 2019, n. 58, il presente comma i interpreta nel senso che la disposizione dell'articolo 43, quarto comma, del testo unico di cui al regio decreto 30 ottobre 1933, n.1611, si applica esclusivamente nei casi in cui l'Agenzia delle entrate-Riscossione, per la propria rappresentanza e difesa in giudizio, intende non avvalersi dell'Avvocatura dello Stato nei giudizi a quest'ultima riservati su base convenzionale; la medesima disposizione non si applica nei casi di indisponibilità della stessa Avvocatura dello Stato ad assumere il patrocinio.
(14) Comma inserito dall'articolo 1, comma 1, della Legge 1° dicembre 2016 n. 225, in sede di conversione.
(15) Comma modificato dall'articolo 1, comma 1, della Legge 1° dicembre 2016 n. 225, in sede di conversione.
(16) Comma inserito dall'articolo 1, comma 1, della Legge 1° dicembre 2016 n. 225, in sede di conversione e successivamente modificato dall'articolo 1, comma 11, del D.L. 16 ottobre 2017, n. 148, convertito con modificazioni dalla Legge 4 dicembre 2017, n. 172.
(17) Comma soppresso dall'articolo 1, comma 1, della Legge 1° dicembre 2016 n. 225, in sede di conversione.
(18) Lettera modificata dall'articolo 1, comma 1, della Legge 1° dicembre 2016 n. 225, in sede di conversione.
(19) Lettera modificata dall'articolo 1, comma 1, della Legge 1° dicembre 2016 n. 225, in sede di conversione e successivamente dall'articolo 16-ter, del D.L. 23 ottobre 2018, n. 119, convertito con modificazioni dalla Legge 17 dicembre 2018, n. 136.
(20) Lettera modificata dall'articolo 1, comma 1, della Legge 1° dicembre 2016 n. 225, in sede di conversione.
(21) Comma inserito dall'articolo 1, comma 1, della Legge 1° dicembre 2016 n. 225, in sede di conversione.
(22) Comma inserito dall'articolo 1, comma 1, della Legge 1° dicembre 2016 n. 225, in sede di conversione.
(23) Alinea sostituito dall'articolo 1, comma 14, lettera f), della Legge 30 dicembre 2021, n. 234.
(24) Lettera sostituita dall'articolo 1, comma 14, lettera f), della Legge 30 dicembre 2021, n. 234.
(25) Lettera modificata dall'articolo 19-octies, comma 1, del D.L. 16 ottobre 2017, n. 148, convertito con modificazioni dalla Legge 4 dicembre 2017, n. 172.
(26) Lettera modificata dall'articolo 1, comma 1, della Legge 1° dicembre 2016 n. 225, in sede di conversione.
(27) Comma inserito dall'articolo 1, comma 1, della Legge 1° dicembre 2016 n. 225, in sede di conversione e successivamente abrogato dall'articolo 1, comma 14, lettera g), della Legge 30 dicembre 2021, n. 234.
(28) Comma modificato dall'articolo 1, comma 1, della Legge 1° dicembre 2016 n. 225, in sede di conversione e successivamente dall'articolo 1, comma 14, lettera h), della Legge 30 dicembre 2021, n. 234.
(29) Comma inserito dall'articolo 1, comma 1, della Legge 1° dicembre 2016 n. 225, in sede di conversione e successivamente modificato dall'articolo 1, comma 14, lettera i), della Legge 30 dicembre 2021, n. 234.
(30) Comma modificato dall'articolo 1, comma 1, della Legge 1° dicembre 2016 n. 225, in sede di conversione.
(31) Comma modificato dall'articolo 1, comma 1, della Legge 1° dicembre 2016 n. 225, in sede di conversione.
(32) Comma inserito dall'articolo 1, comma 1, della Legge 1° dicembre 2016 n. 225, in sede di conversione.

2. Disposizioni in materia di riscossione locale. – 1. All'articolo 10, comma 2-ter del decreto-legge 8 aprile 2013, n. 35, convertito, con modificazioni, dalla legge 6 giugno 2013, n. 64, le parole: «31 dicembre 2016» sono sostituite dalle seguenti: «30 giugno 2017» (1).

2. A decorrere dal 1° luglio 2017, le amministrazioni locali di cui all'articolo 1, comma 3, possono deliberare di affidare al soggetto preposto alla riscossione nazionale le attività di riscossione, spontanea e coattiva, delle entrate tributarie o patrimoniali proprie [e, fermo restando quanto previsto dall' articolo 17, commi 3-bis e 3-ter, del decreto legislativo 26 febbraio 1999, n. 46 , delle società da esse partecipate] (2).

[3. Entro il 30 settembre di ogni anno, gli enti locali possono deliberare l'affidamento dell'esercizio delle funzioni relative alla riscossione al soggetto preposto alla riscossione nazionale.] (3)

(1) Comma modificato dall'articolo 1, comma 1, della Legge 1° dicembre 2016 n. 225, in sede di conversione.
(2) Comma sostituito dall'articolo 1, comma 1, della Legge 1° dicembre 2016 n. 225, in sede di conversione e successivamente dall'articolo 35, comma 1, lettera b), del D.L. 24 aprile 2017, n. 50, convertito, con modificazioni, dalla legge 21 giugno 2017, n. 96 e successivamente modificato dall'articolo 5, comma 6, del D.L. 21 ottobre 2021, n. 146, convertito con modificazioni dalla Legge 17 dicembre 2021, n. 215.
(3) Comma soppresso dall'articolo 1, comma 1, della Legge 1° dicembre 2016 n. 225, in sede di conversione.

2 bis. Interventi a tutela del pubblico denaro e generalizzazione dell'ingiunzione di pagamento ai fini dell'avvio della riscossione coattiva (1)(2) – 1. In deroga all'articolo 52 del decreto legislativo 15 dicembre 1997, n. 446, il versamento [spontaneo] delle entrate tributarie dei comuni e degli altri enti locali deve essere effettuato direttamente sul conto corrente di tesoreria dell'ente impositore, ovvero sui conti correnti postali ad esso intestati o mediante il sistema dei versamenti unitari di cui all'articolo 17 del decreto legislativo 9 luglio 1997, n. 241, o attraverso gli strumenti di pagamento elettronici resi disponibili dagli enti impositori o attraverso la piattaforma di cui all'articolo 5 del codice di cui al decreto legislativo 7 marzo 2005, n. 82, o utilizzando le altre modalità previste dallo stesso codice. Restano comunque ferme le disposizioni di cui al comma 12 dell'articolo 13 del decreto-legge 6 dicembre 2011, n. 201, convertito, con modificazioni, dalla legge 22 dicembre 2011, n. 214, e al comma 688 dell'articolo 1 della legge 27 dicembre 2013, n. 147, relative al versamento dell'imposta municipale propria (IMU) e del tributo per i servizi indivisibili (TASI). Per le entrate diverse da quelle tributarie, il versamento [spontaneo] deve essere effettuato con le stesse modalità di cui al primo periodo, con esclusione del sistema dei versamenti unitari di cui all'articolo 17 del decreto legislativo 9 luglio 1997, n. 241, ovvero, a decorrere dal 1° ottobre 2017, per tutte le entrate riscosse, dal gestore del relativo servizio che risulti comunque iscritto nell'albo di cui all'articolo 53 del decreto legislativo 15 dicembre 1997, n. 446, e si avvalga di reti di acquisizione del gettito che fanno ricorso a forme di cauzione collettiva e solidale già riconosciute dall'Amministrazione finanziaria, tali da consentire, in presenza della citata cauzione, l'acquisizione diretta da parte degli enti locali degli importi riscossi, non oltre il giorno del pagamento, al netto delle spese anticipate e dell'aggio dovuto nei confronti del predetto gestore. I versamenti effettuati al soggetto di cui all'articolo 52, comma 5, lettera b), numero 3), del decreto legislativo n. 446 del 1997 sono equiparati a quelli effettuati direttamente a favore dell'ente affidatario (3).

1-bis. Le disposizioni di cui al comma 1 non si applicano ai versamenti effettuati all'Agenzia delle entrate-Riscossione, di cui all'articolo 1, comma 3 (4).

(1) Articolo inserito dall'articolo 1, comma 1, della Legge 1° dicembre 2016 n. 225, in sede di conversione.
(2) A norma dell'articolo 13, comma 4, del D.L. 30 dicembre 2016 n. 244, convertito con modificazioni dalla Legge 27 febbraio 2017, n. 19, le disposizioni del presente articolo si applicano a decorrere dal 1° ottobre 2017.
(3) Comma modificato dall'articolo 13, comma 4, lettera a), del D.L. 30 dicembre 2016 n. 244, convertito con modificazioni dalla Legge 27 febbraio 2017, n. 19, dall'articolo 35, comma 1, lettera b-bis), del D.L. 24 aprile 2017, n. 50, convertito, con modificazioni, dalla legge 21 giugno 2017, n. 96. e, da ultimo, dall'articolo 1, comma 786 della Legge 27 dicembre 2019, n. 160, come modificato dall'articolo 111, comma 1, del D.L. 14 agosto 2020, n. 104, convertito con modificazioni dalla Legge 13 ottobre 2020, n. 126. Vedi anche le disposizioni di cui al comma 784 dell'articolo 1 della medesima Legge 160/2019.
(4) Comma aggiunto dall'articolo 13, comma 4, lettera a), del D.L. 30 dicembre 2016 n. 244, convertito con modificazioni dalla Legge 27 febbraio 2017, n. 19.

3. Potenziamento della riscossione. – 1. A decorrere dal 1° gennaio 2017, l'Agenzia delle entrate può utilizzare le banche dati e le informazioni alle quali è autorizzata ad accedere sulla base di specifiche disposizioni di legge, anche ai fini dell'esercizio delle funzioni relative alla riscossione nazionale di cui all'articolo 3, comma 1, del decreto-legge 30 settembre 2005, n. 203, convertito, con modificazioni, dalla legge 2 dicembre 2005, n. 248.

2. All'articolo 72-ter del decreto del Presidente della Repubblica 29 settembre 1973, n. 602, dopo il comma 2-bis, è inserito il seguente: «2-ter. Ai medesimi fini previsti dai commi precedenti, l'Agenzia delle entrate acquisisce le informazioni relative ai rapporti di lavoro o di impiego, accedendo direttamente, in via telematica, alle specifiche banche dati dell'Istituto nazionale della previdenza sociale (1).

3. L'Agenzia delle entrate-Riscossione è autorizzata ad accedere e utilizzare i dati di cui al presente articolo per i propri compiti di istituto.

(1) Comma modificato dall'articolo 1, comma 1, della Legge 1° dicembre 2016 n. 225, in sede di conversione.

6. Definizione agevolata. – 1. Relativamente ai carichi affidati agli agenti della riscossione dal 2000 al 2016, i debitori possono estinguere il debito senza corrispondere le sanzioni comprese in tali carichi, gli interessi di mora di cui all'articolo 30, comma 1, del decreto del Presidente della Repubblica 29 settembre 1973, n. 602, ovvero le sanzioni e le somme aggiuntive di cui all'articolo 27, comma 1, del decreto legislativo 26 febbraio 1999, n. 46, provvedendo al pagamento integrale delle somme di cui alle lettere a) e b), dilazionato in rate sulle quali sono dovuti, a decorrere dal 1° agosto 2017, gli interessi nella misura di cui all'articolo 21, primo comma, del decreto del Presidente della Repubblica n. 602 del 1973. Fermo restando che il 70 per cento delle somme complessivamente dovute deve essere versato nell'anno 2017 e il restante 30 per cento nell'anno 2018, è effettuato il pagamento, per l'importo da versare distintamente in ciascuno dei due anni, in rate di pari ammontare, nel numero massimo di tre rate nel 2017 e di due rate nel 2018 (1):

a) delle somme affidate all'agente della riscossione a titolo di capitale e interessi;

b) di quelle maturate a favore dell'agente della riscossione, ai sensi dell'articolo 17 del decreto legislativo 13 aprile 1999, n. 112, a titolo di aggio sulle somme di cui alla lettera a) e di rimborso delle spese per le procedure esecutive, nonché di rimborso delle spese di notifica della cartella di pagamento.

2. Ai fini della definizione di cui al comma 1, il debitore manifesta all'agente della riscossione la sua volontà di avvalersene, rendendo, entro il 21 aprile 2017, apposita dichiarazione, con le modalità e in conformità alla modulistica che lo stesso agente della riscossione pubblica sul proprio sito internet nel termine massimo di quindici giorni dalla data di entrata in vigore del presente decreto; in tale dichiarazione il debitore indica altresì il numero di rate nel quale intende effettuare il pagamento, entro il limite massimo previsto dal comma 1, nonché la pendenza di giudizi aventi ad oggetto i carichi cui si riferisce la dichiarazione, e assume l'impegno a rinunciare agli stessi giudizi. Entro la stessa data del 21 aprile 2017 il debitore può integrare, con le predette modalità, la dichiarazione presentata anteriormente a tale data (2).

3. Entro il 15 giugno 2017, l'agente della riscossione comunica ai debitori che hanno presentato la dichiarazione di cui al comma 2 l'ammontare complessivo delle somme dovute ai fini della definizione, nonché quello delle singole rate, e il giorno e il mese di scadenza di ciascuna di esse, attenendosi ai seguenti criteri (3):

a) per l'anno 2017, la scadenza delle singole rate è fissata nei mesi di luglio, settembre e novembre (4);

b) per l'anno 2018, la scadenza delle singole rate è fissata nei mesi di aprile e settembre (5)(6).

3-bis. Ai fini di cui al comma 1, l'agente della riscossione fornisce ai debitori i dati necessari a individuare i carichi definibili ai sensi dello stesso comma 1:

a) presso i propri sportelli;

b) nell'area riservata del proprio sito internet istituzionale (7).

3-ter. Entro il 28 febbraio 2017, l'agente della riscossione, con posta ordinaria, avvisa il debitore dei carichi affidati nell'anno 2016 per i quali, alla data del 31 dicembre 2016, gli risulta non ancora notificata la cartella di pagamento ovvero inviata l'informazione di cui all'articolo 29, comma 1, lettera b), ultimo periodo, del decreto-legge 31 maggio 2010, n. 78, convertito, con modificazioni, dalla legge 30 luglio 2010, n. 122, ovvero notificato l'avviso di addebito di cui all'articolo 30, comma 1, del medesimo decreto-legge n. 78 del 2010 (8).

4. In caso di mancato ovvero di insufficiente o tardivo versamento dell'unica rata ovvero di una rata di quelle in cui è stato dilazionato il pagamento delle somme di cui al comma 1, lettere a) e b), la definizione non produce effetti e riprendono a decorrere i termini di prescrizione e decadenza per il recupero dei carichi oggetto della dichiarazione di cui al comma 2. In tal caso, i versamenti effettuati sono acquisiti a titolo di acconto dell'importo complessivamente dovuto a seguito dell'affidamento del carico e non determinano l'estinzione del debito residuo, di cui l'agente della riscossione prosegue l'attività di recupero e il cui pagamento non può essere rateizzato ai sensi dell'articolo 19 del decreto del Presidente della Repubblica 29 settembre 1973, n. 602.

4-bis. Limitatamente ai carichi non inclusi in precedenti piani di dilazione in essere alla data di entrata in vigore della legge di conversione del presente decreto, la preclusione della rateizzazione di cui al comma 4, ultimo periodo, non opera se, alla data di presentazione della dichiarazione di cui al comma 1, erano trascorsi meno di sessanta giorni dalla data di notifica della cartella di pagamento ovvero dell'avviso di accertamento di cui all'articolo 29, comma 1, lettera a), del decreto-legge 31 maggio 2010, n. 78, convertito, con modificazioni, dalla legge 30 luglio 2010, n. 122, ovvero dell'avviso di addebito di cui all'articolo 30, comma 1, del medesimo decreto-legge n. 78 del 2010 (9).

5. A seguito della presentazione della dichiarazione di cui al comma 2, sono sospesi i termini di prescrizione e decadenza per il recupero dei carichi che sono oggetto di tale dichiarazione e, fermo restando quanto previsto dal comma 8, sono altresì sospesi, per i carichi oggetto della domanda di definizione di cui al comma 1, fino alla scadenza della prima o unica rata delle somme dovute, gli obblighi di pagamento derivanti da precedenti dilazioni in essere relativamente alle rate di tali dilazioni in scadenza in data successiva al 31 dicembre 2016. L'agente della riscossione, relativamente ai carichi definibili ai sensi del presente articolo, non può avviare nuove azioni esecutive ovvero iscrivere nuovi fermi amministrativi e ipoteche, fatti salvi i fermi amministrativi e le ipoteche già iscritti alla data di presentazione della dichiarazione, e non può altresì proseguire le procedure di recupero coattivo precedentemente avviate, a condizione che non si sia ancora tenuto il primo incanto con esito positivo ovvero non sia stata presentata istanza di assegnazione ovvero non sia stato già emesso provvedimento di assegnazione dei crediti pignorati (10).

6. Ai pagamenti dilazionati previsti dal presente articolo non si applicano le disposizioni dell'articolo 19 del decreto del Presidente della Repubblica 29 settembre 1973, n. 602.

7. Il pagamento delle somme dovute per la definizione può essere effettuato:

a) mediante domiciliazione sul conto corrente eventualmente indicato dal debitore nella dichiarazione resa ai sensi del comma 2;

b) mediante bollettini precompilati, che l'agente della riscossione è tenuto ad allegare alla comunicazione di cui al comma 3, se il debitore non ha richiesto di eseguire il versamento con le modalità previste dalla lettera a) del presente comma;

c) presso gli sportelli dell'agente della riscossione.

8. La facoltà di definizione prevista dal comma 1 può essere esercitata anche dai debitori che hanno già pagato parzialmente, anche a seguito di provvedimenti di dilazione emessi dall'agente della riscossione, le somme dovute relativamente ai carichi indicati al comma 1 e purché, rispetto ai piani rateali in essere, risultino adempiuti tutti i versamenti con scadenza dal l° ottobre al 31 dicembre 2016. In tal caso:

a) ai fini della determinazione dell'ammontare delle somme da versare ai sensi del comma 1, lettere a) e b), si tiene conto esclusivamente degli importi già versati a titolo di capitale e interessi compresi nei carichi affidati, nonché, ai sensi dell'articolo 17 del decreto legislativo 13 aprile 1999, n. 112, di aggio e di rimborso delle spese per le procedure esecutive e delle spese di notifica della cartella di pagamento (11);

b) restano definitivamente acquisite e non sono rimborsabili le somme versate, anche anteriormente alla definizione, a titolo di sanzioni comprese nei carichi affidati, di interessi di dilazione, di interessi di mora di cui all'articolo 30, comma 1, del decreto del Presidente della Repubblica 29 settembre 1973, n. 602, e di sanzioni e somme aggiuntive di cui all'articolo 27, comma 1, del decreto legislativo 26 febbraio 1999, n. 46 (12);

c) il pagamento della prima o unica rata delle somme dovute ai fini della definizione determina, limitatamente ai carichi definibili, la revoca automatica dell'eventuale dilazione ancora in essere precedentemente accordata dall'agente della riscossione.

9. Il debitore, se per effetto dei pagamenti parziali di cui al comma 8, computati con le modalità ivi indicate, ha già integralmente corrisposto quanto dovuto ai sensi del comma 1, per beneficiare degli effetti della definizione deve comunque manifestare la sua volontà di aderirvi con le modalità previste dal comma 2.

9-bis. Sono altresì compresi nella definizione agevolata di cui al comma 1 i carichi affidati agli agenti della riscossione che rientrano nei procedimenti instaurati a seguito di istanza presentata dai debitori ai sensi del capo II, sezione prima, della legge 27 gennaio 2012, n. 3 (13).

9-ter. Nelle proposte di accordo o del piano del consumatore presentate ai sensi dell'articolo 6, comma 1, della legge 27 gennaio 2012, n. 3, i debitori possono estinguere il debito senza corrispondere le sanzioni, gli interessi di mora di cui all'articolo 30, comma 1, del decreto del Presidente della Repubblica 29 settembre 1973, n. 602, ovvero le sanzioni e le somme aggiuntive di cui all'articolo 27, comma 1, del decreto legislativo 26 febbraio 1999, n. 46, provvedendo al pagamento del debito, anche falcidiato, nelle modalità e nei tempi eventualmente previsti nel decreto di omologazione dell'accordo o del piano del consumatore (14).

10. Sono esclusi dalla definizione di cui al comma 1 i carichi affidati agli agenti della riscossione recanti:

a) le risorse proprie tradizionali previste dall'articolo 2, paragrafo 1, lettera a), delle decisioni 2007/436/CE, Euratom del Consiglio, del 7 giugno 2007, e 2014/335/UE, Euratom del Consiglio, del 26 maggio 2014, e l'imposta sul valore aggiunto riscossa all'importazione (15);

b) le somme dovute a titolo di recupero di aiuti di Stato ai sensi dell'articolo 16 del regolamento (UE) 2015/1589 del Consiglio, del 13 luglio 2015 (16);

c) i crediti derivanti da pronunce di condanna della Corte dei conti;

d) le multe, le ammende e le sanzioni pecuniarie dovute a seguito di provvedimenti e sentenze penali di condanna;

[e) le sanzioni amministrative per violazioni al Codice della strada.] [17]

e-bis) le altre sanzioni diverse da quelle irrogate per violazioni tributarie o per violazione degli obblighi relativi ai contributi e ai premi dovuti dagli enti previdenziali [18].

11. Per le sanzioni amministrative per violazioni del codice della strada, di cui al decreto legislativo 30 aprile 1992, n. 285, le disposizioni del presente articolo si applicano limitatamente agli interessi, compresi quelli di cui all'articolo 27, sesto comma, della legge 24 novembre 1981, n. 689 [19].

12. A seguito del pagamento delle somme di cui al comma 1, l'agente della riscossione è automaticamente discaricato dell'importo residuo. Al fine di consentire agli enti creditori di eliminare dalle proprie scritture patrimoniali i crediti corrispondenti alle quote discaricate, lo stesso agente della riscossione trasmette, anche in via telematica, a ciascun ente interessato, entro il 31 dicembre 2024, l'elenco dei debitori che hanno esercitato la facoltà di definizione e dei codici tributo per i quali è stato effettuato il versamento [20].

12-bis. All'articolo 1, comma 684, della legge 23 dicembre 2014, n. 190, il primo periodo è sostituito dal seguente: "Le comunicazioni di inesigibilità relative a quote affidate agli agenti della riscossione dal 1° gennaio 2000 al 31 dicembre 2015, anche da soggetti creditori che hanno cessato o cessano di avvalersi delle società del Gruppo Equitalia Spa, sono presentate, per i ruoli consegnati negli anni 2014 e 2015, entro il 31 dicembre 2019 e, per quelli consegnati fino al 31 dicembre 2013, per singole annualità di consegna partendo dalla più recente, entro il 31 dicembre di ciascun anno successivo al 2019" [21].

13. Alle somme occorrenti per aderire alla definizione di cui al comma 1, che sono oggetto di procedura concorsuale, nonché in tutte le procedure di composizione negoziale della crisi d'impresa previste dal regio decreto 16 marzo 1942, n. 267, si applica la disciplina dei crediti prededucibili di cui agli articoli 111 e 111-bis del regio decreto 16 marzo 1942, n. 267 [22].

13-bis. La definizione agevolata prevista dal presente articolo può riguardare il singolo carico iscritto a ruolo o affidato [23].

13-ter. Per i carichi affidati agli agenti della riscossione dal 2000 al 2016 relativamente ai soggetti cui si applicano le disposizioni recate dall'articolo 48, comma 1, del decreto-legge 17 ottobre 2016, n. 189, convertito, con modificazioni, dalla legge 15 dicembre 2016, n. 229, sono prorogati di un anno i termini e le scadenze previsti dai commi 1, 2, 3, 3-ter e 12 del presente articolo [24].

[1] *Alinea modificato dall'articolo 1, comma 1, della Legge 1° dicembre 2016 n. 225, in sede di conversione.*

[2] *Comma modificato dall'articolo 1, comma 1, della Legge 1° dicembre 2016 n. 225, in sede di conversione, dall'articolo articolo 11, comma 10, lettera a), del D.L. 9 febbraio 2017 n. 8, convertito con modificazioni dalla Legge 7 aprile 2017, n. 45. Precedentemente il presente comma era stato modificato dall'articolo 1 del D.L. 27 marzo 2017, n. 36, non convertito in legge. A norma del Comunicato 30 maggio 2017, il citato D.L. n. 36/2017 non è stato convertito in legge nel termine di sessanta giorni dalla sua pubblicazione avvenuta nella Gazzetta Ufficiale.*

[3] *Alinea modificato dall'articolo 11, comma 10, lettera b), del D.L. 9 febbraio 2017 n. 8, convertito con modificazioni dalla Legge 7 aprile 2017, n. 45*

[4] *A norma dell'articolo 1, comma 1, del D.L. 16 ottobre 2017, n. 148, convertito con modificazioni dalla Legge 4 dicembre 2017, n. 172, i termini per il pagamento delle rate di cui alla presente lettera, sono fissati al 7 dicembre 2017.*

[5] *A norma dell'articolo 1, comma 1, del D.L. 16 ottobre 2017, n. 148, convertito con modificazioni dalla Legge 4 dicembre 2017, n. 172, il termine per il pagamento della rata di cui alla presente lettera è fissato nel mese di luglio 2018.*

[6] *Comma modificato dall'articolo 1, comma 1, della Legge 1° dicembre 2016 n. 225, in sede di conversione.*

[7] *Comma inserito dall'articolo 1, comma 1, della Legge 1° dicembre 2016 n. 225, in sede di conversione.*

[8] *Comma inserito dall'articolo 1, comma 1, della Legge 1° dicembre 2016 n. 225, in sede di conversione.*

[9] *Comma inserito dall'articolo 1, comma 1, della Legge 1° dicembre 2016 n. 225, in sede di conversione.*

[10] *Comma modificato dall'articolo 1, comma 1, della Legge 1° dicembre 2016 n. 225, in sede di conversione.*

[11] *Lettera modificata dall'articolo 1, comma 1, della Legge 1° dicembre 2016 n. 225, in sede di conversione.*

[12] *Lettera modificata dall'articolo 1, comma 1, della Legge 1° dicembre 2016 n. 225, in sede di conversione.*

[13] *Comma inserito dall'articolo 1, comma 1, della Legge 1° dicembre 2016 n. 225, in sede di conversione.*

[14] *Comma inserito dall'articolo 1, comma 1, della Legge 1° dicembre 2016 n. 225, in sede di conversione.*

[15] *Lettera modificata dall'articolo 1, comma 1, della Legge 1° dicembre 2016 n. 225, in sede di conversione.*

[16] *Lettera modificata dall'articolo 1, comma 1, della Legge 1° dicembre 2016 n. 225, in sede di conversione.*

[17] *Lettera soppressa dall'articolo 1, comma 1, della Legge 1° dicembre 2016 n. 225, in sede di conversione.*

[18] *Lettera inserita dall'articolo 1, comma 1, della Legge 1° dicembre 2016 n. 225, in sede di conversione. A norma dell'articolo 11, comma 10-bis, del D.L. 9 febbraio 2017 n. 8, convertito con modificazioni dalla Legge 7 aprile 2017, n. 45, la presente lettera si interpreta nel senso che ai fini della definizione agevolata dei carichi, di cui al comma 1 del citato articolo 6, non sono dovute le sanzioni irrogate per violazione degli obblighi relativi ai contributi e ai premi anche nel caso in cui il debitore sia lo stesso ente previdenziale.*

[19] *Comma sostituito dall'articolo 1, comma 1, della Legge 1° dicembre 2016 n. 225, in sede di conversione.*

[20] *Comma modificato dall'articolo 1, comma 1, della Legge 1° dicembre 2016 n. 225, in sede di conversione, dall'articolo 1, comma 10-sexies, del D.L. 16 ottobre 2017, n. 148, convertito con modificazioni dalla Legge 4 dicembre 2017, n. 172 e successivamente dall'articolo 3, comma 19, del D.L. 23 ottobre 2018, n. 119, convertito con modificazioni dalla Legge 17 dicembre 2018, n. 136.*

[21] *Comma inserito dall'articolo 1, comma 1, della Legge 1° dicembre 2016 n. 225, in sede di conversione.*

[22] *Comma modificato dall'articolo 1, comma 1, della Legge 1° dicembre 2016 n. 225, in sede di conversione.*

[23] *Comma inserito dall'articolo 1, comma 1, della Legge 1° dicembre 2016 n. 225, in sede di conversione.*

[24] *Comma inserito dall'articolo 11, comma 10, lettera c), del D.L. 9 febbraio 2017 n. 8, convertito con modificazioni dalla Legge 7 aprile 2017, n. 45.*

6 ter. Definizione agevolata delle entrate regionali e degli enti locali.[1] – 1. Con riferimento alle entrate, anche tributarie, delle regioni, delle province, delle città metropolitane e dei comuni, non riscosse a seguito di provvedimenti di ingiunzione fiscale ai sensi del testo unico delle disposizioni di legge relative alla riscossione delle entrate patrimoniali dello Stato, di cui al regio decreto 14 aprile 1910, n. 639, notificati, negli anni dal 2000 al 2016, dagli enti stessi e dai concessionari della riscossione di cui all'articolo 53 del decreto legislativo 15 dicembre 1997, n. 446, i medesimi enti territoriali possono stabilire, entro il termine fissato per la deliberazione del bilancio annuale di previsione degli enti locali per l'esercizio 2017, con le forme previste dalla legislazione vigente per l'adozione dei propri atti destinati a disciplinare le entrate stesse, l'esclusione delle sanzioni relative alle predette entrate. Gli enti territoriali, entro trenta giorni, danno notizia dell'adozione dell'atto di cui al primo periodo mediante pubblicazione nel proprio sito internet istituzionale [2].

2. Con il provvedimento di cui al comma 1 gli enti territoriali stabiliscono anche:

a) il numero di rate e la relativa scadenza, che non può superare il 30 settembre 2018;

b) le modalità con cui il debitore manifesta la sua volontà di avvalersi della definizione agevolata;

c) i termini per la presentazione dell'istanza in cui il debitore indica il numero di rate con il quale intende effettuare il pagamento, nonché la pendenza di giudizi aventi a oggetto i debiti cui si riferisce l'istanza stessa, assumendo l'impegno a rinunciare agli stessi giudizi;

d) il termine entro il quale l'ente territoriale o il concessionario della riscossione trasmette ai debitori la comunicazione nella quale sono indicati l'ammontare complessivo delle somme dovute per la definizione agevolata, quello delle singole rate e la scadenza delle stesse.

3. A seguito della presentazione dell'istanza, sono sospesi i termini di prescrizione e di decadenza per il recupero delle somme oggetto di tale istanza.

4. In caso di mancato, insufficiente o tardivo versamento dell'unica rata ovvero di una delle rate in cui è stato dilazionato il pagamento delle somme, la definizione non produce effetti e riprendono a decorrere i termini di prescrizione e di decadenza per il recupero delle somme oggetto dell'istanza. In tale caso, i versamenti effettuati sono acquisiti a titolo di acconto dell'importo complessivamente dovuto.

5. Si applicano i commi 10 e 11 dell'articolo 6.

6. Per le regioni a statuto speciale e per le province autonome di Trento e di Bolzano l'attuazione delle disposizioni del presente articolo avviene in conformità e compatibilmente con le forme e con le condizioni di speciale autonomia previste dai rispettivi statuti.

(1) *Articolo inserito dall'articolo 1, comma 1, della Legge 1° dicembre 2016 n. 225, in sede di conversione.*
(2) *Comma modificato dall'articolo 11, comma 14, del D.L. 9 febbraio 2017 n. 8, convertito con modificazioni dalla Legge 7 aprile 2017, n. 45.*

7 *quater*. Disposizioni in materia di semplificazione fiscale. (1) – 1. All'articolo 32, primo comma, numero 2), del decreto del Presidente della Repubblica 29 settembre 1973, n. 600, sono apportate le seguenti modificazioni:

a) le parole: "o compensi" sono soppresse;

b) dopo le parole: "rapporti od operazioni" sono inserite le seguenti: "per importi superiori a euro 1.000 giornalieri e, comunque, a euro 5.000 mensili".

2. All'articolo 110, comma 2, del testo unico delle imposte sui redditi, di cui al decreto del Presidente della Repubblica 22 dicembre 1986, n. 917, il secondo e il terzo periodo sono sostituiti dai seguenti: "La conversione in euro dei saldi di conto delle stabili organizzazioni all'estero si effettua secondo il cambio utilizzato nel bilancio in base ai corretti principi contabili e le differenze rispetto ai saldi di conto dell'esercizio precedente non concorrono alla formazione del reddito. Per le imprese che intrattengono in modo sistematico rapporti in valuta estera è consentita la tenuta della contabilità plurimonetaria con l'applicazione del cambio utilizzato nel bilancio in base ai corretti principi contabili ai saldi dei relativi conti".

3. Le disposizioni di cui al comma 2 si applicano a partire dal periodo d'imposta successivo a quello in corso al 31 dicembre 2016. Sono fatti salvi i comportamenti pregressi posti in essere in conformità alle disposizioni introdotte dal comma 2.

4. L'importo della riserva di traduzione, risultante dal bilancio relativo al periodo d'imposta in corso al 31 dicembre 2016, che abbia concorso alla formazione del reddito imponibile, è riassorbito in cinque quote costanti a decorrere dal periodo d'imposta successivo a quello in corso al 31 dicembre 2016.

5. All'articolo 54, comma 5, secondo periodo, del testo unico delle imposte sui redditi, di cui al decreto del Presidente della Repubblica 22 dicembre 1986, n. 917, dopo le parole: "alimenti e bevande" sono inserite le seguenti: ", nonché le prestazioni di viaggio e trasporto,". La disposizione di cui al periodo precedente si applica a decorrere dal periodo d'imposta in corso al 31 dicembre 2017.

6. All'articolo 60 del decreto del Presidente della Repubblica 29 settembre 1973, n. 600, è aggiunto, in fine, il seguente comma:

"In deroga all'articolo 149-bis del codice di procedura civile e alle modalità di notificazione previste dalle norme relative alle singole leggi d'imposta non compatibili con quelle di cui al presente comma, la notificazione degli avvisi e degli altri atti che per legge devono essere notificati alle imprese individuali o costituite in forma societaria e ai professionisti iscritti in albi o elenchi istituiti con legge dello Stato può essere effettuata direttamente dal competente ufficio con le modalità previste dal regolamento di cui al decreto del Presidente della Repubblica 11 febbraio 2005, n. 68, a mezzo di posta elettronica certificata, all'indirizzo del destinatario risultante dall'indice nazionale degli indirizzi di posta elettronica certificata (INI-PEC). All'ufficio sono consentite la consultazione telematica e l'estrazione, anche in forma massiva, di tali indirizzi. Se la casella di posta elettronica risulta satura, l'ufficio effettua un secondo tentativo di consegna decorsi almeno sette giorni dal primo invio. Se anche a seguito di tale tentativo la casella di posta elettronica risulta satura oppure se l'indirizzo di posta elettronica del destinatario non risulta valido o attivo, la notificazione deve essere eseguita mediante deposito telematico dell'atto nell'area riservata del sito internet della società InfoCamere Scpa e pubblicazione, entro il secondo giorno successivo a quello di deposito, del relativo avviso nello stesso sito, per la durata di quindici giorni; l'ufficio inoltre dà notizia al destinatario dell'avvenuta notificazione dell'atto a mezzo di lettera raccomandata, senza ulteriori adempimenti a proprio carico. Ai fini del rispetto dei termini di prescrizione e decadenza, la notificazione si intende comunque perfezionata per il notificante nel momento in cui il suo gestore della casella di posta elettronica certificata gli trasmette la ricevuta di accettazione con la relativa attestazione temporale che certifica l'avvenuta spedizione del messaggio, mentre per il destinatario si intende perfezionata alla data di avvenuta consegna contenuta nella ricevuta che il gestore della casella di posta elettronica certificata del destinatario trasmette all'ufficio o, nei casi di cui al periodo precedente, nel quindicesimo giorno successivo a quello della pubblicazione dell'avviso nel sito internet della società InfoCamere Scpa. Nelle more della piena operatività dell'anagrafe nazionale della popolazione residente, per i soggetti diversi da quelli obbligati ad avere un indirizzo di posta elettronica certificata da inserire nell'INI-PEC, la notificazione può essere eseguita a coloro che ne facciano richiesta, all'indirizzo di posta elettronica certificata di cui sono intestatari, all'indirizzo di posta elettronica certificata di uno dei soggetti di cui all'articolo 12, comma 3, del decreto legislativo 31 dicembre 1992, n. 546, ovvero del coniuge, di un parente o affine entro il quarto grado di cui all'articolo 63, secondo comma, secondo periodo, del presente decreto, specificamente incaricati di ricevere le notifiche per conto degli interessati, secondo le modalità stabilite con provvedimento del direttore dell'Agenzia delle entrate. Nelle ipotesi di cui al periodo precedente, l'indirizzo dichiarato nella richiesta ha effetto, ai fini delle notificazioni, dal quinto giorno libero successivo a quello in cui l'ufficio attesta la ricezione della richiesta stessa. Se la casella di posta elettronica del contribuente che ha effettuato la richiesta risulta satura, l'ufficio effettua un secondo tentativo di consegna decorsi almeno sette giorni dal primo invio. Se anche a seguito di tale tentativo la casella di posta elettronica risulta satura oppure nei casi in cui l'indirizzo di posta elettronica del contribuente non risulta valido o attivo, si applicano le disposizioni in materia di notificazione degli avvisi e degli altri atti che per legge devono essere notificati al contribuente, comprese le disposizioni del presente articolo diverse da quelle del presente comma e quelle del codice di procedura civile dalle stesse non modificate, con esclusione dell'articolo 149-bis del codice di procedura civile".

7. Le disposizioni di cui al comma 6 si applicano alle notificazioni degli avvisi e degli altri atti che per legge devono essere notificati ai contribuenti effettuate a decorrere dal 1° luglio 2017. Resta ferma per gli avvisi e gli altri atti che per legge devono essere notificati fino al 30 giugno 2017 la disciplina vigente prima della data di entrata in vigore della legge di conversione del presente decreto.

8. Il provvedimento del direttore dell'Agenzia delle entrate di cui al settimo comma dell'articolo 60 del decreto del Presidente della Repubblica 29 settembre 1973, n. 600, introdotto dal comma 6 del presente articolo, è emanato entro novanta giorni dalla data di entrata in vigore della legge di conversione del presente decreto.

9. All'articolo 26, secondo comma, del decreto del Presidente della Repubblica 29 settembre 1973, n. 602, le parole da: "risultante dagli

elenchi" fino alla fine del comma sono sostituite dalle seguenti: "del destinatario risultante dall'indice nazionale degli indirizzi di posta elettronica certificata (INI-PEC), ovvero, per i soggetti che ne fanno richiesta, diversi da quelli obbligati ad avere un indirizzo di posta elettronica certificata da inserire nell'INI-PEC, all'indirizzo dichiarato all'atto della richiesta. In tali casi, si applicano le disposizioni dell'articolo 60 del decreto del Presidente della Repubblica 29 settembre 1973, n. 600".

10. Per soddisfare l'esigenza di massima tutela giurisdizionale del debitore iscritto a ruolo, le notificazioni delle cartelle e degli altri atti della riscossione relative alle imprese individuali o costituite in forma societaria, ai professionisti iscritti in albi o elenchi e agli altri soggetti che hanno richiesto la notificazione all'indirizzo di posta elettronica certificata, eventualmente eseguite nel periodo dal 1° giugno 2016 alla data di entrata in vigore della legge di conversione del presente decreto con modalità diverse dalla posta elettronica certificata, sono rinnovate mediante invio all'indirizzo di posta elettronica certificata del destinatario e i termini di impugnazione degli stessi atti decorrono, in via esclusiva, dalla data di rinnovazione della notificazione.

11. La notificazione degli atti relativi alle operazioni catastali e alle correlate sanzioni, che per legge devono essere notificate ai soggetti obbligati alle dichiarazioni di aggiornamento, può essere eseguita direttamente dal competente ufficio, oltre che con le modalità già previste dalle disposizioni vigenti, anche a mezzo di posta elettronica certificata, con le modalità previste dal regolamento di cui al decreto del Presidente della Repubblica 11 febbraio 2005, n. 68, all'indirizzo risultante dagli elenchi istituiti a tale fine dalla legge.

12. Per le notificazioni di cui al comma 11, si applicano le disposizioni di cui all'articolo 60, settimo comma, del decreto del Presidente della Repubblica 29 settembre 1973, n. 600, introdotto dal comma 6 del presente articolo. Nel caso di pubbliche amministrazioni la notificazione può essere effettuata all'indirizzo risultante dall'indice degli indirizzi della pubblica amministrazione e dei gestori di pubblici servizi, di cui all'articolo 6-ter del codice dell'amministrazione digitale, di cui al decreto legislativo 7 marzo 2005, n. 82.

13. Le disposizioni dei commi 11 e 12 si applicano alle notificazioni effettuate a decorrere dal 1° luglio 2017.

14. All'articolo 4, comma 6-quater, del regolamento di cui al decreto del Presidente della Repubblica 22 luglio 1998, n. 322, le parole: "28 febbraio" sono sostituite dalle seguenti: "31 marzo".

15. La disposizione di cui al comma 14 si applica a decorrere dall'anno 2017, con riferimento alle certificazioni riguardanti il periodo d'imposta 2016.

16. All'articolo 37, comma 11-bis, del decreto-legge 4 luglio 2006, n. 223, convertito, con modificazioni, dalla legge 4 agosto 2006, n. 248, è aggiunto, in fine, il seguente periodo: "I termini per la trasmissione dei documenti e delle informazioni richiesti ai contribuenti dall'Agenzia delle entrate o da altri enti impositori sono sospesi dal 1° agosto al 4 settembre, esclusi quelli relativi alle richieste effettuate nel corso delle attività di accesso, ispezione e verifica, nonché delle procedure di rimborso ai fini dell'imposta sul valore aggiunto.".

17. Sono sospesi dal 1° agosto al 4 settembre i termini di trenta giorni previsti dagli articoli 2, comma 2, e 3, comma 1, del decreto legislativo 18 dicembre 1997, n. 462, e dall'articolo 1, comma 412, della legge 30 dicembre 2004, n. 311, per il pagamento delle somme dovute, rispettivamente, a seguito dei controlli automatici effettuati ai sensi degli articoli 36-bis del decreto del Presidente della Repubblica 29 settembre 1973, n. 600, e 54-bis del decreto del Presidente della Repubblica 26 ottobre 1972, n. 633, e a seguito dei controlli formali effettuati ai sensi dell'articolo 36-ter del citato decreto del Presidente della Repubblica n. 600 del 1973 e della liquidazione delle imposte sui redditi assoggettati a tassazione separata.

18. I termini di sospensione relativi alla procedura di accertamento con adesione si intendono cumulabili con il periodo di sospensione feriale dell'attività giurisdizionale.

19. All'articolo 17, comma 1, del regolamento di cui al decreto del Presidente della Repubblica 7 dicembre 2001, n. 435, le parole: "entro il 16 giugno" sono sostituite dalle seguenti: "entro il 30 giugno", le parole: "entro il giorno 16", ovunque ricorrono, sono sostituite dalle seguenti: "entro l'ultimo giorno" e le parole: ", compresa quella unificata,", ovunque ricorrono, sono soppresse. Le disposizioni di cui al periodo precedente hanno effetto a decorrere dal 1° gennaio 2017.

20. Agli articoli 6, comma 1, e 7, comma 1, lettera b), del regolamento di cui al decreto del Presidente della Repubblica 14 ottobre 1999, n. 542, le parole: "per il pagamento delle somme dovute in base alla dichiarazione unificata annuale" sono sostituite dalle seguenti: "dall'articolo 17, comma 1, del regolamento di cui al decreto del Presidente della Repubblica 7 dicembre 2001, n. 435".

21. All'articolo 16 del decreto del Ministro delle finanze 24 dicembre 1993, pubblicato nella Gazzetta Ufficiale n. 305 del 30 dicembre 1993, la lettera c) è abrogata.

22. La disposizione di cui al comma 21 si applica alle comunicazioni relative alle annotazioni effettuate a partire dal 1° gennaio 2017.

23. All'articolo 4, comma 3, del decreto-legge 28 giugno 1990, n. 167, convertito, con modificazioni, dalla legge 4 agosto 1990, n. 227, è aggiunto, in fine, il seguente periodo: "Gli obblighi di indicazione nella dichiarazione dei redditi previsti nel comma 1 non sussistono altresì per gli immobili situati all'estero per i quali non siano intervenute variazioni nel corso del periodo d'imposta, fatti salvi i versamenti relativi all'imposta sul valore degli immobili situati all'estero, di cui al decreto-legge 6 dicembre 2011, n. 201, convertito, con modificazioni, dalla legge 22 dicembre 2011, n. 214.".

24. L'articolo 3, comma 3, del decreto legislativo 14 marzo 2011, n. 23, è sostituito dal seguente:

"3. Nei casi di omessa richiesta di registrazione del contratto di locazione si applica l'articolo 69 del testo unico delle disposizioni concernenti l'imposta di registro, di cui al decreto del Presidente della Repubblica 26 aprile 1986, n. 131. La mancata presentazione della comunicazione relativa alla proroga del contratto non comporta la revoca dell'opzione esercitata in sede di registrazione del contratto di locazione qualora il contribuente abbia mantenuto un comportamento coerente con la volontà di optare per il regime della cedolare secca, effettuando i relativi versamenti e dichiarando i redditi da cedolare secca nel relativo quadro della dichiarazione dei redditi. In caso di mancata presentazione della comunicazione relativa alla proroga, anche tacita, o alla risoluzione del contratto di locazione per il quale è stata esercitata l'opzione per l'applicazione della cedolare secca, entro trenta giorni dal verificarsi dell'evento, si applica la sanzione nella misura fissa pari a euro 100, ridotta a euro 50 se la comunicazione è presentata con ritardo non superiore a trenta giorni".

25. I soggetti tenuti al pagamento dell'imposta di bollo per gli assegni circolari di cui all'articolo 10 della parte I della tariffa allegata al decreto del Presidente della Repubblica 26 ottobre 1972, n. 642, in alternativa alle modalità di dichiarazione e versamento ivi disciplinate, possono utilizzare, su opzione, le modalità previste per il pagamento dell'imposta di bollo in modo virtuale di cui agli articoli 15 e 15-bis del citato decreto del Presidente della Repubblica n. 642 del 1972. Con provvedimento del direttore dell'Agenzia delle entrate sono definite le modalità per l'esercizio dell'opzione.

26. Il comma 25 si applica a decorrere dall'anno 2017.

27. Al testo unico delle imposte sui redditi, di cui al decreto del Presidente della Repubblica 22 dicembre 1986, n. 917, sono apportate le seguenti modificazioni:

a) salvo quanto previsto alla lettera e), numero 3), le parole: "mancato rinnovo", ovunque ricorrono, sono sostituite dalla seguente: "revoca";

b) all'articolo 115, comma 4, sono aggiunti, in fine, i seguenti periodi: "Al termine del triennio l'opzione si intende tacitamente rinnovata per un altro triennio a meno che non sia revocata, secondo le modalità e i termini previsti per la comunicazione dell'opzione. La disposizione di cui al periodo precedente si applica al termine di ciascun triennio.";

c) all'articolo 117, comma 3, l'ultimo periodo è sostituito dai seguenti: "Al termine del triennio l'opzione si intende tacitamente rinnovata per un altro triennio a meno che non sia revocata, secondo le modalità e i termini previsti per la comunicazione dell'opzione. La disposizione di cui al periodo precedente si applica al termine di ciascun triennio. In caso di rinnovo tacito dell'opzione la società o ente controllante può modificare il criterio utilizzato, ai sensi dell'articolo 124, comma 4, per l'eventuale attribuzione delle perdite residue, in caso di interruzione anticipata della tassazione di gruppo o di revoca dell'opzione, alle società che le hanno prodotte, nella dichiarazione dei redditi presentata nel periodo d'imposta a decorrere dal quale si intende rinnovare l'opzione. Nel caso venga meno il requisito del controllo di cui al comma 1 si determinano le conseguenze di cui all'articolo 124.";

d) all'articolo 124:

1) al comma 4, il secondo periodo è sostituito dai seguenti: "In alternativa a quanto previsto dal primo periodo, le perdite fiscali risultanti dalla dichiarazione di cui all'articolo 122 sono attribuite alle società che le hanno prodotte al netto di quelle utilizzate e nei cui confronti viene meno il requisito del controllo secondo i criteri stabiliti dai soggetti interessati. Il criterio utilizzato per l'eventuale attribuzione delle perdite residue, in caso di interruzione anticipata della tassazione di gruppo, alle società che le hanno prodotte è comunicato all'Agenzia delle entrate all'atto della comunicazione dell'esercizio dell'opzione o in caso di rinnovo tacito della stessa ai sensi dell'articolo 117, comma 3.";

2) dopo il comma 4 è inserito il seguente:

"4-bis. Entro lo stesso termine previsto dal comma 2, la società o l'ente controllante è tenuto a comunicare all'Agenzia delle entrate l'importo delle perdite residue attribuito a ciascun soggetto";

e) all'articolo 125:

1) al comma 1, le parole: "l'opzione rinnovata non riguardi entrambe le società di cui alla predetta lettera b)" sono sostituite dalle seguenti: "la revoca riguardi almeno una delle società di cui alla predetta lettera b)";

2) al comma 2 è aggiunto, in fine, il seguente periodo: "La società o l'ente controllante è tenuto a comunicare all'Agenzia delle entrate l'importo delle perdite residue attribuite a ciascun soggetto, secondo le modalità e i termini previsti per la comunicazione della revoca.";

3) al comma 3, le parole: "il mancato rinnovo" sono sostituite dalle seguenti: "la revoca";

f) all'articolo 132, il comma 1 è sostituito dal seguente:

"1. Permanendo il requisito del controllo, come definito nell'articolo 133, l'opzione di cui all'articolo 131 ha durata per cinque esercizi del soggetto controllante ed è irrevocabile. Al termine del quinquennio l'opzione si intende tacitamente rinnovata per il successivo triennio a meno che non sia revocata, secondo le modalità e i termini previsti per la comunicazione dell'opzione. La disposizione di cui al periodo precedente si applica al termine di ciascun triennio";

g) all'articolo 155, comma 1, il secondo periodo è sostituito dai seguenti: "L'opzione è irrevocabile per dieci esercizi sociali. Al termine del decennio l'opzione si intende tacitamente rinnovata per un altro decennio a meno che non sia revocata, secondo le modalità e i termini previsti per la comunicazione dell'opzione. La disposizione di cui al periodo precedente si applica al termine di ciascun decennio".

28. Il Ministro dell'economia e delle finanze, con proprio decreto, adegua le vigenti disposizioni ministeriali alle modificazioni introdotte dal comma 27.

29. Anche per l'esercizio delle opzioni che devono essere comunicate con la dichiarazione dei redditi da presentare nel corso del primo periodo di valenza del regime opzionale resta fermo quanto stabilito dall'articolo 2, comma 1, del decreto-legge 2 marzo 2012, n. 16, convertito, con modificazioni, dalla legge 26 aprile 2012, n. 44.

30. Le disposizioni di cui ai commi da 27 a 29 si applicano a decorrere dal periodo d'imposta successivo a quello in corso al 31 dicembre 2016.

31. All'articolo 11, comma 2, del decreto-legge 24 aprile 2014, n. 66, convertito, con modificazioni, dalla legge 23 giugno 2014, n. 89, la lettera c) è abrogata.

32. All'articolo 38-bis, commi 3, alinea, e 4, alinea, del decreto del Presidente della Repubblica 26 ottobre 1972, n. 633, le parole: "15.000 euro" sono sostituite dalle seguenti: "30.000 euro".

33. Al decreto del Presidente della Repubblica 23 settembre 1973, n. 601, sono apportate le seguenti modificazioni:

a) all'articolo 20:

1) i commi primo, secondo e terzo sono sostituiti dai seguenti:

"Gli enti che effettuano le operazioni indicate dagli articoli 15 e 16 presentano, in via telematica, entro quattro mesi dalla chiusura dell'esercizio, una dichiarazione relativa alle operazioni effettuate nel corso dell'esercizio stesso, utilizzando il modello approvato con provvedimento del direttore dell'Agenzia delle entrate.

Gli enti di cui al primo comma liquidano l'imposta dovuta ed effettuano, entro il termine di presentazione della dichiarazione, il versamento a saldo dell'imposta liquidata. Gli stessi enti provvedono a versare, a titolo di acconto, una somma pari al 95 per cento dell'imposta sostitutiva che risulta dovuta sulle operazioni effettuate nell'esercizio precedente. L'acconto è versato in due rate, la prima nella misura del 45 per cento e la seconda per il restante importo, rispettivamente entro il termine di presentazione della dichiarazione ed entro il sesto mese successivo a detto termine.

Se l'ammontare dei versamenti effettuati a titolo di acconto ai sensi del secondo comma è superiore a quello dell'imposta sostitutiva che risulta dovuta in base alla dichiarazione, l'eccedenza può essere computata in diminuzione dal versamento dell'imposta dovuta, a saldo o in acconto, ovvero può essere chiesta a rimborso";

2) al quinto comma è aggiunto, in fine, il seguente periodo: "L'amministrazione finanziaria, avvalendosi di procedure automatizzate, procede al controllo della regolarità dell'autoliquidazione e dei versamenti dell'imposta e, qualora, sulla base degli elementi desumibili dalla dichiarazione e dai versamenti, risulti dovuta una maggiore imposta o risultino versamenti in tutto o in parte non eseguiti o tardivi, notifica, entro tre anni dalla scadenza del termine previsto per la presentazione della dichiarazione, apposito avviso di liquidazione con l'applicazione degli interessi e delle sanzioni di cui all'articolo 13, comma 1, del decreto legislativo 18 dicembre 1997, n. 471.";

b) all'articolo 20-bis, il comma 5 è sostituito dal seguente:

"5. Alle operazioni di cui al presente articolo non si applicano le disposizioni di cui all'articolo 20, secondo comma, secondo e terzo periodo".

34. Il comma 4 dell'articolo 8 del decreto-legge 27 aprile 1990, n. 90, convertito, con modificazioni, dalla legge 26 giugno 1990, n. 165, e i commi 3 e 3-bis dell'articolo 3 del decreto-legge 13 maggio 1991, n. 151, convertito, con modificazioni, dalla legge 12 luglio 1991, n. 202, sono abrogati.

35. Le disposizioni di cui ai commi 33 e 34 si applicano a decorrere dalle operazioni effettuate nell'esercizio successivo a quello in corso al 31 dicembre 2016.

36. Il comma 3 dell'articolo 6 del decreto legislativo 9 luglio 1997, n. 237, è sostituito dal seguente:

"3. A decorrere dal 1° luglio 2017, la riscossione delle tasse ipotecarie e dei tributi speciali di cui all'articolo 2, comma 1, lettere h) e i), da corrispondere agli uffici provinciali - territorio dell'Agenzia delle entrate è effettuata mediante:

a) versamento unitario, ai sensi dell'articolo 17 del decreto legislativo 9 luglio 1997, n. 241;

b) contrassegni sostitutivi;

c) carte di debito o prepagate;

d) modalità telematiche;

e) altri strumenti di pagamento elettronico".

37. Le modalità attuative delle disposizioni di cui al comma 36 sono stabilite con provvedimento del direttore dell'Agenzia delle

entrate.

38. L'articolo 24 della legge 27 febbraio 1985, n. 52, è sostituito dal seguente:

"Art. 24. - 1. Nelle conservatorie l'orario di apertura al pubblico di cui all'articolo 2677 del codice civile è fissato dalle ore 8,30 alle ore 13 dei giorni feriali, con esclusione del sabato. Le ispezioni nei registri immobiliari e il rilascio di copie di formalità e di certificazioni possono essere effettuati, oltre che nell'orario di apertura al pubblico di cui al periodo precedente, anche negli orari pubblicati nel sito internet dell'Agenzia delle entrate.

2. Fino alla soppressione dei servizi di cassa degli uffici, nell'ultimo giorno lavorativo del mese l'orario per i servizi al pubblico è limitato fino alle ore 11".

39. Le disposizioni di cui al comma 38 entrano in vigore il 1° febbraio 2017.

40. A decorrere dal 1° luglio 2017, con uno o più provvedimenti del direttore dell'Agenzia delle entrate, da emanare di concerto con il Ministero della giustizia e da pubblicare nella Gazzetta Ufficiale, sono istituite sezioni stralcio delle conservatorie dei registri immobiliari, che possono essere ubicate anche in luogo diverso da quello in cui è situato l'ufficio territorialmente competente, ferme restando le circoscrizioni stabilite ai sensi della legge 25 luglio 1971, n. 545.

41. Con uno o più decreti di natura non regolamentare del Ministero della giustizia, di concerto con l'Agenzia delle entrate, sono stabilite, nel rispetto della normativa speciale e dei principi stabiliti dal codice civile:

a) le categorie di registri e di documenti da conservare, ai sensi del libro VI del codice civile, presso le sezioni stralcio, con la specifica individuazione dei rispettivi periodi temporali di riferimento;

b) le modalità di conservazione e accesso ai registri e ai documenti tenuti nella sezione stralcio, anche in relazione agli obblighi del conservatore previsti dagli articoli 2673 e seguenti del codice civile.

42. Al testo unico delle disposizioni legislative e regolamentari in materia di spese di giustizia, di cui al decreto del Presidente della Repubblica 30 maggio 2002, n. 115, sono apportate le seguenti modificazioni:

a) all'articolo 73 sono aggiunti, in fine, i seguenti commi:

"2-ter. La registrazione delle sentenze e degli altri atti recanti condanna al risarcimento del danno prodotto da fatti costituenti reato deve essere richiesta entro trenta giorni dalla data in cui sono divenuti definitivi.

2-quater. Le parti in causa possono segnalare all'ufficio giudiziario, anche per il tramite del proprio difensore, la sussistenza dei presupposti previsti per la registrazione, con prenotazione a debito, degli atti giudiziari di cui al comma 2-ter, nel termine di dieci giorni dalla data di pubblicazione o emanazione. In tal caso, l'eventuale mancata ammissione del provvedimento alla prenotazione a debito deve essere motivata dall'ufficio giudiziario con apposito atto, da trasmettere all'ufficio finanziario unitamente alla richiesta di registrazione";

b) all'articolo 73-bis:

1) al comma 1, le parole: "entro cinque giorni" sono sostituite dalle seguenti: "entro trenta giorni";

2) è aggiunto, in fine, il seguente comma:

"1-bis. Si applicano le disposizioni del comma 2-quater dell'articolo 73".

43. Al testo unico delle disposizioni concernenti l'imposta di registro, di cui al decreto del Presidente della Repubblica 26 aprile 1986, n. 131, sono apportate le seguenti modificazioni:

a) all'articolo 13, il comma 3 è sostituito dal seguente:

"3. Per i provvedimenti e gli atti di cui all'articolo 10, comma 1, lettera c), diversi dai decreti di trasferimento e dagli atti da essi ricevuti, i cancellieri devono richiedere la registrazione decorsi dieci giorni ed entro trenta giorni da quello in cui il provvedimento è stato pubblicato o emanato quando dagli atti del procedimento sono desumibili gli elementi previsti dal comma 4-bis dell'articolo 67 o, in mancanza di tali elementi, entro trenta giorni dalla data di acquisizione degli stessi";

b) all'articolo 59, comma 1, lettera d), dopo le parole: "le sentenze" sono inserite le seguenti: "e gli altri atti degli organi giurisdizionali";

c) all'articolo 60, comma 2, dopo le parole: "Nelle sentenze" sono inserite le seguenti: "e negli altri atti degli organi giurisdizionali" e sono aggiunti, in fine, i seguenti periodi: "L'ufficio finanziario, qualora ravvisi elementi che consentano la riconducibilità dei provvedimenti giurisdizionali all'ambito applicativo dell'articolo 59, comma 1, lettera d), può sospenderne la liquidazione e segnalare la sussistenza di tali elementi all'ufficio giudiziario. Nel termine di trenta giorni dal ricevimento della segnalazione, l'ufficio giudiziario deve fornire il proprio parere all'ufficio finanziario, motivando, con apposito atto, l'eventuale mancata ammissione del provvedimento alla prenotazione a debito.".

44. All'articolo 35 del decreto del Presidente della Repubblica 26 ottobre 1972, n. 633, il comma 15-quinquies è sostituito dal seguente:

"15-quinquies. L'Agenzia delle entrate procede d'ufficio alla chiusura delle partite IVA dei soggetti che, sulla base dei dati e degli elementi in suo possesso, risultano non aver esercitato nelle tre annualità precedenti attività di impresa ovvero attività artistiche o professionali. Sono fatti salvi i poteri di controllo e accertamento dell'amministrazione finanziaria. Con provvedimento del direttore dell'Agenzia delle entrate sono stabiliti i criteri e le modalità di applicazione del presente comma, prevedendo forme di comunicazione preventiva al contribuente".

45. All'articolo 5, comma 6, primo periodo, del decreto legislativo 18 dicembre 1997, n. 471, le parole: "di inizio, variazione o cessazione di attività" sono sostituite dalle seguenti: "di inizio o variazione di attività".

46. All'articolo 16 del regolamento di cui al decreto del Ministro delle finanze 31 maggio 1999, n. 164, dopo il comma 1 è inserito il seguente:

"1-bis. I CAF-dipendenti e i professionisti abilitati, fermo restando il termine del 10 novembre per la trasmissione delle dichiarazioni integrative di cui all'articolo 14, possono tuttavia completare le attività di cui alle lettere a), b) e c) del comma 1 del presente articolo entro il 23 luglio di ciascun anno, a condizione che entro il 7 luglio dello stesso anno abbiano effettuato la trasmissione di almeno l'80 per cento delle medesime dichiarazioni".

47. All'articolo 4 del decreto legislativo 21 novembre 2014, n. 175, dopo il comma 3 è inserito il seguente:

"3-bis. Il contribuente può avvalersi della facoltà di inviare all'Agenzia delle entrate direttamente in via telematica la dichiarazione precompilata entro il 23 luglio di ciascun anno senza che questo determini la tardività della presentazione".

48. All'articolo 39, comma 1, lettera a), del decreto legislativo 9 luglio 1997, n. 241, il quinto e il sesto periodo sono sostituiti dal seguente: "Sempreché l'infedeltà del visto non sia già stata contestata con la comunicazione di cui all'articolo 26, comma 3-ter, del regolamento di cui al decreto del Ministro delle finanze 31 maggio 1999, n. 164, il Centro di assistenza fiscale o il professionista può trasmettere una dichiarazione rettificativa del contribuente, ovvero, se il contribuente non intende presentare la nuova dichiarazione, può trasmettere una comunicazione dei dati relativi alla rettifica il cui contenuto è definito con provvedimento del direttore dell'Agenzia delle entrate; in tal caso la somma dovuta è pari all'importo della sola sanzione riducibile ai sensi dell'articolo 13 del decreto legislativo 18 dicembre 1997, n. 472.".

(1) *Articolo inserito dall'articolo 1, comma 1, della Legge 1° dicembre 2016 n. 225, in sede di conversione.*

6. D.L. 16 ottobre 2017, n. 148

Decreto convertito, con modificazioni, dalla legge 4 dicembre 2017, n. 172. Disposizioni urgenti in materia finanziaria e per esigenze indifferibili [estratto: artt. 1, commi da 1 a 11 quater, esclusi il comma 2 e i commi da 10 quinquies a 11 ter. (1)

(1) *Pubblicato in Gazzetta Uff. 16 ottobre 2017, n. 242*

1. Estensione della definizione agevolata dei carichi

1. I termini per il pagamento delle rate di cui all'articolo 6, comma 3, lettera a), del decreto-legge 22 ottobre 2016, n. 193, convertito, con modificazioni, dalla legge 1° dicembre 2016, n. 225, sono fissati al 7 dicembre 2017 e il termine per il pagamento della rata di cui alla lettera b) dello stesso articolo 6, comma 3, del decreto-legge n. 193 del 2016 in scadenza nel mese di aprile 2018 è fissato nel mese di luglio 2018 (1).

3. Al fine di consentire alle Università degli studi che hanno aderito alla definizione agevolata dei debiti secondo quanto previsto dall'articolo 6 del decreto-legge 22 ottobre 2016, n. 193, convertito, con modificazioni, dalla legge 1° dicembre 2016, n. 125, di completare i relativi versamenti entro l'anno 2018 e di usufruire dei benefici derivanti dalla suddetta definizione agevolata, il pagamento delle rate in scadenza nel mese di novembre 2017 è differito al mese di novembre 2018. Al relativo onere, pari a 8,3 milioni di euro per l'anno 2017, si provvede mediante corrispondente riduzione del Fondo di cui all'articolo 1, comma 207, della legge 28 dicembre 2015, n. 208. Conseguentemente, il Fondo di cui all'articolo 1, comma 207, della legge n. 208 del 2015, è incrementato di 8,3 milioni di euro nel 2018.

3-bis. Al fine di consentire agli istituti autonomi per le case popolari, comunque denominati, situati nei territori delle regioni del centro Italia colpite dagli eventi sismici del 24 agosto 2016 e del 26 e 30 ottobre 2016, che hanno aderito alla definizione agevolata dei debiti secondo quanto previsto dall'articolo 6 del decreto-legge 22 ottobre 2016, n. 193, convertito, con modificazioni, dalla legge 1° dicembre 2016, n. 225, di completare i relativi versamenti entro l'anno 2018 e di usufruire dei benefici derivanti dalla suddetta definizione agevolata, il pagamento delle rate in scadenza nel mese di novembre 2017 è differito al mese di novembre 2018. (2)

3-ter. Il Fondo per interventi strutturali di politica economica, di cui all'articolo 10, comma 5, del decreto-legge 29 novembre 2004, n. 282, convertito, con modificazioni, dalla legge 27 dicembre 2004, n. 307, è ridotto di 2,1 milioni di euro per l'anno 2017 (3).

4. Possono essere estinti, secondo le disposizioni di cui all'articolo 6 del decreto-legge 22 ottobre 2016, n. 193, convertito, con modificazioni, dalla legge 1° dicembre 2016, n. 225, di seguito denominato "Decreto", per quanto non derogate da quelle dei commi da 5 a 10-ter del presente articolo, i debiti relativi ai carichi affidati agli agenti della riscossione:

a) dal 2000 al 2016:

1) che non siano stati oggetto di dichiarazioni rese ai sensi del comma 2 dell'articolo 6 del Decreto;

2) compresi in piani di dilazione in essere alla data del 24 ottobre 2016, per i quali il debitore non sia stato ammesso alla definizione agevolata, in applicazione dell'alinea del comma 8 dell'articolo 6 del Decreto, esclusivamente a causa del mancato tempestivo pagamento di tutte le rate degli stessi piani scadute al 31 dicembre 2016;

b) dal 1° gennaio al 30 settembre 2017 (4).

5. Ai fini della definizione di cui al comma 4, il debitore manifesta all'agente della riscossione la sua volontà di avvalersene rendendo, entro il 15 maggio 2018, apposita dichiarazione, con le modalità e in conformità alla modulistica pubblicate dallo stesso agente della riscossione nel proprio sito internet entro il 31 dicembre 2017. In tale dichiarazione il debitore assume l'impegno di cui al comma 2 dell'articolo 6 del Decreto (5).

6. Sulle somme dovute per la definizione prevista dal comma 4 si applicano, a decorrere dal 1° agosto 2018, gli interessi di cui all'articolo 21, primo comma, del decreto del Presidente della Repubblica 29 settembre 1973, n. 602, e il pagamento delle stesse somme, salvo quanto previsto dal comma 8, può essere effettuato in un numero massimo di cinque rate consecutive di uguale importo, da pagare, rispettivamente, nei mesi di luglio 2018, settembre 2018, ottobre 2018, novembre 2018 e febbraio 2019 (6).

7. L'agente della riscossione:

a) relativamente ai carichi di cui al comma 4, lettera b), del presente articolo, entro il 31 marzo 2018 invia al debitore, con posta ordinaria, l'avviso previsto dal comma 3-ter dell'articolo 6 del Decreto;

b) entro il 30 giugno 2018 comunica al debitore l'ammontare complessivo delle somme dovute ai fini della definizione, nonché delle relative rate e il giorno e il mese di scadenza di ciascuna di esse (7).

8. In deroga a quanto previsto dai commi 6 e 7, limitatamente ai carichi di cui al comma 4, lettera a), numero 2), compresi in piani di dilazione in essere alla data del 24 ottobre 2016, per i quali non risultano pagate tutte le rate degli stessi piani scadute al 31 dicembre 2016, e ai carichi di cui al comma 4, lettera a), numero 1):

a) l'agente della riscossione comunica al debitore:

1) entro il 30 giugno 2018, l'importo delle rate scadute al 31 dicembre 2016 e non pagate;

2) entro il 30 settembre 2018, le informazioni previste dal comma 7, lettera b);

b) il debitore è tenuto a pagare:

1) in un'unica soluzione, entro il 31 luglio 2018, l'importo ad esso comunicato ai sensi della lettera a), numero 1). Il mancato, insufficiente o tardivo pagamento di tale importo determina automaticamente l'improcedibilità dell'istanza;

2) in due rate consecutive di pari ammontare, scadenti rispettivamente nei mesi di ottobre 2018 e novembre 2018, l'80 per cento delle somme complessivamente dovute ai fini della definizione;

3) entro febbraio 2019, l'ultima rata relativa al restante 20 per cento delle somme complessivamente dovute ai fini della definizione (8).

9. Ai fini della definizione agevolata di cui al comma 4 del presente articolo le disposizioni del comma 4-bis dell'articolo 6 del Decreto si applicano ai carichi non inclusi in piani di dilazione in essere alla data di entrata in vigore del presente decreto (9).

10. A seguito della presentazione della dichiarazione prevista dal comma 5:

a) per i debiti relativi ai carichi di cui al comma 4, lettere a), numeri 1) e 2), e b), che ne sono oggetto e fino alla scadenza della prima o unica rata delle somme dovute per la definizione, è sospeso il pagamento dei versamenti rateali, scadenti in data successiva alla stessa presentazione e relativi a precedenti dilazioni in essere alla medesima data;

b) sono sospesi i termini di prescrizione e decadenza per il recupero dei carichi che sono oggetto della predetta dichiarazione e si producono gli effetti previsti dal comma 5, secondo periodo, dell'articolo 6 del Decreto (10).

10-bis. In deroga alle disposizioni dell'alinea dell'articolo 6, comma 8, del Decreto, la facoltà di definizione dei carichi di cui al comma 4, lettera b), del presente articolo può essere esercitata senza che risultino adempiuti versamenti relativi ai piani rateali in essere (11).

10-ter. Non si applicano le disposizioni del comma 13-ter dell'articolo 6 del Decreto (12).

10-quater. Le disposizioni dei commi da 4 a 10-ter si applicano anche alle richieste di definizione presentate ai sensi delle disposizioni del presente articolo, vigenti alla data di entrata in vigore del presente decreto (13).

11-quater. Con riferimento alle entrate, anche tributarie, delle regioni, delle province, delle città metropolitane e dei comuni, non riscosse a seguito di provvedimenti di ingiunzione fiscale ai sensi del testo unico delle disposizioni di legge relative alla riscossione delle entrate patrimoniali dello Stato, di cui al regio decreto 14 aprile 1910, n. 639, notificati entro il 16 ottobre 2017, dagli enti stessi e dai concessionari della riscossione di cui all'articolo 53 del decreto legislativo 15 dicembre 1997, n. 446, i medesimi enti territoriali possono stabilire, entro sessanta giorni dalla data di entrata in vigore della legge di conversione del presente decreto, con le forme previste dalla legislazione vigente per l'adozione dei propri atti destinati a disciplinare le entrate stesse, l'esclusione delle sanzioni relative alle predette entrate. Alla definizione di cui al periodo precedente si applicano le disposizioni di cui all'articolo 6-ter, ad esclusione del comma 1, del Decreto. Sono fatti salvi gli effetti già prodotti dalla eventuale definizione agevolata delle controversie tributarie deliberata dai predetti enti ai sensi dell'articolo 11 del decreto-legge 24 aprile 2017, n. 50, convertito, con modificazioni, dalla legge 21 giugno 2017, n. 96 (14).

(1) *Comma modificato dall'articolo 1, comma 1, della Legge 4 dicembre 2017, n. 172, in sede di conversione.*

(2) *Comma inserito, a decorrere dal 29 dicembre 2017, dall'articolo 1, comma 1127, della Legge 27 dicembre 2017, n. 205.*

(3) *Comma inserito, a decorrere dal 29 dicembre 2017, dall'articolo 1, comma 1127, della Legge 27 dicembre 2017, n. 205.*

(3) *Comma sostituito dall'articolo 1, comma 1, della Legge 4 dicembre 2017, n. 172, in sede di conversione.*

(4) *Comma sostituito dall'articolo 1, comma 1, della Legge 4 dicembre 2017, n. 172, in sede di conversione.*

(5) *Comma sostituito dall'articolo 1, comma 1, della Legge 4 dicembre 2017, n. 172, in sede di conversione.*

(6) *Comma sostituito dall'articolo 1, comma 1, della Legge 4 dicembre 2017, n. 172, in sede di conversione.*

(7) *Comma sostituito dall'articolo 1, comma 1, della Legge 4 dicembre 2017, n. 172, in sede di conversione.*

(8) *Comma sostituito dall'articolo 1, comma 1, della Legge 4 dicembre 2017, n. 172, in sede di conversione.*

(9) *Comma sostituito dall'articolo 1, comma 1, della Legge 4 dicembre 2017, n. 172, in sede di conversione.*

(10) *Comma inserito dall'articolo 1, comma 1, della Legge 4 dicembre 2017, n. 172, in sede di conversione.*

(11) *Comma inserito dall'articolo 1, comma 1, della Legge 4 dicembre 2017, n. 172, in sede di conversione.*

(12) *Comma inserito dall'articolo 1, comma 1, della Legge 4 dicembre 2017, n. 172, in sede di conversione.*

(13) *Comma inserito dall'articolo 1, comma 1, della Legge 4 dicembre 2017, n. 172, in sede di conversione.*

VIOLAZIONI

L. 7 gennaio 1929, n. 4

Norme generali per la repressione delle violazioni delle leggi finanziarie [(1)(2)(3)(4)(5)].

---

(1) *Pubblicato in Gazz. Uff., 14 gennaio, n. 11*

(2) *L'entrerà in vigore della presente legge è stata fissata al 1° luglio 1931 a norma dell'articolo unico del R.D. 18 giugno 1931, n. 806.*

(2) *Il riferimento a soprattasse e/o a pene pecuniarie, nonché ad ogni altra sanzione amministrativa, ancorché diversamente denominata, contenuto nel presente provvedimento, è sostituito con il riferimento alla sanzione pecuniaria di uguale importo a norma dell'articolo 26, comma 1, del D.Lgs. 18 dicembre 1997, n. 472. I riferimenti eventualmente contenuti nelle singole leggi di imposta a disposizioni abrogate si intendono effettuati agli istituti e alle previsioni corrispondenti risultanti dal citato D.Lgs. n. 472/1997. Salvo diversa espressa previsione, i procedimenti di irrogazione delle sanzioni disciplinati dal citato D.Lgs. n. 472/1997, si applicano all'irrogazione di tutte le sanzioni tributarie non penali a norma dell'articolo 26, comma 1, del D.Lgs. 18 dicembre 1997, n. 472.*

(3) *Il D.Lgs. 19 febbraio 1998, n. 51, ha soppresso l'ufficio del pretore e, fuori dai casi espressamente previsti dal citato decreto, le relative competenze sono da intendersi trasferite al tribunale ordinario. Lo stesso decreto ha soppresso l'ufficio del pubblico ministero presso la pretura circondariale e ha provveduto a trasferirne le relative funzioni all'ufficio del pubblico ministero presso il tribunale ordinario. Inoltre, qualora il presente provvedimento attribuisca funzioni amministrative alternativamente al pretore e ad organi della P.A., le attribuzioni pretorili si intendono soppresse; sono altresì soppresse le funzioni amministrative di altre autorità giurisdizionali, eccezion fatta per il giudice di pace, se attribuite in via alternativa tanto al pretore che ad organi della P.A.*

(4) *A partire dal 1° gennaio 1999 ogni sanzione pecuniaria penale o amministrativa espressa in lire nel presente provvedimento si intende espressa anche in Euro secondo il tasso di conversione irrevocabilmente fissato ai sensi del Trattato CE. A decorrere dal 1° gennaio 2002 ogni sanzione penale o amministrativa espressa in lire nel presente provvedimento è tradotta in Euro secondo il tasso di conversione irrevocabilmente fissato ai sensi del Trattato CE. Se tale operazione di conversione produce un risultato espresso anche in decimali, la cifra è arrotondata eliminando i decimali a norma dell'articolo 51 del D.Lgs. 24 giugno 1998, n. 213.*

TITOLO I
Della repressione delle violazioni delle leggi finanziarie in generale

1. – [La presente legge stabilisce le disposizioni generali per la repressione delle violazioni delle leggi finanziarie, relative ai tributi dello Stato.

[*Le disposizioni della presente legge, e in quanto questa non provveda, quelle del libro primo del codice penale, non possono essere abrogate o modificate da leggi posteriori concernenti i singoli tributi, se non per dichiarazione espressa del legislatore con specifico riferimento alle singole disposizioni abrogate o modificate.*] [(1)(2)]

(1) *Comma abrogato dall'articolo 13, comma 1, del D.L. 10 luglio 1982, n. 429, convertito in legge 7 agosto 1982, n. 516.*
(2) *Articolo abrogato dall'articolo 29, comma 1, del D.Lgs. 18 dicembre 1997, n. 472..*

2. – [*Costituisce delitto o contravvenzione la violazione di una norma contenuta nelle leggi finanziarie, per la quale è stabilita una delle pene prevedute dal codice penale per i delitti o, rispettivamente, per le contravvenzioni.*] [(1)].

(1) *Articolo abrogato dall'articolo 29, comma 1, del D.Lgs. 18 dicembre 1997, n. 472.*

3. – [*Le leggi finanziarie stabiliscono quando dalla violazione delle norme in esse contenute e che non costituisca reato, sorga per il trasgressore l'obbligazione al pagamento di una somma, a titolo di pena pecuniaria, a favore dello Stato.*

L'obbligazione ha carattere civile.] [(1)]

(1) *Articolo abrogato dall'articolo 29, comma 1, del D.Lgs. 18 dicembre 1997, n. 472.*

4. – [*La legge stabilisce il limite minimo e massimo entro il quale la pena pecuniaria può essere applicata.*

Nell'applicazione si ha riguardo alla gravità della violazione e alla personalità di chi l'ha commessa.

La personalità del trasgressore è desunta dai precedenti penali e giudiziari e, in genere, dalla sua condotta.] [(1)]

(1) *Articolo abrogato dall'articolo 29, comma 1, del D.Lgs. 18 dicembre 1997, n. 472.*

5. – [*Per le violazioni prevedute negli articoli 2 e 3 le leggi finanziarie possono stabilire, in aggiunta alle sanzioni ivi indicate, che il trasgressore sia obbligato al pagamento di una sopratassa a favore dello Stato.*

La sopratassa è determinata dalla legge in una somma fissa, corrispondente all'ammontare del tributo ovvero ad una frazione o a un multiplo di esso.

L'obbligazione al pagamento della sopratassa ha carattere civile.] [(1)]

(1) *Articolo abrogato dall'articolo 29, comma 1, del D.Lgs. 18 dicembre 1997, n. 472.*

6. – [*La chiusura di un pubblico esercizio o negozio ovvero di uno stabilimento commerciale o industriale può essere ordinata nei casi stabiliti dalle singole leggi.*

La chiusura non può avere durata inferiore a tre giorni, né superiore ad un mese.] [(1)]

(1) *Articolo abrogato dall'articolo 29, comma 1, del D.Lgs. 18 dicembre 1997, n. 472.*

7. – [*Il provvedimento di chiusura può essere revocato dall'intendente di finanza, su istanza del trasgressore. In tal caso, la revoca è subordinata al deposito di una somma, da determinarsi dall'intendente, a garanzia del pagamento, secondo i casi, dell'ammontare dell'ammenda, della multa, della pena pecuniaria, o della sopratassa, oltre che del tributo e delle spese.*

Il provvedimento di chiusura è revocato d'ufficio, quando l'intendente di finanza ritenga cessati i motivi che lo determinarono.] [(1)]

(1) *Articolo abrogato dall'articolo 29, comma 1, del D.Lgs. 18 dicembre 1997, n. 472.*

8. – [*Per ogni violazione della stessa disposizione di legge si applica la relativa sanzione.*

Non di meno, nel caso di più violazioni commesse anche in tempi diversi in esecuzione della medesima risoluzione, la sanzione può essere applicata una sola volta, tenuto conto delle circostanze dei fatti e della personalità dell'autore delle violazioni.

In tal caso la sanzione è applicata in misura superiore a quella stabilita dalla legge per una sola violazione, purché non si superi la metà dell'ammontare complessivo delle pene, delle pene pecuniarie e delle sopratasse, che si sarebbero dovute applicare calcolando le singole violazioni.] [(1)]

[(1)] *Articolo abrogato dall'articolo 29, comma 1, del D.Lgs. 18 dicembre 1997, n. 472.*

9. – Per le violazioni delle leggi finanziarie che costituiscono contravvenzione, commesse da chi è soggetto all'altrui autorità, direzione o vigilanza, la persona rivestita dell'autorità o incaricata della direzione o vigilanza è obbligata, in caso di insolvibilità del condannato, al pagamento di una somma, pari all'ammontare dell'ammenda inflitta al colpevole, purché la violazione riguardi disposizioni che la detta persona era tenuta a fare osservare.

Le leggi concernenti i singoli tributi determinano quali siano le disposizioni, in esse stabilite, che la persona rivestita dell'autorità o incaricata della direzione o vigilanza è tenuta a fare osservare alla persona sottoposta.

Qualora anche la persona preposta risulti insolvibile, si procede contro il condannato alla conversione della pena dell'ammenda in quella dell'arresto, secondo le norme del Codice penale.

10. – Per le contravvenzioni relative ai tributi dovuti da enti forniti di personalità giuridica, eccettuati lo Stato, le province, i comuni e gli altri enti pubblici, qualora sia pronunciata condanna contro chi ne abbia la rappresentanza o sia con essi in rapporto di dipendenza, gli enti predetti sono obbligati, in caso di insolvibilità del condannato, al pagamento di una somma pari all'ammontare dell'ammenda inflitta.

11. – [*Se la violazione della norma delle leggi finanziarie, per la quale, sia stabilita la pena pecuniaria o la sopratassa, sia imputabile a più persone, queste sono tenute in solido al pagamento della pena pecuniaria o della sopratassa.*] [(1)]

[(1)] *Articolo abrogato dall'articolo 29, comma 1, del D.Lgs. 18 dicembre 1997, n. 472.*

12. – [*Nei casi preveduti nella prima parte degli articoli 9 e 10, qualora per la violazione della legge finanziaria sia stabilita la sopratassa o la pena pecuniaria, la persona rivestita dell'autorità o incaricata della direzione o della vigilanza, ovvero l'ente, sono obbligati in solido con l'autore della violazione al pagamento della pena pecuniaria o della sopratassa.*] [(1)]

[(1)] *Articolo abrogato dall'articolo 29, comma 1, del D.Lgs. 18 dicembre 1997, n. 472.*

13. – Per le contravvenzioni punibili con la sola pena dell'ammenda, non superiore nel massimo a lire 100.000 [(1)], il colpevole è ammesso a pagare, nell'atto della contestazione della contravvenzione, una somma a favore dello Stato pari complessivamente all'ammontare del tributo e della sopratassa e del sesto del massimo dell'ammenda stabilita dalla legge.

Il pagamento estingue il reato e non fa luogo alla compilazione del processo verbale della contravvenzione.

[(1)] *La misura dell'ammenda è stata elevata dall'articolo 1 del D.Lgs. Capo provvisorio dello Stato 5 ottobre 1947, n. 1208, nonché dall'articolo 113, comma 2, della legge 24 novembre 1981, n. 689, e, da ultimo, dall'articolo 8 del D.L. 30 settembre 1989, n. 332, convertito in legge 27 novembre 1989, n. 384.*

14. – Per le contravvenzioni prevedute nell'articolo precedente, quando il colpevole non abbia esercitato la facoltà ivi stabilita, e per ogni altra contravvenzione, per la quale la legge stabilisce soltanto la pena dell'ammenda, il colpevole è ammesso a fare domanda di oblazione.

La domanda di oblazione è irrevocabile e può essere fatta in qualunque stato del procedimento, ma prima che il decreto di condanna sia divenuto esecutivo e, quando sia stata fatta opposizione, prima dell'apertura del dibattimento innanzi l'autorità giudiziaria di primo grado [(1)].

La domanda di oblazione può essere respinta avuto riguardo alla particolare gravità del fatto o alla personalità del contravventore.

[(1)] *La Corte costituzionale, con sentenza 3 aprile 1969, n. 60, ha dichiarato l'illegittimità costituzionale del presente comma, limitatamente alle parole "prima che il decreto di condanna sia divenuto esecutivo e quando sia stata fatta opposizione".*

15. – [*Per le violazioni delle norme delle leggi finanziarie, per cui sia stabilita la pena pecuniaria, è consentito al trasgressore di pagare, all'atto della contestazione della violazione, una somma pari al sesto del massimo della pena pecuniaria, oltre all'ammontare del tributo.*

Il pagamento estingue l'obbligazione relativa alla pena pecuniaria nascente dalla violazione.] [(1)]

[(1)] *Articolo abrogato dall'articolo 29, comma 1, del D.Lgs. 18 dicembre 1997, n. 472.*

16. – Per le contravvenzioni prevedute dalle leggi finanziarie la prescrizione estingue il reato col decorso di anni tre.

17. – [*Il diritto dello Stato alla riscossione della pena pecuniaria si prescrive col decorso di cinque anni dal giorno della commessa violazione.*

Per la sopratassa il diritto dello Stato si estingue per prescrizione con il decorso del tempo stabilito per la prescrizione del tributo.] [(1)]

[(1)] *Articolo abrogato dall'articolo 29, comma 1, del D.Lgs. 18 dicembre 1997, n. 472.*

18. – [*Se il contravventore debba rispondere, oltre che della contravvenzione, del pagamento del tributo, l'autorità finanziaria può procedere alla riscossione del tributo medesimo, senza attendere l'esito del giudizio penale.*] [(1)].

[(1)] *Articolo abrogato dall'articolo 29, comma 1, del D.Lgs. 18 dicembre 1997, n. 472.*

19. – [*Il successore a qualsiasi titolo per atto tra vivi in una azienda commerciale o industriale è obbligato verso l'amministrazione finanziaria in solido col suo autore per il pagamento, oltre che del tributo, della sopratassa e della pena pecuniaria, che siano state applicate per violazioni delle norme concernenti i tributi relativi all'azienda per l'anno in cui ha luogo il trasferimento e per i due anni precedenti.*

L'obbligazione del successore è limitata al debito per i tributi, sopratasse e pene pecuniarie risultanti, alla data del trasferimento, dagli atti dell'intendenza di finanza nella cui circoscrizione ha sede l'azienda.

A tal fine le intendenze sono tenute a rilasciare, su richiesta e a spese dell'interessato, un certificato sulla esistenza o meno di contestazioni in corso e di quelle già definite per le quali il debito non sia stato soddisfatto.

Il certificato stesso, se negativo, avrà pieno effetto di liberazione del cessionario da ogni responsabilità con il cedente.

La limitazione, di cui al primo capoverso, non ha luogo qualora il trasferimento sia fatto in frode dei diritti dell'amministrazione finanziaria. La frode si presume, salva prova in contrario, quando il trasferimento sia effettuato entro tre mesi dall'accertamento della violazione di una norma, per la quale la legge finanziaria stabilisca la pena pecuniaria superiore nel massimo a lire diecimila, accertamento risultante dagli atti dell'intendenza nella cui circoscrizione ha sede l'azienda.] (1)

(1) Articolo abrogato dall'articolo 29, comma 1, del D.Lgs. 18 dicembre 1997, n. 472.

20. – [*Le disposizioni penali delle leggi finanziarie [e quelle che prevedono ogni altra violazione di dette leggi] si applicano ai fatti commessi quando tali disposizioni erano in vigore, ancorché le disposizioni medesime siano abrogate o modificate al tempo della loro applicazione.*] (1)

(1) Articolo modificato dall'articolo 29, comma 1, del D.Lgs. 18 dicembre 1997, n. 472 e successivamente abrogato dall'articolo 24, comma 1, del D.Lgs. 30 dicembre 1999, n. 507.

TITOLO II
Delle norme di procedura

CAPO I
Norme generali

21. – La cognizione dei reati preveduti dalle leggi finanziarie spetta:

1) al pretore quando si tratti di reati per i quali è stabilita la sola pena della multa o dell'ammenda;

2) al tribunale in altro caso (1).

Il tribunale è altresì competente a conoscere delle contravvenzioni indicate nel n. 1, quando, contro il decreto di condanna pronunciato dall'intendente, sia stata proposta opposizione.

La competenza per territorio è determinata dal luogo dove il reato è accertato (2).

[*Per i reati previsti dalle leggi sui tributi diretti l'azione penale ha corso dopo che l'accertamento dell'imposta e della relativa sovrimposta è divenuto definitivo a norma delle leggi regolanti tale materia.*] (3).

(1) Comma sostituito dall'articolo 10 della legge 31 luglio 1984, n. 400.
(2) La Corte costituzionale, con sentenza 12 maggio 1982, n. 88, ha dichiarato l'illegittimità costituzionale del presente comma, nella parte in cui prevede che l'accertamento dell'imposta e della relativa sovrimposta, divenuto definitivo in via amministrativa, faccia stato nei procedimenti penali per la cognizione dei reati preveduti dalle leggi tributarie in materia di imposte dirette.
(3) Comma abrogato dall'articolo 13, comma 1, del D.L. 10 luglio 1982, n. 429, convertito in legge 7 agosto 1982, n. 516.

22. – Qualora l'esistenza del reato dipenda dalla risoluzione di una controversia concernente il tributo, il tribunale, a cui spetta la cognizione del reato, decide altresì della controversia relativa al tributo, osservate le forme stabilite dal Codice di procedura penale e con la stessa sentenza con la quale definisce il giudizio penale.

Nel caso in cui il tribunale giudichi che il tributo non era dovuto ovvero era dovuto in misura inferiore a quella richiesta dall'autorità finanziaria, il contribuente, il quale abbia pagato il tributo, è ammesso a chiederne il rimborso totale o parziale (1).

(1) Vedi l'articolo 13, comma 2, del D.L. 10 luglio 1982, n. 429, convertito in legge 7 agosto 1982, n. 516.

23. – [*Il giudice non può dichiarare, per effetto della disposizione del capoverso dell'art. 1, la inapplicabilità di norme penali contenute in leggi concernenti i singoli tributi, se prima non abbia promosso la decisione della Corte di cassazione. A tal uopo dispone con ordinanza, anche di ufficio, la sospensione del procedimento e la trasmissione degli atti alla Corte medesima. Questa delibera a Sezioni unite e la sentenza costituisce giudicato irrevocabile sul punto da essa deciso. Copia della sentenza è comunicata, a cura del Procuratore generale, al Ministro per la giustizia.*] (1).

(1) Articolo abrogato dall'articolo 13, comma 1, del D.L. 10 luglio 1982, n. 429, convertito in legge 7 agosto 1982, n. 516

24. – Le violazioni delle norme contenute nelle leggi finanziarie sono constatate mediante processo verbale.

25. – Non si può procedere, tranne che nei casi indicati dalle singole leggi finanziarie, al sequestro dei libri prescritti dal Codice di commercio e di quelli altri che, secondo gli usi commerciali, servono all'esercizio del commercio o dell'industria.

La precedente disposizione non si applica alle violazioni delle leggi finanziarie che costituiscono delitto.

L'autorità procedente può in ogni caso far eseguire copia dei libri a spese del contribuente, ovvero apporre nelle parti, che interessano l'accertamento della violazione, la propria firma o sigla, munita della data e del bollo di ufficio; può altresì adottare le cautele atte ad impedire che i libri stessi siano alterati o sottratti.

26. – [*In base al processo verbale di constatazione di una contravvenzione di competenza dell'intendente di finanza o della violazione di una norma per la quale sia stabilita una pena pecuniaria, e quando vi sia pericolo nel ritardo, l'intendente può chiedere al presidente del tribunale competente l'inscrizione di ipoteca legale sui beni del trasgressore, od anche l'autorizzazione di procedere, a mezzo dell'ufficiale giudiziario, al sequestro conservativo sui beni mobili del trasgressore* (1).

Le precedenti disposizioni si applicano anche contro le persone e gli enti civilmente responsabili dell'ammenda o delle pene pecuniarie, a norma degli articoli 9, 10 e 12.

Rispetto alle violazioni che costituiscono reato le facoltà indicate nel presente articolo non possono essere esercitate dall'intendente di finanza dopo che sia stata prodotta opposizione contro il decreto di condanna (2).] (3)

(1) La Corte costituzionale, con sentenza 12 maggio 1982, n. 88, ha dichiarato l'illegittimità costituzionale del presente comma, limitatamente alle parole "di una contravvenzione di competenza dell'intendente di finanza o".
(2) La Corte costituzionale, con sentenza 12 maggio 1982, n. 88, ha dichiarato l'illegittimità costituzionale del presente comma.
(3) Articolo abrogato dall'articolo 29, comma 1, del D.Lgs. 18 dicembre 1997, n. 472.

27. – [La iscrizione dell'ipoteca e il sequestro possono essere impugnati da chiunque vi abbia interesse.

VIOLAZIONI

La impugnazione è proposta:

1° innanzi al giudice civile, quando si tratti di garanzia presa in seguito a violazione delle leggi finanziarie, la quale non costituisca reato;

2° innanzi al tribunale competente a conoscere del reato o che sarebbe competente se fosse proposta opposizione contro il decreto di condanna delle leggi finanziarie, la quale costituisca reato. Tuttavia, in caso di contestazione relativa alla proprietà, il tribunale ne rinvia la risoluzione al giudice civile [1].

Nel caso indicato nel n. 2, la impugnazione è proposta, trattata e decisa nelle forme stabilite per gli incidenti dal codice di procedura penale.] [2]

[1] La Corte costituzionale, con sentenza 12 maggio 1982, n. 88, ha dichiarato l'illegittimità costituzionale del presente comma limitatamente alle parole "o che sarebbe competente se fosse proposta opposizione contro il decreto di condanna dell'intendente".
[2] Articolo abrogato dall'articolo 29, comma 1, del D.Lgs. 18 dicembre 1997, n. 472..

28. – [Quando siano in qualsiasi modo trasgrediti gli obblighi, disposti dall'autorità per la conservazione dei libri, a termini dell'art. 25, l'autore della trasgressione è tenuto al pagamento di una pena pecuniaria da lire 8.000 a lire 300.000 [1], salvo l'applicazione delle disposizioni del Codice penale, qualora il fatto costituisca reato] [2].

[1] La misura dell'ammenda è stata elevata dall'articolo 1 del D.Lgs. Capo provvisorio dello Stato 5 ottobre 1947, n. 1208, nonché dall'articolo 113, comma 2, della legge 24 novembre 1981, n. 689, e, da ultimo, dall'articolo 8 del D.L. 30 settembre 1989, n. 332, convertito in legge 27 novembre 1989, n. 384.
[2] Articolo abrogato dall'articolo 29, comma 1, del D.Lgs. 18 dicembre 1997, n. 472..

29. – [I provvedimenti, con cui si ordina ovvero si revoca la chiusura di un pubblico esercizio o negozio, ovvero di uno stabilimento industriale o commerciale, sono sempre emanati dall'intendente di finanza nell'esercizio delle sue funzioni amministrative. Il decreto è motivato ed è immediatamente notificato all'interessato.

Contro il provvedimento di chiusura è ammesso ricorso nel termine perentorio di giorni cinque al ministro delle finanze. Il ricorso sospende l'esecuzione del provvedimento.

La decisione del ministro delle finanze non è soggetta ad alcun gravame.] [1]

[1] Articolo abrogato dall'articolo 29, comma 1, del D.Lgs. 18 dicembre 1997, n. 472.

CAPO II
Della polizia tributaria

30. – L'accertamento delle violazioni delle disposizioni contenute nelle leggi finanziarie, le quali costituiscono reato, spetta:

1) agli ufficiali ed agli agenti della polizia tributaria;

2) agli ufficiali ed agenti della polizia giudiziaria ordinaria.

31. – 1. Sono ufficiali della polizia tributaria gli ufficiali e il personale appartenente ai ruoli "ispettori" e "sovrintendenti" del Corpo della guardia di finanza [1].

2. Sono agenti della polizia tributaria gli appartenenti al ruolo "appuntati e finanzieri" della Guardia di finanza [2].

Qualora una legge finanziaria attribuisca l'accertamento di determinati reati a funzionari ed agenti dell'Amministrazione, questi funzionari ed agenti acquistano nei limiti del servizio a cui sono destinati e secondo le attribuzioni ad essi conferite dalla legge, la qualità di ufficiali e, rispettivamente, di agenti della polizia tributaria. A cura dell'Amministrazione dalla quale dipendono, la loro qualità è fatta constare a mezzo di una speciale tessera di riconoscimento.

[1] Comma sostituito dall'articolo 74 del D.Lgs. 12 maggio 1995, n. 199.
[2] Comma sostituito dall'articolo 74 del D.Lgs. 12 maggio 1995, n. 199.

32. – Gli ufficiali ed agenti della polizia giudiziaria ordinaria, i quali vengano a notizia di un reato pel cui accertamento la legge designa ufficiali ed agenti della polizia tributaria, debbono avvertire senza indugio tali ufficiali ed agenti e provvedere frattanto a che nulla sia mutato nello stato delle cose. Non di meno, qualora per circostanze di tempo e di luogo non sia possibile l'intervento immediato degli organi della polizia tributaria e vi sia fondata ragione di temere che le tracce del reato si alterino o si disperdano, gli ufficiali ed agenti della polizia giudiziaria ordinaria sono autorizzati a provvedere agli atti del loro ufficio fino a che non intervengano gli organi della polizia tributaria.

In ogni caso, gli ufficiali ed agenti della polizia giudiziaria ordinaria concorrono, quando ne siano richiesti, con gli ufficiali ed agenti della polizia tributaria nell'accertamento dei reati preveduti dalle leggi finanziarie.

33. – Oltre a quanto è stabilito dal Codice di procedura penale per gli ufficiali della polizia giudiziaria, è data facoltà agli ufficiali della polizia tributaria di procedere a perquisizione domiciliare, qualora abbiano notizia o fondato sospetto di violazioni delle leggi finanziarie costituenti reato.

Questa disposizione si applica esclusivamente alle violazioni di leggi concernenti i tributi doganali, la privativa dei sali e tabacchi, le imposte di fabbricazione sugli spiriti, zuccheri e polveri piriche e agli altri casi in cui sia espressamente stabilito dalle leggi speciali.

34. – Le violazioni delle norme contenute nelle leggi finanziarie, le quali non costituiscono reato, sono accertate dagli ufficiali e dagli agenti della polizia tributaria e dagli altri organi che siano indicati dalle singole leggi.

35. – Per assicurarsi dell'adempimento delle prescrizioni imposte dalle leggi o dai regolamenti in materia finanziaria, gli ufficiali o gli agenti della polizia tributaria hanno facoltà di accedere in qualunque ora negli esercizi pubblici e in ogni locale adibito ad un'azienda industriale o commerciale ed eseguirvi verificazioni e ricerche.

CAPO III
Del decreto penale dell'intendente di finanza

36. – Per i reati di sua competenza l'intendente di finanza pronuncia la condanna con decreto motivato. Nei casi preveduti negli artt. 9 e 10 dichiara altresì la responsabilità delle persone o degli enti civilmente obbligati per il pagamento dell'ammenda.

Nell'esercizio della sua giurisdizione spettano all' intendente di finanza, i poteri che il Codice di procedura attribuisce al pretore, senza, tuttavia, l'osservanza del limite massimo della pena che il pretore può infliggere [1].

[1] *La Corte costituzionale, con sentenza 3 aprile 1969, n. 60, ha dichiarato l'illegittimità costituzionale del presente articolo.*

37. – Il decreto contiene:

1) le generalità dell'imputato, e, quando ne sia il caso, della persona o dell'ente civilmente obbligato al pagamento dell'ammenda;

2) la enunciazione del fatto, del titolo del reato e delle circostanze aggravanti o diminuenti;

3) la sommaria esposizione dei motivi di fatto e di diritto su cui è fondata la decisione;

4) il dispositivo con l'indicazione degli articoli della legge applicata;

5) la data e la sottoscrizione dell'intendente [1].

[1] *La Corte costituzionale, con sentenza 3 aprile 1969, n. 60, ha dichiarato l'illegittimità costituzionale del presente articolo.*

38. – Quando non sia fatta opposizione nel termine prescritto il decreto di condanna diviene esecutivo [1].

[1] *La Corte costituzionale, con sentenza 3 aprile 1969, n. 60, ha dichiarato l'illegittimità costituzionale del presente articolo.*

39. – Il decreto dell'intendente di finanza è notificato, nelle forme stabilite dal Codice di procedura penale, al condannato per mezzo di ufficiale giudiziario o dei messi esattoriali od anche del messo comunale o di un agente autorizzato degli uffici finanziari esecutivi.

La copia del decreto da notificare contiene il precetto all'imputato di pagare nel termine di giorni 15 dal giorno della notificazione l'ammontare dell'ammenda inflitta e delle spese, salvo che nello stesso termine egli non faccia opposizione al decreto.

Copia del decreto è inoltre notificata alle persone e agli enti, dei quali sia stata dichiarata la responsabilità civile per il pagamento dell'ammenda [1].

[1] *La Corte costituzionale, con sentenza 3 aprile 1969, n. 60, ha dichiarato l'illegittimità costituzionale del presente articolo.*

40. – Contro il decreto di condanna l'imputato può fare opposizione nel termine di giorni 15 della notificazione.

L'opposizione è proposta mediante dichiarazione contenente i motivi, ricevuta dall'intendente di finanza, che ha emesso il decreto, o da un funzionario da lui delegato, ovvero da un funzionario degli uffici finanziari del luogo di residenza dell'imputato.

L'opposizione deve essere proposta dall'imputato o da un suo procuratore munito di mandato generale o speciale. Possono altresì fare opposizione le persone e gli enti, dei quali sia stata dichiarata la responsabilità civile per il pagamento dell'ammenda.

La opposizione dell'imputato ha effetto estensivo alle dette persone ed enti e l'opposizione da questi prodotta ha effetto estensivo rispetto all'imputato.

Quando con uno stesso decreto siano condannate più persone concorrenti nello stesso reato, l'opposizione presentata da una di esse ha effetto estensivo alle altre, che non hanno fatto opposizione [1].

[1] *La Corte costituzionale, con sentenza 3 aprile 1969, n. 60, ha dichiarato l'illegittimità costituzionale del presente articolo.*

41. – L'ufficio finanziario, che abbia ricevuto la dichiarazione di opposizione, la trasmette immediatamente all'intendente di finanza che ha emesso il decreto).

Questi, entro dieci giorni dal ricevimento o dalla presentazione al proprio ufficio della dichiarazione di opposizione, trasmette gli atti al procuratore della Repubblica presso il tribunale competente [1].

L'intendente di finanza può chiedere che un funzionario di carriera amministrativa, da lui delegato, sia sentito nel dibattimento in ordine ai fatti che costituiscono la contravvenzione.

Il rappresentante dell'Amministrazione non presta giuramento.

[1] *La Corte costituzionale, con sentenza 3 aprile 1969, n. 60, ha dichiarato l'illegittimità costituzionale del presente comma.*

42. – Ordinato il dibattimento se l'opponente si presenta, il decreto di condanna è revocato di diritto, fermi rimanendo, peraltro, gli atti compiuti dall'intendente a garanzia della esecuzione per gli effetti civili [1].

[1] *La Corte costituzionale, con sentenza 3 aprile 1969, n. 60, ha dichiarato l'illegittimità costituzionale del presente articolo.*

43. – L'esecuzione del decreto di condanna è promossa dall'intendente di finanza.

In caso di insolvibilità del condannato e, ove del caso, delle persone o degli enti indicati negli artt. 9 e 10, la conversione della pena dell'ammenda in quella dell'arresto del contravventore è eseguita dal procuratore della Repubblica, su richiesta dell'intendente di finanza.

Dopo tale richiesta cessa la competenza dell'intendente di finanza per quanto concerne la esecuzione del decreto di condanna [1].

[1] *La Corte costituzionale, con sentenza 3 aprile 1969, n. 60, ha dichiarato l'illegittimità costituzionale del presente articolo.*

44. – In quanto non sia diversamente stabilito dalla presente legge, si applicano, per il procedimento penale innanzi all'intendente di finanza, le disposizioni del Codice di procedura penale, e il decreto di condanna pronunciato dall'intendente è equiparato, per ogni effetto, al decreto pronunciato dal pretore [1].

[1] *La Corte costituzionale, con sentenza 3 aprile 1969, n. 60, ha dichiarato l'illegittimità costituzionale del presente articolo.*

45. – La giurisdizione attribuita dalla presente legge all'intendente di finanza può essere esercitata anche da un funzionario di carriera amministrativa di grado non inferiore all'ottavo, che sia stato delegato con decreto dell'intendente.

La delegazione può essere concessa anche per singole categorie di tributi [1].

[1] *La Corte costituzionale, con sentenza 3 aprile 1969, n. 60, ha dichiarato l'illegittimità costituzionale del presente articolo.*

CAPO IV
Della procedura per oblazione

46. – Sono competenti a provvedere sulla domanda di oblazione:

1) i capi degli uffici esecutivi incaricati della contabilità della contravvenzione se il massimo della pena dell'ammenda, stabilita dalla legge, non sia superiore a lire 100.000 [(1)];

2) l'intendente di finanza per ogni altra contravvenzione.

La domanda deve essere corredata della quietanza comprovante il pagamento del tributo e, ove del caso, da un certificato del cancelliere, che attesti l'ammontare delle spese del procedimento dinnanzi all'autorità giudiziaria ordinaria.

[(1)] *La misura dell'ammenda è stata elevata dall'articolo 1 del D.Lgs. Capo provvisorio dello Stato 5 ottobre 1947, n. 1208, nonché dall'articolo 113, comma 2, della legge 24 novembre 1981, n. 689, e, da ultimo, dall'articolo 8 del D.L. 30 settembre 1989, n. 332, convertito in legge 27 novembre 1989, n. 384.*

47. – È in facoltà dell'autorità competente a provvedere sulla domanda di oblazione di prescrivere che l'istante depositi, a titolo di garanzia, una somma da determinarsi dalla stessa autorità in misura non superiore alla metà tra il minimo ed il massimo dell'ammenda stabilita dalla legge.

Qualora l'istante non esegua il deposito nel termine all'uopo stabilito, la domanda è respinta.

48. – L'autorità competente a provvedere sulla domanda per oblazione determina discrezionalmente la somma da pagare entro i limiti dell'ammenda, stabiliti dalla legge.

Avuto riguardo alle circostanze del fatto, la somma da pagare a titolo di oblazione può essere stabilita anche in misura inferiore al minimo.

Il pagamento dell'ammontare complessivo della detta somma, della sopratassa, del tributo, oltreché delle spese del procedimento innanzi all'intendente di finanza e innanzi all'autorità giudiziaria ordinaria, estingue il reato [(1)].

[(1)] *La Corte costituzionale, con sentenza 3 aprile 1969, n. 60, ha dichiarato l'illegittimità costituzionale del presente comma, limitatamente alle parole "innanzi all'intendente di finanza".*

49. – Fissata la somma da pagare a titolo di oblazione, il capo dell'ufficio esecutivo incaricato della contabilità della contravvenzione o l'intendente di finanza, secondo le rispettive attribuzioni, ne notifica l'ammontare all'imputato con precetto di pagare entro il termine di 15 giorni.

50. – Decorso il termine indicato nell'articolo precedente senza che il pagamento sia stato eseguito, si osservano le norme seguenti:

1) se la domanda di oblazione è presentata prima che sia emesso il decreto di condanna, l'intendente di finanza prosegue negli atti di sua competenza;

2) se la domanda è presentata dopo emesso il decreto di condanna e contro di questo sia stata proposta opposizione, l'intendente di finanza dà partecipazione del mancato pagamento al procuratore della Repubblica presso il tribunale competente per il giudizio;

3) se non è stata proposta opposizione, l'intendente di finanza promuove la esecuzione del decreto di condanna [(1)].

Nei casi suddetti, ovvero quando la domanda per oblazione non sia stata accolta, la somma depositata a norma dell'art. 47 rimane a garanzia del pagamento dell'ammenda a cui venga condannato l'imputato, oltreché del rimborso delle spese.

[(1)] *La Corte costituzionale, con sentenza 3 aprile 1969, n. 60, ha dichiarato l'illegittimità costituzionale del presente comma, nelle parti in cui si prevedono la competenza dell'intendente a pronunziare decreto di condanna e le ipotesi della opposizione o della mancata opposizione, fermo restando l'obbligo dell'intendente di dare partecipazione al procuratore della Repubblica del mancato pagamento della somma dovuta a titolo di oblazione.*

51. – Quando il pagamento della somma fissata per l'oblazione sia stato eseguito, l'intendente di finanza, nel caso indicato nel n. 2 del precedente articolo ne dà partecipazione al procuratore della Repubblica presso il tribunale competente per il giudizio [(1)].

La estinzione del reato è dichiarata con sentenza pronunciata in Camera di consiglio.

[(1)] *La Corte costituzionale, con sentenza 3 aprile 1969, n. 60, ha dichiarato l'illegittimità costituzionale del presente comma, limitatamente al riferimento al n. 2.*

52. – Dopo la scadenza del termine, stabilito dall'art. 49 per il pagamento, questo non può essere più eseguito, né è ammessa alcuna nuova domanda di oblazione.

53. – Il dibattimento è rimandato in seguito a presentazione di un certificato del capo dell'ufficio esecutivo incaricato della contabilità della contravvenzione, ovvero dell'intendente di finanza, che attesti l'avvenuta presentazione della domanda per oblazione.

54. – Quando del pagamento dell'ammenda siano civilmente responsabili le persone o gli enti indicati negli artt. 9 e 10, si osservano le seguenti disposizioni:

1) la domanda di oblazione può essere presentata dalle dette persone o enti, anche nel silenzio e contro la volontà dell'imputato;

2) quando la domanda sia presentata dall'imputato devono essere notificati di ufficio alle dette persone o enti sia la domanda sia il precetto di pagamento;

3) quando la domanda sia presentata dalle persone o dagli enti civilmente responsabili devono essere notificati di ufficio all'imputato sia la domanda stessa, sia il precetto di pagamento.

Nel caso indicato nel n. 2, la omissione della notificazione esonera le persone e gli enti ivi indicati dalla responsabilità per il pagamento della somma corrispondente all'ammontare dell'ammenda.

CAPO V
Della applicazione della pena pecuniaria

55. – [*Per le violazioni delle norme delle leggi finanziarie, per cui sia stabilita la pena pecuniaria, l'intendente di finanza, nella cui circoscrizione la violazione è stata accertata, notifica al trasgressore il verbale di accertamento e lo invita a presentare le sue deduzioni entro il termine di 15 giorni.*

Decorso tale termine, l'intendente, qualora in base agli atti raccolti e alle deduzioni che siano state presentate, accerti la esistenza della violazione e la responsabilità del trasgressore, determina con provvedimento motivato, sotto forma di ordinanza, l'ammontare della pena pecuniaria.] (1)

(1) *Articolo abrogato dall'articolo 29, comma 1, del D.Lgs. 18 dicembre 1997, n. 472.*

56. – [*L'ordinanza è notificata al trasgressore e diventa titolo esecutivo se nel termine di giorni 30 dalla sua notificazione il trasgressore non abbia proposto ricorso al ministro delle finanze.*

Il ricorso non è ammesso contro le ordinanze relative a violazioni, per le quali la pena pecuniaria stabilita dalla legge non sia superiore nel massimo a lire 300.000 (1).] (2)

(1) *La misura della pena pecuniaria è stata elevata dall'articolo 14 del D.P.R. 4 febbraio 1955, n. 72, nonché dall'articolo 8 del D.L. 30 settembre 1989, n. 332, convertito in legge 27 novembre 1989, n. 384.*
(2) *Articolo abrogato dall'articolo 29, comma 1, del D.Lgs. 18 dicembre 1997, n. 472..*

57. – [*Il ricorso è motivato ed è presentato dal trasgressore o da un suo rappresentante, munito di mandato generale o speciale, all'intendente di finanza.*] (1)

(1) *Articolo abrogato dall'articolo 29, comma 1, del D.Lgs. 18 dicembre 1997, n. 472.*

58. – [*Il decreto con cui il ministro delle finanze provvede sul ricorso è definitivo e contro di esso non è ammesso alcun gravame* (1).

Il decreto con cui il ministro delle finanze stabilisce in misura diversa l'ammontare della pena pecuniaria è titolo esecutivo e la sua esecuzione è promossa dall'intendente di finanza.] (2)

(1) *La Corte costituzionale, con sentenza 10 luglio 1974, n. 241 ha dichiarato l'illegittimità costituzionale del presente comma, limitatamente all'inciso "e contro di esso non è ammesso alcun gravame".*
(2) *Articolo abrogato dall'articolo 29, comma 1, del D.Lgs. 18 dicembre 1997, n. 472..*

59. – [*Qualora del pagamento della pena pecuniaria debbano rispondere le persone o gli enti, indicati nell'art. 12, le notificazioni da farsi al trasgressore debbono essere eseguite anche alle dette persone o enti, ai quali spetta altresì la facoltà di ricorso accordata al trasgressore.*] (1)

(1) *Articolo abrogato dall'articolo 29, comma 1, del D.Lgs. 18 dicembre 1997, n. 472.*

TITOLO III
Disposizioni finali e transitorie

60. – [*Le disposizioni contenute negli articoli 16, 19 e 22 e nei capi II e V del titolo II non si applicano in materia di redditi soggetti a tributi diretti, che continuano ad essere regolati dalle disposizioni e dalle norme stabilite nelle leggi e nei regolamenti che riguardano tale materia.*] (1)

(1) *Articolo abrogato dall'articolo 29, comma 1, del D.Lgs. 18 dicembre 1997, n. 472.*

61. – [Nel caso che nelle leggi finanziarie sia stabilita una sanzione che non sia una delle pene prevedute dal codice penale, né una delle altre sanzioni indicate negli articoli 3 e 5, la predetta sanzione deve essere considerata sopratassa ovvero pena pecuniaria, avuto riguardo al suo carattere, secondo la distinzione fatta nella presente legge fra sopratassa e pena pecuniaria.] (1)

(1) *Articolo abrogato dall'articolo 29, comma 1, del D.Lgs. 18 dicembre 1997, n. 472.*

62. – [Con decreto reale, su proposta del ministro delle finanze, di concerto col ministro della giustizia e degli affari di culto, sarà stabilita la data dell'entrata in vigore della presente legge, e saranno altresì emanate le disposizioni occorrenti per l'attuazione della legge medesima e per il suo coordinamento con le singole leggi finanziarie, che saranno all'uopo sottoposte alla necessaria revisione, e con i nuovi codici penale e di procedura penale quando saranno emanati.

La revisione delle leggi finanziarie sarà effettuata dal governo sentita una commissione parlamentare composta di sette senatori e sette deputati nominati dalla relativa assemblea, i quali restano in carica anche in caso di decadenza del mandato parlamentare.] (1)

(1) *Articolo abrogato dall'articolo 29, comma 1, del D.Lgs. 18 dicembre 1997, n. 472.*

63. – [Il ministro delle finanze è autorizzato ad emanare le norme necessarie per la determinazione delle riduzioni delle pene pecuniarie.] (1)

(1) *Articolo abrogato dall'articolo 29, comma 1, del D.Lgs. 18 dicembre 1997, n. 472.*

VARIE

1. D.L. 23 ottobre 2018, n. 119

Decreto convertito, con modificazioni dalla Legge 17 dicembre 2018, n. 136. - Disposizioni urgenti in materia fiscale e finanziaria. (DECRETO FISCALE)[(A)]
(in Gazz. Uff., 23 ottobre 2018, n. 247)

[(A)] *In riferimento all'audizione dell'ANCI presso la Commissione Finanze e tesoro del Senato, all'elenco emendamenti al "Decreto Fiscale" e alla proposta ANCI di riforma alla riscossione locale, vedi: Nota IFEL - Istituto finanza economia locale 06/11/2018 n. 156609.*

TITOLO I
Disposizioni in materia fiscale

CAPO I
Disposizioni in materia di pacificazione fiscale

01. Modifica della soglia di accesso all'interpello sui nuovi investimenti. [(1)]

1. All'articolo 2, comma 1, del decreto legislativo 14 settembre 2015, n. 147, le parole: "di ammontare non inferiore a trenta milioni di euro" sono sostituite dalle seguenti: "di ammontare non inferiore a venti milioni di euro".

2. La disposizione di cui al comma 1 si applica alle istanze di interpello presentate a decorrere dal 1° gennaio 2019.

[(1)] *Articolo premesso dall'articolo 1, comma 1, della Legge 17 dicembre 2018, n. 136, in sede di conversione.*

1. Definizione agevolata dei processi verbali di constatazione. [(A)(1)] – 1. Il contribuente può definire il contenuto integrale dei processi verbali di constatazione redatti ai sensi dell'articolo 24 della legge 7 gennaio 1929, n. 4, consegnati entro la data di entrata in vigore del presente decreto, presentando la relativa dichiarazione per regolarizzare le violazioni constatate nel verbale in materia di imposte sui redditi e relative addizionali, contributi previdenziali e ritenute, imposte sostitutive, imposta regionale sulle attività produttive, imposta sul valore degli immobili all'estero, imposta sul valore delle attività finanziarie all'estero e imposta sul valore aggiunto. È possibile definire solo i verbali per i quali, alla predetta data, non è stato ancora notificato un avviso di accertamento o ricevuto un invito al contraddittorio di cui all'articolo 5, comma 1, del decreto legislativo 19 giugno 1997, n. 218.

2. Le dichiarazioni di cui al comma 1 devono essere presentate entro il 31 maggio 2019 con le modalità stabilite da un provvedimento del direttore dell'Agenzia delle entrate, per i periodi di imposta per i quali non sono scaduti i termini di cui all'articolo 43 del decreto del Presidente della Repubblica 29 settembre 1973, n. 600 e all'articolo 57 del decreto del Presidente della Repubblica 26 ottobre 1972, n. 633, anche tenuto conto del raddoppio dei termini di cui all'articolo 12, commi 2-bis e 2-ter, del decreto-legge 1° luglio 2009, n. 78, convertito, con modificazioni, dalla legge 3 agosto 2009, n. 102.

3. Ai fini della presente definizione agevolata nella dichiarazione di cui al comma 1 non possono essere utilizzate, a scomputo dei maggiori imponibili dichiarati, le perdite di cui agli articoli 8 e 84 del decreto del Presidente della Repubblica 22 dicembre 1986, n. 917.

4. In caso di processo verbale di constatazione consegnato a soggetti in regime di trasparenza di cui agli articoli 5,115 e 116 del decreto del Presidente della Repubblica 22 dicembre 1986, n. 917, la dichiarazione di cui al comma 1 può essere presentata anche dai soggetti partecipanti, ai quali si applicano le disposizioni del presente articolo per regolarizzare le imposte dovute sui maggiori redditi di partecipazione ad essi imputabili.

5. Le imposte autoliquidate nelle dichiarazioni presentate, relative a tutte le violazioni constatate per ciascun periodo d'imposta, devono essere versate, senza applicazione delle sanzioni irrogabili ai sensi dell'articolo 17, comma 1, del decreto legislativo 18 dicembre 1997, n. 472 e degli interessi, entro il 31 maggio 2019.

6. Limitatamente ai debiti relativi alle risorse proprie tradizionali previste dall'articolo 2, paragrafo 1, lettera a), della decisione 2014/335/UE, Euratom del Consiglio, del 26 maggio 2014, il debitore è tenuto a corrispondere, in aggiunta alle somme di cui al comma 5, a decorrere dal 1° maggio 2016, gli interessi di mora previsti dall'articolo 114, paragrafo 1, del regolamento (UE) n. 952/2013 del Parlamento europeo e del Consiglio del 9 ottobre 2013, fatto salvo quanto previsto ai paragrafi 3 e 4 dello stesso articolo 114.

7. La definizione di cui al comma 1 si perfeziona con la presentazione della dichiarazione ed il versamento in unica soluzione o della prima rata entro i termini di cui ai commi 2 e 5. Si applicano le disposizioni previste dall'articolo 8, commi 3 e 4, del decreto legislativo 19 giugno 1997, n. 218, con un massimo di venti rate trimestrali di pari importo. Le rate successive alla prima devono essere versate entro l'ultimo giorno di ciascun trimestre. Sull'importo delle rate successive alla prima sono dovuti gli interessi legali calcolati dal giorno successivo al termine per il versamento della prima rata. È esclusa la compensazione prevista dall'articolo 17 del decreto legislativo 9 luglio 1997, n. 241 [(2)].

8. In caso di mancato perfezionamento non si producono gli effetti del presente articolo e il competente ufficio procede alla notifica degli atti relativi alle violazioni constatate.

9. In deroga all'articolo 3, comma 1, della legge 27 luglio 2000, n. 212, con riferimento ai periodi di imposta fino al 31 dicembre 2015, oggetto dei processi verbali di constatazione di cui al comma 1, i termini di cui all'articolo 43 del decreto del Presidente della Repubblica 29 settembre 1973, n. 600, all'articolo 57 del decreto del Presidente della Repubblica 26 ottobre 1972, n. 633 e all'articolo 20, comma 1, del decreto legislativo 18 dicembre 1997, n. 472, sono prorogati di due anni.

10. Con uno o più provvedimenti del direttore dell'Agenzia delle entrate, di concerto con il direttore dell'Agenzia delle dogane e dei monopoli, sono emanate le ulteriori disposizioni necessarie per l'attuazione del presente articolo.

[(A)] *In riferimento a ulteriori istruzioni in merito al presente articolo di interesse della Direzione Centrale Legislazione e Procedure Doganali – Ufficio normativa e contenzioso in materia doganale ed extra tributaria vedi: Nota Agenzia delle Dogane 16/11/2018 n. 123013/RU. In*

VARIE

riferimento alla istituzione dei codici tributo per il versamento, tramite modello F24, delle somme dovute a titolo di imposte e contributi previdenziali autoliquidati a seguito di definizione agevolata dei processi verbali di constatazione di cui al presente articolo, vedi Risoluzione Agenzia delle Entrate 23 gennaio 2019, n. 8/E. In riferimento alla definizione agevolata dei processi verbali di constatazione, di cui al presente articolo, vedi Risposta Agenzia delle Entrate 30 gennaio 2019, n. 19.

(1) *Per le disposizioni di attuazione del presente articolo, vedi Provvedimento dell'Agenzia delle entrate 23 gennaio 2019.*

(2) *Comma modificato dall'articolo 1, comma 1, della Legge 17 dicembre 2018, n. 136, in sede di conversione.*

2. Definizione agevolata degli atti del procedimento di accertamento. (A) – 1. Gli avvisi di accertamento, gli avvisi di rettifica e di liquidazione, gli atti di recupero notificati entro la data di entrata in vigore del presente decreto, non impugnati e ancora impugnabili alla stessa data, possono essere definiti con il pagamento delle somme complessivamente dovute per le sole imposte, senza le sanzioni, gli interessi e gli eventuali accessori, entro trenta giorni dalla predetta data o, se più ampio, entro il termine di cui all'articolo 15, comma 1, del decreto legislativo 19 giugno 1997, n. 218, che residua dopo la data di entrata in vigore del presente decreto.

2. Le somme contenute negli inviti al contraddittorio di cui agli articoli 5, comma 1, lettera c), e 11, comma 1, lettera b-bis), del decreto legislativo 19 giugno 1997, n. 218, notificati entro la data di entrata in vigore del presente decreto, possono essere definiti con il pagamento delle somme complessivamente dovute per le sole imposte, senza le sanzioni, gli interessi e gli eventuali accessori, entro trenta giorni dalla predetta data.

2-bis. All'articolo 17, ottavo comma, del decreto del Presidente della Repubblica 26 ottobre 1972, n. 633, le parole: "31 dicembre 2018" sono sostituite dalle seguenti: "30 giugno 2022" (1).

3. Gli accertamenti con adesione di cui agli articoli 2 e 3 del decreto legislativo 19 giugno 1997, n. 218, sottoscritti entro la data di entrata in vigore del presente decreto possono essere perfezionati ai sensi dell'articolo 9 del medesimo decreto legislativo, con il pagamento, entro il termine di cui all'articolo 8, comma 1, del citato decreto, decorrente dalla predetta data, delle sole imposte, senza le sanzioni, gli interessi e gli eventuali accessori (2).

4. La definizione di cui a commi 1, 2, 3 si perfeziona con il versamento delle somme in unica soluzione o della prima rata entro i termini di cui ai citati commi. Si applicano le disposizioni previste dall'articolo 8, commi 2, 3, 4 del decreto legislativo 19 giugno 1997, n. 218, con un massimo di venti rate trimestrali di pari importo. È esclusa la compensazione prevista dall'articolo 17 del decreto legislativo 9 luglio 1997, n. 241. In caso di mancato perfezionamento non si producono gli effetti del presente articolo e il competente ufficio prosegue le ordinarie attività relative a ciascuno dei procedimenti di cui ai commi 1, 2 e 3.

5. Limitatamente ai debiti relativi alle risorse proprie tradizionali previste dall'articolo 2, paragrafo 1, lettera a), della decisione 2014/335/UE, Euratom del Consiglio, del 26 maggio 2014, il debitore è tenuto a corrispondere, in aggiunta alle somme di cui ai commi 1, 2 e 3, a decorrere dal 1° maggio 2016 gli interessi di mora previsti dall'articolo 114, paragrafo 1, del regolamento (UE) n. 952/2013 del Parlamento europeo e del Consiglio del 9 ottobre 2013, fatto salvo quanto previsto ai paragrafi 3 e 4 dello stesso articolo 114.

6. Sono esclusi dalla definizione gli atti emessi nell'ambito della procedura di collaborazione volontaria di cui all'articolo 5-quater del decreto-legge 28 giugno 1990, n. 167, convertito, con modificazioni, dalla legge 4 agosto 1990, n. 227.

7. La definizione perfezionata dal coobbligato giova in favore degli altri.

8. Con uno o più provvedimenti del direttore dell'Agenzia delle entrate, di concerto con il direttore dell'Agenzia delle dogane e dei monopoli, sono adottate le ulteriori disposizioni necessarie per l'attuazione del presente articolo.

(A) *In riferimento a ulteriori istruzioni in merito al presente articolo di interesse della Direzione Centrale Legislazione e Procedure Doganali – Ufficio normativa e contenzioso in materia doganale ed extra tributaria vedi: Nota Agenzia delle Dogane 16/11/2018 n. 123013/RU*

(1) *Comma inserito dall'articolo 1, comma 1, della Legge 17 dicembre 2018, n. 136, in sede di conversione.*

(2) *Comma modificato dall'articolo 1, comma 1, della Legge 17 dicembre 2018, n. 136, in sede di conversione.*

3. Definizione agevolata dei carichi affidati all'agente della riscossione(1). – 1. I debiti, diversi da quelli di cui all'articolo 5 risultanti dai singoli carichi affidati agli agenti della riscossione dal 1° gennaio 2000 al 31 dicembre 2017, possono essere estinti, senza corrispondere le sanzioni comprese in tali carichi, gli interessi di mora di cui all'articolo 30, comma 1, del decreto del Presidente della Repubblica 29 settembre 1973, n. 602, ovvero le sanzioni e le somme aggiuntive di cui all'articolo 27, comma 1, del decreto legislativo 26 febbraio 1999, n. 46, versando integralmente [, in unica soluzione entro il 31 luglio 2019, o nel numero massimo di dieci rate consecutive di pari importo,] le somme (2):

a) affidate all'agente della riscossione a titolo di capitale e interessi;

b) maturate a favore dell'agente della riscossione, ai sensi dell'articolo 17 del decreto legislativo 13 aprile 1999, n. 112, a titolo di aggio sulle somme di cui alla lettera a) e di rimborso delle spese per le procedure esecutive e di notifica della cartella di pagamento.

2. Il pagamento delle somme di cui al comma 1 è effettuato:

a) in unica soluzione, entro il 31 luglio 2019 (3);

b) nel numero massimo di diciotto rate consecutive, la prima e la seconda delle quali, ciascuna di importo pari al 10 per cento delle somme complessivamente dovute ai fini della definizione, scadenti rispettivamente il 31 luglio e il 30 novembre 2019; le restanti, di pari ammontare, scadenti il 28 febbraio, il 31 maggio, il 31 luglio e il 30 novembre di ciascun anno a decorrere dal 2020 (4)(5)(6).

3. In caso di pagamento rateale ai sensi del comma 1, sono dovuti, a decorrere dal 1° agosto 2019, gli interessi al tasso del 2 per cento annuo e non si applicano le disposizioni dell'articolo 19 del decreto del Presidente della Repubblica 29 settembre 1973, n. 602.

4. L'agente della riscossione fornisce ai debitori i dati necessari a individuare i carichi definibili presso i propri sportelli e in apposita area del proprio sito internet.

5. Il debitore manifesta all'agente della riscossione la sua volontà di procedere alla definizione di cui al comma 1 rendendo, entro il 30 aprile 2019, apposita dichiarazione, con le modalità e in conformità alla modulistica che lo stesso agen-

te pubblica sul proprio sito internet nel termine massimo di venti giorni dalla data di entrata in vigore del presente decreto; in tale dichiarazione il debitore sceglie altresì il numero di rate nel quale intende effettuare il pagamento, entro il limite massimo previsto dal comma 1.

6. Nella dichiarazione di cui al comma 5 il debitore indica l'eventuale pendenza di giudizi aventi ad oggetto i carichi in essa ricompresi e assume l'impegno a rinunciare agli stessi giudizi, che, dietro presentazione di copia della dichiarazione e nelle more del pagamento delle somme dovute, sono sospesi dal giudice. L'estinzione del giudizio è subordinata all'effettivo perfezionamento della definizione e alla produzione, nello stesso giudizio, della documentazione attestante i pagamenti effettuati; in caso contrario, il giudice revoca la sospensione su istanza di una delle parti.

7. Entro il 30 aprile 2019 il debitore può integrare, con le modalità previste dal comma 5, la dichiarazione presentata anteriormente a tale data.

8. Ai fini della determinazione dell'ammontare delle somme da versare ai sensi del comma 1, lettere a) e b), si tiene conto esclusivamente degli importi già versati a titolo di capitale e interessi compresi nei carichi affidati, nonché, ai sensi dell'articolo 17 del decreto legislativo 13 aprile 1999, n. 112, di aggio e di rimborso delle spese per le procedure esecutive e di notifica della cartella di pagamento. Il debitore, se, per effetto di precedenti pagamenti parziali, ha già integralmente corrisposto quanto dovuto ai sensi del comma 1, per beneficiare degli effetti della definizione deve comunque manifestare la sua volontà di aderirvi con le modalità previste dal comma 5.

9. Le somme relative ai debiti definibili, versate a qualsiasi titolo, anche anteriormente alla definizione, restano definitivamente acquisite e non sono rimborsabili.

10. A seguito della presentazione della dichiarazione, relativamente ai carichi definibili che ne costituiscono oggetto:

a) sono sospesi i termini di prescrizione e decadenza;

b) sono sospesi, fino alla scadenza della prima o unica rata delle somme dovute a titolo di definizione, gli obblighi di pagamento derivanti da precedenti dilazioni in essere alla data di presentazione;

c) non possono essere iscritti nuovi fermi amministrativi e ipoteche, fatti salvi quelli già iscritti alla data di presentazione;

d) non possono essere avviate nuove procedure esecutive;

e) non possono essere proseguite le procedure esecutive precedentemente avviate, salvo che non si sia tenuto il primo incanto con esito positivo;

f) il debitore non è considerato inadempiente ai fini di cui agli articoli 28-ter e 48-bis del decreto del Presidente della Repubblica 29 settembre 1973, n. 602.

f-bis) si applica la disposizione di cui all'articolo 54 del decreto-legge 24 aprile 2017, n. 50, convertito, con modificazioni, dalla legge 21 giugno 2017, n. 96, ai fini del rilascio del documento unico di regolarità contributiva (DURC), di cui al decreto del Ministro del lavoro e delle politiche sociali 30 gennaio 2015, pubblicato nella Gazzetta Ufficiale n. 125 del 1° giugno 2015 (7).

11. Entro il 30 giugno 2019, l'agente della riscossione comunica ai debitori che hanno presentato la dichiarazione di cui al comma 5 l'ammontare complessivo delle somme dovute ai fini della definizione, nonché quello delle singole rate, e il giorno e il mese di scadenza di ciascuna di esse.

12. Il pagamento delle somme dovute per la definizione può essere effettuato:

a) mediante domiciliazione sul conto corrente eventualmente indicato dal debitore nella dichiarazione resa ai sensi del comma 5;

b) mediante bollettini precompilati, che l'agente della riscossione è tenuto ad allegare alla comunicazione di cui al comma 11, se il debitore non ha richiesto di eseguire il versamento con le modalità previste dalla lettera a) del presente comma;

c) presso gli sportelli dell'agente della riscossione. In tal caso, si applicano le disposizioni di cui all'articolo 12, comma 7-bis, del decreto-legge 23 dicembre 2013, n. 145, convertito, con modificazioni, dalla legge 21 febbraio 2014, n. 9, con le modalità previste dal decreto del Ministro dell'economia e delle finanze 24 settembre 2014, pubblicato nella Gazzetta Ufficiale n. 236 del 10 ottobre 2014, con riferimento a tutti i carichi definiti.

13. Limitatamente ai debiti definibili per i quali è stata presentata la dichiarazione di cui al comma 5:

a) alla data del 31 luglio 2019 le dilazioni sospese ai sensi del comma 10, lettera b), sono automaticamente revocate e non possono essere accordate nuove dilazioni ai sensi dell'articolo 19 del decreto del Presidente della Repubblica 29 settembre 1973, n. 602;

b) il pagamento della prima o unica rata delle somme dovute a titolo di definizione determina l'estinzione delle procedure esecutive precedentemente avviate, salvo che non si sia tenuto il primo incanto con esito positivo.

14. In caso di mancato ovvero di insufficiente o tardivo versamento dell'unica rata ovvero di una di quelle in cui è stato dilazionato il pagamento delle somme di cui al comma 2, la definizione non produce effetti e riprendono a decorrere i termini di prescrizione e decadenza per il recupero dei carichi oggetto di dichiarazione. In tal caso, relativamente ai debiti per i quali la definizione non ha prodotto effetti (8) :

a) i versamenti effettuati sono acquisiti a titolo di acconto dell'importo complessivamente dovuto a seguito dell'affidamento del carico e non determinano l'estinzione del debito residuo, di cui l'agente della riscossione prosegue l'attività di recupero;

b) il pagamento non può essere rateizzato ai sensi dell'articolo 19 del decreto del Presidente della Repubblica 29 settembre 1973, n. 602.

14-bis. Nei casi di tardivo versamento delle relative rate non superiore a cinque giorni, l'effetto di inefficacia della definizione, previsto dal comma 14, non si produce e non sono dovuti interessi (9).

15. Possono essere ricompresi nella definizione agevolata di cui al comma 1 anche i debiti risultanti dai carichi affidati agli agenti della riscossione che rientrano nei procedimenti instaurati a seguito di istanza presentata dai debitori ai sensi del capo II, sezione prima, della legge 27 gennaio 2012, n. 3, con la possibilità di effettuare il pagamento del debito, anche falcidiato, con le modalità e nei tempi eventualmente previsti nel decreto di omologazione dell'accordo o del piano del consumatore.

16. Sono esclusi dalla definizione di cui al comma 1 i debiti risultanti dai carichi affidati agli agenti della riscossione recanti:

a) le somme dovute a titolo di recupero di aiuti di Stato ai sensi dell'articolo 16 del regolamento (UE) 2015/1589 del

Consiglio, del 13 luglio 2015;

b) i crediti derivanti da pronunce di condanna della Corte dei conti;

c) le multe, le ammende e le sanzioni pecuniarie dovute a seguito di provvedimenti e sentenze penali di condanna;

d) le sanzioni diverse da quelle irrogate per violazioni tributarie o per violazione degli obblighi relativi ai contributi e ai premi dovuti agli enti previdenziali.

17. Per le sanzioni amministrative per violazioni del codice della strada, di cui al decreto legislativo 30 aprile 1992, n. 285, le disposizioni del presente articolo si applicano limitatamente agli interessi, compresi quelli di cui all'articolo 27, sesto comma, della legge 24 novembre 1981, n. 689.

18. Alle somme occorrenti per aderire alla definizione di cui al comma 1, che sono oggetto di procedura concorsuale, nonché in tutte le procedure di composizione negoziale della crisi d'impresa previste dal regio decreto 16 marzo 1942, n. 267, si applica la disciplina dei crediti prededucibili di cui agli articoli 111 e 111-bis del regio decreto 16 marzo 1942, n. 267.

19. A seguito del pagamento delle somme di cui ai commi 1, 21, 22 e 24, l'agente della riscossione è automaticamente discaricato dell'importo residuo. Al fine di consentire agli enti creditori di eliminare dalle proprie scritture patrimoniali i crediti corrispondenti alle quote discaricate, lo stesso agente della riscossione trasmette, anche in via telematica, a ciascun ente interessato, entro il 31 dicembre 2024, l'elenco dei debitori che si sono avvalsi delle disposizioni di cui al presente articolo e dei codici tributo per i quali è stato effettuato il versamento. All'articolo 6, comma 12, del decreto-legge 22 ottobre 2016, n. 193, convertito, con modificazioni, dalla legge 1° dicembre 2016, n. 225, le parole «30 giugno 2020» sono sostituite dalle seguenti: «31 dicembre 2024».

20. All'articolo 1, comma 684, della legge 23 dicembre 2014, n. 190, il primo periodo è sostituito dal seguente: «Le comunicazioni di inesigibilità relative alle quote affidate agli agenti della riscossione dal 1° gennaio 2000 al 31 dicembre 2017, anche da soggetti creditori che hanno cessato o cessano di avvalersi delle società del Gruppo Equitalia ovvero dell'Agenzia delle entrate-Riscossione, sono presentate, per i ruoli consegnati negli anni 2016 e 2017, entro il 31 dicembre 2026 e, per quelli consegnati fino al 31 dicembre 2015, per singole annualità di consegna partendo dalla più recente, entro il 31 dicembre di ciascun anno successivo al 2026.».

21. Fatto salvo quanto previsto dall'articolo 4, l'integrale pagamento, entro il termine differito al 7 dicembre 2018, delle residue somme dovute ai sensi dell'articolo 1, commi 6 e 8, lettera b), numero 2), del decreto-legge 16 ottobre 2017, n. 148, convertito, con modificazioni, dalla legge 4 dicembre 2017, n. 172, in scadenza nei mesi di luglio, settembre e ottobre 2018, determina, per i debitori che vi provvedono, il differimento automatico del versamento delle restanti somme, che è effettuato in dieci rate consecutive di pari importo, con scadenza il 31 luglio e il 30 novembre di ciascun anno a decorrere dal 2019, sulle quali sono dovuti, dal 1° agosto 2019, gli interessi al tasso dello 0,3 per cento annuo. A tal fine, entro il 30 giugno 2019, senza alcun adempimento a carico dei debitori interessati, l'agente della riscossione invia a questi ultimi apposita comunicazione, unitamente ai bollettini precompilati per il pagamento delle somme dovute alle nuove scadenze, anche tenendo conto di quelle stralciate ai sensi dell'articolo 4. Si applicano le disposizioni di cui al comma 12, lettera c); si applicano altresì, a seguito del pagamento della prima delle predette rate differite, le disposizioni di cui al comma 13, lettera b)(10).

22. Resta salva la facoltà, per il debitore, di effettuare, entro il 31 luglio 2019, in unica soluzione, il pagamento delle rate differite ai sensi del comma 21 (11).

23. Fatto salvo quanto previsto dall'articolo 4, i debiti relativi ai carichi per i quali non è stato effettuato l'integrale pagamento, entro il 7 dicembre 2018, delle somme da versare nello stesso termine in conformità alle previsioni del comma 21 possono essere definiti secondo le disposizioni del presente articolo versando le somme di cui al comma 1 in unica soluzione entro il 31 luglio 2019, ovvero, in deroga al comma 2, lettera b), nel numero massimo di dieci rate consecutive, ciascuna di pari importo, scadenti la prima il 31 luglio 2019, la seconda il 30 novembre 2019 e le restanti il 28 febbraio, il 31 maggio, il 31 luglio e il 30 novembre degli anni 2020 e 2021 (12)(13)(14).

24. Relativamente ai debiti risultanti dai singoli carichi affidati agli agenti della riscossione dal 1° gennaio 2000 al 30 settembre 2017, i soggetti di cui all'articolo 6, comma 13-ter, del decreto-legge 22 ottobre 2016, n. 193, convertito, con modificazioni, dalla legge 1° dicembre 2016, n. 225, effettuano il pagamento delle residue somme dovute ai fini delle definizioni agevolate previste dallo stesso articolo 6 del decreto-legge n. 193 del 2016 e dall'articolo 1, comma 4, del decreto-legge 16 ottobre 2017, n. 148, convertito, con modificazioni, dalla legge 4 dicembre 2017, n. 172, in dieci rate consecutive di pari importo, con scadenza il 31 luglio e il 30 novembre di ciascun anno a decorrere dal 2019, sulle quali sono dovuti, dal 1° agosto 2019, gli interessi al tasso dello 0,3 per cento annuo. A tal fine, entro il 30 giugno 2019, senza alcun adempimento a carico dei debitori interessati, l'agente della riscossione invia a questi ultimi apposita comunicazione, unitamente ai bollettini precompilati per il pagamento delle somme dovute alle nuove scadenze. Si applicano le disposizioni di cui al comma 12, lettera c); si applicano altresì, a seguito del pagamento della prima delle predette rate, le disposizioni di cui al comma 13, lettera b). Resta salva la facoltà, per il debitore, di effettuare il pagamento di tali rate in unica soluzione entro il 31 luglio 2019 (15).

24-bis. Le disposizioni del comma 14-bis si applicano anche nel caso di tardivo versamento, non superiore a cinque giorni, delle rate differite ai sensi dei commi 21 e 24, in scadenza a decorrere dal 31 luglio 2019 (16).

25. Possono essere definiti, secondo le disposizioni del presente articolo, anche i debiti relativi ai carichi già oggetto di precedenti dichiarazioni rese ai sensi:

a) dell'articolo 6, comma 2, del decreto-legge 22 ottobre 2016, n. 193, convertito, con modificazioni, dalla legge 1° dicembre 2016, n. 225, per le quali il debitore non ha perfezionato la definizione con l'integrale, tempestivo pagamento delle somme dovute a tal fine;

b) dell'articolo 1, comma 5, del decreto-legge 16 ottobre 2017, n. 148, convertito, con modificazioni, dalla legge 4 dicembre 2017, n. 172, per le quali il debitore non ha provveduto all'integrale, tempestivo pagamento delle somme dovute in conformità al comma 8, lettera b), numero 1), dello stesso articolo 1 del decreto-legge n. 148 del 2017.

(1) Per le riaperture dei termini per gli istituti agevolativi relativi ai carichi affidati agli agenti di riscossione, vedi l'articolo 16-bis del D.L. 30 aprile

2019, n. 34, convertito con modificazioni dalla Legge 28 giugno 2019, n. 58.
(2) *Comma modificato dall'articolo 1, comma 1, della Legge 17 dicembre 2018, n. 136, in sede di conversione.*
(3) *A norma dell'articolo 37, comma 1, del D.L. 26 ottobre 2019, n. 124, convertito con modificazioni dalla Legge 19 dicembre 2019, n. 157, la scadenza di pagamento del 31 luglio 2019, di cui alla presente lettera, è fissata al 30 novembre 2019.*
(4) *Comma sostituito dall'articolo 1, comma 1, della Legge 17 dicembre 2018, n. 136, in sede di conversione.*
(5) *A norma dell'articolo 37, comma 1, del D.L. 26 ottobre 2019, n. 124, convertito con modificazioni dalla Legge 19 dicembre 2019, n. 157, la scadenza di pagamento del 31 luglio 2019, di cui alla presente lettera, è fissata al 30 novembre 2019.*
(6) *Per un differimento dei termini de versamenti di cui alla presente lettera, vedi l'articolo 2, comma 3, del D.L. 2 marzo 2020, n. 9. Decreto abrogato dall'articolo 1, comma 2, della Legge 24 aprile 2020, n. 27, a norma del quale restano validi gli atti ed i provvedimenti adottati e sono fatti salvi gli effetti prodottisi e i rapporti giuridici sorti sulla base del medesimo D.L. n. 9/2020. Vedi, da ultimo, l'articolo 68, comma 3 del D.L. 17 marzo 2020, n. 18, convertito, con modificazioni, dalla L. 24 aprile 2020, n. 27, come modificato dall'articolo dall'articolo 10-quinques, comma 2, del D.L. 27 gennaio 2022, n. 4, convertito con modificazioni dalla Legge 28 marzo 2022, n. 25.*
(7) *Lettera inserita dall'articolo 1, comma 1, della Legge 17 dicembre 2018, n. 136, in sede di conversione.*
(8) *Alinea modificato dall'articolo 1, comma 1, della Legge 17 dicembre 2018, n. 136, in sede di conversione.*
(9) *Comma inserito dall'articolo 1, comma 1, della Legge 17 dicembre 2018, n. 136, in sede di conversione.*
(10) *A norma dell'articolo 37, comma 1, del D.L. 26 ottobre 2019, n. 124, convertito con modificazioni dalla Legge 19 dicembre 2019, n. 157, la scadenza di pagamento del 31 luglio 2019, di cui al presente comma, è fissata al 30 novembre 2019.*
(11) *A norma dell'articolo 37, comma 1, del D.L. 26 ottobre 2019, n. 124, convertito con modificazioni dalla Legge 19 dicembre 2019, n. 157, la scadenza di pagamento del 31 luglio 2019, di cui al presente comma, è fissata al 30 novembre 2019.*
(12) *Comma modificato dall'articolo 1-bis, comma 1, lettera a), del D.L. 14 dicembre 2018, n. 135, convertito con modificazioni, dalla Legge 11 febbraio 2019, n. 12.*
(13) *A norma dell'articolo 37, comma 1, del D.L. 26 ottobre 2019, n. 124, convertito con modificazioni dalla Legge 19 dicembre 2019, n. 157, la scadenza di pagamento del 31 luglio 2019, di cui al presente comma, è fissata al 30 novembre 2019.*
(14) *A norma dell'articolo 68, comma 3 del D.L. 17 marzo 2020, n. 18, convertito, con modificazioni, dalla L. 24 aprile 2020, n. 27, il termine di versamento del 28 febbraio 2020 di cui al presente comma, è differito al 31 maggio.*
(15) *A norma dell'articolo 37, comma 1, del D.L. 26 ottobre 2019, n. 124, convertito con modificazioni dalla Legge 19 dicembre 2019, n. 157, la scadenza di pagamento del 31 luglio 2019, di cui al presente comma, è fissata al 30 novembre 2019.*
(16) *Comma inserito dall'articolo 1, comma 1, della Legge 17 dicembre 2018, n. 136, in sede di conversione.*

4. Stralcio dei debiti fino a mille euro affidati agli agenti della riscossione dal 2000 al 2010.(A) – 1. I debiti di importo residuo, alla data di entrata in vigore del presente decreto, fino a mille euro, comprensivo di capitale, interessi per ritardata iscrizione a ruolo e sanzioni, risultanti dai singoli carichi affidati agli agenti della riscossione dal 1° gennaio 2000 al 31 dicembre 2010, ancorché riferiti alle cartelle per le quali è già intervenuta la richiesta di cui all'articolo 3, sono automaticamente annullati. L'annullamento è effettuato alla data del 31 dicembre 2018 per consentire il regolare svolgimento dei necessari adempimenti tecnici e contabili. Ai fini del conseguente discarico, senza oneri amministrativi a carico dell'ente creditore, e dell'eliminazione dalle relative scritture patrimoniali, l'agente della riscossione trasmette agli enti interessati l'elenco delle quote annullate su supporto magnetico, ovvero in via telematica, in conformità alle specifiche tecniche di cui all'allegato 1 del decreto direttoriale del Ministero dell'economia e delle finanze del 15 giugno 2015, pubblicato nella Gazzetta Ufficiale n. 142 del 22 giugno 2015. Si applicano le disposizioni di cui all'articolo 1, comma 529, della legge 24 dicembre 2012, n. 228. Gli enti creditori, sulla base dell'elenco trasmesso dall'agente della riscossione, adeguano le proprie scritture contabili entro la data del 31 dicembre 2019, tenendo conto degli eventuali effetti negativi già nel corso della gestione e vincolando allo scopo le eventuali risorse disponibili alla data della comunicazione(1).

2. Con riferimento ai debiti di cui al comma 1:

a) le somme versate anteriormente alla data di entrata in vigore del presente decreto restano definitivamente acquisite;

b) le somme versate dalla data di entrata in vigore del presente decreto sono imputate alle rate da corrispondersi per altri debiti eventualmente inclusi nella definizione agevolata anteriormente al versamento, ovvero, in mancanza, a debiti scaduti o in scadenza e, in assenza anche di questi ultimi, sono rimborsate, ai sensi dell'articolo 22, commi 1-bis, 1-ter e 1-quater, del decreto legislativo 13 aprile 1999, n. 112. A tal fine, l'agente della riscossione presenta all'ente creditore richiesta di restituzione delle somme eventualmente riscosse dalla data di entrata in vigore del presente decreto e fino al 31 dicembre 2018, riversate ai sensi dello stesso articolo 22 del decreto legislativo n. 112 del 1999. In caso di mancata erogazione nel termine di novanta giorni dalla richiesta, l'agente della riscossione è autorizzato a compensare il relativo importo con le somme da riversare.

3. Per il rimborso delle spese per le procedure esecutive poste in essere in relazione alle quote annullate ai sensi del comma 1, concernenti i carichi erariali e, limitatamente alle spese maturate negli anni 2000-2013, quelli dei comuni, l'agente della riscossione presenta, entro il 31 dicembre 2019, sulla base dei crediti risultanti dal proprio bilancio al 31 dicembre 2018, e fatte salve le anticipazioni eventualmente ottenute, apposita richiesta al Ministero dell'economia e delle finanze. Il rimborso è effettuato, a decorrere dal 30 giugno 2020, in venti rate annuali, con onere a carico del bilancio dello Stato. Per i restanti carichi tale richiesta è presentata al singolo ente creditore, che provvede direttamente al rimborso, fatte salve anche in questo caso le anticipazioni eventualmente ottenute, con oneri a proprio carico e con le modalità e nei termini previsti dal secondo periodo.

4. Le disposizioni del presente articolo non si applicano ai debiti relativi ai carichi di cui all'articolo 3, comma 16, lettere a), b) e c), nonché alle risorse proprie tradizionali previste dall'articolo 2, paragrafo 1, lettera a), delle decisioni 2007/436/CE, Euratom del Consiglio, del 7 giugno 2007, e 2014/335/UE, Euratom del Consiglio, del 26 maggio 2014, e all'imposta sul valore aggiunto riscossa all'importazione.

(A) *In riferimento a ulteriori istruzioni in merito al presente articolo di interesse della Direzione Centrale Legislazione e Procedure Doganali – Ufficio normativa e contenzioso in materia doganale ed extra tributaria vedi: Nota Agenzia delle Dogane 16/11/2018 n. 123013/RU.*
(1) *Comma modificato dall'articolo 16-quater, comma 1, del D.L. 30 aprile 2019, n. 34, convertito, con modificazioni, dalla Legge 28 giugno 2019, n. 58.*

5. Definizione agevolata dei carichi affidati all'agente della riscossione a titolo di risorse proprie dell'Unione europea.(A) – 1. I debiti relativi ai carichi affidati agli agenti della riscossione dal 1° gennaio 2000 al 31 dicembre 2017 a titolo di risorse proprie tradizionali previste dall'articolo 2, paragrafo 1, lettera a), delle decisioni 2007/436/CE, Euratom del Consiglio, del 7 giugno 2007, e 2014/335/UE, Euratom del Consiglio, del 26 maggio 2014, e di imposta sul valore aggiunto riscossa all'importazione possono essere estinti con le modalità, alle condizioni e nei termini di cui all'articolo 3, con le seguenti deroghe:

a) limitatamente ai debiti relativi alle risorse proprie tradizionali previste dall'articolo 2, paragrafo 1, lettera a), della decisione 2014/335/UE, Euratom del Consiglio, del 26 maggio 2014, il debitore è tenuto a corrispondere, in aggiunta alle somme di cui all'articolo 3, comma 1, lettere a) e b):

1) a decorrere dal 1° maggio 2016 e fino al 31 luglio 2019, gli interessi di mora previsti dall'articolo 114, paragrafo 1, del regolamento (UE) n. 952/2013 del Parlamento europeo e del Consiglio del 9 ottobre 2013, fatto salvo quanto previsto ai paragrafi 3 e 4 dello stesso articolo 114;

2) dal 1° agosto 2019, gli interessi al tasso del 2 per cento annuo;

b) entro il 31 maggio 2019 l'agente della riscossione trasmette, anche in via telematica, l'elenco dei singoli carichi compresi nelle dichiarazioni di adesione alla definizione all'Agenzia delle dogane e dei monopoli, che, determinato l'importo degli interessi di mora di cui alla lettera a), numero 1), lo comunica al medesimo agente, entro il 15 giugno 2019, con le stesse modalità;

c) entro il 31 luglio 2019 l'agente della riscossione comunica ai debitori che hanno presentato la dichiarazione l'ammontare complessivo delle somme dovute ai fini della definizione, nonché quello delle singole rate, e il giorno e il mese di scadenza di ciascuna di esse;

d) il pagamento dell'unica o della prima rata delle somme dovute a titolo di definizione scade il 30 settembre 2019; la seconda rata scade il 30 novembre 2019 e le restanti rate il 28 febbraio, il 31 maggio il 31 luglio e il 30 novembre di ciascun anno successivo [(1)(2)];

e) limitatamente ai debiti relativi alle risorse proprie tradizionali previste dall'articolo 2, paragrafo 1, lettera a), della decisione 2014/335/UE, Euratom del Consiglio, del 26 maggio 2014, non si applicano le disposizioni di cui all'articolo 3, comma 12, lettera c), relative al pagamento mediante compensazione;

f) l'Agenzia delle dogane e dei monopoli, al fine di poter correttamente valutare lo stato dei crediti inerenti alle somme di competenza del bilancio della UE, trasmette, anche in via telematica, alle scadenze determinate in base all'articolo 13 del regolamento (UE, Euratom) n. 609/2014 del Consiglio, del 26 maggio 2014, specifica richiesta all'agente della riscossione, che, entro sessanta giorni, provvede a comunicare, con le stesse modalità, se i debitori che hanno aderito alla definizione hanno effettuato il pagamento delle rate previste e, in caso positivo, a fornire l'elenco dei codici tributo per i quali è stato effettuato il versamento [(3)].

[(A)] In riferimento a ulteriori istruzioni in merito al presente articolo di interesse della Direzione Centrale Legislazione e Procedure Doganali – Ufficio normativa e contenzioso in materia doganale ed extra tributaria vedi: Nota Agenzia delle Dogane 16/11/2018 n. 123013/RU

[(1)] Comma modificato dall'articolo 1-bis, comma 1, del D.L. 14 dicembre 2018, n. 135, convertito con modificazioni, dalla Legge 11 febbraio 2019, n. 12.

[(2)] Per un differimento dei termini de versamenti di cui alla presente lettera, vedi l'articolo 2, comma 3, del D.L. 2 marzo 2020, n. 9. Decreto abrogato dall'articolo 1, comma 2, della Legge 24 aprile 2020, n. 27, a norma del quale restano validi gli atti ed i provvedimenti adottati e sono fatti salvi gli effetti prodottisi e i rapporti giuridici sorti sulla base del medesimo D.L. n. 9/2020. Vedi, da ultimo, l'articolo 68, comma 3 del D.L. 17 marzo 2020, n. 18, convertito, con modificazioni, dalla L. 24 aprile 2020, n. 27, come modificato dall'articolo dall'articolo 10-quinques, comma 2, del D.L. 27 gennaio 2022, n. 4, convertito con modificazioni dalla Legge 28 marzo 2022, n. 25.

[(3)] Lettera modificata dall'articolo 1, comma 1, della Legge 17 dicembre 2018, n. 136, in sede di conversione.

6. Definizione agevolata delle controversie tributarie.[(A)] – 1. Le controversie attribuite alla giurisdizione tributaria in cui è parte l'Agenzia delle entrate, aventi ad oggetto atti impositivi, pendenti in ogni stato e grado del giudizio, compreso quello in Cassazione e anche a seguito di rinvio, possono essere definite, a domanda del soggetto che ha proposto l'atto introduttivo del giudizio o di chi vi è subentrato o ne ha la legittimazione, con il pagamento di un importo pari al valore della controversia. Il valore della controversia è stabilito ai sensi del comma 2 dell'articolo 12 del decreto legislativo 31 dicembre 1992, n. 546.

1-bis. In caso di ricorso pendente iscritto nel primo grado, la controversia può essere definita con il pagamento del 90 per cento del valore della controversia [(1)].

2. In deroga a quanto previsto dal comma 1, in caso di soccombenza dell'Agenzia delle entrate nell'ultima o unica pronuncia giurisdizionale non cautelare depositata alla data di entrata in vigore del presente decreto, le controversie possono essere definite con il pagamento:

a) del 40 per cento del valore della controversia in caso di soccombenza nella pronuncia di primo grado [(2)];

b) del 15 per cento del valore della controversia in caso di soccombenza nella pronuncia di secondo grado [(3)].

2-bis. In caso di accoglimento parziale del ricorso o comunque di soccombenza ripartita tra il contribuente e l'Agenzia delle entrate, l'importo del tributo al netto degli interessi e delle eventuali sanzioni è dovuto per intero relativamente alla parte di atto confermata dalla pronuncia giurisdizionale e in misura ridotta, secondo le disposizioni di cui al comma 2, per la parte di atto annullata[(4)].

2-ter. Le controversie tributarie pendenti innanzi alla Corte di cassazione, alla data di entrata in vigore della legge di conversione del presente decreto, per le quali l'Agenzia delle entrate risulti soccombente in tutti i precedenti gradi di giudizio, possono essere definite con il pagamento di un importo pari al 5 per cento del valore della controversia [(5)].

3. Le controversie relative esclusivamente alle sanzioni non collegate al tributo possono essere definite con il pagamento del quindici per cento del valore della controversia in caso di soccombenza dell'Agenzia delle entrate nell'ultima o unica pronuncia giurisdizionale non cautelare, sul merito o sull'ammissibilità dell'atto introduttivo del giudizio, depositata alla data di entrata in vigore del presente decreto, e con il pagamento del quaranta per cento negli altri casi. In caso di controversia relativa esclusivamente alle sanzioni collegate ai tributi cui si riferiscono, per la definizione non è dovuto alcun importo relativo alle sanzioni qualora il rapporto relativo ai tributi sia stato definito anche con modalità diverse dalla presente definizione.

4. Il presente articolo si applica alle controversie in cui il ricorso in primo grado è stato notificato alla controparte entro la data di entrata in vigore del presente decreto e per le quali alla data della presentazione della domanda di cui al comma 1 il processo non si sia concluso con pronuncia definitiva.

5. Sono escluse dalla definizione le controversie concernenti anche solo in parte:

a) le risorse proprie tradizionali previste dall'articolo 2, paragrafo 1, lettera a), delle decisioni 2007/436/CE, Euratom del Consiglio, del 7 giugno 2007, e 2014/335/UE, Euratom del Consiglio, del 26 maggio 2014, e l'imposta sul valore aggiunto riscossa all'importazione;

b) le somme dovute a titolo di recupero di aiuti di Stato ai sensi dell'articolo 16 del regolamento (UE) 2015/1589 del Consiglio, del 13 luglio 2015.

6. La definizione si perfeziona con la presentazione della domanda di cui al comma 8 e con il pagamento degli importi dovuti ai sensi del presente articolo o della prima rata entro il 31 maggio 2019; nel caso in cui gli importi dovuti superano mille euro è ammesso il pagamento rateale, con applicazione delle disposizioni dell'articolo 8 del decreto legislativo 19 giugno 1997, n. 218, in un massimo di venti rate trimestrali. Il termine di pagamento delle rate successive alla prima scade il 31 agosto, 30 novembre, 28 febbraio e 31 maggio di ciascun anno a partire dal 2019. Sulle rate successive alla prima, si applicano gli interessi legali calcolati dal 1° giugno 2019 alla data del versamento. È esclusa la compensazione prevista dall'articolo 17 del decreto legislativo 9 luglio 1997, n. 241. Qualora non ci siano importi da versare, la definizione si perfeziona con la sola presentazione della domanda.

7. Nel caso in cui le somme interessate dalle controversie definibili a norma del presente articolo sono oggetto di definizione agevolata dei carichi affidati all'agente della riscossione ai sensi dell'articolo 1, comma 4, del decreto-legge 16 ottobre 2017, n. 148, convertito, con modificazioni, dalla legge 4 dicembre 2017, n. 172, il perfezionamento della definizione della controversia è in ogni caso subordinato al versamento entro il 7 dicembre 2018 delle somme di cui al comma 21 dell'articolo 3 del presente decreto [(6)].

8. Entro il 31 maggio 2019, per ciascuna controversia autonoma è presentata una distinta domanda di definizione esente dall'imposta di bollo ed effettuato un distinto versamento. Per controversia autonoma si intende quella relativa a ciascun atto impugnato.

9. Dagli importi dovuti ai sensi del presente articolo si scomputano quelli già versati a qualsiasi titolo in pendenza di giudizio. La definizione non dà comunque luogo alla restituzione delle somme già versate ancorché eccedenti rispetto a quanto dovuto per la definizione. Gli effetti della definizione perfezionata prevalgono su quelli delle eventuali pronunce giurisdizionali non passate in giudicato anteriormente alla data di entrata in vigore del presente decreto.

10. Le controversie definibili non sono sospese, salvo che il contribuente faccia apposita richiesta al giudice, dichiarando di volersi avvalere delle disposizioni del presente articolo. In tal caso il processo è sospeso fino al 10 giugno 2019. Se entro tale data il contribuente deposita presso l'organo giurisdizionale innanzi al quale pende la controversia copia della domanda di definizione e del versamento degli importi dovuti o della prima rata, il processo resta sospeso fino al 31 dicembre 2020.

11. Per le controversie definibili sono sospesi per nove mesi i termini di impugnazione, anche incidentale, delle pronunce giurisdizionali e di riassunzione, nonché per la proposizione del controricorso in Cassazione che scadono tra la data di entrata in vigore del presente decreto e il 31 luglio 2019.

12. L'eventuale diniego della definizione va notificato entro il 31 luglio 2020 con le modalità previste per la notificazione degli atti processuali. Il diniego è impugnabile entro sessanta giorni dinanzi all'organo giurisdizionale presso il quale pende la controversia. Nel caso in cui la definizione della controversia è richiesta in pendenza del termine per impugnare, la pronuncia giurisdizionale può essere impugnata dal contribuente unitamente al diniego della definizione entro sessanta giorni dalla notifica di quest'ultimo ovvero dalla controparte nel medesimo termine.

13. In mancanza di istanza di trattazione presentata entro il 31 dicembre 2020 dalla parte interessata, il processo è dichiarato estinto, con decreto del Presidente. L'impugnazione della pronuncia giurisdizionale e del diniego, qualora la controversia risulti non definibile, valgono anche come istanza di trattazione. Le spese del processo estinto restano a carico della parte che le ha anticipate.

14. La definizione perfezionata dal coobbligato giova in favore degli altri, inclusi quelli per i quali la controversia non sia più pendente, fatte salve le disposizioni del secondo periodo del comma 8.

15. Con uno o più provvedimenti del direttore dell'Agenzia delle entrate sono stabilite le modalità di attuazione del presente articolo.

16. Ciascun ente territoriale può stabilire, entro il 31 marzo 2019, con le forme previste dalla legislazione vigente per l'adozione dei propri atti, l'applicazione delle disposizioni di cui al presente articolo alle controversie attribuite alla giurisdizione tributaria in cui è parte il medesimo ente o un suo ente strumentale [(7)].

[(A)] In riferimento a ulteriori istruzioni in merito al presente articolo di interesse della Direzione Centrale Legislazione e Procedure Doganali – Ufficio normativa e contenzioso in materia doganale ed extra tributaria vedi: Nota Agenzia delle Dogane 16/11/2018 n. 123013/RU.

In riferimento al presente articolo vedi: Risoluzione Agenzia delle Entrate 21 febbraio 2019, n. 29/E, la Risposta Agenzia delle Entrate 18 aprile 2019, n. 110, la Risposta Agenzia delle Entrate 23 aprile 2019 n. 129, la Risposta Agenzia delle Entrate 23/04/2019 n. 128, la Risposta Agenzia delle Entrate del 9 maggio 2019, n. 136; la Risposta Agenzia delle Entrate 14 maggio 2019, n. 141, la Circolare Agenzia delle Entrate 15 maggio 2019, n. 10/E. In riferimento alla definizione agevolata controversie tributarie, di cui al presente articolo, vedi: Risposta Agenzia delle Entrate 31 maggio 2019, n. 175, Risposta Agenzia delle Entrate 31 maggio 2019, n. 175; Risposta Agenzia delle Entrate 31 maggio 2019, n. 177; Risposta Agenzia delle Entrate 2 agosto 2019, n. 329; Risposta Agenzia delle Entrate 23 settembre 2020 n. 391; Risposta Agenzia delle Entrate 4 dicembre 2020, n. 566.

[(1)] Comma modificato dall'articolo 1, comma 1, della Legge 17 dicembre 2018, n. 136, in sede di conversione.

[(2)] Lettera modificata dall'articolo 1, comma 1, della Legge 17 dicembre 2018, n. 136, in sede di conversione.

[(3)] Lettera modificata dall'articolo 1, comma 1, della Legge 17 dicembre 2018, n. 136, in sede di conversione.

[(4)] Comma inserito dall'articolo 1, comma 1, della Legge 17 dicembre 2018, n. 136, in sede di conversione.

[(5)] Comma inserito dall'articolo 1, comma 1, della Legge 17 dicembre 2018, n. 136, in sede di conversione.

[(6)] Comma modificato dall'articolo 1, comma 1, della Legge 17 dicembre 2018, n. 136, in sede di conversione.

[(7)] Comma modificato dall'articolo 1, comma 1, della Legge 17 dicembre 2018, n. 136, in sede di conversione.

7. Regolarizzazione con versamento volontario di periodi d'imposta precedenti. – [1. Le società e le associazioni sportive dilettantistiche, iscritte nel Registro CONI, possono avvalersi della dichiarazione integrativa speciale, di cui all'articolo 9, per tutte le imposte dovute e per ciascun anno di imposta, nel limite complessivo di 30.000 euro di imponibile annuo.] [1]

2. Le società e le associazioni sportive dilettantistiche che alla data del 31 dicembre 2017 risultavano iscritte nel registro del CONI possono avvalersi [2]:

a) della definizione agevolata degli atti del procedimento di accertamento prevista dall'articolo 2, versando un importo pari al 50 per cento delle maggiori imposte accertate, fatta eccezione per l'imposta sul valore aggiunto, dovuta per intero, ed al 5 per cento delle sanzioni irrogate e degli interessi dovuti;

b) della definizione agevolata delle liti pendenti dinanzi alle commissioni tributarie di cui all'articolo 6 con il versamento del:

1) 40 per cento del valore della lite e del 5 per cento delle sanzioni e degli interessi accertati nel caso in cui, alla data di entrata in vigore del presente decreto, questa penda ancora nel primo grado di giudizio;

2) 10 per cento del valore della lite e del 5 per cento delle sanzioni e degli interessi accertati, in caso di soccombenza in giudizio dell'amministrazione finanziaria nell'ultima o unica pronuncia giurisdizionale resa e non ancora definitiva alla data di entrata in vigore del presente decreto;

3) 50 per cento del valore della lite e del 10 per cento delle sanzioni e interessi accertati in caso di soccombenza in giudizio della società o associazione sportiva nell'ultima o unica pronuncia giurisdizionale resa e non ancora definitiva alla data di entrata in vigore del presente decreto [A].

3. La definizione agevolata di cui al presente articolo è preclusa se l'ammontare delle sole imposte accertate o in contestazione, relativamente a ciascun periodo d'imposta, per il quale è stato emesso avviso d'accertamento o è pendente reclamo o ricorso, è superiore ad euro 30 mila per ciascuna imposta, IRES o IRAP, accertata o contestata. In tal caso resta ferma la possibilità di avvalersi delle definizioni agevolate degli atti di accertamento e delle liti pendenti di cui agli articoli 2 e 6 con le regole ivi previste [B].

[A] In riferimento alla definizione agevolata delle controversie tributari di cui alla presente lettera, vedi la Circolare Agenzia delle Entrate 15 maggio 2019, n. 10/E

[B] In riferimento alla definizione agevolata delle controversie tributari di cui al presente comma, vedi la Circolare Agenzia delle Entrate 15 maggio 2019, n. 10/E

[1] Comma soppresso dall'articolo 1, comma 1, della Legge 17 dicembre 2018, n. 136, in sede di conversione.

[2] Alinea sostituito dall'articolo 1, comma 1, della Legge 17 dicembre 2018, n. 136, in sede di conversione.

8. Definizione agevolata delle imposte di consumo dovute ai sensi dell'articolo 62-quater, commi 1 e 1-bis, del decreto legislativo 26 ottobre 1995, n. 504. – 1. È ammessa la definizione agevolata dei debiti tributari, per i quali non sia ancora intervenuta sentenza passata in giudicato, maturati fino al 31 dicembre 2018 a titolo di imposta di consumo, ai sensi dell'articolo 62-quater, commi 1 e 1-bis, del decreto legislativo 26 ottobre 1995, n. 504, con il versamento, da parte del soggetto obbligato, di un importo pari al 5 per cento degli importi dovuti, con le modalità stabilite nel presente articolo. Non sono dovuti gli interessi e le sanzioni.

2. Ai fini della definizione di cui al comma 1, il soggetto obbligato manifesta all'Agenzia delle dogane e dei monopoli la volontà di avvalersene, facendo pervenire all'Agenzia stessa, entro il 30 aprile 2019, apposita dichiarazione con le modalità e in conformità alla modulistica che l'Agenzia medesima pubblica sul proprio sito internet istituzionale entro il 28 febbraio 2019. Ove la data di pubblicazione delle modalità e della modulistica da parte dell'Agenzia stessa sia successiva al 28 febbraio 2019, la dichiarazione deve pervenire all'Agenzia entro sessanta giorni dalla suddetta data di pubblicazione. I termini indicati per la presentazione della dichiarazione sono perentori.

3. Nella dichiarazione deve essere indicato l'ammontare dell'imposta dovuta ai sensi dell'articolo 62-quater, commi 1 e 1-bis, del decreto legislativo 26 ottobre 1995, n. 504. Qualora il soggetto obbligato non abbia ottemperato, in tutto o in parte, agli adempimenti di cui all'articolo 6, comma 7, del decreto del Ministro dell'economia e delle finanze 29 dicembre 2014, pubblicato nella Gazzetta Ufficiale n. 302 del 31 dicembre 2014, la dichiarazione stessa deve essere corredata dei prospetti riepilogativi previsti dal medesimo articolo 6. Il soggetto obbligato deve altresì dichiarare che i dati indicati nei prospetti riepilogativi sono conformi a quelli risultanti dalla documentazione contabile tenuta dal soggetto obbligato stesso [1].

4. La presentazione della dichiarazione sospende per novanta giorni i termini per l'impugnazione dei provvedimenti impositivi e degli atti di riscossione delle imposte di consumo di cui al comma 1 nonché delle sentenze pronunciate su tali atti. Nel caso in cui i provvedimenti impositivi e gli atti di riscossione siano stati oggetto di impugnazione innanzi alla giurisdizione tributaria il processo è sospeso a domanda della parte diversa dall'Amministrazione finanziaria, fino al perfezionamento della definizione di cui al comma 1.

5. La definizione di cui al comma 1 si perfeziona con il pagamento, entro sessanta giorni dalla comunicazione, dell'intero importo comunicato dall'Agenzia delle dogane e dei monopoli ai sensi del comma 6, ovvero della prima rata, in caso di pagamento rateale.

6. Entro centoventi giorni dalla ricezione della dichiarazione di cui al comma 2, l'Agenzia delle dogane e dei monopoli comunica al soggetto obbligato l'ammontare complessivo delle somme dovute ai fini della definizione agevolata di cui al comma 1.

7. L'ammontare complessivo delle somme dovute comunicato dall'Agenzia delle dogane e dei monopoli, ovvero della prima rata in caso di pagamento rateale, è versato dal soggetto obbligato entro sessanta giorni dalla data della comunicazione dell'Agenzia stessa.

8. Nella dichiarazione, il soggetto obbligato può esprimere la volontà di effettuare il pagamento, in forma rateale mensile, delle somme dovute, per un massimo di centoventi rate mensili, previa prestazione di una garanzia, ai sensi dell'articolo 1 della legge 10 giugno 1982, n. 348, a copertura di sei mensilità. Il mancato pagamento di sei rate, anche non consecutive, determina la decadenza dal beneficio del pagamento rateale con obbligo di versamento delle somme residue entro sessanta giorni dalla scadenza dell'ultima rata non pagata.

9. La definizione agevolata perde di efficacia, qualora l'Agenzia delle dogane e dei monopoli, entro il termine di prescrizione delle imposte di cui al comma 1, accerti la non veridicità dei dati comunicati con la dichiarazione di cui al comma 2.

[1] Comma modificato dall'articolo 1, comma 1, della Legge 17 dicembre 2018, n. 136, in sede di conversione.

9. Irregolarità formali.[(A)(1)] – 1. Le irregolarità, le infrazioni e le inosservanze di obblighi o adempimenti, di natura formale, che non rilevano sulla determinazione della base imponibile ai fini delle imposte sui redditi, dell'IVA e dell'IRAP e sul pagamento dei tributi, commesse fino al 24 ottobre 2018, possono essere regolarizzate mediante il versamento di una somma pari ad euro 200 per ciascun periodo d'imposta cui si riferiscono le violazioni.

2. Il versamento della somma di cui al comma 1 è eseguito in due rate di pari importo entro il 31 maggio 2019 e il 2 marzo 2020.

3. La regolarizzazione si perfeziona con il pagamento delle somme dovute ai sensi del comma 2 e con la rimozione delle irregolarità od omissioni.

4. Sono esclusi dalla regolarizzazione gli atti di contestazione o irrogazione delle sanzioni emessi nell'ambito della procedura di collaborazione volontaria di cui all'articolo 5-quater del decreto-legge 28 giugno 1990, n. 167, convertito, con modificazioni, dalla legge 4 agosto 1990, n. 227.

5. La procedura non può essere esperita dai contribuenti per l'emersione di attività finanziarie e patrimoniali costituite o detenute fuori dal territorio dello Stato.

6. In deroga all'articolo 3, comma 1, della legge 27 luglio 2000, n. 212, con riferimento alle violazioni commesse fino al 31 dicembre 2015, oggetto del processo verbale di constatazione, i termini di cui all'articolo 20, comma 1, del decreto legislativo 18 dicembre 1997, n. 472, sono prorogati di due anni.

7. Sono escluse dalla regolarizzazione le violazioni di cui al comma 1 già contestate in atti divenuti definitivi alla data di entrata in vigore della legge di conversione del presente decreto.

8. Con provvedimento del direttore dell'Agenzia delle entrate sono disciplinate le modalità di attuazione del presente articolo.

9. Il Fondo per interventi strutturali di politica economica, di cui all'articolo 10, comma 5, del decreto-legge 29 novembre 2004, n. 282, convertito, con modificazioni, dalla legge 27 dicembre 2004, n. 307, è incrementato di 101,67 milioni di euro per l'anno 2020.

10. Una quota del Fondo di cui al comma 9, pari a 40 milioni di euro per l'anno 2020, è destinata ad incrementare, per la medesima annualità, l'autorizzazione di spesa di cui al comma 1091 dell'articolo 1 della legge 27 dicembre 2017, n. 205.

11. Agli oneri derivanti dal presente articolo si provvede, quanto a 101,67 milioni di euro per l'anno 2020, mediante corrispondente utilizzo di quota parte delle maggiori entrate derivanti dai commi da 1 a 8 e, quanto a 130 milioni di euro per l'anno 2021, mediante corrispondente riduzione del Fondo di cui all'articolo 1, comma 200, della legge 23 dicembre 2014, n. 190.

12. Sono erogati in via prioritaria i rimborsi relativi a versamenti risultati eccedenti rispetto alle relative imposte dovute, richiesti entro i primi sei mesi solari di ciascun anno dai soggetti autorizzati dall'Agenzia delle dogane e dei monopoli all'adozione del sistema informatizzato di controllo di cui all'articolo 1 del regolamento di cui al decreto del Ministro dell'economia e delle finanze 29 ottobre 2009, n. 169, titolari della licenza di esercizio, non sospesa o revocata, di cui all'articolo 23, comma 2, del testo unico di cui al decreto legislativo 26 ottobre 1995, n. 504, rilasciata per la gestione di un deposito fiscale avente un parco serbatoi di stoccaggio di capacità non inferiore ai valori stabiliti dal comma 3 del medesimo articolo 23. Le disposizioni di cui al presente comma si applicano per i rimborsi erogabili a decorrere dalla data di entrata in vigore della legge di conversione del presente decreto, e comunque entro il limite complessivo di 10 milioni di euro annui per ciascun soggetto.

(A) In riferimento a chiarimenti sulla definizione agevolata delle irregolarità formali, di cui al presente articolo, vedi: Circolare Agenzia delle Entrate 15 maggio 2019, n. 11/E.
(1) Articolo sostituito dall'articolo 1, comma 1, della Legge 17 dicembre 2018, n. 136, in sede di conversione.

9 *bis*. Disposizioni in materia di sanzioni per assegni senza clausola di non trasferibilità.[(1)] – 1. All'articolo 63 del decreto legislativo 21 novembre 2007, n. 231, dopo il comma 1 è inserito il seguente:

"1-bis. Fermo quanto previsto dal comma 1, per le violazioni di cui all'articolo 49, comma 5, relative a importi inferiori a 30.000 euro, l'entità della sanzione minima è pari al 10 per cento dell'importo trasferito in violazione della predetta disposizione. La disposizione di cui al presente comma si applica qualora ricorrano le circostanze di minore gravità della violazione, accertate ai sensi dell'articolo 67".

2. La disposizione di cui al comma 1 si applica anche ai procedimenti amministrativi in corso alla data di entrata in vigore del presente decreto.

(1) Articolo aggiunto dall'articolo 1, comma 1, della Legge 17 dicembre 2018, n. 136, in sede di conversione.

CAPO II
Disposizioni in materia di semplificazione fiscale e di innovazione del processo tributario nonché di contrasto all'evasione fiscale [(1)]

(1) Rubrica modificata dall'articolo 1, comma 1, della Legge 17 dicembre 2018, n. 136, in sede di conversione.

10. Disposizioni di semplificazione per l'avvio della fatturazione elettronica.

01. All'articolo 1, comma 3, del decreto legislativo 5 agosto 2015, n. 127, è aggiunto, in fine, il seguente periodo: "Sono altresì esonerati dalle predette disposizioni i soggetti passivi che hanno esercitato l'opzione di cui agli articoli 1 e 2 della legge 16 dicembre 1991, n. 398, e che nel periodo d'imposta precedente hanno conseguito dall'esercizio di attività commerciali proventi per un importo non superiore a euro 65.000; tali soggetti, se nel periodo d'imposta precedente hanno conseguito dall'esercizio di attività commerciali proventi per un importo superiore a euro 65.000, assicurano che la fattura sia emessa per loro conto dal cessionario o committente soggetto passivo d'imposta" [(1)].

[02. Gli obblighi di fatturazione e registrazione relativi a contratti di sponsorizzazione e pubblicità in capo a soggetti di cui agli articoli 1 e 2 della legge 16 dicembre 1991, n. 398, nei confronti di soggetti passivi stabiliti nel territorio dello Stato, sono adempiuti dai cessionari .] [(2)]

1. All'articolo 1, comma 6, del decreto legislativo 5 agosto 2015, n. 127, dopo il secondo periodo sono inseriti i seguenti: «Per il primo semestre del periodo d'imposta 2019 le sanzioni di cui ai periodi precedenti:

VARIE

a) non si applicano se la fattura è emessa con le modalità di cui al comma 3 entro il termine di effettuazione della liquidazione periodica dell'imposta sul valore aggiunto ai sensi dell'articolo 1, comma 1, del decreto del Presidente della Repubblica 23 marzo 1998, n. 100;

b) si applicano con riduzione dell'80 per cento a condizione che la fattura elettronica sia emessa entro il termine di effettuazione della liquidazione dell'imposta sul valore aggiunto del periodo successivo. Per i contribuenti che effettuano la liquidazione periodica dell'imposta sul valore aggiunto con cadenza mensile le disposizioni di cui al periodo precedente si applicano fino al 30 settembre 2019.»[(3)].

1-bis. All'articolo 1, comma 6-bis, del decreto legislativo 5 agosto 2015, n. 127, dopo il primo periodo è inserito il seguente: "Per il servizio di conservazione gratuito delle fatture elettroniche di cui al presente articolo, reso disponibile agli operatori IVA dall'Agenzia delle entrate, il partner tecnologico Sogei S.p.a. non può avvalersi di soggetti terzi." [(4)]

(1) Comma premesso dall'articolo 1, comma 1, della Legge 17 dicembre 2018, n. 136, in sede di conversione.
(2) Comma premesso dall'articolo 1, comma 1, della Legge 17 dicembre 2018, n. 136, in sede di conversione e successivamente abrogato dall'articolo 1, comma 56, della Legge 30 dicembre 2018, n. 145.
(3) Comma modificato dall'articolo 1, comma 1, della Legge 17 dicembre 2018, n. 136, in sede di conversione.
(4) Comma aggiunto dall'articolo 1, comma 1, della Legge 17 dicembre 2018, n. 136, in sede di conversione.

10 *bis*. Disposizioni di semplificazione in tema di fatturazione elettronica per gli operatori sanitari. [(1)(2)] - 1. Per i periodi d'imposta 2019, 2020, 2021, 2022 e 2023, i soggetti tenuti all'invio dei dati al Sistema tessera sanitaria, ai fini dell'elaborazione della dichiarazione dei redditi precompilata, ai sensi dell'articolo 3, commi 3 e 4, del decreto legislativo 21 novembre 2014, n. 175, e dei relativi decreti del Ministro dell'economia e delle finanze, non possono emettere fatture elettroniche ai sensi delle disposizioni di cui all'articolo 1, comma 3, del decreto legislativo 5 agosto 2015, n. 127, con riferimento alle fatture i cui dati sono da inviare al Sistema tessera sanitaria. I dati fiscali trasmessi al Sistema tessera sanitaria possono essere utilizzati solo dalle pubbliche amministrazioni per l'applicazione delle disposizioni in materia tributaria e doganale, ovvero, in forma aggregata per il monitoraggio della spesa sanitaria pubblica e privata complessiva. Con decreto del Ministro dell'economia e delle finanze, di concerto con i Ministri della salute e per la pubblica amministrazione, sentito il Garante per la protezione dei dati personali, sono definiti, nel rispetto dei princìpi in materia di protezione dei dati personali, anche con riferimento agli obblighi di cui agli articoli 9 e 32 del regolamento (UE) 2016/679 del Parlamento europeo e del Consiglio, del 27 aprile 2016, i termini e gli ambiti di utilizzo dei predetti dati e i relativi limiti, anche temporali, nonché, ai sensi dell'articolo 2-sexies del codice di cui al decreto legislativo 30 giugno 2003, n. 196, i tipi di dati che possono essere trattati, le operazioni eseguibili, le misure appropriate e specifiche per tutelare i diritti e le libertà dell'interessato [(3)].

(1) Articolo inserito dall'articolo 1, comma 1, della Legge 17 dicembre 2018, n. 136, in sede di conversione e successivamente sostituito, a decorrere dal 1° gennaio 2019, dall'articolo 1, comma 53, della Legge 30 dicembre 2018, n. 145.
(2) In riferimento alla disponibilità dei dati fiscali delle fatture all'Agenzia delle entrate vedi l'articolo 9 del D.M. 19 ottobre 2020.
(3) Comma modificato dall'articolo 15, comma 1, del D.L. 26 ottobre 2019, n. 124, convertito con modificazioni dalla Legge 19 dicembre 2019, n. 157 , dall'articolo 1, comma 1105, della Legge 30 dicembre 2020, n. 178 e successivamente dall'articolo 5, comma 12 quater, del D.L. 21 ottobre 2021, n. 146, convertito con modificazioni dalla Legge 17 dicembre 2021, n. 215 e da ultimo dall'articolo 3, comma 2, del D.L. 29 dicembre 2022, n. 198, non ancora convertito in Legge.

10 *ter*. Specifiche disposizioni in tema di fatturazione elettronica per gli operatori che offrono servizi di pubblica utilità.[(1)] – 1. All'articolo 1 del decreto legislativo 5 agosto 2015, n. 127, dopo il comma 6-ter è aggiunto il seguente:

"6-quater. Al fine di preservare i servizi di pubblica utilità, con provvedimento del direttore dell'Agenzia delle entrate sono definite le regole tecniche per l'emissione delle fatture elettroniche tramite il Sistema di interscambio da parte dei soggetti passivi dell'IVA che offrono i servizi disciplinati dai regolamenti di cui ai decreti del Ministro delle finanze 24 ottobre 2000, n. 366, e 24 ottobre 2000, n. 370, nei confronti dei soggetti persone fisiche che non operano nell'ambito di attività d'impresa, arte e professione. Le predette regole tecniche valgono esclusivamente per le fatture elettroniche emesse nei confronti dei consumatori finali con i quali sono stati stipulati contratti prima del 1° gennaio 2005 e dei quali non è stato possibile identificare il codice fiscale anche a seguito dell'utilizzo dei servizi di verifica offerti dall'Agenzia delle entrate".

(1) Articolo inserito dall'articolo 1, comma 1, della Legge 17 dicembre 2018, n. 136, in sede di conversione.

11. Disposizioni di semplificazione in tema di emissione delle fatture. – 1. All'articolo 21 del decreto del Presidente della Repubblica 26 ottobre 1972, n. 633, sono apportate le seguenti modificazioni:

a) al comma 2, dopo la lettera g) è inserita la seguente: «g-bis) data in cui è effettuata la cessione di beni o la prestazione di servizi ovvero data in cui è corrisposto in tutto o in parte il corrispettivo, sempreché tale data sia diversa dalla data di emissione della fattura;»;

b) al comma 4, il primo periodo è sostituito dal seguente: «La fattura è emessa entro dieci giorni dall'effettuazione dell'operazione determinata ai sensi dell'articolo 6.».

2. Le modifiche di cui al comma 1 si applicano a decorrere dal 1° luglio 2019.

12. Disposizioni di semplificazione in tema di annotazione delle fatture emesse. – 1. All'articolo 23 del decreto del Presidente della Repubblica 26 ottobre 1972, n. 633, il primo comma è sostituito dal seguente: «Il contribuente deve annotare in apposito registro le fatture emesse, nell'ordine della loro numerazione, entro il giorno 15 del mese successivo a quello di effettuazione delle operazioni e con riferimento allo stesso mese di effettuazione delle operazioni. Le fatture di cui all'articolo 21, comma 4, terzo periodo, lettera b), sono registrate entro il giorno 15 del mese successivo a quello di emissione e con riferimento al medesimo mese.».

13. Disposizioni di semplificazione in tema di registrazione degli acquisti. – 1. All'articolo 25 del decreto del Presidente della Repubblica 26 ottobre 1972, n. 633, sono apportate le seguenti modificazioni:

a) al primo comma, le parole «Il contribuente deve numerare in ordine progressivo le fatture e le bollette doganali relative ai beni e ai servizi acquistati o importati nell'esercizio dell'impresa, arte o professione, comprese quelle emesse a norma del secondo comma dell'articolo 17 e deve annotarle in apposito registro» sono sostituite dalle seguenti: «Il contribuente deve annotare in un apposito registro le fatture e le bollette doganali relative ai beni e ai servizi acquistati o importati nell'esercizio dell'impresa, arte o professione, comprese quelle emesse a norma del secondo comma dell'articolo 17,»;

b) al secondo comma, le parole «il numero progressivo ad essa attribuito,» sono soppresse.

14. Semplificazioni in tema di detrazione dell'IVA. – 1. Nell'articolo 1, comma 1, del decreto del Presidente della Repubblica 23 marzo 1998, n. 100, dopo il primo periodo è aggiunto il seguente: «Entro il medesimo termine di cui al periodo precedente può essere esercitato il diritto alla detrazione dell'imposta relativa ai documenti di acquisto ricevuti e annotati entro il 15 del mese successivo a quello di effettuazione dell'operazione, fatta eccezione per i documenti di acquisto relativi ad operazioni effettuate nell'anno precedente.».

15. Disposizione di coordinamento in tema di fatturazione elettronica. – 1. All'articolo 1, comma 3, del decreto legislativo 5 agosto 2015, n. 127, le parole «, stabiliti o identificati» sono sostituite dalle seguenti: «o stabiliti».

1-bis. L'articolo 4 del decreto legislativo 5 agosto 2015, n. 127, è sostituito dal seguente:

"Art. 4 (Semplificazioni amministrative e contabili). - 1. A partire dalle operazioni IVA 2020, nell'ambito di un programma di assistenza on line basato sui dati delle operazioni acquisiti con le fatture elettroniche e con le comunicazioni delle operazioni transfrontaliere nonché sui dati dei corrispettivi acquisiti telematicamente, l'Agenzia delle entrate mette a disposizione di tutti i soggetti passivi dell'IVA residenti e stabiliti in Italia, in apposita area riservata del sito internet dell'Agenzia stessa, le bozze dei seguenti documenti:

a) registri di cui agli articoli 23 e 25 del decreto del Presidente della Repubblica 26 ottobre 1972, n. 633;

b) liquidazione periodica dell'IVA;

c) dichiarazione annuale dell'IVA.

2. Per i soggetti passivi dell'IVA che, anche per il tramite di intermediari di cui all'articolo 3, comma 3, del regolamento di cui al decreto del Presidente della Repubblica 22 luglio 1998, n. 322, convalidano, nel caso in cui le informazioni proposte dall'Agenzia delle entrate siano complete, ovvero integrano nel dettaglio i dati proposti nelle bozze dei documenti di cui al comma 1, lettera a), viene meno l'obbligo di tenuta dei registri di cui agli articoli 23 e 25 del decreto del Presidente della Repubblica 26 ottobre 1972, n. 633, fatta salva la tenuta del registro di cui all'articolo 18, comma 2, del decreto del Presidente della Repubblica 29 settembre 1973, n. 600. L'obbligo di tenuta dei registri ai fini dell'IVA permane per i soggetti che optano per la tenuta dei registri secondo le modalità di cui all'articolo 18, comma 5, del decreto del Presidente della Repubblica 29 settembre 1973, n. 600.

3. Con provvedimento del direttore dell'Agenzia delle entrate sono emanate le disposizioni necessarie per l'attuazione del presente articolo" (1).

(1) Comma aggiunto dall'articolo 1, comma 1, della Legge 17 dicembre 2018, n. 136, in sede di conversione.

15 *bis*. Disposizioni di armonizzazione in tema di fatturazione elettronica. (1) – 1. All'articolo 1, comma 213, della legge 24 dicembre 2007, n. 244, è aggiunta, in fine, la seguente lettera:

"g-ter) le cause che possono consentire alle amministrazioni destinatarie delle fatture elettroniche di rifiutare le stesse, nonché le modalità tecniche con le quali comunicare tale rifiuto al cedente/prestatore, anche al fine di evitare rigetti impropri e di armonizzare tali modalità con le regole tecniche del processo di fatturazione elettronica tra privati".

(1) Articolo inserito dall'articolo 1, comma 1, della Legge 17 dicembre 2018, n. 136, in sede di conversione.

16. Giustizia tributaria digitale. (A)(1)

1. Al decreto legislativo 31 dicembre 1992, n. 546, sono apportate le seguenti modificazioni:

a) all'articolo 16-bis:

1) la rubrica è sostituita dalla seguente: «Comunicazioni, notificazioni e depositi telematici»;

2) nel comma 1, il quarto periodo è sostituito dal seguente: «La comunicazione si intende perfezionata con la ricezione avvenuta nei confronti di almeno uno dei difensori della parte.»;

3) il comma 2 è sostituito dal seguente: «2. Nelle ipotesi di mancata indicazione dell'indirizzo di posta elettronica certificata del difensore o della parte ed ove lo stesso non sia reperibile da pubblici elenchi, ovvero nelle ipotesi di mancata consegna del messaggio di posta elettronica certificata per cause imputabili al destinatario, le comunicazioni sono eseguite esclusivamente mediante deposito in segreteria della Commissione tributaria. Nei casi di cui al periodo precedente le notificazioni sono eseguite ai sensi dell'articolo 16.»;

4) il comma 3 è sostituito dal seguente: «3. Le parti, i consulenti e gli organi tecnici indicati nell'articolo 7, comma 2, notificano e depositano gli atti processuali i documenti e i provvedimenti giurisdizionali esclusivamente con modalità telematiche, secondo le disposizioni contenute nel decreto del Ministro dell'economia e delle finanze 23 dicembre 2013, n. 163, e nei successivi decreti di attuazione. In casi eccezionali, il Presidente della Commissione tributaria o il Presidente di sezione, se il ricorso è già iscritto a ruolo, ovvero il collegio se la questione sorge in udienza, con provvedimento motivato possono autorizzare il deposito con modalità diverse da quelle telematiche.»;

5) dopo il comma 3 è inserito il seguente: «*3-bis. I soggetti che stanno in giudizio senza assistenza tecnica ai sensi dell'articolo 12, comma 2, hanno facoltà di utilizzare, per le notifiche e i depositi, le modalità telematiche indicate nel comma 3, previa indicazione nel ricorso o nel primo atto difensivo dell'indirizzo di posta elettronica certificata al quale ricevere le comunicazioni e le notificazioni.*»;

b) dopo l'articolo 25, è aggiunto il seguente:

«*Art. 25-bis (Potere di certificazione di conformità). - 1. Al fine del deposito e della notifica con modalità telematiche della copia informatica, anche per immagine, di un atto processuale di parte, di un provvedimento del giudice o di un documento formato su supporto analogico e detenuto in originale o in copia conforme, il difensore e il dipendente di*

VARIE

cui si avvalgono l'ente impositore, l'agente della riscossione ed i soggetti iscritti nell'albo di cui all'articolo 53 del decreto legislativo 15 dicembre 1997, n. 446, attestano la conformità della copia al predetto atto secondo le modalità di cui al decreto legislativo 7 marzo 2005, n. 82.

2. Analogo potere di attestazione di conformità è esteso, anche per l'estrazione di copia analogica, agli atti e ai provvedimenti presenti nel fascicolo informatico, formato dalla segreteria della Commissione tributaria ai sensi dell'articolo 14 del decreto del Ministro dell'economia e delle finanze 23 dicembre 2013, n. 163, o trasmessi in allegato alle comunicazioni telematiche dell'ufficio di segreteria. Detti atti e provvedimenti, presenti nel fascicolo informatico o trasmessi in allegato alle comunicazioni telematiche dell'ufficio di segreteria, equivalgono all'originale anche se privi dell'attestazione di conformità all'originale da parte dell'ufficio di segreteria.

3. La copia informatica o cartacea munita dell'attestazione di conformità ai sensi dei commi precedenti equivale all'originale o alla copia conforme dell'atto o del provvedimento detenuto ovvero presente nel fascicolo informatico.

4. L'estrazione di copie autentiche ai sensi del presente articolo, esonera dal pagamento dei diritti di copia.

5. Nel compimento dell'attestazione di conformità i soggetti di cui al presente articolo assumono ad ogni effetto la veste di pubblici ufficiali.».

2. L'articolo 16-bis, comma 3, del decreto legislativo 31 dicembre 1992, n. 546, nel testo vigente antecedentemente alla data di entrata in vigore del presente decreto, si interpreta nel senso che le parti possono utilizzare in ogni grado di giudizio la modalità prevista dal decreto del Ministro dell'economia e delle finanze 23 dicembre 2013, n. 163, e dai relativi decreti attuativi, indipendentemente dalla modalità prescelta da controparte nonché dall'avvenuto svolgimento del giudizio di primo grado con modalità analogiche.

3. In tutti i casi in cui debba essere fornita la prova della notificazione o della comunicazione eseguite a mezzo di posta elettronica certificata e non sia possibile fornirla con modalità telematiche, il difensore o il dipendente di cui si avvalgono l'ente impositore, l'agente della riscossione ed i soggetti iscritti nell'albo di cui all'articolo 53 del decreto legislativo 15 dicembre 1997, n. 446, provvedono ai sensi dell'articolo 9, commi 1-bis e 1-ter, della legge 21 gennaio 1994, n. 53. I soggetti di cui al periodo precedente nel compimento di tali attività assumono ad ogni effetto la veste di pubblico ufficiale.

4. La partecipazione alle udienze di cui agli articoli 33 e 34 del decreto legislativo 31 dicembre 1992, n. 546, da parte dei contribuenti e dei loro difensori, degli enti impositori e dei soggetti della riscossione, dei giudici e del personale amministrativo delle corti di giustizia tributaria di primo e secondo grado, può avvenire mediante collegamento audiovisivo tale da assicurare la contestuale, effettiva e reciproca visibilità delle persone presenti nei diversi luoghi e di udire quanto viene detto. Il luogo dove avviene il collegamento da remoto è equiparato all'aula di udienza. La partecipazione alle udienze di cui all'articolo 34 del decreto legislativo 31 dicembre 1992, n. 546, secondo le modalità previste nel primo periodo del presente comma può essere richiesta dalle parti nel ricorso, nel primo atto difensivo o in apposita istanza da depositare in segreteria almeno venti giorni liberi prima della data di trattazione. L'udienza si tiene a distanza se la richiesta è formulata da tutte le parti costituite nel processo, trovando altrimenti applicazione la disciplina dell'udienza da tenere presso la sede delle corti di giustizia tributaria contenuta nell'articolo 34 del decreto legislativo n. 546 del 1992. Le udienze di cui all'articolo 34 del decreto legislativo n. 546 del 1992, tenute dalla corte di giustizia tributaria di primo grado in composizione monocratica, e quelle di cui agli articoli 47, comma 2, e 52, comma 3, del medesimo decreto legislativo n. 546 del 1992 si svolgono esclusivamente a distanza, fatta salva la possibilità per ciascuna delle parti di richiedere nel ricorso, nel primo atto difensivo o nell'appello, per comprovate ragioni, la partecipazione congiunta all'udienza del difensore, dell'ufficio e dei giudici presso la sede della corte di giustizia tributaria. Il giudice decide sulla richiesta di cui al periodo precedente e ne dà comunicazione alle parti con l'avviso di trattazione dell'udienza. In ogni caso in cui l'udienza si tenga a distanza è comunque consentita a ciascun giudice la partecipazione presso la sede della corte di giustizia tributaria. Le regole tecnico-operative per consentire la partecipazione all'udienza a distanza sono disciplinate dal decreto del direttore generale delle finanze 11 novembre 2020, pubblicato nella Gazzetta Ufficiale n. 285 del 16 novembre 2020. Il direttore generale delle finanze, d'intesa con il Consiglio di presidenza della giustizia tributaria e sentiti il Garante per la protezione dei dati personali e l'Agenzia per l'Italia digitale, può in ogni momento modificare il suddetto decreto, anche tenuto conto dell'evoluzione tecnologica [(2)(3)].

4-bis. Le disposizioni di cui al comma 4 si applicano ai giudizi instaurati, in primo e in secondo grado, con ricorso notificato dal 1° settembre 2023 [(4)].

5. Le disposizioni di cui alla lettera a), numeri 4) e 5), del comma 1 si applicano ai giudizi instaurati, in primo e in secondo grado, con ricorso notificato a decorrere dal 1° luglio 2019.

6. Agli oneri derivanti dal comma 1, capoverso art. 25-bis, comma 4, valutati in 165.000 euro annui a decorrere dal 2019 si provvede ai sensi dell'articolo 26.

[(A)] In riferimento a ulteriori istruzioni in merito al presente articolo di interesse della Direzione Centrale Legislazione e Procedure Doganali – Ufficio normativa e contenzioso in materia doganale ed extra tributaria vedi: Nota Agenzia delle Dogane 16/11/2018 n. 123013/RU.

[(1)] Per l'applicazione del presente articolo vedi l'articolo 27, comma 4, del D.L. 28 ottobre 2020, n. 137, convertito con modificazioni dalla Legge 18 dicembre 2020, n. 176.

[(2)] Comma sostituito dall'articolo 135, comma 2, del D.L. 19 maggio 2020, n. 34, convertito, con modificazioni, dalla Legge 17 luglio 2020, n. 77e successivamente dall'articolo 4, comma 4, della Legge 31 agosto 2022, n. 130

[(3)] Per l'individuazione delle regole tecnico-operative per lo svolgimento e la partecipazione all'udienza a distanza, di cui al presente comma, vedi il D.M. 11 novembre 2020.

[(4)] Comma inserito dall'articolo 4, comma 4, della Legge 31 agosto 2022, n. 130

16 *bis*. Servizi accessori alla digitalizzazione della giustizia e alla gestione dei sistemi informativi sviluppati dal Ministero della giustizia. [(1)] – 1. All'articolo 3 del decreto-legge 3 maggio 2016, n. 59, convertito, con modificazioni, dalla legge 30 giugno 2016, n. 119, il comma 7 è sostituito dal seguente:

"*7. Il Ministero della giustizia, in attuazione degli obiettivi di cui al presente decreto, per la progressiva implementazione e digitalizzazione degli archivi e della piattaforma tecnologica ed informativa dell'Amministrazione della giustizia, in coerenza con le linee del Piano triennale per l'informatica nella pubblica amministrazione di cui all'articolo 1, comma 513, della legge 28 dicembre 2015, n. 208, può avvalersi, per i servizi accessori alla digitalizzazione della giustizia e alla gestione dei sistemi informativi sviluppati dal Ministero della giustizia, della società di cui all'articolo 83, comma 15, del decreto-legge 25 giugno 2008, n. 112, convertito, con modificazioni, dalla legge 6 agosto 2008, n. 133. Ai fini della realizzazione dei predetti servizi di interesse generale, la società provvede, tramite Consip S.p.A., all'acquisizione dei beni e servizi occorrenti*".

(1) *Articolo aggiunto dall'articolo 1, comma 1, della Legge 17 dicembre 2018, n. 136, in sede di conversione.*

16 *ter*. Servizi informatici in favore di Equitalia Giustizia S.p.A. (1) – 1. All'articolo 1, comma 11, lettera b), del decreto-legge 22 ottobre 2016, n. 193, convertito, con modificazioni, dalla legge 1° dicembre 2016, n. 225, è aggiunto, in fine, il seguente periodo: ". I servizi di natura informatica in favore di Equitalia Giustizia S.p.A. continuano ad essere forniti dalla società di cui all'articolo 83, comma 15, del decreto-legge 25 giugno 2008, n. 112, convertito, con modificazioni, dalla legge 6 agosto 2008, n. 133".

(1) *Articolo aggiunto dall'articolo 1, comma 1, della Legge 17 dicembre 2018, n. 136, in sede di conversione.*

16 *quater*. Disposizioni in materia di accesso all'archivio dei rapporti finanziari.(1) – 1. Al fine di rafforzare le misure volte al contrasto dell'evasione fiscale, all'articolo 11 del decreto-legge 6 dicembre 2011, n. 201, convertito, con modificazioni, dalla legge 22 dicembre 2011, n. 214, sono apportate le seguenti modificazioni:

a) al comma 3, l'ultimo periodo è sostituito dal seguente: "Il provvedimento deve altresì prevedere adeguate misure di sicurezza, di natura tecnica e organizzativa, per la trasmissione dei dati e per la relativa conservazione, che non può superare i dieci anni";

b) al comma 4 è aggiunto, in fine, il seguente periodo: "Fermo restando quanto previsto dal comma 3, le stesse informazioni sono altresì utilizzate dalla Guardia di finanza per le medesime finalità, anche in coordinamento con l'Agenzia delle entrate, nonché dal Dipartimento delle finanze, ai fini delle valutazioni di impatto e della quantificazione e del monitoraggio dell'evasione fiscale.";

c) al comma 4-bis sono aggiunti, in fine, i seguenti periodi: "La relazione contiene anche i risultati relativi all'attività svolta dalla Guardia di finanza utilizzando le informazioni di cui al comma 4. A tal fine, i dati sono comunicati all'Agenzia delle entrate secondo le modalità stabilite con provvedimento del direttore dell'Agenzia delle entrate e del Comandante generale della Guardia di finanza".

(1) *Articolo aggiunto dall'articolo 1, comma 1, della Legge 17 dicembre 2018, n. 136, in sede di conversione.*

16 *quinquies*. Disposizioni in materia di attività ispettiva nei confronti dei soggetti di medie dimensioni.(1) – 1. All'articolo 24 del decreto-legge 31 maggio 2010, n. 78, convertito, con modificazioni, dalla legge 30 luglio 2010, n. 122, il comma 2 è sostituito dal seguente:

"2. Anche ai fini di cui al comma 1, nei confronti dei contribuenti non soggetti agli indici sintetici di affidabilità né a tutoraggio, l'Agenzia delle entrate e la Guardia di finanza realizzano annualmente piani di intervento coordinati sulla base di analisi di rischio sviluppate mediante l'utilizzo delle banche dati nonché di elementi e circostanze emersi nell'esercizio degli ordinari poteri istruttori e d'indagine".

(1) *Articolo aggiunto dall'articolo 1, comma 1, della Legge 17 dicembre 2018, n. 136, in sede di conversione.*

16 *sexies*. Disposizioni in materia di scambio automatico di informazioni.(1) – 1. L'Agenzia delle entrate fornisce, su richiesta, alla Guardia di finanza, per l'esecuzione delle attività di controllo tributario o per finalità di analisi del rischio di evasione fiscale, elementi e specifiche elaborazioni basate sulle informazioni ricevute ai sensi dell'articolo 1, commi 145 e 146, della legge 28 dicembre 2015, n. 208, nonché su quelle ricevute nell'ambito dello scambio automatico di informazioni per finalità fiscali previsto dalla direttiva 2011/16/UE del Consiglio, del 15 febbraio 2011, e da accordi tra l'Italia e gli Stati esteri.

2. Ai fini di cui al comma 1, l'Agenzia delle entrate e il Corpo della guardia di finanza stipulano apposita convenzione per la definizione dei termini e delle modalità di comunicazione degli elementi e delle elaborazioni di cui al medesimo comma 1, in coerenza con le condizioni e i limiti che disciplinano la cooperazione amministrativa tra Stati nel settore fiscale.

(1) *Articolo aggiunto dall'articolo 1, comma 1, della Legge 17 dicembre 2018, n. 136, in sede di conversione.*

16 *septies*. Disposizioni di semplificazione in materia di provvedimenti cautelari amministrativi per violazioni tributarie.(1) – 1. All'articolo 22 del decreto legislativo 18 dicembre 1997, n. 472, dopo il comma 1 sono inseriti i seguenti:

"1-bis. Al fine di rafforzare le misure poste a garanzia del credito erariale e a sostegno delle relative procedure di riscossione, le istanze di cui al comma 1 possono essere inoltrate dal comandante provinciale della Guardia di finanza, in relazione ai processi verbali di constatazione rilasciati dai reparti dipendenti, dando tempestiva comunicazione alla direzione provinciale dell'Agenzia delle entrate, che esamina l'istanza e comunica le proprie eventuali osservazioni al presidente della commissione tributaria provinciale, nonché al comandante provinciale richiedente. Decorso il termine di venti giorni dal ricevimento dell'istanza, si intende acquisito il conforme parere dell'Agenzia delle entrate.

1-ter. Nei casi di cui al comma 1-bis, la Guardia di finanza fornisce all'Agenzia delle entrate ogni elemento richiesto ai fini dell'istruttoria e della partecipazione alla procedura di cui al presente articolo. In caso di richiesta di chiarimenti, è interrotto, per una sola volta, il termine di cui al comma 1-bis".

(1) *Articolo aggiunto dall'articolo 1, comma 1, della Legge 17 dicembre 2018, n. 136, in sede di conversione.*

CAPO III
Altre disposizioni fiscali

17. Obbligo di memorizzazione e trasmissione telematica dei corrispettivi. – 1. All'articolo 2 del decreto legislativo 5 agosto 2015, n. 127, sono apportate le seguenti modificazioni:

a) il comma 1 è sostituito dal seguente: «*1. A decorrere dal 1° gennaio 2020 i soggetti che effettuano le operazioni di cui all'articolo 22 del decreto del Presidente della Repubblica 26 ottobre 1972, n. 633, memorizzano elettronicamente e trasmettono telemati-*

VARIE

camente all'Agenzia delle entrate i dati relativi ai corrispettivi giornalieri. La memorizzazione elettronica e la connessa trasmissione dei dati dei corrispettivi sostituiscono gli obblighi di registrazione di cui all'articolo 24, primo comma, del suddetto decreto n. 633 del 1972. Le disposizioni di cui ai periodi precedenti si applicano a decorrere dal 1° luglio 2019 ai soggetti con un volume d'affari superiore ad euro 400.000. Per il periodo d'imposta 2019 restano valide le opzioni per la memorizzazione elettronica e la trasmissione telematica dei dati dei corrispettivi esercitate entro il 31 dicembre 2018. Con decreto del Ministro dell'economia e delle finanze, possono essere previsti specifici esoneri dagli adempimenti di cui al presente comma in ragione della tipologia di attività esercitata.»;

b) al comma 6 le parole «optano per» sono sostituite dalla seguente: «effettuano»;

c) dopo il comma 6-bis sono aggiunti i seguenti:

«6-ter. Le operazioni di cui all'articolo 22 del decreto del Presidente della Repubblica 26 ottobre 1972, n. 633 effettuate nelle zone individuate con decreto del Ministro dell'economia e delle finanze, di concerto con il Ministro dello sviluppo economico, possono essere documentate, in deroga al comma 1, mediante il rilascio della ricevuta fiscale di cui all'articolo 8 della legge 10 maggio 1976, n. 249, ovvero dello scontrino fiscale di cui alla legge 26 gennaio 1983, n. 18, nonché con l'osservanza delle relative discipline.

6-quater. I soggetti tenuti all'invio dei dati al Sistema tessera sanitaria, ai fini dell'elaborazione della dichiarazione dei redditi precompilata, ai sensi dell'articolo 3, commi 3 e 4, del decreto legislativo 21 novembre 2014, n. 175, e dei relativi decreti del Ministro dell'economia e delle finanze, possono adempiere all'obbligo di cui al comma 1 mediante la memorizzazione elettronica e la trasmissione telematica dei dati, relativi a tutti i corrispettivi giornalieri, al Sistema tessera sanitaria. I dati fiscali trasmessi al Sistema tessera sanitaria possono essere utilizzati solo dalle pubbliche amministrazioni per l'applicazione delle disposizioni in materia tributaria e doganale, ovvero in forma aggregata per il monitoraggio della spesa sanitaria pubblica e privata complessiva. Con decreto del Ministro dell'economia e delle finanze, di concerto con i Ministri della salute e per la pubblica amministrazione, sentito il Garante per la protezione dei dati personali, sono definiti, nel rispetto dei princìpi in materia di protezione dei dati personali, anche con riferimento agli obblighi di cui agli articoli 9 e 32 del regolamento (UE) 2016/679 del Parlamento europeo e del Consiglio, del 27 aprile 2016, i termini e gli ambiti di utilizzo dei predetti dati e i relativi limiti, anche temporali, nonché, ai sensi dell'articolo 2-sexies del codice di cui al decreto legislativo 30 giugno 2003, n. 196, i tipi di dati che possono essere trattati, le operazioni eseguibili, le misure appropriate e specifiche per tutelare i diritti e le libertà dell'interessato (1).

6-quinquies. Negli anni 2019 e 2020 per l'acquisto o l'adattamento degli strumenti mediante i quali effettuare la memorizzazione e la trasmissione di cui al comma 1, al soggetto è concesso un contributo complessivamente pari al 50 per cento della spesa sostenuta, per un massimo di euro 250 in caso di acquisto e di euro 50 in caso di adattamento, per ogni strumento. Il contributo è anticipato dal fornitore sotto forma di sconto sul prezzo praticato ed è a questo rimborsato sotto forma di credito d'imposta di pari importo, da utilizzare in compensazione ai sensi dell'articolo 17 del decreto legislativo 9 luglio 1997, n. 241. Al credito d'imposta di cui al presente comma non si applicano i limiti di cui all'articolo 1, comma 53, della legge 24 dicembre 2007, n. 244, e di cui all'articolo 34 della legge 23 dicembre 2000, n. 388. Con provvedimento del direttore dell'Agenzia delle entrate, da emanare entro trenta giorni dalla data di entrata in vigore della presente disposizione, sono definiti le modalità attuative, comprese le modalità per usufruire del credito d'imposta, il regime dei controlli nonché ogni altra disposizione necessaria per il monitoraggio dell'agevolazione e per il rispetto del limite di spesa previsto. Il limite di spesa previsto è pari a euro 36,3 milioni per l'anno 2019 e pari ad euro 195,5 milioni per l'anno 2020.» (2).

1-bis. A decorrere dalla data di entrata in vigore della legge di conversione del presente decreto, la deroga di cui all'articolo 7, comma 4-quater, del decreto-legge 10 giugno 1994, n. 357, convertito, con modificazioni, dalla legge 8 agosto 1994, n. 489, si applica anche ai registri di cui all'articolo 24, primo comma, del decreto del Presidente della Repubblica 26 ottobre 1972, n. 633 (3).

2. A decorrere dal 1° gennaio 2020 (4):

a) l'articolo 3, comma 1, ultimo periodo, del decreto legislativo 5 agosto 2015, n. 127 è abrogato;

b) all'articolo 4, del decreto legislativo 5 agosto 2015, n. 127, sono apportate le seguenti modificazioni:

1. al comma 1, le parole «compresi coloro che hanno esercitato l'opzione di cui all'articolo 2, comma 1,» sono soppresse;

2. al comma 2, dopo le parole «n. 633» sono aggiunte le seguenti: «, fatta salva la tenuta del registro di cui all'articolo 18, comma 2, del decreto del Presidente della Repubblica 29 settembre 1973, n. 600. L'obbligo di tenuta dei registri ai fini dell'imposta sul valore aggiunto permane per i soggetti che optano per la tenuta dei registri secondo le modalità di cui all'articolo 18, comma 5 del decreto del Presidente della Repubblica 29 settembre 1973, n. 600.».

3. Agli oneri derivanti dal presente articolo si provvede ai sensi dell'articolo 26.

(1) *Capoverso sostituito dall'articolo 1, comma 1, della Legge 17 dicembre 2018, n. 136, in sede di conversione e successivamente dall'articolo 1, comma 54, della Legge 30 dicembre 2018, n. 145.*
(2) *Capoverso modificato dall'articolo 1, comma 1, della Legge 17 dicembre 2018, n. 136, in sede di conversione.*
(3) *Comma inserito dall'articolo 1, comma 1, della Legge 17 dicembre 2018, n. 136, in sede di conversione.*
(4) *Alinea modificato dall'articolo 1, comma 1, della Legge 17 dicembre 2018, n. 136, in sede di conversione.*

18. Rinvio lotteria dei corrispettivi. – 1. All'articolo 1 della legge 11 dicembre 2016, n. 232 sono apportate le seguenti modificazioni:

a) il comma 540, è sostituito dal seguente: «540. A decorrere dal 1° gennaio 2020 i contribuenti, persone fisiche maggiorenni residenti nel territorio dello Stato, che effettuano acquisti di beni o servizi, fuori dall'esercizio di attività di impresa, arte o professione, presso esercenti che trasmettono telematicamente i corrispettivi, ai sensi dell'articolo 2, comma 1, del decreto legislativo 5 agosto 2015, n. 127, possono partecipare all'estrazione a sorte di premi attribuiti nel quadro di una lotteria nazionale. Per partecipare all'estrazione è necessario che i contribuenti, al momento dell'acquisto, comunichino il proprio codice fiscale all'esercente e che quest'ultimo trasmetta all'Agenzia delle entrate i dati della singola cessione o prestazione, secondo le modalità di cui ai commi 3 e 4 dell'articolo 2 del decreto legislativo 5 agosto

2015, n. 127.»;

b) il comma 543 è abrogato;

c) il comma 544 è sostituito dal seguente: «544. Con provvedimento del direttore dell'Agenzia delle dogane e dei monopoli, d'intesa con l'Agenzia delle entrate, sono disciplinate le modalità tecniche relative alle operazioni di estrazione, l'entità e il numero dei premi messi a disposizione, nonché ogni altra disposizione necessaria per l'attuazione della lotteria. Il divieto di pubblicità per giochi e scommesse, previsto dall'articolo 9, comma 1, del decreto-legge 12 luglio 2018, n. 87, convertito, con modificazioni, dalla legge 9 agosto 2018, n. 96, non si applica alla lotteria di cui al comma 540.» [(1)].

2. Al fine di garantire le risorse finanziarie necessarie per [l'attribuzione dei premi e] l'attribuzione dei premi e le spese amministrative e di comunicazione connesse alla gestione della lotteria, è istituito un Fondo iscritto nello stato di previsione del Ministero dell'economia e delle finanze con una dotazione di 3 milioni di euro per l'anno 2020 e di 6 milioni di euro annui a decorrere dall'anno 2021. Al relativo onere si provvede ai sensi dell'articolo 26 [(2)(3)].

2-bis. Al fine di finanziare progetti filantropici, gli enti del Terzo settore possono effettuare lotterie finalizzate a sollecitare donazioni di importo non inferiore a euro 500, anche mediante l'intervento degli intermediari finanziari che gestiscono il patrimonio dei soggetti partecipanti. Il ricavato derivante dalle lotterie filantropiche è destinato ad alimentare i fondi dei citati enti per la realizzazione di progetti sociali [(4)].

2-ter. Con decreto non regolamentare del Ministero dell'economia e delle finanze, di concerto con il Ministero del lavoro e delle politiche sociali, sono disciplinate le modalità tecniche di attuazione della disposizione di cui al comma 2-bis, prevedendo, in particolare, le modalità di estrazione e di controllo. La vincita è costituita unicamente dal diritto di scegliere un progetto sociale, tra quelli da realizzare, cui associare il nome del vincitore, con relativo riconoscimento pubblico [(5)].

(1) *Lettera modificata dall'articolo 1, comma 1, della Legge 17 dicembre 2018, n. 136, in sede di conversione.*
(2) *Comma modificato dall'articolo 1, comma 1, della Legge 17 dicembre 2018, n. 136, in sede di conversione e successivamente dall'articolo 1, comma 1096 della Legge 30 dicembre 2020, n. 178 e, a decorrere dal 1° gennaio 2021 dall'articolo 5, comma 4, del D.L. 21 ottobre 2021, n. 146, convertito con modificazioni dalla Legge 17 dicembre 2021, n. 215.*
(3) *Per la rideterminazione del fondo di cui al presente comma, vedi l'articolo 1, comma 542, della Legge 11 dicembre 2016, n. 232, come modificato dall'articolo 19, comma 1, lettera b), del D.L. 26 ottobre 2019, n. 124, convertito con modificazioni dalla Legge 19 dicembre 2019, n. 157.*
(4) *Comma aggiunto dall'articolo 1, comma 1, della Legge 17 dicembre 2018, n. 136, in sede di conversione.*
(5) *Comma aggiunto dall'articolo 1, comma 1, della Legge 17 dicembre 2018, n. 136, in sede di conversione.*

19. Disposizioni in materia di accisa. – 1. A decorrere dal 1°dicembre 2018, al testo unico delle disposizioni legislative concernenti le imposte sulla produzione e sui consumi e relative sanzioni penali e amministrative, approvato con il decreto legislativo 26 ottobre 1995, n. 504, nella Tabella A, al punto 11, nella colonna «Impieghi», il periodo da «In caso di produzione combinata» fino a «quinquennio di riferimento» è sostituito dal seguente: «In caso di generazione combinata di energia elettrica e calore utile, i quantitativi di combustibili impiegati nella produzione di energia elettrica sono determinati utilizzando i seguenti consumi specifici convenzionali:

a) oli vegetali non modificati chimicamente	0,194 kg per kWh
b) gas naturale	0,220 mc per kWh
c) gas di petrolio liquefatti	0,173 kg per kWh
d) gasolio	0,186 kg per kWh
e) olio combustibile e oli minerali greggi, naturali	0,194 kg per kWh
f) carbone, lignite e coke (codici NC 2701, 2702 e 2704)	0,312 kg per kWh

[(1)]

2. All'articolo 3-bis del decreto-legge 2 marzo 2012, n. 16, convertito, con modificazioni, dalla legge 26 aprile 2012, n. 44, sono apportate le seguenti modificazioni:

a) a decorrere dal 1°dicembre 2018, il comma 1 è abrogato;

b) nel comma 2, le parole «31 dicembre 2017» sono sostituite dalle seguenti: «30 novembre 2018».

3. All'articolo 19, comma 3, del decreto-legge 24 giugno 2014, n. 91, convertito, con modificazioni, dalla legge 11 agosto 2014, n. 116, nella lettera b), le parole «da adottare entro il 30 novembre 2018» sono soppresse.

(1) *Segni di interpunzione aggiunti dall'articolo 1, comma 1, della Legge 17 dicembre 2018, n. 136, in sede di conversione.*

20. Estensione dell'istituto del gruppo IVA ai Gruppi Bancari Cooperativi. – 1. Al decreto del Presidente della Repubblica 26 ottobre 1972, n. 633, sono apportate le seguenti modificazioni:

a) all'articolo 70-ter, dopo il comma 1, è inserito il seguente: «1-bis. Il vincolo finanziario si considera altresì sussistente tra i soggetti passivi, stabiliti nel territorio dello Stato, partecipanti ad un Gruppo Bancario di cui all'articolo 37-bis del testo unico di cui al decreto legislativo 1° settembre 1993, n. 385.»;

b) all'articolo 70-septies, comma 2, è aggiunto, in fine, il seguente periodo: «Per i Gruppi IVA costituiti tra i soggetti di cui al comma 1-bis dell'articolo 70-ter, il rappresentante di gruppo è la società capogruppo di cui alla lettera a), del comma 1 dell'articolo 37-bis del testo unico di cui al decreto legislativo 1° settembre 1993, n. 385.».

b-bis) all'articolo 70-duodecies, dopo il comma 6 è aggiunto il seguente:

"6-bis. In caso di adesione al regime di cui al titolo III del decreto legislativo 5 agosto 2015, n. 128, da parte di uno dei soggetti passivi che abbia esercitato l'opzione di cui all'articolo 70-quater, il predetto regime si estende obbligatoriamente a tutte le società partecipanti al gruppo IVA. Tale estensione si verifica anche nel caso in cui l'opzione per il gruppo IVA venga esercitata da un soggetto che abbia già aderito al regime. Nelle more del perfezionamento del procedimento di adesione al regime da parte di tutti i partecipanti al gruppo IVA, l'esclusione del regime di cui all'articolo 7, comma 3, del decreto legislativo n. 128 del 2015 non può essere dichiarata per cause connesse all'estensione di cui al presente comma" [(1)].

2. Per l'anno 2019, la dichiarazione per la costituzione del Gruppo IVA da parte dei partecipanti ad un Gruppo Bancario di cui all'articolo 37-bis del testo unico di cui al decreto legislativo 1° settembre 1993, n. 385, ha effetto se presenta-

VARIE

ta entro il 31 dicembre 2018 e se a tale data sussistono i vincoli finanziario, economico e organizzativo di cui all'articolo 70-ter del decreto del Presidente della Repubblica 26 ottobre 1972, n. 633. Il vincolo finanziario si considera sussistere se a tale data è stato sottoscritto il contratto di coesione di cui al comma 3 dell'articolo 37-bis del testo unico di cui al decreto legislativo 1° settembre 1993, n. 385. La dichiarazione per la costituzione del gruppo IVA ha effetto dal 1° luglio 2019 se presentata dai partecipanti ad un Gruppo Bancario di cui all'articolo 37-bis del testo unico di cui al decreto legislativo 1° settembre 1993, n. 385, previa sottoscrizione del contratto di coesione di cui al medesimo articolo 37-bis, successivamente al 31 dicembre 2018 ed entro il 30 aprile 2019 (2).

2-bis. All'articolo 1, comma 2, del decreto-legge 24 gennaio 2015, n. 3, convertito, con modificazioni, dalla legge 24 marzo 2015, n. 33, la parola: "2018" è sostituita dalla seguente: "2019" (3).

2-ter. Gli articoli 21, 23 e 24-bis del testo unico di cui al decreto legislativo 24 febbraio 1998, n. 58, non si applicano all'offerta ed alla consulenza aventi ad oggetto azioni emesse dai soggetti di cui agli articoli 33 e 111-bis del testo unico di cui al decreto legislativo 1° settembre 1993, n. 385, quando la sottoscrizione o l'acquisto sia di valore nominale non superiore a 1.000 euro ovvero, se superiore a tale importo, rappresenti la quota minima stabilita nello statuto della banca per diventare socio purché la stessa non ecceda il valore nominale di 2.500 euro. Ai fini del rispetto dei limiti suddetti si tiene conto degli acquisti e delle sottoscrizioni effettuati nei ventiquattro mesi precedenti (4).

(1) Lettera aggiunta dall'articolo 1, comma 1, della Legge 17 dicembre 2018, n. 136, in sede di conversione.
(2) Comma modificato dall'articolo 1, comma 1, della Legge 17 dicembre 2018, n. 136, in sede di conversione.
(3) Comma aggiunto dall'articolo 1, comma 1, della Legge 17 dicembre 2018, n. 136, in sede di conversione.
(4) Comma aggiunto dall'articolo 1, comma 1, della Legge 17 dicembre 2018, n. 136, in sede di conversione.

20 *bis*. Sistemi di tutela istituzionale. (1) – 1. Al fine di tutelare la solidità del credito cooperativo preservando l'autonomia gestionale e giuridica dei singoli enti creditizi, al testo unico di cui al decreto legislativo 1° settembre 1993, n. 385, sono apportate le seguenti modificazioni:

a) all'articolo 33, comma 1-bis, sono aggiunte, in fine, le seguenti parole: ", fatto salvo quanto previsto dall'articolo 37-bis, comma 1-bis";

b) all'articolo 37-bis, comma 1-bis, è aggiunto, in fine, il seguente periodo: "Le medesime banche hanno la facoltà di adottare, in alternativa alla costituzione del gruppo bancario cooperativo, sistemi di tutela istituzionale, in coerenza con quanto previsto dall'articolo 113, paragrafo 7, del regolamento (UE) n. 575/2013 del Parlamento europeo e del Consiglio, del 26 agosto 2013".

(1) Articolo aggiunto dall'articolo 1, comma 1, della Legge 17 dicembre 2018, n. 136, in sede di conversione.

20 *ter*. Disposizioni in materia di vigilanza cooperativa. (1) – 1. All'articolo 18 del decreto legislativo 2 agosto 2002, n. 220, sono apportate le seguenti modificazioni:

a) la rubrica è sostituita dalla seguente: "Vigilanza sulle banche di credito cooperativo, sulle società di mutuo soccorso e sulle società capogruppo dei gruppi bancari cooperativi";

b) al comma 1 sono aggiunti, in fine, i seguenti periodi: "L'autorità governativa assoggetta anche le società capogruppo dei gruppi bancari cooperativi di cui all'articolo 37-bis del decreto legislativo 1° settembre 1993, n. 385, a controlli finalizzati a verificare che l'esercizio del ruolo e delle funzioni di capogruppo risulti coerente con le finalità mutualistiche delle banche di credito cooperativo aderenti al gruppo. In caso di difformità, la Banca d'Italia, su segnalazione dell'autorità governativa, può assumere adeguati provvedimenti di vigilanza. Con decreto da adottare entro il 31 marzo 2019, il Ministro dello sviluppo economico, di concerto con il Ministro dell'economia e delle finanze, sentita la Banca d'Italia, adotta disposizioni per l'attuazione del presente comma definendo modalità, soggetti abilitati e modelli di verbale".

(1) Articolo aggiunto dall'articolo 1, comma 1, della Legge 17 dicembre 2018, n. 136, in sede di conversione.

20 *quater*. Disposizioni in materia di sospensione temporanea delle minusvalenze nei titoli non durevoli. (1)(2)(3) – 1. I soggetti che non adottano i principi contabili internazionali, nell'esercizio in corso alla data di entrata in vigore del presente decreto, possono valutare i titoli non destinati a permanere durevolmente nel loro patrimonio in base al loro valore di iscrizione così come risultante dall'ultimo bilancio annuale regolarmente approvato anziché al valore desumibile dall'andamento del mercato, fatta eccezione per le perdite di carattere durevole. Tale misura, in relazione all'evoluzione della situazione di turbolenza dei mercati finanziari, può essere estesa agli esercizi successivi con decreto del Ministro dell'economia e delle finanze.

2. Per le imprese di cui all'articolo 91, comma 2, del codice delle assicurazioni private, di cui al decreto legislativo 7 settembre 2005, n. 209, le modalità attuative delle disposizioni di cui al comma 1 sono stabilite dall'Istituto per la vigilanza sulle assicurazioni (IVASS) con proprio regolamento, che ne disciplina altresì le modalità applicative. Le imprese applicano le disposizioni di cui al comma 1 previa verifica della coerenza con la struttura degli impegni finanziari connessi al proprio portafoglio assicurativo.

3. Le imprese indicate al comma 2 e i soggetti indicati nell'articolo 2-bis del decreto legislativo 28 febbraio 2005, n. 38, che si avvalgono della facoltà di cui al comma 1 destinano a una riserva indisponibile utili di ammontare corrispondente alla differenza tra i valori registrati in applicazione delle disposizioni di cui ai commi 1 e 2 ed i valori di mercato alla data di chiusura del periodo di riferimento, al netto del relativo onere fiscale. In caso di utili di esercizio di importo inferiore a quello della suddetta differenza, la riserva è integrata utilizzando riserve di utili o altre riserve patrimoniali disponibili o, in mancanza, mediante utili degli esercizi successivi (4) .

(1) Articolo aggiunto dall'articolo 1, comma 1, della Legge 17 dicembre 2018, n. 136, in sede di conversione.
(2) A norma dell'articolo 1, comma 1, del D.M. 15 luglio 2019, le disposizioni di cui al presento articolo si applicano anche per tutto l'esercizio 2019. Si applicano anche a tutto l'esercizio 2020, secondo quanto stabilito dall'articolo 1 del D.M. 17 luglio 2020.
(3) In attuazione di quanto disposto dal presente articolo, vedi

Provvedimento 12 febbraio 2019, n. 43.
[4] Comma modificato dall'articolo 19-quinques, comma 1, del D.L. 25 marzo 2019, n. 22, convertito con modificazioni dalla Legge 20 maggio 2019, n. 41.

20 *quinquies*. Modifiche all'articolo 3 del decreto del Presidente della Repubblica 22 giugno 2007, n. 116. [1] – 1. All'articolo 3 del regolamento di cui al decreto del Presidente della Repubblica 22 giugno 2007, n. 116, dopo il comma 1 sono aggiunti i seguenti:

"1-bis. Le imprese di assicurazione di cui all'articolo 1, comma 1, lettera a), numero 3), verificano, entro il 31 dicembre di ciascun anno, tramite servizio di cooperazione informatica con l'Agenzia delle entrate, esclusivamente per i dati strettamente necessari, l'esistenza in vita degli assicurati delle polizze vita, contro gli infortuni e titolari di prodotti di investimento assicurativo di cui all'articolo 1, comma 1, lettera ss-bis), del codice delle assicurazioni private, di cui al decreto legislativo 7 settembre 2005, n. 209. In caso di corrispondenza tra il codice fiscale dell'assicurato e persona deceduta, l'impresa di assicurazione attiva la procedura per la corresponsione della somma assicurata al beneficiario, inclusa la ricerca del beneficiario ove non espressamente indicato nella polizza. Le imprese di assicurazione riferiscono all'Istituto per la vigilanza sulle assicurazioni (IVASS), entro il 31 marzo dell'anno successivo, sui pagamenti effettuati ai beneficiari.

1-ter. Gli intermediari di cui all'articolo 1, comma 1, lettera a), numeri 1), 2), 4), 5) e 6), verificano, entro il 31 dicembre di ciascun anno, tramite servizio di cooperazione informatica con l'Agenzia delle entrate, esclusivamente per i dati strettamente necessari, l'esistenza in vita dei titolari dei rapporti contrattuali di cui all'articolo 2. In caso di corrispondenza tra il codice fiscale del titolare del rapporto contrattuale e persona deceduta, l'intermediario invia al titolare del rapporto, mediante lettera raccomandata con avviso di ricevimento indirizzata all'ultimo indirizzo di residenza o di domicilio comunicato o comunque conosciuto, o a terzi da lui eventualmente delegati, l'invito ad impartire disposizioni da parte di possibili legittimi eredi.

1-quater. L'IVASS e la Banca d'Italia, per quanto di competenza, riscontrano periodicamente che le imprese di assicurazione di cui all'articolo 1, comma 1, lettera a), numero 3), e gli intermediari di cui all'articolo 1, comma 1, lettera a), numeri 1), 2), 4), 5) e 6), abbiano effettuato le verifiche di cui ai commi 1-bis e 1-ter. A tal fine possono essere attivate opportune modalità di cooperazione, anche informatica, tra le predette autorità e l'Agenzia delle entrate.

1-quinquies. A seguito del completamento dell'Anagrafe nazionale della popolazione residente (ANPR), di cui all'articolo 62 del codice dell'amministrazione digitale di cui al decreto legislativo 7 marzo 2005, n. 82, le imprese di assicurazione di cui all'articolo 1, comma 1, lettera a), numero 3), al fine di verificare l'intervenuto decesso degli assicurati di polizze vita e procedere al pagamento a favore dei beneficiari, accedono gratuitamente alla ANPR e la consultano obbligatoriamente almeno una volta all'anno.

1-sexies. La violazione degli obblighi di cui al comma 1-bis è punita con le sanzioni previste dal capo II del titolo XVIII del codice delle assicurazioni private di cui al decreto legislativo 7 settembre 2005, n. 209. La violazione degli obblighi di cui al comma 1-ter è sanzionata dalla Banca d'Italia in base agli articoli 144, comma 1, 144-bis, 144-ter, 144-quater e 145 del decreto legislativo 1° settembre 1993, n. 385, e all'articolo 195 del decreto legislativo 24 febbraio 1998, n. 58".

[1] Articolo aggiunto dall'articolo 1, comma 1, della Legge 17 dicembre 2018, n. 136, in sede di conversione.

Omissis.

25 *ter*. Trattamento di mobilità in deroga per i lavoratori occupati in aziende localizzate nelle aree di crisi industriale complessa [1][2]. – 1. Il trattamento di mobilità in deroga di cui all'articolo 1, comma 142, della legge 27 dicembre 2017, n. 205, è concesso per dodici mesi anche in favore dei lavoratori che hanno cessato o cessano la mobilità ordinaria o in deroga dal 22 novembre 2017 al 31 dicembre 2018, prescindendo dall'applicazione dei criteri di cui al decreto del Ministro del lavoro e delle politiche sociali n. 83473 del 1° agosto 2014, a condizione che a tali lavoratori siano contestualmente applicate misure di politica attiva, individuate in un apposito piano regionale, da comunicare al Ministero del lavoro e delle politiche sociali e all'Agenzia nazionale per le politiche attive del lavoro (ANPAL). Il lavoratore decade dalla fruizione del trattamento qualora trovi nuova occupazione a qualsiasi titolo.

2. All'onere derivante dall'applicazione del comma 1 si fa fronte con le risorse di cui all'articolo 1, comma 143, della legge 27 dicembre 2017, n. 205.

3. Ai fini della compensazione in termini di fabbisogno e indebitamento netto, pari a 32,2 milioni di euro per l'anno 2019, si provvede:

a) quanto a 18 milioni di euro per l'anno 2019, mediante corrispondente utilizzo del Fondo per la compensazione degli effetti finanziari non previsti a legislazione vigente conseguenti all'attualizzazione di contributi pluriennali, di cui all'articolo 6, comma 2, del decreto-legge 7 ottobre 2008, n. 154, convertito, con modificazioni, dalla legge 4 dicembre 2008, n. 189;

b) quanto a 14,2 milioni di euro per l'anno 2019, mediante corrispondente riduzione del Fondo sociale per occupazione e formazione, di cui all'articolo 18, comma 1, lettera a), del decreto-legge 29 novembre 2008, n. 185, convertito, con modificazioni, dalla legge 28 gennaio 2009, n. 2 [A].

[A] In riferimento al presente articolo, vedi: Messaggio INPS - Istituto nazionale previdenza sociale 24 gennaio 2019, n. 322. In riferimento al trattamento di mobilità in deroga per i lavoratori occupati in aziende localizzate nelle aree di crisi industriale complessa, di cui al presente articolo, vedi: Messaggio INPS - Istituto nazionale previdenza sociale 3 giugno 2019, n. 2108. In riferimento ad una proroga per il 2019 del trattamento di mobilità in deroga, aree di crisi industriale complessa, di cui al presente articolo, vedi: Messaggio INPS - Istituto nazionale previdenza sociale 18 luglio 2019 n. 2768.
[1] Articolo inserito dall'articolo 1, comma 1, della Legge 17 dicembre 2018, n. 136, in sede di conversione.
[2] A norma dell'articolo 41, comma 1, del D.L. 30 aprile 2019, n. 34, convertito, con modificazioni, dalla Legge 28 giugno 2019, n. 58, le disposizioni di cui al presente articolo sono prorogate nel 2019, alle medesime condizioni, per ulteriori dodici mesi e si applicano, anche ai lavoratori che hanno cessato o cessano la mobilità ordinaria o in deroga entro il 31 dicembre 2019 nel limite di spesa di 16 milioni di euro per l'anno 2019 e di 10 milioni di euro per l'anno 2020.
A norma dell'articolo 11-quater, comma 4, del D.L. 30 dicembre 2019, n. 162, convertito, con modificazioni dalla Legge 28 febbraio 2020, n. 8, le disposizioni di cui al presente articolo, si applicano anche nell'anno 2020, alle medesime condizioni, per ulteriori dodici mesi e si applicano anche ai lavoratori che hanno cessato o cessano la mobilità ordinaria o in deroga entro il 31 dicembre 2020.

25 *quater*. Disposizioni in materia di contrasto al fenomeno del caporalato [1]. – 1. Allo scopo di promuovere la programmazione di una proficua strategia per il contrasto al fenomeno del caporalato e del connesso sfruttamento lavorativo in agricoltura, è istituito, presso il Ministero del lavoro e delle politiche sociali, il "Tavolo operativo per la definizione di una nuova strategia di contrasto al caporalato e allo sfruttamento lavorativo in agricoltura", di seguito denominato "Tavolo". Il Tavolo, presieduto dal Ministro del lavoro e delle politiche sociali o da un suo delegato, è composto da rappresentanti dell'Autorità politica delegata per la coesione territoriale, dell'Autorità politica delegata per le pari opportunità del Ministero dell'interno, del Ministero della giustizia, del Ministero delle politiche agricole alimentari, forestali e del turismo, del Ministero delle infrastrutture e dei trasporti, dell'ANPAL, dell'Ispettorato nazionale del lavoro, dell'INPS, del Comando Carabinieri per la tutela del lavoro, del Corpo della guardia di finanza, delle regioni e delle province autonome di Trento e di Bolzano e dell'Associazione nazionale dei comuni italiani (ANCI). Possono partecipare alle riunioni del Tavolo rappresentanti dei datori di lavoro e dei lavoratori del settore nonché delle organizzazioni del Terzo settore [2].

2. I componenti del Tavolo sono nominati in numero non superiore a quindici. Con decreto del Ministro del lavoro e delle politiche sociali, di concerto con i Ministri delle politiche agricole alimentari, forestali e del turismo, della giustizia e dell'interno, da adottare entro novanta giorni dalla data di entrata in vigore della legge di conversione del presente decreto, sono stabiliti l'organizzazione e il funzionamento del Tavolo, nonché eventuali forme di collaborazione con le sezioni territoriali della Rete del lavoro agricolo di qualità [3].

3. Il Tavolo opera per tre anni dalla sua costituzione e può essere prorogato per un ulteriore triennio.

4. Per lo svolgimento delle sue funzioni istituzionali, il Tavolo si avvale del supporto di una segreteria costituita nell'ambito delle ordinarie risorse umane e strumentali della Direzione generale dell'immigrazione e delle politiche di integrazione del Ministero del lavoro e delle politiche sociali.

5. La partecipazione ai lavori del Tavolo è gratuita e non dà diritto alla corresponsione di alcun compenso, indennità o emolumento comunque denominato, salvo rimborsi per spese di viaggio e di soggiorno.

6. A decorrere dall'anno 2019, gli oneri relativi agli interventi in materia di politiche migratorie di competenza del Ministero del lavoro e delle politiche sociali, di cui all'articolo 45 del testo unico di cui al decreto legislativo 25 luglio 1998, n. 286, per gli interventi di competenza nazionale afferenti al Fondo nazionale per le politiche migratorie, per l'ammontare di 7 milioni di euro, sono trasferiti, per le medesime finalità, dal Fondo nazionale per le politiche sociali, di cui all'articolo 20, comma 8, della legge 8 novembre 2000, n. 328, su appositi capitoli di spese obbligatorie iscritti nello stato di previsione del Ministero del lavoro e delle politiche sociali, nell'ambito del programma "Flussi migratori per motivi di lavoro e politiche di integrazione sociale delle persone immigrate" della missione "Immigrazione, accoglienza e garanzia dei diritti". La spesa complessiva relativa agli oneri di funzionamento del Tavolo è a valere sul Fondo nazionale per le politiche migratorie.

(1) *Articolo inserito dall'articolo 1, comma 1, della Legge 17 dicembre 2018, n. 136, in sede di conversione.*
(2) *Comma modificato dall'articolo 103, comma 21, del D.L. 19 maggio 2020, n. 34, convertito con modificazioni dalla Legge 17 luglio 2020, n. 77.*
(3) *Per l'attuazione delle disposizioni di cui al presente comma, vedi D.M. 4 luglio 2019.*

Omissis.

2. D.L. 14 dicembre 2018, n. 135

Decreto convertito, con modificazioni dalla Legge 11 febbraio 2019, n. 12. - Disposizioni urgenti in materia di sostegno e semplificazione per le imprese e per la pubblica amministrazione. (D.L. SEMPLIFICAZIONI)[A] (*Estratto 1-8; 11 bis-11 ter*) (in Gazz. Uff., 14 dicembre 2018, n. 290).

(A) *In riferimento al piano per la Transizione Energetica Sostenibile delle Aree Idonee (PiTESAI) di cui al presente Decreto vedi: Comunicato stampa Ministero dello sviluppo economico 04/03/**2019** n. 158541. In riferimento alla nuova disciplina pubblicitaria riguardante le Startup innovative, incubatori certificati e PMI innovative, vedi: Circolare Ministero dello sviluppo economico 10 aprile **2019**, n. 3718/C.*

1. Sostegno alle piccole e medie imprese creditrici delle pubbliche amministrazioni e a quelle operanti nel settore edile.[1] – 1. Nell'ambito del Fondo di garanzia per le piccole e medie imprese di cui all'articolo 2, comma 100, lettera a), della legge 23 dicembre 1996, n. 662, è istituita, con una dotazione finanziaria iniziale di euro 50.000.000, a valere sulle disponibilità del medesimo Fondo, una sezione speciale dedicata a interventi di garanzia, a condizioni di mercato, in favore delle piccole e medie imprese (PMI) che, sono in difficoltà nella restituzione delle rate di finanziamenti già contratti con banche e intermediari finanziari e sono titolari di crediti nei confronti delle pubbliche Amministrazioni di cui all'articolo 1, comma 2, del decreto legislativo 30 marzo 2001, n. 165, certificati ai sensi dell'articolo 9, comma 3-bis, del decreto-legge 29 novembre 2008, n. 185 convertito, con modificazioni, dalla legge 28 gennaio 2009, n. 2.

2. La garanzia della sezione speciale di cui al comma 1 è rilasciata su finanziamenti già concessi alla PMI beneficiaria da una banca o da un intermediario finanziario iscritto all'albo di cui all'articolo 106 del decreto legislativo 1° settembre 1993, n. 385, non già coperti da garanzia pubblica anche se assistiti da ipoteca sugli immobili aziendali, classificati dalla stessa banca o intermediario finanziario come «inadempienze probabili» alla data di entrata in vigore del presente decreto, come risultante dalla Centrale dei rischi della Banca d'Italia [2].

3. La garanzia della sezione speciale copre, nella misura indicata dal decreto di cui al comma 7, comunque non superiore all'80 per cento e fino a un importo massimo garantito di euro 2.500.000, il minore tra:

a) l'importo del finanziamento, di cui al comma 2, non

rimborsato dalla PMI beneficiaria alla data di presentazione della richiesta di garanzia, maggiorato degli interessi, contrattuali e di mora, maturati sino alla predetta data e

b) l'ammontare dei crediti certificati vantati dalla PMI beneficiaria verso la pubblica amministrazione, risultanti dalla piattaforma elettronica per la gestione telematica del rilascio delle certificazioni di cui all'articolo 7 del decreto-legge 8 aprile 2013, n. 35, convertito, con modificazioni, dalla legge 6 giugno 2013, n. 64.

4. La garanzia della sezione speciale è subordinata alla sottoscrizione tra la banca o l'intermediario finanziario e la PMI beneficiaria di un piano, di durata massima non superiore a 20 anni, per il rientro del finanziamento, di cui al comma 2, oggetto di garanzia.

5. La garanzia della sezione speciale può essere escussa dalla banca o intermediario finanziario solo in caso di mancato rispetto, da parte della PMI beneficiaria, degli impegni previsti nel piano di rientro del debito di cui al comma 4. La garanzia comporta in ogni caso un rimborso non superiore all'80 per cento della perdita registrata dalla banca o dall'intermediario. La garanzia della sezione speciale cessa, in ogni caso, la sua efficacia con l'avvenuto pagamento da parte della pubblica amministrazione dei crediti di cui alla lettera b) del comma 3.

6. La garanzia della sezione speciale è concessa a fronte del versamento alla medesima sezione, da parte della banca o intermediario, di un premio in linea con i valori di mercato. Il predetto premio di garanzia può essere posto a carico della PMI beneficiaria in misura massima determinata dal decreto adottato ai sensi del comma 7, restando a carico della banca o intermediario la parte rimanente[3].

6-bis. Per le PMI operanti nel settore edile di cui ai codici ATECO F41 e F42, l'accesso alla garanzia della sezione speciale di cui al comma 1 è consentito, altresì, qualora le medesime imprese siano titolari di finanziamenti erogati da banche e altri intermediari finanziari di cui al testo unico delle leggi in materia bancaria e creditizia, di cui al decreto legislativo 1° settembre 1993, n. 385, assistiti da garanzia ipotecaria di primo grado su beni immobili civili, commerciali e industriali, le cui posizioni creditizie, non coperte da altra garanzia pubblica, siano state classificate come "inadempienze probabili" (UTP) entro la data dell'11 febbraio 2019, secondo le risultanze della centrale dei rischi della Banca d'Italia[4].

6-ter. Per i titolari dei finanziamenti di cui al comma 6-bis, la garanzia della sezione speciale di cui al comma 1 è concessa nella misura indicata dal decreto di cui al comma 7, comunque non superiore all'80 per cento dell'esposizione alla data dell'11 febbraio 2019 e fino a un importo massimo di euro 2.500.000. Ai fini della concessione della garanzia della sezione speciale, che ha carattere sussidiario, il piano di cui al comma 4 deve essere valutato e approvato dal consiglio di gestione del Fondo, di cui all'articolo 1, comma 48, lettera a), della legge 27 dicembre 2013, n. 147. Con il decreto di cui al comma 7 del presente articolo sono stabilite le modalità di attestazione dei crediti nonché fornite le indicazioni sulle modalità di valutazione degli ulteriori requisiti previsti dal comma 6-bis e dal presente comma[5].

7. Con decreto del Ministro dello sviluppo economico, di concerto con il Ministro dell'economia e delle finanze, da adottare ai sensi dell'articolo 17, comma 3, della legge 23 agosto 1988, n. 400, sono stabiliti, anche in deroga alle vigenti condizioni di ammissibilità e disposizioni di carattere generale del Fondo di garanzia per le piccole e medie imprese, le modalità, la misura, le condizioni e i limiti per la concessione, escussione e liquidazione della garanzia della sezione speciale, nonché i casi di revoca della stessa, anche con riferimento alle imprese di cui al comma 6-bis. Lo stesso decreto fissa le percentuali di accantonamento a valere sulle risorse della sezione speciale e i parametri per definire il premio in linea con i valori di mercato della garanzia[6].

8. L'efficacia delle disposizioni di cui ai commi da 1 a 7 è condizionata alla preventiva notificazione alla Commissione europea, ai sensi dell'articolo 108 del Trattato sul funzionamento dell'Unione europea.

8-bis. All'articolo 1 della legge 30 dicembre 2018, n. 145, sono apportate le seguenti modificazioni:

a) al comma 34 sono aggiunte, in fine, le seguenti parole: "e di quelli di cui all'articolo 6 del decreto del Presidente della Repubblica 29 settembre 1973, n. 601";

b) il comma 52 è sostituito dai seguenti:

"52. La disposizione di cui al comma 51 si applica a decorrere dal periodo d'imposta di prima applicazione del regime agevolativo di cui al comma 52-bis.

52-bis. Con successivi provvedimenti legislativi sono individuate misure di favore, compatibili con il diritto dell'Unione europea, nei confronti dei soggetti che svolgono con modalità non commerciali attività che realizzano finalità sociali nel rispetto dei principi di solidarietà e sussidiarietà. È assicurato il necessario coordinamento con le disposizioni del codice del Terzo settore, di cui al decreto legislativo 3 luglio 2017, n. 117" [7].

8-ter. Ai maggiori oneri di cui al comma 8-bis, pari a 118,4 milioni di euro per l'anno 2019 e a 157,9 milioni di euro a decorrere dall'anno 2020, si provvede: quanto a 98,4 milioni di euro per l'anno 2019, a 131 milioni di euro per l'anno 2020 e a 77,9 milioni di euro a decorrere dall'anno 2021, mediante corrispondente riduzione del Fondo per interventi strutturali di politica economica, di cui all'articolo 10, comma 5, del decreto-legge 29 novembre 2004, n. 282, convertito, con modificazioni, dalla legge 27 dicembre 2004, n. 307; quanto a 20 milioni di euro per l'anno 2019 e a 16,9 milioni di euro per l'anno 2020, mediante corrispondente riduzione del Fondo di cui all'articolo 1, comma 748, della legge 30 dicembre 2018, n. 145; quanto a 10 milioni di euro per l'anno 2020 e a 80 milioni di euro a decorrere dall'anno 2021, mediante corrispondente riduzione del Fondo di cui all'articolo 1, comma 200, della legge 23 dicembre 2014, n. 190[8].

[1] *Rubrica sostituita dall'articolo 7-ter, comma 1, lettera b), del D.L. 30 aprile 2019, n. 34, convertito, con modificazioni, dalla Legge 28 giugno 2019, n. 58.*

[2] *Comma modificato dall'articolo 2-bis, comma 1, lettera a), del D.L. 18 aprile 2019, n. 32, convertito con modificazioni dalla Legge 14 giugno 2019, n. 55.*

[3] *Comma modificato dall'articolo 2-bis, comma 1, lettera b), del D.L. 18 aprile 2019, n. 32, convertito con modificazioni dalla Legge 14 giugno 2019, n. 55.*

[4] *Comma inserito dall'articolo 7-ter, comma 1, lettera a), del D.L. 30 aprile 2019, n. 34, convertito, con modificazioni, dalla Legge 28 giugno 2019, n. 58.*

[5] *Comma inserito dall'articolo 7-ter, comma 1, lettera a), del D.L. 30 aprile 2019, n. 34, convertito, con modificazioni, dalla Legge 28 giugno 2019, n. 58.*

[6] *Comma modificato dall'articolo 7-ter, comma 1, lettera b), del D.L. 30 aprile 2019, n. 34, convertito, con modificazioni, dalla Legge 28 giugno 2019, n. 58.*

(7) *Comma aggiunto dall'articolo 1, comma 1, della Legge 11 febbraio 2019, n. 12, in sede di conversione.*
(8) *Comma aggiunto dall'articolo 1, comma 1, della Legge 11 febbraio 2019, n. 12, in sede di conversione.*

1 *bis*. Semplificazione e riordino delle disposizioni relative a istituti agevolativi.(1) – 1. Al decreto-legge 23 ottobre 2018, n. 119, convertito, con modificazioni, dalla legge 17 dicembre 2018, n. 136, sono apportate le seguenti modificazioni:

a) all'articolo 3, comma 23, le parole da: "non possono" fino a: "improcedibile" sono sostituite dalle seguenti: "possono essere definiti secondo le disposizioni del presente articolo versando le somme di cui al comma 1 in unica soluzione entro il 31 luglio 2019, ovvero, in deroga al comma 2, lettera b), nel numero massimo di dieci rate consecutive, ciascuna di pari importo, scadenti la prima il 31 luglio 2019, la seconda il 30 novembre 2019 e le restanti il 28 febbraio, il 31 maggio, il 31 luglio e il 30 novembre degli anni 2020 e 2021";

b) all'articolo 5, comma 1, lettera d), dopo le parole: "restanti rate" sono inserite le seguenti: "il 28 febbraio, il 31 maggio".

2. All'articolo 1 della legge 30 dicembre 2018, n. 145, il comma 193 è sostituito dal seguente:

"193. Nei casi previsti dal secondo periodo del comma 192, l'agente della riscossione avverte il debitore che i debiti delle persone fisiche inseriti nella dichiarazione presentata ai sensi del comma 189, ove definibili ai sensi dell'articolo 3 del decreto-legge 23 ottobre 2018, n. 119, convertito, con modificazioni, dalla legge 17 dicembre 2018, n. 136, sono automaticamente inclusi nella definizione disciplinata dallo stesso articolo 3 e indica l'ammontare complessivo delle somme dovute a tal fine, ripartito in diciassette rate, e la scadenza di ciascuna di esse. La prima di tali rate, di ammontare pari al 30 per cento delle predette somme, scade il 30 novembre 2019; il restante 70 per cento è ripartito nelle rate successive, ciascuna di pari importo, scadenti il 28 febbraio, il 31 maggio, il 31 luglio e il 30 novembre di ciascun anno a decorrere dal 2020. Nei medesimi casi previsti dal secondo periodo del comma 192, limitatamente ai debiti di cui all'articolo 3, comma 23, del citato decreto-legge n. 119 del 2018, l'ammontare complessivo delle somme dovute è ripartito in nove rate, di cui la prima, di ammontare pari al 30 per cento, scadente il 30 novembre 2019 e le restanti, ciascuna di pari importo, scadenti il 28 febbraio, il 31 maggio, il 31 luglio e il 30 novembre degli anni 2020 e 2021. Si applicano, a decorrere dal 1° dicembre 2019, gli interessi al tasso del 2 per cento annuo".

3. All'articolo 1, comma 57, lettera d-bis), della legge 23 dicembre 2014, n. 190, sono aggiunte, in fine, le seguenti parole: ", ad esclusione dei soggetti che iniziano una nuova attività dopo aver svolto il periodo di pratica obbligatoria ai fini dell'esercizio di arti o professioni".

(1) *Articolo inserito dall'articolo 1, comma 1, della Legge 11 febbraio 2019, n. 12, in sede di conversione.*

3 *ter*. Semplificazioni per le zone economiche speciali - ZES e per le zone logistiche semplificate – ZLS. (1) – 1. All'articolo 5, comma 1, del decreto-legge 20 giugno 2017, n. 91, convertito, con modificazioni, dalla legge 3 agosto 2017, n. 123, la lettera a) è sostituita dalle seguenti:

"a) l'attività economica nelle ZES è libera, nel rispetto delle norme nazionali ed europee sull'esercizio dell'attività d'impresa. Al fine di semplificare ed accelerare l'insediamento, la realizzazione e lo svolgimento dell'attività economica nelle ZES sono disciplinati i seguenti criteri derogatori alla normativa vigente, procedure semplificate e regimi procedimentali speciali applicabili. Per la celere definizione dei procedimenti amministrativi, sono ridotti di un terzo i termini di cui: agli articoli 2 e 19 della legge 7 agosto 1990, n. 241; al decreto legislativo 3 aprile 2006, n. 152, in materia di valutazione d'impatto ambientale (VIA), valutazione ambientale strategica (VAS) e autorizzazione integrata ambientale (AIA); al regolamento di cui al decreto del Presidente della Repubblica 13 marzo 2013, n. 59, in materia di autorizzazione unica ambientale (AUA); al codice di cui al decreto legislativo 22 gennaio 2004, n. 42, e al regolamento di cui al decreto del Presidente della Repubblica 13 febbraio 2017, n. 31, in materia di autorizzazione paesaggistica; al testo unico di cui al decreto del Presidente della Repubblica 6 giugno 2001, n. 380, in materia edilizia; alla legge 28 gennaio 1994, n. 84, in materia di concessioni demaniali portuali;

a-bis) eventuali autorizzazioni, licenze, permessi, concessioni o nulla osta comunque denominati la cui adozione richiede l'acquisizione di pareri, intese, concerti o altri atti di assenso comunque denominati di competenza di più amministrazioni sono adottati ai sensi dell'articolo 14-bis della legge n. 241 del 1990; i termini ivi previsti sono ridotti della metà;

a-ter) il Comitato di indirizzo della ZES, entro trenta giorni dalla data di entrata in vigore della presente disposizione, assicura il raccordo tra gli sportelli unici istituiti ai sensi della normativa vigente e lo sportello unico di cui alla legge 28 gennaio 1994, n. 84, che opera quale responsabile unico del procedimento ai sensi della legge n. 241 del 1990 per la fase di insediamento, di realizzazione e di svolgimento dell'attività economica nella ZES. Lo sportello unico è disponibile in formato digitale, in almeno una lingua diversa dall'italiano, ed è organizzato sulla base di moduli e formulari standardizzati per la presentazione dell'istanza nei quali è, in particolare, indicata la presenza di eventuali vincoli ambientali e urbanistico-paesaggistici nonché di eventuali termini di conclusione del procedimento;

a-quater) presso la Presidenza del Consiglio dei ministri è istituita la Cabina di regia ZES, presieduta dal Ministro per il Sud, Autorità politica delegata per la coesione territoriale e composta dal Ministro per gli affari regionali e le autonomie, dal Ministro per la pubblica amministrazione, dal Ministro dell'economia e delle finanze, dal Ministro delle infrastrutture e dei trasporti, dal Ministro dello sviluppo economico, dai Presidenti delle regioni e delle province autonome e dai presidenti dei Comitati di indirizzo delle ZES istituite, nonché dagli altri Ministri competenti in base all'ordine del giorno. Alle riunioni della Cabina di regia possono essere invitati come osservatori i rappresentanti di enti pubblici locali e nazionali e dei portatori di interesse collettivi o diffusi. L'istruttoria tecnica delle riunioni della Cabina di regia, che si avvale a tal fine del Dipartimento per le politiche di coesione della Presidenza del Consiglio dei ministri, riguarda principalmente la verifica e il monitoraggio degli interventi nelle ZES, sulla base dei dati raccolti ai sensi del comma 6.

Alla prima riunione della Cabina di regia è altresì approvata la delibera recante il regolamento di organizzazione dei lavori della stessa;

a-quinquies) entro centoventi giorni dalla data di entrata in vigore della presente disposizione, ogni regione interessata può presentare al Ministro per il Sud, Autorità politica delegata per la coesione territoriale una proposta di protocollo o convenzione per l'individuazione di ulteriori procedure semplificate e regimi procedimentali speciali. La proposta individua dettagliatamente le procedure oggetto di semplificazioni, le norme di riferimento e le amministrazioni locali e statali competenti ed è approvata dalla Cabina di regia di cui alla lettera a-quater). Sono parti dell'accordo o protocollo la regione proponente e le amministrazioni locali o statali competenti per ogni procedimento individuato;

a-sexies) nelle ZES possono essere istituite zone franche doganali intercluse ai sensi del regolamento (UE) n. 952/2013 del Parlamento europeo e del Consiglio, del 9 ottobre 2013, che istituisce il codice doganale dell'Unione, e dei relativi atti di delega e di esecuzione. La perimetrazione di dette zone franche doganali è proposta da ciascun Comitato di indirizzo entro trenta giorni dalla data di entrata in vigore della presente disposizione, ed è approvata con determinazione del direttore dell'Agenzia delle dogane e dei monopoli, da adottare entro sessanta giorni dalla proposta".

2. All'articolo 5 del decreto-legge 20 giugno 2017, n. 91, convertito, con modificazioni, dalla legge 3 agosto 2017, n. 123, dopo il comma 2 è inserito il seguente:

"2-bis. Gli interventi relativi agli oneri di urbanizzazione primaria di cui all'articolo 16, comma 7, del testo unico di cui al decreto del Presidente della Repubblica 6 giugno 2001, n. 380, per le imprese beneficiarie delle agevolazioni che effettuano gli investimenti ammessi al credito d'imposta di cui al comma 2, sono realizzati entro il termine perentorio di novanta giorni dalla presentazione della relativa istanza da parte delle imprese ai gestori dei servizi di pubblica utilità. In caso di ritardo si applica l'articolo 2-bis della legge 7 agosto 1990, n. 241".

3. Il comma 64 dell'articolo 1 della legge 27 dicembre 2017, n. 205, è sostituito dal seguente:

"64. Le nuove imprese e quelle già esistenti che operano nella Zona logistica semplificata fruiscono delle procedure semplificate di cui all'articolo 5, comma 1, lettere a), a-bis), a-ter), a-quater), a-quinquies) e a-sexies), del decreto-legge 20 giugno 2017, n. 91, convertito, con modificazioni, dalla legge 3 agosto 2017, n. 123".

4. Dall'attuazione del presente articolo non devono derivare nuovi o maggiori oneri a carico della finanza pubblica e ad essa si provvede mediante le risorse umane, finanziarie e strumentali disponibili a legislazione vigente.

(1) Articolo inserito dall'articolo 1, comma 1, della Legge 11 febbraio 2019, n. 12, in sede di conversione.

7. Misure urgenti in materia di edilizia penitenziaria. – 1. Al fine di far fronte all'emergenza determinata dal progressivo sovraffollamento delle strutture carcerarie e per consentire una più celere attuazione del piano di edilizia penitenziaria in corso, ferme le competenze assegnate al Ministero delle infrastrutture e dei trasporti dalla normativa vigente in materia di edilizia carceraria, a decorrere dal 1° gennaio 2019 e non oltre il 31 dicembre 2022, al personale del Dipartimento dell'amministrazione penitenziaria di cui all'articolo 35, comma 1, della legge 15 dicembre 1990, n. 395, oltre alle attribuzioni di cui al comma 2 del predetto articolo, sono assegnate le seguenti funzioni (1) :

a) effettuazione di progetti e perizie per la ristrutturazione e la manutenzione, anche straordinaria, degli immobili in uso governativo all'amministrazione penitenziaria, nonché per la realizzazione di nuove strutture carcerarie, ivi compresi alloggi di servizio per la polizia penitenziaria, ovvero per l'aumento della capienza delle strutture esistenti;

b) gestione delle procedure di affidamento degli interventi di cui alla lettera a), delle procedure di formazione dei contratti e di esecuzione degli stessi in conformità alla normativa vigente in materia;

c) individuazione di immobili, nella disponibilità dello Stato o di enti pubblici territoriali e non territoriali, dismessi e idonei alla riconversione, alla permuta, alla costituzione di diritti reali sugli immobili in favore di terzi al fine della loro valorizzazione per la realizzazione di strutture carcerarie.

2. Nello svolgimento delle funzioni di cui al comma 1, il Dipartimento dell'amministrazione penitenziaria può avvalersi, mediante la stipula di apposite convenzioni, del personale dei competenti Uffici del Genio militare del Ministero della difesa.

3. Il programma dei lavori da eseguire in attuazione del presente articolo, nonché l'ordine di priorità degli stessi, è approvato entro sessanta giorni dalla data di entrata in vigore del presente decreto, con decreto del Ministro della giustizia, adottato, d'intesa col Ministro delle infrastrutture e dei trasporti, su proposta del Capo del Dipartimento dell'amministrazione penitenziaria. Il Capo del Dipartimento dell'amministrazione penitenziaria, nel formulare la proposta di cui al primo periodo, tiene conto dei programmi di edilizia penitenziaria predisposti dal Comitato paritetico in materia di edilizia penitenziaria costituito presso il Ministero della giustizia. Fino alla scadenza del termine di cui al comma 1, le competenze del personale del Dipartimento dell'amministrazione penitenziaria sono esercitate limitatamente alle opere individuate con le modalità di cui al primo e al secondo periodo del presente comma e le cui procedure di affidamento siano avviate entro il 30 settembre 2021 (2).

4. All'attuazione delle disposizioni di cui al presente articolo si provvede nel limite delle risorse finanziarie disponibili a legislazione vigente destinate all'edilizia penitenziaria.

(1) Alinea modificato dall'articolo 8, comma 6-novies, lettera a), del D.L. 30 dicembre 2019, n. 162, convertito, con modificazioni dalla Legge 28 febbraio 2020, n. 8.
(2) Comma modificato dall'articolo 8, comma 6-novies, lettera b), del D.L. 30 dicembre 2019, n. 162, convertito, con modificazioni dalla Legge 28 febbraio 2020, n. 8 e successivamente dall'articolo 8, comma 5, del D.L. 31 dicembre 2020, n. 183, convertito, con modificazioni, dalla Legge 26 febbraio 2021, n. 21.

8. Piattaforme digitali. – 1. Ai fini dell'attuazione degli obiettivi di cui all'Agenda digitale italiana anche in coerenza con gli obiettivi dell'Agenda digitale europea, la gestione della piattaforma di cui all'articolo 5, comma 2, del decreto legislativo 7 marzo 2005, n. 82, nonché i compiti, relativi a tale piattaforma, svolti dall'Agenzia per l'Italia digitale, sono trasferiti alla Presidenza del Consiglio dei ministri che a tal fine si avvale, se nominato, del Commissario straordinario di cui all'articolo 63, comma 1, del decreto legislativo 26 agosto 2016, n. 179.

1-bis. Il mandato del Commissario straordinario per

VARIE

l'attuazione dell'Agenda digitale, nominato con decreto del Presidente del Consiglio dei ministri 25 ottobre 2018, ai sensi dell'articolo 63 del decreto legislativo 26 agosto 2016, n. 179, nonché l'operatività della relativa struttura di supporto, sono prorogati al 31 dicembre 2019 [(1)].

1-ter. A decorrere dal 1° gennaio 2020, al fine di garantire l'attuazione degli obiettivi dell'Agenda digitale italiana, anche in coerenza con l'Agenda digitale europea, le funzioni, i compiti e i poteri conferiti al Commissario straordinario per l'attuazione dell'Agenda digitale dall'articolo 63 del decreto legislativo 26 agosto 2016, n. 179, sono attribuiti al Presidente del Consiglio dei ministri o al Ministro delegato che li esercita per il tramite delle strutture della Presidenza del Consiglio dei ministri dallo stesso individuate, di concerto con il Ministero dell'economia e delle finanze per le materie di sua competenza. Allo stesso fine e per lo sviluppo e la diffusione dell'uso delle tecnologie tra cittadini, imprese e pubblica amministrazione, il Presidente del Consiglio dei ministri, o il Ministro delegato, individua, promuove e gestisce mediante la competente struttura per l'innovazione della Presidenza del Consiglio dei ministri progetti di innovazione tecnologica e di trasformazione digitale di rilevanza strategica e di interesse nazionale [(2)].

1-quater. A supporto delle strutture della Presidenza del Consiglio dei ministri di cui al comma 1-ter, opera un contingente di personale formato da esperti in possesso di specifica ed elevata competenza nello sviluppo e gestione di processi complessi di trasformazione tecnologica e delle correlate iniziative di comunicazione e disseminazione, nonché di significativa esperienza in progetti di trasformazione digitale, ivi compreso lo sviluppo di programmi e piattaforme digitali con diffusione su larga scala. Il contingente opera alle dirette dipendenze delle strutture di cui al comma 1-ter ed è composto da personale in posizione di fuori ruolo, comando o altra analoga posizione, prevista dagli ordinamenti di appartenenza, proveniente da ministeri, ad esclusione dei ministeri dell'interno, della difesa, della giustizia, dell'economia e delle finanze e dell'istruzione, dell'università e della ricerca e del personale docente, educativo, amministrativo, tecnico ed ausiliario delle istituzioni scolastiche, ovvero da altre pubbliche amministrazioni, ai sensi dell'articolo 9, comma 2, del decreto legislativo 30 luglio 1999, n. 303, e dell'articolo 17, comma 14, della legge 15 maggio 1997, n. 127. All'atto del collocamento fuori ruolo, laddove disposto, è reso indisponibile un numero di posti equivalente dal punto di vista finanziario nelle amministrazioni di provenienza. Il trattamento economico è corrisposto secondo le modalità previste dall'articolo 9, comma 5-ter, del decreto legislativo 30 luglio 1999, n. 303. Il contingente di esperti è altresì composto da personale di società pubbliche partecipate dal Ministero dell'economia e delle finanze, in base a rapporto regolato su base convenzionale, su parere favorevole del Ministero dell'economia e delle finanze, ovvero da personale non appartenente alla pubblica amministrazione. Con decreto del Presidente del Consiglio dei ministri e nei limiti complessivi dello stanziamento di cui al comma 1-quinquies, sono definiti la consistenza numerica e le modalità di formazione del contingente, la tipologia del rapporto di lavoro e le modalità di chiamata, la durata e il regime giuridico del rapporto intercorrente con i componenti del contingente, le specifiche professionalità richieste e il compenso spettante per ciascuna professionalità . Gli incarichi conferiti ad esperti con provvedimento adottato anteriormente al 30 dicembre 2019 sono confermati sino alla scadenza prevista nell'atto di conferimento ovvero nell'eventuale atto di rinnovo [(3)].

1-quinquies. Agli oneri derivanti dall'attuazione dei commi 1-ter e 1-quater, anche per spese di missione e per l'acquisto di servizi immediatamente correlate ai progetti di cui al comma 1-ter, pari a 6 milioni di euro annui a decorrere dall'anno 2020, si provvede [(4)] :

a) quanto a 4 milioni di euro per l'anno 2020, mediante corrispondente riduzione dello stanziamento del fondo speciale di parte corrente iscritto, ai fini del bilancio triennale 2019-2021, nell'ambito del programma "Fondi di riserva e speciali" della missione "Fondi da ripartire" dello stato di previsione del Ministero dell'economia e delle finanze per l'anno 2019, allo scopo parzialmente utilizzando l'accantonamento relativo al Ministero dell'economia e delle finanze;

b) quanto a 2 milioni di euro per l'anno 2020 e a 6 milioni di euro a decorrere dall'anno 2021, mediante riduzione dell'autorizzazione di spesa di cui all'articolo 1, comma 200, della legge 23 dicembre 2014, n. 190, relativa al Fondo per esigenze indifferibili [(5)].

2. Entro 120 giorni dalla data di entrata in vigore del presente decreto, per lo svolgimento delle attività di cui al comma 1, sulla base degli obiettivi indicati con direttiva adottata dal Presidente del Consiglio dei ministri, è costituita una società per azioni interamente partecipata dallo Stato, ai sensi dell'articolo 9 del decreto legislativo 19 agosto 2016, n. 175, secondo criteri e modalità individuati con decreto del Presidente del Consiglio dei ministri, utilizzando ai fini della sottoscrizione del capitale sociale iniziale quota parte delle risorse finanziarie già destinate dall'Agenzia per l'Italia digitale per le esigenze della piattaforma di cui al comma 1, secondo procedure definite con decreto del Presidente del Consiglio dei ministri. Le predette risorse finanziarie sono versate, nell'anno 2019, all'entrata del bilancio dello Stato per essere riassegnate allo stato di previsione del Ministero dell'economia e delle finanze e destinate al bilancio autonomo della Presidenza del Consiglio dei ministri. Nello statuto della società sono previste modalità di vigilanza, anche ai fini della verifica degli obiettivi di cui al comma 1, da parte del Presidente del Consiglio dei ministri o del Ministro delegato [(6)].

3. Al Presidente del Consiglio dei ministri sono attribuite le funzioni di indirizzo, coordinamento e supporto tecnico delle pubbliche amministrazioni, che le esercita avvalendosi della società di cui al comma 2, per assicurare la capillare diffusione del sistema di pagamento elettronico attraverso la piattaforma di cui all'articolo 5, comma 2, del decreto legislativo n. 82 del 2005. Per la progettazione, lo sviluppo, la gestione e l'implementazione del punto di accesso telematico di cui all'articolo 64-bis del decreto legislativo n. 82 del 2005 e della piattaforma di cui all'articolo 50-ter del medesimo decreto legislativo n. 82 del 2005, la Presidenza del Consiglio dei ministri si avvale della società di cui al comma 2. Le attività di sviluppo e implementazione sono realizzate nei limiti delle risorse iscritte nel bilancio autonomo della Presidenza del Consiglio dei ministri e destinate ai progetti e alle iniziative per l'attuazione dell'Agenda digitale. Alla compensazione degli effetti finanziari in termini di fabbisogno e di indebitamento netto derivanti dal primo periodo,

pari a 5 milioni di euro per ciascuno degli anni 2019, 2020, 2021, si provvede mediante corrispondente riduzione del Fondo di cui all'articolo 6, comma 2, del decreto-legge 7 ottobre 2008, n. 154, convertito, con modificazioni, dalla legge 4 dicembre 2008, n. 189 [7].

4. All'articolo 65, comma 2, del decreto legislativo 13 dicembre 2017, n. 217, le parole «1° gennaio 2019» sono sostituite dalle seguenti: «31 dicembre 2019».

5. All'articolo 65 del decreto legislativo 13 dicembre 2017, n. 217, il comma 7 è sostituito dal seguente: «7. Con decreto del Presidente del Consiglio dei ministri, sentiti l'Agenzia per l'Italia digitale e il Garante per la protezione dei dati personali, sono adottate le misure necessarie a garantire la conformità dei servizi di posta elettronica certificata di cui agli articoli 29 e 48 del decreto legislativo del 7 marzo 2005, n. 82, al regolamento (UE) n. 910/2014 del Parlamento europeo e del Consiglio, del 23 luglio 2014, in materia di identificazione elettronica e servizi fiduciari per le transazioni elettroniche nel mercato interno e che abroga la direttiva 1999/93/CE. A far data dall'entrata in vigore del decreto di cui al primo periodo, l'articolo 48 del decreto legislativo n. 82 del 2005 è abrogato.».

(1) Comma inserito dall'articolo 1, comma 1, della Legge 11 febbraio 2019, n. 12, in sede di conversione.
(2) Comma inserito dall'articolo 1, comma 1, della Legge 11 febbraio 2019, n. 12, in sede di conversione e successivamente modificato dall'articolo 1, comma 401, della Legge 27 dicembre 2019, n. 160.
(3) Comma inserito dall'articolo 1, comma 1, della Legge 11 febbraio 2019, n. 12, in sede di conversione . Successivamente sostituito dall'articolo 42, comma 2, lettera a), del D.L. 30 dicembre 2019, n. 162, convertito con modificazioni dalla Legge 28 febbraio 2020, n. 8, modificato dall'articolo 76, comma 2, del D.L. 17 marzo 2020, n. 18, convertito, con modificazione dalla Legge 24 aprile 2020, n. 27 e, da ultimo dall'articolo 1, comma 13, del D.L. 31 dicembre 2020, n. 183, convertito, con modificazioni, dalla Legge 26 febbraio 2021, n. 21.
(4) Alinea modificato dall'articolo 42, comma 2, lettera b), del D.L. 30 dicembre 2019, n. 162, convertito con modificazioni dalla Legge 28 febbraio 2020, n. 8.
(5) Comma inserito dall'articolo 1, comma 1, della Legge 11 febbraio 2019, n. 12, in sede di conversione.
(6) Comma modificato dall'articolo 1, comma 1, della Legge 11 febbraio 2019, n. 12, in sede di conversione.
(7) Comma modificato dall'articolo 42, comma 2, lettera c), del D.L. 30 dicembre 2019, n. 162, convertito con modificazioni dalla Legge 28 febbraio 2020, n. 8.

11 *bis*. Misure di semplificazione in materia contabile in favore degli enti locali.[1] – 1. Nelle more della conclusione dei lavori del tavolo tecnico-politico per la redazione di linee guida finalizzate all'avvio di un percorso di revisione organica della disciplina in materia di ordinamento delle province e delle città metropolitane, al superamento dell'obbligo di gestione associata delle funzioni e alla semplificazione degli oneri amministrativi e contabili a carico dei comuni, soprattutto di piccole dimensioni, di cui all'articolo 1, comma 2-ter, del decreto-legge 25 luglio 2018, n. 91, convertito, con modificazioni, dalla legge 21 settembre 2018, n. 108, all'articolo 1, comma 1120, lettera a), della legge 27 dicembre 2017, n. 205, le parole: "30 giugno 2019" sono sostituite dalle seguenti: "31 dicembre 2019".

2. Fermo restando quanto previsto dai commi 557-quater e 562 dell'articolo 1 della legge 27 dicembre 2006, n. 296, per i comuni privi di posizioni dirigenziali, il limite previsto dall'articolo 23, comma 2, del decreto legislativo 25 maggio 2017, n. 75, non si applica al trattamento accessorio dei titolari di posizione organizzativa di cui agli articoli 13 e seguenti del contratto collettivo nazionale di lavoro (CCNL) relativo al personale del comparto funzioni locali - Triennio 2016-2018, limitatamente al differenziale tra gli importi delle retribuzioni di posizione e di risultato già attribuiti alla data di entrata in vigore del predetto CCNL e l'eventuale maggiore valore delle medesime retribuzioni successivamente stabilito dagli enti ai sensi dell'articolo 15, commi 2 e 3, del medesimo CCNL, attribuito a valere sui risparmi conseguenti all'utilizzo parziale delle risorse che possono essere destinate alle assunzioni di personale a tempo indeterminato che sono contestualmente ridotte del corrispondente valore finanziario.

3. È costituito presso il Ministero dell'economia e delle finanze un tavolo tecnico-politico cui partecipano rappresentanti dell'Associazione nazionale dei comuni italiani (ANCI) e tecnici dei Dipartimenti del tesoro e della Ragioneria generale dello Stato del Ministero dell'economia e delle finanze, nonché del Dipartimento per gli affari interni e territoriali del Ministero dell'interno, da individuare entro dieci giorni dalla data di entrata in vigore della legge di conversione del presente decreto, con il compito di formulare proposte per la ristrutturazione, senza nuovi o maggiori oneri per la finanza pubblica, del debito gravante sugli enti locali in considerazione della durata delle posizioni debitorie e dell'andamento dei tassi correntemente praticati nel mercato del credito rivolto agli enti locali. Ai partecipanti al tavolo di cui al presente comma non spettano gettoni di presenza o emolumenti a qualsiasi titolo dovuti, né rimborsi spese.

4. Al primo periodo del comma 866 dell'articolo 1 della legge 27 dicembre 2017, n. 205, le parole: "Per gli anni dal 2018 al 2020" sono soppresse.

5. All'articolo 4 del decreto-legge 24 giugno 2016, n. 113, convertito, con modificazioni, dalla legge 7 agosto 2016, n. 160, il comma 2 è sostituito dal seguente:

"2. I comuni di cui al comma 1 comunicano al Ministero dell'interno, entro il termine perentorio di quindici giorni successivi alla data di entrata in vigore della legge di conversione del presente decreto per l'anno 2016, entro il 31 marzo per ciascuno degli anni dal 2017 al 2018, ed entro il 20 dicembre 2019 per l'anno 2019, la sussistenza della fattispecie di cui comma 1, ivi incluse le richieste non soddisfatte negli anni precedenti, con modalità telematiche individuate dal Ministero dell'interno. Le richieste sono soddisfatte per l'intero importo. La ripartizione del Fondo avviene con decreto del Presidente del Consiglio dei ministri, su proposta del Ministro dell'interno, di concerto con il Ministro dell'economia e finanze, sentita la Conferenza Stato-città ed autonomie locali, da adottare entro novanta giorni dal termine di invio delle richieste. Nel caso in cui l'ammontare delle richieste superi l'ammontare annuo complessivamente assegnato, le risorse sono attribuite proporzionalmente".

6. I comuni, le province e le città metropolitane possono ripartire l'eventuale disavanzo, conseguente all'operazione di stralcio dei crediti fino a 1.000 euro affidati agli agenti della riscossione prevista dall'articolo 4 del decreto-legge 23 ottobre 2018, n. 119, convertito, con modificazioni, dalla legge 17 dicembre 2018, n. 136, in un numero massimo di cinque annualità in quote costanti. L'importo del disavanzo ripianabile in cinque anni non può essere superiore alla sommatoria dei residui attivi cancellati per effetto dell'operazione di stralcio al netto dell'accantonamento al fondo crediti di dubbia esigibilità nel risultato di amministrazione.

7. Al comma 855 dell'articolo 1 della legge 30 dicembre 2018, n. 145, le parole: "entro il termine del 15 dicembre 2019" sono sostituite dalle seguenti: "entro il termine del 30 dicembre 2019".

8. Dopo il comma 895 dell'articolo 1 della legge 30 dicembre 2018, n. 145, sono inseriti i seguenti:

"895-bis. A titolo di ristoro del gettito non più acquisibile dai comuni a seguito dell'introduzione della TASI di cui al comma 639 dell'articolo 1 della legge 27 dicembre 2013, n. 147, è attribuito ai comuni interessati un contributo complessivo di 110 milioni di euro per l'anno 2019, da ripartire con decreto del Ministero dell'interno di concerto con il Ministero dell'economia e delle finanze, previa intesa in sede di Conferenza Stato-città ed autonomie locali, da emanare entro il 30 aprile 2019, in proporzione al peso del contributo di ciascun ente di cui alla tabella B allegata al decreto del Presidente del Consiglio dei ministri 10 marzo 2017, pubblicato nel supplemento ordinario alla Gazzetta Ufficiale n. 123 del 29 maggio 2017.

895-ter. All'onere di cui al comma 895-bis, pari a 110 milioni di euro per l'anno 2019, si provvede:

a) quanto a 90 milioni di euro, mediante corrispondente riduzione del Fondo di cui all'articolo 1, comma 255;

b) quanto a 10 milioni di euro, mediante corrispondente riduzione del Fondo per interventi strutturali di politica economica, di cui all'articolo 10, comma 5, del decreto-legge 29 novembre 2004, n. 282, convertito, con modificazioni, dalla legge 27 dicembre 2004, n. 307;

c) quanto a 10 milioni di euro, mediante corrispondente riduzione del fondo derivante dal riaccertamento dei residui passivi ai sensi dell'articolo 49, comma 2, lettera a), del decreto-legge 24 aprile 2014, n. 66, convertito, con modificazioni, dalla legge 23 giugno 2014, n. 89, iscritto nello stato di previsione del Ministero dell'economia e delle finanze".

9. Nelle more dell'intesa di cui al punto 5 dell'accordo sottoscritto il 30 gennaio 2018 tra il Presidente del Consiglio dei ministri, il Ministro dell'economia e delle finanze e il Presidente della regione Friuli Venezia Giulia, il fondo di cui all'articolo 1, comma 748, della legge 30 dicembre 2018, n. 145, è integrato di 71,8 milioni di euro per l'anno 2019 e di 86,1 milioni di euro a decorrere dall'anno 2020, mediante corrispondente utilizzo delle maggiori entrate derivanti dai commi da 11 a 15.

10. All'articolo 1 della legge 30 dicembre 2018, n. 145, sono apportate le seguenti modificazioni:

a) al comma 126, le parole: "31 gennaio 2019" sono sostituite dalle seguenti: "15 marzo 2019", le parole: "20 febbraio 2019" sono sostituite dalle seguenti: "31 marzo 2019" e le parole: "10 marzo 2019" sono sostituite dalle seguenti: "15 aprile 2019";

b) ai commi 824 e 842, le parole: "dai commi 98 e 126" sono sostituite dalle seguenti: "dal comma 98";

c) al comma 875, le parole: "31 gennaio 2019" sono sostituite dalle seguenti: "15 marzo 2019".

[11. Se un soggetto passivo facilita, tramite l'uso di un'interfaccia elettronica quale un mercato virtuale, una piattaforma, un portale o mezzi analoghi, le vendite a distanza di telefoni cellulari, console da gioco, tablet PC e laptop, importati da territori terzi o Paesi terzi, di valore intrinseco non superiore a euro 150, si considera che lo stesso soggetto passivo abbia ricevuto e ceduto detti beni (2)(3) .] (4)

[12. Se un soggetto passivo facilita, tramite l'uso di un'interfaccia elettronica quale un mercato virtuale, una piattaforma, un portale o mezzi analoghi, le cessioni di telefoni cellulari, console da gioco, tablet PC e laptop, effettuate nell'Unione europea da un soggetto passivo non stabilito nell'Unione europea a una persona che non è un soggetto passivo, si considera che lo stesso soggetto passivo che facilita la cessione abbia ricevuto e ceduto detti beni (5)(6) .] (7)

[13. Ai fini dell'applicazione dei commi 11 e 12, si presume che la persona che vende i beni tramite l'interfaccia elettronica sia un soggetto passivo e la persona che acquista tali beni non sia un soggetto passivo (8)(9) .] (10)

[14. Il soggetto passivo che facilita le vendite a distanza ai sensi dei commi 11 e 12 è tenuto a conservare la documentazione relativa a tali vendite. Tale documentazione deve essere dettagliata in modo sufficiente da consentire alle amministrazioni fiscali degli Stati membri dell'Unione europea in cui tali cessioni sono imponibili di verificare che l'IVA sia stata contabilizzata in modo corretto, deve, su richiesta, essere messa a disposizione per via elettronica degli Stati membri interessati e deve essere conservata per un periodo di dieci anni a partire dal 31 dicembre dell'anno in cui l'operazione è stata effettuata (11)(12) .] (13)

[15. Il soggetto passivo che facilita le vendite a distanza ai sensi dei commi 11 e 12 è tenuto a designare un intermediario che agisce in suo nome e per suo conto, se stabilito in un Paese con il quale l'Italia non ha concluso un accordo di assistenza reciproca (14)(15) .] (16)

16. Il comma 895 dell'articolo 1 della legge 30 dicembre 2018, n. 145, è abrogato.

17. Al fine di potenziare ulteriormente gli interventi in materia di sicurezza urbana per la realizzazione degli obiettivi di cui all'articolo 5, comma 2, lettera a), del decreto-legge 20 febbraio 2017, n. 14, convertito, con modificazioni, dalla legge 18 aprile 2017, n. 48, con riferimento all'installazione, da parte dei comuni, di sistemi di videosorveglianza, l'autorizzazione di spesa di cui all'articolo 5, comma 2-ter, del citato decreto-legge n. 14 del 2017 è incrementata di 20 milioni di euro per l'anno 2019.

18. All'onere di cui al comma 17 si provvede mediante utilizzo delle risorse iscritte, per l'anno 2019, nel fondo per il federalismo amministrativo di parte corrente, di cui alla legge 15 marzo 1997, n. 59, dello stato di previsione del Ministero dell'interno. Il Ministro dell'economia e delle finanze è autorizzato ad apportare, con propri decreti, le occorrenti variazioni di bilancio.

19. Con decreto del Ministro dell'interno, di concerto con il Ministro dell'economia e delle finanze, da adottare entro il 31 marzo di ciascun anno di riferimento, sono definite le modalità di presentazione delle richieste da parte dei comuni interessati nonché i criteri di ripartizione delle ulteriori risorse di cui al comma 1 dell'articolo 35-quinquies del decreto-legge 4 ottobre 2018, n. 113, convertito, con modificazioni, dalla legge 1° dicembre 2018, n. 132, relativamente agli anni 2020, 2021 e 2022.

(1) *Articolo inserito dall'articolo 1, comma 1, della Legge 11 febbraio 2019, n. 12, in sede di conversione.*

(2) *Per la proroga dei termini per il versamento dell'imposta sul valore aggiunto, dovuta ai sensi del presente comma vedi l'articolo 3, comma 1, del D.P.C.M. 27 febbraio 2019. Vedi anche l'articolo 3, comma 2, del D.P.C.M. 27 febbraio 2019 medesimo.*

(3) *A norma dell'articolo 13, comma 4, del D.L. 30 aprile 2019, n. 34, convertito, con modificazioni, dalla Legge 28 giugno 2019, n. 58, come modificato dall'articolo 3, comma 3, del D.L. 31 dicembre 2020, n. 183,*

convertito, con modificazioni, dalla Legge 26 febbraio 2021, n. 21, le disposizioni di cui al presente comma acquistano efficacia a decorrere dal 1° luglio 2021.
(4) *Comma abrogato dall'articolo 8, comma 1 del D.Lgs. 25 maggio 2021, n. 83. Per l'applicazione, vedi l'articolo 10, comma 1, del D.Lgs. 83/2021 medesimo.*
(5) *Per la proroga dei termini per il versamento dell'imposta sul valore aggiunto, dovuta ai sensi del presente comma vedi l'articolo 3, comma 1, del D.P.C.M. 27 febbraio 2019. Vedi anche l'articolo 3, comma 2, del D.P.C.M. 27 febbraio 2019 medesimo.*
(6) *A norma dell'articolo 13, comma 4, del D.L. 30 aprile 2019, n. 34, convertito, con modificazioni, dalla Legge 28 giugno 2019, n. 58, come modificato dall'articolo 3, comma 3, del D.L. 31 dicembre 2020, n. 183, convertito, con modificazioni, dalla Legge 26 febbraio 2021, n. 21, le disposizioni di cui al presente comma acquistano efficacia a decorrere dal 1° luglio 2021.*
(7) *Comma abrogato dall'articolo 8, comma 1 del D.Lgs. 25 maggio 2021, n. 83. Per l'applicazione, vedi l'articolo 10, comma 1, del D.Lgs. 83/2021 medesimo.*
(8) *Per la proroga dei termini per il versamento dell'imposta sul valore aggiunto, dovuta ai sensi del presente comma vedi l'articolo 3, comma 1, del D.P.C.M. 27 febbraio 2019. Vedi anche l'articolo 3, comma 2, del D.P.C.M. 27 febbraio 2019 medesimo.*
(9) *A norma dell'articolo 13, comma 4, del D.L. 30 aprile 2019, n. 34, convertito, con modificazioni, dalla Legge 28 giugno 2019, n. 58, come modificato dall'articolo 3, comma 3, del D.L. 31 dicembre 2020, n. 183, convertito, con modificazioni, dalla Legge 26 febbraio 2021, n. 21, le disposizioni di cui al presente comma acquistano efficacia a decorrere dal 1° luglio 2021.*
(10) *Comma abrogato dall'articolo 8, comma 1 del D.Lgs. 25 maggio 2021, n. 83. Per l'applicazione, vedi l'articolo 10, comma 1, del D.Lgs. 83/2021 medesimo.*
(11) *Per la proroga dei termini per il versamento dell'imposta sul valore aggiunto, dovuta ai sensi del presente comma vedi l'articolo 3, comma 1, del D.P.C.M. 27 febbraio 2019. Vedi anche l'articolo 3, comma 2, del D.P.C.M. 27 febbraio 2019 medesimo.*
(12) *A norma dell'articolo 13, comma 4, del D.L. 30 aprile 2019, n. 34, convertito, con modificazioni, dalla Legge 28 giugno 2019, n. 58, come modificato dall'articolo 3, comma 3, del D.L. 31 dicembre 2020, n. 183, convertito, con modificazioni, dalla Legge 26 febbraio 2021, n. 21, le disposizioni di cui al presente comma acquistano efficacia a decorrere dal 1° luglio 2021.*
(13) *Comma abrogato dall'articolo 8, comma 1 del D.Lgs. 25 maggio 2021, n. 83. Per l'applicazione, vedi l'articolo 10, comma 1, del D.Lgs. 83/2021 medesimo.*
(14) *Per la proroga dei termini per il versamento dell'imposta sul valore aggiunto, dovuta ai sensi del presente comma vedi l'articolo 3, comma 1, del D.P.C.M. 27 febbraio 2019. Vedi anche l'articolo 3, comma 2, del D.P.C.M. 27 febbraio 2019 medesimo.*
(15) *A norma dell'articolo 13, comma 4, del D.L. 30 aprile 2019, n. 34, convertito, con modificazioni, dalla Legge 28 giugno 2019, n. 58, come modificato dall'articolo 3, comma 3, del D.L. 31 dicembre 2020, n. 183, convertito, con modificazioni, dalla Legge 26 febbraio 2021, n. 21, le disposizioni di cui al presente comma acquistano efficacia a decorrere dal 1° luglio 2021.*
(16) *Comma abrogato dall'articolo 8, comma 1 del D.Lgs. 25 maggio 2021, n. 83. Per l'applicazione, vedi l'articolo 10, comma 1, del D.Lgs. 83/2021 medesimo.*

11 *ter*. Piano per la transizione energetica sostenibile delle aree idonee.[1] – 1. Entro il 30 settembre 2021, con decreto del Ministro dello sviluppo economico, di concerto con il Ministro dell'ambiente e della tutela del territorio e del mare, è approvato il Piano per la transizione energetica sostenibile delle aree idonee (PiTESAI), al fine di individuare un quadro definito di riferimento delle aree ove è consentito lo svolgimento delle attività di prospezione, ricerca e coltivazione di idrocarburi sul territorio nazionale, volto a valorizzare la sostenibilità ambientale, sociale ed economica delle stesse [2] .

2. Il PiTESAI deve tener conto di tutte le caratteristiche del territorio, sociali, industriali, urbanistiche e morfologiche, con particolare riferimento all'assetto idrogeologico ed alle vigenti pianificazioni e, per quanto riguarda le aree marine, deve principalmente considerare i possibili effetti sull'ecosistema, nonché tenere conto dell'analisi delle rotte marittime, della pescosità delle aree e della possibile interferenza sulle coste. Nel PiTESAI devono altresì essere indicati tempi e modi di dismissione e rimessa in pristino dei luoghi da parte delle relative installazioni che abbiano cessato la loro attività.

3. Il PiTESAI è adottato previa valutazione ambientale strategica e, limitatamente alle aree su terraferma, d'intesa con la Conferenza unificata. Qualora per le aree su terraferma l'intesa non sia raggiunta entro sessanta giorni dalla prima seduta, la Conferenza unificata è convocata in seconda seduta su richiesta del Ministro dello sviluppo economico entro trenta giorni, ai sensi dell'articolo 8, comma 4, del decreto legislativo 28 agosto 1997, n. 281. In caso di mancato raggiungimento dell'intesa entro il termine di centoventi giorni dalla seconda seduta, ovvero in caso di espresso e motivato dissenso della Conferenza unificata, il PiTESAI è adottato con riferimento alle sole aree marine.

4. Nelle more dell'adozione del PiTESAI, ai fini della salvaguardia e del miglioramento della sostenibilità ambientale e sociale, i procedimenti amministrativi, ivi inclusi quelli di valutazione di impatto ambientale, relativi al conferimento di nuovi permessi di prospezione o di ricerca di idrocarburi liquidi e gassosi sono sospesi, fatti salvi i seguenti procedimenti in corso o avviati successivamente alla data di entrata in vigore della legge di conversione del presente decreto, relativi a istanze di:

a) proroga di vigenza delle concessioni di coltivazione di idrocarburi in essere;

b) rinuncia a titoli minerari vigenti o alle relative proroghe;

c) sospensione temporale della produzione per le concessioni in essere;

d) riduzione dell'area, variazione dei programmi lavori e delle quote di titolarità.

5. La sospensione di cui al comma 4 non si applica ai procedimenti relativi al conferimento di concessioni di coltivazione di idrocarburi liquidi e gassosi pendenti alla data di entrata in vigore della legge di conversione del presente decreto. Nelle more dell'adozione del PiTESAI, non è consentita la presentazione di nuove istanze di conferimento di concessioni di coltivazione, fatto salvo quanto previsto dal comma 4, lettera a).

6. A decorrere dalla data di entrata in vigore della legge di conversione del presente decreto e fino all'adozione del PiTESAI, i permessi di prospezione o di ricerca di idrocarburi liquidi e gassosi in essere, sia per aree in terraferma che in mare, sono sospesi, con conseguente interruzione di tutte le attività di prospezione e ricerca in corso di esecuzione, fermo restando l'obbligo di messa in sicurezza dei siti interessati dalle stesse attività.

7. La sospensione di cui al comma 6 sospende anche il decorso temporale dei permessi di prospezione e di ricerca, ai fini del computo della loro durata; correlativamente, per lo stesso periodo di sospensione, non è dovuto il pagamento del relativo canone. Ai relativi oneri, valutati in 134.000 euro in ragione d'anno, si provvede, ai sensi del comma 12, mediante utilizzo delle maggiori entrate di cui al comma 9 che restano acquisite all'erario.

8. Alla data di adozione del PiTESAI, nelle aree in cui le attività di prospezione e di ricerca e di coltivazione risultino

compatibili con le previsioni del Piano stesso, i titoli minerari sospesi ai sensi del comma 6 riprendono efficacia. Nelle aree non compatibili con le previsioni del Piano, entro sessanta giorni dall'adozione del medesimo Piano, il Ministero dello sviluppo economico avvia i procedimenti per il rigetto delle istanze relative ai procedimenti sospesi ai sensi del comma 4 e avvia i procedimenti di revoca, anche limitatamente ad aree parziali, dei permessi di prospezione e di ricerca in essere. Nelle aree non compatibili è comunque ammessa l'installazione di impianti di produzione di energia da fonti rinnovabili. Nelle aree non compatibili, il Ministero dello sviluppo economico rigetta anche le istanze relative ai procedimenti di rilascio delle concessioni per la coltivazione di idrocarburi il cui provvedimento di conferimento non sia stato rilasciato entro la data di adozione del PiTESAI. In caso di mancata adozione del PiTESAI entro il 30 settembre 2021, i procedimenti sospesi ai sensi del comma 4 proseguono nell'istruttoria ed i permessi di prospezione e di ricerca sospesi ai sensi del comma 6 riprendono efficacia. Alla data di adozione del PiTESAI, nelle aree in cui le attività di coltivazione risultino incompatibili con le previsioni del Piano stesso, le concessioni di coltivazione, anche in regime di proroga, vigenti alla data di entrata in vigore della legge di conversione del presente decreto, mantengono la loro efficacia sino alla scadenza e non sono ammesse nuove istanze di proroga (3).

9. A decorrere dal 1° giugno 2019, i canoni annui di cui all'articolo 18, comma 1, del decreto legislativo 25 novembre 1996, n. 625, per le concessioni di coltivazione e stoccaggio nella terraferma, nel mare territoriale e nella piattaforma continentale italiana sono rideterminati come segue:

a) concessione di coltivazione: 1.481,25 euro per chilometro quadrato;

b) concessione di coltivazione in proroga: 2.221,75 euro per chilometro quadrato;

c) concessione di stoccaggio insistente sulla relativa concessione di coltivazione: 14,81 euro per chilometro quadrato;

d) concessione di stoccaggio in assenza di relativa concessione di coltivazione: 59,25 euro per chilometro quadrato (4).

9-bis. Al fine di garantire la prosecuzione in condizioni di economicità della gestione delle concessioni di coltivazione di idrocarburi, l'ammontare annuo complessivo del canone di superficie dovuto per tutte le concessioni in titolo al singolo concessionario non può superare il 3 per cento della valorizzazione della produzione da esse ottenuta nell'anno precedente (5).

10. Al venir meno della sospensione di cui al comma 6, i canoni annui di cui all'articolo 18, comma 1, del decreto legislativo 25 novembre 1996, n. 625, per i permessi di prospezione e ricerca sono rideterminati come segue:

a) permesso di prospezione: 92,50 euro per chilometro quadrato;

b) permesso di ricerca: 185,25 euro per chilometro quadrato;

c) permesso di ricerca in prima proroga: 370,25 euro per chilometro quadrato;

d) permesso di ricerca in seconda proroga: 740,50 euro per chilometro quadrato (6).

11. È autorizzata la spesa di 1 milione di euro per ciascuno degli anni 2019 e 2020, da iscrivere su apposito capitolo dello stato di previsione del Ministero dello sviluppo economico per far fronte agli oneri connessi alla predisposizione del PiTESAI.

12. Per far fronte agli altri oneri derivanti dal presente articolo, è istituito nello stato di previsione del Ministero dello sviluppo economico un fondo con dotazione di 15 milioni di euro a decorrere dall'anno 2020. Le maggiorazioni dei canoni di superficie derivanti dalle disposizioni di cui ai commi 9 e 10 sono versate ad apposito capitolo dell'entrata del bilancio dello Stato per essere riassegnate, con decreto del Ministro dell'economia e delle finanze, al fondo di cui al periodo precedente, per gli importi eccedenti 1,134 milioni di euro per l'anno 2019, 16,134 milioni di euro per l'anno 2020 e 15,134 milioni di euro a decorrere dall'anno 2021. Con decreto del Ministro dell'economia e delle finanze, di concerto con il Ministro dello sviluppo economico, sono stabilite le modalità di versamento delle maggiorazioni dei canoni. Nel caso in cui le risorse disponibili sul fondo per un esercizio finanziario non risultino sufficienti per far fronte agli oneri di cui al presente articolo, con decreto del Ministro dello sviluppo economico, di concerto con il Ministro dell'economia e delle finanze, sono corrispondentemente rimodulati i canoni annui di cui all'articolo 18, comma 1, del decreto legislativo 25 novembre 1996, n. 625, al fine di assicurare un maggior gettito corrispondente ai maggiori oneri.

13. Alle attività di prospezione, ricerca e coltivazione di idrocarburi svolte nell'ambito di titoli minerari rilasciati a seguito di istanze presentate dopo la data di entrata in vigore della legge di conversione del presente decreto non si applica l'articolo 38, comma 1, del decreto-legge 12 settembre 2014, n. 133, convertito, con modificazioni, dalla legge 11 novembre 2014, n. 164. Resta fermo il carattere di pubblica utilità delle attività di stoccaggio di gas naturale in sotterraneo.

(1) Articolo inserito dall'articolo 1, comma 1, della Legge 11 febbraio 2019, n. 12, in sede di conversione.
(2) Comma modificato dall'articolo 12, comma 4-bis, lettera a) del D.L. 30 dicembre 2019, n. 162, convertito, con modificazioni dalla Legge 28 febbraio 2020, n. 8 e successivamente dall'articolo 12-ter, comma 1, lettera a), del D.L. 31 dicembre 2020, n. 183, convertito con modificazioni dalla Legge 26 febbraio 2021, n. 21.
(3) Comma modificato dall'articolo 12, comma 4-bis, lettera b) del D.L. 30 dicembre 2019, n. 162, convertito, con modificazioni dalla Legge 28 febbraio 2020, n. 8 e successivamente dall'articolo 12-ter, comma 1, lettera b), del D.L. 31 dicembre 2020, n. 183, convertito con modificazioni dalla Legge 26 febbraio 2021, n. 21.
(4) Vedi l'articolo 1, comma 1, del D.M. 18 novembre 2019.
(5) Comma inserito dall'articolo 62-ter, comma 1, del D.L. 16 luglio 2020, n. 76, convertito con modificazioni dalla Legge 11 settembre 2020, n. 120.
(6) Vedi l'articolo 1, comma 1, del D.M. 18 novembre 2019.

3. L. 30 dicembre 2018, n. 145

Bilancio di previsione dello Stato per l'anno finanziario 2019 e bilancio pluriennale per il triennio 2019-2021 (LEGGE DI BILANCIO 2019) (*Estratto art. 1*)
(in Suppl. Ordinario 62 alla Gazz. Uff., 31 dicembre 2018, n. 302).

Sezione I - Misure quantitative per la realizzazione degli obiettivi programmatici

1. Risultati differenziali. Norme in materia di entrata e di spesa e altre disposizioni. Fondi speciali. – 1. I livelli massimi del saldo netto da finanziare, in termini di competenza e di cassa, e del ricorso al mercato finanziario, in termini di competenza, di cui all'articolo 21, comma 1-ter, lettera a), della legge 31 dicembre 2009, n. 196, per gli anni 2019, 2020 e 2021, sono indicati nell'allegato 1 annesso alla presente legge. I livelli del ricorso al mercato si intendono al netto delle operazioni effettuate al fine di rimborsare prima della scadenza o di ristrutturare passività preesistenti con ammortamento a carico dello Stato. Resta fermo che i livelli effettivi dei saldi di cui all'allegato 1 annesso alla presente legge, validi ai fini del conseguimento degli obiettivi di finanza pubblica, sono quelli risultanti dal quadro generale riassuntivo di cui all'articolo 17.

[2. *L'aliquota ridotta dell'imposta sul valore aggiunto (IVA) di cui alla tabella A, parte III, allegata al decreto del Presidente della Repubblica 26 ottobre 1972, n. 633, è ridotta di 1,5 punti percentuali per l'anno 2019, di 3 punti percentuali per l'anno 2020 e di 1 punto percentuale per l'anno 2021 e per ciascuno degli anni successivi. L'aliquota ordinaria dell'IVA è ridotta di 2,2 punti percentuali per l'anno 2019 e di 2,9 punti percentuali per l'anno 2020 ed è incrementata di 1,5 punti percentuali per l'anno 2022 e per ciascuno degli anni successivi* [(1)].] [(2)]

(1) *Comma sostituito dall'articolo 1, comma 3, della Legge 27 dicembre 2019, n. 160.*
(2) *Comma abrogato dall'articolo 123, comma 1, del D.L. 19 maggio 2020, n. 34, convertito, con modificazioni, dalla Legge 17 luglio 2020, n. 77.*

3. Ai sensi dell'articolo 1, comma 2, della legge 27 luglio 2000, n. 212, devono intendersi compresi nel numero 114) della tabella A, parte III, allegata al decreto del Presidente della Repubblica 26 ottobre 1972, n. 633, recante l'elenco dei beni e dei servizi soggetti all'aliquota IVA del 10 per cento, anche i dispositivi medici a base di sostanze normalmente utilizzate per cure mediche, per la prevenzione delle malattie e per trattamenti medici e veterinari, classificabili nella voce 3004 della nomenclatura combinata di cui all'allegato 1 del regolamento di esecuzione (UE) 2017/1925 della Commissione del 12 ottobre 2017 che modifica l'allegato I del regolamento (CEE) n. 2658/87 del Consiglio relativo alla nomenclatura tariffaria e statistica ed alla tariffa doganale comune.

4. All'articolo 75 della legge 30 dicembre 1991, n. 413, il comma 2 è sostituito dal seguente:

"2. Ai fini dell'applicazione dell'imposta sul valore aggiunto tra i prodotti della panetteria ordinaria devono intendersi compresi, oltre ai cracker ed alle fette biscottate, anche quelli contenenti ingredienti e sostanze ammessi dal titolo III della legge 4 luglio 1967, n. 580, con la sola inclusione degli zuccheri già previsti dalla legge n. 580 del 1967, ovvero destrosio e saccarosio, i grassi e gli oli alimentari industriali ammessi dalla legge, i cereali interi o in granella e i semi, i semi oleosi, le erbe aromatiche e le spezie di uso comune. Non si dà luogo a rimborsi di imposte già pagate né è consentita la variazione di cui all'articolo 26, secondo comma, del decreto del Presidente della Repubblica 26 ottobre 1976, n. 633, e successive modificazioni".

7. Nelle more della mancata adozione della revisione della normativa sulla fiscalità diretta ed indiretta delle imprese immobiliari, si applicano e sono fatte salve le disposizioni di cui all'articolo 1, comma 36, della legge 24 dicembre 2007, n. 244.

8. Per le finalità di cui al comma 7 è autorizzata la spesa di 17,7 milioni di euro per l'anno 2020 e di 10,1 milioni di euro a decorrere dall'anno 2021.

9. All'articolo 1 della legge 23 dicembre 2014, n. 190, sono apportate le seguenti modificazioni:

a) i commi 54 e 55 sono sostituiti dai seguenti:

"54. I contribuenti persone fisiche esercenti attività d'impresa, arti o professioni applicano il regime forfetario di cui al presente comma e ai commi da 55 a 89 del presente articolo, se nell'anno precedente hanno conseguito ricavi ovvero hanno percepito compensi, ragguagliati ad anno, non superiori a euro 65.000.

55. Ai fini della verifica della sussistenza del requisito per l'accesso al regime forfetario di cui al comma 54:

a) non rilevano gli ulteriori componenti positivi indicati nelle dichiarazioni fiscali ai sensi del comma 9 dell'articolo 9-bis del decreto-legge 24 aprile 2017, n. 50, convertito, con modificazioni, dalla legge 21 giugno 2017, n. 96;

b) nel caso di esercizio contemporaneo di attività contraddistinte da differenti codici ATECO, si assume la somma dei ricavi e dei compensi relativi alle diverse attività esercitate";

b) al comma 56, le parole: "dei requisiti" sono sostituite dalle seguenti: "del requisito";

c) al comma 57, le lettere d) e d-bis) sono sostituite dalle seguenti:

"d) gli esercenti attività d'impresa, arti o professioni che partecipano, contemporaneamente all'esercizio dell'attività, a società di persone, ad associazioni o a imprese familiari di cui all'articolo 5 del testo unico di cui al decreto del Presidente della Repubblica 22 dicembre 1986, n. 917, ovvero che controllano direttamente o indirettamente società a responsabilità limitata o associazioni in partecipazione, le quali esercitano attività economiche direttamente o indirettamente riconducibili a quelle svolte dagli esercenti attività d'impresa, arti o professioni;

d-bis) le persone fisiche la cui attività sia esercitata prevalentemente nei confronti di datori di lavoro con i quali sono in corso rapporti di lavoro o erano intercorsi rapporti di lavoro nei due precedenti periodi d'imposta, ovvero nei confronti di soggetti direttamente o indirettamente riconducibili ai suddetti datori di lavoro";

d) al comma 65, lettera c), le parole:

"ai limiti" sono sostituite dalle seguenti:

"al limite";

e) al comma 71, le parole: "taluna delle condizioni" sono sostituite dalle seguenti:

"il requisito";

f) al comma 73, il primo periodo è soppresso;

g) al comma 74, terzo periodo, le parole: "taluna delle condizioni" sono sostituite dalle seguenti: "la condizione";

h) al comma 82:

1) al primo periodo, le parole: "taluna delle condizioni" sono sostituite dalle seguenti: "la condizione";

2) al terzo periodo, le parole: "sussistano le condizioni" sono sostituite dalle seguenti: "sussista la condizione";

3) al quarto periodo, le parole: "delle condizioni" sono sostituite dalle seguenti:

"della condizione";

i) al comma 83, secondo periodo, le parole: "delle condizioni" sono sostituite dalle seguenti: "della condizione";

l) al comma 87, la parola: "triennio" è sostituita dalla seguente: "quinquennio".

10. L'allegato 4 annesso alla legge 23 dicembre 2014, n. 190, è sostituito dall'allegato 2 annesso alla presente legge.

11. Per quanto non diversamente disposto dai precedenti commi, si applicano, in quanto compatibili, le disposizioni di cui ai commi da 56 a 75 dell'articolo 1 della legge 23 dicembre 2014, n. 190.

12. All'articolo 14, comma 1, del decreto legislativo 14 marzo 2011, n. 23, le parole:

"20 per cento" sono sostituite dalle seguenti:

"40 per cento".

13. A decorrere dal 1° gennaio 2019, ai compensi derivanti dall'attività di lezioni private e ripetizioni, svolta dai docenti titolari di cattedre nelle scuole di ogni ordine e grado, si applica un'imposta sostitutiva dell'imposta sul reddito delle persone fisiche e delle addizionali regionali e comunali con l'aliquota del 15 per cento, salva opzione per l'applicazione dell'imposta sul reddito nei modi ordinari [B].

14. I dipendenti pubblici di cui al comma 13, che svolgono l'attività di insegnamento a titolo privato, fermo restando quanto disposto dall'articolo 53 del decreto legislativo 30 marzo 2001, n. 165, comunicano all'amministrazione di appartenenza l'esercizio di attività extra-professionale didattica ai fini della verifica di eventuali situazioni di incompatibilità.

15. L'imposta sostitutiva di cui al comma 13 è versata entro il termine stabilito per il versamento dell'imposta sul reddito delle persone fisiche. Per la liquidazione, l'accertamento, la riscossione, i rimborsi, le sanzioni, gli interessi e il contenzioso ad essa relativi si applicano le disposizioni previste per le imposte sui redditi.

16. Con provvedimento del direttore dell'Agenzia delle entrate, da emanare entro novanta giorni dalla data di entrata in vigore della presente legge, sono stabilite le modalità per l'esercizio dell'opzione nonché del versamento dell'acconto e del saldo dell'imposta sostitutiva di cui al comma 13.

[*17. A decorrere dal 1° gennaio 2020, le persone fisiche esercenti attività d'impresa, arti o professioni, che nel periodo d'imposta precedente a quello per il quale è presentata la dichiarazione hanno conseguito ricavi o percepito compensi compresi tra 65.001 euro e 100.000 euro ragguagliati ad anno, possono applicare al reddito d'impresa o di lavoro autonomo, determinato nei modi ordinari, un'imposta sostitutiva dell'imposta sul reddito, delle addizionali regionali e comunali e dell'imposta regionale sulle attività produttive di cui al decreto legislativo 15 dicembre 1997, n. 446, con l'aliquota del 20 per cento.*] [1]

[1] *Comma abrogato dall'articolo 1, comma 691, della Legge 27 dicembre 2019, n. 160.*

[*18. Ai fini dell'individuazione del limite dei ricavi e dei compensi di cui al comma 17:*

a) non rilevano gli ulteriori componenti positivi indicati nelle dichiarazioni fiscali ai sensi del comma 9 dell'articolo 9-bis del decreto-legge 24 aprile 2017, n. 50, convertito, con modificazioni, dalla legge 21 giugno 2017, n. 96;

b) nel caso di esercizio contemporaneo di differenti attività, si assume la somma dei ricavi e dei compensi relativi alle diverse attività esercitate.] [1]

[1] *Comma abrogato dall'articolo 1, comma 691, della Legge 27 dicembre 2019, n. 160.*

[*19. Non possono applicare l'imposta sostitutiva di cui al comma 17:*

a) le persone fisiche che si avvalgono di regimi speciali ai fini dell'imposta sul valore aggiunto o di regimi forfetari di determinazione del reddito;

b) i soggetti non residenti, ad eccezione di quelli che sono residenti in uno degli Stati membri dell'Unione europea o in uno Stato aderente all'Accordo sullo Spazio economico europeo che assicuri un adeguato scambio di informazioni e che producono nel territorio dello Stato italiano redditi che costituiscono almeno il 75 per cento del reddito da essi complessivamente prodotto;

c) i soggetti che, in via esclusiva o prevalente, effettuano cessioni di fabbricati o porzioni di fabbricato, di terreni edificabili di cui all'articolo 10, primo comma, numero 8), del decreto del Presidente della Repubblica 26 ottobre 1972, n. 633, o di mezzi di trasporto nuovi di cui all'articolo 53, comma 1, del decreto-legge 30 agosto 1993, n. 331, convertito, con modificazioni, dalla legge 29 ottobre 1993, n. 427;

d) gli esercenti attività d'impresa, arti o professioni che partecipano, contemporaneamente all'esercizio dell'attività, a società di persone, ad associazioni o a imprese familiari di cui all'articolo 5 del testo unico di cui al decreto del Presidente della Repubblica 22 dicembre 1986, n. 917, ovvero che controllano direttamente o indirettamente società a responsabilità limitata o associazioni in partecipazione, le quali esercitano attività economiche direttamente o indirettamente riconducibili a quelle svolte dagli esercenti attività d'impresa, arti o professioni;

e) le persone fisiche la cui attività sia esercitata prevalentemente nei confronti di datori di lavoro con i quali sono in corso rapporti di lavoro o erano intercorsi rapporti di lavoro nei due precedenti periodi d'imposta, ovvero nei confronti di soggetti direttamente o indirettamente riconducibili ai suddetti datori di lavoro.] [1]

[1] *Comma abrogato dall'articolo 1, comma 691, della Legge 27 dicembre 2019, n. 160.*

[*20. I ricavi conseguiti e i compensi percepiti dai soggetti che applicano l'imposta sostitutiva di cui al comma 17 non sono assoggettati a ritenuta d'acconto da parte del sostituto d'imposta. A tale fine, i contribuenti rilasciano un'apposita dichiarazione dalla quale risulti che il reddito cui le somme afferiscono è soggetto all'imposta sostitutiva.*] [1]

[1] *Comma abrogato dall'articolo 1, comma 691, della Legge 27 dicembre 2019, n. 160.*

[*21. I contribuenti persone fisiche che applicano l'imposta sostitutiva di cui al comma 17 non sono tenuti a operare le ritenute alla fonte di cui al titolo III del decreto del Presidente della Repubblica 29 settembre 1973, n. 600, ad eccezione delle ritenute di cui all'articolo 23 e 24 del medesimo decreto; tuttavia, nella dichiarazione dei redditi, i medesimi contribuenti persone fisiche indicano il codice fiscale del percettore dei redditi per i quali all'atto del pagamento degli stessi non è stata operata la ritenuta e l'ammontare dei redditi stessi* [(1)].][(2)]

(1) *Comma modificato dall'articolo 6, comma 3, del D.L. 30 aprile 2019, n. 34, convertito con modificazioni dalla Legge 28 giugno 2019, n. 58.*
(2) *Comma abrogato dall'articolo 1, comma 691, della Legge 27 dicembre 2019, n. 160.*

22. I contribuenti persone fisiche che applicano l'imposta sostitutiva di cui al comma 17 sono esonerati dall'applicazione dell'imposta sul valore aggiunto e dai relativi adempimenti ai sensi delle disposizioni relative al regime forfetario di cui all'articolo 1, commi da 54 a 89, della legge 23 dicembre 2014, n. 190, fermo restando l'obbligo di fatturazione elettronica previsto dal decreto legislativo 5 agosto 2015, n. 127.

23. Al testo unico delle imposte sui redditi, di cui al decreto del Presidente della Repubblica 22 dicembre 1986, n. 917, sono apportate le seguenti modificazioni:

a) all'articolo 8:

1) al comma 1, le parole: "derivanti dall'esercizio di imprese commerciali di cui all'articolo 66 e quelle" sono soppresse;

2) il primo e il secondo periodo del comma 3 sono sostituiti dal seguente: "Le perdite derivanti dall'esercizio di imprese commerciali e quelle derivanti dalla partecipazione in società in nome collettivo e in accomandita semplice sono computate in diminuzione dei relativi redditi conseguiti nei periodi d'imposta e, per la differenza, nei successivi, in misura non superiore all'80 per cento dei relativi redditi conseguiti in detti periodi d'imposta e per l'intero importo che trova capienza in essi";

b) all'articolo 56, comma 2, la parola:

"complessivo" è soppressa;

c) all'articolo 101, comma 6, le parole:

"nei successivi cinque periodi d'imposta" sono soppresse;

d) all'articolo 116:

1) al comma 2, le parole: "del primo e terzo periodo" sono soppresse;

2) al comma 2-bis sono aggiunti, in fine, i seguenti periodi: "Si applicano le disposizioni dell'articolo 84, comma 3. Per i soggetti che fruiscono di un regime di esenzione dell'utile, la perdita è riportabile nei limiti di cui all'articolo 84, comma 1, secondo periodo".

24. In deroga all'articolo 3, comma 1, della legge 27 luglio 2000, n. 212, le disposizioni di cui al comma 23 del presente articolo si applicano a decorrere dal periodo d'imposta successivo a quello in corso al 31 dicembre 2017.

25. In deroga al primo periodo del comma 3 dell'articolo 8 del testo unico delle imposte sui redditi, di cui al decreto del Presidente della Repubblica 22 dicembre 1986, n. 917, come modificato dal comma 23 del presente articolo, le perdite derivanti dall'esercizio di imprese commerciali di cui all'articolo 66 del medesimo testo unico:

a) del periodo d'imposta 2018 sono computate in diminuzione dei relativi redditi conseguiti nei periodi d'imposta 2019 e 2020 in misura non superiore, rispettivamente, al 40 per cento e al 60 per cento dei medesimi redditi e per l'intero importo che trova capienza in essi;

b) del periodo d'imposta 2019 sono computate in diminuzione dei relativi redditi conseguiti nel periodo d'imposta 2020 in misura non superiore al 60 per cento dei medesimi redditi e per l'intero importo che trova capienza in essi.

26. Le perdite del periodo d'imposta 2017, per la parte non compensata ai sensi dell'articolo 8, comma 1, del testo unico delle imposte sui redditi, di cui al decreto del Presidente della Repubblica 22 dicembre 1986, n. 917, nel testo vigente prima della data di entrata in vigore della presente legge, sono computate in diminuzione dei relativi redditi conseguiti:

a) nei periodi d'imposta 2018 e 2019, in misura non superiore al 40 per cento dei medesimi redditi e per l'intero importo che trova capienza in essi;

b) nel periodo d'imposta 2020, in misura non superiore al 60 per cento dei medesimi redditi e per l'intero importo che trova capienza in essi.

27. Il comma 1-quater dell'articolo 15 del testo unico delle imposte sui redditi, di cui al decreto del Presidente della Repubblica 22 dicembre 1986, n. 917, in materia di detrazione per oneri, è sostituito dal seguente:

«1-quater. Dall'imposta lorda si detrae, nella misura forfetaria di euro 1.000 e nel limite di spesa di 510.000 euro per l'anno 2020 e di 290.000 euro annui a decorrere dall'anno 2021, la spesa sostenuta dai non vedenti per il mantenimento dei cani guida».

[*28. A decorrere dal periodo d'imposta successivo a quello in corso al 31 dicembre 2018, il reddito complessivo netto dichiarato dalle società e dagli enti indicati nell'articolo 73 del testo unico delle imposte sui redditi, di cui al decreto del Presidente della Repubblica 22 dicembre 1986, n. 917, può essere assoggettato all'aliquota di cui all'articolo 77 del medesimo testo unico, ridotta di nove punti percentuali, per la parte corrispondente agli utili del periodo d'imposta precedente a quello per il quale è presentata la dichiarazione, conseguiti nell'esercizio di attività commerciali, accantonati a riserve diverse da quelle di utili non disponibili, nei limiti dell'importo corrispondente alla somma:*

a) degli investimenti effettuati in beni strumentali materiali nuovi di cui all'articolo 102 del citato testo unico;

b) del costo del personale dipendente assunto con contratto di lavoro a tempo determinato o indeterminato.] [(1)]

(1) *Comma abrogato dall'articolo 2, comma 9, del D.L. 30 aprile 2019, n. 34, convertito, con modificazioni, dalla Legge 28 giugno 2019, n. 58.*

[*29. Ai fini del comma 28:*

a) si considerano riserve di utili non disponibili le riserve formate con utili diversi da quelli realmente conseguiti ai sensi dell'articolo 2433 del codice civile in quanto derivanti da processi di valutazione. Rilevano gli utili realizzati a decorrere dal periodo d'imposta in corso al 31 dicembre 2018 e accantonati a riserva, ad esclusione di quelli destinati a riserve non disponibili, al netto delle riduzioni del patrimonio netto con attribuzione, a qualsiasi titolo, ai soci o partecipanti;

b) per investimento si intendono la realizzazione di nuovi impianti nel territorio dello Stato, il completamento di opere sospese, l'ampliamento, la riattivazione, l'ammodernamento di impianti esistenti e l'acquisto di beni strumentali materiali nuovi, anche mediante contratti di locazione finanziaria, destinati a strutture situate nel territorio dello Stato. Sono esclusi gli investimenti in immobili e in veicoli di cui all'articolo 164, comma 1, lettera b-bis), del testo unico delle imposte sui redditi, di cui al citato decreto del Presidente della Repubblica n.

917 del 1986. Per ciascun periodo d'imposta, l'ammontare degli investimenti è determinato in base all'importo degli ammortamenti dei beni strumentali materiali, acquisiti a decorrere dal periodo d'imposta successivo a quello in corso al 31 dicembre 2018, deducibili a norma dell'articolo 102 del testo unico delle imposte sui redditi, di cui al citato decreto del Presidente della Repubblica n. 917 del 1986, nei limiti dell'incremento del costo complessivo fiscalmente riconosciuto di tutti i beni strumentali materiali, ad eccezione di quelli di cui al periodo precedente, assunto al lordo delle quote di ammortamento dei beni strumentali materiali nuovi dedotte nell'esercizio, rispetto al costo complessivo fiscalmente riconosciuto di tutti i beni strumentali materiali, ad eccezione di quelli di cui al periodo precedente, assunto al netto delle relative quote di ammortamento dedotte, del periodo d'imposta in corso al 31 dicembre 2018;

c) il costo del personale dipendente rileva in ciascun periodo d'imposta, a condizione che tale personale sia destinato per la maggior parte del periodo d'imposta a strutture produttive localizzate nel territorio dello Stato e che si verifichi l'incremento del numero complessivo medio dei lavoratori dipendenti impiegati nell'esercizio di attività commerciali rispetto al numero dei lavoratori dipendenti assunti al 30 settembre 2018, nel limite dell'incremento complessivo del costo del personale classificabile nelle voci di cui all'articolo 2425, primo comma, lettera B), numeri 9) e 14), del codice civile rispetto a quello del periodo d'imposta in corso al 31 dicembre 2018. L'incremento è considerato, limitatamente al personale impiegato per la maggior parte del periodo d'imposta nelle strutture produttive localizzate nel territorio dello Stato, al netto delle diminuzioni occupazionali verificatesi in società controllate o collegate ai sensi dell'articolo 2359 del codice civile o facenti capo, anche per interposta persona, allo stesso soggetto; a tal fine, per i soggetti di cui all'articolo 73, comma 1, lettera c), del testo unico delle imposte sui redditi, di cui al citato decreto del Presidente della Repubblica n. 917 del 1986, la base occupazionale è individuata con riferimento al personale dipendente impiegato nell'attività commerciale e il beneficio spetta solo con riferimento all'incremento dei lavoratori utilizzati nell'esercizio di tale attività. In caso di lavoratori impiegati anche nell'esercizio di attività istituzionale si considera, sia ai fini dell'individuazione della base occupazionale di riferimento e del suo incremento, sia ai fini della rilevazione del costo, il solo personale dipendente riferibile all'attività commerciale, individuato in base al rapporto tra l'ammontare dei ricavi e degli altri proventi relativi all'attività commerciale e l'ammontare complessivo di tutti i ricavi e proventi.

Per i soggetti che assumono la qualifica di datore di lavoro a decorrere dal 1° ottobre 2018, ogni lavoratore dipendente assunto costituisce incremento della base occupazionale.

Nel caso di impresa subentrante ad altra nella gestione di un servizio pubblico, anche gestito da privati, comunque assegnata, il beneficio spetta limitatamente al numero dei lavoratori assunti in più rispetto a quello dell'impresa sostituita. I datori di lavoro possono usufruire dell'aliquota ridotta solo se rispettano, anche con riferimento alle unità lavorative che non danno diritto all'agevolazione, le prescrizioni dei contratti collettivi nazionali di lavoro e delle norme in materia di salute e sicurezza dei lavoratori previste dalle vigenti disposizioni. I lavoratori dipendenti con contratto di lavoro a tempo parziale sono computati nella base occupazionale in misura proporzionale alle ore di lavoro prestate rispetto a quelle previste dal contratto collettivo nazionale. I soci lavoratori di società cooperative sono equiparati ai lavoratori dipendenti.] (1)

(1) *Comma abrogato dall'articolo 2, comma 9, del D.L. 30 aprile 2019, n. 34, convertito, con modificazioni, dalla Legge 28 giugno 2019, n. 58.*

[*30. Ai fini dei commi 28 e 29, per ciascun periodo d'imposta, alternativamente:*

a) la parte degli utili accantonati a riserva e dell'importo corrispondente alla somma degli investimenti in beni strumentali e del costo del personale di cui al comma 28 che eccede l'ammontare del reddito complessivo netto dichiarato è computata in aumento, rispettivamente, degli utili accantonati a riserva e dell'importo corrispondente alla somma degli investimenti in beni strumentali e del costo del personale di cui al comma 28 dell'esercizio successivo;

b) la parte degli utili accantonati a riserva di cui al comma 28 che eccede l'importo corrispondente alla somma degli investimenti in beni strumentali e del costo del personale di cui allo stesso comma 28 è computata in aumento degli utili accantonati a riserva di cui al comma 28 dell'esercizio successivo;

c) la parte dell'importo corrispondente alla somma degli investimenti in beni strumentali e del costo del personale di cui al comma 28 che eccede gli utili accantonati a riserva di cui allo stesso comma 28 è computata in aumento dell'importo corrispondente alla somma degli investimenti in beni strumentali e del costo del personale di cui al comma 28 dell'esercizio successivo.] (1)

(1) *Comma abrogato dall'articolo 2, comma 9, del D.L. 30 aprile 2019, n. 34, convertito, con modificazioni, dalla Legge 28 giugno 2019, n. 58.*

[*31. Per le società e per gli enti indicati nell'articolo 73, comma 1, lettere a), b) e d), del testo unico delle imposte sui redditi, di cui al citato decreto del Presidente della Repubblica n. 917 del 1986, che partecipano al consolidato nazionale di cui agli articoli da 117 a 129 del medesimo testo unico, l'importo su cui spetta l'applicazione dell'aliquota ridotta, determinato ai sensi dei commi da 28 a 30 del presente articolo da ciascun soggetto partecipante al consolidato, è utilizzato dalla società o ente controllante, ai fini della liquidazione dell'imposta dovuta, fino a concorrenza del reddito eccedente le perdite computate in diminuzione.*

Le disposizioni del presente comma si applicano anche all'importo determinato dalle società e dagli enti indicati nell'articolo 73, comma 1, lettere a) e b), del testo unico delle imposte sui redditi, di cui al citato decreto del Presidente della Repubblica n. 917 del 1986, che esercitano l'opzione per il consolidato mondiale di cui agli articoli da 130 a 142 del medesimo testo unico.] (1)

(1) *Comma abrogato dall'articolo 2, comma 9, del D.L. 30 aprile 2019, n. 34, convertito, con modificazioni, dalla Legge 28 giugno 2019, n. 58.*

[*32. In caso di opzione per la trasparenza fiscale, ai sensi dell'articolo 115 del testo unico delle imposte sui redditi, di cui al citato decreto del Presidente della Repubblica n. 917 del 1986, l'importo su cui spetta l'applicazione dell'aliquota ridotta, determinato dalla società partecipata ai sensi dei commi da 28 a 30 del presente articolo, è attribuito a ciascun socio in misura proporzionale alla sua quota di partecipazione agli utili. La quota attribuita non utilizzata dal socio è computata in aumento dell'importo su cui spetta l'aliquota ridotta dell'esercizio successivo, determinato ai sensi del presente comma e dei commi da 28 a 30.*] (1)

(1) *Comma abrogato dall'articolo 2, comma 9, del D.L. 30 aprile 2019, n. 34, convertito, con modificazioni, dalla Legge 28 giugno 2019, n. 58.*

[*33. Le disposizioni dei commi da 28 a 32 sono applicabili, anche ai fini dell'imposta sul reddito delle persone fisiche, al reddito d'impresa dichiarato dagli imprenditori individuali e dalle società in nome collettivo e in accomandita semplice in regime di contabilità ordinaria; se i predetti soggetti operano in regime di contabilità semplificata, le dispo-*

sizioni stesse si applicano a condizione che le scritture contabili previste dall'articolo 2217, secondo comma, del codice civile siano integrate con apposito prospetto da cui risultino la destinazione a riserva dell'utile di esercizio e le vicende della riserva. L'imposta sul reddito delle persone fisiche è determinata applicando alla quota parte del reddito complessivo attribuibile al reddito d'impresa le aliquote di cui all'articolo 11 del testo unico delle imposte sui redditi, di cui al citato decreto del Presidente della Repubblica n. 917 del 1986, ridotte di nove punti percentuali a partire da quella più elevata.] (1)

(1) Comma abrogato dall'articolo 2, comma 9, del D.L. 30 aprile 2019, n. 34, convertito, con modificazioni, dalla Legge 28 giugno 2019, n. 58.

[*34. Le agevolazioni previste dai commi da 28 a 33 sono cumulabili con altri benefici eventualmente concessi, ad eccezione di quelli che prevedono regimi forfetari di determinazione del reddito e di quelli di cui all'articolo 6 del decreto del Presidente della Repubblica 29 settembre 1973, n. 601.*] (1)

(1) Comma modificato dall'articolo 1, comma 8-bis, del D.L. 14 dicembre 2018, n. 135, convertito con modificazioni, dalla Legge 11 febbraio 2019, n. 12 e successivamente abrogato dall'articolo 2, comma 9, del D.L. 30 aprile 2019, n. 34, convertito, con modificazioni, dalla Legge 28 giugno 2019, n. 58.

35. È istituita l'imposta sui servizi digitali.

35-bis. L'imposta si applica sui ricavi derivanti dalla fornitura dei servizi di cui al comma 37, realizzati dai soggetti di cui al comma 36, nel corso dell'anno solare (1).

(1) Comma inserito dall'articolo 1, comma 678, lettera a), della Legge 27 dicembre 2019, n. 160.

36. Sono soggetti passivi dell'imposta sui servizi digitali i soggetti esercenti attività d'impresa che, singolarmente o a livello di gruppo, nell'anno solare precedente a quello di cui al comma 35-bis, realizzano congiuntamente (1):

a) un ammontare complessivo di ricavi ovunque realizzati non inferiore a euro 750.000.000;

b) un ammontare di ricavi derivanti da servizi digitali, di cui al comma 37, realizzati nel territorio dello Stato non inferiore a euro 5.500.000. (1).

(1) Alinea modificato dall'articolo 1, comma 678, lettera b), della Legge 27 dicembre 2019, n. 160.

37. L'imposta si applica ai ricavi derivanti dalla fornitura dei seguenti servizi:

a) veicolazione su un'interfaccia digitale di pubblicità mirata agli utenti della medesima interfaccia;

b) messa a disposizione di un'interfaccia digitale multilaterale che consente agli utenti di essere in contatto e di interagire tra loro, anche al fine di facilitare la fornitura diretta di beni o servizi;

c) trasmissione di dati raccolti da utenti e generati dall'utilizzo di un'interfaccia digitale.

37-bis. Non si considerano servizi digitali di cui al comma 37:

a) la fornitura diretta di beni e servizi, nell'ambito di un servizio di intermediazione digitale;

b) la fornitura di beni o servizi ordinati attraverso il sito web del fornitore di quei beni e servizi, quando il fornitore non svolge funzioni di intermediario;

c) la messa a disposizione di un'interfaccia digitale il cui scopo esclusivo o principale è quello della fornitura agli utenti dell'interfaccia, da parte del soggetto che gestisce l'interfaccia stessa, di contenuti digitali, servizi di comunicazione o servizi di pagamento;

d) la messa a disposizione di un'interfaccia digitale utilizzata per gestire:

1) i sistemi dei regolamenti interbancari previsti dal testo unico di cui al decreto legislativo 1° settembre 1993, n. 385, o di regolamento o di consegna di strumenti finanziari;

2) le piattaforme di negoziazione o i sistemi di negoziazione degli internalizzatori sistematici di cui all'articolo 1, comma 5-octies, lettera c), del testo unico di cui al decreto legislativo 24 febbraio 1998, n. 58;

3) le attività di consultazione di investimenti partecipativi e, se facilitano la concessione di prestiti, i servizi di intermediazione nel finanziamento partecipativo;

4) le sedi di negoziazione all'ingrosso di cui all'articolo 61, comma 1, lettera e), del testo unico di cui al decreto legislativo 24 febbraio 1998, n. 58;

5) le controparti centrali di cui all'articolo 1, comma 1, lettera w-quinquies), del testo unico di cui al decreto legislativo 24 febbraio 1998, n. 58;

6) i depositari centrali di cui all'articolo 1, comma 1, lettera w-septies), del testo unico di cui al decreto legislativo 24 febbraio 1998, n. 58;

7) gli altri sistemi di collegamento la cui attività è soggetta ad autorizzazione e l'esecuzione delle prestazioni dei servizi soggetta alla sorveglianza di un'autorità di regolamentazione al fine di assicurare la sicurezza, la qualità e la trasparenza delle transazioni riguardanti strumenti finanziari, prodotti di risparmio o altre attività finanziarie;

e) la cessione di dati da parte dei soggetti che forniscono i servizi indicati alla lettera d);

f) lo svolgimento delle attività di organizzazione e gestione di piattaforme telematiche per lo scambio dell'energia elettrica, del gas, dei certificati ambientali e dei carburanti, nonché la trasmissione dei relativi dati ivi raccolti e ogni altra attività connessa (1).

(1) Comma inserito dall'articolo 1, comma 678, lettera c), della Legge 27 dicembre 2019, n. 160.

38. Non sono tassabili i ricavi derivanti dai servizi di cui al comma 37 resi a soggetti che, ai sensi dell'articolo 2359 del codice civile, si considerano controllati, controllanti o controllati dallo stesso soggetto controllante.

39. I ricavi tassabili sono assunti al lordo dei costi e al netto dell'imposta sul valore aggiunto e di altre imposte indirette.

39-bis. I corrispettivi versati per la prestazione dei servizi di cui al comma 37, lettera b), comprendono l'insieme dei corrispettivi versati dagli utilizzatori dell'interfaccia digitale multilaterale, ad eccezione di quelli versati come corrispettivo della cessione di beni o della prestazione di servizi che costituiscono, sul piano economico, operazioni indipendenti dall'accesso e dall'utilizzazione del servizio imponibile (1).

(1) Comma inserito dall'articolo 1, comma 678, lettera d), della Legge 27 dicembre 2019, n. 160.

39-ter. Non sono considerati i corrispettivi della messa a disposizione di un'interfaccia digitale che facilita la vendita di prodotti soggetti ad accisa ai sensi dell'articolo 1, paragrafo 1, della direttiva 2008/118/CE del Consiglio, del 16 di-

VARIE

cembre 2008, relativa al regime generale delle accise e che abroga la direttiva 92/12/CEE, quando hanno un collegamento diretto e inscindibile con il volume o il valore di tali vendite [(1)].

[(1)] *Comma inserito dall'articolo 1, comma 678, lettera d), della Legge 27 dicembre 2019, n. 160.*

40. Il periodo d'imposta coincide con l'anno solare. Un ricavo si considera tassabile in un determinato periodo d'imposta se l'utente di un servizio tassabile è localizzato nel territorio dello Stato in detto periodo. Un utente si considera localizzato nel territorio dello Stato se:

a) nel caso di un servizio di cui al comma 37, lettera a), la pubblicità figura sul dispositivo dell'utente nel momento in cui il dispositivo è utilizzato nel territorio dello Stato in detto periodo d'imposta per accedere a un'interfaccia digitale;

b) nel caso di un servizio di cui al comma 37, lettera b), se:

1) il servizio comporta un'interfaccia digitale multilaterale che facilita le corrispondenti cessioni di beni o prestazioni di servizi direttamente tra gli utenti, l'utente utilizza un dispositivo nel territorio dello Stato in detto periodo d'imposta per accedere all'interfaccia digitale e conclude un'operazione corrispondente su tale interfaccia in detto periodo d'imposta;

2) il servizio comporta un'interfaccia digitale multilaterale di un tipo che non rientra tra quelli di cui al numero 1), l'utente dispone di un conto per la totalità o una parte di tale periodo d'imposta che gli consente di accedere all'interfaccia digitale e tale conto è stato aperto utilizzando un dispositivo nel territorio dello Stato;

c) nel caso di un servizio di cui al comma 37, lettera c), i dati generati dall'utente che ha utilizzato un dispositivo nel territorio dello Stato per accedere a un'interfaccia digitale, nel corso di tale periodo d'imposta o di un periodo d'imposta precedente, sono trasmessi in detto periodo d'imposta.

40-bis. Il dispositivo si considera localizzato nel territorio dello Stato con riferimento principalmente all'indirizzo di protocollo internet (IP) del dispositivo stesso o ad altro sistema di geolocalizzazione, nel rispetto delle regole relative al trattamento dei dati personali [(1)].

[(1)] *Comma inserito dall'articolo 1, comma 678, lettera e), della Legge 27 dicembre 2019, n. 160.*

40-ter. Quando un servizio imponibile di cui al comma 37 è fornito nel territorio dello Stato nel corso di un anno solare ai sensi del comma 40, il totale dei ricavi tassabili è il prodotto della totalità dei ricavi derivanti dai servizi digitali ovunque realizzati per la percentuale rappresentativa della parte di tali servizi collegata al territorio dello Stato. Tale percentuale è pari:

a) per i servizi di cui al comma 37, lettera a), alla proporzione dei messaggi pubblicitari collocati su un'interfaccia digitale in funzione di dati relativi ad un utente che consulta tale interfaccia mentre è localizzato nel territorio dello Stato;

b) per i servizi di cui al comma 37, lettera b), se:

1) il servizio comporta un'interfaccia digitale multilaterale che facilita le corrispondenti cessioni di beni o prestazioni di servizi direttamente tra gli utenti, alla proporzione delle operazioni di consegna di beni o prestazioni di servizi per le quali uno degli utenti dell'interfaccia digitale è localizzato nel territorio dello Stato;

2) il servizio comporta un'interfaccia digitale multilaterale di un tipo che non rientra tra quelli di cui al numero 1), alla proporzione degli utenti che dispongono di un conto aperto nel territorio dello Stato che consente di accedere a tutti o parte dei servizi disponibili dell'interfaccia e che hanno utilizzato tale interfaccia durante l'anno solare in questione;

c) per i servizi di cui al comma 37, lettera c), alla proporzione degli utenti per i quali tutti o parte dei dati venduti sono stati generati o raccolti durante la consultazione, quando erano localizzati nel territorio dello Stato, di un'interfaccia digitale [(1)].

[(1)] *Comma inserito dall'articolo 1, comma 678, lettera e), della Legge 27 dicembre 2019, n. 160.*

41. L'imposta dovuta si ottiene applicando l'aliquota del 3 per cento all'ammontare dei ricavi tassabili realizzati dal soggetto passivo nel corso dell'anno solare [(1)].

[(1)] *Comma modificato dall'articolo 1, comma 678, lettera f), della Legge 27 dicembre 2019, n. 160.*

42. I soggetti passivi sono tenuti al versamento dell'imposta entro il 16 maggio dell'anno solare successivo a quello di cui al comma 35-bis. I medesimi soggetti sono tenuti alla presentazione della dichiarazione annuale dell'ammontare dei servizi tassabili forniti entro il 30 giugno dello stesso anno. Per le società appartenenti al medesimo gruppo, per l'assolvimento degli obblighi derivanti dalle disposizioni relative all'imposta sui servizi digitali è nominata una singola società del gruppo. In sede di prima applicazione, l'imposta dovuta per le operazioni imponibili nell'anno 2020 è versata entro il 16 maggio 2021 e la relativa dichiarazione è presentata entro il 30 giugno 2021 [(1)].

[(1)] *Comma sostituito dall'articolo 1, comma 678, lettera g), della Legge 27 dicembre 2019, n. 160 e successivamente modificato dall'articolo 2, comma 1 , del D.L. 15 gennaio 2021, n. 3; successivamente il D.L. 3/2021 è stato abrogato dall'articolo 1 della Legge 26 febbraio 2021, n. 21 e il presente comma è stato modificato dall'articolo 22-quater, del D.L. 31 dicembre 2020, n. 183, convertito con modificazioni dalla Legge 26 febbraio 2021, n. 21. Da ultimo il presente comma è stato modificato dall'articolo 5, comma 15, del D.L. 22 marzo 2021, n. 41, convertito con modificazioni dalla Legge 21 maggio 2021, n. 69.*

43. I soggetti non residenti, privi di stabile organizzazione nel territorio dello Stato e di un numero identificativo ai fini dell'imposta sul valore aggiunto, che nel corso di un anno solare realizzano i presupposti indicati al comma 36 devono fare richiesta all'Agenzia delle entrate di un numero identificativo ai fini dell'imposta sui servizi digitali. La richiesta è effettuata secondo le modalità previste dal provvedimento del direttore dell'Agenzia delle entrate di cui al comma 46. I soggetti non residenti, privi di stabile organizzazione nel territorio dello Stato, stabiliti in uno Stato diverso da uno Stato membro dell'Unione europea o dello Spazio economico europeo con il quale l'Italia non ha concluso un accordo di cooperazione amministrativa per la lotta contro l'evasione e la frode fiscale e un accordo di assistenza reciproca per il recupero dei crediti fiscali, devono nominare un rappresentante fiscale per assolvere gli obblighi di dichiarazione e di pagamento dell'imposta sui servizi digitali. I soggetti residenti nel territorio dello Stato che appartengono allo stesso

gruppo dei soggetti di cui al primo periodo sono solidalmente responsabili con questi ultimi per le obbligazioni derivanti dalle disposizioni relative all'imposta sui servizi digitali [(1)].

[(1)] Comma modificato dall'articolo 1, comma 678, lettera h), della Legge 27 dicembre 2019, n. 160.

44. Ai fini dell'accertamento, delle sanzioni e della riscossione dell'imposta sui servizi digitali, nonché per il relativo contenzioso, si applicano le disposizioni previste in materia di imposta sul valore aggiunto, in quanto compatibili.

44-bis. I soggetti passivi dell'imposta tengono un'apposita contabilità per rilevare mensilmente le informazioni sui ricavi dei servizi imponibili, così come gli elementi quantitativi mensili utilizzati per calcolare le proporzioni di cui al comma 40- ter. L'informazione sulle somme riscosse mensilmente precisa, ove necessario, l'importo riscosso in una valuta diversa dall'euro e l'importo convertito in euro. Le somme incassate in una valuta diversa dall'euro sono convertite applicando l'ultimo tasso di cambio pubblicato nella Gazzetta Ufficiale dell'Unione europea, noto il primo giorno del mese nel corso del quale le somme sono incassate [(1)].

[(1)] Comma inserito dall'articolo 1, comma 678, lettera i), della Legge 27 dicembre 2019, n. 160.

[*45. Con decreto del Ministro dell'economia e delle finanze, di concerto con il Ministro dello sviluppo economico, sentiti l'Autorità per le garanzie nelle comunicazioni, il Garante per la protezione dei dati personali e l'Agenzia per l'Italia digitale, da emanare entro quattro mesi dalla data di entrata in vigore della presente legge, sono stabilite le disposizioni di attuazione dell'imposta sui servizi digitali.*] [(1)]

[(1)] Comma abrogato dall'articolo 1, comma 678, lettera l), della Legge 27 dicembre 2019, n. 160.

46. Con uno o più provvedimenti del direttore dell'Agenzia delle entrate sono definite le modalità applicative delle disposizioni relative all'imposta sui servizi digitali.

47. Le disposizioni relative all'imposta sui servizi digitali si applicano a decorrere dal 1° gennaio 2020 [(1)].

[(1)] Comma sostituito dall'articolo 1, comma 678, lettera m), della Legge 27 dicembre 2019, n. 160.

48. Dall'attuazione della disciplina contenuta nei commi da 35 a 50 non devono derivare nuovi o maggiori oneri a carico della finanza pubblica. Le amministrazioni interessate provvedono agli adempimenti previsti con le risorse umane, strumentali e finanziarie disponibili a legislazione vigente.

49. Il Ministro dell'economia e delle finanze presenta alle Camere una relazione annuale sullo stato di attuazione e sui risultati conoscitivi ed economici derivanti dalle disposizioni relative all'imposta sui servizi digitali. Nella Nota di aggiornamento del Documento di economia e finanza (DEF), il Ministero dell'economia e delle finanze - Dipartimento delle finanze presenta una relazione sull'attuazione della disciplina relativa all'imposta sui servizi digitali, anche ai fini dell'aggiornamento degli effetti finanziari derivanti dagli stessi.

49-bis. I commi da 35 a 49 sono abrogati dalla data di entrata in vigore delle disposizioni che deriveranno da accordi raggiunti nelle sedi internazionali in materia di tassazione dell'economia digitale [(1)].

[(1)] Comma inserito dall'articolo 1, comma 678, lettera n), della Legge 27 dicembre 2019, n. 160.

50. I commi da 1011 a 1019 dell'articolo 1 della legge 27 dicembre 2017, n. 205, sono abrogati.

51. L'articolo 6 del decreto del Presidente della Repubblica 29 settembre 1973, n. 601, è abrogato.

52. La disposizione di cui al comma 51 si applica a decorrere dal periodo d'imposta di prima applicazione del regime agevolativo di cui al comma 52-bis [(1)].

[(1)] Comma modificato dall'articolo 1, comma 8-bis, del D.L. 14 dicembre 2018, n. 135, convertito con modificazioni, dalla Legge 11 febbraio 2019, n. 12.

52-bis. Con successivi provvedimenti legislativi sono individuate misure di favore, compatibili con il diritto dell'Unione europea, nei confronti dei soggetti che svolgono con modalità non commerciali attività che realizzano finalità sociali nel rispetto dei principi di solidarietà e sussidiarietà. È assicurato il necessario coordinamento con le disposizioni del codice del Terzo settore, di cui al decreto legislativo 3 luglio 2017, n. 117 [(1)].

[(1)] Comma inserito dall'articolo 1, comma 8-bis, del D.L. 14 dicembre 2018, n. 135, convertito con modificazioni, dalla Legge 11 febbraio 2019, n. 12.

53. L'articolo 10-bis del decreto-legge 23 ottobre 2018, n. 119, convertito, con modificazioni, dalla legge 17 dicembre 2018, n. 136, è sostituito dal seguente:

«Art. 10-bis. - (Disposizioni di semplificazione in tema di fatturazione elettronica per gli operatori sanitari) - 1. Per il periodo d'imposta 2019, i soggetti tenuti all'invio dei dati al Sistema tessera sanitaria, ai fini dell'elaborazione della dichiarazione dei redditi precompilata, ai sensi dell'articolo 3, commi 3 e 4, del decreto legislativo 21 novembre 2014, n. 175, e dei relativi decreti del Ministro dell'economia e delle finanze, non possono emettere fatture elettroniche ai sensi delle disposizioni di cui all'articolo 1, comma 3, del decreto legislativo 5 agosto 2015, n. 127, con riferimento alle fatture i cui dati sono da inviare al Sistema tessera sanitaria. I dati fiscali trasmessi al Sistema tessera sanitaria possono essere utilizzati solo dalle pubbliche amministrazioni per l'applicazione delle disposizioni in materia tributaria e doganale, ovvero, in forma aggregata per il monitoraggio della spesa sanitaria pubblica e privata complessiva. Con decreto del Ministro dell'economia e delle finanze, di concerto con i Ministri della salute e per la pubblica amministrazione, sentito il Garante per la protezione dei dati personali, sono definiti, nel rispetto dei principi in materia di protezione dei dati personali, anche con riferimento agli obblighi di cui agli articoli 9 e 32 del regolamento (UE) 2016/679 del Parlamento europeo e del Consiglio, del 27 aprile 2016, i termini e gli ambiti di utilizzo dei predetti dati e i relativi limiti, anche temporali, nonché, ai sensi dell'articolo 2-sexies del codice di cui al decreto legislativo 30 giugno 2003, n. 196, i tipi di dati che possono essere trattati, le operazioni eseguibili, le misure appropriate e specifiche per tutelare i diritti e le libertà dell'interessato».

54. All'articolo 17 del decreto-legge 23 ottobre 2018, n. 119, convertito, con modificazioni, dalla legge 17 dicembre 2018, n. 136, al comma 1, lettera c), il capoverso 6-quater è sostituito dal seguente:

"6-quater. I soggetti tenuti all'invio dei dati al Sistema tessera sanitaria, ai fini dell'elaborazione della dichiarazione dei redditi precompilata, ai sensi dell'articolo 3, commi 3 e 4, del decreto legislativo 21 novembre 2014, n. 175, e dei relativi decreti del Ministro dell'economia e delle finanze, possono adempiere all'obbligo di cui al comma 1 mediante la memorizzazione elettronica e la trasmissione telematica dei dati, relativi a tutti i corrispettivi giornalieri, al Sistema tessera sanitaria. I dati fiscali trasmessi al Sistema tessera sanitaria possono essere utilizzati solo dalle pubbliche amministrazioni per l'applicazione delle disposizioni in materia tributaria e doganale, ovvero in forma aggregata per il monitoraggio della spesa sanitaria pubblica e privata complessiva. Con decreto del Ministro dell'economia e delle finanze, di concerto con i Ministri della salute e per la pubblica amministrazione, sentito il Garante per la protezione dei dati personali, sono definiti, nel rispetto dei princìpi in materia di protezione dei dati personali, anche con riferimento agli obblighi di cui agli articoli 9 e 32 del regolamento (UE) 2016/679 del Parlamento europeo e del Consiglio, del 27 aprile 2016, i termini e gli ambiti di utilizzo dei predetti dati e i relativi limiti, anche temporali, nonché, ai sensi dell'articolo 2-sexies del codice di cui al decreto legislativo 30 giugno 2003, n. 196, i tipi di dati che possono essere trattati, le operazioni eseguibili, le misure appropriate e specifiche per tutelare i diritti e le libertà dell'interessato".

55. All'articolo 2, comma 6-quinquies, del decreto legislativo 5 agosto 2015, n. 127, sono apportate le seguenti modificazioni:

a) il secondo periodo è sostituito dal seguente: "Al medesimo soggetto il contributo è concesso sotto forma di credito d'imposta di pari importo, da utilizzare in compensazione ai sensi dell'articolo 17 del decreto legislativo 9 luglio 1997, n. 241";

b) al terzo periodo sono aggiunte, in fine, le seguenti parole: ", e il suo utilizzo è consentito a decorrere dalla prima liquidazione periodica dell'imposta sul valore aggiunto successiva al mese in cui è stata registrata la fattura relativa all'acquisto o all'adattamento degli strumenti mediante i quali effettuare la memorizzazione e la trasmissione di cui al comma 1 ed è stato pagato, con modalità tracciabile, il relativo corrispettivo";

c) al quarto periodo, le parole: "dalla data di entrata in vigore della presente disposizione" sono sostituite dalle seguenti: "dal 1° gennaio 2019".

56. All'articolo 10 del decreto-legge 23 ottobre 2018, n. 119, convertito, con modificazioni, dalla legge 17 dicembre 2018, n. 136, il comma 02 è abrogato.

60. Al fine di favorire processi di trasformazione tecnologica e digitale secondo il modello "Industria 4.0", le disposizioni dell'articolo 1, comma 9, della legge 11 dicembre 2016, n. 232, si applicano, nelle misure previste al comma 61 del presente articolo, anche agli investimenti in beni materiali strumentali nuovi, destinati a strutture produttive situate nel territorio dello Stato, effettuati entro il 31 dicembre 2019, ovvero entro il 31 dicembre 2020 a condizione che entro la data del 31 dicembre 2019 il relativo ordine risulti accettato dal venditore e sia avvenuto il pagamento di acconti in misura almeno pari al 20 per cento del costo di acquisizione.

61. La maggiorazione del costo di acquisizione degli investimenti si applica nella misura del 170 per cento per gli investimenti fino a 2,5 milioni di euro; nella misura del 100 per cento per gli investimenti oltre 2,5 milioni di euro e fino a 10 milioni di euro e nella misura del 50 per cento per gli investimenti oltre 10 milioni di euro e fino a 20 milioni di euro. La maggiorazione del costo non si applica sulla parte di investimenti complessivi eccedente il limite di 20 milioni di euro. La maggiorazione non si applica agli investimenti che beneficiano delle disposizioni di cui all'articolo 1, comma 30, della legge 27 dicembre 2017, n. 205.

62. Per i soggetti che beneficiano della maggiorazione di cui al comma 60 e che, nel periodo indicato al medesimo comma 60, effettuano investimenti in beni immateriali strumentali compresi nell'elenco di cui all'allegato B annesso alla legge 11 dicembre 2016, n. 232, come integrato dall'articolo 1, comma 32, della legge 27 dicembre 2017, n. 205, il costo di acquisizione è maggiorato del 40 per cento.

63. Ai fini della fruizione dei benefici di cui ai commi 60 e 62, l'impresa è tenuta a produrre la documentazione di cui all'articolo 1, comma 11, della legge 11 dicembre 2016, n. 232.

64. Resta ferma l'applicazione della disposizione di cui all'articolo 1, comma 93, della legge 28 dicembre 2015, n. 208. Resta ferma, inoltre, l'applicazione delle disposizioni in materia di investimenti sostitutivi previste dall'articolo 1, commi 35 e 36, della legge 27 dicembre 2017, n. 205.

65. La determinazione degli acconti dovuti per il periodo d'imposta in corso al 31 dicembre 2019 e per quello successivo è effettuata considerando quale imposta del periodo precedente quella che si sarebbe determinata in assenza delle disposizioni di cui ai commi 60 e 62.

66. Le disposizioni dell'articolo 1, comma 121, della legge 28 dicembre 2015, n. 208, si applicano anche alle esclusioni dal patrimonio dell'impresa dei beni ivi indicati, posseduti alla data del 31 ottobre 2018, poste in essere dal 1° gennaio 2019 al 31 maggio 2019. I versamenti rateali dell'imposta sostitutiva di cui al citato comma 121 dell'articolo 1 della legge n. 208 del 2015 sono effettuati, rispettivamente, entro il 30 novembre 2019 e il 16 giugno 2020. Per i soggetti che si avvalgono delle disposizioni del presente comma, gli effetti dell'estromissione decorrono dal 1° gennaio 2019.

67. Al decreto-legge 4 giugno 2013, n. 63, convertito, con modificazioni, dalla legge 3 agosto 2013, n. 90, sono apportate le seguenti modificazioni:

a) all'articolo 14:

1) ai commi 1 e 2, lettera b), le parole: "31 dicembre 2018" sono sostituite dalle seguenti: "31 dicembre 2019";

2) al comma 2, lettera b-bis), al primo periodo, le parole: "sostenute dal 1° gennaio 2018 al 31 dicembre 2018" sono sostituite dalle seguenti: "sostenute dal 1° gennaio 2019 al 31 dicembre 2019" e, al terzo periodo, le parole: "sostenute dal 1° gennaio 2018" sono sostituite dalle seguenti:

"sostenute dal 1° gennaio 2019";

3) al comma 2-bis, le parole: "sostenute nell'anno 2018" sono sostituite dalle seguenti: "sostenute nell'anno 2019";

b) all'articolo 16:

1) al comma 1, le parole: "31 dicembre 2018" sono sostituite dalle seguenti:

"31 dicembre 2019";

2) al comma 2, le parole: "1° gennaio 2017" sono sostitui-

te dalle seguenti:

"1° gennaio 2018", le parole: "anno 2018" sono sostituite dalle seguenti: "anno 2019", le parole: "anno 2017", ovunque ricorrono, sono sostituite dalle seguenti: "anno 2018" e le parole: "nel 2018" sono sostituite dalle seguenti: "nel 2019".

68. All'articolo 1, comma 12, della legge 27 dicembre 2017, n. 205, le parole: "Per l'anno 2018" sono sostituite dalle seguenti:

"Per l'anno 2019".

70. All'articolo 3 del decreto-legge 23 dicembre 2013, n. 145, convertito, con modificazioni, dalla legge 21 febbraio 2014, n. 9, riguardante il credito d'imposta per investimenti in attività di ricerca e sviluppo, sono apportate le seguenti modificazioni:

a) al comma 1, le parole: "nella misura del 50 per cento" sono sostituite dalle seguenti: "nella misura del 25 per cento, elevata al 50 per cento nei casi indicati al comma 6-bis,";

b) al comma 3, le parole: "euro 20 milioni" sono sostituite dalle seguenti: "euro 10 milioni";

c) al comma 6:

1) la lettera a) è sostituita dalle seguenti:

"a) personale dipendente titolare di un rapporto di lavoro subordinato, anche a tempo determinato, direttamente impiegato nelle attività di ricerca e sviluppo;

a-bis) personale titolare di un rapporto di lavoro autonomo o comunque diverso dal lavoro subordinato direttamente impiegato nelle attività di ricerca e sviluppo";

2) la lettera c) è sostituita dalle seguenti:

"c) contratti stipulati con università, enti di ricerca e organismi equiparati per il diretto svolgimento delle attività di ricerca e sviluppo ammissibili al credito d'imposta;

contratti stipulati con imprese residenti rientranti nella definizione di start-up innovative, di cui all'articolo 25 del decreto-legge 18 ottobre 2012, n. 179, convertito, con modificazioni, dalla legge 17 dicembre 2012, n. 221, e con imprese rientranti nella definizione di PMI innovative, di cui all'articolo 4 del decreto-legge 24 gennaio 2015, n. 3, convertito, con modificazioni, dalla legge 24 marzo 2015, n. 33, per il diretto svolgimento delle attività di ricerca e sviluppo ammissibili al credito d'imposta, a condizione, in entrambi i casi, che non si tratti di imprese appartenenti al medesimo gruppo dell'impresa committente. Si considerano appartenenti al medesimo gruppo le imprese controllate, controllanti o controllate da un medesimo soggetto ai sensi dell'articolo 2359 del codice civile compresi i soggetti diversi dalle società di capitali;

per le persone fisiche si tiene conto anche di partecipazioni, titoli o diritti posseduti dai familiari dell'imprenditore, individuati ai sensi dell'articolo 5, comma 5, del testo unico delle imposte sui redditi, di cui al decreto del Presidente della Repubblica 22 dicembre 1986, n. 917;

c-bis) contratti stipulati con imprese diverse da quelle indicate nella lettera c) per il diretto svolgimento delle attività di ricerca e sviluppo ammissibili al credito d'imposta a condizione che non si tratti di imprese appartenenti al medesimo gruppo dell'impresa committente. Si considerano appartenenti al medesimo gruppo le imprese controllate, controllanti o controllate da un medesimo soggetto ai sensi dell'articolo 2359 del codice civile compresi i soggetti diversi dalle società di capitali; per le persone fisiche si tiene conto anche di partecipazioni, titoli o diritti posseduti dai familiari dell'imprenditore, individuati ai sensi dell'articolo 5, comma 5, del testo unico delle imposte sui redditi, di cui al decreto del Presidente della Repubblica 22 dicembre 1986, n. 917";

3) dopo la lettera d) è aggiunta la seguente:

"d-bis) materiali, forniture e altri prodotti analoghi direttamente impiegati nelle attività di ricerca e sviluppo anche per la realizzazione di prototipi o impianti pilota relativi alle fasi della ricerca industriale e dello sviluppo sperimentale di cui alle lettere b) e c) del comma 4. La presente lettera non si applica nel caso in cui l'inclusione del costo dei beni ivi previsti tra le spese ammissibili comporti una riduzione dell'eccedenza agevolabile";

d) dopo il comma 6 è inserito il seguente:

"6-bis. Il credito d'imposta si applica nella misura del 50 per cento sulla parte dell'eccedenza di cui al comma 1 proporzionalmente riferibile alle spese indicate alle lettere a) e c) del comma 6 rispetto alle spese ammissibili complessivamente sostenute nello stesso periodo d'imposta agevolabile e nella misura del 25 per cento sulla parte residua";

e) al comma 8 sono aggiunte, in fine, le seguenti parole: ", subordinatamente all'avvenuto adempimento degli obblighi di certificazione previsti dal comma 11";

f) il comma 11 è sostituito dal seguente:

«11. Ai fini del riconoscimento del credito d'imposta, l'effettivo sostenimento delle spese ammissibili e la corrispondenza delle stesse alla documentazione contabile predisposta dall'impresa devono risultare da apposita certificazione rilasciata dal soggetto incaricato della revisione legale dei conti. Per le imprese non obbligate per legge alla revisione legale dei conti, la certificazione è rilasciata da un revisore legale dei conti o da una società di revisione legale dei conti, iscritti nella sezione A del registro di cui all'articolo 8 del decreto legislativo 27 gennaio 2010, n. 39. Nell'assunzione di tale incarico, il revisore legale dei conti o la società di revisione legale dei conti osservano i princìpi di indipendenza elaborati ai sensi dell'articolo 10 del citato decreto legislativo n. 39 del 2010 e, in attesa della loro adozione, quelli previsti dal codice etico dell'International Federation of Accountants (IFAC). Per le sole imprese non obbligate per legge alla revisione legale dei conti, le spese sostenute per adempiere all'obbligo di certificazione della documentazione contabile previsto dal presente comma sono riconosciute in aumento del credito d'imposta per un importo non superiore a 5.000 euro, fermo restando, comunque, il limite massimo di 10 milioni di euro di cui al comma 3»;

g) dopo il comma 11 è inserito il seguente:

"11-bis. Ai fini dei successivi controlli, le imprese beneficiarie del credito d'imposta sono tenute a redigere e conservare una relazione tecnica che illustri le finalità, i contenuti e i risultati delle attività di ricerca e sviluppo svolte in ciascun periodo d'imposta in relazione ai progetti o ai sottoprogetti in corso di realizzazione. Tale relazione, nel caso di attività di ricerca e sviluppo organizzate e svolte internamente all'impresa, deve essere predisposta a cura del responsabile aziendale delle attività di ricerca e sviluppo o del responsabile del singolo progetto o sottoprogetto e deve essere controfirmata dal rappresentante legale dell'impresa ai sensi del testo unico delle disposizioni legislative e regolamentari in materia di documentazione amministrativa, di cui al decreto del Presidente della Repubblica 28 dicembre 2000, n. 445.

Nel caso in cui le attività di ricerca siano commissionate a soggetti terzi, la relazione deve essere redatta e rilasciata all'impresa dal soggetto commissionario che esegue le attività di ricerca e sviluppo. Resta fermo, in materia di obblighi formali e documentali, quanto ulteriormente previsto dal decreto del Ministero dell'economia e delle finanze 27 maggio 2015, pubblicato nella Gazzetta Ufficiale n. 174 del 29 luglio 2015";

h) al comma 12, le parole: "Nei confronti del revisore legale dei conti o del professionista responsabile della revisione legale dei conti" sono sostituite dalle seguenti:

"Nei confronti del soggetto incaricato".

72. Il comma 1-bis dell'articolo 3 del decreto-legge 23 dicembre 2013, n. 145, convertito, con modificazioni, dalla legge 21 febbraio 2014, n. 9, concernente il riconoscimento del credito d'imposta per spese di ricerca e sviluppo ai soggetti residenti commissionari che eseguono attività di ricerca e sviluppo per conto di imprese residenti o localizzate in altri Stati membri dell'Unione europea, negli Stati aderenti all'Accordo sullo Spazio economico europeo ovvero in Stati compresi nell'elenco di cui al decreto del Ministro delle finanze 4 settembre 1996, pubblicato nella Gazzetta Ufficiale n. 220 del 19 settembre 1996, si interpreta nel senso che ai fini del calcolo del credito d'imposta attribuibile assumono rilevanza esclusivamente le spese ammissibili relative alle attività di ricerca e sviluppo svolte direttamente e in laboratori o strutture situati nel territorio dello Stato italiano.

73. Al fine di incrementare il riciclaggio delle plastiche miste e degli scarti non pericolosi dei processi di produzione industriale e della lavorazione di selezione e di recupero dei rifiuti solidi urbani, in alternativa all'avvio al recupero energetico, nonché al fine di ridurre l'impatto ambientale degli imballaggi e il livello di rifiuti non riciclabili derivanti da materiali da imballaggio, a tutte le imprese che acquistano prodotti realizzati con materiali provenienti dalla raccolta differenziata degli imballaggi in plastica ovvero che acquistano imballaggi biodegradabili e compostabili secondo la normativa UNI EN 13432:2002 o derivati dalla raccolta differenziata della carta e dell'alluminio è riconosciuto, per ciascuno degli anni 2019 e 2020, un credito d'imposta nella misura del 36 per cento delle spese sostenute e documentate per i predetti acquisti.

74. Il credito d'imposta di cui al comma 73 è riconosciuto fino a un importo massimo annuale di euro 20.000 per ciascun beneficiario, nel limite massimo complessivo di un milione di euro annui per gli anni 2020 e 2021.

75. Il credito d'imposta di cui al comma 73 è indicato nella dichiarazione dei redditi relativa al periodo d'imposta di riconoscimento del credito. Esso non concorre alla formazione del reddito né della base imponibile dell'imposta regionale sulle attività produttive e non rileva ai fini del rapporto di cui agli articoli 61 e 109, comma 5, del testo unico delle imposte sui redditi, di cui al decreto del Presidente della Repubblica 22 dicembre 1986, n. 917. Il credito d'imposta è utilizzabile esclusivamente in compensazione ai sensi dell'articolo 17 del decreto legislativo 9 luglio 1997, n. 241, e non è soggetto al limite di cui al comma 53 dell'articolo 1 della legge 24 dicembre 2007, n. 244. Il credito è utilizzabile a decorrere dal 1° gennaio del periodo d'imposta successivo a quello in cui sono stati effettuati gli acquisti dei prodotti di cui al comma 73.

Ai fini della fruizione del credito d'imposta, il modello F24 è presentato esclusivamente attraverso i servizi telematici messi a disposizione dall'Agenzia delle entrate, pena il rifiuto dell'operazione di versamento. I fondi occorrenti per la regolazione contabile delle compensazioni esercitate ai sensi del presente comma sono stanziati su apposito capitolo di spesa dello stato di previsione del Ministero dell'economia e delle finanze, per il successivo trasferimento alla contabilità speciale "Agenzia delle entrate - Fondi di bilancio".

76. Con decreto del Ministro dell'ambiente e della tutela del territorio e del mare, di concerto con il Ministro dello sviluppo economico e con il Ministro dell'economia e delle finanze, da adottare entro novanta giorni dalla data di entrata in vigore della presente legge, sono definiti i requisiti tecnici e le certificazioni idonee ad attestare la natura ecosostenibile dei prodotti e degli imballaggi secondo la vigente normativa europea e nazionale, nonché i criteri e le modalità di applicazione e di fruizione del credito d'imposta di cui ai commi da 73 a 75, anche al fine di assicurare il rispetto dei limiti di spesa annui di cui al comma 74.

77. È soppressa l'autorizzazione di spesa di cui all'articolo 1, comma 97, della legge 27 dicembre 2017, n. 205. I conseguenti risparmi sono destinati alla copertura dell'onere derivante dal comma 74, pari a un milione di euro per ciascuno degli anni 2020 e 2021.

78. La disciplina del credito d'imposta per le spese di formazione del personale dipendente nel settore delle tecnologie previste dal Piano nazionale industria 4.0, di cui all'articolo 1, commi da 46 a 55, della legge 27 dicembre 2017, n. 205, si applica anche alle spese di formazione sostenute nel periodo d'imposta successivo a quello in corso al 31 dicembre 2018.

79. Il credito d'imposta di cui al comma 78, fermo restando il limite massimo annuale di 300.000 euro, è attribuito nella misura del 50 per cento delle spese ammissibili sostenute dalle piccole imprese e del 40 per cento di quelle sostenute dalle medie imprese. Alle grandi imprese, come individuate ai sensi dell'allegato I al regolamento (UE) n. 651/2014 della Commissione, del 17 giugno 2014, il credito d'imposta è attribuito nel limite massimo annuale di 200.000 euro e nella misura del 30 per cento.

80. Per l'attuazione degli interventi di cui ai commi 78 e 79 si applicano, in quanto compatibili, le disposizioni del decreto del Ministro dello sviluppo economico 4 maggio 2018, pubblicato nella Gazzetta Ufficiale n. 143 del 22 giugno 2018.

81. Per l'attuazione dei commi 78 e 79 è autorizzata la spesa di 250 milioni di euro per l'anno 2020. Il Ministero dell'economia e delle finanze effettua il monitoraggio dell'applicazione del credito d'imposta ai fini di quanto previsto dall'articolo 17, comma 13, della legge 31 dicembre 2009, n. 196.

82. All'articolo 79, comma 3, del codice del Terzo settore, di cui al decreto legislativo 3 luglio 2017, n. 117, dopo la lettera b) è aggiunta la seguente:

"b-bis) le attività di cui all'articolo 5, comma 1, lettere a), b) e c), se svolte da fondazioni delle ex istituzioni pubbliche di assistenza e beneficenza, a condizione che gli utili siano interamente reinvestiti nelle attività di natura sanitaria o socio-sanitaria e che non sia deliberato alcun compenso a favore degli organi amministrativi".

83. Le agevolazioni conseguenti alla disposizione di cui al comma 82 si applicano ai sensi e nei limiti del regolamento

(UE) n. 1407/2013 della Commissione, del 18 dicembre 2013, relativo all'applicazione degli articoli 107 e 108 del Trattato sul funzionamento dell'Unione europea agli aiuti "de minimis", e del regolamento (UE) n. 1408/2013 della Commissione, del 18 dicembre 2013, relativo all'applicazione degli articoli 107 e 108 del Trattato sul funzionamento dell'Unione europea agli aiuti "de minimis" nel settore agricolo.

89. All'articolo 1, comma 40, della legge 11 dicembre 2016, n. 232, le parole: "Per gli anni 2017 e 2018" sono sostituite dalle seguenti: "A decorrere dall'anno 2017" e le parole: "per ciascuno dei due anni" sono sostituite dalla seguente: "annui".

90. All'articolo 1, comma 160, della legge 28 dicembre 2015, n. 208, le parole: "Per gli anni dal 2016 al 2018" sono sostituite dalle seguenti: "A decorrere dall'anno 2016" e le parole: "per ciascuno degli anni 2017 e 2018" sono sostituite dalle seguenti: "a decorrere dall'anno 2017".

91. I contributi di importo fino a 50 milioni di euro concessi dallo Stato a società partecipate dallo Stato medesimo o ad organismi di diritto pubblico, anche costituiti in forma di società di capitali, finanziati dallo Stato in misura maggioritaria, con la finalità di effettuare investimenti di pubblico interesse, sono erogati dallo Stato, a titolo definitivo, contestualmente alla realizzazione dell'intervento in forma globale, ovvero quota imponibile più IVA, e progressivamente alla realizzazione dell'intervento medesimo, se il provvedimento di concessione del contributo reca la dicitura "comprensivo di IVA".

92. Nel caso di contributi concessi ai medesimi soggetti di cui al comma 91 senza la dicitura "comprensivo di IVA", lo Stato eroga il contributo con le medesime modalità di cui al comma 91, ma con finalità di anticipazione relativamente alla sola quota liquidata a titolo di IVA, che dovrà essere rimborsata dal beneficiario allo Stato a conclusione della realizzazione dell'intervento.

93. I commi 91 e 92 si applicano anche ai contributi per i quali la relativa attività di rendicontazione non si sia conclusa e, comunque, ai contributi relativamente ai quali non sia intervenuta la liquidazione del saldo finale. In ogni caso non sono presenti oneri aggiuntivi a carico della finanza pubblica.

[*94. L'applicazione delle disposizioni di cui ai commi da 91 a 93 è subordinata alla preventiva autorizzazione della Commissione europea ai sensi dell'articolo 395 della direttiva 2006/112/CE del Consiglio, del 28 novembre 2006.*] (1)

(1) *Comma abrogato dall'articolo 26, comma 6-ter, del D.L. 30 aprile 2019, n. 34, convertito con modificazioni dalla Legge 28 giugno 2019, n. 58.*

95. Nello stato di previsione del Ministero dell'economia e delle finanze è istituito un fondo da ripartire con una dotazione di 740 milioni di euro per l'anno 2019, di 1.260 milioni di euro per l'anno 2020, di 1.600 milioni di euro per l'anno 2021, di 3.250 milioni di euro per ciascuno degli anni 2022 e 2023, di 3.300 milioni di euro per ciascuno degli anni dal 2024 al 2028 e di 3.400 milioni di euro per ciascuno degli anni dal 2029 al 2033 (1).

(1) *Per la riduzione dell'autorizzazione di spesa di cui al presente comma, vedi l'articolo 213, comma 1, del D.L. 19 maggio 2020, n. 34, convertito con modificazioni dalla Legge 17 luglio 2020, n. 77.*

98. Il fondo di cui al comma 95 è ripartito con uno o più decreti del Presidente del Consiglio dei ministri, su proposta del Ministro dell'economia e delle finanze, di concerto con i Ministri interessati, sulla base di programmi settoriali presentati dalle amministrazioni centrali dello Stato per le materie di competenza. I decreti di cui al periodo precedente individuano i criteri e le modalità per l'eventuale revoca degli stanziamenti, anche pluriennali, non utilizzati entro diciotto mesi dalla loro assegnazione e la loro diversa destinazione nell'ambito delle finalità previste dai commi da 95 a 106. In tal caso il Ministro dell'economia e delle finanze provvede, con propri decreti, alle necessarie variazioni di bilancio, anche in conto residui. Nel caso in cui siano individuati interventi rientranti nelle materie di competenza regionale o delle province autonome, e limitatamente agli stessi, sono adottati appositi decreti previa intesa con gli enti territoriali interessati ovvero in sede di Conferenza permanente per i rapporti tra lo Stato, le regioni e le province autonome di Trento e di Bolzano. Gli schemi dei decreti sono trasmessi alle Commissioni parlamentari competenti per materia, le quali esprimono il proprio parere entro trenta giorni dalla data dell'assegnazione; decorso tale termine, i decreti possono essere adottati anche in mancanza del predetto parere. I medesimi decreti indicano, ove necessario, le modalità di utilizzo dei contributi, sulla base di criteri di economicità e di contenimento della spesa, anche attraverso operazioni finanziarie con oneri di ammortamento a carico del bilancio dello Stato, con la Banca europea per gli investimenti, con la Banca di sviluppo del Consiglio d'Europa, con la Cassa depositi e prestiti Spa e con i soggetti autorizzati all'esercizio dell'attività bancaria ai sensi del testo unico delle leggi in materia bancaria e creditizia, di cui al decreto legislativo 1° settembre 1993, n. 385, compatibilmente con gli obiettivi programmati di finanza pubblica. I decreti del Presidente del Consiglio dei ministri di riparto del fondo di cui al primo periodo sono adottati entro il 31 gennaio 2019 (1).

(1) *A norma dell'articolo 265, comma 15, del D.L. 19 maggio 2020, n. 34, convertito con modificazioni dalla Legge 17 luglio 2020, n. 77, come modificato dall'articolo 11 octies , comma 1 del D.L. 22 aprile 2021, n. 52, convertito con modificazioni dalla Legge 17 giugno 2021, n. 87, le disposizioni del presente comma non si applicano per gli anni 2020 e 2021*

Omissis.

184. I debiti delle persone fisiche, diversi da quelli di cui all'articolo 4 del decreto-legge 23 ottobre 2018, n. 119, convertito, con modificazioni, dalla legge 17 dicembre 2018, n. 136, e risultanti dai singoli carichi affidati all'agente della riscossione dal 1° gennaio 2000 alla data del 31 dicembre 2017, derivanti dall'omesso versamento di imposte risultanti dalle dichiarazioni annuali e dalle attività di cui all'articolo 36-bis del decreto del Presidente della Repubblica 29 settembre 1973, n. 600, e all'articolo 54-bis del decreto del Presidente della Repubblica 26 ottobre 1972, n. 633, a titolo di tributi e relativi interessi e sanzioni, possono essere estinti dai debitori che versano in una grave e comprovata situazione di difficoltà economica versando una somma determinata secondo le modalità indicate dal comma 187 o dal comma 188.

185. Possono altresì essere estinti i debiti risultanti dai singoli carichi affidati all'agente della riscossione dal 1° gen-

VARIE

naio 2000 alla data del 31 dicembre 2017, derivanti dall'omesso versamento dei contributi dovuti dagli iscritti alle casse previdenziali professionali o alle gestioni previdenziali dei lavoratori autonomi dell'INPS, con esclusione di quelli richiesti a seguito di accertamento, che versano in una grave e comprovata situazione di difficoltà economica, versando una somma determinata secondo le modalità indicate dal comma 187 o dal comma 188, da utilizzare ai fini assicurativi secondo le norme che regolano la gestione previdenziale interessata.

185-bis. Le disposizioni del comma 185 si applicano ai debiti derivanti dall'omesso versamento dei contributi dovuti dagli iscritti alle casse previdenziali professionali, previe apposite delibere delle medesime casse, approvate ai sensi del comma 2 dell'articolo 3 del decreto legislativo 30 giugno 1994, n. 509, pubblicate nei rispettivi siti internet istituzionali entro il 16 settembre 2019 e comunicate, entro la stessa data, all'agente della riscossione mediante posta elettronica certificata [(1)].

[(1)] *Comma inserito dall'articolo 16-quinquies, comma 1, lettera a), del D.L. 30 aprile 2019, n. 34, convertito, con modificazioni, dalla Legge 28 giugno 2019, n. 58.*

186. Ai fini del comma 184 e del comma 185, sussiste una grave e comprovata situazione di difficoltà economica qualora l'indicatore della situazione economica equivalente (ISEE) del nucleo familiare, stabilito ai sensi del regolamento di cui al decreto del Presidente del Consiglio dei ministri 5 dicembre 2013, n. 159, non sia superiore ad euro 20.000.

187. Per i soggetti che si trovano nella situazione di cui al comma 186, i debiti di cui al comma 184 e al comma 185 possono essere estinti senza corrispondere le sanzioni comprese in tali carichi, gli interessi di mora di cui all'articolo 30, comma 1, del decreto del Presidente della Repubblica 29 settembre 1973, n. 602, ovvero le sanzioni e le somme aggiuntive di cui all'articolo 27, comma 1, del decreto legislativo 26 febbraio 1999, n. 46, versando:

a) le somme affidate all'agente della riscossione a titolo di capitale e interessi, in misura pari:

1) al 16 per cento, qualora l'ISEE del nucleo familiare risulti non superiore a euro 8.500;

2) al 20 per cento, qualora l'ISEE del nucleo familiare risulti superiore a euro 8.500 e non superiore a euro 12.500;

3) al 35 per cento, qualora l'ISEE del nucleo familiare risulti superiore a euro 12.500;

b) le somme maturate a favore dell'agente della riscossione, ai sensi dell'articolo 17 del decreto legislativo 13 aprile 1999, n. 112, a titolo di aggio sulle somme di cui alla lettera a) e di rimborso delle spese per le procedure esecutive e di notifica della cartella di pagamento.

188. Indipendentemente da quanto stabilito dal comma 186, ai fini del comma 184 e del comma 185, versano in una grave e comprovata situazione di difficoltà economica i soggetti per cui è stata aperta alla data di presentazione della dichiarazione di cui al comma 189 la procedura di liquidazione di cui all'articolo 14-ter della legge 27 gennaio 2012, n. 3. I debiti di cui al comma 184 e al comma 185 di tali soggetti possono essere estinti versando le somme di cui alla lettera a) del comma 187, in misura pari al 10 per cento e quelle di cui alla lettera b) dello stesso comma 187. A tal fine, alla dichiarazione di cui al comma 189 è allegata copia conforme del decreto di apertura della liquidazione previsto dall'articolo 14-quinquies della medesima legge 27 gennaio 2012, n. 3.

189. Il debitore manifesta all'agente della riscossione la sua volontà di procedere alla definizione di cui al comma 184 e al comma 185 rendendo, entro il 30 aprile 2019, apposita dichiarazione, con le modalità e in conformità alla modulistica che lo stesso agente pubblica nel proprio sito internet nel termine massimo di venti giorni dalla data di entrata in vigore della legge 17 dicembre 2018, n. 136, di conversione del decreto-legge 23 ottobre 2018, n. 119; in tale dichiarazione il debitore attesta la presenza dei requisiti di cui al comma 186 o al comma 188 e indica i debiti che intende definire ed il numero di rate nel quale intende effettuare il pagamento, entro il limite massimo previsto dal comma 190.

190. Il versamento delle somme di cui al comma 187, lettere a) e b), può essere effettuato in unica soluzione entro il 30 novembre 2019, o in rate pari a: il 35 per cento con scadenza il 30 novembre 2019, il 20 per cento con scadenza il 31 marzo 2020, il 15 per cento con scadenza il 31 luglio 2020, il 15 per cento con scadenza il 31 marzo 2021 e il restante 15 per cento con scadenza il 31 luglio 2021 [(1)].

[(1)] *Per un differimento dei termini de versamenti di cui al presente comma, vedi l'articolo 2, comma 3, del D.L. 2 marzo 2020, n. 9. Decreto abrogato dall'articolo 1, comma 2, della Legge 24 aprile 2020, n. 27, a norma del quale restano validi gli atti ed i provvedimenti adottati e sono fatti salvi gli effetti prodottisi e i rapporti giuridici sorti sulla base del medesimo D.L. n. 9/2020. Vedi, da ultimo, l'articolo 68, comma 3 del D.L. 17 marzo 2020, n. 18, convertito, con modificazioni, dalla L. 24 aprile 2020, n. 27, come modificato dall'articolo 10-quinques, comma 2, del D.L. 27 gennaio 2022, n. 4, convertito con modificazioni dalla Legge 28 marzo 2022, n. 25.*

191. In caso di pagamento rateale ai sensi del comma 190, si applicano, a decorrere dal 1° dicembre 2019, gli interessi al tasso del 2 per cento annuo e non si applicano le disposizioni dell'articolo 19 del decreto del Presidente della Repubblica 29 settembre 1973, n. 602.

192. Entro il 31 ottobre 2019, l'agente della riscossione comunica ai debitori che hanno presentato la dichiarazione di cui al comma 189, l'ammontare complessivo delle somme dovute ai fini dell'estinzione, nonché quello delle singole rate, il giorno e il mese di scadenza di ciascuna di esse. Entro la stessa data, l'agente della riscossione comunica altresì, ove sussistenti, il difetto dei requisiti prescritti dai commi 186 e 188 o l'esistenza della delibera favorevole prevista dal comma 185-bis o la presenza nella predetta dichiarazione di debiti diversi da quelli di cui al comma 184 e al comma 185 e la conseguente impossibilità di estinguere il debito ai sensi degli stessi commi 184 e 185 [(1)].

[(1)] *Comma modificato dall'articolo 16-quinquies, comma 1, lettera b), del D.L. 30 aprile 2019, n. 34, convertito, con modificazioni, dalla Legge 28 giugno 2019, n. 58.*

193. Nei casi previsti dal secondo periodo del comma 192, l'agente della riscossione avverte il debitore che i debiti delle persone fisiche inseriti nella dichiarazione presentata ai sensi del comma 189, ove definibili ai sensi dell'articolo 3 del decreto-legge 23 ottobre 2018, n. 119, convertito, con modificazioni, dalla legge 17 dicembre 2018, n. 136, sono automaticamente inclusi nella definizione disciplinata dallo stesso articolo 3 e indica l'ammontare complessivo delle somme dovute a tal fine, ripartito in diciassette rate, e la scadenza di ciascuna di esse. La prima di tali rate, di am-

montare pari al 30 per cento delle predette somme, scade il 30 novembre 2019; il restante 70 per cento è ripartito nelle rate successive, ciascuna di pari importo, scadenti il 28 febbraio, il 31 maggio, il 31 luglio e il 30 novembre di ciascun anno a decorrere dal 2020. Nei medesimi casi previsti dal secondo periodo del comma 192, limitatamente ai debiti di cui all'articolo 3, comma 23, del citato decreto-legge n. 119 del 2018, l'ammontare complessivo delle somme dovute è ripartito in nove rate, di cui la prima, di ammontare pari al 30 per cento, scadente il 30 novembre 2019 e le restanti, ciascuna di pari importo, scadenti il 28 febbraio, il 31 maggio, il 31 luglio e il 30 novembre degli anni 2020 e 2021. Si applicano, a decorrere dal 1° dicembre 2019, gli interessi al tasso del 2 per cento annuo (1)(2).

(1) *Comma sostituito dall'articolo 1-bis, comma 2, del D.L. 14 dicembre 2018, n. 135, convertito con modificazioni, dalla Legge 11 febbraio 2019, n. 12.*

Per un differimento dei termini de versamenti di cui al presente comma,vedi, l'articolo 68, comma 3 del D.L. 17 marzo 2020, n. 18, convertito, con modificazioni, dalla L. 24 aprile 2020, n. 27, come modificato dall'articolo dall'articolo 10-quinques, comma 2, del D.L. 27 gennaio 2022, n. 4, convertito con modificazioni dalla Legge 28 marzo 2022, n. 25.

194. I debiti relativi ai carichi di cui al comma 184 e al comma 185 possono essere estinti anche se già ricompresi in dichiarazioni rese ai sensi dell'articolo 6, comma 2, del decreto-legge 22 ottobre 2016, n. 193, convertito, con modificazioni, dalla legge 1° dicembre 2016, n. 225, e dell'articolo 1, comma 5, del decreto-legge 16 ottobre 2017, n. 148, convertito, con modificazioni, dalla legge 4 dicembre 2017, n. 172, per le quali il debitore non ha perfezionato la relativa definizione con l'integrale e tempestivo pagamento delle somme dovute. I versamenti eventualmente effettuati a seguito delle predette dichiarazioni restano definitivamente acquisiti e non ne è ammessa la restituzione; gli stessi versamenti sono comunque computati ai fini della definizione di cui ai commi 184 e 185.

195. Ai fini di cui all'articolo 11, comma 6, del regolamento di cui al decreto del Presidente del Consiglio dei ministri 5 dicembre 2013, n. 159, l'agente della riscossione, in collaborazione con l'Agenzia delle entrate e con la Guardia di finanza, procede al controllo sulla veridicità dei dati dichiarati ai fini della certificazione di cui al comma 186 del presente articolo, nei soli casi in cui sorgano fondati dubbi sulla veridicità dei medesimi. Tale controllo può essere effettuato fino alla trasmissione degli elenchi di cui all'articolo 3, comma 19, del decreto-legge 23 ottobre 2018, n. 119, convertito, con modificazioni, dalla legge 17 dicembre 2018, n. 136.

196. All'esito del controllo previsto dal comma 195 del presente articolo, in presenza di irregolarità o omissioni non costituenti falsità, il debitore è tenuto, anche nei casi di cui all'articolo 11, comma 5, del regolamento di cui al decreto del Presidente del Consiglio dei ministri 5 dicembre 2013, n. 159, a fornire, entro un termine di decadenza non inferiore a venti giorni dalla relativa comunicazione, la documentazione atta a dimostrare la completezza e veridicità dei dati indicati nella dichiarazione.

197. Nell'ipotesi di mancata tempestiva produzione della documentazione a seguito della comunicazione di cui al comma 196, ovvero nei casi di irregolarità o omissioni costituenti falsità, non si determinano gli effetti di cui al comma 184 e al comma 185 e l'ente creditore, qualora sia già intervenuto il discarico automatico di cui all'articolo 3, comma 19, del decreto-legge 23 ottobre 2018, n. 119, convertito, con modificazioni, dalla legge 17 dicembre 2018, n. 136, procede, a seguito di segnalazione dell'agente della riscossione, nel termine di prescrizione decennale, a riaffidare in riscossione il debito residuo. Restano fermi gli adempimenti conseguenti alle falsità rilevate.

198. Per tutto quanto non previsto dai commi da 184 a 197 si applicano, in quanto compatibili, i commi 6, 7, 8, 9, 10, 12, 13, 14, 14-bis, 18, 19 e 20 dell'articolo 3 del decreto-legge 23 ottobre 2018, n. 119, convertito, con modificazioni, dalla legge 17 dicembre 2018, n. 136.

199. Il Fondo per la compensazione degli effetti finanziari non previsti a legislazione vigente conseguenti all'attualizzazione di contributi pluriennali, di cui all'articolo 6, comma 2, del decreto-legge 7 ottobre 2008, n. 154, convertito, con modificazioni, dalla legge 4 dicembre 2008, n. 189, è ridotto di 5 milioni di euro per ciascuno degli anni 2019 e 2020, di 8 milioni di euro per l'anno 2021 e di 13 milioni di euro per ciascuno degli anni 2022 e 2023.

Omissis.

210. All'articolo 1 della legge 11 dicembre 2016, n. 232, sono apportate le seguenti modificazioni:

a) al comma 88, le parole: "fino al 5 per cento" sono sostituite dalle seguenti:

"fino al 10 per cento";

b) al comma 89, dopo la lettera b-bis), è aggiunta la seguente:

"b-ter) quote o azioni di Fondi per il Venture Capital residenti nel territorio dello Stato ai sensi dell'articolo 73 del testo unico delle imposte sui redditi, di cui al decreto del Presidente della Repubblica 22 dicembre 1986, n. 917, o in Stati membri dell'Unione europea o in Stati aderenti all'Accordo sullo Spazio economico europeo";

c) al comma 92, le parole: "fino al 5 per cento dell'attivo patrimoniale" sono sostituite dalle seguenti: "fino al 10 per cento dell'attivo patrimoniale";

d) al comma 95, primo periodo, le parole: "fino al 5 per cento dell'attivo patrimoniale" sono sostituite dalle seguenti: "fino al 10 per cento dell'attivo patrimoniale".

211. Per i piani di risparmio a lungo termine di cui all'articolo 1, commi da 100 a 114, della legge 11 dicembre 2016, n. 232, costituiti a decorrere dal 1° gennaio 2019, si applicano le disposizioni dei commi seguenti.

212. In ciascun anno solare di durata del piano, per almeno i due terzi dell'anno stesso, le somme o i valori destinati nel piano di risparmio a lungo termine devono essere investiti per almeno il 70 per cento del valore complessivo in strumenti finanziari, anche non negoziati nei mercati regolamentati o nei sistemi multilaterali di negoziazione, emessi o stipulati con imprese residenti nel territorio dello Stato ai sensi dell'articolo 73 del testo unico delle imposte sui redditi, di cui al decreto del Presidente della Repubblica 22 dicembre 1986, n. 917, o in Stati membri dell'Unione europea o in Stati aderenti all'Accordo sullo Spazio economico europeo con stabili organizzazioni nel territorio medesimo; la predetta quota del 70 per cento deve essere investita per almeno il 5 per cento del valore complessivo in strumenti finanziari ammessi alle negoziazioni sui sistemi multilaterali

di negoziazione, per almeno il 30 per cento del valore complessivo in strumenti finanziari di imprese diverse da quelle inserite nell'indice FTSE MIB della Borsa italiana o in indici equivalenti di altri mercati regolamentati e per almeno il 5 per cento in quote o azioni di Fondi per il Venture Capital residenti nel territorio dello Stato ai sensi dell'articolo 73 del testo unico delle imposte sui redditi, di cui al decreto del Presidente della Repubblica 22 dicembre 1986, n. 917, o in Stati membri dell'Unione europea o in Stati aderenti all'Accordo sullo Spazio economico europeo. Gli strumenti finanziari ammessi alle negoziazioni sui sistemi multilaterali di cui al periodo precedente devono essere emessi da piccole e medie imprese, come definite dalla raccomandazione 2003/361/CE della Commissione, del 6 maggio 2003.

213. Sono Fondi per il Venture Capital di cui al comma 212 e di cui all'articolo 1, comma 89, lettera b-ter), della legge 11 dicembre 2016, n. 232, introdotta dalla lettera b) del comma 210 del presente articolo, gli organismi di investimento collettivo del risparmio che destinano almeno il 70 per cento dei capitali raccolti in investimenti in favore di piccole e medie imprese, come definite dalla raccomandazione 2003/361/CE della Commissione, del 6 maggio 2003, non quotate, residenti nel territorio dello Stato ai sensi dell'articolo 73 del testo unico delle imposte sui redditi, di cui al decreto del Presidente della Repubblica 22 dicembre 1986, n. 917, o in Stati membri dell'Unione europea o in Stati aderenti all'Accordo sullo Spazio economico europeo con stabili organizzazioni nel territorio medesimo e che soddisfano almeno una delle seguenti condizioni:

a) non hanno operato in alcun mercato;

b) operano in un mercato qualsiasi da meno di sette anni dalla loro prima vendita commerciale;

c) necessitano di un investimento iniziale per il finanziamento del rischio che, sulla base di un piano aziendale elaborato per il lancio di un nuovo prodotto o l'ingresso su un nuovo mercato geografico, è superiore al 50 per cento del loro fatturato medio annuo negli ultimi cinque anni.

214. Le disposizioni di cui ai commi da 211 a 213 sono attuate nel rispetto dei limiti e delle condizioni previsti dal regolamento (UE) n. 651/2014 della Commissione, del 17 giugno 2014, che dichiara alcune categorie di aiuti compatibili con il mercato interno in applicazione degli articoli 107 e 108 del Trattato sul funzionamento dell'Unione europea, e in particolare degli articoli 21 e 23 del medesimo regolamento, che disciplinano rispettivamente gli aiuti alle piccole e medie imprese per il finanziamento del rischio e si applicano agli investimenti effettuati fino al 31 dicembre 2020 e gli aiuti alle piattaforme alternative di negoziazione specializzate nelle piccole e medie imprese. Agli adempimenti europei, nonché a quelli relativi al Registro nazionale degli aiuti di Stato, provvede il Ministero dello sviluppo economico.

215. Con decreto del Ministro dello sviluppo economico, di concerto con il Ministro dell'economia e delle finanze, da adottare entro centoventi giorni dalla data di entrata in vigore della presente legge, sono stabiliti le modalità e i criteri per l'attuazione delle disposizioni di cui ai commi da 211 a 214.

216. Con l'obiettivo strategico di sostenere il tessuto economico produttivo più innovativo ed assicurarne lo sviluppo e la crescita nell'interesse generale del Paese, le entrate dello Stato derivanti dalla distribuzione di utili d'esercizio o di riserve sotto forma di dividendi delle società partecipate dal Ministero dell'economia e delle finanze sono utilizzate, fino al 10 per cento del loro ammontare, nel rispetto degli obiettivi di finanza pubblica, per investimenti in Fondi per il Venture Capital ai sensi del comma 206. Le somme introitate a tale titolo sono riassegnate, anche in deroga ai limiti previsti per le riassegnazioni, con decreto del Ministro dell'economia e delle finanze ad apposito capitolo dello stato di previsione della spesa del Ministero dell'economia e delle finanze per essere versate al fondo di sostegno al Venture Capital di cui al comma 209. Le disposizioni del presente comma si applicano a decorrere dal 1° luglio 2019 ed includono le entrate dello Stato rivenienti dai risultati dell'ultimo bilancio di esercizio delle società partecipate [(1)].

(1) Comma modificato dall'articolo 29, comma 9-quater, del D.L. 30 aprile 2019, n. 34, convertito con modificazioni dalla Legge 28 giugno 2019, n. 58.

217. Al fine di incentivare e rendere più efficienti tutte le fasi degli investimenti nel campo dell'innovazione, all'articolo 1, comma 1, del testo unico di cui al decreto legislativo 24 febbraio 1998, n. 58, dopo la lettera m-undecies) è inserita la seguente:

«m-undecies.1) "Business Angel": gli investitori a supporto dell'innovazione che hanno investito in maniera diretta o indiretta una somma pari ad almeno euro 40.000 nell'ultimo triennio».

218. Per l'anno 2019, le aliquote di cui ai commi 1, 4 e 7 dell'articolo 29 del decreto-legge 18 ottobre 2012, n. 179, convertito, con modificazioni, dalla legge 17 dicembre 2012, n. 221, sono incrementate dal 30 al 40 per cento. Nei casi di acquisizione dell'intero capitale sociale di start-up innovative da parte di soggetti passivi dell'imposta sul reddito delle società, diversi da imprese start-up innovative, le predette aliquote sono incrementate, per l'anno 2019, dal 30 per cento al 50 per cento, a condizione che l'intero capitale sociale sia acquisito e mantenuto per almeno tre anni.

219. All'articolo 31 del decreto-legge 6 luglio 2011, n. 98, convertito, con modificazioni, dalla legge 15 luglio 2011, n. 111, sono apportate le seguenti modificazioni:

a) al comma 1, le parole: "dei fondi comuni di investimento" sono sostituite dalle seguenti: «dell'organismo di investimento collettivo del risparmio chiuso, di cui all'articolo 1, comma 1, lettera k-ter), del testo unico di cui al decreto legislativo 24 febbraio 1998, n. 58, nonché delle società di investimento a capitale fisso, di cui all'articolo 1, comma 1, lettera i-bis), del medesimo testo unico»;

b) il comma 2 è sostituito dal seguente:

«2. Sono definiti "Fondi per il Venture Capital" (FVC) gli organismi di investimento collettivo del risparmio chiusi e le società di investimento a capitale fisso, residenti in Italia, ai sensi dell'articolo 73, comma 3, del testo unico delle imposte sui redditi, di cui al decreto del Presidente della Repubblica 22 dicembre 1986, n. 917, ovvero in uno degli Stati membri dell'Unione europea o in Stati aderenti all'Accordo sullo Spazio economico europeo che sono compresi nell'elenco di cui al decreto del Ministro delle finanze 4 settembre 1996, pubblicato nella Gazzetta Ufficiale n. 220 del 19 settembre 1996, che investono almeno l'85 per cento del valore degli attivi in piccole e medie imprese (PMI) non quotate in mercati regolamentati, di cui all'articolo 2, paragrafo 1, lettera f), punto i), del regolamento (UE) 2017/1129 del Parlamento europeo e del Consiglio, del 14 giugno 2017, nella fase di sperimentazione (seed financing), di costituzione (start-up financing), di avvio dell'attività (early-stage financing) o di sviluppo del prodotto (expansion o scale up financing) e il residuo in PMI di cui all'articolo 1, comma 1, lettera w-quater.1), del testo unico di cui al decreto legislativo 24 febbraio 1998, n. 58»;

c) al comma 3, lettera e), le parole:

«da non più di 36 mesi" sono sostituite dalle seguenti: "da meno di sette anni».

220. Le disposizioni di cui al comma 218 e al comma 219, lettera c), sono efficaci previa autorizzazione della Commissione europea secondo le procedure previste dall'articolo 108, paragrafo 3, del Trattato sul funzionamento dell'Unione europea.

Omissis.

229. La disciplina di cui all'articolo 1, comma 10, della legge 11 dicembre 2016, n. 232, si interpreta nel senso che si considerano agevolabili anche i costi sostenuti a titolo di canone per l'accesso, mediante soluzioni di cloudcomputing, a beni immateriali di cui all'allegato B della medesima legge, limitatamente alla quota del canone di competenza del singolo periodo d'imposta di vigenza della disciplina agevolativa.

Omissis.

245. All'articolo 3 del decreto-legge 2 marzo 2012, n. 16, convertito, con modificazioni, dalla legge 26 aprile 2012, n. 44, il comma 1 è sostituito dal seguente:

«1. Per l'acquisto di beni e di prestazioni di servizi legate al turismo effettuati presso i soggetti di cui agli articoli 22 e 74-ter del decreto del Presidente della Repubblica 26 ottobre 1972, n. 633, dalle persone fisiche di cittadinanza diversa da quella italiana e che abbiano residenza fuori del territorio dello Stato, il limite per il trasferimento di denaro contante di cui all'articolo 49, comma 1, del decreto legislativo 21 novembre 2007, n. 231, è elevato a 15.000 euro a condizione che il cedente del bene o il prestatore del servizio provveda ai seguenti adempimenti:

a) all'atto dell'effettuazione dell'operazione acquisisca fotocopia del passaporto del cessionario o del committente nonché apposita autocertificazione di quest'ultimo, ai sensi dell'articolo 47 del testo unico delle disposizioni legislative e regolamentari in materia di documentazione amministrativa, di cui al decreto del Presidente della Repubblica 28 dicembre 2000, n. 445, attestante che non è cittadino italiano e che ha la residenza fuori del territorio dello Stato;

b) nel primo giorno feriale successivo a quello di effettuazione dell'operazione versi il denaro contante incassato in un conto corrente intestato al cedente o al prestatore presso un operatore finanziario, consegnando a quest'ultimo copia della ricevuta della comunicazione di cui al comma 2».

Omissis.

251. Ai lavoratori che hanno cessato la cassa integrazione guadagni in deroga nel periodo dal 1° dicembre 2017 al 31 dicembre 2018 e non hanno diritto all'indennità di disoccupazione denominata Nuova prestazione di Assicurazione Sociale per l'Impiego (NASpI) è concessa, nel limite massimo di dodici mesi e in ogni caso con termine entro il 31 dicembre 2020, in continuità con la prestazione di Cassa integrazione guadagni in deroga, un'indennità pari al trattamento di mobilità in deroga, comprensiva della contribuzione figurativa. A tale indennità non si applicano le disposizioni di cui all'articolo 2, comma 67 della legge 28 giugno 2012, n.92. [1]

[1] Comma sostituito dall'articolo 87, comma 1, del D.L. 19 maggio 2020, n. 34, , convertito, con modificazioni, dalla Legge 17 luglio 2020, n. 77.

251-bis. A decorrere dalla data di entrata in vigore della presente disposizione, l'indennità di cui al comma 251 può essere altresì concessa fino al 31 dicembre 2020 ai lavoratori delle aree di crisi industriale complessa ubicate nel territorio della Regione siciliana, i quali cessino di percepire l'indennità di disoccupazione denominata NASpI nell'anno 2020 medesimo, nel limite di 7,4 milioni di euro per l'anno 2020 [1].

[1] Comma inserito dall'articolo 1-bis, comma 1, lettera a), del D.L. 14 agosto 2020, n. 104, convertito con modificazioni dalla Legge 13 ottobre 2020, n. 126.

251-ter. Ai lavoratori di cui all'articolo 251-bis che, a norma del medesimo comma, nell'anno 2020 abbiano presentato richiesta per la concessione dell'indennità di cui al comma 251, la stessa indennità può essere concessa in continuità fino al 31 dicembre 2022 [1].

[1] Comma inserito dall'articolo 11, comma 16, lettera a), del D.L. 21 ottobre 2021, n. 146, convertito, con modificazioni, dalla Legge 17 dicembre 2021, n. 215 e successivamente modificato dall'articolo 33-bis, comma 1, del D.L. 17 maggio 2022, n. 50, convertito, con modificazioni, dalla Legge 15 luglio 2022, n. 91.

Omissis.

253. All'onere derivante dall'attuazione dei commi 251, 251-bis e 251-ter si fa fronte nel limite massimo delle risorse già assegnate alle regioni e alle Province autonome di Trento e di Bolzano ai sensi dell'articolo 44, comma 6-bis, del decreto legislativo 14 settembre 2015, n. 148, ove non previamente utilizzate ai sensi del comma 3 dell'articolo 26-ter del decreto-legge 28 gennaio 2019, n. 4, convertito, con modificazioni, dalla legge 28 marzo 2019, n. 26 e ai sensi dell'articolo 22, commi 8-quater e 8-quinquies, del decreto-legge 17 marzo 2020, n. 18, convertito con modificazioni dalla legge 24 aprile 2020, n. 27. Le regioni e le province autonome concedono l'indennità di cui al comma 251, esclusivamente previa verifica della disponibilità finanziaria da parte dell'INPS [1].

[1] Comma sostituito dall'articolo 11-bis, comma 1, del D.L. 3 settembre 2019, n. 101, convertito con modificazioni dalla Legge 2 novembre 2019, n. 128, successivamente dall'articolo 87, comma 2, del D.L. 19 maggio 2020, n. 34, convertito con modificazioni dalla Legge 17 luglio 2020, n. 77 ; modificato all'articolo 1-bis, comma 1, lettera b), del D.L. 14 agosto 2020, n. 104, convertito con modificazioni dalla Legge 13 ottobre 2020, n. 126 e da ultimo dall'articolo 11, comma 16, lettera b), del D.L. 21 ottobre 2021, n. 146, convertito, con modificazioni, dalla Legge 17 dicembre 2021, n. 215.

Omissis.

273. Al capo I del titolo I del testo unico delle imposte sui redditi, di cui al decreto del Presidente della Repubblica 22 dicembre 1986, n. 917, è aggiunto, in fine, il seguente articolo:

«ART. 24-ter. - (Opzione per l'imposta sostitutiva sui redditi delle persone fisiche titolari di redditi da pensione di fonte estera che trasferiscono la propria residenza fiscale nel Mezzogiorno). - 1. Fatte salve le disposizioni dell'articolo 24-bis, le persone fisiche, titolari dei redditi da pensione di cui all'articolo 49, comma 2, lettera a), erogati da soggetti esteri, che trasferiscono in Italia la propria residenza ai sensi dell'articolo 2, comma 2, in uno dei comuni appartenenti al territorio delle regioni Sicilia, Calabria, Sardegna, Campania, Basilicata, Abruzzo, Molise e Puglia, con popolazione non superiore a 20.000 abitanti, possono optare per l'assoggettamento dei redditi di qualunque categoria, percepiti da fonte estera o prodotti all'estero, individuati secondo i criteri di cui all'articolo 165, comma 2, a un'imposta sostitutiva, calcolata in via forfettaria, con aliquota del 7 per cento per ciascuno dei periodi di imposta di validità dell'opzione.

2. L'opzione di cui al comma 1 è esercitata dalle persone fisiche che non siano state fiscalmente residenti in Italia ai sensi dell'articolo 2, comma 2, nei cinque periodi d'imposta precedenti a quello in cui l'opzione diviene efficace ai sensi del comma 5.

Possono esercitare l'opzione di cui al comma 1 le persone fisiche che trasferiscono la residenza da Paesi con i quali sono in vigore accordi di cooperazione amministrativa.

3. Le persone fisiche di cui al comma 1 indicano la giurisdizione o le giurisdizioni in cui hanno avuto l'ultima residenza fiscale prima dell'esercizio di validità dell'opzione.

L'Agenzia delle entrate trasmette tali informazioni, attraverso gli idonei strumenti di cooperazione amministrativa, alle autorità fiscali delle giurisdizioni indicate come luogo di ultima residenza fiscale prima dell'esercizio di validità dell'opzione.

4. L'opzione di cui al comma 1 è valida per i primi cinque periodi d'imposta successivi a quello in cui diviene efficace ai sensi del comma 5.

5. L'opzione di cui al comma 1 è esercitata nella dichiarazione dei redditi relativa al periodo d'imposta in cui viene trasferita la residenza in Italia ai sensi del comma 1 ed è efficace a decorrere da tale periodo d'imposta.

6. L'imposta è versata in unica soluzione entro il termine previsto per il versamento del saldo delle imposte sui redditi. Per l'accertamento, la riscossione, il contenzioso e le sanzioni si applicano, in quanto compatibili, le disposizioni previste per l'imposta sui redditi. L'imposta non è deducibile da nessun'altra imposta o contributo.

7. L'opzione è revocabile dal contribuente.

Nel caso di revoca da parte del contribuente sono fatti salvi gli effetti prodotti nei periodi d'imposta precedenti. Gli effetti dell'opzione cessano laddove sia accertata l'insussistenza dei requisiti previsti dal presente articolo o il venir meno degli stessi e in ogni caso di omesso o parziale versamento dell'imposta sostitutiva di cui al comma 1 nella misura e nei termini previsti dalle vigenti disposizioni di legge.

La revoca o la decadenza dal regime precludono l'esercizio di una nuova opzione.

8. Le persone fisiche di cui al comma 1 possono manifestare la facoltà di non avvalersi dell'applicazione dell'imposta sostitutiva con riferimento ai redditi prodotti in uno o più Stati o territori esteri, dandone specifica indicazione in sede di esercizio dell'opzione ovvero con successiva modifica della stessa. Soltanto in tal caso, per i redditi prodotti nei suddetti Stati o territori esteri si applica il regime ordinario e compete il credito d'imposta per i redditi prodotti all'estero. Ai fini dell'individuazione dello Stato o territorio estero in cui sono prodotti i redditi si applicano i medesimi criteri di cui all'articolo 23».

274. I soggetti che esercitano l'opzione di cui all'articolo 24-ter del testo unico delle imposte sui redditi, di cui al decreto del Presidente della Repubblica 22 dicembre 1986, n. 917, introdotto dal comma 273 del presente articolo, per i periodi d'imposta di validità dell'opzione ivi prevista, non sono tenuti agli obblighi di dichiarazione di cui all'articolo 4 del decreto- legge 28 giugno 1990, n. 167, convertito, con modificazioni, dalla legge 4 agosto 1990, n. 227, e sono esenti dalle imposte previste dall'articolo 19, commi 13 e 18, del decreto-legge 6 dicembre 2011, n. 201, convertito, con modificazioni, dalla legge 22 dicembre 2011, n. 214.

Omissis.

291. A decorrere dal 1° gennaio 2019 e fino al 31 dicembre 2020, ai conducenti di cui alla lettera a) del comma 292, assunti con regolare contratto di lavoro subordinato a tempo indeterminato dalle imprese di autotrasporto di cui alla lettera b) del comma 292, spetta un rimborso in misura pari al 50 per cento del totale delle spese sostenute e documentate per il conseguimento della patente e delle abilitazioni professionali per la guida dei veicoli destinati all'esercizio dell'attività di autotrasporto di merci per conto di terzi.

292. Le disposizioni del comma 291 si applicano:

a) ai conducenti che non abbiano compiuto il trentacinquesimo anno di età alla data di entrata in vigore della presente legge, inquadrati con le qualifiche Q1, Q2 o Q3 previste dal contratto collettivo nazionale di lavoro-Logistica, trasporto merci e spedizione;

b) alle imprese di autotrasporto di merci per conto di terzi attive sul territorio italiano, regolarmente iscritte al Registro elettronico nazionale delle imprese di trasporto su strada e all'Albo nazionale degli autotrasportatori di cose per conto di terzi.

293. Ai fini dell'imposta sul reddito delle società, alle imprese di cui al comma 292 spetta una detrazione totale dall'imposta lorda per una quota pari ai rimborsi erogati ai sensi del comma 291, fino a un ammontare complessivo degli stessi non superiore a 1.500 euro totali per ciascun periodo d'imposta.

294. Il rimborso di cui al comma 291 è erogato da ciascuna impresa entro sei mesi dalla data di decorrenza del contratto di lavoro subordinato a tempo indeterminato.

Nel caso di conducenti già assunti e già inquadrati nelle imprese di autotrasporto di merci per conto di terzi, il rimborso di cui al comma 291 è erogato da ciascuna impresa entro sei mesi dalla data di entrata in vigore della presente legge, purché al momento della richiesta sussistano i requisiti di cui al comma 292. Le modalità di richiesta e di erogazione del rimborso di cui al comma 291 sono definite dal Ministero del lavoro e delle politiche sociali con apposito provvedimento da adottare entro tre mesi dalla data di entrata in vigore della presente legge.

295. Dal rimborso di cui al comma 291 sono esclusi i versamenti corrisposti al Ministero delle infrastrutture e dei trasporti per il rilascio della patente e delle abilitazioni professionali per la guida dei veicoli destinati all'esercizio dell'attività di autotrasporto di merci per conto di terzi, nonché per le spese relative all'acquisto dei contrassegni telematici richiesti dalla normativa vigente.

Omissis.

317. Al fine di potenziare l'attuazione delle politiche ambientali e di perseguire un'efficiente ed efficace gestione

delle risorse pubbliche destinate alla tutela dell'ambiente, anche allo scopo di prevenire l'instaurazione di nuove procedure europee di infrazione e di superare quelle in corso, il Ministero dell'ambiente e della tutela del territorio e del mare, per il triennio 2019- 2021, è autorizzato ad assumere, a tempo indeterminato, anche in sovrannumero con assorbimento in relazione alle cessazioni del personale di ruolo, mediante apposita procedura concorsuale pubblica per titoli ed esami, un contingente di personale di 350 unità appartenenti all'Area III, posizione economica F1, e di 50 unità appartenenti all'Area II, posizione economica F2, in possesso del diploma di scuola secondaria di secondo grado. È parimenti autorizzata l'assunzione a tempo indeterminato, mediante apposita procedura concorsuale pubblica per titoli ed esami, di un contingente di personale in posizioni dirigenziali di livello dirigenziale non generale, di complessive 20 unità, con riserva di posti non superiore al 50 per cento al personale del Ministero dell'ambiente e della tutela del territorio e del mare. Per le finalità di cui al presente comma, la dotazione organica del Ministero dell'ambiente e della tutela del territorio e del mare, di cui alla tabella 4 allegata al decreto del Presidente del Consiglio dei ministri 22 gennaio 2013, pubblicato nella Gazzetta Ufficiale n. 87 del 13 aprile 2013, è incrementata di 20 posizioni di livello dirigenziale non generale e di 300 unità di personale non dirigenziale. Il Ministero dell'ambiente e della tutela del territorio e del mare, fatto salvo quanto stabilito dall'articolo 8, comma 1, della legge 8 luglio 1986, n. 349, provvede alla progressiva riduzione delle convenzioni stipulate per le attività di assistenza e di supporto tecnico-specialistico e operativo in materia ambientale, nella misura fino al 10 per cento nell'anno 2026, fino al 20 per cento nell'anno 2027, fino al 50 per cento nell'anno 2028, fino al 70 per cento nell'anno 2029 e del 100 per cento nell'anno 2030, avendo come riferimento il totale delle convenzioni vigenti, per le medesime attività, nell'anno 2018. [*Per gli anni dal 2019 al 2026, le risorse derivanti dalla riduzione delle convenzioni di cui al periodo precedente, annualmente accertate con decreto del Ministro dell'ambiente e della tutela del territorio e del mare, di concerto con il Ministro dell'economia e delle finanze, sono versate all'entrata del bilancio dello Stato e rimangono acquisite all'erario.*] [*Nell'esercizio finanziario 2027, con decreto del Ministro dell'ambiente e della tutela del territorio e del mare, di concerto con il Ministro dell'economia e delle finanze, sono individuate e quantificate le risorse che derivano dall'estinzione delle convenzioni di cui al citato periodo al fine di ridurre corrispondentemente, a regime, i relativi stanziamenti di bilancio.*] I bandi per le procedure concorsuali definiscono i titoli valorizzando l'esperienza lavorativa in materia ambientale nell'ambito della pubblica amministrazione.

Agli oneri derivanti dalle assunzioni di cui al presente comma, nel limite massimo di spesa pari ad euro 4.053.663 per l'anno 2019, ad euro 14.956.400 per l'anno 2020 e ad euro 19.221.950 annui a decorrere dall'anno 2021, si provvede a valere sulle risorse del fondo di cui all'articolo 1, comma 365, lettera b), della legge 11 dicembre 2016, n. 232, come rifinanziato ai sensi del comma 298 del presente articolo. Per lo svolgimento delle procedure concorsuali pubbliche di cui al presente comma è autorizzata la spesa di euro 800.000 per l'anno 2019. Al relativo onere si provvede mediante utilizzo del Fondo da ripartire per provvedere ad eventuali sopravvenute maggiori esigenze di spese per acquisto di beni e servizi, iscritto nello stato di previsione del Ministero dell'ambiente e della tutela del territorio e del mare [(1)(2)].

[(1)] *A norma dell'articolo 24, comma 1, del D.L. 30 dicembre 2019, n. 162, convertito con modificazioni dalla Legge 28 febbraio 2020, n. 8, il termine per l'assunzione di cinquanta unità appartenenti all'area II previste al presente comma, relativo al triennio 2019-2021, è differito al triennio 2020-2022; successivamente, a norma dell'articolo 9, comma 2, del D.L. 30 aprile 2022, n. 36, convertito con modificazioni dalla Legge 29 giugno 2022, n. 79, il termine per l'assunzione di trecentocinquanta unità appartenenti all'area III posizione economica F1, previste dal presente comma, relativo al triennio 2019-2021, è differito al triennio 2021-2023. A norma dell'articolo 11, comma 2, del D.L. 29 dicembre 2022, non ancora convertito in Legge , il termine per l'assunzione a tempo indeterminato del contingente di personale in posizioni di livello dirigenziale non generale nonché di cinquanta unità appartenenti all'area II, posizione economica F2, è differito al triennio 2022-2024.*

[(2)] *Comma modificato norma dall'articolo 24, comma 1, del D.L. 30 dicembre 2019, n. 162, convertito con modificazioni dalla Legge 28 febbraio 2020, n. 8 e successivamente dall'articolo 15, comma 1, del D.L. 31 dicembre 2020, n. 183, convertito con modificazioni dalla Legge 26 febbraio 2021, n. 21 e dall'articolo 1, comma 4, del D.L. 23 giugno 2021, n. 92, quest'ultimo abrogato dall'articolo 1, comma 2, della Legge 6 agosto 2021, n. 113. Comma modificato dall'articolo 17-quinquies, comma 4, lettere a) e b), del D.L. 9 giugno 2021, n. 80, convertito, con modificazioni, dalla Legge 6 agosto 2021, n. 113.*

Omissis.

320. Al fine di agevolare la definizione dei processi amministrativi pendenti e di ridurre ulteriormente l'arretrato, è autorizzata l'assunzione, con conseguente incremento della dotazione organica, di consiglieri di Stato e di referendari dei tribunali amministrativi regionali, anche in deroga alla vigente normativa in materia di turn over. A tal fine, è autorizzata la spesa per un onere massimo complessivo di 4,9 milioni di euro per l'anno 2019, di 2.934.632 euro per l'anno 2020, di 5.915.563 euro per l'anno 2021, di 5.971.938 euro per l'anno 2022, di 6.673.996 euro per l'anno 2023, di 6.972.074 euro per l'anno 2024, di 6.985.009 euro per l'anno 2025, di 7.103.839 euro per l'anno 2026, di 7.156.597 euro per l'anno 2027 e di 8.115.179 euro annui a decorrere dall'anno 2028. Per le connesse esigenze di funzionamento della giustizia amministrativa è autorizzata la spesa di 500.000 euro per l'anno 2019 [*e di 1.000.000 di euro annui a decorrere dall'anno 2020*] [(1)].

L'amministrazione comunica alla Presidenza del Consiglio dei ministri - Dipartimento della funzione pubblica e al Ministero dell'economia e delle finanze - Dipartimento della Ragioneria generale dello Stato i dati relativi al personale assunto e i relativi oneri.

[(1)] *Comma modificato dall'articolo 22, comma 2 e 3, del D.L. 30 dicembre 2019, n. 162, convertito con modificazioni dalla Legge 28 febbraio 2020, n. 8.*

320-bis. In attuazione di quanto previsto dal comma 320, all'articolo 1 della legge 27 aprile 1982, n. 186, sono apportate le seguenti modificazioni: al secondo comma, la parola: "sei" è sostituita dalla seguente: "sette"; al terzo comma, le parole: "ciascuna sezione giurisdizionale è composta da due presidenti" sono sostituite dalle seguenti: "ciascuna sezione giurisdizionale è composta da tre presidenti". All'articolo 1, quinto comma, della legge 6 dicembre 1971, n. 1034, la parola "tre" è sostituta dalla seguente: "cinque". Al giudizio di idoneità di cui all'articolo 21, primo comma, della legge 27 aprile 1982, n. 186, e al giudizio per il conferimento delle funzioni di cui all'articolo 6, commi secondo e quinto, della medesima legge n. 186 del 1982, si applicano, in quanto compatibili, le disposizioni di cui all'articolo 11, comma 16, e all'articolo 50, comma 1, del decreto legislativo 5 aprile

VARIE

2006, n. 160, e, in ogni caso di promozione a qualifica superiore ai sensi di detto articolo 21, il ricollocamento in ruolo avviene a richiesta dell'interessato, da presentare entro 15 giorni dalla conoscenza del provvedimento di promozione a pena di decadenza dalla stessa, e deve obbligatoriamente perdurare per tutto il periodo di cui al quinto comma dello stesso articolo 21. Fermo quanto previsto dal decreto del Presidente della Repubblica 6 aprile 1984, n. 426, per il personale di magistratura del tribunale amministrativo regionale di Trento e della sezione autonoma di Bolzano e per i consiglieri di Stato nominati ai sensi dell'articolo 14 del medesimo decreto del Presidente della Repubblica n. 426 del 1984, nonché dal decreto legislativo 24 dicembre 2003, n. 373, per il personale di magistratura del Consiglio di giustizia amministrativa per la Regione siciliana, la dotazione organica del personale di magistratura della giurisdizione amministrativa è incrementata di tre presidenti di sezione del Consiglio di Stato, di due presidenti di tribunale amministrativo regionale, di dodici consiglieri di Stato e di diciotto fra referendari, primi referendari e consiglieri di tribunali amministrativi regionali. Conseguentemente, nonché per il triennio 2021-2023, secondo le modalità previste dalla normativa vigente, la copertura di quindici posti di organico di consiglieri di Stato, l'assunzione di venti referendari dei tribunali amministrativi regionali, nonché, per le esigenze delle segreterie delle nuove sezioni del Consiglio di Stato e dei Tribunali amministrativi regionali, l'assunzione di tre dirigenti di livello non generale a tempo indeterminato, in deroga ai vigenti limiti assunzionali, con contestuale incremento della relativa dotazione organica [(1)].

[(1)] Comma inserito dall'articolo 22, comma 1, del D.L. 30 dicembre 2019, n. 162, convertito con modificazioni dalla Legge 28 febbraio 2020, n. 8 e successivamente modificato dall'articolo 1-bis, comma 5, del D.L. 31 dicembre 2020, n. 183, convertito, con modificazioni, dalla Legge 26 febbraio 2021, n. 21.

Omissis.

326. Fermo restando quanto previsto dall'articolo 17 del decreto legislativo 13 aprile 1999, n. 112, e tenuto conto dell'esigenza di garantire, nel biennio 2020-2021, l'equilibrio gestionale del servizio nazionale di riscossione, l'Agenzia delle entrate, in qualità di titolare, ai sensi dell'articolo 1, comma 2, del decreto-legge 22 ottobre 2016, n. 193, convertito, con modificazioni, dalla legge 1° dicembre 2016, n. 225, della funzione della riscossione, svolta dall'ente pubblico economico Agenzia delle entrate-Riscossione, eroga allo stesso ente, a titolo di contributo e in base all'andamento dei proventi risultanti dal relativo bilancio annuale, una quota non superiore complessivamente a 550 milioni di euro, di cui 300 milioni per l'anno 2020 e 250 milioni per l'anno 2021 [*e 38 milioni per l'anno 2022*], a valere sui fondi accantonati nel bilancio 2019 a favore del predetto ente, incrementati di 200 milioni di euro derivanti dall'avanzo di gestione dell'esercizio 2019, in deroga all'articolo 1, comma 358, della legge 24 dicembre 2007, n. 244, e sulle risorse assegnate per gli esercizi 2020 e 2021 alla medesima Agenzia delle entrate. Tale erogazione è effettuata in acconto, per la quota maturata al 30 giugno di ciascun esercizio, entro il secondo mese successivo alla deliberazione del bilancio semestrale dell'Agenzia delle entrate-Riscossione e a saldo entro il secondo mese successivo all'approvazione del bilancio annuale della stessa Agenzia [(1)].

[(1)] Comma sostituito dall'articolo 155, comma 1, del D.L. 19 maggio 2020, n. 34, convertito con modificazioni dalla Legge 17 luglio 2020, n. 77, dall'articolo 1, comma 1091, della Legge 30 dicembre 2020, n. 178 e successivamente modificato dall'articolo 4, comma 1, lettera a), del D.L. 21 ottobre 2021, n. 146, convertito con modificazioni dalla Legge 17 dicembre 2021, n. 215 e dall'articolo 1, comma 20, lettera a), della Legge 30 dicembre 2021, n. 234.

327. Qualora la quota da erogare per l'anno 2020 all'ente Agenzia delle entrate-Riscossione a titolo di contributo risulti inferiore all'importo di 300 milioni di euro, si determina, per un ammontare pari alla differenza, l'incremento della quota di 250 milioni di euro, erogabile allo stesso ente per l'anno 2021, in conformità al comma 326 [(1)].

[(1)] Comma sostituito dall'articolo 155, comma 1, del D.L. 19 maggio 2020, n. 34, convertito con modificazioni dalla Legge 17 luglio 2020, n. 77, dall'articolo 1, comma 1091, della Legge 30 dicembre 2020, n. 178e successivamente modificato dall'articolo 4, comma 1, lettera a), del D.L. 21 ottobre 2021, n. 146, convertito con modificazioni dalla Legge 17 dicembre 2021, n. 215 e dall'articolo 1, comma 20, lettera b), della Legge 30 dicembre 2021, n. 234.

[*328. La parte eventualmente non fruita del contributo per l'anno 2021, anche rideterminato ai sensi del comma 327, si aggiunge alla quota di 38 milioni di euro erogabili all'ente Agenzia delle entrate-Riscossione per l'anno 2022, in conformità al comma 326.*] [(1)]

[(1)] Comma sostituito dall'articolo 155, comma 1, del D.L. 19 maggio 2020, n. 34, convertito con modificazioni dalla Legge 17 luglio 2020, n. 77, successivamente dall'articolo 1, comma 1091, della Legge 30 dicembre 2020, n. 178 e successivamente abrogato dall'articolo 1, comma 20, lettera c), della Legge 30 dicembre 2021, n. 234.

Omissis.

496. La misura dell'indennizzo per gli azionisti di cui al comma 494 è commisurata al 30 per cento del costo di acquisto, in caso di unico acquisto, ovvero del prezzo medio, in caso di più acquisti, inclusi gli oneri fiscali sostenuti anche durante il periodo di possesso delle azioni, entro il limite massimo complessivo di 100.000 euro per ciascun risparmiatore. La percentuale del 30 per cento, entro tale limite, può essere incrementata qualora in ciascuno degli anni 2019, 2020 e 2021 le somme complessivamente erogate per l'indennizzo secondo il piano di riparto siano inferiori alla previsione di spesa dell'esercizio finanziario, nel pieno rispetto dei limiti di spesa, della dotazione finanziaria del FIR e fino al suo esaurimento, fermo restando quanto previsto al comma 499. All'azionista, in attesa della predisposizione del piano di riparto, può essere corrisposto fino al 100 per cento dell'importo dell'indennizzo deliberato dalla Commissione tecnica a seguito del completamento dell'esame istruttorio, ove ciò non pregiudichi la parità di trattamento dei soggetti istanti legittimati [(1)(2)].

[(1)] Comma modificato dall'articolo 36, comma 2, lettera b), del D.L. 30 aprile 2019, n. 34, convertito con modificazioni dalla Legge 28 giugno 2019, n. 58 ; dall'articolo 1, comma 238, lettera b), della Legge 27 dicembre 2019, n. 160 ; successivamente dall'articolo 50, comma 1, del D.L. 17 marzo 2020, n. 18, convertito con modificazioni dalla Legge 24 aprile 2020, n. 27 e, da ultimo, dall'articolo 1, comma 1143, lettera a), della Legge 30 dicembre 2020, n. 178.
[(2)] Per i termini di presentazione della domanda vedi l'articolo 1, comma 915, della Legge 30 dicembre 2021, n. 234, come modificato dall'articolo 3-octies, del D.L. 30 dicembre 2021, n. 228, convertito con modificazioni dalla Legge 25 febbraio 2022, n. 15.

497. La misura dell'indennizzo per gli obbligazionisti subordinati di cui al comma 494 è commisurata al 95 per cento del costo di acquisto, inclusi gli oneri fiscali, entro il limite massimo complessivo di 100.000 euro per ciascun risparmiatore. La percentuale del 95 per cento, entro tale limite, può essere incrementata qualora in ciascuno degli anni 2019, 2020 e 2021 le somme complessivamente erogate per l'indennizzo secondo il piano di riparto siano inferiori alla previsione di spesa dell'esercizio finanziario, nel pieno rispetto dei limiti di spesa, della dotazione finanziaria del FIR e fino al suo esaurimento, fermo restando quanto previsto al comma 499. All'obbligazionista, in attesa della predisposizione del piano di riparto, può essere corrisposto fino al 100 per cento dell'importo dell'indennizzo deliberato dalla Commissione tecnica a seguito del completamento dell'esame istruttorio, ove ciò non pregiudichi la parità di trattamento dei soggetti istanti legittimati [1][2].

[1] Comma modificato dall'articolo 36, comma 2, lettera c), del D.L. 30 aprile 2019, n. 34, convertito con modificazioni dalla Legge 28 giugno 2019, n. 58 ; successivamente dall'articolo 50, comma 2, del D.L. 17 marzo 2020, n. 18, convertito con modificazioni dalla Legge 24 aprile 2020, n. 27e, da ultimo, dall'articolo 1, comma 1143, lettera b), della Legge 30 dicembre 2020, n. 178.
[2] Per i termini di presentazione della domanda vedi l'articolo 1, comma 915, della Legge 30 dicembre 2021, n. 234, come modificato dall'articolo 3-octies, del D.L. 30 dicembre 2021, n. 228, convertito con modificazioni dalla Legge 25 febbraio 2022, n. 15.

Omissis.

522. Al fine di garantire l'attuazione della legge 15 marzo 2010, n. 38, e il rispetto dei livelli essenziali di assistenza di cui al decreto del Presidente del Consiglio dei ministri 12 gennaio 2017, pubblicato nel supplemento ordinario n. 15 alla Gazzetta Ufficiale n. 65 del 18 marzo 2017, tenuto conto dei criteri individuati con decreto di natura non regolamentare del Ministro della salute, previa intesa in sede di Conferenza permanente per i rapporti tra lo Stato, le regioni e le province autonome di Trento e di Bolzano, sono considerati idonei a operare presso le reti, pubbliche o private accreditate, dedicate alle cure palliative medici sprovvisti dei requisiti di cui al decreto del Ministro della salute 28 marzo 2013, pubblicato nella Gazzetta Ufficiale n. 94 del 22 aprile 2013, e che alla data del 31 dicembre 2021 sono in servizio presso le reti medesime e sono in possesso di tutti i seguenti requisiti, certificati dalla regione competente:

a) esperienza almeno triennale, anche non continuativa, nel campo delle cure palliative acquisita nell'ambito di strutture ospedaliere, di strutture residenziali appartenenti alla categoria degli hospice e di unità per le cure palliative (UCP) domiciliari accreditate per l'erogazione delle cure palliative presso il Servizio sanitario nazionale;

b) un congruo numero di ore di attività professionale esercitata, corrispondente ad almeno il 50 per cento dell'orario previsto per il rapporto di lavoro a tempo determinato, e di casi trattati;

c) acquisizione di una specifica formazione in cure palliative conseguita nell'ambito di percorsi di educazione continua in medicina, ovvero tramite master universitari in cure palliative, ovvero tramite corsi organizzati dalle regioni per l'acquisizione delle competenze di cui all'accordo sancito in sede di Conferenza permanente per i rapporti tra lo Stato, le regioni e le province autonome di Trento e di Bolzano il 10 luglio 2014 (rep. Atti n. 87/CSR). L'istanza per la certificazione del possesso dei requisiti di cui al presente comma deve essere presentata alla regione competente entro diciotto mesi dalla data di entrata in vigore del decreto di cui al presente comma [1].

[1] Comma modificato dall'articolo 5, comma 4, del D.L. 30 dicembre 2019, n. 162, convertito, con modificazioni dalla Legge 28 febbraio 2020, n. 8 , dall'articolo 1, comma 405, della Legge 30 dicembre 2020, n. 178 e successivamente dall'articolo 1, comma 270, della Legge 30 dicembre 2021, n. 234.

Omissis.

547. A partire dal terzo anno del corso di formazione specialistica, i medici, i medici veterinari, gli odontoiatri, i biologi, i chimici, i farmacisti, i fisici e gli psicologi regolarmente iscritti sono ammessi alle procedure concorsuali per l'accesso alla dirigenza del ruolo sanitario nella specifica disciplina bandita e collocati, all'esito positivo delle medesime procedure, in graduatoria separata [1].

[1] Comma modificato dall'articolo 12, comma 2, lettera a), del D.L. 30 aprile 2019, n. 35, convertito, con modificazioni, dalla Legge 25 giugno 2019, n. 60, successivamente dall'articolo 5-bis, comma 1, lettera a), del D.L. 30 dicembre 2019, n. 162, convertito, con modificazioni dalla Legge 28 febbraio 2020, n. 8 e da ultimo, dall'articolo 3-bis, comma 1, lettera a), del D.L. 19 maggio 2020, n. 34, convertito con modificazioni dalla Legge 17 luglio 2020, n. 77.

548. L'eventuale assunzione a tempo indeterminato dei medici, dei medici veterinari, degli odontoiatri, dei biologi, dei chimici, dei farmacisti, dei fisici e degli psicologi di cui al comma 547, risultati idonei e utilmente collocati nelle relative graduatorie, è subordinata al conseguimento del titolo di specializzazione e all'esaurimento della pertinente graduatoria dei medesimi professionisti già specialisti alla data di scadenza del bando [1].

[1] Comma modificato dall'articolo 12, comma 2, lettera b), del D.L. 30 aprile 2019, n. 35, convertito, con modificazioni, dalla Legge 25 giugno 2019, n. 60 e da ultimo, dall'articolo 3-bis, comma 1, lettera b), del D.L. 19 maggio 2020, n. 34, convertito con modificazioni dalla Legge 17 luglio 2020, n. 77.

Omissis.

621. Per le erogazioni liberali in denaro effettuate da privati nel corso dell'anno solare 2019 per interventi di manutenzione e restauro di impianti sportivi pubblici e per la realizzazione di nuove strutture sportive pubbliche spetta un credito d'imposta in misura pari al 65 per cento delle erogazioni effettuate, anche nel caso in cui le stesse siano destinate ai soggetti concessionari o affidatari degli impianti medesimi [1].

[1] In riferimento al presente comma, vedi l'articolo 1, comma 177 della Legge 27 dicembre 2019, n. 160.

622. Il credito d'imposta spettante ai sensi del comma 621 è riconosciuto alle persone fisiche e agli enti non commerciali nel limite del 20 per cento del reddito imponibile e ai soggetti titolari di reddito d'impresa nel limite del 10 per mille dei ricavi annui ed è ripartito in tre quote annuali di pari importo [1].

[1] In riferimento al presente comma, vedi l'articolo 1, comma 177 della Legge 27 dicembre 2019, n. 160.

623. Ferma restando la ripartizione in tre quote annuali di pari importo, per i soggetti titolari di reddito d'impresa il credito d'imposta è utilizzabile, nel limite complessivo di 13,2 milioni di euro, tramite compensazione ai sensi dell'articolo 17 del decreto legislativo 9 luglio 1997, n. 241, e non rileva ai fini delle imposte sui redditi e dell'imposta regionale sulle attività produttive [1].

[1] In riferimento al presente comma, vedi l'articolo 1, comma 177 della Legge 27 dicembre 2019, n. 160.

624. Non si applicano i limiti di cui all'articolo 1, comma 53, della legge 24 dicembre 2007, n. 244, e di cui all'articolo 34 della legge 23 dicembre 2000, n. 388 [1].

[1] In riferimento al presente comma, vedi l'articolo 1, comma 177 della Legge 27 dicembre 2019, n. 160.

625. I soggetti che effettuano erogazioni liberali ai sensi dei commi da 621 a 627 non possono cumulare il credito d'imposta con altra agevolazione fiscale prevista da altre disposizioni di legge a fronte delle medesime erogazioni [1].

[1] In riferimento al presente comma, vedi l'articolo 1, comma 177 della Legge 27 dicembre 2019, n. 160.

626. I soggetti beneficiari delle erogazioni liberali comunicano immediatamente all'Ufficio per lo sport presso la Presidenza del Consiglio dei ministri l'ammontare delle somme ricevute e la loro destinazione, provvedendo contestualmente a darne adeguata pubblicità attraverso l'utilizzo di mezzi informatici.

Entro il 30 giugno di ogni anno successivo a quello dell'erogazione e fino all'ultimazione dei lavori di manutenzione, restauro o realizzazione di nuove strutture, i soggetti beneficiari delle erogazioni comunicano altresì all'Ufficio per lo sport presso la Presidenza del Consiglio dei ministri lo stato di avanzamento dei lavori, anche mediante una rendicontazione delle modalità di utilizzo delle somme erogate.

L'Ufficio per lo sport presso la Presidenza del Consiglio dei ministri provvede all'attuazione del presente comma nell'ambito delle risorse umane, strumentali e finanziarie disponibili a legislazione vigente e, comunque, senza nuovi o maggiori oneri per il bilancio dello Stato [1].

[1] In riferimento al presente comma, vedi l'articolo 1, comma 177 della Legge 27 dicembre 2019, n. 160.

Omissis.

692. I redditi derivati dallo svolgimento, in via occasionale, delle attività di raccolta di prodotti selvatici non legnosi di cui alla classe ATECO 02.30, a cui si aggiunge la raccolta di piante officinali spontanee come regolata dall'articolo 3 del testo unico di cui al decreto legislativo 21 maggio 2018, n. 75, da parte delle persone fisiche, sono assoggettati ad un'imposta sostitutiva dell'imposta sul reddito delle persone fisiche e relative addizionali [A].

[A] In riferimento alla istituzione del codice tributo per il versamento, tramite modello "F24 versamenti con elementi identificativi", dell'imposta sostitutiva dell'IRPEF e delle relative addizionali per i redditi derivanti delle attività di raccolta di prodotti selvatici non legnosi di cui alla classe ATECO 02.30 e di piante officinali spontanee, svolte in via occasionale da parte delle persone fisiche, di cui al presente comma, vedi Risoluzione Agenzia delle Entrate 13 febbraio 2019 n. 10/E.

693. L'imposta sostitutiva di cui al comma 692 è fissata in euro 100 ed è versata entro il 16 febbraio dell'anno di riferimento da coloro che sono in possesso del titolo di raccolta per uno, o più prodotti, rilasciato dalla regione od altri enti subordinati. Sono esclusi dal versamento dell'imposta coloro i quali effettuano la raccolta esclusivamente per autoconsumo.

694. Ai fini dell'applicazione dell'imposta sostitutiva di cui al comma 692, l'attività di raccolta di prodotti selvatici non legnosi si intende svolta in via occasionale se i corrispettivi percepiti dalla vendita del prodotto non superano il limite annuo di euro 7.000, che non faranno cumulo con altri redditi della persona fisica.

695. La ritenuta di cui all'articolo 25- quater del decreto del Presidente della Repubblica 29 settembre 1973, n. 600, non si applica nei confronti dei soggetti che hanno versato l'imposta sostitutiva di cui al comma 692 con riferimento all'anno in cui la cessione del prodotto è stata effettuata.

696. Al comma 109 dell'articolo 1 della legge 30 dicembre 2004, n. 311, le parole:

"La cessione di tartufo" sono sostituite dalle seguenti: "La cessione di prodotti selvatici non legnosi generati dall'attività di raccolta descritta alla classe ATECO 02.30, a cui si aggiunge la raccolta di piante officinali spontanee come regolata dall'articolo 3 del testo unico di cui al decreto legislativo 21 maggio 2018, n. 75".

697. Per le operazioni di acquisto di prodotto effettuate senza l'applicazione della ritenuta ai sensi del comma 695, il soggetto acquirente emette un documento d'acquisto dal quale risultino la data di cessione, il nome e il cognome, il codice fiscale del cedente, il codice ricevuta del versamento dell'imposta sostitutiva di cui al comma 692, la natura e la quantità del prodotto ceduto, nonché l'ammontare del corrispettivo pattuito. Lo stesso soggetto acquirente include i dati relativi ai documenti di acquisto di cui al primo periodo nella comunicazione trimestrale di cui all'articolo 21 del decreto-legge 31 maggio 2010, n. 78, convertito, con modificazioni, dalla legge 30 luglio 2010, n. 122.

698. Al decreto del Presidente della Repubblica 26 ottobre 1972, n. 633, sono apportate le seguenti modificazioni:

a) dopo l'articolo 34-bis è inserito il seguente:

"Art. 34-ter. - (Regime fiscale per raccoglitori occasionali) - 1. I raccoglitori occasionali di prodotti selvatici non legnosi di cui alla classe ATECO 02.30, a cui si aggiungono i raccoglitori occasionali di piante officinali spontanee ai sensi dell'articolo 3 del decreto legislativo 21 maggio 2018, n. 75, che nell'anno solare precedente hanno realizzato un volume d'affari non superiore ad euro 7.000, sono esonerati dal versamento dell'imposta e da tutti gli obblighi documentali e contabili, compresa la dichiarazione annuale";

b) alla Tabella A, parte I, dopo il numero 15) è inserito il seguente:

"15-bis) tartufi, nei limiti delle quantità standard di produzione determinate con decreto del Ministero delle politiche agricole alimentari, forestali e del turismo, emanato di concerto con il Ministero dell'economia e delle finanze";

c) alla Tabella A, parte II-bis, dopo il numero 1-ter) è aggiunto il seguente:

"1-quater) tartufi freschi o refrigerati";

d) alla Tabella A, parte III, il numero 20-bis) è sostituito dal seguente:

"20-bis) tartufi congelati, essiccati o preservati immersi in acqua salata, solforata o addizionata di altre sostanze atte ad assicurare temporaneamente la conservazione, ma non preparati per il consumo immediato".

699. I produttori agricoli che gestiscono la produzione dei prodotti selvatici non legnosi, non ricompresi nella classe ATECO 02.30 e dall'articolo 3 del testo unico di cui al decreto legislativo 21 maggio 2018, n. 75, e che sono diversi da quelli di cui all'articolo 34, comma 6, del decreto del Presidente della Repubblica 26 ottobre 1972, n. 633, possono applicare il regime forfettario di cui all'articolo 1, commi da 54 a 75, della legge 23 dicembre 2014, n. 190. Ai fini dell'imposizione sui redditi, il reddito di tali soggetti è comunque determinato su base catastale e non trovano applicazione i commi 64 e seguenti del citato articolo 1 della legge 23 dicembre 2014, n. 190.

705. I familiari coadiuvanti del coltivatore diretto, appartenenti al medesimo nucleo familiare, che risultano iscritti nella gestione assistenziale e previdenziale agricola quali coltivatori diretti, beneficiano della disciplina fiscale propria dei titolari dell'impresa agricola al cui esercizio i predetti familiari partecipano attivamente [1].

[1] Per l'interpretazione autentica del presente comma vedi l'articolo 78-bis, del D.L. 14 agosto 2020, n. 104, convertito, con modificazioni, dalla Legge 13 ottobre 2020, n. 126.

Omissis.

759. All'articolo 46 del decreto-legge 24 aprile 2017, n. 50, convertito, con modificazioni, dalla legge 21 giugno 2017, n. 96, sono apportate le seguenti modificazioni:

a) il comma 3 è sostituito dal seguente:

"3. Le esenzioni di cui al comma 2 spettano, altresì, alle imprese che intraprendono una nuova iniziativa economica all'interno della zona franca entro il 31 dicembre 2019, ad eccezione delle imprese che svolgono attività appartenenti alla categoria F della codifica ATECO 2007 che alla data del 24 agosto 2016 non avevano la sede legale o operativa nei comuni di cui agli allegati 1, 2 e 2-bis del decreto-legge 17 ottobre 2016, n. 189, convertito, con modificazioni, dalla legge 15 dicembre 2016, n. 229";

b) al comma 4, le parole: "e per quello successivo" sono sostituite dalle seguenti:

"e per i tre anni successivi";

c) dopo il comma 4 è inserito il seguente:

"4-bis. L'Istituto nazionale della previdenza sociale disciplina con propri provvedimenti, entro trenta giorni dalla data di entrata in vigore della presente disposizione, le modalità di restituzione dei contributi non dovuti dai soggetti beneficiari delle agevolazioni di cui al presente articolo che sono versati all'entrata del bilancio dello Stato";

d) al comma 6 è aggiunto, in fine, il seguente periodo: "Per i periodi d'imposta dal 2019 al 2020, le agevolazioni sono concesse a valere sulle risorse di cui al periodo precedente non fruite dalle imprese beneficiarie".

Omissis.

762. All'articolo 57-bis, comma 1, del decreto-legge 24 aprile 2017, n. 50, convertito, con modificazioni, dalla legge 21 giugno 2017, n. 96, l'ultimo periodo è sostituito dal seguente: "Le agevolazioni di cui al presente articolo sono concesse ai sensi e nei limiti del regolamento (UE) n. 1407/2013 della Commissione, del 18 dicembre 2013, relativo all'applicazione degli articoli 107 e 108 del Trattato sul funzionamento dell'Unione europea agli aiuti "de minimis", del regolamento (UE) n. 1408/2013 della Commissione, del 18 dicembre 2013, relativo all'applicazione degli articoli 107 e 108 del Trattato sul funzionamento dell'Unione europea agli aiuti "de minimis" nel settore agricolo, e del regolamento (UE) n. 717/ 2014 della Commissione, del 27 giugno 2014, relativo all'applicazione degli articoli 107 e 108 del trattato sul funzionamento dell'Unione europea agli aiuti "de minimis" nel settore della pesca e dell'acquacoltura".

Omissis.

799. All'articolo 7, comma 6, del decreto-legge 30 dicembre 2009, n. 195, convertito, con modificazioni, dalla legge 26 febbraio 2010, n. 26, il terzo periodo è soppresso.

All'articolo 12 del decreto-legge 2 marzo 2012, n. 16, convertito, con modificazioni, dalla legge 26 aprile 2012, n. 44, il comma 9 è abrogato.

800. Il fondo di cui all'articolo 1, comma 476, della legge 28 dicembre 2015, n. 208, è incrementato di 20.227.042 euro per ciascuno degli anni dal 2019 al 2024. Dette somme sono finalizzate anche alla realizzazione degli interventi ambientali individuati dal Comitato interministeriale di cui all'articolo 2 del decreto-legge 10 dicembre 2013, n. 136, convertito, con modificazioni, dalla legge 6 febbraio 2014, n. 6, nonché al finanziamento di un programma nazionale di bonifica e ripristino ambientale dei siti oggetto di bonifica ai sensi degli articoli 250 e 252, comma 5, del decreto legislativo 3 aprile 2006, n. 152, dei siti per i quali non sia stato avviato il procedimento di individuazione del responsabile della contaminazione ai sensi dell'articolo 244 del medesimo decreto legislativo, nonché, in ogni caso, per interventi urgenti di messa in sicurezza e bonifica di siti contaminati. Con decreto del Ministro dell'ambiente e della tutela del territorio e del mare, d'intesa con la Conferenza unificata, sono definiti i criteri e le modalità di trasferimento alle autorità competenti delle risorse loro destinate di cui al primo periodo. All'articolo 1, comma 476, della legge 28 dicembre 2015, n. 208, dopo le parole: « interventi urgenti di messa in sicurezza e bonifica » sono inserite le seguenti: « dei siti contaminati » e le parole: « dei siti di interesse nazionale » sono soppresse [1].

[1] Comma modificato dall'articolo 53, comma 3, del D.L. 16 luglio 2020, n. 76, conv., con modifiche, nella L. 11 settembre 2020, n. 120.

Omissis.

805. Con decreto del Ministro dell'economia e delle finanze, di concerto con il Ministro per i beni e le attività culturali, da adottare entro trenta giorni dalla data di entrata in vigore della presente legge, per ciascuno dei crediti d'imposta di cui all'elenco n. 1 allegato alla presente legge sono stabilite le quote percentuali di fruizione dei crediti d'imposta in maniera tale da assicurare effetti positivi sui saldi di finanza pubblica non inferiori a 5.590.250 euro annui a decorrere dal 2020.

Omissis.

806. Per gli anni 2019 e 2020, agli esercenti attività commerciali che operano esclusivamente nel settore della vendita al dettaglio di giornali, riviste e periodici è riconosciuto, nel limite di spesa di 13 milioni di euro per l'anno 2019 e di 17 milioni di euro per l'anno 2020, un credito d'imposta parametrato agli importi pagati a titolo di IMU, TASI, Cosap e TARI con riferimento ai locali dove si svolge la mede-

sima attività di vendita di giornali, riviste e periodici al dettaglio, nonché ad altre eventuali spese di locazione o ad altre spese individuate con il decreto di cui al comma 808, anche in relazione all'assenza di punti vendita della stampa nel territorio comunale. Il credito d'imposta di cui al presente comma è stabilito nella misura massima di 2.000 euro per l'anno 2019 e di 4.000 euro per l'anno 2020.

L'agevolazione si estende anche agli esercenti attività commerciali non esclusivi, come individuati dall'articolo 2, comma 3, del decreto legislativo 24 aprile 2001, n. 170, a condizione che la predetta attività commerciale rappresenti l'unico punto vendita al dettaglio di giornali, riviste e periodici nel comune di riferimento. Per l'anno 2020, il credito d'imposta è esteso alle imprese di distribuzione della stampa che riforniscono giornali quotidiani e/o periodici a rivendite situate nei comuni con una popolazione inferiore a 5.000 abitanti e nei comuni con un solo punto vendita e può essere, altresì, parametrato agli importi spesi per i servizi di fornitura di energia elettrica, i servizi telefonici e di collegamento a Internet, nonché per i servizi di consegna a domicilio delle copie di giornali [1][2][A].

[1] Comma modificato dall'articolo 98, comma 2, del D.L. 17 marzo 2020, n. 18, convertito con modificazioni dalla Legge 24 aprile 2020, n. 27.
[2] Per una deroga al presente comma, relativamente all'anno 2020, vedi l'articolo 1, comma 393 della Legge 27 dicembre 2019, n. 160.
[A] In riferimento alla istituzione del codice tributo per l'utilizzo, tramite modello F24, del credito d'imposta a favore degli esercenti attività commerciali che operano nel settore della vendita al dettaglio di giornali, riviste e periodici - TAX CREDIT EDICOLE, di cui al presente comma, vedi: Risoluzione Agenzia delle Entrate 18 dicembre 2019 n. 107/E.

Omissis.

809. Agli oneri derivanti dai commi da 806 a 808 si provvede:

a) quanto a 13 milioni di euro nell'anno 2019 e a 4 milioni di euro nell'anno 2020, mediante corrispondente riduzione della quota del Fondo per il pluralismo e l'innovazione dell'informazione spettante alla Presidenza del Consiglio dei ministri ai sensi dall'articolo 1, comma 4, della legge 26 ottobre 2016, n. 198;

b) quanto a 13 milioni di euro nell'anno 2020, a valere sulle risorse disponibili già destinate al credito d'imposta di cui all'articolo 4 del decreto-legge 18 maggio 2012, n. 63, convertito, con modificazioni, dalla legge 16 luglio 2012, n. 103. Il Fondo per la compensazione degli effetti finanziari non previsti a legislazione vigente conseguenti all'attualizzazione di contributi pluriennali, di cui all'articolo 6, comma 2, del decreto-legge 7 ottobre 2008, n. 154, convertito, con modificazioni, dalla legge 4 dicembre 2008, n. 189, è ridotto di 13 milioni di euro per l'anno 2020 [1].

[1] Per una deroga al presente comma, relativamente all'anno 2020, vedi l'articolo 1, comma 393 della Legge 27 dicembre 2019, n. 160.

Omissis.

907. Al fine di favorire il ripristino dell'ordinata gestione di cassa del bilancio corrente, i comuni che, nel secondo semestre del 2016, abbiano dichiarato lo stato di dissesto finanziario di cui all'articolo 244 del testo unico di cui al decreto legislativo 18 agosto 2000, n. 267, possono motivatamente chiedere al Ministero dell'interno, entro il 31 gennaio 2019, l'anticipazione di somme da destinare ai pagamenti in sofferenza.

L'assegnazione di cui al periodo precedente, nella misura massima complessiva di 20 milioni di euro e di 300 euro per abitante, è restituita, in parti uguali, nei dieci esercizi successivi, entro il 30 settembre di ciascun anno, a partire dal secondo anno dall'assegnazione. In caso di mancato versamento entro il termine previsto, è disposto da parte dell'Agenzia delle entrate il recupero delle somme nei confronti del comune inadempiente, all'atto del pagamento allo stesso dell'imposta municipale propria di cui all'articolo 13 del decreto-legge 6 dicembre 2011, n. 201, convertito, con modificazioni, dalla legge 22 dicembre 2011, n. 214. Alla copertura degli oneri derivanti dalle disposizioni di cui al presente comma, si provvede a valere sulla dotazione del Fondo di rotazione di cui all'articolo 243- ter del testo unico di cui al decreto legislativo 18 agosto 2000, n. 267. Gli enti in disavanzo possono applicare al bilancio la quota del risultato di amministrazione accantonato nel fondo anticipazioni per il rimborso triennale dell'anticipazione [1].

[1] Comma modificato dall'articolo 38, comma 3-bis, del D.L. 30 dicembre 2019, n. 162, convertito, con modificazioni dalla Legge 28 febbraio 2020, n. 8.

Omissis.

940. I soggetti indicati nell'articolo 73, comma 1, lettere a) e b), del testo unico delle imposte sui redditi, di cui al decreto del Presidente della Repubblica 22 dicembre 1986, n. 917, che non adottano i princìpi contabili internazionali nella redazione del bilancio, possono, anche in deroga all'articolo 2426 del codice civile e ad ogni altra disposizione di legge vigente in materia, rivalutare i beni di impresa e le partecipazioni di cui alla sezione II del capo I della legge 21 novembre 2000, n. 342, ad esclusione degli immobili alla cui produzione o al cui scambio è diretta l'attività di impresa, risultanti dal bilancio dell'esercizio in corso al 31 dicembre 2017.

941. La rivalutazione deve essere eseguita nel bilancio o rendiconto dell'esercizio successivo a quello di cui al comma 940, per il quale il termine di approvazione scade successivamente alla data di entrata in vigore della presente legge, deve riguardare tutti i beni appartenenti alla stessa categoria omogenea e deve essere annotata nel relativo inventario e nella nota integrativa.

942. Il saldo attivo della rivalutazione può essere affrancato, in tutto o in parte, con l'applicazione in capo alla società di un'imposta sostitutiva delle imposte sui redditi, dell'imposta regionale sulle attività produttive e di eventuali addizionali nella misura del 10 per cento, da versare con le modalità indicate al comma 945.

943. Il maggior valore attribuito ai beni in sede di rivalutazione si considera riconosciuto ai fini delle imposte sui redditi e dell'imposta regionale sulle attività produttive a decorrere dal terzo esercizio successivo a quello con riferimento al quale la rivalutazione è stata eseguita, mediante il versamento di un'imposta sostitutiva delle imposte sui redditi e dell'imposta regionale sulle attività produttive e di eventuali addizionali nella misura del 16 per cento per i beni ammortizzabili e del 12 per cento per i beni non ammortizzabili.

944. Nel caso di cessione a titolo oneroso, di assegnazione ai soci o di destinazione a finalità estranee all'esercizio dell'impresa ovvero al consumo personale o familiare dell'imprenditore dei beni rivalutati in data anteriore a quella di inizio del quarto esercizio successivo a quello nel cui bi-

lancio la rivalutazione è stata eseguita, ai fini della determinazione delle plusvalenze o minusvalenze si ha riguardo al costo del bene prima della rivalutazione.

945. Le imposte sostitutive di cui ai commi 942 e 943 sono versate in un'unica rata entro il termine di versamento del saldo delle imposte sui redditi dovute per il periodo d'imposta con riferimento al quale la rivalutazione è eseguita. Gli importi da versare possono essere compensati ai sensi della sezione I del capo III del decreto legislativo 9 luglio 1997, n. 241.

946. Si applicano, in quanto compatibili, le disposizioni degli articoli 11,13,14 e 15 della legge 21 novembre 2000, n. 342, quelle del regolamento di cui al decreto del Ministro delle finanze 13 aprile 2001, n. 162, nonché quelle del regolamento di cui al decreto del Ministro dell'economia e delle finanze 19 aprile 2002, n. 86, e dei commi 475, 477 e 478 dell'articolo 1 della legge 30 dicembre 2004, n. 311.

947. Limitatamente ai beni immobili, i maggiori valori iscritti in bilancio ai sensi dell'articolo 14 della legge 21 novembre 2000, n. 342, si considerano riconosciuti con effetto dal periodo d'imposta in corso alla data del 1° dicembre 2020.

948. Le previsioni di cui all'articolo 14, comma 1, della legge 21 novembre 2000, n. 342, si applicano anche ai soggetti che redigono il bilancio in base ai princìpi contabili internazionali di cui al regolamento (CE) n. 1606/2002 del Parlamento europeo e del Consiglio, del 19 luglio 2002, anche con riferimento alle partecipazioni, in società ed enti, costituenti immobilizzazioni finanziarie ai sensi dell'articolo 85, comma 3-bis, del testo unico delle imposte sui redditi, di cui al decreto del Presidente della Repubblica 22 dicembre 1986, n. 917.

Per tali soggetti, per l'importo corrispondente ai maggiori valori oggetto di riallineamento, al netto dell'imposta sostitutiva di cui al comma 943, è vincolata una riserva in sospensione d'imposta ai fini fiscali che può essere affrancata ai sensi del comma 942.

949. Il Fondo per interventi strutturali di politica economica, di cui all'articolo 10, comma 5, del decreto-legge 29 novembre 2004, n. 282, convertito, con modificazioni, dalla legge 27 dicembre 2004, n. 307, è incrementato di 49,5 milioni di euro per l'anno 2019.

950. Agli oneri derivanti dai commi da 940 a 949, pari a 49,5 milioni di euro per l'anno 2019, a 2,5 milioni di euro per l'anno 2021, a 8,4 milioni di euro per l'anno 2022, a 5,7 milioni di euro per l'anno 2023, a 5,8 milioni di euro per l'anno 2024 e a 6 milioni di euro per ciascuno degli anni dal 2025 al 2029, si provvede, per l'anno 2019, mediante corrispondente utilizzo delle maggiori entrate derivanti dai commi da 940 a 948 e, per gli anni successivi, mediante corrispondente riduzione del Fondo per interventi strutturali di politica economica, di cui all'articolo 10, comma 5, del decreto legge 29 novembre 2004, n. 282, convertito, con modificazioni, dalla legge 27 dicembre 2004, n. 307.

Omissis.

971. Le università statali concorrono alla realizzazione degli obiettivi di finanza pubblica, per il periodo 2019-2025, garantendo che il fabbisogno finanziario da esse complessivamente generato in ciascun anno non sia superiore al fabbisogno realizzato nell'anno precedente, incrementato del tasso di crescita del prodotto interno lordo (PIL) reale stabilito dall'ultima Nota di aggiornamento del Documento di economia e finanza, di cui all'articolo 10-bis della legge 31 dicembre 2009, n. 196 e delle maggiori risorse assegnate, in ciascun anno di riferimento, al Fondo per il finanziamento ordinario delle università, di cui all'articolo 5, comma 1, lettera a), della legge 24 dicembre 1993, n. 537. Al fine di favorire il rilancio degli investimenti e le attività di ricerca e innovazione nel territorio nazionale, le riscossioni e i pagamenti sostenuti per tali finalità non concorrono al calcolo del fabbisogno finanziario [1].

[1] *Comma modificato dall'articolo 238, comma 8 del D.L. 19 maggio 2020, n. 34,convertito, con modificazioni, dalla Legge 17 luglio 2020, n. 77.*

Omissis.

977. Nel caso in cui il comparto delle università nel suo insieme non rispetti, per ciascuno degli anni dal 2022 al 2025, i limiti di cui al comma 971, per gli enti che non hanno rispettato il fabbisogno finanziario programmato, il Ministero dell'università e della ricerca prevede, tra i criteri di ripartizione delle risorse ordinarie di ciascun anno successivo a quello di riferimento, penalizzazioni economiche commisurate allo scostamento registrato, nel rispetto del principio di proporzionalità [1].

[1] *Comma modificato dall'articolo 236, comma 7 del D.L. 19 maggio 2020, n. 34, convertito, con modificazioni, dalla Legge 17 luglio 2020, n. 77 e successivamente sostituito dall'articolo 1, comma 564, della Legge 29 dicembre 2022, n. 197.*

Omissis.

998. Con decreto del Ministro dell'economia e delle finanze, di concerto con il Ministro dell'interno, sentita la Conferenza Stato-città ed autonomie locali, da emanare, [*d'intesa con la Conferenza Statocittà e autonomie locali,*] entro tre mesi dalla data di entrata in vigore della presente legge, sono stabiliti i criteri e definite le modalità per il rimborso ai comuni interessati del minor gettito derivante dall'applicazione del comma 997 [1].

[1] *Comma modificato dall'articolo 25, comma 1, lettera b), del D.L. 18 aprile 2019, n. 32, convertito con modificazioni dalla Legge 14 giugno 2019, n. 55.*

Omissis.

1031. In via sperimentale, a chi acquista dal 1° marzo 2019 al 31 dicembre 2021, anche in locazione finanziaria, e immatricola in Italia un veicolo di categoria M1 nuovo di fabbrica, con prezzo risultante dal listino prezzi ufficiale della casa automobilistica produttrice inferiore a 50.000 euro IVA esclusa, è riconosciuto [1]:

a) a condizione che si consegni contestualmente per la rottamazione un veicolo della medesima categoria omologato alle classi da Euro 0 a Euro 4, un contributo parametrato al numero dei grammi di biossido di carbonio emessi per chilometro (CO2 g/km), secondo gli importi di cui alla seguente tabella:

CO_2 g/km	Contributo (euro)
0-20	6.000
21-60	2.500

[2];

b) in assenza della rottamazione di un veicolo della medesima categoria omologato alle classi da Euro 0 a Euro 4, un contributo di entità inferiore parametrato al numero dei grammi di biossido di carbonio emessi per chilometro secondo gli importi di cui alla seguente tabella:

CO_2 g/km	Contributo (euro)
0-20	4.000
21-60	1.500

[(3)].

b-bis) in via sperimentale, ai proprietari dei veicoli delle categorie internazionali M1, M1G, M2, M2G, M3, M3G, N1 e N1G, immatricolati originariamente con motore termico, che installano su tali veicoli, entro il 31 dicembre 2022, un sistema di riqualificazione elettrica, omologato ai sensi del regolamento di cui al decreto del Ministro delle infrastrutture e dei trasporti 1° dicembre 2015, n. 219, è riconosciuto un contributo pari al 60 per cento del costo di riqualificazione fino ad un massimo di euro 3.500, oltre a un contributo pari al 60 per cento delle spese relative all'imposta di bollo per l'iscrizione al pubblico registro automobilistisco (PRA), all'imposta di bollo e all'imposta provinciale di trascrizione [(4)].

[(1)] Alinea modificato dall'articolo 8, comma 1, del D.L. 10 settembre 2021, n. 121, convertito con modificazioni dalla Legge 9 novembre 2021, n. 156.
[(2)] Lettera modificata dall'articolo 12, commi 2 e 2-bis, del D.L. 30 dicembre 2019, n. 162, convertito, con modificazioni dalla Legge 28 febbraio 2020, n. 8.
[(3)] Lettera modificata dall'articolo 12, commi 2 e 2-bis, del D.L. 30 dicembre 2019, n. 162, convertito, con modificazioni dalla Legge 28 febbraio 2020, n. 8.
[(4)] Lettera aggiunta dall'articolo 74-bis, comma 1, del D.L. 14 agosto 2020, n. 104, convertito con modificazioni, dalla Legge 13 ottobre 2020, n. 126 e successivamente modificata dall'articolo 8, comma 1-bis, del D.L. 10 settembre 2021, n. 121, convertito con modificazioni dalla Legge 9 novembre 2021, n. 156e dall'articolo 1, comma 809, della Legge 30 dicembre 2021, n. 234.

Omissis.

1032. [(A)] Il veicolo consegnato per la rottamazione deve essere intestato da almeno dodici mesi allo stesso soggetto intestatario del nuovo veicolo o ad uno dei familiari conviventi alla data di acquisto del medesimo veicolo, ovvero, in caso di locazione finanziaria del veicolo nuovo, deve essere intestato, da almeno dodici mesi, al soggetto utilizzatore del suddetto veicolo o a uno dei predetti familiari.

[(A)] Per i primi chiarimenti sugli incentivi per l'acquisto di veicoli elettrici e non inquinanti, sulle detrazioni fiscali delle spese per le infrastrutture di ricarica e sull'imposta (c.d. ECOTASSA) di cui al presente comma vedi: Risoluzione Agenzia delle Entrate 28/02/2019 n. 32/E.

1033. [(A)] Nell'atto di acquisto deve essere espressamente dichiarato che il veicolo consegnato è destinato alla rottamazione e sono indicate le misure dello sconto praticato e del contributo statale di cui al comma 1031.

[(A)] Per i primi chiarimenti sugli incentivi per l'acquisto di veicoli elettrici e non inquinanti, sulle detrazioni fiscali delle spese per le infrastrutture di ricarica e sull'imposta (c.d. ECOTASSA) di cui al presente comma vedi: Risoluzione Agenzia delle Entrate 28/02/2019 n. 32/E.

1034. [(A)] Entro trenta giorni dalla data di consegna del veicolo nuovo, il venditore ha l'obbligo, pena il non riconoscimento del contributo, di avviare il veicolo usato per la demolizione e di provvedere direttamente alla richiesta di cancellazione per demolizione allo sportello telematico dell'automobilista, di cui al regolamento di cui al decreto del Presidente della Repubblica 19 settembre 2000, n. 358 [(1)].

[(1)] Comma modificato dall'articolo 1, comma 651, lettera a), della Legge 30 dicembre 2020, n. 178.
[(A)] Per i primi chiarimenti sugli incentivi per l'acquisto di veicoli elettrici e non inquinanti, sulle detrazioni fiscali delle spese per le infrastrutture di ricarica e sull'imposta (c.d. ECOTASSA) di cui al presente comma vedi: Risoluzione Agenzia delle Entrate 28/02/2019 n. 32/E.

1035. [(A)] Ai fini di quanto disposto dal comma 1034, il venditore consegna i veicoli usati ai centri di raccolta appositamente autorizzati, anche per il tramite delle case costruttrici al fine della messa in sicurezza, della demolizione, del recupero di materiali e della rottamazione. I veicoli suddetti non possono essere rimessi in circolazione.

[(A)] Per i primi chiarimenti sugli incentivi per l'acquisto di veicoli elettrici e non inquinanti, sulle detrazioni fiscali delle spese per le infrastrutture di ricarica e sull'imposta (c.d. ECOTASSA) di cui al presente comma vedi: Risoluzione Agenzia delle Entrate 28/02/2019 n. 32/E.

1036. [(A)] Il contributo di cui al comma 1031 è corrisposto all'acquirente dal venditore mediante compensazione con il prezzo di acquisto e non è cumulabile con altri incentivi di carattere nazionale.

[(A)] Per i primi chiarimenti sugli incentivi per l'acquisto di veicoli elettrici e non inquinanti, sulle detrazioni fiscali delle spese per le infrastrutture di ricarica e sull'imposta (c.d. ECOTASSA) di cui al presente comma vedi: Risoluzione Agenzia delle Entrate 28/02/2019 n. 32/E.

1037. [(A)] Le imprese costruttrici o importatrici del veicolo nuovo rimborsano al venditore l'importo del contributo e recuperano tale importo quale credito d'imposta, utilizzabile esclusivamente in compensazione ai sensi dell'articolo 17 del decreto legislativo 9 luglio 1997, n. 241, senza applicazione dei limiti di cui all'articolo 34 della legge 23 dicembre 2000, n. 388, e all'articolo 1, comma 53, della legge 24 dicembre 2007, n. 244, presentando il modello F24 esclusivamente tramite i servizi telematici messi a disposizione dall'Agenzia delle entrate.

[(A)] Per i primi chiarimenti sugli incentivi per l'acquisto di veicoli elettrici e non inquinanti, sulle detrazioni fiscali delle spese per le infrastrutture di ricarica e sull'imposta (c.d. ECOTASSA) di cui al presente comma vedi: Risoluzione Agenzia delle Entrate 28/02/2019 n. 32/E.

1038. [(A)] Fino al 31 dicembre del quinto anno successivo a quello in cui è stata emessa la fattura di vendita, le imprese costruttrici o importatrici conservano copia della fattura di vendita e dell'atto di acquisto, che deve essere ad esse trasmessa dal venditore.

[(A)] Per i primi chiarimenti sugli incentivi per l'acquisto di veicoli elettrici e non inquinanti, sulle detrazioni fiscali delle spese per le infrastrutture di ricarica e sull'imposta (c.d. ECOTASSA) di cui al presente comma vedi: Risoluzione Agenzia delle Entrate 28/02/2019 n. 32/E.

1039. Dopo l'articolo 16-bis del decreto legge 4 giugno 2013, n. 63, convertito, con modificazioni, dalla legge 3 agosto 2013, n. 90, è inserito il seguente:

"Art. 16-ter. - (Detrazioni fiscali per l'acquisto e la posa in opera di infrastrutture di ricarica dei veicoli alimentati ad energia elettrica) - 1. Ai contribuenti è riconosciuta una detrazione dall'imposta lorda, fino a concorrenza del suo ammontare, per le spese documentate sostenute dal 1° marzo 2019 al 31 dicembre 2021 relative all'acquisto e alla posa in opera di infrastrutture di ricarica dei veicoli alimentati ad energia elettrica, ivi inclusi i costi iniziali per la richiesta di potenza addizionale fino ad un massimo di 7 kW. La detrazione di cui al presente comma, da ripartire tra gli aventi diritto in dieci quote annuali di pari importo, spetta nella misura del 50 per cento delle spese sostenute ed è calcolata su un ammontare complessivo non superiore a 3.000 euro.

2. Le infrastrutture di ricarica di cui al comma 1 devono essere dotate di uno o più punti di ricarica di potenza standard non accessibili al pubblico ai sensi dell'articolo 2, comma 1, lettere d) e h), del decreto legislativo 16 dicembre 2016, n. 257.

3. La detrazione si applica anche alle spese documentate rimaste a carico del contribuente, per l'acquisto e la posa in opera di infrastrutture di ricarica di cui al comma 1 sulle parti comuni degli edifici condominiali di cui agli articoli 1117 e 1117-bis del codice civile".

[A] Per i primi chiarimenti sugli incentivi per l'acquisto di veicoli elettrici e non inquinanti, sulle detrazioni fiscali delle spese per le infrastrutture di ricarica e sull'imposta (c.d. ECOTASSA) di cui al presente comma vedi: Risoluzione Agenzia delle Entrate 28/02/2019 n. 32/E.

1040. [A] Con decreto del Ministro dello sviluppo economico, di concerto con il Ministro delle infrastrutture e dei trasporti e il Ministro dell'economia e delle finanze, da emanare entro sessanta giorni dalla data di entrata in vigore della presente legge, è dettata la disciplina applicativa delle disposizioni di cui ai commi 1031 e seguenti, con particolare riferimento alle procedure di concessione del contributo di cui al comma 1031 e della detrazione di cui al comma 1039.

[A] Per i primi chiarimenti sugli incentivi per l'acquisto di veicoli elettrici e non inquinanti, sulle detrazioni fiscali delle spese per le infrastrutture di ricarica e sull'imposta (c.d. ECOTASSA) di cui al presente comma vedi: Risoluzione Agenzia delle Entrate 28/02/2019 n. 32/E.

1041. [A] Per provvedere all'erogazione dei contributi statali di cui al comma 1031 è istituito, nello stato di previsione del Ministero dello sviluppo economico, un fondo con una dotazione di 60 milioni di euro per il 2019 e di 70 milioni per ciascuno degli anni 2020 e 2021, che costituisce limite di spesa per la concessione del beneficio [1].

[1] A norma dell'articolo 44, comma 1, del D.L. 19 maggio 2020, n. 34, convertito con modificazioni dalla Legge 17 luglio 2020, n. 77, il fondo di cui al presente comma è incrementato di 100 milioni di euro per l'anno 2020 e di 200 milioni di euro per l'anno 2021. Vedi inoltre l'articolo 74, comma 2, del D.L. 14 agosto 2020, n. 104, convertito, con modificazioni, dalla Legge 13 ottobre 2020, n. 126 e l'articolo 1, comma 659 della Legge 30 dicembre 2020, n. 178.
[A] Per i primi chiarimenti sugli incentivi per l'acquisto di veicoli elettrici e non inquinanti, sulle detrazioni fiscali delle spese per le infrastrutture di ricarica e sull'imposta (c.d. ECOTASSA) di cui al presente comma vedi: Risoluzione Agenzia delle Entrate 28/02/2019 n. 32/E.

1042. [A] A decorrere dal 1° marzo 2019 e fino al 31 dicembre 2020, chiunque acquista, anche in locazione finanziaria, e immatricola in Italia un veicolo di categoria M1 nuovo di fabbrica è tenuto al pagamento di un'imposta parametrata al numero di grammi di biossido di carbonio emessi per chilometro eccedenti la soglia di 160 CO2 g/km, secondo gli importi di cui alla seguente tabella:

CO_2 g/km	Imposta (euro)
161-175	1.100
176-200	1.600
201-250	2.000
Superiore a 250	2.500

[1].

[1] Comma modificato dall'articolo 1, comma 651, lettera b), della Legge 30 dicembre 2020, n. 178.
[A] Per i primi chiarimenti sugli incentivi per l'acquisto di veicoli elettrici e non inquinanti, sulle detrazioni fiscali delle spese per le infrastrutture di ricarica e sull'imposta (c.d. ECOTASSA) di cui al presente comma vedi: Risoluzione Agenzia delle Entrate 28/02/2019 n. 32/E.

1042-bis. A decorrere dal 1° gennaio 2021 e fino al 31 dicembre 2021, il pagamento dell'imposta di cui al comma 1042 è effettuato secondo le classi e gli importi di cui alla seguente tabella [1]:

CO_2 g/km	Imposta (euro)
191-210	1.100
211-240	1.600
241-290	2.000
Superiore a 290	2.500

[1] Comma inserito dall'articolo 1, comma 651, lettera c), della Legge 30 dicembre 2020, n. 178.

1043[A]. L'imposta di cui ai commi 1042 e 1042- bis è altresì dovuta da chi immatricola in Italia un veicolo di categoria M1 già immatricolato in un altro Stato[1].

[1] Comma modificato dall'articolo 1, comma 651, lettera d), della Legge 30 dicembre 2020, n. 178.
[A] Per i primi chiarimenti sugli incentivi per l'acquisto di veicoli elettrici e non inquinanti, sulle detrazioni fiscali delle spese per le infrastrutture di ricarica e sull'imposta (c.d. ECOTASSA) di cui al presente comma vedi: Risoluzione Agenzia delle Entrate 28/02/2019 n. 32/E.

1044 [A]. L'imposta di cui ai commi 1042 e 1042- bis non si applica ai veicoli per uso speciale di cui all'allegato II, parte A, punto 5, della direttiva 2007/46/CE del Parlamento europeo e del Consiglio, del 5 settembre 2007[1].

[1] Comma modificato dall'articolo 1, comma 650, lettera d), della Legge 30 dicembre 2020, n. 178.
[A] Per i primi chiarimenti sugli incentivi per l'acquisto di veicoli elettrici e non inquinanti, sulle detrazioni fiscali delle spese per le infrastrutture di ricarica e sull'imposta (c.d. ECOTASSA) di cui al presente comma vedi: Risoluzione Agenzia delle Entrate 28/02/2019 n. 32/E.

1045 [A]. L'imposta di cui ai commi 1042 e 1042- bis è versata, dall'acquirente o da chi richiede l'immatricolazione, con le modalità di cui agli articoli 17 e seguenti del decreto legislativo 9 luglio 1997, n. 241. Si applicano, in quanto compatibili, le disposizioni in materia di accertamento, riscossione e contenzioso in materia di imposte sui redditi[1].

[1] Comma modificato dall'articolo 1, comma 650, lettera d), della Legge 30 dicembre 2020, n. 178.
[A] Per i primi chiarimenti sugli incentivi per l'acquisto di veicoli elettrici e non inquinanti, sulle detrazioni fiscali delle spese per le infrastrutture di ricarica e sull'imposta (c.d. ECOTASSA) di cui al presente comma vedi: Risoluzione Agenzia delle Entrate 28/02/2019 n. 32/E.

1046. [A] Fino al 31 dicembre 2020 il numero dei grammi di biossido di carbonio emessi per chilometro del veicolo per la determinazione del contributo di cui al comma 1031 e dell'imposta di cui al comma 1042 è relativo al ciclo di prova NEDC, come riportato nel secondo riquadro al punto V.7 della carta di circolazione del medesimo veicolo.

(A) Per i primi chiarimenti sugli incentivi per l'acquisto di veicoli elettrici e non inquinanti, sulle detrazioni fiscali delle spese per le infrastrutture di ricarica e sull'imposta (c.d. ECOTASSA) di cui al presente comma vedi: Risoluzione Agenzia delle Entrate 28/02/2019 n. 32/E.

1046-bis. A decorrere dal 1° gennaio 2021 il numero dei grammi di biossido di carbonio emessi per chilometro dal veicolo per la determinazione del contributo di cui al comma 1031 e dell'imposta di cui al comma 1042-bis è quello relativo al ciclo di prova WLTP previsto dal regolamento (UE) 2017/1151 della Commissione, del 1° giugno 2017, come riportato nel secondo riquadro al punto V.7 della carta di circolazione del veicolo medesimo. Nelle more del passaggio al nuovo ciclo di omologazione WLTP, ai fini dell'erogazione dei contributi di cui al comma 1031 del presente articolo e al comma 1-bis dell'articolo 44 del decreto-legge 19 maggio 2020, n. 34, convertito, con modificazioni, dalla legge 17 luglio 2020, n. 77, nella carta di circolazione dei veicoli acquistati fino al 31 dicembre 2020 e immatricolati dal 1° gennaio 2021 fino al 30 giugno 2021, si considera il valore di emissioni di anidride carbonica relativo al ciclo NEDC, secondo quanto stabilito con circolare del Ministero delle infrastrutture e dei trasporti (1).

(1) Comma inserito dall'articolo 1, comma 651, lettera e), della Legge 30 dicembre 2020, n. 178.

1047. (A) Al fine di monitorare lo stato di attuazione delle misure di cui ai commi 1031 e seguenti è istituito presso il Ministero dello sviluppo economico un sistema permanente di monitoraggio, che si avvale anche delle informazioni fornite dal Ministero delle infrastrutture e dei trasporti.

Omissis.

1053. All'articolo 2, comma 2, del decreto- legge 24 dicembre 2002, n. 282, convertito, con modificazioni, dalla legge 21 febbraio 2003, n. 27, sono apportate le seguenti modificazioni:

a) al primo periodo, le parole: "1° gennaio 2018" sono sostituite dalle seguenti:

"1° gennaio 2019";

b) al secondo periodo, le parole: "30 giugno 2018" sono sostituite dalle seguenti:

"30 giugno 2019";

c) al terzo periodo, le parole: "30 giugno 2018" sono sostituite dalle seguenti:

"30 giugno 2019".

1054. Sui valori di acquisto delle partecipazioni non negoziate in mercati regolamentati e dei terreni edificabili e con destinazione agricola rideterminati con le modalità e nei termini indicati dal comma 2 dell'articolo 2 del decreto-legge 24 dicembre 2002, n. 282, convertito, con modificazioni, dalla legge 21 febbraio 2003, n. 27, come da ultimo modificato dal comma 1053 del presente articolo, le aliquote delle imposte sostitutive di cui all'articolo 5, comma 2, della legge 28 dicembre 2001, n. 448, sono pari all'11 per cento per le partecipazioni che risultano qualificate, ai sensi dell'articolo 67, comma 1, lettera c), del testo unico delle imposte sui redditi, alla data del 1° gennaio 2019, e al 10 per cento per le partecipazioni che, alla medesima data, non risultano qualificate e l'aliquota di cui all'articolo 7, comma 2, della medesima legge è aumentata al 10 per cento.

1055. In deroga all'articolo 3 della legge 27 luglio 2000, n. 212, a decorrere dal periodo d'imposta successivo a quello in corso al 31 dicembre 2017:

a) al testo unico delle imposte sui redditi, di cui al decreto del Presidente della Repubblica 22 dicembre 1986, n. 917, sono apportate le seguenti modificazioni:

1) all'articolo 23, comma 1, lettera g), le parole: ", nonché quelli di cui all'articolo 55-bis, comma 1, secondo periodo" sono soppresse;

2) l'articolo 55-bis è abrogato;

3) all'articolo 116:

3.1) il comma 2-bis è abrogato;

3.2) la rubrica è sostituita dalla seguente: "Opzione per la trasparenza fiscale delle società a ristretta base proprietaria";

b) il comma 548 dell'articolo 1 della legge 11 dicembre 2016, n. 232, è abrogato.

1056. La deduzione della quota del 10 per cento dell'ammontare dei componenti negativi, prevista, ai fini dell'imposta sul reddito delle società e dell'imposta regionale sulle attività produttive, rispettivamente dai commi 4 e 9 dell'articolo 16 del decreto-legge 27 giugno 2015, n. 83, convertito, con modificazioni, dalla legge 6 agosto 2015, n. 132, per il periodo d'imposta in corso al 31 dicembre 2018, è differita al periodo d'imposta in corso al 31 dicembre 2022 per il 53 per cento del suo ammontare e al 31 dicembre 2026 per la restante parte, pari al 47 per cento (1).

(1) Comma modificato dall'articolo 42, comma 1-bis, del D.L. 1° marzo 2022, n. 17, convertito con modificazioni dalla Legge 27 aprile 2022, n. 34.

1057. (A) Nel rispetto delle disposizioni vigenti in materia di aiuti di Stato, a coloro che, nell'anno 2020, acquistano, anche in locazione finanziaria, e immatricolano in Italia un veicolo elettrico o ibrido nuovo di fabbrica delle categorie L1e, L2e, L3e, L4e, L5e, L6e e L7e è riconosciuto un contributo pari al 30 per cento del prezzo di acquisto, fino a un massimo di 3.000 euro. Il contributo di cui al primo periodo è pari al 40 per cento del prezzo di acquisto, fino a un massimo di 4.000 euro, nel caso sia consegnato per la rottamazione un veicolo di categoria euro 0, 1, 2 o 3 ovvero un veicolo che sia stato oggetto di ritargatura obbligatoria ai sensi del decreto del Ministro delle infrastrutture e dei trasporti 2 febbraio 2011, pubblicato nella Gazzetta Ufficiale n. 76 del 2 aprile 2011, di cui si è proprietari o intestatari da almeno dodici mesi ovvero di cui sia intestatario o proprietario, da almeno dodici mesi, un familiare convivente. Il contributo di cui al presente comma può essere riconosciuto fino a un massimo di cinquecento veicoli acquistati nel corso dell'anno e intestati al medesimo soggetto. In caso di acquisti effettuati da soggetti fra i quali sussiste il rapporto di controllo di cui all'articolo 2359, primo comma, numero 1), del codice civile, il limite di cinquecento veicoli è riferito al numero complessivo dei veicoli da essi acquistati nel corso dell'anno (1)(2).

(A) Per i primi chiarimenti sugli incentivi per l'acquisto di veicoli elettrici e non inquinanti, sulle detrazioni fiscali delle spese per le infrastrutture di ricarica e sull'imposta (c.d. ECOTASSA) di cui al presente comma vedi: Risoluzione Agenzia delle Entrate 28/02/2019 n. 32/E.

(1) Comma sostituito dall'articolo 10-bis, comma 1, lettera a), del D.L. 30 aprile 2019, n. 34, convertito, con modificazioni, dalla Legge 28 giugno 2019, n. 58. In riferimento al contributo di cui al presente comma, vedi l'articolo 12, comma 1, del D.L. 30 dicembre 2019, n. 162, convertito, con modificazioni dalla Legge 28 febbraio 2020, n. 8. Successivamente il presente comma è stato sostituito dall'articolo 44-bis, comma 1, del D.L.19 maggio 2020, n. 34, convertito con modificazioni dalla Legge 17 luglio 2020, n. 77.

(2) *In riferimento al contributo di cui al presente comma, vedi l'articolo 1, comma 691, della Legge 30 dicembre 2020, n. 178.*

1058. (A) Entro quindici giorni dalla data di consegna del veicolo nuovo, il venditore ha l'obbligo, pena il non riconoscimento del contributo, di consegnare il veicolo usato a un demolitore e di provvedere direttamente alla richiesta di cancellazione per demolizione allo sportello telematico dell'automobilista, di cui al regolamento di cui al decreto del Presidente della Repubblica 19 settembre 2000, n. 358.

(A) *Per i primi chiarimenti sugli incentivi per l'acquisto di veicoli elettrici e non inquinanti, sulle detrazioni fiscali delle spese per le infrastrutture di ricarica e sull'imposta (c.d. ECOTASSA) di cui al presente comma vedi: Risoluzione Agenzia delle Entrate 28/02/2019 n. 32/E.*

1059. (A) I veicoli usati di cui al comma 1058 non possono essere rimessi in circolazione e devono essere avviati o alle case costruttrici o ai centri appositamente autorizzati, anche convenzionati con le stesse, al fine della messa in sicurezza, della demolizione, del recupero di materiali e della rottamazione.

(A) *Per i primi chiarimenti sugli incentivi per l'acquisto di veicoli elettrici e non inquinanti, sulle detrazioni fiscali delle spese per le infrastrutture di ricarica e sull'imposta (c.d. ECOTASSA) di cui al presente comma vedi: Risoluzione Agenzia delle Entrate 28/02/2019 n. 32/E.*

1060. (A) Il contributo di cui al comma 1057 è corrisposto dal venditore mediante compensazione con il prezzo di acquisto.

(A) *Per i primi chiarimenti sugli incentivi per l'acquisto di veicoli elettrici e non inquinanti, sulle detrazioni fiscali delle spese per le infrastrutture di ricarica e sull'imposta (c.d. ECOTASSA) di cui al presente comma vedi: Risoluzione Agenzia delle Entrate 28/02/2019 n. 32/E.*

1061. (A) Le imprese costruttrici o importatrici del veicolo nuovo rimborsano al venditore l'importo del contributo e recuperano tale importo sotto forma di credito d'imposta, da utilizzare esclusivamente in compensazione ai sensi dell'articolo 17 del decreto legislativo 9 luglio 1997, n. 241, senza applicazione dei limiti di cui all'articolo 34 della legge 23 dicembre 2000, n. 388, e all'articolo 1, comma 53, della legge 24 dicembre 2007, n. 244. A tal fine, il modello F24 deve essere presentato esclusivamente tramite i servizi telematici messi a disposizione dall'Agenzia delle entrate (1).

(1) *Comma modificato dall'articolo 5, comma 15-bis, del D.L. 22 marzo 2021, n. 41, convertito con modificazioni dalla Legge 21 maggio 2021, n. 69.*
(A) *Per i primi chiarimenti sugli incentivi per l'acquisto di veicoli elettrici e non inquinanti, sulle detrazioni fiscali delle spese per le infrastrutture di ricarica e sull'imposta (c.d. ECOTASSA) di cui al presente comma vedi: Risoluzione Agenzia delle Entrate 28/02/2019 n. 32/E.*

1062. (A) Fino al 31 dicembre del quinto anno successivo a quello in cui è stata emessa la fattura di vendita, le imprese costruttrici o importatrici conservano la seguente documentazione, che deve essere ad esse trasmessa dal venditore:

a) copia della fattura di vendita e dell'atto di acquisto;

b) copia del libretto e della carta di circolazione e del foglio complementare o del certificato di proprietà del veicolo usato o, in caso di loro mancanza, copia dell'estratto cronologico;

c) originale del certificato di proprietà relativo alla cancellazione per demolizione, rilasciato dallo sportello telematico dell'automobilista di cui al comma 1058, ovvero del certificato di cessazione dalla circolazione rilasciato dall'ufficio della motorizzazione civile (1)
.

(A) *Per i primi chiarimenti sugli incentivi per l'acquisto di veicoli elettrici e non inquinanti, sulle detrazioni fiscali delle spese per le infrastrutture di ricarica e sull'imposta (c.d. ECOTASSA) di cui al presente comma vedi: Risoluzione Agenzia delle Entrate 28/02/2019 n. 32/E.*
(1) *Lettera modificata dall'articolo 10-bis, comma 1,lettera a), del D.L. 30 aprile 2019, n. 34, convertito, con modificazioni, dalla Legge 28 giugno 2019, n. 58.*

1063. (A) Per la concessione del contributo di cui al comma 1057 è autorizzata la spesa di euro 10 milioni per l'anno 2019. Il Ministero dell'economia e delle finanze effettua il monitoraggio dell'applicazione del credito d'imposta ai fini di quanto previsto dall'articolo 17, comma 13, della legge 31 dicembre 2009, n. 196. Agli oneri di cui al primo periodo del presente comma si provvede, nel limite di 10 milioni di euro per l'anno 2019, mediante utilizzo del fondo di conto capitale iscritto nello stato di previsione del Ministero dello sviluppo economico ai sensi dell'articolo 49, comma 2, lettera d), del decreto-legge 24 aprile 2014, n. 66, convertito, con modificazioni, dalla legge 23 giugno 2014, n. 89.

(A) *Per i primi chiarimenti sugli incentivi per l'acquisto di veicoli elettrici e non inquinanti, sulle detrazioni fiscali delle spese per le infrastrutture di ricarica e sull'imposta (c.d. ECOTASSA) di cui al presente comma vedi: Risoluzione Agenzia delle Entrate 28/02/2019 n. 32/E.*

1064. (A) Con decreto del Ministro dello sviluppo economico, di concerto con il Ministro delle infrastrutture e dei trasporti e con il Ministro dell'economia e delle finanze, da emanare entro sessanta giorni dalla data di entrata in vigore della presente legge, è dettata la disciplina applicativa delle disposizioni di cui ai commi 1057 e seguenti.

(A) *Per i primi chiarimenti sugli incentivi per l'acquisto di veicoli elettrici e non inquinanti, sulle detrazioni fiscali delle spese per le infrastrutture di ricarica e sull'imposta (c.d. ECOTASSA) di cui al presente comma vedi: Risoluzione Agenzia delle Entrate 28/02/2019 n. 32/E.*

1065. Ai fini della determinazione dell'acconto dell'imposta sul reddito delle società e dell'imposta regionale sulle attività produttive dovuto per il periodo d'imposta in corso al 31 dicembre 2018 non si tiene conto delle disposizioni del comma 1056.

1066. La percentuale della somma da versare nei termini e con le modalità previsti dall'articolo 9, comma 1-bis, della legge 29 ottobre 1961, n. 1216, è elevata all'85 per cento per l'anno 2019, al 90 per cento per l'anno 2020 e al 100 per cento a decorrere dall'anno 2021.

1067. Per i soggetti che applicano le disposizioni di cui all'articolo 106, comma 3, del testo unico delle imposte sui redditi, di cui al decreto del Presidente della Repubblica 22 dicembre 1986, n. 917, i componenti reddituali derivanti esclusivamente dall'adozione del modello di rilevazione del fondo a copertura delle perdite per perdite attese su crediti di cui al paragrafo 5.5 dell'International financial reporting standard (IFRS) 9, iscritti in bilancio in sede di prima adozione del medesimo IFRS 9, nei confronti della clientela, sono deducibili dalla base imponibile dell'imposta sul reddito delle società per il 10 per cento del loro ammontare nel periodo d'imposta di prima adozione dell'IFRS 9 e per il restante 90 per cento in quote costanti nei nove periodi d'imposta successivi. (1)

(1) A norma dell'articolo 1, comma 713 della Legge 27 dicembre 2019, n. 160, la deduzione della quota del 10 per cento dell'ammontare dei componenti negativi, prevista dal presente comma, ai fini dell'imposta sul reddito delle società e dell'imposta regionale sulle attività produttive per il periodo d'imposta in corso al 31 dicembre 2019, è differita al periodo d'imposta in corso al 31 dicembre 2028.

1068. Per i soggetti di cui agli articoli 6 e 7 del decreto legislativo 15 dicembre 1997, n. 446, i componenti di cui al comma 1067 del presente articolo relativi ai crediti verso la clientela sono deducibili dalla base imponibile ai fini dell'imposta regionale sulle attività produttive per il 10 per cento del loro ammontare nel periodo d'imposta di prima adozione dell'IFRS 9 e per il restante 90 per cento in quote costanti nei nove periodi d'imposta successivi. (1)

(1) A norma dell'articolo 1, comma 713 della Legge 27 dicembre 2019, n. 160, la deduzione della quota del 10 per cento dell'ammontare dei componenti negativi, prevista dal presente comma, ai fini dell'imposta sul reddito delle società e dell'imposta regionale sulle attività produttive per il periodo d'imposta in corso al 31 dicembre 2019, è differita al periodo d'imposta in corso al 31 dicembre 2028.

4. D.L. 30 aprile 2019, n. 34

Decreto convertito, con modificazioni dalla Legge 28 giugno 2019, n. 58. - Misure urgenti di crescita economica e per la risoluzione di specifiche situazioni di crisi. (DECRETO CRESCITA)(*Estratto: artt. 1-38 quater, 43, 44 bis, 47, 49*).
(in Gazz. Uff., 30 aprile 2019, n. 100).

CAPO I
Misure fiscali per la crescita economica

1. – Maggiorazione dell'ammortamento per i beni strumentali nuovi. – 1. Ai fini delle imposte sui redditi, per i soggetti titolari di reddito d'impresa e per gli esercenti arti e professioni che effettuano investimenti in beni materiali strumentali nuovi, esclusi i veicoli e gli altri mezzi di trasporto di cui all'articolo 164, comma 1, del testo unico delle imposte sui redditi, di cui al decreto del Presidente della Repubblica 22 dicembre 1986, n. 917, dal 1° aprile 2019 al 31 dicembre 2019, ovvero entro il 30 giugno 2020, a condizione che entro la data del 31 dicembre 2019 il relativo ordine risulti accettato dal venditore e sia avvenuto il pagamento di acconti in misura almeno pari al 20 per cento del costo di acquisizione, con esclusivo riferimento alla determinazione delle quote di ammortamento e dei canoni di locazione finanziaria, il costo di acquisizione è maggiorato del 30 per cento. La maggiorazione del costo non si applica sulla parte di investimenti complessivi eccedente il limite di 2,5 milioni di euro. Resta ferma l'applicazione delle disposizioni di cui all'articolo 1, commi 93 e 97, della legge 28 dicembre 2015, n. 208(1)(2).

(1) Comma modificato dall'articolo 1, comma 1, della Legge 28 giugno 2019, n. 58, in sede di conversione.
(2) A norma dell'articolo 50, comma 1, del D.L. 19 maggio 2020, n. 34, convertito con modificazioni dalla Legge 17 luglio 2020, n. 77 , il termine del 30 giugno 2020 previsto dal presente articolo è prorogato al 31 dicembre 2020.

2. Revisione mini-IRES. – [*1. A decorrere dal periodo d'imposta successivo a quello in corso al 31 dicembre 2022, il reddito d'impresa dichiarato dalle società e dagli enti di cui all'articolo 73, comma 1, del testo unico delle imposte sui redditi, di cui al decreto del Presidente della Repubblica 22 dicembre 1986, n. 917, fino a concorrenza dell'importo corrispondente agli utili di esercizio accantonati a riserve diverse da quelle di utili non disponibili, nei limiti dell'incremento di patrimonio netto, è assoggettato all'aliquota di cui all'articolo 77 del predetto testo unico ridotta di 4 punti percentuali; per il periodo d'imposta successivo a quello in corso al 31 dicembre 2018 e per i tre successivi la stessa aliquota è ridotta, rispettivamente, di 1,5 punti percentuali, di 2,5 punti percentuali, di 3 punti percentuali e di 3,5 punti percentuali. Alla quota di reddito assoggettata all'aliquota ridotta di cui al periodo precedente, l'addizionale di cui all'articolo 1, comma 65, della legge 28 dicembre 2015, n. 208, si applica in misura corrispondentemente aumentata (1).*] (2)

[*2. Ai fini del comma 1:*

a) si considerano riserve di utili non disponibili le riserve formate con utili diversi da quelli realmente conseguiti ai sensi dell'articolo 2433 del codice civile in quanto derivanti da processi di valutazione. Rilevano gli utili realizzati a decorrere dal periodo d'imposta in corso al 31 dicembre 2018 e accantonati a riserva, ad esclusione di quelli destinati a riserve non disponibili;

b) l'incremento di patrimonio netto è dato dalla differenza tra il patrimonio netto risultante dal bilancio d'esercizio del periodo d'imposta di riferimento, senza considerare il risultato del medesimo esercizio, al netto degli utili accantonati a riserva, agevolati nei periodi di imposta precedenti, e il patrimonio netto risultante dal bilancio d'esercizio del periodo d'imposta in corso al 31 dicembre 2018, senza considerare il risultato del medesimo esercizio.] (3)

[*3. Per ciascun periodo d'imposta, la parte degli utili accantonati a riserva agevolabili che eccede l'ammontare del reddito complessivo netto dichiarato è computata in aumento degli utili accantonati a riserva agevolabili dell'esercizio successivo.*] (4)

[*4. Per le società e per gli enti indicati nell'articolo 73, comma 1, lettere a), b) e d), del testo unico delle imposte sui redditi, che partecipano al consolidato nazionale di cui agli articoli da 117 a 129 del medesimo testo unico, l'importo su cui spetta l'aliquota ridotta, determinato ai sensi del comma 1 da ciascun soggetto partecipante al consolidato, è utilizzato dalla società o ente controllante, ai fini della liquidazione dell'imposta dovuta, fino a concorrenza del reddito eccedente le perdite computate in diminuzione. Le disposizioni del presente comma si applicano anche all'importo determinato dalle società e dagli enti indicati nell'articolo 73, comma 1, lettere a) e b), del testo unico che esercitano l'opzione per il consolidato mondiale di cui ai successivi articoli da 130 a 142 del medesimo testo unico.*] (5)

[*5. In caso di opzione per la trasparenza fiscale di cui all'articolo 115 del testo unico delle imposte sui redditi, l'importo su cui spetta l'aliquota ridotta determinato dalla società partecipata ai sensi del comma 1 è attribuito a ciascun socio in misura proporzionale alla sua quota di partecipazione agli utili. La quota attribuita non utilizzata dal socio è computata in aumento dell'importo su cui spetta l'aliquota ridotta dell'esercizio successivo, determinato ai sensi del presente comma.*] (6)

[*6. Le disposizioni dei commi 1, 2, 3, 4, 5 sono applicabili anche ai fini dell'imposta sul reddito delle persone fisiche, al reddito d'impresa dichiarato dagli imprenditori individuali e dalle società in nome collettivo e in accomandita semplice in regime di contabilità ordinaria.*] [(7)]

[*7. L'agevolazione di cui ai commi 1, 2, 3, 4, 5, 6 è cumulabile con altri benefici eventualmente concessi, ad eccezione di quelli che prevedono regimi forfetari di determinazione del reddito e di quelli di cui all'articolo 6 del decreto del Presidente della Repubblica 29 settembre 1973, n. 601.*] [(8)]

[*8.Entro novanta giorni dalla data di entrata in vigore della legge di conversione del presente decreto, con decreto del Ministro dell'economia e delle finanze sono adottate le disposizioni di attuazione del presente articolo* [(9)].] [(10)]

9. All'articolo 1 della legge 30 dicembre 2018, n. 145, i commi da 28 a 34 sono abrogati.

(1) Comma modificato dall'articolo 1, comma 1, della Legge 28 giugno 2019, n. 58, in sede di conversione.
(2) Comma abrogato dall'articolo 1, comma 287, lettera a), della Legge 27 dicembre 2019, n. 160, a decorrere dal periodo d'imposta successivo a quello in corso al 31 dicembre 2018.
(3) Comma abrogato dall'articolo 1, comma 287, lettera a), della Legge 27 dicembre 2019, n. 160, a decorrere dal periodo d'imposta successivo a quello in corso al 31 dicembre 2018.
(4) Comma abrogato dall'articolo 1, comma 287, lettera a), della Legge 27 dicembre 2019, n. 160, a decorrere dal periodo d'imposta successivo a quello in corso al 31 dicembre 2018.
(5) Comma abrogato dall'articolo 1, comma 287, lettera a), della Legge 27 dicembre 2019, n. 160, a decorrere dal periodo d'imposta successivo a quello in corso al 31 dicembre 2018.
(6) Comma abrogato dall'articolo 1, comma 287, lettera a), della Legge 27 dicembre 2019, n. 160, a decorrere dal periodo d'imposta successivo a quello in corso al 31 dicembre 2018.
(7) Comma abrogato dall'articolo 1, comma 287, lettera a), della Legge 27 dicembre 2019, n. 160, a decorrere dal periodo d'imposta successivo a quello in corso al 31 dicembre 2018.
(8) Comma abrogato dall'articolo 1, comma 287, lettera a), della Legge 27 dicembre 2019, n. 160, a decorrere dal periodo d'imposta successivo a quello in corso al 31 dicembre 2018.
(9) Comma modificato dall'articolo 1, comma 1, della Legge 28 giugno 2019, n. 58, in sede di conversione.
(10) Comma abrogato dall'articolo 1, comma 287, lettera a), della Legge 27 dicembre 2019, n. 160, a decorrere dal periodo d'imposta successivo a quello in corso al 31 dicembre 2018.

3. Deducibilità dell'imposta municipale propria relativa agli immobili strumentali [(1)]. – 1. Per il periodo d'imposta successivo a quello in corso al 31 dicembre 2018, l'imposta municipale propria relativa agli immobili strumentali è deducibile ai fini della determinazione del reddito di impresa e del reddito derivante dall'esercizio di arti e professioni nella misura del 50 per cento.

(1) Articolo sostituito dall'articolo 1, comma 1, della Legge 28 giugno 2019, n. 58, in sede di conversione e successivamente dall'articolo 1, comma 4, della Legge 27 dicembre 2019, n. 160.

3 *bis*. Soppressione dell'obbligo di comunicazione della proroga del regime della cedolare secca e della distribuzione gratuita dei modelli cartacei delle dichiarazioni [(1)]. – 1. Al comma 3 dell'articolo 3 del decreto legislativo 14 marzo 2011, n. 23, in materia di cedolare secca sui canoni di locazione, l'ultimo periodo è soppresso.

2. Agli oneri derivanti dall'attuazione del presente articolo, pari a 0,9 milioni di euro per l'anno 2019 e a 1,8 milioni di euro annui a decorrere dall'anno 2020, si provvede mediante corrispondente utilizzo delle maggiori entrate derivanti dal presente decreto.

3. Al comma 2 dell'articolo 1 del regolamento di cui al decreto del Presidente della Repubblica 22 luglio 1998, n. 322, in materia di dichiarazioni relative alle imposte sui redditi e all'imposta regionale sulle attività produttive, il secondo e il terzo periodo sono soppressi

(1) Articolo inserito dall'articolo 1, comma 1, della Legge 28 giugno 2019, n. 58, in sede di conversione.

3 *ter*. Termini per la presentazione delle dichiarazioni relative all'imposta. – 1. All'articolo 13, comma 12-ter, primo periodo, del decreto-legge 6 dicembre 2011, n. 201, convertito, con modificazioni, dalla legge 22 dicembre 2011, n. 214, concernente la dichiarazione relativa all'imposta municipale propria (IMU), le parole: «30 giugno» sono sostituite dalle seguenti: «31 dicembre».

2. All'articolo 1, comma 684, della legge 27 dicembre 2013, n. 147, concernente la dichiarazione relativa al tributo per i servizi indivisibili (TASI), le parole: «30 giugno» sono sostituite dalle seguenti: «31 dicembre» [(A)].

(A) In riferimento ai Termini per la presentazione della dichiarazione dell'imposta municipale propria (IMU) e della tassa per i servizi indivisibili (TASI), di cui al presente articolo, vedi: Risoluzione Ministero dell'Economia e Finanze 6 agosto 2019 n. 2/DF.
(1) Articolo inserito dall'articolo 1, comma 1, della Legge 28 giugno 2019, n. 58, in sede di conversione.

3 *quater*. Semplificazioni per gli immobili concessi in comodato d'uso [(1)]. – 1. All'articolo 13 del decreto-legge 6 dicembre 2011, n. 201, convertito, con modificazioni, dalla legge 22 dicembre 2011, n. 214, sono apportate le seguenti modificazioni:

a) al comma 3, lettera 0a), le parole: «ai fini dell'applicazione delle disposizioni della presente lettera, il soggetto passivo attesta il possesso dei suddetti requisiti nel modello di dichiarazione di cui all'articolo 9, comma 6, del decreto legislativo 14 marzo 2011, n. 23;» sono soppresse;

b) al comma 6-bis è aggiunto, in fine, il seguente periodo: "Ai fini dell'applicazione delle disposizioni del presente comma, il soggetto passivo è esonerato dall'attestazione del possesso del requisito mediante il modello di dichiarazione indicato all'articolo 9, comma 6, del decreto legislativo 14 marzo 2011, n.23, nonché da qualsiasi altro onere di dichiarazione o comunicazione.".

(1) Articolo inserito dall'articolo 1, comma 1, della Legge 28 giugno 2019, n. 58, in sede di conversione.

3 *quinquies*. Redditi fondiari percepiti [(1)]. – 1. Al secondo periodo del comma 1 dell'articolo 26 del testo unico di cui al decreto del Presidente della Repubblica 22 dicembre 1986, n. 917, concernente l'imputazione dei redditi fondiari, le parole:

«dal momento della conclusione del procedimento giurisdizionale di convalida di sfratto per morosità del conduttore» sono sostituite dalle seguenti: «, purché la mancata percezione sia comprovata

dall'intimazione di sfratto per morosità o dall'ingiunzione di pagamento. Ai canoni non riscossi dal locatore nei periodi d'imposta di riferimento e percepiti in periodi d'imposta successivi si applica

l'articolo 21 in relazione ai redditi di cui all'articolo 17, comma 1, lettera n-bis)».

[2. Le disposizioni di cui al comma 1 hanno effetto per i contratti stipulati a decorrere dal 1° gennaio 2020. Per i contratti stipulati prima della data di entrata in vigore delle disposizioni di cui al presente articolo resta fermo, per le imposte versate sui canoni venuti a scadenza e non percepiti come da accertamento avvenuto nell'ambito del procedimento giurisdizionale di convalida di sfratto per morosità, il riconoscimento di un credito di imposta di pari ammontare.] [2]

3. Agli oneri derivanti dal presente articolo, pari a 9,1 milioni di euro per l'anno 2020, a 26,7 milioni di euro per l'anno 2021, a 39,3 milioni di euro per l'anno 2022, a 28,5 milioni di euro per l'anno 2023, a 18,6 milioni di euro per l'anno 2024 e a 4,4 milioni di euro per l'anno 2025, si provvede mediante corrispondente utilizzo delle maggiori entrate derivanti dal presente decreto.

[1] Articolo inserito dall'articolo 1, comma 1, della Legge 28 giugno 2019, n. 58, in sede di conversione.
[2] Comma abrogato dall'articolo 6-septies, comma 1, del D.L. 22 marzo 2021, n. 41, convertito con modificazioni dalla Legge 21 maggio 2021, n. 69.

3 sexies. Revisione delle tariffe INAIL dall'anno 2023 [1]. –

1. Ai fini della messa a regime, dall'anno 2023, della revisione delle tariffe dei premi e contributi dovuti all'INAIL per l'assicurazione contro gli infortuni sul lavoro e le malattie professionali, di cui all'articolo 1, comma 1121, della legge 30 dicembre 2018, n. 145, garantendone la vigenza anche per il periodo successivo al 31 dicembre 2021, con esclusione dell'anno 2022, ai sensi dell'articolo 3 del decreto legislativo 23 febbraio 2000, n. 38, e dell'articolo 1, comma 128, della legge 27 dicembre 2013, n. 147, considerate le risultanze economico-finanziarie e attuariali e tenuto conto degli andamenti prospettici del predetto Istituto, in aggiunta alle risorse indicate nel citato articolo 1, comma 128, della legge n .147 del 2013, si tiene conto dei seguenti maggiori oneri e minori entrate, valutati in 630 milioni di euro per l'anno 2023, 640 milioni di euro per l'anno 2024, 650 milioni di euro per l'anno 2025, 660 milioni di euro per l'anno 2026, 671 milioni di euro per l'anno 2027, 682 milioni di euro per l'anno 2028, 693 milioni di euro per l'anno 2029, 704 milioni di euro per l'anno 2030 e 715 milioni di euro annui a decorrere dall'anno 2031. Al predetto articolo 1, comma 1121, della citata legge n. 145 del 2018, le parole: «con effetto dal 1° gennaio 2019 e fino al 31 dicembre 2021» sono sostituite dalle seguenti: «con effetto dal 1°gennaio 2019 al 31 dicembre 2021 e dal 1°gennaio 2023». Resta fermo quanto previsto dall'articolo 1, comma 1124, della legge 30 dicembre 2018, n. 145, nel rispetto dei saldi di finanza pubblica programmati a legislazione vigente. All'articolo 1, comma 1126, della citata legge n.145 del 2018, le lettere a), b), c), d), e) e f) sono abrogate; le disposizioni ivi indicate riacquistano efficacia nel testo vigente prima della data di entrata in vigore della medesima legge n. 145 del 2018. Alle minori entrate e ai maggiori oneri di cui al primo periodo del presente comma si provvede:

a) quanto a 186 milioni di euro per l'anno 2024, 109 milioni di euro per l'anno 2025, 112 milioni di euro per l'anno 2026, 113 milioni di euro per l'anno 2027, 116 milioni di euro per l'anno 2028, 117 milioni di euro per l'anno 2029, 120 milioni di euro per l'anno 2030 e 121 milioni di euro annui a decorrere dall'anno 2031, mediante le maggiori entrate derivanti dal presente comma;

b) quanto a 26 milioni di euro per l'anno 2023, mediante corrispondente riduzione del Fondo per interventi strutturali di politica economica, di cui all'articolo 10, comma 5, del decreto-legge 29 novembre 2004, n.282, convertito, con modificazioni, dalla legge 27 dicembre 2004, n. 307;

c) quanto a 604 milioni di euro per l'anno 2023, 454 milioni di euro per l'anno 2024, 541 milioni di euro per l'anno 2025, 548 milioni di euro per l'anno 2026, 558 milioni di euro per l'anno 2027, 566 milioni di euro per l'anno 2028, 576 milioni di euro per l'anno 2029, 584 milioni di euro per l'anno 2030 e 594 milioni di euro annui a decorrere dall'anno 2031, mediante corrispondente riduzione dell'autorizzazione di spesa di cui all'articolo 1, comma 256, della legge 30 dicembre 2018, n. 145.

[1] Articolo inserito dall'articolo 1, comma 1, della Legge 28 giugno 2019, n. 58, in sede di conversione.

4. Modifiche alla disciplina del Patent box [1][A]. –

[1. A decorrere dal periodo di imposta in corso alla data di entrata in vigore del presente decreto, i soggetti titolari di reddito di impresa che optano per il regime agevolativo di cui all'articolo 1, commi da 37 a 45, della legge 23 dicembre 2014, n. 190, possono scegliere, in alternativa alla procedura di cui articolo 31-ter del decreto del Presidente della Repubblica 29 settembre 1973, n. 600, ove applicabile, di determinare e dichiarare il reddito agevolabile, indicando le informazioni necessarie alla predetta determinazione in idonea documentazione predisposta secondo quanto previsto da un provvedimento del Direttore dell'Agenzia delle entrate da emanare entro novanta giorni dalla data di entrata in vigore del presente decreto, con il quale sono, altresì, definite le ulteriori disposizioni attuative del presente articolo. I soggetti che esercitano l'opzione prevista dal presente comma ripartiscono la variazione in diminuzione in tre quote annuali di pari importo da indicare nella dichiarazione dei redditi e dell'imposta regionale sulle attività produttive relativa al periodo di imposta in cui viene esercitata tale opzione e in quelle relative ai due periodi d'imposta successivi.

2. In caso di rettifica del reddito escluso dal concorso alla formazione del reddito d'impresa ai sensi del regime agevolativo di cui al comma 1, determinato direttamente dai soggetti ivi indicati, da cui derivi una maggiore imposta o una differenza del credito, la sanzione di cui all'articolo 1, comma 2, del decreto legislativo 18 dicembre 1997, n. 471 non si applica qualora, nel corso di accessi, ispezioni, verifiche o di altra attività istruttoria, il contribuente consegni all'Amministrazione finanziaria la documentazione indicata nel provvedimento del Direttore dell'Agenzia delle entrate di cui al comma 1 idonea a consentire il riscontro della corretta determinazione della quota di reddito escluso, sia con riferimento all'ammontare dei componenti positivi di reddito, ivi inclusi quelli impliciti derivanti dall'utilizzo diretto dei beni indicati, sia con riferimento ai criteri e alla individuazione dei componenti negativi riferibili ai predetti componenti positivi.

3. Il contribuente che detiene la documentazione prevista dal provvedimento, di cui al comma 1, deve darne comunicazione all'Amministrazione finanziaria nella dichiarazione relativa al periodo d'imposta per il quale beneficia dell'age-

volazione[2].

4. Le disposizioni di cui al presente articolo si applicano anche in caso di attivazione delle procedure previste dall'articolo 31-ter del decreto del Presidente della Repubblica 29 settembre 1973, n. 600, a condizione che non sia stato concluso il relativo accordo, previa comunicazione all'Agenzia delle entrate dell'espressa volontà di rinuncia alla medesima procedura. I soggetti che esercitano l'opzione prevista dal presente comma ripartiscono la somma delle variazioni in diminuzione, relative ai periodi di imposta di applicazione dell'agevolazione, in tre quote annuali di pari importo da indicare nella dichiarazione dei redditi e dell'imposta regionale sulle attività produttive relativa al periodo di imposta in cui viene esercitata tale opzione e in quelle relative ai due periodi d'imposta successivi [B].

5. Resta ferma la facoltà, per tutti i soggetti che intendano beneficiare dell'agevolazione, di applicare le disposizioni previste nel comma 2, mediante la presentazione di una dichiarazione integrativa ai sensi dell'articolo 2, comma 8, del decreto del Presidente della Repubblica 22 luglio 1998, n. 322, nella quale deve essere data indicazione del possesso della documentazione idonea di cui al comma 1 per ciascun periodo d'imposta oggetto di integrazione, purché tale dichiarazione integrativa sia presentata prima della formale conoscenza dell'inizio di qualunque attività di controllo relativa al regime previsto dai commi da 37 a 45 dell'articolo 1 della legge 23 dicembre 2014, n. 190.

6. In assenza, nei casi previsti dal presente articolo, della comunicazione attestante il possesso della documentazione idonea di cui al comma 1, in caso di rettifica del reddito ai sensi del comma 2, si applica la sanzione di cui all'articolo 1, comma 2, del decreto legislativo 18 dicembre 1997, n. 471.]

[A] *In riferimento alla rinuncia a fronte di istanza di ruling già presentata, di cui al presente articolo, vedi: Risposta Agenzia delle Entrate 27 marzo 2020 n. 99.*
[B] *In riferimento al presente comma, vedi la Risposta Agenzia delle Entrate 29 dicembre 2021, n. 870.*
[1] *Articolo abrogato dall'articolo 6, comma 10, del D.L. 21 ottobre 2021, n. 146, convertito, con modificazioni, dalla Legge 17 dicembre 2021, n. 215.*
[2] *Comma modificato dall'articolo 1, comma 1, della Legge 28 giugno 2019, n. 58, in sede di conversione.*

4 *bis*. Semplificazioni in materia di controlli formali delle dichiarazioni dei redditi e termine per la presentazione della dichiarazione telematica dei redditi [1]. – 1. Dopo il comma 3 dell'articolo 36-ter del decreto del Presidente della Repubblica 29 settembre 1973, n. 600, è inserito il seguente:

«3-bis. Ai fini del controllo di cui al comma 1, gli uffici, ai sensi dell'articolo 6, comma 4, della legge 27 luglio 2000, n. 212, non chiedono ai contribuenti documenti relativi a informazioni disponibili nell'anagrafe tributaria o a dati trasmessi da parte di soggetti terzi in ottemperanza a obblighi dichiarativi, certificativi o comunicativi, salvo che la richiesta riguardi la verifica della sussistenza di requisiti soggettivi che non emergono dalle informazioni presenti nella stessa anagrafe ovvero elementi di informazione in possesso dell'amministrazione finanziaria non conformi a quelli dichiarati dal contribuente. Eventuali richieste di documenti effettuate dall'amministrazione per dati già in suo possesso sono considerate inefficaci».

2. All'articolo 2 del regolamento di cui al decreto del Presidente della Repubblica 22 luglio 1998, n. 322, sono apportate le seguenti modificazioni:

a) al comma 1, le parole: «30 settembre» sono sostituite dalle seguenti: «30 novembre»;

b) al comma 2, le parole: «del nono mese» sono sostituite dalle seguenti: «dell'undicesimo mese».

[1] *Articolo inserito dall'articolo 1, comma 1, della Legge 28 giugno 2019, n. 58, in sede di conversione.*

4 *ter*. Impegno cumulativo a trasmettere dichiarazioni o comunicazioni [1]. – 1. All'articolo 3 del regolamento di cui al decreto del Presidente della Repubblica 22 luglio 1998, n. 322, sono apportate le seguenti modificazioni:

a) al comma 4, dopo il secondo periodo è aggiunto il seguente: «Si considera grave irregolarità l'omissione ripetuta della trasmissione di dichiarazioni o di comunicazioni per le quali i soggetti di cui ai commi 2-bis e 3 hanno rilasciato l'impegno cumulativo a trasmettere di cui al comma 6-bis»;

b) dopo il comma 6 è aggiunto il seguente:

«6-bis. Se il contribuente o il sostituto d'imposta conferisce l'incarico per la predisposizione di più dichiarazioni o comunicazioni a un soggetto di cui ai commi 2-bis e 3, questi rilascia al contribuente o al sostituto d'imposta, anche se non richiesto, l'impegno cumulativo a trasmettere in via telematica all'Agenzia delle entrate i dati contenuti nelle dichiarazioni o comunicazioni. L'impegno cumulativo può essere contenuto nell'incarico professionale sottoscritto dal contribuente se sono ivi indicate le dichiarazioni e le comunicazioni per le quali il soggetto di cui ai commi 2-bis e 3 si impegna a trasmettere in via telematica all'Agenzia delle entrate i dati in esse contenuti. L'impegno si intende conferito per la durata indicata nell'impegno stesso o nel mandato professionale e, comunque, fino al 31 dicembre del terzo anno successivo a quello in cui è stato rilasciato, salva revoca espressa da parte del contribuente o del sostituto d'imposta».

2. Le amministrazioni interessate provvedono alle attività relative all'attuazione del presente articolo nell'ambito delle risorse umane, finanziarie e strumentali disponibili a legislazione vigente e, comunque, senza nuovi o maggiori oneri per la finanza pubblica.

[1] *Articolo inserito dall'articolo 1, comma 1, della Legge 28 giugno 2019, n. 58, in sede di conversione.*

4 *quater*. Semplificazioni in materia di versamento unitario [1]. – 1. Al comma 2 dell'articolo 17 del decreto legislativo 9 luglio 1997, n. 241, dopo la lettera h-quinquies) sono aggiunte le seguenti:

«h-sexies) alle tasse sulle concessioni governative;

h-septies) alle tasse scolastiche » [A].

2. Le disposizioni di cui alle lettere h-sexies) e h-septies) del comma 2 dell'articolo 17 del decreto legislativo 9 luglio 1997, n. 241, introdotte dal comma 1 del presente articolo, acquistano efficacia a decorrere dal primo giorno del sesto mese successivo a quello in corso alla data di entrata in vigore della legge di conversione del presente decreto e, in ogni caso, non prima del 1° gennaio 2020.

3. All'articolo 1 del regolamento di cui al decreto del Ministro dell'economia e delle finanze 2 novembre 1998, n.

VARIE

421, sono apportate le seguenti modificazioni:

a) al comma 4, le parole: «o negli appositi conti correnti postali, aperti ai sensi del predetto decreto interministeriale utilizzando apposito bollettino conforme a quello allegato al presente decreto» sono sostituite dalle seguenti: «oppure mediante il sistema del versamento unitario, di cui agli articoli 17 e seguenti del decreto legislativo 9 luglio 1997, n. 241, limitatamente ai casi in cui non sia possibile utilizzare il modello di versamento "F24 Enti pubblici", di cui al provvedimento del direttore dell'Agenzia delle entrate 1° dicembre 2015»;

b) al comma 6, le parole: «bollettino di conto corrente postale» sono sostituite dalle seguenti: «il sistema del versamento unitario, di cui agli articoli 17 e seguenti del decreto legislativo 9 luglio 1997, n. 241, limitatamente ai casi in cui non sia possibile utilizzare il modello di versamento "F24 Enti pubblici", di cui al provvedimento del direttore dell'Agenzia delle entrate 1° dicembre 2015».

4. Il comma 143 dell'articolo 1 della legge 27 dicembre 2006, n. 296, è sostituito dal seguente:

«143. Il versamento dell'addizionale comunale all'IRPEF è effettuato dai sostituti d'imposta cumulativamente per tutti i comuni di riferimento. Con decreto del Ministro dell'economia e delle finanze, da emanare entro novanta giorni dalla data di entrata in vigore della presente disposizione, previa intesa in sede di Conferenza Stato-città ed autonomie locali, sono definite le modalità per l'attuazione del presente comma e per la ripartizione giornaliera, da parte dell'Agenzia delle entrate in favore dei comuni, dei versamenti effettuati dai contribuenti e dai sostituti d'imposta a titolo di addizionale comunale all'IRPEF, avendo riguardo anche ai dati contenuti nelle relative dichiarazioni fiscali, senza nuovi o maggiori oneri per la finanza pubblica. Con il medesimo decreto è stabilito il termine a decorrere dal quale sono applicate le modalità di versamento previste dal presente comma».

5. Agli oneri derivanti dall'attuazione dei commi 1, 2 e 3, pari a 1,535 milioni di euro annui a decorrere dall'anno 2020, si provvede mediante corrispondente utilizzo delle maggiori entrate derivanti dal
presente decreto.

6. Le amministrazioni interessate provvedono alle attività relative all'attuazione del comma 4 nell'ambito delle risorse umane, finanziarie e strumentali disponibili a legislazione vigente e, comunque, senza nuovi o maggiori oneri per la finanza pubblica.

(A) *In riferimento alla istituzione dei codici tributo per il versamento, tramite modello F24, delle tasse scolastiche, di cui al presente comma, vedi: Circolare Ministero dell'Istruzione, dell'Università e della Ricerca 17 gennaio 2020 n. 806.*

(1) *Articolo inserito dall'articolo 1, comma 1, della Legge 28 giugno 2019, n. 58, in sede di conversione.*

4 *quinquies*. Semplificazione in materia di indici sintetici di affidabilità fiscale (1). – 1. Al fine di ridurre gli oneri dei contribuenti ed evitare errori in fase dichiarativa, all'articolo 9-bis del decreto-legge 24 aprile 2017, n. 50, convertito, con modificazioni, dalla legge 21 giugno 2017, n. 96, dopo il comma 4 è inserito il seguente:

«4-bis. Dai modelli da utilizzare per la comunicazione dei dati rilevanti ai fini dell'applicazione degli indici sono esclusi i dati già contenuti negli altri quadri dei modelli di dichiarazione previsti ai fini delle imposte sui redditi, approvati con il provvedimento previsto dall'articolo 1, comma 1, del regolamento di cui al decreto del Presidente della Repubblica 22 luglio 1998, n. 322, fermo restando l'utilizzo, ai fini dell'applicazione degli indici, di tutti quelli individuati con il provvedimento di cui al comma 4 del presente articolo. L'Agenzia delle entrate rende disponibili agli operatori economici, nell'area riservata del proprio sito internet istituzionale, i dati in suo possesso che risultino utili per la comunicazione di cui al precedente periodo. Le disposizioni del presente comma si applicano dal periodo d'imposta in corso al 31 dicembre 2020».

2. Agli oneri derivanti dall'attuazione del presente articolo, pari a 0,5 milioni di euro per l'anno 2019, si provvede mediante corrispondente utilizzo delle maggiori entrate derivanti dal presente decreto.

(1) *Articolo inserito dall'articolo 1, comma 1, della Legge 28 giugno 2019, n. 58, in sede di conversione.*

4 *sexies*. Termini di validità della dichiarazione sostitutiva unica (1). – 1. All'articolo 10 del decreto legislativo 15 settembre 2017, n. 147, il comma 4 è sostituito dal seguente:

"4. A decorrere dal 1° gennaio 2020, la DSU ha validità dal momento della presentazione fino al successivo 31 dicembre. In ciascun anno, a decorrere dal 2020, all'inizio del periodo di validità, fissato al 1° gennaio, i dati sui redditi e sui patrimoni presenti nella DSU sono aggiornati prendendo a riferimento il secondo anno precedente. Resta ferma la possibilità di aggiornare i dati prendendo a riferimento i redditi e i patrimoni dell'anno precedente, qualora vi sia convenienza per il nucleo familiare, mediante modalità estensive dell'ISEE corrente da individuarsi , entro sei mesi dalla data di entrata in vigore della presente disposizione, con decreto del Ministro del lavoro e delle politiche sociali, di concerto con il Ministro dell'economia e delle finanze. Nei casi in cui la DSU sia stata presentata a decorrere dal 1° settembre 2019 e prima della data di entrata in vigore della presente disposizione, si applica la disciplina precedente." (A).

(A) *In riferimento al presente articolo vedi: Messaggio INPS 20 settembre 2019 n. 3418.*
(1) *Articolo inserito dall'articolo 1, comma 1, della Legge 28 giugno 2019, n. 58, in sede di conversione e successivamente sostituito dall'articolo 7, comma 1, del D.L. 3 settembre 2019, n. 101, convertito con modificazioni dalla Legge 2 novembre 2019, n. 128.*

4 *septies*. Conoscenza degli atti e semplificazione (1). – 1. All'articolo 6 della legge 27 luglio 2000, n. 212, sono apportate le seguenti modificazioni:

a) il comma 3 è sostituito dal seguente:

«3. L'amministrazione finanziaria assume iniziative volte a garantire che i modelli di dichiarazione, le relative istruzioni, i servizi telematici, la modulistica e i documenti di prassi amministrativa siano messi a disposizione del contribuente, con idonee modalità di comunicazione e di pubblicità, almeno sessanta giorni prima del termine assegnato al contribuente per l'adempimento al quale si riferiscono»;

b) dopo il comma 3 sono inseriti i seguenti:

«3-bis. I modelli e le relative istruzioni devono essere

comprensibili anche ai contribuenti sforniti di conoscenze in materia tributaria. L'amministrazione finanziaria assicura che il contribuente possa ottemperare agli obblighi tributari con il minor numero di adempimenti e nelle forme meno costose e più agevoli.

3-ter. Le amministrazioni interessate provvedono alle attività relative all'attuazione dei commi 3 e 3-bis nell'ambito delle risorse umane, finanziarie e strumentali disponibili a legislazione vigente e, comunque, senza nuovi o maggiori oneri per la finanza pubblica».

(1) *Articolo inserito dall'articolo 1, comma 1, della Legge 28 giugno 2019, n. 58, in sede di conversione.*

4 *octies*. Obbligo di invito al contraddittorio (1). – 1. Al decreto legislativo 19 giugno 1997, n. 218, sono apportate le seguenti modificazioni:

a) all'articolo 5 è aggiunto, in fine, il seguente comma:

«3-bis. Qualora tra la data di comparizione, di cui al comma 1, lettera b), e quella di decadenza dell'amministrazione dal potere di notificazione dell'atto impositivo intercorrano meno di novanta giorni, il termine di decadenza per la notificazione dell'atto impositivo è automaticamente prorogato di centoventi giorni, in deroga al termine ordinario»;

b) prima dell'articolo 6 è inserito il seguente:

«Art. 5-ter. - (Invito obbligatorio) - 1. L'ufficio, fuori dei casi in cui sia stata rilasciata copia del processo verbale di chiusura delle operazioni da parte degli organi di controllo, prima di emettere un avviso di accertamento, notifica l'invito a comparire di cui all'articolo 5 per l'avvio del procedimento di definizione dell'accertamento.

2. Sono esclusi dall'applicazione dell'invito obbligatorio di cui al comma 1 gli avvisi di accertamento parziale previsti dall'articolo 41-bis del decreto del Presidente della Repubblica 29 settembre 1973,

n. 600, e gli avvisi di rettifica parziale previsti dall'articolo 54, terzo e quarto comma, del decreto del Presidente della Repubblica 26 ottobre 1972, n. 633.

3. In caso di mancata adesione, l'avviso di accertamento è specificamente motivato in relazione ai chiarimenti forniti e ai documenti prodotti dal contribuente nel corso del contraddittorio.

4. In tutti i casi di particolare urgenza, specificamente motivata, o nelle ipotesi di fondato pericolo per la riscossione, l'ufficio può notificare direttamente l'avviso di accertamento non preceduto dall'invito di cui al comma 1.

5. Fuori dei casi di cui al comma 4, il mancato avvio del contraddittorio mediante l'invito di cui al comma 1 comporta l'invalidità dell'avviso di accertamento qualora, a seguito di impugnazione, il contribuente dimostri in concreto le ragioni che avrebbe potuto far valere se il contraddittorio fosse stato attivato.

6. Restano ferme le disposizioni che prevedono la partecipazione del contribuente prima dell'emissione di un avviso di accertamento»;

c) al comma 2 dell'articolo 6, le parole: «di cui all'articolo 5» sono sostituite dalle seguenti: «di cui agli articoli 5 e 5-ter».

2. Le disposizioni di cui al comma 1 si applicano agli avvisi di accertamento emessi dal 1° luglio 2020.

3. Le amministrazioni interessate provvedono alle attività relative all'attuazione del presente articolo nell'ambito delle risorse umane, finanziarie e strumentali disponibili a legislazione vigente e, comunque, senza nuovi o maggiori oneri per la finanza pubblica.

(1) *Articolo inserito dall'articolo 1, comma 1, della Legge 28 giugno 2019, n. 58, in sede di conversione.*

4 *nonies*. Norma di interpretazione autentica in materia di difesa in giudizio dell'Agenzia delle entrate-Riscossione (1). – 1. Il comma 8 dell'articolo 1 del decreto-legge 22 ottobre 2016, n. 193, convertito, con modificazioni, dalla legge 1° dicembre 2016, n. 225, si interpreta nel senso che la disposizione dell'articolo 43, quarto comma, del testo unico di cui al regio decreto 30 ottobre 1933, n.1611, si applica esclusivamente nei casi in cui l'Agenzia delle entrate-Riscossione, per la propria rappresentanza e difesa in giudizio, intende non avvalersi dell'Avvocatura dello Stato nei giudizi a quest'ultima riservati su base convenzionale; la medesima disposizione non si applica nei casi di indisponibilità della stessa Avvocatura dello Stato ad assumere il patrocinio.

(1) *Articolo inserito dall'articolo 1, comma 1, della Legge 28 giugno 2019, n. 58, in sede di conversione.*

4 *decies*. Norma di interpretazione autentica in materia di ravvedimento parziale (1). – 1. Dopo l'articolo 13 del decreto legislativo 18 dicembre 1997, n. 472, è inserito il seguente:

«Art. 13-bis. - (Ravvedimento parziale) - 1. L'articolo 13 si interpreta nel senso che è consentito al contribuente di avvalersi dell'istituto del ravvedimento anche in caso di versamento frazionato, purché nei tempi prescritti dalle lettere a), a-bis), b), b-bis), b-ter), b-quater) e c) del comma 1 del medesimo articolo 13. Nel caso in cui l'imposta dovuta sia versata in ritardo e il ravvedimento, con il versamento della sanzione e degli interessi, intervenga successivamente, la sanzione applicabile corrisponde a quella riferita all'integrale tardivo versamento; gli interessi sono dovuti per l'intero periodo del ritardo; la riduzione prevista in caso di ravvedimento è riferita al momento del perfezionamento dello stesso. Nel caso di versamento tardivo dell'imposta frazionata in scadenze differenti, al contribuente è consentito operare autonomamente il ravvedimento per i singoli versamenti, con le riduzioni di cui al precedente periodo, ovvero per il versamento complessivo, applicando in tal caso alla sanzione la riduzione individuata in base alla data in cui la stessa è regolarizzata.

2. Le disposizioni del presente articolo si applicano ai soli tributi amministrati dall'Agenzia delle entrate».

(1) *Articolo inserito dall'articolo 1, comma 1, della Legge 28 giugno 2019, n. 58, in sede di conversione.*

5. Rientro dei cervelli. – 1. All'articolo 16 del decreto legislativo 14 settembre 2015, n. 147, sono apportate le seguenti modificazioni:

a) il comma 1 è sostituito dal seguente:

«1. I redditi di lavoro dipendente, i redditi assimilati a quelli di lavoro dipendente e i redditi di lavoro autonomo prodotti in Italia da lavoratori che trasferiscono la residenza nel territorio dello Stato ai sensi dell'articolo 2 del decreto

VARIE

del Presidente della Repubblica 22 dicembre 1986, n. 917, concorrono alla formazione del reddito complessivo limitatamente al 30 per cento del loro ammontare al ricorrere delle seguenti condizioni:

a) i lavoratori non sono stati residenti in Italia nei due periodi d'imposta precedenti il predetto trasferimento e si impegnano a risiedere in Italia per almeno due anni;

b) l'attività lavorativa è prestata prevalentemente nel territorio italiano.»;

b) il comma 1-bis è sostituito dal seguente: «1-bis. Il regime di cui al comma 1 si applica anche ai redditi d'impresa prodotti dai soggetti identificati dal comma 1 o dal comma 2 che avviano un'attività d'impresa in Italia, a partire dal periodo d'imposta successivo a quello in corso al 31 dicembre 2019.»;

c) dopo il comma 3 è inserito il seguente: «3-bis. Le disposizioni del presente articolo si applicano per ulteriori cinque periodi di imposta ai lavoratori con almeno un figlio minorenne o a carico, anche in affido preadottivo. Le disposizioni del presente articolo si applicano per ulteriori cinque periodi di imposta anche nel caso in cui i lavoratori diventino proprietari di almeno un'unità immobiliare di tipo residenziale in Italia, successivamente al trasferimento in Italia o nei dodici mesi precedenti al trasferimento; l'unità immobiliare può essere acquistata direttamente dal lavoratore oppure dal coniuge, dal convivente o dai figli, anche in comproprietà. In entrambi i casi, i redditi di cui al comma 1, negli ulteriori cinque periodi di imposta, concorrono alla formazione del reddito complessivo limitatamente al 50 per cento del loro ammontare. Per i lavoratori che abbiano almeno tre figli minorenni o a carico, anche in affido preadottivo, i redditi di cui al comma 1, negli ulteriori cinque periodi di imposta, concorrono alla formazione del reddito complessivo limitatamente al 10 per cento del loro ammontare.»;

d) dopo il comma 5 sono aggiunti i seguenti:

«5-bis. La percentuale di cui al comma 1 è ridotta al 10 per cento per i soggetti che trasferiscono la residenza in una delle seguenti regioni: Abruzzo, Molise, Campania, Puglia, Basilicata, Calabria, Sardegna, Sicilia. (1);

5-ter. I cittadini italiani non iscritti all'Anagrafe degli italiani residenti all'estero (AIRE) rientrati in Italia a decorrere dal periodo d'imposta successivo a quello in corso al 31 dicembre 2019 possono accedere ai benefici fiscali di cui al presente articolo purché abbiano avuto la residenza in un altro Stato ai sensi di una convenzione contro le doppie imposizioni sui redditi per il periodo di cui al comma 1, lettera a). Con riferimento ai periodi d'imposta per i quali siano stati notificati atti impositivi ancora impugnabili ovvero oggetto di controversie pendenti in ogni stato e grado del giudizio nonché per i periodi d'imposta per i quali non sono decorsi i termini di cui all'articolo 43 del decreto del Presidente della Repubblica 29 settembre 1973, n. 600, ai cittadini italiani non iscritti all'AIRE rientrati in Italia entro il 31 dicembre 2019 spettano i benefici fiscali di cui al presente articolo nel testo vigente al 31 dicembre 2018, purché abbiano avuto la residenza in un altro Stato ai sensi di una convenzione contro le doppie imposizioni sui redditi per il periodo di cui al comma 1, lettera a). Non si fa luogo, in ogni caso, al rimborso delle imposte versate in adempimento spontaneo.(2).

5-quater. Per i rapporti di cui alla legge 23 marzo 1981, n. 91, ferme restando le condizioni di cui al presente articolo, i redditi di cui al comma 1 concorrono alla formazione del reddito complessivo limitatamente al 50 per cento del loro ammontare. Ai rapporti di cui al primo periodo non si applicano le disposizioni dei commi 3-bis, quarto periodo, e 5-bis (3).

5-quinquies. Per i rapporti di cui al comma 5-quater, l'esercizio dell'opzione per il regime agevolato ivi previsto comporta il versamento di un contributo pari allo 0,5 per cento della

base imponibile. Le entrate derivanti dal contributo di cui al primo periodo sono versate a un apposito capitolo dell'entrata del bilancio dello Stato per essere riassegnate a un apposito capitolo, da istituire nello stato di previsione del Ministero dell'economia e delle finanze per il successivo trasferimento al bilancio autonomo della Presidenza del Consiglio dei ministri, per il potenziamento dei settori giovanili. Con decreto del Presidente del Consiglio dei ministri, su proposta dell'autorità di Governo delegata per lo sport e di concerto con il Ministro dell'economia e delle finanze, sono definiti i criteri e le modalità di attuazione del presente comma, definiti con il decreto del Ministro dell'economia e delle finanze di cui al comma 3.» (4).

2. Le disposizioni di cui al comma 1, lettere a), b), c) e d), si applicano, a partire dal periodo d'imposta in corso, ai soggetti che a decorrere dal 30 aprile 2019 trasferiscono la residenza in Italia ai sensi dell'articolo 2 del testo unico delle imposte sui redditi, di cui al decreto del Presidente della Repubblica 22 dicembre 1986, n. 917, e risultano beneficiari del regime previsto dall'articolo 16 del decreto legislativo 14 settembre 2015, n. 147 (5).

2-bis. I soggetti, diversi da quelli indicati nel comma 2, che siano stati iscritti all'Anagrafe degli italiani residenti all'estero o che siano cittadini di Stati membri dell'Unione europea, che hanno già trasferito la residenza prima dell'anno 2020 e che alla data del 31 dicembre 2019 risultano beneficiari del regime previsto dall'articolo 16 del decreto legislativo 14 settembre 2015, n. 147, possono optare per l'applicazione delle disposizioni di cui al comma 1, lettera c), del presente articolo, previo versamento di:

a) un importo pari al 10 per cento dei redditi di lavoro dipendente e di lavoro autonomo prodotti in Italia oggetto dell'agevolazione di cui all'articolo 16 del decreto legislativo 14 settembre 2015, n. 147, relativi al periodo d'imposta precedente a quello di esercizio dell'opzione, se il soggetto al momento dell'esercizio dell'opzione ha almeno un figlio minorenne, anche in affido preadottivo, o è diventato proprietario di almeno un'unità immobiliare di tipo residenziale in Italia, successivamente al trasferimento in Italia o nei dodici mesi precedenti al trasferimento, ovvero ne diviene proprietario entro diciotto mesi dalla data di esercizio dell'opzione di cui al presente comma, pena la restituzione del beneficio addizionale fruito senza l'applicazione di sanzioni. L'unità immobiliare può essere acquistata direttamente dal lavoratore oppure dal coniuge, dal convivente o dai figli, anche in comproprietà;

b) un importo pari al 5 per cento dei redditi di lavoro dipendente e di lavoro autonomo prodotti in Italia oggetto dell'agevolazione di cui all'articolo 16 del decreto legislativo 14 settembre 2015, n. 147, relativi al periodo d'imposta precedente a quello di esercizio dell'opzione, se il soggetto al momento dell'esercizio dell'opzione ha almeno tre figli minorenni, anche in affido preadottivo, e diventa o è diventato proprietario di almeno un'unità immobiliare di tipo residenziale in Italia, successivamente al trasferimento in Italia o nei dodici mesi precedenti al trasferimento, ovvero ne diviene proprietario entro diciotto mesi dalla data di esercizio dell'opzione di cui al presente comma, pena la restituzione del beneficio addizionale fruito senza l'applicazione di sanzioni. L'unità immobiliare può essere acquistata direttamente dal lavoratore oppure dal coniuge, dal convivente o dai figli, anche in comproprietà(6). (A)

2-ter. Le modalità di esercizio dell'opzione di cui al comma 2-bis sono definite con provvedimento dell'Agenzia delle entrate, da emanare entro sessanta giorni dalla data di entrata in vigore della presente disposizione(7).

2-quater. Le disposizioni dei commi 2-bis e 2-ter non si applicano ai rapporti di cui alla legge 23 marzo 1981, n. 91 (8).

3. All'articolo 8-bis del decreto-legge 16 ottobre 2017, n. 148, convertito, con modificazioni, dalla legge 4 dicembre 2017, n. 172, il comma 2 è sostituito dal seguente:

«2. Le disposizioni contenute nell'articolo 44 del decreto-legge 31 maggio 2010, n. 78, convertito, con modificazioni, dalla legge 30 luglio 2010, n. 122, e nell'articolo 16 del decreto legislativo 14 settembre 2015, n. 147, si applicano nel rispetto delle condizioni e dei limiti del regolamento (UE) 1407/2013 della Commissione, del 18 dicembre 2013, relativo all'applicazione degli articoli 107 e 108 del Trattato sul funzionamento dell'Unione europea agli aiuti de minimis, del regolamento (UE) 1408/2013 della Commissione, del 18 dicembre 2013, relativo all'applicazione degli articoli 107 e 108 del Trattato sul funzionamento dell'Unione europea agli aiuti de minimis nel settore agricolo, e del regolamento (UE) 717/2014 della Commissione, del 27 giugno 2014, relativo all'applicazione degli articoli 107 e 108 del Trattato sul funzionamento dell'Unione europea agli aiuti de minimis nel settore della pesca e dell'acquacoltura.».

4. All'articolo 44 del decreto-legge 31 maggio 2010, n. 78, convertito, con modificazioni, dalla legge 30 luglio 2010, n. 122, sono apportate le seguenti modificazioni:

a) al comma 3, le parole: «nei tre periodi d'imposta successivi» sono sostituite dalle seguenti: «nei cinque periodi d'imposta successivi»;

b) dopo il comma 3-bis sono inseriti i seguenti:

«3-ter. Le disposizioni di cui ai commi 1 e 2 si applicano nel periodo d'imposta in cui il ricercatore o docente trasferisce la residenza ai sensi dell'articolo 2 del decreto del Presidente della Repubblica 22 dicembre 1986, n. 917 nel territorio dello Stato e nei sette periodi d'imposta successivi, sempre che permanga la residenza fiscale in Italia, nel caso di docenti o ricercatori con un figlio minorenne o a carico, anche in affido preadottivo e nel caso di docenti e ricercatori che diventino proprietari di almeno un'unità immobiliare di tipo residenziale in Italia, successivamente al trasferimento in Italia della residenza ai sensi dell'articolo 2 del decreto del Presidente della Repubblica n. 917 del 1986 o nei dodici mesi precedenti al trasferimento; l'unità immobiliare può essere acquistata direttamente dal docente e ricercatore oppure dal coniuge, dal convivente o dai figli, anche in comproprietà. Per i docenti e ricercatori che abbiano almeno due figli minorenni o a carico, anche in affido preadottivo, le disposizioni di cui ai commi 1 e 2 si applicano nel periodo d'imposta in cui il ricercatore o docente diviene residente, ai sensi dell'articolo 2 del decreto del Presidente della Repubblica n. 917 del 1986, nel territorio dello Stato e nei dieci periodi d'imposta successivi, sempre che permanga la residenza fiscale nel territorio dello Stato. Per i docenti o ricercatori che abbiano almeno tre figli minorenni o a carico, anche in affido preadottivo, le disposizioni di cui ai commi 1 e 2 si applicano nel periodo d'imposta in cui il ricercatore o docente diviene residente, ai sensi dell'articolo 2 del decreto del Presidente della Repubblica n. 917 del 1986, nel territorio dello Stato e nei dodici periodi d'imposta successivi, sempre che permanga la residenza fiscale nel territorio dello Stato. (9);

3-quater. I docenti o ricercatori italiani non iscritti all'Anagrafe degli italiani residenti all'estero (AIRE) rientrati in Italia a decorrere dal periodo d'imposta successivo a quello in corso al 31 dicembre 2019 possono accedere ai benefici fiscali di cui al presente articolo purché abbiano avuto la residenza in un altro Stato ai sensi di una convenzione contro le doppie imposizioni sui redditi per il periodo di cui all'articolo 16, comma 1, lettera a), del decreto legislativo 14 settembre 2015, n. 147. Con riferimento ai periodi d'imposta per i quali siano stati notificati atti impositivi ancora impugnabili ovvero oggetto di controversie pendenti in ogni stato e grado del giudizio nonché per i periodi d'imposta per i quali non sono decorsi i termini di cui all'articolo 43 del decreto del Presidente della Repubblica 29 settembre 1973, n. 600, ai docenti e ricercatori italiani non iscritti all'AIRE rientrati in Italia entro il 31 dicembre 2019 spettano i benefici fiscali di cui al presente articolo nel testo vigente al 31 dicembre 2018, purché abbiano avuto la residenza in un altro Stato ai sensi di una convenzione contro le doppie imposizioni sui redditi per il periodo di cui all'articolo 16, comma 1, lettera a), del decreto legislativo 14 settembre 2015, n. 147. Non si fa luogo, in ogni caso, al rimborso delle imposte versate in adempimento spontaneo.».

5. Le disposizioni di cui al comma 4, lettere a) e b), si applicano ai soggetti che trasferiscono la residenza in Italia ai sensi dell'articolo 2 del decreto del Presidente della Repubblica 22 dicembre 1986, n. 917 a partire dal periodo d'imposta successivo a quello in corso alla data di entrata in vigore del presente decreto.

5-bis. All'articolo 24, comma 4, della legge 30 dicembre 2010, n. 240, le parole da: «I contratti di cui al comma 3, lettera a)» fino a: «esclusivamente con regime di tempo pieno» sono sostituite dalle seguenti: «I contratti di cui al comma 3, lettere a) e b), possono prevedere il regime di tempo pieno o di tempo definito»(10).

5-ter. I docenti o ricercatori, che siano stati iscritti all'Anagrafe degli italiani residenti all'estero o che siano cittadini di Stati membri dell'Unione europea, che hanno già trasferito in Italia la residenza prima dell'anno 2020 e che alla data del 31 dicembre 2019 risultano beneficiari del regime previsto dall'articolo 44 del decreto-legge 31 maggio 2010, n. 78, convertito, con modificazioni, dalla legge 30 luglio 2010, n. 122, possono optare per l'applicazione delle disposizioni di cui al comma 3-ter del predetto articolo 44, previo versamento di:

a) un importo pari al 10 per cento dei redditi di lavoro dipendente e di lavoro autonomo prodotti in Italia oggetto dell'agevolazione di cui all'articolo 44 del decreto-legge 31 maggio 2010, n. 78, convertito, con modificazioni, dalla legge 30 luglio 2010, n. 122, relativi al periodo d'imposta precedente a quello di esercizio dell'opzione, se il soggetto al

VARIE

momento dell'esercizio dell'opzione ha almeno un figlio minorenne, anche in affido preadottivo, o è diventato proprietario di almeno un'unità immobiliare di tipo residenziale in Italia, successivamente al trasferimento in Italia o nei dodici mesi precedenti al trasferimento, ovvero ne diviene proprietario entro diciotto mesi dalla data di esercizio dell'opzione di cui al presente comma, pena la restituzione del beneficio addizionale fruito senza l'applicazione di sanzioni. L'unità immobiliare può essere acquistata direttamente dal soggetto oppure dal coniuge, dal convivente o dai figli, anche in comproprietà;

b) un importo pari al 5 per cento dei redditi di lavoro dipendente e di lavoro autonomo prodotti in Italia oggetto dell'agevolazione di cui all'articolo 44 del decreto-legge 31 maggio 2010, n. 78, convertito, con modificazioni, dalla legge 30 luglio 2010, n. 122, relativi al periodo d'imposta precedente a quello di esercizio dell'opzione, se il soggetto al momento dell'esercizio dell'opzione ha almeno tre figli minorenni, anche in affido preadottivo, e diventa o è diventato proprietario di almeno un'unità immobiliare di tipo residenziale in Italia, successivamente al trasferimento in Italia o nei dodici mesi precedenti al trasferimento, ovvero ne diviene proprietario entro diciotto mesi dalla data di esercizio dell'opzione di cui al presente comma, pena la restituzione del beneficio addizionale fruito senza l'applicazione di sanzioni. L'unità immobiliare può essere acquistata direttamente dal lavoratore oppure dal coniuge, dal convivente o dai figli, anche in comproprietà[11]. [B]

5-quater. Le modalità di esercizio dell'opzione sono definite con provvedimento dell'Agenzia delle entrate, da emanare entro sessanta giorni dalla data di entrata in vigore della presente disposizione[12][13].

[A] *In riferimento al presente comma, vedi: Risposta Agenzia delle Entrate 12 ottobre 2021, n. 703; Risposta Agenzia delle Entrate 6 aprile 2022 n. 172; Risposta Agenzia delle Entrate 18 luglio 2022, n. 383; Risposta Agenzia delle Entrate 12 luglio 2022, n. 371.*
[B] *In riferimento al presente comma, vedi: Risoluzione Agenzia delle Entrate 31 maggio 2022, n. 24/E.*
(1) *Lettera modificata dall'articolo 1, comma 1, della Legge 28 giugno 2019, n. 58, in sede di conversione.*
(2) *Capoverso modificato dall'articolo 1, comma 1, della Legge 28 giugno 2019, n. 58, in sede di conversione.*
(3) *Capoverso aggiunto dall'articolo 1, comma 1, della Legge 28 giugno 2019, n. 58, in sede di conversione.*
(4) *Capoverso aggiunto dall'articolo 1, comma 1, della Legge 28 giugno 2019, n. 58, in sede di conversione.*
(5) *Comma sostituito dall'articolo 13-ter, comma 1, del D.L. 26 ottobre 2019, n. 124, convertito con modificazioni dalla Legge 19 dicembre 2019, n. 157*
(6) *Comma inserito dall'articolo 1, comma 50 della Legge 30 dicembre 2020, n. 178.*
(7) *Comma inserito dall'articolo 1, comma 50 della Legge 30 dicembre 2020, n. 178.*
(8) *Comma inserito dall'articolo 1, comma 50 della Legge 30 dicembre 2020, n. 178.*
(9) *Capoverso modificato dall'articolo 1, comma 1, della Legge 28 giugno 2019, n. 58, in sede di conversione.*
(10) *Comma aggiunto dall'articolo 1, comma 1, della Legge 28 giugno 2019, n. 58, in sede di conversione.*
(11) *Comma aggiunto dall'articolo 1, comma 763, della Legge 30 dicembre 2021, n. 234.*
(12) *Comma aggiunto dall'articolo 1, comma 763, della Legge 30 dicembre 2021, n. 234.*
(13) *Vedi Provvedimento dell'Agenzia delle Entrate 31 marzo 2022.*

5 *bis*. Modifiche all'articolo 24-ter del testo unico delle imposte sui redditi, di cui al decreto del Presidente della Repubblica 22 dicembre 1986, n. 917. [1]. – 1. All'articolo 24-ter del testo unico delle imposte sui redditi, di cui al decreto del Presidente della Repubblica 22 dicembre 1986, n. 917, in materia di imposta sostitutiva sui redditi delle persone fisiche titolari di redditi da pensione di fonte estera che trasferiscono la propria residenza fiscale nel Mezzogiorno, sono apportate le seguenti modificazioni:

a) al comma 1, le parole: «percepiti da fonte estera o» sono soppresse;

b) al comma 4, la parola: «cinque» è sostituita dalla seguente: «nove»;

c) il comma 7 è sostituito dal seguente:

«7. L'opzione è revocabile dal contribuente. Nel caso di revoca da parte del contribuente sono fatti salvi gli effetti prodotti nei periodi d'imposta precedenti. Gli effetti dell'opzione non si producono laddove sia accertata l'insussistenza dei requisiti previsti dal presente articolo, ovvero cessano al venir meno dei medesimi requisiti. Gli effetti dell'opzione cessano, altresì, in caso di omesso o parziale versamento dell'imposta sostitutiva di cui al comma 1 nella misura e nel termine previsti, salvo che il versamento dell'imposta sostitutiva venga effettuato entro la data di scadenza del pagamento del saldo relativo al periodo d'imposta successivo a quello a cui l'omissione si riferisce. Resta fermo il pagamento delle sanzioni di cui all'articolo 13, comma 1, del decreto legislativo 18 dicembre 1997, n. 471, e degli interessi. La revoca o la decadenza dal regime precludono l'esercizio di una nuova opzione»;

d) dopo il comma 8 è aggiunto il seguente:

«8-bis. Con provvedimento del direttore dell'Agenzia delle entrate sono stabilite le modalità del regime di cui al presente articolo».

(1) *Articolo inserito dall'articolo 1, comma 1, della Legge 28 giugno 2019, n. 58, in sede di conversione.*

5 *ter*. Disposizioni in materia di progetti di innovazione sociale [1]. – 1. All'articolo 60-ter del decreto-legge 24 aprile 2017, n. 50, convertito, con modificazioni, dalla legge 21 giugno 2017, n. 96, è aggiunto, in fine, il seguente comma:

«3-bis. Al fine di promuovere l'occupazione giovanile e i processi di innovazione sociale, sono esenti dall'imposta sul reddito delle persone fisiche i proventi ricevuti a titolo di contributi in natura, definiti dall'articolo 56, paragrafo 2, del regolamento (CE) n. 1083/2006 del Consiglio, dell'11 luglio 2006, per progetti di innovazione sociale ai sensi dell'articolo 8 del decreto direttoriale del Ministero dell'istruzione, dell'università e della ricerca n. 84/Ric del 2 marzo 2012».

2. Alle minori entrate derivanti dall'attuazione delle disposizioni del comma 1, pari a 0,55 milioni di euro per l'anno 2019, si provvede mediante corrispondente riduzione dello stanziamento del fondo speciale di parte corrente iscritto, ai fini del bilancio triennale 2019-2021, nell'ambito del programma «Fondi di riserva e speciali» della missione «Fondi da ripartire» dello stato di previsione del Ministero dell'economia e delle finanze per l'anno 2019, allo scopo parzialmente utilizzando l'accantonamento relativo al Ministero dell'istruzione, dell'università e della ricerca.

(1) *Articolo inserito dall'articolo 1, comma 1, della Legge 28 giugno 2019, n. 58, in sede di conversione.*

6. Modifiche al regime dei forfetari. – 1. All'articolo 1, comma 69, terzo periodo, della legge 23 dicembre 2014, n. 190, dopo le parole: «e successive modificazioni» sono inserite le seguenti: «, ad eccezione delle ritenute di cui agli articoli 23 e 24 del medesimo decreto».

2. In deroga all'articolo 3 della legge 27 luglio 2000, n. 212, le disposizioni di cui al comma 1 hanno effetto a decorrere dal 1° gennaio 2019. L'ammontare complessivo delle ritenute di cui al comma 1, relative alle somme già corrisposte precedentemente alla data di entrata in vigore del presente decreto, è trattenuto, a valere sulle retribuzioni corrisposte a partire dal terzo mese successivo alla data di entrata in vigore del presente decreto, in tre rate mensili di uguale importo, e versato nei termini di cui all'articolo 8 del decreto del Presidente della Repubblica 29 settembre 1973, n. 602.

3. All'articolo 1, comma 21, della legge 30 dicembre 2018, n. 145, dopo le parole «decreto del Presidente della Repubblica 29 settembre 1973, n. 600» sono aggiunte le seguenti: «, ad eccezione delle ritenute di cui all'articolo 23 e 24 del medesimo decreto».

3-bis. Al comma 935 dell'articolo 1 della legge 27 dicembre 2017, n. 205, è aggiunto, in fine, il seguente periodo: «Le disposizioni di cui al presente comma si applicano anche ai casi verificatisi prima dell'entrata in vigore della presente legge [(1)].

[(1)] Comma aggiunto dall'articolo 1, comma 1, della Legge 28 giugno 2019, n. 58, in sede di conversione.

6 bis. Semplificazione degli obblighi informativi dei contribuenti che applicano il regime forfetario [(1)]. – 1. All'articolo 1, comma 73, della legge 23 dicembre 2014, n. 190, è aggiunto, in fine, il seguente periodo: «Gli obblighi informativi di cui al periodo precedente sono individuati escludendo i dati e le informazioni già presenti, alla data di approvazione dei modelli di dichiarazione dei redditi, nelle banche di dati a disposizione dell'Agenzia delle entrate o che è previsto siano alla stessa dichiarati o comunicati, dal contribuente o da altri soggetti, entro la data di presentazione dei medesimi modelli di dichiarazione dei redditi».

2. Le amministrazioni interessate provvedono alle attività relative all'attuazione del presente articolo nell'ambito delle risorse umane, finanziarie e strumentali disponibili a legislazione vigente e, comunque, senza nuovi o maggiori oneri per la finanza pubblica.

[(1)] Articolo inserito dall'articolo 1, comma 1, della Legge 28 giugno 2019, n. 58, in sede di conversione.

7. Incentivi per la valorizzazione edilizia e disposizioni in materia di vigilanza assicurativa [(1)(A)]. – 1. Sino al 31 dicembre 2021, per i trasferimenti di interi fabbricati, a favore di imprese di costruzione o di ristrutturazione immobiliare, anche nel caso di operazioni ai sensi dell'articolo 10 del decreto del Presidente della Repubblica 26 ottobre 1972, n. 633, che, entro i successivi dieci anni, provvedano alla demolizione e ricostruzione degli stessi, anche con variazione volumetrica rispetto al fabbricato preesistente, ove consentita dalle vigenti norme urbanistiche, o eseguano, sui medesimi fabbricati, gli interventi edilizi previsti dall'articolo 3, comma 1, lettere b), c) e d), del testo unico delle disposizioni legislative e regolamentari in materia edilizia, di cui al decreto del Presidente della Repubblica 6 giugno 2001, n. 380, in entrambi i casi conformemente alla normativa antisismica e con il conseguimento della classe energetica NZEB, A o B, e procedano alla successiva alienazione degli stessi, anche se suddivisi in più unità immobiliari qualora l'alienazione riguardi almeno il 75 per cento del volume del nuovo fabbricato, si applicano l'imposta di registro e le imposte ipotecaria e catastale nella misura fissa di euro 200 ciascuna. Nel caso in cui le condizioni di cui al primo periodo non siano adempiute nel termine ivi previsto, sono dovute le imposte di registro, ipotecaria e catastale nella misura ordinaria, nonché una sanzione pari al 30 per cento delle stesse imposte. Sono altresì dovuti gli interessi di mora a decorrere dalla data di acquisto del fabbricato di cui al primo periodo [(2)].

1-bis. Relativamente ai fabbricati di cui al primo periodo del comma 1, resta ferma altresì la previsione di imposte ipotecarie in misura fissa per le iscrizioni ipotecarie e le annotazioni previste dall'articolo 333 del codice delle assicurazioni private, di cui al decreto legislativo 7 settembre 2005, n. 209. A tale fine, all'articolo 188, comma 3-bis, del medesimo codice di cui al decreto legislativo n. 209 del 2005 sono apportate le seguenti modificazioni:

a) all'alinea:

1) dopo le parole: «articolo 47-quinquies,» sono inserite le seguenti: «ovvero, ai fini della salvaguardia della stabilità del sistema finanziario nel suo complesso e del contrasto di rischi sistemici, ai sensi di quanto previsto dalle disposizioni dell'ordinamento europeo relative alla vigilanza macroprudenziale del sistema finanziario dell'Unione europea,»;

2) dopo le parole: «nei confronti» è inserita la seguente: «anche»;

b) alla lettera b) sono aggiunte, in fine, le seguenti parole: «odi prevedere limitazioni, restrizioni temporanee o differimenti per determinate tipologie di operazioni o di facoltà esercitabili dai contraenti» [(3)].

[(A)] In riferimento ad un Interpello in merito all'applicazione dell'imposta di registro, ipotecaria e catastale nella misura fissa di euro 200 ciascuna per i trasferimenti di interi fabbricati, a favore di imprese di costruzione, di cui al presente articolo, vedi: Risposta Agenzia delle Entrate 13 dicembre 2019, n. 525.
- In riferimento all'applicazione dell'imposta di registro, ipotecaria e catastale nella misura fissa di euro 200 ciascuna per i trasferimenti di interi fabbricati, a favore di imprese di costruzione o di ristrutturazione immobiliare, di cui al presente articolo, vedi: Risposta Agenzia delle Entrate 20 febbraio 2020 n. 70; Risposta Agenzia delle Entrate 18 settembre 2020 n. 384.
- In riferimento al presente articolo, vedi: Risposta Agenzia delle Entrate 29 aprile 2021, n. 305; Risposta Agenzia delle Entrate 27 maggio 2021, n. 376; Risposta Agenzia delle Entrate 4 marzo 2022, n. 94; Risposta Agenzia delle Entrate 6 giugno 2022, n. 324.
[(1)] Rubrica modificata dall'articolo 1, comma 1, della Legge 28 giugno 2019, n. 58, in sede di conversione.
[(2)] Comma modificato dall'articolo 1, comma 1, della Legge 28 giugno 2019, n. 58, in sede di conversione.
[(3)] Comma aggiunto dall'articolo 1, comma 1, della Legge 28 giugno 2019, n. 58, in sede di conversione.

7 bis. Esenzione dalla TASI per gli immobili costruiti e destinati dall'impresa costruttrice alla vendita [(1)]. – 1. Al comma 678 dell'articolo 1 della legge 27 dicembre 2013, n.147, è aggiunto, in fine, il seguente periodo: «A decorrere dal 1° gennaio 2022, sono esenti dalla TASI i fabbricati costruiti e destinati dall'impresa costruttrice alla vendita, finché permanga tale destinazione e non siano in ogni caso locati».

2. Agli oneri derivanti dall'attuazione del comma 1, pari a 15 milioni di euro annui a decorrere dall'anno 2022, si provvede mediante corrispondente utilizzo delle maggiori entrate derivanti dal presente decreto.

(1) *Articolo inserito dall'articolo 1, comma 1, della Legge 28 giugno 2019, n. 58, in sede di conversione.*

7 ter. Estensione degli interventi agevolativi al settore edile (1)**.** – 1. All'articolo 1 del decreto-legge 14 dicembre 2018, n. 135, convertito, con modificazioni, dalla legge 11 febbraio 2019, n.12, sono apportate le seguenti modificazioni:

a) dopo il comma 6 sono inseriti i seguenti:

«6-bis. Per le PMI operanti nel settore edile di cui ai codici ATECO F41 e F42, l'accesso alla garanzia della sezione speciale di cui al comma 1 è consentito, altresì, qualora le medesime imprese siano titolari di finanziamenti erogati da banche e altri intermediari finanziari di cui al testo unico delle leggi in materia bancaria e creditizia, di cui al decreto legislativo 1° settembre 1993, n. 385, assistiti da garanzia ipotecaria di primo grado su beni immobili civili, commerciali e industriali, le cui posizioni creditizie, non coperte da altra garanzia pubblica, siano state classificate come "inadempienze probabili" (UTP) entro la data dell'11 febbraio 2019, secondo le risultanze della centrale dei rischi della Banca d'Italia.

6-ter. Per i titolari dei finanziamenti di cui al comma 6-bis, la garanzia della sezione speciale di cui al comma 1 è concessa nella misura indicata dal decreto di cui al comma 7, comunque non superiore all'80 per cento dell'esposizione alla data dell'11 febbraio 2019 e fino a un importo massimo di euro 2.500.000. Ai fini della concessione della garanzia della sezione speciale, che ha carattere sussidiario, il piano di cui al comma 4 deve essere valutato e approvato dal consiglio di gestione del Fondo, di cui all'articolo 1, comma 48, let-tera a), della legge 27 dicembre 2013, n. 147. Con il decreto di cui al comma 7 del presente articolo sono stabilite le modalità di attestazione dei crediti nonché fornite le indicazioni sulle modalità di valutazione degli ulteriori requisiti previsti dal comma 6-bis e dal presente comma»;

b) al comma 7, primo periodo, dopo le parole: «revoca della stessa» sono aggiunte le seguenti: «, anche con riferimento alle imprese di cui al comma 6-bis»;

c) la rubrica è sostituita dalla seguente: «Sostegno alle piccole e medie imprese creditrici delle pubbliche amministrazioni e a quelle operanti nel settore edile».

(1) *Articolo inserito dall'articolo 1, comma 1, della Legge 28 giugno 2019, n. 58, in sede di conversione.*

8. Sisma bonus. – 1. All'articolo 16, comma 1-septies, del decreto-legge 4 giugno 2013, n. 63, convertito, con modificazioni, dalla legge 3 agosto 2013, n. 90, le parole «zone classificate a rischio sismico 1» sono sostituite dalle seguenti: «zone classificate a rischio sismico 1, 2 e 3».

9. Trattamento fiscale di strumenti finanziari convertibili. – 1. I maggiori o minori valori che derivano dall'attuazione di specifiche previsioni contrattuali che governano gli strumenti finanziari, diversi da azioni e titoli similari, con le caratteristiche indicate al comma 2 non concorrono alla formazione del reddito imponibile degli emittenti ai fini dell'imposta sul reddito delle società e del valore della produzione netta.

2. Ai fini del comma 1, gli strumenti finanziari devono presentare le seguenti caratteristiche:

a) gli strumenti sono stati emessi ed il corrispettivo è stato integralmente versato;

b) gli strumenti non sono stati sottoscritti o acquistati né dalla società emittente né da società da essa controllate o nelle quali essa detenga almeno il 20 per cento dei diritti di voto o del capitale;

c) l'acquisto degli strumenti non è stato finanziato, né direttamente né indirettamente, dalla società emittente;

d) nell'ordine di distribuzione delle somme ricavate dalla liquidazione dell'attivo gli strumenti hanno lo stesso rango, o un rango superiore, rispetto alle azioni e sono subordinati alla soddisfazione dei diritti di tutti gli altri creditori;

e) gli strumenti non sono oggetto di alcuna disposizione, contrattuale o di altra natura, che ne migliori il grado di subordinazione rispetto agli altri creditori in caso di risoluzione, assoggettamento a procedura concorsuale o liquidazione;

f) gli strumenti sono perpetui e le disposizioni che li governano non prevedono alcun incentivo al rimborso per l'emittente;

g) gli strumenti non possono essere rimborsati o riacquistati dall'emittente prima di cinque anni dalla data di emissione;

h) se le disposizioni che governano gli strumenti includono una o più opzioni di rimborso anticipato o di riacquisto, l'opzione può essere esercitata unicamente dall'emittente;

i) le disposizioni che governano gli strumenti non contengono indicazioni, né esplicite né implicite, che gli strumenti saranno rimborsati, anche anticipatamente, o riacquistati, o che l'emittente intende rimborsarli, anche anticipatamente, o riacquistarli, ad eccezione dei seguenti casi:

1) liquidazione della società;

2) operazioni discrezionali di riacquisto degli strumenti;

l) le disposizioni che governano gli strumenti prevedono che la società emittente abbia la piena discrezionalità, in qualsiasi momento, di annullare le distribuzioni relative agli strumenti. Le distribuzioni annullate non sono cumulabili e l'annullamento delle distribuzioni non costituisce un caso di insolvenza da parte della società emittente;

m) le disposizioni che governano gli strumenti prescrivono, alternativamente, che al verificarsi di un determinato evento connesso al livello di patrimonializzazione della società:

1) il valore nominale degli strumenti sia svalutato in via permanente o temporanea;

2) gli strumenti siano convertiti in azioni;

3) si attivi un meccanismo che produca effetti equivalenti a quelli di cui ai numeri 1) e 2)(1).

3. Le disposizioni del comma 1 si applicano a condizione che gli emittenti indichino di aver emesso gli strumenti finanziari di cui al comma 2 nella dichiarazione dei redditi relativa al periodo d'imposta in cui è avvenuta l'emissione e forniscano separata evidenza, nella relativa dichiarazione dei redditi, dei maggiori o minori valori che ai sensi del comma 1 non concorrono alla formazione del reddito imponibile degli emittenti ai fini dell'imposta sul reddito delle società e

del valore della produzione netta al fine di consentire l'accertamento della conformità dell'operazione con le disposizioni dell'articolo 10-bis della legge 27 luglio 2000, n. 212.

4. Il comma 22-bis dell'articolo 2 del decreto-legge 13 agosto 2011, n. 138, convertito, con modificazioni, dalla legge 14 settembre 2011, n. 148 è abrogato; per gli strumenti finanziari di cui al comma 22 del citato articolo 2, emessi nei periodi di imposta precedenti a quello in corso alla data di entrata in vigore del presente decreto, gli obblighi di indicazione di cui al comma 3 del presente articolo si considerano assolti nella dichiarazione dei redditi relativa al periodo d'imposta in corso alla data di entrata in vigore del presente decreto(2).

(1) Numero modificato dall'articolo 1, comma 1, della Legge 28 giugno 2019, n. 58, in sede di conversione.
(2) Comma modificato dall'articolo 1, comma 1, della Legge 28 giugno 2019, n. 58, in sede di conversione.

10. Modifiche alla disciplina degli incentivi per gli interventi di efficienza energetica e rischio sismico (A). – 1. All'articolo 14 del decreto-legge 4 giugno 2013, n. 63, convertito, con modificazioni, dalla legge 3 agosto 2013, n. 90, dopo il comma 3, è inserito il seguente:

«3.1. Per gli interventi di efficienza energetica di cui al presente articolo, il soggetto avente diritto alle detrazioni può optare, in luogo dell'utilizzo diretto delle stesse, per un contributo di pari ammontare, sotto forma di sconto sul corrispettivo dovuto, anticipato dal fornitore che ha effettuato gli interventi e a quest'ultimo rimborsato sotto forma di credito d'imposta da utilizzare esclusivamente in compensazione, in cinque quote annuali di pari importo, ai sensi dell'articolo 17 del decreto legislativo 9 luglio 1997, n. 241, senza l'applicazione dei limiti di cui all'articolo 34 della legge 23 dicembre 2000, n. 388, e all'articolo 1, comma 53, della legge 24 dicembre 2007, n. 244. Il fornitore che ha effettuato gli interventi ha a sua volta facoltà di cedere il credito d'imposta ai propri fornitori di beni e servizi, con esclusione della possibilità di ulteriori cessioni da parte di questi ultimi. Rimane in ogni caso esclusa la cessione ad istituti di credito e ad intermediari finanziari»(1).

[2. All'articolo 16 del decreto-legge 4 giugno 2013, n. 63, convertito, con modificazioni, dalla legge 3 agosto 2013, n. 90, dopo il comma 1-septies, è inserito il seguente:

«1-octies. Per gli interventi di adozione di misure antisismiche di cui al presente articolo, il soggetto avente diritto alle detrazioni può optare, in luogo dell'utilizzo diretto delle stesse, per un contributo di pari ammontare, sotto forma di sconto sul corrispettivo dovuto, anticipato dal fornitore che ha effettuato gli interventi e a quest'ultimo rimborsato sotto forma di credito d'imposta da utilizzare esclusivamente in compensazione, in cinque quote annuali di pari importo, ai sensi dell'articolo 17 del decreto legislativo 9 luglio 1997, n. 241, senza l'applicazione dei limiti di cui all'articolo 34 della legge 23 dicembre 2000, n. 388, e all'articolo 1, comma 53, della legge 24 dicembre 2007, n. 244. Il fornitore che ha effettuato gli interventi ha a sua volta facoltà di cedere il credito d'imposta ai propri fornitori di beni e servizi, con esclusione della possibilità di ulteriori cessioni da parte di questi ultimi. Rimane in ogni caso esclusa la cessione ad istituti di credito e ad intermediari finanziari»] (2)(3).

[3. Con provvedimento del direttore dell'Agenzia delle entrate, da emanare entro trenta giorni dalla data di entrata in vigore della legge di conversione del presente decreto, sono definite le modalità attuative delle disposizioni di cui ai commi 1 e 2, comprese quelle relative all'esercizio dell'opzione da effettuarsi d'intesa con il fornitore](4).

3-bis. All'articolo 28, comma 2, lettera d), del decreto legislativo 3 marzo 2011, n. 28, dopo le parole: «soggetto beneficiario» sono aggiunte le seguenti: «, prevedendo, in particolare, che, qualora gli interventi incentivati siano stati eseguiti su impianti di amministrazioni pubbliche, queste, nel caso di scadenza del contratto di gestione nell'arco dei cinque anni successivi all'ottenimento degli stessi incentivi, assicurino il mantenimento dei requisiti mediante clausole contrattuali da inserire nelle condizioni di assegnazione del nuovo contratto»(5).

[3-ter. A decorrere dalla data di entrata in vigore della legge di conversione del presente decreto, per gli interventi di cui all'articolo 16-bis, comma 1, lettera h), del testo unico delle imposte sui redditi, di cui al decreto del Presidente della Repubblica 22 dicembre 1986, n. 917, i soggetti beneficiari della detrazione possono optare per la cessione del corrispondente credito in favore dei fornitori dei beni e servizi necessari alla realizzazione degli interventi. Il fornitore dell'intervento ha a sua volta facoltà di cedere il credito d'imposta ai propri fornitori di beni e servizi, con esclusione della possibilità di ulteriori cessioni da parte di questi ultimi. Rimane in ogni caso esclusa la cessione ad istituti di credito e ad intermediari finanziari](6).

(1) Capoverso modificato dall'articolo 1, comma 1, della Legge 28 giugno 2019, n. 58, in sede di conversione.
(2) Capoverso modificato dall'articolo 1, comma 1, della Legge 28 giugno 2019, n. 58, in sede di conversione.
(3) Comma abrogato dall'articolo 1, comma 176, della Legge 27 dicembre 2019, n. 160.
(4) Comma abrogato dall'articolo 1, comma 176, della Legge 27 dicembre 2019, n. 160.
(5) Comma aggiunto dall'articolo 1, comma 1, della Legge 28 giugno 2019, n. 58, in sede di conversione.
(6) Comma aggiunto dall'articolo 1, comma 1, della Legge 28 giugno 2019, n. 58, in sede di conversione e successivamente abrogato dall'articolo 1, comma 176, della Legge 27 dicembre 2019, n. 160.
(A) - In riferimento agli Incentivi fiscali riconosciuti in ipotesi di interventi di riqualificazione energetica e di adozione di misure antisismiche di cui al presente articolo vedi: Parere Autorità Garante per la Concorrenza e il Mercato 17/06/2019 n. AS1592.
- In riferimento alle modalità di recupero del credito da parte del cessionario nell'ambito delle agevolazioni fiscali per interventi di installazione di impianti fotovoltaici, di cui al presente comma, vedi: Parere Autorità Garante per la Concorrenza e il Mercato 31 ottobre 2019, n . AS1622.

10 *bis*. Modifiche alla disciplina degli incentivi per la rottamazione e per l'acquisto di veicoli non inquinanti (1). – 1. All'articolo 1 della legge 30 dicembre 2018, n. 145, sono apportate le seguenti modificazioni:

a) il comma 1057 è sostituito dal seguente: «1057. A coloro che, nell'anno 2019, acquistano, anche in locazione finanziaria, e immatricolano in Italia un veicolo elettrico o ibrido nuovo di fabbrica delle categorie L1e, L2e, L3e, L4e, L5e, L6e e L7e e che consegnano per la rottamazione un veicolo, appartenente a una delle suddette categorie, di cui siano proprietari o intestatari da almeno dodici mesi ovvero di cui sia intestatario o proprietario, da almeno dodici mesi, un familiare convivente, è riconosciuto un contributo pari al 30 per cento del prezzo di acquisto, fino ad un massimo di 3.000 euro nel caso in cui il veicolo consegnato per la rottamazione sia della categoria euro 0, 1, 2 o 3, ovvero sia stato oggetto di ritargatura obbligatoria ai sensi del decreto del Ministro delle infrastrutture e dei trasporti 2 febbraio 2011, pubblicato nella Gazzetta Ufficiale n. 76 del 2 aprile 2011 »;

b) al comma 1062, lettera c), sono aggiunte, in fine, le seguenti parole: «, ovvero del certificato di cessazione dalla circolazione rilasciato dall'ufficio della motorizzazione civile.».

[1] Comma modificato dall'articolo 1, comma 1, della Legge 28 giugno 2019, n. 58, in sede di conversione.

11. Aggregazioni d'imprese [A]. – 1. Per i soggetti indicati nell'articolo 73, comma 1, lettera a), del decreto Presidente della Repubblica 22 dicembre 1986, n. 917, che risultano da operazioni di aggregazione aziendale, realizzate attraverso fusione o scissione effettuate a decorrere dalla data di entrata in vigore del presente decreto fino al 31 dicembre 2021, si considerano riconosciuti, ai fini fiscali, il valore di avviamento e quello attribuito ai beni strumentali materiali e immateriali, per effetto della imputazione su tali poste di bilancio del disavanzo da concambio, per un ammontare complessivo non eccedente l'importo di 5 milioni di euro [1].

2. Nel caso di operazioni di conferimento di azienda effettuate ai sensi dell'articolo 176 del decreto del Presidente della Repubblica 22 dicembre 1986, n. 917, a decorrere dalla data di entrata in vigore del presente decreto fino al 31 dicembre 2021, si considerano riconosciuti, ai fini fiscali, i maggiori valori iscritti dal soggetto conferitario di cui al comma 1 a titolo di avviamento o sui beni strumentali materiali e immateriali, per un ammontare complessivo non eccedente l'importo di 5 milioni di euro[2].

3. Le disposizioni dei commi 1 e 2 si applicano qualora alle operazioni di aggregazione aziendale partecipino esclusivamente imprese operative da almeno due anni. Le medesime disposizioni non si applicano qualora le imprese che partecipano alle predette operazioni facciano parte dello stesso gruppo societario. Sono in ogni caso esclusi i soggetti legati tra loro da un rapporto di partecipazione superiore al 20 per cento ovvero controllati anche indirettamente dallo stesso soggetto ai sensi dell'articolo 2359, primo comma, n. 1), del codice civile. Il maggior valore attribuito ai beni ai sensi dei commi precedenti è riconosciuto ai fini delle imposte sui redditi e dell'imposta regionale sulle attività produttive a decorrere dall'esercizio successivo a quello in cui ha avuto luogo l'operazione di aggregazione aziendale.

4. Le disposizioni dei commi 1, 2 e 3 si applicano qualora le imprese interessate dalle operazioni di aggregazione aziendale si trovino o si siano trovate ininterrottamente, nei due anni precedenti l'operazione, nelle condizioni che consentono il riconoscimento fiscale di cui ai commi 1 e 2.

5. Per la liquidazione, l'accertamento, la riscossione, i rimborsi, le sanzioni e il contenzioso si applicano le disposizioni previste per le imposte sui redditi.

6. La società risultante dall'aggregazione, che nei primi quattro periodi d'imposta dalla effettuazione dell'operazione pone in essere ulteriori operazioni straordinarie, di cui al titolo III, capi III e IV, del decreto del Presidente della Repubblica 22 dicembre 1986, n. 917, ovvero cede i beni iscritti o rivalutati ai sensi dei commi da 1 a 5, decade dall'agevolazione, fatta salva l'attivazione della procedura di cui all'articolo 11, comma 2, della legge 27 luglio 2000, n. 212.

7. Nella dichiarazione dei redditi del periodo d'imposta in cui si verifica la decadenza prevista al comma 6, la società è tenuta a liquidare e versare l'imposta sul reddito delle società e l'imposta regionale sulle attività produttive dovute sul maggior reddito, relativo anche ai periodi di imposta precedenti, determinato senza tenere conto dei maggiori valori riconosciuti fiscalmente ai sensi dei commi 1 e 2. Sulle maggiori imposte liquidate non sono dovute sanzioni e interessi.

[A] In riferimento alla fusione tra due soci della società risultante dell'aggregazione vedi Risposta Agenzia delle Entrate 19/10/2021 n. 730.
[1] Comma modificato dall'articolo 1, comma 1, della Legge 28 giugno 2019, n. 58, in sede di conversione e successivamente dall'articolo 1, comma 71, della Legge 30 dicembre 2021, n. 234.
[2] Comma modificato dall'articolo 1, comma 71, della Legge 30 dicembre 2021, n. 234.

11 *bis*. Modifica all'articolo 177 del testo unico delle imposte sui redditi, di cui al decreto del Presidente della Repubblica 22 dicembre 1986, n. 917, in materia di scambio di partecipazioni [1]. – 1. All'articolo 177 del testo unico delle imposte sui redditi, di cui al decreto del Presidente della Repubblica 22 dicembre 1986, n. 917, dopo il comma 2 è inserito il seguente:

«2-bis. Quando la società conferitaria non acquisisce il controllo di una società, ai sensi dell'articolo 2359, primo comma, numero 1), del codice civile, né incrementa, in virtu' di un obbligo legale o di un vincolo statutario, la percentuale di controllo, la disposizione di cui al comma 2 del presente articolo trova comunque applicazione ove ricorrano, congiuntamente, le seguenti condizioni:

a) le partecipazioni conferite rappresentano, complessivamente, una percentuale di diritti di voto esercitabili nell'assemblea ordinaria superiore al 2 o al 20 per cento ovvero una partecipazione al

capitale o al patrimonio superiore al 5 o al 25 per cento, secondo che si tratti di titoli negoziati in mercati regolamentati o di altre partecipazioni;

b) le partecipazioni sono conferite in società, esistenti o di nuova costituzione, interamente partecipate dal conferente. Per i conferimenti di partecipazioni detenute in società a cui attività consiste in via esclusiva o prevalente nell'assunzione di partecipazioni, le percentuali di cui alla lettera a) del precedente periodo si riferiscono a tutte le società indirettamente partecipate che esercitano un'impresa commerciale, secondo la definizione di cui all'articolo 55, e si determinano, relativamente al conferente, tenendo conto della eventuale demoltiplicazione prodotta dalla catena partecipativa. Il termine di cui all'articolo 87, comma 1, lettera a), è esteso fino al sessantesimo mese precedente quello dell'avvenuta cessione delle partecipazioni conferite con le modalità di cui al presente comma».

[1] Articolo inserito dall'articolo 1, comma 1, della Legge 28 giugno 2019, n. 58, in sede di conversione.

12. Fatturazione elettronica Repubblica di San Marino. – 1. Gli adempimenti relativi ai rapporti di scambio con la Repubblica di San Marino, previsti dal decreto del Ministro delle Finanze 24 dicembre 1993, pubblicato nella Gazzetta Ufficiale della Repubblica italiana n. 305 del 30 dicembre 1993, sono eseguiti in via elettronica secondo modalità stabilite con decreto del ministro dell'Economia e delle Finanze in conformità ad accordi con detto Stato. Sono fatti salvi gli esoneri dall'obbligo generalizzato di fatturazione elettronica previsti da specifiche disposizioni di legge. Con provvedimento del direttore dell'Agenzia delle entrate sono emanate le regole tecniche necessarie per l'attuazione del presente articolo.

12 *bis*. Luci votive [(1)]. – 1. All'articolo 22, primo comma, del decreto del Presidente della Repubblica 26 ottobre 1972, n. 633, dopo il numero 6-ter) è aggiunto il seguente:

«6-quater) per le prestazioni di gestione del servizio delle lampade votive nei cimiteri».

2. Per le prestazioni di cui al comma 1 resta fermo l'obbligo di certificazione del corrispettivo ai sensi dell'articolo 1 del regolamento di cui al decreto del Presidente della Repubblica 21 dicembre 1996, n. 696.

3. Le disposizioni dei commi 1 e 2 si applicano dal 1° gennaio 2019.

(1) *Articolo inserito dall'articolo 1, comma 1, della Legge 28 giugno 2019, n. 58, in sede di conversione.*

12 *ter*. Semplificazione in materia di termine per l'emissione della fattura [(1)]. – 1. All'articolo 21, comma 4, alinea, del decreto del Presidente della Repubblica 26 ottobre 1972, n. 633, il primo periodo è sostituito dal seguente: «*La fattura è emessa entro dodici giorni dall'effettuazione dell'operazione determinata ai sensi dell'articolo 6*».

(1) *Articolo inserito dall'articolo 1, comma 1, della Legge 28 giugno 2019, n. 58, in sede di conversione.*

12 *quater*. Comunicazioni dei dati delle liquidazioni periodiche dell'imposta sul valore aggiunto [(1)]. – 1. Il comma 1 dell'articolo 21-bis del decreto-legge 31 maggio 2010, n. 78, convertito, con modificazioni, dalla legge 30 luglio 2010, n. 122, è sostituito dal seguente:

«*1. I soggetti passivi dell'imposta sul valore aggiunto trasmettono telematicamente all'Agenzia delle entrate, entro l'ultimo giorno del secondo mese successivo a ogni trimestre, una comunicazione dei dati contabili riepilogativi delle liquidazioni periodiche dell'imposta effettuate ai sensi dell'articolo 1, commi 1 e 1-bis, del regolamento di cui al decreto del Presidente della Repubblica 23 marzo 1998, n. 100, nonché degli articoli 73, primo comma, lettera e), e 74, quarto comma, del decreto del Presidente della Repubblica 26 ottobre 1972, n. 633. La comunicazione dei dati relativi al secondo trimestre è effettuata entro il 16 settembre. La comunicazione dei dati relativi al quarto trimestre può, in alternativa, essere effettuata con la dichiarazione annuale dell'imposta sul valore aggiunto che, in tal caso, deve essere presentata entro il mese di febbraio dell'anno successivo a quello di chiusura del periodo d'imposta. Restano fermi gli ordinari termini di versamento dell'imposta dovuta in base alle liquidazioni periodiche effettuate*».

(1) *Articolo inserito dall'articolo 1, comma 1, della Legge 28 giugno 2019, n. 58, in sede di conversione.*

12 *quinquies*. Modifica all'articolo 2 del decreto legislativo 5 agosto 2015, n. 127, in materia di trasmissione telematica dei dati dei corrispettivi [(1)]. – 1. Il comma 6-ter dell'articolo 2 del decreto legislativo 5 agosto 2015, n.127, è sostituito dal seguente:

«*6-ter. I dati relativi ai corrispettivi giornalieri di cui al comma 1 sono trasmessi telematicamente all'Agenzia delle entrate entro dodici giorni dall'effettuazione dell'operazione, determinata ai sensi dell'articolo 6 del decreto del Presidente della Repubblica 26 ottobre 1972, n. 633. Restano fermi gli obblighi di memorizzazione giornaliera dei dati relativi ai corrispettivi nonché i termini di effettuazione delle liquidazioni periodiche dell'imposta sul valore aggiunto ai sensi dell'articolo 1, comma 1, del regolamento di cui al decreto del Presidente della Repubblica 23 marzo 1998, n. 100. Nel primo semestre di vigenza dell'obbligo di cui al comma 1, decorrente dal 1° luglio 2019 per i soggetti con volume di affari superiore a euro 400.000 e dal 1° gennaio 2020 per gli altri soggetti, le sanzioni previste dal comma 6 non si applicano in caso di trasmissione telematica dei dati relativi ai corrispettivi giornalieri entro il mese successivo a quello di effettuazione dell'operazione, fermi restando i termini di liquidazione dell'imposta sul valore aggiunto*».

2. Al comma 542 dell'articolo 1 della legge 11 dicembre 2016, n. 232, le parole: «*20 per cento*» sono sostituite dalle seguenti: «*100 per cento*».

3. Per i soggetti che esercitano attività economiche per le quali sono stati approvati gli indici sintetici di affidabilità fiscale di cui all'articolo 9-bis del decreto-legge 24 aprile 2017, n. 50, convertito, con modificazioni, dalla legge 21 giugno 2017, n. 96, e che dichiarano ricavi o compensi di ammontare non superiore al limite stabilito, per ciascun indice, dal relativo decreto di approvazione del Ministro dell'economia e delle finanze, i termini dei versamenti risultanti dalle dichiarazioni dei redditi, da quelle in materia di imposta regionale sulle attività produttive, di cui all'articolo 17 del decreto del Presidente della Repubblica 7 dicembre 2001, n. 435, nonché dell'imposta sul valore aggiunto, che scadono dal 30 giugno al 30 settembre 2019, sono prorogati al 30 settembre 2019 [(2)(A)].

4. Le disposizioni di cui al comma 3 si applicano anche ai soggetti che partecipano a società, associazioni e imprese ai sensi degli articoli 5, 115 e 116 del testo unico delle imposte sui redditi, di cui al decreto del Presidente della Repubblica 22 dicembre 1986, n. 917, aventi i requisiti indicati nel medesimo comma 3 [(3)(A)].

(A) *In riferimento all'ambito soggettivo di applicazione della disposizione di cui al presente comma vedi: Risoluzione Agenzia delle Entrate 28/06/2019 n. 64/E*

(1) *Articolo inserito dall'articolo 1, comma 1, della Legge 28 giugno 2019, n. 58, in sede di conversione.*

(2) *A norma dell'articolo 58, comma 1, del D.L. 26 ottobre 2019, n. 124, convertito, con modificazioni dalla Legge 19 dicembre 2019, n. 157, a decorrere dal 27 ottobre 2019, per i soggetti di cui al presente comma, i versamenti di acconto dell'imposta sul reddito delle persone fisiche e dell'imposta sul reddito delle società, nonché quelli relativi all'imposta regionale sulle attività produttive sono effettuati, ai sensi dell'articolo 17 del decreto del Presidente della Repubblica 7 dicembre 2001, n. 435, in due rate ciascuna nella misura del 50 per cento, fatto salvo quanto eventualmente già versato per l'esercizio in corso con la prima rata di acconto con corrispondente rideterminazione della misura dell'acconto dovuto in caso di versamento unico.*

(3) *A norma dell'articolo 58, comma 1, del D.L. 26 ottobre 2019, n. 124, convertito, con modificazioni dalla Legge 19 dicembre 2019, n. 157, a decorrere dal 27 ottobre 2019, per i soggetti di cui al presente comma, i versamenti di acconto dell'imposta sul reddito delle persone fisiche e dell'imposta sul reddito delle società, nonché quelli relativi all'imposta regionale sulle attività produttive sono effettuati, ai sensi dell'articolo 17 del decreto del Presidente della Repubblica 7 dicembre 2001, n. 435, in due rate ciascuna nella misura del 50 per cento, fatto salvo quanto*

eventualmente già versato per l'esercizio in corso con la prima rata di acconto con corrispondente rideterminazione della misura dell'acconto dovuto in caso di versamento unico.

12 sexies. Cedibilità dei crediti IVA trimestrali [1]**.** – 1. All'articolo 5, comma 4-ter, del decreto-legge 14 marzo 1988, n. 70, convertito, con modificazioni, dalla legge 13 maggio 1988, n. 154, dopo le parole: «*dalla dichiarazione annuale*» sono inserite le seguenti: «*o del quale è stato chiesto il rimborso in sede di liquidazione trimestrale,*».

2. La disposizione di cui al comma 1 si applica ai crediti dei quali sia chiesto il rimborso a decorrere dal 1° gennaio 2020.

3. Le amministrazioni interessate provvedono alle attività relative all'attuazione del presente articolo nell'ambito delle risorse umane, finanziarie e strumentali disponibili a legislazione vigente e, comunque, senza nuovi o maggiori oneri per la finanza pubblica.

(1) *Articolo inserito dall'articolo 1, comma 1, della Legge 28 giugno 2019, n. 58, in sede di conversione.*

12 septies. Semplificazioni in materia di dichiarazioni di intento relative all'applicazione dell'imposta sul valore aggiunto [A][1]**.** – 1. All'articolo 1 del decreto-legge 29 dicembre 1983, n. 746, convertito, con modificazioni, dalla legge 27 febbraio 1984, n.17, sono apportate le seguenti modificazioni:

a) al comma 1, la lettera c) è sostituita dalla seguente:

«*c) che l'intento di avvalersi della facoltà di effettuare acquisti o importazioni senza applicazione dell'imposta risulti da apposita dichiarazione, redatta in conformità al modello approvato con provvedimento del direttore dell'Agenzia delle entrate, trasmessa per via telematica all'Agenzia medesima, che rilascia apposita ricevuta telematica con indicazione del protocollo di ricezione. La dichiarazione può riguardare anche più operazioni. Gli estremi del protocollo di ricezione della dichiarazione devono essere indicati nelle fatture emesse in base ad essa, ovvero devono essere indicati dall'importatore nella dichiarazione doganale. Per la verifica di tali indicazioni al momento dell'importazione, l'Agenzia delle entrate mette a disposizione dell'Agenzia delle dogane e dei monopoli la banca dati delle dichiarazioni di intento per dispensare l'operatore dalla consegna in dogana di copia cartacea delle dichiarazioni di intento e delle ricevute di presentazione*»;

b) il comma 2 è abrogato.

2. Il comma 4-bis dell'articolo 7 del decreto legislativo 18 dicembre 1997, n. 471, è sostituito dal seguente:

«*4-bis. È punito con la sanzione prevista al comma 3 il cedente o prestatore che effettua cessioni o prestazioni, di cui all'articolo 8, primo comma, lettera c), del decreto del Presidente della Repubblica 26 ottobre 1972, n. 633, senza avere prima riscontrato per via telematica l'avvenuta presentazione all'Agenzia delle entrate della dichiarazione di cui all'articolo 1, comma 1, lettera c), del decreto-legge 29 dicembre 1983, n. 746, convertito, con modificazioni, dalla legge 27 febbraio 1984, n. 17*».

3. Con provvedimento del direttore dell'Agenzia delle entrate, da adottare entro sessanta giorni dalla data di entrata in vigore della legge di conversione del presente decreto, sono definite le modalità operative per l'attuazione delle disposizioni di cui al presente articolo.

4. Le disposizioni di cui ai commi 1 e 2 si applicano a decorrere dal periodo d'imposta successivo a quello in corso alla data di entrata in vigore della legge di conversione del presente decreto.

(A) *In riferimento alle Nuove regole per la dichiarazione d'intento vedi: Circolare ASSONIME 07/04/2020 n. 4*
(1) *Articolo inserito dall'articolo 1, comma 1, della Legge 28 giugno 2019, n. 58, in sede di conversione.*

12 octies. Tenuta della contabilità in forma meccanizzata [A][1]**.** – 1. Al comma 4-quater dell'articolo 7 del decreto-legge 10 giugno 1994, n. 357, convertito, con modificazioni, dalla legge 8 agosto 1994, n. 489, le parole: «*la tenuta dei registri di cui agli articoli 23 e 25 del decreto del Presidente della Repubblica 26 ottobre 1972, n. 633, con sistemi elettronici*» sono sostituite dalle seguenti: «*la tenuta di qualsiasi registro contabile con sistemi elettronici su qualsiasi supporto*».

(A) *Per le modalità di assolvimento dell'imposta di bollo per i libri e registri contabili (libro giornale) tenuti con sistemi informatici, vedi: Risposta Agenzia delle Entrate 17/05/2021 n. 346.*
(1) *Articolo inserito dall'articolo 1, comma 1, della Legge 28 giugno 2019, n. 58, in sede di conversione.*

12 nonies. Imposta di bollo virtuale sulle fatture elettroniche [1]**.** – 1. Ai fini del calcolo dell'imposta di bollo dovuta ai sensi dell'articolo 6, comma 2, del decreto del Ministro dell'economia e delle finanze 17 giugno 2014, pubblicato nella Gazzetta Ufficiale n. 146 del 26 giugno 2014, in base ai dati indicati nelle fatture elettroniche inviate attraverso il sistema di interscambio di cui all'articolo 1, commi 211 e 212, della legge 24 dicembre 2007, n. 244, l'Agenzia delle entrate integra le fatture che non recano l'annotazione di assolvimento dell'imposta di bollo di cui all'ultimo periodo del citato articolo 6, comma 2, avvalendosi di procedure automatizzate. Nei casi in cui i dati indicati nelle fatture elettroniche non siano sufficienti per i fini di cui al periodo precedente, restano applicabili le disposizioni di cui al decreto del Presidente della Repubblica 26 ottobre 1972, n. 642. In caso di ritardato, omesso o insufficiente versamento, l'Agenzia delle entrate comunica al contribuente con modalità telematiche l'ammontare dell'imposta, della sanzione amministrativa dovuta ai sensi dell'articolo 13, comma 1, del decreto legislativo 18 dicembre 1997, n. 471, ridotta ad un terzo, nonché degli interessi dovuti fino all'ultimo giorno del mese antecedente a quello dell'elaborazione della comunicazione; se il contribuente non provvede al pagamento, in tutto o in parte, delle somme dovute entro trenta giorni dal ricevimento della comunicazione, il competente ufficio dell'Agenzia delle entrate procede all'iscrizione a ruolo a titolo definitivo. Le disposizioni di cui al presente articolo, si applicano alle fatture inviate dal 1° gennaio 2021 attraverso il sistema di interscambio di cui al citato articolo 1, commi 211 e 212, della legge 24 dicembre 2007, n. 244. Con decreto del Ministro dell'economia e delle finanze sono adottate le disposizioni di attuazione del presente comma, ivi comprese le procedure per il recupero dell'imposta di bollo non versata e l'irrogazione delle sanzioni di cui al terzo periodo. Le amministrazioni interessate provvedono alle attività relative all'attuazione del presente comma nell'ambito delle risorse umane, finanziarie e strumentali disponibili a legislazione vigente e, comunque, senza nuovi o maggiori oneri per la finanza pubblica [2].

(1) *Articolo inserito dall'articolo 1, comma 1, della Legge 28 giugno 2019, n. 58, in sede di conversione.*

(2) Comma modificato dall'articolo 17, comma 1, del D.L. 26 ottobre 2019, n. 124, convertito con modificazioni dalla Legge 19 dicembre 2019, n. 157 e successivamente dall'articolo 143, comma 1, del D.L. 19 maggio 2020 , n. 34, convertito, con modificazioni, dalla Legge 17 luglio 2020, n. 77.

13. Vendita di beni tramite piattaforme digitali. – 1. Il soggetto passivo che facilita, tramite l'uso di un'interfaccia elettronica quale un mercato virtuale, una piattaforma, un portale o mezzi analoghi, le vendite a distanza di beni importati o le vendite a distanza di beni all'interno dell'Unione europea è tenuto a trasmettere entro il mese successivo a ciascun trimestre, secondo termini e modalità stabiliti con provvedimento del direttore dell'Agenzia delle entrate, per ciascun fornitore i seguenti dati [(1)]:

a) la denominazione o i dati anagrafici completi, la residenza o il domicilio, il codice identificativo fiscale ove esistente, l'indirizzo di posta elettronica [(2)];

b) il numero totale delle unità vendute in Italia;

c) a scelta del soggetto passivo, per le unità vendute in Italia l'ammontare totale dei prezzi di vendita o il prezzo medio di vendita.

[2. Il primo invio di dati deve essere effettuato nel mese di luglio 2019.] [(3)]

3. Il soggetto passivo di cui al comma 1 è considerato debitore d'imposta per le vendite a distanza per le quali non ha trasmesso, o ha trasmesso in modo incompleto, i dati di cui al comma 1, presenti sulla piattaforma, se non dimostra che l'imposta è stata assolta dal fornitore.

4. Le disposizioni di cui all'articolo 11-bis, commi da 11 a 15, del decreto-legge 14 dicembre 2018, n. 135, convertito, con modificazioni, dalla legge 11 febbraio 2019, n. 12, acquistano efficacia a decorrere dal 1° luglio 2021. Il soggetto passivo che ha facilitato tramite l'uso di un'interfaccia elettronica, quale un mercato virtuale, una piattaforma, un portale o mezzi analoghi, le vendite a distanza di cui all'articolo 11-bis, commi da 11 a 15, del decreto-legge 14 dicembre 2018, n. 135, convertito, con modificazioni, dalla legge 11 febbraio 2019, n. 12, nel periodo compreso tra il 13 febbraio 2019 e la data di entrata in vigore del presente decreto, invia i dati relativi a dette operazioni secondo termini e modalità determinati con il provvedimento dell'Agenzia delle entrate di cui al comma 1 [(4)].

5. Le disposizioni dei commi 1, 2 e 3 si applicano fino al 30 giugno 2021 [(5)].

(1) Alinea modificato dall'articolo 1, comma 1, della Legge 28 giugno 2019, n. 58, in sede di conversione.
(2) Lettera sostituita dall'articolo 1, comma 1, della Legge 28 giugno 2019, n. 58, in sede di conversione.
(3) Comma soppresso dall'articolo 1, comma 1, della Legge 28 giugno 2019, n. 58, in sede di conversione.
(4) Comma modificato dall'articolo 1, comma 1, della Legge 28 giugno 2019, n. 58, in sede di conversione e successivamente dall'articolo 3, comma 3, lettera a), del D.L. 31 dicembre 2020, n. 183, convertito, con modificazioni, dalla Legge 26 febbraio 2021, n. 21.
(5) Comma modificato dall'articolo 3, comma 3, lettera b), del D.L. 31 dicembre 2020, n. 183, convertito, con modificazioni, dalla Legge 26 febbraio 2021, n. 21.

13 *bis*. Reintroduzione della denuncia fiscale per la vendita di alcolici [(1)]. – 1. Al comma 2 dell'articolo 29 del testo unico delle disposizioni legislative concernenti le imposte sulla produzione e sui consumi e relative sanzioni penali e amministrative, di cui al decreto legislativo 26 ottobre 1995, n. 504, le parole: «*, ad esclusione degli esercizi pubblici, degli esercizi di intrattenimento pubblico, degli esercizi ricettivi e dei rifugi alpini,*» sono soppresse.

(1) Articolo inserito dall'articolo 1, comma 1, della Legge 28 giugno 2019, n. 58, in sede di conversione.

13 *ter*. Disposizioni in materia di pagamento o deposito dei diritti doganali [(1)]. – 1. L'articolo 77 del testo unico delle disposizioni legislative in materia doganale, di cui al decreto del Presidente della Repubblica 23 gennaio 1973, n. 43, è sostituito dal seguente:

«*Art. 77. - (Modalità di pagamento o deposito dei diritti doganali) - 1. Presso gli uffici doganali, il pagamento dei diritti doganali e di ogni altro diritto che la dogana è tenuta a riscuotere in forza di una legge, nonché delle relative sanzioni, ovvero il deposito cauzionale di somme a garanzia del pagamento di tali diritti, può essere eseguito nei modi seguenti:*

a) mediante carte di debito, di credito o prepagate e ogni altro strumento di pagamento elettronico disponibile, in conformità alle disposizioni dettate dal codice dell'amministrazione digitale, di cui al decreto legislativo 7 marzo 2005, n. 82;

b) mediante bonifico bancario;

c) mediante accreditamento sul conto corrente postale intestato all'ufficio;

d) in contanti per un importo non superiore a euro 300. È facoltà del direttore dell'ufficio delle dogane consentire, quando particolari circostanze lo giustificano, il versamento in contanti di più elevati importi, fino al limite massimo consentito dalla normativa vigente sull'utilizzo del contante;

e) mediante assegni circolari non trasferibili, quando lo giustificano particolari circostanze di necessità o urgenza, stabilite con provvedimento del direttore dell'Agenzia delle dogane e dei monopoli.

2. Le modalità per il successivo versamento delle somme riscosse alla Tesoreria sono stabilite con provvedimento del direttore dell'Agenzia delle dogane e dei monopoli, di concerto con la Ragioneria generale dello Stato, sentita la Banca d'Italia».

(1) Articolo inserito dall'articolo 1, comma 1, della Legge 28 giugno 2019, n. 58, in sede di conversione.

13 *quater*. Disposizioni in materia di locazioni brevi e attività ricettive [(1)]. – 1. All'articolo 4, comma 5-bis, del decreto-legge 24 aprile 2017, n. 50, convertito, con modificazioni, dalla legge 21 giugno 2017, n. 96, è aggiunto, in fine, il seguente periodo: «*In assenza di nomina del rappresentante fiscale, i soggetti residenti nel territorio dello Stato che appartengono allo stesso gruppo dei soggetti di cui al periodo precedente sono solidalmente responsabili con questi ultimi per l'effettuazione e il versamento della ritenuta sull'ammontare dei canoni e corrispettivi relativi ai contratti di cui ai commi 1 e 3*».

2. I dati risultanti dalle comunicazioni di cui all'articolo 109, comma 3, del testo unico delle leggi di pubblica sicurezza, di cui al regio decreto 18 giugno 1931, n. 773, sono forniti dal Ministero dell'interno, in forma anonima e aggregata per struttura ricettiva, all'Agenzia delle entrate, che li rende disponibili, anche a fini di monitoraggio, ai comuni che hanno istituito l'imposta di soggiorno, di cui all'articolo 4 del decreto legislativo 14 marzo 2011, n. 23, o il contributo di soggiorno, di cui all'articolo 14, comma 16, lettera e), del decreto-legge 31 maggio 2010, n. 78, convertito, con modificazioni, dalla legge 30 luglio 2010, n. 122. Tali dati

sono utilizzati dall'Agenzia delle entrate, unitamente a quelli trasmessi dai soggetti che esercitano attività di intermediazione immobiliare ai sensi dell'articolo 4, commi 4 e 5, del decreto-legge 24 aprile 2017, n. 50, convertito, con modificazioni, dalla legge 21 giugno 2017, n. 96, ai fini dell'analisi del rischio relativamente alla correttezza degli adempimenti fiscali.

3. I criteri, i termini e le modalità per l'attuazione delle disposizioni del comma 2 sono stabiliti con decreto del Ministro dell'economia e delle finanze, di concerto con il Ministro dell'interno, da adottare entro tre mesi dalla data di entrata in vigore della legge di conversione del presente decreto, sentita la Conferenza Stato-città ed autonomie locali, che si pronuncia entro quarantacinque giorni dalla data di trasmissione. Decorso il termine di quarantacinque giorni, il decreto può essere comunque adottato.

4. Ai fini della tutela dei consumatori, presso il Ministero per i beni e le attività culturali e per il turismo è istituita una banca di dati delle strutture ricettive, nonché degli immobili destinati alle locazioni brevi ai sensi dell'articolo 4 del decreto-legge 24 aprile 2017, n. 50, convertito, con modificazioni, dalla legge 21 giugno 2017, n. 96, identificati mediante un codice da utilizzare in ogni comunicazione inerente all'offerta e alla promozione dei servizi all'utenza, fermo restando quanto stabilito in materia dalle leggi regionali. La banca di dati raccoglie e ordina le informazioni inerenti alle strutture ricettive e agli immobili di cui al presente comma. Le regioni e le province autonome di Trento e di Bolzano trasmettono al Ministero per i beni e le attività culturali e per il turismo i dati inerenti alle strutture ricettive e agli immobili di cui al presente comma con i relativi codici identificativi regionali, ove adottati. Con decreto del Ministro per i beni e le attività culturali e per il turismo, da adottare entro sessanta giorni dalla data di entrata in vigore della presente disposizione, sono stabilite le modalità di realizzazione e di gestione della banca di dati e di acquisizione dei codici identificativi regionali nonché le modalità di accesso alle informazioni che vi sono contenute e della loro pubblicazione nel sito internet istituzionale del Ministero del turismo. Per le esigenze di contrasto dell'evasione fiscale e contributiva, la banca dati è accessibile all'amministrazione finanziaria degli enti creditori per le finalità istituzionali(2).

[5. Con decreto del Ministero delle politiche agricole alimentari, forestali e del turismo, da adottare entro trenta giorni dalla data di entrata in vigore della legge di conversione del presente decreto, sono stabiliti:

a) le norme per la realizzazione e la gestione della banca dati, compresi i dispositivi per la sicurezza e la riservatezza dei dati;

b) le modalità di accesso alle informazioni contenute nella banca dati;

c) le modalità con cui le informazioni contenute nella banca dati sono messe a disposizione degli utenti e delle autorità preposte ai controlli e quelle per la conseguente pubblicazione nel sito internet istituzionale del Ministero delle politiche agricole alimentari, forestali e del turismo;

d) i criteri che determinano la composizione del codice identificativo, sulla base della tipologia e delle caratteristiche della struttura ricettiva nonché della sua ubicazione nel territorio comunale.](3)

[6. Con decreto del Ministro delle politiche agricole alimentari, forestali e del turismo, di concerto con il Ministro dell'economia e delle finanze, da adottare entro novanta giorni dalla data di entrata in vigore della legge di conversione del presente decreto, sentiti il direttore dell'Agenzia delle entrate e il Garante per la protezione dei dati personali, sono definite le modalità applicative per l'accesso ai dati relativi al codice identificativo da parte dell'Agenzia delle entrate.](4)

7. I soggetti titolari delle strutture ricettive, i soggetti che concedono in locazione breve immobili ad uso abitativo, ai sensi dell'articolo 4 del decreto-legge 24 aprile 2017, n. 50, convertito, con modificazioni, dalla legge 21 giugno 2017, n. 96, i soggetti che esercitano attività di intermediazione immobiliare e i soggetti che gestiscono portali telematici, mettendo in contatto persone in cerca di un immobile o porzioni di esso con persone che dispongono di unità immobiliari o porzioni di esse da locare, sono tenuti a pubblicare i codici di cui al comma 4 nelle comunicazioni inerenti all'offerta e alla promozione(5).

8. L'inosservanza delle disposizioni di cui al comma 7 comporta l'applicazione della sanzione pecuniaria da 500 euro a 5.000 euro. In caso di reiterazione della violazione, la sanzione è maggiorata del doppio.

9. All'onere derivante dall'attuazione delle disposizioni del comma 4, pari a 1 milione di euro per l'anno 2019, si provvede mediante corrispondente riduzione del Fondo di conto capitale di cui al comma 5 dell'articolo 34-ter della legge 31 dicembre 2009, n. 196, iscritto nello stato di previsione del Ministero delle politiche agricole alimentari, forestali e del turismo.

(1) *Articolo inserito dall'articolo 1, comma 1, della Legge 28 giugno 2019, n. 58, in sede di conversione.*
(2) *Comma sostituito dall'articolo 1, comma 597, lettera a), della Legge 30 dicembre 2020, n. 178 e successivamente modificato dall'articolo 1, comma 373, della Legge 30 dicembre 2021, n. 234.*
(3) *Comma abrogato dall'articolo 1, comma 597, lettera b), della Legge 30 dicembre 2020, n. 178.*
(4) *Comma abrogato dall'articolo 1, comma 597, lettera b), della Legge 30 dicembre 2020, n. 178.*
(5) *Comma modificato dall'articolo 1, comma 597, lettera c), della Legge 30 dicembre 2020, n. 178.*

14. Enti associativi assistenziali (1). – 1. All'articolo 148, comma 3, del testo unico delle imposte sui redditi, di cui al decreto del Presidente della Repubblica 22 dicembre 1986, n. 917, le parole: «*Per le associazioni politiche, sindacali e di categoria, religiose, sportive dilettantistiche, nonché per le strutture periferiche di natura privatistica necessarie agli enti pubblici non economici per attuare la funzione di preposto a servizi di pubblico interesse, non si considerano commerciali*» sono sostituite dalle seguenti: «*Per le associazioni politiche, sindacali e di categoria, religiose, assistenziali, culturali, sportive dilettantistiche, di promozione sociale e di formazione extra-scolastica della persona, nonché per le strutture periferiche di natura privatistica necessarie agli enti pubblici non economici per attuare la funzione di preposto a servizi di pubblico interesse, non si considerano commerciali*».

2. Il comma 4 dell'articolo 89 del codice del Terzo settore, di cui al decreto legislativo 3 luglio 2017, n. 117, è sostituito dal seguente:

« *4. All'articolo 148, comma 3, del testo unico delle imposte sui redditi, di cui al decreto del Presidente della Repubblica 22 dicembre 1986, n. 917, le parole: "Per le associazioni politiche, sindacali e di categoria, religiose, assistenziali, culturali, sportive dilettantistiche, di promozione sociale e di formazione extra-scolastica della persona, non-*

ché per le strutture periferiche di natura privatistica necessarie agli enti pubblici non economici per attuare la funzione di preposto a servizi di pubblico interesse" sono sostituite dalle seguenti: "Per le associazioni politiche, sindacali e di categoria, religiose, assistenziali, sportive dilettantistiche, nonché per le strutture periferiche di natura privatistica necessarie agli enti pubblici non economici per attuare la funzione di preposto a servizi di pubblico interesse"».

(1) *Articolo sostituito dall'articolo 1, comma 1, della Legge 28 giugno 2019, n. 58, in sede di conversione.*

15. Estensione della definizione agevolata delle entrate regionali e degli enti locali. – 1. Con riferimento alle entrate, anche tributarie, delle regioni, delle province, delle città metropolitane e dei comuni, non riscosse a seguito di provvedimenti di ingiunzione fiscale ai sensi del testo unico delle disposizioni di legge relative alla riscossione delle entrate patrimoniali dello Stato, approvato con Regio decreto 14 aprile 1910, n. 639, notificati, negli anni dal 2000 al 2017, dagli enti stessi e dai concessionari della riscossione di cui all'articolo 53 del decreto legislativo 15 dicembre 1997, n. 446, i predetti enti territoriali possono stabilire, entro sessanta giorni dalla data di entrata in vigore del presente decreto, con le forme previste dalla legislazione vigente per l'adozione dei propri atti destinati a disciplinare le entrate stesse, l'esclusione delle sanzioni relative alle predette entrate. Gli enti territoriali, entro trenta giorni, danno notizia dell'adozione dell'atto di cui al primo periodo mediante pubblicazione nel proprio sito internet istituzionale.

2. Con il provvedimento di cui al comma 1 gli enti territoriali stabiliscono anche:

a) il numero di rate in cui può essere ripartito il pagamento e la relativa scadenza, che non può superare il 30 settembre 2021 (1);

b) le modalità con cui il debitore manifesta la sua volontà di avvalersi della definizione agevolata;

c) i termini per la presentazione dell'istanza in cui il debitore indica il numero di rate con il quale intende effettuare il pagamento, nonché la pendenza di giudizi aventi a oggetto i debiti cui si riferisce l'istanza stessa, assumendo l'impegno a rinunciare agli stessi giudizi;

d) il termine entro il quale l'ente territoriale o il concessionario della riscossione trasmette ai debitori la comunicazione nella quale sono indicati l'ammontare complessivo delle somme dovute per la definizione agevolata, quello delle singole rate e la scadenza delle stesse.

3. A seguito della presentazione dell'istanza sono sospesi i termini di prescrizione e di decadenza per il recupero delle somme oggetto di tale istanza.

4. In caso di mancato, insufficiente o tardivo versamento dell'unica rata ovvero di una delle rate in cui è stato dilazionato il pagamento delle somme, la definizione non produce effetti e riprendono a decorrere i termini di prescrizione e di decadenza per il recupero delle somme oggetto dell'istanza. In tale caso, i versamenti effettuati sono acquisiti a titolo di acconto dell'importo complessivamente dovuto.

5. Si applicano i commi 16 e 17 dell'articolo 3 del decreto-legge 23 ottobre 2018, n. 119 convertito, con modificazioni, dalla legge 17 dicembre 2018, n. 136.

6. Per le regioni a statuto speciale e per le province autonome di Trento e di Bolzano l'attuazione delle disposizioni del presente articolo avviene in conformità e compatibilmente con le forme e con le condizioni di speciale autonomia previste dai rispettivi statuti.

(1) *Lettera modificata dall'articolo 1, comma 1, della Legge 28 giugno 2019, n. 58, in sede di conversione.*

15 *bis*. Efficacia delle deliberazioni regolamentari e tariffarie relative alle entrate tributarie degli enti locali (1). – 1. All'articolo 13 del decreto-legge 6 dicembre 2011, n. 201, convertito, con modificazioni, dalla legge 22 dicembre 2011, n.214, sono apportate le seguenti modificazioni:

a) il comma 15 è sostituito dal seguente:

«*15. A decorrere dall'anno di imposta 2020, tutte le delibere regolamentari e tariffarie relative alle entrate tributarie dei comuni sono inviate al Ministero dell'economia e delle finanze - Dipartimento delle finanze, esclusivamente per via telematica, mediante inserimento del testo delle stesse nell'apposita sezione del portale del federalismo fiscale, per la pubblicazione nel sito informatico di cui all'articolo 1, comma 3, del decreto legislativo 28 settembre 1998, n. 360. Per le delibere regolamentari e tariffarie relative alle entrate tributarie delle province e delle città metropolitane, la disposizione del primo periodo si applica a decorrere dall'anno di imposta 2021*»;

b) dopo il comma 15 sono inseriti i seguenti:

«*15-bis. Con decreto del Ministro dell'economia e delle finanze, di concerto con il Ministro dell'interno, sentita l'Agenzia per l'Italia digitale, da adottare entro novanta giorni dalla data di entrata in vigore della presente disposizione, previa intesa in sede di Conferenza Stato-città ed autonomie locali, sono stabilite le specifiche tecniche del formato elettronico da utilizzare per l'invio telematico di cui al comma 15, in modo tale da consentire il prelievo automatizzato delle informazioni utili per l'esecuzione degli adempimenti relativi al pagamento dei tributi, e sono fissate le modalità di attuazione, anche graduale, dell'obbligo di effettuare il predetto invio nel rispetto delle specifiche tecniche medesime.*

15-ter. A decorrere dall'anno di imposta 2020, le delibere e i regolamenti concernenti i tributi comunali diversi dall'imposta di soggiorno, dall'addizionale comunale all'imposta sul reddito delle persone fisiche (IRPEF), dall'imposta municipale propria (IMU) e dal tributo per i servizi indivisibili (TASI) acquistano efficacia dalla data della pubblicazione effettuata ai sensi del comma 15, a condizione che detta pubblicazione avvenga entro il 28 ottobre dell'anno a cui la delibera o il regolamento si riferisce; a tal fine, il comune è tenuto a effettuare l'invio telematico di cui al comma 15 entro il termine perentorio del 14 ottobre dello stesso anno. I versamenti dei tributi diversi dall'imposta di soggiorno, dall'addizionale comunale all'IRPEF, dall'IMU e dalla TASI la cui scadenza è fissata dal comune prima del 1° dicembre di ciascun anno devono essere effettuati sulla base degli atti applicabili per l'anno precedente. I versamenti dei medesimi tributi la cui scadenza è fissata dal comune in data successiva al 1° dicembre di ciascun anno devono essere effettuati sulla base degli atti pubblicati entro il 28 ottobre, a saldo dell'imposta dovuta per l'intero anno, con eventuale conguaglio su quanto già versato. In caso di mancata pubblicazione entro il termine del 28 ottobre, si applicano gli atti adottati per l'anno precedente.

15-quater. A decorrere dall'anno di imposta 2020, i regolamenti e le delibere di approvazione delle tariffe relativi all'imposta di soggiorno e al contributo di sbarco di cui all'articolo 4 del decreto legislativo 14 marzo 2011, n. 23, al contributo di soggiorno di cui all'articolo 14, comma 16, lettera e), del decreto-legge 31 maggio 2010, n. 78, convertito, con modificazioni, dalla legge 30 luglio 2010, n. 122, nonché al contributo di cui all'articolo 1, comma 1129, della legge 30 dicembre

VARIE

2018, n. 145, hanno effetto dal primo giorno del secondo mese successivo a quello della loro pubblicazione effettuata ai sensi del comma 15. Il Ministero dell'economia e delle finanze provvede alla pubblicazione dei regolamenti e delle delibere di cui al periodo precedente entro i quindici giorni lavorativi successivi alla data di inserimento nel portale del federalismo fiscale.

15-quinquies. Ai fini della pubblicazione di cui all'articolo 17, comma 2, del decreto legislativo 6 maggio 2011, n. 68, le delibere di variazione dell'aliquota dell'imposta sulle assicurazioni contro la responsabilità civile derivante dalla circolazione dei veicoli a motore sono trasmesse con le modalità di cui al comma 15».

2. Il comma 2 dell'articolo 52 del decreto legislativo 15 dicembre1997, n. 446, è abrogato.

3. Le amministrazioni interessate provvedono alle attività relative all'attuazione del presente articolo nell'ambito delle risorse umane, finanziarie e strumentali disponibili a legislazione vigente e, comunque, senza nuovi o maggiori oneri per la finanza pubblica [A].

[A] *In riferimento ad alcuni chiarimenti sull'efficacia delle deliberazioni regolamentari e tariffarie relative alle entrate tributarie degli enti locali, di cui al presente articolo, vedi: Circolare Ministero dell'Economia e Finanze 22 novembre 2019, n. 2/DF.*

[1] *Articolo inserito dall'articolo 1, comma 1, della Legge 28 giugno 2019, n. 58, in sede di conversione.*

15 *ter*. Misure preventive per sostenere il contrasto dell'evasione dei tributi locali [1]. – 1. Gli enti locali competenti al rilascio di licenze, autorizzazioni, concessioni e dei relativi rinnovi, alla ricezione di segnalazioni certificate di inizio attività, uniche o condizionate, concernenti attività commerciali o produttive possono disporre, con norma regolamentare, che il rilascio o il rinnovo e la permanenza in esercizio siano subordinati alla verifica della regolarità del pagamento dei tributi locali da parte dei soggetti richiedenti.

[1] *Articolo inserito dall'articolo 1, comma 1, della Legge 28 giugno 2019, n. 58, in sede di conversione.*

15 *quater*. Modifica all'articolo 232 del testo unico di cui al decreto legislativo 18 agosto 2000, n. 267, in materia di contabilità economico-patrimoniale dei comuni con popolazione inferiore a 5.000 abitanti [1]. – 1. Nelle more dell'emanazione di provvedimenti di semplificazione degli adempimenti connessi alla tenuta della contabilità economico-patrimoniale e di formulazione della situazione patrimoniale, con riferimento ai comuni con popolazione inferiore a 5.000 abitanti, all'articolo 232, comma 2, del testo unico delle leggi sull'ordinamento degli enti locali, di cui al decreto legislativo 18 agosto 2000, n. 267, le parole: «*fino all'esercizio 2017*» sono sostituite dalle seguenti: «*fino all'esercizio 2019. Gli enti che rinviano la contabilità economico-patrimoniale con riferimento all'esercizio 2019 allegano al rendiconto 2019 una situazione patrimoniale al 31 dicembre 2019 redatta secondo lo schema di cui all'allegato n. 10 al decreto legislativo 23 giugno 2011, n. 118, e con modalità semplificate individuate con decreto del Ministero dell'economia e delle finanze, di concerto con il Ministero dell'interno e con la Presidenza del Consiglio dei ministri-Dipartimento per gli affari regionali, da emanare entro il 31 ottobre 2019, anche sulla base delle proposte formulate dalla Commissione per l'armonizzazione degli enti territoriali, istituita ai sensi dell'articolo 3-bis del citato decreto legislativo n.118 del 2011*».

[1] *Articolo inserito dall'articolo 1, comma 1, della Legge 28 giugno 2019, n. 58, in sede di conversione.*

16. Credito d'imposta per le commissioni riferite a pagamenti elettronici da parte di distributori di carburante. – 1. Le disposizioni di cui all'articolo 1, comma 924, della legge 27 dicembre 2017, n. 205 valgono con riferimento alle cessioni di carburanti effettuate nei confronti sia di esercenti attività d'impresa, arte e professioni sia di consumatori finali. Nel caso in cui gli esercenti di impianti di distribuzione di carburante non contabilizzino separatamente le commissioni addebitate per le transazioni effettuate diverse da quelle per cessioni di carburante, il credito d'imposta di cui al citato articolo 1, comma 924, della legge n. 205 del 2017, spetta per la quota parte delle commissioni calcolata in base al rapporto tra il volume d'affari annuo derivante da cessioni di carburante e il volume d'affari annuo complessivo[1].

[1] *Comma modificato dall'articolo 1, comma 1, della Legge 28 giugno 2019, n. 58, in sede di conversione.*

16 *bis*. Riapertura dei termini per gli istituti agevolativi relativi ai carichi affidati agli agenti della riscossione [1]. – 1. Salvo che per i debiti già compresi in dichiarazioni di adesione alla definizione di cui all'articolo 3 del decreto-legge 23 ottobre 2018, n. 119, convertito, con modificazioni, dalla legge 17 dicembre 2018, n. 136, presentate entro il 30 aprile 2019, il debitore può esercitare la facoltà ivi riconosciuta rendendo la dichiarazione prevista dal comma 5 del citato articolo 3 entro il 31 luglio 2019, con le modalità e in conformità alla modulistica che l'agente della riscossione pubblica nel proprio sito internet nel termine massimo di cinque giorni dalla data di entrata in vigore della legge di conversione del presente decreto. In tal caso, si applicano, con le seguenti deroghe, le disposizioni dell'articolo 3 del citato decreto-legge n. 119 del 2018, ad eccezione dei commi 21, 22, 24 e 24-bis:

a) in caso di esercizio della predetta facoltà, la dichiarazione resa può essere integrata entro la stessa data del 31 luglio 2019;

b) il pagamento delle somme di cui al comma 1 dell'articolo 3 del citato decreto-legge n. 119 del 2018 è effettuato alternativamente:

1) in unica soluzione, entro il 30 novembre 2019;

2) nel numero massimo di diciassette rate consecutive, la prima delle quali, di importo pari al 20 per cento delle somme complessivamente dovute ai fini della definizione, scadente il 30 novembre 2019, e le restanti, ciascuna di pari ammontare, scadenti il 28 febbraio, il 31 maggio, il 31 luglio e il 30 novembre di ciascun anno a decorrere dal 2020; in tal caso, gli interessi di cui al comma 3 dell'articolo 3 del citato decreto-legge n. 119 del 2018 sono dovuti a decorrere dal 1° dicembre 2019 [2];

c) l'ammontare complessivo delle somme dovute ai fini della definizione, nonché quello delle singole rate, e il giorno e il mese di scadenza di ciascuna di esse, sono comunicati dall'agente della riscossione al debitore entro il 31 ottobre 2019;

d) gli effetti di cui alla lettera a) del comma 13 dell'articolo 3 del citato decreto-legge n. 119 del 2018 si determinano alla data del 30 novembre 2019;

e) i debiti di cui al comma 23 dell'articolo 3 del citato decreto-legge n. 119 del 2018 possono essere definiti versando le somme dovute in unica soluzione entro il 30 novembre 2019, ovvero nel numero massimo di nove rate consecutive, la prima delle quali, di importo pari al 20 per cento, scadente il 30 novembre 2019, e le restanti, ciascuna di pari ammontare, scadenti il 28 febbraio, il 31 maggio, il 31 luglio e il 30 novembre degli anni 2020 e 2021. In caso di pagamento rateale, gli interessi di cui al comma 3 dell'articolo 3 del citato decreto-legge n. 119 del 2018 sono dovuti a decorrere dal 1° dicembre 2019.

2. Salvo che per i debiti già compresi in dichiarazioni di adesione alle definizioni di cui all'articolo 3 del decreto-legge 23 ottobre 2018, n. 119, convertito, con modificazioni, dalla legge 17 dicembre 2018, n. 136, e ai commi da 184 a 1.98 dell'articolo 1 della legge 30 dicembre 2018, n. 145, presentate entro il 30 aprile 2019, il debitore può rendere la dichiarazione prevista dal comma 189 del citato articolo 1 della legge n. 145 del 2018 entro il 31 luglio 2019, con le modalità e in conformità alla modulistica che l'agente della riscossione pubblica nel proprio sito internet nel termine massimo di cinque giorni dalla data di entrata in vigore della legge di conversione del presente decreto. In tal caso, si applicano le disposizioni dei commi da 184 a 198 dell'articolo 1 della citata legge n. 145 del 2018, nonché quelle del comma 1, lettere a) e d), del presente articolo.

3. Le disposizioni del presente articolo:

a) si applicano anche alle dichiarazioni di adesione alle definizioni ivi indicate presentate successivamente al 30 aprile 2019 e anteriormente alla data di entrata in vigore della legge di conversione del presente decreto;

b) non si applicano alla definizione di cui all'articolo 5 del decreto-legge 23 ottobre 2018, n. 119, convertito, con modificazioni, dalla legge 17 dicembre 2018, n. 136.

(1) *Articolo aggiunto dall'articolo 1, comma 1, della Legge 28 giugno 2019, n. 58, in sede di conversione.*

(2) *Per un differimento dei termini di versamenti di cui al presente numero, vedi l'articolo 2, comma 3, del D.L. 2 marzo 2020, n. 9. Decreto abrogato dall'articolo 1, comma 2, della Legge 24 aprile 2020, n. 27, a norma del quale restano validi gli atti ed i provvedimenti adottati e sono fatti salvi gli effetti prodottisi e i rapporti giuridici sorti sulla base del medesimo D.L. n. 9/2020. Vedi, da ultimo, l'articolo 68, comma 3 del D.L. 17 marzo 2020, n. 18, convertito, con modificazioni, dalla L. 24 aprile 2020, n. 27, come modificato dall'articolo dall'articolo 10-quinques, comma 2, del D.L. 27 gennaio 2022, n. 4, convertito con modificazioni dalla Legge 28 marzo 2022, n. 25.*

16 *ter*. Norma di interpretazione autentica in materia di IMU sulle società agricole (1). – 1. Le agevolazioni tributarie riconosciute ai fini dell'imposta municipale propria, alle condizioni previste dal comma 2 dell'articolo 13 del decreto-legge 6 dicembre 2011, n. 201, convertito, con modificazioni, dalla legge 22 dicembre 2011, n. 214, si intendono applicabili anche alle società agricole di cui all'articolo 1, comma 3, del decreto legislativo 29 marzo 2004, n. 99. La presente disposizione ha carattere interpretativo ai sensi dell'articolo 1, comma 2, della legge 27 luglio 2000, n. 212.

(1) *Articolo aggiunto dall'articolo 1, comma 1, della Legge 28 giugno 2019, n. 58, in sede di conversione.*

16 *quater*. Stralcio dei debiti fino a mille euro affidati agli agenti della riscossione dal 2000 al 2010 (1). – 1. Al comma 1 dell'articolo 4 del decreto-legge 23 ottobre 2018, n. 119, convertito, con modificazioni, dalla legge 17 dicembre 2018, n. 136, è aggiunto, in fine, il seguente periodo: "Gli enti creditori, sulla base dell'elenco trasmesso dall'agente della riscossione, adeguano le proprie scritture contabili entro la data del 31 dicembre 2019, tenendo conto degli eventuali effetti negativi già nel corso della gestione e vincolando allo scopo le eventuali risorse disponibili alla data della comunicazione".

(1) *Articolo aggiunto dall'articolo 1, comma 1, della Legge 28 giugno 2019, n. 58, in sede di conversione.*

16 *quinquies*. Disposizioni in materia previdenziale (1). – 1. All'articolo 1 della legge 30 dicembre 2018, n. 145, sono apportate le seguenti modificazioni:

a) dopo il comma 185 è inserito il seguente:

"185-bis. Le disposizioni del comma 185 si applicano ai debiti derivanti dall'omesso versamento dei contributi dovuti dagli iscritti alle casse previdenziali professionali, previe apposite delibere delle medesime casse, approvate ai sensi del comma 2 dell'articolo 3 del decreto legislativo 30 giugno 1994, n. 509, pubblicate nei rispettivi siti internet istituzionali entro il 16 settembre 2019 e comunicate, entro la stessa data, all'agente della riscossione mediante posta elettronica certificata";

b) al comma 192, dopo le parole: "e 188" sono inserite le seguenti: "o l'esistenza della delibera favorevole prevista dal comma 185-bis".

[2. L'Istituto nazionale di previdenza dei giornalisti italiani "Giovanni Amendola" (INPGI), nell'esercizio dell'autonomia di cui al decreto legislativo 30 giugno 1994, n. 509, con provvedimenti soggetti ad approvazione ministeriale ai sensi dell'articolo 3, comma 2, del citato decreto legislativo n. 509 del 1994, è tenuto ad adottare, entro dodici mesi dalla data di entrata in vigore della legge di conversione del presente decreto, misure di riforma del proprio regime previdenziale volte al riequilibrio finanziario della gestione sostitutiva dell'assicurazione generale obbligatoria che intervengano in via prioritaria sul contenimento della spesa e, in subordine, sull'incremento delle entrate contributive, finalizzate ad assicurare la sostenibilità economico-finanziaria nel medio e lungo periodo. Entro il termine perentorio del 31 dicembre 2020, l'INPGI trasmette ai Ministeri vigilanti un bilancio tecnico attuariale, redatto in conformità a quanto previsto dal comma 2 dell'articolo 2 del citato decreto legislativo n. 509 del 1994, che tenga conto degli effetti derivanti dall'attuazione delle disposizioni del primo periodo del presente comma, e sino alla medesima data è sospesa, con riferimento alla sola gestione sostitutiva dell'INPGI, l'efficacia delle disposizioni di cui al comma 4 dell'articolo 2 del citato decreto legislativo n. 509 del 1994. Qualora il bilancio tecnico non evidenzi la sostenibilità economico-finanziaria di medio e lungo periodo della gestione sostitutiva dell'assicurazione generale obbligatoria, al fine di ottemperare alla necessità di tutelare la posizione previdenziale dei lavoratori del mondo dell'informazione e di riequilibrare la sostenibilità economico-finanziaria della gestione previdenziale dell'INPGI nel medio e lungo periodo, il Governo adotta uno o più regolamenti, ai sensi dell'articolo 17, comma 2, della legge 23 agosto 1988, n. 400, diretti a disciplinare, senza nuovi o

VARIE

maggiori oneri ovvero minori entrate per la finanza pubblica, le modalità di ampliamento della platea contributiva dell'INPGI. Per le finalità di cui al terzo periodo del presente comma e per evitare effetti negativi in termini di saldo netto da finanziare, a seguito dell'eventuale passaggio di soggetti assicurati dall'INPS all'INPGI, ferma restando comunque la necessità di invarianza del gettito contributivo e degli oneri per prestazioni per il comparto delle pubbliche amministrazioni allo scopo di garantire la neutralità in termini di indebitamento netto e di fabbisogno, sono accantonati e resi indisponibili nel bilancio dello Stato i seguenti importi: 159 milioni di euro per l'anno 2023, 163 milioni di euro per l'anno 2024, 167 milioni di euro per l'anno 2025, 171 milioni di euro per l'anno 2026, 175 milioni di euro per l'anno 2027, 179 milioni di euro per l'anno 2028, 183 milioni di euro per l'anno 2029, 187 milioni di euro per l'anno 2030 e 191 milioni di euro annui a decorrere dall'anno 2031. All'onere di cui al quarto periodo del presente comma si provvede a valere sui minori oneri, in termini di saldo netto da finanziare, derivanti dal presente decreto.] [Per il predetto Istituto l'efficacia delle disposizioni di cui al corvina 4 dell'articolo 2 del citato decreto legislativo n. 509 del 1994 è sospesa fino al 31 ottobre 2019.] [2][3][4]

(1) *Articolo aggiunto dall'articolo 1, comma 1, della Legge 28 giugno 2019, n. 58, in sede di conversione.*
(2) *Comma modificato dall'articolo 11, comma 2, lettera a) del D.L. 30 dicembre 2019, n. 162, convertito con modificazioni dalla Legge 28 febbraio 2020, n. 8, dall'articolo 192, comma 1, del D.L. 19 maggio 2020, n. 34, convertito con modificazioni dalla Legge 17 luglio 2020, n. 77 e successivamente abrogato dall'articolo 1, comma 118, della Legge 30 dicembre 2021, n. 234.*
(3) *Periodo soppresso dall'articolo 11, comma 2, lettera b) del D.L. 30 dicembre 2019, n. 162, convertito con modificazioni dalla Legge 28 febbraio 2020, n. 8.*
(4) *A norma dell'articolo 1, comma 31, della Legge 30 dicembre 2020, n. 178, come modificato dall'articolo 67, comma 9-quinques, del D.L. 25 maggio 2021, n. 73, convertito con modificazioni dalla Legge 23 luglio 2021, n. 106, il termine di cui al secondo periodo del presente comma, è prorogato al 31 dicembre 2021.*

CAPO II
Misure per il rilancio degli investimenti privati

17. Garanzia sviluppo media impresa. – 1. Nell'ambito del Fondo di garanzia di cui all'articolo 2, comma 100, lettera a), della legge 23 dicembre 1996, n. 662, è istituita, nel rispetto della disciplina dell'Unione europea, una sezione speciale destinata alla concessione, a titolo oneroso, di garanzie a copertura di singoli finanziamenti e portafogli di finanziamenti di importo massimo garantito di euro 5 milioni e di durata ultradecennale e fino a 30 anni erogati alle imprese con un numero di dipendenti non superiore a 499 da banche e intermediari finanziari e finalizzati per almeno il 60 per cento a investimenti in beni materiali. A tal fine, la dotazione del fondo è incrementata di 150 milioni di euro per l'anno 2019. Con decreto del Ministro dello sviluppo economico, di concerto con il Ministro dell'economia e delle finanze, sono disciplinate le tipologie di operazioni ammissibili, le condizioni i criteri e le modalità di accesso alla garanzia della sezione speciale [1].

2. All'articolo 39, comma 4, del decreto-legge 6 dicembre 2011, n. 201, convertito, con modificazioni, dalla legge 22 dicembre 2011, n. 214, dopo il primo periodo è aggiunto il seguente periodo: «*Per le garanzie concesse nell'ambito di portafogli di finanziamenti l'importo massimo garantito dal Fondo per singola impresa è elevato, nel rispetto della disciplina dell'Unione europea, a 3,5 milioni di euro.*».

2-bis. All'articolo 12, comma 6-bis, del decreto-legge 23 dicembre 2013, n. 145, convertito, con modificazioni, dalla legge 21 febbraio 2014, n. 9, dopo il secondo periodo è inserito il seguente: "L'importo massimo garantibile, per ciascun soggetto beneficiario finale, relativamente alle operazioni finanziarie di cui al secondo periodo, non può essere superiore a 5 milioni di euro a valere sulle disponibilità del citato Fondo". Il comma 2 dell'articolo 14 del decreto del Ministro dello sviluppo economico 5 giugno 2014, pubblicato nella Gazzetta Ufficiale n. 172 del 26 luglio 2014, è abrogato [2].

3. Le risorse del Fondo di garanzia di cui all'articolo 2, comma 100, lettera a), della legge 23 dicembre 1996, n. 662 non utilizzate a valere sulla sezione speciale di cui al decreto del Ministro delle attività produttive e Ministro per l'innovazione e le tecnologie del 15 giugno 2004, sulle risorse assegnate al Fondo con la delibera CIPE del 21 Aprile 1999 n. 47, sulla riserva di cui al Decreto del Ministro dello sviluppo economico di concerto con il Ministro dell'economia e delle finanze del 15 gennaio 2014, sono utilizzate per le finalità generali del predetto Fondo [3].

4. Agli oneri derivanti dal comma 1 si provvede ai sensi dell'articolo 50.

(1) *Comma modificato dall'articolo 1, comma 1, della Legge 28 giugno 2019, n. 58, in sede di conversione.*
(2) *Comma inserito dall'articolo 1, comma 1, della Legge 28 giugno 2019, n. 58, in sede di conversione.*
(3) *Comma modificato dall'articolo 1, comma 1, della Legge 28 giugno 2019, n. 58, in sede di conversione.*

18. Norme in materia di semplificazione per la gestione del Fondo di garanzia per le PMI. – 1. All'articolo 18, comma 1, del decreto legislativo 31 marzo 1998, n. 112, alla lettera r) il secondo periodo è soppresso.

2. Nelle regioni sul cui territorio, alla data di entrata in vigore del presente decreto, è già disposta la limitazione dell'intervento del predetto Fondo di garanzia per le piccole e medie imprese di cui all'articolo 2, comma 100, lettera a), della legge 23 dicembre 1996, n. 662, alla sola controgaranzia dei fondi di garanzia regionali e dei consorzi di garanzia collettiva, la predetta limitazione rimane in vigore fino al 10 aprile 2020 o al minor termine previsto dalla delibera [1].

3. Al fine di sostenere lo sviluppo di canali alternativi di finanziamento delle imprese, la garanzia del Fondo di garanzia di cui all'articolo 2, comma 100, lettera a), della legge 23 dicembre 1996, n. 662, può essere concessa, a valere sulle ordinarie disponibilità del predetto Fondo, in favore dei soggetti che finanziano, per il tramite di piattaforme di social lending e di crowdfunding, progetti di investimento realizzati da micro, piccole e medie imprese, come definite dalla normativa dell'Unione europea, operanti nei settori di attività ammissibili all'intervento del Fondo.

4. Ai fini di cui al comma 3:

a) per social lending si intende lo strumento attraverso il quale una pluralità di soggetti può richiedere a una pluralità di potenziali finanziatori, compresi investitori istituzionali, tramite piattaforme on-line, fondi rimborsabili per uso personale o per finanziare un progetto [2];

b) per crowdfunding si intende lo strumento attraverso il

quale famiglie e imprese sono finanziate direttamente, tramite piattaforme on-line, da una pluralità di investitori.

5. La garanzia di cui al comma 3 è richiesta, per conto e nell'interesse dei soggetti finanziatori di cui al medesimo comma 3, dai gestori di piattaforme di social lending o di crowdfunding preventivamente accreditati, a seguito di apposita valutazione effettuata dal Consiglio di gestione del Fondo di cui all'articolo 1, comma 48, lettera a), della legge 27 dicembre 2013, n. 147.

6. Con decreto del Ministro dello sviluppo economico, di concerto con il Ministro dell'economia e delle finanze, sono stabilite le modalità e le condizioni di accesso al Fondo per i finanziamenti di cui ai commi 3 e 5, la misura massima della garanzia concedibile, che deve comunque assicurare un significativo coinvolgimento del soggetto finanziatore nel rischio dell'operazione, le modalità di retrocessione ai soggetti finanziatori delle somme derivanti dall'eventuale escussione e liquidazione della garanzia, nonché i criteri per l'accreditamento dei gestori e delle piattaforme di cui al comma 5, tra i quali rientrano la trasparenza della modalità di determinazione del prezzo dei finanziamenti, l'affidabilità del modello di valutazione della rischiosità dei prenditori, il rispetto delle norme che regolano le attività riservate dalla legge a particolari categorie di soggetti, ivi inclusa la raccolta del risparmio tra il pubblico sulla base di quanto previsto dalla normativa tecnica della Banca d'Italia (3).

(1) Comma modificato dall'articolo 1, comma 1, della Legge 28 giugno 2019, n. 58, in sede di conversione e successivamente dall'articolo 13, comma 3, del D.L. 8 aprile 2020, n. 23, convertito con modificazioni dalla Legge 5 giugno 2020, n. 40.
(2) Lettera modificata dall'articolo 1, comma 1, della Legge 28 giugno 2019, n. 58, in sede di conversione.
(3) Comma modificato dall'articolo 1, comma 1, della Legge 28 giugno 2019, n. 58, in sede di conversione.

18 *bis*. Utilizzo del Fondo rotativo di cui al decreto-legge 28 maggio 1981, n. 251, convertito, con modificazioni, dalla legge 29 luglio 1981, n. 394 (1). – 1. Il comma 1 dell'articolo 6 del decreto-legge 25 giugno 2008, n. 112, convertito, con modificazioni, dalla legge 6 agosto 2008, n. 133, è sostituito dal seguente:

"1. Le iniziative delle imprese italiane dirette alla loro promozione, sviluppo e consolidamento sui mercati anche diversi da quelli dell'Unione europea possono fruire di agevolazioni finanziarie nei limiti e alle condizioni previsti dalla vigente normativa europea in materia di aiuti di importanza minore (de minimis) e comunque in conformità con la normativa europea in materia di aiuti di Stato".

(1) Articolo inserito dall'articolo 1, comma 1, della Legge 28 giugno 2019, n. 58, in sede di conversione.

18 *ter*. Piattaforma telematica denominata "Incentivi.gov.it" (1). – 1. Nell'ambito dei processi di rafforzamento e di incremento dell'efficienza e della trasparenza delle attività delle pubbliche amministrazioni previsti negli obiettivi tematici dell'Accordo di partenariato per l'utilizzo dei fondi europei afferenti alla programmazione 2014-2020 e, in particolare, per contribuire alla realizzazione della strategia dell'Unione per una crescita intelligente, sostenibile e inclusiva, compresa la coesione economica, sociale e territoriale, è istituita presso il Ministero dello sviluppo economico la piattaforma telematica denominata "Incentivi.gov.it" per il sostegno della politica industriale e della competitività del Paese.

1-bis. La piattaforma telematica di cui al comma 1 deve promuovere la conoscenza di tutte le misure di incentivazione e dei programmi di finanziamento gestiti dal Ministero dello sviluppo economico e migliorare la trasparenza e la comprensione delle procedure di accesso e di erogazione degli incentivi anche attraverso un accesso alle informazioni interattivo e di facile utilizzo che, sulla base delle esigenze dei beneficiari, li indirizzi verso le misure più appropriate ed agevoli la conoscenza dello stato di avanzamento delle procedure di concessione degli incentivi, anche attraverso sistemi dedicati di assistenza (2).

2. Fermi restando i contenuti previsti al comma 1-bis, una sezione della piattaforma è dedicata alle informazioni relative alle misure di sostegno al tessuto produttivo gestite dalle altre amministrazioni pubbliche centrali e locali di cui all'articolo 1, comma 2, del decreto legislativo 30 marzo 2001, n. 165, ed è alimentata attraverso l'interoperabilità con il Registro nazionale degli aiuti di Stato di cui al comma 6 (3).

3. Alle spese per lo sviluppo della piattaforma telematica di cui al comma 1 si provvede attraverso l'impiego di quota parte delle risorse, fino ad un ammontare massimo di 2 milioni di euro, a valere sui fondi del programma operativo nazionale "Governance e capacità istituzionale" 2014-2020.

[4. Al fine di garantire il monitoraggio periodico delle informazioni che confluiscono nella piattaforma telematica di cui al comma 1 è istituita, senza oneri per il bilancio dello Stato, una struttura di cooperazione interorganica composta da un rappresentante della Presidenza del Consiglio dei ministri, uno del Ministero dello sviluppo economico, uno del Ministero del lavoro e delle politiche sociali, uno delle regioni e province autonome designato dalla Conferenza delle regioni e province autonome e uno di tutte le altre amministrazioni centrali e locali interessate.] (4)

[5. La struttura di cui al comma 4 definisce proposte per l'ottimizzazione della piattaforma telematica di cui al comma 1, predispone le regole tecniche per l'accesso e le modalità per la condivisione dei dati, nel rispetto delle disposizioni del codice dell'amministrazione digitale, di cui al decreto legislativo 7 marzo 2005, n. 82, nonché delle regole di sicurezza e trattamento dei dati di cui al regolamento (UE) 2016/679 del Parlamento europeo e del Consiglio, del 27 aprile 2016, e al decreto legislativo 10 agosto 2018, n. 101.] (5)

6. Con decreto del Ministro dello sviluppo economico [, da emanare entro sessanta giorni dalla data di entrata in vigore della legge di conversione del presente decreto,] sono adottate le disposizioni necessarie per l'attuazione del presente articolo, ivi incluse le modalità per assicurare l'interoperabilità della piattaforma Incentivi.gov.it con il Registro nazionale degli aiuti di Stato di cui all'articolo 52 della legge 24 dicembre 2012, n. 234, al fine di garantire l'immediata disponibilità delle informazioni utili ai sensi dei commi 1-bis e 2 (6).

(1) Articolo inserito dall'articolo 1, comma 1, della Legge 28 giugno 2019, n. 58, in sede di conversione.
(2) Comma inserito dall'articolo 39-bis,, comma 1, lettera a), del D.L. 16 luglio 2020, n. 76, convertito con modificazioni dalla Legge 11 settembre 2020, n. 120.
(3) Comma sostituito dall'articolo 39-bis, comma 1, lettera b), del D.L. 16 luglio 2020, n. 76, convertito con modificazioni dalla Legge 11 settembre

2020, n. 120.
(4) *Comma abrogato dall'articolo 39-bis, comma 1, lettera c), del D.L. 16 luglio 2020, n. 76, convertito con modificazioni dalla Legge 11 settembre 2020, n. 120.*
(5) *Comma abrogato dall'articolo 39-bis, comma 1, lettera c), del D.L. 16 luglio 2020, n. 76, convertito con modificazioni dalla Legge 11 settembre 2020, n. 120.*
(6) *Comma modificato dall'articolo 39-bis, comma 1, lettera d), del D.L. 16 luglio 2020, n. 76, convertito con modificazioni dalla Legge 11 settembre 2020, n. 120.*

18 *quater*. Disposizioni in materia di fondi per l'internazionalizzazione (1)**.** – 1. L'ambito di operatività del fondo rotativo per operazioni di venture capital di cui all'articolo 1, comma 932, della legge 27 dicembre 2006, n. 296, è esteso a tutti gli Stati e territori esteri anche appartenenti all'Unione europea o allo Spazio economico europeo(2).

2. Gli interventi del fondo rotativo di cui al comma 1 possono consistere, oltre che nell'acquisizione di quote di partecipazione al capitale di società estere, anche nella sottoscrizione di strumenti finanziari o partecipativi, compreso il finanziamento di soci. Le risorse del fondo di cui al comma 1 possono essere investite anche in start up, ivi incluse quelle innovative di cui all'articolo 25 del decreto-legge 18 ottobre 2012, n. 179, convertito, con modificazioni, dalla legge 17 dicembre 2012, n. 221, e in piccole e medie imprese innovative di cui all'articolo 4 del decreto-legge 24 gennaio 2015, n. 3, convertito, con modificazioni, dalla legge 24 marzo 2015, n. 33, nonché in quote o azioni di uno o più Fondi per il Venture Capital, come definiti dall'articolo 31, comma 2, del decreto-legge 6 luglio 2011, n. 98, convertito, con modificazioni, dalla legge 15 luglio 2011, n. 111, o di uno o più fondi che investono in Fondi per il Venture Capital, gestiti dalla società che gestisce anche le risorse di cui all'articolo 1, comma 116, della legge 30 dicembre 2018, n. 145, in ogni caso allo scopo di favorire il processo di internazionalizzazione delle imprese italiane oggetto di investimento e anche senza il coinvestimento di Simest S.p.A. o Finest Spa(3).

2-bis. Le attività di individuazione di potenziali investimenti e di supporto istruttorio alle operazioni di investimento in venture capital di cui al comma 2 sono effettuate avvalendosi della società che gestisce anche le risorse di cui all'articolo 1, comma 116, della legge 30 dicembre 2018, n. 145, senza nuovi o maggiori oneri per la finanza pubblica(4).

3. Con decreto del Ministro degli affari esteri e della cooperazione internazionale sono definite le modalità e le condizioni di intervento del fondo rotativo di cui al comma 1(5).

4. All'articolo 5, comma 2, lettera c), della legge 21 marzo 2001, n. 84, le parole: "fino al 40 per cento" sono sostituite dalle seguenti: "fino al 49 per cento" e le parole: "Ciascun intervento di cui alla presente lettera non può essere superiore ad 1 miliardo di lire e, comunque, le partecipazioni" sono sostituite dalle seguenti: "Le partecipazioni".

5. Al fine di contrastare il fenomeno della delocalizzazione, nei casi di violazione degli obblighi di cui all'articolo 1, comma 12, del decreto-legge 14 marzo 2005, n. 35, convertito, con modificazioni, dalla legge 14 maggio 2005, n. 80, e comunque nel caso in cui le operazioni a valere sul fondo rotativo di cui all'articolo 1, comma 932, della legge 27 dicembre 2006, n. 296, siano causa diretta di una riduzione dei livelli occupazionali nel territorio nazionale, le imprese decadono dai benefici e dalle agevolazioni concessi, con obbligo di rimborso anticipato dell'investimento. [Con regolamento del Ministro degli affari esteri e della cooperazione internazionale sono stabiliti le modalità e i termini del rimborso anticipato dell'investimento e le sanzioni applicabili nei casi di decadenza di cui al periodo precedente.](6)

(1) *Articolo inserito dall'articolo 1, comma 1, della Legge 28 giugno 2019, n. 58, in sede di conversione.*
(2) *Comma modificato dall'articolo 91, comma 4, lettera a), del D.L. 14 agosto 2020, n. 104, convertito con modificazioni dalla Legge 13 ottobre 2020, n. 126.*
(3) *Comma modificato dall'articolo 91, comma 4, lettera b), del D.L. 14 agosto 2020, n. 104, convertito con modificazioni dalla Legge 13 ottobre 2020, n. 126 e successivamente dall'articolo 1, comma 714, lettera a), della Legge 30 dicembre 2021, n. 234.*
(4) *Comma modificato dall'articolo 1, comma 714, lettera b), della Legge 30 dicembre 2021, n. 234.*
(5) *Comma modificato dall'articolo 2, comma 10-ter, del D.L. 21 settembre 2019, n. 104, convertito, con modificazioni, dalla Legge 18 novembre 2019, n. 132.*
(6) *Comma modificato dall'articolo 2, comma 10-ter, del D.L. 21 settembre 2019, n. 104, convertito, con modificazioni, dalla Legge 18 novembre 2019, n. 132 e successivamente dall'articolo 91, comma 4, lettera c), del D.L. 14 agosto 2020, n. 104, convertito con modificazioni dalla Legge 13 ottobre 2020, n. 126.*

19. Rifinanziamento del Fondo di garanzia per la prima casa. – 1. Al Fondo di garanzia per la prima casa, di cui all'articolo 1, comma 48, lettera c), della legge 27 dicembre 2013, n. 147, sono assegnati 100 milioni di euro nell'anno 2019.

2. Per ogni finanziamento ammesso alla garanzia del Fondo di cui all'articolo 1, comma 48, lettera c), della legge 27 dicembre 2013, n. 147, viene accantonato a copertura del rischio un importo non inferiore al 6,5 per cento dell'importo garantito(1).

3. Agli oneri derivanti dal comma 1 si provvede ai sensi dell'articolo 50.

(1) *Comma modificato dall'articolo 1, comma 233, della Legge 27 dicembre 2019, n. 160.*

19 *bis*. Norma di interpretazione autentica in materia di rinnovo dei contratti di locazione a canone agevolato (1)**.** – 1. Il quarto periodo del comma 5 dell'articolo 2 della legge 9 dicembre 1998, n. 431, si interpreta nel senso che, in mancanza della comunicazione ivi prevista, il contratto è rinnovato tacitamente, a ciascuna scadenza, per un ulteriore biennio.

(1) *Articolo inserito dall'articolo 1, comma 1, della Legge 28 giugno 2019, n. 58, in sede di conversione.*

19 *ter*. Disposizioni relative al Fondo per il credito alle aziende vittime di mancati pagamenti (1)**.** – 1. All'articolo 1 della legge 28 dicembre 2015, n. 208, sono apportate le seguenti modificazioni:

a) al comma 199, le parole: "alle aziende vittime di mancati pagamenti" sono sostituite dalle seguenti: "alle vittime di mancati pagamenti" e le parole: "altre aziende debitrici" sono sostituite dalle seguenti: "propri debitori nell'ambito dell'attività di impresa";

b) il comma 200 è sostituito dal seguente:

"200. Possono accedere al Fondo di cui al comma 199, con le modalità stabilite dal comma 201, le piccole e medie imprese, definite ai sensi dell'articolo 3 della direttiva

2013/34/UE del Parlamento europeo e del Consiglio, del 26 giugno 2013, anche se in concordato preventivo con continuità, e i professionisti parti offese in un procedimento penale, pendente alla data di presentazione delle domande di accesso al Fondo, a carico di debitori imputati dei delitti di cui agli articoli 629, 640 e 641 del codice penale, 2621 del codice civile, 216, 217, 218, 223, 224 e 225 del regio decreto 16 marzo 1942, n. 267. Possono altresì accedere al Fondo le piccole e medie imprese di cui al primo periodo e i professionisti ammessi o iscritti al passivo di una procedura concorsuale per la quale il curatore, il commissario o il liquidatore giudiziale si sono costituiti parte civile nel processo penale per i reati di cui al presente comma, ovvero il cui credito è riconosciuto da una sentenza definitiva di condanna per i reati medesimi";

c) dopo il comma 201 è inserito il seguente:

"201-bis. Il provvedimento di concessione e di erogazione del finanziamento agevolato di cui al comma 201 è adottato anche in pendenza della verifica da parte del Ministero dello sviluppo economico della correttezza e della conformità delle dichiarazioni rese dai soggetti che hanno formulato richiesta di accesso al Fondo di cui al comma 199; in tale caso, il finanziamento è erogato, a titolo di acconto, per un importo pari al 50 per cento di quanto dovuto e il saldo è corrisposto all'esito della verifica. Il provvedimento è comunque revocato quando è accertata la carenza dei suoi presupposti, con conseguente recupero delle somme anticipate a titolo di acconto, secondo le modalità stabilite dal decreto di cui al comma 201";

d) al comma 202, le parole: "delle aziende imputate per i delitti" sono sostituite dalle seguenti: "dei debitori imputati".

(1) Articolo inserito dall'articolo 1, comma 1, della Legge 28 giugno 2019, n. 58, in sede di conversione.

20. Modifiche alla misura Nuova Sabatini. – 1. All'articolo 2, del decreto-legge 21 giugno 2013, n. 69, convertito, con modificazioni, dalla legge 9 agosto 2013, n. 98, sono apportate le seguenti modificazioni:

0a) al comma 2, dopo le parole: "autorizzati all'esercizio dell'attività di leasing finanziario," sono inserite le seguenti: "nonché dagli altri intermediari finanziari iscritti all'albo previsto dall'articolo 106, comma 1, del testo unico delle leggi in materia bancaria e creditizia, di cui al decreto legislativo 1° settembre 1993, n. 385, che statutariamente operano nei confronti delle piccole e medie imprese," [(1)];

a) al comma 3, le parole «*2 milioni di euro*» sono sostituite dalle parole «*4 milioni di euro*»;

b) al comma 4, dopo le parole «*L'erogazione del predetto contributo è effettuata*» sono inserite le seguenti: «*,sulla base delle dichiarazioni prodotte dalle imprese in merito alla realizzazione dell'investimento,*» e, dopo il secondo periodo, è aggiunto il seguente: «*In caso di finanziamento di importo non superiore a 100.000,00 euro, il contributo viene erogato in un'unica soluzione.*».

(1) Lettera premessa dall'articolo 1, comma 1, della Legge 28 giugno 2019, n. 58, in sede di conversione.

21. Sostegno alla capitalizzazione. – 1. I contributi di cui all'articolo 2, comma 5, del decreto-legge 21 giugno 2013, n. 69, convertito, con modificazioni dalla legge 9 agosto 2013, n. 98, sono altresì riconosciuti, alle condizioni di cui al presente articolo, in favore delle micro, piccole e medie imprese, costituite in forma societaria, impegnate in processi di capitalizzazione, che intendono realizzare un programma di investimento.

2. Le agevolazioni di cui all'articolo 2 del decreto-legge n. 69 del 2013 sono concesse nel caso di sostegno a processi di capitalizzazione delle imprese, a fronte dell'impegno dei soci a sottoscrivere un aumento di capitale sociale dell'impresa, da versare in più quote, in corrispondenza delle scadenze del piano di ammortamento del predetto finanziamento.

3. Per le finalità di cui al presente articolo, i contributi di cui all'articolo 2, comma 5, del decreto- legge n. 69 del 2013, fermo restando il rispetto delle intensità massime previste dalla applicabile normativa dell'Unione europea in materia di aiuti di Stato, sono rapportati agli interessi calcolati, in via convenzionale, sul finanziamento a un tasso annuo del [(1)]:

a) 5 per cento, per le micro e piccole imprese;

b) 3,575 per cento, per le medie imprese.

4. Per la concessione del contributo di cui al presente articolo, l'autorizzazione di spesa di cui all'articolo 1, comma 200, della legge 30 dicembre 2018, n. 145 è integrata di euro 10 milioni per l'anno 2019, di euro 15 milioni per ciascuno degli anni dal 2020 al 2023 e di euro 10 milioni per l'anno 2024. Al fine di assicurare l'operatività della misura, le predette risorse sono trasferite al Ministero dello sviluppo economico a inizio di ciascuna delle annualità previste [(2)].

5. Con decreto del Ministro dello sviluppo economico, di concerto con il Ministro dell'economia e delle finanze, da adottare ai sensi dell'articolo 17, comma 3 della legge 23 agosto 1988, n. 400, sono stabiliti i requisiti e le condizioni di accesso al contributo di cui al comma 3, le caratteristiche del programma di investimento, le modalità e i termini per l'esecuzione del piano di capitalizzazione dell'impresa beneficiaria da parte dei soci della medesima, nonché le cause e le modalità di revoca del contributo nel caso di mancato rispetto degli impegni assunti, ivi compresa la realizzazione del predetto piano di capitalizzazione [(3)].

6. Agli oneri derivanti dal comma 4 si provvede ai sensi dell'articolo 50.

(1) Alinea modificato dall'articolo 1, comma 1, della Legge 28 giugno 2019, n. 58, in sede di conversione.
(2) Comma modificato dall'articolo 1, comma 1, della Legge 28 giugno 2019, n. 58, in sede di conversione.
(3) Comma modificato dall'articolo 1, comma 1, della Legge 28 giugno 2019, n. 58, in sede di conversione.

22. Tempi di pagamento tra le imprese. – 1. Dopo l'articolo 7-bis del decreto legislativo 9 ottobre 2002, n. 231 è inserito il seguente:

"Art. 7-ter - (Evidenza nel bilancio sociale). - 1. A decorrere dall'esercizio 2019, nel bilancio sociale le società danno evidenza dei tempi medi di pagamento delle transazioni effettuate nell'anno, individuando altresì gli eventuali ritardi medi tra i termini pattuiti e quelli effettivamente praticati. I medesimi soggetti danno conto nel bilancio sociale anche delle politiche commerciali adottate con riferimento alle suddette transazioni, nonché delle eventuali azioni poste in essere in relazione ai termini di pagamento" [(1)].

(1) Capoverso modificato dall'articolo 1, comma 1, della Legge 28 giugno 2019, n. 58, in sede di conversione.

23. Cartolarizzazioni. – 1. Alla legge 30 aprile 1999, n. 130, sono apportate le seguenti modificazioni:

0a) all'articolo 4, comma 3, dopo le parole: "l'articolo 65 e l'articolo 67 del regio decreto 16 marzo 1942, n. 267, e successive modificazioni" sono aggiunte le seguenti: ", ovvero, dalla data di entrata in vigore del decreto legislativo 12 gennaio 2019, n. 14, l'articolo 164, comma 1, e l'articolo 166 del medesimo decreto legislativo" (1);

0b) all'articolo 4, comma 4, dopo le parole: "dall'articolo 67 del regio decreto 16 marzo 1942, n. 267, e successive modificazioni," sono inserite le seguenti: "ovvero, dalla data di entrata in vigore del decreto legislativo 12 gennaio 2019, n. 14, dall'articolo 166 del medesimo decreto legislativo" (2);

a) all'articolo 4, comma 4-ter:

1) dopo le parole «*aperture di credito*» sono inserite le seguenti: «*in qualunque forma*»;

2) sono aggiunti, in fine, i seguenti periodi «*Nel caso di cessione di crediti aventi le caratteristiche di cui al successivo articolo 7.1, comma 1, la banca cedente può, altresì, trasferire ad una banca o intermediario finanziario di cui all'articolo 106 del decreto legislativo 1° settembre 1993, n. 385, ai sensi dell'articolo 58 del medesimo decreto legislativo n. 385 del 1993, gli impegni o la facoltà di erogazione derivanti dal relativo contratto di apertura di credito o affidamento, separatamente dal conto cui l'apertura di credito è collegata e mantenendo la domiciliazione del conto medesimo. A seguito della cessione, gli incassi registrati su tale conto continuano a essere imputati ai debiti nascenti dai contratti di apertura di credito o di affidamento, anche se sorti successivamente alla cessione, secondo le modalità contrattualmente previste. Gli incassi costituiscono patrimonio separato a tutti gli effetti da quello della banca cedente domiciliataria del conto e da quello relativo ad altre operazioni. Su ciascun patrimonio separato non sono ammesse azioni da parte di creditori diversi dai portatori dei titoli ovvero dalla banca o dalla società finanziaria di cui al citato articolo 106 del decreto legislativo n. 385 del 1993 cessionarie degli impegni o delle facoltà di erogazione. Si applicano in quanto compatibili le disposizioni dell'articolo 3, commi 2 e 2-bis.*»;

b) all'articolo 7, comma 1, lettera b-bis), dopo le parole «*derivanti dalla titolarità*» sono inserite le seguenti: «*, in capo alla società di cui all'articolo 7.2*» (3);

c) all'articolo 7.1:

1) al comma 3:

1.1) dopo le parole: "degli articoli 124, 160, 182-bis e 186-bis del regio decreto 16 marzo 1942, n. 267," sono inserite le seguenti: "ovvero, dalla data di entrata in vigore del decreto legislativo 12 gennaio 2019, n. 14, degli articoli 57, 60, 84, 85 e 240 del medesimo decreto legislativo," (4);

1.2) è aggiunto, in fine, il seguente periodo: «*Il finanziamento può essere concesso anche ad assuntori di passività dei debitori ceduti ovvero a soggetti con i quali i medesimi debitori hanno rapporti di controllo o di collegamento ai sensi dell'articolo 2359 del codice civile.*»;

2) il comma 4 è sostituito dal seguente:

«*4. Possono essere costituite una o più società veicolo d'appoggio, nella forma di società di capitali, aventi come oggetto sociale esclusivo il compito di acquisire, gestire e valorizzare, nell'interesse esclusivo dell'operazione di cartolarizzazione, direttamente o attraverso una o più ulteriori società veicolo d'appoggio, autorizzate ad assumere, totalmente o parzialmente, il debito originario, i beni immobili e mobili registrati nonché gli altri beni e diritti concessi o costituiti, in qualunque forma, a garanzia dei crediti oggetto di cartolarizzazione, ivi compresi i beni oggetto di contratti di locazione finanziaria, anche se risolti, eventualmente insieme con i rapporti derivanti da tali contratti. Il trasferimento dei suddetti beni e diritti può avvenire anche ai sensi dei commi 2 e 3 dell'articolo 58 del testo unico bancario, nonché dei commi 4, 5 e 6 del medesimo articolo, anche se non avente a oggetto beni o rapporti giuridici individuabili in blocco. Le stesse modalità si applicano ai trasferimenti ai sensi del comma 5 del presente articolo. Le somme in qualsiasi modo rivenienti dalla detenzione, gestione o dismissione di tali beni e diritti sono dovute dalla società veicolo d'appoggio alla società di cartolarizzazione di cui all'articolo 3, sono assimilate, agli effetti della presente legge, ai pagamenti effettuati dai debitori ceduti e sono destinate in via esclusiva al soddisfacimento dei diritti incorporati nei titoli emessi e al pagamento dei costi dell'operazione. I beni, diritti e le somme in qualsiasi modo derivanti dai medesimi nonché ogni altro diritto acquisito nell'ambito dell'operazione di cui al presente comma, o al successivo comma 5, costituiscono patrimonio separato a tutti gli effetti da quello delle società stesse e da quello relativo alle altre operazioni. Sul patrimonio separato non sono ammesse azioni da parte di creditori diversi dalla società di cartolarizzazione nell'interesse dei portatori dei titoli emessi dalla società per la cartolarizzazione dei crediti.*».

3) dopo il comma 4 sono inseriti i seguenti commi:

«*4-bis. Si applicano le imposte di registro, ipotecaria e catastale in misura fissa sugli atti e le operazioni inerenti il trasferimento a qualsiasi titolo, anche in sede giudiziale o concorsuale, dei beni e diritti di cui ai commi 4 e 5, in favore della società veicolo d'appoggio, inclusi eventuali accolli di debito, e le garanzie di qualunque tipo, da chiunque e in qualsiasi momento prestate, in favore della società di cartolarizzazione o altro finanziatore ed in relazione all'operazione di cartolarizzazione, a valere sui beni e diritti acquistati dalle società veicolo d'appoggio ai sensi del comma 4, le relative eventuali surroghe, postergazioni, frazionamenti e cancellazioni anche parziali, ivi comprese le relative cessioni di credito.*

4-ter. Alla società veicolo d'appoggio cessionaria dei contratti e rapporti di locazione finanziaria e dei beni derivanti da tale attività si applicano le disposizioni in materia fiscale applicabili alle società che esercitano attività di locazione finanziaria. Alle cessioni di immobili oggetto di contratti di leasing risolti o altrimenti cessati per fatto dell'utilizzatore effettuate alla e dalla medesima società si applica l'articolo 35, comma 10-ter.1, del decreto-legge 4 luglio 2006, n. 223, convertito, con modificazioni, dalla legge 4 agosto 2006, n. 248. Per le trascrizioni nei pubblici registri e volture catastali effettuate a qualunque titolo in relazione ai beni e diritti acquisiti dalla società veicolo d'appoggio le imposte di registro, ipotecaria e catastale sono dovute in misura fissa.

4-quater. Per gli atti e i provvedimenti recanti il successivo trasferimento, a favore di soggetti che svolgono attività d'impresa, della proprietà o di diritti reali, anche di garanzia, sui beni immobili acquistati dalle società veicolo d'appoggio in relazione all'operazione di cartolarizzazione, le imposte di registro, ipotecaria e catastale sono dovute in misura fissa, a condizione che l'acquirente dichiari, nel relativo atto, che intende trasferirli entro cinque anni dalla data di acquisto. Ove non si realizzi tale condizione entro il quinquennio successivo, le imposte di registro, ipotecaria e catastale sono dovute dall'acquirente nella misura ordinaria e si applica una sanzione amministrativa del 30 per cento, oltre agli interessi di mora di cui all'articolo 55, comma 3, del testo unico delle disposizioni concernenti l'imposta di registro, approvato con decreto del Presidente della Repubblica 26 aprile 1986, n. 131. Dalla scadenza del quinquennio decorre il termine per il recupero delle imposte ordinarie da parte dell'amministrazione finanziaria. Resta fermo quanto previsto dal comma 5.

4-quinquies. Gli atti e i provvedimenti di cui al comma 4-quater emessi a favore di soggetti che non svolgono attività d'impresa sono assoggettati alle imposte di registro, ipotecaria e catastale nella misura fissa di 200 euro ciascuna sempre che in capo all'acquirente ricorrano le condizioni previste alla nota II-bis) all'articolo 1 della tariffa, parte prima, allegata al testo unico delle disposizioni concernenti l'imposta di registro, approvato con decreto del Presidente della Repubblica 26 aprile 1986, n. 131. In caso di dichiarazione mendace nell'atto di acquisto, ovvero di rivendita nel quinquennio dalla data dell'atto, si applicano le disposizioni indicate nella predetta nota.».

4) al comma 5:

1.1) le parole «*di tali contratti, la società veicolo*» sono sostituite dalle seguenti: «*di tali contratti, la società veicolo d'appoggio*»;

1.2) le parole «*nel bilancio di una banca*» sono sostituite dalle seguenti: «*nel bilancio di una banca o di un intermediario finanziario di cui all'articolo 106 del decreto legislativo 1° settembre 1993, n. 385*»;

1.3) dopo le parole «*si applicano integralmente alla società veicolo*» sono inserite le seguenti: «*d'appoggio*» [(5)].

d) dopo l'articolo 7.1, è aggiunto il seguente:

«*Art. 7.2 (Cartolarizzazioni Immobiliari e di beni mobili registrati) - 1. Le società che effettuano le operazioni di cui all'articolo 7, comma 1, lettera b-bis), non possono svolgere operazioni di cartolarizzazione di natura diversa da quelle indicate dall'articolo 7, comma 1, lettera b-bis). Delle obbligazioni nei confronti dei portatori dei titoli, nonché di ogni altro creditore nell'ambito di ciascuna operazione di cartolarizzazione, risponde esclusivamente il patrimonio separato con i beni e diritti di cui al comma 2 del presente articolo. A tali operazioni si applicano le disposizioni di cui all'articolo 7.1, comma 8, primo periodo* [(6)].

2. Per ogni operazione sono individuati i beni ed i diritti destinati al soddisfacimento dei diritti dei portatori dei titoli e delle controparti dei contratti derivati con finalità di copertura dei rischi insiti nei crediti e nei titoli ceduti. I beni e i diritti individuati, le somme in qualsiasi modo derivanti dai medesimi beni, nonché ogni altro diritto acquisito nell'ambito dell'operazione di cartolarizzazione dalle società di cui al comma 1 costituiscono patrimonio separato a tutti gli effetti da quello delle società stesse e da quello relativo alle altre operazioni. Su ciascun patrimonio separato non sono ammesse azioni da parte di qualsiasi creditore diverso dai portatori dei titoli emessi dalle società ovvero dai concedenti i finanziamenti da esse reperiti ovvero dalle controparti dei contratti derivati con finalità di copertura dei rischi insiti nei crediti e nei titoli ceduti.».

d-bis) all'articolo 7-bis, comma 4, dopo le parole: "l'articolo 67, quarto comma del regio decreto 16 marzo 1942, n. 267, e successive modificazioni" sono aggiunte le seguenti: ", ovvero, dalla data di entrata in vigore del decreto legislativo 12 gennaio 2019, n. 14, l'articolo 166, comma 4, del medesimo decreto legislativo" [(7)].

2. Agli oneri derivanti dal comma 1 si provvede ai sensi dell'articolo 50.

(1) *Lettera premessa dall'articolo 1, comma 1, della Legge 28 giugno 2019, n. 58, in sede di conversione.*
(2) *Lettera premessa dall'articolo 1, comma 1, della Legge 28 giugno 2019, n. 58, in sede di conversione.*
(3) *Lettera modificata dall'articolo 1, comma 1, della Legge 28 giugno 2019, n. 58, in sede di conversione.*
(4) *Numero sostituito dall'articolo 1, comma 1, della Legge 28 giugno 2019, n. 58, in sede di conversione.*
(5) *Numero modificato dall'articolo 1, comma 1, della Legge 28 giugno 2019, n. 58, in sede di conversione.*
(6) *Capoverso modificato dall'articolo 1, comma 1, della Legge 28 giugno 2019, n. 58, in sede di conversione.*
(7) *Lettera aggiunta dall'articolo 1, comma 1, della Legge 28 giugno 2019, n. 58, in sede di conversione.*

24. Sblocca investimenti idrici nel sud. – 1. Al fine di completare il processo di liquidazione dell'Ente per lo sviluppo dell'irrigazione e la trasformazione fondiaria in Puglia, Lucania e Irpinia (EIPLI) e accelerare la costituzione della società di cui all'articolo 21, comma 11, del decreto-legge 6 dicembre 2011, n. 201, convertito, con modificazioni, dalla legge 22 dicembre 2011, n. 214, al predetto comma 11 sono apportate le seguenti modificazioni:

a) al primo periodo, le parole «*e sottoposta alla vigilanza del dipartimento delegato all'Autorità politica per le politiche di coesione e per il Mezzogiorno e del Ministero delle politiche agricole alimentari, forestali e del turismo e del Ministero delle infrastrutture e dei trasporti*» sono sostituite dalle seguenti: «*che esercita i diritti del socio di concerto, per quanto di rispettiva competenza, con il dipartimento delegato all'Autorità politica per le politiche di coesione e per il Mezzogiorno, il Ministero delle politiche agricole alimentari, forestali e del turismo e il Ministero delle infrastrutture e dei trasporti*» [(1)];

a-bis) il terzo periodo è sostituito dal seguente: "Lo statuto prevede la possibilità per le altre regioni interessate ai trasferimenti idrici tra regioni del distretto idrografico dell'Appennino meridionale di partecipare alla società di cui al presente comma, nonché il divieto di cessione delle quote di capitale della medesima società, a qualunque titolo, a società di cui al titolo V del libro quinto del codice civile e ad altri soggetti di diritto privato comunque denominati [(2)];

b) il quarto periodo è sostituito dai seguenti: «*La tutela occupazionale è garantita con riferimento al personale titolare di rapporto di lavoro a tempo indeterminato con l'Ente soppresso. Le passività di natura contributiva, previdenziale e assistenziale maturate sino alla data della costituzione della società di cui al primo periodo del presente comma sono estinte dall'Ente in liquidazione, che vi provvede con risorse proprie. A decorrere dalla data del trasferimento delle funzioni di cui al primo periodo del presente comma, i diritti su beni demaniali già attribuiti all'Ente di cui al comma 10 in forza di provvedimenti concessori si intendono attribuiti alla società di nuova costituzione. Al fine di accelerare le procedure per la liquidazione dell'Ente e snellire il contenzioso in essere, agevolando il Commissario liquidatore nella definizione degli accordi transattivi di cui al comma 10, i crediti e i debiti sorti in capo all'Ente, unitamente ai beni immobili diversi da quelli aventi natura strumentale all'esercizio delle relative funzioni sono esclusi dalle operazioni di trasferimento al patrimonio della società medesima. I rapporti giuridici attivi e passivi, anche processuali, sorti in capo all'Ente, producono effetti esclusivamente nei confronti dell'Ente posto in liquidazione. Il Commissario liquidatore presenta il bilancio finale di liquidazione dell'Ente al Ministero delle politiche agricole alimentari, forestali e del turismo, che lo approva con decreto del Ministero delle politiche agricole alimentari, forestali e del turismo, di concerto con il Ministro delegato all'Autorità politica per le politiche di coesione e per il Mezzogiorno.*» [(3)];

c) il penultimo periodo è soppresso.

1-bis. Al comma 11-bis dell'articolo 21 del decreto-legge 6 dicembre 2011, n. 201, convertito, con modificazioni, dalla legge 22 dicembre 2011, n. 214, le parole: "31 dicembre 2021" sono sostituite dalle seguenti: "31 dicembre 2023" [(4)].

(1) *Lettera modificata dall'articolo 1, comma 1, della Legge 28 giugno 2019, n. 58, in sede di conversione.*
(2) *Lettera inserita dall'articolo 1, comma 1, della Legge 28 giugno 2019, n. 58, in sede di conversione.*
(3) *Lettera modificata dall'articolo 1, comma 1, della Legge 28 giugno 2019, n. 58, in sede di conversione.*
(4) *Comma aggiunto dall'articolo 1, comma 1, della Legge 28 giugno 2019, n. 58, in sede di conversione.*

25. Dismissioni immobiliari enti territoriali. – 1. All'articolo 1, comma 423, lettera d) della legge 30 dicembre 2018 n. 145, sono apportate le seguenti modificazioni:

a) dopo la parola «*proprietà*» sono aggiunte le seguenti: «*degli Enti territoriali e*»;

b) dopo la parola «*Pubbliche amministrazioni*», le parole «*diverse dagli Enti territoriali*» sono soppresse.

2. All'articolo 1, comma 425 della legge 30 dicembre 2018, n. 145, le parole «*e, in assenza del debito, o comunque per la parte eventualmente eccedente, al Fondo per ammortamento dei titoli di Stato*» sono sostituite dalle seguenti: «*e, limitatamente agli enti non territoriali, in assenza del debito, o comunque per la parte eventualmente eccedente, al Fondo per ammortamento dei titoli di Stato*».

26. Agevolazioni a sostegno di progetti di ricerca e sviluppo per la riconversione dei processi produttivi nell'ambito dell'economia circolare. – 1. Al fine di favorire la transizione delle attività economiche verso un modello di economia circolare, finalizzata alla riconversione produttiva del tessuto industriale, con decreto del Ministero dello sviluppo economico, previa intesa in Conferenza unificata ai sensi dell'articolo 3 del decreto legislativo 28 agosto 1997, n. 281, sono stabiliti i criteri, le condizioni e le procedure per la concessione ed erogazione delle agevolazioni finanziarie, nei limiti delle intensità massime di aiuto stabilite dagli articoli 4 e 25 del regolamento (UE) 651/2014 della Commissione del 17 giugno 2014, a sostegno di progetti di ricerca e sviluppo finalizzati ad un uso più efficiente e sostenibile delle risorse.

2. Possono beneficiare delle agevolazioni di cui al comma 1, le imprese ed i centri di ricerca che, alla data di presentazione della domanda di agevolazione, soddisfano le seguenti caratteristiche:

a) essere iscritte nel Registro delle imprese e risultare in regola con gli adempimenti di cui all'articolo 9 terzo comma, primo periodo, del decreto del Presidente della Repubblica 7 dicembre 1995, n. 581;

b) operare in via prevalente nel settore manifatturiero ovvero in quello dei servizi diretti alle imprese manifatturiere;

c) aver approvato e depositato almeno due bilanci;

d) non essere sottoposto a procedura concorsuale e non trovarsi in stato di fallimento, di liquidazione anche volontaria, di amministrazione controllata, di concordato preventivo o in qualsiasi altra situazione equivalente secondo la normativa vigente.

3. I soggetti di cui al comma 2 possono presentare progetti anche congiuntamente tra loro o con organismi di ricerca, previa indicazione del soggetto capofila. In tali casi i progetti congiunti devono essere realizzati mediante il ricorso allo strumento del contratto di rete o ad altre forme contrattuali di collaborazione, quali, a titolo esemplificativo, il consorzio e l'accordo di partenariato [(1)].

4. Ai fini dell'ammissibilità alle agevolazioni di cui al comma 1, i progetti di ricerca e sviluppo devono:

a) essere realizzati nell'ambito di una o più unità locali ubicate nel territorio nazionale;

b) prevedere, anche in deroga agli importi minimi previsti per l'utilizzo delle risorse di cui al comma 6, lettera b), spese e costi ammissibili non inferiori a euro 500 mila e non superiori a euro 2 milioni;

c) avere una durata non inferiore a dodici mesi e non superiore a trentasei mesi;

d) prevedere attività di ricerca e sviluppo, strettamente connesse tra di loro in relazione all'obiettivo previsto dal progetto, finalizzate alla riconversione produttiva delle attività economiche attraverso la realizzazione di nuovi prodotti, processi o servizi o al notevole miglioramento di prodotti, processi o servizi esistenti, tramite lo sviluppo delle tecnologie abilitanti fondamentali Key Enabling Technologies (KETs), relative a:

1) innovazioni di prodotto e di processo in tema di utilizzo efficiente delle risorse e di trattamento e trasformazione dei rifiuti, compreso il riuso dei materiali in un'ottica di economia circolare o a «*rifiuto zero*» e di compatibilità ambientale (innovazioni eco-compatibili);

2) progettazione e sperimentazione prototipale di modelli tecnologici integrati finalizzati al rafforzamento dei percorsi di simbiosi industriale, attraverso, ad esempio, la definizione di un approccio sistemico alla riduzione, riciclo e riuso degli scarti alimentari, allo sviluppo di sistemi di ciclo integrato delle acque e al riciclo delle materie prime;

3) sistemi, strumenti e metodologie per lo sviluppo delle tecnologie per la fornitura, l'uso razionale e la sanificazione dell'acqua;

4) strumenti tecnologici innovativi in grado di aumentare il tempo di vita dei prodotti e di efficientare il ciclo produttivo;

5) sperimentazione di nuovi modelli di packaging intelligente (smart packaging) che prevedano anche l'utilizzo di materiali recuperati;

5-bis) sistemi di selezione del materiale multileggero, al fine di aumentare le quote di recupero e di riciclo di materiali piccoli e leggeri [(2)].

5. Le agevolazioni di cui al comma 1 sono concesse secondo le seguenti modalità:

a) finanziamento agevolato per una percentuale nominale delle spese e dei costi ammissibili pari al 50 per cento;

b) contributo diretto alla spesa fino al 20 per cento delle spese e dei costi ammissibili.

6. Le risorse finanziarie disponibili per la concessione delle agevolazioni di cui al comma 1 ammontano complessivamente a euro 140 milioni di cui:

a) 40 milioni per la concessione delle agevolazioni nella forma del contributo diretto alla spesa, a valere sulle disponibilità per il 2020 del Fondo per lo Sviluppo e la Coesione di cui all'articolo 1, comma 6, della legge 27 dicembre 2013, n. 147, ferma restando l'applicazione dell'articolo 1, comma 703, della legge 23 dicembre 2014, n. 190 [(3)];

b) 100 milioni per la concessione delle agevolazioni nella forma del finanziamento agevolato a valere sulle risorse del Fondo rotativo per il sostegno alle imprese e gli investimenti in ricerca (FRI) di cui all'articolo 1, comma 354, della legge 30 dicembre 2004 n. 311, utilizzando le risorse di cui all'articolo 30 del decreto-legge 22 giugno 2012, n. 83, convertito con modificazioni dalla legge 7 agosto 2012 n. 134.

6-bis. Al fine di sostenere le imprese e gli investimenti in ricerca, all'articolo 30 del decreto-legge 22 giugno 2012, n. 83, convertito, con modificazioni, dalla legge 7 agosto 2012, n. 134, sono apportate le seguenti modificazioni:

a) al comma 3, il secondo periodo è sostituito dal seguente: "La ricognizione delle risorse non utilizzate può essere effettuata dalla Cassa depositi e prestiti S.p.a. a partire dall'anno 2019, con cadenza almeno biennale e con riferimento al 31 dicembre dell'anno precedente, mediante:

a) la verifica degli atti pubblicati nella Gazzetta Ufficiale per le risorse già destinate a interventi in relazione ai quali non siano ancora stati pubblicati i decreti ministeriali contenenti i requisiti e le condizioni per l'accesso ai finanziamenti agevolati o le modalità per la presentazione delle istanze di accesso alle agevolazioni;

b) i dati a essa forniti dalle amministrazioni pubbliche titolari degli interventi agevolativi che accedono al FRI per le risorse eccedenti l'importo necessario alla copertura finanziaria delle istanze presentate a valere sui bandi per i quali, al 31 dicembre dell'anno a cui si riferisce ciascuna ricognizione, siano chiusi i termini di presentazione delle istanze, per le risorse derivanti da rimodulazione o rideterminazione delle agevolazioni concedibili e per le risorse rivenienti da atti di ritiro delle agevolazioni comunque denominati e formalmente perfezionati, quali revoca e decadenza, per la parte non erogata, ovvero erogata e rimborsata. Nel caso in cui le predette amministrazioni pubbliche non comunichino, entro due mesi dalla relativa istanza, le necessarie informazioni, la Cassa depositi e prestiti S.p.a. può procedere alla ricognizione sulla base delle eventuali evidenze a sua disposizione;

c) le proprie scritture contabili per le risorse provenienti dai rientri di capitale dei finanziamenti già erogati, rivenienti dai pagamenti delle rate dei finanziamenti ovvero dalle estinzioni anticipate dei finanziamenti, non costituenti causa di revoca delle agevolazioni ai sensi della disciplina di riferimento";

b) dopo il comma 3 è inserito il seguente:

"3-bis. Per le finalità di cui al comma 3 del presente articolo e all'articolo 1, comma 355, della legge 30 dicembre 2004, n. 311, la ricognizione delle risorse non utilizzate effettuata ai sensi del citato comma 3 è comunicata dalla Cassa depositi e prestiti S.p.a. alla Presidenza del Consiglio dei ministri - Dipartimento per la programmazione e il coordinamento della politica economica, al Ministero dello sviluppo economico e al Ministero dell'economia e delle finanze";

c) al comma 4, le parole: "le modalità di ricognizione delle risorse non utilizzate di cui al comma 3, nonché" sono sostituite dalle seguenti: ", sentita la Cassa depositi e prestiti S.p.a.," e le parole: "delle predette risorse" sono sostituite dalle seguenti: "delle risorse di cui al comma 3" (4).

6-ter. Il comma 94 dell'articolo 1 della legge 30 dicembre 2018, n. 145, è abrogato (5).

(1) *Comma modificato dall'articolo 1, comma 1, della Legge 28 giugno 2019, n. 58, in sede di conversione.*
(2) *Numero aggiunto dall'articolo 1, comma 1, della Legge 28 giugno 2019, n. 58, in sede di conversione.*
(3) *Lettera modificata dall'articolo 1, comma 1, della Legge 28 giugno 2019, n. 58, in sede di conversione.*
(4) *Comma aggiunto dall'articolo 1, comma 1, della Legge 28 giugno 2019, n. 58, in sede di conversione.*
(5) *Comma aggiunto dall'articolo 1, comma 1, della Legge 28 giugno 2019, n. 58, in sede di conversione.*

26 *bis*. Disposizioni in materia di rifiuti e di imballaggi (1). – 1. L'impresa venditrice della merce può riconoscere all'impresa acquirente un abbuono, a valere sul prezzo dei successivi acquisti, in misura pari al 25 per cento del prezzo dell'imballaggio contenente la merce stessa ed esposto nella fattura. L'abbuono è riconosciuto all'atto della resa dell'imballaggio stesso, da effettuare non oltre un mese dall'acquisto. All'impresa venditrice che riutilizza gli imballaggi usati di cui al periodo precedente ovvero che effettua la raccolta differenziata degli stessi ai fini del successivo avvio al riciclo è riconosciuto un credito d'imposta di importo pari al doppio dell'importo degli abbuoni riconosciuti all'impresa acquirente, ancorché da questa non utilizzati.

2. Il credito d'imposta di cui al comma 1 è riconosciuto fino all'importo massimo annuale di euro 10.000 per ciascun beneficiario, nel limite complessivo di 10 milioni di euro per l'anno 2020. Il credito d'imposta è indicato nella dichiarazione dei redditi relativa al periodo d'imposta di riconoscimento del credito, non concorre alla formazione del reddito né della base imponibile dell'imposta regionale sulle attività produttive e non rileva ai fini del rapporto di cui agli articoli 61 e 109, comma 5, del testo unico delle imposte sui redditi, di cui al decreto del Presidente della Repubblica 22 dicembre 1986, n. 917. Il credito d'imposta è utilizzabile esclusivamente in compensazione ai sensi dell'articolo 17 del decreto legislativo 9 luglio 1997, n. 241, e non è soggetto al limite di cui al comma 53 dell'articolo 1 della legge 24 dicembre 2007, n. 244. Il credito d'imposta è utilizzabile a decorrere dal 1° gennaio del periodo d'imposta successivo a quello in cui sono stati riutilizzati gli imballaggi ovvero è stata effettuata la raccolta differenziata ai fini del successivo avvio al riciclo degli imballaggi medesimi, per i quali è stato riconosciuto l'abbuono all'impresa acquirente, ancorché da questa non utilizzato. Ai fini della fruizione del credito d'imposta, il modello F24 è presentato esclusivamente attraverso i servizi telematici messi a disposizione dall'Agenzia delle entrate, pena il rifiuto dell'operazione di versamento.

3. Con decreto di natura non regolamentare del Ministro dell'ambiente e della tutela del territorio e del mare, di concerto con il Ministro dell'economia e delle finanze, da adottare entro novanta giorni dalla data di entrata in vigore della legge di conversione del presente decreto, sono stabilite le disposizioni per l'attuazione dei commi 1 e 2 e le modalità per assicurare il rispetto dei limiti di spesa ivi previsti.

4. Agli oneri di cui al presente articolo, pari a 10 milioni di euro per l'anno 2021, si provvede mediante corrispondente utilizzo delle maggiori entrate derivanti dal presente decreto.

(1) *Articolo inserito dall'articolo 1, comma 1, della Legge 28 giugno 2019, n. 58, in sede di conversione.*

26 *ter*. Agevolazioni fiscali sui prodotti da riciclo e riuso (1). – 1. Per l'anno 2020, è riconosciuto un contributo pari al 25 per cento del costo di acquisto di:

a) semilavorati e prodotti finiti derivanti, per almeno il 75 per cento della loro composizione, dal riciclaggio di rifiuti o di rottami;

b) compost di qualità derivante dal trattamento della frazione organica differenziata dei rifiuti.

2. Alle imprese e ai soggetti titolari di reddito di lavoro autonomo acquirenti dei beni di cui al comma 1, il contributo di cui al medesimo comma 1 è riconosciuto sotto forma di credito d'imposta, fino ad un importo massimo annuale di euro 10.000 per ciascun beneficiario, nel limite complessivo di 10 milioni di euro per l'anno 2020. Il credito d'imposta spetta a condizione che i beni acquistati siano effettivamente impiegati nell'esercizio dell'attività economica o professionale e non è cumulabile con il credito d'imposta di cui all'articolo 1, comma 73, della legge 30 dicembre 2018, n. 145(2).

3. Ai soggetti acquirenti dei beni di cui al comma 1 non destinati all'esercizio dell'attività economica o professionale, il contributo di cui al medesimo comma 1 spetta fino a un

importo massimo annuale di euro 5.000 per ciascun beneficiario, nel limite complessivo di 10 milioni di euro per l'anno 2020. Il contributo è anticipato dal venditore dei beni come sconto sul prezzo di vendita ed è a questo rimborsato sotto forma di credito d'imposta di pari importo.

4. I crediti d'imposta di cui ai commi 2 e 3:

a) sono indicati nella dichiarazione dei redditi relativa al periodo d'imposta in cui sono riconosciuti;

b) non concorrono alla formazione del reddito e della base imponibile dell'imposta regionale sulle attività produttive e non rilevano ai fini del rapporto di cui agli articoli 61 e 109, comma 5, del testo unico delle imposte sui redditi, di cui al decreto del Presidente della Repubblica 22 dicembre 1986, n. 917;

c) sono utilizzabili esclusivamente in compensazione ai sensi dell'articolo 17 del decreto legislativo 9 luglio 1997, n. 241, a decorrere dal 1° gennaio del periodo d'imposta successivo a quello di riconoscimento del credito, senza l'applicazione del limite di cui al comma 53 dell'articolo 1 della legge 24 dicembre 2007, n. 244. Ai fini della fruizione dei crediti d'imposta, il modello F24 è presentato esclusivamente attraverso i servizi telematici messi a disposizione dall'Agenzia delle entrate, pena il rifiuto dell'operazione di versamento.

5. Con decreto del Ministro dell'ambiente e della tutela del territorio e del mare, di concerto con il Ministro dell'economia e delle finanze e con il Ministro dello sviluppo economico, da adottare entro novanta giorni dalla data di entrata in vigore della legge di conversione del presente decreto, sono definiti i requisiti tecnici e le certificazioni idonee ad attestare la natura e le tipologie di materie e prodotti oggetto di agevolazione nonché i criteri e le modalità di applicazione e fruizione dei crediti d'imposta di cui al presente articolo, anche al fine di assicurare il rispetto dei limiti di spesa di cui ai commi 2 e 3.

6. Agli oneri derivanti dal presente articolo, pari a 20 milioni di euro per l'anno 2021, si provvede mediante corrispondente utilizzo delle maggiori entrate derivanti dal presente decreto.

(1) *Articolo inserito dall'articolo 1, comma 1, della Legge 28 giugno 2019, n. 58, in sede di conversione.*
(2) *In riferimento al presente comma, con riguardo ai criteri e modalità di applicazione e fruizione del credito d'imposta, vedi il D.M. 6 ottobre 2021.*

26 *quater*. Sostegno alle imprese nei processi di sviluppo tecnologico (1). – 1. Il titolo III del decreto legislativo 14 settembre 2015, n. 148, è sostituito dal seguente:

"TITOLO III CONTRATTO DI ESPANSIONE

Art. 41. - (Contratto di espansione) - 1. In via sperimentale per gli anni 2019 e 2020, nell'ambito dei processi di reindustrializzazione e riorganizzazione delle imprese con un organico superiore a 1.000 unità lavorative che comportano, in tutto o in parte, una strutturale modifica dei processi aziendali finalizzati al progresso e allo sviluppo tecnologico dell'attività, nonché la conseguente esigenza di modificare le competenze professionali in organico mediante un loro più razionale impiego e, in ogni caso, prevedendo l'assunzione di nuove professionalità, l'impresa può avviare una procedura di consultazione, secondo le modalità e i termini di cui all'articolo 24, finalizzata a stipulare in sede governativa un contratto di espansione con il Ministero del lavoro e delle politiche sociali e con le associazioni sindacali comparativamente più rappresentative sul piano nazionale o con le loro rappresentanze sindacali aziendali ovvero con la rappresentanza sindacale unitaria.

2. Il contratto di cui al comma 1 è di natura gestionale e deve contenere:

a) il numero dei lavoratori da assumere e l'indicazione dei relativi profili professionali compatibili con i piani di reindustrializzazione o riorganizzazione;

b) la programmazione temporale delle assunzioni;

c) l'indicazione della durata a tempo indeterminato dei contratti di lavoro, compreso il contratto di apprendistato professionalizzante di cui all'articolo 44 del decreto legislativo 15 giugno 2015, n. 81;

d) relativamente alle professionalità in organico, la riduzione complessiva media dell'orario di lavoro e il numero dei lavoratori interessati, nonché il numero dei lavoratori che possono accedere al trattamento previsto dal comma 5.

3. In deroga agli articoli 4 e 22, l'intervento straordinario di integrazione salariale può essere richiesto per un periodo non superiore a 18 mesi, anche non continuativi.

4. Ai fini della stipula del contratto di espansione il Ministero del lavoro e delle politiche sociali verifica il progetto di formazione e di riqualificazione nonché il numero delle assunzioni.

5. Per i lavoratori che si trovino a non più di 60 mesi dal conseguimento del diritto alla pensione di vecchiaia, che abbiano maturato il requisito minimo contributivo, o anticipata di cui all'articolo 24, comma 10, del decreto-legge 6 dicembre 2011, n. 201, convertito, con modificazioni, dalla legge 22 dicembre 2011, n. 214, nell'ambito di accordi di non opposizione e previo esplicito consenso in forma scritta dei lavoratori interessati, il datore di lavoro riconosce per tutto il periodo e fino al raggiungimento del primo diritto a pensione, a fronte della risoluzione del rapporto di lavoro, un'indennità mensile, ove spettante comprensiva dell'indennità NASpI, commisurata al trattamento pensionistico lordo maturato dal lavoratore al momento della cessazione del rapporto di lavoro, così come determinato dall'INPS. Qualora il primo diritto a pensione sia quello previsto per la pensione anticipata, il datore di lavoro versa anche i contributi previdenziali utili al conseguimento del diritto, con esclusione del periodo già coperto dalla contribuzione figurativa a seguito della risoluzione del rapporto di lavoro. I benefici di cui al presente comma sono riconosciuti entro il limite complessivo di spesa di 4,4 milioni di euro per l'anno 2019, di 11,9 milioni di euro per l'anno 2020 e di 6,8 milioni di euro per l'anno 2021. Se nel corso della procedura di consultazione di cui al comma 1 emerge il verificarsi di scostamenti, anche in via prospettica, rispetto al predetto limite di spesa, il Ministero del lavoro e delle politiche sociali non può procedere alla sottoscrizione dell'accordo governativo e conseguentemente non può prendere in considerazione ulteriori domande di accesso ai benefici di cui al presente comma. L'INPS provvede al monitoraggio del rispetto del limite di spesa con le risorse umane, strumentali e finanziarie disponibili a legislazione vigente e senza nuovi o maggiori oneri per la finanza pubblica, fornendo i risultati dell'attività di monitoraggio al Ministero del lavoro e delle politiche sociali e al Ministero dell'economia e delle finanze.

6. La prestazione di cui al comma 5 del presente articolo può essere riconosciuta anche per il tramite dei fondi di solidarietà bilaterali di cui all'articolo 26 già costituiti o in

corso di costituzione, senza l'obbligo di apportare modifiche ai relativi atti istitutivi.

7. Per i lavoratori che non si trovano nella condizione di beneficiare della prestazione prevista dal comma 5 è consentita una riduzione oraria cui si applicano le disposizioni previste dagli articoli 3 e 6. La riduzione media oraria non può essere superiore al 30 per cento dell'orario giornaliero, settimanale o mensile dei lavoratori interessati al contratto di espansione. Per ciascun lavoratore, la percentuale di riduzione complessiva dell'orario di lavoro può essere concordata, ove necessario, fino al 100 per cento nell'arco dell'intero periodo per il quale il contratto di espansione è stipulato. I benefici di cui al comma 3 e al presente comma sono riconosciuti entro il limite complessivo di spesa di 15,7 milioni di euro per l'anno 2019 e di 31,8 milioni di euro per l'anno 2020. Se nel corso della procedura di consultazione di cui al comma 1 emerge il verificarsi di scostamenti, anche in via prospettica, rispetto al predetto limite di spesa, il Ministero del lavoro e delle politiche sociali non può procedere alla sottoscrizione dell'accordo governativo e conseguentemente non può prendere in considerazione ulteriori domande di accesso ai benefici di cui al comma 3 e al presente comma. L'INPS provvede al monitoraggio del rispetto del limite di spesa con le risorse umane, strumentali e finanziarie disponibili a legislazione vigente e senza nuovi o maggiori oneri per la finanza pubblica, fornendo i risultati dell'attività di monitoraggio al Ministero del lavoro e delle politiche sociali e al Ministero dell'economia e delle finanze.

8. L'impresa è tenuta a presentare un progetto di formazione e di riqualificazione che può intendersi assolto, previa idonea certificazione definita con successivo provvedimento, anche qualora il datore di lavoro abbia impartito o fatto impartire l'insegnamento necessario per il conseguimento di una diversa competenza tecnica professionale, rispetto a quella cui è adibito il lavoratore, utilizzando l'opera del lavoratore in azienda anche mediante la sola applicazione pratica. Il progetto deve contenere le misure idonee a garantire l'effettività della formazione necessarie per fare conseguire al prestatore competenze tecniche idonee alla mansione a cui sarà adibito il lavoratore. Ai lavoratori individuati nel presente comma si applicano, in quanto compatibili, le disposizioni previste dall'articolo 24-bis. Il progetto, che è parte integrante del contratto di espansione, descrive i contenuti formativi e le modalità attuative, il numero complessivo dei lavoratori interessati, il numero delle ore di formazione, le competenze tecniche professionali iniziali e finali, è distinto per categorie e garantisce le previsioni stabilite dall'articolo 1, comma 1, lettera f), del decreto del Ministero del lavoro e delle politiche sociali n. 94033 del 13 gennaio 2016.

9. Gli accordi stipulati ai sensi del comma 5 e l'elenco dei lavoratori che accettano l'indennità, ai fini della loro efficacia, devono essere depositati secondo le modalità stabilite dal decreto del Ministro del lavoro e delle politiche sociali 25 marzo 2016, pubblicato nella Gazzetta Ufficiale n. 120 del 24 maggio 2016. Per i lavoratori individuati nel periodo precedente, le leggi e gli altri atti aventi forza di legge non possono in ogni caso modificare i requisiti per conseguire il diritto al trattamento pensionistico vigenti al momento dell'adesione alle procedure previste dal comma 5.

10. Il contratto di espansione è compatibile con l'utilizzo di altri strumenti previsti dal presente decreto legislativo, compreso quanto disposto dall'articolo 7 del decreto del Sottosegretario di Stato al lavoro, alla salute e alle politiche sociali n. 46448 del 10 luglio 2009, pubblicato nella Gazzetta Ufficiale n. 178 del 3 agosto 2009, come modificato dal decreto del Ministro del lavoro e delle politiche sociali 10 ottobre 2014, pubblicato nella Gazzetta Ufficiale n. 214 dell'11 novembre 2014".

2. Il Fondo per interventi strutturali di politica economica, di cui all'articolo 10, comma 5, del decreto-legge 29 novembre 2004, n. 282, convertito, con modificazioni, dalla legge 27 dicembre 2004, n. 307, è incrementato di 0,8 milioni di euro per l'anno 2022, di 3,8 milioni di euro per l'anno 2023, di 13,8 milioni di euro per l'anno 2024, di 33,6 milioni di euro per l'anno 2025, di 45 milioni di euro per l'anno 2026 e di 38 milioni di euro annui a decorrere dall'anno 2027.

3. Agli oneri derivanti dai commi 3, 5 e 7 dell'articolo 41 del decreto legislativo 14 settembre 2015, n. 148, come sostituito dal comma 1 del presente articolo, nonché dal comma 2 del presente articolo si provvede:

a) quanto a 10 milioni di euro per l'anno 2019, mediante corrispondente riduzione dell'autorizzazione di spesa di cui all'articolo 1, comma 258, terzo periodo, della legge 30 dicembre 2018, n. 145;

b) quanto a 10,1 milioni di euro per l'anno 2019 e a 6,7 milioni di euro per l'anno 2020, mediante corrispondente riduzione del Fondo per interventi strutturali di politica economica, di cui all'articolo 10, comma 5, del decreto-legge 29 novembre 2004, n. 282, convertito, con modificazioni, dalla legge 27 dicembre 2004, n. 307;

c) quanto a 3,3 milioni di euro per l'anno 2021, mediante corrispondente riduzione delle proiezioni dello stanziamento del fondo speciale di parte corrente iscritto, ai fini del bilancio triennale 2019-2021, nell'ambito del programma Tondi di riserva e speciali' della missione Tondi da ripartire' dello stato di previsione del Ministero dell'economia e delle finanze per l'anno 2019, allo scopo parzialmente utilizzando l'accantonamento relativo al medesimo Ministero;

d) quanto a 2 milioni di euro per ciascuno degli anni 2020 e 2021, mediante corrispondente riduzione delle proiezioni dello stanziamento del fondo speciale di parte corrente iscritto, ai fini del bilancio triennale 2019-2021, nell'ambito del programma Tondi di riserva e speciali' della missione Tondi da ripartire' dello stato di previsione del Ministero dell'economia e delle finanze per l'anno 2019, allo scopo parzialmente utilizzando l'accantonamento relativo al Ministero del lavoro e delle politiche sociali;

e) quanto a 35 milioni di euro per l'anno 2020, a 1,5 milioni di euro per l'anno 2021, a 0,8 milioni di euro per l'anno 2022, a 3,8 milioni di euro per l'anno 2023, a 13,8 milioni di euro per l'anno 2024, a 33,6 milioni di euro per l'anno 2025, a 45 milioni di euro per l'anno 2026 e a 38 milioni di euro annui a decorrere dall'anno 2027, mediante le maggiori entrate derivanti dal presente decreto.

4. I contratti di solidarietà espansiva sottoscritti ai sensi dell'articolo 41 del decreto legislativo 14 settembre 2015, n. 148, nel testo vigente prima della data di entrata in vigore della legge di conversione del presente decreto, e le relative agevolazioni continuano a produrre effetti fino alla loro naturale scadenza.

(1) *Articolo inserito dall'articolo 1, comma 1, della Legge 28 giugno 2019, n. 58, in sede di conversione.*

27. Società di investimento semplice - SIS. – 1. All'articolo 1, comma 1, del decreto legislativo 24 febbraio 1998, n. 58, dopo la lettera i-ter) è inserita la seguente:

«i-quater) società di investimento semplice (SiS): il FIA italiano [, riservato a investitori professionali,] costituito in forma di Sicaf che gestisce direttamente il proprio patrimonio e che rispetta tutte le seguenti condizioni (1)*:*

1) il patrimonio netto non eccede euro 25 milioni;

2) ha per oggetto esclusivo l'investimento diretto del patrimonio raccolto in PMI non quotate su mercati regolamentati di cui all'articolo 2 paragrafo 1, lettera f), primo alinea, del regolamento (UE) 2017/1129 del Parlamento europeo e del Consiglio del 14 giugno 2017 che si trovano nella fase di sperimentazione, di costituzione e di avvio dell'attività, in deroga all'articolo 35-bis, comma 1, lettera f);

3) non ricorre alla leva finanziaria;

4) dispone di un capitale sociale almeno pari a quello previsto dall'articolo 2327 del codice civile, in deroga all'articolo 35-bis, comma 1, lettera c).».

2. All'articolo 35-undecies del decreto legislativo 24 febbraio 1998, n. 58, dopo il comma 1 sono aggiunti i seguenti:

«1-bis. Le SiS non applicano le disposizioni attuative dell'articolo 6, commi 1, 2 e 2-bis). Il sistema di governo e controllo è adeguato per assicurare la sana e prudente gestione delle SiS e l'osservanza delle disposizioni loro applicabili. Le SiS stipulano un'assicurazione sulla responsabilità civile professionale adeguata ai rischi derivanti dall'attività svolta. Le SiS applicano le disposizioni dettate dalla Consob in materia di commercializzazione di OICR.

1-ter. In deroga all'articolo 35-bis, comma 1, lettera e), i titolari di partecipazioni indicati all'articolo 15, comma 1, rispettano i soli requisiti di onorabilità previsti dall'articolo 14. In deroga all'articolo 35-bis, comma 5, la denominazione sociale della SiS contiene l'indicazione di società di investimento semplice per azioni a capitale fisso.

1-quater. I soggetti che controllano una SiS, i soggetti da questi direttamente o indirettamente controllati o controllanti, ovvero sottoposti a comune controllo anche in virtu' di patti parasociali o vincoli contrattuali ai sensi dell'articolo 2359 del codice civile, nonché i soggetti che svolgono funzioni di amministrazione, direzione e controllo presso una o più SiS possono procedere alla costituzione di una o più SiS, nel rispetto del limite complessivo di euro 25 milioni.».

(1) Lettera modificata dall'articolo 1, comma 1, della Legge 28 giugno 2019, n. 58, in sede di conversione.

28. Semplificazioni per la definizione dei patti territoriali e dei contratti d'area. – 1. Per la definitiva chiusura dei procedimenti relativi alle agevolazioni concesse nell'ambito dei patti territoriali e dei contratti d'area di cui all'articolo 2, comma 203, lettere d) e f), della legge 23 dicembre 1996, n. 662, le imprese beneficiarie presentano dichiarazioni sostitutive ai sensi degli articoli 46 e 47 del decreto del Presidente della Repubblica 28 dicembre 2000, n. 445, attestanti in particolare l'ultimazione dell'intervento agevolato e le spese sostenute per la realizzazione dello stesso. I contenuti specifici, i termini, le modalità e gli schemi per la presentazione delle predette dichiarazioni sono individuati con decreto del Ministro dello sviluppo economico da emanare entro sessanta giorni dalla data di entrata in vigore del presente decreto. L'erogazione degli importi spettanti è autorizzata sulla base delle predette dichiarazioni nei limiti del contributo concesso e delle disposizioni di cui all'articolo 40, comma 9-ter, del decreto-legge 6 dicembre 2011, n. 201, convertito con modificazioni dalla legge 22 dicembre 2011, n. 214. Sono fatti salvi i provvedimenti adottati fino alla data di emanazione del decreto di cui al secondo periodo ai sensi della normativa previgente. Per l'insieme delle imprese che non presentano le dichiarazioni sostitutive sopra indicate, entro sessanta giorni dalla data di pubblicazione del predetto decreto, il Ministero dello sviluppo economico accerta la decadenza dai benefici con provvedimento da pubblicare nella Gazzetta Ufficiale della Repubblica italiana, con salvezza degli importi già erogati sulla base dei costi e delle spese sostenute (1).

2. Il Ministero dello sviluppo economico, anche per il tramite del nucleo speciale spesa pubblica e repressione frodi comunitarie della Guardia di finanza, ai sensi dell'articolo 25, comma 1, del decreto-legge 22 giugno 2012, n. 83, convertito, con modificazioni, dalla legge 7 agosto 2012, n. 134, effettua controlli e ispezioni, anche a campione, sugli interventi agevolati volti a verificare l'attuazione degli interventi medesimi nonché la veridicità delle dichiarazioni sostitutive presentate ai sensi del comma 1. Il predetto Ministero redige entro il 31 dicembre di ciascun anno una relazione di sintesi annuale circa gli esiti dei controlli da pubblicare sul sito istituzionale. Agli oneri per i precitati controlli ed ispezioni si provvede, nel limite massimo di 500 mila euro, a valere sulle risorse residue disponibili dei patti territoriali. Eventuali irregolarità emerse nell'ambito dei predetti controlli comportano la revoca del contributo erogato e l'irrogazione di una sanzione amministrativa pecuniaria ai sensi della legge 24 novembre 1981, n. 689, consistente nel pagamento di una somma in misura da due a quattro volte l'importo dell'aiuto fruito.

3. Fatti salvi gli impegni già assunti in favore delle imprese beneficiarie ovvero relativi alle rimodulazioni già autorizzate, nonché le risorse necessarie per la copertura degli oneri per i controlli e le ispezioni, le risorse residue dei patti territoriali, ove non costituiscano residui perenti, sono utilizzate per il finanziamento di progetti volti allo sviluppo del tessuto imprenditoriale territoriale, anche mediante la sperimentazione di servizi innovativi a supporto delle imprese. Con decreto del Ministro dello sviluppo economico, di concerto con il Ministro dell'economia e delle finanze, d'intesa con la Conferenza permanente per i rapporti tra lo Stato, le Regioni e le Province autonome di Trento e Bolzano, sono stabiliti i criteri per la ripartizione e il trasferimento delle predette risorse, nonché la disciplina per l'attuazione dei precitati progetti, anche valorizzando modelli gestionali efficienti e pregresse esperienze positive dei soggetti che hanno dimostrato capacità operativa di carattere continuativo nell'ambito della gestione dei Patti territoriali (2).

4. Alla compensazione degli effetti finanziari in termini di fabbisogno e indebitamento netto, pari a 12,75 milioni di euro per l'anno 2019, a 29,75 milioni di euro per l'anno 2020 e a 10 milioni di euro per ciascuno degli anni dal 2022 al 2025, si provvede ai sensi dell'articolo 50 (3).

(1) Comma modificato dall'articolo 1, comma 1, della Legge 28 giugno 2019, n. 58, in sede di conversione.
(2) Comma modificato dall'articolo 1, comma 1, della Legge 28 giugno 2019, n. 58, in sede di conversione.
(3) Comma modificato dall'articolo 1, comma 1, della Legge 28 giugno 2019, n. 58, in sede di conversione.

28 bis. Modifiche all'articolo 10 del decreto legislativo 15 settembre 2017, n. 147 [1]. – 1. Al comma 5 dell'articolo 10 del decreto legislativo 15 settembre 2017, n. 147, sono apportate le seguenti modificazioni:

a) al primo periodo, le parole: "*A decorrere dalla data indicata nel decreto di cui al comma 3, l'ISEE*" sono sostituite dalle seguenti: "*L'ISEE*" e sono aggiunte, in fine, le seguenti parole: "*, ovvero un'interruzione dei trattamenti previsti dall'articolo 4, comma 2, lettera f), del citato decreto del Presidente del Consiglio dei ministri n. 159 del 2013*";

b) il terzo periodo è sostituito dai seguenti: "*Nel caso di interruzione dei trattamenti di cui al primo periodo, il periodo di riferimento e i redditi utili per il calcolo dell'ISEE corrente sono individuati con le medesime modalità applicate in caso di variazione della situazione lavorativa del lavoratore dipendente a tempo indeterminato. A decorrere dal quindicesimo giorno successivo alla data di entrata in vigore del provvedimento di approvazione del nuovo modulo sostitutivo della DSU finalizzato alla richiesta dell'ISEE corrente, emanato ai sensi dell'articolo 10, comma 3, del citato decreto del Presidente del Consiglio dei ministri n. 159 del 2013, l'ISEE corrente è calcolato con le modalità di cui al presente comma e ha validità di sei mesi dalla data della presentazione del modulo sostitutivo ai fini della successiva richiesta dell'erogazione delle prestazioni, salvo che intervengano variazioni nella situazione occupazionale o nella fruizione dei trattamenti; in quest'ultimo caso, l'ISEE corrente è aggiornato entro due mesi dalla variazione*".

(1) Articolo inserito dall'articolo 1, comma 1, della Legge 28 giugno 2019, n. 58, in sede di conversione.

29. Nuove imprese a tasso zero, Smart and Start Digital Transformation [A]. – 1. Al decreto legislativo 21 aprile 2000, n. 185 sono apportate le seguenti modifiche:

a) all'articolo 2, comma 1, le parole: «*della durata massima di otto anni*» sono sostituite dalle seguenti: «della durata massima di dieci anni» e, infine, è aggiunto il seguente periodo: «Nel caso di imprese costituite da almeno trentasei mesi e da non oltre sessanta mesi, la percentuale di copertura delle spese ammissibili è innalzata al 90 per cento del totale e le agevolazioni possono essere concesse ai sensi dell'articolo 17 del regolamento (UE) n. 651/2014 della Commissione del 17 giugno 2014 che dichiara alcune categorie di aiuti compatibili con il mercato interno in applicazione degli articoli 107 e 108 del Trattato sul funzionamento dell'Unione europea»;

b) all'articolo 3, comma 1, lettera a) le parole: «*dodici mesi*» sono sostituite dalle seguenti: «*sessanta mesi*»;

c) all'articolo 4, le parole: «*e fatti salvi le esclusioni e i limiti previsti dal regolamento e dalle relative disposizioni modificative di cui all'articolo 2, comma 1*» sono soppresse e, in fine, è aggiunto il seguente periodo: «*L'importo massimo delle spese ammissibili è innalzato a 3 milioni di euro per le imprese costituite da almeno trentasei mesi e da non oltre sessanta mesi. Sono fatte salve le limitazioni derivanti dall'applicazione della disciplina europea in materia di aiuti di Stato di riferimento.*»;

d) dopo l'articolo 4-bis è inserito il seguente: «*Art. 4-ter (Cumulo). - 1. Le agevolazioni di cui al presente Capo possono essere cumulate con altri aiuti di Stato anche de minimis, nei limiti previsti dalla disciplina europea in materia di aiuti di Stato di riferimento.*».

2. Per garantire il tempestivo adeguamento alle disposizioni di cui al comma 1 e individuare modalità atte a consentire la maggiore efficacia dell'intervento, con decreto del Ministro dello sviluppo economico, di concerto con il Ministro dell'economia e delle finanze, da adottare entro novanta giorni dalla data di entrata in vigore del presente decreto, è ridefinita la disciplina di attuazione della misura di cui al Capo 0I del decreto legislativo 21 aprile 2000, n. 185, prevedendo anche, per le imprese di più recente costituzione, l'offerta di servizi di tutoraggio e la copertura dei costi iniziali di gestione, per una percentuale comunque non superiore al 20 per cento del totale delle spese ammissibili. Fino all'entrata in vigore delle predette disposizioni attuative, alle iniziative agevolate ai sensi del medesimo decreto legislativo continua ad applicarsi la disciplina vigente alla data di entrata in vigore del presente decreto.

3. Al fine di garantire la piena accessibilità agli interventi per l'incentivazione delle attività imprenditoriali e il contenimento degli oneri amministrativi e finanziari a carico delle imprese beneficiarie, il Ministero dello sviluppo economico procede con propri decreti, entro novanta giorni dalla data di entrata in vigore del presente decreto e sulla base dei criteri di cui al comma 4, alla revisione della disciplina attuativa degli strumenti di competenza, con particolare riferimento agli interventi per le aree di crisi industriale agevolati ai sensi della legge 15 maggio 1989, n. 181, e all'intervento in favore delle start-up innovative di cui al decreto del Ministro dello sviluppo economico 24 settembre 2014, pubblicato nella Gazzetta Ufficiale della Repubblica italiana n. 264 del 13 novembre 2014. Ai medesimi fini il Ministero dello sviluppo economico fornisce, ove necessario, specifiche direttive ai soggetti gestori dei singoli interventi.

4. La revisione di cui al comma 3 è improntata alla semplificazione e accelerazione delle procedure di accesso, concessione e erogazione delle agevolazioni, anche attraverso l'aggiornamento delle modalità di valutazione delle iniziative e di rendicontazione delle spese sostenute dai beneficiari, nonché all'incremento dell'efficacia degli interventi, con l'individuazione di modalità di intervento più adeguate al contesto di riferimento e idonee a consentire l'ampia partecipazione dei soggetti interessati, anche mediante una revisione degli impegni finanziari richiesti ai proponenti, nonché, per gli interventi di riqualificazione delle aree di crisi industriale, atte a favorire la partecipazione anche finanziaria degli enti e soggetti del territorio.

5. Al fine di favorire la trasformazione tecnologica e digitale dei processi produttivi delle imprese, di micro, piccola e media dimensione, anche in coerenza con le linee strategiche del Piano triennale per l'informatica nella pubblica amministrazione di cui all'articolo 1, comma 513, della legge 28 dicembre 2015, n. 208, con decreto del Ministero dello sviluppo economico, sentita l'Agenzia per l'Italia digitale, sono stabiliti i criteri, le condizioni e le modalità per la concessione di agevolazioni finanziarie nella misura massima del 50 per cento dei costi ammissibili definite nei limiti stabiliti dal Regolamento (UE) 1407/2013 della Commissione del 18 dicembre 2013 ovvero dell'articolo 29 del Regolamento UE 651/2014 della Commissione del 17 giugno 2014 [1].

6. Le agevolazioni di cui al comma 5 sono dirette a sostenere la realizzazione dei progetti di trasformazione tecnologica e digitale aventi le seguenti caratteristiche[2]:

a) essere diretti all'implementazione delle tecnologie abilitanti individuate nel piano Impresa 4.0 (advanced manufacturing solutions, additive manufacturing, realtà aumentata, simulation, integrazione orizzontale e verticale, industrial internet, cloud, cybersecurity, big data e analytics) e delle tecnologie relative a soluzioni tecnologiche digitali di filiera finalizzate all'ottimizzazione della gestione della catena di distribuzione e della gestione delle relazioni con i diversi attori, al software, alle piattaforme e applicazioni digitali per la gestione e il coordinamento della logistica con elevate caratteristiche di integrazione delle attività di servizio nonché ad altre tecnologie quali sistemi di e-commerce, sistemi di pagamento mobile e via internet, fintech, sistemi elettronici per lo scambio di dati (electronic data interchange - EDI), geolocalizzazione, tecnologie per l'in-store customer experience, system integration applicata all'automazione dei processi, blockchain, intelligenza artificiale, internet of things [3];

b) presentare un importo di spesa almeno pari a 50.000 euro [4].

7. Per l'accesso alle agevolazioni di cui al comma 5 le imprese devono possedere, alla data di presentazione della domanda di agevolazione, le seguenti caratteristiche:

a) essere iscritte e risultare attive nel Registro delle imprese;

b) operare in via prevalente/primaria nel settore manifatturiero e/o in quello dei servizi diretti alle imprese manifatturiere nonché, al fine di accrescerne la competitività e in via sperimentale per gli anni 2019-2020, nel settore turistico per le imprese impegnate nella digitalizzazione della fruizione dei beni culturali, anche in un'ottica di maggiore accessibilità e in favore di soggetti disabili [5];

c) avere conseguito nell'esercizio cui si riferisce l'ultimo bilancio approvato e depositato un importo dei ricavi delle vendite e delle prestazioni pari almeno a euro 100.000 [6];

d) aver approvato e depositato almeno due bilanci;

e) non essere sottoposto a procedura concorsuale e non trovarsi in stato di fallimento, di liquidazione anche volontaria, di amministrazione controllata, di concordato preventivo o in qualsiasi altra situazione equivalente secondo la normativa vigente.

7-bis. I soggetti di cui al comma 7, in numero non superiore a dieci imprese, possono presentare anche congiuntamente tra loro progetti realizzati mediante il ricorso allo strumento del contratto di rete o ad altre forme contrattuali di collaborazione, compresi il consorzio e l'accordo di partenariato in cui figuri come soggetto promotore capofila un DIHdigital innovation hub o un EDI-ecosistema digitale per l'innovazione, di cui al Piano nazionale Impresa 4.0. In tali progetti l'importo di cui al comma 7, lettera c), può essere conseguito mediante la somma dei ricavi delle vendite e delle prestazioni realizzati da tutti i soggetti proponenti nell'esercizio cui si riferisce l'ultimo bilancio approvato e depositato [7].

8. Per la concessione delle agevolazioni di cui ai commi da 5 a 7 è autorizzata la spesa di 10 milioni di euro per ciascuno degli anni 2019 e 2020 per la concessione di contributi a fondo perduto e sono destinati 80 milioni di euro a valere sulle disponibilità del Fondo per la crescita sostenibile di cui all'articolo 23 del decreto-legge 22 giugno 2012, n. 83, convertito, con modificazioni, con legge 7 agosto 2012, n. 134, per la concessione di finanziamenti agevolati.

9. Agli oneri derivanti dai commi 2 e 8, pari a 10 milioni di euro per ciascuno degli anni 2019 e 2020, e in termini di fabbisogno e indebitamento netto pari a 10 milioni di euro per l'anno 2019, a 10,5 milioni di euro per l'anno 2020 e a 1,5 milioni di euro per ciascuno degli anni dal 2021 al 2023, si provvede ai sensi dell'articolo 50.

9-bis. Con l'obiettivo strategico di assicurare lo sviluppo del processo di digitalizzazione, nell'interesse generale e per la crescita del Paese, attraverso soluzioni innovative e tecnologiche che consentano di accedere in forme semplificate ai servizi della pubblica amministrazione, ottimizzandone la fruizione, considerata l'evoluzione del servizio postale in funzione delle mutate esigenze degli utenti, al fine di promuovere il superamento del divario digitale e la coesione sociale e territoriale e di conseguire maggiore efficienza, tempestività e uniformità in tutto il territorio nazionale nell'erogazione di servizi pubblici anche in modalità digitale nonché di servizi evoluti, in mobilità a domicilio, nelle aree urbane, decentrate e rurali, semplificando l'accesso universale dei cittadini e delle imprese ai nuovi servizi, anche di comunicazione elettronica, e sostenendo lo sviluppo del commercio elettronico, con uno o più decreti del Presidente del Consiglio dei ministri, adottati ai sensi dell'articolo 17, comma 3, della legge 23 agosto 1988, n. 400, su proposta del Ministro per la pubblica amministrazione, di concerto con il Ministro dell'economia e delle finanze, sentita l'Agenzia per l'Italia digitale e previa intesa in sede di Conferenza unificata di cui all'articolo 8 del decreto legislativo 28 agosto 1997, n. 281, sono individuate le aree dei servizi digitali delle pubbliche amministrazioni cui consentire l'accesso anche attraverso le strutture e le piattaforme tecnologiche del fornitore del servizio universale di cui all'articolo 3 del decreto legislativo 22 luglio 1999, n. 261, e sono stabilite, senza nuovi o maggiori oneri per la finanza pubblica, le modalità di remunerazione dell'attività prestata dal citato fornitore nel caso in cui lo stanziamento previsto dal comma 9-quater del presente articolo non sia sufficiente a remunerare il servizio effettivamente prestato [8].

9-ter. Con i decreti di cui al comma 9-bis sono individuati, nel rispetto della disciplina dell'Unione europea in materia di gestione di servizi di interesse economico generale, le categorie di utenti ammessi alla fruizione dei servizi previsti dal medesimo comma 9-bis, il livello e le modalità di effettuazione delle prestazioni da parte del fornitore del servizio universale di cui all'articolo 3 del decreto legislativo 22 luglio 1999, n. 261, nonché la misura massima del contributo riconosciuto a valere sulle risorse di cui al comma 9-quater del presente articolo. Mediante apposita convenzione sono definiti i rapporti tra la pubblica amministrazione statale titolare del servizio digitale e il citato fornitore del servizio universale, compresi i connessi servizi a sportello o in mobilità [9].

9-quater. Una quota delle entrate dello Stato derivanti dalla distribuzione di utili d'esercizio o di riserve sotto forma di dividendi delle società partecipate dal Ministero dell'economia e delle finanze è utilizzata, entro il limite massimo di 15 milioni di euro annui, nel rispetto degli obiettivi di finanza pubblica, per le finalità di cui ai commi da 9-bis a 9-octies. Le somme introitate a tale titolo sono riassegnate, anche in deroga ai limiti previsti per le riassegnazioni, con decreto del Ministro dell'economia e delle finanze, a un apposito fondo istituito nello stato di previsione del Ministero dell'economia e delle finanze. All'articolo 1, comma 216, della legge 30 dicembre 2018, n. 145, al primo periodo, le parole: "*in misura non inferiore al 15 per cento*" sono sostituite dalle seguenti: "fino al 10 per cento" e, al terzo periodo, le parole: "dalla data di entrata in vigore della presente legge" sono sostituite dalle seguenti: "dal 1° luglio 2019" [10].

9-quinquies. Secondo i criteri previsti dai decreti di cui al comma 9-bis, le pubbliche amministrazioni non statali possono consentire l'accesso alle aree dei servizi digitali dei quali sono titolari o che sono ad esse delegati anche attraverso le strutture e le piattaforme tecnologiche del fornitore del servizio universale di cui all'articolo 3 del decreto legislativo 22 luglio 1999, n. 261. Agli oneri derivanti dall'attuazione del presente comma ciascuna amministrazione provvede, nei limiti delle risorse iscritte per tale scopo in appositi capitoli di bilancio, senza nuovi o maggiori oneri per la finanza pubblica [11].

9-sexies. Qualora l'accesso ai servizi digitali di cui ai commi 9-bis e 9-quinquies necessiti dell'identificazione degli aventi diritto, il personale del fornitore del servizio universale di cui all'articolo 3 del decreto legislativo 22 luglio 1999, n. 261, procede all'identificazione nel rispetto delle vigenti disposizioni, assumendo a tale fine la qualità di incaricato di pubblico servizio[12].

9-septies. Sono a carico esclusivo dell'utente l'effettuazione dei servizi digitali in mobilità a domicilio e la prestazione di servizi aggiuntivi rispetto a quelli individuati dai decreti di cui al comma 9-bis. Il fornitore del servizio universale di cui all'articolo 3 del decreto legislativo 22 luglio 1999, n. 261, provvede alla pubblicazione, anche nel proprio sito internet istituzionale, delle informazioni sugli eventuali servizi aggiuntivi e sulla disponibilità di servizi digitali in mobilità a domicilio, specificandone la natura e il costo[13].

9-octies. Al fine di assicurare l'ammortamento dei costi sostenuti per le attività necessarie, il servizio di interesse economico generale di cui al comma 9-bis del presente articolo è garantito dal fornitore del servizio universale di cui all'articolo 3 del decreto legislativo 22 luglio 1999, n. 261, per una durata pari a quella dell'affidamento del servizio universale [14].

9-novies. Per il medesimo fine di cui al comma 9-bis, l'ENIT-Agenzia nazionale del turismo promuove i servizi turistici e culturali e favorisce la commercializzazione di prodotti enogastronomici, tipici e artigianali, in Italia e all'estero, anche attraverso un portale dedicato già esistente e l'affidamento della realizzazione e della gestione di un'apposita carta, su supporto cartaceo o digitale, che consente, anche mediante strumenti e canali digitali e dispositivi mobili e previo deposito da parte del titolare di una somma presso l'emittente della carta, di acquistare beni e servizi per la fruizione integrata di servizi pubblici di trasporto, degli istituti e dei luoghi della cultura, dei parchi di divertimento e degli spettacoli viaggianti, di disporre di agevolazioni per l'acquisto di servizi e di prodotti enogastronomici a seguito di apposite convenzioni stipulate a livello locale con soggetti pubblici e privati, nonché di usufruire della rete logistica dell'emittente per l'invio dei citati prodotti nel rispetto della normativa vigente in materia di spedizioni alimentari. La realizzazione e la gestione della carta sono affidate al soggetto che risulti in possesso dei seguenti requisiti volti ad assicurare una diffusa e immediata operatività della carta attraverso l'impiego delle proprie dotazioni:

a) gestione di servizi pubblici;

b) esperienza pluriennale maturata nei servizi finanziari di pagamento effettuati a sportello, elettronicamente anche in mobilità ed evoluti;

c) esperienza pluriennale nella gestione di carte prepagate realizzate dalla pubblica amministrazione;

d) presenza capillare nel territorio nazionale di infrastrutture fisiche e logistiche [15].

[A] *In riferimento al presente articolo, vedi: Circolare Ministero dello sviluppo economico 8 aprile 2021, n. 117378.*
[1] *Comma modificato dall'articolo 1, comma 1, della Legge 28 giugno 2019, n. 58, in sede di conversione.*
[2] *Comma modificato dall'articolo 1, comma 1, della Legge 28 giugno 2019, n. 58, in sede di conversione.*
[3] *Lettera modificata dall'articolo 1, comma 1, della Legge 28 giugno 2019, n. 58, in sede di conversione.*
[4] *Lettera modificata dall'articolo 1, comma 1, della Legge 28 giugno 2019, n. 58, in sede di conversione.*
[5] *Lettera modificata dall'articolo 1, comma 1, della Legge 28 giugno 2019, n. 58, in sede di conversione.*
[6] *Lettera modificata dall'articolo 1, comma 1, della Legge 28 giugno 2019, n. 58, in sede di conversione.*
[7] *Comma inserito dall'articolo 1, comma 1, della Legge 28 giugno 2019, n. 58, in sede di conversione.*
[8] *Comma aggiunto dall'articolo 1, comma 1, della Legge 28 giugno 2019, n. 58, in sede di conversione.*
[9] *Comma aggiunto dall'articolo 1, comma 1, della Legge 28 giugno 2019, n. 58, in sede di conversione.*
[10] *Comma aggiunto dall'articolo 1, comma 1, della Legge 28 giugno 2019, n. 58, in sede di conversione.*
[11] *Comma aggiunto dall'articolo 1, comma 1, della Legge 28 giugno 2019, n. 58, in sede di conversione.*
[12] *Comma aggiunto dall'articolo 1, comma 1, della Legge 28 giugno 2019, n. 58, in sede di conversione.*
[13] *Comma aggiunto dall'articolo 1, comma 1, della Legge 28 giugno 2019, n. 58, in sede di conversione.*
[14] *Comma aggiunto dall'articolo 1, comma 1, della Legge 28 giugno 2019, n. 58, in sede di conversione.*
[15] *Comma aggiunto dall'articolo 1, comma 1, della Legge 28 giugno 2019, n. 58, in sede di conversione.*

30. Contributi ai comuni per interventi di efficientamento energetico e sviluppo territoriale sostenibile. – 1. Con decreto del Ministero dello sviluppo economico, da emanarsi entro venti giorni dalla data di entrata in vigore del presente decreto, sono assegnati, sulla base dei criteri di cui al comma 2, contributi in favore dei Comuni, nel limite massimo di 500 milioni di euro per l'anno 2019 a valere sul Fondo Sviluppo e Coesione (FSC), di cui all'articolo 1, comma 6, della legge 27 dicembre 2013, n. 147, per la realizzazione di progetti relativi a investimenti nel campo dell'efficientamento energetico e dello sviluppo territoriale sostenibile.

2. Il contributo di cui al comma 1 è attribuito a ciascun Comune sulla base della popolazione residente alla data del 1° gennaio 2018, secondo i dati pubblicati dall'Istituto nazionale di statistica (ISTAT), come di seguito indicato:

a) ai Comuni con popolazione inferiore o uguale a 5.000 abitanti è assegnato un contributo pari ad euro 50.000,00;

b) ai Comuni con popolazione compresa tra 5.001 e 10.000 abitanti è assegnato un contributo pari ad euro 70.000,00;

c) ai Comuni con popolazione compresa tra 10.001 e 20.000 abitanti è assegnato un contributo pari ad euro 90.000,00;

d) ai Comuni con popolazione compresa tra 20.001 e 50.000 abitanti è assegnato un contributo pari ad euro 130.000,00;

e) ai Comuni con popolazione compresa tra 50.001 e 100.000 abitanti è assegnato un contributo pari ad euro 170.000,00;

f) ai Comuni con popolazione compresa tra 100.001 e

250.000 abitanti è assegnato un contributo pari ad euro 210.000,00 (1);

g) ai Comuni con popolazione superiore a 250.000 abitanti è assegnato un contributo pari ad euro 250.000,00.

3. I contributi di cui al comma 1 sono destinati ad opere pubbliche in materia di:

a) efficientamento energetico, ivi compresi interventi volti all'efficientamento dell'illuminazione pubblica, al risparmio energetico degli edifici di proprietà pubblica e di edilizia residenziale pubblica, nonché all'installazione di impianti per la produzione di energia da fonti rinnovabili (2);

b) sviluppo territoriale sostenibile, ivi compresi interventi in materia di mobilità sostenibile, nonché interventi per l'adeguamento e la messa in sicurezza di scuole, edifici pubblici e patrimonio comunale e per l'abbattimento delle barriere architettoniche.

4. Il Comune beneficiario del contributo può finanziare una o più opere pubbliche di cui al comma 3, a condizione che esse:

a) non abbiano già ottenuto un finanziamento a valere su fondi pubblici o privati, nazionali, regionali, provinciali o strutturali di investimento europeo;

b) siano aggiuntive rispetto a quelle già programmate sulla base degli stanziamenti contenuti nel bilancio di previsione dell'anno 2019.

5. Il Comune beneficiario del contributo di cui al comma 1 è tenuto ad iniziare l'esecuzione dei lavori di cui al comma 3 entro il 31 dicembre 2019 (3)(4).

6. Il contributo è corrisposto ai Comuni beneficiari dal Ministero dell'economia e delle finanze, su richiesta del Ministero dello sviluppo economico.

7. L'erogazione avviene, per il 50 per cento, previa richiesta da parte del Ministero dello sviluppo economico sulla base dell'attestazione dell'ente beneficiario dell'avvenuto inizio dell'esecuzione dei lavori entro il termine di cui al comma 5. Il saldo, determinato come differenza tra la spesa effettivamente sostenuta per la realizzazione del progetto e la quota già erogata, nel limite dell'importo del contributo di cui al comma 2, è corrisposto su autorizzazione del Ministero dello sviluppo economico anche sulla base dei dati inseriti nel sistema di monitoraggio di cui al comma 11 dall'ente beneficiario, in ordine al collaudo e alla regolare esecuzione dei lavori(5) .

8. Per i Comuni delle regioni Friuli-Venezia Giulia e Valle d'Aosta e delle Province autonome di Trento e di Bolzano i contributi sono erogati per il tramite delle Autonomie speciali.

9. I Comuni che non rispettano il termine di cui al comma 5 decadono automaticamente dall'assegnazione del contributo di cui al comma 1. Le relative risorse rientrano nella disponibilità del Fondo per lo Sviluppo e la Coesione.

10. Il Comune beneficiario dà pubblicità dell'importo concesso dal Ministero dello sviluppo economico nella sezione «*Amministrazione trasparente*» di cui al decreto legislativo 14 marzo 2013, n. 33, sottosezione Opere pubbliche.

11. I Comuni beneficiari monitorano la realizzazione finanziaria, fisica e procedurale delle opere pubbliche attraverso il sistema di monitoraggio, di cui all'articolo 1, comma 703, della legge 23 dicembre 2014, n. 190, classificando le opere sotto la voce «*Contributo comuni per efficientamento energetico e sviluppo territoriale sostenibile - DL crescita*» (6).

12. Considerata l'esigenza di semplificazione procedimentale, il Comune beneficiario che ottemperi agli adempimenti informativi di cui al comma 10 è esonerato dall'obbligo di presentazione del rendiconto dei contributi straordinari di cui all'articolo 158 del decreto legislativo 18 agosto 2000, n. 267.

13. Oltre ai controlli istruttori finalizzati ad attivare il flusso dei trasferimenti in favore dei Comuni, il Ministero dello sviluppo economico, anche avvalendosi di società in house, effettua, in collaborazione con il Ministero delle infrastrutture e dei trasporti, controlli a campione sulle attività realizzate con i contributi di cui al presente articolo, secondo modalità definite con apposito decreto ministeriale.

14. Agli oneri relativi alle attività istruttorie e di controllo derivanti dal presente articolo si provvede a valere sulle risorse di cui al comma 1, fino all'importo massimo di euro 1.760.000,00.

[TABELLA DI RIPARTO (7)

Tipologia	Enti	Importo	Totale
> 250.000	12	250.000	3.000.000
100.001-250.000	33	210.000	6.930.000
50.001-100.000	100	170.000	17.000.000
20.001-50.000	379	130.000	49.270.000
10.001-20.000	707	90.000	63.630.000
5.001-10.000	1.183	70.000	82.810.000
2.001-5.000	2.050	50.000	275.600.000
< 2.000	3.462	7.926	498.240.000

14-bis. Per stabilizzare i contributi a favore dei comuni allo scopo di potenziare gli investimenti per la messa in sicurezza di scuole, strade, edifici pubblici e patrimonio comunale e per l'abbattimento delle barriere architettoniche a beneficio della collettività, nonché per gli interventi di efficientamento energetico e sviluppo territoriale sostenibile di cui al comma 3, a decorrere dall'anno 2021 è autorizzato, nello stato di previsione del Ministero dell'interno, l'avvio di un programma pluriennale per la realizzazione degli interventi di cui all'articolo 1, comma 107, della legge 30 dicembre 2018, n. 145. A tale fine, con decreto del Ministro dell'interno, da emanare entro il 15 gennaio di ciascun anno, è assegnato a ciascun comune con popolazione inferiore a 1.000 abitanti un contributo di pari importo, nel limite massimo di 160 milioni di euro per l'anno 2021, 168 milioni di euro per ciascuno degli anni 2022 e 2023, 172 milioni di euro per l'anno 2024, 140 milioni di euro per ciascuno degli anni dal 2025 al 2030, 132 milioni di euro per ciascuno degli anni dal 2031 al 2033 e 160 milioni di euro a decorrere dall'anno 2034. Il comune beneficiario del contributo di cui al presente comma è tenuto ad iniziare l'esecuzione dei lavori entro il 15 maggio di ciascun anno. Nel caso di mancato rispetto del termine di inizio dell'esecuzione dei lavori di cui al presente comma o di parziale utilizzo del contributo, il medesimo contributo è revocato, in tutto o in parte, entro il 15 giugno di ciascun anno, con decreto del Ministro dell'interno. Le somme derivanti dalla revoca dei contributi di cui al quarto periodo sono assegnate, con il medesimo decreto ivi previsto, ai comuni che hanno iniziato l'esecuzione dei lavori in data antecedente alla scadenza di cui al presente comma, dando priorità ai comuni con data di inizio dell'esecuzione dei lavori meno recente e non oggetto di recupero. I comuni beneficiari dei contributi di cui al quinto periodo sono tenuti a iniziare l'esecuzione dei lavori entro il 15 ottobre di ciascun anno. Si applicano i commi 110, 112, 113 e 114 dell'articolo 1 della citata legge n. 145 del 2018 [8][9].

14-ter. A decorrere dall'anno 2021, nello stato di previsione del Ministero dell'ambiente e della tutela del territorio e del mare, è istituito un fondo dell'importo di 41 milioni di euro per l'anno 2021, 43 milioni di euro per l'anno 2022, 82 milioni di euro per l'anno 2023, 83 milioni di euro per l'anno 2024, 75 milioni di euro per ciascuno degli anni dal 2025 al 2030, 73 milioni di euro per ciascuno degli anni dal 2031 al 2033, 80 milioni di euro per l'anno 2034 e 40 milioni di euro a decorrere dall'anno 2035, destinato alle finalità di cui all'articolo 10, comma 1, lettera d), della legge 7 luglio 2009, n. 88. In sede di Conferenza permanente per i rapporti tra lo Stato, le regioni e le province autonome di Trento e di Bolzano, è definito il riparto delle risorse tra le regioni interessate e sono stabilite le misure a cui esse sono destinate, tenendo conto del perdurare del superamento dei valori limite relativi alle polveri sottili (PM10), di cui alla procedura di infrazione n. 2014/2147 e dei valori limite relativi al biossido di azoto (NO2), di cui alla procedura di infrazione n. 2015/2043, e della complessità dei processi di conseguimento degli obiettivi indicati dalla direttiva 2008/50/CE del Parlamento europeo e del Consiglio, del 21 maggio 2008. Il monitoraggio degli interventi avviene ai sensi del decreto legislativo 29 dicembre 2011, n. 229, e gli stessi devono essere identificati dal codice unico di progetto (CUP)[10][11].

14-quater. All'attuazione delle disposizioni di cui ai commi 14-bis e 14-ter si fa fronte con tutte le risorse per contributi dall'anno 2020, non ancora impegnate alla data del 1° giugno 2019, nell'ambito dell'autorizzazione di spesa di cui all'articolo 1, comma 1091, della legge 27 dicembre 2017, n. 205, che si intende corrispondentemente ridotta di pari importo, nonché con le risorse di cui all'articolo 24, comma 5-bis, del decreto-legge 30 dicembre 2019, n. 162, convertito, con modificazioni, dalla legge 28 febbraio 2020, n. 8. Sono nulli gli eventuali atti adottati in contrasto con le disposizioni del presente comma. Il Ministro dell'economia e delle finanze è autorizzato ad apportare, con propri decreti, le occorrenti variazioni di bilancio[12].

14-quinquies. Le risorse disponibili per l'anno 2019 sul Fondo di cui all'articolo 1, comma 1091, della legge 27 dicembre 2017, n. 205, sono destinate a favore dei comuni compresi nella fascia demografica fino a 10.000 abitanti che hanno subito tagli dei trasferimenti del fondo di solidarietà comunale, per effetto delle disposizioni sul contenimento della spesa pubblica di cui all'articolo 16 del decreto-legge 6 luglio 2012, n. 95, convertito, con modificazioni, dalla legge 7 agosto 2012, n. 135, applicate sulle quote di spesa relative ai servizi socio-sanitari assistenziali e ai servizi idrici integrati. Il contributo spettante a ciascun comune è determinato con decreto del Ministro dell'interno, di concerto con il Ministro dell'economia e delle finanze, da emanare entro il 31 ottobre 2019, sentita la Conferenza Stato-città ed autonomie locali, tenendo conto del maggiore taglio, di cui al citato decreto-legge n. 95 del 2012, subito per effetto della spesa sostenuta per i servizi socio-sanitari assistenziali e idrici integrati coperta con entrate ad essi direttamente riconducibili. Ai fini del riparto, si considerano solo i comuni per i quali l'incidenza sulla spesa corrente media risultante dai certificati ai rendiconti del triennio 2010-2012 supera il 3 per cento, nel caso dei servizi socio-sanitari assistenziali, e l'8 per cento, nel caso dei servizi idrici integrati. I comuni beneficiari utilizzano il contributo di cui al presente comma per investimenti per la messa in sicurezza degli edifici e del territorio [13].

(1) *Lettera modificata dall'articolo 1, comma 1, della Legge 28 giugno 2019, n. 58, in sede di conversione.*
(2) *Lettera modificata dall'articolo 1, comma 1, della Legge 28 giugno 2019, n. 58, in sede di conversione.*
(3) *Comma modificato dall'articolo 15, comma 01, del D.L. 3 settembre 2019, n. 101, convertito con modificazioni dalla Legge 2 novembre 2019, n. 128.*
(4) *A norma dell'articolo 1, comma 8-ter del D.L. 30 dicembre 2019, n. 162, convertito, con modificazioni dalla Legge 28 febbraio 2020, n. 8, il termine di cui al presente comma, è differito al 30 giugno 2020, per i comuni che non hanno potuto provvedere alla consegna dei lavori entro il termine del 31 ottobre 2019, per fatti non imputabili all'amministrazione.*
(5) *Comma modificato dall'articolo 1, comma 1, della Legge 28 giugno 2019, n. 58, in sede di conversione.*
(6) *Comma modificato dall'articolo 1, comma 1, della Legge 28 giugno 2019, n. 58, in sede di conversione.*
(7) *Tabella soppressa dall'articolo 1, comma 1, della Legge 28 giugno 2019, n. 58, in sede di conversione.*
(8) *Comma aggiunto dall'articolo 1, comma 1, della Legge 28 giugno 2019, n. 58, in sede di conversione; successivamente modificato dall'articolo 125, comma 1, del D.L. 17 marzo 2020, n. 18, convertito con modificazioni dalla Legge 24 aprile 2020, n. 27 e, da ultimo, sostituito, a decorrere dal 1° gennaio 2021, dall'articolo 51, comma 1, lettera a), del D.L. 14 agosto 2020, n. 104, convertito con modificazioni dalla Legge 13 ottobre 2020, n. 126.*
(9) *A norma dell'articolo 13, comma 19-bis, del D.L. 31 dicembre 2020, n. 183, convertito, con modificazioni, dalla Legge 26 febbraio 2021, n. 21, i termini di cui al presente comma sono così differiti:*
a) il termine di cui al secondo periodo è fissato al 15 aprile 2021;
b) il termine di cui al terzo periodo è fissato al 15 agosto 2021;
c) il termine di cui al quarto periodo è fissato al 15 settembre 2021;
d) il termine di cui al sesto periodo è fissato al 15 gennaio 2022.
Da ultimo, a norma dell'articolo articolo 33-ter, comma 1, del D.L. 30 aprile 2022, n. 36, convertito con modificazioni dalla Legge 29 giugno 2022, n. 79, i termini di cui al terzo, quarto e sesto periodo del presente comma sono prorogati di quattro mesi.
(10) *Comma aggiunto dall'articolo 1, comma 1, della Legge 28 giugno 2019, n. 58, in sede di conversione; successivamente modificato dall''articolo 114, comma 1, lettere a), b) e c), del D.L. 19 maggio 2020, n. 34, convertito, con modificazioni, dalla Legge 17 luglio 2020, n. 77 e, da ultimo, sostituito, a decorrere dal 1° gennaio 2021, dall'articolo 51, comma 1, lettera b), del D.L. 14 agosto 2020, n. 104, convertito con modificazioni dalla Legge 13 ottobre 2020, n. 126.*
(11) *A norma dell'articolo 1, comma 829, della Legge 30 dicembre 2021, n. 234, le risorse di cui al presente comma, sono incrementate di 1 milione di euro per l'anno 2022.*
(12) *Comma aggiunto dall'articolo 1, comma 1, della Legge 28 giugno 2019, n. 58, in sede di conversione e, da ultimo, sostituito, a decorrere dal 1° gennaio 2021, dall'articolo 51, comma 1, lettera c), del D.L. 14 agosto 2020, n. 104, convertito con modificazioni dalla Legge 13 ottobre 2020, n. 126.*
(13) *Comma aggiunto dall'articolo 1, comma 1, della Legge 28 giugno 2019, n. 58, in sede di conversione.*

30 *bis*. Norme in materia di edilizia scolastica [1]**.** – 1. Al fine di garantire la messa in sicurezza degli edifici pubblici adibiti a uso scolastico, gli enti locali beneficiari di finanziamenti e contributi statali possono avvalersi, limitatamente al triennio 2019-2021 e nell'ambito della programmazione triennale nazionale di cui all'articolo 10 del decreto-legge 12 settembre 2013, n. 104, convertito, con modificazioni, dalla legge 8 novembre 2013, n. 128, quanto agli acquisti di beni e servizi, della società Consip Spa e, quanto all'affidamento dei lavori di realizzazione, dell'Agenzia nazionale per l'attrazione degli investimenti e lo sviluppo d'impresa Spa - Invitalia, che sono tenute a pubblicare gli atti di gara entro novanta giorni dalla presentazione alle stesse, da parte degli enti locali, dei progetti definitivi.

2. Qualora la società Consip Spa e l'Agenzia nazionale per

l'attrazione degli investimenti e lo sviluppo d'impresa Spa - Invitalia non provvedano alla pubblicazione degli atti di gara entro il termine di novanta giorni di cui al comma 1, gli enti locali possono affidare i lavori di cui al medesimo comma 1, anche di importo pari o superiore a 200.000 euro e fino alla soglia di cui all'articolo 35, comma 1, lettera a), del codice dei contratti pubblici, di cui al decreto legislativo 18 aprile 2016, n. 50, mediante procedura negoziata con consultazione, nel rispetto del criterio di rotazione degli inviti, di almeno quindici operatori economici, ove esistenti, individuati sulla base di indagini di mercato o tramite elenchi di operatori economici. L'avviso sui risultati della procedura di affidamento contiene anche l'indicazione dei soggetti invitati.

3. Gli edifici scolastici pubblici, oggetto di interventi di messa in sicurezza a valere su finanziamenti e contributi statali, mantengono la destinazione a uso scolastico per almeno cinque anni dall'avvenuta ultimazione dei lavori.

(1) *Articolo inserito dall'articolo 1, comma 1, della Legge 28 giugno 2019, n. 58, in sede di conversione.*

30 ter. Agevolazioni per la promozione dell'economia locale mediante la riapertura e l'ampliamento di attività commerciali, artigianali e di servizi (1). – 1. Il presente articolo disciplina la concessione di agevolazioni in favore dei soggetti, esercenti attività nei settori di cui al comma 2, che procedono all'ampliamento di esercizi commerciali già esistenti o alla riapertura di esercizi chiusi da almeno sei mesi, situati nei territori di comuni con popolazione fino a 20.000 abitanti. Le disposizioni del presente articolo non costituiscono in alcun caso deroga alla disciplina prevista dal decreto legislativo 31 marzo 1998, n. 114, e dalle leggi regionali in materia di commercio al dettaglio.

2. Sono ammesse a fruire delle agevolazioni previste dal presente articolo le iniziative finalizzate alla riapertura di esercizi operanti nei seguenti settori: artigianato, turismo, fornitura di servizi destinati alla tutela ambientale, alla fruizione di beni culturali e al tempo libero, nonché commercio al dettaglio, limitatamente agli esercizi di cui all'articolo 4, comma 1, lettere d) ed e), del decreto legislativo 31 marzo 1998, n. 114, compresa la somministrazione di alimenti e di bevande al pubblico.

3. Sono comunque escluse dalle agevolazioni previste dal presente articolo l'attività di compro oro, definita ai sensi del decreto legislativo 25 maggio 2017, n. 92, nonché le sale per scommesse o che detengono al loro interno apparecchi da intrattenimento previsti dall'articolo 110, comma 6, lettere a) e b), del testo unico delle leggi di pubblica sicurezza, di cui al regio decreto 18 giugno 1931, n. 773.

4. Sono inoltre esclusi dalle agevolazioni previste dal presente articolo i subentri, a qualunque titolo, in attività già esistenti precedentemente interrotte. Sono altresì escluse dalle agevolazioni previste dal presente articolo le aperture di nuove attività e le riaperture, conseguenti a cessione di un'attività preesistente da parte del medesimo soggetto che la esercitava in precedenza o, comunque, di un soggetto, anche costituito in forma societaria, che sia ad esso direttamente o indirettamente riconducibile.

5. Le agevolazioni previste dal presente articolo consistono nell'erogazione di contributi per l'anno nel quale avviene l'apertura o l'ampliamento degli esercizi di cui al comma 2 e per i tre anni successivi. La misura del contributo di cui al periodo precedente è rapportata alla somma dei tributi comunali dovuti dall'esercente e regolarmente pagati nell'anno precedente a quello nel quale è presentata la richiesta di concessione, fino al 100 per cento dell'importo, secondo quanto stabilito dal comma 9.

6. I comuni di cui al comma 1 istituiscono, nell'ambito del proprio bilancio, un fondo da destinare alla concessione dei contributi di cui al comma 5. A tale fine, nello stato di previsione del Ministero dell'interno è istituito un fondo con una dotazione annuale pari a 5 milioni di euro per l'anno 2020, a 10 milioni di euro per l'anno 2021, a 13 milioni di euro per l'anno 2022 e a 20 milioni di euro annui a decorrere dall'anno 2023. Il fondo è ripartito tra i comuni beneficiari con decreto del Ministro dell'interno, di concerto con il Ministro dell'economia e delle finanze, sentita la Conferenza Stato-città ed autonomie locali. In ogni caso, la spesa complessiva per i contributi erogati ai beneficiari non può superare la dotazione annua del fondo di cui al secondo periodo.

7. I contributi di cui ai commi 5 e 6 sono erogati a decorrere dalla data di effettivo inizio dell'attività dell'esercizio, attestata dalle comunicazioni previste dalla normativa vigente.

8. Possono beneficiare dei contributi di cui al comma 5 i soggetti esercenti, in possesso delle abilitazioni e delle autorizzazioni richieste per lo svolgimento delle attività nei settori di cui al comma 2 che, ai sensi del comma 1, procedono all'ampliamento di esercizi già esistenti o alla riapertura di esercizi chiusi da almeno sei mesi. Per gli esercizi il cui ampliamento comporta la riapertura di ingressi o di vetrine su strada pubblica chiusi da almeno sei mesi nell'anno per cui è chiesta l'agevolazione, il contributo è concesso per la sola parte relativa all'ampliamento medesimo.

9. I soggetti che intendono usufruire delle agevolazioni di cui al presente articolo devono presentare al comune nel quale è situato l'esercizio di cui ai commi 1 e 2, dal 1° gennaio al 28 febbraio di ogni anno, la richiesta, redatta in base a un apposito modello, nonché la dichiarazione sostitutiva di atto di notorietà attestante il possesso dei requisiti prescritti. Per l'anno 2020 la richiesta di cui al primo periodo può essere presentata fino al 30 settembre. Il comune, dopo aver effettuato i controlli sulla dichiarazione di cui al primo periodo, determina la misura del contributo spettante, previo riscontro del regolare avvio e mantenimento dell'attività. I contributi sono concessi, nell'ordine di presentazione delle richieste, fino all'esaurimento delle risorse iscritte nel bilancio comunale ai sensi del comma 6. L'importo di ciascun contributo è determinato dal responsabile dell'ufficio comunale competente per i tributi in misura proporzionale al numero dei mesi di apertura dell'esercizio nel quadriennio considerato, che non può comunque essere inferiore a sei mesi(2).

10. I contributi di cui al presente articolo sono erogati nell'ambito del regime de minimis di cui al regolamento (UE) n. 1407/2013 della Commissione, del 18 dicembre 2013, nei limiti previsti dal medesimo regolamento per gli aiuti di Stato a ciascuna impresa. Essi non sono cumulabili con altre agevolazioni previste dal presente decreto o da altre normative statali, regionali o delle province autonome di Trento e di Bolzano.

11. Le disposizioni del presente articolo si applicano a decorrere dal 1° gennaio 2020.

12. All'onere derivante dall'attuazione del presente artico-

lo, pari a 5 milioni di euro per l'anno 2020, a 10 milioni di euro per l'anno 2021, a 13 milioni di euro per l'anno 2022 e a 20 milioni di euro annui a decorrere dall'anno 2023, si provvede mediante corrispondente utilizzo delle maggiori entrate derivanti dal presente decreto.

(1) *Articolo inserito dall'articolo 1, comma 1, della Legge 28 giugno 2019, n. 58, in sede di conversione.*
(2) *Comma modificato dall'articolo 1, comma 10-sexies, lettere a) e b), del D.L. 30 dicembre 2019, n. 162, convertito, con modificazioni dalla Legge 28 febbraio 2020, n. 8.*

30 *quater*. Interventi a favore di imprese private nel settore radiofonico [1]. – 1. Le imprese radiofoniche private che abbiano svolto attività di informazione di interesse generale ai sensi della legge 7 agosto 1990, n. 230, mantengono il diritto all'intero contributo previsto dalla legge 7 agosto 1990, n. 250, e dalla legge 14 agosto 1991, n. 278, anche in presenza di riparto percentuale tra gli aventi diritto.

2. Al fine di favorire la conversione in digitale e la conservazione degli archivi multimediali delle imprese di cui al comma 1, la Presidenza del Consiglio dei ministri corrisponde alle citate imprese un contributo di 3 milioni di euro per l'anno 2019. Il contributo di cui al presente comma non è soggetto a riparto percentuale tra gli aventi diritto e può essere riassorbito da eventuale convenzione appositamente stipulata successivamente alla data di entrata in vigore della legge di conversione del presente decreto[2].

3. Il totale dei contributi di cui ai commi 1 e 2 è corrisposto nel limite dell'80 per cento dei costi dell'esercizio precedente.

4. All'articolo 1, comma 810, lettera a), della legge 30 dicembre 2018, n. 145, le parole: "1° gennaio 2020" sono sostituite dalle seguenti: "31 gennaio 2020".

5. Agli oneri derivanti dal comma 2 del presente articolo, pari a 3 milioni di euro per l'anno 2019, si provvede a valere sul Fondo per il pluralismo e l'innovazione dell'informazione, di cui all'articolo 1, comma 1, della legge 26 ottobre 2016, n. 198.

(1) *Articolo inserito dall'articolo 1, comma 1, della Legge 28 giugno 2019, n. 58, in sede di conversione.*
(2) *In riferimento al contributo di cui al presente comma, vedi l'articolo 7, comma 4-bis, del D.L. 31 dicembre 2020, n. 183, convertito, con modificazioni, dalla Legge 26 febbraio 2021, n. 21.*

CAPO III
Tutela del made in Italy

31. Marchi storici. – 1. Al decreto legislativo 10 febbraio 2005, n. 30 sono apportate le seguenti modificazioni:

a) dopo l'articolo 11-bis è inserito il seguente:

«*Art. 11-ter (Marchio storico di interesse nazionale). - 1. I titolari o licenziatari esclusivi di marchi d'impresa registrati da almeno cinquanta anni o per i quali sia possibile dimostrare l'uso continuativo da almeno cinquanta anni, utilizzati per la commercializzazione di prodotti o servizi realizzati in un'impresa produttiva nazionale di eccellenza storicamente collegata al territorio nazionale, possono ottenere l'iscrizione del marchio nel registro dei marchi storici di interesse nazionale di cui all'articolo 185-bis.*

2. Con decreto del Ministro dello sviluppo economico è istituito il logo «Marchio storico di interesse nazionale» che le imprese iscritte nel registro di cui all'articolo 185-bis, possono utilizzare per le finalità commerciali e promozionali. Con il decreto di cui al primo periodo sono altresì specificati i criteri per l'utilizzo del logo «*Marchio storico di interesse nazionale*».»;

b) dopo l'articolo 185 sono inseriti i seguenti:

«*Art. 185-bis (Registro speciale dei marchi storici di interesse nazionale). - 1. È istituito, presso l'Ufficio italiano brevetti e marchi, il registro speciale dei marchi storici come definiti dall'articolo 11-ter.*

2. L'iscrizione al registro speciale dei marchi storici è effettuata su istanza del titolare o del licenziatario esclusivo del marchio.

Art. 185-ter (Valorizzazione dei marchi storici nelle crisi d'impresa). - 1. Al fine di salvaguardare i livelli occupazionali e la prosecuzione dell'attività produttiva sul territorio nazionale, è istituito presso il Ministero dello sviluppo economico il Fondo per la tutela dei marchi storici di interesse nazionale. Il predetto Fondo opera mediante interventi nel capitale di rischio delle imprese di cui al comma 2. Tali interventi sono effettuati a condizioni di mercato, nel rispetto di quanto previsto dalla Comunicazione della commissione recante orientamenti sugli aiuti di Stato destinati a promuovere gli investimenti per il finanziamento del rischio (2014/C 19/04). Con decreto del Ministro dello sviluppo economico, di concerto con il Ministro del lavoro e delle politiche sociali, adottato ai sensi dell'articolo 17, comma 3 della legge 23 agosto 1988, n. 400, sono stabilite le modalità e i criteri di gestione e di funzionamento del Fondo di cui al primo periodo [1].

2. L'impresa titolare o licenziataria di un marchio iscritto nel registro speciale di cui all'articolo 185-bis o, comunque, in possesso dei requisiti di cui all'articolo 11-ter, che intenda chiudere il sito produttivo di origine o comunque quello principale, per cessazione dell'attività svolta o per delocalizzazione della stessa al di fuori del territorio nazionale, con conseguente licenziamento collettivo, notifica senza ritardo al Ministero dello sviluppo economico le informazioni relative al progetto di chiusura o delocalizzazione dello stabilimento e, in particolare [2]*:*

a) i motivi economici, finanziari o tecnici del progetto di chiusura o delocalizzazione;

b) le azioni tese a ridurre gli impatti occupazionali attraverso incentivi all'uscita, prepensionamenti, ricollocazione di dipendenti all'interno del gruppo [3]*;*

c) le azioni che intende intraprendere per trovare un acquirente;

d) le opportunità per i dipendenti di presentare un'offerta pubblica di acquisto ed ogni altra possibilità di recupero degli asset da parte degli stessi.

3. A seguito dell'informativa di cui al comma 2, il Ministero dello sviluppo economico avvia il procedimento per l'individuazione degli interventi mediante le risorse del Fondo di cui al comma 1.

4. La violazione degli obblighi informativi di cui al comma 2 comporta l'applicazione di una sanzione amministrativa pecuniaria nei confronti del titolare dell'impresa titolare o licenziataria esclusiva del marchio da 5.000 euro ad 50.000 euro.».

2. [Per le finalità di cui al presente articolo sono destinati 30 milioni di euro per l'anno 2020.] Per le medesime finalità di cui al presente articolo, relativamente alle operazioni finalizzate al finanziamento di progetti di valorizzazione economica dei marchi storici di interesse nazionale, le PMI proprietarie o licenziatarie del marchio storico possono accedere alla garanzia del Fondo di garanzia per le piccole e medie imprese di cui all'articolo 2, comma 100, lettera a), della legge 23 dicembre 1996, n. 662. Con decreto del Ministero dello sviluppo economico, di concerto col Ministero dell'economia e delle finanze, sono stabiliti le modalità, le condizioni e i limiti per la concessione della garanzia[4].

3. Al fine dello svolgimento dei nuovi incrementali adempimenti, il Ministero dello sviluppo economico è autorizzato, nei limiti della vigente dotazione organica, ad assumere a

VARIE

tempo indeterminato dieci unità da inquadrare nell'area III, posizione economica F1, selezionate attraverso apposito concorso pubblico, in possesso degli specifici requisiti professionali necessari all'espletamento dei nuovi compiti operativi. Le assunzioni sono effettuate in deroga agli articoli 30, comma 2-bis e 35, comma 4, del decreto legislativo 30 marzo 2001, n. 165, e all'articolo 4, commi 3 e 3-quinquies, del decreto-legge 31 agosto 2013, n. 101, convertito con modificazioni, dalla legge 30 ottobre 2013, n. 125. Per l'attuazione del presente comma è autorizzata la spesa di 400.000 euro annui a decorrere dall'anno 2020 (5).

4. Agli oneri derivanti dai commi 2 e 3 si provvede ai sensi dell'articolo 50.

(1) *Capoverso modificato dall'articolo 1, comma 1, della Legge 28 giugno 2019, n. 58, in sede di conversione.*
(2) *Alinea modificato dall'articolo 1, comma 1, della Legge 28 giugno 2019, n. 58, in sede di conversione.*
(3) *Lettera modificata dall'articolo 1, comma 1, della Legge 28 giugno 2019, n. 58, in sede di conversione.*
(4) *Comma modificato dall'articolo 43, comma 6, del D.L. 19 maggio 2020, n. 34, convertito con modificazioni dalla Legge 17 luglio 2020, n. 77.*
(5) *Comma modificato dall'articolo 1, comma 1, della Legge 28 giugno 2019, n. 58, in sede di conversione.*

32. Contrasto all'Italian sounding e incentivi al deposito di brevetti e marchi. – [1. Ai consorzi nazionali e alle organizzazioni collettive delle imprese che operano nei mercati esteri al fine di assicurare la tutela del made in Italy, compresi i prodotti agroalimentari, nei mercati esteri, è concessa un'agevolazione pari al 50 per cento delle spese sostenute per la tutela legale dei propri prodotti colpiti dal fenomeno dell'Italian Sounding, di cui all'articolo 144 del decreto legislativo 10 febbraio 2005, n. 30, recante Codice della proprietà industriale, nonché per la realizzazione di campagne informative e di comunicazione finalizzate a consentire l'immediata identificazione del prodotto italiano rispetto ad altri prodotti. L'agevolazione è concessa fino ad un importo massimo annuale per soggetto beneficiario di euro 30.000,00 e comunque nel limite annuo di cui al comma 3.] (1)

[2. Con decreto del Ministro dello sviluppo economico di concerto con il Ministro dell'economia e delle finanze e con il Ministro delle politiche agricole alimentari, forestali e del turismo, da adottare entro sessanta giorni dalla data di entrata in vigore della legge di conversione del presente decreto, sono stabilite le disposizioni di attuazione, ivi inclusa l'indicazione delle spese ammissibili, le procedure per l'ammissione al beneficio, che avviene secondo l'ordine cronologico di presentazione delle relative domande, nel rispetto dei limiti di cui al comma 3, nonché le modalità di verifica e controllo dell'effettività delle spese sostenute, le cause di decadenza e revoca del beneficio, le modalità di restituzione delle agevolazioni fruite indebitamente.](2)

[3. Per l'attuazione del comma 1 è autorizzata la spesa di 1,5 milioni di euro a decorrere dall'anno 2019. Agli oneri derivanti dal presente comma si provvede ai sensi dell'articolo 50.] (3)

4. All'articolo 10, del Codice della proprietà industriale, di cui al decreto legislativo 10 febbraio 2005, n. 30, sono apportate le seguenti modifiche:

a) al comma 1, dopo le parole «*simboli, emblemi e stemmi che rivestano un interesse pubblico*» sono aggiunte le seguenti: «*inclusi i segni riconducibili alle forze dell'ordine e alle forze armate e i nomi di Stati e di enti pubblici territoriali italiani*».

b) dopo il comma 1, è aggiunto il seguente comma 1-bis: «*Non possono altresì formare oggetto di registrazione parole, figure o segni lesivi dell'immagine o della reputazione dell'Italia*».

5. All'articolo 144 del Codice della proprietà industriale sono apportate le seguenti modifiche:

a) alla rubrica sono aggiunte infine le seguenti parole: «*e pratiche di Italian Sounding*»;

b) dopo il comma 1 è aggiunto il seguente:

«*1-bis. Agli effetti delle norme contenute nella presente sezione sono pratiche di Italian Sounding le pratiche finalizzate alla falsa evocazione dell'origine italiana di prodotti*»

6. All'articolo 145 del codice della proprietà industriale, di cui al decreto legislativo 10 febbraio 2005, n. 30, sono apportate le seguenti modificazioni (4):

a) al comma 1 sono in fine aggiunte le seguenti parole: «*e della falsa evocazione dell'origine italiana*»;

b) ovunque ricorrano le parole «*Consiglio Nazionale Anticontraffazione*» sono sostituite dalle parole: «*Consiglio nazionale per la lotta alla contraffazione e all'Italian Sounding*»;

c) al comma 2, dopo le parole «*funzione pubblica*» sono aggiunte le seguenti: «*, da un rappresentante del Ministero dell'istruzione, dell'università e della ricerca,*».

7. Alle start-up innovative di cui al decreto-legge 18 ottobre 2012, n. 179 convertito, con modificazioni, dalla legge 17 dicembre 2012, n. 221 è concesso il Voucher 3I - Investire In Innovazione - al fine di supportare la valorizzazione del processo di innovazione delle predette imprese, nel periodo 2019-2021.

8. Il voucher 3I può essere utilizzato dalle imprese di cui al comma 7 per l'acquisizione di servizi di consulenza relativi alla verifica della brevettabilità dell'invenzione e all'effettuazione delle ricerche di anteriorità preventive, alla stesura della domanda di brevetto e di deposito presso l'Ufficio italiano brevetti e marchi, all'estensione all'estero della domanda nazionale (5).

9. I criteri e le modalità di attuazione del voucher 3I sono definiti con decreto del Ministero dello sviluppo economico, in piena coerenza con le altre misure di aiuto in favore delle imprese di cui al comma 7, attivate dal Ministero stesso. Per lo svolgimento delle attività inerenti l'attuazione del voucher 3I, il Ministero dello sviluppo economico può avvalersi di un soggetto gestore e dei soggetti di cui al capo VI del decreto legislativo 10 febbraio 2005, n. 30 e successive modificazioni ed integrazioni (6).

10. Agli oneri derivanti dall'attuazione dei commi 7, 8 e 9 del presente articolo, fissati in misura massima di 6,5 milioni di euro per ciascun anno del triennio 2019-2021 si provvede ai sensi dell'articolo 50.

11. Al fine di stabilizzare il sostegno alle piccole e medie imprese per la valorizzazione dei titoli di proprietà industriale, il Ministero dello sviluppo economico provvede annualmente, con decreto del direttore generale per la lotta alla contraffazione - Ufficio italiano brevetti e marchi alla definizione di un atto di programmazione dell'apertura dei bandi relativi alle misure già operanti denominate brevetti, marchi e disegni, attuate tramite soggetti gestori in modo tale da rendere le misure rispondenti ai fabbisogni del tessuto imprenditoriale, in particolare delle start up e delle imprese giovanili, anche apportando le necessarie modifiche per rendere le misure eleggibili all'interno degli interventi che

possono essere cofinanziati dall'Unione europea, al fine di incrementarne la relativa dotazione finanziaria.

12. Al fine di assicurare la piena informazione dei consumatori in ordine al ciclo produttivo e favorire le esportazioni di prodotti di qualità, il Ministero dello sviluppo economico concede un'agevolazione diretta a sostenere la promozione all'estero di marchi collettivi o di certificazione volontari italiani, ai sensi degli articoli 11 ed 11-bis del decreto legislativo 10 febbraio 2005, n. 30, da parte di associazioni rappresentative di categoria, di consorzi di tutela di cui all'articolo 53 della legge 24 aprile 1998, n. 128, e di altri organismi di tipo associativo o cooperativo, fissata nella misura massima di euro 1 milione per ciascuno degli anni 2019 e 2020 e di euro 2,5 milioni annui a decorrere dall'anno 2021[(7)(8)].

13. Con decreto del Ministero dello sviluppo economico sono fissati i criteri e le modalità di concessione dell'agevolazione di cui al comma 12, nonché i requisiti minimi dei disciplinari d'uso, determinati d'intesa con le associazioni rappresentative delle categorie produttive, le disposizioni minime relative all'adesione, alle verifiche, ai controlli e alle sanzioni per uso non conforme, cui devono essere soggetti i licenziatari dei marchi, i criteri per la composizione e le modalità di funzionamento degli organismi cui i titolari affideranno la gestione dei marchi[(9)].

14. Il Ministero dello sviluppo economico esercita la supervisione sull'attività dei titolari dei marchi collettivi e di certificazione ammessi alle agevolazioni, vigilando sul corretto uso del marchio e sull'espletamento dei controlli previsti dai rispettivi disciplinari, anche ai fini della promozione coordinata e coerente di tali marchi.

Agli adempimenti previsti il Ministero dello sviluppo economico provvede con le risorse umane, finanziarie e strumentali disponibili a legislazione vigente, senza nuovi o maggiori oneri a carico della finanza pubblica[(10)].

15. Agli oneri derivanti dai commi 12 e 13, pari a 1 milione di euro per ciascuno degli anni 2019 e 2020 e a 2,5 milioni di euro annui a decorrere dall'anno 2021 si provvede ai sensi dell'articolo 50[(11)(12)].

16. All'articolo 55 del codice della proprietà industriale, di cui al decreto legislativo 10 febbraio 2005, n. 30, sono apportate le seguenti modifiche[(13)]:

a) il comma 1 è sostituito dal seguente:

«*1. La domanda internazionale depositata ai sensi del Trattato di cooperazione in materia di brevetti, ratificato ai sensi della legge 26 maggio 1978, n. 260, contenente la designazione o l'elezione dell'Italia, indipendentemente dalla designazione dell'Organizzazione europea dei brevetti per la concessione di un brevetto europeo, equivale ad una domanda di brevetto per invenzione industriale o per modello di utilità depositata in Italia alla stessa data, e ne produce gli effetti, se entro trenta mesi dalla data di deposito, o di priorità, ove rivendicata, viene depositata presso l'Ufficio italiano brevetti e marchi una richiesta di apertura della procedura nazionale di concessione del brevetto italiano ai sensi dell'articolo 160-bis, comma 1.*» [(14)].

b) dopo il comma 1 sono inseriti i seguenti:

«*1-bis. La protezione conferita dalla domanda ai sensi del comma 1 decorre dalla data in cui il titolare della medesima abbia reso accessibile al pubblico, tramite l'Ufficio italiano brevetti e marchi, una traduzione in lingua italiana della domanda ovvero l'abbia notificata direttamente al presunto contraffattore. La designazione dell'Italia nella domanda internazionale è considerata priva di effetti sin dall'origine, salvo per quanto disposto dall'articolo 46, comma 3, quando la domanda stessa sia stata ritirata o considerata ritirata o quando la designazione dell'Italia sia stata ritirata o respinta, o quando la domanda presso l'Ufficio italiano brevetti e marchi non sia stata depositata entro il termine stabilito dal comma 1.*

1-ter. Le modalità di applicazione del presente articolo e dell'articolo 160-bis sono determinate con decreto del Ministero dello sviluppo economico.».

17. Dopo l'articolo 160 del codice della proprietà industriale, di cui al decreto legislativo 10 febbraio 2005, n. 30 è inserito il seguente [(15)]:

«*Art. 160-bis (Procedura nazionale della domanda internazionale). - 1. La richiesta di apertura della procedura nazionale di cui al comma 1 dell'articolo 55, da presentare all'Ufficio italiano brevetti e marchi per la concessione del brevetto italiano per invenzione industriale o modello di utilità, deve essere accompagnata da:*

a) una traduzione italiana completa della domanda internazionale come pubblicata;

b) i diritti di deposito previsti dalla Tabella A allegata al decreto 2 aprile 2007 del Ministro dello sviluppo economico, di concerto con il Ministro dell'economia e finanze.

2. Alla richiesta di cui al comma 1 si applicano le norme del presente codice, dei regolamenti attuativi e dei decreti sul pagamento dei diritti, in particolare in relazione alla ricevibilità e integrazione delle domande, alla data attribuita alla domanda, alla presentazione di ulteriori documenti e traduzioni che potranno essere richiesti al fine delle procedure di esame e del mantenimento in vita dei titoli.

3. Per la richiesta di brevetto italiano per invenzione industriale basata su una domanda internazionale ai sensi del comma 1 dell'articolo 55 la ricerca di anteriorità effettuata nella fase internazionale sostituisce la corrispondente ricerca prevista per la domanda nazionale, ferme restando le altre norme sull'esame previste dal presente codice.».

(1) Comma modificato dall'articolo 1, comma 1, della Legge 28 giugno 2019, n. 58, in sede di conversione e successivamente abrogato dall'articolo 1, comma 144, lettera a), della Legge 30 dicembre 2020, n. 178.

(2) Comma modificato dall'articolo 1, comma 1, della Legge 28 giugno 2019, n. 58, in sede di conversione e successivamente abrogato dall'articolo 1, comma 144, lettera a), della Legge 30 dicembre 2020, n. 178.

(3) Comma abrogato dall'articolo 1, comma 144, lettera a), della Legge 30 dicembre 2020, n. 178.

(4) Alinea modificato dall'articolo 1, comma 1, della Legge 28 giugno 2019, n. 58, in sede di conversione.

(5) Comma modificato dall'articolo 1, comma 1, della Legge 28 giugno 2019, n. 58, in sede di conversione.

(6) Comma modificato dall'articolo 1, comma 1, della Legge 28 giugno 2019, n. 58, in sede di conversione.

(7) Comma modificato dall'articolo 1, comma 1, della Legge 28 giugno 2019, n. 58, in sede di conversione. Per l'attuazione del presente comma, vedi l'articolo 1, comma 1, del D.M. 15 gennaio 2020. Da ultimo modificato dall'articolo 1, comma 144, lettera b), della Legge 30 dicembre 2020, n. 178.

(8) Per l'attuazione del presente comma, vedi l'articolo 1, comma 1, del D.M. 31 maggio 2021 e l'articolo 1 del D.M.26 ottobre 2021.

(9) Per l'attuazione del presente comma, vedi l'articolo 1, comma 1, del D.M. 15 gennaio 2020 , l'articolo 1, comma 1, del D.M. 31 maggio 2021, e l'articolo 1 del D.M.26 ottobre 2021.

(10) Per l'attuazione del presente comma, vedi l'articolo 1, comma 1, del D.M. 15 gennaio 2020 e l'articolo 1, comma 1, del D.M. 31 maggio 2021, e l'articolo 1 del D.M.26 ottobre 2021.

(11) Comma modificato dall'articolo 1, comma 144, lettera c), della Legge 30 dicembre 2020, n. 178.

(12) Per l'attuazione del presente comma, vedi l'articolo 1, comma 1, del D.M. 15 gennaio 2020 e l'articolo 1, comma 1, del D.M. 31 maggio 2021.

(13) Alinea modificato dall'articolo 1, comma 1, della Legge 28 giugno 2019, n. 58, in sede di conversione.

(14) Numero modificato dall'articolo 1, comma 1, della Legge 28 giugno 2019, n. 58, in sede di conversione.

(15) Alinea modificato dall'articolo 1, comma 1, della Legge 28 giugno 2019, n. 58, in sede di conversione.

CAPO IV
Ulteriori misure per la crescita

32 *bis*. Transazioni in materia di cartelle di pagamento e di ingiunzioni fiscali [(1)]**.** – 1. All'articolo 43 del decreto-legge 28 settembre 2018, n. 109, convertito, con modificazioni, dalla legge 16 novembre 2018, n. 130, dopo il comma 2 è aggiunto il seguente:

"2-bis. Le transazioni di cui al comma 2 sono estese anche alle cartelle di pagamento e alle ingiunzioni fiscali adottate ai sensi del testo unico delle disposizioni di legge relative alla riscossione delle entrate patrimoniali dello Stato, di cui al regio decreto 14 aprile 1910, n. 639, e del decreto ministeriale 8 febbraio 2008".

2. Per le attività di cui ai commi 2 e 2-bis dell'articolo 43 del decreto-legge 28 settembre 2018, n. 109, convertito, con modificazioni, dalla legge 16 novembre 2018, n. 130, come modificato dal presente articolo, il termine di adesione è esteso alle attività pendenti ovvero alle cartelle di pagamento e alle ingiunzioni fiscali notificate alla data di entrata in vigore del presente decreto.

(1) *Articolo inserito dall'articolo 1, comma 1, della Legge 28 giugno 2019, n. 58, in sede di conversione.*

33. Assunzione di personale nelle regioni a statuto ordinario e nei comuni in base alla sostenibilità finanziaria. – 1. A decorrere dalla data individuata dal decreto di cui al presente comma, anche al fine di consentire l'accelerazione degli investimenti pubblici, con particolare riferimento a quelli in materia di mitigazione del rischio idrogeologico, ambientale, manutenzione di scuole e strade, opere infrastrutturali, edilizia sanitaria e agli altri programmi previsti dalla legge 30 dicembre 2018, n. 145, le regioni a statuto ordinario possono procedere ad assunzioni di personale a tempo indeterminato in coerenza con i piani triennali dei fabbisogni di personale e fermo restando il rispetto pluriennale dell'equilibrio di bilancio asseverato dall'organo di revisione, sino ad una spesa complessiva per tutto il personale dipendente, al lordo degli oneri riflessi a carico dell'amministrazione, non superiore al valore soglia definito come percentuale, anche differenziata per fascia demografica, della media delle entrate correnti relative agli ultimi tre rendiconti approvati, considerate al netto di quelle la cui destinazione è vincolata, ivi incluse, per le finalità di cui al presente comma, quelle relative al servizio sanitario nazionale ed al netto del fondo crediti di dubbia esigibilità stanziato in bilancio di previsione. Con decreto del Ministro della pubblica amministrazione, di concerto con il Ministro dell'economia e delle finanze, previa intesa in Conferenza permanente per i rapporti tra lo Stato, le regioni e le Province autonome di Trento e Bolzano, entro sessanta giorni dalla data di entrata in vigore del presente decreto, sono individuate le fasce demografiche, i relativi valori soglia prossimi al valore medio per fascia demografica e le relative percentuali massime annuali di incremento del personale in servizio per le regioni che si collocano al di sotto del predetto valore soglia. I predetti parametri possono essere aggiornati con le modalità di cui al secondo periodo ogni cinque anni. Le regioni in cui il rapporto fra la spesa di personale, al lordo degli oneri riflessi a carico dell'amministrazione, e la media delle predette entrate correnti relative agli ultimi tre rendiconti approvati risulta superiore al valore soglia di cui al primo periodo, adottano un percorso di graduale riduzione annuale del suddetto rapporto fino al conseguimento nell'anno 2025 del predetto valore soglia anche applicando un turn over inferiore al 100 per cento. A decorrere dal 2025 le regioni che registrano un rapporto superiore al valore soglia applicano un turn over pari al 30 per cento fino al conseguimento del predetto valore soglia. Il limite al trattamento accessorio del personale di cui all'articolo 23, comma 2, del decreto legislativo 25 maggio 2017, n. 75, è adeguato, in aumento o in diminuzione, per garantire l'invarianza del valore medio pro-capite, riferito all'anno 2018, del fondo per la contrattazione integrativa nonché delle risorse per remunerare gli incarichi di posizione organizzativa, prendendo a riferimento come base di calcolo il personale in servizio al 31 dicembre 2018 [(1)(2)(9)].

1-bis. A decorrere dalla data individuata dal decreto di cui al presente comma, anche per le finalità di' cui al comma 1, le province e le città metropolitane possono procedere ad assunzioni di personale a tempo indeterminato in coerenza con i piani triennali dei fabbisogni di personale e fermo restando il rispetto pluriennale dell'equilibrio di bilancio asseverato dall'organo di revisione, sino ad una spesa complessiva per tutto il personale dipendente, al lordo degli oneri riflessi a carico dell'amministrazione, non superiore al valore soglia definito come percentuale, differenziata per fascia demografica, della media delle entrate correnti relative agli ultimi tre rendiconti approvati, considerate al netto del fondo crediti di dubbia esigibilità stanziato nel bilancio di previsione. Con decreto del Ministro per la pubblica amministrazione, di concerto con il Ministro dell'economia e delle finanze e il Ministro dell'interno, previa intesa in sede di Conferenza Stato-città ed autonomie locali, entro sessanta giorni dalla data di entrata in vigore della presente disposizione sono individuati le fasce demografiche, i relativi valori soglia prossimi al valore medio per fascia demografica e le relative percentuali massime annuali di incremento del personale in servizio per le province e le città metropolitane che si collocano al di sotto del predetto valore soglia. I predetti parametri possono essere aggiornati con le modalità di cui al secondo periodo ogni cinque anni. Le province e le città metropolitane in cui il rapporto fra la spesa di personale, al lordo degli oneri riflessi a carico dell'amministrazione, e la media delle predette entrate correnti relative agli ultimi tre rendiconti approvati risulta superiore al valore soglia di cui al primo periodo, adottano un percorso di graduale riduzione annuale del suddetto rapporto fino al conseguimento nell'anno 2025 del predetto valore soglia anche applicando un turn over inferiore ai cento per cento. A decorrere dal 2025 le province e le città metropolitane che registrano un rapporto superiore al valore soglia applicano un turn over pari al trenta per cento fino al conseguimento del predetto valore soglia. Il limite al trattamento accessorio del personale di cui all'articolo 23, comma 2, del decreto legislativo 25 maggio 2017, n. 75, è adeguato, in aumento o in diminuzione, per garantire l'invarianza del valore medio pro capite, riferito all'anno 2018, del fondo per la contrattazione integrativa nonché delle risorse per remunerare gli incarichi di posizione organizzativa, prendendo a riferimento come base di calcolo il personale in servizio al 31 dicembre 2018[(3)].

1-ter. L'articolo 1, comma 421, della legge 23 dicembre

2014, n. 190, è abrogato. [Fermo restando quanto previsto dal comma 1-bis, le province possono avvalersi di personale a tempo determinato nel limite del 50 per cento della spesa sostenuta per le stesse finalità nell'anno 2009.][(4)]

2. A decorrere dalla data individuata dal decreto di cui al presente comma, anche per le finalità di cui al comma 1, i comuni possono procedere ad assunzioni di personale a tempo indeterminato in coerenza con i piani triennali dei fabbisogni di personale e fermo restando il rispetto pluriennale dell'equilibrio di bilancio asseverato dall'organo di revisione, sino ad una spesa complessiva per tutto il personale dipendente, al lordo degli oneri riflessi a carico dell'amministrazione, non superiore al valore soglia definito come percentuale, differenziata per fascia demografica, della media delle entrate correnti relative agli ultimi tre rendiconti approvati , considerate al netto del fondo crediti dubbia esigibilità stanziato in bilancio di previsione. Con decreto del Ministro della pubblica amministrazione, di concerto con il Ministro dell'economia e delle finanze e il Ministro dell'interno, previa intesa in sede di Conferenza Stato-città ed autonomie locali, entro sessanta giorni dalla data di entrata in vigore del presente decreto sono individuate le fasce demografiche, i relativi valori soglia prossimi al valore medio per fascia demografica e le relative percentuali massime annuali di incremento del personale in servizio per i comuni che si collocano al di sotto del valore soglia prossimo al valore medio, nonché un valore soglia superiore cui convergono i comuni con una spesa di personale eccedente la predetta soglia superiore. I comuni che registrano un rapporto compreso tra i due predetti valori soglia non possono incrementare il valore del predetto rapporto rispetto a quello corrispondente registrato nell'ultimo rendiconto della gestione approvato. I comuni con popolazione fino a 5.000 abitanti che si collocano al di sotto del valore soglia di cui al primo periodo, che fanno parte delle "unioni dei comuni" ai sensi dell'articolo 32 del testo unico di cui al decreto legislativo 18 agosto 2000, n. 267, al solo fine di consentire l'assunzione di almeno una unità possono incrementare la spesa di personale a tempo indeterminato oltre la predetta soglia di un valore non superiore a quello stabilito con decreto di cui al secondo periodo, collocando tali unità in comando presso le corrispondenti unioni con oneri a carico delle medesime, in deroga alle vigenti disposizioni in materia di contenimento della spesa di personale. I predetti parametri possono essere aggiornati con le modalità di cui al secondo periodo ogni cinque anni. I comuni in cui il rapporto fra la spesa di personale, al lordo degli oneri riflessi a carico dell'amministrazione, e la media delle predette entrate correnti relative agli ultimi tre rendiconti approvati risulta superiore al valore soglia superiore adottano un percorso di graduale riduzione annuale del suddetto rapporto fino al conseguimento nell'anno 2025 del predetto valore soglia anche applicando un turn over inferiore al 100 per cento. A decorrere dal 2025 i comuni che registrano un rapporto superiore al valore soglia superiore applicano un turn over pari al 30 per cento fino al conseguimento del predetto valore soglia. Il limite al trattamento accessorio del personale di cui all'articolo 23, comma 2, del decreto legislativo 25 maggio 2017, n. 75, è adeguato, in aumento o in diminuzione, per garantire l'invarianza del valore medio pro-capite, riferito all'anno 2018, del fondo per la contrattazione integrativa nonché delle risorse per remunerare gli incarichi di posizione organizzativa, prendendo a riferimento come base di calcolo il personale in servizio al 31 dicembre 2018 [(5)].

2-bis. Al comma 366 dell'articolo 1 della legge 30 dicembre 2018, n. 145, sono apportate le seguenti modificazioni:

a) le parole: "ed educativo, anche degli enti locali" sono soppresse;

b) è aggiunto, in fine, il seguente periodo: "I commi 360, 361, 363 e 364 non si applicano alle assunzioni del personale educativo degli enti locali" [(6)].

2-ter. Gli enti locali procedono alle assunzioni di cui all'articolo 1, comma 366, della legge 30 dicembre 2018, n. 145, anche utilizzando le graduatorie la cui validità sia stata prorogata ai sensi del comma 362 del medesimo articolo 1 [(7)].

2-quater. Il comma 2 dell'articolo 14-ter del decreto-legge 28 gennaio 2019, n. 4, convertito, con modificazioni, dalla legge 28 marzo 2019, n. 26, è abrogato [(8)].

[(1)] Comma modificato dall'articolo 1, comma 1, della Legge 28 giugno 2019, n. 58, in sede di conversione.
[(2)] Per l'attuazione delle disposizioni di cui al presente comma, vedi l'articolo 1, del D.P.C.M. 3 settembre 2019, a decorre dal 1° gennaio 2020.
[(3)] Comma inserito dall'articolo 17, comma 1, del D.L. 30 dicembre 2019, n. 162, convertito, con modificazioni dalla Legge 28 febbraio 2020, n. 8.
[(4)] Comma inserito dall'articolo 17, comma 1, del D.L. 30 dicembre 2019, n. 162, convertito, con modificazioni dalla Legge 28 febbraio 2020, n. 8 e successivamente modificato dall'articolo 1, comma 562, della Legge 30 dicembre 2021, n. 234.
[(5)] Comma modificato dall'articolo 1, comma 1, della Legge 28 giugno 2019, n. 58, in sede di conversione, successivamente dall'articolo 1, comma 849, della Legge 27 dicembre 2019, n. 160 e, da ultimo, dall'articolo 17, comma 1-ter, del D.L. 30 dicembre 2019, n. 162, convertito, con modificazioni dalla Legge 28 febbraio 2020, n. 8.
[(6)] Comma aggiunto dall'articolo 1, comma 1, della Legge 28 giugno 2019, n. 58, in sede di conversione.
[(7)] Comma aggiunto dall'articolo 1, comma 1, della Legge 28 giugno 2019, n. 58, in sede di conversione.
[(8)] Comma aggiunto dall'articolo 1, comma 1, della Legge 28 giugno 2019, n. 58, in sede di conversione.
[(9)] Per l'interpretazione del presente comma vedi l'articolo 14, comma 3-bis del D.L. 18 novembre 2022, n. 176, convertito con modificazioni dalla Legge 13 gennaio 2023, n. 6.

33 *bis*. Potenziamento del sistema di soccorso tecnico urgente del Corpo nazionale dei vigili del fuoco [(1)]**.** – 1. All'articolo 19-bis, comma 1, del decreto-legge 9 febbraio 2017, n. 8, convertito, con modificazioni, dalla legge 7 aprile 2017, n. 45, al primo periodo, le parole: "e 2018" sono sostituite dalle seguenti: ", 2018 e 2019" e, al secondo periodo, le parole: "alla data di entrata in vigore della legge di conversione del presente decreto" sono sostituite dalle seguenti: "e il servizio effettivo nelle unità cinofile alla data del 31 dicembre 2018". Le disposizioni di cui al primo periodo sono applicate attraverso le procedure assunzionali da autorizzare con decreto del Presidente del Consiglio dei ministri ai sensi dell'articolo 66, comma 9-bis, del decreto-legge 25 giugno 2008, n. 112, convertito, con modificazioni, dalla legge 6 agosto 2008, n. 133.

[(1)] Articolo inserito dall'articolo 1, comma 1, della Legge 28 giugno 2019, n. 58, in sede di conversione.

33 *ter*. Disposizioni in materia di regioni a statuto speciale [(1)]**.** – 1. All'articolo 1 della legge 30 dicembre 2018, n. 145, dopo il comma 875 sono inseriti i seguenti:

"875-bis. Le disposizioni dei commi da 875-ter a 875-septies sono approvate in attuazione dell'accordo sottoscritto il 25 febbraio 2019 tra il Ministro dell'economia e delle finanze e il Presidente della regione Friuli Venezia Giulia ai sensi del comma 875, con il quale è data attuazione alle sentenze della Corte costituzionale n. 77 del 2015, n. 188 del 2016, n. 154 del 2017 e n. 103 del 2018.

875-ter. Il contributo alla finanza pubblica da parte del sistema integrato degli enti territoriali della regione Friuli Venezia Giulia in termini di saldo netto da finanziare è stabilito nell'ammontare complessivo di 686 milioni di euro per l'anno 2019, di 726 milioni di euro per l'anno 2020 e di 716 milioni di euro per l'anno 2021.

875-quater. Lo Stato riconosce alla regione Friuli Venezia Giulia un trasferimento per spese di investimento pari a 400 milioni di euro per la manutenzione straordinaria di strade, scuole e immobili e per la realizzazione di opere idrauliche e idrogeologiche per la prevenzione dei danni atmosferici, da erogare in quote pari a 15 milioni di euro per ciascuno degli anni 2019 e 2020, a 80 milioni di euro per ciascuno degli anni dal 2021 al 2024 e a 50 milioni di euro per l'anno 2025, nonché l'assegnazione di 80 milioni di euro per investimenti in ambito sanitario a valere sulle risorse ancora da ripartire del Programma straordinario di investimenti in sanità di cui all'articolo 20 della legge 11 marzo 1988, n. 67, da erogare nella misura del 20 per cento a titolo di acconto a seguito della sottoscrizione dell'accordo di programma e nella misura dell'80 per cento a seguito degli stati di avanzamento dei lavori. Lo schema dell'accordo di programma di cui al periodo precedente è presentato dalla regione ai Ministeri competenti; in assenza di osservazioni entro il termine perentorio di sessanta giorni, l'accordo si intende sottoscritto ed è esecutivo.

875-quinquies. All'articolo 51, terzo comma, della legge costituzionale 31 gennaio 1963, n. 1, dopo la parola: 'tributi' sono inserite le seguenti: ', delle addizionali'.

875-sexies. All'articolo 51, quarto comma, della legge costituzionale 31 gennaio 1963, n. 1, la lettera b) è sostituita dalle seguenti:

'b) nelle materie di propria competenza, istituire nuovi tributi locali, disciplinando, anche in deroga alla legge statale, tra l'altro, le modalità di riscossione;

b-bis) disciplinare i tributi locali comunali di natura immobiliare istituiti con legge statale, anche in deroga alla medesima legge, definendone le modalità di riscossione e consentire agli enti locali di modificare le aliquote e di introdurre esenzioni, detrazioni e deduzioni'.

875-septies. A decorrere dall'anno 2022, le risorse di cui al comma 9 dell'articolo 11-bis del decreto-legge 14 dicembre 2018, n. 135, convertito, con modificazioni, dalla legge 11 febbraio 2019, n. 12, sono destinate all'aggiornamento del quadro delle relazioni finanziarie tra lo Stato e la regione Friuli Venezia Giulia".

2. All'onere di cui al comma 875-ter dell'articolo 1 della legge 30 dicembre 2018, n. 145, introdotto dal comma 1 del presente articolo, si provvede, quanto a 30 milioni di euro per l'anno 2019, a 86 milioni di euro per l'anno 2020 e a 120 milioni di euro per l'anno 2021, mediante corrispondente riduzione del fondo di cui al comma 748 del citato articolo l della legge n. 145 del 2018. Al restante onere, pari a 24 milioni di euro per l'anno 2020, si provvede mediante corrispondente riduzione del Fondo per interventi strutturali di politica economica, di cui all'articolo 10, comma 5, del decreto-legge 29 novembre 2004, n. 282, convertito, con modificazioni, dalla legge 27 dicembre 2004, n. 307.

3. All'onere di cui al comma 875-quater dell'articolo 1 della legge 30 dicembre 2018, n. 145, introdotto dal comma 1 del presente articolo, si provvede mediante corrispondente riduzione del fondo di cui al comma 126 del citato articolo I della legge n. 145 del 2018.

4. All'articolo 1, comma 126, della legge 30 dicembre 2018, n. 145, le parole: "15 marzo 2019" sono sostituite dalle seguenti: "15 luglio 2019", le parole: "31 marzo 2019" sono sostituite dalle seguenti: "31 luglio 2019" e le parole: "15 aprile 2019" sono sostituite dalle seguenti: "31 agosto 2019".

5. All'articolo 1, comma 875, della legge 30 dicembre 2018, n. 145, sono apportate le seguenti modificazioni:

a) le parole: "15 marzo 2019" sono sostituite dalle seguenti: "15 luglio 2019";

b) il terzo e il quinto periodo sono soppressi;

c) il quarto periodo è sostituito dal seguente: "Per la regione Sardegna, l'importo del concorso previsto dai periodi precedenti è versato al bilancio dello Stato entro il 10 agosto 2019 per l'anno 2019 ed entro il 30 aprile di ciascun anno per gli anni successivi; in mancanza di tale versamento entro il predetto termine, il Ministero dell'economia e delle finanze è autorizzato a recuperare gli importi a valere sulle quote di compartecipazione ai tributi erariali".

6. All'articolo 1 della legge 30 dicembre 2018, n. 145, dopo il comma 886 è inserito il seguente:

"886-bis. Le somme di cui ai commi 877 e 881 sono versate all'erario, con imputazione sul capitolo 3465, articolo 1, capo X, dell'entrata del bilancio dello Stato, entro il 10 agosto 2019 per l'anno 2019 ed entro il 30 aprile di ciascun anno per gli anni successivi. In mancanza di tali versamenti entro il termine di cui al precedente periodo, il Ministero dell'economia e delle finanze è autorizzato a trattenere gli importi corrispondenti a valere sulle somme a qualsiasi titolo spettanti alla regione, anche avvalendosi dell'Agenzia delle entrate per le somme introitate per il tramite della struttura di gestione"».

(1) Articolo inserito dall'articolo 1, comma 1, della Legge 28 giugno 2019, n. 58, in sede di conversione.

34. Piano grandi investimenti nelle zone economiche speciali (1). – [1. Ai fini dello sviluppo di grandi investimenti delle imprese insediate nelle Zone economiche speciali di cui all'articolo 4 del decreto-legge 20 giugno 2017, n. 91, convertito, con modificazioni, dalla legge 3 agosto 2017, n. 123, nonché per l'attrazione di ulteriori nuove iniziative imprenditoriali, il Presidente del Consiglio dei ministri o, se nominata, l'Autorità politica delegata per la coesione, definisce le linee di intervento denominate «*Piano grandi investimenti - ZES*» a cui sono destinati 50 milioni di euro per il 2019, 150 milioni di euro per il 2020 e 100 milioni di euro per il 2021 a valere sulle risorse del Fondo sviluppo e coesione (FSC), di cui all'articolo 1, comma 6, della legge 27 dicembre 2013, n. 147.

2. Il piano può essere utilizzato per investimenti, in forma di debito o di capitale di rischio, ovvero per sottoscrivere quote di fondi di investimento o fondi di fondi o di altri veicoli previsti dalla normativa europea che abbiano quale oggetto investimenti in forma di debito o di capitale di rischio (2).

3. Possono essere stipulate convenzioni per la gestione

del Piano o di una sua parte con soggetti individuati nel rispetto della disciplina europea e nazionale in materia[3].

4. Entro trenta giorni dalla data di entrata in vigore del presente decreto, con decreto del Presidente del Consiglio dei ministri o, se nominata, dell'Autorità politica delegata per la coesione, sentito il Ministro dell'economia e delle finanze e sentito il Ministro per gli affari regionali e le autonomie, sono disciplinate le linee di attività del Piano di cui al comma 1, nonché l'ammontare degli investimenti, le modalità di individuazione del soggetto gestore, gli obiettivi e le specifiche di investimento oggetto di intervento da parte dello stesso Piano, stabilendo il minimo ammontare dell'investimento [4].]

(1) *Articolo abrogato dall'articolo 1, comma 326, della Legge 27 dicembre 2019, n. 160.*
(2) *Comma modificato dall'articolo 1, comma 1, della Legge 28 giugno 2019, n. 58, in sede di conversione.*
(3) *Comma modificato dall'articolo 1, comma 1, della Legge 28 giugno 2019, n. 58, in sede di conversione.*
(4) *Comma modificato dall'articolo 1, comma 1, della Legge 28 giugno 2019, n. 58, in sede di conversione.*

35. Obblighi informativi erogazioni pubbliche. – 1. All'articolo 1 della legge 4 agosto 2017, n. 124, i commi da 125 a 129 sono sostituiti dai seguenti:

«*125. A partire dall'esercizio finanziario 2018, i soggetti di cui al secondo periodo sono tenuti a pubblicare nei propri siti internet o analoghi portali digitali, entro il 30 giugno di ogni anno, le informazioni relative a sovvenzioni, sussidi, vantaggi, contributi o aiuti, in denaro o in natura, non aventi carattere generale e privi di natura corrispettiva, retributiva o risarcitoria, agli stessi effettivamente erogati nell'esercizio finanziario precedente dalle pubbliche amministrazioni di cui all'articolo 1, comma 2, del decreto legislativo 30 marzo 2001, n. 165 e dai soggetti di cui all'articolo 2-bis del decreto legislativo 14 marzo 2013, n. 33. Il presente comma si applica:*

a) ai soggetti di cui all'articolo 13 della legge 8 luglio 1986, n. 349;

b) ai soggetti di cui all'articolo 137 del decreto legislativo 6 settembre 2005, n. 206;

c) alle associazioni, Onlus e fondazioni;

d) alle cooperative sociali che svolgono attività a favore degli stranieri di cui al decreto legislativo 25 luglio 1998, n. 286.

125-bis. I soggetti che esercitano le attività di cui all'articolo 2195 del codice civile pubblicano nelle note integrative del bilancio di esercizio e dell'eventuale bilancio consolidato gli importi e le informazioni relativi a sovvenzioni, sussidi, vantaggi, contributi o aiuti, in denaro o in natura, non aventi carattere generale e privi di natura corrispettiva, retributiva o risarcitoria, agli stessi effettivamente erogati dalle pubbliche amministrazioni di cui all'articolo 1, comma 2, del decreto legislativo 30 marzo 2001, n. 165 e dai soggetti di cui all'articolo 2-bis del decreto legislativo 14 marzo 2013, n. 33. I soggetti che redigono il bilancio ai sensi dell'articolo 2435-bis del codice civile e quelli comunque non tenuti alla redazione della nota integrativa assolvono all'obbligo di cui al primo periodo mediante pubblicazione delle medesime informazioni e importi, entro il 30 giugno di ogni anno, su propri siti internet, secondo modalità liberamente accessibili al pubblico o, in mancanza di questi ultimi, sui portali digitali delle associazioni di categoria di appartenenza.

125-ter. A partire dal 1° gennaio 2020, l'inosservanza degli obblighi di cui ai commi 125 e 125-bis comporta una sanzione pari all'1 per cento degli importi ricevuti con un importo minimo di 2.000 euro, nonché la sanzione accessoria dell'adempimento agli obblighi di pubblicazione. Decorsi 90 giorni dalla contestazione senza che il trasgressore abbia ottemperato agli obblighi di pubblicazione e al pagamento della sanzione amministrativa pecuniaria, si applica la sanzione della restituzione integrale del beneficio ai soggetti eroganti. Le sanzioni di cui al presente comma sono irrogate dalle pubbliche amministrazioni di cui all'articolo 1, comma 2, del decreto legislativo 30 marzo 2001, n. 165, che hanno erogato il beneficio oppure, negli altri casi, dall'amministrazione vigilante o competente per materia. Si applica la legge 24 novembre 1981, n. 689, in quanto compatibile [1].

125-quater. Qualora i soggetti eroganti sovvenzioni, sussidi, vantaggi, contributi o aiuti, in denaro o in natura, privi di natura corrispettiva, retributiva o risarcitoria di cui ai commi 125 e 125-bis siano amministrazioni centrali dello Stato ed abbiano adempiuto agli obblighi di pubblicazione previsti dall'articolo 26 del decreto legislativo 14 marzo 2013, n. 33, le somme di cui al comma 125-ter sono versate ad apposito capitolo dell'entrata del bilancio dello Stato per essere riassegnate ai pertinenti capitoli degli stati di previsione delle amministrazioni originariamente competenti per materia. Nel caso in cui i soggetti eroganti di cui al primo periodo non abbiano adempiuto agli obblighi di pubblicazione di cui all'articolo 26 del decreto legislativo 14 marzo 2013, n. 33, le somme di cui al comma 125-ter sono versate all'entrata del bilancio dello Stato per essere riassegnate al Fondo per la lotta alla povertà e all'esclusione sociale di cui all'articolo 1, comma 386, della legge 28 dicembre 2015, n. 208 [2].

125-quinquies. Per gli aiuti di Stato e gli aiuti de minimis contenuti nel Registro nazionale degli aiuti di Stato di cui all'articolo 52 della legge 24 dicembre 2012, n. 234, la registrazione degli aiuti nel predetto sistema, con conseguente pubblicazione nella sezione trasparenza ivi prevista, operata dai soggetti che concedono o gestiscono gli aiuti medesimi ai sensi della relativa disciplina, tiene luogo degli obblighi di pubblicazione posti a carico dei soggetti di cui ai commi 125 e 125-bis, a condizione che venga dichiarata l'esistenza di aiuti oggetto di obbligo di pubblicazione nell'ambito del Registro nazionale degli aiuti di Stato nella nota integrativa del bilancio oppure, ove non tenute alla redazione della nota integrativa, sul proprio sito internet o, in mancanza, sul portale digitale delle associazioni di categoria di appartenenza.

125-sexies. Le cooperative sociali di cui al comma 125, lettera d), sono altresì tenute a pubblicare trimestralmente nei propri siti internet o portali digitali l'elenco dei soggetti a cui sono versate somme per lo svolgimento di servizi finalizzati ad attività di integrazione, assistenza e protezione sociale.

126. A decorrere dal 1° gennaio 2018, gli obblighi di pubblicazione di cui all'articolo 26 del decreto legislativo 14 marzo 2013, n. 33, si applicano anche agli enti e alle società controllati di diritto o di fatto, direttamente o indirettamente, dalle amministrazioni dello Stato, mediante pubblicazione nei propri documenti contabili annuali, nella nota integrativa del bilancio. In caso di inosservanza di tale obbligo si applica una sanzione amministrativa pari alle somme erogate.

127. Al fine di evitare la pubblicazione di informazioni non rilevanti, l'obbligo di pubblicazione di cui ai commi 125, 125-bis e 126 non si applica ove l'importo monetario di sovvenzioni, sussidi, vantaggi, contributi o aiuti, in denaro o in natura, privi di natura corrispettiva, retributiva o risarcitoria effettivamente erogati al soggetto beneficiario sia inferiore a 10.000 euro nel periodo considerato.

128. All'articolo 26, comma 2, del decreto legislativo 14 marzo 2013, n. 33, dopo il secondo periodo, è aggiunto il seguente: «Ove i soggetti beneficiari siano controllati di diritto o di fatto dalla stessa persona fisica o giuridica ovvero dagli stessi gruppi di persone fisiche o giuridiche, vengono altresì pubblicati i dati consolidati di gruppo.».

129. All'attuazione delle disposizioni previste dai commi da 125 a 128 le amministrazioni, gli enti e le società di cui ai predetti commi provvedono nell'ambito delle risorse umane, finanziarie e strumentali previste a legislazione vigente e, comunque, senza nuovi o maggiori oneri a carico della fi-

nanza pubblica.».

2. Il comma 2 dell'articolo 3-quater del decreto-legge 14 dicembre 2018, n. 135, convertito, con modificazioni, dalla legge 11 febbraio 2019, n. 12, è abrogato.

(1) *Capoverso modificato dall'articolo 1, comma 1, della Legge 28 giugno 2019, n. 58, in sede di conversione.*
(2) *Capoverso modificato dall'articolo 1, comma 1, della Legge 28 giugno 2019, n. 58, in sede di conversione.*

36. Banche popolari e Fondo indennizzorisparmiatori (1). – 1. All'articolo 1, comma 2, del decreto-legge 24 gennaio 2015, n. 3, convertito, con modificazioni, dalla legge 24 marzo 2015, n. 33, la parola: «*2019*» è sostituita dalla seguente: «*2020*».

2. All'articolo 1 della legge 30 dicembre 2018, n. 145, sono apportate le seguenti modifiche:

a) al comma 494, le parole «*e aventi causa*» sono sostituite dalle seguenti: «*mortis causa, o il coniuge, il soggetto legato da unione civile, il convivente more uxorio o di fatto di cui alla legge 20 maggio 2016, n. 76, i parenti entro il secondo grado, ove siano succeduti nel possesso dei predetti strumenti finanziari in forza di trasferimento a titolo particolare per atto tra vivi*»;

b) al comma 496, primo periodo, dopo le parole «*costo di acquisto,*» sono inserite le seguenti: «*inclusi gli oneri fiscali,*»;

c) al comma 497, primo periodo, dopo le parole «*costo di acquisto,*» sono inserite le seguenti: «*inclusi gli oneri fiscali,*»;

d) al comma 500, secondo periodo, dopo le parole «*titoli di Stato con scadenza equivalente*» sono aggiunte le seguenti: «*determinato ai sensi dei commi 3, 4 e 5 dell'articolo 9 del decreto-legge 3 maggio 2016, n. 59, convertito, con modificazioni, dalla legge 30 giugno 2016, n. 119*»;

e) al comma 501, i periodi secondo, terzo, quarto, quinto e sesto sono sostituiti dai seguenti:

«*Con decreto del Ministro dell'economia e delle finanze sono definite le modalità di presentazione della domanda di indennizzo nonché i piani di riparto delle risorse disponibili. Con il medesimo decreto è istituita e disciplinata una Commissione tecnica per: l'esame delle domande e l'ammissione all'indennizzo del FIR; la verifica delle violazioni massive, nonché della sussistenza del nesso di causalità tra le medesime e il danno subito dai risparmiatori; l'erogazione dell'indennizzo da parte del FIR. Le suddette verifiche possono avvenire anche attraverso la preventiva tipizzazione delle violazioni massive e la corrispondente identificazione degli elementi oggettivi e/o soggettivi in presenza dei quali l'indennizzo può essere direttamente erogato. Il decreto indica i tempi delle procedure di definizione delle istanze presentate entro il termine di cui al penultimo periodo e, in modo non tassativo, le fattispecie di violazioni massive. Il suddetto procedimento non si applica ai casi di cui al comma 502-bis. La citata Commissione è composta da nove membri in possesso di idonei requisiti di competenza, indipendenza, onorabilità e probità. Con successivo decreto del Ministro dell'economia e delle finanze sono nominati i componenti della Commissione tecnica e determinati gli emolumenti da attribuire ai medesimi, nel limite massimo di 1,2 milioni di euro per ciascuno degli anni 2019, 2020 e 2021. Ai relativi oneri si provvede mediante la corrispondente riduzione della dotazione del FIR. Qualora l'importo dei compensi da attribuire ai componenti della Commissione tecnica risulti inferiore al predetto limite massimo, con decreto del Ministro dell'economia e delle finanze, l'importo eccedente confluisce nel FIR. Il Ministro dell'economia e delle finanze è autorizzato ad apportare le occorrenti variazioni di bilancio. La domanda di indennizzo, corredata di idonea documentazione attestante i requisiti di cui al comma 494, è inviata entro il termine di centottanta giorni decorrenti dalla data individuata con apposito decreto del Ministro dell'economia e delle finanze.*» (2);

f) dopo il comma 501 è inserito il seguente comma:

«*501-bis. Le attività di supporto per l'espletamento delle funzioni della Commissione tecnica di cui al comma 501 sono affidate dal Ministero dell'economia e delle finanze, nel rispetto dei pertinenti principi dell'ordinamento nazionale e di quello dell'Unione europea, a società a capitale interamente pubblico, su cui l'amministrazione dello Stato esercita un controllo analogo a quello esercitato su propri servizi e che svolge la propria attività quasi esclusivamente nei confronti della predetta amministrazione. Gli oneri e le spese relative alle predette attività sono a carico delle risorse finanziarie del FIR non oltre il limite massimo complessivo di 12,5 milioni di euro.*» (3);

g) il comma 502 è sostituito dal seguente:

«*502. I risparmiatori di cui al comma 502-bis sono soddisfatti con priorità a valere sulla dotazione del FIR.*»;

h) dopo il comma 502, sono aggiunti i seguenti:

«*502-bis. Previo accertamento da parte della Commissione tecnica di cui al comma 501 esclusivamente dei requisiti soggettivi e oggettivi previsti nel presente comma, hanno diritto all'erogazione da parte del FIR di un indennizzo forfettario dell'ammontare determinato ai sensi dei precedenti commi 496 e 497 i risparmiatori persone fisiche, imprenditori individuali, anche agricoli, coltivatori diretti, in possesso delle azioni e delle obbligazioni subordinate delle banche di cui al comma 493 alla data del provvedimento di messa in liquidazione coatta amministrativa - ovvero i loro successori mortis causa o il coniuge, il soggetto legato da unione civile, il convivente more uxorio o di fatto, i parenti entro il secondo grado in possesso dei suddetti strumenti finanziari a seguito di trasferimento con atto tra vivi - che soddisfano una delle seguenti condizioni: a) patrimonio mobiliare di proprietà del risparmiatore di valore inferiore a 100.000 euro; b) ammontare del reddito complessivo del risparmiatore ai fini dell'imposta sul reddito delle persone fisiche inferiore a 35.000 euro nell'anno 2018 , al netto di eventuali prestazioni di previdenza complementare erogate sotto forma di rendita. Il valore del patrimonio mobiliare di cui alla suddetta lettera a) risulta dal patrimonio mobiliare posseduto al 31 dicembre 2018, esclusi gli strumenti finanziari di cui al comma 494, nonché i contratti di assicurazione a capitalizzazione o mista sulla vita, calcolato secondo i criteri e le istruzioni approvati con decreto del Ministero del lavoro e delle politiche sociali, Direzione generale per l'inclusione e le politiche sociali, di concerto con il Ministero dell'economia e delle finanze, Dipartimento delle finanze del 13 aprile 2017, n. 138, recante approvazione del modello tipo di dichiarazione sostitutiva unica (DSU), nonché delle relative istruzioni per la compilazione, ai sensi dell'articolo 10, comma 3, del decreto del Presidente del Consiglio dei ministri del 5 dicembre 2013, n. 159. Con il decreto del Ministro dell'economia e delle finanze previsto dal precedente comma 501 sono stabilite le modalità di presentazione dell'istanza di erogazione del menzionato indennizzo forfettario. Nell'erogazione degli indennizzi effettuata ai sensi del presente comma è data precedenza ai pagamenti di importo non superiore a 50.000 euro* (4).

502-ter. Il limite di valore del patrimonio mobiliare di proprietà del risparmiatore, di cui al comma 502-bis, lettera a), può essere elevato fino a 200.000 euro con decreto del Presidente del Consiglio dei ministri, su proposta del Ministro dell'economia e delle finanze, previo assenso della Commissione europea. Il decreto del Ministro dell'economia e delle finanze di cui al comma 501, secondo periodo, è conseguentemente adeguato.».

2-bis. Al fine di promuovere e sostenere l'imprenditoria, di stimolare la competizione nel mercato e di assicurare la protezione adeguata dei consumatori, degli investitori e del mercato dei capitali, nonché di favorire il raccordo tra le istituzioni, le autorità e gli operatori del settore, il Ministro dell'economia e delle finanze, sentiti la Banca d'Italia, la Commissione nazionale per le società e la borsa (CONSOB) e l'Istituto per la vigilanza sulle assicurazioni (IVASS), adotta, entro il 31 gennaio 2021, uno o più regolamenti per definire le condizioni e le modalità di svolgimento di una sperimentazione relativa alle attività di tecno-finanza (Fin.Tech) volte al perseguimento, mediante nuove tecnologie quali l'intelligenza artificiale e i registri distribuiti, dell'innovazione di servizi e di prodotti nei settori finanziario, creditizio, assicurativo e dei mercati regolamentati [(5)].

2-ter La sperimentazione di cui al comma 2-bis si conforma al principio di proporzionalità previsto dalla normativa dell'Unione europea ed è caratterizzata da:

a) una durata massima di diciotto mesi prorogabili per un massimo di ulteriori dodici mesi[(6)];

b) requisiti patrimoniali ridotti;

c) adempimenti semplificati e proporzionati alle attività che si intende svolgere;

d) tempi ridotti delle procedure autorizzative;

e) definizione di perimetri e limiti di operatività[(7)(8)].

2-quater Nel rispetto della normativa inderogabile dell'Unione europea, i regolamenti di cui al comma 2-bis stabiliscono o individuano i criteri per determinare:

a) i requisiti di ammissione alla sperimentazione;

a-bis) i casi in cui un'attività può essere ammessa a sperimentazione[(9)];

a-ter) i casi in cui è ammessa la proroga[(10)];

b) i requisiti patrimoniali;

c) gli adempimenti semplificati e proporzionati alle attività che si intende svolgere;

d) i perimetri di operatività;

e) gli obblighi informativi;

f) i tempi per il rilascio di autorizzazioni;

g) i requisiti di professionalità degli esponenti aziendali;

h) i profili di governo societario e di gestione del rischio;

i) le forme societarie ammissibili anche in deroga alle forme societarie previste dal testo unico delle leggi in materia bancaria e creditizia, di cui al decreto legislativo 1° settembre 1993, n. 385, dal testo unico delle disposizioni in materia di intermediazione finanziaria, di cui al decreto legislativo 24 febbraio 1998, n. 58, e dal codice delle assicurazioni private, di cui al decreto legislativo 7 settembre 2005, n. 209;

l) le eventuali garanzie finanziarie;

m) l'iter successivo al termine della sperimentazione [(11)].

2-quinquies. Le misure di cui ai commi 2-ter e 2-quater possono essere differenziate e adeguate in considerazione delle particolarità e delle esigenze dei casi specifici; esse hanno carattere temporaneo e garantiscono adeguate forme di informazione e di protezione a favore di consumatori e investitori, nonché del corretto funzionamento dei mercati. L'operatività delle misure cessa al termine del relativo periodo, ovvero alla perdita dei requisiti o al superamento dei limiti operativi stabiliti, nonché negli altri casi previsti dai regolamenti di cui al comma 2-bis [(12)].

2-sexies. La sperimentazione non comporta il rilascio di autorizzazioni per l'esercizio di attività riservate da svolgersi al di fuori di essa. Nel rispetto delle norme stabilite dai regolamenti di cui al comma 2-bis e delle finalità del periodo di sperimentazione, la Banca d'Italia, la CONSOB e l'IVASS, nell'ambito delle proprie competenze e delle materie seguite, adottano i provvedimenti per l'ammissione alla sperimentazione delle attività di cui al comma 2-bis ed ogni altra iniziativa ad essi propedeutica. Nel rispetto della normativa inderogabile dell'Unione europea, l'ammissione alla sperimentazione può comportare la deroga o la disapplicazione temporanee degli orientamenti di vigilanza o degli atti di carattere generale emanati dalle autorità di vigilanza, nonché delle norme o dei regolamenti emanati dalle medesime autorità di vigilanza, concernenti i profili di cui al comma 2-quater, lettere b), c), d), e), f), g), h), i) e l). Alle attività della Banca d'Italia, della CONSOB e dell'IVASS relative alla sperimentazione si applicano gli articoli 7 del testo unico di cui al decreto legislativo 1° settembre 1993, n. 385, 4 del testo unico di cui al decreto legislativo 24 febbraio 1998, n. 58, e 10 del codice di cui al decreto legislativo 7 settembre 2005, n. 209, nonché gli articoli 21 e 24, comma 6-bis, della legge 28 dicembre 2005, n. 262[(13)].

2-septies. La Banca d'Italia, la CONSOB e l'IVASS redigono annualmente, ciascuno per quanto di propria competenza, una relazione d'analisi sul settore tecno-finanziario, riportando quanto emerge dall'applicazione del regime di sperimentazione di cui al comma 2-bis, e segnalano eventuali modifiche normative o regolamentari necessarie per lo sviluppo del settore, la tutela del risparmio e la stabilità finanziaria [(14)].

2-octies. È istituito presso il Ministero dell'economia e delle finanze il Comitato FinTech. Il Comitato ha il compito di individuare gli obiettivi, definire i programmi e porre in essere le azioni per favorire lo sviluppo della tecno-finanza, anche in cooperazione con soggetti esteri, nonché di formulare proposte di carattere normativo e agevolare il contatto degli operatori del settore con le istituzioni e con le autorità. Sono membri permanenti del Comitato il Ministro dell'economia e delle finanze, il Ministro dello sviluppo economico, il Ministro per gli affari europei, la Banca d'Italia, la CONSOB, l'IVASS, l'Autorità garante della concorrenza e del mercato, il Garante per la protezione dei dati personali, l'Agenzia per l'Italia digitale e l'Agenzia delle entrate. Il Comitato può invitare alle proprie riunioni, con funzioni consultive e senza diritto di voto, ulteriori istituzioni e autorità, nonché associazioni di categoria, imprese, enti e soggetti operanti nel settore della tecno-finanza. I regolamenti di cui al comma 2-bis stabiliscono le attribuzioni del Comitato. Per le attività svolte dal Comitato relative alla sperimentazione, i membri permanenti collaborano tra loro, anche mediante scambio di informazioni, e non possono reciprocamente opporsi il segreto d'ufficio. Dall'attuazione delle disposizioni dei commi da 2-bis al presente comma non devono derivare nuovi o maggiori oneri per la finanza pubblica[(15)].

2-novies. Le autorità di vigilanza e di controllo sono autorizzate, singolarmente o in collaborazione tra loro, a stipulare accordi con una o più università sottoposte alla vigilanza del Ministro dell'istruzione, dell'università e della ricerca e con centri di ricerca ad esse collegati, aventi ad oggetto lo studio dell'applicazione alla loro attività istituzionale degli strumenti di intelligenza artificiale, di registri contabili criptati e di registri distribuiti, nonché la formazione del proprio personale. Agli oneri derivanti dagli accordi di cui al presente comma le autorità provvedono nell'ambito dei rispettivi stanziamenti di bilancio [(16)].

2-decies. All'articolo 24-bis del decreto-legge 23 dicembre 2016, n. 237, convertito, con modificazioni, dalla legge 17 febbraio 2017, n. 15, sono apportate le seguenti modificazioni:

a) il comma 7 è sostituito dal seguente:

"7. Dall'istituzione del Comitato di cui al comma 6 non devono derivare oneri a carico della finanza pubblica, salvo quanto previsto dal comma 9";

b) il comma 9 è sostituito dal seguente:

"9. Il Comitato opera attraverso riunioni periodiche, prevedendo, ove necessario, la costituzione di specifici gruppi di ricerca cui possono partecipare accademici ed esperti nella materia. La partecipazione al Comitato non dà titolo ad alcun emolumento o compenso o gettone di presenza. È fatta salva la corresponsione ai componenti del Comitato dei rimborsi delle spese di viaggio e di alloggio, sostenute per la partecipazione alle riunioni periodiche di cui al primo periodo, a valere sui fondi previsti dal comma 11" (17).

2-undecies. All'articolo 48-bis, comma 1, secondo periodo, del decreto del Presidente della Repubblica 29 settembre 1973, n. 602, sono aggiunte, in fine, le seguenti parole: "nonché ai risparmiatori di cui all'articolo 1, comma 494, della legge 30 dicembre 2018, n. 145, che hanno subito un pregiudizio ingiusto da parte di banche e loro controllate aventi sede legale in Italia, poste in liquidazione coatta amministrativa dopo il 16 novembre 2015 e prima del 16 gennaio 2018" (18).

2-duodecies. All'articolo 5, comma 1, del decreto-legge 25 marzo 2019, n. 22, convertito, con modificazioni, dalla legge 20 maggio 2019, n. 41, le parole: "ad operarvi nel periodo transitorio," sono sostituite dalle seguenti: "ad operare con le medesime modalità nel periodo transitorio," (19).

2-terdecies. La CONSOB ordina ai fornitori di connettività alla rete internet ovvero ai gestori di altre reti telematiche o di telecomunicazione, o agli operatori che in relazione ad esse forniscono servizi telematici o di telecomunicazione, la rimozione delle iniziative di chiunque nel territorio della Repubblica, attraverso le reti telematiche o di telecomunicazione, offre o svolge servizi o attività di investimento senza esservi abilitato. I destinatari degli ordini comunicati ai sensi del primo periodo hanno l'obbligo di inibire l'utilizzazione delle reti delle quali sono gestori o in relazione alle quali forniscono servizi. La CONSOB può stabilire con regolamento le modalità e i termini degli adempimenti previsti dal presente comma (20).

(1) *In attuazione del presente articolo , commi 2-bis e seguenti vedi il Regolamento emanato con D.M. 30 aprile 2021, n.100.*
(2) *Capoverso modificato dall'articolo 1, comma 1, della Legge 28 giugno 2019, n. 58, in sede di conversione.*
(3) *Capoverso modificato dall'articolo 1, comma 1, della Legge 28 giugno 2019, n. 58, in sede di conversione.*
(4) *Capoverso modificato dall'articolo 1, comma 1, della Legge 28 giugno 2019, n. 58, in sede di conversione.*
(5) *Comma aggiunto dall'articolo 1, comma 1, della Legge 28 giugno 2019, n. 58, in sede di conversione e successivamente modificato dall'articolo 1, comma 4-undecies, lettera a), del D.L. 7 ottobre 2020, n. 125, convertito con modificazioni dalla Legge 27 novembre 2020, n. 159.*
(6) *Lettera modificata dall'articolo 1, comma 4-undecies, lettera b), numero 1), del D.L. 7 ottobre 2020, n. 125, convertito con modificazioni dalla Legge 27 novembre 2020, n. 159.*
(7) *Lettera modificata dall'articolo 1, comma 4-undecies, lettera b), numero 2), del D.L. 7 ottobre 2020, n. 125, convertito con modificazioni dalla Legge 27 novembre 2020, n. 159.*
(8) *Comma aggiunto dall'articolo 1, comma 1, della Legge 28 giugno 2019, n. 58, in sede di conversione.*
(9) *Lettera inserita dall'articolo 1, comma 4-undecies, lettera c), del D.L. 7 ottobre 2020, n. 125, convertito con modificazioni dalla Legge 27 novembre 2020, n. 159.*
(10) *Lettera inserita dall'articolo 1, comma 4-undecies, lettera c), del D.L. 7 ottobre 2020, n. 125, convertito con modificazioni dalla Legge 27 novembre 2020, n. 159.*
(11) *Comma aggiunto dall'articolo 1, comma 1, della Legge 28 giugno 2019, n. 58, in sede di conversione.*
(12) *Comma aggiunto dall'articolo 1, comma 1, della Legge 28 giugno 2019, n. 58, in sede di conversione e successivamente modificato dall'articolo 1, comma 4-undecies, lettera d), del D.L. 7 ottobre 2020, n. 125, convertito con modificazioni dalla Legge 27 novembre 2020, n. 159.*
(13) *Comma aggiunto dall'articolo 1, comma 1, della Legge 28 giugno 2019, n. 58, in sede di conversione e successivamente modificato dall'articolo 1, comma 4-undecies, lettera e), del D.L. 7 ottobre 2020, n. 125, convertito con modificazioni dalla Legge 27 novembre 2020, n. 159.*
(14) *Comma aggiunto dall'articolo 1, comma 1, della Legge 28 giugno 2019, n. 58, in sede di conversione.*
(15) *Comma aggiunto dall'articolo 1, comma 1, della Legge 28 giugno 2019, n. 58, in sede di conversione e successivamente modificato dall'articolo 1, comma 4-undecies, lettera f), del D.L. 7 ottobre 2020, n. 125, convertito con modificazioni dalla Legge 27 novembre 2020, n. 159.*
(16) *Comma aggiunto dall'articolo 1, comma 1, della Legge 28 giugno 2019, n. 58, in sede di conversione.*
(17) *Comma aggiunto dall'articolo 1, comma 1, della Legge 28 giugno 2019, n. 58, in sede di conversione.*
(18) *Comma aggiunto dall'articolo 1, comma 1, della Legge 28 giugno 2019, n. 58, in sede di conversione.*
(19) *Comma aggiunto dall'articolo 1, comma 1, della Legge 28 giugno 2019, n. 58, in sede di conversione.*
(20) *Comma aggiunto dall'articolo 1, comma 1, della Legge 28 giugno 2019, n. 58, in sede di conversione.*

36 *bis*. Disposizioni in materia di trattamento fiscale dei fondi di investimento europei a lungo termine

(1). – [1. Non sono soggetti a imposizione i redditi di capitale di cui all'articolo 44, comma 1, lettera g), del testo unico delle imposte sui redditi, di cui al decreto del Presidente della Repubblica 22 dicembre 1986, n. 917, e i redditi diversi di cui all'articolo 67, comma 1, lettera c-ter), del medesimo testo unico, derivanti dagli investimenti effettuati nei fondi di investimento europei a lungo termine (ELTIF) di cui all'articolo 1, comma 1, lettera m-octies.1), del testo unico delle disposizioni in materia di intermediazione finanziaria, di cui al decreto legislativo 24 febbraio 1998, n. 58, che presentano le caratteristiche di cui al comma 3 del presente articolo, realizzati, anche mediante l'investimento in organismi di investimento collettivo del risparmio, di cui all'articolo 1, comma 1, lettera k), del citato testo unico di cui al decreto legislativo n. 58 del 1998, che investono integralmente il proprio patrimonio in quote o azioni dei predetti fondi di investimento europei a lungo termine (fondi di ELTIF), da persone fisiche residenti nel territorio dello Stato.

2. L'investimento si perfeziona con la destinazione di somme, per un importo non superiore a 150.000 euro nell'anno e non superiore a 1.500.000 euro complessivamente, per la sottoscrizione delle quote o azioni di uno o più ELTIF o di uno o più fondi di ELTIF.

3. A partire dal periodo d'imposta successivo a quello in corso alla data di entrata in vigore della legge di conversione del presente decreto, possono beneficiare del regime fiscale speciale disciplinato dalle disposizioni del presente articolo gli investimenti, anche realizzati tramite la sottoscrizione di quote o azioni di fondi di ELTIF, negli ELTIF che presentano tutte le seguenti caratteristiche:

a) il patrimonio raccolto dal medesimo gestore non è superiore a 200 milioni di euro per ciascun anno, fino a un limite massimo complessivo per ciascun gestore pari a 600 milioni di euro;

b) almeno il 70 per cento del capitale è investito in attività di investimento ammissibili, come definite ai sensi dell'articolo 10 del regolamento (UE) 2015/760 del Parlamento europeo e del Consiglio, del 29 aprile 2015, riferibili a imprese di portafoglio ammissibili, come definite ai sensi dell'articolo 11 del medesimo regolamento (UE) 2015/760, che siano residenti nel territorio dello Stato ai sensi dell'articolo 73 del testo unico delle imposte sui redditi, di cui aldecreto del Presidente della Repubblica 22 dicembre 1986, n. 917, o in Stati membri dell'Unione europea o in Stati aderenti all'Accordo sullo spazio economico europeo con stabili organizzazioni nel territorio dello Stato.

4. Ai fini della valutazione del rispetto del requisito di cui al comma 3, lettera b), del presente articolo da parte degli ELTIF si applicano le disposizioni dell'articolo 17 del regolamento (UE) 2015/760 del Parlamento europeo e del Consiglio, del 29 aprile 2015. Per quanto non espressamente disciplinato dal presente articolo, si applicano le disposizioni del medesimo regolamento (UE) 2015/760 e le relative norme nazionali di esecuzione.

5. Al fine di beneficiare delle agevolazioni di cui al comma I del presente articolo, l'investimento negli ELTIF o nei fondi di ELTIF deve essere detenuto per almeno cinque anni. In caso di cessione delle quote o azioni detenute negli ELTIF o nei fondi di ELTIF prima della scadenza del suddetto termine, i redditi realizzati attraverso la cessione e quelli percepiti durante il periodo di investimento sono soggetti a imposizione secondo le regole ordinarie, unitamente agli interessi, senza applicazione di sanzioni, e il relativo versamento deve essere effettuato entro il giorno 16 del quarto mese successivo a quello in corso alla data della cessione. Tuttavia, in caso di cessione o di rimborso delle quote o azioni prima della scadenza del suddetto termine, le agevolazioni previste dal presente articolo trovano comunque applicazione qualora il controvalore sia integralmente investito in un altro ELTIF o fondo di ELTIF entro novanta giorni dalla cessione o dal rimborso.

6. Il venire meno delle condizioni di cui ai commi 3 e 4 comporta la decadenza dalle agevolazioni di cui al comma 1 relativamente ai redditi rivenienti dall'investimento negli ELTIF, anche realizzato tramite la sottoscrizione di quote o azioni di fondi di ELTIF, e l'obbligo di corrispondere le imposte non pagate, unitamente agli interessi, senza applicazione di sanzioni, secondo quanto previsto dal comma 5.

7. Il trasferimento a causa di morte delle azioni o quote detenute negli ELTIF o nei fondi di ELTIF che abbiano optato per il regime speciale non è soggetto all'imposta di cui al testo unico delle disposizioni concernenti l'imposta sulle successioni e donazioni, di cui al decreto legislativo 31 ottobre 1990, n. 346.

8. Con decreto del Ministro dell'economia e delle finanze sono stabilite ulteriori disposizioni per l'attuazione del presente articolo.

9. Le disposizioni del presente articolo si applicano in via sperimentale per gli investimenti effettuati nell'anno 2020.

10. L'efficacia delle disposizioni del presente articolo è subordinata, ai sensi dell'articolo 108, paragrafo 3, del Trattato sul funzionamento dell'Unione europea, all'autorizzazione della Commissione europea, richiesta a cura del Ministero dell'economia e delle finanze.

11. All'onere derivante dal presente articolo, pari a 4,8 milioni di euro per l'anno 2020, a 5,2 milioni di euro per ciascuno degli anni dal 2021 al 2024 e a 0,4 milioni di euro per l'anno 2025, si provvede a valere sulle maggiori entrate derivanti dal presente decreto.]

(1) Articolo inserito dall'articolo 1, comma 1, della Legge 28 giugno 2019, n. 58, in sede di conversione e successivamente abrogato dall'articolo 136, comma 3, del D.L. 19 maggio 2020, n. 34, convertito, con modificazioni, dalla Legge 17 luglio 2020, n. 77

36 *ter*. Proroga del termine per la garanzia dello Stato su passività di nuova emissione (1). – 1. All'articolo 1, comma 1, del decreto-legge 8 gennaio 2019, n. 1, convertito, con modificazioni, dalla legge 8 marzo 2019, n. 16, le parole: "fino al 30 giugno 2019" sono sostituite dalle seguenti: "fino al 31 dicembre 2019".

(1) Articolo inserito dall'articolo 1, comma 1, della Legge 28 giugno 2019, n. 58, in sede di conversione.

37. Ingresso del Ministero dell'economia e delle finanze nel capitale sociale della NewCo Nuova Alitalia. – 1. Al fine del rilancio del settore del trasporto aereo e per il rafforzamento del trasporto intermodale, il Ministero dell'economia e delle finanze è autorizzato a sottoscrivere, nel limite dell'importo maturato a titolo di interessi ai sensi del comma 3, quote di partecipazione al capitale della società di nuova costituzione cui saranno trasferiti i compendi aziendali oggetto delle procedure di cui all'articolo 50, comma 2, del decreto-legge 24 aprile 2017, n. 50, convertito, con modificazioni, dalla legge 21 giugno 2017, n. 96. I criteri e le modalità dell'operazione di cui al primo periodo sono determinati con decreto del Presidente del Consiglio dei ministri su proposta del Ministro dell'economia e delle finanze, [di natura non regolamentare e] sottoposto alla registrazione della Corte dei Conti. A tal fine, il Ministero dell'economia e delle finanze è autorizzato ad avvalersi di primarie istituzioni finanziarie e legali a valere sulle risorse di cui al comma 4, nel limite di euro 200.000,00 (1).

2. Alla società di nuova costituzione di cui al presente articolo, partecipata dal Ministero dell'economia e delle finanze, non si applicano le disposizioni del decreto legislativo 19 agosto 2016, n. 175.

3. Alitalia - Società Aerea Italiana S.p.A. in amministrazione straordinaria corrisponde gli interessi maturati sul finanziamento a titolo oneroso - di cui all'articolo 50, comma 1, del decreto-legge 24 aprile 2017, n. 50, convertito, con modificazioni, dalla legge 21 giugno 2017, n. 96, come integrato ai sensi dell'articolo 12 del decreto-legge 16 ottobre 2017, n. 148, convertito, con modificazioni, dalla legge 4 dicembre 2017, n. 172, - dalla data di effettiva erogazione alla data del decreto del Ministro dello sviluppo economico di autorizzazione alla cessione dei complessi aziendali oggetto delle procedure e, comunque, fino a data non successiva al 31 maggio 2019 (2).

4. Gli interessi di cui al comma 3 sono versati all'entrata del bilancio dello Stato con le modalità di cui all'articolo 2, comma 1, del decreto-legge 14 dicembre 2018, n. 135, convertito, con modificazioni, dalla legge 11 febbraio 2019, n. 12(3).

5. All'articolo 50, comma 1, del citato decreto-legge n. 50 del 2017, le parole al terzo periodo «*,ed è restituito entro sei mesi dall'erogazione in prededuzione, con priorità rispetto a ogni altro debito della procedura*» sono soppresse.

6. All'articolo 2, comma 1, del decreto-legge 14 dicembre 2018, n. 135, convertito con modificazione con legge 11 febbraio 2019, n. 12, le parole « *entro trenta giorni dall'intervenu-*

VARIE

ta efficacia della cessione dei complessi aziendali oggetto delle procedure di cui all'articolo 50, comma 2, del decreto-legge n. 50 del 2017 e, in ogni caso, non oltre il termine del 30 giugno 2019» sono sostituite con le seguenti: «, *nell'ambito della procedura di ripartizione dell'attivo dell'amministrazione straordinaria a valere e nei limiti dell'attivo disponibile di Alitalia - Società Aerea Italiana S.p.A. in amministrazione straordinaria*».

7. Agli oneri derivanti dai commi 5 e 6, pari a 900 milioni di euro per l'anno 2019 in termini di solo fabbisogno, si provvede ai sensi dell'articolo 50.

8. Tutti gli atti e le operazioni posti in essere dal Ministero dell'economia e delle finanze per l'operazione di cui al presente articolo sono esenti da imposizione fiscale, diretta e indiretta e da tasse.

(1) *Comma modificato dall'articolo 1, comma 1, della Legge 28 giugno 2019, n. 58, in sede di conversione.*
(2) *Comma modificato dall'articolo 1, comma 1, della Legge 28 giugno 2019, n. 58, in sede di conversione.*
(3) *Comma modificato dall'articolo 1, comma 5, del D.L. 2 dicembre 2019, n. 137, convertito con modificazioni dalla Legge 30 gennaio 2020, n. 2.*

38. Debiti enti locali. – 1. All'articolo 1 della legge 30 dicembre 2018, n. 145, dopo il comma 932 è inserito il seguente:

«*932-bis. A seguito della conclusione delle attività straordinarie della gestione commissariale di cui al comma 932:*

a) Roma capitale provvede alla cancellazione dei residui attivi e passivi nei confronti della gestione commissariale;

b) sono trasferiti a Roma Capitale i crediti di competenza della stessa gestione commissariale iscritti nella massa attiva del piano di rientro dall'indebitamento pregresso di cui all'articolo 78 del decreto-legge 25 giugno 2008, n. 112, convertito, con modificazioni, dalla legge 6 agosto 2008, n. 133, come definito in attuazione del comma 930, iscrivendo in bilancio un adeguato fondo crediti di dubbia esigibilità, destinato ad essere conservato fino alla riscossione o cancellazione degli stessi crediti; la differenza è finalizzata alla copertura dell'eventuale disavanzo derivante dalla lettera a);

c) è trasferita a Roma capitale la titolarità del piano di estinzione dei debiti, ivi inclusi quelli finanziari, oggetto di ricognizione, come approvato con il decreto del Presidente del Consiglio dei ministri di cui al comma 930, unitamente alle risorse di cui al comma 14 dell'articolo 14 del decreto-legge 31 maggio 2010, n. 78, convertito con modificazioni dalla legge 30 luglio 2010, n. 122, non destinate annualmente alla copertura degli oneri di cui al comma 1-sexies o all'ammortamento del debito finanziario a carico del Ministero dell'economia e delle finanze individuati dallo stesso decreto del Presidente del Consiglio dei ministri di cui al comma 930 (1)*;*

d) le posizioni debitorie derivanti da obbligazioni contratte in data anteriore al 28 aprile 2008 non inserite nella definitiva rilevazione della massa passiva di cui al comma 930, rientrano nella competenza di Roma Capitale.».

1-bis. Roma Capitale promuove le iniziative necessarie per ottenere l'adesione dei possessori delle obbligazioni RomeCity 5,345 per cento con scadenza 27 gennaio 2048 (ISIN XS0181673798) per 1.400 milioni di euro all'accollo del prestito obbligazionario medesimo da parte dello Stato; in caso di adesione, gli oneri derivanti dal pagamento degli interessi e del capitale del suddetto prestito obbligazionario sono assunti a carico del bilancio dello Stato, con efficacia a partire dal pagamento della cedola successiva a quella in corso al momento dell'adesione stessa (2).

1-ter. Per le finalità di cui al comma 1-bis, è istituito nello stato di previsione del Ministero dell'economia e delle finanze un fondo con una dotazione di 74,83 milioni di euro per ciascuno degli anni dal 2020 al 2048. Al relativo onere si provvede:

a) mediante riduzione dell'autorizzazione di spesa di cui all'articolo 14, comma 14, del decreto-legge 31 maggio 2010, n. 78, convertito, con modificazioni, dalla legge 30 luglio 2010, n. 122, per un importo pari a 50 milioni di euro per ciascuno degli anni dal 2022 al 2025, a 70 milioni di euro per ciascuno degli anni dal 2026 al 2030 e a 74,83 milioni di euro per ciascuno degli anni dal 2031 al 2048;

b) mediante versamento all'entrata del bilancio dello Stato delle risorse giacenti sulla contabilità speciale di cui all'articolo 37, comma 6, del decreto-legge 24 aprile 2014, n. 66, convertito, con modificazioni, dalla legge 23 giugno 2014, n. 89, per un importo pari a 74,83 milioni di euro per ciascuno degli anni 2020 e 2021, a 24,83 milioni di euro per ciascuno degli anni dal 2022 al 2025 e a 4,83 milioni di euro per ciascuno degli anni dal 2026 al 2030. Al fine di assicurarne la disponibilità in ciascuno dei predetti anni, le giacenze della contabilità speciale possono essere utilizzate per le finalità originarie solo per la parte eccedente gli importi complessivi rimasti da versare all'entrata del bilancio dello Stato ai sensi della presente lettera (3).

1-quater Agli oneri in termini di indebitamento netto e fabbisogno derivanti dal comma 1-bis, pari a 74,83 milioni di euro per ciascuno degli anni dal 2020 al 2048, si provvede mediante corrispondente riduzione del limite alle somme che il Commissario straordinario del Governo per la gestione del piano di rientro del debito pregresso del comune di Roma è autorizzato annualmente a utilizzare a valere sui contributi pluriennali di cui all'articolo 14, comma 14, del decreto-legge 31 maggio 2010, n. 78, convertito, con modificazioni, dalla legge 30 luglio 2010, n. 122. Con decreto del Ministro dell'economia e delle finanze, adottato ai sensi dell'articolo 4, comma 177-bis, della legge 24 dicembre 2003, n. 350, è rideterminato il limite di cui al primo periodo del presente comma (4).

1-quinquies. In caso di mancata adesione da parte dei possessori delle obbligazioni di cui al comma 1-bis, nonché ai fini del pagamento della cedola in corso al momento dell'adesione stessa, la dotazione del fondo di cui al comma 1-ter è destinata alle finalità di cui all'articolo 14, comma 14, del decreto-legge 31 maggio 2010, n. 78, convertito, con modificazioni, dalla legge 30 luglio 2010, n. 122 (5).

1-sexies. In caso di adesione da parte dei possessori delle obbligazioni di cui al comma 1-bis, un importo, pari a 200 milioni di euro per ciascuno degli anni dal 2042 al 2048, dell'autorizzazione di spesa di cui all'articolo 14, comma 14, del decreto-legge 31 maggio 2010, n. 78, convertito, con modificazioni, dalla legge 30 luglio 2010, n. 122, è destinato al rimborso della quota capitale delle obbligazioni di cui al citato comma 1-bis (6).

1-septies. Per gli anni dal 2020 al 2022, un importo commisurato ai minori esborsi eventualmente derivanti da operazioni di rinegoziazione dei mutui in essere con istituti di credito di competenza della Gestione commissariale di cui all'articolo 78 del decreto-legge 25 giugno 2008, n. 112, convertito, con modificazioni, dalla legge 6 agosto 2008, n. 133, effettuate dopo la data di entrata in vigore della legge di conversione del presente decreto, è destinato ad alimentare un fondo, da istituire nello stato di previsione del Ministero dell'interno, denominato "Fondo per il concorso al pagamento del debito dei comuni capoluogo delle città metropolitane"; il Commissario straordinario del Governo per la gestione del piano di rientro del debito pregresso del comune di Roma promuove presso gli istituti di credito ogni iniziativa utile al raggiungimento di detto obiettivo. L'eventuale conclusione dei contratti di rinegoziazione è comunque subordinata, in deroga a quanto previsto dall'articolo 1, commi 751 e seguenti, della legge 28 dicembre 2015, n. 208, all'emanazione di un decreto di autorizzazione del Ministero dell'economia e delle finanze. Il Fondo di cui al primo periodo è incrementato, anche in via pluriennale, con le seguenti modalità:

a) mediante corrispondente riduzione dell'autorizzazione di spesa di cui all'articolo 14, comma 14, del decreto-legge 31 maggio 2010, n. 78, convertito, con modificazioni, dalla legge 30 luglio 2010, n. 122. In tal caso, il limite alle somme che il citato Commissario straordinario è autorizzato annualmente a utilizzare a valere sui contributi pluriennali di cui all'articolo 14, comma 14, del decreto-legge 31 maggio 2010, n. 78, convertito, con modificazioni, dalla legge 30 luglio 2010, n. 122, è corrispondentemente ridotto;

b) mediante riassegnazione delle somme versate all'entrata del bilancio dello Stato da parte del citato Commissario straordinario a valere sulle disponibilità giacenti sul conto corrente di tesoreria ad esso intestato. In tal caso, l'importo delle somme versate è computato ai fini della verifica del rispetto del limite di cui al secondo periodo della lettera a)[7].

1-octies. Ai fini del concorso nel pagamento delle rate in scadenza dei mutui contratti per spese di investimento da parte dei comuni capoluogo delle città metropolitane in dissesto finanziario di cui all'articolo 244 del testo unico delle leggi sull'ordinamento degli enti locali, di cui al decreto legislativo 18 agosto 2000, n. 267, alla data di entrata in vigore del presente decreto, fermo restando quanto previsto dal comma 1-septies del presente articolo, è riconosciuto ai medesimi comuni un contributo di 20 milioni di euro per l'anno 2019 e di 35 milioni di euro per ciascuno degli anni dal 2020 al 2033. All'onere derivante dal presente comma, pari a 20 milioni di euro per l'anno 2019 e a 35 milioni di euro per ciascuno degli anni dal 2020 al 2033, si provvede:

a) quanto a 20 milioni di euro per l'anno 2019, mediante corrispondente riduzione dello stanziamento del fondo speciale di conto capitale iscritto, ai fini del bilancio triennale 2019-2021, nell'ambito del programma "Fondi di riserva e speciali" della missione "Fondi da ripartire" dello stato di previsione del Ministero dell'economia e delle finanze per l'anno 2019, allo scopo parzialmente utilizzando l'accantonamento relativo al medesimo Ministero;

b) quanto a 35 milioni di euro per ciascuno degli anni dal 2020 al 2033, mediante corrispondente riduzione dell'autorizzazione di spesa di cui all'articolo 1, comma 1091, della legge 27 dicembre 2017, n. 205[8].

1-novies. All'articolo 18, comma 1, alinea, del decreto-legge 16 ottobre 2017, n. 148, convertito, con modificazioni, dalla legge 4 dicembre 2017, n. 172, le parole: "accantonata per l'anno 2017 e 2018" sono sostituite dalle seguenti: "accantonata per gli anni 2017, 2018 e 2019" e le parole: "Servizio sanitario nazionale per l'anno 2017 e per l'anno 2018" sono sostituite dalle seguenti: "Servizio sanitario nazionale per gli anni 2017, 2018 e 2019". Per gli anni 2019, 2020 , 2021, 2022, 2023 e 2024, la somma accantonata ai sensi dell'articolo 18, comma 1, del citato decreto-legge n. 148 del 2017, come modificato dal presente comma, e' ripartita per le finalita' indicate alle lettere a) e h) del medesimo articolo 18, comma l, secondo gli importi definiti in sede di Conferenza permanente per i rapporti tra lo Stato, le regioni e le province autonome di Trento e di Bolzano [9].

1-decies. Il Fondo di cui al comma 1-septies è annualmente ripartito, su richiesta dei comuni interessati, tra i comuni capoluogo delle città metropolitane che hanno deliberato il ricorso alla procedura di riequilibrio finanziario pluriennale o la dichiarazione di dissesto finanziario, ai sensi rispettivamente degli articoli 243-bis e 246 del testo unico delle leggi sull'ordinamento degli enti locali, di cui al decreto legislativo 18 agosto 2000, n. 267, o che hanno deliberato un piano di interventi pluriennale monitorato dalla competente sezione della Corte dei conti. Il Fondo è ripartito con decreto del Ministero dell'interno, di concerto con il Ministero dell'economia e delle finanze, sentita la Conferenza Stato-città ed autonomie locali, entro il 30 novembre 2019, in proporzione all'entità delle rate annuali di rimborso del debito [10].

1-undecies. I comuni con popolazione superiore a 60.000 abitanti che hanno dichiarato, in data successiva al 1° gennaio 2012, lo stato di dissesto finanziario di cui all'articolo 244 del testo unico delle leggi sull'ordinamento degli enti locali, di cui al decreto legislativo 18 agosto 2000, n. 267, e che successivamente hanno deliberato la procedura di riequilibrio finanziario pluriennale ai sensi dell'articolo 243-bis del medesimo testo unico di cui al decreto legislativo n. 267 del 2000, al fine di assicurare il ripiano delle passività individuate nel piano di cui al comma 6 del medesimo articolo 243-bis, sono autorizzati, a decorrere dalla data di entrata in vigore della legge di conversione del presente decreto, nella salvaguardia di quanto previsto dagli articoli 95 e 97 del codice dei contratti pubblici, di cui al decreto legislativo 18 aprile 2016, n. 50, a ridurre gli importi dei contratti in essere, nonché di quelli relativi a procedure di affidamento per cui sia già intervenuta l'aggiudicazione, anche provvisoria, aventi a oggetto l'acquisto o la fornitura di beni e servizi, nella misura del 5 per cento, per tutta la durata residua dei contratti medesimi. Le parti hanno facoltà di rinegoziare il contenuto dei contratti, in funzione della suddetta riduzione. È fatta salva la facoltà del prestatore dei beni o servizi di recedere dal contratto, entro trenta giorni dalla comunicazione della manifestazione di volontà di operare la riduzione, senza alcuna penalità da recesso verso l'amministrazione. Il recesso è comunicato all'amministrazione e ha effetto decorsi trenta giorni dal ricevimento della relativa comunicazione da parte di quest'ultima. In caso di recesso, i comuni di cui al presente comma, nelle more dell'espletamento delle procedure per nuovi affidamenti, possono, al fine di assicurare comunque la disponibilità di beni e servizi necessari alla loro attività, stipulare nuovi contratti accedendo a convenzioni-quadro della società Consip Spa, a quelle di centrali di committenza regionale o tramite affidamento diretto nel rispetto della disciplina europea e nazionale in materia di contratti pubblici [11].

1-duodecies. Al comma 2-bis dell'articolo 222 del testo unico delle leggi sull'ordinamento degli enti locali, di cui al decreto legislativo 18 agosto 2000, n. 267, le parole: "per la durata di sei mesi a decorrere dalla data della predetta certificazione" sono sostituite dalle seguenti: "fino al raggiungimento dell'equilibrio di cui all'articolo 259 e, comunque, per non oltre cinque anni, compreso quello in cui è stato deliberato il dissesto" [12].

1-terdecies. La tabella di cui al comma 5-bis dell'articolo 243-bis del testo unico delle leggi sull'ordinamento degli enti locali, di cui al decreto legislativo 18 agosto 2000, n. 267, è sostituita dalla seguente:

Rapporto passività/impegni di cui al titolo I	Durata massima del piano di riequilibrio finanziario pluriennale
Fino al 20 per cento	4 anni
Superiore al 20 per cento e fino al 60 per cento	10 anni
Superiore al 60 per cento e fino al 100 per cento per i comuni fino a 60.000 abitanti	15 anni
Oltre il 60 per cento per i comuni con popolazione superiore a 60.000 abitanti e oltre il 100 per cento per tutti gli altri comuni	20 anni.

[13]

1-quaterdecies. Nell'ambito delle misure volte ad assicurare la realizzazione di iniziative prioritarie, è riconosciuto al comune di Alessandria un contributo in conto capitale di 10 milioni di euro per ciascuno degli anni 2020 e 2021. All'onere derivante dal presente comma, pari a 10 milioni di euro per ciascuno degli anni 2020 e 2021, si provvede mediante corrispondente riduzione dell'autorizzazione di spesa di cui all'articolo 1, comma 1091, della legge 27 dicembre 2017, n. 205[14].

1-quinquiesdecies. I comuni interessati dagli eventi sismici della provincia di Campobasso e della città metropolitana di Catania individuati, rispettivamente, dalla delibera del Consiglio dei ministri 6 settembre 2018, pubblicata nella Gazzetta Ufficiale n. 213 del 13 settembre 2018, e dalla delibera del Consiglio dei ministri 28 dicembre 2018, pubblicata nella Gazzetta Ufficiale n. 1 del 2 gennaio 2019, approvano il rendiconto della gestione previsto dall'articolo 227 del testo unico delle leggi sull'ordinamento degli enti locali, di cui al decreto legislativo 18 agosto 2000, n. 267, relativo all'esercizio 2018, entro il 31 luglio 2019 e lo trasmettono alla banca dati delle amministrazioni pubbliche entro trenta giorni dalla data dell'approvazione[15].

2. Fino alla conclusione delle attività straordinarie della Gestione commissariale di cui all'articolo 78 del decreto-legge del 25 giugno 2008, n. 112, convertito con modificazioni dalla legge 6 agosto 2008, n. 133, al fine di sopperire a temporanee carenze di liquidità della Gestione stessa il comune di Roma Capitale è autorizzato a concedere alla stessa anticipazioni di liquidità. Le modalità di concessione, la misura dell'eventuale tasso di interesse e la restituzione delle anticipazioni di liquidità di cui al periodo precedente, sono disciplinate con apposita convenzione tra Roma Capitale e la Gestione Commissariale.

2-bis. Gli enti locali che hanno proposto la rimodulazione o riformulazione del piano di riequilibrio ai sensi dell'articolo 1, comma 714, della legge 28 dicembre 2015, n. 208, entro la data del 14 febbraio 2019 di deposito della sentenza della Corte costituzionale n. 18 del 2019, anche se non ancora approvato dalla competente sezione regionale della Corte dei conti ovvero inciso da provvedimenti conformativi alla predetta sentenza della sezione regionale competente, possono riproporre il piano per adeguarlo alla normativa vigente secondo la procedura dell'articolo 1, commi 888 e 889, della legge 27 dicembre 2017, n. 205[16].

2-ter La riproposizione di cui al comma 2-bis deve contenere il ricalcolo complessivo del disavanzo già oggetto del piano modificato, nel rispetto della disciplina vigente, ferma restando la disciplina prevista per gli altri disavanzi [17][18].

2-quater Le rimodulazioni di cui ai commi 2-bis e 2-ter non sospendono le azioni esecutive e, considerata la situazione di eccezionale urgenza, sono oggetto di approvazione o di diniego della competente sezione regionale della Corte dei conti entro venti giorni dalla ricezione dell'atto deliberativo del consiglio comunale. Per i piani per cui è pendente la fase istruttoria presso la Commissione di cui all'articolo 155 del testo unico delle leggi sull'ordinamento degli enti locali, di cui al decreto legislativo 18 agosto 2000, n. 267, la Commissione predetta è tenuta a concludere la fase istruttoria entro venti giorni dalla ricezione delle deliberazioni di cui ai commi 2-bis e 2-ter Entro i successivi cinque giorni, la Commissione invia le proprie considerazioni istruttorie conclusive alla competente sezione regionale della Corte dei conti, che provvede alla approvazione o al diniego del piano di riequilibrio riformulato entro venti giorni dalla ricezione degli atti [19].

2-quinquies. A decorrere dall'anno 2019, al comune di Campione d'Italia è corrisposto un contributo nel limite massimo di 5 milioni di euro annui, per esigenze di bilancio, con priorità per le spese di funzionamento dell'ente, a valere sulle somme iscritte nel capitolo 1379, denominato "Contributo straordinario al comune di Campione d'Italia", dello stato di previsione della spesa del Ministero dell'interno [20].

[1] *Lettera modificata dall'articolo 1, comma 1, della Legge 28 giugno 2019, n. 58, in sede di conversione.*

[2] *Comma inserito dall'articolo 1, comma 1, della Legge 28 giugno 2019, n. 58, in sede di conversione.*

[3] *Comma inserito dall'articolo 1, comma 1, della Legge 28 giugno 2019, n. 58, in sede di conversione.*

[4] *Comma inserito dall'articolo 1, comma 1, della Legge 28 giugno 2019, n. 58, in sede di conversione.*

[5] *Comma inserito dall'articolo 1, comma 1, della Legge 28 giugno 2019, n. 58, in sede di conversione e successivamente modificato dall'articolo 42-bis, comma 6 del D.L.14 agosto 2020, n. 104, convertito, con modificazioni, dalla Legge 13 ottobre 2020, n. 126.*

[6] *Comma inserito dall'articolo 1, comma 1, della Legge 28 giugno 2019, n. 58, in sede di conversione.*

[7] *Comma inserito dall'articolo 1, comma 1, della Legge 28 giugno 2019, n. 58, in sede di conversione.*

[8] *Comma inserito dall'articolo 1, comma 1, della Legge 28 giugno 2019, n. 58, in sede di conversione.*

[9] *Comma inserito dall'articolo 1, comma 1, della Legge 28 giugno 2019, n. 58, in sede di conversione e successivamente modificato dall'articolo 5, comma 5-ter, del D.L. 30 dicembre 2019, n. 162, convertito, con modificazioni dalla Legge 28 febbraio 2020, n. 8 all'articolo 4, comma 3, del D.L. 31 dicembre 2020, n. 183, convertito, con modificazioni, dalla Legge 26 febbraio 2021, n. 21, e da ultimo dall'articolo 4, comma 8 ter, del D.L. 30 dicembre 2021, n. 228, convertito con modificazioni dalla Legge 25 febbraio 2022, n. 15 e da ultimo dall'articolo 4, comma 8, del D.L. 29 dicembre 2022, n. 198, non ancora convertito in Legge.*

[10] *Comma inserito dall'articolo 1, comma 1, della Legge 28 giugno 2019, n. 58, in sede di conversione.*

[11] *Comma inserito dall'articolo 1, comma 1, della Legge 28 giugno 2019, n. 58, in sede di conversione.*

[12] *Comma inserito dall'articolo 1, comma 1, della Legge 28 giugno 2019, n. 58, in sede di conversione.*

[13] *Comma inserito dall'articolo 1, comma 1, della Legge 28 giugno 2019, n. 58, in sede di conversione.*

[14] *Comma inserito dall'articolo 1, comma 1, della Legge 28 giugno 2019, n. 58, in sede di conversione.*

[15] *Comma inserito dall'articolo 1, comma 1, della Legge 28 giugno*

2019, n. 58, in sede di conversione.
[16] *Comma inserito dall'articolo 1, comma 1, della Legge 28 giugno 2019, n. 58, in sede di conversione.*
[17] *Comma inserito dall'articolo 1, comma 1, della Legge 28 giugno 2019, n. 58, in sede di conversione.*
[18] *La Corte Costituzionale, con sentenza 23 giugno 2020, n. 115, (in Gazz. Uff., 24 giugno 2020, n. 26), ha dichiarato l'illegittimità costituzionale del presente comma.*
[19] *Comma inserito dall'articolo 1, comma 1, della Legge 28 giugno 2019, n. 58, in sede di conversione.*
[20] *Comma inserito dall'articolo 1, comma 1, della Legge 28 giugno 2019, n. 58, in sede di conversione.*

38 *bis*. Applicazione delle norme in materia di anticipazioni di liquidità agli enti territoriali per il pagamento dei debiti delle pubbliche amministrazioni [1]**.** – 1. All'articolo 1, comma 859, lettera a), della legge 30 dicembre 2018, n. 145, dopo le parole: "a quello del secondo esercizio precedente" sono aggiunte le seguenti: ". In ogni caso le medesime misure non si applicano se il debito commerciale residuo scaduto, di cui al citato articolo 33 del decreto legislativo n. 33 del 2013, rilevato alla fine dell'esercizio precedente, non è superiore al 5 per cento del totale delle fatture ricevute nel medesimo esercizio".

2. All'articolo 1, comma 863, della legge 30 dicembre 2018, n. 145, è aggiunto, in fine, il seguente periodo: "Il Fondo di garanzia debiti commerciali accantonato nel risultato di amministrazione è liberato nell'esercizio successivo a quello in cui sono rispettate le condizioni di cui alle lettere a) e b) del comma 859".

[1] *Articolo inserito dall'articolo 1, comma 1, della Legge 28 giugno 2019, n. 58, in sede di conversione.*

38 *ter*. Procedura di riconoscimento della legittimità dei debiti fuori bilancio delle regioni [1]**.** – 1. All'articolo 73, comma 4, primo periodo, del decreto legislativo 23 giugno 2011, n. 118, le parole: "il Consiglio regionale provvede entro sessanta giorni" sono sostituite dalle seguenti: "il Consiglio regionale o la Giunta regionale provvedono entro trenta giorni".

[1] *Articolo inserito dall'articolo 1, comma 1, della Legge 28 giugno 2019, n. 58, in sede di conversione.*

38 *quater*. Recepimento dell'accordo tra il Governo e la Regione siciliana [1]**.** – 1. I liberi consorzi comunali e le città metropolitane della Regione siciliana, in deroga alle vigenti disposizioni generali in materia di contabilità pubblica, sono autorizzati ad applicare, negli anni 2019 e 2020, in caso di esercizio provvisorio o gestione provvisoria, l'articolo 163 del testo unico delle leggi sull'ordinamento degli enti locali, di cui al decreto legislativo 18 agosto 2000, n. 267, con riferimento all'ultimo bilancio di previsione approvato e, al fine di utilizzare le risorse pubbliche trasferite per la realizzazione di interventi infrastrutturali, ad effettuare, con delibera consiliare, le necessarie variazioni, in entrata e in uscita, per lo stesso importo, che sono recepite al momento dell'elaborazione e dell'approvazione del bilancio di previsione[2].

2. In relazione alle disposizioni del comma 1, i liberi consorzi comunali e le città metropolitane della Regione siciliana, in deroga alle vigenti disposizioni generali in materia di contabilità pubblica, sono autorizzati a:

a) approvare il rendiconto della gestione degli esercizi 2018 e precedenti anche se il relativo bilancio di previsione non è stato deliberato. In tal caso, nel rendiconto della gestione, le voci riguardanti le «*Previsioni definitive di competenza*» e le «*Previsioni definitive di cassa*» sono valorizzate indicando gli importi effettivamente gestiti nel corso dell'esercizio, ai sensi dell'articolo 163, comma 1, del testo unico di cui al decreto legislativo 18 agosto 2000, n. 267;

b) predisporre un bilancio di previsione solo annuale per l'esercizio 2019;

c) utilizzare nel 2019, ai sensi dell'articolo 187 del testo unico di cui al decreto legislativo 18 agosto 2000, n. 267, anche in sede di approvazione del bilancio di previsione, l'avanzo di amministrazione libero, destinato e vincolato per garantire il pareggio finanziario e gli equilibri stabiliti dall'articolo 162 del medesimo testo unico di cui al decreto legislativo n. 267 del 2000.

3. All'articolo 1 della legge 30 dicembre 2018, n. 145, sono apportate le seguenti modificazioni:

a) dopo il comma 881 sono inseriti i seguenti:

"881-bis. Per un importo complessivo di 140 milioni di euro, il concorso alla finanza pubblica a carico della Regione siciliana per l'anno 2019 di cui al comma 881, sulla base dell'accordo raggiunto tra il Governo e la Regione stessa in data 15 maggio 2019, è assicurato utilizzando le risorse del Fondo per lo sviluppo e la coesione - Programmazione 2014-2020 già destinate alla programmazione della Regione siciliana, che è corrispondentemente ridotto. La medesima Regione propone al CIPE, per la presa d'atto, la nuova programmazione nel limite delle disponibilità residue.

881-ter. Alla Regione siciliana è attribuito un importo di 10 milioni di euro per l'anno 2019 a titolo di riduzione del contributo alla finanza pubblica di cui al comma 881. Agli oneri di cui al presente comma si provvede mediante corrispondente riduzione del Fondo per interventi strutturali di politica economica, di cui all'articolo 10, comma 5, del decreto-legge 29 novembre 2004, n. 282, convertito, con modificazioni, dalla legge 27 dicembre 2004, n. 307";

b) al comma 885 è aggiunto, in fine, il seguente periodo: "Il contributo a favore dei liberi consorzi e delle città metropolitane di cui al periodo precedente è incrementato, per l'anno 2019, di ulteriori 100 milioni di euro".

[1] *Articolo inserito dall'articolo 1, comma 1, della Legge 28 giugno 2019, n. 58, in sede di conversione.*
[2] *Comma modificato dall'articolo 31-bis, comma 1, del D.L. 30 dicembre 2019, n. 162, convertito, con modificazioni dalla Legge 28 febbraio 2020, n. 8.*

Omissis.

43. Semplificazione degli adempimenti per la gestione degli enti del Terzo settore. – 1. All'articolo 5 del decreto-legge 28 dicembre 2013, n. 149, convertito, con modificazioni, dalla legge 21 febbraio 2014, n. 13, sono apportate le seguenti modificazioni:

a) al comma 3, secondo periodo, le parole «*del finanziamento o del contributo*» sono sostituite dalle seguenti: «*ovvero, in caso di finanziamenti o contributi di importo unitario inferiore o uguale a euro 500, entro il mese di marzo dell'anno solare successivo se complessivamente superiori nell'anno a tale importo*»;

b) al comma 3, quarto periodo, dopo le parole «*contestualmente alla sua trasmissione*» sono aggiunte le seguenti: «*, anche tramite PEC,*»;

c) il comma 4 è sostituito dal seguente:

«*4. Ai sensi e per gli effetti del presente articolo, sono equiparati ai partiti e movimenti politici:*

a) le fondazioni, le associazioni e i comitati la composizione dei cui organi direttivi o di gestione è determinata in tutto o in parte da deliberazioni di partiti o movimenti politici, o l'attività dei quali si coordina con questi ultimi anche in conformità a previsioni contenute nei rispettivi statuti o atti costitutivi;

b) le fondazioni, le associazioni e i comitati i cui organi direttivi o di gestione sono composti per almeno un terzo da membri di organi di partiti o movimenti politici ovvero persone che sono o sono state, nei sei anni precedenti, membri del Parlamento nazionale o europeo o di assemblee elettive regionali o locali di comuni con più di 15.000 abitanti, ovvero che ricoprono o hanno ricoperto, nei sei anni precedenti, incarichi di governo al livello nazionale, regionale o locale, in comuni con più di 15.000 abitanti;

c) le fondazioni, le associazioni e i comitati che erogano somme a titolo di liberalità o contribuiscono in misura pari o superiore a euro 5.000 l'anno al finanziamento di iniziative o servizi a titolo gratuito in favore di partiti, movimenti politici o loro articolazioni, di membri di organi o articolazioni comunque denominate di partiti o movimenti politici ovvero di persone titolari di cariche istituzionali nell'ambito di organi elettivi o di governo.»;

d) dopo il comma 4, è aggiunto il seguente: «*4-bis. Il comma 4, lettera b), non si applica agli enti del Terzo settore iscritti nel Registro unico nazionale di cui all'articolo 45 del decreto legislativo 3 luglio 2017, n. 117. Il comma 4, lettera b), non si applica altresì alle fondazioni, alle associazioni, ai comitati appartenenti alle confessioni religiose con le quali lo Stato ha stipulato patti, accordi o intese*».

2. Fino all'operatività del Registro unico nazionale del Terzo settore di cui all'articolo 45 del decreto legislativo 3 luglio 2017, n. 117, il requisito dell'iscrizione nel predetto registro previsto dall'articolo 5, comma 4-bis, del decreto-legge 28 dicembre 2013, n. 149, convertito, con modificazioni, dalla legge 21 febbraio 2014, n. 13, s'intende soddisfatto con l'iscrizione in uno dei registri previsti dalle normative di settore, ai sensi dell'articolo 101, comma 3, del decreto legislativo 3 luglio 2017, n. 117.

3. All'articolo 1 della legge 9 gennaio 2019, n. 3, sono apportate le seguenti modificazioni [(1)]:

a) al comma 11, terzo periodo, le parole «*entro il mese solare successivo a quello di percezione, in apposito registro*» sono sostituite dalle seguenti: «*entro il mese solare successivo a quello di percezione ovvero, in caso di contributi, prestazioni o altre forme di sostegno di importo unitario inferiore o uguale a euro 500, entro il mese di marzo dell'anno solare successivo se complessivamente superiori nell'anno a tale importo, in apposito registro numerato progressivamente e firmato su ogni foglio dal rappresentante legale o dal tesoriere,*»; al quarto periodo, le parole «*e in ogni caso l'annotazione deve essere eseguita entro il mese solare successivo a quello di percezione*» sono soppresse;

a-bis) al comma 14, primo periodo, dopo le parole: "nel proprio sito internet" sono inserite le seguenti: "ovvero per le liste di cui al comma 11, nel sito internet del partito o del movimento politico sotto il cui contrassegno si sono presentate nella competizione elettorale," [(2)];

b) al comma 21 dopo le parole «*e 12*» sono aggiunte le seguenti: «*, primo periodo,*»; alla fine del primo periodo sono aggiunte le seguenti parole: «*, se entro tre mesi dal ricevimento non ha provveduto al versamento del corrispondente importo alla cassa delle ammende in conformità al comma 13*» e, in fine, dopo il primo periodo, è aggiunto il seguente: «*In caso di violazione del divieto di cui al comma 12, secondo periodo, si applicano le sanzioni di cui al primo periodo del presente comma se entro tre mesi dalla piena conoscenza della sussistenza delle condizioni ostative di cui al comma 12, secondo periodo, il partito o movimento politico non ha provveduto al versamento del corrispondente importo alla cassa delle ammende in conformità al comma 13.*»;

b-bis) dopo il comma 26 è inserito il seguente:

"*26-bis. Al fine di consentire i controlli previsti dalle norme di legge, la Commissione di garanzia degli statuti e per la trasparenza ed il controllo dei rendiconti dei partiti e dei movimenti politici può accedere alle banche dati gestite dalle amministrazioni pubbliche o da enti che, a diverso titolo, sono competenti nella materia elettorale o che esercitino funzioni nei confronti dei soggetti equiparati ai partiti e ai movimenti politici. Per i medesimi fini e per l'esercizio delle funzioni istituzionali della Commissione possono essere predisposti protocolli d'intesa con i citati enti o amministrazioni*" [(3)];

c) al comma 28, dopo il primo periodo, è aggiunto in fine il seguente: «*È fatto salvo quanto disposto all'articolo 5, comma 4-bis, del decreto-legge 28 dicembre 2013, n. 149, convertito, con modificazioni, dalla legge 21 febbraio 2014, n. 13.*»;

d) dopo il comma 28 sono inseriti i seguenti [(4)]:

«*28-bis. In deroga al comma 28, alle fondazioni, alle associazioni e ai comitati di cui all'articolo 5, comma 4, del decreto-legge 28 dicembre 2013, n. 149, convertito, con modificazioni, dalla legge 21 febbraio 2014, n. 13, i termini fissati al mese solare successivo dal comma 11, terzo periodo, del presente articolo e dall'articolo 5, comma 3, del citato decreto-legge n. 149 del 2013, si intendono fissati, salvo che per i comitati elettorali, al secondo mese solare successivo. Alle fondazioni, alle associazioni e ai comitati di cui al primo periodo non si applica il comma 12, primo periodo; ai medesimi enti il comma 12, secondo periodo, non si applica in caso di elargizioni disposte da persone fisiche maggiorenni straniere. Agli enti di cui al secondo periodo, in caso di violazione degli ulteriori divieti di cui al comma 12 del presente articolo, il comma 21 si applica solo in relazione a contributi, prestazioni o altre forme di sostegno di importo superiore nell'anno a euro 500. Ai medesimi enti è fatto divieto di devolvere, in tutto o in parte, le elargizioni in denaro, i contributi, le prestazioni o le altre forme di sostegno a carattere patrimoniale ricevuti ai sensi del secondo periodo in favore dei partiti, dei movimenti politici, delle liste elettorali e di singoli candidati alla carica di sindaco. Le elargizioni in denaro, i contributi, le prestazioni o le altre forme di sostegno a carattere patrimoniale di cui al precedente periodo devono essere annotati in separata e distinta voce del bilancio d'esercizio*» [(5)].

28-ter. Alle fondazioni, alle associazioni e ai comitati che violano gli obblighi previsti dal comma 28-bis, la Commissione di garanzia degli statuti e per la trasparenza e il controllo dei rendiconti dei partiti politici applica la sanzione amministrativa pecuniaria di importo non inferiore al triplo e non superiore al quintuplo del valore delle elargizioni in denaro, dei contributi, delle prestazioni o delle altre forme di sostegno a carattere patrimoniale ricevuti [(6)].

4. I termini di cui all'articolo 1, comma 28-bis, primo periodo, della legge 9 gennaio 2019, n. 3, si applicano agli adempimenti relativi ad elargizioni, finanziamenti e contributi ricevuti a partire dal centoventesimo giorno successivo alla data di entrata in vigore della medesima legge [(7)].

4-bis. In deroga a quanto previsto dall'articolo 101, comma 2, del codice del Terzo settore, di cui al decreto legislativo 3 luglio 2017, n. 117, i termini per l'adeguamento degli statuti delle bande musicali, delle organizzazioni non lucrative di utilità sociale, delle organizzazioni di volontariato e delle associazioni di promozione sociale sono prorogati al 30 giugno 2020. Il termine per il medesimo adeguamento da parte delle imprese sociali, in deroga a quanto previsto dall'articolo 17, comma 3, del decreto legislativo 3 luglio 2017, n. 112, è differito al 30 giugno 2020 [(8)].

(1) *Alinea modificato dall'articolo 1, comma 1, della Legge 28 giugno 2019, n. 58, in sede di conversione.*
(2) *Lettera inserita dall'articolo 1, comma 1, della Legge 28 giugno 2019, n. 58, in sede di conversione.*
(3) *Lettera inserita dall'articolo 1, comma 1, della Legge 28 giugno 2019, n. 58, in sede di conversione.*
(4) *Alinea modificato dall'articolo 1, comma 1, della Legge 28 giugno 2019, n. 58, in sede di conversione.*
(5) *Capoverso modificato dall'articolo 1, comma 1, della Legge 28 giugno 2019, n. 58, in sede di conversione.*
(6) *Capoverso aggiunto dall'articolo 1, comma 1, della Legge 28 giugno 2019, n. 58, in sede di conversione.*
(7) *Comma modificato dall'articolo 1, comma 1, della Legge 28 giugno 2019, n. 58, in sede di conversione.*
(8) *Comma aggiunto dall'articolo 1, comma 1, della Legge 28 giugno 2019, n. 58, in sede di conversione.*

Omissis.

44 bis. Cessione di crediti [(1)(A)]. – 1. Qualora una società ceda a titolo oneroso, entro il 31 dicembre 2021, crediti pecuniari vantati nei confronti di debitori inadempienti a norma del comma 5, può trasformare in credito d'imposta le attività per imposte anticipate riferite ai seguenti componenti: perdite fiscali non ancora computate in diminuzione del reddito imponibile ai sensi dell'articolo 84 del testo unico delle imposte sui redditi, di cui al decreto del Presidente della Repubblica 22 dicembre 1986, n. 917, alla data della cessione; importo del rendimento nozionale eccedente il reddito complessivo netto di cui all'articolo 1, comma 4, del decreto legge 6 dicembre 2011, n. 201, convertito, con modificazioni, dalla legge 22 dicembre 2011, n. 214, non ancora dedotto né trasformato in credito d'imposta alla data della cessione. Ai fini della determinazione delle perdite fiscali non si applicano i limiti di cui al secondo periodo del comma 1 dell'articolo 84 del predetto testo unico. Ai fini della trasformazione in credito d'imposta, i componenti di cui al presente comma possono essere considerati per un ammontare massimo non eccedente il 20% del valore nominale dei crediti ceduti. Ai fini del presente articolo, i crediti ceduti possono essere considerati per un valore nominale massimo pari a 2 miliardi di euro per ciascuno degli anni 2020 e 2021, determinato tenendo conto di tutte le cessioni effettuate entro il 31 dicembre 2021 dalle società tra loro legate da rapporti di controllo ai sensi dell'articolo 2359 del codice civile e dalle società controllate, anche indirettamente, dallo stesso soggetto. In caso di crediti acquistati da società con le quali non sussiste un rapporto di controllo ai sensi dell'articolo 2359 del codice civile o che non sono controllate, anche indirettamente, dallo stesso soggetto, per valore nominale si intende il valore di acquisto del credito. Le attività per imposte anticipate riferibili ai componenti sopra indicati possono essere trasformate in credito d'imposta anche se non iscritte in bilancio. La trasformazione in credito d'imposta avviene alla data di efficacia giuridica della cessione dei crediti. A decorrere dalla data di efficacia giuridica della cessione dei crediti, per il cedente[(2)]:

a) non sono computabili in diminuzione dei redditi imponibili le perdite di cui all'articolo 84 del testo unico delle imposte sui redditi, relative alle attività per imposte anticipate complessivamente trasformate in credito d'imposta ai sensi del presente articolo[(3)];

b) non sono deducibili né fruibili tramite credito d'imposta le eccedenze del rendimento nozionale rispetto al reddito complessivo di cui all'articolo 1, comma 4, del decreto-legge 6 dicembre 2011, n. 201, convertito, con modificazioni, dalla legge 22 dicembre 2011, n. 214, relative alle attività per imposte anticipate complessivamente trasformate in credito d'imposta ai sensi del presente articolo[(4)].

1-bis. In caso di opzione per la tassazione di gruppo di cui all'articolo 117 del testo unico delle imposte sui redditi, di cui al decreto del Presidente della Repubblica 22 dicembre 1986, n. 917, da parte della società che cede i crediti di cui al comma 1, rilevano prioritariamente, se esistenti, le eccedenze del rendimento nozionale della società cedente e le perdite fiscali della stessa relative agli esercizi anteriori all'inizio della tassazione di gruppo e, a seguire, le perdite complessivamente riportate a nuovo dal soggetto controllante ai sensi dell'articolo 118 del medesimo testo unico di cui al decreto del Presidente della Repubblica 22 dicembre 1986, n. 917. [(B)] decorrere dalla data di efficacia giuridica della cessione dei crediti, per il soggetto controllante non sono computabili in diminuzione dei redditi imponibili le perdite di cui all'articolo 118 del testo unico delle imposte sui redditi, di cui al decreto del Presidente della Repubblica 22 dicembre 1986, n. 917, relative alle attività per imposte anticipate complessivamente trasformate in credito d'imposta ai sensi del presente articolo[(5)].

1-ter. In caso di opzione per la trasparenza fiscale di cui all'articolo 115 del testo unico delle imposte sui redditi, di cui al decreto del Presidente della Repubblica 22 dicembre 1986, n. 917, se la cessione dei crediti di cui al comma 1 è effettuata dalla società partecipata, rilevano prioritariamente, se esistenti, le eccedenze del rendimento nozionale e le perdite fiscali relative agli esercizi anteriori all'inizio della trasparenza della società partecipata congiuntamente a quelle non attribuite ai soci ai sensi del citato articolo 115, comma 3, del testo unico di cui al decreto del Presidente della Repubblica 22 dicembre 1986, n. 917, e, a seguire, le perdite fiscali attribuite ai soci partecipanti e non ancora computate in diminuzione dei loro redditi, avendo riguardo al valore dei crediti ceduti dalla società trasparente nella medesima proporzione di attribuzione delle perdite. A decorrere dalla data di efficacia giuridica della cessione dei crediti, per i soci partecipanti non sono computabili in diminuzione dei redditi imponibili le perdite di cui all'articolo 84 del testo unico delle imposte sui redditi, di cui al decreto del Presidente della Repubblica 22 dicembre 1986, n. 917, relative alle attività per imposte anticipate complessivamente trasformate in credito d'imposta ai sensi del presente articolo e non sono deducibili né fruibili tramite credito d'imposta le eccedenze del rendimento nozionale rispetto al reddito complessivo di cui all'articolo 1, comma 4, del decreto-legge 6 dicembre 2011, n. 201, convertito, con modificazioni, dalla legge 22 dicembre 2011, n. 214, relative alle attività per imposte anticipate complessivamente trasformate in credito d'imposta ai sensi del presente articolo. L'opzione di cui al comma 3 del presente articolo è esercitata dalla società partecipata, nonché dai soci, qualora abbiano trasformato attività per imposte anticipate in crediti d'imposta ai sensi del presente articolo[(6)].

1-quater. In caso di cessione dei crediti di cui al comma 1 effettuata da società di persone, rilevano le perdite fiscali e le eccedenze del rendimento nozionale attribuite ai soci e non ancora computate in diminuzione dei loro redditi, avendo riguardo al valore dei crediti ceduti dalla società nella medesima proporzione di attribuzione di cui all'articolo 5 del testo unico delle imposte sui redditi, di cui al decreto del Presidente della Repubblica 22 dicembre 1986, n. 917. A decorrere dalla data di efficacia giuridica della cessione dei crediti, per i soci partecipanti non sono computabili in diminuzione dei redditi imponibili le perdite di cui all'articolo 8 del testo unico delle imposte sui redditi, di cui al decreto del Presidente della Repubblica 22 dicembre 1986, n. 917, relative alle attività per imposte anticipate complessivamente trasformate in credito d'imposta ai sensi del presente articolo e non sono deducibili né fruibili tramite credito d'imposta le eccedenze del rendimento nozionale rispetto al reddito complessivo di cui all'articolo 1, comma 4, del decreto-legge 6 dicembre 2011, n. 201, convertito, con modificazioni, dalla legge 22 dicembre 2011, n. 214, relative alle attività per imposte anticipate complessivamente trasformate in credito d'imposta ai sensi del presente articolo. L'opzione di cui al comma 3 del presente articolo è esercitata dai soci che abbiano trasformato attività per imposte anticipate in crediti d'imposta ai sensi del presente articolo[7].

2. I crediti d'imposta derivanti dalla trasformazione non sono produttivi di interessi. A decorrere dalla data di efficacia giuridica della cessione essi possono essere utilizzati, senza limiti di importo, in compensazione ai sensi dell'articolo 17 del decreto legislativo 9 luglio 1997, n. 241, ovvero possono essere ceduti secondo quanto previsto dall'articolo 43-bis o dall'articolo 43-ter del decreto del Presidente della Repubblica 29 settembre 1973, n. 602, ovvero possono essere chiesti a rimborso. I crediti d'imposta vanno indicati nella dichiarazione dei redditi e non concorrono alla formazione del reddito di impresa né della base imponibile dell'imposta regionale sulle attività produttive[8].

3. La trasformazione delle attività per imposte anticipate in crediti d'imposta è condizionata all'esercizio, da parte della società cedente, dell'opzione di cui all'articolo 11, comma 1, del decreto-legge 3 maggio 2016, n. 59, convertito, con modificazioni, dalla legge 30 giugno 2016, n. 119. L'opzione, se non già esercitata, deve essere esercitata tramite la comunicazione di cui al punto 1 del provvedimento del direttore dell'Agenzia delle entrate del 22 luglio 2016 entro la chiusura dell'esercizio in corso alla data in cui ha effetto la cessione dei crediti; l'opzione ha efficacia a partire dall'esercizio successivo a quello in cui ha effetto la cessione. Ai fini dell'applicazione del citato articolo 11 del decreto-legge n. 59 del 2016, convertito, con modificazioni, dalla legge n. 119 del 2016, nell'ammontare delle attività per imposte anticipate sono comprese anche le attività per imposte anticipate trasformate in crediti d'imposta ai sensi del presente articolo[9].

4. Il presente articolo non si applica a società per le quali sia stato accertato lo stato di dissesto o il rischio di dissesto ai sensi dell'articolo 17 del decreto legislativo 16 novembre 2015, n. 180, ovvero lo stato di insolvenza ai sensi dell'articolo 5 del regio decreto 16 marzo 1942, n. 267, o dell'articolo 2, comma 1, lettera b), del codice della crisi d'impresa e dell'insolvenza, di cui al decreto legislativo 12 gennaio 2019, n. 14.

5. Per gli effetti del presente articolo, si ha inadempimento quando il mancato pagamento si protrae per oltre novanta giorni dalla data in cui era dovuto.

6. Le disposizioni del presente articolo non si applicano alle cessioni di crediti tra società che sono tra loro legate da rapporti di controllo ai sensi dell'articolo 2359 del codice civile e alle società controllate, anche indirettamente, dallo stesso soggetto. Le disposizioni del presente articolo possono essere applicate una sola volta con riferimento alla cessione dei medesimi crediti[10].

[A] *In riferimento al presente articolo , vedi: Risoluzione Agenzia delle Entrate 18 novembre 2020, n. 71/E; Risposta Agenzia delle Entrate 11 febbraio 2021, n. 96; Risposta Agenzia delle Entrate 18 marzo 2021, n. 193; Risposta Agenzia delle Entrate 19 ottobre 2021, n. 731.*

[B] *In riferimento al presente comma, vedi: Risposta Agenzia delle Entrate 18 ottobre 2021, n. 728.*

[1] *Articolo inserito dall'articolo 1, comma 1, della Legge 28 giugno 2019, n. 58, in sede di conversione e successivamente sostituito dall'articolo 55, comma 1, del D.L. 17 marzo 2020, n. 18, convertito con modificazioni dalla Legge 24 aprile 2020, n. 27.*

[2] *Alinea modificato dall'articolo 72, comma 1, lettera a), numeri 1), 2) e 3) del D.L. 14 agosto 2020, n. 104, convertito, con modificazioni, dalla Legge 13 ottobre 2020, n. 126e successivamente dall'articolo 19, comma 1, lettera a), del D.L. 25 maggio 2021, n. 73, convertito, con modificazioni, dalla Legge 23 luglio 2021, n. 106.*

[3] *Lettera modificata dall'articolo 72, comma 1, lettera a), numero 4), del D.L. 14 agosto 2020, n. 104, convertito, con modificazioni, dalla Legge 13 ottobre 2020, n. 126.*

[4] *Lettera modificata dall'articolo 72, comma comma 1, lettera a), numero 4), del D.L. 14 agosto 2020, n. 104, convertito, con modificazioni, dalla Legge 13 ottobre 2020, n. 126.*

[5] *Comma inserito dall'articolo 72, comma 1, lettera b), numero 4), del D.L. 14 agosto 2020, n. 104, convertito, con modificazioni, dalla Legge 13 ottobre 2020, n. 126.*

[6] *Comma inserito dall'articolo 72, comma 1, lettera b), del D.L. 14 agosto 2020, n. 104, convertito, con modificazioni, dalla Legge 13 ottobre 2020, n. 126.*

[7] *Comma inserito dall'articolo 72, comma 1, lettera b), del D.L. 14 agosto 2020, n. 104, convertito, con modificazioni, dalla Legge 13 ottobre 2020, n. 126.*

[8] *Comma modificato dall'articolo 72, comma 1, lettera c), del D.L. 14 agosto 2020, n. 104, convertito, con modificazioni, dalla Legge 13 ottobre 2020, n. 126.*

[9] *Comma modificato dall'articolo 72, comma 1, lettera d), numeri 1) e 2), del D.L. 14 agosto 2020, n. 104, convertito, con modificazioni, dalla Legge 13 ottobre 2020, n. 126.*

[10] *Comma modificato dall'articolo 72, comma 1, lettera e), del D.L. 14 agosto 2020, n. 104, convertito, con modificazioni, dalla Legge 13 ottobre 2020, n. 126.*

Omissis.

47. Alte professionalità esclusivamente tecniche per opere pubbliche, gare e contratti e disposizioni per la tutela dei crediti delle imprese sub-affidatarie, subappaltatrici e sub-fornitrici [1][2][3]**.** – 1. Al fine di consentire il più celere ed efficace svolgimento dei compiti dei Provveditorati interregionali alle opere pubbliche del Ministero delle infrastrutture e dei trasporti, è autorizzata l'assunzione a tempo indeterminato, a partire dal 1° dicembre 2019, di cento unità di personale di alta specializzazione ed elevata professionalità, da individuare tra ingegneri, architetti, dottori agronomi, dottori forestali e geologi e, nella misura del 20 per cento, di personale amministrativo, da inquadrare nel livello iniziale dell'Area III del comparto delle funzioni centrali, con contestuale incremento della dotazione organica del Ministero delle infrastrutture e dei trasporti. Con decreto del Ministro delle infrastrutture e dei trasporti, di concerto con il Ministro per la pubblica amministrazione, da adottarsi entro trenta giorni dalla data di entrata in vigore del presente decreto, sono definiti gli specifici requisiti di cui il personale deve essere in possesso. Ai fini dell'espletamento delle procedure concorsuali per l'individuazione del personale di cui al presente comma, effettuate in deroga alle procedure di mobilità di cui all'articolo 30 del decreto legislativo 30 marzo 2001, n. 165, si procede nelle forme del concorso unico di cui all'articolo 4, comma 3-quinquies, del decreto-legge 31 agosto 2013, n. 101, convertito, con modificazioni, dalla legge 30 ottobre 2013, n. 125 e all'articolo 35 del citato decreto legislativo n. 165 del 2001, mediante richiesta alla Presidenza del Consiglio dei ministri, Dipartimento della funzione pubblica, che provvede al loro svolgimento secondo le modalità previste dal decreto di cui all'articolo 1, comma 300, della legge 30 dicembre 2018, n. 145. Per le procedure concorsuali bandite anteriormente all'entrata in vigore del decreto di cui al precedente periodo, la Presidenza del Consiglio dei ministri, Dipartimento della funzione pubblica, provvede al loro svolgimento con modalità semplificate, anche in deroga alla disciplina prevista dal decreto del Presidente della Repubblica 9 maggio 1994, n. 487, per quanto concerne in particolare [4]:

a) la nomina e la composizione della commissione d'esame, prevedendo la costituzione di sottocommissioni anche per le prove scritte e stabilendo che a ciascuna delle sottocommissioni non può essere assegnato un numero di candidati inferiore a duecentocinquanta;

b) la tipologia e le modalità di svolgimento delle prove di esame, prevedendo:

1) la facoltà di far precedere le prove di esame da una prova preselettiva, qualora le domande di partecipazione al concorso siano in numero superiore a due volte il numero dei posti banditi;

2) la possibilità di svolgere prove preselettive consistenti nella risoluzione di quesiti a risposta multipla, gestite con l'ausilio di enti o istituti specializzati pubblici e privati e con possibilità di predisposizione dei quesiti da parte degli stessi. Agli oneri per le assunzioni di cui al presente articolo, pari a euro 325.000 per l'anno 2019 e pari a euro 3.891.000 a decorrere dall'anno 2020, si provvede ai sensi dell'articolo 50.

1-bis. Al fine di garantire il rapido completamento delle opere pubbliche e di tutelare i lavoratori, è istituito nello stato di previsione del Ministero delle infrastrutture e dei trasporti un fondo denominato "Fondo salva-opere". Il Fondo è alimentato dal versamento di un contributo pari allo 0,5 per cento del valore del ribasso offerto dall'aggiudicatario delle gare di appalti pubblici di lavori, nel caso di importo a base d'appalto pari o superiore a euro 200.000, e di servizi e forniture, nel caso di importo a base d'appalto pari o superiore a euro 100.000. Il predetto contributo rientra tra gli importi a disposizione della stazione appaltante nel quadro economico predisposto dalla stessa al termine di aggiudicazione definitiva. Le risorse del Fondo sono destinate a soddisfare, nella misura massima del 70 per cento, i crediti insoddisfatti dei sub-appaltatori, dei sub-affidatari e dei sub-fornitori nei confronti dell'appaltatore ovvero, nel caso di affidamento a contraente generale, dei suoi affidatari , sub-fornitori, sub-appaltatori, sub-affidatari, quando questi sono assoggettati a procedura concorsuale, nei limiti della dotazione del Fondo. Le amministrazioni aggiudicatrici o il contraente generale, entro trenta giorni dalla data dell'aggiudicazione definitiva, provvedono al versamento del contributo all'entrata del bilancio dello Stato per la successiva riassegnazione al Fondo. Le somme non impegnate in ciascun esercizio finanziario possono esserlo in quello successivo [5].

1-ter. I sub-appaltatori, i sub-affidatari e i sub-fornitori, al fine di ottenere il pagamento da parte del Fondo salva-opere dei crediti maturati prima della data di apertura della procedura concorsuale e alla stessa data insoddisfatti, devono trasmettere all'amministrazione aggiudicatrice ovvero al contraente generale la documentazione comprovante l'esistenza del credito e il suo ammontare. L'amministrazione aggiudicatrice ovvero il contraente generale, svolte le opportune verifiche, certifica l'esistenza e l'ammontare del credito. Tale certificazione è trasmessa al Ministero delle infrastrutture e dei trasporti, costituisce prova del credito nei confronti del Fondo ed è inopponibile alla massa dei creditori concorsuali. Il Ministero delle infrastrutture e dei trasporti, accertata la sussistenza delle condizioni per il pagamento dei crediti, provvede all'erogazione delle risorse del Fondo in favore dei soggetti di cui al comma 1-bis. Il Ministero delle infrastrutture e dei trasporti è surrogato nei diritti dei beneficiari del fondo verso l'appaltatore, il contraente generale o l'affidatario del contraente generale e, in deroga a quanto previsto dall'articolo 1205 del codice civile, è preferito al sub-appaltatore, al sub-affidatario o al sub-fornitore nei riparti ai creditori effettuati nel corso della procedura concorsuale, fino all'integrale recupero della somma pagata. L'eventuale pendenza di controversie giurisdizionali in merito ai crediti dei beneficiari del Fondo verso l'appaltatore, il contraente generale o l'affidatario del contraente generale non è ostativa all'erogazione delle risorse del Fondo da parte del Ministero delle infrastrutture e dei trasporti. Prima dell'erogazione delle risorse il Ministero delle infrastrutture e dei trasporti verifica la sussistenza delle condizioni di regolarità contributiva del richiedente attraverso il documento unico di regolarità contributiva, in mancanza delle stesse, dispone direttamente il pagamento delle somme dovute, entro i limiti della capienza del Fondo salva-opere e del credito certificato del richiedente stesso, in favore degli enti previdenziali, assicurativi, compresa la cassa edile, ai sensi del combinato disposto dell'articolo 31, commi 3 e 8-bis, del decreto-legge 21 giugno 2013, n. 69, convertito, con modificazioni, dalla legge 9 agosto 2013, n. 98. Prima dell'erogazione delle risorse il Ministero delle infrastrutture e dei trasporti effettua la verifica di cui all'articolo 48-bis, comma 1, del decreto del Presidente della Repubblica 29 settembre 1973, n. 602 e, nell'ipotesi di inadempienze, provvede direttamente al pagamento in conformità alle disposizioni del periodo precedente. Resta impregiudicata la possibilità per il beneficiario di accedere alle risorse del Fondo ove abbia ottenuto, rispetto ai debiti contributivi e fiscali, una dilazione o rateizzazione del pagamento ovvero abbia aderito a procedure di definizione agevolata previste dalla legislazione vigente. Resta altresì impregiudicata la prosecuzione di eventuali azioni giudiziarie nei confronti dell'erario, di enti previdenziali e assicurativi[6].

1-quater Ferma restando l'operatività della norma con riferimento alle gare effettuate dalla data di entrata in vigore della legge di conversione del presente decreto, con decreto del Ministro delle infrastrutture e dei trasporti, di concerto con il Ministro dell'economia e delle finanze, da adottare entro trenta giorni dalla predetta data di entrata in vigore, sono individuati i criteri di assegnazione delle risorse e le modalità operative del Fondo salva-opere. Il Ministero delle infrastrutture e della mobilità sostenibili può svolgere l'istruttoria delle domande nonché tutte le attività conseguenti alla surroga prevista dal comma 1-ter, anche avvalendosi, sulla base di apposite convenzioni, di società o enti in possesso dei necessari requisiti tecnici, organizzativi e di terzietà, scelti mediante gara ovvero individuati ai sensi dell'articolo 19, comma 5, del decreto-legge 1° luglio 2009, n. 78, convertito, con modificazioni, dalla legge 3 agosto 2009, n. 102. Gli eventuali oneri derivanti dalle convenzioni sono posti a carico del Fondo[7].

1-quinquies. Per i crediti insoddisfatti alla data di entrata in vigore della legge di conversione del presente decreto, in relazione a procedure concorsuali aperte dalla data del 1° gennaio 2018 fino alla predetta data di entrata in vigore, ferma restando l'applicabilità del meccanismo generale di cui al comma 1-bis, sono appositamente stanziati sul Fondo salva-opere 12 milioni di euro per l'anno 2019 e 33,5 milioni di euro per l'anno 2020. Il Ministero delle infrastrutture e dei trasporti provvede all'erogazione delle risorse del Fondo, anche per i crediti di cui al presente comma, secondo le procedure e le modalità previste dai commi da 1-bis a 1-quater, nei limiti delle risorse del Fondo[8].

1-sexies. Le disposizioni dei commi da 1-bis a 1-quinquies non si applicano alle gare aggiudicate dai comuni, dalle città metropolitane, dalle province, anche autonome, e dalle regioni [9].

1-septies. All'onere di cui al comma 1-quinquies, pari a 12 milioni di euro per l'anno 2019 e a 33,5 milioni di euro per l'anno 2020, si provvede:

a) quanto a 2 milioni di euro per l'anno 2019 e a 3,5 milioni di euro per l'anno 2020, mediante corrispondente riduzione del Fondo di parte corrente di cui al comma 5 dell'articolo 34-ter della legge 31 dicembre 2009, n. 196, iscritto nello stato di previsione del Ministero delle infrastrutture e dei trasporti;

b) quanto a 10 milioni di euro per l'anno 2019 e a 30 milioni di euro per l'anno 2020, mediante corrispondente utilizzo dell'autorizzazione di spesa recata dall'articolo 1, comma 95, della legge 30 dicembre 2018, n. 145, da imputare sulla quota parte del fondo attribuita al Ministero delle infrastrutture e dei trasporti [10].

(1) Rubrica modificata dall'articolo 1, comma 1, della Legge 28 giugno 2019, n. 58, in sede di conversione.
(2) A norma dell'articolo 201, comma 1, del D.L. 19 maggio 2020, n. 34, convertito con modificazioni dalla Legge 17 luglio 2020, n. 77, il Fondo salva-opere di cui al presente articolo, è incrementato di ulteriori 40 milioni di euro per l'anno 2020.
(3) A norma dell'articolo 1, comma 815, della Legge 30 dicembre 2021, n. 234, il Fondo salva-opere di cui al presente articolo, è incrementato ulteriormente di 1 milione di euro per l'anno 2022.
(4) Alinea modificato dall'articolo 1, comma 1, della Legge 28 giugno 2019, n. 58, in sede di conversione.
(5) Comma aggiunto dall'articolo 1, comma 1, della Legge 28 giugno 2019, n. 58, in sede di conversione e successivamente modificato dall'articolo 15, comma 1, lettera a), del D.L. 3 settembre 2019, n. 101, convertito con modificazioni dalla Legge 2 novembre 2019, n. 128.
(6) Comma aggiunto dall'articolo 1, comma 1, della Legge 28 giugno 2019, n. 58, in sede di conversione e successivamente modificato dall'articolo 15, comma 1, lettere b) e c), del D.L. 3 settembre 2019, n. 101, convertito con modificazioni dalla Legge 2 novembre 2019, n. 128.
(7) Comma aggiunto dall'articolo 1, comma 1, della Legge 28 giugno 2019, n. 58, in sede di conversione e successivamente modificato dall'articolo 30-quater, comma 1, del D.L. 22 marzo 2021, n. 41, convertito con modificazioni dalla Legge 21 maggio 2021, n. 69.
(8) Comma aggiunto dall'articolo 1, comma 1, della Legge 28 giugno 2019, n. 58, in sede di conversione e successivamente modificato dall'articolo 15, comma 1, lettera c-bis), del D.L. 3 settembre 2019, n. 101, convertito con modificazioni dalla Legge 2 novembre 2019, n. 128.
(9) Comma aggiunto dall'articolo 1, comma 1, della Legge 28 giugno 2019, n. 58, in sede di conversione.
(10) Comma aggiunto dall'articolo 1, comma 1, della Legge 28 giugno 2019, n. 58, in sede di conversione.

Omissis.

49. Credito d'imposta per la partecipazione di PMI a fiere internazionali. – 1. Al fine di migliorare il livello e la qualità di internazionalizzazione delle PMI italiane, alle imprese esistenti alla data del 1° gennaio 2019 è riconosciuto, per i periodi d'imposta 2019 e 2020, un credito d'imposta nella misura del 30 per cento delle spese di cui al comma 2 fino ad un massimo di 60.000 euro. Il credito d'imposta è riconosciuto fino all'esaurimento dell'importo massimo di 10 milioni di euro per l'anno 2020 e di 5 milioni di euro per l'anno 2021 [1].

2. Il credito d'imposta di cui al comma 1 è riconosciuto per le spese di partecipazione a manifestazioni fieristiche internazionali di settore che si svolgono in Italia o all'estero, relativamente alle spese per l'affitto degli spazi espositivi; per l'allestimento dei medesimi spazi; per le attività pubblicitarie, di promozione e di comunicazione, connesse alla partecipazione [2].

3. Il credito d'imposta è riconosciuto nel rispetto delle condizioni e dei limiti di cui al regolamento (UE) n. 1407/2013 della Commissione, del 18 dicembre 2013, relativo all'applicazione degli articoli 107 e 108 del Trattato sul funzionamento dell'Unione europea agli aiuti de minimis, al regolamento (UE) n. 1408/2013 della Commissione, del 18 dicembre 2013, relativo all'applicazione degli articoli 107 e 108 del Trattato sul funzionamento dell'Unione europea agli aiuti de minimis nel settore agricolo e al regolamento (UE) n. 717/2014 della commissione, del 27 giugno 2014, relativo all'applicazione degli articoli 107 e 108 del Trattato sul funzionamento dell'Unione europea agli aiuti de minimis nel settore della pesca e dell'acquacoltura. Il credito d'imposta [è ripartito in tre quote annuali di pari importo ed] è utilizzabile, esclusivamente in compensazione, ai sensi dell'articolo 17 del decreto legislativo 9 luglio 1997, n. 241[3].

4. Con decreto del Ministro dello sviluppo economico, di concerto con il Ministro dell'economia e delle finanze, da adottare entro sessanta giorni dalla data di entrata in vigore del presente decreto, sono stabilite le disposizioni applicative del presente articolo, con riferimento, in particolare, a:

a) le tipologie di spese ammesse al beneficio, nell'ambito di quelle di cui al comma 2;

b) le procedure per l'ammissione al beneficio, che avviene secondo l'ordine cronologico di presentazione delle relative domande, nel rispetto dei limiti di cui al comma 1;

c) l'elenco delle manifestazioni fieristiche internazionali di settore , che si svolgono in Italia o all'estero, per cui è ammesso il credito di imposta[4] ;

d) le procedure di recupero nei casi di utilizzo illegittimo dei crediti d'imposta, secondo quanto stabilito dall'articolo 1, comma 6, del decreto-legge 25 marzo 2010, n. 40, convertito, con modificazioni, dalla legge 22 maggio 2010, n. 73 [5].

5. Qualora l'Agenzia delle entrate accerti, nell'ambito dell'ordinaria attività di controllo, l'eventuale indebita fruizione, totale o parziale, del credito d'imposta, la stessa ne dà comunicazione al Ministero dello sviluppo economico che, ai sensi dell'articolo 1, comma 6, del citato decreto-legge n. 40 del 2010, provvede al recupero del relativo importo, maggiorato di interessi e sanzioni secondo legge.

6. All'onere di cui al comma 1, pari a 5 milioni di euro per l'anno 2020, si provvede ai sensi dell'articolo 50[6].

(1) Comma modificato dall'articolo 1, comma 1, della Legge 28 giugno 2019, n. 58, in sede di conversione e successivamente sostituito dall'articolo 1, comma 300, della Legge 27 dicembre 2019, n. 160.
(2) Comma modificato dall'articolo 1, comma 1, della Legge 28 giugno 2019, n. 58, in sede di conversione.
(3) Comma modificato dall'articolo 1, comma 1, della Legge 28 giugno 2019, n. 58, in sede di conversione.
(4) Lettera modificata dall'articolo 1, comma 1, della Legge 28 giugno 2019, n. 58, in sede di conversione.
(5) Lettera modificata dall'articolo 1, comma 1, della Legge 28 giugno 2019, n. 58, in sede di conversione.
(6) In riferimento alle disposizioni di cui al presente articolo, vedi l'articolo 12-bis, del D.L. 8 aprile 2020, n. 23, convertito, con modificazioni, dalla Legge 5 giugno 2020, n. 40.

Omissis.

5. D.L. 26 ottobre 2019, n. 124

Decreto convertito, con modificazioni dalla Legge 19 dicembre 2019, n. 157. - Disposizioni urgenti in materia fiscale e per esigenze indifferibili. (DECRETO FISCALE)(Estratto: artt. 5, 7, 10-12, 13 *bis*, 16 *bis*, 17, 24 , 25, 27, 32 *quater*).
(in Gazz. Uff., 26 ottobre 2019, n. 252)

5. Contrasto alle frodi in materia di accisa. – 1. Al testo unico delle disposizioni legislative concernenti le imposte sulla produzione e sui consumi e relative sanzioni penali e amministrative, di cui al decreto legislativo 26 ottobre 1995, n. 504, sono apportate le seguenti modificazioni:

a) all'articolo 6:

1) al comma 6, è aggiunto, in fine, il seguente periodo: "La trasmissione della predetta nota è effettuata entro le 24 ore decorrenti dal momento in cui i prodotti sono presi in consegna dal destinatario.";

2) dopo il comma 6, è inserito il seguente: "6-bis. Per i trasferimenti, mediante automezzi, dei prodotti di cui al comma 6, la presa in consegna di cui al medesimo comma 6 si verifica con lo scarico effettivo degli stessi prodotti dal mezzo di trasporto e con l'iscrizione nella contabilità del destinatario, da effettuarsi entro il medesimo giorno in cui hanno termine le operazioni di scarico, dei dati accertati relativi alla qualità e quantità dei prodotti scaricati.";

b) nell'articolo 8:

1) dopo il comma 1, è inserito il seguente: "1-bis. Fatto salvo quanto previsto dai commi 5 e 7 in materia di tabacchi lavorati, l'autorizzazione di cui al comma 1 è negata e l'istruttoria per il relativo rilascio è sospesa allorché ricorrano, nei confronti del soggetto che intende operare come destinatario registrato, rispettivamente le condizioni di cui ai commi 6 e 7 dell'articolo 23; per la sospensione e la revoca della predetta autorizzazione trovano applicazione rispettivamente le disposizioni di cui ai commi 8 e 9 del medesimo articolo 23. Nel caso di persone giuridiche e di società, l'autorizzazione è negata, revocata o sospesa, ovvero il procedimento per il rilascio della stessa è sospeso, allorché le situazioni di cui ai commi da 6 a 9 del medesimo articolo 23 ricorrano, alle condizioni ivi previste, con riferimento a persone che ne rivestono funzioni di rappresentanza, di amministrazione o di direzione, nonché a persone che ne esercitano, anche di fatto, la gestione e il controllo.";

2) al comma 3:

2.1) nella lettera b), le parole: "di cui al comma 2", sono sostituite dalle seguenti: "di cui al comma 2 e fatto salvo quanto previsto dall'articolo 6, comma 6-bis";

2.2) la lettera c) è sostituita dalla seguente: "c) sottoporsi a qualsiasi controllo o accertamento anche intesi a verificare l'effettivo ricevimento dei prodotti di cui alla lettera a) che, qualora allo stato sfuso, sono travasati nei serbatoi, riservati ai prodotti ricevuti in regime sospensivo, del deposito di cui al comma 1 nonché a riscontrare l'avvenuto pagamento dell'accisa.";

c) all'articolo 25:

1) al comma 2:

1.1) nella lettera a), le parole "25 metri cubi" sono sostituite dalle seguenti: "10 metri cubi";

1.2) nella lettera c), le parole "10 metri cubi" sono sostituite dalle seguenti: "5 metri cubi";

2) al comma 4 è aggiunto, in fine, il seguente periodo: "Gli esercenti depositi di cui al comma 2, lettera a), aventi capacità superiore a 10 metri cubi e non superiore a 25 metri cubi nonché gli esercenti impianti di cui al comma 2, lettera c), collegati a serbatoi la cui capacità globale risulti superiore a 5 metri cubi e non superiore a 10 metri cubi tengono il registro di carico e scarico con modalità semplificate da stabilire con determinazione del direttore dell'Agenzia delle dogane e dei monopoli.";

3) dopo il comma 6, è inserito il seguente: "6-bis. La licenza di cui al comma 4 è negata al soggetto nei cui confronti, nel quinquennio antecedente la richiesta, sia stata pronunciata sentenza irrevocabile di condanna, ai sensi dell'articolo 648 del codice di procedura penale, ovvero sentenza definitiva di applicazione della pena su richiesta, ai sensi dell'articolo 444 del codice di procedura penale, per violazioni costituenti delitti, in materia di accisa, punibili con la reclusione non inferiore nel minimo ad un anno; l'istruttoria per il rilascio della predetta licenza è sospesa fino al passaggio in giudicato della sentenza conclusiva del procedimento penale, qualora nei confronti del soggetto istante sia stato emesso, ai sensi dell'articolo 424 del codice di procedura penale, decreto che dispone il giudizio per una delle violazioni di cui al presente comma.";

4) al comma 7, le parole "nonché l'esclusione dal rilascio di altra licenza per un periodo di 5 anni", sono soppresse;

5) al comma 9, le parole "anche a mezzo fax", sono sostituite dalle seguenti: "unicamente attraverso modalità telematiche";

d) all'articolo 28, dopo il comma 7, è aggiunto il seguente:

"7-bis. Per gli impianti disciplinati dal presente articolo si applicano le disposizioni di cui all'articolo 23, commi 6, 7, 8, 9, 10, e 11.".

2. La determinazione del direttore dell'Agenzia delle dogane e dei monopoli di cui all'articolo 25, comma 4, del testo unico delle disposizioni legislative concernenti le imposte sulla produzione e sui consumi e relative sanzioni penali e amministrative, di cui al decreto legislativo 26 ottobre 1995, n. 504, è adottata entro sessanta giorni dalla data di entrata in vigore del presente decreto. Le disposizioni di cui al comma 1, lettera c), numeri 1) e 2), hanno efficacia a decorrere dal 1° gennaio 2021 (1).

3. Le disposizioni di cui al comma 1, lettera a), numero 1), hanno efficacia a decorrere dal 1° novembre 2019. Le disposizioni di cui al comma 1, lettera b), numero 1), al comma 1, lettera c), numero 5), e al comma 1, lettera d) del presente articolo hanno efficacia a decorrere dal 1° gennaio 2020 (2).

4. All'articolo 44 del testo unico delle disposizioni legislative concernenti le imposte sulla produzione e sui consumi e relative sanzioni penali e amministrative, approvato con decreto legislativo 26 ottobre 1995, n. 504, dopo il comma 1 sono aggiunti i seguenti:

"1-bis. Nel caso di condanna o di applicazione della pena su richiesta delle parti a norma dell'articolo 444 del codice di procedura penale per uno dei delitti previsti dal presente

Capo, è sempre ordinata la confisca dei beni che ne costituiscono il profitto o il prezzo, salvo che appartengano a persona estranea al reato, ovvero, quando essa non è possibile, la confisca di beni, di cui il reo ha la disponibilità, per un valore corrispondente a tale prezzo o profitto.

1-ter. La confisca di cui al comma 1-bis non opera per la parte che il contribuente si impegna a versare all'erario anche in presenza di sequestro. In caso di mancato versamento, previa diffida al contribuente inadempiente, la confisca è sempre disposta.".

(1) Comma modificato dall'articolo 1, comma 1, della Legge 19 dicembre 2019, n. 157, in sede di conversione, successivamente dall'articolo 92, comma 4-sexies, del D.L. 17 marzo 2020, n. 18, convertito con modificazioni dalla Legge 24 aprile 2020, n. 27 e da ultimo, dall'articolo 130, comma 1, lettera a), del D.L. 19 maggio 2020, n. 34, convertito, con modificazioni, dalla Legge 17 luglio 2020, n. 77.

(2) Comma modificato dall'articolo 1, comma 1, della Legge 19 dicembre 2019, n. 157, in sede di conversione.

7. Contrasto alle frodi nel settore degli idrocarburi e di altri prodotti. – 1. Al fine di contrastare il mancato pagamento dell'accisa sui carburanti per autotrazione e sui combustibili per riscaldamento e tutelare la salute pubblica contrastando l'utilizzo fraudolento di taluni idrocarburi e altri prodotti nei predetti impieghi, al testo unico delle disposizioni legislative concernenti le imposte sulla produzione e sui consumi e relative sanzioni amministrative e penali, approvato con il decreto legislativo 26 ottobre 1995, n. 504, sono apportate le seguenti modificazioni:

a) dopo l'articolo 7, è inserito il seguente:

"Art. 7-bis (Disposizioni particolari per la circolazione degli oli lubrificanti e di altri specifici prodotti). - 1. Fatto salvo quanto previsto, in materia di circolazione, dalle disposizioni doganali e dall'articolo 6, comma 5, gli oli lubrificanti di cui ai codici NC da 2710 19 81 a 2710 19 99 circolano nel territorio nazionale, nella fase antecedente all'immissione in consumo, con la scorta di un Codice amministrativo di riscontro, relativo a ciascun trasferimento dei suddetti prodotti, emesso dal sistema informatizzato dell' Agenzia delle dogane e dei monopoli e annotato sulla prescritta documentazione di trasporto.

2. Il codice di cui al comma 1 è richiesto telematicamente all'Agenzia delle dogane e dei monopoli non prima delle 48 ore precedenti all'introduzione dei prodotti nel territorio nazionale e comunque almeno 12 ore prima dell'introduzione stessa:

a) per i prodotti di cui al presente articolo, provenienti da un altro Stato membro dell'Unione europea e destinati ad essere immessi in consumo nel territorio nazionale, dal soggetto che ne effettua la prima immissione in consumo;

b) per i prodotti di cui al presente articolo, provenienti da un altro Stato membro dell'Unione europea e che non siano destinati ad essere immessi in consumo nel territorio nazionale, dal mittente dei prodotti stessi.

3. Nella richiesta di cui al comma 2 sono riportati, in particolare, i dati identificativi del mittente e del destinatario dei prodotti, i quantitativi e i codici di nomenclatura combinata dei medesimi, il luogo in cui i prodotti saranno introdotti nel territorio nazionale, la targa del veicolo e degli eventuali rimorchi utilizzati per il loro trasferimento, l'itinerario che il veicolo seguirà nel territorio nazionale, nonché, per la fattispecie di cui al comma 2, lettera b), il luogo in cui i prodotti lasceranno il medesimo territorio e l'Ufficio delle dogane di uscita.

4. Il codice di cui al comma 1, emesso dal sistema informatizzato dell'Agenzia delle dogane e dei monopoli, è annotato, prima che la circolazione dei prodotti nel territorio nazionale abbia inizio, sulla prevista documentazione di trasporto che scorta i prodotti. A tal fine il soggetto nazionale di cui al comma 2, lettera a), comunica il medesimo codice al mittente dei prodotti.

5. La circolazione nel territorio nazionale dei prodotti di cui al presente articolo si intende regolarmente conclusa con la comunicazione telematica all'Agenzia delle dogane e dei monopoli, dell'avvenuta presa in carico dei prodotti, che il soggetto di cui al comma 2, lettera a) invia entro le 24 ore successive alla medesima presa in carico presso il proprio deposito; per la fattispecie di cui al comma 2, lettera b), la circolazione nel territorio nazionale dei prodotti di cui al presente articolo si intende regolarmente conclusa con la validazione del codice di cui al comma 1 da parte dell'Ufficio delle dogane di uscita, di cui al comma 3.

6. Con decreto del Ministro dell'economia e delle finanze sono stabilite le modalità di attuazione delle disposizioni di cui al presente articolo, con particolare riguardo alla disciplina dei casi di indisponibilità o malfunzionamento del sistema informatizzato dell'Agenzia delle dogane e dei monopoli e all'individuazione degli ulteriori elementi da riportare nella richiesta di cui al comma 2.

7. Le disposizioni di cui al presente articolo trovano applicazione anche per le preparazioni lubrificanti rientranti nel codice NC 3403, qualora le stesse siano trasportate sfuse o in contenitori di capacità superiore a 20 litri." (1) ;

b) all'articolo 40, comma 3, è aggiunto in fine il seguente periodo: "Salvo che venga fornita prova contraria, si configura altresì come tentativo di sottrazione del prodotto all'accertamento, la circolazione dei prodotti di cui all'articolo 7-bis che avvenga in assenza della preventiva emissione del Codice di riscontro amministrativo di cui al medesimo articolo 7-bis; ugualmente si considera tentativo di sottrazione del prodotto all'accertamento, la predetta circolazione che avvenga sulla base dei dati di cui al comma 3 del medesimo articolo 7-bis risultanti non veritieri ovvero che avvenga senza che sia stata eseguita, da parte dell'Ufficio delle dogane di uscita, la validazione del predetto codice a causa della mancata presentazione dei prodotti presso il medesimo Ufficio.".

2. I dati relativi alla circolazione degli oli lubrificanti e di altri specifici prodotti di cui all'articolo 7-bis del testo unico delle disposizioni legislative concernenti le imposte sulla produzione e sui consumi e relative sanzioni amministrative e penali, approvato con decreto legislativo 26 ottobre 1995, n. 504, sono resi accessibili, con modalità da indicare nel decreto di cui all'articolo 7-bis, comma 6, del predetto testo unico, alla Guardia di finanza al fine dello svolgimento dei controlli di competenza.

3. Le disposizioni di cui all'articolo 7-bis del testo unico delle disposizioni legislative concernenti le imposte sulla produzione e sui consumi e relative sanzioni amministrative e penali, approvato con decreto legislativo 26 ottobre 1995, n. 504, trovano applicazione anche per i prodotti, da individuare con decreto del Ministro dell'economia e delle finanze, che, in relazione alle loro caratteristiche, possono essere

destinati all'impiego come carburanti per motori, combustibili per riscaldamento ovvero come lubrificanti.

4. Il decreto di cui all'articolo 7-bis, comma 6, del testo unico delle disposizioni legislative concernenti le imposte sulla produzione e sui consumi e relative sanzioni amministrative e penali, approvato con decreto legislativo 26 ottobre 1995, n. 504, è emanato entro novanta giorni dall'entrata in vigore del presente decreto. Le disposizioni di cui al presente articolo hanno efficacia a decorrere dal 1° ottobre 2020 [2] .

[1] Capoverso modificato dall'articolo 1, comma 1, della Legge 19 dicembre 2019, n. 157, in sede di conversione.
[2] Comma modificato dall'articolo 130, comma 1, lettera b), del D.L. 19 maggio 2020, n. 34, convertito, con modificazioni, dalla Legge 17 luglio 2020, n. 77.

10. Estensione del sistema INFOIL. – 1. Al fine di uniformare le procedure di controllo a quelle già instaurate presso le raffinerie e gli stabilimenti di produzione di prodotti energetici ai sensi dell'articolo 23, comma 14, del decreto legislativo 26 ottobre 1995, n. 504, recante testo unico delle disposizioni legislative concernenti le imposte sulla produzione e sui consumi e relative sanzioni penali e amministrative, gli esercenti depositi fiscali di cui all'articolo 23, commi 3 e 4, del decreto legislativo n. 504 del 1995, di capacità non inferiore a 3.000 metri cubi, si dotano, entro il 31 dicembre 2020, secondo le caratteristiche e le funzionalità fissate dalle disposizioni di attuazione, di un sistema informatizzato per la gestione della detenzione e della movimentazione della benzina e del gasolio usato come carburante. Entro il 31 dicembre 2021, gli esercenti depositi commerciali di cui all'articolo 25, comma 1, del testo unico delle disposizioni legislative concernenti le imposte sulla produzione e sui consumi e relative sanzioni penali e amministrative, di cui al decreto legislativo 26 ottobre 1995, n. 504, di capacità non inferiore a 3.000 metri cubi si dotano del sistema informatizzato di cui al primo periodo. Con determinazione del Direttore dell'Agenzia delle dogane e dei monopoli sono fissati tempi e modalità di esecuzione[1].

[1] Comm modificato dall'articolo 130, comma 1, lettera c), del D.L. 19 maggio 2020, n. 34, convertito, con modificazioni, dalla Legge 17 luglio 2020, n. 77 e successivamente dall'articolo 1, comma 1075, della Legge 30 dicembre 2020, n. 178.

10 *bis*. Estensione del ravvedimento operoso [1]. – 1. Il comma 1-bis dell'articolo 13 del decreto legislativo 18 dicembre 1997, n. 472, è abrogato.

[1] Articolo inserito dall'articolo 1, comma 1, della Legge 19 dicembre 2019, n. 157, in sede di conversione.

11. Introduzione Documento Amministrativo Semplificato telematico. – 1. Con determinazione del Direttore dell'Agenzia delle dogane e dei monopoli da adottare entro sessanta giorni dall'entrata in vigore del presente decreto, sono fissati tempi e modalità per introdurre l'obbligo, entro il 30 settembre 2020, di utilizzo del sistema informatizzato per la presentazione, esclusivamente in forma telematica, del documento di accompagnamento di cui all'articolo 12 del decreto legislativo 26 ottobre 1995, n. 504, recante testo unico delle disposizioni legislative concernenti le imposte sulla produzione e sui consumi e relative sanzioni penali e amministrative. La presente disposizione si applica alla circolazione nel territorio dello Stato della benzina e del gasolio usato come carburante, assoggettati ad accisa [1].[A]

[A] In riferimento all'entrata in vigore dell'obbligo di utilizzo di e-DAS su benzina e gasolio usato come carburante di cui al presente articolo, vedi: Circolare Agenzia delle Dogane 19/09/2020 n. 34/2020.
[1] Comma modificato dall'articolo 130, comma 1, lettera d), del D.L. 19 maggio 2020, n. 34, convertito, con modificazioni, dalla Legge 17 luglio 2020, n. 77.

11 *bis*. Finanziamento degli interventi per la digitalizzazione della logistica portuale. [1] – 1. A decorrere dall'anno 2020, una quota pari a 5 milioni di euro annui delle risorse del fondo per il finanziamento degli interventi di adeguamento dei porti, di cui all'articolo 18-bis, comma 1, della legge 28 gennaio 1994, n. 84, è destinata al finanziamento delle attività strettamente connesse alla digitalizzazione della logistica del Paese con particolare riferimento ai porti, agli interporti, alle ferrovie e all'autotrasporto anche per garantire il raggiungimento degli obiettivi di sostenibilità del sistema di mobilità delle merci, nonché per il completamento degli investimenti, con particolare riferimento ai nodi (porti, interporti e piattaforme logistiche) del Mezzogiorno[2].

2. Il Ministero delle infrastrutture e dei trasporti stipula con il soggetto attuatore di cui all'articolo 61-bis, comma 4, del decreto-legge 24 gennaio 2012, n. 1, convertito, con modificazioni, dalla legge 24 marzo 2012, n. 27, apposito atto convenzionale per disciplinare l'utilizzo delle risorse di cui al presente articolo[3][4].

2-bis. Il Ministero delle infrastrutture e dei trasporti è autorizzato a ridefinire, entro trenta giorni dalla data di entrata in vigore della presente disposizione, il rapporto convenzionale stipulato in attuazione dell'articolo 4-bis del decreto legge 29 dicembre 2016, n. 243, convertito, con modificazioni, dalla legge 27 febbraio 2017, n. 18, con il soggetto attuatore di cui all'articolo 61-bis, comma 4, del decreto-legge 24 gennaio 2012, n. 1, convertito, con modificazioni, dalla legge 24 marzo 2012, n. 27, riconoscendo, nei limiti dell'autorizzazione di spesa recata dal comma 2 del medesimo articolo 4-bis, i soli costi documentati e sostenuti alla data del 31 dicembre 2019. Le risorse, che si rendono disponibili a seguito della ridefinizione del rapporto convenzionale, sono destinate al finanziamento delle attività di cui al comma 1[5].

[1] Articolo inserito dall'articolo 1, comma 1, della Legge 19 dicembre 2019, n. 157, in sede di conversione.
[2] Comma sostituito dall'articolo 48, comma 4, lettera a), del D.L. 16 luglio 2020, n. 76, convertito con modificazioni dalla Legge 11 settembre 2020, n. 120.
[3] Comma modificato dall'articolo 48, comma 4, lettera b), del D.L. 16 luglio 2020, n. 76, convertito con modificazioni dalla Legge 11 settembre 2020, n. 120.
[4] Per la cessione degli effetti delle convenzioni previste dal presente comma vedi l'articolo 30, comma 2, del D.L. 6 novembre 2021, n. 152, convertito con modificazioni dalla Legge 29 dicembre 2021, n. 233.
[5] Comma aggiunto dall'articolo 48, comma 4, lettera c), del D.L. 16 luglio 2020, n. 76, convertito con modificazioni dalla Legge 11 settembre 2020, n. 120.

12. Trasmissione telematica dei quantitativi di energia elettrica e di gas naturale. – 1. Al fine del poten-

VARIE

ziamento degli strumenti per l'identificazione dei fenomeni evasivi nel settore dell'accisa sul gas naturale e sull'energia elettrica, con determinazioni del Direttore dell'Agenzia delle dogane e dei monopoli, da adottare entro il 31 dicembre 2020, sono fissati[1]:

a) tempi e modalità per la presentazione esclusivamente in forma telematica, da parte dei soggetti che effettuano l'attività di vettoriamento nel settore del gas naturale e dell'energia elettrica, dei dati relativi al prodotto trasportato distintamente per ciascuno dei soggetti obbligati di cui all'articolo 26, comma 7, lettera a), e all'articolo 53, comma 1, lettera a) di cui al decreto legislativo 26 ottobre 1995, n. 504, recante testo unico delle disposizioni legislative concernenti le imposte sulla produzione e sui consumi e relative sanzioni penali e amministrative;

b) tempi e modalità con i quali i soggetti obbligati, previsti all'articolo 26, comma 7, lettera a), e all'articolo 53, comma 1, lettera a) del decreto legislativo n. 504 del 1995, trasmettono i dati relativi ai quantitativi di gas naturale ed energia elettrica fatturati, suddivisi per destinazione d'uso.

[1] Alinea modificato dall'articolo 130, comma 1, lettera e), del D.L. 19 maggio 2020, n. 34, convertito, con modificazioni, dalla Legge 17 luglio 2020, n. 77

Omissis.

13 *bis*. Modifiche alla disciplina dei piani di risparmio a lungo termine [1]. – 1. Per i piani di risparmio a lungo termine di cui all'articolo 1, commi da 100 a 114, della legge 11 dicembre 2016, n. 232, con esclusione del comma 112 limitatamente ai piani di cui al comma 2-bis del presente articolo, costituiti a decorrere dal 1° gennaio 2020, si applicano le disposizioni di cui ai commi da 2 a 4 del presente articolo[2].

2. In ciascun anno solare di durata del piano di risparmio a lungo termine, per almeno due terzi dell'anno stesso, le somme o i valori destinati al piano devono essere investiti almeno per il 70 per cento del valore complessivo, direttamente o indirettamente, in strumenti finanziari, anche non negoziati in mercati regolamentati o in sistemi multilaterali di negoziazione, emessi o stipulati con imprese residenti nel territorio dello Stato ai sensi dell'articolo 73 del testo unico delle imposte sui redditi, di cui al decreto del Presidente della Repubblica 22 dicembre 1986, n. 917, o in Stati membri dell'Unione europea o in Stati aderenti all'Accordo sullo Spazio economico europeo con stabile organizzazione nel territorio dello Stato; la predetta quota del 70 per cento deve essere investita almeno per il 25 per cento del valore complessivo in strumenti finanziari di imprese diverse da quelle inserite nell'indice FTSE MIB della Borsa italiana o in indici equivalenti di altri mercati regolamentati e almeno per un ulteriore 5 per cento del valore complessivo in strumenti finanziari di imprese diverse da quelle inserite negli indici FTSE MIB e FTSE Mid Cap della Borsa italiana o in indici equivalenti di altri mercati regolamentati.

2-bis. Per i piani di risparmio a lungo termine che, per almeno i due terzi dell'anno solare di durata del piano, investano almeno il 70% del valore complessivo, direttamente o indirettamente, in strumenti finanziari, anche non negoziati in mercati regolamentati o in sistemi multilaterali di negoziazione, emessi o stipulati con imprese residenti nel territorio dello Stato ai sensi dell'articolo 73 del testo unico delle imposte sui redditi, di cui al decreto del Presidente della Repubblica 22 dicembre 1986, n. 917, o in Stati membri dell'Unione europea o in Stati aderenti all'Accordo sullo Spazio economico europeo con stabile organizzazione nel territorio dello Stato, diverse da quelle inserite negli indici FTSE MIB e FTSE Mid Cap della Borsa italiana o in indici equivalenti di altri mercati regolamentati, in prestiti erogati alle predette imprese nonché in crediti delle medesime imprese, il vincolo di cui all'articolo 1, comma 103, della legge 11 dicembre 2016, n. 232, è elevato al 20%[3].

2-ter. Nel caso di investimenti qualificati di cui all'articolo 1, comma 104, della legge 11 dicembre 2016, n. 232, i vincoli di investimento di cui ai commi 2 e 2-bis:

a) devono essere raggiunti entro la data specificata nel regolamento o nei documenti costitutivi dell'organismo di investimento collettivo del risparmio;

b) cessano di essere applicati quando l'organismo di investimento inizia a vendere le attività, in modo da rimborsare le quote o le azioni degli investitori;

c) sono temporaneamente sospesi quando l'organismo di investimento raccoglie capitale aggiuntivo o riduce il suo capitale esistente, purché tale sospensione non sia superiore a 12 mesi[4].

3. All'articolo 1 della legge 11 dicembre 2016, n. 232, sono apportate le seguenti modificazioni:

a) al comma 88 è aggiunto, in fine, il seguente periodo: "Agli enti di cui al presente comma non si applica il comma 112, primo periodo";

b) al comma 92 è aggiunto, in fine, il seguente periodo: "Agli enti gestori delle forme di previdenza di cui al presente comma non si applica il comma 112, primo periodo".

4. Per quanto non espressamente previsto dalle disposizioni di cui ai commi 1, 2 e 3 del presente articolo si applicano l'articolo 1, commi da 100 a 114, della legge 11 dicembre 2016, n. 232, e l'articolo 1, commi da 211 a 215, della legge 30 dicembre 2018, n. 145, in quanto compatibili.

5. Agli investimenti in piani di risparmio a lungo termine costituiti tra il 1° gennaio 2019 e il 31 dicembre 2019 si applicano l'articolo 1, commi da 100 a 114, della legge 11 dicembre 2016, n. 232, e l'articolo 1, commi da 211 a 215, della legge 30 dicembre 2018, n. 145.

[1] Articolo inserito dall'articolo 1, comma 1, della Legge 19 dicembre 2019, n. 157, in sede di conversione.
[2] Comma modificato dall'articolo 1, comma 27, della Legge 30 dicembre 2021, n. 234.
[3] Comma inserito dall'articolo 136, comma 1, del D.L. 19 maggio 2020, n. 34, convertito, con modificazioni, dalla Legge 17 luglio 2020, n. 77.
[4] Comma inserito dall'articolo 136, comma 1, del D.L. 19 maggio 2020, n. 34, convertito, con modificazioni, dalla Legge 17 luglio 2020, n. 77..

Omissis.

16 *bis*. Ampliamento delle categorie di contribuenti che possono utilizzare il modello 730 e riordino dei termini dell'assistenza fiscale [1]. – 1. Al regolamento di cui al decreto del Ministro delle finanze 31 maggio 1999, n. 164, sono apportate le seguenti modificazioni:

a) all'articolo 13:

1) il comma 1 è sostituito dal seguente:

"1. I possessori dei redditi indicati all'articolo 34, comma 4, del decreto legislativo 9 luglio 1997, n. 241, possono adempiere all'obbligo di dichiarazione dei redditi presentando l'apposita dichiarazione e la scheda ai fini della destinazione del due, del cinque e dell'otto per mille dell'imposta sul reddito delle persone fisiche:

a) entro il 30 settembre dell'anno successivo a quello cui si riferisce la dichiarazione, al proprio sostituto d'imposta, che intende prestare l'assistenza fiscale;

b) entro il 30 settembre dell'anno successivo a quello cui si riferisce la dichiarazione, ad un CAF-dipendenti, unitamente alla documentazione necessaria all'effettuazione delle operazioni di controllo";

2) al comma 2, il primo periodo è sostituito dal seguente: "I contribuenti con contratto di lavoro a tempo determinato, nell'anno di presentazione della dichiarazione, possono adempiere agli obblighi di dichiarazione dei redditi, se il contratto dura almeno dal mese di presentazione della dichiarazione al terzo mese successivo, rivolgendosi al sostituto d'imposta o a un CAF-dipendenti purché siano conosciuti i dati del sostituto d'imposta che dovrà effettuare il conguaglio";

3) il comma 3 è abrogato;

b) all'articolo 16:

1) al comma 1, la lettera d) è sostituita dalla seguente:

"d) conservare le schede relative alle scelte per la destinazione del due, del cinque e dell'otto per mille dell'imposta sul reddito delle persone fisiche fino al 31 dicembre del secondo anno successivo a quello di presentazione";

2) il comma 1-bis è sostituito dal seguente:

"1-bis. I CAF-dipendenti e i professionisti abilitati, fermo restando il termine del 10 novembre per la trasmissione delle dichiarazioni integrative di cui all'articolo 14, concludono le attività di cui al comma 1, lettere a), b) e c), del presente articolo entro:

a) il 15 giugno di ciascun anno, per le dichiarazioni presentate dal contribuente entro il 31 maggio;

b) il 29 giugno di ciascun anno, per le dichiarazioni presentate dal contribuente dal 1° al 20 giugno;

c) il 23 luglio di ciascun anno, per le dichiarazioni presentate dal contribuente dal 21 giugno al 15 luglio;

d) il 15 settembre di ciascun anno, per le dichiarazioni presentate dal contribuente dal 16 luglio al 31 agosto;

e) il 30 settembre di ciascun anno, per le dichiarazioni presentate dal contribuente dal 1° al 30 settembre";

3) al comma 4-bis, lettera b), quarto periodo, le parole: "entro il 7 marzo" sono sostituite dalle seguenti: "entro il 16 marzo";

c) all'articolo 17, comma 1:

1) alla lettera b), le parole: "e comunque entro il 7 luglio" sono soppresse;

2) la lettera c) è sostituita dalla seguente:

"c) trasmettere in via telematica all'Agenzia delle entrate le dichiarazioni elaborate e i relativi prospetti di liquidazione, nonché consegnare, secondo le modalità stabilite con provvedimento del direttore dell'Agenzia delle entrate, le buste contenenti le schede relative alle scelte per la destinazione del due, del cinque e dell'otto per mille dell'imposta sul reddito delle persone fisiche, entro:

1) il 15 giugno di ciascun anno, per le dichiarazioni presentate dal contribuente entro il 31 maggio;

2) il 29 giugno di ciascun anno, per le dichiarazioni presentate dal contribuente dal 1° al 20 giugno;

3) il 23 luglio di ciascun anno, per le dichiarazioni presentate dal contribuente dal 21 giugno al 15 luglio;

4) il 15 settembre di ciascun anno, per le dichiarazioni presentate dal contribuente dal 16 luglio al 31 agosto;

5) il 30 settembre di ciascun anno, per le dichiarazioni presentate dal contribuente dal 1° al 30 settembre";

3) alla lettera c-bis), le parole: "il termine previsto" sono sostituite dalle seguenti: "i termini previsti";

d) all'articolo 19:

1) il comma 1 è sostituito dal seguente:

"1. Le somme risultanti a debito dal prospetto di liquidazione sono trattenute sulla prima retribuzione utile e comunque sulla retribuzione di competenza del mese successivo a quello in cui il sostituto ha ricevuto il predetto prospetto di liquidazione e sono versate nel termine previsto per il versamento delle ritenute di acconto del dichiarante relative alle stesse retribuzioni. Se il sostituto d'imposta riscontra che la retribuzione sulla quale effettuare il conguaglio risulta insufficiente per il pagamento dell'importo complessivamente risultante a debito, trattiene la parte residua dalle retribuzioni corrisposte nei periodi di paga immediatamente successivi dello stesso periodo d'imposta, applicando gli interessi stabiliti per il differimento di pagamento delle imposte sui redditi";

2) al comma 2, le parole: "retribuzione di competenza del mese di luglio" sono sostituite dalle seguenti: "prima retribuzione utile e comunque sulla retribuzione di competenza del mese successivo a quello in cui il sostituto ha ricevuto il prospetto di liquidazione";

3) al comma 4, le parole: "a partire dal mese di agosto o di settembre" sono sostituite dalle seguenti: "a partire dal secondo mese successivo a quello di ricevimento dei dati del prospetto di liquidazione";

4) al comma 6, le parole: "entro il mese di settembre" sono sostituite dalle seguenti: "entro il 10 ottobre".

2. All'articolo 4 del regolamento di cui al decreto del Presidente della Repubblica 22 luglio 1998, n. 322, sono apportate le seguenti modificazioni:

a) al comma 6-quater, le parole: "entro il 31 marzo" sono sostituite dalle seguenti: "entro il 16 marzo";

b) al comma 6-quinquies, le parole: "entro il 7 marzo" sono sostituite dalle seguenti: "entro il 16 marzo";

c) dopo il comma 6-quinquies è aggiunto il seguente:

"6-sexies. L'Agenzia delle entrate, esclusivamente nell'area autenticata del proprio sito internet, rende disponibili agli interessati i dati delle certificazioni pervenute ai sensi del comma 6-quinquies. Gli interessati possono delegare all'accesso anche un soggetto di cui all'articolo 3, comma 3".

3. Al decreto legislativo 21 novembre 2014, n. 175, sono apportate le seguenti modificazioni:

a) all'articolo 1, comma 1, le parole: "entro il 15 aprile" sono sostituite dalle seguenti: "entro il 30 aprile";

b) all'articolo 4, comma 3-bis, le parole: "entro il 23 luglio" sono sostituite dalle seguenti: "entro il 30 settembre".

4. La trasmissione telematica all'Agenzia delle entrate da parte dei soggetti terzi dei dati relativi a oneri e spese sostenuti dai contribuenti nell'anno precedente e alle spese sanitarie rimborsate, di cui all'articolo 78, commi 25 e 25-bis, della legge 30 dicembre 1991, n. 413, nonché dei dati relativi alle spese individuate dai decreti del Ministro dell'economia e delle finanze emanati ai sensi dell'articolo 3, comma 4, del decreto legislativo 21 novembre 2014, n. 175, con scadenza al 28 febbraio, è effettuata entro il termine del 16 marzo (2).

5. Le disposizioni del presente articolo acquistano efficacia a decorrere dal 1° gennaio 2020, ad eccezione di quella di cui al comma 2, lettera c), che acquista efficacia dall'anno 2021 (3).

(1) *Articolo inserito dall'articolo 1, comma 1, della Legge 19 dicembre 2019, n. 157, in sede di conversione.*

VARIE

(2) *A norma dell'articolo 5, comma 21, del D.L. 22 marzo 2021, n. 41, convertito con modificazioni dalla Legge 21 maggio 2021, n. 69, il termine del 16 marzo di cui al presente comma, è prorogato, per l'anno 2021, al 31 marzo.*
(3) *Comma sostituito dall'articolo 61-bis, comma 1, del D.L. 17 marzo 2020, n. 18, convertito, con modificazioni, dalla Legge 24 aprile 2020, n. 27. Precedentemente il presente comma era stato modificato dall'articolo 1, comma 1, del D.L. 2 marzo 2020, n. 9, in seguito abrogato dall'articolo 1, comma 2, della Legge 24 aprile 2020, n. 27 ed inoltre, a norma del Comunicato 2 maggio 2020 (in Gazz. Uff., 2 maggio 2020, n. 112), il presente decreto non è stato convertito in legge. Restano validi gli atti ed i provvedimenti adottati e sono fatti salvi gli effetti prodottisi e i rapporti giuridici sorti sulla base del medesimo decreto.*

17. Imposta di bollo sulle fatture elettroniche. – 1. All'articolo 12-novies del decreto-legge 30 aprile 2019, n. 34, convertito, con modificazioni, dalla legge 28 giugno 2019, n. 58, sono apportate le seguenti modificazioni:

a) il terzo periodo è sostituito dal seguente: "In caso di ritardato, omesso o insufficiente versamento, l'Agenzia delle entrate comunica al contribuente con modalità telematiche l'ammontare dell'imposta, della sanzione amministrativa dovuta ai sensi dell'articolo 13, comma 1, del decreto legislativo 18 dicembre 1997, n. 471, ridotta ad un terzo, nonché degli interessi dovuti fino all'ultimo giorno del mese antecedente a quello dell'elaborazione della comunicazione; se il contribuente non provvede al pagamento, in tutto o in parte, delle somme dovute entro trenta giorni dal ricevimento della comunicazione, il competente ufficio dell'Agenzia delle entrate procede all'iscrizione a ruolo a titolo definitivo.";

b) al quarto periodo: le parole "di cui al primo periodo, salvo quanto previsto dal terzo comma" sono sostituite dalle seguenti: "di cui al presente articolo".

1-bis. Al fine di semplificare e ridurre gli adempimenti dei contribuenti, il pagamento dell'imposta di bollo può essere effettuato, senza applicazione di interessi e sanzioni:

a) per il primo trimestre, nei termini previsti per il versamento dell'imposta relativa al secondo trimestre solare dell'anno di riferimento, qualora l'ammontare dell'imposta da versare per le fatture elettroniche emesse nel primo trimestre solare dell'anno sia inferiore a 5.000 euro(1);

b) per il primo e secondo trimestre, nei termini previsti per il versamento dell'imposta relativa al terzo trimestre solare dell'anno di riferimento, qualora l'ammontare dell'imposta da versare per le fatture elettroniche emesse nel primo e secondo trimestre solare dell'anno sia inferiore complessivamente a 5.000 euro(2)(3).

(1) *Lettera modificata dall'articolo 3, comma 4, del D.L. 21 giugno 2022, n. 73, convertito, con modificazioni, dalla Legge 4 agosto 2022, n. 122, con applicazione alle fatture elettroniche emesse a decorrere dal 1° gennaio 2023.*
(2) *Lettera modificata dall'articolo 3, comma 4, del D.L. 21 giugno 2022, n. 73, convertito, con modificazioni, dalla Legge 4 agosto 2022, n. 122, con applicazione alle fatture elettroniche emesse a decorrere dal 1° gennaio 2023.*
(3) *Comma aggiunto dall'articolo 1, comma 1, della Legge 19 dicembre 2019, n. 157, in sede di conversione e successivamente sostituito dall'articolo 26, comma 1 del D.L. 8 aprile 2020, n. 23, convertito, con modificazioni, dalla Legge 5 giugno 2020, n.40.*

Omissis.

24. Proroga gare scommesse e Bingo. (1) – 1. Al fine di adeguare i bandi di gara, prevedendo le più ampie misure preventive e di contrasto dell'infiltrazione mafiosa, in particolare in relazione alla composizione azionaria delle società concorrenti e al rafforzamento della responsabilità in vigilando e in eligendo da parte dei concessionari nelle filiere di riferimento, all'articolo 1, comma 1048, della legge 27 dicembre 2017, n. 205, le parole "da indire entro il 30 settembre 2018" sono sostituite dalle parole "da indire entro il 30 giugno 2020", le parole "e, comunque, non oltre il 31 dicembre 2019" sono sostituite dalle parole "e, comunque, non oltre il 31 dicembre 2020", le parole "euro 6.000" sono sostituite dalle seguenti: "euro 7.500" e le parole "euro 3.500" sono sostituite dalle seguenti: "euro 4.500"(2).

2. All'articolo 1, comma 636, della legge 27 dicembre 2013, n. 147, le parole "anni dal 2013 al 2019" sono sostituite dalle seguenti: "anni dal 2013 al 2020" e le parole "entro il 30 settembre 2018" sono sostituite dalle seguenti: "entro il 30 settembre 2020".

(1) *A norma dell'articolo 69, comma 3, del D.L. 17 marzo 2020, n. 18, convertito, con modificazioni, dalla Legge 24 aprile 2020, n. 27, i termini di cui al presente articolo, sono prorogati di 6 mesi.*
(2) *Comma modificato dall'articolo 1, comma 1, della Legge 19 dicembre 2019, n. 157, in sede di conversione.*

25. Termine per la sostituzione degli apparecchi da gioco (1). – 1. Fermo restando quanto previsto dall'articolo 1, comma 1098, della legge 30 dicembre 2018, n. 145, all'articolo 1, comma 943, della legge 28 dicembre 2015, n. 208, come modificato dal citato comma 1098, le parole "dopo il 31 dicembre 2019" sono sostituite dalle seguenti: "decorsi nove mesi dalla data di pubblicazione del decreto del Ministro dell'economia e delle finanze di cui all'articolo 1, comma 569, lettera b), della legge 30 dicembre 2018, n. 145" e le parole "entro il 31 dicembre 2020" sono sostituite dalle seguenti: "entro i successivi dodici mesi".

(1) *A norma dell'articolo 69, comma 3, del D.L. 17 marzo 2020, n. 18, convertito, con modificazioni, dalla Legge 24 aprile 2020, n. 27, i termini di cui al presente articolo, sono prorogati di 6 mesi.*

26. Prelievo erariale unico sugli apparecchi da intrattenimento (1). – [1. A decorrere dal 10 febbraio 2020, la misura del prelievo erariale unico sugli apparecchi di cui all'articolo 110, comma 6, lettera a) e lettera b), del testo unico delle leggi di pubblica sicurezza di cui al regio decreto 18 giugno 1931, n. 773, è fissata, rispettivamente, nel 23 per cento e nel 9 per cento. Le aliquote previste dal presente articolo sostituiscono quelle previste dall'articolo 9, comma 6, del decreto-legge 12 luglio 2018, n. 87, convertito, con modificazioni, dalla legge 9 agosto 2018, n. 96, come modificate dall'articolo 1, comma 1051, della legge 30 dicembre 2018, n. 145 e dall'articolo 27, comma 2, del decreto-legge 28 gennaio 2019, n. 4, convertito, con modificazioni, dalla legge 28 marzo 2019, n. 26. Le aliquote vigenti rispettivamente del 21,6 per cento e del 7,9 per cento si applicano fino al 9 febbraio 2020.]

(1) *Articolo abrogato dall'articolo 1, comma 735 della Legge 27 dicembre 2019, n. 160.*

27. Registro unico degli operatori del gioco pubblico (1) – 1. Al fine di contrastare le infiltrazioni della criminalità organizzata nel settore dei giochi e la diffusione del gioco illegale, nonché di perseguire un razionale assetto sul territorio dell'offerta di gioco pubblico, presso l'Agenzia delle dogane e dei monopoli è istituito, a decorrere dall'esercizio 2020, il Registro unico degli operatori del gioco pubblico.

2. L'iscrizione al Registro costituisce titolo abilitativo per i soggetti che svolgono attività in materia di gioco pubblico ed è obbligatoria anche per i soggetti già titolari, alla data di entrata in vigore del presente articolo, dei diritti e dei rapporti in esso previsti.

3. Devono iscriversi al Registro le seguenti categorie di operatori:

a) i soggetti:

1) produttori;

2) proprietari;

3) possessori ovvero detentori a qualsiasi titolo degli apparecchi e terminali di cui all'articolo 110, comma 6, lettere a) e b), del testo unico delle leggi di pubblica sicurezza di cui al regio decreto 18 giugno 1931, n. 773, per i quali la predetta Amministrazione rilascia, rispettivamente, il nulla osta di cui all'articolo 38, comma 5, della legge 23 dicembre 2000, n. 388, e il codice identificativo univoco di cui al decreto del Direttore generale dell'Amministrazione autonoma dei monopoli di Stato 22 gennaio 2010, pubblicato nella Gazzetta Ufficiale n. 32 del 9 febbraio 2010;

b) i concessionari per la gestione della rete telematica degli apparecchi e terminali da intrattenimento che siano altresì proprietari degli apparecchi e terminali di cui all'articolo 110, comma 6, lettere a) e b), del testo unico delle leggi di pubblica sicurezza di cui al regio decreto 18 giugno 1931, n. 773;

c) i produttori e i proprietari degli apparecchi di cui all'articolo 110, comma 7, lettere a), c), c-bis) e c-ter), del testo unico delle leggi di pubblica sicurezza, di cui al regio decreto 18 giugno 1931, n. 773, nonché i possessori o i detentori a qualsiasi titolo dei predetti apparecchi con esclusivo riferimento a quelli che possono distribuire tagliandi direttamente e immediatamente dopo la conclusione della partita [2];

d) i concessionari del gioco del Bingo;

e) i concessionari di scommesse su eventi ippici, sportivi e non sportivi e su eventi simulati;

f) i titolari di punti vendita dove si accettano scommesse su eventi ippici, sportivi e non sportivi, su eventi simulati e concorsi pronostici sportivi, nonché i titolari dei punti per la raccolta scommesse che si sono regolarizzati ai sensi dell'articolo 1, comma 643, della legge 23 dicembre 2014, n. 190 e dell'articolo 1, comma 926, della legge 28 dicembre 2015, n. 208, e i titolari dei punti di raccolta ad essi collegati;

g) i concessionari dei giochi numerici a quota fissa e a totalizzatore;

h) i titolari dei punti di vendita delle lotterie istantanee e dei giochi numerici a quota fissa e a totalizzatore;

i) i concessionari del gioco a distanza;

l) i titolari dei punti di ricarica dei conti di gioco a distanza;

m) i produttori delle piattaforme dei giochi a distanza e di piattaforme per eventi simulati;

n) le società di corse che gestiscono gli ippodromi;

o) gli allibratori;

p) ogni altro soggetto non ricompreso fra quelli di cui al presente comma che svolge, sulla base di rapporti contrattuali continuativi con i soggetti di cui al comma medesimo, qualsiasi altra attività funzionale o collegata alla raccolta del gioco, individuato con provvedimento del Direttore dell'Agenzia delle dogane e dei monopoli, che determina altresì per tali soggetti la somma da versare annualmente ai sensi dei commi 4 e 4-bis, in coerenza con i criteri ivi indicati, in relazione alle categorie di soggetti di cui al presente comma [3].

4. L'iscrizione al Registro è disposta dall'Agenzia delle dogane e dei monopoli previa verifica del possesso, da parte dei richiedenti, delle licenze di pubblica sicurezza di cui agli articoli 86 e 88 del testo unico delle leggi di pubblica sicurezza di cui al regio decreto 18 giugno 1931, n. 773, delle autorizzazioni e concessioni necessarie ai sensi delle specifiche normative di settore e della certificazione antimafia prevista dalla disciplina vigente, nonché dell'avvenuto versamento, da parte dei medesimi, di una somma annua pari a:

a) euro 200,00 per i soggetti di cui al comma 3, lettere a), numero 3), c), numero 3), f), h), l);

b) euro 500,00 per i soggetti di cui al comma 3, lettere a), numero 2), c) numero 2), o);

c) euro 2.500,00 per i soggetti di cui al comma 3, lettere a), numero 1), c) numero 1) ed m);

d) euro 3.000 per i soggetti di cui al comma 3, lettere e) ed n) ed euro 10.000,00 per i soggetti di cui al comma 3, lettere b), d), g) ed i).

4-bis. I soggetti che operano in più ambiti di gioco sono tenuti al versamento di una sola somma d'iscrizione. I soggetti che svolgono più ruoli nell'ambito della filiera del gioco sono tenuti al versamento della somma più alta fra quelle previste per le categorie in cui operano [4].

5. L'iscrizione al Registro deve essere rinnovata annualmente.

6. L'omesso versamento della somma di cui al comma 4 può essere regolarizzato, prima che la violazione sia accertata, con il versamento di un importo pari alla somma dovuta maggiorata di un importo pari al 2 per cento per ogni mese o frazione di mese di ritardo.

7. Con decreto del Ministro dell'economia e delle finanze sono stabilite tutte le disposizioni applicative, eventualmente anche di natura transitoria, relative alla tenuta del Registro, all'iscrizione ovvero alla cancellazione dallo stesso, nonché ai tempi e alle modalità di effettuazione del versamento di cui al comma 4.

8. L'esercizio di qualsiasi attività funzionale alla raccolta di gioco in assenza di iscrizione al Registro di cui al comma 1 comporta l'applicazione di una sanzione amministrativa di euro 10.000,00 e l'impossibilità di iscriversi al Registro per i successivi 5 anni.

9. I concessionari di gioco pubblico non possono intrattenere rapporti contrattuali funzionali all'esercizio delle attività di gioco con soggetti diversi da quelli iscritti nel Registro. In caso di violazione del divieto è dovuta la sanzione amministrativa pecuniaria di euro 10.000,00 e il rapporto contrattuale è risolto di diritto. La terza reiterazione, anche non consecutiva, della medesima violazione nell'arco di un biennio determina la revoca della concessione.

10. A decorrere dalla data di istituzione del Registro di cui al comma 1 e, comunque, dal novantesimo giorno successivo all'entrata in vigore del decreto di cui al comma 7, l'elenco di cui all'articolo 1, comma 533, della legge 23 dicembre 2005, n. 266, come modificato dall'articolo 1, comma 82, della legge 13 dicembre 2010, n. 220, è abrogato.

[1] *A norma dell'articolo 69, comma 3, del D.L. 17 marzo 2020, n. 18, convertito, con modificazioni, dalla Legge 24 aprile 2020, n. 27, i termini di cui al presente articolo, sono prorogati di 6 mesi.*
[2] *Lettera sostituita dall'articolo 1, comma 1, della Legge 19 dicembre 2019, n. 157, in sede di conversione.*
[3] *Lettera modificata dall'articolo 1, comma 1, della Legge 19 dicembre 2019, n. 157, in sede di conversione.*
[4] *Comma rinumerato dall'articolo 1, comma 1, della Legge 19 dicembre 2019, n. 157, in sede di conversione.*

Omissis.

32 *quater*. Modifiche al regime fiscale degli utili distribuiti a società semplici. [1] – 1. I dividendi corrisposti alla società semplice si intendono percepiti per trasparenza dai rispettivi soci con conseguente applicazione del corrispondente regime fiscale. Gli utili distribuiti alle società semplici, in qualsiasi forma e sotto qualsiasi denominazione, anche nei casi di cui all'articolo 47, comma 7, del testo unico delle imposte sui redditi, di cui al decreto del Presidente della Repubblica 22 dicembre 1986, n. 917, dalle società e dagli enti di cui all'articolo 73, comma 1, lettere a), b), c) e d), del medesimo testo unico [2]:

a) per la quota imputabile a soggetti tenuti all'applicazione dell'articolo 89 del citato testo unico di cui al decreto del Presidente della Repubblica n. 917 del 1986, sono esclusi dalla formazione del reddito complessivo per il 95 per cento del loro ammontare;

b) per la quota imputabile a soggetti tenuti all'applicazione dell'articolo 59 del citato testo unico di cui al decreto del Presidente della Repubblica n. 917 del 1986, sono esclusi dalla formazione del reddito complessivo, nella misura del 41,86 per cento del loro ammontare, nell'esercizio in cui sono percepiti;

c) per la quota imputabile alle persone fisiche residenti in relazione a partecipazioni, qualificate e non qualificate, non relative all'impresa ai sensi dell'articolo 65 del citato testo unico di cui al decreto del Presidente della Repubblica n. 917 del 1986, sono soggetti a tassazione con applicazione della ritenuta di cui all'articolo 27 del decreto del Presidente della Repubblica 29 settembre 1973, n. 600, con la stessa aliquota e alle stesse condizioni previste nel medesimo articolo 27; [3]

c-bis) per la quota imputabile ai soggetti di cui all'articolo 73, comma 1, lettera c) del citato testo unico di cui al decreto del Presidente della Repubblica n. 917 del 1986, concorrono alla formazione del reddito complessivo per l'intero ammontare [4];

c-ter) per la quota imputabile a soggetti non residenti nel territorio dello Stato, sono soggetti a tassazione con applicazione di una ritenuta nella misura prevista dal medesimo articolo 27 del decreto del Presidente della Repubblica 29 settembre 1973, n. 600; per i soggetti non residenti indicati nel comma 3-ter del citato articolo 27 la misura della predetta ritenuta è pari a quella stabilita dal medesimo comma 3-ter [5].

1-bis. Resta fermo il regime fiscale applicabile agli utili provenienti da imprese o enti residenti o localizzati in Stati o territori a regime fiscale privilegiato individuati ai sensi dell'articolo 47-bis, comma 1, del testo unico delle imposte sui redditi di cui al decreto del Presidente della Repubblica 22 dicembre 1986, n. 917 [6].

2. Sugli utili derivanti dalle azioni e dagli strumenti finanziari similari alle azioni, immessi nel sistema di deposito accentrato gestito da una società di gestione accentrata, è applicata, in luogo della ritenuta di cui al comma 1, l'imposta sostitutiva di cui all'articolo 27-ter del decreto del Presidente della Repubblica 29 settembre 1973, n. 600, con la stessa aliquota e alle stesse condizioni previste nel medesimo articolo 27-ter. Le ritenute di cui al comma 1 del presente articolo e l'imposta sostitutiva di cui al periodo precedente sono operate sulla base delle informazioni fornite dalla società semplice [7].

2-bis. Le disposizioni di cui al presente articolo si applicano ai dividendi percepiti a partire dal 1° gennaio 2020. In deroga alle disposizioni di cui al periodo precedente, alle distribuzioni di utili derivanti da partecipazioni in società ed enti soggetti all'imposta sul reddito delle società, formatesi con utili prodotti fino all'esercizio in corso al 31 dicembre 2019, deliberate entro il 31 dicembre 2022, continua ad applicarsi la disciplina previgente a quella prevista dall'articolo 1, commi da 999 a 1006, della legge 27 dicembre 2017, n. 205 [8].

[1] *Articolo inserito dall'articolo 1, comma 1, della Legge 19 dicembre 2019, n. 157, in sede di conversione.*
[2] *Alinea modificato dall'articolo 28, comma 1, lettera a) del D.L. 8 aprile 2020, n. 23, convertito, con modificazioni, dalla Legge 5 giugno 2020, n. 40.*
[3] *Lettera modificata dall'articolo 28, comma 1, lettera b) del D.L. 8 aprile 2020, n. 23, convertito, con modificazioni, dalla Legge 5 giugno 2020, n. 40.*
[4] *Lettera inserita dall'articolo 28, comma 1, lettera c) del D.L. 8 aprile 2020, n. 23, convertito con modificazioni, dalla Legge 5 giugno 2020, n. 40.*
[5] *Lettera inserita dall'articolo 28, comma 1, lettera c) del D.L. 8 aprile 2020, n. 23, convertito con modificazioni, dalla Legge 5 giugno 2020, n. 40.*
[6] *Comma inserito dall'articolo 28, comma 1, lettera d) del D.L. 8 aprile 2020, n. 23, convertito con modificazioni, dalla Legge 5 giugno 2020, n. 40.*
[7] *Comma sostituito dall'articolo 28, comma 1, lettera e) del D.L. 8 aprile 2020, n. 23, convertito con modificazioni, dalla Legge 5 giugno 2020, n. 40.*
[8] *Comma aggiunto dall'articolo 28, comma 1, lettera f) del D.L. 8 aprile 2020, n. 23, convertito con modificazioni, dalla Legge 5 giugno 2020, n. 40.*

6. L. 27 dicembre 2019, n. 160

Bilancio di previsione dello Stato per l'anno finanziario 2020 e bilancio pluriennale per il triennio 2020-2022 (LEGGE DI BILANCIO 2020 - FINANZIARIA) (*Estratto art. 1 - 19*)
(in Suppl. Ordinario 45 alla Gazz. Uff., 30 dicembre 2019, n. 304).

Sezione I - Misure quantitative per la realizzazione degli obiettivi programmatici

1. – 1. I livelli massimi del saldo netto da finanziare, in termini di competenza e di cassa, e del ricorso al mercato finanziario, in termini di competenza, di cui all'articolo 21, comma 1-ter, lettera a), della legge 31 dicembre 2009, n. 196, per gli anni 2020, 2021 e 2022, sono indicati nell'allegato 1 annesso alla presente legge. I livelli del ricorso al mercato si intendono al netto delle operazioni effettuate al fine di rimborsare prima della scadenza o di ristrutturare passività preesistenti con ammortamento a carico dello Stato.

2. All'articolo 1, comma 718, lettera c), della legge 23 dicembre 2014, n. 190, le parole: "*non inferiori a 400 milioni di euro per l'anno 2020*" sono sostituite dalle seguenti: "*non inferiori a 1.221 milioni di euro per l'anno 2021, a 1.683 milioni di euro per l'anno 2022, a 1.954 milioni di euro per l'anno 2023, a 2.054 milioni di euro per l'anno 2024 e a 2.154 milioni di euro annui a decorrere dall'anno 2025*".

3. All'articolo 1 della legge 30 dicembre 2018, n. 145, il comma 2 è sostituito dal seguente:

"*2. L'aliquota ridotta dell'imposta sul valore aggiunto (IVA) di cui alla tabella A, parte III, allegata al decreto del Presidente della Repubblica 26 ottobre 1972, n. 633, è ridotta di 1,5 punti percentuali per l'anno 2019, di 3 punti percentuali per l'anno 2020 e di 1 punto percentuale per l'anno 2021 e per ciascuno degli anni successivi.*

L'aliquota ordinaria dell'IVA è ridotta di 2,2 punti percentuali per l'anno 2019 e di 2,9 punti percentuali per l'anno 2020 ed è incrementata di 1,5 punti percentuali per l'anno 2022 e per ciascuno degli anni successivi".

4. L'articolo 3 del decreto-legge 30 aprile 2019, n. 34, convertito, con modificazioni, dalla legge 28 giugno 2019, n. 58, è sostituito dal seguente:

"*Art. 3. - (Deducibilità dell'imposta municipale propria relativa agli immobili strumentali) - 1. Per il periodo d'imposta successivo a quello in corso al 31 dicembre 2018, l'imposta municipale propria relativa agli immobili strumentali è deducibile ai fini della determinazione del reddito di impresa e del reddito derivante dall'esercizio di arti e professioni nella misura del 50 per cento*".

5. Le disposizioni di cui al comma 4 si applicano anche all'imposta municipale immobiliare (IMI) della provincia autonoma di Bolzano, istituita con legge provinciale 23 aprile 2014, n. 3, e all'imposta immobiliare semplice (IMIS) della provincia autonoma di Trento, istituita con legge provinciale 30 dicembre 2014, n. 14.

6. All'articolo 3, comma 2, del decreto legislativo 14 marzo 2011, n. 23, le parole: "*al 15 per cento*" sono sostituite dalle seguenti: "*al 10 per cento*".

7. Al fine di dare attuazione a interventi finalizzati alla riduzione del carico fiscale sulle persone fisiche, nello stato di previsione del Ministero dell'economia e delle finanze è istituito un fondo denominato "*Fondo per la riduzione del carico fiscale sui lavoratori dipendenti*", con una dotazione pari a 3.000 milioni di euro per l'anno 2020 e a 5.000 milioni di euro annui a decorrere dall'anno 2021. Con appositi provvedimenti normativi, nei limiti delle risorse di cui al primo periodo, eventualmente incrementate nel rispetto dei saldi di finanza pubblica nell'ambito dei medesimi provvedimenti, si provvede a dare attuazione agli interventi ivi previsti (1).

(1) A norma dell'articolo 1, comma 9, della Legge 30 dicembre 2020, n. 178, il fondo di cui al presente comma, è ridotto di 1.150 milioni di euro nell'anno 2021 e di 1.426 milioni di euro annui a decorrere dall'anno 2022

8. Al fine di promuovere l'occupazione giovanile, per l'anno 2020, per i contratti di apprendistato di primo livello per la qualifica e il diploma professionale, il diploma di istruzione secondaria superiore e il certificato di specializzazione tecnica superiore, stipulati nell'anno 2020, è riconosciuto ai datori di lavoro che occupano alle proprie dipendenze un numero di addetti pari o inferiore a nove uno sgravio contributivo del 100 per cento con riferimento alla contribuzione dovuta ai sensi dell'articolo 1, comma 773, quinto periodo, della legge 27 dicembre 2006, n. 296, per i periodi contributivi maturati nei primi tre anni di contratto, fermo restando il livello di aliquota del 10 per cento per i periodi contributivi maturati negli anni di contratto successivi al terzo.

9. All'articolo 1, comma 1121, della legge 30 dicembre 2018, n. 145, le parole: "*al 31 dicembre 2021 e dal 1° gennaio 2023*" sono soppresse. Resta fermo quanto previsto dall'articolo 1, comma 1124, della legge 30 dicembre 2018, n. 145, nel rispetto dei saldi di finanza pubblica programmati a legislazione vigente.

10. All'articolo 1, comma 102, della legge 27 dicembre 2017, n. 205, le parole: "*Limitatamente alle assunzioni effettuate entro il 31 dicembre 2018*" sono sostituite dalle seguenti: "*Limitatamente alle assunzioni effettuate entro il 31 dicembre 2020*".

All'articolo 1-bis del decreto-legge 12 luglio 2018, n. 87, convertito, con modificazioni, dalla legge 9 agosto 2018, n. 96, i commi da 1 a 3 sono abrogati. All'articolo 1, comma 247, della legge 30 dicembre 2018, n. 145, le parole: "*l'esonero contributivo di cui all'articolo 1-bis, comma 1, del decreto-legge 12 luglio 2018, n. 87, convertito, con modificazioni, dalla legge 9 agosto 2018, n. 96*" sono sostituite dalle seguenti: "*l'esonero contributivo di cui all'articolo 1, commi da 100 a 108 e da 113 a 115, della legge 27 dicembre 2017, n. 205*".

11. All'articolo 1 della legge 30 dicembre 2018, n. 145, sono apportate le seguenti modificazioni:

a) il comma 714 è abrogato;

b) il comma 715 è sostituito dal seguente:

"*715. Al fine di ottenere l'esonero di cui al comma 706, dal 1° gennaio 2020, si applicano le procedure, le modalità e i controlli previsti per l'esonero contributivo di cui all'articolo 1, commi da 100 a 108 e da 113 a 115, della legge 27 dicembre 2017, n. 205. L'Istituto nazionale della previdenza sociale acquisisce, in modalità telematica, dal Ministero dell'istruzione, dell'università e della ricerca le informazioni di cui al comma 707 relative ai titoli di studio e alle votazioni ottenute. Le amministrazioni pubbliche provvedono alle attività di cui al presente comma con le risorse finanziarie, umane e strumentali disponibili a legislazione vigente e comunque senza nuovi o maggiori oneri a carico della finanza pubblica*".

12. La liquidazione anticipata, in un'unica soluzione, della NASpI, di cui all'articolo 8, comma 1, del decreto legislativo 4 marzo 2015, n. 22, destinata alla sottoscrizione di capitale sociale di una cooperativa nella quale il rapporto mutualistico ha ad oggetto la prestazione di attività lavorativa da parte del socio, si considera non imponibile ai fini dell'imposta sul reddito delle persone fisiche. Con provvedimento del direttore dell'Agenzia delle entrate, da emanare entro novanta giorni dalla data di entrata in vigore della presente legge, sono stabiliti i criteri e le modalità di attuazione del presente comma, anche al fine di definire le opportune comunicazioni atte a consentire l'esenzione della NASpI anticipata in un'unica soluzione nonché ad attestare all'Istituto erogatore l'effettiva destinazione al capitale sociale della cooperativa interessata dell'intero importo anticipato.

13. All'articolo 2 della legge 28 giugno 2012, n. 92, sono apportate le seguenti modificazioni:

a) al comma 28 sono aggiunte, in fine, le seguenti parole: «, nonché nelle ipotesi di cui al comma 29";

b) al comma 29, dopo la lettera b) è inserita la seguente: "*b-bis) a partire dal 1° gennaio 2020, ai lavoratori assunti a termine per lo svolgimento, nel territorio della provincia di Bolzano, delle attività stagionali definite dai contratti collettivi nazionali, territoriali e aziendali stipulati dalle organizzazioni dei lavoratori e dei datori di lavoro comparativamente più rappresentative entro il 31 dicembre 2019*";

c) al comma 29, dopo la lettera d) è aggiunta la seguente: "*d-bis) ai lavoratori di cui all'articolo 29, comma 2, lettera b), del decreto legislativo 15 giugno 2015, n. 81*".

14. Nello stato di previsione del Ministero dell'economia e delle finanze è istituito un fondo da ripartire con una dotazione di 435 milioni di euro per l'anno 2020, di 880 milioni di euro per l'anno 2021, di 934 milioni di euro per l'anno 2022, di 1.045 milioni di euro per l'anno 2023, di 1.061 milioni di euro per l'anno 2024, di 1.512 milioni di euro per l'anno 2025, di 1.513 milioni di euro per l'anno 2026, di 1.672 milioni di euro per ciascuno degli anni dal 2027 al 2032 e di 1.700 milioni di euro per ciascuno degli anni 2033 e 2034.

15. Il fondo di cui al comma 14 è finalizzato al rilancio degli investimenti delle amministrazioni centrali dello Stato e allo sviluppo del Paese, anche in riferimento all'economia circolare, alla decarbonizzazione dell'economia, alla riduzione delle emissioni, al risparmio energetico, alla sostenibilità ambientale e, in generale, ai programmi di investimento e ai progetti a carattere innovativo, anche attraverso contributi ad imprese, a elevata sostenibilità e che tengano conto degli impatti sociali.

16. Per la realizzazione della linea 2 della metropolitana di Torino, ivi compresi le attività di progettazione e valutazione ex ante, altri oneri tecnici, nonché il materiale rotabile, è autorizzata la spesa di 50 milioni di euro per l'anno 2020, di 80 milioni di euro per l'anno 2021, di 150 milioni di euro per l'anno 2022, di 200 milioni di euro per l'anno 2023, di 124 milioni di euro per l'anno 2024 e di 28 milioni di euro per ciascuno degli anni dal 2025 al 2032.

17. All'articolo 16-ter del decreto-legge 20 giugno 2017, n. 91, convertito, con modificazioni, dalla legge 3 agosto 2017, n. 123, sono apportate le seguenti modificazioni:

a) il comma 1 è sostituito dal seguente:

"*1.Al fine di incrementare la sicurezza nella città di Matera ed in generale nelle città metropolitane del Paese, è autorizzata la realizzazione di un sistema automatico per la detezione dei flussi di merce in entrata nei centri storici, volto alla prevenzione di fenomeni di vehicle ramming-attack attraverso la realizzazione di un ulteriore modulo della Piattaforma logistica nazionale digitale (PLN)*";

b) al comma 2, dopo la parola: "*2019*" sono inserite le seguenti: "*nonché di 2 milioni di euro rispettivamente per il 2020 e per il 2021*" e l'ultimo periodo è sostituito dal seguente: "*Il Ministero delle infrastrutture e dei trasporti apporta alla convenzione con il soggetto attuatore unico le modifiche necessarie*".

18. Al fine di garantire la sostenibilità delle Olimpiadi invernali 2026 sotto il profilo ambientale, economico e sociale, in un'ottica di miglioramento della capacità e della fruibilità delle dotazioni infrastrutturali esistenti e da realizzare, per le opere di infrastrutturazione, ivi comprese quelle per l'accessibilità, è autorizzato un finanziamento per la realizzazione di interventi nei territori delle regioni Lombardia e Veneto e delle province autonome di Trento e di Bolzano, con riferimento a tutte le aree olimpiche, per un importo di 50 milioni di euro per l'anno 2020, 180 milioni di euro per l'anno 2021, 190 milioni di euro per ciascuno degli anni dal 2022 al 2025 e 10 milioni di euro per l'anno 2026, con corrispondente riduzione delle risorse di cui al comma 14. Per le medesime finalità di cui al primo periodo, è altresì autorizzata, per il completamento del polo metropolitano M1-M5 di Cinisello-Monza Bettola, la spesa di 8 milioni di euro per l'anno 2020 e 7 milioni di euro per l'anno 2021, a valere sulle risorse di cui al comma 14 [(1)].

[(1)] *Comma modificato dall'articolo 3, comma 12-bis, lettera a), del D.L. 11 marzo 2020, n. 16, convertito con modificazioni dalla Legge 8 maggio 2020, n. 31.*

19. Al fine di garantire la sostenibilità della Ryder Cup 2022 sotto il profilo ambientale, economico e sociale, in un'ottica di miglioramento della capacità e della fruibilità delle dotazioni infrastrutturali esistenti e da realizzare, per le opere di infrastrutturazione, ivi comprese quelle per l'accessibilità, è riservato un finanziamento per la realizzazione di interventi nel territorio della regione Lazio per un importo di 20 milioni di euro nell'anno 2020, 20 milioni di euro nell'anno 2021 e 10 milioni di euro nell'anno 2022, a valere sulle risorse di cui al comma 14.

20. Con uno o più decreti del Ministro delle infrastrutture e dei trasporti, di concerto con il Ministro dell'economia e delle finanze, da adottare d'intesa con i presidenti delle regioni Lazio, Lombardia e Veneto e delle province autonome di Trento e di Bolzano, che è resa sentiti gli enti locali territorialmente interessati, sono identificate le opere infrastrutturali, ivi comprese quelle per l'accessibilità, distinte in opere essenziali, connesse e di contesto, con l'indicazione, per ciascuna opera, del soggetto attuatore e dell'entità del finanziamento concesso. I decreti di cui al primo periodo sono trasmessi alle Camere per essere deferiti alle Commissioni parlamentari competenti per materia. I medesimi decreti ripartiscono anche le relative risorse [(1)(2)].

[(1)] *Comma modificato dall'articolo 3, comma 12-bis, lettera b), del D.L. 11 marzo 2020, n. 16, convertito con modificazioni dalla Legge 8 maggio 2020, n. 31.*
[(2)] *In attuazione del presente comma vedi l'articolo 1, comma 1, del D.M. 7 dicembre 2020.*

21. Si intendono opere essenziali le opere infrastrutturali

la cui realizzazione è prevista dal dossier di candidatura o che si rendono necessarie per rendere efficienti e appropriate le infrastrutture esistenti individuate nel dossier di candidatura, come quelle che danno accessibilità ai luoghi olimpici o di realizzazione degli eventi sportivi.

22. Si intendono opere connesse quelle opere la cui realizzazione è necessaria per connettere le infrastrutture individuate nel dossier di candidatura ai fini dell'accessibilità ai luoghi di realizzazione degli eventi sportivi e olimpici alla rete infrastrutturale esistente, in modo da rendere maggiormente efficace la funzionalità del sistema complessivo di accessibilità, nonché quelle direttamente funzionali allo svolgimento dell'evento.

23. Si intendono opere di contesto quelle opere la cui realizzazione integra il sistema di accessibilità ai luoghi di realizzazione degli eventi sportivi e olimpici e alle altre localizzazioni che saranno interessate direttamente o indirettamente dall'evento o che offrono opportunità di valorizzazione territoriale in occasione della Ryder Cup 2022 e delle Olimpiadi invernali 2026.

Omissis.

47. Allo scopo di cofinanziare interventi finalizzati alla promozione e al potenziamento di percorsi di collegamento urbano destinati alla mobilità ciclistica, è istituito, nello stato di previsione del Ministero delle infrastrutture e dei trasporti, il Fondo per lo sviluppo delle reti ciclabili urbane, con una dotazione di 50 milioni di euro per ciascuno degli anni 2022, 2023 e 2024.

48. Il Fondo di cui al comma 47 finanzia il 50 per cento del costo complessivo degli interventi di realizzazione di nuove piste ciclabili urbane posti in essere da comuni ed unioni di comuni. Il Fondo finanzia altresì il 50 per cento del costo complessivo degli interventi posti in essere da comuni e unioni di comuni relativi a:

a) messa in sicurezza della mobilità ciclistica urbana, comprese l'istituzione di zone a velocità limitata, inferiore o uguale a 30 km/h, e l'installazione della relativa segnaletica;

b) realizzazione di stalli o aree di sosta per i velocipedi;

c) realizzazione della casa avanzata e delle corsie ciclabili di cui all'articolo 3, comma 1, numeri 7-bis), 12-bis) e 12-ter), del codice della strada, di cui al decreto legislativo 30 aprile 1992, n. 285 [(1)].

[(1)] *Comma modificato dall'articolo 1, comma 6-bis del D.L. 10 settembre 2021, n. 121, convertito con modificazioni dalla Legge 9 novembre 2021, n. 156.*

49. Con decreto del Ministro delle infrastrutture e dei trasporti, di concerto con il Ministro dell'economia e delle finanze, da emanare entro novanta giorni dalla data di entrata in vigore della presente legge, sono definite le modalità di erogazione ai comuni e alle unioni di comuni delle risorse del Fondo di cui al comma 47, nonché le modalità di verifica e controllo dell'effettivo utilizzo da parte dei comuni e delle unioni di comuni delle risorse erogate per le finalità di cui al medesimo comma. Il monitoraggio degli interventi è effettuato ai sensi del decreto legislativo 29 dicembre 2011, n. 229.

50. I comuni e le unioni di comuni, all'atto della richiesta di accesso al Fondo di cui al comma 47, devono comunque dimostrare di aver approvato in via definitiva strumenti di pianificazione dai quali si evinca la volontà dell'ente di procedere allo sviluppo strategico della rete ciclabile urbana.

51. Al fine di favorire gli investimenti, sono assegnati agli enti locali, per spesa di progettazione definitiva ed esecutiva, relativa ad interventi di messa in sicurezza del territorio a rischio idrogeologico, di messa in sicurezza ed efficientamento energetico delle scuole, degli edifici pubblici e del patrimonio comunale, nonché per investimenti di messa in sicurezza di strade, contributi soggetti a rendicontazione nel limite di 85 milioni di euro per l'anno 2020, di 128 milioni di euro per l'anno 2021, di 320 milioni di euro per l'anno 2022, di 350 milioni di euro per l'anno 2023 e di 200 milioni di euro per ciascuno degli anni dal 2024 al 2031. A decorrere dall'anno 2022, in sede di definizione delle procedure di assegnazione dei contributi, almeno il 40 per cento delle risorse allocabili è destinato agli enti locali del Mezzogiorno [(1)].

[(1)] *Comma modificato dall'articolo 45, comma 1, lettera a), del D.L. 14 agosto 2020, n. 104, convertito, con modificazioni, dalla Legge 13 ottobre 2020, n. 126. Successivamente dall'articolo 1, comma 415, lettera a), della Legge 30 dicembre 2021, n. 234 e, da ultimo, modificato dall'articolo 28, comma 6, lettera b), del D.L. 1 marzo 2022, n. 17, convertito, con modificazioni, dalla Legge 27 aprile 2022, n. 34.*

51-bis. Le risorse assegnate agli enti locali per gli anni 2020 e 2021 ai sensi del comma 51 sono incrementate di 300 milioni di euro per ciascuno degli anni 2020 e 2021, e sono finalizzate allo scorrimento della graduatoria dei progetti ammissibili per l'anno 2020, a cura del Ministero dell'interno, nel rispetto dei criteri di cui ai commi da 53 a 56. Gli enti beneficiari del contributo sono individuati con comunicato del Ministero dell'interno da pubblicarsi entro il 5 novembre 2020. Gli enti locali beneficiari confermano l'interesse al contributo con comunicazione da inviare entro dieci giorni dalla data di pubblicazione del comunicato di cui al secondo periodo, e il Ministero dell'interno provvede a formalizzare le relative assegnazioni con proprio decreto da emanare entro il 30 novembre 2020. Gli enti beneficiari sono tenuti al rispetto degli obblighi di cui al comma 56 a decorrere dalla data di pubblicazione del citato decreto di assegnazione. Qualora l'ammontare dei contributi assegnati con il decreto di cui al terzo periodo sia inferiore alle risorse disponibili, le risorse residue per l'anno 2021 sono finalizzate allo scorrimento della graduatoria dei progetti ammissibili per l'anno 2021 [(1)].

[(1)] *Comma aggiunto dall'articolo 45, comma 1, lettera b), del D.L. 14 agosto 2020, n. 104, convertito, con modificazioni, dalla Legge 13 ottobre 2020, n. 126 e successivamente modificato dall'articolo 1 bis, comma 4, del D.L. 6 maggio 2021, n. 59, convertito con modificazioni dalla Legge 1° luglio 2021, n. 101.*

51-ter. Le risorse assegnate agli enti locali ai sensi del comma 51 sono incrementate di 50 milioni di euro per l'anno 2023 e di 100 milioni di euro per ciascuno degli anni 2024 e 2025 [(1)].

[(1)] *Comma inserito dall'articolo 1 comma 779, della Legge 29 dicembre 2022, n. 197.*

52. Gli enti locali comunicano le richieste di contributo al Ministero dell'interno, entro il termine perentorio del 15 gennaio dell'esercizio di riferimento del contributo.

La richiesta deve contenere:

a) le informazioni riferite al livello progettuale per il quale si chiede il contributo e il codice unico di progetto (CUP) valido dell'opera che si intende realizzare;

b) le informazioni necessarie per permettere il monitoraggio complessivo degli interventi di messa in sicurezza del territorio a rischio idrogeologico, di messa in sicurezza ed efficientamento energetico delle scuole, degli edifici pubblici e del patrimonio dell'ente locale, nonché per investimenti di messa in sicurezza di strade. Ciascun ente locale può inviare fino ad un massimo di tre richieste di contributo per la stessa annualità e la progettazione deve riferirsi, nell'ambito della pianificazione degli enti locali, a un intervento compreso negli strumenti programmatori del medesimo ente locale o in altro strumento di programmazione;

b-bis) le informazioni relative al quadro economico dell'opera, dando evidenza dei costi inerenti alla progettazione, qualora l'ente locale utilizzi un Codice Unico di Progetto (CUP) di lavori [1][2].

[1] Lettera aggiunta dall'articolo 45, comma 1, lettera c), del D.L. 14 agosto 2020, n. 104, convertito, con modificazioni, dalla Legge 13 ottobre 2020, n. 126.
[2] A norma dell'articolo 1, comma 10-septies, del D.L. 30 dicembre 2019, n. 162, convertito, con modificazioni dalla Legge 28 febbraio 2020, n. 8, per l'anno 2020, il termine di cui al presente comma, è differito dal 15 gennaio al 15 maggio.

53. L'ammontare del contributo attribuito a ciascun ente locale è determinato entro il 28 febbraio dell'esercizio di riferimento del contributo, con decreto del Ministero dell'interno, di concerto con il Ministero dell'economia e delle finanze, tenendo conto del seguente ordine prioritario:

a) messa in sicurezza del territorio a rischio idrogeologico;

b) messa in sicurezza di strade, ponti e viadotti;

c) messa in sicurezza ed efficientamento energetico degli edifici, con precedenza per gli edifici scolastici, e di altre strutture di proprietà dell'ente [1].

[1] A norma dell'articolo 1, comma 10-septies, del D.L. 30 dicembre 2019, n. 162, convertito, con modificazioni dalla Legge 28 febbraio 2020, n. 8, per l'anno 2020, il termine di cui al presente comma, è differito dal 28 febbraio al 30 giugno.

53-bis. Per il biennio 2022-2023 l'ordine prioritario di assegnazione dei contributi è il seguente:

a) opere pubbliche nell'ambito del Piano nazionale di ripresa e resilienza (PNRR), approvato con decisione del Consiglio ECOFIN del 13 luglio 2021 e notificato all'Italia dal Segretariato generale del Consiglio con nota del 14 luglio 2021;

b) messa in sicurezza del territorio a rischio idrogeologico;

c) messa in sicurezza di strade, ponti e viadotti;

d) messa in sicurezza ed efficientamento energetico degli edifici, con precedenza per gli edifici scolastici, e di altre strutture di proprietà dell'ente [1].

[1] Comma inserito dall'articolo 1, comma 415, lettera b), della Legge 30 dicembre 2021, n. 234.

53-ter. Per i contributi relativi all'anno 2022 il termine di cui al comma 52 è fissato al 15 marzo 2022 e il termine di cui al comma 53 al 15 aprile 2022. Le risorse assegnate agli enti locali per l'anno 2023 ai sensi del comma 51 sono finalizzate allo scorrimento della graduatoria dei progetti ammissibili per l'anno 2022, a cura del Ministero dell'interno, nel rispetto delle disposizioni di cui ai commi da 53-bis a 56. Gli enti beneficiari del contributo sono individuati con comunicato del Ministero dell'interno da pubblicarsi entro il 15 settembre 2022. Gli enti locali beneficiari confermano l'interesse al contributo con comunicazione da inviare al Ministero dell'interno entro dieci giorni dalla data di pubblicazione del comunicato di cui al terzo periodo. Il Ministero dell'interno formalizza le relative assegnazioni con proprio decreto da emanare entro il 10 ottobre 2022. Gli enti beneficiari sono tenuti al rispetto degli obblighi di cui al comma 56 a decorrere dalla data di pubblicazione del citato decreto di assegnazione [1].

[1] Comma inserito dall'articolo 1, comma 415, lettera b), della Legge 30 dicembre 2021, n. 234 e successivamente modificato dall'articolo 16, comma 3, del D.L. 9 agosto 2022, n. 115, convertito con modificazioni dalla Legge 21 settembre 2022, n. 142.

54.Ferme restando le priorità di cui ai commi 53 e 53-bis, qualora l'entità delle richieste pervenute superi l'ammontare delle risorse disponibili, l'attribuzione è effettuata a favore degli enti locali che presentano la maggiore incidenza del fondo di cassa al 31 dicembre dell'esercizio precedente rispetto al risultato di amministrazione risultante dal rendiconto della gestione del medesimo esercizio A decorrere dall'anno 2022, almeno il 40 per cento delle risorse è assicurato agli enti locali delle regioni del Mezzogiorno [1].

[1] Comma modificato dall'articolo 13, comma 2, lettera b)-bis, del D.L. 10 settembre 2021, n. 121, convertito con modificazioni, dalla Legge 9 novembre 2021, n. 156 e, da ultimo, dall'articolo 1, comma 415, lettera c), della Legge 30 dicembre 2021, n. 234.

55. Le informazioni sul fondo di cassa e sul risultato di amministrazione sono desunte dal prospetto dimostrativo del risultato di amministrazione allegato al rendiconto della gestione trasmesso, ai sensi dell'articolo 18, comma 2, del decreto legislativo 23 giugno 2011, n. 118, alla banca dati delle amministrazioni pubbliche. Non sono considerate le richieste di contributo pervenute dagli enti locali che, alla data di presentazione della richiesta medesima, non hanno ancora trasmesso alla citata banca dati i documenti contabili di cui all'articolo 1, comma 1, lettere b) ed e), e all'articolo 3 del decreto del Ministro dell'economia e delle finanze 12 maggio 2016, pubblicato nella Gazzetta Ufficiale n. 122 del 26 maggio 2016, riferiti all'ultimo rendiconto della gestione approvato. Nel caso di enti locali per i quali sono sospesi per legge i termini di approvazione del rendiconto della gestione di riferimento, le informazioni di cui al primo periodo sono desunte dall'ultimo rendiconto della gestione trasmesso alla citata banca dati.

56. L'ente locale beneficiario del contributo di cui al comma 51 è tenuto ad affidare la progettazione entro tre mesi decorrenti dalla data di emanazione del decreto di cui al comma 53. In caso contrario, il contributo è recuperato dal Ministero dell'interno secondo le modalità di cui ai commi 128 e 129 dell'articolo 1 della legge 24 dicembre 2012, n. 228.

57. La rilevazione dei dati relativi alle attività di progettazione di cui ai commi da 51 a 56 e dei relativi adempimenti è effettuata attraverso il sistema di monitoraggio delle opere pubbliche ai sensi del decreto legislativo 29 dicembre 2011, n. 229, classificato come "*Sviluppo capacità progettuale dei comuni*". L'affidamento della progettazione ai sensi del comma 56 è verificato tramite il predetto sistema attraverso le informa-

zioni correlate al relativo codice identificativo di gara (CIG).

58. Il Ministero delle infrastrutture e dei trasporti, in collaborazione con il Ministero dell'interno, effettua un controllo a campione sulle attività di progettazione oggetto del contributo di cui ai commi 51 e 51-bis [(1)].

[(1)] *Comma modificato dall'articolo 45, comma 1, lettera d), del D.L. 14 agosto 2020, n. 104, convertito con modificazioni dalla Legge 13 ottobre 2020, n. 126.*

59. Per il finanziamento degli interventi relativi ad opere pubbliche di messa in sicurezza, ristrutturazione, riqualificazione o costruzione di edifici di proprietà dei comuni destinati ad asili nido e scuole dell'infanzia, è istituito nello stato di previsione del Ministero dell'interno il fondo "*Asili nido e scuole dell'infanzia*", con una dotazione pari a 100 milioni di euro per ciascuno degli anni dal 2021 al 2023 e a 200 milioni di euro per ciascuno degli anni dal 2024 al 2034 [(1)].

[(1)] *Per il finanziamento degli interventi relativi ad opere pubbliche di messa in sicurezza, ristrutturazione, riqualificazione o costruzione di edifici di proprietà dei comuni destinati ad asili nido e scuole dell'infanzia vedi D.P.C.M 30 dicembre 2020.*

60. Il fondo di cui al comma 59 è finalizzato, in particolare, ai seguenti interventi:

a) progetti di costruzione, ristrutturazione, messa in sicurezza e riqualificazione di asili nido, scuole dell'infanzia e centri polifunzionali per i servizi alla famiglia, con priorità per le strutture localizzate nelle aree svantaggiate del Paese e nelle periferie urbane, con lo scopo di rimuovere gli squilibri economici e sociali ivi esistenti;

b) progetti volti alla riconversione di spazi delle scuole dell'infanzia attualmente inutilizzati, con la finalità del riequilibrio territoriale, anche nel contesto di progetti innovativi finalizzati all'attivazione di servizi integrativi che concorrano all'educazione dei bambini e soddisfino i bisogni delle famiglie in modo flessibile e diversificato sotto il profilo strutturale ed organizzativo.

61. Per la realizzazione degli interventi di cui ai commi 59 e 60, i comuni elaborano progetti di costruzione, ristrutturazione e riqualificazione. Con decreto del Presidente del Consiglio dei ministri, di concerto con il Ministro dell'interno, con il Ministro dell'economia e delle finanze, con il Ministro per le pari opportunità e la famiglia e con il Ministro dell'istruzione, dell'università e della ricerca, previa intesa in sede di Conferenza unificata, da adottare entro sei mesi dalla data di entrata in vigore della presente legge, sono individuate le modalità e le procedure di trasmissione dei progetti di cui al primo periodo da parte dei comuni e sono disciplinati i criteri di riparto e le modalità di utilizzo delle risorse, ivi incluse le modalità di utilizzo dei ribassi d'asta, di monitoraggio, anche in termini di effettivo utilizzo delle risorse assegnate e comunque tramite il sistema di cui al decreto legislativo 29 dicembre 2011, n. 229, di rendicontazione e di verifica, nonché le modalità di recupero ed eventuale riassegnazione delle somme non utilizzate. Con decreto del Ministero dell'interno, di concerto con il Ministero dell'economia e delle finanze, con il Ministro per le pari opportunità e la famiglia e con il Ministero dell'istruzione, dell'università e della ricerca, da adottare entro novanta giorni dalla data di pubblicazione del decreto di cui al secondo periodo, sono individuati gli enti beneficiari, gli interventi ammessi al finanziamento e il relativo importo. Entro sei mesi dalla data di entrata in vigore della presente legge è istituita presso la Presidenza del Consiglio dei ministri una Cabina di regia per il monitoraggio dello stato di realizzazione dei singoli progetti. La Cabina di regia, presieduta dal capo del Dipartimento per le politiche della famiglia, è composta da un rappresentante, rispettivamente, del Dipartimento per gli affari regionali e le autonomie, del Ministero dell'interno, del Ministero dell'economia e delle finanze, del Ministero dell'istruzione, dell'università e della ricerca, dell'Autorità politica delegata per le politiche di coesione e del Ministero delle infrastrutture e dei trasporti, nonché da un componente designato dalla Conferenza unificata con le modalità di cui all'articolo 9, comma 2, lettera d), del decreto legislativo 28 agosto 1997, n. 281, ai quali non spettano compensi, rimborsi spese, gettoni di presenza e indennità comunque denominate.

Al funzionamento della Cabina di regia si provvede con le risorse umane, strumentali e finanziarie della Presidenza del Consiglio dei ministri disponibili a legislazione vigente [(1)].

[(1)] *Comma modificato dall'articolo 14, comma 1, del D.L. 10 settembre 2021, n. 121, convertito con modificazioni dalla Legge 9 novembre 2021, n. 156.*

Omissis.

191. Il credito d'imposta spettante ai sensi dei commi da 184 a 190 è utilizzabile esclusivamente in compensazione, ai sensi dell'articolo 17 del decreto legislativo 9 luglio 1997, n. 241, in cinque quote annuali di pari importo ridotte a tre per gli investimenti di cui al comma 190, a decorrere dall'anno successivo a quello di entrata in funzione dei beni per gli investimenti di cui al comma 188, ovvero a decorrere dall'anno successivo a quello dell'avvenuta interconnessione dei beni ai sensi del comma 195 per gli investimenti di cui ai commi 189 e 190. Nel caso in cui l'interconnessione dei beni di cui al comma 189 avvenga in un periodo d'imposta successivo a quello della loro entrata in funzione è comunque possibile iniziare a fruire del credito d'imposta per la parte spettante ai sensi del comma 188. Non si applicano i limiti di cui all'articolo 1, comma 53, della legge 24 dicembre 2007, n. 244, di cui all'articolo 34 della legge 23 dicembre 2000, n. 388, e di cui all'articolo 31 del decreto-legge 31 maggio 2010, n. 78, convertito, con modificazioni, dalla legge 30 luglio 2010, n. 122. Al solo fine di consentire al Ministero dello sviluppo economico di acquisire le informazioni necessarie per valutare l'andamento, la diffusione e l'efficacia delle misure agevolative introdotte dai commi 189 e 190, anche in funzione del perseguimento degli obiettivi generali indicati al comma 184, le imprese che si avvalgono di tali misure effettuano una comunicazione al Ministero dello sviluppo economico. Con apposito decreto direttoriale del Ministero dello sviluppo economico sono stabiliti il modello, il contenuto, le modalità e i termini di invio della comunicazione in relazione a ciascun periodo d'imposta agevolabile. Il credito d'imposta non può formare oggetto di cessione o trasferimento neanche all'interno del consolidato fiscale.

192. Il credito d'imposta non concorre alla formazione del reddito nonché della base imponibile dell'imposta regionale sulle attività produttive e non rileva ai fini del rapporto di cui agli articoli 61 e 109, comma 5, del testo unico di cui al decreto del Presidente della Repubblica 22 dicembre 1986, n. 917. Il credito d'imposta è cumulabile con altre agevolazioni che abbiano ad oggetto i medesimi costi, a

condizione che tale cumulo, tenuto conto anche della non concorrenza alla formazione del reddito e della base imponibile dell'imposta regionale sulle attività produttive di cui al periodo precedente, non porti al superamento del costo sostenuto.

193. Se, entro il 31 dicembre del secondo anno successivo a quello di effettuazione dell'investimento, i beni agevolati sono ceduti a titolo oneroso o sono destinati a strutture produttive ubicate all'estero, anche se appartenenti allo stesso soggetto, il credito d'imposta è corrispondentemente ridotto escludendo dall'originaria base di calcolo il relativo costo. Il maggior credito d'imposta eventualmente già utilizzato in compensazione deve essere direttamente riversato dal soggetto entro il termine per il versamento a saldo dell'imposta sui redditi dovuta per il periodo d'imposta in cui si verifichino le suddette ipotesi, senza applicazione di sanzioni e interessi. Si applicano, in quanto compatibili, le disposizioni contenute nell'articolo 1, commi 35 e 36, della legge 27 dicembre 2017, n. 205, in materia di investimenti sostitutivi.

194. Il credito d'imposta di cui al comma 188 si applica alle stesse condizioni e negli stessi limiti anche agli investimenti effettuati dagli esercenti arti e professioni.

195. Ai fini dei successivi controlli, i soggetti che si avvalgono del credito d'imposta sono tenuti a conservare, pena la revoca del beneficio, la documentazione idonea a dimostrare l'effettivo sostenimento e la corretta determinazione dei costi agevolabili. A tal fine, le fatture e gli altri documenti relativi all'acquisizione dei beni agevolati devono contenere l'espresso riferimento alle disposizioni dei commi da 184 a 194. In relazione agli investimenti previsti dai commi 189 e 190, le imprese sono inoltre tenute a produrre una perizia tecnica semplice rilasciata da un ingegnere o da un perito industriale iscritti nei rispettivi albi professionali o un attestato di conformità rilasciato da un ente di certificazione accreditato, da cui risulti che i beni possiedono caratteristiche tecniche tali da includerli negli elenchi di cui ai richiamati allegati A e B annessi alla legge n. 232 del 2016 e sono interconnessi al sistema aziendale di gestione della produzione o alla rete di fornitura. Relativamente al settore agricolo la perizia tecnica di cui al precedente periodo può essere rilasciata anche da un dottore agronomo o forestale, da un agrotecnico laureato o da un perito agrario laureato. Per i beni di costo unitario di acquisizione non superiore a 300.000 euro, l'onere documentale di cui al periodo precedente può essere adempiuto attraverso una dichiarazione resa dal legale rappresentante ai sensi del testo unico delle disposizioni legislative e regolamentari in materia di documentazione amministrativa, di cui al decreto del Presidente della Repubblica 28 dicembre 2000, n. 445 (1).

(1) Comma modificato dall'articolo 56-ter, comma 1, lettera a), del D.L. 31 maggio 2021, n. 77, convertito con modificazioni dalla Legge 29 luglio 2021, n. 108 e successivamente dall'articolo 10-ter, comma 1, del D.L. 27 gennaio 2022, n. 4, convertito con modificazioni dalla Legge 28 marzo 2022, n. 25.

196. Le disposizioni dei commi da 184 a 195 non si applicano:

a) agli investimenti aventi a oggetto i beni indicati nel comma 188, effettuati tra il 1° gennaio e il 30 giugno 2020, in relazione ai quali entro la data del 31 dicembre 2019 il relativo ordine sia stato accettato dal venditore e sia avvenuto il pagamento di acconti in misura almeno pari al 20 per cento del costo di acquisizione, per i quali resta ferma l'agevolazione prevista dall'articolo 1 del decreto-legge 30 aprile 2019, n. 34, convertito, con modificazioni, dalla legge 28 giugno 2019, n. 58;

b) agli investimenti aventi a oggetto i beni indicati nei commi 189 e 190, effettuati tra il 1° gennaio e il 31 dicembre 2020, in relazione ai quali entro la data del 31 dicembre 2019 il relativo ordine sia stato accettato dal venditore e sia avvenuto il pagamento di acconti in misura almeno pari al 20 per cento del costo di acquisizione, per i quali restano ferme le agevolazioni previste dall'articolo 1, commi 60 e 62, della legge 30 dicembre 2018, n. 145.

197. Il Ministero dell'economia e delle finanze effettua il monitoraggio delle fruizioni del credito d'imposta di cui ai commi da 184 a 195, ai fini di quanto previsto dall'articolo 17, comma 13, della legge 31 dicembre 2009, n. 196.

198. Per gli investimenti in ricerca e sviluppo, in transizione ecologica, in innovazione tecnologica 4.0 e in altre attività innovative, è riconosciuto un credito d'imposta alle condizioni e nelle misure di cui ai commi da 199 a 206 (1)(A).

(A) In riferimento al presente comma vedi: Risoluzione Agenzia delle Entrate 1 marzo 2021, n. 13/E.

(1) Comma modificato dall'articolo 1, comma 1064, lettera a), della Legge 30 dicembre 2020, n. 178 e successivamente sostituito dall'articolo 1, comma 45, lettera a), della Legge 30 dicembre 2021, n. 234.

199. Possono accedere al credito d'imposta tutte le imprese residenti nel territorio dello Stato, incluse le stabili organizzazioni di soggetti non residenti, indipendentemente dalla forma giuridica, dal settore economico di appartenenza, dalla dimensione e dal regime fiscale di determinazione del reddito dell'impresa, che effettuano investimenti in una delle attività ammissibili definite nei commi 200, 201 e 202.

Sono escluse le imprese in stato di liquidazione volontaria, fallimento, liquidazione coatta amministrativa, concordato preventivo senza continuità aziendale, altra procedura concorsuale prevista dal regio decreto 16 marzo 1942, n. 267, dal codice di cui al decreto legislativo 12 gennaio 2019, n. 14, o da altre leggi speciali o che abbiano in corso un procedimento per la dichiarazione di una di tali situazioni. Sono, inoltre, escluse le imprese destinatarie di sanzioni interdittive ai sensi dell'articolo 9, comma 2, del decreto legislativo 8 giugno 2001, n. 231. Per le imprese ammesse al credito d'imposta, la fruizione del beneficio spettante è comunque subordinata alla condizione del rispetto delle normative sulla sicurezza nei luoghi di lavoro applicabili in ciascun settore e al corretto adempimento degli obblighi di versamento dei contributi previdenziali e assistenziali a favore dei lavoratori (1).

(1) Comma modificato dall'articolo 1, comma 1064, lettera b), della Legge 30 dicembre 2020, n. 178.

200. Sono considerate attività di ricerca e sviluppo ammissibili al credito d'imposta le attività di ricerca fondamentale, di ricerca industriale e sviluppo sperimentale in campo scientifico o tecnologico, come definite, rispettivamente, alle lettere m), q) e j) del punto 15 del paragrafo 1.3 della comunicazione della Commissione (2014/C 198/01) del 27 giugno 2014, concernente disciplina degli aiuti di Stato a favore di ricerca, sviluppo e innovazione. Con decreto del Ministro

dello sviluppo economico, da pubblicare entro sessanta giorni dalla data di entrata in vigore della presente legge, sono dettati i criteri per la corretta applicazione di tali definizioni, tenendo conto dei princìpi generali e dei criteri contenuti nel Manuale di Frascati dell'Organizzazione per la cooperazione e lo sviluppo economico (OCSE). Ai fini della determinazione della base di calcolo del credito d'imposta, sono considerate ammissibili, nel rispetto delle regole generali di effettività, pertinenza e congruità:

a) le spese di personale relative ai ricercatori e ai tecnici titolari di rapporto di lavoro subordinato o di lavoro autonomo o altro rapporto diverso dal lavoro subordinato, direttamente impiegati nelle operazioni di ricerca e sviluppo svolte internamente all'impresa, nei limiti del loro effettivo impiego in tali operazioni. Le spese di personale relative a soggetti di età non superiore a trentacinque anni, al primo impiego, in possesso di un titolo di dottore di ricerca o iscritti a un ciclo di dottorato presso un'università italiana o estera o in possesso di una laurea magistrale in discipline di ambito tecnico o scientifico secondo la classificazione internazionale standard dell'educazione (Isced) dell'UNESCO, assunti dall'impresa con contratto di lavoro subordinato a tempo indeterminato e impiegati esclusivamente nei lavori di ricerca e sviluppo, concorrono a formare la base di calcolo del credito d'imposta per un importo pari al 150 per cento del loro ammontare;

b) le quote di ammortamento, i canoni di locazione finanziaria o di locazione semplice e le altre spese relative ai beni materiali mobili e ai software utilizzati nei progetti di ricerca e sviluppo anche per la realizzazione di prototipi o impianti pilota, per l'importo ordinariamente deducibile ai fini della determinazione del reddito d'impresa relativo al periodo d'imposta di utilizzo e nel limite massimo complessivo pari al 30 per cento delle spese di personale indicate alla lettera a). Nel caso in cui i suddetti beni siano utilizzati anche per le ordinarie attività produttive dell'impresa, si assume la parte delle quote di ammortamento e delle altre spese imputabile alle sole attività di ricerca e sviluppo;

c) le spese per contratti di ricerca extra muros aventi ad oggetto il diretto svolgimento da parte del soggetto commissionario delle attività di ricerca e sviluppo ammissibili al credito d'imposta. Nel caso di contratti di ricerca extra muros stipulati con università e istituti di ricerca nonché con start-up innovative, di cui all'articolo 25 del decreto-legge 18 ottobre 2012, n. 179, convertito, con modificazioni, dalla legge 17 dicembre 2012, n. 221 aventi sede nel territorio dello Stato, le spese concorrono a formare la base di calcolo del credito d'imposta per un importo pari al 150 per cento del loro ammontare. Nel caso in cui i contratti siano stipulati con imprese o soggetti appartenenti al medesimo gruppo dell'impresa committente, si applicano le stesse regole applicabili nel caso di attività di ricerca e sviluppo svolte internamente all'impresa. Si considerano appartenenti allo stesso gruppo le imprese controllate da un medesimo soggetto, controllanti o collegate ai sensi dell'articolo 2359 del codice civile, inclusi i soggetti diversi dalle società di capitali. La maggiorazione per le spese di personale prevista dal secondo periodo della lettera a) si applica solo nel caso in cui i soggetti neoassunti qualificati siano impiegati in laboratori e altre strutture di ricerca situati nel territorio dello Stato. Le spese previste dalla presente lettera, nel caso di contratti stipulati con soggetti esteri, sono ammissibili a condizione che i soggetti cui vengono commissionati i progetti relativi alle attività di ricerca e sviluppo ammissibili al credito d'imposta, anche se appartenenti allo stesso gruppo dell'impresa committente, siano fiscalmente residenti o localizzati in altri Stati membri dell'Unione europea o in Stati aderenti all'accordo sullo Spazio economico europeo o in Stati compresi nell'elenco di cui al decreto del Ministro delle finanze 4 settembre 1996, pubblicato nella Gazzetta Ufficiale n. 220 del 19 settembre 1996 (1).

d) le quote di ammortamento relative all'acquisto da terzi, anche in licenza d'uso, di privative industriali relative a un'invenzione industriale o biotecnologica, a una topografia di prodotto a semiconduttori o a una nuova varietà vegetale, nel limite massimo complessivo di 1.000.000 di euro e a condizione che siano utilizzate direttamente ed esclusivamente per lo svolgimento delle attività inerenti ai progetti di ricerca e sviluppo ammissibili al credito d'imposta. Le spese previste dalla presente lettera sono ammissibili a condizione che derivino da contratti di acquisto o licenza stipulati con soggetti terzi residenti nel territorio dello Stato o fiscalmente residenti o localizzati in altri Stati membri dell'Unione europea o in Stati aderenti all'accordo sullo Spazio economico europeo o in Stati compresi nell'elenco di cui al citato decreto del Ministro delle finanze 4 settembre 1996. Non si considerano comunque ammissibili le spese per l'acquisto, anche in licenza d'uso, dei suddetti beni immateriali derivanti da operazioni intercorse con imprese appartenenti allo stesso gruppo dell'impresa acquirente. Si considerano appartenenti allo stesso gruppo le imprese controllate da un medesimo soggetto, controllanti o collegate ai sensi dell'articolo 2359 del codice civile, inclusi i soggetti diversi dalle società di capitali (2);

e) le spese per servizi di consulenza e servizi equivalenti inerenti alle attività di ricerca e sviluppo ammissibili al credito d'imposta, nel limite massimo complessivo pari al 20 per cento delle spese di personale ammissibili indicate alla lettera a) ovvero delle spese ammissibili indicate alla lettera c), senza tenere conto della maggiorazione ivi prevista, a condizione che i relativi contratti siano stipulati con soggetti residenti nel territorio dello Stato o con soggetti fiscalmente residenti o localizzati in altri Stati membri dell'Unione europea o in Stati aderenti all'accordo sullo Spazio economico europeo o in Stati compresi nell'elenco di cui al citato decreto del Ministro delle finanze 4 settembre 1996 (3);

f) le spese per materiali, forniture e altri prodotti analoghi impiegati nei progetti di ricerca e sviluppo ammissibili al credito d'imposta svolti internamente dall'impresa anche per la realizzazione di prototipi o impianti pilota, nel limite massimo del 30 per cento delle spese di personale indicate alla lettera a) ovvero, nel caso di ricerca extra muros, del 30 per cento dei costi dei contratti indicati alla lettera c).

(1) Lettera modificata dall'articolo 38, comma 4, del D.L. 19 maggio 2020, n. 34, convertito con modificazioni dalla Legge 17 luglio 2020, n. 77. Vedi anche l'articolo 244, comma 1, del medesimo D.L. n. 34/2020. Successivamente dall'articolo 1, comma 1064, lettera c), numero 1, della Legge 30 dicembre 2020, n. 178.

(2) Lettera modificata dall'articolo 1, comma 1064, lettera c), numero 2, della Legge 30 dicembre 2020, n. 178.

(3) Lettera modificata dall'articolo 1, comma 1064, lettera c), numero 3, della Legge 30 dicembre 2020, n. 178.

201. Sono considerate attività di innovazione tecnologica ammissibili al credito d'imposta le attività, diverse da quelle

indicate nel comma 200, finalizzate alla realizzazione di prodotti o processi di produzione nuovi o sostanzialmente migliorati.

Per prodotto o processo di produzione nuovo o sostanzialmente migliorato si intende un bene materiale o immateriale o un servizio o un processo che si differenzia, rispetto a quelli già realizzati o applicati dall'impresa, sul piano delle caratteristiche tecnologiche o delle prestazioni o dell'ecocompatibilità o dell'ergonomia o per altri elementi sostanziali rilevanti nei diversi settori produttivi. Non sono considerate attività di innovazione tecnologica ammissibili al credito d'imposta le attività di routine per il miglioramento della qualità dei prodotti e in generale le attività volte a differenziare i prodotti dell'impresa da quelli simili, presenti sullo stesso mercato concorrenziale, per elementi estetici o secondari, le attività per l'adeguamento di un prodotto esistente alle specifiche richieste di un cliente nonché le attività per il controllo di qualità e la standardizzazione dei prodotti. Con il decreto del Ministro dello sviluppo economico previsto dal comma 200, sono dettati i criteri per la corretta applicazione di tali definizioni, tenendo conto dei princìpi generali e dei criteri contenuti nel Manuale di Oslo dell'OCSE.

Ai fini della determinazione della base di calcolo del credito d'imposta, sono considerate ammissibili, nel rispetto delle regole generali di effettività, pertinenza e congruità:

a) le spese per il personale titolare di rapporto di lavoro subordinato o di lavoro autonomo o altro rapporto diverso dal lavoro subordinato, direttamente impiegato nelle operazioni di innovazione tecnologica svolte internamente all'impresa, nei limiti dell'effettivo impiego in tali operazioni. Le spese di personale relative a soggetti di età non superiore a trentacinque anni, al primo impiego, in possesso di un titolo di dottore di ricerca o iscritti a un ciclo di dottorato presso un'università italiana o estera o in possesso di una laurea magistrale in discipline di ambito tecnico o scientifico secondo la classificazione Isced dell'UNESCO, assunti dall'impresa con contratto di lavoro subordinato a tempo indeterminato e impiegati esclusivamente nei lavori di innovazione tecnologica, concorrono a formare la base di calcolo del credito d'imposta per un importo pari al 150 per cento del loro ammontare;

b) le quote di ammortamento, i canoni di locazione finanziaria o di locazione semplice e le altre spese relative ai beni materiali mobili e ai software utilizzati nei progetti di innovazione tecnologica anche per la realizzazione di prototipi o impianti pilota, per l'importo ordinariamente deducibile ai fini della determinazione del reddito d'impresa e nel limite massimo complessivo pari al 30 per cento delle spese di personale indicate alla lettera a). Nel caso in cui i suddetti beni siano utilizzati anche per le ordinarie attività produttive dell'impresa, si assume la parte delle quote di ammortamento e delle altre spese imputabile alle sole attività di innovazione tecnologica;

c) le spese per contratti aventi ad oggetto il diretto svolgimento da parte del soggetto commissionario delle attività di innovazione tecnologica ammissibili al credito d'imposta. Nel caso in cui i contratti siano stipulati con imprese o soggetti appartenenti al medesimo gruppo dell'impresa committente, si applicano le stesse regole applicabili nel caso di attività di innovazione tecnologica svolte internamente all'impresa. Si considerano appartenenti allo stesso gruppo le imprese controllate da un medesimo soggetto, controllanti o collegate ai sensi dell'articolo 2359 del codice civile, inclusi i soggetti diversi dalle società di capitali. La maggiorazione per le spese di personale prevista dal secondo periodo della lettera a) si applica solo nel caso in cui i soggetti neoassunti qualificati siano impiegati in laboratori e altre strutture di ricerca situati nel territorio dello Stato. Le spese previste dalla presente lettera , nel caso di contratti stipulati con soggetti esteri, sono ammissibili a condizione che i soggetti cui vengono commissionati i progetti relativi alle attività di innovazione tecnologica ammissibili al credito d'imposta, anche se appartenenti allo stesso gruppo dell'impresa committente, siano fiscalmente residenti o localizzati in altri Stati membri dell'Unione europea o in Stati aderenti all'accordo sullo Spazio economico europeo o in Stati compresi nell'elenco di cui al citato decreto del Ministro delle finanze 4 settembre 1996 [(1)];

d) le spese per servizi di consulenza e servizi equivalenti inerenti alle attività di innovazione tecnologica ammissibili al credito d'imposta, nel limite massimo complessivo pari al 20 per cento delle spese di personale indicate alla lettera a) ovvero delle spese ammissibili indicate alla lettera c), a condizione che i relativi contratti siano stipulati con soggetti residenti nel territorio dello Stato o con soggetti fiscalmente residenti o localizzati in altri Stati membri dell'Unione europea o in Stati aderenti all'accordo sullo Spazio economico europeo o in Stati compresi nell'elenco di cui al citato decreto del Ministro delle finanze 4 settembre 1996 [(2)];

e) le spese per materiali, forniture e altri prodotti analoghi impiegati nelle attività di innovazione tecnologica ammissibili al credito d'imposta anche per la realizzazione di prototipi o impianti pilota, nel limite massimo del 30 per cento delle spese di personale indicate alla lettera a), ovvero del 30 per cento delle spese per i contratti indicati alla lettera c).

[(1)] Lettera modificata dall'articolo 1, comma 1064, lettera d), numero 1, della Legge 30 dicembre 2020, n. 178.
[(2)] Lettera modificata dall'articolo 1, comma 1064, lettera d), numero 2, della Legge 30 dicembre 2020, n. 178.

202.Sono considerate attività innovative ammissibili al credito d'imposta le attività di design e ideazione estetica svolte dalle imprese operanti nei settori tessile e della moda, calzaturiero, dell'occhialeria, orafo, del mobile e dell'arredo e della ceramica, per la concezione e realizzazione dei nuovi prodotti e campionari. Con il decreto del Ministro dello sviluppo economico previsto dal comma 200, sono dettati i criteri per la corretta applicazione del presente comma anche in relazione alle medesime attività svolte in settori diversi da quelli sopraindicati. Ai fini della determinazione della base di calcolo del credito d'imposta per le attività di design e ideazione estetica, si considerano ammissibili, nel rispetto delle regole generali di effettività, pertinenza e congruità:

a) le spese per il personale titolare di rapporto di lavoro subordinato o di lavoro autonomo o altro rapporto diverso dal lavoro subordinato, direttamente impiegato presso le strutture produttive dell'impresa nello svolgimento delle attività di design e ideazione estetica ammissibili al credito d'imposta, nei limiti dell'effettivo impiego in tali attività. Le spese di personale relative a soggetti di età non superiore a trentacinque anni, al primo impiego, in possesso di una laurea in design o altri titoli equiparabili, assunti dall'impresa con contratto di lavoro subordinato a tempo indeterminato e impiegati esclusivamente nei lavori di design e innovazione estetica, concorrono a formare la base di calcolo del credito d'imposta per un importo pari al 150 per cento del loro ammontare;

b) le quote di ammortamento, i canoni di locazione finanziaria o di locazione semplice e le altre spese relative ai beni materiali mobili e ai software utilizzati nelle attività di design e innovazione estetica ammissibili al credito d'imposta, compresa la progettazione e realizzazione dei campionari, per l'importo ordinariamente deducibile ai fini della determinazione del reddito d'impresa e nel limite massimo complessivo pari al 30 per cento delle spese di personale indicate alla lettera a). Nel caso in cui i suddetti beni siano utilizzati anche per le ordinarie attività produttive dell'impresa, si assume la parte delle quote di ammortamento e delle altre spese imputabile alle sole attività di design e ideazione estetica [(1)];

c) le spese per contratti aventi ad oggetto il diretto svolgimento da parte del soggetto commissionario delle attività di design e ideazione estetica ammissibili al credito d'imposta, stipulati con professionisti o studi professionali o altre imprese. Nel caso in cui i contratti siano stipulati con imprese o soggetti appartenenti allo stesso gruppo dell'impresa committente, si applicano le stesse regole applicabili nel caso di attività di design e ideazione estetica svolte internamente all'impresa. Si considerano appartenenti allo stesso gruppo le imprese controllate da un medesimo soggetto, controllanti o collegate ai sensi dell'articolo 2359 del codice civile, inclusi i soggetti diversi dalle società di capitali. La maggiorazione per le spese di personale prevista dal secondo periodo della lettera a) si applica solo nel caso in cui i soggetti neo-assunti qualificati siano impiegati in laboratori e altre strutture di ricerca situati nel territorio dello Stato. Le spese previste dalla presente lettera , nel caso di contratti stipulati con soggetti esteri, sono ammissibili a condizione che i soggetti cui vengono commissionati i progetti relativi alle attività di design e ideazione estetica ammissibili al credito d'imposta, anche se appartenenti allo stesso gruppo dell'impresa committente, siano fiscalmente residenti o localizzati in altri Stati membri dell'Unione europea o in Stati aderenti all'accordo sullo Spazio economico europeo o in Stati compresi nell'elenco di cui al citato decreto del Ministro delle finanze 4 settembre 1996 [(2)];

d) le spese per servizi di consulenza e servizi equivalenti utilizzati esclusivamente per lo svolgimento delle altre attività innovative ammissibili al credito d'imposta, nel limite massimo complessivo pari al 20 per cento delle spese di personale indicate alla lettera a) ovvero alla lettera c). Le spese previste dalla presente lettera , nel caso di contratti stipulati con soggetti esteri, sono ammissibili a condizione che tali soggetti cui sono commissionati i progetti relativi alle attività di design e ideazione estetica ammissibili al credito d'imposta, anche se appartenenti allo stesso gruppo dell'impresa committente, siano fiscalmente residenti o localizzati in altri Stati membri dell'Unione europea o in Stati aderenti all'accordo sullo Spazio economico europeo o in Stati compresi nell'elenco di cui al citato decreto del Ministro delle finanze 4 settembre 1996 [(3)];

e) le spese per materiali, forniture e altri prodotti analoghi impiegati nelle attività di design e ideazione estetica ammissibili al credito d'imposta, nel limite massimo pari al 30 per cento delle spese di personale indicate alla lettera a) ovvero delle spese per i contratti di cui alla lettera c).

[(1)] Lettera modificata dall'articolo 1, comma 1064, lettera e), numero 1, della Legge 30 dicembre 2020, n. 178.
[(2)] Lettera modificata dall'articolo 1, comma 1064, lettera e), numero 2, della Legge 30 dicembre 2020, n. 178.
[(3)] Lettera modificata dall'articolo 1, comma 1064, lettera e), numero 3, della Legge 30 dicembre 2020, n. 178.

203. Per le attività di ricerca e sviluppo previste dal comma 200, il credito d'imposta è riconosciuto, fino al periodo d'imposta in corso al 31 dicembre 2022, in misura pari al 20 per cento della relativa base di calcolo, assunta al netto delle altre sovvenzioni o dei contributi a qualunque titolo ricevuti per le stesse spese ammissibili, nel limite massimo annuale di 4 milioni di euro, ragguagliato ad anno in caso di periodo d'imposta di durata inferiore o superiore a dodici mesi. Per le attività di innovazione tecnologica previste dal comma 201, il credito d'imposta è riconosciuto, fino al periodo d'imposta in corso al 31 dicembre 2023, in misura pari al 10 per cento della relativa base di calcolo, assunta al netto delle altre sovvenzioni o dei contributi a qualunque titolo ricevuti sulle stesse spese ammissibili, nel limite massimo annuale di 2 milioni di euro, ragguagliato ad anno in caso di periodo d'imposta di durata inferiore o superiore a dodici mesi. Per le attività di design e ideazione estetica previste dal comma 202, il credito d'imposta è riconosciuto, fino al periodo d'imposta in corso al 31 dicembre 2023, in misura pari al 10 per cento della relativa base di calcolo, assunta al netto delle altre sovvenzioni o dei contributi a qualunque titolo ricevuti sulle stesse spese ammissibili, nel limite massimo annuale di 2 milioni di euro, ragguagliato ad anno in caso di periodo d'imposta di durata inferiore o superiore a dodici mesi. Per le attività di innovazione tecnologica previste dal comma 201 finalizzate alla realizzazione di prodotti o processi di produzione nuovi o sostanzialmente migliorati per il raggiungimento di un obiettivo di transizione ecologica o di innovazione digitale 4.0, individuati con il decreto del Ministro dello sviluppo economico previsto dal comma 200, il credito d'imposta è riconosciuto, fino al periodo d'imposta in corso al 31 dicembre 2022, in misura pari al 15 per cento della relativa base di calcolo, assunta al netto delle altre sovvenzioni o dei contributi a qualunque titolo ricevuti sulle stesse spese ammissibili, nel limite massimo annuale di 2 milioni di euro, ragguagliato ad anno in caso di periodo d'imposta di durata inferiore o superiore a dodici mesi. Nel rispetto dei massimali indicati e a condizione della separazione analitica dei progetti e delle spese ammissibili pertinenti alle diverse tipologie di attività, è possibile applicare il beneficio anche per più attività ammissibili nello stesso periodo d'imposta [(1)].

[(1)] Comma modificato dall'articolo 1, comma 1064, lettera f), numeri 1, 2, 3 e 4, della Legge 30 dicembre 2020, n. 178 e successivamente sostituito dall'articolo 1, comma 45, lettera b), della Legge 30 dicembre 2021, n. 234.

203-bis. Per le attività di ricerca e sviluppo previste dal comma 200, il credito d'imposta è riconosciuto, dal periodo d'imposta successivo a quello in corso al 31 dicembre 2022 e fino a quello in corso al 31 dicembre 2031, in misura pari al 10 per cento della relativa base di calcolo, assunta al netto delle altre sovvenzioni o dei contributi a qualunque titolo ricevuti per le stesse spese ammissibili, nel limite massimo annuale di 5 milioni di euro, ragguagliato ad anno in caso di periodo d'imposta di durata inferiore o superiore a dodici mesi [1].

[1] *Comma inserito dall'articolo 1, comma 45, lettera c), della Legge 30 dicembre 2021, n. 234*

203-ter. Per le attività di innovazione tecnologica previste dal comma 201, il credito d'imposta è riconosciuto, dal periodo d'imposta successivo a quello in corso al 31 dicembre 2023 e fino al periodo d'imposta in corso al 31 dicembre 2025, in misura pari al 5 per cento della relativa base di calcolo, assunta al netto delle altre sovvenzioni o dei contributi a qualunque titolo ricevuti sulle stesse spese ammissibili, nel limite massimo annuale di 2 milioni di euro, ragguagliato ad anno in caso di periodo d'imposta di durata inferiore o superiore a dodici mesi [1].

[1] *Comma inserito dall'articolo 1, comma 45, lettera c), della Legge 30 dicembre 2021, n. 234*

203-quater. Per le attività di design e ideazione estetica previste dal comma 202, il credito d'imposta è riconosciuto, dal periodo d'imposta successivo a quello in corso al 31 dicembre 2023 e fino al periodo d'imposta in corso al 31 dicembre 2025, in misura pari al 5 per cento della relativa base di calcolo, assunta al netto delle altre sovvenzioni o dei contributi a qualunque titolo ricevuti sulle stesse spese ammissibili, nel limite massimo annuale di 2 milioni di euro, ragguagliato ad anno in caso di periodo d'imposta di durata inferiore o superiore a dodici mesi [1].

[1] *Comma inserito dall'articolo 1, comma 45, lettera c), della Legge 30 dicembre 2021, n. 234*

203-quinquies. Per le attività di innovazione tecnologica previste dal comma 201 finalizzate alla realizzazione di prodotti o processi di produzione nuovi o sostanzialmente migliorati per il raggiungimento di un obiettivo di transizione ecologica o di innovazione digitale 4.0, individuati con il decreto del Ministro dello sviluppo economico previsto dal comma 200, il credito d'imposta è riconosciuto, per il periodo d'imposta successivo a quello in corso al 31 dicembre 2022, in misura pari al 10 per cento della relativa base di calcolo, assunta al netto delle altre sovvenzioni o dei contributi a qualunque titolo ricevuti sulle stesse spese ammissibili, nel limite massimo annuale di 4 milioni di euro, ragguagliato ad anno in caso di periodo d'imposta di durata inferiore o superiore a dodici mesi. Nel rispetto dei massimali indicati e a condizione della separazione analitica dei progetti e delle spese ammissibili pertinenti alle diverse tipologie di attività, è possibile applicare il beneficio anche per più attività ammissibili nello stesso periodo d'imposta [1].

[1] *Comma inserito dall'articolo 1, comma 45, lettera c), della Legge 30 dicembre 2021, n. 234*

203-sexies. Per le attività di innovazione tecnologica previste dal comma 201 finalizzate alla realizzazione di prodotti o processi di produzione nuovi o sostanzialmente migliorati per il raggiungimento di un obiettivo di transizione ecologica o di innovazione digitale 4.0, individuati con il decreto del Ministro dello sviluppo economico previsto dal comma 200, il credito d'imposta è riconosciuto, dal periodo d'imposta successivo a quello in corso al 31 dicembre 2023 e fino a quello in corso al 31 dicembre 2025, in misura pari al 5 per cento della relativa base di calcolo, assunta al netto delle altre sovvenzioni o dei contributi a qualunque titolo ricevuti sulle stesse spese ammissibili, nel limite massimo annuale di 4 milioni di euro, ragguagliato ad anno in caso di periodo d'imposta di durata inferiore o superiore a dodici mesi. Nel rispetto dei massimali indicati e a condizione della separazione analitica dei progetti e delle spese ammissibili pertinenti alle diverse tipologie di attività, è possibile applicare il beneficio anche per più attività ammissibili nello stesso periodo d'imposta [1].

[1] *Comma inserito dall'articolo 1, comma 45, lettera c), della Legge 30 dicembre 2021, n. 234*

204. Il credito d'imposta spettante è utilizzabile esclusivamente in compensazione, ai sensi dell'articolo 17 del decreto legislativo 9 luglio 1997, n. 241, in tre quote annuali di pari importo, a decorrere dal periodo d'imposta successivo a quello di maturazione, subordinatamente all'avvenuto adempimento degli obblighi di certificazione previsti dal comma 205. Al solo fine di consentire al Ministero dello sviluppo economico di acquisire le informazioni necessarie per valutare l'andamento, la diffusione e l'efficacia delle misure agevolative disciplinate dai commi da 198 a 207, anche in funzione del perseguimento degli obiettivi generali indicati al comma 184, le imprese che si avvalgono di tali misure effettuano una comunicazione al Ministero dello sviluppo economico. Con apposito decreto direttoriale del Ministero dello sviluppo economico sono stabiliti il modello, il contenuto, le modalità e i termini di invio della comunicazione. Il credito d'imposta non può formare oggetto di cessione o trasferimento neanche all'interno del consolidato fiscale. Non si applicano i limiti di cui all'articolo 1, comma 53, della legge 24 dicembre 2007, n. 244, e di cui all'articolo 34 della legge 23 dicembre 2000, n. 388. Il credito d'imposta non concorre alla formazione del reddito d'impresa né della base imponibile dell'imposta regionale sulle attività produttive e non rileva ai fini del rapporto di cui agli articoli 61 e 109, comma 5, del testo unico di cui al decreto del Presidente della Repubblica 22 dicembre 1986, n. 917. Il credito d'imposta è cumulabile con altre agevolazioni che abbiano ad oggetto i medesimi costi, a condizione che tale cumulo, tenuto conto anche della non concorrenza alla formazione del reddito e della base imponibile dell'imposta regionale sulle attività produttive di cui al periodo precedente, non porti al superamento del costo sostenuto.

205. Ai fini del riconoscimento del credito d'imposta, l'effettivo sostenimento delle spese ammissibili e la corrispondenza delle stesse alla documentazione contabile predisposta dall'impresa devono risultare da apposita certificazione rilasciata dal soggetto incaricato della revisione legale dei conti. Per le imprese non obbligate per legge alla revisione legale dei conti, la certificazione è rilasciata da un revisore legale dei conti o da una società di revisione legale dei conti, iscritti nella sezione A del registro di cui all'articolo 8 del decreto legislativo 27 gennaio 2010, n. 39. Nell'assunzione di tale incarico, il revisore legale dei conti o la società di revisione legale dei conti osservano i princìpi di indipendenza elaborati ai sensi dell'articolo 10 del citato decreto legislativo n. 39 del 2010 e, in attesa della loro adozione, quelli previsti dal codice etico dell'International Federation of Accountants (IFAC). Per le sole imprese non obbligate per

legge alla revisione legale dei conti, le spese sostenute per adempiere all'obbligo di certificazione della documentazione contabile previsto dal presente comma sono riconosciute in aumento del credito d'imposta per un importo non superiore a 5.000 euro, fermi restando, comunque, i limiti massimi indicati ai commi da 203 a 203-sexies [1].

(1) *Comma modificato dall'articolo 1, comma 45, lettera d), della Legge 30 dicembre 2021, n. 234*

206. Ai fini dei successivi controlli, le imprese beneficiarie del credito d'imposta sono tenute a redigere e conservare una relazione tecnica asseverata che illustri le finalità, i contenuti e i risultati delle attività ammissibili svolte in ciascun periodo d'imposta in relazione ai progetti o ai sottoprogetti in corso di realizzazione. Tale relazione deve essere predisposta a cura del responsabile aziendale delle attività ammissibili o del responsabile del singolo progetto o sottoprogetto e deve essere controfirmata dal rappresentante legale dell'impresa ai sensi del testo unico delle disposizioni legislative e regolamentari in materia di documentazione amministrativa, di cui al decreto del Presidente della Repubblica 28 dicembre 2000, n. 445. Per le attività ammissibili commissionate a soggetti terzi, la relazione deve essere redatta e rilasciata all'impresa dal soggetto commissionario che esegue le attività [1].

(1) *Lettera modificata dall'articolo 1, comma 1064, lettera g), della Legge 30 dicembre 2020, n. 178.*

207. Nell'ambito delle ordinarie attività di accertamento, l'Agenzia delle entrate, sulla base dell'apposita certificazione della documentazione contabile e della relazione tecnica previste dai commi 205 e 206 nonché sulla base della ulteriore documentazione fornita dall'impresa, effettua i controlli finalizzati alla verifica delle condizioni di spettanza del credito d'imposta e della corretta applicazione della disciplina.

Nel caso in cui si accerti l'indebita fruizione anche parziale del credito d'imposta, l'Agenzia delle entrate provvede al recupero del relativo importo, maggiorato di interessi e sanzioni secondo legge, fatte salve le eventuali responsabilità di ordine civile, penale e amministrativo a carico dell'impresa beneficiaria. Qualora, nell'ambito delle verifiche e dei controlli, si rendano necessarie valutazioni di carattere tecnico in ordine all'ammissibilità di specifiche attività di ricerca e sviluppo, di innovazione tecnologica o di altre attività innovative nonché in ordine alla pertinenza e alla congruità delle spese sostenute dall'impresa, l'Agenzia delle entrate può richiedere al Ministero dello sviluppo economico di esprimere il proprio parere. I termini e le modalità di svolgimento di tali attività collaborative sono fissati con apposita convenzione tra l'Agenzia delle entrate e il Ministero dello sviluppo economico, nella quale può essere prevista un'analoga forma di collaborazione anche in relazione agli interpelli presentati all'Agenzia delle entrate ai sensi dell'articolo 11, comma 1, lettera a), della legge 27 luglio 2000, n. 212, aventi ad oggetto la corretta applicazione del credito d'imposta per i suddetti investimenti. Per l'espletamento delle attività di propria competenza, il Ministero dello sviluppo economico può anche avvalersi di soggetti esterni con competenze tecniche specialistiche [1].

(1) *Comma modificato dall'articolo 1, comma 1064, lettera h), della Legge 30 dicembre 2020, n. 178.*

208. Il Ministero dell'economia e delle finanze effettua il monitoraggio delle fruizioni del credito d'imposta di cui ai commi da 198 a 207, ai fini di quanto previsto dall'articolo 17, comma 13, della legge 31 dicembre 2009, n. 196.

209. All'articolo 3 del decreto-legge 23 dicembre 2013, n. 145, convertito, con modificazioni, dalla legge 21 febbraio 2014, n. 9, concernente il credito d'imposta per investimenti in attività di ricerca e sviluppo, al comma 1, le parole: "*fino a quello in corso al 31 dicembre 2020*" sono sostituite dalle seguenti: "*fino a quello in corso al 31 dicembre 2019*". Le risorse derivanti dall'anticipata cessazione del termine di applicazione del citato articolo 3 sono destinate al credito d'imposta per investimenti in ricerca, innovazione tecnologica e altre attività innovative per la competitività delle imprese, di cui ai commi da 198 a 207.

210. La disciplina del credito d'imposta introdotta dall'articolo 1, commi da 46 a 56, della legge 27 dicembre 2017, n. 205, per le spese di formazione del personale dipendente finalizzate all'acquisizione o al consolidamento delle competenze nelle tecnologie rilevanti per la trasformazione tecnologica e digitale previste dal Piano nazionale Impresa 4.0 si applica, con le modifiche previste dai commi da 211 a 217, anche alle spese di formazione sostenute nel periodo d'imposta successivo a quello in corso al 31 dicembre 2019 e fino a quello in corso al 31 dicembre 2022 [1].

(1) *Comma modificato dall'articolo 1, comma 1064, lettera i), della Legge 30 dicembre 2020, n. 178.*

210-bis. Per il periodo in corso al 31 dicembre 2020 e fino a quello in corso al 31 dicembre 2023, ai fini della disciplina prevista dall'articolo 1, commi da 46 a 56, della legge 27 dicembre 2017, n. 205, sono ammissibili i costi previsti dall'articolo 31, paragrafo 3, del regolamento (UE) n. 651/2014 della Commissione, del 17 giugno 2014 [1].

(1) *Comma inserito dall'articolo 1, comma 1064, lettera l), della Legge 30 dicembre 2020, n. 178.*

211. Nei confronti delle piccole imprese, il credito d'imposta è riconosciuto in misura pari al 50 per cento delle spese ammissibili e nel limite massimo annuale di 300.000 euro. Nei confronti delle medie imprese, il credito d'imposta è riconosciuto in misura pari al 40 per cento delle spese ammissibili e nel limite massimo annuale di 250.000 euro. Nei confronti delle grandi imprese, il credito d'imposta è riconosciuto in misura pari al 30 per cento delle spese ammissibili e nel limite massimo annuale di 250.000 euro. La misura del credito d'imposta è comunque aumentata per tutte le imprese, fermi restando i limiti massimi annuali, al 60 per cento nel caso in cui i destinatari delle attività di formazione ammissibili rientrino nelle categorie dei lavoratori dipendenti svantaggiati o molto svantaggiati, come definite dal decreto del Ministro del lavoro e delle politiche sociali 17 ottobre 2017 [1].

(1) *In riferimento al credito d'imposta vedi l'articolo 22, comma 1, del D.L. 17 maggio 2022, n. 50, convertito, con modificazioni, dalla Legge 15 luglio 2022, n. 91.*

212. Ferma restando l'esclusione delle imprese in difficoltà come definite dall'articolo 2, punto 18), del regolamento

(UE) n. 651/2014 della Commissione, del 17 giugno 2014, la disciplina del credito d'imposta non si applica alle imprese destinatarie di sanzioni interdittive ai sensi dell'articolo 9, comma 2, del decreto legislativo 8 giugno 2001, n. 231. L'effettiva fruizione del credito d'imposta è comunque subordinata alla condizione che l'impresa non sia destinataria di sanzioni interdittive ai sensi dell'articolo 9, comma 2, del decreto legislativo 8 giugno 2001, n. 231, e risulti in regola con le normative sulla sicurezza nei luoghi di lavoro e con gli obblighi di versamento dei contributi previdenziali e assistenziali a favore dei lavoratori.

213. Nel caso in cui le attività di formazione siano erogate da soggetti esterni all'impresa, si considerano ammissibili al credito d'imposta, oltre alle attività commissionate ai soggetti indicati nel comma 6 dell'articolo 3 del decreto del Ministro dello sviluppo economico 4 maggio 2018, pubblicato nella Gazzetta Ufficiale n. 143 del 22 giugno 2018, anche le attività commissionate agli Istituti tecnici superiori.

214. Il credito d'imposta è utilizzabile, a decorrere dal periodo d'imposta successivo a quello di sostenimento delle spese ammissibili, esclusivamente in compensazione, ai sensi dell'articolo 17 del decreto legislativo 9 luglio 1997, n. 241. Al solo fine di consentire al Ministero dello sviluppo economico di acquisire le informazioni necessarie per valutare l'andamento, la diffusione e l'efficacia della misura agevolativa, anche in funzione del perseguimento degli obiettivi generali indicati al comma 184, le imprese che si avvalgono del credito d'imposta sono tenute ad effettuare una comunicazione al Ministero dello sviluppo economico. con apposito decreto direttoriale del Ministero dello sviluppo economico sono stabiliti il modello, il contenuto, le modalità e i termini di invio della comunicazione. Il credito d'imposta non può formare oggetto di cessione o trasferimento neanche all'interno del consolidato fiscale.

215. Continuano ad applicarsi, in quanto compatibili, le disposizioni contenute nel citato decreto del Ministro dello sviluppo economico 4 maggio 2018, ad eccezione della condizione concernente la stipula e il deposito dei contratti collettivi aziendali o territoriali presso l'Ispettorato territoriale del lavoro competente, previsti dal comma 3 dell'articolo 3 del suddetto decreto, non più necessari ai fini del riconoscimento del credito d'imposta.

216. Per l'attuazione dell'intervento di proroga del credito d'imposta disposto dal comma 210, è autorizzata la spesa di 150 milioni di euro per l'anno 2021. Il Ministero dell'economia e delle finanze effettua il monitoraggio delle fruizioni del credito d'imposta di cui ai commi da 210 a 217, ai fini di quanto previsto dall'articolo 17, comma 13, della legge 31 dicembre 2009, n. 196.

217. Agli adempimenti di cui al citato regolamento (UE) n. 651/2014 provvede il Ministero dello sviluppo economico.

218. All'articolo 18-quater, comma 1, del decreto-legge 9 febbraio 2017, n. 8, convertito, con modificazioni, dalla legge 7 aprile 2017, n. 45, le parole: "*fino al 31 dicembre 2019*" sono sostituite dalle seguenti: "fino al 31 dicembre 2020".

219. Per le spese documentate, sostenute nell'anno 2022, relative agli interventi, ivi inclusi quelli di sola pulitura o tinteggiatura esterna, finalizzati al recupero o restauro della facciata esterna degli edifici esistenti ubicati in zona A o B ai sensi del decreto del Ministro dei lavori pubblici 2 aprile 1968, n. 1444, spetta una detrazione dall'imposta lorda pari al 60 per cento [1]

[1] *Comma modificato dall'articolo 1, comma 59, della Legge 30 dicembre 2020, n. 178 e successivamente dall'articolo 1, comma 39, della Legge 30 dicembre 2021, n. 234.*

220. Nell'ipotesi in cui i lavori di rifacimento della facciata, ove non siano di sola pulitura o tinteggiatura esterna, riguardino interventi influenti dal punto di vista termico o interessino oltre il 10 per cento dell'intonaco della superficie disperdente lorda complessiva dell'edificio, gli interventi devono soddisfare i requisiti di cui al decreto del Ministro dello sviluppo economico 26 giugno 2015, pubblicato nel supplemento ordinario n. 39 alla Gazzetta Ufficiale n. 162 del 15 luglio 2015, e, con riguardo ai valori di trasmittanza termica, i requisiti di cui alla tabella 2 dell'allegato B al decreto del Ministro dello sviluppo economico 11 marzo 2008, pubblicato nella Gazzetta Ufficiale n. 66 del 18 marzo 2008.In tali ipotesi, ai fini delle verifiche e dei controlli si applicano i commi 3-bis e 3-ter dell'articolo 14 del decreto-legge 4 giugno 2013, n. 63, convertito, con modificazioni, dalla legge 3 agosto 2013, n. 90 [A].

[A] *In riferimento alla detrazione per gli interventi finalizzati al recupero o restauro della facciata esterna degli edifici esistenti prevista dal presente comma, vedi: Circolare Agenzia delle Entrate 14 febbraio 2020 n. 2/E; Risposta Agenzia delle Entrate 11/06/2020 n. 179. Risposta Agenzia delle Entrate 11/06/2020 n. 179; Risposta Agenzia delle Entrate 11/09/2020 n. 348; Risposta Agenzia delle Entrate 11/09/2020 n. 346; Risposta Agenzia delle Entrate 02/11/2020 n. 517.*

- In riferimento al Bonus facciate- intervento di isolamento termico dei prospetti dell'edificio e dello "*sporto di gronda*" vedi: Risposta Agenzia delle Entrate 03/11/2020 n. 520

221. Ferme restando le agevolazioni già previste dalla legislazione vigente in materia edilizia e di riqualificazione energetica, sono ammessi al beneficio di cui ai commi da 219 a 224 esclusivamente gli interventi sulle strutture opache della facciata, su balconi o su ornamenti e fregi [A].

[A] *In riferimento alla detrazione per gli interventi finalizzati al recupero o restauro della facciata esterna degli edifici esistenti prevista dal presente comma, vedi: Circolare Agenzia delle Entrate 14 febbraio 2020 n. 2/E; Risposta Agenzia delle Entrate 11/09/2020 n. 348; Risposta Agenzia delle Entrate 11/09/2020 n. 346.*

- In riferimento al Bonus facciate- intervento di isolamento termico dei prospetti dell'edificio e dello "*sporto di gronda*" vedi: Risposta Agenzia delle Entrate 03/11/2020 n. 520

222. La detrazione è ripartita in dieci quote annuali costanti e di pari importo nell'anno di sostenimento delle spese e in quelli successivi [A].

[A] *In riferimento alla detrazione per gli interventi finalizzati al recupero o restauro della facciata esterna degli edifici esistenti prevista dal presente comma, vedi: Circolare Agenzia delle Entrate 14 febbraio 2020 n. 2/E; Risposta Agenzia delle Entrate 11/09/2020 n. 348, Risposta Agenzia delle Entrate 11/09/2020 n. 346.; Risposta Agenzia delle Entrate 02/11/2020 n. 517.*
- In riferimento al Bonus facciate- intervento di isolamento termico dei prospetti dell'edificio e dello "sporto di gronda" vedi : Risposta Agenzia delle Entrate 03/11/2020 n. 520

223. Si applicano le disposizioni del regolamento di cui al decreto del Ministro delle finanze 18 febbraio 1998, n. 41 [A].

(A) In riferimento alla detrazione per gli interventi finalizzati al recupero o restauro della facciata esterna degli edifici esistenti prevista dal presente comma, vedi: Circolare Agenzia delle Entrate 14 febbraio 2020 n. 2/E; Risposta Agenzia delle Entrate 11/09/2020 n. 348; Risposta Agenzia delle Entrate 11/09/2020 n. 346; Risposta Agenzia delle Entrate 02/11/2020 n. 517.

- In riferimento al Bonus facciate- intervento di isolamento termico dei prospetti dell'edificio e dello "*sporto di gronda*" vedi : Risposta Agenzia delle Entrate 03/11/2020 n. 520.

224. Conseguentemente, il Fondo per interventi strutturali di politica economica, di cui all'articolo 10, comma 5, del decreto legge 29 novembre 2004, n. 282, convertito, con modificazioni, dalla legge 27 dicembre 2004, n. 307, è incrementato di 0,5 milioni di euro per l'anno 2020, di 5,8 milioni di euro per l'anno 2021 e di 3,6 milioni di euro annui dall'anno 2022 all'anno 2030 (A).

(A) In riferimento alla detrazione per gli interventi finalizzati al recupero o restauro della facciata esterna degli edifici esistenti prevista dal presente comma, vedi: Circolare Agenzia delle Entrate 14 febbraio 2020 n. 2/E; Risposta Agenzia delle Entrate 02/11/2020 n. 517.

225. All'articolo 56-bis del testo unico di cui al decreto del Presidente della Repubblica 22 dicembre 1986, n. 917, dopo il comma 3 è inserito il seguente:

"*3-bis. Per le attività dirette alla commercializzazione di piante vive e prodotti della floricoltura acquistate da imprenditori agricoli florovivaistici di cui all'articolo 2135 del codice civile, nei limiti del 10 per cento del volume di affari, da altri imprenditori agricoli florovivaistici, il reddito è determinato applicando all'ammontare dei corrispettivi delle operazioni registrate o soggette a registrazione agli effetti dell'imposta sul valore aggiunto il coefficiente di redditività del 5 per cento*".

226. L'autorizzazione di spesa di cui all'articolo 2, comma 8, del decreto-legge 21 giugno 2013, n. 69, convertito, con modificazioni, dalla legge 9 agosto 2013, n. 98, è integrata di 105 milioni di euro per l'anno 2020, di 97 milioni di euro per ciascuno degli anni dal 2021 al 2024 e di 47 milioni di euro per l'anno 2025. Una quota pari al 30 per cento delle risorse di cui al periodo precedente è riservata alla concessione dei contributi di cui all'articolo 1, comma 56, della legge 11 dicembre 2016, n. 232, a fronte degli investimenti di cui al comma 55 del medesimo articolo. Al fine di rafforzare il sostegno agli investimenti innovativi realizzati dalle micro e piccole imprese nel Mezzogiorno, la maggiorazione di cui all'articolo 1, comma 56, della legge 11 dicembre 2016, n. 232, è elevata al 100 per cento per le micro e piccole imprese che effettuano investimenti nelle regioni Abruzzo, Basilicata, Calabria, Campania, Molise, Puglia, Sardegna e Sicilia, nel limite complessivo di 60 milioni di euro, a valere sulle risorse di cui al primo periodo. I contributi di cui al terzo periodo sono erogati alle imprese beneficiarie in un'unica soluzione, con modalità procedurali stabilite con decreto, del Ministro dello sviluppo economico, di concerto con il Ministro dell'economia e delle finanze. In aggiunta al predetto stanziamento di 60 milioni di euro, l'intervento può essere cofinanziato con risorse rivenienti da fondi strutturali e di investimento europei, anche per sostenere, applicando la medesima maggiorazione del 100 per cento, investimenti aventi caratteristiche diverse da quelle di cui al secondo periodo (1).

(1) Comma modificato dall'articolo 39, comma 2, del D.L. 16 luglio 2020, n. 76, convertito con modificazioni dalla Legge 11 settembre 2020, n. 120.

227. Una quota pari al 25 per cento delle risorse di cui al comma 226 è destinata in favore delle micro, piccole e medie imprese a fronte dell'acquisto, anche mediante operazioni di leasing finanziario, di macchinari, impianti e attrezzature nuovi di fabbrica ad uso produttivo, a basso impatto ambientale, nell'ambito di programmi finalizzati a migliorare l'ecosostenibilità dei prodotti e dei processi produttivi. Per tali operazioni i contributi di cui all'articolo 2, comma 5, del decreto-legge 21 giugno 2013, n. 69, convertito, con modificazioni, dalla legge 9 agosto 2013, n. 98, fermo restando il rispetto delle intensità massime previste dalla normativa dell'Unione europea in materia di aiuti di Stato, sono rapportati agli interessi calcolati, in via convenzionale, sul finanziamento a un tasso annuo del 3,575 per cento. Ai fini dell'ammissione ai benefici, la rispondenza degli interventi agevolabili rispetto alle finalità di cui al presente comma, nonché la quantificazione del relativo impatto, sono certificate dal fornitore dei beni e dei servizi o da un professionista indipendente.

228. Le risorse che, al 30 settembre di ciascun anno a decorrere dalla data di entrata in vigore della presente legge, non risultano utilizzate per le riserve previste dai commi 226 e 227 rientrano nelle disponibilità complessive della misura.

229. Sui finanziamenti di cui al comma 228, la garanzia del Fondo di cui alla legge 23 dicembre 1996, n. 662, è concessa in favore delle micro, piccole e medie imprese a titolo gratuito, nel rispetto delle regole di cumulo e delle intensità massime previste dalla normativa dell'Unione europea in materia di aiuti di Stato. Agli oneri derivanti dal presente comma si provvede mediante utilizzo delle risorse non utilizzate a valere sulla dotazione della sezione speciale istituita con la convenzione del 6 febbraio 2015 tra la Presidenza del Consiglio dei ministri, il Ministero dello sviluppo economico e il Ministero dell'economia e delle finanze, per un importo pari a 7 milioni di euro, che sono destinate alle finalità generali del Fondo.

230. Per il finanziamento degli interventi di cui al decreto-legge 1° aprile 1989, n. 120, convertito, con modificazioni, dalla legge 15 maggio 1989, n. 181, destinati alla riconversione e riqualificazione produttiva delle aree di crisi industriale di cui all'articolo 27 del decreto-legge 22 giugno 2012, n. 83, convertito, con modificazioni, dalla legge 7 agosto 2012, n. 134, la dotazione del Fondo per la crescita sostenibile, di cui all'articolo 23 del medesimo decreto-legge n. 83 del 2012, è incrementata di 50 milioni di euro per l'anno 2020 e 100 milioni di euro per l'anno 2021. Con decreto del Ministro dello sviluppo economico, le risorse di cui al presente comma sono ripartite tra gli interventi da attuare nei casi di situazioni di crisi industriali complesse di cui al comma 1 dell'articolo 27 del decreto legge 22 giugno 2012, n. 83, convertito, con modificazioni, dalla legge 7 agosto 2012, n. 134, e quelli da attuare nei casi di situazioni di crisi industriali diverse dalle precedenti e che presentano, comunque, impatto significativo sullo sviluppo dei territori e sull'occupazione ai sensi del comma 8-bis del medesimo articolo 27.

231. Per la concessione delle agevolazioni di cui all'articolo 43 del decreto-legge 25 giugno 2008, n. 112, convertito, con modificazioni, dalla legge 6 agosto 2008, n. 133, è autorizzata la spesa di 100 milioni di euro per ciascu-

no degli anni 2020 e 2021.Per l'utilizzo delle risorse disponibili per le agevolazioni di cui al presente comma, il Ministero dello sviluppo economico può definire, con proprie direttive, gli indirizzi operativi necessari al raggiungimento di fini strategici di sviluppo. Le risorse annualmente destinate agli interventi di cui al presente comma e non utilizzate al 31 dicembre di ciascun anno a decorrere dal 2021, tenuto conto dei fabbisogni connessi alle domande di agevolazione presentate, possono essere destinate, con decreto del Ministro dello sviluppo economico, nel rispetto delle regole contabili, al finanziamento di iniziative a carattere innovativo di rilevante impatto economico, sociale e ambientale con riferimento al sistema produttivo dei territori interessati.

232. Per favorire le iniziative di collaborazione su larga scala d'impatto significativo sulla competitività dell'industria nazionale ed europea, il fondo di cui all'articolo 1, comma 203, della legge 30 dicembre 2018, n. 145, che assume la denominazione di "*Fondo IPCEI*", è incrementato di 10 milioni di euro nel 2020 e 90 milioni di euro nel 2021. Il Fondo IPCEI può intervenire per il sostegno finanziario alle imprese che partecipano alla realizzazione di importanti progetti di comune interesse europeo di cui all'articolo 107, paragrafo 3, lettera b), del Trattato sul funzionamento dell'Unione europea, intrapresi in tutti gli ambiti di intervento strategico e le catene di valore individuati dalla Commissione europea.

Ferme restando le disposizioni adottate per la disciplina del sostegno pubblico prestato nell'ambito dell'importante progetto di interesse comune europeo nel settore della microelettronica in attuazione dell'articolo 1, comma 203, della legge 30 dicembre 2018, n. 145, con decreto del Ministro dello sviluppo economico, di concerto con il Ministro dell'economia e delle finanze, sono definiti i criteri generali per l'intervento e il funzionamento del Fondo IPCEI nonché per la concessione delle agevolazioni alle imprese che partecipano agli importanti progetti di interesse comune europeo di cui ai commi 230 e 231. Sulla base dei predetti criteri e nel rispetto delle decisioni di autorizzazione della Commissione europea adottate per i progetti interessati, i singoli interventi sono attivati con decreti del Ministro dello sviluppo economico.

233. Al Fondo di garanzia per la prima casa di cui all'articolo 1, comma 48, lettera c), della legge 27 dicembre 2013, n. 147, sono assegnati 10 milioni di euro per l'anno 2020. All'articolo 19, comma 2, del decreto legge 30 aprile 2019, n. 34, convertito, con modificazioni, dalla legge 28 giugno 2019, n. 58, le parole: "*all'8 per cento*" sono sostituite dalle seguenti: "*al 6,5 per cento*".

234. Al Fondo nazionale per il sostegno all'accesso alle abitazioni in locazione, istituito dalla legge 9 dicembre 1998, n. 431, è assegnata una dotazione di 50 milioni di euro per ciascuno degli anni 2020, 2021 e 2022.

235. Al fine di sostenere l'iniziativa denominata "*Padova capitale europea del volontariato 2020*" è stanziata la somma di 500.000 euro per l'anno 2020.

236. All'articolo 1 della legge 30 dicembre 2018, n. 145, dopo il comma 501 è inserito il seguente:"501.1. Su richiesta dei risparmiatori, la Commissione tecnica acquisisce le eventuali decisioni, giudiziali ed extragiudiziali, utili all'esame delle domande».

237. Il termine previsto ai sensi dell'articolo 1, comma 501, della legge 30 dicembre 2018, n. 145, scade il 18 giugno 2020 [1].

[1] *Comma modificato dall'articolo 50, comma 3, del D.L. 17 marzo 2020, n. 18, convertito con modificazioni dalla Legge 24 aprile 2020, n. 27.*

238. All'articolo 1 della legge 30 dicembre 2018, n. 145, sono apportate le seguenti modificazioni:

a) al comma 494, dopo le parole: "*per atto tra vivi*" sono aggiunte le seguenti: «; nei casi di trasferimento tra vivi successivi al 30 dicembre 2018 rilevano i requisiti reddituali e patrimoniali e i limiti quantitativi all'indennizzo che sussistevano in capo al dante causa in relazione al complesso di azioni od obbligazioni da questi detenute";

b) al comma 496, dopo le parole: "*del costo di acquisto,*" sono inserite le seguenti:

"*in caso di unico acquisto, ovvero del prezzo medio, in caso di più acquisti,*" e dopo le parole: "*inclusi gli oneri fiscali*" sono inserite le seguenti: "*sostenuti anche durante il periodo di possesso delle azioni*";

c) al comma 502-bis è aggiunto, in fine, il seguente periodo: "*I cittadini italiani residenti all'estero in possesso dei requisiti soggettivi e oggettivi previsti nel presente comma presentano idonea documentazione del Paese di residenza attestante i prescritti requisiti di reddito e di patrimonio mobiliare*".

239. Le risorse giacenti sulla contabilità speciale di cui all'articolo 37, comma 6, del decreto-legge 24 aprile 2014, n. 66, convertito, con modificazioni, dalla legge 23 giugno 2014, n. 89, sono versate all'entrata del bilancio dello Stato per un importo pari a 51 milioni di euro per l'anno 2020.

[*240. Al fine di potenziare la ricerca svolta da università, enti e istituti di ricerca pubblici e privati, è autorizzata la spesa di 25 milioni di euro per l'anno 2020, di 200 milioni di euro per l'anno 2021 e di 300 milioni di euro annui a decorrere dall'anno 2022, da iscrivere su apposito fondo dello stato di previsione del Ministero dell'istruzione, dell'università e della ricerca, di cui 0,3 milioni di euro nell'anno 2020 e 4 milioni di euro annui a decorrere dall'anno 2021 per il funzionamento e per il personale dell'agenzia di cui al comma 241*] [1].

[1] *Comma abrogato dall'articolo 1, comma 314, della Legge 30 dicembre 2021, n. 234.*

[*241. Per realizzare le finalità di cui al comma 240 è istituita un'apposita agenzia, denominata Agenzia nazionale per la ricerca (ANR), dotata di autonomia statutaria, organizzativa, tecnico-operativa e gestionale, sottoposta alla vigilanza della Presidenza del Consiglio dei ministri e del Ministero dell'istruzione, dell'università e della ricerca. L'ANR promuove il coordinamento delle attività di ricerca di università, enti e istituti di ricerca pubblici verso obiettivi di eccellenza, incrementando la sinergia e la cooperazione tra di essi e con il sistema economico-produttivo, pubblico e privato, in relazione agli obiettivi strategici della ricerca e dell'innovazione nonché agli obiettivi di politica economica del Governo funzionali alla produttività e alla competitività del Paese. L'ANR favorisce altresì l'internazionalizzazione delle attività di ricerca, promuovendo, sostenendo e coordinando la partecipazione italiana a progetti e iniziative europee e internazionali*] [1].

[1] *Comma abrogato dall'articolo 1, comma 314, della Legge 30 dicembre 2021, n. 234.*

[*242. L'ANR, in particolare:*

a) promuove e finanzia progetti di ricerca da realizzare in Italia ad opera di soggetti pubblici e privati, anche esteri, altamente strategici per lo sviluppo sostenibile e l'inclusione sociale, fortemente integrati, innovativi e capaci di aggregare iniziative promosse in contesti di svantaggio economico-sociale, selezionati secondo criteri e procedure conformi alle migliori pratiche internazionali;

[b) valuta l'impatto dell'attività di ricerca, tenendo conto dei risultati dell'attività dell'Agenzia nazionale di valutazione del sistema universitario e della ricerca (ANVUR) nell'ambito delle competenze previste dal regolamento di cui al decreto del Presidente della Repubblica 1° febbraio 2010, n. 76, specie al fine di incrementare l'economicità, l'efficacia e l'efficienza del finanziamento pubblico nel settore, ivi incluse le risorse pubbliche del Fondo nazionale per l'innovazione gestito dalla Cassa depositi e prestiti Spa, nonché per attrarre finanziamenti provenienti dal settore privato;] (1)

c) definisce un piano di semplificazione delle procedure amministrative e contabili relative ai progetti di ricerca per l'adozione delle misure legislative e amministrative di attuazione] (2).

(1) Lettera abrogata dall'articolo 64, comma 5, del D.L. 31 maggio 2021, n. 77, convertito con modificazioni dalla Legge 29 luglio 2021, n. 108.
(2) Comma abrogato dall'articolo 1, comma 314, della Legge 30 dicembre 2021, n. 234.

[243. Sono organi dell'Agenzia il direttore, il comitato direttivo, il comitato scientifico e il collegio dei revisori dei conti] (1).

(1) Comma abrogato dall'articolo 1, comma 314, della Legge 30 dicembre 2021, n. 234.

[244. Il direttore è scelto dal Presidente del Consiglio dei ministri. Il comitato direttivo è composto da otto membri, scelti:

uno dal Ministro dell'istruzione, dell'università e della ricerca, uno dal Ministro dello sviluppo economico, uno dal Ministro della salute, uno dal Ministro per l'innovazione tecnologica e la digitalizzazione, uno dalla Conferenza dei rettori delle università italiane, uno dal Consiglio universitario nazionale, uno dalla Consulta dei presidenti degli enti pubblici di ricerca e uno dall'Accademia nazionale dei Lincei. La composizione del comitato direttivo deve assicurare la parità di genere] (1).

(1) Comma abrogato dall'articolo 1, comma 314, della Legge 30 dicembre 2021, n. 234.

[245. Il direttore e i membri del comitato direttivo sono nominati con decreto del Presidente del Consiglio dei ministri e restano in carica per quattro anni; sono selezionati tra studiosi, italiani o stranieri, di elevata qualificazione scientifica con una profonda conoscenza del sistema della ricerca in Italia e all'estero e con pluriennale esperienza in enti o organismi, pubblici o privati, operanti nel settore della ricerca, appartenenti a una pluralità di aree disciplinari, all'interno di una rosa di venticinque nominativi, preventivamente selezionati da una commissione di valutazione. La commissione di valutazione, istituita con decreto del Presidente del Consiglio dei ministri, è composta da cinque membri di alta qualificazione designati, uno ciascuno, dal Ministro dell'università e della ricerca, dal presidente del Consiglio direttivo dell'Agenzia nazionale di valutazione del sistema universitario e della ricerca (ANVUR), dal presidente dell'European Research Council, dal presidente dell'European Science Foundation e da un componente designato dal presidente della Conferenza dei rettori delle università italiane (CRUI), d'intesa con il presidente della Consulta dei presidenti degli enti pubblici di ricerca (1)] (2).

(1) Comma modificato dall'articolo 19, comma 6, del D.L. 16 luglio 2020, n. 76, convertito, con modificazioni, dalla Legge 11 settembre 2020, n. 120, e successivamente abrogato dall'articolo 1, comma 314, della Legge 30 dicembre 2021, n. 234.

[246. Il direttore presiede il comitato direttivo, è il legale rappresentante dell'Agenzia, la dirige e ne è responsabile e svolge gli altri compiti a lui attribuiti dallo statuto] (2).

(1) Comma abrogato dall'articolo 1, comma 314, della Legge 30 dicembre 2021, n. 234.

[247. Il comitato scientifico è composto da cinque membri nominati dal direttore all'interno di una rosa di venticinque nominativi, preventivamente selezionati da parte di una commissione di valutazione sulla base di criteri di competenza e professionalità, specie con riferimento all'impatto delle ricerche dagli stessi effettuate sulla comunità scientifica nazionale e internazionale, nonché nel rispetto del criterio di adeguata rappresentatività e avvicendamento dei settori scientifici. Le procedure e le modalità per l'individuazione dei componenti della commissione di valutazione sono stabilite dallo statuto dell'Agenzia.La composizione del comitato scientifico deve assicurare la parità di genere garantendo una rappresentanza del genere meno rappresentato non inferiore al 45 per cento] (1).

(1) Comma abrogato dall'articolo 1, comma 314, della Legge 30 dicembre 2021, n. 234.

[248. Il comitato scientifico vigila sul rispetto dei princìpi di libertà e autonomia della ricerca scientifica ed è sentito dal comitato direttivo sugli ambiti prioritari delle attività di ricerca dell'Agenzia nonché su ogni questione che ritenga di sottoporgli.Gli ulteriori compiti del comitato sono stabiliti dallo statuto dell'Agenzia] (1).

(1) Comma abrogato dall'articolo 1, comma 314, della Legge 30 dicembre 2021, n. 234.

Omissis.

474. Con decreto del Presidente del Consiglio dei ministri, su proposta del Ministro del lavoro e delle politiche sociali, di concerto con il Ministro dell'economia e delle finanze, sentito il Ministro della salute, da adottare entro trenta giorni dalla data di entrata in vigore della presente legge, è istituita una Commissione tecnica incaricata di studiare la gravosità delle occupazioni, anche in relazione all'età anagrafica e alle condizioni soggettive dei lavoratori e delle lavoratrici, anche derivanti dall'esposizione ambientale o diretta ad agenti patogeni.

La Commissione ha il compito di acquisire elementi conoscitivi e metodologie scientifiche a supporto della valutazione delle politiche statali in materia previdenziale e assistenziale. La Commissione è presieduta dal Ministro del lavoro e delle politiche sociali o da un suo delegato ed è composta da rappresentanti del Ministero dell'economia e delle finanze, del Ministero del lavoro e delle politiche sociali, del Ministero della salute, del Dipartimento della funzione pubblica della Presidenza del Consiglio dei ministri, dell'ISTAT, dell'INPS, dell'INAIL e del Consiglio superiore degli attuari, nonché da esperti in materie economiche, statistiche e attuariali designati dalle organizzazioni maggiormente rappresentative sul piano nazionale dei datori di lavoro e dei lavoratori, secondo le modalità previste dal decreto di cui al primo periodo.

Con il medesimo decreto sono altresì disciplinate le modalità di funzionamento della Commissione, nonché la possibilità di richiesta di contributi e proposte a esperti e ad accademici appartenenti a istituzioni nazionali, europee e internazionali competenti nelle materie oggetto di studio. La Commissione conclude i lavori entro il 31 dicembre 2021 ed entro i dieci giorni successivi il Governo presenta alle Camere una relazione sugli esiti dei lavori della Commissione.

All'attuazione delle disposizioni di cui al presente comma si provvede con le risorse umane, finanziarie e strumentali previste a legislazione vigente, senza nuovi o maggiori oneri a carico della finanza pubblica. Ai componenti della Commissione non spetta alcun compenso, indennità, gettone di presenza, rimborso di spese o altro emolumento comunque denominato [(1)].

[(1)] *Comma modificato dall'articolo 11, comma 4, del D.L. 31 dicembre 2020, n. 183, convertito, con modificazioni, dalla Legge 26 febbraio 2021, n. 21*

475. Con decreto del Presidente del Consiglio dei ministri, su proposta del Ministro del lavoro e delle politiche sociali, di concerto con il Ministro dell'economia e delle finanze, da adottare entro trenta giorni dalla data di entrata in vigore della presente legge, è istituita una Commissione tecnica di studio sulla classificazione e comparazione, a livello europeo e internazionale, della spesa pubblica nazionale per finalità previdenziali e assistenziali. La Commissione è presieduta dal Ministro del lavoro e delle politiche sociali o da un suo delegato ed è composta da rappresentanti del Ministero dell'economia e delle finanze, del Ministero del lavoro e delle politiche sociali, del Ministero della salute, dell'ISTAT, dell'INPS e dell'INAIL, nonché da esperti in materie economiche, statistiche e attuariali designati dalle organizzazioni maggiormente rappresentative sul piano nazionale dei datori di lavoro e dei lavoratori, secondo le modalità previste dal decreto di cui al primo periodo del presente comma.

Con il medesimo decreto sono altresì disciplinate le modalità di funzionamento della Commissione, nonché la possibilità di richiesta di contributi e proposte a esperti e ad accademici appartenenti a istituzioni nazionali, europee e internazionali competenti nelle materie oggetto di studio. La Commissione conclude i lavori entro il 31 dicembre 2021 ed entro i dieci giorni successivi il Governo presenta alle Camere una relazione sugli esiti dei lavori della Commissione.

All'attuazione delle disposizioni di cui al presente comma si provvede con le risorse umane, finanziarie e strumentali previste a legislazione vigente, senza nuovi o maggiori oneri a carico della finanza pubblica. Ai componenti della Commissione non spetta alcun compenso, indennità, gettone di presenza, rimborso di spese o altro emolumento comunque denominato [(1)].

[(1)] *Comma modificato dall'articolo 11, comma 3, del D.L. 31 dicembre 2020, n. 183, convertito, con modificazioni, dalla Legge 26 febbraio 2021, n. 21*

476. All'articolo 16 del decreto-legge 28 gennaio 2019, n. 4, convertito, con modificazioni, dalla legge 28 marzo 2019, n. 26, al comma 1, le parole: "*il 31 dicembre 2018*" sono sostituite dalle seguenti: "*il 31 dicembre 2019*" e, al comma 3, le parole: "*entro il 28 febbraio 2019*" sono sostituite dalle seguenti: "*entro il 29 febbraio 2020*" [(A)].

[(A)] *In riferimento al presente comma, vedi: Messaggio INPS - Istituto nazionale previdenza sociale 23 gennaio 2020 n. 243.*

477. Per il periodo 2020-2021 la rivalutazione automatica dei trattamenti pensionistici, secondo il meccanismo stabilito dall'articolo 34, comma 1, della legge 23 dicembre 1998, n. 448, è riconosciuta:

a) per i trattamenti pensionistici complessivamente pari o inferiori a quattro volte il trattamento minimo INPS, nella misura del 100 per cento;

b) per i trattamenti pensionistici complessivamente superiori a quattro volte il trattamento minimo INPS e con riferimento all'importo complessivo dei trattamenti medesimi:

1) nella misura del 77 per cento per i trattamenti pensionistici complessivamente pari o inferiori a cinque volte il trattamento minimo INPS. Per le pensioni di importo superiore a quattro volte il predetto trattamento minimo e inferiore a tale limite incrementato della quota di rivalutazione automatica spettante sulla base di quanto previsto dalla lettera a), l'aumento di rivalutazione è comunque attribuito fino a concorrenza del predetto limite maggiorato. Per le pensioni di importo superiore a cinque volte il predetto trattamento minimo e inferiore a tale limite incrementato della quota di rivalutazione automatica spettante sulla base di quanto previsto dal presente numero, l'aumento di rivalutazione è comunque attribuito fino a concorrenza del predetto limite maggiorato;

2) nella misura del 52 per cento per i trattamenti pensionistici complessivamente superiori a cinque volte il trattamento minimo INPS e pari o inferiori a sei volte il trattamento minimo INPS. Per le pensioni di importo superiore a sei volte il predetto trattamento minimo e inferiore a tale limite incrementato della quota di rivalutazione automatica spettante sulla base di quanto previsto dal presente numero, l'aumento di rivalutazione è comunque attribuito fino a concorrenza del predetto limite maggiorato;

3) nella misura del 47 per cento per i trattamenti pensionistici complessivamente superiori a sei volte il trattamento minimo INPS e pari o inferiori a otto volte il trattamento minimo INPS. Per le pensioni di importo superiore a otto volte il predetto trattamento minimo e inferiore a tale limite incrementato della quota di rivalutazione automatica spettante sulla base di quanto previsto dal presente numero, l'aumento di rivalutazione è comunque attribuito fino a concorrenza del predetto limite maggiorato;

4) nella misura del 45 per cento per i trattamenti pensionistici complessivamente superiori a otto volte il trattamento minimo INPS e pari o inferiori a nove volte il trattamento minimo INPS. Per le pensioni di importo superiore a nove volte il predetto trattamento minimo e inferiore a tale limite incrementato della quota di rivalutazione automatica spettante sulla base di quanto previsto dal presente numero, l'aumento di rivalutazione è comunque attribuito fino a concorrenza del predetto limite maggiorato;

5) nella misura del 40 per cento per i trattamenti pensionistici complessivamente superiori a nove volte il trattamento minimo INPS [(A)].

[(A)] *In riferimento alla rimodulazione della rivalutazione annuale delle pensioni per l'anno 2020 ai sensi del presente comma; fasce di retribuzione e di reddito pensionabili per le pensioni con decorrenza nell'anno 2020;minimale retributivo per l'accredito dei contributi ai fini del diritto a pensione; limiti di reddito 2020 per la riduzione della percentuale delle pensioni ai superstiti e degli assegni di invalidità - aggiornamento tabelle, vedi: Circolare INPS - Istituto nazionale previdenza sociale 26 marzo 2020 n. 46.*

478. A decorrere dal 1° gennaio 2022 l'indice di rivalutazione automatica delle pensioni è applicato, secondo il meccanismo stabilito dall'articolo 34, comma 1, della legge 23 dicembre 1998, n. 448:

a) nella misura del 100 per cento per le fasce di importo dei trattamenti pensionistici fino a quattro volte il trattamento minimo INPS;

b) nella misura del 90 per cento per le fasce di importo dei trattamenti pensionistici comprese tra quattro e cinque volte il trattamento minimo INPS;

c) nella misura del 75 per cento per le fasce di importo dei trattamenti pensionistici superiori a cinque volte il predetto trattamento minimo.

479. A decorrere dall'anno 2020, sono stanziati 35 milioni di euro al fine di consentire la presentazione delle domande di Reddito di cittadinanza (Rdc) e di Pensione di cittadinanza (Pdc) di cui al decreto-legge 28 gennaio 2019, n. 4, convertito, con modificazioni, dalla legge 28 marzo 2019, n. 26, anche attraverso i centri di assistenza fiscale in convenzione con l'INPS ai sensi dell'articolo 5, comma 1, del predetto decreto- legge, nonché per le attività legate all'assistenza nella presentazione della DSU a fini ISEE affidate ai medesimi centri di assistenza fiscale ai sensi dell'articolo 11, comma 1, del regolamento di cui al decreto del Presidente del Consiglio dei ministri 5 dicembre 2013, n. 159.

480. A decorrere dall'anno 2020, ai fini del finanziamento delle attività per il Rdc e la Pdc, ai sensi dell'articolo 5, comma, 1 del citato decreto-legge n. 4 del 2019, da parte degli istituti di patronato di cui alla legge 30 marzo 2001, n. 152, il fondo istituito nello stato di previsione del Ministero del lavoro e delle politiche sociali è incrementato di 5 milioni di euro. I criteri di ripartizione del finanziamento per il Rdc e la Pdc sono definiti con regolamento del Ministro del lavoro e delle politiche sociali.

481. Agli oneri derivanti dall'attuazione delle disposizioni di cui ai commi 479 e 480, pari a 40 milioni di euro annui, si provvede per l'anno 2020 mediante corrispondente riduzione dell'autorizzazione di spesa di cui all'articolo 12, comma 1, del decreto-legge 28 gennaio 2019, n. 4, convertito, con modificazioni, dalla legge 28 marzo 2019, n. 26, e a decorrere dall'anno 2021 mediante corrispondente riduzione del fondo di cui all'articolo 1, comma 255, della legge 30 dicembre 2018, n. 145. Il Ministro dell'economia e delle finanze è autorizzato ad apportare, con propri decreti, le occorrenti variazioni di bilancio.

482. Il Fondo di sostegno per le famiglie delle vittime di gravi infortuni sul lavoro di cui all'articolo 1, comma 1187, della legge 27 dicembre 2006, n. 296, è incrementato rispettivamente di 1 milione di euro per l'anno 2020, di 2 milioni di euro per l'anno 2021 e di 3 milioni di euro per l'anno 2022.

483. I pensionati già dipendenti pubblici che fruiscono di trattamento a carico della Gestione speciale di previdenza dei dipendenti dell'amministrazione pubblica, già iscritti all'INPDAP, nonché i dipendenti o pensionati di enti e amministrazioni pubbliche di cui all'articolo 1, comma 2, del decreto legislativo 30 marzo 2001, n. 165, iscritti ai fini pensionistici presso enti o gestioni previdenziali diverse dalla predetta Gestione speciale di previdenza, che alla data di entrata in vigore della presente legge non risultano iscritti alla gestione unitaria delle prestazioni creditizie e sociali di cui all'articolo 1, comma 245, della legge 23 dicembre 1996, n. 662, possono aderire alla stessa, previa comunicazione scritta all'INPS della volontà di adesione.

484. Con decreto del Ministro del lavoro e delle politiche sociali, di concerto con il Ministro dell'economia e delle finanze, da adottare entro novanta giorni dalla data di entrata in vigore della presente legge ai sensi dell'articolo 17, comma 3, della legge 23 agosto 1988, n. 400, sono dettate le disposizioni occorrenti per l'attuazione del comma 483.

485. La comunicazione di cui al comma 483 deve essere effettuata perentoriamente entro sei mesi dalla data di entrata in vigore del decreto di cui al comma 484.

L'adesione esercitata è irrevocabile.

486. Per il triennio 2020-2022, i crediti vantati dallo Stato nei confronti degli autori di un delitto di omicidio, sorti in conseguenza della commissione del reato medesimo, commesso contro il coniuge, anche legalmente separato, contro l'altra parte dell'unione civile o contro la persona stabilmente convivente con il colpevole ovvero ad esso legata da relazione affettiva non sono imputabili ai beni ereditari trasmessi ai figli minori, ovvero maggiorenni non economicamente autosufficienti, nati dalle predette relazioni, purché estranei alla condotta delittuosa.

487. Per il medesimo periodo di cui al comma 486, i crediti vantati da istituti previdenziali o assicurativi pubblici, nonché dagli enti di cui al decreto legislativo 30 giugno 1994, n. 509, e al decreto legislativo 10 febbraio 1996, n. 103, nelle ipotesi previste nel comma 486, sono parimenti non imputabili ai beni ereditari trasmessi ai figli.

488. Agli oneri derivanti dai commi 486 e 487, entro il limite di spesa di 1,5 milioni di euro nell'anno 2020, di 700.000 euro nell'anno 2021 e di 500.000 euro nell'anno 2022, si provvede con le risorse disponibili di cui all'articolo 6, comma 4, della legge 20 novembre 2017, n. 167, e le prestazioni sono corrisposte a domanda dall'ufficio del Commissario per il coordinamento delle iniziative di solidarietà per le vittime dei reati di tipo mafioso e dei reati intenzionali violenti, con le modalità di cui alla legge 7 luglio 2016, n. 122. Le operazioni di surroga di cui al presente comma si applicano anche ai crediti di cui ai commi 486 e 487 pendenti alla data di entrata in vigore della presente legge.

489. All'articolo 12, comma 1, lettera b), della legge 7 luglio 2016, n. 122, dopo le parole: "*in cui è stata accertata la sua responsabilità*" sono aggiunte le seguenti:

"*oppure quando l'autore abbia commesso il delitto di omicidio nei confronti del coniuge anche legalmente separato o divorziato, dell'altra parte di un'unione civile, anche se l'unione è cessata, o di chi è o è stato legato da relazione affettiva e stabile convivenza*".

490. Il Fondo per l'assistenza alle persone con disabilità grave prive del sostegno familiare di cui all'articolo 3, comma 1, della legge 22 giugno 2016, n. 112, è incrementato di 2 milioni di euro per l'anno 2020.

491. Al fine del completamento dei piani di recupero occupazionale previsti, le restanti risorse finanziarie di cui all'articolo 44, comma 11-bis, del decreto legislativo 14 settembre 2015, n. 148, come ripartite tra le regioni, nonché le restanti risorse finanziarie previste dall'articolo 1, comma 1, del decreto-legge 9 maggio 2018, n. 44, convertito, con modificazioni, dalla legge 6 luglio 2018, n. 83, per le specifiche situazioni occupazionali insistenti nella regione Sardegna, dall'articolo 1, comma 254, della legge 30 dicembre 2018, n. 145, per le specifiche situazioni occupazionali insistenti nella regione Lazio, dagli articoli 9 e 10 del decreto-legge 3 set-

tembre 2019, n. 101, convertito, con modificazioni, dalla legge 2 novembre 2019, n. 128, per le specifiche situazioni occupazionali insistenti nelle regioni Sicilia e Sardegna e per l'area di crisi industriale complessa di Isernia, nonché ulteriori 45 milioni di euro a valere sul Fondo sociale per occupazione e formazione di cui all'articolo 18, comma 1, lettera a), del decreto-legge 29 novembre 2008, n. 185, convertito, con modificazioni, dalla legge 28 gennaio 2009, n. 2, da ripartire tra le regioni, sulla base delle risorse utilizzate nel 2019 e tenuto conto delle risorse residue dei precedenti finanziamenti nella disponibilità di ogni singola regione, con decreto del Ministro del lavoro e delle politiche sociali, di concerto con il Ministro dell'economia e delle finanze, possono essere destinate, nell'anno 2020, dalle predette regioni, alle medesime finalità del citato articolo 44, comma 11-bis, del decreto legislativo n. 148 del 2015, nonché a quelle dell'articolo 53-ter del decreto-legge 24 aprile 2017, n. 50, convertito, con modificazioni, dalla legge 21 giugno 2017, n. 96.

492. Il trattamento di cui all'articolo 44, comma 11-bis, del decreto legislativo 14 settembre 2015, n. 148, può essere concesso, per l'anno 2020, anche alle imprese operanti nelle aree di crisi industriale complessa riconosciute ai sensi dell'articolo 27 del decreto-legge 22 giugno 2012, n. 83, convertito, con modificazioni, dalla legge 7 agosto 2012, n. 134, con i decreti del Ministro dello sviluppo economico del 12 dicembre 2018 e del 16 aprile 2019, entro il limite massimo di spesa di 10 milioni di euro a valere sul Fondo sociale per occupazione e formazione di cui all'articolo 18, comma 1, lettera a), del decreto-legge 29 novembre 2008, n. 185, convertito, con modificazioni, dalla legge 28 gennaio 2009, n. 2. Le risorse di cui al primo periodo del presente comma possono essere inoltre destinate a finanziare il trattamento di mobilità in deroga di cui all'articolo 53-ter del decreto-legge 24 aprile 2017, n. 50, convertito, con modificazioni, dalla legge 21 giugno 2017, n. 96, in favore dei lavoratori che alla data del 31 dicembre 2019 risultino beneficiari di un trattamento di mobilità ordinaria o in deroga. Con decreto del Ministro del lavoro e delle politiche sociali, di concerto con il Ministro dell'economia e delle finanze, le risorse sono proporzionalmente ripartite tra le regioni in base alle richieste, entro il limite massimo complessivo di spesa di 10 milioni di euro per l'anno 2020.

493. All'articolo 44 del decreto-legge 28 settembre 2018, n. 109, convertito, con modificazioni, dalla legge 16 novembre 2018, n. 130, dopo il primo periodo è inserito il seguente: "*Per l'anno 2020, fermo restando il limite complessivo delle risorse finanziarie stanziate, può essere autorizzata una proroga di sei mesi, previo ulteriore accordo da stipulare in sede governativa presso il Ministero del lavoro e delle politiche sociali con la partecipazione del Ministero dello sviluppo economico, qualora l'avviato processo di cessione aziendale, per le azioni necessarie al suo completamento e per la salvaguardia occupazionale, abbia incontrato fasi di particolare complessità anche rappresentate dal Ministero dello sviluppo economico*".

494. Limitatamente all'esercizio finanziario 2020, le risorse di cui all'articolo 1, comma 110, lettera b), della legge 27 dicembre 2017, n. 205, sono incrementate di euro 46,7 milioni a valere sulle risorse del Fondo sociale per occupazione e formazione di cui all'articolo 18, comma 1, lettera a), del decreto-legge 29 novembre 2008, n. 185, convertito, con modificazioni, dalla legge 28 gennaio 2009, n. 2. Conseguentemente, il Fondo sociale per occupazione e formazione di cui all'articolo 18, comma 1, lettera a), del decreto-legge 29 novembre 2008, n. 185, convertito, con modificazioni, dalla legge 28 gennaio 2009, n. 2, è incrementato di 21,7 milioni di euro per l'anno 2020; al relativo onere si provvede mediante corrispondente riduzione per l'anno 2020 dell'autorizzazione di spesa di cui all'articolo 1, comma 3, lettera f), della legge 24 dicembre 2007, n. 247, con conseguente corrispondente riduzione degli importi di cui all'articolo 7, comma 1, del decreto legislativo 21 aprile 2011, n. 67.

495. Al fine di semplificare le assunzioni di cui all'articolo 1, comma 446, della legge 30 dicembre 2018, n. 145, le amministrazioni pubbliche utilizzatrici dei lavoratori socialmente utili di cui all'articolo 2, comma 1, del decreto legislativo 28 febbraio 2000, n. 81, e all'articolo 3, comma 1, del decreto legislativo 7 agosto 1997, n. 280, nonché dei lavoratori già rientranti nell'abrogato articolo 7 del decreto legislativo 1° dicembre 1997, n. 468, e dei lavoratori impegnati in attività di pubblica utilità, anche mediante contratti di lavoro a tempo determinato o contratti di collaborazione coordinata e continuativa nonché mediante altre tipologie contrattuali, possono procedere all'assunzione a tempo indeterminato, anche con contratti di lavoro a tempo parziale, anche in deroga, fino al 30 giugno 2023 in qualità di lavoratori sovrannumerari, alla dotazione organica, al piano di fabbisogno del personale ed ai vincoli assunzionali previsti dalla vigente normativa limitatamente alle risorse di cui al comma 497, primo periodo. I lavoratori che alla data del 31 dicembre 2016 erano impiegati in progetti di lavori socialmente utili ai sensi degli articoli 4, commi 6 e 21, e 9, comma 25, lettera b), del decreto-legge 1° ottobre 1996, n. 510, convertito, con modificazioni, dalla legge 28 novembre 1996, n. 608, possono essere assunti dalle pubbliche amministrazioni che ne erano utilizzatrici alla predetta data, a tempo indeterminato, anche con contratti di lavoro a tempo parziale, anche in deroga, per gli anni 2021 e 2022 in qualità di lavoratori sovrannumerari, alla dotazione organica e al piano di fabbisogno del personale previsti dalla vigente normativa limitatamente alle risorse di cui al primo periodo del comma 497 del presente articolo [(1)].

(1) Comma modificato dall'articolo 1, commi 295 e 296 della Legge 30 dicembre 2020, n. 178, dall'articolo 8, comma 1, del D.L. 1 aprile 2021, n. 44, convertito con modificazioni dalla Legge 28 maggio 2021, n. 76, dall'articolo 1, comma 26-bis, del D.L. 30 dicembre 2021, n. 228, convertito con modificazioni dalla Legge 25 febbraio 2022, n. 15 e successivamente dall'articolo 6, comma 8, del D.L. 30 aprile 2022, n. 36,convertito con modificazioni dalla Legge 29 giugno 2022, n. 79 e da ultimo dall'articolo 1, comma 6, lettera b), del D.L. 29 dicembre 2022, n. 198, non ancora convertito in Legge.

496. A decorrere dall'anno 2020, le risorse di cui all'articolo 1, comma 1156, lettera g-bis), della legge 27 dicembre 2006, n. 296, sono incrementate di 9 milioni di euro annui.

497. Ai fini di cui al comma 495, le amministrazioni interessate provvedono a valere sulle risorse di cui all'articolo 1, comma 1156, lettera g-bis), della legge 27 dicembre 2006, n. 296, ripartite con decreto del Presidente del Consiglio dei ministri, su proposta del Ministro per la pubblica amministrazione, di concerto con il Ministro del lavoro e delle politiche sociali e con il Ministro dell'economia e delle finanze, da emanare, previa intesa in sede di Conferenza unificata, entro il 30 giugno 2020. Al fine del riparto le predette am-

ministrazioni, entro il 30 aprile 2020, presentano istanza alla Presidenza del Consiglio dei ministri - Dipartimento della funzione pubblica. Ai fini dell'assunzione a tempo indeterminato dei lavoratori impegnati in attività di pubblica utilità, le regioni provvedono mediante il pieno utilizzo delle risorse a tal fine stanziate da leggi regionali nel rispetto dell'articolo 33 del decreto-legge 30 aprile 2019, n. 34, convertito, con modificazioni, dalla legge 28 giugno 2019, n. 58 [1].

[1] Comma modificato dall'articolo 1, comma 1-quater, del D.L. 30 dicembre 2019, n. 162, convertito, con modificazioni dalla Legge 28 febbraio 2020, n. 8.

498. Al fine di sostenere l'accesso anticipato alla pensione per i giornalisti professionisti iscritti all'Istituto nazionale di previdenza dei giornalisti italiani (INPGI) dipendenti dalle imprese editrici di giornali quotidiani, di giornali periodici e di agenzie di stampa a diffusione nazionale, in applicazione della disciplina di cui all'articolo 37, comma 1, lettera b), della legge 5 agosto 1981, n. 416, è autorizzata la spesa nel limite di 7 milioni di euro per l'anno 2020 e 3 milioni di euro per ciascuno degli anni dal 2021 al 2027, che costituisce tetto di spesa, con conseguente aumento dei limiti di spesa di cui all'articolo 41-bis, comma 7, del decreto-legge 30 dicembre 2008, n. 207, convertito, con modificazioni, dalla legge 27 febbraio 2009, n. 14. L'onere annuale sostenuto dall'INPGI per i predetti trattamenti di pensione anticipata è rimborsato all'Istituto ai sensi dell'articolo 37, comma 1-bis, della medesima legge n. 416 del 1981.

All'onere derivante dall'attuazione del presente comma si provvede mediante corrispondente riduzione del Fondo per il pluralismo e l'innovazione dell'informazione, di cui alla legge 26 ottobre 2016, n. 198.

554. A decorrere dall'anno 2020 a titolo di ristoro del gettito non più acquisibile dai comuni a seguito dell'introduzione della TASI di cui al comma 639 dell'articolo 1 della legge 27 dicembre 2013, n. 147, è attribuito ai comuni interessati un contributo complessivo di 110 milioni di euro annui da ripartire secondo gli importi indicati per ciascun comune nell'allegato A al decreto del Ministero dell'interno 14 marzo 2019, recante « Riparto a favore dei comuni del contributo compensativo, pari complessivamente a 110 milioni di euro, per l'anno 2019» [1].

[1] Comma modificato dall'articolo 1 comma 786, della Legge 29 dicembre 2022, n. 197.

555. Al fine di agevolare il rispetto dei tempi di pagamento di cui al decreto legislativo 9 ottobre 2002, n. 231, il limite massimo di ricorso da parte degli enti locali ad anticipazioni di tesoreria, di cui al comma 1 dell'articolo 222 del testo unico di cui al decreto legislativo 18 agosto 2000, n. 267, è elevato da tre a cinque dodicesimi per ciascuno degli anni dal 2020 al 2025 [1][2].

[1] A norma dell'articolo 3, comma 11-bis, del D.L. 31 dicembre 2020, n. 183, convertito, con modificazioni, dalla Legge 26 febbraio 2021, n. 21, la disposizione di cui al presente comma, limitatamente i comuni interamente confinanti con Paesi non appartenenti all'Unione europea, è prorogata all'anno 2027 alle medesime condizioni di cui all'articolo 1, comma 547, della citata legge n. 160 del 2019.
[2] Comma modificato dall'articolo 1 comma 782, della Legge 29 dicembre 2022, n. 197.

559. È istituita l'imposta locale sul consumo di Campione d'Italia (ILCCI) che si applica alle forniture di beni, alle prestazioni di servizi nonché alle importazioni effettuate nel territorio del comune per il consumo finale, compresa l'introduzione di beni provenienti dal territorio dell'Unione europea. Si considera consumatore finale chi effettua acquisti di beni e servizi per finalità diverse dall'esercizio di impresa arti o professioni e chi effettua operazioni escluse dall'applicazione dell'imposta sul valore aggiunto in conformità alla legge federale svizzera.

560. Soggetto attivo dell'imposta è il comune di Campione d'Italia. Non si applica l'articolo 52, comma 1, del decreto legislativo 15 dicembre 1997, n. 446, sull'esercizio della potestà regolamentare, salvo i casi espressamente indicati dalla presente legge.

561. È soggetto passivo dell'imposta chi nel territorio del comune effettua, nell'esercizio di impresa, arti o professioni, forniture di beni e prestazioni di servizi nei confronti di consumatori finali. Sono altresì soggetti passivi dell'imposta i consumatori finali che effettuano importazioni nel territorio del comune ai sensi del comma 559.

562. Le forniture di beni si considerano effettuate a Campione d'Italia se il bene al momento della consegna o della messa a disposizione si trova nel territorio del comune. Le forniture di energia elettrica in condotte, di gas mediante rete di distribuzione di gas naturale e di teleriscaldamento non si considerano effettuate nel comune.

Le prestazioni di servizi si considerano effettuate a Campione d'Italia se sono rese nell'esercizio d'impresa, arti o professioni da soggetti che hanno la sede della attività economica nel territorio di Campione d'Italia. Parimenti, si considerano territorialmente rilevanti, secondo criteri di territorialità analoghi a quelli stabiliti dalla legge federale svizzera in materia di imposta sul valore aggiunto, le prestazioni rese nell'esercizio d'impresa, arti o professioni da soggetti non aventi sede nel territorio di Campione d'Italia. Non si considerano effettuate a Campione d'Italia le prestazioni di servizi in materia d'informatica o di telecomunicazioni. Per le prestazioni di servizi relative a immobili ubicati a Campione d'Italia, la base imponibile è costituita dal solo costo del materiale impiegato. Con il decreto del Ministro dell'economia e delle finanze di cui al comma 566 sono individuate le prestazioni di servizi assoggettate ad imposta secondo criteri di territorialità analoghi a quelli previsti dalla legge federale svizzera in materia di imposta sul valore aggiunto [1].

[1] Comma modificato dall'articolo 1, comma 847, della Legge 30 dicembre 2020, n. 178.

563. L'imposta è esigibile, per le forniture di beni, nel momento in cui il bene è consegnato o spedito e, per le prestazioni di servizi, all'atto del pagamento del corrispettivo.

564. La base imponibile è costituita dall'ammontare complessivo dei corrispettivi dovuti al cedente o al prestatore delle forniture di beni e delle prestazioni di servizi secondo le condizioni contrattuali; in caso di forniture di beni a titolo gratuito, la base imponibile è costituita dal prezzo di costo dei beni oggetto della fornitura. Le aliquote dell'imposta si applicano in misura pari alle percentuali stabilite dalla legge federale svizzera per l'imposta sul valore aggiunto.

VARIE

565. La dichiarazione dell'imposta è presentata dai soggetti passivi di cui al comma 561 al comune, anche in modalità non telematica, entro il 30 giugno dell'anno successivo a quello in cui le operazioni sono effettuate, utilizzando il modello approvato con decreto del Ministro dell'economia e delle finanze in cui devono essere indicati i dati necessari per determinare l'imposta dovuta. In caso di omesso o insufficiente versamento dell'imposta si applica l'articolo 13 del decreto legislativo 18 dicembre 1997, n. 471. In caso di omessa presentazione della dichiarazione, si applica la sanzione dal 100 per cento al 200 per cento dell'imposta non versata, con un minimo di 50 euro. In caso di infedele dichiarazione, si applica la sanzione dal 50 per cento al 100 per cento dell'imposta non versata, con un minimo di 50 euro. Le sanzioni di cui al presente comma sono ridotte ad un terzo se, entro il termine per la proposizione del ricorso, interviene acquiescenza del contribuente, con pagamento del tributo, se dovuto, della sanzione e degli interessi. Restano salvi la facoltà del comune di deliberare con il regolamento circostanze attenuanti o esimenti nel rispetto dei princìpi stabiliti dalla normativa statale e il potere di esercitare l'attività di accertamento e di riscossione anche coattiva dell'imposta.

566. Con decreto del Ministro dell'economia e delle finanze, di natura non regolamentare da adottare entro centoventi giorni dalla data di entrata in vigore della presente legge, sono stabiliti gli ulteriori casi in cui il comune di Campione d'Italia può esercitare la potestà regolamentare; con il medesimo decreto inoltre sono individuate, in conformità alla legge federale svizzera, le operazioni esenti ed escluse da imposta nonché le franchigie applicabili alle importazioni di cui al comma 559 e sono definiti i termini e le modalità di versamento, accertamento e riscossione dell'imposta nonché i casi di esonero dall'obbligo di presentazione della dichiarazione.

567. L'imposta locale di consumo di Campione d'Italia si applica alle forniture di beni e alle prestazioni di servizi effettuate a partire dal 1° gennaio 2020.

568. L'imposta dovuta per le operazioni poste in essere entro il 30 giugno 2020 è riscossa secondo termini e modalità stabiliti dal decreto di cui al comma 566.

569. All'articolo 1, comma 3, del testo unico delle disposizioni legislative concernenti le imposte sulla produzione e sui consumi e relative sanzioni penali e amministrative, di cui al decreto legislativo 26 ottobre 1995, n. 504, la lettera a) è sostituita dalla seguente: "*a) si intende per "Stato*" o "*territorio dello Stato*": il territorio della Repubblica italiana, con esclusione del comune di Livigno".

570. All'articolo 67, comma 1, lettera d), del decreto del Presidente della Repubblica 26 ottobre 1972, n. 633, le parole: "*e dai Dipartimenti francesi d'oltremare*" sono sostituite dalle seguenti: «, dai Dipartimenti francesi d'oltremare, dal comune di Campione d'Italia e dalle acque italiane del Lago di Lugano".

571. Le disposizioni di cui ai commi 569 e 570 si applicano a decorrere dal 1° gennaio 2020.

572. Ai fini dell'applicazione delle disposizioni in materia doganale, a decorrere dal 1° gennaio 2020, il territorio extradoganale è costituito dal solo territorio del comune di Livigno. Per i soggetti residenti nel territorio del comune di Campione d'Italia non trovano applicazione le disposizioni di cui all'articolo 4, commi 1 e 2, del regolamento di cui al decreto del Ministro dell'economia e delle finanze 6 marzo 2009, n. 32; per i medesimi soggetti le franchigie contemplate dal predetto regolamento n. 32 del 2009 sono determinate con il decreto di cui al comma 566 del presente articolo coerentemente con le disposizioni dell'Unione europea in materia di fissazione delle franchigie doganali. I beni strumentali, gli arredi, i mobili di ogni tipo già esistenti nel comune di Campione d'Italia presso società, enti ed abitazioni alla data del 31 dicembre 2019 ed in uscita dal territorio dello stesso comune sono esenti da IVA nei casi in cui abbiano come destinazione finale l'Italia

573. L'imposta dovuta sui redditi diversi da quelli d'impresa dalle persone fisiche iscritte [*alla data del 20 ottobre 2019*] nei registri anagrafici del comune di Campione d'Italia nonché sui redditi di lavoro autonomo relativi ad attività svolte in studi siti alla medesima data nel comune di Campione d'Italia, determinata ai sensi dell'articolo 188-bis del testo unico delle imposte sui redditi, di cui al decreto del Presidente della Repubblica 22 dicembre 1986, n. 917, è ridotta nella misura del 50 per cento per dieci periodi d'imposta [(1)].

(1) Comma modificato dall'articolo 129-bis, comma 1, lettera a), del D.L. 19 maggio 2020, n. 34, convertito, con modificazioni, dalla Legge 17 luglio 2020, n. 77.

574. Le imposte dovute sui redditi d'impresa realizzati dalle imprese individuali, dalle società di persone e da società ed enti di cui all'articolo 73 del testo unico delle imposte sui redditi, di cui al decreto del Presidente della Repubblica 22 dicembre 1986, n. 917, iscritti [*alla data del 20 ottobre 2019*] alla camera di commercio, industria, artigianato e agricoltura di Como e aventi la sede sociale operativa, o un'unità locale, nel comune di Campione d'Italia, determinate ai sensi dell'articolo 188-bis del predetto testo unico delle imposte sui redditi, sono ridotte nella misura del 50 per cento per dieci periodi di imposta [(1)].

(1) Comma modificato dall'articolo 129-bis, comma 1, lettera b), del D.L. 19 maggio 2020, n. 34, convertito, con modificazioni, dalla Legge 17 luglio 2020, n. 77.

575. Per i soggetti di cui ai commi 573 e 574, l'imposta regionale sulle attività produttive derivanti da attività esercitate nel comune di Campione d'Italia, determinata ai sensi dell'articolo 17, comma 3-bis, del decreto legislativo 15 dicembre 1997, n. 446, è ridotta nella misura del 50 per cento per dieci periodi d'imposta [(1)].

(1) Comma modificato dall'articolo 129-bis, comma 1, lettera c), del D.L. 19 maggio 2020, n. 34, convertito, con modificazioni, dalla Legge 17 luglio 2020, n. 77.

576. Le agevolazioni di cui ai commi 573, 574 e 575 si applicano a decorrere dal periodo d'imposta successivo a quello in corso alla data del 31 dicembre 2019, ai sensi e nei limiti del regolamento (UE) n. 1407/2013 della Commissione, del 18 dicembre 2013, relativo all'applicazione degli articoli 107 e 108 del Trattato sul funzionamento dell'Unione europea agli aiuti "*de minimis*", del regolamento (UE) n. 1408/2013 della Commissione, del 18 dicembre 2013, relativo all'applicazione degli articoli 107 e 108 del Trattato sul funzionamento dell'Unione europea agli aiuti "*de minimis*" nel settore agricolo e del regolamento (UE) n. 717/2014 della Commissione, del 27 giugno 2014, relativo

all'applicazione degli articoli 107 e 108 del Trattato sul funzionamento dell'Unione europea agli aiuti "*de minimis*" nel settore della pesca e dell'acquacoltura.

576-bis. In deroga al comma 576, per il periodo d'imposta in corso al 31 dicembre 2020 e fino a quello in corso al 31 dicembre 2021, le agevolazioni di cui ai commi 573, 574 e 575 si applicano nel limite dell'importo di 1.800.000 euro per ogni impresa. Tale limite è di 270.000 euro per ogni impresa attiva nel settore della pesca e dell'acquacoltura e di 225.000 euro per ogni impresa attiva nel settore della produzione primaria di prodotti agricoli [1].

[1] *Comma inserito dall'articolo 129-bis, comma 1, lettera d), del D.L. 19 maggio 2020, n. 34, convertito, con modificazioni, dalla Legge 17 luglio 2020, n. 77 e successivamente sostituito dall'articolo 3, comma 11-ter, lettera a), del D.L. 31 dicembre 2020, n. 183, convertito, con modificazioni, dalla Legge 26 febbraio 2021, n. 21.*

577. In vista del rilancio economico del Comune di Campione d'Italia, alle imprese che effettuano investimenti nel territorio del medesimo comune facenti parte di un progetto di investimento iniziale come definito all'articolo 2, punti 49), 50) e 51), del regolamento (UE) n. 651/2014 della Commissione, del 17 giugno 2014, è attribuito un credito d'imposta commisurato a una quota dei costi individuati come ammissibili ai sensi dell'articolo 14 del predetto regolamento (UE) n, 651/2014. Il credito d'imposta è commisurato alla quota del costo complessivo dei beni acquisiti nel limite massimo, per ciascun progetto di investimento, di 30 milioni di euro per le grandi imprese nella misura del 25 per cento del costo ammissibile, di 20 milioni di euro per le medie imprese nella misura del 35 per cento del costo ammissibile e di 6 milioni di euro per le piccole imprese nella misura del 45 per cento del costo ammissibile [1].

[1] *Comma sostituito dall'articolo 129-bis, comma 1, lettera e), del D.L. 19 maggio 2020, n. 34, convertito, con modificazioni, dalla Legge 17 luglio 2020, n. 77.*

577-bis. Per il periodo d'imposta in corso al 31 dicembre 2020 e fino a quello in corso al 31 dicembre 2021, alle imprese che effettuano gli investimenti di cui al comma 577 il credito d'imposta è riconosciuto, in deroga alle disposizioni del medesimo comma 577, in misura pari ai costi sostenuti nel limite dell'importo di 1.800.000 euro per ogni impresa. Tale limite è di 270.000 euro per ogni impresa attiva nel settore della pesca e dell'acquacoltura e di 225.000 euro per ogni impresa attiva nel settore della produzione primaria di prodotti agricoli [1].

[1] *Comma inserito dall'articolo 129-bis, comma 1, lettera f), del D.L. 19 maggio 2020, n. 34, convertito, con modificazioni, dalla Legge 17 luglio 2020, n. 77 e successivamente sostituito dall'articolo 3, comma 11-ter, lettera b), del D.L. 31 dicembre 2020, n. 183, convertito, con modificazioni, dalla Legge 26 febbraio 2021, n. 21.*

577-ter. L'efficacia delle disposizioni dei commi 576-bis e 577-bis è subordinata all'adozione della decisione di compatibilità da parte della Commissione europea, ai sensi dell'articolo 108, paragrafo 3, del Trattato sul funzionamento dell'Unione europea sulla base della comunicazione C(2020) 1863 final della Commissione, del 19 marzo 2020, recante 'Quadro temporaneo per le misure di aiuto di Stato a sostegno dell'economia nell'attuale emergenza del COVID-19 [1].

[1] *Comma inserito dall'articolo 129-bis, comma 1, lettera f), del D.L. 19 maggio 2020, n. 34, convertito, con modificazioni, dalla Legge 17 luglio 2020, n. 77.*

578. L'agevolazione di cui al comma 577 si applica a decorrere dal periodo d'imposta successivo a quello in corso al 31 dicembre 2019 e fino a quello in corso al 31 dicembre 2024.

579. L'efficacia delle disposizioni di cui ai commi 577 e 578 è subordinata, ai sensi dell'articolo 108, paragrafo 3, del Trattato sul funzionamento dell'Unione europea, all'autorizzazione della Commissione europea, richiesta a cura del Ministero dell'economia e delle finanze.

580. All'articolo 188-bis del testo unico delle imposte sui redditi, di cui al decreto del Presidente della Repubblica 22 dicembre 1986, n. 917, sono apportate le seguenti modificazioni:

a) al comma 2, le parole: "*comma 1, lettere a), b) e c),*" sono soppresse;

b) al comma 6, le parole: "*e del regolamento (UE) n. 1408/2013 della Commissione, del 18 dicembre 2013, relativo all'applicazione degli articoli 107 e 108 del Trattato sul funzionamento dell'Unione europea agli aiuti "de minimis"*" nel settore agricolo" sono sostituite dalle seguenti: "*del regolamento (UE) n. 1408/2013 della Commissione, del 18 dicembre 2013, relativo all'applicazione degli articoli 107 e 108 del Trattato sul funzionamento dell'Unione europea agli aiuti "de minimis"*" nel settore agricolo, e del regolamento (UE) n. 717/ 2014 della Commissione, del 27 giugno 2014, relativo all'applicazione degli articoli 107 e 108 del Trattato sul funzionamento dell'Unione europea agli aiuti "*de minimis*" nel settore della pesca e dell'acquacoltura".

581. All'articolo 1, comma 7, del decreto legge 6 luglio 2012, n. 95, convertito, con modificazioni, dalla legge 7 agosto 2012, n. 135, al primo periodo, dopo le parole:

"*telefonia mobile,*" sono inserite le seguenti:

"*autoveicoli di cui all'articolo 54, comma 1, lettere a), b), ad eccezione degli autoveicoli per il servizio di linea per trasporto di persone, e c), del codice della strada, di cui al decreto legislativo 30 aprile 1992, n. 285, autoveicoli e motoveicoli per le Forze di polizia e autoveicoli blindati,*".

582. All'articolo 4, comma 3-ter, del decreto-legge 6 luglio 2012, n. 95, convertito, con modificazioni, dalla legge 7 agosto 2012, n. 135, al secondo periodo, dopo la parola: "*manutenzione*" sono aggiunte le seguenti: "*e lavori pubblici*".

583. Fermo restando quanto previsto dall'articolo 1, commi 449 e 450, della legge 27 dicembre 2006, n. 296, le amministrazioni statali centrali e periferiche, ivi compresi gli istituti e le scuole di ogni ordine e grado, le istituzioni educative e le istituzioni universitarie nonché gli enti nazionali di previdenza e assistenza sociale pubblici e le agenzie fiscali di cui al decreto legislativo 30 luglio 1999, n. 300, sono tenute ad approvvigionarsi attraverso gli accordi quadro stipulati dalla Consip Spa o il sistema dinamico di acquisizione realizzato e gestito dalla Consip Spa.

584. All'articolo 2, comma 574, della legge 24 dicembre 2007, n. 244, le parole: "*e dell'accordo quadro*" sono soppresse.

585. All'articolo 26, comma 1, della legge 23 dicembre 1999, n. 488, è aggiunto, in fine, il seguente periodo: "*Ove previsto nel bando di gara, le convenzioni possono essere stipulate per specifiche categorie di amministrazioni ovvero per specifici ambiti territoriali*".

VARIE

586. Le convenzioni di cui all'articolo 26 della legge 23 dicembre 1999, n. 488, e gli accordi quadro di cui all'articolo 54 del codice dei contratti pubblici, di cui al decreto legislativo 18 aprile 2016, n. 50, possono essere stipulati in sede di aggiudicazione di appalti specifici basati su un sistema dinamico di acquisizione di cui all'articolo 55 del citato decreto legislativo 18 aprile 2016, n. 50, e ad essi si applica il termine dilatorio di cui al comma 9 dell'articolo 32 del medesimo decreto legislativo n. 50 del 2016.

587. All'articolo 4, comma 3-ter, del decreto-legge 6 luglio 2012, n. 95, convertito, con modificazioni, dalla legge 7 agosto 2012, n. 135, dopo il terzo periodo è inserito il seguente: "*La Consip S.p.A. può, altresì, svolgere, nell'ambito del Programma di razionalizzazione degli acquisti, procedure di aggiudicazione di contratti di concessione di servizi*".

588. Al fine di migliorare il livello di efficienza e di qualità dei servizi informatici a supporto dei processi di finanza pubblica e perseguire il contenimento dei relativi costi, il Ministero dell'economia e delle finanze - Dipartimento della Ragioneria generale dello Stato, in conformità con la disciplina in materia di Poli strategici nazionali (PSN), stipula un apposito disciplinare con la società di cui all'articolo 83, comma 15, del decreto-legge 25 giugno 2008, n. 112, convertito, con modificazioni, dalla legge 6 agosto 2008, n. 133, per la razionalizzazione ed ottimizzazione dei propri data center, definendo un modello innovativo di erogazione dei servizi di conduzione infrastrutturale e di connettività.

589. All'articolo 1, comma 514-bis, della legge 28 dicembre 2015, n. 208, le parole: "*e a euro 4.300.000 annui a decorrere dal 2019*" sono sostituite dalle seguenti: «, a euro 4.300.000 per l'anno 2019 e a euro 1.500.000 annui a decorrere dal 2020".

590. Ai fini di una maggiore flessibilità gestionale, di una più efficace realizzazione dei rispettivi obiettivi istituzionali e di un miglioramento dei saldi di finanza pubblica, a decorrere dall'anno 2020, agli enti e agli organismi, anche costituiti in forma societaria, di cui all'articolo 1, comma 2, della legge 31 dicembre 2009, n. 196, ivi comprese le autorità indipendenti, con esclusione degli enti del Servizio sanitario nazionale, cessano di applicarsi le norme in materia di contenimento e di riduzione della spesa di cui all'allegato A annesso alla presente legge. Resta ferma l'applicazione delle norme che recano vincoli in materia di spese di personale.

591. A decorrere dall'anno 2020, i soggetti di cui al comma 590 non possono effettuare spese per l'acquisto di beni e servizi per un importo superiore al valore medio sostenuto per le medesime finalità negli esercizi finanziari 2016, 2017 e 2018, come risultante dai relativi rendiconti o bilanci deliberati. La disposizione di cui al presente comma non si applica alle agenzie fiscali di cui al decreto legislativo 30 luglio 1999, n. 300, per le quali resta fermo l'obbligo di versamento previsto dall'articolo 6, comma 21-sexies, del decreto-legge 31 maggio 2010, n. 78, convertito, con modificazioni, dalla legge 30 luglio 2010, n. 122, come incrementato ai sensi del comma 594. A decorrere dall'esercizio 2021, alle spese di natura corrente del settore informatico dell'INPS non si applicano i vincoli di spesa di cui al presente comma [1][2].

[1] Per un incremento, per l'esercizio 2020, vedi gli articoli 101 e 102 del D.L 19 maggio 2020, n. 34.) Per un incremento, per l'esercizio 2021, vedi l'articolo 77 comma 1, del D.L. 25 maggio 2021, n. 73, convertito con modificazioni dalla Legge 23 luglio 2021, n. 106. Comma modificato dall'articolo 1, comma 727, della Legge 30 dicembre 2021, n. 234.

592. Ai fini dei commi da 590 a 600, le voci di spesa per l'acquisto di beni e servizi sono individuate con riferimento:

a) per gli enti che adottano la contabilità finanziaria, alle corrispondenti voci, rilevate in conto competenza, del piano dei conti integrato previsto dal regolamento di cui al decreto del Presidente della Repubblica 4 ottobre 2013, n. 132;

b) per gli enti e gli organismi che adottano la contabilità civilistica, alle corrispondenti voci B6), B7) e B8) del conto economico del bilancio di esercizio redatto secondo lo schema di cui all'allegato 1 al decreto del Ministro dell'economia e delle finanze 27 marzo 2013, pubblicato nel supplemento ordinario alla Gazzetta Ufficiale n. 86 del 12 aprile 2013. Le università, che adottano gli schemi di bilancio di cui al decreto del Ministro dell'istruzione, dell'università e della ricerca n. 19 del 14 gennaio 2014, pubblicato nella Gazzetta Ufficiale n. 25 del 31 gennaio 2014, individuano le voci di bilancio riconducibili a quelle indicate nel primo periodo della presente lettera.

593. Fermo restando il principio dell'equilibrio di bilancio, compatibilmente con le disponibilità di bilancio, il superamento del limite delle spese per acquisto di beni e servizi di cui al comma 591 è consentito in presenza di un corrispondente aumento dei ricavi o delle entrate accertate in ciascun esercizio rispetto al valore relativo ai ricavi conseguiti o alle entrate accertate nell'esercizio 2018. L'aumento dei ricavi o delle entrate può essere utilizzato per l'incremento delle spese per beni e servizi entro il termine dell'esercizio successivo a quello di accertamento. Non concorrono alla quantificazione delle entrate o dei ricavi di cui al presente comma le risorse destinate alla spesa in conto capitale e quelle finalizzate o vincolate da norme di legge, ovvero da disposizioni dei soggetti finanziatori, a spese diverse dall'acquisizione di beni e servizi. Il superamento del limite di cui al comma 591 è altresì consentito per le spese per l'acquisto di beni e servizi del settore informatico finanziate con il PNRR, nonché, nei limiti delle risorse disponibili a legislazione vigente, per l'acquisizione di servizi cloud infrastrutturali [1].

[1] Comma modificato dall'articolo 53, comma 6 lettera a) del D.L. 31 maggio 2021, n. 77, convertito con modificazioni dalla Legge 29 luglio 2021, n. 108 e successivamente dall'articolo 29, comma 1, del D.L. 30 aprile 2022, n. 36, convertito con modificazioni dalla Legge 29 giugno 2022, n. 79.

594. Al fine di assicurare il rispetto degli obiettivi di finanza pubblica, gli enti e gli organismi di cui al comma 590, ivi comprese le autorità indipendenti, versano annualmente entro il 30 giugno di ciascun anno ad apposito capitolo dell'entrata del bilancio dello Stato un importo pari a quanto dovuto nell'esercizio 2018 in applicazione delle norme di cui all'allegato A annesso alla presente legge, incrementato del 10 per cento. L'INPS e l'INAIL continuano a versare al bilancio dello Stato, entro il 30 giugno di ciascun anno, quanto complessivamente dovuto nell'anno 2018 in ottemperanza alle norme di contenimento di cui al medesimo allegato A. Ai fini dell'applicazione dell'incremento di cui al primo periodo, è fatta salva la disciplina prevista dall'articolo 1, comma 506, della legge 28 dicembre 2015, n. 208, e dall'articolo 1, comma 6, del decreto-legge 22 ottobre 2016, n. 193, convertito, con modificazioni, dalla legge 1° dicembre 2016, n. 225. Ferma restando, per gli enti e gli organismi di cui al comma 590, la disciplina di settore che regolamenta

le procedure per la dichiarazione dello stato di dissesto o del commissariamento, per il periodo strettamente necessario al ripristino degli equilibri finanziari ed economico-patrimoniali, le somme da versare al bilancio dello Stato, secondo quanto disposto nel presente comma, possono essere temporaneamente accantonate in apposito fondo per essere versate alla conclusione della procedura di risanamento.

595. Nel caso in cui le amministrazioni di cui al comma 590 siano interessate da processi di fusione o accorpamento, il limite di spesa di cui al comma 591, i ricavi o le entrate di cui al comma 593 e il versamento di cui al comma 594 sono determinati nella misura pari alla somma degli importi previsti per ciascuna amministrazione coinvolta nei citati processi.

596. I compensi, i gettoni di presenza ed ogni ulteriore emolumento, con esclusione dei rimborsi spese, spettanti ai componenti degli organi di amministrazione e di controllo, ordinari o straordinari, degli enti e organismi di cui al comma 590, escluse le società, sono stabiliti da parte delle amministrazioni vigilanti, di concerto con il Ministero dell'economia e delle finanze, ovvero mediante deliberazioni dei competenti organi degli enti e organismi, ai sensi delle vigenti disposizioni di legge, statutarie e regolamentari, da sottoporre all'approvazione delle predette amministrazioni vigilanti.

I predetti compensi e i gettoni di presenza sono determinati sulla base di procedure, criteri, limiti e tariffe fissati con decreto del Presidente del Consiglio dei ministri, su proposta del Ministro dell'economia e delle finanze, da adottare entro centottanta giorni dalla data di entrata in vigore della presente legge.

597. La relazione degli organi deliberanti degli enti e degli organismi di cui al comma 590, presentata in sede di approvazione del bilancio consuntivo, deve contenere, in un'apposita sezione, l'indicazione riguardante le modalità attuative delle disposizioni di cui ai commi da 590 a 600.

598. Ferma restando la disciplina in materia di responsabilità amministrativa e contabile, l'inosservanza di quanto disposto dai commi 591, 593, 594 e 595 costituisce illecito disciplinare del responsabile del servizio amministrativo-finanziario. In caso di inadempienza per più di un esercizio, i compensi, le indennità ed i gettoni di presenza corrisposti agli organi di amministrazione sono ridotti, per il restante periodo del mandato, del 30 per cento rispetto all'ammontare annuo risultante alla data del 30 giugno 2019 e i risparmi sulla spesa per gli organi sono acquisiti al bilancio dell'ente.

599. Il rispetto degli adempimenti e delle prescrizioni previsti dai commi da 590 a 598 è verificato e asseverato dai rispettivi organi di controllo.

600. Restano fermi gli effetti finanziari derivanti dalle riduzioni dei trasferimenti erariali dal bilancio dello Stato agli enti ed organismi di cui al comma 590.

601. Le disposizioni di cui ai commi da 590 a 600 non si applicano agli enti di cui al decreto legislativo 30 giugno 1994, n. 509, e al decreto legislativo 10 febbraio 1996, n. 103, per i quali resta in vigore l'articolo 1, comma 183, della legge 27 dicembre 2017, n. 205.

602. Fatto salvo quanto previsto dal comma 2 dell'articolo 57 del decreto-legge 26 ottobre 2019, n. 124, le disposizioni di cui ai commi da 590 a 600 non si applicano alle regioni, alle province autonome di Trento e di Bolzano, agli enti locali e ai loro organismi ed enti strumentali come definiti dall'articolo 1, comma 2, del decreto legislativo 23 giugno 2011, n. 118, nonché ai loro enti strumentali in forma societaria.

603. All'articolo 1, comma 30, della legge 27 dicembre 2013, n. 147, le parole: "*per la parte eccedente l'importo di 8 milioni di euro*" sono sostituite dalle seguenti: "*per la parte eccedente l'importo di 15 milioni di euro*".

604. Il contributo alle spese dell'Organizzazione delle Nazioni Unite, di cui alla legge 17 agosto 1957, n. 848, è ridotto di 36 milioni di euro annui a decorrere dall'anno 2020. Il Ministero degli affari esteri e della cooperazione internazionale provvede agli adempimenti necessari, anche sul piano internazionale, per rinegoziare i termini dell'accordo internazionale concernente la determinazione del contributo all'Organizzazione delle Nazioni Unite.

605. All'articolo 1, comma 4, della legge 3 agosto 1998, n. 315, le parole: "*e di euro 25,8 milioni a decorrere dal 2020*" sono sostituite dalle seguenti: "*e di euro 11,6 milioni a decorrere dal 2020*".

606. All'articolo 6, comma 4, del decreto legislativo 13 marzo 2013, n. 30, dopo le parole: "*e la successiva riassegnazione*" sono inserite le seguenti: «, per la parte eccedente l'importo di un milione di euro limitatamente alla quota da assegnare al Ministero delle infrastrutture e dei trasporti,".

607. A decorrere dall'anno 2020, i benefici di cui all'articolo 6 del decreto-legge 30 dicembre 1997, n. 457, convertito, con modificazioni, dalla legge 27 febbraio 1998, n. 30, sono corrisposti nel limite del 44,32 per cento [(A)].

[(A)] *In riferimento allo sgravio contributivo in favore delle imprese che esercitano la pesca costiera e nelle acque interne e lagunari - riduzione della misura, di cui al presente comma, vedi: Messaggio INPS - Istituto nazionale previdenza sociale 28/01/2020 n. 284.*

608. Il comma 709 dell'articolo 1 della legge 23 dicembre 2014, n. 190, è abrogato.

609. Per gli anni 2020, 2021 e 2022, le risorse finanziarie iscritte in bilancio per l'attuazione delle disposizioni di cui agli articoli 14 e 15 del decreto-legge 28 gennaio 2019, n. 4, convertito, con modificazioni, dalla legge 28 marzo 2019, n. 26, sono ridotte, in via ulteriore rispetto a quanto già previsto ai sensi della Nota di aggiornamento del Documento di economia e finanza 2019, di 300 milioni di euro per l'anno 2020, di 900 milioni di euro per l'anno 2021 e di 500 milioni di euro per l'anno 2022. Al fine di assicurare il conseguimento del corrispondente miglioramento dei saldi di finanza pubblica rispetto alle previsioni tendenziali contenute nella Nota di aggiornamento del Documento di economia e finanza 2019 nella misura indicata al primo periodo del presente comma, le dotazioni del bilancio dello Stato per l'anno 2022, in termini di competenza e di cassa, corrispondenti alle misure di cui all'elenco 1 allegato alla presente legge, sono corrispondentemente accantonate. Con decreti del Ministro dell'economia e delle finanze, gli accantonamenti di spesa, su richiesta dei Ministri interessati, possono essere rimodulati nell'ambito degli stati di previsione della spesa, ferma restando la neutralità degli effetti sui saldi di finanza pubblica. [*Per l'anno 2020 resta fermo quanto previsto dai commi 624 e 625.*] Le eventuali rimodulazioni sono comunicate alle Camere dal Ministro dell'economia e delle finanze ogni quadrimestre. Sulla base della rendicontazione degli oneri

sostenuti, comunicata entro [*il 15 marzo 2020, il 15 settembre 2020, il 15 marzo 2021, il 15 settembre 2021,*] il 15 marzo 2022 e il 15 settembre 2022, risultante dal monitoraggio di cui all'articolo 28, comma 3, del decreto-legge 28 gennaio 2019, n. 4, convertito, con modificazioni, dalla legge 28 marzo 2019, n. 26, e tenuto conto della valutazione degli oneri ancora da sostenere, con delibera del Consiglio dei ministri, su proposta del Ministro dell'economia e delle finanze, gli accantonamenti di cui al secondo periodo del presente comma sono progressivamente resi disponibili o confermati, in parte o interamente [(1)].

(1) Comma modificato dall'articolo 265, comma 13, lettera b), del D.L. 19 maggio 2020, n. 34, convertito, con modificazioni, dalla Legge 17 luglio 2020, n. 77.

610. Le amministrazioni pubbliche e le società inserite nel conto economico consolidato della pubblica amministrazione, come individuate dall'Istituto nazionale di statistica (ISTAT) ai sensi dell'articolo 1 della legge 31 dicembre 2009, n. 196, con esclusione delle regioni, delle province autonome di Trento e di Bolzano, degli enti locali nonché delle società dagli stessi partecipate, assicurano, per il triennio 2020- 2022, anche tramite il ricorso al riuso dei sistemi e degli strumenti ICT (Information and Communication Technology), di cui all'articolo 69 del codice di cui al decreto legislativo 7 marzo 2005, n. 82, un risparmio di spesa annuale pari al 10 per cento della spesa annuale media per la gestione corrente del settore informatico sostenuta nel biennio 2016-2017] [(1)(2)(3)(2)].

(1) In riferimento alle disposizioni di cui al presente comma, vedi l'articolo 238, comma 6, del D.L. 19 maggio 2020, n. 34, convertito, con modificazioni, dalla Legge 17 luglio 2020, n. 77.
(2) A norma dall'articolo 42, comma 9, del D.L. 22 marzo 2021, n. 41, convertito con modificazioni, dalla Legge 21 maggio 2021, n. 69, in relazione all'emergenza sanitaria derivante dalla diffusione dell'epidemia «Covid-19», per l'anno 2021, non si applicano le disposizioni di cui al presente comma.
(3) Comma abrogato dall'articolo 53, comma 6 lettera b) del D.L. 31 maggio 2021, n. 77, non ancora convertito in Legge.

611. La percentuale di risparmio di cui al comma 610 è ridotta al 5 per cento per le spese correnti sostenute per la gestione delle infrastrutture informatiche (data center) delle amministrazioni di cui al medesimo comma 610, a decorrere dalla rispettiva certificazione dell'Agenzia per l'Italia digitale (AgID) del relativo passaggio al "*Cloud della PA*" (CSP o PSN), al netto dei costi di migrazione[(1)].] [(2)]

(1) A norma dall'articolo 42, comma 9, del D.L. 22 marzo 2021, n. 41, convertito con modificazioni, dalla Legge 21 maggio 2021, n. 69, in relazione all'emergenza sanitaria derivante dalla diffusione dell'epidemia «Covid-19», per l'anno 2021, non si applicano le disposizioni di cui al presente comma.
(2) Comma abrogato dall'articolo 53, comma 6 lettera b) del D.L. 31 maggio 2021, n. 77, non ancora convertito in Legge.

612. Le riduzioni di spesa di cui ai commi 610 e 611 non si applicano alle spese sostenute dall'INPS e alle convenzioni stipulate con la società di cui all'articolo 83, comma 15, del decreto-legge 25 giugno 2008, n. 112, convertito, con modificazioni, dalla legge 6 agosto 2008, n. 133, nonché alle spese sostenute dalla stessa società con riferimento alle acquisizioni di beni e servizi propri e per conto delle amministrazioni committenti.] [(1)]

(1) Comma abrogato dall'articolo 53, comma 6 lettera b) del D.L. 31 maggio 2021, n. 77, non ancora convertito in Legge.

613. Le disposizioni di cui ai commi 610, 611 e 612 costituiscono princìpi fondamentali in materia di coordinamento della finanza pubblica ai sensi dell'articolo 117, terzo comma, della Costituzione.] [(1)]

(1) Comma abrogato dall'articolo 53, comma 6 lettera b) del D.L. 31 maggio 2021, n. 77, non ancora convertito in Legge.

614. Al fine di salvaguardare l'interesse pubblico e consentire risparmi di spesa anche attraverso la semplificazione, la digitalizzazione e l'implementazione delle procedure amministrative del Ministero dell'interno in materia di istanze, dichiarazioni o atti dei privati interessati e per lo svolgimento delle operazioni preliminari necessarie all'adozione dei provvedimenti richiesti nonché per l'inoltro ai medesimi soggetti dei provvedimenti o atti rilasciati, all'articolo 39 della legge 16 gennaio 2003, n. 3, sono apportate le seguenti modificazioni:

a) al comma 4-bis, le parole: "*o altri soggetti non pubblici*" sono sostituite dalle seguenti: "*dotati di una rete di sportelli capillare su tutto il territorio nazionale, di infrastrutture logistiche e piattaforme tecnologiche integrate, che siano Identity Provider e che abbiano la qualifica di Certification Authority accreditata dall'Agenzia per l'Italia digitale, con esperienza pluriennale nella ricezione, digitalizzazione e gestione delle istanze e dichiarazioni alla pubblica amministrazione e nei servizi finanziari di pagamento,*";

b) al comma 4-ter, le parole: "*possono essere autorizzati a procedere*" sono sostituite dalla seguente: "*procedono*" e dopo le parole: "*degli interessati,*" sono inserite le seguenti: "*anche attraverso riconoscimento biometrico e firma grafometrica,*".

615. Dalle disposizioni di cui al comma 614 non devono derivare nuovi o maggiori oneri per la finanza pubblica.

616. Al fine di conseguire ulteriori risparmi di spesa connessi ai contratti di locazione passiva in immobili di proprietà privata, le amministrazioni dello Stato di cui all'articolo 1, comma 2, del decreto legislativo 30 marzo 2001, n. 165, incluse la Presidenza del Consiglio dei ministri e le agenzie, anche fiscali compresa l'Agenzia del demanio, nonché gli organi di rilevanza costituzionale, possono procedere, ferme restando le disposizioni di cui ai commi da 1 a 6 dell'articolo 3 del decreto-legge 6 luglio 2012, n. 95, convertito, con modificazioni, dalla legge 7 agosto 2012, n. 135, e laddove conveniente, alla rinegoziazione dei contratti in corso alla data di entrata in vigore della presente legge, alle condizioni e nei termini previsti dal comma 617.

617. Le amministrazioni di cui al comma 616, fornendo l'opportuna documentazione, verificano con l'Agenzia del demanio la convenienza della rinegoziazione e, entro centocinquanta giorni dalla data di entrata in vigore della presente legge, propongono alla proprietà la rinegoziazione del contratto in corso attraverso la stipula di un nuovo contratto della durata di nove anni a fronte di un canone annuo commisurato al valore minimo locativo fissato dall'Osservatorio del mercato immobiliare, ridotto del 15 per cento. Qualora i valori dell'Osservatorio del mercato immobiliare non siano disponibili, si fa riferimento a quelli del comune più vicino nell'ambito territoriale della medesima regione.

618. Entro trenta giorni dal ricevimento della proposta di rinegoziazione, la proprietà deve comunicare la propria ac-

cettazione, di cui è data notizia all'Agenzia del demanio al fine del rilascio, ai sensi dell'articolo 2, commi 222 e seguenti, della legge 23 dicembre 2009, n. 191, in quanto compatibili, del nulla osta alla stipula. In caso di mancata accettazione, il contratto vigente continua a produrre effetti fino alla naturale scadenza.

619. Per i contratti venuti a scadenza alla data di entrata in vigore della presente legge, alle amministrazioni di cui al comma 616 è consentito proseguire nell'utilizzo con la stipula di un nuovo contratto nei termini e alle condizioni di cui ai commi 617 e 618. In caso di mancata accettazione da parte della proprietà si applicano le procedure di cui all'articolo 2, comma 222, della legge 23 dicembre 2009, n. 191, per la ricerca di una nuova soluzione allocativa.

620. Qualora le amministrazioni di cui all'articolo 2, comma 222, primo periodo, della legge 23 dicembre 2009, n. 191, non attuino i piani di razionalizzazione di cui all'articolo 2, commi 222 e seguenti, della medesima legge 23 dicembre 2009, n. 191, per i quali sono recepiti o reperibili le necessarie disponibilità di risorse finanziarie per gli interventi di adeguamento funzionale, il Ministero dell'economia e delle finanze - Dipartimento della Ragioneria generale dello Stato, su comunicazione dell'Agenzia del demanio, effettua una riduzione lineare degli stanziamenti sui capitoli relativi alle spese correnti dell'amministrazione stessa, pari al 5 per cento dell'intero ammontare degli stanziamenti medesimi.

621. Al fine di uniformare le quote dei proventi derivanti dalle vendite degli immobili militari da riconoscere al Ministero della difesa:

a) all'articolo 33, comma 8-quater, del decreto-legge 6 luglio 2011, n. 98, convertito, con modificazioni, dalla legge 15 luglio 2011, n. 111:

1) al quinto periodo, le parole: "*un ammontare pari al 10*" sono sostituite dalle seguenti: "*direttamente in quote del costituendo fondo il 30*";

2) il sesto periodo è sostituito dal seguente: "*Le risorse monetarie derivanti dall'alienazione delle quote sono versate all'entrata del bilancio dello Stato per essere riassegnate alle spese di investimento dello stato di previsione della spesa del Ministero della difesa, in aggiunta rispetto alle dotazioni finanziarie iscritte nel medesimo stato di previsione.*";

b) all'articolo 307 del codice di cui al decreto legislativo 15 marzo 2010, n. 66:

1) al comma 10, lettera d), primo periodo, le parole: "*80 per cento*" sono sostituite dalle seguenti: "*55 per cento*" e le parole: "*corrispondente al 10 per cento*" sono sostituite dalle seguenti: "*corrispondente al 35 per cento*" e le parole: "*al 31 dicembre 2013*" sono sostituite dalle seguenti:

"*31 dicembre 2022*";

2) al comma 11-bis, la lettera d-bis) è abrogata.

622. Nello stato di previsione del Ministero della difesa è istituito un fondo per la progettazione e la realizzazione degli interventi di cui all'articolo 184, comma 5-bis.3, e all'articolo 241-bis, commi 4-bis e 4-octies, del decreto legislativo 3 aprile 2006, n. 152, a valere sulle risorse di cui al comma 14 del presente articolo per un importo pari a 1 milione di euro per l'anno 2020, 5 milioni di euro per l'anno 2021 e 20 milioni di euro per ciascuno degli anni 2022 e 2023.

623. A decorrere dalla data di entrata in vigore della presente legge, il comma 4-novies dell'articolo 241-bis del decreto legislativo 3 aprile 2006, n. 152, è abrogato.

[*624. Al fine di assicurare il conseguimento degli obiettivi programmatici di finanza pubblica come risultanti dalla presente legge, per l'anno 2020 le dotazioni del bilancio dello Stato, in termini di competenza e di cassa, sono accantonate e rese indisponibili per la gestione per un importo complessivo pari a un miliardo di euro, secondo quanto indicato nell'elenco 2 allegato alla presente legge. Con decreti del Ministro dell'economia e delle finanze, da comunicare alle Camere, gli accantonamenti di spesa, su richiesta dei Ministri interessati, possono essere rimodulati nell'ambito dello stato di previsione della spesa, ferma restando la neutralità degli effetti sui saldi di finanza pubblica.*] (1)

(1) *Comma abrogato dall'articolo 265, comma 13, lettera a), del D.L. 19 maggio 2020, n. 34, convertito, con modificazioni, dalla Legge 17 luglio 2020, n. 77.*

625. Verificato l'andamento tendenziale dei conti pubblici, come risultante dal Documento di economia e finanza 2020 in relazione al raggiungimento degli obiettivi programmatici per l'esercizio 2020, valutati al netto delle entrate derivanti dalle operazioni di dismissione degli immobili pubblici, ovvero degli effetti dei provvedimenti previsti con la manovra di bilancio ai fini della lotta all'evasione fiscale, gli accantonamenti di cui al comma 624, con delibera del Consiglio dei ministri, su proposta del Ministro dell'economia e delle finanze, sono, in tutto o in parte, resi disponibili in sede di presentazione del provvedimento di assestamento del bilancio dello Stato.] (1)

(1) *Comma abrogato dall'articolo 265, comma 13, lettera a), del D.L. 19 maggio 2020, n. 34, convertito, con modificazioni, dalla Legge 17 luglio 2020, n. 77.*

626. Ai fini del monitoraggio delle clausole di flessibilità nell'ambito delle regole del Patto di stabilità e crescita europeo, con particolare riferimento alle previsioni contenute nei documenti di cui agli articoli 10 e 10-bis della legge 31 dicembre 2009, n. 196, per la definizione del corretto trattamento statistico e contabile delle operazioni di partenariato pubblico-privato le amministrazioni di cui all'articolo 1, comma 2, della legge 31 dicembre 2009, n. 196, sono tenute a trasmettere al Ministero dell'economia e delle finanze - Dipartimento della Ragioneria generale dello Stato le informazioni e i dati relativi alle operazioni effettuate ai sensi degli articoli 180 e seguenti del codice di cui al decreto legislativo 18 aprile 2016, n. 50. Con decreto del Ministro dell'economia e delle finanze sono individuate le modalità di trasmissione delle informazioni di cui al periodo precedente.

627. Allo scopo di introdurre in via sperimentale modalità di espressione del voto in via digitale per le elezioni politiche, regionali, amministrative ed europee e per i referendum previsti dagli articoli 75 e 138 della Costituzione, è istituito nello stato di previsione del Ministero dell'interno il Fondo per il voto elettronico con uno stanziamento di 1 milione di euro per l'anno 2020 (1).

(1) *Comma modificato dall'articolo 38-bis, comma 10, lettera a), del D.L. 31 maggio 2021, n. 77, convertito con modificazioni, dalla Legge 29 luglio 2021, n. 108.*

628. Con decreto del Ministro dell'interno, di concerto con il Ministro per l'innovazione tecnologica e la digitalizzazione, da adottare entro il 30 giugno 2021, sono definite le modalità attuative di utilizzo del Fondo di cui al comma 627

e della relativa sperimentazione limitata a modelli che garantiscano il concreto esercizio del diritto di voto degli italiani all'estero e degli elettori che, per motivi di lavoro, studio o cure mediche, si trovino in un comune di una regione diversa da quella del comune nelle cui liste elettorali risultano iscritti. Le disposizioni del decreto di cui al primo periodo si applicano anche alle elezioni regionali e amministrative, previo il necessario adeguamento da realizzare entro il 31 ottobre 2021 al fine di consentire la sperimentazione per il turno elettorale dell'anno 2022 [(1)].

[(1)] *Comma modificato dall'articolo 2, comma 4-sexies, del D.L. 31 dicembre 2020, n. 183, convertito, con modificazioni, dalla Legge 26 febbraio 2021, n. 21 e successivamente dall'articolo 38-bis, comma 10, lettera b), del D.L. 31 maggio 2021, n. 77, convertito con modificazioni, dalla Legge 29 luglio 2021, n. 108.*

660. Nel titolo III del testo unico delle disposizioni legislative concernenti le imposte sulla produzione e sui consumi e relative sanzioni penali e amministrative, di cui al decreto legislativo 26 ottobre 1995, n. 504, dopo l'articolo 62-quater è aggiunto il seguente:

"*Art. 62-quinquies. - (Imposta di consumo sui prodotti accessori ai tabacchi da fumo) - 1.Le cartine, le cartine arrotolate senza tabacco e i filtri funzionali ad arrotolare le sigarette sono assoggettati ad imposta di consumo in misura pari a euro 0,0036 il pezzo contenuto in ciascuna confezione destinata alla vendita al pubblico.*

2. La circolazione dei prodotti di cui al comma 1 è legittimata dall'inserimento degli stessi in apposita tabella di commercializzazione, secondo le modalità previste al comma 5.

3. I prodotti di cui al comma 1 sono venduti al pubblico esclusivamente per il tramite delle rivendite di cui alla legge 22 dicembre 1957, n. 1293.

4. L'imposta di consumo è dovuta dal produttore o fornitore nazionale o dal rappresentante fiscale del produttore o fornitore estero all'atto della cessione dei prodotti alle rivendite di cui al comma 3, con le modalità previste dall'articolo 39-decies.

5. Con determinazione del direttore dell'Agenzia delle dogane e dei monopoli sono disciplinati le modalità di presentazione e i contenuti della richiesta di inserimento dei prodotti di cui al comma 1 nelle tabelle di commercializzazione previste per ciascuna delle categorie di prodotto, nonché gli obblighi contabili e amministrativi dei soggetti obbligati al pagamento dell'imposta.

6. È vietata la vendita a distanza, anche transfrontaliera, di prodotti di cui al comma 1 ai consumatori che acquistano nel territorio dello Stato. L'Agenzia delle dogane e dei monopoli, fermi i poteri dell'autorità e della polizia giudiziaria ove il fatto costituisca reato, comunica ai fornitori di connettività alla rete internet ovvero ai gestori di altre reti telematiche o di telecomunicazione o agli operatori che in relazione ad esse forniscono servizi telematici o di telecomunicazione, i siti web ai quali inibire l'accesso, attraverso le predette reti, offerenti prodotti di cui al comma 1.

7. Per i prodotti di cui al comma 1 si applicano le disposizioni previste dagli articoli 291-bis, 291-ter e 291-quater del testo unico di cui al decreto del Presidente della Repubblica 23 gennaio 1973, n. 43, nonché dall'articolo 96 della legge 17 luglio 1942, n. 907, e dall'articolo 5 della legge 18 gennaio 1994, n. 50, in quanto applicabili".

661. È istituita l'imposta sul consumo delle bevande analcoliche, come definite al comma 662, di seguito denominate "*bevande edulcorate*".

662. Ai fini dei commi da 661 a 676, per bevande edulcorate si intendono i prodotti finiti e i prodotti predisposti per essere utilizzati come tali previa diluizione, rientranti nelle voci NC 2009 e 2202 della nomenclatura combinata dell'Unione europea, condizionati per la vendita, destinati al consumo alimentare umano, ottenuti con l'aggiunta di edulcoranti e aventi un titolo alcolometrico inferiore o uguale a 1,2 per cento in volume. Ai fini dei commi da 661 a 676, per edulcorante si intende qualsiasi sostanza, di origine naturale o sintetica, in grado di conferire sapore dolce alle bevande.

663. L'obbligazione tributaria sorge e diviene esigibile:

a) all'atto della cessione, anche a titolo gratuito, di bevande edulcorate a consumatori nel territorio dello Stato ovvero a ditte nazionali esercenti il commercio che ne effettuano la rivendita, da parte del fabbricante nazionale o, se diverso da quest'ultimo, del soggetto nazionale che provvede al condizionamento ovvero del soggetto, residente o non residente nel territorio nazionale, per conto del quale le medesime bevande sono ottenute dal fabbricante o dall'esercente l'impianto di condizionamento [(1)] ;

b) all'atto del ricevimento di bevande edulcorate da parte del soggetto acquirente, per i prodotti provenienti da Paesi appartenenti all'Unione europea;

c) all'atto dell'importazione definitiva nel territorio dello Stato, per le bevande edulcorate importate da Paesi non appartenenti all'Unione europea.

[(1)] *Lettera sostituito dall'articolo 1, comma 1086, lettera a), della Legge 30 dicembre 2020, n. 178.*

664. Sono obbligati al pagamento dell'imposta di cui al comma 661:

a) il fabbricante nazionale ovvero il soggetto nazionale che provvede al condizionamento ovvero il soggetto, residente o non residente nel territorio nazionale, per conto del quale le bevande edulcorate sono ottenute dal fabbricante o dall'esercente l'impianto di condizionamento, per la fattispecie di cui al comma 663, lettera a)[(1)];

b) l'acquirente, per la fattispecie di cui al comma 663, lettera b);

c) l'importatore, per la fattispecie di cui al comma 663, lettera c).

[(1)] *Lettera modificata dall'articolo 1, comma 1086, lettera b), della Legge 30 dicembre 2020, n. 178.*

665. L'imposta di cui al comma 661 è fissata nelle misure di:

a) euro 10,00 per ettolitro, per i prodotti finiti;

b) euro 0,25 per chilogrammo, per i prodotti predisposti ad essere utilizzati previa diluizione.

666. L'imposta di cui al comma 661 non si applica alle bevande edulcorate cedute direttamente dai soggetti di cui al comma 664, lettera a), per il consumo in altri Paesi dell'Unione europea ovvero destinate, dagli stessi soggetti, ad essere esportate. Sono esenti dall'imposta di cui al comma 661 le bevande edulcorate il cui contenuto complessivo di edulcoranti, come determinato ai sensi del comma 667, sia inferiore o uguale, rispettivamente, a 25 grammi per litro, per i prodotti di cui al comma 665, lettera a), e a 125 grammi per chilogrammo, per i prodotti di cui al comma 665, lettera b)[(1)].

[(1)] *Comma modificato dall'articolo 1, comma 1086, lettera c), della Legge 30 dicembre 2020, n. 178.*

667. Ai fini dell'applicazione dei commi da 661 a 676, il contenuto complessivo di edulcoranti contenuti nelle bevande è determinato con riferimento al potere edulcorante di ciascuna sostanza. Tale potere è stabilito convenzionalmente, per ciascun edulcorante, in relazione al rapporto tra la concentrazione di una soluzione di saccarosio e quella della soluzione dell'edulcorante, aventi la stessa intensità di sapore, con decreto interdirettoriale del Ministero dell'economia e delle finanze e del Ministero della salute, da emanare entro trenta giorni dalla data di entrata in vigore della presente legge.

668. I soggetti obbligati di cui al comma 664, lettere a) e b), sono registrati presso l'Agenzia delle dogane e dei monopoli. Ai medesimi soggetti è attribuito un codice identificativo.

669. Per i soggetti obbligati di cui al comma 664, lettere a) e b), l'imposta dovuta è determinata sulla base degli elementi indicati nella dichiarazione mensile che il soggetto obbligato deve presentare, ai fini dell'accertamento, entro il mese successivo a quello cui la dichiarazione si riferisce.

Entro lo stesso termine è effettuato il versamento dell'imposta dovuta.

670. Per le bevande edulcorate provenienti da Paesi non appartenenti all'Unione europea, l'imposta è accertata e riscossa dall'Agenzia delle dogane e dei monopoli con le modalità previste per i diritti di confine.

671. Le attività di accertamento, di verifica e di controllo dell'imposta di cui al comma 661 sono demandate all'Agenzia delle dogane e dei monopoli. I funzionari dell'Agenzia delle dogane e dei monopoli e gli appartenenti alla Guardia di finanza hanno facoltà di accedere presso gli impianti di produzione, di condizionamento o di deposito di bevande edulcorate al fine dell'acquisizione degli elementi utili ad accertare la corretta applicazione delle disposizioni di cui ai commi da 661 a 676; gli stessi possono prelevare campioni anche ai fini della determinazione del contenuto complessivo di edulcoranti presenti nelle predette bevande. Le amministrazioni coinvolte svolgono le attività ivi previste con le risorse umane e finanziarie disponibili a legislazione vigente.

672. Le somme dovute per l'imposta di cui al comma 661 si esigono con la procedura di riscossione coattiva prevista dal decreto legislativo 13 aprile 1999, n. 112.

Prima di avviare tale procedura, l'Agenzia delle dogane e dei monopoli notifica un avviso di pagamento fissando per l'adempimento un termine di trenta giorni, decorrente dalla data di perfezionamento della notificazione. L'avviso di pagamento è notificato dall'Agenzia delle dogane e dei monopoli nel termine di cinque anni, decorrente dalla data dell'omesso versamento delle somme dovute a titolo di imposta.

673. L'imposta di cui al comma 661 è rimborsata quando risulta indebitamente pagata; il rimborso è richiesto, a pena di decadenza, nel termine di due anni dalla data del pagamento. Il termine di prescrizione per il recupero del credito da parte dell'Agenzia delle dogane e dei monopoli è di cinque anni; la prescrizione è interrotta quando viene esercitata l'azione penale e in tal caso decorre dal passaggio in giudicato della sentenza che definisce il giudizio penale.

Non si provvede alla riscossione di somme inferiori o pari ad euro 30.

674. In caso di mancato pagamento dell'imposta di cui al comma 661 si applica la sanzione amministrativa dal doppio al quintuplo dell'imposta evasa, non inferiore comunque a euro 250. In caso di ritardato pagamento dell'imposta si applica la sanzione amministrativa pari al 25 per cento dell'imposta dovuta, non inferiore comunque a euro 150. Per la tardiva presentazione della dichiarazione di cui al comma 669 e per ogni altra violazione delle disposizioni di cui ai commi da 661 a 676 e delle relative modalità di applicazione, si applica la sanzione amministrativa da euro 250 a euro 2.500. Per l'irrogazione immediata delle sanzioni tributarie collegate all'imposta di cui ai commi da 661 a 676, si applica l'articolo 17 del decreto legislativo 18 dicembre 1997, n. 472 [(1)].

[(1)] Comma sostituito dall'articolo 1, comma 1086, lettera d), della Legge 30 dicembre 2020, n. 178.

675. Con decreto del Ministro dell'economia e delle finanze, di natura non regolamentare, da pubblicare entro il mese di agosto dell'anno 2020 nella Gazzetta Ufficiale, sono stabilite le modalità di attuazione dei commi da 661 a 676 con particolare riguardo al contenuto della dichiarazione di cui al comma 669, alle modalità per il versamento dell'imposta, agli adempimenti contabili a carico dei soggetti obbligati, alle modalità per la trasmissione, anche per via telematica, dei dati di contabilità, alle modalità per la notifica degli avvisi di pagamento di cui al comma 672 e allo svolgimento delle attività di cui al comma 671. Con il medesimo decreto possono essere stabilite disposizioni specifiche in materia di documentazione di accompagnamento dei prodotti sottoposti all'imposta di cui al comma 661 ed in materia di installazione di strumenti di misura dei quantitativi di bevande edulcorate prodotti o condizionati.

676. Le disposizioni di cui ai commi da 661 a 674 hanno effetto a decorrere dal 1° gennaio 2024[(1)].

[(1)] Comma modificato dall'articolo 133, comma 1, lettera b), del D.L. 19 maggio 2020, n. 34, convertito, con modificazioni, dalla Legge 17 luglio 2020, n. 77 e successivamente dall'articolo 1, comma 1086, lettera e), della Legge 30 dicembre 2020, n. 178, dall'articolo 1, comma 12, lettera b), della Legge 30 dicembre 2021, n. 234 e da ultimo dall'articolo 1, comma 64, lettera b), della Legge 29 dicembre 2022, n. 197.

679. Ai fini dell'imposta sul reddito delle persone fisiche, la detrazione dall'imposta lorda nella misura del 19 per cento degli oneri indicati nell'articolo 15 del testo unico delle imposte sui redditi, di cui al decreto del Presidente della Repubblica 22 dicembre 1986, n. 917, e in altre disposizioni normative spetta a condizione che l'onere sia sostenuto con versamento bancario o postale ovvero mediante altri sistemi di pagamento previsti dall'articolo 23 del decreto legislativo 9 luglio 1997, n. 241. [(A)(1)]

[(1)] Per la trasmissione dei dati delle spese sanitarie e veterinarie al Sistema TS vedi l'articolo 2, comma 1 e articolo 5, comma 2, del D.M. 19 ottobre 2020.
[(A)] In riferimento al presente comma vedi: Risposta Agenzia delle Entrate 11/06/2020 n. 180.

680. La disposizione di cui al comma 679 non si applica alle detrazioni spettanti in relazione alle spese sostenute per l'acquisto di medicinali e di dispositivi medici, nonché alle detrazioni per prestazioni sanitarie rese dalle strutture pubbliche o da strutture private accreditate al Servizio sanitario nazionale.

681. In considerazione dei rilevanti obiettivi di interesse pubblico di prevenzione e contrasto all'evasione, al codice di cui al decreto legislativo 30 giugno 2003, n. 196, sono apportate le seguenti modificazioni:

a) all'articolo 2-sexies, comma 2, lettera i), dopo la parola: "*doganale*" sono aggiunte le seguenti: «, comprese quelle di prevenzione e contrasto all'evasione fiscale";

b) all'articolo 2-undecies, comma 1, dopo la lettera f) è aggiunta la seguente:

"*f-bis) agli interessi tutelati in materia tributaria e allo svolgimento delle attività di prevenzione e contrasto all'evasione fiscale»;*

c) all'articolo 2-undecies, comma 3, le parole: "e) ed f)", ovunque ricorrono, sono sostituite dalle seguenti: "*e), f) e f-bis)*".

682. Per le attività di analisi del rischio di cui all'articolo 11, comma 4, del decreto-legge 6 dicembre 2011, n. 201, convertito, con modificazioni, dalla legge 22 dicembre 2011, n. 214, con riferimento all'utilizzo dei dati contenuti nell'archivio dei rapporti finanziari, di cui all'articolo 7, sesto comma, del decreto del Presidente della Repubblica 29 settembre 1973, n. 605, e all'articolo 11, comma 2, del decreto-legge 6 dicembre 2011, n. 201, convertito, con modificazioni, dalla legge 22 dicembre 2011, n. 214, l'Agenzia delle entrate, anche previa pseudonimizzazione dei dati personali, si avvale delle tecnologie, delle elaborazioni e delle interconnessioni con le altre banche dati di cui dispone, allo scopo di individuare criteri di rischio utili per far emergere posizioni da sottoporre a controllo e incentivare l'adempimento spontaneo.

683. Nel rispetto delle disposizioni di cui all'articolo 2-undecies, comma 3, del codice di cui al decreto legislativo 30 giugno 2003, n. 196, nonché dell'articolo 23, paragrafo 1, del regolamento (UE) 2016/ 679 del Parlamento europeo e del Consiglio del 27 aprile 2016, considerati i princìpi di necessità e di proporzionalità, limitatamente al trattamento dei dati contenuti nell'archivio dei rapporti finanziari di cui al comma 682, con decreto del Ministro dell'economia e delle finanze, da emanare entro novanta giorni dalla data di entrata in vigore della presente legge, sentiti il Garante per la protezione dei dati personali e l'Agenzia delle entrate, sono definite:

a) le specifiche limitazioni e le modalità di esercizio dei diritti di cui agli articoli 14, 15, 17, 18 e 21 del regolamento (UE)

2016/679, in modo da assicurare che tale esercizio non possa arrecare un pregiudizio effettivo e concreto all'obiettivo di interesse pubblico;

b) le disposizioni specifiche relative al contenuto minimo essenziale di cui all'articolo 23, paragrafo 2, del regolamento (UE) 2016/679;

c) le misure adeguate a tutela dei diritti e delle libertà degli interessati.

684. Nel rispetto del principio di responsabilizzazione, ai sensi dell'articolo 35 del regolamento (UE) 2016/679, il trattamento di cui al comma 682 è oggetto di una valutazione unitaria di impatto sulla protezione dei dati, effettuata dall'Agenzia delle entrate prima di iniziare il trattamento stesso, sentito il Garante per la protezione dei dati personali. Nella valutazione d'impatto sono indicate anche le misure necessarie e ragionevoli per assicurare la qualità dei dati.

685. Salvo che non sia stato espressamente autorizzato prima della data di entrata in vigore della presente legge dal Garante per la protezione dei dati personali, non è consentito il trattamento dei dati di cui al comma 682 prima della valutazione di impatto di cui al comma 684.

686. Per le stesse finalità di cui al comma 682, la Guardia di finanza utilizza i dati contenuti nell'Archivio dei rapporti finanziari con le medesime modalità disciplinate dai commi da 681 a 685, avvalendosi delle tecnologie, delle elaborazioni e delle interconnessioni con le altre banche dati di cui è titolare.

721. Ai soli fini dell'applicazione dell'articolo 74, comma 2, lettera a), del testo unico delle imposte sui redditi, di cui al decreto del Presidente della Repubblica 22 dicembre 1986, n. 917, si considera esercizio di funzioni statali da parte di enti pubblici anche l'attività di formazione universitaria posta in essere dalle università non statali legalmente riconosciute che hanno ottenuto l'autorizzazione a rilasciare titoli di studio universitario aventi valore legale, non costituite sotto forma di società commerciali.

722. A decorrere dal 1 ° gennaio 2020, in caso di mancata acquisizione del codice fiscale statunitense per i conti finanziari esistenti alla data del 30 giugno 2014 e di cui sono titolari i soggetti indicati nell'articolo 5, comma 3, della legge 18 giugno 2015, n. 95, le istituzioni finanziarie indicate nell'articolo 4 della medesima legge:

a) ottengono e comunicano all'Agenzia delle entrate la data di nascita dei soggetti indicati nell'articolo 5, comma 3, della citata legge n. 95 del 2015, titolari dei conti finanziari esistenti alla data del 30 giugno 2014 e per i quali non è stato ottenuto il codice fiscale statunitense;

b) richiedono, almeno una volta all'anno, ai soggetti di cui alla lettera a) il codice fiscale statunitense mancante;

c) effettuano, prima della comunicazione all'Agenzia delle entrate di cui all'articolo 4 della citata legge n. 95 del 2015, un'apposita adeguata verifica ai fini fiscali, ai sensi dell'articolo 2 del decreto del Ministro dell'economia e delle finanze 6 agosto 2015, pubblicato nella Gazzetta Ufficiale n. 187 del 13 agosto 2015, sui soggetti di cui alla lettera a), allo scopo di verificare l'acquisizione del codice fiscale statunitense mancante.

723. A decorrere dal periodo di rendicontazione 2017, alle istituzioni finanziarie indicate nell'articolo 4 della legge 18 giugno 2015, n. 95, che assolvono gli obblighi di cui al comma 722, non si applicano le sanzioni di cui all'articolo 9, commi 1 e 2, della medesima legge 18 giugno 2015, n. 95, qualora esse non adempiano agli obblighi di acquisizione e di comunicazione all'Agenzia delle entrate del codice fiscale statunitense per i conti finanziari di pertinenza dei soggetti indicati nell'articolo 5, comma 3, della citata legge n. 95 del 2015, esistenti alla data del 30 giugno 2014.

724. All'articolo 23-bis, comma 1, del decreto del Presidente della Repubblica 5 gennaio 1967, n. 18, le parole: "*con personalità giuridica o a organizzazioni non lucrative di utilità sociale*" sono sostituite dalle seguenti: "*pubblici o privati, associazioni, anche non riconosciute, o comitati*".

725. Per prevenire casi di doppia imposizione, di non imposizione o di distorsione di concorrenza ai fini dell'imposta sul valore aggiunto, il luogo della prestazione dei servizi di cui all'articolo 7-quater, comma 1, lettera e) e all'articolo 7-sexies, comma 1, lettera e-bis), del decreto del Presidente della Repubblica 26 ottobre 1972, n. 633, di imbarcazioni da diporto si considera al di fuori dell'Unione europea qualora attraverso adeguati mezzi di prova sia dimostrata l'effettiva utilizzazione e l'effettiva fruizione del servizio al di fuori

dell'Unione europea. Con provvedimento dell'Agenzia delle entrate, da emanare entro sessanta giorni dalla data di entrata in vigore della presente legge, sono individuati le modalità e i mezzi idonei a dimostrare l'effettiva fruizione e l'effettivo utilizzo del servizio al di fuori dell'Unione europea [(1)].

[(1)] *Comma modificato dall'articolo 48, comma 7, lettera a), del D.L. 16 luglio 2020, n. 76, convertito con modificazioni dalla Legge 11 settembre 2020, n. 120.*

726. Il comma 725 si applica alle operazioni effettuate a partire dal 1° novembre 2020 [(1)].

[(1)] *Comma modificato dall'articolo 48, comma 7, lettera b), del D.L. 16 luglio 2020, n. 76, convertito con modificazioni dalla Legge 11 settembre 2020, n. 120.*

727. In vista della scadenza delle vigenti concessioni in materia di apparecchi di cui al comma 6, lettere a) e b), dell'articolo 110 del testo unico di cui al regio decreto 18 giugno 1931, n. 773, e gioco con vincita in denaro a distanza e intrattenimento e gioco a distanza, l'Agenzia delle dogane e dei monopoli, nel rispetto dei princìpi e delle regole europee e nazionali, attribuisce, con gara da indire entro il 31 dicembre 2020, mediante procedura aperta, competitiva e non discriminatoria, le seguenti concessioni:

a) 200.000 diritti per apparecchi di cui all'articolo 110, comma 6, lettera a), del testo unico delle leggi di pubblica sicurezza, di cui al regio decreto 18 giugno 1931, n. 773, che consentono il gioco solo da ambiente remoto, collegati alla rete per la gestione telematica del gioco lecito prevista dall'articolo 14-bis, comma 4, del decreto del Presidente della Repubblica 26 ottobre 1972, n. 640, da collocare nei punti vendita di cui alle lettere c) e d) del presente comma, nonché nelle sale scommesse e nelle sale bingo; base d'asta non inferiore ad euro 1.800 per ogni diritto, con un'offerta minima di 10.000 diritti;

b) 50.000 diritti per apparecchi di cui all'articolo 110, comma 6, lettera b), del testo unico delle leggi di pubblica sicurezza, di cui al regio decreto 18 giugno 1931, n. 773, collegati alla rete per la gestione telematica del gioco lecito prevista dall'articolo 14-bis, comma 4, del decreto del Presidente della Repubblica 26 ottobre 1972, n. 640, da collocare nei punti vendita di cui alla lettera d) del presente comma, nonché nelle sale scommesse e nelle sale bingo; base d'asta non inferiore ad euro 18.000 per ogni diritto, con un'offerta minima di 2.500 diritti;

c) 35.000 diritti per l'esercizio di punti vendita presso bar e tabacchi, in cui è possibile collocare gli apparecchi di cui all'articolo 110, comma 6, lettera a), del testo unico delle leggi di pubblica sicurezza, di cui al regio decreto 18 giugno 1931, n. 773, che consentono il gioco solo da ambiente remoto; base d'asta non inferiore a euro 11.000 per ogni punto di vendita, con un'offerta minima di 100 diritti;

d) 2.500 diritti per l'esercizio di sale in cui è possibile collocare gli apparecchi di cui all'articolo 110, comma 6, del testo unico delle leggi di pubblica sicurezza, di cui al regio decreto 18 giugno 1931, n. 773, che consentono il gioco solo da ambiente remoto; base d'asta non inferiore ad euro 35.000 per ogni punto di vendita, con un'offerta minima di 100 diritti;

e) 40 diritti per poter offrire gioco a distanza; base d'asta non inferiore ad euro 2.500.000 per ogni diritto [(1)].

[(1)] *A norma dell'articolo 69, comma 3, del D.L. 17 marzo 2020, n. 18, convertito, con modificazioni, dalla Legge 24 aprile 2020, n. 27, i termini di cui al presente comma, sono prorogati di 6 mesi.*

728. Fatta salva la disciplina in materia di tutela della privacy, l'utilizzo e l'analisi dei dati registrati e trasmessi dagli apparecchi di cui al comma 727, lettere a) e b), sono riservati: a) al Ministero della salute e all'Osservatorio per il contrasto della diffusione del gioco d'azzardo e il fenomeno della dipendenza grave, per finalità di studio, monitoraggio e tutela della salute e dei cittadini; b) all'Agenzia delle dogane e dei monopoli, per le finalità di pubblicazione dei report nel proprio sito internet e di documentazione richiesta da Governo e organi parlamentari; c) alla suddetta Agenzia delle dogane e dei monopoli, alle Forze dell'ordine ed ai soggetti istituzionali preposti, per i compiti di controllo e verifica degli adempimenti concessori ed per esigenze di prevenzione e repressione del gioco illegale. Con decreto del Ministro dell'interno, da adottare entro sei mesi dalla data di entrata in vigore della presente legge, sono disciplinati i criteri e le garanzie necessari al rispetto del presente comma per tutti i soggetti coinvolti nella gestione della rete telematica e nei sistemi di conservazione dei dati suddetti.

729. Le concessioni di cui al comma 727 hanno durata di nove anni, non rinnovabile.

In caso di aggiudicazione, le somme dovute devono essere versate in due rate: la prima, pari al 50 per cento della base d'asta, entro trenta giorni dalla comunicazione dell'aggiudicazione della concessione e la seconda, pari alla differenza tra l'offerta presentata ed il versamento effettuato, entro trenta giorni dalla sottoscrizione della convenzione di concessione.

730. Possono partecipare alle selezioni di cui al comma 727 i soggetti aventi sede legale nello Spazio economico europeo sulla base di valido ed efficace titolo abilitativo rilasciato secondo le disposizioni vigenti nell'ordinamento di tale Stato, di dimostrata qualificazione morale, tecnica ed economica.

731. A decorrere dal 1° gennaio 2020, le misure del prelievo erariale unico sugli apparecchi di cui all'articolo 110, comma 6, lettere a) e b), del testo unico delle leggi di pubblica sicurezza, di cui al regio decreto 18 giugno 1931, n. 773, sono incrementate e fissate, rispettivamente, nel 23,85 per cento sino al 31 dicembre 2020 e nel 24,00 per cento a decorrere dal 1° gennaio 2021 delle somme giocate per gli apparecchi di cui alla lettera a) e nell'8,50 per cento sino al 31 dicembre 2020 e nell'8,60 per cento, a decorrere dal 1° gennaio 2021 delle somme giocate per gli apparecchi di cui alla lettera b). Le aliquote previste dal presente comma sostituiscono quelle previste dall'articolo 9, comma 6, del decreto-legge 12 luglio 2018, n. 87, convertito, con modificazioni, dalla legge 9 agosto 2018, n. 96, come modificate dall'articolo 1, comma 1051, della legge 30 dicembre 2018, n. 145, e dall'articolo 27, comma 2, del decreto-legge 28 gennaio 2019, n. 4, convertito, con modificazioni, dalla legge 28 marzo 2019, n. 26.

732. A decorrere dal 1° gennaio 2020, la percentuale delle somme giocate destinata alle vincite (pay out) è fissata in misura non inferiore al 65 per cento per gli apparecchi di cui all'articolo 110, comma 6, lettera a), del testo unico di cui al regio decreto 18 giugno 1931, n. 773, e in misura non inferiore all'83 per cento per gli apparecchi di cui all'articolo 110, comma 6, lettera b), del testo unico di cui al regio de-

creto 18 giugno 1931, n. 773. Le operazioni tecniche per l'adeguamento della percentuale di restituzione in vincite sono concluse entro diciotto mesi dalla data di entrata in vigore della presente legge.

738. A decorrere dall'anno 2020, l'imposta unica comunale di cui all'articolo 1, comma 639, della legge 27 dicembre 2013, n. 147, è abolita, ad eccezione delle disposizioni relative alla tassa sui rifiuti (TARI); l'imposta municipale propria (IMU) è disciplinata dalle disposizioni di cui ai commi da 739 a 783 [(1)].

(1) Per ulteriori disposizioni vedi l'articolo 9, comma 1 del D.L. 28 ottobre 2020, n. 137, convertito con modificazioni dalla Legge 18 dicembre 2020, n. 176.

739. L'imposta di cui al comma 738 si applica in tutti i comuni del territorio nazionale, ferma restando per la regione Friuli Venezia Giulia e per le province autonome di Trento e di Bolzano l'autonomia impositiva prevista dai rispettivi statuti. Continuano ad applicarsi le norme di cui alla legge provinciale 30 dicembre 2014, n. 14, relativa all'Imposta immobiliare semplice (IMIS) della provincia autonoma di Trento, e alla legge provinciale 23 aprile 2014, n. 3, sull'imposta municipale immobiliare (IMI) della provincia autonoma di Bolzano. Per la regione Friuli Venezia Giulia si applica, a decorrere dal 1° gennaio 2023, la legge regionale 14 novembre 2022, n. 17, recante istituzione dell'imposta locale immobiliare autonoma (ILIA)[(1)(2)].

(1) Per ulteriori disposizioni vedi l'articolo 9, comma 1 del D.L. 28 ottobre 2020, n. 137, convertito con modificazioni dalla Legge 18 dicembre 2020, n. 176.
(2) Comma modificato dall'articolo 1, comma 834, della Legge 29 dicembre 2022, n. 197.

740 [(1)]. Il presupposto dell'imposta è il possesso di immobili. Il possesso dell'abitazione principale o assimilata, come definita alle lettere b) e c) del comma 741, non costituisce presupposto dell'imposta, salvo che si tratti di un'unità abitativa classificata nelle categorie catastali A/1, A/8 o A/9.

(1) Per ulteriori disposizioni vedi l'articolo 9, comma 1 del D.L. 28 ottobre 2020, n. 137, convertito con modificazioni dalla Legge 18 dicembre 2020, n. 176.

741. Ai fini dell'imposta valgono le seguenti definizioni e disposizioni:

a) per fabbricato si intende l'unità immobiliare iscritta o che deve essere iscritta nel catasto edilizio urbano con attribuzione di rendita catastale, considerandosi parte integrante del fabbricato l'area occupata dalla costruzione e quella che ne costituisce pertinenza esclusivamente ai fini urbanistici, purché accatastata unitariamente; il fabbricato di nuova costruzione è soggetto all'imposta a partire dalla data di ultimazione dei lavori di costruzione ovvero, se antecedente, dalla data in cui è comunque utilizzato;

b) per abitazione principale si intende l'immobile, iscritto o iscrivibile nel catasto edilizio urbano come unica unità immobiliare, nel quale il possessore e i componenti del suo nucleo familiare dimorano abitualmente e risiedono anagraficamente. Nel caso in cui i componenti del nucleo familiare abbiano stabilito la dimora abituale e la residenza anagrafica in immobili diversi situati nel territorio comunale o in comuni diversi, le agevolazioni per l'abitazione principale e per le relative pertinenze in relazione al nucleo familiare si applicano per un solo immobile, scelto dai componenti del nucleo familiare.

Per pertinenze dell'abitazione principale si intendono esclusivamente quelle classificate nelle categorie catastali C/2, C/6 e C/7, nella misura massima di un'unità pertinenziale per ciascuna delle categorie catastali indicate, anche se iscritte in catasto unitamente all'unità ad uso abitativo [(2)(3)];

c) sono altresì considerate abitazioni principali:

1) le unità immobiliari appartenenti alle cooperative edilizie a proprietà indivisa adibite ad abitazione principale e relative pertinenze dei soci assegnatari;

2) le unità immobiliari appartenenti alle cooperative edilizie a proprietà indivisa destinate a studenti universitari soci assegnatari, anche in assenza di residenza anagrafica;

3) i fabbricati di civile abitazione destinati ad alloggi sociali come definiti dal decreto del Ministro delle infrastrutture 22 aprile 2008, pubblicato nella Gazzetta Ufficiale n. 146 del 24 giugno 2008, adibiti ad abitazione principale;

4) la casa familiare assegnata al genitore affidatario dei figli, a seguito di provvedimento del giudice che costituisce altresì, ai soli fini dell'applicazione dell'imposta, il diritto di abitazione in capo al genitore affidatario stesso;

5) un solo immobile, iscritto o iscrivibile nel catasto edilizio urbano come unica unità immobiliare, posseduto e non concesso in locazione dal personale in servizio permanente appartenente alle Forze armate e alle Forze di polizia ad ordinamento militare e da quello dipendente delle Forze di polizia ad ordinamento civile, nonché dal personale del Corpo nazionale dei vigili del fuoco e, fatto salvo quanto previsto dall'articolo 28, comma 1, del decreto legislativo 19 maggio 2000, n. 139, dal personale appartenente alla carriera prefettizia, per il quale non sono richieste le condizioni della dimora abituale e della residenza anagrafica;

6) su decisione del singolo comune, l'unità immobiliare posseduta da anziani o disabili che acquisiscono la residenza in istituti di ricovero o sanitari a seguito di ricovero permanente, a condizione che la stessa non risulti locata. In caso di più unità immobiliari, la predetta agevolazione può essere applicata ad una sola unità immobiliare;

d) per area fabbricabile si intende l'area utilizzabile a scopo edificatorio in base agli strumenti urbanistici generali o attuativi, ovvero in base alle possibilità effettive di edificazione determinate secondo i criteri previsti agli effetti dell'indennità di espropriazione per pubblica utilità. Si applica l'articolo 36, comma 2, del decretolegge 4 luglio 2006, n. 223, convertito, con modificazioni, dalla legge 4 agosto 2006, n. 248. Sono considerati, tuttavia, non fabbricabili, i terreni posseduti e condotti dai coltivatori diretti e dagli imprenditori agricoli professionali di cui all'articolo 1 del decreto legislativo 29 marzo 2004, n. 99, iscritti nella previdenza agricola, comprese le società agricole di cui all'articolo 1, comma 3, del citato decreto legislativo n. 99 del 2004, sui quali persiste l'utilizzazione agrosilvo- pastorale mediante l'esercizio di attività dirette alla coltivazione del fondo, alla silvicoltura, alla funghicoltura e all'allevamento di animali. Il comune, su richiesta del contribuente, attesta se un'area sita nel proprio territorio è fabbricabile in base ai criteri stabiliti dalla presente lettera;

e) per terreno agricolo si intende il terreno iscritto in catasto, a qualsiasi uso destinato, compreso quello non coltivato.

(1) Per ulteriori disposizioni vedi l'articolo 9, comma 1 del D.L. 28 ottobre 2020, n. 137, convertito con modificazioni dalla Legge 18 dicembre 2020, n. 176.

(2) Comma modificato dall'articolo 5-decies, comma 1, del D.L. 21 ottobre 2021, n. 146, convertito, con modificazioni, dalla Legge 17 dicembre 2021, n. 215.

(3) La Corte Costituzionale, con sentenza 13 ottobre 2022, n. 209, (in Gazz. Uff. 19 ottobre 2022, n. 42), ha dichiarato l'illegittimità costituzionale del primo periodo della presente lettera, nella parte in cui stabilisce: «per abitazione principale si intende l'immobile, iscritto o iscrivibile nel catasto edilizio urbano come unica unità immobiliare, nel quale il possessore e i componenti del suo nucleo familiare dimorano abitualmente e risiedono anagraficamente», anziché disporre: «per abitazione principale si intende l'immobile, iscritto o iscrivibile nel catasto edilizio urbano come unica unità immobiliare, nel quale il possessore dimora abitualmente e risiede anagraficamente», e dichiara, in via consequenziale, ai sensi dell'art. 27 della legge n. 87 del 1953, l'illegittimità costituzionale del secondo periodo della presente lettera.

742 (1). Il soggetto attivo dell'imposta è il comune con riferimento agli immobili la cui superficie insiste, interamente o prevalentemente, sul territorio del comune stesso.

L'imposta non si applica agli immobili di cui il comune è proprietario ovvero titolare di altro diritto reale di godimento quando la loro superficie insiste interamente o prevalentemente sul suo territorio. In caso di variazioni delle circoscrizioni territoriali dei comuni, si considera soggetto attivo il comune nell'ambito del cui territorio risultano ubicati gli immobili al 1° gennaio dell'anno cui l'imposta si riferisce.

(1) Per ulteriori disposizioni vedi l'articolo 9, comma 1 del D.L. 28 ottobre 2020, n. 137, convertito con modificazioni dalla Legge 18 dicembre 2020, n. 176.

743(1). I soggetti passivi dell'imposta sono i possessori di immobili, intendendosi per tali il proprietario ovvero il titolare del diritto reale di usufrutto, uso, abitazione, enfiteusi, superficie sugli stessi. È soggetto passivo dell'imposta il genitore assegnatario della casa familiare a seguito di provvedimento del giudice che costituisce altresì il diritto di abitazione in capo al genitore affidatario dei figli. Nel caso di concessione di aree demaniali, il soggetto passivo è il concessionario. Per gli immobili, anche da costruire o in corso di costruzione, concessi in locazione finanziaria, il soggetto passivo è il locatario a decorrere dalla data della stipula e per tutta la durata del contratto. In presenza di più soggetti passivi con riferimento ad un medesimo immobile, ognuno è titolare di un'autonoma obbligazione tributaria e nell'applicazione dell'imposta si tiene conto degli elementi soggettivi ed oggettivi riferiti ad ogni singola quota di possesso, anche nei casi di applicazione delle esenzioni o agevolazioni.

(1) Per ulteriori disposizioni vedi l'articolo 9, comma 1 del D.L. 28 ottobre 2020, n. 137, convertito con modificazioni dalla Legge 18 dicembre 2020, n. 176.

744 (1). È riservato allo Stato il gettito dell'IMU derivante dagli immobili ad uso produttivo classificati nel gruppo catastale D, calcolato ad aliquota dello 0,76 per cento; tale riserva non si applica agli immobili ad uso produttivo classificati nel gruppo catastale D posseduti dai comuni e che insistono sul rispettivo territorio. Le attività di accertamento e riscossione relative agli immobili ad uso produttivo classificati nel gruppo catastale D sono svolte dai comuni, ai quali spettano le maggiori somme derivanti dallo svolgimento delle suddette attività a titolo di imposta, interessi e sanzioni.

(1) Per ulteriori disposizioni vedi l'articolo 9, comma 1 del D.L. 28 ottobre 2020, n. 137, convertito con modificazioni dalla Legge 18 dicembre 2020, n. 176.

745 (1). La base imponibile dell'imposta è costituita dal valore degli immobili. Per i fabbricati iscritti in catasto, il valore è costituito da quello ottenuto applicando all'ammontare delle rendite risultanti in catasto, vigenti al 1° gennaio dell'anno di imposizione, rivalutate del 5 per cento ai sensi dell'articolo 3, comma 48, della legge 23 dicembre 1996, n. 662, i seguenti moltiplicatori:

a) 160 per i fabbricati classificati nel gruppo catastale A e nelle categorie catastali C/2, C/6 e C/7, con esclusione della categoria catastale A/10; b) 140 per i fabbricati classificati nel gruppo catastale B e nelle categorie catastali C/3, C/4 e C/5;

c) 80 per i fabbricati classificati nella categoria catastale D/5; d) 80 per i fabbricati classificati nella categoria catastale A/10; e) 65 per i fabbricati classificati nel gruppo catastale D, ad eccezione dei fabbricati classificati nella categoria catastale D/5; f) 55 per i fabbricati classificati nella categoria catastale C/1. Le variazioni di rendita catastale intervenute in corso d'anno, a seguito di interventi edilizi sul fabbricato, producono effetti dalla data di ultimazione dei lavori o, se antecedente, dalla data di utilizzo.

(1) Per ulteriori disposizioni vedi l'articolo 9, comma 1 del D.L. 28 ottobre 2020, n. 137, convertito con modificazioni dalla Legge 18 dicembre 2020, n. 176.

746 (1)(2). Per i fabbricati classificabili nel gruppo catastale D, non iscritti in catasto, interamente posseduti da imprese e distintamente contabilizzati, fino al momento della richiesta dell'attribuzione della rendita il valore è determinato, alla data di inizio di ciascun anno solare ovvero, se successiva, alla data di acquisizione, secondo i criteri stabiliti nel penultimo periodo del comma 3 dell'articolo 7 del decreto- legge 11 luglio 1992, n. 333, convertito, con modificazioni, dalla legge 8 agosto 1992, n. 359, applicando i coefficienti ivi previsti, da aggiornare con decreto del Ministero dell'economia e delle finanze. In caso di locazione finanziaria, il valore è determinato sulla base delle scritture contabili del locatore, il quale è obbligato a fornire tempestivamente al locatario tutti i dati necessari per il calcolo. Per le aree fabbricabili, il valore è costituito da quello venale in comune commercio al 1° gennaio dell'anno di imposizione, o a far data dall'adozione degli strumenti urbanistici, avendo riguardo alla zona territoriale di ubicazione, all'indice di edificabilità, alla destinazione d'uso consentita, agli oneri per eventuali lavori di adattamento del terreno necessari per la costruzione, ai prezzi medi rilevati sul mercato dalla vendita di aree aventi analoghe caratteristiche.

In caso di utilizzazione edificatoria dell'area, di demolizione di fabbricato, di interventi di recupero a norma dell'articolo 3, comma 1, lettere c), d) e f), del testo unico delle disposizioni legislative e regolamentari in materia edilizia, di cui al decreto del Presidente della Repubblica 6 giugno 2001, n. 380, la base imponibile è costituita dal valore dell'area, la quale è considerata fabbricabile, senza computare il valore del fabbricato in corso d'opera, fino alla data di ultimazione dei lavori di costruzione, ricostruzione o ristrutturazione ovvero, se antecedente, fino alla data in cui il fabbricato costruito, ricostruito o ristrutturato è comunque utilizzato. Per i terreni agricoli, nonché per quelli non coltivati, il valore è costituito da quello ottenuto applicando all'ammontare del reddito dominicale risultante in catasto, vigente al 1° gennaio dell'anno di imposizione, rivalutato del 25 per cento ai sensi dell'articolo 3, comma 51, della legge 23 dicembre 1996, n. 662, un moltiplicatore pari a 135.

(1) *Per ulteriori disposizioni vedi l'articolo 9, comma 1 del D.L. 28 ottobre 2020, n. 137, convertito con modificazioni dalla Legge 18 dicembre 2020, n. 176.*
(2) *Per l'applicazione dell'imposta municipale propria (IMU) e dell'imposta immobiliare sulle piattaforme marine (IMPi) dovute per l'anno 2021 vedi l'articolo 1 del D.M. 7 maggio 2021.*

747[(1)]. La base imponibile è ridotta del 50 per cento nei seguenti casi:

a) per i fabbricati di interesse storico o artistico di cui all'articolo 10 del codice di cui al decreto legislativo 22 gennaio 2004, n. 42;

b) per i fabbricati dichiarati inagibili o inabitabili e di fatto non utilizzati, limitatamente al periodo dell'anno durante il quale sussistono dette condizioni. L'inagibilità o inabitabilità è accertata dall'ufficio tecnico comunale con perizia a carico del proprietario, che allega idonea documentazione alla dichiarazione. In alternativa, il contribuente ha facoltà di presentare una dichiarazione sostitutiva ai sensi del testo unico di cui al decreto del Presidente della Repubblica 28 dicembre 2000, n. 445, che attesti la dichiarazione di inagibilità o inabitabilità del fabbricato da parte di un tecnico abilitato, rispetto a quanto previsto dal periodo precedente. Ai fini dell'applicazione della riduzione di cui alla presente lettera, i comuni possono disciplinare le caratteristiche di fatiscenza sopravvenuta del fabbricato, non superabile con interventi di manutenzione;

c) per le unità immobiliari, fatta eccezione per quelle classificate nelle categorie catastali A/1, A/8 e A/9, concesse in comodato dal soggetto passivo ai parenti in linea retta entro il primo grado che le utilizzano come abitazione principale, a condizione che il contratto sia registrato e che il comodante possieda una sola abitazione in Italia e risieda anagraficamente nonché dimori abitualmente nello stesso comune in cui è situato l'immobile concesso in comodato; il beneficio si applica anche nel caso in cui il comodante, oltre all'immobile concesso in comodato, possieda nello stesso comune un altro immobile adibito a propria abitazione principale, ad eccezione delle unità abitative classificate nelle categorie catastali A/1, A/8 e A/9.

Il beneficio di cui alla presente lettera si estende, in caso di morte del comodatario, al coniuge di quest'ultimo in presenza di figli minori.

(1) *Per ulteriori disposizioni vedi l'articolo 9, comma 1 del D.L. 28 ottobre 2020, n. 137, convertito con modificazioni dalla Legge 18 dicembre 2020, n. 176.*

748 [(1)]. L'aliquota di base per l'abitazione principale classificata nelle categorie catastali A/1, A/8 e A/9 e per le relative pertinenze è pari allo 0,5 per cento e il comune, con deliberazione del consiglio comunale, può aumentarla di 0,1 punti percentuali o diminuirla fino all'azzeramento.

(1) *Per ulteriori disposizioni vedi l'articolo 9, comma 1 del D.L. 28 ottobre 2020, n. 137, convertito con modificazioni dalla Legge 18 dicembre 2020, n. 176.*

749[(1)]. Dall'imposta dovuta per l'unità immobiliare adibita ad abitazione principale del soggetto passivo e classificata nelle categorie catastali A/1, A/8 e A/9 nonché per le relative pertinenze si detraggono, fino a concorrenza del suo ammontare, euro 200 rapportati al periodo dell'anno durante il quale si protrae tale destinazione; se l'unità immobiliare è adibita ad abitazione principale da più soggetti passivi, la detrazione spetta a ciascuno di essi proporzionalmente alla quota per la quale la destinazione medesima si verifica. La suddetta detrazione si applica agli alloggi regolarmente assegnati dagli istituti autonomi per le case popolari (IACP) o dagli enti di edilizia residenziale pubblica, comunque denominati, aventi le stesse finalità degli IACP, istituiti in attuazione dell'articolo 93 del decreto del Presidente della Repubblica 24 luglio 1977, n. 616.

(1) *Per ulteriori disposizioni vedi l'articolo 9, comma 1 del D.L. 28 ottobre 2020, n. 137, convertito con modificazioni dalla Legge 18 dicembre 2020, n. 176.*

750[(1)] L'aliquota di base per i fabbricati rurali ad uso strumentale di cui all'articolo 9, comma 3-bis, del decreto-legge 30 dicembre 1993, n. 557, convertito, con modificazioni, dalla legge 26 febbraio 1994, n. 133, è pari allo 0,1 per cento e i comuni possono solo ridurla fino all'azzeramento.

(1) *Per ulteriori disposizioni vedi l'articolo 9, comma 1 del D.L. 28 ottobre 2020, n. 137, convertito con modificazioni dalla Legge 18 dicembre 2020, n. 176.*

751[(1)]. Fino all'anno 2021, l'aliquota di base per i fabbricati costruiti e destinati dall'impresa costruttrice alla vendita, fintanto che permanga tale destinazione e non siano in ogni caso locati, è pari allo 0,1 per cento. I comuni possono aumentarla fino allo 0,25 per cento o diminuirla fino all'azzeramento.

A decorrere dal 1° gennaio 2022, i fabbricati costruiti e destinati dall'impresa costruttrice alla vendita, finché permanga tale destinazione e non siano in ogni caso locati, sono esenti dall'IMU.

(1) *Per ulteriori disposizioni vedi l'articolo 9, comma 1 del D.L. 28 ottobre 2020, n. 137, convertito con modificazioni dalla Legge 18 dicembre 2020, n. 176.*

752. L'aliquota di base per i terreni agricoli è pari allo 0,76 per cento e i comuni, con deliberazione del consiglio comunale, possono aumentarla sino all'1,06 per cento o diminuirla fino all'azzeramento. [(1)]

(1) *Per ulteriori disposizioni vedi l'articolo 9, comma 1 del D.L. 28 ottobre 2020, n. 137, convertito con modificazioni dalla Legge 18 dicembre 2020, n. 176.*

753. Per gli immobili ad uso produttivo classificati nel gruppo catastale D l'aliquota di base è pari allo 0,86 per cento, di cui la quota pari allo 0,76 per cento è riservata allo Stato, e i comuni, con deliberazione del consiglio comunale, possono aumentarla sino all'1,06 per cento o diminuirla fino al limite dello 0,76 per cento. [(1)]

(1) *Per ulteriori disposizioni vedi l'articolo 9, comma 1 del D.L. 28 ottobre 2020, n. 137, convertito con modificazioni dalla Legge 18 dicembre 2020, n. 176.*

754. Per gli immobili diversi dall'abitazione principale e diversi da quelli di cui ai commi da 750 a 753, l'aliquota di base è pari allo 0,86 per cento e i comuni, con deliberazione del consiglio comunale, possono aumentarla sino all'1,06 per cento o diminuirla fino all'azzeramento. (1)

(1) Per ulteriori disposizioni vedi l'articolo 9, comma 1 del D.L. 28 ottobre 2020, n. 137, convertito con modificazioni dalla Legge 18 dicembre 2020, n. 176.

755. A decorrere dall'anno 2020, limitatamente agli immobili non esentati ai sensi dei commi da 10 a 26 dell'articolo 1 della legge 28 dicembre 2015, n. 208, i comuni, con espressa deliberazione del consiglio comunale, [*da adottare ai sensi del comma 779*], pubblicata nel sito internet del Dipartimento delle finanze del Ministero dell'economia e delle finanze ai sensi del comma 767, possono aumentare ulteriormente l'aliquota massima nella misura aggiuntiva massima dello 0,08 per cento, in sostituzione della maggiorazione del tributo per i servizi indivisibili (TASI) di cui al comma 677 dell'articolo 1 della legge 27 dicembre 2013, n. 147, nella stessa misura applicata per l'anno 2015 e confermata fino all'anno 2019 alle condizioni di cui al comma 28 dell'articolo 1 della legge n. 208 del 2015. I comuni negli anni successivi possono solo ridurre la maggiorazione di cui al presente comma, restando esclusa ogni possibilità di variazione in aumento (1)(2).

(1) Comma modificato dall'articolo 108, comma 1, del D.L. 14 agosto 2020, n. 104, convertito con modificazioni dalla Legge 13 ottobre 2020, n. 126.
(2) Per ulteriori disposizioni vedi l'articolo 9, comma 1 del D.L. 28 ottobre 2020, n. 137, convertito con modificazioni dalla Legge 18 dicembre 2020, n. 176.

756. A decorrere dall'anno 2021, i comuni, in deroga all'articolo 52 del decreto legislativo 15 dicembre 1997, n. 446, possono diversificare le aliquote di cui ai commi da 748 a 755 esclusivamente con riferimento alle fattispecie individuate con decreto del Ministro dell'economia e delle finanze, da adottare entro centottanta giorni dalla data di entrata in vigore della presente legge, sentita la Conferenza Statocittà ed autonomie locali, che si pronuncia entro quarantacinque giorni dalla data di trasmissione. Decorso il predetto termine di quarantacinque giorni, il decreto può essere comunque adottato. Con decreto del Ministro dell'economia e delle finanze, sentita la Conferenza Stato-città ed autonomie locali, possono essere modificate o integrate le fattispecie individuate con il decreto di cui al primo periodo (A)(1)(2).

(A) In riferimento all'Imposta municipale propria (IMU); chiarimenti in merito al prospetto delle aliquote, di cui al presente comma, vedi: Risoluzione Ministero dell'Economia e Finanze 18 febbraio 2020, n. 1/DF.
(1) Per ulteriori disposizioni vedi l'articolo 9, comma 1 del D.L. 28 ottobre 2020, n. 137, convertito con modificazioni dalla Legge 18 dicembre 2020, n. 176.
(2) Comma modificato dall'articolo 1, comma 837, lettera a), della Legge 29 dicembre 2022, n. 197.

757. In ogni caso, anche se non si intenda diversificare le aliquote rispetto a quelle indicate ai commi da 748 a 755, la delibera di approvazione delle aliquote deve essere redatta accedendo all'applicazione disponibile nel Portale del federalismo fiscale che consente, previa selezione delle fattispecie di interesse del comune tra quelle individuate con il decreto di cui al comma 756, di elaborare il prospetto delle aliquote che forma parte integrante della delibera stessa. La delibera approvata senza il prospetto non è idonea a produrre gli effetti di cui ai commi da 761 a 771. Con lo stesso decreto di cui al comma 756 sono stabilite le modalità di elaborazione e di successiva trasmissione al Dipartimento delle finanze del Ministero dell'economia e delle finanze del prospetto delle aliquote (A)(1).

(A) In riferimento all'Imposta municipale propria (IMU); chiarimenti in merito al prospetto delle aliquote, di cui al presente comma, vedi: Risoluzione Ministero dell'Economia e Finanze 18 febbraio 2020, n. 1/DF.
(1) Per ulteriori disposizioni vedi l'articolo 9, comma 1 del D.L. 28 ottobre 2020, n. 137, convertito con modificazioni dalla Legge 18 dicembre 2020, n. 176.

758. Sono esenti dall'imposta i terreni agricoli come di seguito qualificati:

a) posseduti e condotti dai coltivatori diretti e dagli imprenditori agricoli professionali di cui all'articolo 1 del decreto legislativo 29 marzo 2004, n. 99, iscritti alla previdenza agricola, comprese le società agricole di cui all'articolo 1, comma 3, del citato decreto legislativo n. 99 del 2004, indipendentemente dalla loro ubicazione;

b) ubicati nei comuni delle isole minori di cui all'allegato A annesso alla legge 28 dicembre 2001, n. 448;

c) a immutabile destinazione agrosilvo- pastorale a proprietà collettiva indivisibile e inusucapibile;

d) ricadenti in aree montane o di collina delimitate ai sensi dell'articolo 15 della legge 27 dicembre 1977, n. 984, sulla base dei criteri individuati dalla circolare del Ministero delle finanze n. 9 del 14 giugno 1993, pubblicata nel supplemento ordinario n. 53 alla Gazzetta Ufficiale n. 141 del 18 giugno 1993. (1)

(1) Per ulteriori disposizioni vedi l'articolo 9, comma 1 del D.L. 28 ottobre 2020, n. 137, convertito con modificazioni dalla Legge 18 dicembre 2020, n. 176.

759 (1). Sono esenti dall'imposta, per il periodo dell'anno durante il quale sussistono le condizioni prescritte:

a) gli immobili posseduti dallo Stato, dai comuni, nonché gli immobili posseduti, nel proprio territorio, dalle regioni, dalle province, dalle comunità montane, dai consorzi fra detti enti, dagli enti del Servizio sanitario nazionale, destinati esclusivamente ai compiti istituzionali;

b) i fabbricati classificati o classificabili nelle categorie catastali da E/1 a E/9;

c) i fabbricati con destinazione ad usi culturali di cui all'articolo 5-bis del decreto del Presidente della Repubblica 29 settembre 1973, n. 601;

d) i fabbricati destinati esclusivamente all'esercizio del culto, purché compatibile con le disposizioni degli articoli 8 e 19 della Costituzione, e le loro pertinenze;

e) i fabbricati di proprietà della Santa Sede indicati negli articoli 13, 14, 15 e 16 del Trattato tra la Santa Sede e l'Italia, sottoscritto l'11 febbraio 1929 e reso esecutivo con la legge 27 maggio 1929, n. 810;

f) i fabbricati appartenenti agli Stati esteri e alle organizzazioni internazionali per i quali è prevista l'esenzione dall'imposta locale sul reddito dei fabbricati in base ad accordi internazionali resi esecutivi in Italia;

g) gli immobili posseduti e utilizzati dai soggetti di cui alla lettera i) del comma 1 dell'articolo 7 del decreto legislativo 30 dicembre 1992, n. 504, e destinati esclusivamente allo svolgimento con modalità non commerciali delle attività previste nella medesima lettera i); si applicano, altresì, le disposizioni di cui all'articolo 91-bis del decreto-legge 24 gennaio 2012, n. 1, convertito, con modificazioni, dalla legge 24 marzo 2012, n. 27, nonché il regolamento di cui al decreto del Ministro dell'economia e delle finanze 19 novembre 2012, n. 200 (3);

g-bis) gli immobili non utilizzabili né disponibili, per i quali sia stata presentata denuncia all'autorità giudiziaria in relazione ai reati di cui agli articoli 614, secondo comma, o 633 del codice penale o per la cui occupazione abusiva sia stata presentata denuncia o iniziata azione giudiziaria penale. Il soggetto passivo comunica al comune interessato, secondo modalità telematiche stabilite con decreto del Ministro dell'economia e delle finanze, da emanare entro sessanta giorni dalla data di entrata in vigore della presente disposizione, sentita la Conferenza Stato-città ed autonomie locali, il possesso dei requisiti che danno diritto all'esenzione. Analoga comunicazione deve essere trasmessa allorché cessa il diritto all'esenzione (2).

760. Per le abitazioni locate a canone concordato di cui alla legge 9 dicembre 1998, n. 431, l'imposta, determinata applicando l'aliquota stabilita dal comune ai sensi del comma 754, è ridotta al 75 per cento. (1)

(1) Per ulteriori disposizioni vedi l'articolo 9, comma 1 del D.L. 28 ottobre 2020, n. 137, convertito con modificazioni dalla Legge 18 dicembre 2020, n. 176.
(2) Lettera aggiunta dall'articolo 1, comma 81, della Legge 29 dicembre 2022, n. 197.
(3) Per l'applicazione delle disposizioni di cui alla presente lettera, vedi l'articolo 1, comma 640, della Legge 29 dicembre 2022, n. 197.

761. L'imposta è dovuta per anni solari proporzionalmente alla quota e ai mesi dell'anno nei quali si è protratto il possesso.

A tal fine il mese durante il quale il possesso si è protratto per più della metà dei giorni di cui il mese stesso è composto è computato per intero. Il giorno di trasferimento del possesso si computa in capo all'acquirente e l'imposta del mese del trasferimento resta interamente a suo carico nel caso in cui i giorni di possesso risultino uguali a quelli del cedente. A ciascuno degli anni solari corrisponde un'autonoma obbligazione tributaria. (1)

(1) Per ulteriori disposizioni vedi l'articolo 9, comma 1 del D.L. 28 ottobre 2020, n. 137, convertito con modificazioni dalla Legge 18 dicembre 2020, n. 176.

762. In deroga all'articolo 52 del decreto legislativo n. 446 del 1997, i soggetti passivi effettuano il versamento dell'imposta dovuta al comune per l'anno in corso in due rate, scadenti la prima il 16 giugno e la seconda il 16 dicembre. Resta in ogni caso nella facoltà del contribuente provvedere al versamento dell'imposta complessivamente dovuta in un'unica soluzione annuale, da corrispondere entro il 16 giugno. Il versamento della prima rata è pari all'imposta dovuta per il primo semestre applicando l'aliquota e la detrazione dei dodici mesi dell'anno precedente. In sede di prima applicazione dell'imposta, la prima rata da corrispondere è pari alla metà di quanto versato a titolo di IMU e TASI per l'anno 2019. Il versamento della rata a saldo dell'imposta dovuta per l'intero anno è eseguito, a conguaglio, sulla base delle aliquote risultanti dal prospetto delle aliquote di cui al comma 757 pubblicato ai sensi del comma 767 nel sito internet del Dipartimento delle finanze del Ministero dell'economia e delle finanze, alla data del 28 ottobre di ciascun anno (1)(2).

(1) A norma dell'articolo 107, comma 2, del D.L. 17 marzo 2020, n. 18, convertito, con modificazioni, dalla Legge 24 aprile 2020, n. 27, come modificato dall'articolo 106, comma 3-bis, del D.L. 19 maggio 2020, n. 34, convertito, con modificazioni, dalla Legge 17 luglio 2020, n. 77, e dall'articolo 1, comma 4-quinquies, del D.L. 7 ottobre 2020, n. 125, convertito, con modificazioni dalla Legge 27 novembre 2020, n. 159, limitatamente all'anno 2020, le date del 14 ottobre e del 28 ottobre di cui al presente comma, sono differite, rispettivamente, al 31 dicembre 2020 e al 31 gennaio 2021.
(2) Per ulteriori disposizioni vedi l'articolo 9, comma 1 del D.L. 28 ottobre 2020, n. 137, convertito con modificazioni dalla Legge 18 dicembre 2020, n. 176.

763. Il versamento dell'imposta dovuta dai soggetti di cui al comma 759, lettera g), è effettuato in tre rate di cui le prime due, di importo pari ciascuna al 50 per cento dell'imposta complessivamente corrisposta per l'anno precedente, devono essere versate nei termini del 16 giugno e del 16 dicembre dell'anno di riferimento, e l'ultima, a conguaglio dell'imposta complessivamente dovuta, deve essere versata entro il 16 giugno dell'anno successivo a quello cui si riferisce il versamento, sulla base delle aliquote risultanti dal prospetto delle aliquote di cui al comma 757, pubblicato ai sensi del comma 767 nel sito internet del Dipartimento delle finanze del Ministero dell'economia e delle finanze, alla data del 28 ottobre dell'anno di riferimento. I soggetti di cui al comma 759, lettera g), eseguono i versamenti dell'imposta con eventuale compensazione dei crediti, allo stesso comune nei confronti del quale è scaturito il credito, risultanti dalle dichiarazioni presentate successivamente alla data di entrata in vigore della presente legge. In sede di prima applicazione dell'imposta, le prime due rate sono di importo pari ciascuna al 50 per cento dell'imposta complessivamente corrisposta a titolo di IMU e TASI per l'anno 2019. (1)

(1) Per ulteriori disposizioni vedi l'articolo 9, comma 1 del D.L. 28 ottobre 2020, n. 137, convertito con modificazioni dalla Legge 18 dicembre 2020, n. 176.

764. In caso di discordanza tra il prospetto delle aliquote di cui al comma 757 e le disposizioni contenute nel regolamento di disciplina dell'imposta, prevale quanto stabilito nel prospetto. (1)

(1) Per ulteriori disposizioni vedi l'articolo 9, comma 1 del D.L. 28 ottobre 2020, n. 137, convertito con modificazioni dalla Legge 18 dicembre 2020, n. 176.

765. Il versamento del tributo è effettuato esclusivamente secondo le disposizioni di cui all'articolo 17 del decreto legislativo 9 luglio 1997, n. 241, con le modalità stabilite con provvedimento del direttore dell'Agenzia delle entrate, ovvero tramite apposito bollettino postale al quale si applicano le disposizioni di cui all'articolo 17 del citato decreto legislativo n. 241 del 1997, in quanto compatibili, nonché attraverso la piattaforma di cui all'articolo 5 del codice dell'amministrazione digitale, di cui al decreto legislativo 7 marzo 2005, n. 82, e con le altre modalità previste dallo stesso codice. Con decreto del Ministero dell'economia e delle finanze, di concerto con il Ministero dell'interno e con il Dipartimento per la trasformazione digitale della Presidenza del Consiglio

dei ministri, sentita la Conferenza Stato-città ed autonomie locali, da adottare entro il 30 giugno 2020, sono stabilite le modalità attuative del periodo precedente relativamente all'utilizzo della piattaforma di cui all'articolo 5 del codice di cui al decreto legislativo n. 82 del 2005. Con il medesimo decreto sono determinate le modalità per assicurare la fruibilità immediata delle risorse e dei relativi dati di gettito con le stesse informazioni desumibili dagli altri strumenti di versamento e l'applicazione dei recuperi a carico dei comuni, ivi inclusa la quota di alimentazione del Fondo di solidarietà comunale, secondo quanto previsto a legislazione vigente al fine di garantire l'assenza di oneri per il bilancio dello Stato. (1)

(1) Per ulteriori disposizioni vedi l'articolo 9, comma 1 del D.L. 28 ottobre 2020, n. 137, convertito con modificazioni dalla Legge 18 dicembre 2020, n. 176.

766. Con decreto del Ministro dell'economia e delle finanze e del Ministro per l'innovazione tecnologica e la digitalizzazione, da adottare entro centottanta giorni dalla data di entrata in vigore della presente legge, sentita la Conferenza Statocittà ed autonomie locali, che si pronuncia entro il termine di quarantacinque giorni dalla data di trasmissione, decorso il quale il decreto può essere comunque adottato, sono individuati i requisiti e i termini di operatività dell'applicazione informatica resa disponibile ai contribuenti sul Portale del federalismo fiscale per la fruibilità degli elementi informativi utili alla determinazione e al versamento dell'imposta. L'applicazione si avvale anche delle informazioni dell'Agenzia delle entrate e di altre amministrazioni pubbliche rese disponibili con le modalità disciplinate nello stesso decreto. (1)

(1) Per ulteriori disposizioni vedi l'articolo 9, comma 1 del D.L. 28 ottobre 2020, n. 137, convertito con modificazioni dalla Legge 18 dicembre 2020, n. 176.

767. Le aliquote e i regolamenti hanno effetto per l'anno di riferimento a condizione che siano pubblicati sul sito internet del Dipartimento delle finanze del Ministero dell'economia e delle finanze, entro il 28 ottobre dello stesso anno. Ai fini della pubblicazione, il comune è tenuto a inserire il prospetto delle aliquote di cui al comma 757 e il testo del regolamento, entro il termine perentorio del 14 ottobre dello stesso anno, nell'apposita sezione del Portale del federalismo fiscale. In caso di mancata pubblicazione entro il 28 ottobre, si applicano le aliquote e i regolamenti vigenti nell'anno precedente. In deroga all'articolo 1, comma 169, della legge 27 dicembre 2006, n. 296, e al terzo periodo del presente comma, a decorrere dal primo anno di applicazione obbligatoria del prospetto di cui ai commi 756 e 757 del presente articolo, in mancanza di una delibera approvata secondo le modalità previste dal comma 757 e pubblicata nel termine di cui al presente comma, si applicano le aliquote di base previste dai commi da 748 a 755 (A)(2).

(A) In riferimento all'Imposta municipale propria (IMU); chiarimenti in merito al prospetto delle aliquote, di cui al presente comma, vedi: Risoluzione Ministero dell'Economia e Finanze 18 febbraio 2020, n. 1/DF.
(1) Per ulteriori disposizioni vedi l'articolo 9, comma 1 del D.L. 28 ottobre 2020, n. 137, convertito con modificazioni dalla Legge 18 dicembre 2020, n. 176.
(2) A norma dell'articolo 107, comma 2, del D.L. 17 marzo 2020, n. 18, convertito, con modificazioni, dalla Legge 24 aprile 2020, n. 27, come modificato dall'articolo 106, comma 3-bis, del D.L. 19 maggio 2020, n. 34, convertito, con modificazioni, dalla Legge 17 luglio 2020, n. 77, e dall'articolo 1, comma 4-quinquies, del D.L. 7 ottobre 2020, n. 125, convertito, con modificazioni dalla Legge 27 novembre 2020, n. 159, limitatamente all'anno 2020, le date del 14 ottobre e del 28 ottobre di cui al presente comma, sono differite, rispettivamente, al 31 dicembre 2020 e al 31 gennaio 2021.
Comma modificato dall'articolo 1, comma 837, lettera b), della Legge 29 dicembre 2022, n. 197.

768. Per i beni immobili sui quali sono costituiti diritti di godimento a tempo parziale, di cui all'articolo 69, comma 1, lettera a), del codice del consumo, di cui al decreto legislativo 6 settembre 2005, n. 206, il versamento dell'imposta è effettuato da chi amministra il bene. Per le parti comuni dell'edificio indicate nell'articolo 1117, numero 2), del codice civile, che sono accatastate in via autonoma, come bene comune censibile, nel caso in cui venga costituito il condominio, il versamento dell'imposta deve essere effettuato dall'amministratore del condominio per conto di tutti i condomini. Per gli immobili compresi nel fallimento o nella liquidazione coatta amministrativa, il curatore o il commissario liquidatore sono tenuti al versamento della tassa dovuta per il periodo di durata dell'intera procedura concorsuale entro il termine di tre mesi dalla data del decreto di trasferimento degli immobili. (1)

(1) Per ulteriori disposizioni vedi l'articolo 9, comma 1 del D.L. 28 ottobre 2020, n. 137, convertito con modificazioni dalla Legge 18 dicembre 2020, n. 176.

769. I soggetti passivi, ad eccezione di quelli di cui al comma 759, lettera g), devono presentare la dichiarazione o, in alternativa, trasmetterla in via telematica secondo le modalità approvate con apposito decreto del Ministero dell'economia e delle finanze, sentita l'Associazione nazionale dei comuni italiani (ANCI), entro il 30 giugno dell'anno successivo a quello in cui il possesso degli immobili ha avuto inizio o sono intervenute variazioni rilevanti ai fini della determinazione dell'imposta. La dichiarazione ha effetto anche per gli anni successivi, sempre che non si verifichino modificazioni dei dati ed elementi dichiarati cui consegua un diverso ammontare dell'imposta dovuta. Con il predetto decreto sono altresì disciplinati i casi in cui deve essere presentata la dichiarazione. Restano ferme le dichiarazioni presentate ai fini dell'IMU e del tributo per i servizi indivisibili, in quanto compatibili. Nelle more dell'entrata in vigore del decreto di cui al primo periodo, i contribuenti continuano ad utilizzare il modello di dichiarazione di cui al decreto del Ministro dell'economia e delle finanze 30 ottobre 2012, pubblicato nella Gazzetta Ufficiale n. 258 del 5 novembre 2012. In ogni caso, ai fini dell'applicazione dei benefici di cui al comma 741, lettera c), numeri 3) e 5), e al comma 751, terzo periodo, il soggetto passivo attesta nel modello di dichiarazione il possesso dei requisiti prescritti dalle norme.

(1) Per ulteriori disposizioni vedi l'articolo 9, comma 1 del D.L. 28 ottobre 2020, n. 137, convertito con modificazioni dalla Legge 18 dicembre 2020, n. 176.
(2) A norma dell'articolo 35, comma 4, del D.L. 21 giugno 2022, n. 73, convertito, con modificazioni, dalla Legge 4 agosto 2022, n. 122, come modificato dall'articolo 2, comma 1, del D.L. 29 dicembre 2022, n. 198, non ancora convertito in Legge, il termine per la presentazione della dichiarazione sull'imposta municipale propria (IMU) di cui al presente comma, relativa all'anno di imposta 2021 è prorogato al 30 giugno 2023.

770. Gli enti di cui al comma 759, lettera g), devono pre-

sentare la dichiarazione, il cui modello è approvato con decreto del Ministero dell'economia e delle finanze, sentita l'ANCI, entro il 30 giugno dell'anno successivo a quello in cui il possesso degli immobili ha avuto inizio o sono intervenute variazioni rilevanti ai fini della determinazione dell'imposta. Si applica il regolamento di cui al decreto del Ministro dell'economia e delle finanze 19 novembre 2012, n. 200. La dichiarazione deve essere presentata ogni anno. Nelle more dell'entrata in vigore del decreto di cui al primo periodo, i contribuenti continuano ad utilizzare il modello di dichiarazione di cui al decreto del Ministro dell'economia e delle finanze 26 giugno 2014, pubblicato nella Gazzetta Ufficiale n. 153 del 4 luglio 2014.

(1) Per ulteriori disposizioni vedi l'articolo 9, comma 1 del D.L. 28 ottobre 2020, n. 137, convertito con modificazioni dalla Legge 18 dicembre 2020, n. 176.Comma modificato dall'articolo 19, comma 1, del DL 21 giugno 2022, n. 73, convertito, con modificazioni, dalla Legge 4 agosto 2022, n. 122.
(2) A norma dell'articolo 35, comma 4, del D.L. 21 giugno 2022, n. 73, convertito, con modificazioni, dalla Legge 4 agosto 2022, n. 122, come modificato dall'articolo 2, comma 1, del D.L. 29 dicembre 2022, n. 198, non ancora convertito in Legge, il termine per la presentazione della dichiarazione sull'imposta municipale propria (IMU) di cui al presente comma, relativa all'anno di imposta 2021 è prorogato al 30 giugno 2023.
(3) Per l'applicazione delle disposizioni di cui al presente comma, vedi l'articolo 1, comma 640, della Legge 29 dicembre 2022, n. 197.

771. Il contributo di cui all'articolo 10, comma 5, del decreto legislativo 30 dicembre 1992, n. 504, è rideterminato nella misura dello 0,56 per mille a valere sui versamenti relativi agli anni d'imposta 2020 e successivi ed è calcolato sulla quota di gettito dell'IMU relativa agli immobili diversi da quelli destinati ad abitazione principale e relative pertinenze. Il contributo è versato a cura della struttura di gestione di cui all'articolo 22 del decreto legislativo 9 luglio 1997, n. 241, mediante trattenuta sugli incassi dell'IMU e riversamento diretto da parte della struttura stessa, secondo modalità stabilite mediante provvedimento dell'Agenzia delle entrate. [1]

(1) Per ulteriori disposizioni vedi l'articolo 9, comma 1 del D.L. 28 ottobre 2020, n. 137, convertito con modificazioni dalla Legge 18 dicembre 2020, n. 176.

772. L'IMU relativa agli immobili strumentali è deducibile ai fini della determinazione del reddito di impresa e del reddito derivante dall'esercizio di arti e professioni.

La medesima imposta è indeducibile ai fini dell'imposta regionale sulle attività produttive. Le disposizioni di cui al presente comma si applicano anche all'IMI della provincia autonoma di Bolzano, istituita con la legge provinciale 23 aprile 2014, n. 3, all'IMIS della provincia autonoma di Trento, istituita con la legge provinciale 30 dicembre 2014, n. 14, e all'imposta locale immobiliare autonoma (ILIA) della regione Friuli Venezia Giulia, istituita dalla legge regionale 14 novembre 2022, n. 17. [1][2]

(1) Per ulteriori disposizioni vedi l'articolo 9, comma 1 del D.L. 28 ottobre 2020, n. 137, convertito con modificazioni dalla Legge 18 dicembre 2020, n. 176.
(2) Comma modificato dall'articolo 1, comma 835, della Legge 29 dicembre 2022, n. 197. Per l'applicazione vedi l'articolo 1, comma 836, della Legge 29 dicembre 2022, n. 197.

773. Le disposizioni di cui al comma 772 relative alla deducibilità ai fini della determinazione del reddito di impresa e del reddito derivante dall'esercizio di arti e professioni dell'IMU, dell'IMI e dell'IMIS hanno effetto a decorrere dal periodo d'imposta successivo a quello in corso al 31 dicembre 2021; la deduzione ivi prevista si applica nella misura del 60 per cento per i periodi d'imposta successivi a quelli in corso, rispettivamente, al 31 dicembre 2019 e al 31 dicembre 2020. [1]

(1) Per ulteriori disposizioni vedi l'articolo 9, comma 1 del D.L. 28 ottobre 2020, n. 137, convertito con modificazioni dalla Legge 18 dicembre 2020, n. 176.

774. In caso di omesso o insufficiente versamento dell'imposta risultante dalla dichiarazione, si applica l'articolo 13 del decreto legislativo 18 dicembre 1997, n. 471. [1]

(1) Per ulteriori disposizioni vedi l'articolo 9, comma 1 del D.L. 28 ottobre 2020, n. 137, convertito con modificazioni dalla Legge 18 dicembre 2020, n. 176.

775. In caso di omessa presentazione della dichiarazione, si applica la sanzione dal 100 per cento al 200 per cento del tributo non versato, con un minimo di 50 euro. In caso di infedele dichiarazione, si applica la sanzione dal 50 per cento al 100 per cento del tributo non versato, con un minimo di 50 euro. In caso di mancata, incompleta o infedele risposta al questionario, si applica la sanzione da euro 100 a euro 500; in caso di risposta oltre il termine di sessanta giorni dalla notifica, il comune può applicare la sanzione da 50 a 200 euro. Le sanzioni di cui ai periodi precedenti sono ridotte ad un terzo se, entro il termine per la proposizione del ricorso, interviene acquiescenza del contribuente, con pagamento del tributo, se dovuto, della sanzione e degli interessi. Resta salva la facoltà del comune di deliberare con il regolamento circostanze attenuanti o esimenti nel rispetto dei principi stabiliti dalla normativa statale. [1]

(1) Per ulteriori disposizioni vedi l'articolo 9, comma 1 del D.L. 28 ottobre 2020, n. 137, convertito con modificazioni dalla Legge 18 dicembre 2020, n. 176.

776. Per tutto quanto non previsto dalle disposizioni di cui ai commi da 738 a 775, si applicano i commi da 161 a 169 dell'articolo 1 della legge 27 dicembre 2006, n. 296. [1]

(1) Per ulteriori disposizioni vedi l'articolo 9, comma 1 del D.L. 28 ottobre 2020, n. 137, convertito con modificazioni dalla Legge 18 dicembre 2020, n. 176.

777. Ferme restando le facoltà di regolamentazione del tributo di cui all'articolo 52 del decreto legislativo 15 dicembre 1997, n. 446, i comuni possono con proprio regolamento:

a) stabilire che si considerano regolarmente eseguiti i versamenti effettuati da un contitolare anche per conto degli altri;

b) stabilire differimenti di termini per i versamenti, per situazioni particolari;

c) prevedere il diritto al rimborso dell'imposta pagata per le aree successivamente divenute inedificabili, stabilendone termini, limiti temporali e condizioni, avuto anche riguardo alle modalità ed alla frequenza delle varianti apportate agli strumenti urbanistici;

d) determinare periodicamente e per zone omogenee i valori venali in comune commercio delle aree fabbricabili, al fine della limitazione del potere di accertamento del comune qualora l'imposta sia stata versata sulla base di un valore non inferiore a quello predeterminato, secondo criteri improntati all'obiettivo di ridurre al massimo l'insorgenza di contenzioso;

e) stabilire l'esenzione dell'immobile dato in comodato gratuito al comune o ad altro ente territoriale, o ad ente non commerciale, esclusivamente per l'esercizio dei rispettivi scopi istituzionali o statutari. (1)

(1) *Per ulteriori disposizioni vedi l'articolo 9, comma 1 del D.L. 28 ottobre 2020, n. 137, convertito con modificazioni dalla Legge 18 dicembre 2020, n. 176.*

778. Il comune designa il funzionario responsabile dell'imposta a cui sono attribuiti i poteri per l'esercizio di ogni attività organizzativa e gestionale, compreso quello di sottoscrivere i provvedimenti afferenti a tali attività, nonché la rappresentanza in giudizio per le controversie relative all'imposta stessa. (1)

(1) *Per ulteriori disposizioni vedi l'articolo 9, comma 1 del D.L. 28 ottobre 2020, n. 137, convertito con modificazioni dalla Legge 18 dicembre 2020, n. 176.*

[*779. Per l'anno 2020, i comuni, in deroga all'articolo 1, comma 169, della legge 27 dicembre 2006, n. 296, all'articolo 53, comma 16, della legge 23 dicembre 2000, n. 388, e all'articolo 172, comma 1, lettera c), del testo unico delle leggi sull'ordinamento degli enti locali, di cui al decreto legislativo 18 agosto 2000, n. 267, possono approvare le delibere concernenti le aliquote e il regolamento dell'imposta oltre il termine di approvazione del bilancio di previsione per gli anni 2020-2022 e comunque non oltre il 30 giugno 2020. Dette deliberazioni, anche se approvate successivamente all'inizio dell'esercizio, purché entro il termine innanzi indicato, hanno effetto dal 1° gennaio dell'anno 2020.*] (1)

(1) *Comma abrogato dall'articolo 138, del D.L. 19 maggio 2020, n. 34, convertito, con modificazioni, dalla Legge 17 luglio 2020, n. 77.*

780. A decorrere dal 1° gennaio 2020 sono abrogati: l'articolo 8, ad eccezione del comma 1, e l'articolo 9, ad eccezione del comma 9, del decreto legislativo 14 marzo 2011, n. 23; l'articolo 13, commi da 1 a 12-ter e 13-bis, del decreto-legge 6 dicembre 2011, n. 201, convertito, con modificazioni, dalla legge 22 dicembre 2011, n. 214; il comma 639 nonché i commi successivi dell'articolo 1 della legge 27 dicembre 2013, n. 147, concernenti l'istituzione e la disciplina dell'imposta comunale unica (IUC), limitatamente alle disposizioni riguardanti la disciplina dell'IMU e della TASI. Restano ferme le disposizioni che disciplinano la TARI. Sono altresì abrogate le disposizioni incompatibili con l'IMU disciplinata dalla presente legge. (1)

(1) *Per ulteriori disposizioni vedi l'articolo 9, comma 1 del D.L. 28 ottobre 2020, n. 137, convertito con modificazioni dalla Legge 18 dicembre 2020, n. 176.*

781. I comuni, in deroga all'articolo 52 del decreto legislativo n. 446 del 1997, possono continuare ad affidare, fino alla scadenza del relativo contratto, la gestione dell'imposta municipale sugli immobili ai soggetti ai quali, alla data del 31 dicembre 2019, risulta affidato il servizio di gestione dell'IMU e della TASI. (1)

(1) *Per ulteriori disposizioni vedi l'articolo 9, comma 1 del D.L. 28 ottobre 2020, n. 137, convertito con modificazioni dalla Legge 18 dicembre 2020, n. 176.*

782. Restano ferme le disposizioni recate dall'articolo 1, comma 728, della legge 27 dicembre 2017, n. 205, nonché dall'articolo 38 del decreto-legge 26 ottobre 2019, n. 124, in ordine al quale il rinvio al citato articolo 13 del decreto-legge n. 201 del 2011 deve intendersi riferito alle disposizioni della presente legge sulla riforma dell'IMU. (1)

(1) *Per ulteriori disposizioni vedi l'articolo 9, comma 1 del D.L. 28 ottobre 2020, n. 137, convertito con modificazioni dalla Legge 18 dicembre 2020, n. 176.*

783. Ai fini del riparto del Fondo di solidarietà comunale resta fermo quanto previsto dall'articolo 1, comma 449, lettera a), della legge 11 dicembre 2016, n. 232, come modificata dal comma 851 del presente articolo, in materia di ristoro ai comuni per il mancato gettito IMU e TASI derivante dall'applicazione dei commi da 10 a 16, 53 e 54 dell'articolo 1 della legge n. 208 del 2015. Restano altresì fermi gli effetti delle previgenti disposizioni in materia di IMU e TASI sul Fondo di solidarietà comunale e sugli accantonamenti nei confronti delle regioni Friuli Venezia Giulia e Valle d'Aosta e delle province autonome di Trento e di Bolzano come definiti in attuazione del citato decreto-legge n. 201 del 2011. (1)

(1) *Per ulteriori disposizioni vedi l'articolo 9, comma 1 del D.L. 28 ottobre 2020, n. 137, convertito con modificazioni dalla Legge 18 dicembre 2020, n. 176.*

784. Fermo quanto previsto dal comma 785, le disposizioni di cui ai commi da 786 a 814 si applicano, fatto salvo quanto stabilito dall'articolo 17 del decreto legislativo 26 febbraio 1999, n. 46, alle province, alle città metropolitane, ai comuni, alle comunità montane, alle unioni di comuni e ai consorzi tra gli enti locali, di seguito complessivamente denominati "*enti*".

785. In caso di affidamento, da parte degli enti, dell'attività di riscossione delle proprie entrate all'agente della riscossione, si applicano esclusivamente le disposizioni di cui al comma 792.

786. Al comma 1 dell'articolo 2-bis del decreto-legge 22 ottobre 2016, n. 193, convertito, con modificazioni, dalla legge 1° dicembre 2016, n. 225, sono apportate le seguenti modificazioni:

a) al primo periodo, la parola: "*spontaneo*" è soppressa e dopo le parole: "*resi disponibili dagli enti impositori*" sono aggiunte le seguenti: "*o attraverso la piattaforma di cui all'articolo 5 del codice di cui al decreto legislativo 7 marzo 2005, n. 82, o utilizzando le altre modalità previste dallo stesso codice*";

b) al terzo periodo, la parola: "*spontaneo*" è soppressa e le parole da: "*esclusivamente*" a: "*dagli enti impositori*" sono sostituite dalle seguenti: "*con le stesse modalità di cui al primo periodo, con esclusione del sistema dei versamenti unitari di cui all'articolo 17 del decreto legislativo 9 luglio 1997, n. 241,*";

c) è aggiunto, in fine, il seguente periodo:

"*I versamenti effettuati al soggetto di cui all'articolo 52, comma 5, lettera b), numero 3), del decreto legislativo n. 446 del 1997 sono equiparati a quelli effettuati direttamente a favore dell'ente affidatario*" (1).

VARIE

[1] *Lettera modificata dall'articolo 111, comma 1, del D.L. 14 agosto 2020, n. 104, convertito con modificazioni dalla Legge 13 ottobre 2020, n. 126.*

787. Restano ferme le disposizioni di cui al comma 765, relative alla nuova imposta municipale propria, e di cui al comma 844, concernente il canone patrimoniale di concessione per l'occupazione nei mercati.

788. All'articolo 53, comma 1, del decreto legislativo 15 dicembre 1997, n. 446, è aggiunto, in fine, il seguente periodo:

"*Sono escluse le attività di incasso diretto da parte dei soggetti di cui all'articolo 52, comma 5, lettera b), numeri 1), 2) e 4)*" [1].

[1] *Comma modificato dall'articolo 111, comma 1, del D.L. 14 agosto 2020, n. 104, convertito con modificazioni dalla Legge 13 ottobre 2020, n. 126.*

789. I contratti in corso alla data del 1° gennaio 2020, stipulati con i soggetti di cui all'articolo 52, comma 5, lettera b), del decreto legislativo 15 dicembre 1997, n. 446, sono adeguati, entro il 30 giugno 2021, alle disposizioni di cui ai commi da 784 a 814 [1].

[1] *Comma modificato dall'articolo 3, comma 4, del D.L. 31 dicembre 2020, n. 183, convertito, con modificazioni, dalla Legge 26 febbraio 2021, n. 21.*

790. Gli enti, al solo fine di consentire ai soggetti affidatari dei servizi di cui all'articolo 52, comma 5, lettera b), del citato decreto legislativo n. 446 del 1997 la verifica e la rendicontazione dei versamenti dei contribuenti, garantiscono l'accesso ai conti correnti intestati ad essi e dedicati alla riscossione delle entrate oggetto degli affidamenti, nonché l'accesso agli ulteriori canali di pagamento disponibili. Il tesoriere dell'ente provvede giornalmente ad accreditare sul conto di tesoreria dell'ente le somme versate sui conti correnti dedicati alla riscossione delle entrate oggetto degli affidamenti. Salva diversa previsione contrattuale, il soggetto affidatario del servizio trasmette entro il giorno 10 del mese all'ente affidante e al suo tesoriere la rendicontazione e la fattura delle proprie competenze e spese riferite alle somme contabilizzate nel mese precedente e affluite sui conti correnti dell'ente. Decorsi trenta giorni dalla ricezione della rendicontazione, il tesoriere, in mancanza di motivato diniego da parte dell'ente, provvede ad accreditare a favore del soggetto affidatario del servizio, entro i successivi trenta giorni, le somme di competenza, prelevandole dai conti correnti dedicati. Per le somme di spettanza del soggetto affidatario del servizio si applicano le disposizioni di cui all'articolo 255, comma 10, del testo unico delle leggi sull'ordinamento degli enti locali, di cui al decreto legislativo 18 agosto 2000, n. 267.

791. Al fine di facilitare le attività di riscossione degli enti, si applicano le disposizioni seguenti in materia di accesso ai dati:

a) ai fini della riscossione, anche coattiva, sono autorizzati ad accedere gratuitamente alle informazioni relative ai debitori presenti nell'Anagrafe tributaria, ivi inclusi i dati e le informazioni di cui all'articolo 7, sesto comma, del decreto del Presidente della Repubblica 29 settembre 1973, n. 605, gli enti e, per il tramite degli enti medesimi, i soggetti individuati ai sensi dell'articolo 52, comma 5, lettera b), del decreto legislativo n. 446 del 1997 e dell'articolo 1, comma 691, della legge 27 dicembre 2013, n. 147, ai quali gli enti creditori hanno affidato il servizio di riscossione delle proprie entrate [1];

b) a tal fine, l'ente consente, sotto la propria responsabilità, ai soggetti affidatari l'utilizzo dei servizi di cooperazione informatica forniti dall'Agenzia delle entrate, nel rispetto delle prescrizioni normative e tecniche tempo per tempo vigenti e previa nomina di tali soggetti a responsabili esterni del trattamento ai sensi delle vigenti disposizioni in materia di tutela dei dati personali;

c) restano ferme, per i soggetti di cui alla lettera a), le modalità di accesso telematico per la consultazione delle banche dati catastale e ipotecaria, nonché del pubblico registro automobilistico.

[1] *Lettera modificata dall'articolo 17-bis, comma 1, del D.L. 16 luglio 2020, n. 76, convertito, con modificazioni, dalla Legge 11 settembre 2020, n. 120.*

792. Le attività di riscossione relative agli atti degli enti, indicati nella lettera a), emessi a partire dal 1° gennaio 2020 anche con riferimento ai rapporti pendenti alla stessa data in base alle norme che regolano ciascuna entrata sono potenziate mediante le seguenti disposizioni:

a) l'avviso di accertamento relativo ai tributi degli enti e agli atti finalizzati alla riscossione delle entrate patrimoniali emessi dagli enti e dai soggetti affidatari di cui all'articolo 52, comma 5, lettera b), del decreto legislativo n. 446 del 1997 e all'articolo 1, comma 691, della legge n. 147 del 2013, nonché il connesso provvedimento di irrogazione delle sanzioni devono contenere anche l'intimazione ad adempiere, entro il termine di presentazione del ricorso, ovvero, nel caso di entrate patrimoniali, entro sessanta giorni dalla notifica dell'atto finalizzato alla riscossione delle entrate patrimoniali, all'obbligo di pagamento degli importi negli stessi indicati, oppure, in caso di tempestiva proposizione del ricorso, l'indicazione dell'applicazione delle disposizioni di cui all'articolo 19 del decreto legislativo 18 dicembre 1997, n. 472, concernente l'esecuzione delle sanzioni, ovvero di cui all'articolo 32 del decreto legislativo 1° settembre 2011, n. 150. Gli atti devono altresì recare espressamente l'indicazione che gli stessi costituiscono titolo esecutivo idoneo ad attivare le procedure esecutive e cautelari nonché l'indicazione del soggetto che, decorsi sessanta giorni dal termine ultimo per il pagamento, procederà alla riscossione delle somme richieste, anche ai fini dell'esecuzione forzata. Il contenuto degli atti di cui al periodo precedente è riprodotto anche nei successivi atti da notificare al contribuente in tutti i casi in cui siano rideterminati gli importi dovuti in base agli avvisi di accertamento e ai connessi provvedimenti di irrogazione delle sanzioni, ai sensi del regolamento, se adottato dall'ente, relativo all'accertamento con adesione, di cui al decreto legislativo 19 giugno 1997, n. 218, e dell'articolo 19 del decreto legislativo n. 472 del 1997, nonché in caso di definitività dell'atto impugnato.

Nei casi di cui al periodo precedente, il versamento delle somme dovute deve avvenire entro sessanta giorni dalla data di perfezionamento della notifica; la sanzione amministrativa prevista dall'articolo 13 del decreto legislativo 18 dicembre 1997, n. 471, non si applica nei casi di omesso, carente o tardivo versamento delle somme dovute, nei termini di cui ai periodi precedenti, sulla base degli atti ivi indicati;

b) gli atti di cui alla lettera a) acquistano efficacia di titolo esecutivo decorso il termine utile per la proposizione del ricorso ovvero decorsi sessanta giorni dalla notifica dell'atto finalizzato alla riscossione delle entrate patrimoniali, senza la preventiva notifica della cartella di pagamento e dell'ingiunzione fiscale di cui al testo unico delle disposizioni di legge relative alla procedura coattiva per la riscossione delle entrate patrimoniali dello Stato e degli altri enti pubblici, dei proventi di Demanio pubblico e di pubblici servizi e delle tasse sugli affari, di cui al regio decreto 14 aprile 1910, n. 639. Decorso il termine di trenta giorni dal termine ultimo per il pagamento, la riscossione delle somme richieste è affidata in carico al soggetto legittimato alla riscossione forzata. L'esecuzione è sospesa per un periodo di centottanta giorni dall'affidamento in carico degli atti di cui alla lettera a) al soggetto legittimato alla riscossione forzata; il periodo di sospensione è ridotto a centoventi giorni ove la riscossione delle somme richieste sia effettuata dal medesimo soggetto che ha notificato l'avviso di accertamento. Nelle more dell'emanazione del decreto del Ministero dell'economia e delle finanze, le modalità di trasmissione del carico da accertamento esecutivo al soggetto legittimato alla riscossione sono individuate dal competente ufficio dell'ente. Le modalità di trasmissione del carico da accertamento esecutivo al soggetto legittimato alla riscossione sono demandate a un decreto del Ministero dell'economia e delle finanze;

c) la sospensione non si applica con riferimento alle azioni cautelari e conservative, nonché ad ogni altra azione prevista dalle norme ordinarie a tutela del creditore.

La predetta sospensione non opera in caso di accertamenti definitivi, anche in seguito a giudicato, nonché in caso di recupero di somme derivanti da decadenza dalla rateazione. Il soggetto legittimato alla riscossione forzata informa con raccomandata semplice o posta elettronica il debitore di aver preso in carico le somme per la riscossione;

d) in presenza di fondato pericolo, debitamente motivato e portato a conoscenza del contribuente, per il positivo esito della riscossione, decorsi sessanta giorni dalla notifica degli atti di cui alla lettera a), la riscossione delle somme in essi indicate, nel loro ammontare integrale comprensivo di interessi e sanzioni, può essere affidata in carico ai soggetti legittimati alla riscossione forzata anche prima del termine previsto dalle lettere a) e b). Nell'ipotesi di cui alla presente lettera, e ove il soggetto legittimato alla riscossione forzata, successivamente all'affidamento in carico degli atti di cui alla lettera a), venga a conoscenza di elementi idonei a dimostrare il fondato pericolo di pregiudicare la riscossione, non opera la sospensione di cui alla lettera c) e non deve essere inviata l'informativa di cui alla medesima lettera c);

e) il soggetto legittimato sulla base del titolo esecutivo di cui alla lettera a) procede ad espropriazione forzata con i poteri, le facoltà e le modalità previsti dalle disposizioni che disciplinano l'attività di riscossione coattiva;

f) gli enti e i soggetti affidatari di cui all'articolo 52, comma 5, lettera b), del decreto legislativo n. 446 del 1997 si avvalgono per la riscossione coattiva delle entrate degli enti delle norme di cui al titolo II del decreto del Presidente della Repubblica 29 settembre 1973, n. 602, con l'esclusione di quanto previsto all'articolo 48- bis del medesimo decreto n. 602 del 1973;

g) ai fini dell'espropriazione forzata l'esibizione dell'estratto dell'atto di cui alla lettera a), come trasmesso al soggetto legittimato alla riscossione con le modalità determinate con il decreto di cui alla lettera b), tiene luogo, a tutti gli effetti, dell'esibizione dell'atto stesso in tutti i casi in cui il soggetto legittimato alla riscossione, anche forzata, ne attesti la provenienza;

h) decorso un anno dalla notifica degli atti indicati alla lettera a), l'espropriazione forzata è preceduta dalla notifica dell'avviso di cui all'articolo 50 del citato decreto del Presidente della Repubblica n. 602 del 1973;

i) nel caso in cui la riscossione sia affidata ai sensi dell'articolo 2 del decreto-legge 22 ottobre 2016, n. 193, convertito, con modificazioni, dalla legge 1° dicembre 2016, n. 225, a partire dal primo giorno successivo al termine ultimo per la presentazione del ricorso ovvero a quello successivo al decorso del termine di sessanta giorni dalla notifica dell'atto finalizzato alla riscossione delle entrate patrimoniali, le somme richieste con gli atti di cui alla lettera a) sono maggiorate degli interessi di mora nella misura indicata dall'articolo 30 del decreto del Presidente della Repubblica n. 602 del 1973, calcolati a partire dal giorno successivo alla notifica degli atti stessi; all'agente della riscossione spettano gli oneri di riscossione, interamente a carico del debitore, e le quote di cui all'articolo 17, comma 2, lettere b), c) e d), del decreto legislativo 13 aprile 1999, n. 112;

l) ai fini della procedura di riscossione contemplata dal presente comma, i riferimenti contenuti in norme vigenti al ruolo, alle somme iscritte a ruolo, alla cartella di pagamento e all'ingiunzione di cui al testo unico di cui al regio decreto 14 aprile 1910, n. 639, si intendono effettuati agli atti indicati nella lettera a).

793. Il dirigente o, in assenza di questo, il responsabile apicale dell'ente o il soggetto affidatario dei servizi di cui all'articolo 52, comma 5, lettera b), del decreto legislativo n. 446 del 1997, con proprio provvedimento, nomina uno o più funzionari responsabili della riscossione, i quali esercitano le funzioni demandate agli ufficiali della riscossione, nonché quelle già attribuite al segretario comunale dall'articolo 11 del testo unico di cui al regio decreto n. 639 del 1910, in tutto il territorio nazionale in relazione al credito da escutere.

I funzionari responsabili della riscossione sono nominati tra i dipendenti dell'ente o del soggetto affidatario dei servizi di cui all'articolo 52, comma 5, lettera b), del decreto legislativo n. 446 del 1997, fra persone che sono in possesso almeno di un diploma di istruzione secondaria di secondo grado e che hanno superato un esame di idoneità, previa frequenza di un apposito corso di preparazione e qualificazione.

Restano ferme le abilitazioni già conseguite in base alle vigenti disposizioni di legge. Il mantenimento dell'idoneità all'esercizio delle funzioni è subordinato all'aggiornamento professionale biennale da effettuare tramite appositi corsi. La nomina dei funzionari della riscossione può essere revocata con provvedimento motivato.

794. L'atto di cui al comma 792 non è suscettibile di acquistare efficacia di titolo esecutivo quando è stato emesso per somme inferiori a 10 euro. Tale limite si intende riferito all'intero debito dovuto, anche derivante da più annualità. Il debito rimane comunque a carico del soggetto moroso e potrà essere oggetto di recupero con la successiva notifica degli atti di cui al comma 792 che superano cumulativamente l'importo di cui al primo periodo.

795. Per il recupero di importi fino a 10.000 euro, dopo

che l'atto di cui al comma 792 è divenuto titolo esecutivo, prima di attivare una procedura esecutiva e cautelare gli enti devono inviare un sollecito di pagamento con cui si avvisa il debitore che il termine indicato nell'atto è scaduto e che, se non si provvede al pagamento entro trenta giorni, saranno attivate le procedure cautelari ed esecutive. In deroga all'articolo 1, comma 544, della legge 24 dicembre 2012, n. 228, per il recupero di importi fino a 1.000 euro il termine di centoventi giorni è ridotto a sessanta giorni.

796. In assenza di una apposita disciplina regolamentare, l'ente creditore o il soggetto affidatario, su richiesta del debitore, concede la ripartizione del pagamento delle somme dovute fino a un massimo di settantadue rate mensili, a condizione che il debitore versi in una situazione di temporanea e obiettiva difficoltà e secondo il seguente schema:

a) fino a euro 100,00 nessuna rateizzazione;

b) da euro 100,01 a euro 500,00 fino a quattro rate mensili;

c) da euro 500,01 a euro 3.000,00 da cinque a dodici rate mensili;

d) da euro 3.000,01 a euro 6.000,00 da tredici a ventiquattro rate mensili;

e) da euro 6.000,01 a euro 20.000,00 da venticinque a trentasei rate mensili;

f) oltre euro 20.000,00 da trentasette a settantadue rate mensili.

797. L'ente, con deliberazione adottata a norma dell'articolo 52 del decreto legislativo n. 446 del 1997, può ulteriormente regolamentare condizioni e modalità di rateizzazione delle somme dovute, ferma restando una durata massima non inferiore a trentasei rate mensili per debiti di importi superiori a euro 6.000,01.

798. In caso di comprovato peggioramento della situazione di cui ai commi 796 e 797, la dilazione concessa può essere prorogata una sola volta, per un ulteriore periodo e fino a un massimo di settantadue rate mensili, o per il periodo massimo disposto dal regolamento dell'ente a norma del comma 797, a condizione che non sia intervenuta decadenza ai sensi del comma 800.

799. Ricevuta la richiesta di rateazione, l'ente creditore o il soggetto affidatario può iscrivere l'ipoteca o il fermo amministrativo solo nel caso di mancato accoglimento della richiesta, ovvero di decadenza dai benefici della rateazione. Sono fatte comunque salve le procedure esecutive già avviate alla data di concessione della rateazione.

800. In caso di mancato pagamento, dopo espresso sollecito, di due rate anche non consecutive nell'arco di sei mesi nel corso del periodo di rateazione, il debitore decade automaticamente dal beneficio e il debito non può più essere rateizzato; l'intero importo ancora dovuto è immediatamente riscuotibile in unica soluzione.

801. Le rate mensili nelle quali il pagamento è stato dilazionato scadono nell'ultimo giorno di ciascun mese indicato nell'atto di accoglimento dell'istanza di dilazione.

802. Su tutte le somme di qualunque natura, esclusi le sanzioni, gli interessi, le spese di notifica e gli oneri di riscossione, si applicano, decorsi trenta giorni dall'esecutività dell'atto di cui al comma 792 e fino alla data del pagamento, gli interessi di mora conteggiati al tasso di interesse legale che può essere maggiorato di non oltre due punti percentuali dall'ente con apposita deliberazione adottata ai sensi dell'articolo 52 del decreto legislativo n. 446 del 1997.

803. I costi di elaborazione e di notifica degli atti e quelli delle successive fasi cautelari ed esecutive sono posti a carico del debitore e sono di seguito determinati:

a) una quota denominata "*oneri di riscossione a carico del debitore*", pari al 3 per cento delle somme dovute in caso di pagamento entro il sessantesimo giorno dalla data di esecutività dell'atto di cui al comma 792, fino ad un massimo di 300 euro, ovvero pari al 6 per cento delle somme dovute in caso di pagamento oltre detto termine, fino a un massimo di 600 euro;

b) una quota denominata "*spese di notifica ed esecutive*", comprendente il costo della notifica degli atti e correlata all'attivazione di procedure esecutive e cautelari a carico del debitore, ivi comprese le spese per compensi dovuti agli istituti di vendite giudiziarie e i diritti, oneri ed eventuali spese di assistenza legale strettamente attinenti alla procedura di recupero, nella misura fissata con decreto non regolamentare del Ministero dell'economia e delle finanze, che individua anche le tipologie di spesa oggetto del rimborso. Nelle more dell'adozione del provvedimento, con specifico riferimento alla riscossione degli enti locali, si applicano le misure e le tipologie di spesa di cui ai decreti del Ministero delle finanze 21 novembre 2000, pubblicato nella Gazzetta Ufficiale n. 30 del 6 febbraio 2001, e del Ministro dell'economia e delle finanze 12 settembre 2012, pubblicato nella Gazzetta Ufficiale n. 254 del 30 ottobre 2012, nonché ai regolamenti di cui ai decreti del Ministro dell'economia e delle finanze 18 dicembre 2001, n. 455, del Ministro di grazia e giustizia 11 febbraio 1997, n. 109, e del Ministro della giustizia 15 maggio 2009, n. 80, per quanto riguarda gli oneri connessi agli istituti di vendite giudiziarie.

804. Le disposizioni di cui ai commi da 794 a 803 si applicano anche in caso di emissione delle ingiunzioni previste dal testo unico di cui al regio decreto n. 639 del 1910 fino all'applicazione delle disposizioni di cui al comma 792.

805. Con decreto del Ministro dell'economia e delle finanze, da adottare entro centottanta giorni dalla data di entrata in vigore della presente legge, secondo le procedure di cui all'articolo 53 del decreto legislativo n. 446 del 1997, d'intesa con la Conferenza Stato-città ed autonomie locali, sono stabilite le disposizioni generali in ordine alla definizione dei criteri di iscrizione obbligatoria in sezione separata dell'albo di cui al medesimo articolo 53 per i soggetti che svolgono esclusivamente le funzioni e le attività di supporto propedeutiche all'accertamento e alla riscossione delle entrate degli enti locali e delle società da essi partecipate.

Omissis.

Sezione II - Approvazione degli stati di previsione

2. Stato di previsione dell'entrata. – 1. L'ammontare delle entrate previste per l'anno finanziario 2020, relative a imposte, tasse, contributi di ogni specie e ogni altro provento, accertate, riscosse e versate nelle casse dello Stato, in virtù di leggi, decreti, regolamenti e di ogni altro titolo, risulta dall'annesso stato di previsione dell'entrata (Tabella n. 1).

3. Stato di previsione del Ministero dell'economia e delle finanze e disposizioni relative. – 1. Sono autorizzati l'impegno e il pagamento delle spese del Ministero dell'economia e delle finanze, per l'anno finanziario 2020, in conformità all'annesso stato di previsione (Tabella n. 2).

2. L'importo massimo di emissione di titoli pubblici, in Italia e all'estero, al netto di quelli da rimborsare e di quelli per regolazioni debitorie, è stabilito, per l'anno 2020, in 215.000 milioni di euro [(1)].

3. I limiti di cui all'articolo 6, comma 9, del decreto-legge 30 settembre 2003, n. 269, convertito, con modificazioni, dalla legge 24 novembre 2003, n. 326, concernente gli impegni assumibili dalla SACE Spa - Servizi assicurativi del commercio estero, sono fissati per l'anno finanziario 2020, rispettivamente, in 3.000 milioni di euro per le garanzie di durata sino a ventiquattro mesi e in 23.000 milioni di euro per le garanzie di durata superiore a ventiquattro mesi.

4. La SACE Spa è altresì autorizzata, per l'anno finanziario 2020, a rilasciare garanzie e coperture assicurative relativamente alle attività di cui all'articolo 11- quinquies, comma 4, del decreto-legge 14 marzo 2005, n. 35, convertito, con modificazioni, dalla legge 14 maggio 2005, n. 80, entro una quota massima del 30 per cento di ciascuno dei limiti indicati al comma 3 del presente articolo.

5. Gli importi dei fondi previsti dagli articoli 26,27,28 e 29 della legge 31 dicembre 2009, n. 196, inseriti nel programma "*Fondi di riserva e speciali*", nell'ambito della missione "*Fondi da ripartire*" dello stato di previsione del Ministero dell'economia e delle finanze, sono stabiliti, per l'anno finanziario 2020, rispettivamente, in 900 milioni di euro, 1.500 milioni di euro, 1.900 milioni di euro, 400 milioni di euro e 7.600 milioni di euro.

6. Per gli effetti di cui all'articolo 26 della legge 31 dicembre 2009, n. 196, sono considerate spese obbligatorie, per l'anno finanziario 2020, quelle descritte nell'elenco n. 1, allegato allo stato di previsione del Ministero dell'economia e delle finanze.

7. Le spese per le quali può esercitarsi la facoltà prevista dall'articolo 28 della legge 31 dicembre 2009, n. 196, sono indicate, per l'anno finanziario 2020, nell'elenco n. 2, allegato allo stato di previsione del Ministero dell'economia e delle finanze.

8. Ai fini della compensazione sui fondi erogati per la mobilità sanitaria in attuazione dell'articolo 12, comma 3, lettera b), del decreto legislativo 30 dicembre 1992, n. 502, il Ragioniere generale dello Stato è autorizzato a provvedere, con propri decreti, alla riassegnazione al programma "*Concorso dello Stato al finanziamento della spesa sanitaria*", nell'ambito della missione "*Relazioni finanziarie con le autonomie territoriali*" dello stato di previsione del Ministero dell'economia e delle finanze per l'anno finanziario 2020, delle somme versate all'entrata del bilancio dello Stato dalle regioni e dalle province autonome di Trento e di Bolzano.

9. Il Ministro dell'economia e delle finanze è autorizzato a provvedere, con propri decreti, al trasferimento delle somme occorrenti per l'effettuazione delle elezioni politiche, amministrative e dei membri del Parlamento europeo spettanti all'Italia e per l'attuazione dei referendum dal programma "*Fondi da assegnare*", nell'ambito della missione "*Fondi da ripartire*" dello stato di previsione del Ministero dell'economia e delle finanze per l'anno finanziario 2020, ai competenti programmi degli stati di previsione del medesimo Ministero dell'economia e delle finanze e dei Ministeri della giustizia, degli affari esteri e della cooperazione internazionale, dell'interno e della difesa per lo stesso anno finanziario, per l'effettuazione di spese relative a competenze spettanti ai componenti i seggi elettorali, a nomine e notifiche dei presidenti di seggio, a compensi per lavoro straordinario, a compensi agli estranei all'amministrazione, a missioni, a premi, a indennità e competenze varie spettanti alle Forze di polizia, a trasferte e trasporto delle Forze di polizia, a rimborsi per facilitazioni di viaggio agli elettori, a spese di ufficio, a spese telegrafiche e telefoniche, a fornitura di carta e stampa di schede, a manutenzione e acquisto di materiale elettorale, a servizio automobilistico e ad altre esigenze derivanti dall'effettuazione delle predette consultazioni elettorali.

10. Il Ministro dell'economia e delle finanze è autorizzato a trasferire, con propri decreti, per l'anno 2020, ai capitoli del titolo III (Rimborso di passività finanziarie) degli stati di previsione delle amministrazioni interessate le somme iscritte, per competenza e per cassa, nel programma "*Rimborsi del debito statale*", nell'ambito della missione "*Debito pubblico*" dello stato di previsione del Ministero dell'economia e delle finanze, in relazione agli oneri connessi alle operazioni di rimborso anticipato o di rinegoziazione dei mutui con onere a totale o parziale carico dello Stato.

11. Nell'elenco n. 5, allegato allo stato di previsione del Ministero dell'economia e delle finanze, sono indicate le spese per le quali si possono effettuare, per l'anno finanziario 2020, prelevamenti dal fondo a disposizione, di cui all'articolo 9, comma 4, della legge 1° dicembre 1986, n. 831, iscritto nel programma "*Prevenzione e repressione delle frodi e delle violazioni agli obblighi fiscali*", nell'ambito della missione "*Politiche economico-finanziarie e di bilancio e tutela della finanza pubblica*", nonché nel programma "*Concorso della Guardia di finanza alla sicurezza pubblica*", nell'ambito della missione "*Ordine pubblico e sicurezza*" del medesimo stato di previsione.

12. Il numero massimo degli ufficiali ausiliari del Corpo della guardia di finanza di cui alla lettera c) del comma 1 dell'articolo 937 del codice dell'ordinamento militare, di cui al decreto legislativo 15 marzo 2010, n. 66, da mantenere in servizio nell'anno 2020, ai sensi dell'articolo 803 del medesimo codice, è stabilito in 70 unità.

13. Le somme iscritte nel bilancio autonomo della Presidenza del Consiglio dei ministri, assegnate dal CIPE con propria delibera alle amministrazioni interessate ai sensi dell'articolo 1, comma 7, della legge 17 maggio 1999, n. 144, per l'anno finanziario 2020, destinate alla costituzione di unità tecniche di supporto alla programmazione, alla valutazione e al monitoraggio degli investimenti pubblici, sono versate all'entrata del bilancio dello Stato per essere riassegnate, con decreti del Ragioniere generale dello Stato, negli stati di previsione delle amministrazioni medesime.

14. Il Ragioniere generale dello Stato è autorizzato a provvedere, con propri decreti, per l'anno finanziario 2020, alla riassegnazione ad apposito capitolo di spesa dello stato di previsione del Ministero dell'economia e delle finanze, nella misura stabilita con proprio decreto, delle somme versate, nell'ambito della voce "*Entrate derivanti dal controllo e repressione delle irregolarità e degli illeciti*" dello stato di previsione dell'entrata, dalla società Equitalia Giustizia Spa a titolo di utili relativi alla gestione finanziaria del fondo di cui all'articolo 61, comma 23, del decreto-legge 25 giugno 2008, n. 112, convertito, con modificazioni, dalla legge 6 agosto 2008, n. 133.

15. Il Ministro dell'economia e delle finanze, con propri

decreti, provvede, nell'anno finanziario 2020, all'adeguamento degli stanziamenti dei capitoli destinati al pagamento dei premi e delle vincite dei giochi pronostici, delle scommesse e delle lotterie, in corrispondenza con l'effettivo andamento delle relative riscossioni.

16. Il Ragioniere generale dello Stato è autorizzato a provvedere, con propri decreti, alla riassegnazione al programma "*Analisi, monitoraggio e controllo della finanza pubblica e politiche di bilancio*", nell'ambito della missione "*Politiche economico-finanziarie e di bilancio e tutela della finanza pubblica*" dello stato di previsione del Ministero dell'economia e delle finanze per l'anno finanziario 2020, delle somme versate all'entrata del bilancio dello Stato relative alla gestione liquidatoria del Fondo gestione istituti contrattuali lavoratori portuali ed alla gestione liquidatoria denominata "*Particolari e straordinarie esigenze, anche di ordine pubblico, della città di Palermo*".

17. Il Ministro dell'economia e delle finanze è autorizzato ad effettuare, con propri decreti, variazioni compensative, in termini di competenza e di cassa, tra gli stanziamenti dei capitoli 2214 e 2223 dello stato di previsione del Ministero dell'economia e delle finanze per l'anno finanziario 2020, iscritti nel programma "*Oneri per il servizio del debito statale*", e tra gli stanziamenti dei capitoli 9502 e 9503 del medesimo stato di previsione, iscritti nel programma "*Rimborsi del debito statale*", al fine di provvedere alla copertura del fabbisogno di tesoreria derivante dalla contrazione di mutui ovvero da analoghe operazioni finanziarie, qualora tale modalità di finanziamento risulti più conveniente per la finanza pubblica rispetto all'emissione di titoli del debito pubblico.

18. Il Ragioniere generale dello Stato è autorizzato a provvedere, con propri decreti, alla riassegnazione ai pertinenti programmi dello stato di previsione del Ministero dell'economia e delle finanze, per l'anno finanziario 2020, delle somme versate all'entrata del bilancio dello Stato dal Comitato olimpico nazionale italiano (CONI), dalla società Sport e salute Spa, dal Comitato italiano paralimpico (CIP), dalle singole federazioni sportive nazionali, dalle regioni, dalle province, dai comuni e da altri enti pubblici e privati, destinate alle attività dei gruppi sportivi del Corpo della guardia di finanza.

(1) Comma modificato prima dall'articolo 126, comma 3, del D.L. 17 marzo 2020, n. 18, convertito con modificazioni dalla Legge 24 aprile 2020, n. 27 e successivamente dall'articolo 265, comma 2, del D.L. 19 maggio 2020, n. 34, convertito, con modificazioni, dalla Legge 17 luglio 2020, n. 77e da ultimo dall'articolo 114, comma 2, del D.L. 14 agosto 2020, n. 104, convertito, con modificazioni, dalla Legge 13 ottobre 2020, n. 126.

4. Stato di previsione del Ministero dello sviluppo economico e disposizioni relative. – 1. Sono autorizzati l'impegno e il pagamento delle spese del Ministero dello sviluppo economico, per l'anno finanziario 2020, in conformità all'annesso stato di previsione (Tabella n. 3).

2. Le somme impegnate in relazione alle disposizioni di cui all'articolo 1 del decreto legge 9 ottobre 1993, n. 410, convertito dalla legge 10 dicembre 1993, n. 513, recante interventi urgenti a sostegno dell'occupazione nelle aree di crisi siderurgica, resesi disponibili a seguito di provvedimenti di revoca, sono versate all'entrata del bilancio dello Stato per essere riassegnate, nell'anno finanziario 2020, con decreti del Ragioniere generale dello Stato, allo stato di previsione del Ministero dello sviluppo economico, ai fini di cui al medesimo articolo 1 del decreto-legge n. 410 del 1993, convertito dalla legge n. 513 del 1993.

5. Stato di previsione del Ministero del lavoro e delle politiche sociali e disposizioni relative. – 1. Sono autorizzati l'impegno e il pagamento delle spese del Ministero del lavoro e delle politiche sociali, per l'anno finanziario 2020, in conformità all'annesso stato di previsione (Tabella n. 4).

2. Il Ministro dell'economia e delle finanze è autorizzato ad apportare, su proposta del Ministro del lavoro e delle politiche sociali, con propri decreti, per l'anno finanziario 2020, variazioni compensative in termini di residui, di competenza e di cassa tra i capitoli dello stato di previsione del Ministero del lavoro e delle politiche sociali, anche tra missioni e programmi diversi, connesse con l'attuazione dei decreti legislativi 14 settembre 2015, n. 149 e n. 150.

6. Stato di previsione del Ministero della giustizia e disposizioni relative. – 1. Sono autorizzati l'impegno e il pagamento delle spese del Ministero della giustizia, per l'anno finanziario 2020, in conformità all'annesso stato di previsione (Tabella n. 5).

2. Il Ragioniere generale dello Stato è autorizzato a provvedere, con propri decreti, alla riassegnazione, in termini di competenza e di cassa, delle somme versate dal CONI, dalla società Sport e salute Spa, dalle regioni, dalle province, dai comuni e da altri enti pubblici e privati all'entrata del bilancio dello Stato, relativamente alle spese per il mantenimento, per l'assistenza e per la rieducazione dei detenuti e internati, per gli interventi e gli investimenti finalizzati al miglioramento delle condizioni detentive e delle attività trattamentali, nonché per le attività sportive del personale del Corpo di polizia penitenziaria e dei detenuti e internati, nel programma "*Amministrazione penitenziaria*" e nel programma "*Giustizia minorile e di comunità*", nell'ambito della missione "*Giustizia*" dello stato di previsione del Ministero della giustizia per l'anno finanziario 2020.

7. Stato di previsione del Ministero degli affari esteri e della cooperazione internazionale e disposizioni relative. – 1. Sono autorizzati l'impegno e il pagamento delle spese del Ministero degli affari esteri e della cooperazione internazionale, per l'anno finanziario 2020, in conformità all'annesso stato di previsione (Tabella n. 6).

2. Il Ministero degli affari esteri e della cooperazione internazionale è autorizzato ad effettuare, previe intese con il Ministero dell'economia e delle finanze, operazioni in valuta estera non convertibile pari alle disponibilità esistenti nei conti correnti valuta Tesoro costituiti presso le rappresentanze diplomatiche e gli uffici consolari, ai sensi dell'articolo 5 della legge 6 febbraio 1985, n. 15, e che risultino intrasferibili per effetto di norme o disposizioni locali. Il relativo controvalore in euro è acquisito all'entrata del bilancio dello Stato ed è contestualmente iscritto, con decreti del Ragioniere generale dello Stato, sulla base delle indicazioni del Ministero degli affari esteri e della cooperazione internazionale, nei pertinenti programmi dello stato di previsione del medesimo Ministero per l'anno finanziario 2020, per l'effettuazione di spese connesse alle esigenze di funziona-

mento, mantenimento ed acquisto delle sedi diplomatiche e consolari, degli istituti di cultura e delle scuole italiane all'estero.

Il Ministero degli affari esteri e della cooperazione internazionale è altresì autorizzato ad effettuare, con le medesime modalità, operazioni in valuta estera pari alle disponibilità esistenti nei conti correnti valuta Tesoro in valute inconvertibili o intrasferibili individuate, ai fini delle operazioni di cui al presente comma, dal Dipartimento del tesoro del Ministero dell'economia e delle finanze su richiesta della competente Direzione generale del Ministero degli affari esteri e della cooperazione internazionale.

8. Stato di previsione del Ministero dell'istruzione, dell'università e della ricerca. - 1. Sono autorizzati l'impegno e il pagamento delle spese del Ministero dell'istruzione, dell'università e della ricerca, per l'anno finanziario 2020, in conformità all'annesso stato di previsione (Tabella n. 7).

9. Stato di previsione del Ministero dell'interno e disposizioni relative. – 1. Sono autorizzati l'impegno e il pagamento delle spese del Ministero dell'interno, per l'anno finanziario 2020, in conformità all'annesso stato di previsione (Tabella n. 8).

2. Le somme versate dal CONI e dalla società Sport e salute Spa, nell'ambito della voce "*Entrate derivanti da servizi resi dalle Amministrazioni statali*" dello stato di previsione dell'entrata sono riassegnate, con decreti del Ragioniere generale dello Stato, al programma "*Prevenzione dal rischio e soccorso pubblico*", nell'ambito della missione "*Soccorso civile*" dello stato di previsione del Ministero dell'interno per l'anno finanziario 2020, per essere destinate alle spese relative all'educazione fisica, all'attività sportiva e alla costruzione, al completamento e all'adattamento di infrastrutture sportive concernenti il Corpo nazionale dei vigili del fuoco.

3. Nell'elenco n. 1, annesso allo stato di previsione del Ministero dell'interno, sono indicate le spese per le quali si possono effettuare, per l'anno finanziario 2020, prelevamenti dal fondo a disposizione per la Pubblica sicurezza, di cui all'articolo 1 della legge 12 dicembre 1969, n. 1001, iscritto nel programma "*Contrasto al crimine, tutela dell'ordine e della sicurezza pubblica*", nell'ambito della missione "*Ordine pubblico e sicurezza*".

4. Il Ministro dell'economia e delle finanze è autorizzato a trasferire, con propri decreti, su proposta del Ministro dell'interno, agli stati di previsione dei Ministeri interessati, per l'anno finanziario 2020, le risorse iscritte nel capitolo 2313, istituito nel programma "*Flussi migratori, interventi per lo sviluppo della coesione sociale, garanzia dei diritti, rapporti con le confessioni religiose*", nell'ambito della missione "*Immigrazione, accoglienza e garanzia dei diritti*" dello stato di previsione del Ministero dell'interno, e nel capitolo 2872, istituito nel programma "*Pianificazione e coordinamento Forze di polizia*", nell'ambito della missione "*Ordine pubblico e sicurezza*" del medesimo stato di previsione, in attuazione dell'articolo 1, comma 562, della legge 23 dicembre 2005, n. 266, dell'articolo 34 del decreto-legge 1° ottobre 2007, n. 159, convertito, con modificazioni, dalla legge 29 novembre 2007, n. 222, e delle disposizioni di cui all'articolo 2, comma 106, della legge 24 dicembre 2007, n. 244.

5. Il Ragioniere generale dello Stato è autorizzato a riassegnare, con propri decreti, nello stato di previsione del Ministero dell'interno, per l'anno finanziario 2020, i contributi relativi al rilascio e al rinnovo dei permessi di soggiorno, di cui all'articolo 5, comma 2-ter, del testo unico di cui al decreto legislativo 25 luglio 1998, n. 286, versati all'entrata del bilancio dello Stato e destinati, ai sensi dell'articolo 14-bis del medesimo testo unico, al Fondo rimpatri, finalizzato a finanziare le spese per il rimpatrio degli stranieri verso i Paesi di origine ovvero di provenienza.

6. Al fine di reperire le risorse occorrenti per il finanziamento dei programmi di rimpatrio volontario ed assistito di cittadini di Paesi terzi verso il Paese di origine o di provenienza, ai sensi dell'articolo 14- ter del testo unico di cui al decreto legislativo 25 luglio 1998, n. 286, il Ministro dell'economia e delle finanze è autorizzato ad apportare, con propri decreti, su proposta del Ministro dell'interno, per l'anno finanziario 2020, le occorrenti variazioni compensative di bilancio, nello stato di previsione del Ministero dell'interno, anche tra missioni e programmi diversi.

7. Il Ministro dell'economia e delle finanze è autorizzato ad apportare, con propri decreti, per l'anno finanziario 2020, le variazioni compensative di bilancio tra i programmi di spesa dello stato di previsione del Ministero dell'interno "*Elaborazione, quantificazione e assegnazione delle risorse finanziarie da attribuire agli enti locali*" e "*Gestione dell'albo dei segretari comunali e provinciali*", in relazione alle minori o maggiori occorrenze connesse alla gestione dell'albo dei segretari provinciali e comunali necessarie ai sensi dell'articolo 7, comma 31-ter, del decreto-legge 31 maggio 2010, n. 78, convertito, con modificazioni, dalla legge 30 luglio 2010, n. 122, e dell'articolo 10 del decreto-legge 10 ottobre 2012, n. 174, convertito, con modificazioni, dalla legge 7 dicembre 2012, n. 213.

8. Al fine di consentire la corresponsione nell'ambito del sistema di erogazione unificata delle competenze accessorie dovute al personale della Polizia di Stato, per i servizi resi nell'ambito delle convenzioni stipulate con le società di trasporto ferroviario, con la società Poste Italiane Spa, con l'ANAS Spa e con l'Associazione italiana società concessionarie autostrade e trafori, il Ministro dell'interno è autorizzato ad apportare, con propri decreti, previo assenso del Ministero dell'economia e delle finanze – Dipartimento della Ragioneria generale dello Stato, le occorrenti variazioni compensative di bilancio delle risorse iscritte sul capitolo 2502, istituito nel programma "*Contrasto al crimine, tutela dell'ordine e della sicurezza pubblica*" della missione "*Ordine pubblico e sicurezza*" sui pertinenti capitoli dello stato di previsione del Ministero dell'interno.

9. Al fine di consentire il pagamento dei compensi per lavoro straordinario, si applicano al personale dell' Amministrazione civile dell'interno, nelle more del perfezionamento del decreto del Ministro dell'interno di cui all'articolo 43, tredicesimo comma, della legge 1° aprile 1981, n. 121, i limiti massimi stabiliti dal decreto adottato, ai sensi del medesimo articolo, per l'anno 2019.

10. Stato di previsione del Ministero dell'ambiente e della tutela del territorio e del mare. – 1. Sono autorizzati l'impegno e il pagamento delle spese del Ministero dell'ambiente e della tutela del territorio e del mare, per l'anno finanziario 2020, in conformità all'annesso stato di previsione (Tabella n. 9).

11. Stato di previsione del Ministero delle infrastrutture e dei trasporti e disposizioni relative. – 1. Sono autorizzati l'impegno e il pagamento delle spese del Ministero delle infrastrutture e dei trasporti, per l'anno finanziario 2020, in conformità all'annesso stato di previsione (Tabella n. 10).

2. Il numero massimo degli ufficiali ausiliari del Corpo delle capitanerie di porto da mantenere in servizio come forza media nell'anno 2020, ai sensi dell'articolo 803 del codice di cui al decreto legislativo 15 marzo 2010, n. 66, è stabilito come segue: 251 ufficiali in ferma prefissata o in rafferma, di cui alla lettera c) del comma 1 dell'articolo 937 del codice di cui al decreto legislativo n. 66 del 2010; 35 ufficiali piloti di complemento, di cui alla lettera b) del comma 1 dell'articolo 937 del codice di cui al decreto legislativo n. 66 del 2010.

3. Il numero massimo degli allievi del Corpo delle capitanerie di porto da mantenere alla frequenza dei corsi presso l'Accademia navale e le Scuole sottufficiali della Marina militare, per l'anno 2020, è fissato in 136 unità.

4. Nell'elenco n. 1 annesso allo stato di previsione del Ministero delle infrastrutture e dei trasporti, riguardante il Corpo delle capitanerie di porto, sono descritte le spese per le quali possono effettuarsi, per l'anno finanziario 2020, i prelevamenti dal fondo a disposizione iscritto nel programma "*Sicurezza e controllo nei mari, nei porti e sulle coste*", nell'ambito della missione "*Ordine pubblico e sicurezza*" del medesimo stato di previsione.

5. Ai sensi dell'articolo 2 del regolamento per i servizi di cassa e contabilità delle Capitanerie di porto, di cui al regio decreto 6 febbraio 1933, n. 391, i fondi di qualsiasi provenienza possono essere versati in conto corrente postale dai funzionari delegati.

6. Le disposizioni legislative e regolamentari in vigore presso il Ministero della difesa si applicano, in quanto compatibili, alla gestione dei fondi, delle infrastrutture e dei mezzi di pertinenza delle Capitanerie di porto.

7. Il Ragioniere generale dello Stato è autorizzato a riassegnare allo stato di previsione del Ministero delle infrastrutture e dei trasporti quota parte delle entrate versate al bilancio dello Stato derivanti dai corrispettivi di concessione offerti in sede di gara per il riaffidamento delle concessioni autostradali nella misura necessaria alla definizione delle eventuali pendenze con i concessionari uscenti.

12. Stato di previsione del Ministero della difesa e disposizioni relative. – 1. Sono autorizzati l'impegno e il pagamento delle spese del Ministero della difesa, per l'anno finanziario 2020, in conformità all'annesso stato di previsione (Tabella n. 11).

2. Il numero massimo degli ufficiali ausiliari da mantenere in servizio come forza media nell'anno 2020, ai sensi dell'articolo 803 del codice di cui al decreto legislativo 15 marzo 2010, n. 66, è stabilito come segue:

a) ufficiali ausiliari, di cui alle lettere a) e c) del comma 1 dell'articolo 937 del codice di cui al decreto legislativo n. 66 del 2010:

1) Esercito n. 57;
2) Marina n. 70;
3) Aeronautica n. 98;
4) Carabinieri n. 0;

b) ufficiali ausiliari piloti di complemento, di cui alla lettera b) del comma 1 dell'articolo 937 del codice di cui al decreto legislativo n. 66 del 2010:

1) Esercito n. 0;
2) Marina n. 25;
3) Aeronautica n. 30;

c) ufficiali ausiliari delle forze di completamento, di cui alla lettera d) del comma 1 dell'articolo 937 del codice di cui al decreto legislativo n. 66 del 2010:

1) Esercito n. 102;
2) Marina n. 30;
3) Aeronautica n. 40;
4) Carabinieri n. 60.

3. La consistenza organica degli allievi ufficiali delle accademie delle Forze armate, compresa l'Arma dei carabinieri, di cui alla lettera b) del comma 1 dell'articolo 803 del codice di cui al decreto legislativo 15 marzo 2010, n. 66, è fissata, per l'anno 2020, come segue:

1) Esercito n. 289;
2) Marina n. 295;
3) Aeronautica n. 247;
4) Carabinieri n. 112.

4. La consistenza organica degli allievi delle scuole sottufficiali delle Forze armate, esclusa l'Arma dei carabinieri, di cui alla lettera b-bis) del comma 1 dell'articolo 803 del codice di cui al decreto legislativo 15 marzo 2010, n. 66, è stabilita, per l'anno 2020, come segue:

1) Esercito n. 420;
2) Marina n. 392;
3) Aeronautica n. 351.

5. La consistenza organica degli allievi delle scuole militari, di cui alla lettera b-ter) del comma 1 dell'articolo 803 del codice di cui al decreto legislativo 15 marzo 2010, n. 66, è stabilita, per l'anno 2020, come segue:

l) Esercito n. 540;
2) Marina n. 214;
3) Aeronautica n. 135.

6. Alle spese per le infrastrutture multinazionali della NATO, sostenute a carico dei programmi "*Servizi e affari generali per le amministrazioni di competenza*", nell'ambito della missione "*Servizi istituzionali e generali delle amministrazioni pubbliche*", "*Approntamento e impiego Carabinieri per la difesa e la sicurezza*" e "*Pianificazione generale delle Forze Armate e approvvigionamenti militari*", nell'ambito della missione "*Difesa e sicurezza del territorio*" dello stato di previsione del Ministero della difesa, per l'anno finanziario 2020, si applicano le direttive che definiscono le procedure di negoziazione ammesse dalla NATO in materia di affidamento dei lavori.

7. Negli elenchi n. 1 e n. 2 allegati allo stato di previsione del Ministero della difesa sono descritte le spese per le quali si possono effettuare, per l'anno finanziario 2020, i prelevamenti dai fondi a disposizione relativi alle tre Forze armate e all'Arma dei carabinieri, ai sensi dell'articolo 613 del codice di cui al decreto legislativo 15 marzo 2010, n. 66.

8. Il Ragioniere generale dello Stato è autorizzato a provvedere, con propri decreti, alla riassegnazione ai pertinenti programmi dello stato di previsione del Ministero della difesa, per l'anno finanziario 2020, delle somme versate all'entrata del bilancio dello Stato dal CONI, dalla società Sport e salute Spa, dal CIP, dalle singole federazioni sportive nazionali, dalle regioni, dalle province, dai comuni e da

altri enti pubblici e privati, destinate alle attività dei gruppi sportivi delle Forze armate.

9. Il Ragioniere generale dello Stato è autorizzato a provvedere, con propri decreti, alla riassegnazione ai pertinenti capitoli del programma "*Approntamento e impiego Carabinieri per la difesa e la sicurezza*", nell'ambito della missione "*Difesa e sicurezza del territorio*" dello stato di previsione del Ministero della difesa, per l'anno finanziario 2020, delle somme versate all'entrata del bilancio dello Stato dalla Banca d'Italia per i servizi di vigilanza e custodia resi presso le proprie sedi dal personale dell'Arma dei carabinieri.

10. Il Ministro della difesa, sentito il Ministro dell'economia e delle finanze per gli aspetti finanziari, è autorizzato a ripartire, con propri decreti, le somme iscritte nell'anno 2020 sul pertinente capitolo dello stato di previsione del Ministero della difesa da destinare alle associazioni combattentistiche, di cui all'articolo 2195 del codice di cui al decreto legislativo 15 marzo 2010, n. 66.

13. Stato di previsione del Ministero delle politiche agricole alimentari e forestali e disposizioni relative. – 1. Sono autorizzati l'impegno e il pagamento delle spese del Ministero delle politiche agricole alimentari e forestali, per l'anno finanziario 2020, in conformità all'annesso stato di previsione (Tabella n. 12).

2. Per l'attuazione del decreto legislativo 26 maggio 2004, n. 154, e del decreto legislativo 27 maggio 2005, n. 100, il Ministro dell'economia e delle finanze è autorizzato ad apportare, con propri decreti, nell'ambito della parte corrente e nell'ambito del conto capitale dello stato di previsione del Ministero delle politiche agricole alimentari e forestali, per l'anno finanziario 2020, le variazioni compensative di bilancio, in termini di competenza e di cassa, occorrenti per la modifica della ripartizione delle risorse tra i vari settori d'intervento del Programma nazionale della pesca e dell'acquacoltura.

3. Il Ministro dell'economia e delle finanze è autorizzato, per l'anno finanziario 2020, a provvedere, con propri decreti, al riparto del fondo per il funzionamento del Comitato tecnico faunistico-venatorio nazionale, per la partecipazione italiana al Consiglio internazionale della caccia e della conservazione della selvaggina e per la dotazione delle associazioni venatorie nazionali riconosciute, di cui all'articolo 24, comma 1, della legge 11 febbraio 1992, n. 157, dello stato di previsione del Ministero delle politiche agricole alimentari e forestali, tra i competenti capitoli del medesimo stato di previsione, secondo le percentuali indicate all'articolo 24, comma 2, della legge 11 febbraio 1992, n. 157.

4. Per l'anno finanziario 2020 il Ministro dell'economia e delle finanze è autorizzato ad apportare, con propri decreti, nello stato di previsione del Ministero delle politiche agricole alimentari e forestali, le variazioni compensative di bilancio, in termini di competenza e di cassa, occorrenti per l'attuazione di quanto stabilito dagli articoli 12 e 23-quater del decreto-legge 6 luglio 2012, n. 95, convertito, con modificazioni, dalla legge 7 agosto 2012, n. 135, in ordine alla soppressione e riorganizzazione di enti vigilati dal medesimo Ministero.

5. Il Ministro dell'economia e delle finanze è autorizzato a ripartire, con propri decreti, per l'anno finanziario 2020, tra i pertinenti programmi dello stato di previsione del Ministero delle politiche agricole alimentari e forestali, le somme iscritte, in termini di residui, di competenza e di cassa, nel capitolo 7810 "*Somme da ripartire per assicurare la continuità degli interventi pubblici nel settore agricolo e forestale*" istituito nel programma "*Politiche competitive, della qualità agroalimentare, della pesca, dell'ippica e mezzi tecnici di produzione*", nell'ambito della missione "*Agricoltura, politiche agroalimentari e pesca*" del medesimo stato di previsione, destinato alle finalità di cui alla legge 23 dicembre 1999, n. 499, recante razionalizzazione degli interventi nel settore agricolo, agroalimentare, agroindustriale e forestale.

6. Il Ragioniere generale dello Stato è autorizzato a provvedere, con propri decreti, alla riassegnazione, ai pertinenti programmi dello stato di previsione del Ministero delle politiche agricole alimentari e forestali, per l'anno finanziario 2020, delle somme versate all'entrata del bilancio dello Stato da amministrazioni ed enti pubblici in virtù di accordi di programma, convenzioni e intese per il raggiungimento di finalità comuni in materia di telelavoro e altre forme di lavoro a distanza, ai sensi dell'articolo 4 della legge 16 giugno 1998, n. 191, dell'articolo 3 del regolamento di cui al decreto del Presidente della Repubblica 8 marzo 1999, n. 70, e dell'articolo 15 della legge 7 agosto 1990, n. 241.

14. Stato di previsione del Ministero per i beni e le attività culturali e per il turismo e disposizioni relative. – 1. Sono autorizzati l'impegno e il pagamento delle spese del Ministero per i beni e le attività culturali e per il turismo, per l'anno finanziario 2020, in conformità all'annesso stato di previsione (Tabella n. 13).

2. Il Ministro dell'economia e delle finanze è autorizzato ad apportare, con propri decreti, su proposta del Ministro per i beni e le attività culturali e per il turismo, per l'anno finanziario 2020, le variazioni compensative di bilancio, in termini di residui, di competenza e di cassa, tra i capitoli iscritti nel programma "*Sostegno, valorizzazione e tutela del settore dello spettacolo dal vivo*", nell'ambito della missione "*Tutela e valorizzazione dei beni e attività culturali e paesaggistici*" dello stato di previsione del Ministero per i beni e le attività culturali e per il turismo relativi al Fondo unico per lo spettacolo.

3. Ai fini di una razionale utilizzazione delle risorse di bilancio, per l'anno finanziario 2020, il Ministro dell'economia e delle finanze è autorizzato ad apportare, con propri decreti, adottati su proposta del Ministro per i beni e le attività culturali e per il turismo, comunicati alle competenti Commissioni parlamentari e trasmessi alla Corte dei conti per la registrazione, le occorrenti variazioni compensative di bilancio, in termini di competenza e di cassa, tra i capitoli iscritti nei pertinenti programmi dello stato di previsione del Ministero per i beni e le attività culturali e per il turismo, relativi agli acquisti e alle espropriazioni per pubblica utilità, nonché per l'esercizio del diritto di prelazione da parte dello Stato su immobili di interesse archeologico e monumentale e su cose di arte antica, medievale, moderna e contemporanea e di interesse artistico e storico, nonché su materiale archivistico pregevole e materiale bibliografico, raccolte bibliografiche, libri, documenti, manoscritti e pubblicazioni periodiche, ivi comprese le spese derivanti dall'esercizio del diritto di prelazione, del diritto di acquisto delle cose denunciate per l'esportazione e dell'espropriazione, a norma di legge, di materiale bibliografico prezioso e raro.

4. Al pagamento delle retribuzioni delle operazioni e dei

servizi svolti in attuazione del piano nazionale straordinario di valorizzazione degli istituti e dei luoghi della cultura dal relativo personale si provvede mediante ordini collettivi di pagamento con il sistema denominato "*cedolino unico*", ai sensi dell'articolo 2, comma 197, della legge 23 dicembre 2009, n. 191. A tal fine il Ministro dell'economia e delle finanze è autorizzato ad apportare, con propri decreti, su proposta del Ministro per i beni e le attività culturali e per il turismo, le variazioni compensative di bilancio in termini di competenza e di cassa su appositi piani gestionali dei capitoli relativi alle competenze accessorie del personale.

15. Stato di previsione del Ministero della salute e disposizioni relative. – 1. Sono autorizzati l'impegno e il pagamento delle spese del Ministero della salute, per l'anno finanziario 2020, in conformità all'annesso stato di previsione (Tabella n. 14).

2. Per l'anno finanziario 2020, il Ministro dell'economia e delle finanze è autorizzato ad apportare, con propri decreti, su proposta del Ministero della salute, variazioni compensative in termini di competenza e di cassa, tra gli stanziamenti alimentati dal riparto della quota di cui all'articolo 12, comma 2, del decreto legislativo 30 dicembre 1992, n. 502, iscritti in bilancio nell'ambito della missione "*Ricerca e innovazione*" dello stato di previsione del Ministero della salute, restando precluso l'utilizzo degli stanziamenti di conto capitale per finanziare spese correnti.

16. Totale generale della spesa. – 1. Sono approvati, rispettivamente, in euro 897.423.599.901, in euro 920.575.917.428 e in euro 927.210.926.029 in termini di competenza, nonché in euro 907.402.639.921, in euro 933.017.841.435 e in euro 937.080.022.042 in termini di cassa, i totali generali della spesa dello Stato per il triennio 2020-2022.

17. Quadro generale riassuntivo. – 1. È approvato, in termini di competenza e di cassa, per il triennio 2020-2022, il quadro generale riassuntivo del bilancio dello Stato, con le tabelle allegate.

18. Disposizioni diverse. – 1. In relazione all'accertamento dei residui di entrata e di spesa per i quali non esistono nel bilancio di previsione i corrispondenti capitoli nell'ambito dei programmi interessati, il Ministro dell'economia e delle finanze è autorizzato ad istituire gli occorrenti capitoli nei pertinenti programmi con propri decreti da comunicare alla Corte dei conti.

2. Il Ministro dell'economia e delle finanze è autorizzato a trasferire, in termini di competenza e di cassa, con propri decreti, su proposta dei Ministri interessati, per l'anno finanziario 2020, le disponibilità esistenti su altri programmi degli stati di previsione delle amministrazioni competenti a favore di appositi programmi destinati all'attuazione di interventi cofinanziati dall'Unione europea.

3. In relazione ai provvedimenti di riorganizzazione delle amministrazioni pubbliche, adottati nel corso dell'anno 2019, il Ministro dell'economia e delle finanze, su proposta dei Ministri competenti, è autorizzato ad apportare, con propri decreti, da comunicare alle Commissioni parlamentari competenti, le variazioni compensative di bilancio, anche tra diversi stati di previsione, in termini di residui, di competenza e di cassa, ivi comprese l'istituzione, la modifica e la soppressione di missioni e programmi, che si rendano necessarie in relazione all'accorpamento di funzioni o al trasferimento di competenze.

4. Il Ministro dell'economia e delle finanze è autorizzato ad apportare, con propri decreti, per l'anno finanziario 2020, le variazioni di bilancio connesse con l'attuazione dei contratti collettivi nazionali di lavoro del personale dipendente dalle amministrazioni dello Stato, stipulati ai sensi dell'articolo 40 del decreto legislativo 30 marzo 2001, n. 165, nonché degli accordi sindacali e dei provvedimenti di concertazione, adottati ai sensi dell'articolo 2 del decreto legislativo 12 maggio 1995, n. 195, per quanto concerne il trattamento economico fondamentale e accessorio del personale interessato. Per l'attuazione di quanto previsto dal presente comma, le somme iscritte nel conto dei residui sul capitolo 3027 "*Fondo da ripartire per l'attuazione dei contratti del personale delle amministrazioni statali, ivi compreso il personale militare e quello dei corpi di polizia*" dello stato di previsione del Ministero dell'economia e delle finanze possono essere versate all'entrata del bilancio dello Stato.

5. Le risorse finanziarie relative ai fondi destinati all'incentivazione del personale civile dello Stato, delle Forze armate, del Corpo nazionale dei vigili del fuoco e dei Corpi di polizia, nonché quelle per la corresponsione del trattamento economico accessorio del personale dirigenziale, non utilizzate alla chiusura dell'esercizio, sono conservate nel conto dei residui per essere utilizzate nell'esercizio successivo. Il Ministro dell'economia e delle finanze è autorizzato ad apportare, con propri decreti, per l'anno finanziario 2020, le variazioni di bilancio occorrenti per l'utilizzazione dei predetti fondi conservati.

6. Il Ragioniere generale dello Stato è autorizzato a provvedere, con propri decreti, alla riassegnazione, negli stati di previsione delle amministrazioni statali interessate, per l'anno finanziario 2020, delle somme rimborsate dalla Commissione europea per spese sostenute dalle amministrazioni medesime a carico dei pertinenti programmi dei rispettivi stati di previsione, affluite al fondo di rotazione di cui all'articolo 5 della legge 16 aprile 1987, n. 183, e successivamente versate all'entrata del bilancio dello Stato.

7. Il Ministro dell'economia e delle finanze è autorizzato ad apportare, con propri decreti, per l'anno finanziario 2020, le variazioni di bilancio negli stati di previsione delle amministrazioni interessate, occorrenti per l'attuazione dei decreti del Presidente del Consiglio dei ministri emanati ai sensi dell'articolo 7 della legge 15 marzo 1997, n. 59, e dei decreti legislativi concernenti il conferimento di funzioni e compiti amministrativi dello Stato alle regioni e agli enti locali, in attuazione del capo I della medesima legge n. 59 del 1997.

8. Il Ministro dell'economia e delle finanze è autorizzato ad apportare, con propri decreti, nei pertinenti programmi degli stati di previsione delle amministrazioni interessate, per l'anno finanziario 2020, le variazioni di bilancio occorrenti per l'applicazione del decreto legislativo 18 febbraio 2000, n. 56, concernente disposizioni in materia di federalismo fiscale.

9. Il Ragioniere generale dello Stato è autorizzato a provvedere, con propri decreti, alla riassegnazione negli stati di previsione delle amministrazioni interessate, per l'anno finanziario 2020, delle somme versate all'entrata a titolo di

contribuzione alle spese di gestione degli asili nido istituiti presso le amministrazioni statali ai sensi dell'articolo 70, comma 5, della legge 28 dicembre 2001, n. 448, nonché di quelle versate a titolo di contribuzione alle spese di gestione di servizi e iniziative finalizzati al benessere del personale.

10. Il Ministro dell'economia e delle finanze è autorizzato ad apportare, con propri decreti, nell'ambito degli stati di previsione di ciascun Ministero, per l'anno finanziario 2020, le variazioni compensative di bilancio tra i capitoli interessati al pagamento delle competenze fisse e accessorie mediante ordini collettivi di pagamento con il sistema denominato "*cedolino unico*", ai sensi dell'articolo 2, comma 197, della legge 23 dicembre 2009, n. 191.

11. Il Ministro dell'economia e delle finanze è autorizzato ad apportare, con propri decreti, negli stati di previsione delle amministrazioni interessate, per l'anno finanziario 2020, le variazioni di bilancio compensative occorrenti per l'attuazione dell'articolo 14, comma 2, del decreto-legge 31 maggio 2010, n. 78, convertito, con modificazioni, dalla legge 30 luglio 2010, n. 122.

12. In attuazione dell'articolo 30, comma 4, della legge 31 dicembre 2009, n. 196, il Ministro dell'economia e delle finanze è autorizzato ad apportare, con propri decreti, per l'anno finanziario 2020, le variazioni compensative, in termini di competenza e di cassa, tra gli stanziamenti dei capitoli degli stati di previsione dei Ministeri, delle spese per interessi passivi e per rimborso di passività finanziarie relative ad operazioni di mutui il cui onere di ammortamento è posto a carico dello Stato.

13. Il Ministro dell'economia e delle finanze è autorizzato ad apportare, con propri decreti, negli stati di previsione delle amministrazioni interessate, per l'anno finanziario 2020, le variazioni di bilancio compensative occorrenti in relazione alle riduzioni dei trasferimenti agli enti territoriali, disposte ai sensi dell'articolo 16, comma 2, del decreto-legge 6 luglio 2012, n. 95, convertito, con modificazioni, dalla legge 7 agosto 2012, n. 135.

14. Il Ragioniere generale dello Stato è autorizzato a riassegnare, per l'anno finanziario 2020, con propri decreti, negli stati di previsione delle amministrazioni competenti per materia, che subentrano, ai sensi della normativa vigente, nella gestione delle residue attività liquidatorie degli organismi ed enti vigilati dallo Stato, sottoposti a liquidazione coatta amministrativa in base all'articolo 12, comma 40, del decreto legge 6 luglio 2012, n. 95, convertito, con modificazioni, dalla legge 7 agosto 2012, n. 135, le somme, residuali al 31 dicembre 2019, versate all'entrata del bilancio dello Stato dai commissari liquidatori cessati dall'incarico.

15. Le somme stanziate sul capitolo 1896 dello stato di previsione del Ministero dell'economia e delle finanze, destinate per il finanziamento dello sport al CONI e alla società Sport e Salute Spa, e sul capitolo 2295 dello stato di previsione del Ministero delle politiche agricole alimentari e forestali, destinate agli interventi già di competenza della soppressa Agenzia per lo sviluppo del settore ippico, per il finanziamento del monte premi delle corse, in caso di mancata adozione del decreto previsto dall'articolo 1, comma 281, della legge 30 dicembre 2004, n. 311, o, comunque, nelle more dell'emanazione dello stesso, costituiscono determinazione della quota parte delle entrate erariali ed extraerariali derivanti da giochi pubblici con vincita in denaro affidati in concessione allo Stato ai sensi del comma 282 del medesimo articolo 1 della citata legge n. 311 del 2004.

16. Le risorse finanziarie iscritte nei fondi connessi alla sistemazione di partite contabilizzate in conto sospeso nonché da destinare alle regioni, alle province autonome e agli altri enti territoriali, istituiti negli stati di previsione dei Ministeri interessati, in relazione all'eliminazione dei residui passivi di bilancio e alla cancellazione dei residui passivi perenti, a seguito dell'attività di ricognizione svolta in attuazione dell'articolo 49, comma 2, lettere c) e d), del decreto-legge 24 aprile 2014, n. 66, convertito, con modificazioni, dalla legge 23 giugno 2014, n. 89, sono ripartite con decreti del Ministro competente.

17. Il Ministro dell'economia e delle finanze è autorizzato a provvedere, con propri decreti, alle variazioni compensative per il triennio 2020-2022 tra i programmi degli stati di previsione dei Ministeri interessati ed il capitolo 3465, articolo 2, dello stato di previsione dell'entrata, in relazione al contributo alla finanza pubblica previsto dal comma 6 dell'articolo 46 del decreto legge 24 aprile 2014, n. 66, convertito, con modificazioni, dalla legge 23 giugno 2014, n. 89, da attribuire con decreto del Presidente del Consiglio dei ministri a carico delle regioni a statuto ordinario.

18. Il Ministro dell'economia e delle finanze è autorizzato ad apportare, con propri decreti, per l'anno finanziario 2020, le variazioni di bilancio occorrenti per la ripartizione, tra le diverse finalità di spesa, delle risorse finanziarie iscritte negli stati di previsione del Ministero dello sviluppo economico e del Ministero dell'ambiente e della tutela del territorio e del mare in attuazione dell'articolo 19, commi 2 e 3, del decreto legislativo 13 marzo 2013, n. 30.

19. Il Ministro dell'economia e delle finanze è autorizzato ad apportare, con propri decreti, negli stati di previsione delle amministrazioni interessate, per l'anno finanziario 2020, le variazioni di bilancio occorrenti per la riduzione degli stanziamenti dei capitoli relativi alle spese correnti per l'acquisto di beni e servizi in applicazione di quanto disposto dall'articolo 2, comma 222-quater, della legge 23 dicembre 2009, n. 191.

20. Per corrispondere alle eccezionali indilazionabili esigenze di servizio, il Ministro dell'economia e delle finanze è autorizzato a ripartire tra le amministrazioni interessate, per l'anno finanziario 2020, le risorse iscritte sul fondo istituito ai sensi dell'articolo 3 della legge 22 luglio 1978, n. 385, nello stato di previsione del Ministero dell'economia e delle finanze, nell'ambito della missione "*Fondi da ripartire*", programma "*Fondi da assegnare*", capitolo 3026, sulla base delle assegnazioni disposte con l'apposito decreto del Presidente del Consiglio dei ministri. Tali assegnazioni tengono conto anche delle risorse finanziarie già iscritte sui pertinenti capitoli degli stati di previsione dei Ministeri interessati al fine di assicurare la tempestiva corresponsione delle somme dovute al personale e ammontanti al 50 per cento delle risorse complessivamente autorizzate per le medesime finalità nell'anno 2019. È autorizzata l'erogazione dei predetti compensi nelle more del perfezionamento del citato decreto del Presidente del Consiglio dei ministri e nei limiti ivi stabiliti per l'anno 2019.

21. Il Ministro dell'economia e delle finanze è autorizzato ad apportare, con propri decreti, su proposta dei Ministri competenti, per l'anno finanziario 2020, le variazioni compensative, anche tra programmi diversi del medesimo stato

di previsione, in termini di residui, di competenza e di cassa, che si rendano necessarie nel caso di sentenze definitive anche relative ad esecuzione forzata nei confronti delle amministrazioni dello Stato.

22. In relazione al pagamento delle competenze accessorie mediante ordini collettivi di pagamento con il sistema denominato "*cedolino unico*", ai sensi dell'articolo 2, comma 197, della legge 23 dicembre 2009, n. 191, il Ministro dell'economia e delle finanze è autorizzato a ripartire, con propri decreti, su proposta del Ministro dell'interno, fra gli stati di previsione delle amministrazioni interessate, per l'anno finanziario 2020, i fondi iscritti nello stato di previsione del Ministero dell'interno, nell'ambito della missione "*Ordine pubblico e sicurezza*", programma "*Servizio permanente dell'Arma dei carabinieri per la tutela dell'ordine e la sicurezza pubblica*" e programma "*Pianificazione e coordinamento Forze di polizia*", concernenti il trattamento accessorio del personale delle Forze di polizia e del personale alle dipendenze della Direzione investigativa antimafia. Nelle more del perfezionamento del decreto del Ministro dell'interno, di cui all'articolo 43, tredicesimo comma, della legge 1° aprile 1981, n. 121, al fine di consentire il tempestivo pagamento dei compensi per lavoro straordinario ai corpi di polizia, è autorizzata l'erogazione dei predetti compensi nei limiti stabiliti dal decreto adottato ai sensi del medesimo articolo 43, tredicesimo comma, per l'anno 2019.

23. In relazione al pagamento delle competenze fisse e accessorie mediante ordini collettivi di pagamento con il sistema denominato "*cedolino unico*", ai sensi dell'articolo 2, comma 197, della legge 23

dicembre 2009, n. 191, il Ragioniere generale dello Stato è autorizzato a riassegnare nello stato di previsione del Ministero della difesa, per l'anno finanziario 2020, le somme versate in entrata concernenti le competenze fisse ed accessorie del personale dell'Arma dei carabinieri in forza extraorganica presso le altre amministrazioni.

24. Il Ministro dell'economia e delle finanze è autorizzato ad apportare, con propri decreti, su proposta del Ministro dell'interno, per l'anno finanziario 2020, le variazioni compensative negli stati di previsione delle amministrazioni interessate, tra le spese per la manutenzione dei beni acquistati nell'ambito delle dotazioni tecniche e logistiche per le esigenze delle sezioni di polizia giudiziaria, iscritte nell'ambito della missione "*Ordine pubblico e sicurezza*", programma "*Contrasto al crimine, tutela dell'ordine e della sicurezza pubblica*".

25. Ai fini dell'attuazione del programma di interventi previsto dall'articolo 5, comma 2, del decreto legislativo 4 luglio 2014, n. 102, finanziato ai sensi del comma 12

del medesimo articolo, il Ministro dell'economia e delle finanze è autorizzato ad apportare, con propri decreti, su proposta del Ministro dello sviluppo economico, per l'anno finanziario 2020, variazioni compensative, in termini di residui, di competenza e di cassa, tra i capitoli dello stato di previsione del Ministero dello sviluppo economico relativi all'attuazione del citato programma di interventi e i correlati capitoli degli stati di previsione del Ministero dell'economia e delle finanze e del Ministero delle infrastrutture e dei trasporti.

26. In relazione alla razionalizzazione delle funzioni di polizia e all'assorbimento del Corpo forestale dello Stato nell'Arma dei carabinieri di cui al decreto legislativo 19 agosto 2016, n. 177, il Ministro dell'economia e delle finanze è autorizzato ad apportare, con propri decreti, per l'anno finanziario 2020, le opportune variazioni compensative di bilancio tra gli stati di previsione delle amministrazioni interessate.

27. Il Ragioniere generale dello Stato è autorizzato a provvedere, con propri decreti, alla riassegnazione negli stati di previsione delle amministrazioni interessate, per l'anno finanziario 2020, delle somme versate all'entrata del bilancio dello Stato dall'Unione europea, dalle pubbliche amministrazioni e da enti pubblici e privati, a titolo di contribuzione alle spese di promozione della conciliazione dei tempi di vita e di lavoro nelle amministrazioni pubbliche di cui all'articolo 14 della legge 7 agosto 2015, n. 124.

28. Il Ministro dell'economia e delle finanze è autorizzato a ripartire, tra gli stati di previsione dei Ministeri interessati, le risorse del capitolo "*Fondo da assegnare per la sistemazione contabile delle partite iscritte al conto sospeso*", iscritto nello stato di previsione del Ministero dell'economia e delle finanze, per l'anno finanziario 2020. Le risorse del suddetto Fondo non utilizzate nel corso dello stesso esercizio sono conservate in bilancio al termine dell'anno 2020 per essere utilizzate nell'esercizio successivo.

29. Il Ministro dell'economia e delle finanze è autorizzato ad apportare, con propri decreti, le occorrenti variazioni compensative di bilancio, anche in termini di residui, relativamente alle sole competenze fisse, tra i capitoli delle amministrazioni interessate al riordino delle Forze armate e delle Forze di polizia previsto dai decreti legislativi 29 maggio 2017, n. 94 e n. 95, e dei relativi decreti correttivi.

30. Con decreti del Ragioniere generale dello Stato, le somme affluite all'entrata del bilancio dello Stato per effetto di donazioni effettuate da soggetti privati in favore di amministrazioni centrali e periferiche dello Stato puntualmente individuate possono essere riassegnate ad appositi capitoli di spesa degli stati di previsione dei Ministeri interessati. 31. Il Ministro dell'economia e delle finanze è autorizzato ad apportare, con propri decreti, per l'anno finanziario 2020, variazioni compensative, in termini di competenza e di cassa, tra le spese per la partecipazione italiana a banche, fondi ed organismi internazionali iscritte nell'ambito della missione "*L'Italia in Europa e nel Mondo*", programma "*Politica economica e finanziaria in ambito internazionale*", e le spese connesse con l'intervento diretto di società partecipate dal Ministero dell'economia e delle finanze all'interno del sistema economico, anche attraverso la loro capitalizzazione, iscritte nell'ambito della missione "*Politiche economico-finanziarie e di bilancio e tutela della finanza pubblica*", programma "*Regolamentazione e vigilanza sul settore finanziario*"

19. Entrata in vigore. – 1. La presente legge, salvo quanto diversamente previsto, entra in vigore il 1° gennaio 2020.

Allegati

(*Omissis*)

7. D.L. 30 dicembre 2019, n. 162

Decreto convertito, con modificazioni dalla Legge 28 febbraio 2020, n. 8. - Disposizioni urgenti in materia di proroga di termini legislativi, di organizzazione delle pubbliche amministrazioni, nonché di innovazione tecnologica. (MILLEPROROGHE 2020)(Estratto: artt. 4, 19, 19-*ter*, 20, 29, 40-*bis* e 40-*ter*).
(in Gazz. Uff., 31 dicembre 2019, n. 305)

(Omissis)

4. Proroga di termini in materia economica e finanziaria. – 1. All'articolo 6-bis del decreto-legge 28 settembre 2018 n. 109, convertito, con modificazioni, dalla legge 16 novembre 2018, n. 130, sono apportate le seguenti modificazioni:

a) al comma 1, le parole «nel corso dell'anno 2019» sono sostituite dalle seguenti «nel corso dell'anno 2020»;

b) al comma 3, la parola «2018» è sostituita dalla seguente: «2019».

2. All'articolo 3, comma 1, del decreto-legge 6 luglio 2012, n. 95, convertito, con modificazioni, dalla legge 7 agosto 2012, n. 135, le parole «2018 e 2019» sono sostituite dalle seguenti: «2018, 2019 e 2020».

3. All'articolo 2, comma 2, del decreto legislativo 16 marzo 2018, n. 29, le parole «30 giugno 2019» sono sostituite dalle seguenti: «31 dicembre 2019» e le parole «31 dicembre 2019» sono sostituite dalle seguenti: «30 giugno 2020».

3-bis. Il termine per l'adozione delle misure di cui all'articolo 13, comma 5-bis, del decreto-legge 30 dicembre 2016, n. 244, convertito, con modificazioni, dalla legge 27 febbraio 2017, n. 19, è prorogato al 31 marzo 2023. Ai fini dell'adozione delle misure di cui al primo, terzo e quarto periodo del presente comma, possono essere utilizzate anche le risorse disponibili, dalla data di entrata in vigore della legge di conversione del presente decreto, nel Fondo istituito ai sensi dell'articolo 32-ter.1 del testo unico delle disposizioni in materia di intermediazione finanziaria, di cui al decreto legislativo 24 febbraio 1998, n. 58, ferme restando le prioritarie finalità ivi previste. In relazione a quanto previsto al secondo periodo del presente comma, la CONSOB può esercitare gli ulteriori poteri previsti dall'articolo 36, comma 2-terdecies, del decreto-legge 30 aprile 2019, n. 34, convertito, con modificazioni, dalla legge 28 giugno 2019, n. 58, per la rimozione delle iniziative di chiunque nel territorio della Repubblica, attraverso le reti telematiche o di telecomunicazione: a) offra al pubblico prodotti finanziari in difetto del prescritto prospetto; b) diffonda annunci pubblicitari relativi ad offerte al pubblico di prodotti finanziari diversi dagli strumenti finanziari comunitari prima della pubblicazione del prescritto prospetto. Tra le misure che la CONSOB può adottare ai sensi dell'articolo 7-quater del citato testo unico di cui al decreto legislativo n. 58 del 1998 devono intendersi comprese anche quelle applicabili esercitando i poteri previsti dal menzionato articolo 36, comma 2-terdecies, del decreto-legge n. 34 del 2019, convertito, con modificazioni, dalla legge n. 58 del 2019 (1).

3-ter. Il termine di cui all'articolo 1, comma 181, terzo periodo, della legge 27 dicembre 2013, n. 147, è prorogato di ulteriori ventiquattro mesi (2).

3-quater. Limitatamente all'anno 2020 non ha effetto l'abrogazione disposta dal comma 847 dell'articolo 1 della legge 27 dicembre 2019, n. 160; si applicano, per il medesimo anno, l'imposta comunale sulla pubblicità e il diritto sulle pubbliche affissioni nonché la tassa per l'occupazione di spazi ed aree pubbliche, di cui rispettivamente ai capi I e II del decreto legislativo 15 novembre 1993, n. 507, nonché il canone per l'installazione dei mezzi pubblicitari e il canone per l'occupazione di spazi ed aree pubbliche, di cui rispettivamente agli articoli 62 e 63 del decreto legislativo 15 dicembre 1997, n. 446 (3).

3-quinquies. All'articolo 1, comma 1061, della legge 27 dicembre 2017, n. 205, le parole: "*e 2019*" sono sostituite dalle seguenti: "*, 2019, 2020, 2021 e 2022*" (4).

3-sexies. L'applicazione delle disposizioni di cui all'articolo 1, comma 659, lettera b), della legge 27 dicembre 2019, n. 160, relativamente ai sigari, è differita al 1° gennaio 2021 (5).

3-septies. Non si fa luogo al rimborso dell'accisa sui sigari versata in applicazione delle disposizioni di cui all'articolo 1, comma 659, lettera b), della legge 27 dicembre 2019, n. 160, ed è dovuta l'accisa sulle immissioni in consumo di sigari effettuate dal 1° gennaio 2020 fino alla data di entrata in vigore della legge di conversione del presente decreto secondo l'aliquota prevista dalle predette disposizioni (6).

3-octies. All'onere derivante dalla disposizione di cui al comma 3-sexies, pari a 870.000 euro per l'anno 2020, si provvede mediante corrispondente riduzione del Fondo di cui all'articolo 1, comma 200, della legge 23 dicembre 2014, n. 190 (7).

3-novies. Il comma 2-bis dell'articolo 9 del decreto-legge 28 marzo 2014, n. 47, convertito, con modificazioni, dalla legge 23 maggio 2014, n. 80, è sostituito dai seguenti:

"*2-bis. L'aliquota prevista all'articolo 3, comma 2, quarto periodo, del decreto legislativo 14 marzo 2011, n. 23, si applica anche ai contratti di locazione stipulati nei comuni per i quali sia stato deliberato, nei cinque anni precedenti la data di entrata in vigore della legge di conversione del presente decreto, lo stato di emergenza a seguito del verificarsi degli eventi calamitosi previsti dall'articolo 2, comma 1, lettera c), della legge 24 febbraio 1992, n. 225. Per l'anno 2020 l'agevolazione si applica esclusivamente ai contratti di locazione stipulati nei comuni di cui al periodo precedente con popolazione fino a 10.000 abitanti.*

2-bis.1. L'aliquota prevista all'articolo 3, comma 2, quarto periodo, del decreto legislativo 14 marzo 2011, n. 23, si applica anche ai contratti di locazione stipulati nei comuni di cui all'articolo 1, comma 1, del decreto-legge 17 ottobre 2016, n. 189, convertito, con modificazioni, dalla legge 15 dicembre 2016, n. 229, in cui sia stata individuata da un'ordinanza sindacale una 'zona rossa'" (8).

3-decies. Agli oneri derivanti dalle disposizioni di cui al comma 3-novies, pari a 2,01 milioni di euro per l'anno 2020, a 3,48 milioni di euro per l'anno 2021 e a 3,51 milioni di euro annui a decorrere dall'anno 2022, si provvede mediante corrispondente riduzione del Fondo di cui all'articolo 1, comma 200, della legge 23 dicembre 2014, n. 190 (9).

(1) *Comma inserito dall'articolo 1, comma 1, della Legge 28 febbraio 2020, n. 8, in sede di conversione.*
(2) *Comma inserito dall'articolo 1, comma 1, della Legge 28 febbraio 2020, n. 8, in sede di conversione.*
(3) *Comma inserito dall'articolo 1, comma 1, della Legge 28 febbraio 2020, n. 8, in sede di conversione.*

VARIE

[4] *Comma inserito dall'articolo 1, comma 1, della Legge 28 febbraio 2020, n. 8, in sede di conversione.*
[5] *Comma inserito dall'articolo 1, comma 1, della Legge 28 febbraio 2020, n. 8, in sede di conversione.*
[6] *Comma inserito dall'articolo 1, comma 1, della Legge 28 febbraio 2020, n. 8, in sede di conversione.*
[7] *Comma inserito dall'articolo 1, comma 1, della Legge 28 febbraio 2020, n. 8, in sede di conversione.*
[8] *Comma inserito dall'articolo 1, comma 1, della Legge 28 febbraio 2020, n. 8, in sede di conversione.*
[9] *Comma inserito dall'articolo 1, comma 1, della Legge 28 febbraio 2020, n. 8, in sede di conversione.*

(Omissis)

19. Assunzioni straordinarie nelle Forze di polizia. – 1. Al fine di incrementare i servizi di prevenzione e di controllo del territorio, di tutela dell'ordine e della sicurezza pubblica ed economico-finanziaria, connessi, in particolare, alle esigenze di contrasto del terrorismo internazionale, nonché l'efficienza degli istituti penitenziari e delle attività di controllo dell'esecuzione penale esterna, fermo restando quanto previsto dagli articoli 703 e 2199 del codice dell'ordinamento militare, di cui al decreto legislativo 15 marzo 2010, n. 66, è autorizzata, con apposito decreto del Presidente del Consiglio dei ministri o con le modalità di cui all'articolo 66, comma 9-bis, del decreto-legge 25 giugno 2008, n. 112, convertito, con modificazioni, dalla legge 6 agosto 2008, n. 133, l'assunzione straordinaria di un contingente massimo di 2.319 unità delle Forze di polizia, nel limite della dotazione organica, in aggiunta alle facoltà assunzionali previste a legislazione vigente, nei rispettivi ruoli iniziali, non prima del 1° ottobre di ciascun anno, entro il limite di spesa di cui al comma 2 e per un numero massimo di:

a) settantotto unità per l'anno 2021, di cui venti nella Polizia di Stato, venti nell'Arma dei carabinieri, venti nel Corpo della guardia di finanza e diciotto nel Corpo della polizia penitenziaria;

b) settantotto unità per l'anno 2022, di cui venti nella Polizia di Stato, venti nell'Arma dei carabinieri, venti nel Corpo della guardia di finanza e diciotto nel Corpo di polizia penitenziaria;

c) seicentosettanta unità per l'anno 2023, di cui duecentosessanta nella Polizia di Stato, centocinquanta nell'Arma dei carabinieri, duecento nel Corpo della guardia di finanza e sessanta nel Corpo di polizia penitenziaria;

d) ottocentoventidue unità per l'anno 2024, di cui duecentottanta nella Polizia di Stato, trecentoventidue nell'Arma dei carabinieri, centoventi nel Corpo della guardia di finanza e cento nel Corpo di polizia penitenziaria;

e) seicentosettantuno unità per l'anno 2025, di cui centosettantacinque nella Polizia di Stato, trecentodieci nell'Arma dei carabinieri, ottantotto nel Corpo della guardia di finanza e novantotto nel Corpo di polizia penitenziaria.

2. Per l'attuazione del comma 1 è autorizzata la spesa di euro 357.038 per l'anno 2021, euro 3.320.237 per l'anno 2022, euro 9.353.493 per l'anno 2023, euro 35.385.727 per l'anno 2024, euro 69.031.488 per l'anno 2025, euro 95.263.596 per l'anno 2026, euro 98.731.350 per l'anno 2027, di euro 99.204.140 per l'anno 2028, euro 100.684.910 per l'anno 2029, di euro 102.291.617 per l'anno 2030 ed euro 103.287.460 annui a decorrere dall'anno 2031.

3. Per far fronte al potenziamento del Comando carabinieri per la tutela ambientale, l'Arma dei carabinieri è altresì autorizzata, in aggiunta alle facoltà assunzionali previste a legislazione vigente, ad assumere, a decorrere dal 1° ottobre 2020, venticinque unità nel ruolo iniziale, nonché ulteriori venticinque unità nel ruolo iniziale destinate all'incremento del contingente di cui all'articolo 828 del decreto legislativo 15 marzo 2010, n. 66. A tal fine, è autorizzata la spesa di euro 263.080 per l'anno 2020, euro 1.831.221 per l'anno 2021, euro 2.090.855 per l'anno 2022, euro 2.090.855 per l'anno 2023, euro 2.090.855 per l'anno 2024, euro 2.108.880 per l'anno 2025 ed euro 2.162.955 annui a decorrere dall'anno 2026 [1].

4. Conseguentemente a quanto previsto al comma 3, all'articolo 828, comma 1, del decreto legislativo 15 marzo 2010, n. 66, sono apportate le seguenti modificazioni:

a) all'alinea, le parole «per un totale di duecentoquarantanove unità» sono sostituite dalle seguenti: «per un totale duecentosettantaquattro unità» [2];

b) la lettera i) è sostituita dalla seguente: «i) appuntati e carabinieri: sessantaquattro».

5. Per le spese di funzionamento connesse alle assunzioni straordinarie, ivi comprese le spese per mense e buoni pasto, è autorizzata la spesa di euro 100.000 per l'anno 2020, euro 1.100.000 per l'anno 2021, euro 3.100.000 a decorrere dall'anno 2022, di cui 1 milione di euro per l'anno 2021 e 3 milioni di euro annui a decorrere dall'anno 2022 per l'attuazione del comma 1 e 100.000 euro annui a decorrere dall'anno 2020 per l'attuazione del comma 3.

6. Agli oneri derivanti dall'attuazione del presente articolo pari a 363.080 euro per l'anno 2020, 3.288.259 euro per l'anno 2021, 8.511.092 euro per l'anno 2022, 14.544.348 euro per l'anno 2023, 40.576.582 euro per l'anno 2024, 74.240.368 euro per l'anno 2025, 100.526.551 euro per l'anno 2026, 103.994.305 euro per l'anno 2027, 104.467.095 euro per l'anno 2028, 105.947.865 euro per l'anno 2029, 107.554.572 euro per l'anno 2030, 108.550.415 euro annui a decorrere dall'anno 2031, si provvede:

a) quanto a 1.025.304 euro per l'anno 2021, 6.248.137 euro per l'anno 2022, 12.281.393 euro per l'anno 2023, 38.313.627 euro per l'anno 2024, 71.977.413 euro per l'anno 2025, 98.263.596 euro per l'anno 2026, 101.731.350 euro per l'anno 2027, 102.204.140 euro per l'anno 2028, 103.684.910 euro per l'anno 2029, 105.291.617 euro per l'anno 2030 e 106.287.460 euro annui a decorrere dall'anno 2031, mediante corrispondente riduzione del Fondo per interventi strutturali di politica economica, di cui all'articolo 10, comma 5, del decreto-legge 29 novembre 2004, n. 282, convertito, con modificazioni, dalla legge 27 dicembre 2004, n. 307;

b) quanto a 363.080 euro per l'anno 2020 e 2.262.955 euro annui a decorrere dall'anno 2021, mediante corrispondente riduzione delle proiezioni dello stanziamento del fondo speciale di parte corrente iscritto, ai fini del bilancio triennale 2019 - 2021, nell'ambito del programma «fondi di riserva e speciali» della missione «fondi da ripartire» dello stato di previsione del Ministero dell'economia e delle finanze per l'anno 2019, allo scopo parzialmente utilizzando l'accantonamento relativo al Ministero dell'ambiente e della tutela del territorio e del mare.

[1] *Comma modificato dall'articolo 1, comma 1, della Legge 28 febbraio 2020, n. 8, in sede di conversione.*
[2] *Lettera modificata dall'articolo 1, comma 1, della Legge 28 febbraio 2020, n. 8, in sede di conversione.*

(Omissis)

19 *ter*. Pagamento dei compensi per prestazioni di lavoro straordinario effettuate dalle Forze di polizia e dal Corpo nazionale dei vigili del fuoco [(1)]. – 1. All'articolo 50-bis del decreto-legge 26 ottobre 2019, n. 124, convertito, con modificazioni, dalla legge 19 dicembre 2019, n. 157, sono apportate le seguenti modificazioni:

a) al comma 1, alinea, il primo periodo è sostituito dal seguente: "*Per l'anno 2019 è autorizzato il pagamento di compensi per prestazioni di lavoro straordinario riferiti ad annualità precedenti al 2020 e non ancora liquidati, nel limite complessivo di spesa di 180 milioni di euro, al lordo degli oneri a carico dell'amministrazione e in deroga al limite di cui all'articolo 23, comma 2, del decreto legislativo 25 maggio 2017, n. 75*";

b) dopo il comma 1 è inserito il seguente:

"*1-bis. I compensi di cui al comma 1 sono corrisposti al personale interessato secondo criteri individuati dalle singole amministrazioni, nei limiti dell'autorizzazione di spesa di cui al medesimo comma 1*".

(1) *Articolo inserito dall'articolo 1, comma 1, della Legge 28 febbraio 2020, n. 8, in sede di conversione.*

Omissis.

40 *bis*. Potenziamento delle Agenzie fiscali [(1)]. – 1. Al fine di garantire maggiore efficienza ed efficacia dell'azione amministrativa, in considerazione dei rilevanti impegni derivanti dagli obiettivi di finanza pubblica e dalle misure per favorire gli adempimenti tributari e le connesse semplificazioni nonché una più incisiva azione di contrasto dell'evasione fiscale nazionale e internazionale, a decorrere dall'anno 2020 l'Agenzia delle entrate e l'Agenzia delle dogane e dei monopoli sono autorizzate a utilizzare le risorse del proprio bilancio di esercizio, per un importo massimo, rispettivamente, di 6 milioni di euro e di 1,9 milioni di euro, in deroga all'articolo 23, comma 2, del decreto legislativo 25 maggio 2017, n. 75, per il finanziamento delle posizioni organizzative e professionali e degli incarichi di responsabilità previsti dalle vigenti norme della contrattazione collettiva nazionale, in aggiunta alle risorse complessivamente già destinate e utilizzate a tale scopo. Le risorse certe e stabili del Fondo risorse decentrate dell'Agenzia delle entrate e dell'Agenzia delle dogane e dei monopoli sono incrementate, a valere sui finanziamenti delle Agenzie stesse, di 6 milioni di euro a decorrere dall'anno 2020 e di ulteriori 4 milioni di euro a decorrere dall'anno 2021 per l'Agenzia delle entrate e di 3,5 milioni di euro a decorrere dall'anno 2020 per l'Agenzia delle dogane e dei monopoli, in deroga all'articolo 23, comma 2, del decreto legislativo 25 maggio 2017, n. 75. Agli oneri derivanti dal presente articolo, pari, in termini di fabbisogno e indebitamento netto, a 8,97 milioni di euro per l'anno 2020 e a 11,02 milioni di euro annui a decorrere dall'anno 2021, si provvede mediante corrispondente riduzione del Fondo per la compensazione degli effetti finanziari non previsti a legislazione vigente, di cui all'articolo 6, comma 2, del decreto-legge 7 ottobre 2008, n. 154, convertito, con modificazioni, dalla legge 4 dicembre 2008, n. 189.

(1) *Articolo inserito dall'articolo 1, comma 1, della Legge 28 febbraio 2020, n. 8, in sede di conversione.*

40 *ter*. Proroga degli incentivi di cui all'articolo 1, comma 954, della legge 30 dicembre 2018, n. 145 [(1)]. – 1. Gli incentivi previsti dall'articolo 1, comma 954, della legge 30 dicembre 2018, n. 145, sono prorogati, senza nuovi o maggiori oneri per la finanza pubblica, limitatamente agli anni 2020 e , 2021 e 2022, secondo le procedure e le modalità di cui al medesimo articolo 1, commi da 954 a 956, della legge n. 145 del 2018 e nel limite di un ulteriore costo annuo di 25 milioni di euro [(2)] .

(1) *Articolo inserito dall'articolo 1, comma 1, della Legge 28 febbraio 2020, n. 8, in sede di conversione.*
(2) *Comma modificato dall'articolo 12, comma 9-bis, lettera b), del D.L. 31 dicembre 2020, n. 183, convertito con modificazioni dalla Legge 26 febbraio 2021, n. 21e successivamente dall'articolo 11, comma 5-septies, del D.L. 30 dicembre 2021, n. 228, convertito, con modificazioni dalla Legge 25 febbraio 2022, n. 15.*

VARIE

8. D.L. 5 febbraio 2020, n. 3

Decreto convertito, con modificazioni, dalla Legge 2 aprile 2020, n. 21. - Misure urgenti per la riduzione della pressione fiscale sul lavoro dipendente.
(in Gazz. Uff., 5 febbraio 2020, n. 29).

1. Trattamento integrativo dei redditi di lavoro dipendente e assimilati. [(1)] – 1. Nelle more di una revisione degli strumenti di sostegno al reddito, qualora l'imposta lorda determinata sui redditi di cui agli articoli 49, con esclusione di quelli indicati nel comma 2, lettera a), e 50, comma 1, lettere a), b), c), c-bis), d), h-bis) e l), del testo unico delle imposte sui redditi, di cui al decreto del Presidente della Repubblica 22 dicembre 1986, n. 917, sia di importo superiore a quello della detrazione spettante ai sensi dell'articolo 13, comma 1, del citato testo unico, è riconosciuta una somma a titolo di trattamento integrativo, che non concorre alla formazione del reddito, di importo pari a 600 euro per l'anno 2020 e a 1.200 euro a decorrere dall'anno 2021, se il reddito complessivo non è superiore a 28.000 euro.

2. Il trattamento integrativo di cui al comma 1 è rapportato al periodo di lavoro e spetta per le prestazioni rese dal 1° luglio 2020.

3. I sostituti d'imposta di cui agli articoli 23 e 29 del decreto del Presidente della Repubblica 29 settembre 1973, n. 600, riconoscono in via automatica il trattamento integrativo di cui al comma 1 ripartendolo fra le retribuzioni erogate a decorrere dal 1° luglio 2020 e verificano in sede di conguaglio la spettanza dello stesso. Qualora in tale sede il trattamento integrativo di cui al comma 1 si riveli non spettante, i

medesimi sostituti d'imposta provvedono al recupero del relativo importo, tenendo conto dell'eventuale diritto all'ulteriore detrazione di cui all'articolo 2. Nel caso in cui il predetto importo superi 60 euro, il recupero dello stesso è effettuato in otto rate di pari ammontare a partire dalla retribuzione che sconta gli effetti del conguaglio [(2)].

4. I sostituti d'imposta compensano il credito maturato per effetto dell'erogazione del trattamento integrativo di cui al comma 1, mediante l'istituto della compensazione di cui all'articolo 17 del decreto legislativo 9 luglio 1997, n. 241 [(3)]. [(A)]

[(A)] In riferimento alla istituzione dei codici tributo per l'utilizzo in compensazione da parte dei sostituti d'imposta, tramite i modelli F24 e F24 "enti pubblici" (F24 EP), del credito maturato per effetto dell'erogazione del trattamento integrativo ai lavoratori dipendenti e assimilati, ai sensi del presente comma, vedi: Risoluzione Agenzia delle Entrate 26 giugno 2020 n. 35/E.

[(1)] Vedi l'articolo 128 comma 1, del D.L. 19 maggio 2020, n. 34, convertito con modificazioni dalla Legge 17 luglio 2020, n. 77.

[(2)] Comma modificato dall'articolo 1, comma 1 della Legge 2 aprile 2020, n. 21, in sede di conversione.

[(3)] Comma modificato dall'articolo 1, comma 1 della Legge 2 aprile 2020, n. 21, in sede di conversione.

2. Ulteriore detrazione fiscale per redditi di lavoro dipendente e assimilati. – [*1. In vista di una revisione strutturale del sistema delle detrazioni fiscali, ai titolari dei redditi di cui agli articoli 49, con esclusione di quelli indicati nel comma 2, lettera a), e 50, comma 1, lettere a), b), c), c-bis), d), h-bis) e l), del testo unico delle imposte sui redditi, approvato con decreto del Presidente della Repubblica 22 dicembre 1986, n. 917, spetta, per le prestazioni rese dal 1° luglio 2020 al 31 dicembre 2020, una ulteriore detrazione dall'imposta lorda, rapportata al periodo di lavoro, di importo pari a* [(1)] *:*

a) 480 euro, aumentata del prodotto tra 120 euro e l'importo corrispondente al rapporto tra 35.000 euro, diminuito del reddito complessivo, e 7.000 euro, se l'ammontare del reddito complessivo è superiore a 28.000 euro ma non a 35.000 euro;

b) 480 euro, se il reddito complessivo è superiore a 35.000 euro ma non a 40.000 euro; la detrazione spetta per la parte corrispondente al rapporto tra l'importo di 40.000 euro, diminuito del reddito complessivo, e l'importo di 5.000 euro.

2. In vista di una revisione strutturale del sistema delle detrazioni fiscali, l'ulteriore detrazione di cui al comma 1 spetta, per le prestazioni rese dal 1° gennaio 2021, nei seguenti importi:

a) 960 euro, aumentata del prodotto tra 240 euro e l'importo corrispondente al rapporto tra 35.000 euro, diminuito del reddito complessivo, e 7.000 euro, se l'ammontare del reddito complessivo è superiore a 28.000 euro ma non a 35.000 euro;

b) 960 euro, se il reddito complessivo è superiore a 35.000 euro ma non a 40.000 euro; la detrazione spetta per la parte corrispondente al rapporto tra l'importo di 40.000 euro, diminuito del reddito complessivo, e l'importo di 5.000 euro [(2)] .

3. I sostituti d'imposta di cui agli articoli 23 e 29 del decreto del Presidente della Repubblica 29 settembre 1973, n. 600, riconoscono l'ulteriore detrazione di cui ai commi 1 e 2 ripartendola fra le retribuzioni erogate a decorrere dal 1° luglio 2020 e verificano in sede di conguaglio la spettanza della stessa. Qualora in tale sede l'ulteriore detrazione di cui ai commi 1 e 2 si riveli non spettante, i medesimi sostituti d'imposta provvedono al recupero del relativo importo. Nel caso in cui il predetto importo superi 60 euro, il recupero dell'ulteriore detrazione non spettante è effettuato in dieci rate di pari ammontare a partire dalla retribuzione che sconta gli effetti del conguaglio [(3)] .] [(4)]

[(1)] Alinea modificato dall'articolo 1, comma 8, numero 1), della Legge 30 dicembre 2020, n. 178, come modificato articolo 1, comma 1, del D.L. 31 dicembre 2020, n. 182, successivamente abrogato dalla legge 21/2021, e dall'articolo 22-sexies, comma 1 del D.L. 31 dicembre 2020, n. 183, convertito con modificazioni dalla Legge 26 febbraio 2021, n. 21.

[(2)] Comma sostituito dall'articolo 1, comma 8, numero 2), della Legge 30 dicembre 2020, n. 178 come modificato articolo 1, comma 1, del D.L. 31 dicembre 2020, n. 182, successivamente abrogato dalla legge 21/2021, e dall'articolo 22-sexies, comma 1 del D.L. 31 dicembre 2020, n. 183, convertito con modificazioni dalla Legge 26 febbraio 2021, n. 21.

[(3)] Comma modificato dall'articolo 1, comma 1 della Legge 2 aprile 2020, n. 21, in sede di conversione e successivamente dall'articolo 1, comma 8, numero 3), della Legge 30 dicembre 2020, n. 178, come modificato articolo 1, comma 1, del D.L. 31 dicembre 2020, n. 182, successivamente abrogato dalla legge 21/2021, e dall'articolo 22-sexies, comma 1 del D.L. 31 dicembre 2020, n. 183, convertito con modificazioni dalla Legge 26 febbraio 2021, n. 21.

[(4)] Articolo abrogato dall'articolo 1, comma 3, lettera b), della Legge 30 dicembre 2021, n. 234.

3. Disposizioni di coordinamento e finanziarie. – 1. Il comma 1-bis dell'articolo 13 del testo unico delle imposte sui redditi, di cui al decreto del Presidente della Repubblica 22 dicembre 1986, n. 917, è abrogato dal 1° luglio 2020.

2. Ai fini della determinazione del reddito complessivo di cui agli articoli 1 e 2 del presente decreto-legge, rileva anche la quota esente dei redditi agevolati ai sensi dell'articolo 44, comma 1, del decreto-legge 31 maggio 2010, n. 78, convertito, con modificazioni, dalla legge 30 luglio 2010, n. 122, e dell'articolo 16 del decreto legislativo 14 settembre 2015, n. 147. Il medesimo reddito complessivo è assunto al netto del reddito dell'unità immobiliare adibita ad abitazione principale e di quello delle relative pertinenze di cui all'articolo 10, comma 3-bis, del testo unico delle imposte sui redditi, di cui al decreto del Presidente della Repubblica 22 dicembre 1986, n. 917.

3. È istituito il Fondo per esigenze indifferibili connesse ad interventi non aventi effetti sull'indebitamento netto delle PA, con una dotazione di 589 milioni di euro per l'anno 2020 [(1)(2)].

[(1)] A norma dell'articolo 126, comma 4, del D.L. 17 marzo 2020, n. 18, convertito con modificazioni dalla Legge 24 aprile 2020, n. 27, la dotazione del Fondo per esigenze indifferibili connesse ad interventi non aventi effetti sull'indebitamento netto delle PA di cui al presente comma, è incrementata di 2.000 milioni per l'anno 2020.

[(2)] Per una riduzione del Fondo di cui al presente comma, vedi l'articolo 41, comma 4-bis, del D.L. 8 aprile 2020, n. 23, convertito con modificazioni dalla Legge 5 giugno 2020, n. 40.

4. Norma di copertura. – 1. Agli oneri derivanti dagli articoli 1, 2 e 3, comma 3, valutati in 7.458,03 milioni di euro per l'anno 2020, 13.532 milioni di euro per l'anno 2021 e 13.256 milioni di euro annui a decorrere dall'anno 2022, che aumentano, ai fini della compensazione degli effetti in termini di indebitamento netto e di fabbisogno a 8.242,8 milioni di euro per l'anno 2020, si provvede:

a) quanto a 3.000 milioni di euro per l'anno 2020, 3.850 milioni di euro per l'anno 2021 e 3.574 milioni di euro annui a decorrere dall'anno 2022, mediante corrispondente riduzione del fondo di cui all'articolo 1, comma 7, della legge 27 dicembre 2019, n. 160;

b) quanto a 4.191,66 milioni di euro per l'anno 2020 e 9.682 milioni di euro annui a decorrere dall'anno 2021 e, in termini di fabbisogno e indebitamento netto, di 4.976 milioni di euro per l'anno 2020, mediante corrispondente utilizzo delle risorse, iscritte sui pertinenti capitoli del bilancio di previsione del Ministero dell'economia e delle finanze, derivanti dall'attuazione dell'articolo 3, comma 1;

c) quanto a 267 milioni di euro per l'anno 2020, mediante utilizzo delle risorse di cui all'articolo 2, comma 55, del decreto-legge 29 dicembre 2010, n. 225, convertito, con modificazioni, dalla legge 26 febbraio 2011, n. 10, come modificato dall'articolo 1, comma 167, della legge 27 dicembre 2013, n. 147.

2. Il Ministro dell'economia e delle finanze è autorizzato ad apportare con propri decreti le occorrenti variazioni di bilancio.

5. Entrata in vigore. – 1. Il presente decreto entra in vigore il giorno successivo a quello della sua pubblicazione nella Gazzetta Ufficiale della Repubblica italiana e sarà presentato alle Camere per la conversione in legge.

Il presente decreto, munito del sigillo dello Stato, sarà inserito nella Raccolta ufficiale degli atti normativi della Repubblica italiana. È fatto obbligo a chiunque spetti di osservarlo e di farlo osservare.

9. D.M. 24 febbraio 2020

Sospensione dei termini per l'adempimento degli obblighi tributari a favore dei contribuenti interessati dall'emergenza epidemiologica da COVID-19.
(in Gazz. Uff., 26 febbraio 2020, n. 48)

1. – 1. Nei confronti delle persone fisiche, che alla data del 21 febbraio 2020, avevano la residenza ovvero la sede operativa nel territorio nei Comuni di cui all'allegato 1) al decreto del Presidente del Consiglio dei ministri del 23 febbraio 2020, sono sospesi i termini dei versamenti e degli adempimenti tributari, inclusi quelli derivanti da cartelle di pagamento emesse dagli agenti della riscossione, nonché dagli atti previsti dall'articolo 29 del decreto-legge 31 maggio 2010, n. 78, convertito, con modificazioni, dalla legge 30 luglio 2010, n. 122, scadenti nel periodo compreso tra il 21 febbraio 2020 e il 31 marzo 2020. Non si procede al rimborso di quanto già versato.

2. Le disposizioni di cui al comma 1 si applicano, altresì, nei confronti dei soggetti, diversi dalle persone fisiche, aventi la sede legale o la sede operativa nel territorio dei comuni di cui al comma 1.

3. I sostituti d'imposta aventi la sede legale o la sede operativa nel territorio dei comuni di cui al comma 1, non operano le ritenute alla fonte per il periodo di sospensione indicato nel medesimo comma. La sospensione si applica alle ritenute di cui agli articoli 23,24 e 29 del decreto del Presidente della Repubblica 29 settembre 1973, n. 600 e successive modificazioni.

4. Gli adempimenti e i versamenti oggetto di sospensione devono essere effettuati in unica soluzione entro il mese successivo al termine del periodo di sospensione.

5. Alle disposizioni di cui al presente decreto, si applica la disciplina di cui all'articolo 12 del decreto legislativo 24 settembre 2015, n. 159.

Il presente decreto sarà pubblicato nella Gazzetta Ufficiale della Repubblica italiana.

VARIE

10. D.L. 17 marzo 2020, n. 18

Decreto convertito, con modificazioni dalla Legge 24 aprile 2020, n. 27. - Misure di potenziamento del Servizio sanitario nazionale e di sostegno economico per famiglie, lavoratori e imprese connesse all'emergenza epidemiologica da COVID-19. (DECRETO CURA ITALIA)[(A)](Estratto: artt. 60-71 *bis* e 83).
(in Gazz. Uff., 17 marzo 2020, n. 69).

[(A)] *In riferimento ad alcuni chiarimenti riguardo la sospensione dei versamenti tributari e contributivi a seguito dell'emergenza epidemiologica da COVID-19, di cui al presente articolo, vedi: Risoluzione Agenzia delle Entrate 18 marzo 2020 n. 12/E.*

(Omissis)

60. Rimessione in termini per i versamenti. [(1)] – 1. I versamenti nei confronti delle pubbliche amministrazioni, inclusi quelli relativi ai contributi previdenziali ed assistenziali ed ai premi per l'assicurazione obbligatoria, in scadenza il 16 marzo 2020 sono prorogati al 20 marzo 2020 [(1)].

[(1)] *A norma dell'articolo 21, comma 1, del D.L. 8 aprile 2020, n. 23, convertito con modificazioni dalla Legge 5 giugno 2020, n. 40, i versamenti nei confronti delle pubbliche amministrazioni, di cui al presente articolo, sono considerati tempestivi se effettuati entro il 16 aprile 2020.*

61. Sospensione dei versamenti delle ritenute, dei contributi previdenziali e assistenziali e dei premi per l'assicurazione obbligatoria. [(1)] – 1. Per i soggetti di cui al comma 2, che hanno il domicilio fiscale, la sede legale o la sede operativa nel territorio dello Stato, sono sospesi:

a) i termini relativi ai versamenti delle ritenute alla fonte, di cui agli articoli 23 e 24 del decreto del Presidente della Repubblica 29 settembre 1973, n. 600, che i predetti soggetti operano in qualità di sostituti d'imposta, dal 2 marzo 2020 al 30 aprile 2020;

b) i termini relativi agli adempimenti e ai versamenti dei contributi previdenziali e assistenziali e dei premi per l'assicurazione obbligatoria, dal 2 marzo 2020 al 30 aprile 2020;

c) i termini dei versamenti relativi all'imposta sul valore aggiunto in scadenza nel mese di marzo 2020.

2. Le disposizioni di cui al comma 1 si applicano ai seguenti soggetti:

a) imprese turistico-ricettive, agenzie di viaggio e turismo e tour operator;

b) federazioni sportive nazionali, enti di promozione sportiva, associazioni e società sportive professionistiche e dilettantistiche, nonché soggetti che gestiscono stadi, impianti sportivi, palestre, club e strutture per danza, fitness e culturismo, centri sportivi, piscine e centri natatori;

c) soggetti che gestiscono teatri, sale da concerto, sale cinematografiche, ivi compresi i servizi di biglietteria e le attività di supporto alle rappresentazioni artistiche, nonché discoteche, sale da ballo, night-club, sale da gioco e biliardi;

d) soggetti che gestiscono ricevitorie del lotto, lotterie, scommesse, ivi compresa la gestione di macchine e apparecchi correlati;

e) soggetti che organizzano corsi, fiere ed eventi, ivi compresi quelli di carattere artistico, culturale, ludico, sportivo e religioso;

f) soggetti che gestiscono attività di ristorazione, gelaterie, pasticcerie, bar e pub;

g) soggetti che gestiscono musei, biblioteche, archivi, luoghi e monumenti storici, nonché orti botanici, giardini zoologici e riserve naturali;

h) soggetti che gestiscono asili nido e servizi di assistenza diurna per minori disabili, servizi educativi e scuole per l'infanzia, servizi didattici di primo e secondo grado, corsi di formazione professionale, scuole di vela, di navigazione e di volo, che rilasciano brevetti o patenti commerciali, scuole di guida professionale per autisti;

i) soggetti che svolgono attività di assistenza sociale non residenziale per anziani e disabili;

l) aziende termali di cui alla legge 24 ottobre 2000, n. 323, e centri per il benessere fisico;

m) soggetti che gestiscono parchi di divertimento o parchi tematici;

n) soggetti che gestiscono stazioni di autobus, ferroviarie, metropolitane, marittime o aeroportuali;

o) soggetti che gestiscono servizi di trasporto merci e trasporto passeggeri terrestre, aereo, marittimo, fluviale, lacuale e lagunare, ivi compresa la gestione di funicolari, funivie, cabinovie, seggiovie e ski-lift;

p) soggetti che gestiscono servizi di noleggio di mezzi di trasporto terrestre, marittimo, fluviale, lacuale e lagunare;

q) soggetti che gestiscono servizi di noleggio di attrezzature sportive e ricreative ovvero di strutture e attrezzature per manifestazioni e spettacoli;

r) soggetti che svolgono attività di guida e assistenza turistica;

s) esercenti di librerie che non risultano ricomprese in gruppi editoriali dagli stessi direttamente gestite;

t) organizzazioni non lucrative di utilità sociale di cui all'articolo 10 del decreto legislativo 4 dicembre 1997, n. 460, iscritte negli appositi registri, organizzazioni di volontariato iscritte nei registri regionali e delle province autonome di cui alla legge 11 agosto 1991, n. 266, e associazioni di promozione sociale iscritte nei registri nazionale, regionali e delle province autonome di Trento e di Bolzano di cui all'articolo 7 della legge 7 dicembre 2000, n. 383, che esercitano, in via esclusiva o principale, una o più attività di interesse generale previste dall'articolo 5, comma 1, del codice di cui al decreto legislativo 3 luglio 2017, n. 117 [A].

3. Per le imprese turistico-ricettive, le agenzie di viaggio e turismo e i tour operator che hanno il domicilio fiscale, la sede legale o la sede operativa nei comuni individuati nell'allegato 1 al decreto del Presidente del Consiglio dei ministri 1° marzo 2020, restano ferme le disposizioni di cui all'articolo 1, comma 3, del decreto del Ministro dell'economia e delle finanze 24 febbraio 2020, pubblicato nella Gazzetta Ufficiale n. 48 del 26 febbraio 2020.

4. I versamenti sospesi ai sensi del comma 1 sono effettuati, senza applicazione di sanzioni e interessi, in un'unica soluzione entro il 16 settembre 2020 o mediante rateizzazione fino a un massimo di quattro rate mensili di pari importo, con il versamento della prima rata entro il 16 settembre 2020. Nei medesimi termini sono effettuati, anche mediante il sostituto d'imposta, i versamenti delle ritenute non operate ai sensi dell'articolo 1, comma 3, del decreto del Ministro dell'economia e delle finanze 24 febbraio 2020, pubblicato nella Gazzetta Ufficiale n. 48 del 26 febbraio 2020. Non si fa luogo al rimborso di quanto già versato. Gli adempimenti sospesi ai sensi del comma 1 sono effettuati entro il 16 settembre 2020. [2] .

5. Le federazioni sportive nazionali, gli enti di promozione sportiva, le associazioni e le società sportive professionistiche e dilettantistiche, di cui al comma 2, lettera b), applicano la sospensione di cui al comma 1 fino al 30 giugno 2020. Gli adempimenti e i versamenti sospesi ai sensi del periodo precedente sono effettuati, senza applicazione di sanzioni ed interessi, con le modalità e nei termini previsti dal comma 4. Non si fa luogo al rimborso di quanto già versato [3]. [B]

[A] *In riferimento ad alcuni chiarimenti in ordine alla sospensione dei versamenti contributivi ai sensi del presente comma, vedi: Messaggio INPS - Istituto nazionale previdenza sociale 28 aprile 2020 n. 1789.*

[B] *In riferimento all'emergenza epidemiologica da COVID-19: disposizioni concernenti la sospensione dei termini introdotta dal presente comma, vedi: Messaggio INPS - Istituto nazionale previdenza sociale 25 maggio 2020 n. 2162.*

[1] *Articolo sostituito dall'articolo 1, comma 1, della Legge 24 aprile 2020, n. 27, in sede di conversione.*

[2] *Comma sostituito dall'articolo 127, comma 1, lettera a), numero 1), del D.L. 19 maggio 2020, n. 34, convertito, con modificazioni, dalla Legge 17 luglio 2020, n. 77.*

[3] *Comma sostituito dall'articolo 127, comma 1, lettera a), numero 2), del D.L. 19 maggio 2020, n. 34, convertito, con modificazioni, dalla Legge 17 luglio 2020, n. 77.*

61 *bis*. Disposizioni riguardanti i termini relativi alla dichiarazione dei redditi precompilata 2020. [1] – 1. All'articolo 16-bis del decreto-legge 26 ottobre 2019, n. 124, convertito, con modificazioni, dalla legge 19 dicembre 2019, n. 157, il comma 5 è sostituito dal seguente:

"*5. Le disposizioni del presente articolo acquistano efficacia a decorrere dal 1° gennaio 2020, ad eccezione di quella di cui al comma 2, lettera c), che acquista efficacia dall'anno 2021*".

2. Per l'anno 2020, il termine del 30 aprile di cui all'articolo 1, comma 1, del decreto legislativo 21 novembre 2014, n. 175, è prorogato al 5 maggio.

[1] *Articolo inserito dall'articolo 1, comma 1, della Legge 24 aprile 2020, n. 27, in sede di conversione.*

62. Sospensione dei termini degli adempimenti e dei versamenti fiscali e contributivi. [(A)] – 1. Per i soggetti che hanno il domicilio fiscale, la sede legale o la sede operativa nel territorio dello Stato sono sospesi gli adempimenti tributari diversi dai versamenti e diversi dall'effettuazione delle ritenute alla fonte e delle trattenute relative all'addizionale regionale e comunale, che scadono nel periodo compreso tra l'8 marzo 2020 e il 31 maggio 2020.Restano ferme le disposizioni di cui all'articolo 61-bis riguardanti i termini relativi alla dichiarazione dei redditi precompilata [(1)].

1-bis. Dall'8 marzo al 31 maggio 2020 è sospeso il termine per il computo delle sanzioni di cui all'articolo 16 e il termine di cui all'articolo 248 del decreto del Presidente della Repubblica 30 maggio 2002, n. 115, per il mancato o ritardato pagamento del contributo unificato [(2)].

2. Per i soggetti esercenti attività d'impresa, arte o professione che hanno il domicilio fiscale, la sede legale o la sede operativa nel territorio dello Stato con ricavi o compensi non superiori a 2 milioni di euro nel periodo di imposta precedente a quello in corso alla data di entrata in vigore del presente decreto-legge, sono sospesi i versamenti da autoliquidazione che scadono nel periodo compreso tra l'8 marzo 2020 e il 31 marzo 2020:

a) relativi alle ritenute alla fonte di cui agli articoli 23 e 24 del decreto del Presidente della Repubblica 29 settembre 1973, n. 600, e alle trattenute relative all'addizionale regionale e comunale, che i predetti soggetti operano in qualità di sostituti d'imposta;

b) relativi all'imposta sul valore aggiunto;

c) relativi ai contributi previdenziali e assistenziali, e ai premi per l'assicurazione obbligatoria [(B)].

3. La sospensione dei versamenti dell'imposta sul valore aggiunto di cui al comma 2, si applica, a prescindere dal volume dei ricavi o compensi percepiti, ai soggetti esercenti attività d'impresa, arte o professione che hanno il domicilio fiscale, la sede legale o la sede operativa nelle Province di Bergamo, di Brescia, Cremona, Lodi e Piacenza [(3)].

4. Per i soggetti che hanno il domicilio fiscale, la sede legale o la sede operativa nei comuni individuati nell'allegato 1 al decreto del Presidente del Consiglio dei ministri del 1° marzo 2020, restano ferme le disposizioni di cui all'articolo 1 del decreto del Ministro dell'economia e delle finanze 24 febbraio 2020, pubblicato nella Gazzetta Ufficiale n. 48 del 26 febbraio 2020.

5. I versamenti sospesi ai sensi dei commi 2 e 3, nonché del decreto del Ministro dell'economia e delle finanze 24 febbraio 2020, pubblicato nella Gazzetta Ufficiale n. 48 del 26 febbraio 2020, sono effettuati, senza applicazione di sanzioni ed interessi, in un'unica soluzione entro il 16 settembre 2020 o mediante rateizzazione fino a un massimo di quattro rate mensili di pari importo, con il versamento della prima rata entro il 16 settembre 2020. Non si fa luogo al rimborso di quanto già versato [(4)(B)].

6. Gli adempimenti sospesi ai sensi del comma 1 sono effettuati entro il 30 giugno 2020 senza applicazione di sanzioni.

[*7. Per i soggetti che hanno il domicilio fiscale, la sede legale o la sede operativa nel territorio dello Stato con ricavi o compensi non superiori a euro 400.000 nel periodo di imposta precedente a quello in corso alla data di entrata in vigore del presente decreto-legge, i ricavi e i compensi percepiti nel periodo compreso tra la data di entrata in vigore del presente decreto-legge e il 31 marzo 2020 non sono assoggettati alle ritenute d'acconto di cui agli articoli 25 e 25-bis del decreto del Presidente della Repubblica 29 settembre 1973, n. 600, da parte del sostituto d'imposta, a condizione che nel mese precedente non abbiano sostenuto spese per prestazioni di lavoro dipendente o assimilato. I contribuenti, che si avvalgono della presente opzione, rilasciano un'apposita dichiarazione dalla quale risulti che i ricavi e compensi non sono soggetti a ritenuta ai sensi della presente disposizione e provvedono a versare l'ammontare delle ritenute d'acconto non operate dal sostituto in un'unica soluzione entro il 31 maggio 2020 o mediante rateizzazione fino a un massimo di 5 rate mensili di pari importo a decorrere dal mese di maggio 2020, senza applicazione di sanzioni e interessi.*] [(5)]

(A) In riferimento al differimento dei termini per l'adempimento degli obblighi tributari a favore dei soggetti obbligati alla presentazione delle dichiarazioni annuali per il gas naturale, per l'energia elettrica nonché per il carbone, la lignite e il coke, relative all'anno d'imposta 2019, di cui al presente articolo, vedi: Nota Agenzia delle Dogane 18 marzo 2020 n. 93676/RU.; Nota INAIL - Istituto nazionale assicurazione infortuni sul lavoro 30/04/2020 n. 166123.

(B) In riferimento ad alcuni chiarimenti in ordine alla sospensione dei versamenti contributivi ai sensi del presente comma, vedi: Messaggio INPS - Istituto nazionale previdenza sociale 28 aprile 2020 n. 1789; Nota INAIL - Istituto nazionale assicurazione infortuni sul lavoro 24 giugno 2020 n. 7759.

(1) Comma modificato dall'articolo 1, comma 1, della Legge 24 aprile 2020, n. 27, in sede di conversione.

(2) Comma inserito dall'articolo 135, comma 1, del D.L. 19 maggio 2020, n. 34, convertito, con modificazioni, dalla Legge 17 luglio 2020, n. 77.

(3) Comma modificato dall'articolo 1, comma 1, della Legge 24 aprile 2020, n. 27, in sede di conversione.

(4) Comma sostituito dall'articolo 127, comma 1, lettera b), del D.L. 19 maggio 2020, n. 34, convertito, con modificazioni, dalla Legge 17 luglio 2020, n. 77.

(5) Comma abrogato dall'articolo 19, comma 2, del D.L. 8 aprile 2020, n. 23, convertito con modificazioni dalla Legge 5 giugno 2020, n. 40.

62 *bis*. Proroga dei termini degli adempimenti tecnici e amministrativi relativi agli impianti a fune, ascensori e scale mobili in servizio pubblico e agli impianti di sollevamento di persone o cose in servizio privato. [(1)] – [*1. Al fine di garantire la continuità del servizio, i termini relativi allo svolgimento nell'anno 2020 delle attività previste dal regolamento di cui al decreto del Ministro delle infrastrutture e dei trasporti 1° dicembre 2015, n. 203, recante norme regolamentari in materia di revisioni periodiche, di adeguamenti tecnici e di varianti costruttive per i servizi di pubblico trasporto effettuati con funivie, funicolari, sciovie e slittinovie destinate al trasporto di persone, dal decreto del Ministero delle infrastrutture e dei trasporti 17 aprile 2012, pubblicato nella Gazzetta Ufficiale n. 103 del 4 maggio 2012, e dal decreto del Ministero delle infrastrutture e dei trasporti n. 144 del 18 maggio 2016, recante "Impianti aerei e terrestri. Prescrizioni tecniche riguardanti le funi", sono prorogati di dodici mesi, qualora non sia possibile procedere alle verifiche ed al rilascio delle autorizzazioni di competenza dell'autorità di sorveglianza entro i termini previsti dai citati decreti, ferma restando la certificazione da parte del direttore o del responsabile dell'esercizio della sussistenza delle condizioni di sicurezza per l'esercizio pubblico.*]

(1) Articolo inserito dall'articolo 1, comma 1, della Legge 24 aprile 2020, n. 27, in sede di conversione e successivamente abrogato dall'articolo 14-ter, comma 5, del D.L. 8 aprile 2020, n. 23, convertito con modificazioni dalla Legge 5 giugno 2020, n. 40.

63. Premio ai lavoratori dipendenti. [(A)] – 1. Ai titolari di redditi di lavoro dipendente di cui all'articolo 49, comma 1, del testo unico delle imposte sui redditi approvato con decreto del Presidente della Repubblica 22 dicembre 1986, n. 917, con un reddito complessivo da lavoro dipendente dell'anno precedente di importo non superiore a 40.000 euro spetta un premio, per il mese di marzo 2020, che non concorre alla formazione del reddito, pari a 100 euro da rapportare al numero di giorni di lavoro svolti nella propria sede di lavoro nel predetto mese [(1)].

2. I sostituti d'imposta di cui agli articoli 23 e 29 del decreto del Presidente della Repubblica 29 settembre 1973, n. 600 riconoscono, in via automatica, l'incentivo di cui al comma 1 a partire dalla retribuzione corrisposta nel mese di aprile 2020 e comunque entro il termine di effettuazione delle operazioni di conguaglio di fine anno [(2)].

3. I sostituti d'imposta di cui al comma 2 compensano l'incentivo erogato mediante l'istituto di cui all'articolo 17 del decreto legislativo 9 luglio 1997, n. 241.

4. All'onere derivante dall'attuazione del presente articolo si provvede ai sensi dell'articolo 126.

[(A)] Per ulteriori chiarimenti vedi: Risoluzione Agenzia delle Entrate 09/04/2020 n. 18/E.
[(1)] Comma modificato dall'articolo 1, comma 1, della Legge 24 aprile 2020, n. 27, in sede di conversione.
[(2)] Comma modificato dall'articolo 1, comma 1, della Legge 24 aprile 2020, n. 27, in sede di conversione.

64. Credito d'imposta per le spese di sanificazione degli ambienti di lavoro. [(1)] – [*1. Allo scopo di incentivare la sanificazione degli ambienti di lavoro, quale misura di contenimento del contagio del virus COVID-19, ai soggetti esercenti attività d'impresa, arte o professione è riconosciuto, per il periodo d'imposta 2020, un credito d'imposta, nella misura del 50 per cento delle spese di sanificazione degli ambienti e degli strumenti di lavoro sostenute e documentate fino ad un massimo di 20.000 euro per ciascun beneficiario, nel limite complessivo massimo di 50 milioni di euro per l'anno 2020.*

2. Con decreto del Ministro dello sviluppo economico, di concerto con il Ministro dell'economia e delle finanze, da adottare entro trenta giorni dalla data di entrata in vigore del presente decreto-legge, sono stabiliti i criteri e le modalità di applicazione e di fruizione del credito d'imposta anche al fine di assicurare il rispetto del limite di spesa di cui al comma 1.

3. Agli oneri derivanti dal presente articolo, pari a 50 milioni di euro per l'anno 2020, si provvede ai sensi dell'articolo 126.]

[(1)] Articolo abrogato dall'articolo 125, comma 5, del D.L. 19 maggio 2020, n. 34, convertito, con modificazioni, dalla Legge 17 luglio 2020, n. 77.

65. Credito d'imposta per botteghe e negozi. [(1)(A)] – 1. Al fine di contenere gli effetti negativi derivanti dalle misure di prevenzione e contenimento connesse all'emergenza epidemiologica da COVID-19, ai soggetti esercenti attività d'impresa è riconosciuto, per l'anno 2020, un credito d'imposta nella misura del 60 per cento dell'ammontare del canone di locazione, relativo al mese di marzo 2020, di immobili rientranti nella categoria catastale C/1.

2. Il credito d'imposta non si applica alle attività di cui agli allegati 1 e 2 del decreto del Presidente del Consiglio dei ministri 11 marzo 2020 ed è utilizzabile, esclusivamente, in compensazione ai sensi dell'articolo 17 del decreto legislativo 9 luglio 1997, n. 241.

2-bis. Il credito d'imposta di cui al comma 1 non concorre alla formazione del reddito ai fini delle imposte sui redditi e del valore della produzione ai fini dell'imposta regionale sulle attività produttive e non rileva ai fini del rapporto di cui agli articoli 61 e 109, comma 5, del testo unico delle imposte sui redditi, di cui al decreto del Presidente della Repubblica 22 dicembre 1986, n. 917 [(2)].

2-ter. Al fine di accelerare l'erogazione delle risorse attribuite dalla legge 27 dicembre 2019, n. 160, per la riduzione del disagio abitativo, il riparto tra le regioni della disponibilità complessiva assegnata per l'anno 2020 al Fondo nazionale per il sostegno all'accesso alle abitazioni in locazione, di cui all'articolo 11 della legge 9 dicembre 1998, n. 431, pari a complessivi 60 milioni di euro, e il riparto dell'annualità 2020 del Fondo destinato agli inquilini morosi incolpevoli istituito dall'articolo 6, comma 5, del decreto-legge 31 agosto 2013, n. 102, convertito, con modificazioni, dalla legge 28 ottobre 2013, n. 124, attribuita dall'articolo 1, comma 2, del decreto-legge 28 marzo 2014, n. 47, convertito, con modificazioni, dalla legge 23 maggio 2014, n. 80, e pari a 9,5 milioni di euro, sono effettuati entro dieci giorni dalla data di entrata in vigore della legge di conversione del presente decreto, in deroga alle procedure ordinarie di determinazione dei coefficienti regionali e adottando gli stessi coefficienti già utilizzati per i riparti relativi all'annualità 2019 [(3)].

2-quater. Nel termine di trenta giorni dalla data di entrata in vigore della legge di conversione del presente decreto, le regioni attribuiscono ai comuni le risorse assegnate, anche in applicazione dell'articolo 1, comma 21, della legge 27 dicembre 2017, n. 205, con procedura di urgenza, anche secondo le quote a rendiconto o programmate nelle annualità pregresse, nonché per l'eventuale scorrimento delle graduatorie vigenti del Fondo nazionale di cui all'articolo 11 della legge 9 dicembre 1998, n. 431. I comuni utilizzano i fondi anche ricorrendo all'unificazione dei titoli, capitoli e articoli delle rispettive voci di bilancio ai fini dell'ordinazione e pagamento della spesa [(4)].

3. Agli oneri derivanti dal presente articolo si provvede ai sensi dell'articolo 126.

[(A)] In riferimento all'istituzione del codice tributo per l'utilizzo in compensazione, tramite modello F24, del credito d'imposta di cui al presente articolo, vedi: Risoluzione Agenzia delle Entrate 20 marzo 2020 n. 13/E.
- Per la determinazione del credito d'imposta per botteghe e negozi in caso di contratto avente ad oggetto più immobili appartenenti a diverse categorie catastali, vedi : Risposta Agenzia delle Entrate 08/09/2020 n. 321
- Per la determinazione del credito d'imposta locazione di immobili ad uso non abitativo destinati allo svolgimento dell'attività industriale, commerciale, artigianale, agricola. vedi: Risposta Agenzia delle Entrate 02/11/2020 n. 509.
- In riferimento al presente articolo vedi: Risposta Agenzia delle Entrate 15 dicembre 2020 n. 594.
- In riferimento al Credito d'imposta per i canoni di locazione degli immobili a uso non abitativo in caso di esercizio di attività di commercio al dettaglio di cui al presente comma, vedi: Risposta Agenzia delle Entrate 23 aprile 2021, n. 287.
[(1)] Vedi l'articolo 122, comma 1, lettera a), del D.L. 19 maggio 2020, n. 34, convertito, con modificazioni, dalla Legge 17 luglio 2020, n. 77.
[(2)] Comma inserito dall'articolo 1, comma 1, della Legge 24 aprile 2020, n. 27, in sede di conversione.
[(3)] Comma inserito dall'articolo 1, comma 1, della Legge 24 aprile 2020, n. 27, in sede di conversione.
[(4)] Comma inserito dall'articolo 1, comma 1, della Legge 24 aprile 2020, n. 27, in sede di conversione.

66. Incentivi fiscali per erogazioni liberali in denaro e in natura a sostegno delle misure di contrasto dell'emergenza epidemiologica da COVID-19. – 1. Per le erogazioni liberali in denaro e in natura, effettuate nell'anno *2020* dalle persone fisiche e dagli enti non commerciali, in favore dello Stato, delle regioni, degli enti locali territoriali, di enti o istituzioni pubbliche, di fondazioni e associazioni legalmente riconosciute senza scopo di lucro, compresi gli enti religiosi civilmente riconosciuti, finalizzate a finanziare gli interventi in materia di contenimento e gestione dell'emergenza epidemiologica da COVID-19 spetta una detrazione dall'imposta lorda ai fini dell'imposta sul reddito pari al 30%, per un importo non superiore a 30.000 euro [(1)].

2. Per le erogazioni liberali in denaro e in natura a sostegno delle misure di contrasto all'emergenza epidemiologica da COVID-19, effettuate nell'anno 2020 dai soggetti titolari di reddito d'impresa, si applica l'articolo 27 della legge 13 maggio 1999, n. 133. La disposizione di cui al primo periodo si applica anche alle erogazioni liberali effettuate per le medesime finalità in favore degli enti religiosi civilmente riconosciuti. Ai fini dell'imposta regionale sulle attività produttive, le erogazioni liberali di cui al presente comma sono deducibili nell'esercizio in cui sono effettuate [(2)].

3. Ai fini della valorizzazione delle erogazioni in natura di cui ai commi 1 e 2, si applicano, in quanto compatibili, le disposizioni di cui agli articoli 3 e 4 del decreto del Ministro del lavoro e delle politiche sociali 28 novembre 2019, pubblicato nella Gazzetta Ufficiale n. 24 del 30 gennaio 2020 [(3)].

3-bis. Ai fini dell'imposta sul valore aggiunto, gli acquisti dei beni ceduti a titolo di erogazione liberale in natura ai sensi dei commi 1 e 2 del presente articolo si considerano effettuati nell'esercizio dell'impresa, arte o professione ai fini della detrazione di cui all'articolo 19 del decreto del Presidente della Repubblica 26 ottobre 1972, n. 633 [(4)].

4. All'onere derivante dall'attuazione del presente articolo si provvede ai sensi dell'articolo 126 [(A)].

[(A)] *In riferimento alle erogazioni liberali in denaro effettuate alla Presidenza del Consiglio - Dipartimento della Protezione Civile, di cui al presente articolo, vedi: Risoluzione Agenzia delle Entrate 27 aprile 2020 n. 21/E; Risoluzione Agenzia delle Entrate 14/05/2020 n. 25/E*

[(1)] *Comma modificato dall'articolo 1, comma 1, della Legge 24 aprile 2020, n. 27, in sede di conversione.*

[(2)] *Comma modificato dall'articolo 1, comma 1, della Legge 24 aprile 2020, n. 27, in sede di conversione.*

[(3)] *Comma modificato dall'articolo 1, comma 1, della Legge 24 aprile 2020, n. 27, in sede di conversione.*

[(4)] *Comma inserito dall'articolo 12-quater, comma 1, del D.L. 8 aprile 2020, n. 23, convertito con modificazioni dalla Legge 5 giugno 2020, n. 40.*

67. Sospensione dei termini relativi all'attività degli uffici degli enti impositori. [(A)] – 1. Sono sospesi dall'8 marzo al 31 maggio 2020 i termini relativi alle attività di liquidazione, di controllo, di accertamento, di riscossione e di contenzioso, da parte degli uffici degli enti impositori. Sono, altresì, sospesi, dall'8 marzo al 31 maggio 2020, i termini per fornire risposta alle istanze di interpello, ivi comprese quelle da rendere a seguito della presentazione della documentazione integrativa, di cui all'articolo 11 della legge 27 luglio 2000, n. 212, all'articolo 6 del decreto legislativo 5 agosto 2015, n. 128, e all'articolo 2 del decreto legislativo 14 settembre 2015, n. 147. Per il medesimo periodo, è, altresì, sospeso il termine previsto dall'articolo 3 del decreto legislativo 24 settembre 2015, n. 156, per la regolarizzazione delle istanze di interpello di cui al periodo precedente. Sono inoltre sospesi i termini di cui all'articolo 7, comma 2, del decreto legislativo 5 agosto 2015, n. 128, i termini di cui all'articolo 1–bis del decreto-legge 24 aprile 2017, n. 50, convertito, con modificazioni, dalla legge 21 giugno 2017, n. 96, e di cui agli articoli 31-ter e 31-quater del decreto del Presidente della Repubblica 29 settembre 1973, n. 600, nonché i termini relativi alle procedure di cui all'articolo 1, commi da 37 a 43, della legge 23 dicembre 2014, n. 190 [(1)(2)(3)].

2. In relazione alle istanze di interpello di cui al comma precedente, presentate nel periodo di sospensione, i termini per la risposta previsti dalle relative disposizioni, nonché il termine previsto per la loro regolarizzazione, come stabilito dall'articolo 3 del decreto legislativo 24 settembre 2015, n. 156, iniziano a decorrere dal primo giorno del mese successivo al termine del periodo di sospensione. Durante il periodo di sospensione, la presentazione delle predette istanze di interpello e di consulenza giuridica è consentita esclusivamente per via telematica, attraverso l'impiego della posta elettronica certificata di cui al decreto del Presidente della Repubblica 11 febbraio 2005, n. 68, ovvero, per i soggetti non residenti che non si avvalgono di un domiciliatario nel territorio dello Stato, mediante l'invio alla casella di posta elettronica ordinaria div.contr.interpello@agenziaentrate.it.

3. Sono, altresì, sospese, dall'8 marzo al 31 maggio 2020, le attività, non aventi carattere di indifferibilità ed urgenza, consistenti nelle risposte alle istanze, formulate ai sensi degli articoli 492-bis del codice di procedura civile e 155-quater, 155-quinquies e 155-sexies delle disposizioni per l'attuazione del codice di procedura civile e disposizioni transitorie, di cui al regio decreto 18 dicembre 1941, n. 1368, di accesso alla banca dati dell'Anagrafe Tributaria, compreso l'Archivio dei rapporti finanziari, autorizzate dai Presidenti, oppure dai giudici delegati, nonché nelle risposte alle istanze formulate ai sensi dell'articolo 22 della legge 7 agosto 1990, n. 241, e dell'articolo 5 del decreto legislativo 14 marzo 2013, n. 33 [(4)].

4. Con riferimento ai termini di prescrizione e decadenza relativi all'attività degli uffici degli enti impositori si applica, anche in deroga alle disposizioni dell'articolo 3, comma 3, della legge 27 luglio 2000, n. 212, l'articolo 12, commi 1 e 3, del decreto legislativo 24 settembre 2015, n. 159 [(5)].

[(A)] *In riferimento ad alcuni chiarimenti e indicazioni operative sulla trattazione delle istanze di interpello nel periodo di sospensione dei termini, di cui al presente articolo, vedi: Circolare Agenzia delle Entrate 20 marzo 2020 n. 4/E.*
In riferimento ad alcuni chiarimenti inerenti la sospensione dei termini e accertamento con adesione, di cui al presente articolo, vedi: Circolare Agenzia delle Entrate 23 marzo 2020 n. 6/E.
In riferimento ad alcuni chiarimenti e indicazioni operative sulla trattazione delle istanze di accordo preventivo per le imprese con attività internazionale e di determinazione del reddito agevolabile ai fini del c.d. patent box, di cui al presente articolo, vedi: Circolare Agenzia delle Entrate 27 marzo 2020 n. 7/E.
In riferimento alla sospensione dei termini relativi all'attività degli uffici degli enti impositori, di cui al presente articolo, vedi: Risoluzione Ministero dell'Economia e Finanze 15 giugno 2020 n. 6/DF.

[(1)] *Per una deroga alle disposizioni di cui al presente comma, vedi l'articolo 29, comma 3 del D.L. 8 aprile 2020, n. 23, convertito, con modificazioni, dalla Legge 5 giugno 2020, n. 40.*

[(2)] *Comma modificato dall'articolo 1, comma 1, della Legge 24 aprile 2020, n. 27, in sede di conversione.*

(3) *A norma dell'articolo 151, comma 1, del D.L. 19 maggio 2020, n. 34, convertito con modificazioni dalla Legge 17 luglio 2020, n. 77, come modificato dall'articolo 5, comma 12, lettera b), del D.L. 22 marzo 2021, n. 41, convertito, con modificazioni, in Legge 21 maggio 2021, n. 69, è prorogato fino al 31 gennaio 2022, il termine finale della sospensione disposta dal presente comma per la notifica degli atti e per l'esecuzione dei provvedimenti di sospensione della licenza o dell'autorizzazione amministrativa all'esercizio dell'attività, ovvero dell'esercizio dell'attività medesima o dell'iscrizione ad albi e ordini professionali, emanati dalle direzioni regionali dell'Agenzia delle entrate ai sensi dell'articolo 12, comma 2-bis, del D.lgs. 18 dicembre 1997, n. 471 ed eseguiti ai sensi del comma 2-ter dello stesso articolo 12, salvo quanto disposto dal successivo comma 2 del medesimo articolo 151.*

(4) *Comma modificato dall'articolo 1, comma 1, della Legge 24 aprile 2020, n. 27, in sede di conversione.*

(5) *Comma modificato dall'articolo 1, comma 1, della Legge 24 aprile 2020, n. 27, in sede di conversione.*

68. Sospensione dei termini di versamento dei carichi affidati all'agente della riscossione. (A) – 1. 1. Con riferimento alle entrate tributarie e non tributarie, sono sospesi i termini dei versamenti, in scadenza nel periodo dall'8 marzo 2020 al 31 agosto 2021, derivanti da cartelle di pagamento emesse dagli agenti della riscossione nonché dagli avvisi previsti dagli articoli 29 e 30 del decreto-legge 31 maggio 2010, n. 78, convertito, con modificazioni, dalla legge 30 luglio 2010, n. 122. I versamenti oggetto di sospensione devono essere effettuati in unica soluzione entro il mese successivo al termine del periodo di sospensione. Non si procede al rimborso di quanto già versato. Si applicano le disposizioni di cui all'articolo 12 del decreto legislativo 24 settembre 2015, n. 159 (2)(3)(4) . (B)

2. Le disposizioni di cui al comma 1 si applicano anche agli atti di cui all'articolo 9, commi da 3-bis a 3- sexies, del decreto-legge 2 marzo 2012, n. 16, convertito, con modificazioni, dalla legge 26 aprile 2012, n. 44, e alle ingiunzioni di cui al regio decreto 14 aprile 1910, n. 639, emesse dagli enti territoriali, nonché agli atti di cui all'articolo 1, comma 792, della legge 27 dicembre 2019, n. 160.

2-bis. Nei confronti delle persone fisiche che, alla data del 21 febbraio 2020, avevano la residenza ovvero la sede operativa nel territorio dei comuni individuati nell'allegato 1 al decreto del Presidente del Consiglio dei ministri 1° marzo 2020, e dei soggetti diversi dalle persone fisiche che, alla stessa data del 21 febbraio 2020, avevano nei medesimi comuni la sede legale o la sede operativa, i termini delle sospensioni di cui ai commi 1 e 2 decorrono dalla medesima data del 21 febbraio 2020 (5) .

2-ter. Relativamente ai piani di dilazione in essere alla data dell'8 marzo 2020 e ai provvedimenti di accoglimento emessi con riferimento alle richieste presentate fino al 31 dicembre 2020, gli effetti di cui all'articolo 19, comma 3, lettere a), b) e c), del decreto del Presidente della Repubblica 29 settembre 1973, n. 602, si determinano in caso di mancato pagamento, nel periodo di rateazione,- rispettivamente, di diciotto e di dieci rate, anche non consecutive (6)(7) .

3. Il versamento delle rate da corrispondere negli anni 2020, 2021 e 2022 ai fini delle definizioni agevolate di cui agli articoli 3 e 5 del decreto-legge 23 ottobre 2018, n. 119, convertito, con modificazioni, dalla legge 17 dicembre 2018, n. 136, all'articolo 16-bis del decreto-legge 30 aprile 2019, n. 34, convertito, con modificazioni, dalla legge 28 giugno 2019, n. 58, e all'articolo 1, commi 190 e 193, della legge 30 dicembre 2018, n. 145, è considerato tempestivo e non determina l'inefficacia delle stesse definizioni se effettuato integralmente, con applicazione delle disposizioni dell'articolo 3, comma 14-bis, del citato decreto-legge n. 119 del 2018:

a) entro il 30 aprile 2022, relativamente alle rate in scadenza nell'anno 2020;

b) entro il 31 luglio 2022, relativamente alle rate in scadenza nell'anno 2021;

c) entro il 30 novembre 2022, relativamente alle rate in scadenza nell'anno 2022 (8)(9) .

3-bis. Relativamente ai debiti per i quali, alla data del 31 dicembre 2019, si è determinata l'inefficacia delle definizioni di cui al comma 3 del presente articolo, in deroga all'articolo 3, comma 13, lettera a), del decreto-legge n. 119 del 2018, possono essere accordate nuove dilazioni ai sensi dell'articolo 19 del decreto del Presidente della Repubblica n. 602 del 1973. Tali dilazioni possono essere accordate anche relativamente ai debiti per i quali, alla medesima data, si è determinata l'inefficacia delle definizioni di cui all'articolo 6 del decreto-legge 22 ottobre 2016, n. 193, convertito, con modificazioni, dalla legge 1° dicembre 2016, n. 225, e all'articolo 1, commi da 4 a 10-quater, del decreto-legge 16 ottobre 2017, n. 148, convertito, con modificazioni, dalla legge 4 dicembre 2017, n. 172, in deroga alle previsioni in essi contenute. (10)(11)

[*4. In considerazione delle previsioni contenute nei commi 1 e 2 del presente articolo, e in deroga alle disposizioni di cui all'articolo 19, comma 1, del decreto legislativo 13 aprile 1999, n. 112, le comunicazioni di inesigibilità relative alle quote affidate agli agenti della riscossione nell'anno 2018, nell'anno 2019, nell'anno 2020 e nell'anno 2021 sono presentate, rispettivamente, entro il 31 dicembre 2023, entro il 31 dicembre 2024, entro il 31 dicembre 2025 e entro il 31 dicembre 2026*] (12).

4-bis. Con riferimento ai carichi, relativi alle entrate tributarie e non tributarie, affidati all'agente della riscossione durante il periodo di sospensione di cui ai commi 1 e 2-bis e, successivamente, fino alla data del 31 dicembre 2021, nonché, anche se affidati dopo lo stesso 31 dicembre 2021, a quelli relativi alle dichiarazioni di cui all'articolo 157, comma 3, lettere a), b), e c), del decreto-legge 19 maggio 2020, n. 34, convertito, con modificazioni, dalla legge 17 luglio 2020, n. 77, sono prorogati:

a) di dodici mesi, il termine di cui all'articolo 19, comma 2, lettera a), del decreto legislativo 13 aprile 1999, n. 112;

b) di ventiquattro mesi, anche in deroga alle disposizioni dell'articolo 3, comma 3, della legge 27 luglio 2000, n. 212, e a ogni altra disposizione di legge vigente, i termini di decadenza e prescrizione relativi alle stesse entrate (13).

(A) *In riferimento alla sospensione dei termini relativi all'attività degli uffici degli enti impositori, di cui al presente articolo, vedi: Risoluzione Ministero dell'Economia e Finanze 15 giugno 2020 n. 6/DF;*

- In riferimento al presente articolo, vedi: Circolare CNR - Consiglio Nazionale delle Ricerche 26 marzo 2021, n. 5.

(B) *In riferimento al presente comma, vedi: Circolare Ministero dell'Interno 1 luglio 2021, n. 37.*

(1) *Relativamente al termine di pagamento delle rate sospese di cui al presente articolo, commi 1, 2 e 2-bis del presente articolo, vedi l'articolo 3, comma 2, del D.L. 21 ottobre 2021, n. 146, convertito con modificazioni dalla Legge 17 dicembre 2021, n. 215.*

(2) *Comma modificato dall'articolo 1, comma 1, della Legge 24 aprile 2020, n. 27, in sede di conversione, successivamente dall'articolo 154, comma 1, lettera a), del D.L. 19 maggio 2020, n. 34, convertito con modificazioni dalla Legge 17 luglio 2020, n. 77, dall'articolo 99, comma 1, del D.L. 14 agosto 2020, n. 104, convertito, con modificazioni, dalla Legge 13 ottobre 2020, n. 126 e*

da ultimo dall'articolo 1, comma 1, lettera a), del D.L. 20 ottobre 2020, n. 129. La legge 27 novembre 2020, n. 159 ha abrogato il D.L. 129/2020.

(3) *Comma modificato dall'articolo 1-bis, comma 1, lettera a), del D.L. 7 ottobre 2020, n. 125, convertito con modificazioni dalla Legge 27 novembre 2020, n. 159 e dall'articolo 1, comma 2, del D.L.15 gennaio 2021, n. 3; successivamente l'articolo 1, del D.L. 3/2021 è stato abrogato dall'articolo 1, comma 5, del D.L. 30 gennaio 2021, n. 7. Il citato D.L. 7/2021 è stato abrogato dall'articolo 1, della Legge 26 febbraio 2021, n. 21.*

(4) *Comma sostituito dall'articolo 1, comma 2, del D.L. 30 gennaio 2021, n. 7, da ultimo il D.L. 7/2021 è stato abrogato dall'articolo 1, della Legge 26 febbraio 2021, n. 21. Successivamente il presente comma è stato sostituito dall'articolo 22-bis, comma 2, del D.L. 31 dicembre 2020, n. 183, convertito con modificazioni dalla Legge 26 febbraio 2021, n. 21. Modificato dall'articolo 4, comma 1, lettera a), del D.L. 22 marzo 2021, n. 41, convertito con modificazioni dalla Legge 21 maggio 2021, n. 69; dall'articolo 9, comma 1, del D.L. 25 maggio 2021, n. 73, convertito, con modificazioni dalla Legge 23 luglio 2021, n. 106 e dall'articolo 2, comma 1, del D.L. 30 giugno 2021, n. 99. Il citato D.L. 30 giugno 2021, n. 99, è stato abrogato dall'articolo 1, comma 3, della Legge 23 luglio 2021, n. 106.*

(5) *Comma inserito dall'articolo 1, comma 1, della Legge 24 aprile 2020, n. 27, in sede di conversione.*

(6) *Comma inserito dall'articolo 154, comma 1, lettera b), del D.L. 19 maggio 2020, n. 34, convertito con modificazioni dalla Legge 17 luglio 2020, n. 77 e successivamente modificato dall'articolo 99, comma 1, del D.L. 14 agosto 2020, n. 104, convertito, con modificazioni, dalla Legge 13 ottobre 2020, n. 126 e dall'articolo 1, comma 1, lettera a), del D.L. 20 ottobre 2020, n. 129. La legge 27 novembre 2020, n. 159 ha abrogato il D.L. 129/2020.*

(7) *Comma modificato dall'articolo 1-bis, comma 1, lettera a), del D.L. 7 ottobre 2020, n. 125, convertito con modificazioni dalla Legge 27 novembre 2020, n. 159 e successivamente dall'articolo 3, comma 1, del D.L. 21 ottobre 2021, n. 146, , convertito con modificazioni dalla Legge 17 dicembre 2021, n. 215.*

(8) *Comma modificato dall'articolo 1, comma 1, della Legge 24 aprile 2020, n. 27, in sede di conversione, successivamente sostituito dall'articolo 154, comma 1, lettera c), del D.L. 19 maggio 2020, n. 34, convertito con modificazioni dalla Legge 17 luglio 2020, n. 77 e da ultimo dall'articolo 4, comma 1, del D.L. 30 novembre 2020, n. 157; successivamente il D.L. 157/2020 è stato abrogato dall'articolo 1, comma 2, della Legge 18 dicembre 2020, n. 176.*

(9) *Comma modificato dall'articolo 13-septies, comma 1, del D.L. 28 ottobre 2020, n. 137, convertito con modificazioni dalla Legge 18 dicembre 2020, n. 176. Successivamente sostituito dall'articolo 4, comma 1, lettera b),del D.L. 22 marzo 2021, n. 41, convertito con modificazioni dalla Legge 21 maggio 2021, n. 69, dall'articolo 1-sexies, comma 1, del D.L. 25 maggio 2021, n. 73, convertito, con modificazioni dalla Legge 23 luglio 2021, n. 106, dall'articolo 1, comma 1, del D.L. 21 ottobre 2021, n. 146, convertito con modificazioni dalla Legge 17 dicembre 2021, n. 215 e, da ultimo dall'articolo 10-quinques, comma 2, del D.L. 27 gennaio 2022, n. 4, convertito con modificazioni dalla Legge 28 marzo 2022, n. 25.*

(10) *Comma inserito dall'articolo 154, comma 1, lettera d), del D.L. 19 maggio 2020, n. 34, convertito con modificazioni dalla Legge 17 luglio 2020, n. 77 e modificato dall'articolo 7, comma 6, del D.L. 30 novembre 2020, n. 157. Successivamente il D.L. 157/2020 è stato abrogato dall'articolo 1, comma 2, della Legge 18 dicembre 2020, n. 176.*

(11) *Comma modificato dall' dall'articolo 13 decies, comma 6 del D.L. 28 ottobre 2020, n. 137, convertito con modificazioni dalla Legge 18 dicembre 2020, n. 176.*

(12) *Comma sostituito dall'articolo 4, comma 1, lettera c),del D.L. 22 marzo 2021, n. 41, convertito con modificazioni dalla Legge 21 maggio 2021, n. 69.*

(13) *Comma aggiunto dall'articolo 1, comma 1, lettera b), del D.L. 20 ottobre 2020, n. 129 e dall'articolo 1-bis, comma 1, lettera b), del D.L. 7 ottobre 2020, n. 125, convertito con modificazioni dalla Legge 27 novembre 2020, n. 159. Il citato D.L. 129/2020 è stato abrogato dall'articolo 1, comma 2, della Legge 27 novembre 2020, n. 159. Da ultimo il presente comma è stato sostituito dall'articolo 4, comma 1, lettera d),del D.L. 22 marzo 2021, n. 41, convertito con modificazioni dalla Legge 21 maggio 2021, n. 69 e successivamente abrogato dall'articolo 1, comma 254, della Legge 29 dicembre 2022, n. 197.*

69. Proroga versamenti nel settore dei giochi. (A) – 1. I termini per il versamento del prelievo erariale unico sugli apparecchi di cui all'articolo 110, comma 6, lettera a) e lettera b), del testo unico di cui al regio decreto 18 giugno 1931, n. 773 e del canone concessorio in scadenza entro il 30 aprile 2020 sono prorogati al 29 maggio 2020. Le somme dovute possono essere versate con rate mensili di pari importo, con debenza degli interessi legali calcolati giorno per giorno. La prima rata è versata entro il 29 maggio e le successive entro l'ultimo giorno di ciascun mese successivo l'ultima rata è versata entro il 18 dicembre 2020 (1).

2. A seguito della sospensione dell'attività delle sale bingo prevista dal Decreto del Presidente del Consiglio dei Ministri dell'8 marzo 2020 e successive modificazioni ed integrazioni, non è dovuto il canone di cui all'articolo 1, comma 636, della legge 27 dicembre 2013, n. 147, a decorrere dal mese di marzo 2020 e per tutto il periodo di sospensione dell'attività (2).

3. I termini previsti dall'articolo 1, comma 727 della legge 27 dicembre 2019, n. 160 e dagli articoli 24, 25 e 27 del decreto legge 26 ottobre 2019, n. 124, convertito, con modificazioni, dalla legge 19 dicembre 2019, n. 157, sono prorogati di 6 mesi (3).

4. Alla copertura degli oneri previsti dalla presente disposizione si provvede ai sensi dell'articolo 126.

(A) *In riferimento alle erogazioni liberali in denaro effettuate alla Presidenza del Consiglio - Dipartimento della Protezione Civile, di cui al presente articolo, vedi: Risoluzione Agenzia delle Entrate 14/05/2020 n. 25/E*

(1) *Comma modificato dall'articolo 1, comma 1, della Legge 24 aprile 2020, n. 27, in sede di conversione.*

(2) *Comma modificato dall'articolo 1, comma 1, della Legge 24 aprile 2020, n. 27, in sede di conversione.*

(3) *Comma modificato dall'articolo 1, comma 1, della Legge 24 aprile 2020, n. 27, in sede di conversione.*

70. Potenziamento dell'Agenzia delle dogane e dei monopoli. (1) – [*1. Per l'anno 2020, le risorse destinate alla remunerazione delle prestazioni di lavoro straordinario del personale dell'Agenzia delle dogane e dei monopoli, in considerazione dei rilevanti impegni derivanti dall'incremento delle attività di controllo presso i porti, gli aeroporti e le dogane interne in relazione dall'emergenza sanitaria Covid19, sono incrementate di otto milioni di euro, a valere sui finanziamenti dell'Agenzia stessa, in deroga all'articolo 23, comma 2, del decreto legislativo 25 maggio 2017, n. 75. Alla compensazione degli effetti finanziari in termini di fabbisogno e indebitamento netto, pari a 4,12 milioni di euro per l'anno 2020, si provvede ai sensi dell'articolo 126.*]

(1) *Articolo abrogato dall'articolo 31, comma 2 del D.L. 8 aprile 2020, n. 23, convertito, con modificazioni, dalla Legge 5 giugno 2020, n. 40.*

71. Menzione per la rinuncia alle sospensioni. (1) – 1. Con decreto del Ministro dell'economia e delle finanze sono previste forme di menzione per i contribuenti i quali, non avvalendosi di una o più tra le sospensioni di versamenti previste dal presente titolo e dall'articolo 37, effettuino alcuno dei versamenti sospesi e ne diano comunicazione al Ministero dell'economia e delle finanze. Con il medesimo decreto il Ministro dell'economia e delle finanze definisce le modalità con le quali l'Agenzia delle entrate rilascia l'attestazione della menzione, che può essere utilizzata dai contribuenti a fini commerciali e di pubblicità [1].

[1] *Comma modificato dall'articolo 1, comma 1, della Legge 24 aprile 2020, n. 27, in sede di conversione.*

71 *bis*. Donazioni anti spreco per il rilancio della solidarietà sociale. [1] – 1. All'articolo 16 della legge 19 agosto 2016, n. 166, sono apportate le seguenti modificazioni:

a) al comma 1, dopo la lettera d) è inserita la seguente: "*d-bis) dei prodotti tessili, dei prodotti per l'abbigliamento e per l'arredamento, dei giocattoli, dei materiali per l'edilizia e degli elettrodomestici, nonché dei personal computer, tablet, e-reader e altri dispositivi per la lettura in formato elettronico, non più commercializzati o non idonei alla commercializzazione per imperfezioni, alterazioni, danni o vizi che non ne modificano l'idoneità all'utilizzo o per altri motivi similari*";

b) dopo il comma 3 è inserito il seguente: "*3-bis. Il donatore o l'ente donatario possono incaricare un terzo di adempiere per loro conto, ferma restando la responsabilità del donatore o dell'ente donatario, agli obblighi di cui alle lettere b) e c) del comma 3*".

[1] *Articolo aggiunto dall'articolo 1, comma 1, della Legge 24 aprile 2020, n. 27, in sede di conversione.*
(Omissis)

83. Nuove misure urgenti per contrastare l'emergenza epidemiologica da COVID-19 e contenerne gli effetti in materia di giustizia civile, penale, tributaria e militare. [A] – 1. Dal 9 marzo 2020 al 15 aprile 2020 le udienze dei procedimenti civili e penali pendenti presso tutti gli uffici giudiziari sono rinviate d'ufficio a data successiva al 15 aprile 2020 [1].

2. Dal 9 marzo 2020 al 15 aprile 2020 è sospeso il decorso dei termini per il compimento di qualsiasi atto dei procedimenti civili e penali. Si intendono pertanto sospesi, per la stessa durata, i termini stabiliti per la fase delle indagini preliminari, per l'adozione di provvedimenti giudiziari e per il deposito della loro motivazione, per la proposizione degli atti introduttivi del giudizio e dei procedimenti esecutivi, per le impugnazioni e, in genere, tutti i termini procedurali. Ove il decorso del termine abbia inizio durante il periodo di sospensione, l'inizio stesso è differito alla fine di detto periodo. Quando il termine è computato a ritroso e ricade in tutto o in parte nel periodo di sospensione, è differita l'udienza o l'attività da cui decorre il termine in modo da consentirne il rispetto. Si intendono altresì sospesi, per la stessa durata indicata nel primo periodo, i termini per la notifica del ricorso in primo grado innanzi alle Commissioni tributarie e il termine di cui all'articolo 17-bis, comma 2 del decreto legislativo 31 dicembre 1992 n. 546. Per il periodo compreso tra il 9 marzo 2020 e l'11 maggio 2020 si considera sospeso il decorso del termine di cui all'articolo 124 del codice penale [2].

3. Le disposizioni di cui ai commi 1 e 2 non operano nei seguenti casi:

a) cause di competenza del tribunale per i minorenni relative alle dichiarazioni di adottabilità, ai minori stranieri non accompagnati e ai minori allontanati dalla famiglia quando dal ritardo può derivare un grave pregiudizio e, in genere, procedimenti in cui è urgente e indifferibile la tutela di diritti fondamentali della persona; cause relative ai diritti delle persone minorenni, al diritto all'assegno di mantenimento, agli alimenti e all'assegno divorzile o ad obbligazioni alimentari derivanti da rapporti di famiglia, di parentela, di matrimonio o di affinità, nei soli casi in cui vi sia pregiudizio per la tutela di bisogni essenziali ; procedimenti cautelari aventi ad oggetto la tutela di diritti fondamentali della persona; procedimenti per l'adozione di provvedimenti in materia di tutela, di amministrazione di sostegno, di interdizione e di inabilitazione nei soli casi in cui viene dedotta una motivata situazione di indifferibilità incompatibile anche con l'adozione di provvedimenti provvisori e sempre che l'esame diretto della persona del beneficiario, dell'interdicendo e dell'inabilitando non risulti incompatibile con le sue condizioni di età e salute; procedimenti di cui all'articolo 35 della legge 23 dicembre 1978, n. 833; procedimenti di cui all'articolo 12 della legge 22 maggio 1978, n. 194; procedimenti per l'adozione di ordini di protezione contro gli abusi familiari; procedimenti di convalida dell'espulsione, allontanamento e trattenimento di cittadini di paesi terzi e dell'Unione europea; procedimenti di cui agli articoli 283,351 e 373 del codice di procedura civile, procedimenti elettorali di cui agli articoli 22,23 e 24 del decreto legislativo 1° settembre 2011, n. 150 e, in genere, tutti i procedimenti la cui ritardata trattazione può produrre grave pregiudizio alle parti. In quest'ultimo caso, la dichiarazione di urgenza è fatta dal capo dell'ufficio giudiziario o dal suo delegato in calce alla citazione o al ricorso, con decreto non impugnabile e, per le cause già iniziate, con provvedimento del giudice istruttore o del presidente del collegio, egualmente non impugnabile [3];

b) procedimenti di convalida dell'arresto o del fermo o dell'ordine di allontanamento immediato dalla casa familiare, procedimenti nei quali nel periodo di sospensione o nei sei mesi successivi scadono i termini di cui all'articolo 304, comma 6, del codice di procedura penale, procedimenti per la consegna di un imputato o di un condannato all'estero ai sensi della legge 22 aprile 2005, n. 69, procedimenti di estradizione per l'estero di cui al capo I del titolo II del libro XI del codice di procedura penale, procedimenti in cui sono applicate misure di sicurezza detentive o è pendente la richiesta di applicazione di misure di sicurezza detentive e, quando i detenuti, gli imputati, i proposti o i loro difensori espressamente richiedono che si proceda, altresì i seguenti:

1) procedimenti a carico di persone detenute, salvo i casi di sospensione cautelativa delle misure alternative, ai sensi dell'articolo 51-ter della legge 26 luglio 1975, n. 354;

2) procedimenti in cui sono applicate misure cautelari o di sicurezza;

3) procedimenti per l'applicazione di misure di prevenzione o nei quali sono disposte misure di prevenzione [4];

c) procedimenti che presentano carattere di urgenza, per la necessità di assumere prove indifferibili, nei casi di cui all'articolo 392 del codice di procedura penale. La dichiarazione di urgenza è fatta dal giudice o dal presidente del collegio, su richiesta di parte, con provvedimento motivato e non impugnabile.

3-bis. La richiesta che si proceda da parte di detenuti, imputati o proposti a norma del comma 3, lettera b), alinea, per i procedimenti pendenti dinanzi alla Corte di cassazione, può essere avanzata solo a mezzo del difensore che li rappresenta dinanzi alla Corte. Nei procedimenti pendenti dinanzi alla Corte di cassazione e pervenuti alla cancelleria della Corte nel periodo dal 9 marzo al 30 giugno il decorso del termine di prescrizione è sospeso sino alla data dell'udienza fissata per la trattazione e, in ogni caso, non oltre il 31 dicembre 2020 (5).

4. Nei procedimenti penali in cui opera la sospensione dei termini ai sensi del comma 2 sono altresì sospesi, per lo stesso periodo, il corso della prescrizione e i termini di cui agli articoli 303 e 308 del codice di procedura penale.

5. Nel periodo di sospensione dei termini e limitatamente all'attività giudiziaria non sospesa, i capi degli uffici giudiziari possono adottare le misure di cui al comma 7, lettere da a) a f) e h).

6. Per contrastare l'emergenza epidemiologica da COVID-19 e contenerne gli effetti negativi sullo svolgimento dell'attività giudiziaria, per il periodo compreso tra il 12 maggio e il 30 giugno 2020 i capi degli uffici giudiziari, sentiti l'autorità sanitaria regionale, per il tramite del Presidente della Giunta della Regione, e il Consiglio dell'ordine degli avvocati, adottano le misure organizzative, anche relative alla trattazione degli affari giudiziari, necessarie per consentire il rispetto delle indicazioni igienico-sanitarie fornite dal Ministero della salute, anche d'intesa con le Regioni, dal Dipartimento della funzione pubblica della Presidenza del Consiglio dei ministri, dal Ministero della giustizia e delle prescrizioni adottate in materia con decreti del Presidente del Consiglio dei ministri, al fine di evitare assembramenti all'interno dell'ufficio giudiziario e contatti ravvicinati tra le persone. Per gli uffici diversi dalla Corte suprema di cassazione e dalla Procura generale presso la Corte di cassazione, le misure sono adottate d'intesa con il Presidente della Corte d'appello e con il Procuratore generale della Repubblica presso la Corte d'appello dei rispettivi distretti (6).

7. Per assicurare le finalità di cui al comma 6, i capi degli uffici giudiziari possono adottare le seguenti misure:

a) la limitazione dell'accesso del pubblico agli uffici giudiziari, garantendo comunque l'accesso alle persone che debbono svolgervi attività urgenti;

b) la limitazione, sentito il dirigente amministrativo, dell'orario di apertura al pubblico degli uffici anche in deroga a quanto disposto dall'articolo 162 della legge 23 ottobre 1960, n. 1196 ovvero, in via residuale e solo per gli uffici che non erogano servizi urgenti, la chiusura al pubblico;

c) la regolamentazione dell'accesso ai servizi, previa prenotazione, anche tramite mezzi di comunicazione telefonica o telematica, curando che la convocazione degli utenti sia scaglionata per orari fissi, nonché l'adozione di ogni misura ritenuta necessaria per evitare forme di assembramento;

d) l'adozione di linee guida vincolanti per la fissazione e la trattazione delle udienze;

e) la celebrazione a porte chiuse, ai sensi dell'articolo 472, comma 3, del codice di procedura penale, di tutte le udienze penali pubbliche o di singole udienze e, ai sensi dell'articolo 128 del codice di procedura civile, delle udienze civili pubbliche;

f) la previsione dello svolgimento delle udienze civili che non richiedono la presenza di soggetti diversi dai difensori, dalle parti e dagli ausiliari del giudice, anche se finalizzate all'assunzione di informazioni presso la pubblica amministrazione, mediante collegamenti da remoto individuati e regolati con provvedimento del Direttore generale dei sistemi informativi e automatizzati del Ministero della giustizia. Lo svolgimento dell'udienza deve in ogni caso avvenire con modalità idonee a salvaguardare il contraddittorio e l'effettiva partecipazione delle parti; il luogo posto nell'ufficio giudiziario da cui il magistrato si collega con gli avvocati, le parti ed il personale addetto è considerato aula d'udienza a tutti gli effetti di legge. Prima dell'udienza il giudice fa comunicare ai procuratori delle parti e al pubblico ministero, se è prevista la sua partecipazione, giorno, ora e modalità di collegamento. All'udienza il giudice dà atto a verbale delle modalità con cui si accerta dell'identità dei soggetti partecipanti e, ove trattasi di parti, della loro libera volontà. Di tutte le ulteriori operazioni è dato atto nel processo verbale (7);

g) la previsione del rinvio delle udienze a data successiva al 30 giugno nei procedimenti civili e penali, con le eccezioni indicate al comma 3;

h) lo svolgimento delle udienze civili che non richiedono la presenza di soggetti diversi dai difensori delle parti mediante lo scambio e il deposito in telematico di note scritte contenenti le sole istanze e conclusioni, e la successiva adozione fuori udienza del provvedimento del giudice;

h-bis) lo svolgimento dell'attività degli ausiliari del giudice con collegamenti da remoto tali da salvaguardare il contraddittorio e l'effettiva partecipazione delle parti (8).

7-bis. Fermo quanto disposto per gli incontri tra genitori e figli in spazio neutro, ovvero alla presenza di operatori del servizio socio-assistenziale, disposti con provvedimento giudiziale fino al 31 maggio 2020, dopo tale data è ripristinata la continuità degli incontri protetti tra genitori e figli già autorizzata dal tribunale per i minorenni per tutti i servizi residenziali, non residenziali e semiresidenziali per i minorenni, nonché negli spazi neutri, favorendo le condizioni che consentono le misure di distanziamento sociale. La sospensione degli incontri, nel caso in cui non sia possibile assicurare i collegamenti da remoto, può protrarsi esclusivamente in caso di taluno dei delitti di cui alla legge 19 luglio 2019, n. 69 (9).

8. Per il periodo di efficacia dei provvedimenti di cui al comma 7 che precludano la presentazione della domanda giudiziale è sospesa la decorrenza dei termini di prescrizione e decadenza dei diritti che possono essere esercitati esclusivamente mediante il compimento delle attività precluse dai provvedimenti medesimi (10).

9. Nei procedimenti penali il corso della prescrizione e i termini di cui agli articoli 303, 308, 309, comma 9, 311, commi 5 e 5-bis, e 324, comma 7, del codice di procedura penale e agli articoli 24, comma 2, e 27, comma 6, del decreto legislativo 6 settembre 2011, n. 159 rimangono sospesi per il tempo in cui il procedimento è rinviato ai sensi del comma 7, lettera g), e, in ogni caso, non oltre il 30 giugno 2020 (11).

10. Ai fini del computo di cui all'articolo 2 della legge 24 marzo 2001, n. 89, nei procedimenti rinviati a norma del presente articolo non si tiene conto del periodo compreso tra l'8 marzo e il 30 giugno 2020.

11. Dal 9 marzo 2020 al 30 giugno 2020, negli uffici che hanno la disponibilità del servizio di deposito telematico anche gli atti e documenti di cui all'articolo 16-bis, comma 1-bis, del decreto legge 18 ottobre 2012, n. 179, convertito, con modificazioni, dalla legge 17 dicembre 2012, n. 221, sono depositati esclusivamente con le modalità previste dal comma 1 del medesimo articolo. Gli obblighi di pagamento del contributo unificato di cui all'articolo 14 del decreto del Presidente della Repubblica 30 maggio 2002, n. 115, nonché

l'anticipazione forfettaria di cui all'articolo 30 del medesimo decreto, connessi al deposito degli atti con le modalità previste dal periodo precedente, sono assolti con sistemi telematici di pagamento anche tramite la piattaforma tecnologica di cui all'articolo 5, comma 2, del decreto legislativo 7 marzo 2005, n. 82 (12).

11.1. Dal 9 marzo 2020 al 31 luglio 2020, nei procedimenti civili, contenziosi o di volontaria giurisdizione innanzi al tribunale e alla corte di appello, il deposito degli atti del magistrato ha luogo esclusivamente con modalità telematiche, nel rispetto della normativa anche regolamentare concernente la sottoscrizione, la trasmissione e la ricezione dei documenti informatici. È comunque consentito il deposito degli atti di cui al periodo precedente con modalità non telematiche quando i sistemi informatici del dominio giustizia non sono funzionanti (13).

11-bis. Nei procedimenti civili innanzi alla Corte di cassazione, sino al 30 giugno 2020, il deposito degli atti e dei documenti da parte degli avvocati può avvenire in modalità telematica nel rispetto della normativa anche regolamentare concernente la sottoscrizione, la trasmissione e la ricezione dei documenti informatici. L'attivazione del servizio è preceduta da un provvedimento del direttore generale dei sistemi informativi e automatizzati del Ministero della giustizia che accerta l'installazione e l'idoneità delle attrezzature informatiche, unitamente alla funzionalità dei servizi di comunicazione dei documenti informatici. Gli obblighi di pagamento del contributo unificato di cui all'articolo 14 del testo unico di cui al decreto del Presidente della Repubblica 30 maggio 2002, n. 115, nonché l'anticipazione forfettaria di cui all'articolo 30 del medesimo decreto, connessi al deposito telematico degli atti di costituzione in giudizio presso la Corte di cassazione, sono assolti con sistemi telematici di pagamento anche tramite la piattaforma tecnologica di cui all'articolo 5, comma 2, del codice di cui al decreto legislativo 7 marzo 2005, n. 82 (14).

12. Ferma l'applicazione dell'articolo 472, comma 3, del codice di procedura penale, dal 9 marzo 2020 al 30 giugno 2020, la partecipazione a qualsiasi udienza delle persone detenute, internate o in stato di custodia cautelare è assicurata, ove possibile, mediante videoconferenze o con collegamenti da remoto individuati e regolati con provvedimento del Direttore generale dei sistemi informativi e automatizzati del Ministero della giustizia, applicate, in quanto compatibili, le disposizioni di cui ai commi 3, 4 e 5 dell'articolo 146-bis delle norme di attuazione, di coordinamento e transitorie del codice di procedura penale, di cui al decreto legislativo 28 luglio 1989, n. 271 (15).

12-bis. Fermo quanto previsto dal comma 12, dal 9 marzo 2020 al 30 giugno 2020 le udienze penali che non richiedono la partecipazione di soggetti diversi dal pubblico ministero, dalle parti private e dai rispettivi difensori, dagli ausiliari del giudice, da ufficiali o agenti di polizia giudiziaria, da interpreti, consulenti o periti possono essere tenute mediante collegamenti da remoto individuati e regolati con provvedimento del direttore generale dei sistemi informativi e automatizzati del Ministero della giustizia. Lo svolgimento dell'udienza avviene con modalità idonee a salvaguardare il contraddittorio e l'effettiva partecipazione delle parti. Prima dell'udienza il giudice fa comunicare ai difensori delle parti, al pubblico ministero e agli altri soggetti di cui è prevista la partecipazione giorno, ora e modalità del collegamento. I difensori attestano l'identità dei soggetti assistiti, i quali, se liberi o sottoposti a misure cautelari diverse dalla custodia in carcere, partecipano all'udienza solo dalla medesima postazione da cui si collega il difensore. In caso di custodia dell'arrestato o del fermato in uno dei luoghi indicati dall'articolo 284, comma 1, del codice di procedura penale, la persona arrestata o fermata e il difensore possono partecipare all'udienza di convalida da remoto anche dal più vicino ufficio della polizia giudiziaria attrezzato per la videoconferenza, quando disponibile. In tal caso, l'identità della persona arrestata o formata è accertata dall'ufficiale di polizia giudiziaria presente. L'ausiliario del giudice partecipa all'udienza dall'ufficio giudiziario e dà atto nel verbale d'udienza delle modalità di collegamento da remoto utilizzate, delle modalità con cui si accerta l'identità dei soggetti partecipanti e di tutte le ulteriori operazioni, nonché dell'impossibilità dei soggetti non presenti fisicamente di sottoscrivere il verbale, ai sensi dell'articolo 137, comma 2, del codice di procedura penale, o di vistarlo, ai sensi dell'articolo 483, comma 1, del codice di procedura penale. Fermo quanto previsto dal comma 12, le disposizioni di cui al presente comma non si applicano, salvo che le parti vi acconsentano, alle udienze di discussione finale, in pubblica udienza o in camera di consiglio e a quelle nelle quali devono essere esaminati testimoni, parti, consulenti o periti (16).

12-ter. A decorrere dalla data di entrata in vigore della legge di conversione del presente decreto e sino al 30 giugno 2020, per la decisione sui ricorsi proposti per la trattazione a norma degli articoli 127 e 614 del codice di procedura penale la Corte di cassazione procede in Camera di consiglio senza l'intervento del procuratore generale e dei difensori delle altre parti, salvo che una delle parti private o il procuratore generale faccia richiesta di discussione orale. Entro il quindicesimo giorno precedente l'udienza, il procuratore generale formula le sue richieste con atto spedito alla cancelleria della Corte a mezzo di posta elettronica certificata. La cancelleria provvede immediatamente a inviare, con lo stesso mezzo, l'atto contenente le richieste ai difensori delle altre parti che, entro il quinto giorno antecedente l'udienza, possono presentare con atto scritto, inviato alla cancelleria della corte a mezzo di posta elettronica certificata, le conclusioni. Alla deliberazione si procede anche con le modalità di cui al comma 12-quinquies; non si applica l'articolo 615, comma 3, del codice di procedura penale e il dispositivo è comunicato alle parti. La richiesta di discussione orale è formulata per iscritto dal procuratore generale o dal difensore [*del ricorrente*] abilitato a norma dell'articolo 613 del codice di procedura penale entro il termine perentorio di venticinque giorni liberi prima dell'udienza e presentata, a mezzo di posta elettronica certificata, alla cancelleria. Le udienze fissate in data anteriore al venticinquesimo giorno successivo alla data di entrata in vigore della legge di conversione del presente decreto sono rinviate in modo da consentire il rispetto del termine previsto per la richiesta di discussione orale. Se la richiesta è formulata dal difensore del ricorrente, i termini di prescrizione e di custodia cautelare sono sospesi per il tempo in cui il procedimento è rinviato (17).

12-quater. Dal 9 marzo 2020 al 30 giugno, nel corso delle indagini preliminari il pubblico ministero e il giudice possono avvalersi di collegamenti da remoto, individuati e regolati con provvedimento del direttore generale dei sistemi informativi e automatizzati del Ministero della giustizia, per compiere atti che richiedono la partecipazione della persona sottoposta alle indagini, della persona offesa, del difensore, di consulenti, di esperti o di altre persone, nei casi in cui la presenza fisica di costoro non può essere assicurata senza mettere a rischio le esigenze di contenimento della diffusione del virus COVID-19. La partecipazione delle persone detenute, internate o in stato di custodia cautelare è assicurata con le modalità di cui al comma 12. Le persone chiamate a partecipare all'atto sono tempestivamente invitate a presentarsi presso il più vicino ufficio di polizia giudiziaria, che abbia in dotazione strumenti idonei ad assicurare il collegamento da remoto. Presso tale ufficio le persone partecipano al compimento dell'atto in presenza di un ufficiale o agente di polizia giudiziaria, che procede alla loro identificazione. Il compimento dell'atto avviene con modalità idonee a salvaguardarne, ove necessario, la segretezza e ad assicurare la possibilità per la persona sottoposta alle indagini di consultarsi riservatamente con il proprio difensore. Il difensore partecipa da remoto mediante collegamento dallo studio legale, salvo che decida di essere presente nel luogo ove si trova il suo assistito. Il pubblico ufficiale che redige il verbale dà atto nello stesso delle modalità di collegamento da remoto utilizzate, delle modalità con cui si accerta l'identità dei soggetti partecipanti e di tutte le ulteriori operazioni, nonché dell'impossibilità dei soggetti non presenti fisicamente di sottoscrivere il verbale, ai sensi dell'articolo 137, comma 2, del codice di procedura penale [18].

12-quater.1 - Sino al 31 luglio 2020, con uno o più decreti del Ministro della giustizia non aventi natura regolamentare, presso ciascun ufficio del pubblico ministero che ne faccia richiesta a norma del terzo periodo, è autorizzato il deposito con modalità telematica di memorie, documenti, richieste e istanze indicate dall'articolo 415-bis, comma 3, del codice di procedura penale, secondo le disposizioni stabilite con provvedimento del Direttore generale dei sistemi informativi e automatizzati del Ministero della giustizia, anche in deroga alle previsioni del decreto emanato ai sensi dell'articolo 4, comma 1, del decreto-legge 29 dicembre 2009, n. 193, convertito, con modificazioni, dalla legge 22 febbraio 2010, n. 24. Il deposito degli atti si intende eseguito al momento del rilascio della ricevuta di accettazione da parte dei sistemi ministeriali, secondo le modalità stabilite dal provvedimento direttoriale di cui al primo periodo. I decreti di cui al primo periodo sono adottati su richiesta degli uffici del pubblico ministero, previo accertamento da parte del Direttore generale dei sistemi informativi e automatizzati del Ministero della giustizia della funzionalità dei servizi di comunicazione dei documenti informatici [19].

12-quater.2 - Sino al 31 luglio 2020, con uno o più decreti del Ministro della giustizia non aventi natura regolamentare, presso ciascun ufficio del pubblico ministero che ne faccia richiesta a norma del terzo periodo, gli ufficiali e agenti di polizia giudiziaria sono autorizzati a comunicare agli uffici del pubblico ministero atti e documenti in modalità telematica, secondo le disposizioni stabilite con provvedimento del Direttore generale dei sistemi informativi e automatizzati del Ministero della giustizia, anche in deroga alle previsioni del decreto emanato ai sensi dell'articolo 4, comma 1, del decreto-legge 29 dicembre 2009, n. 193, convertito, con modificazioni, dalla legge 22 febbraio 2010, n. 24. La comunicazione di cui al periodo che precede si intende eseguita al momento del rilascio della ricevuta di accettazione da parte dei sistemi ministeriali, secondo le modalità stabilite dal provvedimento direttoriale di cui al periodo che precede. I decreti di cui al primo periodo sono adottati su richiesta degli uffici del pubblico ministero, previo accertamento da parte del Direttore generale dei sistemi informativi e automatizzati del Ministero della giustizia della funzionalità dei servizi di comunicazione dei documenti informatici [20].

12-quinquies. Dal 9 marzo 2020 al 30 giugno 2020, nei procedimenti civili e penali non sospesi, le deliberazioni collegiali in camera di consiglio possono essere assunte mediante collegamenti da remoto individuati e regolati con provvedimento del direttore generale dei sistemi informativi e automatizzati del Ministero della giustizia. Il luogo da cui si collegano i magistrati è considerato Camera di consiglio a tutti gli effetti di legge. Nei procedimenti penali, dopo la deliberazione, il presidente del collegio o il componente del collegio da lui delegato sottoscrive il dispositivo della sentenza o l'ordinanza e il provvedimento è depositato in cancelleria ai fini dell'inserimento nel fascicolo il prima possibile e, in ogni caso, immediatamente dopo la cessazione dell'emergenza sanitaria. Nei procedimenti penali, le disposizioni di cui al presente comma non si applicano alle deliberazioni conseguenti alle udienze di discussione finale, in pubblica udienza o in camera di consiglio, svolte senza il ricorso a collegamento da remoto [21].

13. Le comunicazioni e le notificazioni relative agli avvisi e ai provvedimenti adottati nei procedimenti penali ai sensi del presente articolo, nonché dell'articolo 10 del decreto-legge 2 marzo 2020, n. 9, sono effettuate attraverso il Sistema di notificazioni e comunicazioni telematiche penali ai sensi dell'articolo 16 del decreto-legge 18 ottobre 2012, n. 179, convertito, con modificazioni, dalla legge 17 dicembre 2012, n. 221, o attraverso sistemi telematici individuati e regolati con provvedimento del Direttore generale dei sistemi informativi e automatizzati del Ministero della giustizia.

14. Le comunicazioni e le notificazioni degli avvisi e dei provvedimenti indicati al comma 13 agli imputati e alle altre parti sono eseguite mediante invio all'indirizzo di posta elettronica certificata di sistema del difensore di fiducia, ferme restando le notifiche che per legge si effettuano presso il difensore d'ufficio.

15. Tutti gli uffici giudiziari sono autorizzati all'utilizzo del Sistema di notificazioni e comunicazioni telematiche penali per le comunicazioni e le notificazioni di avvisi e provvedimenti indicati ai commi 13 e 14, senza necessità di ulteriore verifica o accertamento di cui all'articolo 16, comma 10, del decreto-legge 18 ottobre 2012, n. 179, convertito, con modificazioni, dalla legge 17 dicembre 2012, n. 221.

16. Negli istituti penitenziari e negli istituti penali per minorenni, a decorrere dal 9 marzo 2020 e sino alla data del 22 marzo 2020, i colloqui con i congiunti o con altre persone cui hanno diritto i condannati, gli internati e gli imputati a norma degli articoli 18 della legge 26 luglio 1975, n. 354, 37 del decreto del Presidente della Repubblica 30 giugno 2000, n. 230, e 19 del decreto legislativo 2 ottobre 2018, n. 121, sono svolti a distanza, mediante, ove possibile, apparecchiature e collegamenti di cui dispone l'amministrazione penitenziaria e minorile o mediante corrispondenza telefonica, che può essere autorizzata oltre i limiti di cui all'articolo 39, comma 2, del predetto decreto del Presidente della Repubblica n. 230 del 2000 e all'articolo 19, comma 1, del decreto

legislativo n. 121 del 2018.

17. Tenuto conto delle evidenze rappresentate dall'autorità sanitaria, la magistratura di sorveglianza può sospendere, nel periodo compreso tra il 9 marzo 2020 ed il 31 maggio 2020, la concessione dei permessi premio di cui all'articolo 30-ter della legge 26 luglio 1975, n. 354, e del regime di semilibertà ai sensi dell'articolo 48 della medesima legge e del decreto legislativo 2 ottobre 2018, n. 121 (22) .

18. Le sessioni delle Corti di assise e delle Corti di assise di appello di cui all'articolo 7 della legge 10 aprile 1951, n. 287, in corso alla data di entrata in vigore del presente decreto, sono prorogate fino alla data del 30 giugno 2020.

19. In deroga al disposto dell'articolo 1, comma 1, del decreto legislativo 28 febbraio 2008, n. 35, per l'anno 2020 le elezioni per il rinnovo dei componenti del consiglio giudiziario e del consiglio direttivo della Corte di cassazione si svolgono la prima domenica e il lunedì successivo del mese di ottobre.

20. Dal 9 marzo 2020 al 11 maggio 2020 sono altresì sospesi i termini per lo svolgimento di qualunque attività nei procedimenti di mediazione ai sensi del decreto legislativo 4 marzo 2010, n. 28, nei procedimenti di negoziazione assistita ai sensi del decreto-legge 12 settembre 2014, n. 132, convertito, con modificazioni, dalla legge 10 novembre 2014, n. 162, nonché in tutti i procedimenti di risoluzione stragiudiziale delle controversie regolati dalle disposizioni vigenti, quando i predetti procedimenti siano stati introdotti o risultino già pendenti a far data dal 9 marzo fino al 11 maggio 2020. Sono conseguentemente sospesi i termini di durata massima dei medesimi procedimenti (23).

20-bis. Nel periodo dal 9 marzo al 30 giugno 2020, gli incontri di mediazione in ogni caso possono svolgersi in via telematica con il preventivo consenso di tutte le parti coinvolte nel procedimento. Anche successivamente a tale periodo gli incontri potranno essere svolti, con il preventivo consenso di tutte le parti coinvolte nel procedimento, in via telematica, ai sensi dell'articolo 3, comma 4, del decreto legislativo 4 marzo 2010, n. 28, mediante sistemi di videoconferenza. In caso di procedura telematica l'avvocato, che sottoscrive con firma digitale, può dichiarare autografa la sottoscrizione del proprio cliente collegato da remoto ed apposta in calce al verbale ed all'accordo di conciliazione. Il verbale relativo al procedimento di mediazione svoltosi in modalità telematica è sottoscritto dal mediatore e dagli avvocati delle parti con firma digitale ai fini dell'esecutività dell'accordo prevista dall'articolo 12 del decreto legislativo 4 marzo 2010, n. 28. Il mediatore, apposta la propria sottoscrizione digitale, trasmette tramite posta elettronica certificata agli avvocati delle parti l'accordo così formato. In tali casi l'istanza di notificazione dell'accordo di mediazione può essere trasmessa all'ufficiale giudiziario mediante l'invio di un messaggio di posta elettronica certificata. L'ufficiale giudiziario estrae dall'allegato del messaggio di posta elettronica ricevuto le copie analogiche necessarie ed esegue la notificazione ai sensi degli articoli 137 e seguenti del codice di procedura civile, mediante consegna di copia analogica dell'atto da lui dichiarata conforme all'originale ai sensi dell'articolo 23, comma 1, del codice dell'amministrazione digitale, di cui al decreto legislativo 7 marzo 2005, n. 82 (24).

20-ter. Fino alla cessazione delle misure di distanziamento previste dalla legislazione emergenziale in materia di prevenzione del contagio da COVID-19, nei procedimenti civili la sottoscrizione della procura alle liti può essere apposta dalla parte anche su un documento analogico trasmesso al difensore, anche in copia informatica per immagine, unitamente a copia di un documento di identità in corso di validità, anche a mezzo di strumenti di comunicazione elettronica. In tal caso, l'avvocato certifica l'autografia mediante la sola apposizione della propria firma digitale sulla copia informatica della procura. La procura si considera apposta in calce, ai sensi dell'articolo 83 del codice di procedura civile, se è congiunta all'atto cui si riferisce mediante gli strumenti informatici individuati con decreto del Ministero della giustizia (25).

21. Le disposizioni del presente articolo, in quanto compatibili, si applicano altresì ai procedimenti relativi alle giurisdizioni speciali non contemplate dal presente decreto-legge, agli arbitrati rituali, alle commissioni tributarie e alla magistratura militare (26).

[*22. Sono abrogati gli articoli 1 e 2 del decreto-legge 8 marzo 2020, n. 11.*] (27)(A)

(A) In riferimento ai primi chiarimenti in merito ai termini per il pagamento degli importi dovuti a seguito di accertamenti esecutivi, di cui al presente articolo vedi: Circolare Agenzia delle Entrate 20 marzo 2020 n. 5/E; Linee guida CSM - Consiglio Superiore della Magistratura 04/06/2020 n. 166614
In riferimento al Covid-19. Rinvio delle udienze e sospensione dei termini processuali ad ampio raggio, di cui al presente articolo, vedi: Comunicato stampa Agenzia delle Entrate 16 aprile 2020 n. 27/E; Circolare Agenzia delle Entrate 16 aprile 2020 n. 10/E.
In riferimento alle prime indicazioni in merito alle disposizioni recate dal presente articolo come modificato dal decreto legge 8 aprile 2020, n. 23 «D.L. imprese» vedi: Circolare Ministero dello sviluppo economico 15 aprile 2020 n. 3723/C.
In riferimento alla prevenzione della diffusione del contagio da coronavirus - informazioni riassuntive su attività svolte e prime direttive in tema di organizzative per avvio cd. "fase due", di cui al presente articolo, vedi: Circolare Ministero della Giustizia 2 maggio 2020 n. 166316.
In riferimento all'Emergenza COVID-19. Chiarimenti in ordine alla sospensione dei termini in materia assistenziale ai sensi del presente articolo, vedi: Messaggio INPS - Istituto nazionale previdenza sociale 20 maggio 2020 n. 2097.
(1) A norma dell'articolo 36, comma 1, del D.L. 8 aprile 2020, n. 23, convertito con modificazioni dalla Legge 5 giugno 2020, n. 40, il termine del 15 aprile 2020 previsto dal presente comma è prorogato all'11 maggio 2020.
(2) A norma dell'articolo 36, comma 1, del D.L. 8 aprile 2020, n. 23, convertito con modificazioni dalla Legge 5 giugno 2020, n. 40, il termine del 15 aprile 2020 previsto dal presente comma è prorogato all'11 maggio 2020. Comma da ultimo modificato dall'articolo 221, comma 1 del D.L. 19 maggio 2020, n. 34, convertito, con modificazioni, dalla Legge 17 luglio 2020, n. 77. Vedi inoltre l'articolo 158, comma 1, del medesimo D.L. 34 del 2020 convertito, con modificazioni, dalla Legge 17 luglio 2020, n. 77.
(3) Lettera modificata dall'articolo 1, comma 1, della Legge 24 aprile 2020, n. 27, in sede di conversione e successivamente dall'articolo 3, comma 1, lettera a), n. 1) del D.L. 30 aprile 2020, n. 28, convertito, con modificazioni, dalla Legge 25 giugno 2020, n. 70.
(4) Lettera modificata dall'articolo 1, comma 1, della Legge 24 aprile 2020, n. 27, in sede di conversione e successivamente dall'articolo 3, comma 1, lettera a), n. 2) del D.L. 30 aprile 2020, n. 28, convertito, con modificazioni, dalla Legge 25 giugno 2020, n. 70.
(5) Comma inserito dall'articolo 1, comma 1, della Legge 24 aprile 2020, n. 27, in sede di conversione.
(6) A norma dell'articolo 36, comma 1, del D.L. 8 aprile 2020, n. 23, convertito con modificazioni dalla Legge 5 giugno 2020, n. 40, il termine iniziale del periodo previsto dal comma è fissato al 12 maggio 2020. Comma da ultimo modificato dall'articolo 3, comma 1, lettere b) e b-bis) del D.L. 30 aprile 2020, n. 28, convertito, con modificazioni, dalla Legge 25 giugno 2020, n. 70.
(7) Lettera modificata dall'articolo 1, comma 1, della Legge 24 aprile 2020, n. 27, in sede di conversione, e successivamente dall'articolo 3, comma 1, lettera c), del D.L. 30 aprile 2020, n. 28, convertito, con modificazioni, dalla Legge 25 giugno 2020, n. 70.

(8) Lettera aggiunta dall'articolo 1, comma 1, della Legge 24 aprile 2020, n. 27, in sede di conversione.
(9) Comma aggiunto dall'articolo 1, comma 1, della Legge 24 aprile 2020, n. 27, in sede di conversione, e successivamente sostituito dall'articolo 3, comma 1, lettera c-bis), del D.L. 30 aprile 2020, n. 28, convertito, con modificazioni, dalla Legge 25 giugno 2020, n. 70.
(10) Comma modificato dall'articolo 1, comma 1, della Legge 24 aprile 2020, n. 27, in sede di conversione.
(11) Comma modificato dall'articolo 1, comma 1, della Legge 24 aprile 2020, n. 27, in sede di conversione.
(12) Comma modificato dall'articolo 1, comma 1, della Legge 24 aprile 2020, n. 27, in sede di conversione. La Corte Costituzionale, con sentenza 6 luglio 2021, n. 140, (in Gazz. Uff. 7 luglio 2021, n. 27), ha dichiarato l'illegittimità costituzionale del presente comma, nella parte in cui prevede la sospensione del corso della prescrizione per il tempo in cui i procedimenti penali sono rinviati ai sensi del precedente comma 7, lettera g), e in ogni caso, non oltre il 30 giugno 2020.
(13) Comma inserito dall'articolo 3, comma 1, lettera c-ter), del D.L. 30 aprile 2020, n. 28, convertito, con modificazioni, dalla Legge 25 giugno 2020, n. 70.
(14) Comma inserito dall'articolo 1, comma 1, della Legge 24 aprile 2020, n. 27, in sede di conversione.
(15) Comma modificato dall'articolo 1, comma 1, della Legge 24 aprile 2020, n. 27, in sede di conversione.
(16) Comma inserito dall'articolo 1, comma 1, della Legge 24 aprile 2020, n. 27, in sede di conversione e successivamente modificato dall'articolo 3, comma 1, lettera d), del D.L. 30 aprile 2020, n. 28, convertito, con modificazioni, dalla Legge 25 giugno 2020, n. 70.
(17) Comma inserito dall'articolo 1, comma 1, della Legge 24 aprile 2020, n. 27, in sede di conversione e successivamente modificato dall'articolo 3, comma 1, lettera e), del D.L. 30 aprile 2020, n. 28, convertito, con modificazioni, dalla Legge 25 giugno 2020, n. 70.
(18) Comma inserito dall'articolo 1, comma 1, della Legge 24 aprile 2020, n. 27, in sede di conversione.
(19) Comma aggiunto dall'articolo 3, comma 1, lettera f) del D.L. 30 aprile 2020, n. 28, convertito, con modificazioni, dalla Legge 25 giugno 2020, n. 70.
(20) Comma aggiunto dall'articolo 3, comma 1, lettera f) del D.L. 30 aprile 2020, n. 28, convertito, con modificazioni, dalla Legge 25 giugno 2020, n. 70.
(21) Comma inserito dall'articolo 1, comma 1, della Legge 24 aprile 2020, n. 27, in sede di conversione e successivamente modificato dall'articolo 3, comma 1, lettera g) del D.L. 30 aprile 2020, n. 28, convertito, con modificazioni, dalla Legge 25 giugno 2020, n. 70.
(22) Comma modificato dall'articolo 1, comma 1, della Legge 24 aprile 2020, n. 27, in sede di conversione.
(23) Comma sostituito dall'articolo 1, comma 1, della Legge 24 aprile 2020, n. 27, in sede di conversione e successivamente modificato dall'articolo 3, comma 1, lettera h), del D.L. 30 aprile 2020, n. 28, convertito, con modificazioni, dalla Legge 25 giugno 2020, n. 70.
(24) Comma aggiunto dall'articolo 1, comma 1, della Legge 24 aprile 2020, n. 27, in sede di conversione e successivamente modificato dall'articolo 3, comma 1, lettera h-bis) del D.L. 30 aprile 2020, n. 28, convertito, con modificazioni, dalla Legge 25 giugno 2020, n. 70.
(25) Comma aggiunto dall'articolo 1, comma 1, della Legge 24 aprile 2020, n. 27, in sede di conversione.
(26) Comma modificato dall'articolo 1, comma 1, della Legge 24 aprile 2020, n. 27, in sede di conversione.
(27) Comma soppresso dall'articolo 1, comma 1, della Legge 24 aprile 2020, n. 27, in sede di conversione.

11. D.L. 8 aprile 2020, n. 23

Decreto convertito, con modificazioni dalla Legge 5 giugno 2020, n. 40. - Misure urgenti in materia di accesso al credito e di adempimenti fiscali per le imprese, di poteri speciali nei settori strategici, nonché interventi in materia di salute e lavoro, di proroga di termini amministrativi e processuali. (DECRETO LIQUIDITÀ)[(A)](Estratto: artt. 18-31 e 36).
(in Gazz. Uff., 8 aprile 2020, n. 94).

(Omissis)

18. Sospensione di versamenti tributari e contributivi. – 1. Per i soggetti esercenti attività d'impresa, arte o professione, che hanno il domicilio fiscale, la sede legale o la sede operativa nel territorio dello Stato con ricavi o compensi non superiori a 50 milioni di euro nel periodo di imposta precedente a quello in corso alla data di entrata in vigore del presente decreto, che hanno subito una diminuzione del fatturato o dei corrispettivi di almeno il 33 per cento nel mese di marzo 2020 rispetto allo stesso mese del precedente periodo d'imposta e nel mese di aprile 2020 rispetto allo stesso mese del precedente periodo d'imposta, sono sospesi, rispettivamente, per i mesi di aprile e di maggio 2020, i termini dei versamenti in autoliquidazione relativi:

a) alle ritenute alla fonte di cui agli articoli 23 e 24 del decreto del Presidente della Repubblica 29 settembre 1973, n. 600, e alle trattenute relative all'addizionale regionale e comunale, che i predetti soggetti operano in qualità di sostituti d'imposta;

b) all'imposta sul valore aggiunto (1).

2. Per i soggetti di cui al comma 1 sono sospesi, altresì, per i mesi di aprile e di maggio 2020, i termini dei versamenti dei contributi previdenziali e assistenziali e dei premi per l'assicurazione obbligatoria (2).

3. Per i soggetti esercenti attività d'impresa, arte o professione, che hanno il domicilio fiscale, la sede legale o la sede operativa nel territorio dello Stato con ricavi o compensi superiori a 50 milioni di euro nel periodo di imposta precedente a quello in corso alla data di entrata in vigore del presente decreto, che hanno subito una diminuzione del fatturato o dei corrispettivi di almeno il 50 per cento nel mese di marzo 2020 rispetto allo stesso mese del precedente periodo d'imposta e nel mese di aprile 2020 rispetto allo stesso mese del precedente periodo d'imposta, sono sospesi, rispettivamente, per i mesi di aprile e di maggio 2020, i termini dei versamenti in autoliquidazione relativi:

a) alle ritenute alla fonte di cui agli articoli 23 e 24 del decreto del Presidente della Repubblica 29 settembre 1973, n. 600, e alle trattenute relative all'addizionale regionale e comunale, che i predetti soggetti operano in qualità di sostituti d'imposta;

b) all'imposta sul valore aggiunto (3).

4. Per i soggetti di cui al comma 3 sono sospesi, altresì, per i mesi di aprile e di maggio 2020, i termini dei versamenti dei contributi previdenziali e assistenziali e dei premi per l'assicurazione obbligatoria (4).

5. I versamenti di cui ai commi da 1 a 4 sono sospesi anche per i soggetti esercenti attività d'impresa, arti o professione, che hanno il domicilio fiscale, la sede legale o la sede operativa nel territorio dello Stato e che hanno intrapreso

l'attività di impresa, di arte o professione, in data successiva al 31 marzo 2019. I versamenti di cui alle lettere a) dei predetti commi 1 e 3 nonché quelli di cui ai commi 2 e 4 sono altresì sospesi per gli enti non commerciali, compresi gli enti del terzo settore e gli enti religiosi civilmente riconosciuti, che svolgono attività istituzionale di interesse generale non in regime d'impresa [5].

6. La sospensione dei versamenti dell'imposta sul valore aggiunto si applica per i mesi di aprile e maggio 2020, a prescindere dal volume dei ricavi e dei compensi del periodo d'imposta precedente, ai soggetti esercenti attività d'impresa, arte o professione, che hanno il domicilio fiscale, la sede legale o la sede operativa nelle province di Bergamo, Brescia, Cremona, Lodi , Piacenza, Alessandria e Asti, che hanno subito rispettivamente una diminuzione del fatturato o dei corrispettivi di almeno il 33 per cento nel mese di marzo 2020 rispetto allo stesso mese del precedente periodo d'imposta e nel mese di aprile 2020 rispetto allo stesso mese del precedente periodo d'imposta [6][7] .

7. I versamenti sospesi ai sensi dei commi 1, 2, 3, 4, 5 e 6 sono effettuati, senza applicazione di sanzioni ed interessi, in un'unica soluzione entro il 30 giugno 2020 o mediante rateizzazione fino a un massimo di 5 rate mensili di pari importo a decorrere dal medesimo mese di giugno 2020. Non si fa luogo al rimborso di quanto già versato.

8. Per i soggetti aventi diritto restano ferme, per il mese di aprile 2020, le disposizioni [*dell'articolo 8, comma 1, del decreto-legge 2 marzo 2020, n. 9, e*] dell'articolo 61, commi 1 e 2, del decreto-legge 17 marzo 2020, n. 18, e, per i mesi di aprile 2020 e maggio 2020, le disposizioni dell'articolo 61, comma 5, del decreto-legge 17 marzo 2020, n. 18. La ripresa della riscossione dei versamenti sospesi resta disciplinata dall'articolo 61, commi 4 e 5, del decreto-legge 17 marzo 2020, n. 18 [8].

8-bis. I termini per il versamento del prelievo erariale unico sugli apparecchi di cui all'articolo 110, comma 6, lettere a) e b), del testo unico delle leggi di pubblica sicurezza, di cui al regio decreto 18 giugno 1931, n. 773, e del relativo canone concessorio in scadenza entro il 30 agosto 2020 sono prorogati al 22 settembre 2020. Le somme dovute possono essere versate con rate mensili di pari importo, con applicazione degli interessi legali calcolati giorno per giorno; la prima rata è versata entro il 22 settembre 2020 e le successive entro l'ultimo giorno del mese; l'ultima rata è versata entro il 18 dicembre 2020 [9].

9. L'INPS, l'INAIL e gli enti gestori di forme obbligatorie di previdenza e assistenza di cui ai decreti legislativi 30 giugno 1994, n. 509 e 10 febbraio 1996, n. 103, comunicano all'Agenzia delle entrate i dati identificativi dei soggetti che hanno effettuato la sospensione del versamento dei contributi previdenziali e assistenziali e dei premi di assicurazione obbligatoria di cui ai commi precedenti. L'Agenzia delle entrate, nei tempi consentiti dagli adempimenti informativi fiscali previsti dalla normativa vigente, comunica ai predetti enti previdenziali l'esito dei riscontri effettuati sulla verifica dei requisiti sul fatturato e sui corrispettivi di cui ai commi 1, 2, 3, 4 e 6 con modalità e termini definiti con accordi di cooperazione tra le parti. Analoga procedura si applica con riferimento ai soggetti di cui all'articolo 62, comma 2, del decreto legge 17 marzo 2020, n. 18 [A].

[A] In riferimento a delle prime indicazioni riguardo la sospensione del versamento dei contributi previdenziali e assistenziali e dei premi per l'assicurazione obbligatoria contro gli infortuni e le malattie professionali ai sensi del presente articolo, vedi: Messaggio INPS - Istituto nazionale previdenza sociale 24 aprile 2020 n. 1754.

[B] In riferimento alla implementazione del servizio online Comunicazione sospensioni/recuperi agevolati COVID-19; invito a regolarizzare, di cui al presente articolo, vedi: Nota INAIL - Istituto nazionale assicurazione infortuni sul lavoro 21 luglio 2020, n. 8869.

[1] Per una proroga dei termini di ripresa della riscossione dei versamenti sospesi vedi articolo 126, comma 1, del D.L. 19 maggio 2020, n. 34, convertito, con modificazioni, dalla Legge 17 luglio 2020, n. 77.

[2] Per una proroga dei termini di ripresa della riscossione dei versamenti sospesi vedi articolo 126, comma 1, del D.L. 19 maggio 2020, n. 34, convertito, con modificazioni, dalla Legge 17 luglio 2020, n. 77.

[3] Per una proroga dei termini di ripresa della riscossione dei versamenti sospesi vedi articolo 126, comma 1, del D.L. 19 maggio 2020, n. 34, convertito, con modificazioni, dalla Legge 17 luglio 2020, n. 77.

[4] Per una proroga dei termini di ripresa della riscossione dei versamenti sospesi vedi articolo 126, comma 1, del D.L. 19 maggio 2020, n. 34, convertito, con modificazioni, dalla Legge 17 luglio 2020, n. 77.

[5] Per una proroga dei termini di ripresa della riscossione dei versamenti sospesi vedi articolo 126, comma 1, del D.L. 19 maggio 2020, n. 34, convertito, con modificazioni, dalla Legge 17 luglio 2020, n. 77.

[6] Per una proroga dei termini di ripresa della riscossione dei versamenti sospesi vedi articolo 126, comma 1, del D.L. 19 maggio 2020, n. 34, convertito, con modificazioni, dalla Legge 17 luglio 2020, n. 77.

[7] Comma modificato dall'articolo 1, comma 1, della Legge 5 giugno 2020, n. 40, in sede di conversione.

[8] Comma modificato dall'articolo 1, comma 1, della Legge 5 giugno 2020, n. 40, in sede di conversione.

[9] Comma inserito dall'articolo 1, comma 1, della Legge 5 giugno 2020, n. 40, in sede di conversione.

18 *bis*. Sospensione del versamento dei canoni per l'uso di beni immobili appartenenti allo Stato[1]. – 1. Al fine di garantire la continuità delle imprese colpite dall'emergenza da COVID-19 e i livelli occupazionali, il pagamento dei canoni dovuti per il periodo dal 1° marzo 2020 al 31 luglio 2020 per l'uso, in regime di concessione o di locazione, di beni immobili appartenenti allo Stato ai sensi del regolamento di cui al decreto del Presidente della Repubblica 13 settembre 2005, n. 296, è sospeso. Al pagamento dei canoni sospesi ai sensi del primo periodo, da effettuare, anche mediante rateazione, senza applicazione di interessi, entro il 31 ottobre 2020, si provvede secondo le modalità stabilite dall'autorità concedente. Sono comunque fatti salvi i pagamenti già eseguiti alla data di entrata in vigore della legge di conversione del presente decreto.

[1] Articolo inserito dall'articolo 1, comma 1, della Legge 5 giugno 2020, n. 40, in sede di conversione.

19. Proroga sospensione ritenute sui redditi di lavoro autonomo e sulle provvigioni inerenti rapporti di commissione, di agenzia, di mediazione, di rappresentanza di commercio e di procacciamento d'affari. – 1. Per i soggetti che hanno il domicilio fiscale, la sede legale o la sede operativa nel territorio dello Stato con ricavi o compensi non superiori a euro 400.000 nel periodo di imposta precedente a quello in corso alla data del 17 marzo 2020, i ricavi e i compensi percepiti nel periodo compreso tra il 17 marzo 2020 e il 31 maggio 2020 non sono assoggettati alle ritenute d'acconto di cui agli articoli 25 e 25-bis del decreto del Presidente della Repubblica 29 settembre 1973, n. 600, da parte del sostituto d'imposta, a condizione che nel mese precedente non abbiano sostenuto spese per prestazioni di lavoro dipendente o assimilato. I contribuenti, che si avvalgono della presente opzione, rilasciano un'apposita dichiarazione dalla quale risulti che i ricavi e compensi non sono soggetti a ritenuta ai sensi della presente disposizione e provvedono a versare l'ammontare delle ritenute d'acconto non operate dal sostituto in un'unica soluzione entro il 31 luglio 2020 o mediante rateizzazione fino a un massimo di 5 rate mensili di pari importo a decorrere dal mese di luglio 2020, senza applicazione di sanzioni e interessi.

2. Il comma 7, dell'articolo 62, del decreto-legge 17 marzo 2020, n. 18 è abrogato.

20. Metodo previsionale per la determinazione degli acconti da versare nel mese di giugno [(1)]. – 1. Le disposizioni concernenti le sanzioni e gli interessi per il caso di omesso o di insufficiente versamento degli acconti dell'imposta sul reddito delle persone fisiche, dell'imposta sul reddito delle società e dell'imposta regionale sulle attività produttive non si applicano in caso di insufficiente versamento delle somme dovute se l'importo versato non è inferiore all'ottanta per cento della somma che risulterebbe dovuta a titolo di acconto sulla base della dichiarazione relativa al periodo di imposta in corso.

2. Le disposizioni di cui al comma 1 si applicano esclusivamente agli acconti dovuti per il periodo d'imposta successivo a quello in corso al 31 dicembre 2019.

(1) *Rubrica sostituita dall'articolo 1, comma 1, della Legge 5 giugno 2020, n. 40, in sede di conversione.*

21. Rimessione in termini per i versamenti. – I versamenti nei confronti delle pubbliche amministrazioni, di cui all'articolo 60 del decreto-legge 17 marzo 2020, n. 18, sono considerati tempestivi se effettuati entro il 16 aprile 2020.

22. Disposizioni relative ai termini di consegna e di trasmissione telematica della Certificazione Unica 2020. – 1. Per l'anno 2020, il termine di cui all'articolo 4, comma 6-quater, del decreto del Presidente della Repubblica 22 luglio 1998, n. 322, è prorogato al 30 aprile.

Per l'anno 2020, la sanzione per la tardiva trasmissione delle certificazioni uniche di cui all'articolo 4, comma 6-quinquies, del decreto del Presidente della Repubblica 22 luglio 1998, n. 322, non si applica se le certificazioni uniche di cui al comma 6-ter del medesimo articolo 4 sono trasmesse in via telematica all'Agenzia delle entrate entro il 30 aprile.

Omissis.

26. Semplificazioni per il versamento dell'imposta di bollo sulle fatture elettroniche. – 1. All'articolo 17 del decreto-legge 26 ottobre 2019, n. 124, convertito, con modificazioni, dalla legge 19 dicembre 2019, n. 157, il comma 1-bis è sostituito dal seguente: "*1-bis. Al fine di semplificare e ridurre gli adempimenti dei contribuenti, il pagamento dell'imposta di bollo può essere effettuato, senza applicazione di interessi e sanzioni:*

a) per il primo trimestre, nei termini previsti per il versamento dell'imposta relativa al secondo trimestre solare dell'anno di riferimento, qualora l'ammontare dell'imposta da versare per le fatture elettroniche emesse nel primo trimestre solare dell'anno sia inferiore a 250 euro;

b) per il primo e secondo trimestre, nei termini previsti per il versamento dell'imposta relativa al terzo trimestre solare dell'anno di riferimento, qualora l'ammontare dell'imposta da versare per le fatture elettroniche emesse nel primo e secondo trimestre solare dell'anno sia inferiore complessivamente a 250 euro.".

27. Cessione gratuita di farmaci ad uso compassionevole. – 1. La presunzione di cessione di cui all'articolo 1 del decreto del Presidente della Repubblica 10 novembre 1997, n. 441, non opera per le cessioni gratuite di farmaci nell'ambito dei programmi ad uso compassionevole, individuati dal decreto del Ministro della salute 7 settembre 2017, pubblicato nella Gazzetta Ufficiale 2 novembre 2017, n. 256, autorizzate dal competente Comitato Etico, effettuate nei confronti dei soggetti indicati dall'articolo 3 dello stesso decreto del Ministro della salute [(1)].

2. I farmaci di cui al comma 1 non si considerano destinati a finalità estranee all'esercizio dell'impresa ai sensi dell'articolo 85, comma 2, del testo unico delle imposte sui redditi, di cui al decreto del Presidente della Repubblica 22 dicembre 1986, n. 917.

(1) *Comma modificato dall'articolo 1, comma 1, della Legge 5 giugno 2020, n. 40, in sede di conversione.*

27 *bis*. Disposizioni in materia di distribuzione dei farmaci agli assistiti [(1)]. – 1. I farmaci di cui all'articolo 8, comma 1, lettera a), del decreto-legge 18 settembre 2001, n. 347, convertito, con modificazioni, dalla legge 16 novembre 2001, n. 405, erogati in regime di distribuzione diretta da parte delle strutture pubbliche, possono essere distribuiti agli assistiti, senza nuovi o maggiori oneri a carico del Servizio sanitario nazionale, in regime di distribuzione per conto, dalle farmacie convenzionate con il Servizio sanitario nazionale con le modalità e alle condizioni stabilite dagli accordi regionali stipulati ai sensi di quanto previsto dalla citata lettera a) e fino alla cessazione dello stato di emergenza epidemiologica determinato dal COVID-19[(2)].

(1) *Articolo inserito dall'articolo 1, comma 1, della Legge 5 giugno 2020, n. 40, in sede di conversione.*
A norma dell'articolo 1, comma 3, del D.L. 30 luglio 2020, n. 83, convertito con modificazioni dalla Legge 25 settembre 2020, n. 124, come modificato dall'articolo 1, comma 3, del D.L. 7 ottobre 2020, n. 125, convertito con modificazioni dalla Legge 27 novembre 2020, n. 159, i termini previsti dalle disposizioni legislative di cui al presente comma, sono prorogati al 31 dicembre 2020. Successivamente a norma dell'articolo 19, comma 1, del D.L. 31 dicembre 2020, n. 183, convertito con modificazioni dalla Legge 26 febbraio 2021, n. 21, i predetti termini, sono prorogati fino alla data di cessazione dello stato di emergenza epidemiologica da COVID-19 e comunque non oltre il 30 aprile 2021, e le relative disposizioni vengono attuate nei limiti delle risorse disponibili autorizzate a legislazione vigente. Da ultimo, a norma dell'articolo 11, comma 1, del D.L. 22 aprile 2021, n. 52, convertito con modificazioni dalla Legge 17 giugno 2021, n. 87, i termini previsti dalle disposizioni legislative di cui al presente comma, sono prorogati al 31 luglio 2021. Successivamente ulteriormente prorogati fino al 31 marzo 2022 dall'articolo 16, comma 1, del D.L. 24 dicembre 2021, n. 221, convertito con modificazioni dalla Legge 18 febbraio 2022, n. 11.

28. Modifiche all'articolo 32-quater del decreto-legge n.124 del 2019. – 1. All'articolo 32-quater del decreto-legge 26 ottobre 2019, n. 124, convertito, con modificazioni, dalla legge 19 dicembre 2019, n. 157, sono apportate

VARIE

le seguenti modificazioni:

a) al comma 1, alinea, dopo le parole "*di cui al decreto del Presidente della Repubblica 22 dicembre 1986, n. 917,*", le parole "*dalle società e dagli enti residenti di cui all'articolo 73, comma 1, lettere a), b) e c),*" sono sostituite dalle seguenti: "*dalle società e dagli enti di cui all'articolo 73, comma 1, lettere a), b), c) e d),*" (1);

b) al comma 1, lettera c), dopo le parole "*sono soggetti a tassazione con applicazione*", le parole "*di una ritenuta a titolo d'imposta nella misura prevista dall'articolo 27, comma 1, del decreto del Presidente della Repubblica 29 settembre 1973, n. 600*", sono sostituite dalle seguenti: "*della ritenuta di cui all'articolo 27 del decreto del Presidente della Repubblica 29 settembre 1973, n. 600, con la stessa aliquota e alle stesse condizioni previste nel medesimo articolo 27*" (2);

c) al comma 1, dopo la lettera c), sono inserite le seguenti: "*c-bis) per la quota imputabile ai soggetti di cui all'articolo 73, comma 1, lettera c) del citato testo unico di cui al decreto del Presidente della Repubblica n. 917 del 1986, concorrono alla formazione del reddito complessivo per l'intero ammontare;*

c-ter) per la quota imputabile a soggetti non residenti nel territorio dello Stato, sono soggetti a tassazione con applicazione di una ritenuta nella misura prevista dal medesimo articolo 27 del decreto del Presidente della Repubblica 29 settembre 1973, n. 600; per i soggetti non residenti indicati nel comma 3-ter del citato articolo 27 la misura della predetta ritenuta è pari a quella stabilita dal medesimo comma 3-ter.";

d) dopo il comma 1 è inserito il seguente: "*1-bis. Resta fermo il regime fiscale applicabile agli utili provenienti da imprese o enti residenti o localizzati in Stati o territori a regime fiscale privilegiato individuati ai sensi dell'articolo 47-bis, comma 1, del testo unico delle imposte sui redditi di cui al decreto del Presidente della Repubblica 22 dicembre 1986, n. 917.*";

e) il comma 2 è sostituito dal seguente: "*2. Sugli utili derivanti dalle azioni e dagli strumenti finanziari similari alle azioni, immessi nel sistema di deposito accentrato gestito da una società di gestione accentrata, è applicata, in luogo della ritenuta di cui al comma 1, l'imposta sostitutiva di cui all'articolo 27-ter del decreto del Presidente della Repubblica 29 settembre 1973, n. 600, con la stessa aliquota e alle stesse condizioni previste nel medesimo articolo 27-ter. Le ritenute di cui al comma 1 del presente articolo e l'imposta sostitutiva di cui al periodo precedente sono operate sulla base delle informazioni fornite dalla società semplice.*";

f) dopo il comma 2 è aggiunto il seguente: "*2-bis. Le disposizioni di cui al presente articolo si applicano ai dividendi percepiti a partire dal 1° gennaio 2020. In deroga alle disposizioni di cui al periodo precedente, alle distribuzioni di utili derivanti da partecipazioni in società ed enti soggetti all'imposta sul reddito delle società, formatesi con utili prodotti fino all'esercizio in corso al 31 dicembre 2019, deliberate entro il 31 dicembre 2022, continua ad applicarsi la disciplina previgente a quella prevista dall'articolo 1, commi da 999 a 1006, della legge 27 dicembre 2017, n. 205.*".

(1) *Lettera modificata dall'articolo 1, comma 1, della Legge 5 giugno 2020, n. 40, in sede di conversione.*
(2) *Lettera modificata dall'articolo 1, comma 1, della Legge 5 giugno 2020, n. 40, in sede di conversione.*

29. Disposizioni in materia di processo tributario e notifica degli atti sanzionatori relativi al contributo unificato e attività del contenzioso degli enti impositori. – 1. Gli enti impositori, gli agenti della riscossione e i soggetti iscritti nell'albo di cui all'articolo 53 del decreto legislativo 15 dicembre 1997, n. 446, e le parti assistite da un difensore abilitato che si sono costituite in giudizio con modalità analogiche, sono tenuti a notificare e depositare gli atti successivi, nonché i provvedimenti giurisdizionali, esclusivamente con le modalità telematiche stabilite dal decreto del Ministro dell'economia e delle finanze 23 dicembre 2013, n. 163, e dai successivi decreti attuativi (1).

2. All'articolo 16 del decreto del Presidente della Repubblica 30 maggio 2002, n. 115, dopo il comma 1-bis è aggiunto il seguente: "*1-ter. La sanzione irrogata, anche attraverso la comunicazione contenuta nell'invito al pagamento di cui all'articolo 248, è notificata a cura dell'ufficio e anche tramite posta elettronica certificata, nel domicilio eletto o, nel caso di mancata elezione del domicilio, mediante deposito presso l'ufficio.*" (2).

3. In deroga al termine fissato dall'articolo 67, comma 1, del decreto-legge 17 marzo 2020, n. 18, la proroga del termine di cui all'articolo 37, comma 1, del presente decreto si applica anche alle attività del contenzioso degli enti impositori (3).

(1) *Comma modificato dall'articolo 1, comma 1, della Legge 5 giugno 2020, n. 40, in sede di conversione.*
(2) *Comma modificato dall'articolo 1, comma 1, della Legge 5 giugno 2020, n. 40, in sede di conversione.*
(3) *Comma modificato dall'articolo 1, comma 1, della Legge 5 giugno 2020, n. 40, in sede di conversione.*

29 *bis*. Obblighi dei datori di lavoro per la tutela contro il rischio di contagio da COVID-19 (1). – 1. Ai fini della tutela contro il rischio di contagio da COVID-19, i datori di lavoro pubblici e privati adempiono all'obbligo di cui all'articolo 2087 del codice civile mediante l'applicazione delle prescrizioni contenute nel protocollo condiviso di regolamentazione delle misure per il contrasto e il contenimento della diffusione del COVID-19 negli ambienti di lavoro, sottoscritto il 24 aprile 2020 tra il Governo e le parti sociali, e successive modificazioni e integrazioni, e negli altri protocolli e linee guida di cui all'articolo 1, comma 14, del decreto-legge 16 maggio 2020, n. 33, nonché mediante l'adozione e il mantenimento delle misure ivi previste. Qualora non trovino applicazione le predette prescrizioni, rilevano le misure contenute nei protocolli o accordi di settore stipulati dalle organizzazioni sindacali e datoriali comparativamente più rappresentative sul piano nazionale.

(1) *Articolo inserito dall'articolo 1, comma 1, della Legge 5 giugno 2020, n. 40, in sede di conversione.*

30. Credito d'imposta per l'acquisto di dispositivi di protezione nei luoghi di lavoro (1). – [*1. Al fine di incentivare l'acquisto di attrezzature volte a evitare il contagio del virus COVID-19 nei luoghi di lavoro, il credito d'imposta di cui all'articolo 64 del decreto-legge 17 marzo 2020, n. 18, trova applicazione secondo le misure e nei limiti di spesa complessivi ivi previsti, anche per le spese sostenute nell'anno 2020 per l'acquisto di dispositivi di protezione individuale e altri dispositivi di sicurezza atti a proteggere i lavoratori dall'esposizione accidentale ad agenti biologici e a garantire la distanza di sicurezza interpersonale.*

2. Con il decreto del Ministro dello sviluppo economico, di concerto con il Ministro dell'economia e delle finanze, da adottare ai sensi del comma 2 dell'articolo 64 del decreto legge 17 marzo 2020, n. 18, sono stabiliti altresì i criteri e le modalità di applicazione e di fruizione del credito d'imposta di cui al presente articolo.]

(1) *Articolo abrogato dall'articolo 125, comma 5, del D.L. 19 maggio*

2020, n. 34, convertito, con modificazioni, dalla Legge 17 luglio 2020, n. 77.

30 *bis*. Norme in materia di rifiuti sanitari [(1)]. – 1. Al fine di contenere il rischio infettivo e favorire la sterilizzazione dei rifiuti sanitari nelle strutture sanitarie, [*fino a trenta giorni dopo la dichiarazione di cessazione dello stato di emergenza sanitaria,*] i rifiuti sanitari a solo rischio infettivo assoggettati a procedimento di sterilizzazione, effettuato secondo le previsioni dell'articolo 2, comma 1, lettera m), del regolamento di cui al decreto del Presidente della Repubblica 15 luglio 2003, n. 254, presso le strutture sanitarie pubbliche e private ai sensi dell'articolo 7, comma 2, del citato regolamento, sono sottoposti al regime giuridico dei rifiuti urbani [(2)].

[(1)] Articolo inserito dall'articolo 1, comma 1, della Legge 5 giugno 2020, n. 40, in sede di conversione.
[(2)] Comma modificato dall'articolo 63-bis, comma 1, del D.L. 16 luglio 2020, n. 76, convertito con modificazioni dalla Legge 11 settembre 2020, n. 120.

31. Potenziamento dell'Agenzia delle dogane e dei monopoli. – 1. Per gli anni 2020, 2021 e 2022, al fine di consentire lo svolgimento di maggiori prestazioni lavorative articolate su turnazioni, in considerazione dei rilevanti impegni derivanti dall'incremento delle attività di controllo presso i porti, gli aeroporti e le dogane interne anche in relazione all'emergenza sanitaria derivante dalla diffusione dell'epidemia di COVID-19, le risorse variabili del Fondo risorse decentrate dell'Agenzia delle dogane e dei monopoli sono incrementate di otto milioni di euro, a valere sui finanziamenti dell'Agenzia stessa, in deroga all'articolo 23, comma 2, del decreto legislativo 25 maggio 2017, n.75. Alla compensazione degli effetti finanziari in termini di fabbisogno e indebitamento netto, pari a 4,12 milioni di euro per ciascuno degli anni 2020, 2021 e 2022, si provvede, per l'anno 2020, mediante utilizzo delle risorse rivenienti dall'abrogazione della disposizione di cui al comma 2 del presente articolo e, per ciascuno degli anni 2021 e 2022, mediante corrispondente riduzione del Fondo per la compensazione degli effetti finanziari non previsti a legislazione vigente conseguenti all'attualizzazione di contributi pluriennali, di cui all'articolo 6, comma 2, del decreto-legge 7 ottobre 2008, n. 154, convertito, con modificazioni, dalla legge 4 dicembre 2008, n. 189 [(1)].

2. L'articolo 70 del decreto-legge 17 marzo 2020, n. 18 è abrogato.

3. A decorrere dall'entrata in vigore del presente decreto, i dipendenti dell'Agenzia delle dogane e dei monopoli che provengono dall'Amministrazione Autonoma dei Monopoli di Stato e quelli che prestano servizio presso gli uffici dei Monopoli o presso qualsiasi altro ufficio dell'Agenzia delle dogane e dei monopoli, sono equiparati ai dipendenti provenienti dall'Agenzia delle dogane, nei limiti del servizio prestato e delle attribuzioni ad esso connesse, anche ai sensi di quanto disposto dagli articoli 324 e 325 del decreto del Presidente della Repubblica 23 gennaio 1973, n. 43, dall'articolo 32 del decreto-legge 30 agosto 1993, n. 331, convertito, con modificazioni, dalla legge 29 ottobre 1993, n. 427, dall'articolo 57, comma 3, del codice di procedura penale, dagli articoli 30 e 31 della legge 7 gennaio 1929, n. 4, dagli articoli 18,19 e 58 del decreto legislativo 26 ottobre 1995, n. 504. Agli effetti di cui al presente comma si provvede nell'ambito del fondo delle risorse decentrate nei limiti degli importi complessivamente disponibili a legislazione vigente [(2)].

[(1)] Comma modificato dall'articolo 1, comma 1, della Legge 5 giugno 2020, n. 40, in sede di conversione e successivamente dall'articolo 163-bis, comma 1, del D.L. 19 maggio 2020, n. 34, convertito, con modificazioni, dalla Legge 17 luglio 2020, n. 77.
[(2)] Comma modificato dall'articolo 1, comma 1, della Legge 5 giugno 2020, n. 40, in sede di conversione.
(Omissis)

36. Termini processuali in materia di giustizia civile, penale, amministrativa, contabile, tributaria e militare [(A)]. – 1. Il termine del 15 aprile 2020 previsto dall'articolo 83, commi 1 e 2, del decreto-legge 17 marzo 2020, n. 18 è prorogato all'11 maggio 2020. Conseguentemente il termine iniziale del periodo previsto dal comma 6 del predetto articolo è fissato al 12 maggio 2020. Le disposizioni del presente articolo si applicano, in quanto compatibili, ai procedimenti di cui ai commi 20 e 21 dell'articolo 83 del decreto-legge n. 18 del 2020.

2. La disposizione di cui al comma 1 non si applica ai procedimenti penali in cui i termini di cui all'articolo 304 del codice di procedura penale scadono nei sei mesi successivi all'11 maggio 2020.

3. Nei giudizi disciplinati dal codice del processo amministrativo, di cui all'allegato 1 al decreto legislativo 2 luglio 2010, n. 104, sono ulteriormente sospesi, dal 16 aprile al 3 maggio 2020 inclusi, esclusivamente i termini per la notificazione dei ricorsi, fermo restando quanto previsto dall'articolo 54, comma 3, dello stesso codice [(1)].

4. La proroga del termine di cui al comma 1, primo periodo, si applica altresì a tutte le funzioni e attività della Corte dei conti, come elencate nell'articolo 85 del decreto legge 17 marzo 2020, n. 18. Conseguentemente il termine iniziale del periodo previsto dal comma 5 del predetto articolo 85 è fissato al 12 maggio 2020.

[(A)] In riferimento al Covid-19. Rinvio delle udienze e sospensione dei termini processuali ad ampio raggio, di cui al presente articolo, vedi: Comunicato stampa Agenzia delle Entrate 16 aprile 2020 n. 27/E; Circolare Agenzia delle Entrate 16 aprile 2020 n. 10/E.
In riferimento al presente articolo, vedi: Circolare Ministero dello sviluppo economico 15 aprile 2020 n. 3723/C.
In riferimento alle disposizioni di cui al presente articolo, vedi: Nota INL - Ispettorato nazionale del lavoro 6 maggio 2020 n. 12.
[(1)] Comma modificato dall'articolo 1, comma 1, della Legge 5 giugno 2020, n. 40, in sede di conversione.

12. D.L. 19 maggio 2020, n. 34

Decreto convertito, con modificazioni, dalla Legge 17 luglio 2020, n. 77. - Misure urgenti in materia di salute, sostegno al lavoro e all'economia, nonché di politiche sociali connesse all'emergenza epidemiologica da COVID-19 (DECRETO RILANCIO). (Estratto: artt. 24, 28, 54 e 119-164).
(in Suppl. Ord. n. 21 alla Gazz. Uff., 19 maggio 2020, n. 128).

(Omissis)

TITOLO II
Sostegno alle imprese e all'economia

CAPO I
Misure di sostegno

24. Disposizioni in materia di versamento dell'IRAP. – 1. Non è dovuto il versamento del saldo dell'imposta regionale sulle attività produttive relativa al periodo di imposta in corso al 31 dicembre 2019, fermo restando il versamento dell'acconto dovuto per il medesimo periodo di imposta. Non è altresì dovuto il versamento della prima rata dell'acconto dell'imposta regionale sulle attività produttive relativa al periodo di imposta successivo a quello in corso al 31 dicembre 2019, nella misura prevista dall'articolo 17, comma 3, del decreto del Presidente della Repubblica 7 dicembre 2001, n. 435, ovvero dall'articolo 58 del decreto-legge 26 ottobre 2019, n. 124, convertito, con modificazioni, dalla legge 19 dicembre 2019, n. 157; l'importo di tale versamento è comunque escluso dal calcolo dell'imposta da versare a saldo per lo stesso periodo d'imposta.

2. Il comma 1 si applica esclusivamente ai soggetti, diversi da quelli che determinano il valore della produzione netta secondo gli articoli 7 e 10-bis del decreto legislativo 15 dicembre 1997, n. 446, nonché dai soggetti di cui all'articolo 162-bis del testo unico delle imposte sui redditi approvato con decreto del Presidente della Repubblica 22 dicembre 1986, n. 917, con ricavi di cui all'articolo 85, comma 1, lettere a) e b), dello stesso testo unico delle imposte sui redditi, o compensi di cui all'articolo 54, comma 1, del medesimo testo unico non superiori a 250 milioni di euro nel periodo d'imposta precedente a quello in corso alla data di entrata in vigore del presente decreto-legge.

3. Le disposizioni del presente articolo si applicano nel rispetto dei limiti e delle condizioni previsti dalla Comunicazione della Commissione europea del 19 marzo 2020 C(2020) 1863 final "*Quadro temporaneo per le misure di aiuto di Stato a sostegno dell'economia nell'attuale emergenza del COVID-19*", e successive modifiche.

4. Nello stato di previsione del Ministero dell'economia e delle finanze è istituito un fondo con una dotazione di 448 milioni di euro finalizzato a ristorare alle Regioni e alle Province autonome le minori entrate derivanti dal presente articolo non destinate originariamente a finanziare il fondo sanitario nazionale. Al riparto del fondo di cui al periodo precedente tra Regioni e Province autonome si provvede con decreto del Ministro dell'economia e delle finanze, da adottarsi entro 30 giorni dalla data di entrata in vigore del presente decreto legge previa intesa in sede di Conferenza Permanente per i rapporti tra lo Staro, le Regioni e le Province Autonome di Trento e Bolzano (1).

5. Agli oneri di cui al presente articolo, valutati in 3.952 milioni di euro per l'anno 2020, si provvede ai sensi dell'articolo 265.

(1) In riferimento alle disposizioni di cui al presente comma, vedi il D.M. 24 luglio 2020. In riferimento ad un interpello riguardante un parametro oggettivo - operazione straordinaria di riorganizzazione aziendale, vedi: Risposta Agenzia delle Entrate 27/10/2020 n. 502.

(Omissis)

28. Credito d'imposta per i canoni di locazione degli immobili a uso non abitativo e affitto d'azienda. – 1. Al fine di contenere gli effetti negativi derivanti dalle misure di prevenzione e contenimento connesse all'emergenza epidemiologica da COVID-19, ai soggetti esercenti attività d'impresa, arte o professione, con ricavi o compensi non superiori a 5 milioni di euro nel periodo d'imposta precedente a quello in corso alla data di entrata in vigore del presente decreto, spetta un credito d'imposta nella misura del 60 per cento dell'ammontare mensile del canone di locazione, di leasing o di concessione di immobili ad uso non abitativo destinati allo svolgimento dell'attività industriale, commerciale, artigianale, agricola, di interesse turistico o all'esercizio abituale e professionale dell'attività di lavoro autonomo.

2. Il credito d'imposta di cui al comma 1, in caso di contratti di servizi a prestazioni complesse o di affitto d'azienda, comprensivi di almeno un immobile a uso non abitativo destinato allo svolgimento dell'attività industriale, commerciale, artigianale, agricola, di interesse turistico o all'esercizio abituale e professionale dell'attività di lavoro autonomo, spetta nella misura del 30 per cento dei relativi canoni. Per le strutture turistico-ricettive, il credito d'imposta relativo all'affitto d'azienda è determinato nella misura del 50 per cento. Qualora in relazione alla medesima struttura turistico-ricettiva siano stipulati due contratti distinti, uno relativo alla locazione dell'immobile e uno relativo all'affitto d'azienda, il credito d'imposta spetta per entrambi i contratti (1) . (B).

3. Il credito di imposta di cui ai commi 1 e 2 spetta alle strutture alberghiere, termali e agrituristiche, alle agenzie di viaggio e turismo e ai tour operator indipendentemente dal volume di ricavi e compensi registrato nel periodo d'imposta precedente (2) .

3-bis. Alle imprese esercenti attività di commercio al dettaglio, con ricavi o compensi superiori a 5 milioni di euro nel periodo d'imposta precedente a quello in corso alla data di entrata in vigore del presente decreto, il credito d'imposta di cui ai commi 1 e 2 spetta, rispettivamente, nelle misure del 20 per cento e del 10 per cento (3)(C).

4. Il credito d'imposta di cui al comma 1 spetta anche agli enti non commerciali, compresi gli enti del terzo settore e gli enti religiosi civilmente riconosciuti, in relazione al canone di locazione, di leasing o di concessione di immobili ad uso non abitativo destinati allo svolgimento dell'attività istituzionale.

5. Il credito d'imposta di cui ai commi 1, 2, 3, 3-bis e 4 è

commisurato all'importo versato nel periodo d'imposta 2020 con riferimento a ciascuno dei mesi di marzo, aprile, maggio e giugno e per le strutture turistico ricettive con attività solo stagionale con riferimento a ciascuno dei mesi di aprile, maggio, giugno e luglio. Ai soggetti locatari esercenti attività economica, il credito d'imposta spetta a condizione che abbiano subito una diminuzione del fatturato o dei corrispettivi nel mese di riferimento di almeno il cinquanta per cento rispetto allo stesso mese del periodo d'imposta precedente. Il credito d'imposta spetta anche in assenza dei requisiti di cui al periodo precedente ai soggetti che hanno iniziato l'attività a partire dal 1° gennaio 2019 nonché ai soggetti che, a far data dall'insorgenza dell'evento calamitoso, hanno il domicilio fiscale o la sede operativa nel territorio di comuni colpiti dai predetti eventi i cui stati di emergenza erano ancora in atto alla data di dichiarazione dello stato di emergenza da COVID-19. Per le imprese turistico-ricettive , le agenzie di viaggio e i tour operator, il credito d'imposta spetta fino al 31 luglio 2021, a condizione che abbiano subito una diminuzione del fatturato o dei corrispettivi nel mese di riferimento dell'anno 2021 di almeno il 50 per cento rispetto allo stesso mese dell'anno 2019 (4) .

5-bis. In caso di locazione, il conduttore può cedere il credito d'imposta al locatore, previa sua accettazione, in luogo del pagamento della corrispondente parte del canone (5) .

6. Il credito d'imposta di cui ai commi precedenti è utilizzabile nella dichiarazione dei redditi relativa al periodo d'imposta di sostenimento della spesa ovvero in compensazione, ai sensi dell'articolo 17 del decreto legislativo 9 luglio 1997, n. 241, successivamente all'avvenuto pagamento dei canoni. Il credito d'imposta non concorre alla formazione del reddito ai fini delle imposte sui redditi e del valore della produzione ai fini dell'imposta regionale sulle attività produttive e non rileva ai fini del rapporto di cui agli articoli 61 e 109, comma 5, del testo unico delle imposte sui redditi di cui al decreto del Presidente della Repubblica 22 dicembre 1986, n. 917, salvo quanto previsto al comma 5-bis del presente articolo (6) .

7. Al credito d'imposta di cui al presente articolo non si applicano i limiti dì cui all'articolo 1, comma 53, della legge 24 dicembre 2007, n. 244, e di cui all'articolo 34 della legge 23 dicembre 2000, n. 388.

8. Il credito d'imposta di cui al presente articolo non è cumulabile con il credito d'imposta di cui all'articolo 65 del decreto-legge 17 marzo 2020, n. 18, convertito, con modificazioni, dalla legge 24 aprile 2020, n. 27, in relazione alle medesime spese sostenute.

9. Le disposizioni del presente articolo si applicano nel rispetto dei limiti e delle condizioni previsti dalla Comunicazione della Commissione europea del 19 marzo 2020 C(2020) 1863 final "*Quadro temporaneo per le misure di aiuto di Stato a sostegno dell'economia nell'attuale emergenza del COVID-19*", e successive modifiche.

10.Agli oneri derivanti dal presente articolo, valutati in 1.499 milioni di euro per l' anno 2020, si provvede ai sensi dell'articolo 265 (7) .

(A) In riferimento all'accesso al credito d'imposta previsto dal presente articolo da parte di un professionista conduttore in sublocazione di una stanza di un immobile, vedi: Risposta Agenzia delle Entrate 15 settembre 2020 n. 356.
- In riferimento al credito di imposta concesso a favore di un'associazione sportiva dilettantistica, in relazione ai canoni corrisposti sulla base di un contratto di sublocazione, di cui al presente articolo, vedi: Risoluzione Agenzia delle Entrate 20 ottobre 2020 n. 68/E.
- In riferimento al Bonus affitti e indennità di occupazione sine titulo, vedi: Risposta Agenzia delle Entrate 11 gennaio 2021 n. 34.
- In riferimento al credito d'imposta per i canoni di locazione degli immobili a uso non abitativo e affitto d'azienda, di cui al presente articolo, vedi: Risposta Agenzia delle Entrate 11 febbraio 2021 n. 102; Risposta Agenzia delle Entrate 18 febbraio 2021, n. 120.
- In riferimento alle Società in liquidazione, di cui al presente articolo, vedi: Risposta Agenzia delle Entrate 17 marzo 2021, n. 185.
- In riferimento al Credito d'imposta canone di locazione, vedi: Risposta Agenzia delle Entrate 24 maggio 2021 n. 367.
(B) Per il calcolo della riduzione del fatturato vedi: Risposta Agenzia delle Entrate 13/10/2020 n. 466.
- In riferimento al credito d'imposta per i canoni di locazione degli immobili a uso non abitativo e affitto d'azienda: modalità di calcolo della riduzione di fatturato nel caso di cessione d'azienda con riserva di proprietà vedi: Risposta Agenzia delle Entrate 16/04/2021 n. 256.
(C) In riferimento al Credito d'imposta per i canoni di locazione degli immobili a uso non abitativo in caso di esercizio di attività di commercio al dettaglio di cui al presente comma, vedi: Risposta Agenzia delle Entrate 23 aprile 2021, n. 287.
(1) Comma modificato dall'articolo 77, comma 1, lettera 0a), del D.L. 14 agosto 2020, n. 104, convertito, con modificazioni, dalla Legge 13 ottobre 2020, n. 126.
(2) Comma modificato dall'articolo 1, comma 1, della Legge 17 luglio 2020, n. 77, in sede di conversione e successivamente dall'articolo 77, comma 1, lettera a), del D.L. 14 agosto 2020, n. 104, convertito, con modificazioni, dalla Legge 13 ottobre 2020, n. 126.
(3) Comma inserito dall'articolo 1, comma 1, della Legge 17 luglio 2020, n. 77, in sede di conversione.
(4) Comma modificato dall'articolo 77, comma 1, lettera b-bis), del D.L. 14 agosto 2020, n. 104, convertito, con modificazioni, dalla Legge 13 ottobre 2020, n. 126, dall'articolo 1, comma 602, della Legge 30 dicembre 2020, n. 178, successivamente dall'articolo 2-bis, comma 1, del D.L. 18 dicembre 2020, n. 172, convertito con modificazioni dalla Legge 29 gennaio 2021, n. 6 e da ultimo dall'articolo 4, comma 1, del D.L. 25 maggio 2021, n. 73, non ancora convertito in Legge.
(5) Comma inserito dall'articolo 1, comma 1, della Legge 17 luglio 2020, n. 77, in sede di conversione.
(6) Comma modificato dall'articolo 1, comma 1, della Legge 17 luglio 2020, n. 77, in sede di conversione.
(7) Comma modificato dall'articolo 1, comma 1, della Legge 17 luglio 2020, n. 77, in sede di conversione.

(Omissis)

54. Aiuti sotto forma di sovvenzioni dirette, anticipi rimborsabili o agevolazioni fiscali. – 1. Le Regioni, le Province autonome, anche promuovendo eventuali azioni di coordinamento in sede di Conferenza delle Regioni e delle Province autonome, gli altri enti territoriali, le Camere di commercio possono adottare misure di aiuto, a valere sulle proprie risorse, ai sensi della sezione 3.1 della Comunicazione della Commissione europea C (2020) 1863 final - "*Quadro temporaneo per le misure di aiuto di Stato a sostegno dell'economia nell'attuale emergenza del COVID-19*" e successive modifiche e integrazioni, nei limiti e alle condizioni di cui alla medesima Comunicazione ed al presente articolo, fino a un importo complessivo che in qualsiasi momento non supera i 2,3 milioni di euro per impresa, salvo i diversi limiti per le imprese di cui al comma 3 (1) .

2. L'aiuto può essere concesso sotto forma di sovvenzioni dirette, agevolazioni fiscali e di pagamento o in altre forme, quali anticipi rimborsabili, garanzie, prestiti e partecipazioni, a condizione che il valore nominale totale di tali misure rimanga al di sotto del massimale di 2,3 milioni di euro per impresa; tutti i valori utilizzati devono essere al lordo di

qualsiasi imposta o altro onere (2) .

3. Gli aiuti non possono superare in qualsiasi momento l'importo di 345.000 euro per ciascuna impresa operante nel settore della pesca e dell'acquacoltura o di 290.000 euro per impresa operante nel settore della produzione primaria di prodotti agricoli; l'aiuto può essere concesso sotto forma di sovvenzioni dirette, agevolazioni fiscali e di pagamento o in altre forme come anticipi rimborsabili, garanzie, prestiti e partecipazioni, a condizione che il valore nominale totale di tali misure non superi il massimale di 345.000 euro o 290.000 euro per impresa; tutti i valori utilizzati devono essere al lordo di qualsiasi imposta o altro onere (3) .

4. Gli aiuti alle imprese attive nella produzione primaria di prodotti agricoli non devono essere fissati sulla base del prezzo o della quantità dei prodotti immessi sul mercato.

5. Gli aiuti concessi ad imprese operanti nella trasformazione e commercializzazione di prodotti agricoli devono essere subordinati alle condizioni dettate dal punto 22, lettera e) della Comunicazione di cui al comma 1.

6. Gli aiuti alle imprese attive nel settore della pesca e dell'acquacoltura non riguardano nessuna delle categorie di aiuti di cui all'articolo 1, paragrafo 1, lettere da a) a k), del regolamento (UE) n. 717/2014 della Commissione.

7. Nel caso in cui un'impresa sia attiva in diversi settori a cui si applicano importi massimi diversi, conformemente al comma 2 e al comma 3, deve essere assicurato con mezzi adeguati, quali la separazione contabile, che per ciascuna di tali attività sia rispettato il massimale pertinente e che in totale non sia superato l'importo massimo ammesso (4) .

7-bis. Gli aiuti concessi in base a regimi approvati ai sensi del presente articolo e rimborsati prima della concessione di nuovi aiuti non sono presi in considerazione quando si verifica che il massimale applicabile non è stato superato (5) .

7-ter. Se l'aiuto è concesso sotto forma di agevolazioni fiscali, la passività fiscale in relazione alla quale è concessa l'agevolazione deve essere sorta entro il 31 dicembre 2021 o entro la successiva data fissata dalla Commissione europea in sede di eventuale modifica della comunicazione della Commissione europea C (2020) 1863 final "*Quadro temporaneo per le misure di aiuto di Stato a sostegno dell'economia nell'attuale emergenza del COVID-19*", pubblicata nella Gazzetta Ufficiale dell'Unione europea C 091I del 20 marzo 2020 (6) .

7-quater. Le misure concesse ai sensi della Comunicazione della Commissione europea C (2020) 1863 final - "*Quadro temporaneo per le misure di aiuto di Stato a sostegno dell'economia nell'attuale emergenza del COVID-19*" e successive modifiche e integrazioni, sotto forma di anticipi rimborsabili, garanzie, prestiti o altri strumenti rimborsabili possono essere convertite in altre forme di aiuto, come le sovvenzioni, purché la conversione avvenga entro il 30 giugno 2023 e siano rispettate le condizioni di cui alla sezione 3.1 della suddetta Comunicazione (7) .

(1) Comma modificato dall'articolo 28, comma 1, lettera a), del D.L. 22 marzo 2021, n. 41, convertito con modificazioni dalla Legge 21 maggio 2021, n. 69 e dall'articolo 27, comma 1, lettera a), numero 1, del D.L. 27 gennaio 2022, n. 4, convertito, con modificazioni, dalla Legge 28 marzo 2022, n. 25.

(2) Comma modificato dall'articolo 28, comma 1, lettera a), del D.L. 22 marzo 2021, n. 41, convertito con modificazioni dalla Legge 21 maggio 2021, n. 69 e dall'articolo 27, comma 1, lettera a), numero 2, del D.L. 27 gennaio 2022, n. 4, convertito, con modificazioni, dalla Legge 28 marzo 2022, n. 25.

(3) Comma modificato dall'articolo 1, comma 1, della Legge 17 luglio 2020, n. 77, in sede di conversione e successivamente sostituito dall'articolo 28, comma 1, lettera b), del D.L. 22 marzo 2021, n. 41, convertito con modificazioni dalla Legge 21 maggio 2021, n. 69 e, da ultimo, dall'articolo 27, comma 1, lettera a), numero 3, del D.L. 27 gennaio 2022, n. 4, convertito, con modificazioni, dalla Legge 28 marzo 2022, n. 25.

(4) Comma modificato dall'articolo 1, comma 1, della Legge 17 luglio 2020, n. 77, in sede di conversione.

(5) Comma aggiunto dall'articolo 1, comma 627, lettera a) della Legge 30 dicembre 2020, n. 178 ; successivamente modificato dall'articolo 28, comma 1, lettera c), del D.L. 22 marzo 2021, n. 41, convertito con modificazioni dalla Legge 21 maggio 2021, n. 69 e dall'articolo 27, comma 1, lettera a), numero 4, del D.L. 27 gennaio 2022, n. 4, convertito, con modificazioni, dalla Legge 28 marzo 2022, n. 25.

(6) Comma aggiunto dall'articolo 1, comma 627, lettera a) della Legge 30 dicembre 2020, n. 178 e successivamente modificato dall'articolo 28, comma 1, lettera d), del D.L. 22 marzo 2021, n. 41, convertito con modificazioni dalla Legge 21 maggio 2021, n. 69.

(7) Comma inserito dall'articolo 28, comma 1, lettera e), del D.L. 22 marzo 2021, n. 41, convertito con modificazioni dalla Legge 21 maggio 2021, n. 69 e successivamente modificato dall'articolo 20, comma 1, lettera a), del D.L. 30 dicembre 2021, n. 228, convertito, con modificazioni dalla Legge 25 febbraio 2022, n. 15.

Omissis.

119. Incentivi per l'efficienza energetica, sisma bonus, fotovoltaico e colonnine di ricarica di veicoli elettrici (1)(2)(3)(4)(5). – 1. La detrazione di cui all'articolo 14 del decreto-legge 4 giugno 2013, n. 63, convertito, con modificazioni, dalla legge 3 agosto 2013, n. 90, si applica nella misura del 110 per cento per le spese documentate e rimaste a carico del contribuente, sostenute dal 1° luglio 2020 fino al 30 giugno 2022, da ripartire tra gli aventi diritto in cinque quote annuali di pari importo e in quattro quote annuali di pari importo per la parte di spese sostenuta dal 1° gennaio 2022, nei seguenti casi (6):

a) interventi di isolamento termico delle superfici opache verticali, orizzontali e inclinate che interessano l'involucro dell'edificio con un'incidenza superiore al 25 per cento della superficie disperdente lorda dell'edificio o dell'unità immobiliare situata all'interno di edifici plurifamiliari che sia funzionalmente indipendente e disponga di uno o più accessi autonomi dall'esterno. Gli interventi per la coibentazione del tetto rientrano nella disciplina agevolativa, senza limitare il concetto di superficie disperdente al solo locale sottotetto eventualmente esistente. La detrazione di cui alla presente lettera è calcolata su un ammontare complessivo delle spese non superiore a euro 50.000 per gli edifici unifamiliari o per le unità immobiliari situate all'interno di edifici plurifamiliari che siano funzionalmente indipendenti e dispongano di uno o più accessi autonomi dall'esterno; a euro 40.000 moltiplicati per il numero delle unità immobiliari che compongono l'edificio per gli edifici composti da due a otto unità immobiliari; a euro 30.000 moltiplicati per il numero delle unità immobiliari che compongono l'edificio per gli edifici composti da più di otto unità immobiliari. I materiali isolanti utilizzati devono rispettare i criteri ambientali minimi di cui al decreto del Ministro dell'ambiente e della tutela del territorio e del mare 11 ottobre 2017, pubblicato nella Gazzetta Ufficiale n. 259 del 6 novembre 2017 (7);

b) interventi sulle parti comuni degli edifici per la sostituzione degli impianti di climatizzazione invernale esistenti con impianti centralizzati per il riscaldamento, il raffrescamento o la fornitura di acqua calda sanitaria, a condensazione, con efficienza almeno pari alla classe A di prodotto prevista dal regolamento delegato (UE) n. 811/2013 della

Commissione, del 18 febbraio 2013, a pompa di calore, ivi compresi gli impianti ibridi o geotermici, anche abbinati all'installazione di impianti fotovoltaici di cui al comma 5 e relativi sistemi di accumulo di cui al comma 6, ovvero con impianti di microcogenerazione o a collettori solari, nonché, esclusivamente per i comuni montani non interessati dalle procedure europee di infrazione n. 2014/2147 del 10 luglio 2014 o n. 2015/2043 del 28 maggio 2015 per l'inottemperanza dell'Italia agli obblighi previsti dalla direttiva 2008/50/CE, l'allaccio a sistemi di teleriscaldamento efficiente, definiti ai sensi dell'articolo 2, comma 2, lettera tt), del decreto legislativo 4 luglio 2014, n. 102. La detrazione di cui alla presente lettera è calcolata su un ammontare complessivo delle spese non superiore a euro 20.000 moltiplicati per il numero delle unità immobiliari che compongono l'edificio per gli edifici composti fino a otto unità immobiliari ovvero a euro 15.000 moltiplicati per il numero delle unità immobiliari che compongono l'edificio per gli edifici composti da più di otto unità immobiliari ed è riconosciuta anche per le spese relative allo smaltimento e alla bonifica dell'impianto sostituito;

c) interventi sugli edifici unifamiliari o sulle unità immobiliari situate all'interno di edifici plurifamiliari che siano funzionalmente indipendenti e dispongano di uno o più accessi autonomi dall'esterno per la sostituzione degli impianti di climatizzazione invernale esistenti con impianti per il riscaldamento, il raffrescamento o la fornitura di acqua calda sanitaria, a condensazione, con efficienza almeno pari alla classe A di prodotto prevista dal regolamento delegato (UE) n. 811/2013 della Commissione, del 18 febbraio 2013, a pompa di calore, ivi compresi gli impianti ibridi o geotermici, anche abbinati all'installazione di impianti fotovoltaici di cui al comma 5 e relativi sistemi di accumulo di cui al comma 6, ovvero con impianti di microcogenerazione, a collettori solari o, esclusivamente per le aree non metanizzate nei comuni non interessati dalle procedure europee di infrazione n. 2014/2147 del 10 luglio 2014 o n. 2015/2043 del 28 maggio 2015 per l'inottemperanza dell'Italia agli obblighi previsti dalla direttiva 2008/50/CE, con caldaie a biomassa aventi prestazioni emissive con i valori previsti almeno per la classe 5 stelle individuata ai sensi del regolamento di cui al decreto del Ministro dell'ambiente e della tutela del territorio e del mare 7 novembre 2017, n. 186, nonché, esclusivamente per i comuni montani non interessati dalle procedure europee di infrazione n. 2014/2147 del 10 luglio 2014 o n. 2015/2043 del 28 maggio 2015 per l'inottemperanza dell'Italia agli obblighi previsti dalla direttiva 2008/50/CE, l'allaccio a sistemi di teleriscaldamento efficiente, definiti ai sensi dell'articolo 2, comma 2, lettera tt), del decreto legislativo 4 luglio 2014, n. 102. La detrazione di cui alla presente lettera è calcolata su un ammontare complessivo delle spese non superiore a euro 30.000 ed è riconosciuta anche per le spese relative allo smaltimento e alla bonifica dell'impianto sostituito [8] .

1. 1. Tra le spese sostenute per gli interventi di cui al comma 1 rientrano anche quelle relative alle sonde geotermiche utilizzate per gli impianti geotermici di cui alle lettere b) e c) del medesimo comma 1 [9] .

1-bis. Ai fini del presente articolo, per "accesso autonomo dall'esterno" si intende un accesso indipendente, non comune ad altre unità immobiliari, chiuso da cancello o portone d'ingresso che consenta l'accesso dalla strada o da cortile o da giardino anche di proprietà non esclusiva. Un'unità immobiliare può ritenersi "funzionalmente indipendente" qualora sia dotata di almeno tre delle seguenti installazioni o manufatti di proprietà esclusiva: impianti per l'approvvigionamento idrico; impianti per il gas; impianti per l'energia elettrica; impianto di climatizzazione invernale [10] .

1-ter. Nei comuni dei territori colpiti da eventi sismici, l'incentivo di cui al comma 1 spetta per l'importo eccedente il contributo previsto per la ricostruzione [11] .

1-quater. Sono compresi fra gli edifici che accedono alle detrazioni di cui al presente articolo anche gli edifici privi di attestato di prestazione energetica perché sprovvisti di copertura, di uno o più muri perimetrali, o di entrambi, purché al termine degli interventi, che devono comprendere anche quelli di cui alla lettera a) del comma 1, anche in caso di demolizione e ricostruzione o di ricostruzione su sedime esistente, raggiungano una classe energetica in fascia A [12] .

2. L'aliquota prevista al comma 1, alinea, del presente articolo si applica anche a tutti gli altri interventi di efficienza energetica di cui all'articolo 14 del decreto-legge 4 giugno 2013, n. 63, convertito, con modificazioni, dalla legge 3 agosto 2013, n. 90, nei limiti di spesa previsti, per ciascun intervento di efficienza energetica, dalla legislazione vigente, nonché agli interventi previsti dall'articolo 16-bis, comma 1, lettera e), del testo unico di cui al decreto del Presidente della Repubblica 22 dicembre 1986, n. 917, anche ove effettuati in favore di persone di età superiore a sessantacinque anni, a condizione che siano eseguiti congiuntamente ad almeno uno degli interventi di cui al citato comma 1. Qualora l'edificio sia sottoposto ad almeno uno dei vincoli previsti dal codice dei beni culturali e del paesaggio, di cui al decreto legislativo 22 gennaio 2004, n. 42, o gli interventi di cui al citato comma 1 siano vietati da regolamenti edilizi, urbanistici e ambientali, la detrazione si applica a tutti gli interventi di cui al presente comma, anche se non eseguiti congiuntamente ad almeno uno degli interventi di cui al medesimo comma 1, fermi restando i requisiti di cui al comma 3 [13][14] .

3. Ai fini dell'accesso alla detrazione, gli interventi di cui ai commi 1 e 2 del presente articolo devono rispettare i requisiti minimi previsti dai decreti di cui al comma 3-ter dell'articolo 14 del decreto-legge 4 giugno 2013, n. 63, convertito, con modificazioni, dalla legge 3 agosto 2013, n. 90, e, nel loro complesso, devono assicurare, anche congiuntamente agli interventi di cui ai commi 5 e 6 del presente articolo, il miglioramento di almeno due classi energetiche dell'edificio o delle unità immobiliari situate all'interno di edifici plurifamiliari le quali siano funzionalmente indipendenti e dispongano di uno o più accessi autonomi dall'esterno, ovvero, se ciò non sia possibile, il conseguimento della classe energetica più alta, da dimostrare mediante l'attestato di prestazione energetica (A.P.E.), di cui all'articolo 6 del decreto legislativo 19 agosto 2005, n. 192, prima e dopo l'intervento, rilasciato da un tecnico abilitato nella forma della dichiarazione asseverata. Nel rispetto dei suddetti requisiti minimi, sono ammessi all'agevolazione, nei limiti stabiliti per gli interventi di cui ai citati commi 1 e 2, anche gli interventi di demolizione e ricostruzione di cui all'articolo 3, comma 1, lettera d), del testo unico delle disposizioni legislative e regolamentari in materia edilizia, di cui al decreto del Presidente della Repubblica 6 giugno 2001, n. 380. Gli interventi di dimensionamento del cappotto termico e del cordolo sismico non concorrono al conteggio della distanza e dell'altezza, in de-

roga alle distanze minime riportate all'articolo 873 del codice civile, per gli interventi di cui all'articolo 16-bis del testo unico delle imposte sui redditi, di cui al decreto del Presidente della Repubblica 22 dicembre 1986, n. 917, e al presente articolo (15) .

3-bis. Per gli interventi effettuati dai soggetti di cui al comma 9, lettera c), e dalle cooperative di cui al comma 9, lettera d), le disposizioni dei commi da 1 a 3 si applicano anche alle spese, documentate e rimaste a carico del contribuente, sostenute dal 1° gennaio 2022 al 30 giugno 2023. Per le spese sostenute dal 1° luglio 2022 la detrazione è ripartita in quattro quote annuali di pari importo (16) .

4. Per gli interventi di cui ai commi da 1-bis a 1-septies dell'articolo 16 del decreto-legge 4 giugno 2013, n. 63, convertito, con modificazioni, dalla legge 3 agosto 2013, n. 90, l'aliquota delle detrazioni spettanti è elevata al 110 per cento per le spese sostenute dal 1° luglio 2020 al 30 giugno 2022. Tale aliquota si applica anche agli interventi previsti dall'articolo 16-bis, comma 1, lettera e), del testo unico di cui al decreto del Presidente della Repubblica 22 dicembre 1986, n. 917, anche ove effettuati in favore di persone di età superiore a sessantacinque anni ed a condizione che siano eseguiti congiuntamente ad almeno uno degli interventi indicati nel primo periodo e che non siano già richiesti ai sensi del comma 2 della presente disposizione. Per gli acquirenti delle unità immobiliari che alla data del 30 giugno 2022 abbiano sottoscritto un contratto preliminare di vendita dell'immobile regolarmente registrato, che abbiano versato acconti mediante il meccanismo dello sconto in fattura e maturato il relativo credito d'imposta, che abbiano ottenuto la dichiarazione di ultimazione dei lavori strutturali, che abbiano ottenuto il collaudo degli stessi e l'attestazione del collaudatore statico che asseveri il raggiungimento della riduzione di rischio sismico e che l'immobile sia accatastato almeno in categoria F/4, l'atto definitivo di compravendita può essere stipulato anche oltre il 30 giugno 2022 ma comunque entro il 31 dicembre 2022 .Per la parte di spese sostenuta dal 1° gennaio 2022, la detrazione è ripartita in quattro quote annuali di pari importo. Per gli interventi di cui al primo periodo, in caso di cessione del corrispondente credito ad un'impresa di assicurazione e di contestuale stipulazione di una polizza che copre il rischio di eventi calamitosi, la detrazione prevista nell'articolo 15, comma 1, lettera f-bis), del testo unico delle imposte sui redditi, di cui al decreto del Presidente della Repubblica 22 dicembre 1986, n. 917, spetta nella misura del 90 per cento. Le disposizioni del primo e del secondo periodo non si applicano agli edifici ubicati nella zona sismica 4 di cui all'ordinanza del Presidente del Consiglio dei ministri n. 3274 del 20 marzo 2003, pubblicata nel supplemento ordinario alla Gazzetta Ufficiale n. 105 dell'8 maggio 2003 (17) .

4-bis. La detrazione spettante ai sensi del comma 4 del presente articolo è riconosciuta anche per la realizzazione di sistemi di monitoraggio strutturale continuo a fini antisismici, a condizione che sia eseguita congiuntamente a uno degli interventi di cui ai commi da 1-bis a 1-septies dell'articolo 16 del decreto-legge 4 giugno 2013, n. 63, convertito, con modificazioni, dalla legge 3 agosto 2013, n. 90, nel rispetto dei limiti di spesa previsti dalla legislazione vigente per i medesimi interventi.

4-ter. I limiti delle spese ammesse alla fruizione degli incentivi fiscali eco bonus e sisma bonus di cui ai commi precedenti, sostenute entro il 30 giugno 2022, sono aumentati del 50 per cento per gli interventi di ricostruzione riguardanti i fabbricati danneggiati dal sisma nei comuni di cui agli elenchi allegati al decreto-legge 17 ottobre 2016, n. 189, convertito, con modificazioni, dalla legge 15 dicembre 2016, n. 229, e di cui al decreto-legge 28 aprile 2009, n. 39, convertito, con modificazioni, dalla legge 24 giugno 2009, n. 77 , nonché nei comuni interessati da tutti gli eventi sismici verificatisi dopo l'anno 2008 dove sia stato dichiarato lo stato di emergenza. In tal caso, gli incentivi sono alternativi al contributo per la ricostruzione e sono fruibili per tutte le spese necessarie al ripristino dei fabbricati danneggiati, comprese le case diverse dalla prima abitazione, con esclusione degli immobili destinati alle attività produttive (18) .

4-quater. Nei comuni dei territori colpiti da eventi sismici verificatisi a far data dal 1° aprile 2009 dove sia stato dichiarato lo stato di emergenza, gli incentivi di cui al comma 4 spettano per l'importo eccedente il contributo previsto per la ricostruzione (19) .

5. Per le spese documentate e rimaste a carico del contribuente, sostenute per l'installazione di impianti solari fotovoltaici connessi alla rete elettrica su edifici ai sensi dell'articolo 1, comma 1, lettere a), b), c) e d), del regolamento di cui al decreto del Presidente della Repubblica 26 agosto 1993, n. 412, ovvero di impianti solari fotovoltaici su strutture pertinenziali agli edifici, eseguita congiuntamente ad uno degli interventi di cui ai commi 1 e 4 del presente articolo, la detrazione di cui all'articolo 16-bis, comma 1, del testo unico di cui al decreto del Presidente della Repubblica 22 dicembre 1986, n. 917, da ripartire tra gli aventi diritto in quattro quote annuali di pari importo, spetta nella misura riconosciuta per gli interventi previsti agli stessi commi 1 e 4 in relazione all'anno di sostenimento della spesa, fino ad un ammontare complessivo delle stesse spese non superiore a euro 48.000 e comunque nel limite di spesa di euro 2.400 per ogni kW di potenza nominale dell'impianto solare fotovoltaico. In caso di interventi di cui all'articolo 3, comma 1, lettere d), e) e f), del testo unico di cui al decreto del Presidente della Repubblica 6 giugno 2001, n. 380, il predetto limite di spesa è ridotto ad euro 1.600 per ogni kW di potenza nominale (20) .

5-bis. Le violazioni meramente formali che non arrecano pregiudizio all'esercizio delle azioni di controllo non comportano la decadenza delle agevolazioni fiscali limitatamente alla irregolarità od omissione riscontrata. Nel caso in cui le violazioni riscontrate nell'ambito dei controlli da parte delle autorità competenti siano rilevanti ai fini dell'erogazione degli incentivi, la decadenza dal beneficio si applica limitatamente al singolo intervento oggetto di irregolarità od omissione (21) .

6. La detrazione di cui al comma 5 è riconosciuta anche per l'installazione contestuale o successiva di sistemi di accumulo integrati negli impianti solari fotovoltaici agevolati con la detrazione di cui al medesimo comma 5, alle stesse condizioni, negli stessi limiti di importo e ammontare complessivo e comunque nel limite di spesa di euro 1.000 per ogni kWh di capacità di accumulo del sistema di accumulo.

7. La detrazione di cui ai commi 5 e 6 del presente articolo è subordinata alla cessione in favore del Gestore dei servizi energetici (GSE), con le modalità di cui all'articolo 13, comma 3, del decreto legislativo 29 dicembre 2003, n. 387, dell'energia non autoconsumata in sito ovvero non condivi-

sa per l'autoconsumo, ai sensi dell'articolo 42-bis del decreto-legge 30 dicembre 2019, n. 162, convertito, con modificazioni, dalla legge 28 febbraio 2020, n. 8, e non è cumulabile con altri incentivi pubblici o altre forme di agevolazione di qualsiasi natura previste dalla normativa europea, nazionale e regionale, compresi i fondi di garanzia e di rotazione di cui all'articolo 11, comma 4, del decreto legislativo 3 marzo 2011, n. 28, e gli incentivi per lo scambio sul posto di cui all'articolo 25-bis del decreto-legge 24 giugno 2014, n. 91, convertito, con modificazioni, dalla legge 11 agosto 2014, n. 116. Con il decreto di cui al comma 9 del citato articolo 42-bis del decreto-legge n. 162 del 2019, il Ministro dello sviluppo economico individua i limiti e le modalità relativi all'utilizzo e alla valorizzazione dell'energia condivisa prodotta da impianti incentivati ai sensi del presente comma.

7-bis. La detrazione di cui al comma 5 spetta, nei limiti ivi previsti, anche per gli interventi realizzati dai soggetti di cui al comma 9, lettera d-bis), in aree o strutture non pertinenziali, anche di proprietà di terzi, diversi dagli immobili ove sono realizzati gli interventi previsti ai commi 1 e 4, sempre che questi ultimi siano situati all'interno di centri storici soggetti ai vincoli di cui all'articolo 136, comma 1, lettere b) e c), e all'articolo 142, comma 1, del codice dei beni culturali e del paesaggio, di cui al decreto legislativo 22 gennaio 2004, n. 42 (22) .

8. Per le spese documentate e rimaste a carico del contribuente, sostenute per gli interventi di installazione di infrastrutture per la ricarica di veicoli elettrici negli edifici di cui all'articolo 16-ter del decreto-legge 4 giugno 2013, n. 63, convertito, con modificazioni, dalla legge 3 agosto 2013, n. 90, eseguita congiuntamente a uno degli interventi di cui al comma 1 del presente articolo, la detrazione spetta nella misura riconosciuta per gli interventi previsti dallo stesso comma 1 in relazione all'anno di sostenimento della spesa, da ripartire tra gli aventi diritto in quattro quote annuali di pari importo, e comunque nel rispetto dei seguenti limiti di spesa, fatti salvi gli interventi in corso di esecuzione: euro 2.000 per gli edifici unifamiliari o per le unità immobiliari situate all'interno di edifici plurifamiliari che siano funzionalmente indipendenti e dispongano di uno più accessi autonomi dall'esterno secondo la definizione di cui al comma 1-bis del presente articolo; euro 1.500 per gli edifici plurifamiliari o i condomini che installino un numero massimo di 8 colonnine; euro 1.200 per gli edifici plurifamiliari o i condomini che installino un numero superiore a 8 colonnine. L'agevolazione si intende riferita a una sola colonnina di ricarica per unità immobiliare (23) .

8-bis. Per gli interventi effettuati dai condomini, dalle persone fisiche di cui al comma 9, lettera a), e dai soggetti di cui al comma 9, lettera d-bis), compresi quelli effettuati dalle persone fisiche sulle singole unità immobiliari all'interno dello stesso condominio o dello stesso edificio, compresi quelli effettuati su edifici oggetto di demolizione e ricostruzione di cui all'articolo 3, comma 1, lettera d), del testo unico delle disposizioni legislative e regolamentari in materia edilizia, di cui al decreto del Presidente della Repubblica 6 giugno 2001, n. 380, la detrazione spetta anche per le spese sostenute entro il 31 dicembre 2025, nella misura del 110 per cento per quelle sostenute entro il 31 dicembre 2022, del 90 per cento per quelle sostenute nell'anno 2023, del 70 per cento per quelle sostenute nell'anno 2024 e del 65 per cento per quelle sostenute nell'anno 2025. Per gli interventi effettuati su unità immobiliari dalle persone fisiche di cui al comma 9, lettera b), la detrazione del 110 per cento spetta anche per le spese sostenute entro il 31 marzo 2023, a condizione che alla data del 30 settembre 2022 siano stati effettuati lavori per almeno il 30 per cento dell'intervento complessivo, nel cui computo possono essere compresi anche i lavori non agevolati ai sensi del presente articolo. Per gli interventi avviati a partire dal 1° gennaio 2023 su unità immobiliari dalle persone fisiche di cui al comma 9, lettera b), la detrazione spetta nella misura del 90 per cento anche per le spese sostenute entro il 31 dicembre 2023, a condizione che il contribuente sia titolare di diritto di proprietà o di diritto reale di godimento sull'unità immobiliare, che la stessa unità immobiliare sia adibita ad abitazione principale e che il contribuente abbia un reddito di riferimento, determinato ai sensi del comma 8-bis.1, non superiore a 15.000 euro. Per gli interventi effettuati dai soggetti di cui al comma 9, lettera c), compresi quelli effettuati dalle persone fisiche sulle singole unità immobiliari all'interno dello stesso edificio, e dalle cooperative di cui al comma 9, lettera d), per i quali alla data del 30 giugno 2023 siano stati effettuati lavori per almeno il 60 per cento dell'intervento complessivo, la detrazione del 110 per cento spetta anche per le spese sostenute entro il 31 dicembre 2023 (A) (24) .

8-bis.1. Ai fini dell'applicazione del comma 8-bis, terzo periodo, il reddito di riferimento è calcolato dividendo la somma dei redditi complessivi posseduti, nell'anno precedente quello di sostenimento della spesa, dal contribuente, dal coniuge del contribuente, dal soggetto legato da unione civile o convivente se presente nel suo nucleo familiare, e dai familiari, diversi dal coniuge o dal soggetto legato da unione civile, di cui all'articolo 12 del testo unico delle imposte sui redditi, di cui al decreto del Presidente della Repubblica 22 dicembre 1986, n. 917, presenti nel suo nucleo familiare, che nell'anno precedente quello di sostenimento della spesa si sono trovati nelle condizioni previste nel comma 2 del medesimo articolo 12, per un numero di parti determinato secondo la Tabella 1-bis, allegata al presente decreto (25) .

8-ter. Per gli interventi effettuati nei comuni dei territori colpiti da eventi sismici verificatisi a far data dal 1° aprile 2009 dove sia stato dichiarato lo stato di emergenza, la detrazione per gli incentivi fiscali di cui ai commi 1-ter, 4-ter e 4-quater spetta, in tutti i casi disciplinati dal comma 8-bis, per le spese sostenute entro il 31 dicembre 2025, nella misura del 110 per cento. Fermo restando quanto previsto dal comma 10-bis, per gli interventi ivi contemplati la detrazione spetta anche per le spese sostenute entro il 31 dicembre 2025 nella misura del 110 per cento (26) . (F)

8-quater. La detrazione spetta nella misura riconosciuta nel comma 8-bis anche per le spese sostenute entro i termini previsti nello stesso comma 8-bis in relazione agli interventi di cui ai commi 2, 4, secondo periodo, 4-bis, 5, 6 e 8 del presente articolo eseguiti congiuntamente agli interventi indicati nel citato comma 8-bis (27) .

9. Le disposizioni contenute nei commi da 1 a 8 si applicano agli interventi effettuati:

a) dai condomini e dalle persone fisiche, al di fuori dell'esercizio di attività di impresa, arte o professione, con riferimento agli interventi su edifici composti da due a quattro unità immobiliari distintamente accatastate, anche se posseduti da un unico proprietario o in comproprietà da più persone fisiche [28] ;

b) dalle persone fisiche, al di fuori dell'esercizio di attività di impresa, arti e professioni, su unità immobiliari, salvo quanto previsto al comma 10;

c) dagli istituti autonomi case popolari (IACP) comunque denominati nonché dagli enti aventi le stesse finalità sociali dei predetti istituti, istituiti nella forma di società che rispondono ai requisiti della legi-slazione europea in materia di "in house providing" per interventi realizzati su immobili, di loro proprietà ovvero gestiti per conto dei comuni, adibiti ad edilizia residenziale pubblica;

d) dalle cooperative di abitazione a proprietà indivisa, per interventi realizzati su immobili dalle stesse posseduti e assegnati in godimento ai propri soci [B];

d-bis) dalle organizzazioni non lucrative di utilità sociale di cui all'articolo 10 del decreto legislativo 4 dicembre 1997, n. 460, dalle organizzazioni di volontariato iscritte nei registri di cui all'articolo 6 della legge 11 agosto 1991, n. 266, e dalle associazioni di promozione sociale iscritte nel registro nazionale e nei registri regionali e delle province autonome di Trento e di Bolzano previsti dall'articolo 7 della legge 7 dicembre 2000, n. 383 [C];

e) dalle associazioni e società sportive dilettantistiche iscritte nel registro istituito ai sensi dell'articolo 5, comma 2, lettera c), del decreto legislativo 23 luglio 1999, n. 242, limitatamente ai lavori destinati ai soli immobili o parti di immobili adibiti a spogliatoi [D].

9-bis. Le deliberazioni dell'assemblea del condominio aventi per oggetto l'approvazione degli interventi di cui al presente articolo e degli eventuali finanziamenti finalizzati agli stessi, nonché l'adesione all'opzione per la cessione o per lo sconto di cui all'articolo 121, sono valide se approvate con un numero di voti che rappresenti la maggioranza degli intervenuti e almeno un terzo del valore dell'edificio. Le deliberazioni dell'assemblea del condominio, aventi per oggetto l'imputazione a uno o più condomini dell'intera spesa riferita all'intervento deliberato, sono valide se approvate con le stesse modalità di cui al periodo precedente e a condizione che i condomini ai quali sono imputate le spese esprimano parere favorevole [29] .

9-ter. L'imposta sul valore aggiunto non detraibile, anche parzialmente, ai sensi degli articoli 19,19-bis, 19-bis.1 e 36-bis del decreto del Presidente della Repubblica 26 ottobre 1972, n. 633, dovuta sulle spese rilevanti ai fini degli incentivi previsti dal presente articolo, si considera nel calcolo dell'ammontare complessivo ammesso al beneficio, indipendentemente dalla modalità di rilevazione contabile adottata dal contribuente [30] .

10. Le persone fisiche di cui al comma 9, lettere a) e b), possono beneficiare delle detrazioni di cui ai commi da 1 a 3 per gli interventi realizzati sul numero massimo di due unità immobiliari, fermo restando il riconoscimento delle detrazioni per gli interventi effettuati sulle parti comuni dell'edificio [31] .

10-bis. Il limite di spesa ammesso alle detrazioni di cui al presente articolo, previsto per le singole unità immobiliari, è moltiplicato per il rapporto tra la superficie complessiva dell'immobile oggetto degli interventi di incremento dell'efficienza energetica, di miglioramento o di adeguamento antisismico previsti ai commi 1, 2, 3, 3-bis, 4, 4-bis, 5, 6, 7 e 8, e la superficie media di una unità abitativa immobiliare, come ricavabile dal Rapporto Immobiliare pubblicato dall'Osservatorio del Mercato Immobiliare dell'Agenzia delle Entrate ai sensi dell'articolo 120-sexiesdecies del decreto legislativo 1° settembre 1993, n. 385, per i soggetti di cui al comma 9, lettera d-bis), che siano in possesso dei seguenti requisiti:

a) svolgano attività di prestazione di servizi socio-sanitari e assistenziali, e i cui membri del Consiglio di Amministrazione non percepiscano alcun compenso o indennità di carica;

b) siano in possesso di immobili rientranti nelle categorie catastali B/1, B/2 e D/4, a titolo di proprietà, nuda proprietà, usufrutto o comodato d'uso gratuito. Il titolo di comodato d'uso gratuito è idoneo all'accesso alle detrazioni di cui al presente articolo, a condizione che il contratto sia regolarmente registrato in data certa anteriore alla data di entrata in vigore della presente disposizione [32] . [F]

10-ter. Nel caso di acquisto di immobili sottoposti ad uno o più interventi di cui al comma 1, lettere a), b) e c), il termine per stabilire la residenza di cui alla lettera a) della nota II-bis) all'articolo 1 della tariffa, parte prima, allegata al testo unico delle disposizioni concernenti l'imposta di registro, di cui al decreto del Presidente della Repubblica 26 aprile 1986, n. 131, è di trenta mesi dalla data di stipulazione dell'atto di compravendita [33] .

10-quater. Al primo periodo del comma 1-septies dell'articolo 16 del decreto-legge 4 giugno 2013, n. 63, convertito, con modificazioni, dalla legge 3 agosto 2013, n. 90, le parole: 'entro diciotto mesi sono sostituite dalle seguenti: 'entro trenta mesi [34] .

11. Ai fini dell'opzione per la cessione o per lo sconto di cui all'articolo 121, nonché in caso di utilizzo della detrazione nella dichiarazione dei redditi, nonché in caso di utilizzo della detrazione nella dichiarazione dei redditi, il contribuente richiede il visto di conformità dei dati relativi alla documentazione che attesta la sussistenza dei presupposti che danno diritto alla detrazione d'imposta per gli interventi di cui al presente articolo. Il visto di conformità è rilasciato ai sensi dell'articolo 35 del decreto legislativo 9 luglio 1997, n. 241, dai soggetti indicati alle lettere a) e b) del comma 3 dell'articolo 3 del regolamento di cui al decreto del Presidente della Repubblica 22 luglio 1998, n. 322, e dai responsabili dell'assistenza fiscale dei centri costituiti dai soggetti di cui all'articolo 32 del citato decreto legislativo n. 241 del 1997. In caso di dichiarazione presentata direttamente dal contribuente all'Agenzia delle entrate, ovvero tramite il sostituto d'imposta che presta l'assistenza fiscale, il contribuente, il quale intenda utilizzare la detrazione nella dichiarazione dei redditi, non è tenuto a richiedere il predetto visto di conformità. In caso di dichiarazione presentata direttamente dal contribuente all'Agenzia delle entrate, ovvero tramite il sostituto d'imposta che presta l'assistenza fiscale, il contribuente, il quale intenda utilizzare la detrazione nella dichiarazione dei redditi, non è tenuto a richiedere il predetto visto di conformità. [35] .

12. I dati relativi all'opzione sono comunicati esclusivamente in via telematica, anche avvalendosi dei soggetti che rilasciano il visto di conformità di cui al comma 11, secondo quanto disposto con provvedimento del direttore dell'Agenzia delle entrate, che definisce anche le modalità attuative del presente articolo, da adottare entro trenta giorni dalla data di entrata in vigore della legge di conversione del presente decreto.

13. Ai fini della detrazione del 110 per cento di cui al presente articolo e dell'opzione per la cessione o per lo sconto di cui all'articolo 121:

a) per gli interventi di cui ai commi 1, 2 e 3 del presente articolo, i tecnici abilitati asseverano il rispetto dei requisiti previsti dai decreti di cui al comma 3-ter dell'articolo 14 del decreto-legge 4 giugno 2013, n. 63, convertito, con modificazioni, dalla legge 3 agosto 2013, n. 90, e la corrispondente congruità delle spese sostenute in relazione agli interventi agevolati. Una copia dell'asseverazione è trasmessa, esclusivamente per via telematica, all'Agenzia nazionale per le nuove tecnologie, l'energia e lo sviluppo economico sostenibile (ENEA). Con decreto del Ministro dello sviluppo economico, da emanare entro trenta giorni dalla data di entrata in vigore della legge di conversione del presente decreto, sono stabilite le modalità di trasmissione della suddetta asseverazione e le relative modalità attuative;

b) per gli interventi di cui al comma 4, l'efficacia degli stessi al fine della riduzione del rischio sismico è asseverata dai professionisti incaricati della progettazione strutturale, della direzione dei lavori delle strutture e del collaudo statico, secondo le rispettive competenze professionali, iscritti agli ordini o ai collegi professionali di appartenenza, in base alle disposizioni del decreto del Ministro delle infrastrutture e dei trasporti n. 58 del 28 febbraio 2017. I professionisti incaricati attestano altresì la corrispondente congruità delle spese sostenute in relazione agli interventi agevolati. Il soggetto che rilascia il visto di conformità di cui al comma 11 verifica la presenza delle asseverazioni e delle attestazioni rilasciate dai professionisti incaricati.

13-bis. L'asseverazione di cui al comma 13, lettere a) e b), del presente articolo è rilasciata al termine dei lavori o per ogni stato di avanzamento dei lavori sulla base delle condizioni e nei limiti di cui all'articolo 121. L'asseverazione rilasciata dal tecnico abilitato attesta i requisiti tecnici sulla base del progetto e dell'effettiva realizzazione. Ai fini dell'asseverazione della congruità delle spese si fa riferimento ai prezzari individuati dal decreto di cui al comma 13, lettera a), nonché ai valori massimi stabiliti, per talune categorie di beni, con decreto del Ministro della transizione ecologica, da emanare entro il 9 febbraio 2022, nonché ai valori massimi stabiliti, per talune categorie di beni, con decreto del Ministro della transizione ecologica. I prezzari individuati nel decreto di cui alla lettera a) del comma 13 devono intendersi applicabili anche ai fini della lettera b) del medesimo comma e con riferimento agli interventi di cui all'articolo 16, commi da 1-bis a 1-sexies, del decreto-legge 4 giugno 2013, n. 63, convertito, con modificazioni, dalla legge 3 agosto 2013, n. 90, di cui all'articolo 1, commi da 219 a 223, della legge 27 dicembre 2019, n. 160, e di cui all'articolo 16-bis, comma 1, del testo unico di cui al decreto del Presidente della Repubblica 22 dicembre 1986, n. 917. Nelle more dell'adozione dei predetti decreti, la congruità delle spese è determinata facendo riferimento ai prezzi riportati nei prezzari predisposti dalle regioni e dalle province autonome, ai listini ufficiali o ai listini delle locali camere di commercio, industria, artigianato e agricoltura ovvero, in difetto, ai prezzi correnti di mercato in base al luogo di effettuazione degli interventi (36) .

13-bis.1. Il tecnico abilitato che, nelle asseverazioni di cui al comma 13 e all'articolo 121, comma 1-ter, lettera b), espone informazioni false o omette di riferire informazioni rilevanti sui requisiti tecnici del progetto di intervento o sulla effettiva realizzazione dello stesso ovvero attesta falsamente la congruità delle spese, è punito con la reclusione da due a cinque anni e con la multa da 50.000 euro a 100.000 euro. Se il fatto è commesso al fine di conseguire un ingiusto profitto per sé o per altri la pena è aumentata (37) .

13-ter. Gli interventi di cui al presente articolo, anche qualora riguardino le parti strutturali degli edifici o i prospetti, con esclusione di quelli comportanti la demolizione e la ricostruzione degli edifici, costituiscono manutenzione straordinaria e sono realizzabili mediante comunicazione di inizio lavori asseverata (CILA). Nella CILA sono attestati gli estremi del titolo abilitativo che ha previsto la costruzione dell'immobile oggetto d'intervento o del provvedimento che ne ha consentito la legittimazione ovvero è attestato che la costruzione è stata completata in data antecedente al 1° settembre 1967. La presentazione della CILA non richiede l'attestazione dello stato legittimo di cui all' articolo 9-bis, comma 1-bis, del decreto del Presidente della Repubblica 6 giugno 2001, n. 380. Per gli interventi di cui al presente comma, la decadenza del beneficio fiscale previsto dall'articolo 49 del decreto del Presidente della Repubblica n. 380 del 2001 opera esclusivamente nei seguenti casi:

a) mancata presentazione della CILA;

b) interventi realizzati in difformità dalla CILA;

c) assenza dell'attestazione dei dati di cui al secondo periodo;

d) non corrispondenza al vero delle attestazioni ai sensi del comma 14 [. Resta impregiudicata ogni valutazione circa la legittimità dell'immobile oggetto di intervento.] (38) .

13-quater. Fermo restando quanto previsto al comma 13-ter, resta impregiudicata ogni valutazione circa la legittimità dell'immobile oggetto di intervento (39) .

13-quinquies. In caso di opere già classificate come attività di edilizia libera ai sensi dell'articolo 6 del testo unico delle disposizioni legislative e regolamentari in materia edilizia, di cui al decreto del Presidente della Repubblica 6 giugno 2001, n. 380, del decreto del Ministro delle infrastrutture e dei trasporti 2 marzo 2018, pubblicato nella Gazzetta Ufficiale n. 81 del 7 aprile 2018, o della normativa regionale, nella CILA è richiesta la sola descrizione dell'intervento. In caso di varianti in corso d'opera, queste sono comunicate alla fine dei lavori e costituiscono integrazione della CILA presentata. Non è richiesta, alla conclusione dei lavori, la segnalazione certificata di inizio attività di cui all'articolo 24 del testo unico di cui al decreto del Presidente della Repubblica 6 giugno 2001, n. 380 (40) .

14. Ferma restando l'applicazione delle sanzioni penali ove il fatto costituisca reato, ai soggetti che rilasciano attestazioni e asseverazioni infedeli si applica la sanzione amministrativa pecuniaria da euro 2.000 a euro 15.000 per ciascuna attestazione o asseverazione infedele resa. I soggetti di cui al primo periodo stipulano una polizza di assicurazione della responsabilità civile, per ogni intervento comportante attestazioni o asseverazioni, con massimale pari agli importi dell'intervento oggetto delle predette attestazioni o asseverazioni, al fine di garantire ai propri clienti e al bilancio dello Stato il risarcimento dei danni eventualmente provocati dall'attività prestata. L'obbligo di sottoscrizione della polizza si considera rispettato qualora i soggetti che rilasciano attestazioni e asseverazioni abbiano già sottoscritto una polizza assicurativa per danni derivanti da attività professionale

ai sensi dell'articolo 5 del regolamento di cui al decreto del Presidente della Repubblica 7 agosto 2012, n. 137, purché questa: a) non preveda esclusioni relative ad attività di asseverazione; b) preveda un massimale non inferiore a 500.000 euro, specifico per il rischio di asseverazione di cui al presente comma, da integrare a cura del professionista ove si renda necessario; c) garantisca, se in operatività di claims made, un'ultrattività pari ad almeno cinque anni in caso di cessazione di attività e una retroattività pari anch'essa ad almeno cinque anni a garanzia di asseverazioni effettuate negli anni precedenti. In alternativa il professionista può optare per una polizza dedicata alle attività di cui al presente articolo con un massimale adeguato al numero delle attestazioni o asseverazioni rilasciate e agli importi degli interventi oggetto delle predette attestazioni o asseverazioni e, comunque, non inferiore a 500.000 euro, senza interferenze con la polizza di responsabilità civile di cui alla lettera a)La non veridicità delle attestazioni o asseverazioni comporta la decadenza dal beneficio. Si applicano le disposizioni della legge 24 novembre 1981, n. 689. L'organo addetto al controllo sull'osservanza della presente disposizione ai sensi dell'articolo 14 della legge 24 novembre 1981, n. 689, è individuato nel Ministero dello sviluppo economico [41] .

14-bis. Per gli interventi di cui al presente articolo, nel cartello esposto presso il cantiere, in un luogo ben visibile e accessibile, deve essere indicata anche la seguente dicitura: "Accesso agli incentivi statali previsti dalla legge 17 luglio 2020, n. 77, superbonus 110 per cento per interventi di efficienza energetica o interventi antisismici [42] .

15. Rientrano tra le spese detraibili per gli interventi di cui al presente articolo quelle sostenute per il rilascio delle attestazioni e delle asseverazioni di cui ai commi 3 e 13 e del visto di conformità di cui al comma 11.

15-bis. Le disposizioni del presente articolo non si applicano alle unità immobiliari appartenenti alle categorie catastali A/1, A/8, nonché alla categoria catastale A/9 per le unità immobiliari non aperte al pubblico [43] .

16. Al fine di semplificare l'attuazione delle norme in materia di interventi di efficienza energetica e di coordinare le stesse con le disposizioni dei commi da 1 e 3 del presente articolo, all'articolo 14 del decreto-legge 4 giugno 2013, n. 63, convertito, con modificazioni, dalla legge 3 agosto 2013, n. 90, sono apportate le seguenti modificazioni, con efficacia dal 1° gennaio 2020:

a) il secondo, il terzo e il quarto periodo del comma 1 sono soppressi;

b) dopo il comma 2 è inserito il seguente:

"2.1. La detrazione di cui ai commi 1 e 2 è ridotta al 50 per cento per le spese, sostenute dal 1° gennaio 2018, relative agli interventi di acquisto e posa in opera di finestre comprensive di infissi, di schermature solari e di sostituzione di impianti di climatizzazione invernale con impianti dotati di caldaie a condensazione con efficienza almeno pari alla classe A di prodotto prevista dal regolamento delegato (UE) n. 811/2013 della Commissione, del 18 febbraio 2013. Sono esclusi dalla detrazione di cui al presente articolo gli interventi di sostituzione di impianti di climatizzazione invernale con impianti dotati di caldaie a condensazione con efficienza inferiore alla classe di cui al periodo precedente. La detrazione si applica nella misura del 65 per cento per gli interventi di sostituzione di impianti di climatizzazione invernale con impianti dotati di caldaie a condensazione, di efficienza almeno pari alla classe A di prodotto prevista dal citato regolamento delegato (UE) n. 811/2013, e contestuale installazione di sistemi di termoregolazione evoluti, appartenenti alle classi V, VI oppure VIII della comunicazione 2014/C 207/02 della Commissione, o con impianti dotati di apparecchi ibridi, costituiti da pompa di calore integrata con caldaia a condensazione, assemblati in fabbrica ed espressamente concepiti dal fabbricante per funzionare in abbinamento tra loro, o per le spese sostenute per l'acquisto e la posa in opera di generatori d'aria calda a condensazione».

16-bis. L'esercizio di impianti fino a 200 kW da parte di comunità energetiche rinnovabili costituite in forma di enti non commerciali o da parte di condomini che aderiscono alle configurazioni di cui all'articolo 42-bis del decreto-legge 30 dicembre 2019, n. 162, convertito, con modificazioni, dalla legge 28 febbraio 2020, n. 8, non costituisce svolgimento di attività commerciale abituale. La detrazione prevista dall'articolo 16-bis, comma 1, lettera h), del testo unico di cui al decreto del Presidente della Repubblica 22 dicembre 1986, n. 917, per gli impianti a fonte rinnovabile gestiti da soggetti che aderiscono alle configurazioni di cui al citato articolo 42-bis del decreto-legge n. 162 del 2019 si applica fino alla soglia di 200 kW e per un ammontare complessivo di spesa non superiore a euro 96.000.

16-ter. Le disposizioni del comma 5 si applicano all'installazione degli impianti di cui al comma 16-bis. L'aliquota di cui al medesimo comma 5 si applica alla quota di spesa corrispondente alla potenza massima di 20 kW e per la quota di spesa corrispondente alla potenza eccedente 20 kW spetta la detrazione stabilita dall'articolo 16-bis, comma 1, lettera h), del testo unico di cui al decreto del Presidente della Repubblica 22 dicembre 1986, n. 917, nel limite massimo di spesa complessivo di euro 96.000 riferito all'intero impianto. Fermo restando quanto previsto dal comma 10-bis, per gli interventi ivi contemplati il presente comma si applica fino alla soglia di 200 kW con l'aliquota del 110 per cento delle spese sostenute [44] .

16-quater. Agli oneri derivanti dall'attuazione del presente articolo, valutati in 63,6 milioni di euro per l'anno 2020, in 1.294,3 milioni di euro per l'anno 2021, in 3.309,1 milioni di euro per l'anno 2022, in 2.935 milioni di euro per l'anno 2023, in 2.755,6 milioni di euro per l'anno 2024, in 2.752,8 milioni di euro per l'anno 2025, in 1.357,4 milioni di euro per l'anno 2026, in 27,6 milioni di euro per l'anno 2027, in 11,9 milioni di euro per l'anno 2031 e in 48,6 milioni di euro per l'anno 2032, si provvede ai sensi dell'articolo 265 [G].

[A] *In riferimento al presente comma, vedi: Risposta Agenzia delle Entrate 24 novembre 2021 n. 791; Risposta Agenzia delle Entrate 23 maggio 2022, n. 290.*

[B] *In riferimento alla presente lettera, vedi: Risposta Agenzia delle Entrate 23 giugno 2021, n. 430.*

[C] *In riferimento alla presente lettera, vedi: Risposta Agenzia delle Entrate 25 marzo 2021, n. 206; Risposta Agenzia delle Entrate 17/09/2021 n. 610; Risposta Agenzia delle Entrate 20 settembre 2021 n. 615; Risposta Agenzia delle Entrate 21/01/2022 n. 47.*

[D] *In riferimento al presente comma, vedi: Risposta Agenzia delle Entrate 10 novembre 2021, n. 774; Risposta Agenzia delle Entrate 26 maggio 2022 n. 307.*

[E] *In riferimento al presente comma, vedi: Risposta Agenzia delle Entrate 15 marzo 2022, n. 118.*

[F] *In riferimento al presente comma, vedi: Risposta Agenzia delle Entrate 23 giugno 2022, n. 340; Risposta Agenzia delle Entrate 4 agosto 2022, n. 407.*

[G] *In riferimento alla detrazione per interventi di efficientamento energetico e di riduzione del rischio sismico degli edifici, nonché opzione per la cessione o per lo sconto in luogo della detrazione previste dal*

presente articolo, vedi: Circolare Agenzia delle Entrate 8 agosto 2020 n. 24/E.
- In riferimento al Superbonus - Interventi realizzati su "villetta a schiera" - vedi: Risposta Agenzia delle Entrate 09/09/2020 n. 328; : Risposta Agenzia delle Entrate 09/09/2020 n. 327; Risposta Agenzia delle Entrate 09/09/2020 n. 326.
- In riferimento al Superbonus - interventi realizzati sulle parti comuni di un edificio in condominio e sulle singole unità immobiliari - Limiti di spesa, di cui al presente articolo, vedi: Risoluzione Agenzia delle Entrate 28/09/2020 n. 60/E; Risposta Agenzia delle Entrate 27/10/2020 n. 499; Risposta Agenzia delle Entrate 27/10/2020 n. 500.
- In riferimento al presente articolo vedi: Risposta Agenzia delle Entrate 28/09/2020 n. 415; Risposta Agenzia delle Entrate 16 marzo 2021 n. 184; Risposta Agenzia delle Entrate 23 maggio 2022, n. 289.
- In riferimento all'opzione per la cessione del credito da parte di contribuente in regime forfetario, di cui al presente articolo, vedi: Risposta Agenzia delle Entrate 02/11/2020 n. 514.
- In riferimento al Superbonus - sostituzione delle pareti esterne dell'immobile, costituite in prevalenza da vetrate, con una parete in muratura, vedi Risposta Agenzia delle Entrate 03/11/2020 n. 521.
- In riferimento all'accesso al Superbonus in relazione alle spese da sostenere per interventi "trainanti" e "trainati", di cui al presente articolo vedi Risposta Agenzia delle Entrate 4 novembre 2020 n. 523; Risposta Agenzia delle Entrate 9 dicembre 2020, n. 572.
- In riferimento al Superbonus-interventi di ristrutturazione e riqualificazione energetica con cambio di destinazione di uso di una pertinenza censita nella categoria C/2 che sarà accorpata ad un immobile in categoria A/3, di cui al presente articolo vedi: Risposta Agenzia delle Entrate 27 novembre 2020, n. 562; Risposta Agenzia delle Entrate 9 dicembre 2020, n. 570; Risposta Agenzia delle Entrate 9 dicembre 2020, n. 571.
- In riferimento al Superbonus - Accesso al Superbonus in caso di sostituzione di una caldaia a gasolio con uno scaldabagno a pompa di calore e una "termostufa a pellet" vedi: Risposta Agenzia delle Entrate 17 dicembre 2020 n. 600.
- In riferimento al Superbonus - Accesso al Superbonus da parte di una persona fisica non residente - vedi: Risposta Agenzia delle Entrate 17 dicembre 2020 n. 596;
Risposta Agenzia delle Entrate 17 dicembre 2020, n. 597.
- In riferimento all'accesso al Superbonus da parte di una persona fisica non residente per interventi su un edificio costituito da una unità immobiliari di cui è pieno proprietario e due unità immobiliari di cui è nudo proprietario vedi: Risoluzione Agenzia delle Entrate 15 dicembre 2020 n. 78/E.
- In riferimento al Superbonus - Unità immobiliare a destinazione residenziale, vedi: Risposta Agenzia delle Entrate 8 gennaio 2021 n. 21.
- In riferimento al Superbonus - Interventi antisismici di demolizione e ricostruzione, realizzati su immobili censiti al catasto fabbricati C/2 e F/2, vedi: Risposta Agenzia delle Entrate 7 gennaio 2021 n. 7.
- In riferimento al Superbonus - Interventi di riduzione del rischio sismico di un edificio demolito e ricostruito con aumento volumetrico- Opzione per la cessione o lo sconto in luogo delle detrazioni, vedi Risposta Agenzia delle Entrate 7 gennaio 2021, n. 11.
- In riferimento al Superbonus - Interventi di efficientamento energetico e di riduzione del rischio sismico di un edificio con ampliamento: detraibilità delle spese riferibili alla parte esistente vedi: Risposta Agenzia delle Entrate 7 gennaio 2021, n. 12.
- In riferimento Superbonus - Unità immobiliare "funzionalmente indipendente" e con "accesso autonomo dall'esterno" vedi: Risposta Agenzia delle Entrate 7 gennaio 2021, n. 16.
- In riferimento al Superbonus - Unità immobiliare funzionalmente indipendente e limiti di spesa applicabili, vedi: Risposta Agenzia delle Entrate 5 gennaio 2021, n. 10. vedi: Risposta Agenzia delle Entrate 8 gennaio 2021 n. 24.
- In riferimento al Superbonus - edificio composto da due unità immobiliari di cui rispettivamente la piena proprietà e la nuda proprietà appartengono ad un unico soggetto vedi: Risposta Agenzia delle Entrate 27 gennaio 2021, n. 58.
- In riferimento al Superbonus - Interventi di riqualificazione energetica su immobile ad uso promiscuo, vedi: Risposta Agenzia delle Entrate 28 gennaio 2021 n. 65.
- In riferimento al Superbonus - professionista abilitato e visto di conformità, vedi: Risposta Agenzia delle Entrate 28 gennaio 2021 n. 61.
- In riferimento al Superbonus - unità immobiliare funzionalmente indipendente e dotata di ingresso autonomo, vedi Risposta Agenzia delle Entrate 28 gennaio 2021 n. 62.
- In riferimento al Superbonus - Situazione esistente all'inizio dei lavori, vedi Risposta Agenzia delle Entrate 7 gennaio 2021, n. 15.
- In riferimento al Superbonus - Fondazione iscritta all'anagrafe delle Onlus, vedi: Risposta Agenzia delle Entrate 28 gennaio 2021 n. 64.
- In riferimento al Superbonus - Ricostruzione muro di contenimento del condominio, vedi: Risposta Agenzia delle Entrate 1 febbraio 2021 n. 68.
- In riferimento alla Cooperativa mista, vedi: Risposta Agenzia delle Entrate 3 febbraio 2021, n. 83
- In riferimento al Superbonus - Acquisto casa antisismica - Soggetto non residente - Opzione per la cessione o lo sconto in luogo delle detrazioni, vedi: Risposta Agenzia delle Entrate 8 febbraio 2021, n. 91.
- In riferimento al Superbonus - Unità immobiliare funzionalmente indipendente, vedi: Risposta Agenzia delle Entrate 16 febbraio 2021 n. 115.
- Per Interventi realizzati da una associazione sportiva dilettantistica negli spogliatoi dell'immobile affidato in gestione dal Comune in base ad una Convenzione , vedi: Risposta Agenzia delle Entrate 16/02/2021 n. 114.
- In riferimento al Superbonus - interventi su unità immobiliare funzionalmente indipendente vedi: Risposta Agenzia delle Entrate 16 febbraio 2021, n. 116.
- In riferimento al Superbonus - Interventi di riduzione del rischio sismico e di efficientamento energetico di un edificio collabente (F/2), demolito e ricostruito composto da due unità immobiliari, vedi: Risposta Agenzia delle Entrate 22 febbraio 2021 n. 121; Risposta Agenzia delle Entrate 22 febbraio 2021, n. 122.
- In riferimento al Superbonus - interventi di riduzione del rischio sismico e finalizzati alla efficienza energetica - asseverazione tardiva, vedi: Risposta Agenzia delle Entrate 24 febbraio 2021, n. 127.
- In riferimento al Superbonus - Interventi realizzati su unità collabenti (F2), vedi: Risposta Agenzia delle Entrate 8 marzo 2021, n. 161.
- In riferimento Superbonus - interventi "trainanti" e "trainati" su edificio unifamiliare (composto da unità A/3 e C/6), sprovvisto del certificato di abitabilità/agibilità, vedi: Risposta Agenzia delle Entrate 1o marzo 2021, n. 167.
- In riferimento al Superbonus - impianto fotovoltaico con pannelli installati su terreno di pertinenza dell'abitazione, vedi: Risposta Agenzia delle Entrate 10 marzo 2021, n. 171.
- In riferimento al Superbonus - Interventi antisismici di ristrutturazione edilizia con demolizione ed ampliamento, nonché interventi di efficientamento energetico su edificio condominiale - limiti di spesa, vedi: Risposta Agenzia delle Entrate 16 marzo 2021, n. 175.
- In riferimento al Superbonus - Opzione sconto in fattura - Vendita infraquinquennale immobile - Calcolo della plusvalenza - Rilevanza - Fattispecie, vedi: Risposta Agenzia delle Entrate 24 marzo 2021, n. 204.
- In riferimento al Superbonus - interventi antisismici attuati mediante demolizione di tre unità immobiliari non residenziali e ricostruzione di due unità abitative unifamiliari, vedi: Risposta Agenzia delle Entrate 25 marzo 2021 n. 210.
- In riferimento alle Detrazione sisma bonus di cui al presente articolo, vedi: Risposta Agenzia delle Entrate 25 marzo 2021, n. 209.
- In riferimento al Superbonus - interventi antisismici realizzati su un edificio di un unico proprietario composto da unità abitative funzionalmente indipendenti e con accesso autonomo, vedi: Risposta Agenzia delle Entrate 9 aprile 2021 n. 231.
- In riferimento al Superbonus – unità residenziale con garage pertinenziale e due unità immobiliari non residenziali attigue, demolizione e ricostruzione senza aumento di volumetria, per ottenere un'unica abitazione con pertinenza, vedi: Risposta Agenzia delle Entrate 13 aprile 2021, n. 242.
- In riferimento al Superbonus - Applicazione del regime agevolativo a favore di una cooperativa sociale - onlus di diritto - vedi: Risposta Agenzia delle Entrate 13 aprile 2021 n. 239.
- In riferimento al Superbonus - Fondazione Onlus proprietaria di due edifici che al termine dei lavori si otterrà un unico edificio di categoria catastale B/1, vedi: Risposta Agenzia delle Entrate 14 aprile 2021, n. 250.
- In riferimento al Superbonus - interventi di risparmio energetico e riduzione del rischio sismico su edificio di proprietà di una Fondazione - vedi: Risposta Agenzia delle Entrate 14 aprile 2021 n. 251.
- In riferimento al Superbonus - servizi connessi alla realizzazione degli interventi agevolabili forniti da un unico contraente generale, vedi: Risposta Agenzia delle Entrate 15 aprile 2021, n. 254.
- In riferimento al Superbonus - Applicazione del regime agevolativo a favore di una cooperativa sociale di produzione e lavoro - onlus di diritto - , vedi: Risposta Agenzia delle Entrate 15 aprile 2021, n. 253.
- In riferimento al Superbonus - Fondazione ONLUS, proprietaria di due edifici, costituiti da più unità immobiliari - installazione, su entrambi gli edifici, dei pannelli isolanti sulle facciate. , vedi: Risposta Agenzia delle Entrate 14/04/2021 n. 252.
- In riferimento al Superbonus - interventi su un edificio composto da due unità abitative di cui una in comproprietà con il coniuge e l'"altra di proprietà esclusiva del coniuge vedi: Risposta Agenzia delle Entrate 14/04/2021 n. 247.
- In riferimento all' Energy Service Company che opera come General

VARIE

contractor, vedi: Risposta Agenzia delle Entrate 19 aprile 2021, n. 261.
- In ordine alla possibilità di cumulare i contributi pubblici attribuiti per la copertura degli oneri relativi alla riparazione o ricostruzione di edifici privati danneggiati in seguito ad eventi sismici vedi: Risoluzione Agenzia delle Entrate 23/04/2021 n. 28/E.
- Per gli Interventi antisismici e di riqualificazione energetica mediante demolizione di due edifici unifamiliari e ricostruzione di un unico edificio composto da due unità immobiliari vedi: Risposta Agenzia delle Entrate 22/06/2021 n. 423.
- In riferimento al Superbonus - valutazione del miglioramento di due classi energetiche per intervento di efficientamento energetico in condominio di volume inferiore a quello dell'edificio - vedi: Risposta Agenzia delle Entrate 1° luglio 2021, n. 453.
- in riferimento al Superbonus - agevolazioni su edificio di proprietà di un unico soggetto composto da più unità immobiliari (comprese di pertinenze), vedi: Risposta Agenzia delle Entrate 7 luglio 2021, n. 461.
- In riferimento al Superbonus - Interventi su edifici composti da due a quattro unità immobiliari distintamente accatastate posseduti da un unico proprietario o in comproprietà da più persone fisiche, vedi: Risposta Agenzia delle Entrate 7 luglio 2021, n. 464.
- In riferimento al superbonus acquisti di case antisismiche - presentazione asseverazione decreto del Ministro delle infrastrutture e dei trasporti n. 58 del 2017, vedi: Risposta Agenzia delle Entrate 20/07/2021 n. 494
- In riferimento al General contractor vedi: Risposta Agenzia delle Entrate 15/07/2021 n. 480.
- In riferimento al Superbonus - impianti fotovoltaici su edifici di nuova costruzione, vedi: Risposta Agenzia delle Entrate 20 luglio 2021, n. 488.
- In riferimento al Superbonus -Interventi antisismici e di riqualificazione energetica realizzati dall'usufruttuario di immobile segregato in un trust, vedi: Risposta Agenzia delle Entrate 21 luglio 2021, n. 498.
- In riferimento al Superbonus - Modifica della dimensione dei serramenti esistenti nel caso di interventi diversi da quelli di demolizione e ricostruzione, vedi: Risposta Agenzia delle Entrate 30 luglio 2021, n. 524.
- In riferimento al Superbonus - Interventi antisismici e di riqualificazione energetica realizzati da una ASD negli spogliatoi di un impianto sportivo, vedi: Risposta Agenzia delle Entrate 30 agosto 2021, n. 567.
- In riferimento al Superbonus - interventi su edificio posseduto in comproprietà da più persone fisiche-limiti di spesa per gli interventi, vedi: Risposta Agenzia delle Entrate 30 agosto 2021, n. 568.
- In riferimento al Superbonus - società "in house providing", vedi: Risposta Agenzia delle Entrate 30 agosto 2021, n. 572.
- In riferimento al Superbonus - interventi antisismici su un fabbricato situato in un centro storico, vedi: Risposta Agenzia delle Entrate 16 settembre 2021, n. 598.
- In riferimento al Superbonus - Calcolo dei limiti di spesa per interventi su due unità residenziali ed un garage, con contestuale cambio di destinazione della pertinenza e suo accorpamento ad una delle unità residenziale, vedi: Risposta Agenzia delle Entrate 17 settembre 2021, n. 608.
- In riferimento al Superbonus - installazione di impianti solari fotovoltaici, vedi: Risposta Agenzia delle Entrate 20 settembre 2021 n. 614.
- In riferimento al Superbonus - imputazione a uno o più condomini dell'intera spesa riferita all'intervento deliberato, vedi: Risposta Agenzia delle Entrate 22 settembre 2021, n. 620.
- In riferimento al Superbonus - interventi su edificio unifamiliare in comproprietà con una persona fisica estranea al nucleo familiare, vedi: Risposta Agenzia delle Entrate 5 ottobre 2021, n. 656.
- In riferimento al Superbonus - interventi di riduzione del rischio sismico su un edificio collabente F/2 - ambito temporale previsto per l'avvio delle procedure autorizzatorie ovvero per il rilascio del titolo abilitativo, vedi: Risposta Agenzia delle Entrate 6 ottobre 2021, n. 674.
- In riferimento al Superbonus - Interventi antisismici, di riqualificazione energetica e di recupero del patrimonio edilizio sulle parti comuni di un edificio condominiale e sulla singola unità residenziale e relativa pertinenza, vedi: Risposta Agenzia delle Entrate 6 ottobre 2021, n. 665.
- In riferimento al Superbonus e Interventi di demolizione e ricostruzione con incremento di volumi, vedi: Risposta Agenzia delle Entrate 7 ottobre 2021, n. 684.
- In riferimento al Superbonus - realizzazione di intervento di ricostruzione, con criteri antisismici, del muro di contenimento che circonda un'unità residenziale indipendente, svolti congiuntamente ad altri interventi antisismici e di riqualificazione energetica, vedi: Risposta Agenzia delle Entrate 14 ottobre 2021, n. 706.
- In riferimento al Superbonus - interventi di demolizione del tetto preesistente e rifacimento dello stesso per la realizzazione di un locale accessorio non abitabile soprastante un'unità immobiliare funzionalmente indipendente con accesso autonomo, vedi: Risposta Agenzia delle Entrate 16 novembre 2021, n. 779.
- In riferimento al Superbonus - interventi su singola unità immobiliare e pertinenze, vedi Risposta Agenzia delle Entrate 9 novembre 2021, n. 765.
- In riferimento al Superbonus - Realizzazione di interventi antisismici su un complesso di villette a schiera, limiti di spesa, modifiche agli infissi, vedi: Risposta Agenzia delle Entrate 16 novembre 2021, n. 780.
- In riferimento al Superbonus - "interventi di efficientamento energetico in un condominio composto da più edifici - calcolo del rapporto tra la superficie delle unità immobiliari residenziali e la superficie delle unità non residenziali, vedi: Risposta Agenzia delle Entrate 11 gennaio 2022, n. 10.
- in riferimento al Superbonus - interventi effettuati su due unità abitative, costituenti un "condominio minimo", vedi : Risposta Agenzia delle Entrate 21/01/2022 n. 40.
- In riferimento al Superbonus - criteri di determinazione dello "Stato di avanzamento lavori (SAL)" per interventi di efficienza energetica e antisismici, vedi: Risposta Agenzia delle Entrate 27 gennaio 2022 n. 53.
- In riferimento al Superbonus - interventi di efficientamento energetico su fabbricato residenziale unifamiliare di categoria F/2 (collabente) - cessione del credito e spese sostenute in anni diversi, vedi: Risposta Agenzia delle Entrate 31 gennaio 2022 n. 56.
- In riferimento al Superbonus - demolizione e ricostruzione di un edificio, sprovvisto di APE, composto da due unità immobiliari di categoria F/2 (collabenti), vedi: Risposta Agenzia delle Entrate 31 gennaio 2022, n. 59.
- In riferimento al Superbonus - Cumulabilità tra il Superbonus e il contributo pubblico per la ricostruzione post sisma, vedi: Risposta Agenzia delle Entrate 21 marzo 2022, n. 134.
- In riferimento al Superbonus - interventi di consolidamento antisismico su di un edificio di unico proprietario prevalentemente residenziale, vedi: Risposta Agenzia delle Entrate 26 maggio 2022, n. 306.
- In riferimento agli Interventi nei territori colpiti da eventi sismici di cui al presente comma, vedi: Risoluzione Agenzia delle Entrate 15 febbraio 2022, n. 8/E.
- In riferimento al Superbonus - limite di spesa per installazione di impianto fotovoltaico contestuale alla realizzazione di un ascensore per disabili riconducibile ad un intervento di "ristrutturazione edilizia", vedi: Risposta Agenzia delle Entrate 23 maggio 2022 n. 287.
- In riferimento al Superbonus - criteri di determinazione della superficie residenziale di edificio condominiale, vedi Risposta Agenzia delle Entrate 30 maggio 2022 n. 314.
- In riferimento al Superbonus - sostituzione dei serramenti, delle chiusure oscuranti, installazione delle schermature solari, vedi: Risposta Agenzia delle Entrate 8 luglio 2022, n. 369.
- In riferimento al Superbonus - unità immobiliare funzionalmente indipendente locata a persona fisica e ubicata in un immobile strumentale di proprietà di una s.r.l., vedi: Risposta Agenzia delle Entrate 13 luglio 2022, n. 376.
- In riferimento al Superbonus - detraibilità delle spese in caso di indennizzo di una compagnia assicurativa per interventi di cui al presente articolo, vedi: Risposta Agenzia delle Entrate 20 settembre 2022, n. 458.
- In riferimento al Superbonus - Interventi antisismici effettuati sul portico costruito in aderenza all'edificio principale - limiti di spesa per interventi antisismici effettuati sulle pertinenze dell'abitazione al primo piano dell'edificio poste nell'edificio separato, vedi: Risposta Agenzia delle Entrate 13 luglio 2022 n. 375.
- In riferimento al Superbonus - installazione di un impianto fotovoltaico - intestazione dell'utenza elettrica e del contratto di cessione con il GSE, vedi: Risposta Agenzia delle Entrate 4 novembre 2022 n. 545.
- In riferimento al Superbonus - interventi "trainati" di eliminazione delle barriere architettoniche e spese strettamente collegate, vedi: Risposta Agenzia delle Entrate 4 novembre 2022 n. 547
- In riferimento al Superbonus: installazione di un ascensore esterno all'edificio oggetto di interventi di efficienza energetica, vedi: Risposta Agenzia delle Entrate 1° dicembre 2022 n. 580.

(1) *Per le norme di attuazione delle disposizioni di cui al presente articolo, vedi il Provvedimento dell'Agenzia delle Entrate 8 agosto 2020. Vedi inoltre il Provvedimento dell'Agenzia delle Entrate 10 giugno 2022.*
(2) *Articolo sostituito dall'articolo 1, comma 1, della Legge 17 luglio 2020, n. 77, in sede di conversione.*
(3) *Per le disposizioni urgenti in materia di equo compenso per le prestazioni professionali vedi l'articolo 17 ter del D.L. 28 ottobre 2020, n. 137, convertito con modificazioni dalla Legge 18 dicembre 2020, n. 176.*
(4) *Per la qualificazione delle imprese per l'accesso ai benefici di cui al presente articolo vedi l'articolo 10-bis del D.L. 21 marzo 2022, n. 21, convertito con modificazioni dalla Legge 20 maggio 2022, n. 51.*
(5) *Per gli interventi di cui al presente articolo, vedi l'articolo 9, comma 4, del D.L. 18 novembre 2022, n. 176, non ancora convertito in Legge.*
(6) *Alinea modificato dall'articolo 1, comma 66, lettera a), numero 1), della Legge 30 dicembre 2020, n. 178e successivamente dall'articolo 1, comma 28, lettera a), della Legge 30 dicembre 2021, n. 234.*
(7) *Lettera modificata dall'articolo 1, comma 66, lettera a) numero 2), della*

Legge 30 dicembre 2020, n. 178.
(8) In riferimento alle disposizioni di cui al presente comma, vedi il D.M. 6 agosto 2020.
(9) Comma inserito dall'articolo 15, comma 1-bis, del D.L. 1 marzo 2022, n. 17, convertito con modificazioni dalla Legge 27 aprile 2022, n. 34.
(10) Comma inserito dall'articolo 51, comma 3-quater, del D.L. 14 agosto 2020, n. 104, convertito con modificazioni dalla Legge 13 ottobre 2020, n. 126 e successivamente modificato dall'articolo 1, comma 66, lettera b) della Legge 30 dicembre 2020, n. 178
(11) Comma inserito dall'articolo 57-bis, comma 1, lettera a), del D.L. 14 agosto 2020, n. 104, convertito con modificazioni dalla Legge 13 ottobre 2020, n. 126 come corretto con Comunicato 22 ottobre 2020, in Gazz. Uff., 22 ottobre 2020, n. 262.
(12) Comma inserito dall'articolo 1, comma 66, lettera c), della Legge 30 dicembre 2020, n. 178.
(13) In riferimento alle disposizioni di cui al presente comma, vedi il D.M. 6 agosto 2020.
(14) Comma modificato dall'articolo 1, comma 66, lettera d), della Legge 30 dicembre 2020, n. 178.
(15) In riferimento alle disposizioni di cui al presente comma, vedi il D.M. 6 agosto 2020. Comma modificato dall'articolo 33-bis, comma 1, lettera a), del D.L. 31 maggio 2021, n. 77, convertito, con modificazioni, dalla Legge 29 luglio 2021, n. 108.
(16) Comma modificato dall'articolo 1, comma 66, lettera e), della Legge 30 dicembre 2020, n. 178 e successivamente dall'articolo 1, comma 3, lettera a), del D.L. 6 maggio 2021, n. 59, convertito con modificazioni dalla Legge 1° luglio 2021, n. 101 e dall'articolo 1, comma 28, lettera a), della Legge 30 dicembre 2021, n. 234.
(17) Comma modificato dall'articolo 1, comma 66, lettera f), della Legge 30 dicembre 2020, n. 178 e successivamente dall'articolo 33, comma 1, lettera a), del D.L. 31 maggio 2021, n. 77, convertito, con modificazioni, dalla Legge 29 luglio 2021, n. 108 , dall'articolo 1, comma 28, lettera b), della Legge 30 dicembre 2021, n. 234 e successivamente dall'articolo 18, comma 4-ter, del D.L. 30 aprile 2022, n. 36, convertito con modificazioni dalla Legge 29 giugno 2022, n. 79.
(18) Comma inserito dall'articolo 57-bis, comma 1, lettera b), del D.L. 14 agosto 2020, n. 104, convertito con modificazioni dalla Legge 13 ottobre 2020, n. 126 e successivamente modificato dall'articolo 1, comma 66, lettera g), della Legge 30 dicembre 2020, n. 178.
(19) Comma inserito dall'articolo 1, comma 66, lettera h), della Legge 30 dicembre 2020, n. 178.
(20) Comma modificato dall'articolo 1, comma 66, lettera i), della Legge 30 dicembre 2020, n. 178 e successivamente dall'articolo 1, comma 28, lettera c), della Legge 30 dicembre 2021, n. 234.
(21) Comma inserito dall'articolo 33-bis, comma 1, lettera b), del D.L. 31 maggio 2021, n. 77, convertito, con modificazioni, dalla Legge 29 luglio 2021, n. 108.
(22) Comma inserito dall'articolo 1, comma 10, lettera a), della Legge 29 dicembre 2022, n. 197.
(23) Comma sostituito dall'articolo 1, comma 66, lettera l), della Legge 30 dicembre 2020, n. 178 e successivamente modificato dall'articolo 1, comma 28, lettera c), della Legge 30 dicembre 2021, n. 234.
(24) Comma inserito dall'articolo 1, comma 66, lettera m), della Legge 30 dicembre 2020, n. 178, successivamente sostituito dall'articolo 1, comma 3, lettera b), del D.L. 6 maggio 2021, n. 59, convertito con modificazioni dalla Legge 1° luglio 2021, n. 101, dall'articolo 1, comma 28, lettera e), della Legge 30 dicembre 2021, n. 234, modificato dall'articolo 14, comma 1, lettera a), del D.L. 17 maggio 2022, n. 50, convertito, con modificazioni, dalla Legge 15 luglio 2022, n. 91 e da ultimo dall'articolo 9, comma 1, lettera a), del D.L. 18 novembre 2022, n. 176, non ancora convertito in Legge. Per l'applicazione vedi, l'articolo 9, comma 2, del D.L. 176/2022 medesimo. Vedi anche l'articolo 1, comma 894, della Legge 29 dicembre 2022, n. 197.
(25) Comma aggiunto dall'articolo 9, comma 1, lettera b), del D.L. 18 novembre 2022, n. 176, non ancora convertito in Legge.
(26) Comma inserito dall'articolo 1, comma 28, lettera f), della Legge 30 dicembre 2021, n. 234 e successivamente modificato dall'articolo 9, comma 1, lettera c), del D.L. 18 novembre 2022, n. 176, non ancora convertito in Legge.
(27) Comma inserito dall'articolo 1, comma 28, lettera g), della Legge 30 dicembre 2021, n. 234.
(28) Lettera modificata dall'articolo 1, comma 66, lettera n), della Legge 30 dicembre 2020, n. 178.
(29) Comma inserito dall'articolo 63, comma 1, del D.L. 14 agosto 2020, n. 104, convertito con modificazioni dalla Legge 13 ottobre 2020, n. 126 e successivamente modificato dall'articolo 1, comma 66, lettera p), della Legge 30 dicembre 2020, n. 178.
(30) Comma inserito dall'articolo 6-bis, comma 1, del D.L. 22 marzo 2021, n. 41, convertito con modificazioni dalla Legge 21 maggio 2021, n. 69.
(31) Comma modificato dall'articolo 1, comma 66, lettera o), della Legge 30 dicembre 2020, n. 178.
(32) Comma inserito dall'articolo 33, comma 1, lettera b), del D.L. 31 maggio 2021, n. 77, convertito, con modificazioni, dalla Legge 29 luglio 2021, n. 108.
(33) Comma inserito dall'articolo 33-bis, comma 1, lettera c), del D.L. 31 maggio 2021, n. 77, convertito, con modificazioni, dalla Legge 29 luglio 2021, n. 108.
(34) Comma inserito dall'articolo 33-bis, comma 1, lettera c), del D.L. 31 maggio 2021, n. 77, convertito, con modificazioni, dalla Legge 29 luglio 2021, n. 108.
(35) Comma modificato dall'articolo 1, comma 1, lettera a), numero 1), del D.L. 11 novembre 2021, n. 157. e dall'articolo 1, comma 28, lettera h), della Legge 30 dicembre 2021, n. 234. Il D.L. 157/2021 è stato abrogato dall'articolo 1, comma 41, della Legge 30 dicembre 2021, n. 234, disponendo anche che restano validi gli atti e i provvedimenti adottati e sono fatti salvi gli effetti prodottisi ed i rapporti giuridici sorti sulla base del medesimo decreto-legge 11 novembre 2021, n. 157.
(36) Comma modificato dall'articolo 1, comma 1, lettera a), numero 2), del D.L. 11 novembre 2021, n. 157. e successivamente dall'articolo 1, comma 28, lettera i), della Legge 30 dicembre 2021, n. 234 Il D.L. 157/2021 è stato abrogato dall'articolo 1, comma 41, della Legge 30 dicembre 2021, n. 234, disponendo anche che restano validi gli atti e i provvedimenti adottati e sono fatti salvi gli effetti prodottisi ed i rapporti giuridici sorti sulla base del medesimo decreto-legge 11 novembre 2021, n. 157..
(37) Comma inserito dall'articolo 2, comma 2, lettera a), del D.L. 25 febbraio 2022, n. 13. Il D.L. 13/2022 citato, è stato abrogato dall'articolo 1, comma 2, della Legge 28 marzo 2022, n. 25. Comma inserito dall'articolo 28-bis, comma 2, lettera a), del D.L. 27 gennaio 2022, n. 4, convertito, con modificazioni, dalla Legge 28 marzo 2022, n. 25.
(38) Comma inserito dall'articolo 51, comma 3-quinquies, del D.L. 14 agosto 2020, n. 104, convertito con modificazioni dalla Legge 13 ottobre 2020, n. 126 come corretto con Comunicato 22 ottobre 2020, in Gazz. Uff., 22 ottobre 2020, n. 262. Successivamente sostituito dall'articolo 33, comma 1, lettera c), del D.L. 31 maggio 2021, n. 77, convertito, con modificazioni, dalla Legge 29 luglio 2021, n. 108.
(39) Comma inserito dall'articolo 33, comma 1, lettera c), del D.L. 31 maggio 2021, n. 77, convertito, con modificazioni, dalla Legge 29 luglio 2021, n. 108.
(40) Comma inserito dall'articolo 33-bis, comma 1, lettera d), del D.L. 31 maggio 2021, n. 77, convertito, con modificazioni, dalla Legge 29 luglio 2021, n. 108.
(41) Comma modificato dall'articolo 1, comma 66, lettera q), della Legge 30 dicembre 2020, n. 178 e successivamente dall'articolo 2, comma 2, lettera b), del D.L. 25 febbraio 2022, n. 13. Il D.L. 13/2022 citato, è stato abrogato dall'articolo 1, comma 2, della Legge 28 marzo 2022, n. 25. Comma modificato dall'articolo 28-bis, comma 2, lettera b), del D.L. 27 gennaio 2022, n. 4, convertito, con modificazioni, dalla Legge 28 marzo 2022, n. 25.
(42) Comma inserito dall'articolo 1, comma 66, lettera r), della Legge 30 dicembre 2020, n. 178.
(43) Comma modificato dall'articolo 80, comma 6, del D.L. 14 agosto 2020, n, 104, convertito con modificazioni dalla Legge 13 ottobre 2020, n. 126.
(44) Comma modificato dall'articolo 1, comma 10, lettera b), della Legge 29 dicembre 2022, n. 197.

119 *bis*. Modifiche all'articolo 1 del decreto-legge 30 dicembre 2019, n. 162, convertito, con modificazioni, dalla legge 28 febbraio 2020, n. 8 (1). – 1. All'articolo 1, comma 8-ter, del decreto-legge 30 dicembre 2019, n. 162, convertito, con modificazioni, dalla legge 28 febbraio 2020, n. 8, sono apportate le seguenti modificazioni:

a) le parole: "*al 30 giugno 2020*" sono sostituite dalle seguenti: "*al 31 ottobre 2020*";

b) le parole: "*, per fatti non imputabili all'amministrazione*" sono soppresse».

(1) Articolo inserito dall'articolo 1, comma 1, della Legge 17 luglio 2020, n. 77, in sede di conversione.

119 *ter*. Detrazione per gli interventi finalizzati al superamento e all'eliminazione di barriere architettoniche. (A)(1). – 1. Ai fini della determinazione delle imposte sui redditi, ai contribuenti è riconosciuta una detrazione

VARIE

dall'imposta lorda, fino a concorrenza del suo ammontare, per le spese documentate sostenute dal 1° gennaio 2022 al 31 dicembre 2025 per la realizzazione di interventi direttamente finalizzati al superamento e all'eliminazione di barriere architettoniche in edifici già esistenti (2) .

2. La detrazione di cui al presente articolo, da ripartire tra gli aventi diritto in cinque quote annuali di pari importo, spetta nella misura del 75 per cento delle spese sostenute ed è calcolata su un ammontare complessivo non superiore a:

a) euro 50.000 per gli edifici unifamiliari o per le unità immobiliari situate all'interno di edifici plurifamiliari che siano funzionalmente indipendenti e dispongano di uno o più accessi autonomi dall'esterno;

b) euro 40.000 moltiplicati per il numero delle unità immobiliari che compongono l'edificio per gli edifici composti da due a otto unità immobiliari;

c) euro 30.000 moltiplicati per il numero delle unità immobiliari che compongono l'edificio per gli edifici composti da più di otto unità immobiliari.

3. La detrazione di cui al comma 1 spetta anche per gli interventi di automazione degli impianti degli edifici e delle singole unità immobiliari funzionali ad abbattere le barriere architettoniche nonché, in caso di sostituzione dell'impianto, per le spese relative allo smaltimento e alla bonifica dei materiali e dell'impianto sostituito.

4. Ai fini dell'accesso alla detrazione, gli interventi di cui al presente articolo rispettano i requisiti previsti dal regolamento di cui al decreto del Ministro dei lavori pubblici 14 giugno 1989, n. 236.

4-bis. Per le deliberazioni in sede di assemblea condominiale relative ai lavori di cui al comma 1 è necessaria la maggioranza dei partecipanti all'assemblea che rappresenti almeno un terzo del valore millesimale dell'edificio (3) .

(A) In riferimento alle barriere architettoniche - detrazione del 75 per cento per la realizzazione di interventi direttamente finalizzati al superamento e all'eliminazione di barriere architettoniche, di cui al presente articolo, vedi: Risposta Agenzia delle Entrate 23 maggio 2022, n. 293; Risposta Agenzia delle Entrate 27 settembre 2022 n. 475.
- In riferimento alla detrazione per interventi di eliminazione delle barriere architettoniche effettuati da imprese, di cui al presente articolo, vedi: Risposta Agenzia delle Entrate 6 settembre 2022 n. 444.
- In riferimento al presente articolo, vedi: Risposta Agenzia delle Entrate 16 settembre 2022, n. 455.
- Per gli interventi per il superamento e l'eliminazione di barriere architettoniche da parte di un'Associazione di Promozione Sociale (APS) vedi : Risposta Agenzia delle Entrate 16/09/2022 n. 456;
- In riferimento alle agevolazioni per interventi di eliminazione delle barriere architettoniche effettuati su di un edificio condominiale a prevalenza non residenziale, vedi: Risposta Agenzia delle Entrate 21 settembre 2022 n. 465.
(1) Articolo inserito dall'articolo 1, comma 42, lettera a), della Legge 30 dicembre 2021, n. 234.
(2) Comma modificato dall'articolo 1, comma 365, lettera a), della Legge 29 dicembre 2022, n. 197.
(3) Comma aggiunto dall'articolo 1, comma 365, lettera b), della Legge 29 dicembre 2022, n. 197.

120. Credito d'imposta per l'adeguamento degli ambienti di lavoro (1)(A). – 1. Al fine di sostenere ed incentivare l'adozione di misure legate alla necessità di adeguare i processi produttivi e gli ambienti di lavoro, ai soggetti esercenti attività d'impresa, arte o professione in luoghi aperti al pubblico indicati nell'allegato 2, alle associazioni, alle fondazioni e agli altri enti privati, compresi gli enti del Terzo settore, è riconosciuto un credito d'imposta in misura pari al 60 per cento delle spese sostenute nel 2020, per un massimo di 80.000 euro, in relazione agli interventi necessari per far rispettare le prescrizioni sanitarie e le misure di contenimento contro la diffusione del virus COVID-19, ivi compresi quelli edilizi necessari per il rifacimento di spogliatoi e mense, per la realizzazione di spazi medici, ingressi e spazi comuni, per l'acquisto di arredi di sicurezza, nonché in relazione agli investimenti in attività innovative, ivi compresi quelli necessari ad investimenti di carattere innovativo quali lo sviluppo o l'acquisto di strumenti e tecnologie necessarie allo svolgimento dell'attività lavorativa e per l'acquisto di apparecchiature per il controllo della temperatura dei dipendenti e degli utenti (2).

2. Il credito d'imposta di cui al comma 1 è cumulabile con altre agevolazioni per le medesime spese, comunque nel limite dei costi sostenuti ed è utilizzabile dal 1° gennaio al 30 giugno 2021 esclusivamente in compensazione, ai sensi dell'articolo 17 del decreto legislativo 9 luglio 1997, n. 241. Non si applicano i limiti di cui all'articolo 1, comma 53, della legge 24 dicembre 2007, n. 244, e di cui all'articolo 34 della legge 23 dicembre 2000, n. 388(3).

3. Con uno o più decreti del Ministro dello sviluppo economico, di concerto con il Ministro dell'economia e delle finanze, possono essere individuati le ulteriori spese ammissibili o soggetti aventi diritto oltre quelli indicati al comma 1, nel rispetto del limite di spesa di cui al comma 6.

4. Con provvedimento del Direttore dell'Agenzia delle entrate, da emanare entro 30 giorni dalla data di pubblicazione della legge di conversione del presente decreto legge, sono stabilite le modalità per il monitoraggio degli utilizzi del credito d'imposta, ai fini di quanto previsto dall'articolo 17, comma 13, della legge 31 dicembre 2009, n. 196(4).

5. Le disposizioni del presente articolo si applicano nel rispetto dei limiti e delle condizioni previsti dalla Comunicazione della Commissione europea del 19 marzo 2020 C(2020) 1863 final "*Quadro temporaneo per le misure di aiuto di Stato a sostegno dell'economia nell'attuale emergenza del COVID-19*", e successive modifiche.

6. Agli oneri derivanti dal presente articolo, pari a 2 miliardi di euro, si provvede ai sensi dell'articolo 265 (5).

(A) In riferimento alle spese per l'acquisto e l'installazione di un ulteriore ascensore, di cui al presente articolo, vedi: Risposta Agenzia delle Entrate 16 settembre 2020 n. 361.
- In riferimento al Credito d'imposta per l'adeguamento degli ambienti di lavoro, di cui al presente articolo, vedi: Risposta Agenzia delle Entrate 10 maggio 2021, n. 322.
- In riferimento alla soppressione del codice tributo 6918 per l'utilizzo in compensazione, tramite modello F24, del credito d'imposta per l'adeguamento degli ambienti di lavoro, di cui al presente articolo, vedi: Risoluzione Agenzia delle Entrate 22 giugno 2021, n. 43/E.
-Per il Credito di imposta per l'adeguamento degli ambienti di lavoro: fondazione che esercita attività commerciale, vedi: Risposta Agenzia delle Entrate 23/06/2021 n. 432
(1) A norma dell'articolo 1, comma 1099, della Legge 30 dicembre 2020, n. 178, i soggetti beneficiari del credito d'imposta per l'adeguamento degli ambienti di lavoro di cui al presente articolo possono optare per la cessione dello stesso, ai sensi dell'articolo 122 del medesimo decreto-legge, fino al 30 giugno 2021.
(2) Comma modificato dall'articolo 1, comma 1, della Legge 17 luglio 2020, n. 77, in sede di conversione.
(3) Comma modificato dall'articolo 1, comma 1098, della Legge 30 dicembre 2020, n. 178.
(4) Comma modificato dall'articolo 1, comma 1, della Legge 17 luglio 2020, n. 77, in sede di conversione.
(5) L'autorizzazione di spesa di cui presente comma è ridotta di 1 miliardo di euro per l'anno 2021 dall'articolo 1, comma 1100, della Legge 30 dicembre 2020, n. 178.
Per una riduzione vedi l'articolo 30, comma 2, del D.L. 22 marzo

2021, n. 41, convertito con modificazioni dalla Legge 21 maggio 2021, n. 69, e l'articolo 2, comma 4, del D.L. 8 settembre 2021, n. 120, non ancora convertito in Legge.

121. Opzione per la cessione o per lo sconto in luogo delle detrazioni fiscali [1][2][3][A]. – 1. I soggetti che sostengono, negli anni 2020, 2021, 2022, 2023 e 2024, spese per gli interventi elencati al comma 2 possono optare, in luogo dell'utilizzo diretto della detrazione spettante, alternativamente [4]:

a) per un contributo, sotto forma di sconto sul corrispettivo dovuto, fino a un importo massimo pari al corrispettivo stesso, anticipato dai fornitori che hanno effettuato gli interventi e da questi ultimi recuperato sotto forma di credito d'imposta, di importo pari alla detrazione spettante, cedibile dai medesimi ad altri soggetti, compresi gli istituti di credito e gli altri intermediari finanziari, senza facoltà di successiva cessione, fatta salva la possibilità di tre ulteriori cessioni solo se effettuate a favore di banche e intermediari finanziari iscritti all'albo previsto dall'articolo 106 del testo unico delle leggi in materia bancaria e creditizia, di cui al decreto legislativo 1° settembre 1993, n. 385, di società appartenenti a un gruppo bancario iscritto all'albo di cui all'articolo 64 del predetto testo unico delle leggi in materia bancaria e creditizia ovvero di imprese di assicurazione autorizzate ad operare in Italia ai sensi del codice delle assicurazioni private, di cui al decreto legislativo 7 settembre 2005, n. 209, ferma restando l'applicazione dell'articolo 122-bis, comma 4, del presente decreto, per ogni cessione intercorrente tra i predetti soggetti, anche successiva alla prima; alle banche, ovvero alle società appartenenti ad un gruppo bancario iscritto all'albo di cui all'articolo 64 del decreto legislativo 1° settembre 1993, n. 385, è sempre consentita la cessione a favore di soggetti diversi dai consumatori o utenti, come definiti dall'articolo 3, comma 1, lettera a), del codice del consumo, di cui al decreto legislativo 6 settembre 2005, n. 206, che abbiano stipulato un contratto di conto corrente con la banca stessa, ovvero con la banca capogruppo, senza facoltà di ulteriore cessione[5];

b) per la cessione di un credito d'imposta di pari ammontare ad altri soggetti, compresi gli istituti di credito e gli altri intermediari finanziari, senza facoltà di successiva cessione, fatta salva la possibilità di tre ulteriori cessioni solo se effettuate a favore di banche e intermediari finanziari iscritti all'albo previsto dall'articolo 106 del testo unico delle leggi in materia bancaria e creditizia, di cui al decreto legislativo 1° settembre 1993, n. 385, di società appartenenti a un gruppo bancario iscritto all'albo di cui all'articolo 64 del predetto testo unico delle leggi in materia bancaria e creditizia ovvero di imprese di assicurazione autorizzate ad operare in Italia ai sensi del codice di cui al decreto legislativo 7 settembre 2005, n. 209, ferma restando l'applicazione dell'articolo 122-bis, comma 4, del presente decreto, per ogni cessione intercorrente tra i predetti soggetti, anche successiva alla prima; alle banche, ovvero alle società appartenenti ad un gruppo bancario iscritto all'albo di cui all'articolo 64 del decreto legislativo 1° settembre 1993, n. 385, è sempre consentita la cessione a favore di soggetti diversi dai consumatori o utenti, come definiti dall'articolo 3, comma 1, lettera a), del codice del consumo, di cui al decreto legislativo 6 settembre 2005, n. 206, che abbiano stipulato un contratto di conto corrente con la banca stessa, ovvero con la banca capogruppo, senza facoltà di ulteriore cessione[6];

1-bis. L'opzione di cui al comma 1 può essere esercitata in relazione a ciascuno stato di avanzamento dei lavori. Ai fini del presente comma, per gli interventi di cui all'articolo 119 gli stati di avanzamento dei lavori non possono essere più di due per ciascun intervento complessivo e ciascuno stato di avanzamento deve riferirsi ad almeno il 30 per cento del medesimo intervento[7].

1-ter. Per le spese relative agli interventi elencati nel comma 2, in caso di opzione di cui al comma 1:

a) il contribuente richiede il visto di conformità dei dati relativi alla documentazione che attesta la sussistenza dei presupposti che danno diritto alla detrazione d'imposta per gli interventi di cui al presente articolo. Il visto di conformità è rilasciato ai sensi dell'articolo 35 del decreto legislativo 9 luglio 1997, n. 241, dai soggetti indicati alle lettere a) e b) del comma 3 dell'articolo 3 del regolamento recante modalità per la presentazione delle dichiarazioni relative alle imposte sui redditi, all'imposta regionale sulle attività produttive e all'imposta sul valore aggiunto, di cui al decreto del Presidente della Repubblica 22 luglio 1998, n. 322, e dai responsabili dell'assistenza fiscale dei centri costituiti dai soggetti di cui all'articolo 32 del citato decreto legislativo n. 241 del 1997;

b) i tecnici abilitati asseverano la congruità delle spese sostenute secondo le disposizioni dell'articolo 119, comma 13-bis. Rientrano tra le spese detraibili per gli interventi di cui al comma 2 anche quelle sostenute per il rilascio del visto di conformità, delle attestazioni e delle asseverazioni di cui al presente comma, sulla base dell'aliquota prevista dalle singole detrazioni fiscali spettanti in relazione ai predetti interventi. Le disposizioni di cui al presente comma non si applicano alle opere già classificate come attività di edilizia libera ai sensi dell'articolo 6 del testo unico delle disposizioni legislative e regolamentari in materia edilizia, di cui al decreto del Presidente della Repubblica 6 giugno 2001, n. 380, del decreto del Ministro delle infrastrutture e dei trasporti 2 marzo 2018, pubblicato nella Gazzetta Ufficiale n. 81 del 7 aprile 2018, o della normativa regionale, e agli interventi di importo complessivo non superiore a 10.000 euro, eseguiti sulle singole unità immobiliari o sulle parti comuni dell'edificio, fatta eccezione per gli interventi di cui all'articolo 1, comma 219, della legge 27 dicembre 2019, n. 160[8].

1-quater. I crediti derivanti dall'esercizio delle opzioni di cui al comma 1, lettere a) e b), non possono formare oggetto di cessioni parziali successivamente alla prima comunicazione dell'opzione all'Agenzia delle entrate effettuata con le modalità previste dal provvedimento del direttore dell'Agenzia delle entrate di cui al comma 7. A tal fine, al credito è attribuito un codice identificativo univoco da indicare nelle comunicazioni delle eventuali successive cessioni, secondo le modalità previste dal provvedimento di cui al primo periodo. Le disposizioni di cui al presente comma si applicano alle comunicazioni della prima cessione o dello sconto in fattura inviate all'Agenzia delle entrate a partire dal 1° maggio 2022[9].

2. In deroga all'articolo 14, commi 2-ter, 2-sexies e 3.1, e all'articolo 16, commi 1-quinquies, terzo, quarto e quinto periodo, e 1-septies, secondo e terzo periodo, del decreto legge 4 giugno 2013, n. 63, convertito, con modificazioni, dalla legge 3 agosto 2013, n. 90, le disposizioni contenute nel presente articolo si applicano per le spese relative agli

VARIE

interventi di:

a) recupero del patrimonio edilizio di cui all'articolo 16-bis, comma 1, lettere a), b) e d), del testo unico delle imposte sui redditi, di cui al decreto del Presidente della Repubblica 22 dicembre 1986, n. 917[(10)];

b) efficienza energetica di cui all'articolo 14 del decreto-legge 4 giugno 2013, n. 63, convertito, con modificazioni, dalla legge 3 agosto 2013, n. 90 e di cui ai commi 1 e 2 dell'articolo 119;

c) adozione di misure antisismiche di cui all'articolo 16, commi da 1-bis a 1-septies del decreto-legge 4 giugno 2013, n. 63, convertito, con modificazioni, dalla legge 3 agosto 2013, n. 90, e di cui al comma 4 dell'articolo 119;

d) recupero o restauro della facciata degli edifici esistenti, ivi inclusi quelli di sola pulitura o tinteggiatura esterna, di cui all'articolo 1, commi 219 e 220, della legge 27 dicembre 2019, n. 160[(11)];

e) installazione di impianti fotovoltaici di cui all'articolo 16-bis, comma 1, lettera h) del testo unico delle imposte sui redditi di cui al decreto del Presidente della Repubblica 22 dicembre 1986, n. 917, ivi compresi gli interventi di cui ai commi 5 e 6 dell'articolo 119 del presente decreto;

f) installazione di colonnine per la ricarica dei veicoli elettrici di cui all'articolo 16-ter del decreto-legge 4 giugno 2013, n. 63, convertito, con modificazioni, dalla legge 3 agosto 2013, n. 90, e di cui al comma 8 dell'articolo 119;

f-bis) superamento ed eliminazione di barriere architettoniche di cui all'articolo 119-ter del presente decreto [(12)].

3. I crediti d'imposta di cui al presente articolo sono utilizzati [*anche*] in compensazione ai sensi dell'articolo 17 del decreto legislativo 9 luglio 1997, n. 241, sulla base delle rate residue di detrazione non fruite. Il credito d'imposta è usufruito con la stessa ripartizione in quote annuali con la quale sarebbe stata utilizzata la detrazione. La quota di credito d'imposta non utilizzata nell'anno non può essere usufruita negli anni successivi, e non può essere richiesta a rimborso. Non si applicano i limiti di cui all'articolo 31, comma 1, del decreto-legge 31 maggio 2010, n. 78, convertito, con modificazioni, dalla legge 30 luglio 2010, n. 122, all'articolo 34 della legge 23 dicembre 2000, n. 388, e all'articolo 1, comma 53, della legge 24 dicembre 2007, n. 244 [(13)].

4. Ai fini del controllo, si applicano, nei confronti dei soggetti di cui al comma 1, le attribuzioni e i poteri previsti dagli articoli 31 e seguenti del decreto del Presidente della Repubblica 29 settembre 1973, n. 600, e successive modificazioni. I fornitori e i soggetti cessionari rispondono solo per l'eventuale utilizzo del credito d'imposta in modo irregolare o in misura maggiore rispetto al credito d'imposta ricevuto. L'Agenzia delle entrate nell'ambito dell'ordinaria attività di controllo procede, in base a criteri selettivi e tenendo anche conto della capacità operativa degli uffici, alla verifica documentale della sussistenza dei presupposti che danno diritto alla detrazione d'imposta di cui al comma 1 del presente articolo nei termini di cui all'articolo 43 del decreto del Presidente della Repubblica 29 settembre 1973, n. 600 e all'articolo 27, commi da 16 a 20, del decreto-legge 29 novembre 2008, n. 185, convertito, con modificazioni dalla legge 28 gennaio 2009, n. 2 [(14)].

5. Qualora sia accertata la mancata sussistenza, anche parziale, dei requisiti che danno diritto alla detrazione d'imposta, l'Agenzia delle entrate provvede al recupero dell'importo corrispondente alla detrazione non spettante nei confronti dei soggetti di cui al comma 1. L'importo di cui al periodo precedente è maggiorato degli interessi di cui all'articolo 20 del decreto del Presidente della Repubblica 29 settembre 1973, n. 602, e delle sanzioni di cui all'articolo 13 del decreto legislativo 18 dicembre 1997, n. 471 [(15)].

6. Il recupero dell'importo di cui al comma 5 e' effettuato nei confronti del soggetto beneficiario di cui al comma 1, ferma restando, in presenza di concorso nella violazione con dolo o colpa grave, oltre all'applicazione dell'articolo 9, comma 1 del decreto legislativo 18 dicembre 1997, n. 472, anche la responsabilita' in solido del fornitore che ha applicato lo sconto e dei cessionari per il pagamento dell'importo di cui al comma 5 e dei relativi interessi [(16)].

7. Con provvedimento del direttore dell'Agenzia delle entrate, da adottare entro trenta giorni dalla data di entrata in vigore della legge di conversione del presente decreto, sono definite le modalità attuative delle disposizioni di cui al presente articolo, comprese quelle relative all'esercizio delle opzioni, da effettuarsi in via telematica, anche avvalendosi dei soggetti previsti dal comma 3 dell'articolo 3 del regolamento di cui al decreto del Presidente della Repubblica 22 luglio 1998, n. 322 [(17)].

7-bis. Le disposizioni del presente articolo si applicano anche ai soggetti che sostengono, dal 1° gennaio 2022 al 31 dicembre 2025, spese per gli interventi individuati dall'articolo 119 [(18)].

[(A)] In riferimento alla detrazione per interventi di efficientamento energetico e di riduzione del rischio sismico degli edifici, nonché opzione per la cessione o per lo sconto in luogo della detrazione previste dal presente articolo, vedi: Circolare Agenzia delle Entrate 8 agosto 2020 n. 24/E.

- In riferimento all'opzione per la cessione del credito da parte di contribuente in regime forfetario, di cui al presente articolo, vedi: Risposta Agenzia delle Entrate 2 novembre 2020 n. 514

- In riferimento al Superbonus-interventi di ristrutturazione e riqualificazione energetica con cambio di destinazione di uso di una pertinenza censita nella categoria C/2 che sarà accorpata ad un immobile in categoria A/3, di cui al presente articolo vedi: Risposta Agenzia delle Entrate 27 novembre 2020, n. 562; Risposta Agenzia delle Entrate 9 dicembre 2020, n. 570;

- In riferimento al Superbonus - Accesso al Superbonus da parte di una persona fisica non residente - vedi: Risposta Agenzia delle Entrate 17 dicembre 2020, n. 597 .

- In riferimento al Superbonus - Unità immobiliare funzionalmente indipendente e limiti di spesa applicabili, vedi: Risposta Agenzia delle Entrate 5 gennaio 2021, n. 10.

- In riferimento al Superbonus - Interventi di riduzione del rischio sismico di un edificio demolito e ricostruito con aumento volumetrico- Opzione per la cessione o lo sconto in luogo delle detrazioni, vedi Risposta Agenzia delle Entrate 7 gennaio 2021, n. 11.

- In riferimento al Superbonus - Situazione esistente all'inizio dei lavori, vedi Risposta Agenzia delle Entrate 7 gennaio 2021, n. 15.

- In riferimento Superbonus - Unità immobiliare "funzionalmente indipendente" e con "accesso autonomo dall'esterno" vedi: Risposta Agenzia delle Entrate 7 gennaio 2021, n. 16.

- In riferimento al Superbonus - Unità immobiliare a destinazione residenziale, vedi: Risposta Agenzia delle Entrate 8 gennaio 2021 n. 21.

In riferimento al Superbonus - edificio composto da due unità immobiliari di cui rispettivamente la piena proprietà e la nuda proprietà appartengono ad un unico soggetto vedi: Risposta Agenzia delle Entrate 27 gennaio 2021, n. 58.

- In riferimento al Superbonus - professionista abilitato e visto di conformità, vedi: Risposta Agenzia delle Entrate 28 gennaio 2021 n. 61.

- In riferimento al Superbonus - unità immobiliare funzionalmente indipendente e dotata di ingresso autonomo, vedi Risposta Agenzia delle Entrate 28 gennaio 2021 n. 62.

- In riferimento al Superbonus - Acquisto casa antisismica - Soggetto non residente - Opzione per la cessione o lo sconto in luogo delle detrazioni, vedi: Risposta Agenzia delle Entrate 8 febbraio 2021, n. 91.

- In riferimento al Superbonus – unità residenziale con garage pertinenziale e due unità immobiliari non residenziali attigue, demolizione

e ricostruzione senza aumento di volumetria, per ottenere un'unica abitazione con pertinenza, vedi: Risposta Agenzia delle Entrate 13 aprile 2021, n. 242.
- In riferimento al Superbonus - Fondazione Onlus proprietaria di due edifici che al termine dei lavori si otterrà un unico edificio di categoria catastale B/1, vedi: Risposta Agenzia delle Entrate 14 aprile 2021, n. 250.
- In riferimento al Superbonus - interventi di risparmio energetico e riduzione del rischio sismico su edificio di proprietà di una Fondazione - vedi: Risposta Agenzia delle Entrate 14 aprile 2021 n. 251.
- In riferimento al Superbonus - Applicazione del regime agevolativo a favore di una cooperativa sociale di produzione e lavoro - onlus di diritto - , vedi: Risposta Agenzia delle Entrate 15 aprile 2021, n. 253.
- In riferimento al Superbonus - Fondazione ONLUS, proprietaria di due edifici, costituiti da più unità immobiliari - installazione, su entrambi gli edifici, dei pannelli isolanti sulle facciate. , vedi: Risposta Agenzia delle Entrate 14/04/2021 n. 252.
- In riferimento alla Cessione del credito detrazioni Superbonus, vedi: Risposta Agenzia delle Entrate 24 maggio 2021 n. 369.
- Per la cessione credito d'imposta detrazioni vedi: Risposta Agenzia delle Entrate 15/07/2021 n. 483.
- In riferimento al Superbonus - interventi antisismici su un fabbricato situato in un centro storico, vedi: Risposta Agenzia delle Entrate 16 settembre 2021, n. 598.
- In riferimento al Superbonus - interventi di efficientamento energetico su fabbricato residenziale unifamiliare di categoria F/2 (collabente) - cessione del credito e spese sostenute in anni diversi, vedi: Risposta Agenzia delle Entrate 31 gennaio 2022 n. 56.
- In riferimento allo Sconto in fattura per il rilascio del visto di conformità, vedi: Risposta Agenzia delle Entrate 4 maggio 2022 n. 243.
- In riferimento alle Modifiche al Superbonus e ai Bonus diversi dal Superbonus, vedi: Circolare Agenzia delle Entrate 27 maggio 2022 n. 19/E.
- In riferimento alla fruizione della detrazione prevista in materia di sismabonus acquisti, con possibilità di cessione successiva del credito di cui al presente articolo, vedi: Risposta Agenzia delle Entrate 28 giugno 2022, n. 351.
- In riferimento all'utilizzo parziale in compensazione del credito d'imposta da Superbonus - ricostituzione del valore originario, vedi: Risposta Agenzia delle Entrate 1° luglio 2022 n. 358
- In riferimento ai Crediti derivanti da interventi di riqualificazione energetica - Cessione nell'ambito del consolidato fiscale di cui al presente articolo, vedi: Risposta Agenzia delle Entrate 3 agosto 2022, n. 406
- In riferimento alla disciplina dell'opzione per la cessione o per lo sconto in luogo delle detrazioni fiscali vedi : Circolare Agenzia delle Entrate 06/10/2022 n. 33/E
(1) *Rubrica sostituita dall'articolo 1, comma 1, della Legge 17 luglio 2020, n. 77, in sede di conversione.*
(2) *Per le norme di attuazione delle disposizioni di cui al presente articolo, vedi il Provvedimento dell'Agenzia delle Entrate 8 agosto 2020. Per le disposizioni urgenti in materia di equo compenso per le prestazioni professionali vedi l'articolo 17 ter, comma 1 del D.L. 28 ottobre 2020, n. 137, convertito con modificazioni dalla Legge 18 dicembre 2020, n. 176. Vedi inoltre il Provvedimento dell'Agenzia delle Entrate 10 giugno 2022.*
(3) *Per la qualificazione delle imprese per l'accesso ai benefici di cui al presente articolo vedi l'articolo 10-bis del D.L. 21 marzo 2022, n. 21, convertito con modificazioni dalla Legge 20 maggio 2022, n. 51.*
(4) *Alinea modificato dall'articolo 1, comma 1, della Legge 17 luglio 2020, n. 77, in sede di conversione e successivamente dall'articolo 1, comma 29, lettera a), della Legge 30 dicembre 2021, n. 234.*
(5) *Lettera sostituita dall'articolo 1, comma 1, della Legge 17 luglio 2020, n. 77, in sede di conversione, successivamente modificata dall'articolo 28, comma 1, lettera a), numero 1), del D.L. 27 gennaio 2022, n. 4, e da ultimo sostituita dall'articolo 1, comma 2, lettera a), numero 1), del D.L. 25 febbraio 2022, n. 13. Il D.L. 13/2022 citato, è stato abrogato dall'articolo 1, comma 2, della Legge 28 marzo 2022, n. 25. Lettera sostituita dall'articolo 28, comma 1-bis, lettera a), numero 1), del D.L. 27 gennaio 2022, n. 4, convertito, con modificazioni, dalla Legge 28 marzo 2022, n. 25. Da ultimo lettera modificata dall'articolo 29-bis, comma 1, lettera a), del D.L. 1 marzo 2022, n. 17, convertito, con modificazioni, dalla Legge 27 aprile 2022, n. 34 e dall'articolo 14, comma 1, lettera b), numero 1), del D.L. 17 maggio 2022, n. 50, convertito, con modificazioni, dalla Legge 15 luglio 2022, n. 91. Per l'applicazione vedi l'articolo 14, comma 1-bis, del medesimo D.L. 50/2022, convertito, con modificazioni, dalla Legge 15 luglio 2022, n. 91. Da ultimo la presente lettera è stata modificata dall'articolo 9, comma 4-bis, del D.L. 18 novembre 2022, n. 176, convertito, con modificazioni, dalla Legge 13 gennaio 2023, n. 6. Vedi anche l'articolo 9, comma 4-ter, del D.L. 176/2022 medesimo.*
(6) *Lettera sostituita dall'articolo 1, comma 1, della Legge 17 luglio 2020, n. 77, in sede di conversione, successivamente modificata dall'articolo 28, comma 1, lettera a), numero 2), del D.L. 27 gennaio 2022, n. 4 e da ultimo sostituita dall'articolo 1, comma 2, lettera a), numero 2), del D.L. 25 febbraio 2022, n. 13.Il D.L. 13/2022 citato, è stato abrogato dall'articolo 1, comma 2, della Legge 28 marzo 2022, n. 25. Lettera sostituita dall'articolo 28, comma 1-bis, lettera a), numero 2), del D.L. 27 gennaio 2022, n. 4, convertito, con modificazioni, dalla Legge 28 marzo 2022, n. 25 e, da ultimo, modificata dall'articolo 29-bis, comma 1, lettera b), del D.L. 1 marzo 2022, n. 17, convertito, con modificazioni, dalla Legge 27 aprile 2022, n. 34 e dall'articolo 14, comma 1, lettera b), numero 2), del D.L. 17 maggio 2022, n. 50, convertito, con modificazioni, dalla Legge 15 luglio 2022, n. 91. Per l'applicazione vedi l'articolo 14, comma 1-bis, del medesimo D.L. 50/2022, convertito, con modificazioni, dalla Legge 15 luglio 2022, n. 91. Da ultimo la presente lettera è stata modificata dall'articolo 9, comma 4-bis, del D.L. 18 novembre 2022, n. 176, convertito, con modificazioni, dalla Legge 13 gennaio 2023, n. 6. Vedi anche l'articolo 9, comma 4-ter, del D.L. 176/2022 medesimo.*
(7) *Comma inserito dall'articolo 1, comma 1, della Legge 17 luglio 2020, n. 77, in sede di conversione.*
(8) *Comma aggiunto dall'articolo 1, comma 1, lettera b), numero 1), del D.L. 11 novembre 2021, n. 157.e successivamente sostituito dall'articolo 1, comma 29, lettera b), della Legge 30 dicembre 2021, n. 234. Il D.L. 157/2021 è stato abrogato dall'articolo 1, comma 41, della Legge 30 dicembre 2021, n. 234, disponendo anche che restano validi gli atti e i provvedimenti adottati e sono fatti salvi gli effetti prodottisi ed i rapporti giuridici sorti sulla base del medesimo decreto-legge 11 novembre 2021, n. 157. A norma dell'articolo 3-sexies, del D.L. 30 dicembre 2021, n. 228, convertito con modificazioni dalla Legge 25 febbraio 2022, n. 15 la presente lettera si applica anche per le spese sostenute dal 12 novembre 2021 al 31 dicembre 2021.*
(8) *Comma inserito dall'articolo 1, comma 2, lettera a), numero 3), del D.L. 25 febbraio 2022, n. 13.Il D.L. 13/2022 citato, è stato abrogato dall'articolo 1, comma 2, della Legge 28 marzo 2022, n. 25.Lettera sostituita dall'articolo 28, comma 1-bis, lettera a), numero 3), del D.L. 27 gennaio 2022, n. 4, convertito, con modificazioni, dalla Legge 28 marzo 2022, n. 25.*
(10) *Lettera modificata dall'articolo 1, comma 29, lettera c), della Legge 30 dicembre 2021, n. 234.*
(11) *Lettera modificata dall'articolo 1, comma 1, della Legge 17 luglio 2020, n. 77, in sede di conversione.*
(12) *Lettera aggiunta dall'articolo 1, comma 42, lettera b), della Legge 30 dicembre 2021, n. 234.*
(13) *Comma modificato dall'articolo 1, comma 1, della Legge 17 luglio 2020, n. 77, in sede di conversione.*
(14) *Comma modificato dall'articolo 1, comma 1, della Legge 17 luglio 2020, n. 77, in sede di conversione.*
(15) *Comma modificato dall'articolo 1, comma 1, della Legge 17 luglio 2020, n. 77, in sede di conversione.*
(16) *Comma modificato dall'articolo 1, comma 1, della Legge 17 luglio 2020, n. 77, in sede di conversione e successivamente dall'articolo 14, comma 1-bis.1, del D.L. 17 maggio 2022, n.50, convertito con modificazioni dalla Legge 15 luglio 2022, n. 91, come modificato dall'articolo 33-ter, del D.L. 9 agosto 2022, n. 115, convertito, con modificazioni dalla Legge 21 settembre 2022, n.142.*
(17) *Comma modificato dall'articolo 1, comma 1, della Legge 17 luglio 2020, n. 77, in sede di conversione.*
(18) *Comma aggiunto dall'articolo 1, comma 67, della Legge 30 dicembre 2020, n. 178 e successivamente modificato dall'articolo 1, comma 29, lettera d), della Legge 30 dicembre 2021, n. 234.*

122. Cessione dei crediti d'imposta riconosciuti da provvedimenti emanati. – 1. A decorrere dalla data di entrata in vigore del presente decreto e fino al 31 dicembre 2021, i soggetti beneficiari dei crediti d'imposta elencati al successivo comma 2 possono, in luogo dell'utilizzo diretto, optare per la cessione, anche parziale, degli stessi ad altri soggetti, ivi inclusi il locatore o il concedente, a fronte di uno sconto di pari ammontare sul canone da versare, gli istituti di credito e altri intermediari finanziari, senza facoltà di successiva cessione, fatta salva la possibilità di due ulteriori cessioni solo se effettuate a favore di banche e intermediari finanziari iscritti all'albo previsto dall'articolo 106 del testo unico delle leggi in materia bancaria e creditizia, di cui al decreto legislativo 1° settembre 1993, n. 385, di società appartenenti a un gruppo bancario iscritto all'albo di cui all'articolo 64 del predetto testo unico delle leggi in materia bancaria e creditizia ovvero di imprese di assicurazione autorizzate ad operare in Italia ai sensi del codice di cui al decreto legislativo 7 settembre 2005, n. 209, ferma restando l'applicazione dell'articolo 122-bis, comma 4, del presente decreto, per ogni cessione intercorrente tra i predetti soggetti, anche successiva alla prima[(1)].

2. Le disposizioni contenute nel presente articolo si applicano alle seguenti misure introdotte per fronteggiare l'emergenza epidemiologica da COVID-19:

a) credito d'imposta per botteghe e negozi di cui all'articolo 65 del decreto-legge 17 marzo 2020, n. 18, convertito, con modificazioni, dalla legge 24 aprile 2020, n. 27 [(2)];

b) credito d'imposta per i canoni di locazione degli immobili a uso non abitativo e affitto d'azienda di cui all'articolo 28 [(3)];

c) credito d'imposta per l'adeguamento degli ambienti di lavoro di cui all'articolo 120;

d) credito d'imposta per la sanificazione e l'acquisto di dispositivi di protezione di cui all'articolo 125 [(4)].

3. I cessionari utilizzano il credito ceduto anche in compensazione ai sensi dell'articolo 17 del decreto legislativo 9 luglio 1997, n. 241. Il credito d'imposta è usufruito dal cessionario con le stesse modalità con le quali sarebbe stato utilizzato dal soggetto cedente. La quota di credito non utilizzata nell'anno non può essere utilizzata negli anni successivi, e non può essere richiesta a rimborso. Non si applicano i limiti di cui all'articolo 34 della legge 23 dicembre 2000, n. 388, e all'articolo 1, comma 53, della legge 24 dicembre 2007, n. 244.

4. La cessione del credito non pregiudica i poteri delle competenti Amministrazioni relativi al controllo della spettanza del credito d'imposta e all'accertamento e all'irrogazione delle sanzioni nei confronti dei soggetti beneficiari di cui al comma 1. I soggetti cessionari rispondono solo per l'eventuale utilizzo del credito d'imposta in modo irregolare o in misura maggiore rispetto al credito ricevuto.

5. Con provvedimento del direttore dell'Agenzia delle entrate sono definite le modalità attuative delle disposizioni di cui al presente articolo, comprese quelle relative all'esercizio dell'opzione, da effettuarsi in via telematica.

[(A)] - In riferimento al credito d'imposta per i canoni di locazione degli immobili a uso non abitativo e affitto d'azienda, di cui al presente articolo, vedi: Risposta Agenzia delle Entrate 23 marzo 2022, n. 153
- In riferimento alle Modifiche al Superbonus e ai Bonus diversi dal Superbonus, vedi: Circolare Agenzia delle Entrate 27 maggio 2022 n. 19/E.
[(1)] Comma modificato dall'articolo 1, comma 1, della Legge 17 luglio 2020, n. 77, in sede di conversione, successivamente dall'articolo 28, comma 1, lettera b), del D.L. 27 gennaio 2022, n. 4, e da ultimo dall'articolo 1, comma 2, lettera b), del D.L. 25 febbraio 2022, n. 13. Il D.L. 13/2022 citato, è stato abrogato dall'articolo 1, comma 2, della Legge 28 marzo 2022, n. 25. Comma modificato dall'articolo 28, comma 1-bis, lettera b), del D.L. 27 gennaio 2022, n. 4, convertito, con modificazioni, dalla Legge 28 marzo 2022, n. 25.
[(2)] Per le modalità di attuazione delle disposizioni di cui alla presente lettera, vedi il Provvedimento 1° luglio 2020.
[(3)] Per le modalità di attuazione delle disposizioni di cui alla presente lettera, vedi il Provvedimento 1° luglio 2020.
[(4)] Lettera modificata dall'articolo 1, comma 1, della Legge 17 luglio 2020, n. 77, in sede di conversione.

122 bis. Misure di contrasto alle frodi in materia di cessioni dei crediti. Rafforzamento dei controlli preventivi. [(1)(2)] – 1. L'Agenzia delle entrate, entro cinque giorni lavorativi dall'invio della comunicazione dell'avvenuta cessione del credito, può sospendere, per un periodo non superiore a trenta giorni, gli effetti delle comunicazioni delle cessioni, anche successive alla prima, e delle opzioni inviate alla stessa Agenzia ai sensi degli articoli 121 e 122 che presentano profili di rischio, ai fini del relativo controllo preventivo. I profili di rischio sono individuati utilizzando criteri relativi alla diversa tipologia dei crediti ceduti e riferiti:

a) alla coerenza e alla regolarità dei dati indicati nelle comunicazioni e nelle opzioni di cui al presente comma con i dati presenti nell'Anagrafe tributaria o comunque in possesso dell'Amministrazione finanziaria;

b) ai dati afferenti ai crediti oggetto di cessione e ai soggetti che intervengono nelle operazioni a cui detti crediti sono correlati, sulla base delle informazioni presenti nell'Anagrafe tributaria o comunque in possesso dell'Amministrazione finanziaria;

c) ad analoghe cessioni effettuate in precedenza dai soggetti indicati nelle comunicazioni e nelle opzioni di cui al presente comma.

2. Se all'esito del controllo risultano confermati i rischi di cui al comma 1, la comunicazione si considera non effettuata e l'esito del controllo è comunicato al soggetto che ha trasmesso la comunicazione. Se, invece, i rischi non risultano confermati, ovvero decorso il periodo di sospensione degli effetti della comunicazione di cui al comma 1, la comunicazione produce gli effetti previsti dalle disposizioni di riferimento.

3. Fermi restando gli ordinari poteri di controllo, l'Amministrazione finanziaria procede in ogni caso al controllo nei termini di legge di tutti i crediti relativi alle cessioni per le quali la comunicazione si considera non avvenuta ai sensi del comma 2.

4. I soggetti obbligati di cui all'articolo 3 del decreto legislativo 21 novembre 2007, n. 231, che intervengono nelle cessioni comunicate ai sensi degli articoli 121 e 122 del presente decreto, non procedono all'acquisizione del credito in tutti i casi in cui ricorrono i presupposti di cui agli articoli 35 e 42 del predetto decreto legislativo n. 231 del 2007, fermi restando gli obblighi ivi previsti.

5. Con provvedimento del direttore dell'Agenzia delle entrate sono stabiliti criteri, modalità e termini per l'attuazione, anche progressiva, delle disposizioni di cui ai commi 1 e 2.

[(1)] Articolo inserito dall'articolo 2, comma 1, del D.L. 11 novembre 2021, n. 157. e successivamente sostituito dall'articolo 1, comma 30, della Legge 30 dicembre 2021, n. 234.Il D.L. 157/2021 è stato abrogato dall'articolo 1, comma 41, della Legge 30 dicembre 2021, n. 234, disponendo anche che restano validi gli atti e i provvedimenti adottati e sono fatti salvi gli effetti prodottisi ed i rapporti giuridici sorti sulla base del medesimo decreto-legge 11 novembre 2021, n. 157.
[(2)] Per l'attuazione delle disposizioni di cui al presente articolo articolo vedi Provvedimento dell'agenzia delle entrate 1 dicembre 2021.

123. Soppressione delle clausole di salvaguardia in materia di IVA e. – 1. L'articolo 1, comma 718, della legge 23 dicembre 2014, n. 190, e l'articolo 1, comma 2, della legge 30 dicembre 2018, n. 145, sono abrogati.

2. Alle minori entrate derivanti dal presente articolo valutate in 19.821 milioni di euro per l'anno 2021, 26.733 milioni di euro per l'anno 2022, 27.004 milioni di euro per l'anno 2023, 27.104 milioni di euro per l'anno 2024, 27.204 milioni di euro annui a decorrere dall'anno 2025, si provvede ai sensi dell'articolo 265[1].

[1] *Comma modificato dall'articolo 1, comma 1, della Legge 17 luglio 2020, n. 77, in sede di conversione.*

124. Riduzione aliquota IVA per le cessioni di beni necessari per il contenimento e la gestione dell'emergenza epidemiologica da Covid-19 [A] **.** – 1. Alla tabella A, parte II-bis, allegata al decreto del Presidente della Repubblica 26 ottobre 1972, n. 633, dopo il numero 1-ter, è aggiunto il seguente: "*1-ter.1. Ventilatori polmonari per terapia intensiva e subintensiva; monitor multiparametrico anche da trasporto; pompe infusionali per farmaci e pompe peristaltiche per nutrizione enterale; tubi endotracheali; caschi per ventilazione a pressione positiva continua; maschere per la ventilazione non invasiva; sistemi di aspirazione; umidificatori; laringoscopi; strumentazione per accesso vascolare; aspiratore elettrico; centrale di monitoraggio per terapia intensiva; ecotomografo portatile; elettrocardiografo; tomografo computerizzato; mascherine chirurgiche; mascherine Ffp2 e Ffp3; articoli di abbigliamento protettivo per finalità sanitarie quali guanti in lattice, in vinile e in nitrile, visiere e occhiali protettivi, tute di protezione, calzari e soprascarpe, cuffie copricapo, camici impermeabili, camici chirurgici; termometri; detergenti disinfettanti per mani; dispenser a muro per disinfettanti; soluzione idroalcolica in litri; perossido al 3 per cento in litri; carrelli per emergenza; estrattori RNA; strumentazione per diagnostica per COVID-19; tamponi per analisi cliniche; provette sterili; attrezzature per la realizzazione di ospedali da campo;*" [1].

2. Per il contenimento dell'emergenza epidemiologica da Covid-19, le cessioni di beni di cui al comma 1, effettuate entro il 31 dicembre 2020, sono esenti dall'imposta sul valore aggiunto, con diritto alla detrazione dell'imposta ai sensi dell'articolo 19, comma 1, del decreto del Presidente della Repubblica 26 ottobre 1972, n. 633.

3. Alle minori entrate derivanti dal presente articolo valutate in 257 milioni di euro per l'anno 2020 e 317,7 milioni di euro annui a decorrere dall'anno 2021, si provvede ai sensi dell'articolo 265 [2].

[A] *In riferimento ai detergenti disinfettanti mani, di cui al presente articolo, vedi: Risposta Agenzia delle Entrate 17 settembre 2020 n. 370. In riferimento ad alcuni chiarimenti in merito all'applicazione del presente articolo, vedi: Circolare Agenzia delle Entrate 15 ottobre 2020 n. 26/E; Risposta Agenzia delle Entrate 04/11/2020 n. 525; Circolare Agenzia delle Dogane 26 novembre 2020 n. 45/2020; Risposta Agenzia delle Entrate 25 gennaio 2021 n. 56; Risposta Agenzia delle Entrate 11 febbraio 2021, n. 99; Risposta Agenzia delle Entrate 19 aprile 2021. n. 267; Risposta Agenzia delle Entrate 23 luglio 2021, n. 507.*
- Per la Strumentazione per diagnostica in vitro - esenzione IVA vedi: Risposta Agenzia delle Entrate 19/04/2021 n. 268.
- In riferimento al presente articolo, vedi: Risposta Agenzia delle Entrate 14 settembre 2021, n. 583; Risposta Agenzia delle Entrate 15 settembre 2021, n. 585; Risposta Agenzia delle Entrate 26 luglio 2022, n. 388; Risposta Agenzia delle Entrate 9 settembre 2022, n. 446;
- In riferimento al contratto di locazione finanziaria avente ad oggetto un "Tomografo computerizzato" - Regime IVA, vedi: Risposta Agenzia delle Entrate 27 settembre 2022 n. 478.
[1] *Per una deroga vedi l'articolo 1, comma 452 della Legge 30 dicembre 2020, n. 178.*
[2] *Comma modificato dall'articolo 1, comma 1, della Legge 17 luglio 2020, n. 77, in sede di conversione.*

125. Credito d'imposta per la sanificazione e l'acquisto di dispositivi di protezione [1]**.** – 1. Al fine di favorire l'adozione di misure dirette a contenere e contrastare la diffusione del [*virus*] Covid-19, ai soggetti esercenti attività d'impresa, arti e professioni, agli enti non commerciali, compresi gli enti del Terzo settore e gli enti religiosi civilmente riconosciuti, nonché alle strutture ricettive extra-alberghiere a carattere non imprenditoriale a condizione che siano in possesso del codice identificativo di cui all'articolo 13-quater, comma 4, del decreto-legge 30 aprile 2019, n. 34, convertito, con modificazioni, dalla legge 28 giugno 2019, n. 58, spetta un credito d'imposta in misura pari al 60 per cento delle spese sostenute nel 2020 per la sanificazione degli ambienti e degli strumenti utilizzati, nonché per l'acquisto di dispositivi di protezione individuale e di altri dispositivi atti a garantire la salute dei lavoratori e degli utenti. Il credito d'imposta spetta fino ad un massimo di 60.000 euro per ciascun beneficiario, nel limite complessivo di 200 milioni di euro per l'anno 2020[2].

2. Sono ammissibili al credito d'imposta di cui al comma 1 le spese sostenute per:

a) la sanificazione degli ambienti nei quali è esercitata l'attività lavorativa e istituzionale e degli strumenti utilizzati nell'ambito di tali attività;

b) l'acquisto di dispositivi di protezione individuale, quali mascherine, guanti, visiere e occhiali protettivi, tute di protezione e calzari, che siano conformi ai requisiti essenziali di sicurezza previsti dalla normativa europea;

c) l'acquisto di prodotti detergenti e disinfettanti;

d) l'acquisto di dispositivi di sicurezza diversi da quelli di cui alla lettera b), quali termometri, termoscanner, tappeti e vaschette decontaminanti e igienizzanti, che siano conformi ai requisiti essenziali di sicurezza previsti dalla normativa europea, ivi incluse le eventuali spese di installazione;

e) l'acquisto di dispositivi atti a garantire la distanza di sicurezza interpersonale, quali barriere e pannelli protettivi, ivi incluse le eventuali spese di installazione[3].

3. Il credito d'imposta è utilizzabile nella dichiarazione dei redditi relativa al periodo d'imposta di sostenimento della spesa ovvero in compensazione, ai sensi dell'articolo 17 del decreto legislativo 9 luglio 1997, n. 241. Non si applicano i limiti di cui all'articolo 1, comma 53, della legge 24 dicembre 2007, n. 244, e di cui all'articolo 34 della legge 23 dicembre 2000, n. 388. Il credito d'imposta non concorre alla formazione del reddito ai fini delle imposte sui redditi e del valore della produzione ai fini dell'imposta regionale sulle attività produttive e non rileva ai fini del rapporto di cui agli articoli 61 e 109, comma 5, del testo unico delle imposte sui redditi, di cui al decreto del Presidente della Repubblica 22 dicembre 1986, n. 917 [4].

4. Con provvedimento del direttore dell'Agenzia delle entrate, da adottare entro trenta giorni dalla data di entrata in vigore della legge di conversione del presente decreto, sono stabiliti i criteri e le modalità di applicazione e di fruizione del credito d'imposta, al fine del rispetto del limite di spesa di cui al comma 1.

5. L'articolo 64 del decreto-legge 17 marzo 2020, n. 18, convertito dalla legge 24 aprile 2020, n. 27, e l'articolo 30 del decreto-legge 8 aprile 2020, n. 23, sono abrogati .

6. Agli oneri derivanti dal comma 1, pari a 200 milioni di euro per l'anno 2020 si provvede, per 150 milioni di euro ai sensi dell'articolo 265 e per 50 milioni di euro mediante uti-

VARIE

lizzo delle risorse rivenienti dall'abrogazione della disposizione di cui al comma 5[5]. [A]

[A] *in riferimento alle spese per la consulenza in materia di prevenzione e salute sui luoghi di lavoro, per la progettazione degli ambienti di lavoro, l'addestramento e la stesura di protocolli di sicurezza, di cui al presente articolo, vedi: Risposta Agenzia delle Entrate 16 settembre 2020 n. 363.*
- In riferimento all'Istituzione del codice tributo per l'utilizzo in compensazione, tramite modello F24, del credito d'imposta per la sanificazione e l'acquisto di dispositivi di protezione vedi: Risoluzione Agenzia delle Entrate 14/09/2020 n. 52/E
[1] *Per la determinazione della misura percentuale di fruizione del credito d'imposta per la sanificazione e l'acquisto dei dispositivi di protezione, di cui al presente articolo, vedi Provvedimento dell'Agenzia delle entrate 11 settembre 2020.*
[2] *Comma modificato dall'articolo 1, comma 1, della Legge 17 luglio 2020, n. 77, in sede di conversione.*
[3] *Lettera modificata dall'articolo 1, comma 1, della Legge 17 luglio 2020, n. 77, in sede di conversione.*
[4] *Comma modificato dall'articolo 1, comma 1, della Legge 17 luglio 2020, n. 77, in sede di conversione.*
[5] *Comma modificato dall'articolo 1, comma 1, della Legge 17 luglio 2020, n. 77, in sede di conversione.*

126. Proroga dei termini di ripresa della riscossione dei versamenti sospesi [A] **.** – 1. I versamenti sospesi ai sensi dell'articolo 18, commi 1, 2, 3, 4, 5 e 6 del decreto-legge 8 aprile 2020, n. 23, sono effettuati, senza applicazione di sanzioni e interessi, in un'unica soluzione entro il 16 settembre 2020 o mediante rateizzazione, fino ad un massimo di quattro rate mensili di pari importo, con il versamento della prima rata entro il 16 settembre 2020. Non si fa luogo al rimborso di quanto già versato.

1-bis. Al fine di incrementare le risorse destinate agli imprenditori che hanno subito danni economici a causa dell'epidemia di COVID-19 e vittime di richieste estorsive, il Fondo di cui all'articolo 2, comma 6-sexies, del decreto-legge 29 dicembre 2010, n. 225, convertito, con modificazioni, dalla legge 26 febbraio 2011, n. 10, è incrementato di 4 milioni di euro per l'anno 2020. Agli oneri derivanti dal presente comma, pari a 4 milioni di euro per l'anno 2020, si provvede mediante corrispondente riduzione del Fondo di cui all'articolo 1, comma 200, della legge 23 dicembre 2014, n. 190, come rifinanziato dall'articolo 265, comma 5, del presente decreto [1].

2. I soggetti i cui ricavi e compensi, percepiti nel periodo compreso tra il 17 marzo 2020 e il 31 maggio 2020, non sono assoggettati alle ritenute d'acconto di cui agli articoli 25 e 25-bis del decreto del Presidente della Repubblica 29 settembre 1973, n. 600, da parte del sostituto d'imposta, per effetto delle disposizioni di cui all'articolo 19, comma 1, del decreto-legge 8 aprile 2020, n. 23, provvedono a versare l'ammontare delle medesime ritenute, in un'unica soluzione, entro il 16 settembre 2020 o mediante rateizzazione, fino ad un massimo di quattro rate mensili di pari importo, con il versamento della prima rata entro il 16 settembre 2020, senza applicazione di sanzioni e interessi. Non si fa luogo al rimborso di quanto già versato.

3. All'articolo 1, comma 2, della legge 24 aprile 2020, n. 27 dopo il secondo periodo è aggiunto il seguente: "*Gli adempimenti e i versamenti sospesi ai sensi dell'articolo 5 del decreto legge 2 marzo 2020, n. 9 sono effettuati, senza applicazione di sanzioni e interessi, in un'unica soluzione entro il 16 settembre 2020 o mediante rateizzazione fino a un massimo di quattro rate mensili di pari importo, con il versamento della prima rata entro il 16 settembre 2020. Non si fa luogo al rimborso di quanto già versato*". [2]

[A] *In riferimento alle disposizioni in materia di ripresa della riscossione dei versamenti dei premi per l'assicurazione obbligatoria e di documento unico di regolarità contributiva, istruzioni operative, di cui al presente articolo, vedi: Circolare INAIL - Istituto nazionale assicurazione infortuni sul lavoro 27 maggio 2020 n. 23.*
[1] *Comma inserito dall'articolo 1, comma 1, della Legge 17 luglio 2020, n. 77, in sede di conversione.*
[2] *In riferimento alle disposizioni di cui al presente articolo, vedi l'articolo 97, comma 1, del D.L. 14 agosto 2020, n. 104, convertito, con modificazioni, dalla Legge 13 ottobre 2020, n. 126.*

127. Proroga dei termini di ripresa della riscossione per i soggetti di cui agli articoli 61 e 62 del decreto legge 17 marzo 2020, n. 18, convertito, con modificazioni, dalla legge 24 aprile 2020, n. 27 [A]**.** – 1. Al decreto-legge 17 marzo 2020, n. 18, convertito, con modificazioni, dalla legge 24 aprile 2020, n. 27, sono apportate le seguenti modificazioni:

a) all'articolo 61:

1) il comma 4 è sostituito dal seguente: "*4. I versamenti sospesi ai sensi del comma 1 sono effettuati, senza applicazione di sanzioni e interessi, in un'unica soluzione entro il 16 settembre 2020 o mediante rateizzazione fino a un massimo di quattro rate mensili di pari importo, con il versamento della prima rata entro il 16 settembre 2020. Nei medesimi termini sono effettuati, anche mediante il sostituto d'imposta, i versamenti delle ritenute non operate ai sensi dell'articolo 1, comma 3, del decreto del Ministro dell'economia e delle finanze 24 febbraio 2020, pubblicato nella Gazzetta Ufficiale n. 48 del 26 febbraio 2020. Non si fa luogo al rimborso di quanto già versato. Gli adempimenti sospesi ai sensi del comma 1 sono effettuati entro il 16 settembre 2020.*" [1];

2) il comma 5 è sostituito dal seguente: "*5. Le federazioni sportive nazionali, gli enti di promozione sportiva, le associazioni e le società sportive professionistiche e dilettantistiche, di cui al comma 2, lettera b), applicano la sospensione di cui al comma 1 fino al 30 giugno 2020. Gli adempimenti e i versamenti sospesi ai sensi del periodo precedente sono effettuati, senza applicazione di sanzioni ed interessi, con le modalità e nei termini previsti dal comma 4. Non si fa luogo al rimborso di quanto già versato.*";

b) all'articolo 62 il comma 5 è sostituito dal seguente: "*5. I versamenti sospesi ai sensi dei commi 2 e 3, nonché del decreto del Ministro dell'economia e delle finanze 24 febbraio 2020, pubblicato nella Gazzetta Ufficiale n. 48 del 26 febbraio 2020, sono effettuati, senza applicazione di sanzioni ed interessi, in un'unica soluzione entro il 16 settembre 2020 o mediante rateizzazione fino a un massimo di quattro rate mensili di pari importo, con il versamento della prima rata entro il 16 settembre 2020. Non si fa luogo al rimborso di quanto già versato.*"[2] .[3]

[A] *In riferimento alle disposizioni in materia di ripresa della riscossione dei versamenti dei premi per l'assicurazione obbligatoria e di documento unico di regolarità contributiva, istruzioni operative, di cui al presente articolo, vedi: Circolare INAIL - Istituto nazionale assicurazione infortuni sul lavoro 27 maggio 2020 n. 23.*
[1] *Capoverso modificato dall'articolo 1, comma 1, della Legge 17 luglio 2020, n. 77, in sede di conversione.*
[2] *Lettera modificata dall'articolo 1, comma 1, della Legge 17 luglio 2020, n. 77, in sede di conversione.*
[3] *In riferimento alle disposizioni di cui al presente articolo, vedi l'articolo 97, comma 1, del D.L. 14 agosto 2020, n. 104, convertito, con modificazioni, dalla Legge 13 ottobre 2020, n. 126.*

128. Salvaguardia del credito di cui all'articolo

13, comma 1-bis, del Tuir, ovvero del trattamento integrativo di cui all'articolo 1 della legge 2 aprile 2020, n. 21. – 1. Al fine di contenere gli effetti negativi derivanti dalle misure di prevenzione e contenimento connesse all'emergenza epidemiologica da COVID -19, per l'anno 2020 il credito di cui all'articolo 13, comma 1-bis, del testo unico delle imposte sui redditi, approvato con decreto del Presidente della Repubblica 22 dicembre 1986, n. 917 e il trattamento integrativo di cui all'articolo 1 del decreto legge 5 febbraio 2020, n. 3, convertito, con modificazioni, dalla legge 2 aprile 2020, n. 21, spettano anche se l'imposta lorda calcolata sui redditi di cui all'articolo 49, con esclusione di quelli indicati nel comma 2, lettera a), del citato testo unico, sia di importo inferiore alla detrazione spettante ai sensi dell'articolo 13, comma 1, del medesimo testo unico, per effetto delle misure a sostegno del lavoro contenute negli articoli 19,20,21,22, 23 e 25 del decreto legge 17 marzo 2020, n. 18, convertito, con modificazioni, dalla legge 24 aprile 2020, n. 27[(1)].

2. Il credito di cui all'articolo 13, comma 1-bis, del citato testo unico, non attribuito nei mesi in cui il lavoratore fruisce delle misure a sostegno del lavoro di cui agli articoli da 19 a 22 del decreto legge n. 18 del 2020 è riconosciuto dal sostituto d'imposta a decorrere dalla prima retribuzione utile e comunque entro i termini di effettuazione delle operazioni di conguaglio [(A)].

(A) In riferimento alla riduzione della pressione fiscale sul lavoro dipendente ai sensi decreto-legge 5 febbraio 2020, n. 3, convertito dalla legge 2 aprile 2020, n. 2; salvaguardia del credito agli "incapienti" ai sensi del presente articolo; istruzioni contabili; variazioni al piano dei conti., vedi: Circolare INPS - Istituto nazionale previdenza sociale 21 agosto 2020 n. 96.

(1) Comma modificato dall'articolo 1, comma 1, della Legge 17 luglio 2020, n. 77, in sede di conversione.

129. Disposizioni in materia di rate di acconto per il pagamento dell'accisa sul gas naturale e sull'energia elettrica. – 1. Le rate di acconto mensili di cui agli articoli 26, comma 13, e 56, commi 1 e 2, del testo unico delle disposizioni legislative concernenti le imposte sulla produzione e sui consumi e relative sanzioni penali e amministrative di cui al decreto legislativo 26 ottobre 1995, n. 504, relative al periodo dal mese di maggio 2020 al mese di settembre dello stesso anno, sono versate nella misura del 90 per cento di quelle calcolate ai sensi dei predetti articoli. Le rate di acconto mensili di cui ai predetti articoli del testo unico delle disposizioni legislative concernenti le imposte sulla produzione e sui consumi e relative sanzioni penali e amministrative, relative ai mesi di ottobre, novembre e dicembre dell'anno 2020, sono calcolate e versate con le modalità previste dai medesimi articoli. L'eventuale versamento a conguaglio è effettuato in un'unica soluzione entro il 31 marzo 2021 per il gas naturale ed entro il 16 marzo 2021 per l'energia elettrica; in alternativa, il medesimo conguaglio è effettuato in dieci rate mensili di pari importo senza interessi da versare entro l'ultimo giorno di ciascun mese nel periodo da marzo a dicembre 2021. Le somme eventualmente risultanti a credito sono detratte, nei modi ordinari, dai versamenti di acconto successivi alla presentazione della dichiarazione annuale.

2. Il termine per il pagamento della rata di acconto di cui all'articolo 56, commi 1 e 2 del testo unico delle accise approvato con il decreto legislativo 26 ottobre 1995, n. 504, relativa al mese di maggio 2020, da effettuarsi ai sensi del comma 1, è differito dal 16 maggio al 20 maggio 2020.

3. Agli oneri derivanti dal presente articolo valutati in 246,9 milioni di euro per l'anno 2020 e in 134,7 milioni di euro per l'anno 2022, si provvede ai sensi dell'articolo 265[(1)].

(1) Comma modificato dall'articolo 1, comma 1, della Legge 17 luglio 2020, n. 77, in sede di conversione.

129 *bis*. Disposizioni in materia di imposte dirette e di accise nel Comune di Campione d'Italia [(1)]. – 1. All'articolo 1 della legge 27 dicembre 2019, n. 160, sono apportate le seguenti modificazioni:

a) al comma 573, le parole: "*alla data del 20 ottobre 2019*" sono soppresse e la parola: "*cinque*" è sostituita dalla seguente: "*dieci*";

b) al comma 574, le parole: "*alla data del 20 ottobre 2019*" sono soppresse e la parola: "*cinque*" è sostituita dalla seguente: "*dieci*";

c) al comma 575, la parola: "*cinque*" è sostituita dalla seguente: "*dieci*";

d) dopo il comma 576 è inserito il seguente:

"*576-bis. In deroga al comma 576, per il periodo d'imposta in corso al 31 dicembre 2020 le agevolazioni di cui ai commi 573, 574 e 575 si applicano nel limite dell'importo di 800.000 euro per ogni impresa. Tale limite è di 120.000 euro per ogni impresa attiva nel settore della pesca e dell'acquacoltura e di 100.000 euro per ogni impresa attiva nel settore della produzione primaria di prodotti agricoli*";

e) il comma 577 è sostituito dal seguente:

"*577. In vista del rilancio economico del Comune di Campione d'Italia, alle imprese che effettuano investimenti nel territorio del medesimo comune facenti parte di un progetto di investimento iniziale come definito all'articolo 2, punti 49), 50) e 51), del regolamento (UE) n. 651/2014 della Commissione, del 17 giugno 2014, è attribuito un credito d'imposta commisurato a una quota dei costi individuati come ammissibili ai sensi dell'articolo 14 del predetto regolamento (UE) n, 651/2014. Il credito d'imposta è commisurato alla quota del costo complessivo dei beni acquisiti nel limite massimo, per ciascun progetto di investimento, di 30 milioni di euro per le grandi imprese nella misura del 25 per cento del costo ammissibile, di 20 milioni di euro per le medie imprese nella misura del 35 per cento del costo ammissibile e di 6 milioni di euro per le piccole imprese nella misura del 45 per cento del costo ammissibile*";

f) dopo il comma 577 sono inseriti i seguenti:

"*577-bis. Per il periodo d'imposta in corso al 31 dicembre 2020, alle imprese che effettuano gli investimenti di cui al comma 577 il credito d'imposta è riconosciuto, in deroga alle disposizioni del medesimo comma 577, in misura pari ai costi sostenuti nel limite dell'importo di 800.000 euro per ogni impresa. Tale limite è di 120.000 euro per ogni impresa attiva nel settore della pesca e dell'acquacoltura e di 100.000 euro per ogni impresa attiva nel settore della produzione primaria di prodotti agricoli.*

577-ter. L'efficacia delle disposizioni dei commi 576-bis e 577-bis è subordinata all'adozione della decisione di compatibilità da parte della Commissione europea, ai sensi dell'articolo 108, paragrafo 3, del Trattato sul funzionamento dell'Unione europea sulla base della comunicazione C(2020) 1863 final della Commissione, del 19 marzo 2020, recante 'Quadro temporaneo per le misure di aiuto di Stato a sostegno dell'economia nell'attuale emergenza del COVID-19".

2. Al comma 632 dell'articolo 1 della legge 27 dicembre 2013, n. 147, le parole: "*comma 1*" sono sostituite delle se-

guenti: "*commi 1 e 2*" e le parole: "*come modificato dal comma 631 del presente articolo,*" sono soppresse.

3. Il gasolio usato come combustibile per riscaldamento nel territorio del Comune di Campione d'Italia è sottoposto ad accisa con l'applicazione della corrispondente aliquota di cui all'allegato I annesso al testo unico delle disposizioni legislative concernenti le imposte sulla produzione e sui consumi e relative sanzioni penali e amministrative, di cui al decreto legislativo 26 ottobre 1995, n. 504, nella misura ridotta di euro 201,5 per mille litri di gasolio; per i medesimi consumi non trovano applicazione le disposizioni in materia di riduzione del costo del gasolio di cui all'articolo 8, comma 10, lettera c), della legge 23 dicembre 1998, n. 448, all'articolo 5, comma 1, del decreto-legge 1° ottobre 2001, n. 356, convertito, con modificazioni, dalla legge 30 novembre 2001, n. 418, e all'articolo 2, comma 12, della legge 22 dicembre 2008, n. 203.

4. L'energia elettrica consumata nel territorio del Comune di Campione d'Italia è sottoposta ad accisa con le aliquote di cui all'allegato I annesso al testo unico delle disposizioni legislative concernenti le imposte sulla produzione e sui consumi e relative sanzioni penali e amministrative, di cui al decreto legislativo 26 ottobre 1995, n. 504, nelle misure ridotte di seguito indicate:

a) euro 0,001 per ogni kWh di energia impiegata per qualsiasi applicazione nelle abitazioni;

b) euro 0,0005 per ogni kWh di energia impiegata per qualsiasi uso in locali e in luoghi diversi dalle abitazioni.

5. L'efficacia delle disposizioni dei commi 3 e 4 è subordinata all'autorizzazione del Consiglio prevista dall'articolo 19 della direttiva n. 2003/96/CE del Consiglio, del 27 ottobre 2003; le medesime disposizioni trovano applicazione dalla data di efficacia della predetta autorizzazione e restano in vigore per la durata di sei anni.

6. Agli oneri derivanti dall'attuazione del presente articolo, pari a 55.000 euro per l'anno 2020, a 105.000 euro per l'anno 2021, a 103.000 euro per l'anno 2022, a 105.000 euro per l'anno 2023, a 105.000 euro per l'anno 2024, a 6.205.000 euro per l'anno 2025, a 8.729.000 euro per l'anno 2026, a 8.069.000 euro per l'anno 2027, a 8.072.000 euro per l'anno 2028, a 8.070.000 euro per l'anno 2029 e a 1.970.000 euro per l'anno 2030, si provvede mediante corrispondente riduzione del Fondo di cui all'articolo 1, comma 200, della legge 23 dicembre 2014, n. 190, come rifinanziato dall'articolo 265, comma 5, del presente decreto.

(1) *Articolo inserito dall'articolo 1, comma 1, della Legge 17 luglio 2020, n. 77, in sede di conversione.*

130. Differimento di alcuni adempimenti in materia di accisa. – 1. Al decreto-legge 26 ottobre 2019, n. 124, convertito, con modificazioni, dalla legge 19 dicembre 2019, n. 157, sono apportate le seguenti modificazioni:

a) all'articolo 5, comma 2, il secondo periodo è sostituito dal seguente: "*Le disposizioni di cui al comma 1, lettera c), numeri 1) e 2), hanno efficacia a decorrere dal 1° gennaio 2021.*";

b) all'articolo 7, comma 4, il secondo periodo è sostituito dal seguente: "*Le disposizioni di cui al presente articolo hanno efficacia a decorrere dal 1° ottobre 2020*";

c) all'articolo 10, comma 1, primo periodo, le parole: "*entro il 30 giugno*" sono sostituite dalle seguenti: "*entro il 31 dicembre*";

d) all'articolo 11, comma 1, primo periodo, le parole: "*entro il 30 giugno*" sono sostituite dalle seguenti: "*entro il 30 settembre*";

e) all'articolo 12, comma 1, le parole: "*entro sessanta giorni dall'entrata in vigore del presente decreto*" sono sostituite dalle parole: "*entro il 31 dicembre 2020*".

2. Al testo unico delle disposizioni legislative concernenti le imposte sulla produzione e sui consumi e relative sanzioni penali e amministrative, di cui al decreto legislativo 26 ottobre 1995, n. 504, sono apportate le seguenti modificazioni:

a) all'articolo 7-bis:

1) al comma 6, dopo le parole: "*con particolare riguardo*", sono inserite le seguenti: "*alla determinazione di limiti quantitativi di prodotto e di specifiche modalità relative al trasporto o al confezionamento del medesimo per i quali le stesse disposizioni non trovano applicazione,*";

2) al comma 7, dopo le parole: "*20 litri*", sono aggiunte le seguenti: "*salvo che al riguardo sia stabilito diversamente dal decreto di cui al comma 6*";

b) all'articolo 25, comma 4, il quinto periodo è sostituito dal seguente "*Gli esercenti depositi di cui al comma 2, lettera a), aventi capacità superiore a 10 metri cubi e non superiore a 25 metri cubi nonché gli esercenti impianti di cui al comma 2, lettera c), collegati a serbatoi la cui capacità globale risulti superiore a 5 metri cubi e non superiore a 10 metri cubi, a decorrere dal 1° gennaio 2021, sono obbligati, in luogo della denuncia, a dare comunicazione di attività all'Ufficio dell'Agenzia delle dogane e dei monopoli, competente per territorio; ai medesimi soggetti è attribuito un codice identificativo. Gli stessi tengono il registro di carico e scarico con modalità semplificate da stabilire con determinazione del direttore dell'Agenzia delle dogane e dei monopoli.*"

3. Alle minori entrate derivanti dal presente articolo, valutate in 320,31 milioni di euro per l'anno 2020, si provvede ai sensi dell'articolo 265(1).

(1) *Comma modificato dall'articolo 1, comma 1, della Legge 17 luglio 2020, n. 77, in sede di conversione.*

131. Rimessione in termini per i versamenti in materia di accisa. – 1. Per i prodotti energetici immessi in consumo nel mese di marzo dell'anno 2020, i pagamenti dell'accisa, da effettuarsi ai sensi dell'articolo 3, comma 4, del testo unico approvato con il decreto legislativo 26 ottobre 1995, n. 504, sono considerati tempestivi se effettuati entro il giorno 25 del mese di maggio 2020; sui medesimi pagamenti, se effettuati entro la predetta data del 25 maggio, non si applicano le sanzioni e l'indennità di mora previste per il ritardato pagamento.

Articolo 132

Disposizioni in materia di pagamenti dell'accisa sui prodotti energetici [A]

1. In considerazione dello stato di emergenza derivante dalla diffusione del COVID-19, i pagamenti dell'accisa sui prodotti energetici immessi in consumo nei mesi di aprile, maggio, giugno, luglio e agosto dell'anno 2020, da effettuarsi ai sensi dell'articolo 3, comma 4, del testo unico delle disposizioni legislative concernenti le imposte sulla produzione e sui consumi e relative sanzioni penali e amministrative, di cui al decreto legislativo 26 ottobre 1995, n. 504, possono essere eseguiti nella misura dell'ottanta per cento, a titolo di acconto, degli importi dovuti ai sensi del medesimo articolo 3, comma 4:

a) entro il 25 maggio 2020, per i prodotti energetici immessi in consumo nel mese di aprile 2020;

b) alle scadenze previste dal predetto articolo 3, comma 4, del citato testo unico, per i prodotti energetici immessi in consumo nei mesi di maggio, giugno, luglio e agosto dell'anno 2020.

2. Nel caso di cui al comma 1, il versamento del saldo delle somme dovute ai sensi dell'articolo 3, comma 4, del predetto testo unico di cui al decreto legislativo n. 504 del 1995, è effettuato entro il termine del 16 novembre 2020, senza il pagamento di interessi.

[A] In riferimento alle modalità di calcolo dell'importo dei pagamenti in acconto [INFO-ENA], di cui al presente articolo, vedi: Nota Agenzia delle Dogane 23 giugno 2020 n. 197450/RU.

133. Differimento dell'efficacia delle disposizioni in materia di imposta sul consumo dei manufatti con singolo impiego e di imposta sul consumo delle bevande edulcorate. – 1. All'articolo 1 della legge 27 dicembre 2019, n. 160, sono apportate le seguenti modificazioni:

a) al comma 652, le parole:" dal primo giorno del secondo mese successivo alla data di pubblicazione del provvedimento di cui al comma 651" sono sostituite dalle seguenti: "*dal 1° gennaio 2021*";

b) al comma 676, le parole:" dal primo giorno del secondo mese successivo alla pubblicazione del decreto di cui al comma 675" sono sostituite dalle seguenti: "*dal 1° gennaio 2021*".

2. Agli oneri derivanti dal presente articolo valutati in 199,1 milioni di euro per l'anno 2020, 120,4 milioni di euro per l'anno 2021 e 42,2 milioni di euro per l'anno 2023, si provvede ai sensi dell'articolo 265.

134. Modifiche alla disciplina dell'imposta sul valore delle attività finanziarie detenute all'estero per i soggetti diversi dalle persone fisiche [1].. – 1. All'articolo 19, comma 20, del decreto-legge 6 dicembre 2011, n. 201, convertito, con modificazioni, dalla legge 22 dicembre 2011, n. 214, sono apportate le seguenti modifiche:

a) al secondo periodo, dopo le parole: "*dall'articolo 13, comma 2-bis,*", le parole: "*lettera a)*", sono sostituite dalle parole: "*lettere a) e b)*";

b) dopo il secondo periodo è aggiunto il seguente: "*Per i soggetti diversi dalle persone fisiche l'imposta è dovuta nella misura massima di euro 14.000.*".

[1] Articolo inserito dall'articolo 1, comma 1, della Legge 17 luglio 2020, n. 77, in sede di conversione.

135. Disposizioni in materia di giustizia tributaria e contributo unificato. – 1. All'articolo 62 del decreto-legge 17 marzo 2020, n. 18, convertito, con modificazioni, dalla legge 24 aprile 2020, n. 27, dopo il comma 1, è inserito il seguente: "*1-bis. Dall'8 marzo al 31 maggio 2020 è sospeso il termine per il computo delle sanzioni di cui all'articolo 16 e il termine di cui all'articolo 248 del decreto del Presidente della Repubblica 30 maggio 2002, n. 115, per il mancato o ritardato pagamento del contributo unificato.*".

2. All'articolo 16 del decreto-legge 23 ottobre 2018, n. 119, convertito, con modificazioni, dalla legge 17 dicembre 2018, n. 136, il comma 4 è sostituito dal seguente[1]:

"*4. La partecipazione alle udienze di cui agli articoli 33 e 34 del decreto legislativo 31 dicembre 1992, n. 546, può avvenire a distanza mediante collegamento audiovisivo tra l'aula di udienza e il luogo del collegamento da remoto del contribuente, del difensore, dell'ufficio impositore e dei soggetti della riscossione, nonché dei giudici tributari e del personale amministrativo delle Commissioni tributarie, tali da assicurare la contestuale, effettiva e reciproca visibilità delle persone presenti in entrambi i luoghi e di udire quanto viene detto. Il luogo dove avviene il collegamento da remoto è equiparato all'aula di udienza. La partecipazione da remoto all'udienza di cui all'articolo 34 del decreto legislativo 31 dicembre 1992, n. 546, può essere richiesta dalle parti processuali nel ricorso o nel primo atto difensivo ovvero con apposita istanza da depositare in segreteria e notificata alle parti costituite prima della comunicazione dell'avviso di cui all'articolo 31, comma 2, del decreto legislativo 31 dicembre 1992, n. 546. Con uno o più provvedimenti del Direttore Generale delle Finanze, sentito il Consiglio di Presidenza della Giustizia Tributaria, il Garante per la protezione dei dati personali e l'Agenzia per l'Italia Digitale, sono individuate le regole tecnico operative per consentire la partecipazione all'udienza a distanza e le Commissioni tributarie presso cui è possibile attivarla. I giudici, sulla base dei criteri individuati dai Presidenti delle Commissioni tributarie, individuano le controversie per le quali l'ufficio di segreteria è autorizzato a comunicare alle parti lo svolgimento dell'udienza a distanza.*"

3. In deroga al criterio previsto dall'articolo 37, comma 13, del decreto-legge 6 luglio 2011, n. 98, convertito, con modificazioni, dalla legge 15 luglio 2011, n. 111, la ripartizione delle somme del contributo unificato tributario per l'anno 2020 avviene per ciascuna Commissione tributaria sulla base del numero dei giudici e del personale in servizio nell'anno 2020.

[1] Alinea modificato dall'articolo 1, comma 1, della Legge 17 luglio 2020, n. 77, in sede di conversione.

136. Incentivi per gli investimenti nell'economia reale. – 1. All'articolo 13-bis del decreto-legge 26 ottobre 2019, n. 124, convertito, con modificazioni, dalla legge 19 dicembre 2019, n. 157, dopo il comma 2 sono inseriti i seguenti commi:

"*2-bis. Per i piani di risparmio a lungo termine che, per almeno i due terzi dell'anno solare di durata del piano, investano almeno il 70% del valore complessivo, direttamente o indirettamente, in strumenti finanziari, anche non negoziati in mercati regolamentati o in sistemi multilaterali di negoziazione, emessi o stipulati con imprese residenti nel territorio dello Stato ai sensi dell'articolo 73 del testo unico delle imposte sui redditi, di cui al decreto del Presidente della Repubblica 22 dicembre 1986, n. 917, o in Stati membri dell'Unione europea o in Stati aderenti all'Accordo sullo Spazio economico europeo con stabile organizzazione nel territorio dello Stato, diverse da quelle inserite negli indici FTSE MIB e FTSE Mid Cap della Borsa italiana o in indici equivalenti di altri mercati regolamentati, in prestiti erogati alle predette imprese nonché in crediti delle medesime imprese, il vincolo di cui all'articolo 1, comma 103, della legge 11 dicembre 2016, n. 232, è elevato al 20%.*

2-ter. Nel caso di investimenti qualificati di cui all'articolo 1, comma 104, della legge 11 dicembre 2016, n. 232, i vincoli di investimento di cui ai commi 2 e 2-bis:

a) devono essere raggiunti entro la data specificata nel regolamento o nei documenti costitutivi dell'organismo di investimento collettivo del risparmio;

b) cessano di essere applicati quando l'organismo di investimento inizia a vendere le attività, in modo da rimborsare le quote o le azioni

VARIE

degli investitori;

c) sono temporaneamente sospesi quando l'organismo di investimento raccoglie capitale aggiuntivo o riduce il suo capitale esistente, purché tale sospensione non sia superiore a 12 mesi.".

2. All'articolo 1 della legge 11 dicembre 2016, n. 232, sono apportate le seguenti modificazioni:

a) il comma 101, ultimo periodo, è sostituito dai seguenti: «Per i piani di risparmio a lungo termine di cui all'articolo 13-bis, comma 2-bis, del decreto-legge 26 ottobre 2019, n. 124, convertito, con modificazioni, dalla legge 19 dicembre 2019, n. 157, gli investitori possono destinare somme o valori per un importo non superiore a 150.000 euro all'anno e a 1.500.000 euro complessivi. Ai soggetti di cui ai commi 88 e 92 non si applicano i limiti di cui al presente comma.»;

b) il comma 112 è sostituito dal seguente: «112. Ciascuna persona fisica di cui al comma 100 può essere titolare di un solo piano di risparmio a lungo termine costituito ai sensi del comma 101, e di un solo piano di risparmio costituito ai sensi del comma 2-bis dell'articolo 13-bis del decreto legge 26 ottobre 2019, n. 124, convertito, con modificazioni, dalla legge 19 dicembre 2019, n. 157; ciascun piano di risparmio a lungo termine non può avere più di un titolare. L'intermediario o l'impresa di assicurazioni presso il quale sono costituiti i piani, all'atto dell'incarico acquisisce dal titolare un'autocertificazione con la quale lo stesso dichiara di non essere titolare di un altro piano di risparmio a lungo termine costituito ai sensi del comma 101, o di un altro piano costituito ai sensi del predetto articolo 13-bis, comma 2-bis, del decreto-legge 26 ottobre 2019, n. 124, convertito, con modificazioni, dalla legge 19 dicembre 2019, n. 157.».

3. L'articolo 36-bis del decreto legge 30 aprile 2019, n. 34, convertito, con modificazioni, dalla legge 28 giugno 2019, n. 58, è abrogato.

4. Alle minori entrate derivanti dal presente articolo, valutate in 10,7 milioni di euro per l'anno 2020, 55,2 milioni di euro per l'anno 2021, 93,3 milioni di euro per l'anno 2022, 137,8 milioni di euro per l'anno 2023, 188,8 milioni di euro per l'anno 2024, 240,2 milioni di euro per l'anno 2025, 291,7 milioni di euro per l'anno 2026, 343,2 milioni di euro per l'anno 2027, 394,7 milioni di euro per l'anno 2028, 446,2 milioni di euro per l'anno 2029, 450,5 milioni di euro annui a decorrere dall'anno 2030, si provvede ai sensi dell'articolo 265[1].

[1] Comma modificato dall'articolo 1, comma 1, della Legge 17 luglio 2020, n. 77, in sede di conversione.

136 *bis*. Rivalutazione dei beni delle cooperative agricole [1]**.** – 1. Le cooperative agricole e i loro consorzi di cui all'articolo 1, comma 2, del decreto legislativo 18 maggio 2001, n. 228, in possesso delle clausole mutualistiche di cui all'articolo 2514 del codice civile, possono rivalutare i beni indicati dal comma 696 dell'articolo 1 della legge 27 dicembre 2019, n. 160, alle condizioni stabilite dal comma 697 del medesimo articolo 1, fino alla concorrenza delle perdite dei periodi precedenti computabili in diminuzione del reddito ai sensi dell'articolo 84 del testo unico di cui al decreto del Presidente della Repubblica 22 dicembre 1986, n. 917, senza assolvere alle imposte sostitutive di cui ai commi 698 e 699 del citato articolo 1 della legge n. 160 del 2019, nel limite del 70 per cento del loro ammontare. Le perdite utilizzate ai sensi del presente comma non possono essere utilizzate in diminuzione del reddito ai sensi del citato articolo 84 del testo unico di cui al decreto del Presidente della Repubblica n. 917 del 1986.

2. Agli oneri derivanti dall'attuazione del presente articolo, pari a 2,3 milioni di euro per ciascuno degli anni 2020 e 2021, a 2,7 milioni di euro per l'anno 2022 e a 1,2 milioni di euro per l'anno 2023, si provvede mediante corrispondente riduzione del Fondo di cui all'articolo 1, comma 200, della legge 23 dicembre 2014, n. 190, come rifinanziato dall'articolo 265, comma 5, del presente decreto.

3. Le disposizioni del presente articolo si applicano nel rispetto dei limiti e delle condizioni previsti dalla Comunicazione della Commissione europea del 19 marzo 2020 C(2020) 1863 final "*Quadro temporaneo per le misure di aiuto di Stato a sostegno dell'economia nell'attuale emergenza del COVID-19*", e successive modificazioni [2].

[1] Articolo inserito dall'articolo 1, comma 1, della Legge 17 luglio 2020, n. 77, in sede di conversione.
[2] Comma sostituito dall'articolo 106, comma 1, del D.L. 14 agosto 2020, n. 104, convertito con modificazioni dalla Legge 13 ottobre 2020, n. 126.

137. Proroga della rideterminazione del costo d'acquisto dei terreni e delle partecipazioni non negoziate nei mercati regolamentati [A]**.** – 1. Le disposizioni degli articoli 5 e 7 della legge 28 dicembre 2001, n. 448, e successive modificazioni, si applicano anche per la rideterminazione dei valori di acquisto delle partecipazioni non negoziate in mercati regolamentati e dei terreni edificabili e con destinazione agricola posseduti alla data del 1° luglio 2020. Le imposte sostitutive possono essere rateizzate fino a un massimo di tre rate annuali di pari importo, a decorrere dalla data del 15 novembre 2020; sull'importo delle rate successive alla prima sono dovuti gli interessi nella misura del 3 per cento annuo, da versarsi contestualmente. La redazione e il giuramento della perizia devono essere effettuati entro la predetta data del 15 novembre 2020 [1].

2. Sui valori di acquisto delle partecipazioni non negoziate in mercati regolamentati e dei terreni edificabili e con destinazione agricola rideterminati con le modalità e nei termini indicati dal comma 1, le aliquote delle imposte sostitutive di cui all'articolo 5, comma 2, della legge 28 dicembre 2001, n. 448, sono pari entrambe all'11 per cento e l'aliquota di cui all'articolo 7, comma 2, della medesima legge è aumentata all'11 per cento.

3. Alle minori entrate derivanti dal presente articolo, valutate in 37 milioni di euro annui dal 2023 al 2028, si provvede ai sensi dell'articolo 265 [2].

[A] In riferimento al presente articolo vedi: Circolare Agenzia delle Entrate 22 gennaio 2021, n. 1/E; Risoluzione Agenzia delle Entrate 20 dicembre 2021, n. 74/E.
[1] Comma modificato dall'articolo 1, comma 1, della Legge 17 luglio 2020, n. 77, in sede di conversione.
[2] Comma modificato dall'articolo 1, comma 1, della Legge 17 luglio 2020, n. 77, in sede di conversione.

138. Allineamento termini approvazione delle tariffe e delle aliquote TARI e IMU con il termine di approvazione del bilancio di previsione 2020. – 1. Sono abrogati il comma 4 dell'articolo 107 del decreto-legge 17 marzo 2020, n. 18, convertito, con modificazioni, dalla legge 24 aprile 2020, n. 27, il comma 779 dell'articolo 1 della legge

27 dicembre 2019, n. 160, e il comma 683-bis dell'articolo 1 della legge 27 dicembre 2013, n. 147.

139. Rafforzamento delle attività di promozione dell'adempimento spontaneo da parte dei contribuenti e orientamento dei servizi offerti dalle agenzie fiscali a seguito dell'emergenza sanitaria derivante dalla diffusione dell'epidemia di COVID-19 [(1)]. – 1. Per favorire il rafforzamento delle attività di promozione dell'adempimento spontaneo degli obblighi fiscali da parte dei contribuenti anche alla luce del necessario riassetto organizzativo dell'amministrazione finanziaria a seguito della situazione straordinaria di emergenza sanitaria derivante dalla diffusione dell'epidemia di COVID-19, le convenzioni fra Ministro dell'economia e delle finanze e agenzie fiscali di cui all'articolo 59, comma 2, del decreto legislativo 30 luglio 1999, n. 300 stabiliscono per le agenzie fiscali, a decorrere dal triennio 2020-2022, specifici obiettivi volti ad ottimizzare i servizi di assistenza e consulenza offerti ai contribuenti, favorendone ove possibile la fruizione online, e a migliorare i tempi di erogazione dei rimborsi fiscali ai cittadini ed alle imprese. A tal fine, a decorrere dall'attività 2020, ai fini dell'integrazione spettante alle agenzie fiscali di cui all'articolo 1, comma 7, del decreto legislativo 24 settembre 2015, n. 157, e in deroga a quanto ivi previsto sulle modalità di riscontro del gettito incassato, per le attività di promozione dell'adempimento spontaneo degli obblighi fiscali e di controllo fiscale si tiene conto del recupero di gettito per il bilancio dello Stato connesso al raggiungimento degli obiettivi fissati nelle convenzioni di cui all'articolo 59, comma 2, del decreto legislativo 30 luglio 1999, n. 300. Analogamente, a decorrere dalle attività 2020, per la determinazione delle quote di risorse correlabili all'attività di controllo fiscale di cui all'articolo 12, comma 1, del decreto-legge 28 marzo 1997, n. 79, convertito con modificazioni dalla legge 28 maggio 1997, n. 140, si tiene conto del recupero di gettito per il bilancio dello Stato, anche derivante dalle attività di promozione dell'adempimento spontaneo degli obblighi fiscali, connesso al raggiungimento degli obiettivi fissati nelle convenzioni di cui all'articolo 59, comma 2, del decreto legislativo 30 luglio 1999, n. 300 [(2)].

2. Dall'attuazione delle disposizioni di cui al comma 1 non derivano nuovi o maggiori oneri a carico del bilancio dello Stato.

(1) Rubrica modificata dall'articolo 1, comma 1, della Legge 17 luglio 2020, n. 77, in sede di conversione.
(2) Comma modificato dall'articolo 1, comma 1, della Legge 17 luglio 2020, n. 77, in sede di conversione.

140. Memorizzazione e trasmissione telematica dei dati dei corrispettivi giornalieri. – 1. All'articolo 2, comma 6-ter, del decreto legislativo 5 agosto 2015, n. 127, il terzo periodo è sostituito dal seguente: "*Nel primo semestre di vigenza dell'obbligo di cui al comma 1, decorrente dal 1° luglio 2019 per i soggetti con volume di affari superiore a euro 400.000 e fino al 1° gennaio 2021 per gli altri soggetti, le sanzioni previste dal comma 6 non si applicano in caso di trasmissione telematica dei dati relativi ai corrispettivi giornalieri entro il mese successivo a quello di effettuazione dell'operazione, fermi restando i termini di liquidazione dell'imposta sul valore aggiunto.*".

2. All'articolo 2, comma 6-quater, secondo periodo, del decreto legislativo 5 agosto 2015, n. 127, le parole "*1° luglio 2020*" sono sostituite dalle parole "*1° gennaio 2021*".

141. Lotteria dei corrispettivi. – 1. All'articolo 1, comma 540, della legge 11 dicembre 2016, n. 232, all'inizio del primo periodo le parole "*A decorrere dal 1° luglio 2020*" sono sostituite dalle parole: "*A decorrere dal 1° gennaio 2021*".

1-bis. In conseguenza di quanto previsto dal comma 1, le risorse disponibili sullo stato di previsione del Ministero dell'economia e delle finanze ai sensi dell'articolo 1, comma 542, della legge 11 dicembre 2016, n. 232, per l'anno 2020, sono interamente destinate alle spese amministrative e di comunicazione connesse alla lotteria degli scontrini[(1)].

1-ter. Per l'esercizio 2020, le spese di cui al comma 1-bis sono gestite, d'intesa con il Dipartimento delle finanze, dal Dipartimento dell'amministrazione generale, del personale e dei servizi del Ministero dell'economia e delle finanze[(2)].

(1) Comma inserito dall'articolo 105, comma 1, del D.L. 14 agosto 2020, n. 104, convertito con modificazioni dalla Legge 13 ottobre 2020, n. 126.
(2) Comma inserito dall'articolo 105, comma 1, del D.L. 14 agosto 2020, n. 104, convertito con modificazioni dalla Legge 13 ottobre 2020, n. 126, successivamente modificato dall'articolo 3, comma 11 del D.L. 31 dicembre 2020, n. 183, convertito, con modificazioni, dalla Legge 26 febbraio 2021, n. 21e da ultimo sostituito dall'articolo 5, comma 3, del D.L. 21 ottobre 2021, n. 146, convertito con modificazioni dalla Legge 17 dicembre 2021, n. 215.

142. Rinvio della decorrenza del servizio di elaborazione, da parte dell'Agenzia delle entrate, delle bozze precompilate dei documenti IVA. – 1. All'articolo 4 del decreto legislativo 5 agosto 2015, n. 127:

a) il comma 1 è sostituito dal seguente:

"*1. A partire dalle operazioni IVA effettuate dal 1° gennaio 2021, in via sperimentale, nell'ambito di un programma di assistenza on line basato sui dati delle operazioni acquisiti con le fatture elettroniche e con le comunicazioni delle operazioni transfrontaliere nonché sui dati dei corrispettivi acquisiti telematicamente, l'Agenzia delle entrate mette a disposizione di tutti i soggetti passivi dell'IVA residenti e stabiliti in Italia, in apposita area riservata del sito internet dell'Agenzia stessa, le bozze dei seguenti documenti:*

a) registri di cui agli articoli 23 e 25 del decreto del Presidente della Repubblica 26 ottobre 1972, n. 633;

b) liquidazione periodica dell'IVA;

c) dichiarazione annuale dell'IVA.";

b) il comma 1-bis è abrogato.

143. Rinvio della procedura automatizzata di liquidazione dell'imposta di bollo sulle fatture elettroniche. – 1. All'articolo 12-novies, comma 1, del decreto-legge 30 aprile 2019, n. 34, convertito, con modificazioni, dalla legge 28 giugno 2019, n. 58, il quarto periodo è sostituito dal seguente: "*Le disposizioni di cui al presente articolo, si applicano alle fatture inviate dal 1° gennaio 2021 attraverso il sistema di interscambio di cui al citato articolo 1, commi 211 e 212, della legge 24 dicembre 2007, n. 244.*".

2. Alle minori entrate derivanti dal presente articolo, valutate in 57 milioni di euro per l'anno 2020, si provvede ai sensi dell'articolo 265 [(1)].

(1) Comma modificato dall'articolo 1, comma 1, della Legge 17 luglio 2020, n. 77, in sede di conversione.

144. Rimessione in termini e sospensione del versamento degli importi richiesti a seguito del controllo automatizzato e formale delle dichiarazioni. – 1. I versamenti delle somme dovute ai sensi degli articoli 2, 3 e 3-bis del decreto legislativo 18 dicembre 1997, n. 462, in scadenza nel periodo compreso tra l'8 marzo 2020 e il giorno antecedente l'entrata in vigore del presente decreto, sono considerati tempestivi se effettuati entro il 16 settembre 2020.

2. I versamenti delle somme dovute ai sensi degli articoli 2, 3 e 3-bis del decreto legislativo 18 dicembre 1997, n. 462, in scadenza nel periodo compreso tra l'entrata in vigore del presente decreto e il 31 maggio 2020, possono essere effettuati entro il 16 settembre 2020, senza applicazione di ulteriori sanzioni e interessi.

3. I versamenti di cui ai commi 1 e 2 del presente articolo possono essere effettuati anche in 4 rate mensili di pari importo a decorrere da settembre 2020 con scadenza il 16 di ciascun mese. Non si procede al rimborso di quanto già versato.

145. Sospensione della compensazione tra credito d'imposta e debito iscritto a ruolo. – 1. Nel 2020 e fino al 31 agosto 2021, in sede di erogazione dei rimborsi fiscali non si applica la compensazione tra il credito d'imposta ed il debito iscritto a ruolo prevista dall'articolo 28-ter del decreto del Presidente della Repubblica 29 settembre 1973, n. 602[1].

2. Alle minori entrate derivanti dal presente articolo, valutate in termini di indebitamento netto e di fabbisogno in 40 milioni di euro per l'anno 2020, si provvede ai sensi dell'articolo 265[2].

[1] Comma modificato dall'articolo 5, comma 12, lettera a), del D.L. 22 marzo 2021, n. 41, convertito con modificazioni dalla Legge 21 maggio 2021, n. 69; dall'articolo 2, comma 2, lettera a), del D.L. 30 giugno 2021, n. 99; quest'ultimo è stato abrogato dall'articolo 1, comma 3, della Legge 23 luglio 2021, n. 106, restano validi gli atti e i provvedimenti adottati e sono fatti salvi gli effetti prodottisi e i rapporti giuridici sorti sulla base del medesimo decreto-legge n. 99 del 2021. Da ultimo, comma modificato dall'articolo 9, comma 1, del D.L. 25 maggio 2021, n. 73, convertito, con modificazioni dalla Legge 23 luglio 2021, n. 106.
[2] Comma modificato dall'articolo 1, comma 1, della Legge 17 luglio 2020, n. 77, in sede di conversione.

146. Indennità requisizione strutture alberghiere. – 1. All'articolo 6, comma 8, del decreto-legge 17 marzo 2020, n. 18, convertito, con modificazioni, dalla legge 24 aprile 2020, n. 27, il terzo periodo è sostituito dai seguenti[1]:

"*L'indennità di requisizione è liquidata in forma di acconto, nello stesso decreto del Prefetto, applicando il coefficiente dello 0,42%, per ogni mese o frazione di mese di effettiva durata della requisizione, al valore ottenuto moltiplicando la rendita catastale, rivalutata del cinque per cento, per il moltiplicatore utilizzato ai fini dell'imposta di registro, di cui al comma 5 dell'articolo 52 del decreto del Presidente della Repubblica 26 aprile 1986, n. 131, relativo alla corrispondente categoria catastale dell'immobile requisito. L'indennità di requisizione è determinata in via definitiva entro quaranta giorni con successivo decreto del Prefetto, che ai fini della stima si avvale dell'Agenzia delle entrate, sulla base del valore corrente di mercato al 31 dicembre 2019 dell'immobile requisito o di quello di immobili di caratteristiche analoghe, in misura corrispondente, per ogni mese o frazione di mese di effettiva durata della requisizione, allo 0,42% di detto valore. In tale decreto è liquidata la differenza tra gli importi definitivi e quelli in acconto dell'indennità di requisizione.*"[2].

[1] Alinea modificato dall'articolo 1, comma 1, della Legge 17 luglio 2020, n. 77, in sede di conversione.
[2] Capoverso modificato dall'articolo 1, comma 1, della Legge 17 luglio 2020, n. 77, in sede di conversione.

147. Incremento del limite annuo dei crediti compensabili tramite modello F24. – 1. Per l'anno 2020, il limite previsto dall'articolo 34, comma 1, primo periodo, della legge 23 dicembre 2000, n. 388 è elevato a 1 milione di euro.

2. Agli oneri derivanti dal presente articolo valutati in 557,5 milioni di euro per l'anno 2020, si provvede ai sensi dell'articolo 265.

148. Modifiche alla disciplina degli indici sintetici di affidabilità fiscale (ISA). – 1. Per i periodi di imposta in corso al 31 dicembre 2020, 2021 e 2022 , al fine di tenere conto degli effetti di natura straordinaria della crisi economica e dei mercati conseguente all'emergenza sanitaria causata dalla diffusione del COVID-19, nonché di prevedere ulteriori ipotesi di esclusione dell'applicabilità degli indici sintetici di affidabilità fiscale di cui all'articolo 9-bis del decreto-legge 24 aprile 2017, n. 50, convertito, con modificazioni, dalla legge 21 giugno 2017, n. 96, tenuto conto di quanto previsto dal medesimo articolo 9-bis, comma 7, del decreto-legge 24 aprile 2017, n. 50, evitando l'introduzione di nuovi oneri dichiarativi attraverso la massima valorizzazione delle informazioni già nella disponibilità dell'Amministrazione finanziaria:[1]

a) la società di cui all'articolo 10, comma 12, della legge 8 maggio 1998 n. 146, per l'applicazione degli indici sintetici di affidabilità fiscale di cui all'articolo 9-bis del decreto-legge del 24 aprile 2017, n. 50, convertito, con modificazioni, dalla legge 21 giugno 2017, n. 96, definisce specifiche metodologie basate su analisi ed elaborazioni utilizzando, anche attraverso l'interconnessione e la pseudonimizzazione, direttamente le banche dati già disponibili per l'Amministrazione finanziaria, l'Istituto nazionale della previdenza sociale, l'Ispettorato nazionale del lavoro e l'Istituto nazionale di statistica nonché i dati e gli elementi acquisibili presso istituti ed enti specializzati nella ricerca e nell'analisi economica;

b) in deroga a quanto previsto all'articolo 9-bis, comma 4, secondo periodo, del decreto-legge del 24 aprile 2017, n. 50, convertito, con modificazioni, dalla legge 21 giugno 2017, n. 96, valutate le specifiche proposte da parte delle organizzazioni di categoria e degli ordini professionali presenti nella Commissione di esperti di cui al predetto articolo 9-bis, comma 8, del decreto-legge 24 aprile 2017, n. 50, potranno essere individuati ulteriori dati e informazioni necessari per una migliore valutazione dello stato di crisi individuale;

[*c) i termini di cui all'articolo 9-bis, comma 2, del decreto-legge 24 aprile 2017, n. 50, convertito, con modificazioni, dalla legge 21 giugno 2017, n. 96, per l'approvazione degli indici e per la loro eventuale integrazione sono differiti rispettivamente al 31 marzo e al 30 aprile dell'anno successivo a quello di applicazione*] [2].

2. Considerate le difficoltà correlate al primo periodo d'imposta di applicazione degli indici sintetici di affidabilità fiscale e gli effetti sull'economia e sui mercati conseguenti all'emergenza sanitaria, nella definizione delle strategie di

controllo di cui al comma 14 dell'articolo 9-bis del decreto-legge 24 aprile 2017, n. 50, convertito, con modificazioni, dalla legge 21 giugno 2017, n. 96, per il periodo d'imposta in corso al 31 dicembre 2018, l'Agenzia delle entrate e il Corpo della Guardia di finanza tengono conto anche del livello di affidabilità fiscale derivante dall'applicazione degli indici per il periodo d'imposta in corso al 31 dicembre 2019. Analogamente, per il periodo di imposta in corso al 31 dicembre 2020, si tiene conto anche del livello di affidabilità fiscale più elevato derivante dall'applicazione degli indici per i periodi d'imposta in corso al 31 dicembre 2018 e al 31 dicembre 2019. Per il periodo di imposta in corso al 31 dicembre 2021, si tiene conto anche del livello di affidabilità fiscale più elevato derivante dall'applicazione degli indici per i periodi d'imposta in corso al 31 dicembre 2019 e al 31 dicembre 2020. Per il periodo di imposta in corso al 31 dicembre 2022, si tiene conto anche del livello di affidabilità fiscale più elevato derivante dall'applicazione degli indici per i periodi d'imposta in corso al 31 dicembre 2020 e al 31 dicembre 2021.(3)

(1) Alinea modificato dall'articolo 24, comma 1, lettera a) punto 1), del DL 21 giugno 2022, n. 73, convertito, con modificazioni, dalla Legge 4 agosto 2022, n. 122..
(2) Lettera modificata dall'articolo 1, comma 1, della Legge 17 luglio 2020, n. 77, in sede di conversione; successivamente abrogata dall'articolo 24, comma 1, lettera a) punto 2) del DL 21 giugno 2022, n. 73, convertito, con modificazioni, dalla Legge 4 agosto 2022, n. 122.
(3) Comma modificato dall'articolo 24, comma 1, lettera b), del DL 21 giugno 2022, n. 73, convertito, con modificazioni, dalla Legge 4 agosto 2022, n. 122.

149. Sospensione dei versamenti delle somme dovute a seguito di atti di accertamento con adesione, conciliazione, rettifica e liquidazione e di recupero dei crediti d'imposta. – 1. Sono prorogati al 16 settembre 2020 i termini di versamento delle somme dovute a seguito di:

a) atti di accertamento con adesione ai sensi dell'articolo 7 del decreto legislativo 19 giugno 1997, n. 218;

b) accordo conciliativo ai sensi dell'articolo 48 e dell'articolo 48-bis del decreto legislativo 31 dicembre 1992, n. 546;

c) accordo di mediazione ai sensi dell'articolo 17-bis del decreto legislativo 31 dicembre 1992, n. 546;

d) atti di liquidazione a seguito di attribuzione della rendita ai sensi dell'articolo 12 del decreto-legge 14 marzo 1988, n. 70, convertito, con modificazioni, dalla legge 13 maggio 1988, n. 154, dell'articolo 52 del decreto del Presidente della Repubblica 26 aprile 1986, n. 131 e dell'articolo 34, commi 6 e 6-bis del decreto legislativo 31 ottobre 1990, n. 346(1);

e) atti di liquidazione per omessa registrazione di contratti di locazione e di contratti diversi ai sensi dell'articolo 10, dell'articolo 15 e dell'articolo 54 del decreto del Presidente della Repubblica 26 aprile 1986, n. 131;

f) atti di recupero ai sensi dell'articolo 1, comma 421 della legge 30 dicembre 2004, n. 311;

g) avvisi di liquidazione emessi in presenza di omesso, carente o tardivo versamento dell'imposta di registro di cui al decreto del Presidente della Repubblica 26 aprile 1986, n. 131, dei tributi di cui all'articolo 33, comma 1-bis, del Testo unico delle disposizioni concernenti l'imposta sulle successioni e donazioni approvato con decreto legislativo 31 ottobre 1990 n. 346, dell'imposta sulle donazioni di cui al citato Testo unico, dell'imposta sostitutiva sui finanziamenti di cui al decreto del Presidente della Repubblica 29 settembre 1973, n. 601, dell'imposta sulle assicurazioni di cui alla legge 29 ottobre 1961, n. 1216 (2).

2. La proroga di cui al comma 1 si applica con riferimento agli atti ivi indicati, i cui termini di versamento scadono nel periodo compreso tra il 9 marzo 2020 e il 31 maggio 2020.

3. È prorogato al 16 settembre 2020 il termine finale per la notifica del ricorso di primo grado innanzi alle Commissioni tributarie relativo agli atti di cui al comma 1 e agli atti definibili ai sensi dell'articolo 15 del decreto legislativo 19 giugno 1997, n. 218, i cui termini di versamento scadono nel periodo compreso tra il 9 marzo 2020 e il 31 maggio 2020 di cui al comma 2.

4. Le disposizioni di cui al presente articolo si applicano anche alle somme rateali, in scadenza nel periodo compreso tra il 9 marzo e il 31 maggio 2020, dovute in base agli atti rateizzabili ai sensi delle disposizioni vigenti, individuati ai commi 1, 2, e a quelli in relazione ai quali opera la disposizione di cui al comma 3, nonché dovute ai fini delle definizioni agevolate previste dagli articoli 1, 2, 6 e 7 del decreto-legge 23 ottobre 2018, n. 119, convertito, con modificazioni, dalla legge 17 dicembre 2018, n. 136.

5. I versamenti prorogati dalle disposizioni di cui al presente articolo sono effettuati, senza applicazione di sanzioni e interessi, in un'unica soluzione entro il 16 settembre 2020 o, a decorrere dal medesimo giorno del mese di settembre 2020, mediante rateazione fino a un massimo di 4 rate mensili di pari importo, con scadenza il 16 di ciascun mese.

6. Non si procede al rimborso delle somme di cui al presente articolo versate nel periodo di proroga.

(1) Lettera modificata dall'articolo 1, comma 1, della Legge 17 luglio 2020, n. 77, in sede di conversione.
(2) Lettera modificata dall'articolo 1, comma 1, della Legge 17 luglio 2020, n. 77, in sede di conversione.

150. Modalità di ripetizione dell'indebito su prestazioni previdenziali e retribuzioni assoggettate a ritenute alla fonte a titolo di acconto (A). – 1. All'articolo 10 del testo unico delle imposte sui redditi, di cui al decreto del Presidente della Repubblica 22 dicembre 1986, n. 917, dopo il comma 2 è inserito il seguente:

"*2-bis. Le somme di cui alla lettera d-bis) del comma 1, se assoggettate a ritenuta, sono restituite al netto della ritenuta subita e non costituiscono oneri deducibili.*".

2. Ai sostituti d'imposta di cui all'articolo 23, comma 1 e all'articolo 29, comma 3, del decreto del Presidente della Repubblica 29 settembre 1973, n. 600, ai quali siano restituite, ai sensi del comma 2-bis dell'articolo 10 del testo unico delle imposte sui redditi, di cui al decreto del Presidente della Repubblica 22 dicembre 1986, n. 917, le somme al netto delle ritenute operate e versate, spetta un credito d'imposta pari al 30 per cento delle somme ricevute, utilizzabile senza limite di importo in compensazione ai sensi dell'articolo 17 del decreto legislativo 9 luglio 1997, n. 241.

3. Le disposizioni di cui al comma 1 si applicano alle somme restituite dal 1° gennaio 2020. Sono fatti salvi i rapporti già definiti alla data di entrata in vigore del presente decreto.

(A) Per l'applicazione del presente articolo e le modalità di restituzione degli indebiti vedi Circolare INPS - Istituto nazionale

VARIE

previdenza sociale 22/11/2021 n. 174.
- In riferimento al presente articolo, vedi: Risposta Agenzia delle Entrate 26 settembre 2022, n. 470.

151. Differimento del periodo di sospensione della notifica degli atti e per l'esecuzione dei provvedimenti di sospensione della licenza/autorizzazione amministrativa all'esercizio dell'attività/iscrizione ad albi e ordini professionali. – 1. È prorogato fino al 31 gennaio 2022, il termine finale della sospensione disposta dall'articolo 67, comma 1, del decreto-legge 17 marzo 2020, n. 18, convertito, con modificazioni, dalla legge 24 aprile 2020, n. 27, per la notifica degli atti e per l'esecuzione dei provvedimenti di sospensione della licenza o dell'autorizzazione amministrativa all'esercizio dell'attività, ovvero dell'esercizio dell'attività medesima o dell'iscrizione ad albi e ordini professionali, emanati dalle direzioni regionali dell'Agenzia delle entrate ai sensi dell'articolo 12, comma 2-bis, del decreto legislativo 18 dicembre 1997, n. 471 ed eseguiti ai sensi del comma 2-ter dello stesso articolo 12 (1).

2. La proroga della sospensione di cui al comma 1 non si applica nei confronti di coloro che hanno commesso anche una sola delle quattro violazioni previste dall'articolo 12, comma 2 e comma 2-sexies, del decreto legislativo 18 dicembre 1997, n. 471, o una delle tre previste dal comma 2-quinquies del medesimo articolo, successivamente alla data di entrata in vigore del presente decreto.

(1) Comma modificato dall'articolo 5, comma 12, lettera b), del D.L. 22 marzo 2021, n. 41, convertito con modificazioni dalla Legge 21 maggio 2021, n. 69.

152. Sospensioni dei pignoramenti dell'Agente della riscossione su stipendi e pensioni. – 1. Nel periodo intercorrente tra la data di entrata in vigore del presente decreto e il 31 agosto 2021 sono sospesi gli obblighi di accantonamento derivanti dai pignoramenti presso terzi effettuati prima di tale ultima data dall'agente della riscossione e dai soggetti di cui all'articolo 52, comma 5, lettera b), del decreto legislativo 15 dicembre 1997, n. 446, aventi ad oggetto le somme dovute a titolo di stipendio, salario, altre indennità relative al rapporto di lavoro o di impiego, comprese quelle dovute a causa di licenziamento, nonché a titolo di pensione, di indennità che tengono luogo di pensione, o di assegni di quiescenza. Le somme che avrebbero dovuto essere accantonate nel medesimo periodo non sono sottoposte a vincolo di indisponibilità e il terzo pignorato le rende fruibili al debitore esecutato, anche se anteriormente alla data di entrata in vigore del presente decreto sia intervenuta ordinanza di assegnazione del giudice dell'esecuzione. Restano fermi gli accantonamenti effettuati prima della data di entrata in vigore del presente decreto e restano definitivamente acquisite e non sono rimborsate le somme accreditate, anteriormente alla stessa data, all'agente della riscossione e ai soggetti di cui all'articolo 52, comma 5, lettera b), del decreto legislativo n. 446 del 1997(1)(2)(3).

2. Agli oneri derivanti dal presente articolo valutati in 9,7 milioni di euro per l'anno 2020 che aumentano, ai fini della compensazione degli effetti in termini di indebitamento netto e di fabbisogno, a 27,4 milioni di euro, si provvede ai sensi dell'articolo 265(4)(A).

(A) In riferimento a sospensioni dei pignoramenti dell'Agente della riscossione su somme dovute a titolo di stipendio, salario, altre indennità relative al rapporto di lavoro o di impiego, comprese quelle dovute a causa di licenziamento. Istruzioni per le prestazioni a sostegno del reddito. Istruzioni contabili, di cui al presente articolo, vedi: Messaggio INPS - Istituto nazionale previdenza sociale 17 giugno 2020 n. 2479;
- In riferimento al presente articolo, vedi: Circolare CNR - Consiglio Nazionale delle Ricerche 26 marzo 2021, n. 5.
(1) Comma modificato dall'articolo 1, comma 1, della Legge 17 luglio 2020, n. 77, in sede di conversione e successivamente dall'articolo 99, comma 1, del D.L. 14 agosto 2020, n. 104, convertito con modificazioni dalla Legge 13 ottobre 2020, n. 126 e dall'articolo 1, comma 2, del D.L. 20 ottobre 2020, n. 129, successivamente D.L. 129/2020 è stato abrogato dalla legge 27 novembre 2020, n. 159.
(2) Comma modificato dall'articolo 1-bis, comma 2, del D.L. 7 ottobre 2020, n. 125, convertito con modificazioni dalla Legge 27 novembre 2020, n. 159 e dall'articolo 1, comma 3, del D.L. 15 gennaio 2021, n. 3; successivamente il D.L. 3/2021 è stato abrogato dall'articolo 1, comma 5, del D.L. 30 gennaio 2021, n. 7 e il D.L. 7/2021 è stato abrogato dall'articolo 1, comma 2, della legge 26 febbraio 2021, n. 21. Il presente comma è stato ulteriormente modificato dall'articolo 22-bis, comma 3, del D.L. 31 dicembre 2020, n. 183, convertito con modificazioni dalla Legge 26 febbraio 2021, n. 21, dall'articolo 4, comma 2, del D.L. 22 marzo 2021, n. 41, convertito con modificazioni dalla Legge 21 maggio 2021, n. 69; dall'articolo 9, comma 1, del D.L. 25 maggio 2021, n. 73, convertito, con modificazioni dalla Legge 23 luglio 2021, n. 106 e dall'articolo 2, comma 1, del D.L. 30 giugno 2021, n. 99; quest'ultimo è stato abrogato dall'articolo 1, comma 3, della Legge 23 luglio 2021, n. 106, restano validi gli atti e i provvedimenti adottati e sono fatti salvi gli effetti prodottisi e i rapporti giuridici sorti sulla base del medesimo decreto-legge n. 99 del 2021.
(3) A norma dell'articolo 1, comma 3, del D.L. 30 gennaio 2021, n. 7, il termine finale di cui al presente comma, è prorogato al 28 febbraio 2021. Successivamente D.L. 7/2021 è stato abrogato dall'articolo 1, comma 2, della legge 26 febbraio 2021, n. 21.
(4) Comma modificato dall'articolo 1, comma 1, della Legge 17 luglio 2020, n. 77, in sede di conversione.

153. Sospensione delle verifiche ex art. 48-bis DPR n. 602 del 1973. – 1. Nel periodo di sospensione di cui all'articolo 68, commi 1 e 2-bis, del decreto-legge 17 marzo 2020, n. 18, convertito, con modificazioni, dalla legge 24 aprile 2020, n. 27 non si applicano le disposizioni dell'articolo 48-bis del decreto del Presidente della Repubblica 29 settembre 1973, n. 602. Le verifiche eventualmente già effettuate, anche in data antecedente a tale periodo, ai sensi del comma 1 dello stesso articolo 48-bis del decreto del Presidente della Repubblica n. 602 del 1973, per le quali l'agente della riscossione non ha notificato l'ordine di versamento previsto dall'articolo 72-bis, del medesimo decreto restano prive di qualunque effetto e le amministrazioni pubbliche di cui all'articolo 1, comma 2, del decreto legislativo 30 marzo 2001, n. 165, nonché le società a prevalente partecipazione pubblica, procedono al pagamento a favore del beneficiario.

2. Agli oneri derivanti dal presente articolo valutati in 29,1 milioni di euro per l'anno 2020 che aumentano, ai fini della compensazione degli effetti in termini di indebitamento netto e di fabbisogno, a 88,4 milioni di euro, si provvede ai sensi dell'articolo 265(1).

(1) Comma modificato dall'articolo 1, comma 1, della Legge 17 luglio 2020, n. 77, in sede di conversione.

154. Proroga del periodo di sospensione delle attività dell'agente della riscossione. – 1. All'articolo 68 del decreto legge 17 marzo 2020, n. 18, convertito, con modificazioni, dalla legge 24 aprile 2020, n.27, sono apportate le seguenti modificazioni:

a) al comma 1, le parole "*31 maggio*" sono sostituite dalle seguenti: "*31 agosto*";

b) dopo il comma 2-bis, è inserito il seguente: "*2-ter. Relativamente ai piani di dilazione in essere alla data dell'8 marzo 2020 e ai provvedimenti di accoglimento emessi con riferimento alle richieste presentate fino al 31 agosto 2020, gli effetti di cui all'articolo 19, comma 3, lettere a), b) e c), del decreto del Presidente della Repubblica 29 settembre 1973, n. 602, si determinano in caso di mancato pagamento, nel periodo di rateazione, di dieci rate, anche non consecutive.*";

c) il comma 3 è sostituito dal seguente: "*3. Il mancato ovvero insufficiente ovvero tardivo versamento, alle relative scadenze, delle rate, da corrispondere nell'anno 2020, delle definizioni di cui agli articoli 3 e 5 del decreto-legge 23 ottobre 2018, n. 119, convertito, con modificazioni, dalla legge 17 dicembre 2018, n. 136, all'articolo 16-bis del decreto-legge 30 aprile 2019, n. 34, convertito, con modificazioni, dalla legge 28 giugno 2019, n. 58, e all'articolo 1, commi 190 e 193, della legge 30 dicembre 2018, n. 145, non determina l'inefficacia delle stesse definizioni se il debitore effettua l'integrale versamento delle predette rate entro il termine del 10 dicembre 2020, al quale non si applicano le disposizioni di cui all'articolo 3, comma 14-bis, del medesimo decreto-legge n. 119 del 2018.*";

d) dopo il comma 3, è inserito il seguente: "*3-bis. Relativamente ai debiti per i quali, alla data del 31 dicembre 2019, si è determinata l'inefficacia delle definizioni di cui al comma 3 del presente articolo, in deroga all'articolo 3, comma 13, lettera a), del decreto-legge n. 119 del 2018, possono essere accordate nuove dilazioni ai sensi dell'articolo 19 del decreto del Presidente della Repubblica n. 602 del 1973.*".

155. Integrazione del contributo a favore di Agenzia delle entrate-Riscossione per il triennio 2020-2022. – 1. All'articolo 1 della legge 30 dicembre 2018, n. 145, i commi 326, 327 e 328 sono sostituiti dai seguenti:

"*326. Fermo restando quanto previsto dall'articolo 17 del decreto legislativo 13 aprile 1999, n. 112, e tenuto conto dell'esigenza di garantire, nel triennio 2020-2022, l'equilibrio gestionale del servizio nazionale di riscossione, l'Agenzia delle entrate, in qualità di titolare, ai sensi dell'articolo 1, comma 2, del decreto-legge 22 ottobre 2016, n. 193, convertito, con modificazioni, dalla legge 1° dicembre 2016, n. 225, della funzione della riscossione, svolta dall'ente pubblico economico Agenzia delle entrate-Riscossione, eroga allo stesso ente, a titolo di contributo e in base all'andamento dei proventi risultanti dal relativo bilancio annuale, una quota non superiore a 300 milioni di euro per l'anno 2020, a valere sui fondi accantonati in bilancio a favore del predetto ente, incrementati degli eventuali avanzi di gestione dell'esercizio 2019, in deroga all'articolo 1, comma 358, della legge 24 dicembre 2007, n. 244, e sulle risorse assegnate per l'esercizio 2020 alla medesima Agenzia delle entrate. Tale erogazione è effettuata entro il secondo mese successivo all'approvazione del bilancio annuale dell'Agenzia delle entrate - Riscossione.*

327. Qualora la quota da erogare per l'anno 2020 all'ente Agenzia delle entrate-Riscossione a titolo di contributo risulti inferiore all'importo di 300 milioni di euro, si determina, per un ammontare pari alla differenza, la quota erogabile allo stesso ente per l'anno 2021, in conformità al comma 326.

328. La parte eventualmente non fruita del contributo per l'anno 2021, determinato ai sensi del comma 327, costituisce la quota erogabile all'ente Agenzia delle entrate-Riscossione per l'anno 2022, in conformità al comma 326.".

156. Accelerazione delle procedure di riparto del cinque per mille per l'esercizio finanziario 2019 [(A)]. – 1. Al fine di anticipare al 2020 le procedure per l'erogazione del contributo del cinque per mille relativo all'esercizio finanziario 2019, nella ripartizione delle risorse allo stesso destinate sulla base delle scelte dei contribuenti non si tiene conto delle dichiarazioni dei redditi presentate ai sensi dell'articolo 2, commi 7, 8 e del regolamento di cui al decreto del Presidente della Repubblica 22 luglio 1998, n. 322; gli elenchi degli enti ammessi e di quelli esclusi dal beneficio sono pubblicati sul sito istituzionale dell'Agenzia delle entrate entro il 31 luglio 2020 e il contributo è erogato dalle amministrazioni competenti entro il 31 ottobre 2020.

[(A)] *In riferimento al contributo del 5 per mille, di cui al presente articolo, vedi: Nota Ministero del Lavoro e delle Politiche Sociali 19 maggio 2020 n. 4344; Nota Ministero del Lavoro e delle Politiche Sociali 4 marzo 2021, n. 3142.*

157. Proroga dei termini al fine di favorire la graduale ripresa delle attività economiche e sociali. – 1. In deroga a quanto previsto dall'articolo 3 della legge 27 luglio 2000, n. 212, gli atti di accertamento, di contestazione, di irrogazione delle sanzioni, di recupero dei crediti d'imposta, di liquidazione e di rettifica e liquidazione, per i quali i termini di decadenza, calcolati senza tener conto del periodo di sospensione di cui all'articolo 67, comma 1, del decreto-legge 17 marzo 2020, n. 18, convertito, con modificazioni, dalla legge 24 aprile 2020, n. 27, scadono tra l'8 marzo 2020 e il 31 dicembre 2020, sono emessi entro il 31 dicembre 2020 e sono notificati nel periodo compreso tra il 1° marzo 2021 e il 28 febbraio 2022, salvi casi di indifferibilità e urgenza, o al fine del perfezionamento degli adempimenti fiscali che richiedono il contestuale versamento di tributi[(1)(2)].

2. Dal termine iniziale del periodo di sospensione di cui al comma 1, non si procede altresì agli invii dei seguenti atti, comunicazioni e inviti, elaborati o emessi, anche se non sottoscritti, entro il 31 dicembre 2020:

a) comunicazioni di cui agli articoli 36-bis e 36-ter del decreto del Presidente della Repubblica 29 settembre 1973, n. 600;

b) comunicazioni di cui all'articolo 54-bis del decreto del Presidente della Repubblica 26 ottobre 1972, n. 633;

c) inviti all'adempimento di cui all'articolo 21-bis del decreto-legge 31 maggio 2010, n. 78, convertito, con modificazioni, dalla legge 30 luglio 2010 n. 122;

d) atti di accertamento dell'addizionale erariale della tassa automobilistica, di cui all'articolo 23, comma 21, del decreto-legge 6 luglio 2011 n.98, convertito, con modificazioni dalla legge 15 luglio 2011, n. 111;

e) atti di accertamento delle tasse automobilistiche di cui al Testo Unico 5 febbraio 1953 n. 39 ed all'articolo 5 del decreto-legge 30 dicembre 1982 n. 953, convertito, con modificazioni dalla legge 28 febbraio 1983, n. 53, limitatamente alle Regioni Friuli Venezia Giulia e Sardegna ai sensi dell'articolo 17, comma 10, della legge 27 dicembre 1997 n. 449;

f) atti di accertamento per omesso o tardivo versamento della tassa sulle concessioni governative per l'utilizzo di telefoni cellulari di cui alla Tariffa articolo 21 del decreto del Presidente della Repubblica 26 ottobre 1972 , n. 641 [(3)].

2-bis. Gli atti, le comunicazioni e gli inviti di cui al comma 2 sono notificati, inviati o messi a disposizione nel periodo compreso tra il 1° marzo 2021 e il 28 febbraio 2022, salvi casi di indifferibilità e urgenza, o al fine del perfezionamento degli adempimenti fiscali che richiedono il contestuale versamento di tributi. Restano ferme le disposizioni previste dall'articolo 1, comma 640, della legge 23 dicembre 2014, n. 190 [(4)(5)].

3. I termini di decadenza per la notificazione delle cartelle di pagamento previsti dall'articolo 25, comma 1, lettere a) e b), del decreto del Presidente della Repubblica 29 settembre 1973, n. 602, sono prorogati di quattordici mesi relativamente:

a) alle dichiarazioni presentate nell'anno 2018, per le somme che risultano dovute a seguito dell'attività di liquidazione prevista dagli articoli 36-bis del decreto del Presidente della Repubblica 29 settembre 1973, n. 600, e 54-bis del decreto del Presidente della Repubblica 26 ottobre 1972, n. 633;

b) alle dichiarazioni dei sostituti d'imposta presentate nell'anno 2017, per le somme che risultano dovute ai sensi degli articoli 19 e 20 del testo unico di cui al decreto del Presidente della Repubblica 22 dicembre 1986, n. 917;

c) alle dichiarazioni presentate negli anni 2017 e 2018, per le somme che risultano dovute a seguito dell'attività di controllo formale prevista dall'articolo 36-ter del decreto del Presidente della Repubblica 29 settembre 1973, n. 600 [(6)(7)].

4. Con riferimento agli atti indicati ai commi 1 e 2 notificati entro il 28 febbraio 2022 non sono dovuti, se previsti, gli interessi per ritardato pagamento di cui all'articolo 6 del decreto del Ministro dell'economia e delle finanze 21 maggio 2009, pubblicato nella Gazzetta Ufficiale n. 136 del 15 giugno 2009, né gli interessi per ritardata iscrizione a ruolo di cui all'articolo 20 del decreto del Presidente della Repubblica 29 settembre 1973, n. 602, per il periodo compreso tra il 1° gennaio 2021 e la data di notificazione dell'atto stesso. Con riferimento alle comunicazioni di cui al comma 2 non sono dovuti gli interessi per ritardato pagamento di cui all'articolo 6 del citato decreto del Ministro dell'economia e delle finanze 21 maggio 2009 dal mese di elaborazione, né gli interessi per ritardata iscrizione a ruolo di cui all'articolo 20 del decreto del Presidente della Repubblica 29 settembre 1973, n. 602, per il periodo compreso tra il 1° gennaio 2021 e la data di consegna della comunicazione[(8)(9)].

5. Al fine del differimento dei termini di cui al presente articolo, l'elaborazione o l'emissione degli atti o delle comunicazioni è provata anche dalla data di elaborazione risultante dai sistemi informativi dell'Agenzia delle entrate, compresi i sistemi di gestione documentale dell'Agenzia medesima.

6. Con uno o più provvedimenti del direttore dell'Agenzia delle entrate sono individuate le modalità di applicazione del presente articolo.

7. Alle minori entrate derivanti dal presente articolo, valutate in 205 milioni di euro per l'anno 2020, si provvede ai sensi dell'articolo 265[(10)(A)].

7-bis. Le disposizioni contenute nel presente articolo non si applicano alle entrate degli enti territoriali [(11)].

7-ter. All'articolo 104, comma 1, del decreto-legge 17 marzo 2020, n. 18, convertito, con modificazioni, dalla legge 24 aprile 2020, n. 27, le parole: "*31 agosto 2020*" sono sostituite dalle seguenti: "*31 dicembre 2020*"[(12)].

[(A)] In riferimento ai contributi a carico degli enti cooperativi, di cui al presente articolo, vedi: Circolare Ministero dello sviluppo economico 15 giugno 2020 n. 143493.

[(1)] Comma modificato dall'articolo 1, comma 1, lettera a) del D.L. 15 gennaio 2021, n. 3; successivamente l'articolo 1, del D.L. 3/2021 è stato abrogato dall'articolo 1, comma 5, del D.L. 30 gennaio 2021, n. 7, da ultimo il D.L. 7/2021 è stato abrogato dall'articolo 1, della Legge 26 febbraio 2021, n. 21.

[(2)] Comma sostituito dall'articolo 1, comma 1, lettera a), del D.L. 30 gennaio 2021, n. 7, successivamente il D.L. 7/2021 è stato abrogato dall'articolo 1, della Legge 26 febbraio 2021, n. 21 e il presente comma è stato sostituito dall'articolo 22-bis, comma 1, lettera a), del D.L. 31 dicembre 2020, n. 183, convertito con modificazioni dalla Legge 26 febbraio 2021, n. 21.

[(3)] Lettera modificata dall'articolo 1, comma 1, della Legge 17 luglio 2020, n. 77, in sede di conversione.

[(4)] Comma modificato dall'articolo 1, comma 1, della Legge 17 luglio 2020, n. 77, in sede di conversione, successivamente dall'articolo 1, comma 1, lettera b) del D.L. 15 gennaio 2021, n. 3; da ultimo l'articolo 1, del D.L. 3/2021 è stato abrogato dall'articolo 1, comma 5, del D.L. 30 gennaio 2021, n. 7, abrogato a sua volta dall'articolo 1, della Legge 26 febbraio 2021, n. 21

[(5)] Comma sostituito dall'articolo 1, comma 1, lettera b), del D.L. 30 gennaio 2021, n. 7, successivamente il D.L. 7/2021 è stato abrogato dall'articolo 1, della Legge 26 febbraio 2021, n. 21 e il presente comma è stato sostituito dall'articolo 22-bis, comma 1, lettera b), del D.L. 31 dicembre 2020, n. 183, convertito con modificazioni dalla Legge 26 febbraio 2021, n. 21.

[(6)] Alinea modificato dall'articolo 1, comma 1, lettera c) del D.L. 15 gennaio 2021, n. 3; successivamente l'articolo 1, del D.L. 3/2021 è stato abrogato dall'articolo 1, comma 5, del D.L. 30 gennaio 2021, n. 7, da ultimo il D.L. 7/2021 è stato abrogato dall'articolo 1, della Legge 26 febbraio 2021, n. 21.

[(7)] Comma sostituito dall'articolo 1, comma 1, lettera c), del D.L. 30 gennaio 2021, n. 7, successivamente il D.L. 7/2021 è stato abrogato dall'articolo 1, della Legge 26 febbraio 2021, n. 21 e il presente comma è stato sostituito dall'articolo 22-bis, comma 1, lettera c), del D.L. 31 dicembre 2020, n. 183, convertito con modificazioni dalla Legge 26 febbraio 2021, n. 21.

[(8)] Comma modificato dall'articolo 1, comma 1, lettera d) del D.L. 15 gennaio 2021, n. 3; successivamente l'articolo 1, del D.L. 3/2021 è stato abrogato dall'articolo 1, comma 5, del D.L. 30 gennaio 2021, n. 7, da ultimo il D.L. 7/2021 è stato abrogato dall'articolo 1, della Legge 26 febbraio 2021, n. 21.

[(8)] Comma sostituito dall'articolo 1, comma 1, lettera d), del D.L. 30 gennaio 2021, n. 7, successivamente il D.L. 7/2021 è stato abrogato dall'articolo 1, della Legge 26 febbraio 2021, n. 21 e il presente comma è stato sostituito dall'articolo 22-bis, comma 1, lettera d), del D.L. 31 dicembre 2020, n. 183, convertito con modificazioni dalla Legge 26 febbraio 2021, n. 21.

[(10)] Comma modificato dall'articolo 1, comma 1, della Legge 17 luglio 2020, n. 77, in sede di conversione.

[(11)] Comma aggiunto dall'articolo 1, comma 1, della Legge 17 luglio 2020, n. 77, in sede di conversione.

[(12)] Comma aggiunto dall'articolo 1, comma 1, della Legge 17 luglio 2020, n. 77, in sede di conversione.

158. Cumulabilità della sospensione dei termini processuali e della sospensione nell'ambito del procedimento di accertamento con adesione. – 1. Ai sensi del comma 2 dell'articolo 1 della legge 27 luglio 2000, n. 212, la sospensione dei termini processuali prevista dall'articolo 83, comma 2 del decreto-legge 17 marzo 2020, n. 18, convertito, con modificazioni, dalla legge 24 aprile 2020, n. 27, si intende cumulabile in ogni caso con la sospensione del termine di impugnazione prevista dalla procedura di accertamento con adesione.

159. Ampliamento della platea dei contribuenti che si avvalgono del modello 730. – 1. Con riferimento al periodo d'imposta 2019, al fine di superare le difficoltà che si possono verificare nell'effettuazione delle operazioni di conguaglio da assistenza fiscale anche per l'insufficienza dell'ammontare complessivo delle ritenute operate dal sostituto d'imposta, i soggetti titolari dei redditi di lavoro dipendente e assimilati indicati all'articolo 34, comma 4, del decreto legislativo 9 luglio 1997, n. 241, possono adempiere agli obblighi di dichiarazione dei redditi con le modalità indicate all'articolo 51-bis del decreto-legge 21 giugno 2013, n. 69, convertito, con modificazioni, dalla legge 9 agosto 2013, n. 98, anche in presenza di un sostituto d'imposta tenuto a effettuare il conguaglio.

160. Iscrizione al catasto edilizio urbano dei fabbricati rurali ubicati nei comuni colpiti dal sisma 2016 e 2017. – 1. In deroga alle disposizioni dell'articolo 3, comma 3, della legge 27 luglio 2000, n. 212, per i fabbricati ubicati nei comuni di cui agli allegati 1, 2 e 2-bis al decreto-legge 17 ottobre 2016, n. 189, convertito, con modificazioni, dalla legge 15 dicembre 2016, n. 229, il termine per la contestazione delle sanzioni previste, per il caso di inottemperanza da parte del soggetto obbligato, dal comma 14-quater dell'articolo 13 del decreto-legge 6 dicembre 2011, n. 201, convertito, con modificazioni, dalla legge 22 dicembre 2011 n. 214, è prorogato al 31 dicembre 2022[1].

[1] *Comma modificato dall'articolo 9, comma 4, del D.L. 25 maggio 2021, n. 73, convertito, con modificazioni, dalla Legge 23 luglio 2021, n. 106*

161. Proroga del pagamento dei diritti doganali. – 1. I termini per i pagamenti dei diritti doganali, in scadenza tra la data del 1° maggio 2020 ed il 31 luglio 2020, effettuati secondo le modalità previste dagli articoli 78 e 79 del decreto del Presidente della Repubblica 23 gennaio 1973, n. 43, sono prorogati di sessanta giorni, senza applicazione di sanzioni ed interessi[1].

2. La disposizione di cui al comma 1, laddove il pagamento comporti gravi difficoltà di carattere economico o sociale, si applica, su istanza di parte, al titolare del conto di debito che rientri tra i soggetti individuati dall'articolo 61, comma 2, lettera o) del decreto-legge 17 marzo 2020, n. 18, convertito, con modificazioni, nella legge 24 aprile 2020, n. 27, nonché tra i soggetti indicati dall'articolo 18, commi 1 e 3, del decreto-legge 8 aprile 2020, n. 23.

3. Le modalità di applicazione delle disposizioni di cui ai commi 1 e 2 sono stabilite con determinazione del Direttore dell'Agenzia delle dogane e dei monopoli.

[1] *Comma modificato dall'articolo 1, comma 1, della Legge 17 luglio 2020, n. 77, in sede di conversione.*

162. Rateizzazione del debito di accisa. – 1. All'art. 3, comma 4 bis, del testo unico delle disposizioni legislative concernenti le imposte sulla produzione e sui consumi e relative sanzioni penali e amministrative approvato con decreto legislativo 26 ottobre 1995, n. 504, sono apportate le seguenti modifiche:

a) al primo periodo, dopo le parole "*che si trovi in*" sono aggiunte le seguenti: "*documentate e riscontrabili*";

b) al terzo periodo, le parole "*in numero non inferiore a sei e non superiore a ventiquattro*" sono sostituite dalle seguenti: "*in un numero modulato in funzione del completo versamento del debito di imposta entro la data prevista per il pagamento dell'accisa sui prodotti immessi in consumo nel mese di novembre del medesimo anno*";

c) l'ultimo periodo è soppresso.

163. Proroga in materia di tabacchi [1]. – 1. Ferma restando la necessità di procedere alle rendicontazioni nei termini previsti, i soggetti obbligati al pagamento dell'accisa per i tabacchi lavorati di cui agli articoli 39-bis,39-ter e 39-terdecies e dell'imposta di consumo sui prodotti di cui agli articoli 62-quater e 62-quinquies del decreto legislativo 26 ottobre 1995, n. 504, sono autorizzati a versare entro il 31 ottobre 2020, con debenza degli interessi legali calcolati giorno per giorno, gli importi dovuti per i periodi contabili dei mesi di aprile e maggio 2020.

[1] *A norma dell'articolo 5, comma 22-bis, del D.L. 22 marzo 2021, n. 41, convertito con modificazioni dalla Legge 21 maggio 2021, n. 69, le disposizioni di cui al presente articolo sono prorogate per gli importi dovuti per il periodo contabile del mese di giugno 2021. I soggetti obbligati sono autorizzati a versare gli importi relativi al mese di giugno 2021 entro il 30 novembre 2021, con debenza degli interessi legali calcolati giorno per giorno.*

163 *bis*. Modifiche all'articolo 31 del decreto-legge 8 aprile 2020, n. 23, convertito, con modificazioni, dalla legge 5 giugno 2020, n. 40 [1]. – 1. Al comma 1 dell'articolo 31 del decreto-legge 8 aprile 2020, n. 23, convertito, con modificazioni, dalla legge 5 giugno 2020, n. 40, sono apportate le seguenti modificazioni:

a) le parole: "*Per l'anno 2020*" sono sostituite dalle seguenti: "*Per gli anni 2020, 2021 e 2022*";

b) dopo le parole: "*dogane interne*" è inserita la seguente: "*anche*";

c) l'ultimo periodo è sostituito dal seguente: "*Alla compensazione degli effetti finanziari in termini di fabbisogno e indebitamento netto, pari a 4,12 milioni di euro per ciascuno degli anni 2020, 2021 e 2022, si provvede, per l'anno 2020, mediante utilizzo delle risorse rivenienti dall'abrogazione della disposizione di cui al comma 2 del presente articolo e, per ciascuno degli anni 2021 e 2022, mediante corrispondente riduzione del Fondo per la compensazione degli effetti finanziari non previsti a legislazione vigente conseguenti all'attualizzazione di contributi pluriennali, di cui all'articolo 6, comma 2, del decreto-legge 7 ottobre 2008, n. 154, convertito, con modificazioni, dalla legge 4 dicembre 2008, n. 189*".

[1] *Articolo inserito dall'articolo 1, comma 1, della Legge 17 luglio 2020, n. 77, in sede di conversione.*

164. Valorizzazione del patrimonio immobiliare. – 1. All'articolo 33, comma 4, ultimo periodo, del decreto-legge 6 luglio 2011, n. 98, convertito, con modificazioni, dalla legge 15 luglio 2011, n. 111 sono apportate le seguenti modificazioni:

a) le parole "*degli enti territoriali nonché da parte degli enti pubblici, anche economici, strumentali delle regioni*" sono sostituite dalle seguenti: "*di regioni, provincie, comuni anche in forma consorziata o associata ai sensi del decreto legislativo 18 agosto 2000, n. 267, e di altri enti pubblici ovvero di società interamente partecipate dai predetti enti*" [1];

b) le parole "*ciascuna regione*" sono sostituite dalle seguenti: "*ciascuno di detti soggetti*"

2. All'articolo 306 del decreto legislativo 15 marzo 2010, n. 66, dopo il comma 5, è aggiunto il seguente:

"*5-bis. Nel rispetto delle finalità del programma pluriennale di cui all'articolo 297 ed allo scopo di rendere più celeri le procedure di alienazione degli alloggi di cui al comma 3, il Ministero della difesa, in caso di gare deserte, può procedere alla dismissione unitaria di più immobili liberi inseriti in un unico fabbricato ovvero comprensorio abitativo, mediante la procedura ad evidenza pubblica di cui all'articolo 307, comma 10. Il valore dei beni da porre a base d'asta è stabilito*

VARIE

con decreto del Ministero della difesa - Direzione dei lavori e del demanio del Segretariato generale della difesa sulla base del valore dei singoli alloggi costituenti il lotto in vendita. Le dismissioni di cui al presente comma sono effettuate senza il riconoscimento del diritto di preferenza per il personale militare e civile del Ministero della difesa di cui al comma 3."[2].

2-bis. All'articolo 3 del decreto-legge 25 settembre 2001, n. 351, convertito, con modificazioni, dalla legge 23 novembre 2001, n. 410, il comma 17-bis è sostituito dal seguente:

"*17-bis. Il divieto di cui al terzo periodo del comma 17 non si applica agli enti pubblici territoriali che intendono acquistare, sulla base dei valori correnti di mercato, unità immobiliari residenziali, escluse quelle di pregio ai sensi del comma 13, poste in vendita ai sensi del presente articolo che risultano libere, ovvero che intendono acquistare, con le diminuzioni di prezzo previste dal primo e, in caso di acquisto di un intero immobile, dal secondo periodo del comma 8, unità immobiliari a uso residenziale poste in vendita ai sensi del presente articolo locate ai medesimi enti pubblici territoriali al fine di fronteggiare l'emergenza abitativa o per le quali non sia stato esercitato il diritto di opzione da parte dei conduttori che si trovano nelle condizioni di disagio economico di cui al comma 4, ai fini dell'assegnazione delle unità immobiliari ai predetti soggetti*" [3].

3. All'articolo 3-ter, comma 13, del decreto legge 25 settembre 2001, n. 351, convertito con modificazioni, dalla legge 23 novembre 2001, n. 410, dopo il primo periodo è inserito il seguente:

"*In considerazione della specificità degli immobili militari, le concessioni e le locazioni di cui al presente comma sono assegnate dal Ministero della difesa con procedure ad evidenza pubblica, per un periodo di tempo commisurato al raggiungimento dell'equilibrio economico-finanziario dell'iniziativa e comunque non eccedente i cinquanta anni, e per le stesse può essere riconosciuta, nei suddetti limiti temporali, la costituzione di un diritto di superficie ai sensi degli articoli 952 e seguenti del codice civile.*" [4].

Conseguentemente, al quinto periodo dell'articolo 3-ter, comma 13, del decreto legge 25 settembre 2001, n. 351, convertito con modificazioni, dalla legge 23 novembre 2001, n. 410, sono aggiunte, in fine, le seguenti parole "*ovvero alla scadenza del termine di durata del diritto di superficie*".

[1] *Lettera modificata dall'articolo 1, comma 1, della Legge 17 luglio 2020, n. 77, in sede di conversione.*
[2] *Capoverso modificato dall'articolo 1, comma 1, della Legge 17 luglio 2020, n. 77, in sede di conversione.*
[3] *Comma inserito dall'articolo 1, comma 1, della Legge 17 luglio 2020, n. 77, in sede di conversione.*
[4] *Capoverso modificato dall'articolo 1, comma 1, della Legge 17 luglio 2020, n. 77, in sede di conversione.*

13. D.Lgs. 30 luglio 2020, n. 100

Attuazione della direttiva (UE) 2018/822 del Consiglio, del 25 maggio 2018, recante modifica della direttiva 2011/16/UE per quanto riguarda lo scambio automatico obbligatorio di informazioni nel settore fiscale relativamente ai meccanismi transfrontalieri soggetti all'obbligo di notifica. (20G00119)
(in Gazz. Uff., 11 agosto 2020, n. 200).

1. Oggetto ed ambito di applicazione. – 1. Il presente decreto stabilisce le norme e le procedure relative allo scambio automatico obbligatorio di informazioni sui meccanismi transfrontalieri soggetti all'obbligo di comunicazione all'Agenzia delle entrate da parte dei soggetti di cui all'articolo 3, con le altre autorità competenti degli Stati membri dell'Unione europea e con altre giurisdizioni estere in forza degli accordi stipulati.

2. Definizioni. – 1. Ai fini del presente decreto si intende per:

a) meccanismo transfrontaliero: uno schema, accordo o progetto, riguardante l'Italia e una o più giurisdizioni estere, qualora si verifichi almeno una delle seguenti condizioni:

1) non tutti i partecipanti allo schema, accordo o progetto risiedono, ai fini fiscali, nel territorio dello Stato;

2) uno o più partecipanti allo schema, accordo o progetto sono contemporaneamente residenti ai fini fiscali nel territorio dello Stato e in una o più giurisdizioni estere;

3) uno o più partecipanti allo schema, accordo o progetto svolgono la propria attività in una giurisdizione estera tramite una stabile organizzazione ivi situata e lo schema, accordo o progetto riguarda almeno una parte dell'attività della stabile organizzazione;

4) uno o più partecipanti allo schema, accordo o progetto, senza essere residenti ai fini fiscali o avere una stabile organizzazione in una giurisdizione estera, svolgono in tale giurisdizione un'attività;

5) lo schema, accordo o progetto può alterare la corretta applicazione delle procedure sullo scambio automatico di informazioni o sull'identificazione del titolare effettivo;

b) partecipante: l'intermediario o il contribuente;

c) intermediario: un soggetto che elabora, commercializza, organizza o mette a disposizione ai fini dell'attuazione un meccanismo transfrontaliero da comunicare o ne gestisce in autonomia l'intera attuazione, ovvero un soggetto che direttamente o attraverso altri soggetti, svolge un'attività di assistenza o consulenza riguardo all'elaborazione, commercializzazione, messa a disposizione ai fini dell'attuazione o gestione dell'attuazione del meccanismo transfrontaliero da comunicare, qualora, avuto riguardo alle informazioni disponibili e alle competenze necessarie per svolgere tale attività, sappia o abbia un motivo ragionevole per concludere che il medesimo meccanismo sia rilevante ai sensi dell'articolo 5. I soggetti di cui alla presente lettera sono tenuti all'obbligo di comunicazione qualora ricorra almeno una delle seguenti condizioni:

1) siano residenti ai fini fiscali nel territorio dello Stato;

2) abbiano una stabile organizzazione nel territorio dello Stato tramite la quale sono forniti i servizi con riguardo al meccanismo transfrontaliero oggetto di comunicazione;

3) siano costituiti, disciplinati o regolamentati secondo la legge dello Stato;

4) siano iscritti a un'associazione professionale di servizi in ambito legale, fiscale o di consulenza nel territorio dello Stato[1];

d) contribuente: qualunque soggetto che attua o a favore del quale viene messo a disposizione, ai fini dell'attuazione, un meccanismo transfrontaliero. Esso è tenuto all'obbligo di comunicazione qualora ricorra almeno una delle seguenti condizioni:

1) è residente ai fini fiscali nel territorio dello Stato;

2) dispone di una stabile organizzazione nel territorio dello Stato che beneficia del meccanismo transfrontaliero oggetto di comunicazione;

3) non soddisfa le condizioni di cui ai punti precedenti e percepisce redditi o genera utili prodotti nel territorio dello Stato(2);

4) non soddisfa le condizioni di cui ai punti precedenti e svolge la propria attività nel territorio dello Stato;

e) impresa associata, un soggetto che svolge attività di impresa che, alternativamente:

1) esercita un'influenza dominante nella gestione di un altro soggetto ai sensi dell'articolo 2 del decreto ministeriale 14 maggio 2018, pubblicato nella Gazzetta Ufficiale n. 118 del 23 maggio 2018;

2) ha una partecipazione superiore al 25 per cento del capitale o del patrimonio di un altro soggetto;

3) ha più del 25 per cento dei diritti di voto esercitabili nell'assemblea ordinaria di un altro soggetto, nel caso in cui il

soggetto detenga più del 50 per cento dei diritti di voto è considerato detentore del 100 per cento dei diritti stessi;

4) ha diritto ad almeno il 25 per cento degli utili di un altro soggetto;

f) elemento distintivo: un indice di rischio di elusione o evasione fiscale di cui all'Allegato 1;

g) meccanismo commerciabile: un meccanismo transfrontaliero che è suscettibile di essere messo a disposizione di una pluralità di contribuenti senza sostanziali modifiche;

h) meccanismo su misura: un meccanismo transfrontaliero diverso da un meccanismo commerciabile;

i) vantaggio fiscale: uno tra i principali vantaggi, avente natura fiscale, che ragionevolmente ci si attende dal meccanismo transfrontaliero, tenuto conto dei fatti e delle circostanze;

l) numero di identificazione fiscale (NIF): un codice di identificazione fiscale o, in assenza di tale codice, un equivalente funzionale.

2. Ai fini di cui al comma 1, lettera e), si tiene conto delle percentuali di partecipazione o di diritto di voto possedute dai familiari della persona fisica di cui all'articolo 5, comma 5, del testo unico delle imposte sui redditi di cui al decreto del Presidente della Repubblica 22 dicembre 1986, n. 917.

(1) *Per le disposizioni attuative di cui alla presente lettera, vedi l'articolo 1 del Provvedimento dell'Agenzia delle Entrate del 26 novembre 2020.*

(2) *Per le disposizioni attuative di cui alla presente lettera, vedi l'articolo 1 del Provvedimento dell'Agenzia delle Entrate del 26 novembre 2020.*

3. Obblighi di comunicazione e esoneri – 1. Sono tenuti all'obbligo di comunicazione del meccanismo transfrontaliero all'Agenzia delle entrate gli intermediari e il contribuente.

2. Nel caso di meccanismo transfrontaliero oggetto dell'attività di più intermediari, l'obbligo di comunicazione delle relative informazioni spetta a ognuno dei soggetti coinvolti.

3. Nel caso previsto dal comma 2, l'intermediario è esonerato dall'obbligo di comunicazione se può provare che le medesime informazioni concernenti il meccanismo transfrontaliero sono state comunicate da altro intermediario, ovunque residente, all'Agenzia delle entrate o all'autorità competente di uno Stato membro dell'Unione europea o di altre giurisdizioni estere con le quali è in vigore uno specifico accordo per lo scambio delle informazioni di cui all'articolo 6, comma 1.

4. L'intermediario è esonerato dall'obbligo di comunicazione per le informazioni che riceve dal proprio cliente, o ottiene riguardo allo stesso nel corso dell'esame della posizione giuridica del medesimo o dell'espletamento dei compiti di difesa o di rappresentanza del cliente stesso in un procedimento innanzi ad una autorità giudiziaria o in relazione a tale procedimento, compresa la consulenza sull'eventualità di intentarlo o evitarlo, ove tali informazioni siano ricevute o ottenute prima, durante o dopo il procedimento stesso. In ogni caso, le comunicazioni effettuate ai sensi del presente decreto legislativo, se poste in essere per le finalità ivi previste e in buona fede, non costituiscono violazione di eventuali restrizioni alla comunicazione di informazioni imposte in sede contrattuale o da disposizioni legislative, regolamentari o amministrative e non comportano responsabilità di alcun tipo.

5. L'intermediario è esonerato dall'obbligo di comunicazione del meccanismo transfrontaliero qualora dalle informazioni trasmesse possa emergere una sua responsabilità penale.

6. In caso di esonero di cui ai commi 4 e 5, l'intermediario è obbligato a informare ogni altro intermediario coinvolto nel meccanismo transfrontaliero di cui abbia conoscenza o, in assenza di quest'ultimo, il contribuente interessato, circa la sussistenza dell'obbligo a loro carico di comunicazione del meccanismo transfrontaliero all'Agenzia delle entrate.

7. L'obbligo di comunicazione del meccanismo transfrontaliero spetta, in ogni caso, al contribuente in caso di assenza di un intermediario, ovvero qualora quest'ultimo non abbia fornito al contribuente la documentazione attestante che le medesime informazioni sono state già oggetto di comunicazione all'Agenzia delle entrate o all'autorità competente di uno Stato membro dell'Unione europea o di altre giurisdizioni estere con le quali è in vigore uno specifico accordo per lo scambio delle informazioni di cui all'articolo 6, comma 1.

8. In presenza di più contribuenti l'obbligo grava su quello che ha concordato con l'intermediario il meccanismo transfrontaliero oggetto di comunicazione e, in sua assenza, sul contribuente che ne ha gestito l'attuazione.

9. Il contribuente è esonerato dall'obbligo di comunicazione del meccanismo transfrontaliero qualora dalle informazioni trasmesse possa emergere una sua responsabilità penale.

10. Il contribuente è esonerato dall'obbligo di comunicazione se prova l'avvenuta comunicazione delle stesse informazioni da parte di un altro contribuente, ovunque residente, all'Agenzia delle entrate o all'autorità competente di uno Stato membro dell'Unione europea o di altre giurisdizioni estere con le quali è in vigore uno specifico accordo per lo scambio delle informazioni di cui all'articolo 6, comma 1.

4. Obbligo di comunicazione in più Stati membri – 1. Quando un intermediario o un contribuente sono obbligati a comunicare il medesimo meccanismo transfrontaliero a più di uno Stato membro, l'intermediario o il contribuente sono esonerati dall'obbligo di comunicazione nei confronti dell'Agenzia delle entrate se provano l'avvenuta comunicazione delle stesse informazioni alle autorità competenti di un altro Stato membro secondo quanto stabilito dall'articolo 8 bis ter, paragrafi 3, 4, 7 e 8 della direttiva 2011/16/UE.

5. Il meccanismo transfrontaliero rilevante ai fini della comunicazione. – 1. Il meccanismo transfrontaliero è soggetto all'obbligo di comunicazione se sussiste almeno uno degli elementi distintivi.

2. Con decreto del Ministro dell'economia e delle finanze sono stabilite, senza modificazioni di natura sostanziale, le regole tecniche per l'applicazione del presente decreto, ivi compresa l'ulteriore specificazione degli elementi distintivi dei meccanismi medesimi ai sensi dell'Allegato 1, nonché i criteri in base ai quali verificare quando i suddetti meccanismi sono diretti ad ottenere un vantaggio fiscale.

3. Il silenzio dell'Amministrazione finanziaria circa un meccanismo transfrontaliero oggetto di comunicazione non implica l'accettazione della validità o del trattamento fiscale di tale meccanismo.

6. Oggetto della comunicazione. – 1. Le informazioni oggetto di comunicazione all'Agenzia delle entrate riguardano:

a) l'identificazione degli intermediari e dei contribuenti interessati, compresi il nome, la data e il luogo di nascita ovvero la denominazione sociale o ragione sociale, l'indirizzo, la residenza ai fini fiscali, il NIF (numero di identificazione fiscale), nonché

i soggetti che costituiscono imprese associate di tali contribuenti;

b) gli elementi distintivi presenti nel meccanismo transfrontaliero che lo rendono oggetto di comunicazione;

c) una sintesi del contenuto del meccanismo transfrontaliero oggetto di comunicazione;

d) la data di avvio dell'attuazione del meccanismo transfrontaliero;

e) le disposizioni nazionali che stabiliscono l'obbligo di comunicazione del meccanismo transfrontaliero;

f) il valore del meccanismo transfrontaliero oggetto dell'obbligo di comunicazione;

g) l'identificazione delle giurisdizioni di residenza fiscale dei contribuenti interessati, nonché delle eventuali altre giurisdizioni potenzialmente interessate dal meccanismo transfrontaliero oggetto dell'obbligo di comunicazione;

h) l'identificazione di qualunque altro soggetto potenzialmente interessato dal meccanismo transfrontaliero nonché delle giurisdizioni a cui tale soggetto è riconducibile.

2. Per gli intermediari, le informazioni di cui al comma 1 sono oggetto di comunicazione solo nella misura in cui gli stessi ne sono a conoscenza, ne sono in possesso o ne hanno il controllo.

7. Termine di presentazione all'Agenzia delle entrate. – 1. Gli intermediari comunicano all'Agenzia delle entrate le informazioni di cui all'articolo 6 del presente decreto, entro trenta giorni a decorrere:

a) dal giorno seguente a quello in cui il meccanismo transfrontaliero soggetto all'obbligo di comunicazione è messo a disposizione ai fini dell'attuazione o a quello in cui è stata avviata l'attuazione;

b) dal giorno seguente a quello in cui hanno fornito, direttamente o attraverso altre persone, assistenza o consulenza ai fini dell'attuazione del meccanismo transfrontaliero soggetto all'obbligo di comunicazione.

2. In caso di meccanismi commerciabili, gli intermediari devono presentare all'Agenzia delle entrate, ogni tre mesi, una relazione periodica con cui aggiornano le informazioni di cui all' articolo 6, comma 1, lettere a), d), g) e h), diventate disponibili dopo la comunicazione di cui al comma 1 o dopo la presentazione dell'ultima relazione. La prima relazione periodica deve essere presentata dagli intermediari all'Agenzia delle entrate entro il 30 aprile 2021.

3. Il contribuente destinatario dell'obbligo di comunicazione ai sensi dell'articolo 3 trasmette le informazioni sui meccanismi transfrontalieri entro trenta giorni a decorrere dal giorno successivo a quello in cui è stato informato dall'intermediario esonerato circa la sussistenza dell'obbligo di comunicazione a suo carico.

4. In deroga a quanto previsto dai commi 1 e 3, gli intermediari e i contribuenti comunicano all'Agenzia delle entrate le informazioni di cui all'articolo 6 del presente decreto, relative al periodo compreso tra il 1° luglio 2020 e il 31 dicembre 2020, entro trenta giorni a decorrere dal 1° gennaio 2021.

5. Con provvedimento del direttore dell'Agenzia delle entrate sono definite le modalità per la comunicazione delle informazioni sui meccanismi transfrontalieri di cui al presente decreto.

8. Obbligo di comunicazione una tantum. – 1. Gli intermediari e i contribuenti obbligati alla comunicazione ai sensi dell'articolo 3 trasmettono all'Agenzia delle entrate entro il 28 febbraio 2021 le informazioni di cui all'articolo 6 relative ai meccanismi transfrontalieri la cui prima fase è stata attuata tra il 25 giugno 2018 e il 30 giugno 2020.

2. Con il provvedimento di cui all'articolo 7, comma 5, sono definiti i termini e le modalità per la comunicazione delle informazioni di cui al comma 1.

9. Scambio di informazioni. – 1. L'Agenzia delle entrate trasmette alle autorità competenti delle giurisdizioni estere le informazioni sui meccanismi transfrontalieri oggetto di comunicazione, nei termini di cui al comma 2 e conformemente alle modalità procedurali stabilite con il provvedimento del direttore dell'Agenzia delle entrate di cui all'articolo 7, comma 5.

2. L'Agenzia delle entrate trasmette alle autorità competenti degli Stati membri dell'Unione europea le informazioni entro un mese a decorrere dalla fine del trimestre nel quale le ha ricevute da parte degli intermediari e dei contribuenti. Il primo scambio di informazioni è effettuato entro il 30 aprile 2021.

3. Le informazioni non sono trasmesse quando possono rivelare un segreto commerciale, industriale o professionale, un processo commerciale o un'informazione la cui divulga-

zione contrasta con l'ordine pubblico.

10. Modifiche alle disposizioni vigenti. – 1. All'articolo 31-bis, terzo comma, del decreto del Presidente della Repubblica 29 settembre 1973, n. 600, come modificato dall'articolo 11, comma 1, lettera b), del decreto legislativo 4 marzo 2014, n. 29, le parole «agli articoli 7, 8, 8-bis e 10» sono sostituite dalle seguenti: «agli articoli 7, 8, 8-bis, 8 bis bis, 8 bis ter e 10».

11. Obblighi di conservazione della documentazione. – 1. Gli intermediari e i contribuenti obbligati ai sensi dell'articolo 3 conservano i documenti e i dati utilizzati ai fini dell'attuazione del meccanismo transfrontaliero:

a) fino al 31 dicembre del quinto anno successivo a quello in cui le informazioni sono comunicate;

b) fino al 31 dicembre del settimo anno successivo a quello in cui le informazioni avrebbero dovuto essere trasmesse, nel caso di omessa comunicazione.

12. Sanzioni. – 1. Nei casi di omessa comunicazione delle informazioni di cui all'articolo 6 si applica la sanzione amministrativa pecuniaria prevista dall'articolo 10, comma 1, del decreto legislativo del 18 dicembre 1997, n. 471, aumentata della metà.

2. Nei casi di incompleta o inesatta comunicazione delle informazioni di cui all'articolo 6 si applica la sanzione amministrativa pecuniaria prevista dall'articolo 10, comma 1, del decreto legislativo del 18 dicembre 1997, n. 471, ridotta della metà.

13. Clausola di invarianza finanziaria. – 1. Dall'attuazione delle disposizioni del presente decreto non devono derivare nuovi o maggiori oneri a carico della finanza pubblica. Le amministrazioni interessate provvedono all'attuazione del presente decreto con le risorse umane, strumentali e finanziarie disponibili a legislazione vigente.

Il presente decreto, munito del sigillo dello Stato, sarà inserito nella Raccolta ufficiale degli atti normativi della Repubblica italiana. È fatto obbligo a chiunque spetti di osservarlo e di farlo osservare.

***Allegato* 1**. Elementi distintivi.

A. Elementi distintivi generici collegati al criterio del vantaggio principale

1. Un meccanismo in cui almeno un partecipante al meccanismo si impegna a rispettare una condizione di riservatezza che può comportare la non comunicazione ad altri intermediari o alle autorità fiscali delle modalità con cui il meccanismo potrebbe garantire un vantaggio fiscale.

2. Un meccanismo in cui l'intermediario è autorizzato a ricevere una commissione (o un interesse e una remunerazione per i costi finanziari e altre spese) per il meccanismo e tale commissione è fissata in riferimento:

a) all'entità del vantaggio fiscale derivante dal meccanismo;

oppure

b) al fatto che dal meccanismo sia effettivamente derivato un vantaggio fiscale. Ciò includerebbe l'obbligo per l'intermediario di rimborsare parzialmente o totalmente le commissioni se il vantaggio fiscale previsto derivante dal meccanismo non è stato in parte o del tutto conseguito.

3. Un meccanismo che ha una documentazione e/o una struttura sostanzialmente standardizzate ed è a disposizione di più contribuenti pertinenti senza bisogno di personalizzarne in modo sostanziale l'attuazione.

B. Elementi distintivi specifici collegati al criterio del vantaggio principale

1. Un meccanismo in cui un partecipante al meccanismo stesso adotta misure artificiose consistenti nell'acquisire una società in perdita, interromperne l'attività principale e utilizzarne le perdite per ridurre il suo debito d'imposta, anche mediante il trasferimento di tali perdite verso un'altra giurisdizione o l'accelerazione dell'uso di tali perdite.

2. Un meccanismo che ha come effetto la conversione del reddito in capitale, doni o altre categorie di reddito tassate a un livello inferiore o esenti da imposta.

3. Un meccanismo comprendente operazioni circolari che si traducono in un «carosello» di fondi («round-tripping»), in particolare tramite il coinvolgimento di entità interposte che non svolgono nessun'altra funzione commerciale primaria o di operazioni che si compensano o si annullano reciprocamente o che presentano altre caratteristiche simili.

C. Elementi distintivi specifici collegati alle operazioni transfrontaliere

1. Un meccanismo che prevede pagamenti transfrontalieri deducibili effettuati tra due o più imprese associate, dove si verifica almeno una delle condizioni seguenti:

a) il destinatario non è residente a fini fiscali in alcuna giurisdizione;

b) nonostante il destinatario sia residente a fini fiscali in una giurisdizione, quest'ultima:

1) non impone alcuna imposta sul reddito delle società o impone un'imposta sul reddito delle società il cui tasso è pari o prossimo a zero; oppure

2) è inserita in un elenco di giurisdizioni di paesi terzi che sono state valutate collettivamente dagli Stati membri o nel quadro dell'OCSE come non cooperative;

c) il pagamento beneficia di un'esenzione totale dalle imposte nella giurisdizione in cui il destinatario è residente a fini fiscali;

d) il pagamento beneficia di un regime fiscale preferenziale nella giurisdizione in cui il destinatario è residente a fini fiscali.

2 Per lo stesso ammortamento sul patrimonio sono chieste detrazioni in più di una giurisdizione.

3. È chiesto lo sgravio dalla doppia tassazione rispetto allo stesso elemento di reddito o capitale in più di una giurisdizione.

4. Esiste un meccanismo che include trasferimenti di attivi e in cui vi è una differenza significativa nell'importo considerato dovuto come contropartita degli attivi nelle giurisdizioni interessate.

D. Elementi distintivi specifici riguardanti lo scambio automatico di informazioni e la titolarità effettiva

1. Un meccanismo che può avere come effetto di compromettere l'obbligo di comunicazione imposto dalle leggi che attuano la normativa dell'Unione o eventuali accordi

equivalenti sullo scambio automatico di informazioni sui conti finanziari, compresi accordi con i paesi terzi, o che trae vantaggio dall'assenza di tale normativa o tali accordi. Detti meccanismi includono almeno uno degli elementi seguenti:

a) l'uso di un conto, prodotto o investimento che non è un conto finanziario, o non appare come tale, ma ha caratteristiche sostanzialmente simili a quelle di un contro finanziario;

b) il trasferimento di conti o attività finanziari in giurisdizioni che non sono vincolate dallo scambio automatico di informazioni sui conti finanziari con lo Stato di residenza del contribuente pertinente, o l'utilizzo di tali giurisdizioni;

c) la riclassificazione di redditi e capitali come prodotti o pagamenti che non sono soggetti allo scambio automatico di informazioni sui conti finanziari;

d) il trasferimento o la conversione di un'istituzione finanziaria, o di un conto finanziario o delle relative attività in un'istituzione finanziaria o in un conto o in attività finanziari non soggetti a comunicazione nell'ambito dello scambio automatico di informazioni sui conti finanziari;

e) il ricorso a soggetti, meccanismi o strutture giuridici che eliminano o hanno lo scopo di eliminare la comunicazione di informazioni su uno o più titolari di conti o persone che esercitano il controllo sui conti nell'ambito dello scambio automatico di informazioni sui conti finanziari;

f) meccanismi che compromettono le procedure di adeguata verifica utilizzate dalle istituzioni finanziarie per ottemperare agli obblighi di comunicazione di informazioni sui conti finanziari o ne sfruttano le debolezze, compreso l'uso di giurisdizioni con regimi inadeguati o deboli di attuazione della legislazione antiriciclaggio o con requisiti di trasparenza deboli per quanto riguarda le persone giuridiche o i dispositivi giuridici.

2. Un meccanismo che comporta una catena di titolarità legale o effettiva non trasparente, con l'utilizzo di persone, dispositivi giuridici o strutture giuridiche:

a) che non svolgono un'attività economica sostanziale supportata da personale, attrezzatura, attività e locali adeguati; e

b) che sono costituiti, gestiti, residenti, controllati o stabiliti in una giurisdizione diversa dalla giurisdizione di residenza di uno o più dei titolari effettivi delle attività detenute da tali persone, dispositivi giuridici o strutture giuridiche; e

c) in cui i titolari effettivi di tali persone, dispositivi giuridici o strutture giuridiche, quali definiti dal decreto legislativo 21 novembre 2007, n. 231, sono resi non identificabili.

E. Elementi distintivi specifici relativi ai prezzi di trasferimento

1. Un meccanismo che comporta l'uso di norme «porto sicuro» (safe harbour) unilaterali.

2. Un meccanismo che comporta il trasferimento di beni immateriali di difficile valutazione. Si intende per «beni immateriali di difficile valutazione» (hard-to-value intangibles) quei beni immateriali o i diritti su beni immateriali, per i quali al momento del loro trasferimento tra imprese associate:

a) non esistono affidabili transazioni comparabili; e

b) al momento della definizione dell'accordo, le proiezioni dei flussi di cassa futuri o del reddito derivante dal bene immateriale trasferito o le assunzioni utilizzate nella sua valutazione sono altamente incerte, rendendo difficile prevedere il livello di successo finale del bene immateriale trasferito.

3. Un meccanismo che implica un trasferimento transfrontaliero infragruppo di funzioni e/o rischi e/o attività, se la previsione annuale degli utili del cedente o dei cedenti al lordo di interessi e imposte (EBIT), nel periodo di tre anni successivo al trasferimento, è inferiore al 50 per cento della previsione annuale degli EBIT del cedente o cedenti in questione in mancanza di trasferimento.

14. D.L. 14 agosto 2020, n. 104

Misure urgenti per il sostegno e il rilancio dell'economia.
(in Gazz. Uff., 14 agosto 2020, n. 203 - Suppl. Ordinario n. 30)(20G00122) (*Estratto: artt. 97-113*).

CAPO VII
Misure fiscali

97. Ulteriore rateizzazione dei versamenti sospesi. – 1. I versamenti di cui agli articoli 126 e 127 del decreto-legge 19 maggio 2020, n. 34, convertito, con modificazioni, dalla legge 17 luglio 2020, n. 77, possono essere effettuati, senza applicazione di sanzioni e interessi, per un importo pari al 50 per cento delle somme oggetto di sospensione, in un'unica soluzione entro il 16 settembre 2020, o, mediante rateizzazione, fino ad un massimo di quattro rate mensili di pari importo, con il versamento della prima rata entro il 16 settembre 2020. Il versamento del restante 50 per cento delle somme dovute può essere effettuato, senza applicazione di sanzioni e interessi, mediante rateizzazione, fino ad un massimo di ventiquattro rate mensili di pari importo, con il versamento della prima rata entro il 16 gennaio 2021. Non si fa luogo al rimborso di quanto già versato.

2. Agli oneri derivanti dal presente articolo, valutati in 3.748 milioni di euro per l'anno 2020, si provvede ai sensi dell'articolo 114 [B].

[A] In riferimento alla rateizzazione dei versamenti sospesi di cui al presente articolo vedi: Messaggio INPS - Istituto nazionale previdenza sociale 13 gennaio 2021, n. 102.
[B] In riferimento all'emergenza epidemiologica da COVID-19 e alle disposizioni del presente articolo in materia di ulteriore rateizzazione dei versamenti dei premi per l'assicurazione obbligatoria sospesi e di proroga della riscossione coattiva, istruzioni operative, vedi Circolare INAIL - Istituto nazionale assicurazione infortuni sul lavoro 14 settembre 2020 n. 35.

97 *bis*. Due per mille per associazioni culturali [1] – 1. Per l'anno finanziario 2021, con riferimento al precedente periodo d'imposta, ciascun contribuente può destinare il due per mille della propria imposta sul reddito delle persone fisiche a favore di un'associazione culturale iscritta in un apposito elenco istituito presso la Presidenza del Consiglio dei ministri. Con decreto di natura non regolamentare del Presidente del Consiglio dei ministri, su proposta del Ministro per i beni e le attività culturali e per il turismo, di concerto con il Ministro dell'economia e delle finanze, da adottare entro trenta giorni dalla data di entrata in vigore della legge di conversione del presente decreto, sono stabiliti i requisiti e i criteri per l'iscrizione o la cancellazione delle associazioni nell'elenco istituito ai sensi del decreto del Presidente del Consiglio dei ministri 21 marzo 2016, pubblicato nella Gazzetta Ufficiale n. 95 del 23 aprile 2016, nonché le cause e le modalità di revoca o di decadenza. I contribuenti effettuano la scelta di destinazione di cui al primo periodo in sede di dichiarazione annuale dei redditi ovvero, se esonerati dall'obbligo di presentare la dichiarazione, mediante la compilazione di un'apposita scheda approvata dall'Agenzia delle entrate e allegata ai modelli di dichiarazione. Con il decreto di cui al secondo periodo sono stabiliti i criteri e le modalità per il riparto e la corresponsione delle somme spettanti alle associazioni culturali sulla base delle scelte operate dai contribuenti, in modo da garantire la tempestività e l'economicità di gestione, nonché le ulteriori disposizioni applicative del presente comma. La corresponsione delle somme per l'anno 2021 opera nel limite massimo di 12 milioni di euro.

2. Agli oneri di cui al presente articolo, pari a 12 milioni di euro per l'anno 2021, si provvede mediante corrispondente riduzione del Fondo di cui all'articolo 1, comma 200, della legge 23 dicembre 2014, n. 190, come rifinanziato dall'articolo 114, comma 4, del presente decreto.

(1) *Articolo inserito dall'articolo 1, comma 1, della Legge 13 ottobre 2020, n. 126, in sede di conversione.*

98. Proroga del termine di versamento del secondo acconto per i soggetti che applicano gli indici sintetici di affidabilità fiscale. (1)(2) – 1. Per i soggetti che esercitano attività economiche per le quali sono stati approvati gli indici sintetici di affidabilità fiscale e che dichiarano ricavi o compensi di ammontare non superiore al limite stabilito, per ciascun indice, dal relativo decreto di approvazione del Ministro dell'economia e delle finanze è prorogato al 30 aprile 2021 il termine di versamento della seconda o unica rata dell'acconto delle imposte sui redditi e dell'IRAP, dovuto per il periodo d'imposta successivo a quello in corso al 31 dicembre 2019. La disposizione di cui al primo periodo si applica anche ai soggetti di cui all'articolo 1, comma 2, del decreto del Presidente del Consiglio dei ministri 27 giugno 2020, pubblicato nella Gazzetta Ufficiale del 29 giugno 2020, n. 162.

2. Le disposizioni di cui al comma 1, si applicano ai contribuenti che hanno subito una diminuzione del fatturato o dei corrispettivi di almeno il 33 per cento nel primo semestre dell'anno 2020 rispetto allo stesso periodo dell'anno precedente.

3. Agli oneri derivanti dal presente articolo valutati in 2.200 milioni di euro per l'anno 2020, si provvede ai sensi dell'articolo 114.

(1) *Rubrica sostituita dall'articolo 1, comma 1, della Legge 13 ottobre 2020, n. 126, in sede di conversione.*
(2) *Per una proroga vedi l'articolo 9 quinquies , comma 1 del D.L. 28 ottobre 2020, n. 137 , convertito con modificazioni dalla Legge 18 dicembre 2020, n. 176.*

98 *bis*. Proroga dei versamenti da dichiarazione per i soggetti che applicano gli indici sintetici di affidabilità fiscale. (1) – 1. I soggetti di cui all'articolo 1, commi 1 e 2, del decreto del Presidente del Consiglio dei ministri 27 giugno 2020, pubblicato nella Gazzetta Ufficiale n. 162 del 29 giugno 2020, che hanno subito una diminuzione del fatturato o dei corrispettivi di almeno il 33 per cento nel primo semestre dell'anno 2020 rispetto allo stesso periodo dell'anno precedente, i quali non abbiano effettuato in tutto o in parte i versamenti di cui all'articolo 1 del medesimo decreto del Presidente del Consiglio dei ministri 27 giugno 2020, possono regolarizzare detti versamenti, senza applicazione di sanzioni, entro il 30 ottobre 2020 con la maggiorazione dello 0,8 per cento delle imposte dovute.

2. In ogni caso non si fa luogo alla restituzione di importi già versati alla data di entrata in vigore della legge di conversione del presente decreto.

3. Agli oneri di cui al presente articolo, pari a 7,6 milioni di euro per l'anno 2020, si provvede mediante corrispondente riduzione del Fondo di cui all'articolo 1, comma 200, della legge 23 dicembre 2014, n. 190, come rifinanziato dall'articolo 114, comma 4, del presente decreto.

(1) *Articolo inserito dall'articolo 1, comma 1, della Legge 13 ottobre 2020, n. 126, in sede di conversione.*

99. Proroga riscossione coattiva. – 1. All'articolo 68, commi 1 e 2-ter, del decreto-legge 17 marzo 2020, n. 18, convertito, con modificazioni, dalla legge 24 aprile 2020, n. 27, e all'articolo 152, comma 1, del decreto-legge 19 maggio 2020, n. 34, convertito, con modificazioni, dalla legge 17 luglio 2020, n. 77, le parole «31 agosto» sono sostituite dalle seguenti: «15 ottobre».

2. Agli oneri derivanti dal presente articolo valutati in 65,7 milioni di euro per l'anno 2020 in termini di saldo netto da finanziare e in 165,5 milioni di euro per l'anno 2020 in termini di indebitamento netto e di fabbisogno, si provvede ai sensi dell'articolo 114 (A).

(A) *In riferimento all'aggiornamento della circolare CNR 14/2020 - in seguito all'emanazione del decreto di agosto, vedi: Circolare CNR - Consiglio Nazionale delle Ricerche 16 settembre 2020 n. 21.*

100. Concessioni del demanio marittimo, lacuale e fluviale. – [*1. Le disposizioni di cui all'articolo 1, commi 682 e 683, della legge 30 dicembre 2018, n. 145, si applicano anche alle concessioni lacuali e fluviali, ivi comprese quelle gestite dalle società sportive iscritte al registro Coni di cui al decreto legislativo 23 luglio 1999 n. 242 , nonché alle concessioni per la realizzazione e la gestione di strutture dedicate alla nautica da diporto, inclusi i punti d'ormeggio, nonché ai rapporti aventi ad oggetto la gestione di strutture turistico ricreative in aree ricadenti nel demanio marittimo per effetto di provvedimenti successivi all'inizio dell'utilizzazione. Al fine di sostenere le associazioni sportive dilettantistiche senza scopo di lucro colpite dall'emergenza epidemiologica da COVID-19, le concessioni a tali associazioni degli impianti sportivi ubicati su terreni demaniali o comunali, che siano in attesa di rinnovo o scadute ovvero in scadenza entro il 31 dicembre 2021, sono prorogate fino al 31 dicembre 2025, allo scopo di consentire il riequilibrio economico-finanziario delle associazioni stesse, in vista delle procedure di affidamento che saranno espletate ai sensi delle vigenti disposizioni legislative*] (1) .

2. All'articolo 03 del decreto- legge 5 ottobre 1993, n. 400, convertito, con modificazioni, dalla legge 4 dicembre 1993, n. 494, con effetto dal 1° gennaio 2021 il comma 1, lettera

VARIE

b), punto 2.1) è sostituito dal seguente: «2.1) per le pertinenze destinate ad attività commerciali, terziario-direzionali e di produzione di beni e servizi, il canone è determinato ai sensi del punto 1.3)». Fermo restando quanto previsto al successivo comma 4, sono comunque fatti salvi i pagamenti già eseguiti alla data di entrata in vigore delle presenti disposizioni.

3. Alle concessioni dei beni del demanio marittimo e di zone del mare territoriale aventi ad oggetto la realizzazione e la gestione di strutture dedicate alla nautica da diporto si applicano, con effetto a decorrere dal 1° gennaio 2007, le misure dei canoni di cui al comma 1, lettera b), dell'articolo 03 del decreto-legge 5 ottobre 1993, n. 400, convertito, con modificazioni, dalla legge 4 dicembre 1993, n. 494, come modificato dal comma 2 del presente articolo, con riferimento alle caratteristiche dei beni oggetto di concessione, quali erano all'avvio del rapporto concessorio, nonché delle modifiche successivamente intervenute a cura e spese dell'amministrazione concedente. Le somme per canoni relative a concessioni demaniali marittime di cui al primo periodo, versate in eccedenza rispetto a quelle dovute a decorrere dal 1° gennaio 2007, sono compensate - a decorrere dal 2021 - con quelle da versare allo stesso titolo, in base alla medesima disposizione, in rate annuali costanti per la residua durata della concessione. Gli enti gestori provvedono al ricalcolo delle somme dovute dai concessionari con applicazione dei citati criteri dal 1° gennaio 2007 fino al 31 dicembre 2019, effettuando i relativi conguagli, con applicazione delle modalità di compensazione di cui al secondo periodo [(2)].

4. Dal 1° gennaio 2021 l'importo annuo del canone dovuto quale corrispettivo dell'utilizzazione di aree e pertinenze demaniali marittime [*con qualunque finalità*] non può [*, comunque,*] essere inferiore a euro 2.500. Per l'anno 2021, l'importo annuo del canone dovuto quale corrispettivo dell'utilizzazione di aree e pertinenze demaniali marittime per attività sportive, ricreative e legate alle tradizioni locali, svolte in forma singola o associata senza scopo di lucro, e per finalità di interesse pubblico individuate e deliberate dagli enti locali territorialmente competenti non può essere inferiore a euro 500 [(3)].

5. Nelle more della revisione e dell'aggiornamento dei canoni demaniali marittimi ai sensi dell'articolo 1, comma 677, lettera e) della legge 30 dicembre 2018, n. 145, sono sospesi fino al 15 dicembre 2020 i procedimenti amministrativi pendenti alla data di entrata in vigore dal presente decreto e sono inefficaci i relativi provvedimenti già adottati oggetto di contenzioso, inerenti al pagamento dei canoni, compresi i procedimenti e i provvedimenti di riscossione coattiva, nonché di sospensione, revoca o decadenza della concessione per mancato versamento del canone, concernenti:

a) le concessioni demaniali marittime per finalità turistico-ricreative, con esclusivo riferimento a quelle inerenti alla conduzione delle pertinenze demaniali, laddove i procedimenti o i provvedimenti siano connessi all'applicazione dei criteri per il calcolo dei canoni di cui all'articolo 03, comma 1, del decreto-legge 5 ottobre 1993, n. 400, convertito, con modificazioni, dalla legge 4 dicembre 1993, n. 494, ivi compresi i procedimenti di cui all'articolo 1, comma 484, della legge 28 dicembre 2015, n. 208;

b) le concessioni demaniali marittime per la realizzazione e la gestione di strutture dedicate alla nautica da diporto.

6. Le disposizioni di cui ai commi 5, 7, 8, 9 e 10 non si applicano quando siano in corso procedimenti penali inerenti alla concessione nonché quando il concessionario o chi detiene il bene siano sottoposti a procedimenti di prevenzione, a misure interdittive antimafia o alle procedure di cui al decreto legislativo 6 settembre 2011, n. 159.

7. Al fine di ridurre il contenzioso relativo alle concessioni demaniali marittime per finalità turistico-ricreative e per la realizzazione e la gestione di strutture dedicate alla nautica da diporto, derivante dall'applicazione dei criteri per il calcolo dei canoni ai sensi dell'articolo 03, comma 1, lettera b), numero 2.1), del decreto-legge 5 ottobre 1993, n. 400, convertito, con modificazioni, dalla legge 4 dicembre 1993, n. 494, nel testo vigente fino alla data di entrata in vigore del presente decreto, i procedimenti giudiziari o amministrativi pendenti alla data di entrata in vigore del presente decreto, concernenti il pagamento dei relativi canoni, possono essere definiti, previa domanda all'ente gestore e all'Agenzia del demanio da parte del concessionario, mediante versamento [(4)]:

a) in un'unica soluzione, di un importo, pari al 30 per cento delle somme richieste dedotte le somme eventualmente già versate a tale titolo;

b) rateizzato fino a un massimo di sei annualità, di un importo pari al 60 per cento delle somme richieste dedotte le somme eventualmente già versate a tale titolo.

8. La domanda per accedere alla definizione di cui al comma 7 è presentata entro il 15 dicembre 2020 ed entro il 30 settembre 2021 sono versati l'intero importo dovuto, se in un'unica soluzione, o la prima rata, se rateizzato [(5)].

9. La liquidazione e il pagamento nei termini assegnati degli importi di cui alle lettere a) e b) del comma 7 costituisce a ogni effetto rideterminazione dei canoni dovuti per le annualità considerate.

10. La presentazione della domanda nel termine di cui al comma 8 sospende i procedimenti giudiziari o amministrativi di cui al comma 7, compresi quelli di riscossione coattiva nonché i procedimenti di decadenza della concessione demaniale marittima per mancato pagamento del canone. La definizione dei procedimenti amministrativi o giudiziari si realizza con il pagamento dell'intero importo dovuto, se in un'unica soluzione, o dell'ultima rata, se rateizzato. Il mancato pagamento di una rata entro sessanta giorni dalla relativa scadenza comporta la decadenza dal beneficio.

10-bis. All'articolo 32, comma 1, del decreto-legge 12 settembre 2014, n. 133, convertito, con modificazioni, dalla legge 11 novembre 2014, n. 164, la parola: "*turisti*" è sostituita dalla seguente: "*diportisti*" e sono aggiunte, in fine, le seguenti parole: "*, con esclusione dei servizi resi nell'ambito di contratti annuali o pluriennali per lo stazionamento*" [(6)].

11. Agli oneri derivanti dal presente articolo, pari a 144.000 euro per l'anno 2020, si provvede ai sensi dell'articolo 114.

[(1)] Comma modificato dall'articolo 10-ter, comma 1, del D.L. 25 maggio 2021, n. 73, convertito con modificazioni, dalla Legge 23 luglio 2021, n. 106 come modificato dall'articolo 14, comma 4-quater, del D.L. 30 dicembre 2021, n. 228, convertito, con modificazioni dalla Legge 25 febbraio 2022, n. 15 e da ultimo abrogato dall'articolo 3, comma 5, lettera c) della Legge 5 agosto 2022, n. 118.
[(2)] Comma modificato dall'articolo 1, comma 1, della Legge 13 ottobre 2020, n. 126, in sede di conversione.
[(3)] Comma modificato dall'articolo 6-bis, comma 1, del D.L. 25 maggio 2021, n. 73, convertito con modificazioni, dalla Legge 23

luglio 2021, n. 106.
(4) Alinea modificato dall'articolo 1, comma 1, della Legge 13 ottobre 2020, n. 126, in sede di conversione.
(5) Comma modificato dall'articolo 1, comma 1, della Legge 13 ottobre 2020, n. 126, in sede di conversione.
(6) Comma inserito dall'articolo 1, comma 1, della Legge 13 ottobre 2020, n. 126, in sede di conversione.

101. Concessione della gestione dei giochi numerici a totalizzatore nazionale. – 1. A causa della straordinarietà e imprevedibilità degli eventi scaturenti dall'attuale situazione di emergenza epidemiologica da COVID-19, sono prorogati i termini degli adempimenti tecnico-organizzativi ed economici previsti dall'aggiudicazione della gara indetta ai sensi dell'articolo 1, comma 576, della legge 11 dicembre 2016, n. 232, per la concessione della gestione dei giochi numerici a totalizzatore nazionale. La data per la stipula e la decorrenza della convenzione è fissata al 1° dicembre 2021.

2. Con determinazione del Direttore dell'Agenzia delle dogane e dei monopoli sono stabilite le modalità di corresponsione della seconda rata una tantum dell'offerta economica, in modo tale da garantire il pagamento dell'intero importo entro il 15 dicembre 2020.

102. Inibizione di siti web (1) – 1. L'Agenzia delle dogane e dei monopoli, nell'esercizio delle proprie funzioni nei settori dei giochi e dei tabacchi, ordina ai fornitori di connettività alla rete internet ovvero ai gestori di altre reti telematiche o di telecomunicazione, o agli operatori che forniscono servizi telematici o di telecomunicazione, la rimozione delle iniziative di chiunque offra o pubblicizzi prodotti o servizi, secondo modalità non conformi a quelle definite dalle norme vigenti nei citati settori. L'ordine di rimozione può avere ad oggetto anche la messa a disposizione di software relativi a procedure tecniche atte ad eludere i provvedimenti disposti dall'Agenzia medesima.

1-bis. L'ordine di cui al comma 1 può riguardare anche i prodotti accessori ai tabacchi da fumo quali cartine, cartine arrotolate senza tabacco e filtri funzionali al consumo dei trinciati a taglio fino per arrotolare le sigarette, di cui all'articolo 62-quinquies del testo unico di cui al decreto legislativo 26 ottobre 1995, n. 504, nonché i prodotti di cui all'articolo 62-quater del medesimo testo unico (2) .

2. I destinatari degli ordini di cui al comma 1 hanno l'obbligo di inibire l'utilizzazione dei siti nelle reti delle quali sono gestori o in relazione alle quali forniscono servizi. L'Agenzia delle dogane e dei monopoli stabilisce con apposite determinazioni del direttore generale le modalità degli adempimenti previsti dal presente articolo. L'inosservanza degli ordini di inibizione e delle modalità e tempistiche ivi previste comporta l'irrogazione, da parte dell'Agenzia delle dogane e dei monopoli, della sanzione amministrativa pecuniaria da 30.000 a 180.000 euro per ciascuna violazione accertata. La pubblicazione nel sito internet istituzionale dell'Agenzia degli ordini e dei provvedimenti sanzionatori ha valore di notifica. Decorsi quindici giorni dall'ordine di cui al comma 1, in caso di mancato ottemperamento, l'Agenzia delle dogane e dei monopoli adotta ogni utile provvedimento finalizzato alla inibizione del sito, senza riconoscimento di alcun indennizzo, anche se su di esso sono offerti altri beni o servizi (3) .

3. Dalla data di entrata in vigore del presente decreto sono abrogati i commi da 50 a 50-quater dell'articolo 1 della legge 27 dicembre 2006, n. 296. Sono fatti salvi gli effetti prodotti dalle predette disposizioni sui procedimenti sanzionatori già avviati e non ancora conclusi (4) .

(1) Rubrica sostituita dall'articolo 1, comma 1, della Legge 13 ottobre 2020, n. 126, in sede di conversione.
(2) Comma inserito dall'articolo 1, comma 1, della Legge 13 ottobre 2020, n. 126, in sede di conversione.
(3) Comma modificato dall'articolo 1, comma 1, della Legge 13 ottobre 2020, n. 126, in sede di conversione.
(4) Comma modificato dall'articolo 1, comma 1, della Legge 13 ottobre 2020, n. 126, in sede di conversione.

103. Servizi dell'Agenzia delle dogane e dei monopoli. – 1. Al fine di consentire alla Agenzia delle dogane e dei monopoli di svolgere, con criteri imprenditoriali, i servizi di cui al comma 3, con decreto del Ministro dell'economia e delle finanze può essere costituita, senza nuovi o maggiori oneri per la finanza pubblica, una apposita società, di cui la predetta Agenzia è socio unico, regolata ai sensi delle disposizioni di cui al decreto legislativo 19 agosto 2016, n. 175. Lo svolgimento dell'attività della società [*è assicurato esclusivamente dal personale dell'Agenzia ed*] è disciplinato nell'ambito della convenzione triennale prevista dall'articolo 59 del decreto legislativo 30 luglio 1999, n. 300 (1) .

2. Ove la società di cui al comma 1 sia costituita, il relativo statuto prevede che l'organo amministrativo è costituito da un amministratore unico, individuato nel direttore dell'Agenzia delle dogane e dei monopoli, e che la società medesima opera sulla base di un piano industriale che comprovi la sussistenza di concrete prospettive di mantenimento dell'equilibrio economico e finanziario della gestione. Per il perseguimento dei propri scopi sociali, la società si avvale, tramite apposito contratto di servizio con l'Agenzia delle dogane e dei monopoli, del personale e dei servizi di laboratorio dell'Agenzia stessa (2) .

3. La società di cui al comma 1 può essere costituita per lo svolgimento dei servizi di:

a) certificazione di qualità dei prodotti realizzata attraverso l'analisi tecnico - scientifica e il controllo su campioni di merce realizzati presso i laboratori dell'Agenzia;

b) uso del certificato del bollino di qualità, qualora il prodotto analizzato soddisfi gli standard di qualità (assenza di elementi nocivi e provenienza certificata), apposto sulla confezione dello stesso, previo riconoscimento all'Agenzia delle dogane e dei monopoli di una royalty per l'utilizzo del bollino di qualità, e sino a quando i controlli previsti dall'Agenzia delle dogane e dei monopoli nei protocolli tecnico scientifici garantiscano il mantenimento degli standard qualitativi.

4. Ogniqualvolta si fa riferimento a: Agenzia delle dogane, Amministrazione autonoma dei Monopoli di Stato, Direzione generale dogane ed imposte indirette sugli affari, Dipartimento delle dogane, Ministero delle finanze-Amministrazione autonoma dei monopoli di Stato, Laboratori chimici compartimentali delle dogane e delle imposte indirette, compartimenti doganali, circoscrizioni doganali, dogane, sezioni doganali, posti di osservazione dipendenti da ciascuna dogana, dogane di seconda e terza categoria, ricevitori doganali, posti doganali, Uffici Tecnici di Finanza, ispettorato compartimentale dell'amministrazione dei monopoli di Stato, monopoli di Stato, si intende l'Agenzia delle dogane e dei monopoli ed i rispettivi Uffici di competenza.

4-bis. Agli oneri derivanti dal presente articolo, pari a 600.000 euro per l'anno 2021 in termini di fabbisogno e indebitamento netto, si provvede mediante corrispondente riduzione del Fondo per la compensazione degli effetti finanziari non previsti a legislazione vigente conseguenti all'attualizzazione di contributi pluriennali, di cui all'articolo 6, comma 2, del decreto-legge 7 ottobre 2008, n. 154, convertito, con modificazioni, dalla legge 4 dicembre 2008, n. 189.(3).

(1) *Comma modificato dall'articolo 1, comma 1, della Legge 13 ottobre 2020, n. 126, in sede di conversione.*
(2) *Comma modificato dall'articolo 1, comma 1, della Legge 13 ottobre 2020, n. 126, in sede di conversione.*
(3) *Comma inserito dall'articolo 1, comma 1, della Legge 13 ottobre 2020, n. 126, in sede di conversione.*

104. Apparecchi da divertimento senza vincita in denaro. – 1. All'articolo 110 del regio decreto 18 giugno 1931, n. 773, sono apportate le seguenti modificazioni:

a) al comma 7-bis, dopo le parole «le sue regole fondamentali» sono inserite le seguenti: «nonché tutti i giochi che, per modalità similari con quelle consentite ai sensi del comma 6, possano indurre una medesima aspettativa di vincita.»;

b) il comma 7-ter è sostituito dal seguente: «7-ter. Con decreto del Ministro dell'economia e delle finanze è determinata la base imponibile forfetaria dell'imposta sugli intrattenimenti di cui all'articolo 14-bis, comma 5, del decreto del Presidente della Repubblica 26 ottobre 1972, n. 640, e con provvedimento del direttore dell'Agenzia delle dogane e dei monopoli, da emanare entro nove mesi dalla data di entrata in vigore della presente disposizione, al fine di garantire la prevenzione dei rischi connessi al gioco d'azzardo sono definite le regole tecniche finalizzate alla produzione degli apparecchi di cui al comma 7 nonché la regolamentazione amministrativa dei medesimi, ivi compresi i parametri numerici di apparecchi installabili nei punti di offerta, così come definiti dalla normativa vigente» (1) ;

c) al comma 7-quater dopo le parole «per l'acquisizione di premi» sono inserite le seguenti: «di modico valore»;

d) il comma 7-quinquies è abrogato.

(1) *Lettera modificata dall'articolo 1, comma 1, della Legge 13 ottobre 2020, n. 126, in sede di conversione.*

105. Lotteria degli scontrini cashless. – 1. All'articolo 141, del decreto- legge 19 maggio 2020, n. 34 convertito, con modificazioni, dalla legge 17 luglio 2020, n. 77, dopo il comma 1 sono inseriti i seguenti:

«1-bis. In conseguenza di quanto previsto dal comma 1, le risorse disponibili sullo stato di previsione del Ministero dell'economia e delle finanze ai sensi dell'articolo 1, comma 542, della legge 11 dicembre 2016, n. 232, per l'anno 2020, sono interamente destinate alle spese amministrative e di comunicazione connesse alla lotteria degli scontrini.

1-ter. A decorrere dall'anno 2020, le spese di cui al comma 1-bis sono gestite, d'intesa con il dipartimento delle finanze, dal dipartimento dell'Amministrazione generale, del personale e dei servizi del Ministero dell'economia e delle finanze il quale, nell'ambito delle predette risorse e nel limite massimo complessivo di 240.000 euro, può avvalersi con decorrenza non antecedente al 1° ottobre 2020, di personale assunto con contratti di lavoro a tempo determinato fino a sei unità, con una durata massima di quindici mesi e comunque non oltre il 31 dicembre 2021, per un importo massimo di 40.000 euro per ciascun incarico.».

106. Rivalutazione dei beni delle cooperative agricole. – 1. All'articolo 136-bis del decreto legge 19 maggio 2020, n. 34, convertito, con modificazioni, dalla legge 17 luglio 2020, n. 77, il comma 3 è sostituito dal seguente:

«*3. Le disposizioni del presente articolo si applicano nel rispetto dei limiti e delle condizioni previsti dalla Comunicazione della Commissione europea del 19 marzo 2020 C(2020) 1863 final "Quadro temporaneo per le misure di aiuto di Stato a sostegno dell'economia nell'attuale emergenza del COVID-19", e successive modificazioni.*».

107. Differimento del termine di versamento della tassa automobilistica per i veicoli concessi in locazione a lungo termine senza conducente. – 1. All'articolo 7 della legge 23 luglio 2009, n. 99, sono apportate le seguenti modificazioni:

a) al comma 3-bis, le parole «*nel primo semestre*» sono sostituite dalle seguenti: «*nei primi nove mesi*» e le parole «*31 luglio 2020*» sono sostituite dalle seguenti: «*31 ottobre 2020*»;

b) al comma 3-quater, le parole «*30 aprile 2020*» sono sostituite dalle seguenti: «*30 settembre 2020*».

108. Maggiorazione ex-Tasi. – 1. All'articolo 1 della legge 27 dicembre 2019, n. 160, sono apportate le seguenti modificazioni: al comma 755 le parole «da adottare ai sensi del comma 779,» sono soppresse e le parole «dell'1,06 per cento di cui al comma 754 sino all'1,14 per cento» sono sostituite dalle seguenti: «nella misura aggiuntiva massima dello 0,08 per cento».

109. Proroga esonero TOSAP e COSAP. – 1. All'articolo 181 del decreto-legge 19 maggio 2020, n. 34, convertito, con modificazioni, dalla legge 17 luglio 2020, n. 77, sono apportate le seguenti modificazioni:

a) al comma 1 le parole «31 ottobre 2020» sono sostituite dalle seguenti: «31 dicembre 2020»;

a-bis) al comma 1-bis, le parole: "*30 aprile 2020*" sono sostituite dalle seguenti: "*15 ottobre 2020*" (1) ;

a-ter) al comma 1-quater, le parole: "*12,5 milioni*" sono sostituite dalle seguenti: "*46,88 milioni*" (2) ;

b) al comma 2 le parole «*31 ottobre 2020*» sono sostituite dalle seguenti: «*31 dicembre 2020*»;

c) al comma 3 le parole «*31 ottobre 2020*» sono sostituite dalle seguenti: «*31 dicembre 2020*».

2. Per il ristoro delle minori entrate di cui al comma 1, il Fondo di cui all'articolo 181, comma 5, del decreto-legge 19 maggio 2020, n. 34, convertito, con modificazioni, dalla legge 17 luglio 2020, n. 77, è incrementato dell'importo di 42,5 milioni di euro. Alla ripartizione dell'incremento di cui al primo periodo si provvede con decreto del Ministro dell'interno di concerto con il Ministro dell'economia e delle finanze, previa intesa in sede di Conferenza Stato-città ed autonomie locali, da adottare entro sessanta giorni dalla data di entrata in vigore del presente decreto. All'onere derivante del presente articolo, pari a 76,88 milioni di euro per l'anno 2020, si provvede, quanto a 42,5 milioni di euro, ai sensi dell'articolo 114 e, quanto a 34,38 milioni di euro, mediante

corrispondente riduzione del Fondo di cui all'articolo 1, comma 200, della legge 23 dicembre 2014, n. 190, come rifinanziato dall'articolo 114, comma 4, del presente decreto [3] .

[1] Lettera inserita dall'articolo 1, comma 1, della Legge 13 ottobre 2020, n. 126, in sede di conversione.
[2] Lettera inserita dall'articolo 1, comma 1, della Legge 13 ottobre 2020, n. 126, in sede di conversione.
[3] Comma modificato dall'articolo 1, comma 1, della Legge 13 ottobre 2020, n. 126, in sede di conversione.

110. Rivalutazione generale dei beni d'impresa e delle partecipazioni 2020. – 1. I soggetti indicati nell'articolo 73, comma 1, lettere a) e b), del testo unico delle imposte sui redditi, di cui al decreto del Presidente della Repubblica 22 dicembre 1986, n. 917, che non adottano i principi contabili internazionali nella redazione del bilancio, possono, anche in deroga all'articolo 2426 del codice civile e ad ogni altra disposizione di legge vigente in materia, rivalutare i beni d'impresa e le partecipazioni di cui alla sezione II del capo I della legge 21 novembre 2000, n. 342, ad esclusione degli immobili alla cui produzione o al cui scambio è diretta l'attività di impresa, risultanti dal bilancio dell'esercizio in corso al 31 dicembre 2019.

2. La rivalutazione deve essere eseguita nel bilancio o rendiconto dell'esercizio successivo a quello di cui al comma 1, può essere effettuata distintamente per ciascun bene e deve essere annotata nel relativo inventario e nella nota integrativa. Le imprese che hanno l'esercizio non coincidente con l'anno solare possono eseguire la rivalutazione nel bilancio o rendiconto relativo all'esercizio in corso al 31 dicembre 2019, se approvato successivamente alla data di entrata in vigore della legge di conversione del presente decreto, a condizione che i beni d'impresa e le partecipazioni di cui al comma 1 risultino dal bilancio dell'esercizio precedente [1] .

3. Il saldo attivo della rivalutazione può essere affrancato, in tutto o in parte, con l'applicazione in capo alla società di un'imposta sostitutiva delle imposte sui redditi, dell'imposta regionale sulle attività produttive e di eventuali addizionali nella misura del 10 per cento, da versare con le modalità indicate al comma 6.

4. Il maggior valore attribuito ai beni in sede di rivalutazione può essere riconosciuto ai fini delle imposte sui redditi e dell'imposta regionale sulle attività produttive a decorrere dall'esercizio successivo a quello con riferimento al quale la rivalutazione è stata eseguita, mediante il versamento di un'imposta sostitutiva delle imposte sui redditi e dell'imposta regionale sulle attività produttive e di eventuali addizionali nella misura del 3 per cento per i beni ammortizzabili e non ammortizzabili.

4-bis. La rivalutazione può essere eseguita anche nel bilancio relativo all'esercizio immediatamente successivo a quello di cui al comma 2, con esclusivo riferimento ai beni non rivalutati nel bilancio precedente e senza la possibilità di affrancamento del saldo attivo e di riconoscimento degli effetti a fini fiscali, rispettivamente ai sensi dei commi 3 e 4 del presente articolo. [2]

5. Nel caso di cessione a titolo oneroso, di assegnazione ai soci o di destinazione a finalità estranee all'esercizio dell'impresa ovvero al consumo personale o familiare dell'imprenditore dei beni rivalutati in data anteriore a quella di inizio del quarto esercizio successivo a quello nel cui bilancio la rivalutazione è stata eseguita, ai fini della determinazione delle plusvalenze o minusvalenze si ha riguardo al costo del bene prima della rivalutazione.

6. Le imposte sostitutive di cui ai commi 3 e 4 sono versate in un massimo di tre rate di pari importo di cui la prima con scadenza entro il termine previsto per il versamento a saldo delle imposte sui redditi relative al periodo d'imposta con riferimento al quale la rivalutazione è eseguita, e le altre con scadenza entro il termine rispettivamente previsto per il versamento a saldo delle imposte sui redditi relative ai periodi d'imposta successivi. Gli importi da versare possono essere compensati ai sensi della sezione I del capo III del decreto legislativo 9 luglio 1997, n. 241.

7. Si applicano, in quanto compatibili, le disposizioni degli articoli 11,13,14 e 15 della legge 21 novembre 2000, n. 342, quelle del regolamento di cui al decreto del Ministro delle finanze 13 aprile 2001, n. 162, nonché quelle del regolamento di cui al decreto del Ministro dell'economia e delle finanze 19 aprile 2002, n. 86, e dei commi 475, 477 e 478 dell'articolo 1 della legge 30 dicembre 2004, n. 311.

8. Le previsioni di cui all'articolo 14, comma 1, della legge 21 novembre 2000, n. 342, si applicano anche ai soggetti che redigono il bilancio in base ai principi contabili internazionali di cui al regolamento (CE) n. 1606/2002 del Parlamento europeo e del Consiglio, del 19 luglio 2002, anche con riferimento alle partecipazioni, in società ed enti, costituenti immobilizzazioni finanziarie ai sensi dell'articolo 85, comma 3-bis, del testo unico delle imposte sui redditi, di cui al decreto del Presidente della Repubblica 22 dicembre 1986, n. 917. Per tali soggetti, per l'importo corrispondente ai maggiori valori oggetto di riallineamento, al netto dell'imposta sostitutiva di cui al comma 4, è vincolata una riserva in sospensione d'imposta ai fini fiscali che può essere affrancata ai sensi del comma 3.[B]

8-bis. Le disposizioni dell'articolo 14 della legge 21 novembre 2000, n. 342, si applicano anche all'avviamento e alle altre attività immateriali risultanti dal bilancio dell'esercizio in corso al 31 dicembre 2019 [3] .

8-ter. La deduzione ai fini delle imposte sui redditi e dell'imposta regionale sulle attività produttive del maggior valore imputato ai sensi dei commi 4, 8 e 8-bis alle attività immateriali le cui quote di ammortamento, ai sensi dell'articolo 103 del testo unico delle imposte sui redditi, di cui al decreto del Presidente della Repubblica 22 dicembre 1986, n. 917, sono deducibili in misura non superiore ad un diciottesimo del costo o del valore, è effettuata, in ogni caso, in misura non superiore, per ciascun periodo d'imposta, a un cinquantesimo di detto importo. Nel caso di cessione a titolo oneroso, di assegnazione ai soci o di destinazione a finalità estranee all'esercizio dell'impresa ovvero al consumo personale o familiare dell'imprenditore o nel caso di eliminazione dal complesso produttivo, l'eventuale minusvalenza è deducibile, fino a concorrenza del valore residuo del maggior valore di cui al primo periodo, in quote costanti per il residuo periodo di ammortamento come determinato ai sensi dello stesso primo periodo. Per l'avente causa la quota di costo riferibile al residuo valore ammortizzabile del maggior valore di cui al primo periodo, al netto dell'eventuale minusvalenza dedotta dal dante causa ai sensi del secondo periodo, è ammessa in deduzione in quote costanti per il residuo periodo di ammortamento [C][4] .

VARIE

8-quater. In deroga alle disposizioni di cui al comma 8-ter, è possibile effettuare la deduzione del maggior valore imputato in misura non superiore, per ciascun periodo d'imposta, a un diciottesimo di detto importo, mediante il versamento di un'imposta sostitutiva delle imposte sui redditi e dell'imposta regionale sulle attività produttive e di eventuali addizionali nella misura corrispondente a quella stabilita dall'articolo 176, comma 2-ter, del citato testo unico delle imposte sui redditi, di cui al decreto del Presidente della Repubblica n. 917 del 1986, al netto dell'imposta sostitutiva determinata ai sensi del comma 4 del presente articolo, da effettuare in un massimo di due rate di pari importo di cui la prima con scadenza entro il termine previsto per il versamento a saldo delle imposte sui redditi relativo al periodo d'imposta successivo a quello con riferimento al quale la rivalutazione è eseguita e la seconda con scadenza entro il termine previsto per il versamento a saldo delle imposte sui redditi relative al periodo d'imposta successivo. [5]

9. Agli oneri derivanti dal presente articolo valutati in 74,8 milioni di euro per l'anno 2022, 254,3 milioni di euro per l'anno 2023, 172 milioni di euro per l'anno 2024 e 176,9 milioni di euro per ciascuno degli anni 2025 e 2026, si provvede ai sensi dell'articolo 114.

[A] In riferimento al presente articolo, vedi: Risposta Agenzia delle Entrate 15 luglio 2021, n. 476; Risposta Agenzia delle Entrate 3 agosto 2021, n. 526; Risposta Agenzia delle Entrate 9 agosto 2021 n. 539; Risposta Agenzia delle Entrate 9 agosto 2021, n. 540; Circolare Agenzia delle Entrate 1 marzo 2022, n. 6/E; Risposta Agenzia delle Entrate 14 marzo 2022, n. 106; Risposta Agenzia delle Entrate 14 marzo 2022, n. 105; Risposta Agenzia delle Entrate 28 aprile 2022, n. 230; Risoluzione Agenzia delle Entrate 24 giugno 2022, n. 31/E.

[B] In riferimento al Riallineamento - Portafogli contratti e clienti iscritti a seguito di imputazione del disavanzo (IFRS 3) - Differenze da Purchase Price Allocation - Modalità di imputazione dell'importo riallineato vedi Risposta Agenzia delle Entrate 14/03/2022 n. 108; Risposta Agenzia delle Entrate 14/03/2022 n. 112

[C] in riferimento al Riallineamento - Deduzione dell'importo riallineato relativo ad attività immateriali a vita utile definita, di cui al presente comma, vedi: Risposta Agenzia delle Entrate 9 settembre 2022 n. 447; Risposta Agenzia delle Entrate 31 ottobre 2022, n. 533.

[1] Comma modificato dall'articolo 1, comma 1, della Legge 13 ottobre 2020, n. 126, in sede di conversione.

[2] Comma inserito dall'articolo 1-bis, comma 1, del D.L. 22 marzo 2021, n. 41, convertito con modificazioni dalla Legge 21 maggio 2021, n. 69.

[3] Comma inserito dall'articolo 1, comma 83, della Legge 30 dicembre 2020, n. 178.

[4] Comma inserito dall'articolo 1, comma 622, della Legge 30 dicembre 2021, n. 234. Per l'efficacia vedi l'articolo 1, comma 623, della Legge 234/2021 medesima.

[5] Comma inserito dall'articolo 1, comma 622, della Legge 30 dicembre 2021, n. 234.Per l'efficacia vedi l'articolo 1, comma 623, della Legge 234/2021 medesima.

111. Riscossione diretta società in house. – 1. All'articolo 1 della legge 27 dicembre 2019, n. 160, sono apportate le seguenti modificazioni: al comma 786, lettera c), le parole «*numero 4)*» sono sostituite dalle seguenti: «numero 3)». Conseguentemente, al comma 788 del medesimo articolo 1, le parole «numeri 1), 2) e 3)» sono sostituite dalle seguenti: «numeri 1), 2) e 4)».

112. Raddoppio limite welfare aziendale anno 2020[A]. – 1. Limitatamente ai periodi d'imposta 2020 e 2021, l'importo del valore dei beni ceduti e dei servizi prestati dall'azienda ai lavoratori dipendenti che non concorre alla formazione del reddito ai sensi dell'articolo 51, comma 3, del decreto del Presidente della Repubblica 22 dicembre 1986, n. 917, è elevato ad euro 516,46 [1].

2. Agli oneri derivanti dal presente articolo valutati in 12,2 milioni di euro per l'anno 2020 e in 1,1 milioni di euro per l'anno 2021, si provvede ai sensi dell'articolo 114.

[A] In riferimento al presente articolo vedi: Messaggio INPS - Istituto nazionale previdenza sociale 29 gennaio 2021, n. 416.

[1] Comma modificato dall'articolo 6-quinques, comma 1, del D.L. 22 marzo 2021, n. 41, convertito con modificazioni dalla Legge 21 maggio 2021, n. 69.

113. Modifica dell'articolo 3 del decreto legislativo n. 49 del 2020. – 1. Al comma 3 dell'articolo 3 del decreto legislativo 10 giugno 2020, n. 49, le parole «di merito da parte della commissione tributaria competente» sono sostituite dalle seguenti: «passata in giudicato».

113 *bis*. Clausola di salvaguardia. [1] – 1. Le disposizioni del presente decreto sono applicabili nelle regioni a statuto speciale e nelle province autonome di Trento e di Bolzano compatibilmente con i rispettivi statuti e le relative norme di attuazione, anche con riferimento alla legge costituzionale 18 ottobre 2001, n. 3.

[1] Articolo inserito dall'articolo 1 della Legge 13 ottobre 2020, n. 126, in sede di conversione.

15. D.L. 7 ottobre 2020, n. 125

Decreto convertito, con modificazioni dalla Legge 27 novembre 2020, n. 159. - Misure urgenti connesse con la proroga della dichiarazione dello stato di emergenza epidemiologica da COVID-19, per il differimento di consultazioni elettorali per l'anno 2020 e per la continuità operativa del sistema di allerta COVID, nonché per l'attuazione della direttiva (UE) 2020/739 del 3 giugno 2020, e disposizioni urgenti in materia di riscossione esattoriale [1].
(in Gazz. Uff., 7 ottobre 2020, n. 248).

[1] Titolo modificato dall'articolo 1, comma 1, della Legge 27 novembre 2020, n. 159, in sede di conversione.

1 *bis*. Disposizioni in materia di riscossione. [1] – 1. All'articolo 68 del decreto-legge 17 marzo 2020, n. 18, convertito, con modificazioni, dalla legge 24 aprile 2020, n. 27, sono apportate le seguenti modificazioni:

a) nei commi 1 e 2-ter, le parole: "*15 ottobre*" sono sostituite dalle seguenti: "*31 dicembre*";

b) dopo il comma 4 è aggiunto il seguente:

"*4-bis. Con riferimento ai carichi, relativi alle entrate tributarie e non tributarie, affidati all'agente della riscossione durante il periodo di sospensione di cui ai commi 1 e 2-bis, sono prorogati di dodici mesi:*

a) il termine di cui all'articolo 19, comma 2, lettera a), del decreto legislativo 13 aprile 1999, n. 112;

b) anche in deroga alle disposizioni dell'articolo 3, comma 3, della legge 27 luglio 2000, n. 212, e salvo quanto previsto dall'articolo 157, comma 3, del decreto-legge 19 maggio 2020, n. 34, convertito, con modificazioni, dalla legge 17 luglio 2020, n. 77, i termini di decadenza e prescrizione in scadenza nell'anno 2021 per la notifica delle cartelle di pagamento. Relativamente ai termini di decadenza e prescrizione in scadenza nell'anno 2020 per la notifica delle cartelle di pagamento, si applica quanto disposto dall'articolo 12, comma 2, del decreto legislativo 24 settembre 2015, n. 159."

2. All'articolo 152, comma 1, del decreto-legge 19 maggio 2020, n. 34, convertito, con modificazioni, dalla legge 17 luglio 2020, n. 77, le parole: "15 ottobre" sono sostituite dalle seguenti: "31 dicembre".

3. Agli oneri derivanti dai commi 1 e 2, valutati in 109,5 milioni di euro per l'anno 2020 e 72,8 milioni di euro per l'anno 2021 in termini di saldo netto da finanziare e in 316 milioni di euro per l'anno 2020 e 210 milioni di euro per l'anno 2021 in termini di indebitamento netto e di fabbisogno, si provvede:

a) quanto a 275,8 milioni di euro per l'anno 2020, mediante corrispondente versamento all'entrata del bilancio dello Stato, da parte dell'Agenzia delle entrate, entro trenta giorni dalla data di entrata in vigore del decreto-legge 20 ottobre 2020, n. 129, a valere sulle somme trasferite alla predetta Agenzia per effetto dell'articolo 65 del decreto-legge 17 marzo 2020, n. 18, convertito, con modificazioni, dalla legge 24 aprile 2020, n. 27, e dell'articolo 28 del decreto-legge 19 maggio 2020, n. 34, convertito, con modificazioni, dalla legge 17 luglio 2020, n. 77;

b) quanto a 72,8 milioni di euro per l'anno 2021, mediante utilizzo delle risorse di cui all'articolo 2, comma 55, del decreto-legge 29 dicembre 2010, n. 225, convertito, con modificazioni, dalla legge 26 febbraio 2011, n. 10, come modificato dall'articolo 1, comma 167, della legge 27 dicembre 2013, n. 147;

c) quanto a 40,2 milioni di euro per l'anno 2020 e 137,2 milioni di euro per l'anno 2021, in termini di indebitamento e fabbisogno, mediante corrispondente riduzione del Fondo per la compensazione degli effetti finanziari non previsti a legislazione vigente conseguenti all'attualizzazione di contributi pluriennali, di cui all'articolo 6, comma 2, del decreto-legge 7 ottobre 2008, n. 154, convertito, con modificazioni, dalla legge 4 dicembre 2008, n. 189.

4. Nei confronti degli armatori delle imbarcazioni sequestrate dalle autorità libiche in data 1° settembre 2020, ferma restando l'aliquota di computo delle prestazioni pensionistiche, è riconosciuta la sospensione dei termini per gli adempimenti e i versamenti dei tributi nonché dei contributi previdenziali ed assistenziali e dei premi per l'assicurazione obbligatoria contro gli infortuni e le malattie professionali, dal 1° settembre 2020 e fino al 31 dicembre 2020. I versamenti sospesi possono essere eseguiti a decorrere dal 10 gennaio 2021 mediante corresponsione del 70 per cento dell'importo dovuto in un'unica soluzione o nel numero massimo di 120 rate mensili, senza applicazione di sanzioni e interessi. Non si procede alla restituzione degli eventuali versamenti eccedenti il 70 per cento dell'importo dovuto.

5. Il beneficio previsto al comma 4 è concesso ai sensi della sezione 3.1 della comunicazione della Commissione europea recante un "Quadro temporaneo per le misure di aiuto di Stato a sostegno dell'economia nell'attuale emergenza del COVID-19" e nei limiti ed alle condizioni di cui alla medesima comunicazione. L'efficacia delle disposizioni del comma 4 è subordinata, ai sensi dell'articolo 108, paragrafo 3, del Trattato sul funzionamento dell'Unione europea, all'autorizzazione della Commissione europea.

6. Agli oneri derivanti dall'applicazione del comma 4, pari a 204.000 euro per l'anno 2020, si provvede mediante corrispondente utilizzo dello stanziamento del Fondo per il riaccertamento dei residui passivi di parte corrente, di cui all'articolo 34-ter, comma 5, della legge 31 dicembre 2009, n. 196, iscritto nello stato di previsione del Ministero del lavoro e delle politiche sociali.

(1) *Articolo inserito dall'articolo 1, comma 1, della Legge 27 novembre 2020, n. 159, in sede di conversione.*

VARIE

16. D.L. 28 ottobre 2020, n. 137

Decreto convertito, con modificazioni dalla Legge 18 dicembre 2020, n. 176. - Ulteriori misure urgenti in materia di tutela della salute, sostegno ai lavoratori e alle imprese, giustizia e sicurezza, connesse all'emergenza epidemiologica da COVID-19 (Decreto Ristori)[(1)]. [(A)]
(in Gazz. Uff., 28 ottobre 2020, n. 269).

(A) *In riferimento al presente decreto vedi: Circolare INPS - Istituto nazionale previdenza sociale 7 dicembre 2020, n. 139.*
(1) *Così corretto con errata-corrige del 30 ottobre 2020, pubblicata in Gazz. Uff., 30 ottobre 2020, n. 271.*

TITOLO I
Sostegno alle imprese e all'economia

1. Contributo a fondo perduto da destinare agli operatori IVA dei settori economici interessati dalle nuove misure restrittive. – 1. Al fine di sostenere gli operatori dei settori economici interessati dalle misure restrittive introdotte con il decreto del Presidente del Consiglio dei Ministri del 24 ottobre 2020, pubblicato nella Gazzetta Ufficiale n. 265 del 25 ottobre 2020, per contenere la diffusione dell'epidemia "*Covid-19*", è riconosciuto un contributo a fondo perduto a favore dei soggetti che, alla data del 25 ottobre 2020, hanno la partita IVA attiva e, ai sensi dell'articolo 35 del decreto del Presidente della Repubblica 26 ottobre 1972 n. 633, dichiarano di svolgere come attività prevalente una di quelle riferite ai codici ATECO riportati nell'Allegato 1 al presente decreto. Il contributo non spetta ai soggetti che hanno attivato la partita IVA a partire dal 25 ottobre 2020[(1)].

[2. *Ai soli fini del presente articolo, nel limite di spesa di 50 milioni di euro per l'anno 2020, con uno o più decreti del Ministro dello sviluppo economico, di concerto con il Ministro dell'economia e delle finanze, possono essere individuati ulteriori codici ATECO riferiti a settori economici aventi diritto al contributo, ulteriori rispetto a quelli riportati nell'Allegato 1 al presente decreto, a condizione che tali settori siano stati direttamente pregiudicati dalle misure restrittive introdotte dal decreto del Presidente del Consiglio dei Ministri del 24 ottobre 2020.*][2][3]

3. Il contributo a fondo perduto spetta a condizione che l'ammontare del fatturato e dei corrispettivi del mese di aprile 2020 sia inferiore ai due terzi dell'ammontare del fatturato e dei corrispettivi del mese di aprile 2019. Al fine di determinare correttamente i predetti importi, si fa riferimento alla data di effettuazione dell'operazione di cessione di beni o di prestazione dei servizi.

4. Il predetto contributo spetta anche in assenza dei requisiti di fatturato di cui al comma 3 ai soggetti che dichiarano di svolgere come attività prevalente una di quelle riferite ai codici ATECO riportati nell'Allegato 1che hanno attivato la partita IVA a partire dal 1° gennaio 2019[4].

5. Per i soggetti che hanno già beneficiato del contributo a fondo perduto di cui all'articolo 25 del decreto-legge 19 maggio 2020, n. 34, convertito, con modificazioni, dalla legge 17 luglio 2020, n. 77, che non abbiano restituito il predetto contributo indebitamente percepito, il contributo di cui al comma 1 è corrisposto dall'Agenzia delle entrate mediante accreditamento diretto sul conto corrente bancario o postale sul quale è stato erogato il precedente contributo[5].

6. Per i soggetti che non hanno presentato istanza di contributo a fondo perduto di cui all'articolo 25 del decreto-legge n. 34 del 2020, il contributo di cui al comma 1 è riconosciuto previa presentazione di apposita istanza esclusivamente mediante la procedura telematica e il modello approvati con il provvedimento del Direttore dell'Agenzia delle entrate del 10 giugno 2020; il contributo non spetta, in ogni caso, ai soggetti la cui partita IVA risulti cessata alla data di presentazione dell'istanza [6].

7. L'ammontare del contributo a fondo perduto è determinato:

a) per i soggetti di cui al comma 5, come quota del contributo già erogato ai sensi dell'articolo 25 del decreto-legge n. 34 del 2020;

b) per i soggetti di cui al comma 6, come quota del valore calcolato sulla base dei dati presenti nell'istanza trasmessa e dei criteri stabiliti dai commi 4, 5 e 6 dell'articolo 25 del decreto-legge n. 34 del 2020; qualora l'ammontare dei ricavi o compensi di tali soggetti sia superiore a 5 milioni di euro nel periodo d'imposta precedente a quello in corso alla data di entrata in vigore del presente decreto, il valore è calcolato applicando la percentuale di cui al comma 5, lettera c), dell'articolo 25 del decreto-legge n. 34 del 2020. Le predette quote sono differenziate per settore economico e sono riportate nell'Allegato 1 al presente decreto [7].

8.In ogni caso, l'importo del contributo di cui al presente articolo non può essere superiore a euro 150.000,00.

9. Per i soggetti di cui al comma 5, in possesso dei requisiti di cui al comma 4, l'ammontare del contributo è determinato applicando le percentuali riportate nell'Allegato 1 al presente decreto agli importi minimi di 1.000 euro per le persone fisiche e di 2.000 euro per i soggetti diversi dalle persone fisiche[8].

10. Si applicano, in quanto compatibili, le disposizioni di cui all'articolo 25, commi da 7 a 14, del decreto-legge n. 34 del 2020.

11. Con provvedimento del Direttore dell'Agenzia delle entrate sono definiti i termini e le modalità per la trasmissione delle istanze di cui al comma 6 e ogni ulteriore disposizione per l'attuazione del presente articolo [9].

12. Le disposizioni del presente articolo si applicano nel rispetto dei limiti e delle condizioni previsti dalla Comunicazione della Commissione europea del 19 marzo 2020 C(2020) 1863 final "*Quadro temporaneo per le misure di aiuto di Stato a sostegno dell'economia nell'attuale emergenza del COVID-19*", e successive modifiche.

13. È abrogato l'articolo 25-bis del decreto legge 19 maggio 2020, n. 34, convertito, con modificazioni, dalla legge 17 luglio 2020, n. 77.

14. Per gli operatori dei settori economici individuati dai codici ATECO 561030 - Gelaterie e pasticcerie, 561041 - Gelaterie e pasticcerie ambulanti, 563000 - Bar e altri esercizi simili senza cucina e 551000 - Alberghi, con domicilio fiscale o sede operativa nelle aree del territorio nazionale, caratterizzate da uno scenario di elevata o massima gravità e da un livello di rischio alto, individuate con le ordinanze del Ministro della salute adottate ai sensi degli articoli 2 e 3 del decreto del Presidente del Consiglio dei ministri del 3 novembre 2020, pubblicato nel supplemento ordinario alla Gazzetta Ufficiale n. 275 del 4 novembre 2020, e dell'articolo 19-bis del presente decreto, il contributo a fondo perduto di cui al presente articolo è aumentato di un ulteriore 50 per cento rispetto alla quota indicata nell'Allegato 1 [10].

[*14-bis. Il contributo a fondo perduto di cui al presente articolo è riconosciuto nell'anno 2021 agli operatori con sede operativa nei centri commerciali e agli operatori delle produzioni industriali del comparto alimentare e delle bevande, interessati dalle nuove misure restrittive di cui al decreto del Presidente del Consiglio dei ministri del 3 novembre 2020, nel limite di spesa di 280 milioni di euro. Il contributo è erogato dall'Agenzia delle entrate previa presentazione di istanza secondo le modalità disciplinate dal provvedimento del Direttore dell'Agenzia delle entrate di cui al comma 11.*] [11]

[*14-ter. Fermo restando il limite di spesa di cui al comma 14-bis, per i soggetti di cui al medesimo comma 14-bis che svolgono come attività prevalente una di quelle riferite ai codici ATECO riportati nell'Allegato 1 al presente decreto, il contributo di cui al predetto comma 14-bis è determinato entro il 30 per cento del contributo a fondo perduto di cui al presente articolo. Per i soggetti di cui al comma 14-bis che svolgono come attività prevalente una di quelle riferite ai codici ATECO che non rientrano tra quelli riportati nell'Allegato 1, il contributo di cui al comma 14-bis spetta alle condizioni stabilite ai commi 3 e 4 ed è determinato entro il 30 per cento del valore calcolato sulla base dei dati presenti nell'istanza trasmessa e dei criteri stabiliti dai commi 4, 5 e 6 dell'articolo 25 del decreto-legge n. 34 del 2020.*][12]

14-quater. Agli oneri derivanti dal presente articolo, valutati in 2.935 milioni di euro per l'anno 2020 e pari a 280 milioni di euro per l'anno 2021, di cui 477 milioni di euro per l'anno 2020 e 280 milioni di euro per l'anno 2021 conseguenti all'ordinanza del Ministro della salute del 4 novembre 2020, pubblicata nella Gazzetta Ufficiale n. 276 del 5 novembre 2020, si provvede, quanto a 2.930 milioni di euro per l'anno 2020, ai sensi dell'articolo 34 e, quanto a 5 milioni di euro per l'anno 2020, mediante utilizzo delle risorse rivenienti dall'abrogazione della disposizione di cui al comma 13 [13].

14-quinquies. All'articolo 13, comma 9, del decreto-legge 8 aprile 2020, n. 23, convertito, con modificazioni, dalla legge 5 giugno 2020, n. 40, il secondo periodo è soppresso [14].

(1) Comma modificato dall'articolo 1, comma 1, della Legge 18 dicembre 2020, n. 176, in sede di conversione.
(2) Il presente comma era stato abrogato dall'articolo 1, comma 3, del D.L. 9 novembre 2020, n. 149; successivamente D.L. 149/2020 è stato abrogato dall'articolo 1, comma 2, della Legge 18 dicembre 2020, n. 176.
(3) Comma soppresso dall'articolo 1, comma 1, della Legge 18 dicembre 2020, n. 176, in sede di conversione.
(4) Comma modificato dall'articolo 1, comma 1, della Legge 18 dicembre 2020, n. 176, in sede di conversione.
(5) Comma modificato dall'articolo 1, comma 1, della Legge 18 dicembre 2020, n. 176, in sede di conversione.
(6) Comma modificato dall'articolo 1, comma 1, della Legge 18 dicembre 2020, n. 176, in sede di conversione.
(7) Lettera modificata dall'articolo 1, comma 1, della Legge 18 dicembre 2020, n. 176, in sede di conversione.
(8) Comma modificato dall'articolo 1, comma 1, della Legge 18 dicembre 2020, n. 176, in sede di conversione.
(8) Comma modificato dall'articolo 1, comma 1, della Legge 18 dicembre 2020, n. 176, in sede di conversione.
(10) Comma sostituito dall'articolo 1, comma 1, della Legge 18 dicembre 2020, n. 176, in sede di conversione.
(11) Comma aggiunto dall'articolo 1, comma 1, della Legge 18 dicembre 2020, n. 176, in sede di conversione e successivamente abrogato dall'articolo 1, comma 11, del D.L. 22 marzo 2021, n. 41, convertito con modificazioni dalla Legge 21 maggio 2021, n. 69.
(12) Comma aggiunto dall'articolo 1, comma 1, della Legge 18 dicembre 2020, n. 176, in sede di conversione e successivamente abrogato dall'articolo 1, comma 11, del D.L. 22 marzo 2021, n. 41, convertito con modificazioni dalla Legge 21 maggio 2021, n. 69.
(13) Comma aggiunto dall'articolo 1, comma 1, della Legge 18 dicembre 2020, n. 176, in sede di conversione.
(14) Comma aggiunto dall'articolo 1, comma 1, della Legge 18 dicembre 2020, n. 176, in sede di conversione.

1 *bis*. Contributo a fondo perduto da destinare agli operatori IVA dei settori economici interessati dalle nuove misure restrittive di cui al decreto del Presidente del Consiglio dei ministri del 3 novembre 2020. [1] – 1. Al fine di sostenere gli operatori dei settori economici interessati dalle misure restrittive introdotte con il decreto del Presidente del Consiglio dei ministri del 3 novembre 2020 per contenere la diffusione dell'epidemia da COVID-19, è riconosciuto un contributo a fondo perduto a favore dei soggetti che, alla data del 25 ottobre 2020, hanno la partita IVA attiva, dichiarano, ai sensi dell'articolo 35 del decreto del Presidente della Repubblica 26 ottobre 1972, n. 633, di svolgere come attività prevalente una di quelle riferite ai codici ATECO riportati nell'Allegato 2 al presente decreto e hanno il domicilio fiscale o la sede operativa nelle aree del territorio nazionale, caratterizzate da uno scenario di massima gravità e da un livello di rischio alto, individuate con ordinanze del Ministro della salute adottate ai sensi dell'articolo 3 del decreto del Presidente del Consiglio dei ministri del 3 novembre 2020 e dell'articolo 19-bis del presente decreto. Il contributo non spetta ai soggetti che hanno attivato la partita IVA a partire dal 25 ottobre 2020.

2. Con riferimento al contributo a fondo perduto di cui al comma 1, si applicano le disposizioni di cui ai commi da 3 a 11 dell'articolo 1. Il valore del contributo è calcolato in relazione alle percentuali riportate nell'Allegato 2.

3. Agli oneri derivanti dal presente articolo, valutati in 563 milioni di euro per l'anno 2020, conseguenti all'ordinanza del Ministro della salute del 4 novembre 2020, pubblicata nella Gazzetta Ufficiale n. 276 del 5 novembre 2020, si provvede ai sensi dell'articolo 34.

(1) Articolo inserito dall'articolo 1, comma 1, della Legge 18 dicembre 2020, n. 176, in sede di conversione.

1 *ter*. –Estensione dell'applicazione dell'articolo 1 ad ulteriori attività economiche. [1] – 1. Le disposizioni di cui all'articolo 1 si applicano anche ai soggetti che, alla data del 25 ottobre 2020, hanno la partita IVA attiva e, ai sensi dell'articolo 35 del decreto del Presidente della Repubblica 26 ottobre 1972, n. 633, abbiano dichiarato di svolgere come attività prevalente una di quelle riferite ai codici ATECO riportati nell'Allegato 4 al presente decreto.

2. Agli oneri derivanti dal presente articolo, valutati in 446 milioni di euro per l'anno 2020 e, in termini di fabbisogno e indebitamento netto, in 338 milioni di euro per l'anno 2021, si provvede ai sensi dell'articolo 34.

(1) Articolo inserito dall'articolo 1, comma 1, della Legge 18 dicembre 2020, n. 176, in sede di conversione.

1 *quater*. Fondo perequativo. [1] – 1. Per l'anno 2021 è istituito un Fondo nello stato di previsione del Ministero dell'economia e delle finanze con una dotazione di 5.300 milioni di euro per l'anno 2021, alimentato con quota parte delle maggiori entrate fiscali e contributive di cui agli articoli 13-quater, 13-quinquies, 13-septies e 13-novies del presente decreto, finalizzato alla perequazione delle misure fiscali e di ristoro concesse ai sensi del decreto-legge 17 marzo 2020, n. 18, convertito, con modificazioni, dalla legge 24 aprile 2020, n. 27, del decreto-legge 8 aprile 2020, n. 23, convertito, con modificazioni, dalla legge 5 giugno 2020, n. 40, del decreto-legge 19 maggio 2020, n. 34, convertito, con modificazioni, dalla legge 17 luglio 2020, n. 77, del decreto-legge 14 agosto 2020, n. 104, convertito, con modificazioni, dalla legge 13 ottobre 2020, n. 126, del decreto-legge 20 ottobre 2020, n. 129, nonché del presente decreto, per i soggetti che con i medesimi provvedimenti siano stati destinatari di sospensioni fiscali e contributive e che registrino una significativa perdita di fatturato. Per tali soggetti può essere previsto l'esonero totale o parziale dalla ripresa dei versamenti fiscali e contributivi sulla base dei parametri individuati con decreto del Presidente del Consiglio dei ministri, adottato, previa deliberazione del Consiglio dei ministri, su proposta del Ministro dell'economia e delle finanze e del Ministro dello sviluppo economico, acquisito il parere delle competenti Commissioni parlamentari da rendere entro sette giorni dalla trasmissione, decorsi i quali il decreto può essere adottato. Ai relativi oneri, pari a 5.300 milioni di euro per l'anno 2021, si provvede ai sensi dell'articolo 34. [2]

(1) Articolo inserito dall'articolo 1, comma 1, della Legge 18 dicembre 2020, n. 176, in sede di conversione.
(2) Per l'incremento del Fondo di cui al presente comma, vedi l'articolo 1, comma 163, della Legge 29 dicembre 2022, n. 197.

8. Credito d'imposta per i canoni di locazione degli immobili a uso non abitativo e affitto d'azienda. [A] – 1. Per le imprese operanti nei settori di cui ai codici ATECO riportati nell'Allegato 1 al presente decreto, indipenden-

VARIE

temente dal volume di ricavi e compensi registrato nel periodo d'imposta precedente, il credito d'imposta per i canoni di locazione degli immobili a uso non abitativo e affitto d'azienda di cui all'articolo 28 del decreto-legge 19 maggio 2020, n. 34, convertito, con modificazioni, dalla legge 17 luglio 2020, n. 77, spetta altresì con riferimento a ciascuno dei mesi di ottobre, novembre e dicembre [(1)].

2. Si applicano, in quanto compatibili, le disposizioni di cui al medesimo articolo 28 del decreto-legge 19 maggio 2020, n. 34, convertito, con modificazioni, dalla legge 17 luglio 2020, n. 77.

3. Le disposizioni del presente articolo si applicano nel rispetto dei limiti e delle condizioni previsti dalla Comunicazione della Commissione europea del 19 marzo 2020 C(2020) 1863 final "*Quadro temporaneo per le misure di aiuto di Stato a sostegno dell'economia nell'attuale emergenza del COVID-19*", e successive modifiche.

4. Agli oneri di cui al presente articolo, valutati in 274,5 milioni di euro per l'anno 2020 e in 91,5 milioni di euro per l'anno 2021 in termini di fabbisogno e indebitamento netto, si provvede ai sensi dell'articolo 34 [(2)].

[(A)] - In riferimento al presente articolo, vedi: Risposta Agenzia delle Entrate 17 marzo 2021, n. 185.
[(1)] Comma modificato dall'articolo 1, comma 1, della Legge 18 dicembre 2020, n. 176, in sede di conversione.
[(2)] Comma modificato dall'articolo 1, comma 1, della Legge 18 dicembre 2020, n. 176, in sede di conversione.

8 *bis*. Credito d'imposta per i canoni di locazione degli immobili a uso non abitativo e affitto d'azienda per le imprese interessate dalle nuove misure restrittive di cui al decreto del Presidente del Consiglio dei ministri del 3 novembre 2020. [(1)] – 1.Alle imprese operanti nei settori riferiti ai codici ATECO riportati nell'Allegato 2, nonché alle imprese che svolgono le attività di cui ai codici ATECO 79.1, 79.11 e 79.12 che hanno la sede operativa nelle aree del territorio nazionale, caratterizzate da uno scenario di massima gravità e da un livello di rischio alto, individuate con le ordinanze del Ministro della salute adottate ai sensi dell'articolo 3 del decreto del Presidente del Consiglio dei ministri del 3 novembre 2020 e dell'articolo 19-bis del presente decreto, spetta il credito d'imposta per i canoni di locazione degli immobili a uso non abitativo e affitto d'azienda di cui all'articolo 8 del presente decreto, con riferimento a ciascuno dei mesi di ottobre, novembre e dicembre 2020.

2. Agli oneri derivanti dal presente articolo, valutati in 234,3 milioni di euro per l'anno 2020 e 78,1 milioni di euro per l'anno 2021 in termini di indebitamento netto e fabbisogno, conseguenti all'ordinanza del Ministro della salute del 4 novembre 2020, pubblicata nella Gazzetta Ufficiale n. 276 del 5 novembre 2020, si provvede ai sensi dell'articolo 34.

[(1)] Articolo inserito dall'articolo 1, comma 1, della Legge 18 dicembre 2020, n. 176, in sede di conversione.

9. Cancellazione della seconda rata IMU concernente gli immobili e le relative pertinenze in cui si esercitano le attività riferite ai codici ATECO riportati nell'Allegato 1. [(1)] – 1. Ferme restando le disposizioni dell'articolo 78 del decreto-legge 14 agosto 2020, n. 104, convertito, con modificazioni, dalla legge 13 ottobre 2020, n. 126, in considerazione degli effetti connessi all'emergenza epidemiologica da COVID-19, per l'anno 2020, non è dovuta la seconda rata dell'imposta municipale propria (IMU) di cui all'articolo 1, commi da 738 a 783, della legge 27 dicembre 2019, n. 160, concernente gli immobili e le relative pertinenze in cui si esercitano le attività riferite ai codici ATECO riportati nell'Allegato 1 al presente decreto, a condizione che i relativi proprietari siano anche gestori delle attività ivi esercitate[(2)].

2. Le disposizioni del comma 1 si applicano nel rispetto dei limiti e delle condizioni previsti dalla Comunicazione della Commissione europea del 19 marzo 2020 C(2020) 1863 final «*Quadro temporaneo per le misure di aiuto di Stato a sostegno dell'economia nell'attuale emergenza del COVID-19*», e successive modifiche.

3. Per il ristoro ai comuni delle minori entrate derivanti dal comma 1, il Fondo di cui all'articolo 177, comma 2, del decreto-legge 19 maggio 2020, n. 34, convertito, con modificazioni, dalla legge 17 luglio 2020, n. 77, è incrementato di 112,7 milioni di euro per l'anno 2020. Alla ripartizione degli incrementi di cui al primo periodo si provvede con i decreti di cui al comma 5 dell'articolo 78 del decreto-legge n. 104 del 2020, che sono adottati entro sessanta giorni a far data dal 9 novembre 2020[(3)(4)].

4. Agli oneri derivanti dai commi 1 e 3 pari a 137 milioni di euro per l'anno 2020 si provvede ai sensi dell'articolo 34 [(5)].

[(1)] Rubrica modificata dall'articolo 1, comma 1, della Legge 18 dicembre 2020, n. 176, in sede di conversione.
[(2)] Comma modificato dall'articolo 1, comma 1, della Legge 18 dicembre 2020, n. 176, in sede di conversione.
[(3)] A norma dell'articolo 1, comma 1, del D.L. 9 novembre 2020, n. 149, il fondo di cui al presente comma è incrementato i 11,1 milioni di euro per l'anno 2020. Successivamente il D.L. 149/2020 è stato abrogato dall'articolo 1, comma 2, della Legge 18 dicembre 2020, n. 176.
[(4)] Comma modificato dall'articolo 1, comma 1, della Legge 18 dicembre 2020, n. 176, in sede di conversione.
[(5)] Comma modificato dall'articolo 1, comma 1, della Legge 18 dicembre 2020, n. 176, in sede di conversione.

9 *bis*. Cancellazione della seconda rata IMU concernente gli immobili e le relative pertinenze in cui si esercitano le attività riferite ai codici ATECO riportati nell'Allegato 2. [(1)] – 1. Ferme restando le disposizioni dell'articolo 78 del decreto-legge 14 agosto 2020, n. 104, convertito, con modificazioni, dalla legge 13 ottobre 2020, n. 126, e dell'articolo 9 del presente decreto, in considerazione degli effetti connessi all'emergenza epidemiologica da COVID-19, per l'anno 2020, non è dovuta la seconda rata dell'imposta municipale propria (IMU) di cui all'articolo 1, commi da 738 a 783, della legge 27 dicembre 2019, n. 160, che deve essere versata entro il 16 dicembre 2020, concernente gli immobili e le relative pertinenze in cui si esercitano le attività riferite ai codici ATECO riportati nell'Allegato 2, a condizione che i relativi proprietari siano anche gestori delle attività ivi esercitate e che gli immobili siano ubicati nei comuni delle aree del territorio nazionale, caratterizzate da uno scenario di massima gravità e da un livello di rischio alto, individuate, alla data del 26 novembre 2020, con ordinanze del Ministro della salute adottate ai sensi dell'articolo 3 del decreto del Presidente del Consiglio dei ministri del 3 novembre 2020 e dell'articolo 19-bis del presente decreto.

2. Per il ristoro ai comuni delle minori entrate derivanti

dal comma 1, il Fondo di cui all'articolo 177, comma 2, del decreto-legge 19 maggio 2020, n. 34, convertito, con modificazioni, dalla legge 17 luglio 2020, n. 77, è incrementato di 31,4 milioni di euro per l'anno 2020. Alla ripartizione degli incrementi di cui al primo periodo si provvede con i decreti di cui al comma 5 dell'articolo 78 del decreto-legge n. 104 del 2020, che sono adottati entro sessanta giorni a far data dal 9 novembre 2020.

3. Agli oneri derivanti dal presente articolo, pari a 38,7 milioni di euro per l'anno 2020, conseguenti all'ordinanza del Ministro della salute del 4 novembre 2020, pubblicata nella Gazzetta Ufficiale n. 276 del 5 novembre 2020, si provvede ai sensi dell'articolo 34.

(1) *Articolo inserito dall'articolo 1, comma 1, della Legge 18 dicembre 2020, n. 176, in sede di conversione.*

9 *ter*. Individuazione dei soggetti esenti dal versamento dell'IMU e disposizioni per il sostegno delle imprese di pubblico esercizio. (1) – 1.Le disposizioni di cui all'articolo 177, comma 1, lettera b), del decreto-legge 19 maggio 2020, n. 34, convertito, con modificazioni, dalla legge 17 luglio 2020, n. 77, all'articolo 78, comma 1, lettere b), d) ed e), del decreto-legge 14 agosto 2020, n. 104, convertito, con modificazioni, dalla legge 13 ottobre 2020, n. 126, e agli articoli 9, comma 1, e 9-bis, comma 1, del presente decreto si applicano ai soggetti passivi dell'imposta municipale propria (IMU), come individuati dal comma 743 dell'articolo 1 della legge 27 dicembre 2019, n. 160, che siano anche gestori delle attività economiche indicate dalle predette disposizioni.

2. Al fine di promuovere la ripresa delle attività turistiche, danneggiate dall'emergenza epidemiologica da COVID-19, le imprese di pubblico esercizio di cui all'articolo 5 della legge 25 agosto 1991, n. 287, titolari di concessioni o di autorizzazioni concernenti l'utilizzazione del suolo pubblico, tenuto conto di quanto stabilito dall'articolo 4, comma 3-quater, del decreto-legge 30 dicembre 2019, n. 162, convertito, con modificazioni, dalla legge 28 febbraio 2020, n. 8, già esonerate dal 1° maggio 2020 al 31 dicembre 2020, ai sensi dell'articolo 181, comma 1, del decreto-legge19 maggio 2020, n. 34, convertito, con modificazioni, dalla legge 17 luglio 2020, n. 77, sono esonerate, dal 1° gennaio 2021 al 31 dicembre 2021, dal pagamento del canone di cui all'articolo 1, commi 816 e seguenti, della legge 27 dicembre 2019, n. 160 (2)(3) .

3. In considerazione dell'emergenza epidemiologica da COVID-19, i titolari di concessioni o di autorizzazioni concernenti l'utilizzazione temporanea del suolo pubblico per l'esercizio del commercio su aree pubbliche, di cui al decreto legislativo 31 marzo 1998, n. 114, già esonerati dal 1° marzo 2020 al 15 ottobre 2020, ai sensi dell'articolo 181, comma 1-bis, del decreto-legge n. 34 del 2020, sono esonerati, dal 1° gennaio 2021 al 31 dicembre 2021, dal pagamento del canone di cui all'articolo 1, commi 837 e seguenti, della legge n. 160 del 2019 (4)(5) .

4. A far data dal 1° gennaio 2021 e fino al 31 dicembre 2021, le domande di nuove concessioni per l'occupazione di suolo pubblico o di ampliamento delle superfici già concesse sono presentate in via telematica all'ufficio competente dell'ente locale, con allegata la sola planimetria, in deroga al regolamento di cui al decreto del Presidente della Repubblica 7 settembre 2010, n. 160, e senza applicazione dell'imposta di bollo di cui al decreto del Presidente della Repubblica 26 ottobre 1972, n. 642.(6)(7)

5. Ai soli fini di assicurare il rispetto delle misure di distanziamento connesse all'emergenza da COVID-19, a far data dal 1° gennaio 2021 e comunque non oltre il 31 dicembre 2021, la posa in opera temporanea su vie, piazze, strade e altri spazi aperti di interesse culturale o paesaggistico, da parte dei soggetti di cui al comma 2, di strutture amovibili, quali dehors, elementi di arredo urbano, attrezzature, pedane, tavolini, sedute e ombrelloni, purché funzionali all'attività di cui all'articolo 5 della legge n. 287 del 1991, non è subordinata alle autorizzazioni di cui agli articoli 21 e 146 del codice di cui al decreto legislativo 22 gennaio 2004, n. 42. Per la posa in opera delle strutture amovibili di cui al periodo precedente è disapplicato il limite temporale di cui all'articolo 6, comma 1, lettera e-bis), del testo unico di cui al decreto del Presidente della Repubblica 6 giugno 2001, n. 380 (8)(9) .

6. Per il ristoro ai comuni delle minori entrate derivanti dai commi 2 e 3, è istituito, nello stato di previsione del Ministero dell'interno, un fondo con una dotazione di 330 milioni di euro per l'anno 2021. Alla ripartizione del fondo tra gli enti interessati si provvede con uno o più decreti del Ministro dell'interno, di concerto con il Ministro dell'economia e delle finanze, d'intesa con la Conferenza Stato-città ed autonomie locali, da adottare entro il 30 giugno 2021. Nel caso in cui ricorra la condizione prevista dal comma 3 dell'articolo 3 del decreto legislativo 28 agosto 1997, n. 281, il decreto è comunque adottato (10) .

7. All'onere derivante dai commi da 2 a 6, pari a 82,5 milioni di euro per l'anno 2021, si provvede mediante corrispondente riduzione del Fondo di cui all'articolo 1, comma 200, della legge 23 dicembre 2014, n. 190, come rifinanziato dall'articolo 34, comma 6, del presente decreto.

8. All'articolo 10, comma 5, primo periodo, del decreto-legge 16 luglio 2020, n. 76, convertito, con modificazioni, dalla legge 11 settembre 2020, n. 120, sono apportate le seguenti modificazioni:

a) la parola: "*adiacenti*" è sostituita dalla seguente: "*prospicienti*";

b) la parola: "*particolare*" è sostituita dalla seguente: "*eccezionale*".

(1) *Articolo inserito dall'articolo 1, comma 1, della Legge 18 dicembre 2020, n. 176, in sede di conversione.*
(2) *Comma modificato dall'articolo 30, comma 1, lettera a), del D.L. 22 marzo 2021, n. 41, convertito con modificazioni dalla Legge 21 maggio 2021, n. 69. Vedi inoltre l'articolo 42, comma 10, del medesimo D.L. 41 del 2021.*
(3) *A norma dell'articolo 1, comma 706, della Legge 30 dicembre 2021, n. 234, disposizioni in materia di esonero di cui al presente comma, sono prorogate fino al 31 marzo 2022.*
(4) *Comma modificato dall'articolo 30, comma 1, lettera a), del D.L. 22 marzo 2021, n. 41, convertito con modificazioni dalla Legge 21 maggio 2021, n. 69.*
(5) *A norma dell'articolo 1, comma 706, della Legge 30 dicembre 2021, n. 234, disposizioni in materia di esonero di cui al presente comma, sono prorogate fino al 31 marzo 2022.*
(6) *Comma modificato dall'articolo 30, comma 1, lettera b), del D.L. 22 marzo 2021, n. 41, convertito con modificazioni dalla Legge 21 maggio 2021, n. 69.*
(7) *A norma dell'articolo 1, comma 706, della Legge 30 dicembre 2021, n. 234, disposizioni in materia di esonero di cui al presente comma, sono prorogate fino al 31 marzo 2022. A norma dell'articolo 3-quinques , del D.L. 30 dicembre 2021, n. 228, convertito con modificazioni dalla Legge 25 febbraio 2022, n. 15, fermo restando le disposizioni dell'articolo 1, comma 706, della*

Legge 30 dicembre 2021, n. 234, l'applicazione del presente comma è prorogata al 30 giugno 2022. Per la proroga delle autorizzazioni concernenti l'utilizzazione temporanea del suolo pubblico vedi l'articolo 10-ter del D.L 21 marzo 2022, n. 21, convertito con modificazioni dalla Legge 20 maggio 2022, n. 51.

(8) *Comma modificato dall'articolo 30, comma 1, lettera b), del D.L. 22 marzo 2021, n. 41, convertito con modificazioni dalla Legge 21 maggio 2021, n. 69.*

(8) *A norma dell'articolo 1, comma 706, della Legge 30 dicembre 2021, n. 234, disposizioni in materia di esonero di cui al presente comma, sono prorogate fino al 31 marzo 2022. A norma dell'articolo 3-quinques , del D.L. 30 dicembre 2021, n. 228, convertito con modificazioni dalla Legge 25 febbraio 2022, n. 15, fermo restando le disposizioni dell'articolo 1, comma 706, della Legge 30 dicembre 2021, n. 234, l'applicazione del presente comma è prorogata al 30 giugno 2022. Per la proroga delle autorizzazioni concernenti l'utilizzazione temporanea del suolo pubblico vedi l'articolo 10-ter del D.L 21 marzo 2022, n. 21, convertito con modificazioni dalla Legge 20 maggio 2022, n. 51. Per la proroga dell'applicazione delle disposizioni di cui al presente comma, salvo disdetta dell'interessato, vedi l'articolo 40, comma 1, del D.L. 23 settembre 2022, n. 144, convertito con modificazioni dalla Legge 17 novembre 2022, n. 175.*

(10) *Comma modificato dall'articolo 30, comma 1, lettera c), del D.L. 22 marzo 2021, n. 41, convertito con modificazioni dalla Legge 21 maggio 2021, n. 69.*

9 *quater*. Fondo per la sostenibilità del pagamento degli affitti di unità immobiliari residenziali. (1) – 1.Per l'anno 2021, al locatore di immobile ad uso abitativo, ubicato in un comune ad alta tensione abitativa, che costituisca l'abitazione principale del locatario, che riduce il canone del contratto di locazione in essere alla data del 29 ottobre 2020, è riconosciuto, nel limite massimo di spesa di cui al comma 4, un contributo a fondo perduto fino al 50 per cento della riduzione del canone, entro il limite massimo annuo di 1.200 euro per singolo locatore.

2. Ai fini del riconoscimento del contributo di cui al comma 1, il locatore comunica, in via telematica, all'Agenzia delle entrate la rinegoziazione del canone di locazione e ogni altra informazione utile ai fini dell'erogazione del contributo.

3. Con provvedimento del direttore dell'Agenzia delle entrate da adottare entro sessanta giorni dalla data di entrata in vigore della legge di conversione del presente decreto, sono individuate le modalità applicative del presente articolo, la percentuale di riduzione del canone mediante riparto proporzionale in relazione alle domande presentate, anche ai fini del rispetto del limite di spesa di cui al comma 4, nonché le modalità di monitoraggio delle comunicazioni di cui al comma 2.

4. Per le finalità di cui al comma 1, è istituito nello stato di previsione del Ministero delle infrastrutture e dei trasporti un fondo denominato "*Fondo per la sostenibilità del pagamento degli affitti di unità immobiliari residenziali*", con una dotazione pari a 50 milioni di euro per l'anno 2021(2).

5. Agli oneri derivanti dall'attuazione del presente articolo, pari a 50 milioni di euro per l'anno 2021, si provvede mediante corrispondente riduzione del Fondo di cui all'articolo 1, comma 200, della legge 23 dicembre 2014, n. 190, come rifinanziato dall'articolo 34, comma 6, del presente decreto.

(1) *Articolo inserito dall'articolo 1, comma 1, della Legge 18 dicembre 2020, n. 176, in sede di conversione.*

(2) *A norma dell'articolo 42, comma 7, del D.L. 22 marzo 2021, n. 41, convertito, con modificazioni, in Legge 21 maggio 2021, n. 69, il fondo di cui al presente comma è incrementato di un importo pari a 50 milioni di euro per l'anno 2021.*

9 *quinquies*. Estensione della proroga del termine di versamento del secondo acconto per i soggetti che applicano gli indici sintetici di affidabilità fiscale. (1) – 1. Nei confronti dei soggetti che esercitano attività economiche per le quali sono stati approvati gli indici sintetici di affidabilità fiscale, individuati dall'articolo 98, comma 1, del decreto-legge 14 agosto 2020, n. 104, convertito, con modificazioni, dalla legge 13 ottobre 2020, n. 126, operanti nei settori economici riferiti ai codici ATECO riportati nell'Allegato 1 e nell'Allegato 2, aventi domicilio fiscale o sede operativa nelle aree del territorio nazionale, caratterizzate da uno scenario di massima gravità e da un livello di rischio alto, individuate con le ordinanze del Ministro della salute adottate ai sensi dell'articolo 3 del decreto del Presidente del Consiglio dei ministri del 3 novembre 2020 e dell'articolo 19-bis del presente decreto, ovvero esercenti l'attività di gestione di ristoranti nelle aree del territorio nazionale, caratterizzate da uno scenario di elevata gravità e da un livello di rischio alto, individuate con le ordinanze del Ministro della salute adottate ai sensi dell'articolo 2 del decreto del Presidente del Consiglio dei ministri del 3 novembre 2020 e dell'articolo 19-bis del presente decreto, la proroga al 30 aprile 2021 del termine relativo al versamento della seconda o unica rata dell'acconto delle imposte sui redditi e dell'imposta regionale sulle attività produttive (IRAP), dovuto per il periodo d'imposta successivo a quello in corso al 31 dicembre 2019, prevista dall'articolo 98, comma 1, del decreto-legge n. 104 del 2020, si applica indipendentemente dalla diminuzione del fatturato o dei corrispettivi indicata nel comma 2 del medesimo articolo 98. Non si fa luogo al rimborso di quanto già versato.

2. Agli oneri derivanti dal presente articolo, valutati in 35,8 milioni di euro per l'anno 2020, conseguenti all'ordinanza del Ministro della salute del 4 novembre 2020, pubblicata nella Gazzetta Ufficiale n. 276 del 5 novembre 2020, si provvede ai sensi dell'articolo 34.

(1) *Articolo inserito dall'articolo 1, comma 1, della Legge 18 dicembre 2020, n. 176, in sede di conversione.*

10. Proroga del termine per la presentazione del modello 770. – 1. Il termine per la presentazione della dichiarazione dei sostituti d'imposta di cui all'articolo 4, comma 1, del Decreto del Presidente della Repubblica 22 luglio 1998, n. 322, relativa all'anno di imposta 2019, è prorogato al 10 dicembre 2020.

Articolo 10 bis

(Detassazione di contributi, di indennità e di ogni altra misura a favore di imprese e lavoratori autonomi, relativi all'emergenza COVID-19)(1)(A)

1. I contributi e le indennità di qualsiasi natura erogati in via eccezionale a seguito dell'emergenza epidemiologica da COVID-19 e diversi da quelli esistenti prima della medesima emergenza, da chiunque erogati e indipendentemente dalle modalità di fruizione e contabilizzazione, spettanti ai soggetti esercenti impresa, arte o professione, nonché ai lavoratori autonomi, non concorrono alla formazione del reddito imponibile ai fini delle imposte sui redditi e del valore della produzione ai fini dell'imposta regionale sulle attività produttive (IRAP) e non rilevano ai fini del rapporto di cui agli articoli 61 e 109, comma 5, del testo unico delle imposte

sui redditi, di cui al decreto del Presidente della Repubblica 22 dicembre 1986, n. 917.

[*2. Le disposizioni di cui al comma 1 si applicano, nel rispetto dei limiti e delle condizioni previsti dalla comunicazione della Commissione europea del 19 marzo 2020 C(2020) 1863 final "Quadro temporaneo per le misure di aiuto di Stato a sostegno dell'economia nell'attuale emergenza del COVID-19", e successive modifiche, alle misure deliberate successivamente alla dichiarazione dello stato di emergenza sul territorio nazionale avvenuta con delibera del Consiglio dei ministri del 31 gennaio 2020, e successive proroghe.*] (2)

(A) *In riferimento al presente articolo vedi: Risposta Agenzia delle Entrate 3 febbraio 2021, n. 84; Risposta Agenzia delle Entrate 15 marzo 2021, n. 173; Risposta Agenzia delle Entrate 20 aprile 2021, n. 272*

(1) *Articolo inserito dall'articolo 1, comma 1, della Legge 18 dicembre 2020, n. 176, in sede di conversione.*

(2) *Comma abrogato dall'articolo 1-bis, del D.L. 25 maggio 2021, n. 73, convertito, con modificazioni, dalla Legge 23 luglio 2021, n. 106.*

13 *ter*. Sospensione dei versamenti tributari. (1) – 1. Per i soggetti che esercitano le attività economiche sospese ai sensi dell'articolo 1 del decreto del Presidente del Consiglio dei ministri del 3 novembre 2020, aventi domicilio fiscale, sede legale o sede operativa in qualsiasi area del territorio nazionale, per i soggetti che esercitano le attività dei servizi di ristorazione che hanno domicilio fiscale, sede legale o sede operativa nelle aree del territorio nazionale, caratterizzate da uno scenario di elevata o massima gravità e da un livello di rischio alto, individuate con le ordinanze del Ministro della salute adottate ai sensi degli articoli 2 e 3 del decreto del Presidente del Consiglio dei ministri del 3 novembre 2020 e dell'articolo 19-bis del presente decreto, nonché per i soggetti che operano nei settori economici riferiti ai codici ATECO riportati nell'Allegato 2, ovvero esercitano l'attività alberghiera, l'attività di agenzia di viaggio o quella di tour operator, e che hanno domicilio fiscale, sede legale o sede operativa nelle aree del territorio nazionale, caratterizzate da uno scenario di massima gravità e da un livello di rischio alto, individuate con le ordinanze del Ministro della salute adottate ai sensi dell'articolo 3 del decreto del Presidente del Consiglio dei ministri del 3 novembre 2020 e dell'articolo 19-bis del presente decreto, sono sospesi i termini che scadono nel mese di novembre 2020 relativi:

a) ai versamenti relativi alle ritenute alla fonte, di cui agli articoli 23 e 24 del decreto del Presidente della Repubblica 29 settembre 1973, n. 600, e alle trattenute relative all'addizionale regionale e comunale, che i predetti soggetti operano in qualità di sostituti d'imposta. Conseguentemente sono regolati i rapporti finanziari per garantire la neutralità finanziaria per lo Stato, le regioni e i comuni;

b) ai versamenti relativi all'imposta sul valore aggiunto.

2. Non si fa luogo al rimborso di quanto già versato.

3. I versamenti sospesi ai sensi del comma 1 sono effettuati, senza applicazione di sanzioni e interessi, in un'unica soluzione entro il 16 marzo 2021 o mediante rateizzazione fino a un massimo di quattro rate mensili di pari importo, con il versamento della prima rata entro il 16 marzo 2021.

4. Agli oneri derivanti dal presente articolo, valutati in 549 milioni di euro per l'anno 2020, conseguenti all'ordinanza del Ministro della salute del 4 novembre 2020, pubblicata nella Gazzetta Ufficiale n. 276 del 5 novembre 2020, si provvede ai sensi dell'articolo 34.

(1) *Articolo inserito dall'articolo 1, comma 1, della Legge 18 dicembre 2020, n. 176, in sede di conversione.*

13 *quater*. Sospensione dei versamenti tributari e contributivi in scadenza nel mese di dicembre. (1) – 1.Per i soggetti esercenti attività d'impresa, arte o professione, che hanno il domicilio fiscale, la sede legale o la sede operativa nel territorio dello Stato, con ricavi o compensi non superiori a 50 milioni di euro nel periodo d'imposta precedente a quello in corso alla data di entrata in vigore del presente decreto e che hanno subito una diminuzione del fatturato o dei corrispettivi di almeno il 33 per cento nel mese di novembre dell'anno 2020 rispetto allo stesso mese dell'anno precedente, sono sospesi i termini che scadono nel mese di dicembre 2020 relativi:

a) ai versamenti delle ritenute alla fonte, di cui agli articoli 23 e 24 del decreto del Presidente della Repubblica 29 settembre 1973, n. 600, e delle trattenute relative all'addizionale regionale e comunale, che i predetti soggetti operano in qualità di sostituti d'imposta. Conseguentemente sono regolati i rapporti finanziari per garantire la neutralità finanziaria per lo Stato, le regioni e i comuni;

b) ai versamenti relativi all'imposta sul valore aggiunto;

c) ai versamenti dei contributi previdenziali e assistenziali.

2. I versamenti di cui al comma 1 sono sospesi anche per i soggetti esercenti attività d'impresa, arte o professione, che hanno il domicilio fiscale, la sede legale o la sede operativa nel territorio dello Stato e che hanno intrapreso l'attività di impresa, di arte o professione, in data successiva al 30 novembre 2019.

3. Le disposizioni di cui al comma 1 si applicano, a prescindere dai requisiti relativi ai ricavi o compensi e alla diminuzione del fatturato o dei corrispettivi stabiliti nel comma 1, ai soggetti che esercitano le attività economiche sospese ai sensi dell'articolo 1 del decreto del Presidente del Consiglio dei ministri del 3 novembre 2020, aventi domicilio fiscale, sede legale o sede operativa in qualsiasi area del territorio nazionale, ai soggetti che esercitano le attività dei servizi di ristorazione che hanno domicilio fiscale, sede legale o sede operativa nelle aree del territorio nazionale, caratterizzate da uno scenario di elevata o massima gravità e da un livello di rischio alto, come individuate alla data del 26 novembre 2020 con le ordinanze del Ministro della salute adottate ai sensi degli articoli 2 e 3 del decreto del Presidente del Consiglio dei ministri del 3 novembre 2020 e dell'articolo 19-bis del presente decreto, nonché ai soggetti che operano nei settori economici riferiti ai codici ATECO riportati nell'Allegato 2, ovvero esercitano l'attività alberghiera, l'attività di agenzia di viaggio o di tour operator, e che hanno domicilio fiscale, sede legale o sede operativa nelle aree del territorio nazionale, caratterizzate da uno scenario di massima gravità e da un livello di rischio alto, come individuate alla data del 26 novembre 2020 con le ordinanze del Ministro della salute adottate ai sensi dell'articolo 3 del decreto del Presidente del Consiglio dei ministri del 3 novembre 2020 e dell'articolo 19-bis del presente decreto.

4. I versamenti sospesi ai sensi dei commi 1, 2 e 3 sono effettuati, senza applicazione di sanzioni e interessi, in un'unica soluzione entro il 16 marzo 2021 o mediante rateizzazione, fino a un massimo di quattro rate mensili di pari importo, con il versamento della prima rata entro il 16 marzo

2021. Non si fa luogo al rimborso di quanto già versato.

5. Agli oneri derivanti dal presente articolo, valutati in 3.925 milioni di euro per l'anno 2020, si provvede ai sensi dell'articolo 34.

(1) Articolo inserito dall'articolo 1, comma 1, della Legge 18 dicembre 2020, n. 176, in sede di conversione.

13 *quinquies*. Proroga del termine di versamento del secondo acconto delle imposte sui redditi e dell'IRAP. (1) – 1.Per i soggetti esercenti attività d'impresa, arte o professione, che hanno il domicilio fiscale, la sede legale o la sede operativa nel territorio dello Stato, il termine di versamento della seconda o unica rata dell'acconto delle imposte sui redditi e dell'IRAP in scadenza il 30 novembre 2020 è prorogato al 10 dicembre 2020.

2. Restano ferme le disposizioni di cui all'articolo 98 del decreto-legge 14 agosto 2020, n. 104, convertito, con modificazioni, dalla legge 13 ottobre 2020, n. 126, e all'articolo 9-quinquies del presente decreto, che disciplinano la proroga del termine di versamento della seconda o unica rata dell'acconto delle imposte sui redditi e dell'IRAP per i soggetti che applicano gli indici sintetici di affidabilità fiscale.

3. Per i soggetti esercenti attività d'impresa, arte o professione, che hanno il domicilio fiscale, la sede legale o la sede operativa nel territorio dello Stato, con ricavi o compensi non superiori a 50 milioni di euro nel periodo d'imposta precedente a quello in corso alla data di entrata in vigore del presente decreto e che hanno subito una diminuzione del fatturato o dei corrispettivi di almeno il 33 per cento nel primo semestre dell'anno 2020 rispetto allo stesso periodo dell'anno precedente, il termine di versamento della seconda o unica rata dell'acconto delle imposte sui redditi e dell'IRAP, dovuto per il periodo d'imposta successivo a quello in corso al 31 dicembre 2019, è prorogato al 30 aprile 2021.

4. Le disposizioni di cui al comma 3 si applicano altresì, a prescindere dai requisiti relativi ai ricavi o compensi e alla diminuzione del fatturato o dei corrispettivi stabiliti nel suddetto comma, ai soggetti esercenti attività d'impresa, arte o professione che operano nei settori economici riferiti ai codici ATECO riportati negli Allegati 1 e 2, aventi domicilio fiscale o sede operativa nelle aree del territorio nazionale, caratterizzate da uno scenario di massima gravità e da un livello di rischio alto, come individuate alla data del 26 novembre 2020 con le ordinanze del Ministro della salute adottate ai sensi dell'articolo 3 del decreto del Presidente del Consiglio dei ministri del 3 novembre 2020 e dell'articolo 19-bis del presente decreto, ovvero per gli esercenti servizi di ristorazione nelle aree del territorio nazionale, caratterizzate da uno scenario di elevata gravità e da un livello di rischio alto, come individuate alla medesima data del 26 novembre 2020 con le ordinanze del Ministro della salute adottate ai sensi dell'articolo 2 del decreto del Presidente del Consiglio dei ministri del 3 novembre 2020 e dell'articolo 19-bis del presente decreto.

5. I versamenti sospesi ai sensi dei commi 3 e 4 sono effettuati, senza applicazione di sanzioni e interessi, in un'unica soluzione entro il 30 aprile 2021 o mediante rateizzazione fino a un massimo di quattro rate mensili di pari importo, con il versamento della prima rata entro il 30 aprile 2021. Non si fa luogo al rimborso di quanto già versato.

6. All'articolo 42-bis, comma 5, del decreto-legge 14 agosto 2020, n. 104, convertito, con modificazioni, dalla legge 13 ottobre 2020, n. 126, le parole: "*30 novembre 2020*" sono sostituite dalle seguenti: "*30 aprile 2021*".

7. Agli oneri derivanti dai commi 3 e 4, valutati in 1.759 milioni di euro per l'anno 2020, si provvede ai sensi dell'articolo 34.

(1) Articolo inserito dall'articolo 1, comma 1, della Legge 18 dicembre 2020, n. 176, in sede di conversione.

13 *sexies*. Proroga del termine per la presentazione della dichiarazione in materia di imposte sui redditi e IRAP. (1) – 1. Il termine per la presentazione in via telematica della dichiarazione in materia di imposte sui redditi e di imposta regionale sulle attività produttive, di cui all'articolo 2 del regolamento di cui al decreto del Presidente della Repubblica 22 luglio 1998, n. 322, in scadenza il 30 novembre 2020, è prorogato al 10 dicembre 2020.

(1) Articolo inserito dall'articolo 1, comma 1, della Legge 18 dicembre 2020, n. 176, in sede di conversione.

13 *septies*. Proroga del termine per le definizioni agevolate. (1) – 1.All'articolo 68, comma 3, del decreto-legge 17 marzo 2020, n. 18, convertito, con modificazioni, dalla legge 24 aprile 2020, n. 27, le parole: "*10 dicembre 2020*" sono sostituite dalle seguenti: "*1° marzo 2021*".

2. Agli oneri derivanti dal presente articolo si provvede ai sensi dell'articolo 34.

(1) Articolo inserito dall'articolo 1, comma 1, della Legge 18 dicembre 2020, n. 176, in sede di conversione.

13 *octies*. Proroga dell'accesso al cosiddetto Fondo Gasparrini. (1) – 1.All'articolo 12 del decreto-legge 8 aprile 2020, n. 23, convertito, con modificazioni, dalla legge 5 giugno 2020, n. 40, sono apportate le seguenti modificazioni:

a) al comma 2, le parole: "*nove mesi*" sono sostituite dalle seguenti: "*ventiquattro mesi*";

b) al comma 2-bis, le parole: "*31 dicembre 2020*" sono sostituite dalle seguenti: "*31 dicembre 2021*".

(1) Articolo inserito dall'articolo 1, comma 1, della Legge 18 dicembre 2020, n. 176, in sede di conversione.

13 *nonies*. Proroga dei termini per i versamenti del prelievo erariale unico sugli apparecchi di cui all'articolo 110, comma 6, lettera a. e lettera b), del testo unico di cui al regio decreto 18 giugno 1931, n. 773)(1) – 1. Il versamento del saldo del prelievo erariale unico sugli apparecchi di cui all'articolo 110, comma 6, lettera a) e lettera b), del testo unico delle leggi di pubblica sicurezza, di cui al regio decreto 18 giugno 1931, n. 773, e del canone concessorio del quinto bimestre 2020 è effettuato in misura pari al 20 per cento del dovuto sulla base della raccolta di gioco del medesimo bimestre, con scadenza entro il 18 dicembre 2020. La restante quota, pari all'80 per cento, può essere versata con rate mensili di pari importo, con debenza degli interessi legali calcolati giorno per giorno. La prima rata è versata entro il 22 gennaio 2021 e le successive entro l'ultimo giorno di ciascun mese successivo; l'ultima rata è versata entro il 30 giugno 2021.

2. Agli oneri derivanti dal presente articolo, valutati in 559 milioni di euro per l'anno 2020, si provvede ai sensi dell'articolo 34.

(1) *Articolo inserito dall'articolo 1, comma 1, della Legge 18 dicembre 2020, n. 176, in sede di conversione.*

13 *decies*. Razionalizzazione dell'istituto della rateizzazione (1. – 1.All'articolo 19 del decreto del Presidente della Repubblica 29 settembre 1973, n. 602, sono apportate le seguenti modificazioni:

a) il comma 1-quater è sostituito dal seguente:

"*1-quater. A seguito della presentazione della richiesta di cui al comma 1 e fino alla data dell'eventuale rigetto della stessa richiesta ovvero dell'eventuale decadenza dalla dilazione ai sensi del comma 3:*

a) sono sospesi i termini di prescrizione e decadenza;

b) non possono essere iscritti nuovi fermi amministrativi e ipoteche, fatti salvi quelli già iscritti alla data di presentazione;

c) non possono essere avviate nuove procedure esecutive";

b) dopo il comma 1-quater sono inseriti i seguenti:

"*1-quater.1. Non può in nessun caso essere concessa la dilazione delle somme oggetto di verifica effettuata, ai sensi dell'articolo 48-bis, in qualunque momento antecedente alla data di accoglimento della richiesta di cui al comma 1.*

1-quater.2. Il pagamento della prima rata determina l'estinzione delle procedure esecutive precedentemente avviate, a condizione che non si sia ancora tenuto l'incanto con esito positivo o non sia stata presentata istanza di assegnazione, ovvero il terzo non abbia reso dichiarazione positiva o non sia stato già emesso provvedimento di assegnazione dei crediti pignorati".

2. Le disposizioni del comma 1 si applicano ai provvedimenti di accoglimento emessi con riferimento alle richieste di rateazione presentate a decorrere dal 30 novembre 2020.

3. Con riferimento alle richieste di rateazione presentate a decorrere dalla medesima data di cui al comma 2 e fino al 31 dicembre 2021, in deroga a quanto disposto dall'articolo 19, comma 1, ultimo periodo, del citato decreto del Presidente della Repubblica n. 602 del 1973, la temporanea situazione di obiettiva difficoltà è documentata, ai fini della relativa concessione, nel caso in cui le somme iscritte a ruolo sono di importo superiore a 100.000 euro.

4. Relativamente ai provvedimenti di accoglimento emessi con riferimento alle richieste di rateazione di cui al comma 3, gli effetti di cui all'articolo 19, comma 3, lettere a), b) e c), del decreto del Presidente della Repubblica n. 602 del 1973 si determinano in caso di mancato pagamento, nel periodo di rateazione, di dieci rate, anche non consecutive.

5. I carichi contenuti nei piani di dilazione per i quali, anteriormente alla data di inizio della sospensione di cui ai commi 1 e 2-bis dell'articolo 68 del decreto-legge 17 marzo 2020, n. 18, convertito, con modificazioni, dalla legge 24 aprile 2020, n. 27, è intervenuta la decadenza dal beneficio possono essere nuovamente dilazionati ai sensi dell'articolo 19 del decreto del Presidente della Repubblica n. 602 del 1973, presentando la richiesta di rateazione entro il 31 dicembre 2021, senza necessità di saldare le rate scadute alla data di relativa presentazione. Ai provvedimenti di accoglimento si applicano le disposizioni del comma 4.

5-bis. Le disposizioni del comma 5, primo periodo, si applicano anche alle richieste di rateazione relative ai carichi di cui allo stesso comma 5, presentate dal 1° gennaio 2022 al 30 aprile 2022. Con riferimento a tali richieste restano definitivamente acquisite le somme eventualmente già versate anche ai sensi dell' articolo 19, comma 3, lettera c), del decreto del Presidente della Repubblica 29 settembre 1973, n. 602 (2).

6. All'articolo 68, comma 3-bis, del decreto-legge 17 marzo 2020, n. 18, convertito, con modificazioni, dalla legge 24 aprile 2020, n. 27, è aggiunto, in fine, il seguente periodo: "*Tali dilazioni possono essere accordate anche relativamente ai debiti per i quali, alla medesima data, si è determinata l'inefficacia delle definizioni di cui all'articolo 6 del decreto-legge 22 ottobre 2016, n. 193, convertito, con modificazioni, dalla legge 1° dicembre 2016, n. 225, e all'articolo 1, commi da 4 a 10-quater, del decreto-legge 16 ottobre 2017, n. 148, convertito, con modificazioni, dalla legge 4 dicembre 2017, n. 172, in deroga alle previsioni in essi contenute*".

(1) *Articolo inserito dall'articolo 1, comma 1, della Legge 18 dicembre 2020, n. 176, in sede di conversione.*
(2) *Comma inserito dall'articolo 2-ter, comma 1, del D.L. 30 dicembre 2021, n. 228, convertito con modificazioni dalla Legge 25 febbraio 2022, n. 15.*

13 *undecies*. Disposizioni in materia di contribuzione volontaria. (1) – 1. In via eccezionale, in considerazione della situazione di emergenza epidemiologica da COVID-19, in deroga a quanto stabilito dall'articolo 8, comma 3, del decreto legislativo 30 aprile 1997, n. 184, i versamenti dei contributi volontari all'INPS, dovuti per il periodo dal 31 gennaio 2020 al 31 dicembre 2020, sono considerati validi anche se effettuati in ritardo, purché entro i due mesi successivi e comunque entro il 28 febbraio 2021.

2. All'onere derivante dal comma 1, pari a 1 milione di euro per l'anno 2021, si provvede mediante corrispondente riduzione del Fondo di cui all'articolo 1, comma 200, della legge 23 dicembre 2014, n. 190, come rifinanziato dall'articolo 34, comma 6, del presente decreto.

(1) *Articolo inserito dall'articolo 1, comma 1, della Legge 18 dicembre 2020, n. 176, in sede di conversione.*

13 *duodecies*. Disposizioni di adeguamento e di compatibilità degli aiuti con le disposizioni europee. (1)(2) – 1. Per la classificazione e l'aggiornamento delle aree del territorio nazionale, caratterizzate da uno scenario di elevata o massima gravità e da un livello di rischio alto, si rinvia alle ordinanze del Ministro della salute adottate ai sensi dell'articolo 19-bis.

2. Agli oneri derivanti dall'estensione delle misure di cui agli articoli 1, 1-bis, 8-bis, 9-bis, 9-quinquies, 13-bis, 13-ter, 13-terdecies e 22-bis, anche in conseguenza delle ordinanze del Ministro della salute del 10 novembre 2020, pubblicata nella Gazzetta Ufficiale n. 280 del 10 novembre 2020, del 13 novembre 2020, pubblicata nella Gazzetta Ufficiale n. 284 del 14 novembre 2020, e del 20 novembre 2020, pubblicata nella Gazzetta Ufficiale n. 290 del 21 novembre 2020, nonché in conseguenza delle eventuali successive ordinanze del Ministro della salute, adottate ai sensi dell'articolo 19-bis, si provvede nei limiti del fondo allo scopo istituito nello stato di previsione del Ministero dell'economia e delle finanze, con una dotazione di 1.790 milioni di euro per l'anno 2020 e 190,1 milioni di euro per l'anno 2021.

3. Le risorse del fondo di cui al comma 2 sono utilizzate anche per le eventuali regolazioni contabili mediante versamento sulla contabilità speciale n. 1778, intestata: "*Agenzia*

delle Entrate - Fondi di bilancio". In relazione alle maggiori esigenze derivanti dall'attuazione degli articoli 9-bis, 13-bis, 13-terdecies e 22-bis, il Ministro dell'economia e delle finanze è autorizzato ad apportare, nei limiti delle risorse disponibili del fondo di cui al comma 2, le occorrenti variazioni di bilancio anche in conto residui.

4. Le risorse del fondo non utilizzate alla fine dell'esercizio finanziario 2020 sono conservate nel conto dei residui per essere utilizzate per le medesime finalità previste dal comma 2 anche negli esercizi successivi.

5. Le disposizioni di cui agli articoli 1, 1-bis, 8-bis e 9-bis si applicano nel rispetto dei limiti e delle condizioni previsti dalla comunicazione della Commissione europea del 19 marzo 2020

C(2020) 1863 final "*Quadro temporaneo per le misure di aiuto di Stato a sostegno dell'economia nell'attuale emergenza del COVID-19*", e successive modificazioni.

6. Agli oneri derivanti dal presente articolo si provvede ai sensi dell'articolo 34.

[1] *Articolo inserito dall'articolo 1, comma 1, della Legge 18 dicembre 2020, n. 176, in sede di conversione.*

[2] *A norma dell'articolo 77 comma 6, del D.L. 25 maggio 2021, n. 73, non ancora convertito in Legge, il Fondo di cui al presente articolo, è incrementato di 100 milioni di euro per l'anno 2021 e 130 milioni di euro per l'anno 2022.*

13 septiesdecies. Modifiche all'articolo 42-bis del decreto-legge 14 agosto 2020, n. 104, convertito, con modificazioni, dalla legge 13 ottobre 2020, n. 126. [1] – 1. All'articolo 42-bis del decreto-legge 14 agosto 2020, n. 104, convertito, con modificazioni, dalla legge 13 ottobre 2020, n. 126, sono apportate le seguenti modificazioni:

a) al comma 1, dopo le parole: "*21 dicembre 2020*" sono inserite le seguenti: "*o scaduti nelle annualità 2018 e 2019*" e dopo le parole: "*sono effettuati*" sono inserite le seguenti: "*, nel limite del 40 per cento dell'importo dovuto, ad eccezione dell'imposta sul valore aggiunto (IVA),*";

b) dopo il comma 1 è inserito il seguente:

"*1-bis. Per i soggetti che svolgono attività economica, la riduzione al 40 per cento di cui al comma 1 si applica nel rispetto delle condizioni e dei limiti del regolamento (UE) n. 1407/2013 della Commissione, del 18 dicembre 2013, relativo all'applicazione degli articoli 107 e 108 del Trattato sul funzionamento dell'Unione europea agli aiuti 'de minimis', del regolamento (UE) n. 1408/2013 della Commissione, del 18 dicembre 2013, relativo all'applicazione degli articoli 107 e 108 del Trattato sul funzionamento dell'Unione europea agli aiuti 'de minimis' nel settore agricolo, e del regolamento (UE) n. 717/2014 della Commissione, del 27 giugno 2014, relativo all'applicazione degli articoli 107 e 108 del Trattato sul funzionamento dell'Unione europea agli aiuti 'de minimis' nel settore della pesca e dell'acquacoltura. I soggetti che intendono avvalersi dell'agevolazione devono presentare apposita comunicazione all'Agenzia delle entrate. Le modalità, i termini di presentazione e il contenuto della comunicazione sono stabiliti con provvedimento del direttore dell'Agenzia medesima, da emanare entro venti giorni a far data dal 9 novembre 2020*".

2. Agli oneri derivanti dalle disposizioni di cui al comma 1, valutati in 14,8 milioni di euro per l'anno 2020, si provvede ai sensi dell'articolo 34.

[1] *Articolo inserito dall'articolo 1, comma 1, della Legge 18 dicembre 2020, n. 176, in sede di conversione.*

27. Misure urgenti relative allo svolgimento del processo tributario. [1] – 1. Fino al 31 luglio 2021, nel processo tributario, lo svolgimento delle udienze pubbliche e camerali e delle camere di consiglio con collegamento da remoto è autorizzato, secondo la rispettiva competenza, con decreto motivato del presidente della Commissione tributaria provinciale o regionale da comunicarsi almeno cinque giorni prima della data fissata per un'udienza pubblica o una camera di consiglio. I decreti possono disporre che le udienze e le camere di consiglio si svolgano anche solo parzialmente da remoto, ove le dotazioni informatiche della giustizia tributaria lo consentano e nei limiti delle risorse tecniche e finanziarie disponibili. In tutti i casi in cui sia disposta la discussione da remoto, la segreteria comunica alle parti, di regola, almeno tre giorni prima della trattazione, l'avviso dell'ora e delle modalità di collegamento. Si dà atto a verbale delle modalità con cui si accerta l'identità dei soggetti partecipanti e la libera volontà delle parti, anche ai fini della disciplina sulla protezione dei dati personali. I verbali redatti in occasione di un collegamento da remoto e i provvedimenti adottati in esito a un collegamento da remoto si intendono assunti presso la sede dell'ufficio giudiziario [2].

2. In alternativa alla discussione con collegamento da remoto, le controversie fissate per la trattazione in udienza pubblica, passano in decisione sulla base degli atti, salvo che almeno una delle parti non insista per la discussione, con apposita istanza da notificare alle altre parti costituite e da depositare almeno due giorni liberi anteriori alla data fissata per la trattazione. I difensori sono comunque considerati presenti a tutti gli effetti. Nel caso in cui sia chiesta la discussione e non sia possibile procedere mediante collegamento da remoto, si procede mediante trattazione scritta, con fissazione di un termine non inferiore a dieci giorni prima dell'udienza per deposito di memorie conclusionali e di cinque giorni prima dell'udienza per memorie di replica. Nel caso in cui non sia possibile garantire il rispetto dei termini di cui al periodo precedente, la controversia è rinviata a nuovo ruolo con possibilità di prevedere la trattazione scritta nel rispetto dei medesimi termini. In caso di trattazione scritta le parti sono considerate presenti e i provvedimenti si intendono comunque assunti presso la sede dell'ufficio.

3. I componenti dei collegi giudicanti residenti, domiciliati o comunque dimoranti in luoghi diversi da quelli in cui si trova la commissione di appartenenza sono esonerati, su richiesta e previa comunicazione al Presidente di sezione interessata, dalla partecipazione alle udienze o camere di consiglio da svolgersi presso la sede della Commissione interessata.

4. Salvo quanto previsto nel presente articolo, le modalità di svolgimento delle udienze da remoto sono disciplinate ai sensi dell'articolo 16 del decreto-legge 23 ottobre 2018, n. 119, convertito, con modificazioni, dalla legge dicembre 2018, n. 136.

4-bis. Dall'attuazione del presente articolo non devono derivare nuovi o maggiori oneri a carico della finanza pubblica. Le amministrazioni interessate alla relativa attuazione vi provvedono con le sole risorse umane, finanziarie e strumentali disponibili a legislazione vigente [3].

[1] *Per l'individuazione delle regole tecnico-operative per lo svolgimento e la partecipazione all'udienza a distanza, di cui al presente articolo, vedi il D.M. 11 novembre 2020.*

(2) Comma modificato dall'articolo 6, comma 1, lettera g), del D.L. 1 aprile 2021, n. 44, convertito con modificazioni dalla Legge 28 maggio 2021, n. 76. A norma dell'articolo 6 , comma 1 del D.L. 23 luglio 2021, n. 105, convertito con modificazioni dalla Legge 16 settembre 2021, n. 126, i termini di cui al primo periodo del presente comma sono prorogati al 31 dicembre 2021. A norma dell'articolo 16, comma 3, del D.L. 30 dicembre 2021, n. 228, convertito, con modificazioni dalla Legge 25 febbraio 2022, n. 15, le disposizioni del presente comma, primo periodo relativo allo svolgimento delle udienze da remoto nel processo tributario, è ulteriormente prorogato al 31 marzo 2022.

(3) Comma aggiunto dall'articolo 1, comma 1, della Legge 18 dicembre 2020, n. 176, in sede di conversione.

31 sexies. Rinvio del federalismo fiscale. (1). – 1.Nelle more del riordino del sistema della fiscalità locale, al decreto legislativo 6 maggio 2011, n. 68, sono apportate le seguenti modificazioni:

a) all'articolo 2, comma 1, la parola: "*2021*", ovunque ricorre, è sostituita dalla seguente: "*2023*";

b) all'articolo 4:

1) al comma 2, le parole: "*Per gli anni dal 2011 al 2020*" sono sostituite dalle seguenti: "*Per gli anni dal 2011 al 2022*" e le parole: "*A decorrere dall'anno 2021*" sono sostituite dalle seguenti: "*A decorrere dall'anno 2023*";

2) al comma 3, le parole: "*A decorrere dall'anno 2021*" sono sostituite dalle seguenti: "*A decorrere dall'anno 2023*";

c) all'articolo 7:

1) al comma 1, le parole: "*A decorrere dall'anno 2021*" sono sostituite dalle seguenti: "*A decorrere dall'anno 2023*";

2) al comma 2, le parole: "*entro il 31 luglio 2020*" sono sostituite dalle seguenti: "*entro il 31 luglio 2022*";

d) all'articolo 15, commi 1 e 5, la parola: "*2021*" è sostituita dalla seguente: "*2023*".

(1) Articolo inserito dall'articolo 1, comma 1, della Legge 18 dicembre 2020, n. 176, in sede di conversione.

31 septies. Disposizioni in materia di razionalizzazione del modello contrattuale del Ministero dell'economia e delle finanze con la SOGEI Spa. (1). – 1. All'articolo 4, comma 3-bis, del decreto-legge 6 luglio 2012, n. 95, convertito, con modificazioni, dalla legge 7 agosto 2012, n. 135, le parole da: "*che, sulla base*" fino alla fine del comma sono sostituite dalle seguenti: "*e sono svolte sulla base delle strategie di sviluppo per l'informatica, definite dal Ministero dell'economia e delle finanze, di comune intesa tra i capi dei Dipartimenti. Ciascun Dipartimento del Ministero dell'economia e delle finanze, fatta eccezione per il Dipartimento delle finanze relativamente al Sistema informativo della fiscalità, entro il 31 dicembre 2021, stipula un apposito accordo con la Società di cui all'articolo 83, comma 15, del decreto-legge 25 giugno 2008, n. 112, convertito, con modificazioni, dalla legge 6 agosto 2008, n. 133, per la progettazione, lo sviluppo e la conduzione delle infrastrutture, dei sistemi e delle soluzioni informatiche, della connettività e per l'erogazione dei connessi servizi, secondo il modello relazionale definito dal Dipartimento.*

Analoga facoltà è riconosciuta al Segretariato generale della Corte dei conti per quanto concerne i sistemi informativi attinenti al sistema di finanza pubblica. A partire dal 1° gennaio 2021 con uno o più provvedimenti del Capo del Dipartimento dell'amministrazione generale del personale e dei servizi, sentita la SOGEI Spa, gli importi dei corrispettivi previsti dalla convenzione per la realizzazione e gestione delle attività informatiche dello Stato 2013-2016 sono rideterminati, in conseguenza della sottoscrizione degli accordi e dei disciplinari stipulati dai singoli Dipartimenti, secondo criteri di ripartizione definiti ed applicati nell'ambito della convenzione, ivi inclusi quelli applicati nell'ambito delle attività di customer satisfaction, approvati dal Comitato di governo della convenzione relativamente all'anno precedente. Gli effetti della convenzione di cui al quarto periodo e degli altri accordi e rapporti contrattuali ad essa correlati cessano a seguito dell'efficacia di tutti gli accordi previsti al secondo e al terzo periodo. Il Dipartimento delle finanze, ai sensi dall'articolo 56, comma 1, lettera e), del decreto legislativo 30 luglio 1999, n. 300, e dell'articolo 5, comma 4, del decreto-legge 2 marzo 2012, n. 16, convertito, con modificazioni, dalla legge 26 aprile 2012, n. 44, stipula, d'intesa con le Agenzie fiscali e gli altri enti della fiscalità, entro il 31 dicembre 2021, un nuovo atto regolativo con la Società di cui all'articolo 83, comma 15, del decreto-legge 25 giugno 2008, n. 112, convertito, con modificazioni, dalla legge 6 agosto 2008, n. 133, per il Sistema informativo della fiscalità.

Fino alla stipula del nuovo atto regolativo, continuano ad avere vigore gli istituti contrattuali che disciplinano il rapporto di servizio tra l'Amministrazione finanziaria e la SOGEI Spa".

(1) Articolo inserito dall'articolo 1, comma 1, della Legge 18 dicembre 2020, n. 176, in sede di conversione.

31 octies. Responsabilità per l'inadempimento degli obblighi previsti dall'articolo 52, comma 7, della legge 24 dicembre 2012, n. 234, e risoluzione delle controversie internazionali. (1). – 1. In considerazione dell'incremento del numero di aiuti individuali alle imprese e dei soggetti concedenti gli aiuti, anche per effetto delle misure eccezionali e transitorie attivabili nell'ambito del quadro temporaneo per gli aiuti di Stato a sostegno dell'economia nel corso dell'attuale emergenza da COVID-19, e tenuto conto dell'esigenza di procedere al tempestivo utilizzo delle risorse pubbliche per contrastare e mitigare gli effetti della crisi, in deroga all'articolo 52, comma 7, terzo periodo, della legge 24 dicembre 2012, n. 234, e all'articolo 17, comma 3, del regolamento di cui al decreto del Ministro dello sviluppo economico 31 maggio 2017, n. 115, nel periodo compreso tra il 1° gennaio 2020 e il 31 dicembre 2024, l'inadempimento degli obblighi di registrazione degli aiuti di Stato di cui al citato articolo 52, commi 1, 3 e 7, secondo periodo, non comporta responsabilità patrimoniale del responsabile della concessione o dell'erogazione degli aiuti medesimi (2) .

2. Al fine di definire modalità semplificate per l'inserimento degli aiuti di Stato di natura fiscale, contributiva e assicurativa nel Registro nazionale degli aiuti di Stato e di razionalizzare il relativo regime di responsabilità, sono apportate le necessarie modifiche al regolamento di cui all'articolo 52, comma 6, e all'articolo 52, comma 7, della legge 24 dicembre 2012, n. 234, entro il 31 dicembre 2023. (3)

3. All'articolo 29, comma 7, secondo periodo, del decreto-legge 31 maggio 2010, n. 78, convertito, con modificazioni, dalla legge 30 luglio 2010, n. 122, sono apportate le seguenti modificazioni:

a) le parole: "vigenti convenzioni contro le doppie imposizioni sui redditi e" sono sostituite dalle seguenti: "vigenti convenzioni contro le doppie imposizioni sui redditi,";

b) dopo le parole: "legge 22 marzo 1993, n. 99," sono inserite le seguenti: "e dalla direttiva (UE) 2017/1852 del Consiglio, del 10 ottobre 2017, attuata con decreto legislativo 10 giugno 2020, n. 49, e al fine della definizione delle procedure amichevoli interpretative di carattere generale e degli atti dell'Agenzia delle entrate adottati in attuazione di tali procedure amichevoli,".

4. All'articolo 20 del decreto del Presidente della Repub-

blica 29 settembre 1973, n. 602, dopo il primo periodo è aggiunto il seguente: "Nel caso in cui le imposte o le maggiori imposte sono dovute in esecuzione di accordi conclusi con le autorità competenti degli Stati esteri a seguito delle procedure amichevoli interpretative a carattere generale previste dalle Convenzioni contro le doppie imposizioni sui redditi, gli interessi di cui al periodo precedente si applicano a decorrere dalla data dei predetti accordi".

(1) *Articolo inserito dall'articolo 1, comma 1, della Legge 18 dicembre 2020, n. 176, in sede di conversione.*
(2) *Comma modificato dall'articolo 35, comma 3, del D.L. 21 giugno 2022, n. 73, convertito, con modificazioni, dalla Legge 4 agosto 2022, n. 122 e successivamente dall'articolo 22, comma 1, lettera a) del D.L. 29 dicembre 2022, n. 198, non ancora convertito in Legge.*
(3) *Comma modificato dall'articolo 22, comma 1, lettera b) del 29 dicembre 2022, n. 198, non ancora convertito in Legge.*

17. D.M. ECONOMIA E DELLE FINANZE 17 novembre 2020

Definizione delle regole tecniche e delle procedure relative allo scambio automatico obbligatorio di informazioni sui meccanismi transfrontalieri soggetti all'obbligo di comunicazione all'Agenzia delle entrate. (in Gazz. Uff., 30 novembre 2020, n. 297).

1. Definizioni. – 1. Ai fini del presente decreto, si intende per:

a) «promotore»: gli intermediari indicati all'art. 2, comma 1, lettera c), primo periodo, prima parte, del decreto legislativo 30 luglio 2020, n. 100;

b) «fornitore di servizi»: gli intermediari indicati all'art. 2, comma 1, lettera c), primo periodo, seconda parte, del decreto legislativo 30 luglio 2020, n. 100;

c) «vantaggio extrafiscale»: qualunque vantaggio economico quantificabile di natura non fiscale derivante dal meccanismo transfrontaliero;

d) «condizione di riservatezza»: una clausola che vincola contrattualmente l'intermediario o il contribuente a non divulgare a terzi uno o più elementi del meccanismo commerciabile o su misura;

e) «conto finanziario»: un conto come definito dall'art. 1, comma 2, lettera a), del decreto del Ministro dell'economia e delle finanze 28 dicembre 2015;

f) «istituzione finanziaria»: un soggetto di cui all'art. 1, comma 1, lettera e), del decreto del Ministro dell'economia e delle finanze 28 dicembre 2015;

g) «attività finanziaria»: un'attività come definita dall'art. 1, comma 1, lettera l), del decreto del Ministro dell'economia e delle finanze 28 dicembre 2015;

h) «titolare del conto»: un soggetto di cui dall'art. 1, comma 2, lettera s), del decreto del Ministro dell'economia e delle finanze 28 dicembre 2015;

i) «persone che esercitano il controllo»: i soggetti di cui dall'art. 1, comma 2, lettera q), del decreto del Ministro dell'economia e delle finanze 28 dicembre 2015;

l) «safe harbour»: un regime che, in relazione a specifiche categorie di transazioni, fissa preventivamente regole certe e parametri minimi conformandosi ai quali le imprese non sono tenute ad ulteriori oneri probatori previsti dalle disposizioni o dalla prassi in materia di prezzi di trasferimento;

m) «beni immateriali di difficile valutazione»: quei beni immateriali o i diritti su beni immateriali, per i quali al momento del loro trasferimento tra imprese associate:

1) non esistono affidabili transazioni comparabili;

2) al momento della definizione dell'accordo, le proiezioni dei flussi di cassa futuri o del reddito derivante dal bene immateriale trasferito o le assunzioni utilizzate nella sua valutazione sono altamente incerte, rendendo difficile prevedere il livello di profittabilità complessiva finale del bene immateriale trasferito;

n) «cliente»: un soggetto che richiede, per se' o per altri, a un intermediario una delle prestazioni indicate nell'art. 2, comma 1, lettera c, del decreto legislativo 30 luglio 2020, n. 100;

o) «entità»: un'entità come definita dall'art. 1, comma 1, lettera dd), del decreto del Ministro dell'economia e delle finanze 28 dicembre 2015;

p) «veicolo offshore passivo»: è un'entità che non svolge un'attività economica sostanziale supportata da personale, attrezzature, attività e locali adeguati ed è costituita, residente, gestita, controllata o stabilita al di fuori della giurisdizione di residenza di almeno uno dei titolari effettivi delle attività detenute dall'entità;

q) «struttura offshore opaca»: un veicolo offshore passivo in cui la proprietà è ideata in modo tale da non consentire l'identificazione accurata del titolare effettivo o da far apparire che un soggetto non sia il titolare effettivo, ovvero un veicolo offshore passivo commercializzato quale mezzo idoneo a conseguire i suddetti effetti.

2. Per quanto non definito al comma 1, si rinvia all'art. 2, comma 1, del decreto legislativo 30 luglio 2020, n. 100.

2. Informazioni oggetto della comunicazione e termini di comunicazione. – 1. Ai fini delle informazioni da comunicare ai sensi dell'art. 6, comma 1, del decreto legislativo 30 luglio 2020, n. 100:

a) la sintesi del contenuto del meccanismo transfrontaliero è redatta in lingua italiana e corredata da una breve relazione in lingua inglese;

b) la data di avvio dell'attuazione del meccanismo transfrontaliero corrisponde al momento in cui il contribuente compie il primo atto avente effetti giuridici o la prima transazione finanziaria ai fini dell'attuazione del meccanismo;

c) il valore del meccanismo transfrontaliero da comunicare è:

1) ai fini degli elementi distintivi di cui all'Allegato 1, lettera D, punto 1, al decreto legislativo 30 luglio 2020, n. 100, il valore dei conti finanziari determinato ai sensi dell'art. 3, comma 1, del decreto del Ministro dell'economia e delle finanze 28 dicembre 2015;

2) ai fini degli elementi distintivi di cui all'Allegato 1, lettera D, punto 2, al decreto legislativo 30 luglio 2020, n. 100, il valore dei conti finanziari determinato ai sensi dell'art. 3, comma 1, del decreto del Ministro dell'economia e delle finanze 28 dicembre 2015, ovvero, per le attività e i redditi

di natura non finanziaria, il valore del vantaggio fiscale derivabile dal meccanismo transfrontaliero, determinato ai sensi dell'art. 7, comma 3 del presente decreto;

3) ai fini degli elementi distintivi di cui all'Allegato 1, lettere A, B, C ed E, al decreto legislativo 30 luglio 2020, n. 100, il valore del vantaggio fiscale derivabile dal meccanismo transfrontaliero, determinato ai sensi dell'art. 7, comma 3 del presente decreto.

2. Ai fini della raccolta delle informazioni da comunicare ai sensi dell'art. 6, comma 1, del decreto legislativo 30 luglio 2020, n. 100, ai fornitori di servizi non è richiesta l'adozione di ulteriori obblighi di adeguata verifica rispetto a quelli previsti dalle disposizioni vigenti.

3. Ai fini della comunicazione di cui all'art. 7 del decreto legislativo 30 luglio 2020, n. 100, per i fornitori di servizi, rilevano le informazioni elencate nell'art. 6 del medesimo decreto legislativo prontamente disponibili per l'intermediario in ragione del rapporto con il cliente.

4. Ai fini dell'art. 3, comma 6 del decreto legislativo 30 luglio 2020, n. 100, l'intermediario informa gli altri intermediari e il contribuente entro i termini previsti dall'art. 7, comma 1 del medesimo decreto.

5. Ai fini dell'art. 3, comma 1 del decreto legislativo 30 luglio 2020, n. 100, il contribuente comunica all'Agenzia delle entrate le informazioni di cui all'art. 6, comma 1, del medesimo decreto entro trenta giorni a decorrere dal giorno seguente a quello in cui il meccanismo transfrontaliero oggetto di comunicazione è stato messo a sua disposizione ai fini dell'attuazione o a quello in cui è stata avviata l'attuazione.

3. Numero di riferimento dei meccanismi transfrontalieri soggetti all'obbligo di notifica. – 1. L'Agenzia delle entrate rilascia un numero di riferimento al momento della comunicazione di un meccanismo transfrontaliero, salvo nei casi in cui la comunicazione contenga già un numero di riferimento rilasciato dalla medesima Agenzia delle entrate o da altre Amministrazioni fiscali di Paesi dell'Unione europea.

2. Il soggetto a cui è stato rilasciato il numero di riferimento deve, senza indugio, comunicarlo agli altri partecipanti di cui ha conoscenza.

3. Il numero di riferimento deve essere indicato dai partecipanti in ogni eventuale successiva comunicazione relativa al medesimo meccanismo e nella relazione periodica di cui all'art. 7, comma 2, del decreto legislativo 30 luglio 2020, n. 100. I contribuenti che attuano il meccanismo transfrontaliero indicano tale numero di riferimento nelle pertinenti dichiarazioni fiscali per tutti i periodi d'imposta in cui il meccanismo transfrontaliero è utilizzato.

4. Standard di conoscenza. – 1. Per i fornitori di servizi, ai fini della qualificazione di intermediario, deve essere soddisfatto lo standard di conoscenza definito nei commi 2 e 3.

2. Lo standard di conoscenza è determinato con riferimento:

a) alla conoscenza effettiva del meccanismo transfrontaliero che l'intermediario possiede sulla base delle informazioni prontamente disponibili in ragione dell'attività di assistenza o consulenza espletata nei confronti del cliente; e

b) al grado di competenza necessaria per fornire il servizio di assistenza o consulenza nonché al livello di esperienza ordinariamente richiesto per la prestazione di detto servizio.

3. Salvo prova contraria, lo standard di conoscenza non si considera soddisfatto per le transazioni bancarie e finanziarie di routine.

5. Utilizzabilità dei dati. – 1. Fatte salve le competenze dell'Agenzia delle entrate in materia di scambio di informazioni, il Dipartimento delle finanze accede ai dati relativi ai meccanismi transfrontalieri presenti nel registro centrale sicuro di cui all'art. 21, paragrafo 5, della direttiva 2011/16/UE, come modificata dalla direttiva 2018/822/UE, e li utilizza, previa anonimizzazione, a supporto delle proprie attività istituzionali ai sensi del decreto legislativo 30 luglio 1999, n. 300, provvedendo a designare il responsabile del trattamento dei dati.

6. Applicabilità degli elementi distintivi. – 1. Gli elementi distintivi di cui all'Allegato 1, lettere A, B, C ed E, al decreto legislativo 30 luglio 2020, n. 100 rilevano solo se suscettibili di determinare una riduzione delle imposte, cui si applica la direttiva 2011/16/UE, dovute da un contribuente in un Paese dell'Unione europea o in altre giurisdizioni estere con le quali è in vigore uno specifico accordo per lo scambio delle informazioni di cui all'art. 6, comma 1 del medesimo decreto legislativo.

7. Criterio del vantaggio principale. – 1. Fermo restando quanto previsto dall'art. 6, gli elementi distintivi di cui all'Allegato 1, lettere A, B e C, punto 1, lettere b), sub 1), c) e d), al decreto legislativo 30 luglio 2020, n. 100 rilevano ai fini dell'obbligo di comunicazione di cui all'art. 3 del medesimo decreto legislativo, qualora siano soddisfatte le condizioni di cui al comma 2.

2. Il criterio di cui al comma 1 ricorre quando il vantaggio fiscale relativo alle imposte cui si applica la direttiva 2011/16/UE derivabile dall'attuazione di uno o più meccanismi transfrontalieri e conseguibile da uno o più contribuenti di cui all'art. 2, comma 1, lettera d), del decreto legislativo 30 luglio 2020, n. 100 è superiore al cinquanta per cento della somma del suddetto vantaggio fiscale e dei vantaggi extrafiscali.

3. Il vantaggio fiscale di cui al comma 2 si calcola come differenza tra le imposte da assolvere sulla base di uno o più meccanismi transfrontalieri e le medesime imposte che sarebbero dovute in assenza di tale o tali meccanismi.

8. Specificazioni riguardanti gli elementi distintivi. – 1. Un meccanismo non rientra tra quelli indicati alla lettera A, punto 3, dell'Allegato 1 al decreto legislativo 30 luglio 2020, n. 100, se finalizzato alla fruizione di un singolo regime fiscale di agevolazione previsto dall'ordinamento dello Stato e al ricorrere delle condizioni previste dalla disposizione di agevolazione.

2. Ai fini dell'art. 2, comma 1, lettera e) del decreto legislativo 30 luglio 2020, n. 100, nonché delle lettere C, punto 1 ed E, punto 2, dell'Allegato 1 al medesimo decreto legislativo, nella definizione di impresa associata si tiene conto di quanto segue:

a) nel caso in cui più di un soggetto partecipi alla gestione, al controllo, al capitale o agli utili dello stesso soggetto, tutti soggetti coinvolti sono considerati imprese associate;

b) nel caso in cui i medesimi soggetti partecipino, alla gestione, al controllo, al capitale o agli utili di più di un soggetto, tutti i soggetti coinvolti sono considerati imprese associate;

c) un soggetto che agisce congiuntamente con un altro soggetto in relazione ai diritti di voto o alla proprietà del capitale di un'entità è considerato detentore di una partecipazione in tutti i diritti di voto o nell'intera proprietà del capitale dell'entità detenuti dall'altro soggetto;

d) il rispetto dei requisiti di cui dell'art. 2, comma 1, lettera e), punto c) è determinato moltiplicando le percentuali delle partecipazioni attraverso i livelli successivi, fermo restando che un soggetto che detiene più del 50 per cento dei diritti di voto è considerato detentore del 100 per cento di tali diritti.

3. A fini della lettera C, punto 1, sottopunto b), sub 1), dell'Allegato 1 al decreto legislativo 30 luglio 2020, n. 100, non si considerano non soggetti ad imposta sul reddito delle società o soggetti ad una aliquota pari a zero o prossima allo zero, i destinatari dei pagamenti transfrontalieri che rientrano nei regimi di trasparenza fiscale di cui agli articoli 5, 115 e 116 del testo unico delle imposte sui redditi, approvato con decreto del Presidente della Repubblica 22 dicembre 1986, n. 917, nonché i destinatari fiscalmente residenti all'estero e assoggettati a equivalenti regimi di trasparenza fiscale nella giurisdizione di residenza, costituzione o direzione effettiva.

4. A fini della lettera C, punto 4, dell'Allegato 1 al decreto legislativo 30 luglio 2020, n. 100, la differenza di importo generata dal trasferimento di attivi è da intendersi come differenza tra l'importo dovuto come corrispettivo nelle giurisdizioni interessate e il valore di mercato degli attivi trasferiti. Il valore di mercato è determinato con riferimento alle condizioni e ai prezzi che sarebbero stati pattuiti tra soggetti indipendenti operanti in condizioni di libera concorrenza e in circostanze comparabili, tenendo conto, qualora si tratti di valore riferibile a un complesso aziendale o a un ramo di azienda, del valore dell'avviamento, calcolato tenendo conto delle funzioni e dei rischi trasferiti. Ai fini della determinazione del valore di mercato, si tiene conto delle indicazioni contenute nel decreto 14 maggio 2018 del Ministro dell'economia e delle finanze, emanato ai sensi del comma 7 dell'art. 110 del testo unico delle imposte sui redditi, approvato con decreto del Presidente della Repubblica 22 dicembre 1986, n. 917.

5. Un elenco esemplificativo di casi in cui ricorrono gli elementi distintivi di cui alla lettera D dell'Allegato 1 al decreto legislativo 30 luglio 2020, n. 100, è contenuto nell'allegato A, che fa parte integrante del presente decreto.

Il presente decreto verrà pubblicato nella Gazzetta Ufficiale delle Repubblica italiana.

Allegato A

Sezione I - Esempi di meccanismi di aggiramento della normativa sullo scambio automatico di informazioni sui conti finanziari

A. La commercializzazione di uno schema che incentiva un trasferimento di fondi da un conto di deposito oggetto di comunicazione a un conto finanziario escluso dall'obbligo di comunicazione (es. prodotto pensionistico), con lo scopo prevalente di aggirare tale obbligo. Le esclusioni dall'obbligo di comunicazione dei conti finanziari sono contenute nelle normative interne di implementazione del Common Reporting Standard adottate da ciascuna Giurisdizione.

B. La commercializzazione di uno schema che incentiva un trasferimento di fondi da un'istituzione finanziaria soggetto all'obbligo di comunicazione sui conti finanziari a un'istituzione finanziaria esclusa da tale obbligo, con lo scopo prevalente di aggirare tale obbligo. Le esclusioni dall'obbligo di comunicazione da parte delle istituzioni finanziarie sono contenute nelle normative interne di implementazione del Common Reporting Standard adottate da ciascuna Giurisdizione.

C. La commercializzazione di uno schema che incentiva la trasformazione di fondi detenuti presso un conto di deposito oggetto di comunicazione in attività non finanziarie (es. immobili, oro, pietre preziose, opere d'arte), con lo scopo prevalente di aggirare tale obbligo.

D. La commercializzazione di uno schema che incentiva un contribuente fiscalmente residente nella Giurisdizione X a trasferire un conto finanziario soggetto all'obbligo di comunicazione, o la maggior parte delle attività finanziarie in esso contenute, presso un intermediario finanziario residente o localizzato in una Giurisdizione Y che non ha implementato il Common Reporting Standard o che non scambia le informazioni con l'autorità competente della Giurisdizione X.

E. L'uso di un prodotto finanziario non soggetto all'obbligo di comunicazione e che fornisce all'investitore le funzionalità di base di un conto finanziario oggetto di comunicazione. Si tratta, ad esempio, di determinati tipi di moneta elettronica quali sostituti di un conto di deposito o dell'emissione, da parte di istituzioni finanziarie, di taluni tipi di contratti derivati che replicano le attività finanziarie sottostanti e che non sono soggetti all'obbligo di comunicazione. L'elemento distintivo ricorre sia per l'uso di tali prodotti sia per il trasferimento di fondi in tali prodotti.

F. Commercializzazione o implementazione di strategie di suddivisione delle somme detenute in un conto finanziario per rimanere al di sotto di un ammontare in valuta nazionale corrispondente a 250.000 USD, al fine di evitare l'obbligo di comunicazione.

G. I meccanismi che non consentono all'intermediario finanziario, presso cui il conto finanziario è mantenuto, la corretta identificazione del paese di residenza del titolare del conto o dei soggetti che ne esercitano il controllo, attraverso: 1) l'utilizzo di certificati di residenza emessi da giurisdizioni che richiedono una presenza fisica minima (o nessuna presenza) nel territorio ai fini dell'ottenimento della residenza fiscale; 2) lo sfruttamento delle debolezze di procedure di adeguata verifica fiscale che fanno affidamento su una inadeguata implementazione delle procedure di adeguata verifica antiriciclaggio rispetto alle più recenti raccomandazioni del GAFI; 3) la creazione di appositi indizi o prove documentali.

H. Un meccanismo elaborato per indurre in errore un'istituzione finanziaria circa i reali beneficiari di un trust, all'atto dell'apertura del conto. Ad esempio, nel caso in cui, all'apertura del conto, risulti un ente di beneficenza quale unico beneficiario discrezionale e, in seguito, l'ente di beneficenza venga sostituito con i reali beneficiari, senza informare l'istituzione finanziaria presso cui il conto è detenuto. La commercializzazione di una società che ha lo scopo di beneficiare automaticamente dello status di entità non finanziaria attiva nella giurisdizione di costituzione.

I. Meccanismi che consentono, attraverso investimenti back-to-back, di considerare un'entità non finanziaria quale titolare di un conto, con lo scopo di impedire l'identificazione dei soggetti che realmente detengono il conto, da parte dell'intermediario finanziario presso cui il conto è mantenuto.

L. Meccanismi che consentono, intervenendo sugli assetti proprietari di un'entità non finanziaria passiva che detiene un conto, di impedire che l'investitore che esercita il controllo su tale entità sia identificato come controllante.

M. Meccanismi che consentono la classificazione di un pagamento tra quelli non soggetti ad obbligo di comunicazione. Per esempio, il caso di un trust che paga conti o fatture per conto di un beneficiario.

Sezione II - Esempi di meccanismi che utilizzano una struttura offshore opaca.

A. Sono ricompresi tra i meccanismi che utilizzano una struttura offshore opaca i seguenti: 1) la detenzione da parte di un soggetto prestanome (nominee) delle azioni o quote di una entità veicolo offshore passivo, quando viene celata l'identità del soggetto (nominator) per conto del quale le azioni o quote sono detenute. Non sono ricompresi fra i soggetti prestanome gli intermediari finanziari che agiscono in qualità di brokers o di depositari di azioni di enti a diffusa partecipazione attivamente negoziate su un mercato finanziario; 2) un trust in cui un trustee gestisce il trust in base alle istruzioni di un altro soggetto, non riconosciuto come trustee o protector in base all'atto costitutivo del trust; 3) un meccanismo attraverso il quale un soggetto fornisce fondi a una società non consociata in cambio di un'opzione per acquisire tutte (o sostanzialmente tutte) le attività di tale società per un importo nominale esiguo prestabilito, con l'effetto di acquisire l'effettivo controllo sulla società o sulle attività detenute dalla stessa e non essere legalmente identificabile quale proprietario; 4) un meccanismo che distrae denaro o valore da una struttura offshore opaca a favore di un beneficiario, attraverso pagamenti di cui non è individuabile la fonte o che non sono rilevabili dall'amministrazione finanziaria della giurisdizione di residenza fiscale del beneficiario (ad esempio, attraverso l'erogazione di prestiti infruttiferi a favore del beneficiario o la messa a disposizione di carte di debito prepagate a favore di quest'ultimo); 5) un meccanismo che utilizza persone o istituti giuridici costituiti in giurisdizioni che non hanno recepito in modo adeguato i più recenti requisiti per l'individuazione della titolarità legale e del titolare effettivo previsti dal GAFI con riferimento alle persone o agli istituti giuridici utilizzati.

18. L. 30 dicembre 2020, n. 178

Bilancio di previsione dello Stato per l'anno finanziario 2021 e bilancio pluriennale per il triennio 2021-2023. (LEGGE DI BILANCIO 2021 - FINANZIARIA) (*Estratto artt. 1-9*) (in Suppl. Ordinario 46 alla Gazz. Uff., 30 dicembre 2020, n. 322).

1. Risultati differenziali. Norme in materia di entrata e di spesa e altre disposizioni. Fondi speciali. – 1. I livelli massimi del saldo netto da finanziare, in termini di competenza e di cassa, e del ricorso al mercato finanziario, in termini di competenza, di cui all'articolo 21, comma 1-ter, lettera a), della legge 31 dicembre 2009, n. 196, per gli anni 2021, 2022 e 2023, sono indicati nell'allegato 1 annesso alla presente legge. I livelli del ricorso al mercato si intendono al netto delle operazioni effettuate al fine di rimborsare prima della scadenza o di ristrutturare passività preesistenti con ammortamento a carico dello Stato.

2. Al fine di dare attuazione a interventi in materia di riforma del sistema fiscale, nello stato di previsione del Ministero dell'economia e delle finanze è istituito un Fondo con una dotazione di 8.000 milioni di euro per l'anno 2022 e di 7.000 milioni di euro annui a decorrere dall'anno 2023, di cui una quota non inferiore a 5.000 milioni di euro e non superiore a 6.000 milioni di euro a decorrere dall'anno 2022 è destinata all'assegno universale e servizi alla famiglia. I predetti interventi sono disposti con appositi provvedimenti normativi, a valere sulle risorse del Fondo di cui al primo periodo.

3. Al Fondo di cui al comma 2 sono destinate altresì, a decorrere dall'anno 2022, fermo restando il rispetto degli obiettivi programmatici di finanza pubblica, risorse stimate come maggiori entrate permanenti derivanti dal miglioramento dell'adempimento spontaneo.

4. In ciascun anno, ai fini della determinazione delle risorse di cui al comma 3, si considerano le maggiori entrate derivanti dal miglioramento dell'adempimento spontaneo che sono indicate, con riferimento al terzo anno precedente alla predisposizione della legge di bilancio, nell'aggiornamento della Relazione sull'economia non osservata e sull'evasione fiscale e contributiva, redatta ai sensi dell'articolo 10-bis.1, comma 3, della legge 31 dicembre 2009, n. 196, introdotto dall'articolo 2 del decreto legislativo 24 settembre 2015, n. 160. Le maggiori entrate di cui al periodo precedente sono considerate permanenti se per i tre anni successivi a quello oggetto di quantificazione, la somma algebrica della stima della variazione delle entrate derivanti in ciascun anno dal miglioramento dell'adempimento spontaneo risulta non negativa. Qualora tale somma algebrica risulti negativa, l'ammontare delle maggiori entrate permanenti è dato dalla differenza, se positiva, tra l'ammontare delle maggiori entrate di cui al primo periodo e il valore negativo della somma algebrica della variazione delle entrate da miglioramento dell'adempimento spontaneo stimata con riferimento ai tre anni successivi. Se la differenza di cui al periodo precedente è negativa o pari a zero, l'ammontare delle maggiori entrate permanenti è pari a zero.

5. Nel rispetto degli obiettivi programmatici di finanza pubblica, la Nota di aggiornamento al documento di economia e finanza indica la quota delle maggiori entrate permanenti rispetto alle previsioni tendenziali formulate per il Documento di economia e finanza, derivanti dal miglioramento dell'adempimento spontaneo e determinate ai sensi

del comma 4, da destinare al Fondo di cui al comma 2. Per le regioni a statuto speciale e per le province autonome di Trento e di Bolzano resta fermo quanto previsto dai rispettivi statuti speciali e dalle relative norme di attuazione e le maggiori entrate permanenti rimangono acquisite ai rispettivi bilanci, nelle quote previste dai predetti statuti speciali.

6. A decorrere dall'anno 2022, i commi da 431 a 435 dell'articolo 1 della legge 27 dicembre 2013, n. 147, sono abrogati.

7. Il Fondo assegno universale e servizi alla famiglia e altre misure correlate, di cui al comma 339 dell'articolo 1 della legge 27 dicembre 2019, n. 160, è incrementato di 3.012,1 milioni di euro per l'anno 2021.

8. All'articolo 2 del decreto-legge 5 febbraio 2020, n. 3, convertito, con modificazioni, dalla legge 2 aprile 2020, n. 21, sono apportate le seguenti modificazioni:

a) al comma 1, dopo la parola: 'spettà sono inserite le seguenti: ', per le prestazioni rese dal 1° luglio 2020 al 31 dicembre 2020,';

b) il comma 2 è sostituito dal seguente:

'2. In vista di una revisione strutturale del sistema delle detrazioni fiscali, l'ulteriore detrazione di cui al comma 1 spetta, per le prestazioni rese dal 1° gennaio 2021, nei seguenti importi:

a) 960 euro, aumentata del prodotto tra 240 euro e l'importo corrispondente al rapporto tra 35.000 euro, diminuito del reddito complessivo, e 7.000 euro, se l'ammontare del reddito complessivo è superiore a 28.000 euro ma non a 35.000 euro;

b) 960 euro, se il reddito complessivo è superiore a 35.000 euro ma non a 40.000 euro; la detrazione spetta per la parte corrispondente al rapporto tra l'importo di 40.000 euro, diminuito del reddito complessivo, e l'importo di 5.000 euro';

c) al comma 3, le parole: 'di cui al comma 1', ovunque ricorrono, sono sostituite dalle seguenti: 'di cui ai commi 1 e 2' e le parole: 'in otto rate di pari ammontare' sono sostituite dalle seguenti: 'in dieci rate di pari ammontare"(1).

(1) *Comma sostituito dall'articolo 1, comma 1, del D.L. 31 dicembre 2020, n. 182; successivamente il D.L. 182/2020 è stato abrogato dall'articolo 1 della Legge 26 febbraio 2021, n. 21 e il presente comma sostituito dall'articolo 22-sexies, comma 1 del D.L. 31 dicembre 2020, n. 183, convertito con modificazioni dalla Legge 26 febbraio 2021, n. 21.*

9. Il Fondo di cui all'articolo 1, comma 7, della legge 27 dicembre 2019, n. 160, è ridotto di 1.150 milioni di euro nell'anno 2021 e di 1.426 milioni di euro annui a decorrere dall'anno 2022.

10. Per le nuove assunzioni a tempo indeterminato e per le trasformazioni dei contratti a tempo determinato in contratti a tempo indeterminato effettuate nel biennio 2021-2022, al fine di promuovere l'occupazione giovanile stabile, l'esonero contributivo di cui all'articolo 1, commi da 100 a 105 e 107, della legge 27 dicembre 2017, n. 205, è riconosciuto nella misura del 100 per cento, per un periodo massimo di trentasei mesi, nel limite massimo di importo pari a 6.000 euro annui, con riferimento ai soggetti che alla data della prima assunzione incentivata ai sensi del presente comma e dei commi da 11 a 15 del presente articolo non abbiano compiuto il trentaseiesimo anno di età. Resta ferma l'aliquota di computo delle prestazioni pensionistiche.

(1) *Per l'applicazione del presente comma anche alle nuove assunzioni a tempo indeterminato e alle trasformazioni dei contratti a tempo determinato in contratti a tempo indeterminato effettuate dal 1° gennaio 2023 al 31 dicembre 2023, cfr. l'articolo 1, comma 297, della Legge 29 dicembre 2022, n. 197.*

11. L'esonero contributivo di cui al comma 10, ferme restando le condizioni ivi previste, è riconosciuto per un periodo massimo di quarantotto mesi ai datori di lavoro privati che effettuino assunzioni in una sede o unità produttiva ubicata nelle seguenti regioni: Abruzzo, Molise, Campania, Basilicata, Sicilia, Puglia, Calabria e Sardegna.

12. In deroga all'articolo 1, comma 104, della legge 27 dicembre 2017, n. 205, fermi restando i princìpi generali di fruizione degli incentivi di cui all'articolo 31 del decreto legislativo 14 settembre 2015, n. 150, l'esonero contributivo di cui al comma 10 spetta ai datori di lavoro che non abbiano proceduto, nei sei mesi precedenti l'assunzione, né procedano, nei nove mesi successivi alla stessa, a licenziamenti individuali per giustificato motivo oggettivo ovvero a licenziamenti collettivi, ai sensi della legge 23 luglio 1991, n. 223, nei confronti di lavoratori inquadrati con la medesima qualifica nella stessa unità produttiva.

13. Le disposizioni di cui ai commi da 10 a 15 non si applicano alle prosecuzioni di contratto e alle assunzioni di cui all'articolo 1, commi 106 e 108, della legge 27 dicembre 2017, n. 205.

14. Il beneficio previsto dai commi da 10 a 15 è concesso ai sensi della sezione 3.1 della comunicazione della Commissione europea C(2020) 1863 final, del 19 marzo 2020, recante un "*Quadro temporaneo per le misure di aiuto di Stato a sostegno dell'economia nell'attuale emergenza del COVID-19*", e nei limiti e alle condizioni di cui alla medesima comunicazione. L'efficacia delle disposizioni dei commi da 10 a 13 del presente articolo è subordinata, ai sensi dell'articolo 108, paragrafo 3, del Trattato sul funzionamento dell'Unione europea, all'autorizzazione della Commissione europea.

15. Alla copertura degli oneri derivanti dai commi da 10 a 14 concorrono, per 200,9 milioni di euro per l'anno 2021 e 139,1 milioni di euro per l'anno 2022, le risorse del Programma Next Generation EU.

16. Per le assunzioni di donne lavoratrici effettuate nel biennio 2021-2022, in via sperimentale, l'esonero contributivo di cui all'articolo 4, commi da 9 a 11, della legge 28 giugno 2012, n. 92, è riconosciuto nella misura del 100 per cento nel limite massimo di importo pari a 6.000 euro annui.

(1) *Per le nuove assunzioni di donne lavoratrici effettuate dal 1° gennaio 2023 al 31 dicembre 2023 vedi l'articolo 1, comma 298, della Legge 29 dicembre 2022, n. 197.*

17. Le assunzioni di cui al comma 16 devono comportare un incremento occupazionale netto calcolato sulla base della differenza tra il numero dei lavoratori occupati rilevato in ciascun mese e il numero dei lavoratori mediamente occupati nei dodici mesi precedenti. Per i dipendenti con contratto di lavoro a tempo parziale, il calcolo è in base al rapporto tra il numero delle ore pattuite e il numero delle ore che costituiscono l'orario normale di lavoro dei lavoratori a tempo pieno. L'incremento della base occupazionale è considerato al netto delle diminuzioni del numero degli occupati verificatesi in società controllate o collegate ai sensi dell'articolo 2359 del codice civile o facenti capo, anche per interposta persona, allo stesso soggetto.

18. Il beneficio previsto dai commi da 16 a 19 è concesso ai sensi della sezione 3.1 della comunicazione della Commissione europea C(2020) 1863 final, del 19 marzo 2020, recante un "*Quadro temporaneo per le misure di aiuto di Stato a sostegno dell'economia nell'attuale emergenza del COVID-19*", e nei limiti e alle condizioni di cui alla medesima comunicazione. L'efficacia delle disposizioni dei commi 16 e 17 è subordinata, ai sensi dell'articolo 108, paragrafo 3, del Trattato sul funzionamento dell'Unione europea, all'autorizzazione della Commissione europea.

19. Alla copertura degli oneri derivanti dai commi da 16 a 18 si provvede, per 37,5 milioni di euro per l'anno 2021 e 88,5 milioni di euro per l'anno 2022, con le risorse del Programma Next Generation EU.

20. [A] Al fine di ridurre gli effetti negativi causati dall'emergenza epidemiologica da COVID-19 sul reddito dei lavoratori autonomi e dei professionisti e di favorire la ripresa della loro attività, è istituito, nello stato di previsione del Ministero del lavoro e delle politiche sociali, il Fondo per l'esonero dai contributi previdenziali dovuti dai lavoratori autonomi e dai professionisti, con una dotazione finanziaria iniziale di 2.500 milioni di euro per l'anno 2021, che costituisce il relativo limite di spesa, destinata a finanziare l'esonero parziale dal pagamento dei contributi previdenziali dovuti dai lavoratori autonomi e dai professionisti iscritti alle gestioni previdenziali dell'Istituto nazionale della previdenza sociale (INPS) e dai professionisti iscritti agli enti gestori di forme obbligatorie di previdenza e assistenza di cui al decreto legislativo 30 giugno 1994, n. 509, e al decreto legislativo 10 febbraio 1996, n. 103, che abbiano percepito nel periodo d'imposta 2019 un reddito complessivo non superiore a 50.000 euro e abbiano subito un calo del fatturato o dei corrispettivi nell'anno 2020 non inferiore al 33 per cento rispetto a quelli dell'anno 2019. Sono esclusi dall'esonero i premi dovuti all'Istituto nazionale per l'assicurazione contro gli infortuni sul lavoro (INAIL)[1].

> [A] *In riferimento al presente comma, vedi: Messaggio INPS - Istituto nazionale previdenza sociale 29 luglio 2021, n. 2761; Messaggio INPS - Istituto nazionale previdenza sociale 24 settembre 2021 n. 3217; Messaggio INPS - Istituto nazionale previdenza sociale 11 febbraio 2022, n. 688; Messaggio INPS - Istituto nazionale previdenza sociale 18 febbraio 2022, n. 803; Messaggio INPS - Istituto nazionale previdenza sociale 18 marzo 2022 n. 1264*
> [1] *Comma modificato dall'articolo 3, comma 1, lettera a), del D.L. 22 marzo 2021, n. 41, convertito con modificazioni dalla Legge 21 maggio 2021, n. 69.*

21. [A] Con uno o più decreti del Ministro del lavoro e delle politiche sociali, di concerto con il Ministro dell'economia e delle finanze, da adottare entro sessanta giorni dalla data di entrata in vigore della presente legge, sono definiti i criteri e le modalità per la concessione dell'esonero di cui al comma 20 nonché la quota del limite di spesa di cui al comma 20 da destinare, in via eccezionale, ai professionisti iscritti agli enti gestori di forme obbligatorie di previdenza e assistenza di cui al decreto legislativo 30 giugno 1994, n. 509, e al decreto legislativo 10 febbraio 1996, n. 103, e i relativi criteri di ripartizione. A valere sulle risorse di cui al comma 20 sono altresì esonerati dal pagamento dei contributi previdenziali i medici, gli infermieri e gli altri professionisti e operatori di cui alla legge 11 gennaio 2018, n. 3, già collocati in quiescenza e assunti per l'emergenza derivante dalla diffusione del COVID-19.

> [A] *In riferimento al presente comma, vedi: Messaggio INPS - Istituto nazionale previdenza sociale 24 settembre 2021 n. 3217; Messaggio INPS - Istituto nazionale previdenza sociale 18 febbraio 2022, n. 803; Messaggio INPS - Istituto nazionale previdenza sociale 18 marzo 2022 n. 1264*

22 [A]. Gli enti previdenziali di cui ai commi 20 e 21 provvedono al monitoraggio del rispetto dei limiti di spesa di cui ai medesimi commi 20 e 21 e comunicano i risultati di tale attività al Ministero del lavoro e delle politiche sociali e al Ministero dell'economia e delle finanze. Qualora dal predetto monitoraggio emerga il verificarsi di scostamenti, anche in via prospettica, rispetto al predetto limite di spesa, non sono adottati altri provvedimenti di concessione dell'esonero.

> [A] *In riferimento al presente comma, vedi: Messaggio INPS - Istituto nazionale previdenza sociale 24 settembre 2021 n. 3217; Messaggio INPS - Istituto nazionale previdenza sociale 18 febbraio 2022, n. 803; Messaggio INPS - Istituto nazionale previdenza sociale 18 marzo 2022 n. 1264*

22-bis. [1][A] Il beneficio previsto ai commi da 20 a 22 è concesso ai sensi della sezione 3.1 della Comunicazione della Commissione europea recante un "*Quadro temporaneo per le misure di aiuto di Stato a sostegno dell'economia nell'attuale emergenza del COVID-19*" e nei limiti ed alle condizioni di cui alla medesima Comunicazione. L'efficacia delle suddette disposizioni è subordinata, ai sensi dell'articolo 108, paragrafo 3, del Trattato sul funzionamento dell'Unione europea, all'autorizzazione della Commissione europea.

> [A] *In riferimento al presente comma, vedi: Messaggio INPS - Istituto nazionale previdenza sociale 24 settembre 2021 n. 3217; Messaggio INPS - Istituto nazionale previdenza sociale 18 febbraio 2022, n. 803; Messaggio INPS - Istituto nazionale previdenza sociale 18 marzo 2022 n. 1264*
> [1] *Comma inserito dall'articolo 3, comma 1, lettera b), del D.L. 22 marzo 2021, n. 41, convertito con modificazioni dalla Legge 21 maggio 2021, n. 69.*

23. Al fine di sostenere il rientro al lavoro delle lavoratrici madri e di favorire la conciliazione dei tempi di lavoro e dei tempi di cura della famiglia, il Fondo di cui all'articolo 19, comma 1, del decreto-legge 4 luglio 2006, n. 223, convertito, con modificazioni, dalla legge 4 agosto 2006, n. 248, per l'anno 2021, è incrementato di 50 milioni di euro, da destinare al sostegno e alla valorizzazione delle misure organizzative adottate dalle imprese per favorire il rientro al lavoro delle lavoratrici madri dopo il parto.

24. Con decreto del Ministro per le pari opportunità e la famiglia, di concerto con il Ministro dell'economia e delle finanze, previa intesa in sede di Conferenza unificata, ai sensi dell'articolo 8 del decreto legislativo 28 agosto 1997, n. 281, sono definite le modalità di attribuzione delle risorse di cui al comma 23.

25. All'articolo 4, comma 24, lettera a), della legge 28 giugno 2012, n. 92, dopo le parole: "*nascita del figlio*" sono aggiunte le seguenti: "*, anche in caso di morte perinatale*".

26. Al comma 1250 dell'articolo 1 della legge 27 dicembre 2006, n. 296, dopo la lettera i) è inserita la seguente:

"*i-bis) interventi per il sostegno ai genitori nei casi di morte del figlio. Per le finalità di cui alla presente lettera, il Fondo di cui all'articolo 19, comma 1, del decreto legge 4 luglio 2006, n. 223, convertito, con modificazioni, dalla legge 4 agosto 2006, n. 248, per l'anno 2021, è incrementato di 500.000 euro per l'anno 2021, da destinare*

VARIE

al finanziamento delle associazioni che svolgono attività di assistenza psicologica o psicosociologica a favore dei genitori che subiscono gravi disagi sociali e psicologici in conseguenza della morte del figlio".

27. Al fine di garantire e implementare la presenza negli istituti penitenziari di professionalità psicologiche esperte per il trattamento intensificato cognitivo-comportamentale nei confronti degli autori di reati contro le donne e per la prevenzione della recidiva, è autorizzata la spesa di 2 milioni di euro per ciascuno degli anni 2021, 2022 e 2023.

28. Per le finalità di cui all'articolo 105- bis del decreto-legge 19 maggio 2020, n. 34, convertito, con modificazioni, dalla legge 17 luglio 2020, n. 77, il Fondo di cui all'articolo 19, comma 3, del decreto-legge 4 luglio 2006, n. 223, convertito, con modificazioni, dalla legge 4 agosto 2006, n. 248, è incrementato di 2 milioni di euro per ciascuno degli anni 2021 e 2022.

29. Per le assunzioni effettuate a decorrere dal 1° gennaio 2021, al fine di garantire ai lavoratori assicurati a fini previdenziali presso l'Istituto nazionale di previdenza dei giornalisti italiani "*Giovanni Amendola*" (INPGI) piena ed effettiva parità di trattamento rispetto agli altri lavoratori dipendenti, le disposizioni legislative statali recanti incentivi alla salvaguardia o all'incremento dell'occupazione riconosciuti in favore dei datori di lavoro per la generalità dei settori economici sotto forma di sgravi o esoneri contributivi si applicano, salvo diversa previsione di legge, ai dipendenti iscritti alla gestione sostitutiva dell'INPGI con riferimento alla contribuzione per essi dovuta. Il relativo onere è posto a carico del bilancio dello Stato, a titolo di fiscalizzazione. L'INPGI invia al Ministero del lavoro e delle politiche sociali, a cadenza semestrale, un apposito rendiconto ai fini del rimborso dei relativi oneri. Ai fini degli adempimenti previsti dal Registro nazionale degli aiuti di Stato, l'INPGI assume la funzione di amministrazione concedente e come tale provvede al monitoraggio, per quanto di competenza, in coerenza con quanto previsto dalla comunicazione della Commissione europea C(2020) 1863 final "*Quadro temporaneo per le misure di aiuto di Stato a sostegno dell'economia nell'attuale emergenza del COVID-19*", pubblicata nella Gazzetta Ufficiale dell'Unione europea C 091I del 20 marzo 2020.

30. Al fine di fronteggiare i maggiori oneri di assistenza derivanti dalla crisi economica e occupazionale conseguente alla diffusione dell'epidemia di COVID-19 e di favorire il riequilibrio della gestione previdenziale sostitutiva dell'INPGI, fino al 31 dicembre 2021 è posto a carico del bilancio dello Stato, a titolo di fiscalizzazione, l'onere, comprensivo delle quote di contribuzione figurativa accreditate, sostenuto dall'INPGI per i trattamenti di cassa integrazione, solidarietà e disoccupazione erogati in favore degli iscritti nei limiti e con le modalità previsti dalla legge ovvero dai regolamenti dell'Istituto vigenti alla data di entrata in vigore della presente legge. L'INPGI invia al Ministero del lavoro e delle politiche sociali, con cadenza semestrale, un rendiconto sulla base del quale è disposto il rimborso dei relativi oneri, al netto del gettito contributivo derivante dalle corrispondenti aliquote contributive versato all'INPGI dai soggetti obbligati, che resta acquisito dal predetto Istituto a titolo di compensazione. Qualora l'ammontare del predetto gettito risulti superiore all'onere sostenuto dall'INPGI, la differenza resta acquisita presso il medesimo Istituto a titolo di acconto in compensazione a valere sul semestre successivo, fermo restando l'obbligo di conguaglio a saldo finale, a credito o a debito, alla data del 31 dicembre 2021.

31. Al fine di consentire la piena ed effettiva attuazione delle misure di riforma volte al riequilibrio della gestione previdenziale sostitutiva dell'INPGI, il termine di cui all'articolo 16-quinquies, comma 2, secondo periodo, del decreto-legge 30 aprile 2019, n. 34, convertito, con modificazioni, dalla legge 28 giugno 2019, n. 58, è prorogato al 31 dicembre 2021. Al fine di consentire i necessari approfondimenti sulle misure di riforma di cui al primo periodo, presso la Presidenza del Consiglio dei ministri. - Dipartimento per l'informazione e l'editoria è istituita una commissione tecnica composta da rappresentanti del medesimo Dipartimento, del Ministero del lavoro e delle politiche sociali, del Ministero dell'economia e delle finanze, dell'INPS e dell'INPGI. La commissione conclude i propri lavori entro il 20 ottobre 2021. Ai componenti della commissione non spettano compensi, gettoni di presenza, rimborsi di spese o altri emolumenti comunque denominati. Le attività della commissione sono svolte senza nuovi o maggiori oneri a carico della finanza pubblica. Fino alla data indicata al primo periodo è sospesa, con riferimento alla sola gestione sostitutiva dell'INPGI, l'efficacia delle disposizioni del comma 4 dell'articolo 2 del decreto legislativo 30 giugno 1994, n. 509 [(1)].

[(1)] *Comma modificato dall'articolo 67, comma 9-quinques, del D.L. 25 maggio 2021, n. 73, convertito con modificazioni dalla Legge 23 luglio 2021, n. 106.*

32. L'INPGI, a sostegno dell'efficacia degli interventi di cui al comma 29, nell'ambito dell'autonomia organizzativa, gestionale e contabile prevista dal decreto legislativo 30 giugno 1994, n. 509, adotta le ulteriori misure necessarie per il riequilibrio della gestione sostitutiva dell'assicurazione generale obbligatoria da sottoporre alla vigilanza statale ai sensi del medesimo decreto legislativo.

33. All'articolo 1, comma 503, della legge 27 dicembre 2019, n. 160, le parole: "*e il 31 dicembre 2020*" sono sostituite dalle seguenti: "*e il 31 dicembre 2021*".

34. Al fine di garantire la sostenibilità della riforma del lavoro sportivo, è istituito nello stato di previsione del Ministero dell'economia e delle finanze un apposito fondo, con dotazione di 50 milioni di euro annui per ciascuno degli anni 2021, 2022 e 2023, per finanziare nei predetti limiti l'esonero, anche parziale, dal versamento dei contribuiti previdenziali a carico delle federazioni sportive nazionali, discipline sportive associate, enti di promozione sportiva, associazioni e società sportive dilettantistiche, con esclusione dei premi e dei contributi dovuti all'Istituto nazionale per l'assicurazione contro gli infortuni sul lavoro (INAIL), relativamente ai rapporti di lavoro sportivo instaurati con atleti, allenatori, istruttori, direttori tecnici, direttori sportivi, preparatori atletici e direttori di gara[(1)(2)].

[(1)] *Comma modificato dall'articolo 1, comma 189, della Legge 30 dicembre 2021, n. 234.*
[(2)] *Per la riduzione dell'autorizzazione di spesa di cui al presente comma, vedi l'articolo 39, comma 7, del D.L. 31 maggio 2021, convertito con modificazioni, dalla Legge 29 luglio 2021, n. 108.*

35. L'esonero di cui al comma 34 è cumulabile con altri esoneri o riduzioni delle aliquote di finanziamento previsti dalla normativa vigente, nei limiti della contribuzione previdenziale dovuta.

36. Per le federazioni sportive nazionali, gli enti di promozione sportiva e le associazioni e società sportive professionistiche e dilettantistiche che hanno il domicilio fiscale, la sede legale o la sede operativa nel territorio dello Stato e operano nell'ambito di competizioni sportive in corso di svolgimento ai sensi del decreto del Presidente del Consiglio dei ministri 24 ottobre 2020, sono sospesi:

a) i termini relativi ai versamenti delle ritenute alla fonte, di cui agli articoli 23 e 24 del decreto del Presidente della Repubblica 29 settembre 1973, n. 600, che i predetti soggetti operano in qualità di sostituti d'imposta, dal 1° gennaio 2021 al 28 febbraio 2021;

b) i termini relativi agli adempimenti e ai versamenti dei contributi previdenziali e assistenziali e dei premi per l'assicurazione obbligatoria, dal 1° gennaio 2021 al 28 febbraio 2021;

c) i termini dei versamenti relativi all'imposta sul valore aggiunto in scadenza nei mesi di gennaio e febbraio 2021;

d) i termini relativi ai versamenti delle imposte sui redditi in scadenza dal 1° gennaio 2021 al 28 febbraio 2021.

37. I versamenti sospesi ai sensi del comma 36 sono effettuati, senza applicazione di sanzioni e interessi, in un'unica soluzione entro il 30 maggio 2021 o mediante rateizzazione fino a un massimo di ventiquattro rate mensili di pari importo, con il versamento della prima rata entro il 30 maggio 2021. I versamenti relativi ai mesi di dicembre degli anni 2021 e 2022 devono essere effettuati entro il giorno 16 di detti mesi. Non si fa luogo al rimborso di quanto già versato.

38. All'articolo 1, comma 44, della legge 11 dicembre 2016, n. 232, sono apportate le seguenti modificazioni:

a) al primo periodo, le parole: "*2019 e 2020*" sono sostituite dalle seguenti: "*2019, 2020 e 2021*";

b) il secondo periodo è soppresso.

39. (1)All'articolo 1, comma 506, della legge 27 dicembre 2017, n. 205, le parole: "*e 2020*", ovunque ricorrono, sono sostituite dalle seguenti: "*, 2020 e 2021*".

(1) *Comma sostituito dall'articolo 68, comma 1, del D.L. 25 maggio 2021, n. 73; successivamente tale modifica non è stata confermata in sede di conversione dalla Legge 23 luglio 2021, n. 106.*

40. (A) La nozione di preparazioni alimentari di cui al numero 80) della tabella A, parte III, allegata al decreto del Presidente della Repubblica 26 ottobre 1972, n. 633, deve essere interpretata nel senso che in essa rientrano anche le cessioni di piatti pronti e di pasti che siano stati cotti, arrostiti, fritti o altrimenti preparati in vista del loro consumo immediato, della loro consegna a domicilio o dell'asporto.

(A) *In riferimento al presente comma, vedi: Risposta Agenzia delle Entrate 29 luglio 2021, n. 523.*

41. Per l'anno 2021, al fine di facilitare il processo di ricomposizione fondiaria, anche nella prospettiva di una maggiore efficienza produttiva nazionale, agli atti di trasferimento a titolo oneroso di terreni e relative pertinenze, di valore economico inferiore o uguale a 5.000 euro, qualificati agricoli in base a strumenti urbanistici vigenti, posti in essere a favore di coltivatori diretti e imprenditori agricoli professionali, iscritti nella relativa gestione previdenziale e assistenziale, non si applica l'imposta di registro fissa, di cui all'articolo 2, comma 4-bis, del decreto-legge 30 dicembre 2009, n. 194, convertito, con modificazioni, dalla legge 26 febbraio 2010, n. 25.

42. All'articolo 6, comma 2, del decreto legge 15 aprile 2002, n. 63, convertito, con modificazioni, dalla legge 15 giugno 2002, n. 112, sono aggiunti, in fine, i seguenti periodi: "*Per le somme attribuite ad aumento del capitale sociale nei confronti di soci persone fisiche, la cooperativa ha facoltà di applicare, previa deliberazione dell'assemblea, la ritenuta del 12,50 per cento a titolo d'imposta all'atto della loro attribuzione a capitale sociale. Tra i soci persone fisiche non sono compresi gli imprenditori di cui all'articolo 65, comma 1, del testo unico delle imposte sui redditi, di cui al decreto del Presidente della Repubblica 22 dicembre 1986, n. 917, né i detentori di partecipazione qualificata ai sensi dell'articolo 67, comma 1, lettera c), del medesimo testo unico. La facoltà di cui al quarto periodo è esercitata con il versamento della ritenuta di cui al medesimo periodo, da effettuare entro il giorno 16 del mese successivo a quello di scadenza del trimestre solare in cui è stata adottata la deliberazione dell'assemblea*".

43. La ritenuta del 12,50 per cento prevista dal quarto periodo del comma 2 dell'articolo 6 del decreto-legge 15 aprile 2002, n. 63, convertito, con modificazioni, dalla legge 15 giugno 2002, n. 112, introdotto dal comma 42, può essere applicata con i medesimi termini e modalità alle somme attribuite ad aumento del capitale sociale deliberate anteriormente alla data di entrata in vigore della presente legge, in luogo della tassazione prevista dalla previgente normativa.

44. Gli utili percepiti dagli enti non commerciali di cui lettera c) del comma 1 dell'articolo 73 del testo unico delle imposte sui redditi, di cui al decreto del Presidente della Repubblica 22 dicembre 1986, n. 917, o da una stabile organizzazione nel territorio dello Stato di enti non commerciali, di cui alla lettera d) del comma 1 del medesimo articolo 73, che esercitano, senza scopo di lucro, in via esclusiva o principale, una o più attività di interesse generale per il perseguimento di finalità civiche, solidaristiche e di utilità sociale nei settori indicati al comma 45, non concorrono alla formazione del reddito imponibile nella misura del 50 per cento a decorrere dall'esercizio in corso al 1° gennaio 2021. Sono esclusi gli utili provenienti da partecipazioni in imprese o enti residenti o localizzati in Stati o territori a regime fiscale privilegiato di cui all'articolo 47-bis, comma 1, del citato testo unico delle imposte sui redditi, di cui al decreto del Presidente della Repubblica n. 917 del 1986.

45. I settori nell'ambito dei quali devono essere svolte le attività di interesse generale di cui al comma 44 sono i seguenti:

a) famiglia e valori connessi; crescita e formazione giovanile; educazione, istruzione e formazione, compreso l'acquisto di prodotti editoriali per la scuola; volontariato, filantropia e beneficenza; religione e sviluppo spirituale; assistenza agli anziani; diritti civili;

b) prevenzione della criminalità e sicurezza pubblica; sicurezza alimentare e agricoltura di qualità; sviluppo locale ed edilizia popolare locale; protezione dei consumatori; protezione civile; salute pubblica, medicina preventiva e riabilitativa; attività sportiva; prevenzione e recupero delle tossicodipendenze; patologia e disturbi psichici e mentali;

c) ricerca scientifica e tecnologica; protezione e qualità dell'ambiente;

d) arte, attività e beni culturali.

46. I soggetti di cui al comma 44 destinano l'imposta sul reddito delle società non dovuta in applicazione della dispo-

sizione di cui al medesimo comma 44 al finanziamento delle attività di interesse generale ivi indicate, accantonando l'importo non ancora erogato in una riserva indivisibile e non distribuibile per tutta la durata dell'ente.

47. Le fondazioni di cui al decreto legislativo 17 maggio 1999, n. 153, destinano l'imposta sul reddito non dovuta in applicazione della disposizione di cui al comma 44 al finanziamento delle attività di interesse generale ivi indicate, accantonandola, fino all'erogazione, in un apposito fondo destinato all'attività istituzionale.

48. A partire dall'anno 2021 per una sola unità immobiliare a uso abitativo, non locata o data in comodato d'uso, posseduta in Italia a titolo di proprietà o usufrutto da soggetti non residenti nel territorio dello Stato che siano titolari di pensione maturata in regime di convenzione internazionale con l'Italia, residenti in uno Stato di assicurazione diverso dall'Italia, l'imposta municipale propria di cui all'articolo 1, commi da 739 a 783, della legge 27 dicembre 2019, n. 160, è applicata nella misura della metà e la tassa sui rifiuti avente natura di tributo o la tariffa sui rifiuti avente natura di corrispettivo, di cui, rispettivamente, al comma 639 e al comma 668 dell'articolo 1 della legge 27 dicembre 2013, n. 147, è dovuta in misura ridotta di due terzi[(1)].

[(1)] A norma dell'articolo 1, comma 743, della Legge 30 dicembre 2021, n. 234, limitatamente all'anno 2022, la misura dell'imposta municipale propria prevista dal presente comma, è ridotta al 37,5 per cento.

49. Per il ristoro ai comuni delle minori entrate derivanti dal comma 48 è istituito, nello stato di previsione del Ministero dell'interno, un fondo con una dotazione su base annua di 12 milioni di euro. Alla ripartizione del fondo si provvede con decreto del Ministro dell'interno, di concerto con il Ministro dell'economia e delle finanze, sentita la Conferenza Stato-città ed autonomie locali, da adottare entro sessanta giorni dalla data di entrata in vigore della presente legge.

Omissis.

97. È istituito, nello stato di previsione del Ministero dello sviluppo economico, il "*Fondo a sostegno dell'impresa femminile*", con una dotazione di 20 milioni di euro per ciascuno degli anni 2021 e 2022, destinato al fine di promuovere e sostenere l'avvio e il rafforzamento dell'imprenditoria femminile, la diffusione dei valori dell'imprenditorialità e del lavoro tra la popolazione femminile e massimizzare il contributo quantitativo e qualitativo delle donne allo sviluppo economico e sociale del Paese.

98. Il Fondo di cui al comma 97 sostiene:

a) interventi per sostenere l'avvio dell'attività, gli investimenti e il rafforzamento della struttura finanziaria e patrimoniale delle imprese femminili, con specifica attenzione ai settori dell'alta tecnologia;

b) programmi e iniziative per la diffusione della cultura imprenditoriale tra la popolazione femminile;

c) programmi di formazione e orientamento verso materie e professioni in cui la presenza femminile deve essere adeguata alle indicazioni di livello dell'Unione europea e nazionale.

99. Gli interventi di cui al comma 98, lettera a), possono consistere in:

a) contributi a fondo perduto per avviare imprese femminili, con particolare attenzione alle imprese individuali e alle attività libero-professionali in generale e con specifica attenzione a quelle avviate da donne disoccupate di qualsiasi età;

b) finanziamenti senza interesse, finanziamenti agevolati e combinazione di contributi a fondo perduto e finanziamenti per avviare e sostenere le attività di imprese femminili;

c) incentivi per rafforzare le imprese femminili, costituite da almeno trentasei mesi, nella forma di contributo a fondo perduto per l'integrazione del fabbisogno di circolante nella misura massima dell'80 per cento della media del circolante degli ultimi tre esercizi;

d) percorsi di assistenza tecnico-gestionale per attività di marketing e di comunicazione durante tutto il periodo di realizzazione degli investimenti o di compimento del programma di spesa, anche attraverso un sistema di voucher per accedervi;

e) investimenti nel capitale, anche tramite la sottoscrizione di strumenti finanziari partecipativi, a beneficio esclusivo delle imprese a guida femminile tra le start-up innovative di cui all'articolo 25 del decreto-legge 18 ottobre 2012, n. 179, convertito, con modificazioni, dalla legge 17 dicembre 2012, n. 221, e delle piccole e medie imprese innovative di cui all'articolo 4 del decreto legge 24 gennaio 2015, n. 3, convertito, con modificazioni, dalla legge 24 marzo 2015, n. 33, nei settori individuati in coerenza con gli indirizzi strategici nazionali;

f) azioni di comunicazione per la promozione del sistema imprenditoriale femminile italiano e degli interventi finanziati attraverso le norme dei commi da 97 a 106.

100. Gli interventi di cui al comma 98, lettere b) e c), possono consistere nelle seguenti azioni:

a) iniziative per promuovere il valore dell'impresa femminile nelle scuole e nelle università;

b) iniziative per la diffusione di cultura imprenditoriale tra le donne;

c) iniziative di orientamento e formazione verso percorsi di studio nelle discipline scientifiche, tecnologiche, ingegneristiche e matematiche;

d) iniziative di sensibilizzazione verso professioni tipiche dell'economia digitale;

e) azioni di comunicazione per diffondere la cultura femminile d'impresa e promuovere i programmi finanziati ai sensi dei commi da 97 a 106.

101. Nell'ambito delle attività previste dai commi da 97 a 100 e al fine di massimizzarne l'efficacia e l'aderenza ai bisogni e alle caratteristiche dei territori, è promossa la collaborazione con le regioni e gli enti locali, con le associazioni di categoria, con il sistema delle camere di commercio, industria, artigianato e agricoltura e con i comitati per l'imprenditoria femminile, anche prevedendo forme di cofinanziamento tra i rispettivi programmi in materia.

102. Il Ministro dello sviluppo economico presenta annualmente alle Camere una relazione sull'attività svolta e sulle possibili misure da adottare per risolvere i problemi relativi alla partecipazione della popolazione femminile alla vita economica e imprenditoriale del Paese.

103. Con decreto del Ministro dello sviluppo economico, adottato di concerto con il Ministro dell'economia e delle finanze e con il Ministro per le pari opportunità e la famiglia, entro sessanta giorni dalla data di entrata in vigore della presente legge, sono determinati la ripartizione della dotazione finanziaria del Fondo di cui al comma 97 tra i diversi interventi, le modalità di attuazione, i criteri e i termini per la

fruizione delle agevolazioni previste dalla presente legge, compreso il rapporto di co-investimento tra le risorse pubbliche e quelle di investitori regolamentati o qualificati per gli investimenti di cui al comma 99, lettera e), nonché le attività di monitoraggio e controllo. Il Ministero dello sviluppo economico può utilizzare le proprie società in house per la gestione e l'attuazione degli interventi previsti.

104. È istituito, presso il Ministero dello sviluppo economico, il Comitato impresa donna. Il Comitato:

a) contribuisce ad attualizzare le linee di indirizzo per l'utilizzo delle risorse del Fondo di cui al comma 97;

b) conduce analisi economiche, statistiche e giuridiche relative alla questione femminile nell'impresa;

c) formula raccomandazioni relativamente allo stato della legislazione e dell'azione amministrativa, nazionale e regionale, in materia di imprenditorialità femminile e in generale sui temi della presenza femminile nell'impresa e nell'economia;

d) contribuisce alla redazione della relazione annuale di cui al comma 102.

105. La partecipazione al Comitato è svolta a titolo gratuito, senza erogazione di compensi, gettoni di presenza, rimborsi di spese e altri emolumenti comunque denominati ai partecipanti.

129. Entro sessanta giorni dalla data di entrata in vigore della presente legge, con uno o più decreti del Ministro delle politiche agricole alimentari e forestali, previa intesa in sede di Conferenza permanente per i rapporti tra lo Stato, le regioni e le province autonome di Trento e di Bolzano, sono definiti i criteri e le modalità di utilizzazione del Fondo di cui al comma 128.

130. Al fine di assicurare un adeguato ristoro alle aziende agricole danneggiate dalle avversità atmosferiche e fitosanitarie verificatesi a partire dal 1° gennaio 2019, la dotazione finanziaria del Fondo di solidarietà nazionale – interventi indennizzatori, di cui all'articolo 15 del decreto legislativo 29 marzo 2004, n. 102, è incrementata di 70 milioni di euro per l'anno 2021.

131. [A] Il credito d'imposta di cui all'articolo 3, comma 1, del decreto-legge 24 giugno 2014, n. 91, convertito, con modificazioni, dalla legge 11 agosto 2014, n. 116, è concesso, per i periodi d'imposta dal 2021 al 2023, alle reti di imprese agricole e agroalimentari costituite ai sensi dell'articolo 3 del decreto-legge 10 febbraio 2009, n. 5, convertito, con modificazioni, dalla legge 9 aprile 2009, n. 33, anche costituite in forma cooperativa o riunite in consorzi o aderenti ai disciplinari delle "*strade del vino*" di cui all'articolo 2, comma 1, lettera a), della legge 27 luglio 1999, n. 268, per la realizzazione o l'ampliamento di infrastrutture informatiche finalizzate al potenziamento del commercio elettronico, con particolare riferimento al miglioramento delle potenzialità di vendita a distanza a clienti finali residenti fuori del territorio nazionale, per la creazione, ove occorra, di depositi fiscali virtuali nei Paesi esteri, gestiti dagli organismi associativi di cui al presente periodo, per favorire la stipula di accordi con gli spedizionieri doganali, anche ai fini dell'assolvimento degli oneri fiscali, e per le attività e i progetti legati all'incremento delle esportazioni. Con provvedimento del Direttore dell'Agenzia delle entrate, da adottare entro trenta giorni dalla data di entrata in vigore della presente legge, sono stabiliti i criteri e le modalità di applicazione e di fruizione del credito d'imposta, al fine del rispetto del limite di spesa di cui al presente comma. Agli oneri derivanti dall'attuazione del presente comma si provvede nel limite di 5 milioni di euro per ciascuno degli anni 2021, 2022 e 2023[1].

[A] *In riferimento all'istituzione del codice tributo per l'utilizzo in compensazione, tramite modello F24, del credito d'imposta a favore delle reti di imprese agricole e agroalimentari vedi Risoluzione Agenzia delle Entrate 03/11/2022 n. 64/E.*

[1] *In riferimento alla definizione dei criteri e delle modalità di applicazione e di fruizione del credito d'imposta di cui al presente comma, vedi il Provvedimento dell'Agenzia delle Entrate 20 maggio 2022.*

132. All'articolo 1, comma 673, della legge 27 dicembre 2017, n. 205, le parole: "*e a 22,5 milioni di euro a decorrere dall'anno 2020*" sono sostituite dalle seguenti: "*, a 22,5 milioni di euro per l'anno 2020 e a 27,5 milioni di euro a decorrere dall'anno 2021*".

133. All'articolo 78, comma 3-bis, del decreto-legge 17 marzo 2020, n. 18, convertito, con modificazioni, dalla legge 24 aprile 2020, n. 27, le parole: "*0,5 milioni di euro*" sono sostituite dalle seguenti: "*2 milioni di euro*".

134. Al fine di sostenere la ripresa del settore vitivinicolo di qualità che ha subìto perdite in seguito alla diffusione dell'epidemia da COVID-19 è istituito, nello stato di previsione del Ministero delle politiche agricole alimentari e forestali, un fondo destinato allo stoccaggio privato dei vini a denominazione di origine controllata, a denominazione di origine controllata e garantita e a indicazione geografica tipica certificati o atti a divenire tali e detenuti in impianti situati nel territorio nazionale, con una dotazione di 10 milioni di euro per l'anno 2021.

135. Entro sessanta giorni dalla data di entrata in vigore della presente legge, con decreto del Ministro delle politiche agricole alimentari e forestali, previa intesa in sede di Conferenza permanente per i rapporti tra lo Stato, le regioni e le province autonome di Trento e di Bolzano, sono definiti i criteri e le modalità di utilizzazione del fondo di cui al comma 134.

136. Ai fini del sostegno e del rilancio della filiera suinicola nazionale, al comma 1 dell'articolo 11-bis del decreto-legge 29 marzo 2019, n. 27, convertito, con modificazioni, dalla legge 21 maggio 2019, n. 44, sono apportate le seguenti modificazioni:

a) le parole: "*di 1 milione di euro per l'anno 2019 e di 4 milioni di euro per l'anno 2020*" sono sostituite dalle seguenti: "*di 1 milione di euro per l'anno 2019, di 4 milioni di euro per l'anno 2020 e di 10 milioni di euro per l'anno 2021*";

b) dopo le parole: "*nonché a promuovere l'innovazione*" sono inserite le seguenti: "*, a contribuire a fondo perduto alla realizzazione di progetti o investimenti finalizzati a migliorare la misurabilità e l'incremento delle condizioni di sostenibilità nelle aziende zootecniche, di produzione di carne e di trasformazione di carne*".

137. Gli aiuti previsti dalle disposizioni di cui al comma 136 sono concessi nel rispetto della normativa dell'Unione europea in materia di aiuti di Stato.

138. Nello stato di previsione del Ministero delle politiche agricole alimentari e forestali è istituito un fondo per la tutela e il rilancio delle filiere apistica, brassicola, della canapa e della frutta a guscio, con una dotazione di 10 milioni di euro per l'anno 2021. Con decreto del Ministro delle politiche agricole alimentari e forestali, di concerto con il Ministro dell'economia e delle finanze, previa intesa in sede di Conferenza permanente per i rapporti tra lo Stato, le regioni e le

province autonome di Trento e di Bolzano, da adottare entro sessanta giorni dalla data di entrata in vigore della presente legge, sono definiti i criteri e le modalità di utilizzo delle risorse del fondo di cui al primo periodo.

139. Allo scopo di consentire un accurato monitoraggio delle produzioni cerealicole presenti sul territorio nazionale, anche in funzione del raggiungimento degli obiettivi di cui all'articolo 39 del Trattato sul funzionamento dell'Unione europea, le aziende agricole, le cooperative, i consorzi, le imprese commerciali, le imprese di importazione e le imprese di prima trasformazione che detengano, a qualsiasi titolo, cereali e farine di cereali sono tenute a registrare, in un apposito registro telematico istituito nell'ambito dei servizi del Sistema informativo agricolo nazionale (SIAN), tutte le operazioni di carico e scarico, se la quantità del singolo prodotto è superiore a 30 tonnellate annue. Per le imprese di prima trasformazione, l'obbligo di cui al periodo precedente si applica limitatamente alle operazioni di carico, con esclusione della registrazione delle operazioni di scarico di sfarinati[(1)].

(1) *Comma modificato dall'articolo 18, comma 1, lettera a), del D.L. 30 dicembre 2021, n. 228, convertito, con modificazioni dalla Legge 25 febbraio 2022, n. 15.*

140. Le operazioni di carico e scarico per vendita o trasformazione di cereali e di sfarinati a base di cereali, di provenienza nazionale e unionale ovvero importate da Paesi terzi, devono essere registrate nel supporto telematico di cui al comma 139 entro il giorno 20 del terzo mese successivo a quello di effettuazione delle operazioni stesse[(1)].

(1) *Comma modificato dall'articolo 18, comma 1, lettera b), del D.L. 30 dicembre 2021, n. 228, convertito, con modificazioni dalla Legge 25 febbraio 2022, n. 15.*

141. Le modalità di applicazione dei commi da 139 a 142, per i quali sono previsti oneri pari a 1 milione di euro per il solo anno 2021, sono stabilite con uno o più decreti del Ministro delle politiche agricole alimentari e forestali, da adottare entro il 30 aprile 2022[(1)] .

(1) *Comma modificato dall'articolo 18, comma 1, lettera c), del D.L. 30 dicembre 2021, n. 228, convertito, con modificazioni dalla Legge 25 febbraio 2022, n. 15.*

142. A decorrere dal 1° gennaio 2024, ai soggetti che, essendovi obbligati, non istituiscono il registro previsto dal comma 139 si applica la sanzione amministrativa pecuniaria del pagamento di una somma da euro 1.000 a euro 4.000. A chiunque non rispetti le modalità di tenuta telematica del predetto registro, stabilite con i decreti di cui al comma 141, si applica la sanzione amministrativa pecuniaria del pagamento di una somma da euro 500 a euro 2.000. Il Dipartimento dell'Ispettorato centrale della tutela della qualità e della repressione frodi dei prodotti agroalimentari del Ministero delle politiche agricole alimentari e forestali è designato quale autorità competente all'irrogazione delle sanzioni amministrative pecuniarie previste dal presente comma[(1)].

(1) *Comma sostituito dall'articolo 18, comma 1, lettera d), del D.L. 30 dicembre 2021, n. 228, convertito, con modificazioni dalla Legge 25 febbraio 2022, n. 15.*

143. All'attuazione dei commi da 139 a 142 il Ministero delle politiche agricole alimentari e forestali provvede con le risorse umane disponibili a legislazione vigente.

144. All'articolo 32 del decreto-legge 30 aprile 2019, n. 34, convertito, con modificazioni, dalla legge 28 giugno 2019, n. 58, sono apportate le seguenti modificazioni:

a) i commi 1, 2 e 3 sono abrogati;

b) al comma 12, dopo le parole: "*di associazioni rappresentative di categoria*" sono inserite le seguenti: "*, di consorzi di tutela di cui all'articolo 53 della legge 24 aprile 1998, n. 128, e di altri organismi di tipo associativo o cooperativo,*" e le parole: "*per anno*" sono sostituite dalle seguenti: "*per ciascuno degli anni 2019 e 2020 e di euro 2,5 milioni annui a decorrere dall'anno 2021*";

c) al comma 15, le parole: "*per ciascun anno, a decorrere dal 2019*" sono sostituite dalle seguenti: "*per ciascuno degli anni 2019 e 2020 e a 2,5 milioni di euro annui a decorrere dall'anno 2021*".

145. L'autorizzazione di spesa di cui all'articolo 72, comma 1, del decreto-legge 17 marzo 2020, n. 18, convertito, con modificazioni, dalla legge 24 aprile 2020, n. 27, è incrementata di 145 milioni di euro per l'anno 2021, per le finalità di cui alla lettera d) del medesimo comma 1.

146. Per favorire l'attrazione degli investimenti e la realizzazione di progetti di sviluppo, nelle aree dismesse o in disuso, delle infrastrutture e dei beni immobili in disuso appartenenti alle amministrazioni pubbliche di cui all'articolo 1, comma 2, del decreto legislativo 30 marzo 2001, n. 165, possono essere definiti piani di sviluppo per il finanziamento degli interventi necessari alla rigenerazione, alla riqualificazione e all'infrastrutturazione nonché per l'attrazione di investimenti privati volti al rilancio economico.

178. Il complesso delle risorse di cui al comma 177 è destinato a sostenere esclusivamente interventi per lo sviluppo, ripartiti nella proporzione dell'80 per cento nelle aree del Mezzogiorno e del 20 per cento nelle aree del Centro-Nord, secondo la seguente articolazione annuale: 4.000 milioni di euro per l'anno 2021, 5.000 milioni di euro annui dal 2022 al 2029 e 6.000 milioni di euro per l'anno 2030. Al completamento delle risorse da destinare alla suddetta programmazione si provvede ai sensi dell'articolo 23, comma 3, della legge 31 dicembre 2009, n. 196. Per l'utilizzo delle risorse del Fondo per lo sviluppo e la coesione per il periodo di programmazione 2021-2027 e nell'ambito della normativa vigente sugli aspetti generali delle politiche di coesione, si applicano le seguenti disposizioni:

a) la dotazione finanziaria del Fondo per lo sviluppo e la coesione è impiegata per obiettivi strategici relativi ad aree tematiche per la convergenza e la coesione economica, sociale e territoriale, sulla base delle missioni previste nel "*Piano Sud 2030*" e dando priorità alle azioni e agli interventi previsti nel Piano, compresi quelli relativi al rafforzamento delle amministrazioni pubbliche. La dotazione finanziaria è altresì impiegata in coerenza con gli obiettivi e le strategie definiti per il periodo di programmazione 2021-2027 dei fondi strutturali e di investimento europei, nonché in coerenza con le politiche settoriali e con le politiche di investimento e di riforma previste nel Piano nazionale per la ripresa e la resilienza (PNRR), secondo princìpi di complementarità e addizionalità delle risorse;

b) il Ministro per il Sud e la coesione territoriale, in collaborazione con le amministrazioni interessate, in coerenza con il Piano Sud 2030 e con i contenuti dell'Accordo di partenariato per i fondi strutturali e di investimento europei del periodo di programmazione 2021-2027 e del PNRR, sentita la Conferenza permanente per i rapporti tra lo Stato, le regioni e le province autonome di Trento e di Bolzano, individua le aree tematiche e gli obiettivi strategici per ciascuna area e li comunica alle competenti Commissioni parlamentari. Il CIPE, con propria deliberazione, su proposta del Ministro per il Sud e la coesione territoriale, ripartisce tra le diverse aree tematiche la dotazione finanziaria del Fondo per lo sviluppo e la coesione iscritta nel bilancio, nonché provvede ad eventuali variazioni della ripartizione della dotazione finanziaria del Fondo per lo sviluppo e la coesione, su proposta della Cabina di regia di cui alla lettera d);

c) gli interventi del Fondo per lo sviluppo e la coesione – programmazione 2021-2027 sono attuati nell'ambito di "*Piani di sviluppo e coesione*" attribuiti alla titolarità delle amministrazioni centrali, regionali, delle città metropolitane e di altre amministrazioni pubbliche che possono essere individuate con deliberazione del CIPE su proposta del Ministro per il Sud e la coesione territoriale. I Piani di sviluppo e coesione sono definiti secondo i principi previsti dall'articolo 44 del decreto-legge 30 aprile 2019, n. 34, convertito, con modificazioni, dalla legge 28 giugno 2019, n. 58, e sono approvati con deliberazioni del CIPE, ferme restando le competenze della Cabina di regia del Fondo per lo sviluppo e la coesione, di cui alla lettera d);

d) la Cabina di regia del Fondo per lo sviluppo e la coesione, istituita con decreto del Presidente del Consiglio dei ministri 25 febbraio 2016, pubblicato nella Gazzetta Ufficiale n. 67 del 21 marzo 2016, ai sensi della lettera c) del comma 703 dell'articolo 1 della legge 23 dicembre 2014, n. 190, opera anche sulle risorse del Fondo per lo sviluppo e la coesione – programmazione 2021-2027, definendo, ai fini della successiva proposta di approvazione da parte del CIPE, i Piani di sviluppo e coesione di cui alla lettera c), articolati per ciascuna area tematica, con l'indicazione dei risultati attesi, delle azioni e degli interventi necessari per il loro conseguimento, con la relativa stima finanziaria, dei soggetti attuatori a livello nazionale, regionale e locale, dei tempi di attuazione e delle modalità di monitoraggio. Le informazioni di dettaglio in merito ai risultati conseguiti sono illustrate nella relazione di sintesi sugli interventi realizzati nelle aree sottoutilizzate, di cui all'articolo 10, comma 7, della legge 31 dicembre 2009, n. 196. I piani operativi sono redatti tenendo conto che la dotazione complessiva deve essere impiegata per un importo non inferiore all'80 per cento per interventi da realizzare nei territori delle regioni del Mezzogiorno. La Cabina di regia opera anche con riferimento alle riprogrammazioni dei Piani di sviluppo e coesione. Nei Piani è indicata altresì l'articolazione annuale dei fabbisogni finanziari fino al terzo anno successivo al termine della programmazione 2021-2027. Nelle more della definizione dei Piani di sviluppo e coesione per il periodo di programmazione 2021-2027, il Ministro per il Sud e la coesione territoriale può sottoporre all'approvazione del CIPE l'assegnazione di risorse del Fondo per lo sviluppo e la coesione per la realizzazione di interventi di immediato avvio dei lavori o il completamento di interventi in corso, così come risultanti dai sistemi informativi del Dipartimento della Ragioneria generale dello Stato, fermi restando i requisiti di addizionalità e di ammissibilità della spesa a decorrere dal 1° gennaio 2021, nel limite degli stanziamenti iscritti in bilancio. Tali interventi confluiscono nei Piani di sviluppo e coesione, in coerenza con le aree tematiche cui afferiscono; (1)

e) i Piani di sviluppo e coesione per il periodo di programmazione 2021-2027, con i relativi fabbisogni finanziari, costituiscono la base per la predisposizione del Documento di economia e finanza e della relativa Nota di aggiornamento nonché per la definizione del disegno di legge del bilancio di previsione ai sensi dell'articolo 21 della legge 31 dicembre 2009, n. 196;

f) il Ministro per il Sud e la coesione territoriale coordina l'attuazione dei Piani di sviluppo e coesione di cui alle lettere c) e d) e individua i casi nei quali, per gli interventi infrastrutturali di notevole complessità o per interventi di sviluppo integrati relativi a particolari ambiti territoriali, si debba procedere alla sottoscrizione del contratto istituzionale di sviluppo ai sensi e per gli effetti di cui all'articolo 6, commi 1, 2 e 3, del decreto legislativo 31 maggio 2011, n. 88, e all'articolo 9-bis del decreto-legge 21 giugno 2013, n. 69, convertito, con modificazioni, dalla legge 9 agosto 2013, n. 98. All'alinea del comma 3 dell'articolo 10 del decreto-legge 31 agosto 2013, n. 101, convertito, con modificazioni, dalla legge 30 ottobre 2013, n.125, le parole: "*tenuto conto degli obiettivi definiti dagli atti di indirizzo e programmazione della Presidenza del Consiglio dei ministri relativamente ai fondi strutturali europei e al Fondo per lo sviluppo e la coesione*" sono sostituite dalle seguenti: "*tenuto conto delle direttive, delle priorità e degli obiettivi, anche in tema di organizzazione interna e gestionale, così come definiti dalla autorità politica delegata per le politiche di coesione*";

g) dopo l'approvazione dei Piani di sviluppo e coesione da parte del CIPE, sulla base dell'effettiva realizzazione degli stessi, il Ministro per il Sud e la coesione territoriale può proporre al CIPE, ai fini della sua successiva deliberazione in merito, la rimodulazione delle quote annuali di spesa e la revoca di assegnazioni già disposte, in caso di impossibilità sopravvenuta, di mancato rispetto dei tempi o di inadempienze. Il Ministro per il Sud e la coesione territoriale presenta al CIPE, entro il 10 settembre di ogni anno, una relazione sullo stato di avanzamento degli interventi relativi alla programmazione 2021-2027, ai fini della definizione della Nota di aggiornamento del Documento di economia e finanza e del disegno di legge del bilancio di previsione;

h) le assegnazioni di risorse ai sensi della lettera d) da parte del CIPE consentono a ciascuna amministrazione l'avvio delle attività necessarie all'attuazione degli interventi finanziati;

i) le risorse assegnate ai sensi della lettera d) sono trasferite dal Fondo per lo sviluppo e la coesione, nei limiti degli stanziamenti annuali di bilancio, in apposita contabilità del Fondo di rotazione di cui all'articolo 5 della legge 16 aprile 1987, n. 183, sulla base dei profili finanziari previsti dalle deliberazioni del CIPE di approvazione dei piani stessi. Il Ministero dell'economia e delle finanze assegna le risorse trasferite alla suddetta contabilità in favore delle amministrazioni responsabili dell'attuazione degli interventi e dei Piani di sviluppo e coesione approvati dal CIPE, secondo l'articolazione temporale indicata dalle relative deliberazioni, ed effettua i pagamenti a valere sulle medesime risorse in favore delle suddette amministrazioni, secondo le procedure stabilite dalla citata legge n. 183 del 1987 e dal regolamento di cui al decreto del Presidente della Repubblica 29 dicembre 1988, n. 568, nonché da apposita deliberazione del CIPE, sulla base delle richieste presentate dalla Presidenza del

Consiglio dei ministri – Dipartimento per le politiche di coesione. Ai fini della verifica dello stato di avanzamento della spesa riguardante gli interventi finanziati con le risorse del Fondo per lo sviluppo e la coesione, le amministrazioni titolari degli interventi comunicano i relativi dati al sistema di monitoraggio unitario di cui all'articolo 1, comma 245, della legge 27 dicembre 2013, n. 147, sulla base di un apposito protocollo di colloquio telematico. Per far fronte ad eventuali carenze di liquidità, le risorse del Fondo per lo sviluppo e la coesione di cui al decreto legislativo 31 maggio 2011, n. 88, assegnate per un intervento e non ancora utilizzate, possono essere riassegnate per un intervento di titolarità di altra amministrazione, la cui realizzazione presenti carattere di urgenza. In tal caso, la Presidenza del Consiglio dei ministri – Dipartimento per le politiche di coesione, d'intesa con l'Ispettorato generale per i rapporti finanziari con l'Unione europea del Dipartimento della Ragioneria generale dello Stato del Ministero dell'economia e delle finanze, dispone la riassegnazione delle risorse per il nuovo intervento, sentita l'amministrazione titolare dell'intervento definanziato;

l) entro il 10 settembre di ciascun anno, la Presidenza del Consiglio dei ministri – Dipartimento per le politiche di coesione aggiorna le previsioni di spesa, sulla base delle comunicazioni trasmesse dall'Agenzia per la coesione territoriale sullo stato di attuazione degli interventi e tenendo conto dei dati forniti dalle singole amministrazioni titolari degli interventi stessi e di eventuali decisioni assunte dal CIPE. Sulla base di tali comunicazioni, il Ministero dell'economia e delle finanze può adottare, ove necessario, decreti di svincolo delle risorse riferite all'esercizio in corso e a quelli successivi. Le amministrazioni titolari degli interventi assicurano il tempestivo e proficuo utilizzo delle risorse assegnate ed eseguono i controlli sulla regolarità delle spese sostenute dai beneficiari;

m) sono trasferite al Fondo di rotazione di cui alla lettera i) anche le risorse del Fondo per lo sviluppo e la coesione già iscritte in bilancio per i precedenti periodi di programmazione, che sono gestite secondo le modalità indicate nella medesima lettera i).

(1) Lettera modificata dall'articolo 23, comma 1, del D.L. 6 novembre 2021, n. 152, convertito con modificazioni dalla Legge 29 dicembre 2021, n. 233.

179. (1) A decorrere dal 1° gennaio 2021, al fine di garantire la definizione e l'attuazione degli interventi previsti dalla politica di coesione dell'Unione europea e nazionale per i cicli di programmazione 2014-2020 e 2021-2027, in deroga ai vincoli assunzionali previsti dalla disciplina vigente e con oneri a carico delle disponibilità del Programma operativo complementare al Programma operativo nazionale Governance e capacità istituzionale 2014-2020, di cui alla deliberazione del CIPE n. 46/2016 del 10 agosto 2016, pubblicata nella Gazzetta Ufficiale n. 302 del 28 dicembre 2016, integrato sul piano finanziario dalla deliberazione del CIPE n. 36/2020 del 28 luglio 2020, pubblicata nella Gazzetta Ufficiale n. 218 del 2 settembre 2020, in applicazione dell'articolo 242, commi 2 e 5, del decreto-legge 19 maggio 2020, n. 34, convertito, con modificazioni, dalla legge 17 luglio 2020, n. 77, le amministrazioni pubbliche di cui all'articolo 1, comma 2, del decreto legislativo 30 marzo 2001, n. 165, che, nell'ambito di tali interventi, rivestono ruoli di coordinamento nazionale e le autorità di gestione, gli organismi intermedi o i soggetti beneficiari delle regioni Abruzzo, Basilicata, Calabria, Campania, Molise, Puglia, Sardegna e Sicilia possono assumere, con contratto di lavoro a tempo determinato di durata corrispondente ai programmi operativi complementari e comunque non superiore a trentasei mesi, personale non dirigenziale in possesso delle correlate professionalità o di adeguato titolo di studio coerente con i profili da selezionare, nel limite massimo di 2.800 unità ed entro la spesa massima di 126 milioni di euro annui per il triennio 2021-2023. Al personale reclutato è assicurata, a cura dell'Agenzia per la coesione territoriale e nei limiti delle risorse disponibili di cui al presente comma, una formazione specifica in relazione ai profili rivestiti e alle funzioni da svolgere(2).

(1) In riferimento al presente comma, vedi l'articolo 1, del D.P.C.M. 30 marzo 2021.
(2) Comma modificato dall'articolo 1, comma 15-ter, lettere a) e b), del D.L. 9 giugno 2021, n. 80, convertito, con modificazioni, dalla Legge 6 agosto 2021, n. 113.

179-bis. Le risorse finanziarie ripartite tra le amministrazioni interessate sulla base del comma 180, e non impegnate in ragione dell'insufficiente numero di idonei all'esito delle procedure svoltesi in attuazione dell'articolo 10, comma 4, del decreto-legge 1° aprile 2021, n. 44, convertito, con modificazioni, dalla legge 28 maggio 2021, n. 76, o della mancata accettazione della proposta di assunzione nel termine assegnato dall'amministrazione, comunque non superiore a trenta giorni, possono essere destinate dalle predette amministrazioni alla stipula di contratti di collaborazione ai sensi dell'articolo 7, commi 6 e 6-bis, del decreto legislativo 30 marzo 2001, n. 165, con soggetti in possesso di professionalità tecnica analoga a quella del personale non reclutato. I contratti di collaborazione sono stipulati sulla base di uno schema predisposto dall'Agenzia per la coesione territoriale che definisce, in particolare, le modalità, anche temporali, della collaborazione, comunque non superiori a trentasei mesi, e la soglia massima della remunerazione, nei limiti di quanto stabilito dal regolamento per il conferimento degli incarichi di lavoro autonomo, di cui al decreto del direttore della predetta Agenzia, n. 107, del 8 giugno 2018(1).

(1) Comma aggiunto dall'articolo 11, comma 2, del D.L. 30 aprile 2022, n. 36, convertito con modificazioni dalla Legge 29 giugno 2022, n. 79

180. Entro sessanta giorni dalla data di entrata in vigore della presente legge, con decreto del Presidente del Consiglio dei ministri, su proposta del Ministro per il Sud e la coesione territoriale di concerto con il Ministro per la pubblica amministrazione e con il Ministro dell'economia e delle finanze, sentita la Conferenza unificata di cui all'articolo 8 del decreto legislativo 28 agosto 1997, n. 281, sulla base della ricognizione del fabbisogno di personale operato dall'Agenzia per la coesione territoriale, sono ripartiti tra le amministrazioni interessate le risorse finanziarie e il personale di cui al comma 179, individuandone i profili professionali e le categorie.

Omissis.

182. L'Agenzia per la coesione territoriale svolge il monitoraggio sulla corrispondenza delle attività svolte dai soggetti di cui al comma 179 agli scopi e agli obiettivi dei relativi

programmi operativi complementari.

183. Le amministrazioni pubbliche di cui all'articolo 1, comma 2, del decreto legislativo 30 marzo 2001, n. 165, nel rispetto della programmazione triennale del fabbisogno nonché del limite massimo complessivo del 50 per cento delle risorse finanziarie disponibili ai sensi della normativa vigente in materia di assunzioni a tempo indeterminato, previo espletamento della procedura di cui all'articolo 35, comma 4, del citato decreto legislativo n. 165 del 2001, possono avviare procedure di reclutamento mediante concorso pubblico per l'assunzione di personale non dirigenziale con contratto di lavoro a tempo indeterminato, relativamente a figure professionali con competenze coerenti con le finalità di cui ai commi 179 e 180:

a) con riserva dei posti, nel limite massimo del 50 per cento di quelli messi a concorso, in favore dei titolari di contratto di lavoro a tempo determinato di cui al comma 179 che, alla data di pubblicazione dei bandi, abbiano maturato ventiquattro mesi di servizio alle dipendenze dell'amministrazione che emana il bando;

b) per titoli, finalizzati a valorizzare, con apposito punteggio, l'esperienza professionale maturata dal personale di cui alla lettera a), ed esami.

184. L'Agenzia per la coesione territoriale provvede all'attuazione delle disposizioni di cui ai commi da 179 a 183 nell'ambito delle risorse umane, finanziarie e strumentali disponibili a legislazione vigente e senza nuovi o maggiori oneri per la finanza pubblica.

185. Al fine di incentivare più efficacemente l'avanzamento tecnologico dei processi produttivi e gli investimenti in ricerca e sviluppo delle imprese operanti nelle regioni Abruzzo, Basilicata, Calabria, Campania, Molise, Puglia, Sardegna e Sicilia, il credito d'imposta per gli investimenti in attività di ricerca e sviluppo di cui all'articolo 1, comma 200, della legge 27 dicembre 2019, n. 160, compresi i progetti di ricerca e sviluppo in materia di COVID-19, direttamente afferenti a strutture produttive ubicate nelle suddette regioni, spetta, per gli anni 2021, 2022 e 2023, alle seguenti categorie di imprese, come definite dalla raccomandazione 2003/361/CE della Commissione, del 6 maggio 2003: nella misura del 25 per cento per le grandi imprese, che occupano almeno duecentocinquanta persone e il cui fatturato annuo è almeno pari a 50 milioni di euro oppure il cui totale di bilancio è almeno pari a 43 milioni di euro; nella misura del 35 per cento per le medie imprese, che occupano almeno cinquanta persone e realizzano un fatturato annuo di almeno 10 milioni di euro, e nella misura del 45 per cento per le piccole imprese, che occupano meno di cinquanta persone e realizzano un fatturato annuo o un totale di bilancio annuo non superiori a 10 milioni di euro. [1]

[1] *Comma modificato dall'articolo 1, comma 268, lettera a) della Legge 29 dicembre 2022, n. 197.*

186. La maggiorazione dell'aliquota del credito d'imposta prevista dal comma 185 si applica nel rispetto dei limiti e delle condizioni previsti dal regolamento (UE) n. 651/2014 della Commissione, del 17 giugno 2014, che dichiara alcune categorie di aiuti compatibili con il mercato interno in applicazione degli articoli 107 e 108 del Trattato sul funzionamento dell'Unione europea, e, in particolare, dall'articolo 25 del medesimo regolamento, in materia di aiuti a progetti di ricerca e sviluppo.

187. Il Fondo per lo sviluppo e la coesione, programmazione 2021-2027, è ridotto di 52 milioni di euro per l'anno 2022, di 159,2 milioni di euro per ciascuno degli anni 2023 e 2024 e di 107,2 milioni di euro per l'anno 2025 [1].

[1] *Comma modificato dall'articolo 1, comma 268, lettera b), della Legge 29 dicembre 2022, n. 197.*

188. Al fine di favorire, nell'ambito dell'economia della conoscenza, il perseguimento di obiettivi di sviluppo, coesione e competitività dei territori nelle regioni Abruzzo, Basilicata, Calabria, Campania, Molise, Puglia, Sardegna e Sicilia, è promossa la costituzione di Ecosistemi dell'innovazione, attraverso la riqualificazione o la creazione di infrastrutture materiali e immateriali per lo svolgimento di attività di formazione, ricerca multidisciplinare e creazione di impresa, con la collaborazione di università, enti di ricerca, imprese, pubbliche amministrazioni e organizzazioni del Terzo settore.

189. Per la costituzione delle strutture di cui al comma 188, con deliberazione del CIPE, su proposta del Ministro per il Sud e la coesione territoriale, sono assegnate al Ministero dell'università e della ricerca, nell'ambito del Piano sviluppo e coesione di competenza, risorse nel limite massimo di 50 milioni di euro per ciascuno degli anni 2021, 2022 e 2023, a valere sul Fondo per lo sviluppo e la coesione per il ciclo di programmazione 2021-2027. Al finanziamento degli interventi di cui al presente comma possono contribuire altresì le risorse relative ai fondi strutturali europei per il ciclo di programmazione 2021-2027 nonché ulteriori risorse assegnate all'Italia nel contesto delle decisioni assunte dal Consiglio europeo del 17-21 luglio 2021.

190. Per le finalità di cui al comma 188, entro sessanta giorni dalla deliberazione del CIPE di cui al comma 189 il Ministro dell'università e della ricerca, di concerto con il Ministro per il Sud e la coesione territoriale, stabilisce, con proprio decreto, i criteri per la ripartizione delle risorse, le modalità di accesso al finanziamento e l'ammontare del contributo concedibile.

191. Al fine di consentire il coordinamento strategico e l'attuazione integrata di interventi per lo sviluppo socio-economico dei territori delle regioni Abruzzo, Lazio, Marche e Umbria interessati dagli eventi sismici verificatisi a far data dal 24 agosto 2016, con apposita deliberazione del CIPE, sono destinati 100 milioni di euro al finanziamento di uno specifico contratto istituzionale di sviluppo di cui all'articolo 6 del decreto legislativo 31 maggio 2011, n. 88, e al comma 178, lettera f), del presente articolo, a valere per l'anno 2021 sul Fondo per lo sviluppo e la coesione – programmazione 2021-2027, di cui al comma 177 del presente articolo.

192. Con provvedimento del Commissario straordinario ai sensi dell'articolo 2, comma 2, del decreto-legge 17 ottobre 2016, n. 189, convertito, con modificazioni, dalla legge 15 dicembre 2016, n. 229, agli interventi di investimento individuati nel contratto istituzionale di sviluppo di cui al comma 191 possono essere destinate risorse, nel limite di 30 milioni di euro annui per ciascuno degli anni 2021 e 2022, a valere sulle risorse disponibili nella contabilità speciale di cui all'articolo 4, comma 3, del citato decreto legge n. 189 del 2016, convertito, con modificazioni, dalla legge n. 229 del 2016.

193. Nel contratto istituzionale di sviluppo di cui al com-

VARIE

ma 191 sono riportati, ove previsto per l'intervento ai sensi dell'articolo 11 della legge 16 gennaio 2003, n. 3, il relativo codice unico di progetto (CUP), il soggetto o i soggetti attuatori, le risorse, l'importo del finanziamento e i criteri e le modalità di realizzazione. Tali interventi sono monitorati ai sensi del decreto legislativo 29 dicembre 2011, n. 229.

194. Al fine di promuovere la ricerca, il trasferimento tecnologico e la formazione universitaria in ognuna delle regioni Lazio, Abruzzo, Umbria e Marche interessate dagli eventi sismici del 2016, nello stato di previsione del Ministero dell'economia e delle finanze è istituito un fondo da trasferire al bilancio autonomo della Presidenza del Consiglio dei ministri - Dipartimento per le politiche di coesione, per il sostegno alla creazione o al potenziamento di centri di ricerca, al trasferimento tecnologico e all'ampliamento dell'offerta formativa universitaria, con una dotazione di 5 milioni di euro per ciascuno degli anni 2021, 2022 e 2023 per ognuna delle suddette regioni. Il fondo è ripartito, con decreto del Ministro per il Sud e la coesione territoriale, che ne stabilisce termini, criteri e modalità di accesso e rendicontazione, tra i centri di ricerca e le università esistenti nel territorio delle citate regioni dell'Italia centrale colpite dagli eventi sismici del 2016, selezionati a seguito di apposito bando da parte dell'Agenzia per la coesione territoriale. Agli oneri derivanti dalla presente disposizione, pari a 20 milioni di euro per ciascuno degli anni dal 2021 al 2023, si provvede mediante corrispondente riduzione del Fondo per lo sviluppo e la coesione - periodo di programmazione 2021-2027(1).

(1) *Per le modalità di ripartizione, i termini, i criteri e le modalità di accesso e di rendicontazione del Fondo di cui al presente comma, vedi l'articolo 1, comma 1, del D.P.C.M. 4 maggio 2021.*

195. Al fine di migliorare le competenze legate all'economia della conoscenza di cui al comma 188 è istituito, nello stato di previsione del Ministero dell'economia e delle finanze per il successivo trasferimento al bilancio autonomo della Presidenza del Consiglio dei ministri, un fondo sperimentale per la formazione turistica esperienziale, con una dotazione di 1 milione di euro per ciascuno degli anni 2021 e 2022, volto a migliorare le capacità professionali degli operatori del settore e a rinforzare l'attenzione degli stessi sulle tematiche della sostenibilità ambientale. Il fondo è ripartito tra le regioni di cui al comma 188 ed è vincolato all'organizzazione di corsi di formazione turistica esperienziale riferiti ad ambiti della filiera del turismo da parte dei soggetti individuati dal medesimo comma 188, in ragione della vocazione turistica del proprio territorio. Con decreto del Ministro per il Sud e la coesione territoriale, di concerto con il Ministro per i beni e le attività culturali e per il turismo, sono individuati le modalità di accesso al fondo, i criteri per la ripartizione delle risorse e l'ammontare del contributo concedibile.

196. Al fine di favorire la coesione sociale e lo sviluppo economico nei comuni particolarmente colpiti dal fenomeno dello spopolamento e per i quali si riscontrano rilevanti carenze di attrattività per la ridotta offerta di servizi materiali e immateriali alle persone e alle attività economiche, nel rispetto della complementarità con la strategia nazionale per le aree interne, il Fondo di cui all'articolo 1, comma 65-ter, della legge 27 dicembre 2017, n. 205, è denominato "*Fondo di sostegno ai comuni marginali*".

197. Per gli anni 2020, 2021 e 2022 resta fermo quanto disposto dai commi 65-ter, 65-quater e 65-quinquies dell'articolo 1 della legge 27 dicembre 2017, n. 205.

198. Il Fondo di cui al comma 196 è incrementato di 30 milioni di euro per ciascuno degli anni 2021, 2022 e 2023. Tali risorse e quelle di cui all'articolo 1, comma 65-sexies, della legge 27 dicembre 2017, n. 205, sono ripartite con decreto del Presidente del Consiglio dei ministri, su proposta del Ministro per il Sud e la coesione territoriale, che ne stabilisce i termini e le modalità di accesso e rendicontazione.

199. Il Fondo per lo sviluppo e la coesione, programmazione 2014-2020, di cui all'articolo 1, comma 6, della legge 27 dicembre 2013, n. 147, è ridotto di 30 milioni di euro per ciascuno degli anni 2021, 2022 e 2023.

200. Il Fondo di cui al comma 196 è incrementato di 48 milioni di euro per l'anno 2021, di 43 milioni di euro per l'anno 2022 e di 45 milioni di euro per l'anno 2023, per la realizzazione di interventi di sostegno alle attività economiche finalizzati a contrastare fenomeni di deindustrializzazione [*e impoverimento del tessuto produttivo e industriale*] , da destinare in pari misura ai consorzi industriali ricadenti nei territori di cui all'articolo 3 della legge 10 agosto 1950, n. 646, non ubicati nelle aree oggetto dell'agevolazione di cui all'articolo 27, comma 1, del decreto-legge 14 agosto 2020, n. 104, convertito, con modificazioni, dalla legge 13 ottobre 2020, n. 126. Con decreto del Presidente del Consiglio dei ministri, su proposta del Ministro per il Sud e la coesione territoriale, sono ripartite le risorse di cui al presente comma e sono stabiliti i termini e le modalità di accesso e di rendicontazione dell'impiego delle risorse medesime. Agli oneri di cui al presente comma, pari a 48 milioni di euro per l'anno 2021, a 43 milioni di euro per l'anno 2022 e a 45 milioni di euro per l'anno 2023, si provvede, quanto a 33 milioni di euro per l'anno 2021, a 28 milioni di euro per l'anno 2022 e a 30 milioni di euro per l'anno 2023, ai sensi del comma 163, e, quanto a 15 milioni di euro per ciascuno degli anni 2021, 2022 e 2023, mediante corrispondente riduzione del Fondo per lo sviluppo e la coesione – programmazione 2021-2027 (1).

(1) *Comma modificato dall'articolo 11-sexies, comma 1, lettere a) e b) del D.L. 25 maggio 2021, n. 73, convertito con modificazioni dalla Legge 23 luglio 2021, n. 106.*

201. Al fine di sostenere il tessuto economico e produttivo delle imprese non industriali, con sede legale o unità produttiva nei comuni in cui si sono verificati, nel corso dell'anno 2020, interruzioni della viabilità causati da crolli di infrastrutture stradali rilevanti per la mobilità territoriale, è istituito un fondo con una dotazione di 500.000 euro per l'anno 2021 per l'erogazione di contributi a fondo perduto.

201-bis. Le risorse del fondo di cui al comma 201 sono conservate nel conto dei residui per l'anno 2022. Alla compensazione degli effetti finanziari in termini di indebitamento netto e fabbisogno, pari a 500.000 euro per l'anno 2022, si provvede mediante corrispondente riduzione del Fondo per la compensazione degli effetti finanziari non previsti a legislazione vigente conseguenti all'attualizzazione di contributi pluriennali, di cui all'articolo 6, comma 2, del decreto-legge 7 ottobre 2008, n. 154, convertito, con modificazioni, dalla legge 4 dicembre 2008, n. 189(1).

(1) *Comma inserito dall'articolo 3, comma 6-bis, del D.L. 30 dicembre 2021, n. 228, convertito con modificazioni dalla Legge 25 febbraio 2022, n. 15.*

202. Con decreto del Ministro dell'economia e delle finanze, di concerto con il Ministro dello sviluppo economico, da adottare entro sessanta giorni dalla data di entrata in vigore della presente legge, sono stabiliti i criteri, gli importi e le modalità di erogazione del fondo di cui al comma 201[1].

La Corte Costituzionale, con sentenza 19 luglio 2022, n. 179, (in Gazz. Uff. 20 luglio 2022, n. 29),ha dichiarato l'illegittimità costituzionale del presente comma, nella parte in cui non prevede che il decreto del Ministro dell'economia e delle finanze, di concerto con il Ministro dello sviluppo economico, di determinazione dei criteri, degli importi e delle modalità di erogazione del fondo di cui al comma 201 del, sia adottato previa intesa con la Conferenza permanente per i rapporti tra lo Stato, le regioni e le Province autonome di Trento e di Bolzano.

203. Per le finalità di cui ai commi 677 e 678 dell'articolo 1 della legge 27 dicembre 2017, n. 205, e per contrastare il fenomeno dello spopolamento dei piccoli comuni del Mezzogiorno d'Italia, l'INAIL, nell'ambito del piano triennale di investimenti immobiliari 2021-2023, destina l'ulteriore somma complessiva di 40 milioni di euro, a valere sulle risorse a tal fine autorizzate dal Ministero dell'economia e delle finanze, alla costruzione delle scuole di cui al comma 153 dell'articolo 1 della legge 13 luglio 2015, n. 107, in comuni con popolazione inferiore a cinquemila abitanti compresi nei territori delle regioni Abruzzo, Campania, Molise, Basilicata, Puglia, Calabria, Sicilia e Sardegna.

204. Le iniziative di cui al comma 203 sono individuate attraverso un avviso pubblico predisposto dal Ministero dell'istruzione, di concerto con il Ministero per il Sud e la coesione territoriale.

205. È autorizzata la spesa di 0,3 milioni di euro per l'anno 2022, di 0,6 milioni di euro per l'anno 2023 e di 1,2 milioni di euro annui a decorrere dall'anno 2024 per gli oneri relativi ai canoni di locazione da corrispondere all'INAIL.

206. All'articolo 1 del decreto-legge 8 aprile 2020, n. 23, convertito, con modificazioni, dalla legge 5 giugno 2020, n. 40, sono apportate le seguenti modificazioni:

a) ai commi 1, 2, lettera a), e 13, le parole: "*31 dicembre 2020*" sono sostituite dalle seguenti: "*30 giugno 2021*";

b) al comma 1-bis, dopo le parole: "*cessioni di crediti con*" sono inserite le seguenti: "*o senza*";

c) al comma 2, lettera n), dopo le parole: "*delocalizzare le produzioni*" sono aggiunte le seguenti: "*, ovvero il finanziamento coperto dalla garanzia deve essere destinato al rimborso di finanziamenti nell'ambito di operazioni di rinegoziazione del debito accordato in essere dell'impresa beneficiaria purché il finanziamento preveda l'erogazione di credito aggiuntivo in misura pari almeno al 25 per cento dell'importo del finanziamento oggetto di rinegoziazione e a condizione che il rilascio della garanzia sia idoneo a determinare un minor costo o una maggior durata del finanziamento rispetto a quello oggetto di rinegoziazione*".

207. I termini di scadenza relativi a vaglia cambiari, cambiali e altri titoli di credito e ogni altro atto avente efficacia esecutiva, che ricadono o decorrono nel periodo dal 1° settembre 2020 al 31 gennaio 2021, sono sospesi fino al 31 gennaio 2021 ai sensi dell'articolo 11 del decreto-legge 8 aprile 2020, n. 23, convertito, con modificazioni, dalla legge 5 giugno 2020, n. 40. I protesti o le constatazioni equivalenti già levati nel predetto periodo sono cancellati d'ufficio. Non si fa luogo al rimborso di quanto già riscosso.

208. All'articolo 1-bis, comma 1, lettera d), del decreto-legge 8 aprile 2020, n. 23, convertito, con modificazioni, dalla legge 5 giugno 2020, n. 40, dopo le parole: "*consapevole che*" sono inserite le seguenti: "*, ad eccezione dell'eventuale quota destinata al rimborso di finanziamenti erogati dai medesimi soggetti finanziatori ai sensi dell'articolo 1, comma 1,*".

209. Dopo l'articolo 1-bis del decreto legge 8 aprile 2020, n. 23, convertito, con modificazioni, dalla legge 5 giugno 2020, n. 40, è inserito il seguente:

"*Art. 1-bis.1 – (Misure a sostegno della liquidità delle imprese di medie dimensioni) – 1.A decorrere dal 1° marzo 2021 e fino al 30 giugno 2021, la società SACE S.p.A. rilascia le garanzie di cui all'articolo 1, alle medesime condizioni di cui all'articolo 13, comma 1, lettere a), b) e c), e per i medesimi importi massimi garantiti ivi previsti, tenuto conto dell'ammontare in quota capitale non rimborsato di eventuali finanziamenti assistiti dalla garanzia di cui all'articolo 2, comma 100, della legge 23 dicembre 1996, n. 662, in favore di imprese con un numero di dipendenti non superiore a 499, determinato sulla base delle unità di lavoroanno e non riconducibili alle categorie di imprese di cui alla raccomandazione 2003/361/CE della Commissione, del 6 maggio 2003, relativa alla definizione delle microimprese, piccole e medie imprese. Alle garanzie di cui al presente comma non si applicano le disposizioni di cui all'articolo 1, commi 2, lettera l), 7 e 8, del presente decreto e si provvede ai sensi della procedura semplificata di cui al comma 6 del citato articolo 1.Fermo restando quanto previsto dal comma 3 del medesimo articolo 1, i benefici accordati ai sensi della sezione 3.1 della comunicazione della Commissione europea del 19 marzo 2020, recante un "Quadro temporaneo per le misure di aiuto di Stato a sostegno dell'economia nell'attuale emergenza del COVID-19*" non superano le soglie ivi previste, tenuto conto di eventuali altre misure di aiuto, da qualunque soggetto erogate, di cui la società ha beneficiato ai sensi della medesima sezione 3.1".

210. All'articolo 6, comma 14-bis, del decreto-legge 30 settembre 2003, n. 269, convertito, con modificazioni, dalla legge 24 novembre 2003, n. 326, sono apportate le seguenti modificazioni:

a) al primo periodo:

1) dopo le parole: "*in conformità alla normativa dell'Unione Europea,*" sono inserite le seguenti: "*per una percentuale massima di copertura, salvo specifiche deroghe previste dalla legge, del 70 per cento,*";

2) dopo le parole: "*esercizio del credito in Italia*" sono inserite le seguenti: "*nonché di imprese di assicurazione, nazionali e internazionali, autorizzate all'esercizio del ramo credito e cauzioni*";

b) dopo il primo periodo è inserito il seguente: "*Per le medesime finalità ed entro tale importo massimo complessivo, la SACE S.p.A. è altresì abilitata a rilasciare, a condizioni di mercato e in conformità alla normativa dell'Unione europea, garanzie sotto qualsiasi forma in favore di sottoscrittori di prestiti obbligazionari, cambiali finanziarie, titoli di debito e altri strumenti finanziari emessi da imprese con sede in Italia.*";

c) al terzo periodo, le parole: "*È accordata di diritto per gli impegni assunti ai sensi del presente comma*" sono sostituite dalle seguenti: "*Sulle obbligazioni della SACE S.p.A. derivanti dalle garanzie disciplinate dal presente comma, è accordata di diritto*".

211. Le disposizioni di cui ai commi 206, lettere b) e c), e 208 si applicano alle garanzie concesse successivamente al 31 dicembre 2020.

212. Sono a carico della SACE S.p.A. gli obblighi di registrazione nel Registro nazionale degli aiuti di Stato previsti dall'articolo 52 della legge 24 dicembre 2012, n. 234, e dal regolamento di cui al decreto del Ministro dello sviluppo economico 31 maggio 2017, n. 115, relativamente alle misu-

VARIE

re di cui all'articolo 1 del decreto-legge 8 aprile 2020, n. 23, convertito, con modificazioni, dalla legge 5 giugno 2020, n. 40.

213. Le società di agenti in attività finanziaria, le società di mediazione creditizia e le società disciplinate dal testo unico delle leggi in materia bancaria e creditizia, di cui al decreto legislativo 1° settembre 1993, n. 385, identificate dal codice ATECO K 66.21.00, accedono fino al 30 giugno 2021 ai benefici previsti dall'articolo 56 del decreto-legge 17 marzo 2020, n. 18, convertito, con modificazioni, dalla legge 24 aprile 2020, n. 27, e dall'articolo 13, comma 1, lettera m), del decreto-legge 8 aprile 2020, n. 23, convertito, con modificazioni, dalla legge 5 giugno 2020, n. 40, in materia di Fondo di garanzia di cui all'articolo 2, comma 100, lettera a), della legge 23 dicembre 1996, n. 662.

214. All'articolo 1, comma 1, della legge 30 aprile 1999, n. 130, la lettera b) è sostituita dalla seguente:

"*b) le somme corrisposte dal debitore o dai debitori ceduti o comunque ricevute a soddisfacimento dei crediti ceduti siano destinate in via esclusiva, dalla società cessionaria, al soddisfacimento dei diritti incorporati nei titoli emessi, dalla stessa o da altra società, o derivanti dai finanziamenti alle medesime concessi da parte di soggetti autorizzati all'attività di concessione di finanziamenti, per finanziare l'acquisto di tali crediti, nonché al pagamento dei costi dell'operazione. Nel caso della concessione di finanziamenti, i riferimenti, contenuti nella presente legge, ai titoli di cui alla presente legge devono essere riferiti ai finanziamenti e i riferimenti ai portatori dei titoli devono essere riferiti ai soggetti creditori dei pagamenti dovuti da parte del soggetto finanziato ai sensi di tali finanziamenti*".

215. L'articolo 7.1, comma 4, primo periodo, della legge 30 aprile 1999, n. 130, si interpreta nel senso che l'acquisizione, da parte delle società veicolo di appoggio, dei beni immobili e mobili registrati nonché degli altri beni e diritti concessi o costituiti, in qualunque forma, a garanzia dei crediti oggetto di cartolarizzazione, compresi i beni oggetto di contratti di locazione finanziaria, anche se risolti, eventualmente insieme con i rapporti derivanti da tali contratti, può avvenire anche per effetto di scissione o altre operazioni di aggregazione.

216. I finanziamenti di cui all'articolo 13, comma 1, lettera m), del decreto-legge 8 aprile 2020, n. 23, convertito, con modificazioni, dalla legge 5 giugno 2020, n. 40, dalla data di entrata in vigore della presente legge possono avere durata fino a quindici anni.

217. Il soggetto beneficiario dei finanziamenti di cui all'articolo 13, comma 1, lettera m), del decreto-legge 8 aprile 2020, n. 23, convertito, con modificazioni, dalla legge 5 giugno 2020, n. 40, già concessi alla data di entrata in vigore della presente legge, può chiedere il prolungamento della loro durata fino alla durata massima di quindici anni, con il mero adeguamento della componente Rendistato del tasso d'interesse applicato, in relazione alla maggiore durata del finanziamento.

218. All'articolo 13, comma 1, lettera m), quarto periodo, del decreto-legge 8 aprile 2020, n. 23, convertito, con modificazioni, dalla legge 5 giugno 2020, n. 40, le parole: "*non superiore al tasso del rendimento medio dei titoli pubblici (Rendistato) con durata analoga al finanziamento, maggiorato dello 0,20 per cento*" sono sostituite dalle seguenti: "*tale tasso non deve essere superiore allo 0,20 per cento aumentato del valore, se positivo, del tasso del rendimento medio dei titoli pubblici (Rendistato) con durata analoga al finanziamento*".

219. Con riferimento ai piani di risparmio a lungo termine costituiti ai sensi del comma 2-bis dell'articolo 13-bis del decreto-legge 26 ottobre 2019, n. 124, convertito, con modificazioni, dalla legge 19 dicembre 2019, n. 157, alle persone fisiche titolari del piano spetta un credito d'imposta pari alle minusvalenze, perdite e differenziali negativi realizzati, ai sensi dell'articolo 67 del testo unico delle imposte sui redditi, di cui al decreto del Presidente della Repubblica 22 dicembre 1986, n. 917, relativamente agli strumenti finanziari qualificati ai sensi del medesimo comma 2-bis, a condizione che tali strumenti finanziari siano detenuti per almeno cinque anni e il credito d'imposta non ecceda il 20 per cento delle somme investite negli strumenti finanziari medesimi.

220. Il credito d'imposta di cui al comma 219 del presente articolo è utilizzabile, in dieci quote annuali di pari importo, nelle dichiarazioni dei redditi a partire da quella relativa al periodo d'imposta in cui le minusvalenze, perdite e differenziali negativi di cui al medesimo comma 219 si considerano realizzati ai fini delle imposte sui redditi ovvero in compensazione ai sensi dell'articolo 17 del decreto legislativo 9 luglio 1997, n. 241.

221. Il credito d'imposta di cui al comma 219 non concorre alla formazione del reddito ai fini delle imposte sui redditi.

222. Al credito d'imposta di cui al comma 219 del presente articolo non si applicano i limiti di cui all'articolo 1, comma 53, della legge 24 dicembre 2007, n. 244, e di cui all'articolo 34 della legge 23 dicembre 2000, n. 388.

223. Ai fini della determinazione dei crediti d'imposta previsti dal comma 219 e della loro spettanza, in caso di strumenti finanziari appartenenti alla medesima categoria omogenea, si considerano ceduti per primi i titoli acquistati per primi e si considera come costo quello medio ponderato.

224. Le minusvalenze, le perdite o i differenziali negativi oggetto del credito d'imposta di cui al comma 219 del presente articolo non possono essere utilizzati o riportati in deduzione ai sensi dell'articolo 68 del testo unico delle imposte sui redditi, di cui al decreto del Presidente della Repubblica 22 dicembre 1986, n. 917, e degli articoli 6 e 7 del decreto legislativo 21 novembre 1997, n. 461.

225. Le disposizioni dei commi da 219 a 224 e del comma 226 si applicano in relazione ai piani costituiti dal 1° gennaio 2021 per gli investimenti effettuati entro il 31 dicembre 2021.

Le disposizioni di cui ai commi da 219 a 224 si applicano anche in relazione agli investimenti effettuati entro il 31 dicembre 2022. In relazione agli investimenti effettuati a decorrere dal 1° gennaio 2022, il credito d'imposta non può eccedere il 10 per cento delle somme investite negli strumenti finanziari qualificati e può essere utilizzato in quindici quote annuali di pari importo(1).

(1) *Articolo inserito dall'articolo 1, comma 912, della Legge 30 dicembre 2021, n. 234.*

226. Al comma 1 dell'articolo 68 del decreto-legge 14 agosto 2020, n. 104, convertito, con modificazioni, dalla legge 13 ottobre 2020, n. 126, le parole: "*l'ultimo periodo è sostituito*" sono sostituite dalle seguenti: "*l'ultimo e il penultimo periodo sono sostituiti*".

227. All'articolo 4 del decreto legislativo 5 agosto 2015, n. 127, dopo il comma 3 è aggiunto il seguente:

"*3-bis. L'Agenzia delle entrate mette a disposizione dei contribuenti residenti o stabiliti una piattaforma telematica dedicata alla compensazione di crediti e debiti derivanti da transazioni commerciali tra i suddetti soggetti, ad esclusione delle amministrazioni pubbliche individuate ai sensi dell'articolo 1, comma 2, della legge 31 dicembre 2009, n. 196, e risultanti da fatture elettroniche emesse ai sensi dell'articolo 1.La compensazione effettuata mediante piattaforma telematica produce i medesimi effetti dell'estinzione dell'obbligazione ai sensi della sezione III del capo IV del titolo I del libro quarto del codice civile, fino a concorrenza dello stesso valore e a condizione che per nessuna delle parti aderenti siano in corso procedure concorsuali o di ristrutturazione del debito omologate, ovvero piani attestati di risanamento iscritti presso il registro delle imprese. Nei confronti del debito originario insoluto si applicano comunque le disposizioni di cui al decreto legislativo 9 ottobre 2002, n. 231, in materia di ritardi di pagamento nelle transazioni commerciali*".

228. All'individuazione delle modalità di attuazione e delle condizioni di servizio di cui al comma 3-bis dell'articolo 4 del decreto legislativo 5 agosto 2015, n. 127, introdotto dal comma 227 del presente articolo, si provvede con decreto del Ministro della giustizia, di concerto con i Ministri dell'economia e delle finanze, dello sviluppo economico e per l'innovazione tecnologica e la digitalizzazione, sentito il Garante per la protezione dei dati personali.

229. Per l'adeguamento della piattaforma di cui al comma 3-bis dell'articolo 4 del decreto legislativo 5 agosto 2015, n. 127, introdotto dal comma 227 del presente articolo, è autorizzata la spesa di 5 milioni di euro per l'anno 2021.

230. All'articolo 1 della legge 27 dicembre 2017, n. 205, sono apportate le seguenti modificazioni:

a) al comma 89, le parole: "*fino al 31 dicembre 2020*" sono sostituite dalle seguenti: "*fino al 31 dicembre 2021*";

b) al comma 90, le parole: "*nel limite complessivo di 20 milioni di euro per l'anno 2019 e 30 milioni di euro di euro per ciascuno degli anni 2020 e 2021*" sono sostituite dalle seguenti: "*nel limite complessivo di 20 milioni di euro per l'anno 2019 e di 30 milioni di euro per ciascuno degli anni 2020, 2021 e 2022*".

231. Ai sensi e per gli effetti dell'articolo 64, comma 2, del decreto-legge 16 luglio 2020, n. 76, convertito, con modificazioni, dalla legge 11 settembre 2020, n.120, per l'anno 2021, le risorse disponibili sul fondo di cui all'articolo 1, comma 85, della legge 27 dicembre 2019, n. 160, sono destinate alla copertura delle garanzie di cui al medesimo articolo 64 nella misura di 470 milioni di euro, per un impegno massimo assumibile dalla SACE S.p.A. pari a 2.500 milioni di euro.

232. All'articolo 35 del decreto-legge 19 maggio 2020, n. 34, convertito, con modificazioni, dalla legge 17 luglio 2020, n. 77, sono apportate le seguenti modificazioni:

a) al comma 1, le parole: "*e fino al 31 dicembre 2020*" sono sostituite dalle seguenti: "*e fino al 30 giugno 2021*";

b) dopo il comma 3 è inserito il seguente:

"*3-bis. Le previsioni contenute nei decreti del Ministro dell'economia e delle finanze di cui ai commi 2 e 3 che dispongano effetti o scadenze relativi alla data del 31 dicembre 2020 si intendono riferite alla data del 30 giugno 2021*".

233. [(A)] In caso di operazioni di aggregazione aziendale realizzate attraverso fusione, scissione o conferimento di azienda qualora il progetto sia stato approvato dall'organo amministrativo competente delle società partecipanti, in caso di fusioni e scissioni, o l'operazione sia stata deliberata dall'organo amministrativo competente della conferente, in caso di conferimenti, tra il 1° gennaio 2021 e il 30 giugno 2022, è consentita, rispettivamente, al soggetto risultante dalla fusione o incorporante, al beneficiario e al conferitario la trasformazione in credito d'imposta, con le modalità di cui al comma 234, delle attività per imposte anticipate riferite ai seguenti componenti: perdite fiscali maturate fino al periodo d'imposta precedente a quello in corso alla data di efficacia giuridica dell'operazione e non ancora computate in diminuzione del reddito imponibile ai sensi dell'articolo 84 del testo unico delle imposte sui redditi, di cui al decreto del Presidente della Repubblica 22 dicembre 1986, n. 917, alla medesima data; importo del rendimento nozionale eccedente il reddito complessivo netto di cui all'articolo 1, comma 4, del decreto-legge 6 dicembre 2011, n. 201, convertito, con modificazioni, dalla legge 22 dicembre 2011, n. 214, maturato fino al periodo d'imposta precedente a quello in corso alla data di efficacia giuridica dell'operazione e non ancora dedotto né trasformato in credito d'imposta alla medesima data. Le attività per imposte anticipate riferibili ai componenti sopra indicati possono essere trasformate in credito d'imposta anche se non iscritte in bilancio[(1)].

[(A)] In riferimento al presente comma, vedi: Risoluzione Agenzia delle Entrate 7 settembre 2021, n. 57/E.
[(1)] Comma modificato dall'articolo 19, comma 8, del D.L. 25 maggio 2021, n. 73, convertito, con modificazioni, dalla Legge 23 luglio 2021, n. 106e successivamente dall'articolo 1, comma 70, lettera e), della Legge 30 dicembre 2021, n. 234.

234.La trasformazione in credito d'imposta avviene, per un quarto, alla data di acquisto di efficacia giuridica delle operazioni di cui al comma 233 e, per i restanti tre quarti, al primo giorno dell'esercizio successivo a quello in corso alla data di acquisto di efficacia giuridica delle operazioni di cui al comma 233 per un ammontare complessivo non superiore al minore importo tra 500 milioni di euro e il 2 per cento della somma delle attività dei soggetti partecipanti alla fusione o alla scissione, come risultanti dalla situazione patrimoniale di cui all'articolo 2501-quater del codice civile, senza considerare il soggetto che presenta le attività di importo maggiore, ovvero il 2 per cento della somma delle attività oggetto di conferimento. Se alle operazioni di cui al comma 233 partecipano società controllanti capogruppo tenute a redigere il bilancio consolidato secondo i principi contabili ad esse applicabili, ai fini del periodo precedente per tali società si considerano le attività risultanti dall'ultimo bilancio consolidato disponibile. In caso di aggregazioni realizzate mediante conferimento d'azienda, i componenti di cui al comma 233 del conferitario rilevano ai fini della trasformazione negli stessi limiti e alle stesse condizioni previsti per le perdite che possono essere portate in diminuzione del reddito della società risultante dalla fusione o incorporante di cui al comma 7 dell'articolo 172 del testo unico delle imposte sui redditi, di cui al decreto del Presidente della Repubblica 22 dicembre 1986, n. 917; a tal fine, è obbligatoria la redazione della situazione patrimoniale ai sensi dell'articolo 2501-quater, commi primo e secondo, del codice civile. Dalla data di efficacia giuridica dell'operazione di aggregazione, per i soggetti di cui al comma 233[(1)]:

a) non sono computabili in diminuzione dei redditi imponibili le perdite di cui all'articolo 84 del testo unico delle imposte sui redditi, di cui al decreto del Presidente della Repubblica 22 dicembre 1986, n. 917, relative alle attività per imposte anticipate complessivamente trasformate in credito d'imposta ai sensi dei commi da 233 a 243 del presente articolo;

b) non sono deducibili né trasformabili in credito d'imposta le eccedenze del rendimento nozionale rispetto al reddito complessivo di cui all'articolo 1, comma 4, del decreto-legge 6 dicembre 2011, n. 201, convertito, con modificazioni, dalla legge 22 dicembre 2011, n. 214, relative alle attività per imposte anticipate complessivamente trasformate in credito d'imposta ai sensi dei commi da 233 a 243 del presente articolo.

(1) *Alinea modificato dall'articolo 1, comma 70, della Legge 30 dicembre 2021, n. 234.*

235. In caso di opzione per la tassazione di gruppo di cui all'articolo 117 del testo unico delle imposte sui redditi, di cui al decreto del Presidente della Repubblica 22 dicembre 1986, n. 917, da parte dei soggetti di cui al comma 233 del presente articolo, ai fini della trasformazione rilevano prioritariamente, se esistenti, le eccedenze del rendimento nozionale del soggetto partecipante e le perdite fiscali dello stesso relative agli esercizi anteriori all'inizio della tassazione di gruppo; a seguire, le perdite complessivamente riportate a nuovo dal soggetto controllante ai sensi dell'articolo 118 del medesimo testo unico. Dalla data di efficacia giuridica delle operazioni di cui al comma 233, per il soggetto controllante non sono computabili in diminuzione dei redditi imponibili le perdite di cui all'articolo 118 del medesimo testo unico, relative alle attività per imposte anticipate complessivamente trasformate in credito d'imposta ai sensi dei commi da 233 a 243 del presente articolo[1].

(1) *Comma modificato dall'articolo 1, comma 70, lettera c), della Legge 30 dicembre 2021, n. 234.*

236. In caso di opzione per la trasparenza fiscale di cui all'articolo 115 del testo unico delle imposte sui redditi, di cui al decreto del Presidente della Repubblica 22 dicembre 1986, n. 917, da parte dei soggetti di cui al comma 233 del presente articolo, per la società partecipata rilevano prioritariamente, se esistenti, le eccedenze di rendimento nozionale e le perdite fiscali relative agli esercizi anteriori all'inizio della trasparenza congiuntamente a quelle non attribuite ai soci ai sensi dell'articolo 115, comma 3, del medesimo testo unico e, a seguire, le perdite fiscali e le eccedenze di rendimento nozionale attribuite ai soci partecipanti e non ancora computate in diminuzione dei loro redditi o trasformate in credito d'imposta. Dalla data di efficacia giuridica delle operazioni di cui al comma 233, per i soci partecipanti non sono computabili in diminuzione dei redditi imponibili le perdite di cui all'articolo 84 del citato testo unico delle imposte sui redditi relative alle attività per imposte anticipate complessivamente trasformate in credito d'imposta ai sensi dei commi da 233 a 243 del presente articolo e non sono deducibili né trasformabili in credito d'imposta le eccedenze del rendimento nozionale rispetto al reddito complessivo di cui all'articolo 1, comma 4, del decreto-legge 6 dicembre 2011, n. 201, convertito, con modificazioni, dalla legge 22 dicembre 2011, n. 214, relative alle attività per imposte anticipate complessivamente trasformate in credito d'imposta ai sensi dei commi da 233 a 243 del presente articolo.

237. Ai fini di cui ai commi da 233 a 243 del presente articolo, le società che partecipano alle operazioni di cui al comma 233 devono essere operative da almeno due anni e, alla data di effettuazione dell'operazione e nei due anni precedenti non devono far parte dello stesso gruppo societario né in ogni caso essere legate tra loro da un rapporto di partecipazione superiore al 20 per cento o controllate anche indirettamente dallo stesso soggetto ai sensi dell'articolo 2359, primo comma, numero 1), del codice civile. Inoltre, le disposizioni dei commi da 233 a 243 del presente articolo non si applicano a società per le quali sia stato accertato lo stato di dissesto o il rischio di dissesto ai sensi dell'articolo 17 del decreto legislativo 16 novembre 2015, n. 180, ovvero lo stato di insolvenza ai sensi dell'articolo 5 del regio decreto 16 marzo 1942, n. 267, o dell'articolo 2, comma 1, lettera b), del codice della crisi d'impresa e dell'insolvenza, di cui al decreto legislativo 12 gennaio 2019, n. 14.

238. Le disposizioni dei commi da 233 a 243 del presente articolo si applicano anche ai soggetti tra i quali sussiste il rapporto di controllo ai sensi dell'articolo 2359, primo comma, numero 1), del codice civile se il controllo è stato acquisito attraverso operazioni diverse da quelle di cui al comma 233 tra il 1° gennaio 2021 e il 30 giugno 2022 ed entro due anni dalla data di acquisizione di tale controllo abbia avuto efficacia giuridica una delle operazioni di cui al comma 233; in tal caso le perdite fiscali e l'importo del rendimento nozionale eccedente di cui al medesimo comma 233 si riferiscono a quelli maturati fino al periodo d'imposta precedente a quello in corso alla data in cui è stato acquisito il controllo e le condizioni previste dal comma 237 devono intendersi riferite alla data in cui è effettuata l'operazione di acquisizione del controllo [1].

(1) *Comma modificato dall'articolo 1, comma 70, della Legge 30 dicembre 2021, n. 234.*

239. Il credito d'imposta derivante dalla trasformazione di cui ai commi da 233 a 243 del presente articolo non è produttivo di interessi. Può essere utilizzato, senza limiti di importo, in compensazione ai sensi dell'articolo 17 del decreto legislativo 9 luglio 1997, n. 241, ovvero essere ceduto secondo quanto previsto dall'articolo 43-bis o dall'articolo 43-ter del decreto del Presidente della Repubblica 29 settembre 1973, n. 602, ovvero essere chiesto a rimborso. Il credito d'imposta deve essere indicato nella dichiarazione dei redditi, non concorre alla formazione del reddito d'impresa né della base imponibile dell'imposta regionale sulle attività produttive e non rileva ai fini del rapporto di cui all'articolo 109, comma 5, del testo unico delle imposte sui redditi, di cui al decreto del Presidente della Repubblica 22 dicembre 1986, n. 917.

240. Indipendentemente dal numero di operazioni societarie straordinarie realizzate, le disposizioni dei commi da 233 a 243 del presente articolo possono essere applicate una sola volta per ciascun soggetto di cui al comma 233.

241. La trasformazione delle attività per imposte anticipate in credito d'imposta di cui al comma 233 è condizionata al pagamento di una commissione pari al 25 per cento delle attività per imposte anticipate complessivamente trasformate ai sensi dei commi da 233 a 243 del presente articolo. Il versamento della commissione è effettuato per il 40 per cento entro trenta giorni dalla data di efficacia giuridica delle operazioni di cui al comma 233 e per il restante 60 per cento entro i primi trenta giorni dell'esercizio successivo a quello in corso alla data di efficacia giuridica delle operazioni di cui

al comma 233. La commissione è deducibile ai fini delle imposte sui redditi e dell'IRAP nell'esercizio in cui avviene il pagamento. Ai fini dell'accertamento, delle sanzioni e della riscossione della commissione, nonché per il relativo contenzioso, si applicano le disposizioni in materia di imposte sui redditi.

242. Ai fini dei commi da 233 a 241 del presente articolo per attività per imposte anticipate complessivamente trasformate s'intende l'ammontare complessivo delle attività per imposte anticipate oggetto di trasformazione e non rileva che la trasformazione avvenga in parte nell'esercizio successivo a quello in corso alla data di efficacia giuridica delle operazioni di cui al comma 233.

243. [A] Il Ministro dell'economia e delle finanze riferisce preventivamente alle Camere in ordine a eventuali operazioni di aggregazione societaria o di variazione della partecipazione detenuta dal Ministero dell'economia e delle finanze in Banca Monte dei Paschi di Siena Spa.

[A] *In riferimento al presente comma, vedi: Risoluzione Agenzia delle Entrate 7 settembre 2021, n. 57/E.*

244. Le misure di cui all'articolo 13, comma 1, del decreto-legge 8 aprile 2020, n. 23, convertito, con modificazioni, dalla legge 5 giugno 2020, n. 40, si applicano fino al 31 dicembre 2021, salvo quanto previsto al comma 245 [1].

[1] *Comma modificato dall'articolo 13, comma 2, del D.L. 25 maggio 2021, n. 73, convertito, con modificazioni, dalla Legge 23 luglio 2021, n. 106.*

245. Le garanzie di cui all'articolo 13, comma 1, del decreto-legge 8 aprile 2020, n. 23, convertito, con modificazioni, dalla legge 5 giugno 2020, n. 40, sono concesse, alle condizioni ivi previste, in favore delle imprese con un numero di dipendenti non superiore a 499, determinato sulla base delle unità di lavoro anno e non riconducibili alle categorie di imprese di cui alla raccomandazione 2003/361/CE della Commissione, del 6 maggio 2003, relativa alla definizione delle microimprese, piccole e medie imprese, fino al 28 febbraio 2021[1].

[1] *Comma modificato dall'articolo 13, comma 3, del D.L. 25 maggio 2021, n. 73, convertito, con modificazioni, dalla Legge 23 luglio 2021, n. 106.*

246. La dotazione del fondo di garanzia di cui all'articolo 2, comma 100, lettera a), della legge 23 dicembre 1996, n. 662, è incrementata di 500 milioni di euro per l'anno 2022, di 1.000 milioni di euro per l'anno 2023, di 1.500 milioni di euro per l'anno 2024, di 1.000 milioni di euro per l'anno 2025 e di 500 milioni di euro per l'anno 2026.

247. Alla copertura degli oneri derivanti dai commi da 244 a 246 concorrono, per 500 milioni di euro per l'anno 2022, le risorse del Programma Next Generation EU.

248. All'articolo 56, comma 2, lettere a), b) e c), comma 6, lettere a) e c), e comma 8, del decreto-legge 17 marzo 2020, n. 18, convertito, con modificazioni, dalla legge 24 aprile 2020, n. 27, le parole: "*31 gennaio 2021*", ovunque ricorrono, sono sostituite dalle seguenti: "*30 giugno 2021*".

249. Per le imprese già ammesse, alla data di entrata in vigore della presente legge, alle misure di sostegno finanziario previste dall'articolo 56, comma 2, del decreto-legge 17 marzo 2020, n. 18, convertito, con modificazioni, dalla legge 24 aprile 2020, n. 27, la proroga della moratoria, disposta ai sensi del comma 248, opera automaticamente senza alcuna formalità, salva l'ipotesi di rinuncia espressa da parte dell'impresa beneficiaria, da far pervenire al soggetto finanziatore entro il termine del 31 gennaio 2021 o, per le imprese di cui all'articolo 77, comma 2, del decreto-legge 14 agosto 2020, n. 104, convertito, con modificazioni, dalla legge 13 ottobre 2020, n. 126, entro il 31 marzo 2021.

250. Le imprese che, alla data di entrata in vigore della presente legge, presentino le esposizioni debitorie di cui all'articolo 56, comma 2, del decreto-legge 17 marzo 2020, n. 18, convertito, con modificazioni, dalla legge 24 aprile 2020, n. 27, e che non siano state ancora ammesse alle misure di sostegno, possono essere ammesse, entro il 31 gennaio 2021, alle predette misure di sostegno finanziario secondo le medesime condizioni e modalità previste dallo stesso articolo 56, come modificato dal comma 248 del presente articolo.

251. Ai sensi dei commi 249 e 250, nei confronti delle imprese che hanno avuto accesso alle misure di sostegno finanziario previste dall'articolo 56, comma 2, del decreto-legge 17 marzo 2020, n. 18, convertito, con modificazioni, dalla legge 24 aprile 2020, n. 27, il termine di diciotto mesi per l'avvio delle procedure esecutive di cui al medesimo articolo 56, comma 8, decorre dal termine delle misure di sostegno di cui al citato comma 2, come modificato dal comma 248 dal presente articolo.

252. Le disposizioni di cui ai commi da 248 a 251 si applicano in conformità all'autorizzazione della Commissione europea ai sensi dell'articolo 108 del Trattato sul funzionamento dell'Unione europea.

253. Entro trenta giorni dalla data di entrata in vigore della presente legge possono essere integrate le disposizioni operative del fondo di cui all'articolo 2, comma 100, lettera a), della legge 23 dicembre 1996, n. 662.

254. Per le finalità di cui ai commi da 248 a 255 del presente articolo la dotazione della sezione speciale del fondo di garanzia istituita ai sensi dell'articolo 56, comma 6, del decreto-legge 17 marzo 2020, n. 18, convertito, con modificazioni, dalla legge 24 aprile 2020, n. 27, è incrementata di 300 milioni di euro per l'anno 2021.

255. A decorrere dall'anno 2021 è autorizzata la spesa annua di 800.000 euro a favore dell'Ente nazionale per il microcredito per le attività istituzionali finalizzate alla concessione di finanziamenti per l'avvio o l'esercizio di attività di lavoro autonomo o di microimpresa, come disciplinati dall'articolo 111 del testo unico delle leggi in materia bancaria e creditizia, di cui al decreto legislativo 1° settembre 1993, n. 385, con particolare riferimento alla promozione e al rafforzamento della microimprenditoria femminile di cui ai commi da 97 a 106 del presente articolo.

256. La quota di contributo del Fondo per la prevenzione del fenomeno dell'usura di cui all'articolo 15, comma 2, lettera a), della legge 7 marzo 1996, n. 108, concessa ai confidi e non necessaria per le finalità di cui al predetto articolo 15, comma 2, lettera a), può essere utilizzata dai medesimi confidi anche:

a) per concedere nuove garanzie su operazioni per liquidità a favore delle micro, piccole e medie imprese ad elevato rischio finanziario, purché la condizione di elevato rischio finanziario sia individuata attraverso criteri definiti in apposite convenzioni stipulate con istituti bancari e intermediari finanziari per l'utilizzo dei fondi di cui all'articolo 15, comma 2, lettera a), della legge 7 marzo 1996, n. 108;

b) per concedere garanzie alle micro e piccole imprese per

operazioni di rinegoziazione del debito o di allungamento del finanziamento o di sospensione delle rate su operazioni in essere alla data di entrata in vigore della presente legge. Il nuovo finanziamento, se è concesso dalla stessa banca o da una banca appartenente allo stesso gruppo bancario, prevede l'erogazione al medesimo soggetto beneficiario di credito aggiuntivo in misura almeno pari al 20 per cento dell'importo del debito residuo in essere del finanziamento oggetto di rinegoziazione;

c) per erogare credito fino a un importo massimo per singola operazione di 40.000 euro a favore di micro, piccole e medie imprese.

257. Le operazioni di cui al comma 256, lettera c), possono essere effettuate dai confidi iscritti all'albo previsto dall'articolo 106 del testo unico delle leggi in materia bancaria e creditizia, di cui al decreto legislativo 1° settembre 1993, n. 385, e dai confidi iscritti nell'elenco di cui all'articolo 112 del medesimo testo unico.

258. Con decreto di natura non regolamentare, il Ministro dell'economia e delle finanze subordina l'effettuazione delle operazioni di cui al comma 256, lettera c), da parte dei confidi iscritti nell'elenco di cui all'articolo 112 del testo unico delle leggi in materia bancaria e creditizia, di cui al decreto legislativo 1° settembre 1993, n. 385, a ulteriori requisiti patrimoniali, di governance, organizzativi e di trasparenza, demandandone la verifica all'Organismo di cui all'articolo 112-bis del citato testo unico di cui al decreto legislativo n. 385 del 1993.

259. Le società finanziarie costituite ai sensi dell'articolo 17, comma 2, della legge 27 febbraio 1985, n. 49, svolgono, su incarico del Ministero dello sviluppo economico, attività di assistenza e consulenza a iniziative volte alla costituzione di società cooperative promosse da lavoratori provenienti da aziende in crisi o da aziende i cui titolari intendano trasferire le stesse ai lavoratori medesimi.

260. Con decreto del Ministro dello sviluppo economico sono determinate le modalità di individuazione e conferimento degli incarichi di cui al comma 259 nonché la determinazione dei relativi compensi i cui oneri sono a carico delle risorse di cui all'articolo 11, comma 6, della legge 31 gennaio 1992, n. 59.

261. Al fine di sostenere la nascita e lo sviluppo di imprese cooperative costituite dai lavoratori per il recupero di aziende in crisi e processi di ristrutturazione e riconversione industriale di cui al decreto del Ministro dello sviluppo economico 4 dicembre 2014, pubblicato nella Gazzetta Ufficiale n. 2 del 3 gennaio 2015, la dotazione del Fondo per la crescita sostenibile di cui all'articolo 23 del decreto-legge 22 giugno 2012, n. 83, convertito, con modificazioni, dalla legge 7 agosto 2012, n. 134, è incrementata di 10 milioni di euro per ciascuno degli anni 2021 e 2022.

276. Nello stato di previsione del Ministero del lavoro e delle politiche sociali è istituito il Fondo per il sostegno della parità salariale di genere, con una dotazione di 2 milioni di euro per l'anno 2022 e di 52 milioni di euro annui a decorrere dall'anno 2023, destinato alla copertura finanziaria, nei limiti della predetta dotazione, di interventi finalizzati al sostegno e al riconoscimento del valore sociale ed economico della parità salariale di genere e delle pari opportunità sui luoghi di lavoro, nonché al sostegno della partecipazione delle donne al mercato del lavoro, anche attraverso la definizione di procedure per l'acquisizione, da parte delle imprese pubbliche e private, di una certificazione della parità di genere, ai sensi dell'articolo 46-bis del codice delle pari opportunità tra uomo e donna, di cui al decreto legislativo 11 aprile 2006, n. 198, cui siano connessi benefici contributivi a favore del datore di lavoro. Con decreto del Ministro del lavoro e delle politiche sociali, di concerto con il Ministro dell'economia e delle finanze e il Ministro con delega per le pari opportunità, sono stabilite le modalità di attuazione del presente comma [(1)].

[(1)] *Comma modificato dall'articolo 1, comma 138, della Legge 30 dicembre 2021, n. 234.*

277. Con decreto del Ministro del lavoro e delle politiche sociali, di concerto con il Ministro dell'economia e delle finanze, sono stabilite le modalità di attuazione del comma 276.

278. È prorogato per gli anni 2021 e 2022 il trattamento di sostegno del reddito di cui all'articolo 44 del decreto-legge 28 settembre 2018, n. 109, convertito, con modificazioni, dalla legge 16 novembre 2018, n. 130, per un periodo massimo complessivo di autorizzazione del trattamento straordinario di integrazione salariale di dodici mesi e nel limite di spesa di 200 milioni di euro per l'anno 2021 e di 50 milioni di euro per l'anno 2022. Agli oneri derivanti dal primo periodo del presente comma, pari a 200 milioni di euro per l'anno 2021 e a 50 milioni di euro per l'anno 2022, si provvede a valere sul Fondo sociale per occupazione e formazione, di cui all'articolo 18, comma 1, lettera a), del decreto-legge 29 novembre 2008, n. 185, convertito, con modificazioni, dalla legge 28 gennaio 2009, n. 2. In sede di accordo governativo è verificata la sostenibilità finanziaria del trattamento straordinario di integrazione salariale e nell'accordo è indicato il relativo onere finanziario. Al fine del monitoraggio della spesa, gli accordi governativi sono trasmessi al Ministero dell'economia e delle finanze e all'INPS per il monitoraggio mensile dei flussi di spesa relativi all'erogazione delle prestazioni. Qualora dal monitoraggio emerga che è stato raggiunto o sarà raggiunto il limite di spesa, non possono essere stipulati altri accordi.

279. All'articolo 93 del decreto-legge 19 maggio 2020, n. 34, convertito, con modificazioni, dalla legge 17 luglio 2020, n. 77, al comma 1, le parole: "*31 dicembre 2020*" sono sostituite dalle seguenti: "*31 marzo 2021*".

280. Le misure di sostegno del reddito per i lavoratori dipendenti delle imprese del settore dei call center, di cui all'articolo 44, comma 7, del decreto legislativo 14 settembre 2015, n. 148, sono prorogate per l'anno 2021 nel limite di spesa di 20 milioni di euro. All'onere derivante dal primo periodo del presente comma, pari a 20 milioni di euro per l'anno 2021, si provvede a valere sul Fondo sociale per occupazione e formazione, di cui all'articolo 18, comma 1, lettera a), del decreto-legge 29 novembre 2008, n. 185, convertito, con modificazioni, dalla legge 28 gennaio 2009, n. 2.

281. All'articolo 199, comma 1, lettera b), del decreto-legge 19 maggio 2020, n. 34, convertito, con modificazioni, dalla legge 17 luglio 2020, n. 77, dopo le parole: "*nel limite massimo di 4 milioni di euro per l'anno 2020*" sono inserite le seguenti: "*e di 2 milioni di euro per l'anno 2021*".

282. A valere sul Fondo sociale per occupazione e formazione, di cui all'articolo 18, comma 1, lettera a), del decreto-legge 29 novembre 2008, n. 185, convertito, con modificazioni, dalla legge 28 gennaio 2009, n. 2, si provvede, nella

misura di 12 milioni di euro per l'anno 2021, al finanziamento dell'indennità onnicomprensiva, pari a trenta euro giornalieri per l'anno 2021, per ciascun lavoratore dipendente da impresa adibita alla pesca marittima, compresi i soci lavoratori delle cooperative della piccola pesca, di cui alla legge 13 marzo 1958, n. 250, in caso di sospensione dal lavoro derivante da misure di arresto temporaneo obbligatorio.

283. A valere sul Fondo sociale per occupazione e formazione, di cui all'articolo 18, comma 1, lettera a), del decreto-legge 29 novembre 2008, n. 185, convertito, con modificazioni, dalla legge 28 gennaio 2009, n. 2, si provvede, nella misura di 7 milioni di euro per l'anno 2021, al finanziamento dell'indennità onnicomprensiva, pari a trenta euro giornalieri per l'anno 2021, per ciascun lavoratore dipendente da impresa adibita alla pesca marittima, compresi i soci lavoratori delle cooperative della piccola pesca, di cui alla legge 13 marzo 1958, n. 250, in caso di sospensione dal lavoro derivante da misure di arresto temporaneo non obbligatorio.

284. Il trattamento di cui all'articolo 1, comma 1, del decreto legislativo 18 maggio 2018, n. 72, è prorogato per gli anni 2021, 2022 e 2023, alle medesime condizioni stabilite dal medesimo articolo 1, comma 1, per una durata massima complessiva di dodici mesi nel triennio e nel limite di spesa di 1 milione di euro per ciascuno dei tre anni. All'onere derivante dal primo periodo del presente comma, pari a 1 milione di euro per ciascuno degli anni 2021, 2022 e 2023, si provvede a valere sul Fondo sociale per occupazione e formazione, di cui all'articolo 18, comma 1, lettera a), del decreto legge 29 novembre 2008, n. 185, convertito, con modificazioni, dalla legge 28 gennaio 2009, n. 2.

285. L'efficacia delle disposizioni di cui all'articolo 22-bis del decreto legislativo 14 settembre 2015, n. 148, è prorogata per gli anni 2021 e 2022, nel limite di 130 milioni di euro per l'anno 2021 e di 100 milioni di euro per l'anno 2022. Agli oneri derivanti dal primo periodo del presente comma, pari a 130 milioni per l'anno 2021 e a 100 milioni di euro per l'anno 2022, si provvede a valere sul Fondo sociale per occupazione e formazione, di cui all'articolo 18, comma 1, lettera a), del decreto-legge 29 novembre 2008, n.185, convertito, con modificazioni, dalla legge 28 gennaio 2009, n. 2.

286. Al fine dell'attuazione dei piani di nuova industrializzazione, di recupero o di tenuta occupazionale relativi a crisi aziendali incardinate presso le unità di crisi del Ministero dello sviluppo economico o delle regioni, le regioni e le province autonome di Trento e di Bolzano possono concedere nell'anno 2021 ulteriori periodi di trattamento di integrazione salariale in deroga nel limite della durata massima di dodici mesi, anche non continuativi.

287. All'onere derivante dall'attuazione del comma 286 si fa fronte nel limite massimo delle risorse già assegnate alle regioni e alle province autonome di Trento e di Bolzano ai sensi dell'articolo 44, comma 6-bis, del decreto legislativo 14 settembre 2015, n. 148, ove non previamente utilizzate ai sensi del comma 3 dell'articolo 26-ter del decreto-legge 28 gennaio 2019, n. 4, convertito, con modificazioni, dalla legge 28 marzo 2019, n. 26, e ai sensi dell'articolo 22, commi 8-quater e 8-quinquies, del decreto legge 17 marzo 2020, n. 18, convertito, con modificazioni, dalla legge 24 aprile 2020, n. 27, e comunque nel limite massimo di 10 milioni di euro per l'anno 2021. Le regioni e le province autonome di Trento e di Bolzano concedono l'indennità di cui al comma 286 del presente articolo, esclusivamente previa verifica della disponibilità finanziaria da parte dell'Istituto nazionale della previdenza sociale.

288. Le regioni e le province autonome di Trento e di Bolzano assicurano ai lavoratori beneficiari dei trattamenti di integrazione salariale in deroga di cui al comma 286 l'applicazione di misure di politica attiva, individuate, a valere sulle risorse proprie e senza nuovi o maggiori oneri a carico della finanza pubblica, in accordo con le organizzazioni sindacali maggiormente rappresentative, in un apposito piano regionale, da comunicare al Ministero del lavoro e delle politiche sociali e all'Agenzia nazionale per le politiche attive del lavoro.

289. [(A)] Al fine del completamento dei piani di recupero occupazionale di cui all'articolo 44, comma 11-bis, del decreto legislativo 14 settembre 2015, n. 148, sono stanziate ulteriori risorse per un importo pari a 180 milioni di euro, a valere sul Fondo sociale per occupazione e formazione, di cui all'articolo 18, comma 1, lettera a), del decreto-legge 29 novembre 2008, n. 185, convertito, con modificazioni, dalla legge 28 gennaio 2009, n. 2, da ripartire tra le regioni con decreto del Ministro del lavoro e delle politiche sociali, di concerto con il Ministro dell'economia e delle finanze. Le predette regioni possono destinare, nell'anno 2021, le risorse stanziate ai sensi del primo periodo alle medesime finalità del citato articolo 44, comma 11-bis, del decreto legislativo n. 148 del 2015, nonché a quelle dell'articolo 53-ter del decreto-legge 24 aprile 2017, n. 50, convertito, con modificazioni, dalla legge 21 giugno 2017, n. 96.

[(A)] *In riferimento al presente comma, vedi: Messaggio INPS - Istituto nazionale previdenza sociale 13 luglio 2021, n. 2584.*

290. Al fine di assicurare la prosecuzione degli interventi di cassa integrazione guadagni straordinaria e di mobilità in deroga nelle aree di crisi industriale complessa individuate dalle regioni per l'anno 2020 e non autorizzate per mancanza di copertura finanziaria, è istituito, nello stato di previsione del Ministero del lavoro e delle politiche sociali, un Fondo per il sostegno al reddito dei lavoratori delle aree di crisi industriale complessa con una dotazione di 10 milioni di euro per l'anno 2021. Con decreto del Ministro del lavoro e delle politiche sociali, di concerto con il Ministro dell'economia e delle finanze, da adottare entro trenta giorni dalla data di entrata in vigore della presente legge, sono stabiliti i criteri e le modalità di riparto tra le regioni delle risorse di cui al predetto Fondo sulla base dei fabbisogni comunicati anche al fine del rispetto del limite di spesa previsto dal presente comma.

Omissis.

292. Nell'anno 2021, in deroga a quanto previsto dall'articolo 1, commi 446 e 447, della legge 30 dicembre 2018, n. 145, le amministrazioni pubbliche utilizzatrici dei lavoratori socialmente utili di cui all'articolo 2, comma 1, del decreto legislativo 28 febbraio 2000, n. 81, e all'articolo 3, comma 1, del decreto legislativo 7 agosto 1997, n. 280, nonché dei lavoratori già rientranti nell'abrogato articolo 7 del decreto legislativo 1° dicembre 1997, n. 468, e dei lavoratori impegnati in attività di pubblica utilità, anche mediante contratti di lavoro a tempo determinato o contratti di collaborazione coordinata e continuativa nonché mediante altre tipologie contrattuali, possono assumere a tempo indeterminato i suddetti lavoratori da inquadrare nei profili professionali delle aree o categorie per i quali non è richiesto il titolo di

studio superiore a quello della scuola dell'obbligo che abbiano la professionalità richiesta, in relazione all'esperienza effettivamente maturata, e i requisiti previsti per l'accesso al pubblico impiego, nel rispetto delle seguenti condizioni e modalità:

a) possesso da parte dei lavoratori dei requisiti di anzianità previsti dall'articolo 4, comma 6, del decreto-legge 31 agosto 2013, n. 101, convertito, con modificazioni, dalla legge 30 ottobre 2013, n. 125, ovvero dall'articolo 20, commi 1 e 2, del decreto legislativo 25 maggio 2017, n. 75, o svolgimento delle attività socialmente utili o di pubblica utilità per il medesimo periodo di tempo;

b) assunzione secondo le modalità previste dall'articolo 20, comma 1, del decreto legislativo 25 maggio 2017, n. 75, dei lavoratori che siano stati previamente individuati, in relazione alle medesime attività svolte, con procedure selettive pubbliche anche espletate presso amministrazioni diverse da quella che procede all'assunzione, salvo quanto previsto dalle lettere a), c) e d) del presente comma;

c) espletamento di selezioni riservate, mediante prova di idoneità, ai lavoratori che non siano stati previamente individuati, in relazione alle medesime attività svolte, con procedure selettive pubbliche anche espletate presso amministrazioni diverse da quella che procede all'assunzione, salvo quanto previsto dalle lettere a), b) e d) del presente comma;

d) assunzione secondo le modalità previste dall'articolo 20, commi 1 e 2, del decreto legislativo 25 maggio 2017, n. 75, dei lavoratori utilizzati mediante contratti di lavoro a tempo determinato o contratti di collaborazione coordinata e continuativa nonché mediante altre tipologie contrattuali, fermo restando quanto disposto dalle lettere a), b) e c) del presente comma.

293. Le assunzioni a tempo indeterminato di cui al comma 292 del presente articolo, anche con contratti di lavoro a tempo parziale, sono consentite nei limiti della dotazione organica e del piano di fabbisogno del personale e sono considerate, ai sensi dell'articolo 36, comma 2, del decreto legislativo 30 marzo 2001, n. 165, nella quota di accesso dall'esterno. Resta fermo quanto previsto dall'articolo 1, comma 446, lettere d), e), f), g) e h) della legge 30 dicembre 2018, n. 145.

Omissis.

298. Al fine di promuovere e valorizzare il sistema di istruzione e formazione tecnica superiore, il Fondo per l'istruzione e formazione tecnica superiore, di cui all'articolo 1, comma 875, della legge 27 dicembre 2006, n. 296, come incrementato dall'articolo 1, comma 67, della legge 27 dicembre 2017, n. 205, è ulteriormente incrementato di 20 milioni di euro per l'anno 2021.

299. Al fine di garantire, qualora necessario per il prolungarsi degli effetti sul piano occupazionale dell'emergenza epidemiologica da COVID-19, la possibilità di una più ampia forma di tutela delle posizioni lavorative per l'anno 2021 mediante trattamenti di cassa integrazione ordinaria, assegno ordinario e cassa integrazione in deroga, è istituito, nell'ambito dello stato di previsione del Ministero del lavoro e delle politiche sociali, un apposito fondo con una dotazione di 6.128,3 milioni di euro per l'anno 2021. L'importo di 2.298,3 milioni di euro per l'anno 2021, relativo alle autorizzazioni di spesa di cui all'articolo 19, comma 9, del decreto-legge 17 marzo 2020, n. 18, convertito, con modificazioni, dalla legge 24 aprile 2020, n. 27, e all'articolo 1, comma 11, del decreto-legge 14 agosto 2020, n. 104, convertito, con modificazioni, dalla legge 13 ottobre 2020, n. 126, conservato in conto residui ai sensi dell'ultimo periodo del comma 9 dell'articolo 265 del decreto-legge 19 maggio 2020, n. 34, convertito, con modificazioni, dalla legge 17 luglio 2020, n. 77, è versato all'entrata del bilancio dello Stato nell'anno 2021 e resta acquisito all'erario [1].

[1] Comma modificato dall'articolo 7, comma 2, lettera a), del D.L. 22 marzo 2021, n. 41, convertito con modificazioni dalla Legge 21 maggio 2021, n. 69.

300. [A] I datori di lavoro che sospendono o riducono l'attività lavorativa per eventi riconducibili all'emergenza epidemiologica da COVID-19 possono presentare domanda di concessione del trattamento ordinario di integrazione salariale, dell'assegno ordinario e del trattamento di integrazione salariale in deroga, di cui agli articoli da 19 a 22-quinquies del decreto-legge 17 marzo 2020, n. 18, convertito, con modificazioni, dalla legge 24 aprile 2020, n. 27, per una durata massima di dodici settimane. Le dodici settimane devono essere collocate nel periodo compreso tra il 1° gennaio 2021 e il 31 marzo 2021 per i trattamenti di cassa integrazione ordinaria, e nel periodo compreso tra il 1° gennaio 2021 e il 30 giugno 2021 per i trattamenti di assegno ordinario e di cassa integrazione salariale in deroga. Con riferimento a tali periodi, le predette dodici settimane costituiscono la durata massima che può essere richiesta con causale COVID-19. I periodi di integrazione salariale precedentemente richiesti e autorizzati ai sensi dell'articolo 12 del decreto-legge 28 ottobre 2020, n. 137, convertito, con modificazioni, dalla legge 18 dicembre 2020, n. 176, collocati, anche parzialmente, in periodi successivi al 1° gennaio 2021 sono imputati, ove autorizzati, alle dodici settimane del presente comma.

[A] In riferimento al presente comma, vedi: Messaggio INPS - Istituto nazionale previdenza sociale 30 aprile 2021, n. 1761; Messaggio INPS - Istituto nazionale previdenza sociale 21 ottobre 2021 n. 3576.

301. Le domande di accesso ai trattamenti di cui al comma 300 devono essere inoltrate all'INPS, a pena di decadenza, entro la fine del mese successivo a quello in cui ha avuto inizio il periodo di sospensione o di riduzione dell'attività lavorativa. In fase di prima applicazione, il termine di decadenza di cui al presente comma è fissato entro la fine del mese successivo a quello di entrata in vigore della presente legge.

302. In caso di pagamento diretto delle prestazioni da parte dell'INPS, il datore di lavoro è tenuto ad inviare all'Istituto tutti i dati necessari per il pagamento o per il saldo dell'integrazione salariale entro la fine del mese successivo a quello in cui è collocato il periodo di integrazione salariale, ovvero, se posteriore, entro il termine di trenta giorni dall'adozione del provvedimento di concessione. In sede di prima applicazione, i termini di cui al presente comma sono rinviati al trentesimo giorno successivo alla data di entrata in vigore della presente legge, se tale ultima data è posteriore a quella di cui al primo periodo. Trascorsi inutilmente i predetti termini, il pagamento della prestazione e gli oneri ad essa connessi rimangono a carico del datore di lavoro inadempiente.

303. I fondi di cui all'articolo 27 del decreto legislativo 14 settembre 2015, n. 148, garantiscono l'erogazione dell'assegno ordinario di cui al comma 300 con le medesime modali-

tà di cui ai commi da 299 a 314 del presente articolo, ovvero per una durata massima di dodici settimane collocate nel periodo compreso tra il 1° gennaio 2021 e il 30 giugno 2021. Il concorso del bilancio dello Stato agli oneri finanziari relativi alla predetta prestazione è stabilito nel limite massimo di 900 milioni di euro per l'anno 2021; tale importo è assegnato ai rispettivi fondi con decreto del Ministro del lavoro e delle politiche sociali, di concerto con il Ministro dell'economia e delle finanze. Le risorse di cui al presente comma sono trasferite ai rispettivi fondi con uno o più decreti del Ministero del lavoro e delle politiche sociali, di concerto con il Ministero dell'economia e delle finanze, previo monitoraggio da parte dei fondi stessi dell'andamento del costo della prestazione, relativamente alle istanze degli aventi diritto, nel rispetto del limite di spesa e secondo le indicazioni fornite dal Ministero del lavoro e delle politiche sociali.

Omissis.

351. Ai fini della prosecuzione, dal 1° al 31 gennaio 2021, del dispositivo di pubblica sicurezza preordinato al contenimento del contagio da COVID-19, nonché dello svolgimento dei maggiori compiti comunque connessi all'emergenza epidemiologica in corso, è autorizzata, per l'anno 2021, la spesa di 52.240.592 euro, di cui 40.762.392 euro per il pagamento delle indennità di ordine pubblico del personale delle Forze di polizia e degli altri oneri connessi all'impiego del personale delle polizie locali e 11.478.200 euro per il pagamento delle prestazioni di lavoro straordinario del personale delle Forze di polizia.

352. Al fine di garantire, per il periodo di cui al comma 351, la funzionalità del Corpo nazionale dei vigili del fuoco in relazione agli accresciuti impegni connessi all'emergenza epidemiologica in corso, è autorizzata, per l'anno 2021, la spesa di 2.633.971 euro per il pagamento delle prestazioni di lavoro straordinario del personale dei vigili del fuoco.

353. Al fine di dare piena attuazione alle misure urgenti volte a garantire, nel più gravoso contesto di gestione dell'emergenza epidemiologica da COVID-19, il regolare e pieno svolgimento delle attività istituzionali di trattamento e di sicurezza negli istituti penitenziari, è autorizzata, per l'anno 2021, la spesa complessiva di 1.454.565 euro per il pagamento, anche in deroga ai limiti vigenti, delle prestazioni di lavoro straordinario del personale appartenente al Corpo di polizia penitenziaria svolte nel periodo dal 1° gennaio al 31 gennaio 2021.

354. All'articolo 1, comma 149, primo periodo, della legge 30 dicembre 2018, n. 145, le parole: "*18 milioni di euro*" sono sostituite dalle seguenti: "*28 milioni di euro*".

355. All'articolo 21-bis, comma 1, del decreto-legge 30 dicembre 2019, n. 162, convertito, con modificazioni, dalla legge 28 febbraio 2020, n. 8, le parole: "*5 milioni di euro annui*" sono sostituite dalle seguenti: "*10.000.000 di euro annui*". Ai fini di cui al presente comma è autorizzata la spesa di 5 milioni di euro annui a decorrere dall'anno 2021.

356. A decorrere dal 1° gennaio 2021, l'INAIL, attraverso il Fondo per le vittime dell'amianto, di cui all'articolo 1, comma 241, della legge 24 dicembre 2007, n. 244, eroga ai soggetti già titolari di rendita erogata per una patologia asbesto-correlata riconosciuta dallo stesso INAIL o dal soppresso Istituto di previdenza per il settore marittimo, ovvero, in caso di soggetti deceduti, ai superstiti ai sensi dell'articolo 85 del testo unico di cui al decreto del Presidente della Repubblica 30 giugno 1965, n. 1124, una prestazione aggiuntiva nella misura percentuale del 15 per cento , elevata al 17 per cento a decorrere dal 1° gennaio 2023, della rendita in godimento. La prestazione aggiuntiva è erogata unitamente al rateo di rendita corrisposto mensilmente ed è cumulabile con le altre prestazioni spettanti a qualsiasi titolo sulla base delle norme generali e speciali dell'ordinamento. (1)

(1) *Comma modificato dall'articolo 1, comma 293, della Legge 29 dicembre 2022, n. 197.*

357. Per gli eventi accertati a decorrere dal 1° gennaio 2021, l'INAIL, tramite il Fondo per le vittime dell'amianto, eroga ai malati di mesotelioma, che abbiano contratto la patologia per esposizione familiare a lavoratori impegnati nella lavorazione dell'amianto ovvero per esposizione ambientale, una prestazione di importo fisso pari a euro 10.000 , elevato a euro 15.000 a decorrere dal 1° gennaio 2023, da corrispondere in un'unica soluzione su istanza dell'interessato o degli eredi in caso di decesso. L'istanza è presentata a pena di decadenza entro tre anni dalla data dell'accertamento della malattia. (1)

(1) *Comma modificato dall'articolo 1, comma 293, della Legge 29 dicembre 2022, n. 197.*

358. Sono utilizzate le disponibilità del Fondo di cui all'articolo 1, comma 241, della legge 24 dicembre 2007, n. 244, alla data del 31 dicembre 2020, per il pagamento della prestazione aggiuntiva prevista dall'articolo 1, comma 243, della citata legge con riferimento agli eventi denunciati fino alla predetta data e nella misura stabilita dalle disposizioni vigenti nel tempo e limitatamente ai ratei spettanti fino al 31 dicembre 2020. Le predette disponibilità sono altresì utilizzate per il pagamento della prestazione di importo fisso in un'unica soluzione di 10.000 euro a favore dei malati di mesotelioma, che abbiano contratto la patologia per esposizione familiare a lavoratori impegnati nella lavorazione dell'amianto ovvero per esposizione ambientale, o dei loro eredi ai sensi dell'articolo 11-quinquies del decreto legge 30 dicembre 2019, n. 162, convertito, con modificazioni, dalla legge 28 febbraio 2020, n. 8, con riferimento agli eventi accertati fino al 31 dicembre 2020 e per i quali non sia decorso, a pena di decadenza, il termine di tre anni dalla data di accertamento della malattia. A decorrere dal 1° gennaio 2021 non si applica l'addizionale a carico delle imprese di cui all'articolo 1, comma 244, della legge 24 dicembre 2007, n. 244, e l'autorizzazione di spesa di cui al medesimo comma 244, secondo periodo, è soppressa.

359. Agli oneri derivanti dai commi 356 e 357 del presente articolo, valutati rispettivamente in 39 milioni di euro per l'anno 2021, in 40,5 milioni di euro per l'anno 2022, in 42,15 milioni di euro per l'anno 2023, in 43,8 milioni di euro per l'anno 2024, in 45,3 milioni di euro per l'anno 2025, in 46,8 milioni di euro per l'anno 2026, in 48,15 milioni di euro per l'anno 2027, in 49,35 milioni di euro per l'anno 2028, in 50,4 milioni di euro per l'anno 2029 e in 51,45 milioni di euro annui a decorrere dall'anno 2030 relativamente al comma 356 e in 4,8 milioni di euro annui a decorrere dall'anno 2021 relativamente al comma 357, si provvede, quanto a 22 milioni di euro annui a decorrere dall'anno 2021, mediante le economie derivanti dalla soppressione dell'autorizzazione di spesa di cui all'articolo 1, comma 244, della legge 24 dicem-

bre 2007, n. 244.

Omissis.

591. Ai fini del perfezionamento con le Agenzie fiscali delle transazioni di cui all'articolo 182-ter del regio decreto 16 marzo 1942, n. 267, ai piani di risanamento presentati dalle fondazioni ai sensi dei commi 589 e 590 del presente articolo si applica quanto disposto dall'articolo 5, comma 1-bis, del decreto-legge 31 maggio 2014, n. 83, convertito, con modificazioni, dalla legge 29 luglio 2014, n. 106.

592. Le funzioni del commissario straordinario di cui all'articolo 11, comma 3, del decreto-legge 8 agosto 2013, n. 91, convertito, con modificazioni, dalla legge 7 ottobre 2013, n. 112, sono prorogate fino al 31 dicembre 2023, al fine di proseguire l'attività di monitoraggio dei piani di risanamento delle fondazioni lirico-sinfoniche di cui al comma 589 del presente articolo, e [fino al 31 dicembre 2023, al fine] di consentire la realizzazione delle attività concernenti l'approvazione e il monitoraggio dei nuovi piani di risanamento ove presentati in attuazione di quanto stabilito dal comma 590 del presente articolo. Il relativo incarico è conferito con le modalità di cui al citato articolo 11, commi 3 e 5, del decreto-legge n. 91 del 2013. A supporto delle attività del commissario straordinario, la Direzione generale spettacolo del Ministero per i beni e le attività culturali e per il turismo può conferire incarichi di collaborazione, ai sensi dell'articolo 7, comma 6, del decreto legislativo 30 marzo 2001, n. 165, a persone di comprovata qualificazione professionale nella gestione amministrativa e contabile di enti ovvero nella pianificazione strategica della loro attività, entro il limite di spesa complessivo di 100.000 euro annui e per la durata massima di ventiquattro mesi e comunque con scadenza finale al 31 dicembre 2022, prorogabili per ulteriori dodici mesi, nel caso in cui le funzioni del commissario straordinario siano prorogate fino al 31 dicembre 2023 (1) .

(1) *Comma modificato dall'articolo 7, comma 1, del D.L. 29 dicembre 2022, n. 198, non ancora convertito in Legge.*

593. Ai fini dell'attuazione dei commi da 589 a 592 è autorizzata una spesa pari a 40,1 milioni di euro per l'anno 2021 e a 100.000 euro per ciascuno degli anni 2022 e 2023.

594. (1) Il compenso del commissario straordinario di cui al comma 592 del presente articolo, nel limite massimo stabilito dall'articolo 15, comma 3, del decreto-legge 6 luglio 2011, n. 98, convertito, con modificazioni, dalla legge 15 luglio 2011, n. 111, è posto a valere sulle risorse del Fondo unico per lo spettacolo di cui all'articolo 1 della legge 30 aprile 1985, n. 163.

(1) *Comma modificato dall'articolo 1, comma 800, della Legge 30 dicembre 2021, n. 234.*

595. Il regime fiscale delle locazioni brevi di cui all'articolo 4, commi 2 e 3, del decreto-legge 24 aprile 2017, n. 50, convertito, con modificazioni, dalla legge 21 giugno 2017, n. 96, con effetto dal periodo d'imposta relativo all'anno 2021, è riconosciuto solo in caso di destinazione alla locazione breve di non più di quattro appartamenti per ciascun periodo d'imposta. Negli altri casi, ai fini della tutela dei consumatori e della concorrenza, l'attività di locazione di cui al presente comma, da chiunque esercitata, si presume svolta in forma imprenditoriale ai sensi dell'articolo 2082 del codice civile. Le disposizioni del presente comma si applicano anche per i contratti stipulati tramite soggetti che esercitano attività di intermediazione immobiliare, ovvero tramite soggetti che gestiscono portali telematici, mettendo in contatto persone in cerca di un immobile con persone che dispongono di appartamenti da condurre in locazione.

596. Il comma 3-bis dell'articolo 4 del decreto-legge 24 aprile 2017, n. 50, convertito, con modificazioni, dalla legge 21 giugno 2017, n. 96, è abrogato.

597. All'articolo 13-quater del decreto legge 30 aprile 2019, n. 34, convertito, con modificazioni, dalla legge 28 giugno 2019, n. 58, sono apportate le seguenti modificazioni:

a) il comma 4 è sostituito dal seguente:

"*4. Ai fini della tutela dei consumatori, presso il Ministero per i beni e le attività culturali e per il turismo è istituita una banca di dati delle strutture ricettive, nonché degli immobili destinati alle locazioni brevi ai sensi dell'articolo 4 del decreto-legge 24 aprile 2017, n. 50, convertito, con modificazioni, dalla legge 21 giugno 2017, n. 96, identificati mediante un codice da utilizzare in ogni comunicazione inerente all'offerta e alla promozione dei servizi all'utenza, fermo restando quanto stabilito in materia dalle leggi regionali. La banca di dati raccoglie e ordina le informazioni inerenti alle strutture ricettive e agli immobili di cui al presente comma. Le regioni e le province autonome di Trento e di Bolzano trasmettono al Ministero per i beni e le attività culturali e per il turismo i dati inerenti alle strutture ricettive e agli immobili di cui al presente comma con i relativi codici identificativi regionali, ove adottati. Con decreto del Ministro per i beni e le attività culturali e per il turismo, da adottare entro sessanta giorni dalla data di entrata in vigore della presente disposizione, sono stabilite le modalità di realizzazione e di gestione della banca di dati e di acquisizione dei codici identificativi regionali nonché le modalità di accesso alle informazioni che vi sono contenute*";

b) i commi 5 e 6 sono abrogati;

c) al comma 7, dopo le parole: "*strutture ricettive,*" sono inserite le seguenti: "*i soggetti che concedono in locazione breve immobili ad uso abitativo, ai sensi dell'articolo 4 del decreto-legge 24 aprile 2017, n. 50, convertito, con modificazioni, dalla legge 21 giugno 2017, n. 96,*" e le parole: "*il codice identificativo*" sono sostituite dalle seguenti: "*i codici di cui al comma 4*".

598. All'articolo 32, comma 1, del decreto-legge 12 settembre 2014, n. 133, convertito, con modificazioni, dalla legge 11 novembre 2014, n. 164, le parole: "*, con esclusione dei servizi resi nell'ambito di contratti annuali o pluriennali per lo stazionamento*" sono soppresse.

599. In considerazione degli effetti connessi all'emergenza epidemiologica da COVID-19, per l'anno 2021 non è dovuta la prima rata dell'imposta municipale propria di cui all'articolo 1, commi da 738 a 783, della legge 27 dicembre 2019, n. 160, relativa a:

a) immobili adibiti a stabilimenti balneari marittimi, lacuali e fluviali, nonché immobili degli stabilimenti termali;

b) immobili rientranti nella categoria catastale D/2 e relative pertinenze, immobili degli agriturismi, dei villaggi turistici, degli ostelli della gioventù, dei rifugi di montagna, delle colonie marine e montane, degli affittacamere per brevi soggiorni, delle case e appartamenti per vacanze, dei bed and breakfast, dei residence e dei campeggi, a condizione che i relativi soggetti passivi, come individuati dall'articolo 1, comma 743, della legge 27 dicembre 2019, n. 160, siano anche gestori delle attività ivi esercitate;

c) immobili rientranti nella categoria catastale D in uso da parte di imprese esercenti attività di allestimenti di strutture espositive nell'ambito di eventi fieristici o manifestazioni;

d) immobili destinati a discoteche, sale da ballo, night club e simili, a condizione che i relativi soggetti passivi, come individuati dall'articolo 1, comma 743, della legge 27 dicembre 2019, n. 160, siano anche gestori delle attività ivi esercitate.

600. Le disposizioni del comma 599 si applicano nel rispetto dei limiti e delle condizioni previsti dalla comunicazione della Commissione europea C(2020) 1863 final "*Quadro temporaneo per le misure di aiuto di Stato a sostegno dell'economia nell'attuale emergenza del COVID-19*", pubblicata nella Gazzetta Ufficiale dell'Unione europea C 091I del 20 marzo 2020.

601. Per il ristoro ai comuni delle minori entrate derivanti dal comma 599 del presente articolo, il fondo di cui all'articolo 177, comma 2, del decreto-legge 19 maggio 2020, n. 34, convertito, con modificazioni, dalla legge 17 luglio 2020, n. 77, è incrementato di 79,1 milioni di euro per l'anno 2021. Alla ripartizione dell'incremento di cui al primo periodo si provvede con uno o più decreti del Ministro dell'interno, di concerto con il Ministro dell'economia e delle finanze, previa intesa in sede di Conferenza Stato-città ed autonomie locali, da adottare entro sessanta giorni dalla data di entrata in vigore della presente legge, tenuto conto degli effettivi incassi dell'anno 2019.

602. All'articolo 28, comma 5, ultimo periodo, del decreto-legge 19 maggio 2020, n. 34, convertito, con modificazioni, dalla legge 17 luglio 2020, n. 77, dopo le parole: "*imprese turistico-ricettive*" sono inserite le seguenti: "*, le agenzie di viaggio e i tour operator*" e le parole: "*31 dicembre 2020*" sono sostituite dalle seguenti: "*30 aprile 2021*".

603. All'articolo 182, comma 1, del decreto-legge 19 maggio 2020, n. 34, convertito, con modificazioni, dalla legge 17 luglio 2020, n. 77, dopo la parola: "*nonché*" sono inserite le seguenti: "*le imprese turistico-ricettive,*" e dopo le parole: "*per l'anno 2020*" sono inserite le seguenti: "*e di 100 milioni di euro per l'anno 2021*".

604. L'autorizzazione di spesa di cui all'articolo 79, comma 3, del decreto-legge 14 agosto 2020, n. 104, convertito, con modificazioni, dalla legge 13 ottobre 2020, n. 126, è incrementata di 20 milioni di euro per l'anno 2021.

605. Al fine di valorizzare e promuovere il territorio italiano, nello stato di previsione del Ministero dell'economia e delle finanze è istituito un fondo con una dotazione di 500.000 euro per ciascuno degli anni 2021, 2022 e 2023, da trasferire successivamente al bilancio autonomo della Presidenza del Consiglio dei ministri, da destinare all'erogazione di contributi a favore delle regioni e delle province autonome di Trento e di Bolzano per l'organizzazione di gare sportive atletiche, ciclistiche e automobilistiche di rilievo internazionale che si svolgano nel territorio di almeno due regioni.

606. Il Ministro per le politiche giovanili e lo sport, con proprio decreto, definisce le modalità di riparto delle risorse del fondo di cui al comma 605 (1).

(1) La Corte Costituzionale, con sentenza 17 maggio 2022, n. 123, (in Gazz. Uff. 18 maggio 2022, n. 20), ha dichiarato l'illegittimità costituzionale del presente comma, nella parte in cui non prevede che il Ministro per le politiche giovanili e lo sport, con proprio decreto, definisce le modalità di riparto delle risorse del fondo di cui al comma 605, previa intesa con le Regioni e le Province autonome interessate.

622. Ai fini dell'attuazione del comma 4 dell'articolo 24 del decreto-legge 16 luglio 2020, n. 76, convertito, con modificazioni, dalla legge 11 settembre 2020, n. 120, considerate le iniziative e le attività di singole pubbliche amministrazioni che comportano un incremento significativo del numero medio di accessi al secondo al sistema pubblico per la gestione dell'identità digitale di cittadini e imprese (SPID), per assicurare la sostenibilità tecnica ed economica dello SPID, in deroga a quanto previsto dal comma 2-decies dell'articolo 64 del codice dell'amministrazione digitale, di cui al decreto legislativo 7 marzo 2005, n. 82, è corrisposta ai gestori dell'identità digitale un'indennità di architettura e di gestione operativa del sistema nel limite massimo di spesa di 1 milione di euro per l'anno 2021. A tal fine è istituito nello stato di previsione del Ministero dell'economia e delle finanze un apposito Fondo da trasferire al bilancio autonomo della Presidenza del Consiglio dei ministri, con una dotazione di 1 milione di euro per l'anno 2021. Con decreto del Presidente del Consiglio dei ministri, o del Ministro delegato per l'innovazione tecnologica e la digitalizzazione, di concerto con il Ministro dell'economia e delle finanze, sentita l'Agenzia per l'Italia digitale, da adottare entro trenta giorni dalla data di entrata in vigore della presente legge, sono previste misure di compensazione, nel limite di spesa indicato, al fine di assicurare ai gestori gli importi dovuti a valere su eventuali risparmi di spesa resi disponibili per gli anni successivi; sono, altresì, previsti i criteri di attribuzione dell'indennità ai gestori dell'identità digitale basati su princìpi di proporzionalità rispetto al numero di identità digitali gestite da ciascuno dei gestori e i criteri di comunicazione, a scopo statistico, all'Agenzia per l'Italia digitale da parte delle singole pubbliche amministrazioni del numero di accessi annui ai servizi tramite il sistema di identità digitale.

623. (1) Al fine di ridurre il fenomeno del divario digitale e di favorire la fruizione della didattica digitale integrata, le istituzioni scolastiche possono chiedere contributi per la concessione di dispositivi digitali dotati di connettività in comodato d'uso gratuito agli studenti appartenenti a nuclei familiari con un indicatore della situazione economica equivalente non superiore a 20.000 euro annui.

(1) Comma sostituito dall'articolo 58, comma 5-ter, lettera a), della D.L. 25 maggio 2021, n. 73, convertito, con modificazioni, dalla Legge 23 luglio 2021, n. 106.

624. (1) Il beneficio di cui al comma 623 è concesso nel limite complessivo massimo di spesa di 20 milioni di euro per l'anno 2021. A tale fine, il fondo di cui all'articolo 1, comma 62, della legge 13 luglio 2015, n. 107, è incrementato di 20 milioni di euro per l'anno 2021.

(1) Comma sostituito dall'articolo 58, comma 5-ter, lettera b), della D.L. 25 maggio 2021, n. 73, convertito, con modificazioni, dalla Legge 23 luglio 2021, n. 106.

625. [*Con decreto del Presidente del Consiglio dei ministri o del Ministro delegato per l'innovazione tecnologica e la digitalizzazione, entro sessanta giorni dalla data di entrata in vigore della presente legge, sono definite le modalità di accesso al beneficio di cui al comma 623.*]

(1) Comma abrogato dall'articolo 58, comma 5-ter, lettera c), della D.L. 25 maggio 2021, n. 73, convertito, con modificazioni, dalla Legge 23 luglio 2021, n. 106.

626. È autorizzata la spesa di 2 milioni di euro per l'anno

2021 per realizzare iniziative, coordinate dal Dipartimento per le politiche europee della Presidenza del Consiglio dei ministri, di concerto con il Ministero degli affari esteri e della cooperazione internazionale, volte a dare concreta attuazione alla partecipazione dell'Italia alla Conferenza sul futuro dell'Europa.

627. Al decreto-legge 19 maggio 2020, n. 34, convertito, con modificazioni, dalla legge 17 luglio 2020, n. 77, sono apportate le seguenti modificazioni:

a) all'articolo 54, dopo il comma 7 sono aggiunti i seguenti:

"*7-bis. Gli aiuti concessi in base a regimi approvati ai sensi del presente articolo e rimborsati prima del 30 giugno 2021 non sono presi in considerazione quando si verifica che il massimale applicabile non è superato.*

7-ter. Se l'aiuto è concesso sotto forma di agevolazioni fiscali, la passività fiscale in relazione alla quale è concessa l'agevolazione deve essere sorta entro il 30 giugno 2021 o entro la successiva data fissata dalla Commissione europea in sede di eventuale modifica della comunicazione della Commissione europea C (2020) 1863 final "Quadro temporaneo per le misure di aiuto di Stato a sostegno dell'economia nell'attuale emergenza del COVID-19", pubblicata nella Gazzetta Ufficiale dell'Unione europea C 091I del 20 marzo 2020";

b) dopo l'articolo 60 è inserito il seguente:

"*Art. 60-bis. – (Aiuti sotto forma di sostegno a costi fissi non coperti) – 1. Le regioni, le province autonome, anche promuovendo eventuali azioni di coordinamento in sede di Conferenza delle regioni e delle province autonome, gli altri enti territoriali e le camere di commercio, industria, artigianato e agricoltura possono adottare misure di aiuto, a valere sulle proprie risorse, ai sensi della sezione 3.12 della comunicazione della Commissione europea C (2020) 1863 final "Quadro temporaneo per le misure di aiuto di Stato a sostegno dell'economia nell'attuale emergenza del COVID-19*", pubblicata nella Gazzetta Ufficiale dell'Unione europea C 091I del 20 marzo 2020, e successive modifiche e integrazioni, nei limiti e alle condizioni di cui alla medesima comunicazione e al presente articolo.

2. Gli aiuti per contribuire ai costi fissi non coperti di cui al presente articolo sono concessi purché risultino soddisfatte le seguenti condizioni:

a) l'aiuto è concesso entro il 30 giugno 2021 e copre costi fissi non coperti sostenuti nel periodo compreso tra il 1° marzo 2020 e il 30 giugno 2021;

b) l'aiuto è concesso nel quadro di un regime a favore di imprese che subiscono, durante il periodo ammissibile di cui alla lettera a), un calo del fatturato di almeno il 30 per cento rispetto allo stesso periodo del 2019. Il periodo di riferimento è un periodo del 2019, indipendentemente dal fatto che il periodo ammissibile ricada nell'anno 2020 o nell'anno 2021.

3. Ai fini del presente articolo, per costi fissi si intendono quelli sostenuti indipendentemente dal livello di produzione; per costi variabili si intendono quelli sostenuti in funzione del livello di produzione; per costi fissi non coperti si intendono i costi fissi sostenuti dalle imprese durante il periodo ammissibile di cui al comma 2, lettera a), che non sono coperti dai ricavi dello stesso periodo considerati al netto dei costi variabili e che non sono coperti da altre fonti quali assicurazioni, eventuali altri aiuti di Stato e altre misure di sostegno. Ai fini del presente comma, le perdite risultanti dal conto economico durante il periodo ammissibile sono considerate costi fissi non coperti. Le svalutazioni sono escluse dal calcolo delle perdite ai sensi del presente comma. L'intensità di aiuto non può superare il 70 per cento dei costi fissi non coperti. Per le microimprese e le piccole imprese, ai sensi dell'allegato I del regolamento (UE) n. 651/2014 della Commissione, del 17 giugno 2014, l'intensità di aiuto non può superare il 90 per cento dei costi fissi non coperti.

4. Gli aiuti riconosciuti ai sensi del presente articolo possono essere concessi provvisoriamente sulla base delle perdite previste, mentre l'importo definitivo dell'aiuto è determinato dopo che le perdite sono state realizzate, sulla base di conti certificati o, con un'adeguata giustificazione fornita dallo Stato membro alla Commissione, sulla base di conti fiscali. La parte di aiuto che risulta erogata in eccedenza rispetto all'importo definitivo dell'aiuto stesso deve essere restituita.

5. In ogni caso, l'importo complessivo dell'aiuto non può superare i 3 milioni di euro per impresa. L'aiuto può essere concesso sotto forma di sovvenzioni dirette, garanzie e prestiti, a condizione che il valore nominale totale di tali misure rimanga al di sotto del massimale di 3 milioni di euro per impresa; tutti i valori utilizzati sono al lordo di qualsiasi imposta o altro onere.

6. Gli aiuti concessi per contribuire ai costi fissi non coperti di cui al presente articolo non sono cumulabili con altri aiuti per gli stessi costi ammissibili.

7. La concessione degli aiuti di cui al presente articolo è subordinata all'adozione della decisione di compatibilità da parte della Commissione europea, ai sensi dell'articolo 108 del Trattato sul funzionamento dell'Unione europea";

c) agli articoli 61, commi 1, 1-bis, alinea, 2, 3, 4, 6 e 7, 63, comma 2, e 64, comma 2, le parole: "*da 54 a 60*", ovunque ricorrono, sono sostituite dalle seguenti: "*da 54 a 60-bis*";

d) all'articolo 61, comma 2, le parole: "*31 dicembre 2020*" sono sostituite dalle seguenti: "*30 giugno 2021 o entro la successiva data fissata dalla Commissione europea in sede di eventuale modifica della comunicazione della Commissione europea C (2020) 1863 final "Quadro temporaneo per le misure di aiuto di Stato a sostegno dell'economia nell'attuale emergenza del COVID- 19*", pubblicata nella Gazzetta Ufficiale dell'Unione europea C 091I del 20 marzo 2020".

628. [(A)] L'articolo 6, comma 1, lettera c), della legge 14 giugno 1990, n. 158, l'articolo 17 del decreto legislativo 21 dicembre 1990, n. 398, l'articolo 3, comma 13, della legge 28 dicembre 1995, n. 549, l'articolo 1, comma 154, della legge 23 dicembre 1996, n. 662, e l'articolo 1, commi 670, lettera a), e 671, della legge 27 dicembre 2006, n. 296, recanti disposizioni in materia di imposta regionale sulla benzina per autotrazione, sono abrogati. Sono fatti salvi gli effetti delle obbligazioni tributarie già insorte.

[(A)] *In riferimento al presente comma vedi: Nota Agenzia delle Dogane 22 gennaio 2021, n. 24479/RU.*

629. [(A)] Le regioni a statuto ordinario provvedono ad adeguare la propria normativa alle disposizioni del comma 628.

[(A)] *In riferimento al presente comma vedi: Nota Agenzia delle Dogane 22 gennaio 2021, n. 24479/RU.*

630. Ai fini del ristoro delle minori entrate delle regioni interessate è istituito un fondo presso il Ministero dell'economia e delle finanze, con una dotazione di 79,14 milioni di euro annui a decorrere dall'anno 2021, da ripartire con de-

creto del Ministro dell'economia e delle finanze, previa intesa in sede di Conferenza permanente per i rapporti tra lo Stato, le regioni e le province autonome di Trento e di Bolzano.

631. All'articolo 27, comma 3, del decreto del Presidente della Repubblica 29 settembre 1973, n. 600, è aggiunto, in fine, il seguente periodo: "*La ritenuta di cui al primo periodo non si applica sugli utili corrisposti a organismi di investimento collettivo del risparmio (OICR) di diritto estero conformi alla direttiva 2009/65/CE del Parlamento europeo e del Consiglio, del 13 luglio 2009, e a OICR, non conformi alla citata direttiva 2009/65/CE, il cui gestore sia soggetto a forme di vigilanza nel Paese estero nel quale è istituito ai sensi della direttiva 2011/61/UE del Parlamento europeo e del Consiglio, dell'8 giugno 2011, istituiti negli Stati membri dell'Unione europea e negli Stati aderenti all'Accordo sullo spazio economico europeo che consentono un adeguato scambio di informazioni*".

632. La disposizione di cui al comma 631 si applica agli utili percepiti a decorrere dalla data di entrata in vigore della presente legge.

633. Non concorrono a formare il reddito le plusvalenze e le minusvalenze di cui alla lettera c) del comma 1 dell'articolo 67 del testo unico delle imposte sui redditi, di cui al decreto del Presidente della Repubblica 22 dicembre 1986, n. 917, realizzate, a decorrere dalla data di entrata in vigore della presente legge, da organismi di investimento collettivo del risparmio (OICR) di diritto estero conformi alla direttiva 2009/65/CE del Parlamento europeo e del Consiglio, del 13 luglio 2009, e da OICR, non conformi alla citata direttiva 2009/65/CE, il cui gestore sia soggetto a forme di vigilanza nel Paese estero nel quale è istituito ai sensi della direttiva 2011/61/UE del Parlamento europeo e del Consiglio, dell'8 giugno 2011, istituiti negli Stati membri dell'Unione europea e negli Stati aderenti all'Accordo sullo spazio economico europeo che consentono un adeguato scambio di informazioni.

634. Al fine di provvedere agli oneri per i rimedi risarcitori di cui all'articolo 35-ter della legge 26 luglio 1975, n. 354, conseguenti alla violazione dell'articolo 3 della Convenzione europea per la salvaguardia dei diritti dell'uomo e delle libertà fondamentali, firmata a Roma il 4 novembre 1950, ratificata ai sensi della legge 4 agosto 1955, n. 848, nei confronti di soggetti detenuti o internati, l'onere di cui all'articolo 9 del decreto-legge 26 giugno 2014, n. 92, convertito, con modificazioni, dalla legge 11 agosto 2014, n. 117, è incrementato di 800.000 euro per ciascuno degli anni 2021, 2022 e 2023.

635. L'autorizzazione di spesa di cui all'articolo 1, comma 426, della legge 27 dicembre 2019, n. 160, è incrementata di 1 milione di euro per l'anno 2021.

636. Nel quadro della strategia complessiva volta a rafforzare la stabilità del sistema monetario e finanziario internazionale, la Banca d'Italia è autorizzata a prorogare fino al 31 dicembre 2025 la durata dell'accordo di prestito multilaterale denominato New Arrangements to Borrow (NAB), di cui all'articolo 2, comma 13, lettera c), del decreto legge 29 dicembre 2010, n. 225, convertito, con modificazioni, dalla legge 26 febbraio 2011, n. 10, e all'articolo 13, comma 6-bis, del decreto-legge 30 dicembre 2016, n. 244, convertito, con modificazioni, dalla legge 27 febbraio 2017, n. 19, e a incrementare l'importo massimo del prestito erogabile fino a 13.797,04 milioni di diritti speciali di prelievo.

637. Nel quadro della strategia complessiva volta a rafforzare la stabilità del sistema monetario e finanziario internazionale e al fine di rinnovare l'accordo di cui all'articolo 25, comma 2, del decreto-legge 29 dicembre 2011, n. 216, convertito, con modificazioni, dalla legge 24 febbraio 2012, n. 14, successivamente modificato dal decreto-legge 30 dicembre 2016, n. 244, convertito, con modificazioni, dalla legge 27 febbraio 2017, n.19, la Banca d'Italia è autorizzata a stipulare con il Fondo monetario internazionale un nuovo accordo di prestito bilaterale, denominato Bilateral Borrowing Agreement, per un ammontare di 23 miliardi e 480 milioni di euro, con scadenza fissata al 31 dicembre 2023, estensibile di un anno fino al 31 dicembre 2024. A decorrere dalla data di acquisto di efficacia del prestito di cui al comma 636 del presente articolo, l'ammontare dell'accordo di prestito bilaterale di cui al presente comma si riduce a 10 miliardi e 115 milioni di euro.

638. Nel quadro della strategia di sostegno ai Paesi più poveri e di risposta internazionale alla crisi pandemica ed economica, fermo restando l'accordo di prestito di cui all'articolo 13, comma 6-sexies, del decreto-legge 30 dicembre 2016, n. 244, convertito, con modificazioni, dalla legge 27 febbraio 2017, n. 19, la Banca d'Italia è autorizzata a concedere un nuovo prestito nei limiti di 1 miliardo di diritti speciali di prelievo da erogare a tassi di mercato tramite il Poverty Reduction and Growth Trust, secondo le modalità concordate tra il Fondo monetario internazionale, il Ministero dell'economia e delle finanze e la Banca d'Italia.

639. I rapporti derivanti dagli accordi di prestito di cui ai commi 636 e 637 sono regolati mediante convenzione tra il Ministero dell'economia e delle finanze e la Banca d'Italia.

640. Sui prestiti autorizzati dai commi 636, 637 e 638 è accordata la garanzia dello Stato per il rimborso del capitale e per gli interessi maturati e, con riferimento ai prestiti di cui ai commi 636 e 637, la predetta garanzia si estende anche a eventuali rischi di cambio su tutte le posizioni di credito derivanti dall'esecuzione dei relativi accordi.

641. Agli eventuali oneri derivanti dalle garanzie di cui al comma 640 del presente articolo si fa fronte a valere sulle risorse previste ai sensi dell'articolo 13, comma 6-ter, del decreto-legge 30 dicembre 2016, n. 244, convertito, con modificazioni, dalla legge 27 febbraio 2017, n. 19, nonché sulle risorse di cui all'articolo 25, comma 6, del decreto-legge 29 dicembre 2011, n. 216, convertito, con modificazioni, dalla legge 24 febbraio 2012, n. 14, disponibili sulla contabilità speciale di cui all'articolo 8, comma 4, del decreto-legge 6 dicembre 2011, n. 201, convertito, con modificazioni, dalla legge 22 dicembre 2011, n. 214, da versare per l'importo eventualmente necessario all'entrata del bilancio dello Stato per la successiva riassegnazione ai pertinenti capitoli dello stato di previsione del Ministero dell'economia e delle finanze.

642. Ai fini dell'attuazione del piano di azione in ottemperanza alla risoluzione n. 1325(2000) del Consiglio di sicurezza delle Nazioni Unite (S/RES/1325), sulle donne, la pace e la sicurezza, e alle risoluzioni seguenti, comprese le azioni di promozione, monitoraggio e valutazione dello stesso piano nonché la formazione nel settore della mediazione e della prevenzione dei conflitti, e per le conseguenti azioni previste, è autorizzata la spesa di 1 milione di euro per ciascuno degli anni 2021, 2022 e 2023.

643. Al fine di assicurare il riallineamento con gli obiettivi di finanziamento concordati a livello internazionale per

l'aiuto pubblico allo sviluppo, il finanziamento annuale in favore dell'Agenzia per la cooperazione allo sviluppo previsto dall'articolo 18, comma 2, lettera c), della legge 11 agosto 2014, n. 125, è incrementato di 9 milioni di euro per l'anno 2021.

644. Al fine di assicurare l'adempimento delle obbligazioni internazionali, sono disposti i seguenti interventi:

a) il contributo per la partecipazione italiana al bilancio dell'Organizzazione europea per le ricerche astronomiche nell'emisfero australe di cui alla legge 10 marzo 1982, n. 127, è rideterminato in 25,5 milioni di euro annui a decorrere dall'anno 2021. L'articolo 1, comma 983, della legge 28 dicembre 2015, n. 208, è abrogato;

b) il contributo al Consiglio d'Europa di cui alla legge 23 luglio 1949, n. 433, è incrementato di 2,2 milioni di euro annui a decorrere dall'anno 2021;

c) il contributo al Fondo europeo per la gioventù di cui alla legge 31 marzo 1980, n. 140, è incrementato di 182.000 euro annui a decorrere dall'anno 2021;

d) il contributo per la partecipazione italiana alla European Peace Facility è determinato in 55.561.000 euro per l'anno 2021, in 68.561.000 euro per l'anno 2022, in 80.561.000 euro per l'anno 2023 e in 92.000.000 di euro annui a decorrere dall'anno 2024.

645. Al fine di coordinare, attraverso la costituzione di un apposito tavolo istituzionale, le iniziative e la realizzazione degli interventi e delle opere necessari allo svolgimento del Giubileo della Chiesa cattolica previsto per l'anno 2025, è autorizzata la spesa di 1 milione di euro per ciascuno degli anni 2021 e 2022. Il tavolo istituzionale è presieduto dal Presidente del Consiglio dei ministri e ne fanno parte il Ministro degli affari esteri e della cooperazione internazionale, il Ministro dell'interno, il Ministro dell'economia e delle finanze, il Ministro delle infrastrutture e dei trasporti, il Ministro per i beni e le attività culturali e per il turismo, il presidente della regione Lazio e il sindaco di Roma capitale, che possono delegare la loro partecipazione a propri rappresentanti, nonché tre senatori e tre deputati indicati, rispettivamente, dal Presidente del Senato della Repubblica e dal Presidente della Camera dei deputati, sentiti i gruppi parlamentari. Il predetto tavolo definisce, anche sulla base delle proposte pervenute dalle amministrazioni interessate e delle intese tra la Santa Sede e lo Stato italiano, gli indirizzi nonché il piano degli interventi e delle opere necessari, da aggiornare e rimodulare su base almeno semestrale, sentite le competenti Commissioni parlamentari[(1)].

(1) Comma modificato dall'articolo 36-bis, comma 1, del D.L. 6 novembre 2021, n. 152, convertito, con modificazioni dalla Legge 29 dicembre 2021, n. 233.

646. Gli interventi e le opere di cui al comma 645, se realizzati in aree ubicate almeno parzialmente nel territorio della Santa Sede e almeno parzialmente di proprietà della stessa, sono subordinati alla definizione consensuale, mediante scambio di note tra la Santa Sede e lo Stato italiano, delle modalità per la loro attuazione.

647. All'articolo 1, comma 587, della legge 30 dicembre 2018, n. 145, sono apportate le seguenti modificazioni:

a) al primo periodo, le parole "*2,5 milioni di euro per l'anno 2021*" sono sostituite dalle seguenti: "*8,7 milioni di euro per l'anno 2021*";

b) sono aggiunti, in fine, i seguenti periodi: "*Alle attività all'estero del Commissariato di cui al presente comma si applicano, in quanto compatibili, le disposizioni del regolamento di cui al decreto del Presidente della Repubblica 1° febbraio 2010, n. 54. Il Commissariato è assistito da un Comitato di monitoraggio, composto da un membro designato dal Presidente della Corte dei conti, in qualità di presidente, da un componente designato dal Ministro degli affari esteri e della cooperazione internazionale e da un componente designato dal Ministro dell'economia e delle finanze. Ai componenti del Comitato di monitoraggio non spettano compensi, gettoni di presenza, rimborsi spese o altri emolumenti comunque denominati*".

648. Per lo svolgimento delle votazioni per il rinnovo dei Comitati degli italiani all'estero di cui alla legge 23 ottobre 2003, n. 286, e del Consiglio generale degli italiani all'estero di cui alla legge 6 novembre 1989, n. 368, nonché per introdurre in via sperimentale modalità di espressione del voto in via digitale per lo svolgimento delle medesime votazioni, è autorizzata la spesa di 9 milioni di euro per l'anno 2021.

649. All'articolo 85 del decreto-legge 14 agosto 2020, n. 104, convertito, con modificazioni, dalla legge 13 ottobre 2020, n. 126, i commi 1 e 2 sono sostituiti dai seguenti:

«1.Al fine di sostenere il settore dei servizi di trasporto di linea di persone effettuati su strada mediante autobus e non soggetti a obblighi di servizio pubblico, nonché di mitigare gli effetti negativi derivanti dall'emergenza epidemiologica da COVID-19, è istituito presso il Ministero delle infrastrutture e dei trasporti un fondo, con una dotazione di 20 milioni di euro per ciascuno degli anni 2020 e 2021, destinato:

a) nella misura di 20 milioni di euro per l'anno 2020, a compensare i danni subiti dalle imprese esercenti i servizi di cui all'alinea del presente comma ai sensi e per gli effetti del decreto legislativo 21 novembre 2005, n. 285, ovvero sulla base di autorizzazioni rilasciate dal Ministero delle infrastrutture e dei trasporti ai sensi del regolamento (CE) n. 1073/2009 del Parlamento europeo e del Consiglio, del 21 ottobre 2009, ovvero sulla base di autorizzazioni rilasciate dalle regioni e dagli enti locali ai sensi delle norme regionali di attuazione del decreto legislativo 19 novembre 1997, n. 422, in ragione dei minori ricavi registrati, in conseguenza delle misure di contenimento e di contrasto all'emergenza da COVID-19, nel periodo dal 23 febbraio 2020 al 31 dicembre 2020 rispetto alla media dei ricavi registrati nel medesimo periodo del precedente biennio;

b) nella misura di 20 milioni di euro per l'anno 2021, al ristoro delle rate di finanziamento o dei canoni di leasing, con scadenza compresa anche per effetto di dilazione tra il 23 febbraio 2020 e il 31 dicembre 2020 e concernenti gli acquisti effettuati, a partire dal 1° gennaio 2018, anche mediante contratti di locazione finanziaria, di veicoli nuovi di fabbrica di categoria M2 e M3, da parte di imprese esercenti i servizi di cui all'alinea ai sensi e per gli effetti del decreto legislativo 21 novembre 2005, n. 285, ovvero sulla base di autorizzazioni rilasciate dal Ministero delle infrastrutture e dei trasporti ai sensi del regolamento (CE) n. 1073/2009 del Parlamento europeo e del Consiglio, del 21 ottobre 2009, ovvero sulla base di autorizzazioni rilasciate dalle regioni e dagli enti locali ai sensi delle norme regionali di attuazione del decreto legislativo 19 novembre 1997, n. 422.

2. Con uno o più decreti del Ministro delle infrastrutture e dei trasporti, di concerto con il Ministro dell'economia e delle finanze, da adottare entro trenta giorni dalla data di entrata in vigore della presente disposizione, sono stabiliti i

criteri e le modalità per l'erogazione delle risorse di cui al comma 1.Relativamente agli interventi di cui alla lettera a) del comma 1, tali criteri, al fine di evitare sovracompensazioni, sono definiti anche tenendo conto dei costi cessanti, dei minori costi di esercizio derivanti dagli ammortizzatori sociali applicati in conseguenza dell'emergenza epidemiologica da COVID-19 e dei costi aggiuntivi sostenuti in conseguenza della medesima emergenza. Sono in ogni caso esclusi gli importi recuperabili da assicurazione, contenzioso, arbitrato o altra fonte per il ristoro del medesimo danno" (1).

(1) *La Corte Costituzionale, con sentenza 19 luglio 2022, n. 179, (in Gazz. Uff. 20 luglio 2022, n. 29),ha dichiarato l'illegittimità costituzionale del presente comma, nella parte in cui non prevede che – limitatamente alle risorse destinate alle imprese esercenti servizi di trasporto pubblico locale – il decreto del Ministro delle infrastrutture e dei trasporti (oggi, Ministro delle infrastrutture e della mobilità sostenibili), di concerto con il Ministro dell'economia e delle finanze, di determinazione dei criteri e delle modalità per l'erogazione delle risorse di cui al comma 1 dell'art. 85 del decreto-legge 14 agosto 2020, n. 104 (Misure urgenti per il sostegno e il rilancio dell'economia), convertito, con modificazioni, nella legge 13 ottobre 2020, n. 126, sia adottato previa intesa con la Conferenza permanente per i rapporti tra lo Stato, le regioni e le Province autonome di Trento e di Bolzano.*

714. Al fine di mitigare gli effetti economici sull'intero settore aeroportuale derivanti dall'emergenza epidemiologica da COVID-19, le disposizioni di cui all'articolo 5, comma 1, lettera a), del decreto del Ministro del lavoro e delle politiche sociali n. 95269 del 7 aprile 2016, pubblicato nella Gazzetta Ufficiale n. 118 del 21 maggio 2016, si applicano anche in relazione ai trattamenti di integrazione salariale in deroga di cui al comma 300 del presente articolo, richiesti dalle imprese di cui all'articolo 20, comma 3, lettera a), del decreto legislativo 14 settembre 2015, n. 148. Agli oneri in termini di fabbisogno e indebitamento netto derivanti dal presente comma, pari a 88,4 milioni di euro per l'anno 2021, si provvede mediante corrispondente riduzione del Fondo per la compensazione degli effetti finanziari non previsti a legislazione vigente conseguenti all'attualizzazione di contributi pluriennali, di cui all'articolo 6, comma 2, del decreto-legge 7 ottobre 2008, n. 154, convertito, con modificazioni, dalla legge 4 dicembre 2008, n. 189.

715. (1) Per le medesime finalità di cui al comma 714, nello stato di previsione del Ministero delle infrastrutture e dei trasporti è istituito un fondo con una dotazione di 500 milioni di euro per l'anno 2021, destinato alla compensazione:

a) nel limite di 450 milioni di euro, dei danni subiti dai gestori aeroportuali in possesso del prescritto certificato in corso di validità rilasciato dall'Ente nazionale dell'aviazione civile;

b) nel limite di 50 milioni di euro, dei danni subiti dai prestatori di servizi aeroportuali di assistenza a terra in possesso del prescritto certificato in corso di validità rilasciato dall'Ente nazionale dell'aviazione civile.

(1) *A norma dell'articolo 71, comma 1, del D.L. 25 maggio 2021, n. 73, convertito con modificazioni dalla legge 23 luglio 2021, n. 106, il fondo di cui al presente comma è incrementato di ulteriori 300 milioni di euro per l'anno 2021.*

716. Ai fini della determinazione del contributo riconoscibile alle imprese beneficiarie di cui al comma 715, si tiene conto dei minori ricavi e dei maggiori costi direttamente imputabili all'emergenza epidemiologica da COVID-19 registrati nel periodo compreso tra il 23 febbraio 2020 e il 31 gennaio 2021 rispetto a quelli registrati nel periodo compreso tra il 23 febbraio 2019 e il 31 gennaio 2020 relativamente ai servizi offerti, nonché, al fine di evitare sovracompensazioni:

a) delle riduzioni di costi registrate nel periodo compreso tra il 23 febbraio 2020 e il 31 gennaio 2021 rispetto al periodo compreso tra il 23 febbraio 2019 e il 31 gennaio 2020, dovuti all'accesso agli ammortizzatori sociali, nonché delle altre misure di sostegno di natura pubblica finalizzate a mitigare gli effetti economici causati dall'emergenza epidemiologica da COVID-19;

b) degli eventuali importi recuperabili da assicurazione, contenzioso, arbitrato o altra fonte per il ristoro del medesimo danno.

717. Alle imprese beneficiarie può essere riconosciuto un contributo fino al 100 per cento del pregiudizio subìto e determinato ai sensi del comma 716. Nel caso in cui il totale dei contributi riconoscibili alla generalità delle imprese beneficiarie sia complessivamente superiore alle risorse stanziate ai sensi del comma 715, l'entità della quota di contributo assegnata a ciascuna impresa beneficiaria è determinata in modo proporzionale al contributo riconoscibile alla stessa impresa rispetto al totale dei contributi riconoscibili e, comunque, nel limite massimo del 20 per cento delle risorse indicate al medesimo comma 715.

718. Con uno o più decreti del Ministro delle infrastrutture e dei trasporti, di concerto con il Ministro dell'economia e delle finanze, da adottare entro il 31 gennaio 2021, previo parere delle competenti Commissioni parlamentari, sono definiti i contenuti, il termine e le modalità di presentazione delle domande di accesso al contributo, nonché i criteri di determinazione e di erogazione del contributo. Il parere delle Commissioni parlamentari è reso entro sette giorni dalla richiesta; decorso inutilmente tale termine si prescinde dall'acquisizione del parere.

719. L'efficacia delle disposizioni di cui ai commi da 715 a 717 è subordinata all'autorizzazione della Commissione europea ai sensi dell'articolo 108, paragrafo 3, del Trattato sul funzionamento dell'Unione europea.

720. Nelle more del perfezionamento della procedura di autorizzazione di cui al comma 719, il Ministero delle infrastrutture e dei trasporti è autorizzato a erogare, a titolo di anticipazione, un importo non superiore a 315 milioni di euro alle imprese aventi i requisiti di cui al comma 715, lettera a), che ne facciano richiesta, nonché un importo non superiore a 35 milioni di euro alle imprese aventi i requisiti di cui al comma 715, lettera b), che ne facciano richiesta. L'anticipazione, comprensiva di interessi al tasso Euribor a sei mesi pubblicato il giorno lavorativo antecedente alla data di erogazione, maggiorato di 1.000 punti base, è restituita, entro il 15 dicembre 2021, mediante versamento all'entrata del bilancio dello Stato, in caso di mancato perfezionamento della procedura di autorizzazione entro il termine del 30 novembre 2021. In caso di perfezionamento della procedura di autorizzazione con esito positivo, non si dà luogo alla restituzione dell'anticipazione né al pagamento degli interessi e l'importo resta acquisito definitivamente dai beneficiari.

721. All'articolo 13-bis, comma 2, del decreto-legge 16 ottobre 2017, n. 148, convertito, con modificazioni, dalla legge 4 dicembre 2017, n. 172, il primo periodo è sostituito dai seguenti: "*A seguito dell'affidamento di cui al comma 4 del presente*

articolo, la società Autobrennero Spa provvede al trasferimento all'entrata del bilancio dello Stato delle risorse accantonate in regime di esenzione fiscale fino alla data del predetto affidamento nel fondo di cui all'articolo 55, comma 13, della legge 27 dicembre 1997, n. 449, mediante versamenti rateizzati di pari importo, da effettuare entro l'anno 2028. La società Autobrennero Spa provvede al versamento delle rate entro il 15 dicembre di ciascuno degli anni successivi a quello di effettuazione dell'affidamento di cui al comma 4 del presente articolo. Le risorse versate dalla società Autobrennero Spa sono riassegnate allo stato di previsione del Ministero dell'economia e delle finanze e trasferite alla società Rete ferroviaria italiana Spa".

722. Al comma 4 dell'articolo 13-bis del decreto-legge 16 ottobre 2017, n. 148, convertito, con modificazioni, dalla legge 4 dicembre 2017, n. 172, le parole: "*entro il 29 dicembre 2020 e il versamento degli importi dovuti per l'anno 2020 e per gli anni precedenti dal concessionario subentrante della predetta infrastruttura ai sensi del comma 3 è effettuato entro il 31 dicembre 2020*" sono sostituite dalle seguenti: "*entro il 30 aprile 2021 e il versamento degli importi dovuti per l'anno 2020 e per gli anni precedenti dal concessionario subentrante della predetta infrastruttura ai sensi del comma 3 è effettuato per il 50 per cento entro il 30 giugno 2021 e per il restante 50 per cento entro il 30 aprile 2022*". Ai relativi oneri, pari a 70 milioni di euro per l'anno 2020, si provvede mediante corrispondente riduzione delle disponibilità del Fondo di cui all'articolo 115, comma 1, del decreto-legge 19 maggio 2020, n. 34, convertito, con modificazioni, dalla legge 17 luglio 2020, n. 77. Il presente comma entra in vigore il giorno stesso della pubblicazione della presente legge nella Gazzetta Ufficiale.

723. Nelle more dell'adeguamento a quattro corsie della piattaforma stradale e della messa in sicurezza della strada statale n. 4 – via Salaria nel tratto compreso tra il chilometro 56 e il chilometro 64, la società ANAS Spa è autorizzata a effettuare gli interventi urgenti di messa in sicurezza del tratto compreso tra il chilometro 58 e il chilometro 62, per l'importo di euro 2 milioni per l'anno 2021, utilizzando, a tale fine, le risorse già destinate, nell'ambito del contratto di programma, alla realizzazione del piano di potenziamento e riqualificazione della strada statale n. 4 – via Salaria tra il chilometro 56 e il chilometro 64.

724. Alla realizzazione degli interventi urgenti di messa in sicurezza di cui al comma 723 del presente articolo si provvede a valere sulle risorse attribuite al Ministero delle infrastrutture e dei trasporti a valere sul fondo di cui all'articolo 1, comma 95, della legge 30 dicembre 2018, n. 145, e già assegnate alla società ANAS Spa per la realizzazione del piano di potenziamento e riqualificazione della strada statale n. 4 – via Salaria nel tratto compreso tra il chilometro 56 e il chilometro 64.

725. All'articolo 17-septies, comma 9, del decreto-legge 22 giugno 2012, n. 83, convertito, con modificazioni, dalla legge 7 agosto 2012, n. 134, le parole da: "*partecipa al cofinanziamento*" fino a: "*dei progetti*" sono sostituite dalle seguenti: "*finanzia le spese sostenute per l'acquisto e per l'installazione degli impianti nell'ambito dei progetti*".

783. A decorrere dall'anno 2022, i contributi e i fondi di parte corrente attribuiti alle province e alle città metropolitane delle regioni a statuto ordinario confluiscono in due specifici fondi da ripartire[, *sulla base dell'istruttoria condotta dalla Commissione tecnica per i fabbisogni standard di cui all'articolo 1, comma 29, della legge 28 dicembre 2015, n. 208,*] tenendo progressivamente conto della differenza tra i fabbisogni standard e le capacità fiscali approvati dalla Commissione tecnica per i fabbisogni standard di cui all'articolo 1, comma 29, della legge 28 dicembre 2015, n. 208. [*Il riparto è operato con decreto del Presidente del Consiglio dei ministri, su proposta del Ministro dell'economia e delle finanze, di concerto con il Ministro dell'interno, previa intesa in sede di Conferenza Stato-città ed autonomie locali, da emanare entro il 30 settembre di ciascun anno precedente a quello di riferimento.*][(1)]

(1) Comma modificato dall'articolo 1, comma 561, lettera a), della Legge 30 dicembre 2021, n. 234.

784. Per il finanziamento e lo sviluppo delle funzioni fondamentali delle province e delle città metropolitane, sulla base dei fabbisogni standard e delle capacità fiscali approvati dalla Commissione tecnica per i fabbisogni standard, è attribuito un contributo di 80 milioni di euro per l'anno 2022, di 100 milioni di euro per l'anno 2023, di 130 milioni di euro per l'anno 2024, di 150 milioni di euro per l'anno 2025, di 200 milioni di euro per l'anno 2026, di 250 milioni di euro per l'anno 2027, di 300 milioni di euro per l'anno 2028, di 400 milioni di euro per l'anno 2029, di 500 milioni di euro per l'anno 2030 e di 600 milioni di euro a decorrere dall'anno 2031[(1)].

(1) Comma sostituito dall'articolo 1, comma 561, lettera b), della Legge 30 dicembre 2021, n. 234.

785. I fondi di cui al comma 783, unitamente al concorso alla finanza pubblica da parte delle province e delle città metropolitane delle regioni a statuto ordinario, di cui all'articolo 1, comma 418, della legge 23 dicembre 2014, n. 190, e all'articolo 1, comma 150-bis, della legge 7 aprile 2014, n. 56, sono ripartiti, su proposta della Commissione tecnica per i fabbisogni standard, con decreto del Ministero dell'interno, di concerto con il Ministero dell'economia e delle finanze, previa intesa in sede di Conferenza Stato-città ed autonomie locali, da adottare entro il 28 febbraio 2022 con riferimento al triennio 2022-2024 ed entro il 31 ottobre di ciascun anno precedente al triennio di riferimento per gli anni successivi, tenendo altresì conto di quanto disposto dal comma 784. Resta ferma la necessità di conferma o modifica del riparto stesso, con la medesima procedura, a seguito dell'eventuale aggiornamento dei fabbisogni standard o delle capacità fiscali[(1)].

(1) Comma sostituito dall'articolo 1, comma 561, lettera b), della Legge 30 dicembre 2021, n. 234.

786. All'articolo 109 del decreto-legge 17 marzo 2020, n. 18, convertito, con modificazioni, dalla legge 24 aprile 2020, n. 27, sono apportate le seguenti modificazioni:

a) al comma 1-ter è aggiunto, in fine, il seguente periodo: "*Le disposizioni di cui ai precedenti periodi si applicano anche all'esercizio 2021, con riferimento al rendiconto 2020*";

b) al comma 2, ultimo periodo, le parole: "*all'esercizio finanziario 2020*" sono sostituite dalle seguenti: "*agli esercizi finanziari 2020 e 2021*";

c) al comma 2-bis, le parole: "*Per l'esercizio finanziario 2020*" sono sostituite dalle seguenti: "*Per gli esercizi finanziari 2020 e 2021*".

787. Al decreto legislativo 23 giugno 2011, n. 118, sono apportate le seguenti modificazioni:

a) all'articolo 50, dopo il comma 3 è aggiunto il seguente:

"*3-bis. Nelle more della conclusione del giudizio di parificazione del rendiconto dell'esercizio precedente da parte della Corte dei conti, i consigli regionali e delle province autonome di Trento e di Bolzano approvano la legge di assestamento del bilancio anche sulla base delle risultanze del rendiconto approvato dalla giunta, fermo restando l'obbligo di apportare le eventuali variazioni di bilancio che si dovessero rendere necessarie a seguito dell'approvazione definitiva del rendiconto dopo la decisione di parificazione. In ogni caso, l'eventuale avanzo di amministrazione libero e quello destinato agli investimenti possono essere applicati al bilancio di previsione solo a seguito dell'approvazione con legge del rendiconto che ne certifica la sussistenza*";

b) al paragrafo 3.23 dell'allegato 4/2, dopo le parole: "*Qualora, dopo aver estinto tutti i debiti coperti da strumenti finanziari derivati e dopo avere estinto tutti i collegati contratti derivati, residui una quota positiva di mark to market, quest'ultima è destinata alla riduzione dell'indebitamento generale dell'ente*" sono inserite le seguenti: "*e alla riduzione del disavanzo 2020 o 2021 derivante dalle minori entrate registrate a seguito dell'epidemia da COVID-19*".

788. Al fine di valutare l'utilizzo delle quote accantonate e vincolate del risultato di amministrazione degli enti in disavanzo in considerazione del protrarsi dell'emergenza da COVID-19 è istituito, senza nuovi o maggiori oneri per la finanza pubblica, un tavolo tecnico composto da rappresentanti del Dipartimento della Ragioneria generale dello Stato del Ministero dell'economia e delle finanze, delle regioni e delle province autonome di Trento e di Bolzano.

789. Al comma 17 dell'articolo 3 della legge 24 dicembre 2003, n. 350, sono aggiunti, in fine, i seguenti periodi: "*Inoltre, non costituiscono indebitamento, agli effetti del citato articolo 119, le operazioni di revisione, ristrutturazione o rinegoziazione dei contratti di approvvigionamento finanziario che determinano una riduzione del valore finanziario delle passività totali. In caso di estinzione anticipata di prestiti concessi dal Ministero dell'economia e delle finanze, gli importi pagati dalle regioni e dagli enti locali sono versati all'entrata del bilancio dello Stato per essere riassegnati, in relazione alla parte capitale, al Fondo per l'ammortamento dei titoli di Stato*".

790. Al fine di consentire l'erogazione dei servizi di trasporto scolastico in conformità alle misure di contenimento della diffusione del COVID-19 di cui al decreto-legge 25 marzo 2020, n. 19, convertito, con modificazioni, dalla legge 22 maggio 2020, n. 35, e al decreto-legge 16 maggio 2020, n. 33, convertito, con modificazioni, dalla legge 14 luglio 2020, n. 74, nello stato di previsione del Ministero delle infrastrutture e dei trasporti è istituito un fondo con una dotazione di 150 milioni di euro per l'anno 2021. Con decreto del Ministero delle infrastrutture e dei trasporti, di concerto con il Ministero dell'istruzione e con il Ministero dell'economia e delle finanze, previa intesa in sede di Conferenza unificata di cui all'articolo 8 del decreto legislativo 28 agosto 1997, n. 281, da adottare entro sessanta giorni dalla data di entrata in vigore della presente legge, sono definiti i criteri di riparto e le assegnazioni ai singoli comuni, tenendo anche conto di quanto previsto dal comma 1-bis dell'articolo 39 del decreto-legge 14 agosto 2020, n. 104, convertito, con modificazioni, dalla legge 13 ottobre 2020, n. 126.

791. Al fine di incrementare le risorse da destinare allo sviluppo e all'ampliamento dei servizi sociali comunali svolti in forma singola o associata dai comuni delle regioni a statuto ordinario e il livello di servizio in relazione all'aumento del numero di posti disponibili negli asilo nido comunali, la dotazione del fondo di solidarietà comunale è incrementata di 215.923.000 euro per l'anno 2021, di 254.923.000 euro per l'anno 2022, di 299.923.000 euro per l'anno 2023, di 345.923.000 euro per l'anno 2024, di 390.923.000 euro per l'anno 2025, di 442.923.000 euro per l'anno 2026, di 501.923.000 euro per l'anno 2027, di 559.923.000 euro per l'anno 2028, di 618.923.000 euro per l'anno 2029 e di 650.923.000 euro annui a decorrere dall'anno 2030, con riferimento allo sviluppo dei servizi sociali, e di 100 milioni di euro per l'anno 2022, di 150 milioni di euro per l'anno 2023, di 200 milioni di euro per l'anno 2024, di 250 milioni di euro per l'anno 2025 e di 300 milioni di euro annui a decorrere dall'anno 2026, per il potenziamento degli asili nido.

792. Al comma 449 dell'articolo 1 della legge 11 dicembre 2016, n. 232, dopo la lettera d-quater) sono aggiunte le seguenti:

"*d-quinquies) destinato, quanto a 215.923.000 euro per l'anno 2021, a 254.923.000 euro per l'anno 2022, a 299.923.000 euro per l'anno 2023, a 345.923.000 euro per l'anno 2024, a 390.923.000 euro per l'anno 2025, a 442.923.000 euro per l'anno 2026, a 501.923.000 euro per l'anno 2027, a 559.923.000 euro per l'anno 2028, a 618.923.000 euro per l'anno 2029 e a 650.923.000 euro annui a decorrere dall'anno 2030, quale quota di risorse finalizzata al finanziamento e allo sviluppo dei servizi sociali comunali svolti in forma singola o associata dai comuni delle regioni a statuto ordinario. I contributi di cui al periodo precedente sono ripartiti in proporzione del rispettivo coefficiente di riparto del fabbisogno standard calcolato per la funzione "Servizi sociali"* e approvato dalla Commissione tecnica per i fabbisogni standard. Gli obiettivi di servizio e le modalità di monitoraggio, per definire il livello dei servizi offerti e l'utilizzo delle risorse da destinare al finanziamento e allo sviluppo dei servizi sociali, sono stabiliti entro il 30 giugno 2021 e successivamente entro il 31 marzo dell'anno di riferimento con decreto del Presidente del Consiglio dei ministri, sulla base di un'istruttoria tecnica condotta dalla Commissione tecnica per i fabbisogni standard con il supporto di esperti del settore, senza oneri per la finanza pubblica, e previa intesa in sede di Conferenza Stato-città ed autonomie locali. In caso di mancata intesa oltre il quindicesimo giorno dalla presentazione della proposta alla Conferenza Stato-città ed autonomie locali, il decreto di cui al periodo precedente può essere comunque emanato. Le somme che, a seguito del monitoraggio di cui al terzo periodo, risultassero non destinate ad assicurare il livello dei servizi definiti sulla base degli obiettivi di servizio di cui al medesimo terzo periodo, sono recuperate a valere sul fondo di solidarietà comunale attribuito ai medesimi comuni o, in caso di insufficienza dello stesso, secondo le modalità di cui ai commi 128 e 129 dell'articolo 1 della legge 24 dicembre 2012, n. 228;

d-sexies) destinato ai comuni delle regioni a statuto ordinario e delle regioni Sicilia e Sardegna quanto a 100 milioni di euro per l'anno 2022, a 150 milioni di euro per l'anno 2023, a 200 milioni di euro per l'anno 2024, a 250 milioni di euro per l'anno 2025 e a 300 milioni di euro annui a decorrere dall'anno 2026, quale quota di risorse finalizzata a incrementare, nel limite delle risorse disponibili per ciascun anno, in percentuale e nel limite dei livelli essenziali di prestazione (LEP), l'ammontare dei posti disponili negli asili nido, equivalenti in termini di costo standard al servizio a tempo pieno, in proporzione alla popolazione di età compresa tra 0 e 2 anni nei comuni nei quali il predetto rapporto è inferiore ai LEP. Fino alla definizione dei LEP, o in assenza degli stessi, il livello di riferimento del rapporto è dato dalla media relativa alla fascia demografica del comune individuata dalla Commissione tecnica per i fabbisogni standard contestualmente all'approvazione dei fabbisogni standard per la funzione "*Asili nido*". Il contributo di cui al primo periodo è ripartito su proposta della Commissione tecnica per i fabbisogni standard, tenendo conto, ove disponibili, dei fabbisogni standard per la funzione "*Asili nido*" approvati dalla stessa Commissione. Con decreto del Presidente del Consiglio dei ministri, su proposta della Commissione tecnica per i fabbisogni standard da adottare entro il 31 marzo 2022, sono altresì disciplinate le modalità di monitoraggio sull'utilizzo delle risorse assegnate. Le somme che a seguito del monitoraggio di cui al precedente periodo non risultano destinate al potenziamento dei posti di asilo nido sono recuperate a valere sul fondo di solidarietà comunale attribuito ai medesimi comuni o, in caso di insufficienza dello stesso, secondo le modalità di cui ai commi 128 e 129 dell'articolo 1 della legge 24 dicembre 2012, n. 228;

d-septies) destinato, quanto a 1.077.000 euro a decorrere dall'anno 2021, alla compensazione del mancato recupero a carico del comune di Sappada, distaccato dalla regione Veneto e aggregato alla regione Friuli Venezia Giulia, nell'ambito della provincia di Udine, ai sensi della legge 5 dicembre 2017, n. 182, delle somme di cui agli allegati 1 e 2 del decreto del Presidente del Consiglio dei ministri 7 marzo 2018, pubblicato nel supplemento ordinario alla Gazzetta Ufficiale n. 83 del 10 aprile 2018".

793. I commi 848 e 850 dell'articolo 1 della legge 27 dicembre 2019, n. 160, sono abrogati.

794. In considerazione delle disposizioni recate dai commi da 791 a 793 del presente articolo, al comma 448 dell'articolo 1 della legge 11 dicembre 2016, n. 232, le parole: "*e in euro 6.213.684.364,87 a decorrere dall'anno 2020*" sono sostituite dalle seguenti: "*, in euro 6.213.684.365 per l'anno 2020, in euro 6.616.513.365 per l'anno 2021, in euro 6.855.513.365 per l'anno 2022, in euro 6.980.513.365 per l'anno 2023, in euro 7.306.513.365 per l'anno 2024, in euro 7.401.513.365 per l'anno 2025, in euro 7.503.513.365 per l'anno 2026, in euro 7.562.513.365 per l'anno 2027, in euro 7.620.513.365 per l'anno 2028, in euro 7.679.513.365 per l'anno 2029 e in euro 7.711.513.365 annui a decorrere dall'anno 2030*".

795. [1] In considerazione dei flussi migratori e delle conseguenti misure di sicurezza sanitaria per la prevenzione del contagio da COVID-19, è istituito, nello stato di previsione del Ministero dell'interno, un fondo, con una dotazione di 5 milioni di euro per l'anno 2021, finalizzato all'erogazione di contributi in favore dei comuni di confine con altri Paesi europei e dei comuni costieri interessati dalla gestione dei flussi migratori.

(1) *In riferimento al presente comma, vedi l'articolo 1, comma 1, del D.M. 22 aprile 2021.*

796. I criteri e le modalità di concessione dei contributi di cui al comma 795 sono stabiliti, anche ai fini del rispetto del limite di spesa di cui al medesimo comma 795, con decreto del Ministro dell'interno, di concerto con il Ministro dell'economia e delle finanze, previa intesa in sede di Conferenza Stato-città e autonomie locali, da emanare entro sessanta giorni dalla data di entrata in vigore della presente legge.

797. Al fine di potenziare il sistema dei servizi sociali comunali, gestiti in forma singola o associata, e, contestualmente, i servizi di cui all'articolo 7, comma 1, del decreto legislativo 15 settembre 2017, n. 147, nella prospettiva del raggiungimento, nei limiti delle risorse disponibili a legislazione vigente, di un livello essenziale delle prestazioni e dei servizi sociali definito da un rapporto tra assistenti sociali impiegati nei servizi sociali territoriali e popolazione residente pari a 1 a 5.000 in ogni ambito territoriale di cui all'articolo 8, comma 3, lettera a), della legge 8 novembre 2000, n. 328, e dell'ulteriore obiettivo di servizio di un rapporto tra assistenti sociali impiegati nei servizi sociali territoriali e popolazione residente pari a 1 a 4.000, è attribuito, a favore di detti ambiti, sulla base del dato relativo alla popolazione complessiva residente:

a) un contributo pari a 40.000 euro annui per ogni assistente sociale assunto a tempo indeterminato dall'ambito, ovvero dai comuni che ne fanno parte, in termini di equivalente a tempo pieno, in numero eccedente il rapporto di 1 a 6.500 e fino al raggiungimento del rapporto di 1 a 5.000;

b) un contributo pari a 20.000 euro annui per ogni assistente sociale assunto a tempo indeterminato dall'ambito, ovvero dai comuni che ne fanno parte, in termini di equivalente a tempo pieno, in numero eccedente il rapporto di 1 a 5.000 e fino al raggiungimento del rapporto di 1 a 4.000.

798. Entro il 28 febbraio di ogni anno, ciascun ambito territoriale di cui all'articolo 8, comma 3, lettera a), della legge 8 novembre 2000, n. 328, anche per conto dei comuni appartenenti allo stesso, invia al Ministero del lavoro e delle politiche sociali, secondo le modalità da questo definite, un prospetto riassuntivo che indichi, per il complesso dell'ambito e per ciascun comune, con riferimento all'anno precedente e alle previsioni per l'anno corrente:

a) il numero medio di assistenti sociali in servizio nell'anno precedente assunti dai comuni che fanno parte dell'ambito o direttamente dall'ambito. Si fa riferimento al personale con rapporto di lavoro a tempo indeterminato, secondo la definizione di equivalente a tempo pieno, effettivamente impiegato nei servizi territoriali e nella loro organizzazione e pianificazione;

b) la suddivisione dell'impiego degli assistenti sociali di cui alla lettera a) per area di attività.

799. Il contributo di cui al comma 797 è attribuito dal Ministero del lavoro e delle politiche sociali a valere sul Fondo per la lotta alla povertà e all'esclusione sociale, di cui all'articolo 1, comma 386, della legge 28 dicembre 2015, n. 208. In sede di decreto annuale di riparto del Fondo è riservata a tale fine una quota massima di 180 milioni di euro annui a decorrere dall'anno 2021. Le somme necessarie all'attribuzione dei contributi previsti per l'anno corrente, di seguito denominate "*somme prenotate*", e quelle destinate alla liquidazione dei contributi relativi all'anno precedente, di seguito denominate "*somme liquidabili*", sono determinate, sulla base dei prospetti di cui al comma 798, con decreto del Ministro del lavoro e delle politiche sociali entro il 30 giugno di ciascun anno. Le somme prenotate sono considerate indisponibili per l'anno corrente e per tutti i successivi in sede di riparto del Fondo. Eventuali somme prenotate in un anno e non considerate liquidabili nell'anno successivo rientrano nella disponibilità del Fondo per la lotta alla povertà e all'esclusione sociale e sono ripartite in sede di riparto annuale del Fondo. Qualora, a seguito delle richieste da parte degli ambiti territoriali, le somme prenotate risultino eccedenti rispetto alla quota massima stabilita ai sensi del secon-

do periodo, si procede comunque all'attribuzione delle somme relative ai contributi già riconosciuti negli anni precedenti e ancora dovuti e alla riduzione proporzionale dei contributi di nuova attribuzione in relazione alla capienza della quota disponibile. I contributi di cui al comma 797 non spettano in caso di mancata o tardiva trasmissione delle informazioni previste dal comma 798.

800. Con decreto del Ministro del lavoro e delle politiche sociali sono definite le modalità in base alle quali il contributo attribuito all'ambito territoriale è da questo suddiviso assegnandolo ai comuni che ne fanno parte ed eventualmente all'ambito stesso, anche con riferimento ai comuni che versino in stato di dissesto o predissesto o siano comunque impossibilitati a realizzare le assunzioni, nonché ai comuni che esercitano in forma associata le funzioni relative ai servizi sociali.

801. Per le finalità di cui al comma 797 e al comma 792, a valere sulle risorse di cui al comma 799 e al comma 792 e nel limite delle stesse nonché dei vincoli assunzionali di cui all'articolo 33 del decreto legge 30 aprile 2019, n. 34, convertito, con modificazioni, dalla legge 28 giugno 2019, n. 58, i comuni possono effettuare assunzioni di assistenti sociali, con rapporto di lavoro a tempo indeterminato, fermo restando il rispetto degli obiettivi del pareggio di bilancio, in deroga ai vincoli di contenimento della spesa di personale di cui all'articolo 9, comma 28, del decreto-legge 31 maggio 2010, n. 78, convertito, con modificazioni, dalla legge 30 luglio 2010, n. 122, e all'articolo 1, commi 557 e 562, della legge 27 dicembre 2006, n. 296, anche ai sensi dell'articolo 57, comma 3-septies, del decreto legge 14 agosto 2020, n. 104, convertito, con modificazioni, dalla legge 13 ottobre 2020, n. 126(1).

(1) Comma modificato dall'articolo 1, comma 735, della Legge 30 dicembre 2021, n. 234.

884. Al fine di potenziare e accelerare le attività e i servizi svolti dalle ragionerie territoriali dello Stato nel territorio nazionale nei confronti degli uffici periferici delle amministrazioni statali, delle altre amministrazioni pubbliche interessate e dei cittadini, nonché di incrementare il livello di efficienza degli uffici e delle strutture della giustizia tributaria, tenuto anche conto del contenzioso tributario instaurato avverso i provvedimenti adottati dagli uffici territoriali dell'amministrazione finanziaria, nonché per potenziare le connesse funzioni di supporto e coordinamento delle attività svolte dalle articolazioni territoriali, anche in materia di sicurezza, il Ministero dell'economia e delle finanze è autorizzato, per gli anni 2022 e 2023, a bandire procedure concorsuali, anche in deroga a quanto previsto dall'articolo 4, comma 3-quinquies, del decreto-legge 31 agosto 2013, n. 101, convertito, con modificazioni, dalla legge 30 ottobre 2013, n. 125, e, conseguentemente, ad assumere con contratto di lavoro a tempo indeterminato, nei limiti dell'attuale dotazione organica, un contingente complessivo di personale non dirigenziale pari a 550 unità, di cui 350 unità da inquadrare nell'Area III, posizione economica F1, e 100 unità nell'Area II, posizione economica F2, da destinare alle ragionerie territoriali dello Stato e 100 unità di Area III, posizione economica F1, di cui 60 da destinare alle commissioni tributarie e 40 da destinare al Dipartimento dell'amministrazione generale del personale e dei servizi, in deroga ai vigenti vincoli in materia di reclutamento di personale nelle pubbliche amministrazioni, ferma restando la possibilità di avvalersi della Commissione per l'attuazione del progetto di riqualificazione delle pubbliche amministrazioni, di cui all'articolo 35, comma 5, del decreto legislativo 30 marzo 2001, n. 165. Per le medesime finalità di cui al presente comma, alla lettera c) del comma 350 dell'articolo 1 della legge 30 dicembre 2018, n. 145, le parole: 'l'unificazione e la rideterminazione degli uffici dirigenziali non generali presso le articolazioni periferiche, apportando una riduzione del numero complessivo di uffici del Ministero non inferiore al 5 per cento.' sono soppresse (1).

(1) Comma modificato dall'articolo 1-bis, comma 7, lettera b), del D.L. 31 dicembre 2020, n. 183, convertito, con modificazioni, dalla Legge 26 febbraio 2021, n. 21, dall'articolo 1, comma 9, del D.L. 30 dicembre 2021, n. 228, convertito con modificazioni dalla Legge 25 febbraio 2022, n. 15 e successivamente dall'articolo 9, comma 10, del D.L. 6 novembre 2021, n. 152, convertito con modificazioni dalla Legge 29 dicembre 2021, n. 233 come modificato dall'articolo 1, comma 13, del D.L. 29 dicembre 2022, n. 198, non ancora convertito in Legge.

885. Per gli oneri derivanti dalle assunzioni di cui al comma 884 è autorizzata la spesa di euro 5.888.113 per l'anno 2021 e di euro 23.552.453 annui a decorrere dall'anno 2022, cui si provvede mediante utilizzo delle risorse del fondo di cui al comma 854.

886. (1) Per le finalità di cui ai commi da 1037 a 1050, al fine di avviare tempestivamente le procedure di monitoraggio degli interventi del Piano nazionale di ripresa e resilienza, il Ministero dell'economia e delle finanze, per l'anno 2021, è autorizzato ad assumere con contratto di lavoro subordinato a tempo indeterminato, in aggiunta alle vigenti facoltà assunzionali e nei limiti della vigente dotazione organica, un contingente di personale non dirigenziale di alta professionalità pari a 30 unità, da inquadrare nell'Area III, posizione economica F3. Il reclutamento del suddetto contingente di personale è effettuato, senza il previo svolgimento delle previste procedure di mobilità, mediante scorrimento di vigenti graduatorie di concorsi pubblici o attraverso l'avvio di procedure concorsuali pubbliche, per titoli ed esame orale, per l'accesso alle quali è richiesto, oltre al titolo di studio previsto per il profilo professionale di inquadramento e alla conoscenza della lingua inglese, anche il possesso di almeno uno dei seguenti requisiti pertinenti ai profili professionali richiesti: a) dottorato di ricerca in materie giuridiche o economiche, in diritto europeo e internazionale, in materia di contabilità e bilancio, o in materia statistica, in metodi quantitativi per l'economia, in analisi dei dati e in analisi delle politiche pubbliche; b) master universitario di secondo livello in materie giuridiche ed economiche concernenti il diritto europeo e internazionale, in materie inerenti alla contabilità e al bilancio, anche ai fini dello sviluppo e della sperimentazione dei relativi sistemi informativi, o in materia statistica, in metodi quantitativi per l'economia, in analisi dei dati e in analisi delle politiche pubbliche. Per le finalità di cui al presente comma è autorizzata la spesa di 1.198.406 euro per l'anno 2021 e di 1.438.087 euro annui a decorrere dall'anno 2022, cui si provvede mediante utilizzo delle risorse del fondo di cui al comma 854

(1) Comma sostituito dall'articolo 1-bis, comma 7, lettera c), del D.L. 31 dicembre 2020, n. 183, convertito, con modificazioni, dalla Legge 26 febbraio 2021, n. 21.

887. All'articolo 22-bis, comma 2, del decreto-legge 24

aprile 2017, n. 50, convertito, con modificazioni, dalla legge 21 giugno 2017, n. 96, sono apportate le seguenti modificazioni:

a) il terzo periodo è sostituito dal seguente: "*Nell'ambito dei processi di statizzazione e razionalizzazione, con decreto del Presidente del Consiglio dei ministri, di concerto con il Ministro dell'università e della ricerca e con il Ministro dell'economia e delle finanze, sono definiti criteri per la determinazione delle relative dotazioni organiche nei limiti massimi del personale in servizio alla data del 24 giugno 2017 presso le predette istituzioni anche con contratto di lavoro flessibile, nonché per il graduale inquadramento nei ruoli dello Stato del personale docente e non docente in servizio a tempo determinato e indeterminato alla data di entrata in vigore della legge di conversione del presente decreto*";

b) dopo il quarto periodo è aggiunto il seguente: "*Completato l'inquadramento di cui al terzo periodo, nei limiti delle dotazioni organiche e delle risorse ancora disponibili, nel rispetto dei criteri di cui al predetto decreto, ovvero di analogo decreto adottato ai sensi del terzo periodo, può altresì essere inquadrato il personale, anche con contratto di lavoro flessibile, in servizio alla data del 1° dicembre 2020*".

888. All'esito dell'adozione del decreto di cui all'articolo 22-bis, comma 2, del decreto-legge 24 aprile 2017, n. 50, convertito, con modificazioni, dalla legge 21 giugno 2017, n. 96, come modificato dal comma 887 del presente articolo, e al fine di corrispondere alle esigenze formative, le dotazioni organiche delle istituzioni statali di alta formazione artistica, musicale e coreutica, comprese quelle definite ai sensi del predetto comma 2, sono incrementate a decorrere dal 1° novembre 2021.

889. Ai fini del comma 888 è autorizzata la spesa di 12 milioni di euro per l'anno 2021 e di 70 milioni di euro annui a decorrere dall'anno 2022 da destinare all'ampliamento della dotazione organica delle istituzioni ivi previste, cui si provvede a valere sulle risorse del fondo di cui al comma 854.

890. Nelle more della piena attuazione del regolamento di cui al decreto del Presidente della Repubblica 7 agosto 2019, n. 143, le cui disposizioni si applicano a decorrere dall'anno accademico 2022/2023, l'attribuzione di incarichi a tempo indeterminato per i profili di docente avviene prioritariamente a valere sulle vigenti graduatorie nazionali per titoli e in subordine sulle graduatorie di cui all'articolo 3-quater comma 3, del decreto-legge 9 gennaio 2020, n. 1, convertito, con modificazioni, dalla legge 5 marzo 2020, n. 12. Con decreto del Ministro dell'università e della ricerca, di concerto con il Ministro dell'economia e delle finanze, sono definiti i criteri e le quantità numeriche, suddivise tra personale docente e non docente, da assegnare a ciascuna istituzione.

891. Dall'anno accademico 2021/2022, ferma restando la durata dei contratti in essere, gli incarichi di docenza non rientranti nelle dotazioni organiche delle istituzioni statali di alta formazione artistica, musicale e coreutica, compresi quelli di cui all'articolo 1, comma 284, della legge 27 dicembre 2019, n. 160, sono ridotti in proporzione al numero di nuovi docenti introdotti in organico ai sensi del comma 888 del presente articolo. Per le finalità di cui al presente comma, le istituzioni statali di alta formazione artistica, musicale e coreutica effettuano, entro il 1° aprile 2021, una ricognizione degli incarichi di cui al primo periodo del presente comma. Il decreto di riparto di cui al comma 890 del presente articolo tiene conto degli esiti di tale ricognizione. Alle istituzioni che non abbiano effettuato la ricognizione non possono essere attribuiti ampliamenti della dotazione organica ai sensi del comma 888.

892. Al fine di prevedere, nelle dotazioni organiche delle istituzioni statali di alta formazione artistica, musicale e coreutica, le posizioni di accompagnatore al pianoforte, di accompagnatore al clavicembalo e di tecnico di laboratorio, nello stato di previsione del Ministero dell'università e della ricerca è istituito uno specifico fondo, con una dotazione pari a 2,5 milioni di euro per l'anno 2021 e a 19,5 milioni di euro annui a decorrere dall'anno 2022. Il rapporto di lavoro del personale di cui al primo periodo è disciplinato nell'ambito del contratto collettivo nazionale di lavoro del comparto istruzione e ricerca, in un'apposita sezione, con definizione dei trattamenti economici dei relativi profili, prendendo a riferimento l'inquadramento economico di tali figure tecniche in misura pari all'attuale profilo EP1 del comparto. Con decreto del Ministro dell'università e della ricerca sono definiti, nel rispetto delle condizioni e delle modalità di reclutamento stabilite dall'articolo 35 del decreto legislativo 30 marzo 2001, n. 165, e dall'articolo 19, comma 3-bis, del decreto-legge 12 settembre 2013, n. 104, convertito, con modificazioni, dalla legge 8 novembre 2013, n. 128, i requisiti, i titoli e le procedure concorsuali per le assunzioni di cui al presente comma, nonché i criteri di riparto del fondo tra le istituzioni statali di alta formazione artistica, musicale e coreutica , ivi comprese, in esito ai relativi processi di statizzazione, quelle di cui all'articolo 22-bis del decreto-legge 24 aprile 2017, n. 50, convertito, con modificazioni, dalla legge 21 giugno 2017, n. 96[(1)].

(1) *Comma modificato dall'articolo 1, comma 308, della Legge 30 dicembre 2021, n. 234.*

893. All'articolo 1, comma 654, della legge 27 dicembre 2017, n. 205, dopo il terzo periodo sono aggiunti i seguenti: "*Fino all'applicazione delle disposizioni del predetto regolamento le procedure per il passaggio alla prima fascia riservate ai docenti di seconda fascia in servizio a tempo indeterminato sono attuate nell'ambito delle procedure di reclutamento e sono disciplinate con decreto del Ministro dell'università e della ricerca. Il predetto decreto, nei limiti delle risorse già accantonate a tal fine negli anni accademici 2018/2019, 2019/2020 e 2020/2021, può prevedere la trasformazione di tutte le cattedre di seconda fascia in cattedre di prima fascia. La quota residua delle predette risorse, in seguito alla trasformazione di tutte le cattedre, può essere destinata, con decreto del Ministro dell'università e della ricerca, di concerto con il Ministro dell'economia e delle finanze e con il Ministro per la pubblica amministrazione, al reclutamento di direttori amministrativi per le istituzioni di cui al comma 653 nonché alla determinazione e all'ampliamento delle dotazioni organiche dell'Istituto superiore di studi musicali Gaetano Braga di Teramo e degli istituti superiori per le industrie artistiche (ISIA)*".

894. All'articolo 1, comma 285, della legge 27 dicembre 2019, n. 160, dopo le parole: "*al personale in servizio di ruolo*" sono inserite le seguenti: "*nella medesima istituzione*".

895. Al fine di dare attuazione alle disposizioni della legge 11 gennaio 2018, n. 7, l'Agenzia spaziale italiana può procedere annualmente all'assunzione di personale con oneri a carico del proprio bilancio fino al conseguimento del valore soglia di cui al comma 896 del presente articolo, con un incremento annuale della spesa di personale non superiore al 25 per cento, ferma restando la capacità di sostenere la spesa a regime verificata dall'organo interno di controllo. In caso di indicatore superiore al valore soglia, come definito al

comma 896, l'Agenzia adotta un percorso di graduale riduzione annuale del valore dell'indicatore fino al conseguimento, entro l'anno 2025, del predetto valore soglia. A decorrere dall'anno 2025, in caso di indicatore superiore al limite di cui al comma 896, l'Agenzia non può procedere ad assunzioni di personale fino al conseguimento del predetto valore soglia. L'Agenzia, al fine di assicurare il rispetto dell'indicatore, la sostenibilità a regime della spesa per il personale e gli equilibri di bilancio, definisce le proprie esigenze assunzionali tenendo anche conto della dinamica retributiva collegata al riconoscimento delle fasce stipendiali previste dalla contrattazione collettiva nazionale.

896. L'indicatore del limite delle spese per il personale è calcolato annualmente rapportando le spese complessive per il personale derivanti da rapporti di lavoro subordinato e da forme di lavoro flessibile, comprensive degli oneri a carico dell'amministrazione, registrate nell'ultimo bilancio approvato, alla media delle entrate correnti come risultanti dagli ultimi tre bilanci consuntivi approvati. Tale rapporto non può superare il valore soglia del 70 per cento.

897. Nell'ipotesi di cui al comma 895, primo periodo, del presente articolo, il limite al trattamento accessorio del personale, di cui all'articolo 23, comma 2, del decreto legislativo 25 maggio 2017, n. 75, è adeguato, in aumento o in diminuzione, per garantire l'invarianza del valore medio pro capite, riferito all'anno 2018, del fondo per la contrattazione integrativa, prendendo a riferimento come base di calcolo il personale in servizio al 31 dicembre 2018. Gli oneri conseguenti all'incremento dei fondi trovano copertura a valere sulle risorse di bilancio dell'Agenzia spaziale italiana garantendo, in ogni caso, il rispetto della percentuale prevista dal comma 896 e dell'equilibrio di bilancio.

898. A decorrere dalla data di entrata in vigore della presente legge, all'Agenzia spaziale italiana non si applicano le disposizioni di cui ai commi 2, 4, 5 e 6 dell'articolo 9 del decreto legislativo 25 novembre 2016, n. 218.

899. Al fine di potenziare l'efficacia dell'azione amministrativa per la realizzazione degli obiettivi strategici e garantire l'espletamento delle funzioni istituzionali, il Ministero del lavoro e delle politiche sociali, nel biennio 2021-2022, è autorizzato, in aggiunta alle facoltà assunzionali previste a legislazione vigente, senza il previo espletamento delle procedure di mobilità di cui all'articolo 30 del decreto legislativo 30 marzo 2001, n. 165, a bandire procedure concorsuali pubbliche e, conseguentemente, ad assumere con contratto di lavoro a tempo indeterminato, con corrispondente incremento della vigente dotazione organica, 1 unità di livello dirigenziale non generale, 18 unità di personale non dirigenziale da inquadrare nell'Area III, posizione economica F1, e 9 unità di personale non dirigenziale da inquadrare nell'Area II, posizione economica F2, del comparto funzioni centrali. A tal fine è autorizzata la spesa di euro 292.043 per l'anno 2021 e di euro 1.168.172 annui a decorrere dall'anno 2022, cui si provvede mediante utilizzo delle risorse del fondo di cui al comma 854.

900. Le amministrazioni di cui ai commi da 855 a 899 comunicano alla Presidenza del Consiglio dei ministri – Dipartimento della funzione pubblica e al Ministero dell'economia e delle finanze – Dipartimento della Ragioneria generale dello Stato, entro trenta giorni dalla data delle assunzioni previste dai medesimi commi da 855 a 899, i dati concernenti le unità di personale effettivamente assunte e i corrispondenti oneri, anche al fine del conseguente trasferimento delle risorse mediante il riparto del fondo di cui al comma 854.

1015. Nel processo penale, all'imputato assolto, con sentenza divenuta irrevocabile, perché il fatto non sussiste, perché non ha commesso il fatto o perché il fatto non costituisce reato o non è previsto dalla legge come reato, è riconosciuto il rimborso delle spese legali nel limite massimo di euro 10.500.

1016. Il rimborso di cui al comma 1015 è liquidato in un'unica soluzione entro l'anno successivo a quello in cui la sentenza è divenuta irrevocabile, e non concorre alla formazione del reddito ai sensi del testo unico delle imposte sui redditi, di cui al decreto del Presidente della Repubblica 22 dicembre 1986, n. 917.

[(1)] *Comma modificato dall'articolo 1, comma 862, lettera a), della Legge 29 dicembre 2022, n. 197.*

1017. Il rimborso di cui al comma 1015 è riconosciuto dietro presentazione di fattura del difensore, con espressa indicazione della causale e dell'avvenuto pagamento, corredata di parere di congruità del competente Consiglio dell'ordine degli avvocati, nonché di copia della sentenza di assoluzione con attestazione di cancelleria della sua irrevocabilità.

1018. Il rimborso di cui al comma 1015 non è riconosciuto nei seguenti casi:

a) assoluzione da uno o più capi di imputazione e condanna per altri reati;

b) estinzione del reato per avvenuta amnistia o prescrizione;

c) sopravvenuta depenalizzazione dei fatti oggetto di imputazione.

1019. Con decreto del Ministro della giustizia, di concerto con il Ministro dell'economia e delle finanze, da adottare entro sessanta giorni dalla data di entrata in vigore della presente legge, sono definiti i criteri e le modalità di erogazione dei rimborsi di cui al comma 1015, nonché le ulteriori disposizioni ai fini del contenimento della spesa nei limiti di cui al comma 1020, attribuendo rilievo al numero di gradi di giudizio cui l'assolto è stato sottoposto e alla durata del giudizio.

1020. Per la finalità dei commi da 1015 a 1019, nello stato di previsione del Ministero della giustizia è istituito il Fondo per il rimborso delle spese legali agli imputati assolti, con la dotazione di euro 8 milioni per gli anni 2021 e 2022 ed euro 15 milioni annui a decorrere dall'anno 2023, che costituisce limite complessivo di spesa per l'erogazione dei rimborsi di cui al comma 1015.

[(1)] *Comma modificato dall'articolo 1, comma 862, lettera b), della Legge 29 dicembre 2022, n. 197.*

1021. Il Ministero della giustizia provvede agli adempimenti di cui ai commi da 1015 a 1020 con le risorse umane, strumentali e finanziarie disponibili a legislazione vigente, senza nuovi o maggiori oneri a carico della finanza pubblica.

1022. Le disposizioni dei commi da 1015 a 1021 si applicano nei casi di sentenze di assoluzione divenute irrevocabili successivamente alla data di entrata in vigore della presente legge.

1023. Al fine di assicurare, anche in relazione alle straordinarie esigenze di prevenzione e di contrasto della criminalità e del terrorismo, la prosecuzione degli interventi di cui all'articolo 24, commi 74 e 75, del decreto-legge 1° luglio 2009, n. 78, convertito, con modificazioni, dalla legge 3 agosto 2009, n. 102, nonché di quelli previsti dall'articolo 3, comma 2, del decreto-legge 10 dicembre 2013, n. 136, convertito, con modificazioni, dalla legge 6 febbraio 2014, n. 6, è prorogato, limitatamente ai servizi di vigilanza di siti e obiettivi sensibili, l'impiego fino al 30 giugno 2021 di un contingente di 7.050 unità, dal 1° luglio 2021 al 30 giugno 2022 di un contingente di 6.000 unità e dal 1° luglio 2022 al 31 dicembre 2023 di un contingente di 5.000 unità di personale delle Forze armate. Si applicano le disposizioni dell'articolo 7-bis, commi 1, 2 e 3, del decreto-legge 23 maggio 2008, n. 92, convertito, con modificazioni, dalla legge 24 luglio 2008, n. 125[1].

(1) Comma modificato dall'articolo 1, comma 620, lettera a), della Legge 30 dicembre 2021, n. 234.

1024. Per l'attuazione delle disposizioni del comma 1023 del presente articolo è autorizzata la spesa di euro 176.730.722 per l'anno 2021, di euro 149.721.230 per l'anno 2022 e di euro 137.070.683 per l'anno 2023, con specifica destinazione, per l'anno 2021, di euro 174.260.039 e di euro 2.470.683, rispettivamente, per il personale di cui al comma 74 e per il personale di cui al comma 75 dell'articolo 24 del decreto legge 1° luglio 2009, n. 78, convertito, con modificazioni, dalla legge 3 agosto 2009, n. 102, per l'anno 2022, di euro 147.250.547 e di euro 2.470.683, rispettivamente, per il personale di cui al medesimo comma 74 e per il personale di cui al medesimo comma 75 dell'articolo 24 del decreto-legge n. 78 del 2009, convertito, con modificazioni, dalla legge n. 102 del 2009, e, per l'anno 2023, di euro 134.600.000 e di euro 2.470.683, rispettivamente, per il personale di cui al medesimo comma 74 e per il personale di cui al medesimo comma 75 dell'articolo 24 del decreto-legge n. 78 del 2009, convertito, con modificazioni, dalla legge n. 102 del 2009[1].

(1) Comma modificato dall'articolo 35, comma 8, lettera 0a) del D.L. 22 marzo 2021, n. 41, convertito, con modificazioni, dalla Legge 21 maggio 2021, n. 69 e successivamente dall'articolo 1, comma 620, lettera b), della Legge 30 dicembre 2021, n. 234.

1025. Al fine di garantire e sostenere la prosecuzione, da parte delle Forze armate, dello svolgimento dei maggiori compiti connessi al contenimento della diffusione del COVID-19, l'incremento delle 753 unità di personale di cui all'articolo 22, comma 1, del decreto-legge 19 maggio 2020, n. 34, convertito, con modificazioni, dalla legge 17 luglio 2020, n. 77, è ulteriormente prorogato fino al 30 aprile 2021 [1].

(1) Comma modificato dall'articolo 35, comma 8, lettera a), del D.L. 22 marzo 2021, n. 41, convertito, con modificazioni, dalla Legge 21 maggio 2021, n. 69.

1026. Per l'attuazione delle disposizioni del comma 1025 è autorizzata, per l'anno 2021, la spesa complessiva di euro 9.659.061, di cui euro 2.127.677 per il pagamento delle prestazioni di lavoro straordinario ed euro 7.531.384 per gli altri oneri connessi all'impiego del personale.

(1) Comma sostituito dall'articolo 35, comma 8, lettera b), del D.L. 22 marzo 2021, n. 41, convertito, con modificazioni, dalla Legge 21 maggio 2021, n. 69.

1027. Al fine di assicurare il funzionamento delle strutture centrali e periferiche del Ministero dell'interno e la continuità nell'erogazione dei servizi, il fondo di cui all'articolo 23, comma 1, della legge 27 dicembre 2002, n. 289, è incrementato di 6 milioni di euro annui a decorrere dall'anno 2021.

1028. Per il personale dirigenziale contrattualizzato del Ministero dell'interno è autorizzata, a decorrere dall'anno 2021, in deroga al limite di cui all'articolo 23, comma 2, del decreto legislativo 25 maggio 2017, n. 75, la spesa di 1.200.000 euro da destinare al fondo per la retribuzione di posizione e la retribuzione di risultato del personale dirigente dell'area Funzioni centrali in servizio presso il Ministero dell'interno. Agli oneri derivanti dal primo periodo, pari a 1.200.000 euro a decorrere dall'anno 2021, si provvede mediante corrispondente riduzione del fondo di cui all'articolo 23, comma 1, della legge 27 dicembre 2002, n. 289.

1029. In relazione all'esigenza di procedere alla graduale perequazione del trattamento economico del personale della carriera prefettizia a quello della dirigenza delle altre amministrazioni statali, le risorse disponibili a legislazione vigente per il rinnovo del contratto nazionale di lavoro per il triennio 2019-2021 sono incrementate, a decorrere dall'anno 2021, di 9 milioni di euro.

1030. Per l'esercizio delle funzioni istituzionali relative all'articolo 1, comma 350, lettera a), della legge 30 dicembre 2018, n. 145, nonché per le maggiori responsabilità ad esse connesse, ai direttori delle ragionerie territoriali dello Stato situate nei capoluoghi di regione, comprese le province autonome di Trento e di Bolzano, è corrisposta una maggiorazione del 20 per cento della retribuzione di posizione di parte variabile in godimento. Il relativo fondo per la retribuzione di posizione e di risultato dei dirigenti è incrementato di 1.100.000 euro a decorrere dall'anno 2021 anche per le finalità di cui al primo periodo. Ai maggiori oneri derivanti dal presente comma, pari a 1.100.000 euro a decorrere dall'anno 2021, si provvede mediante corrispondente riduzione del Fondo per interventi strutturali di politica economica, di cui all'articolo 10, comma 5, del decreto-legge 29 novembre 2004, n. 282, convertito, con modificazioni, dalla legge 27 dicembre 2004, n. 307.

1031. Al fine di garantire, per il periodo dal 1° al 31 gennaio 2021, la funzionalità del Corpo delle capitanerie di porto – Guardia costiera in relazione agli accresciuti impegni connessi all'emergenza epidemiologica da COVID-19, è autorizzata, per l'anno 2021, la spesa di 2.160.800 euro per il pagamento delle prestazioni di lavoro straordinario del personale del Corpo delle capitanerie di porto – Guardia costiera.

1032. Nello stato di previsione del Ministero dell'interno è istituito un fondo per la funzionalità del medesimo Ministero con una dotazione di 1 milione di euro per l'anno 2021, finalizzato al potenziamento delle dotazioni e dei mezzi da destinare alle attività svolte per la riscossione delle sanzioni di cui alla legge 24 novembre 1981, n. 689.

1046. Al fine di garantire, nella gestione finanziaria, il rispetto dei princìpi europei di tracciabilità delle operazioni contabili afferenti alla realizzazione del programma Next Generation EU e dei progetti finanziati, anche per i successivi eventuali controlli di competenza delle istituzioni dell'Unione europea, le risorse finanziarie iscritte nel Fondo di cui al comma 1037 sono utilizzate dopo l'approvazione del programma Next Generation EU per finanziare i progetti previsti dallo stesso programma e mantengono, quale vincolo di destinazione, la realizzazione degli interventi del programma fino a tutta la durata del medesimo programma. I progetti devono essere predisposti secondo quanto stabilito dalla normativa europea in materia e comunque corredati di indicazioni puntuali sugli obiettivi intermedi e finali da raggiungere, verificabili tramite appositi indicatori quantitativi.

1046-bis. [(1)] Fermo restando quanto previsto a legislazione vigente, per fronteggiare gli aumenti eccezionali dei prezzi dei materiali da costruzione, nonché dei carburanti e dei prodotti energetici, le risorse assegnate e non utilizzate per le procedure di affidamento di contratti pubblici, aventi ad oggetto lavori, servizi e forniture ovvero la concessione di contributi pubblici relativi agli interventi del Piano nazionale di ripresa e resilienza (PNRR) possono essere utilizzate dalle amministrazioni titolari, previa comunicazione al Dipartimento della Ragioneria generale dello Stato, nell'ambito dei medesimi interventi per far fronte ai maggiori oneri derivanti dall'incremento dei prezzi delle materie prime, dei materiali, delle attrezzature, delle lavorazioni, dei carburanti e dell'energia.

(1) Comma aggiunto dall'articolo 30, comma 1, del D.L. 23 settembre 2022, n. 144 convertito con modificazioni dalla Legge 17 novembre 2022, n. 175.

1047. Le anticipazioni sono destinate ai singoli progetti tenendo conto, tra l'altro, dei cronoprogrammi della spesa e degli altri elementi relativi allo stato delle attività desumibili dal sistema di monitoraggio di cui al comma 1043.

1048. I trasferimenti successivi sono assegnati, fino alla concorrenza dell'importo totale del progetto, sulla base di rendicontazioni bimestrali, secondo i dati finanziari, fisici e procedurali registrati e validati sul sistema informatico di cui al comma 1043 e in base al conseguimento dei relativi target intermedi e finali previsti.

1049. Ogni difformità rilevata nell'attuazione dei singoli progetti rispetto alle disposizioni dei commi da 1037 a 1050 nonché nel conseguimento dei relativi target intermedi e finali con impatto diretto sugli importi richiesti a rimborso alla Commissione europea per il programma Next Generation EU, prima o dopo l'erogazione del contributo pubblico in favore dell'amministrazione titolare, deve essere immediatamente corretta. Nel caso di revoca dei finanziamenti, gli importi eventualmente corrisposti sono recuperati e riassegnati nelle disponibilità finanziarie del medesimo programma.

1050. Con decorrenza dal 1° gennaio 2021, è istituita, presso il Dipartimento della Ragioneria generale dello Stato del Ministero dell'economia e delle finanze, un'apposita unità di missione con compiti di coordinamento, raccordo e sostegno delle strutture del medesimo Dipartimento a vario titolo coinvolte nel processo di attuazione del programma Next Generation EU. Per tale finalità, è istituito un posto di funzione di livello dirigenziale generale di consulenza, studio e ricerca, [*di durata triennale rinnovabile una sola volta. Al fine di assicurare l'invarianza finanziaria, è reso indisponibile nell'ambito della dotazione organica del Ministero dell'economia e delle finanze un numero di posti di funzione dirigenziale di livello non generale equivalente sul piano finanziario*]. L'unità di missione, oltre che di personale di ruolo del Ministero dell'economia e delle finanze, può avvalersi, nei limiti degli ordinari stanziamenti di bilancio del medesimo Ministero, di non più di 10 unità di personale [*non dirigenziale*] dipendente delle amministrazioni pubbliche di cui all'articolo 1, comma 2, del decreto legislativo 30 marzo 2001, n. 165, collocato fuori ruolo o in posizione di comando, distacco o altro analogo istituto previsto dagli ordinamenti delle amministrazioni di rispettiva appartenenza ai sensi dell'articolo 17, comma 14, della legge 15 maggio 1997, n. 127, con esclusione del personale docente, educativo, amministrativo, tecnico e ausiliario delle istituzioni scolastiche. A tal fine, all'articolo 26, comma 3, del decreto legislativo 30 giugno 2011, n. 123, la parola: "*Ministro*" è sostituita dalla seguente: "Ministero[(1)]".

(1) Comma modificato dall'articolo 1-bis, comma 7, lettera b), del D.L. 31 dicembre 2020, n. 183, convertito, con modificazioni, dalla Legge 26 febbraio 2021, n. 21; dall'articolo 7, comma 3, del D.L. 31 maggio 2021, n. 77, convertito, con modificazioni, dalla Legge 29 luglio 2021, n. 108. Da ultimo il presente comma è stato modificato dall'articolo 7, comma 6-ter.2, del D.L. 31 maggio 2021, n. 77, convertito, con modificazioni, dalla Legge 29 luglio 2021, n. 108, come modificato dall'articolo 31-ter, comma 1, lettera c) del D.L. 6 novembre 2021, n. 152, convertito, con modificazioni dalla Legge 29 dicembre 2021, n. 233.

1051. A tutte le imprese residenti nel territorio dello Stato, comprese le stabili organizzazioni di soggetti non residenti, indipendentemente dalla forma giuridica, dal settore economico di appartenenza, dalla dimensione e dal regime fiscale di determinazione del reddito dell'impresa, che effettuano investimenti in beni strumentali nuovi destinati a strutture produttive ubicate nel territorio dello Stato, a decorrere dal 16 novembre 2020 [*e fino al 31 dicembre 2022, ovvero entro il 30 giugno 2023, a condizione che entro la data del 31 dicembre 2022 il relativo ordine risulti accettato dal venditore e sia avvenuto il pagamento di acconti in misura almeno pari al 20 per cento del costo di acquisizione,*] è riconosciuto un credito d'imposta alle condizioni e nelle misure stabilite dai commi da 1052 a 1058-ter, in relazione alle diverse tipologie di beni agevolabili [(1)].

(A) In relazione al credito d'imposta per investimenti in beni strumentali nuovi - Individuazione del momento di effettuazione dell'investimento, vedi: Risposta Agenzia delle Entrate 14 marzo 2022 n. 107.
(1) Comma modificato dall'articolo 1, comma 44, lettera a), della Legge 30 dicembre 2021, n. 234.

1052. Il credito d'imposta di cui al comma 1051 non spetta alle imprese in stato di liquidazione volontaria, fallimento, liquidazione coatta amministrativa, concordato preventivo senza continuità aziendale o sottoposte ad altra procedura concorsuale prevista dal regio decreto 16 marzo 1942, n. 267, dal codice della crisi d'impresa e dell'insolvenza, di cui al decreto legislativo 12 gennaio 2019, n. 14, o da altre leggi speciali o che abbiano in corso un procedimento per la dichiarazione di una di tali situazioni. Sono, inoltre, escluse le imprese destinatarie di sanzioni interdittive ai sensi dell'articolo 9, comma 2, del decreto legislativo 8 giugno 2001, n. 231. Per le imprese ammesse al credito d'imposta, la fruizione del beneficio spettante è comunque subordinata alla condizione del rispetto delle normative sulla sicurezza nei luoghi di lavoro applicabili in ciascun settore e al corretto adempimento degli obblighi di versamento dei contributi previdenziali e assistenziali a favore dei lavoratori.

1053. Sono agevolabili gli investimenti in beni materiali e immateriali nuovi strumentali all'esercizio d'impresa, ad eccezione dei beni indicati all'articolo 164, comma 1, del testo unico delle imposte sui redditi, di cui al decreto del Presidente della Repubblica 22 dicembre 1986, n. 917, dei beni per i quali il decreto del Ministro delle finanze 31 dicembre 1988, pubblicato nel supplemento ordinario alla Gazzetta Ufficiale n. 27 del 2 febbraio 1989, recante la tabella dei coefficienti di ammortamento ai fini fiscali, stabilisce aliquote inferiori al 6,5 per cento, dei fabbricati e delle costruzioni, dei beni di cui all'allegato 3 annesso alla legge 28 dicembre 2015, n. 208, nonché dei beni gratuitamente devolvibili delle imprese operanti in concessione e a tariffa nei settori dell'energia, dell'acqua, dei trasporti, delle infrastrutture, delle poste, delle telecomunicazioni, della raccolta e depurazione delle acque di scarico e della raccolta e smaltimento dei rifiuti.

1054. Alle imprese che effettuano investimenti in beni strumentali materiali diversi da quelli indicati nell'allegato A annesso alla legge 11 dicembre 2016, n. 232, nel limite massimo di costi ammissibili pari a 2 milioni di euro, nonché investimenti in beni strumentali immateriali diversi da quelli indicati nell'allegato B annesso alla medesima legge n. 232 del 2016, nel limite massimo di costi ammissibili pari a 1 milione di euro, a decorrere dal 16 novembre 2020 e fino al 31 dicembre 2021, ovvero entro il 31 dicembre 2022, a condizione che entro la data del 31 dicembre 2021 il relativo ordine risulti accettato dal venditore e sia avvenuto il pagamento di acconti in misura almeno pari al 20 per cento del costo di acquisizione, il credito d'imposta è riconosciuto nella misura del 10 per cento del costo determinato ai sensi dell'articolo 110, comma 1, lettera b), del testo unico di cui al decreto del Presidente della Repubblica 22 dicembre 1986, n. 917. Per gli investimenti effettuati mediante contratti di locazione finanziaria, si assume il costo sostenuto dal locatore per l'acquisto dei beni. La misura del credito d'imposta è elevata al 15 per cento per gli investimenti in strumenti e dispositivi tecnologici destinati dall'impresa alla realizzazione di modalità di lavoro agile ai sensi dell'articolo 18 della legge 22 maggio 2017, n. 81.[1]

[1] Comma modificato dall'articolo 3-quater, comma 1, lettera a) del D.L. 30 dicembre 2021, n. 228, convertito con modificazioni dalla Legge 25 febbraio 2022, n. 15.

1055. Alle imprese che effettuano investimenti in beni strumentali materiali diversi da quelli indicati nell'allegato A annesso alla legge 11 dicembre 2016, n. 232, nel limite massimo di costi ammissibili pari a 2 milioni di euro, nonché investimenti in beni strumentali immateriali diversi da quelli indicati nell'allegato B annesso alla medesima legge n. 232 del 2016, nel limite massimo di costi ammissibili pari a 1 milione di euro, a decorrere dal 1° gennaio 2022 e fino al 31 dicembre 2022, ovvero entro il 30 giugno 2023, a condizione che entro la data del 31 dicembre 2022 il relativo ordine risulti accettato dal venditore e sia avvenuto il pagamento di acconti in misura almeno pari al 20 per cento del costo di acquisizione, il credito d'imposta è riconosciuto nella misura del 6 per cento.

1056. [A] Alle imprese che effettuano investimenti in beni strumentali nuovi indicati nell'allegato A annesso alla legge 11 dicembre 2016, n. 232, a decorrere dal 16 novembre 2020 e fino al 31 dicembre 2021, ovvero entro il 31 dicembre 2022, a condizione che entro la data del 31 dicembre 2021 il relativo ordine risulti accettato dal venditore e sia avvenuto il pagamento di acconti in misura almeno pari al 20 per cento del costo di acquisizione, il credito d'imposta è riconosciuto nella misura del 50 per cento del costo, per la quota di investimenti fino a 2,5 milioni di euro, nella misura del 30 per cento del costo, per la quota di investimenti superiori a 2,5 milioni e fino a 10 milioni di euro, e nella misura del 10 per cento del costo, per la quota di investimenti superiori a 10 milioni di euro e fino al limite massimo di costi complessivamente ammissibili pari a 20 milioni di euro.[1]

[A] In riferimento al presente comma, vedi: Risposta Agenzia delle Entrate 18 ottobre 2021, n. 720
- In riferimento al presente comma, vedi: Risposta Agenzia delle Entrate 18 maggio 2022 n. 270
[1] Comma modificato dall'articolo 3-quater, comma 1, lettera b) del D.L. 30 dicembre 2021, n. 228, convertito con modificazioni dalla Legge 25 febbraio 2022, n. 15.

1057. Alle imprese che effettuano investimenti in beni strumentali nuovi indicati nell'allegato A annesso alla legge 11 dicembre 2016, n. 232, a decorrere dal 1° gennaio 2022 e fino al 31 dicembre 2022, ovvero entro il 30 settembre 2023, a condizione che entro la data del 31 dicembre 2022 il relativo ordine risulti accettato dal venditore e sia avvenuto il pagamento di acconti in misura almeno pari al 20 per cento del costo di acquisizione, il credito d'imposta è riconosciuto nella misura del 40 per cento del costo, per la quota di investimenti fino a 2,5 milioni di euro, nella misura del 20 per cento del costo, per la quota di investimenti superiori a 2,5 milioni di euro e fino a 10 milioni di euro, e nella misura del 10 per cento del costo, per la quota di investimenti superiori a 10 milioni di euro e fino al limite massimo di costi complessivamente ammissibili pari a 20 milioni di euro [1].

[1] Comma modificato dall'articolo 1, comma 423, della Legge 29 dicembre 2022, n. 197.

1057-bis. Alle imprese che effettuano investimenti in beni strumentali nuovi indicati nell'allegato A annesso alla legge 11 dicembre 2016, n. 232, a decorrere dal 1° gennaio 2023 e fino al 31 dicembre 2025, ovvero entro il 30 giugno 2026, a condizione che entro la data del 31 dicembre 2025 il relativo ordine risulti accettato dal venditore e sia avvenuto il pagamento di acconti in misura almeno pari al 20 per cento del costo di acquisizione, il credito d'imposta è riconosciuto nella misura del 20 per cento del costo, per la quota di investimenti fino a 2,5 milioni di euro, nella misura del 10 per cento del costo, per la quota di investimenti superiori a 2,5 milioni di euro e fino a 10 milioni di euro, e nella misura del 5 per cento del costo, per la quota di investimenti superiori a 10 milioni di euro e fino al limite massimo di costi complessivamente ammissibili pari a 20 milioni di euro. Per la quota superiore a 10 milioni di euro degli investimenti inclusi nel PNRR, diretti alla realizzazione di obiettivi di transizione ecologica individuati con decreto del Ministro dello sviluppo economico, di concerto con il Ministro della transizione ecologica e con il Ministro dell'economia e delle finanze, il credito d'imposta è riconosciuto nella misura del 5 per cento del costo fino al limite massimo di costi complessivamente ammissibili pari a 50 milioni di euro[1].

[1] Comma inserito dall'articolo 1, comma 44, lettera b), della Legge 30 dicembre 2021, n. 234 e successivamente modificato

dall'articolo 10, comma 1, del D.L. 27 gennaio 2022, n. 4, convertito con modificazioni dalla Legge 28 marzo 2022, n. 25.

1058. Alle imprese che effettuano investimenti aventi ad oggetto beni compresi nell'allegato B annesso alla legge 11 dicembre 2016, n. 232, a decorrere dal 16 novembre 2020 e fino al 31 dicembre 2023, ovvero entro il 30 giugno 2024, a condizione che entro la data del 31 dicembre 2023 il relativo ordine risulti accettato dal venditore e sia avvenuto il pagamento di acconti in misura almeno pari al 20 per cento del costo di acquisizione, il credito d'imposta è riconosciuto nella misura del 20 per cento del costo, nel limite massimo annuale di costi ammissibili pari a 1 milione di euro. Si considerano agevolabili anche le spese per servizi sostenute in relazione all'utilizzo dei beni di cui al predetto allegato B mediante soluzioni con risorse di calcolo condivise e connesse (cosiddette "*di cloud computing*"), per la quota imputabile per competenza (2).

(1) In riferimento alla misura del credito d'imposta prevista dal presente comma vedi l'articolo 21, comma 1, del D.L. 17 maggio 2022, n. 50, convertito, con modificazioni, dalla Legge 15 luglio 2022, n. 91.
(2) Comma inserito dall'articolo 1, comma 44, lettera c), della Legge 30 dicembre 2021, n. 234.

1058-bis. Alle imprese che effettuano investimenti aventi ad oggetto beni compresi nell'allegato B annesso alla legge 11 dicembre 2016, n. 232, a decorrere dal 1° gennaio 2024 e fino al 31 dicembre 2024, ovvero entro il 30 giugno 2025, a condizione che entro la data del 31 dicembre 2024 il relativo ordine risulti accettato dal venditore e sia avvenuto il pagamento di acconti in misura almeno pari al 20 per cento del costo di acquisizione, il credito d'imposta è riconosciuto nella misura del 15 per cento del costo, nel limite massimo di costi ammissibili pari a 1 milione di euro. Si considerano agevolabili anche le spese per servizi sostenute in relazione all'utilizzo dei beni di cui al predetto allegato B mediante soluzioni di cloud computing, per la quota imputabile per competenza(1).

(1) Comma inserito dall'articolo 1, comma 44, lettera d), della Legge 30 dicembre 2021, n. 234.

1058-ter. Alle imprese che effettuano investimenti aventi ad oggetto beni compresi nell'allegato B annesso alla legge 11 dicembre 2016, n. 232, a decorrere dal 1°gennaio 2025 e fino al 31 dicembre 2025, ovvero entro il 30 giugno 2026, a condizione che entro la data del 31 dicembre 2025 il relativo ordine risulti accettato dal venditore e sia avvenuto il pagamento di acconti in misura almeno pari al 20 per cento del costo di acquisizione, il credito d'imposta è riconosciuto nella misura del 10 per cento del costo, nel limite massimo di costi ammissibili pari a 1 milione di euro. Si considerano agevolabili anche le spese per servizi sostenute in relazione all'utilizzo dei beni di cui al predetto allegato B mediante soluzioni di cloud computing, per la quota imputabile per competenza (1).

(1) Comma inserito dall'articolo 1, comma 44, lettera d), della Legge 30 dicembre 2021, n. 234.

1059. Il credito d'imposta è utilizzabile esclusivamente in compensazione, ai sensi dell'articolo 17 del decreto legislativo 9 luglio 1997, n. 241, in tre quote annuali di pari importo, a decorrere dall'anno di entrata in funzione dei beni per gli investimenti di cui ai commi 1054 e 1055 del presente articolo, ovvero a decorrere dall'anno di avvenuta interconnessione dei beni ai sensi del comma 1062 del presente articolo per gli investimenti di cui ai commi da 1056 a 1058-ter del presente articolo. Per gli investimenti in beni strumentali effettuati a decorrere dal 16 novembre 2020 e fino al 31 dicembre 2021, il credito d'imposta spettante ai sensi del comma 1054 ai soggetti con un volume di ricavi o compensi inferiori a 5 milioni di euro è utilizzabile in compensazione in un'unica quota annuale. Nel caso in cui l'interconnessione dei beni di cui al comma 1062 avvenga in un periodo d'imposta successivo a quello della loro entrata in funzione è comunque possibile iniziare a fruire del credito d'imposta per la parte spettante ai sensi dei commi 1054 e 1055. Non si applicano i limiti di cui all'articolo 1, comma 53, della legge 24 dicembre 2007, n. 244, di cui all'articolo 34 della legge 23 dicembre 2000, n. 388, e di cui all'articolo 31 del decreto-legge 31 maggio 2010, n. 78, convertito, con modificazioni, dalla legge 30 luglio 2010, n. 122. Al solo fine di consentire al Ministero dello sviluppo economico di acquisire le informazioni necessarie per valutare l'andamento, la diffusione e l'efficacia delle misure agevolative introdotte dai commi da 1056 a 1058-ter, le imprese che si avvalgono di tali misure effettuano una comunicazione al Ministero dello sviluppo economico. Con apposito decreto direttoriale del Ministero dello sviluppo economico sono stabiliti il modello, il contenuto, le modalità e i termini di invio della comunicazione in relazione a ciascun periodo d'imposta agevolabile. Il credito d'imposta non concorre alla formazione del reddito nonché della base imponibile dell'imposta regionale sulle attività produttive e non rileva ai fini del rapporto di cui agli articoli 61 e 109, comma 5, del testo unico di cui al decreto del Presidente della Repubblica 22 dicembre 1986, n. 917. Il credito d'imposta è cumulabile con altre agevolazioni che abbiano ad oggetto i medesimi costi, a condizione che tale cumulo, tenuto conto anche della non concorrenza alla formazione del reddito e della base imponibile dell'imposta regionale sulle attività produttive di cui al periodo precedente, non porti al superamento del costo sostenuto(1).

(1) Comma modificato dall'articolo 1, comma 44, lettera e), della Legge 30 dicembre 2021, n. 234.

1059-bis. Per gli investimenti in beni strumentali materiali diversi da quelli indicati nell'allegato A annesso alla legge 11 dicembre 2016, n. 232, effettuati a decorrere dal 16 novembre 2020 e fino al 31 dicembre 2021, il credito d'imposta spettante ai sensi del comma 1054 ai soggetti con un volume di ricavi o compensi non inferiore a 5 milioni di euro è utilizzabile in compensazione in un'unica quota annuale(1).

(1) Comma aggiunto dall'articolo 19, comma 2, del D.L. 25 maggio 2021, n. 73, convertito con modificazioni dalla Legge 23 luglio 2021, n. 106.

1060. Se, entro il 31 dicembre del secondo anno successivo a quello di entrata in funzione ovvero a quello di avvenuta interconnessione di cui al comma 1062, i beni agevolati sono ceduti a titolo oneroso o sono destinati a strutture produttive ubicate all'estero, anche se appartenenti allo stesso soggetto, il credito d'imposta è corrispondentemente ridotto escludendo dall'originaria base di calcolo il relativo costo. Il maggior credito d'imposta eventualmente già utilizzato in compensazione deve essere direttamente riversato dal soggetto entro il termine per il versamento a saldo dell'imposta sui redditi dovuta per il periodo d'imposta in cui si verifichino le suddette ipotesi, senza applicazione di sanzioni e interessi. Si applicano, in quanto compatibili, le disposizioni dell'articolo 1, commi 35 e 36, della legge 27 dicembre 2017, n. 205, in materia di investimenti sostitutivi.

1061. Il credito d'imposta di cui ai commi 1054 e 1055 si applica alle stesse condizioni e negli stessi limiti anche agli investimenti effettuati dagli esercenti arti e professioni.

1062. Ai fini dei successivi controlli, i soggetti che si avvalgono del credito d'imposta sono tenuti a conservare, pena la revoca del beneficio, la documentazione idonea a dimostrare l'effettivo sostenimento e la corretta determinazione dei costi agevolabili. A tal fine, le fatture e gli altri documenti relativi all'acquisizione dei beni agevolati devono contenere l'espresso riferimento alle disposizioni dei commi da 1054 a 1058-ter. In relazione agli investimenti previsti dai commi da 1056 a 1058-ter, le imprese sono inoltre tenute a produrre una perizia asseverata rilasciata da un ingegnere o da un perito industriale iscritti nei rispettivi albi professionali o un attestato di conformità rilasciato da un ente di certificazione accreditato, da cui risulti che i beni possiedono caratteristiche tecniche tali da includerli negli elenchi di cui agli allegati A e B annessi alla legge 11 dicembre 2016, n. 232, e sono interconnessi al sistema aziendale di gestione della produzione o alla rete di fornitura. Relativamente al settore agricolo la perizia tecnica di cui al precedente periodo può essere rilasciata anche da un dottore agronomo o forestale, da un agrotecnico laureato o da un perito agrario laureato. Per i beni di costo unitario di acquisizione non superiore a 300.000 euro, l'onere documentale di cui al periodo precedente può essere adempiuto attraverso una dichiarazione resa dal legale rappresentante ai sensi del testo unico delle disposizioni legislative e regolamentari in materia di documentazione amministrativa, di cui al decreto del Presidente della Repubblica 28 dicembre 2000, n. 445. Qualora nell'ambito delle verifiche e dei controlli riguardanti gli investimenti previsti dai commi da 1056 a 1058-ter si rendano necessarie valutazioni di ordine tecnico concernenti la qualificazione e la classificazione dei beni, l'Agenzia delle entrate può richiedere al Ministero dello sviluppo economico di esprimere il proprio parere. I termini e le modalità di svolgimento di tali attività collaborative sono fissati con apposita convenzione tra l'Agenzia delle entrate e il Ministero dello sviluppo economico, nella quale può essere prevista un'analoga forma di collaborazione anche in relazione agli interpelli presentati all'Agenzia delle entrate ai sensi dell'articolo 11, comma 1, lettera a), della legge 27 luglio 2000, n. 212, aventi ad aggetto la corretta applicazione del credito d'imposta per i suddetti investimenti. Per lo svolgimento delle attività di propria competenza, il Ministero dello sviluppo economico può anche avvalersi di soggetti esterni con competenze tecniche specialistiche[1].

[1] Comma modificato dall'articolo 1, comma 44, lettera f), della Legge 30 dicembre 2021, n. 234 e successivamente dall'articolo 10-ter, comma 2, del D.L. 27 gennaio 2022, n. 4, convertito con modificazioni dalla Legge 28 marzo 2022, n. 25.

1063. [A] Il Ministero dell'economia e delle finanze effettua il monitoraggio delle fruizioni del credito d'imposta di cui ai commi da 1054 a 1058-ter del presente articolo, ai fini di quanto previsto dall'articolo 17, comma 13, della legge 31 dicembre 2009, n. 196[1].

[A] In relazione al credito d'imposta per investimenti in beni strumentali nuovi - Individuazione del momento di effettuazione dell'investimento, vedi: Risposta Agenzia delle Entrate 14 marzo 2022 n. 107.

[1] Comma modificato dall'articolo 1, comma 44, lettera g), della Legge 30 dicembre 2021, n. 234.

Sezione II - Approvazione degli stati di previsione

2. Stato di previsione dell'entrata. – 1. L'ammontare delle entrate previste per l'anno finanziario 2021, relative a imposte, tasse, contributi di ogni specie e ogni altro provento, accertate, riscosse e versate nelle casse dello Stato, in virtù di leggi, decreti, regolamenti e di ogni altro titolo, risulta dall'annesso stato di previsione dell'entrata (Tabella n. 1).

3. Stato di previsione del Ministero dell'economia e delle finanze e disposizioni relative. – 1. Sono autorizzati l'impegno e il pagamento delle spese del Ministero dell'economia e delle finanze, per l'anno finanziario 2021, in conformità all'annesso stato di previsione (Tabella n. 2).

2. L'importo massimo di emissione di titoli pubblici, in Italia e all'estero, al netto di quelli da rimborsare e di quelli per regolazioni debitorie, unitamente ai prestiti dell'Unione europea, è stabilito, per l'anno 2021, in 223.000 milioni di euro[1].

3. I limiti di cui all'articolo 6, comma 9, del decreto-legge 30 settembre 2003, n. 269, convertito, con modificazioni, dalla legge 24 novembre 2003, n. 326, concernente gli impegni assumibili dalla SACE Spa – Servizi assicurativi del commercio estero, sono fissati per l'anno finanziario 2021, rispettivamente, in 3.000 milioni di euro per le garanzie di durata sino a ventiquattro mesi e in 25.000 milioni di euro per le garanzie di durata superiore a ventiquattro mesi.

4. La SACE Spa è altresì autorizzata, per l'anno finanziario 2021, a rilasciare garanzie e coperture assicurative relativamente alle attività di cui all'articolo 11-quinquies, comma 4, del decreto-legge 14 marzo 2005, n. 35, convertito, con modificazioni, dalla legge 14 maggio 2005, n. 80, entro la quota massima del 30 per cento di ciascuno dei limiti indicati al comma 3 del presente articolo.

5. Il limite cumulato di assunzione degli impegni da parte della SACE Spa e del Ministero dell'economia e delle finanze, per conto dello Stato, di cui all'articolo 6, comma 9-bis, del decreto-legge 30 settembre 2003, n. 269, convertito, con modificazioni, dalla legge 24 novembre 2003, n. 326, è fissato, per l'esercizio finanziario 2021, in 120.000 milioni di euro.

6. Gli importi dei fondi previsti dagli articoli 26,27,28 e 29 della legge 31 dicembre 2009, n. 196, inseriti nel programma "*Fondi di riserva e speciali*", nell'ambito della missione "*Fondi da ripartire*" dello stato di previsione del Ministero dell'economia e delle finanze, sono stabiliti, per l'anno finanziario 2021, rispettivamente, in 900 milioni di euro, 1.500 milioni di euro, 2.000 milioni di euro, 800 milioni di euro e 17.100 milioni di euro[2].

7. Per gli effetti di cui all'articolo 26 della legge 31 dicembre 2009, n. 196, sono considerate spese obbligatorie, per l'anno finanziario 2021, quelle descritte nell'elenco n. 1, alle-

gato allo stato di previsione del Ministero dell'economia e delle finanze.

8. Le spese per le quali può esercitarsi la facoltà prevista dall'articolo 28 della legge 31 dicembre 2009, n. 196, sono indicate, per l'anno finanziario 2021, nell'elenco n. 2, allegato allo stato di previsione del Ministero dell'economia e delle finanze.

9. Ai fini della compensazione sui fondi erogati per la mobilità sanitaria in attuazione dell'articolo 12, comma 3, lettera b), del decreto legislativo 30 dicembre 1992, n. 502, il Ragioniere generale dello Stato è autorizzato a provvedere, con propri decreti, alla riassegnazione al programma "*Concorso dello Stato al finanziamento della spesa sanitaria*", nell'ambito della missione "*Relazioni finanziarie con le autonomie territoriali*" dello stato di previsione del Ministero dell'economia e delle finanze per l'anno finanziario 2021, delle somme versate all'entrata del bilancio dello Stato dalle regioni e dalle province autonome di Trento e di Bolzano.

10. Il Ministro dell'economia e delle finanze è autorizzato a provvedere, con propri decreti, al trasferimento delle somme occorrenti per l'effettuazione delle elezioni politiche, amministrative e dei membri del Parlamento europeo spettanti all'Italia e per l'attuazione dei referendum dal programma "*Fondi da assegnare*", nell'ambito della missione "*Fondi da ripartire*" dello stato di previsione del Ministero dell'economia e delle finanze per l'anno finanziario 2021, ai competenti programmi degli stati di previsione del medesimo Ministero dell'economia e delle finanze e dei Ministeri della giustizia, degli affari esteri e della cooperazione internazionale, dell'interno e della difesa, per lo stesso anno finanziario, per l'effettuazione di spese relative a competenze spettanti ai componenti i seggi elettorali, a nomine e notifiche dei presidenti di seggio, a compensi per lavoro straordinario, a compensi agli estranei all'amministrazione, a missioni, a premi, a indennità e competenze varie spettanti alle Forze di polizia, a trasferte e trasporto delle Forze di polizia, a rimborsi per facilitazioni di viaggio agli elettori, a spese di ufficio, a spese telegrafiche e telefoniche, a fornitura di carta e stampa di schede, a manutenzione e acquisto di materiale elettorale, a servizio automobilistico e ad altre esigenze derivanti dall'effettuazione delle predette consultazioni elettorali.

11. Il Ministro dell'economia e delle finanze è autorizzato a trasferire, con propri decreti, per l'anno 2021, ai capitoli del titolo III (Rimborso di passività finanziarie) degli stati di previsione delle amministrazioni interessate le somme iscritte, per competenza e per cassa, nel programma "*Rimborsi del debito statale*", nell'ambito della missione "*Debito pubblico*" dello stato di previsione del Ministero dell'economia e delle finanze, in relazione agli oneri connessi alle operazioni di rimborso anticipato o di rinegoziazione dei mutui con onere a totale o parziale carico dello Stato.

12. Nell'elenco n. 5, allegato allo stato di previsione del Ministero dell'economia e delle finanze, sono indicate le spese per le quali si possono effettuare, per l'anno finanziario 2021, prelevamenti dal fondo a disposizione, di cui all'articolo 9, comma 4, della legge 1° dicembre 1986, n. 831, iscritto nel programma "*Prevenzione e repressione delle frodi e delle violazioni agli obblighi fiscali*", nell'ambito della missione "*Politiche economico-finanziarie e di bilancio e tutela della finanza pubblica*", nonché nel programma "*Concorso della Guardia di Finanza alla sicurezza pubblica*", nell'ambito della missione "*Ordine pubblico e sicurezza*" del medesimo stato di previsione.

13. Il numero massimo degli ufficiali ausiliari del Corpo della guardia di finanza di cui alla lettera c) del comma 1 dell'articolo 937 del codice dell'ordinamento militare, di cui al decreto legislativo 15 marzo 2010, n. 66, da mantenere in servizio nell'anno 2021, ai sensi dell'articolo 803 del medesimo codice, è stabilito in 70 unità.

14. Le somme iscritte nel bilancio autonomo della Presidenza del Consiglio dei ministri, assegnate dal CIPE con propria delibera alle amministrazioni interessate ai sensi dell'articolo 1, comma 7, della legge 17 maggio 1999, n. 144, per l'anno finanziario 2021, destinate alla costituzione di unità tecniche di supporto alla programmazione, alla valutazione e al monitoraggio degli investimenti pubblici, sono versate all'entrata del bilancio dello Stato per essere riassegnate, con decreti del Ragioniere generale dello Stato, negli stati di previsione delle amministrazioni medesime.

15. Il Ragioniere generale dello Stato è autorizzato a provvedere, con propri decreti, per l'anno finanziario 2021, alla riassegnazione ad apposito capitolo di spesa dello stato di previsione del Ministero dell'economia e delle finanze, nella misura stabilita con proprio decreto, delle somme versate, nell'ambito della voce "*Entrate derivanti dal controllo e repressione delle irregolarità e degli illeciti*" dello stato di previsione dell'entrata, dalla società Equitalia Giustizia Spa a titolo di utili relativi alla gestione finanziaria del fondo di cui all'articolo 61, comma 23, del decreto-legge 25 giugno 2008, n. 112, convertito, con modificazioni, dalla legge 6 agosto 2008, n. 133.

16. Il Ministro dell'economia e delle finanze, con propri decreti, provvede, nell'anno finanziario 2021, all'adeguamento degli stanziamenti dei capitoli destinati al pagamento dei premi e delle vincite dei giochi pronostici, delle scommesse e delle lotterie, in corrispondenza con l'effettivo andamento delle relative riscossioni.

17. Il Ragioniere generale dello Stato è autorizzato a provvedere, con propri decreti, alla riassegnazione al programma "*Analisi, monitoraggio e controllo della finanza pubblica e politiche di bilancio*", nell'ambito della missione "*Politiche economico-finanziarie e di bilancio e tutela della finanza pubblica*" dello stato di previsione del Ministero dell'economia e delle finanze per l'anno finanziario 2021, delle somme versate all'entrata del bilancio dello Stato relative alla gestione liquidatoria del Fondo gestione istituti contrattuali lavoratori portuali ed alla gestione liquidatoria denominata "*Particolari e straordinarie esigenze, anche di ordine pubblico, della città di Palermo*".

18. Il Ministro dell'economia e delle finanze è autorizzato ad effettuare, con propri decreti, variazioni compensative, in termini di competenza e di cassa, tra gli stanziamenti dei capitoli 2214 e 2223 dello stato di previsione del Ministero dell'economia e delle finanze per l'anno finanziario 2021, iscritti nel programma "*Oneri per il servizio del debito statale*" e tra gli stanziamenti dei capitoli 9502 e 9503 del medesimo stato di previsione, iscritti nel programma "*Rimborsi del debito statale*", al fine di provvedere alla copertura del fabbisogno di tesoreria derivante dalla contrazione di mutui ovvero da analoghe operazioni finanziarie, qualora tale modalità di finanziamento risulti più conveniente per la finanza pubblica rispetto all'emissione di titoli del debito pubblico.

19. Il Ragioniere generale dello Stato è autorizzato a provvedere, con propri decreti, alla riassegnazione ai pertinenti programmi dello stato di previsione del Ministero

dell'economia e delle finanze, per l'anno finanziario 2021, delle somme versate all'entrata del bilancio dello Stato dal Comitato olimpico nazionale italiano (CONI), dalla società Sport e salute Spa, dal Comitato italiano paralimpico, dalle singole Federazioni sportive nazionali, dalle regioni, dalle province, dai comuni e da altri enti pubblici e privati, destinate alle attività dei gruppi sportivi del Corpo della guardia di finanza.

20. Con decreto del Ministro dell'economia e delle finanze, per l'anno finanziario 2021, possono essere apportate variazioni compensative in termini di residui e cassa con riferimento alle somme di parte capitale iscritte nello stato di previsione del Ministero dell'economia e delle finanze nell'anno 2020, non utilizzate nel medesimo anno e che sono conservate nel conto dei residui ai sensi dell'articolo 34-bis della legge 31 dicembre 2009, n. 196, relative alle missioni "*Competitività e sviluppo delle imprese*" e "*Politiche economico-finanziarie e di bilancio e tutela della finanza pubblica*", classificate nella categoria economica "*Acquisizione di attività finanziarie – Azioni e altre partecipazioni*".

(1) Comma modificato dall'articolo 42, comma 2, del D.L. 22 marzo 2021, n. 41, convertito con modificazioni, dalla Legge 21 maggio 2021, n. 69 e successivamente dall'articolo 77, comma 12, del D.L. 25 maggio 2021, n. 73, convertito con modificazioni dalla legge 23 luglio 2021, n. 106.

(2) Comma modificato dall'articolo 42, comma 5, del D.L. 22 marzo 2021, n. 41, convertito con modificazioni, dalla Legge 21 maggio 2021, n. 69; conseguentemente il fondo di cui al presente comma è incrementato di 11.000 milioni di euro per l'anno 2021. Successivamente il presente comma è stato modificato dall'articolo 2, comma 1, della Legge 24 settembre 2021, n. 143.

4. Stato di previsione del Ministero dello sviluppo economico e disposizioni relative. – 1. Sono autorizzati l'impegno e il pagamento delle spese del Ministero dello sviluppo economico, per l'anno finanziario 2021, in conformità all'annesso stato di previsione (Tabella n. 3).

2. Le somme impegnate in relazione alle disposizioni di cui all'articolo 1 del decreto legge 9 ottobre 1993, n. 410, convertito dalla legge 10 dicembre 1993, n. 513, recante interventi urgenti a sostegno dell'occupazione nelle aree di crisi siderurgica, resesi disponibili a seguito di provvedimenti di revoca, sono versate all'entrata del bilancio dello Stato per essere riassegnate, nell'anno finanziario 2021, con decreti del Ragioniere generale dello Stato, allo stato di previsione del Ministero dello sviluppo economico, ai fini di cui al medesimo articolo 1 del decreto-legge n. 410 del 1993, convertito dalla legge n. 513 del 1993.

5. Stato di previsione del Ministero del lavoro e delle politiche sociali e disposizioni relative. – 1. Sono autorizzati l'impegno e il pagamento delle spese del Ministero del lavoro e delle politiche sociali, per l'anno finanziario 2021, in conformità all'annesso stato di previsione (Tabella n. 4).

2. Il Ministro dell'economia e delle finanze è autorizzato ad apportare, su proposta del Ministro del lavoro e delle politiche sociali, con propri decreti, per l'anno finanziario 2021, variazioni compensative in termini di residui, di competenza e di cassa tra i capitoli dello stato di previsione del Ministero del lavoro e delle politiche sociali, anche tra missioni e programmi diversi, connesse con l'attuazione dei decreti legislativi 14 settembre 2015, n. 149 e n. 150.

6. Stato di previsione del Ministero della giustizia e disposizioni relative. – 1. Sono autorizzati l'impegno e il pagamento delle spese del Ministero della giustizia, per l'anno finanziario 2021, in conformità all'annesso stato di previsione (Tabella n. 5).

2. Il Ragioniere generale dello Stato è autorizzato a provvedere, con propri decreti, alla riassegnazione, in termini di competenza e di cassa, delle somme versate dal CONI, dalla società Sport e salute Spa, dalle regioni, dalle province, dai comuni e da altri enti pubblici e privati all'entrata del bilancio dello Stato, relativamente alle spese per il mantenimento, per l'assistenza e per la rieducazione dei detenuti e internati, per gli interventi e gli investimenti finalizzati al miglioramento delle condizioni detentive e delle attività trattamentali, nonché per le attività sportive del personale del Corpo di polizia penitenziaria e dei detenuti e internati, nel programma "*Amministrazione penitenziaria*" e nel programma "*Giustizia minorile e di comunità*", nell'ambito della missione "*Giustizia*" dello stato di previsione del Ministero della giustizia per l'anno finanziario 2021.

3. Il Ragioniere generale dello Stato è autorizzato a provvedere, con propri decreti, alla riassegnazione allo stato di previsione del Ministero della giustizia delle somme versate ad apposito capitolo dell'entrata del bilancio dello Stato, a seguito di convenzioni stipulate dal Ministero medesimo con enti pubblici e privati, a decorrere dalla data di entrata in vigore della presente legge, ovvero derivanti da contributi, rimborsi e finanziamenti provenienti da organismi, anche internazionali, per la destinazione alle spese per il funzionamento degli uffici giudiziari e dei servizi, anche di natura informatica, forniti dai medesimi uffici nonché al potenziamento delle attività connesse alla cooperazione giudiziaria internazionale, nei programmi "*Giustizia civile e penale*" e "*Servizi di gestione amministrativa per l'attività giudiziaria*" nell'ambito della missione "*Giustizia*" dello stato di previsione del Ministero della giustizia per l'anno finanziario 2021.

7. Stato di previsione del Ministero degli affari esteri e della cooperazione internazionale e disposizioni relative. – 1. Sono autorizzati l'impegno e il pagamento delle spese del Ministero degli affari esteri e della cooperazione internazionale, per l'anno finanziario 2021, in conformità all'annesso stato di previsione (Tabella n. 6).

2. Il Ministero degli affari esteri e della cooperazione internazionale è autorizzato ad effettuare, previe intese con il Ministero dell'economia e delle finanze, operazioni in valuta estera non convertibile pari alle disponibilità esistenti nei conti correnti valuta Tesoro costituiti presso le rappresentanze diplomatiche e gli uffici consolari, ai sensi dell'articolo 5 della legge 6 febbraio 1985, n. 15, e che risultino intrasferibili per effetto di norme o disposizioni locali. Il relativo controvalore in euro è acquisito all'entrata del bilancio dello Stato ed è contestualmente iscritto, con decreti del Ragioniere generale dello Stato, sulla base delle indicazioni del Ministero degli affari esteri e della cooperazione internazionale, nei pertinenti programmi dello stato di previsione del medesimo Ministero per l'anno finanziario 2021, per l'effettuazione di spese connesse alle esigenze di funzionamento, mantenimento ed acquisto delle sedi diplomatiche e consolari, degli istituti di cultura e delle scuole italiane all'estero. Il Ministero degli affari esteri e della cooperazione internazionale è altresì autorizzato ad effettuare, con le medesime

modalità, operazioni in valuta estera pari alle disponibilità esistenti nei conti correnti valuta Tesoro in valute inconvertibili o intrasferibili individuate, ai fini delle operazioni di cui al presente comma, dal Dipartimento del tesoro del Ministero dell'economia e delle finanze su richiesta della competente Direzione generale del Ministero degli affari esteri e della cooperazione internazionale.

8. Stato di previsione del Ministero dell'istruzione. – 1. Sono autorizzati l'impegno e il pagamento delle spese del Ministero dell'istruzione, per l'anno finanziario 2021, in conformità all'annesso stato di previsione (Tabella n. 7).

9. Stato di previsione del Ministero dell'interno e disposizioni relative. – 1. Sono autorizzati l'impegno e il pagamento delle spese del Ministero dell'interno, per l'anno finanziario 2021, in conformità all'annesso stato di previsione (Tabella n. 8).

2. Le somme versate dal CONI e dalla società Sport e salute Spa, nell'ambito della voce "*Entrate derivanti da servizi resi dalle Amministrazioni statali*" dello stato di previsione dell'entrata, sono riassegnate, con decreti del Ragioniere generale dello Stato, al programma "*Prevenzione dal rischio e soccorso pubblico*", nell'ambito della missione "*Soccorso civile*" dello stato di previsione del Ministero dell'interno per l'anno finanziario 2021, per essere destinate alle spese relative all'educazione fisica, all'attività sportiva e alla costruzione, al completamento e all'adattamento di infrastrutture sportive concernenti il Corpo nazionale dei vigili del fuoco.

3. Nell'elenco n. 1, annesso allo stato di previsione del Ministero dell'interno, sono indicate le spese per le quali si possono effettuare, per l'anno finanziario 2021, prelevamenti dal fondo a disposizione per la Pubblica sicurezza, di cui all'articolo 1 della legge 12 dicembre 1969, n. 1001, iscritto nel programma "*Contrasto al crimine, tutela dell'ordine e della sicurezza pubblica*", nell'ambito della missione "*Ordine pubblico e sicurezza*".

4. Il Ministro dell'economia e delle finanze è autorizzato a trasferire, con propri decreti, su proposta del Ministro dell'interno, agli stati di previsione dei Ministeri interessati, per l'anno finanziario 2021, le risorse iscritte nel capitolo 2313, istituito nel programma "*Flussi migratori, interventi per lo sviluppo della coesione sociale, garanzia dei diritti, rapporti con le confessioni religiose*", nell'ambito della missione "*Immigrazione, accoglienza e garanzia dei diritti*" dello stato di previsione del Ministero dell'interno, e nel capitolo 2872, istituito nel programma "*Pianificazione e coordinamento Forze di polizia*", nell'ambito della missione "*Ordine pubblico e sicurezza*" del medesimo stato di previsione, in attuazione dell'articolo 1, comma 562, della legge 23 dicembre 2005, n. 266, dell'articolo 34 del decreto-legge 1° ottobre 2007, n. 159, convertito, con modificazioni, dalla legge 29 novembre 2007, n. 222, e delle disposizioni di cui all'articolo 2, comma 106, della legge 24 dicembre 2007, n. 244.

5. Il Ragioniere generale dello Stato è autorizzato a riassegnare, con propri decreti, nello stato di previsione del Ministero dell'interno, per l'anno finanziario 2021, i contributi relativi al rilascio e al rinnovo dei permessi di soggiorno, di cui all'articolo 5, comma 2-ter, del testo unico di cui al decreto legislativo 25 luglio 1998, n. 286, versati all'entrata del bilancio dello Stato e destinati, ai sensi dell'articolo 14-bis del medesimo testo unico, al Fondo rimpatri, finalizzato a finanziare le spese per il rimpatrio degli stranieri verso i Paesi di origine ovvero di provenienza.

6. Al fine di reperire le risorse occorrenti per il finanziamento dei programmi di rimpatrio volontario ed assistito di cittadini di Paesi terzi verso il Paese di origine o di provenienza, ai sensi dell'articolo 14-ter del testo unico di cui al decreto legislativo 25 luglio 1998, n. 286, il Ministro dell'economia e delle finanze è autorizzato ad apportare, con propri decreti, su proposta del Ministro dell'interno, per l'anno finanziario 2021, le occorrenti variazioni compensative di bilancio, nello stato di previsione del Ministero dell'interno, anche tra missioni e programmi diversi.

7. Il Ministro dell'economia e delle finanze è autorizzato ad apportare, con propri decreti, per l'anno finanziario 2021, le variazioni compensative di bilancio tra i programmi di spesa dello stato di previsione del Ministero dell'interno "*Elaborazione, quantificazione e assegnazione delle risorse finanziarie da attribuire agli enti locali*" e "*Gestione dell'albo dei segretari comunali e provinciali*", in relazione alle minori o maggiori occorrenze connesse alla gestione dell'albo dei segretari provinciali e comunali necessarie ai sensi dell'articolo 7, comma 31-ter, del decreto-legge 31 maggio 2010, n. 78, convertito, con modificazioni, dalla legge 30 luglio 2010, n. 122, e dell'articolo 10 del decreto-legge 10 ottobre 2012, n. 174, convertito, con modificazioni, dalla legge 7 dicembre 2012, n. 213.

8. Al fine di consentire la corresponsione, nell'ambito del sistema di erogazione unificata, delle competenze accessorie dovute al personale della Polizia di Stato, per i servizi resi nell'ambito delle convenzioni stipulate con le società di trasporto ferroviario, con la società Poste italiane Spa, con l'ANAS Spa e con l'Associazione italiana società concessionarie autostrade e trafori, il Ministro dell'interno è autorizzato ad apportare, con propri decreti, previo assenso del Ministero dell'economia e delle finanze – Dipartimento della Ragioneria generale dello Stato, le occorrenti variazioni compensative di bilancio delle risorse iscritte sul capitolo 2502, istituito nel programma "*Contrasto al crimine, tutela dell'ordine e della sicurezza pubblica*" della missione "*Ordine pubblico e sicurezza*" sui pertinenti capitoli dello stato di previsione del Ministero dell'interno.

9. Al fine di consentire il pagamento dei compensi per lavoro straordinario, si applicano al personale dell'Amministrazione civile dell'interno, nelle more del perfezionamento del decreto del Ministro dell'interno di cui all'articolo 43, tredicesimo comma, della legge 1° aprile 1981, n. 121, i limiti massimi stabiliti dal decreto adottato, ai sensi del medesimo articolo, per l'anno 2020.

19. D.L. 31 dicembre 2020, n. 183

Decreto convertito, con modificazioni, dalla Legge 26 febbraio 2021, n. 21. - Disposizioni urgenti in materia di termini legislativi, di realizzazione di collegamenti digitali, di esecuzione della decisione (UE, EURATOM) 2020/2053 del Consiglio, del 14 dicembre 2020, nonché in materia di recesso del Regno Unito dall'Unione europea. (MILLEPROROGHE 2021)
(in Gazz. Uff., 31 dicembre 2020, n. 323)

3. Proroga di termini in materia economica e finanziaria. – 1. All'articolo 4, comma 12, secondo periodo, del decreto-legge 9 gennaio 2020, n. 1, convertito, con modificazioni, dalla legge 5 marzo 2020, n. 12, le parole "*A decorrere dall'anno 2021*" sono sostituite dalle seguenti: "*Entro l'anno 2021*".

2. All'articolo 3, comma 1, del decreto-legge 6 luglio 2012, n. 95, convertito, con modificazioni, dalla legge 7 agosto 2012, n. 135, le parole "*2019 e 2020*" sono sostituite dalle seguenti: "*2019, 2020 e 2021*".

3. All'articolo 13 del decreto-legge 30 aprile 2019, n. 34, convertito, con modificazioni, dalla legge 28 giugno 2019, n. 58, sono apportate le seguenti modificazioni:

a) al comma 4, le parole "*a decorrere dal 1° gennaio 2021*" sono sostituite dalle seguenti: "*a decorrere dal 1° luglio 2021*";

b) al comma 5, le parole "*fino al 31 dicembre 2020*" sono sostituite dalle seguenti: "*fino al 30 giugno 2021*".

4. All'articolo 1, comma 789, della legge 27 dicembre 2019, n. 160, le parole "*31 dicembre 2020*" sono sostituite dalle seguenti: "*30 giugno 2021*".

5. All'articolo 2, comma 6-quater, secondo periodo, del decreto legislativo 5 agosto 2015, n. 127, le parole "*1° gennaio 2021*" sono sostituite dalle seguenti: "*1° gennaio 2022*".

6. All'articolo 106 del decreto-legge 17 marzo 2020, n. 18, convertito, con modificazioni, dalla legge 24 aprile 2020, n. 27, sono apportate le seguenti modificazioni:

a) al comma 1, al primo periodo, le parole: "*è convocata entro centottanta giorni dalla chiusura dell'esercizio*" sono sostituite dalle seguenti: "*è convocata per l'approvazione del bilancio al 31 dicembre 2020 entro centottanta giorni dalla chiusura dell'esercizio*" e il secondo periodo è soppresso;

b) il comma 7 è sostituito dal seguente:

"7. *Le disposizioni del presente articolo si applicano alle assemblee tenute entro il 31 luglio 2021*" (1).

6-bis. All'articolo 1, comma 14-bis, del decreto-legge 8 aprile 2020, n. 23, convertito, con modificazioni, dalla legge 5 giugno 2020, n. 40, le parole: "*fino al 31 dicembre 2020*" sono sostituite dalle seguenti: "*fino al 30 giugno 2021*" (2).

7. In ragione della straordinaria emergenza epidemiologica da COVID-19, gli obblighi di aggiornamento professionale dei revisori legali dei conti relativi all'anno 2020 e all'anno 2021, previsti dall'articolo 5, commi 2 e 5, del decreto legislativo 27 gennaio 2010, n. 39, consistenti nell'acquisizione di 20 crediti formativi in ciascun anno, di cui almeno 10 in materie caratterizzanti la revisione legale, si intendono eccezionalmente assolti se i crediti sono conseguiti entro il 31 dicembre 2022 (3).

8. Al comma 4, dell'articolo 117, del decreto-legge 19 maggio 2020, n. 34, convertito, con modificazioni, dalla legge 17 luglio 2020, n. 77, le parole "*31 dicembre 2020*" sono sostituite dalle seguenti: "*31 dicembre 2021*" (4).

9. All'articolo 1, comma 544, della legge 11 dicembre 2016, n. 232, dopo le parole "*Agenzia delle entrate,*" sono inserite le seguenti: "*da adottarsi entro [e non oltre] il 1° febbraio 2021,*", e dopo le parole "*ogni altra disposizione necessaria*" sono inserite le seguenti: "*per l'avvio e*" (5).

10. All'articolo 1, comma 540, della legge 11 dicembre 2016, n. 232, al terzo periodo, le parole "*Nel caso in cui*" sono sostituite dalle seguenti: "*A decorrere dal 1° marzo 2021, nel caso in cui*".

11. All'articolo 141, comma 1-ter, del decreto-legge 19 maggio 2020, n. 34, convertito, con modificazioni, dalla legge 17 luglio 2020, n. 77, le parole da "*può avvalersi*" fino a "*sei unità*" sono sostituite dalle seguenti: "*può conferire fino a sei incarichi di collaborazione ai sensi dell'articolo 7, comma 6, del decreto legislativo 30 marzo 2001, n. 165*" e le parole: "*31 dicembre 2021*" sono sostituite dalle seguenti: "*30 giugno 2022*".

11-bis. Per i comuni interamente confinanti con Paesi non appartenenti all'Unione europea, la disposizione di cui all'articolo 1, comma 555, della legge 27 dicembre 2019, n. 160, è prorogata all'anno 2027 alle medesime condizioni di cui all'articolo 1, comma 547, della citata legge n. 160 del 2019 (6).

11-ter. All'articolo 1 della legge 27 dicembre 2019, n. 160, sono apportate le seguenti modificazioni:

a) il comma 576-bis è sostituito dal seguente:

"*576-bis. In deroga al comma 576, per il periodo d'imposta in corso al 31 dicembre 2020 e fino a quello in corso al 31 dicembre 2021, le agevolazioni di cui ai commi 573, 574 e 575 si applicano nel limite dell'importo di 1.800.000 euro per ogni impresa. Tale limite è di 270.000 euro per ogni impresa attiva nel settore della pesca e dell'acquacoltura e di 225.000 euro per ogni impresa attiva nel settore della produzione primaria di prodotti agricoli*";

b) il comma 577-bis è sostituito dal seguente:

"*577-bis. Per il periodo d'imposta in corso al 31 dicembre 2020 e fino a quello in corso al 31 dicembre 2021, alle imprese che effettuano gli investimenti di cui al comma 577 il credito d'imposta è riconosciuto, in deroga alle disposizioni del medesimo comma 577, in misura pari ai costi sostenuti nel limite dell'importo di 1.800.000 euro per ogni impresa. Tale limite è di 270.000 euro per ogni impresa attiva nel settore della pesca e dell'acquacoltura e di 225.000 euro per ogni impresa attiva nel settore della produzione primaria di prodotti agricoli*" (7).

11-quater. I provvedimenti di revoca adottati ai sensi dell'articolo 4 del regolamento di cui al decreto del Ministro dell'economia e delle finanze 2 aprile 2015, n. 53, conseguenti al raggiungimento o al mantenimento di un volume di attività finanziaria pari o superiore a 150 milioni di euro, sono sospesi fino al 31 dicembre 2022 (8)(9).

11-quinquies. All'articolo 24, comma 1, del decreto-legge 8 aprile 2020, n. 23, convertito, con modificazioni, dalla legge 5 giugno 2020, n. 40, le parole: "*31 dicembre 2020*" sono sostituite dalle seguenti: "*31 dicembre 2021*" (10).

11-sexies. Le disposizioni del regolamento delegato (UE)2019/815 della Commissione, del 17 dicembre 2018, si applicano alle relazioni finanziarie relative agli esercizi avviati a decorrere dal 1° gennaio 2021 (11).

(1) *Comma sostituito dall'articolo 1 della Legge 26 febbraio 2021, n. 21, in sede di conversione.*
(2) *Comma inserito dall'articolo 1 della Legge 26 febbraio 2021, n.*

21, in sede di conversione.
(3) *Comma modificato dall'articolo 1 della Legge 26 febbraio 2021, n. 21, in sede di conversione.*
(4) *La Corte Costituzionale, con sentenza 7 dicembre 2021, n. 236, (in Gazz. Uff. 9 dicembre 2021, n. 49), ha dichiarato l'illegittimità costituzionale del presente comma.*
(5) *Comma modificato dall'articolo 1 della Legge 26 febbraio 2021, n. 21, in sede di conversione.*
(6) *Comma inserito dall'articolo 1 della Legge 26 febbraio 2021, n. 21, in sede di conversione.*
(7) *Comma inserito dall'articolo 1 della Legge 26 febbraio 2021, n. 21, in sede di conversione.*
(8) *Comma inserito dall'articolo 1 della Legge 26 febbraio 2021, n. 21, in sede di conversione.*
(8) *Comma modificato dall'articolo 3, comma 6-sexies, del D.L. 30 dicembre 2021, n. 228, convertito con modificazioni dalla Legge 25 febbraio 2022, n. 15.*
(10) *Comma inserito dall'articolo 1 della Legge 26 febbraio 2021, n. 21, in sede di conversione.*
(11) *Comma inserito dall'articolo 1 della Legge 26 febbraio 2021, n. 21, in sede di conversione.*

3 *bis*. Disposizioni in materia di società partecipate[1]. – 1. Il tardivo deposito dei bilanci relativi all'esercizio 2019 delle aziende speciali e delle istituzioni previste dall'articolo 114 del testo unico delle leggi sull'ordinamento degli enti locali, di cui al decreto legislativo 18 agosto 2000, n. 267, presso la camera di commercio, industria, artigianato e agricoltura non dà luogo a sanzioni a condizione che sia effettuato entro il 31 marzo 2021.

(1) *Articolo inserito dall'articolo 1 della Legge 26 febbraio 2021, n. 21, in sede di conversione.*

3 *ter*. Disposizioni in materia di esenzione dall'imposta sul valore aggiunto per le cessioni di beni necessari per il contenimento e la gestione dell'emergenza epidemiologica da COVID-19)[1]. – 1. Al comma 452 dell'articolo 1 della legge 30 dicembre 2020, n. 178, il richiamo del regolamento (UE) 2017/745 del Parlamento europeo e del Consiglio, del 5 aprile 2017, deve intendersi riferito al regolamento (UE) 2017/746 del Parlamento europeo e del Consiglio, del 5 aprile 2017, in conformità alla direttiva (UE) 2020/2020 del Consiglio, del 7 dicembre 2020.

(1) *Articolo inserito dall'articolo 1 della Legge 26 febbraio 2021, n. 21, in sede di conversione.*

Omissis.

22 *bis*. Proroga di termini in materia tributaria[1]. – 1. All'articolo 157 del decreto-legge 19 maggio 2020, n. 34, convertito, con modificazioni, dalla legge 17 luglio 2020, n. 77, sono apportate le seguenti modificazioni:

a) il comma 1 è sostituito dal seguente:

"*1. In deroga a quanto previsto dall'articolo 3 della legge 27 luglio 2000, n. 212, gli atti di accertamento, di contestazione, di irrogazione delle sanzioni, di recupero dei crediti d'imposta, di liquidazione e di rettifica e liquidazione, per i quali i termini di decadenza, calcolati senza tener conto del periodo di sospensione di cui all'articolo 67, comma 1, del decreto-legge 17 marzo 2020, n. 18, convertito, con modificazioni, dalla legge 24 aprile 2020, n. 27, scadono tra l'8 marzo 2020 e il 31 dicembre 2020, sono emessi entro il 31 dicembre 2020 e sono notificati nel periodo compreso tra il 1° marzo 2021 e il 28 febbraio 2022, salvi casi di indifferibilità e urgenza, o al fine del perfezionamento degli adempimenti fiscali che richiedono il contestuale versamento di tributi*";

b) il comma 2-bis è sostituito dal seguente:

"*2-bis. Gli atti, le comunicazioni e gli inviti di cui al comma 2 sono notificati, inviati o messi a disposizione nel periodo compreso tra il 1° marzo 2021 e il 28 febbraio 2022, salvi casi di indifferibilità e urgenza, o al fine del perfezionamento degli adempimenti fiscali che richiedono il contestuale versamento di tributi. Restano ferme le disposizioni previste dall'articolo 1, comma 640, della legge 23 dicembre 2014, n. 190*";

c) il comma 3 è sostituito dal seguente:

"*3. I termini di decadenza per la notificazione delle cartelle di pagamento previsti dall'articolo 25, comma 1, lettere a) e b), del decreto del Presidente della Repubblica 29 settembre 1973, n. 602, sono prorogati di quattordici mesi relativamente:*

a) alle dichiarazioni presentate nell'anno 2018, per le somme che risultano dovute a seguito dell'attività di liquidazione prevista dagli articoli 36-bis del decreto del Presidente della Repubblica 29 settembre 1973, n. 600, e 54-bis del decreto del Presidente della Repubblica 26 ottobre 1972, n. 633;

b) alle dichiarazioni dei sostituti d'imposta presentate nell'anno 2017, per le somme che risultano dovute ai sensi degli articoli 19 e 20 del testo unico di cui al decreto del Presidente della Repubblica 22 dicembre 1986, n. 917;

c) alle dichiarazioni presentate negli anni 2017 e 2018, per le somme che risultano dovute a seguito dell'attività di controllo formale prevista dall'articolo 36-ter del decreto del Presidente della Repubblica 29 settembre 1973, n. 600";

d) il comma 4 è sostituito dal seguente:

"*4. Con riferimento agli atti indicati ai commi 1 e 2 notificati entro il 28 febbraio 2022 non sono dovuti, se previsti, gli interessi per ritardato pagamento di cui all'articolo 6 del decreto del Ministro dell'economia e delle finanze 21 maggio 2009, pubblicato nella Gazzetta Ufficiale n. 136 del 15 giugno 2009, né gli interessi per ritardata iscrizione a ruolo di cui all'articolo 20 del decreto del Presidente della Repubblica 29 settembre 1973, n. 602, per il periodo compreso tra il 1° gennaio 2021 e la data di notificazione dell'atto stesso. Con riferimento alle comunicazioni di cui al comma 2 non sono dovuti gli interessi per ritardato pagamento di cui all'articolo 6 del citato decreto del Ministro dell'economia e delle finanze 21 maggio 2009 dal mese di elaborazione, né gli interessi per ritardata iscrizione a ruolo di cui all'articolo 20 del decreto del Presidente della Repubblica 29 settembre 1973, n. 602, per il periodo compreso tra il 1° gennaio 2021 e la data di consegna della comunicazione*".

2. Il comma 1 dell'articolo 68 del decreto-legge 17 marzo 2020, n. 18, convertito, con modificazioni, dalla legge 24 aprile 2020, n. 27, è sostituito dal seguente:

"*1. Con riferimento alle entrate tributarie e non tributarie, sono sospesi i termini dei versamenti, in scadenza nel periodo dall'8 marzo 2020 al 28 febbraio 2021, derivanti da cartelle di pagamento emesse dagli agenti della riscossione nonché dagli avvisi previsti dagli articoli 29 e 30 del decreto-legge 31 maggio 2010, n. 78, convertito, con modificazioni, dalla legge 30 luglio 2010, n. 122. I versamenti oggetto di sospensione devono essere effettuati in unica soluzione entro il mese successivo al termine del periodo di sospensione. Non si procede al rimborso di quanto già versato. Si applicano le disposizioni di cui all'articolo 12 del decreto legislativo 24 settembre 2015, n. 159*".

3. All'articolo 152, comma 1, primo periodo, del decreto-legge 19 maggio 2020, n. 34, convertito, con modificazioni, dalla legge 17 luglio 2020, n. 77, le parole da: "*del presente decreto*" fino a: "*sono sospesi*" sono sostituite dalle seguenti: "*del presente decreto e il 28 febbraio 2021 sono sospesi*".

4. Restano validi gli atti e i provvedimenti adottati e gli adempimenti svolti dall'agente della riscossione nel periodo

VARIE

dal 1° gennaio 2021 al 15 gennaio 2021 e sono fatti salvi gli effetti prodottisi e i rapporti giuridici sorti sulla base dei medesimi; restano altresì acquisiti, relativamente ai versamenti eventualmente eseguiti nello stesso periodo, gli interessi di mora corrisposti ai sensi dell'articolo 30, comma 1, del decreto del Presidente della Repubblica 29 settembre 1973, n. 602, nonché le sanzioni e le somme aggiuntive corrisposte ai sensi dell'articolo 27, comma 1, del decreto legislativo 26 febbraio 1999, n. 46. Agli accantonamenti effettuati e alle somme accreditate nel predetto periodo all'agente della riscossione e ai soggetti di cui all'articolo 52, comma 5, lettera b), del decreto legislativo 15 dicembre 1997, n. 446, si applicano le disposizioni dell'articolo 152, comma 1, terzo periodo, del decreto-legge 19 maggio 2020, n. 34, convertito, con modificazioni, dalla legge 17 luglio 2020, n. 77; alle verifiche di cui all'articolo 48-bis, comma 1, del decreto del Presidente della Repubblica 29 settembre 1973, n. 602, effettuate nello stesso periodo si applicano le disposizioni dell'articolo 153, comma 1, secondo periodo, del citato decreto-legge n. 34 del 2020.

(1) *Articolo inserito dall'articolo 1 della Legge 26 febbraio 2021, n. 21, in sede di conversione.*

22 *quater*. Termini per la dichiarazione e il versamento dell'imposta sui servizi digitali[1]. – 1. All'articolo 1, comma 42, della legge 30 dicembre 2018, n. 145, è aggiunto, in fine, il seguente periodo: "*In sede di prima applicazione, l'imposta dovuta per le operazioni imponibili nell'anno 2020 è versata entro il 16 marzo 2021 e la relativa dichiarazione è presentata entro il 30 aprile 2021*".

(1) *Articolo inserito dall'articolo 1 della Legge 26 febbraio 2021, n. 21, in sede di conversione.*

22 *sexies*. Modifica del comma 8 dell'articolo 1 della legge 30 dicembre 2020, n. 178, concernente la disciplina dell'ulteriore detrazione fiscale per redditi di lavoro dipendente e assimilati[1]. – 1. Il comma 8 dell'articolo 1 della legge 30 dicembre 2020, n. 178, è sostituito dal seguente:

"*8. All'articolo 2 del decreto-legge 5 febbraio 2020, n. 3, convertito, con modificazioni, dalla legge 2 aprile 2020, n. 21, sono apportate le seguenti modificazioni:*

a) al comma 1, dopo la parola: 'spettà sono inserite le seguenti: ', per le prestazioni rese dal 1° luglio 2020 al 31 dicembre 2020,';

b) il comma 2 è sostituito dal seguente:

'2. In vista di una revisione strutturale del sistema delle detrazioni fiscali, l'ulteriore detrazione di cui al comma 1 spetta, per le prestazioni rese dal 1° gennaio 2021, nei seguenti importi:

a) 960 euro, aumentata del prodotto tra 240 euro e l'importo corrispondente al rapporto tra 35.000 euro, diminuito del reddito complessivo, e 7.000 euro, se l'ammontare del reddito complessivo è superiore a 28.000 euro ma non a 35.000 euro;

b) 960 euro, se il reddito complessivo è superiore a 35.000 euro ma non a 40.000 euro; la detrazione spetta per la parte corrispondente al rapporto tra l'importo di 40.000 euro, diminuito del reddito complessivo, e l'importo di 5.000 euro';

c) al comma 3, le parole: 'di cui al comma 1', ovunque ricorrono, sono sostituite dalle seguenti: 'di cui ai commi 1 e 2' e le parole: 'in otto rate di pari ammontare' sono sostituite dalle seguenti: 'in dieci rate di pari ammontare'".

(1) *Articolo inserito dall'articolo 1 della Legge 26 febbraio 2021, n. 21, in sede di conversione.*

20. D.L. 22 marzo 2021, n. 41

Decreto convertito, con modificazioni dalla Legge 21 maggio 2021, n. 69. - Misure urgenti in materia di sostegno alle imprese e agli operatori economici, di lavoro, salute e servizi territoriali, connesse all'emergenza da COVID-19. (DECRETO SOSTEGNI)
(in Gazz. Uff., 22 marzo 2021, n. 70)

TITOLO I
Sostegno alle imprese e all'economia

01. Proroga del versamento dell'IRAP.[1] – 1. All'articolo 42- bis, comma 5, del decreto-legge 14 agosto 2020, n. 104, convertito, con modificazioni, dalla legge 13 ottobre 2020, n. 126, le parole: "30 aprile 2021" sono sostituite dalle seguenti: "30 settembre 2021".

(1) *Articolo premesso dall'articolo 1, comma 1, della Legge 21 maggio 2021, n. 69, in sede di conversione.*

1. Contributo a fondo perduto in favore degli operatori economici e proroga dei termini in materia di dichiarazione precompilata IVA. [1][A] – 1. Al fine di sostenere gli operatori economici colpiti dall'emergenza epidemiologica da COVID-19, è riconosciuto un contributo a fondo perduto a favore dei soggetti titolari di partita IVA, residenti o stabiliti nel territorio dello Stato, che svolgono attività d'impresa, arte o professione o producono reddito agrario.

2. Il contributo a fondo perduto di cui al comma 1 non spetta, in ogni caso, ai soggetti la cui attività risulti cessata alla data di entrata in vigore del presente decreto, ai soggetti che hanno attivato la partita IVA dopo l'entrata in vigore del presente decreto, agli enti pubblici di cui all'articolo 74 nonché ai soggetti di cui all'articolo 162-bis del testo unico delle imposte sui redditi approvato con decreto del Presidente della Repubblica 22 dicembre 1986, n. 917.

3. Il contributo spetta esclusivamente ai soggetti titolari di reddito agrario di cui all'articolo 32 del citato testo unico delle imposte sui redditi di cui al decreto del Presidente della Repubblica n. 917 del 1986, nonché ai soggetti con ricavi di cui all'articolo 85, comma 1, lettere a) e b), del predetto testo unico o con compensi di cui all'articolo 54, comma 1, del medesimo testo unico, unico non superiori a 10 milioni di euro nel secondo periodo d'imposta antecedente a quello in corso alla data di entrata in vigore del presente decreto[2].

4. Il contributo a fondo perduto spetta a condizione che l'ammontare medio mensile del fatturato e dei corrispettivi dell'anno 2020 sia inferiore almeno del 30 per cento rispetto all'ammontare medio mensile del fatturato e dei corrispettivi dell'anno 2019. Al fine di determinare correttamente i predetti importi, si fa riferimento alla data di effettuazione dell'operazione di cessione di beni o di prestazione dei servizi. Ai soggetti che hanno attivato la partita IVA dal 1° gennaio 2019 il contributo spetta anche in assenza dei requisiti di cui al presente comma.

5. L'ammontare del contributo a fondo perduto è determinato in misura pari all'importo ottenuto applicando una percentuale alla differenza tra l'ammontare medio mensile del fatturato e dei corrispettivi dell'anno 2020 e l'ammontare medio mensile del fatturato e dei corrispettivi dell'anno 2019 come segue:

a) sessanta per cento per i soggetti con ricavi e compensi indicati al comma 3 non superiori a centomila euro;

b) cinquanta per cento per i soggetti con ricavi o compensi indicati al comma 3 superiori a centomila euro e fino a quattrocentomila euro;

c) quaranta per cento per i soggetti con ricavi o compensi indicati al comma 3 superiori a quattrocentomila euro e fino a 1 milione di euro;

d) trenta per cento per i soggetti con ricavi o compensi indicati al comma 3 superiori a 1 milione di euro e fino a 5 milioni di euro;

e) venti per cento per i soggetti con ricavi o compensi indicati al comma 3 superiori a 5 milioni di euro e fino a 10 milioni di euro.

Per i soggetti che hanno attivato la partita IVA dal 1° gennaio 2019, ai fini della media di cui al primo periodo, rilevano i mesi successivi a quello di attivazione della partita IVA.

5-bis. Il contributo di cui al comma 1 non può essere pignorato [(3)].

6. Fermo quanto disposto dal comma 2, per tutti i soggetti, compresi quelli che hanno attivato la partita IVA dal 1° gennaio 2020, l'importo del contributo di cui al presente articolo non può essere superiore a centocinquantamila euro ed è riconosciuto, comunque, per un importo non inferiore a mille euro per le persone fisiche e a duemila euro per i soggetti diversi dalle persone fisiche.

7. Il contributo di cui al presente articolo non concorre alla formazione della base imponibile delle imposte sui redditi, non rileva altresì ai fini del rapporto di cui agli articoli 61 e 109, comma 5, del testo unico delle imposte sui redditi, di cui al decreto del Presidente della Repubblica 22 dicembre 1986, n. 917 e non concorre alla formazione del valore della produzione netta, di cui al decreto legislativo 15 dicembre 1997, n. 446. In alternativa, a scelta irrevocabile del contribuente, il contributo a fondo perduto è riconosciuto nella sua totalità sotto forma di credito d'imposta, da utilizzare esclusivamente in compensazione ai sensi dell'articolo 17 del decreto legislativo 9 luglio 1997, n. 241, presentando il modello F24 esclusivamente tramite i servizi telematici resi disponibili dall'Agenzia delle Entrate. Ai fini di cui al secondo periodo, non si applicano i limiti di cui all'articolo 31, comma 1, del decreto-legge 31 maggio 2010, n. 78, convertito, con modificazioni, dalla legge 30 luglio 2010, n. 122, all'articolo 34 della legge 23 dicembre 2000, n. 388, e all'articolo 1, comma 53, della legge 24 dicembre 2007, n. 244.

8. Al fine di ottenere il contributo a fondo perduto, i soggetti interessati presentano, esclusivamente in via telematica, una istanza all'Agenzia delle entrate con l'indicazione della sussistenza dei requisiti definiti dai precedenti commi. L'istanza può essere presentata, per conto del soggetto interessato, anche da un intermediario di cui all'articolo 3, comma 3, del decreto del Presidente della Repubblica 22 luglio 1998, n. 322 delegato al servizio del cassetto fiscale dell'Agenzia delle entrate. L'istanza deve essere presentata, a pena di decadenza, entro sessanta giorni dalla data di avvio della procedura telematica per la presentazione della stessa. Le modalità di presentazione dell'istanza, il suo contenuto informativo, i termini di presentazione della stessa e ogni altro elemento necessario all'attuazione delle disposizioni del presente articolo sono definiti con provvedimento del Direttore dell'Agenzia delle entrate[(4)].

9. Si applicano, in quanto compatibili, le disposizioni di cui all'articolo 25, commi da 9 a 14 del decreto-legge 19 maggio 2020 n. 34, convertito, con modificazioni dalla legge 17 luglio 2020, n. 77, con riferimento alle modalità di erogazione del contributo, al regime sanzionatorio e alle attività di controllo.

10. All'articolo 4 del decreto legislativo 5 agosto 2015, n. 127, sono apportate le seguenti modificazioni:

a) al comma 1:

1) all'alinea, le parole «1° gennaio 2021» sono sostituite con le seguenti «1° luglio 2021» [(5)];

2) la lettera c) è soppressa;

b) dopo il comma 1 è aggiunto il seguente: «1.1. A partire dalle operazioni IVA effettuate dal 1° gennaio 2022, in via sperimentale, oltre alle bozze dei documenti di cui al comma 1, lettere a) e b), l'Agenzia delle entrate mette a disposizione anche la bozza della dichiarazione annuale dell'IVA.»[(6)].

11. Sono abrogate le disposizioni dell'articolo 1, commi 14-bis e 14-ter, del decreto-legge 28 ottobre 2020, n. 137, convertito, con modificazioni, dalla legge 18 dicembre 2020, n. 176. All'articolo 59, comma 1, lettera a), del decreto-legge 14 agosto 2020, n. 104, convertito, con modificazioni, dalla legge 13 ottobre 2020, n. 126, sono apportate le seguenti modificazioni:

a) dopo le parole: "*e per i comuni*" sono inserite le seguenti: "*con popolazione superiore a diecimila abitanti*";

b) è aggiunto, in fine, il seguente periodo: "*. Il requisito del numero di abitanti di cui al periodo precedente non si applica ai comuni interessati dagli eventi sismici verificatisi a far data dal 24 agosto 2016, indicati negli allegati 1, 2 e 2-bis al decreto-legge 17 ottobre 2016, n. 189, convertito, con modificazioni, dalla legge 15 dicembre 2016, n. 229*"[(7)].

12. Agli oneri derivanti dai commi da 1 a 9, valutati in 11.150 milioni di euro per l'anno 2021, si provvede, quanto a 10.540 milioni di euro, ai sensi dell'articolo 42, quanto a 280 milioni di euro, mediante utilizzo delle risorse rivenienti dall'abrogazione delle disposizioni di cui al comma 11 e, quanto a 330 milioni di euro, mediante corrispondente versamento all'entrata del bilancio dello Stato, da parte dell'Agenzia delle entrate, entro dieci giorni dalla data di entrata in vigore del presente decreto, a valere sulle somme trasferite alla predetta Agenzia per effetto dell'articolo 1-ter del decreto-legge 28 ottobre 2020, n. 137, convertito, con modificazioni, dalla legge 18 dicembre 2020, n. 176[(8)].

13. Le disposizioni del presente comma e dei commi da 14 a 17 si applicano alle misure di agevolazione contenute

VARIE

nelle seguenti disposizioni, per le quali rilevano le condizioni e i limiti previsti dalle Sezioni 3.1 «Aiuti di importo limitato» e 3.12 «Aiuti sotto forma di sostegno a costi fissi non coperti» della Comunicazione della Commissione europea del 19 marzo 2020 C(2020) 1863 final «Quadro temporaneo per le misure di aiuto di Stato a sostegno dell'economia nell'attuale emergenza del COVID-19», e successive modificazioni:

a) articoli 24,25,120,129-bis e 177 del decreto-legge 19 maggio 2020 n. 34, convertito, con modificazioni, dalla legge 17 luglio 2020 n. 77;

b) articolo 28 del decreto-legge 19 maggio 2020 n. 34, convertito, con modificazioni, dalla legge 17 luglio 2020 n. 77 [*e modificato dall'articolo 77, comma 1, lettere 0a), a), b), b-bis) del decreto-legge 14 agosto 2020 n. 104, convertito, con modificazioni, dalla legge 13 ottobre 2020 n. 126*] [(9)];

c) articolo 78, comma 1, del decreto-legge 14 agosto 2020 n. 104, convertito, con modificazioni, dalla legge 13 ottobre 2020 n. 126;

d) articolo 78, comma 3, del decreto legge 14 agosto 2020 n. 104, convertito, con modificazioni, dalla legge 13 ottobre 2020 n. 126 limitatamente all'imposta municipale propria (IMU) dovuta per l'anno 2021[(10)];

e) articoli 1,1-bis, 1-ter, 8,8-bis, 9,9-bis, 9-ter, comma 1, del decreto-legge 28 ottobre 2020 n. 137, convertito, con modificazioni, dalla legge 18 dicembre 2020, n. 176;

f) articoli 2 e 2-bis del decreto-legge 18 dicembre 2020, n. 172, convertito, con modificazioni, dalla legge 29 gennaio 2021, n. 6;

g) articolo 1, comma 599, della legge 30 dicembre 2020, n. 178[(11)];

h) commi da 1 a 9 del presente articolo e articoli 1-ter, 5, 6, commi 5 e 6, e 6-sexies del presente decreto [(12)];

h-bis) articoli 1 e 4 del decreto-legge 25 maggio 2021, n. 73, convertito, con modificazioni, dalla legge 23 luglio 2021, n. 106 [(13)] . [(B)]

14. Gli aiuti di cui al comma 13 fruiti alle condizioni e nei limiti della Sezione 3.1 della suddetta Comunicazione della Commissione europea possono essere cumulati da ciascuna impresa con altri aiuti autorizzati ai sensi della medesima Sezione. Le imprese presentano un'apposita autodichiarazione con la quale attestano l'esistenza delle condizioni previste dalla Sezione 3.1 di cui al periodo precedente [(14)].

15. Per le imprese beneficiarie degli aiuti di cui al comma 13 che intendono avvalersi anche della Sezione 3.12 della suddetta Comunicazione della Commissione europea rilevano le condizioni e i limiti previsti da tale Sezione. A tal fine le imprese presentano un'apposita autodichiarazione con la quale attestano l'esistenza delle condizioni previste al paragrafo 87 della Sezione 3.12.

16. Con decreto del Ministro dell'economia e delle finanze, sentita la Conferenza Stato-città ed autonomie locali, sono stabilite le modalità di attuazione dei commi da 13 a 15 ai fini della verifica, successivamente all'erogazione del contributo, del rispetto dei limiti e delle condizioni previsti dalle Sezioni 3.1 e 3.12 della suddetta comunicazione della Commissione europea. Con il medesimo decreto sono definite le modalità di monitoraggio e controllo degli aiuti riconosciuti ai sensi delle predette sezioni della citata Comunicazione della Commissione europea[(15)].

17. Ai fini delle disposizioni di cui ai commi da 13 a 16 si applica la definizione di impresa unica ai sensi del regolamento (UE) n. 1407/2013 della Commissione, del 18 dicembre 2013, relativo all'applicazione degli articoli 107 e 108 del Trattato sul funzionamento dell'Unione europea agli aiuti «de minimis», del regolamento (UE) n. 1408/2013 della Commissione, del 18 dicembre 2013, relativo all'applicazione degli articoli 107 e 108 del Trattato sul funzionamento dell'Unione europea agli aiuti «de minimis» nel settore agricolo e del regolamento (UE) n. 717/2014 della Commissione, del 27 giugno 2014, relativo all'applicazione degli articoli 107 e 108 del Trattato sul funzionamento dell'Unione europea agli aiuti «de minimis» nel settore della pesca e dell'acquacoltura.

17-bis. Le disposizioni dell'articolo 12, comma 7-bis, del decreto legge 23 dicembre 2013, n. 145, convertito, con modificazioni, dalla legge 21 febbraio 2014, n. 9, si applicano, con le modalità previste dal decreto del Ministro dell'economia e delle finanze 24 settembre 2014, pubblicato nella Gazzetta Ufficiale n. 236 del 10 ottobre 2014, anche per l'anno 2021, con riferimento ai carichi affidati agli agenti della riscossione entro il 31 ottobre 2020[(16)].

[(A)] *In riferimento al presente articolo, vedi: Comunicato stampa Agenzia delle Entrate 23 marzo 2021 n. 19/E; Risoluzione Agenzia delle Entrate 12 aprile 2021, n. 24/E; Comunicato stampa Agenzia delle Entrate 12 aprile 2021, n. 25/E; Circolare Agenzia delle Entrate 14 maggio 2021, n. 5/E; Risposta Agenzia delle Entrate 24 giugno 2021, n. 444; Risposta Agenzia delle Entrate 24 giugno 2021, n. 441; Risposta Agenzia delle Entrate 24 giugno 2021, n. 438; Risposta Agenzia delle Entrate 24/06/2021 n. 445: Risposta Agenzia delle Entrate 24/06/2021 n. 442; Risposta Agenzia delle Entrate 8 luglio 2021, n. 468; Risposta Agenzia delle Entrate 8 luglio 2021, n. 470; Risposta Agenzia delle Entrate 8 settembre 2021, n. 581; Risposta Agenzia delle Entrate 16 settembre 2021, n. 601; Risposta Agenzia delle Entrate 20 settembre 2021, n. 617; Risposta Agenzia delle Entrate 17 settembre 2021, n. 605; Comunicato stampa Agenzia delle Entrate 9 novembre 2021, n. 72/E; Risposta Agenzia delle Entrate 5 agosto 2022, n. 414.*

[(B)] *In riferimento al presente comma, vedi: Risposta Agenzia delle Entrate 29 aprile 2022, n. 237.*

[(1)] *Rubrica modificata dall'articolo 1, comma 1, della Legge 21 maggio 2021, n. 69, in sede di conversione.*

[(2)] *Comma modificato dall'articolo 1, comma 1, della Legge 21 maggio 2021, n. 69, in sede di conversione.*

[(3)] *Comma inserito dall'articolo 1, comma 1, della Legge 21 maggio 2021, n. 69, in sede di conversione.*

[(4)] *Comma modificato dall'articolo 1, comma 1, della Legge 21 maggio 2021, n. 69, in sede di conversione.*

[(5)] *Numero modificato dall'articolo 1, comma 1, della Legge 21 maggio 2021, n. 69, in sede di conversione.*

[(6)] *Capoverso modificato dall'articolo 1, comma 1, della Legge 21 maggio 2021, n. 69, in sede di conversione.*

[(7)] *Capoverso modificato dall'articolo 1, comma 1, della Legge 21 maggio 2021, n. 69, in sede di conversione.*

[(8)] *Comma modificato dall'articolo 1, comma 1, della Legge 21 maggio 2021, n. 69, in sede di conversione.*

[(9)] *Lettera modificata dall'articolo 1, comma 1, della Legge 21 maggio 2021, n. 69, in sede di conversione.*

[(10)] *Lettera modificata dall'articolo 1, comma 1, della Legge 21 maggio 2021, n. 69, in sede di conversione.*

[(11)] *Lettera modificata dall'articolo 1, comma 1, della Legge 21 maggio 2021, n. 69, in sede di conversione.*

[(12)] *Lettera sostituita dall'articolo 5, comma 13, lettera a), del D.L. 21 ottobre 2021, n. 146, convertito con modificazioni dalla Legge 17 dicembre 2021, n. 215.*

[(13)] *Lettera inserita dall'articolo 5, comma 13, lettera a), del D.L. 21 ottobre 2021, n. 146, convertito con modificazioni dalla Legge 17 dicembre 2021, n. 215.*

[(14)] *Comma modificato dall'articolo 1, comma 28, del D.L. 25 maggio 2021, n. 73, convertito, con modificazioni, dalla Legge 23 luglio 2021, n. 106.*

[(15)] *Comma modificato dall'articolo 1, comma 1, della Legge 21 maggio 2021, n. 69, in sede di conversione e successivamente dall'articolo 5, comma 13, lettera b), del D.L. 21 ottobre 2021, n. 146, convertito con modificazioni dalla Legge 17 dicembre 2021, n. 215.*

(16) *Comma aggiunto dall'articolo 1, comma 1, della Legge 21 maggio 2021, n. 69, in sede di conversione.*

1 *bis*. Modifica all'articolo 110 del decreto-legge 14 agosto 2020, n. 104[1]. – 1. All'articolo 110 del decreto-legge 14 agosto 2020, n. 104, convertito, con modificazioni, dalla legge 13 ottobre 2020, n. 126, dopo il comma 4 è inserito il seguente: "*4-bis. La rivalutazione può essere eseguita anche nel bilancio relativo all'esercizio immediatamente successivo a quello di cui al comma 2, con esclusivo riferimento ai beni non rivalutati nel bilancio precedente e senza la possibilità di affrancamento del saldo attivo e di riconoscimento degli effetti a fini fiscali, rispettivamente ai sensi dei commi 3 e 4 del presente articolo*"

(1) *Articolo inserito dall'articolo 1, comma 1, della Legge 21 maggio 2021, n. 69, in sede di conversione.*

1 *ter*. Contributo a fondo perduto per le start-up[1][2]. – 1. Per l'anno 2021 è riconosciuto un contributo a fondo perduto nella misura massima di euro 1.000 ai soggetti titolari di reddito d'impresa che hanno attivato la partita IVA dal 1° gennaio 2018 al 31 dicembre 2018, la cui attività d'impresa, in base alle risultanze del registro delle imprese tenuto presso la Camera di commercio, industria, artigianato e agricoltura, è iniziata nel corso del 2019, ai quali non spetta il contributo di cui all'articolo 1 del presente decreto in quanto l'ammontare medio mensile del fatturato e dei corrispettivi dell'anno 2020 non è inferiore almeno del 30 per cento rispetto all'ammontare medio mensile del fatturato e dei corrispettivi dell'anno 2019, purché siano rispettati gli altri requisiti e le altre condizioni previsti dal suddetto articolo 1.

2. Si applicano, in quanto compatibili, le disposizioni dell'articolo 1 del presente decreto.

3. I contributi a fondo perduto riconosciuti ai sensi del comma 1 sono concessi nel limite di spesa di 20 milioni di euro per l'anno 2021.

4. Con decreto del Ministro dell'economia e delle finanze sono stabiliti i criteri e le modalità di attuazione delle disposizioni di cui al presente articolo, anche ai fini del rispetto del limite di spesa di cui al comma 3.

5. Agli oneri derivanti dal presente articolo, pari a 20 milioni di euro per l'anno 2021, si provvede mediante corrispondente riduzione del Fondo di cui all'articolo 1, comma 200, della legge 23 dicembre 2014, n. 190, come rifinanziato dall'articolo 41 del presente decreto.

(1) *Articolo inserito dall'articolo 1, comma 1, della Legge 21 maggio 2021, n. 69, in sede di conversione.*
(2) *Per le disposizioni attuative delle disposizioni di cui al presente articolo vedi D.M. 10 settembre 2021.*

1 *quater*. Accelerazione delle attività di liquidazione degli indennizzi a favore dei risparmiatori[1]. – 1. Al fine di assicurare la rapida erogazione degli indennizzi da parte del Fondo indennizzi risparmiatori (FIR) istituito dall'articolo 1, comma 493, della legge 30 dicembre 2018, n. 145, per sostenere i risparmiatori e le rispettive famiglie colpiti dalla crisi economica conseguente all'emergenza epidemiologica da COVID-19, all'articolo 1, comma 501, della legge 30 dicembre 2018, n. 145, le parole: "*La citata Commissione è composta da nove membri in possesso di idonei requisiti di competenza, indipendenza, onorabilità e probità*" sono sostituite dalle seguenti: "*La citata Commissione è composta da un numero di membri non superiore a quattordici, in possesso di idonei requisiti di competenza, indipendenza, onorabilità e probità*". Resta fermo il limite di spesa, per l'anno 2021, pari a 1,2 milioni di euro, previsto dall'articolo 1, comma 501, della predetta legge n. 145 del 2018.

(1) *Articolo inserito dall'articolo 1, comma 1, della Legge 21 maggio 2021, n. 69, in sede di conversione.*

2. Misure di sostegno ai comuni ubicati all'interno di comprensori sciistici[1]. – 1. A fronte della mancata apertura al pubblico della stagione sciistica invernale 2020/2021 e ferme restando le misure di sostegno già previste a legislazione vigente, è istituito nello stato di previsione del Ministero del turismo un fondo con una dotazione di 700 milioni di euro per l'anno 2021 destinato alla concessione di contributi in favore di soggetti esercenti attività di impresa di vendita di beni o servizi al pubblico, svolte nei comuni ubicati all'interno di comprensori sciistici.

2. Le risorse del fondo di cui al comma 1 sono ripartite secondo le seguenti modalità:

a) 430 milioni di euro sono erogati con decreto del Ministro del turismo, di concerto con il Ministro dell'economia e delle finanze, in favore degli esercenti attività di impianti di risalita a fune con un contributo stabilito nella misura del 70 per cento dell'importo corrispondente alla media dei ricavi di biglietteria negli anni 2017-2019 come risultanti dai relativi bilanci di esercizio depositati, ridotta al 70 per cento per l'incidenza dei costi fissi sostenuti;

b) 40 milioni di euro sono erogati in favore dei maestri di sci iscritti negli appositi albi professionali e delle scuole di sci presso le quali i medesimi maestri di sci risultano operanti. Gli importi di cui alla presente lettera sono distribuiti alle singole regioni e province autonome di Trento e di Bolzano con decreto del Ministro del turismo, di concerto con il Ministro dell'economia e delle finanze, d'intesa con la Conferenza permanente per i rapporti tra lo Stato, le regioni e le province autonome di Trento e di Bolzano, in base al numero degli iscritti negli albi professionali regionali e provinciali alla data del 14 febbraio 2021. Le regioni e le province autonome di Trento e di Bolzano provvedono con proprio provvedimento a definire criteri e modalità di assegnazione dei contributi ai beneficiari;

c) 230 milioni di euro sono assegnati alle regioni e alle province autonome di Trento e di Bolzano, in base alla tabella di riparto di cui all'allegato A al presente decreto, per essere erogati in favore delle imprese turistiche, come definite ai sensi dell'articolo 4 del codice di cui all'allegato 1 al decreto legislativo 23 maggio 2011, n. 79, localizzate nei comuni ubicati all'interno di comprensori sciistici. A tal fine, le regioni e le province autonome di Trento e di Bolzano provvedono con proprio provvedimento a definire i comprensori sciistici e i comuni al loro interno ubicati. Con il medesimo provvedimento provvedono altresì a definire criteri e modalità di assegnazione dei contributi a titolo di ristoro.

3. Ai fini dell'attuazione del comma 2, si applicano le disposizioni di cui all'articolo 1, comma 7, primo periodo. Il contributo di cui al comma 2, lettera b), in favore dei maestri di sci non è cumulabile con le indennità di cui all'articolo 10.

4. I contributi di cui al presente articolo sono riconosciuti ed erogati in conformità al "*Quadro temporaneo per le misure di aiuto di Stato a sostegno dell'economia nell'attuale emergenza del COVID-19*", di cui alla comunicazione della Commissione europea del 19 marzo 2020 C(2020) 1863, e successive modificazioni, nonché, quanto alle previsioni di cui al comma 2, lettera a), del presente articolo, in conformità all'articolo 107, paragrafo 2, lettera b), del Trattato sul funzionamento dell'Unione europea, previa autorizzazione della Commissione europea, ai sensi dell'articolo 108, paragrafo 3, del Trattato sul funzionamento dell'Unione europea.

5. Agli oneri derivanti dal presente articolo, pari a 700 milioni di euro per l'anno 2021, si provvede ai sensi dell'articolo 42[(2)].

[(1)] *Articolo sostituito dall'articolo 1, comma 1, della Legge 21 maggio 2021, n. 69, in sede di conversione.*
[(2)] *Per l'incremento del fondo di cui al presente articolo vedi l'articolo 3, commi 1 e 2-bis, del D.L. 25 maggio 2021, n. 73, convertito con modificazioni, dalla Legge 23 luglio 2021, n. 106.*

3. Fondo autonomi e professionisti. – 1. All'articolo 1 della legge 30 dicembre 2020, n. 178, sono apportate le seguenti modificazioni:

a) al comma 20 le parole «1.000 milioni di euro per l'anno 2021» sono sostituite dalle seguenti: «2.500 milioni di euro per l'anno 2021»;

b) dopo il comma 22 è inserito il seguente: «22-bis. Il beneficio previsto ai commi da 20 a 22 è concesso ai sensi della sezione 3.1 della Comunicazione della Commissione europea recante un "*Quadro temporaneo per le misure di aiuto di Stato a sostegno dell'economia nell'attuale emergenza del COVID-19*" e nei limiti ed alle condizioni di cui alla medesima Comunicazione. L'efficacia delle suddette disposizioni è subordinata, ai sensi dell'articolo 108, paragrafo 3, del Trattato sul funzionamento dell'Unione europea, all'autorizzazione della Commissione europea.»."

2. Agli oneri derivanti dal presente articolo, pari a 1.500 milioni di euro per l'anno 2021 si provvede ai sensi dell'articolo 42.

4. Proroga del periodo di sospensione delle attività dell'agente della riscossione e annullamento dei carichi [(A)] – 1. All'articolo 68 del decreto-legge 17 marzo 2020, n. 18, convertito, con modificazioni, dalla legge 24 aprile 2020, n. 27, sono apportate le seguenti modificazioni:

a) al comma 1, le parole «28 febbraio» sono sostituite dalle seguenti: «30 aprile»;

b) il comma 3 è sostituito dal seguente: «3. Il versamento delle rate da corrispondere nell'anno 2020 e di quelle da corrispondere il 28 febbraio, il 31 marzo, il 31 maggio e il 31 luglio 2021 delle definizioni di cui agli articoli 3 e 5 del decreto-legge 23 ottobre 2018, n. 119, convertito, con modificazioni, dalla legge 17 dicembre 2018, n. 136, all'articolo 16-bis del decreto-legge 30 aprile 2019, n. 34, convertito, con modificazioni, dalla legge 28 giugno 2019, n. 58, e all'articolo 1, commi 190 e 193, della legge 30 dicembre 2018, n. 145, è considerato tempestivo e non determina l'inefficacia delle stesse definizioni se effettuato integralmente, con applicazione delle disposizioni di cui all'articolo 3, comma 14-bis, del medesimo decreto-legge n. 119 del 2018:

a) entro il 31 luglio 2021, relativamente alle rate in scadenza nell'anno 2020;

b) entro il 30 novembre 2021, relativamente alle rate in scadenza il 28 febbraio, il 31 marzo, il 31 maggio e il 31 luglio 2021.»;

c) il comma 4 è sostituito dal seguente: «4. In considerazione delle previsioni contenute nei commi 1 e 2 del presente articolo, e in deroga alle disposizioni di cui all'articolo 19, comma 1, del decreto legislativo 13 aprile 1999, n. 112, le comunicazioni di inesigibilità relative alle quote affidate agli agenti della riscossione nell'anno 2018, nell'anno 2019, nell'anno 2020 e nell'anno 2021 sono presentate, rispettivamente, entro il 31 dicembre 2023, entro il 31 dicembre 2024, entro il 31 dicembre 2025 e entro il 31 dicembre 2026.»;

d) il comma 4-bis è sostituito dal seguente: «4-bis. Con riferimento ai carichi, relativi alle entrate tributarie e non tributarie, affidati all'agente della riscossione durante il periodo di sospensione di cui ai commi 1 e 2-bis e, successivamente, fino alla data del 31 dicembre 2021, nonché, anche se affidati dopo lo stesso 31 dicembre 2021, a quelli relativi alle dichiarazioni di cui all'articolo 157, comma 3, lettere a), b), e c), del decreto-legge 19 maggio 2020, n. 34, convertito, con modificazioni, dalla legge 17 luglio 2020, n. 77, sono prorogati:

a) di dodici mesi, il termine di cui all'articolo 19, comma 2, lettera a), del decreto legislativo 13 aprile 1999, n. 112;

b) di ventiquattro mesi, anche in deroga alle disposizioni dell'articolo 3, comma 3, della legge 27 luglio 2000, n. 212, e a ogni altra disposizione di legge vigente, i termini di decadenza e prescrizione relativi alle stesse entrate.».

2. All'articolo 152, comma 1, del decreto-legge 19 maggio 2020, n. 34, convertito, con modificazioni, dalla legge 17 luglio 2020, n. 77, le parole: «28 febbraio» sono sostituite dalle seguenti: «30 aprile».

3. Restano validi gli atti e i provvedimenti adottati e gli adempimenti svolti dall'agente della riscossione nel periodo dal 1° marzo 2021 alla data di entrata in vigore del presente decreto e sono fatti salvi gli effetti prodottisi e i rapporti giuridici sorti sulla base dei medesimi; restano altresì acquisiti, relativamente ai versamenti eventualmente eseguiti nello stesso periodo, gli interessi di mora corrisposti ai sensi dell'articolo 30, comma 1, del decreto del Presidente della Repubblica 29 settembre 1973, n. 602, nonché le sanzioni e le somme aggiuntive corrisposte ai sensi dell'articolo 27, comma 1, del decreto legislativo 26 febbraio 1999, n. 46. Agli accantonamenti effettuati e alle somme accreditate nel predetto periodo all'agente della riscossione e ai soggetti di cui all'articolo 52, comma 5, lettera b) , del decreto legislativo 15 dicembre 1997, n. 446, si applicano le disposizioni dell'articolo 152, comma 1, terzo periodo, del decreto-legge 19 maggio 2020, n. 34, convertito, con modificazioni, dalla legge 17 luglio 2020, n. 77; alle verifiche di cui all'articolo 48-bis, comma 1, del decreto del Presidente della Repubblica 29 settembre 1973, n. 602, effettuate nello stesso periodo si applicano le disposizioni dell'articolo 153, comma 1, secondo periodo, del citato decreto-legge n. 34 del 2020.

4. Sono automaticamente annullati i debiti di importo residuo, alla data di entrata in vigore del presente decreto, fino a 5.000 euro, comprensivo di capitale, interessi per ritardata iscrizione a ruolo e sanzioni, risultanti dai singoli carichi affidati agli agenti della riscossione dal 1° gennaio 2000 al 31 dicembre 2010, ancorché ricompresi nelle definizioni di cui all'articolo 3 del decreto-legge 23 ottobre 2018, n. 119, con-

vertito, con modificazioni, dalla legge 17 dicembre 2018, n. 136, all'articolo 16-bis del decreto-legge 30 aprile 2019, n. 34, convertito, con modificazioni, dalla legge 28 giugno 2019, n. 58, e all'articolo 1, commi da 184 a 198, della legge 30 dicembre 2018, n. 145 delle persone fisiche che hanno conseguito, nel periodo d'imposta 2019, un reddito imponibile ai fini delle imposte sui redditi fino a 30.000 euro e dei soggetti diversi dalle persone fisiche che hanno conseguito, nel periodo d'imposta in corso alla data del 31 dicembre 2019, un reddito imponibile ai fini delle imposte sui redditi fino a 30.000 euro.

5. Con decreto del Ministero dell'economia e delle finanze, da adottarsi entro trenta giorni dalla data di entrata in vigore della legge di conversione del presente decreto, sono stabilite le modalità e le date dell'annullamento dei debiti di cui al comma 4 del presente articolo, del relativo discarico e della conseguente eliminazione dalle scritture patrimoniali degli enti creditori. Per gli enti di cui all'articolo 2 del decreto legislativo 23 giugno 2011, n. 118, il decreto ministeriale di cui al precedente periodo disciplina le modalità del riaccertamento straordinario dei residui attivi cancellati in attuazione del comma 4, prevedendo la facoltà di ripianare l'eventuale maggiore disavanzo in non più di dieci annualità a decorrere dall'esercizio finanziario in cui è effettuato il riaccertamento, in quote annuali costanti. Si applicano le disposizioni di cui all'articolo 1, comma 529, della legge 24 dicembre 2012, n. 228. Restano definitivamente acquisite le somme versate anteriormente alla data dell'annullamento.

6. Fino alla data stabilita dal decreto ministeriale di cui al comma 5 è sospesa la riscossione di tutti i debiti di importo residuo, alla data di entrata in vigore del presente decreto, fino a 5.000 euro, comprensivo di capitale, interessi per ritardata iscrizione a ruolo e sanzioni, risultanti dai singoli carichi affidati agli agenti della riscossione dal 1° gennaio 2000 al 31 dicembre 2010 e sono sospesi i relativi termini di prescrizione(1).

7. Per il rimborso delle spese di notifica della cartella di pagamento previste dall'articolo 17 del decreto legislativo 13 aprile 1999, n. 112, nella formulazione tempo per tempo vigente, nonché di quelle per le procedure esecutive, relative alle quote, erariali e non, diverse da quelle di cui all'articolo 4, comma 1, del decreto-legge 23 ottobre 2018, n. 119, convertito, con modificazioni, dalla legge 17 dicembre 2018, n. 136, e annullate ai sensi del comma 4 del presente articolo, l'agente della riscossione presenta, entro la data stabilita con il decreto ministeriale previsto dal comma 5 del presente articolo, sulla base dei crediti risultanti dal proprio bilancio al 31 dicembre 2020, e fatte salve le anticipazioni eventualmente ottenute, apposita richiesta al Ministero dell'economia e delle finanze. Il rimborso è effettuato, con oneri a carico del bilancio dello Stato, in due rate, la prima, di ammontare non inferiore al 70% del totale, scadente il 31 dicembre 2021, e la seconda per l'ammontare residuo, scadente il 30 giugno 2022.

8. Restano ferme, per i debiti ivi contemplati, le disposizioni di cui all'articolo 4 del citato decreto-legge n. 119 del 2018. Il rimborso, a favore dell'agente della riscossione, delle spese di notifica della cartella di pagamento relative alle quote annullate ai sensi del comma 1 del medesimo articolo 4 del decreto-legge n. 119 del 2018, e non ancora saldate alla data di entrata in vigore del presente decreto è effettuato in un numero massimo di venti rate annuali di pari importo, con oneri a carico del singolo ente creditore; il pagamento della prima di tali rate è effettuato entro il 31 dicembre 2021 e, a tal fine, l'agente della riscossione presenta apposita richiesta all'ente creditore, entro il 30 settembre 2021, sulla base dei crediti risultanti dal proprio bilancio al 31 dicembre 2020.

9. Le disposizioni di cui ai commi da 4 a 8 non si applicano ai debiti relativi ai carichi di cui all'articolo 3, comma 16, lettere a), b) e c), del citato decreto-legge n. 119 del 2018, nonché alle risorse proprie tradizionali previste dall'articolo 2, paragrafo 1, lettera a), delle decisioni 2007/436/CE, Euratom del Consiglio, del 7 giugno 2007, e 2014/335/UE, Euratom del Consiglio, del 26 maggio 2014, e all'imposta sul valore aggiunto riscossa all'importazione.

10. Ai fini di una ridefinizione della disciplina legislativa dei crediti di difficile esazione e per l'efficientamento del sistema della riscossione, il Ministro dell'economia e delle finanze, entro sessanta giorni dall'entrata in vigore del presente decreto, trasmette alle Camere una relazione contenente i criteri per procedere alla revisione del meccanismo di controllo e di discarico dei crediti non riscossi per le conseguenti deliberazioni parlamentari.

11. Agli oneri derivanti dal presente articolo, valutati in 534,5 milioni di euro per l'anno 2021, 108,6 milioni di euro per l'anno 2022, 32,9 milioni di euro per l'anno 2023, 13,5 milioni di euro per l'anno 2024 e 7,5 milioni di euro per l'anno 2025, che aumentano, ai fini della compensazione degli effetti in termini di indebitamento netto e di fabbisogno, a 1.634 milioni di euro per l'anno 2021, 197,1 milioni di euro per l'anno 2022, 99,6 milioni di euro per l'anno 2023, 41 milioni di euro per l'anno 2024 e 22,8 milioni di euro per l'anno 2025, si provvede ai sensi dell'articolo 42.

(A) *In riferimento al presente articolo, vedi: Circolare Agenzia delle Entrate 22 settembre 2021, n. 11/E.*
(1) *A norma dell'articolo 2, comma 1, del D.M. 14 luglio 2021, la sospensione di cui al presente comma cessa alla data del 31 ottobre 2021.*

5. Ulteriori interventi fiscali di agevolazione e razionalizzazione connessi all'emergenza da COVID-19 (1) – 1. In considerazione dei gravi effetti derivanti dall'emergenza epidemiologica da COVID-19, al fine di sostenere gli operatori economici che hanno subito riduzioni del volume d'affari nell'anno 2020, possono essere definite, nei termini, alle condizioni e con le modalità stabiliti dal presente articolo e dai relativi provvedimenti di attuazione, le somme dovute a seguito del controllo automatizzato delle dichiarazioni, richieste con le comunicazioni previste dagli articoli 36-bis del decreto del Presidente della Repubblica 29 settembre 1973, n. 600, e 54-bis del decreto del Presidente della Repubblica 26 ottobre 1972, n. 633, elaborate entro il 31 dicembre 2020 e non inviate per effetto della sospensione disposta dall'articolo 157 del decreto-legge 19 maggio 2020, n. 34, convertito con modificazioni dalla legge 17 luglio 2020, n. 77, con riferimento alle dichiarazioni relative al periodo d'imposta in corso al 31 dicembre 2017, nonché con le comunicazioni previste dai medesimi articoli 36-bis e 54-bis elaborate entro il 31 dicembre 2021, con riferimento alle dichiarazioni relative al periodo d'imposta in corso al 31 dicembre 2018.

2. Accedono alla definizione di cui al presente articolo i soggetti con partita IVA attiva alla data di entrata in vigore

VARIE

del presente decreto-legge, che hanno subito una riduzione maggiore del 30 per cento del volume d'affari dell'anno 2020 rispetto al volume d'affari dell'anno precedente, come risultante dalle dichiarazioni annuali dell'imposta sul valore aggiunto presentate entro il termine di presentazione della dichiarazione annuale dell'imposta sul valore aggiunto per il periodo d'imposta 2020. Per i soggetti non tenuti alla presentazione della dichiarazione annuale dell'imposta sul valore aggiunto, ai fini del presente comma si considera l'ammontare dei ricavi o compensi risultante dalle dichiarazioni dei redditi presentate entro il termine di presentazione della dichiarazione annuale dei redditi per il periodo d'imposta 2020.

3. L'Agenzia delle entrate, in base ai dati risultanti dalle dichiarazioni presentate entro i termini di cui al comma 2, individua i soggetti per i quali si è verificata la riduzione del volume d'affari o dei ricavi o compensi, e invia ai medesimi, unitamente alle comunicazioni di cui al comma 1, la proposta di definizione con l'indicazione dell'importo ridotto, ai sensi del comma 4, da versare. Le comunicazioni e le proposte sono inviate mediante posta elettronica certificata o raccomandata con avviso di ricevimento. Con i provvedimenti di cui al comma 11 possono essere definite ulteriori modalità con cui il contenuto informativo delle comunicazioni e delle proposte di definizione è reso disponibile al contribuente(2).

4. La definizione si perfeziona con il pagamento delle imposte, dei relativi interessi e dei contributi previdenziali, escluse le sanzioni e le somme aggiuntive.

5. I soggetti interessati effettuano il versamento degli importi richiesti secondo termini e modalità previsti dal decreto legislativo 18 dicembre 1997, n. 462, per la riscossione delle somme dovute a seguito di controlli automatici.

6. In caso di mancato pagamento, in tutto o in parte, alle prescritte scadenze, delle somme dovute, la definizione di cui al presente articolo non produce effetti e si applicano le ordinarie disposizioni in materia di sanzioni e riscossione.

7. Le somme versate fino a concorrenza dei debiti definibili ai sensi del presente articolo, anche anteriormente alla definizione, restano definitivamente acquisite, non sono rimborsabili, né utilizzabili in compensazione per il versamento del debito residuo.

8. In deroga a quanto previsto all'articolo 3 della legge 27 luglio 2000, n. 212, i termini di decadenza per la notificazione delle cartelle di pagamento previsti dall'articolo 25, comma 1, lettera a), del decreto del Presidente della Repubblica 29 settembre 1973, n. 602, sono prorogati di un anno per le dichiarazioni presentate nel 2019.

9. Le disposizioni di cui ai commi da 1 a 8 si applicano nel rispetto dei limiti e delle condizioni previsti dalla Comunicazione della Commissione europea del 19 marzo 2020 C (2020) 1863 final «Quadro temporaneo per le misure di aiuto di Stato a sostegno dell'economia nell'attuale emergenza del COVID-19», e successive modificazioni.

10. L'attività di controllo della coerenza dei versamenti dell'imposta rispetto a quanto indicato nella comunicazione dei dati contabili riepilogativi delle liquidazioni periodiche dell'imposta sul valore aggiunto, prevista dall'articolo 21-bis, comma 5, del decreto-legge 31 maggio 2010, n. 78, convertito, con modificazioni, dalla legge 30 luglio 2010, n. 122, sospesa per effetto dell'articolo 157, comma 2, lettera c), del decreto-legge 19 maggio 2020, n. 34, convertito, con modificazioni, dalla legge 17 giugno 2020, n. 77, riprende a decorrere dalle comunicazioni dei dati relativi al terzo trimestre 2020.

11. Con uno o più provvedimenti del direttore dell'Agenzia delle entrate sono adottate le ulteriori disposizioni necessarie per l'attuazione dei commi da 1 a 10.

12. Al decreto-legge 19 maggio 2020, n. 34, convertito, con modificazioni, dalla legge 17 luglio 2020, n. 77, sono apportate le seguenti modificazioni:

a) all'articolo 145, comma 1, dopo le parole «Nel 2020» sono inserite le seguenti «e fino al 30 aprile 2021»;

b) all'articolo 151, comma 1, le parole «31 gennaio 2021» sono sostituite da «31 gennaio 2022».

13. Sono fatti salvi gli effetti degli atti e dei provvedimenti indicati all'articolo 151 comma 1, del decreto-legge 19 maggio 2020, n. 34, convertito, con modificazioni, dalla legge 17 luglio 2020, n. 77, già emessi alla data di entrata in vigore del presente decreto.

14. All'articolo 15, comma 7, del codice della crisi d'impresa e dell'insolvenza, di cui al decreto legislativo 12 gennaio 2019, n. 14, le parole: "*dell'anno d'imposta successivo*" sono sostituite dalle seguenti: "*del secondo anno d'imposta successivo*" ed è aggiunto, in fine, il seguente periodo: "*Per l'Istituto nazionale della previdenza sociale e per l'agente della riscossione, l'obbligo di cui al comma 1 decorre dall'anno successivo a quello di entrata in vigore del presente codice*"(3).

15. Al comma 42 dell'articolo 1, della legge 30 dicembre 2018, n. 145, sono apportate le seguenti modificazioni:

a) al primo periodo, le parole «16 febbraio» sono sostituite dalle seguenti: «16 maggio»;

b) al secondo periodo, le parole «31 marzo» sono sostituite dalle seguenti: «30 giugno»;

c) l'ultimo periodo è sostituito dal seguente: «In sede di prima applicazione, l'imposta dovuta per le operazioni imponibili nell'anno 2020 è versata entro il 16 maggio 2021 e la relativa dichiarazione è presentata entro il 30 giugno 2021.».

15-bis. Al fine di favorire l'utilizzo degli incentivi alla mobilità sostenibile e supportare le imprese del settore colpite da un calo di fatturato imputabile all'emergenza epidemiologica da COVID-19, all'articolo 1 della legge 30 dicembre 2018, n. 145, il comma 1061 è sostituito dal seguente:

"*1061. Le imprese costruttrici o importatrici del veicolo nuovo rimborsano al venditore l'importo del contributo e recuperano tale importo sotto forma di credito d'imposta, da utilizzare esclusivamente in compensazione ai sensi dell'articolo 17 del decreto legislativo 9 luglio 1997, n. 241, senza applicazione dei limiti di cui all'articolo 34 della legge 23 dicembre 2000, n. 388, e all'articolo 1, comma 53, della legge 24 dicembre 2007, n. 244. A tal fine, il modello F24 deve essere presentato esclusivamente tramite i servizi telematici messi a disposizione dall'Agenzia delle entrate*"(4).

15-ter. Con provvedimento del direttore dell'Agenzia delle entrate, da adottare entro trenta giorni dalla data di entrata in vigore della legge di conversione del presente decreto, sono definite le modalità attuative delle disposizioni di cui al comma 15-bis(5).

16. Con riferimento al periodo d'imposta in corso al 31 dicembre 2019, il processo di conservazione di cui all'articolo 3, comma 3, del decreto del Ministro dell'economia e delle finanze 17 giugno 2014, pubblicato nella Gazzetta Ufficiale n. 146 del 26 giugno 2014, recante disposizioni sulle modalità di assolvimento degli obblighi fiscali relativi ai documenti informatici ed alla loro riproduzione su diversi tipi

di supporto, si considera tempestivo se effettuato, al più tardi, entro i tre mesi successivi al termine previsto dall'articolo 7, comma 4-ter, del decreto-legge 10 giugno 1994, n. 357, convertito, con modificazioni, dalla legge 8 agosto 1994, n. 489.

17. Agli oneri derivanti dai commi da 1 a 11, valutati in 205 milioni di euro per l'anno 2021, si provvede ai sensi dell'articolo 42.

18. Alle minori entrate derivanti dal comma 12, lettera a), valutate in termini di indebitamento netto e di fabbisogno in 13,3 milioni di euro per l'anno 2021, si provvede ai sensi dell'articolo 42.

19. Per l'anno 2021, il termine del 16 marzo di cui all'articolo 16, comma 4-bis, lettera b), quarto periodo, del decreto del Ministro delle finanze 31 maggio 1999, n. 164, è prorogato al 31 marzo.

20. Per l'anno 2021, i termini del 16 marzo di cui all'articolo 4, commi 6-quater e 6-quinquies, del decreto del Presidente della Repubblica 22 luglio 1998, n. 322, sono prorogati al 31 marzo.

21. Per l'anno 2021, il termine del 16 marzo di cui all'articolo 16-bis, comma 4, del decreto-legge 26 ottobre 2019, n. 124, convertito, con modificazioni, dalla legge 19 dicembre 2019, n. 157, è prorogato al 31 marzo.

22. Per l'anno 2021, il termine del 30 aprile di cui all'articolo 1, comma 1, del decreto legislativo 21 novembre 2014, n. 175, è prorogato al 10 maggio.

22-bis. Le disposizioni dell'articolo 163 del decreto-legge 19 maggio 2020, n. 34, convertito, con modificazioni, dalla legge 17 luglio 2020, n. 77, sono prorogate per gli importi dovuti per il periodo contabile del mese di giugno 2021. I soggetti obbligati sono autorizzati a versare gli importi relativi al mese di giugno 2021 entro il 30 novembre 2021, con debenza degli interessi legali calcolati giorno per giorno[(6)].

(1) Rubrica modificata dall'articolo 1, comma 1, della Legge 21 maggio 2021, n. 69, in sede di conversione.
(2) Comma modificato dall'articolo 1, comma 1, della Legge 21 maggio 2021, n. 69, in sede di conversione.
(3) Comma sostituito dall'articolo 1, comma 1, della Legge 21 maggio 2021, n. 69, in sede di conversione.
(4) Comma inserito dall'articolo 1, comma 1, della Legge 21 maggio 2021, n. 69, in sede di conversione.
(5) Comma inserito dall'articolo 1, comma 1, della Legge 21 maggio 2021, n. 69, in sede di conversione.
(6) Comma inserito dall'articolo 1, comma 1, della Legge 21 maggio 2021, n. 69, in sede di conversione.

5 *bis*. Norma di interpretazione autentica dell'articolo 6-bis del decreto-legge 8 aprile 2020, n. 23, convertito, con modificazioni, dalla legge 5 giugno 2020, n. 40. [(1)(A)] – 1. Ai sensi e per gli effetti dell'articolo 1, comma 2, della legge 27 luglio 2000, n. 212, l'articolo 6-bis del decreto-legge 8 aprile 2020, n. 23, convertito, con modificazioni, dalla legge 5 giugno 2020, n. 40, si interpreta nel senso che le disposizioni ivi contenute si applicano, alle medesime condizioni, anche per gli immobili a destinazione alberghiera concessi in locazione o affitto di azienda a soggetti operanti nei settori alberghiero e termale ovvero per gli immobili in corso di costruzione, rinnovo o completamento. In caso di affitto di azienda la rivalutazione è ammessa a condizione che le quote di ammortamento siano deducibili nella determinazione del reddito del concedente ai sensi dell'articolo 102, comma 8, del testo unico delle imposte sui redditi, di cui al decreto del Presidente della Repubblica 22 dicembre 1986, n. 917. Nel caso di immobili in corso di costruzione, rinnovo o completamento, la destinazione si deduce dai titoli edilizi e in ogni altro caso dalla categoria catastale.

(A) In riferimento al presente articolo, vedi: Risposta Agenzia delle Entrate 30 giugno 2021, n. 450.
(1) Articolo inserito dall'articolo 1, comma 1, della Legge 21 maggio 2021, n. 69, in sede di conversione.

6. Riduzione degli oneri delle bollette elettriche e della tariffa speciale del Canone RAI [(A)] – 1. Per i mesi di aprile, maggio e giugno 2021, l'Autorità di regolazione per energia reti e ambiente (ARERA) dispone, con propri provvedimenti, la riduzione della spesa sostenuta dalle utenze elettriche connesse in bassa tensione diverse da quelle per usi domestici, con riferimento alle voci della bolletta identificate come «trasporto e gestione del contatore» e «oneri generali di sistema», nel limite massimo delle risorse di cui al comma 3. L'Autorità ridetermina, senza aggravi tariffari per le utenze interessate e in via transitoria e nel rispetto del tetto di spesa di cui al comma 3, le tariffe di distribuzione e di misura dell'energia elettrica nonché le componenti a copertura degli oneri generali di sistema, da applicare tra il 1° aprile e il 30 giugno 2021, in modo che [(1)]:

a) sia previsto un risparmio, parametrato al valore vigente nel primo trimestre dell'anno, delle componenti tariffarie fisse applicate per punto di prelievo;

b) per le sole utenze con potenza disponibile superiore a 3,3 kW, la spesa effettiva relativa alle due voci di cui al primo periodo non superi quella che, in vigenza delle tariffe applicate nel primo trimestre dell'anno, si otterrebbe assumendo un volume di energia prelevata pari a quello effettivamente registrato e un livello di potenza impegnata fissato convenzionalmente pari a 3 kW.

2. È abrogato l'articolo 8-ter del decreto-legge 28 ottobre 2020, n. 137, convertito, con modificazioni, dalla legge 18 dicembre 2020, n. 176.

3. Per le finalità di cui al comma 1 è autorizzata la spesa di 600 milioni di euro per l'anno 2021. Ai relativi oneri si provvede, quanto a 180 milioni di euro, mediante utilizzo delle risorse rivenienti dall'abrogazione della disposizione di cui al comma 2 e, quanto a 420 milioni di euro, ai sensi dell'articolo 42 [(2)].

4. Il Ministero dell'economia e finanze è autorizzato a versare l'importo di cui al comma 3 sul Conto emergenza COVID-19 istituito presso la Cassa per i servizi energetici e ambientali. L'Autorità di regolazione per energia reti e ambiente assicura, con propri provvedimenti, l'utilizzo delle risorse di cui al presente comma a compensazione della riduzione delle tariffe di distribuzione e misura e degli oneri generali di sistema.

5. Per l'anno 2021, le strutture ricettive nonché di somministrazione e consumo di bevande in locali pubblici o aperti al pubblico, comprese le attività similari svolte da enti del Terzo settore, sono esonerate dal versamento del canone di abbonamento alle radioaudizioni di cui al regio decreto-legge 21 febbraio 1938, n. 246, convertito dalla legge 4 giugno 1938, n. 880 [(3)].

6. In relazione a quanto previsto dal comma 5, per il medesimo anno 2021, è assegnata alla contabilità speciale n. 1778 intestata "*Agenzia delle entrate-Fondi di bilancio*" la somma di 83 milioni di euro, al fine di riconoscere ai soggetti interessati un credito d'imposta pari al 100 per cento dell'even-

VARIE

tuale versamento del canone di cui al comma 5 intervenuto antecedentemente alla data di entrata in vigore del presente decreto, ovvero disporre il trasferimento a favore della RAI-Radiotelevisione italiana Spa delle somme corrispondenti alle minori entrate derivanti dal presente articolo richieste dalla predetta società. Il credito d'imposta di cui al presente comma non concorre alla formazione del reddito imponibile[4].

7. Agli oneri derivanti dai commi 5 e 6, valutati in 83 milioni di euro, si provvede:

a) quanto a 25 milioni di euro per l'anno 2021, ai sensi dell'articolo 42;

b) quanto a 58 milioni di euro per l'anno 2021, mediante corrispondente riduzione dell'autorizzazione di spesa di cui all'articolo 120, comma 6, del decreto-legge 19 maggio 2020, n. 34, convertito, con modificazioni, dalla legge 17 luglio 2020, n. 77, e successive modificazioni [5].[6]

(A) *In riferimento al presente articolo, vedi: Risoluzione Agenzia delle Entrate 25 gennaio 2022, n. 6/E.*
(1) *Alinea modificato dall'articolo 1, comma 1, della Legge 21 maggio 2021, n. 69, in sede di conversione.*
(2) *Comma modificato dall'articolo 1, comma 1, della Legge 21 maggio 2021, n. 69, in sede di conversione.*
(3) *Comma sostituito dall'articolo 1, comma 1, della Legge 21 maggio 2021, n. 69, in sede di conversione.*
(4) *Comma sostituito dall'articolo 1, comma 1, della Legge 21 maggio 2021, n. 69, in sede di conversione.*
(5) *Comma sostituito dall'articolo 1, comma 1, della Legge 21 maggio 2021, n. 69, in sede di conversione.*
(6) *Vedi inoltre l'articolo 5, comma 1, del D.L. 25 maggio 2021, n. 73, convertito, con modificazioni, dalla Legge 23 luglio 2021, n. 106.*

6 *bis*. Calcolo dell'IVA ai fini degli incentivi per l'efficienza energetica[1]. – 1. Dopo il comma 9-bis dell'articolo 119 del decreto-legge 19 maggio 2020, n. 34, convertito, con modificazioni, dalla legge 17 luglio 2020, n. 77, è inserito il seguente:

"*9-ter. L'imposta sul valore aggiunto non detraibile, anche parzialmente, ai sensi degli articoli 19,19-bis, 19-bis.1 e 36-bis del decreto del Presidente della Repubblica 26 ottobre 1972, n. 633, dovuta sulle spese rilevanti ai fini degli incentivi previsti dal presente articolo, si considera nel calcolo dell'ammontare complessivo ammesso al beneficio, indipendentemente dalla modalità di rilevazione contabile adottata dal contribuente*".

2. Dall'attuazione del presente articolo non devono derivare nuovi o maggiori oneri per la finanza pubblica.

(1) *Articolo inserito dall'articolo 1, comma 1, della Legge 21 maggio 2021, n. 69, in sede di conversione.*

6 *ter*. Fondo per emergenze relative alle emittenti locali[1]. – 1. Al comma 1 dell'articolo 195 del decreto-legge 19 maggio 2020, n. 34, convertito, con modificazioni, dalla legge 17 luglio 2020, n. 77, le parole: "*50 milioni di euro per l'anno 2020*" sono sostituite dalle seguenti: "*50 milioni di euro per l'anno 2020 e di 20 milioni di euro per l'anno 2021*".

2. Agli oneri di cui al comma 1, pari a 20 milioni di euro per l'anno 2021, si provvede mediante corrispondente riduzione del Fondo di cui all'articolo 1, comma 200, della legge 23 dicembre 2014, n. 190, come rifinanziato dall'articolo 41 del presente decreto.

(1) *Articolo inserito dall'articolo 1, comma 1, della Legge 21 maggio 2021, n. 69, in sede di conversione.*

6 *quater*. Misure per il sostegno del sistema termale nazionale[1]. – 1. Al fine di sostenere il sistema termale nazionale mitigando la crisi economica derivante dall'emergenza epidemiologica da COVID-19, il fondo di cui al comma 1 dell'articolo 29-bis del decreto-legge 14 agosto 2020, n. 104, convertito, con modificazioni, dalla legge 13 ottobre 2020, n. 126, è integrato di 5 milioni di euro per l'anno 2021.

2. Agli oneri derivanti dal comma 1, pari a 5 milioni di euro per l'anno 2021, si provvede mediante corrispondente riduzione del Fondo di cui all'articolo 1, comma 200, della legge 23 dicembre 2014, n. 190, come rifinanziato dall'articolo 41 del presente decreto.

(1) *Articolo inserito dall'articolo 1, comma 1, della Legge 21 maggio 2021, n. 69, in sede di conversione.*

6 *quinquis*. Misure per l'incentivazione del welfare aziendale[1]. – 1. All'articolo 112, comma 1, del decreto-legge 14 agosto 2020, n. 104, convertito, con modificazioni, dalla legge 13 ottobre 2020, n. 126, le parole: "*Limitatamente al periodo d'imposta 2020*" sono sostituite dalle seguenti: "*Limitatamente ai periodi d'imposta 2020 e 2021*".

2. Agli oneri derivanti dal presente articolo, valutati in 12,2 milioni di euro per l'anno 2021 e in 1,1 milioni di euro per l'anno 2022, si provvede:

a) quanto a 12,2 milioni di euro per l'anno 2021, mediante corrispondente riduzione del Fondo di cui all'articolo 1, comma 200, della legge 23 dicembre 2014, n. 190, come rifinanziato dall'articolo 41 del presente decreto;

b) quanto a 1,1 milioni di euro per l'anno 2022, mediante utilizzo del Fondo per interventi strutturali di politica economica, di cui all'articolo 10, comma 5, del decreto-legge 29 novembre 2004, n. 282, convertito, con modificazioni, dalla legge 27 dicembre 2004, n. 307.

(1) *Articolo inserito dall'articolo 1, comma 1, della Legge 21 maggio 2021, n. 69, in sede di conversione.*

6 *sexies*. Esenzione dal versamento della prima rata dell'imposta municipale propria[1]. – 1. In considerazione del perdurare degli effetti connessi all'emergenza sanitaria da COVID-19, per l'anno 2021 non è dovuta la prima rata dell'imposta municipale propria (IMU) di cui all'articolo 1, commi da 738 a 783, della legge 27 dicembre 2019, n. 160, relativa agli immobili posseduti dai soggetti passivi per i quali ricorrono le condizioni di cui all'articolo 1, commi da 1 a 4, del presente decreto.

2. L'esenzione di cui al comma 1 si applica solo agli immobili nei quali i soggetti passivi esercitano le attività di cui siano anche gestori.

3. Per il ristoro ai comuni a fronte delle minori entrate derivanti dal comma 1, è istituito, nello stato di previsione del Ministero dell'interno, un fondo con una dotazione di 142,5 milioni di euro per l'anno 2021. Alla ripartizione del fondo si provvede con decreto del Ministro dell'interno, di concerto con il Ministro dell'economia e delle finanze, previa intesa in sede di Conferenza Stato-città ed autonomie locali, da adottare entro sessanta giorni dalla data di entrata in vigore del presente decreto[2].

4. Le disposizioni del presente articolo si applicano nel ri-

spetto dei limiti e delle condizioni previsti dalla comunicazione della Commissione europea del 19 marzo 2020 C(2020) 1863 final, "*Quadro temporaneo per le misure di aiuto di Stato a sostegno dell'economia nell'attuale emergenza del COVID-19*", e successive modificazioni.

5. Agli oneri derivanti dal presente articolo, pari a 216 milioni di euro per l'anno 2021, si provvede mediante corrispondente riduzione del Fondo di cui all'articolo 1, comma 200, della legge 23 dicembre 2014, n. 190, come rifinanziato dall'articolo 41 del presente decreto.

(1) *Articolo inserito dall'articolo 1, comma 1, della Legge 21 maggio 2021, n. 69, in sede di conversione.*
(2) *In riferimento al presente comma, vedi il Comunicato 27 agosto 2021.*

6 *septies*. Canoni di locazione non percepiti[1]. – 1. All'articolo 3-quinquies del decreto-legge 30 aprile 2019, n. 34, convertito, con modificazioni, dalla legge 28 giugno 2019, n. 58, il comma 2 è abrogato.

2. Le disposizioni cui all'articolo 26, comma 1, del testo unico delle imposte sui redditi, di cui al decreto del Presidente della Repubblica 22 dicembre 1986, n. 917, hanno effetto per i canoni derivanti dai contratti di locazione di immobili non percepiti a decorrere dal 1° gennaio 2020.

3. Il Fondo per interventi strutturali di politica economica, di cui all'articolo 10, comma 5, del decreto-legge 29 novembre 2004, n. 282, convertito, con modificazioni, dalla legge 27 dicembre 2004, n. 307, è integrato di 10,3 milioni di euro per l'anno 2022.

4. Agli oneri derivanti dal presente articolo, pari a 45,2 milioni di euro per l'anno 2021 e a 10,3 milioni di euro per l'anno 2022, si provvede:

a) quanto a 45,2 milioni di euro per l'anno 2021, mediante corrispondente riduzione del Fondo di cui all'articolo 1, comma 200, della legge 23 dicembre 2014, n. 190, come rifinanziato dall'articolo 41 del presente decreto;

b) quanto a 10,3 milioni di euro per l'anno 2022, mediante utilizzo delle maggiori entrate derivanti dai commi 1 e 2.

(1) *Articolo inserito dall'articolo 1, comma 1, della Legge 21 maggio 2021, n. 69, in sede di conversione.*

6 *octies*. Proroga dei versamenti del prelievo erariale unico[1]. – 1. Il versamento del saldo del prelievo erariale unico sugli apparecchi di cui all'articolo 110, comma 6, lettere a) e b), del testo unico delle leggi di pubblica sicurezza, di cui al regio decreto 18 giugno 1931, n. 773, e del relativo canone concessorio della restante quota del quinto bimestre 2020 è rimodulato come segue:

a) la quarta rata del 30 aprile 2021 si intende prorogata al 29 ottobre 2021;

b) la quinta rata del 31 maggio 2021 si intende prorogata al 30 novembre 2021;

c) la sesta rata del 30 giugno 2021 si intende prorogata al 15 dicembre 2021.

(1) *Articolo inserito dall'articolo 1, comma 1, della Legge 21 maggio 2021, n. 69, in sede di conversione.*

6 *nonies*. Percorso condiviso per la ricontrattazione delle locazioni commerciali[1]. – 1. Le disposizioni del presente articolo sono volte a consentire un percorso regolato di condivisione dell'impatto economico derivante dall'emergenza epidemiologica da COVID-19, a tutela delle imprese e delle controparti locatrici, nei casi in cui il locatario abbia subito una significativa diminuzione del volume d'affari, del fatturato o dei corrispettivi, derivante dalle restrizioni sanitarie, nonché dalla crisi economica di taluni comparti e dalla riduzione dei flussi turistici legati alla crisi pandemica in atto.

2. Nei casi in cui il locatario non abbia avuto diritto di accedere, a partire dall'8 marzo 2020, ad alcuna delle misure di sostegno economico adottate dallo Stato per fronteggiare gli effetti delle restrizioni imposte dall'emergenza epidemiologica da COVID-19 ovvero non abbia beneficiato di altri strumenti di supporto di carattere economico e finanziario concordati con il locatore anche in funzione della crisi economica connessa alla pandemia stessa, il locatario e il locatore sono chiamati a collaborare tra di loro in buona fede per rideterminare temporaneamente il canone di locazione per un periodo massimo di cinque mesi nel corso del 2021.

3. Le disposizioni del presente articolo si applicano esclusivamente ai locatari esercenti attività economica che abbiano registrato un ammontare medio mensile del fatturato e dei corrispettivi nel periodo compreso tra il 1° marzo 2020 e il 30 giugno 2021 inferiore almeno del 50 per cento rispetto all'ammontare medio mensile del fatturato e dei corrispettivi del periodo compreso tra il 1° marzo 2019 e il 30 giugno 2020 e la cui attività sia stata sottoposta a chiusura obbligatoria per almeno duecento giorni anche non consecutivi a partire dall'8 marzo 2020.

(1) *Articolo inserito dall'articolo 1, comma 1, della Legge 21 maggio 2021, n. 69, in sede di conversione e successivamente sostituito dall'articolo 4-bis, comma 1, del D.L. 25 maggio 2021, n. 73, convertito con modificazioni, dalla Legge 23 luglio 2021, n. 106.*

10 *bis*. Esenzione dall'imposta di bollo[1]. – 1. Al fine di assicurare il rilancio dell'economia colpita dall'emergenza epidemiologica da COVID-19, l'esenzione dall'imposta di bollo prevista dall'articolo 25 della Tabella di cui all'allegato B al decreto del Presidente della Repubblica 26 ottobre 1972, n. 642, si applica, per l'anno 2021 e per l'anno 2022, anche alle convenzioni per lo svolgimento di tirocini di formazione e orientamento di cui all'articolo 18 della legge 24 giugno 1997, n. 196[2].

2. All'onere derivante dal presente articolo, pari a 5,3 milioni di euro per l'anno 2021, si provvede mediante corrispondente riduzione del Fondo di cui all'articolo 1, comma 200, della legge 23 dicembre 2014, n. 190, come rifinanziato dall'articolo 41 del presente decreto.

(1) *Articolo inserito dall'articolo 1, comma 1, della Legge 21 maggio 2021, n. 69, in sede di conversione.*
(2) *Comma modificato dall'articolo 1, comma 731, della Legge 30 dicembre 2021, n. 234.*

25. Fondo per il ristoro ai comuni per la mancata riscossione dell'imposta di soggiorno e di analoghi contributi [1] – 1. È istituito, nello stato di previsione del Ministero dell'interno, un Fondo, con una dotazione di 350 milioni di euro per l'anno 2021, per il ristoro parziale dei Comuni a fronte delle minori entrate derivanti dalla mancata riscossione dell'imposta di soggiorno o del contributo di sbarco di cui all'articolo 4 del decreto legislativo 14 marzo 2011, n. 23, e alla legge della provincia autonoma di Bolzano

VARIE

16 maggio 2012, n. 9, nonché del contributo di soggiorno di cui all'articolo 14, comma 16, lettera e), del decreto-legge 31 maggio 2010, n. 78, convertito, con modificazioni, dalla legge 30 luglio 2010, n. 122, in conseguenza dell'adozione delle misure di contenimento del COVID-19 [A][2][3].

2. Alla ripartizione del Fondo tra gli enti interessati si provvede con uno o più decreti del Ministro dell'interno di concerto con il Ministro dell'economia e delle finanze, previa intesa in sede di Conferenza Stato-città ed autonomie locali, da adottare entro il 31 ottobre 2021[4].

3. Alla copertura degli oneri di cui al comma 1, pari a 250 milioni di euro per l'anno 2021, si provvede ai sensi dell'articolo 42.

3-bis. All'articolo 4, comma 1-ter, del decreto legislativo 14 marzo 2011, n. 23, dopo il secondo periodo è inserito il seguente: "*La dichiarazione di cui al periodo precedente, relativa all'anno d'imposta 2020, deve essere presentata unitamente alla dichiarazione relativa all'anno d'imposta 2021*" [5].

[A] *In riferimento al presente comma, vedi: Circolare Ministero dell'Interno 30 maggio 2022, n. 58.*

[1] *Rubrica sostituita dall'articolo 1, comma 1, della Legge 21 maggio 2021, n. 69, in sede di conversione.*

[2] *Comma modificato dall'articolo 1, comma 1, della Legge 21 maggio 2021, n. 69, in sede di conversione e successivamente dall'articolo 55, comma 1, lettera a), del D.L. 25 maggio 2021, n. 73, convertito, con modificazioni, dalla Legge 23 luglio 2021, n. 106.*

[3] *Per la rideterminazione del fondo di cui al presente comma vedi l'articolo 12, comma 1, del D.L. 27 gennaio 2022, n. 4, convertito con modificazioni, dalla Legge 28 marzo 2022, n. 25, e successivamente, l'articolo 27, comma 1, del D.L. 1 marzo 2022, n. 17, convertito con modificazioni dalla Legge 27 aprile 2022, n. 34.*

[4] *Comma sostituito dall'articolo 55, comma 1, lettera b), del D.L. 25 maggio 2021, n. 73, convertito, con modificazioni, dalla Legge 23 luglio 2021, n. 106.*

[5] *Comma aggiunto dall'articolo 1, comma 1, della Legge 21 maggio 2021, n. 69, in sede di conversione.*

21. DECRETO DEL MINISTERO DELL'ECONOMIA E DELLE FINANZE 30 aprile 2021

Approvazione di modifiche agli indici sintetici di affidabilità fiscale (ISA) applicabili al periodo d'imposta 2020.
(in Suppl. ordinario n. 20 alla Gazz. Uff., 17 maggio 2021, n. 116)

1. Approvazione delle modifiche agli indici sintetici di affidabilità fiscale. – 1. Sono approvate, in base all'art. 9-bis, comma 2, del decreto-legge 24 aprile 2017, n. 50, convertito, con modificazioni, dalla legge 21 giugno 2017, n. 96, le modifiche agli indici sintetici di affidabilità fiscale approvati con i decreti ministeriali 24 dicembre 2019 e 2 febbraio 2021, indicate nei successivi articoli.

2. Le risultanze dell'applicazione degli indici sintetici di affidabilità fiscale, integrati con le modifiche approvate con il presente decreto, determinate anche a seguito della dichiarazione di ulteriori componenti positivi di reddito per migliorare il profilo di affidabilità, rilevano ai fini dell'accesso al regime premiale di cui al comma 11 dell'art. 9-bis del decreto-legge 24 aprile 2017, n. 50, e delle attività di analisi del rischio di evasione fiscale, di cui al successivo comma 14 del medesimo art. 9-bis.

2. Approvazione della revisione congiunturale straordinaria degli indici sintetici di affidabilità fiscale. – 1. La metodologia statistico-economica utilizzata per la revisione congiunturale straordinaria degli indici sintetici di affidabilità fiscale, ed i relativi interventi correttivi in relazione al solo periodo d'imposta in corso al 31 dicembre 2020, al fine di tenere conto, in base all'art. 148 del decreto-legge 19 maggio 2020, n. 34, degli effetti di natura straordinaria della crisi economica e dei mercati conseguente all'emergenza sanitaria causata dalla diffusione del COVID-19, sono individuati sulla base della nota tecnica e metodologica di cui all'allegato 5.

3. Indici di concentrazione della domanda e dell'offerta per area territoriale.– 1. Gli indici di concentrazione della domanda e dell'offerta per area territoriale, necessari per tener conto, ai fini dell'applicazione degli indici sintetici di affidabilità fiscale al periodo d'imposta in corso al 31 dicembre 2020, di situazioni di differente vantaggio competitivo, ovvero, di differente svantaggio competitivo, in relazione alla collocazione territoriale, sono individuati sulla base della nota tecnica e metodologica di cui all'allegato 2.

2. Tali indici sono individuati anche sulla base della metodologia statistico-economica utilizzata per la revisione congiunturale straordinaria degli indici sintetici di affidabilità fiscale, di cui al precedente art. 2.

4. Misure di ciclo settoriale. – 1. Le misure di ciclo settoriale, necessarie per tener conto, ai fini dell'applicazione degli indici sintetici di affidabilità fiscale al periodo d'imposta in corso al 31 dicembre 2020, degli effetti dell'andamento congiunturale, sono individuate sulla base della nota tecnica e metodologica di cui all'allegato 3.

2. Tali misure sono individuate anche sulla base della metodologia statistico-economica utilizzata per la revisione congiunturale straordinaria degli indici sintetici di affidabilità fiscale, di cui al precedente art. 2.

5. Modifiche alle note tecniche e metodologiche degli indici sintetici di affidabilità fiscale approvati con decreti del Ministro dell'economia e delle finanze 24 dicembre 2019 e 2 febbraio 2021. – 1. Le note tecniche e metodologiche degli indici sintetici di affidabilità fiscale approvati con i decreti del Ministro dell'economia e delle finanze 24 dicembre 2019 e 2 febbraio 2021 sono integrate, a partire dal periodo d'imposta in corso alla data del 31 dicembre 2020, secondo quanto riportato nell'allegato 4.

6. Modifiche delle territorialità. – 1. L'aggiornamento dell'analisi territoriale del «Livello del reddito medio imponibile ai fini dell'addizionale IRPEF» a seguito della istituzione, modifica e ridenominazione di alcuni comuni nel corso dell'anno 2020, è individuato sulla base della nota tecnica e metodologica di cui all'allegato 1. Tale aggiornamento è individuato anche sulla base della metodologia statistico-economica utilizzata per la revisione congiunturale straordinaria degli indici sintetici di affidabilità fiscale, di cui al precedente art. 2.

2. L'aggiornamento delle analisi territoriali a livello comunale a seguito della istituzione, modifica e ridenominazione di alcuni comuni nel corso dell'anno 2020, è individuato sulla base della nota tecnica e metodologica di cui all'allegato 6.

3. Le modifiche all'indice sintetico di affidabilità fiscale BK04U, relative all'aggiornamento delle aggregazioni comunali, a seguito delle variazioni amministrative occorse nel 2020, sono individuate sulla base della nota tecnica e metodologica di cui all'allegato 7.

4. Le modifiche all'indice sintetico di affidabilità fiscale BM05U, relative all'aggiornamento della «Territorialità dei Factory Outlet Center», sono individuate sulla base della nota tecnica e metodologica di cui all'allegato 8.

5. Le modifiche all'indice sintetico di affidabilità fiscale BG44U, relative all'aggiornamento delle aggregazioni comunali, a seguito delle variazioni amministrative occorse nel 2020, sono individuate sulla base della nota tecnica e metodologica di cui all'allegato 9.

6. Le modifiche all'indice sintetico di affidabilità fiscale BG72U, relative all'aggiornamento delle aggregazioni comunali, a seguito delle variazioni amministrative occorse nel 2020, sono individuate sulla base della nota tecnica e metodologica di cui all'allegato 10.

7. Programma informatico di ausilio all'applicazione degli indici sintetici di affidabilità fiscale. – 1. Il programma informatico, realizzato dall'Agenzia delle entrate, di ausilio all'applicazione degli indici sintetici di affidabilità fiscale, tiene conto delle modifiche agli stessi indici di cui al presente decreto.

8. Modifiche al decreto del Ministro dell'economia e delle finanze 2 febbraio 2021. – 1. L'allegato n. 1 al decreto del Ministro dell'economia e delle finanze 2 febbraio 2021, recante i codici ATECO delle attività economiche per cui è prevista una causa di esclusione dall'applicazione degli indici, è sostituito dall'allegato 11 al presente decreto. Tale allegato rimuove un refuso in relazione al codice attività 90.04.00 - gestione di teatri, sale da concerto e altre strutture artistiche.

9. Contribuenti ai quali non si applicano gli indici sintetici di affidabilità fiscale. – 1. Per il periodo d'imposta in corso al 31 dicembre 2020, gli indici sintetici di affidabilità fiscale, in vigore per il medesimo periodo d'imposta, non si applicano nei confronti dei soggetti che esercitano, in maniera prevalente, le attività economiche individuate dai codici attività riportati nell'allegato 12.

2. La metodologia seguita per individuare l'ulteriore ipotesi di esclusione dell'applicabilità degli indici sintetici di affidabilità fiscale di cui al comma precedente è riportata nell'allegato 13.

3. I contribuenti esclusi dall'applicazione degli indici sulla base di quanto disposto al comma 1, sono comunque tenuti alla comunicazione dei dati economici, contabili e strutturali previsti al comma 4 dell'art. 9-bis del decreto-legge 24 aprile 2017, n. 50, convertito con la legge 21 giugno 2017, n. 96.

22. D.L. 25 maggio 2021, n. 73

Decreto convertito con modificazioni, dalla Legge 23 luglio 2021, n. 106. - Misure urgenti connesse all'emergenza da COVID-19, per le imprese, il lavoro, i giovani, la salute e i servizi territoriali. (DECRETO SOSTEGNI BIS)[(1)(A)] (Estratto: Artt. 1-11 bis, 14, 14 bis, 18, 18 bis, 19, 19 bis, 20, 22, 55 e 76)
(in Gazz. Uff., 25 maggio 2021, n. 123)

(A) *V. Risoluzione Agenzia delle Entrate 13 luglio 2022, n. 39/E.*

(1) *A norma dell'articolo 1, comma 643, della Legge 30 dicembre 2021, n. 234, sono abrogate tutte le disposizioni del presente Decreto incompatibili con le disposizioni dei commi da 637 a 644 della Legge 30 dicembre 2021, n. 234.*

TITOLO I
Sostegno alle imprese, all'economia e abbattimento dei costi fissi

1. Contributo a fondo perduto. – 1. Al fine di sostenere gli operatori economici colpiti dall'emergenza epidemiologica "*Covid-19*", è riconosciuto un ulteriore contributo a fondo perduto a favore di tutti i soggetti che hanno la partita IVA attiva alla data di entrata in vigore del presente decreto e, inoltre, presentano istanza e ottengono il riconoscimento del contributo a fondo perduto di cui all'articolo 1 del decreto-legge 22 marzo 2021, n. 41, convertito, con modificazioni, dalla legge 21 maggio 2021, n. 69, e che non abbiano indebitamente percepito o che non abbiano restituito tale contributo[(1)].

2. Il nuovo contributo a fondo perduto di cui al comma 1 spetta nella misura del cento per cento del contributo già riconosciuto ai sensi dell'articolo 1 del decreto-legge 22 marzo 2021, n. 41, ed è corrisposto dall'Agenzia delle entrate mediante accreditamento diretto sul conto corrente bancario o postale sul quale è stato erogato il precedente contributo, ovvero è riconosciuto sotto forma di credito d'imposta, qualora il richiedente abbia effettuato tale scelta per il precedente contributo.

3. Al contributo di cui ai commi 1 e 2 si applicano, in quanto compatibili, le disposizioni di cui all'articolo 1, commi 7, primo periodo, 9 e da 13 a 17, del decreto-legge 22 marzo 2021, n. 41.

4. Gli oneri derivanti dalle disposizioni di cui ai commi 1 e 2 sono valutati in 5.873 milioni di euro per l'anno 2021[(2)].

5. Al fine di sostenere gli operatori economici maggiormente colpiti dall'emergenza epidemiologica "*Covid-19*", è riconosciuto un contributo a fondo perduto a favore di tutti i soggetti che svolgono attività d'impresa, arte o professione o che producono reddito agrario, titolari di partita IVA residenti o stabiliti nel territorio dello Stato. Il contributo di cui al presente comma è alternativo a quello di cui ai commi da 1 a 3. I soggetti che, a seguito della presentazione dell'istanza per il riconoscimento del contributo di cui all'articolo 1 del decreto-legge 22 marzo 2021, n. 41, abbiano beneficiato del contributo di cui ai commi da 1 a 3, potranno ottenere l'eventuale maggior valore del contributo determinato ai sensi del presente comma. In tal caso, il contributo già corrisposto o riconosciuto sotto forma di credito d'imposta dall'Agenzia delle entrate ai sensi dei commi da 1 a 3 verrà scomputato da quello da riconoscere ai sensi del presente comma. Se dall'istanza per il riconoscimento del contributo di cui al presente comma emerge un contributo inferiore rispetto a quello spettante ai sensi dei commi da 1 a 3, l'Agenzia non darà seguito all'istanza stessa [(A)].

6. Il contributo a fondo perduto di cui al comma 5 non spetta, in ogni caso, ai soggetti la cui partita IVA risulti non attiva alla data di entrata in vigore del presente decreto-legge, agli enti pubblici di cui all'articolo 74, nonché ai soggetti di cui all'articolo 162-bis del Testo unico delle imposte sui redditi approvato con decreto del Presidente della Repubblica 22 dicembre 1986, n. 917.

7. Il contributo di cui al comma 5 spetta esclusivamente ai soggetti titolari di reddito agrario di cui all'articolo 32 del citato Testo unico delle imposte sui redditi, nonché ai soggetti con ricavi di cui all'articolo 85, comma 1, lettere a) e b), o compensi di cui all'articolo 54, comma 1, del Testo unico delle imposte sui redditi non superiori a 10 milioni di euro nel secondo periodo d'imposta antecedente a quello di entrata in vigore del presente decreto.

8. Il contributo di cui al comma 5 spetta a condizione che l'ammontare medio mensile del fatturato e dei corrispettivi del periodo dal 1° aprile 2020 al 31 marzo 2021 sia inferiore almeno del 30 per cento rispetto all'ammontare medio mensile del fatturato e dei corrispettivi del periodo dal 1° aprile 2019 al 31 marzo 2020. Al fine di determinare correttamente i predetti importi, si fa riferimento alla data di effettuazione dell'operazione di cessione di beni o di prestazione dei servizi.

9. Per i soggetti che hanno beneficiato del contributo a fondo perduto di cui all'articolo 1 del decreto-legge 22 marzo 2021, n. 41, l'ammontare del contributo di cui al comma 5 è determinato in misura pari all'importo ottenuto applicando una percentuale alla differenza tra l'ammontare medio mensile del fatturato e dei corrispettivi del periodo dal 1° aprile 2020 al 31 marzo 2021 e l'ammontare medio mensile del fatturato e dei corrispettivi del periodo dal 1° aprile 2019 al 31 marzo 2020 come segue:

a) sessanta per cento per i soggetti con ricavi e compensi indicati al comma 7 non superiori a centomila euro;

b) cinquanta per cento per i soggetti con ricavi o compensi indicati al comma 7 superiori a centomila euro e fino a quattrocentomila euro;

c) quaranta per cento per i soggetti con ricavi o compensi indicati al comma 7 superiori a quattrocentomila euro e fino a 1 milione di euro;

d) trenta per cento per i soggetti con ricavi o compensi indicati al comma 7 superiori a 1 milione di euro e fino a 5 milioni di euro;

e) venti per cento per i soggetti con ricavi o compensi indicati al comma 7 superiori a 5 milioni di euro e fino a 10 milioni di euro.

10. Per i soggetti che non hanno beneficiato del contributo a fondo perduto di cui all'articolo 1 del decreto-legge 22 marzo 2021, n. 41, l'ammontare del contributo di cui al comma 5 è determinato in misura pari all'importo ottenuto applicando una percentuale alla differenza tra l'ammontare medio mensile del fatturato e dei corrispettivi del periodo dal 1° aprile 2020 al 31 marzo 2021 e l'ammontare medio mensile del fatturato e dei corrispettivi del periodo dal 1° aprile 2019 al 31 marzo 2020 come segue:

a) novanta per cento per i soggetti con ricavi e compensi indicati al comma 7 non superiori a centomila euro;

b) settanta per cento per i soggetti con ricavi o compensi indicati al comma 7 superiori a centomila euro e fino a quattrocentomila euro;

c) cinquanta per cento per i soggetti con ricavi o compensi indicati al comma 7 superiori a quattrocentomila euro e fino a 1 milione di euro;

d) quaranta per cento per i soggetti con ricavi o compensi indicati al comma 7 superiori a 1 milione di euro e fino a 5 milioni di euro;

e) trenta per cento per i soggetti con ricavi o compensi indicati al comma 7 superiori a 5 milioni di euro e fino a 10 milioni di euro.

11. Per tutti i soggetti, l'importo del contributo di cui al comma 5 non può essere superiore a centocinquantamila euro.

12. Il contributo di cui al comma 5 non concorre alla formazione della base imponibile delle imposte sui redditi, non rileva altresì ai fini del rapporto di cui agli articoli 61 e 109, comma 5, del Testo unico delle imposte sui redditi approvato con decreto del Presidente della Repubblica 22 dicembre 1986, n. 917, e non concorre alla formazione del valore della produzione netta, di cui al decreto legislativo 15 dicembre 1997, n. 446. A scelta irrevocabile del contribuente, il contributo a fondo perduto è riconosciuto nella sua totalità sotto forma di credito d'imposta, da utilizzare esclusivamente in compensazione ai sensi dell'articolo 17 del decreto legislativo 9 luglio 1997, n. 241, presentando il modello F24 esclusivamente tramite i servizi telematici resi disponibili dall'Agenzia delle entrate. Ai fini di cui al periodo precedente, non si applicano i limiti di cui all'articolo 31, comma 1, del decreto-legge 31 maggio 2010, n. 78, convertito, con modificazioni, dalla legge 30 luglio 2010, n. 122, all'articolo 34 della legge 23 dicembre 2000, n. 388, e all'articolo 1, comma 53, della legge 24 dicembre 2007, n. 244.

13. Al fine di ottenere il contributo di cui al comma 5, i soggetti interessati presentano, esclusivamente in via telematica, un'istanza all'Agenzia delle entrate con l'indicazione della sussistenza dei requisiti definiti dai commi da 5 a 10. L'istanza può essere presentata, per conto del soggetto interessato, anche da un intermediario di cui all'articolo 3, comma 3, del decreto del Presidente della Repubblica 22 luglio 1998, n. 322, delegato al servizio del cassetto fiscale dell'Agenzia delle entrate. L'istanza deve essere presentata, a pena di decadenza, entro sessanta giorni dalla data di avvio della procedura telematica per la presentazione della stessa. Le modalità di effettuazione dell'istanza, il suo contenuto

informativo, i termini di presentazione della stessa e ogni altro elemento necessario all'attuazione delle disposizioni dei commi da 5 a 12 sono definiti con provvedimento del direttore dell'Agenzia delle entrate, che individua, altresì, gli elementi da dichiarare nell'istanza al fine del rispetto delle condizioni e dei limiti previsti dalle Sezioni 3.1 «Aiuti di importo limitato» e 3.12 «Aiuti sotto forma di sostegno a costi fissi non coperti» della Comunicazione della Commissione europea del 19 marzo 2020 C(2020) 1863 final «Quadro temporaneo per le misure di aiuto di Stato a sostegno dell'economia nell'attuale emergenza del COVID-19», e successive modificazioni. Per i soggetti obbligati alla presentazione delle comunicazioni della liquidazione periodica IVA di cui all'articolo 21-bis del decreto-legge 31 maggio 2010, n. 78, l'istanza può essere presentata esclusivamente dopo la presentazione della comunicazione riferita al primo trimestre 2021.

14. Gli oneri derivanti dalle disposizioni di cui ai commi da 5 a 13 sono valutati in 3.400 milioni di euro per l'anno 2021.

15. Ai fini del contributo di cui ai commi da 5 a 13 si applicano, in quanto compatibili, le disposizioni di cui all'articolo 1, commi 9 e da 13 a 17, del decreto-legge 22 marzo 2021, n. 41.

16. Al fine di sostenere gli operatori economici maggiormente colpiti dall'emergenza epidemiologica "*Covid-19*", è riconosciuto un contributo a fondo perduto a favore di tutti i soggetti che svolgono attività d'impresa, arte o professione o che producono reddito agrario, titolari di partita IVA residenti o stabiliti nel territorio dello Stato [(B)].

17. Il contributo a fondo perduto di cui al comma 16 non spetta, in ogni caso, ai soggetti la cui partita IVA risulti non attiva alla data di entrata in vigore del presente decreto-legge, agli enti pubblici di cui all'articolo 74, nonché ai soggetti di cui all'articolo 162-bis del Testo unico delle imposte sui redditi approvato con decreto del Presidente della Repubblica 22 dicembre 1986, n. 917.

18. Il contributo di cui al comma 16 spetta esclusivamente ai soggetti titolari di reddito agrario di cui all'articolo 32 del citato Testo unico delle imposte sui redditi, nonché ai soggetti con ricavi di cui all'articolo 85, comma 1, lettere a) e b), o compensi di cui all'articolo 54, comma 1, del Testo unico delle imposte sui redditi non superiori a 10 milioni di euro nel secondo periodo d'imposta antecedente a quello di entrata in vigore del presente decreto.

19. Il contributo a fondo perduto di cui al comma 16 spetta a condizione che vi sia un peggioramento del risultato economico d'esercizio relativo al periodo d'imposta in corso al 31 dicembre 2020, rispetto a quello relativo al periodo d'imposta in corso al 31 dicembre 2019, in misura pari o superiore alla percentuale definita con decreto del Ministro dell'economia e delle finanze.

20. L'ammontare del contributo a fondo perduto di cui al comma 16 è determinato applicando la percentuale che verrà definita con decreto del Ministro dell'economia e delle finanze alla differenza del risultato economico d'esercizio relativo al periodo d'imposta in corso al 31 dicembre 2020 rispetto a quello relativo al periodo d'imposta in corso al 31 dicembre 2019, al netto dei contributi a fondo perduto eventualmente riconosciuti dall'Agenzia delle entrate ai sensi dell'articolo 25 del decreto-legge 19 maggio 2020, n. 34, degli articoli 59 e 60 del decreto-legge 14 agosto 2020, n. 104, degli articoli 1,1-bis e 1-ter del decreto-legge 28 ottobre 2020, n. 137, dell'articolo 2 del decreto-legge 18 dicembre 2020, n. 172, dell'articolo 1 del decreto-legge 22 marzo 2021, n. 41, e del presente articolo, commi da 1 a 3 e commi da 5 a 13.

21. Per tutti i soggetti, l'importo del contributo di cui al comma 16 non può essere superiore a centocinquantamila euro.

22. Il contributo di cui al comma 16 non concorre alla formazione della base imponibile delle imposte sui redditi, non rileva altresì ai fini del rapporto di cui agli articoli 61 e 109, comma 5, del Testo unico delle imposte sui redditi approvato con decreto del Presidente della Repubblica 22 dicembre 1986, n. 917, e non concorre alla formazione del valore della produzione netta, di cui al decreto legislativo 15 dicembre 1997, n. 446. A scelta irrevocabile del contribuente, il contributo a fondo perduto è riconosciuto nella sua totalità sotto forma di credito d'imposta, da utilizzare esclusivamente in compensazione ai sensi dell'articolo 17 del decreto legislativo 9 luglio 1997, n. 241, presentando il modello F24 esclusivamente tramite i servizi telematici resi disponibili dall'Agenzia delle entrate. Ai fini di cui al periodo precedente, non si applicano i limiti di cui all'articolo 31, comma 1, del decreto-legge 31 maggio 2010, n. 78, convertito, con modificazioni, dalla legge 30 luglio 2010, n. 122, all'articolo 34 della legge 23 dicembre 2000, n. 388, e all'articolo 1, comma 53, della legge 24 dicembre 2007, n. 244.

23. Al fine di ottenere il contributo a fondo perduto di cui al comma 16, i soggetti interessati presentano, esclusivamente in via telematica, un'istanza all'Agenzia delle entrate con l'indicazione della sussistenza dei requisiti definiti dai commi da 16 a 20. L'istanza può essere presentata, per conto del soggetto interessato, anche da un intermediario di cui all'articolo 3, comma 3, del decreto del Presidente della Repubblica 22 luglio 1998, n. 322, delegato al servizio del cassetto fiscale dell'Agenzia delle entrate. L'istanza deve essere presentata, a pena di decadenza, entro trenta giorni dalla data di avvio della procedura telematica per la presentazione della stessa. Le modalità di effettuazione dell'istanza, il suo contenuto informativo, i termini di presentazione della stessa e ogni altro elemento necessario all'attuazione delle disposizioni del presente articolo sono definiti con provvedimento del direttore dell'Agenzia delle entrate. Con il medesimo provvedimento sono individuati gli specifici campi delle dichiarazioni dei redditi relative ai periodi d'imposta in corso al 31 dicembre 2019 e al 31 dicembre 2020 nei quali sono indicati gli ammontari dei risultati economici d'esercizio di cui ai commi 19 e 20.

24. L'istanza per il riconoscimento del contributo di cui al comma 16 può essere trasmessa solo se la dichiarazione dei redditi relativa al periodo d'imposta in corso al 31 dicembre 2020 è presentata entro il 10 settembre 2021 [(3)].

25. Per le finalità di cui ai commi da 16 a 24 è destinata una somma pari a 4.000 milioni di euro. Ai predetti oneri si fa fronte per un importo pari a 3.150 milioni di euro con le risorse di cui all'articolo 1, comma 12, del decreto-legge 22 marzo 2021, n. 41, già nella disponibilità della contabilità speciale 1778 intestata all'Agenzia delle entrate, e per un importo pari a 850 milioni di euro ai sensi dell'articolo 77.

25-bis. Per le finalità di cui ai commi da 16 a 24 è destinata, in aggiunta a quanto previsto dal comma 25, un'ulteriore somma di 452,1 milioni di euro per l'anno 2021, cui si provvede ai sensi dell'articolo 77 [4].

26. Ai fini del contributo di cui ai commi da 16 a 24 si applicano, in quanto compatibili, le disposizioni di cui all'articolo 1, commi 9 e da 13 a 17, del decreto-legge 22 marzo 2021, n. 41.

27. L'efficacia delle misure previste dai commi da 16 a 26 del presente articolo è subordinata, ai sensi dell'articolo 108, paragrafo 3, del Trattato sul funzionamento dell'Unione europea, all'autorizzazione della Commissione europea [5].

28. All'articolo 1, comma 14, del decreto-legge 22 marzo 2021, n. 41, è aggiunto, in fine, il seguente periodo: "*Le imprese presentano un'apposita autodichiarazione con la quale attestano l'esistenza delle condizioni previste dalla Sezione 3.1 di cui al periodo precedente.*"[6].

29. Agli oneri di cui ai commi 4 e 14, valutati in 9.273 milioni di euro per l'anno 2021, si provvede ai sensi dell'articolo 77 [7].

[*30. Previo accertamento disposto con decreto del Ministero dell'economia e delle finanze, le eventuali risorse non utilizzate ai sensi dei commi 4 e 14 del presente articolo nonché le eventuali risorse non utilizzate ai sensi dell'articolo 1, comma 12, del decreto-legge 22 marzo 2021, n. 41, eccedenti l'importo di 3.150 milioni di cui al comma 25, sono destinate all'erogazione di un contributo a fondo perduto a favore dei soggetti titolari di reddito agrario di cui all'articolo 32 del Testo unico delle imposte sui redditi, nonché ai soggetti con ricavi di cui all'articolo 85, comma 1, lettere a) e b), o compensi di cui all'articolo 54, comma 1, del Testo unico delle imposte sui redditi superiori a 10 milioni di euro ma non superiori a 15 milioni di euro nel secondo periodo d'imposta antecedente a quello di entrata in vigore del presente decreto, in possesso degli altri requisiti previsti per il riconoscimento dei contributi di cui all'articolo 1 del decreto-legge 22 marzo 2021, n. 41, o di cui ai commi da 5 a 13 del presente articolo. Le modalità di determinazione dell'ammontare del contributo di cui al periodo precedente e ogni elemento necessario all'attuazione del presente comma sono determinati con decreto del Ministro dell'economia e delle finanze.*][8]

30-bis. In favore dei soggetti titolari di reddito agrario ai sensi dell'articolo 32 del testo unico delle imposte sui redditi, di cui al decreto del Presidente della Repubblica 22 dicembre 1986, n. 917, nonché ai soggetti che hanno conseguito ricavi di cui all'articolo 85, comma 1, lettere o b), o compensi di cui all'articolo 54, comma 1, del medesimo testo unico superiori a 10 milioni di euro, ma non superiori a 15 milioni di euro, nel secondo periodo d'imposta antecedente a quello di entrata in vigore della legge di conversione del presente decreto, in possesso degli altri requisiti previsti per il riconoscimento dei contributi di cui all'articolo 1 del decreto-legge 22 marzo 2021, n. 41, convertito, con modificazioni, dalla legge 21 maggio 2021, n. 69, o di cui ai commi da 5 a 13 del presente articolo, è riconosciuto:

a) il contributo di cui all'articolo 1 del decreto-legge 22 marzo 2021, n. 41, convertito, con modificazioni, dalla legge 21 maggio 2021, n. 69, determinato in misura pari all'importo ottenuto applicando la percentuale del 20 per cento alla differenza tra l'ammontare medio mensile del fatturato e dei corrispettivi dell'anno 2020 e l'ammontare medio mensile del fatturato e dei corrispettivi dell'anno 2019; in tale caso, è riconosciuto anche il contributo di cui ai commi da 1 a 3 del presente articolo, alle condizioni e con le modalità ivi previste;

b) il contributo di cui ai commi da 5 a 13 del presente articolo, determinato, nel caso in cui gli interessati beneficino del contributo di cui alla lettera a) del presente comma, in misura pari all'importo ottenuto applicando la percentuale del 20 per cento alla differenza tra l'ammontare medio mensile del fatturato e dei corrispettivi del periodo dal 1° aprile 2020 al 31 marzo 2021 e l'ammontare medio mensile del fatturato e dei corrispettivi del periodo dal 1° aprile 2019 al 31 marzo 2020; in tale caso, non è riconosciuto il contributo di cui ai commi da 1 a 3 del presente articolo;

c) il contributo di cui ai commi da 5 a 13 del presente articolo, determinato, nel caso in cui gli interessati non beneficino del contributo di cui alla lettera a) del presente comma, in misura pari all'importo ottenuto applicando la percentuale del 30 per cento alla differenza tra l'ammontare medio mensile del fatturato e dei corrispettivi del periodo dal 1° aprile 2020 al 31 marzo 2021 e l'ammontare medio mensile del fatturato e dei corrispettivi del periodo dal 1° aprile 2019 al 31 marzo 2020 [9]. [C]

30-ter. Ai fini del riconoscimento dei contributi di cui al comma 30-bis si applicano, in quanto compatibili, le disposizioni dell'articolo 1 del decreto-legge 22 marzo 2021, n. 41, convertito, con modificazioni, dalla legge 21 maggio 2021, n. 69, e le disposizioni dei commi da 5 a 13 e 15 del presente articolo[10].

30-quater. Agli oneri derivanti dalle disposizioni dei commi 30-bis e 30-ter, valutati in 529 milioni di euro per l'anno 2021, si provvede ai sensi dell'articolo 77 [11].

[A] *In riferimento al presente comma, vedi: Risoluzione Agenzia delle Entrate 16 dicembre 2021, n. 73/E; Risposta Agenzia delle Entrate 5 agosto 2022, n. 419.*

[B] *Per l'istituzione dei codici tributo per l'utilizzo in compensazione, tramite modello F24, del contributo a fondo perduto di cui al presente comma vedi Risoluzione Agenzia delle Entrate 19 luglio 2021, n. 48/E; Risposta Agenzia delle Entrate 20 aprile 2022, n. 199.*

[C] *In riferimento al presente comma, vedi: Risoluzione Agenzia delle Entrate 3 novembre 2021, n. 63/E.*

[1] *Comma modificato dall'articolo 1, comma 1, della Legge 23 luglio 2021, n. 106, in sede di conversione.*

[2] *Comma modificato dall'articolo 1, comma 1, della Legge 23 luglio 2021, n. 106, in sede di conversione.*

[3] *A norma dell'articolo 1, comma 1, del D.P.C.M 7 settembre 2021 il termine di cui al presente comma è prorogato al 30 settembre 2021.*

[4] *Comma inserito dall'articolo 1, comma 1, della Legge 23 luglio 2021, n. 106, in sede di conversione.*

[5] *Comma modificato dall'articolo 1, comma 1, della Legge 23 luglio 2021, n. 106, in sede di conversione.*

[6] *Comma modificato dall'articolo 1, comma 1, della Legge 23 luglio 2021, n. 106, in sede di conversione.*

[7] *Comma modificato dall'articolo 1, comma 1, della Legge 23 luglio 2021, n. 106, in sede di conversione.*

[8] *Comma abrogato dall'articolo 7, comma 1, del D.L. 30 giugno 2021, n. 99 e successivamente soppresso dall'articolo 1, comma 1, della Legge 23 luglio 2021, n. 106, in sede di conversione. Il D.L. 99/2021 citato è stato abrogato dall'articolo 1, comma 3, della Legge 23 luglio 2021, n. 106.*

[8] *Comma aggiunto dall'articolo 1, comma 1, della Legge 23 luglio 2021, n. 106, in sede di conversione.*

[10] *Comma aggiunto dall'articolo 1, comma 1, della Legge 23 luglio 2021, n. 106, in sede di conversione.*

[11] *Comma aggiunto dall'articolo 1, comma 1, della Legge 23 luglio 2021, n. 106, in sede di conversione.*

1 *bis*. Detassazione di contributi, di indennità e di ogni altra misura a favore di imprese e lavoratori autonomi, relativi all'emergenza da COVID-19[1].. – 1. Il comma 9 dell'articolo 6-bis e il comma 2 dell'articolo 10-bis del decreto-legge 28 ottobre 2020, n. 137, convertito, con modificazioni, dalla legge 18 dicembre 2020, n. 176, sono abrogati.

[1] Articolo inserito dall'articolo 1, comma 1, della Legge 23 luglio 2021, n. 106, in sede di conversione.

1 ter. Contributi per i settori del wedding, dell'intrattenimento, dell'HORECA e altri settori in difficoltà [1][2]. – 1. Al fine di mitigare la crisi economica derivante dall'emergenza epidemiologica da COVID-19 alle imprese operanti nei settori del wedding, dell'intrattenimento, dell'organizzazione di feste e cerimonie e dell'Hotellerie-Restaurant-Catering (HORECA), sono erogati contributi a fondo perduto per un importo complessivo di 60 milioni di euro per l'anno 2021, che costituisce limite massimo di spesa. A valere sullo stanziamento di cui al primo periodo, un importo pari a 10 milioni di euro per l'anno 2021 è destinato alle imprese operanti nel settore dell'HORECA e un importo pari a 10 milioni di euro è destinato alle imprese operanti nel settore, diverso dal wedding, dell'intrattenimento e dell'organizzazione di feste e cerimonie[3].

2. Con decreto del Ministro dello sviluppo economico, di concerto con il Ministro dell'economia e delle finanze, da adottare entro trenta giorni dalla data di entrata in vigore della legge di conversione del presente decreto, sono stabiliti i criteri e le modalità di applicazione del presente articolo, anche al fine di assicurare il rispetto del limite di spesa di cui al comma 1 e tenendo altresì conto della differenza tra il fatturato annuale del 2020 e il fatturato annuale del 2019.

2-bis. Per le finalità di cui al comma 1, in considerazione degli effetti dell'emergenza epidemiologica, per l'anno 2022 è stanziata la somma di 40 milioni di euro, che costituisce limite massimo di spesa, da destinare ad interventi per le imprese che svolgono, come attività prevalente comunicata ai sensi dell'articolo 35 del decreto del Presidente della Repubblica 26 ottobre 1972, n. 633, una di quelle [*attività*] identificate dai seguenti codici della classificazione delle attività economiche ATECO 2007: 96.09.05, 56.10, 56.21, 56.30, 93.11.2, che nell'anno 2021 hanno subito una riduzione dei ricavi di cui all'articolo 85, comma 1, lettere a) e b), del Testo unico delle imposte sui redditi approvato con decreto del Presidente della Repubblica 22 dicembre 1986, n. 917, non inferiore al 40 per cento rispetto ai ricavi del 2019. Per le imprese costituite nel corso dell'anno 2020, in luogo dei ricavi, la riduzione di cui al primo periodo deve far riferimento all'ammontare medio mensile del fatturato e dei corrispettivi dei mesi del 2020 successivi a quello di apertura della partita IVA rispetto all'ammontare medio mensile del fatturato e dei corrispettivi del 2021[4];

3. Agli oneri derivanti dal comma 1, pari a 60 milioni di euro per l'anno 2021, si provvede mediante corrispondente riduzione del Fondo di cui all'articolo 1, comma 200, della legge 23 dicembre 2014, n. 190, come rifinanziato dall'articolo 77, comma 7, del presente decreto[5].

4. L'efficacia delle disposizioni del presente articolo è subordinata, ai sensi dell'articolo 108, paragrafo 3, del Trattato sul funzionamento dell'Unione europea, all'autorizzazione della Commissione europea.

[1] Rubrica sostituita dall'articolo 3, comma 2, lettera a), del D.L. 27 gennaio 2022, n. 4, convertito con modificazioni dalla Legge 28 marzo 2022, n. 25.
[2] Articolo inserito dall'articolo 1, comma 1, della Legge 23 luglio 2021, n. 106, in sede di conversione.
[3] In riferimento al presente comma vedi il Provvedimento 8 giugno 2022.
[4] Comma inserito dall'articolo 3, comma 2, lettera b), del D.L. 27 gennaio 2022, n. 4, convertito con modificazioni dalla Legge 28 marzo 2022, n. 25.
[5] Comma modificato dall'articolo 3, comma 2, lettera c), del D.L. 27 gennaio 2022, n. 4, convertito con modificazioni dalla Legge 28 marzo 2022, n. 25

1 quater. Incremento del Fondo straordinario per il sostegno degli enti del Terzo settore. [1] – 1. La dotazione del Fondo straordinario per il sostegno degli enti del Terzo settore, di cui all'articolo 13-quaterdecies del decreto-legge 28 ottobre 2020, n. 137, convertito, con modificazioni, dalla legge 18 dicembre 2020, n. 176, è incrementata di 60 milioni di euro per l'anno 2021. A valere sul Fondo di cui al primo periodo, una quota pari a 20 milioni di euro per l'anno 2021 è destinata al riconoscimento di un contributo a fondo perduto, entro l'importo di 20 milioni di euro per l'anno 2021 che costituisce limite massimo di spesa, in favore degli enti non commerciali di cui al titolo II, capo III, del testo unico delle imposte sui redditi, di cui al decreto del Presidente della Repubblica 22 dicembre 1986, n. 917, degli enti religiosi civilmente riconosciuti, nonché delle organizzazioni non lucrative di utilità sociale, di cui all'articolo 10 del decreto legislativo 4 dicembre 1997, n. 460, iscritte nella relativa anagrafe, titolari di partita IVA, fiscalmente residenti nel territorio dello Stato e che svolgono attività di prestazione di servizi socio-sanitari e assistenziali, in regime diurno, semiresidenziale e residenziale, in favore di anziani non autosufficienti o disabili, ancorché svolte da enti pubblici ai sensi dell'articolo 74, comma 2, lettera b), del citato testo unico di cui al decreto del Presidente della Repubblica n. 917 del 1986.

2. Agli oneri derivanti dal comma 1, pari a 60 milioni di euro per l'anno 2021, si provvede ai sensi dell'articolo 77.

[1] Articolo inserito dall'articolo 1, comma 1, della Legge 23 luglio 2021, n. 106, in sede di conversione.

1 quinquies. Sostegno economico delle istituzioni pubbliche di assistenza e beneficenza [1]. – 1. Al fine di assicurare, nel limite di spesa di cui al presente comma, alle istituzioni pubbliche di assistenza e beneficenza un sostegno economico utile a garantire la continuità nell'erogazione delle prestazioni, è istituito, nello stato di previsione del Ministero del lavoro e delle politiche sociali, un fondo con una dotazione di 10 milioni di euro per l'anno 2021, che costituisce limite massimo di spesa.

2. Nel limite di spesa di cui al comma 1, è riconosciuto, a titolo compensativo dei maggiori costi sostenuti negli anni 2020 e 2021 in ragione dell'emergenza epidemiologica da COVID-19, un contributo straordinario in favore di ciascuna delle istituzioni pubbliche di assistenza e beneficenza, sulla base dei seguenti parametri:

a) costi sostenuti per la sanificazione dei locali;

b) costi per l'adozione di dispositivi di protezione individuale per gli ospiti e gli operatori;

c) costi per l'adeguamento strutturale dei locali.

3. Il riparto delle risorse del fondo di cui al comma 1 tra le regioni e le province autonome interessate è disposto, anche al fine del rispetto del limite di spesa di cui al medesimo comma 1, con decreto del Ministro del lavoro e delle politiche sociali, di concerto con il Ministro dell'economia e delle finanze, previa intesa in sede di Conferenza permanente per i rapporti tra lo Stato, le regioni e le province autonome di

Trento e di Bolzano, da adottare entro trenta giorni dalla data di entrata in vigore della legge di conversione del presente decreto. Il riparto tra le regioni e le province autonome interessate è effettuato in proporzione al numero di istituzioni pubbliche di assistenza e beneficenza presenti nel relativo territorio. Con il decreto di cui al primo periodo sono individuati i criteri e le modalità per la concessione dei contributi straordinari di cui al presente articolo.

4. Agli oneri derivanti dal presente articolo, pari a 10 milioni di euro per l'anno 2021, si provvede mediante corrispondente riduzione del Fondo di cui all'articolo 1, comma 200, della legge 23 dicembre 2014, n. 190, come rifinanziato dall'articolo 77, comma 7, del presente decreto.

(1) *Articolo inserito dall'articolo 1, comma 1, della Legge 23 luglio 2021, n. 106, in sede di conversione.*

1 sexies. Modifica di termini per il versamento delle rate per la definizione agevolata di carichi affidati all'agente della riscossione (1). – 1. Il comma 3 dell'articolo 68 del decreto-legge 17 marzo 2020, n. 18, convertito, con modificazioni, dalla legge 24 aprile 2020, n. 27, è sostituito dal seguente:

"*3. Il versamento delle rate da corrispondere nell'anno 2020 e di quelle da corrispondere il 28 febbraio, il 31 marzo, il 31 maggio e il 31 luglio 2021 ai fini delle definizioni agevolate di cui agli articoli 3 e 5 del decreto-legge 23 ottobre 2018, n. 119, convertito, con modificazioni, dalla legge 17 dicembre 2018, n. 136, all'articolo 16-bis del decreto-legge 30 aprile 2019, n. 34, convertito, con modificazioni, dalla legge 28 giugno 2019, n. 58, e all'articolo 1, commi 190 e 193, della legge 30 dicembre 2018, n. 145, è considerato tempestivo e non determina l'inefficacia delle stesse definizioni se effettuato integralmente, con applicazione delle disposizioni dell'articolo 3, comma 14-bis, del citato decreto-legge n. 119 del 2018:*

a) entro il 31 luglio 2021, relativamente alle rate in scadenza il 28 febbraio 2020 e il 31 marzo 2020;

b) entro il 31 agosto 2021, relativamente alla rata in scadenza il 31 maggio 2020;

c) entro il 30 settembre 2021, relativamente alla rata in scadenza il 31 luglio 2020;

d) entro il 31 ottobre 2021, relativamente alla rata in scadenza il 30 novembre 2020;

e) entro il 30 novembre 2021, relativamente alle rate in scadenza il 28 febbraio, il 31 marzo, il 31 maggio e il 31 luglio 2021".

(1) *Articolo inserito dall'articolo 1, comma 1, della Legge 23 luglio 2021, n. 106, in sede di conversione.*

1 septies. Disposizioni urgenti in materia di revisione dei prezzi dei materiali nei contratti pubblici (1)(2)(3). – 1. Per fronteggiare gli aumenti eccezionali dei prezzi di alcuni materiali da costruzione verificatisi nell'anno 2021, per i contratti in corso di esecuzione alla data di entrata in vigore della legge di conversione del presente decreto, il Ministero delle infrastrutture e della mobilità sostenibili rileva, entro il 31 ottobre 2021 e il 31 marzo 2022, con proprio decreto, le variazioni percentuali, in aumento o in diminuzione, superiori all'8 per cento, verificatesi rispettivamente nel primo e nel secondo semestre dell'anno 2021, dei singoli prezzi dei materiali da costruzione più significativi.(4)

2. Per i materiali da costruzione di cui al comma 1 si procede a compensazioni, in aumento o in diminuzione, nei limiti di cui ai commi 3, 4, 5 e 6 del presente articolo, anche in deroga a quanto previsto dall'articolo 133, commi 4, 5, 6 e 6-bis, del codice dei contratti pubblici relativi a lavori, servizi e forniture, di cui al decreto legislativo 12 aprile 2006, n. 163, e, per i contratti regolati dal codice dei contratti pubblici, di cui al decreto legislativo 18 aprile 2016, n. 50, in deroga alle disposizioni dell'articolo 106, comma 1, lettera a), del medesimo codice, determinate al netto delle compensazioni eventualmente già riconosciute o liquidate in relazione al primo semestre dell'anno 2021, ai sensi del medesimo articolo 106, comma, 1, lettera a).

3. La compensazione è determinata applicando alle quantità dei singoli materiali impiegati nelle lavorazioni eseguite e contabilizzate dal direttore dei lavori , ovvero annotate sotto la responsabilità del direttore dei lavori nel libretto delle misure, dal 1° gennaio 2021 fino al 31 dicembre 2021 le variazioni in aumento o in diminuzione dei relativi prezzi rilevate dal decreto di cui al comma 1 con riferimento alla data dell'offerta, eccedenti l'8 per cento se riferite esclusivamente all'anno 2021 ed eccedenti il 10 per cento complessivo se riferite a più anni.(5)

4. Per le variazioni in aumento, a pena di decadenza, l'appaltatore presenta alla stazione appaltante l'istanza di compensazione entro quindici giorni dalla data di pubblicazione nella Gazzetta Ufficiale dei decreti di cui al comma 1. Per le variazioni in diminuzione, la procedura è avviata d'ufficio dalla stazione appaltante, entro quindici giorni dalla predetta data; il responsabile del procedimento accerta con proprio provvedimento il credito della stazione appaltante e procede a eventuali recuperi.(6)

5. Per le lavorazioni eseguite e contabilizzate negli anni precedenti al 2021, restano ferme le variazioni rilevate dai decreti adottati ai sensi dell'articolo 133, comma 6, del codice di cui al decreto legislativo 12 aprile 2006, n. 163, e dell'articolo 216, comma 27-ter, del codice di cui al decreto legislativo 18 aprile 2016, n. 50.

6. Ciascuna stazione appaltante provvede alle compensazioni nei limiti del 50 per cento delle risorse appositamente accantonate per imprevisti nel quadro economico di ogni intervento, fatte salve le somme relative agli impegni contrattuali già assunti, nonché le eventuali ulteriori somme a disposizione della stazione appaltante per lo stesso intervento e stanziate annualmente. Possono, altresì, essere utilizzate le somme derivanti da ribassi d'asta, qualora non ne sia prevista una diversa destinazione sulla base delle norme vigenti, nonché le somme disponibili relative ad altri interventi ultimati di competenza della medesima stazione appaltante e per i quali siano stati eseguiti i relativi collaudi ed emanati i certificati di regolare esecuzione nel rispetto delle procedure contabili della spesa, nei limiti della residua spesa autorizzata disponibile alla data di entrata in vigore della legge di conversione del presente decreto.

7. Per i soggetti tenuti all'applicazione del codice di cui al decreto legislativo 12 aprile 2006, n. 163, ad esclusione dei soggetti di cui all'articolo 142, comma 4, del medesimo codice, ovvero all'applicazione del codice di cui al decreto legislativo 18 aprile 2016, n. 50, ad esclusione dei soggetti di cui all'articolo 164, comma 5, del medesimo codice, per i lavori realizzati ovvero affidati dagli stessi, in caso di insufficienza delle risorse di cui al comma 6 del presente articolo, alla copertura degli oneri si provvede, fino alla concorrenza dell'importo di 100 milioni di euro, che costituisce limite massimo di spesa, con le modalità di cui al comma 8 del

presente articolo.

8. Per le finalità di cui al comma 7, nello stato di previsione del Ministero delle infrastrutture e della mobilità sostenibili è istituito un Fondo per l'adeguamento dei prezzi, con una dotazione di 100 milioni di euro per l'anno 2021. Con decreto del Ministro delle infrastrutture e della mobilità sostenibili, adottato entro sessanta giorni dalla data di entrata in vigore della legge di conversione del presente decreto, sono stabilite le modalità di utilizzo del Fondo, garantendo la parità di accesso per le piccole, medie e grandi imprese di costruzione, nonché la proporzionalità, per gli aventi diritto, nell'assegnazione delle risorse. Ai fini dell'accesso al Fondo, i giustificativi da allegare alle istanze di compensazione consistono unicamente nelle analisi sull'incidenza dei materiali presenti all'interno di lavorazioni complesse, da richiedere agli appaltatori ove la stazione appaltante non ne disponga[7].

9. Agli oneri derivanti dal presente articolo, pari a 100 milioni di euro per l'anno 2021, si provvede ai sensi dell'articolo 77.

[1] A norma dell'articolo 23, comma 3-bis, del D.L. 21 marzo 2022, n. 21, convertito, con modificazioni, dalla Legge 20 maggio 2022, n. 51, il presente articolo si interpreta nel senso che le disposizioni ivi contenute per gli appaltatori si applicano, alle medesime condizioni, anche ai contraenti generali, anche in deroga a quanto previsto dai contratti o convenzioni.
[2] Articolo inserito dall'articolo 1, comma 1, della Legge 23 luglio 2021, n. 106, in sede di conversione.
[3] Per le modalità di accesso al Fondo di cui al presente articolo, vedi il D.M. 27 luglio 2022.
[4] Comma modificato dall'articolo 1, comma 398, lettera a) della Legge 30 dicembre 2021, n. 234.
[5] Comma modificato dall'articolo 16, comma 3-novies, del D.L. 10 settembre 2021, n. 121, convertito con modificazioni dalla Legge 9 novembre 2021, n. 156 e successivamente dall'articolo 1, comma 398, lettera b) della Legge 30 dicembre 2021, n. 234.
[6] Comma modificato dall'articolo 1, comma 398, lettera a) della Legge 30 dicembre 2021, n. 234.
[7] Comma modificato dall'articolo 29, comma 13, del D.L. 27 gennaio 2022, n. 4, convertito con modificazioni dalla Legge 28 marzo 2022, n. 25.

2. Fondo per il sostegno delle attività economiche chiuse [1][2][A] – 1. Al fine di favorire la continuità delle attività economiche per le quali, per effetto delle misure adottate ai sensi degli articoli 1 e 2 del decreto legge 25 marzo 2020, n. 19, convertito, con modificazioni, dalla legge 22 maggio 2020, n. 35, sia stata disposta, nel periodo intercorrente fra il 1° gennaio 2021 e la data di entrata in vigore della legge di conversione del presente decreto, la chiusura per un periodo complessivo di almeno cento giorni, nello stato di previsione del Ministero dello sviluppo economico è istituito un fondo, denominato "*Fondo per il sostegno delle attività economiche chiuse*", con una dotazione di 140 milioni di euro per l'anno 2021 [3].

2. I soggetti beneficiari e l'ammontare dell'aiuto sono determinati, nei limiti della dotazione finanziaria di cui al comma 1, sulla base dei criteri individuati, tenendo conto delle misure di ristoro già adottate per specifici settori economici nonché dei contributi a fondo perduto concessi ai sensi dell'articolo 1 del decreto-legge 22 marzo 2021, n. 41, convertito, con modificazioni, dalla legge 21 maggio 2021, n. 69, e dell'articolo 1 del presente decreto, con decreto del Ministero dello sviluppo economico, di concerto con il Ministero dell'economia e delle finanze, da adottarsi entro trenta giorni dalla data di entrata in vigore del presente decreto. Con il medesimo decreto si provvede altresì ad individuare modalità di erogazione della misura tali da garantire il pagamento entro i successivi trenta giorni [4].

3. I contributi sono concessi nel rispetto della Comunicazione della Commissione europea del 19 marzo 2020 C(2020) 1863 final «Quadro temporaneo per le misure di aiuto di Stato a sostegno dell'economia nell'attuale emergenza del COVID-19», e successive modificazioni.

4. Alla copertura degli oneri del presente articolo, pari a 140 milioni di euro per l'anno 2021, si provvede ai sensi dell'articolo 77[5].

4-bis. La dotazione del fondo di cui all'articolo 38, comma 3, del decreto-legge 22 marzo 2021, n. 41, convertito, con modificazioni, dalla legge 21 maggio 2021, n. 69, è incrementata di 50 milioni di euro per l'anno 2021 al fine di provvedere, nel limite di spesa autorizzato ai sensi del presente comma che costituisce tetto massimo di spesa, al ristoro delle perdite derivanti dall'annullamento, dal rinvio o dal ridimensionamento, in seguito all'emergenza epidemiologica da COVID-19, delle fiere nonché al ristoro dei soggetti erogatori di servizi di logistica e trasporto e di allestimento che abbiano una quota superiore al 51 per cento dei ricavi derivante da attività riguardanti fiere e congressi [6].

4-ter. All'onere derivante dal comma 4-bis, pari a 50 milioni di euro per l'anno 2021, si provvede mediante corrispondente riduzione del Fondo di cui all'articolo 1, comma 200, della legge 23 dicembre 2014, n. 190, come rifinanziato dall'articolo 77, comma 7, del presente decreto. 4-quater. L'efficacia delle disposizioni del comma 4-bis è subordinata all'autorizzazione della Commissione europea ai sensi dell' articolo 108, paragrafo 3, del Trattato sul funzionamento dell'Unione europea [7].

[A] In riferimento al presente articolo, vedi: Risoluzione Agenzia delle Entrate 4 gennaio 2022, n. 2/E.
[1] Per il rifinanziamento del fondo di cui al presente articolo, vedi l'articolo 1, comma 1, del D.L. 27 gennaio 2022, n. 4, convertito con modificazioni dalla Legge 28 marzo 2022, n. 25.
[2] In riferimento alla quota pari a 20 milioni di euro del Fondo per il sostegno delle attività economiche chiuse di cui al presente articolo vedi D.L. 23 luglio 2021, n. 105, convertito con modificazioni dalla Legge 16 settembre 2021, n. 126 e l'articolo 3 del D.M. 9 settembre 2021.
[3] Comma modificato dall'articolo 1, comma 1, della Legge 23 luglio 2021, n. 106, in sede di conversione.
[4] Comma modificato dall'articolo 1, comma 1, della Legge 23 luglio 2021, n. 106, in sede di conversione.
[5] Comma modificato dall'articolo 1, comma 1, della Legge 23 luglio 2021, n. 106, in sede di conversione.
[6] Comma aggiunto dall'articolo 1, comma 1, della Legge 23 luglio 2021, n. 106, in sede di conversione.
[7] Comma aggiunto dall'articolo 1, comma 1, della Legge 23 luglio 2021, n. 106, in sede di conversione.

2 bis. Incremento della dotazione del Fondo per la prevenzione del fenomeno dell'usura [1]. – 1. La dotazione del Fondo per la prevenzione del fenomeno dell'usura, di cui all'articolo 15, comma 1, della legge 7 marzo 1996, n. 108, è integrata di 10 milioni di euro per l'anno 2021.

2. Agli oneri di cui al comma 1 del presente articolo, pari a 10 milioni di euro per l'anno 2021, si provvede mediante corrispondente riduzione del Fondo di cui all'articolo 1, comma 200, della legge 23 dicembre 2014, n. 190, come rifinanziato dall'articolo 77, comma 7, del presente decreto.

[1] Articolo inserito dall'articolo 1, comma 1, della Legge 23 luglio 2021, n. 106, in sede di conversione.

3. Incremento delle risorse per il sostegno ai comuni a vocazione montana [1] – 1. Il fondo di cui all'articolo 2 del decreto legge 22 marzo 2021, n. 41, convertito con modificazioni dalla legge 21 maggio 2021, n. 69, è incrementato di 100 milioni di euro per l'anno 2021. L'incremento di cui al primo periodo è assegnato alle Regioni e alle Province autonome di Trento e di Bolzano nelle quote determinate dalla tabella seguente, per essere erogato in favore delle imprese turistiche, come definite ai sensi dell'articolo 4 del decreto legislativo 23 maggio 2011, n. 79, localizzate nei Comuni ubicati all'interno di comprensori sciistici. A tal fine, le Regioni e le Province autonome di Trento e di Bolzano provvedono con proprio provvedimento a definire i comprensori sciistici e i Comuni al loro interno ubicati. Con il medesimo provvedimento provvedono altresì a definire criteri e modalità di assegnazione dei contributi a titolo di ristoro[2].

REGIONE O PROVINCIA AUTONOMA	QUOTA SPETTANTE
BOLZANO	€ 26.600.000
TRENTO	€ 20.900.000
VENETO	€ 10.068.310
LOMBARDIA	€ 9.776.882
VALLE D'AOSTA	€ 8.304.614
PIEMONTE	€ 7.633.285
ABRUZZO	€ 3.679.154
FRIULI - VENEZIA GIULIA	€ 2.354.107
EMILIA-ROMAGNA	€ 2.308.240
MARCHE	€ 1.717.317
TOSCANA	€ 1.574.668
SICILIA	€ 1.266.773
BASILICATA	€ 1.051.550
UMBRIA	€ 949.254
CALABRIA	€ 690.868
CAMPANIA	€ 461.343
MOLISE	€ 254.017
LIGURIA	€ 218.587
LAZIO	€ 106.721
SARDEGNA	€ 62.725
PUGLIA	€ 21.585
TOTALE	**€ 100.000.000**

2. All'onere di cui al comma 1, pari a 100 milioni di euro per l'anno 2021, si provvede ai sensi dell'articolo 77.

2-bis. Il fondo di cui all'articolo 2 del decreto-legge 22 marzo 2021, n. 41, convertito, con modificazioni, dalla legge 21 maggio 2021, n. 69, è incrementato di 30 milioni di euro per l'anno 2021. Le risorse di cui al primo periodo sono assegnate alle regioni e alle province autonome di Trento e di Bolzano ai fini della loro destinazione ai comprensori e alle aree sciistiche a carattere locale, come definiti dalla Commissione europea, per interventi di innovazione tecnologica, ammodernamento e miglioramento dei livelli di sicurezza degli impianti di risalita, delle piste da sci e degli impianti di innevamento programmato. Le medesime risorse sono ripartite con decreto del Ministro del turismo, di concerto con il Ministro dell'economia e delle finanze e previa intesa in sede di Conferenza permanente per i rapporti tra lo Stato, le regioni e le province autonome di Trento e di Bolzano [4].

2-ter. Per l'anno 2021, per far fronte alle esigenze connesse all'incidente della funivia del Mottarone, è assegnato un contributo di 0,5 milioni di euro ai comuni di Stresa e Omegna, proporzionato al numero degli esercizi presenti nella porzione del rispettivo territorio situata sulla sommità del Mottarone e finalizzato al ristoro delle attività alberghiere, di ristorazione e di bar, in possesso di licenza annuale non stagionale alla data del 25 maggio 2021[5].

2-quater. Agli oneri derivanti dai commi 2-bis e 2-ter del presente articolo, pari a 30,5 milioni di euro per l'anno 2021, si provvede mediante corrispondente riduzione del Fondo di cui all'articolo 1, comma 200, della legge 23 dicembre 2014, n. 190, come rifinanziato dall'articolo 77, comma 7, del presente decreto[6].

(1) Rubrica modificata dall'articolo 1, comma 1, della Legge 23 luglio 2021, n. 106, in sede di conversione.
(2) Comma modificato dall'articolo 1, comma 1, della Legge 23 luglio 2021, n. 106, in sede di conversione.
(3) Tabella modificata dall'articolo 1, comma 1, della Legge 23 luglio 2021, n. 106, in sede di conversione.
(4) Comma aggiunto dall'articolo 1, comma 1, della Legge 23 luglio 2021, n. 106, in sede di conversione.
(5) Comma aggiunto dall'articolo 1, comma 1, della Legge 23 luglio 2021, n. 106, in sede di conversione.
(6) Comma aggiunto dall'articolo 1, comma 1, della Legge 23 luglio 2021, n. 106, in sede di conversione.

3 *bis*. Incremento del Fondo per il ristoro delle città portuali [1]. – 1. All'articolo 1, comma 734, della legge 30 dicembre 2020, n. 178, le parole: "*5 milioni di euro*" sono sostituite dalle seguenti: "*10 milioni di euro*".

2. Agli oneri derivanti dal presente articolo, pari a 5 milioni di euro per l'anno 2021, si provvede mediante corrispondente riduzione del Fondo di cui all'articolo 1, comma 200, della legge 23 dicembre 2014, n. 190, come rifinanziato dall'articolo 77, comma 7, del presente decreto.

(1) Articolo inserito dall'articolo 1, comma 1, della Legge 23 luglio 2021, n. 106, in sede di conversione.

3 *ter*. Valorizzazione turistica del Paese in relazione alle Olimpiadi invernali 2026 [1]. – 1. Al fine di incrementare l'attrattività turistica del Paese in relazione allo svolgimento dei Giochi olimpici e paralimpici invernali Milano Cortina 2026, è autorizzata la spesa di 35 milioni di euro per l'anno 2021. Con uno o più decreti del Ministro del turismo, di concerto con il Ministro dell'economia e delle finanze, da adottare d'intesa con i Presidenti delle regioni e delle province autonome interessate, sono individuati gli interventi per le infrastrutture sportive da finanziare, con l'indicazione del Codice unico di progetto ai sensi dell'articolo 11 della legge 16 gennaio 2003, n. 3, e del relativo cronoprogramma. Il monitoraggio sull'attuazione degli interventi infrastrutturali è eseguito ai sensi del decreto legislativo 29 dicembre 2011, n. 229.

2. Agli oneri derivanti dal presente comma, pari a 35 milioni di euro per l'anno 2021, si provvede mediante corrispondente riduzione del Fondo di cui all'articolo 1, comma 200, della legge 23 dicembre 2014, n. 190, come rifinanziato dall'articolo 77, comma 7, del presente decreto.

(1) Articolo inserito dall'articolo 1, comma 1, della Legge 23 luglio 2021, n. 106, in sede di conversione.

4. Estensione e proroga del credito d'imposta per i canoni di locazione degli immobili a uso non abitativo e affitto d'azienda. – 1. All'articolo 28, comma 5, ultimo periodo, del decreto-legge 19 maggio 2020, n. 34, convertito, con modificazioni, dalla legge 17 luglio 2020, n. 77, le parole: "*fino al 30 aprile 2021*" sono sostituite dalle seguenti: "*fino al 31 luglio 2021*".

2. Ai soggetti esercenti attività d'impresa, arte o professione, con ricavi o compensi non superiori a 15 milioni di euro nel secondo periodo d'imposta antecedente a quello di entrata in vigore del presente decreto, nonché agli enti non commerciali, compresi gli enti del terzo settore e gli enti religiosi civilmente riconosciuti, il credito d'imposta di cui ai commi 1, 2 e 4 dell'articolo 28 del decreto-legge 19 maggio 2020, n. 34, convertito, con modificazioni, dalla legge 17 luglio 2020, n. 77, spetta in relazione ai canoni versati con riferimento a ciascuno dei mesi da gennaio 2021 a maggio 2021. Ai soggetti locatari esercenti attività economica, il credito d'imposta spetta a condizione che l'ammontare medio mensile del fatturato e dei corrispettivi del periodo compreso tra il 1° aprile 2020 e il 31 marzo 2021 sia inferiore almeno del 30 per cento rispetto all'ammontare medio mensile del fatturato e dei corrispettivi del periodo compreso tra il 1° aprile 2019 e il 31 marzo 2020. Il credito d'imposta spetta anche in assenza dei requisiti di cui al periodo precedente ai soggetti che hanno iniziato l'attività a partire dal 1° gennaio 2019.[A]

2-bis. Il credito d'imposta di cui ai commi 1 e 2 dell'articolo 28 del decreto-legge 19 maggio 2020, n. 34, convertito, con modificazioni, dalla legge 17 luglio 2020, n. 77, spetta anche alle imprese esercenti attività di commercio al dettaglio, con ricavi superiori a 15 milioni di euro nel secondo periodo d'imposta antecedente a quello di entrata in vigore del presente decreto, in relazione ai canoni versati con riferimento a ciascuno dei mesi da gennaio 2021 a maggio 2021, a condizione che l'ammontare medio mensile del fatturato e dei corrispettivi del periodo compreso tra il 1° aprile 2020 e il 31 marzo 2021 sia inferiore almeno del 30 per cento rispetto all'ammontare medio mensile del fatturato e dei corrispettivi del periodo compreso tra il 1° aprile 2019 e il 31 marzo 2020. Il credito d'imposta spetta, anche in assenza dei requisiti di cui al periodo precedente, ai soggetti che hanno iniziato l'attività a partire dal 1° gennaio 2019. Alle imprese di cui al presente comma il credito d'imposta spetta, rispettivamente, nelle misure del 40 per cento e del 20 per cento[1]. [B]

2-ter. Agli oneri derivanti dall'attuazione del comma 2-bis del presente articolo, pari a 81 milioni di euro per l'anno 2021, si provvede ai sensi dell'articolo 77 [2].

3. Le disposizioni del presente articolo si applicano nel rispetto dei limiti e delle condizioni previsti dalla Comunicazione della Commissione europea del 19 marzo 2020 C(2020) 1863 final "*Quadro temporaneo per le misure di aiuto di Stato a sostegno dell'economia nell'attuale emergenza del COVID-19*", e successive modifiche.

4. Agli oneri derivanti dal presente articolo valutati in euro 1.910,6 milioni per l'anno 2021, si provvede ai sensi dell'articolo 77.

[A] In riferimento al Credito d'imposta per i canoni di locazione degli immobili a uso non abitativo e affitto d'azienda - Attività di commercio al dettaglio, di cui al presente comma vedi: Risposta Agenzia delle Entrate 31 ottobre 2022 n. 535.
[B] In riferimento al Credito d'imposta per i canoni di locazione degli immobili a uso non abitativo e affitto d'azienda - Attività di commercio al dettaglio, di cui al presente comma vedi: Risposta Agenzia delle Entrate 31 ottobre 2022 n. 535.
[1] Comma inserito dall'articolo 1, comma 1, della Legge 23 luglio 2021, n. 106, in sede di conversione.
[2] Comma inserito dall'articolo 1, comma 1, della Legge 23 luglio 2021, n. 106, in sede di conversione.

4 *bis*. Modifica dell'articolo 6-novies del decreto-legge 22 marzo 2021, n. 41, convertito, con modificazioni, dalla legge 21 maggio 2021, n. 69 [1]. – 1. L'articolo 6-novies del decreto-legge 22 marzo 2021, n. 41, convertito, con modificazioni, dalla legge 21 maggio 2021, n. 69, è sostituito dal seguente:

"*Art. 6-novies (Percorso condiviso per la ricontrattazione delle locazioni commerciali). - 1. Le disposizioni del presente articolo sono volte a consentire un percorso regolato di condivisione dell'impatto economico derivante dall'emergenza epidemiologica da COVID-19, a tutela delle imprese e delle controparti locatrici, nei casi in cui il locatario abbia subito una significativa diminuzione del volume d'affari, del fatturato o dei corrispettivi, derivante dalle restrizioni sanitarie, nonché dalla crisi economica di taluni comparti e dalla riduzione dei flussi turistici legati alla crisi pandemica in atto.*

2. Nei casi in cui il locatario non abbia avuto diritto di accedere, a partire dall'8 marzo 2020, ad alcuna delle misure di sostegno economico adottate dallo Stato per fronteggiare gli effetti delle restrizioni imposte dall'emergenza epidemiologica da COVID-19 ovvero non abbia beneficiato di altri strumenti di supporto di carattere economico e finanziario concordati con il locatore anche in funzione della crisi economica connessa alla pandemia stessa, il locatario e il locatore sono chiamati a collaborare tra di loro in buona fede per rideterminare temporaneamente il canone di locazione per un periodo massimo di cinque mesi nel corso del 2021.

3. Le disposizioni del presente articolo si applicano esclusivamente ai locatari esercenti attività economica che abbiano registrato un ammontare medio mensile del fatturato e dei corrispettivi nel periodo compreso tra il 1° marzo 2020 e il 30 giugno 2021 inferiore almeno del 50 per cento rispetto all'ammontare medio mensile del fatturato e dei corrispettivi del periodo compreso tra il 1° marzo 2019 e il 30 giugno 2020 e la cui attività sia stata sottoposta a chiusura obbligatoria per almeno duecento giorni anche non consecutivi a partire dall'8 marzo 2020".

[1] Articolo inserito dall'articolo 1, comma 1, della Legge 23 luglio 2021, n. 106, in sede di conversione.

4 *ter*. Esenzione dal versamento dell'imposta municipale propria in favore dei proprietari locatori [1]. – 1. Alle persone fisiche che possiedono un immobile, concesso in locazione a uso abitativo, che abbiano ottenuto in proprio favore l'emissione di una convalida di sfratto per morosità entro il 28 febbraio 2020, la cui esecuzione è sospesa sino al 30 giugno 2021, è riconosciuta l'esenzione per l'anno 2021 dal versamento dell'imposta municipale propria (IMU) relativa all'immobile predetto. L'esenzione di cui al precedente periodo si applica anche a beneficio delle persone fisiche titolari di un immobile, concesso in locazione ad uso abitativo, che abbiano ottenuto in proprio favore l'emissione di una convalida di sfratto per morosità successivamente al 28 febbraio 2020, la cui esecuzione è sospesa fino al 30 settembre 2021 o fino al 31 dicembre 2021.

2. I soggetti di cui al comma 1 hanno diritto al rimborso della prima rata dell'IMU relativa all'anno 2021, versata entro il 16 giugno 2021. Con decreto del Ministro dell'economia e delle finanze, da adottare entro trenta giorni dalla data di entrata in vigore della legge di conversione del presente decreto, sono stabilite le modalità di attuazione del presente comma.

3. Per il ristoro ai comuni a fronte delle minori entrate derivanti dai commi 1 e 2, è istituito, nello stato di previsione

del Ministero dell'interno, un fondo con una dotazione di 115 milioni di euro per l'anno 2021. Con decreto del Ministro dell'interno, di concerto con il Ministro dell'economia e delle finanze, previa intesa in sede di Conferenza Stato-città ed autonomie locali, da emanare entro sessanta giorni dalla data di entrata in vigore della legge di conversione del presente decreto, sono definite le modalità relative al riparto del fondo di cui al presente comma.

4. Agli oneri derivanti dal presente articolo, pari a 115 milioni di euro per l'anno 2021, si provvede ai sensi dell'articolo 77.

[1] *Articolo inserito dall'articolo 1, comma 1, della Legge 23 luglio 2021, n. 106, in sede di conversione.*

5. Proroga della riduzione degli oneri delle bollette elettriche [1]. – 1. La riduzione della spesa sostenuta dalle utenze elettriche connesse in bassa tensione diverse dagli usi domestici, prevista dall'articolo 6, commi da 1 a 4, del decreto legge 22 marzo 2021, n. 41, convertito, con modificazioni, dalla legge 21 maggio 2021, n. 69, trova applicazione con le medesime modalità ivi previste anche per il mese di luglio 2021, con riferimento alle tariffe da applicare tra il 1° luglio e il 31 luglio 2021, nel limite di spesa di 200 milioni di euro per l'anno 2021[2].

2. Agli oneri derivanti dal comma 1, pari a 200 milioni di euro per l'anno 2021, si provvede ai sensi dell'articolo 77.

[1] *Rubrica modificata dall'articolo 1, comma 1, della Legge 23 luglio 2021, n. 106, in sede di conversione.*
[2] *Comma modificato dall'articolo 1, comma 1, della Legge 23 luglio 2021, n. 106, in sede di conversione.*

5 *bis*. Misure per il settore elettrico [1]. – 1. Anche al fine del contenimento degli adeguamenti delle tariffe del settore elettrico fissate dall'Autorità di regolazione per energia, reti e ambiente previsti per il terzo trimestre dell'anno 2021:

a) quota parte dei proventi delle aste delle quote di emissione di anidride carbonica (CO_2), di cui all'articolo 19 del decreto legislativo 13 marzo 2013, n. 30, e all'articolo 23 del decreto legislativo 9 giugno 2020, n. 47, per una quota di competenza del Ministero della transizione ecologica e per una quota di competenza del Ministero dello sviluppo economico, è destinata nella misura complessiva di 609 milioni di euro al sostegno delle misure di incentivazione delle energie rinnovabili e dell'efficienza energetica, che trovano copertura sulle tariffe dell'energia;

b) sono trasferite alla Cassa per i servizi energetici e ambientali, entro il 30 settembre 2021, risorse pari a 591 milioni di euro.

2. Agli oneri derivanti dal comma 1 si provvede:

a) quanto a 551 milioni di euro, ai sensi dell'articolo 77;

b) quanto a 429 milioni di euro, mediante utilizzo delle risorse disponibili, anche in conto residui, sui capitoli dello stato di previsione del Ministero della transizione ecologica e del Ministero dello sviluppo economico, finanziati con quota parte dei proventi delle aste delle quote di emissione di CO_2 , di cui all'articolo 19 del decreto legislativo 13 marzo 2013, n. 30, di competenza delle medesime amministrazioni. A tal fine le disponibilità in conto residui sono versate all'entrata del bilancio dello Stato per la successiva riassegnazione ad apposito capitolo di spesa dello stato di previsione del Ministero della transizione ecologica, ai fini del trasferimento alla Cassa per i servizi energetici e ambientali;

c) quanto a 180 milioni di euro, mediante utilizzo di quota parte dei proventi delle aste delle quote di emissione di CO_2 di cui all'articolo 23 del decreto legislativo 9 giugno 2020, n. 47, destinata al Ministero della transizione ecologica, giacenti sull'apposito conto aperto presso la tesoreria dello Stato da reimputare alla Cassa per i servizi energetici e ambientali;

d) quanto a 40 milioni di euro, mediante corrispondente riduzione della dotazione del fondo di cui all'articolo 2, comma 1, primo periodo, del decreto-legge 14 ottobre 2019, n. 111, convertito, con modificazioni, dalla legge 12 dicembre 2019, n. 141.

[1] *Articolo inserito dall'articolo 1, comma 1, della Legge 23 luglio 2021, n. 106, in sede di conversione.*

6. Agevolazioni Tari – 1. In relazione al perdurare dell'emergenza epidemiologica da COVID-19, al fine di attenuare l'impatto finanziario sulle categorie economiche interessate dalle chiusure obbligatorie o dalle restrizioni nell'esercizio delle rispettive attività, è istituito, nello stato di previsione del Ministero dell'interno, un fondo con una dotazione di 600 milioni di euro per l'anno 2021, finalizzato alla concessione da parte dei comuni di una riduzione della Tari di cui all'articolo 1, comma 639, della legge 27 dicembre 2013, n. 147, o della Tari corrispettiva, di cui all'articolo 1, comma 688, della medesima legge, in favore delle predette categorie economiche. [A]

2. Alla ripartizione del fondo tra gli enti interessati, si provvede con decreto del Ministro dell'interno di concerto con il Ministro dell'economia e delle finanze, previa intesa in sede di Conferenza Stato-Città ed autonomie locali, da adottare entro trenta giorni dall'entrata in vigore del presente decreto, in proporzione alla stima per ciascun ente dell'agevolazione massima riconducibile alle utenze non domestiche di cui all'Allegato 3 - Nota metodologica stima TARI e TARI corrispettivo - del decreto del Ministero dell'economia e delle finanze, di concerto con il Ministero dell'interno, n. 59033 del 1° aprile 2021.

3. I comuni possono concedere riduzioni della Tari di cui al comma 1, in misura superiore alle risorse assegnate, ai sensi del decreto di cui al comma 2, a valere su risorse proprie o sulle risorse assegnate nell'anno 2020 e non utilizzate, di cui alla tabella 1 allegata al decreto del Ministero dell'economia e delle finanze, di concerto con il Ministero dell'interno, n. 59033 del 1° aprile 2021, escludendo in ogni caso la ripartizione degli oneri a carico della rimanente platea degli utenti del servizio rifiuti. Resta fermo, in ogni caso, che l'ammontare massimo delle agevolazioni riconoscibile dallo Stato è quello determinato dal decreto di cui al comma 2.

4. I comuni possono determinare, nel rispetto di criteri di semplificazione procedurale e, ovunque possibile, mediante strumenti telematici, le modalità per l'eventuale presentazione della comunicazione di accesso alla riduzione da parte delle attività economiche beneficiarie.

5. Le risorse assegnate ai sensi del decreto di cui al comma 2, non utilizzate per le finalità di cui al comma 1, come certificate nell'ambito della certificazione di cui al comma 827 dell'articolo 1 della legge 30 dicembre 2020, n. 178, sono recuperate, nell'anno 2022, secondo la procedura di cui

all'articolo 1, commi 128 e 129, della legge 24 dicembre 2012, n. 228.

6. Agli oneri di cui al comma 1, pari a 600 milioni di euro per l'anno 2021, si provvede ai sensi dell'articolo 77.

(A) *In riferimento al presente comma, vedi: Circolare Ministero dell'Interno 8 luglio 2021, n. 40.*

6 *bis*. Rideterminazione della soglia minima dei canoni demaniali marittimi (1). – 1. Al comma 4 dell'articolo 100 del decreto-legge 14 agosto 2020, n. 104, convertito, con modificazioni, dalla legge 13 ottobre 2020, n. 126, le parole: "*con qualunque finalità*" e "*, comunque,*" sono soppresse ed è aggiunto, in fine, il seguente periodo: "*Per l'anno 2021, l'importo annuo del canone dovuto quale corrispettivo dell'utilizzazione di aree e pertinenze demaniali marittime per attività sportive, ricreative e legate alle tradizioni locali, svolte in forma singola o associata senza scopo di lucro, e per finalità di interesse pubblico individuate e deliberate dagli enti locali territorialmente competenti non può essere inferiore a euro 500*".

2. Agli oneri derivanti dal presente articolo, valutati in 12 milioni di euro per l'anno 2021, si provvede mediante corrispondente riduzione del Fondo di cui all'articolo 1, comma 200, della legge 23 dicembre 2014, n. 190, come rifinanziato dall'articolo 77, comma 7, del presente decreto.

(1) *Articolo inserito dall'articolo 1, comma 1, della Legge 23 luglio 2021, n. 106, in sede di conversione.*

6 *ter*. Misure di sostegno per l'installazione di tecnologie per il potenziamento della selezione e per l'avvio al riciclo dell'alluminio piccolo e leggero (1). – 1. Al fine di assicurare il sostegno, nel limite di spesa di cui al presente articolo, delle società di gestione degli impianti di riciclo dei rifiuti che, nell'ultimo anno di crisi pandemica da COVID-19, hanno continuato con difficoltà a operare nonostante la crisi del sistema generata dal calo della domanda di materiale riciclato, nello stato di previsione del Ministero della transizione ecologica è istituito un fondo con la dotazione di 3 milioni di euro per ciascuno degli anni 2021 e 2022.

2. Con decreto del Ministro della transizione ecologica da emanare entro trenta giorni dalla data di entrata in vigore della legge di conversione del presente decreto, di concerto con il Ministro dell'economia e delle finanze, sono definiti i criteri e le modalità di attuazione del fondo di cui al comma 1 nel rispetto del Quadro temporaneo per le misure di aiuto di Stato a sostegno dell'economia nell'attuale emergenza del COVID-19, di cui alla comunicazione C(2020)1863 final della Commissione, del 19 marzo 2020.

3. Agli oneri derivanti dall'attuazione del presente articolo, pari a 3 milioni di euro per ciascuno degli anni 2021 e 2022, si provvede mediante corrispondente riduzione del Fondo di cui all'articolo 1, comma 200, della legge 23 dicembre 2014, n. 190, come rifinanziato dall'articolo 77, comma 7, del presente decreto.

(1) *Articolo inserito dall'articolo 1, comma 1, della Legge 23 luglio 2021, n. 106, in sede di conversione.*

7. Misure urgenti a sostegno del settore turistico, delle attività economiche e commerciali nelle Città d'Arte e bonus alberghi. – 1. Il fondo di cui all'articolo 182, comma 1, del decreto legge 19 maggio 2020, n. 34, convertito, con modificazioni, dalla legge 17 luglio 2020, n. 77, è incrementato di 160 milioni di euro (1).

2. All'articolo 182, comma 1, del decreto legge 19 maggio 2020, n. 34, convertito, con modificazioni, dalla legge 17 luglio 2020, n. 77, le parole "*per i beni e le attività culturali e per il*" sono sostituite dalla seguente "*del*".

3. All'articolo 176, comma 1, del decreto-legge 19 maggio 2020, n. 34, convertito, con modificazioni, dalla legge 17 luglio 2020, n. 77, e successive modifiche, dopo la parola "*ricettive,*" sono aggiunte le parole: "*dalle agenzie di viaggi e tour operator*".

4. Per il rilancio della attrattività turistica delle città d'arte, è istituito nello stato di previsione del Ministero del turismo un fondo, con una dotazione di 60 milioni di euro per l'anno 2021, destinato all'erogazione di contributi in favore dei comuni classificati dall'ISTAT a vocazione culturale, storica, artistica e paesaggistica, nei cui territori sono ubicati siti riconosciuti dall'Unesco patrimonio mondiale dell'umanità, tenendo conto delle riduzioni di presenze turistiche nell'anno 2020 rispetto al 2019, da destinare ad iniziative di valorizzazione turistica dei centri storici e delle città d'arte. Con decreto del Ministero del turismo, di concerto con il Ministero dell'economia e delle finanze, previa intesa in sede di Conferenza unificata di cui al decreto legislativo 28 agosto 1997, n. 281, sono stabilite le disposizioni di attuazione del presente comma. Nell'ambito della dotazione finanziaria di cui al presente comma, una quota pari a 10 milioni di euro per l'anno 2021 è destinata in favore della città di Roma capitale della Repubblica(2).

5. All'articolo 79 del decreto-legge 14 agosto 2020, n. 104, convertito, con modificazioni, dalla legge 13 ottobre 2020, n. 126, sono apportate le seguenti modificazioni:

a) al comma 1, primo periodo, le parole "*per i due periodi di imposta successivi*" sono sostituite dalle seguenti: "*per i tre periodi di imposta successivi*";

b) al comma 3, primo periodo, dopo le parole "*degli anni 2020 e 2021*" sono aggiunte le seguenti: "*e di 100 milioni di euro per il 2022*".

6. Agli oneri derivanti dai commi 1, 4 e 5, pari a 220 milioni di euro per l'anno 2021 e a 100 milioni di euro per l'anno 2022, si provvede, quanto a 200 milioni di euro per l'anno 2021 e a 100 milioni di euro per l'anno 2022, ai sensi dell'articolo 77 e, quanto a 20 milioni di euro per l'anno 2021, mediante corrispondente riduzione del Fondo di cui all'articolo 1, comma 200, della legge 23 dicembre 2014, n. 190, come rifinanziato dall'articolo 77, comma 7, del presente decreto (3).

6-bis. La dotazione del fondo di cui al comma 4 è incrementata di 15 milioni di euro per l'anno 2021. A valere sull'incremento di cui al primo periodo, un importo pari a 5 milioni di euro è destinato all'erogazione di contributi in favore dei comuni italiani che fanno parte della rete delle città creative dell'UNESCO. All'onere derivante dal presente comma, pari a 15 milioni di euro per l'anno 2021, si provvede mediante corrispondente riduzione del Fondo di cui all'articolo 1, comma 200, della legge 23 dicembre 2014, n. 190, come rifinanziato dal comma 7 dell'articolo 77 del presente decreto (4).

6-ter. Nel limite di spesa di 10 milioni di euro per l'anno 2021 e a valere sul fondo di cui al secondo periodo, sono concessi contributi in favore delle guide turistiche e degli

VARIE

accompagnatori turistici titolari di partita IVA non risultati beneficiari del contributo di cui al decreto del Ministro per i beni e le attività culturali e per il turismo n. 440 del 2 ottobre 2020, recante disposizioni applicative per il riparto delle risorse del fondo di cui all'articolo 182, comma 1, del decreto-legge 19 maggio 2020, n. 34, convertito, con modificazioni, dalla legge 17 luglio 2020, n. 77, destinate a guide turistiche e accompagnatori turistici. A tale fine il fondo di cui al citato articolo 182, comma 1, del decreto-legge n. 34 del 2020, convertito, con modificazioni, dalla legge n. 77 del 2020 è incrementato di 10 milioni di euro per l'anno 2021 (5).

6-quater. L'autorizzazione di spesa di cui all'articolo 85, comma 1, lettera a), del decreto-legge 14 agosto 2020, n. 104, convertito, con modificazioni, dalla legge 13 ottobre 2020, n. 126, è incrementata di 5 milioni di euro per l'anno 2021 (6).

6-quinquies. L'autorizzazione di spesa di cui all'articolo 26, comma 1, terzo periodo, del decreto-legge 22 marzo 2021, n. 41, convertito, con modificazioni, dalla legge 21 maggio 2021, n. 69, è incrementata di 10 milioni di euro per l'anno 2021 (7).

6-sexies. Agli oneri derivanti dai commi 6-ter, 6-quater e 6-quinquies, pari a 25 milioni di euro per l'anno 2021, si provvede mediante corrispondente riduzione del Fondo di cui all'articolo 1, comma 200, della legge 23 dicembre 2014, n. 190, come rifinanziato dall'articolo 77, comma 7, del presente decreto (8).

(1) *Comma modificato dall'articolo 1, comma 1, della Legge 23 luglio 2021, n. 106, in sede di conversione.*
(2) *Comma modificato dall'articolo 1, comma 1, della Legge 23 luglio 2021, n. 106, in sede di conversione.*
(3) *Comma sostituito dall'articolo 1, comma 1, della Legge 23 luglio 2021, n. 106, in sede di conversione.*
(4) *Comma aggiunto dall'articolo 1, comma 1, della Legge 23 luglio 2021, n. 106, in sede di conversione.*
(5) *Comma aggiunto dall'articolo 1, comma 1, della Legge 23 luglio 2021, n. 106, in sede di conversione.*
(6) *Comma aggiunto dall'articolo 1, comma 1, della Legge 23 luglio 2021, n. 106, in sede di conversione.*
(7) *Comma aggiunto dall'articolo 1, comma 1, della Legge 23 luglio 2021, n. 106, in sede di conversione.*
(8) *Comma aggiunto dall'articolo 1, comma 1, della Legge 23 luglio 2021, n. 106, in sede di conversione.*

7 *bis*. Misure a sostegno delle strutture ricettive extralberghiere a carattere non imprenditoriale e delle agenzie di animazione (1). – 1. Al comma 1 dell'articolo 176 del decreto-legge 19 maggio 2020, n. 34, convertito, con modificazioni, dalla legge 17 luglio 2020, n. 77, dopo la parola: "*servizi*" sono inserite le seguenti: "*e di pacchetti turistici come definiti dall'articolo 34 del codice di cui all'allegato 1 al decreto legislativo 23 maggio 2011, n. 79,*".

2. Al comma 1 dell'articolo 182 del decreto-legge 19 maggio 2020, n. 34, convertito, con modificazioni, dalla legge 17 luglio 2020, n. 77, dopo le parole: "*imprese turistico-ricettive*" sono inserite le seguenti: "*, le agenzie di animazione per feste e villaggi turistici*".

3. Presso il Ministero del turismo è istituito un fondo, con una dotazione di 5 milioni di euro per l'anno 2021, che costituisce limite massimo di spesa, da destinare al sostegno dei bed and breakfast a gestione familiare munite di codice identificativo regionale, o, in mancanza, identificate mediante autocertificazione in merito allo svolgimento dell'attività ricettiva di bed and breakfast a gestione familiare. I criteri di riparto del fondo sono stabiliti con decreto del Ministro del turismo, di concerto con il Ministro dell'economia e delle finanze, anche al fine del rispetto del limite di spesa di cui al presente comma(2).

4. Agli oneri derivanti dall'attuazione del presente articolo, pari a 5 milioni di euro per l'anno 2021, si provvede mediante corrispondente riduzione del Fondo di cui all'articolo 1, comma 200, della legge 23 dicembre 2014, n. 190, come rifinanziato dal comma 7 dell'articolo 77 del presente decreto.

(1) *Articolo inserito dall'articolo 1, comma 1, della Legge 23 luglio 2021, n. 106, in sede di conversione.*
(2) *Comma modificato dall'articolo 5-sexies, comma 1, del D.L. 21 ottobre 2021, n. 146, convertito, con modificazioni, dalla Legge 17 dicembre 2021, n. 215.*

7 *ter*. Aree naturali protette (1). – 1. Sono consentiti interventi di recupero, di riconversione funzionale e di valorizzazione di beni demaniali ad uso militare situati all'interno di parchi nazionali, anche con nuove destinazioni d'uso compatibili e proporzionate alle tutele ivi vigenti, da rendere fruibili mediante gestione diretta, alienazione o concessione d'uso.

2. Gli Enti parco si esprimono sugli interventi di cui al comma 1 del presente articolo, anche avvalendosi del supporto tecnico qualificato dell'Istituto superiore per la protezione e la ricerca ambientale ai sensi del comma 2-bis dell'articolo 28 del decreto-legge 25 giugno 2008, n. 112, convertito, con modificazioni, dalla legge 6 agosto 2008, n. 133, previa verifica della sostenibilità degli impatti ambientali degli interventi proposti, ferma restando l'acquisizione degli atti di assenso previsti dalla parte seconda e dalla parte terza del codice dei beni culturali e del paesaggio, di cui al decreto legislativo 22 gennaio 2004, n. 42.

(1) *Articolo inserito dall'articolo 1, comma 1, della Legge 23 luglio 2021, n. 106, in sede di conversione.*

8. Misure urgenti per il settore tessile e della moda, nonché per altre attività economiche particolarmente colpite dall'emergenza epidemiologica. – 1. All'articolo 48-bis del decreto-legge 19 maggio 2020, n. 34, convertito, con modificazioni, dalla legge 17 luglio 2020, n. 77, sono apportate le seguenti modificazioni:

a) al comma 1, dopo le parole: "*limitatamente al periodo d'imposta in corso alla data di entrata in vigore delle disposizioni di cui al decreto del Presidente del Consiglio dei ministri 9 marzo 2020, pubblicato nella Gazzetta Ufficiale n. 62 del 9 marzo 2020,*" sono inserite le seguenti: "*ed a quello in corso al 31 dicembre 2021,*"; le parole "*in corso alla data di entrata in vigore del citato decreto del Presidente del Consiglio dei ministri 9 marzo 2020,*" sono sostituite dalle seguenti: "*di spettanza del beneficio*"; le parole: "*45 milioni di euro, che costituisce limite di spesa*" sono sostituite dalle seguenti: "*95 milioni di euro per l'anno 2021 e 150 milioni di euro per l'anno 2022, che costituiscono limiti di spesa*"(1);

b) al comma 3, le parole: "*in corso alla data di entrata in vigore della legge di conversione del presente decreto*" sono sostituite dalle seguenti: "*di maturazione*";

c) il comma 4 è sostituito dal seguente: "4. *Fermi restando i controlli effettuati ai sensi del comma 2, i soggetti che intendono avvalersi del credito d'imposta devono presentare apposita comunicazione all'Agenzia delle entrate. Con decreto del Ministro dello sviluppo economico, da adottare entro 20 giorni dall'entrata in vigore della presente disposizione, sono stabiliti i criteri per la corretta individuazione dei settori economici in cui operano i soggetti beneficiari del credito d'imposta di cui al comma 1. Le modalità, i termini di presentazione e il contenuto della comunicazione, sono stabiliti con provvedimento del direttore dell'Agenzia medesima da adottare entro 30 giorni dall'entrata in vigore della presente disposizione, con il quale sono stabilite le modalità per il monitoraggio degli utilizzi del credito d'imposta e del rispetto dei limiti di spesa di cui al comma 1, nonché le ulteriori disposizioni necessarie per l'attuazione del presente articolo.*" (2);

d) al comma 5, l'ultimo periodo è soppresso;

2. Il Fondo di cui all'articolo 26 del decreto-legge 22 marzo 2021, n. 41, convertito, con modificazioni, dalla legge 21 maggio 2021, n. 69, è incrementato di 120 milioni di euro per l'anno 2021, di cui 20 milioni di euro destinati ad interventi in favore dei parchi tematici, acquari, parchi geologici e giardini zoologici(3).

2-bis. Per sostenere l'industria conciaria, gravemente danneggiata dall'emergenza epidemiologica da COVID-19, e per tutelare le filiere e la programmazione di attività di progettazione, di sperimentazione, di ricerca e di sviluppo nel settore conciario, nello stato di previsione del Ministero dello sviluppo economico è istituito un fondo con una dotazione di 10 milioni di euro per l'anno 2021, che costituisce limite massimo di spesa (4).

2-ter. Le risorse del fondo di cui al comma 2-bis sono destinate ai distretti del settore conciario presenti nel territorio nazionale riconosciuti da apposite norme regionali, ad esclusione dei soggetti già beneficiari del contributo di cui all'articolo 1, commi 157 e 158, della legge 30 dicembre 2020, n. 178 (5).

2-quater. Con decreto del Ministro dello sviluppo economico, di concerto con il Ministro dell'economia e delle finanze, da adottare entro sessanta giorni dalla data di entrata in vigore della legge di conversione del presente decreto, sono stabiliti le modalità di erogazione delle risorse del fondo di cui ai commi 2-bis e 2-ter, i criteri per la selezione dei programmi e delle attività finanziabili, le spese ammissibili nonché le modalità di verifica, di controllo e di rendicontazione delle spese sostenute utilizzando le medesime risorse, anche al fine del rispetto del limite massimo di spesa di cui al citato comma 2-bis (6).

2-quinquies. Le risorse del fondo di cui ai commi 2-bis e 2-ter sono concesse nel rispetto del Quadro temporaneo per le misure di aiuto di Stato a sostegno dell'economia nell'attuale emergenza del COVID-19, di cui alla comunicazione C(2020) 1863 final della Commissione, del 19 marzo 2020 (7).

2-sexies. All'onere di cui al comma 2-bis del presente articolo, pari a 10 milioni di euro per l'anno 2021, si provvede mediante corrispondente riduzione del Fondo di cui all'articolo 1, comma 200, della legge 23 dicembre 2014, n. 190, come rifinanziato dall'articolo 77, comma 7, del presente decreto(8).

3. Agli oneri di cui al presente articolo pari a 170 milioni di euro per il 2021 e 150 milioni di euro per il 2022 si provvede ai sensi dell'articolo 77.

(1) *Lettera modificata dall'articolo 1, comma 1, della Legge 23 luglio 2021, n. 106, in sede di conversione.*
(2) *Lettera modificata dall'articolo 1, comma 1, della Legge 23 luglio 2021, n. 106, in sede di conversione.*
(3) *Comma modificato dall'articolo 1, comma 1, della Legge 23 luglio 2021, n. 106, in sede di conversione.*
(4) *Comma inserito dall'articolo 1, comma 1, della Legge 23 luglio 2021, n. 106, in sede di conversione.*
(5) *Comma inserito dall'articolo 1, comma 1, della Legge 23 luglio 2021, n. 106, in sede di conversione.*
(6) *Comma inserito dall'articolo 1, comma 1, della Legge 23 luglio 2021, n. 106, in sede di conversione.*
(7) *Comma inserito dall'articolo 1, comma 1, della Legge 23 luglio 2021, n. 106, in sede di conversione.*
(8) *Comma inserito dall'articolo 1, comma 1, della Legge 23 luglio 2021, n. 106, in sede di conversione.*

8 *bis*. Modifica all'articolo 33-bis del decreto-legge 19 maggio 2020, n. 34, convertito, con modificazioni, dalla legge 17 luglio 2020, n. 77, in materia di assicurazione per la produzione, il deposito e la vendita di fuochi artificiali (1). – 1. All'articolo 33-bis, comma 1, del decreto-legge 19 maggio 2020, n. 34, convertito, con modificazioni, dalla legge 17 luglio 2020, n. 77, le parole: "*dal 1° marzo 2020 al 30 settembre 2020*" sono sostituite dalle seguenti: "*dal 30 aprile 2021 al 30 luglio 2021*".

(1) *Articolo inserito dall'articolo 1, comma 1, della Legge 23 luglio 2021, n. 106 in sede di conversione.*

9. Proroga del periodo di sospensione delle attività dell'agente della riscossione, dei termini relativi all'imposta sul consumo dei manufatti in plastica con singolo impiego e del termine per la contestazione delle sanzioni connesse all'omessa iscrizione al catasto edilizio urbano dei fabbricati rurali ubicati nei comuni colpiti dagli eventi sismici degli anni 2016 e 2017 (1). – 1. All'articolo 68, comma 1, del decreto-legge 17 marzo 2020, n. 18, convertito, con modificazioni, dalla legge 24 aprile 2020, n. 27, all'articolo 145, comma 1, e all'articolo 152, comma 1, del decreto-legge 19 maggio 2020, n. 34, convertito, con modificazioni, dalla legge 17 luglio 2020, n. 77, le parole: "*30 aprile*" sono sostituite dalle seguenti: "*31 agosto*" (2).

1-bis. Al comma 1 dell'articolo 18-quater del decreto-legge 9 febbraio 2017, n. 8, convertito, con modificazioni, dalla legge 7 aprile 2017, n. 45, le parole: "*fino al 31 dicembre 2020*" sono sostituite dalle seguenti: "*fino al 31 dicembre 2021*" (3).

1-ter. Agli oneri derivanti dal comma 1-bis del presente articolo, pari a 33,6 milioni di euro per l'anno 2021, si provvede mediante corrispondente riduzione del Fondo di cui all'articolo 1, comma 200, della legge 23 dicembre 2014, n. 190, come rifinanziato dall'articolo 77, comma 7, del presente decreto(4).

1-quater.All'articolo 2, comma 2, del decreto legislativo 29 settembre 1999, n. 381, le parole: "*svolte in regime di convenzione con il Dipartimento della protezione civile*" sono sostituite dalle seguenti: "*svolte in coordinamento con il Dipartimento della protezione civile, ferma restando l'autonomia scientifica dell'INGV*" (5).

1-quinquies. Per le attività di cui all'articolo 2, comma 2, del decreto legislativo 29 settembre 1999, n. 381, è assegnato all'Istituto nazionale di geofisica e vulcanologia un contributo di 7,5 milioni di euro annui a decorrere dall'anno 2022 (6).

1-sexies. Agli oneri derivanti dal comma 1-quinquies del presente articolo, pari a 7,5 milioni di euro annui a decorrere dall'anno 2022, si provvede mediante corrispondente riduzione del Fondo per interventi strutturali di politica economica di cui all'articolo 10, comma 5, del decreto-legge 29 novembre 2004, n. 282, convertito, con modificazioni, dalla legge 27 dicembre 2004, n. 307(7).

1-septies. Al comma 5-ter dell'articolo 2 del decreto-legge 16 ottobre 2017, n. 148, convertito, con modificazioni, dalla legge 4 dicembre 2017, n. 172, sono apportate le seguenti modificazioni:

a) al secondo periodo, le parole: "*fino all'anno di imposta 2020*" sono sostituite dalle seguenti: "*fino all'anno di imposta 2023*";

b) dopo il secondo periodo è inserito il seguente: "*Per l'anno 2021 i soggetti beneficiari dell'esenzione dall'imposta municipale propria di cui al secondo periodo hanno diritto al rimborso della prima rata dell'imposta relativa all'anno 2021, versata entro il 16 giugno 2021*"(8).

1-octies. Al comma 2 dell'articolo 32 del decreto-legge 28 settembre 2018, n. 109, convertito, con modificazioni, dalla legge 16 novembre 2018, n. 130, dopo le parole: "*ciascuno degli anni 2019 e 2020*" sono inserite le seguenti: "*e nel limite massimo complessivo di 1,35 milioni di euro per ciascuno degli anni 2021, 2022 e 2023*" (9).

1-novies. Agli oneri derivanti dai commi 1-septies e 1-octies, pari a 1,55 milioni di euro per ciascuno degli anni 2021, 2022 e 2023, si provvede mediante corrispondente riduzione del Fondo di cui all'articolo 1, comma 200, della legge 23 dicembre 2014, n. 190, come rifinanziato dall'articolo 77, comma 7, del presente decreto (10).

2. Restano validi gli atti e i provvedimenti adottati e gli adempimenti svolti dall'agente della riscossione nel periodo dal 1° maggio 2021 alla data di entrata in vigore del presente decreto e sono fatti salvi gli effetti prodottisi e i rapporti giuridici sorti sulla base dei medesimi; restano altresì acquisiti, relativamente ai versamenti eventualmente eseguiti nello stesso periodo, gli interessi di mora corrisposti ai sensi dell'articolo 30, comma 1, del decreto del Presidente della Repubblica 29 settembre 1973, n. 602, nonché le sanzioni e le somme aggiuntive corrisposte ai sensi dell'articolo 27, comma 1, del decreto legislativo 26 febbraio 1999, n. 46. Agli accantonamenti effettuati e alle somme accreditate nel predetto periodo all'agente della riscossione e ai soggetti di cui all'articolo 52, comma 5, lettera b), del decreto legislativo 15 dicembre 1997, n. 446, si applicano le disposizioni dell'articolo 152, comma 1, terzo periodo, del decreto-legge 19 maggio 2020, n. 34, convertito, con modificazioni, dalla legge 17 luglio 2020, n. 77; alle verifiche di cui all'articolo 48-bis, comma 1, del decreto del Presidente della Repubblica 29 settembre 1973, n. 602, effettuate nello stesso periodo si applicano le disposizioni dell'articolo 153, comma 1, secondo periodo, del citato decreto-legge n. 34 del 2020.

3. All'articolo 1, comma 652, della legge 27 dicembre 2019, n. 160, le parole: «dal 1° luglio 2021», sono sostituite dalle seguenti: «dal 1° gennaio 2022».

4. All'articolo 160, comma 1, del decreto-legge 19 maggio 2020, n. 34, convertito, con modificazioni, dalla legge 17 luglio 2020, n. 77, le parole "*31 dicembre 2021*" sono sostituite dalle seguenti: "*31 dicembre 2022*".

4-bis. Al comma 2 dell'articolo 28-bis del decreto-legge 17 ottobre 2016, n. 189, convertito, con modificazioni, dalla legge 15 dicembre 2016, n. 229, le parole: "*31 dicembre 2020*" sono sostituite dalle seguenti: "*31 dicembre 2021*" e le parole: "*50 per cento*" sono sostituite dalle seguenti: "*70 per cento, previa certificazione del Commissario straordinario relativamente all'effettivo avvio delle operazioni di recupero nel sito interessato*" (11).

5. Agli oneri derivanti dal presente articolo, valutati in 379,9 milioni di euro per l'anno 2021, 121,8 milioni di euro per l'anno 2022 e 20,1 milioni di euro per l'anno 2024 e, in termini di indebitamento netto e di fabbisogno, in 1.114,8 milioni di euro per l'anno 2021, si provvede ai sensi dell'articolo 77 (12).

(1) *Rubrica modificata dall'articolo 1, comma 1, della Legge 23 luglio 2021, n. 106, in sede di conversione.*
(2) *Comma sostituito dall'articolo 1, comma 1, della Legge 23 luglio 2021, n. 106, in sede di conversione.*
(3) *Comma inserito dall'articolo 1, comma 1, della Legge 23 luglio 2021, n. 106, in sede di conversione.*
(4) *Comma inserito dall'articolo 1, comma 1, della Legge 23 luglio 2021, n. 106, in sede di conversione.*
(5) *Comma inserito dall'articolo 1, comma 1, della Legge 23 luglio 2021, n. 106, in sede di conversione.*
(6) *Comma inserito dall'articolo 1, comma 1, della Legge 23 luglio 2021, n. 106, in sede di conversione, successivamente modificato dall'articolo 7, comma 2, lettera a) del D.L. 8 settembre 2021, n. 120, convertito, con modificazioni, dalla Legge 8 novembre 2021, n. 155.*
(7) *Comma inserito dall'articolo 1, comma 1, della Legge 23 luglio 2021, n. 106, in sede di conversione, successivamente modificato dall'articolo 7, comma 2, lettera b) del D.L. 8 settembre 2021, n. 120, convertito, con modificazioni, dalla Legge 8 novembre 2021, n. 155.*
(8) *Comma inserito dall'articolo 1, comma 1, della Legge 23 luglio 2021, n. 106, in sede di conversione.*
(8) *Comma inserito dall'articolo 1, comma 1, della Legge 23 luglio 2021, n. 106, in sede di conversione.*
(10) *Comma inserito dall'articolo 1, comma 1, della Legge 23 luglio 2021, n. 106, in sede di conversione.*
(11) *Comma inserito dall'articolo 1, comma 1, della Legge 23 luglio 2021, n. 106, in sede di conversione.*
(12) *Comma sostituito dall'articolo 1, comma 1, della Legge 23 luglio 2021, n. 106, in sede di conversione.*

9 *bis*. Differimento della TARI (1). – 1. All'articolo 30, comma 5, primo periodo, del decreto-legge 22 marzo 2021, n. 41, convertito, con modificazioni, dalla legge 21 maggio 2021, n. 69, le parole: "*30 giugno 2021*" sono sostituite dalle seguenti: "*31 luglio 2021*". Sono valide a tutti gli effetti di legge le deliberazioni adottate dopo il 30 giugno 2021 e fino alla data di entrata in vigore della legge di conversione del presente decreto.

(1) *Articolo inserito dall'articolo 1, comma 1, della Legge 23 luglio 2021, n. 106, in sede di conversione.*

9 *ter*. Proroga dei versamenti connessi agli indici sintetici di affidabilità fiscale (1). – 1. Per i soggetti che esercitano attività economiche per le quali sono stati approvati gli indici sintetici di affidabilità fiscale di cui all'articolo 9-bis del decreto-legge 24 aprile 2017, n. 50, convertito, con modificazioni, dalla legge 21 giugno 2017, n. 96, e che dichiarano ricavi o compensi di ammontare non superiore al limite stabilito, per ciascun indice, dal relativo decreto di approvazione del Ministro dell'economia e delle finanze, i termini dei versamenti risultanti dalle dichiarazioni dei redditi, da quelle in materia di imposta regionale sulle attività produttive e da quelle dell'imposta sul valore aggiunto che scadono dal 30 giugno al 31 agosto 2021, in deroga a quanto disposto dall'articolo 17, comma 2, del regolamento di cui al decreto del Presidente della Repubblica 7 dicembre 2001, n. 435, sono prorogati al 15 settembre 2021 senza alcuna maggiorazione.

2. Le disposizioni del comma 1 si applicano anche ai soggetti che presentano cause di esclusione dall'applicazione degli indici sintetici di affidabilità fiscale, compresi quelli che adottano il regime di cui all'articolo 27, comma 1, del decre-

to-legge 6 luglio 2011, n. 98, convertito, con modificazioni, dalla legge 15 luglio 2011, n. 111, ai soggetti che applicano il regime forfetario di cui all'articolo 1, commi da 54 a 89, della legge 23 dicembre 2014, n. 190, nonché ai soggetti che partecipano a società, associazioni e imprese ai sensi degli articoli 5, 115 e 116 del testo unico delle imposte sui redditi, di cui al decreto del Presidente della Repubblica 22 dicembre 1986, n. 917, aventi i requisiti indicati al comma 1 del presente articolo

(1) *Articolo inserito dall'articolo 1, comma 1, della Legge 23 luglio 2021, n. 106, in sede di conversione.*

10. Misure di sostegno al settore sportivo. – 1. Le disposizioni di cui all'articolo 81 del decreto-legge 14 agosto 2020, n.104, convertito, con modificazioni, dalla legge 13 ottobre 2020, n.126, si applicano anche per le spese sostenute durante l'anno di imposta 2021, relativamente agli investimenti sostenuti dal 1° gennaio 2021 al 31 dicembre 2021.

2. Ai fini del comma 1 è autorizzata la spesa, per un importo complessivo pari a 90 milioni di euro per l'anno 2021, che costituisce tetto di spesa[(1)].

3. Al fine di sostenere gli operatori del settore sportivo interessati dalle misure restrittive introdotte con il decreto del Presidente del Consiglio dei Ministri del 24 ottobre 2020 per contenere la diffusione dell'epidemia di COVID-19, è istituito, per l'anno 2021, nello stato di previsione del Ministero dell'economia e delle finanze per il successivo trasferimento al bilancio autonomo della Presidenza del Consiglio dei ministri, un fondo con una dotazione di 86 milioni di euro, che costituisce tetto di spesa, al fine di riconoscere un contributo a fondo perduto a ristoro delle spese sanitarie di sanificazione e prevenzione e per l'effettuazione di test di diagnosi dell'infezione da COVID-19, in favore delle società sportive professionistiche che nell'esercizio 2020 non hanno superato il valore della produzione di 100 milioni di euro e delle società ed associazioni sportive dilettantistiche iscritte al registro CONI operanti in discipline ammesse ai Giochi olimpici e paralimpici [(2)(3)].

4. Con decreto del Presidente del Consiglio dei Ministri, su proposta dell'Autorità politica delegata in materia di sport, da adottarsi entro sessanta giorni dalla data di entrata in vigore della legge di conversione del presente decreto, sono definiti le modalità ed i termini di presentazione delle richieste di erogazione del contributo, i criteri di ammissione, le modalità di erogazione, nonché le procedure di verifica, di controllo e di rendicontazione delle spese in oggetto, fermo restando il limite di spesa di cui al comma 3 [(4)].

5. Per far fronte alla crisi economica determinatasi in ragione delle misure di contenimento e gestione dell'emergenza epidemiologica da COVID-19, la dotazione del "*Fondo unico per il sostegno delle associazioni sportive e società sportive dilettantistiche*", istituito ai sensi dell'articolo 3 del decreto-legge 28 ottobre 2020, n. 137, convertito, con modificazioni, dalla legge 18 dicembre 2020, n. 176, è incrementata di 190 milioni di euro per l'anno 2021[(5)].

6. L'importo di cui al comma 5 costituisce limite di spesa ed è destinato all'erogazione di contributi a fondo perduto per le associazioni e società sportive dilettantistiche che hanno sospeso l'attività sportiva.

7. Con decreto del Presidente del Consiglio dei Ministri, su proposta dell'Autorità politica delegata in materia di sport, da adottarsi entro sessanta giorni dalla data di entrata in vigore della legge di conversione del presente decreto, sono individuati, ai fini dell'attuazione del comma 6, le modalità e i termini di presentazione delle richieste di erogazione dei contributi, i criteri di ammissione, le modalità di erogazione, nonché le procedure di verifica, di controllo e di rendicontazione delle spese in oggetto [(6)].

8. Il Fondo di cui all'articolo 90, comma 12, della legge 27 dicembre 2002, n. 289, può prestare garanzia, fino al 31 dicembre 2021, sui finanziamenti erogati dall'Istituto per il Credito Sportivo o da altro istituto bancario, per le esigenze di liquidità previste dall'articolo 14, comma 1, del decreto legge 8 aprile 2020, n. 23, convertito, con modificazioni, dalla legge 5 giugno 2020, n. 40, delle leghe che organizzano campionati nazionali a squadre di discipline olimpiche e paralimpiche, e delle società sportive professionistiche impegnate in tali competizioni, con fatturato derivante da diritti audiovisivi inferiore al 25 per cento del fatturato complessivo relativo al bilancio 2019. A tali fini, è utilizzato il comparto di cui all'articolo 14, comma 1, del decreto legge 8 aprile 2020, n. 23 che è incrementato con una dotazione di 30 milioni di euro per l'anno 2021. Le predette risorse sono versate sul conto corrente di tesoreria centrale intestato all'Istituto per il Credito Sportivo per la gestione del summenzionato comparto, per essere utilizzate in base al fabbisogno finanziario derivante dalla gestione delle garanzie [(7)].

9. Il Fondo speciale di cui all'articolo 5, comma 1, della legge 24 dicembre 1957, n. 1295, può concedere contributi in conto interessi, fino al 31 dicembre 2021, sui finanziamenti erogati dall'Istituto per il Credito Sportivo o da altro istituto bancario per le esigenze di liquidità di cui al comma 8, secondo le modalità stabilite dal Comitato di Gestione dei Fondi Speciali dell'Istituto per il Credito Sportivo. Per tale funzione è utilizzato, nei limiti della sua dotazione, il comparto di cui all'articolo 14, comma 2, del decreto legge 8 aprile 2020, n. 23, incrementato di 13 milioni di euro per l'anno 2021.

10. Le garanzie di cui al comma 8 sono rilasciate, a titolo gratuito, alle seguenti condizioni:

a) le garanzie sono rilasciate entro il 31 dicembre 2021, in favore di soggetti che non abbiano già pienamente utilizzato la loro capacità di accesso al Fondo di cui all'articolo 2, comma 100, lettera a), della legge 23 dicembre 1996, n. 662, come documentato e attestato dal beneficiario;

b) la garanzia copre fino al:

1) 100 per cento dell'ammontare del finanziamento garantito, della durata massima di 120 mesi, con un importo massimo garantito per singolo beneficiario di euro 30 mila e, a decorrere dal 1° luglio 2021, fino al 90 per cento;

2) 90 per cento dell'ammontare del finanziamento garantito, della durata massima di 72 mesi, con un importo massimo garantito per singolo beneficiario superiore ad euro 30 mila e fino ad un massimo di 5 milioni di euro;

c) a decorrere dal 1° luglio 2021 le garanzie di cui alla precedente lettera b), numero 2) sono concesse nella misura massima dell'80% e il limite di durata delle nuove operazioni finanziarie è innalzato a 120 mesi. Per le operazioni finanziarie di cui alla precedente lettera b), numero 2), aventi durata non superiore a 72 mesi e già garantite dal Fondo, nel caso di prolungamento della durata dell'operazione accordato dal soggetto finanziatore, può essere richiesta la pari estensione della garanzia, fermo restando il predetto periodo

VARIE

massimo di 120 mesi di durata dell'operazione finanziaria." [8];

d) la garanzia non può essere concessa a imprese che si trovavano già in difficoltà il 31 dicembre 2019, ai sensi del Regolamento (UE) n. 651/2014 della Commissione, del 17 giugno 2014, del Regolamento (UE) n. 702/2014 del 25 giugno 2014 e del Regolamento (UE) n. 1388/2014 del 16 dicembre 2014, salvo che si tratti di microimprese o piccole imprese che risultavano già in difficoltà al 31 dicembre 2019, purché non siano soggette a procedure concorsuali per insolvenza;

e) l'importo dei finanziamenti ammessi alle garanzie di cui al presente comma non può superare, alternativamente[9]:

1) il 25 per cento del fatturato totale del beneficiario nel 2019;

2) il fabbisogno per costi del capitale di esercizio e per costi di investimento nei successivi 18 mesi, nel caso di piccole e medie imprese, e nei successivi 12 mesi, nel caso di grandi imprese;

tale fabbisogno è attestato mediante apposita autocertificazione resa dal beneficiario ai sensi del decreto del Presidente della Repubblica 28 dicembre 2000 n. 445.

11. Gli impegni per il rilascio di garanzie assunti sulla base dell'incremento della dotazione del comparto di garanzia ai sensi dei commi 8, 9 e 10 e del rifinanziamento per 30 milioni di euro operato dall'articolo 31, comma 4-bis, del decreto-legge 19 maggio 2020, n. 34, convertito, con modificazioni, dalla legge 17 luglio 2020, n. 77, non superano l'importo complessivo massimo di euro 225.000.000,00. I benefici accordati ai sensi della sezione 3.1 della comunicazione della Commissione europea del 19 marzo 2020, recante un "*Quadro temporaneo per le misure di aiuto di Stato a sostegno dell'economia nell'attuale emergenza del COVID-19*" non superano le soglie ivi previste, tenuto conto di eventuali altre misure di aiuto, da qualunque soggetto erogate, di cui i soggetti beneficiari di cui al comma 9 hanno beneficiato ai sensi della medesima sezione 3.1[10].

12. L'efficacia delle misure di cui ai commi 8, 9, 10 e 11 è subordinata all'approvazione della Commissione Europea ai sensi dell'articolo 108 del Trattato sul funzionamento dell'Unione Europea.

13. Sono a carico dell'Istituto per il credito sportivo gli obblighi di registrazione nel Registro nazionale degli aiuti di Stato previsti dall'articolo 52 della legge 24 dicembre 2012, n. 234, e dal regolamento di cui al decreto del Ministro dello sviluppo economico 31 maggio 2017, n. 115, relativamente alle misure di cui all'articolo 14 del decreto-legge 8 aprile 2020, n. 23, convertito, con modificazioni, dalla legge 5 giugno 2020, n. 40.

13-bis. Le risorse destinate alla società Sport e salute Spa ai sensi del comma 630 dell'articolo 1 della legge 30 dicembre 2018, n. 145, sono incrementate di 4 milioni di euro per ciascuno degli anni 2021 e 2022, anche in considerazione dello svolgimento delle attività preparatorie dei Campionati europei di nuoto che si svolgeranno a Roma nell'anno 2022. Le risorse di cui al primo periodo sono destinate a interventi di riqualificazione degli impianti natatori situati all'interno del complesso del Parco del Foro italico e delle aree e manufatti a essi connessi[11].

13-ter. Agli oneri derivanti dal comma 13-bis del presente articolo, pari a 4 milioni di euro per ciascuno degli anni 2021 e 2022, si provvede mediante corrispondente riduzione del Fondo di cui all'articolo 1, comma 200, della legge 23 dicembre 2014, n. 190, come rifinanziato dall'articolo 77, comma 7, del presente decreto[12].

13-quater. Ai decreti legislativi emanati in attuazione della legge 8 agosto 2019, n. 86, sono apportate le seguenti modificazioni:

a) all'articolo 51 del decreto legislativo 28 febbraio 2021, n. 36, il comma 1 è sostituito dal seguente:

"*1. Le disposizioni del presente decreto si applicano a decorrere dal 1° gennaio 2023, ad esclusione delle disposizioni di cui agli articoli 10, 39 e 40 e del titolo VI che si applicano a decorrere dal 1° gennaio 2022*";

b) all'articolo 52 del decreto legislativo 28 febbraio 2021, n. 36, al comma 1, alinea, le parole: "*a decorrere dal 1° luglio 2022*" sono sostituite dalle seguenti: "*a decorrere dal 1° gennaio 2023*";

c) all'articolo 15-bis del decreto legislativo 28 febbraio 2021, n. 37, al comma 1, le parole: "*31 dicembre 2023*" sono sostituite dalle seguenti: "*1° gennaio 2023*";

d) all'articolo 12-bis del decreto legislativo 28 febbraio 2021, n. 38, al comma 1, le parole: "*31 dicembre 2023*" sono sostituite dalle seguenti: "*1° gennaio 2023*";

e) all'articolo 17-bis del decreto legislativo 28 febbraio 2021, n. 39, al comma 1, le parole: "*31 dicembre 2023*" sono sostituite dalle seguenti: "*31 agosto 2022*";

f) all'articolo 43-bis del decreto legislativo 28 febbraio 2021, n. 40, al comma 1, le parole: "*31 dicembre 2023*" sono sostituite dalle seguenti: "*1° gennaio 2022*"[13].

13-quinquies. All'articolo 6 del decreto legislativo 28 febbraio 2021, n. 39, i commi 2 e 3 sono sostituiti dai seguenti:

"*2. Alla domanda è allegata la documentazione attestante:*

a) la ragione sociale o denominazione, la natura giuridica, il codice fiscale e l'eventuale partita IVA dell'associazione o società sportiva dilettantistica;

b) i dati inerenti alla sede legale e i recapiti;

c) la data dello statuto vigente;

d) la dichiarazione contenente l'indicazione dell'oggetto sociale e le attività sportive, didattiche e formative;

e) la dichiarazione contenente l'indicazione della composizione e della durata dell'organo amministrativo e delle generalità del legale rappresentante e degli amministratori;

f) i dati dei tesserati.

3. Ogni associazione e società sportiva dilettantistica trasmette, in via telematica, entro il 31 gennaio dell'anno successivo, una dichiarazione riguardante l'aggiornamento dei dati di cui al comma 2, l'aggiornamento degli amministratori in carica e ogni altra modifica intervenuta nell'anno precedente.

3-bis. Con decreto del Presidente del Consiglio dei ministri o dell'autorità di Governo delegata in materia di sport possono essere rideterminati i dati richiesti ai sensi del comma 2, anche fissando requisiti ulteriori"[14].

14. Agli oneri derivanti dal presente articolo, pari a 409 milioni di euro per l'anno 2021, si provvede:

a) quanto a 369 milioni di euro per l'anno 2021, ai sensi dell'articolo 77;

b) quanto a 40 milioni di euro per l'anno 2021, mediante corrispondente riduzione del Fondo di cui all'articolo 1, comma 200, della legge 23 dicembre 2014, n. 190, come rifinanziato ai sensi dell'articolo 77, comma 7, del presente decreto [15].

[1] *Comma modificato dall'articolo 1, comma 1, della Legge 23 luglio 2021, n. 106, in sede di conversione.*

(2) *Comma modificato dall'articolo 1, comma 1, della Legge 23 luglio 2021, n. 106, in sede di conversione.*
(3) *Per la rideterminazione del fondo di cui al presente comma vedi l'articolo 9, comma 2 del D.L. 27 gennaio 2022, n. 4, convertito, con modificazioni, dalla Legge 28 marzo 2022, n. 25.*
(4) *Comma modificato dall'articolo 1, comma 1, della Legge 23 luglio 2021, n. 106, in sede di conversione.*
(5) *Comma modificato dall'articolo 1, comma 1, della Legge 23 luglio 2021, n. 106, in sede di conversione.*
(6) *Comma modificato dall'articolo 1, comma 1, della Legge 23 luglio 2021, n. 106, in sede di conversione.*
(7) *Comma modificato dall'articolo 1, comma 1, della Legge 23 luglio 2021, n. 106, in sede di conversione.*
(8) *Lettera modificata dall'articolo 1, comma 1, della Legge 23 luglio 2021, n. 106, in sede di conversione.*
(8) *Lettera modificata dall'articolo 1, comma 1, della Legge 23 luglio 2021, n. 106, in sede di conversione.*
(10) *Comma modificato dall'articolo 1, comma 1, della Legge 23 luglio 2021, n. 106, in sede di conversione.*
(11) *Comma inserito dall'articolo 1, comma 1, della Legge 23 luglio 2021, n. 106, in sede di conversione.*
(12) *Comma inserito dall'articolo 1, comma 1, della Legge 23 luglio 2021, n. 106, in sede di conversione.*
(13) *Comma inserito dall'articolo 1, comma 1, della Legge 23 luglio 2021, n. 106, in sede di conversione.*
(14) *Comma inserito dall'articolo 1, comma 1, della Legge 23 luglio 2021, n. 106, in sede di conversione.*
(15) *Comma sostituito dall'articolo 1, comma 1, della Legge 23 luglio 2021, n. 106, in sede di conversione.*

10 *bis*. Ulteriori misure di sostegno per il settore sportivo (1). – 1. Alle associazioni e alle società sportive iscritte nel registro del Comitato olimpico nazionale italiano e affiliate alle federazioni sportive nazionali, alle discipline sportive associate o agli enti di promozione sportiva, che hanno per oggetto sociale anche la gestione di impianti sportivi e, in particolare, di impianti natatori, è riconosciuto un contributo a fondo perduto, nel limite massimo di spesa di 30 milioni di euro per l'anno 2021, che costituisce tetto di spesa, per le spese sostenute dal 1° marzo 2020 fino alla fine dello stato di emergenza dichiarato con delibera del Consiglio dei ministri 31 gennaio 2020, e successive proroghe, per la gestione e la manutenzione degli impianti natatori, anche polivalenti, il cui utilizzo è stato impedito o limitato dalle disposizioni in materia di accesso alle strutture sportive, alle piscine e ai corsi e alle attività sportive a seguito dell'emergenza epidemiologica da COVID-19. Con decreto del Presidente del Consiglio dei ministri, su proposta dell'autorità di Governo competente in materia di sport, da adottare di concerto con il Ministro dell'economia e delle finanze, entro trenta giorni dalla data di entrata in vigore della legge di conversione del presente decreto, sono individuati le modalità e i termini di presentazione delle richieste di erogazione del contributo, i criteri di accesso al contributo e le modalità di erogazione del contributo stesso.

2. Per l'anno 2021 è riconosciuto un contributo a fondo perduto, nel limite massimo di spesa di 1 milione di euro, in favore degli organizzatori di eventi del campionato del mondo MotoGP, limitatamente ai costi diretti organizzativi sostenuti, non coperti dai ricavi a causa del divieto della presenza del pubblico disposto dal decreto del Presidente del Consiglio dei ministri 2 marzo 2021 e dal decreto-legge22 aprile 2021, n. 52, convertito, con modificazioni, dalla legge 17 giugno 2021, n. 87. Con decreto del Presidente del Consiglio dei ministri, su proposta dell'autorità di Governo competente in materia di sport, da adottare di concerto con il Ministro dell'economia e delle finanze, entro trenta giorni dalla data di entrata di entrata in vigore della legge di conversione del presente decreto, sono stabilite le modalità di attuazione del presente comma.

3. A favore della società Sport e salute Spa è autorizzata la spesa di 6 milioni di euro per l'anno 2021, al fine di finanziare, nel limite di spesa autorizzato ai sensi del presente comma, il progetto "*Sport nei parchi*", promosso dalla medesima società, d'intesa con l'Associazione nazionale dei comuni italiani.

4. Agli oneri derivanti dal presente articolo, pari a 37 milioni di euro per l'anno 2021, si provvede mediante corrispondente riduzione del Fondo di cui all'articolo 1, comma 200, della legge 23 dicembre 2014, n. 190, come rifinanziato ai sensi dell'articolo 77, comma 7, del presente decreto.

(1) *Articolo inserito dall'articolo 1, comma 1, della Legge 23 luglio 2021, n. 106, in sede di conversione.*

10 *ter*. Proroga delle concessioni di impianti sportivi per le associazioni sportive dilettantistiche (1). – 1. All'articolo 100, comma 1, del decreto-legge 14 agosto 2020, n. 104, convertito, con modificazioni, dalla legge 13 ottobre 2020, n. 126, è aggiunto, in fine, il seguente periodo: "*Al fine di sostenere le associazioni sportive dilettantistiche senza scopo di lucro colpite dall'emergenza epidemiologica da COVID-19, le concessioni a tali associazioni degli impianti sportivi ubicati su terreni demaniali o comunali, che siano in attesa di rinnovo o scadute ovvero in scadenza entro il 31 dicembre 2021, sono prorogate fino al 31 dicembre 2025, allo scopo di consentire il riequilibrio economico-finanziario delle associazioni stesse, in vista delle procedure di affidamento che saranno espletate ai sensi delle vigenti disposizioni legislative*"(2).

(1) *Articolo inserito dall'articolo 1, comma 1, della Legge 23 luglio 2021, n. 106, in sede di conversione.*
(2) *Comma modificato dall'articolo 14, comma 4-quater, del D.L. 30 dicembre 2021, n. 228, convertito, con modificazioni dalla Legge 25 febbraio 2022, n. 15.*

11. Misure urgenti di sostegno all'internazionalizzazione. – 1. La dotazione del fondo rotativo di cui all'articolo 2, primo comma, del decreto-legge 28 maggio 1981, n. 251, convertito, con modificazioni, dalla legge 29 luglio 1981, n. 394, è incrementata di 1,2 miliardi di euro per l'anno 2021.

2. La dotazione del fondo di cui all'articolo 72, comma 1, del decreto-legge 17 marzo 2020, n. 18, convertito, con modificazioni, dalla legge 24 aprile 2020, n. 27, è incrementata di 400 milioni di euro per l'anno 2021, per le finalità di cui alla lettera d) del medesimo comma. Sono escluse dai cofinanziamenti a fondo perduto di cui al presente comma le richieste di sostegno alle operazioni di patrimonializzazione presentate successivamente alla data di entrata in vigore del presente decreto-legge(1).

3. All'articolo 72 del decreto-legge 17 marzo 2020, n. 18, convertito, con modificazioni, dalla legge 24 aprile 2020, n. 27, sono apportate le seguenti modificazioni (2):

a) al comma 1, lettera d), primo periodo, la parola "*cinquanta*" è sostituita dalla seguente: "*dieci*" e dopo le parole "*dalla legge 29 luglio 1981, n. 394,*" sono inserite le seguenti: "*quale incentivo da riconoscere a fronte di iniziative caratterizzate da specifiche finalità o in settori o aree geografiche ritenuti prioritari,*" e dopo la parola "*criteri*" è inserita la seguente: "*selettivi*"(3);

b) al comma 1, lettera d), secondo periodo, dopo la parola

VARIE

"*concessi*" sono inserite le seguenti: "*tenuto conto delle risorse disponibili e*";

c) al comma 1, lettera d), dopo il secondo periodo è aggiunto, in fine, il seguente: "*Fino al 31 dicembre 2021 i cofinanziamenti a fondo perduto sono concessi fino al limite del venticinque per cento dei finanziamenti concessi ai sensi dell'articolo 2, primo comma, del decreto-legge 28 maggio1981, n. 251, convertito, con modificazioni, dalla legge 29 luglio 1981, n. 394, tenuto conto delle risorse disponibili e dell'ammontare complessivo delle domande di finanziamento presentate nei termini e secondo le condizioni stabilite con una o più delibere del Comitato agevolazioni*";

4. Agli oneri derivanti dal presente articolo pari a 1.600 milioni di euro per l'anno 2021, si provvede ai sensi dell'articolo 77.

(1) *Per una deroga alle disposizioni di cui al secondo periodo del presente comma, vedi l'articolo 5-ter, comma 1, lettera a), del D.L. 25 febbraio 2022, n. 14, convertito con modificazioni dalla Legge 5 aprile 2022, n. 28.*
(2) *Alinea modificato dall'articolo 1, comma 1, della Legge 23 luglio 2021, n. 106, in sede di conversione.*
(3) *Lettera modificata dall'articolo 1, comma 1, della Legge 23 luglio 2021, n. 106, in sede di conversione.*

11 *bis*. Disposizioni in materia di utilizzo di strumenti di pagamento elettronici: sospensione del programma "cashback" e credito d'imposta POS (1). – 1. Il programma di attribuzione dei rimborsi in denaro per acquisti effettuati mediante l'utilizzo di strumenti di pagamento elettronici disciplinato dal regolamento di cui al decreto del Ministro dell'economia e delle finanze 24 novembre 2020, n. 156, è sospeso per il periodo di cui all'articolo 6, comma 2, lettera b), del predetto decreto.

2. L'articolo 8 del regolamento di cui al decreto del Ministro dell'economia e delle finanze 24 novembre 2020, n. 156, si applica per i periodi di cui all'articolo 6, comma 2, lettere a) e c), del medesimo regolamento.

3. Al regolamento di cui al decreto del Ministro dell'economia e delle finanze 24 novembre 2020, n. 156, sono apportate le seguenti modificazioni:

a) all'articolo 8, il comma 2 è sostituito dal seguente:

"*2. I rimborsi speciali relativi ai periodi di cui all'articolo 6, comma 2, lettere a) e c), sono erogati, rispettivamente entro il 30 novembre 2021 ed entro il 30 novembre 2022, sulla base di una graduatoria elaborata in via definitiva successivamente alla scadenza del termine per la decisione sui reclami da parte della Consap S.p.A. ai sensi dell'articolo 10, comma 5*";

b) all'articolo 10:

1) il comma 2 è sostituito dal seguente:

"*2. Avverso il mancato o inesatto accredito del rimborso previsto per il periodo sperimentale di cui all'articolo 7, l'aderente può presentare reclamo entro centoventi giorni successivi alla scadenza del termine previsto per il pagamento ai sensi dell'articolo 7, comma 5. Per quanto concerne i periodi di cui all'articolo 6, comma 2, lettere a) e c), l'aderente può presentare reclamo avverso la mancata o inesatta contabilizzazione nella APP IO o nei sistemi messi a disposizione dagli issuer convenzionati del rimborso cashback e del rimborso speciale, a partire dal quindicesimo giorno successivo al termine dei periodi di cui all'articolo 6, comma 2, lettere a) e c), e rispettivamente entro il 29 agosto 2021 ed entro il 29 agosto 2022*";

2) il comma 5 è sostituito dal seguente:

"*5. La Consap S.p.A. decide sul reclamo dell'aderente, sulla base del quadro normativo e regolamentare che disciplina il programma, entro trenta giorni decorrenti dalla scadenza del termine per presentare il reclamo ai sensi del comma 2*";

c) all'articolo 11:

1) il comma 2 è sostituito dal seguente:

"*2. L'attribuzione dei rimborsi previsti dall'articolo 6 avviene nei limiti dell'importo di euro 1.367,60 milioni per il periodo di cui alla lettera a) del comma 2 del predetto articolo e di euro 1.347,75 milioni per il periodo di cui alla lettera c) del medesimo comma. Qualora le predette risorse finanziarie non consentano il pagamento integrale del rimborso spettante, questo è proporzionalmente ridotto*";

2) dopo il comma 3 è inserito il seguente:

"*3-bis. L'attribuzione del rimborso previsto dall'articolo 8 avviene nei limiti dell'importo di euro 150 milioni per ciascuno dei periodi di cui all'articolo 6, comma 2, lettere a) e c). Qualora le predette risorse finanziarie non consentano l'integrale pagamento del rimborso spettante, questo è proporzionalmente ridotto*".

4. Le somme eventualmente riconosciute agli aderenti in caso di accoglimento dei reclami presentati avverso il mancato o inesatto accredito del rimborso cashback nel periodo sperimentale previsto dall'articolo 7 del regolamento di cui al decreto del Ministro dell'economia e delle finanze 24 novembre 2020, n. 156, sono erogate nell'ambito delle risorse complessivamente disponibili per l'anno 2021.

5. Le convenzioni stipulate dal Ministero dell'economia e delle finanze con le società PagoPA S.p.a. e Consap S.p.A. ai sensi dell'articolo 1, commi 289-bis e 289-ter, della legge 27 dicembre 2019, n. 160, sono modificate per tenere conto della sospensione di cui al comma 1 del presente articolo.

6. Per l'anno 2022 è istituito nello stato di previsione del Ministero del lavoro e delle politiche sociali un Fondo, con una dotazione di 1.497,75 milioni di euro, destinato a concorrere al finanziamento di interventi di riforma in materia di ammortizzatori sociali. I predetti interventi sono disposti con appositi provvedimenti normativi, a valere sulle risorse del Fondo di cui al primo periodo.(2)

7. Sono abrogate tutte le disposizioni del regolamento di cui al decreto del Ministro dell'economia e delle finanze 24 novembre 2020, n. 156, incompatibili con le disposizioni del presente articolo.

8. Agli oneri di cui al comma 6, pari a 1.497,75 milioni di euro per l'anno 2022, si fa fronte con le risorse rivenienti dal comma 1.

9. Successivamente al 30 giugno 2021, il Ministero dell'economia e delle finanze effettua rilevazioni periodiche relative all'utilizzo degli strumenti di pagamento elettronici, sulla base del supporto informativo fornito dalla Banca d'Italia.

10. All'articolo 22 del decreto-legge 26 ottobre 2019, n. 124, convertito, con modificazioni, dalla legge 19 dicembre 2019, n. 157, dopo il comma 1-bis è inserito il seguente:

"*1-ter. Per le commissioni maturate nel periodo dal 1° luglio 2021 al 30 giugno 2022, il credito d'imposta di cui al comma 1 è incrementato al 100 per cento delle commissioni, nel caso in cui gli esercenti attività di impresa, arte o professione, che effettuano cessioni di beni o prestazioni di servizi nei confronti di consumatori finali, adottino strumenti di pagamento elettronico, nel rispetto delle caratteristiche tecniche da stabilire con provvedimento del direttore dell'Agenzia delle entrate da adottare entro sessanta giorni dalla data di entrata in vigore della presente disposizione, collegati agli strumenti di cui all'articolo 2, comma 3, del decreto legislativo 5 agosto 2015, n. 127, ovvero strumenti di pagamento evoluto di cui al comma 5-bis del predetto articolo*".

11. Al capo I del decreto-legge 26 ottobre 2019, n. 124, convertito, con modificazioni, dalla legge 19 dicembre 2019,

n. 157, dopo l'articolo 22 è aggiunto il seguente:

"*Art. 22-bis (Credito d'imposta per l'acquisto, il noleggio o l'utilizzo di strumenti che consentono forme di pagamento elettronico e per il collegamento con i registratori telematici). - 1. Agli esercenti attività di impresa, arte o professione che effettuano cessioni di beni o prestazioni di servizi nei confronti di consumatori finali e che, tra il 1° luglio 2021 e il 30 giugno 2022, acquistano, noleggiano o utilizzano strumenti che consentono forme di pagamento elettronico, nel rispetto delle caratteristiche tecniche da stabilire con provvedimento del direttore dell'Agenzia delle entrate da adottare entro sessanta giorni dalla data di entrata in vigore della presente disposizione, collegati agli strumenti di cui all'articolo 2, comma 3, del decreto legislativo 5 agosto 2015, n. 127, spetta un credito d'imposta, parametrato al costo di acquisto, di noleggio o di utilizzo degli strumenti stessi, nonché alle spese di convenzionamento ovvero alle spese sostenute per il collegamento tecnico tra i predetti strumenti.*

2. Il credito d'imposta di cui al comma 1 spetta, nel limite massimo di spesa di 160 euro per soggetto, nelle seguenti misure:

a) 70 per cento per i soggetti i cui ricavi e compensi relativi al periodo d'imposta precedente siano di ammontare non superiore a 200.000 euro;

b) 40 per cento per i soggetti i cui ricavi e compensi relativi al periodo d'imposta precedente siano di ammontare superiore a 200.000 euro e fino a 1 milione di euro;

c) 10 per cento per i soggetti i cui ricavi e compensi relativi al periodo d'imposta precedente siano di ammontare superiore a 1 milione di euro e fino a 5 milioni di euro.

3. Ai medesimi soggetti di cui al comma 1 che, nel corso dell'anno 2022, acquistano, noleggiano o utilizzano strumenti evoluti di pagamento elettronico che consentono anche la memorizzazione elettronica e la trasmissione telematica di cui all'articolo 2, comma 1, del decreto legislativo 5 agosto 2015, n. 127, spetta un credito d'imposta, nel limite massimo di spesa di 320 euro per soggetto, nelle seguenti misure:

a) 100 per cento per i soggetti i cui ricavi e compensi relativi al periodo d'imposta precedente siano di ammontare non superiore a 200.000 euro;

b) 70 per cento per i soggetti i cui ricavi e compensi relativi al periodo d'imposta precedente siano di ammontare superiore a 200.000 euro e fino a 1 milione di euro;

c) 40 per cento per i soggetti i cui ricavi e compensi relativi al periodo d'imposta precedente siano di ammontare superiore a 1 milione di euro e fino a 5 milioni di euro.

4. I crediti d'imposta di cui al presente articolo sono utilizzabili esclusivamente in compensazione, ai sensi dell'articolo 17 del decreto legislativo 9 luglio 1997, n. 241, successivamente al sostenimento della spesa e devono essere indicati nella dichiarazione dei redditi relativa al periodo d'imposta di maturazione del credito e nelle dichiarazioni dei redditi relative ai periodi d'imposta successivi fino a quello nel quale se ne conclude l'utilizzo. I crediti d'imposta non concorrono alla formazione del reddito ai fini delle imposte sui redditi e del valore della produzione ai fini dell'imposta regionale sulle attività produttive e non rilevano ai fini del rapporto di cui agli articoli 61 e 109, comma 5, del testo unico delle imposte sui redditi, di cui al decreto del Presidente della Repubblica 22 dicembre 1986, n. 917.

5. Le agevolazioni di cui al presente articolo si applicano nel rispetto delle condizioni e dei limiti di cui al regolamento (UE) n. 1407/2013 della Commissione, del 18 dicembre 2013, relativo all'applicazione degli articoli 107 e 108 del Trattato sul funzionamento dell'Unione europea agli aiuti de minimis, del regolamento (UE) n. 1408/2013 della Commissione, del 18 dicembre 2013, relativo all'applicazione degli articoli 107 e 108 del Trattato sul funzionamento dell'Unione europea agli aiuti de minimis nel settore agricolo, e del regolamento (UE) n. 717/2014 della Commissione, del 27 giugno 2014, relativo all'applicazione degli articoli 107 e 108 del Trattato sul funzionamento dell'Unione europea agli aiuti de minimis nel settore della pesca e dell'acquacoltura".

12. Agli oneri derivanti dall'attuazione dei commi 10 e 11, valutati in 194,6 milioni di euro per l'anno 2021 e 186,1 milioni di euro per l'anno 2022, si provvede ai sensi dell'articolo 77.

13. Nel quadro delle esigenze connesse anche alle misure di cui al presente decreto, il Ministero dell'economia e delle finanze è autorizzato a bandire apposite procedure concorsuali pubbliche, secondo le modalità semplificate di cui all'articolo 10 del decreto-legge 1° aprile 2021, n. 44, convertito, con modificazioni, dalla legge 28 maggio 2021, n. 76, ovvero a procedere allo scorrimento delle vigenti graduatorie di concorsi pubblici, e, conseguentemente, ad assumere con contratto di lavoro subordinato a tempo indeterminato, per le esigenze delle strutture del Dipartimento della Ragioneria generale dello Stato del medesimo Ministero, nei limiti della vigente dotazione organica, un contingente di personale pari a cinquanta unità da inquadrare nel livello iniziale dell'area III del comparto funzioni centrali(3).

14. Agli oneri derivanti dall'attuazione del comma 13 del presente articolo, pari a 388.412 euro per l'anno 2021 e a 2.330.469 euro annui a decorrere dall'anno 2022, si provvede mediante corrispondente riduzione del Fondo per interventi strutturali di politica economica, di cui all'articolo 10, comma 5, del decreto-legge 29 novembre 2004, n. 282, convertito, con modificazioni, dalla legge 27 dicembre 2004, n. 307.

15. Nel quadro delle esigenze connesse anche alle misure di cui al presente decreto, la dotazione complessiva del contingente previsto dall'articolo 5, comma 1, del regolamento di cui al decreto del Presidente della Repubblica 3 luglio 2003, n. 227, è incrementata di dieci unità di personale [*per ciascuno degli anni*] dal 2021 [*al 2027*]. Una quota parte, non inferiore a otto unità di personale, è riservata alle sezioni di cui al comma 3 dell'articolo 3 del citato regolamento di cui al decreto del Presidente della Repubblica 3 luglio 2003, n. 227. Per i medesimi anni di cui al primo periodo del presente comma, in aggiunta al posto di cui all'ultimo periodo del comma 1 del citato articolo 3 del regolamento di cui al decreto del Presidente della Repubblica n. 227 del 2003, presso la struttura ivi prevista sono istituiti due ulteriori posti di funzione di livello dirigenziale generale, assegnati alle dirette dipendenze del Capo di gabinetto. Per le finalità di cui al presente comma è autorizzata la spesa di 547.279 euro per l'anno 2021 e di 1.094.558 euro a decorrere dall'anno 2022 (4).

16. La dotazione finanziaria destinata all'indennità prevista dall'articolo 7, comma 7, del regolamento di cui al decreto del Presidente della Repubblica 3 luglio 2003, n. 227, anche per le esigenze di cui al comma 15, secondo periodo, del presente articolo, è incrementata di 250.000 euro per l'anno 2021 e di 500.000 euro dall'anno 2022 (5).

17. Agli oneri derivanti dall'attuazione dei commi 15 e 16, pari a 797.279 euro per l'anno 2021 e a 1.594.558 euro per ciascuno degli anni dal 2022 al 2027, si provvede mediante corrispondente riduzione dello stanziamento del fondo speciale di parte corrente iscritto, ai fini del bilancio triennale 2021-2023, nell'ambito del programma "*Fondi di riserva e speciali*" della missione "*Fondi da ripartire*" dello stato di pre-

visione del Ministero dell'economia e delle finanze per l'anno 2021, allo scopo parzialmente utilizzando l'accantonamento relativo al medesimo Ministero.

18. Al primo periodo del comma 3 dell'articolo 3 della legge 19 giugno 2019, n. 56, sono aggiunte, in fine, le seguenti parole: "*, asseverate dai relativi organi di controllo*".

(1) Articolo inserito dall'articolo 1, comma 1, della Legge 23 luglio 2021, n. 106, in sede di conversione.
(2) A norma dell'articolo 1, comma 256, della Legge 30 dicembre 2021, n. 234, l'autorizzazione di spesa di cui al presente comma è soppressa.
(3) Comma modificato dall'articolo 1, comma 12-ter, del D.L. 30 dicembre 2021, n. 228, convertito con modificazioni dalla Legge 25 febbraio 2022, n. 15.
(4) Comma modificato dall'articolo 1, comma 65, lettera a), della Legge 30 dicembre 2021, n. 234. Le parole tra parentesi quadra sono soppresse.
(5) Comma modificato dall'articolo 1, comma 65, lettera b), della Legge 30 dicembre 2021, n. 234.

14. Tassazione delle plusvalenze derivanti dalla cessione di partecipazioni in start up innovative (1). – 1. Le plusvalenze di cui all'articolo 67, comma 1, lettere c) e c-bis), del testo unico delle imposte sui redditi, di cui al decreto del Presidente della Repubblica 22 dicembre 1986, n. 917, realizzate da persone fisiche, derivanti dalla cessione di partecipazioni al capitale di imprese start up innovative di cui all'articolo 25, comma 2, del decreto legge 18 ottobre 2012, n. 179, convertito, con modificazioni, dalla legge 17 dicembre 2012, n. 221, acquisite mediante sottoscrizione di capitale sociale dal 1° giugno 2021 al 31 dicembre 2025 e possedute per almeno tre anni non sono soggette a imposizione. Al fine dell'esenzione di cui al primo periodo sono agevolati gli investimenti di cui agli articoli 29 e 29-bis del decreto legge n. 179 del 2012(2).

2. Le disposizioni di cui al comma 1 si applicano anche alle plusvalenze, di cui all'articolo 67, comma 1, lettere c) e c-bis), del testo unico delle imposte sui redditi, di cui al decreto del Presidente della Repubblica 22 dicembre 1986, n. 917, realizzate da persone fisiche, derivanti dalla cessione di partecipazioni al capitale di piccole e medie imprese innovative di cui all'articolo 4 del decreto legge 24 gennaio 2015, n. 3, convertito, con modificazioni, dalla legge 24 marzo 2015, n. 33, acquisite mediante sottoscrizione di capitale sociale dal 1° giugno 2021 al 31 dicembre 2025 e possedute per almeno tre anni. Al fine dell'esenzione di cui al primo periodo sono agevolati gli investimenti di cui all'articolo 4, commi 9 e 9-ter, del decreto legge n. 3 del 2015(3).

3. Non sono soggette a imposizione le plusvalenze di cui all'articolo 67, comma 1, lettere c) e c-bis), del testo unico delle imposte sui redditi, di cui al decreto del Presidente della Repubblica 22 dicembre 1986, n. 917, realizzate da persone fisiche, derivanti dalla cessione di partecipazioni al capitale in società di cui agli articoli 5, escluse le società semplici e gli enti ad esse equiparati, e 73, comma 1, lettere a) e d), del medesimo testo unico, qualora e nella misura in cui, entro un anno dal loro conseguimento, siano reinvestite in imprese start up innovative di cui all'articolo 25, comma 2, del decreto legge 18 ottobre 2012, n. 179, o in piccole e medie imprese innovative di cui all'articolo 4 del decreto legge 24 gennaio 2015, n. 3, mediante la sottoscrizione del capitale sociale entro il 31 dicembre 2025.

4. L'efficacia delle disposizioni di cui ai commi 1, 2 e 3 è subordinata, ai sensi dell'articolo 108, paragrafo 3, del Trattato sul funzionamento dell'Unione europea, all'autorizzazione della Commissione europea, richiesta a cura del Ministero dello Sviluppo Economico.

4-bis. Al comma 2 dell'articolo 2 del decreto-legge 24 dicembre 2002, n. 282, convertito, con modificazioni, dalla legge 21 febbraio 2003, n. 27, sono apportate le seguenti modificazioni:

a) al secondo periodo, le parole: "*30 giugno 2021*" sono sostituite dalle seguenti: "*15 novembre 2021*";

b) al terzo periodo, le parole: "*30 giugno 2021*" sono sostituite dalle seguenti: "*15 novembre 2021*" (4).

5. Alle minori entrate derivanti dal presente articolo valutate in 7,4 milioni di euro per l'anno 2022, 11,8 milioni di euro per l'anno 2023, 9,5 milioni di euro per l'anno 2024, 29,6 milioni di euro per l'anno 2025, 43,9 milioni di euro per l'anno 2026, 29,7 milioni di euro per l'anno 2027 e 34,4 milioni di euro per ciascuno degli anni 2028 e 2029, si provvede ai sensi dell'articolo 77.

(1) Rubrica modificata dall'articolo 1, comma 1, della Legge 23 luglio 2021, n. 106, in sede di conversione.
(2) Comma modificato dall'articolo 1, comma 1, della Legge 23 luglio 2021, n. 106, in sede di conversione.
(3) Comma modificato dall'articolo 1, comma 1, della Legge 23 luglio 2021, n. 106, in sede di conversione.
(4) Comma inserito dall'articolo 1, comma 1, della Legge 23 luglio 2021, n. 106, in sede di conversione.

14 *bis*. Imposta di consumo sui prodotti succedanei dei prodotti da fumo per l'anno 2021 (1). – 1. Al fine di sostenere la filiera italiana dei prodotti liquidi da inalazione senza combustione, al primo periodo del comma 1-bis dell'articolo 62-quater del testo unico delle disposizioni legislative concernenti le imposte sulla produzione e sui consumi e relative sanzioni penali e amministrative, di cui al decreto legislativo 26 ottobre 1995, n. 504, dopo le parole: "*al quindici per cento e al dieci per cento dal 1° gennaio 2021*" sono inserite le seguenti: "*fino al 31 luglio 2021, al dieci per cento e al cinque per cento dal 1° agosto 2021,*".

2. Agli oneri derivanti dall'attuazione della disposizione di cui al comma 1 del presente articolo, pari a 2.363.750 euro per l'anno 2021, si provvede mediante corrispondente riduzione del Fondo di cui all'articolo 1, comma 200, della legge 23 dicembre 2014, n. 190, come rifinanziato dall'articolo 77, comma 7, del presente decreto.

(1) Articolo inserito dall'articolo 1, comma 1, della Legge 23 luglio 2021, n. 106, in sede di conversione.

18. Recupero dell'IVA su crediti non riscossi nelle procedure concorsuali (1) – 1. All'articolo 26 del Decreto del Presidente della Repubblica 26 ottobre 1972, n. 633, sono apportate le seguenti modificazioni:

a) al comma 2 le parole "*o per mancato pagamento in tutto o in parte a causa di procedure concorsuali o di procedure esecutive individuali rimaste infruttuose o a seguito di un accordo di ristrutturazione dei debiti omologato ai sensi dell'articolo 182-bis del regio decreto 16 marzo 1942, n. 267, ovvero di un piano attestato ai sensi dell'articolo 67, terzo comma, lettera d), del medesimo regio decreto n. 267 del 1942, pubblicato nel registro delle imprese*" sono soppresse;

b) dopo il comma 3, è inserito il seguente: "*3-bis. La disposizione di cui al comma 2 si applica anche in caso di mancato pagamento del corrispettivo, in tutto o in parte, da parte del cessionario o committente:*

a) a partire dalla data in cui quest'ultimo è assoggettato a una procedura concorsuale o dalla data del decreto che omologa un accordo di ristrutturazione dei debiti di cui all'articolo 182-bis del Regio Decreto 16 marzo 1942, n. 267, o dalla data di pubblicazione nel registro delle imprese di un piano attestato ai sensi dell'articolo 67, terzo comma, lettera d), del regio decreto 16 marzo 1942, n. 267;

b) a causa di procedure esecutive individuali rimaste infruttuose.";

c) al comma 5, è aggiunto, in fine, il seguente periodo: "*L'obbligo di cui al primo periodo non si applica nel caso di procedure concorsuali di cui al comma 3-bis, lettera a).*" [(2)];

d) dopo il comma 5, è inserito il seguente: "*5-bis. Nel caso in cui, successivamente agli eventi di cui al comma 3-bis, il corrispettivo sia pagato, in tutto o in parte, si applica la disposizione di cui al comma 1. In tal caso, il cessionario o committente che abbia assolto all'obbligo di cui al comma 5 ha diritto di portare in detrazione ai sensi dell'articolo 19 l'imposta corrispondente alla variazione in aumento.*";

e) al comma 8, le parole "*ai commi 2, 3 e 5*" sono sostituite dalle seguenti "*ai commi 2, 3, 3-bis e 5*";

f) dopo il comma 10, è inserito il seguente comma: "*10-bis. Ai fini del comma 3-bis, lettera a), il debitore si considera assoggettato a procedura concorsuale dalla data della sentenza dichiarativa del fallimento o del provvedimento che ordina la liquidazione coatta amministrativa o del decreto di ammissione alla procedura di concordato preventivo o del decreto che dispone la procedura di amministrazione straordinaria delle grandi imprese in crisi.*";

g) al comma 12, le parole "*ai fini del comma 2*" sono sostituite dalle seguenti "*ai fini del comma 3-bis, lettera b),*" [(3)].

2. Le disposizioni di cui all'articolo 26, comma 3-bis, lettera a), e comma 5, secondo periodo, del Decreto del Presidente della Repubblica 26 ottobre 1972, n. 633, nel testo risultante dalle modifiche apportate dal comma 1 , si applicano alle procedure concorsuali avviate dal 26 maggio 2021 compreso [(4)].

3. Alle minori entrate derivanti dal presente articolo valutate in 340 milioni di euro per l'anno 2021, si provvede ai sensi dell'articolo 77.

(1) Rubrica modificata dall'articolo 1, comma 1, della Legge 23 luglio 2021, n. 106, in sede di conversione.
(2) Lettera modificata dall'articolo 1, comma 1, della Legge 23 luglio 2021, n. 106, in sede di conversione.
(3) Lettera modificata dall'articolo 1, comma 1, della Legge 23 luglio 2021, n. 106, in sede di conversione.
(4) Comma modificato dall'articolo 1, comma 1, della Legge 23 luglio 2021, n. 106, in sede di conversione e successivamente dall'articolo 3 bis, comma 1, del D.L. 30 dicembre 2021, n. 228, convertito con modificazioni dalla Legge 25 febbraio 2022, n. 15.

18 *bis*. Disposizioni in materia di aliquota ridotta dell'imposta sul valore aggiunto [(1)]. – 1. Dalla data di entrata in vigore della legge di conversione del presente decreto e fino al 31 dicembre 2021, per fronteggiare gli effetti economici derivanti dall'emergenza epidemiologica da COVID-19, ai fini dell'applicazione dell'aliquota ridotta dell'imposta sul valore aggiunto di cui alla tabella A, parte I, numero 4), e parte III, numero 7), allegata al decreto del Presidente della Repubblica 26 ottobre 1972, n. 633, negli animali vivi destinati all'alimentazione umana sono compresi anche gli animali vivi ceduti per l'attività venatoria.

2. Agli oneri derivanti dall'attuazione del presente articolo, valutati in 0,5 milioni di euro per l'anno 2021, si provvede mediante corrispondente riduzione del Fondo di cui all'articolo 1, comma 200, della legge 23 dicembre 2014, n. 190, come rifinanziato dall'articolo 77, comma 7, del presente decreto.

(1) Articolo inserito dall'articolo 1, comma 1, della Legge 23 luglio 2021, n. 106, in sede di conversione.

19. Proroga degli incentivi per la cessione di crediti e ACE innovativa 2021 [(A)] – 1. All'articolo 44-bis del decreto-legge 30 aprile 2019, n. 34, convertito, con modificazioni, dalla legge 28 giugno 2019, n. 58, sono apportate le seguenti modificazioni:

a) le parole "*31 dicembre 2020*", ovunque ricorrano, sono sostituite dalle seguenti "*31 dicembre 2021*";

b) al comma 1, dopo le parole "*2 miliardi di euro*" sono aggiunte le seguenti parole "*per ciascuno degli anni 2020 e 2021*".

2. Nel periodo d'imposta successivo a quello in corso al 31 dicembre 2020, per la variazione in aumento del capitale proprio rispetto a quello esistente alla chiusura del periodo d'imposta precedente, l'aliquota percentuale di cui alla lettera b) del comma 287 dell'articolo 1 della legge 27 dicembre 2019, n. 160, è pari al 15 per cento. Nel periodo d'imposta successivo a quello in corso al 31 dicembre 2020, gli incrementi del capitale proprio rilevano a partire dal primo giorno del periodo d'imposta. Ai fini del presente comma la variazione in aumento del capitale proprio rileva per un ammontare massimo di 5 milioni di euro indipendentemente dall'importo del patrimonio netto risultante dal bilancio [(B)].

3. Per il periodo d'imposta successivo a quello in corso al 31 dicembre 2020, la deduzione del rendimento nozionale di cui all'articolo 1 del decreto-legge 6 dicembre 2011, n. 201, convertito, con modificazioni, dalla legge 22 dicembre 2011, n. 214, valutato mediante applicazione dell'aliquota percentuale di cui al comma 2 corrispondente agli incrementi di capitale proprio di cui al medesimo comma 2, può essere alternativamente fruita tramite riconoscimento di un credito d'imposta da calcolarsi applicando al rendimento nozionale sopra individuato, le aliquote di cui agli articoli 11 e 77 del testo unico delle imposte sui redditi, di cui al decreto del Presidente della Repubblica 22 dicembre 1986, n. 917, in vigore nel periodo d'imposta in corso al 31 dicembre 2020. Il credito d'imposta può essere utilizzato, previa comunicazione all'Agenzia delle entrate da effettuarsi ai sensi del comma 7, secondo le modalità stabilite al comma 6, dal giorno successivo a quello dell'avvenuto versamento del conferimento in denaro o dal giorno successivo alla rinuncia o alla compensazione di crediti ovvero dal giorno successivo alla delibera dell'assemblea di destinare, in tutto o in parte, a riserva l'utile di esercizio.

4. Nel caso di applicazione del comma 3, qualora la differenza tra la variazione in aumento del capitale proprio riferita al periodo d'imposta in corso al 31 dicembre 2021 e quella riferita al periodo d'imposta precedente risulti inferiore agli incrementi sui quali si è usufruito del credito d'imposta ai sensi del comma 3, il credito d'imposta è restituito in proporzione a tale minore importo. Qualora nel periodo d'imposta successivo a quello in corso al 31 dicembre 2021 la variazione in aumento del capitale proprio risulti inferiore rispetto a quella del periodo precedente, il credito d'imposta è restituito in proporzione a tale minore importo. Qualora nel secondo periodo d'imposta successivo a quello in corso al 31 dicembre 2021 la variazione in aumento del capitale proprio risulti inferiore rispetto a quella del periodo in corso al 31 dicembre 2021, il credito d'imposta è restituito in pro-

porzione alla differenza tra la variazione in aumento del capitale proprio riferita al secondo periodo d'imposta successivo a quello in corso al 31 dicembre 2021 rispetto a quella riferita al periodo d'imposta in corso al 31 dicembre 2021, al netto dell'eventuale credito d'imposta restituito nel periodo d'imposta precedente. Ai fini della determinazione della variazione in aumento di cui ai periodi precedenti non si tiene conto del limite del patrimonio netto risultante dal bilancio (1).

5. Nel caso di mancata applicazione del comma 3, qualora la variazione in aumento del capitale proprio del periodo d'imposta successivo a quello in corso al 31 dicembre 2021 risulti inferiore rispetto a quella esistente alla chiusura del periodo d'imposta precedente, il reddito complessivo ai fini dell'imposta sui redditi è aumentato di un ammontare pari al 15 per cento della differenza tra la variazione in aumento del capitale proprio esistente alla chiusura del periodo d'imposta precedente e quella esistente alla chiusura del periodo d'imposta in corso. Qualora nel secondo periodo d'imposta successivo a quello in corso al 31 dicembre 2021 la variazione in aumento del capitale proprio risulti inferiore rispetto a quella del periodo in corso al 31 dicembre 2021, il reddito complessivo ai fini dell'imposta sui redditi è aumentato di un ammontare pari al 15 per cento della differenza tra la variazione in aumento del capitale proprio esistente alla chiusura del periodo d'imposta in corso al 31 dicembre 2021 e quella esistente alla chiusura del periodo d'imposta in corso, al netto dell'eventuale aumento del reddito complessivo ai fini dell'imposta sui redditi effettuato nel periodo d'imposta precedente. Ai fini della determinazione della variazione in aumento di cui ai periodi precedenti non si tiene conto del limite del patrimonio netto risultante dal bilancio (2).

6. Il credito d'imposta di cui al comma 3 non è produttivo di interessi. Può essere utilizzato, senza limiti di importo, in compensazione ai sensi dell'articolo 17 del decreto legislativo 9 luglio 1997, n. 241, oppure può essere chiesto a rimborso. In alternativa, il credito d'imposta può essere ceduto, con facoltà di successiva cessione del credito ad altri soggetti, ed è usufruito dal cessionario con le stesse modalità previste per il soggetto cedente. I soggetti cessionari rispondono solo per l'eventuale utilizzo del credito d'imposta in modo irregolare o in misura maggiore rispetto al credito ricevuto. Il credito d'imposta deve essere indicato nella dichiarazione dei redditi, non concorre alla formazione del reddito d'impresa né della base imponibile dell'imposta regionale sulle attività produttive e non rileva ai fini del rapporto di cui all'articolo 109, comma 5, del testo unico delle imposte sui redditi, di cui al decreto del Presidente della Repubblica 22 dicembre 1986, n. 917.

7. I soggetti che intendono avvalersi del credito d'imposta di cui al comma 3 devono presentare apposita comunicazione all'Agenzia delle entrate. Con provvedimento del direttore dell'Agenzia delle entrate, da adottare entro trenta giorni dalla data di entrata in vigore della legge di conversione del presente decreto, sono definiti le modalità, i termini di presentazione e il contenuto della comunicazione nonché le modalità attuative per la cessione del credito(3).

8. All'articolo 1, comma 233, della legge 30 dicembre 2020, n. 178 le parole "*e deliberate dall'assemblea dei soci, o dal diverso organo competente per legge, tra il 1° gennaio e il 31 dicembre 2021,*" sono sostituite dalle seguenti: "*qualora il progetto sia stato approvato dall'organo amministrativo competente delle società partecipanti, in caso di fusioni e scissioni, o l'operazione sia stata deliberata dall'organo amministrativo competente della conferente, in caso di conferimenti, tra il 1° gennaio 2021 e il 31 dicembre 2021,*" (4).

9. Agli oneri derivanti dal presente articolo valutati in 2.881,2 milioni di euro per l'anno 2021, 5,28 milioni di euro per l'anno 2022, 106,64 milioni di euro per l'anno 2023, 2,02 milioni di euro per l'anno 2024, 1,57 milioni di euro per l'anno 2025, 1,13 milioni di euro per l'anno 2026, 0,75 milioni di euro per l'anno 2027, 0,43 milioni di euro per l'anno 2028, 0,40 milioni di euro per l'anno 2029, 0,29 milioni di euro per l'anno 2030, 40,58 milioni di euro per l'anno 2031, 0,24 milioni di euro per l'anno 2032 e 0,25 milioni di euro per l'anno 2033, si provvede ai sensi dell'articolo 77(5).

(A) In riferimento all'istituzione del codice tributo per l'utilizzo in compensazione, tramite modello F24, del credito d'imposta ACE di cui al presente articolo vedi: Risoluzione Agenzia delle Entrate 10 dicembre 2021 n. 70/E;
- In riferimento alle modalità di determinazione della base ACE, vedi: Risposta Agenzia delle Entrate 20 aprile 2022 n. 200.
(B) In riferimento al presente comma, vedi: Risposta Agenzia delle Entrate 29 luglio 2022, n. 396.
- In riferimento agli strumenti finanziari partecipativi, di cui al presente comma, vedi: Risposta Agenzia delle Entrate 7 novembre 2022 n. 552.
(1) Comma modificato dall'articolo 1, comma 1, della Legge 23 luglio 2021, n. 106, in sede di conversione.
(2) Comma modificato dall'articolo 1, comma 1, della Legge 23 luglio 2021, n. 106, in sede di conversione.
(3) Comma modificato dall'articolo 1, comma 1, della Legge 23 luglio 2021, n. 106, in sede di conversione.
(4) Comma modificato dall'articolo 1, comma 1, della Legge 23 luglio 2021, n. 106, in sede di conversione.
(5) Comma modificato dall'articolo 1, comma 1, della Legge 23 luglio 2021, n. 106, in sede di conversione.

19 *bis*. Proroga degli incentivi per le società benefit (1). – 1. All'articolo 38-ter del decreto-legge 19 maggio 2020, n. 34, convertito, con modificazioni, dalla legge 17 luglio 2020, n. 77, sono apportate le seguenti modificazioni:

a) al comma 1, le parole: "*al 30 giugno 2021*" sono sostituite dalle seguenti: "*al 31 dicembre 2021*";

b) dopo il comma 2 è inserito il seguente:

"*2-bis. Tra i costi di costituzione o trasformazione di cui al comma 1 sono compresi quelli notarili e di iscrizione nel registro delle imprese nonché le spese inerenti all'assistenza professionale e alla consulenza sostenute e direttamente destinate alla costituzione o alla trasformazione in società benefit. L'importo massimo utilizzabile in compensazione ai sensi del comma 2 è fissato in 10.000 euro per ciascun contribuente*".

(1) Articolo inserito dall'articolo 1, comma 1, della Legge 23 luglio 2021, n. 106, in sede di conversione.

20. Modifiche alla disciplina del credito d'imposta per beni strumentali nuovi – 1. All'articolo 1 della legge 30 dicembre 2020, n. 178, dopo il comma 1059, è aggiunto il seguente:

"*1059-bis. Per gli investimenti in beni strumentali materiali diversi da quelli indicati nell'allegato A annesso alla legge 11 dicembre 2016, n. 232, effettuati a decorrere dal 16 novembre 2020 e fino al 31 dicembre 2021, il credito d'imposta spettante ai sensi del comma 1054 ai soggetti con un volume di ricavi o compensi non inferiore a 5 milioni di euro è utilizzabile in compensazione in un'unica quota annuale.*" (1).

2. All'articolo 1, comma 1065, della legge 30 dicembre 2020, n. 178, le parole: "*a 3.976,1 milioni di euro per l'anno*

2021, a 3.629,05 milioni di euro per l'anno 2022, a 3.370,18 milioni di euro per l'anno 2023, a 2.082,07 milioni" sono sostituite dalle seguenti: "*, a 5.280,90 milioni di euro per l'anno 2021, a 3.012,95 milioni di euro per l'anno 2022, a 2.699,68 milioni di euro per l'anno 2023, a 2.063,97 milioni*".

3. Agli oneri derivanti dal presente articolo valutati in 1.304,80 milioni di euro per l'anno 2021, si provvede ai sensi dell'articolo 77.

(1) *Capoverso modificato dall'articolo 1, comma 1, della Legge 23 luglio 2021, n. 106, in sede di conversione.*

22. Estensione del limite annuo dei crediti compensabili o rimborsabili ai soggetti intestatari di conto fiscale per l'anno 2021 – 1. Per l'anno 2021, il limite previsto dall'articolo 34, comma 1, primo periodo, della legge 23 dicembre 2000, n. 388, è elevato a 2 milioni di euro.

2. Agli oneri derivanti dal comma 1, valutati in 1.607,1 milioni di euro per l'anno 2021, si provvede ai sensi dell'articolo 77.

55. Incremento contributo mancato incasso imposta di soggiorno – 1. All'articolo 25 del decreto-legge 22 marzo 2021, n. 41, convertito, con modificazioni, dalla legge 21 maggio 2021, n. 69, sono apportate le seguenti modifiche (1):

a) al comma 1, le parole: "*250 milioni di euro*" sono sostituite dalle parole: "*350 milioni di euro*";

b) il comma 2 è sostituito dal seguente: "*2. Alla ripartizione del Fondo tra gli enti interessati si provvede con uno o più decreti del Ministro dell'interno di concerto con il Ministro dell'economia e delle finanze, previa intesa in sede di Conferenza Stato-città ed autonomie locali, da adottare entro il 31 ottobre 2021.*".

2. All'onere di cui al comma 1, lettera a), pari a 100 milioni di euro per l'anno 2021, si provvede ai sensi dell'articolo 77 (2).

(1) *Alinea modificato dall'articolo 1, comma 1, della Legge 23 luglio 2021, n. 106, in sede di conversione.*
(2) *Comma modificato dall'articolo 1, comma 1, della Legge 23 luglio 2021, n. 106, in sede di conversione.*

76. Subentro dell'Agenzia delle entrate-riscossione alla Società Riscossione Sicilia S.p.A. (1) – 1. In attuazione delle previsioni di cui all'articolo 1, comma 1090, della legge 30 dicembre 2020, n. 178, con decorrenza dal 30 settembre 2021, Riscossione Sicilia S.p.A. è sciolta, cancellata d'ufficio dal registro delle imprese ed estinta, senza che sia esperita alcuna procedura di liquidazione, e i relativi organi decadono, fatti salvi gli adempimenti di cui al comma 6.

2. Con decorrenza dal 1° ottobre 2021, secondo quanto previsto dalla legge della Regione Siciliana 15 aprile 2021, n. 9, l'esercizio delle funzioni relative alla riscossione di cui all'articolo 2, comma 2, della Legge Regionale del 22 dicembre 2005 n. 19 della medesima Regione Siciliana, è affidato all'Agenzia delle entrate ed è svolto dall'Agenzia delle entrate-Riscossione che, dalla stessa data, vi provvede, nel territorio della Regione, anche relativamente alle entrate non spettanti a quest'ultima. Conseguentemente a decorrere dalla stessa data all'articolo 3, comma 29-bis del decreto-legge 30 settembre 2005, n. 203, convertito, con modificazioni, dalla legge 2 dicembre 2005, n. 248 le parole "*, relativamente alle entrate non spettanti a quest'ultima,*" e le parole "*, con riferimento alle predette entrate,*" sono soppresse.

3. Per garantire senza soluzione di continuità l'esercizio delle funzioni di riscossione nel territorio della Regione Siciliana, entro il 31 ottobre 2021, è erogato, in favore di Agenzia delle entrate-Riscossione, un versamento in conto capitale di ammontare pari a trecento milioni di euro a carico del bilancio dello Stato, anche a copertura di eventuali rettifiche di valore dei saldi patrimoniali di Riscossione Sicilia S.p.A., a valere sull'autorizzazione di spesa di cui all'articolo 1, comma 1090, della legge 30 dicembre 2020, n. 178.

4. Al fine di assicurare la continuità e la funzionalità nell'esercizio delle attività di riscossione nella Regione Siciliana, Agenzia delle entrate-Riscossione a far data dal 1 ottobre 2021 subentra, a titolo universale, nei rapporti giuridici attivi e passivi, anche processuali, di Riscossione Sicilia S.p.A. con i poteri e secondo le disposizioni di cui al titolo I, capo II, e al titolo II, del decreto del Presidente della Repubblica 29 settembre 1973, n. 602.

5. Tenuto conto della specificità delle funzioni proprie della riscossione e delle competenze tecniche necessarie al loro svolgimento, a decorrere dal 1° ottobre 2021, il personale di Riscossione Sicilia S.p.A. con contratto di lavoro a tempo indeterminato, o sino alla scadenza del contratto in essere se a tempo determinato, che alla data di entrata in vigore del presente decreto risulti in servizio o assente con diritto alla conservazione del posto di lavoro, passerà alle dipendenze di Agenzia delle entrate-Riscossione senza soluzione di continuità e con la garanzia della conservazione della posizione giuridica, economica e previdenziale maturata alla data del passaggio, ferma restando la ricognizione delle competenze possedute, ai fini di una collocazione organizzativa coerente e funzionale alle esigenze dello stesso ente. Dalla data del passaggio alle dipendenze di Agenzia delle entrate - Riscossione di cui al periodo che precede, a tale personale verrà applicata in via esclusiva la contrattazione collettiva vigente presso il nuovo datore di lavoro con immediata cessazione dell'intera contrattazione collettiva, di tutti gli accordi sindacali e degli usi aziendali. È fatto divieto a Riscossione Sicilia S.p.A di effettuare assunzioni di personale a qualsiasi titolo e con qualsivoglia tipologia di contratto di lavoro subordinato dalla data di entrata in vigore del presente decreto (2).

6. Entro la data del 30 settembre 2021, l'assemblea degli azionisti di Riscossione Sicilia S.p.A. provvede ad approvarne il bilancio di esercizio per l'anno 2020, corredato delle relazioni di legge. Entro centoventi giorni dalla stessa data, il bilancio di chiusura di Riscossione Sicilia S.p.A., è deliberato dagli organi in carica alla data del relativo scioglimento e, corredato delle relazioni di legge, è trasmesso per l'approvazione alla Regione Siciliana; si applicano le disposizioni dell'articolo 2 del regolamento di cui al decreto del Presidente della Repubblica 9 novembre 1998, n. 439.

7. Agenzia delle entrate-Riscossione, previo utilizzo del versamento di cui al comma 3, è tenuta indenne dalla Regione Siciliana, in misura proporzionale alla percentuale di partecipazione della medesima al capitale sociale di Riscossione Sicilia S.p.A. alla data dello scioglimento, ovvero, alla data dell'eventuale precedente dismissione di tale partecipazione, dalle conseguenze patrimoniali derivanti dall'attività di Riscossione Sicilia S.p.A., ivi comprese quelle:

a) per spese incorse, perdite sostenute o danni, anche non

VARIE

noti alla predetta data, subiti per effetto di un'operazione effettuata o di un atto compiuto o di un fatto determinatosi fino alla stessa data;

b) originate da qualsiasi sopravvenienza passiva, insussistenza dell'attivo o minusvalenza rispetto alle risultanze dei bilanci di cui al comma 6 e che non trovino presidio nei fondi ivi accantonati;

c) originate dall'assenza, incompletezza, o erroneità delle informazioni presenti sui sistemi informativi aziendali, riguardanti i carichi affidati, le relative procedure di recupero e ogni altra attività esperita;

d) scaturenti dal diniego del discarico per inesigibilità di cui all'articolo 20 del decreto legislativo 13 aprile 1999, n.112.

8. Le obbligazioni gravanti sulla Regione Siciliana ai sensi del comma 7 sono temporalmente limitate alle richieste di indennizzo avanzate da Agenzia delle entrate-Riscossione entro il 31 dicembre 2030. Tale limite temporale non opera per le obbligazioni gravanti sulla medesima Regione Siciliana ai sensi delle lettere c) e d) dello stesso comma 7 e, comunque, per quelle derivanti dallo svolgimento dell'attività di riscossione.

9. Con decreto del Ministro dell'economia e delle finanze, da emanarsi entro il 30 settembre 2021, d'intesa con il Presidente della Regione Siciliana, sono stabilite le modalità per l'esercizio, nei confronti della Regione Siciliana, della manleva di cui al comma 7, nonché le procedure di conciliazione per la risoluzione di eventuali controversie, tenendo anche conto della necessità, per quest'ultima, di provvedere alle necessarie variazioni di bilancio.

10. Nell'ambito della relazione annuale di cui all'articolo 1, comma 14-bis, del decreto-legge 22 ottobre 2016 n. 193, convertito, con modificazioni, dalla legge 1° dicembre 2016 n. 225, l'Agenzia delle entrate - Riscossione espone separatamente, in apposita sezione da trasmettere alla Regione Siciliana ai fini della predisposizione del rapporto di cui all'articolo 10-bis della legge 31 dicembre 2009, n. 196, le informazioni sui carichi di ruolo concernenti le entrate spettanti alla stessa Regione Siciliana e le relative procedure di riscossione che hanno condotto ai risultati conseguiti, evidenziando in particolare le ragioni della mancata riscossione dei predetti carichi.

11. Le operazioni e gli atti di cui al presente articolo sono esenti da imposte e tasse di qualsiasi natura.

12. La Regione Siciliana adegua il proprio ordinamento in materia di riscossione compatibilmente con le attribuzioni previste dallo Statuto e dalle relative norme di attuazione.

(1) Rubrica sostituita dall'articolo 1, comma 1, della Legge 23 luglio 2021, n. 106, in sede di conversione.
(2) Comma modificato dall'articolo 1, comma 1, della Legge 23 luglio 2021, n. 106, in sede di conversione.

23. D.L. 21 ottobre 2021, n. 146

Decreto convertito, con modificazioni, dalla Legge 17 dicembre 2021, n. 215.- Misure urgenti in materia economica e fiscale, a tutela del lavoro e per esigenze indifferibili. (DECRETO FISCALE)(Estratto: Artt. 1-7) (in Gazz. Uff., 21 ottobre 2021, n. 252).

CAPO I
Misure urgenti in materia fiscale

1. Rimessione in termini per la Rottamazione-ter e saldo e stralcio (1) – 1. All'articolo 68 del decreto-legge 17 marzo 2020, n. 18, convertito, con modificazioni, dalla legge 24 aprile 2020, n. 27, il comma 3 è sostituito dal seguente:

"*3. Il versamento delle rate da corrispondere negli anni 2020 e 2021 ai fini delle definizioni agevolate di cui agli articoli 3 e 5 del decreto-legge 23 ottobre 2018, n. 119, convertito, con modificazioni, dalla legge 17 dicembre 2018, n. 136, all'articolo 16-bis del decreto-legge 30 aprile 2019, n. 34, convertito, con modificazioni, dalla legge 28 giugno 2019, n. 58, e all'articolo 1, commi 190 e 193, della legge 30 dicembre 2018, n. 145, è considerato tempestivo e non determina l'inefficacia delle stesse definizioni se effettuato integralmente, con applicazione delle disposizioni dell'articolo 3, comma 14-bis, del citato decreto-legge n. 119 del 2018, entro il 9 dicembre 2021*".

(1) Articolo sostituito dall'articolo 1, comma 1, della Legge 17 dicembre 2021, n. 215, in sede di conversione.

1 *bis*. Proroga di termini per il versamento dell'IRAP e dell'imposta immobiliare sulle piattaforme marine - IMPi (1) – 1. All'articolo 42-bis, comma 5, del decreto-legge 14 agosto 2020, n. 104, convertito, con modificazioni, dalla legge 13 ottobre 2020, n. 126, le parole: "*30 novembre 2021*" sono sostituite dalle seguenti: "*31 gennaio 2022*".

2. All'articolo 38 del decreto-legge 26 ottobre 2019, n. 124, convertito, con modificazioni, dalla legge 19 dicembre 2019, n. 157, dopo il comma 5 è inserito il seguente:

"*5-bis. Limitatamente all'anno 2021, il versamento dell'imposta è effettuato entro il 16 dicembre 2021 allo Stato che provvede all'attribuzione del gettito di spettanza comunale sulla base del decreto di cui al comma 4. A tale fine, le somme di spettanza dei comuni per l'anno 2021 sono riassegnate ad apposito capitolo istituito nello stato di previsione del Ministero dell'interno. Il Ministero dell'economia e delle finanze - Dipartimento delle finanze comunica al Ministero dell'interno l'importo del gettito acquisito nell'esercizio finanziario 2021 di spettanza dei comuni*".

(1) Articolo inserito dall'articolo 1, comma 1, della Legge 17 dicembre 2021, n. 215, in sede di conversione.

2. Estensione del termine di pagamento per le cartelle di pagamento notificate nel periodo dal 1° settembre 2021 al 31 dicembre 2021 – 1. Con riferimento alle cartelle di pagamento notificate dall'agente della riscossione dal 1° settembre al 31 dicembre 2021, il termine per l'adempimento dell'obbligo risultante dal ruolo, previsto dall'articolo 25, comma 2, del decreto del Presidente della Repubblica 29 settembre 1973, n. 602, è fissato, ai fini di cui agli articoli 30 e 50, comma 1, dello stesso decreto, in centottanta giorni(1).

(1) Comma modificato dall'articolo 1, comma 1, della Legge 17 dicembre 2021, n. 215, in sede di conversione.

3. Estensione della rateazione per i piani di dilazione – 1. All'articolo 68 del decreto-legge 17 marzo 2020, n. 18, convertito, con modificazioni, dalla legge 24 aprile 2020, n. 27, al comma 2-ter, «dopo la parola: "*rateazione» sono inserite le seguenti: «rispettivamente, di diciotto è*" (1).

2. I debitori che, alla data di entrata in vigore del presente decreto, siano incorsi in decadenza da piani di dilazione di cui all'articolo 19 del decreto del Presidente della Repubblica 29 settembre 1973, n. 602, in essere alla data dell'8 marzo 2020 sono automaticamente riammessi ai medesimi piani, relativamente ai quali il termine di pagamento delle rate sospese ai sensi dell'articolo 68, commi 1, 2 e 2-bis, del decreto-legge n. 18 del 2020 è fissato al 31 ottobre 2021, ferma restando l'applicazione a tali piani delle disposizioni del comma 1 del presente articolo.

3. Con riferimento ai carichi ricompresi nei piani di dilazione di cui al comma 2:

a) restano validi gli atti e i provvedimenti adottati e gli adempimenti svolti dall'agente della riscossione nel periodo dal 1° ottobre 2021 alla data di entrata in vigore del presente decreto e sono fatti salvi gli effetti prodottisi e i rapporti giuridici sorti sulla base dei medesimi;

b) restano acquisiti, relativamente ai versamenti delle rate sospese dei predetti piani eventualmente eseguiti nello stesso periodo, gli interessi di mora corrisposti ai sensi dell'articolo 30, comma 1, del decreto del Presidente della Repubblica n. 602 del 1973, nonché le sanzioni e le somme aggiuntive corrisposte ai sensi dell'articolo 27, comma 1, del decreto legislativo 26 febbraio 1999, n. 46.

(1) Comma modificato dall'articolo 1, comma 1, della Legge 17 dicembre 2021, n. 215, in sede di conversione.

3 *bis*. Non impugnabilità dell'estratto di ruolo e limiti all'impugnabilità del ruolo (1) – 1. All'articolo 12 del decreto del Presidente della Repubblica 29 settembre 1973, n. 602, dopo il comma 4 è aggiunto il seguente:

"*4-bis. L'estratto di ruolo non è impugnabile. Il ruolo e la cartella di pagamento che si assume invalidamente notificata sono suscettibili di diretta impugnazione nei soli casi in cui il debitore che agisce in giudizio dimostri che dall'iscrizione a ruolo possa derivargli un pregiudizio per la partecipazione a una procedura di appalto, per effetto di quanto previsto nell'articolo 80, comma 4, del codice dei contratti pubblici, di cui al decreto legislativo 18 aprile 2016, n. 50, oppure per la riscossione di somme allo stesso dovute dai soggetti pubblici di cui all'articolo 1, comma 1, lettera a), del regolamento di cui al decreto del Ministro dell'economia e delle finanze 18 gennaio 2008, n. 40, per effetto delle verifiche di cui all'articolo 48-bis del presente decreto o infine per la perdita di un beneficio nei rapporti con una pubblica amministrazione*".

(1) Articolo inserito dall'articolo 1, comma 1, della Legge 17 dicembre 2021, n. 215, in sede di conversione.

3 *ter*. Rimessione in termini per il versamento degli importi richiesti a seguito del controllo automatizzato e formale delle dichiarazioni da effettuare a norma dell'articolo 144 del decreto-legge 19 maggio 2020, n. 34, convertito, con modificazioni, dalla legge 17 luglio 2020, n. 77 (1) – 1. I versamenti delle somme dovute ai sensi degli articoli 2,3 e 3-bis del decreto legislativo 18 dicembre 1997, n. 462, in scadenza nel periodo compreso tra l'8 marzo 2020 e il 31 maggio 2020 e non eseguiti, a norma dell'articolo 144 del decreto-legge 19 maggio 2020, n. 34, convertito, con modificazioni, dalla legge 17 luglio 2020, n. 77, entro il 16 settembre 2020 ovvero, nel caso di pagamento rateale, entro il 16 dicembre 2020, possono essere effettuati entro il 16 dicembre 2021, senza l'applicazione di ulteriori sanzioni e interessi. Non si procede al rimborso di quanto già versato.

2. Alle minori entrate, valutate in 9,95 milioni di euro per l'anno 2021 e in 6,6 milioni di euro annui per ciascuno degli anni dal 2022 al 2030, si provvede, per l'anno 2021, mediante corrispondente riduzione del Fondo per interventi strutturali di politica economica, di cui all'articolo 10, comma 5, del decreto-legge 29 novembre 2004, n. 282, convertito, con modificazioni, dalla legge 27 dicembre 2004, n. 307, e, per ciascuno degli anni dal 2022 al 2030, mediante corrispondente riduzione del Fondo per la compensazione degli effetti finanziari non previsti a legislazione vigente conseguenti all'attualizzazione di contributi pluriennali, di cui all'articolo 6, comma 2, del decreto-legge 7 ottobre 2008, n. 154, convertito, con modificazioni, dalla legge 4 dicembre 2008, n. 189.

(1) Articolo inserito dall'articolo 1, comma 1, della Legge 17 dicembre 2021, n. 215, in sede di conversione.

3 *quater*. Misure urgenti per il parziale ristoro delle federazioni sportive nazionali, degli enti di promozione sportiva, delle associazioni e delle società sportive professionistiche e dilettantistiche (1) – 1. Al fine di far fronte alla significativa riduzione dei ricavi determinatasi in ragione dell'emergenza epidemiologica da COVID-19 e delle successive misure di contenimento e gestione, a favore delle federazioni sportive nazionali, degli enti di promozione sportiva, delle associazioni e delle società sportive professionistiche e dilettantistiche residenti nel territorio dello Stato è disposto il rinvio dei termini dei versamenti in scadenza dal 1° dicembre 2021 al 31 dicembre 2021 relativi ai contributi previdenziali e assistenziali e ai premi per l'assicurazione obbligatoria.

2. I versamenti sospesi ai sensi del comma 1 devono essere effettuati, senza applicazione di sanzioni e di interessi, in nove rate mensili a decorrere dal 31 marzo 2022. Non si procede al rimborso di quanto già versato.

3. Agli oneri derivanti dal presente articolo, valutati in termini di saldo netto da finanziare e fabbisogno in 16 milioni di euro per l'anno 2021, si provvede mediante corrispondente riduzione del fondo di cui all'articolo 1-quater del decreto-legge 28 ottobre 2020, n. 137, convertito, con modificazioni, dalla legge 18 dicembre 2020, n. 176.

4. Il Ministro dell'economia e delle finanze è autorizzato ad apportare, con propri decreti, le occorrenti variazioni di bilancio».

(1) Articolo inserito dall'articolo 1, comma 1, della Legge 17 dicembre 2021, n. 215, in sede di conversione.

4. Integrazione del contributo a favore di Agenzia delle entrate - Riscossione per il triennio 2020-2022 – 1. All'articolo 1 della legge 30 dicembre 2018, n. 145, sono apportate le seguenti modificazioni:

a) al comma 326, le parole «450 milioni» sono sostituite dalle seguenti: «550 milioni» e le parole «112 milioni» sono sostituite dalle seguenti: «212 milioni»;

b) al comma 327, le parole «112 milioni» sono sostituite dalle seguenti: «212 milioni».

2. Alla compensazione degli effetti finanziari in termini di fabbisogno e indebitamento netto derivanti dal presente articolo, pari a 100 milioni di euro per l'anno 2021, si provvede ai sensi dell'articolo 17.

5. Disposizioni urgenti in materia fiscale (1) – 1. Le risorse del fondo istituito ai sensi dell'articolo 18, comma 2, del decreto-legge 23 ottobre 2018, n. 119, convertito, con modificazioni, dalla legge 17 dicembre 2018, n. 136, pari complessivamente a 56.000.000 di euro a decorrere dal 2021, sono destinate:

a) per un ammontare complessivo annuo non superiore a 44.326.170 euro per l'anno 2021, a 44.790.000 euro per l'anno 2022 ed a 44.970.000 euro a decorrere dall'anno 2023, all'attribuzione dei premi di cui all'articolo 1, comma 542, della legge 11 dicembre 2016, n. 232;

b) per un ammontare pari a 11.673.830 euro per l'anno 2021, 11.210.000 euro per l'anno 2022 e a 11.030.000 euro a decorrere dall'anno 2023 per le spese amministrative e di comunicazione da attribuire alle amministrazioni che sostengono i relativi costi.

2. Il Ministro dell'economia e delle finanze è autorizzato ad apportare, con propri decreti, le occorrenti variazioni di bilancio, anche in conto residui, provvedendo a rimodulare le predette risorse.

2-bis. La tassa sui rifiuti di cui all'articolo 1, comma 639, della legge 27 dicembre 2013, n. 147, non è dovuta per gli immobili indicati negli articoli 13, 14, 15 e 16 del Trattato fra la Santa Sede e l'Italia dell'11 febbraio 1929, reso esecutivo dalla legge 27 maggio 1929, n. 810(2).

2-ter. La disposizione di cui al comma 2-bis si applica per i periodi d'imposta per i quali non è decorso il termine di accertamento del tributo nonché ai rapporti pendenti e non definiti con sentenza passata in giudicato.

3. All'articolo 141 del decreto-legge 19 maggio 2020, n. 34, convertito, con modificazioni, dalla legge 17 luglio 2020, n. 77, il comma 1-ter è sostituito dal seguente: "*1-ter. Per l'esercizio 2020, le spese di cui al comma 1-bis sono gestite, d'intesa con il Dipartimento delle finanze, dal Dipartimento dell'amministrazione generale, del personale e dei servizi del Ministero dell'economia e delle finanze*(3).

3-bis. All'articolo 199, comma 3, lettera b), del decreto-legge 19 maggio 2020, n. 34, convertito, con modificazioni, dalla legge 17 luglio 2020, n. 77, le parole: '12 mesi sono sostituite dalle seguenti: '24 mesi. La proroga di cui al primo periodo non si applica in presenza di procedure di evidenza pubblica già definite con l'aggiudicazione alla data di entrata in vigore della legge di conversione del presente decreto. Qualora le procedure di evidenza pubblica di cui al secondo periodo risultino già avviate a tale data, la proroga è limitata al tempo strettamente necessario all'aggiudicazione"(4).

4. Con effetto a decorrere dal 1° gennaio 2021, all'articolo 18, comma 2, del decreto-legge 23 ottobre 2018, n. 119, convertito, con modificazioni, dalla legge 17 dicembre 2018, n. 136, le parole: «le spese amministrative» sono sostituite dalle seguenti: «l'attribuzione dei premi e le spese amministrative e di comunicazione»(5).

5. All'articolo 36-bis, comma 5, del decreto-legge 22 marzo 2021, n. 41, convertito, con modificazioni, dalla legge 21 maggio 2021, n. 69, le parole «nella dichiarazione dei redditi relativa al periodo d'imposta nel quale è stata sostenuta la spesa ovvero» sono soppresse.

6. All'articolo 2, comma 2, del decreto-legge 22 ottobre 2016, n. 193, convertito, con modificazioni, dalla legge 1° dicembre 2016, n. 225, le parole da «e, fermo restando quanto» fino a «delle società da esse partecipate» sono soppresse.

6-bis. All'articolo 27 del decreto-legge 19 maggio 2020, n. 34, convertito, con modificazioni, dalla legge 17 luglio 2020, n. 77, sono apportate le seguenti modificazioni:

a) al comma 4-bis, le parole: "*31 dicembre 2021*" sono sostituite dalle seguenti: "*30 giugno 2022*";

b) dopo il comma 4-bis sono inseriti i seguenti:

"*4-ter. Limitatamente all'operatività a condizioni di mercato di cui al comma 4, gli interventi del Patrimonio Destinato hanno ad oggetto anche le società di cui all'articolo 162-bis, comma 1, lettera c), numero 1), del testo unico delle imposte sui redditi, di cui al decreto del Presidente della Repubblica 22 dicembre 1986, n. 917.*

4-quater. Limitatamente all'operatività a condizioni di mercato di cui al comma 4, possono beneficiare degli interventi del Patrimonio Destinato nella forma di operazioni sul mercato primario tramite partecipazione ad aumenti di capitale e sottoscrizione di prestiti obbligazionari convertibili, come disciplinati dal decreto di cui al comma 5, anche le società che presentano un risultato operativo positivo in due dei tre anni precedenti la data di richiesta di intervento, così come riportato dal bilancio consolidato o, se non disponibile, dal bilancio d'esercizio, approvato e assoggettato a revisione legale, non anteriore di diciotto mesi rispetto alla data di richiesta di intervento, senza che, in tal caso, rilevi l'utile riportato nel bilancio della società"(6).

7. I soggetti che alla data di entrata in vigore del presente decreto hanno utilizzato in compensazione il credito d'imposta per investimenti in attività di ricerca e sviluppo di cui all'articolo 3 del decreto-legge 23 dicembre 2013, n. 145, convertito, con modificazioni, dalla legge 21 febbraio 2014, n. 9, maturato a decorrere dal periodo d'imposta successivo a quello in corso al 31 dicembre 2014 e fino al periodo d'imposta in corso al 31 dicembre 2019, possono effettuare il riversamento dell'importo del credito utilizzato, senza applicazione di sanzioni e interessi, alle condizioni e nei termini previsti nei commi seguenti.

8. La procedura di riversamento spontaneo di cui al comma 7 è riservata ai soggetti che nei periodi d'imposta indicati al medesimo comma 7 abbiano realmente svolto, sostenendo le relative spese, attività in tutto o in parte non qualificabili come attività di ricerca e sviluppo ammissibili nell'accezione rilevante ai fini del credito d'imposta. Possono accedere alla procedura anche i soggetti che, in relazione al periodo d'imposta successivo a quello in corso al 31 dicembre 2016, hanno applicato il comma 1-bis dell'articolo 3 del citato decreto-legge n. 145 del 2013, in maniera non conforme a quanto dettato dalla diposizione d'interpretazione autentica recata dall'articolo 1, comma 72, della legge 30 dicembre 2018, n. 145. La procedura di riversamento spontaneo può essere utilizzata anche dai soggetti che abbiano commesso errori nella quantificazione o nell'individuazione delle spese ammissibili in violazione dei principi di pertinenza e congruità nonché nella determinazione della media storica di riferimento. L'accesso alla procedura è in ogni caso escluso nei casi in cui il credito d'imposta utilizzato in compensazione sia il risultato di condotte fraudolente,

di fattispecie oggettivamente o soggettivamente simulate, di false rappresentazioni della realtà basate sull'utilizzo di documenti falsi o di fatture che documentano operazioni inesistenti, nonché nelle ipotesi in cui manchi la documentazione idonea a dimostrare il sostenimento delle spese ammissibili al credito d'imposta. I soggetti di cui al comma 7 decadono dalla procedura e le somme già versate si considerano acquisite a titolo di acconto sugli importi dovuti nel caso in cui gli Uffici, nell'esercizio dei poteri di cui agli articoli 31 e seguenti del decreto del Presidente della Repubblica 29 settembre 1973, n. 600, dopo la comunicazione di cui al comma 9 del presente articolo, accertino condotte fraudolente[7].

9. I soggetti che intendono avvalersi della procedura di riversamento spontaneo del credito d'imposta di cui al comma 7 devono inviare apposita richiesta all'Agenzia delle entrate entro il 30 novembre 2023, specificando il periodo o i periodi d'imposta di maturazione del credito d'imposta per cui è presentata la richiesta, gli importi del credito oggetto di riversamento spontaneo e tutti gli altri dati ed elementi richiesti in relazione alle attività e alle spese ammissibili. Il contenuto e le modalità di trasmissione del modello di comunicazione per la richiesta di applicazione della procedura sono definiti con provvedimento del direttore dell'Agenzia delle entrate da adottare entro il 31 maggio 2022 [8].

10. L'importo del credito utilizzato in compensazione indicato nella comunicazione inviata all'Agenzia delle entrate deve essere riversato entro il 16 dicembre 2023. Il versamento può essere effettuato in tre rate di pari importo, di cui la prima da corrispondere entro il 16 dicembre 2023 e le successive entro il 16 dicembre 2024 e il 16 dicembre 2025. In caso di pagamento rateale sono dovuti, a decorrere dal 17 dicembre 2023, gli interessi calcolati al tasso legale. Il riversamento degli importi dovuti è effettuato senza avvalersi della compensazione di cui all'articolo 17 del decreto legislativo 9 luglio 1997, n. 241 [9].

11. La procedura prevista dai commi da 7 a 10 si perfeziona con l'integrale versamento di quanto dovuto ai sensi dei medesimi commi. In caso di riversamento rateale, il mancato pagamento di una delle rate entro la scadenza prevista comporta il mancato perfezionamento della procedura, l'iscrizione a ruolo dei residui importi dovuti, nonché l'applicazione di una sanzione pari al 30 per cento degli stessi e degli interessi nella misura prevista dall'articolo 20 del decreto del Presidente della Repubblica 29 settembre 1973, n. 602, con decorrenza dalla data del 17 dicembre 2023. In esito al corretto perfezionamento della procedura di riversamento è esclusa la punibilità per il delitto di cui all'articolo 10-quater del decreto legislativo 10 marzo 2000, n. 74[10].

12. La procedura di cui ai commi da 7 a 10 non può essere utilizzata per il riversamento dei crediti il cui utilizzo in compensazione sia già stato accertato con un atto di recupero crediti, ovvero con altri provvedimenti impositivi, divenuti definitivi alla data di entrata in vigore del presente decreto. Nel caso in cui l'utilizzo del credito d'imposta sia già stato constatato con un atto istruttorio, ovvero accertato con un atto di recupero crediti, ovvero con un provvedimento impositivo, non ancora divenuti definitivi alla data di entrata in vigore del presente decreto, il riversamento deve obbligatoriamente riguardare l'intero importo del credito oggetto di recupero, accertamento o constatazione, senza applicazione di sanzioni e interessi e senza possibilità di applicare la rateazione di cui al comma 10.

12-bis. All'articolo 2, comma 5-bis, primo periodo, del decreto legislativo 5 agosto 2015, n. 127, le parole: "*1° luglio 2021*" sono sostituite dalle seguenti: "*1° luglio 2022*"[11].

12-ter. All'articolo 2, comma 6-quater, secondo periodo, del decreto legislativo 5 agosto 2015, n. 127, le parole: "*1° gennaio 2022*" sono sostituite dalle seguenti: "*1° gennaio 2023*"[12].

12-quater. All'articolo 10-bis, comma 1, del decreto-legge 23 ottobre 2018, n. 119, convertito, con modificazioni, dalla legge 17 dicembre 2018, n. 136, le parole: "*Per i periodi d'imposta 2019, 2020 e 2021*" sono sostituite dalle seguenti "*Per i periodi d'imposta 2019, 2020, 2021 e 2022*"[13].

13. All'articolo 1 del decreto-legge 22 marzo 2021, n. 41, convertito, con modificazioni, dalla legge 21 maggio 2021, n. 69, sono apportate le seguenti modificazioni:

a) al comma 13, la lettera h) è sostituita dalle seguenti:

«h) commi da 1 a 9 del presente articolo e articoli 1-ter, 5, 6, commi 5 e 6, e 6-sexies del presente decreto;

h-bis) articoli 1 e 4 del decreto-legge 25 maggio 2021, n. 73, convertito, con modificazioni, dalla legge 23 luglio 2021, n. 106.»;

b) al comma 16, dopo le parole: «Ministro dell'economia e delle finanze» sono inserite le seguenti: «, sentita la Conferenza Stato-città ed autonomie locali,»[14].

[*14. All'articolo 3, comma 3, lettera a), del decreto del Presidente della Repubblica 22 luglio 1998, n. 322, dopo le parole «e dei consulenti del lavoro» sono inserite le seguenti: «, nonché gli iscritti nel registro dei revisori legali».*][15]

14-bis. L'articolo 15-bis del decreto del Presidente della Repubblica 26 ottobre 1972, n. 642, è sostituito dal seguente:

"*Art. 15-bis (Disposizioni speciali sul pagamento in modo virtuale per determinati soggetti). - 1. I soggetti indicati al comma 3, entro il 16 aprile di ogni anno, versano, a titolo di acconto, una somma pari al 100 per cento dell'imposta provvisoriamente liquidata ai sensi dell'articolo 15. Per esigenze di liquidità l'acconto può essere scomputato dal primo dei versamenti da effettuare nell'anno successivo a quello di pagamento dell'acconto.*

2. I medesimi soggetti presentano la dichiarazione di cui all'articolo 15, quinto comma, entro il mese di febbraio dell'anno successivo a quello cui la stessa si riferisce. Per tali soggetti, il termine per il versamento della prima rata bimestrale è posticipato all'ultimo giorno del mese di aprile. La liquidazione di cui al sesto comma dell'articolo 15 è eseguita imputando la differenza a debito o a credito della prima rata bimestrale, scadente ad aprile o, occorrendo, in quella successiva.

3. Le disposizioni del presente articolo si applicano ai seguenti soggetti:

a) la società Poste italiane S.p.a.;

b) le banche;

c) le società di gestione del risparmio;

d) le società capogruppo dei gruppi bancari di cui all'articolo 61 del testo unico delle leggi in materia bancaria e creditizia, di cui al decreto legislativo 1° settembre 1993, n. 385;

e) le società di intermediazione mobiliare;

f) i soggetti di cui ai titoli V, V-bis e V-ter del citato testo unico di cui al decreto legislativo n. 385 del 1993, nonché le società esercenti altre attività finanziarie indicate nell'articolo 59, comma 1, lettera b), dello stesso testo unico;

g) le imprese di assicurazioni"[16].

14-ter. All'articolo 1, comma 3-bis, alinea, del decreto legislativo 5 agosto 2015, n. 127, le parole: "*1° gennaio 2022*" sono sostituite dalle seguenti: "*1° luglio 2022*"[17].

VARIE

14-quater. All'articolo 1, comma 1, del regolamento di cui al decreto del Presidente della Repubblica 9 dicembre 1996, n. 695, le parole: "*superiori rispettivamente a dieci miliardi e a due miliardi di lire*" sono sostituite dalle seguenti: "*superiori rispettivamente a 5,164 milioni e a 1,1 milioni di euro*"(18).

14-quinquies. Il comma 831 dell'articolo 1 della legge 27 dicembre 2019, n. 160, si interpreta nel senso che:

a) per le occupazioni permanenti di suolo pubblico effettuate nei settori in cui è prevista una separazione, in ragione di assetti normativi, regolamentari o contrattuali, tra i soggetti titolari delle infrastrutture ed i soggetti titolari del contratto di vendita del bene distribuito alla clientela finale, non configurandosi alcuna occupazione in via mediata ed alcun utilizzo materiale delle infrastrutture da parte della società di vendita, il canone è dovuto esclusivamente dal soggetto titolare dell'atto di concessione delle infrastrutture, in base alle utenze delle predette società di vendita;

b) per occupazioni permanenti di suolo pubblico con impianti direttamente funzionali all'erogazione del servizio a rete devono intendersi anche quelle effettuate dalle aziende esercenti attività strumentali alla fornitura di servizi di pubblica utilità, quali la trasmissione di energia elettrica e il trasporto di gas naturale. Per tali occupazioni il canone annuo è dovuto nella misura minima di 800 euro(19).

15. Alle minori entrate derivanti dai commi da 7 a 12, valutate in 35,6 milioni di euro per ciascuno degli anni dal 2022 al 2029, si provvede ai sensi dell'articolo 17(20).

15-bis. Ai fini del recepimento della direttiva (UE) 2021/1159 del Consiglio, del 13 luglio 2021, che modifica la direttiva 2006/112/CE per quanto riguarda le esenzioni temporanee applicabili alle importazioni e a talune cessioni e prestazioni in risposta alla pandemia di COVID-19, all'articolo 72, comma 1, del decreto del Presidente della Repubblica 26 ottobre 1972, n. 633, dopo la lettera c) è inserita la seguente:

"*c-bis) le cessioni di beni effettuate nei confronti della Commissione europea o di un'agenzia o di un organismo istituito a norma del diritto dell'Unione europea, qualora la Commissione o tale agenzia od organismo acquisti tali beni o servizi nell'ambito dell'esecuzione dei compiti conferiti dal diritto dell'Unione europea al fine di rispondere alla pandemia di COVID-19, tranne nel caso in cui i beni e i servizi acquistati siano utilizzati, immediatamente o in seguito, ai fini di ulteriori cessioni o prestazioni effettuate a titolo oneroso dalla Commissione o da tale agenzia od organismo.*

Qualora vengano meno le condizioni previste dal periodo precedente, la Commissione, l'agenzia interessata o l'organismo interessato informa l'amministrazione finanziaria e la cessione di tali beni è soggetta all'IVA alle condizioni applicabili in quel momento"(21).

15-ter. Il regime di non imponibilità previsto dall'articolo 72, comma 1, lettera c-bis), del decreto del Presidente della Repubblica 26 ottobre 1972, n. 633, come introdotta dal comma 15-bis del presente articolo, e il conseguente regime di cui all'articolo 68, lettera c), del decreto del Presidente della Repubblica 26 ottobre 1972, n. 633, si applicano alle operazioni compiute a partire dal 1° gennaio 2021. Per rendere non imponibili le operazioni assoggettate all'imposta sul valore aggiunto, effettuate prima della data di entrata in vigore della legge di conversione del presente decreto, sono emesse note di variazione in diminuzione dell'imposta, ai sensi dell'articolo 26 del citato decreto del Presidente della Repubblica n. 633 del 1972(22).

15-quater. Al decreto del Presidente della Repubblica 26 ottobre 1972, n. 633, sono apportate le seguenti modificazioni:

a) all'articolo 4:

1) al quarto comma, le parole da: "*, ad esclusione di quelle*" fino a: "*organizzazioni nazionali*" sono soppresse;

2) al quinto comma, le parole: ", escluse le pubblicazioni delle associazioni politiche, sindacali e di categoria, religiose, assistenziali, culturali, sportive dilettantistiche, di promozione sociale e di formazione extra-scolastica della persona cedute prevalentemente ai propri associati" nonché le parole: "*le cessioni di beni e le prestazioni di servizi effettuate in occasione di manifestazioni propagandistiche dai partiti politici rappresentati nelle assemblee nazionali e regionali*" sono soppresse;

3) i commi sesto, settimo e ottavo sono abrogati;

b) all'articolo 10, dopo il terzo comma sono aggiunti i seguenti:

"*L'esenzione dall'imposta si applica inoltre alle seguenti operazioni, a condizione di non provocare distorsioni della concorrenza a danno delle imprese commerciali soggette all'IVA:*

1) le prestazioni di servizi e le cessioni di beni ad esse strettamente connesse, effettuate in conformità alle finalità istituzionali da associazioni politiche, sindacali e di categoria, religiose, assistenziali, culturali, di promozione sociale e di formazione extra-scolastica della persona, a fronte del pagamento di corrispettivi specifici, o di contributi supplementari fissati in conformità dello statuto, in funzione delle maggiori o diverse prestazioni alle quali danno diritto, nei confronti di soci, associati o partecipanti, di associazioni che svolgono la medesima attività e che per legge, regolamento o statuto fanno parte di un'unica organizzazione locale o nazionale, nonché dei rispettivi soci, associati o partecipanti e dei tesserati dalle rispettive organizzazioni nazionali;

2) le prestazioni di servizi strettamente connesse con la pratica dello sport o dell'educazione fisica rese da associazioni sportive dilettantistiche alle persone che esercitano lo sport o l'educazione fisica ovvero nei confronti di associazioni che svolgono le medesime attività e che per legge, regolamento o statuto fanno parte di un'unica organizzazione locale o nazionale, nonché dei rispettivi soci, associati o partecipanti e dei tesserati dalle rispettive organizzazioni nazionali;

3) le cessioni di beni e le prestazioni di servizi effettuate in occasione di manifestazioni propagandistiche dagli enti e dagli organismi di cui al numero 1) del presente comma, organizzate a loro esclusivo profitto;

4) la somministrazione di alimenti e bevande nei confronti di indigenti da parte delle associazioni di promozione sociale ricomprese tra gli enti di cui all'articolo 3, comma 6, lettera e), della legge 25 agosto 1991, n. 287, le cui finalità assistenziali siano riconosciute dal Ministero dell'interno, sempreché tale attività di somministrazione sia strettamente complementare a quelle svolte in diretta attuazione degli scopi istituzionali e sia effettuata presso le sedi in cui viene svolta l'attività.

Le disposizioni di cui al quarto comma si applicano a condizione che le associazioni interessate abbiano il divieto di distribuire, anche in modo indiretto, utili o avanzi di gestione nonché fondi, riserve o capitale durante la vita dell'associazione, salvo che la destinazione o la distribuzione non siano imposte dalla legge, e si conformino alle seguenti clausole, da inserire nei relativi atti costitutivi o statuti redatti nella forma dell'atto pubblico o della scrittura privata autenticata o registrata, ovvero alle corrispondenti clausole previste dal codice del Terzo settore, di cui al decreto legislativo 3 luglio 2017, n. 117:

1) obbligo di devolvere il patrimonio dell'ente, in caso di suo scioglimento per qualunque causa, ad altra associazione con finalità analoghe o ai fini di pubblica utilità, sentito l'organismo di controllo e salva diversa destinazione imposta dalla legge;

2) disciplina uniforme del rapporto associativo e delle modalità associative volte a garantire l'effettività del rapporto medesimo, escludendo espressamente ogni limitazione in funzione della temporaneità della partecipazione alla vita associativa e prevedendo per gli associati o partecipanti maggiori d'età il diritto di voto per l'approvazione e le modificazioni dello statuto e dei regolamenti e per la nomina degli organi direttivi dell'associazione;

3) obbligo di redigere e di approvare annualmente un rendiconto economico e finanziario secondo le disposizioni statutarie;

4) eleggibilità libera degli organi amministrativi; principio del voto singolo di cui all'articolo 2538, secondo comma, del codice civile; sovranità dell'assemblea dei soci, associati o partecipanti e criteri di loro ammissione ed esclusione; criteri e idonee forme di pubblicità delle convocazioni assembleari, delle relative deliberazioni, dei bilanci o rendiconti; è ammesso il voto per corrispondenza per le associazioni il cui atto costitutivo, anteriore al 1° gennaio 1997, preveda tale modalità di voto ai sensi dell'articolo 2538, ultimo comma, del codice civile e sempreché le stesse abbiano rilevanza a livello nazionale e siano prive di organizzazione a livello locale;

5) intrasmissibilità della quota o contributo associativo ad eccezione dei trasferimenti a causa di morte e non rivalutabilità della stessa.

Le disposizioni di cui ai numeri 2) e 4) del quinto comma non si applicano alle associazioni religiose riconosciute dalle confessioni con le quali lo Stato ha stipulato patti, accordi o intese, nonché alle associazioni politiche, sindacali e di categoria"[23].

15-quinquies. In attesa della piena operatività delle disposizioni del titolo X del codice del Terzo settore, di cui al decreto legislativo 3 luglio 2017, n. 117, le organizzazioni di volontariato e le associazioni di promozione sociale che hanno conseguito ricavi, ragguagliati ad anno, non superiori a euro 65.000 applicano, ai soli fini dell'imposta sul valore aggiunto, il regime speciale di cui all'articolo 1, commi da 58 a 63, della legge 23 dicembre 2014, n. 190[24].

15-sexies. Le disposizioni di cui ai commi 15-quater e 15-quinquies rilevano ai soli fini dell'imposta sul valore aggiunto[25].

15-septies. A decorrere dal 1° gennaio 2022, al testo unico delle disposizioni legislative concernenti le imposte sulla produzione e sui consumi e relative sanzioni penali e amministrative, di cui al decreto legislativo 26 ottobre 1995, n. 504, sono apportate le seguenti modificazioni:

a) all'articolo 27:

1) dopo il comma 2 è inserito il seguente:

"*2-bis. Ai fini del presente testo unico, per alcole completamente denaturato si intende l'alcole etilico al quale sono aggiunte, nelle misure stabilite, le sostanze previste dalla formula di denaturazione notificata dallo Stato e oggetto di riconoscimento reciproco, di cui all'allegato al regolamento (CE) n. 3199/93 della Commissione, del 22 novembre 1993, e successive modificazioni*";

2) al comma 3:

2.1) la lettera a) è sostituita dalla seguente:

"*a) completamente denaturati e destinati alla vendita come alcole etilico*";

2.2) la lettera b) è sostituita dalla seguente:

"*b) impiegati in prodotti non destinati al consumo umano, realizzati con alcole etilico previamente denaturato con formule di denaturazione approvate dall'Amministrazione finanziaria diverse da quelle di cui al comma 2-bis*";

2.3) dopo la lettera b) è inserita la seguente:

"*b-bis) utilizzati, previa denaturazione con le formule di denaturazione di cui alla lettera b), per la manutenzione e la pulizia delle attrezzature produttive impiegate per la realizzazione dei prodotti di cui alla medesima lettera b)*";

2.4) la lettera d) è sostituita dalla seguente:

"*d) impiegati per la produzione di medicinali secondo la definizione di cui alla direttiva 2001/82/CE del Parlamento europeo e del Consiglio, del 6 novembre 2001, recepita con il decreto legislativo 6 aprile 2006, n. 193, e alla direttiva 2001/83/CE del Parlamento europeo e del Consiglio, del 6 novembre 2001, recepita con il decreto legislativo 24 aprile 2006, n. 219*";

3) dopo il comma 3 è inserito il seguente:

"*3-bis. L'esenzione di cui al comma 3, lettera a), si applica anche per l'alcole etilico trasferito nel territorio nazionale con la scorta del documento di cui all'articolo 10, immesso in consumo in un altro Stato membro, al quale, nel medesimo Stato, sono state aggiunte, nelle misure stabilite, le sostanze previste dalla relativa formula di denaturazione di cui al regolamento (CE) n. 3199/93, notificata dal medesimo Stato membro e oggetto di riconoscimento reciproco*";

b) all''articolo 29, comma 2, le parole: "*alcole denaturato con denaturante generale*" sono sostituite dalle seguenti: "*alcole completamente denaturato*";

c) all'articolo 30:

1) al comma 1, le parole: "*denaturati con denaturante generale*" sono sostituite dalle seguenti: "*completamente denaturati*";

2) al comma 2, lettera d), le parole: "*l'alcole denaturato con il denaturante generale*" sono sostituite dalle seguenti: "*l'alcole completamente denaturato*";

d) dopo l'articolo 30 è inserito il seguente:

"*Art. 30-bis (Circolazione dell'alcole e delle bevande alcoliche non completamente denaturati). - 1. L'alcole e le bevande alcoliche denaturati con modalità diverse da quelle di cui all'articolo 27, comma 2-bis, circolano secondo le disposizioni di cui all'articolo 6*";

e) nella sezione II del capo III del titolo I, dopo l'articolo 33 è aggiunto il seguente:

"*Art. 33-bis (Piccole distillerie indipendenti). - 1. Per le ditte esercenti le distillerie di cui all'articolo 28, comma 1, lettera a), numero 1), l'Amministrazione finanziaria, su richiesta del depositario e ricorrendone le condizioni, certifica, sulla base di una dichiarazione resa dal medesimo depositario ai sensi dell'articolo 47 del testo unico di cui al decreto del Presidente della Repubblica 28 dicembre 2000, n. 445, il quantitativo di alcole etilico realizzato nell'anno precedente, che non può risultare superiore a 10 ettolitri, e che la stessa distilleria è legalmente ed economicamente indipendente da altre distillerie, che utilizza impianti fisicamente distinti da quelli di qualsiasi altra azienda e che non opera sotto licenza di utilizzo dei diritti di proprietà immateriale altrui*";

f) all'articolo 35:

1) al comma 1, il terzo periodo è sostituito dai seguenti:

"*Per grado Plato, fino al 31 dicembre 2030, si intende la quantità in grammi di estratto secco contenuto in 100 grammi del mosto da cui la birra è derivata, con esclusione degli zuccheri contenuti in bevande non alcoliche aggiunte alla birra prodotta. A decorrere dal 1° gennaio 2031, per grado Plato si intende la quantità in grammi di estratto secco contenuto in 100 grammi del mosto da cui la birra è derivata, alla quale è sommato anche il quantitativo di tutti gli ingredienti della birra eventualmente aggiunti dopo il completamento della fermentazione della birra prodotta. La ricchezza saccarometrica determinata ai sensi del presente comma è arrotondata a un decimo di grado, trascurando le frazioni di grado pari o inferiori a 5 centesimi e computando per un decimo di grado quelle superiori*";

2) dopo il comma 3-ter è inserito il seguente:

"*3-quater. Per le fabbriche di birra di cui all'articolo 28, comma 1, lettera c), l'Amministrazione finanziaria, su richiesta del depositario e ricorrendone le condizioni, certifica, sulla base di una dichiarazione resa dal medesimo depositario ai sensi dell'articolo 47 del testo unico di cui al decreto del Presidente della Repubblica 28 dicembre 2000, n.*

445, il quantitativo di birra realizzato nella fabbrica nell'anno precedente, che non può risultare superiore a 200.000 ettolitri, e che la stessa fabbrica è legalmente ed economicamente indipendente da altre fabbriche, che utilizza impianti fisicamente distinti da quelli di qualsiasi altra azienda e che non opera sotto licenza di utilizzo dei diritti di proprietà immateriale altrui";

g) all'articolo 36, comma 2, lettera b), l'alinea è sostituito dal seguente: "*vino spumante tutti i prodotti di cui ai codici NC 2204 10, 2204 21 06, 2204 21 07, 2204 21 08, 2204 21 09, 2204 29 10 e 2205 che:*";

h) nella sezione IV del capo III del titolo I, dopo l'articolo 37 è aggiunto il seguente:

"*Art. 37-bis (Piccolo produttore indipendente di vino). - 1. L'Amministrazione finanziaria, su richiesta del produttore di vino di cui all'articolo 37, comma 1, e sulla base degli elementi forniti dalla competente Direzione generale del Ministero delle politiche agricole alimentari e forestali, certifica, ricorrendone le condizioni e sulla base di una dichiarazione resa dal medesimo depositario ai sensi dell'articolo 47 del testo unico di cui al decreto del Presidente della Repubblica 28 dicembre 2000, n. 445, il quantitativo di vino realizzato nella fabbrica nell'anno precedente, che non può risultare superiore a 1.000 ettolitri, e che lo stesso produttore è legalmente ed economicamente indipendente da altri produttori di vino, che utilizza impianti fisicamente distinti da quelli di qualsiasi altra azienda e che non opera sotto licenza di utilizzo dei diritti di proprietà immateriale altrui*";

i) all'articolo 38, comma 2, lettera b), le parole da: "*nonché tutti i prodotti*" fino a: "*le seguenti condizioni:*" sono sostituite dalle seguenti: "*nonché tutti i prodotti di cui ai codici NC 2204 10, 2204 21 06, 2204 21 07, 2204 21 08, 2204 21 09, 2204 29 10 e 2205 non previsti all'articolo 36, che soddisfino le seguenti condizioni:*";

l) nella sezione V del capo III del titolo I, dopo l'articolo 38 è aggiunto il seguente:

"*Art. 38-bis (Piccolo produttore indipendente di bevande fermentate diverse dal vino e dalla birra). - 1. Per le ditte esercenti gli stabilimenti di produzione di cui all'articolo 28, comma 1, lettera d), che producono bevande di cui all'articolo 38, ottenute esclusivamente dalla fermentazione di frutta, bacche, ortaggi o succo fresco o concentrato ricavato da tali prodotti ovvero dalla fermentazione di una soluzione di miele in acqua, senza l'aggiunta di alcole etilico o bevande alcoliche, l'Amministrazione finanziaria, su richiesta del depositario e ricorrendone le condizioni, certifica, sulla base di una dichiarazione resa dal medesimo depositario ai sensi dell'articolo 47 del testo unico di cui al decreto del Presidente della Repubblica 28 dicembre 2000, n. 445, e degli elementi forniti dalla competente Direzione generale del Ministero delle politiche agricole alimentari e forestali, il quantitativo di bevande fermentate diverse dal vino e dalla birra prodotte nell'anno precedente, che non può essere superiore a 15.000 ettolitri, e che l'impianto produttivo è legalmente ed economicamente indipendente da altri impianti, che utilizza strutture fisicamente distinte da quelle di qualsiasi altra azienda e che non opera sotto licenza di utilizzo dei diritti di proprietà immateriale altrui*";

m) all'articolo 39, dopo il comma 3 è aggiunto il seguente:

"*3-bis. Per le ditte esercenti gli stabilimenti di produzione di cui all'articolo 28, comma 1, lettera b), l'Amministrazione finanziaria, su richiesta del depositario e ricorrendone le condizioni, certifica, sulla base di una dichiarazione resa dal medesimo depositario ai sensi dell'articolo 47 del testo unico di cui al decreto del Presidente della Repubblica 28 dicembre 2000, n. 445, il quantitativo dei prodotti di cui al comma 1 realizzati nello stabilimento nell'anno precedente, che non può essere superiore a 250 ettolitri, e che lo stesso stabilimento è legalmente ed economicamente indipendente da altri stabilimenti, che utilizza impianti fisicamente distinti da quelli di qualsiasi altra azienda e che non opera sotto licenza di utilizzo dei diritti di proprietà immateriale altrui*"[26].

[1] *Per l'approvazione delle specifiche tecniche per la trasmissione telematica dei dati relativi al modello di domanda per l'accesso alla procedura di riversamento spontaneo dei crediti di imposta per attività di ricerca e sviluppo, prevista dai commi da 7 a 12, del presente articolo, vedi il Provvedimento dell'Agenzia delle Entrate 4 luglio 2022.*

[2] *Comma inserito dall'articolo 1, comma 1, della Legge 17 dicembre 2021, n. 215, in sede di conversione.*

[3] *Comma modificato dall'articolo 1, comma 1, della Legge 17 dicembre 2021, n. 215, in sede di conversione.*

[4] *Comma inserito dall'articolo 1, comma 1, della Legge 17 dicembre 2021, n. 215, in sede di conversione e successivamente sostituito dall'articolo 10, comma 3-sexiesdecies, del D.L. 30 dicembre 2021, n. 228, convertito, con modificazioni dalla Legge 25 febbraio 2022, n. 15.*

[5] *Comma modificato dall'articolo 1, comma 1, della Legge 17 dicembre 2021, n. 215, in sede di conversione.*

[6] *Comma inserito dall'articolo 1, comma 1, della Legge 17 dicembre 2021, n. 215, in sede di conversione.*

[7] *Comma modificato dall'articolo 1, comma 1, della Legge 17 dicembre 2021, n. 215, in sede di conversione.*

[8] *Comma modificato dall'articolo 1, comma 1, della Legge 17 dicembre 2021, n. 215, in sede di conversione e successivamente dall'articolo 38, comma 1, lettera a), del D.L. 23 settembre 2022, n.144, convertito con modificazioni dalla Legge 17 novembre 2022, n. 175 e successivamente dall'articolo 1, comma 271, della Legge 29 dicembre 2022, n. 197.*

[8] *Comma modificato dall'articolo 38, comma 1, lettera b), del D.L. 23 settembre 2022, n.144, convertito con modificazioni dalla Legge 17 novembre 2022, n. 175.*

[10] *Comma modificato dall'articolo 38, comma 1, lettera c), del D.L. 23 settembre 2022, n.144, convertito con modificazioni dalla Legge 17 novembre 2022, n. 175.*

[11] *Comma inserito dall'articolo 1, comma 1, della Legge 17 dicembre 2021, n. 215, in sede di conversione.*

[12] *Comma inserito dall'articolo 1, comma 1, della Legge 17 dicembre 2021, n. 215, in sede di conversione.*

[13] *Comma inserito dall'articolo 1, comma 1, della Legge 17 dicembre 2021, n. 215, in sede di conversione.*

[14] *Lettera modificata dall'articolo 1, comma 1, della Legge 17 dicembre 2021, n. 215, in sede di conversione.*

[15] *Comma soppresso dall'articolo 1, comma 1, della Legge 17 dicembre 2021, n. 215, in sede di conversione.*

[16] *Comma inserito dall'articolo 1, comma 1, della Legge 17 dicembre 2021, n. 215, in sede di conversione.*

[17] *Comma inserito dall'articolo 1, comma 1, della Legge 17 dicembre 2021, n. 215, in sede di conversione.*

[18] *Comma inserito dall'articolo 1, comma 1, della Legge 17 dicembre 2021, n. 215, in sede di conversione.*

[19] *Comma inserito dall'articolo 1, comma 1, della Legge 17 dicembre 2021, n. 215, in sede di conversione.*

[20] *Comma modificato dall'articolo 1, comma 1, della Legge 17 dicembre 2021, n. 215, in sede di conversione.*

[21] *Comma aggiunto dall'articolo 1, comma 1, della Legge 17 dicembre 2021, n. 215, in sede di conversione.*

[22] *Comma aggiunto dall'articolo 1, comma 1, della Legge 17 dicembre 2021, n. 215, in sede di conversione.*

[23] *Comma aggiunto dall'articolo 1, comma 1, della Legge 17 dicembre 2021, n. 215, in sede di conversione. A norma dell'articolo 1, comma 683, della Legge 30 dicembre 2021, n. 234, le disposizioni di cui al presente comma, si applicano a decorrere dal 1° gennaio 2024.*

[24] *Comma aggiunto dall'articolo 1, comma 1, della Legge 17 dicembre 2021, n. 215, in sede di conversione. A norma dell'articolo 1, comma 683, della Legge 30 dicembre 2021, n. 234, le disposizioni di cui al presente comma, si applicano a decorrere dal 1° gennaio 2024.*

[25] *Comma aggiunto dall'articolo 1, comma 1, della Legge 17 dicembre 2021, n. 215, in sede di conversione. A norma dell'articolo 1, comma 683, della Legge 30 dicembre 2021, n. 234, le disposizioni di cui al presente comma, si applicano a decorrere dal 1° gennaio 2024.*

[26] *Comma aggiunto dall'articolo 1, comma 1, della Legge 17 dicembre 2021, n. 215, in sede di conversione.*

5 *bis*. Rideterminazione della base imponibile del trattamento economico dei dipendenti pubblici in servizio all'estero [(1)] – 1. All'articolo 51, comma 8, secondo periodo, del testo unico delle imposte sui redditi, di cui al decreto del Presidente della Repubblica 22 dicembre 1986, n. 917, le parole: "*due volte l'indennità base*" sono sostituite dalle seguenti: "*ottantasette quarantesimi dell'indennità base o, limitatamente alle indennità di cui all'articolo 1808, comma 1, lettera b), del codice dell'ordinamento militare, di cui al decreto legislativo 15 marzo 2010, n. 66, due volte l'indennità base*".

2. All'articolo 199 del decreto del Presidente della Repubblica 5 gennaio 1967, n. 18, sono apportate le seguenti modificazioni:

a) al comma 1, alinea, le parole da: "*un contributo fisso onnicomprensivo*" fino a: "*richiamato in Italia*" sono sostituite dalle seguenti: "*una maggiorazione dell'indennità di servizio all'estero la cui misura è rapportata all'indennità personale spettante per sessantacinque giorni, calcolata con l'applicazione del coefficiente di cui all'articolo 176, comma 2*";

b) al comma 2 è aggiunto, in fine, il seguente periodo: "*La maggiorazione di cui al comma 1 non è in ogni caso superiore a un nono dell'indennità personale annuale, calcolata, a parità di situazione di famiglia, per il posto di capo di missione diplomatica, con l'applicazione del coefficiente di cui all'articolo 176, comma 2, e rapportata alla distanza conformemente al comma 1*";

c) il comma 3 è sostituito dal seguente:

"*3. Entro sei mesi dal trasferimento a sede estera, il dipendente presenta un'attestazione dell'effettivo ricevimento dei propri effetti, rilasciata dalla sede di destinazione. Entro tre mesi dal rientro all'amministrazione centrale, il dipendente presenta un'attestazione dell'effettiva spedizione dei propri effetti, rilasciata dalla sede di provenienza. La sede all'estero rilascia le attestazioni su richiesta del dipendente, sulla base degli atti in suo possesso oppure a seguito di verifiche in loco. La mancata presentazione delle attestazioni entro i termini stabiliti dal presente comma comporta la perdita del diritto alla maggiorazione di cui al presente articolo e la restituzione degli importi già percepiti*".

3. Le disposizioni di cui al presente articolo si applicano a decorrere dal 1° gennaio 2022 e con riferimento alle anzianità contributive maturate a decorrere dalla predetta data.

(1) *Articolo inserito dall'articolo 1, comma 1, della Legge 17 dicembre 2021, n. 215, in sede di conversione.*

5 *ter*. Modifica all'articolo 5, comma 2, del decreto legislativo 21 novembre 2014, n. 175, in materia di controllo formale delle dichiarazioni precompilate [(1)] – 1. All'articolo 5, comma 2, del decreto legislativo 21 novembre 2014, n. 175, dopo le parole: "*non operano le esclusioni dal controllo di cui al comma 1, lettera a)*" sono aggiunte le seguenti: "*, ad eccezione dei dati relativi agli oneri, forniti da soggetti terzi, indicati nella dichiarazione precompilata, che non risultano modificati. Con riferimento agli oneri forniti dai soggetti terzi che risultano modificati rispetto alla dichiarazione precompilata, l'Agenzia delle entrate effettua il controllo formale relativamente ai documenti che hanno determinato la modifica*".

(1) *Articolo inserito dall'articolo 1, comma 1, della Legge 17 dicembre 2021, n. 215, in sede di conversione.*

5 *quater*. Modifica al comma 3-bis dell'articolo 49 del decreto legislativo n. 231 del 2007 [(1)] – 1. All'articolo 49, comma 3-bis, secondo periodo, del decreto legislativo 21 novembre 2007, n. 231, le parole: "*e la predetta soglia sono riferiti*" sono sostituite dalle seguenti: "*di cui al comma 1 è riferito*".

(1) *Articolo inserito dall'articolo 1, comma 1, della Legge 17 dicembre 2021, n. 215, in sede di conversione.*

5 *quinquies*. Interpretazione autentica del comma 1-ter dell'articolo 4 del decreto legislativo 14 marzo 2011, n. 23 [(1)] – 1. Il comma 1-ter dell'articolo 4 del decreto legislativo 14 marzo 2011, n. 23, ai sensi del quale si attribuisce la qualifica di responsabile del pagamento dell'imposta di soggiorno al gestore della struttura ricettiva con diritto di rivalsa sui soggetti passivi e si definisce la relativa disciplina sanzionatoria, si intende applicabile anche ai casi verificatisi prima del 19 maggio 2020.

(1) *Articolo inserito dall'articolo 1, comma 1, della Legge 17 dicembre 2021, n. 215, in sede di conversione.*

5 *sexies*. Misure a sostegno delle attività di bed and breakfast a gestione familiare [(1)] – 1. All'articolo 7-bis, comma 3, del decreto-legge 25 maggio 2021, n. 73, convertito, con modificazioni, dalla legge 23 luglio 2021, n. 106, sono apportate le seguenti modificazioni:

a) le parole: "*delle strutture ricettive extralberghiere a carattere non imprenditoriale*" sono sostituite dalle seguenti: "*dei bed and breakfast a gestione familiare*";

b) dopo le parole: "*dell'attività ricettiva di bed and breakfast*" sono inserite le seguenti: "*a gestione familiare*".

(1) *Articolo inserito dall'articolo 1, comma 1, della Legge 17 dicembre 2021, n. 215, in sede di conversione.*

5 *septies*. Modifica all'articolo 9 del decreto del Presidente della Repubblica n. 633 del 1972 [(1)] – 1. All'articolo 9 del decreto del Presidente della Repubblica 26 ottobre 1972, n. 633, dopo il secondo comma è aggiunto il seguente:

"*Le prestazioni di cui al primo comma, numero 2), non comprendono i servizi di trasporto resi a soggetti diversi dall'esportatore, dal titolare del regime di transito, dall'importatore, dal destinatario dei beni o dal prestatore dei servizi di cui al numero 4) del medesimo primo comma*".

2. Le disposizioni di cui al presente articolo hanno effetto dal 1° gennaio 2022. Sono fatti salvi i comportamenti adottati anteriormente a tale data in conformità alla sentenza della Corte di giustizia dell'Unione europea del 29 giugno 2017, nella causa C-288/16.

(1) *Articolo inserito dall'articolo 1, comma 1, della Legge 17 dicembre 2021, n. 215, in sede di conversione.*

5 *octies*. Modalità di pagamento delle spese di giudizio da parte dell'agente della riscossione [(1)] – 1. L'agente della riscossione provvede al pagamento delle somme dovute a titolo di spese e onorari di giudizio liquidati con la pronuncia di condanna, nonché di ogni accessorio di legge, esclusivamente mediante l'accredito delle medesime sul conto corrente della controparte ovvero del suo difensore distrattario. A tal fine, le somme di cui al primo periodo sono richieste in pagamento alla competente struttura territoriale dell'agente della riscossione, indicata nel relativo sito internet istituzionale, a mezzo di raccomandata con avviso di ricevimento o di posta elettronica certificata. Il soggetto legittimato è tenuto a fornire, all'atto della richiesta, gli estremi del proprio conto corrente bancario e non può procedere alla notificazione del titolo esecutivo e alla promozione di azioni esecutive per il recupero delle predette somme, se non decorsi centoventi giorni dalla data di ricezione della stessa richiesta.

2. Le disposizioni di cui al comma 1 si applicano alle pronunce di condanna emesse a decorrere dalla data di entrata in vigore della legge di conversione del presente decreto.

(1) *Articolo inserito dall'articolo 1, comma 1, della Legge 17 dicembre 2021, n. 215, in sede di conversione.*

5 *nonies*. Integrazione tra strumenti di pagamento elettronico e strumenti per la memorizzazione e trasmissione dei corrispettivi fiscali (1) – 1. All'articolo 22, comma 5, del decreto-legge 26 ottobre 2019, n. 124, convertito, con modificazioni, dalla legge 19 dicembre 2019, n. 157, è aggiunto, in fine, il seguente periodo: "*Gli operatori di cui al primo periodo trasmettono telematicamente all'Agenzia delle entrate, anche tramite la società PagoPA S.p.a., i dati identificativi degli strumenti di pagamento elettronico di cui al comma 1-ter messi a disposizione degli esercenti, nonché l'importo complessivo delle transazioni giornaliere effettuate mediante gli stessi strumenti*".

2. Le pubbliche amministrazioni provvedono all'attuazione delle disposizioni di cui al presente articolo con le risorse umane, finanziarie e strumentali disponibili a legislazione vigente.

(1) *Articolo inserito dall'articolo 1, comma 1, della Legge 17 dicembre 2021, n. 215, in sede di conversione.*

5 *decies*. Modifiche all'articolo 1, comma 741, della legge n. 160 del 2019 (1) – 1. All'articolo 1, comma 741, lettera b), della legge 27 dicembre 2019, n. 160, al secondo periodo, dopo le parole:

"*situati nel territorio comunale*" sono inserite le seguenti: "*o in comuni diversi*" e sono aggiunte, in fine, le seguenti parole: ", *scelto dai componenti del nucleo familiare*"».

(1) *Articolo inserito dall'articolo 1, comma 1, della Legge 17 dicembre 2021, n. 215, in sede di conversione.*

6. Semplificazione della disciplina del cosiddetto "patent box" (A)(1) – 1. I soggetti titolari di reddito d'impresa possono optare per l'applicazione delle disposizioni di cui al presente articolo. L'opzione ha durata per cinque periodi d'imposta ed è irrevocabile e rinnovabile.

2. I soggetti di cui all'articolo 73, comma 1, lettera d), del testo unico delle imposte sui redditi, di cui al decreto del Presidente della Repubblica 22 dicembre 1986, n. 917, possono esercitare l'opzione di cui al comma 1 a condizione di essere residenti in Paesi con i quali sia in vigore un accordo per evitare la doppia imposizione e con i quali lo scambio di informazioni sia effettivo(2).

3. Ai fini delle imposte sui redditi, i costi di ricerca e sviluppo sostenuti dai soggetti indicati al comma 1 in relazione a software protetto da copyright, brevetti industriali, disegni e modelli, che siano dagli stessi soggetti utilizzati direttamente o indirettamente nello svolgimento della propria attività d'impresa, sono maggiorati del 110 per cento. Con provvedimento del direttore dell'Agenzia delle entrate sono definite le modalità di esercizio dell'opzione di cui al comma 1 (3).

4. Le disposizioni dei commi 1, 2 e 3 si applicano a condizione che i soggetti che esercitano l'opzione di cui al comma 1 svolgano le attività di ricerca e sviluppo, anche mediante contratti di ricerca stipulati con società diverse da quelle che direttamente o indirettamente controllano l'impresa, ne sono controllate o sono controllate dalla stessa società che controlla l'impresa ovvero con università o enti di ricerca e organismi equiparati, finalizzate alla creazione e allo sviluppo dei beni di cui al comma 3.

5. L'esercizio dell'opzione di cui al comma 1 rileva anche ai fini della determinazione del valore della produzione netta di cui al decreto legislativo 15 dicembre 1997, n. 446.

6. I soggetti di cui ai commi 1 e 2 che intendano beneficiare della maggiore deducibilità dei costi ai fini fiscali di cui al presente articolo possono indicare le informazioni necessarie alla determinazione della predetta maggiorazione mediante idonea documentazione predisposta secondo quanto previsto da un provvedimento del direttore dell'Agenzia delle entrate. In caso di rettifica della maggiorazione determinata dai soggetti di cui ai commi 1 e 2, da cui derivi una maggiore imposta o una differenza del credito, la sanzione di cui all'articolo 1, comma 2, del decreto legislativo 18 dicembre 1997, n. 471, non si applica qualora, nel corso di accessi, ispezioni, verifiche o altra attività istruttoria, il contribuente consegni all'Amministrazione finanziaria la documentazione indicata nel medesimo provvedimento del direttore dell'Agenzia delle entrate idonea a consentire il riscontro della corretta maggiorazione. Il contribuente che detiene la documentazione prevista dal provvedimento del direttore dell'Agenzia delle entrate ne dà comunicazione all'Amministrazione finanziaria nella dichiarazione relativa al periodo di imposta per il quale beneficia dell'agevolazione. In assenza della comunicazione attestante il possesso della documentazione idonea, in caso di rettifica della maggiorazione, si applica la sanzione di cui all'articolo 1, comma 2, del decreto legislativo 18 dicembre 1997, n. 471(4).

7. Con provvedimento del direttore dell'Agenzia delle entrate sono adottate le disposizioni attuative del presente articolo.

8. Le disposizioni di cui al presente articolo si applicano alle opzioni esercitate con riguardo al periodo d'imposta in corso alla data di entrata in vigore del presente decreto e ai successivi periodi d'imposta(5).

[*9. I soggetti che esercitano l'opzione di cui al comma 1 non possono fruire, per l'intera durata della predetta opzione e in relazione ai medesimi costi, del credito d'imposta per le attività di ricerca e sviluppo di cui ai commi da 198 a 206 dell'articolo 1 della legge 27 dicembre 2019, n. 160.*](6)

10. Con riferimento al periodo d'imposta in corso alla data di entrata in vigore del presente decreto e ai successivi periodi d'imposta, non sono più esercitabili le opzioni previste dall'articolo 1, commi da 37 a 45, della legge 23 dicembre 2014, n. 190, e dall'articolo 4 del decreto-legge 30 aprile 2019, n. 34, convertito, con modificazioni, dalla legge 28 giugno 2019, n. 58. I soggetti di cui ai commi 1 e 2 che abbiano esercitato o che esercitino opzioni ai sensi dell'articolo 1, commi da 37 a 45, della legge 23 dicembre 2014, n. 190, afferenti ai periodi d'imposta antecedenti a quello in corso alla data di entrata in vigore del presente decreto possono

scegliere, in alternativa al regime opzionato, di aderire al regime agevolativo di cui al presente articolo, previa comunicazione da inviare secondo le modalità stabilite con provvedimento del direttore dell'Agenzia delle entrate. Sono esclusi dalla previsione di cui al secondo periodo coloro che abbiano presentato istanza di accesso alla procedura di cui all'articolo 31-ter del decreto del Presidente della Repubblica 29 settembre 1973, n. 600, ovvero presentato istanza di rinnovo, e abbiano sottoscritto un accordo preventivo con l'Agenzia delle entrate a conclusione di dette procedure, nonché i soggetti che abbiano aderito al regime di cui all'articolo 4 del decreto-legge 30 aprile 2019, n. 34, convertito, con modificazioni, dalla legge 28 giugno 2019, n. 58[7].

10-bis. Qualora in uno o più periodi d'imposta le spese di cui ai commi 3 e 4 siano sostenute in vista della creazione di una o più immobilizzazioni immateriali rientranti tra quelle di cui al comma 3, il contribuente può usufruire della maggiorazione del 110 per cento di dette spese a decorrere dal periodo d'imposta in cui l'immobilizzazione immateriale ottiene un titolo di privativa industriale. La maggiorazione del 110 per cento non può essere applicata alle spese sostenute prima dell'ottavo periodo d'imposta antecedente a quello nel quale l'immobilizzazione immateriale ottiene un titolo di privativa industriale [8].

(A) Per le norme di corretta applicazione del presente articolo, vedi: Risposta Agenzia delle Entrate 4 agosto 2022 n. 413.
(1) Rubrica modificata dall'articolo 1, comma 1, della Legge 17 dicembre 2021, n. 215, in sede di conversione.
(2) Comma modificato dall'articolo 1, comma 1, della Legge 17 dicembre 2021, n. 215, in sede di conversione.
(3) Comma sostituito dall'articolo 1, comma 10, lettera a), della Legge 30 dicembre 2021, n. 234.
(4) Comma modificato dall'articolo 1, comma 1, della Legge 17 dicembre 2021, n. 215, in sede di conversione.
(5) Comma sostituito dall'articolo 1, comma 10, lettera b), della Legge 30 dicembre 2021, n. 234.
(6) Comma abrogato dall'articolo 1, comma 10, lettera c), della Legge 30 dicembre 2021, n. 234.
(7) Comma modificato dall'articolo 1, comma 1, della Legge 17 dicembre 2021, n. 215, in sede di conversione e successivamente dall'articolo 1, comma 10, lettera d), della Legge 30 dicembre 2021, n. 234.
(8) Comma inserito dall'articolo 1, comma 10, lettera e), della Legge 30 dicembre 2021, n. 234.

7. Rifinanziamento del Fondo per l'incentivazione della mobilità a basse emissioni [1] – 1. La dotazione del fondo di cui all'articolo 1, comma 1041, della legge 30 dicembre 2018, n. 145, è incrementata di 100 milioni di euro per l'anno 2021, da destinare secondo la seguente ripartizione, che costituisce limite di spesa:

a) 65 milioni di euro ai contributi per l'acquisto, anche in locazione finanziaria, di autoveicoli con emissioni comprese nella fascia 0-60 grammi [G] di anidride carbonica (CO₂) per chilometro (Km), di cui all'articolo 1, comma 1031, della legge n. 145 del 2018;

b) 20 milioni di euro ai contributi per l'acquisto, anche in locazione finanziaria, di veicoli commerciali di categoria N1 nuovi di fabbrica o autoveicoli speciali di categoria M1 nuovi di fabbrica, di cui all'articolo 1, comma 657, della legge 30 dicembre 2020, n. 178, di cui euro 15 milioni riservati ai veicoli esclusivamente elettrici;

c) 10 milioni di euro ai contributi per l'acquisto, anche in locazione finanziaria, di autoveicoli con emissioni comprese nella fascia 61-135 grammi [G] di anidride carbonica (CO₂) per chilometro (Km), di cui all'articolo 1, comma 654, della legge n. 178 del 2020;

d) 5 milioni di euro ai contributi di cui all'articolo 73-quinquies, comma 2, lettera d), del decreto-legge 25 maggio 2021, n. 73, convertito, con modificazioni, dalla legge 23 luglio 2021, n. 106.

2. Agli oneri derivanti dall'attuazione del presente articolo, pari a 100 milioni di euro per l'anno 2021, si provvede ai sensi dell'articolo 17[2].

2-bis. A decorrere dalla data di entrata in vigore della legge di conversione del presente decreto, il Ministero delle infrastrutture e della mobilità sostenibili provvede alla concessione dei contributi di cui all'articolo 1, comma 1031, lettera b-bis), della legge 30 dicembre 2018, n. 145, secondo le modalità stabilite con il decreto di cui all'articolo 74-bis del decreto-legge 14 agosto 2020, n. 104, convertito, con modificazioni, dalla legge 13 ottobre 2020, n. 126. A tal fine, le risorse iscritte nello stato di previsione del Ministero dello sviluppo economico, pari a 3 milioni di euro per l'anno 2020 e a 12 milioni di euro per l'anno 2021, autorizzate dall'articolo 74-bis, comma 3, del medesimo decreto-legge, sono trasferite su apposito capitolo dello stato di previsione del Ministero delle infrastrutture e della mobilità sostenibili[3].

(1) Rubrica modificata dall'articolo 1, comma 1, della Legge 17 dicembre 2021, n. 215, in sede di conversione.
(2) Comma modificato dall'articolo 1, comma 1, della Legge 17 dicembre 2021, n. 215, in sede di conversione.
(3) Comma aggiunto dall'articolo 1, comma 1, della Legge 17 dicembre 2021, n. 215, in sede di conversione.

24. D.L. 6 novembre 2021, n. 152

Decreto convertito, con modificazioni dalla Legge 29 dicembre 2021, n. 233. - Disposizioni urgenti per l'attuazione del Piano nazionale di ripresa e resilienza (PNRR) e per la prevenzione delle infiltrazioni mafiose.(Estratto: Artt. 1 e 4)
(in Gazz. Uff., 6 novembre 2021, n. 265).

1. Contributi a fondo perduto e credito d'imposta per le imprese turistiche [1] – 1. Al fine di migliorare la qualità dell'offerta ricettiva in attuazione della linea progettuale «Miglioramento delle infrastrutture di ricettività attraverso lo strumento del Tax credit» Misura M1C3, investimento 4.2.1, del Piano nazionale di ripresa e resilienza, è riconosciuto, in favore dei soggetti di cui al comma 4, un contributo, sotto forma di credito di imposta, fino all'80 per cento delle spese sostenute per gli interventi di cui al comma 5 realizzati a decorrere dalla data di entrata in vigore del presente decreto e fino al 31 dicembre 2024.

2. Ai soggetti di cui al comma 4 è riconosciuto altresì un contributo a fondo perduto non superiore al 50 per cento delle spese sostenute per gli interventi di cui al comma 5

realizzati a decorrere dalla data di entrata in vigore del presente decreto e fino al 31 dicembre 2024, comunque non superiore al limite massimo di 100.000 euro per ciascun beneficiario. Il contributo a fondo perduto è riconosciuto per un importo massimo pari a 40.000 euro che può essere aumentato anche cumulativamente [(2)]:

a) fino ad ulteriori 30.000 euro, qualora l'intervento preveda una quota di spese per la digitalizzazione e l'innovazione delle strutture in chiave tecnologica ed energetica di almeno il 15 per cento dell'importo totale dell'intervento;

b) fino ad ulteriori 20.000 euro, per le imprese o le società aventi i requisiti previsti per l'imprenditoria femminile dall'articolo 53 del codice di cui al decreto legislativo 11 aprile 2006, n. 198, per le società cooperative e le società di persone, costituite in misura non inferiore al 60 per cento da giovani, per le società di capitali le cui quote di partecipazione sono possedute in misura non inferiore ai due terzi da giovani e i cui organi di amministrazione sono costituiti per almeno i due terzi da giovani, e per le imprese individuali gestite da giovani, che operano nel settore del turismo. Ai fini della presente lettera, per giovani si intendono le persone con età compresa tra 18 anni compiuti e 35 anni non compiuti alla data di presentazione della domanda [(3)];

c) fino ad ulteriori 10.000 euro, per le imprese o le società la cui sede operativa è ubicata nei territori delle Regioni Abruzzo, Basilicata, Calabria, Campania, Molise, Puglia, Sardegna e Sicilia [(4)].

3. Gli incentivi di cui ai commi 1 e 2 sono cumulabili, a condizione che tale cumulo, tenuto conto anche della non concorrenza alla formazione del reddito e della base imponibile dell'imposta regionale sulle attività produttive di cui al comma 8, non porti al superamento del costo sostenuto per gli interventi di cui al comma 5. L'ammontare massimo del contributo a fondo perduto è erogato in un'unica soluzione a conclusione dell'intervento, fatta salva la facoltà di concedere, a domanda, un'anticipazione non superiore al 30 per cento del contributo a fondo perduto a fronte della presentazione di idonea garanzia fideiussoria rilasciata da imprese bancarie o assicurative che rispondano ai requisiti di solvibilità previsti dalle leggi che ne disciplinano le rispettive attività o rilasciata dagli intermediari finanziari iscritti nell'albo di cui all'articolo 106 del decreto legislativo 1° settembre 1993, n. 385, o cauzione costituita, a scelta del beneficiario, in contanti, con bonifico, in assegni circolari o in titoli del debito pubblico garantiti dallo Stato al corso del giorno del deposito, presso le aziende autorizzate, ovvero, ad esclusione degli assegni circolari, presso la tesoreria statale, a titolo di pegno a favore dell'amministrazione.

4. Gli incentivi di cui ai commi 1 e 2 sono riconosciuti alle imprese alberghiere, alle imprese che esercitano attività agrituristica, come definita dalla legge 20 febbraio 2006, n. 96, e dalle pertinenti norme regionali, alle imprese che gestiscono strutture ricettive all'aria aperta, nonché alle imprese del comparto turistico, ricreativo, fieristico e congressuale, ivi compresi gli stabilimenti balneari, i complessi termali, i porti turistici, i parchi tematici, inclusi i parchi acquatici e faunistici. Gli incentivi sono riconosciuti altresì alle imprese titolari del diritto di proprietà delle strutture immobiliari in cui è esercitata una delle attività imprenditoriali di cui al presente comma [(5)].

5. Le spese si considerano effettivamente sostenute secondo quanto previsto dall'articolo 109 del Testo unico delle imposte sui redditi di cui al decreto del Presidente della Repubblica 22 dicembre 1986, n. 917. Il contributo a fondo perduto e il credito d'imposta sono riconosciuti in relazione alle spese sostenute, compreso il servizio di progettazione, per eseguire, nel rispetto dei principi della «progettazione universale» di cui alla Convenzione delle Nazioni Unite sui diritti delle persone con disabilità, stipulata a New York il 13 dicembre 2006, ratificata e resa esecutiva ai sensi della legge 3 marzo 2009, n. 18, i seguenti interventi [(6)]:

a) interventi di incremento dell'efficienza energetica delle strutture e di riqualificazione antisismica;

b) interventi di eliminazione delle barriere architettoniche, in conformità alla legge 9 gennaio 1989, n. 13, e al decreto del Presidente della Repubblica 24 luglio 1996, n. 503;

c) interventi edilizi di cui all'articolo 3, comma 1, lettere b), c), d) ed e.5), del decreto del Presidente della Repubblica 6 giugno 2001, n. 380, funzionali alla realizzazione degli interventi di cui alle lettere a) e b) del presente comma [(7)];

d) realizzazione di piscine termali e acquisizione di attrezzature e apparecchiature per lo svolgimento delle attività termali, relativamente alle strutture di cui all'articolo 3 della legge 24 ottobre 2000, n. 323 [(8)];

e) interventi di digitalizzazione, con riferimento alle spese previste dall'articolo 9, comma 2, del decreto-legge 31 maggio 2014, n. 83, convertito, con modificazioni, dalla legge 29 luglio 2014, n. 106 [(9)].

6. Gli interventi di cui al comma 5 devono risultare conformi alla comunicazione della Commissione UE (2021/C 58/01) e non arrecare un danno significativo agli obiettivi ambientali ai sensi dell'articolo 17 del regolamento (UE) 2020/852 del Parlamento europeo e del Consiglio, del 18 giugno 2020[(10)].

7. Per le spese ammissibili inerenti al medesimo progetto non coperte dagli incentivi di cui ai commi 1 e 2, è possibile fruire anche del finanziamento a tasso agevolato previsto dal decreto del Ministro dello sviluppo economico e del Ministro dell'ambiente e della tutela del territorio e del mare del 22 dicembre 2017 recante «Modalità di funzionamento del Fondo nazionale per l'efficienza energetica», pubblicato nella Gazzetta Ufficiale n. 54 del 6 marzo 2018, a condizione che almeno il 50 per cento di tali spese sia dedicato agli interventi di riqualificazione energetica, nel rispetto delle disponibilità a legislazione vigente e senza ulteriori oneri a carico delle finanze pubbliche[(11)].

8. Il credito d'imposta di cui al comma 1 del presente articolo è utilizzabile esclusivamente in compensazione, ai sensi dell'articolo 17 del decreto legislativo 9 luglio 1997, n. 241, a decorrere dall'anno successivo a quello in cui gli interventi sono stati realizzati, senza applicazione dei limiti di cui all'articolo 34, comma 1, della legge 23 dicembre 2000, n. 388, e di cui all'articolo 1, comma 53, della legge 24 dicembre 2007, n. 244. A tal fine, il modello F24 deve essere presentato esclusivamente tramite i servizi telematici offerti dall'Agenzia delle entrate, pena il rifiuto dell'operazione di versamento. L'ammontare del credito d'imposta utilizzato in compensazione non deve eccedere l'importo concesso dal Ministero del turismo, pena lo scarto dell'operazione di versamento. Ai fini del controllo di cui al terzo periodo, il Ministero del turismo, prima della comunicazione ai soggetti beneficiari, trasmette all'Agenzia delle entrate, con modalità telematiche definite d'intesa tra il Ministero del turismo e l'Agenzia delle entrate, l'elenco delle imprese ammesse a

fruire dell'agevolazione e l'importo del credito concesso, unitamente a quello del contributo a fondo perduto, nonché le eventuali variazioni e revoche. Allo scopo di consentire la regolazione contabile delle compensazioni effettuate attraverso il modello F24 telematico, le risorse stanziate a copertura del credito d'imposta concesso sono trasferite sulla contabilità speciale n. 1778 «Agenzia delle entrate - Fondi di bilancio» aperta presso la Tesoreria dello Stato. Il credito d'imposta è cedibile, solo per intero, senza facoltà di successiva cessione ad altri soggetti, fatta salva la possibilità di due ulteriori cessioni solo se effettuate a favore di banche e intermediari finanziari iscritti all'albo previsto dall'articolo 106 del testo unico delle leggi in materia bancaria e creditizia, di cui al decreto legislativo 1° settembre 1993, n. 385, società appartenenti a un gruppo bancario iscritto all'albo di cui all'articolo 64 del predetto testo unico delle leggi in materia bancaria e creditizia ovvero imprese di assicurazione autorizzate ad operare in Italia ai sensi del decreto legislativo 7 settembre 2005, n. 209, ferma restando l'applicazione dell'articolo 122-bis, comma 4, del decreto-legge 19 maggio 2020, n. 34, convertito, con modificazioni, dalla legge 17 luglio 2020, n. 77, per ogni cessione intercorrente tra i predetti soggetti, anche successiva alla prima. I contratti di cessione conclusi in violazione del sesto periodo sono nulli. Il credito d'imposta è usufruito dal cessionario con le stesse modalità con le quali sarebbe stato utilizzato dal soggetto cedente. Il credito d'imposta e il contributo a fondo perduto di cui al comma 2 non concorrono alla formazione del reddito ai fini delle imposte sui redditi e del valore della produzione ai fini dell'imposta regionale sulle attività produttive e non rilevano ai fini del rapporto di cui agli articoli 61 e 109, comma 5, del testo unico delle imposte sui redditi, di cui al decreto del Presidente della Repubblica 22 dicembre 1986, n. 917. Nei casi di utilizzo illegittimo del credito d'imposta, il Ministero del turismo provvede al recupero dei relativi importi secondo quanto stabilito dall'articolo 1, comma 6, del decreto-legge 25 marzo 2010, n. 40, convertito con modificazioni dalla legge 22 maggio 2010, n. 73. Il Ministero del turismo provvede alle attività di cui al presente comma nell'ambito delle risorse umane, strumentali e finanziarie disponibili a legislazione vigente. Le modalità attuative delle disposizioni relative alla cessione e alla tracciabilità del credito d'imposta, da effettuarsi in via telematica, sono definite con provvedimento del direttore dell'Agenzia delle entrate [12].

9. Entro trenta giorni dalla data di entrata in vigore del presente decreto il Ministero del turismo pubblica un avviso contenente le modalità applicative per l'erogazione degli incentivi previsti dai commi 1 e 2, compresa l'individuazione delle spese considerate eleggibili ai fini della determinazione dei predetti incentivi. Ferma restando la disciplina di cui al citato decreto del Ministro dello sviluppo economico e del Ministro dell'ambiente e della tutela del territorio e del mare del 22 dicembre 2017 per quanto previsto ai sensi del comma 7, gli interessati presentano, in via telematica, apposita domanda in cui dichiarano, ai sensi degli articoli 46 e 47 del decreto del Presidente della Repubblica 28 dicembre 2000, n. 445, e dell'articolo 18, comma 3-bis, della legge 7 agosto 1990, n. 241, il possesso dei requisiti necessari per la fruizione degli incentivi [13].

10. Gli incentivi di cui ai commi 1 e 2 sono concessi, secondo l'ordine cronologico delle domande, nel limite di spesa di 100 milioni di euro per l'anno 2022, 180 milioni di euro per ciascuno degli anni 2023 e 2024, 40 milioni di euro per l'anno 2025, con una riserva del 50 per cento dedicata agli interventi volti al supporto degli investimenti di riqualificazione energetica. L'esaurimento delle risorse è comunicato con avviso pubblico pubblicato nel sito internet istituzionale del Ministero del turismo [14].

11. Le disposizioni di cui al comma 1 si applicano anche in relazione ad interventi avviati dopo il 1° febbraio 2020 e non ancora conclusi alla data di entrata in vigore del presente decreto, a condizione che le relative spese siano sostenute a decorrere dalla data di entrata in vigore del presente decreto [15].

12. Agli interventi conclusi prima della data di entrata in vigore del presente decreto continuano ad applicarsi, ai fini del credito d'imposta e nei limiti delle risorse disponibili a legislazione vigente, le disposizioni di cui all'articolo 79 del decreto-legge 14 agosto 2020, n. 104, convertito, con modificazioni, dalla legge 13 ottobre 2020, n. 126 [16].

13. Per il finanziamento del credito di imposta di cui al comma 1 è autorizzata l'ulteriore spesa di 100 milioni di euro per l'anno 2022. Ai relativi oneri si provvede mediante corrispondente riduzione dell'autorizzazione di spesa di cui all'articolo 79, comma 3, del decreto-legge 14 agosto 2020, n. 104, convertito con modificazioni dalla legge 13 ottobre 2020, n. 126. Conseguentemente, all'articolo 79, comma 1, primo periodo, del decreto-legge 14 agosto 2020, n. 104, convertito, con modificazioni, dalla legge 13 ottobre 2020, n. 126, le parole: «per i tre periodi d'imposta» sono sostituite dalle seguenti: «per i due periodi d'imposta»[17].

14. Gli incentivi di cui al presente articolo non sono cumulabili con altri contributi, sovvenzioni e agevolazioni pubblici concessi per gli stessi interventi. Gli incentivi di cui ai commi 1 e 2 sono riconosciuti nel rispetto delle condizioni e dei limiti di cui al regolamento (UE) n. 1407/2013 della Commissione, del 18 dicembre 2013, relativo all'applicazione degli articoli 107 e 108 del Trattato sul funzionamento dell'Unione europea agli aiuti «de minimis» e alla comunicazione della Commissione europea del 19 marzo 2020, C(2020) 1863, «Quadro temporaneo per le misure di aiuto di Stato a sostegno dell'economia nell'attuale emergenza del COVID-19». Il Ministero del turismo provvede agli adempimenti degli obblighi inerenti al Registro nazionale degli aiuti di Stato di cui all'articolo 52 della legge 24 dicembre 2012, n. 234, senza nuovi o maggiori oneri per la finanza pubblica [18].

15. Per le medesime finalità di cui al comma 1, tenuto conto degli obiettivi di cui al presente articolo e del grado di raggiungimento degli stessi, il Ministero del turismo, con decreto da emanare entro il 31 marzo 2023, previa intesa in sede di Conferenza unificata, provvede ad aggiornare gli standard minimi, uniformi in tutto il territorio nazionale, dei servizi e delle dotazioni per la classificazione delle strutture ricettive e delle imprese turistiche, ivi compresi i condhotel e gli alberghi diffusi, tenendo conto delle specifiche esigenze connesse alle capacità ricettiva e di fruizione dei contesti territoriali e dei sistemi di classificazione alberghiera adottati a livello europeo e internazionale[19].

16. Sono abrogati i commi 2-ter e 5 dell'articolo 10 del decreto-legge 31 maggio 2014, n. 83, convertito, con modificazioni, dalla legge 29 luglio 2014, n. 106 [20].

17. Agli oneri derivanti dal comma 10 si provvede a valere

sul Fondo di rotazione per l'attuazione del Next Generation EU-Italia di cui all'articolo 1, comma 1037, della legge 30 dicembre 2020, n. 178, secondo le modalità di cui ai commi da 1038 a 1050 del medesimo articolo 1. Nell'attuazione delle disposizioni del presente articolo è garantito il rispetto di quanto stabilito dall'articolo 2, comma 6-bis, secondo periodo, del decreto-legge 31 maggio 2021, n. 77, convertito, con modificazioni, dalla legge 29 luglio 2021, n. 108 (21).

17-bis. Al fine di sostenere la ripresa e la continuità dell'attività delle imprese operanti nel settore della ristorazione, nello stato di previsione del Ministero dello sviluppo economico è istituito un fondo per l'erogazione di un contributo a fondo perduto alle medesime imprese, con una dotazione pari a 10 milioni di euro per l'anno 2021, che costituiscono limite di spesa (22).

17-ter. Con decreto del Ministro dello sviluppo economico, di concerto con il Ministro del turismo e con il Ministro dell'economia e delle finanze, da emanare entro trenta giorni dalla data di entrata in vigore della legge di conversione del presente decreto, sono stabiliti i criteri, le modalità e l'ammontare del contributo di cui al comma 17-bis, anche avvalendosi dell'Agenzia delle entrate (23).

17-quater. Agli oneri derivanti dall'attuazione del comma 17-bis, pari a 10 milioni di euro per l'anno 2021, si provvede mediante corrispondente riduzione dello stanziamento del fondo speciale di parte corrente iscritto, ai fini del bilancio triennale 2021-2023, nell'ambito del programma "*Fondi di riserva e speciali*" della missione "*Fondi da ripartire*" dello stato di previsione del Ministero dell'economia e delle finanze per l'anno 2021, allo scopo parzialmente utilizzando l'accantonamento relativo al Ministero dello sviluppo economico. Il Ministro dell'economia e delle finanze è autorizzato ad apportare, con propri decreti, le occorrenti variazioni di bilancio (24).

17-quinquies. L'efficacia delle disposizioni dei commi da 17-bis a 17-quater è subordinata all'autorizzazione della Commissione europea ai sensi dell'articolo 108, paragrafo 3, del Trattato sul funzionamento dell'Unione europea(25).

(1) Rubrica modificata dall'articolo 1, comma 1, della Legge 29 dicembre 2021, n. 233, in sede di conversione.
(2) Alinea modificato dall'articolo 1, comma 1, della Legge 29 dicembre 2021, n. 233, in sede di conversione.
(3) Lettera modificata dall'articolo 1, comma 1, della Legge 29 dicembre 2021, n. 233, in sede di conversione.
(4) Lettera modificata dall'articolo 1, comma 1, della Legge 29 dicembre 2021, n. 233, in sede di conversione.
(5) Comma modificato dall'articolo 1, comma 1, della Legge 29 dicembre 2021, n. 233, in sede di conversione.
(6) Alinea modificato dall'articolo 1, comma 1, della Legge 29 dicembre 2021, n. 233, in sede di conversione.
(7) Lettera modificata dall'articolo 1, comma 1, della Legge 29 dicembre 2021, n. 233, in sede di conversione.
(8) Lettera modificata dall'articolo 1, comma 1, della Legge 29 dicembre 2021, n. 233, in sede di conversione.
(8) Lettera modificata dall'articolo 1, comma 1, della Legge 29 dicembre 2021, n. 233, in sede di conversione.
(10) Comma modificato dall'articolo 1, comma 1, della Legge 29 dicembre 2021, n. 233, in sede di conversione.
(11) Comma modificato dall'articolo 1, comma 1, della Legge 29 dicembre 2021, n. 233, in sede di conversione.
(12) Comma modificato dall'articolo 1, comma 1, della Legge 29 dicembre 2021, n. 233, in sede di conversione e successivamente dall'articolo 1, comma 4, lettera a), del D.L. 25 febbraio 2022, n. 13. Il D.L. 13/2022 citato, è stato abrogato dall'articolo 1, comma 2, della Legge 28 marzo 2022, n. 25. Comma modificato dall'articolo 28, comma 3-ter, del D.L. 27 gennaio 2022, n. 4, convertito, con modificazioni, dalla Legge 28 marzo 2022, n. 25.
(13) Comma modificato dall'articolo 1, comma 1, della Legge 29 dicembre 2021, n. 233, in sede di conversione.
(14) Comma modificato dall'articolo 1, comma 1, della Legge 29 dicembre 2021, n. 233, in sede di conversione.
(15) Comma modificato dall'articolo 1, comma 1, della Legge 29 dicembre 2021, n. 233, in sede di conversione.
(16) Comma modificato dall'articolo 1, comma 1, della Legge 29 dicembre 2021, n. 233, in sede di conversione.
(17) Comma modificato dall'articolo 1, comma 1, della Legge 29 dicembre 2021, n. 233, in sede di conversione.
(18) Comma modificato dall'articolo 1, comma 1, della Legge 29 dicembre 2021, n. 233, in sede di conversione.
(19) Comma modificato dall'articolo 1, comma 1, della Legge 29 dicembre 2021, n. 233, in sede di conversione.
(20) Così corretto con Comunicato 16 novembre 2021 (in Gazz. Uff. 16 novembre n. 273) e successivamente modificato dall'articolo 1, comma 1, della Legge 29 dicembre 2021, n. 233, in sede di conversione.
(21) Comma modificato dall'articolo 1, comma 1, della Legge 29 dicembre 2021, n. 233, in sede di conversione.
(22) Comma inserito dall'articolo 1, comma 1, della Legge 29 dicembre 2021, n. 233, in sede di conversione.
(23) Comma inserito dall'articolo 1, comma 1, della Legge 29 dicembre 2021, n. 233, in sede di conversione.
(24) Comma inserito dall'articolo 1, comma 1, della Legge 29 dicembre 2021, n. 233, in sede di conversione.
(25) Comma inserito dall'articolo 1, comma 1, della Legge 29 dicembre 2021, n. 233, in sede di conversione.

4. Credito d'imposta per la digitalizzazione di agenzie di viaggio e tour operator – 1. Per l'attuazione della linea progettuale «Digitalizzazione Agenzie e Tour Operator», Misura M1C3, investimento 4.2.2, nell'ambito del Piano nazionale di ripresa e resilienza, alle agenzie di viaggi e ai tour operator con codice ATECO 79.1, 79.11, 79.12, è riconosciuto un contributo sotto forma di credito d'imposta, nella misura del 50 per cento dei costi sostenuti, a decorrere dalla data di entrata in vigore del presente decreto e fino al 31 dicembre 2024 per investimenti e attività di sviluppo digitale come previste dall'articolo 9, commi 2 e 2-bis, del decreto-legge 31 maggio 2014, n. 83, convertito, con modificazioni, dalla legge 29 luglio 2014, n. 106, fino all'importo massimo complessivo cumulato di 25.000 euro, nel limite di spesa complessivo di 18 milioni di euro per l'anno 2022, 10 milioni di euro per ciascuno degli anni 2023 e 2024, 60 milioni di euro per l'anno 2025. In fase di attuazione, l'intervento rispetta il principio di «non arrecare danno significativo all'ambiente» (DNSH), con riferimento al sistema di tassonomia delle attività ecosostenibili indicato all'articolo 17 del regolamento UE n. 2020/852.

2. Il credito d'imposta è utilizzabile esclusivamente in compensazione, ai sensi dell'articolo 17 del decreto legislativo 9 luglio 1997, n. 241, a decorrere dall'anno successivo a quello in cui gli interventi sono stati realizzati, senza applicazione dei limiti di cui all'articolo 34, comma 1, della legge 23 dicembre 2000, n. 388, e di cui all'articolo 1, comma 53, della legge 24 dicembre 2007, n. 244. A tal fine, il modello F24 deve essere presentato esclusivamente tramite i servizi telematici offerti dall'Agenzia delle entrate, pena il rifiuto dell'operazione di versamento. Il credito d'imposta è cedibile, solo per intero, senza facoltà di successiva cessione ad altri soggetti, fatta salva la possibilità di due ulteriori cessioni solo se effettuate a favore di banche e intermediari finanziari iscritti all'albo previsto dall'articolo 106 del testo unico delle leggi in materia bancaria e creditizia, di cui al decreto legislativo 1° settembre 1993, n. 385, società appartenenti a un gruppo bancario iscritto all'albo di cui all'articolo 64 del predetto testo unico delle leggi in materia bancaria e creditizia ovvero imprese di assicurazione autorizzate ad operare

in Italia ai sensi del decreto legislativo 7 settembre 2005, n. 209, ferma restando l'applicazione dell'articolo 122-bis, comma 4, del decreto-legge n. 34 del 2020, convertito, con modificazioni, dalla legge n. 77 del 2020, per ogni cessione intercorrente tra i predetti soggetti, anche successiva alla prima. I contratti di cessione conclusi in violazione del terzo periodo sono nulli. Le modalità attuative delle disposizioni relative alla cessione e alla tracciabilità del credito d'imposta, da effettuarsi in via telematica, sono definite con provvedimento del direttore dell'Agenzia delle entrate. Il credito d'imposta non concorre alla formazione del reddito ai fini delle imposte sui redditi e del valore della produzione ai fini dell'imposta regionale sulle attività produttive e non rileva ai fini del rapporto di cui agli articoli 61 e 109, comma 5, del decreto del Presidente della Repubblica 22 dicembre 1986, n. 917 [1].

3. L'incentivo di cui al presente articolo spetta nel rispetto della vigente normativa sugli aiuti di Stato di cui al regolamento (UE) n. 1407/2013 del 18 dicembre 2013 e delle deroghe previste per il periodo di applicazione del Quadro temporaneo per le misure di aiuto di Stato a sostegno dell'economia nell'attuale emergenza COVID-19, di cui alla comunicazione C(2020) 1863 della Commissione europea del 19 marzo 2020, come integrata dalle successive comunicazioni della Commissione. Il Ministero del turismo provvede agli adempimenti degli obblighi inerenti al Registro nazionale degli aiuti di Stato di cui all'articolo 52 della legge 24 dicembre 2012, n. 234, senza nuovi o maggiori oneri per la finanza pubblica [2].

4. Con decreto del Ministero del turismo, di concerto con il Ministero dell'economia e delle finanze, da adottare entro sessanta giorni dalla data di entrata in vigore del presente decreto, sono individuate le modalità applicative del presente articolo, anche ai fini del rispetto del limite di spesa di cui al comma 1.

5. Agli oneri derivanti dal comma 1, si provvede a valere sul Fondo di rotazione per l'attuazione del Next Generation EU-Italia di cui all'articolo 1, comma 1037, della legge 30 dicembre 2020, n. 178, secondo le modalità di cui ai commi da 1038 a 1050 del medesimo articolo 1.

[1] Comma modificato dall'articolo 1, comma 1, della Legge 29 dicembre 2021, n. 233, in sede di conversione e successivamente dall'articolo 1, comma 4, lettera b), del D.L. 25 febbraio 2022, n. 13. Il D.L. 13/2022 citato, è stato abrogato dall'articolo 1, comma 2, della Legge 28 marzo 2022, n. 25. Comma modificato dall'articolo 28, comma 3-ter, del D.L. 27 gennaio 2022, n. 4, convertito, con modificazioni, dalla Legge 28 marzo 2022, n. 25.
[2] Comma modificato dall'articolo 1, comma 1, della Legge 29 dicembre 2021, n. 233, in sede di conversione.

25. D.L. 30 dicembre 2021, n. 228

Decreto convertito, con modificazioni dalla Legge 25 febbraio 2022, n. 15. - Disposizioni urgenti in materia di termini legislativi. (MILLEPROROGHE 2022) (*Estratto: Artt. 2 ter, 3 bis,3 sexies, 16, 18 quater e 20 bis*) (in Gazz. Uff., 30 dicembre 2021, n. 309).

2 *ter*. Disposizioni in materia di rateazione dei carichi di ruolo [1] – 1. All'articolo 13-decies del decreto-legge 28 ottobre 2020, n. 137, convertito, con modificazioni, dalla legge 18 dicembre 2020, n. 176, dopo il comma 5 è inserito il seguente:

"*5-bis. Le disposizioni del comma 5, primo periodo, si applicano anche alle richieste di rateazione relative ai carichi di cui allo stesso comma 5, presentate dal 1° gennaio 2022 al 30 aprile 2022. Con riferimento a tali richieste restano definitivamente acquisite le somme eventualmente già versate anche ai sensi dell'articolo 19, comma 3, lettera c), del decreto del Presidente della Repubblica 29 settembre 1973, n. 602*"

[1] Articolo inserito dall'articolo 1, comma 1, della Legge 25 febbraio 2022, n. 15, in sede di conversione.

3 *bis*. Modifica all'articolo 18, comma 2, del decreto-legge 25 maggio 2021, n. 73, convertito, con modificazioni, dalla legge 23 luglio 2021, n. 106, in materia di recupero dell'IVA su crediti non riscossi nelle procedure concorsuali. [1] – 1. All'articolo 18, comma 2, del decreto-legge 25 maggio 2021, n. 73, convertito, con modificazioni, dalla legge 23 luglio 2021, n. 106, le parole: "*si applicano alle procedure concorsuali avviate successivamente alla data di entrata in vigore del presente decreto*" sono sostituite dalle seguenti: "*, si applicano alle procedure concorsuali avviate dal 26 maggio 2021 compreso*".

[1] Articolo inserito dall'articolo 1, comma 1, della Legge 25 febbraio 2022, n. 15, in sede di conversione.

3 *sexies*. Efficacia di disposizioni in materia di detraibilità delle spese per attestazioni, asseverazioni e visti di conformità relativi a interventi sul patrimonio edilizio. [1] – 1. Le disposizioni di cui all'articolo 121, comma 1-ter, lettera b), del decreto-legge 19 maggio 2020, n. 34, convertito, con modificazioni, dalla legge 17 luglio 2020, n. 77, si applicano anche per le spese sostenute dal 12 novembre 2021 al 31 dicembre 2021.

[1] Articolo inserito dall'articolo 1, comma 1, della Legge 25 febbraio 2022, n. 15, in sede di conversione.

16. Disposizioni in materia di giustizia civile, penale, amministrativa, contabile, tributaria e militare – 1. Le disposizioni di cui all'articolo 221, commi 3, 4, 5, 6, 7, 8 e 10 del decreto-legge 19 maggio 2020, n. 34, convertito, con modificazioni, dalla legge 17 luglio 2020, n. 77, nonché le disposizioni di cui all'articolo 23, commi 2, 6, 7, 8, primo, secondo, terzo, quarto e quinto periodo, 8-bis, primo, secondo, terzo e quarto periodo, 9, 9-bis e 10, e agli articoli 23-bis, commi 1, 2, 3, 4 e 7, e 24 del decreto-legge 28 ottobre 2020, n. 137, convertito, con modificazioni, dalla legge 18 dicembre 2020, n. 176, in materia di processo civile e penale, continuano ad applicarsi fino alla data del 31 dicembre 2022[1].

1-bis. L'articolo 23, comma 4, del decreto-legge 28 ottobre 2020, n. 137, convertito, con modificazioni, dalla legge 18 dicembre 2020, n. 176, in materia di processo penale,

VARIE

continua ad applicarsi fino alla data di cessazione dello stato di emergenza epidemiologica da COVID-19[2].

2. Le disposizioni di cui all'articolo 23, commi 8, primo, secondo, terzo, quarto e quinto periodo, e 8-bis, primo, secondo, terzo e quarto periodo, e all'articolo 23-bis, commi 1, 2, 3, 4 e 7, del decreto-legge 28 ottobre 2020, n. 137, convertito, con modificazioni, dalla legge 18 dicembre 2020, n. 176, non si applicano ai procedimenti per i quali l'udienza di trattazione è fissata tra il 1° gennaio 2022 e il 31 gennaio 2022.

3. Il termine di cui all'articolo 27, comma 1, primo periodo, del decreto-legge 28 ottobre 2020, n. 137, convertito, con modificazioni, dalla legge 18 dicembre 2020, n. 176, relativo allo svolgimento delle udienze da remoto nel processo tributario, è ulteriormente prorogato al 31 marzo 2022.

3-bis. All'articolo 4, comma 40, primo periodo, della legge 12 novembre 2011, n. 183, dopo la parola: "*bandite*" sono inserite le seguenti: ", almeno una volta all'anno e con priorità rispetto alle procedure concorsuali,"[3].

4. All'articolo 75, comma 1, del decreto-legge 25 maggio 2021, n. 73, convertito, con modificazioni, dalla legge 23 luglio 2021, n. 106, relativo all'esercizio dell'attività giurisdizionale e alla semplificazione delle attività di deposito di atti, documenti e istanze nei procedimenti penali militari, le parole: «Limitatamente al periodo di vigenza dell'emergenza epidemiologica da COVID-19,» sono sostituite dalle seguenti: «Fino al 31 dicembre 2022»[4].

5. All'articolo 7-bis, comma 1, del decreto-legge 23 luglio 2021, n. 105, convertito, con modificazioni, dalla legge 16 settembre 2021, n. 126, relativo alla trattazione da remoto delle cause nel processo amministrativo, le parole «Fino al 31 dicembre 2021» sono sostituite dalle seguenti: «Fino al 31 marzo 2022».

6. Il termine di cui all'articolo 26, comma 1, del decreto-legge 28 ottobre 2020, n. 137, convertito, con modificazioni, dalla legge 18 dicembre 2020, n. 176, relativo allo svolgimento delle adunanze e delle udienze dinanzi alla Corte dei conti, è ulteriormente prorogato al 31 marzo 2022.

7. I termini di cui all'articolo 85, commi 2, 5, 6 e 8-bis, del decreto-legge 17 marzo 2020, n. 18, convertito, con modificazioni, dalla legge 24 aprile 2020, n. 27, relativi a misure urgenti per contrastare l'emergenza epidemiologica da COVID-19 e contenerne gli effetti in materia di giustizia contabile, sono prorogati al 31 marzo 2022.

7-bis. I termini previsti dalle disposizioni legislative di cui ai numeri 18, relativo alle licenze premio straordinarie per i detenuti in regime di semilibertà, 19, relativo alla durata straordinaria dei permessi premio, e 20, relativo alla detenzione domiciliare, dell'allegato A annesso al decreto-legge 24 dicembre 2021, n. 221, convertito, con modificazioni, dalla legge 18 febbraio 2022, n. 11, sono prorogati al 31 dicembre 2022[5].

[1] Comma modificato dall'articolo 1, comma 1, della Legge 25 febbraio 2022, n. 15, in sede di conversione.
[2] Comma inserito dall'articolo 1, comma 1, della Legge 25 febbraio 2022, n. 15, in sede di conversione.
[3] Comma inserito dall'articolo 1, comma 1, della Legge 25 febbraio 2022, n. 15, in sede di conversione.
[4] Comma modificato dall'articolo 1, comma 1, della Legge 25 febbraio 2022, n. 15, in sede di conversione.
[5] Comma aggiunto dall'articolo 1, comma 1, della Legge 25 febbraio 2022, n. 15, in sede di conversione.

18 *quater*. Proroga del credito d'imposta per i cuochi professionisti [1] – 1. All'articolo 1 della legge 30 dicembre 2020, n. 178, sono apportate le seguenti modificazioni:

a) al comma 117, le parole: "30 giugno 2021" sono sostituite dalle seguenti: "31 dicembre 2022";

b) al comma 123, le parole: "dalla comunicazione della Commissione europea C(2020) 1863 final, del 19 marzo 2020, recante 'Quadro temporaneo per le misure di aiuto di Stato a sostegno dell'economia nell'attuale emergenza del COVID-19'" sono sostituite dalle seguenti: "dal regolamento (UE) n. 1407/2013 della Commissione, del 18 dicembre 2013, relativo all'applicazione degli articoli 107 e 108 del Trattato sul funzionamento dell'Unione europea agli aiuti 'de minimis'".

[1] Articolo inserito dall'articolo 1, comma 1, della Legge 25 febbraio 2022, n. 15, in sede di conversione.

20 *bis*. Proroga in materia di versamento dell'imposta regionale sulle attività produttive [1] – 1. All'articolo 42-bis, comma 5, del decreto-legge 14 agosto 2020, n. 104, convertito, con modificazioni, dalla legge 13 ottobre 2020, n. 126, le parole: "31 gennaio 2022" sono sostituite dalle seguenti: "30 giugno 2022".

[1] Articolo inserito dall'articolo 1, comma 1, della Legge 25 febbraio 2022, n. 15, in sede di conversione.

26. L. 30 dicembre 2021, n. 234

in Suppl. Ordinario n. 49 alla Gazz. Uff., 31 dicembre 2021, n. 310)
Bilancio di previsione dello Stato per l'anno finanziario 2022 e bilancio pluriennale per il triennio 2022-2024. (LEGGE DI STABILITÀ 2022 - FINANZIARIA) (*Estratto art. 1*)

1. Risultati differenziali. Norme in materia di entrata e di spesa e altre disposizioni. Fondi speciali. – 1. I livelli massimi del saldo netto da finanziare, in termini di competenza e di cassa, e del ricorso al mercato finanziario, in termini di competenza, di cui all'articolo 21, comma 1-ter, lettera a), della legge 31 dicembre 2009, n. 196, per gli anni 2022, 2023 e 2024, sono indicati nell'allegato 1 annesso alla presente legge. I livelli del ricorso al mercato si intendono al netto delle operazioni effettuate al fine di rimborsare prima della scadenza o di ristrutturare passività preesistenti con ammortamento a carico dello Stato.

2. Al testo unico delle imposte sui redditi, di cui al decreto del Presidente della Repubblica 22 dicembre 1986, n. 917, sono apportate le seguenti modificazioni:

a) all'articolo 11, il comma 1 è sostituito dal seguente:

«*1. L'imposta lorda è determinata applicando al reddito complessivo, al netto degli oneri deducibili indicati nell'articolo 10, le seguenti aliquote per scaglioni di reddito:*

a) fino a 15.000 euro, 23 per cento;

b) oltre 15.000 euro e fino a 28.000 euro, 25 per cento;

c) oltre 28.000 euro e fino a 50.000 euro, 35 per cento;

d) oltre 50.000 euro, 43 per cento";

b) all'articolo 13:

1) al comma 1, le lettere a), b) e c) sono sostituite dalle seguenti:

«a) 1.880 euro, se il reddito complessivo non supera 15.000 euro. L'ammontare della detrazione effettivamente spettante non può essere inferiore a 690 euro. Per i rapporti di lavoro a tempo determinato, l'ammontare della detrazione effettivamente spettante non può essere inferiore a 1.380 euro;

b) 1.910 euro, aumentata del prodotto tra 1.190 euro e l'importo corrispondente al rapporto tra 28.000 euro, diminuito del reddito complessivo, e 13.000 euro, se l'ammontare del reddito complessivo è superiore a 15.000 euro ma non a 28.000 euro;

c) 1.910 euro, se il reddito complessivo è superiore a 28.000 euro ma non a 50.000 euro; la detrazione spetta per la parte corrispondente al rapporto tra l'importo di 50.000 euro, diminuito del reddito complessivo, e l'importo di 22.000 euro";

2) dopo il comma 1 è inserito il seguente:

"1.1. La detrazione spettante ai sensi del comma 1 è aumentata di un importo pari a 65 euro, se il reddito complessivo è superiore a 25.000 euro ma non a 35.000 euro";

3) al comma 3, le lettere a), b) e c) sono sostituite dalle seguenti:

«a) 1.955 euro, se il reddito complessivo non supera 8.500 euro. L'ammontare della detrazione effettivamente spettante non può essere inferiore a 713 euro;

b) 700 euro, aumentata del prodotto fra 1.255 euro e l'importo corrispondente al rapporto fra 28.000 euro, diminuito del reddito complessivo, e 19.500 euro, se l'ammontare del reddito complessivo è superiore a 8.500 euro ma non a 28.000 euro;

c) 700 euro, se il reddito complessivo è superiore a 28.000 euro ma non a 50.000 euro. La detrazione spetta per la parte corrispondente al rapporto tra l'importo di 50.000 euro, diminuito del reddito complessivo, e l'importo di 22.000 euro";

4) dopo il comma 3 è inserito il seguente:

«3-bis. La detrazione spettante ai sensi del comma 3 è aumentata di un importo pari a 50 euro, se il reddito complessivo è superiore a 25.000 euro ma non a 29.000 euro»;

5) al comma 5, le lettere a) e b) sono sostituite dalle seguenti:

"a) 1.265 euro, se il reddito complessivo non supera 5.500 euro;

b) 500 euro, aumentata del prodotto fra 765 euro e l'importo corrispondente al rapporto fra 28.000 euro, diminuito del reddito complessivo, e 22.500 euro, se l'ammontare del reddito complessivo è superiore a 5.500 euro ma non a 28.000 euro;

b-bis) 500 euro, se il reddito complessivo è superiore a 28.000 euro ma non a 50.000 euro. La detrazione spetta per la parte corrispondente al rapporto tra l'importo di 50.000 euro, diminuito del reddito complessivo, e l'importo di 22.000 euro";

6) dopo il comma 5-bis è inserito il seguente:

"*5-ter. La detrazione spettante ai sensi del comma 5 è aumentata di un importo pari a 50 euro, se il reddito complessivo è superiore a 11.000 euro ma non a 17.000 euro*".

3. Al decreto-legge 5 febbraio 2020, n. 3, convertito, con modificazioni, dalla legge 2 aprile 2020, n. 21, sono apportate le seguenti modificazioni:

a) all'articolo 1:

1) al comma 1, le parole: "*28.000 euro*" sono sostituite dalle seguenti: "*15.000 euro*" e sono aggiunti, in fine, i seguenti periodi: "*Il trattamento integrativo è riconosciuto anche se il reddito complessivo è superiore a 15.000 euro ma non a 28.000 euro, a condizione che la somma delle detrazioni di cui agli articoli 12 e 13, comma 1, del testo unico delle imposte sui redditi, di cui al decreto del Presidente della Repubblica 22 dicembre 1986, n. 917, delle detrazioni di cui all'articolo 15, comma 1, lettere a) e b), e comma 1-ter, dello stesso testo unico, limitatamente agli oneri sostenuti in dipendenza di prestiti o mutui contratti fino al 31 dicembre 2021, e delle rate relative alle detrazioni di cui agli articoli 15, comma 1, lettera c), e 16-bis del citato testo unico nonché di quelle relative alle detrazioni previste da altre disposizioni normative, per spese sostenute fino al 31 dicembre 2021, sia di ammontare superiore all'imposta lorda. Nel caso in cui ricorrano le condizioni previste dal secondo periodo, il trattamento integrativo è riconosciuto per un ammontare, comunque non superiore a 1.200 euro, determinato in misura pari alla differenza tra la somma delle detrazioni ivi elencate e l'imposta lorda*";

2) al comma 3, secondo periodo, le parole: "*, tenendo conto dell'eventuale diritto all'ulteriore detrazione di cui all'articolo 2*" sono soppresse;

b) l'articolo 2 è abrogato.

4. In relazione agli effetti finanziari conseguenti all'avvio della riforma fiscale, allo scopo di concorrere all'adeguamento dei bilanci delle regioni a statuto speciale e delle province autonome di Trento e di Bolzano è previsto, per gli anni 2022-2024, un trasferimento a titolo di compensazione della riduzione del gettito riguardante la compartecipazione IRPEF derivante dai commi 2 e 3. Gli importi spettanti a ciascuna autonomia speciale sono stabiliti, entro il 31 marzo 2022, con decreto del Ministro dell'economia e delle finanze, sulla base dell'istruttoria operata da un apposito tavolo tecnico, coordinato dal Ministero dell'economia e delle finanze – Dipartimento delle finanze e Dipartimento della Ragioneria generale dello Stato, con la partecipazione di rappresentanti di ciascuna autonomia speciale.

5. Al fine di garantire la coerenza della disciplina dell'addizionale regionale all'imposta sul reddito delle persone fisiche con la nuova articolazione degli scaglioni dell'imposta sul reddito delle persone fisiche stabilita dal comma 2 del presente articolo, il termine di cui all'articolo 50, comma 3, secondo periodo, del decreto legislativo 15 dicembre 1997, n. 446, limitatamente alle aliquote applicabili per l'anno di imposta 2022, è differito al 31 marzo 2022.

6. Le regioni e le province autonome di Trento e di Bolzano, entro il 13 maggio 2022, provvedono alla trasmissione dei dati rilevanti per la determinazione dell'addizionale regionale all'imposta sul reddito delle persone fisiche prevista dall'articolo 50, comma 3, quarto periodo, del decreto legislativo 15 dicembre 1997, n. 446, ai fini della pubblicazione sul sito informatico di cui all'articolo 1, comma 3, del decreto legislativo 28 settembre 1998, n. 360.

7. Entro il 31 marzo 2022, o, in caso di scadenza successiva, entro il termine di approvazione del bilancio di previsione, i comuni per l'anno 2022 modificano gli scaglioni e le aliquote dell'addizionale comunale all'imposta sul reddito delle persone fisiche al fine di conformarsi alla nuova articolazione prevista per l'imposta sul reddito delle persone fisiche[1].

[1] *A norma dell'articolo 20, comma 1, del D.L. 21 giugno 2022, n. 73, convertito, con modificazioni, dalla Legge 4 agosto 2022, n. 122, il termine di cui al presente comma, è differito al 31 luglio 2022.*

8. A decorrere dal periodo d'imposta in corso alla data di

VARIE

entrata in vigore della presente legge, l'imposta regionale sulle attività produttive (IRAP), di cui al decreto legislativo 15 dicembre 1997, n. 446, non è dovuta dalle persone fisiche esercenti attività commerciali ed esercenti arti e professioni di cui alle lettere b) e c) del comma 1 dell'articolo 3 del medesimo decreto legislativo n. 446 del 1997.

9. A decorrere dall'esercizio 2022, nello stato di previsione del Ministero dell'economia e delle finanze è istituito un fondo con una dotazione annua di 192.252.000 euro finalizzato a compensare le regioni e le province autonome della riduzione delle entrate fiscali derivanti dall'applicazione dell'aliquota base dell'IRAP e non compensate nell'ambito del finanziamento sanitario corrente del Servizio sanitario nazionale a cui concorre lo Stato, ovvero dall'applicazione di maggiorazioni regionali vigenti, derivante dal presente comma e dal comma 2. Gli importi spettanti a ciascuna regione e provincia autonoma a valere sul fondo sono indicati nella tabella di cui all'allegato 2 annesso alla presente legge e per gli anni 2025 e successivi possono essere modificati con decreto del Ministero dell'economia e delle finanze, a invarianza del contributo complessivo, sulla base di un accordo da sancire in sede di Conferenza permanente per i rapporti tra lo Stato, le regioni e le province autonome di Trento e di Bolzano. Al fine di garantire l'omogeneità dei conti pubblici, le risorse del fondo sono contabilizzate al titolo secondo delle entrate dei bilanci regionali, alla voce del piano dei conti finanziario E.2.01.01.01.001 "*Trasferimenti correnti da Ministeri*".

10. All'articolo 6 del decreto-legge 21 ottobre 2021, n. 146, convertito, con modificazioni, dalla legge 17 dicembre 2021 n. 215, sono apportate le seguenti modificazioni:

a) il comma 3 è sostituito dal seguente:

"*3. Ai fini delle imposte sui redditi, i costi di ricerca e sviluppo sostenuti dai soggetti indicati al comma 1 in relazione a software protetto da copyright, brevetti industriali, disegni e modelli, che siano dagli stessi soggetti utilizzati direttamente o indirettamente nello svolgimento della propria attività d'impresa, sono maggiorati del 110 per cento. Con provvedimento del direttore dell'Agenzia delle entrate sono definite le modalità di esercizio dell'opzione di cui al comma 1*";

b) il comma 8 è sostituito dal seguente:

"*8. Le disposizioni di cui al presente articolo si applicano alle opzioni esercitate con riguardo al periodo d'imposta in corso alla data di entrata in vigore del presente decreto e ai successivi periodi d'imposta*";

c) il comma 9 è abrogato;

d) il comma 10 è sostituito dal seguente:

"*10. Con riferimento al periodo d'imposta in corso alla data di entrata in vigore del presente decreto e ai successivi periodi d'imposta, non sono più esercitabili le opzioni previste dall'articolo 1, commi da 37 a 45, della legge 23 dicembre 2014, n. 190, e dall'articolo 4 del decreto-legge 30 aprile 2019, n. 34, convertito, con modificazioni, dalla legge 28 giugno 2019, n. 58. I soggetti di cui ai commi 1 e 2 che abbiano esercitato o che esercitino opzioni ai sensi dell'articolo 1, commi da 37 a 45, della legge 23 dicembre 2014, n. 190, afferenti ai periodi d'imposta antecedenti a quello in corso alla data di entrata in vigore del presente decreto possono scegliere, in alternativa al regime opzionato, di aderire al regime agevolativo di cui al presente articolo, previa comunicazione da inviare secondo le modalità stabilite con provvedimento del direttore dell'Agenzia delle entrate. Sono esclusi dalla previsione di cui al secondo periodo coloro che abbiano presentato istanza di accesso alla procedura di cui all'articolo 31-ter del decreto del Presidente della Repubblica 29 settembre 1973, n. 600, ovvero presentato istanza di rinnovo, e abbiano sottoscritto un accordo preventivo con l'Agenzia delle entrate a conclusione di dette procedure, nonché i soggetti che abbiano aderito al regime di cui all'articolo 4 del decreto-legge 30 aprile 2019, n. 34, convertito, con modificazioni, dalla legge 28 giugno 2019, n. 58*";

e) dopo il comma 10 è aggiunto il seguente:

"*10-bis. Qualora in uno o più periodi d'imposta le spese di cui ai commi 3 e 4 siano sostenute in vista della creazione di una o più immobilizzazioni immateriali rientranti tra quelle di cui al comma 3, il contribuente può usufruire della maggiorazione del 110 per cento di dette spese a decorrere dal periodo d'imposta in cui l'immobilizzazione immateriale ottiene un titolo di privativa industriale. La maggiorazione del 110 per cento non può essere applicata alle spese sostenute prima dell'ottavo periodo d'imposta antecedente a quello nel quale l'immobilizzazione immateriale ottiene un titolo di privativa industriale*".

11. Le disposizioni di cui al comma 10 entrano in vigore il giorno stesso della pubblicazione della presente legge nella Gazzetta Ufficiale.

12. All'articolo 1 della legge 27 dicembre 2019, n. 160, sono apportate le seguenti modificazioni:

a) al comma 652, le parole: "*dal 1° gennaio 2022*" sono sostituite dalle seguenti: "*dal 1° gennaio 2023*";

b) al comma 676, le parole: "*dal 1° gennaio 2022*" sono sostituite dalle seguenti: "*dal 1° gennaio 2023*".

13. Alla tabella A, parte III, allegata al decreto del Presidente della Repubblica 26 ottobre 1972, n. 633, dopo il numero 114) è inserito il seguente:

"*114-bis) prodotti assorbenti e tamponi, destinati alla protezione dell'igiene femminile, non compresi nel numero 1-quinquies) della tabella A, parte II-bis*".

14. All'articolo 1 del decreto-legge 22 ottobre 2016, n. 193, convertito, con modificazioni, dalla legge 1° dicembre 2016, n. 225, sono apportate le seguenti modificazioni:

a) al comma 3, al primo e al secondo periodo, le parole: "*indirizzo e alla vigilanza del Ministro dell'economia e delle finanze. L'Agenzia delle entrate provvede a monitorare costantemente l'attività dell'Agenzia delle entrate-Riscossione*" sono sostituite dalle seguenti: "*indirizzo operativo e al controllo della stessa Agenzia delle entrate, che ne monitora costantemente l'attività*" e, all'ultimo periodo, le parole: "*Sono organi dell'ente il presidente*" sono sostituite dalle seguenti: "*Sono organi dell'ente il direttore*";

b) il comma 4 è sostituito dal seguente:

"*4. Il direttore dell'ente è il direttore dell'Agenzia delle entrate. Il comitato di gestione è composto dal direttore, che lo presiede, e da due componenti nominati dall'Agenzia delle entrate tra i propri dirigenti. Ai componenti del comitato di gestione non spetta alcun compenso, indennità o rimborso spese*";

c) al comma 5:

1) il primo e il secondo periodo sono sostituiti dal seguente: "*Lo statuto, approvato con decreto del Ministro dell'economia e delle finanze secondo le previsioni di cui al comma 5-bis, disciplina le funzioni e le competenze degli organi, indica le entrate dell'ente necessarie a garantirne l'equilibrio economico-finanziario, stabilendo i criteri concernenti la determinazione e le modalità di erogazione delle risorse stanziate in favore dello stesso, nonché i criteri per la definizione degli altri corrispettivi per i servizi prestati a soggetti pubblici o privati, incluse le amministrazioni statali*";

2) al quarto periodo, la parola: "*presidente*" è sostituita dalla seguente: "*direttore*";

3) al settimo periodo, le parole: "*nell'atto aggiuntivo*" sono sostituite dalle seguenti: "*nella convenzione*";

4) l'ottavo periodo è soppresso;

d) il comma 5-bis è sostituito dal seguente:

"*5-bis. Le deliberazioni del comitato di gestione relative allo statuto sono trasmesse al Ministero dell'economia e delle finanze per l'approvazione, secondo le forme e le modalità previste dall'articolo 60 del decreto legislativo 30 luglio 1999, n. 300*";

e) dopo il comma 5-bis sono inseriti i seguenti:

"*5-ter. Le deliberazioni del comitato di gestione relative alle modifiche dei regolamenti e degli atti di carattere generale che regolano il funzionamento dell'Agenzia delle entrate-Riscossione, nonché ai bilanci e ai piani pluriennali di investimento sono trasmesse per l'approvazione all'Agenzia delle entrate. L'approvazione può essere negata per ragioni di legittimità o di merito. Le deliberazioni si intendono approvate se nei quarantacinque giorni dalla ricezione delle stesse non è emanato alcun provvedimento ovvero non sono chiesti chiarimenti o documentazione integrativa; in tale ultima ipotesi il termine per l'approvazione è interrotto fino a quando non pervengono gli elementi richiesti; per l'approvazione dei bilanci e dei piani pluriennali di investimento si applicano i termini previsti dal regolamento di cui al decreto del Presidente della Repubblica 9 novembre 1998, n. 439. Fermi restando i controlli sui risultati, gli altri atti di gestione dell'Agenzia delle entrate-Riscossione non sono sottoposti all'approvazione preventiva dell'Agenzia delle entrate.*

5-quater. Al fine di incrementare l'efficacia, l'efficienza e l'economicità nello svolgimento sinergico delle rispettive funzioni istituzionali, l'Agenzia delle entrate e l'Agenzia delle entrate-Riscossione possono stipulare, senza nuovi o maggiori oneri, apposite convenzioni o protocolli di intesa che prevedono anche forme di assegnazione temporanea, comunque denominate, di personale da un'agenzia all'altra";

f) al comma 13:

1) l'alinea è sostituito dal seguente:

"*La convenzione di cui all'articolo 59 del decreto legislativo 30 luglio 1999, n. 300, stipulata tra il Ministro dell'economia e delle finanze e il direttore dell'Agenzia delle entrate, individua, per l'attività svolta dall'Agenzia delle entrate-Riscossione:*";

2) la lettera b) è sostituita dalla seguente:

"*b) le risorse necessarie a far fronte agli oneri di funzionamento del servizio nazionale della riscossione, stanziate sul bilancio dello Stato per il trasferimento in favore dell'Agenzia delle entrate-Riscossione, per:*

1) gli oneri di gestione calcolati, per le attività svolte dalla stessa, sulla base di un'efficiente conduzione aziendale e dei vincoli di servizio imposti per esigenze di carattere generale;

2) le spese di investimento necessarie per realizzare i miglioramenti programmati";

3) alla lettera c), la parola: "*tributari*" è sostituita dalle seguenti: "*affidati dagli enti impositori*";

4) alla lettera f), le parole: "*vigilanza sull'operato dell'ente da parte del Ministero dell'economia e delle finanze*" sono sostituite dalle seguenti: "*indirizzo operativo e controllo sull'operato dell'ente da parte dell'Agenzia delle entrate*";

g) il comma 13-bis è abrogato;

h) al comma 14, le parole: "*nell'atto aggiuntivo*" sono sostituite dalle seguenti: "*nella convenzione*" e dopo la parola: "*segnalati*" sono inserite le seguenti: "*all'Agenzia delle entrate e, a cura di quest'ultima,*";

i) al comma 14-bis, le parole: "*in materia di riscossione, esponendo distintamente i dati concernenti i carichi di ruolo ad esso affidati, l'ammontare delle somme riscosse e i crediti ancora da riscuotere, nonché le quote di credito divenute inesigibili. La relazione contiene anche una nota illustrativa concernente le procedure di riscossione che hanno condotto ai risultati conseguiti, evidenziando in particolare le ragioni della mancata riscossione dei carichi di ruolo affidati. La relazione, anche ai fini della predisposizione del rapporto di cui all'articolo 10-bis.1 della legge 31 dicembre 2009, n. 196, è trasmessa all'Agenzia delle entrate e al Ministero dell'economia e delle finanze, ai fini dell'individuazione, nell'ambito dell'atto aggiuntivo di cui al comma 13 del presente articolo, delle metodologie e procedure di riscossione più proficue in termini di economicità della gestione e di recupero dei carichi di ruolo non riscossi*" sono sostituite dalle seguenti: "*, evidenziando i dati relativi ai carichi di ruolo ad esso affidati, l'ammontare delle somme riscosse e i crediti ancora da riscuotere, le quote di credito divenute inesigibili, le procedure di riscossione che hanno condotto ai risultati conseguiti. La relazione è trasmessa all'Agenzia delle entrate per la predisposizione del rapporto di cui all'articolo 10-bis.1 della legge 31 dicembre 2009, n. 196*".

15. L'articolo 17 del decreto legislativo 13 aprile 1999, n. 112, è sostituito dal seguente:

"*Art. 17. – (Oneri di funzionamento del servizio nazionale della riscossione) – 1.Al fine di assicurare il funzionamento del servizio nazionale della riscossione, per il progressivo innalzamento del tasso di adesione spontanea agli obblighi tributari e per il presidio della funzione di deterrenza e contrasto dell'evasione, l'agente della riscossione ha diritto alla copertura dei costi da sostenere per il servizio nazionale della riscossione a valere sulle risorse a tal fine stanziate sul bilancio dello Stato, in relazione a quanto previsto dall'articolo 1, comma 13, lettera b), del decreto-legge 22 ottobre 2016, n. 193, convertito, con modificazioni, dalla legge 1° dicembre 2016, n. 225.*

2. Resta fermo quanto previsto dall'articolo 1, comma 6-bis, del decreto-legge 22 ottobre 2016, n. 193, convertito, con modificazioni, dalla legge 1° dicembre 2016, n. 225.

3. Sono riversate ed acquisite all'entrata del bilancio dello Stato:

a) una quota, a carico del debitore, denominata "spese esecutive", correlata all'attivazione di procedure esecutive e cautelari da parte dell'agente della riscossione, nella misura fissata con decreto non regolamentare del Ministro dell'economia e delle finanze, che individua anche le tipologie di spese oggetto di rimborso;

b) una quota, a carico del debitore, correlata alla notifica della cartella di pagamento e degli altri atti di riscossione, da determinare con il decreto di cui alla lettera a);

c) una quota, a carico degli enti creditori, diversi dalle amministrazioni statali, dalle agenzie fiscali e dagli enti pubblici previdenziali, trattenuta all'atto dei riversamenti, a qualsiasi titolo, in favore di tali enti, in caso di emanazione da parte dell'ente medesimo di un provvedimento che riconosce in tutto o in parte non dovute le somme affidate, nella misura determinata con il decreto di cui alla lettera a);

d) una quota, trattenuta all'atto del riversamento, pari all'1 per cento delle somme riscosse, a carico degli enti creditori, diversi dalle amministrazioni statali, dalle agenzie fiscali e dagli enti pubblici previdenziali, che si avvalgono dell'agente della riscossione. Tale quota può essere rimodulata fino alla metà, in aumento o in diminuzione, con decreto non regolamentare del Ministro dell'economia e delle finanze, tenuto conto dei carichi annui affidati e dell'andamento della riscossione.

4. Le quote riscosse ai sensi del comma 3 sono riversate dall'agente della riscossione ad apposito capitolo di entrata del bilancio dello Stato entro il giorno quindici del mese successivo a quello in cui il medesimo agente della riscossione ha la disponibilità delle somme e delle informazioni complete relative all'operazione di versamento effettuata dal debitore".

16. Le disposizioni dei commi 14 e 15 si applicano a decorrere dal 1° gennaio 2022. Fino alla data di entrata in vigore del decreto di cui all'articolo 17, comma 3, lettera a), del decreto legislativo n. 112 del 1999, come modificato dal citato comma 15, continua ad applicarsi, in quanto compatibile, il decreto del direttore generale del Dipartimento delle

entrate del Ministero delle finanze 21 novembre 2000, pubblicato nella Gazzetta Ufficiale n. 30 del 6 febbraio 2001.

17. Per i carichi affidati fino al 31 dicembre 2021 restano fermi, nella misura e secondo la ripartizione previste dalle disposizioni vigenti fino alla data di entrata in vigore della presente legge:

a) l'aggio e gli oneri di riscossione dell'agente della riscossione;

b) limitatamente alle attività svolte fino alla stessa data del 31 dicembre 2021, il rimborso delle spese relative alle procedure esecutive e alla notifica della cartella di pagamento.

18. L'aggio e gli oneri di riscossione di cui al comma 17, lettera a), sono riversati dall'agente della riscossione ad apposito capitolo di entrata del bilancio dello Stato entro il giorno quindici del mese successivo a quello in cui il medesimo agente ha la disponibilità di tali somme e delle informazioni riguardanti l'operazione di versamento effettuata dal debitore. Le spese di cui al comma 17, lettera b), oggetto di piani di rimborso concordati o stabiliti dalla legge entro il 31 dicembre 2021 ovvero non anticipate dall'ente creditore sono trattenute dall'agente della riscossione; le restanti spese di cui allo stesso comma 17, lettera b), sono riversate agli enti creditori che le hanno anticipate, ai sensi dell'articolo 17, comma 3, ultimo periodo, del decreto legislativo n. 112 del 1999, nel testo vigente fino alla data di entrata in vigore della presente legge.

19. Con riferimento ai carichi di cui al comma 17, relativamente alle attività svolte dal 1° gennaio 2022 si applica la ripartizione del rimborso delle spese relative alle procedure esecutive e alla notifica della cartella di pagamento prevista dallo stesso comma 17 e le somme riscosse a tale titolo, nella misura stabilita dalle disposizioni vigenti alla data di maturazione, sono riversate dall'agente della riscossione ad apposito capitolo di entrata del bilancio dello Stato, entro il giorno quindici del mese successivo a quello in cui il medesimo agente della riscossione ha la disponibilità di tali somme e delle informazioni complete riguardanti l'operazione di versamento effettuata dal debitore.

20. All'articolo 1 della legge 30 dicembre 2018, n. 145, sono apportate le seguenti modificazioni:

a) al comma 326, le parole: "*triennio 2020-2022*" sono sostituite dalle seguenti: "*biennio 2020-2021*", le parole: "*, 212 milioni per l'anno 2021*" sono sostituite dalle seguenti: "*e 250 milioni per l'anno 2021*" e le parole: "*e 38 milioni per l'anno 2022*" sono soppresse;

b) al comma 327, le parole: "*212 milioni*" sono sostituite dalle seguenti: "*250 milioni*";

c) il comma 328 è abrogato.

21. Al comma 2 dell'articolo 62 del decreto legislativo 30 luglio 1999, n. 300, è aggiunto, in fine, il seguente periodo: "*Le funzioni e i compiti in materia di riscossione sono disciplinati dall'articolo 1 del decreto-legge 22 ottobre 2016, n. 193, convertito, con modificazioni, dalla legge 1° dicembre 2016, n. 225*".

22. Entro novanta giorni dalla data di entrata in vigore della presente legge, lo statuto, il regolamento e gli atti di carattere generale che regolano il funzionamento dell'Agenzia delle entrate e dell'Agenzia delle entrate-Riscossione sono adeguati alle disposizioni di cui ai commi da 14 a 21.

23. Al fine di dare attuazione alle disposizioni di cui ai commi da 14 a 22 è stanziata nello stato di previsione del Ministero dell'economia e delle finanze la somma di 990 milioni di euro a decorrere dall'anno 2022.

24. All'articolo 62, comma 3, quinto periodo, del codice dell'amministrazione digitale, di cui al decreto legislativo 7 marzo 2005, n. 82, le parole: "*limitatamente all'anno 2021*" sono sostituite dalle seguenti: "*limitatamente agli anni 2021 e 2022*".

25. All'articolo 1, comma 44, della legge 11 dicembre 2016, n. 232, le parole: "*Per gli anni 2017, 2018, 2019, 2020 e 2021,*" sono sostituite dalle seguenti: "*Per gli anni 2017, 2018, 2019, 2020, 2021 e 2022,*".

26. Al comma 101, primo periodo, dell'articolo 1 della legge 11 dicembre 2016, n. 232, le parole: "*a 30.000 euro ed entro un limite complessivo non superiore a 150.000 euro*" sono sostituite dalle seguenti: "*a 40.000 euro ed entro un limite complessivo non superiore a 200.000 euro*". [A]

[A] *In riferimento al presente comma, vedi la Circolare Agenzia delle Entrate 4 maggio 2022, n. 10/E.*

27. Al comma 4 dell'articolo 13-bis del decreto-legge 26 ottobre 2019, n. 124, convertito, con modificazioni, dalla legge 19 dicembre 2019, n. 157, dopo le parole: "*della legge 11 dicembre 2016, n. 232,*" sono inserite le seguenti: "*con esclusione del comma 112 limitatamente ai piani di cui al comma 2-bis del presente articolo,*". [A]

[A] *In riferimento al presente comma, vedi la Circolare Agenzia delle Entrate 4 maggio 2022, n. 10/E.*

28. All'articolo 119 del decreto-legge 19 maggio 2020, n. 34, convertito, con modificazioni, dalla legge 17 luglio 2020, n. 77, sono apportate le seguenti modificazioni:

a) al comma 1, alinea, e al comma 4, terzo periodo, le parole: "*per la parte di spesa sostenuta nell'anno 2022» sono sostituite dalle seguenti: "per la parte di spese sostenuta dal 1° gennaio 2022*";

b) al comma 3-bis, dopo le parole: "*dai soggetti di cui al comma 9, lettera c),*" sono inserite le seguenti: "*e dalle cooperative di cui al comma 9, lettera d),*";

c) al comma 5, il primo periodo è sostituito dal seguente: "*Per le spese documentate e rimaste a carico del contribuente, sostenute per l'installazione di impianti solari fotovoltaici connessi alla rete elettrica su edifici ai sensi dell'articolo 1, comma 1, lettere a), b), c) e d), del regolamento di cui al decreto del Presidente della Repubblica 26 agosto 1993, n. 412, ovvero di impianti solari fotovoltaici su strutture pertinenziali agli edifici, eseguita congiuntamente ad uno degli interventi di cui ai commi 1 e 4 del presente articolo, la detrazione di cui all'articolo 16-bis, comma 1, del testo unico di cui al decreto del Presidente della Repubblica 22 dicembre 1986, n. 917, da ripartire tra gli aventi diritto in quattro quote annuali di pari importo, spetta nella misura riconosciuta per gli interventi previsti agli stessi commi 1 e 4 in relazione all'anno di sostenimento della spesa, fino ad un ammontare complessivo delle stesse spese non superiore a euro 48.000 e comunque nel limite di spesa di euro 2.400 per ogni kW di potenza nominale dell'impianto solare fotovoltaico*";

d) al comma 8, il primo periodo è sostituito dal seguente: "*Per le spese documentate e rimaste a carico del contribuente, sostenute per gli interventi di installazione di infrastrutture per la ricarica di veicoli elettrici negli edifici di cui all'articolo 16-ter del decreto-legge 4 giugno 2013, n. 63, convertito, con modificazioni, dalla legge 3 agosto 2013, n. 90, eseguita congiuntamente a uno degli interventi di cui al comma 1 del presente articolo, la detrazione spetta nella misura riconosciuta per gli interventi previsti dallo stesso comma 1 in relazione all'anno di sostenimento della spesa, da ripartire tra gli aventi diritto in quattro quote annuali di pari importo, e comunque nel rispetto dei seguenti limiti di spesa, fatti salvi gli interventi in corso di esecuzione: euro 2.000 per gli edifici unifamiliari o per le unità immobiliari situate all'interno di edifici plurifamiliari che siano funzionalmente indipendenti e dispongano di uno più accessi autonomi dall'esterno secondo la definizione di cui al comma 1-bis del presente articolo; euro 1.500 per gli edifici plurifamiliari o i condomini che installino un numero massimo di 8 colonnine; euro 1.200 per gli edifici plurifamiliari o i condomini che installino un numero superiore a 8 colonnine*";

e) il comma 8-bis è sostituito dal seguente:

"*8-bis. Per gli interventi effettuati dai condomini, dalle persone fisiche di cui al comma 9, lettera a), e dai soggetti di cui al comma 9, lettera d-bis), compresi quelli effettuati dalle persone fisiche sulle singole unità immobiliari all'interno dello stesso condominio o dello stesso edificio, compresi quelli effettuati su edifici oggetto di demolizione e ricostruzione di cui all'articolo 3, comma 1, lettera d), del testo unico delle disposizioni legislative e regolamentari in materia edilizia, di cui al decreto del Presidente della Repubblica 6 giugno 2001, n. 380, la detrazione spetta anche per le spese sostenute entro il 31 dicembre 2025, nella misura del 110 per cento per quelle sostenute entro il 31 dicembre 2023, del 70 per cento per quelle sostenute nell'anno 2024 e del 65 per cento per quelle sostenute nell'anno 2025. Per gli interventi effettuati su unità immobiliari dalle persone fisiche di cui al comma 9, lettera b), la detrazione del 110 per cento spetta anche per le spese sostenute entro il 31 dicembre 2022, a condizione che alla data del 30 giugno 2022 siano stati effettuati lavori per almeno il 30 per cento dell'intervento complessivo. Per gli interventi effettuati dai soggetti di cui al comma 9, lettera c), compresi quelli effettuati dalle persone fisiche sulle singole unità immobiliari all'interno dello stesso edificio, e dalle cooperative di cui al comma 9, lettera d), per i quali alla data del 30 giugno 2023 siano stati effettuati lavori per almeno il 60 per cento dell'intervento complessivo, la detrazione del 110 per cento spetta anche per le spese sostenute entro il 31 dicembre 2023*";

f) dopo il comma 8-bis è inserito il seguente:

"*8-ter. Per gli interventi effettuati nei comuni dei territori colpiti da eventi sismici verificatisi a far data dal 1° aprile 2009 dove sia stato dichiarato lo stato di emergenza, la detrazione per gli incentivi fiscali di cui ai commi 1-ter, 4-ter e 4-quater spetta, in tutti i casi disciplinati dal comma 8-bis, per le spese sostenute entro il 31 dicembre 2025, nella misura del 110 per cento*";

g) dopo il comma 8-ter è inserito il seguente:

"*8-quater. La detrazione spetta nella misura riconosciuta nel comma 8-bis anche per le spese sostenute entro i termini previsti nello stesso comma 8-bis in relazione agli interventi di cui ai commi 2, 4, secondo periodo, 4-bis, 5, 6 e 8 del presente articolo eseguiti congiuntamente agli interventi indicati nel citato comma 8-bis*";

h) al comma 11, primo periodo, dopo le parole: "*Ai fini dell'opzione per la cessione o per lo sconto di cui all'articolo 121,*" sono inserite le seguenti: "*nonché in caso di utilizzo della detrazione nella dichiarazione dei redditi,*" e dopo il secondo periodo è aggiunto il seguente: "*In caso di dichiarazione presentata direttamente dal contribuente all'Agenzia delle entrate, ovvero tramite il sostituto d'imposta che presta l'assistenza fiscale, il contribuente, il quale intenda utilizzare la detrazione nella dichiarazione dei redditi, non è tenuto a richiedere il predetto visto di conformità*";

i) al comma 13-bis, al terzo periodo, dopo le parole: "*comma 13, lettera a)*" sono aggiunte le seguenti: "*, nonché ai valori massimi stabiliti, per talune categorie di beni, con decreto del Ministro della transizione ecologica, da emanare entro il 9 febbraio 2022*" e, al quarto periodo, le parole: "*del predetto decreto*" sono sostituite dalle seguenti: "*dei predetti decreti*";

l) al comma 13-bis, dopo il terzo periodo è inserito il seguente: "*I prezzari individuati nel decreto di cui alla lettera a) del comma 13 devono intendersi applicabili anche ai fini della lettera b) del medesimo comma e con riferimento agli interventi di cui all'articolo 16, commi da 1-bis a 1-sexies, del decreto-legge 4 giugno 2013, n. 63, convertito, con modificazioni, dalla legge 3 agosto 2013, n. 90, di cui all'articolo 1, commi da 219 a 223, della legge 27 dicembre 2019, n. 160, e di cui all'articolo 16-bis, comma 1, del testo unico di cui al decreto del Presidente della Repubblica 22 dicembre 1986, n. 917*".

29. All'articolo 121 del decreto-legge 19 maggio 2020, n. 34, convertito, con modificazioni, dalla legge 17 luglio 2020, n. 77, sono apportate le seguenti modificazioni:

a) al comma 1, alinea, le parole: "*negli anni 2020 e 2021*" sono sostituite dalle seguenti: "*negli anni 2020, 2021, 2022, 2023 e 2024*";

b) dopo il comma 1-bis è inserito il seguente:

"*1-ter. Per le spese relative agli interventi elencati nel comma 2, in caso di opzione di cui al comma 1:*

a) il contribuente richiede il visto di conformità dei dati relativi alla documentazione che attesta la sussistenza dei presupposti che danno diritto alla detrazione d'imposta per gli interventi di cui al presente articolo. Il visto di conformità è rilasciato ai sensi dell'articolo 35 del decreto legislativo 9 luglio 1997, n. 241, dai soggetti indicati alle lettere a) e b) del comma 3 dell'articolo 3 del regolamento recante modalità per la presentazione delle dichiarazioni relative alle imposte sui redditi, all'imposta regionale sulle attività produttive e all'imposta sul valore aggiunto, di cui al decreto del Presidente della Repubblica 22 luglio 1998, n. 322, e dai responsabili dell'assistenza fiscale dei centri costituiti dai soggetti di cui all'articolo 32 del citato decreto legislativo n. 241 del 1997;

b) i tecnici abilitati asseverano la congruità delle spese sostenute secondo le disposizioni dell'articolo 119, comma 13-bis. Rientrano tra le spese detraibili per gli interventi di cui al comma 2 anche quelle sostenute per il rilascio del visto di conformità, delle attestazioni e delle asseverazioni di cui al presente comma, sulla base dell'aliquota prevista dalle singole detrazioni fiscali spettanti in relazione ai predetti interventi. Le disposizioni di cui al presente comma non si applicano alle opere già classificate come attività di edilizia libera ai sensi dell'articolo 6 del testo unico delle disposizioni legislative e regolamentari in materia edilizia, di cui al decreto del Presidente della Repubblica 6 giugno 2001, n. 380, del decreto del Ministro delle infrastrutture e dei trasporti 2 marzo 2018, pubblicato nella Gazzetta Ufficiale n. 81 del 7 aprile 2018, o della normativa regionale, e agli interventi di importo complessivo non superiore a 10.000 euro, eseguiti sulle singole unità immobiliari o sulle parti comuni dell'edificio, fatta eccezione per gli interventi di cui all'articolo 1, comma 219, della legge 27 dicembre 2019, n. 160";

c) al comma 2, lettera a), le parole: "*a) e b)*" sono sostituite dalle seguenti: "*a), b) e d)*";

d) al comma 7-bis, le parole: "*nell'anno 2022*" sono sostituite dalle seguenti: "*dal 1° gennaio 2022 al 31 dicembre 2025*".

30. Dopo l'articolo 122 del decreto-legge 19 maggio 2020, n. 34, convertito, con modificazioni, dalla legge 17 luglio 2020, n. 77, è inserito il seguente:

"*Art. 122-bis. – (Misure di contrasto alle frodi in materia di cessioni dei crediti. Rafforzamento dei controlli preventivi) – 1. L'Agenzia delle entrate, entro cinque giorni lavorativi dall'invio della comunicazione dell'avvenuta cessione del credito, può sospendere, per un periodo non superiore a trenta giorni, gli effetti delle comunicazioni delle cessioni, anche successive alla prima, e delle opzioni inviate alla stessa Agenzia ai sensi degli articoli 121 e 122 che presentano profili di rischio, ai fini del relativo controllo preventivo. I profili di rischio sono individuati utilizzando criteri relativi alla diversa tipologia dei crediti ceduti e riferiti:*

a) alla coerenza e alla regolarità dei dati indicati nelle comunicazioni e nelle opzioni di cui al presente comma con i dati presenti nell'Anagrafe tributaria o comunque in possesso dell'Amministrazione finanziaria;

b) ai dati afferenti ai crediti oggetto di cessione e ai soggetti che intervengono nelle operazioni a cui detti crediti sono correlati, sulla base delle informazioni presenti nell'Anagrafe tributaria o comunque in possesso dell'Amministrazione finanziaria;

c) ad analoghe cessioni effettuate in precedenza dai soggetti indicati nelle comunicazioni e nelle opzioni di cui al presente comma.

2. Se all'esito del controllo risultano confermati i rischi di cui al comma 1, la comunicazione si considera non effettuata e l'esito del controllo è comunicato al soggetto che ha trasmesso la comunicazione. Se, invece, i rischi non risultano confermati, ovvero decorso il periodo di sospensione degli effetti della comunicazione di cui al comma 1, la comunicazione produce gli effetti previsti dalle disposizioni di riferimento.

3. Fermi restando gli ordinari poteri di controllo, l'Amministrazione finanziaria procede in ogni caso al controllo nei termini di legge di tutti i crediti relativi alle cessioni per le quali la comunicazione si considera non avvenuta ai sensi del comma 2.

4. I soggetti obbligati di cui all'articolo 3 del decreto legislativo 21 novembre 2007, n. 231, che intervengono nelle cessioni comunicate ai sensi degli articoli 121 e 122 del presente decreto, non procedono all'acquisizione del credito in tutti i casi in cui ricorrono i presupposti di cui agli articoli 35 e 42 del predetto decreto legislativo n. 231 del 2007, fermi restando gli obblighi ivi previsti.

5. Con provvedimento del direttore dell'Agenzia delle entrate sono stabiliti criteri, modalità e termini per l'attuazione, anche progressiva, delle disposizioni di cui ai commi 1 e 2".

31. L'Agenzia delle entrate, con riferimento alle agevolazioni di cui agli articoli 121 e 122 del decreto-legge 19 maggio 2020, n. 34, convertito, con modificazioni, dalla legge 17 luglio 2020, n. 77, nonché alle agevolazioni e ai contributi a fondo perduto, da essa erogati, introdotti a seguito dell'emergenza epidemiologica da COVID-19, ferma restando l'applicabilità delle specifiche disposizioni contenute nella normativa vigente, esercita i poteri previsti dagli articoli 31 e seguenti del decreto del Presidente della Repubblica 29 settembre 1973, n. 600, e dagli articoli 51 e seguenti del decreto del Presidente della Repubblica 26 ottobre 1972, n. 633.

32. Con riferimento alle funzioni di cui al comma 31, per il recupero degli importi dovuti non versati, compresi quelli relativi a contributi indebitamente percepiti o fruiti ovvero a cessioni di crediti d'imposta in mancanza dei requisiti, in base alle disposizioni e ai poteri di cui al medesimo comma 31 e in assenza di una specifica disciplina, l'Agenzia delle entrate procede con un atto di recupero emanato in base alle disposizioni di cui all'articolo 1, commi 421 e 422, della legge 30 dicembre 2004, n. 311.

33. Fatti salvi i diversi termini previsti dalla normativa vigente, l'atto di recupero di cui al comma 32 è notificato, a pena di decadenza, entro il 31 dicembre del quinto anno successivo a quello in cui è avvenuta la violazione.

34. Fatte salve ulteriori specifiche disposizioni, con il medesimo atto di recupero sono irrogate le sanzioni previste dalle singole norme vigenti per le violazioni commesse e sono applicati gli interessi.

35. Le attribuzioni di cui ai commi da 31 a 34 spettano all'ufficio dell'Agenzia delle entrate competente in ragione del domicilio fiscale del contribuente, individuato ai sensi degli articoli 58 e 59 del decreto del Presidente della Repubblica 29 settembre 1973, n. 600, al momento della commissione della violazione; in mancanza del domicilio fiscale, la competenza è attribuita ad un'articolazione della medesima Agenzia individuata con provvedimento del direttore.

36. Per le controversie relative all'atto di recupero di cui al comma 32 si applicano le disposizioni previste dal decreto legislativo 31 dicembre 1992, n. 546.

37. Al decreto-legge 4 giugno 2013, n. 63, convertito, con modificazioni, dalla legge 3 agosto 2013, n. 90, sono apportate le seguenti modificazioni:

a) all'articolo 14, concernente detrazioni fiscali per interventi di efficienza energetica:

1) al comma 1, al comma 2, lettere a), b) e b-bis), e al comma 2-quater, le parole: "*31 dicembre 2021*" sono sostituite dalle seguenti: "*31 dicembre 2024*";

2) al comma 2-bis, le parole: "*nell'anno 2021*" sono sostituite dalle seguenti: "*dal 1° gennaio 2021 al 31 dicembre 2024*";

b) all'articolo 16, concernente detrazioni fiscali per interventi di ristrutturazione edilizia e per l'acquisto di mobili:

1) ai commi 1, 1-bis e 1-ter, le parole: "*31 dicembre 2021*" sono sostituite dalle seguenti: "*31 dicembre 2024*";

2) il comma 2 è sostituito dal seguente:

"*2. Ai contribuenti che fruiscono della detrazione di cui al comma 1 è altresì riconosciuta una detrazione dall'imposta lorda, fino a concorrenza del suo ammontare, per le ulteriori spese documentate sostenute negli anni 2022, 2023 e 2024 per l'acquisto di mobili e di grandi elettrodomestici di classe non inferiore alla classe A per i forni, alla classe E per le lavatrici, le lavasciugatrici e le lavastoviglie, alla classe F per i frigoriferi e i congelatori, per le apparecchiature per le quali sia prevista l'etichetta energetica, finalizzati all'arredo dell'immobile oggetto di ristrutturazione. La detrazione di cui al presente comma, da ripartire tra gli aventi diritto in dieci quote annuali di pari importo, spetta nella misura del 50 per cento delle spese sostenute ed è calcolata su un ammontare complessivo non superiore a 10.000 euro per l'anno 2022 e a 5.000 euro per gli anni 2023 e 2024. La detrazione spetta a condizione che gli interventi di recupero del patrimonio edilizio siano iniziati a partire dal 1° gennaio dell'anno precedente a quello dell'acquisto. Qualora gli interventi di recupero del patrimonio edilizio siano effettuati nell'anno precedente a quello dell'acquisto, ovvero siano iniziati nell'anno precedente a quello dell'acquisto e proseguiti in detto anno, il limite di spesa di cui al secondo periodo è considerato al netto delle spese sostenute nell'anno precedente per le quali si è fruito della detrazione. Ai fini dell'utilizzo della detrazione dall'imposta, le spese di cui al presente comma sono computate indipendentemente dall'importo delle spese sostenute per i lavori di ristrutturazione che fruiscono delle detrazioni di cui al comma 1*".

38. All'articolo 1, comma 12, della legge 27 dicembre 2017, n. 205, le parole: "*Per l'anno 2021*" sono sostituite dalle seguenti: "*Per gli anni 2021, 2022, 2023 e 2024*".

39. All'articolo 1, comma 219, della legge 27 dicembre 2019, n. 160, le parole: "*negli anni 2020 e 2021*" sono sostituite dalle seguenti: "*nell'anno 2022*" e le parole "*90 per cento*" sono sostituite dalle seguenti: "*60 per cento*".

40. All'attuazione delle disposizioni di cui al comma 28, lettere d-bis) ed e), al comma 29, lettera a-bis), e ai commi da 30 a 36 si provvede con le risorse umane, strumentali e finanziarie disponibili a legislazione vigente, senza nuovi o maggiori oneri per la finanza pubblica.

41. Il decreto-legge 11 novembre 2021, n. 157, è abrogato. Restano validi gli atti e i provvedimenti adottati e sono fatti salvi gli effetti prodottisi ed i rapporti giuridici sorti sulla base del medesimo decreto-legge 11 novembre 2021,

n. 157.

42. Al decreto-legge 19 maggio 2020, n. 34, convertito, con modificazioni, dalla legge 17 luglio 2020, n. 77, sono apportate le seguenti modificazioni:

a) dopo l'articolo 119-bis è inserito il seguente:

"*Art. 119-ter. – (Detrazione per gli interventi finalizzati al superamento e all'eliminazione di barriere architettoniche) – 1. Ai fini della determinazione delle imposte sui redditi, ai contribuenti è riconosciuta una detrazione dall'imposta lorda, fino a concorrenza del suo ammontare, per le spese documentate sostenute dal 1° gennaio 2022 al 31 dicembre 2022 per la realizzazione di interventi direttamente finalizzati al superamento e all'eliminazione di barriere architettoniche in edifici già esistenti.*

2. La detrazione di cui al presente articolo, da ripartire tra gli aventi diritto in cinque quote annuali di pari importo, spetta nella misura del 75 per cento delle spese sostenute ed è calcolata su un ammontare complessivo non superiore a:

a) euro 50.000 per gli edifici unifamiliari o per le unità immobiliari situate all'interno di edifici plurifamiliari che siano funzionalmente indipendenti e dispongano di uno o più accessi autonomi dall'esterno;

b) euro 40.000 moltiplicati per il numero delle unità immobiliari che compongono l'edificio per gli edifici composti da due a otto unità immobiliari;

c) euro 30.000 moltiplicati per il numero delle unità immobiliari che compongono l'edificio per gli edifici composti da più di otto unità immobiliari.

3. La detrazione di cui al comma 1 spetta anche per gli interventi di automazione degli impianti degli edifici e delle singole unità immobiliari funzionali ad abbattere le barriere architettoniche nonché, in caso di sostituzione dell'impianto, per le spese relative allo smaltimento e alla bonifica dei materiali e dell'impianto sostituito.

4. Ai fini dell'accesso alla detrazione, gli interventi di cui al presente articolo rispettano i requisiti previsti dal regolamento di cui al decreto del Ministro dei lavori pubblici 14 giugno 1989, n. 236";

b) all'articolo 121, comma 2, dopo la lettera f) è aggiunta la seguente:

"*f-bis) superamento ed eliminazione di barriere architettoniche di cui all'articolo 119-ter del presente decreto*".

43. Ai soli fini della predisposizione degli attestati di prestazione energetica convenzionale di cui al paragrafo 12 dell'allegato A al decreto del Ministro dello sviluppo economico 6 agosto 2020, recante requisiti tecnici per l'accesso alle detrazioni fiscali per la riqualificazione energetica degli edifici - cd Ecobonus, pubblicato nella Gazzetta Ufficiale n. 246 del 5 ottobre 2020, per i vettori energetici si applicano sempre i fattori di conversione in energia primaria validi al 19 luglio 2020, anche nel caso di eventuali successivi aggiornamenti degli stessi.

43 bis [(1)]. Per i lavori edili di cui all'allegato X al decreto legislativo 9 aprile 2008, n. 81, [*di importo superiore a 70.000 euro,*] i benefici previsti dagli articoli 119,119-ter, 120 e 121 del decreto-legge 19 maggio 2020, n. 34, convertito, con modificazioni, dalla legge 17 luglio 2020, n. 77, nonché quelli previsti dall'articolo 16, comma 2, del decreto-legge 4 giugno 2013, n. 63, convertito, con modificazioni, dalla legge 3 agosto 2013, n. 90, dall'articolo 1, comma 12, della legge 27 dicembre 2017, n. 205, e dall'articolo 1, comma 219, della legge 27 dicembre 2019, n. 160, possono essere riconosciuti solo se nell'atto di affidamento dei lavori è indicato che i lavori edili sono eseguiti da datori di lavoro che applicano i contratti collettivi del settore edile, nazionale e territoriali, stipulati dalle associazioni datoriali e sindacali comparativamente più rappresentative sul piano nazionale ai sensi dell'articolo 51 del decreto legislativo 15 giugno 2015, n. 81. La previsione di cui al periodo precedente si applica con riferimento alle opere il cui importo risulti complessivamente superiore a 70.000 euro, fermo restando che l'obbligo di applicazione dei contratti collettivi del settore edile, nazionali e territoriali, sottoscritti dalle organizzazioni sindacali e datoriali comparativamente più rappresentative a livello nazionale, è riferito esclusivamente ai lavori edili come definiti dall'allegato X al decreto legislativo 9 aprile 2008, n. 81. Il contratto collettivo applicato, indicato nell'atto di affidamento dei lavori, deve essere riportato nelle fatture emesse in relazione all'esecuzione dei lavori. I soggetti indicati all'articolo 3, comma 3, lettere a) e b) del decreto del Presidente della Repubblica 22 luglio 1998, n. 322, e i responsabili dell'assistenza fiscale dei centri costituiti dai soggetti di cui all'articolo 32 del decreto legislativo 9 luglio 1997, n. 241, per rilasciare, ove previsto, il visto di conformità, ai sensi dell'articolo 35 del citato decreto legislativo n. 241 del 1997, verificano anche che il contratto collettivo applicato sia indicato nell'atto di affidamento dei lavori e riportato nelle fatture emesse in relazione all'esecuzione dei lavori. L'Agenzia delle entrate, per la verifica dell'indicazione del contratto collettivo applicato negli atti di affidamento dei lavori e nelle fatture, può avvalersi dell'Ispettorato nazionale del lavoro, dell'INPS e delle Casse edili. Le amministrazioni e gli enti coinvolti provvedono alle previste attività di verifica con le risorse umane, finanziarie e strumentali disponibili a legislazione vigente.

(1) Comma inserito dall'articolo 4, comma 1, del D.L. 25 febbraio 2022, n. 13. Il D.L. 13/2022 citato, è stato abrogato dall'articolo 1, comma 2, della Legge 28 marzo 2022, n. 25. Comma inserito dall'articolo 28-quater, comma 1, del D.L. 27 gennaio 2022, n. 4, convertito, con modificazioni, dalla Legge 28 marzo 2022, n. 25. A norma dell'articolo 28-quater, comma 2, del medesimo DL n. 4 del 2022, il presente comma acquista efficacia dal 27 maggio 2022 e si applica ai lavori edili ivi indicati avviati successivamente a tale data. Successivamente modificato dall'articolo 23-bis, comma 1, lettere a) e b), del D.L. 21 marzo 2022, n. 21, convertito, con modificazioni, dalla Legge 20 maggio 2022, n. 51.

44. All'articolo 1 della legge 30 dicembre 2020, n. 178, sono apportate le seguenti modificazioni:

a) al comma 1051, le parole: "*e fino al 31 dicembre 2022, ovvero entro il 30 giugno 2023, a condizione che entro la data del 31 dicembre 2022 il relativo ordine risulti accettato dal venditore e sia avvenuto il pagamento di acconti in misura almeno pari al 20 per cento del costo di acquisizione,*" sono soppresse e le parole: "*commi da 1052 a 1058*" sono sostituite dalle seguenti: "*commi da 1052 a 1058-ter*";

b) dopo il comma 1057 è inserito il seguente:

"*1057-bis. Alle imprese che effettuano investimenti in beni strumentali nuovi indicati nell'allegato A annesso alla legge 11 dicembre 2016, n. 232, a decorrere dal 1° gennaio 2023 e fino al 31 dicembre 2025, ovvero entro il 30 giugno 2026, a condizione che entro la data del 31 dicembre 2025 il relativo ordine risulti accettato dal venditore e sia avvenuto il pagamento di acconti in misura almeno pari al 20 per cento del costo di acquisizione, il credito d'imposta è riconosciuto nella misura del 20 per cento del costo, per la quota di investimenti fino a 2,5 milioni di euro, nella misura del 10 per cento del costo, per la quota di investimenti superiori a 2,5 milioni di euro e fino a 10 milioni di euro, e nella misura del 5 per cento del costo, per la quota di investimenti superiori a 10 milioni di euro e fino al limite massimo di costi complessivamente ammissibili pari a 20 milioni di euro*";

c) il comma 1058 è sostituito dal seguente:

"*1058. Alle imprese che effettuano investimenti aventi ad oggetto beni compresi nell'allegato B annesso alla legge 11 dicembre 2016, n. 232, a decorrere dal 16 novembre 2020 e fino al 31 dicembre 2023, ovvero entro il 30 giugno 2024, a condizione che entro la data del 31 dicembre 2023 il relativo ordine risulti accettato dal venditore e sia avvenuto il pagamento di acconti in misura almeno pari al 20 per cento del costo di acquisizione, il credito d'imposta è riconosciuto nella misura del 20 per cento del costo, nel limite massimo annuale di costi ammissibili pari a 1 milione di euro. Si considerano agevolabili anche le spese per servizi sostenute in relazione all'utilizzo dei beni di cui al predetto allegato B mediante soluzioni con risorse di calcolo condivise e connesse (cosiddette "di cloud computing"*), per la quota imputabile per competenza";

d) dopo il comma 1058 sono inseriti i seguenti:

"*1058-bis. Alle imprese che effettuano investimenti aventi ad oggetto beni compresi nell'allegato B annesso alla legge 11 dicembre 2016, n. 232, a decorrere dal 1° gennaio 2024 e fino al 31 dicembre 2024, ovvero entro il 30 giugno 2025, a condizione che entro la data del 31 dicembre 2024 il relativo ordine risulti accettato dal venditore e sia avvenuto il pagamento di acconti in misura almeno pari al 20 per cento del costo di acquisizione, il credito d'imposta è riconosciuto nella misura del 15 per cento del costo, nel limite massimo di costi ammissibili pari a 1 milione di euro. Si considerano agevolabili anche le spese per servizi sostenute in relazione all'utilizzo dei beni di cui al predetto allegato B mediante soluzioni di cloud computing, per la quota imputabile per competenza.*

1058-ter. Alle imprese che effettuano investimenti aventi ad oggetto beni compresi nell'allegato B annesso alla legge 11 dicembre 2016, n. 232, a decorrere dal 1°gennaio 2025 e fino al 31 dicembre 2025, ovvero entro il 30 giugno 2026, a condizione che entro la data del 31 dicembre 2025 il relativo ordine risulti accettato dal venditore e sia avvenuto il pagamento di acconti in misura almeno pari al 20 per cento del costo di acquisizione, il credito d'imposta è riconosciuto nella misura del 10 per cento del costo, nel limite massimo di costi ammissibili pari a 1 milione di euro. Si considerano agevolabili anche le spese per servizi sostenute in relazione all'utilizzo dei beni di cui al predetto allegato B mediante soluzioni di cloud computing, per la quota imputabile per competenza";

e) al comma 1059, le parole: "*commi 1056, 1057 e 1058*" sono sostituite, ovunque ricorrano, dalle seguenti: "*commi da 1056 a 1058-ter*";

f) al comma 1062, le parole: "*commi da 1054 a 1058*" sono sostituite dalle seguenti: "*commi da 1054 a 1058-ter*", le parole: "*commi 1056, 1057 e 1058*" sono sostituite dalle seguenti: "*commi da 1056 a 1058-ter*" e le parole: "*commi da 1056 a 1058*" sono sostituite dalle seguenti: "*commi da 1056 a 1058-ter*";

g) al comma 1063, le parole: "*commi da 1054 a 1058*" sono sostituite dalle seguenti: "*commi da 1054 a 1058-ter*".

45. All'articolo 1 della legge 27 dicembre 2019, n. 160, sono apportate le seguenti modificazioni:

a) il comma 198 è sostituito dal seguente:

"*198. Per gli investimenti in ricerca e sviluppo, in transizione ecologica, in innovazione tecnologica 4.0 e in altre attività innovative, è riconosciuto un credito d'imposta alle condizioni e nelle misure di cui ai commi da 199 a 206*";

b) il comma 203 è sostituito dal seguente:

"*203. Per le attività di ricerca e sviluppo previste dal comma 200, il credito d'imposta è riconosciuto, fino al periodo d'imposta in corso al 31 dicembre 2022, in misura pari al 20 per cento della relativa base di calcolo, assunta al netto delle altre sovvenzioni o dei contributi a qualunque titolo ricevuti per le stesse spese ammissibili, nel limite massimo annuale di 4 milioni di euro, ragguagliato ad anno in caso di periodo d'imposta di durata inferiore o superiore a dodici mesi. Per le attività di innovazione tecnologica previste dal comma 201, il credito d'imposta è riconosciuto, fino al periodo d'imposta in corso al 31 dicembre 2023, in misura pari al 10 per cento della relativa base di calcolo, assunta al netto delle altre sovvenzioni o dei contributi a qualunque titolo ricevuti sulle stesse spese ammissibili, nel limite massimo annuale di 2 milioni di euro, ragguagliato ad anno in caso di periodo d'imposta di durata inferiore o superiore a dodici mesi. Per le attività di design e ideazione estetica previste dal comma 202, il credito d'imposta è riconosciuto, fino al periodo d'imposta in corso al 31 dicembre 2023, in misura pari al 10 per cento della relativa base di calcolo, assunta al netto delle altre sovvenzioni o dei contributi a qualunque titolo ricevuti sulle stesse spese ammissibili, nel limite massimo annuale di 2 milioni di euro, ragguagliato ad anno in caso di periodo d'imposta di durata inferiore o superiore a dodici mesi. Per le attività di innovazione tecnologica previste dal comma 201 finalizzate alla realizzazione di prodotti o processi di produzione nuovi o sostanzialmente migliorati per il raggiungimento di un obiettivo di transizione ecologica o di innovazione digitale 4.0, individuati con il decreto del Ministro dello sviluppo economico previsto dal comma 200, il credito d'imposta è riconosciuto, fino al periodo d'imposta in corso al 31 dicembre 2022, in misura pari al 15 per cento della relativa base di calcolo, assunta al netto delle altre sovvenzioni o dei contributi a qualunque titolo ricevuti sulle stesse spese ammissibili, nel limite massimo annuale di 2 milioni di euro, ragguagliato ad anno in caso di periodo d'imposta di durata inferiore o superiore a dodici mesi. Nel rispetto dei massimali indicati e a condizione della separazione analitica dei progetti e delle spese ammissibili pertinenti alle diverse tipologie di attività, è possibile applicare il beneficio anche per più attività ammissibili nello stesso periodo d'imposta»;*

c) dopo il comma 203 sono inseriti i seguenti:

"203-bis. Per le attività di ricerca e sviluppo previste dal comma 200, il credito d'imposta è riconosciuto, dal periodo d'imposta successivo a quello in corso al 31 dicembre 2022 e fino a quello in corso al 31 dicembre 2031, in misura pari al 10 per cento della relativa base di calcolo, assunta al netto delle altre sovvenzioni o dei contributi a qualunque titolo ricevuti per le stesse spese ammissibili, nel limite massimo annuale di 5 milioni di euro, ragguagliato ad anno in caso di periodo d'imposta di durata inferiore o superiore a dodici mesi.

203-ter. Per le attività di innovazione tecnologica previste dal comma 201, il credito d'imposta è riconosciuto, dal periodo d'imposta successivo a quello in corso al 31 dicembre 2023 e fino al periodo d'imposta in corso al 31 dicembre 2025, in misura pari al 5 per cento della relativa base di calcolo, assunta al netto delle altre sovvenzioni o dei contributi a qualunque titolo ricevuti sulle stesse spese ammissibili, nel limite massimo annuale di 2 milioni di euro, ragguagliato ad anno in caso di periodo d'imposta di durata inferiore o superiore a dodici mesi.

203-quater. Per le attività di design e ideazione estetica previste dal comma 202, il credito d'imposta è riconosciuto, dal periodo d'imposta successivo a quello in corso al 31 dicembre 2023 e fino al periodo d'imposta in corso al 31 dicembre 2025, in misura pari al 5 per cento della relativa base di calcolo, assunta al netto delle altre sovvenzioni o dei contributi a qualunque titolo ricevuti sulle stesse spese ammissibili, nel limite massimo annuale di 2 milioni di euro, ragguagliato ad anno in caso di periodo d'imposta di durata inferiore o superiore a dodici mesi.

203-quinquies. Per le attività di innovazione tecnologica previste dal comma 201 finalizzate alla realizzazione di prodotti o processi di produzione nuovi o sostanzialmente migliorati per il raggiungimento di un obiettivo di transizione ecologica o di innovazione digitale 4.0, individuati con il decreto del Ministro dello sviluppo economico previsto dal comma 200, il credito d'imposta è riconosciuto, per il periodo d'imposta successivo a quello in corso al 31 dicembre 2022, in misura pari al 10 per cento della relativa base di calcolo, assunta al netto delle altre sovvenzioni o dei contributi a qualunque titolo ricevuti sulle stesse spese ammissibili, nel limite massimo annuale di 4 milioni di euro, ragguagliato ad anno in caso di periodo d'imposta di durata inferiore o superiore a dodici mesi. Nel rispetto dei massimali indicati e a condizione della separazione analitica dei progetti e delle spese ammissibili pertinenti alle diverse tipologie di attività, è possibile applicare il beneficio anche per più attività ammissibili nello stesso periodo d'imposta.

203-sexies. Per le attività di innovazione tecnologica previste dal comma 201 finalizzate alla realizzazione di prodotti o processi di produzione nuovi o sostanzialmente migliorati per il raggiungimento di un obiettivo di transizione ecologica o di innovazione digitale 4.0, individuati con il decreto del Ministro dello sviluppo economico previsto dal comma 200, il credito d'imposta è riconosciuto, dal periodo d'imposta successivo a quello in corso al 31 dicembre 2023 e fino a quello in corso al 31 dicembre 2025, in misura pari al 5 per cento della relativa base di calcolo, assunta al netto delle altre sovvenzioni o dei contributi a qualunque titolo ricevuti sulle stesse spese ammissibili, nel limite massimo annuale di 4 milioni di euro, ragguagliato ad anno in caso di periodo d'imposta di durata inferiore o superiore a dodici mesi. Nel rispetto dei massimali indicati e a condizione della separazione analitica dei progetti e delle spese ammissibili pertinenti alle diverse tipologie di attività, è possibile applicare il beneficio anche per più attività ammissibili nello stesso periodo d'imposta";

d) al comma 205, le parole: "*al comma 203*" sono sostituite dalle seguenti: "*ai commi da 203 a 203-sexies*".

46. All'articolo 1 della legge 27 dicembre 2017, n. 205, sono apportate le seguenti modificazioni:

a) al comma 89, le parole: "*nella misura di 500.000 euro*" sono sostituite dalle seguenti: "*nella misura di 200.000 euro*" e le parole: "*fino al 31 dicembre 2021*" sono sostituite dalle seguenti: "*fino al 31 dicembre 2022*";

b) al comma 90, le parole: "*e di 30 milioni di euro per ciascuno degli anni 2020, 2021 e 2022*" sono sostituite dalle seguenti: "*, di 30 milioni di euro per ciascuno degli anni 2020 e 2021, di 35 milioni di euro per l'anno 2022 e di 5 milioni di euro per l'anno 2023*".

47. Al fine di assicurare continuità alle misure di sostegno agli investimenti produttivi delle micro, piccole e medie imprese attuate ai sensi dell'articolo 2 del decreto-legge 21 giugno 2013, n. 69, convertito, con modificazioni, dalla legge 9 agosto 2013, n. 98, l'autorizzazione di spesa di cui al comma 8 del medesimo articolo 2 è integrata di 240 milioni di euro per ciascuno degli anni 2022 e 2023, 120 milioni di euro per ciascuno degli anni dal 2024 al 2026 e 60 milioni di euro per l'anno 2027.

48. All'articolo 2, comma 4, del decreto-legge 21 giugno 2013, n. 69, convertito, con modificazioni, dalla legge 9 agosto 2013, n. 98, le parole: "*in un'unica soluzione, secondo le modalità determinate con il medesimo decreto*" sono sostituite dalle seguenti: "*in più quote determinate con il medesimo decreto. In caso di finanziamento di importo non superiore a 200.000 euro, il contributo può essere erogato in un'unica soluzione nei limiti delle risorse disponibili*".

49. Per il sostegno all'internazionalizzazione delle imprese italiane, sono disposti i seguenti interventi:

a) la dotazione del fondo rotativo di cui all'articolo 2, primo comma, del decreto-legge 28 maggio 1981, n. 251, convertito, con modificazioni, dalla legge 29 luglio 1981, n. 394, è incrementata di 1,5 miliardi di euro per ciascuno degli anni dal 2022 al 2026;

b) la dotazione del fondo di cui all'articolo 72, comma 1, del decreto-legge 17 marzo 2020, n. 18, convertito, con modificazioni, dalla legge 24 aprile 2020, n. 27, è incrementata di 150 milioni di euro per ciascuno degli anni dal 2022 al 2026, per le finalità di cui alla lettera d) del medesimo comma.

50. Per il potenziamento delle politiche di sostegno all'internazionalizzazione delle imprese italiane, sono disposti i seguenti interventi:

a) all'articolo 14 del decreto-legge 6 luglio 2011, n. 98, convertito, con modificazioni, dalla legge 15 luglio 2011, n. 111, sono apportate le seguenti modificazioni:

1) al comma 18-bis, le parole: "*R.E.TE. Imprese Italia, di Alleanza delle Cooperative italiane e dell'Associazione bancaria italiana*" sono sostituite dalle seguenti: "*Alleanza delle Cooperative italiane, della Confederazione italiana della piccola e media industria privata e dell'Associazione bancaria italiana, nonché da un rappresentante del settore artigiano, individuato, a rotazione annuale, tra i presidenti di Casartigiani, della Confederazione nazionale dell'artigianato e della piccola e media impresa, di Confartigianato imprese e da un rappresentante del settore del commercio, individuato, a rotazione annuale, tra i presidenti di Confcommercio e di Confesercenti. Ai componenti della cabina di regia non spettano compensi, gettoni di presenza, rimborsi spese o altri emolumenti comunque denominati*";

2) dopo il comma 20 sono inseriti i seguenti:

"*20-bis. La programmazione triennale dell'utilizzo delle risorse del fondo di cui al comma 19 è adottata con decreto del Ministro degli affari esteri e della cooperazione internazionale, d'intesa con il Ministro dello sviluppo economico e, per quanto di competenza, con il Ministro delle politiche agricole alimentari e forestali, tenuto conto degli indirizzi della cabina di regia di cui al comma 18-bis. Sul decreto di cui al primo periodo è acquisita l'intesa della Conferenza permanente per i rapporti tra lo Stato, le regioni e le province autonome di Trento e di Bolzano.*

20-ter. Il Ministro degli affari esteri e della cooperazione internazionale riferisce annualmente alle Camere sull'andamento dell'attività promozionale e sull'attuazione della programmazione di cui al comma 20-bis, sulla base di una relazione predisposta dall'Agenzia";

3) dopo il comma 24 è inserito il seguente:

"*24-bis. Nell'ambito della dotazione organica dell'Agenzia e delle risorse finanziarie iscritte nel fondo per le spese di funzionamento di cui al comma 26-ter, sono istituite 4 posizioni dirigenziali di livello generale e le posizioni dirigenziali di livello non generale sono rideterminate in 33 unità. Nelle more dello svolgimento dei concorsi di cui all'articolo 28-bis, comma 1, del decreto legislativo 30 marzo 2001, n. 165, fino a 3 incarichi dirigenziali di livello generale di nuova istituzione possono essere conferiti mediante interpello riservato a dirigenti di seconda fascia dei ruoli dell'Agenzia. Un incarico è coperto, senza preventivo esperimento di interpello, con le modalità di cui all'articolo 28-bis, comma 2, del decreto legislativo 30 marzo 2001, n. 165. Per le finalità di cui al presente comma, è autorizzata la spesa di euro 517.092 annui a decorrere dall'anno 2022*";

b) il fondo di cui all'articolo 14, comma 19, del decreto-legge 6 luglio 2011, n. 98, convertito, con modificazioni dalla legge 15 luglio 2011, n. 111, è incrementato di 1.000.000 di euro per l'anno 2024, 63.722.329 euro per l'anno 2025, 69.322.329 euro per l'anno 2026, 73.722.329 euro per l'anno 2027, 76.322.329 euro per l'anno 2028 e 81.322.329 euro a decorrere dall'anno 2029;

c) all'articolo 4 della legge 24 dicembre 2003, n. 350, il comma 61 è abrogato;

d) all'articolo 30 del decreto-legge 12 settembre 2014, n. 133, convertito, con modificazioni, dalla legge 11 novembre 2014, n. 164, i commi 1, 2, 3, 3-bis, 4, 5, 8 e 9 sono abrogati;

e) all'articolo 1 della legge 27 dicembre 2019, n. 160, il comma 297 è abrogato.

51. Al fine di fare fronte ai danni subiti dal patrimonio pubblico e privato e dalle attività economiche e produttive a seguito dei gravi incendi boschivi, in zone di interfaccia e urbani, verificatisi nei territori di cui alla deliberazione del Consiglio dei ministri del 26 agosto 2021, pubblicata nella Gazzetta Ufficiale n. 215 dell'8 settembre 2021, si provvede ai sensi di quanto previsto dal comma 448, secondo periodo, entro il limite massimo di 40 milioni di euro, sulla base delle ricognizioni dei fabbisogni di cui all'articolo 25, comma 2, lettera e), del codice della protezione civile, di cui al decreto legislativo 2 gennaio 2018, n. 1. I Commissari delegati nominati con l'ordinanza del Capo del Dipartimento della protezione civile n. 789 del 1° settembre 2021 provvedono alla citata ricognizione previa determinazione dei relativi criteri con apposita deliberazione del Consiglio dei ministri da adottare tenendo conto della peculiarità dello specifico contesto emergenziale.

52. Per le finalità di cui al comma 51 ovvero, ove all'esito della ricognizione ivi prevista residuino disponibilità finanziarie, di cui al comma 448, l'autorizzazione di spesa di cui al comma 448, primo periodo, è integrata di 40 milioni di euro per l'anno 2022[(1)].

[(1)] Comma inserito dall'articolo 42-ter, comma 1, del D.L. 9 agosto 2022, n. 115, convertito, con modificazioni dalla Legge 21 settembre 2022, n. 142.

53. All'articolo 13 del decreto-legge 8 aprile 2020, n. 23, convertito, con modificazioni, dalla legge 5 giugno 2020, n. 40, sono apportate le seguenti modificazioni:

a) al comma 1:

1) all'alinea, le parole: "*31 dicembre 2020*" sono sostituite dalle seguenti: "*30 giugno 2022, fatto salvo quanto previsto dalle lettere a) e m)*";

2) alla lettera a), le parole: "*a titolo gratuito*" sono sostituite dalle seguenti: "*a titolo gratuito. A decorrere dal 1° aprile 2022, le garanzie sono concesse previo pagamento di una commissione da versare al Fondo di cui all'articolo 2, comma 100, lettera a), della legge 23 dicembre 1996, n. 662*";

3) alla lettera g), alle parole: "*fermo restando*" sono premesse le seguenti: "*fino al 30 giugno 2022,*";

4) alla lettera m), al primo periodo, dopo le parole: "*con copertura al 90 per cento,*" sono inserite le seguenti: "*nonché, a decorrere dal 1° gennaio 2022, con copertura all'80 per cento,*" e dopo il sesto periodo è inserito il seguente: "*A decorrere dal 1° aprile 2022, per il rilascio della garanzia di cui alla presente lettera è previsto il pagamento di una commissione da versare al Fondo di cui all'articolo 2, comma 100, lettera a), della legge 23 dicembre 1996, n. 662*";

b) al comma 12-bis, le parole: "*31 dicembre 2021*" sono sostituite dalle seguenti: "*30 giugno 2022*".

54. Alle richieste di ammissione alla garanzia del Fondo di cui all'articolo 2, comma 100, lettera a), della legge 23 dicembre 1996, n. 662, presentate a far data dal 1° luglio 2022 non si applica la disciplina prevista dall'articolo 13 del decreto-legge 8 aprile 2020, n. 23, convertito, con modificazioni, dalla legge 5 giugno 2020, n. 40, in applicazione della comunicazione della Commissione europea C(2020) 1863 final del 19 marzo 2020, e successive modificazioni, recante un "*Quadro temporaneo per le misure di aiuto di Stato a sostegno dell'economia nell'attuale emergenza del COVID-19*".

55. A decorrere dal 1° luglio 2022 e fino al 31 dicembre 2022, l'importo massimo garantito per singola impresa dal Fondo di cui all'articolo 2, comma 100, lettera a), della legge 23 dicembre 1996, n. 662, è pari a 5 milioni di euro e la garanzia è concessa mediante applicazione del modello di valutazione di cui alla parte IX, lettera A, delle condizioni di ammissibilità e disposizioni di carattere generale per l'amministrazione del Fondo di garanzia allegate al decreto del Ministro dello sviluppo economico 12 febbraio 2019, fatta salva l'ammissibilità alla garanzia del Fondo dei soggetti rientranti nella fascia 5 del medesimo modello di valutazione. A decorrere dalla medesima data del 1° luglio 2022 fino al 31 dicembre 2022, ferme restando le maggiori coperture previste, in relazione a particolari tipologie di soggetti beneficiari, dal decreto del Ministro dello sviluppo economico 6 marzo 2017, pubblicato nella Gazzetta Ufficiale della Repubblica italiana n. 157 del 7 luglio 2017, la garanzia del Fondo è concessa:

1) per esigenze diverse dal sostegno alla realizzazione di investimenti, nella misura massima dell'80 per cento dell'importo dell'operazione finanziaria in favore dei soggetti beneficiari rientranti nelle fasce 3, 4 e 5 di cui al predetto modello di valutazione e nella misura massima del 60 per cento in favore dei soggetti beneficiari rientranti nelle fasce 1 e 2 di cui al medesimo modello; in relazione alla riassicurazione, la predetta misura massima del 60 per cento è riferita alla misura della copertura del Fondo di garanzia rispetto all'importo dell'operazione finanziaria sottostante, come previsto dall'articolo 7, comma 3, del citato decreto del Ministro dello sviluppo economico 6 marzo 2017;

2) per esigenze connesse al sostegno alla realizzazione di investimenti, nella misura massima dell'80 per cento dell'operazione finanziaria in favore di tutti i soggetti beneficiari, indipendentemente dalla fascia di appartenenza di cui al predetto modello di valutazione [(1)(2)].

[(1)] Comma modificato dall'articolo 3, comma 4-bis, del D.L. 30 dicembre 2021, n. 228, convertito con modificazioni dalla Legge 25 febbraio 2022, n. 15.

[(2)] A norma dell'articolo 1, comma 392, della Legge 29 dicembre 2022, n. 197, il termine finale di applicazione della disciplina transitoria del Fondo di garanzia per le piccole e medie imprese, previsto dal presente comma, è prorogato al 31 dicembre 2023.

55-bis. Fermo quanto disposto dal comma 55 e previa approvazione della Commissione europea ai sensi dell'articolo 108 del Trattato sul funzionamento dell'Unione europea, in considerazione delle esigenze di liquidità direttamente derivanti dall'interruzione delle catene di approvvigionamento ovvero dal rincaro dei prezzi di materie prime e fattori di produzione, dovuti all'applicazione delle misure economiche restrittive adottate a seguito dell'aggressione dell'Ucraina da parte della Russia, comprese le sanzioni imposte dall'Unione europea e dai suoi partner internazionali, così come dalle contromisure adottate dalla Federazione Russa, fino al 31 dicembre 2022 la garanzia del Fondo di cui all'articolo 2, comma 100, lettera a), della legge 23 dicembre 1996, n. 662, può essere concessa su finanziamenti individuali, concessi successivamente alla data di entrata in vigore della presente disposizione e destinati a finalità di investimento o copertura dei costi del capitale di esercizio, alle seguenti condizioni:

1) per le esigenze di cui al comma 55, numero 2), nella misura massima del 90 per cento, in favore di finanziamenti finalizzati alla realizzazione di obiettivi di efficientamento o diversificazione della produzione o del consumo energetici, quali, a titolo esemplificativo, quelli volti a soddisfare il fabbisogno energetico con energie provenienti da fonti rinnovabili, a effettuare investimenti in misure di efficienza energetica che riducono il consumo di energia assorbito dalla produzione economica, a effettuare investimenti per ridurre o diversificare il consumo di gas naturale ovvero a migliorare la resilienza dei processi aziendali rispetto a oscillazioni eccezionali dei prezzi sui mercati dell'energia elettrica;

2) entro il limite di 5 milioni di euro, per un importo massimo del finanziamento assistito da garanzia non superiore al maggiore tra i seguenti elementi:

2.1) il 15 per cento del fatturato annuo totale medio degli ultimi tre esercizi conclusi come risultante dai relativi bilanci o dalle dichiarazioni fiscali; qualora l'impresa abbia iniziato la propria attività successivamente al 31 dicembre 2019, si fa riferimento al fatturato annuo totale medio degli esercizi effettivamente conclusi;

2.2) il 50 per cento dei costi sostenuti per l'energia nei dodici mesi precedenti il mese della richiesta di finanziamento inviata dall'impresa beneficiaria al soggetto finanziatore;

3) a titolo gratuito, nei confronti delle imprese, localizzate in Italia, che operino in uno o più dei settori o sottosettori particolarmente colpiti di cui all'allegato I alla Comunicazione della Commissione europea 2022/C131 I/01 recante "*Quadro temporaneo di crisi per misure di aiuto di Stato a sostegno dell'economia a seguito dell'aggressione della Russia contro l'Ucraina*", nel rispetto delle condizioni di compatibilità con la normativa europea in materia di aiuti di Stato, previste dalla citata Comunicazione e dai pertinenti regolamenti "*de minimis*" o di esenzione per categoria;

4) ad esclusione delle imprese soggette alle sanzioni adottate dall'Unione europea, comprese quelle specificamente elencate nei provvedimenti che comminano tali sanzioni, quelle possedute o controllate da persone, entità o organismi oggetto delle sanzioni adottate dall'Unione europea e quelle che operano nei settori industriali oggetto delle sanzioni adottate dall'Unione europea, nella misura in cui il rilascio della garanzia pregiudichi gli obiettivi delle sanzioni in questione[(1)(2)].

(1) *Comma inserito dall'articolo 16, comma 1, del D.L. 17 maggio 2022, n. 50, convertito, con modificazioni, dalla Legge 15 luglio 2022, n. 91.*
(2) *A norma dell'articolo 1, comma 392, della Legge 29 dicembre 2022, n. 197, il termine finale di applicazione del sostegno speciale e temporaneo, da parte dello stesso Fondo, istituito nel contesto delle misure di contrasto degli effetti della crisi ucraina, di cui al presente comma, è prorogato al 31 dicembre 2023.*

55-ter. Per lo stesso capitale di prestito sottostante, le garanzie concesse a norma del comma 55-bis non possono essere cumulate con altre misure di supporto alla liquidità concesse sotto forma di prestito agevolato, ai sensi della sezione 2.3 della Comunicazione della Commissione europea 2022/C131 I/01 né con le misure di supporto alla liquidità concesse sotto forma di garanzia o prestito agevolato ai sensi delle sezioni 3.2 o 3.3 della Comunicazione della Commissione europea del 19 marzo 2020 C(2020) 1863 final, recante "*Quadro temporaneo per le misure di aiuto di Stato a sostegno dell'economia nell'attuale emergenza del COVID-19*". Nel caso di diversi capitali di prestito sottostanti facenti capo al medesimo beneficiario, le garanzie concesse ai sensi del comma 55-bis possono essere cumulate con altre misure di aiuto, anche diverse da quelle di supporto alla liquidità mediante garanzie, a condizione che l'importo complessivo dei prestiti per beneficiario non superi l'importo massimo di cui al comma 55-bis, numero 2)[(1)].

(1) *Comma inserito dall'articolo 16, comma 1, del D.L. 17 maggio 2022, n. 50, convertito, con modificazioni, dalla Legge 15 luglio 2022, n. 91.*

181. All'articolo 1 della legge 28 dicembre 2015, n. 208, sono apportate le seguenti modificazioni:

a) al comma 401, sono aggiunte, in fine, le seguenti parole: "*e di 27 milioni di euro per l'anno 2022*";

b) al comma 402, alinea, dopo le parole: "*di concerto con*" sono inserite le seguenti: "*il Ministro per le disabilità e con*".

182. Il rifinanziamento di cui al comma 181, lettera a), è finalizzato a favorire, nel limite di spesa ivi previsto, iniziative e progetti di carattere socio-assistenziale e abilitativo per le persone con disturbo dello spettro autistico.

183. All'articolo 34, comma 1, del decreto-legge 22 marzo 2021, n. 41, convertito, con modificazioni, dalla legge 21 maggio 2021, n. 69, dopo le parole: "*con una dotazione di 100 milioni di euro per l'anno 2021*" sono inserite le seguenti: "*e di 50 milioni di euro per ciascuno degli anni 2022 e 2023*".

184. All'articolo 34, comma 2-bis, del decreto-legge 22 marzo 2021, n. 41, convertito, con modificazioni, dalla legge 21 maggio 2021, n. 69, dopo la lettera b) è aggiunta la seguente:

"*b-bis) iniziative dedicate alle persone con disturbo dello spettro autistico*".

185. Al fine di favorire il diritto allo svolgimento dell'attività sportiva, tenuto conto dei contenuti sociali, educativi e formativi dello sport, con particolare riferimento alla fase post-pandemica e in attesa che trovino piena applicazione i principi di riordino del settore contenuti nella legge 8 agosto 2019, n. 86, in via sperimentale per gli anni 2022, 2023 e 2024, per le federazioni sportive nazionali riconosciute dal Comitato olimpico nazionale italiano, gli utili derivanti dall'esercizio di attività commerciale non concorrono a formare il reddito imponibile ai fini dell'imposta sul reddito delle società (IRES) e il valore della produzione netta ai fini dell'imposta regionale sulle attività produttive (IRAP), a condizione che in ciascun anno le federazioni sportive destinino almeno il 20 per cento degli stessi allo sviluppo, diretto o per il tramite dei soggetti componenti delle medesime federazioni, delle infrastrutture sportive, dei settori giovanili e della pratica sportiva dei soggetti con disabilità.

186. I costi effettivamente sostenuti per lo sviluppo di cui al comma 185 sono rendicontati dalle federazioni sportive nazionali e certificati dagli organi di controllo interno delle stesse o dalle società di revisione da queste incaricate per la certificazione dei bilanci, entro il terzo anno successivo a quello di riferimento.

187. L'efficacia della misura di cui al comma 185 è subordinata, ai sensi dell'articolo 108, paragrafo 3, del Trattato sul funzionamento dell'Unione europea, all'autorizzazione della

Commissione europea.

188. Per sostenere le attività sportive universitarie e la gestione delle strutture e degli impianti per la pratica dello sport nelle università, la dotazione finanziaria di cui alla legge 28 giugno 1977, n. 394, è integrata di 2 milioni di euro per l'anno 2022 e 3 milioni di euro per l'anno 2023.

189. All'articolo 1, comma 34, della legge 30 dicembre 2020, n. 178, le parole: "*50 milioni di euro per l'anno 2021 e di 50 milioni di euro per l'anno 2022*" sono sostituite dalle seguenti: "*50 milioni di euro annui per ciascuno degli anni 2021, 2022 e 2023*".

190. La disciplina del credito d'imposta per le erogazioni liberali per interventi di manutenzione e restauro di impianti sportivi pubblici e per la realizzazione di nuove strutture sportive pubbliche, di cui all'articolo 1, commi da 621 a 627, della legge 30 dicembre 2018, n. 145, si applica, limitatamente a favore dei soggetti titolari di reddito d'impresa, anche per l'anno 2022, nel limite complessivo di 13,2 milioni di euro e secondo le modalità di cui al comma 623 dell'articolo 1 della legge 30 dicembre 2018, n. 145. Ai fini attuativi, si applicano, in quanto compatibili, le disposizioni di cui al decreto del Presidente del Consiglio dei ministri 30 aprile 2019, pubblicato nella Gazzetta Ufficiale n. 124 del 29 maggio 2019.

191. All'articolo 1 del decreto legislativo 14 settembre 2015, n. 148, sono apportate le seguenti modificazioni:

a) al comma 1 è aggiunto, infine, il seguente periodo: "*Per periodi di sospensione o di riduzione dell'attività lavorativa decorrenti dal 1° gennaio 2022 sono destinatari dei trattamenti di integrazione salariale anche i lavoratori a domicilio»;*

b) al comma 2, dopo il primo periodo è inserito il seguente: "Per il riconoscimento dei trattamenti di integrazione salariale richiesti a decorrere dal 1° gennaio 2022, l'anzianità minima di effettivo lavoro che i lavoratori devono possedere alla data di presentazione della domanda è pari a trenta giorni".

192. All'articolo 2 del decreto legislativo 14 settembre 2015, n. 148, sono apportate le seguenti modificazioni:

a) al comma 1, la parola: "*professionalizzante*" è soppressa e sono aggiunte, in fine, le seguenti parole: "*per periodi di sospensione o riduzione dell'attività lavorativa decorrenti dal 1° gennaio 2022*";

b) al comma 2 è aggiunto, in fine, il seguente periodo: "*Il presente comma cessa di avere applicazione per i trattamenti di integrazione salariale relativi a periodi di sospensione o riduzione dell'attività lavorativa decorrenti dal 1° gennaio 2022*";

c) al comma 4 è aggiunto, in fine, il seguente periodo: "*In caso di apprendistato per la qualifica e il diploma professionale, il diploma di istruzione secondaria superiore e il certificato di specializzazione tecnica superiore e di apprendistato di alta formazione e ricerca, la sospensione o riduzione dell'orario di lavoro non deve pregiudicare, in ogni caso, il completamento del percorso formativo come eventualmente ridefinito ai sensi degli articoli 43, comma 3, e 45, comma 4, del decreto legislativo 15 giugno 2015, n. 81*".

224. Al fine di garantire la salvaguardia del tessuto occupazionale e produttivo, il datore di lavoro in possesso dei requisiti dimensionali di cui al comma 225 che intenda procedere alla chiusura di una sede, di uno stabilimento, di una filiale, o di un ufficio o reparto autonomo situato nel territorio nazionale, con cessazione definitiva della relativa attività e con licenziamento di un numero di lavoratori non inferiore a 50, è tenuto a dare comunicazione per iscritto dell'intenzione di procedere alla chiusura alle rappresentanze sindacali aziendali o alla rappresentanza sindacale unitaria nonché alle sedi territoriali delle associazioni sindacali di categoria comparativamente più rappresentative sul piano nazionale e, contestualmente, alle regioni interessate, al Ministero del lavoro e delle politiche sociali, al Ministero dello sviluppo economico e all'Agenzia nazionale per le politiche attive del lavoro (ANPAL). La comunicazione può essere effettuata tramite l'associazione dei datori di lavoro alla quale l'impresa aderisce o conferisce mandato.

225. La disciplina di cui ai commi da 224 a 238 si applica ai datori di lavoro che, nell'anno precedente, abbiano occupato con contratto di lavoro subordinato, inclusi gli apprendisti e i dirigenti, mediamente almeno 250 dipendenti.

226. Sono esclusi dall'ambito di applicazione dei commi da 224 a 238 i datori di lavoro che si trovano in condizioni di squilibrio patrimoniale o economico-finanziario che ne rendono probabile la crisi o l'insolvenza e che possono accedere alla procedura di composizione negoziata per la soluzione della crisi d'impresa di cui al decreto-legge 24 agosto 2021, n. 118, convertito, con modificazioni, dalla legge 21 ottobre 2021, n. 147.

227. La comunicazione di cui al comma 224 è effettuata almeno centottanta giorni prima dell'avvio della procedura di cui all'articolo 4 della legge 23 luglio 1991, n. 223, e indica le ragioni economiche, finanziarie, tecniche o organizzative della chiusura, il numero e i profili professionali del personale occupato e il termine entro cui è prevista la chiusura. I licenziamenti individuali per giustificato motivo oggettivo e i licenziamenti collettivi intimati in mancanza della comunicazione o prima dello scadere del termine di centottanta giorni ovvero del minor termine entro il quale è sottoscritto il piano di cui al comma 233 sono nulli[(1)].

[(1)] Comma modificato dall'articolo 37, comma 1, lettera a) del D.L. 23 settembre 2022, n.144, convertito con modificazioni dalla Legge 17 novembre 2022, n. 175.

228. Entro sessanta giorni dalla comunicazione di cui al comma 224, il datore di lavoro elabora un piano per limitare le ricadute occupazionali ed economiche derivanti dalla chiusura e lo presenta alle rappresentanze sindacali di cui al comma 224 e contestualmente alle regioni interessate, al Ministero del lavoro e delle politiche sociali, al Ministero dello sviluppo economico e all'ANPAL. Il piano non può avere una durata superiore a dodici mesi e indica:

a) le azioni programmate per la salvaguardia dei livelli occupazionali e gli interventi per la gestione non traumatica dei possibili esuberi, quali il ricorso ad ammortizzatori sociali, la ricollocazione presso altro datore di lavoro e le misure di incentivo all'esodo;

b) le azioni finalizzate alla rioccupazione o all'autoimpiego, quali formazione e riqualificazione professionale anche ricorrendo ai fondi interprofessionali;

c) le prospettive di cessione dell'azienda o di rami d'azienda con finalità di continuazione dell'attività, anche mediante cessione dell'azienda, o di suoi rami, ai lavoratori o a cooperative da essi costituite;

d) gli eventuali progetti di riconversione del sito produttivo, anche per finalità socio-culturali a favore del territorio interessato;

e) i tempi e le modalità di attuazione delle azioni previste.

229. I lavoratori interessati dal piano di cui al comma 228, sottoscritto ai sensi del comma 231, possono beneficiare del

trattamento straordinario di integrazione salariale di cui all'articolo 22-ter del decreto legislativo 14 settembre 2015, n. 148, come introdotto dal presente articolo, nel limite massimo di spesa di 35,1 milioni di euro per l'anno 2022, 71,5 milioni di euro per l'anno 2023, 72,5 milioni di euro per l'anno 2024, 73,6 milioni di euro per l'anno 2025, 74,7 milioni di euro per l'anno 2026, 75,7 milioni di euro per l'anno 2027, 76,9 milioni di euro per l'anno 2028, 78 milioni di euro per l'anno 2029, 79,1 milioni di euro per l'anno 2030 e 80,3 milioni di euro annui a decorrere dall'anno 2031. L'INPS provvede al monitoraggio del limite di spesa di cui al presente comma. Qualora dal predetto monitoraggio emerga che è stato raggiunto anche in via prospettica il limite di spesa, l'INPS non prende in considerazione ulteriori domande.

230. Le azioni di cui al comma 228, lettera b), possono essere cofinanziate dalle regioni nell'ambito delle rispettive misure di politica attiva del lavoro.

231. Entro centoventi giorni dalla sua presentazione, il piano di cui al comma 228 è discusso con le rappresentanze sindacali di cui al comma 224, alla presenza dei rappresentanti delle regioni interessate, del Ministero del lavoro e delle politiche sociali, del Ministero dello sviluppo economico e dell'ANPAL. In caso di accordo sindacale, si procede alla sottoscrizione del piano, a seguito del quale il datore di lavoro assume l'impegno di realizzare le azioni in esso contenute nei tempi e con le modalità programmate. In caso di accordo sindacale di cui al presente comma, qualora il datore di lavoro avvii, al termine del piano, la procedura di licenziamento collettivo di cui alla legge 23 luglio 1991, n. 223, non trova applicazione la previsione di cui all'articolo 2, comma 35, della legge 28 giugno 2012, n. 92[(1)].

[(1)] *Comma modificato dall'articolo 37, comma 1, lettera b) del D.L. 23 settembre 2022, n.144, convertito con modificazioni dalla Legge 17 novembre 2022, n. 175.*

232. I lavoratori interessati dal piano di cui al comma 228 accedono al programma Garanzia di occupabilità dei lavoratori (GOL) di cui all'articolo 1, comma 324, della legge 30 dicembre 2020, n. 178. A tal fine i nominativi dei lavoratori coinvolti sono comunicati all'ANPAL che li mette a disposizione delle regioni interessate.

233. Prima della conclusione dell'esame del piano e della sua eventuale sottoscrizione il datore di lavoro non può avviare la procedura di licenziamento collettivo di cui alla legge 23 luglio 1991, n. 223, né intimare licenziamenti per giustificato motivo oggettivo.

234. Il datore di lavoro comunica mensilmente ai soggetti di cui al comma 224 lo stato di attuazione del piano, dando evidenza del rispetto dei tempi e delle modalità di attuazione, nonché dei risultati delle azioni intraprese.

235. In mancanza di presentazione del piano o qualora il piano non contenga gli elementi di cui al comma 228, il datore di lavoro è tenuto a pagare il contributo di cui all'articolo 2, comma 35, della legge 28 giugno 2012, n. 92, in misura pari al doppio e qualora avvii la procedura di licenziamento collettivo di cui alla legge 23 luglio 1991, n. 223, non trova applicazione la previsione di cui all'articolo 2, comma 35, della legge 28 giugno 2012, n. 92. La verifica formale in ordine alla sussistenza, nel piano presentato, degli elementi di cui al comma 228 è effettuata dalla struttura per le crisi d'impresa di cui all'articolo 1, comma 852, della legge 27 dicembre 2006, n. 296. In caso di mancata sottoscrizione del piano da parte delle organizzazioni sindacali, il datore di lavoro è tenuto a pagare il contributo di cui all'articolo 2, comma 35, della legge 28 giugno 2012, n. 92, aumentato del 500 per cento. In caso di sottoscrizione del piano il datore di lavoro comunica mensilmente ai soggetti di cui al comma 224 lo stato di attuazione, dando evidenza del rispetto dei tempi e delle modalità di attuazione, nonché dei risultati delle azioni intraprese. Il datore di lavoro dà comunque evidenza della mancata presentazione del piano ovvero del mancato raggiungimento dell'accordo sindacale di cui al comma 231 nella dichiarazione di carattere non finanziario di cui al decreto legislativo 30 dicembre 2016, n. 254[(1)].

[(1)] *Comma modificato dall'articolo 37, comma 1, lettera c) del D.L. 23 settembre 2022, n.144, convertito con modificazioni dalla Legge 17 novembre 2022, n. 175.*

236. In caso di mancata sottoscrizione dell'accordo sindacale di cui al comma 231, qualora il datore di lavoro, decorsi i novanta giorni di cui al comma 227, avvii la procedura di licenziamento collettivo di cui alla legge 23 luglio 1991, n. 223, non trova applicazione l'articolo 4, commi 5 e 6, della medesima legge n. 223 del 1991.][(1)]

[(1)] *Comma abrogato dall'articolo 37, comma 1, lettera d) del D.L. 23 settembre 2022, n.144, convertito con modificazioni dalla Legge 17 novembre 2022, n. 175.*

237. In caso di cessione dell'azienda o di un ramo di essa con continuazione dell'attività e mantenimento degli assetti occupazionali, al trasferimento di beni immobili strumentali che per le loro caratteristiche non sono suscettibili di diversa utilizzazione senza radicali trasformazioni si applicano l'imposta di registro e le imposte ipotecaria e catastale nella misura fissa di euro 200 ciascuna. In caso di cessazione dell'attività o di trasferimento per atto a titolo oneroso o gratuito degli immobili acquistati con i benefici di cui al presente comma prima del decorso del termine di cinque anni dall'acquisto, sono dovute le imposte di registro, ipotecaria e catastale nella misura ordinaria.

237-bis. Sono in ogni caso fatte salve le previsioni di maggior favore per i lavoratori sancite dai contratti collettivi di cui all'articolo 51 del decreto legislativo 15 giugno 2015, n. 81[(1)].

[(1)] *Comma inserito dall'articolo 37, comma 1, lettera e) del D.L. 23 settembre 2022, n.144, convertito con modificazioni dalla Legge 17 novembre 2022, n. 175.*

238. Il Fondo sociale per occupazione e formazione di cui all'articolo 18, comma 1, lettera a), del decreto-legge 29 novembre 2008, n. 185, convertito, con modificazioni, dalla legge 28 gennaio 2009, n. 2, è ridotto di 35,1 milioni di euro per l'anno 2022, 71,5 milioni di euro per l'anno 2023, 72,5 milioni di euro per l'anno 2024, 73,6 milioni di euro per l'anno 2025, 74,7 milioni di euro per l'anno 2026, 75,7 milioni di euro per l'anno 2027, 76,9 milioni di euro per l'anno 2028, 78 milioni di euro per l'anno 2029, 79,1 milioni di euro per l'anno 2030 e 80,3 milioni di euro annui a decorrere dall'anno 2031.

Omissis.

261. Nelle more dell'adozione da parte delle regioni e delle province autonome di Trento e di Bolzano dei decreti

attuativi dei piani pandemici regionali e provinciali, è autorizzata la spesa di 200 milioni di euro per l'implementazione delle prime misure previste dal Piano strategico-operativo nazionale di preparazione e risposta a una pandemia influenzale (PanFlu) 2021-2023, di cui all'accordo sancito dalla Conferenza permanente per i rapporti tra lo Stato, le regioni e le province autonome di Trento e di Bolzano il 25 gennaio 2021, a valere sul fabbisogno sanitario nazionale standard per l'anno 2022. Per le medesime finalità, e nelle more dell'adozione dei decreti attuativi dei piani pandemici regionali e provinciali, è autorizzata la spesa massima di 314,2 milioni di euro, a valere sul fabbisogno sanitario nazionale standard per l'anno 2023, il cui importo è definito, su proposta del Ministro della salute, di concerto con il Ministro dell'economia e delle finanze, previa intesa in sede di Conferenza permanente per i rapporti fra lo Stato, le regioni e le province autonome di Trento e di Bolzano sul riparto del fabbisogno sanitario. Al finanziamento di cui al presente comma e relativo ad entrambi gli anni 2022 e 2023 accedono tutte le regioni e le province autonome di Trento e di Bolzano, in deroga alle disposizioni legislative vigenti in materia di compartecipazione delle autonomie speciali al finanziamento del relativo fabbisogno sanitario. Per consentire l'assolvimento dei compiti attribuiti alle amministrazioni centrali dal Piano strategico-operativo nazionale di preparazione e risposta a una pandemia influenzale (PanFlu) 2021-2023, i pertinenti capitoli dello stato di previsione del Ministero della salute sono complessivamente incrementati di 35,8 milioni di euro per l'anno 2023, di cui 3,9 milioni di euro da trasferire all'Istituto superiore di sanità per le medesime finalità per l'anno 2023[1].

[1] *Comma modificato dall'articolo 7-bis, comma 1, lettera a), del D.L. 31 ottobre 2022, n. 162, convertito con modificazioni dalla Legge 30 dicembre 2022, n. 199.*

262. Per l'anno 2022, è autorizzata la spesa di 50 milioni di euro per gli interventi di competenza del Commissario straordinario di cui all'articolo 122 del decreto-legge 17 marzo 2020, n. 18, convertito, con modificazioni, dalla legge 24 aprile 2020, n. 27, da trasferire sull'apposita contabilità speciale ad esso intestata.

263. Ai fini del finanziamento del programma pluriennale di interventi in materia di ristrutturazione edilizia e di ammodernamento tecnologico, l'importo fissato dall'articolo 20 della legge 11 marzo 1988, n. 67, rideterminato, da ultimo, in 32 miliardi di euro dall'articolo 1, comma 442, della legge 30 dicembre 2020, n. 178, è incrementato di ulteriori 2 miliardi di euro, fermo restando, per la sottoscrizione di accordi di programma con le regioni e per il trasferimento delle risorse, il limite annualmente definito in base alle effettive disponibilità del bilancio dello Stato. La ripartizione dell'incremento di cui al presente comma avviene sulla base della composizione percentuale del fabbisogno sanitario regionale corrente previsto per l'anno 2021, tenuto conto dell'articolo 2, comma 109, della legge 23 dicembre 2009, n. 191, con decreto del Ministro della salute, di concerto con il Ministro dell'economia e delle finanze, fatte salve eventuali necessarie compensazioni in conseguenza di eventuali rimodulazioni di cui al comma 267. L'accesso alle risorse di cui al presente comma è destinato prioritariamente alle regioni che abbiano esaurito, con la sottoscrizione di accordi, la propria disponibilità a valere sui citati 32 miliardi di euro.

264. Al fine di costituire una scorta nazionale di dispositivi di protezione individuale (DPI), di mascherine chirurgiche, di reagenti e di kit di genotipizzazione, in coerenza con quanto previsto nel PanFlu 2021-2023, è autorizzata la spesa di 860 milioni di euro a valere sul finanziamento del programma di edilizia sanitaria vigente.

265. Per consentire lo sviluppo di sistemi informativi utili per la sorveglianza epidemiologica e virologica, nonché per l'acquisizione di strumentazioni utili a sostenere l'attività di ricerca e sviluppo correlata ad una fase di allerta pandemica, in coerenza con quanto previsto nel PanFlu 2021-2023, è autorizzata la spesa di 42 milioni di euro a valere sul finanziamento del programma di edilizia sanitaria vigente.

266. Per le finalità di cui ai commi 264 e 265, con uno o più decreti del Ministro della salute, di concerto con il Ministro dell'economia e delle finanze, previa intesa in sede di Conferenza permanente per i rapporti tra lo Stato, le regioni e le province autonome di Trento e di Bolzano, è definita la quota di spesa autorizzata per ciascuna regione e provincia autonoma, sulla base delle risultanze derivanti da una ricognizione effettuata con le medesime regioni e province autonome, anche in relazione alla dimensione dei rispettivi servizi sanitari regionali e provinciali; all'onere di cui ai commi 264 e 265 si provvede, per le regioni, a valere sulle risorse vigenti, come ripartite ai sensi dell'ordinamento vigente; con i medesimi decreti di cui al presente comma si provvede, in deroga all'articolo 2, comma 109, della legge 23 dicembre 2009, n. 191, ad assegnare le risorse occorrenti alle province autonome di Trento e di Bolzano a valere sul finanziamento vigente ancora non ripartito.

267. Per le finalità di cui ai commi 264 e 265, con i decreti di cui al comma 266, ove necessario, si provvede alla rimodulazione delle quote assegnate alle regioni ai sensi dell'articolo 1, commi 442 e 443, della legge 30 dicembre 2020, n. 178, e della relativa tabella di cui all'allegato B annesso alla medesima legge.

268. Al fine di rafforzare strutturalmente i servizi sanitari regionali anche per il recupero delle liste d'attesa e di consentire la valorizzazione della professionalità acquisita dal personale che ha prestato servizio anche durante l'emergenza da COVID-19, gli enti del Servizio sanitario nazionale, nei limiti di spesa consentiti per il personale degli enti medesimi dall'articolo 11, comma 1, del decreto-legge 30 aprile 2019, n. 35, convertito, con modificazioni, dalla legge 25 giugno 2019, n. 60, come modificato dal comma 269 del presente articolo:

a) verificata l'impossibilità di utilizzare personale già in servizio, nonché di ricorrere agli idonei collocati in graduatorie concorsuali in vigore, possono avvalersi, anche per l'anno 2022, delle misure previste dagli articoli 2-bis, limitatamente ai medici specializzandi di cui al comma 1, lettera a), del medesimo articolo, e 2-ter, commi 1 e 5, del decreto-legge 17 marzo 2020, n. 18, convertito, con modificazioni, dalla legge 24 aprile 2020, n. 27, anche mediante proroga, non oltre il 31 dicembre 2022, degli incarichi conferiti ai sensi delle medesime disposizioni;

b) ferma restando l'applicazione dell'articolo 20 del decreto legislativo 25 maggio 2017, n. 75, dal 1° luglio 2022 e fino al 31 dicembre 2024 possono assumere a tempo indeterminato, in coerenza con il piano triennale dei fabbisogni di personale, il personale del ruolo sanitario e del ruolo sociosanitario, anche qualora non più in servizio, che siano stati reclutati a tempo determinato con procedure concorsuali, ivi incluse le selezioni di cui all'articolo 2-ter del decreto-legge 17 marzo 2020, n. 18, convertito, con modificazioni, dalla legge 24 aprile 2020, n. 27, e che abbiano maturato al 31 dicembre 2023 alle dipendenze di un ente del Servizio sanitario nazionale almeno diciotto mesi di servizio, anche non continuativi, di cui almeno sei mesi nel periodo intercorrente tra il 31 gennaio 2020 e il 30 giugno 2022, secondo criteri di priorità definiti da ciascuna regione. Alle iniziative di stabilizzazione del personale assunto mediante procedure diverse da quelle sopra indicate si provvede previo espletamento di prove selettive[(1)];

c) possono, anche al fine di reinternalizzare i servizi appaltati ed evitare differenze retributive a parità di prestazioni lavorative, in coerenza con il piano triennale dei fabbisogni di personale, avviare procedure selettive per il reclutamento del personale da impiegare per l'assolvimento delle funzioni reinternalizzate, prevedendo la valorizzazione, anche attraverso una riserva di posti non superiore al 50 per cento di quelli disponibili, del personale impiegato in mansioni sanitarie e socio-sanitarie corrispondenti nelle attività dei servizi esternalizzati che abbia garantito assistenza ai pazienti in tutto il periodo compreso tra il 31 gennaio 2020 e il 31 dicembre 2021 e con almeno tre anni di servizio.

(1) *Lettera modificata dall'articolo 20-ter, comma 1, del D.L. 27 gennaio 2022, n. 4, convertito con modificazioni dalla Legge 28 marzo 2022, n. 25 e successivamente dall'articolo 1, comma 528, della Legge 29 dicembre 2022, n. 197.*

Omissis.

272. Al fine di garantire la continuità nell'erogazione dei livelli essenziali di assistenza, il personale medico in servizio presso le strutture del sistema di emergenza-urgenza territoriale 118, che alla data di entrata in vigore della presente legge ha maturato un'anzianità lavorativa di almeno trentasei mesi, può accedere alle procedure di assegnazione degli incarichi convenzionali a tempo indeterminato destinate al servizio di emergenza-urgenza 118 anche senza il possesso del diploma attestante la formazione specifica in medicina generale. A determinare il requisito di anzianità lavorativa di cui al precedente periodo concorrono periodi di attività, anche non continuativi, effettuati negli ultimi dieci anni, nei servizi di emergenza-urgenza 118 con incarico convenzionale a tempo determinato.

273. Il personale medico di cui al comma 272 accede alle procedure di assegnazione degli incarichi convenzionali a tempo indeterminato destinate al servizio di emergenza-urgenza 118 in via subordinata rispetto al personale medico iscritto in graduatoria regionale e in possesso del diploma di formazione specifica in medicina generale. Le procedure di assegnazione degli incarichi ai medici, di cui al periodo precedente, avvengono in una fase immediatamente successiva alla conclusione dell'assegnazione delle zone carenti agli aventi diritto. Nei casi di cui al presente comma è comunque requisito essenziale il possesso dell'attestato d'idoneità all'esercizio dell'emergenza sanitaria territoriale.

274. Al fine di assicurare l'implementazione degli standard organizzativi, quantitativi, qualitativi e tecnologici ulteriori rispetto a quelli previsti dal Piano nazionale di ripresa e resilienza (PNRR) per il potenziamento dell'assistenza territoriale, con riferimento ai maggiori oneri per la spesa di personale dipendente, da reclutare anche in deroga ai vincoli in materia di spesa di personale previsti dalla legislazione vigente limitatamente alla spesa eccedente i predetti vincoli, e per quello convenzionato, è autorizzata la spesa massima di 90,9 milioni di euro per l'anno 2022, 150,1 milioni di euro per l'anno 2023, 328,3 milioni di euro per l'anno 2024, 591,5 milioni di euro per l'anno 2025 e 1.015,3 milioni di euro a decorrere dall'anno 2026 a valere sul finanziamento del Servizio sanitario nazionale. La predetta autorizzazione decorre dalla data di entrata in vigore del regolamento per la definizione di standard organizzativi, quantitativi, qualitativi, tecnologici e omogenei per l'assistenza territoriale, da adottare con decreto del Ministro della salute, di concerto con il Ministro dell'economia e delle finanze, entro il 30 aprile 2022. Con successivo decreto del Ministro della salute, di concerto con il Ministro dell'economia e delle finanze, le somme di cui al primo periodo sono ripartite fra le regioni e le province autonome di Trento e di Bolzano, in base ai criteri definiti con il medesimo decreto anche tenendo conto degli obiettivi previsti dal PNRR.

275. Al fine di sostenere le fondamentali attività di prevenzione oncologica della Lega italiana per la lotta contro i tumori (LILT) nonché delle connesse attività di natura socio-sanitaria e riabilitativa, è riconosciuto alla LILT un contributo pari a 2 milioni di euro annui a decorrere dall'anno 2022.

276. Per garantire la piena attuazione del Piano di cui all'articolo 29 del decreto-legge 14 agosto 2020, n. 104, convertito, con modificazioni, dalla legge 13 ottobre 2020, n. 126, le disposizioni previste dall'articolo 26, commi 1 e 2, del decreto-legge 25 maggio 2021, n. 73, convertito, con modificazioni, dalla legge 23 luglio 2021, n. 106, sono prorogate fino al 31 dicembre 2022. Conseguentemente, le regioni e le province autonome di Trento e di Bolzano rimodulano il Piano per le liste d'attesa adottato ai sensi dell'articolo 29 del decreto-legge 14 agosto 2020, n. 104, convertito, con modificazioni, dalla legge 13 ottobre 2020, n. 126, e successivamente aggiornato ai sensi dell'articolo 26, comma 2, del decreto-legge 25 maggio 2021, n. 73, convertito, con modificazioni, dalla legge 23 luglio 2021, n. 106, e lo presentano entro il 31 gennaio 2022 al Ministero della salute e al Ministero dell'economia e delle finanze.

277. Per il raggiungimento delle finalità di cui al comma 276, le regioni e le province autonome di Trento e di Bolzano possono coinvolgere anche le strutture private accreditate, in deroga all'articolo 15, comma 14, primo periodo, del decreto-legge 6 luglio 2012, n. 95, convertito, con modificazioni, dalla legge 7 agosto 2012, n. 135, per un ammontare non superiore all'importo complessivo su base nazionale pari a 150 milioni di euro, ripartito come indicato nella tabella A dell'allegato 4 annesso alla presente legge, ed eventualmente incrementabile sulla base di specifiche esigenze regionali, nel limite dell'autorizzazione di spesa di cui al comma 278. Le medesime strutture private accreditate rendicontano entro il 31 gennaio 2023 alle rispettive regioni e province autonome le attività effettuate nell'ambito dell'incremento di budget assegnato per l'anno 2022, anche ai fini della valutazione della deroga di cui al presente comma. La presente disposizione si applica anche alle regioni interessate dai piani di rientro dal disavanzo sanitario di cui all'articolo 1, comma 180, della legge 30 dicembre 2004, n. 311.

278. Per l'attuazione delle finalità di cui ai commi 276 e 277 è autorizzata la spesa per complessivi 500 milioni di

euro, a valere sul livello di finanziamento del fabbisogno sanitario nazionale standard cui concorre lo Stato per l'anno 2022. Tale autorizzazione di spesa include l'importo massimo di 150 milioni di euro di cui al comma 277. Al finanziamento di cui ai commi da 276 a 279 accedono tutte le regioni e le province autonome di Trento e di Bolzano, in deroga alle disposizioni legislative che stabiliscono per le autonomie speciali il concorso regionale e provinciale al finanziamento sanitario corrente, secondo la ripartizione riportata nella tabella B dell'allegato 4 annesso alla presente legge.

279. Il Ministero della salute verifica, sulla base di apposita relazione trasmessa dalle regioni e dalle province autonome di Trento e di Bolzano, il numero e la tipologia di prestazioni oggetto di recupero, in coerenza con il Piano rimodulato di cui all'articolo 26, comma 2, del decreto-legge 25 maggio 2021, n. 73, convertito, con modificazioni, dalla legge 23 luglio 2021, n. 106, nei limiti massimi degli importi di cui al comma 278 impiegati per la finalità di cui al comma 276. Ove il Ministero della salute abbia positivamente verificato l'insussistenza del fabbisogno di recupero delle liste d'attesa di cui al comma 276, il finanziamento di cui ai commi da 276 al presente comma o quota parte di esso rientra nella disponibilità del servizio sanitario della regione o provincia autonoma per lo svolgimento di altra finalità sanitaria.

280. Al fine di aggiornare le valutazioni inerenti all'appropriatezza e al sistema di remunerazione delle prestazioni di assistenza ospedaliera erogate dal Servizio sanitario nazionale, entro il 30 giugno 2023, con decreto del Ministro della salute, di concerto con il Ministro dell'economia e delle finanze, sentita la Conferenza permanente per i rapporti tra lo Stato, le regioni e le province autonome di Trento e di Bolzano, si provvede all'aggiornamento delle tariffe massime per la remunerazione delle prestazioni di assistenza ospedaliera per acuti erogate in regime di ricovero ordinario e diurno a carico del Servizio sanitario nazionale, congiuntamente all'aggiornamento dei sistemi di classificazione adottati per la codifica delle informazioni cliniche contenute nella scheda di dimissione ospedaliera. Le predette tariffe massime, come aggiornate con il decreto di cui al primo periodo, costituiscono limite tariffario invalicabile per le prestazioni rese a carico del Servizio sanitario nazionale e sono aggiornate ogni due anni con la medesima procedura di cui al primo periodo.

281. Al fine di sostenere il potenziamento delle prestazioni ricomprese nei LEA, anche alla luce delle innovazioni che caratterizzano il settore, il tetto della spesa farmaceutica per acquisti diretti di cui all'articolo 1, comma 398, della legge 11 dicembre 2016, n. 232, è rideterminato nella misura dell'8 per cento per l'anno 2022, dell'8,15 per cento per l'anno 2023 e dell'8,30 per cento a decorrere dall'anno 2024. Resta fermo il valore percentuale del tetto per acquisti diretti di gas medicinali di cui all'articolo 1, comma 575, della legge 30 dicembre 2018, n. 145. Resta fermo il limite della spesa farmaceutica convenzionata nel valore stabilito dall'articolo 1, comma 475, primo periodo, della legge 30 dicembre 2020, n. 178. Conseguentemente il valore complessivo della spesa farmaceutica è rideterminato nel 15 per cento per l'anno 2022, nel 15,15 per cento nell'anno 2023 e nel 15,30 per cento a decorrere dall'anno 2024.

282. Le percentuali di cui al comma 281 possono essere annualmente rideterminate, fermi restando i valori complessivi di cui al medesimo comma, in sede di predisposizione del disegno di legge di bilancio, su proposta del Ministero della salute, sentita l'Agenzia italiana del farmaco (AIFA), d'intesa con il Ministero dell'economia e delle finanze, sulla base dell'andamento del mercato dei medicinali e del fabbisogno assistenziale.

283. L'attuazione del comma 281 è subordinata all'aggiornamento annuale da parte dell'AIFA dell'elenco dei farmaci rimborsabili dal Servizio sanitario nazionale, sulla base dei criteri di costo e di efficacia, e all'allineamento dei prezzi dei farmaci terapeuticamente sovrapponibili, nel rispetto dei criteri determinati dall'AIFA, previo parere della Commissione consultiva tecnico-scientifica (CTS) della medesima Agenzia, da effettuare entro il 30 novembre dell'anno precedente a quello di riferimento.

284. Entro sessanta giorni dalla data di entrata in vigore della presente legge, con decreto del Ministro della salute, di concerto con il Ministro dell'economia e delle finanze, su proposta dell'AIFA, sono definite le modalità di applicazione di quanto disposto dal comma 281 esclusivamente in favore delle aziende farmaceutiche che hanno provveduto all'integrale pagamento dell'onere di ripiano per gli anni 2019 e 2020, senza riserva.

285. Per l'azienda farmaceutica per la quale sia stato verificato il mancato pagamento in tutto o in parte dell'onere di ripiano previsto per la relativa autorizzazione all'immissione in commercio (AIC), sono avviate dall'AIFA le procedure per la cessazione del rimborso a carico del Servizio sanitario nazionale della stessa AIC, previa verifica da parte dell'AIFA della sostituibilità del farmaco con altro medicinale di analoga efficacia.

286. In considerazione dell'emergenza da COVID-19 in corso, le entrate di cui al payback relativo all'anno 2019 oggetto di pagamento con riserva possono essere utilizzate dalle regioni e dalle province autonome per l'equilibrio del settore sanitario dell'anno 2021, ferma restando la compensazione delle stesse a valere sul fabbisogno sanitario nazionale standard dell'anno in cui il pagamento con riserva è definito, qualora di entità inferiore. Per il pay back relativo all'anno 2020 le disposizioni di cui al presente comma si applicano nei limiti di quanto effettivamente versato dalle aziende farmaceutiche alla data di entrata in vigore della legge di conversione del decreto-legge 27 gennaio 2022, n. 4[(1)].

[(1)] Comma modificato dall'articolo 11-ter , comma 2, del D.L. 27 gennaio 2022, n. 4 , convertito con modificazioni dalla Legge 28 marzo 2022, n. 25 successivamente modificato dall'articolo 26, comma 2-quater, del D.L. 1 marzo 2022, n. 17, convertito, con modificazioni, dalla Legge 27 aprile 2022, n. 34.

287. I dispositivi medici correlati alle azioni di contenimento e contrasto della pandemia di SARS-CoV-2, di cui all'elenco "*Acquisti di dispositivi e attrezzature per il contrasto all'emergenza COVID-19*", pubblicato nel sito internet istituzionale della Presidenza del Consiglio dei ministri, acquistati dalle regioni e dalle province autonome di Trento e di Bolzano, non sono considerati, per gli anni 2020 e 2021, ai fini del computo del tetto di spesa di cui all'articolo 9-ter del decreto-legge 19 giugno 2015, n. 78, convertito, con modificazioni, dalla legge 6 agosto 2015, n. 125.

288. A decorrere dall'anno 2022, per l'aggiornamento dei LEA, in attuazione di quanto previsto dall'articolo 1, commi

558 e 559, della legge 28 dicembre 2015, n. 208, è finalizzato l'importo di 200 milioni di euro, a valere sulla quota indistinta del fabbisogno sanitario nazionale standard.

289. All'articolo 2, comma 67-bis, della legge 23 dicembre 2009, n. 191, al quinto periodo, le parole: "*e per l'anno 2021*" sono sostituite dalle seguenti: "*, per l'anno 2021 e per l'anno 2022*".

290. All'articolo 33 del decreto-legge 25 maggio 2021, n. 73, convertito, con modificazioni, dalla legge 23 luglio 2021, n. 106, sono apportate le seguenti modificazioni:

a) al comma 1, le parole: "*fino al 31 dicembre 2021*" sono sostituite dalle seguenti: "*fino al 31 dicembre 2022*";

b) il comma 2 è sostituito dal seguente:

"*2. Per le finalità di cui al comma 1 è autorizzata la spesa di 8 milioni di euro annui per ciascuno degli anni 2021 e 2022. Conseguentemente il livello del finanziamento del fabbisogno sanitario nazionale standard cui concorre lo Stato è incrementato di 8 milioni di euro per l'anno 2021; per l'anno 2022, alla spesa di 8 milioni di euro si provvede a valere sul livello del finanziamento del fabbisogno sanitario nazionale standard cui concorre lo Stato per il medesimo anno. Al relativo finanziamento accedono tutte le regioni e le province autonome di Trento e di Bolzano, in deroga alle disposizioni legislative che stabiliscono per le autonomie speciali il concorso regionale e provinciale al finanziamento sanitario corrente, sulla base delle quote d'accesso al fabbisogno sanitario. La ripartizione complessiva del finanziamento di 8 milioni di euro per ciascuno degli anni 2021 e 2022 è riportata nella tabella C allegata al presente decreto*";

c) al comma 3, le parole: "*fino al 31 dicembre 2021*" sono sostituite dalle seguenti: "*fino al 31 dicembre 2022*";

d) il comma 5 è sostituito dal seguente:

"*5. Per le finalità di cui al comma 3 è autorizzata la spesa complessiva annua di 19.932.000 euro per ciascuno degli anni 2021 e 2022. Conseguentemente il livello del finanziamento del fabbisogno sanitario nazionale standard cui concorre lo Stato è incrementato di 19.932.000 euro per l'anno 2021; per l'anno 2022, alla spesa di 19.932.000 euro si provvede a valere sul livello del finanziamento del fabbisogno sanitario nazionale standard cui concorre lo Stato per il medesimo anno. Al relativo finanziamento accedono tutte le regioni e le province autonome di Trento e di Bolzano, in deroga alle disposizioni legislative che stabiliscono per le autonomie speciali il concorso regionale e provinciale al finanziamento sanitario corrente, sulla base delle quote d'accesso al fabbisogno sanitario. La ripartizione complessiva del finanziamento pari a 19.932.000 euro per ciascuno degli anni 2021 e 2022 è riportata nella tabella D allegata al presente decreto*";

e) al comma 6-bis, le parole: "*per l'anno 2021*" sono sostituite dalle seguenti: "*per ciascuno degli anni 2021 e 2022*".

291. La tabella C allegata al decreto-legge 25 maggio 2021, n. 73, convertito, con modificazioni, dalla legge 23 luglio 2021, n. 106, concernente l'articolo 33, commi 1 e 2, e la tabella D allegata al medesimo decreto-legge n. 73 del 2021, concernente l'articolo 33, commi 3 e 5, sono sostituite, rispettivamente, dalle tabelle di cui agli allegati 5 e 6 annessi alla presente legge.

292. Agli oneri derivanti dal comma 290, lettera e), pari a 10 milioni di euro per l'anno 2022, si provvede mediante corrispondente riduzione del livello del finanziamento del fabbisogno sanitario nazionale standard cui concorre lo Stato.

293. Ai fini del riconoscimento delle particolari condizioni del lavoro svolto dal personale della dirigenza medica e dal personale del comparto sanità, dipendente dalle aziende e dagli enti del Servizio sanitario nazionale ed operante nei servizi di pronto soccorso, nell'ambito dei rispettivi contratti collettivi nazionali di lavoro è definita, nei limiti degli importi annui lordi di 27 milioni di euro per la dirigenza medica e di 63 milioni di euro per il personale del comparto sanità, una specifica indennità di natura accessoria da riconoscere, in ragione dell'effettiva presenza in servizio, con decorrenza dal 1° gennaio 2022.

294. Alla copertura degli oneri derivanti dalle disposizioni di cui al comma 293, valutati complessivamente in 90 milioni di euro a decorrere dall'anno 2022, si provvede a valere sul livello del finanziamento del fabbisogno sanitario nazionale standard cui concorre lo Stato.

295. Le disposizioni di cui all'articolo 4-bis del decreto-legge 17 marzo 2020, n. 18, convertito, con modificazioni, dalla legge 24 aprile 2020, n. 27, già prorogate dall'articolo 1, comma 425, lettera a), della legge 30 dicembre 2020, n. 178, sono ulteriormente prorogate al 30 giugno 2022, nei limiti di spesa per singola regione e provincia autonoma indicati nell'allegato 7 annesso alla presente legge.

296. All'onere derivante dalla disposizione di cui al comma 295, valutato in 105 milioni di euro per l'anno 2022, si provvede a valere sul livello del finanziamento del fabbisogno nazionale standard cui concorre lo Stato.

297. Il fondo per il finanziamento ordinario delle università, di cui all'articolo 5, comma 1, lettera a), della legge 24 dicembre 1993, n. 537, è incrementato di 250 milioni di euro per l'anno 2022, di 515 milioni di euro per l'anno 2023, di 765 milioni di euro per l'anno 2024, di 815 milioni di euro per l'anno 2025 e di 865 milioni di euro annui a decorrere dall'anno 2026, di cui:

a) 75 milioni di euro per l'anno 2022, 300 milioni di euro per l'anno 2023, 640 milioni di euro per l'anno 2024, 690 milioni di euro per l'anno 2025 e 740 milioni di euro a decorrere dall'anno 2026 destinati all'assunzione di professori universitari, di ricercatori di cui all'articolo 24, comma 3, lettera b), della legge 30 dicembre 2010, n. 240, e di personale tecnico-amministrativo delle università, in deroga alle vigenti facoltà assunzionali, al fine di favorire il graduale raggiungimento degli standard europei in ordine al rapporto tra il numero dei docenti e del personale tecnico-amministrativo delle università e quello degli studenti. Con riferimento alle assunzioni di professori universitari, le risorse di cui alla presente lettera sono riservate esclusivamente alle procedure di cui all'articolo 18 della legge 30 dicembre 2010, n. 240, con vincolo, di almeno un quinto, per le chiamate ai sensi del comma 4 del medesimo articolo 18 della legge n. 240 del 2010. Le procedure di cui al secondo periodo, finanziate con le risorse di cui alla presente lettera, sono volte a valutare le competenze dell'aspirante nell'ambito della didattica, della ricerca e della terza missione. Con decreto del Ministro dell'università e della ricerca, da adottare entro centoventi giorni dalla data di entrata in vigore della presente legge, sono individuati i criteri di riparto delle risorse di cui alla presente lettera, tenendo conto, prioritariamente, dei risultati conseguiti dagli atenei nella valutazione della qualità della ricerca (VQR) e nella valutazione delle politiche di reclutamento;

b) 50 milioni di euro a decorrere dall'anno 2022 finalizzati alla valorizzazione del personale tecnico-amministrativo delle università statali in ragione delle specifiche attività svolte nonché al raggiungimento, da parte delle università, di più elevati obiettivi nell'ambito della didattica, della ricerca e della terza missione. Con il decreto di ripartizione del fondo per il finanziamento ordinario di cui all'articolo 5, comma 1, lettera a), della legge 24 dicembre 1993, n. 537, sono individuati i criteri di riparto delle risorse di cui alla presente lettera tra le singole istituzioni, nonché i princìpi generali per la definizione degli obiettivi e l'attribuzione delle predette risorse al personale tecnico-amministrativo. Le singole università provvedono all'assegnazione delle risorse al personale in ragione della partecipazione dello stesso ad appositi progetti finalizzati al raggiungimento di più elevati obiettivi nell'ambito della didattica, della ricerca e della terza missione, nel limite massimo pro capite del 15 per cento del trattamento tabellare annuo lordo, secondo criteri stabiliti mediante la contrattazione collettiva integrativa nel rispetto di quanto previsto dal decreto di cui al secondo periodo;

c) 10 milioni di euro a decorrere dall'anno 2022 destinati ad incentivare, a titolo di cofinanziamento, le chiamate di cui all'articolo 1, comma 9, primo periodo, della legge 4 novembre 2005, n. 230;

d) 15 milioni di euro per l'anno 2022, 20 milioni di euro per l'anno 2023 e 35 milioni di euro a decorrere dall'anno 2024 destinati alle Scuole superiori ad ordinamento speciale. Nell'ambito dell'incremento disposto ai sensi del precedente periodo, la quota del fondo per il finanziamento ordinario delle università di cui all'articolo 5, comma 1, lettera a), della legge 24 dicembre 1993, n. 537, destinata alle finalità di cui all'articolo 1, comma 412, della legge 30 dicembre 2018, n. 145, è incrementata di 1,2 milioni di euro per l'anno 2022, 5,4 milioni di euro per l'anno 2023, 9,7 milioni di euro per l'anno 2024, 16,5 milioni di euro per l'anno 2025 e 19 milioni di euro a decorrere dall'anno 2026;

e) 15 milioni di euro per l'anno 2022 e 30 milioni di euro annui a decorrere dall'anno 2023 destinati per l'adeguamento dell'importo delle borse di studio concesse per la frequenza ai corsi di dottorato di ricerca. L'adeguamento dell'importo della borsa di studio è definito con decreto del Ministro dell'università e della ricerca, da adottare entro sessanta giorni dalla data di entrata in vigore della presente legge.

298. Al fine di sostenere gli studenti fuori sede residenti in regione diversa da quella in cui è situata la sede universitaria alla quale sono iscritti e con un indicatore della situazione economica equivalente non superiore a 20.000 euro attraverso un contributo alle spese sanitarie, il fondo per il finanziamento ordinario di cui all'articolo 5, comma 1, lettera a), della legge 24 dicembre 1993, n. 537, è incrementato di 2 milioni di euro per l'anno 2022. Con il decreto di ripartizione del fondo di cui al primo periodo sono disciplinate le modalità di accesso al contributo, per il tramite delle università.

299. Ai fini del più ampio accesso alla rete di connessione dati, anche in conseguenza di un maggior impiego di strumentazioni digitali nell'erogazione della didattica per gli studenti delle università e delle istituzioni di alta formazione artistica, musicale e coreutica, all'articolo 7, comma 2, lettera a), del decreto legislativo 29 marzo 2012, n. 68, al secondo periodo, la parola: "*Non*" è soppressa e dopo le parole: "*attrezzature tecniche o informatiche*" sono aggiunte le seguenti: «. È altresì ricompresa la spesa per l'adeguamento o l'acquisto di provider o dispositivi di miglioramento del servizio di connessione dati di rete personale o domestica tale da consentire la navigazione mediante la più recente tecnologia di rete locale senza fili ovvero, laddove non possibile, mediante tecnologia di telefonia mobile e cellulare".

300. Lo stanziamento, iscritto nello stato di previsione della spesa del Ministero dell'università e della ricerca e destinato ai collegi di merito accreditati di cui al decreto legislativo 29 marzo 2012, n. 68, è incrementato, per ciascuno degli anni 2022 e 2023, di 2 milioni di euro.

301. Al fondo perequativo a sostegno delle università non statali legalmente riconosciute del Mezzogiorno, di cui all'articolo 1, comma 521, della legge 30 dicembre 2020, n. 178, è assegnata una dotazione di 8 milioni di euro per ciascuno degli anni 2022 e 2023. Per il riparto delle risorse di cui al primo periodo, il decreto del Ministro dell'università e della ricerca di cui al citato articolo 1, comma 521, della legge n. 178 del 2020 tiene conto esclusivamente del riferimento alla quota premiale attribuita ai sensi dell'articolo 12 della legge 30 dicembre 2010, n. 240.

Omissis.

310. Il fondo ordinario per gli enti e le istituzioni di ricerca, di cui all'articolo 7 del decreto legislativo 5 giugno 1998, n. 204, è incrementato di 90 milioni di euro per ciascuno degli anni 2022, 2023 e 2024 e di 100 milioni di euro annui a decorrere dall'anno 2025, di cui:

a) fatto salvo quanto previsto dalle lettere b) e c), una quota pari a 30 milioni di euro per ciascuno degli anni 2022, 2023 e 2024 e a 40 milioni di euro a decorrere dall'anno 2025 è ripartita tra gli enti pubblici di ricerca vigilati dal Ministero dell'università e della ricerca, ad eccezione del Consiglio nazionale delle ricerche (CNR). Nell'ambito della quota di cui al periodo precedente, 2,5 milioni di euro a decorrere dall'anno 2022 sono vincolati alla copertura dei costi connessi alle procedure di cui all'articolo 20 del decreto legislativo 25 maggio 2017, n. 75. Con decreto del Ministro dell'università e della ricerca, da adottare entro novanta giorni dalla data di entrata in vigore della presente legge, sono individuati i criteri di riparto tra gli enti pubblici di ricerca delle risorse di cui alla presente lettera;

b) 30 milioni di euro a decorrere dall'anno 2022 sono destinati alla promozione dello sviluppo professionale di ricercatori e tecnologi di ruolo di terzo livello in servizio alla data di entrata in vigore della presente legge. Con decreto del Ministro dell'università e della ricerca sono stabiliti i criteri di riparto delle risorse di cui alla presente lettera tra gli enti pubblici di ricerca vigilati dal Ministero dell'università e della ricerca. Gli enti pubblici di ricerca possono indire procedure selettive riservate a ricercatori e tecnologi di terzo livello professionale per l'accesso al secondo livello, nei limiti delle risorse assegnate con il decreto di cui al secondo periodo. I componenti delle commissioni per le procedure selettive di cui alla presente lettera sono scelti esclusivamente tra esperti di elevata qualificazione nelle aree scientifiche e nei settori tecnologici di riferimento, esterni all'ente(1);

c) 20 milioni di euro a decorrere dall'anno 2022 sono finalizzati alla valorizzazione del personale tecnico-amministrativo degli enti pubblici di ricerca vigilati dal Ministero dell'università e della ricerca in ragione delle specifiche attività svolte nonché del raggiungimento di più elevati obiettivi nell'ambito della ricerca pubblica. Con decreto del Ministro dell'università e della ricerca, da adottare entro novanta giorni dalla data di entrata in vigore della presente legge, sono individuati i criteri di riparto tra gli enti pubblici di ricerca delle risorse di cui alla presente lettera, nonché i princìpi generali per la definizione degli obiettivi e l'attribuzione delle predette risorse al personale tecnico-amministrativo. Gli enti pubblici di ricerca provvedono all'assegnazione delle risorse al personale in ragione della partecipazione dello stesso ad appositi progetti finalizzati al raggiungimento di più elevati obiettivi nell'ambito della ricerca, nel limite massimo pro capite del 15 per cento del trattamento tabellare annuo lordo, secondo criteri stabiliti mediante la contrattazione collettiva integrativa nel rispetto di quanto previsto dal decreto di cui al secondo periodo.

Gli enti pubblici di ricerca possono utilizzare, entro il limite di 10 milioni di euro, ripartiti con le modalità di cui al secondo periodo, anche le procedure selettive riservate a ricercatori e tecnologi di ruolo di terzo livello professionale per l'accesso al secondo livello avviate tra il 1° gennaio 2019 e la data di entrata in vigore delle disposizioni relative alla messa ad esaurimento dei profili di ricercatore e tecnologo di terzo livello (2).

(1) *Lettera modificata dall'articolo 1, comma 573, della Legge 29 dicembre 2022, n. 197.*
(2) *Comma modificato dall'articolo 6, comma 4-quater del D.L. 30 dicembre 2021, n. 228, convertito con modificazioni dalla Legge 25 febbraio 2022, n. 15.*

311. La dotazione del Fondo italiano per la scienza di cui all'articolo 61 del decreto-legge 25 maggio 2021, n. 73, convertito, con modificazioni, dalla legge 23 luglio 2021, n. 106, è incrementata di 50 milioni di euro per l'anno 2023 e di 100 milioni di euro a decorrere dall'anno 2024.

312. Al fine di promuovere la competitività del sistema produttivo nazionale, attraverso la valorizzazione della ricerca industriale e dello sviluppo sperimentale, è istituito, nello stato di previsione del Ministero dell'università e della ricerca, un apposito fondo, denominato "*Fondo italiano per le scienze applicate*" con una dotazione di 50 milioni di euro per l'anno 2022, di 150 milioni di euro per l'anno 2023, di 200 milioni di euro per l'anno 2024 e di 250 milioni di euro a decorrere dall'anno 2025. Con decreto del Ministro dell'università e della ricerca, di concerto con il Ministro dello sviluppo economico, da adottare entro novanta giorni dalla data di entrata in vigore della presente legge, sono stabiliti i criteri e le modalità per l'assegnazione delle risorse del fondo. Nell'ambito di tali criteri sono valorizzate le progettualità con una maggiore quota di cofinanziamento a carico di soggetti privati.

313. Per le finalità di cui al comma 5 dell'articolo 19 del decreto legislativo 25 novembre 2016, n. 218, è disposto lo stanziamento di 30 milioni di euro per l'anno 2023. Ai fini del riparto delle risorse di cui al presente comma, il decreto del Ministro dell'università e della ricerca di cui al comma 5 dell'articolo 19 del decreto legislativo n. 218 del 2016 tiene conto anche dei risultati conseguiti dagli enti pubblici di ricerca nella valutazione della qualità della ricerca (VQR).

314. All'articolo 1 della legge 27 dicembre 2019, n. 160, i commi da 240 a 248 sono abrogati.

315. Al fine di riorganizzare e rilanciare le attività del Consiglio nazionale delle ricerche (CNR), il consiglio di amministrazione dell'ente adotta, entro sei mesi dalla data di entrata in vigore della presente legge, il "*piano di riorganizzazione e rilancio del Consiglio nazionale delle ricerche (CNR)*". Il piano di riorganizzazione e rilancio assume la funzione di piano triennale di attività ai fini dell'applicazione della normativa vigente.

316. Per le finalità di cui al comma 315, con decreto del Ministro dell'università e della ricerca, sentito il Ministro dell'economia e delle finanze, è istituito un comitato strategico per il rilancio dell'ente (Supervisory Board), composto da cinque esperti, italiani o stranieri, di elevata qualificazione scientifica e professionale, con una comprovata conoscenza del sistema della ricerca in Italia e all'estero e con pluriennale esperienza, anche gestionale, in enti o organizzazioni complesse, dei quali due sono individuati dal Ministro dell'università e della ricerca tra otto nominativi proposti dal presidente del CNR, due sono individuati dal Ministro dell'università e della ricerca tra otto nominativi proposti dal comitato di selezione dei presidenti e dei componenti dei consigli di amministrazione degli enti di ricerca di designazione governativa, di cui all'articolo 11 del decreto legislativo 31 dicembre 2009, n. 213, e uno è nominato d'intesa con il Ministro dell'economia e delle finanze. Ai componenti del comitato strategico spettano un compenso pari ad euro 20.000 annui nonché gli eventuali rimborsi di spese previsti dalla normativa vigente in materia di trattamento di missione, nel limite massimo complessivo di euro 100.000 annui. Agli oneri derivanti dall'applicazione del presente comma, pari a 232.700 euro per ciascuno degli anni 2022, 2023 e 2024, si provvede a valere sulle risorse previste dal comma 322.

317. Il piano di cui al comma 315 è adottato previo parere del comitato di cui al comma 316 ed è approvato con decreto del Ministro dell'università e della ricerca, di concerto con il Ministro dell'economia e delle finanze. Sui contenuti del piano il Ministro dell'università e della ricerca riferisce alle Camere in apposita audizione.

318. Il piano di cui al comma 315 è predisposto con il coinvolgimento della rete scientifica e dell'amministrazione, secondo le modalità stabilite con delibera del consiglio di amministrazione. Per la predisposizione del piano di cui ai commi da 315 a 324, il consiglio di amministrazione del CNR e il comitato di cui al comma 316 possono avvalersi di esperti di comprovata qualificazione professionale, individuati ai sensi dell'articolo 7, comma 6, del decreto legislativo 30 marzo 2001, n. 165, fino a un importo massimo di euro 50.000 lordi annui per ciascun incarico e nel limite massimo complessivo di euro 100.000 per l'anno 2022, a valere sulle risorse di cui al comma 322, lettera b). Gli esperti di cui al presente comma esaminano, in particolare, la consistenza economica e patrimoniale, lo stato dell'organizzazione, la consistenza dell'organico e il piano di fabbisogno, nonché la documentazione relativa alla programmazione, alla rendicontazione scientifica e alla programmazione economica e finanziaria.

319. Il piano di cui al comma 315 può contenere proposte di revisione della disciplina, statutaria e normativa, di funzionamento dell'ente, ivi compresa quella riferita alla composizione degli organi, nonché ogni altra misura di riorganizzazione necessaria per il raggiungimento di maggiori livelli di efficienza amministrativa e gestionale. Il piano reca, altresì, l'indicazione delle risorse economiche per provvedere alla relativa attuazione, distinguendo tra quelle derivanti dalle misure di riorganizzazione e quelle richieste dagli investimenti finalizzati al rilancio dell'ente.

320. Il piano di cui al comma 315 si conclude entro tre

anni dalla sua approvazione. L'attuazione del piano è sottoposta al monitoraggio, almeno semestrale, da parte del Ministero dell'università e della ricerca, anche avvalendosi del comitato di cui al comma 316.

321. L'adozione del piano entro il termine di cui al comma 315 consente l'accesso al finanziamento di 20 milioni di euro ai sensi del comma 322, lettera b). L'esito positivo del monitoraggio di cui al comma 320 consente l'accesso al contributo di cui al comma 323.

322. Al CNR è concesso un contributo di 60 milioni di euro a decorrere dall'anno 2022, di cui:

a) 10 milioni di euro a decorrere dall'anno 2022 sono vincolati alla copertura dei costi connessi alle procedure di cui all'articolo 20 del decreto legislativo 25 maggio 2017, n. 75;

b) 50 milioni di euro sono utilizzabili per le finalità del piano di cui al comma 315 e per le spese di funzionamento del comitato strategico di cui al comma 316 per gli anni 2022, 2023 e 2024. Per l'anno 2022, la somma di 20 milioni di euro è erogata in esito all'adozione del piano entro il termine di cui al comma 321.

323. Fermo restando quanto previsto dal comma 321, a decorrere dall'anno 2023, al CNR è concesso un ulteriore contributo di 20 milioni di euro annui.

324. Anche al fine di agevolare la realizzazione del piano di cui al comma 315, all'articolo 1 del decreto legislativo 25 novembre 2016, n. 218, dopo il comma 2 è aggiunto il seguente:

"*2-bis. Per l'utilizzo degli immobili di proprietà dello Stato in gestione all'Agenzia del demanio, anche in corso alla data di entrata in vigore della presente disposizione, da parte degli enti pubblici di ricerca di cui al comma 1 si applicano le disposizioni di cui all'articolo 10 del regolamento di cui al decreto del Presidente della Repubblica 13 settembre 2005, n. 296. Restano acquisite all'erario le somme già corrisposte a qualsiasi titolo degli enti di cui al precedente periodo e sono fatte salve le assegnazioni già effettuate a titolo gratuito, anche in uso governativo ai medesimi enti*".

325. Al fine di sostenere le attività di ricerca finalizzate al contenimento della diffusione dell'organismo nocivo "*Xylella fastidiosa*" condotte dal CNR è autorizzata la spesa di 5 milioni di euro per ciascuno degli anni 2022, 2023 e 2024.

326. Al fine di corrispondere alle esigenze delle istituzioni scolastiche connesse all'emergenza epidemiologica, il termine dei contratti sottoscritti ai sensi dell'articolo 58, comma 4-ter, lettere a) e b), del decreto-legge 25 maggio 2021, n. 73, convertito, con modificazioni, dalla legge 23 luglio 2021, n. 106 e prorogati fino al 31 marzo 2022, può essere prorogato fino al termine delle lezioni dell'anno scolastico 2021/2022, e comunque non oltre il 15 giugno 2022, salvo che per le scuole dell'infanzia statali di cui all'articolo 1 del decreto legislativo 19 febbraio 2004, n. 59 nelle quali il termine è prorogato fino a non oltre il 30 giugno 2022 nel limite delle risorse di cui al secondo periodo. Conseguentemente, il Fondo di cui all'articolo 235 del decreto-legge 19 maggio 2020, n. 34, convertito, con modificazioni, dalla legge 17 luglio 2020, n. 77, come ripartito dal decreto del Ministro dell'istruzione, di concerto con il Ministro dell'economia e delle finanze, n. 274 del 2 settembre 2021, è incrementato di 570 milioni di euro per l'anno 2022. Il Ministero dell'istruzione, entro il 31 luglio 2022, provvede al monitoraggio delle spese di cui al primo periodo, comunicando le relative risultanze al Ministero dell'economia e delle finanze-Dipartimento della Ragioneria generale dello Stato, e la quota parte delle risorse di cui al secondo periodo che, in base al monitoraggio, risulti non spesa è versata all'entrata del bilancio dello Stato per essere riassegnata al Fondo per l'ammortamento dei titoli di Stato[1].

[1] *Comma modificato dall'articolo 36, comma 1, del D.L. 21 marzo 2022, n. 21, convertito, con modificazioni, dalla Legge 20 maggio 2022, n. 51.*

327. All'articolo 1, comma 592, della legge 27 dicembre 2017, n. 205, le parole: "*e di 30 milioni di euro annui a decorrere dall'anno 2020*" sono sostituite dalle seguenti: "*, di 30 milioni di euro per ciascuno degli anni 2020 e 2021 e di 300 milioni di euro a decorrere dall'anno 2022*".

328. Per l'anno 2022 è assegnato alle scuole dell'infanzia paritarie un contributo aggiuntivo di 20 milioni di euro. Il contributo è ripartito secondo modalità e criteri definiti con decreto del Ministro dell'istruzione, da adottare entro trenta giorni dalla data di entrata in vigore della presente legge.

329. Al fine di conseguire gli obiettivi del Piano nazionale di ripresa e resilienza (PNRR) e di promuovere nei giovani, fin dalla scuola primaria, l'assunzione di comportamenti e stili di vita funzionali alla crescita armoniosa, alla salute, al benessere psico-fisico e al pieno sviluppo della persona, riconoscendo l'educazione motoria quale espressione di un diritto personale e strumento di apprendimento cognitivo, nelle more di una complessiva revisione dell'insegnamento dell'educazione motoria nella scuola primaria, è introdotto, gradualmente e subordinatamente all'adozione del decreto di cui al comma 335, l'insegnamento dell'educazione motoria nella scuola primaria, nelle classi quarte e quinte, da parte di docenti forniti di idoneo titolo di studio e dell'iscrizione nella correlata classe di concorso "*Scienze motorie e sportive nella scuola primaria*".

330. L'introduzione dell'insegnamento dell'educazione motoria è prevista per la classe quinta a decorrere dall'anno scolastico 2022/2023 e per la classe quarta a decorrere dall'anno scolastico 2023/2024, nel limite delle risorse finanziarie e strumentali disponibili a legislazione vigente nonché di quelle di personale definite con il decreto di cui al comma 335.

331. Si accede all'insegnamento dell'educazione motoria nella scuola primaria a seguito del superamento di specifiche procedure concorsuali abilitanti. Possono partecipare alle procedure concorsuali i soggetti in possesso di laurea magistrale conseguita nella classe LM-67 "*Scienze e tecniche delle attività motorie preventive e adattate*" o nella classe LM-68 "*Scienze e tecniche dello sport*" o nella classe LM-47 "*Organizzazione e gestione dei servizi per lo sport e le attività motorie*" oppure di titoli di studio equiparati alle predette lauree magistrali ai sensi del decreto del Ministro dell'istruzione, dell'università e della ricerca 9 luglio 2009, pubblicato nella Gazzetta Ufficiale n. 233 del 7 ottobre 2009, che abbiano, altresì, conseguito 24 crediti formativi universitari o accademici – CFU/CFA, acquisiti in forma curricolare, aggiuntiva o extra curricolare nelle discipline antropo-psico-pedagogiche e nelle metodologie e tecnologie didattiche.

332. Il docente di educazione motoria nella scuola primaria è equiparato, quanto allo stato giuridico ed economico, ai docenti del medesimo grado di istruzione e non può essere impegnato negli altri insegnamenti della scuola primaria.

333. Il contingente dei docenti di educazione motoria di cui al comma 329 è determinato in ragione di non più di due

ore settimanali di insegnamento aggiuntive, per le classi che non adottano il modello del tempo pieno nelle quali sia introdotto l'insegnamento, rispetto all'orario di cui all'articolo 4 del regolamento di cui al decreto del Presidente della Repubblica 20 marzo 2009, n. 89. Le classi che adottano il tempo pieno mantengono l'orario in essere anche quando interessate dal nuovo insegnamento. In tale ultimo caso le ore di educazione motoria possono essere assicurate in compresenza, ferma restando la responsabilità dei docenti coinvolti. Dall'attuazione del presente comma non devono derivare situazioni di esubero di personale.

334. I posti per l'insegnamento dell'educazione motoria nella scuola primaria, individuati dal decreto di cui al comma 335, in fase di prima applicazione, sono coperti con concorso per titoli ed esami abilitante, da bandire negli anni 2022 e 2023. Il contenuto del bando, i termini e le modalità di presentazione delle domande, i titoli valutabili, le modalità di svolgimento delle prove, i criteri di valutazione dei titoli e delle prove, nonché la composizione delle commissioni di valutazione e l'idonea misura del contributo a carico dei partecipanti sono disciplinati con decreto del Ministro dell'istruzione da adottare entro sessanta giorni dalla data di entrata in vigore della presente legge. L'entità del contributo di cui al secondo periodo è determinata in misura tale da consentire, unitamente alle risorse a tal fine iscritte nello stato di previsione del Ministero dell'istruzione, la copertura integrale degli oneri per lo svolgimento delle procedure concorsuali. Le relative graduatorie hanno validità annuale e in ogni caso perdono efficacia con l'approvazione delle graduatorie riferite al successivo concorso.

Omissis.

572. L'erogazione del contributo di cui al comma 567 è subordinata alla sottoscrizione, entro il 15 febbraio 2022, di un accordo per il ripiano del disavanzo e per il rilancio degli investimenti tra il Presidente del Consiglio dei ministri o un suo delegato e il sindaco, in cui il comune si impegna per tutto il periodo in cui risulta beneficiario del contributo di cui al comma 567 ad assicurare, per ciascun anno o con altra cadenza da individuare nel predetto accordo, risorse proprie pari ad almeno un quarto del contributo annuo, da destinare al ripiano del disavanzo e al rimborso dei debiti finanziari, attraverso parte o tutte le seguenti misure, da individuare per ciascun comune nell'ambito del predetto accordo (1):

a) istituzione, con apposite delibere del Consiglio comunale, di un incremento dell'addizionale comunale all'IRPEF, in deroga al limite previsto dall'articolo 1, comma 3, del decreto legislativo 28 settembre 1998, n. 360, e di un'addizionale comunale sui diritti di imbarco portuale e aereoportuale per passeggero;

b) valorizzazione delle entrate, attraverso la ricognizione del patrimonio, l'incremento dei canoni di concessione e di locazione e ulteriori utilizzi produttivi da realizzare attraverso appositi piani di valorizzazione e alienazione, anche avvalendosi del contributo di enti ed istituti pubblici e privati;

c) incremento della riscossione delle proprie entrate, prevedendo, fermo quando disposto dall'articolo 1, commi 784 e seguenti, della legge 27 dicembre 2019, n. 160:

1) in presenza di delibera che attribuisce l'attività di recupero coattivo delle predette entrate a soggetti terzi, ivi compresa l'Agenzia delle entrate-Riscossione, l'affidamento a questi ultimi, almeno trenta mesi prima del decorso del termine di prescrizione del relativo diritto, dei carichi relativi ai crediti maturati e esigibili a decorrere dalla data di sottoscrizione dell'accordo previsto dal presente comma. Nei primi due anni di attuazione dell'accordo l'affidamento dei predetti crediti deve essere effettuato almeno venti mesi prima;

2) con deliberazione adottata a norma dell'articolo 52 del decreto legislativo 15 dicembre 1997, n. 446, condizioni e modalità di rateizzazione delle somme dovute, fissandone la durata massima in 24 rate mensili, anche in deroga all'articolo 1, commi 796 e 797, della citata legge n. 160 del 2019 e all'articolo 19 del decreto del Presidente dalla Repubblica 29 settembre 1973, n. 602. Nei primi due anni di attuazione dell'accordo la durata massima della rateizzazione può essere fissata in 36 rate mensili;

d) riduzioni strutturali del 2 per cento annuo degli impegni di spesa di parte corrente della missione 1 "*Servizi istituzionali, generali e di gestione*", ad esclusione dei programmi 04, 05 e 06, rispetto a quelli risultanti dal consuntivo 2019;

e) completa attuazione delle misure di razionalizzazione previste nel piano delle partecipazioni societarie adottato ai sensi dell'articolo 24 del testo unico in materia di società a partecipazione pubblica, di cui al decreto legislativo 19 agosto 2016, n. 175, e integrale attuazione delle prescrizioni in materia di gestione del personale di cui all'articolo 19 del medesimo testo unico;

f) misure volte:

1) alla riorganizzazione e allo snellimento della struttura amministrativa, ai fini prioritari di ottenere una riduzione significativa degli uffici di livello dirigenziale e delle dotazioni organiche, nonché dei contingenti di personale assegnati ad attività strumentali, e di potenziare gli uffici coinvolti nell'utilizzo dei fondi del PNRR e del Fondo complementare e nell'attività di accertamento e riscossione delle entrate;

2) al conseguente riordino degli uffici e organismi, al fine di eliminare duplicazioni o sovrapposizioni di strutture o funzioni;

3) al rafforzamento della gestione unitaria dei servizi strumentali attraverso la costituzione di uffici comuni;

4) al contenimento della spesa per il personale in servizio, ivi incluse le risorse destinate annualmente al trattamento accessorio del personale, anche di livello dirigenziale, in misura proporzionale all'effettiva riduzione delle dotazioni organiche, al netto delle spese per i rinnovi contrattuali;

5) all'incremento della qualità, della quantità e della diffusione su tutto il territorio comunale dei servizi erogati alla cittadinanza; a tal fine l'amministrazione è tenuta a predisporre un'apposita relazione annuale;

g) razionalizzazione dell'utilizzo degli spazi occupati dagli uffici pubblici, al fine di conseguire una riduzione della spesa per locazioni passive;

h) incremento degli investimenti anche attraverso l'utilizzo dei fondi del PNRR, del Fondo complementare e degli altri fondi nazionali ed europei, garantendo un incremento dei pagamenti per investimenti nel periodo 2022-2026, rispetto alla media del triennio precedente, almeno pari alle risorse assegnate a valere sui richiamati fondi, incrementate del 5 per cento e, per il periodo successivo, ad assicurare pagamenti per investimenti almeno pari alla media del triennio precedente, al netto dei pagamenti a valere sul PNRR e sul Fondo complementare;

i) ulteriori interventi di riduzione del disavanzo, di contenimento e di riqualificazione della spesa, individuati in piena autonomia dall'ente.

(1) A norma dell'articolo 1 comma 783, della Legge 29 dicembre 2022, n. 197, i termini di cui al presente alinea sono prorogati fino al 31 gennaio 2023.

573. L'accordo di cui al comma 572 è corredato del cronoprogramma delle fasi intermedie, con cadenza semestrale, di attuazione degli obiettivi di cui al medesimo comma. Per l'esercizio 2022 il cronoprogramma prevede obiettivi annuali.

574. Al fine di una quantificazione dei debiti commerciali, gli enti di cui al comma 567, per i quali sono state rilevate per l'anno 2021 le condizioni di cui al comma 859 dell'articolo 1 della legge 30 dicembre 2018, n. 145, predispongono, entro il 15 aggio 2022, il piano di rilevazione dei debiti commerciali certi, liquidi ed esigibili al 31 dicembre 2020. A tal fine, gli enti ne danno avviso tramite affissione all'albo pretorio on line entro il 31 gennaio 2022 e adottano ogni forma idonea a pubblicizzare la formazione del piano di rilevazione, assegnando un termine perentorio, a pena di decadenza, non inferiore a sessanta giorni per la presentazione da parte dei creditori delle richieste di ammissione. Le istanze che si riferiscono a posizioni debitorie configuranti debiti fuori bilancio sono inserite nella rilevazione del debito pregresso e liquidate previa adozione della deliberazione consiliare nel rispetto dell'articolo 194, comma 1, del testo unico di cui al decreto legislativo 18 agosto 2000, n. 267. La mancata presentazione della domanda nei termini assegnati da parte dei creditori determina l'automatica cancellazione del credito vantato (1).

(1) Comma modificato dall'articolo 3, comma 5-ter, lettera a), del D.L. 30 dicembre 2021, n. 228, convertito con modificazioni dalla Legge 25 febbraio 2022, n. 15.

575. Valutato l'importo complessivo di tutti i debiti censiti in base alle richieste pervenute ai sensi del comma 574, i comuni, entro il 15 giugno 2022, propongono individualmente ai creditori, compresi quelli che vantano crediti privilegiati, nel rispetto dell'ordine cronologico delle fatture di pagamento o delle note di debito, la definizione transattiva del credito offrendo il pagamento di una somma variabile tra il 40 e l'80 per cento del debito, in relazione alle seguenti anzianità dello stesso: a) 40 per cento per i debiti con anzianità maggiore di dieci anni; b) 50 per cento per i debiti con anzianità maggiore di cinque anni; c) 60 per cento per i debiti con anzianità maggiore di tre anni; d) 80 per cento per i debiti con anzianità inferiore a tre anni. La transazione, da accettare entro un termine prefissato non superiore a trenta giorni, prevede la rinuncia ad ogni altra pretesa e la liquidazione obbligatoria entro venti giorni dalla conoscenza dell'accettazione della transazione.

576. Nei confronti della liquidità derivante dai contributi annuali di cui al comma 567 e dalle riscossioni annuali di cui al comma 572, lettera a), non sono ammessi sequestri o procedure esecutive. Le procedure esecutive eventualmente intraprese non determinano vincoli sulle somme. Dalla data di approvazione del piano di rilevazione dei debiti commerciali di cui al comma 574 e sino al completamento della presentazione da parte del comune delle proposte transattive di cui al comma 575, non possono essere intraprese o proseguite procedure esecutive per i debiti inseriti nel predetto piano e i debiti non producono interessi né sono soggetti alla rivalutazione monetaria. Le procedure esecutive pendenti alla predetta data, nelle quali sono scaduti i termini per l'opposizione giudiziale da parte dell'ente, o la stessa benché proposta è stata rigettata, sono dichiarate estinte d'ufficio dal giudice con inserimento nel piano stesso dell'importo dovuto a titolo di capitale, accessori e spese. I pignoramenti eventualmente eseguiti dalla data di approvazione del piano di rilevazione e sino al momento della presentazione di tutte le proposte transattive ai creditori non vincolano l'ente ed il tesoriere, i quali possono disporre delle somme per i fini dell'ente e per le finalità di legge.

577. La verifica dell'attuazione dell'accordo di cui al comma 572 e il monitoraggio delle misure adottate ai fini della ripresa degli investimenti e del corretto utilizzo delle risorse di cui al comma 567 sono effettuati dalla Commissione per la stabilità finanziaria degli enti locali, operante presso il Ministero dell'interno, con cadenza semestrale. La verifica sul rispetto delle misure di cui al comma 572, lettera c), è effettuata dall'Agenzia delle entrate-Riscossione, che ne dà comunicazione alla Commissione per la stabilità finanziaria degli enti locali. In caso di esito negativo delle predette verifiche, la Commissione individua le misure da assumere per l'attuazione dell'accordo, in conformità a quanto previsto dal comma 573, entro il successivo monitoraggio semestrale. Qualora in tale sede la Commissione accerti nuovamente la mancata attuazione degli impegni e degli obiettivi intermedi, trasmette gli esiti delle verifiche alla competente sezione regionale della Corte dei conti e propone al Presidente del Consiglio dei ministri la sospensione del contributo per le annualità successive. La prima verifica dell'attuazione dell'accordo è effettuata con riferimento alla data del 31 dicembre 2022. (1)

(1) A norma dell'articolo 1 comma 783, della Legge 29 dicembre 2022, n. 197, i termini di cui al presente comma sono prorogati fino al 31 dicembre 2023.

578. Gli esiti della verifica di cui al comma 577 sono trasmessi alla Corte dei conti che procede nell'ambito delle verifiche di cui all'articolo 1, commi 166 e 167, della legge 23 dicembre 2005, n. 266, e, per i comuni di cui al comma 567 in procedura di riequilibrio finanziario, all'articolo 243-quater del testo unico di cui al decreto legislativo 18 agosto 2000, n. 267, ferma restando, per due anni, la sospensione delle misure di cui all'articolo 6, comma 2, del decreto legislativo 6 settembre 2011, n. 149, limitatamente alla dichiarazione di dissesto.

579. Ai comuni di cui al comma 567, che sottoscrivono l'accordo di cui al comma 572, si applicano le disposizioni previste dall'articolo 6 del decreto legislativo 6 settembre 2011, n. 149.

580. Al fine di consentire il potenziamento dell'attività di accertamento e riscossione dei tributi e la gestione e valorizzazione del patrimonio con specifici profili professionali, i comuni di cui al comma 567, nel periodo 2022-2032, possono, in deroga all'articolo 9, comma 28, del decreto-legge 31 maggio 2010, n. 78, convertito, con modificazioni, dalla legge 30 luglio 2010, n. 122, e a valere sul contributo annuo assegnato ai sensi del comma 570, assumere personale con contratto a tempo determinato con qualifica non dirigenziale da destinare alle predette specifiche attività sino ad una spesa aggiuntiva non superiore ad una percentuale, individuata negli accordi di cui al comma 572, della media delle

entrate correnti relative agli ultimi tre rendiconti approvati, considerate al netto del fondo crediti di dubbia esigibilità stanziato nel bilancio di previsione. La predetta spesa di personale non rileva ai fini dell'articolo 33 del decreto-legge 30 aprile 2019, n. 34, convertito, con modificazioni, dalla legge 28 giugno 2019, n. 58, e dell'articolo 1, commi 557 e 562, della legge 27 dicembre 2006, n. 296.

581. Nello stato di previsione del Ministero dell'interno è istituito un fondo con una dotazione di 50 milioni di euro per l'anno 2022 in favore dei comuni delle regioni a statuto ordinario, della Regione siciliana e della regione Sardegna con popolazione inferiore a 5.000 abitanti caratterizzati da:

a) popolazione al 31 dicembre 2019 risultante dal censimento ridottasi di oltre il 5 per cento rispetto al 2011;

b) reddito medio pro capite inferiore di oltre 3.000 euro rispetto alla media nazionale;

c) IVSM superiore alla media nazionale.

582. Il contributo di cui al comma 581 è ripartito in proporzione alla popolazione al 31 dicembre 2019 risultante dal censimento, disponibile al seguente indirizzo: http://demo.istat.it/bil/index.php ?anno=2019&lingua=ita, con decreto del Ministero dell'interno, di concerto con il Ministero dell'economia e delle finanze, previa intesa in sede di Conferenza Stato-città ed autonomie locali, da adottare entro il 28 febbraio 2022.

583. A decorrere dall'anno 2024, l'indennità di funzione dei sindaci metropolitani e dei sindaci dei comuni ubicati nelle regioni a statuto ordinario è parametrata al trattamento economico complessivo dei presidenti delle regioni, come individuato dalla Conferenza permanente per i rapporti tra lo Stato, le regioni e le province autonome di Trento e di Bolzano ai sensi dell'articolo 2, comma 1, lettera b), del decreto-legge 10 ottobre 2012, n. 174, convertito, con modificazioni, dalla legge 7 dicembre 2012, n. 213, in relazione alla popolazione risultante dall'ultimo censimento ufficiale, nelle seguenti misure:

a) 100 per cento per i sindaci metropolitani;

b) 80 per cento per i sindaci dei comuni capoluogo di regione e per i sindaci dei comuni capoluogo di provincia con popolazione superiore a 100.000 abitanti;

c) 70 per cento per i sindaci dei comuni capoluogo di provincia con popolazione fino a 100.000 abitanti;

d) 45 per cento per i sindaci dei comuni con popolazione superiore a 50.000 abitanti;

e) 35 per cento per i sindaci dei comuni con popolazione da 30.001 a 50.000 abitanti;

f) 30 per cento per i sindaci dei comuni con popolazione da 10.001 a 30.000 abitanti;

g) 29 per cento per i sindaci dei comuni con popolazione da 5.001 a 10.000 abitanti;

h) 22 per cento per i sindaci dei comuni con popolazione da 3.001 a 5.000 abitanti;

i) 16 per cento per i sindaci dei comuni con popolazione fino a 3.000 abitanti.

584. In sede di prima applicazione l'indennità di funzione di cui al comma 583 è adeguata al 45 per cento nell'anno 2022 e al 68 per cento nell'anno 2023 delle misure indicate al medesimo comma 583. A decorrere dall'anno 2022 la predetta indennità può essere altresì corrisposta nelle integrali misure di cui al comma 583 nel rispetto pluriennale dell'equilibrio di bilancio.

585. Le indennità di funzione da corrispondere ai vicesindaci, agli assessori ed ai presidenti dei consigli comunali sono adeguate alle indennità di funzione dei corrispondenti sindaci come incrementate per effetto di quanto previsto dai commi 583 e 584, con l'applicazione delle percentuali previste per le medesime finalità dal regolamento di cui al decreto del Ministro dell'interno 4 aprile 2000, n. 119.

586. A titolo di concorso alla copertura del maggior onere sostenuto dai comuni per la corresponsione dell'incremento delle indennità di funzione previste dai commi 583, 584 e 585, il fondo di cui all'articolo 57-quater, comma 2, del decreto-legge 26 ottobre 2019, n. 124, convertito, con modificazioni, dalla legge 19 dicembre 2019, n. 157, è incrementato di 100 milioni di euro per l'anno 2022, di 150 milioni di euro per l'anno 2023 e di 220 milioni di euro a decorrere dall'anno 2024.

587. Le risorse di cui al comma 586 sono ripartite tra i comuni interessati con decreto del Ministro dell'interno, di concerto con il Ministro dell'economia e delle finanze, previa intesa in sede di Conferenza Stato-città ed autonomie locali. Il comune beneficiario è tenuto a riversare ad apposito capitolo di entrata del bilancio dello Stato l'importo del contributo non utilizzato nell'esercizio finanziario.

588. Al decreto-legge 19 maggio 2020, n. 34, convertito, con modificazioni, dalla legge 17 luglio 2020, n. 77, sono apportate le seguenti modificazioni:

a) all'articolo 111, comma 2-novies, le parole da: "*e fino alla concorrenza*" fino a: "*di Trento e di Bolzano*" sono sostituite dalle seguenti: "*entro il 30 giugno di ciascun anno, ciascuna regione versa all'entrata del bilancio dello Stato la quota annuale prevista dalla tabella 1, fino alla concorrenza delle risorse ricevute a ristoro delle minori entrate derivanti dalla lotta all'evasione indicate nella tabella 1*";

b) nell'intestazione della quarta colonna della tabella 1, la parola: "*minima*" è soppressa.

589. Al fine di consentire agli enti locali l'adozione di iniziative per la promozione della legalità, nonché di misure di ristoro del patrimonio dell'ente o in favore degli amministratori locali che hanno subito episodi di intimidazione connessi all'esercizio delle funzioni istituzionali esercitate, nello stato di previsione del Ministero dell'interno è istituito un fondo con una dotazione finanziaria pari a 5 milioni di euro per ciascuno degli anni dal 2022 al 2024. Con decreto del Ministro dell'interno, di concerto con il Ministro dell'istruzione e con il Ministro dell'economia e delle finanze, sentita la Conferenza Stato-città ed autonomie locali, da adottare entro sessanta giorni dalla data di entrata in vigore della presente legge, sono definiti i criteri e le modalità di ripartizione del fondo.

590. Al comma 829 dell'articolo 1 della legge 30 dicembre 2020, n. 178, le parole: "*30 giugno 2022*" sono sostituite dalle seguenti: "*31 ottobre 2022*".

591. Al comma 1 dell'articolo 106 del decreto-legge 19 maggio 2020, n. 34, convertito, con modificazioni, dalla legge 17 luglio 2020, n. 77, le parole: "*30 giugno 2022*" sono sostituite dalle seguenti: "*31 ottobre 2022*".

592. A decorrere dall'anno 2022, al fine di garantire l'unitarietà dell'azione di governo, nelle funzioni di competenza degli enti territoriali correlate con i livelli essenziali delle prestazioni, nonché con i relativi fabbisogni, costi standard e obiettivi di servizio, i Ministri competenti per materia sono tenuti, in ordine alle modalità di riparto delle risorse finanziarie necessarie e di monitoraggio sul raggiungimento

degli obiettivi, ad acquisire il preventivo parere della Commissione tecnica per i fabbisogni standard, di cui all'articolo 1, comma 29, della legge 28 dicembre 2015, n. 208, allo scopo integrata dai rappresentanti delle stesse Amministrazioni, in relazione alle specifiche funzioni, senza nuovi o maggiori oneri per la finanza pubblica.

593. Al fine di promuovere e realizzare interventi per la salvaguardia e la valorizzazione della montagna, nonché misure di sostegno in favore dei comuni totalmente e parzialmente montani delle regioni e delle province autonome, nello stato di previsione del Ministero dell'economia e delle finanze è istituito un fondo, da trasferire al bilancio autonomo della Presidenza del Consiglio dei ministri – Dipartimento per gli affari regionali e le autonomie, denominato "*Fondo per lo sviluppo delle montagne italiane*", con una dotazione di 100 milioni di euro per l'anno 2022 e 200 milioni di euro a decorrere dall'anno 2023. In particolare, il Fondo è utilizzato per finanziare:

a) interventi per la tutela e la promozione delle risorse ambientali dei territori montani;

b) interventi che diffondano e valorizzino, anche attraverso opportune sinergie, le migliori iniziative in materia di tutela e valorizzazione delle qualità ambientali e delle potenzialità endogene proprie dell'habitat montano;

c) attività di informazione e di comunicazione sui temi della montagna;

d) interventi di carattere socio-economico a favore delle popolazioni residenti nelle aree montane;

e) progetti finalizzati alla salvaguardia dell'ambiente e allo sviluppo delle attività agro-silvo-pastorali;

f) iniziative volte a ridurre i fenomeni di spopolamento.

594. Il Ministro per gli affari regionali e le autonomie si avvale del Fondo per lo sviluppo delle montagne italiane per finanziare ulteriori iniziative volte a sostenere, a realizzare e a promuovere politiche a favore della montagna.

595. Gli stanziamenti del Fondo per lo sviluppo delle montagne italiane sono ripartiti, quanto alla quota destinata agli interventi di competenza statale e al finanziamento delle campagne istituzionali sui temi della montagna, con decreto del Ministro per gli affari regionali e le autonomie; per gli interventi di competenza delle regioni e degli enti locali, con decreto del Ministro per gli affari regionali e le autonomie, d'intesa con la Conferenza unificata di cui all'articolo 8 del decreto legislativo 28 agosto 1997, n. 281.

596. Il Fondo nazionale per la montagna di cui all'articolo 2 della legge 31 gennaio 1994, n. 97, e il Fondo nazionale integrativo per i comuni montani di cui all'articolo 1, commi 319, 320 e 321, della legge 24 dicembre 2012, n. 228, confluiscono nel Fondo per lo sviluppo delle montagne italiane di cui al comma 593.

597. Le regioni e gli enti locali che hanno contratto con il Ministero dell'economia e delle finanze anticipazioni di liquidità ad un tasso di interesse pari o superiore al 3 per cento, per il pagamento dei debiti certi, liquidi ed esigibili, ai sensi degli articoli 1,2 e 3 del decreto-legge 8 aprile 2013, n. 35, convertito, con modificazioni, dalla legge 6 giugno 2013, n. 64, e dell'articolo 13 del decreto-legge 31 agosto 2013, n. 102, convertito, con modificazioni, dalla legge 28 ottobre 2013, n. 124, possono richiedere che i relativi piani di ammortamento siano rinegoziati secondo i seguenti termini e condizioni:

a) decorrenza della modifica dei piani di ammortamento dal 1° gennaio 2022 e rimborso in trenta anni mediante rate annuali costanti, ad eccezione della rata in scadenza nell'anno 2022 di cui alla lettera c), comprensive di capitale ed interessi, ferme restando le date di pagamento previste nei contratti di anticipazione originari;

b) tasso di interesse applicabile alla rinegoziazione, a decorrere dalla predetta data del 1° gennaio 2022, pari al rendimento di mercato dei Buoni poliennali del Tesoro con la durata finanziaria più vicina a quella dell'anticipazione di liquidità, come rilevato sulla piattaforma di negoziazione MTS sulla base della quotazione del quinto giorno lavorativo successivo alla pubblicazione della presente legge nella Gazzetta Ufficiale. Il tasso di interesse è determinato dal Ministero dell'economia e delle finanze – Dipartimento del tesoro, che lo pubblica nel proprio sito internet;

c) la rata in scadenza nel 2022 è calcolata, per la quota capitale, secondo il piano di ammortamento modificato risultante dall'operazione di rinegoziazione. La relativa quota interessi è calcolata, con riferimento al periodo intercorrente tra il giorno successivo alla data di pagamento della rata annuale in scadenza nel 2021 e il 31 dicembre 2021 incluso, sulla base del tasso di interesse stabilito nel piano di ammortamento vigente prima della rinegoziazione e, con riferimento al periodo intercorrente tra il 1° gennaio 2022 incluso e la data di pagamento della rata annuale in scadenza nel 2022 inclusa, sulla base del tasso di interesse di cui alla lettera b);

d) con riferimento alle anticipazioni concesse in favore delle regioni colpite dagli eventi sismici verificatisi a far data dal 24 agosto 2016, in relazione alle quali è prevista la sospensione fino al 2022 della quota capitale annuale, ai sensi dell'articolo 44, comma 4, del decreto-legge 17 ottobre 2016, n. 189, convertito, con modificazioni, dalla legge 15 dicembre 2016, n. 229, i piani di ammortamento risultanti dall'operazione di rinegoziazione prevedono il pagamento nell'anno 2022 della sola quota interessi. La relativa quota capitale, come determinata ai sensi della lettera c), è rimborsata in quote annuali di pari importo negli anni di ammortamento restanti, a decorrere dal 2023. Qualora l'importo della quota interessi in scadenza nel 2022, risultante dal piano di ammortamento derivante dalla rinegoziazione, sia maggiore di quello della quota interessi risultante dal piano di ammortamento antecedente la rinegoziazione, la regione versa quest'ultima quota interessi.

598. Con riferimento alle operazioni di rinegoziazione delle anticipazioni di liquidità concesse in favore degli enti locali, al fine di garantire la gestione della relativa operatività, il Ministero dell'economia e delle finanze stipula con la Cassa depositi e prestiti Spa, entro trenta giorni dalla data di entrata in vigore della presente legge, un atto aggiuntivo all'addendum di cui all'articolo 1, comma 11, del decreto-legge 8 aprile 2013, n. 35, convertito, con modificazioni, dalla legge 6 giugno 2013, n. 64. Nell'atto aggiuntivo all'addendum sono definiti, tra l'altro, criteri e modalità per il perfezionamento delle predette operazioni di rinegoziazione, da effettuare secondo un contratto tipo, approvato con decreto del direttore generale del tesoro e pubblicato nei siti internet del Ministero dell'economia e delle finanze e della Cassa depositi e prestiti Spa. L'atto aggiuntivo all'addendum è pubblicato nei siti internet del Ministero dell'economia e delle finanze e della Cassa depositi e prestiti Spa.

599. Le richieste di rinegoziazione delle anticipazioni concesse in favore degli enti locali possono essere trasmesse

dagli enti locali medesimi alla Cassa depositi e prestiti Spa, nel periodo intercorrente tra il 14 febbraio 2022 e il 18 marzo 2022, secondo le modalità stabilite nell'atto aggiuntivo di cui al comma 598, previa deliberazione autorizzativa della giunta, anche nel corso dell'esercizio provvisorio di cui all'articolo 163 del testo unico di cui al decreto legislativo 18 agosto 2000, n. 267, fermo restando l'obbligo di provvedere alle relative iscrizioni nel bilancio di previsione. I contratti relativi alle operazioni di rinegoziazione sono perfezionati entro il 28 aprile 2022. Nel caso in cui il perfezionamento dell'operazione di rinegoziazione sia successivo alla data di pagamento della rata annuale in scadenza nel 2022 prevista dai contratti di anticipazione originari, gli enti locali devono corrispondere tale rata nella misura prevista dai contratti originari. L'importo pari alla differenza, positiva o negativa, tra la rata di ammortamento corrisposta e quella di cui al piano di ammortamento risultante dall'operazione di rinegoziazione, in scadenza nel medesimo anno, è regolato entro il 31 dicembre 2022 con le modalità previste nell'atto aggiuntivo di cui al comma 598.

600. Per le attività svolte dalla Cassa depositi e prestiti Spa oggetto dell'atto aggiuntivo di cui al comma 598 è autorizzata la spesa complessiva di 300.000 euro per l'anno 2022, cui si provvede ai sensi della presente legge.

601. Con riferimento alle operazioni di rinegoziazione delle anticipazioni di liquidità stipulate dalle regioni con il Ministero dell'economia e delle finanze – Dipartimento del tesoro – Direzione seconda, le richieste di rinegoziazione possono essere effettuate dalle regioni medesime mediante domanda a firma congiunta del presidente e del responsabile finanziario, da trasmettere entro il 31 gennaio 2022, anche nel corso dell'esercizio provvisorio di cui all'articolo 43 del decreto legislativo 23 giugno 2011, n. 118, fermo restando l'obbligo di provvedere alle relative iscrizioni nel bilancio di previsione. Le operazioni di rinegoziazione sono perfezionate mediante la stipula, per ciascuna regione, di un unico atto modificativo dei contratti originari relativi alla concessione di una o più anticipazioni di liquidità, al quale sono allegati i nuovi piani di ammortamento relativi alle singole anticipazioni di liquidità concesse. Nel caso in cui la rata dell'anno 2022 abbia scadenza anteriore rispetto al perfezionamento dell'atto modificativo, le regioni che abbiano fatto domanda di rinegoziazione corrispondono la detta rata del 2022 sulla base del piano di ammortamento derivante dalla rinegoziazione medesima.

602. Gli atti modificativi mediante i quali sono perfezionate le operazioni di rinegoziazione di cui al comma 597 non costituiscono novazione dei contratti originari di concessione delle anticipazioni di liquidità. Restano pertanto fermi, per quanto non espressamente modificato nei suddetti atti, tutti i termini e le condizioni previsti nei medesimi contratti originari.

603. All'articolo 1 della legge 23 dicembre 2014, n. 190, sono apportate le seguenti modificazioni:

a) al comma 456, le parole: "*fino all'esercizio 2045*" sono sostituite dalle seguenti: "*fino alla chiusura della gestione commissariale di cui al comma 452*";

b) il comma 458 è sostituito dal seguente:

"*458. La gestione commissariale di cui al comma 452 è chiusa a decorrere dal 1° gennaio 2022 quando risultino pagati tutti i debiti posti a suo carico ai sensi della lettera a) del comma 454. Alla chiusura della gestione commissariale la regione Piemonte subentra nei rapporti passivi assunti dalla medesima gestione nei confronti dello Stato, provvedendo direttamente al pagamento dei debiti relativi alle anticipazioni di liquidità, da contabilizzare nel rispetto dell'articolo 1, commi 692 e seguenti, della legge 28 dicembre 2015, n. 208. Ai fini della chiusura della contabilità speciale di cui al comma 453:*

a) le risorse residue sulla contabilità speciale della gestione commissariale derivanti dall'applicazione del comma 456 e inerenti al contributo ivi disciplinato sono trasferite al bilancio della regione Piemonte;

b) le eventuali ulteriori risorse che residuano rispetto a quelle di cui alla lettera a) sono riversate d'ufficio ad apposito capitolo dello stato di previsione dell'entrata del bilancio dello Stato per essere riassegnate al Fondo per l'ammortamento dei titoli di Stato".

604. Al fine di dare attuazione a quanto previsto dall'articolo 3, comma 2, del decreto-legge 9 giugno 2021, n. 80, convertito, con modificazioni, dalla legge 6 agosto 2021, n. 113, le risorse destinate ai trattamenti accessori del personale dipendente dalle amministrazioni di cui all'articolo 1, comma 2, del decreto legislativo 30 marzo 2001, n. 165, possono essere incrementate, rispetto a quelle destinate a tali finalità nel 2021, con modalità e criteri stabiliti dalla contrattazione collettiva nazionale relativa al triennio 2019-2021 o dai provvedimenti di determinazione o autorizzazione dei medesimi trattamenti, di una misura percentuale del monte salari 2018 da determinare, per le amministrazioni statali, nei limiti di una spesa complessiva di 110,6 milioni di euro a decorrere dall'anno 2022, al lordo degli oneri contributivi ai fini previdenziali e dell'imposta regionale sulle attività produttive, mediante l'istituzione nello stato di previsione del Ministero dell'economia e delle finanze di un apposito fondo con una dotazione di pari importo e, per le restanti amministrazioni, a valere sui propri bilanci, con la medesima percentuale e i medesimi criteri previsti per il personale delle amministrazioni dello Stato, secondo gli indirizzi impartiti dai rispettivi comitati di settore ai sensi dell'articolo 47, comma 2, del predetto decreto legislativo 30 marzo 2001, n. 165.

605. Al fine di attuare quanto disposto dal comma 604, la somma di 52,18 milioni di euro del fondo ivi previsto è ripartita annualmente, a decorrere dall'anno 2022, con decreto del Presidente del Consiglio dei ministri, su proposta dei Ministri per la pubblica amministrazione e dell'economia e delle finanze, sentiti i Ministri dell'interno, della difesa e della giustizia, nell'ambito della ripartizione indicata nell'allegato 8 annesso alla presente legge, per essere destinata, in via prioritaria, all'incremento delle risorse finanziarie destinate agli istituti contrattuali aventi natura di trattamento economico accessorio del personale non dirigente delle Forze di polizia e delle Forze armate, introdotti a decorrere dal triennio contrattuale 2019-2021 e, in subordine, all'incremento delle risorse per la corresponsione delle ore di lavoro straordinario. Le risorse residue di cui al presente comma sono destinate all'incremento delle disponibilità dei fondi per l'efficienza dei servizi istituzionali.

606. Al fine di attuare quanto disposto dal comma 604, il fondo per il miglioramento dell'offerta formativa è incrementato di 89,4 milioni di euro annui a decorrere dall'anno 2022 per il personale docente.

606-bis. (1) Per l'anno 2022 il fondo di cui al comma 606 è incrementato di 85,8 milioni di euro per il personale docente. Per l'anno 2022 è autorizzata la spesa di 14,2 milioni di euro da destinare al compenso individuale accessorio del personale ATA.

(1) *Comma inserito dall'articolo 14, comma 3, del D.L. 18 novembre 2022, n. 176, non ancora convertito in Legge.*

607. È istituito, nello stato di previsione del Ministero dell'economia e delle finanze, un fondo per le assunzioni di personale a tempo indeterminato a favore delle amministrazioni dello Stato, degli enti pubblici non economici nazionali e delle agenzie, con una dotazione iniziale di 100 milioni di euro per l'anno 2022, 200 milioni di euro per l'anno 2023, 225 milioni di euro per l'anno 2024, 210 milioni di euro per l'anno 2025 e 200 milioni di euro a decorrere dall'anno 2026, da ripartire, sulla base delle specifiche richieste pervenute dalle predette amministrazioni, con decreto del Presidente del Consiglio dei ministri adottato di concerto con il Ministro dell'economia e delle finanze.

607 bis (1). Al fine di rafforzare la tutela del territorio e la gestione delle acque, per mitigare gli effetti del dissesto idrogeologico e del cambiamento climatico, il 20 per cento delle somme di cui al comma 607 è riservato all'assunzione di personale a tempo indeterminato presso le autorità di bacino distrettuali di cui all'articolo 63 del decreto legislativo 3 aprile 2006, n. 152.

(1) *Comma inserito dall'articolo 1, comma 700, della Legge 29 dicembre 2022, n. 197.*

27. D.L. 27 gennaio 2022, n. 4

Decreto convertito con modificazioni dalla Legge 28 marzo 2022, n. 25. - Misure urgenti in materia di sostegno alle imprese e agli operatori economici, di lavoro, salute e servizi territoriali, connesse all'emergenza da COVID-19, nonché per il contenimento degli effetti degli aumenti dei prezzi nel settore elettrico. (DECRETO SOSTEGNI TER)(Estratto: Artt. 1,2,3,5,6 ter, 10 quater, 10 quinquies, 12,15,15.1,22 bis, 28 e 28 ter)
(in Gazz. Uff., 27 gennaio 2022, n. 21).

1. Misure di sostegno per le attività chiuse. – 1. Il Fondo per il sostegno delle attività economiche chiuse di cui all'articolo 2 del decreto-legge 25 maggio 2021, n. 73, convertito, con modificazioni, dalla legge 23 luglio 2021, n. 106, è rifinanziato in misura pari a 20 milioni di euro per l'anno 2022 destinati alle attività che alla data di entrata in vigore del presente decreto risultano chiuse in conseguenza delle misure di prevenzione adottate ai sensi dell'articolo 6, comma 2, del decreto-legge 24 dicembre 2021, n. 221, convertito, con modificazioni, dalla legge 18 febbraio 2022, n. 11. Per l'attuazione della presente disposizione si applicano, in quanto compatibili, le vigenti misure attuative disciplinate dall'articolo 2 del decreto-legge n. 73 del 2021, convertito, con modificazioni, dalla legge n. 106 del 2021 (1).

2. Per i soggetti esercenti attività d'impresa, arte o professione, aventi il domicilio fiscale, la sede legale o la sede operativa nel territorio dello Stato, le cui attività sono vietate o sospese fino al 31 marzo 2022 ai sensi dell'articolo 6, comma 2, del decreto-legge 24 dicembre 2021 n. 221, convertito, con modificazioni, dalla legge 18 febbraio 2022, n. 11 sono sospesi (2):

a) i termini relativi ai versamenti delle ritenute alla fonte, di cui agli articoli 23 e 24 del decreto del Presidente della Repubblica 29 settembre 1973, n. 600 e delle trattenute relative all'addizionale regionale e comunale, che i predetti soggetti operano in qualità di sostituti d'imposta, nel mese di gennaio 2022;

b) i termini dei versamenti relativi all'imposta sul valore aggiunto in scadenza nel mese di gennaio 2022.

3. I versamenti sospesi ai sensi del comma 2 sono effettuati, senza applicazione di sanzioni e interessi, in un'unica soluzione entro il 16 ottobre 2022. Non si fa luogo al rimborso di quanto già versato (3).

4. Agli oneri derivanti dal comma 1 pari a 20 milioni di euro per l'anno 2022 si provvede ai sensi dell'articolo 32.

(1) *Comma modificato dall'articolo 1, comma 1, della Legge 28 marzo 2022, n. 25, in sede di conversione.*

(2) *Alinea modificato dall'articolo 1, comma 1, della Legge 28 marzo 2022, n. 25, in sede di conversione.*
(3) *Comma modificato dall'articolo 1, comma 1, della Legge 28 marzo 2022, n. 25, in sede di conversione.*

2. Fondo per il rilancio delle attività economiche di commercio al dettaglio. – 1. Al fine di contenere gli effetti negativi derivanti dalle misure di prevenzione e contenimento adottate per l'emergenza epidemiologica da COVID-19 e di prevedere specifiche misure di sostegno per i soggetti maggiormente danneggiati, nello stato di previsione del Ministero dello sviluppo economico è istituito un fondo, denominato «Fondo per il rilancio delle attività economiche», con una dotazione di 200 milioni di euro per l'anno 2022, finalizzato alla concessione di aiuti in forma di contributo a fondo perduto a favore delle imprese, in possesso dei requisiti di cui al comma 2, che svolgono in via prevalente attività di commercio al dettaglio identificate dai seguenti codici della classificazione delle attività economiche ATECO 2007: 47.19, 47.30, 47.43, tutte le attività dei gruppi 47.5 e 47.6, 47.71, 47.72, 47.75, 47.76, 47.77, 47.78, 47.79, 47.82, 47.89 e 47.99 (1).

2. Per poter beneficiare degli aiuti previsti dal presente articolo, le imprese di cui al comma 1 devono presentare un ammontare di ricavi riferito al 2019 non superiore a 2 milioni di euro e aver subito una riduzione del fatturato nel 2021 non inferiore al trenta per cento rispetto al 2019. Ai fini della quantificazione della riduzione del fatturato rilevano i ricavi di cui all'articolo 85, comma 1, lettere a) e b), del Testo unico delle imposte sui redditi approvato con decreto del Presidente della Repubblica 22 dicembre 1986, n. 917, relativi ai periodi d'imposta 2019 e 2021. Alla data di presentazione della domanda le medesime imprese devono essere, altresì, in possesso dei seguenti requisiti:

a) avere sede legale od operativa nel territorio dello Stato e risultare regolarmente costituite, iscritte e «attive» nel Registro delle imprese per una delle attività di cui al comma 1;

b) non essere in liquidazione volontaria o sottoposte a

procedure concorsuali con finalità liquidatorie;

c) non essere già in difficoltà al 31 dicembre 2019, come da definizione stabilita dall'articolo 2, punto 18, del regolamento (UE)

n. 651/2014 della Commissione, del 17 giugno 2014, fatte salve le eccezioni previste dalla disciplina europea di riferimento in materia di aiuti di Stato di cui al comma 3 [(2)];

d) non essere destinatarie di sanzioni interdittive ai sensi dell'articolo 9, comma 2, lettera d), del decreto legislativo 8 giugno 2001, n. 231.

3. I contributi, quantificati con le modalità di cui al comma 5, sono concessi nei limiti delle risorse finanziarie di cui al comma 1, ai sensi e nel rispetto dei limiti e delle condizioni previsti dalla Sezione 3.1 del «Quadro temporaneo per le misure di aiuto di Stato a sostegno dell'economia nell'attuale emergenza del COVID-19» di cui alla comunicazione della Commissione europea del 19 marzo 2020 C(2020) 1863 final, e successive modificazioni, ovvero, successivamente al periodo di vigenza dello stesso, del regolamento (UE) n. 1407/2013 della Commissione, del 18 dicembre 2013. Nel caso di applicazione del predetto Quadro temporaneo, la concessione degli aiuti è subordinata, ai sensi dell'articolo 108, paragrafo 3, del Trattato sul funzionamento dell'Unione europea, all'autorizzazione della Commissione europea [(3)].

4. Al fine di ottenere il contributo, le imprese interessate presentano, esclusivamente in via telematica, una istanza al Ministero dello sviluppo economico, con l'indicazione della sussistenza dei requisiti di cui ai commi 1 e 2, comprovati attraverso apposite dichiarazioni sostitutive rese ai sensi del testo unico di cui al decreto del Presidente della Repubblica 28 dicembre 2000, n. 445. L'istanza deve essere presentata entro i termini e con le modalità definiti con provvedimento del Ministero dello sviluppo economico, con il quale sono fornite, altresì, le occorrenti indicazioni operative in merito alle modalità di concessione ed erogazione degli aiuti e ogni altro elemento necessario all'attuazione della misura prevista dal presente articolo. Il medesimo provvedimento fornisce le necessarie specificazioni in relazione alle verifiche e ai controlli, anche con modalità automatizzate, relativi ai contenuti delle dichiarazioni rese dalle imprese richiedenti nonché al recupero dei contributi nei casi di revoca, disposta ai sensi dell'articolo 9 del decreto legislativo 31 marzo 1998, n. 123 in caso di rilevata assenza di uno o più requisiti, ovvero di documentazione incompleta o irregolare, per fatti comunque imputabili al richiedente e non sanabili. In ogni caso, all'erogazione del contributo non si applicano le disposizioni di cui all'articolo 48-bis del decreto del Presidente della Repubblica 29 settembre 1973, n. 602 e le verifiche sulla regolarità contributiva delle imprese beneficiarie [(4)(5)].

5. Successivamente alla scadenza del termine finale per la trasmissione delle istanze di accesso al contributo, fissato con il provvedimento di cui al comma 4, le risorse finanziarie del fondo previsto al comma 1 sono ripartite tra le imprese aventi diritto, riconoscendo a ciascuna delle predette imprese un importo determinato applicando una percentuale pari alla differenza tra l'ammontare medio mensile dei ricavi relativi al periodo d'imposta 2021 e l'ammontare medio mensile dei medesimi ricavi riferiti al periodo d'imposta 2019, determinata come segue [(6)]:

a) sessanta per cento, per i soggetti con ricavi relativi al periodo d'imposta 2019 non superiori a quattrocentomila euro;

b) cinquanta per cento, per i soggetti con ricavi relativi al periodo d'imposta 2019 superiori a quattrocentomila euro e fino a un milione di euro;

c) quaranta per cento, per i soggetti con ricavi relativi al periodo d'imposta 2019 superiori a un milione di euro e fino a due milioni di euro.

6. Ai fini della quantificazione del contributo ai sensi del comma 5 rilevano i ricavi di cui all'articolo 85, comma 1, lettere a) e b) del Testo unico delle imposte sui redditi approvato con decreto del Presidente della Repubblica 22 dicembre 1986, n. 917. Resta fermo che, con riferimento a ciascuna impresa istante, l'importo del contributo determinato ai sensi del comma 5 è ridotto qualora necessario al fine di garantire il rispetto della normativa in materia di aiuti di Stato applicabile ai sensi del comma 3. Ai predetti fini, il provvedimento previsto dal comma 4 individua, tra l'altro, anche le modalità per assicurare il rispetto delle condizioni e dei limiti previsti dalla disciplina in materia di aiuti di Stato applicabile.

7. Qualora la dotazione finanziaria di cui al comma 1 non sia sufficiente a soddisfare la richiesta di agevolazione riferita a tutte le istanze ammissibili, successivamente al termine ultimo di presentazione delle stesse, il Ministero dello sviluppo economico provvede a ridurre in modo proporzionale il contributo sulla base delle risorse finanziare disponibili e del numero di istanze ammissibili pervenute, tenendo conto delle diverse fasce di ricavi previste dal comma 5.

8. Per lo svolgimento delle attività previste dal presente articolo il Ministero dello sviluppo economico può avvalersi di società in house mediante stipula di apposita convenzione. Gli oneri derivanti dalla predetta convenzione sono posti a carico delle risorse assegnate al fondo di cui al presente articolo, nel limite massimo dell'1,5 per cento delle risorse stesse.

9. Agli oneri di cui al presente articolo, pari a 200 milioni di euro per l'anno 2022, si provvede ai sensi dell'articolo 32.

(1) *Comma modificato dall'articolo 1, comma 1, della Legge 28 marzo 2022, n. 25, in sede di conversione.*
(2) *Lettera modificata dall'articolo 1, comma 1, della Legge 28 marzo 2022, n. 25, in sede di conversione.*
(3) *Comma modificato dall'articolo 1, comma 1, della Legge 28 marzo 2022, n. 25, in sede di conversione.*
(4) *Comma modificato dall'articolo 1, comma 1, della Legge 28 marzo 2022, n. 25, in sede di conversione.*
(5) *In riferimento al presente comma, vedi il D.M. 24 marzo 2022.*
(6) *Alinea modificato dall'articolo 1, comma 1, della Legge 28 marzo 2022, n. 25, in sede di conversione.*

3. Ulteriori misure di sostegno per attività economiche particolarmente colpite dall'emergenza epidemiologica. – 1. La dotazione del Fondo di cui all'articolo 26 del decreto-legge 22 marzo 2021, n. 41, convertito, con modificazioni, dalla legge 21 maggio 2021, n. 69, è incrementata di 20 milioni di euro, per l'anno 2022, da destinare ad interventi in favore di parchi tematici, acquari, parchi geologici e giardini zoologici. Al riparto delle risorse si procede secondo le modalità di cui al richiamato articolo 26 del decreto-legge n. 41 del 2021 ed il termine per l'adozione del decreto di riparto decorre dalla data di entrata in vigore della legge di conversione del presente decreto [(1)].

2. All'articolo 1-ter del decreto-legge 25 maggio 2021, n. 73, convertito, con modificazioni, dalla legge 23 luglio 2021,

n. 106, sono apportate le seguenti modificazioni:

a) la rubrica è sostituita dalla seguente: «Contributi per i settori del wedding, dell'intrattenimento, dell'HORECA e altri settori in difficoltà»;

b) dopo il comma 2 è inserito il seguente: «2-bis. Per le finalità di cui al comma 1, in considerazione degli effetti dell'emergenza epidemiologica, per l'anno 2022 è stanziata la somma di 40 milioni di euro, che costituisce limite massimo di spesa, da destinare ad interventi per le imprese che svolgono, come attività prevalente comunicata ai sensi dell'articolo 35 del decreto del Presidente della Repubblica 26 ottobre 1972, n. 633, una di quelle [*attività*] identificate dai seguenti codici della classificazione delle attività economiche ATECO 2007: 96.09.05, 56.10, 56.21, 56.30, 93.11.2, che nell'anno 2021 hanno subito una riduzione dei ricavi di cui all'articolo 85, comma 1, lettere a) e b), del Testo unico delle imposte sui redditi approvato con decreto del Presidente della Repubblica 22 dicembre 1986, n. 917, non inferiore al 40 per cento rispetto ai ricavi del 2019. Per le imprese costituite nel corso dell'anno 2020, in luogo dei ricavi, la riduzione di cui al primo periodo deve far riferimento all'ammontare medio mensile del fatturato e dei corrispettivi dei mesi del 2020 successivi a quello di apertura della partita IVA rispetto all'ammontare medio mensile del fatturato e dei corrispettivi del 2021" (2);

c) al comma 3, le parole «Agli oneri derivanti dal presente articolo» sono sostituite dalle seguenti: «Agli oneri derivanti dal comma 1».

2-bis. In considerazione della necessità di inquadrare, anche a livello statistico, le imprese operanti nel settore dei matrimoni e degli eventi privati, l'Istituto nazionale di statistica definisce, entro novanta giorni dalla data di entrata in vigore della legge di conversione del presente decreto, una classificazione volta all'attribuzione di un codice ATECO specifico nell'ambito di ciascuna attività connessa al settore, mediante l'introduzione, nell'attuale classificazione alfanumerica delle attività economiche, di un elemento ulteriore, al fine di evidenziarne il nesso con l'organizzazione di matrimoni ed eventi privati (3).

3. Il credito d'imposta di cui all'articolo 48-bis del decreto-legge 19 maggio 2020, n. 34, convertito, con modificazioni, dalla legge 17 luglio 2020, n. 77, è riconosciuto, per l'esercizio in corso al 31 dicembre 2021, anche alle imprese operanti nel settore del commercio dei prodotti tessili, della moda, del calzaturiero e della pelletteria che svolgono attività identificate dai seguenti codici della classificazione delle attività economiche ATECO 2007: 47.51, 47.71, 47.72. Conseguentemente, all'articolo 48-bis, comma 1, ultimo periodo, del decreto-legge 19 maggio 2020, n. 34, convertito, con modificazioni, dalla legge 17 luglio 2020, n. 77, le parole «150 milioni di euro per l'anno 2022» sono sostituite dalle seguenti «250 milioni di euro per l'anno 2022».

3-bis. Dopo il comma 624 dell'articolo 1 della legge 30 dicembre 2021, n. 234, è inserito il seguente:

"*624-bis. I soggetti che esercitano la facoltà prevista dal comma 624 del presente articolo possono eliminare dal bilancio gli effetti della rivalutazione effettuata ai sensi dei commi 1 e 2 dell'articolo 110 del decreto-legge 14 agosto 2020, n. 104, convertito, con modificazioni, dalla legge 13 ottobre 2020, n. 126. Nelle note al bilancio è fornita adeguata informativa circa gli effetti prodotti dall'esercizio della revoca*" (4).

4. Agli oneri derivanti dal presente articolo, pari a 160 milioni di euro per l'anno 2022, si provvede ai sensi dell'articolo 32.

4-bis. In considerazione della particolare situazione di emergenza del settore della vendita a domicilio e del necessario e conseguente sviluppo di nuove modalità di valorizzazione e promozione di tali attività, l'Istituto nazionale di statistica, entro novanta giorni dalla data di entrata in vigore della legge di conversione del presente decreto, definisce una specifica classificazione merceologica delle attività di cui all'articolo 1, comma 1, lettera b), della legge 17 agosto 2005, n. 173, ai fini dell'attribuzione del codice ATECO (5).

(1) *Comma modificato dall'articolo 1, comma 1, della Legge 28 marzo 2022, n. 25, in sede di conversione.*
(2) *Capoverso modificato dall'articolo 1, comma 1, della Legge 28 marzo 2022, n. 25, in sede di conversione.*
(3) *Comma inserito dall'articolo 1, comma 1, della Legge 28 marzo 2022, n. 25, in sede di conversione.*
(4) *Comma inserito dall'articolo 1, comma 1, della Legge 28 marzo 2022, n. 25, in sede di conversione.*
(5) *Comma inserito dall'articolo 1, comma 1, della Legge 28 marzo 2022, n. 25, in sede di conversione.*

5. Credito d'imposta in favore di imprese turistiche per canoni di locazione di immobili (A). – 1. Il credito d'imposta di cui all'articolo 28 del decreto-legge 19 maggio 2020, n. 34, convertito, con modificazioni, dalla legge 17 luglio 2020, n. 77, spetta alle imprese del settore turistico , nonché a quelle dei settori di cui al codice ATECO 93.11.20 - Gestione di piscine, con le modalità e alle condizioni ivi indicate in quanto compatibili, in relazione ai canoni versati con riferimento a ciascuno dei mesi di gennaio, febbraio e marzo 2022 (1).

2. Il credito d'imposta di cui al comma 1 spetta a condizione che i soggetti ivi indicati abbiano subito una diminuzione del fatturato o dei corrispettivi nel mese di riferimento dell'anno 2022 di almeno il 50 per cento rispetto allo stesso mese dell'anno 2019.

3. Le disposizioni del presente articolo si applicano nel rispetto dei limiti e delle condizioni previsti dalla Comunicazione della Commissione europea del 19 marzo 2020 C(2020) 1863 final «Quadro temporaneo per le misure di aiuto di Stato a sostegno dell'economia nell'attuale emergenza del COVID-19», e successive modifiche. Gli operatori economici presentano apposita autodichiarazione all'Agenzia delle entrate attestante il possesso dei requisiti e il rispetto delle condizioni e dei limiti previsti dalle Sezioni 3.1 «Aiuti di importo limitato» e 3.12 «Aiuti sotto forma di sostegno a costi fissi non coperti» della predetta Comunicazione. Le modalità, i termini di presentazione e il contenuto delle autodichiarazioni sono stabiliti con provvedimento del direttore dell'Agenzia medesima, da adottare entro 30 giorni dalla data di entrata in vigore del presente decreto.

4. L'efficacia della misura di cui al presente articolo è subordinata, ai sensi dell'articolo 108, paragrafo 3, del Trattato sul funzionamento dell'Unione europea, all'autorizzazione della Commissione europea(2).

5. Agli oneri derivanti dal presente articolo, valutati in 129,1 milioni di euro per l'anno 2022, si provvede, quanto a 128,1 milioni di euro, ai sensi dell'articolo 32 e, quanto a 1 milione di euro, mediante corrispondente riduzione del fondo di cui all'articolo 1, comma 369, della legge 27 dicembre 2017, n. 205, come incrementato dall' articolo 7, comma 3, del decreto-legge 1° marzo 2022, n. 17 (3).

5-bis. All'articolo 11-quinquies del decreto-legge 30 settembre 2005, n. 203, convertito, con modificazioni, dalla legge 2 dicembre 2005, n. 248, sono apportate le seguenti modificazioni:

a) al comma 1:

1) il primo periodo è sostituito dal seguente: "*Nell'ambito delle azioni di contenimento della spesa relativa agli immobili condotti in locazione dallo Stato e di perseguimento degli obiettivi di finanza pubblica attraverso la dismissione di beni immobili pubblici, l'alienazione e la permuta di tali immobili sono considerate urgenti con prioritario riferimento a quelli il cui prezzo sia determinato secondo criteri e valori di mercato, anche riferite a immobili utili alla realizzazione di iniziative immobiliari strategiche connesse ai traguardi e agli obiettivi stabiliti dal Piano nazionale di ripresa e resilienza, valutati al valore di mercato*";

2) al secondo periodo, dopo le parole: "in uso," sono inserite le seguenti: "a permutare e";

3) dopo il secondo periodo è inserito il seguente: "Le operazioni di permuta di cui al presente articolo sono realizzate senza conguagli in denaro a carico dello Stato e non comportano nuovi o maggiori oneri per la finanza pubblica";

4) al quinto periodo, le parole: "È in ogni caso vietata l'alienazione" sono sostituite dalle seguenti: "Sono in ogni caso vietate l'alienazione e la permuta";

b) al comma 2, le parole: "la vendita fa" sono sostituite dalle seguenti: "la vendita e la permuta fanno";

c) al comma 3, dopo le parole: "di alienazione" sono inserite le seguenti: "e di permuta" [(4)].

5-ter. Al fine di garantire l'effettiva neutralità per la finanza pubblica degli effetti derivanti dalle operazioni di cui al comma 5-bis, dette operazioni di permuta immobiliare sono autorizzate con decreto del Ministro dell'economia e delle finanze [(5)].

[(A)] *In riferimento al presente articolo, vedi: Risoluzione Agenzia delle Entrate 11 luglio 2022, n. 37/E.*
- Per l'Istituzione del codice tributo per l'utilizzo in compensazione, tramite modello F24, del credito d'imposta acquistato dai cessionari, vedi : Risoluzione Agenzia delle Entrate 23/09/2022 n. 51/E
[(1)] *Comma modificato dall'articolo 1, comma 1, della Legge 28 marzo 2022, n. 25, in sede di conversione.*
[(2)] *Comma modificato dall'articolo 1, comma 1, della Legge 28 marzo 2022, n. 25, in sede di conversione.*
[(3)] *Comma sostituito dall'articolo 1, comma 1, della Legge 28 marzo 2022, n. 25, in sede di conversione.*
[(4)] *Comma aggiunto dall'articolo 1, comma 1, della Legge 28 marzo 2022, n. 25, in sede di conversione.*
[(5)] *Comma aggiunto dall'articolo 1, comma 1, della Legge 28 marzo 2022, n. 25, in sede di conversione.*

6 *ter*. Estensione del regime fiscale dei pensionati neoresidenti. [(1)]. – 1. All'articolo 24-ter, comma 1, del testo unico delle imposte sui redditi, di cui al decreto del Presidente della Repubblica 22 dicembre 1986, n. 917, le parole: "con popolazione non superiore a 20.000 abitanti, e in uno dei comuni con popolazione non superiore a 3.000 abitanti compresi negli allegati 1, 2 e 2-bis al decreto-legge 17 ottobre 2016, n. 189, convertito, con modificazioni, dalla legge 15 dicembre 2016, n. 229" sono sostituite dalle seguenti: "o in uno dei comuni di cui agli allegati 1, 2 e 2-bis al decreto-legge 17 ottobre 2016, n. 189, convertito, con modificazioni, dalla legge 15 dicembre 2016, n. 229, o in uno dei comuni interessati dagli eventi sismici del 6 aprile 2009, avente comunque una popolazione non superiore a 20.000 abitanti.

[(1)] *Articolo inserito dall'articolo 1, comma 1, della Legge 28 marzo 2022, n. 25, in sede di conversione.*

10 *quater*. Proroga del termine di comunicazione dell'opzione di cessione del credito o sconto in fattura e del termine per la messa a disposizione della dichiarazione precompilata 2022. [(1)]. – 1. Per le spese sostenute nel 2021, nonché per le rate residue non fruite delle detrazioni riferite alle spese sostenute nel 2020, la comunicazione per l'esercizio delle opzioni di sconto sul corrispettivo o cessione del credito di cui all'articolo 121 del decreto-legge 19 maggio 2020, n. 34, convertito, con modificazioni, dalla legge 17 luglio 2020, n. 77, relative alle detrazioni spettanti per gli interventi di ristrutturazione edilizia, recupero o restauro della facciata degli edifici, riqualificazione energetica, riduzione del rischio sismico, installazione di impianti solari fotovoltaici e infrastrutture per la ricarica di veicoli elettrici, sia per gli interventi eseguiti sulle unità immobiliari, sia per gli interventi eseguiti sulle parti comuni degli edifici, deve essere trasmessa, a pena di decadenza, all'Agenzia delle entrate entro il 29 aprile 2022.

2. Per l'anno 2022, il termine del 30 aprile di cui all'articolo 1, comma 1, del decreto legislativo 21 novembre 2014, n. 175, è prorogato al 23 maggio.

2 -bis. Al fine di consentire l'esercizio delle opzioni di sconto sul corrispettivo o di cessione del credito di cui all'articolo 121 del decreto-legge 19 maggio 2020, n. 34, convertito, con modificazioni, dalla legge 17 luglio 2020, n. 77, per l'anno 2022, i soggetti passivi dell'imposta sul reddito delle società e i titolari di partita IVA, che sono tenuti a presentare la dichiarazione dei redditi entro il 30 novembre 2022, possono trasmettere all'Agenzia delle entrate la comunicazione per l'esercizio delle predette opzioni anche successivamente al termine di cui al comma 1 del presente articolo, ma comunque entro il 15 ottobre 2022 [(2)].

[(1)] *Articolo inserito dall'articolo 1, comma 1, della Legge 28 marzo 2022, n. 25, in sede di conversione.*
[(2)] *Comma aggiunto dall'articolo 29-ter, comma 1, del D.L. 1° marzo 2022, n. 17, convertito con modificazioni dalla Legge 27 aprile 2022, n. 34.*

10 *quinquies*. Rimessione in termini per la Rottamazione-ter e saldo e stralcio. [(1)]. – 1. All'articolo 68 del decreto-legge 17 marzo 2020, n. 18, convertito, con modificazioni, dalla legge 24 aprile 2020, n. 27, il comma 3 è sostituito dal seguente:

"*3. Il versamento delle rate da corrispondere negli anni 2020, 2021 e 2022 ai fini delle definizioni agevolate di cui agli articoli 3 e 5 del decreto-legge 23 ottobre 2018, n. 119, convertito, con modificazioni, dalla legge 17 dicembre 2018, n. 136, all'articolo 16-bis del decreto-legge 30 aprile 2019, n. 34, convertito, con modificazioni, dalla legge 28 giugno 2019, n. 58, e all'articolo 1, commi 190 e 193, della legge 30 dicembre 2018, n. 145, è considerato tempestivo e non determina l'inefficacia delle stesse definizioni se effettuato integralmente, con applicazione delle disposizioni dell'articolo 3, comma 14-bis, del citato decreto-legge n. 119 del 2018:*

a) entro il 30 aprile 2022, relativamente alle rate in scadenza nell'anno 2020;

b) entro il 31 luglio 2022, relativamente alle rate in scadenza nell'anno 2021;

c) entro il 30 novembre 2022, relativamente alle rate in scadenza nell'anno 2022".

VARIE

2. Sono estinte le procedure esecutive eventualmente avviate per effetto dell'inutile decorso del termine di cui all'articolo 68, comma 3, del decreto-legge 17 marzo 2020, n. 18, convertito, con modificazioni, dalla legge 24 aprile 2020, n. 27, nel testo vigente alla data di entrata in vigore del presente decreto. Restano in ogni caso definitivamente acquisite e non sono rimborsabili le somme, relative ai debiti definibili ai sensi degli articoli 3 e 5 del decreto-legge 23 ottobre 2018, n. 119, convertito, con modificazioni, dalla legge 17 dicembre 2018, n. 136, dell'articolo 16-bis del decreto-legge 30 aprile 2019, n. 34, convertito, con modificazioni, dalla legge 28 giugno 2019, n. 58, e dell'articolo 1, commi 190 e 193, della legge 30 dicembre 2018, n. 145, eventualmente versate a qualunque titolo anteriormente alla data di entrata in vigore del presente decreto.

(1) *Articolo inserito dall'articolo 1, comma 1, della Legge 28 marzo 2022, n. 25, in sede di conversione.*

12. Incremento del contributo per il mancato incasso dell'imposta di soggiorno (1). – 1. Il fondo di cui all'articolo 25, comma 1, del decreto-legge 22 marzo 2021, n. 41, convertito, con modificazioni, dalla legge 21 maggio 2021, n. 69, istituito nello stato di previsione del Ministero dell'interno, per il ristoro ai comuni per i mancati incassi relativi al primo trimestre del 2022, è incrementato di 100 milioni di euro per l'anno 2022.(2)

2. Alla ripartizione del Fondo tra gli enti interessati si provvede con uno o più decreti del Ministro dell'interno di concerto con il Ministro dell'economia e delle finanze, previa intesa in sede di Conferenza Stato-città ed autonomie locali, da adottare entro il 30 aprile 2022.

3. All'onere di cui al comma 1, pari a 100 milioni di euro per l'anno 2022, si provvede ai sensi dell'articolo 32.

(1) *Rubrica sostituita dall'articolo 1, comma 1, della Legge 28 marzo 2022, n. 25, in sede di conversione.*
(2) *Comma modificato dall'articolo 1, comma 1, della Legge 28 marzo 2022, n. 25, in sede di conversione.*

15. Contributo straordinario, sotto forma di credito d'imposta, a favore delle imprese energivore (A)(1). – 1. Alle imprese a forte consumo di energia elettrica di cui al decreto del Ministro dello sviluppo economico 21 dicembre 2017, pubblicato per comunicato nella Gazzetta Ufficiale n. 300 del 27 dicembre 2017, i cui costi per kWh della componente energia elettrica, calcolati sulla base della media dell'ultimo trimestre 2021 ed al netto delle imposte e degli eventuali sussidi, hanno subito un incremento superiore al 30 per cento rispetto al medesimo periodo dell'anno 2019, anche tenuto conto di eventuali contratti di fornitura di durata stipulati dall'impresa, è riconosciuto un contributo straordinario a parziale compensazione dei maggiori oneri sostenuti, sotto forma di credito di imposta, pari al 20 per cento delle spese sostenute per la componente energetica acquistata ed effettivamente utilizzata nel primo trimestre 2022.(2)

2. Il credito d'imposta di cui al comma 1 è utilizzabile esclusivamente in compensazione ai sensi dell'articolo 17 del decreto legislativo 9 luglio 1997, n. 241. Non si applicano i limiti di cui all'articolo 1, comma 53, della legge 24 dicembre 2007, n. 244, e di cui all'articolo 34 della legge 23 dicembre 2000, n. 388. Il credito d'imposta non concorre alla formazione del reddito d'impresa né della base imponibile dell'imposta regionale sulle attività produttive e non rileva ai fini del rapporto di cui agli articoli 61 e 109, comma 5, del testo unico delle imposte sui redditi approvato con decreto del Presidente della Repubblica 22 dicembre 1986, n. 917. Il credito d'imposta è cumulabile con altre agevolazioni che abbiano ad oggetto i medesimi costi, a condizione che tale cumulo, tenuto conto anche della non concorrenza alla formazione del reddito e della base imponibile dell'imposta regionale sulle attività produttive, non porti al superamento del costo sostenuto.

3. Agli oneri derivanti dall'utilizzo della misura agevolativa di cui al presente articolo, valutati in 540 milioni di euro per l'anno 2022, si provvede:

a) quanto a 405 milioni di euro mediante corrispondente utilizzo di quota parte dei proventi delle aste delle quote di emissione di $CO2$ di cui all'articolo 23 del decreto legislativo 9 giugno 2020, n. 47, relativi all'anno 2022, con esclusione delle risorse destinate al fondo ammortamento titoli di Stato, versata dal Gestore dei servizi energetici (GSE) ad apposito capitolo dell'entrata del bilancio dello Stato, che resta acquisita definitivamente all'erario;

b) quanto a 24,11 milioni di euro mediante utilizzo delle maggiori entrate derivanti dalla soppressione delle misure agevolative indicate all'articolo 18, comma 1;

c) quanto a 110,89 milioni di euro ai sensi dell'articolo 32.(3)

4. Il Ministero dell'economia e delle finanze effettua il monitoraggio delle fruizioni del credito d'imposta di cui al presente articolo, ai fini di quanto previsto dall'articolo 17, comma 13, della legge 31 dicembre 2009, n. 196. Qualora, a seguito del predetto monitoraggio, l'utilizzo complessivo del credito di imposta di cui al comma 1 risulti inferiore alla spesa indicata al comma 3, la differenza è versata all'entrata del bilancio dello Stato, per essere riassegnata ai pertinenti capitoli dei ministeri interessati.(4)

(A) *In riferimento al presente articolo, vedi: Risoluzione Agenzia delle Entrate 21 marzo 2022, n. 13/E.*
- In riferimento ai crediti d'imposta per le imprese energivore. Modalità di calcolo dell'agevolazione, di cui al presente articolo, vedi: Risposta Agenzia delle Entrate 31 ottobre 2022 n. 538.
(1) *In riferimento al credito d'imposta di cui al presente articolo, vedi il Provvedimento dell'Agenzia delle Entrate 30 giugno 2022.*
(2) *Comma modificato dall'articolo 1, comma 1, della Legge 28 marzo 2022, n. 25, in sede di conversione.*
(3) *Comma modificato dall'articolo 1, comma 1, della Legge 28 marzo 2022, n. 25, in sede di conversione.*
(4) *Comma modificato dall'articolo 1, comma 1, della Legge 28 marzo 2022, n. 25, in sede di conversione.*

15 1. Contributo straordinario, sotto forma di credito d'imposta, a favore delle imprese a forte consumo di gas naturale per il primo trimestre dell'anno 2022 (1)(2)(A). – 1. Alle imprese a forte consumo di gas naturale di cui al comma 2 è riconosciuto, a parziale compensazione dei maggiori oneri sostenuti per l'acquisto del gas naturale, un contributo straordinario, sotto forma di credito di imposta, pari al 10 per cento della spesa sostenuta per l'acquisto del medesimo gas, consumato nel primo trimestre solare dell'anno 2022, per usi energetici diversi dagli usi termoelettrici, qualora il prezzo di riferimento del gas naturale, calcolato come media, riferita all'ultimo trimestre 2021, dei prezzi di riferimento del Mercato Infragiornaliero (MI-GAS) pubblicati dal Gestore dei mercati energetici (GME), abbia subito un incremento superiore al 30 per cento del corrispondente prezzo medio riferito al medesimo trimestre dell'anno 2019.

2. Ai fini del presente articolo è impresa a forte consumo di gas naturale quella che opera in uno dei settori di cui all'allegato 1 al decreto del Ministro della transizione ecologica 21 dicembre 2021, n. 541, della cui adozione è stata data comunicazione nella Gazzetta Ufficiale della Repubblica italiana n. 5 dell'8 gennaio 2022, e ha consumato, nel primo trimestre solare dell'anno 2022, un quantitativo di gas naturale per usi energetici non inferiore al 25 per cento del volume di gas naturale indicato all'articolo 3, comma 1, del medesimo decreto, al netto dei consumi di gas naturale impiegato in usi termoelettrici.

3. Il credito d'imposta di cui al comma 1 è utilizzabile esclusivamente in compensazione ai sensi dell'articolo 17 del decreto legislativo 9 luglio 1997, n. 241, entro la data del 31 dicembre 2022. Non si applicano i limiti di cui all'articolo 1, comma 53, della legge 24 dicembre 2007, n. 244, e di cui all'articolo 34 della legge 23 dicembre 2000, n. 388. Il credito d'imposta non concorre alla formazione del reddito d'impresa né della base imponibile dell'imposta regionale sulle attività produttive e non rileva ai fini del rapporto di cui agli articoli 61 e 109, comma 5, del testo unico delle imposte sui redditi approvato con decreto del Presidente della Repubblica 22 dicembre 1986, n. 917. Il credito d'imposta è cumulabile con altre agevolazioni che abbiano ad oggetto i medesimi costi, a condizione che tale cumulo, tenuto conto anche della non concorrenza alla formazione del reddito e della base imponibile dell'imposta regionale sulle attività produttive, non porti al superamento del costo sostenuto.

4. Il credito d'imposta di cui al comma 1 è cedibile, solo per intero, dalle imprese beneficiarie ad altri soggetti, compresi gli istituti di credito e gli altri intermediari finanziari, senza facoltà di successiva cessione, fatta salva la possibilità di due ulteriori cessioni solo se effettuate a favore di banche e intermediari finanziari iscritti all'albo previsto dall'articolo 106 del testo unico delle leggi in materia bancaria e creditizia, di cui al decreto legislativo 1° settembre 1993, n. 385, società appartenenti a un gruppo bancario iscritto all'albo di cui all'articolo 64 del predetto testo unico delle leggi in materia bancaria e creditizia ovvero imprese di assicurazione autorizzate ad operare in Italia ai sensi del decreto legislativo 7 settembre 2005, n. 209, ferma restando l'applicazione delle disposizioni di cui all'articolo 122-bis, comma 4, del decreto-legge 19 maggio 2020, n. 34, convertito, con modificazioni, dalla legge 17 luglio 2020, n. 77, per ogni cessione intercorrente tra i predetti soggetti, anche successiva alla prima. I contratti di cessione conclusi in violazione del primo periodo sono nulli. In caso di cessione del credito d'imposta, le imprese beneficiarie richiedono il visto di conformità dei dati relativi alla documentazione che attesta la sussistenza dei presupposti che danno diritto al credito d'imposta di cui al presente articolo. Il visto di conformità è rilasciato ai sensi dell'articolo 35 del decreto legislativo 9 luglio 1997, n. 241, dai soggetti indicati alle lettere a) e b) del comma 3 dell'articolo 3 del regolamento recante modalità per la presentazione delle dichiarazioni relative alle imposte sui redditi, all'imposta regionale sulle attività produttive e all'imposta sul valore aggiunto, di cui al decreto del Presidente della Repubblica 22 luglio 1998, n. 322, e dai responsabili dell'assistenza fiscale dei centri costituiti dai soggetti di cui all'articolo 32 del citato decreto legislativo n. 241 del 1997. Il credito d'imposta è utilizzato dal cessionario con le stesse modalità con le quali sarebbe stato utilizzato dal soggetto cedente e comunque entro la medesima data del 31 dicembre 2022. Le modalità attuative delle disposizioni relative alla cessione e alla tracciabilità del credito d'imposta, da effettuarsi in via telematica, anche avvalendosi dei soggetti previsti dal comma 3 dell'articolo 3 del regolamento di cui al decreto del Presidente della Repubblica n. 322 del 1998, sono definite con provvedimento del direttore dell'Agenzia delle entrate. Si applicano le disposizioni di cui all'articolo 122-bis, nonché, in quanto compatibili, quelle di cui all'articolo 121, commi da 4 a 6, del decreto-legge n. 34 del 2020.

5. Il Ministero dell'economia e delle finanze effettua il monitoraggio delle fruizioni del credito d'imposta di cui al presente articolo, ai fini di quanto previsto dall'articolo 17, comma 13, della legge 31 dicembre 2009, n. 196.

(A) Per l'Istituzione del codice tributo per l'utilizzo in compensazione, tramite modello F24, del credito d'imposta a favore delle imprese a forte consumo di gas naturale vedi: Risoluzione Agenzia delle Entrate 13/06/2022 n. 28/E.
- In ferimento al presente articolo, vedi: Risposta Agenzia delle Entrate 31 ottobre 2022, n. 536.
(1) Articolo inserito dall'articolo 4, comma 1, del D.L. 17 maggio 2022, n. 50, convertito, con modificazioni, dalla Legge 15 luglio 2022, n. 91.
(2) In riferimento al credito d'imposta di cui al presente articolo, vedi il Provvedimento dell'Agenzia delle Entrate 30 giugno 2022.

22 *bis*. Proroga delle esenzioni dal pagamento dell'IMU per gli immobili inagibili (1). – 1. Per i comuni delle regioni Emilia-Romagna, Lombardia e Veneto individuati ai sensi dell'articolo 1, comma 1, del decreto-legge 6 giugno 2012, n. 74, convertito, con modificazioni, dalla legge 1° agosto 2012, n. 122, e dall'articolo 67-septies del decreto-legge 22 giugno 2012, n. 83, convertito, con modificazioni, dalla legge 7 agosto 2012, n. 134, come eventualmente rideterminati dai Commissari delegati ai sensi dell'articolo 2-bis, comma 43, secondo periodo, del decreto-legge 16 ottobre 2017, n. 148, convertito, con modificazioni, dalla legge 4 dicembre 2017, n. 172, l'esenzione dall'applicazione dell'imposta municipale propria prevista dal secondo periodo del comma 3 dell'articolo 8 del decreto-legge 6 giugno 2012, n. 74, convertito, con modificazioni, dalla legge 1° agosto 2012, n. 122, è prorogata fino alla definitiva ricostruzione e agibilità dei fabbricati interessati e comunque non oltre il 31 dicembre 2022.

2 Agli oneri derivanti dal comma 1, pari a 10,5 milioni di euro per l'anno 2022, si provvede mediante corrispondente riduzione del Fondo per interventi strutturali di politica economica, di cui all'articolo 10, comma 5, del decreto-legge 29 novembre 2004, n. 282, convertito, con modificazioni, dalla legge 27 dicembre 2004, n. 307.

(1) Articolo inserito dall'articolo 1, comma 1, della Legge 28 marzo 2022, n. 25, in sede di conversione.

28. Misure di contrasto alle frodi nel settore delle agevolazioni fiscali ed economiche. – [*1. Al decreto-legge 19 maggio 2020, n. 34, convertito, con modificazioni, dalla legge 17 luglio 2020, n. 77, sono apportate le seguenti modificazioni:*

a) all'articolo 121, comma 1:

1) alla lettera a), le parole «con facoltà di successiva cessione del credito» sono sostituite dalle seguenti: «cedibile dai medesimi» e dopo le

VARIE

parole «gli altri intermediari finanziari» sono inserite le seguenti: «, senza facoltà di successiva cessione»;

2) alla lettera b) le parole «, con facoltà di successiva cessione» sono soppresse e dopo le parole «gli altri intermediari finanziari» sono inserite le seguenti: «, senza facoltà di successiva cessione»;

b) all'articolo 122, comma 1, dopo le parole «altri intermediari finanziari» sono inserite le seguenti: «, senza facoltà di successiva cessione».][1]

1-bis. Al decreto-legge 19 maggio 2020, n. 34, convertito, con modificazioni, dalla legge 17 luglio 2020, n. 77, sono apportate le seguenti modificazioni:

a) all'articolo 121:

1) al comma 1, la lettera a) è sostituita dalla seguente:

"*a) per un contributo, sotto forma di sconto sul corrispettivo dovuto, fino a un importo massimo pari al corrispettivo stesso, anticipato dai fornitori che hanno effettuato gli interventi e da questi ultimi recuperato sotto forma di credito d'imposta, di importo pari alla detrazione spettante, cedibile dai medesimi ad altri soggetti, compresi gli istituti di credito e gli altri intermediari finanziari, senza facoltà di successiva cessione, fatta salva la possibilità di due ulteriori cessioni solo se effettuate a favore di banche e intermediari finanziari iscritti all'albo previsto dall'articolo 106 del testo unico delle leggi in materia bancaria e creditizia, di cui al decreto legislativo 1° settembre 1993, n. 385, di società appartenenti a un gruppo bancario iscritto all'albo di cui all'articolo 64 del predetto testo unico delle leggi in materia bancaria e creditizia ovvero di imprese di assicurazione autorizzate ad operare in Italia ai sensi del codice delle assicurazioni private, di cui al decreto legislativo 7 settembre 2005, n. 209, ferma restando l'applicazione dell'articolo 122-bis, comma 4, del presente decreto, per ogni cessione intercorrente tra i predetti soggetti, anche successiva alla prima*";

2) al comma 1, la lettera b) è sostituita dalla seguente:

"*b) per la cessione di un credito d'imposta di pari ammontare ad altri soggetti, compresi gli istituti di credito e gli altri intermediari finanziari, senza facoltà di successiva cessione, fatta salva la possibilità di due ulteriori cessioni solo se effettuate a favore di banche e intermediari finanziari iscritti all'albo previsto dall'articolo 106 del testo unico delle leggi in materia bancaria e creditizia, di cui al decreto legislativo 1° settembre 1993, n. 385, di società appartenenti a un gruppo bancario iscritto all'albo di cui all'articolo 64 del predetto testo unico delle leggi in materia bancaria e creditizia ovvero di imprese di assicurazione autorizzate ad operare in Italia ai sensi del codice di cui al decreto legislativo 7 settembre 2005, n. 209, ferma restando l'applicazione dell'articolo 122-bis, comma 4, del presente decreto, per ogni cessione intercorrente tra i predetti soggetti, anche successiva alla prima*";

3) dopo il comma 1-ter è inserito il seguente:

"*1-quater. I crediti derivanti dall'esercizio delle opzioni di cui al comma 1, lettere a) e b), non possono formare oggetto di cessioni parziali successivamente alla prima comunicazione dell'opzione all'Agenzia delle entrate effettuata con le modalità previste dal provvedimento del direttore dell'Agenzia delle entrate di cui al comma 7. A tal fine, al credito è attribuito un codice identificativo univoco da indicare nelle comunicazioni delle eventuali successive cessioni, secondo le modalità previste dal provvedimento di cui al primo periodo. Le disposizioni di cui al presente comma si applicano alle comunicazioni della prima cessione o dello sconto in fattura inviate all'Agenzia delle entrate a partire dal 1° maggio 2022*";

b) all'articolo 122, comma 1, dopo le parole: "*altri intermediari finanziari*" sono aggiunte le seguenti: "*, senza facoltà di successiva cessione, fatta salva la possibilità di due ulteriori cessioni solo se effettuate a favore di banche e intermediari finanziari iscritti all'albo previsto dall'articolo 106 del testo unico delle leggi in materia bancaria e creditizia, di cui al decreto legislativo 1° settembre 1993, n. 385, di società appartenenti a un gruppo bancario iscritto all'albo di cui all'articolo 64 del predetto testo unico delle leggi in materia bancaria e creditizia ovvero di imprese di assicurazione autorizzate ad operare in Italia ai sensi del codice di cui al decreto legislativo 7 settembre 2005, n. 209, ferma restando l'applicazione dell'articolo 122-bis, comma 4, del presente decreto, per ogni cessione intercorrente tra i predetti soggetti, anche successiva alla prima*"»;

2. I crediti che alla data del 7 febbraio 2022 sono stati precedentemente oggetto di una delle opzioni di cui al comma 1 dell'articolo 121 del decreto-legge n. 34 del 2020, ovvero dell'opzione di cui al comma 1 dell'articolo 122 del medesimo decreto-legge n. 34 del 2020, possono costituire oggetto esclusivamente di una ulteriore cessione ad altri soggetti, compresi gli istituti di credito e gli altri intermediari finanziari, nei termini ivi previsti[2].

2. I crediti che alla data del 7 febbraio 2022 sono stati precedentemente oggetto di una delle opzioni di cui al comma 1 dell'articolo 121 del decreto-legge n. 34 del 2020, ovvero dell'opzione di cui al comma 1 dell'articolo 122 del medesimo decreto-legge n. 34 del 2020, possono costituire oggetto esclusivamente di una ulteriore cessione ad altri soggetti, compresi gli istituti di credito e gli altri intermediari finanziari, nei termini ivi previsti.

3. Sono nulli:

a) i contratti di cessione conclusi in violazione delle disposizioni di cui all'articolo 121, comma 1, del decreto-legge n. 34 del 2020, come modificato dal comma 1-bis, lettera a), del presente articolo[3];

b) i contratti di cessione conclusi in violazione delle disposizioni di cui all'articolo 122, comma 1, del decreto-legge n. 34 del 2020, come modificato dal comma 1-bis, lettera b), del presente articolo[4];

c) i contratti di cessione conclusi in violazione delle disposizioni di cui al comma 2.

3-bis. All'articolo 17, comma 2, del decreto legislativo 9 luglio 1997, n. 241, dopo la lettera d) è inserita la seguente:

"*d-bis) all'imposta prevista dall'articolo 1, commi da 491 a 500, della legge 24 dicembre 2012, n. 228*"[5].

3-ter. Al decreto-legge 6 novembre 2021, n. 152, convertito, con modificazioni, dalla legge 29 dicembre 2021, n. 233, sono apportate le seguenti modificazioni:

a) all'articolo 1, comma 8:

1) il sesto periodo è sostituito dai seguenti: "*Il credito d'imposta è cedibile, solo per intero, senza facoltà di successiva cessione ad altri soggetti, fatta salva la possibilità di due ulteriori cessioni solo se effettuate a favore di banche e intermediari finanziari iscritti all'albo previsto dall'articolo 106 del testo unico delle leggi in materia bancaria e creditizia, di cui al decreto legislativo 1° settembre 1993, n. 385, di società appartenenti a un gruppo bancario iscritto all'albo di cui all'articolo 64 del predetto testo unico delle leggi in materia bancaria e creditizia ovvero di imprese di assicurazione autorizzate ad operare in Italia ai sensi del codice delle assicurazioni private, di cui al decreto legislativo 7 settembre 2005, n. 209, ferma restando l'applicazione dell'articolo 122-bis, comma 4, del decreto-legge 19 maggio 2020, n. 34, convertito, con modificazioni, dalla legge 17 luglio 2020, n. 77, per ogni cessione intercorrente tra i predetti soggetti, anche successiva alla prima. I contratti di cessione conclusi in violazione del sesto periodo sono nulli*";

2) l'ultimo periodo è sostituito dal seguente: "*Le modalità attuative delle disposizioni relative alla cessione e alla tracciabilità del credito d'imposta, da effettuare in via telematica, sono definite con provvedimento del direttore dell'Agenzia delle entrate*";

b) all'articolo 4, comma 2, il terzo periodo è sostituito dai seguenti: "*Il credito d'imposta è cedibile, solo per intero, senza facoltà di successiva cessione ad altri soggetti, fatta salva la possibilità di due ulteriori cessioni solo se effettuate a favore di banche e intermediari finanziari iscritti all'albo previsto dall'articolo 106 del testo unico delle leggi in materia bancaria e creditizia, di cui al decreto legislativo 1° settembre 1993, n. 385, di società appartenenti a un gruppo bancario iscritto all'albo di cui all'articolo 64 del predetto testo unico delle leggi in materia bancaria e creditizia ovvero di imprese di assicurazione autorizzate ad operare in Italia ai sensi del codice di cui al decreto legislativo 7 settembre 2005, n. 209, ferma restando l'applicazione dell'articolo 122-bis, comma 4, del decreto-legge n. 34 del 2020, convertito, con modificazioni, dalla legge n. 77 del 2020, per ogni cessione intercorrente tra i predetti soggetti, anche successiva alla prima. I contratti di cessione conclusi in violazione del terzo periodo sono nulli. Le modalità attuative delle disposizioni relative alla cessione e alla tracciabilità del credito d'imposta, da effettuare in via telematica, sono definite con provvedimento del direttore dell'Agenzia delle entrate*"(6).

(1) *Comma abrogato dall'articolo 1, comma 1, del D.L. 25 febbraio 2022, n. 13 e successivamente soppresso dall'articolo 1, comma 1, della Legge 28 marzo 2022, n. 25, in sede di conversione. Il D.L. 13/2022 citato, è stato abrogato dall'articolo 1, comma 2, della Legge 28 marzo 2022, n. 25.*
(2) *Comma inserito dall'articolo 1, comma 1, della Legge 28 marzo 2022, n. 25, in sede di conversione.*
(3) *Lettera modificata dall'articolo 1, comma 1, della Legge 28 marzo 2022, n. 25, in sede di conversione.*
(4) *Lettera modificata dall'articolo 1, comma 1, della Legge 28 marzo 2022, n. 25, in sede di conversione.*
(5) *Comma inserito dall'articolo 1, comma 1, della Legge 28 marzo 2022, n. 25, in sede di conversione.*
(6) *Comma inserito dall'articolo 1, comma 1, della Legge 28 marzo 2022, n. 25, in sede di conversione.*

28 *ter*. Termini di utilizzo dei crediti d'imposta sottoposti a sequestro penale (1). – 1. L'utilizzo dei crediti d'imposta di cui agli articoli 121 e 122 del decreto-legge n. 34 del 2020, convertito, con modificazioni, dalla legge n. 77 del 2020, nel caso in cui tali crediti siano oggetto di sequestro disposto dall'autorità giudiziaria, può avvenire, una volta cessati gli effetti del provvedimento di sequestro, entro i termini di cui agli articoli 121, comma 3, e 122, comma 3, del medesimo decreto-legge n. 34 del 2020, aumentati di un periodo pari alla durata del sequestro medesimo, fermo restando il rispetto del limite annuale di utilizzo dei predetti crediti d'imposta previsto dalle richiamate disposizioni. Per la medesima durata, restano fermi gli ordinari poteri di controllo esercitabili dall'Amministrazione finanziaria nei confronti dei soggetti che hanno esercitato le opzioni di cui agli articoli 121 e 122 del medesimo decreto-legge n. 34 del 2020.

2. L'Agenzia delle entrate effettua il monitoraggio sull'utilizzo del credito d'imposta nei casi di cui al comma 1 e comunica i relativi dati al Ministero dell'economia e delle finanze ai fini di quanto previsto dall'articolo 17, comma 13, della legge 31 dicembre 2009, n. 196.

(1) *Articolo inserito dall'articolo 1, comma 1, della Legge 28 marzo 2022, n. 25, in sede di conversione.*

VARIE

28. D.L. 21 marzo 2022, n. 21

Decreto convertito con modificazioni dalla Legge 20 maggio 2022, n. 51. - Misure urgenti per contrastare gli effetti economici e umanitari della crisi ucraina. (DECRETO TAGLIA PREZZI)(DECRETO UCRAINA BIS)(Estratto: Artt. 1, 1 bis, 3,4,5,5 quater, 9, 18, 22, 22 bis, 37 e 37 quater). (in Gazz. Uff., 21 marzo 2022, n. 67)

1. Riduzione delle aliquote di accisa sulla benzina e sul gasolio impiegato come carburante – 1. In considerazione degli effetti economici derivanti dall'eccezionale incremento dei prezzi dei prodotti energetici, le aliquote di accisa sulla benzina e sul gasolio impiegato come carburante, di cui all'Allegato I al testo unico delle disposizioni legislative concernenti le imposte sulla produzione e sui consumi e relative sanzioni penali e amministrative, di cui al decreto legislativo 26 ottobre 1995, n. 504, sono rideterminate, relativamente al periodo di cui al comma 2, nelle seguenti misure (1):

a) benzina: 478,40 euro per 1000 litri;

b) olio da gas o gasolio usato come carburante: 367,40 euro per 1000 litri.

2. La rideterminazione delle aliquote di accisa di cui al comma 1 si applica dal giorno di entrata in vigore del presente decreto e fino al trentesimo giorno successivo alla medesima data.

3. In dipendenza della rideterminazione dell'aliquota di accisa sul gasolio usato come carburante stabilita dal comma 1, l'aliquota di accisa sul gasolio commerciale usato come carburante, di cui al numero 4-bis della Tabella A allegata al testo unico [*delle accise*] di cui al decreto legislativo n. 504 del 1995, non trova applicazione per il periodo indicato nel comma 2 del presente articolo. Nel medesimo periodo non trovano applicazione le aliquote di accisa ridotte sulla benzina e sul gasolio usato come carburante di cui al numero 12 della Tabella A allegata al testo unico [*delle accise*] di cui al decreto legislativo n. 504 del 1995(2).

4. Per il periodo dal 1° gennaio al 28 febbraio 2022 non trova applicazione la disposizione di cui al comma 290 dell'articolo 1 della legge 24 dicembre 2007, n. 244. Per il medesimo periodo, le maggiori entrate dell'imposta sul valore aggiunto relative alle cessioni di benzina e gasolio impiegati come carburanti per autotrazione, derivanti dalle variazioni del prezzo internazionale del petrolio greggio espresso in euro, sono accertate con le modalità di cui all'articolo 1, comma 291, della legge 24 dicembre 2007 n. 244 (3).

5. Ai fini della corretta applicazione delle aliquote di accisa di cui al comma 1, gli esercenti i depositi commerciali di prodotti energetici assoggettati ad accisa di cui all'articolo 25, comma 1, del testo unico [*delle accise*] di cui al decreto legislativo n. 504 del 1995 e gli esercenti gli impianti di distribuzione stradale di carburanti di cui al comma 2, lettera

b), del medesimo articolo 25 trasmettono all'Ufficio competente per territorio dell'Agenzia delle dogane e dei monopoli, con le modalità di cui all'articolo 19-bis del predetto testo unico ovvero per via telematica, i dati relativi ai quantitativi di benzina e di gasolio usato come carburante giacenti nei serbatoi dei relativi depositi e impianti sia alla data di entrata in vigore del presente decreto-legge che al trentesimo giorno successivo alla medesima data; la comunicazione dei predetti dati è effettuata entro 5 giorni lavorativi a partire da ciascuna delle predette date. In caso di mancata comunicazione dei dati di cui al presente comma, trova applicazione l'articolo 50 del testo unico [*delle accise*] di cui al decreto legislativo n. 504 del 1995 [(4)].

6. Per le medesime finalità di cui al comma 5 i titolari dei depositi fiscali e gli esercenti i depositi commerciali di cui agli articoli 23 e 25 del testo unico di cui al decreto legislativo n. 504 del 1995, nel periodo di applicazione delle aliquote di accisa rideterminate ai sensi del comma 1, riportano nel documento amministrativo semplificato telematico di cui all'articolo 11 del decreto-legge 26 ottobre 2019, n. 124, convertito, con modificazioni, dalla legge 19 dicembre 2019, n. 157 e all'articolo 1, comma 1, del decreto-legge 3 ottobre 2006, n. 262, convertito con modificazioni dalla legge 24 novembre 2006, n. 286 l'aliquota di accisa applicata ai quantitativi dei prodotti energetici indicati nel medesimo documento [(5)].

7. Al fine di prevenire il rischio di manovre speculative derivanti dalla rideterminazione delle aliquote di accisa di cui al comma 1, il Garante per la sorveglianza dei prezzi si avvale della collaborazione dei Ministeri, degli enti e degli organismi indicati nell'articolo 2, comma 199, della legge 24 dicembre 2007, n. 244, nonché del supporto operativo del Corpo della Guardia di finanza per monitorare l'andamento dei prezzi, anche relativi alla vendita al pubblico, di benzina e gasolio usato come carburante praticati nell'ambito dell'intera filiera di distribuzione commerciale dei medesimi prodotti. La Guardia di finanza agisce con i poteri di indagine a essa attribuiti ai fini dell'accertamento dell'imposta sul valore aggiunto e delle imposte dirette, anche ai sensi dei commi 2, lettera m), e 4 dell'articolo 2 del decreto legislativo 19 marzo 2001, n. 68. Per le finalità di cui al presente comma e per lo svolgimento dei compiti di polizia economico-finanziaria il Corpo della Guardia di finanza ha accesso diretto, anche in forma massiva, ai dati inerenti alle giacenze di cui al comma 5 e ai dati contenuti nel documento amministrativo semplificato telematico; il medesimo Corpo segnala all'Autorità Garante della Concorrenza e del Mercato, per l'adozione dei provvedimenti di competenza, elementi, rilevati nel corso delle attività di monitoraggio di cui al presente comma, sintomatici di condotte che possano ledere la concorrenza ai sensi della legge 10 ottobre 1990, n. 287 o costituire pratiche commerciali scorrette ai sensi del codice del consumo, di cui al decreto legislativo 6 settembre 2005, n. 206. Le amministrazioni interessate provvedono agli adempimenti previsti dal presente comma con le risorse umane, finanziarie e strumentali disponibili a legislazione vigente [(6)].

8. Successivamente al periodo previsto dal comma 2 e fino al 31 dicembre 2022, ferme restando le condizioni di cui all'articolo 1, comma 291, della legge 24 dicembre 2007, n. 244, le aliquote di accisa applicate ai prodotti di cui al comma 1 possono essere rideterminate con il decreto emanato ai sensi del comma 290 del medesimo articolo 1 della legge n. 244 del 2007, adottato anche con cadenza diversa da quella ivi prevista.

9. Agli oneri derivanti dai commi da 1 a 3 del presente articolo, valutati in 588,25 milioni di euro per l'anno 2022 e 30,78 milioni di euro per l'anno 2024, si provvede, quanto a 255,49 milioni di euro per l'anno 2022, mediante le maggiori entrate derivanti dal comma 4 e, quanto a 332,76 milioni di euro per l'anno 2022 e 30,78 milioni di euro per l'anno 2024, ai sensi dell'articolo 38[(7)].

(1) *Alinea modificato dall'articolo 1, comma 1, della Legge 20 maggio 2022, n. 51, in sede di conversione.*
(2) *Comma modificato dall'articolo 1, comma 1, della Legge 20 maggio 2022, n. 51, in sede di conversione.*
(3) *Comma modificato dall'articolo 1, comma 1, della Legge 20 maggio 2022, n. 51, in sede di conversione.*
(4) *Comma modificato dall'articolo 1, comma 1, della Legge 20 maggio 2022, n. 51, in sede di conversione.*
(5) *Comma modificato dall'articolo 1, comma 1, della Legge 20 maggio 2022, n. 51, in sede di conversione.*
(6) *Comma modificato dall'articolo 1, comma 1, della Legge 20 maggio 2022, n. 51, in sede di conversione.*
(7) *Comma modificato dall'articolo 1, comma 1, della Legge 20 maggio 2022, n. 51, in sede di conversione.*

1 *bis*. (Disposizioni in materia di accisa e di IVA sui carburanti)[(1)]. – 1. In considerazione del perdurare degli effetti economici derivanti dall'eccezionale incremento dei prezzi dei prodotti energetici, a decorrere dal 3 maggio 2022 e fino all'8 luglio 2022:

a) le aliquote di accisa di cui all'allegato I al testo unico delle disposizioni legislative concernenti le imposte sulla produzione e sui consumi e relative sanzioni penali e amministrative, di cui al decreto legislativo 26 ottobre 1995, n. 504, dei sotto indicati prodotti sono rideterminate nelle seguenti misure:

1) benzina: 478,40 euro per mille litri;

2) oli da gas o gasolio usato come carburante: 367,40 euro per mille litri;

3) gas di petrolio liquefatti (GPL) usati come carburanti: 182,61 euro per mille chilogrammi;

4) gas naturale usato per autotrazione: zero euro per metro cubo;

b) l'aliquota IVA applicata al gas naturale usato per autotrazione è stabilita nella misura del 5 per cento.

2. In dipendenza della rideterminazione dell'aliquota di accisa sul gasolio usato come carburante stabilita, per il periodo dal 22 aprile 2022 al 2 maggio 2022, dall'articolo 1, comma 1, lettera b), del decreto del Ministro dell'economia e delle finanze 6 aprile 2022, pubblicato nella Gazzetta Ufficiale n. 90 del 16 aprile 2022, e, per il periodo dal 3 maggio 2022 all'8 luglio 2022, dal comma 1, lettera a), numero 2), del presente articolo, l'aliquota di accisa sul gasolio commerciale usato come carburante, di cui al numero 4 -bis della tabella A allegata al testo unico di cui al decreto legislativo n. 504 del 1995, non si applica per il periodo dal 22 aprile 2022 all'8 luglio 2022.

3. Ai fini della corretta applicazione delle aliquote di accisa diminuite per effetto sia del decreto del Ministro dell'economia e delle finanze, di cui al comma 2, che del comma 1, lettera a), del presente articolo, gli esercenti i depositi commerciali di prodotti energetici assoggettati ad accisa di cui all'articolo 25, comma 1, del testo unico di cui al decreto legislativo n. 504 del 1995 e gli esercenti gli impianti di distribuzione stradale di carburanti di cui al comma 2, lettera

b), del medesimo articolo 25 trasmettono, entro il 15 luglio 2022, all'ufficio competente per territorio dell'Agenzia delle dogane e dei monopoli, con le modalità di cui all'articolo 19 -bis del predetto testo unico ovvero per via telematica, i dati relativi ai quantitativi dei prodotti di cui al comma 1, lettera a), del presente articolo usati come carburante giacenti nei serbatoi dei relativi depositi e impianti alla data dell'8 luglio 2022. In considerazione di quanto disposto dall'articolo 1, comma 1, lettere a) e b), del citato decreto del Ministro dell'economia e delle finanze 6 aprile 2022 e dal comma 1, lettera a), numeri 1) e 2), del presente articolo, viene meno l'obbligo, già previsto dall'articolo 1, comma 5, del presente decreto, di comunicazione dei dati relativi ai quantitativi di benzina e di gasolio usati come carburante giacenti nei serbatoi al trentesimo giorno successivo alla data di entrata in vigore del presente decreto, con salvezza degli eventuali comportamenti omissivi posti in essere.

4. Per la mancata comunicazione di cui al comma 3 si applica la sanzione prevista dall'articolo 50, comma 1, del testo unico di cui al decreto legislativo n. 504 del 1995; la medesima sanzione è applicata per l'invio delle comunicazioni di cui al medesimo comma 3 con dati incompleti o non veritieri.

5. Al fine di prevenire il rischio di manovre speculative derivanti dalla diminuzione delle aliquote di accisa stabilita dal decreto del Ministro dell'economia e delle finanze 6 aprile 2022 e dal comma 1, lettera a), del presente articolo, il Garante per la sorveglianza dei prezzi si avvale della collaborazione dei Ministeri, degli enti e degli organismi indicati nell'articolo 2, comma 199, della legge 24 dicembre 2007, n. 244, nonché del supporto operativo del Corpo della guardia di finanza, per monitorare l'andamento dei prezzi, anche relativi alla vendita al pubblico, dei prodotti energetici cui si applica la suddetta diminuzione, praticati nell'ambito dell'intera filiera di distribuzione commerciale. Il Corpo della guardia di finanza agisce con i poteri di indagine ad esso attribuiti ai fini dell'accertamento dell'imposta sul valore aggiunto e delle imposte dirette, anche ai sensi dell'articolo 2, commi 2, lettera m), e 4, del decreto legislativo 19 marzo 2001, n. 68. Per le finalità di cui al presente comma e per lo svolgimento dei compiti di polizia economico-finanziaria, il Corpo della guardia di finanza ha accesso diretto, anche in forma massiva, ai dati comunicati relativamente alle giacenze dei prodotti energetici dei depositi commerciali assoggettati ad accisa di cui all'articolo 25, comma 1, del testo unico di cui al decreto legislativo n. 504 del 1995 e degli impianti di distribuzione stradale di carburanti di cui al comma 2, lettera b), del medesimo articolo 25, nonché ai dati contenuti nel documento amministrativo semplificato telematico di cui all'articolo 11 del decreto-legge 26 ottobre 2019, n. 124, convertito, con modificazioni, dalla legge 19 dicembre 2019, n. 157, e all'articolo 1, comma 1, del decreto-legge 3 ottobre 2006, n. 262, convertito, con modificazioni, dalla legge 24 novembre 2006, n. 286; il medesimo Corpo segnala all'Autorità garante della concorrenza e del mercato, per l'adozione dei provvedimenti di competenza, elementi, rilevati nel corso delle attività di monitoraggio di cui al presente comma, sintomatici di condotte che possano ledere la concorrenza ai sensi della legge 10 ottobre 1990, n. 287, o costituire pratiche commerciali scorrette ai sensi del codice del consumo, di cui al decreto legislativo 6 settembre 2005, n. 206.

6. Al fine di prevenire il rischio di manovre speculative derivanti dalla diminuzione dell'aliquota IVA di cui al comma 1, lettera b), sul gas naturale usato per autotrazione, si applicano, in quanto compatibili, le disposizioni di cui al comma 5 relativamente al monitoraggio dell'andamento dei prezzi del predetto gas naturale praticati nell'ambito dell'intera filiera di distribuzione commerciale.

7. Le amministrazioni interessate provvedono agli adempimenti previsti dai commi 5 e 6 con le risorse umane, finanziarie e strumentali disponibili a legislazione vigente.

8. Le aliquote di accisa applicate ai prodotti di cui al comma 1, lettera a), ivi incluso il gas naturale, possono essere rideterminate con decreto del Ministro dell'economia e delle finanze, di concerto con il Ministro della transizione ecologica, ai sensi dell'articolo 1, comma 290, della legge 24 dicembre 2007, n. 244, ferme restando le condizioni di cui all'articolo 1, comma 291, della stessa legge, anche con cadenza diversa da quella prevista nel medesimo comma 291. Il decreto di cui al presente comma può contenere anche disposizioni necessarie a coordinare l'applicazione dell'aliquota di accisa sul gasolio usato come carburante, diminuita dallo stesso decreto, con l'applicazione dell'aliquota di accisa sul gasolio commerciale di cui al numero 4 -bis della tabella A allegata al testo unico di cui al decreto legislativo 26 ottobre 1995, n. 504, nonché prevedere l'obbligo, stabilendone termini e modalità, da parte degli esercenti i depositi commerciali e degli esercenti gli impianti di distribuzione stradale di carburanti di cui al comma 3, di trasmettere i dati relativi alle giacenze, rilevate presso i rispettivi depositi e impianti, dei prodotti energetici per i quali il medesimo decreto di cui all'articolo 1, comma 290, della legge n. 244 del 2007 prevede la riduzione della relativa aliquota di accisa; per la mancata comunicazione delle suddette giacenze nonché per l'invio della medesima comunicazione con dati incompleti o non veritieri, si applica la sanzione prevista dall'articolo 50, comma 1, del predetto testo unico. Non trova applicazione l'articolo 1, comma 8, del presente decreto. Il decreto di cui al presente comma può altresì prevedere l'applicazione dell'aliquota IVA ridotta di cui al comma 1, lettera b), al gas naturale usato per autotrazione.

9. Allo scopo di prevenire il rischio di manovre speculative derivanti dalla diminuzione delle aliquote di accisa stabilita dal decreto da adottare ai sensi dell'articolo 1, comma 290, della legge n. 244 del 2007 si applicano le disposizioni di cui ai commi 5 e 6.

10. Agli oneri derivanti dai commi 1 e 2 del presente articolo, valutati in 2.326,47 milioni di euro per l'anno 2022 e in 107,25 milioni di euro per l'anno 2024, si provvede ai sensi dell'articolo 38.

(1) *Articolo inserito dall'articolo 1, comma 1, della Legge 20 maggio 2022, n. 51, in sede di conversione.*

3. Contributo, sotto forma di credito d'imposta, a favore delle imprese per l'acquisto di energia elettrica (1). – 1. Alle imprese dotate di contatori di energia elettrica di potenza disponibile pari o superiore a 16,5 kW, diverse dalle imprese a forte consumo di energia elettrica di cui al decreto del Ministro dello sviluppo economico 21 dicembre 2017, di cui al comunicato pubblicato nella Gazzetta Ufficiale n. 300 del 27 dicembre 2017, è riconosciuto, a parziale compensazione dei maggiori oneri effettivamente sostenuti per l'acquisto della componente energia, un contributo straordinario, sotto forma di credito di imposta, pari al 12 per cento della spesa sostenuta per l'acquisto della componente energetica, effettivamente utilizzata nel secondo trimestre dell'anno 2022, comprovato mediante le relative fatture d'acquisto, qualora il prezzo della stessa, calcolato sulla base della media riferita al primo trimestre 2022, al netto delle imposte e degli eventuali sussidi, abbia subito un incremento del costo per kWh superiore al 30 per cento del corrispondente prezzo medio riferito al medesimo trimestre dell'anno 2019(2)(3).

2. Il credito d'imposta di cui al comma 1 è utilizzabile esclusivamente in compensazione ai sensi dell'articolo 17 del decreto legislativo 9 luglio 1997, n. 241, entro la data del 31 dicembre 2022. Non si applicano i limiti di cui all'articolo 1, comma 53, della legge 24 dicembre 2007, n. 244, e di cui all'articolo 34 della legge 23 dicembre 2000, n. 388. Il credito d'imposta non concorre alla formazione del reddito d'impresa né della base imponibile dell'imposta regionale sulle attività produttive e non rileva ai fini del rapporto di cui agli articoli 61 e 109, comma 5, del testo unico delle imposte sui redditi approvato con decreto del Presidente della Repubblica 22 dicembre 1986, n. 917. Il credito d'imposta è cumulabile con altre agevolazioni che abbiano ad oggetto i medesimi costi, a condizione che tale cumulo, tenuto conto anche della non concorrenza alla formazione del reddito e della base imponibile dell'imposta regionale sulle attività produttive, non porti al superamento del costo sostenuto.

3. Il credito d'imposta di cui al comma 1 è cedibile, solo per intero, dalle imprese beneficiarie ad altri soggetti, compresi gli istituti di credito e gli altri intermediari finanziari, senza facoltà di successiva cessione, fatta salva la possibilità di due ulteriori cessioni solo se effettuate a favore di banche e intermediari finanziari iscritti all'albo previsto dall'articolo 106 del testo unico delle leggi in materia bancaria e creditizia, di cui al decreto legislativo 1° settembre 1993, n. 385, società appartenenti a un gruppo bancario iscritto all'albo di cui all'articolo 64 del predetto testo unico delle leggi in materia bancaria e creditizia ovvero imprese di assicurazione autorizzate ad operare in Italia ai sensi del codice delle assicurazioni private, di cui al decreto legislativo 7 settembre 2005, n. 209, ferma restando l'applicazione delle disposizioni di cui all'articolo 122-bis, comma 4, del decreto-legge 19 maggio 2020, n. 34, convertito, con modificazioni, dalla legge 17 luglio 2020, n. 77, convertito, con modificazioni, dalla legge 17 luglio 2020, n. 77, per ogni cessione intercorrente tra i predetti soggetti, anche successiva alla prima. I contratti di cessione conclusi in violazione del primo periodo sono nulli. In caso di cessione del credito d'imposta, le imprese beneficiarie richiedono il visto di conformità dei dati relativi alla documentazione che attesta la sussistenza dei presupposti che danno diritto al credito d'imposta di cui al presente articolo. Il visto di conformità è rilasciato ai sensi dell'articolo 35 del decreto legislativo 9 luglio 1997, n. 241, dai soggetti indicati alle lettere a) e b) del comma 3 dell'articolo 3 del regolamento recante modalità per la presentazione delle dichiarazioni relative alle imposte sui redditi, all'imposta regionale sulle attività produttive e all'imposta sul valore aggiunto, di cui al decreto del Presidente della Repubblica 22 luglio 1998, n. 322, e dai responsabili dell'assistenza fiscale dei centri costituiti dai soggetti di cui all'articolo 32 del citato decreto legislativo n. 241 del 1997. Il credito d'imposta è utilizzato dal cessionario con le stesse modalità con le quali sarebbe stato utilizzato dal soggetto cedente e comunque entro la medesima data del 31 dicembre 2022. Le modalità attuative delle disposizioni relative alla cessione e alla tracciabilità del credito d'imposta, da effettuarsi in via telematica, anche avvalendosi dei soggetti previsti dal comma 3 dell'articolo 3 del regolamento di cui al decreto del Presidente della Repubblica 22 luglio 1998, n. 322, sono definite con provvedimento del direttore dell'Agenzia delle entrate. Si applicano le disposizioni di cui all'articolo 122-bis, nonché, in quanto compatibili, quelle di cui all'articolo 121, commi da 4 a 6, del decreto-legge 19 maggio 2020, n. 34(4).

4. Agli oneri derivanti dall'utilizzo della misura agevolativa di cui al presente articolo, valutati in 863,56 milioni di euro per l'anno 2022, si provvede ai sensi dell'articolo 38.

5. Il Ministero dell'economia e delle finanze effettua il monitoraggio delle fruizioni del credito d'imposta di cui al presente articolo, ai fini di quanto previsto dall'articolo 17, comma 13, della legge 31 dicembre 2009, n. 196.

(1) In riferimento al credito d'imposta di cui al presente articolo, vedi il Provvedimento dell'Agenzia delle Entrate 30 giugno 2022.
(2) A norma dell'articolo 2, comma 3, del D.L. 17 maggio 2022, n. 50, convertito, con modificazioni, dalla Legge 15 luglio 2022, n. 91, il contributo straordinario, sotto forma di credito d'imposta, fissato dal presente comma nella misura del 12 per cento è rideterminato nella misura del 15 per cento. Per la fruizione degli stessi, vedi inoltre il comma 3-bis dell'articolo 2 del medesimo D.L. n. 50 del 2022.
(3) Comma modificato dall'articolo 1, comma 1, della Legge 20 maggio 2022, n. 51, in sede di conversione.
(4) Comma modificato dall'articolo 1, comma 1, della Legge 20 maggio 2022, n. 51, in sede di conversione.

Articolo 4

Contributo, sotto forma di credito d'imposta, a favore delle imprese per l'acquisto di gas naturale (1)

1. Alle imprese diverse da quelle a forte consumo di gas naturale di cui all'articolo 5 del decreto-legge 1° marzo 2022 n. 17, è riconosciuto, a parziale compensazione dei maggiori oneri effettivamente sostenuti per l'acquisto del gas naturale, un contributo straordinario, sotto forma di credito di imposta, pari al 20 per cento della spesa sostenuta per l'acquisto del medesimo gas, consumato nel secondo trimestre solare dell'anno 2022, per usi energetici diversi dagli usi termoelettrici, qualora il prezzo di riferimento del gas naturale, calcolato come media, riferita al primo trimestre 2022, dei prezzi di riferimento del Mercato Infragiornaliero (MI-GAS) pubblicati dal Gestore dei mercati energetici (GME), abbia subito un incremento superiore al 30 per cento del corrispondente prezzo medio riferito al medesimo trimestre dell'anno 2019(2)(3).

2. Il credito d'imposta di cui al comma 1 è utilizzabile esclusivamente in compensazione ai sensi dell'articolo 17 del decreto legislativo 9 luglio 1997, n. 241, entro la data del 31 dicembre 2022. Non si applicano i limiti di cui all'articolo 1, comma 53, della legge 24 dicembre 2007, n. 244, e di cui all'articolo 34 della legge 23 dicembre 2000, n. 388. Il credito d'imposta non concorre alla formazione del reddito d'impresa né della base imponibile dell'imposta regionale sulle attività produttive e non rileva ai fini del rapporto di cui agli articoli 61 e 109, comma 5, del testo unico delle imposte sui redditi approvato con decreto del Presidente della Repubblica 22 dicembre 1986, n. 917. Il credito d'imposta è cumulabile con altre agevolazioni che abbiano ad oggetto i mede-

simi costi, a condizione che tale cumulo, tenuto conto anche della non concorrenza alla formazione del reddito e della base imponibile dell'imposta regionale sulle attività produttive, non porti al superamento del costo sostenuto.

3. Il credito d'imposta di cui al comma 1 è cedibile, solo per intero, dalle imprese beneficiarie ad altri soggetti, compresi gli istituti di credito e gli altri intermediari finanziari, senza facoltà di successiva cessione, fatta salva la possibilità di due ulteriori cessioni solo se effettuate a favore di banche e intermediari finanziari iscritti all'albo previsto dall'articolo 106 del testo unico delle leggi in materia bancaria e creditizia, di cui al decreto legislativo 1° settembre 1993, n. 385, società appartenenti a un gruppo bancario iscritto all'albo di cui all'articolo 64 del predetto testo unico delle leggi in materia bancaria e creditizia ovvero imprese di assicurazione autorizzate ad operare in Italia ai sensi del codice delle assicurazioni private, di cui al decreto legislativo 7 settembre 2005, n. 209, ferma restando l'applicazione delle disposizioni di cui all'articolo 122-bis, comma 4, del decreto-legge 19 maggio 2020, n. 34, convertito, con modificazioni, dalla legge 17 luglio 2020, n. 77, per ogni cessione intercorrente tra i predetti soggetti, anche successiva alla prima. I contratti di cessione conclusi in violazione del primo periodo sono nulli. In caso di cessione del credito d'imposta, le imprese beneficiarie richiedono il visto di conformità dei dati relativi alla documentazione che attesta la sussistenza dei presupposti che danno diritto al credito d'imposta di cui al presente articolo. Il visto di conformità è rilasciato ai sensi dell'articolo 35 del decreto legislativo 9 luglio 1997, n. 241, dai soggetti indicati alle lettere a) e b) del comma 3 dell'articolo 3 del regolamento recante modalità per la presentazione delle dichiarazioni relative alle imposte sui redditi, all'imposta regionale sulle attività produttive e all'imposta sul valore aggiunto, di cui al decreto del Presidente della Repubblica 22 luglio 1998, n. 322, e dai responsabili dell'assistenza fiscale dei centri costituiti dai soggetti di cui all'articolo 32 del citato decreto legislativo n. 241 del 1997. Il credito d'imposta è utilizzato dal cessionario con le stesse modalità con le quali sarebbe stato utilizzato dal soggetto cedente e comunque entro la medesima data del 31 dicembre 2022. Le modalità attuative delle disposizioni relative alla cessione e alla tracciabilità del credito d'imposta, da effettuarsi in via telematica, anche avvalendosi dei soggetti previsti dal comma 3 dell'articolo 3 del regolamento di cui al decreto del Presidente della Repubblica 22 luglio 1998, n. 322, sono definite con provvedimento del direttore dell'Agenzia delle entrate. Si applicano le disposizioni di cui all'articolo 122-bis, nonché, in quanto compatibili, quelle di cui all'articolo 121, commi da 4 a 6, del decreto-legge 19 maggio 2020, n. 34, convertito, con modificazioni, dalla legge 17 luglio 2020, n. 77[4].

4. Agli oneri derivanti dall'utilizzo della misura agevolativa di cui al presente articolo, valutati in 237,89 milioni di euro per l'anno 2022, si provvede ai sensi dell'articolo 38.

5. Il Ministero dell'economia e delle finanze effettua il monitoraggio delle fruizioni del credito d'imposta di cui al presente articolo, ai fini di quanto previsto dall'articolo 17, comma 13, della legge 31 dicembre 2009, n. 196.

(1) In riferimento al credito d'imposta di cui al presente articolo, vedi il Provvedimento dell'Agenzia delle Entrate 30 giugno 2022.
(2) A norma dell'articolo 2, comma 1, del D.L. 17 maggio 2022, n. 50, convertito, con modificazioni, dalla Legge 15 luglio 2022, n. 91, il contributo straordinario, sotto forma di credito d'imposta, fissato dal presente comma nella misura del 20 per cento è rideterminato nella misura del 25 per cento. Per la fruizione degli stessi, vedi inoltre il comma 3-bis dell'articolo 2 del medesimo D.L. n. 50 del 2022.
(3) Comma modificato dall'articolo 1, comma 1, della Legge 20 maggio 2022, n. 51, in sede di conversione.
(4) Comma modificato dall'articolo 1, comma 1, della Legge 20 maggio 2022, n. 51, in sede di conversione.

5. Incremento del credito d'imposta in favore delle imprese energivore e delle imprese a forte consumo di gas naturale (1) – 1. Il contributo straordinario, sotto forma di credito di imposta, fissato dall'articolo 4 del decreto-legge 1° marzo 2022, n. 17, nella misura del 20 per cento è rideterminato nella misura del 25 per cento.

2. Il contributo straordinario, sotto forma di credito di imposta, fissato dall'articolo 5 del decreto-legge 1° marzo 2022, n. 17, nella misura del 15 per cento è rideterminato nella misura del 20 per cento.

3. Agli oneri derivanti dal presente articolo, valutati in complessivi 460,12 milioni di euro per l'anno 2022, si provvede ai sensi dell'articolo 38.

(1) Rubrica modificata dall'articolo 1, comma 1, della Legge 20 maggio 2022, n. 51, in sede di conversione.

5 *quater*. Autorizzazione all'esercizio di depositi fiscali di prodotti energetici(1). – 1. All'articolo 23, comma 12, del testo unico delle disposizioni legislative concernenti le imposte sulla produzione e sui consumi e relative sanzioni penali e amministrative, di cui al decreto legislativo 26 ottobre 1995, n. 504, sono aggiunti, in fine, i seguenti periodi: "*In luogo della predetta sospensione, l'Agenzia delle dogane e dei monopoli, su istanza del depositario autorizzato, consente allo stesso soggetto di proseguire l'attività in regime di deposito fiscale, per dodici mesi decorrenti dalla data in cui è constatata l'assenza delle condizioni di cui al predetto comma 4, subordinatamente alla sussistenza di un'apposita garanzia prestata dal medesimo depositario. In ciascuno dei dodici mesi tale garanzia deve risultare pari al 100 per cento dell'accisa dovuta sui prodotti energetici estratti dal deposito fiscale nel mese solare precedente; la garanzia è prestata o adeguata in denaro o in titoli di Stato. Decorsi i dodici mesi senza che sia comprovato il ripristino delle condizioni di cui al comma 4, l'autorizzazione ad operare in regime di deposito fiscale è revocata ed è rilasciata, su richiesta dell'esercente il deposito, la licenza di cui all'articolo 25, comma 4. Con decreto del Ministro dell'economia e delle finanze sono stabilite le modalità attuative delle disposizioni di cui al presente comma, incluse quelle relative alla prestazione della garanzia*".

2. Per il periodo di dodici mesi di cui all'articolo 23, comma 12, del testo unico delle disposizioni legislative concernenti le imposte sulla produzione e sui consumi e relative sanzioni penali e amministrative, di cui al decreto legislativo 26 ottobre 1995, n. 504, come modificato dal comma 1 del presente articolo, ai fini dell'IVA dovuta sui prodotti energetici estratti dal deposito fiscale non si applicano le disposizioni di cui all'articolo 1, comma 941, della legge 27 dicembre 2017, n. 205.

(1) Articolo inserito dall'articolo 1, comma 1, della Legge 20 maggio 2022, n. 51, in sede di conversione.

9. Cedibilità dei crediti di imposta riconosciuti alle imprese energivore e alle imprese a forte consumo di gas naturale (1)(A). – 1. I crediti d'imposta di cui all'articolo 15 del decreto-legge 27 gennaio 2022, n. 4, convertito, con modificazioni, dalla legge 28 marzo 2022, n. 25, e agli articoli 4 e 5 del decreto-legge 1° marzo 2022, n. 17, riconosciuti in favore delle imprese energivore e delle imprese a forte consumo di gas naturale, sono utilizzabili entro la data del 31 dicembre 2022 e sono cedibili, solo per intero, dalle medesime imprese ad altri soggetti, compresi gli istituti di credito e gli altri intermediari finanziari, senza facoltà di successiva cessione, fatta salva la possibilità di due ulteriori cessioni solo se effettuate a favore di banche e intermediari finanziari iscritti all'albo previsto dall'articolo 106 del testo unico delle leggi in materia bancaria e creditizia, di cui al decreto legislativo 1° settembre 1993, n. 385, società appartenenti a un gruppo bancario iscritto all'albo di cui all'articolo 64 del predetto testo unico delle leggi in materia bancaria e creditizia ovvero imprese di assicurazione autorizzate ad operare in Italia ai sensi del codice delle assicurazioni private, di cui al decreto legislativo 7 settembre 2005, n. 209, ferma restando l'applicazione delle disposizioni di cui all'articolo 122-bis, comma 4, del decreto-legge 19 maggio 2020, n. 34, convertito, con modificazioni, dalla legge 17 luglio 2020, n. 77, per ogni cessione intercorrente tra i predetti soggetti, anche successiva alla prima. I contratti di cessione conclusi in violazione del primo periodo sono nulli. In caso di cessione dei crediti d'imposta, le imprese beneficiarie richiedono il visto di conformità dei dati relativi alla documentazione che attesta la sussistenza dei presupposti che danno diritto ai crediti d'imposta. Il visto di conformità è rilasciato ai sensi dell'articolo 35 del decreto legislativo 9 luglio 1997, n. 241, dai soggetti indicati alle lettere a) e b) del comma 3 dell'articolo 3 del regolamento recante modalità per la presentazione delle dichiarazioni relative alle imposte sui redditi, all'imposta regionale sulle attività produttive e all'imposta sul valore aggiunto, di cui al decreto del Presidente della Repubblica 22 luglio 1998, n. 322, e dai responsabili dell'assistenza fiscale dei centri costituiti dai soggetti di cui all'articolo 32 del citato decreto legislativo n. 241 del 1997. Il credito d'imposta è usufruito dal cessionario con le stesse modalità con le quali sarebbe stato utilizzato dal soggetto cedente e comunque entro la medesima data del 31 dicembre 2022[2].

2. Con provvedimento del direttore dell'Agenzia delle entrate, da adottare entro trenta giorni dalla data di entrata in vigore della legge di conversione del presente decreto, sono definite le modalità attuative delle disposizioni di cui al presente articolo, comprese quelle relative alla cessione e alla tracciabilità del credito d'imposta, da effettuarsi in via telematica, anche avvalendosi dei soggetti di cui al comma 3 dell'articolo 3 del regolamento di cui al decreto del Presidente della Repubblica 22 luglio 1998, n. 322. Si applicano le disposizioni di cui all'articolo 122-bis, nonché, in quanto compatibili, quelle di cui all'articolo 121, commi da 4 a 6, del decreto-legge 19 maggio 2020, n. 34, convertito, con modificazioni, dalla legge 17 luglio 2020, n. 77 [3].

[A] In ferimento al presente articolo, vedi: Risposta Agenzia delle Entrate 31 ottobre 2022, n. 536.
[1] Rubrica modificata dall'articolo 1, comma 1, della Legge 20 maggio 2022, n. 51, in sede di conversione.
[2] Comma modificato dall'articolo 1, comma 1, della Legge 20 maggio 2022, n. 51, in sede di conversione.
[3] Comma modificato dall'articolo 1, comma 1, della Legge 20 maggio 2022, n. 51, in sede di conversione.

18. Contributo, sotto forma di credito d'imposta, per l'acquisto di carburanti per l'esercizio dell'attività agricola e della pesca [1][2][A]. – 1. Alle imprese esercenti attività agricola e della pesca è riconosciuto, a parziale compensazione dei maggiori oneri effettivamente sostenuti per l'acquisto di gasolio e benzina per la trazione dei mezzi utilizzati per l'esercizio dell'attività agricola e della pesca, un contributo straordinario, sotto forma di credito di imposta, pari al 20 per cento della spesa sostenuta per l'acquisto del carburante effettuato nel primo trimestre solare dell'anno 2022, comprovato mediante le relative fatture d'acquisto, al netto dell'imposta sul valore aggiunto.

2. Il credito d'imposta di cui al comma 1 è utilizzabile esclusivamente in compensazione ai sensi dell'articolo 17 del decreto legislativo 9 luglio 1997, n. 241, entro la data del 31 dicembre 2022. Non si applicano i limiti di cui all'articolo 1, comma 53, della legge 24 dicembre 2007, n. 244, e di cui all'articolo 34 della legge 23 dicembre 2000, n. 388. Il credito d'imposta non concorre alla formazione del reddito d'impresa né della base imponibile dell'imposta regionale sulle attività produttive e non rileva ai fini del rapporto di cui agli articoli 61 e 109, comma 5, del testo unico delle imposte sui redditi approvato con decreto del Presidente della Repubblica 22 dicembre 1986, n. 917. Il credito d'imposta è cumulabile con altre agevolazioni che abbiano ad oggetto i medesimi costi, a condizione che tale cumulo, tenuto conto anche della non concorrenza alla formazione del reddito e della base imponibile dell'imposta regionale sulle attività produttive, non porti al superamento del costo sostenuto.

3. Il credito d'imposta di cui al comma 1 è cedibile, solo per intero, dalle imprese beneficiarie ad altri soggetti, compresi gli istituti di credito e gli altri intermediari finanziari, senza facoltà di successiva cessione, fatta salva la possibilità di due ulteriori cessioni solo se effettuate a favore di banche e intermediari finanziari iscritti all'albo previsto dall'articolo 106 del testo unico delle leggi in materia bancaria e creditizia, di cui al decreto legislativo 1° settembre 1993, n. 385, società appartenenti a un gruppo bancario iscritto all'albo di cui all'articolo 64 del predetto testo unico delle leggi in materia bancaria e creditizia ovvero imprese di assicurazione autorizzate ad operare in Italia ai sensi del codice delle assicurazioni private, di cui al decreto legislativo 7 settembre 2005, n. 209, ferma restando l'applicazione delle disposizioni di cui all'articolo 122-bis, comma 4, del decreto-legge 19 maggio 2020, n. 34, convertito, con modificazioni, dalla legge 17 luglio 2020, n. 77, per ogni cessione intercorrente tra i predetti soggetti, anche successiva alla prima. I contratti di cessione conclusi in violazione del primo periodo sono nulli. In caso di cessione del credito d'imposta, le imprese beneficiarie richiedono il visto di conformità dei dati relativi alla documentazione che attesta la sussistenza dei presupposti che danno diritto al credito d'imposta di cui al presente articolo. Il visto di conformità è rilasciato ai sensi dell'articolo 35 del decreto legislativo 9 luglio 1997, n. 241, dai soggetti indicati alle lettere a) e b) del comma 3 dell'articolo 3 del regolamento recante modalità per la presentazione delle dichiarazioni relative alle imposte sui redditi, all'imposta regionale sulle attività produttive e all'imposta sul valore aggiunto, di cui al decreto del Presidente della Repubblica 22 luglio 1998, n. 322, e dai responsabili dell'assistenza fiscale dei centri costituiti dai soggetti di cui all'articolo 32 del citato decreto legislativo n. 241 del 1997. Il credito d'impo-

sta è utilizzato dal cessionario con le stesse modalità con le quali sarebbe stato utilizzato dal soggetto cedente e comunque entro la medesima data del 31 dicembre 2022. Le modalità attuative delle disposizioni relative alla cessione e alla tracciabilità del credito d'imposta, da effettuarsi in via telematica, anche avvalendosi dei soggetti previsti dal comma 3 dell'articolo 3 del regolamento di cui al decreto del Presidente della Repubblica 22 luglio 1998, n. 322, sono definite con provvedimento del direttore dell'Agenzia delle entrate. Si applicano le disposizioni di cui all'articolo 122-bis, nonché, in quanto compatibili, quelle di cui all'articolo 121, commi da 4 a 6, del decreto-legge 19 maggio 2020, n. 34, convertito, con modificazioni, dalla legge 17 luglio 2020, n. 77 [(3)].

4. Le disposizioni del presente articolo si applicano nel rispetto della normativa europea in materia di aiuti di Stato. Ai relativi adempimenti europei provvede il Ministero delle politiche agricole alimentari e forestali.

5. Agli oneri derivanti dal presente articolo, valutati in 140,1 milioni di euro per l'anno 2022, si provvede ai sensi dell'articolo 38.

6. Il Ministero dell'economia e delle finanze effettua il monitoraggio delle fruizioni del credito d'imposta di cui al presente articolo, ai fini di quanto previsto dall'articolo 17, comma 13, della legge 31 dicembre 2009, n. 196.

[(A)] In riferimento al presente comma, vedi: Risoluzione Agenzia delle Entrate 30 maggio 2022 n. 23/E.
[(1)] In riferimento al credito d'imposta di cui al presente articolo, vedi il Provvedimento dell'Agenzia delle Entrate 30 giugno 2022.
[(2)] A norma dell'articolo 3-bis, comma 1, del D.L. 17 maggio 2022, n. 50, convertito, con modificazioni, dalla Legge 15 luglio 2022, n. 91, al fine di mitigare gli effetti economici derivanti dal perdurare dell'aumento eccezionale del prezzo del gasolio e della benzina utilizzati come carburante, le disposizioni di cui al presente articolo, si applicano, limitatamente alle imprese esercenti la pesca, anche alle spese sostenute per gli acquisti di carburante effettuati nel secondo trimestre solare dell'anno 2022, e a norma dell'articolo 7, comma 1, del D.L. 9 agosto 2022, n. 115, convertito con modificazioni dalla Legge 21 settembre 2022, n. 142, le disposizioni di cui al presente articolo, si applicano anche alle spese sostenute per gli acquisti di carburante effettuati nel terzo trimestre solare dell'anno 2022.
[(3)] Comma modificato dall'articolo 1, comma 1, della Legge 20 maggio 2022, n. 51, in sede di conversione.

22. Credito d'imposta per l'IMU in favore del comparto del turismo [(1)(2)]. – 1. In considerazione del perdurare degli effetti connessi all'emergenza sanitaria da COVID-19 e della conseguente situazione di tensione finanziaria degli operatori economici del settore, con gravi ricadute occupazionali e sociali, è riconosciuto un contributo, sotto forma di credito d'imposta, per i soggetti e le fattispecie di cui al comma 2.

2. Il contributo di cui al comma 1 è riconosciuto alle imprese turistico-ricettive, ivi compresi le imprese che esercitano attività agrituristica, come definita dalla legge 20 febbraio 2006, n. 96, e dalle pertinenti norme regionali, le imprese che gestiscono strutture ricettive all'aria aperta, nonché le imprese del comparto fieristico e congressuale, i complessi termali e i parchi tematici, inclusi i parchi acquatici e faunistici, in misura corrispondente al 50 per cento dell'importo versato a titolo di seconda rata dell'anno 2021 dell'imposta municipale propria (IMU) di cui all'articolo 1, commi da 738 a 783, della legge 27 dicembre 2019, n. 160, per gli immobili rientranti nella categoria catastale D/2 presso i quali è gestita la relativa attività ricettiva, a condizione che i relativi proprietari siano anche gestori delle attività ivi esercitate e che i soggetti indicati abbiano subito una diminuzione del fatturato o dei corrispettivi nel secondo trimestre 2021 di almeno il 50 per cento rispetto al corrispondente periodo dell'anno 2019 [(3)].

3. Il credito di imposta di cui al comma 1 è utilizzabile esclusivamente in compensazione ai sensi dell'articolo 17 del decreto legislativo 9 luglio 1997, n. 241, senza l'applicazione dei limiti di cui all'articolo 1, comma 53, della legge 24 dicembre 2007, n. 244, e di cui all'articolo 34 della legge 23 dicembre 2000, n. 388. Il credito d'imposta non concorre alla formazione del reddito ai fini delle imposte sui redditi e del valore della produzione netta ai fini dell'imposta regionale sulle attività produttive e non rileva ai fini del rapporto di cui agli articoli 61 e 109, comma 5, del testo unico delle imposte sui redditi di cui al decreto del Presidente della Repubblica 22 dicembre 1986, n. 917.

4. Le disposizioni del presente articolo si applicano nel rispetto dei limiti e delle condizioni previsti dalla Comunicazione della Commissione europea del 19 marzo 2020 C(2020) 1863 final «Quadro temporaneo per le misure di aiuto di Stato a sostegno dell'economia nell'attuale emergenza del COVID-19», e successive modifiche. Gli operatori economici presentano apposita autodichiarazione all'Agenzia delle entrate attestante il possesso dei requisiti e il rispetto delle condizioni e dei limiti previsti dalle Sezioni 3.1 «Aiuti di importo limitato» e 3.12 «Aiuti sotto forma di sostegno a costi fissi non coperti» della predetta Comunicazione. Le modalità, i termini di presentazione e il contenuto delle autodichiarazioni sono stabiliti con provvedimento del direttore dell'Agenzia medesima.

5. L'efficacia delle disposizioni del presente articolo è subordinata, ai sensi dell'articolo 108, paragrafo 3, del Trattato sul funzionamento dell'Unione europea, all'autorizzazione della Commissione europea.

6. Agli oneri derivanti dal presente articolo, valutati in 15,6 milioni di euro per l'anno 2022, si provvede mediante corrispondente riduzione del Fondo unico nazionale per il turismo di parte corrente di cui all'articolo 1, comma 366, della legge 30 dicembre 2021, n. 234[(4)].

[(1)] Rubrica modificata dall'articolo 1, comma 1, della Legge 20 maggio 2022, n. 51, in sede di conversione.
[(2)] In riferimento al presente articolo vedi il Provvedimento dell'Agenzia delle Entrate 16 settembre 2022.
[(3)] Comma modificato dall'articolo 1, comma 1, della Legge 20 maggio 2022, n. 51, in sede di conversione.
[(4)] Comma modificato dall'articolo 1, comma 1, della Legge 20 maggio 2022, n. 51, in sede di conversione.

22 *bis*. Misure di sostegno per il comparto teatrale [(1)]. – 1. Per i soggetti che gestiscono teatri, sale da concerto e altre strutture artistiche, di cui al codice Ateco 90.04.00, aventi il domicilio fiscale, la sede legale o la sede operativa nel territorio dello Stato, sono sospesi:

a) i termini relativi ai versamenti delle ritenute alla fonte, di cui agli articoli 23 e 24 del decreto del Presidente della Repubblica 29 settembre 1973, n. 600, e delle trattenute relative all'addizionale regionale e comunale, che i predetti soggetti operano in qualità di sostituti d'imposta, nei mesi di aprile, maggio e giugno 2022;

b) i termini dei versamenti relativi all'imposta sul valore aggiunto in scadenza nei mesi di aprile, maggio e giugno 2022.

2. I versamenti sospesi ai sensi del comma 1 sono effettuati, senza applicazione di sanzioni e interessi, in un'unica soluzione entro il 16 novembre 2022. Non si fa luogo al rimborso di quanto già versato.

(1) *Articolo inserito dall'articolo 1, comma 1, della Legge 20 maggio 2022, n. 51, in sede di conversione.*

37. Contributo straordinario contro il caro bollette (A). – 1. Al fine di contenere per le imprese e i consumatori gli effetti dell'aumento dei prezzi e delle tariffe del settore energetico, è istituito, per l'anno 2022, un contributo a titolo di prelievo solidaristico straordinario, determinato ai sensi del presente articolo, a carico dei soggetti che esercitano nel territorio dello Stato, per la successiva vendita dei beni, l'attività di produzione di energia elettrica, dei soggetti che esercitano l'attività di produzione di gas metano o di estrazione di gas naturale, dei soggetti rivenditori di energia elettrica, di gas metano e di gas naturale e dei soggetti che esercitano l'attività di produzione, distribuzione e commercio di prodotti petroliferi. Il contributo è dovuto, altresì, dai soggetti che, per la successiva rivendita, importano a titolo definitivo energia elettrica, gas naturale o gas metano, prodotti petroliferi o che introducono nel territorio dello Stato detti beni provenienti da altri Stati dell'Unione europea. Il contributo è dovuto se almeno il 75 per cento del volume d'affari dell'anno 2021 deriva dalle attività indicate nei periodi precedenti. Il contributo non è dovuto dai soggetti che svolgono l'attività di organizzazione e gestione di piattaforme per lo scambio dell'energia elettrica, del gas, dei certificati ambientali e dei carburanti (1)(2) .

2. La base imponibile del contributo solidaristico straordinario è costituita dall'incremento del saldo tra le operazioni attive e le operazioni passive, riferito al periodo dal 1° ottobre 2021 al 30 aprile 2022, rispetto al saldo del periodo dal 1° ottobre 2020 al 30 aprile 2021. In caso di saldo negativo del periodo dal 1° ottobre 2020 al 30 aprile 2021, ai fini del calcolo della base imponibile per tale periodo è assunto un valore di riferimento pari a zero. Il contributo si applica nella misura del 25 per cento nei casi in cui il suddetto incremento sia superiore a euro 5.000.000. Il contributo non è dovuto se l'incremento è inferiore al 10 per cento (3) .

3. Ai fini del calcolo del saldo di cui al comma 2, si assume il totale delle operazioni attive, al netto dell'IVA, e il totale delle operazioni passive, al netto dell'IVA, indicato nelle Comunicazioni dei dati delle liquidazioni periodiche IVA, presentate, ai sensi dell'articolo 21-bis del decreto-legge 31 maggio 2010, n. 78, convertito, con modificazioni, dalla legge 30 luglio 2010, n. 122, per i periodi indicati al comma 2.

3-bis. Non concorrono alla determinazione dei totali delle operazioni attive e passive, di cui al comma 3, le operazioni di cessione e di acquisto di azioni, obbligazioni o altri titoli non rappresentativi di merci e quote sociali che intercorrono tra i soggetti di cui al comma 1 (4) .

3-ter. Non concorrono alla determinazione dei totali delle operazioni attive, di cui al comma 3, le operazioni attive non soggette a IVA per carenza del presupposto territoriale, ai sensi degli articoli da 7 a 7-septies del decreto del Presidente della Repubblica 26 ottobre 1972, n. 633, se e nella misura in cui gli acquisti ad esse afferenti siano territorialmente non rilevanti ai fini dell'IVA (5) .

4. I soggetti tenuti al pagamento del contributo ai sensi del comma 1, che partecipano a un gruppo IVA costituito ai sensi dell'articolo 70-quater del decreto del Presidente della Repubblica 26 ottobre 1972, n. 633, per determinare i saldi di cui al comma 2 del presente articolo, assumono i dati delle fatture emesse e ricevute dal Gruppo IVA che riportano il codice fiscale dei suddetti soggetti, secondo quanto previsto dall'articolo 3 del decreto del Ministro dell'Economia e delle Finanze 6 aprile 2018, pubblicato nella Gazzetta Ufficiale della Repubblica italiana n. 90 del 18 aprile 2018 e, per le operazioni effettuate tra i soggetti partecipanti al Gruppo IVA, i dati risultanti dalle scritture contabili tenute ai sensi del decreto del Presidente della Repubblica 29 settembre 1973, n. 600.

5. Il contributo è liquidato e versato entro il per un importo pari al 40 per cento, a titolo di acconto, entro il 30 giugno 2022 e per la restante parte, a saldo, entro il 30 novembre 2022, con le modalità di cui all'articolo 17 del decreto legislativo 9 luglio 1997, n. 241. Con provvedimento del direttore dell'Agenzia delle entrate, sentita l'Autorità di regolazione per energia, reti e ambiente, sono definiti gli adempimenti, anche dichiarativi, e le modalità di versamento del contributo. Con il medesimo provvedimento possono essere individuati dati aggiuntivi da indicare nelle fatture di cessione e di acquisto dei prodotti di cui al comma 1 e sono definite le modalità per lo scambio delle informazioni, anche in forma massiva, con la Guardia di finanza (6)(7) .

5 -bis .Le entrate derivanti dal contributo a titolo di prelievo solidaristico straordinario determinato ai sensi del presente articolo sono attribuite alle regioni a statuto speciale e alle province autonome di Trento e di Bolzano per la parte ad esse spettante in base ai rispettivi statuti di autonomia (8) .

6. Ai fini della riscossione del contributo, dell'accertamento e delle relative sanzioni, nonché per il relativo contenzioso, si applicano le disposizioni in materia di imposta sul valore aggiunto in quanto compatibili (9) .

7. Il contributo non è deducibile ai fini delle imposte sui redditi e dell'imposta regionale sulle attività produttive.

8. Al fine di evitare, a tutela del consumatore, indebite ripercussioni sui prezzi al consumo dei prodotti energetici e dell'energia elettrica, per il periodo dal 1° maggio al 31 dicembre 2022, i soggetti tenuti al pagamento del contributo di cui al comma 1 comunicano entro la fine di ciascun mese solare all'Autorità garante della concorrenza e del mercato il prezzo medio di acquisto, di produzione e di vendita dell'energia elettrica, del gas naturale e del gas metano nonché dei prodotti petroliferi, relativo al mese precedente. L'Autorità riscontra la sussistenza dei presupposti per l'adozione dei provvedimenti di sua competenza sulla base dei dati ricevuti e di apposite verifiche, nell'ambito di un piano straordinario di controlli sulla veridicità delle comunicazioni di cui al presente comma. Le modalità per la trasmissione dei dati sono stabilite dall'Autorità garante della concorrenza e del mercato (10) .

9. Ai fini dei riscontri e delle verifiche di cui al comma 8, l'Autorità si avvale, secondo modalità da definirsi mediante apposite intese, della collaborazione della Guardia di finanza, che utilizza anche i dati di cui al comma 5 e agisce con i poteri a essa attribuiti per l'accertamento dell'imposta sul valore aggiunto e delle imposte sui redditi.

10. Ai fini di cui al comma 9 è autorizzata la spesa di euro 2 milioni per l'anno 2022 per la remunerazione delle maggiori prestazioni di lavoro straordinario del personale della

Guardia di finanza effettuate dal 1° maggio al 31 dicembre 2022. Ai relativi oneri si provvede ai sensi dell'articolo 38 [11].

[A] In riferimento all'Istituzione dei codici tributo per il versamento, tramite modello F24, del contributo straordinario contro il caro bollette, di cui al presente articolo, vedi: Risoluzione Agenzia delle Entrate 20 giugno 2022 n. 29/E; Circolare Agenzia delle Entrate 23 giugno 2022, n. 22/E.
- In riferimento al presente articolo, vedi: Risposta Agenzia delle Entrate 12 agosto 2022, n. 420.
[1] Comma modificato dall'articolo 55, comma 1, lettera a), del D.L. 17 maggio 2022, n. 50, convertito, con modificazioni, dalla Legge 15 luglio 2022, n. 91 e successivamente dall'articolo 1, comma 120, lettera a), della Legge 29 dicembre 2022, n. 197.
[2] Così rettificato con Comunicato 23 marzo 2022 (in Gazz. Uff. 23 marzo 2022, n. 69).
[3] Comma modificato dall'articolo 55, comma 1, lettera b), del D.L. 17 maggio 2022, n. 50, convertito, con modificazioni, dalla Legge 15 luglio 2022, n. 91, dall'articolo 1, comma 1, della Legge 20 maggio 2022, n. 51, in sede di conversione e successivamente dall'articolo 1, comma 120, lettera b), della Legge 29 dicembre 2022, n. 197.
[4] Comma inserito dall'articolo 1, comma 120, lettera c), della Legge 29 dicembre 2022, n. 197.
[5] Comma inserito dall'articolo 1, comma 120, lettera c), della Legge 29 dicembre 2022, n. 197.
[6] Comma modificato dall'articolo 55, comma 1, lettera c), del D.L. 17 maggio 2022, n. 50, convertito, con modificazioni, dalla Legge 15 luglio 2022, n. 91. e successivamente dall'articolo 1, comma 1, della Legge 20 maggio 2022, n. 51, in sede di conversione.
[7] In riferimento al presente comma, vedi il Provvedimento dell'Agenzia delle Entrate 17 giugno 2022.
[8] Comma inserito dall'articolo 1, comma 1, della Legge 20 maggio 2022, n. 51, in sede di conversione.
[9] Comma modificato dall'articolo 1, comma 1, della Legge 20 maggio 2022, n. 51, in sede di conversione.
[10] Comma modificato dall'articolo 55, comma 1, lettera d), del D.L. 17 maggio 2022, n. 50, convertito, con modificazioni, dalla Legge 15 luglio 2022, n. 91. e successivamente dall'articolo 1, comma 1, della Legge 20 maggio 2022, n. 51, in sede di conversione.
[11] Comma modificato dall'articolo 55, comma 1, lettera e), del D.L. 17 maggio 2022, n. 50, convertito, con modificazioni, dalla Legge 15 luglio 2022, n. 91. e successivamente dall'articolo 1, comma 1, della Legge 20 maggio 2022, n. 51, in sede di conversione.

37 *quater*. Disposizioni in materia di iscrizione a ruolo [1]. – 1. Al fine di assicurare la necessaria liquidità alle famiglie e alle imprese in considerazione degli effetti negativi determinati dalla pandemia di COVID-19, nonché delle ripercussioni economiche e produttive della crisi ucraina, per il periodo compreso tra la data di entrata in vigore della legge di conversione del presente decreto e il 31 agosto 2022 il termine di cui all'articolo 2, comma 2, del decreto legislativo 18 dicembre 1997, n. 462, è fissato in sessanta giorni.

[1] Articolo inserito dall'articolo 1, comma 1, della Legge 20 maggio 2022, n. 51, in sede di conversione.

29. D.L. 30 aprile 2022, n. 36

Decreto convertito, con modificazioni dalla Legge 29 giugno 2022, n. 79. - Ulteriori misure urgenti per l'attuazione del Piano nazionale di ripresa e resilienza (PNRR). (Estratto: Artt. 16 bis, 18, 18 bis e 18 ter) (in Gazz. Uff., 30 aprile 2022, n. 100)

16 *bis*. Riorganizzazione e rafforzamento dell'Agenzia delle dogane e dei monopoli nei settori dei prodotti energetici, del traffico merci e dei generi sottoposti a regime di monopolio [1]. – 1. All'articolo 23-quinquies del decreto-legge 6 luglio 2012, n. 95, convertito, con modificazioni, dalla legge 7 agosto 2012, n. 135, dopo il comma 1-ter è inserito il seguente:

"*1-quater. La dotazione organica dei dirigenti di prima fascia dell'Agenzia delle dogane e dei monopoli è aumentata di 3 unità*".

2. Al comma 7 dell'articolo 23-quater del decreto-legge 6 luglio 2012, n. 95, convertito, con modificazioni, dalla legge 7 agosto 2012, n. 135, le parole: "*l'Agenzia delle dogane e dei monopoli istituisce uno o più posti di vicedirettore, fino al massimo di tre, di cui uno, anche in deroga ai contingenti previsti dall'articolo 19, comma 6, del decreto legislativo n. 165 del 2001*" sono sostituite dalle seguenti: "*l'Agenzia delle dogane e dei monopoli può conferire, a valere sulle facoltà assunzionali disponibili, uno o più incarichi di vicedirettore, fino al massimo di tre, di cui due anche in deroga ai contingenti previsti dall'articolo 19, comma 6, del decreto legislativo n. 165 del 2001*".

3. Ai maggiori oneri derivanti dal presente articolo, pari ad euro 430.735 per l'anno 2022 e ad euro 861.469 a decorrere dall'anno 2023, l'Agenzia delle dogane e dei monopoli provvede nell'ambito degli ordinari stanziamenti del proprio bilancio autonomo. Alla compensazione degli effetti finanziari in termini di fabbisogno e indebitamento netto, pari a euro 223.990 per l'anno 2022 e a euro 447.970 a decorrere dall'anno 2023, si provvede mediante corrispondente riduzione del Fondo per la compensazione degli effetti finanziari non previsti a legislazione vigente conseguenti all'attualizzazione di contributi pluriennali, di cui all'articolo 6, comma 2, del decreto-legge 7 ottobre 2008, n. 154, convertito, con modificazioni, dalla legge 4 dicembre 2008, n. 189.

[1] Articolo inserito dall'articolo 1, comma 1, della Legge 29 giugno 2022, n. 79, in sede di conversione.

18. Disposizioni riguardanti le sanzioni per mancata accettazione dei pagamenti elettronici, la fatturazione elettronica e i pagamenti elettronici. – 01. All'articolo 15, comma 4, del decreto-legge 18 ottobre 2012, n. 179, convertito, con modificazioni, dalla legge 17 dicembre 2012, n. 221, in materia di obbligo di accettazione di pagamenti elettronici, le parole: "*carte di pagamento, relativamente ad almeno una carta di debito e una carta di credito*" sono sostituite dalle seguenti: "*carte di pagamento, relativamente ad almeno una carta di debito e una carta di credito e alle carte prepagate*" [1].

1. All'articolo 15, comma 4-bis, del decreto-legge 18 ottobre 2012, n. 179, convertito, con modificazioni, dalla legge 17 dicembre 2012, n. 221, in materia di sanzioni per mancata accettazione dei pagamenti elettronici, le parole «*dal 1° gennaio 2023*» sono sostituite dalle seguenti: «*dal 30 giugno 2022*».

2. All'articolo 1, comma 3, del decreto legislativo 5 agosto 2015, n. 127, in materia di fatturazione elettronica e trasmissione telematica delle fatture o dei relativi dati, le parole da «*Sono esonerati dalle predette disposizioni*» fino a «*o committente soggetto passivo d'imposta.*» sono soppresse[2].

VARIE

3. La disposizione di cui al comma 2 si applica a partire dal 1° luglio 2022 per i soggetti che nell'anno precedente abbiano conseguito ricavi ovvero percepito compensi, ragguagliati ad anno, superiori a euro 25.000, e a partire dal 1° gennaio 2024 per i restanti soggetti. Per il terzo trimestre del periodo d'imposta 2022, le sanzioni di cui all'articolo 6, comma 2, del decreto legislativo 18 dicembre 1997, n. 471, non si applicano ai soggetti ai quali l'obbligo di fatturazione elettronica è esteso a decorrere dal 1° luglio 2022, se la fattura elettronica è emessa entro il mese successivo a quello di effettuazione dell'operazione.

4. All'articolo 22, comma 5, ultimo periodo, del decreto-legge 26 ottobre 2019, n. 124, convertito, con modificazioni, dalla legge 19 dicembre 2019, n. 157, in materia di trasmissione dei dati relativi alle operazioni giornaliere saldate con mezzi di pagamento elettronici, le parole «*di cui al comma 1-ter*» sono soppresse.

4-bis. All'articolo 1 della legge 11 dicembre 2016, n. 232, sono apportate le seguenti modificazioni:

a) il comma 540 è sostituito dal seguente:

"*540. A decorrere dal 1° gennaio 2021 le persone fisiche maggiorenni residenti nel territorio dello Stato che effettuano, esclusivamente attraverso strumenti che consentano il pagamento elettronico, acquisti di beni o servizi, fuori dall'esercizio di attività di impresa, arte o professione, presso esercenti che trasmettono telematicamente i corrispettivi, ai sensi dell'articolo 2, comma 1, del decreto legislativo 5 agosto 2015, n. 127, possono partecipare all'estrazione a sorte di premi attribuiti nel quadro di una lotteria nazionale. Per partecipare all'estrazione è necessario che le persone fisiche maggiorenni residenti nel territorio dello Stato procedano all'acquisto con metodi di pagamento elettronico di cui sono titolari, che traggano fondi detenuti su propri rapporti di credito o debito bancari o su rapporti intestati a componenti del proprio nucleo familiare certificato dal proprio stato di famiglia e costituito antecedentemente alla data di estrazione del premio ovvero che operino in forza di una rappresentanza rilasciata antecedentemente alla partecipazione, e che associno all'acquisto medesimo il proprio codice lotteria, individuato dal provvedimento del direttore dell'Agenzia delle dogane e dei monopoli, d'intesa con l'Agenzia delle entrate, adottato ai sensi del comma 544, e che l'esercente trasmetta all'Agenzia delle entrate i dati della singola cessione o prestazione, secondo le modalità di cui ai commi 3 e 4 dell'articolo 2 del decreto legislativo 5 agosto 2015, n. 127. A decorrere dal 1° marzo 2021, nel caso in cui l'esercente al momento dell'acquisto rifiuti di acquisire il codice lotteria, la persona fisica può segnalare tale circostanza nella sezione dedicata del portale Lotteria del sito internet dell'Agenzia delle dogane e dei monopoli. Tali segnalazioni sono utilizzate dall'Agenzia delle entrate e dal Corpo della guardia di finanza nell'ambito delle attività di analisi del rischio di evasione. I premi attribuiti non concorrono a formare il reddito del percipiente per l'intero ammontare corrisposto nel periodo d'imposta e non sono assoggettati ad alcun prelievo erariale*";

b) al comma 544, il primo periodo è sostituito dal seguente: "Con uno o più provvedimenti del direttore dell'Agenzia delle dogane e dei monopoli, d'intesa con l'Agenzia delle entrate, sono disciplinate le modalità tecniche di tutte le lotterie degli scontrini, sia istantanee sia differite, relative alle operazioni di estrazione, l'entità e il numero dei premi messi a disposizione, nonché ogni altra disposizione necessaria per l'avvio e per l'attuazione delle lotterie"[3].

4-ter. All'articolo 119, comma 4, del decreto-legge 19 maggio 2020, n. 34, convertito, con modificazioni, dalla legge 17 luglio 2020, n. 77, dopo le parole: "presente disposizione" sono inserite le seguenti: ". Per gli acquirenti delle unità immobiliari che alla data del 30 giugno 2022 abbiano sottoscritto un contratto preliminare di vendita dell'immobile regolarmente registrato, che abbiano versato acconti mediante il meccanismo dello sconto in fattura e maturato il relativo credito d'imposta, che abbiano ottenuto la dichiarazione di ultimazione dei lavori strutturali, che abbiano ottenuto il collaudo degli stessi e l'attestazione del collaudatore statico che asseveri il raggiungimento della riduzione di rischio sismico e che l'immobile sia accatastato almeno in categoria F/4, l'atto definitivo di compravendita può essere stipulato anche oltre il 30 giugno 2022 ma comunque entro il 31 dicembre 2022"[4].

[1] *Comma premesso dall'articolo 1, comma 1, della Legge 29 giugno 2022, n. 79, in sede di conversione.*
[2] *Comma modificato dall'articolo 1, comma 1, della Legge 29 giugno 2022, n. 79, in sede di conversione.*
[3] *Comma aggiunto dall'articolo 1, comma 1, della Legge 29 giugno 2022, n. 79, in sede di conversione.*
[4] *Comma aggiunto dall'articolo 1, comma 1, della Legge 29 giugno 2022, n. 79, in sede di conversione.*

18 *bis*. Misure per favorire l'attuazione del PNRR [1] – 1. All'articolo 7, comma 2, del decreto-legge 31 maggio 2021, n. 77, convertito, con modificazioni, dalla legge 29 luglio 2021, n. 108, dopo il secondo periodo è inserito il seguente: "Per la realizzazione del programma di valutazione in itinere ed ex post del PNRR è autorizzata la spesa di 250.000 euro per l'anno 2022 e di 500.000 euro annui dal 2023 al 2028, da destinare alla stipula di convenzioni con università, enti e istituti di ricerca, nonché all'assegnazione da parte di tali istituzioni di borse di ricerca da assegnare tramite procedure competitive".

2. Agli oneri derivanti dalle disposizioni di cui al comma 1 si provvede mediante corrispondente riduzione dello stanziamento del fondo speciale di parte corrente iscritto, ai fini del bilancio triennale 2022-2024, nell'ambito del programma "Fondi di riserva e speciali" della missione "Fondi da ripartire" dello stato di previsione del Ministero dell'economia e delle finanze per l'anno 2022, allo scopo parzialmente utilizzando l'accantonamento relativo al medesimo Ministero.

3. Le amministrazioni aggiudicatrici interessate a sviluppare i progetti secondo la formula del partenariato pubblico privato ai sensi degli articoli 180 e seguenti del codice dei contratti pubblici, di cui al decreto legislativo 18 aprile 2016, n. 50, di importo superiore a 10 milioni di euro, da calcolare ai sensi del medesimo codice, sono tenute a richiedere un parere preventivo al Dipartimento per la programmazione e il coordinamento della politica economica (DIPE) della Presidenza del Consiglio dei ministri e al Ministero dell'economia e delle finanze - Dipartimento della Ragioneria generale dello Stato al fine della preliminare valutazione della corretta impostazione di tali progetti, in particolare rispetto all'allocazione dei rischi e alla contabilizzazione. Il parere, emesso dal DIPE di concerto con il Ministero dell'economia e delle finanze - Dipartimento della Ragioneria generale dello Stato, entro i successivi quarantacinque giorni, non assume carattere vincolante per le amministrazioni richiedenti. È facoltà dell'amministrazione aggiudicatrice discostarsi dal parere mediante provvedimento motivato che dia conto delle ragioni della scelta, nonché dell'interesse pubblico soddisfatto.

4. La richiesta del parere di cui al comma 3 è preliminare alla dichiarazione di fattibilità della relativa proposta di par-

tenariato pubblico privato da parte dell'amministrazione aggiudicatrice.

5. La richiesta del parere di cui al comma 3 da parte dell'amministrazione aggiudicatrice interessata è sottoscritta dall'organo di vertice della stessa ed è inviata al DIPE e al Ministero dell'economia e delle finanze - Dipartimento della Ragioneria generale dello Stato, allegando il progetto di fattibilità tecnico-economica della proposta, la bozza di convenzione, il piano economico-finanziario asseverato con formule visibili, la matrice dei rischi e la specificazione delle caratteristiche del servizio e della gestione, nonché ogni ulteriore documentazione ritenuta utile alla formulazione di un parere.

6. Per le finalità di cui al comma 3, è istituito, mediante protocollo d'intesa con il Ministero dell'economia e delle finanze - Dipartimento della Ragioneria generale dello Stato, presso il DIPE, un apposito comitato di coordinamento, composto da sei membri, di cui tre designati dal DIPE e tre dal Ministero dell'economia e delle finanze - Dipartimento della Ragioneria generale dello Stato. Ai componenti del comitato non spettano compensi, gettoni di presenza, rimborsi di spese o altri emolumenti comunque denominati.

7. Per le finalità di cui ai commi 3 e 6, il Ministero dell'economia e delle finanze - Dipartimento della Ragioneria generale dello Stato è altresì autorizzato ad assumere, con contratto di lavoro subordinato a tempo indeterminato, anche mediante scorrimento di vigenti graduatorie di concorsi pubblici, 4 unità di personale da inquadrare nell'Area III, posizione economica F1, con le medesime competenze. Al fine di garantire anche il perseguimento degli obiettivi fissati dal PNRR (M1C1-112), l'Agenzia delle entrate è autorizzata, nei limiti dei posti disponibili della propria vigente dotazione organica, ad assumere, con contratto di lavoro subordinato a tempo indeterminato, un contingente di personale corrispondente alle facoltà assunzionali disponibili a legislazione vigente già autorizzate ai sensi dell'articolo 35, comma 4, del decreto legislativo 30 marzo 2001, n. 165, o da autorizzare ai sensi del predetto articolo 35, comma 4, entro la data del 31 dicembre 2022. Il reclutamento del contingente di personale di cui al periodo precedente avviene mediante l'avvio di procedure concorsuali pubbliche, anche in deroga alle disposizioni in materia di concorso unico contenute nell'articolo 4, comma 3-quinquies, del decreto-legge 31 agosto 2013, n. 101, convertito, con modificazioni, dalla legge 30 ottobre 2013, n. 125, e a quelle in materia di procedure di mobilità, ovvero tramite lo scorrimento di vigenti graduatorie di concorsi pubblici. Le risorse variabili dei Fondi delle risorse decentrate dell'Agenzia delle entrate relativi agli anni 2020 e 2021 sono incrementate, rispettivamente, di euro 7.487.544 e di euro 4.004.709. Al relativo onere, pari ad euro 7.487.544 per l'anno 2022 e ad euro 4.004.709 per l'anno 2023, si provvede a valere sulle risorse iscritte nel bilancio dell'Agenzia delle entrate. Alla compensazione in termini di indebitamento e fabbisogno, pari a 3.856.086 euro per l'anno 2022 e a 2.062.426 euro per l'anno 2023, si provvede mediante corrispondente riduzione del Fondo per la compensazione degli effetti finanziari non previsti a legislazione vigente conseguenti all'attualizzazione di contributi pluriennali, di cui all'articolo 6, comma 2, del decreto-legge 7 ottobre 2008, n. 154, convertito, con modificazioni, dalla legge 4 dicembre 2008, n. 189. In coerenza con gli obiettivi del Piano nazionale di ripresa e resilienza in relazione al potenziamento della riscossione nazionale, l'Agenzia delle entrate, limitatamente alle attività istituzionali da svolgere in sinergia con l'Agenzia delle entrate - Riscossione ai sensi dell'articolo 1, comma 5-quater, del decreto-legge 22 ottobre 2016, n. 193, convertito, con modificazioni, dalla legge 1° dicembre 2016, n. 225, può conferire fino a 3 incarichi dirigenziali a tempo determinato ai sensi dell'articolo 19, comma 6, del decreto legislativo n. 165 del 2001, anche in eccedenza rispetto alle misure percentuali previste dal predetto articolo 19, comma 6, nei limiti dei posti disponibili della dotazione organica dei dirigenti dell'Agenzia delle entrate e delle facoltà assunzionali disponibili a legislazione vigente.

8. Agli oneri derivanti dalle disposizioni di cui al comma 7, pari a euro 94.009 per l'anno 2022 e a euro 188.018 a decorrere dall'anno 2023, si provvede mediante corrispondente riduzione dello stanziamento del fondo speciale di parte corrente iscritto, ai fini del bilancio triennale 2022-2024, nell'ambito del programma "Fondi di riserva e speciali" della missione "Fondi da ripartire" dello stato di previsione del Ministero dell'economia e delle finanze per l'anno 2022, allo scopo parzialmente utilizzando l'accantonamento relativo al medesimo Ministero.

9. Il presente articolo non si applica alle concessioni autostradali nonché alle procedure che prevedono l'espressione del Comitato interministeriale per la programmazione economica e lo sviluppo sostenibile (CIPESS).

10. Le spese per acquisto di beni e servizi delle amministrazioni centrali dello Stato finanziate con risorse derivanti dal PNRR, da programmi cofinanziati dall'Unione europea e da programmi operativi complementari alla programmazione comunitaria 2014/2020 e 2021/2027 non rilevano ai fini dell'applicazione dei relativi limiti di spesa previsti dalla normativa vigente. All'articolo 1 del decreto-legge 18 maggio 2006, n. 181, convertito, con modificazioni, dalla legge 17 luglio 2006, n. 233, il comma 24-quinquies è abrogato.

11. Per il rafforzamento, in particolare, delle articolazioni territoriali del Dipartimento della Ragioneria generale dello Stato, in relazione alle finalità previste dall'articolo 8, comma 1, del decreto-legge 9 giugno 2021, n. 80, convertito, con modificazioni, dalla legge 6 agosto 2021, n. 113, il Ministero dell'economia e delle finanze è autorizzato, per il biennio 2022-2023, a reclutare con contratto di lavoro subordinato a tempo indeterminato, in aggiunta alle vigenti facoltà assunzionali, nei limiti della vigente dotazione organica, un contingente di 50 unità di personale da inquadrare nell'Area III, posizione economica F1, senza il previo svolgimento delle procedure di mobilità, mediante l'indizione di apposite procedure concorsuali pubbliche o lo scorrimento delle vigenti graduatorie di concorsi pubblici. A tal fine è autorizzata la spesa di euro 1.175.111 per l'anno 2022 e di euro 2.350.222 annui a decorrere dall'anno 2023. Agli oneri derivanti dal presente comma si provvede mediante corrispondente riduzione dello stanziamento del fondo speciale di parte corrente iscritto, ai fini del bilancio triennale 2022-2024, nell'ambito del programma "Fondi di riserva e speciali" della missione "Fondi da ripartire" dello stato di previsione del Ministero dell'economia e delle finanze per l'anno 2022, allo scopo parzialmente utilizzando l'accantonamento relativo al medesimo Ministero.

12. All'articolo 48 del decreto-legge 31 maggio 2021, n. 77, convertito, con modificazioni, dalla legge 29 luglio 2021, n. 108, dopo il comma 7 è aggiunto il seguente:

"7-bis. Gli oneri di pubblicazione e pubblicità legale di cui all'articolo 216, comma 11, del codice di cui al decreto legislativo 18 aprile 2016, n. 50, sostenuti dalle centrali di committenza in attuazione di quanto previsto dal presente articolo, possono essere posti a carico delle risorse di cui all'articolo 10, comma 5, del presente decreto".

(1) *Articolo inserito dall'articolo 1, comma 1, della Legge 29 giugno 2022, n. 79, in sede di conversione.*

18 *ter*. Disposizioni in materia di gioco pubblico (1). – 1. Nelle more dell'approvazione e dell'attuazione del disegno di legge di riordino del settore giochi, previsto dal Documento di economia e finanza per l'anno 2021 quale collegato alla manovra di bilancio 2022-2024, nel rispetto delle esigenze di continuità delle entrate erariali, il termine di scadenza previsto per le concessioni in materia di raccolta delle scommesse su eventi sportivi, anche ippici, e non sportivi, compresi gli eventi simulati, è prorogato a titolo oneroso fino al 30 giugno 2024. Gli oneri concessori dovuti a decorrere dal 30 giugno 2022, da versare in due rate annuali scadenti il 30 aprile ed il 31 ottobre, sono confermati nella misura definita dall'articolo 1, comma 1048, della legge 27 dicembre 2017, n. 205. Con provvedimento del direttore generale dell'Agenzia delle dogane e dei monopoli sono definiti gli obblighi, per i concessionari, di presentazione di adeguate garanzie economiche, proporzionate alla nuova definizione dei termini temporali.

2. All'articolo 110 del testo unico delle leggi di pubblica sicurezza, di cui al regio decreto 18 giugno 1931, n. 773, dopo il comma 7 è inserito il seguente:

"7.1. Con provvedimento del direttore generale dell'Agenzia delle dogane e dei monopoli, da adottare entro il 15 novembre di ogni anno, sono individuati gli apparecchi meccanici ed elettromeccanici di cui alla lettera c-bis) del comma 7 che non distribuiscono tagliandi e di cui alla lettera c-ter) dello stesso comma, basati sulla sola abilità, fisica, mentale o strategica, o che riproducono esclusivamente audio e video o siano privi di interazione con il giocatore, ai quali non si applicano le disposizioni di cui all'articolo 38, commi 3 e 4, della legge 23 dicembre 2000, n. 388. Per tali apparecchi resta fermo, comunque, l'obbligo di versamento dell'imposta sugli intrattenimenti di cui all'articolo 14-bis, comma 5, del decreto del Presidente della Repubblica 26 ottobre 1972, n. 640. A tal fine, con il decreto del Ministro dell'economia e delle finanze di cui al comma 7-ter, sono previsti specifici obblighi dichiarativi".

3. Il Fondo di cui all'articolo 10, comma 5, del decreto-legge 29 novembre 2004, n. 282, convertito, con modificazioni, dalla legge 27 dicembre 2004, n. 307, è integrato per l'importo di euro 31.761.000 per l'anno 2022, di euro 63.522.000 per l'anno 2023 e di euro 31.761.000 per l'anno 2024.

4. All'onere derivante dal comma 3, pari a euro 31.761.000 per l'anno 2022, a euro 63.522.000 per l'anno 2023 e a euro 31.761.000 per l'anno 2024, si provvede con le maggiori entrate derivanti dal comma 1.

(1) *Articolo inserito dall'articolo 1, comma 1, della Legge 29 giugno 2022, n. 79, in sede di conversione.*

30. D.L. 17 maggio 2022, n. 50

Decreto convertito, con modificazioni dalla Legge 15 luglio 2022, n. 91. - Misure urgenti in materia di politiche energetiche nazionali, produttività delle imprese e attrazione degli investimenti, nonché in materia di politiche sociali e di crisi ucraina (A). (DECRETO AIUTI)(Estratto: Artt. 1 ter, 1 quater, 2,3, 3 bis, 4, 21 e 22) (in Gazz. Uff., 17 maggio 2022, n. 114)

1 *ter*. Azzeramento degli oneri generali di sistema nel settore elettrico per il terzo trimestre 2022 (1). – 1.Per ridurre gli effetti degli aumenti dei prezzi nel settore elettrico, l'Autorità di regolazione per energia, reti e ambiente (ARERA) provvede ad annullare, per il terzo trimestre dell'anno 2022, le aliquote relative agli oneri generali di sistema nel settore elettrico applicate alle utenze domestiche e alle utenze non domestiche in bassa tensione, per altri usi, con potenza disponibile fino a 16,5 kW.

2. Per ridurre gli effetti degli aumenti dei prezzi nel settore elettrico, l'ARERA provvede ad annullare, per il terzo trimestre dell'anno 2022, le aliquote relative agli oneri generali di sistema applicate alle utenze con potenza disponibile superiore a 16,5 kW, anche connesse in media e alta/altissima tensione o per usi di illuminazione pubblica o di ricarica di veicoli elettrici in luoghi accessibili al pubblico.

3. Agli oneri derivanti dall'attuazione dei commi 1 e 2, pari a complessivi 1.915 milioni di euro per l'anno 2022, da trasferire alla Cassa per i servizi energetici e ambientali in due quote di importo pari, rispettivamente, a 1.000 milioni di euro entro il 30 settembre 2022 e a 915 milioni di euro entro il 31 ottobre 2022, si provvede ai sensi dell'articolo 58, comma 4-bis.

(1) *Articolo inserito dall'articolo 1, comma 1, della Legge 15 luglio 2022, n. 91, in sede di conversione.*

1 *quater*. Riduzione dell'IVA e degli oneri generali nel settore del gas per il terzo trimestre dell'anno 2022 (1). – 1. In deroga alle disposizioni del decreto del Presidente della Repubblica 26 ottobre 1972, n. 633, le somministrazioni di gas metano destinato alla combustione per usi civili e per usi industriali di cui all'articolo 26, comma 1, del testo unico delle disposizioni legislative concernenti le imposte sulla produzione e sui consumi e relative sanzioni penali e amministrative, di cui al decreto legislativo 26 ottobre 1995, n. 504, contabilizzate nelle fatture emesse per i consumi stimati o effettivi dei mesi di luglio, agosto e settembre 2022, sono assoggettate all'aliquota d'imposta del valore aggiunto (IVA) del 5 per cento. Qualora le somministrazioni di cui al primo periodo siano contabilizzate sulla base di consumi stimati, l'aliquota d'IVA del 5 per cento si applica anche alla differenza derivante dagli importi ricalcolati sulla base dei consumi effettivi riferibili, anche percentualmente, ai mesi di luglio, agosto e settembre 2022.

2. Agli oneri derivanti dall'attuazione del comma 1, valutati in 480,98 milioni di euro per l'anno 2022, si provvede ai sensi dell'articolo 58, comma 4-bis.

3. Al fine di contenere, per il terzo trimestre dell'anno 2022, gli effetti degli aumenti dei prezzi nel settore del gas naturale, fatto salvo quanto disposto dal comma 5, l'ARERA mantiene inalterate le aliquote relative agli oneri generali di sistema per il settore del gas naturale in vigore nel secondo trimestre del 2022.

4. Agli oneri derivanti dall'attuazione del comma 3, pari a 292 milioni di euro per l'anno 2022, si provvede ai sensi dell'articolo 58, comma 4-bis. Tale importo è trasferito alla Cassa per i servizi energetici e ambientali entro il 30 novembre 2022.

5. Per contenere ulteriormente gli effetti degli aumenti dei prezzi nel settore del gas naturale per il terzo trimestre dell'anno 2022, l'ARERA provvede a ridurre, ulteriormente rispetto a quanto stabilito dal comma 3, le aliquote relative agli oneri generali di sistema nel settore del gas fino a concorrenza dell'importo di 240 milioni di euro, con particolare riferimento agli scaglioni di consumo fino a 5.000 metri cubi annui.

6. Agli oneri derivanti dall'attuazione del comma 5, pari a 240 milioni di euro per l'anno 2022, si provvede ai sensi dell'articolo 58, comma 4-bis. Tale importo è trasferito alla Cassa per i servizi energetici e ambientali entro il 30 novembre 2022.

(1) *Articolo inserito dall'articolo 1, comma 1, della Legge 15 luglio 2022, n. 91, in sede di conversione.*

2. Incremento dei crediti d'imposta in favore delle imprese per l'acquisto di energia elettrica e di gas naturale. – 1. Il contributo straordinario, sotto forma di credito d'imposta, fissato dall'articolo 4 del decreto-legge 21 marzo 2022, n. 21, convertito, con modificazioni, dalla legge 20 maggio 2022, n. 51, nella misura del 20 per cento è rideterminato nella misura del 25 per cento. Agli oneri derivanti dal presente comma, valutati in 59,45 milioni di euro per l'anno 2022, si provvede ai sensi dell'articolo 58[1].

2. Il contributo straordinario, sotto forma di credito d'imposta, di cui all'articolo 5 del decreto-legge 1° marzo 2022, n. 17, convertito, con modificazioni, dalla legge 27 aprile 2022, n. 34, fissato, da ultimo, dall'articolo 5, comma 2, del decreto-legge n. 21 del 2022, convertito, con modificazioni, dalla legge n. 51 del 2022, nella misura del 20 per cento è rideterminato nella misura del 25 per cento. Agli oneri derivanti dal presente comma, valutati in 235,24 milioni di euro per l'anno 2022, si provvede ai sensi dell'articolo 58[2].

3. Il contributo straordinario, sotto forma di credito d'imposta, fissato dall'articolo 3, comma 1, del decreto-legge n. 21 del 2022, convertito, con modificazioni, dalla legge n. 51 del 2022, nella misura del 12 per cento è rideterminato nella misura del 15 per cento. Agli oneri derivanti dal presente comma, valutati in 215,89 milioni di euro per l'anno 2022, si provvede ai sensi dell'articolo 58[3].

3-bis. Ai fini della fruizione dei contributi straordinari, sotto forma di credito d'imposta, di cui agli articoli 3 e 4 del decreto-legge 21 marzo 2022, n. 21, convertito, con modificazioni, dalla legge 20 maggio 2022, n. 51, ove l'impresa destinataria del contributo nei primi due trimestri dell'anno 2022 si rifornisca di energia elettrica o di gas naturale dallo stesso venditore da cui si riforniva nel primo trimestre dell'anno 2019, il venditore, entro sessanta giorni dalla scadenza del periodo per il quale spetta il credito d'imposta, invia al proprio cliente, su sua richiesta, una comunicazione nella quale è riportato il calcolo dell'incremento di costo della componente energetica e l'ammontare della detrazione spettante per il secondo trimestre dell'anno 2022. L'ARERA, entro dieci giorni dalla data di entrata in vigore della legge di conversione del presente decreto, definisce il contenuto della predetta comunicazione e le sanzioni in caso di mancata ottemperanza da parte del venditore [4].

[*3-ter. Gli aiuti sono concessi nel rispetto della normativa europea in materia di aiuti di Stato in regime de minimis*][5].

(1) *Comma modificato dall'articolo 1, comma 1, della Legge 15 luglio 2022, n. 91, in sede di conversione.*
(2) *Comma modificato dall'articolo 1, comma 1, della Legge 15 luglio 2022, n. 91, in sede di conversione.*
(3) *Comma modificato dall'articolo 1, comma 1, della Legge 15 luglio 2022, n. 91, in sede di conversione.*
(4) *Comma inserito dall'articolo 1, comma 1, della Legge 15 luglio 2022, n. 91, in sede di conversione.*
(5) *Comma inserito dall'articolo 1, comma 1, della Legge 15 luglio 2022, n. 91, in sede di conversione e successivamente abrogato dall'articolo 40-quater, comma 1, del D.L. 21 giugno 2022, n. 73, convertito, con modificazioni, dalla Legge 4 agosto 2022, n. 122.*

3. Credito d'imposta per gli autotrasportatori e misure in favore delle imprese esercenti servizi di trasporto di passeggeri con autobus [1]. – 1. Al fine di mitigare gli effetti economici derivanti dall'aumento eccezionale del prezzo del gasolio utilizzato come carburante, alle imprese aventi sede legale o stabile organizzazione in Italia esercenti le attività di trasporto indicate all'articolo 24-ter, comma 2, lettera a), del testo unico delle disposizioni legislative concernenti le imposte sulla produzione e sui consumi e relative sanzioni penali e amministrative, di cui al decreto legislativo 26 ottobre 1995, n. 504, è riconosciuto un contributo straordinario, sotto forma di credito di imposta, nella misura del 28 per cento della spesa sostenuta nel primo trimestre dell'anno 2022 per l'acquisto del gasolio impiegato dai medesimi soggetti in veicoli, di categoria euro 5 o superiore, utilizzati per l'esercizio delle predette attività, al netto dell'imposta sul valore aggiunto, comprovato mediante le relative fatture d'acquisto[2].

2. Il credito d'imposta di cui al comma 1 è utilizzabile esclusivamente in compensazione ai sensi dell'articolo 17 del decreto legislativo 9 luglio 1997, n. 241. Non si applicano i limiti di cui all'articolo 1, comma 53, della legge 24 dicembre 2007, n. 244, e di cui all'articolo 34 della legge 23 dicembre 2000, n. 388. Il credito d'imposta non concorre alla formazione del reddito d'impresa né della base imponibile dell'imposta regionale sulle attività produttive e non rileva ai fini del rapporto di cui agli articoli 61 e 109, comma 5, del testo unico delle imposte sui redditi approvato con decreto del Presidente della Repubblica 22 dicembre 1986, n. 917. Il credito d'imposta è cumulabile con altre agevolazioni che abbiano ad oggetto i medesimi costi, a condizione che tale cumulo, tenuto conto anche della non concorrenza alla formazione del reddito e della base imponibile dell'imposta regionale sulle attività produttive, non porti al superamento del costo sostenuto.

3. Le disposizioni del presente articolo si applicano nel rispetto della normativa europea in materia di aiuti di Stato. Ai relativi adempimenti provvede il Ministero delle infra-

strutture e della mobilità sostenibili.

4. Agli oneri derivanti dai commi 1 e 2, valutati in euro 496.945.000 per l'anno 2022, si provvede ai sensi dell'articolo 58[(3)].

5. L'articolo 17 del decreto-legge 21 marzo 2022, n. 21 è abrogato.

6. Il Ministero dell'economia e delle finanze effettua il monitoraggio delle fruizioni del credito d'imposta di cui al presente articolo, ai fini di quanto previsto dall'articolo 17, comma 13, della legge 31 dicembre 2009, n. 196.

[*6-bis. Al fine di sostenere il settore del trasporto di passeggeri con autobus, per l'anno 2022 è autorizzata la spesa di 1 milione di euro a favore delle imprese esercenti servizi di trasporto di passeggeri con autobus di classe Euro V o Euro VI.*] [(4)]

[*6-ter. Con decreto del Ministro delle infrastrutture e della mobilità sostenibili, di concerto con il Ministro dell'economia e delle finanze, entro novanta giorni dalla data di entrata in vigore della legge di conversione del presente decreto, sono stabilite le modalità di attuazione del comma 6-bis anche al fine del rispetto del limite di spesa ivi previsto.*][(5)]

6-quater. Agli oneri derivanti dal comma 6-bis, pari a 1 milione di euro per l'anno 2022, si provvede mediante corrispondente riduzione del Fondo di cui all'articolo 1, comma 200, della legge 23 dicembre 2014, n. 190[(6)].

[(1)] *Rubrica modificata dall'articolo 1, comma 1, della Legge 15 luglio 2022, n. 91, in sede di conversione.*
[(2)] *Comma modificato dall'articolo 1, comma 1, della Legge 15 luglio 2022, n. 91, in sede di conversione.*
[(3)] *Comma modificato dall'articolo 1, comma 1, della Legge 15 luglio 2022, n. 91, in sede di conversione.*
[(4)] *Comma aggiunto dall'articolo 1, comma 1, della Legge 15 luglio 2022, n. 91, in sede di conversione e successivamente abrogato dall'articolo 9, comma 5, del D.L. 9 agosto 2022, n. 115, convertito con modificazioni dalla Legge 21 settembre 2022, n. 142.*
[(5)] *Comma aggiunto dall'articolo 1, comma 1, della Legge 15 luglio 2022, n. 91, in sede di conversione e successivamente abrogato dall'articolo 9, comma 5, del D.L. 9 agosto 2022, n. 115, convertito con modificazioni dalla Legge 21 settembre 2022, n. 142*
[(6)] *Comma aggiunto dall'articolo 1, comma 1, della Legge 15 luglio 2022, n. 91, in sede di conversione.*

3 *bis*. Credito d'imposta per l'acquisto di carburanti per l'esercizio della pesca. [(1)(A)] - 1. Al fine di mitigare gli effetti economici derivanti dal perdurare dell'aumento eccezionale del prezzo del gasolio e della benzina utilizzati come carburante, le disposizioni dell'articolo 18 del decreto-legge 21 marzo 2022, n. 21, convertito, con modificazioni, dalla legge 20 maggio 2022, n. 51, si applicano, limitatamente alle imprese esercenti la pesca, anche alle spese sostenute per gli acquisti di carburante effettuati nel secondo trimestre solare dell'anno 2022.

2. Agli oneri derivanti dal comma 1, valutati in 23 milioni di euro per l'anno 2022, si provvede mediante corrispondente riduzione del Fondo di cui all'articolo 1, comma 200, della legge 23 dicembre 2014, n. 190

[(A)] *In riferimento al presente articolo, vedi: Risoluzione Agenzia delle Entrate 14 settembre 2022, n. 48/E.*
[(1)] *Articolo inserito dall'articolo 1, comma 1, della Legge 15 luglio 2022, n. 91, in sede di conversione.*

4. Estensione al primo trimestre dell'anno 2022 del contributo straordinario, sotto forma di credito d'imposta, in favore delle imprese a forte consumo di gas naturale. – 1. Al decreto-legge 27 gennaio 2022, n. 4, convertito, con modificazioni, dalla legge 28 marzo 2022, n. 25, dopo l'articolo 15 è inserito il seguente:

«*Art. 15.1 (Contributo straordinario, sotto forma di credito d'imposta, a favore delle imprese a forte consumo di gas naturale per il primo trimestre dell'anno 2022). - 1. Alle imprese a forte consumo di gas naturale di cui al comma 2 è riconosciuto, a parziale compensazione dei maggiori oneri sostenuti per l'acquisto del gas naturale, un contributo straordinario, sotto forma di credito di imposta, pari al 10 per cento della spesa sostenuta per l'acquisto del medesimo gas, consumato nel primo trimestre solare dell'anno 2022, per usi energetici diversi dagli usi termoelettrici, qualora il prezzo di riferimento del gas naturale, calcolato come media, riferita all'ultimo trimestre 2021, dei prezzi di riferimento del Mercato Infragiornaliero (MI-GAS) pubblicati dal Gestore dei mercati energetici (GME), abbia subito un incremento superiore al 30 per cento del corrispondente prezzo medio riferito al medesimo trimestre dell'anno 2019.*

2. Ai fini del presente articolo è impresa a forte consumo di gas naturale quella che opera in uno dei settori di cui all'allegato 1 al decreto del Ministro della transizione ecologica 21 dicembre 2021, n. 541, della cui adozione è stata data comunicazione nella Gazzetta Ufficiale della Repubblica italiana n. 5 dell'8 gennaio 2022, e ha consumato, nel primo trimestre solare dell'anno 2022, un quantitativo di gas naturale per usi energetici non inferiore al 25 per cento del volume di gas naturale indicato all'articolo 3, comma 1, del medesimo decreto, al netto dei consumi di gas naturale impiegato in usi termoelettrici [(1)].

3. Il credito d'imposta di cui al comma 1 è utilizzabile esclusivamente in compensazione ai sensi dell'articolo 17 del decreto legislativo 9 luglio 1997, n. 241, entro la data del 31 dicembre 2022. Non si applicano i limiti di cui all'articolo 1, comma 53, della legge 24 dicembre 2007, n. 244, e di cui all'articolo 34 della legge 23 dicembre 2000, n. 388. Il credito d'imposta non concorre alla formazione del reddito d'impresa né della base imponibile dell'imposta regionale sulle attività produttive e non rileva ai fini del rapporto di cui agli articoli 61 e 109, comma 5, del testo unico delle imposte sui redditi approvato con decreto del Presidente della Repubblica 22 dicembre 1986, n. 917. Il credito d'imposta è cumulabile con altre agevolazioni che abbiano ad oggetto i medesimi costi, a condizione che tale cumulo, tenuto conto anche della non concorrenza alla formazione del reddito e della base imponibile dell'imposta regionale sulle attività produttive, non porti al superamento del costo sostenuto.

4. Il credito d'imposta di cui al comma 1 è cedibile, solo per intero, dalle imprese beneficiarie ad altri soggetti, compresi gli istituti di credito e gli altri intermediari finanziari, senza facoltà di successiva cessione, fatta salva la possibilità di due ulteriori cessioni solo se effettuate a favore di banche e intermediari finanziari iscritti all'albo previsto dall'articolo 106 del testo unico delle leggi in materia bancaria e creditizia, di cui al decreto legislativo 1° settembre 1993, n. 385, società appartenenti a un gruppo bancario iscritto all'albo di cui all'articolo 64 del predetto testo unico delle leggi in materia bancaria e creditizia ovvero imprese di assicurazione autorizzate ad operare in Italia ai sensi del decreto legislativo 7 settembre 2005, n. 209, ferma restando l'applicazione delle disposizioni di cui all'articolo 122-bis, comma 4, del decreto-legge 19 maggio 2020, n. 34, convertito, con modificazioni, dalla legge 17 luglio 2020, n. 77, per ogni cessione intercorrente tra i predetti soggetti, anche successiva alla prima. I contratti di cessione conclusi in violazione del primo periodo sono nulli. In caso di cessione del credito d'imposta, le imprese beneficiarie richiedono il visto di conformità dei dati relativi alla documentazione che attesta la sussistenza dei presupposti che danno diritto al credito d'imposta di cui al presente articolo. Il visto di conformità è rilasciato ai sensi dell'articolo 35 del decreto legislativo 9 luglio 1997, n. 241, dai soggetti indicati alle lettere a) e b) del comma 3 dell'articolo 3 del regolamento recante modalità per la presentazione delle dichiarazioni relative alle imposte sui redditi, all'imposta regionale sulle attività produttive e all'imposta sul valore aggiunto, di cui al decreto del Presidente della Repubblica 22 luglio 1998, n. 322, e dai responsabili dell'assistenza fiscale dei centri costituiti dai soggetti di cui all'articolo 32 del citato decreto legislativo n. 241 del 1997. Il credito d'imposta è utilizzato dal cessionario con le stesse modalità con le quali sarebbe stato utilizzato dal soggetto cedente e comunque entro la medesima data del 31 dicembre 2022. Le modalità attuative delle disposizioni relative alla cessione e alla tracciabilità del credito d'imposta, da effettuarsi in via telematica, anche avvalendosi dei soggetti previsti dal comma 3 dell'articolo 3 del regolamento di cui al decreto del Presidente della Repubblica n. 322 del 1998, sono definite con provvedimento del direttore dell'Agenzia delle entrate. Si applicano le disposizioni di cui all'articolo 122-bis, nonché, in quanto compatibili, quelle di cui all'articolo 121, commi da 4 a 6, del decreto-legge n. 34 del 2020.

5. Il Ministero dell'economia e delle finanze effettua il monitoraggio delle fruizioni del credito d'imposta di cui al presente articolo, ai fini di quanto previsto dall'articolo 17, comma 13, della legge 31 dicembre 2009, n. 196.».

2. Agli oneri derivanti dal presente articolo, valutati in 427,10 milioni di euro per l'anno 2022, si provvede ai sensi dell'articolo 58.

(1) *Capoverso modificato dall'articolo 1, comma 1, della Legge 15 luglio 2022, n. 91, in sede di conversione.*

21. Maggiorazione del credito di imposta per investimenti in beni immateriali 4.0. – 1. Per gli investimenti aventi ad oggetto beni compresi nell'allegato B annesso alla legge 11 dicembre 2016, n. 232, effettuati a decorrere dal 1° gennaio 2022 e fino al 31 dicembre 2022, ovvero entro il 30 giugno 2023, a condizione che entro la data del 31 dicembre 2022 il relativo ordine risulti accettato dal venditore e sia avvenuto il pagamento di acconti in misura almeno pari al 20 per cento del costo di acquisizione, la misura del credito d'imposta prevista dall'articolo 1, comma 1058, della legge 30 dicembre 2020, n. 178, è elevata al 50 per cento.

2. Agli oneri derivanti dal presente articolo, valutati in 15,7 milioni di euro per l'anno 2022, 19,6 milioni di euro per ciascuno degli anni 2023 e 2024 e 3,9 milioni di euro per l'anno 2025, si provvede ai sensi dell'articolo 58.

22. Credito d'imposta per la formazione 4.0. (1) – 1. Al fine di rendere più efficace il processo di trasformazione tecnologica e digitale delle piccole e medie imprese, con specifico riferimento alla qualificazione delle competenze del personale, le aliquote del credito d'imposta del 50 per cento e del 40 per cento previste dall'articolo 1, comma 211, della legge 27 dicembre 2019, n. 160, per le spese di formazione del personale dipendente finalizzate all'acquisizione o al consolidamento delle competenze nelle tecnologie rilevanti per la trasformazione tecnologica e digitale delle imprese, sono rispettivamente aumentate al 70 per cento e al 50 per cento, a condizione che le attività formative siano erogate dai soggetti individuati con decreto del Ministro dello sviluppo economico, da adottare entro trenta giorni dalla data di entrata in vigore del presente decreto, e che i risultati relativi all'acquisizione o al consolidamento delle suddette competenze siano certificati secondo le modalità stabilite con il medesimo decreto ministeriale (2).

2. Con riferimento ai progetti di formazione avviati successivamente alla data di entrata in vigore del presente decreto che non soddisfino le condizioni previste dal comma 1, le misure del credito d'imposta sono rispettivamente diminuite al 40 per cento e al 35 per cento.

(1) *Rubrica modificata dall'articolo 1, comma 1, della Legge 15 luglio 2022, n. 91, in sede di conversione.*
(2) *Comma modificato dall'articolo 1, comma 1, della Legge 15 luglio 2022, n. 91, in sede di conversione.*

VARIE

31. D.L. 21 giugno 2022, n. 73

Decreto convertito, con modificazioni, dalla Legge 4 agosto 2022, n. 122. - Misure urgenti in materia di semplificazioni fiscali e di rilascio del nulla osta al lavoro, Tesoreria dello Stato e ulteriori disposizioni finanziarie e sociali. (DECRETO SEMPLIFICAZIONI 2022)(Estratto: Artt. 1-31, 35, 38 e 40 quater)
(in Gazz. Uff., 21 giugno 2022, n. 143)

1. Soppressione dell'obbligo di vidimazione quadrimestrale dei repertori – 1. Al testo unico delle disposizioni concernenti l'imposta di registro, approvato con decreto del Presidente della Repubblica 26 aprile 1986, n. 131, sono apportate le seguenti modificazioni:

a) all'articolo 68, i commi 1 e 2 sono sostituiti dai seguenti:

«1. Il controllo dei repertori previsti dall'articolo 67 è effettuato su iniziativa degli uffici dell'Agenzia delle entrate competenti per territorio. I soggetti indicati nell'articolo 10, comma 1, lettere b) e c), i capi delle amministrazioni pubbliche ed ogni altro funzionario autorizzato alla stipulazione dei contratti trasmettono il repertorio entro trenta giorni dalla data di notifica della richiesta. Gli uffici dell'Agenzia delle entrate effettuano verifiche anche presso gli uffici dei soggetti roganti.

2. L'ufficio dopo aver controllato la regolarità della tenuta del repertorio e della registrazione degli atti in esso iscritti, nonché la corrispondenza degli estremi di registrazione ivi annotati con le risultanze dei registri di formalità di cui all'articolo 16 e dopo aver rilevato le eventuali violazioni e tutte le notizie utili, comunica l'esito del controllo ai pubblici ufficiali.»;

b) all'articolo 73, il comma 1 è sostituito dal seguente: «*1. Per l'omessa presentazione del repertorio a seguito di richiesta dell'ufficio dell'Agenzia delle entrate, ai sensi del primo comma dell'articolo 68, i pubblici ufficiali sono puniti con la sanzione amministrativa da euro 1.032,91 a euro 5.164,57.».*

2. Alle attività di cui all'articolo 68, commi 1 e 2, del testo unico delle disposizioni concernenti l'imposta di registro, approvato con decreto del Presidente della Repubblica 26 aprile 1986, n. 131, come modificati dal comma 1, si provvede con le risorse umane, finanziarie e strumentali previste a legislazione vigente, senza nuovi o maggiori oneri a carico della finanza pubblica.

2-bis. All'articolo 7, comma 4-quater, del decreto-legge 10 giugno 1994, n. 357, convertito, con modificazioni, dalla legge 8 agosto 1994, n. 489, dopo le parole: "la tenuta" sono inserite le seguenti: "e la conservazione", le parole: "è, in ogni caso, considerata regolare" sono sostituite dalle seguenti: "sono, in ogni caso, considerate regolari" e dopo le parole: "nei termini di legge" sono inserite le seguenti: "o di conservazione sostitutiva digitale ai sensi del codice di cui al decreto legislativo 7 marzo 2005, n. 82"[1].

[1] *Comma aggiunto dall'articolo 1, comma 1, della Legge 4 agosto 2022, n. 122, in sede di conversione.*

2. Dematerializzazione scheda scelta di destinazione dell'otto, del cinque e del due per mille nel caso di 730 presentato tramite sostituto d'imposta. – 1. All'articolo 37 del decreto legislativo 9 luglio 1997, n. 241, dopo il comma 2 è inserito il seguente:

«*2-bis. I sostituti d'imposta che comunicano ai propri sostituiti, entro il 15 gennaio di ogni anno, di voler prestare assistenza fiscale provvedono a:*

a) controllare, sulla base dei dati ed elementi direttamente desumibili dalla dichiarazione presentata dal sostituito, la regolarità formale della stessa anche in relazione alle disposizioni che stabiliscono limiti alla deducibilità degli oneri, alle detrazioni ed ai crediti di imposta;

b) consegnare al sostituito, prima della trasmissione della dichiarazione, copia della dichiarazione elaborata ed il relativo prospetto di liquidazione;

c) trasmettere in via telematica all'Agenzia delle entrate le dichiarazioni elaborate e i relativi prospetti di liquidazione, secondo le modalità stabilite con provvedimento del direttore dell'Agenzia delle entrate, entro:

1) il 15 giugno di ciascun anno, per le dichiarazioni presentate dal contribuente entro il 31 maggio;

2) il 29 giugno di ciascun anno, per le dichiarazioni presentate dal contribuente dal 1° al 20 giugno;

3) il 23 luglio di ciascun anno, per le dichiarazioni presentate dal contribuente dal 21 giugno al 15 luglio;

4) il 15 settembre di ciascun anno, per le dichiarazioni presentate dal contribuente dal 16 luglio al 31 agosto;

5) il 30 settembre di ciascun anno, per le dichiarazioni presentate dal contribuente dal 1° al 30 settembre[1]*;*

c-bis) trasmettere in via telematica all'Agenzia delle entrate i dati contenuti nelle schede relative alle scelte dell'otto, del cinque e del due per mille dell'imposta sul reddito delle persone fisiche, secondo le modalità stabilite con provvedimento del direttore dell'Agenzia delle entrate, sentito il Garante per la protezione dei dati personali, entro i termini previsti alla lettera c)[2]*;*

d) comunicare all'Agenzia delle entrate in via telematica, entro i termini previsti alla lettera c), il risultato finale delle dichiarazioni. Si applicano, ove compatibili, le disposizioni di cui all'articolo 16, comma 4-bis, del decreto del Ministro delle finanze 31 maggio 1999, n. 164;

e) conservare copia delle dichiarazioni e dei relativi prospetti di liquidazione fino al 31 dicembre del secondo anno successivo a quello di presentazione, nonché le schede relative alle scelte per la destinazione del due, del cinque e dell'otto per mille dell'imposta sul reddito delle persone fisiche fino al 31 dicembre del secondo anno successivo a quello di presentazione.».

2. Le disposizioni di cui al comma 1 si applicano a partire dalle dichiarazioni relative al periodo d'imposta in corso alla data di entrata in vigore del presente decreto.

3. Con la medesima decorrenza di cui al comma 2, l'articolo 17, comma 1, del decreto del Ministro delle finanze 31 maggio 1999, n. 164, cessa di avere applicazione.

[1] *Lettera sostituita dall'articolo 1, comma 1, della Legge 4 agosto 2022, n. 122, in sede di conversione.*

[2] *Lettera inserita dall'articolo 1, comma 1, della Legge 4 agosto 2022, n. 122, in sede di conversione.*

3. Modifiche al calendario fiscale. – 1. All'articolo 21-bis, comma 1, del decreto-legge 31 maggio 2010, n. 78, convertito, con modificazioni, dalla legge 30 luglio 2010, n. 122, le parole «*16 settembre*» sono sostituite dalle seguenti: «*30 settembre*».

2. All'articolo 50, comma 6-bis, del decreto-legge 30 agosto 1993, n. 331, convertito, con modificazioni, dalla legge 29 ottobre 1993, n. 427, sono apportate le seguenti modificazioni:

a) le parole «*sono stabiliti le modalità ed i termini*» sono sostituite dalle seguenti: «*sono stabilite le modalità*»;

b) è aggiunto, in fine, il seguente periodo: «*Gli elenchi di cui al comma 6 sono presentati entro il giorno 25 del mese successivo al periodo di riferimento*»[1].

3. L'articolo 3, comma 1, del decreto del Ministro dell'economia e finanze 22 febbraio 2010, pubblicato nella Gazzetta Ufficiale n. 53 del 5 marzo 2010, è abrogato.

4. All'articolo 17, comma 1-bis, lettere a) e b), del decreto-legge 26 ottobre 2019, n. 124, convertito, con modificazioni, dalla legge 19 dicembre 2019, n. 157, le parole «*250 euro*» sono sostituite dalle seguenti: «*5.000 euro*».

5. Le disposizioni di cui al comma 4 si applicano alle fatture elettroniche emesse a decorrere dal 1° gennaio 2023.

6. Il termine del 30 giugno previsto dagli articoli 4, comma 1-ter, del decreto legislativo 14 marzo 2011, n. 23, e 4, comma 5-ter, del decreto-legge 24 aprile 2017, n. 50, convertito, con modificazioni, dalla legge 21 giugno 2017, n. 96, per la presentazione della dichiarazione dell'imposta di soggiorno per gli anni di imposta 2020 e 2021 è differito al 30 settembre 2022.

6-bis. Fermo restando il termine del 30 giugno di ogni anno, previsto ai fini dell'adempimento degli obblighi pubblicitari di cui all'articolo 1, commi 125 e 125-bis, della legge 4 agosto 2017, n. 124, per gli enti che provvedono nell'ambito della nota integrativa del bilancio d'esercizio o di quello consolidato, il termine entro il quale provvedere all'adempimento è quello previsto per l'approvazione del bilancio dell'anno successivo[2].

[1] *Lettera modificata dall'articolo 1, comma 1, della Legge 4 agosto 2022, n. 122, in sede di conversione.*
[2] *Comma aggiunto dall'articolo 1, comma 1, della Legge 4 agosto 2022, n. 122, in sede di conversione.*

3 *bis*. Estensione dell'applicazione della disciplina in materia di versamento unitario [1]. – 1. Dalla data di entrata in vigore del decreto del Ministro dell'economia e delle finanze di cui al comma 2, ai contribuenti è consentito effettuare versamenti unitari di qualsiasi imposta, tassa o contributo, comunque denominati, spettanti allo Stato, agli enti territoriali e agli enti previdenziali, secondo la disciplina dell'articolo 17 del decreto legislativo 9 luglio 1997, n. 241.

2. Con decreto del Ministro dell'economia e delle finanze, ai sensi della lettera h-ter) del comma 2 dell'articolo 17 del citato decreto legislativo n. 241 del 1997, sono individuate e disciplinate le tipologie dei versamenti di cui al comma 1 del presente articolo non già compresi nell'ambito di applicazione del medesimo decreto legislativo.

[1] *Articolo inserito dall'articolo 1, comma 1, della Legge 4 agosto 2022, n. 122, in sede di conversione.*

4. Modifica domicilio fiscale stabilito dall'amministrazione. – 1. All'articolo 59 del decreto del Presidente della Repubblica 29 settembre 1973, n. 600, sono apportate le seguenti modificazioni:

a) al terzo comma le parole «*l'intendente di finanza o il Ministro per le finanze*» sono sostituite dalle seguenti: «*la Direzione regionale o la Divisione contribuenti dell'Agenzia delle entrate*» e le parole «*provincia o in altra provincia*» sono sostituite dalle seguenti: «*regione o in altra regione*»;

b) dopo il quarto comma è aggiunto il seguente: «*Quando il domicilio fiscale è stato modificato ai sensi del presente articolo, ogni successiva revoca ed eventuale ulteriore variazione del precedente provvedimento, anche richieste con istanza motivata del contribuente, sono stabilite con provvedimento dell'ufficio e hanno effetto dal sessantesimo giorno successivo a quello in cui il provvedimento stesso viene notificato. Competente all'esercizio della sola revoca è l'organo che ha emanato l'originario provvedimento. Quando alla revoca consegue una contestuale variazione del domicilio fiscale, competente a emanare il nuovo e unico provvedimento è la Direzione regionale o la Divisione contribuenti dell'Agenzia delle entrate a seconda che il provvedimento importi lo spostamento del domicilio fiscale nell'ambito della stessa regione o in altra regione.*».

2. All'attuazione delle disposizioni previste nel presente articolo si provvede con le risorse umane, finanziarie e strumentali previste a legislazione vigente, senza nuovi o maggiori oneri a carico della finanza pubblica.

5. Erogazione dei rimborsi fiscali agli eredi. – 1. All'articolo 28 del testo unico delle disposizioni concernenti l'imposta sulle successioni e donazioni, approvato con decreto legislativo 31 ottobre 1990, n. 346, dopo il comma 6, è inserito il seguente: «*6-bis. I rimborsi fiscali di competenza dell'Agenzia delle entrate, spettanti al defunto, sono erogati, salvo diversa comunicazione degli interessati, ai chiamati all'eredità come indicati nella dichiarazione di successione dalla quale risulta che l'eredità è devoluta per legge, per l'importo corrispondente alla rispettiva quota ereditaria. Il chiamato all'eredità che non intende accettare il rimborso fiscale riversa l'importo erogato all'Agenzia delle entrate. Con provvedimento del Direttore dell'Agenzia delle entrate sono definite le modalità di trasmissione della comunicazione di cui al primo periodo. Alle disposizioni di cui al presente comma si provvede mediante le risorse finanziarie, umane e strumentali previste a legislazione vigente, senza nuovi o maggiori oneri a carico della finanza pubblica*».

6. Disposizioni in materia di dichiarazione dei redditi precompilata. – 1. All'articolo 5 del decreto legislativo 21 novembre 2014, n. 175, sono apportate le seguenti modificazioni:

a) il comma 1 è sostituito dal seguente: «*1. Nel caso di presentazione della dichiarazione precompilata, direttamente ovvero tramite il sostituto d'imposta che presta l'assistenza fiscale, ovvero mediante CAF o professionista, senza modifiche, non si effettua il controllo formale sui dati relativi agli oneri indicati nella dichiarazione precompilata forniti dai soggetti terzi di cui all'articolo 3. Su tali dati resta fermo il controllo della sussistenza delle condizioni soggettive che danno diritto alle detrazioni, alle deduzioni e alle agevolazioni.*»;

a-bis) al comma 2, le parole: "lettera a)," sono soppresse[(1)];

b) al comma 3 le parole «*Nel caso di presentazione della dichiarazione precompilata, anche con modifiche,*» sono sostituite dalle seguenti «*Nel caso di presentazione della dichiarazione precompilata, con modifiche,*»;

c) al comma 3 sono aggiunti, in fine, i seguenti periodi: "Nel caso di presentazione della dichiarazione precompilata, con modifiche, mediante CAF o professionista, il controllo formale non è effettuato sui dati delle spese sanitarie che non risultano modificati rispetto alla dichiarazione precompilata e non è richiesta la conservazione della documentazione. Ai fini del controllo il CAF o il professionista verifica, prendendo visione della documentazione esibita dal contribuente, la corrispondenza delle spese sanitarie con gli importi aggregati in base alle tipologie di spesa utilizzati per la predisposizione della dichiarazione precompilata. In caso di difformità, l'Agenzia delle entrate effettua il controllo formale relativamente ai soli documenti di spesa che non risultano indicati nella dichiarazione precompilata"[(2)].

2. Le disposizioni del presente articolo si applicano a partire dalle dichiarazioni relative al periodo d'imposta in corso alla data di entrata in vigore del presente decreto e alle stesse si provvede con le risorse umane, finanziarie e strumentali disponibili a legislazione vigente, senza nuovi o maggiori oneri a carico della finanza pubblica.

(1) *Lettera inserita dall'articolo 1, comma 1, della Legge 4 agosto 2022, n. 122, in sede di conversione.*
(2) *Lettera sostituita dall'articolo 1, comma 1, della Legge 4 agosto 2022, n. 122, in sede di conversione.*

6 *bis*. Comunicazione di conclusione di attività istruttoria al contribuente [(1)]. – 1. Dopo il comma 5 dell'articolo 6 della legge 27 luglio 2000, n. 212, è aggiunto il seguente:

"*5-bis. In caso di esercizio di attività istruttorie di controllo nei confronti del contribuente del cui avvio lo stesso sia stato informato, l'amministrazione finanziaria comunica al contribuente, in forma semplificata, entro il termine di sessanta giorni dalla conclusione della procedura di controllo, l'esito negativo di quest'ultima. L'amministrazione finanziaria, con proprio provvedimento, individua le modalità semplificate di comunicazione, anche mediante l'utilizzo di messaggistica di testo indirizzata all'utenza telefonica mobile del destinatario, della posta elettronica, anche non certificata, o dell'applicazione 'IO. Con il medesimo provvedimento sono definite le modalità con le quali il contribuente fornisce all'amministrazione finanziaria i propri dati al fine di consentire la suddetta comunicazione in forma semplificata. La comunicazione dell'esito negativo della procedura di controllo non pregiudica l'esercizio successivo dei poteri di controllo dell'amministrazione finanziaria, ai sensi delle vigenti disposizioni. Le disposizioni del presente comma non si applicano alle liquidazioni di cui agli articoli 36-bis del decreto del Presidente della Repubblica 29 settembre 1973, n. 600, e 54-bis del decreto del Presidente della Repubblica 26 ottobre 1972, n. 633*".

2. All'attuazione delle disposizioni di cui al comma 1 si provvede con le risorse umane, finanziarie e strumentali previste a legislazione vigente, senza nuovi o maggiori oneri a carico della finanza pubblica.

(1) *Articolo aggiunto dall'articolo 1, comma 1, della Legge 4 agosto 2022, n. 122, in sede di conversione.*

6 *ter*. Vendita diretta, su proposta del debitore, di immobili privi di rendita catastale. [(1)] – 1. Dopo il comma 2-quater dell'articolo 52 del decreto del Presidente della Repubblica 29 settembre 1973, n. 602, è aggiunto il seguente:

"2-quinquies. Nel caso in cui il debitore intenda procedere direttamente, ai sensi del comma 2-bis, alla vendita di immobili censibili nel catasto edilizio urbano senza attribuzione di rendita catastale, quali fabbricati in corso di costruzione, fabbricati collabenti, fabbricati in corso di definizione, lastrici solari e aree urbane, il medesimo debitore può procedere, con il consenso dell'agente della riscossione, alla vendita del bene pignorato o ipotecato, al valore determinato, in deroga al comma 2-bis, da perizia inoppugnabile effettuata dall'Agenzia delle entrate in base agli accordi stipulati con lo stesso agente della riscossione ai sensi dell'articolo 64, comma 3-bis, del decreto legislativo 30 luglio 1999, n. 300, e nei termini ivi stabiliti, su richiesta presentata dal debitore all'agente. Il rimborso dei costi sostenuti per l'effettuazione della perizia è posto a carico del debitore ed è versato all'agente della riscossione unitamente al corrispettivo della vendita di cui al comma 2-bis, ovvero, in mancanza di vendita, entro il termine di novanta giorni dalla consegna della perizia. Decorso tale termine in assenza di pagamento, l'agente della riscossione può procedere alla riscossione coattiva delle somme dovute unitamente alle spese esecutive di cui all'articolo 17, comma 3, lettera a), del decreto legislativo 13 aprile 1999, n. 112".

2. Le disposizioni del comma 2-quinquies dell'articolo 52 del decreto del Presidente della Repubblica 29 settembre 1973, n. 602, introdotto dal comma 1 del presente articolo, si applicano anche ai procedimenti in corso alla data di entrata in vigore della legge di conversione del presente decreto.

(1) *Articolo aggiunto dall'articolo 1, comma 1, della Legge 4 agosto 2022, n. 122, in sede di conversione.*

CAPO II
Semplificazioni in materia di imposte dirette

7. Modifica della validità dell'attestazione per i contratti di locazione a canone concordato. – 1. L'attestazione di cui agli articoli 1, comma 8, 2, comma 8, e 3, comma 5, del decreto del Ministro delle infrastrutture e dei trasporti del 16 gennaio 2017, recante «*Criteri generali per la realizzazione degli accordi da definire in sede locale per la stipula dei contratti di locazione ad uso abitativo a canone concordato, ai sensi dell'articolo 2, comma 3, della legge 9 dicembre 1998, n. 431, nonché dei contratti di locazione transitori e dei contratti di locazione per studenti universitari, ai sensi dell'articolo 5, commi 1, 2 e 3 della stessa legge*», pubblicato nella Gazzetta Ufficiale, n. 62 del 15 marzo 2017, può essere fatta valere per tutti i contratti di locazione, stipulati successivamente al suo rilascio, aventi il medesimo contenuto del contratto per cui è stata rilasciata, fino ad eventuali variazioni delle caratteristiche dell'immobile o dell'accordo territoriale del comune a cui essa si riferisce[1].

(1) *Comma modificato dall'articolo 1, comma 1, della Legge 4 agosto 2022, n. 122, in sede di conversione.*

8. Estensione del principio di derivazione rafforzata alle micro imprese e disposizioni in materia di errori contabili. – 1. All'articolo 83, comma 1, del testo unico delle imposte sui redditi, approvato con decreto del Presidente della Repubblica 22 dicembre 1986, n. 917, sono apportate le seguenti modificazioni:

a) le parole «*diversi dalle micro-imprese di cui all'articolo 2435-ter del codice civile, che*» sono sostituite dalle seguenti: «*diversi dalle micro-imprese di cui all'articolo 2435-ter del codice civile che non hanno optato per la redazione del bilancio in forma ordinaria, i quali*»;

b) sono aggiunti in fine i seguenti periodi: «*I criteri di imputazione temporale di cui al terzo periodo valgono ai fini fiscali anche in relazione alle poste contabilizzate a seguito del processo di correzione degli errori contabili. La disposizione di cui al quarto periodo non si applica ai componenti negativi di reddito per i quali è scaduto il termine per la presentazione della dichiarazione integrativa di cui all'articolo 2, comma 8, del decreto del Presidente della Repubblica 22 luglio 1998, n. 322.*».

1-bis. Le poste contabilizzate a seguito del processo di correzione degli errori contabili effettuato ai sensi dell'articolo 83, comma 1, quarto periodo, del testo unico di cui al decreto del Presidente della Repubblica n. 917 del 1986, introdotto dal comma 1, lettera b), del presente articolo, rilevano anche ai fini dell'imposta regionale sulle attività produttive, di cui al titolo I del decreto legislativo 15 dicembre 1997, n. 446. Il primo periodo del presente comma non si applica ai componenti negativi del valore della produzione netta per i quali è scaduto il termine per la presentazione della dichiarazione integrativa prevista dall'articolo 2, comma 8, del regolamento di cui al decreto del Presidente della Repubblica 22 luglio 1998, n. 322, e, sussistendo gli altri presupposti, opera soltanto per i soggetti che sottopongono il proprio bilancio d'esercizio a revisione legale dei conti [1].

2. Le disposizioni di cui ai commi 1 e 1-bis si applicano a partire dal periodo d'imposta in corso alla data di entrata in vigore del presente decreto[2].

(1) *Comma inserito dall'articolo 1, comma 1, della Legge 4 agosto 2022, n. 122, in sede di conversione e successivamente modificato dall'articolo 1, comma 274, della Legge 29 dicembre 2022, n. 197, con applicazione a decorrere dal periodo d'imposta in corso alla data di entrata in vigore del decreto-legge 21 giugno 2022, n. 73, come disposto dall'articolo 1, comma 275 della L.197/2022 medesimo.*
(2) *Comma modificato dall'articolo 1, comma 1, della Legge 4 agosto 2022, n. 122, in sede di conversione.*

9. Abrogazione disciplina delle società in perdita sistematica e dell'addizionale IRES di cui all'articolo 3 della legge 6 febbraio 2009, n. 7. – 1. All'articolo 2 del decreto-legge 13 agosto 2011, n. 138, convertito, con modificazioni, dalla legge 14 settembre 2011, n. 148, i commi 36-decies, 36-undecies e 36-duodecies sono abrogati a decorrere dal periodo d'imposta in corso al 31 dicembre 2022.

2. A decorrere dal periodo d'imposta successivo a quello in corso al 31 dicembre 2020, l'articolo 3 della legge 6 febbraio 2009, n. 7, è abrogato.

3. Agli oneri derivanti dal comma 1, valutati in 17,7 milioni di euro per l'anno 2023 e 10,1 milioni di euro annui a decorrere dall'anno 2024, si provvede mediante corrispondente riduzione del Fondo per interventi strutturali di politica economica, di cui all'articolo 10, comma 5, del decreto-legge 29 novembre 2004, n. 282, convertito, con modificazioni, dalla legge 27 dicembre 2004, n. 307.

10. Semplificazioni in materia di dichiarazione IRAP. – 1. All'articolo 11 del decreto legislativo 15 dicembre 1997, n. 446, sono apportate le seguenti modificazioni:

a) al comma 1, lettera a):

1) al numero 1), prima delle parole «*i contributi*» sono inserite le seguenti: «*in relazione a soggetti diversi dai lavoratori dipendenti a tempo indeterminato,*»;

2) i numeri 2) e 4) sono abrogati;

3) al numero 5), prima delle parole: "*le spese relative agli apprendisti*" sono inserite le seguenti: "*per i soggetti che determinano*

il valore della produzione ai sensi degli articoli da 5 a 9, in relazione al personale dipendente diverso da quello a tempo indeterminato, e per i soggetti che determinano il valore della produzione ai sensi degli articoli 10, comma 1, e 10-bis, comma 1,"[1];

b) al comma 4-bis.1, dopo le parole «*per ogni lavoratore dipendente*» sono inserite le seguenti: «*diverso da quelli a tempo indeterminato*»;

c) il comma 4-quater è abrogato;

d) il comma 4-septies è sostituito dal seguente: «*4-septies. Per ciascun dipendente l'importo delle deduzioni ammesse dai commi 1 e 4-bis.1 non può comunque eccedere il limite massimo rappresentato dalla retribuzione e dagli oneri e spese a carico del datore di lavoro.*»;

e) il comma 4-octies è sostituito dal seguente: «*4-octies. Per i soggetti che determinano il valore della produzione netta ai sensi degli articoli da 5 a 9, è ammesso in deduzione il costo complessivo per il personale dipendente con contratto a tempo indeterminato. La deduzione di cui al primo periodo è altresì ammessa, nei limiti del 70 per cento del costo complessivamente sostenuto, per ogni lavoratore stagionale impiegato per almeno centoventi giorni per due periodi d'imposta, a decorrere dal secondo contratto stipulato con lo stesso datore di lavoro nell'arco temporale di due anni a partire dalla cessazione del precedente contratto.*».

2. Le disposizioni di cui al comma 1 si applicano a partire dal periodo d'imposta precedente a quello in corso alla data di entrata in vigore del presente decreto, ferma restando, per detto periodo, la possibilità, ove ritenuto più agevole, di compilare il modello IRAP 2022 senza considerare le modifiche introdotte[2].

(1) Numero sostituito dall'articolo 1, comma 1, della Legge 4 agosto 2022, n. 122, in sede di conversione.
(2) Comma sostituito dall'articolo 1, comma 1, della Legge 4 agosto 2022, n. 122, in sede di conversione.

11. Rinvio dei termini per l'approvazione della modulistica dichiarativa. – 1. Al decreto del Presidente della Repubblica 22 luglio 1998, n. 322, sono apportate le seguenti modificazioni:

a) all'articolo 1, comma 1, le parole «*entro il 31 gennaio*» sono sostituite dalle seguenti: «*entro il mese di febbraio*» e le parole «*entro il 15 gennaio*» sono sostituite dalle seguenti: «*entro il mese di febbraio*»;

b) all'articolo 2, comma 3-bis, le parole «*entro il 15 febbraio*» sono sostituite dalle seguenti: «*entro il mese di febbraio*».

CAPO III
Semplificazioni in materia di imposte indirette

12. Modifica della disciplina in materia di esterometro. – 1. L'articolo 1, comma 3-bis, del decreto legislativo 5 agosto 2015, n. 127, è sostituito dal seguente: «*3-bis. I soggetti passivi di cui al comma 3 trasmettono telematicamente all'Agenzia delle entrate i dati relativi alle operazioni di cessione di beni e di prestazione di servizi effettuate e ricevute verso e da soggetti non stabiliti nel territorio dello Stato, salvo quelle per le quali è stata emessa una bolletta doganale, quelle per le quali siano state emesse o ricevute fatture elettroniche secondo le modalità indicate nel comma 3, nonché quelle, purché di importo non superiore ad euro 5.000 per ogni singola operazione, relative ad acquisti di beni e servizi non rilevanti territorialmente ai fini IVA in Italia ai sensi degli articoli da 7 a 7-octies del decreto del Presidente della Repubblica 26 ottobre 1972, n. 633. La trasmissione telematica è effettuata trimestralmente entro la fine del mese successivo al trimestre di riferimento. Con riferimento alle operazioni effettuate a partire dal 1° luglio 2022, i dati di cui al primo periodo sono trasmessi telematicamente utilizzando il Sistema di interscambio secondo il formato di cui al comma 2. Con riferimento alle medesime operazioni:*

a) la trasmissione telematica dei dati relativi alle operazioni svolte nei confronti di soggetti non stabiliti nel territorio dello Stato è effettuata entro i termini di emissione delle fatture o dei documenti che ne certificano i corrispettivi;

b) la trasmissione telematica dei dati relativi alle operazioni ricevute da soggetti non stabiliti nel territorio dello Stato è effettuata entro il quindicesimo giorno del mese successivo a quello di ricevimento del documento comprovante l'operazione o di effettuazione dell'operazione.».

13. Decorrenza della misura sanzionatoria per omessa o errata trasmissione delle fatture relative alle operazioni transfrontaliere. – 1. All'articolo 11, comma 2-quater, terzo periodo, del decreto legislativo 18 dicembre 1997, n. 471, le parole «*a partire dal 1° gennaio 2022*» sono sostituite dalle seguenti: «*a partire dal 1° luglio 2022*».

14. Termine per la richiesta di registrazione degli atti in termine fisso. – 1. All'articolo 13, commi 1 e 4, e all'articolo 19, comma 1, del decreto del Presidente della Repubblica 26 aprile 1986, n. 131, la parola «*venti*» è sostituita dalla seguente: «*trenta*».

2. Agli oneri derivanti dal presente articolo, valutati in 6,031 milioni di euro per l'anno 2022, si provvede mediante corrispondente riduzione del Fondo per interventi strutturali di politica economica, di cui all'articolo 10, comma 5, del decreto-legge 29 novembre 2004, n. 282, convertito, con modificazioni, dalla legge 27 dicembre 2004, n. 307.

15. Ampliamento del servizio telematico di pagamento dell'imposta di bollo. – 1. All'articolo 1 della legge 27 dicembre 2013, n. 147, dopo il comma 596 è inserito il seguente: «*596-bis. Le modalità per il pagamento in via telematica dell'imposta di bollo individuate con il provvedimento di cui al comma 596 possono essere estese, con provvedimento del direttore dell'Agenzia delle entrate da adottare, d'intesa con il Capo della struttura della Presidenza del Consiglio dei ministri competente in materia di innovazione tecnologica e transizione digitale, agli atti, documenti e registri indicati nella tariffa annessa al decreto del Presidente della Repubblica 26 ottobre 1972, n. 642.*».

CAPO IV
Altre misure di semplificazione fiscale

16. Semplificazione del monitoraggio fiscale sulle operazioni di trasferimento attraverso intermediari bancari e finanziari e altri operatori. – 1. All'articolo 1 del decreto-legge 28 giugno 1990, n. 167, convertito, con modificazioni, dalla legge 4 agosto 1990, n. 227, il comma 1 è sostituito dal seguente: «*1. Gli intermediari bancari e finanziari di cui all'articolo 3, comma 2, gli altri operatori finanziari di cui all'articolo 3, comma 3, lettere a) e d), e gli operatori non finanziari di cui all'articolo 3, comma 5, lettera i), del decreto legislativo 21 novembre 2007, n. 231, che intervengono, anche attraverso movimentazione di conti, nei trasferimenti da o verso l'estero di mezzi di pagamento di cui all'articolo 1, comma 2, lettera s), del medesimo decreto sono tenuti a trasmettere all'Agenzia delle entrate i dati di cui all'articolo 31,*

VARIE

comma 2, del menzionato decreto relativi alle predette operazioni, effettuate anche in valuta virtuale, di importo pari o superiore a 5.000 euro, limitatamente alle operazioni eseguite per conto o a favore di persone fisiche, enti non commerciali e di società semplici e associazioni equiparate ai sensi dell'articolo 5 del testo unico delle imposte sui redditi, di cui al decreto del Presidente della Repubblica 22 dicembre 1986, n. 917.».

2. Le disposizioni di cui al comma 1 si applicano a partire dalle comunicazioni relative alle operazioni effettuate nel 2021.

17. Semplificazione degli obblighi di segnalazione in materia di appalti. – 1. All'articolo 20 del decreto del Presidente della Repubblica 29 settembre 1973, n. 605, il primo comma è abrogato.

18. Modifiche alla disciplina IVA delle prestazioni rese ai ricoverati e agli accompagnatori dei ricoverati. – 1. Al decreto del Presidente della Repubblica 26 ottobre 1972, n. 633 sono apportate le seguenti modificazioni:

a) all'articolo 10, primo comma, il numero 18) è sostituito dal seguente: «*18) le prestazioni sanitarie di diagnosi, cura e riabilitazione della persona rese nell'esercizio delle professioni e arti sanitarie soggette a vigilanza, ai sensi dell'articolo 99 del testo unico delle leggi sanitarie, approvato con regio decreto 27 luglio 1934, n. 1265, ovvero individuate con decreto del Ministro della salute, di concerto con il Ministro dell'economia e delle finanze. L'esenzione si applica anche se la prestazione sanitaria costituisce una componente di una prestazione di ricovero e cura resa alla persona ricoverata da un soggetto diverso da quelli di cui al numero 19), quando tale soggetto a sua volta acquisti la suddetta prestazione sanitaria presso un terzo e per l'acquisto trovi applicazione l'esenzione di cui al presente numero; in tal caso, l'esenzione opera per la prestazione di ricovero e cura fino a concorrenza del corrispettivo dovuto da tale soggetto al terzo;*»;

b) alla tabella A, parte terza, il numero 120) è sostituito dal seguente: «*120) prestazioni rese ai clienti alloggiati nelle strutture ricettive di cui all'articolo 6 della legge 17 maggio 1983, n. 217; prestazioni di ricovero e cura, comprese le prestazioni di maggiore comfort alberghiero, diverse da quelle esenti ai sensi dell'articolo 10, primo comma, numero 18) e numero 19); prestazioni di alloggio rese agli accompagnatori delle persone ricoverate dai soggetti di cui all'articolo 10, primo comma, numero 19), e da case di cura non convenzionate; prestazioni di maggiore comfort alberghiero rese a persone ricoverate presso i soggetti di cui all'articolo 10, primo comma, numero 19);*».

2. Agli oneri derivanti dal presente articolo, valutati in 12,3 milioni di euro per l'anno 2022 e 21 milioni di euro annui a decorrere dall'anno 2023, si provvede mediante corrispondente riduzione del Fondo per interventi strutturali di politica economica, di cui all'articolo 10, comma 5, del decreto-legge 29 novembre 2004, n. 282, convertito, con modificazioni, dalla legge 27 dicembre 2004, n. 307.

19. Semplificazione in materia di modelli di dichiarazione IMU per gli enti non commerciali. – 1. All'articolo 1, comma 770, primo periodo, della legge 27 dicembre 2019, n. 160, la parola «*Ministro*» è sostituita dalla seguente «*Ministero*».

20. Adeguamento delle aliquote dell'addizionale comunale all'IRPEF ai nuovi scaglioni dell'IRPEF. – 1. Al fine di garantire la coerenza degli scaglioni dell'addizionale comunale all'imposta sul reddito delle persone fisiche con i nuovi scaglioni dell'imposta sul reddito delle persone fisiche (IRPEF) stabiliti dall'articolo 1, comma 2, della legge 30 dicembre 2021, n. 234, il termine di cui al comma 7 dello stesso articolo 1 è differito al 31 luglio 2022. In caso di approvazione della delibera di adeguamento ai nuovi scaglioni o di quella di determinazione dell'aliquota unica in data successiva all'adozione del proprio bilancio di previsione, il comune provvede ad effettuare le conseguenti modifiche al bilancio di previsione in occasione della prima variazione utile.

2. Per i comuni nei quali nel 2021 risultano vigenti aliquote dell'addizionale comunale all'IRPEF differenziate per scaglioni di reddito e che non adottano la delibera di cui al secondo periodo del comma 1 nel rispetto del termine di cui al primo periodo del medesimo comma, o non la trasmettono entro il termine stabilito dall'articolo 14, comma 8, del decreto legislativo 14 marzo 2011, n. 23, per l'anno 2022 l'addizionale comunale all'IRPEF si applica sulla base dei nuovi scaglioni dell'IRPEF e delle prime quattro aliquote vigenti nel comune nell'anno 2021, con eliminazione dell'ultima.

21. Integrazione logistica tra Agenzia delle entrate e Agenzia delle entrate-Riscossione. – 1. All'articolo 1 del decreto-legge 22 ottobre 2016, n. 193, convertito, con modificazioni, dalla legge 1° dicembre 2016, n. 225, dopo il comma 5-quater è inserito il seguente: «*5-quinquies. Al fine di agevolare l'integrazione logistica dell'Agenzia delle entrate e dell'Agenzia delle entrate-Riscossione anche attraverso la gestione congiunta dei fabbisogni immobiliari, l'Agenzia delle entrate-Riscossione può avvalersi di tutte le soluzioni allocative individuate per l'Agenzia delle entrate, anche nel caso di utilizzo, di immobili demaniali oppure, previo rimborso della corrispondente quota di canone, di edifici appartenenti ai fondi pubblici di investimento immobiliare o oggetto di acquisto da parte degli enti previdenziali, ai sensi dell'articolo 8, comma 4, del decreto-legge 31 maggio 2010, n. 78, convertito, con modificazioni, dalla legge 30 luglio 2010, n. 122. Ove richiesto dall'Agenzia delle entrate, nell'assegnazione di tali tipologie di immobili, ovvero ai fini dell'attuazione delle previsioni dell'articolo 8, comma 4, sopra richiamato, l'Agenzia del demanio considera congiuntamente i fabbisogni espressi dall'Agenzia delle entrate stessa e dall'Agenzia delle entrate-Riscossione*»[1].

[1] *Capoverso modificato dall'articolo 1, comma 1, della Legge 4 agosto 2022, n. 122, in sede di conversione.*

CAPO V
Ulteriori disposizioni fiscali

22. Proroga del meccanismo di inversione contabile. – 1. All'articolo 17, ottavo comma, del decreto del Presidente della Repubblica 26 ottobre 1972, n. 633, le parole «*30 giugno 2022*» sono sostituite dalle seguenti: «*31 dicembre 2026*».

23. Disposizioni in materia di ricerca e sviluppo di farmaci e certificazione del credito ricerca, sviluppo e innovazione. – 1. All'articolo 31 del decreto-legge 25 maggio 2021, n. 73, convertito, con modificazioni, dalla legge 23 luglio 2021, n. 106, sono apportate le seguenti modificazioni:

a) al comma 1, la parola «*nuovi*» è soppressa;

b) dopo il comma 2, è inserito il seguente: «*2-bis. Per la definizione delle attività di ricerca e sviluppo ammissibili al credito d'imposta di cui al presente articolo si applicano le disposizioni dell'articolo 2 del decreto del Ministro dello sviluppo economico 26 maggio 2020, pubblicato nella Gazzetta Ufficiale della Repubblica italiana 21 luglio 2020, n. 182.*».

2. Al fine di favorire l'applicazione in condizioni di certezza operativa delle discipline previste dall'articolo 1, commi 200, 201 e 202, della legge 27 dicembre 2019, n. 160, le imprese possono richiedere una certificazione che attesti la qualificazione degli investimenti effettuati o da effettuare ai fini della loro classificazione nell'ambito delle attività di ricerca e sviluppo, di innovazione tecnologica e di design e innovazione estetica ammissibili al beneficio. Tale certificazione può essere richiesta anche per l'attestazione della qualificazione delle attività di ricerca e sviluppo ai sensi dell'articolo 3 del decreto-legge 23 dicembre 2013, n. 145, convertito, con modificazioni, dalla legge 21 febbraio 2014, n. 9. Analoga certificazione può essere richiesta per l'attestazione della qualificazione delle attività di innovazione tecnologica finalizzate al raggiungimento di obiettivi di innovazione digitale 4.0 e di transizione ecologica ai fini dell'applicazione della maggiorazione dell'aliquota del credito d'imposta prevista dal quarto periodo del comma 203, nonché dai commi 203-quinquies e 203-sexies del medesimo articolo 1 della legge n 160 del 2019. Le certificazioni di cui al primo, al secondo e al terzo periodo possono essere richieste a condizione che le violazioni relative all'utilizzo dei crediti d'imposta previsti dalle norme citate nei medesimi periodi non siano state già constatate con processo verbale di constatazione [1] 3. Con decreto del Presidente del Consiglio dei ministri, su proposta del Ministro dello sviluppo economico, di concerto con il Ministro dell'economia e delle finanze, da adottare entro trenta giorni dalla data di entrata in vigore del presente decreto, sono individuati i requisiti dei soggetti pubblici o privati abilitati al rilascio della certificazione di cui al comma 2, fra i quali quelli idonei a garantire professionalità, onorabilità e imparzialità ed è istituito un apposito albo dei certificatori, tenuto dal Ministero dello sviluppo economico. Con il medesimo decreto sono stabilite le modalità di vigilanza sulle attività esercitate dai certificatori, le modalità e condizioni della richiesta della certificazione, nonché i relativi oneri a carico dei richiedenti, parametrati ai costi della procedura. Tra i soggetti abilitati al rilascio della certificazione di cui al comma 2 sono compresi, in ogni caso, le università statali, le università non statali legalmente riconosciute e gli enti pubblici di ricerca[2].

4. Ferme restando le attività di controllo previste dal comma 207 dell'articolo 1 della legge n. 160 del 2019, la certificazione di cui al comma 2 esplica effetti vincolanti nei confronti dell'Amministrazione finanziaria, tranne nel caso in cui, sulla base di una non corretta rappresentazione dei fatti, la certificazione venga rilasciata per una attività diversa da quella concretamente realizzata. Fatto salvo quanto previsto nel primo periodo, gli atti, anche a contenuto impositivo o sanzionatorio, difformi da quanto attestato nelle certificazioni sono nulli.

5. La certificazione di cui al comma 2 è rilasciata dai soggetti abilitati che si attengono, nel processo valutativo, a quanto previsto da apposite linee guida del Ministero dello sviluppo economico, periodicamente elaborate ed aggiornate.

6. Ai fini dello svolgimento delle attività previste dai commi da 2 a 5, il Ministero dello sviluppo economico è autorizzato ad assumere un dirigente di livello non generale e 10 unità di personale non dirigenziale. Il Ministero dello sviluppo economico è autorizzato a conferire l'incarico dirigenziale di cui al presente comma anche in deroga ai limiti percentuali previsti dall'articolo 19, comma 6, del decreto legislativo 30 marzo 2001, n. 165.

7. Per il reclutamento del personale non dirigenziale il Ministero dello sviluppo economico è autorizzato a bandire una procedura concorsuale pubblica e conseguentemente ad assumere il predetto personale con contratto di lavoro subordinato in aggiunta alle vigenti facoltà assunzionali e nei limiti della vigente dotazione organica, da inquadrare nell'Area Terza del Comparto Funzioni Centrali, ovvero, nelle more dello svolgimento del concorso pubblico, ad acquisire il predetto personale mediante comando, fuori ruolo o altra analoga posizione prevista dai rispettivi ordinamenti, proveniente da altre pubbliche amministrazioni, ad esclusione del personale docente, educativo, amministrativo, tecnico e ausiliario delle istituzioni scolastiche e del personale in servizio presso l'Agenzia delle entrate e la Guardia di finanza, nonché del personale delle Forze armate e della Polizia di Stato, ovvero ad acquisire personale con professionalità equivalente proveniente da società e organismi in house, previa intesa con le amministrazioni vigilanti, con rimborso dei relativi oneri[3].

8. Per l'attuazione dei commi 6 e 7 è autorizzata la spesa di euro 307.000 per l'anno 2022 ed euro 614.000 annui a decorrere dall'anno 2023. Ai relativi oneri si provvede mediante corrispondente riduzione dello stanziamento del fondo speciale di parte corrente iscritto, ai fini del bilancio triennale 2022-2024, nell'ambito del programma «*Fondi di riserva e speciali*» della missione «*Fondi da ripartire*» dello stato di previsione del Ministero dell'economia e delle finanze per l'anno 2022, allo scopo parzialmente utilizzando l'accantonamento relativo al Ministero dello sviluppo economico.

8-bis. Le risorse di cui all'articolo 1, comma 951, della legge 30 dicembre 2021, n. 234, e di cui all'articolo 42 del decreto-legge 19 maggio 2020, n. 34, convertito, con modificazioni, dalla legge 17 luglio 2020, n. 77, destinate a finalità e interventi per i quali il Ministero dello sviluppo economico si avvale, sulla base della vigente normativa, della Fondazione Enea Tech e Biomedical, sono accreditate su un conto infruttifero aperto presso la Tesoreria dello Stato, intestato alla stessa Fondazione[4].

8-ter. È autorizzata l'apertura di un conto corrente presso la Tesoreria centrale dello Stato intestato alla società Arexpo S.p.A., su cui affluiscono le risorse rese disponibili in attuazione di accordi e nel quale la medesima società è autorizzata a effettuare operazioni di versamento e di prelevamento per le medesime finalità[5].

(1) Comma modificato dall'articolo 38, comma 2, del D.L. 23 settembre 2022, n. 144, convertito con modificazioni dalla Legge 17 novembre 2022, n. 175 e successivamente dall'articolo 1, comma 272, della Legge 29 dicembre 2022, n. 197.

(2) Comma modificato dall'articolo 1, comma 1, della Legge 4 agosto 2022, n. 122, in sede di conversione.

(3) Comma modificato dall'articolo 1, comma 1, della Legge 4 agosto 2022, n. 122, in sede di conversione.

(4) Comma aggiunto dall'articolo 1, comma 1, della Legge 4 agosto 2022, n. 122, in sede di conversione.

(5) *Comma aggiunto dall'articolo 1, comma 1, della Legge 4 agosto 2022, n. 122, in sede di conversione.*

24. Disposizioni in materia di indici sintetici di affidabilità fiscale. – 1. All'articolo 148 del decreto-legge 19 maggio 2020, n. 34, convertito, con modificazioni, dalla legge 17 luglio 2020, n. 77, sono apportate le seguenti modificazioni:

a) al comma 1:

1) le parole «*2020 e 2021*» sono sostituite dalle seguenti: «*2020, 2021 e 2022*»;

2) la lettera c) è abrogata;

b) al comma 2, è aggiunto infine il seguente periodo: «*Per il periodo di imposta in corso al 31 dicembre 2021, si tiene conto anche del livello di affidabilità fiscale più elevato derivante dall'applicazione degli indici per i periodi d'imposta in corso al 31 dicembre 2019 e al 31 dicembre 2020. Per il periodo di imposta in corso al 31 dicembre 2022, si tiene conto anche del livello di affidabilità fiscale più elevato derivante dall'applicazione degli indici per i periodi d'imposta in corso al 31 dicembre 2020 e al 31 dicembre 2021.*».

2. All'articolo 9-bis, comma 2, del decreto-legge 24 aprile 2017, n. 50, convertito, con modificazioni, dalla legge 21 giugno 2017, n. 96, il primo e secondo periodo sono sostituiti dai seguenti: «*Gli indici sono approvati con decreto del Ministro dell'economia e delle finanze entro il mese di marzo del periodo d'imposta successivo a quello per il quale sono applicati. Le eventuali integrazioni degli indici, indispensabili per tenere conto di situazioni di natura straordinaria, anche correlate a modifiche normative e ad andamenti economici e dei mercati, con particolare riguardo a determinate attività economiche o aree territoriali, sono approvate entro il mese di aprile del periodo d'imposta successivo a quello per il quale sono applicate.*».

25. Contrassegno fiscale telematizzato sull'alcole e sulle bevande alcoliche (1) – [*1. Al comma 2 dell'articolo 13 del testo unico delle disposizioni legislative concernenti le imposte sulla produzione e sui consumi e relative sanzioni penali e amministrative, di cui al decreto legislativo 26 ottobre 1995, n. 504, è aggiunto, infine, il seguente periodo: «Le caratteristiche, il prezzo, le modalità di distribuzione, di applicazione del contrassegno fiscale, anche in forma dematerializzata, sono aggiornati, con decreto del Ministro dell'economia e delle finanze, da emanare ai sensi dell'articolo 17, comma 3, della legge 23 agosto 1988, n. 400, sentito il Direttore dell'Agenzia delle dogane e dei monopoli, in relazione all'evoluzione delle tecnologie di anticontraffazione nonché di tracciabilità dell'alcole e delle bevande alcoliche condizionati tramite i dati di contabilità presentati esclusivamente in forma telematica dai soggetti obbligati.»*.]

(1) *Articolo soppresso dall'articolo 1, comma 1, della Legge 4 agosto 2022, n. 122, in sede di conversione.*

25 *bis*. Modifica all'articolo 54 del codice di cui al decreto legislativo 3 luglio 2017, n. 117, in materia di trasmigrazione nel Registro unico nazionale del Terzo settore (1). – 1. All'articolo 54, comma 2, del codice del Terzo settore, di cui al decreto legislativo 3 luglio 2017, n. 117, è aggiunto, in fine, il seguente periodo: "*Ai fini del computo di tale termine non si tiene conto del periodo compreso tra il 1° luglio 2022 e il 15 settembre 2022*".

(1) *Articolo inserito dall'articolo 1, comma 1, della Legge 4 agosto 2022, n. 122, in sede di conversione.*

26. Disposizioni in materia di Terzo settore (1). – 1. Al codice del Terzo settore, di cui al decreto legislativo 3 luglio 2017, n. 117, sono apportate le seguenti modificazioni:

a) all'articolo 79:

1) al comma 2 è aggiunto, in fine, il seguente periodo: "*I costi effettivi sono determinati computando, oltre ai costi diretti, tutti quelli imputabili alle attività di interesse generale e, tra questi, i costi indiretti e generali, ivi compresi quelli finanziari e tributari*";

2) al comma 2-bis, le parole: "*5 per cento*" sono sostituite dalle seguenti: "*6 per cento*" e le parole: "*e per non oltre due periodi d'imposta consecutivi*" sono sostituite dalle seguenti: "*e per non oltre tre periodi d'imposta consecutivi*";

3) al comma 4, alinea, le parole: "*di cui al comma 5*" sono sostituite dalle seguenti: "*di natura non commerciale ai sensi del comma 5*";

4) al comma 5-bis, dopo le parole: "*le quote associative dell'ente*" sono inserite le seguenti: "*, i proventi non commerciali di cui agli articoli 84 e 85*";

5) al comma 5-ter è aggiunto, in fine, il seguente periodo: "*Per i due periodi d'imposta successivi al termine fissato dall'articolo 104, comma 2, il mutamento di qualifica, da ente del Terzo settore non commerciale a ente del Terzo settore commerciale o da ente del Terzo settore commerciale a ente del Terzo settore non commerciale, opera a partire dal periodo d'imposta successivo a quello in cui avviene il mutamento di qualifica*";

6) al comma 6:

6.1) le parole: "*familiari e conviventi*", ovunque ricorrono, sono sostituite dalle seguenti: "*familiari conviventi*";

6.2) al terzo periodo sono aggiunte, in fine, le seguenti parole: "*, salvo che le relative attività siano svolte alle condizioni di cui ai commi 2 e 2-bis*";

b) all'articolo 82:

1) al comma 1, le parole: "*salvo quanto previsto ai commi 4 e 6*" sono sostituite dalle seguenti: "*salvo quanto previsto ai commi 3, 4 e 6*";

2) al comma 3, dopo il secondo periodo è inserito il seguente: "*Per tutti gli enti del Terzo settore, comprese le imprese sociali, l'imposta di registro si applica in misura fissa agli atti, ai contratti, alle convenzioni e a ogni altro documento relativo alle attività di interesse generale di cui all'articolo 5 svolte in base ad accreditamento, contratto o convenzione con le amministrazioni pubbliche di cui all'articolo 1, comma 2, del decreto legislativo 30 marzo 2001, n. 165, con l'Unione europea, con amministrazioni pubbliche straniere o con altri organismi pubblici di diritto internazionale*";

3) dopo il comma 5 è inserito il seguente:

"*5-bis. I prodotti finanziari, i conti correnti e i libretti di risparmio detenuti all'estero dai soggetti di cui al comma 1 sono esenti dall'imposta sul valore dei prodotti finanziari esteri, di cui al comma 18 dell'articolo 19 del decreto-legge 6 dicembre 2011, n. 201, convertito, con modificazioni, dalla legge 22 dicembre 2011, n. 214*";

c) all'articolo 83:

1) al comma 1, primo periodo, le parole: "*enti del Terzo settore non commerciali di cui all'articolo 79, comma 5*" sono sostituite dalle seguenti: "*enti del Terzo settore di cui all'articolo 82, comma 1*";

2) al comma 2:

2.1) al primo periodo, le parole: "*enti del Terzo settore non commerciali di cui all'articolo 79, comma 5*" sono sostituite dalle seguenti: "*enti del Terzo settore di cui all'articolo 82, comma 1*";

2.2) il secondo periodo è sostituito dal seguente: "*L'eventuale eccedenza può essere computata in aumento dell'importo deducibi-*

le dal reddito complessivo dei periodi di imposta successivi, ma non oltre il quarto, fino a concorrenza del suo ammontare";

3) il comma 3 è sostituito dal seguente:

"*3. Le disposizioni del presente articolo si applicano a condizione che le liberalità ricevute siano utilizzate ai sensi dell'articolo 8, comma 1*";

4) il comma 6 è abrogato;

d) all'articolo 84:

1) il comma 2 è sostituito dal seguente:

"*2. I redditi degli immobili, destinati in via esclusiva allo svolgimento di attività non commerciale da parte delle organizzazioni di volontariato, sono esenti dall'imposta sul reddito delle società*";

2) il comma 2-bis è sostituito dal seguente:

"*2-bis. La disposizione di cui al comma 2 si applica anche agli enti filantropici*";

e) all'articolo 85:

1) alla rubrica sono aggiunte, in fine, le seguenti parole: "*e delle società di mutuo soccorso*";

2) al comma 1, le parole: "*dei propri associati e dei familiari conviventi degli stessi, ovvero degli associati di altre associazioni che svolgono la medesima attività e che per legge, regolamento, atto costitutivo o statuto fanno parte di un'unica organizzazione locale o nazionale*" sono sostituite dalle seguenti: "*degli iscritti, dei propri associati e dei familiari conviventi degli stessi, di altre associazioni di promozione sociale che svolgono la medesima attività e che per legge, regolamento, atto costitutivo o statuto fanno parte di un'unica organizzazione locale o nazionale, dei rispettivi associati o iscritti e dei tesserati dalle rispettive organizzazioni nazionali*";

3) al comma 4:

3.1) alla lettera a), le parole: "*degli associati e dei familiari conviventi degli stessi*" sono sostituite dalle seguenti: "*degli stessi soggetti indicati al comma 1*";

3.2) alla lettera b), le parole: "*diversi dagli associati*" sono sostituite dalle seguenti: "*diversi dai soggetti indicati al comma 1*";

4) il comma 7 è sostituito dal seguente:

"*7. I redditi degli immobili, destinati in via esclusiva allo svolgimento di attività non commerciale da parte delle associazioni di promozione sociale, sono esenti dall'imposta sul reddito delle società*";

5) dopo il comma 7 è aggiunto il seguente:

"*7-bis. Le disposizioni del comma 1 si applicano anche alle società di mutuo soccorso*";

f) all'articolo 86, comma 10, le parole: "*all'articolo 19-bis*" sono sostituite dalle seguenti: "*all'articolo 19-bis.2*";

g) all'articolo 87:

1) al comma 1, lettera b), le parole: "*di cui agli articoli 5 e 6*" sono sostituite dalle seguenti: "*di cui agli articoli 5, 6 e 7*";

2) al comma 5 sono aggiunte, in fine, le seguenti parole: "*né agli obblighi previsti dall'articolo 2 del decreto legislativo 5 agosto 2015, n. 127, in materia di trasmissione telematica dei dati dei corrispettivi*";

h) all'articolo 88, comma 1, le parole: "*all'articolo 82, commi 7 e 8*" sono sostituite dalle seguenti: "*all'articolo 82, commi 3, quarto periodo, 7 e 8,*" e le parole: "*e del regolamento (UE) n. 1408/2013 della Commissione, del 18 dicembre 2013, relativo all'applicazione degli articoli 107 e 108 del Trattato sul funzionamento dell'Unione europea agli aiuti, 'de minimis' nel settore agricolo*" sono sostituite dalle seguenti: "*del regolamento (UE) n. 1408/2013 della Commissione, del 18 dicembre 2013, relativo all'applicazione degli articoli 107 e 108 del Trattato sul funzionamento dell'Unione europea agli aiuti 'de minimis' nel settore agricolo, e del regolamento (UE) n. 360/2012 della Commissione, del 25 aprile 2012, relativo all'applicazione degli articoli 107 e 108 del Trattato sul funzionamento dell'Unione europea agli aiuti di importanza minore ('de minimis') concessi alle imprese che forniscono servizi di interesse economico generale*";

i) all'articolo 104, comma 1, è aggiunto, in fine, il seguente periodo: "*Le disposizioni richiamate al primo periodo si applicano, a decorrere dall'operatività del Registro unico nazionale del Terzo settore, agli enti del Terzo settore iscritti nel medesimo Registro*".

2. Al decreto legislativo 3 luglio 2017, n. 112, sono apportate le seguenti modificazioni:

a) all'articolo 16, comma 1, le parole: "*possono destinare*" sono sostituite dalla seguente: "*destinano*";

b) all'articolo 18, comma 5, è aggiunto, in fine, il seguente periodo: "*Fino al quinto periodo d'imposta successivo all'autorizzazione di cui al comma 9, le disposizioni di cui ai commi 3 e 4 si applicano anche alle somme investite nel capitale delle società che hanno acquisito la qualifica di impresa sociale successivamente alla data di entrata in vigore del presente decreto*".

3. Agli oneri derivanti dall'attuazione del presente articolo, pari a 0,5 milioni di euro per l'anno 2022, a 5,1 milioni di euro per l'anno 2023, a 8,1 milioni di euro per l'anno 2024, a 1,2 milioni di euro per l'anno 2025 e a 3,3 milioni di euro annui a decorrere dall'anno 2026, si provvede:

a) quanto a 0,5 milioni di euro per l'anno 2022, a 5,1 milioni di euro per l'anno 2023 e a 8 milioni di euro per l'anno 2024, mediante corrispondente riduzione del Fondo di cui all'articolo 1, comma 215, della legge 27 dicembre 2013, n. 147;

b) quanto a 0,1 milioni di euro per l'anno 2024, a 1,2 milioni di euro per l'anno 2025 e a 3,3 milioni di euro annui a decorrere dall'anno 2026, mediante corrispondente riduzione delle proiezioni dello stanziamento del fondo speciale di parte corrente iscritto, ai fini del bilancio triennale 2022-2024, nell'ambito del programma "*Fondi di riserva e speciali*" della missione "*Fondi da ripartire*" dello stato di previsione del Ministero dell'economia e delle finanze per l'anno 2022, allo scopo parzialmente utilizzando l'accantonamento relativo al Ministero del lavoro e delle politiche sociali per 3,3 milioni di euro a decorrere dall'anno 2024".

(1) *Articolo sostituito dall'articolo 1, comma 1, della Legge 4 agosto 2022, n. 122, in sede di conversione.*

26 *bis*. Modifica all'articolo 101 del codice di cui al decreto legislativo 3 luglio 2017, n. 117, in materia di adeguamento degli statuti degli enti del Terzo settore. (1) – 1. All'articolo 101, comma 2, primo periodo, del codice del Terzo settore, di cui al decreto legislativo 3 luglio 2017, n. 117, le parole: "*31 maggio 2022*" sono sostituite dalle seguenti: "*31 dicembre 2022*".

(1) *Articolo inserito dall'articolo 1, comma 1, della Legge 4 agosto 2022, n. 122, in sede di conversione.*

TITOLO II
Procedure di incasso e pagamento presso la tesoreria dello stato e disposizioni in materia economico-finanziaria e sociale (1)

(1) *Rubrica modificata dall'articolo 1, comma 1, della Legge 4 agosto 2022, n. 122, in sede di conversione.*

VARIE

CAPO I
Ammodernamento delle procedure di incasso e pagamento della Tesoreria dello Stato

27. Modifiche alla legge 28 marzo 1991, n. 104, recante proroga della gestione del servizio di tesoreria provinciale dello Stato. – 1. Alla legge 28 marzo 1991, n. 104, sono apportate le seguenti modificazioni:

a) le parole «Ministero del tesoro» e «Ministro del tesoro», ovunque ricorrano, sono sostituite, rispettivamente, dalle seguenti: «Ministero dell'economia e delle finanze» e «Ministro dell'economia e delle finanze»;

b) all'articolo 1:

1) al comma 1 la parola «provinciale» è soppressa;

2) il comma 2 è sostituito dal seguente: «2. La Banca d'Italia svolge il servizio di tesoreria dello Stato con l'osservanza delle disposizioni delle norme di legge e regolamentari, nonché delle altre disposizioni emanate con decreti del Ministro dell'economia e delle finanze.»;

c) all'articolo 2:

1) il comma 2 è sostituito dal seguente: «2. In relazione a particolari esigenze, con decreto del Ministro dell'economia e delle finanze, sentita la Banca d'Italia, sono determinati i servizi, le operazioni o gli adempimenti compresi nell'ambito del servizio di tesoreria di cui all'articolo 1 che possono essere affidati a Poste Italiane S.p.A. o ad istituti di credito.»;

2) il comma 3 è abrogato;

d) all'articolo 3:

1) al comma 1, dopo le parole «Cassa depositi e prestiti», è aggiunta la sigla: «S.p.A.»;

2) il comma 2 è abrogato;

e) all'articolo 4:

1) il comma 1 è sostituito dal seguente: «1. Il Ministero dell'economia e delle finanze è autorizzato a stipulare con la Banca d'Italia le convenzioni occorrenti per regolare i rapporti derivanti dall'espletamento del servizio di tesoreria dello Stato, ivi comprese le modalità di comunicazione dei dati relativi alla gestione del servizio stesso.»;

2) il comma 2 è abrogato;

f) all'articolo 5:

1) al comma 1, le parole «alla rendicontazione da parte delle sezioni di tesoreria, anche mediante l'impiego di strumenti informatici.» sono sostituite dalle seguenti: «alla relativa rendicontazione.»;

2) il comma 2 è abrogato;

3) dopo il comma 3, è aggiunto il seguente: «3-bis. Gli incassi e i pagamenti di somme per conto dello Stato, rispettivamente, ricevuti o effettuati dalla Banca d'Italia, nell'ambito del servizio di tesoreria, avvengono secondo le modalità indicate con decreto del Ministro dell'economia e delle finanze di cui al comma 1.»;

g) nel titolo, la parola «provinciale» è soppressa.

28. Unificazione della Tesoreria provinciale e centrale dello Stato – 1. L'articolo 6 del decreto legislativo 5 dicembre 1997, n. 430, è abrogato.

29. Modalità di versamento in Tesoreria delle cauzioni a garanzia della partecipazione alle gare pubbliche – 1. All'articolo 93 del decreto legislativo 18 gennaio 2016, n. 50, il comma 2 è sostituito dal seguente: «2. La cauzione è costituita presso l'istituto incaricato del servizio di tesoreria o presso le aziende autorizzate, a titolo di pegno a favore dell'amministrazione aggiudicatrice, esclusivamente con bonifico o con altri strumenti e canali di pagamento elettronici previsti dall'ordinamento vigente. Si applica il comma 8 e, quanto allo svincolo, il comma 9.».

30. Modifiche alle disposizioni sull'amministrazione del patrimonio e sulla contabilità generale dello Stato di cui al regio decreto 18 novembre 1923, n. 2440. – 1. Al regio decreto 18 novembre 1923, n. 2440 sono apportate le seguenti modificazioni:

a) all'articolo 16-bis:

1) al secondo comma, le parole «del disposto dell'articolo 55 del decreto del Presidente della Repubblica 26 ottobre 1972, n. 634» sono sostituite dalle seguenti: «dell'articolo 57 del decreto del Presidente della Repubblica 26 aprile 1986, n. 131»;

2) al terzo comma, le parole «predisposte dal Provveditorato generale dello Stato e approvate con decreto del Ministro per il tesoro» sono sostituite dalle seguenti: «approvate con decreto del Ministro dell'economia e delle finanze»;

3) il quarto comma è sostituito dal seguente: «Gli importi delle spese di cui al primo comma, nonché quelle di cui al secondo comma, sono versati dal contraente, entro cinque giorni dalla data di stipulazione del contratto, con imputazione, a seconda dell'amministrazione stipulante, agli appositi capitoli dello stato di Previsione dell'entrata del bilancio dello Stato o del bilancio delle amministrazioni autonome.»;

4) al sesto comma, le parole «sul conto corrente postale» sono soppresse;

b) all'articolo 16-ter:

1) il primo comma è sostituito dal seguente: «Il pagamento delle spese di cui al primo e secondo comma dell'articolo 16-bis è eseguito con le modalità stabilite dal regolamento.»;

2) il quarto comma è sostituito dal seguente: «I rendiconti delle spese di cui al primo comma, riferiti a contratti stipulati dalle amministrazioni centrali e periferiche dello Stato, sono sottoposti al controllo da parte del competente Ufficio di controllo di regolarità amministrativa e contabile e, secondo le modalità previste dalla legge, al controllo della Corte dei conti.».

c) l'articolo 23 è abrogato;

d) l'articolo 44 è sostituito dal seguente:

«Art. 44 (Attribuzioni dei responsabili degli uffici centrali e periferici). - 1. I responsabili degli uffici centrali e periferici che hanno competenza in materia di entrate curano, nei limiti delle rispettive loro attribuzioni e sotto la personale loro responsabilità, che l'accertamento, la riscossione ed il versamento delle entrate siano fatti prontamente ed integralmente.»;

e) l'articolo 45 è sostituito dal seguente:

«Art. 45 (Trasmissione al Dipartimento della Ragioneria generale dello Stato del conto degli incassi). - 1. L'istituto incaricato del servizio di tesoreria dello Stato trasmette al Dipartimento della Ragioneria generale dello Stato il conto degli incassi e gli agenti della riscossione comunicano alle Amministrazioni da cui dipendono o da cui sono vigilati i conti debitamente giustificati degli accertamenti, delle riscossioni e dei versamenti effettuati alla tesoreria, con modalità e tempistiche definite dal regolamento.»;

f) all'articolo 46, primo comma, le parole «nelle casse dello Stato» sono sostituite dalle seguenti: «alla tesoreria dello Stato»;

g) l'articolo 47 è abrogato;

h) l'articolo 48 è abrogato;

i) l'articolo 50 è sostituito dal seguente:

«Art. 50 (Impegno della spesa). - 1. Quando l'impegno della spesa viene accertato all'atto stesso in cui occorra disporne il pagamento, il titolo di pagamento può valere altresì come atto di autorizzazione della spesa.»[1];

l) l'articolo 54 è sostituito dal seguente:

«Art. 54 (Disposizioni di pagamento). - 1. Il pagamento delle spese dello Stato si effettua secondo lo standard ordinativo informatico previsto dall'articolo 14, comma 8-bis, della legge 31 dicembre 2009, n. 196, direttamente a valere sugli stanziamenti di bilancio dello Stato o tramite l'utilizzo di fondi disponibili in tesoreria.

2. Il pagamento a valere sugli stanziamenti del bilancio è effettuato attraverso le seguenti tipologie di disposizione:

a) mandati informatici, emessi dagli ordinatori primari di spesa;

b) ordinativi informatici, emessi dagli ordinatori secondari di spesa titolari di contabilità ordinaria sulle aperture di credito disposte dalle amministrazioni deleganti;

c) buoni di prelevamento informatici, a valere sulle risorse messe a disposizione degli ordinatori secondari ai sensi della lettera b);

d) spese fisse telematiche, per i pagamenti indicati nell'articolo 62;

e) altre disposizioni di pagamento informatizzato previste dalla legge o dal regolamento.

3. Il pagamento tramite l'utilizzo di risorse disponibili in tesoreria è effettuato:

a) con ordinativi informatici a valere sulle disponibilità delle contabilità speciali e dei conti aperti presso la tesoreria statale;

b) con ordinativi informatici a titolo di anticipazione di tesoreria, nei casi previsti da norme di legge o regolamentari o da autorizzazione amministrativa da parte del Dipartimento della Ragioneria generale dello Stato.

4. Le disposizioni per i pagamenti del debito pubblico all'interno e all'estero, dei crediti documentari, nonché dei rimborsi fiscali sono stabilite dal regolamento. Sui pagamenti di cui al presente articolo sono comunque effettuate, in sede di controllo, le attività di riscontro della Corte dei conti.

5. Il pagamento di mutui, fitti e canoni, è effettuato mediante mandati informatici.

6. Sono fatte salve le disposizioni contenute nel Testo unico in materia di spese di giustizia, adottato con decreto del Presidente della Repubblica 30 maggio 2002, n. 115.»[2];

m) l'articolo 55 è sostituito dal seguente:

«Art. 55 (Modalità di estinzione delle disposizioni di spesa). - 1. Le disposizioni effettuate ai sensi dell'articolo 54 a favore dei creditori non titolari di contabilità speciale o di altri conti aperti presso la tesoreria statale si estinguono, con le modalità stabilite con decreto del Ministro dell'economia e delle finanze, adottato ai sensi dell'articolo 17, comma 3, della legge 23 agosto 1988, n. 400, mediante accredito sul conto di pagamento indicato dal beneficiario e ad esso intestato, con altri strumenti di pagamento elettronici disponibili nel sistema dei pagamenti, o in contanti nel rispetto della normativa vigente.

2. Con il decreto ministeriale di cui al comma 1 sono stabiliti i casi e le modalità con cui le disposizioni emesse in esecuzione di provvedimenti giurisdizionali di condanna dell'Amministrazione sono estinte con assegni a copertura garantita, intestati a soggetti per i quali non sia stato possibile acquisire i riferimenti del conto di pagamento. Con la consegna al beneficiario dell'assegno a copertura garantita si estingue il debito per cui l'assegno è stato emesso e al debito estinto si sostituisce quello derivante dall'assegno stesso, secondo le disposizioni del regolamento. Sui fondi a garanzia della copertura degli assegni non sono ammessi atti di sequestro o di pignoramento presso terzi a pena di nullità rilevabile d'ufficio. Gli atti di sequestro o di pignoramento presso terzi eventualmente notificati non determinano obblighi di accantonamento, né sospendono l'emissione degli assegni. Non è ammessa l'estinzione dei titoli di spesa in vaglia cambiari non trasferibili della Banca d'Italia.

3. Nei casi previsti da disposizioni legislative o regolamentari, le Amministrazioni centrali e periferiche dello Stato provvedono, con mandati informatici da estinguersi mediante girofondi, a mettere risorse a disposizione dei funzionari delegati titolari di contabilità speciale.

4. Fermo restando quanto previsto dal comma 3, i pagamenti a favore di titolari di contabilità speciale o di altri conti aperti presso la tesoreria statale si estinguono mediante operazioni di girofondi.

5. Le disposizioni con cui si effettuano versamenti all'entrata del bilancio dello Stato si estinguono mediante girofondi, con le modalità stabilite con decreto del Ministro dell'economia e delle finanze, adottato ai sensi dell'articolo 17, comma 3, della legge 23 agosto 1988, n. 400.»;

n) all'articolo 56 le parole «Per le spese di cui al numero 10) devono farsi aperture di credito distintamente per ogni contratto di fornitura o lavoro.» sono soppresse;

o) all'articolo 57:

1) al primo comma, primo periodo, le parole «soggetti alla stessa procedura stabilita per la emissione di assegni» sono soppresse; al secondo periodo, le parole «mediante assegni» sono sostituite dalle seguenti: «mediante buoni» e le parole «dovrà prelevarsi con assegni a favore dei creditori» sono sostituite dalle seguenti: «dovrà essere utilizzata con ordinativi informatici a favore dei creditori»;

2) al secondo comma, le parole «L'istituto tiene un unico conto per tutte le» sono sostituite dalle seguenti: «L'Amministrazione delegante tiene apposite evidenze contabili di tutte le»;

p) all'articolo 58:

1) i commi primo, secondo e terzo sono abrogati;

2) al quinto comma le parole «da prelevazione» sono sostituite dalle seguenti: «il prelevamento»;

q) all'articolo 61:

1) al secondo comma le parole «30 settembre» sono sostituite dalle seguenti: «31 marzo»;

2) il terzo comma è sostituito dal seguente: «Le somme non erogate alla chiusura del rendiconto suppletivo sono versate all'entrata del bilancio dello Stato»;

3) il quarto comma è abrogato;

r) all'articolo 62, i commi primo e secondo sono sostituiti dai seguenti:

«Il pagamento delle pensioni e delle indennità a carattere ricorrente riconosciute a titolo di risarcimento, nonché delle competenze fisse e accessorie al personale dello Stato in

VARIE

servizio è effettuato con spese fisse telematiche. Sui predetti pagamenti sono comunque effettuate, in sede di controllo, le attività di riscontro della Corte dei Conti.

La normativa di settore stabilisce i procedimenti da seguirsi per l'ordinazione dei pagamenti delle spese di cui al primo comma, le modalità e i limiti dei relativi controlli.»;

s) l'articolo 63 è abrogato;

t) l'articolo 65 è abrogato;

u) l'articolo 66 è sostituito dal seguente:

«Art. 66 (Non trasferibilità degli assegni a copertura garantita). - 1. Gli assegni a copertura garantita di cui all'articolo 55 sono sempre emessi con clausola di non trasferibilità.»;

v) l'articolo 67 è sostituito dal seguente:

«Art. 67 (Esigibilità degli assegni a copertura garantita). - 1. Gli assegni a copertura garantita di cui all'articolo 55 sono esigibili secondo le disposizioni del Regolamento e secondo le norme che regolano la circolazione di tali titoli. Per gli aspetti non diversamente trattati, si applicano, in quanto compatibili, le prescrizioni sugli assegni bancari dettate dal Regio decreto 21 dicembre 1933, n. 1736, e successive modificazioni e integrazioni.»;

z) l'articolo 68 è sostituito dal seguente:

«Art. 68 (Mancata consegna ai creditori degli assegni a copertura garantita). - 1. In caso di mancata consegna al creditore degli assegni di cui all'articolo 55, i relativi fondi rimangono a disposizione, a garanzia del pagamento, fino al verificarsi della prescrizione prevista dalle norme in materia di titoli di credito. La comunicazione di giacenza dell'assegno, notificata al creditore con le modalità indicate dal regolamento, ha valore di offerta reale ai sensi dell'articolo 1209 del codice civile e solleva l'Amministrazione debitrice da qualsiasi responsabilità per il mancato incasso. Il regolamento determina le modalità di riemissione degli assegni non incassati, fermi restando i termini di prescrizione del diritto per il quale l'assegno era stato emesso»;

aa) l'articolo 68-bis è abrogato;

bb) l'articolo 72 è abrogato.

(1) *Lettera modificata dall'articolo 1, comma 1, della Legge 4 agosto 2022, n. 122, in sede di conversione.*
(2) *Lettera modificata dall'articolo 1, comma 1, della Legge 4 agosto 2022, n. 122, in sede di conversione.*

31. Abrogazione della disciplina del vaglia cambiario della Banca d'Italia. – 1. Al regio decreto 21 dicembre 1933, n. 1736, gli articoli da 87 a 97 sono abrogati.

35. Proroga dei termini in materia di registrazione degli aiuti di Stato COVID-19 nel Registro nazionale aiuti, della presentazione della dichiarazione IMU anno di imposta 2021 e della Commissione consultiva tecnico-scientifica e del Comitato prezzi e rimborso operanti presso l'Agenzia italiana del farmaco, nonché in materia di validità dell'iscrizione nell'elenco nazionale dei soggetti idonei alla nomina a direttore generale delle aziende sanitarie locali, delle aziende ospedaliere e degli altri enti del Servizio sanitario nazionale e in materia di durata in carica della Commissione tecnica del Fondo indennizzo risparmiatori (1). – 1. Con riferimento agli aiuti non subordinati all'emanazione di provvedimenti di concessione o di autorizzazione alla fruizione comunque denominati, ovvero subordinati all'emanazione di provvedimenti di concessione o di autorizzazione alla fruizione comunque denominati il cui importo non è determinabile nei predetti provvedimenti, ma solo a seguito della presentazione della dichiarazione resa a fini fiscali nella quale sono dichiarati, i termini di cui all'articolo 10, comma 1, secondo periodo, del decreto del Ministro dello sviluppo economico, di concerto con il Ministro dell'economia e delle finanze e il Ministro delle politiche agricole alimentari e forestali del 31 maggio 2017, n. 115, in scadenza:

a) dalla data di entrata in vigore del presente decreto al 31 dicembre 2022, sono prorogati al 30 settembre 2023; (2)

b) dal 1° gennaio 2023 al 30 giugno 2023, sono prorogati al 31 marzo 2024. (3)

b-bis) dal 1° luglio 2023 al 31 dicembre 2023, sono prorogati al 31 marzo 2024; (4)

b-ter) dal 1° gennaio 2024 al 30 giugno 2024, sono prorogati al 30 settembre 2024 (5)

2. La proroga di cui al comma 1 si applica alla registrazione nel Registro nazionale degli aiuti Stato, nonché nei registri aiuti di Stato SIAN-Sistema Informativo Agricolo Nazionale e SIPA-Sistema Italiano della Pesca e dell'Acquacoltura, degli aiuti riconosciuti ai sensi delle sezioni 3.1 e 3.12 della Comunicazione della Commissione europea del 19 marzo 2020 C(2020) 1863 final, recante «Quadro temporaneo per le misure di aiuto di Stato a sostegno dell'economia nell'attuale emergenza del Covid-19», e successive modificazioni.

3. All'articolo 31-octies, comma 1, del decreto-legge 28 ottobre 2020, n. 137, convertito, con modificazioni, dalla legge 18 dicembre 2020, n. 176, le parole «31 dicembre 2022» sono sostituite dalle seguenti: «31 dicembre 2023».

4. Il termine per la presentazione della dichiarazione sull'imposta municipale propria (IMU) di cui all'articolo 1,commi 769 e 770, della legge 27 dicembre 2019, n. 160, relativa all'anno di imposta 2021 è prorogato al 30 giugno 2023 (6).

5. All'articolo 38, comma 1, del decreto-legge 6 novembre 2021, n. 152, convertito, con modificazioni, dalla legge 29 dicembre 2021, n. 233, le parole «30 giugno 2022» sono sostituite dalle seguenti: «15 ottobre 2022».

5-bis. All'articolo 4, comma 3, del decreto-legge 30 dicembre 2021, n. 228, convertito, con modificazioni, dalla legge 25 febbraio 2022, n. 15, le parole: "30 giugno 2022" sono sostituite dalle seguenti: "31 dicembre 2022" (7).

5-ter. Con riferimento all'esigenza di definire i procedimenti concernenti le istanze di indennizzo presentate ai sensi dell'articolo 1, comma 501, della legge 30 dicembre 2018, n. 145, all'articolo 1, comma 63, della legge 30 dicembre 2021, n. 234, le parole: "31 luglio 2022" sono sostituite dalle seguenti: "31 dicembre 2022" (8).

(1) *Rubrica modificata dall'articolo 1, comma 1, della Legge 4 agosto 2022, n. 122, in sede di conversione.*
(2) *Lettera modificata dall'articolo 22, comma 2, lettera a) punto 1) del D.L. 29 dicembre 2022, n. 198, non ancora convertito in Legge.*
(3) *Lettera modificata dall'articolo 22, comma 2, lettera a) punto 2) del D.L. 29 dicembre 2022, n. 198, non ancora convertito in Legge.*
(4) *Lettera inserita dall'articolo 22, comma 2, lettera a) punto 3) del D.L. 29 dicembre 2022, n. 198, non ancora convertito in Legge.*
(5) *Lettera inserita dall'articolo 22, comma 2, lettera a) punto 3) del D.L. 29 dicembre 2022, n. 198, non ancora convertito in Legge.*
(6) *Comma modificato dall'articolo 1, comma 1, della Legge 4 agosto 2022, n. 122, in sede di conversione e successivamente modificato dall'articolo 3, comma 1, del D.L. 29 dicembre 2022, n. 198, non ancora convertito in Legge.*
(7) *Comma aggiunto dall'articolo 1, comma 1, della Legge 4 agosto 2022, n. 122, in sede di conversione.*

[(8)] *Comma aggiunto dall'articolo 1, comma 1, della Legge 4 agosto 2022, n. 122, in sede di conversione.*

38. Sostegno alle famiglie con figli con disabilità in materia di assegno unico e universale per i figli a carico. – 1. Al fine di assicurare un adeguato sostegno ai nuclei familiari con figli con disabilità, al decreto legislativo del 29 dicembre 2021, n. 230, sono apportate le seguenti modificazioni:

a) all'articolo 2, comma 1, dopo la lettera c) è aggiunta la seguente:

«c-bis) se nuclei familiari orfanili, per ogni orfano maggiorenne a condizione che sia già titolare di pensione ai superstiti e riconosciuto con disabilità grave ai sensi dell'articolo 3, comma 3, della legge 5 febbraio 1992, n. 104.»;

b) all'articolo 4:

1) al comma 1, dopo le parole «Per ciascun figlio minorenne» sono aggiunte le seguenti: «e, limitatamente all'anno 2022 per ciascun figlio con disabilità a carico senza limiti di età,»;

2) al comma 4, dopo la parola «minorenne» sono aggiunte le seguenti: «e, limitatamente all'anno 2022, anche fino al compimento del ventunesimo anno di età»;

3) al comma 5, le parole «Per ciascun figlio» sono sostituite dalle seguenti «Dall'anno 2023, per ciascun figlio»;

4) al comma 6, le parole «Per ciascun figlio» sono sostituite dalle seguenti: «Dall'anno 2023, per ciascun figlio»;

c) all'articolo 5, dopo il comma 9, è aggiunto il seguente:

«9-bis. Nel caso di nuclei con almeno un figlio a carico con disabilità, gli importi della maggiorazione di cui al comma 1 sono incrementati di 120 euro al mese per l'anno 2022.».

2. Le disposizioni di cui al comma 1 hanno effetto con riferimento alle mensilità spettanti da marzo 2022."

3. Agli oneri derivanti dal comma 1, lettere b) e c), e dal comma 2 del presente articolo, valutati in 136,2 milioni di euro per l'anno 2022, si provvede mediante corrispondente riduzione del Fondo per le politiche in favore delle persone con disabilità di cui all'articolo 1, comma 178, della legge 30 dicembre 2021, n. 234[(1)].

[(1)] *Comma modificato dall'articolo 1, comma 1, della Legge 4 agosto 2022, n. 122, in sede di conversione.*

40 *quater*. Modifiche alla disciplina dei crediti d'imposta per l'acquisto di energia elettrica e di gas naturale e della cessione del credito d'imposta o dello sconto in fattura [(1)] – 1. Al fine di semplificare l'erogazione dei contributi straordinari, sotto forma di credito d'imposta, spettanti ai sensi dell'articolo 2, commi 1, 2 e 3, del decreto-legge 17 maggio 2022, n. 50, convertito, con modificazioni, dalla legge 15 luglio 2022, n. 91, nonché al fine di consentire la corretta applicazione delle disposizioni relative alle comunicazioni della prima cessione o dello sconto in fattura, il comma 3-ter dell'articolo 2 e il comma 3 dell'articolo 57 del medesimo decreto-legge n. 50 del 2022 sono abrogati.

[(1)] *Articolo inserito dall'articolo 1, comma 1, della Legge 4 agosto 2022, n. 122, in sede di conversione.*

32. D.L. 9 agosto 2022 n. 115

Decreto convertito, con modificazioni dalla Legge 21 settembre 2022, n. 142. - Misure urgenti in materia di energia, emergenza idrica, politiche sociali e industriali. (DECRETO "*AIUTI BIS*")(Estratto: Artt. 4,5,6,7,8,12 e 41 bis)
(in Gazz. Uff. agosto 2022, n. 185)

4. Azzeramento degli oneri generali di sistema nel settore elettrico per il quarto trimestre 2022 [(1)]. – 1. Per ridurre gli effetti degli aumenti dei prezzi nel settore elettrico, l'Autorità di regolazione per energia, reti e ambiente (ARERA) provvede ad annullare, per il quarto trimestre 2022, le aliquote relative agli oneri generali di sistema elettrico applicate alle utenze domestiche e alle utenze non domestiche in bassa tensione, per altri usi, con potenza disponibile fino a 16,5 kW.

2. Per ridurre gli effetti degli aumenti dei prezzi nel settore elettrico, l'ARERA provvede ad annullare, per il quarto trimestre 2022, le aliquote relative agli oneri generali di sistema applicate alle utenze con potenza disponibile superiore a 16,5 kW, anche connesse in media e alta/altissima tensione o per usi di illuminazione pubblica o di ricarica di veicoli elettrici in luoghi accessibili al pubblico.

3. Agli oneri derivanti dai commi 1 e 2 del presente articolo, pari a complessivi 1.100 milioni di euro per l'anno 2022, da trasferire alla Cassa per i servizi energetici e ambientali (CSEA) entro il 31 dicembre 2022, si provvede ai sensi dell'articolo 43.

[(1)] *Rubrica modificata dall'articolo 1, comma 1, della Legge 21 settembre 2022, n. 142, in sede di conversione.*

5. Riduzione dell'IVA e degli oneri generali nel settore del gas per il quarto trimestre 2022. – 1. In deroga a quanto previsto dal decreto del Presidente della Repubblica 26 ottobre 1972, n. 633, le somministrazioni di gas metano usato per combustione per usi civili e industriali di cui all'articolo 26, comma 1, del testo unico delle disposizioni legislative concernenti le imposte sulla produzione e sui consumi e relative sanzioni penali e amministrative, di cui al decreto legislativo 26 ottobre 1995, n. 504, contabilizzate nelle fatture emesse per i consumi stimati o effettivi dei mesi di ottobre, novembre e dicembre 2022, sono assoggettate all'aliquota IVA del 5 per cento. Qualora le somministrazioni di cui al primo periodo siano contabilizzate sulla base di consumi stimati, l'aliquota IVA del 5 per cento si applica anche alla differenza derivante dagli importi ricalcolati sulla base dei consumi effettivi riferibili, anche percentualmente, ai mesi di ottobre, novembre e dicembre 2022.

2. Le disposizioni di cui al comma 1 si applicano anche al-

le somministrazioni di energia termica prodotta con gas metano in esecuzione di un contratto servizio energia di cui all'articolo 16, comma 4, del decreto legislativo 30 maggio 2008, n. 115, contabilizzate per i consumi stimati o effettivi relativi al periodo dal 1° ottobre 2022 al 31 dicembre 2022. Agli oneri derivanti dal comma 1 e dal presente comma, valutati in 807,37 milioni di euro per l'anno 2022, si provvede ai sensi dell'articolo 43.

3. Al fine di contenere per il quarto trimestre dell'anno 2022 gli effetti degli aumenti dei prezzi nel settore del gas naturale, l'Autorità di regolazione per energia, reti e ambiente (ARERA) mantiene inalterate le aliquote relative agli oneri generali di sistema per il settore del gas naturale in vigore nel terzo trimestre del 2022.

4. Agli oneri derivanti dal comma 3, pari a 1.820 milioni di euro[,] per l'anno 2022, si provvede ai sensi dell'articolo 43. Tale importo è trasferito alla Cassa per i servizi energetici e ambientali (CSEA) entro il 31 dicembre 2022 (1).

(1) *Comma modificato dall'articolo 1, comma 1, della Legge 21 settembre 2022, n. 142, in sede di conversione.*

6. Contributo straordinario, sotto forma di credito d'imposta, a favore delle imprese per l'acquisto di energia elettrica e gas naturale. – 1. Alle imprese a forte consumo di energia elettrica di cui al decreto del Ministro dello sviluppo economico 21 dicembre 2017, della cui adozione è stata data comunicazione nella Gazzetta Ufficiale della Repubblica italiana n. 300 del 27 dicembre 2017, i cui costi per kWh della componente energia elettrica, calcolati sulla base della media del secondo trimestre 2022 ed al netto delle imposte e degli eventuali sussidi, hanno subito un incremento superiore al 30 per cento rispetto al medesimo periodo dell'anno 2019, anche tenuto conto di eventuali contratti di fornitura di durata stipulati dall'impresa, è riconosciuto un contributo straordinario a parziale compensazione dei maggiori oneri sostenuti, sotto forma di credito di imposta, pari al 25 per cento delle spese sostenute per la componente energetica acquistata ed effettivamente utilizzata nel terzo trimestre 2022. Il credito di imposta è riconosciuto anche in relazione alla spesa per l'energia elettrica prodotta dalle imprese di cui al primo periodo e dalle stesse autoconsumata nel terzo trimestre 2022. In tal caso l'incremento del costo per kWh di energia elettrica prodotta e autoconsumata è calcolato con riferimento alla variazione del prezzo unitario dei combustibili acquistati ed utilizzati dall'impresa per la produzione della medesima energia elettrica e il credito di imposta è determinato con riguardo al prezzo convenzionale dell'energia elettrica pari alla media, relativa al terzo trimestre 2022, del prezzo unico nazionale dell'energia elettrica (1).

2. Alle imprese a forte consumo di gas naturale è riconosciuto, a parziale compensazione dei maggiori oneri sostenuti per l'acquisto del gas naturale, un contributo straordinario, sotto forma di credito di imposta, pari al 25 per cento della spesa sostenuta per l'acquisto del medesimo gas, consumato nel terzo trimestre solare dell'anno 2022, per usi energetici diversi dagli usi termoelettrici, qualora il prezzo di riferimento del gas naturale, calcolato come media, riferita al secondo trimestre 2022, dei prezzi di riferimento del Mercato Infragiornaliero (MI-GAS) pubblicati dal Gestore del mercati energetici (GME), abbia subito un incremento superiore al 30 per cento del corrispondente prezzo medio riferito al medesimo trimestre dell'anno 2019. Ai fini del presente comma, è impresa a forte consumo di gas naturale quella che opera in uno dei settori di cui all'allegato 1 al decreto del Ministro della transizione ecologica 21 dicembre 2021, n. 541, della cui adozione è stata data comunicazione nella Gazzetta Ufficiale della Repubblica italiana n. 5 dell'8 gennaio 2022, e ha consumato, nel primo trimestre solare dell'anno 2022, un quantitativo di gas naturale per usi energetici non inferiore al 25 per cento del volume di gas naturale indicato all'articolo 3, comma 1, del medesimo decreto, al netto dei consumi di gas naturale impiegato in usi termoelettrici(2).

3. Alle imprese dotate di contatori di energia elettrica di potenza disponibile pari o superiore a 16,5 kW, diverse dalle imprese a forte consumo di energia elettrica di cui al decreto del Ministro dello sviluppo economico 21 dicembre 2017, della cui adozione è stata data comunicazione nella Gazzetta Ufficiale della Repubblica italiana n. 300 del 27 dicembre 2017, è riconosciuto, a parziale compensazione dei maggiori oneri effettivamente sostenuti per l'acquisto della componente energia, un contributo straordinario, sotto forma di credito di imposta, pari al 15 per cento della spesa sostenuta per l'acquisto della componente energetica, effettivamente utilizzata nel terzo trimestre dell'anno 2022, comprovato mediante le relative fatture d'acquisto, qualora il prezzo della stessa, calcolato sulla base della media riferita al secondo trimestre 2022, al netto delle imposte e degli eventuali sussidi, abbia subito un incremento del costo per kWh superiore al 30 per cento del corrispondente prezzo medio riferito al medesimo trimestre dell'anno 2019.

4. Alle imprese diverse da quelle a forte consumo di gas naturale di cui all'articolo 5 del decreto-legge 1° marzo 2022 n. 17, convertito, con modificazioni, dalla legge 27 aprile 2022, n. 34, è riconosciuto, a parziale compensazione dei maggiori oneri effettivamente sostenuti per l'acquisto del gas naturale, un contributo straordinario, sotto forma di credito di imposta, pari al 25 per cento della spesa sostenuta per l'acquisto del medesimo gas, consumato nel terzo trimestre solare dell'anno 2022, per usi energetici diversi dagli usi termoelettrici, qualora il prezzo di riferimento del gas naturale, calcolato come media, riferita al secondo trimestre 2022, dei prezzi di riferimento del Mercato Infragiornaliero (MI-GAS) pubblicati dal Gestore del mercati energetici (GME), abbia subito un incremento superiore al 30 per cento del corrispondente prezzo medio riferito al medesimo trimestre dell'anno 2019.

5. Ai fini della fruizione dei contributi straordinari, sotto forma di credito d'imposta, di cui ai commi 3 e 4, ove l'impresa destinataria del contributo, nel secondo e terzo trimestre dell'anno 2022, si rifornisca di energia elettrica o di gas naturale dallo stesso venditore da cui si riforniva nel secondo trimestre dell'anno 2019, il venditore, entro sessanta giorni dalla scadenza del periodo per il quale spetta il credito d'imposta, invia al proprio cliente, su sua richiesta, una comunicazione nella quale sono riportati il calcolo dell'incremento di costo della componente energetica e l'ammontare della detrazione spettante per il terzo trimestre dell'anno 2022. L'Autorità di regolazione per energia, reti e ambiente (ARERA), entro dieci giorni dalla data di entrata in vigore della legge di conversione del presente decreto, definisce il contenuto della predetta comunicazione e le sanzioni in

caso di mancata ottemperanza da parte del venditore [3].

6. I crediti d'imposta di cui ai commi da 1 a 4 sono utilizzabili esclusivamente in compensazione ai sensi dell'articolo 17 del decreto legislativo 9 luglio 1997, n. 241, entro la data del 31 marzo 2023. Non si applicano i limiti di cui all'articolo 1, comma 53, della legge 24 dicembre 2007, n. 244, e di cui all'articolo 34 della legge 23 dicembre 2000, n. 388. I crediti d'imposta non concorrono alla formazione del reddito d'impresa né della base imponibile dell'imposta regionale sulle attività produttive e non rilevano ai fini del rapporto di cui agli articoli 61 e 109, comma 5, del testo unico delle imposte sui redditi approvato con decreto del Presidente della Repubblica 22 dicembre 1986, n. 917. I crediti d'imposta sono cumulabili con altre agevolazioni che abbiano ad oggetto i medesimi costi, a condizione che tale cumulo, tenuto conto anche della non concorrenza alla formazione del reddito e della base imponibile dell'imposta regionale sulle attività produttive, non porti al superamento del costo sostenuto[4].

7. I crediti d'imposta di cui ai commi da 1 a 4 sono cedibili, solo per intero, dalle imprese beneficiarie ad altri soggetti, compresi gli istituti di credito e gli altri intermediari finanziari, senza facoltà di successiva cessione, fatta salva la possibilità di due ulteriori cessioni solo se effettuate a favore di banche e intermediari finanziari iscritti all'albo previsto dall'articolo 106 del testo unico delle leggi in materia bancaria e creditizia, di cui al decreto legislativo 1° settembre 1993, n. 385, società appartenenti a un gruppo bancario iscritto all'albo di cui all'articolo 64 del predetto testo unico delle leggi in materia bancaria e creditizia ovvero imprese di assicurazione autorizzate ad operare in Italia ai sensi del codice delle assicurazioni private, di cui al decreto legislativo 7 settembre 2005, n. 209, ferma restando l'applicazione delle disposizioni di cui all'articolo 122-bis, comma 4, del decreto-legge 19 maggio 2020, n. 34, convertito, con modificazioni, dalla legge 17 luglio 2020, n. 77, per ogni cessione intercorrente tra i predetti soggetti, anche successiva alla prima. I contratti di cessione conclusi in violazione del primo periodo sono nulli. In caso di cessione dei crediti d'imposta, le imprese beneficiarie richiedono il visto di conformità dei dati relativi alla documentazione che attesta la sussistenza dei presupposti che danno diritto ai crediti d'imposta di cui al presente articolo. Il visto di conformità è rilasciato ai sensi dell'articolo 35 del decreto legislativo 9 luglio 1997, n. 241, dai soggetti indicati alle lettere a) e b) del comma 3 dell'articolo 3 del regolamento recante modalità per la presentazione delle dichiarazioni relative alle imposte sui redditi, all'imposta regionale sulle attività produttive e all'imposta sul valore aggiunto, di cui al decreto del Presidente della Repubblica 22 luglio 1998, n. 322, e dai responsabili dell'assistenza fiscale dei centri costituiti dai soggetti di cui all'articolo 32 del citato decreto legislativo n. 241 del 1997. I crediti d'imposta sono usufruiti dal cessionario con le stesse modalità con le quali sarebbero stati utilizzati dal soggetto cedente e comunque entro la medesima data del 31 marzo 2023. Le modalità attuative delle disposizioni relative alla cessione e alla tracciabilità dei crediti d'imposta, da effettuarsi in via telematica, anche avvalendosi dei soggetti previsti dal comma 3 dell'articolo 3 del regolamento di cui al decreto del Presidente della Repubblica 22 luglio 1998, n. 322, sono definite con provvedimento del direttore dell'Agenzia delle entrate. Si applicano le disposizioni di cui all'articolo 122-bis, nonché, in quanto compatibili, quelle di cui all'articolo 121, commi da 4 a 6, del decreto-legge n. 34 del 2020[5].

8. Agli oneri di cui al presente articolo, valutati in 3.373,24 milioni di euro per l'anno 2022, di cui 1.036,88 milioni di euro relativi al comma 1, 1.070,36 milioni di euro relativi al comma 2, 995,40 milioni di euro relativi al comma 3 e 270,60 milioni di euro relativi al comma 4, si provvede ai sensi dell'articolo 43.

9. Il Ministero dell'economia e delle finanze effettua il monitoraggio delle fruizioni dei crediti d'imposta di cui al presente articolo, ai fini di quanto previsto dall' articolo 17, comma 13, della legge 31 dicembre 2009, n. 196.

(1) Comma modificato dall'articolo 1, comma 1, della Legge 21 settembre 2022, n. 142, in sede di conversione.
(2) Comma modificato dall'articolo 1, comma 1, della Legge 21 settembre 2022, n. 142, in sede di conversione.
(3) Comma modificato dall'articolo 1, comma 1, della Legge 21 settembre 2022, n. 142, in sede di conversione.
(4) Comma modificato dall'articolo 1, comma 11, lettera a), del D.L. 23 settembre 2022, n. 144, convertito con modificazioni dalla Legge 17 novembre 2022, n. 175
(5) Comma modificato dall'articolo 1, comma 1, della Legge 21 settembre 2022, n. 142, in sede di conversione e successivamente dall'articolo 1, comma 11, lettera b), del D.L. 23 settembre 2022, n. 144, convertito con modificazioni dalla Legge 17 novembre 2022, n. 175.

7. Credito di imposta per l'acquisto di carburanti per l'esercizio dell'attività agricola e della pesca. – 1. Al fine di mitigare gli effetti economici derivanti dal perdurare dell'aumento eccezionale del prezzo del gasolio e della benzina utilizzati come carburante, le disposizioni di cui all'articolo 18 del decreto-legge 21 marzo 2022, n. 21, convertito, con modificazioni, dalla legge 20 maggio 2022, n. 51, si applicano anche alle spese sostenute per gli acquisti di carburante effettuati nel terzo trimestre solare dell'anno 2022.

1-bis. Il credito d'imposta di cui al comma 1 è utilizzabile esclusivamente in compensazione ai sensi dell'articolo 17 del decreto legislativo 9 luglio 1997, n. 241, entro la data del 31 marzo 2023. Non si applicano i limiti di cui all'articolo 1, comma 53, della legge 24 dicembre 2007, n. 244, e di cui all'articolo 34 della legge 23 dicembre 2000, n. 388. Il credito d'imposta non concorre alla formazione del reddito d'impresa né della base imponibile dell'imposta regionale sulle attività produttive e non rileva ai fini del rapporto di cui agli articoli 61 e 109, comma 5, del testo unico delle imposte sui redditi, di cui al decreto del Presidente della Repubblica 22 dicembre 1986, n. 917. Il credito d'imposta è cumulabile con altre agevolazioni che abbiano ad oggetto i medesimi costi, a condizione che tale cumulo, tenuto conto anche della non concorrenza alla formazione del reddito e della base imponibile dell'imposta regionale sulle attività produttive, non porti al superamento del costo sostenuto [1].

1-ter. Il credito d'imposta di cui al comma 1 è cedibile, solo per intero, dalle imprese beneficiarie ad altri soggetti, compresi gli istituti di credito e gli altri intermediari finanziari, senza facoltà di successiva cessione, fatta salva la possibilità di due ulteriori cessioni solo se effettuate a favore di banche e intermediari finanziari iscritti all'albo previsto dall'articolo 106 del testo unico delle leggi in materia bancaria e creditizia, di cui al decreto legislativo 1° settembre 1993, n. 385, di società appartenenti a un gruppo bancario iscritto all'albo di cui all'articolo 64 del predetto testo unico di cui al decreto legislativo n. 385 del 1993 ovvero di imprese di assicurazione autorizzate ad operare in Italia ai sensi del codice delle assicurazioni private, di cui al decreto legislativo 7 settembre 2005, n. 209, ferma restando l'applicazione delle disposizioni di cui all'articolo 122-bis, comma 4, del decreto-legge 19 maggio 2020, n. 34, convertito, con modificazioni, dalla legge 17 luglio 2020, n. 77, per ogni cessione intercorrente tra i predetti soggetti, anche successiva alla prima. I contratti di cessione conclusi in violazione del primo periodo sono nulli. In caso di cessione del credito d'imposta di cui al presente articolo, le imprese beneficiarie richiedono il visto di conformità dei dati relativi alla documentazione che attesta la sussistenza dei presupposti che danno diritto al medesimo credito d'imposta. Il visto di conformità è rilasciato ai sensi dell'articolo 35 del decreto legislativo 9 luglio 1997, n. 241, dai soggetti indicati alle lettere a) e b) del comma 3 dell'articolo 3 del regolamento recante modalità per la presentazione delle dichiarazioni relative alle imposte sui redditi, all'imposta regionale sulle attività produttive e all'imposta sul valore aggiunto, di cui al decreto del Presidente della Repubblica 22 luglio 1998, n. 322, e dai responsabili dell'assistenza fiscale dei centri costituiti dai soggetti di cui all'articolo 32 del citato decreto legislativo n. 241 del 1997. Il credito d'imposta è utilizzato dal cessionario con le stesse modalità con le quali sarebbe stato utilizzato dal soggetto cedente e, comunque, entro la medesima data del 31 marzo 2023. Le modalità attuative delle disposizioni relative alla cessione e alla tracciabilità del credito d'imposta, da effettuare in via telematica, anche avvalendosi dei soggetti previsti dal comma 3 dell'articolo 3 del regolamento di cui al decreto del Presidente della Repubblica 22 luglio 1998, n. 322, sono definite con provvedimento del direttore dell'Agenzia delle entrate. Si applicano le disposizioni dell'articolo 122-bis nonché, in quanto compatibili, quelle dell'articolo 121, commi da 4 a 6, del decreto-legge 19 maggio 2020, n. 34, convertito, con modificazioni, dalla legge 17 luglio 2020, n. 77 [2].

2. Agli oneri derivanti dal comma 1, valutati in 194,41 milioni di euro per l'anno 2022, si provvede ai sensi dell'articolo 43.

[1] *Comma inserito dall'articolo 1, comma 51, della Legge 29 dicembre 2022, n. 197.*
[2] *Comma inserito dall'articolo 1, comma 51, della Legge 29 dicembre 2022, n. 197.*

8. Disposizioni in materia di accisa e di imposta sul valore aggiunto su alcuni carburanti [1]. – 1. In considerazione del perdurare degli effetti economici derivanti dall'eccezionale incremento dei prezzi dei prodotti energetici, a decorrere dal 22 agosto 2022 e fino al 20 settembre 2022:

a) le aliquote di accisa, di cui all'allegato I al testo unico delle disposizioni legislative concernenti le imposte sulla produzione e sui consumi e relative sanzioni penali e amministrative, di cui al decreto legislativo 26 ottobre 1995, n. 504, dei sotto indicati prodotti sono rideterminate nelle seguenti misure:

1) benzina: 478,40 euro per mille litri;

2) oli da gas o gasolio usato come carburante: 367,40 euro per mille litri;

3) gas di petrolio liquefatti (GPL) usati come carburanti: 182,61 euro per mille chilogrammi;

4) gas naturale usato per autotrazione: zero euro per metro cubo;

b) l'aliquota IVA applicata al gas naturale usato per autotrazione è stabilita nella misura del 5 per cento.

2. In dipendenza della rideterminazione dell'aliquota di accisa sul gasolio usato come carburante, stabilita dal comma 1, lettera a), numero 2), del presente articolo, l'aliquota di accisa sul gasolio commerciale usato come carburante, di cui al numero 4-bis della Tabella A allegata al testo unico di cui al decreto legislativo n. 504 del 1995, non si applica per il periodo dal 22 agosto 2022 al 20 settembre 2022.

3. Gli esercenti i depositi commerciali di prodotti energetici assoggettati ad accisa di cui all'articolo 25, comma 1, del testo unico di cui al decreto legislativo n. 504 del 1995 e gli esercenti gli impianti di distribuzione stradale di carburanti di cui al comma 2, lettera b), del medesimo articolo 25 trasmettono, entro il 7 ottobre 2022, all'ufficio competente per territorio dell'Agenzia delle dogane e dei monopoli, con le modalità di cui all'articolo 19-bis del predetto testo unico ovvero per via telematica e con l'utilizzo dei modelli di cui al comma 6 del presente articolo, i dati relativi ai quantitativi dei prodotti di cui al comma 1, lettera a), del presente articolo usati come carburante giacenti nei serbatoi dei relativi depositi e impianti alla data del 20 settembre 2022. La predetta comunicazione non è effettuata nel caso in cui, alla scadenza dell'applicazione della rideterminazione delle aliquote di accisa stabilita dal comma 1, lettera a), del presente articolo, venga disposta la proroga dell'applicazione delle aliquote come rideterminate dal medesimo comma 1, lettera a).

4. Nel caso in cui non venga disposta la proroga di cui al comma 3, per la mancata comunicazione delle giacenze di cui al medesimo comma 3 trova applicazione la sanzione prevista dall'articolo 50, comma 1, del testo unico di cui al decreto legislativo n. 504 del 1995. La medesima sanzione è applicata per l'invio delle comunicazioni di cui al predetto comma 3 con dati incompleti o non veritieri.

5. Al fine di prevenire il rischio di manovre speculative derivanti dalla diminuzione delle aliquote di accisa stabilita dal comma 1, lettera a) e dalla diminuzione dell'aliquota IVA di cui al comma 1, lettera b), trovano applicazione, in quanto compatibili, le disposizioni di cui all'articolo 1-bis, commi 5 e 6, del decreto-legge 21 marzo 2022, n. 21, convertito, con modificazioni, dalla legge 20 maggio 2022, n. 51.

6. Con determinazione del direttore dell'Agenzia delle dogane e dei monopoli sono stabiliti e approvati i modelli da utilizzare per la comunicazione dei dati di cui al comma 3, unitamente alle istruzioni per la loro corretta compilazione.

7. Agli oneri derivanti dal comma 1, valutati in 1.042,61 milioni di euro per l'anno 2022 e in 46,82 milioni di euro per l'anno 2024, si provvede ai sensi dell'articolo 43 [2].

[1] *Rubrica dall'articolo 1, comma 1, della Legge 21 settembre 2022, n. 142, in sede di conversione.*
[2] *Comma modificato dall'articolo 1, comma 1, della Legge 21 settembre 2022, n. 142, in sede di conversione.*

12. Misure fiscali per il welfare aziendale [A]. – 1. Limitatamente al periodo d'imposta 2022, in deroga a quanto previsto dall'articolo 51, comma 3, prima parte del terzo periodo, del testo unico delle imposte sui redditi, di cui al decreto del Presidente della Repubblica 22 dicembre 1986, n. 917, non concorrono a formare il reddito il valore dei beni ceduti e dei servizi prestati ai lavoratori dipendenti nonché le somme erogate o rimborsate ai medesimi dai datori di lavoro per il pagamento delle utenze domestiche del servizio idrico integrato, dell'energia elettrica e del gas naturale entro il limite complessivo di euro 3.000 (1).

2. Agli oneri derivanti dal presente articolo, valutati in 86,3 milioni di euro per l'anno 2022 e 7,5 milioni di euro per l'anno 2023, si provvede ai sensi dell'articolo 43 (2).

(A) *In riferimento alle Misure fiscali per il welfare aziendale, vedi: Circolare Agenzia delle Entrate 4 novembre 2022, n. 35/E.*
(1) *Comma modificato dall'articolo 3, comma 10, del D.L. 18 novembre 2022, n. 176, non ancora convertito in legge.*
(2) *Comma modificato dall'articolo 1, comma 1, della Legge 21 settembre 2022, n. 142, in sede di conversione.*

41 *bis*. Disposizioni urgenti in materia di giustizia tributaria (1). – 1. All'articolo 4-quinquies, comma 2, secondo periodo, del decreto legislativo 31 dicembre 1992, n. 545, le parole: "*in tirocinio,*" sono sostituite dalla seguente: "*affidatario,*".

2. Alla legge 31 agosto 2022, n. 130, sono apportate le seguenti modificazioni:

a) all'articolo 1, comma 9, è aggiunto, in fine, il seguente periodo: "*La riammissione nel ruolo di provenienza avviene nella medesima posizione occupata al momento del transito*";

b) all'articolo 5, commi 1 e 2, le parole: "*alla data del 15 luglio 2022*" sono soppresse».

(1) *Articolo inserito dall'articolo 1, comma 1, della Legge 21 settembre 2022, n. 142, in sede di conversione.*

33. L. 31 agosto 2022, n. 130

Disposizioni in materia di giustizia e di processo tributari. (RIFORMA DELLA GIUSTIZIA TRIBUTARIA)
(in Gazz. Uff. 1° settembre 2022, n. 204)

1. Disposizioni in materia di giustizia tributaria – 1. Al decreto legislativo 31 dicembre 1992, n. 545, sono apportate le seguenti modificazioni:

a) le parole: «commissione tributaria provinciale», «commissioni tributarie provinciali», «commissione tributaria regionale», «commissioni tributarie regionali», «commissione tributaria» e «commissioni tributarie», ovunque ricorrono, sono sostituite rispettivamente dalle seguenti: «corte di giustizia tributaria di primo grado», «corti di giustizia tributaria di primo grado», «corte di giustizia tributaria di secondo grado», «corti di giustizia tributaria di secondo grado», «corte di giustizia tributaria di primo e secondo grado» e «corti di giustizia tributaria di primo e secondo grado»;

b) dopo l'articolo 1 è inserito il seguente:

«Art. 1-bis (La giurisdizione tributaria). - 1. La giurisdizione tributaria è esercitata dai magistrati tributari e dai giudici tributari nominati presso le corti di giustizia tributaria di primo e secondo grado, presenti nel ruolo unico nazionale di cui all'articolo 4, comma 39-bis, della legge 12 novembre 2011, n. 183, alla data del 1° gennaio 2022.

2. I magistrati tributari di cui al comma 1 sono reclutati secondo le modalità previste dagli articoli da 4 a 4-quater.

3. L'organico dei magistrati tributari di cui al comma 2 è individuato in 448 unità presso le corti di giustizia tributaria di primo grado e 128 unità presso le corti di giustizia tributaria di secondo grado»;

c) all'articolo 2, comma 4, le parole: «quattro giudici tributari» sono sostituite dalle seguenti: «due magistrati o giudici tributari»;

d) all'articolo 3:

1) le parole: «tra i magistrati ordinari, ovvero amministrativi o militari» e «tra i magistrati ordinari, amministrativi o militari», ovunque ricorrono, sono sostituite dalle seguenti: «tra i magistrati tributari ovvero tra quelli ordinari, amministrativi, contabili o militari»;

2) le parole: «tabelle E ed F», ovunque ricorrono, sono sostituite dalle seguenti: «disposizioni contenute nell'articolo 11»;

e) l'articolo 4 è sostituito dal seguente:

«Art. 4 (I giudici delle corti di giustizia tributaria di primo grado). - 1. La nomina a magistrato tributario si consegue mediante un concorso per esami bandito in relazione ai posti vacanti e a quelli che si renderanno vacanti nel quadriennio successivo, per i quali può essere attivata la procedura di reclutamento.

2. Il concorso per esami consiste in una prova scritta, effettuata con le procedure di cui all'articolo 8 del regio decreto 15 ottobre 1925, n. 1860, e in una prova orale.

3. La prova scritta ha la prevalente funzione di verificare la capacità di inquadramento logico sistematico del candidato e consiste nello svolgimento di due elaborati teorici rispettivamente vertenti sul diritto tributario e sul diritto civile o commerciale, nonché in una prova teorico-pratica di diritto processuale tributario.

4. La prova orale verte su:

a) diritto tributario e diritto processuale tributario;

b) diritto civile e diritto processuale civile;

c) diritto penale;

d) diritto costituzionale e diritto amministrativo;

e) diritto commerciale e fallimentare;

f) diritto dell'Unione europea;

g) diritto internazionale pubblico e privato;

h) contabilità aziendale e bilancio;

i) elementi di informatica giuridica;

l) colloquio in una lingua straniera, indicata dal candidato all'atto della domanda di partecipazione al concorso, scelta fra le seguenti: inglese, spagnolo, francese e tedesco.

5. Sono ammessi alla prova orale i candidati che ottengono un punteggio non inferiore a dodici ventesimi in ciascun elaborato della prova scritta. Conseguono l'idoneità i candidati che ottengono un punteggio non inferiore a sei decimi in ciascuna delle materie della prova orale di cui al comma 4, lettere da a) a i), e un giudizio di sufficienza nel colloquio nella lingua straniera prescelta, e comunque una votazione complessiva nelle due prove non inferiore a novanta punti. Non sono ammesse frazioni di punto. Agli effetti di cui all'articolo 3 della legge 7 agosto 1990, n. 241, il giudizio in ciascuna delle prove scritte e orali è motivato con l'indica-

VARIE

zione del solo punteggio numerico e il giudizio di insufficienza è motivato con la sola formula "*non idoneo*".

6. Con decreto del Ministro dell'economia e delle finanze, previa deliberazione conforme del Consiglio di presidenza della giustizia tributaria, terminata la valutazione degli elaborati scritti, sono nominati componenti della commissione esaminatrice docenti universitari delle lingue indicate dai candidati ammessi alla prova orale. I commissari così nominati partecipano in soprannumero ai lavori della commissione, ovvero delle sottocommissioni, qualora formate, limitatamente alle prove orali relative alla lingua straniera della quale sono docenti.

7. Per la copertura dei posti di magistrato tributario nella provincia di Bolzano si applicano gli specifici requisiti previsti dal decreto del Presidente della Repubblica 26 luglio 1976, n. 752, fermo restando, comunque, che il colloquio di cui al comma 4, lettera l), deve svolgersi in una lingua diversa rispetto a quella obbligatoria per il conseguimento dell'impiego»;

f) dopo l'articolo 4 sono inseriti i seguenti:

«Art. 4-bis (Requisiti per l'ammissione al concorso per esami). - 1. Al concorso per esami di cui all'articolo 4 sono ammessi i laureati che siano in possesso del diploma di laurea in giurisprudenza conseguito al termine di un corso universitario di durata non inferiore a quattro anni, ovvero del diploma di laurea magistrale in Scienze dell'economia (classe LM-56) o in Scienze economico-aziendali (classe LM-77) o di titoli degli ordinamenti previgenti a questi equiparati. È necessaria, altresì, la sussistenza dei seguenti requisiti:

a) essere cittadini italiani;

b) avere l'esercizio dei diritti civili;

c) essere di condotta incensurabile;

d) non essere stati dichiarati per tre volte non idonei nel concorso per esami di cui all'articolo 4, alla data di scadenza del termine per la presentazione della domanda;

e) gli altri requisiti richiesti dalle leggi vigenti.

Art. 4-ter (Indizione del concorso e svolgimento della prova scritta). - 1. Il concorso per esami di cui all'articolo 4 si svolge con cadenza di norma annuale in una o più sedi stabilite con il decreto con il quale è bandito.

2. Il concorso è bandito con decreto del Ministro dell'economia e delle finanze, previa deliberazione conforme del Consiglio di presidenza della giustizia tributaria, che determina il numero dei posti messi a concorso. Con successivi decreti del Ministro dell'economia e delle finanze, da pubblicare nella Gazzetta Ufficiale, sono determinati il luogo e il calendario di svolgimento della prova scritta.

3. In considerazione del numero delle domande, la prova scritta può aver luogo contemporaneamente in Roma e in altre sedi, assicurando il collegamento a distanza della commissione esaminatrice con le diverse sedi.

4. Ove la prova scritta abbia luogo contemporaneamente in più sedi, la commissione esaminatrice espleta le operazioni inerenti alla formulazione e alla scelta dei temi e presiede allo svolgimento delle prove presso la sede di svolgimento della prova in Roma. Presso le altre sedi le funzioni della commissione per il regolare espletamento delle prove scritte sono attribuite ad un comitato di vigilanza nominato con decreto del Ministro dell'economia e delle finanze, previa delibera del Consiglio di presidenza della giustizia tributaria, e composto da cinque magistrati scelti tra i magistrati tributari di cui all'articolo 1-bis, comma 2, ovvero tra quelli ordinari, amministrativi, contabili o militari, in servizio o a riposo presenti nella giurisdizione tributaria di cui all'articolo 1-bis, dei quali uno con anzianità di servizio non inferiore a otto anni con funzioni di presidente, coadiuvato da personale amministrativo dell'Area funzionari in servizio presso il Ministero dell'economia e delle finanze, come definita dal contratto collettivo nazionale di lavoro del comparto Funzioni centrali, con funzioni di segreteria. Il comitato svolge la sua attività in ogni seduta con la presenza di non meno di tre componenti. In caso di assenza o impedimento, il presidente è sostituito dal magistrato più anziano. Si applica ai predetti magistrati la disciplina dell'esonero dalle funzioni giudiziarie o giurisdizionali limitatamente alla durata delle prove.

5. Le spese per il concorso sono poste a carico del candidato nella misura forfettaria di euro 50, da corrispondere al momento della presentazione della domanda, e sono reiscritte nell'apposito capitolo di spesa della missione "*Giustizia tributaria*" dello stato di previsione del Ministero dell'economia e delle finanze. Le modalità di versamento del contributo di cui al presente comma sono stabilite con decreto, avente natura non regolamentare, del Ministro dell'economia e delle finanze. Il contributo è aggiornato ogni tre anni, con le medesime modalità, sulla base della variazione dell'indice dei prezzi al consumo per le famiglie di operai e impiegati, rilevata dall'ISTAT.

Art. 4-quater (Commissione di concorso). - 1. La commissione di concorso è nominata, entro il quindicesimo giorno antecedente l'inizio della prova scritta, con decreto del Ministro dell'economia e delle finanze, adottato previa delibera del Consiglio di presidenza della giustizia tributaria.

2. La commissione di concorso è composta dal presidente di una corte di giustizia tributaria di secondo grado, che la presiede, da cinque magistrati scelti tra magistrati ordinari, amministrativi, contabili e militari con almeno quindici anni di anzianità e da quattro professori universitari di ruolo, di cui uno titolare dell'insegnamento di diritto tributario, gli altri titolari di uno degli insegnamenti delle altre materie oggetto di esame. Ai professori universitari componenti della commissione si applicano, a loro richiesta, le disposizioni di cui all'articolo 13, secondo comma, del decreto del Presidente della Repubblica 11 luglio 1980, n. 382. Al presidente e ai magistrati componenti della commissione si applica la disciplina dell'esonero dalle funzioni giudiziarie o giurisdizionali, ai sensi del comma 9 del presente articolo. Per ogni componente della commissione è nominato un supplente in possesso dei medesimi requisiti richiesti per il titolare. Non possono essere nominati componenti della commissione i magistrati e i professori universitari che, nei dieci anni precedenti, abbiano prestato, a qualsiasi titolo e modo, attività di docenza nelle scuole di preparazione al concorso per magistrato ordinario, amministrativo e contabile.

3. Nel caso in cui non sia possibile completare la composizione della commissione ai sensi del comma 2, il Consiglio di presidenza della giustizia tributaria nomina d'ufficio, come componenti, magistrati che non hanno prestato il loro consenso all'esonero dalle funzioni. Non possono essere nominati i magistrati che abbiano fatto parte della commissione in uno dei tre concorsi precedenti.

4. Nella seduta di cui all'articolo 8, sesto comma, del regio decreto 15 ottobre 1925, n. 1860, la commissione definisce i

criteri per la valutazione omogenea degli elaborati scritti. I criteri per la valutazione delle prove orali sono definiti prima dell'inizio delle stesse. Alle sedute per la definizione dei suddetti criteri devono partecipare tutti i componenti della commissione, salvi i casi di forza maggiore e legittimo impedimento, la cui valutazione è rimessa al Consiglio di presidenza della giustizia tributaria. In caso di mancata partecipazione, senza adeguata giustificazione, a una di tali sedute o comunque a due sedute di seguito, il Consiglio di presidenza può deliberare la revoca del componente e la sua sostituzione con le modalità previste dal comma 1.

5. Il presidente della commissione e gli altri componenti possono essere nominati anche tra i magistrati a riposo da non più di due anni e tra i professori universitari a riposo da non più di due anni che, all'atto della cessazione dal servizio, erano in possesso dei requisiti per la nomina.

6. In caso di assenza o impedimento del presidente della commissione, le relative funzioni sono svolte dal magistrato con maggiore anzianità di servizio presente in ciascuna seduta.

7. Se i candidati che hanno portato a termine la prova scritta sono più di trecento, il presidente, dopo aver provveduto alla valutazione di almeno venti candidati in seduta plenaria con la partecipazione di tutti i componenti della commissione, forma per ogni seduta due sottocommissioni, a ciascuna delle quali assegna, secondo criteri obiettivi, la metà dei candidati da esaminare. Le sottocommissioni, formate da quattro componenti, sono rispettivamente presiedute dal presidente e dal magistrato più anziano presenti, a loro volta sostituiti, in caso di assenza o impedimento, dai magistrati più anziani presenti, e assistite ciascuna da un segretario. La commissione delibera su ogni oggetto eccedente la competenza delle sottocommissioni. In caso di parità di voti, prevale quello di chi presiede.

8. A ciascuna sottocommissione si applicano, per quanto non diversamente disciplinato, le disposizioni dettate per le sottocommissioni e la commissione dagli articoli 12,13 e 16 del regio decreto 15 ottobre 1925, n. 1860. La commissione e le sottocommissioni, se istituite, procedono all'esame orale dei candidati e all'attribuzione del punteggio finale, osservate, in quanto compatibili, le disposizioni degli articoli 14,15 e 16 del citato regio decreto n. 1860 del 1925.

9. L'esonero dalle funzioni giudiziarie o giurisdizionali, deliberato dal Consiglio di presidenza della giustizia tributaria e dagli altri organi di autogoverno contestualmente alla nomina a componente della commissione, ha effetto dall'insediamento del magistrato sino alla formazione della graduatoria finale dei candidati.

10. Le attività di segreteria della commissione e delle sottocommissioni sono esercitate da personale amministrativo dell'Area funzionari in servizio presso il Ministero dell'economia e delle finanze, come definita dal contratto collettivo nazionale di lavoro del comparto Funzioni centrali, e sono coordinate dal titolare del competente ufficio del Dipartimento delle finanze del Ministero dell'economia e delle finanze.

Art. 4-quinquies (Tirocinio dei magistrati tributari). - 1. I magistrati tributari nominati a seguito del superamento del concorso di cui all'articolo 4 svolgono un tirocinio formativo di almeno sei mesi presso le corti di giustizia tributaria con la partecipazione all'attività giurisdizionale relativa alle controversie rientranti nella rispettiva competenza in composizione collegiale. Con delibera del Consiglio di presidenza sono individuati i magistrati tributari affidatari presso i quali i magistrati tributari svolgono il tirocinio, le modalità di affidamento e i criteri per il conseguimento del giudizio di idoneità al conferimento delle funzioni giurisdizionali.

2. Il magistrato tributario in tirocinio valutato negativamente è ammesso ad un nuovo periodo di tirocinio della durata di sei mesi. Al termine del secondo tirocinio e all'esito della relativa scheda valutativa redatta dal magistrato tributario in tirocinio, il Consiglio di presidenza della giustizia tributaria delibera nuovamente; la seconda deliberazione negativa determina la cessazione del rapporto di impiego del magistrato tributario in tirocinio»;

g) l'articolo 5 è sostituito dai seguenti:

«Art. 5 (I giudici delle corti di giustizia tributaria di secondo grado). - 1. I giudici delle corti di giustizia tributaria di secondo grado sono nominati tra i magistrati tributari di cui all'articolo 1-bis, comma 2, e i giudici tributari presenti nel ruolo unico di cui all'articolo 1-bis, comma 1.

Art. 5-bis (Formazione continua dei giudici e magistrati tributari). - 1. Il Consiglio di Presidenza della giustizia tributaria, entro novanta giorni dalla data di entrata in vigore della presente disposizione, con proprio regolamento, definisce i criteri e le modalità per garantire, con cadenza periodica, la formazione continua e l'aggiornamento professionale dei giudici e magistrati tributari di cui all'articolo 1-bis, comma 1, attraverso la frequenza di corsi di carattere teorico-pratico da tenere, previa convenzione, anche presso le università accreditate ai sensi del decreto legislativo 27 gennaio 2012, n. 19»;

h) all'articolo 6:

1) al comma 1-bis, dopo il primo periodo è aggiunto il seguente: «I presidenti delle corti di giustizia tributaria di primo grado assegnano il ricorso al giudice monocratico nei casi previsti dall'articolo 4-bis del decreto legislativo 31 dicembre 1992, n. 546»;

2) dopo il comma 1-bis è inserito il seguente:

«1-ter. Nel caso in cui il giudice, in composizione monocratica o collegiale, rilevi che la controversia ad esso assegnata avrebbe dovuto essere trattata dalla corte di giustizia tributaria in altra composizione, la rimette al presidente della sezione per il rinnovo dell'assegnazione»;

3) al comma 2, dopo le parole: «ciascun collegio giudicante» sono inserite le seguenti: «ovvero ciascun giudice monocratico»;

i) all'articolo 7, comma 1, lettera d), la parola: «settantadue» è sostituita dalla seguente: «sessantasette»;

l) all'articolo 8, al comma 1 è premesso il seguente:

«01. Ai magistrati tributari reclutati ai sensi dell'articolo 4 si applicano, in quanto compatibili, le disposizioni contenute nel titolo I, capo II, dell'ordinamento giudiziario, di cui al regio decreto 30 gennaio 1941, n. 12»;

m) all'articolo 9:

1) il comma 1 è sostituito dal seguente:

«1. Alla prima e alle successive nomine dei magistrati tributari nonché alle nomine dei giudici tributari di cui all'articolo 1-bis, comma 1, si provvede con decreto del Ministro dell'economia e delle finanze, previa deliberazione conforme del Consiglio di presidenza della giustizia tributaria»;

2) al comma 2, dopo le parole: «deliberazioni di cui al comma 1» sono inserite le seguenti: «relative alle nomine successive alla prima,»;

3) i commi 3, 4, 5 e 6 sono abrogati;

n) all'articolo 11:

1) al comma 1, dopo le parole: «La nomina» sono inserite le seguenti: «dei giudici tributari presenti nel ruolo unico di cui all'articolo 4, comma 39-bis, della legge 12 novembre 2011, n. 183, alla data del 1° gennaio 2022,»;

2) al comma 2:

2.1) le parole: «I componenti delle commissioni tributarie provinciali e regionali» sono sostituite dalle seguenti: «I magistrati tributari di cui all'articolo 1-bis, comma 2, e i giudici tributari del ruolo unico di cui al comma 1»;

2.2) la parola: «settantacinquesimo» è sostituita dalla seguente: «settantesimo»;

3) il comma 4 è sostituito dal seguente:

«4. I componenti delle corti di giustizia tributaria di primo e secondo grado, indipendentemente dalla funzione o dall'incarico svolti, non possono concorrere all'assegnazione di altri incarichi prima di due anni dal giorno in cui sono stati immessi nelle funzioni dell'incarico ricoperto»;

4) dopo il comma 4 sono inseriti i seguenti:

«4-bis. Ferme restando le modalità indicate nel comma 4-ter, l'assegnazione del medesimo incarico o di diverso incarico per trasferimento dei componenti delle corti di giustizia tributaria di primo e secondo grado in servizio è disposta, salvo giudizio di demerito, sulla base dei punteggi stabiliti dalla tabella F allegata al presente decreto. Il Consiglio di presidenza, in caso di vacanza nei posti di presidente, di presidente di sezione, di vice presidente e di componente presso una sede giudiziaria di corte di giustizia tributaria, provvede a bandire, almeno una volta l'anno e con priorità rispetto alle procedure concorsuali di cui all'articolo 4 e a quelle per diverso incarico, interpelli per il trasferimento di giudici che ricoprono la medesima funzione o una funzione superiore.

4-ter. L'assegnazione degli incarichi è disposta nel rispetto delle seguenti modalità:

a) la vacanza nei posti di presidente, di presidente di sezione, di vice presidente delle corti di giustizia tributaria di primo e secondo grado e di componente delle corti di giustizia tributaria è portata dal Consiglio di presidenza a conoscenza di tutti i componenti delle corti di giustizia tributaria in servizio, a prescindere dalle funzioni svolte, con indicazione del termine entro il quale chi aspira all'incarico deve presentare domanda;

b) alla nomina per ciascuno degli incarichi di cui alla lettera a) si procede sulla base di elenchi formati relativamente ad ogni corte di giustizia tributaria e comprendenti tutti gli appartenenti alle categorie indicate negli articoli 3, 4 e 5 per il posto da conferire, che hanno comunicato la propria disponibilità all'incarico e sono in possesso dei requisiti prescritti. Alla comunicazione di disponibilità all'incarico deve essere allegata la documentazione circa l'appartenenza ad una delle categorie indicate negli articoli 3, 4 e 5 ed il possesso dei requisiti prescritti, nonché la dichiarazione di non essere in alcuna delle situazioni di incompatibilità indicate all'articolo 8. Le esclusioni dagli elenchi di coloro che hanno comunicato la propria disponibilità all'incarico, senza essere in possesso dei requisiti prescritti, sono deliberate dal Consiglio di presidenza;

c) la scelta tra gli aspiranti è adottata dal Consiglio di presidenza, salvo giudizio di demerito del candidato, secondo i criteri di valutazione ed i punteggi stabiliti dalla tabella F e, nel caso di parità di punteggio, della maggiore anzianità anagrafica»;

5) il comma 5 è sostituito dal seguente:

«5. Il Consiglio di presidenza della giustizia tributaria esprime giudizio di demerito ove ricorra una delle seguenti condizioni:

a) sanzione disciplinare irrogata al candidato nel quinquennio antecedente la data di scadenza della domanda per l'incarico per il quale concorre;

b) rapporto annuo pari o superiore al 60 per cento tra il numero dei provvedimenti depositati oltre il termine di trenta giorni a decorrere dalla data di deliberazione e il totale dei provvedimenti depositati dal singolo candidato»;

o) all'articolo 13:

1) al comma 1, le parole: «delle commissioni tributarie» sono sostituite dalle seguenti: «delle corti di giustizia tributarie di primo e secondo grado presenti nel ruolo unico di cui all'articolo 4, comma 39-bis, della legge 12 novembre 2011, n. 183»;

2) dopo il comma 3-bis è aggiunto il seguente:

«3-ter. I compensi di cui ai commi 1, 2 e 3 non possono superare in ogni caso l'importo di euro 72.000 lordi annui»;

3) alla rubrica sono aggiunte, in fine, le seguenti parole: «dei giudici tributari»;

p) dopo l'articolo 13 è inserito il seguente:

«Art. 13-bis (Trattamento economico dei magistrati tributari). - 1. Ai magistrati tributari reclutati per concorso, secondo le modalità di cui all'articolo 4, si applicano le disposizioni in materia di trattamento economico previsto per i magistrati ordinari, in quanto compatibili.

2. Gli stipendi del personale indicato nel comma 1 sono determinati, esclusivamente in base all'anzianità di servizio, nella misura prevista nella tabella F-bis allegata al presente decreto, con decorrenza dal 1° gennaio 2021 ai sensi del decreto del Presidente del Consiglio dei ministri 6 agosto 2021, pubblicato nella Gazzetta Ufficiale n. 229 del 24 settembre 2021, salva l'attribuzione dell'indennità integrativa speciale»;

q) all'articolo 24:

1) al comma 2, le parole: «affidandone l'incarico ad uno dei suoi componenti» sono soppresse;

2) dopo il comma 2 sono aggiunti i seguenti:

«2-bis. Al fine di garantire l'esercizio efficiente delle attribuzioni di cui al comma 2, presso il Consiglio di presidenza è istituito, con carattere di autonomia e indipendenza, l'Ufficio ispettivo, a cui sono assegnati sei magistrati o giudici tributari, tra i quali è nominato un direttore. L'Ufficio ispettivo può svolgere, col supporto della Direzione della giustizia tributaria del Dipartimento delle finanze, attività presso le corti di giustizia tributaria di primo e secondo grado, finalizzate alle verifiche di rispettiva competenza.

2-ter. I componenti dell'Ufficio ispettivo sono esonerati dall'esercizio delle funzioni giurisdizionali presso le corti di giustizia tributaria. Ai giudici tributari componenti dell'Ufficio è corrisposto un trattamento economico, sostitutivo di quello previsto dall'articolo 13, pari alla metà dell'ammontare più elevato corrisposto nello stesso periodo ai giudici tributari per l'incarico di presidente di corte di giustizia tributaria»;

r) dopo l'articolo 24 è inserito il seguente:

«Art. 24-bis (Ufficio del massimario nazionale). - 1. È istituito presso il Consiglio di presidenza della giustizia tributaria l'Ufficio del massimario nazionale, al quale sono assegnati un direttore, che ne è il responsabile, e quindici magistrati o giudici tributari.

2. Il direttore, i magistrati e i giudici tributari assegnati all'Ufficio sono nominati con delibera del Consiglio di presidenza tra i componenti delle corti di giustizia tributaria di primo e secondo grado. La nomina del direttore e dei componenti dell'ufficio è effettuata tra i candidati che hanno maturato non meno di sette anni di effettivo esercizio nelle funzioni giurisdizionali. L'incarico del direttore e dei componenti dell'Ufficio ha durata quinquennale e non è rinnovabile.

3. L'Ufficio del massimario nazionale provvede a rilevare, classificare e ordinare in massime le decisioni delle corti di giustizia tributaria di secondo grado e le più significative tra quelle emesse dalle corti di giustizia tributaria di primo grado.

4. Le massime delle decisioni di cui al comma 3 alimentano la banca dati della giurisprudenza tributaria di merito, gestita dal Ministero dell'economia e delle finanze.

5. Mediante convenzione tra il Ministero dell'economia e delle finanze, il Consiglio di presidenza della giustizia tributaria e la Corte di cassazione sono stabilite le modalità per la consultazione della banca dati della giurisprudenza tributaria di merito da parte della Corte.

6. L'Ufficio del massimario nazionale si avvale delle risorse previste nel contingente di cui all'articolo 32 e dei servizi informatici del sistema informativo della fiscalità del Ministero dell'economia e delle finanze.

7. I componenti dell'Ufficio del massimario nazionale possono essere esonerati dall'esercizio delle funzioni giurisdizionali presso le corti di giustizia tributaria di primo e secondo grado. In caso di esonero, ai giudici tributari componenti dell'Ufficio è corrisposto un trattamento economico, sostitutivo di quello previsto dall'articolo 13, pari alla metà dell'ammontare più elevato corrisposto nello stesso periodo ai giudici tributari per l'incarico di presidente di corte di giustizia tributaria»;

s) l'articolo 40 è abrogato a decorrere dal 1° gennaio 2023;

t) la tabella F è sostituita dalle tabelle F e F-bis di cui all'allegato annesso alla presente legge;

u) le tabelle C, D ed E sono abrogate.

2. A decorrere dal 1° gennaio 2023, il comma 311 dell'articolo 1 della legge 30 dicembre 2004, n. 311, è abrogato.

3. I primi tre bandi di concorso di cui all'articolo 4 del decreto legislativo 31 dicembre 1992, n. 545, come modificato dal comma 1 del presente articolo, pubblicati successivamente alla data di entrata in vigore della presente legge, prevedono una riserva di posti nella misura del 30 per cento a favore dei giudici tributari presenti alla data del 1° gennaio 2022 nel ruolo unico di cui all'articolo 4, comma 39-bis, della legge 12 novembre 2011, n. 183, diversi dai giudici ordinari, amministrativi, contabili o militari, in servizio o a riposo, che siano in possesso dei seguenti requisiti:

a) laurea in giurisprudenza o in economia e commercio conseguita al termine di un corso universitario di durata non inferiore a quattro anni;

b) presenza nel ruolo unico da almeno sei anni;

c) non essere titolari di alcun trattamento pensionistico.

4. I magistrati ordinari, amministrativi, contabili o militari, non collocati in quiescenza, presenti alla data di entrata in vigore della presente legge nel ruolo unico di cui all'articolo 4, comma 39-bis, della legge 12 novembre 2011, n. 183, e collocati nello stesso ruolo da almeno cinque anni precedenti tale data, possono optare per il definitivo transito nella giurisdizione tributaria di cui all'articolo 1-bis del decreto legislativo 31 dicembre 1992, n. 545, come introdotto dal comma 1 del presente articolo. Il transito nella giurisdizione tributaria è consentito ad un massimo di cento magistrati, individuati all'esito di un'apposita procedura di interpello. Il numero di magistrati ordinari ammessi al transito non può superare le cinquanta unità; qualora l'opzione sia esercitata da più di cinquanta magistrati, il Consiglio di presidenza della giustizia tributaria non ne può comunque ammettere al transito più di cinquanta. In relazione ai transiti di cui al presente comma, il Ministro dell'economia e delle finanze è autorizzato ad apportare, con propri decreti, le occorrenti variazioni di bilancio al fine di garantire la corretta allocazione delle risorse nell'ambito dei pertinenti capitoli stipendiali degli stati di previsione della spesa interessati.

5. Per le finalità di cui al comma 4, entro due mesi dalla data di entrata in vigore della presente legge, il Consiglio di presidenza della giustizia tributaria, previa individuazione e pubblicazione dell'elenco delle sedi giudiziarie con posti vacanti, prioritariamente presso le corti di giustizia tributaria di secondo grado, relativi alle funzioni direttive e non direttive, bandisce l'interpello per la copertura degli stessi.

6. Alla procedura di interpello possono partecipare esclusivamente i magistrati di cui al comma 4, in possesso dei seguenti requisiti:

a) non aver compiuto sessanta anni alla data di scadenza del termine per l'invio della domanda di partecipazione;

b) non aver ricevuto nel quinquennio antecedente alla data di pubblicazione dell'interpello il giudizio di demerito di cui all'articolo 11, comma 5, del decreto legislativo 31 dicembre 1992, n. 545, come modificato dal comma 1 del presente articolo.

7. Entro sei mesi dalla data di pubblicazione del bando per la procedura di interpello, il Consiglio di presidenza della giustizia tributaria pubblica la graduatoria finale, redatta sulla base dell'anzianità maturata, alla data di scadenza del termine per l'invio della domanda di partecipazione, nella magistratura di provenienza, alla quale è sommata l'anzianità eventualmente maturata a tale data anche in altra magistratura compresa tra quelle ordinaria, amministrativa, contabile e militare. A tale punteggio complessivo è ulteriormente aggiunta l'anzianità maturata, alla stessa data di cui al primo periodo, nel ruolo unico di cui all'articolo 4, comma 39-bis, della legge 12 novembre 2011, n. 183, per il periodo eccedente i cinque anni indicati al comma 4, considerando ciascun anno o frazione di anno superiore a sei mesi del collocamento in tale ruolo unico come diciotto mesi di anzianità. I vincitori sono trasferiti nella giurisdizione tributaria e contestualmente assegnati alle sedi scelte sulla base della loro posizione in graduatoria. Ove il trasferimento nella giurisdizione tributaria a seguito dell'opzione non comporti contestuale promozione, l'optante ha precedenza, in ogni caso, sui posti che si renderanno disponibili nell'ufficio di appartenenza e, comunque, ha diritto a mantenere il posto già ricoperto di giudice tributario nell'ufficio di appartenenza e la relativa funzione. Ai magistrati così transitati non si applica l'articolo 11, comma 4, del decreto legislativo 31 dicembre 1992, n. 545, come modificato dal comma 1 del presente articolo.

8. In caso di transito nella giurisdizione tributaria di cui all'articolo 1-bis del decreto legislativo 31 dicembre 1992, n. 545, i magistrati conservano a tutti i fini giuridici ed economici l'anzianità complessivamente maturata secondo quanto previsto dal comma 7 e sono inquadrati nella qualifica di cui alla tabella F-bis allegata al medesimo decreto legislativo n. 545 del 1992 sulla base di tale anzianità; ad essi si applicano tutte le disposizioni in materia di trattamento economico previste per i magistrati ordinari, in quanto compatibili. In caso di transito con trattamento fisso e continuativo superiore a quello spettante nella giurisdizione tributaria per la qualifica di inquadramento, è attribuito ai magistrati un assegno personale pensionabile, riassorbibile e non rivalutabile, pari alla differenza fra i predetti trattamenti. I magistrati così transitati continuano a percepire, a titolo di indennità, per ventiquattro mesi successivi alla data di immissione nelle funzioni di magistrato tributario, il compenso fisso mensile di cui all'articolo 13, comma 1, del decreto legislativo 31 dicembre 1992, n. 545, nella misura più elevata tra quello attribuito per la funzione già svolta in qualità di giudice tributario e quello corrispondente alla nuova funzione attribuita dopo il transito nella giurisdizione tributaria.

9. Ai magistrati ordinari che abbiano optato per il transito nella giurisdizione tributaria ai sensi del comma 4 si applica l'articolo 211 dell'ordinamento giudiziario, di cui al regio decreto 30 gennaio 1941, n. 12. Le stesse disposizioni si applicano anche ai magistrati amministrativi, contabili o militari che abbiano optato per il transito nella giurisdizione tributaria ai sensi del comma 4. La riammissione nel ruolo di provenienza avviene nella medesima posizione occupata al momento del transito[1].

10. Al fine di dare attuazione alle disposizioni previste dal Piano nazionale di ripresa e resilienza (PNRR) in materia di giustizia tributaria e alle disposizioni di cui alla presente legge, nonché di incrementare il livello di efficienza degli uffici e delle strutture centrali e territoriali della giustizia tributaria, il Ministero dell'economia e delle finanze è autorizzato ad assumere 100 unità di magistrati tributari per l'anno 2023, con le procedure di cui ai commi da 4 a 7 del presente articolo, e 68 unità per ciascuno degli anni 2024, 2025, 2026, 2027, 2028, 2029 e 2030, per un totale di 476 unità, con le procedure di cui all'articolo 4 del decreto legislativo 31 dicembre 1992, n. 545, come modificato dal comma 1 del presente articolo.

11. Per le medesime finalità indicate nel comma 10, a decorrere dal 1° ottobre 2022, sono istituiti presso il Ministero dell'economia e delle finanze - Dipartimento delle finanze due uffici dirigenziali di livello non generale aventi funzioni, rispettivamente, in materia di status giuridico ed economico dei magistrati tributari e di organizzazione e gestione delle procedure concorsuali per il reclutamento dei magistrati tributari, da destinare alla Direzione della giustizia tributaria, nonché diciotto posizioni dirigenziali di livello non generale da destinare alla direzione di uno o più uffici di segreteria di corti di giustizia tributaria. Il Ministero dell'economia e delle finanze è autorizzato ad assumere con contratto di lavoro subordinato a tempo indeterminato, in aggiunta alle vigenti facoltà assunzionali e anche mediante l'utilizzo di vigenti graduatorie di concorsi pubblici, un contingente di personale così composto:

a) per l'anno 2023, 20 unità di personale dirigenziale non generale, di cui 18 unità da destinare alla direzione di uno o più uffici di segreteria di corti di giustizia tributaria e 2 unità da destinare alla Direzione della giustizia tributaria del Dipartimento delle finanze [2] ;

b) per l'anno 2023, 50 unità di personale non dirigenziale da inquadrare nell'Area funzionari, posizione economica F1, di cui 25 unità da destinare agli uffici del Dipartimento delle finanze - Direzione della giustizia tributaria e 25 unità da destinare al Consiglio di presidenza della giustizia tributaria [3];

c) per l'anno 2023, 75 unità di personale non dirigenziale da inquadrare nell'Area funzionari, posizione economica F1, e 50 unità di personale da inquadrare nell'Area assistenti, posizione economica F2, da destinare agli uffici di segreteria delle corti di giustizia tributaria.

12. Per fare fronte all'urgente necessità di attivare le procedure di riforma previste dalla presente legge, il personale non dirigenziale in posizione di comando alla data di entrata in vigore della presente legge presso l'ufficio di segreteria del Consiglio di presidenza della giustizia tributaria che, entro trenta giorni dalla predetta data, non abbia optato per la permanenza presso l'amministrazione di appartenenza è inquadrato nell'ambito della dotazione organica del personale non dirigenziale del Ministero dell'economia e delle finanze, a valere sulle facoltà assunzionali vigenti.

13. Sono fatte salve le procedure concorsuali di cui all'articolo 11 del decreto legislativo 31 dicembre 1992, n. 545, bandite e non ancora concluse alla data di entrata in vigore della presente legge, per le quali continuano ad applicarsi le disposizioni vigenti alla data del bando.

14. Il Consiglio di presidenza della giustizia tributaria, entro il 31 gennaio 2023, individua le sedi delle corti di giustizia tributaria nelle quali non è possibile assicurare l'esercizio della funzione giurisdizionale in applicazione dell'articolo 11, comma 2, del decreto legislativo 31 dicembre 1992, n. 545, come modificato dal comma 1, lettera n), numero 2.2), del presente articolo, al fine di assegnare d'ufficio alle predette sedi, in applicazione non esclusiva, giudici tributari appartenenti al ruolo unico di cui all'articolo 4, comma 39-bis, della legge 12 novembre 2011, n. 183. Ai giudici di cui al periodo precedente spetta un'indennità di funzione mensile pari a 100 euro lordi, aggiuntiva del compenso fisso di cui all'articolo 13, comma 1, del decreto legislativo 31 dicembre 1992, n. 545. Per fare fronte all'urgente necessità di attivare le procedure di riforma previste dalla presente legge e rafforzare l'autonoma gestione delle spese per il proprio funzionamento da parte del Consiglio di presidenza della giustizia tributaria, ai sensi dell'articolo 29-bis del decreto legislativo 31 dicembre 1992, n. 545, la dotazione del fondo stanziato a tale scopo nel bilancio dello Stato è fissata in 4 milioni di euro, a decorrere dall'anno 2023.

15. Il Consiglio di presidenza della giustizia tributaria, nell'ambito della propria autonomia contabile e a carico del proprio bilancio, individua le misure e i criteri di attribuzione della maggiorazione dell'indennità di amministrazione e della retribuzione di posizione di parte variabile in godimento del personale dirigenziale e non dirigenziale del Ministero dell'economia e delle finanze assegnato, avuto riguardo alla natura e alla tipologia delle attività svolte.

[1] *Comma modificato dall'articolo 41-bis, comma 2, lettera a), del D.L. 9 agosto 2022, n. 115, convertito con modificazioni dalla Legge 21 settembre 2022, n. 142.*

[2] *Lettera modificata dall'articolo 1, comma 14, del D.L. 29 dicembre*

2022, n. 198, non ancora convertito in Legge.

(3) Lettera modificata dall'articolo 1, comma 14, del D.L. 29 dicembre 2022, n. 198, non ancora convertito in Legge.

2. Ulteriori effetti premiali per i soggetti a cui si applicano gli indici sintetici di affidabilità fiscale. – 1. Al comma 5 dell'articolo 47 del decreto legislativo 31 dicembre 1992, n. 546, sono aggiunti, in fine, i seguenti periodi: «La prestazione della garanzia è esclusa per i ricorrenti con "*bollino di affidabilità fiscale*". Ai fini della disposizione di cui al periodo precedente, i ricorrenti con "*bollino di affidabilità fiscale*" sono i contribuenti soggetti alla disciplina di cui all'articolo 9-bis del decreto-legge 24 aprile 2017, n. 50, convertito, con modificazioni, dalla legge 21 giugno 2017, n. 96, ai quali sia stato attribuito un punteggio di affidabilità pari ad almeno 9 negli ultimi tre periodi d'imposta precedenti a quello di proposizione del ricorso per i quali tali punteggi siano disponibili».

3. Misure per la definizione del contenzioso tributario pendente presso la Corte di cassazione. – 1. Presso la Corte di cassazione è istituita una sezione civile incaricata esclusivamente della trattazione delle controversie in materia tributaria.

2. Il primo presidente adotta provvedimenti organizzativi adeguati al fine di stabilizzare gli orientamenti di legittimità e di agevolare la rapida definizione dei procedimenti pendenti presso la Corte di cassazione in materia tributaria, favorendo l'acquisizione di una specifica competenza da parte dei magistrati assegnati alla sezione civile di cui al comma 1.

4. Disposizioni in materia di processo tributario. – 1. Al decreto legislativo 31 dicembre 1992, n. 546, sono apportate le seguenti modificazioni:

a) le parole: «commissione tributaria provinciale», «commissioni tributarie provinciali», «commissione tributaria regionale», «commissioni tributarie regionali», «commissione tributaria» e «commissioni tributarie», ovunque ricorrono, sono sostituite rispettivamente dalle seguenti: «corte di giustizia tributaria di primo grado», «corti di giustizia tributaria di primo grado», «corte di giustizia tributaria di secondo grado», «corti di giustizia tributaria di secondo grado», «corte di giustizia tributaria di primo e secondo grado» e «corti di giustizia tributaria di primo e secondo grado»;

b) dopo l'articolo 4 è inserito il seguente:

«Art. 4-bis (Competenza del giudice monocratico). - 1. Le corti di giustizia tributaria di primo grado decidono in composizione monocratica le controversie di valore fino a 3.000 euro. Sono escluse le controversie di valore indeterminabile.

2. Per valore della lite si intende quello determinato ai sensi dell'articolo 12, comma 2. Si tiene conto anche dell'imposta virtuale calcolata a seguito delle rettifiche di perdita.

3. Nel procedimento davanti alla corte di giustizia tributaria di primo grado in composizione monocratica si osservano, in quanto applicabili e ove non derogate dal presente decreto, le disposizioni ivi contenute relative ai giudizi in composizione collegiale»;

c) all'articolo 7, il comma 4 è sostituito dal seguente:

«4. Non è ammesso il giuramento. La corte di giustizia tributaria, ove lo ritenga necessario ai fini della decisione e anche senza l'accordo delle parti, può ammettere la prova testimoniale, assunta con le forme di cui all'articolo 257-bis del codice di procedura civile. Nei casi in cui la pretesa tributaria sia fondata su verbali o altri atti facenti fede fino a querela di falso, la prova è ammessa soltanto su circostanze di fatto diverse da quelle attestate dal pubblico ufficiale»;

d) all'articolo 15, il comma 2-octies è sostituito dal seguente:

«2-octies. Qualora una delle parti ovvero il giudice abbia formulato una proposta conciliativa, non accettata dall'altra parte senza giustificato motivo, restano a carico di quest'ultima le spese del giudizio maggiorate del 50 per cento, ove il riconoscimento delle sue pretese risulti inferiore al contenuto della proposta ad essa effettuata. Se è intervenuta conciliazione le spese si intendono compensate, salvo che le parti stesse abbiano diversamente convenuto nel processo verbale di conciliazione»;

e) all'articolo 17-bis, dopo il comma 9 è inserito il seguente:

«9-bis. In caso di rigetto del reclamo o di mancato accoglimento della proposta di mediazione formulata ai sensi del comma 5, la soccombenza di una delle parti, in accoglimento delle ragioni già espresse in sede di reclamo o mediazione, comporta, per la parte soccombente, la condanna al pagamento delle relative spese di giudizio. Tale condanna può rilevare ai fini dell'eventuale responsabilità amministrativa del funzionario che ha immotivatamente rigettato il reclamo o non accolto la proposta di mediazione»;

f) all'articolo 47:

1) al comma 2, dopo la parola: «utile» sono inserite le seguenti: «e comunque non oltre il trentesimo giorno dalla presentazione della medesima istanza,», la parola: «dieci» è sostituita dalla seguente: «cinque» ed è aggiunto, in fine, il seguente periodo: «L'udienza di trattazione dell'istanza di sospensione non può, in ogni caso, coincidere con l'udienza di trattazione del merito della controversia»;

2) al comma 4, dopo le parole: «non impugnabile» sono inserite le seguenti: «nella stessa udienza di trattazione dell'istanza»;

3) il comma 5-bis è abrogato;

g) dopo l'articolo 48-bis è inserito il seguente:

«Art. 48-bis.1 (Conciliazione proposta dalla corte di giustizia tributaria). - 1. Per le controversie soggette a reclamo ai sensi dell'articolo 17-bis la corte di giustizia tributaria, ove possibile, può formulare alle parti una proposta conciliativa, avuto riguardo all'oggetto del giudizio e all'esistenza di questioni di facile e pronta soluzione.

2. La proposta può essere formulata in udienza o fuori udienza. Se è formulata fuori udienza, è comunicata alle parti. Se è formulata in udienza, è comunicata alle parti non comparse.

3. La causa può essere rinviata alla successiva udienza per il perfezionamento dell'accordo conciliativo. Ove l'accordo non si perfezioni, si procede nella stessa udienza alla trattazione della causa.

4. La conciliazione si perfeziona con la redazione del processo verbale, nel quale sono indicati le somme dovute nonché i termini e le modalità di pagamento. Il processo verbale costituisce titolo per la riscossione delle somme dovute all'ente impositore e per il pagamento delle somme dovute al contribuente.

5. Il giudice dichiara con sentenza l'estinzione del giudizio per cessazione della materia del contendere.

6. La proposta di conciliazione non può costituire motivo di ricusazione o astensione del giudice»;

h) all''articolo 48-ter, comma 2, le parole: «all'articolo 48-bis» sono sostituite dalle seguenti: «agli articoli 48-bis e 48-bis.1».

2. All'articolo 15 del decreto del Presidente della Repubblica 29 settembre 1973, n. 602, dopo il secondo comma è inserito il seguente:

«La sospensione della riscossione degli importi di cui al primo comma opera altresì in caso di accoglimento dell'istanza di cui all'articolo 47 del decreto legislativo 31 dicembre 1992, n. 546».

3. A decorrere dal 1° gennaio 2023:

a) il comma 3-ter dell'articolo 12 del decreto-legge 2 marzo 2012, n. 16, convertito, con modificazioni, dalla legge 2 marzo 2012, n. 44, è abrogato;

b) all'articolo 37 del decreto-legge 6 luglio 2011, n. 98, convertito, con modificazioni, dalla legge 15 luglio 2011, n. 111:

1) al comma 12, il terzo periodo è soppresso;

2) al comma 13, il primo periodo è soppresso;

c) gli importi dei compensi fissi di cui all'articolo 13, comma 1, del decreto legislativo 31 dicembre 1992, n. 545, individuati dal decreto del Ministro dell'economia e delle finanze del 20 giugno 2019 sono aumentati del 130 per cento;

d) per l'incremento del fondo risorse decentrate destinato al trattamento economico accessorio da riconoscere al personale amministrativo e del fondo per il finanziamento della retribuzione di risultato dei dirigenti in servizio presso le corti di giustizia tributaria di primo e secondo grado, è autorizzata la spesa complessiva annua di 7 milioni di euro.

4. Il comma 4 dell'articolo 16 del decreto-legge 23 ottobre 2018, n. 119, convertito, con modificazioni, dalla legge 17 dicembre 2018, n. 136, è sostituito dai seguenti:

«4. La partecipazione alle udienze di cui agli articoli 33 e 34 del decreto legislativo 31 dicembre 1992, n. 546, da parte dei contribuenti e dei loro difensori, degli enti impositori e dei soggetti della riscossione, dei giudici e del personale amministrativo delle corti di giustizia tributaria di primo e secondo grado, può avvenire mediante collegamento audiovisivo tale da assicurare la contestuale, effettiva e reciproca visibilità delle persone presenti nei diversi luoghi e di udire quanto viene detto. Il luogo dove avviene il collegamento da remoto è equiparato all'aula di udienza. La partecipazione alle udienze di cui all'articolo 34 del decreto legislativo 31 dicembre 1992, n. 546, secondo le modalità previste nel primo periodo del presente comma può essere richiesta dalle parti nel ricorso, nel primo atto difensivo o in apposita istanza da depositare in segreteria almeno venti giorni liberi prima della data di trattazione. L'udienza si tiene a distanza se la richiesta è formulata da tutte le parti costituite nel processo, trovando altrimenti applicazione la disciplina dell'udienza da tenere presso la sede delle corti di giustizia tributaria contenuta nell'articolo 34 del decreto legislativo n. 546 del 1992. Le udienze di cui all'articolo 34 del decreto legislativo n. 546 del 1992, tenute dalla corte di giustizia tributaria di primo grado in composizione monocratica, e quelle di cui agli articoli 47, comma 2, e 52, comma 3, del medesimo decreto legislativo n. 546 del 1992 si svolgono esclusivamente a distanza, fatta salva la possibilità per ciascuna delle parti di richiedere nel ricorso, nel primo atto difensivo o nell'appello, per comprovate ragioni, la partecipazione congiunta all'udienza del difensore, dell'ufficio e dei giudici presso la sede della corte di giustizia tributaria. Il giudice decide sulla richiesta di cui al periodo precedente e ne dà comunicazione alle parti con l'avviso di trattazione dell'udienza. In ogni caso in cui l'udienza si tenga a distanza è comunque consentita a ciascun giudice la partecipazione presso la sede della corte di giustizia tributaria. Le regole tecnico-operative per consentire la partecipazione all'udienza a distanza sono disciplinate dal decreto del direttore generale delle finanze 11 novembre 2020, pubblicato nella Gazzetta Ufficiale n. 285 del 16 novembre 2020. Il direttore generale delle finanze, d'intesa con il Consiglio di presidenza della giustizia tributaria e sentiti il Garante per la protezione dei dati personali e l'Agenzia per l'Italia digitale, può in ogni momento modificare il suddetto decreto, anche tenuto conto dell'evoluzione tecnologica.

4-bis. Le disposizioni di cui al comma 4 si applicano ai giudizi instaurati, in primo e in secondo grado, con ricorso notificato dal 1° settembre 2023».

5. Definizione agevolata dei giudizi tributari pendenti innanzi alla Corte di cassazione. (1) – 1. Le controversie tributarie, diverse da quelle di cui al comma 6, pendenti [*alla data del 15 luglio 2022*] innanzi alla Corte di cassazione ai sensi dell'articolo 62 del decreto legislativo 31 dicembre 1992, n. 546, per le quali l'Agenzia delle entrate risulti integralmente soccombente in tutti i precedenti gradi di giudizio e il valore delle quali, determinato ai sensi dell'articolo 16, comma 3, della legge 27 dicembre 2002, n. 289, sia non superiore a 100.000 euro, sono definite, a domanda dei soggetti indicati al comma 3 del presente articolo, con decreto assunto ai sensi dell'articolo 391 del codice di procedura civile, previo pagamento di un importo pari al 5 per cento del valore della controversia determinato ai sensi dell'articolo 16, comma 3, della legge 27 dicembre 2002, n. 289(2).

2. Le controversie tributarie, diverse da quelle di cui al comma 6, pendenti [*alla data del 15 luglio 2022*] innanzi alla Corte di cassazione ai sensi dell'articolo 62 del decreto legislativo 31 dicembre 1992, n. 546, per le quali l'Agenzia delle entrate risulti soccombente in tutto o in parte in uno dei gradi di merito e il valore delle quali, determinato ai sensi dell'articolo 16, comma 3, della legge 27 dicembre 2002, n. 289, sia non superiore a 50.000 euro, sono definite, a domanda dei soggetti indicati al comma 3 del presente articolo, con decreto assunto ai sensi dell'articolo 391 del codice di procedura civile, previo pagamento di un importo pari al 20 per cento del valore della controversia determinato ai sensi dell'articolo 16, comma 3, della legge 27 dicembre 2002, n. 289(3).

3. Le controversie tributarie di cui ai commi 1 e 2 possono essere definite a domanda del soggetto che ha proposto l'atto introduttivo del giudizio o di chi vi è subentrato o ne ha la legittimazione.

4. Per controversie tributarie pendenti si intendono quelle per le quali il ricorso per cassazione è stato notificato alla controparte entro la data di entrata in vigore della presente legge, purché, alla data della presentazione della domanda di cui al comma 8, non sia intervenuta una sentenza definitiva.

5. L'adesione alla definizione agevolata delle controversie tributarie di cui ai commi 1 e 2 comporta la contestuale ri-

nuncia ad ogni eventuale pretesa di equa riparazione ai sensi della legge 24 marzo 2001, n. 89. In ogni caso le spese del giudizio estinto restano a carico della parte che le ha anticipate.

6. Sono escluse dall'applicazione delle disposizioni del presente articolo le controversie concernenti anche solo in parte:

a) le risorse proprie tradizionali previste dall'articolo 2, paragrafo 1, lettera a), della decisione (UE, Euratom) 2020/2053 del Consiglio, del 14 dicembre 2020, e l'imposta sul valore aggiunto riscossa all'importazione;

b) le somme dovute a titolo di recupero di aiuti di Stato ai sensi dell'articolo 16 del regolamento (UE) 2015/1589 del Consiglio, del 13 luglio 2015.

7. La definizione si perfeziona con la presentazione della domanda di cui al comma 8 entro centoventi giorni dalla data di entrata in vigore della presente legge e con il pagamento degli importi dovuti. Qualora non ci siano importi da versare, la definizione si perfeziona con la sola presentazione della domanda.

8. Entro il termine di cui al comma 7, per ciascuna controversia autonoma è presentata una distinta domanda di definizione esente dall'imposta di bollo ed è effettuato un distinto versamento. Per controversia autonoma si intende quella relativa a ciascun atto impugnato.

9. Ai fini della definizione delle controversie si tiene conto di eventuali versamenti già effettuati a qualsiasi titolo in pendenza di giudizio, fermo restando il rispetto delle percentuali stabilite nei commi 1 e 2. La definizione non dà comunque luogo alla restituzione delle somme già versate ancorché eccedenti rispetto a quanto dovuto per la definizione stessa. Gli effetti della definizione perfezionata prevalgono su quelli delle eventuali pronunce giurisdizionali non passate in giudicato anteriormente alla data di entrata in vigore della presente legge.

10. Le controversie definibili non sono sospese, salvo che il contribuente faccia apposita richiesta al giudice, dichiarando di volersi avvalere delle disposizioni del presente articolo. In tal caso il processo è sospeso fino alla scadenza del termine di cui al comma 7.

11. L'eventuale diniego della definizione va notificato entro trenta giorni con le modalità previste per la notificazione degli atti processuali. Il diniego è impugnabile entro sessanta giorni dinanzi alla Corte di cassazione.

12. In mancanza di istanza di trattazione presentata dalla parte interessata, entro due mesi decorrenti dalla scadenza del termine di cui al comma 7, il processo è dichiarato estinto, con decreto del presidente. L'impugnazione del diniego vale anche come istanza di trattazione.

13. La definizione perfezionata dal coobbligato giova in favore degli altri, inclusi quelli per i quali la controversia non sia più pendente, fatte salve le disposizioni del secondo periodo del comma 8.

14. Con uno o più provvedimenti del direttore dell'Agenzia delle entrate sono stabilite le modalità di attuazione del presente articolo.

15. Ciascun ente territoriale stabilisce, con le forme previste dalla legislazione vigente per l'adozione dei propri atti, l'applicazione delle disposizioni di cui al presente articolo alle controversie attribuite alla giurisdizione tributaria in cui è parte il medesimo ente o un suo ente strumentale.

(1) *In riferimento al presente articolo, vedi il Provvedimento dell'Agenzia delle Entrate 16 settembre 2022.*

(2) *Comma modificato dall'articolo 41-bis, comma 2, lettera b), del D.L. 9 agosto 2022, n. 115, convertito con modificazioni dalla Legge 21 settembre 2022, n. 142.*

(3) *Comma modificato dall'articolo 41-bis, comma 2, lettera b), del D.L. 9 agosto 2022, n. 115, convertito con modificazioni dalla Legge 21 settembre 2022, n. 142.*

6. Modifica all'articolo 7 del decreto legislativo n. 546 del 1992. – 1. All'articolo 7 del decreto legislativo 31 dicembre 1992, n. 546, dopo il comma 5 è aggiunto il seguente: «5-bis. L'amministrazione prova in giudizio le violazioni contestate con l'atto impugnato. Il giudice fonda la decisione sugli elementi di prova che emergono nel giudizio e annulla l'atto impositivo se la prova della sua fondatezza manca o è contraddittoria o se è comunque insufficiente a dimostrare, in modo circostanziato e puntuale, comunque in coerenza con la normativa tributaria sostanziale, le ragioni oggettive su cui si fondano la pretesa impositiva e l'irrogazione delle sanzioni. Spetta comunque al contribuente fornire le ragioni della richiesta di rimborso, quando non sia conseguente al pagamento di somme oggetto di accertamenti impugnati».

7. Copertura finanziaria. – 1. Agli oneri derivanti dalla presente legge, pari a 1.339.093 euro nel 2022, a 24.913.744 euro nel 2023, a 32.476.058 euro nel 2024, a 39.831.925 euro nel 2025, a 46.624.991 euro nel 2026, a 56.208.662 euro nel 2027, a 65.116.669 euro nel 2028, a 74.527.309 euro nel 2029, a 83.791.428 euro nel 2030, a 85.674.696 euro nel 2031, a 88.045.873 euro nel 2032, a 89.782.447 euro nel 2033, a 92.249.167 euro nel 2034, a 93.777.165 euro nel 2035, a 98.128.531 euro nel 2036, a 101.472.161 euro nel 2037, a 105.312.811 euro nel 2038, a 108.623.031 euro nel 2039, a 112.296.751 euro nel 2040, a 115.512.335 euro nel 2041, a 121.097.819 euro nel 2042, a 125.583.167 euro nel 2043, a 128.039.259 euro nel 2044, a 130.298.831 euro nel 2045, a 132.157.543 euro nel 2046, a 134.016.255 euro nel 2047, a 135.627.787 euro nel 2048 e a 137.239.319 euro a decorrere dal 2049, si provvede, quanto a 145.956 euro per l'anno 2026 e a 6.800.000 euro a decorrere dall'anno 2027, mediante riduzione del Fondo di cui all'articolo 1, comma 200, della legge 23 dicembre 2014, n. 190, quanto a 1.145.779 euro per l'anno 2024, a 2.741.947 euro per l'anno 2025, a 4.503.155 euro per l'anno 2026, a 3.429.627 euro per l'anno 2027, a 7.985.486 euro per l'anno 2028, a 15.363.755 euro per l'anno 2029, a 22.862.380 euro per l'anno 2030, a 22.672.219 euro per l'anno 2031, a 22.785.206 euro per l'anno 2032, a 22.304.648 euro per l'anno 2033, a euro 22.677.410 per l'anno 2034, a 21.988.276 euro per l'anno 2035, a 24.471.503 euro per l'anno 2036, a 25.618.530 euro per l'anno 2037, a 27.898.976 euro per l'anno 2038, a 29.710.579 euro per l'anno 2039, a 32.275.733 euro per l'anno 2040, a 34.731.744 euro per l'anno 2041, a 39.352.365 euro per l'anno 2042, a 43.262.901 euro per l'anno 2043, a 45.164.710 euro per l'anno 2044, a 46.993.173 euro per l'anno 2045, a 48.215.486 euro per l'anno 2046, a 49.540.444 euro per l'anno 2047, a 50.782.454 euro per l'anno 2048, a 52.250.283 euro per l'anno 2049, a 52.003.935 euro per l'anno 2050, a 51.880.761 euro per l'anno 2051, a 51.778.116 euro per l'anno 2052 e a 51.757.587 euro a decorrere dall'anno 2053, mediante riduzione del Fondo di cui all'articolo 10, comma 5, del decreto-legge 29 novembre 2004, n. 282, convertito, con modificazioni, dalla legge 27 dicembre 2004, n. 307, quanto a 1.181.732 euro a decorrere dall'anno 2025, mediante corrispondente riduzione del fondo di cui all'articolo 1, comma 607, della legge 30 dicembre 2021, n. 234, e, per la restante parte, mediante utilizzo delle risorse previste a legislazione vigente che si rendono disponibili quale mancata riassunzione dei giudici tributari di cui al ruolo ad esaurimento per 1.339.093 euro per l'anno 2022, 24.913.744 euro per l'anno 2023, 31.330.279 euro per l'anno 2024, 35.908.246 euro per l'anno 2025, 40.794.148 euro per l'anno 2026, 44.797.303 euro per l'anno 2027, 49.149.451 euro per l'anno 2028, 51.181.822 euro per l'anno 2029, 52.947.316 euro per l'anno 2030, 55.020.745 euro per l'anno 2031, 57.278.935 euro per l'anno 2032, 59.496.067 euro per l'anno 2033, 61.590.025 euro per l'anno 2034, 63.807.157 euro per l'anno 2035, 65.675.296 euro per l'anno 2036, 67.871.899 euro per l'anno 2037, 69.432.103 euro per l'anno 2038, 70.930.720 euro per l'anno 2039, 72.039.286 euro per l'anno 2040, 72.798.859 euro per l'anno 2041, 73.763.722 euro per l'anno 2042, 74.338.534 euro per l'anno 2043, 74.892.817 euro per l'anno 2044, 75.323.926 euro per l'anno 2045, 75.960.325 euro per l'anno 2046, 76.494.079 euro per l'anno 2047, 76.863.601 euro per l'anno 2048, 77.007.304 euro per l'anno 2049, 77.253.652 euro per l'anno 2050, 77.376.826 euro per l'anno 2051, 77.479.471 euro per l'anno 2052 e 77.500.000 euro a decorrere dall'anno 2053. Alla compensazione in termini di indebitamento e fabbisogno, pari a 1.941.841 euro per l'anno 2023, 1.433.769 euro per l'anno 2024, 859.199 euro per l'anno 2025 e 126.021 euro per l'anno 2026, si provvede mediante corrispondente riduzione del Fondo per la compensazione degli effetti finanziari non previsti a legislazione vigente conseguenti all'attualizzazione di contributi pluriennali, di cui all'articolo 6, comma 2, del decreto-legge 7 ottobre 2008, n. 154, convertito, con modificazioni, dalla legge 4 dicembre 2008, n. 189.

2. Il Ministro dell'economia e delle finanze è autorizzato ad apportare, con propri decreti, le occorrenti variazioni di bilancio.

8. Disposizioni transitorie e finali. – 1. La disposizione di cui all'articolo 1, comma 1, lettera n), numero 2.2), si applica a decorrere dal 1° gennaio 2027. Fino al 31 dicembre 2026, i componenti delle corti di giustizia tributaria di primo e secondo grado, indipendentemente dalle funzioni svolte, cessano dall'incarico, in ogni caso:

a) il 1° gennaio 2023 qualora abbiano compiuto settantaquattro anni di età entro il 31 dicembre 2022, ovvero al compimento del settantaquattresimo anno di età nel corso dell'anno 2023;

b) il 1° gennaio 2024 qualora abbiano compiuto settantatré anni di età entro il 31 dicembre 2023, ovvero al compimento del settantatreesimo anno di età nel corso dell'anno 2024;

c) il 1° gennaio 2025 qualora abbiano compiuto settantadue anni di età entro il 31 dicembre 2024, ovvero al compimento del settantaduesimo anno di età nel corso dell'anno 2025;

d) il 1° gennaio 2026 qualora abbiano compiuto settantuno anni di età entro il 31 dicembre 2025, ovvero al compimento del settantunesimo anno di età nel corso dell'anno 2026 [(1)].

2. Le disposizioni di cui all'articolo 1, comma 1, lettere q) e r), si applicano a decorrere dal 1° gennaio 2023.

3. Le disposizioni di cui all'articolo 4, comma 1, lettere c), d), g) e h), si applicano ai ricorsi notificati a decorrere dalla data di entrata in vigore della presente legge.

4. Le disposizioni di cui all'articolo 4, comma 1, lettera b), si applicano ai ricorsi notificati a decorrere dal 1° gennaio 2023.

Entro il 31 dicembre 2022, con decreto del Ministro dell'economia e delle finanze, ai sensi dell'articolo 13 del decreto legislativo 31 dicembre 1992, n. 545, è stabilita la misura del compenso variabile spettante al presidente e al presidente di sezione delle corti di giustizia tributaria e al giudice monocratico per le controversie di cui all'articolo 4, comma 1, lettera b).

5. In sede di prima applicazione della presente legge, ai fini della sua migliore implementazione, entro sessanta giorni dalla pubblicazione della graduatoria di cui all'articolo 1, comma 7, sono indette le elezioni per la scelta della componente togata del Consiglio di presidenza della giustizia tributaria. Nell'ambito della componente togata deve essere assicurata, in ogni caso, la rappresentanza in Consiglio di almeno un magistrato tributario proveniente dalla magistratura ordinaria, uno da quella amministrativa, uno da quella contabile e uno da quella militare, fra coloro che sono utilmente collocati nella graduatoria di cui all'articolo 1, comma 7. Ai fini di cui al periodo precedente, il rispettivo corpo elettorale è formato dai magistrati tributari e dai giudici tributari provenienti dalla corrispondente magistratura. Fermo quanto previsto nei periodi precedenti, sono eleggibili nella componente togata i soli giudici tributari e magistrati tributari che possano ultimare la consiliatura prima del collocamento a riposo. Tutti i componenti togati che siano magistrati tributari sono, per la durata del mandato in Consiglio, collocati fuori ruolo. Il presidente è eletto nella prima seduta, a maggioranza assoluta dei componenti del Consiglio, fra i membri eletti dal Parlamento.

6. All'articolo 2, comma 1, del decreto legislativo 14 settembre 2015, n. 147, le parole: «di ammontare non inferiore a venti milioni di euro» sono sostituite dalle seguenti: «di ammontare non inferiore a quindici milioni di euro».

7. La disposizione di cui al comma 6 si applica agli interpelli presentati a decorrere dal 1° gennaio 2023, anche se relativi a investimenti precedenti a tale data.

La presente legge, munita del sigillo dello Stato, sarà inserita nella Raccolta ufficiale degli atti normativi della Repubblica italiana. È fatto obbligo a chiunque spetti di osservarla e di farla osservare come legge dello Stato.

[(1)] *A norma dell'articolo 3, comma 6, del D.L. 29 dicembre 2022, n. 198, non ancora convertito in Legge, i termini di cui al presente comma sono prorogati di un anno.*

34. D.L. 23 settembre 2022, n. 144

Ulteriori misure urgenti in materia di politica energetica nazionale, produttività delle imprese, politiche sociali e per la realizzazione del Piano nazionale di ripresa e resilienza (PNRR). (DECRETO AIUTI TER)(Estratto: Artt. 1,2,4,36,38, 40 e 41)
(in Gazz. Uff. 23 settembre 2022, n. 223).

1. Contributo straordinario, sotto forma di credito d'imposta, in favore delle imprese per l'acquisto di energia elettrica e gas naturale. – 1. Alle imprese a forte consumo di energia elettrica di cui al decreto del Ministro dello sviluppo economico 21 dicembre 2017, della cui adozione è stata data comunicazione nella Gazzetta Ufficiale della Repubblica italiana n. 300 del 27 dicembre 2017, i cui costi per kWh della componente energia elettrica, calcolati sulla base della media del terzo trimestre 2022 ed al netto delle imposte e degli eventuali sussidi, hanno subito un incremento del costo per kWh superiore al 30 per cento relativo al medesimo periodo dell'anno 2019, anche tenuto conto di eventuali contratti di fornitura di durata stipulati dall'impresa, è riconosciuto un contributo straordinario a parziale compensazione dei maggiori oneri sostenuti, sotto forma di credito di imposta, pari al 40 per cento delle spese sostenute per la componente energetica acquistata ed effettivamente utilizzata nei mesi di ottobre e novembre 2022. Il credito di imposta è riconosciuto anche in relazione alla spesa per l'energia elettrica prodotta dalle imprese di cui al primo periodo e dalle stesse autoconsumata nei mesi di ottobre e novembre 2022. In tal caso l'incremento del costo per kWh di energia elettrica prodotta e autoconsumata è calcolato con riferimento alla variazione del prezzo unitario dei combustibili acquistati ed utilizzati dall'impresa per la produzione della medesima energia elettrica e il credito di imposta è determinato con riguardo al prezzo convenzionale dell'energia elettrica pari alla media, relativa ai mesi di ottobre e novembre 2022, del prezzo unico nazionale dell'energia elettrica.

2. Alle imprese a forte consumo di gas naturale è riconosciuto, a parziale compensazione dei maggiori oneri sostenuti per l'acquisto del gas naturale, un contributo straordinario, sotto forma di credito di imposta, pari al 40 per cento della spesa sostenuta per l'acquisto del medesimo gas, consumato nei mesi di ottobre e novembre 2022, per usi energetici diversi dagli usi termoelettrici, qualora il prezzo di riferimento del gas naturale, calcolato come media, riferita al terzo trimestre 2022, dei prezzi di riferimento del Mercato Infragiornaliero (MI-GAS) pubblicati dal Gestore dei mercati energetici (GME), abbia subito un incremento superiore al 30 per cento del corrispondente prezzo medio riferito al medesimo trimestre dell'anno 2019. Ai fini del presente comma, è impresa a forte consumo di gas naturale quella che opera in uno dei settori di cui all'allegato 1 al decreto del Ministro della transizione ecologica 21 dicembre 2021, n. 541, della cui adozione è stata data comunicazione nella Gazzetta Ufficiale della Repubblica italiana n. 5 dell'8 gennaio 2022 e ha consumato, nel primo trimestre solare dell'anno 2022, un quantitativo di gas naturale per usi energetici non inferiore al 25 per cento del volume di gas naturale indicato all'articolo 3, comma 1, del medesimo decreto, al netto dei consumi di gas naturale impiegato in usi termoelettrici(1).

3. Alle imprese dotate di contatori di energia elettrica di potenza disponibile pari o superiore a 4,5 kW, diverse dalle imprese a forte consumo di energia elettrica di cui al decreto del Ministro dello sviluppo economico 21 dicembre 2017, della cui adozione è stata data comunicazione nella Gazzetta Ufficiale della Repubblica italiana n. 300 del 27 dicembre 2017, è riconosciuto, a parziale compensazione dei maggiori oneri effettivamente sostenuti per l'acquisto della componente energia, un contributo straordinario, sotto forma di credito di imposta, pari al 30 per cento della spesa sostenuta per l'acquisto della componente energetica, effettivamente utilizzata nei mesi di ottobre e novembre 2022, comprovato mediante le relative fatture d'acquisto, qualora il prezzo della stessa, calcolato sulla base della media riferita al terzo trimestre 2022, al netto delle imposte e degli eventuali sussidi, abbia subito un incremento del costo per kWh superiore al 30 per cento del corrispondente prezzo medio riferito al medesimo trimestre dell'anno 2019.

4. Alle imprese diverse da quelle a forte consumo di gas naturale di cui all'articolo 5 del decreto-legge 1° marzo 2022 n. 17, convertito, con modificazioni, dalla legge 27 aprile 2022, n. 34, è riconosciuto, a parziale compensazione dei maggiori oneri effettivamente sostenuti per l'acquisto del gas naturale, un contributo straordinario, sotto forma di credito di imposta, pari al 40 per cento della spesa sostenuta per l'acquisto del medesimo gas, consumato nei mesi di ottobre e novembre 2022, per usi energetici diversi dagli usi termoelettrici, qualora il prezzo di riferimento del gas naturale, calcolato come media, riferita al terzo trimestre 2022, dei prezzi di riferimento del Mercato Infragiornaliero (MI-GAS) pubblicati dal Gestore dei mercati energetici (GME), abbia subito un incremento superiore al 30 per cento del corrispondente prezzo medio riferito al medesimo trimestre dell'anno 2019(2).

5. Ai fini della fruizione dei contributi straordinari, sotto forma di credito d'imposta, di cui ai commi 3 e 4, ove l'impresa destinataria del contributo si rifornisca, nel terzo trimestre dell'anno 2022 e nei mesi di ottobre e novembre 2022, di energia elettrica o di gas naturale dallo stesso venditore da cui si riforniva nel terzo trimestre dell'anno 2019, il venditore, entro sessanta giorni dalla scadenza del periodo per il quale spetta il credito d'imposta, invia al proprio cliente, su sua richiesta, una comunicazione nella quale sono riportati il calcolo dell'incremento di costo della componente energetica e l'ammontare del credito d'imposta spettante per i mesi di ottobre e novembre 2022. L'Autorità di regolazione per energia, reti e ambiente (ARERA), entro dieci giorni dalla data di entrata in vigore della legge di conversione del presente decreto, definisce il contenuto della predetta comunicazione e le sanzioni in caso di mancata ottemperanza da parte del venditore(3).

6. I crediti d'imposta di cui ai commi da 1 a 4 sono utilizzabili esclusivamente in compensazione ai sensi dell'articolo 17 del decreto legislativo 9 luglio 1997, n. 241, entro la data del 31 marzo 2023. Non si applicano i limiti di cui all'articolo 1, comma 53, della legge 24 dicembre 2007, n. 244, e di cui all'articolo 34 della legge 23 dicembre 2000, n. 388. I

VARIE

crediti d'imposta non concorrono alla formazione del reddito d'impresa né della base imponibile dell'imposta regionale sulle attività produttive e non rilevano ai fini del rapporto di cui agli articoli 61 e 109, comma 5, del testo unico delle imposte sui redditi approvato con decreto del Presidente della Repubblica 22 dicembre 1986, n. 917. I crediti d'imposta sono cumulabili con altre agevolazioni che abbiano ad oggetto i medesimi costi, a condizione che tale cumulo, tenuto conto anche della non concorrenza alla formazione del reddito e della base imponibile dell'imposta regionale sulle attività produttive, non porti al superamento del costo sostenuto.

7. I crediti d'imposta di cui ai commi da 1 a 4 sono cedibili, solo per intero, dalle imprese beneficiarie ad altri soggetti, compresi gli istituti di credito e gli altri intermediari finanziari, senza facoltà di successiva cessione, fatta salva la possibilità di due ulteriori cessioni solo se effettuate a favore di banche e intermediari finanziari iscritti all'albo previsto dall'articolo 106 del testo unico delle leggi in materia bancaria e creditizia, di cui al decreto legislativo 1° settembre 1993, n. 385, società appartenenti a un gruppo bancario iscritto all'albo di cui all'articolo 64 del predetto testo unico delle leggi in materia bancaria e creditizia ovvero imprese di assicurazione autorizzate ad operare in Italia ai sensi del codice delle assicurazioni private, di cui al decreto legislativo 7 settembre 2005, n. 209, ferma restando l'applicazione delle disposizioni di cui all'articolo 122-bis, comma 4, del decreto-legge 19 maggio 2020, n. 34, convertito, con modificazioni, dalla legge 17 luglio 2020, n. 77, per ogni cessione intercorrente tra i predetti soggetti, anche successiva alla prima. I contratti di cessione conclusi in violazione del primo periodo sono nulli. In caso di cessione dei crediti d'imposta, le imprese beneficiarie richiedono il visto di conformità dei dati relativi alla documentazione che attesta la sussistenza dei presupposti che danno diritto ai crediti d'imposta di cui al presente articolo. Il visto di conformità è rilasciato ai sensi dell'articolo 35 del decreto legislativo 9 luglio 1997, n. 241, dai soggetti indicati all'articolo 3, comma 3, lettere a) e b), del regolamento recante modalità per la presentazione delle dichiarazioni relative alle imposte sui redditi, all'imposta regionale sulle attività produttive e all'imposta sul valore aggiunto, di cui al decreto del Presidente della Repubblica 22 luglio 1998, n. 322, e dai responsabili dell'assistenza fiscale dei centri costituiti dai soggetti di cui all'articolo 32 del citato decreto legislativo n. 241 del 1997. I crediti d'imposta sono usufruiti dal cessionario con le stesse modalità con le quali sarebbero stati utilizzati dal soggetto cedente e comunque entro la medesima data del 31 marzo 2023. Le modalità attuative delle disposizioni relative alla cessione e alla tracciabilità dei crediti d'imposta, da effettuarsi in via telematica, anche avvalendosi dei soggetti previsti dall'articolo 3, comma 3, del regolamento di cui al decreto del Presidente della Repubblica 22 luglio 1998, n. 322, sono definite con provvedimento del direttore dell'Agenzia delle entrate. Si applicano le disposizioni di cui all'articolo 122-bis, nonché, in quanto compatibili, quelle di cui all'articolo 121, commi da 4 a 6, del decreto-legge n. 34 del 2020(4).

8. Entro il 16 febbraio 2023 i beneficiari del credito di cui ai commi da 1 a 4 e 11, a pena di decadenza dal diritto alla fruizione del credito non ancora fruito, inviano all'Agenzia delle entrate un'apposita comunicazione sull'importo del credito maturato nell'esercizio 2022. Il contenuto e le modalità di presentazione della comunicazione sono definiti con provvedimento dell'Agenzia delle entrate da emanarsi entro trenta giorni dalla data di entrata in vigore del presente decreto(5).

9. Agli oneri di cui al presente articolo, valutati in 8.586 milioni di euro per l'anno 2022 e 1.000 milioni di euro per l'anno 2023, che aumentano in termini di indebitamento netto a 9.586 milioni di euro per l'anno 2022, si provvede ai sensi dell'articolo 43(6).

10. Il Ministero dell'economia e delle finanze effettua il monitoraggio delle fruizioni dei crediti d'imposta di cui al presente articolo, ai fini di quanto previsto dall' articolo 17, comma 13, della legge 31 dicembre 2009, n. 196.

11. All'articolo 6 del decreto-legge 9 agosto 2022, n. 115, sono apportate le seguenti modificazioni:

a) al comma 6, primo periodo, le parole «31 dicembre 2022» sono sostituite dalle seguenti: «31 marzo 2023»;

b) al comma 7, quinto periodo, le parole «31 dicembre 2022» sono sostituite dalle seguenti: «31 marzo 2023(7)».

(1) *Comma modificato dall'articolo 1, comma 1 della Legge 17 novembre 2022, n. 175, in sede di conversione.*
(2) *Comma modificato dall'articolo 1, comma 1 della Legge 17 novembre 2022, n. 175, in sede di conversione.*
(3) *Comma modificato dall'articolo 1, comma 1 della Legge 17 novembre 2022, n. 175, in sede di conversione.*
(4) *Comma modificato dall'articolo 1, comma 1 della Legge 17 novembre 2022, n. 175, in sede di conversione.*
(5) *Comma modificato dall'articolo 1, comma 1 della Legge 17 novembre 2022, n. 175, in sede di conversione.*
(6) *Comma modificato dall'articolo 1, comma 1 della Legge 17 novembre 2022, n. 175, in sede di conversione.*
(7) *Comma modificato dall'articolo 1, comma 1 della Legge 17 novembre 2022, n. 175, in sede di conversione.*

2. Estensione del credito di imposta per l'acquisto di carburanti per l'esercizio dell'attività agricola e della pesca. – 1. Al fine di mitigare gli effetti economici derivanti dal perdurare dell'aumento eccezionale del prezzo del gasolio e della benzina, alle imprese esercenti attività agricola e della pesca e alle imprese esercenti l'attività agromeccanica di cui al codice ATECO 1.61 è riconosciuto, a parziale compensazione dei maggiori oneri effettivamente sostenuti per l'acquisto di gasolio e benzina per la trazione dei mezzi utilizzati per l'esercizio delle predette attività, un contributo straordinario, sotto forma di credito di imposta, pari al 20 per cento della spesa sostenuta per l'acquisto del carburante effettuato nel quarto trimestre solare dell'anno 2022, comprovato mediante le relative fatture d'acquisto, al netto dell'imposta sul valore aggiunto.

2. Il contributo di cui al comma 1 è, altresì, riconosciuto alle imprese esercenti attività agricola e della pesca in relazione alla spesa sostenuta nel quarto trimestre solare dell'anno 2022 per l'acquisto del gasolio e della benzina utilizzati per il riscaldamento delle serre e dei fabbricati produttivi adibiti all'allevamento degli animali.

3. Il credito d'imposta di cui ai commi 1 e 2 è utilizzabile esclusivamente in compensazione ai sensi dell'articolo 17 del decreto legislativo 9 luglio 1997, n. 241, entro la data del 31 marzo 2023. Non si applicano i limiti di cui all'articolo 1, comma 53, della legge 24 dicembre 2007, n. 244, e di cui all'articolo 34 della legge 23 dicembre 2000, n. 388. Il credito d'imposta non concorre alla formazione del reddito d'impresa né della base imponibile dell'imposta regionale sulle attività produttive e non rileva ai fini del rapporto di cui agli

articoli 61 e 109, comma 5, del testo unico delle imposte sui redditi approvato con decreto del Presidente della Repubblica 22 dicembre 1986, n. 917. Il credito d'imposta è cumulabile con altre agevolazioni che abbiano ad oggetto i medesimi costi, a condizione che tale cumulo, tenuto conto anche della non concorrenza alla formazione del reddito e della base imponibile dell'imposta regionale sulle attività produttive, non porti al superamento del costo sostenuto.

4. Il credito d'imposta di cui ai commi 1 e 2 è cedibile, solo per intero, dalle imprese beneficiarie ad altri soggetti, compresi gli istituti di credito e gli altri intermediari finanziari, senza facoltà di successiva cessione, fatta salva la possibilità di due ulteriori cessioni solo se effettuate a favore di banche e intermediari finanziari iscritti all'albo previsto dall'articolo 106 del testo unico delle leggi in materia bancaria e creditizia, di cui al decreto legislativo 1° settembre 1993, n. 385, società appartenenti a un gruppo bancario iscritto all'albo di cui all'articolo 64 del predetto testo unico delle leggi in materia bancaria e creditizia ovvero imprese di assicurazione autorizzate ad operare in Italia ai sensi del codice delle assicurazioni private, di cui al decreto legislativo 7 settembre 2005, n. 209, ferma restando l'applicazione delle disposizioni di cui all'articolo 122-bis, comma 4, del decreto-legge 19 maggio 2020, n. 34, convertito, con modificazioni, dalla legge 17 luglio 2020, n. 77, per ogni cessione intercorrente tra i predetti soggetti, anche successiva alla prima. I contratti di cessione conclusi in violazione del primo periodo sono nulli. In caso di cessione del credito d'imposta, le imprese beneficiarie richiedono il visto di conformità dei dati relativi alla documentazione che attesta la sussistenza dei presupposti che danno diritto al credito d'imposta di cui al presente articolo. Il visto di conformità è rilasciato ai sensi dell'articolo 35 del decreto legislativo 9 luglio 1997, n. 241, dai soggetti indicati all'articolo 3, comma 3, lettere a) e b), del regolamento recante modalità per la presentazione delle dichiarazioni relative alle imposte sui redditi, all'imposta regionale sulle attività produttive e all'imposta sul valore aggiunto, di cui al decreto del Presidente della Repubblica 22 luglio 1998, n. 322, e dai responsabili dell'assistenza fiscale dei centri costituiti dai soggetti di cui all'articolo 32 del citato decreto legislativo n. 241 del 1997. Il credito d'imposta è utilizzato dal cessionario con le stesse modalità con le quali sarebbe stato utilizzato dal soggetto cedente e comunque entro la medesima data del 31 marzo 2023. Le modalità attuative delle disposizioni relative alla cessione e alla tracciabilità del credito d'imposta, da effettuarsi in via telematica, anche avvalendosi dei soggetti previsti dall'articolo 3, comma 3, del regolamento di cui al decreto del Presidente della Repubblica 22 luglio 1998, n. 322, sono definite con provvedimento del direttore dell'Agenzia delle entrate. Si applicano le disposizioni di cui all'articolo 122-bis, nonché, in quanto compatibili, quelle di cui all'articolo 121, commi da 4 a 6, del decreto-legge 19 maggio 2020, n. 34, convertito, con modificazioni, dalla legge 17 luglio 2020, n. 77.

5. Entro il 16 febbraio 2023 i beneficiari del credito di cui ai commi 1 e 2, a pena di decadenza dal diritto alla fruizione del credito non ancora fruito, inviano all'Agenzia delle entrate un'apposita comunicazione sull'importo del credito maturato nell'esercizio 2022. Il contenuto e le modalità di presentazione della comunicazione sono definiti con provvedimento dell'Agenzia delle entrate da emanarsi entro trenta giorni dalla data di entrata in vigore del presente decreto[(1)].

6. Le disposizioni del presente articolo si applicano nel rispetto della normativa europea in materia di aiuti di Stato. Ai relativi adempimenti europei provvede il Ministero delle politiche agricole alimentari e forestali.

7. Agli oneri derivanti dal presente articolo, valutati in 183,77 milioni di euro per l'anno 2022, si provvede ai sensi dell'articolo 43.

8. Il Ministero dell'economia e delle finanze effettua il monitoraggio delle fruizioni del credito d'imposta di cui al presente articolo, ai fini di quanto previsto dall'articolo 17, comma 13, della legge 31 dicembre 2009, n. 196.

(1) Comma modificato dall'articolo 1, comma 1 della Legge 17 novembre 2022, n. 175, in sede di conversione.

4. Disposizioni in materia di accisa e di imposta sul valore aggiunto su alcuni carburanti. – 1. In considerazione del perdurare degli effetti economici derivanti dall'eccezionale incremento dei prezzi dei prodotti energetici, a decorrere dal 18 ottobre 2022 e fino al 31 ottobre 2022 nonché dal 4 novembre 2022 fino al 18 novembre 2022:

a) le aliquote di accisa, di cui all'allegato I al testo unico delle disposizioni legislative concernenti le imposte sulla produzione e sui consumi e relative sanzioni penali e amministrative, di cui al decreto legislativo 26 ottobre 1995, n. 504, dei sotto indicati prodotti sono rideterminate nelle seguenti misure:

1) benzina: 478,40 euro per mille litri;

2) oli da gas o gasolio usato come carburante: 367,40 euro per mille litri;

3) gas di petrolio liquefatti (GPL) usati come carburanti: 182,61 euro per mille chilogrammi;

4) gas naturale usato per autotrazione: zero euro per metro cubo;

b) l'aliquota IVA applicata al gas naturale usato per autotrazione è stabilita nella misura del 5 per cento[(1)].

2. In dipendenza della rideterminazione dell'aliquota di accisa sul gasolio usato come carburante, stabilita dal comma 1, lettera a), numero 2), del presente articolo, l'aliquota di accisa sul gasolio commerciale usato come carburante, di cui al numero 4-bis della Tabella A allegata al testo unico di cui al citato decreto legislativo n. 504 del 1995, non si applica per il periodo dal 18 ottobre 2022 e fino al 31 ottobre 2022 nonché per il periodo dal 4 novembre 2022 fino al 18 novembre 2022[(2)].

3. Gli esercenti i depositi commerciali di prodotti energetici assoggettati ad accisa di cui all'articolo 25, comma 1, del testo unico di cui al citato decreto legislativo n. 504 del 1995 e gli esercenti gli impianti di distribuzione stradale di carburanti di cui al comma 2, lettera b), del medesimo articolo 25, trasmettono, entro il 28 novembre 2022, all'ufficio competente per territorio dell'Agenzia delle dogane e dei monopoli, con le modalità di cui all'articolo 19-bis del predetto testo unico ovvero per via telematica e con l'utilizzo dei modelli di cui all'articolo 8, comma 6, del decreto-legge 9 agosto 2022, n. 115, convertito, con modificazioni, dalla legge 21 settembre 2022, n. 142, i dati relativi ai quantitativi dei prodotti di cui al comma 1, lettera a), del presente articolo usati come carburante giacenti nei serbatoi dei relativi depositi e impianti alla data del 18 novembre 2022. La predetta comu-

VARIE

nicazione non è effettuata nel caso in cui sia disposta la proroga dell'applicazione, a decorrere dal 19 novembre 2022, delle aliquote come rideterminate dal comma 1, lettera a)[3].

4. Nel caso in cui non venga disposta la proroga di cui al comma 3, per la mancata comunicazione delle giacenze di cui al medesimo comma 3 trova applicazione la sanzione prevista dall'articolo 50, comma 1, del testo unico di cui al citato decreto legislativo n. 504 del 1995. La medesima sanzione è applicata per l'invio delle comunicazioni di cui al predetto comma 3 con dati incompleti o non veritieri.

5. Al fine di prevenire il rischio di manovre speculative derivanti dalla diminuzione delle aliquote di accisa stabilita dal comma 1, lettera a), e dalla diminuzione dell'aliquota IVA di cui al comma 1, lettera b), trovano applicazione, in quanto compatibili, le disposizioni di cui all'articolo 1-bis, commi 5 e 6, del decreto-legge 21 marzo 2022, n. 21, convertito, con modificazioni, dalla legge 20 maggio 2022, n. 51.

6. Agli oneri derivanti dal comma 1, valutati in 957,34 milioni di euro per l'anno 2022 e in 43,8 milioni di euro per l'anno 2024, si provvede ai sensi dell'articolo 43[4].

(1) *Comma modificato dall'articolo 1, comma 1 della Legge 17 novembre 2022, n. 175, in sede di conversione*
(2) *Comma modificato dall'articolo 1, comma 1 della Legge 17 novembre 2022, n. 175, in sede di conversione*
(3) *Comma modificato dall'articolo 1, comma 1 della Legge 17 novembre 2022, n. 175, in sede di conversione*
(4) *Comma modificato dall'articolo 1, comma 1 della Legge 17 novembre 2022, n. 175, in sede di conversione*

36. Incremento delle risorse destinate ai centri di assistenza fiscale. – 1. All'articolo 49 del decreto-legge 30 aprile 2022, n. 36, convertito, con modificazioni, dalla legge 29 giugno 2022, n. 79, al comma 1-bis le parole «di euro 13 milioni» sono sostituite con le parole «di euro 28 milioni».

2. Ai relativi oneri si provvede ai sensi dell'articolo 43.

38. Disposizioni urgenti in tema di procedure di riversamento del credito d'imposta per attività di ricerca e sviluppo [1]. – 1. All'articolo 5 del decreto-legge 21 ottobre 2021, n. 146, convertito, con modificazioni, dalla legge 17 dicembre 2021, n. 215, sono apportate le seguenti modificazioni:

a) al comma 9, primo periodo, le parole: "*entro il 30 settembre 2022*" sono sostituite dalle seguenti: "*entro il 31 ottobre 2023*";

b) al comma 10, le parole: "*entro il 16 dicembre 2022*", ovunque ricorrono, sono sostituite dalle seguenti: "*entro il 16 dicembre 2023*" e le parole: "*entro il 16 dicembre 2023 e il 16 dicembre 2024*" e "*a decorrere dal 17 dicembre 2022*" sono sostituite, rispettivamente, dalle seguenti: "*entro il 16 dicembre 2024 e il 16 dicembre 2025*" e "*a decorrere dal 17 dicembre 2023*";

c) al comma 11, secondo periodo, le parole: "*17 dicembre 2022*" sono sostituite dalle seguenti: "*17 dicembre 2023*".

2. All'articolo 23, comma 2, del decreto-legge 21 giugno 2022, n. 73, convertito, con modificazioni, dalla legge 4 agosto 2022, n. 122, sono apportate le seguenti modificazioni:

a) dopo il primo periodo è inserito il seguente: "*Tale certificazione può essere richiesta anche per l'attestazione della qualificazione delle attività di ricerca e sviluppo ai sensi dell'articolo 3 del decreto-legge 23 dicembre 2013, n. 145, convertito, con modificazioni, dalla legge 21 febbraio 2014, n. 9*";

b) al terzo periodo, le parole: "*La certificazione di cui al primo e secondo periodo può essere richiesta*" sono sostituite dalle seguenti: "*Le certificazioni di cui al primo, al secondo e al terzo periodo possono essere richieste*".

3. Il Fondo per interventi strutturali di politica economica, di cui all'articolo 10, comma 5, del decreto-legge 29 novembre 2004, n. 282, convertito, con modificazioni, dalla legge 27 dicembre 2004, n. 307, è incrementato di 65 milioni di euro per l'anno 2025.

4. Agli oneri derivanti dai commi 1 e 3, valutati in 55 milioni di euro per l'anno 2022 e in 5 milioni di euro per ciascuno degli anni 2023 e 2024 e pari a 65 milioni di euro per l'anno 2025, si provvede:

a) quanto a 15 milioni di euro per l'anno 2022, mediante corrispondente riduzione del Fondo di cui all'articolo 1, comma 200, della legge 23 dicembre 2014, n. 190;

b) quanto a 40 milioni di euro per l'anno 2022 e a 5 milioni di euro per ciascuno degli anni 2023 e 2024, mediante corrispondente riduzione del Fondo per interventi strutturali di politica economica, di cui all'articolo 10, comma 5, del decreto-legge 29 novembre 2004, n. 282, convertito, con modificazioni, dalla legge 27 dicembre 2004, n. 307;

c) quanto a 65 milioni di euro per l'anno 2025, mediante corrispondente utilizzo delle maggiori entrate derivanti dal comma 1.

(1) *Articolo sostituito dall'articolo 1, comma 1, della Legge 17 novembre 2022, n. 175, in sede di conversione.*

40. Ulteriori disposizioni di sostegno alle imprese. – 1. L'applicazione delle disposizioni di cui all'articolo 9-ter, comma 5, del decreto-legge 28 ottobre 2020, n. 137, convertito, con modificazioni, dalla legge 18 dicembre 2020, n. 176, è prorogata al 30 giugno 2023, salva disdetta da parte dell'interessato [1] .

1-bis. Per le domande di finanziamento agevolato riferite alla linea progettuale "Rifinanziamento e ridefinizione del fondo 394/81 gestito da SIMEST" - sub-misura del PNRR M1.C2.I5, presentate a valere sulla delibera quadro approvata il 30 settembre 2021 dal Comitato agevolazioni di cui all'articolo 1, comma 270, della legge 27 dicembre 2017, n. 205, di cui all'avviso pubblicato nella Gazzetta Ufficiale n. 237 del 4 ottobre 2021, come modificata dalla delibera del 31 marzo 2022, di cui all'avviso pubblicato nella Gazzetta Ufficiale n. 83 dell'8 aprile 2022, ed eccedenti il limite di spesa previsto a copertura del suddetto intervento dall'articolo 11 del decreto-legge 10 settembre 2021, n. 121, convertito, con modificazioni, dalla legge 9 novembre 2021, n. 156, si provvede, nei limiti e alle condizioni previsti dalla vigente normativa europea in materia di aiuti di importanza minore (de minimis), a valere sulle risorse disponibili, come da ultimo incrementate dall'autorizzazione di spesa di cui all'articolo 1, comma 49, lettere a) e b), della legge 30 dicembre 2021, n. 234, sul fondo rotativo di cui all'articolo 2, primo comma, del decreto-legge 28 maggio 1981, n. 251, convertito, con modificazioni, dalla legge 29 luglio 1981, n. 394, fino ad un ammontare massimo di euro 700 milioni, e sulla quota di risorse del fondo di cui all'articolo 72, comma 1, lettera d), del decreto-legge 17 marzo 2020, n. 18, convertito, con modificazioni, dalla legge 24 aprile 2020, n. 27, per il connesso cofinanziamento a fondo perduto, fino ad un ammontare massimo di euro 180 milioni [2] .

(1) Comma modificato dall'articolo 1, comma 1, della Legge 17 novembre 2022, n. 175, in sede di conversione e successivamente dall'articolo 1, comma 815, della Legge 29 dicembre 2022, n. 197.
(2) Comma aggiunto dall'articolo 1, comma 1, della Legge 17 novembre 2022, n. 175, in sede di conversione.

41. Disposizioni urgenti in materia di regime fiscale per le navi iscritte nel registro internazionale. – 1. Al decreto-legge 30 dicembre 1997, n. 457, convertito, con modificazioni, dalla legge 27 febbraio 1998, n. 30, sono apportate le seguenti modificazioni:

a) all'articolo 1:

1) il comma 1 è sostituito dal seguente:

«1. È istituito il registro delle navi adibite alla navigazione internazionale, di seguito denominato "*Registro internazionale*", nel quale sono iscritte, a seguito di autorizzazione del Ministero delle infrastrutture e della mobilità sostenibili, le navi che effettuano attività di trasporto marittimo, inteso come trasporto via mare di passeggeri o merci tra porti, tra un porto e un impianto o una struttura in mare aperto, nonché quelle che svolgono attività assimilate al trasporto marittimo, secondo quanto previsto dal presente comma, quali:

a) navi che forniscono assistenza alle piattaforme offshore, quali le unità che prestano servizi antincendio, di trasporto di materiali e personale tecnico;

b) navi d'appoggio quali le navi che prestano servizi di rimorchio d'alto mare, servizio antincendio e servizio antinquinamento;

c) navi posacavi che effettuano l'installazione e l'attività di manutenzione degli strati di cavi e di tubi;

d) navi da ricerca scientifica e sismologica ovvero che effettuano attività di installazione e manutenzione in mare aperto;

e) draghe che, oltre alle attività di dragaggio, effettuano anche attività di trasporto del materiale dragato;

f) navi di servizio che forniscono altre forme di assistenza o servizi di salvataggio in mare che operino in contesti normativi nell'Unione europea simili a quello del trasporto marittimo dell'Unione europea in termini di protezione del lavoro, requisiti tecnici e sicurezza e che operino nel mercato globale.»(1);

2) dopo il comma 1-bis, sono inseriti i seguenti:

«1-ter. Ai fini istruttori propedeutici al rilascio dell'autorizzazione all'iscrizione nel Registro internazionale o all'annotazione nell'elenco di cui all'articolo 6-ter, comma 2, il Ministero delle infrastrutture e della mobilità sostenibili acquisisce dal proprietario o dall'armatore di ogni nave una dichiarazione di impegno a rispettare i limiti previsti dagli orientamenti marittimi, corredata della pertinente documentazione tecnica della nave. Le autorità marittime locali verificano il rispetto di tale impegno e l'effettivo esercizio delle attività autorizzate, anche attraverso controlli effettuati all'arrivo e alla partenza delle navi(2).

1-quater. Le attività svolte sui rimorchiatori e sulle draghe iscritti in uno Stato dell'Unione europea o dello Spazio economico europeo possono beneficiare delle misure di aiuto soltanto a condizione che almeno il cinquanta per cento delle attività annuali delle navi costituisca trasporto marittimo e soltanto in relazione a tali attività di trasporto. A tal fine, i ricavi derivanti da attività di trasporto marittimo e quelli derivanti da altre attività non ammissibili devono essere riportati in contabilità separata.»(3);

b) dopo l'articolo 6-bis sono inseriti i seguenti:

«Art. 6-ter (Estensione delle agevolazioni fiscali e contributive alle navi iscritte nei registri degli Stati dell'Unione europea o dello Spazio economico europeo e alle navi battenti bandiera di Stati dell'Unione europea o dello Spazio economico europeo). - 1. Le disposizioni degli articoli 4, 6 e 9-quater si applicano anche alle imprese di navigazione residenti e non residenti aventi stabile organizzazione nel territorio dello Stato ai sensi dell'articolo 162 del testo unico delle imposte sui redditi, di cui al decreto del Presidente della Repubblica 22 dicembre 1986, n. 917, che utilizzano navi iscritte nei registri degli Stati dell'Unione europea o dello Spazio economico europeo ovvero navi battenti bandiera di Stati dell'Unione europea o dello Spazio economico europeo adibite esclusivamente a traffici commerciali internazionali in relazione alle attività di trasporto marittimo o alle attività assimilate di cui all'articolo 1, comma 1.

2. Per l'accesso ai benefici di cui agli articoli 4, 6 e 9-quater, le navi di cui al comma 1 sono annotate, su istanza delle imprese di navigazione e previo rilascio dell'autorizzazione di cui all'articolo 1, comma 1-ter, in apposito elenco tenuto presso il Ministero delle infrastrutture e della mobilità sostenibili. Le Amministrazioni che applicano gli sgravi fiscali o contributivi accedono in via telematica all'elenco di cui al presente comma al fine di effettuare le verifiche sui beneficiari.

3. Le disposizioni dei commi 1 e 2 si applicano a condizione che sia rispettato quanto previsto dagli articoli 1, comma 5, e 3 e che siano rispettate le disposizioni concernenti la composizione minima dell'equipaggio e le tabelle di armamento.

4. L'esonero dal versamento dei contributi previdenziali e assistenziali di cui all'articolo 6 si applica solo a condizione che sussista l'obbligo del versamento degli stessi nel rispetto di quanto disciplinato all'articolo 11, paragrafo 4, del regolamento (CE) n. 883/2004 del Parlamento europeo e del Consiglio, del 29 aprile 2004.

5. Con decreto del Ministro delle infrastrutture e della mobilità sostenibili, da adottare entro sessanta giorni dalla data di entrata in vigore della presente disposizione, sono definite, senza nuovi o maggiori oneri a carico della finanza pubblica, le modalità di costituzione, alimentazione e aggiornamento dell'elenco di cui al comma 2(4).

Art. 6-quater (Quota minima di navi iscritte nei registri degli Stati dell'Unione europea o dello Spazio economico europeo ovvero navi battenti bandiera di Stati dell'Unione europea o dello Spazio economico europeo).- 1. Le disposizioni degli articoli 4, 6 e 9-quater si applicano a condizione che le navi iscritte nei registri degli Stati dell'Unione europea o dello Spazio economico europeo ovvero battenti bandiera di Stati dell'Unione europea o dello Spazio economico europeo costituiscano almeno il 25 per cento del tonnellaggio della flotta dell'impresa.

2. Qualora la quota di tonnellaggio delle navi iscritte nei registri degli Stati dell'Unione europea o dello Spazio economico europeo ovvero battenti bandiera di Stati dell'Unione europea o dello Spazio economico europeo della flotta dell'impresa sia inferiore o pari al 60 per cento, fermo restando il limite minimo previsto dal comma 1, l'impresa è obbligata a mantenere o aumentare tale quota. Qualora la quota di tonnellaggio di cui al primo periodo sia superiore al 60 per cento, l'impresa è obbligata esclusivamente a garantire che la quota di tonnellaggio delle navi iscritte nei registri

degli Stati dell'Unione europea o dello Spazio economico europeo ovvero battenti bandiera di Stati dell'Unione europea o dello Spazio economico europeo risulti comunque superiore al 60 per cento.

Art. 6-quinquies (Proventi ammissibili). - 1. La disposizione di cui all'articolo 4, comma 2, si applica in relazione al reddito derivante:

a) dai proventi principali risultanti dalle attività di trasporto marittimo, quali i proventi derivanti dalla vendita di biglietti o tariffe per il trasporto di merci e, in caso di trasporto di passeggeri, dalla locazione di cabine nel contesto del viaggio marittimo e dalla vendita di alimenti e bevande per il consumo immediato a bordo;

b) dallo svolgimento delle attività assimilate a quelle di trasporto marittimo di cui all'articolo 1, comma 1;

c) dallo svolgimento delle attività accessorie derivanti da attività di trasporto marittimo, a condizione che in ciascun esercizio i relativi ricavi di competenza non superino il 50 per cento dei ricavi totali ammissibili derivanti dalla utilizzazione della nave, nel qual caso il regime di cui al presente comma non si applica alla quota eccedente il 50 per cento.

2. I proventi dei contratti non collegati al trasporto marittimo, quali l'acquisizione di autovetture, bestiame e beni immobili, costituiscono proventi non ammissibili ai fini dell'applicazione dell'articolo 4, comma 2.

3. Con decreto del Ministro delle infrastrutture e della mobilità sostenibili, di concerto con il Ministro dell'economia e delle finanze, da adottare entro sessanta giorni dalla data di entrata in vigore della presente disposizione, sono individuate le attività accessorie di cui al comma 1, lettera c), nonché le modalità di acquisizione da parte dell'impresa, presso società controllate, controllanti, sottoposte a comune controllo o collegate, dei servizi a terra, come le escursioni locali e il trasporto parziale su strada, inclusi nel pacchetto di servizi complessivo, fermo quanto previsto dal comma 5.

4. I redditi derivanti dalle attività di cui ai commi 1 e 2 devono essere differenziati e tenuti in contabilità separata.

5. Alle operazioni fra le società, il cui reddito è determinato anche parzialmente ai sensi dell'articolo 4, comma 2, e le altre imprese, anche se residenti nel territorio dello Stato, si applica, ricorrendone le altre condizioni, il principio del valore di mercato di cui all'articolo 9 del testo unico delle imposte sui redditi di cui al decreto del Presidente della Repubblica 22 dicembre 1986, n. 917[5].

Art. 6-sexies (Noleggio a tempo o a viaggio di navi). - 1. Le disposizioni dell'articolo 4, comma 2, si applicano all'attività delle navi prese a noleggio a tempo o a viaggio se è soddisfatta una delle seguenti condizioni:

a) se le navi sono noleggiate a tempo o a viaggio con attrezzature ed equipaggio forniti da altre imprese, il beneficiario conta nella propria flotta anche navi per cui assicura la gestione tecnica e del personale e tali navi costituiscono almeno il 20 per cento del tonnellaggio della flotta;

b) la quota di navi noleggiate a tempo o a viaggio che non sono registrate in uno Stato appartenente allo Spazio economico europeo non supera il 75 per cento della flotta del beneficiario ammissibile al regime;

c) almeno il 25 per cento dell'intera flotta del beneficiario batte bandiera di Stati appartenenti allo Spazio economico europeo.

2. Fermo restando quanto previsto dall'articolo 6-quater, nei casi di cui al comma 1 il beneficiario è tenuto a mantenere o aumentare la quota di navi di proprietà o locate a scafo nudo battenti bandiera di Stati appartenenti allo Spazio economico europeo rispetto al totale della propria flotta[6].

Art. 6-septies (Locazione di navi a scafo nudo). - 1. Le disposizioni dell'articolo 4, comma 2, si applicano all'esercizio delle attività di locazione a scafo nudo nel rispetto delle seguenti condizioni:

a) i contratti di locazione a scafo nudo sono limitati a un periodo massimo di tre anni;

b) l'attività di locazione a scafo nudo corrisponde a un eccesso temporaneo di capacità connessa ai servizi di trasporto marittimo del beneficiario;

c) almeno il 50 per cento della flotta ammissibile continua a essere gestito dal beneficiario.

2. Le condizioni di cui al comma 1 non si applicano all'attività di locazione a scafo nudo posta in essere tra soggetti appartenenti allo stesso gruppo di imprese in uno Stato dell'Unione europea o dello Spazio economico europeo[7].

Art. 6-octies (Conformità agli orientamenti marittimi). - 1. Il livello degli aiuti concessi in relazione all'iscrizione nel Registro internazionale e all'annotazione nell'elenco di cui all'articolo 6-ter, comma 2, è conforme a quanto previsto dagli orientamenti dell'Unione europea in materia di aiuti di Stato ai trasporti marittimi relativamente al massimale dell'aiuto.

2. L'azzeramento delle imposte sul reddito e dei contributi di sicurezza sociale dei marittimi e la riduzione dell'imposta sulle società per le attività di trasporto marittimo sono il livello massimo di aiuto autorizzato.» [8].

2. Agli oneri derivanti dalle disposizioni degli articoli da 6-ter a 6-septies del decreto-legge 30 dicembre 1997, n. 457, convertito, con modificazioni, dalla legge 27 febbraio 1998, n. 30, come introdotte dal comma 1, lettera b), del presente articolo, valutati in 14,5 milioni di euro per l'anno 2022, 20,3 milioni di euro per l'anno 2023 e 19,1 milioni di euro annui a decorrere dall'anno 2024, si provvede mediante corrispondente riduzione del fondo per il recepimento della normativa europea di cui all'articolo 41-bis della legge 24 dicembre 2012, n. 234. Il Ministro dell'economia e delle finanze è autorizzato ad apportare, con propri decreti, le occorrenti variazioni di bilancio [9].

3. Al codice della nautica da diporto, di cui al decreto legislativo 18 luglio 2005, n. 171, sono apportate le seguenti modificazioni[10]:

a) all'articolo 49-quinquies:

1) al comma 1, le parole «purché abitualmente e non occasionalmente» sono sostituite dalle seguenti: «anche su base temporanea o occasionale»;

2) dopo il comma 1, è inserito il seguente: «1-bis. All'esercizio della professione di istruttore professionale di vela si applicano, per i profili ivi disciplinati, il decreto legislativo 9 novembre 2007, n. 206, per i cittadini di Stati dell'Unione europea o dello Spazio economico europeo o svizzeri, nonché l'articolo 49 del decreto del Presidente della Repubblica 31 agosto 1999, n. 394, per i cittadini di Paesi terzi.»;

b) all'articolo 49-sexies, comma 2, lettera f), l'ultimo periodo è sostituito dai seguenti: «La verifica del requisito della conoscenza della lingua italiana può essere effettuata solo successivamente al riconoscimento del brevetto o della qualifica professionale di cui alla lettera d) o al riconoscimento della qualifica professionale di cui al decreto legislativo 9

novembre 2007, n. 206. Si prescinde dal requisito della conoscenza della lingua italiana qualora l'insegnamento sia impartito ad allievi stranieri nella loro lingua madre.»[11].

[1] *Lettera modificata dall'articolo 1, comma 1, della Legge 17 novembre 2022, n. 175, in sede di conversione.*
[2] *Capoverso modificato dall'articolo 1, comma 1, della Legge 17 novembre 2022, n. 175, in sede di conversione.*
[3] *Capoverso modificato dall'articolo 1, comma 1, della Legge 17 novembre 2022, n. 175, in sede di conversione.*
[4] *Capoverso modificato dall'articolo 1, comma 1, della Legge 17 novembre 2022, n. 175, in sede di conversione.*
[5] *Capoverso modificato dall'articolo 1, comma 1, della Legge 17 novembre 2022, n. 175, in sede di conversione.*
[6] *Capoverso modificato dall'articolo 1, comma 1, della Legge 17 novembre 2022, n. 175, in sede di conversione.*
[7] *Capoverso modificato dall'articolo 1, comma 1, della Legge 17 novembre 2022, n. 175, in sede di conversione.*
[8] *Capoverso modificato dall'articolo 1, comma 1, della Legge 17 novembre 2022, n. 175, in sede di conversione.*
[8] *Comma modificato dall'articolo 1, comma 1, della Legge 17 novembre 2022, n. 175, in sede di conversione.*
[10] *Alinea modificato dall'articolo 1, comma 1, della Legge 17 novembre 2022, n. 175, in sede di conversione.*
[11] *Lettera modificata dall'articolo 1, comma 1, della Legge 17 novembre 2022, n. 175, in sede di conversione.*

35. D.L. 18 novembre 2022 n.176

Decreto convertito, con modificazioni dalla Legge 13 gennaio 2023, n. 6. - Misure urgenti di sostegno nel settore energetico e di finanza pubblica. (DECRETO AIUTI QUATER) **Estratto 1-4; 7 bis; 8-9; 10, 11bis-12; 14 bis)*
(in Gazz. Uff. 18 novembre 2022, n. 270)

CAPO I
Misure urgenti in materia di energia elettrica, gas naturale e carburanti

1. Contributo straordinario, sotto forma di credito d'imposta, a favore delle imprese per l'acquisto di energia elettrica e gas naturale, per il mese di dicembre 2022. – 1. I contributi straordinari, sotto forma di credito d'imposta, di cui ai commi 1, primo periodo, 2, 3 e 4 dell'articolo 1 del decreto-legge 23 settembre 2022, n. 144, convertito, con modificazioni, dalla legge 17 novembre 2022, n. 175, sono riconosciuti, alle medesime condizioni ivi previste, anche in relazione alla spesa sostenuta nel mese di dicembre 2022 per l'acquisto di energia elettrica e gas naturale.

2. Il contributo, sotto forma di credito d'imposta, previsto dall'articolo 1, comma 1, secondo periodo, del decreto-legge 23 settembre 2022, n. 144, convertito, con modificazioni, dalla legge 17 novembre 2022, n. 175, è riconosciuto, alle condizioni previste dal terzo periodo del comma 1 del medesimo articolo 1, anche in relazione alla spesa per l'energia elettrica prodotta e autoconsumata nel mese di dicembre 2022 ed è determinato con riguardo al prezzo convenzionale dell'energia elettrica pari alla media, relativa al mese di dicembre 2022, del prezzo unico nazionale dell'energia elettrica.

3. I crediti d'imposta maturati ai sensi dei commi 1 e 2 del presente articolo per il mese di dicembre 2022, nonché quelli spettanti ai sensi dell'articolo 1, commi 1, primo e secondo periodo, 2, 3 e 4,del decreto-legge 23 settembre 2022, n. 144, convertito, con modificazioni, dalla legge 17 novembre 2022, n. 175, relativi ai mesi di ottobre e novembre 2022, e dell'articolo 6 del decreto-legge 9 agosto 2022, n. 115, convertito, con modificazioni, dalla legge 21 settembre 2022, n. 142, relativi al terzo trimestre 2022, sono utilizzabili esclusivamente in compensazione ai sensi dell'articolo 17 del decreto legislativo 9 luglio 1997, n. 241, entro la data del 30 settembre 2023. Non si applicano i limiti di cui all'articolo 1, comma 53, della legge 24 dicembre 2007, n. 244, e di cui all'articolo 34 della legge 23 dicembre 2000, n. 388. I crediti d'imposta non concorrono alla formazione del reddito d'impresa né della base imponibile dell'imposta regionale sulle attività produttive e non rilevano ai fini del rapporto di cui agli articoli 61 e 109, comma 5, del testo unico delle imposte sui redditi approvato con decreto del Presidente della Repubblica 22 dicembre 1986, n. 917. I crediti d'imposta sono cumulabili con altre agevolazioni che abbiano ad oggetto i medesimi costi, a condizione che tale cumulo, tenuto conto anche della non concorrenza alla formazione del reddito e della base imponibile dell'imposta regionale sulle attività produttive, non porti al superamento del costo sostenuto[1].

4. I crediti d'imposta maturati ai sensi dei commi 1 e 2 del presente articolo per il mese di dicembre 2022, nonché quelli spettanti ai sensi dell'articolo 1, commi 1, primo e secondo periodo, 2, 3 e 4, del decreto-legge 23 settembre 2022, n. 144, convertito, con modificazioni, dalla legge 17 novembre 2022, n. 175, relativi ai mesi di ottobre e novembre 2022, e dell'articolo 6 del decreto-legge 9 agosto 2022, n. 115, convertito, con modificazioni, dalla legge 21 settembre 2022, n. 142, relativi al terzo trimestre 2022, sono cedibili, solo per intero, dalle imprese beneficiarie ad altri soggetti, compresi gli istituti di credito e gli altri intermediari finanziari, senza facoltà di successiva cessione, fatta salva la possibilità di due ulteriori cessioni solo se effettuate a favore di banche e intermediari finanziari iscritti all'albo previsto dall'articolo 106 del testo unico delle leggi in materia bancaria e creditizia, di cui al decreto legislativo 1° settembre 1993, n. 385, società appartenenti a un gruppo bancario iscritto all'albo di cui all'articolo 64 del predetto testo unico delle leggi in materia bancaria e creditizia ovvero imprese di assicurazione autorizzate ad operare in Italia ai sensi del codice delle assicurazioni private, di cui al decreto legislativo 7 settembre 2005, n. 209, ferma restando l'applicazione delle disposizioni di cui all'articolo 122-bis, comma 4, del decreto-legge 19 maggio 2020, n. 34, convertito, con modificazioni, dalla legge 17 luglio 2020, n. 77, per ogni cessione intercorrente tra i predetti soggetti, anche successiva alla prima. I contratti di cessione conclusi in violazione del primo periodo sono nulli. In caso di cessione dei crediti d'imposta, le imprese beneficiarie richiedono il visto di conformità dei dati relativi alla documentazione che attesta la sussistenza dei presupposti che danno diritto ai crediti d'imposta di cui al presente articolo.

VARIE

Il visto di conformità è rilasciato ai sensi dell'articolo 35 del decreto legislativo 9 luglio 1997, n. 241, dai soggetti indicati all'articolo 3, comma 3, lettere a) e b), del regolamento recante modalità per la presentazione delle dichiarazioni relative alle imposte sui redditi, all'imposta regionale sulle attività produttive e all'imposta sul valore aggiunto, di cui al decreto del Presidente della Repubblica 22 luglio 1998, n. 322, e dai responsabili dell'assistenza fiscale dei centri costituiti dai soggetti di cui all'articolo 32 del citato decreto legislativo n. 241 del 1997. I crediti d'imposta sono usufruiti dal cessionario con le stesse modalità con le quali sarebbero stati utilizzati dal soggetto cedente e comunque entro la medesima data del 30 settembre 2023. Le modalità attuative delle disposizioni relative alla cessione e alla tracciabilità dei crediti d'imposta, da effettuarsi in via telematica, anche avvalendosi dei soggetti previsti dall'articolo 3, comma 3, del regolamento di cui al decreto del Presidente della Repubblica 22 luglio 1998, n. 322, sono definite con provvedimento del direttore dell'Agenzia delle entrate. Si applicano le disposizioni di cui all'articolo 122-bis, nonché, in quanto compatibili, quelle di cui all'articolo 121, commi da 4 a 6, del citato decreto-legge n. 34 del 2020[2].

5. In relazione ai contributi di cui ai commi 1 e 2 del presente articolo si applicano, in quanto compatibili, le disposizioni dell'articolo 1 del decreto-legge 23 settembre 2022, n. 144 convertito, con modificazioni, dalla legge 17 novembre 2022, n. 175[3].

6. Entro il 16 marzo 2023, i beneficiari dei crediti d'imposta richiamati ai commi 3 e 4, a pena di decadenza dal diritto alla fruizione del credito non ancora fruito, inviano all'Agenzia delle entrate un'apposita comunicazione sull'importo del credito maturato nell'esercizio 2022. Il contenuto e le modalità di presentazione della comunicazione sono definiti con provvedimento del direttore della medesima Agenzia da adottarsi entro trenta giorni dalla data di entrata in vigore del presente decreto.

7. Agli oneri di cui al presente articolo, valutati in 2.726,454 milioni di euro per l'anno 2022 e 317,546 milioni di euro per l'anno 2023, che aumentano in termini di indebitamento netto a 3.044 milioni di euro per l'anno 2022, si provvede ai sensi dell'articolo 15 [4].

[1] *Comma modificato dall'articolo 1, comma 1, della Legge 13 gennaio 2023, n. 6, in sede di conversione.*
[2] *Comma modificato dall'articolo 1, comma 1, della Legge 13 gennaio 2023, n. 6, in sede di conversione.*
[3] *Comma modificato dall'articolo 1, comma 1, della Legge 13 gennaio 2023, n. 6, in sede di conversione.*
[4] *Comma modificato dall'articolo 1, comma 1, della Legge 13 gennaio 2023, n. 6, in sede di conversione.*

2. Disposizioni in materia di accisa e di imposta sul valore aggiunto su alcuni carburanti. – 1. In considerazione del perdurare degli effetti economici derivanti dall'eccezionale incremento dei prezzi dei prodotti energetici, a decorrere dal 19 novembre 2022 e fino al 31 dicembre 2022:

a) le aliquote di accisa, di cui all'allegato I al testo unico delle disposizioni legislative concernenti le imposte sulla produzione e sui consumi e relative sanzioni penali e amministrative, di cui al decreto legislativo 26 ottobre 1995, n. 504, dei sotto indicati prodotti sono rideterminate nelle seguenti misure:

1) benzina: 478,40 euro per mille litri, a decorrere dal 19 novembre 2022 e fino al 30 novembre 2022, e 578,40 euro per mille litri, a decorrere dal 1° dicembre 2022 e fino al 31 dicembre 2022[1];

2) oli da gas o gasolio usato come carburante: 367,40 euro per mille litri, a decorrere dal 19 novembre 2022 e fino al 30 novembre 2022, e 467,40 euro per mille litri, a decorrere dal 1° dicembre 2022 e fino al 31 dicembre 2022[2];

3) gas di petrolio liquefatti (GPL) usati come carburanti: 182,61 euro per mille chilogrammi, a decorrere dal 19 novembre 2022 e fino al 30 novembre 2022, e 216,67 euro per mille chilogrammi, a decorrere dal 1° dicembre 2022 e fino al 31 dicembre 2022[3];

4) gas naturale usato per autotrazione: zero euro per metro cubo;

b) l'aliquota IVA applicata al gas naturale usato per autotrazione è stabilita nella misura del 5 per cento.

2. In dipendenza della rideterminazione dell'aliquota di accisa sul gasolio usato come carburante, stabilita, a decorrere dal 19 novembre 2022 e fino al 30 novembre 2022, dal comma 1, lettera a), numero 2), del presente articolo, l'aliquota di accisa sul gasolio commerciale usato come carburante, di cui al numero 4-bis della Tabella A allegata al testo unico di cui al decreto legislativo n. 504 del 1995, non si applica per il periodo dal 19 novembre 2022 [*e fino*]al 30 novembre 2022[4].

3. Gli esercenti i depositi commerciali di prodotti energetici assoggettati ad accisa di cui all'articolo 25, comma 1, del testo unico di cui al decreto legislativo 26 ottobre 1995, n. 504, e gli esercenti gli impianti di distribuzione stradale di carburanti di cui al comma 2, lettera b), del medesimo articolo 25 trasmettono, entro il 12 dicembre 2022, all'ufficio competente per territorio dell'Agenzia delle dogane e dei monopoli, con le modalità di cui all'articolo 19-bis del predetto testo unico ovvero per via telematica e con l'utilizzo dei modelli di cui all'articolo 8, comma 6, del decreto-legge 9 agosto 2022, n. 115, convertito, con modificazioni, dalla legge 21 settembre 2022, n. 142, i dati relativi ai quantitativi dei prodotti di cui al comma 1, lettera a), numeri 1), 2) e 3), del presente articolo, usati come carburanti, giacenti nei serbatoi dei relativi depositi e impianti alla data del 30 novembre 2022. I predetti esercenti trasmettono altresì, entro il 12 gennaio 2023, all'ufficio competente per territorio dell'Agenzia delle dogane e dei monopoli, con le suddette modalità e l'utilizzo dei predetti modelli, i dati relativi ai quantitativi dei prodotti di cui al comma 1, lettera a), numeri 1), 2) e 3), del presente articolo, usati come carburanti, giacenti nei serbatoi dei relativi depositi e impianti alla data del 31 dicembre 2022[5].

4. [*Nel caso in cui non venga disposta la proroga di cui al comma 3,*]Per la mancata comunicazione delle giacenze di cui al comma 3 trova applicazione la sanzione prevista dall'articolo 50, comma 1, del testo unico di cui al decreto legislativo n. 504 del 1995. La medesima sanzione è applicata per l'invio delle comunicazioni di cui al predetto comma 3 con dati incompleti o non veritieri[6].

5. Al fine di prevenire il rischio di manovre speculative derivanti dalla diminuzione delle aliquote di accisa stabilita dal comma 1, lettera a), e dalla diminuzione dell'aliquota IVA di cui al comma 1, lettera b), trovano applicazione, in quanto compatibili, le disposizioni di cui all'articolo 1-bis, commi 5 e 6, del decreto-legge 21 marzo 2022, n. 21, con-

vertito, con modificazioni, dalla legge 20 maggio 2022, n. 51.

6. Agli oneri derivanti dal presente articolo, valutati in 1.366,80 milioni di euro per l'anno 2022, 70,40 milioni di euro per l'anno 2023 e 62,30 milioni di euro per l'anno 2024, si provvede ai sensi dell'articolo 15 (7).

(1) *Punto sostituito dall'articolo 1, comma 1, lettera a), del D.L. 23 novembre 2022, n. 179e successivamente dall'articolo 1, comma 1, della Legge 13 gennaio 2023, n. 6, in sede di conversione. Il D.L. 179/2022 citato è stato abrogato dall'articolo 1, comma 1, della Legge 13 gennaio 2023, n. 6.*
(2) *Punto sostituito dall'articolo 1, comma 1, lettera a), del D.L. 23 novembre 2022, n. 179, e successivamente dall'articolo 1, comma 1, della Legge 13 gennaio 2023, n. 6, in sede di conversione. Il D.L. 179/2022 citato è stato abrogato dall'articolo 1, comma 1, della Legge 13 gennaio 2023, n. 6.*
(3) *Punto sostituito dall'articolo 1, comma 1, lettera a), del D.L. 23 novembre 2022, n. 179, e successivamente dall'articolo 1, comma 1, della Legge 13 gennaio 2023, n. 6, in sede di conversione. Il D.L. 179/2022 citato è stato abrogato dall'articolo 1, comma 1, della Legge 13 gennaio 2023, n. 6.*
(4) *Comma modificato dall'articolo 1, comma 1, lettera b), del D.L. 23 novembre 2022, n. 179, e successivamente dall'articolo 1, comma 1, della Legge 13 gennaio 2023, n. 6, in sede di conversione. Il D.L. 179/2022 citato è stato abrogato dall'articolo 1, comma 1, della Legge 13 gennaio 2023, n. 6.*
(5) *Comma sostituito dall'articolo 1, comma 1, lettera c), del D.L. 23 novembre 2022, n. 179, e successivamente dall'articolo 1, comma 1, della Legge 13 gennaio 2023, n. 6, in sede di conversione. Il D.L. 179/2022 citato è stato abrogato dall'articolo 1, comma 1, della Legge 13 gennaio 2023, n. 6.*
(6) *Comma modificato dall'articolo 1, comma 1, lettera d), del D.L. 23 novembre 2022, n. 179, e successivamente dall'articolo 1, comma 1, della Legge 13 gennaio 2023, n. 6, in sede di conversione. Il D.L. 179/2022 citato è stato abrogato dall'articolo 1, comma 1, della Legge 13 gennaio 2023, n. 6.*
(7) *Comma sostituito dall'articolo 1, comma 1, della Legge 13 gennaio 2023, n. 6, in sede di conversione.*

2 *bis*. Proroga dei termini relativi al credito d'imposta per l'acquisto di carburanti per l'esercizio dell'attività agricola e della pesca per il quarto trimestre 2022 (1). – 1. All'articolo 2 del decreto-legge 23 settembre 2022, n. 144, convertito, con modificazioni, dalla legge 17 novembre 2022, n. 175, sono apportate le seguenti modificazioni:

a) al comma 3, le parole: "31 marzo 2023" sono sostituite dalle seguenti: "30 giugno 2023";

b) al comma 4, le parole: "31 marzo 2023" sono sostituite dalle seguenti: "30 giugno 2023";

c) al comma 5, le parole: "16 febbraio 2023" sono sostituite dalle seguenti: "16 marzo 2023".

(1) *Articolo inserito dall'articolo 1, comma 1, della Legge 13 gennaio 2023, n. 6, in sede di conversione.*

3. Misure di sostegno per fronteggiare il caro bollette. – 1. Al fine di contrastare gli effetti dell'eccezionale incremento dei costi dell'energia, le imprese con utenze collocate in Italia a esse intestate hanno facoltà di richiedere la rateizzazione degli importi dovuti a titolo di corrispettivo per la componente energetica di elettricità e gas naturale utilizzato per usi diversi dagli usi termoelettrici ed eccedenti l'importo medio contabilizzato, a parità di consumo, nel periodo di riferimento compreso tra il 1° gennaio e il 31 dicembre 2021, per i consumi effettuati dal 1° ottobre 2022 al 31 marzo 2023 e fatturati entro il 30 settembre 2023. A tal fine, le imprese interessate formulano apposita istanza ai fornitori, secondo modalità semplificate stabilite con decreto del Ministro delle imprese e del made in Italy, di concerto con il Ministro dell'ambiente e della sicurezza energetica, da adottare entro trenta giorni dalla data di entrata in vigore del presente decreto.

2. Entro trenta giorni dalla ricezione dell'istanza di cui al comma 1, in caso di effettivo rilascio della garanzia di cui al comma 4 e di effettiva disponibilità di almeno una impresa di assicurazione autorizzata all'esercizio del ramo credito a stipulare, con l'impresa richiedente la rateizzazione, una copertura assicurativa sull'intero credito rateizzato nell'interesse del fornitore di energia, il fornitore ha l'obbligo di offrire ai richiedenti una proposta di rateizzazione recante l'ammontare degli importi dovuti, l'entità del tasso di interesse eventualmente applicato, che non può superare il saggio di interesse pari al rendimento dei buoni del Tesoro poliennali (BTP) di pari durata, le date di scadenza di ciascuna rata e la ripartizione delle medesime rate, per un minimo di dodici e un massimo di trentasei rate mensili.

3. In caso di inadempimento nel pagamento di due rate anche non consecutive l'impresa aderente al piano di rateizzazione decade dal beneficio della rateizzazione ed è tenuta al versamento, in un'unica soluzione, dell'intero importo residuo dovuto(1).

4. Al fine di assicurare la più ampia applicazione della misura di cui al presente articolo, la società SACE S.p.A. è autorizzata a concedere, conformemente alle disposizioni di cui all'articolo 8, comma 3, del decreto-legge 21 marzo 2022, n. 21, convertito, con modificazioni, dalla legge 20 maggio 2022, n. 51, in favore delle imprese di assicurazione autorizzate all'esercizio del ramo credito e cauzioni, una garanzia pari al 90 per cento degli indennizzi generati dalle esposizioni relative ai crediti vantati dai fornitori di energia elettrica e gas naturale residenti in Italia, per effetto dell'inadempimento, da parte delle imprese con sede in Italia, di tutto o parte del debito risultante dai piani di rateizzazione di cui al comma 2. Sulle obbligazioni della SACE S.p.A. derivanti dalle garanzie di cui al presente comma è accordata di diritto la garanzia dello Stato a prima richiesta e senza regresso, la cui operatività è registrata dalla SACE S.p.A. con gestione separata. La garanzia dello Stato è esplicita, incondizionata, irrevocabile e si estende al rimborso del capitale, al pagamento degli interessi e a ogni altro onere accessorio, al netto delle commissioni ricevute per le medesime garanzie. La SACE S.p.A. svolge anche per conto del Ministero dell'economia e delle finanze le attività relative all'escussione della garanzia e al recupero dei crediti, che può altresì delegare a terzi o agli stessi garantiti. La SACE S.p.A. opera con la dovuta diligenza professionale. Con decreto del Ministro dell'economia e delle finanze possono essere impartiti alla SACE S.p.A. indirizzi sulla gestione dell'attività di rilascio delle garanzie e sulla verifica, al fine dell'escussione della garanzia dello Stato, del rispetto dei suddetti indirizzi e dei criteri e delle condizioni previsti dal presente articolo (2).

5. Al fine di sostenere le specifiche esigenze di liquidità derivanti dai piani di rateizzazione concessi, i fornitori di energia elettrica e gas naturale con sede in Italia possono richiedere finanziamenti bancari assistiti da garanzia pubblica, prestata dalla SACE S.p.A., alle condizioni e nei termini di cui all'articolo 15 del decreto-legge 17 maggio 2022, n. 50, convertito, con modificazioni, dalla legge 15 luglio 2022, n. 91(3).

6. La garanzia di cui al comma 5 è rilasciata a condizione che l'impresa che aderisce al piano di rateizzazione non ab-

VARIE

bia approvato la distribuzione di dividendi o il riacquisto di azioni nel corso degli anni nei quali si procede al riconoscimento della rateizzazione a favore della stessa impresa, nonché di ogni altra impresa con sede in Italia che faccia parte del medesimo gruppo cui la prima appartiene, comprese quelle soggette alla direzione e al coordinamento da parte della medesima. Qualora le suddette imprese abbiano già distribuito dividendi o riacquistato azioni al momento della richiesta, l'impegno è assunto dall'impresa per i dodici mesi successivi. La medesima garanzia è rilasciata, altresì, a condizione che l'impresa aderente al piano di rateizzazione si impegni a gestire i livelli occupazionali attraverso accordi sindacali e a non trasferire le produzioni in siti collocati in Paesi diversi da quelli appartenenti all'Unione europea.

7. L'adesione al piano di rateizzazione di cui al comma 2, per i periodi corrispondenti, è alternativa alla fruizione dei crediti d'imposta di cui all'articolo 1 del presente decreto e all'articolo 1 del decreto-legge 23 settembre 2022, n. 144 convertito, con modificazioni, dalla legge 17 novembre 2022, n. 175.

8. All'articolo 8 del decreto-legge 21 marzo 2022, n. 21, convertito, con modificazioni, dalla legge 20 maggio 2022, n. 51, sono apportate le seguenti modificazioni:

a) al comma 3, le parole: «*30 giugno 2023*» sono sostituite dalle seguenti: «*30 giugno 2024*» e le parole «*31 dicembre 2022*» sono sostituite dalle seguenti: «*31 dicembre 2023*»;

b) al comma 6, le parole «*con una dotazione iniziale pari rispettivamente a 900 milioni di euro e 2000 milioni di euro*» sono sostituite dalle seguenti: «*con una dotazione iniziale pari rispettivamente a 900 milioni di euro e 5.000 milioni di euro*».

9. All'articolo 15, commi 1 e 5, lettera a), del decreto-legge 17 maggio 2022, n. 50, convertito, con modificazioni, dalla legge 15 luglio 2022, n. 91, le parole: «*31 dicembre 2022*» sono sostituite dalle seguenti: «*31 dicembre 2023*».

10. All'articolo 12, comma 1, del decreto-legge 9 agosto 2022, n. 115, convertito, con modificazioni, dalla legge 21 settembre 2022, n. 142, sono apportate le seguenti modificazioni:

a) dopo le parole «*dall'articolo 51, comma 3,*» sono inserite le seguenti: «*prima parte del terzo periodo,*»;

b) le parole «*euro 600,00*» sono sostituite dalle seguenti: «*euro 3.000*».

11. All'articolo 7, comma 1, del decreto-legge 23 settembre 2022, n. 144, convertito, con modificazioni, dalla legge 17 novembre 2022, n. 175, le parole «*50 milioni*» sono sostituite dalle seguenti: «*60 milioni*» e dopo le parole «*impianti sportivi e piscine*» sono aggiunte le seguenti: «*, nonché per il Comitato Olimpico Nazionale Italiano - CONI, per il Comitato Italiano Paralimpico - CIP e per la società Sport e Salute S.p.A.*».

12. All'articolo 8 del decreto-legge 23 settembre 2022, n. 144, convertito, con modificazioni, dalla legge 17 novembre 2022, n. 175, sono apportate le seguenti modificazioni:

a) al comma 1, le parole «*120 milioni*» sono sostituite dalle seguenti: «*170 milioni*» ed è aggiunto, in fine, il seguente periodo: «*Una quota del Fondo di cui al primo periodo, pari a 50 milioni di euro per l'anno 2022, è finalizzata al riconoscimento, nel predetto limite di spesa e in proporzione all'incremento dei costi sostenuti rispetto all'analogo periodo dell'anno 2021, di un contributo straordinario destinato, in via esclusiva, agli enti del Terzo settore iscritti al Registro unico nazionale del Terzo settore di cui all'articolo 45 del codice di cui al decreto legislativo 3 luglio 2017, n. 117, delle organizzazioni di volontariato e delle associazioni di promozione sociale coinvolte nel processo di trasmigrazione di cui all'articolo 54 del codice di cui al decreto legislativo 3 luglio 2017, n. 117, delle organizzazioni non lucrative di utilità sociale di cui al decreto legislativo 4 dicembre 1997, n. 460, iscritte alla relativa anagrafe, delle fondazioni, delle associazioni, delle aziende di servizi alla persona di cui al decreto legislativo 4 maggio 2001, n. 207, e degli enti religiosi civilmente riconosciuti, che erogano servizi sociosanitari e socioassistenziali in regime semiresidenziale e residenziale in favore di anziani.*» (4);

b) al comma 2, le parole «*50 milioni di euro*» sono sostituite dalle seguenti: «*100 milioni di euro*».

13. Agli oneri derivanti dal comma 10, valutati in 243,4 milioni di euro per l'anno 2022 e 21,2 milioni di euro per l'anno 2023, e dai commi 11 e 12, lettera a), pari a 60 milioni di euro per l'anno 2022, si provvede ai sensi dell'articolo 15 (5).

14. Agli oneri derivanti dal comma 12, lettera b), pari a 50 milioni di euro per l'anno 2022, si provvede mediante corrispondente riduzione del fondo di cui all'articolo 35, comma 1, del decreto-legge 17 maggio 2022, n. 50, convertito, con modificazioni, dalla legge 15 luglio 2022, n. 91 (6).

(1) *Comma modificato dall'articolo 1, comma 1, della Legge 13 gennaio 2023, n. 6, in sede di conversione.*
(2) *Comma modificato dall'articolo 1, comma 1, della Legge 13 gennaio 2023, n. 6, in sede di conversione.*
(3) *Comma modificato dall'articolo 1, comma 1, della Legge 13 gennaio 2023, n. 6, in sede di conversione.*
(4) *Lettera modificata dall'articolo 1, comma 1, della Legge 13 gennaio 2023, n. 6, in sede di conversione.*
(5) *Comma modificato dall'articolo 1, comma 1, della Legge 13 gennaio 2023, n. 6, in sede di conversione.*
(6) *Comma modificato dall'articolo 1, comma 1, della Legge 13 gennaio 2023, n. 6, in sede di conversione.*

3 *bis*. Misure di sostegno per fronteggiare i costi dell'energia. (1) – 1. Il contributo straordinario di cui all'articolo 27, comma 2, del decreto-legge 1° marzo 2022, n. 17, convertito, con modificazioni, dalla legge 27 aprile 2022, n. 34, come da ultimo incrementato dall'articolo 5, comma 1, del decreto-legge 23 settembre 2022, n. 144, convertito, con modificazioni, dalla legge 17 novembre 2022, n. 175, è ulteriormente incrementato per l'anno 2022 di 150 milioni di euro, da destinare per 130 milioni di euro in favore dei comuni e per 20 milioni di euro in favore delle città metropolitane e delle province. Alla ripartizione del fondo tra gli enti interessati si provvede con decreto del Ministro dell'interno, di concerto con il Ministro dell'economia e delle finanze e il Ministro per gli affari regionali e le autonomie, previa intesa in sede di Conferenza Stato-città ed autonomie locali, da adottare entro il 10 dicembre 2022, in relazione alla spesa per utenze di energia elettrica e gas.

2. Il fondo di cui all'articolo 9, comma 1, del decreto-legge 9 agosto 2022, n. 115, convertito, con modificazioni, dalla legge 21 settembre 2022, n. 142, già incrementato ai sensi dell'articolo 6, comma 1, del decreto-legge 23 settembre 2022, n. 144, convertito, con modificazioni, dalla legge 17 novembre 2022, n. 175, è ulteriormente incrementato di 320 milioni di euro per l'anno 2022 destinati al riconoscimento di un contributo, calcolato sulla base dei costi sostenuti nell'analogo periodo dell'anno 2021, per l'incremento di costo, al netto dell'imposta sul valore aggiunto, sostenuto nel secondo quadrimestre dell'anno 2022, per l'acquisto dell'energia elettrica e del carburante per l'alimentazione dei mezzi di trasporto destinati al trasporto pubblico locale e regionale su strada, lacuale, marittimo o ferroviario. Qualora

l'ammontare delle richieste di accesso al fondo risulti superiore al limite di spesa previsto, la ripartizione delle risorse tra gli operatori richiedenti è effettuata in misura proporzionale e fino a concorrenza del citato limite massimo di spesa.

3. Con decreto del Ministro delle infrastrutture e dei trasporti, da adottare entro il 9 dicembre 2022, di concerto con il Ministro dell'economia e delle finanze, sono stabiliti i criteri di riparto delle risorse tra gli enti territoriali competenti per i servizi di trasporto pubblico locali e regionali interessati e le modalità per il riconoscimento, da parte dell'ente concedente ovvero affidante il servizio di trasporto pubblico, del contributo di cui al comma 2 alle imprese di trasporto pubblico locale e regionale, alla gestione governativa della ferrovia circumetnea, alla concessionaria del servizio ferroviario Domodossola-confine svizzero e alla gestione governativa navigazione laghi, anche al fine del rispetto del limite di spesa ivi previsto, nonché le relative modalità di rendicontazione.

4. Al fine di permettere il contenimento delle conseguenze derivanti agli utenti finali dagli aumenti dei prezzi nel settore del gas naturale, è autorizzata la spesa di 350 milioni di euro per l'anno 2022. L'importo di cui al primo periodo è trasferito entro il 31 dicembre 2022 alla Cassa per i servizi energetici e ambientali (CSEA).

5. È autorizzata per l'anno 2022 a favore della società ANAS S.p.A. la spesa di 176 milioni di euro, di cui:

a) 125 milioni di euro per l'anno 2022, da destinare alla compensazione dei maggiori oneri derivanti dall'incremento dei costi sostenuti dall'ANAS S.p.A. per l'illuminazione pubblica delle strade nell'anno 2022, nelle more dell'adozione da parte della società di adeguate misure di efficientamento energetico per la compensazione degli oneri degli anni successivi;

b) 51 milioni di euro per l'anno 2022, da destinare alla copertura degli oneri connessi alle attività di monitoraggio, sorveglianza, gestione, vigilanza, infomobilità e manutenzione delle strade inserite nella rete di interesse nazionale di cui ai decreti del Presidente del Consiglio dei ministri 21 novembre 2019, pubblicati nella Gazzetta Ufficiale n. 22 del 28 gennaio 2020, e trasferite dalle regioni Piemonte, Lombardia, Veneto, Emilia-Romagna e Toscana all'ANAS S.p.A. per l'anno 2022.

6. Agli oneri derivanti dal presente articolo si provvede ai sensi dell'articolo 15.

(1) Articolo inserito dall'articolo 1, comma 1, della Legge 13 gennaio 2023, n. 6, in sede di conversione.

3 *ter*. Modifiche alla disciplina del close-out netting per aumentare la liquidità dei mercati dell'energia e ridurre i costi delle transazioni. (1). – 1. All'articolo 3-bis, comma 1, del decreto-legge 27 settembre 2021, n. 130, convertito, con modificazioni, dalla legge 25 novembre 2021, n. 171, le parole: "Indipendentemente dalla data di consegna ivi prevista, per i contratti di fornitura e i contratti derivati già in essere o stipulati entro il 31 dicembre 2022," sono soppresse.

(1) Articolo inserito dall'articolo 1, comma 1, della Legge 13 gennaio 2023, n. 6, in sede di conversione.

3 *quater*. Disposizioni a sostegno degli enti locali per l'acquisto di beni e servizi. (1). – 1. All'articolo 1, comma 7, del decreto-legge 6 luglio 2012, n. 95, convertito, con modificazioni, dalla legge 7 agosto 2012, n. 135, le parole: "almeno del 10 per cento per le categorie merceologiche telefonia fissa e telefonia mobile e del 3 per cento" sono sostituite dalle seguenti: "almeno del 5 per cento per le categorie merceologiche telefonia fissa e telefonia mobile e del 2 per cento".

(1) Articolo inserito dall'articolo 1, comma 1, della Legge 13 gennaio 2023, n. 6, in sede di conversione.

4. Misure per l'incremento della produzione di gas naturale. – 1. Al fine di contribuire al rafforzamento della sicurezza degli approvvigionamenti di gas naturale e alla riduzione delle emissioni di gas climalteranti tra cui il metano, rispettando l'impegno volontario dell'Italia al Global Methane Pledge, rilanciato nella 27ª Conferenza delle Parti della Convenzione quadro delle Nazioni Unite sui cambiamenti climatici (COP 27), attraverso l'incremento dell'offerta di gas di produzione nazionale destinabile ai clienti finali industriali a prezzo accessibile, all'articolo 16 del decreto-legge 1° marzo 2022, n. 17, convertito, con modificazioni, dalla legge 27 aprile 2022, n. 34, sono apportate le seguenti modificazioni(1):

a) al comma 2:

1) al secondo periodo, dopo le parole «*in condizione di sospensione volontaria delle attività*» sono aggiunte le seguenti: «*e considerando, anche ai fini dell'attività di ricerca, i soli vincoli costituiti dalla vigente legislazione nazionale ed europea o derivanti da accordi internazionali*»;

2) dopo il secondo periodo, sono inseriti i seguenti: «*La disposizione di cui al primo periodo si applica altresì alle concessioni di coltivazione di idrocarburi poste nel tratto di mare compreso tra il 45° parallelo e il parallelo passante per la foce del ramo di Goro del fiume Po, a una distanza dalle linee di costa superiore a 9 miglia e aventi un potenziale minerario di gas per un quantitativo di riserva certa superiore a una soglia di 500 milioni di metri cubi. In deroga a quanto previsto dall'articolo 4 della legge 9 gennaio 1991, n. 9, è consentita la coltivazione delle concessioni di cui al terzo periodo per la durata di vita utile del giacimento a condizione che i titolari delle concessioni medesime aderiscano alle procedure di cui al comma 1 e previa presentazione di analisi tecnico-scientifiche e programmi dettagliati di monitoraggio e verifica dell'assenza di effetti significativi di subsidenza sulle linee di costa da condurre sotto il controllo del Ministero dell'ambiente e della sicurezza energetica.*»;

3) al terzo periodo, le parole «*La predetta comunicazione*» sono sostituite dalle seguenti: «*La comunicazione di cui al primo periodo*»;

b) dopo il comma 2, è inserito il seguente:

«*2-bis. Al fine di incrementare la produzione nazionale di gas naturale per l'adesione alle procedure di cui al comma 1, in deroga a quanto previsto dall'articolo 6, comma 17, del decreto legislativo 3 aprile 2006, n. 152, è consentito il rilascio di nuove concessioni di coltivazione di idrocarburi in zone di mare poste fra le 9 e le 12 miglia dalle linee di costa e dal perimetro esterno delle aree marine e costiere protette, limitatamente ai siti aventi un potenziale minerario di gas per un quantitativo di riserva certa superiore a una soglia di 500 milioni di metri cubi. I soggetti che acquisiscono la titolarità delle concessioni di cui al primo periodo sono tenuti a aderire alle procedure di cui al comma 1.*»;

c) al comma 3, primo periodo, dopo le parole «*dei piani di interventi di cui al comma 2*» sono inserite le seguenti: «*, nonché quelli relativi al conferimento delle nuove concessioni di coltivazione di*

VARIE

cui al comma 2-bis,» e le parole «*sei mesi*» sono sostituite dalle seguenti: «*tre mesi*»;

d) il comma 4 è sostituito dal seguente: «*4. Il Gruppo GSE stipula contratti di acquisto di diritti di lungo termine sul gas di cui al comma 1, in forma di contratti finanziari per differenza rispetto al punto di scambio virtuale (PSV), di durata massima pari a dieci anni, con verifica dei termini alla fine del quinto anno, con i concessionari di cui ai commi 2 e 2-bis, a un prezzo che garantisce la copertura dei costi totali effettivi delle singole produzioni, inclusi gli oneri fiscali e di trasporto, nonché un'equa remunerazione. Il prezzo di cui al primo periodo, stabilito con decreto del Ministro dell'ambiente e della sicurezza energetica, di concerto con il Ministro dell'economia e delle finanze e il Ministro delle imprese e del made in Italy, è definito applicando una riduzione percentuale, anche progressiva, ai prezzi giornalieri registrati al punto di scambio virtuale, e comunque varia nel limite di livelli minimi e massimi quantificati, rispettivamente, in 50 e 100 euro per MWh. Nelle more della conclusione delle procedure autorizzative di cui al comma 3, a partire dal 1° gennaio 2023 e comunque fino all'entrata in produzione delle quantità aggiuntive di gas di cui al comma 1, i titolari di concessioni di coltivazione di gas naturale che abbiano risposto positivamente alla manifestazione d'interesse ai sensi dei commi 2 e 2-bis mettono a disposizione del Gruppo GSE un quantitativo di diritti sul gas corrispondente, fino al 2024, ad almeno il 75 per cento dei volumi produttivi attesi dagli investimenti di cui ai commi 2 e 2-bis e, per gli anni successivi al 2024, ad almeno il 50 per cento dei volumi produttivi attesi dagli investimenti medesimi. Il quantitativo di cui al terzo periodo non è comunque superiore ai volumi di produzione effettiva di competenza dei titolari di concessioni di coltivazione di gas naturale in essere sul territorio nazionale che abbiano risposto positivamente alla manifestazione d'interesse ai sensi dei commi 2 e 2-bis.*»[2];

e) il comma 5 è sostituito dai seguenti:

«*5. Il Gruppo GSE, con una o più procedure, offre, al prezzo di cui al comma 4, primo periodo, i diritti sul gas oggetto dei contratti di cui al medesimo comma complessivamente acquisiti nella sua disponibilità a clienti finali industriali a forte consumo di gas, che agiscano anche in forma aggregata, aventi diritto alle agevolazioni di cui al decreto del Ministro della transizione ecologica n. 541 del 21 dicembre 2021, di cui al comunicato pubblicato nella Gazzetta Ufficiale n. 5 dell'8 gennaio 2022, e che hanno consumato nel 2021 un quantitativo di gas naturale per usi energetici non inferiore al volume di gas naturale indicato all'articolo 3, comma 1, del medesimo decreto, senza nuovi o maggiori oneri per il Gruppo GSE. Le modalità e i criteri di assegnazione sono definiti con decreto del Ministro dell'ambiente e della sicurezza energetica, di concerto con il Ministro dell'economia e delle finanze e il Ministro delle imprese e del made in Italy. I diritti offerti sono aggiudicati all'esito di procedure di assegnazione, secondo criteri di riparto pro quota. In esito a tali procedure, il Gruppo GSE stipula con ciascun cliente finale assegnatario un contratto finanziario per differenza per i diritti aggiudicati. Nel caso in cui il contratto sia stipulato dai clienti finali in forma aggregata, il contratto medesimo assicura che gli effetti siano trasferiti ai clienti finali interessati. Il contratto prevede, altresì, che:*

a) la quantità di diritti oggetto del contratto sia rideterminata al 31 gennaio di ogni anno sulla base delle effettive produzioni nel corso dell'anno precedente;

b) è fatto divieto di cessione tra i clienti finali dei diritti derivanti dal contratto[3].

5-bis. Lo schema di contratto tipo di offerta di cui al comma 5 è predisposto dal Gruppo GSE e approvato dai Ministeri dell'economia e delle finanze e dell'ambiente e della sicurezza energetica.».

(1) *Alinea modificato dall'articolo 1, comma 1, della Legge 13 gennaio 2023, n. 6, in sede di conversione.*
(2) *Lettera modificata dall'articolo 1, comma 1, della Legge 13 gennaio 2023, n. 6, in sede di conversione.*
(3) *Capoverso modificato dall'articolo 1, comma 1, della Legge 13 gennaio 2023, n. 6, in sede di conversione.*

Omissis.

7 *bis*. Disposizioni in materia di trasporto pubblico regionale e locale [1]**.** – 1. All'articolo 27 del decreto-legge 24 aprile 2017, n. 50, convertito, con modificazioni, dalla legge 21 giugno 2017, n. 96, sono apportate le seguenti modificazioni:

a) il comma 2 è sostituito dal seguente:

"2. A decorrere dalla data di entrata in vigore della presente disposizione, il riparto del Fondo di cui all'articolo 16-bis, comma 1, del decreto-legge 6 luglio 2012, n. 95, convertito, con modificazioni, dalla legge 7 agosto 2012, n. 135, è effettuato, entro il 31 ottobre di ogni anno, con decreto del Ministro delle infrastrutture e dei trasporti, di concerto con il Ministro dell'economia e delle finanze, previa intesa in sede di Conferenza unificata di cui all'articolo 8 del decreto legislativo 28 agosto 1997, n. 281. In caso di mancata intesa si applica quanto previsto dall'articolo 3, comma 3, del decreto legislativo 28 agosto 1997, n. 281. Tale ripartizione è effettuata:

a) per una quota pari al 50 per cento del Fondo, tenendo conto dei costi standard di cui all'articolo 1, comma 84, della legge 27 dicembre 2013, n. 147, al netto delle risorse di cui alle lettere d) ed e);

b) per una quota pari al 50 per cento del Fondo, tenendo conto dei livelli adeguati dei servizi di trasporto pubblico locale e regionale, al netto delle risorse di cui alle lettere d) ed e);

c) applicando una riduzione annuale delle risorse del Fondo da trasferire alle regioni qualora i servizi di trasporto pubblico locale e regionale non risultino affidati con procedure di evidenza pubblica entro il 31 dicembre dell'anno precedente a quello di riferimento, ovvero ancora non ne risulti pubblicato alla medesima data il bando di gara, nonché nel caso di gare non conformi alle misure di cui alle delibere dell'Autorità di regolazione dei trasporti adottate ai sensi dell'articolo 37, comma 2, lettera f), del decreto-legge 6 dicembre 2011, n. 201, convertito, con modificazioni, dalla legge 22 dicembre 2011, n. 214, qualora bandite successivamente all'adozione delle predette delibere. La riduzione si applica a decorrere dall'anno 2023. In ogni caso la riduzione di cui alla presente lettera non si applica ai contratti di servizio affidati in conformità alle disposizioni, anche transitorie, di cui al regolamento (CE) n. 1370/2007 del Parlamento europeo e del Consiglio, del 23 ottobre 2007, e alle disposizioni normative nazionali vigenti. La riduzione, applicata alla quota di ciascuna regione come determinata ai sensi del presente comma, è pari al 15 per cento del valore dei corrispettivi dei contratti di servizio non affidati con le predette procedure; le risorse derivanti da tale riduzione sono ripartite tra le altre regioni con le medesime modalità;

d) mediante destinazione annuale dello 0,105 per cento dell'ammontare del Fondo, e comunque nel limite massimo di euro 5,2 milioni annui, alla copertura dei costi di funzionamento dell'Osservatorio di cui all'articolo 1, comma 300, della legge 24 dicembre 2007, n. 244;

e) mediante destinazione di una quota delle risorse del

Fondo, non inferiore all'1 per cento e non superiore al 2 per cento, per l'adeguamento, in considerazione della dinamica inflativa, dei corrispettivi di servizio e dell'equilibrio economico della gestione dei servizi di trasporto pubblico locale e regionale sottoposto ad obblighi di servizio pubblico, da ripartire tra le regioni a statuto ordinario applicando le modalità stabilite dal decreto del Presidente del Consiglio dei ministri 11 marzo 2013, pubblicato nella Gazzetta Ufficiale n. 148 del 26 giugno 2013";

b) dopo il comma 2-bis è inserito il seguente:

"2-ter. Al fine di garantire una ragionevole certezza delle risorse disponibili, il riparto di cui al comma 2, lettere a) e b), non può determinare, per ciascuna regione, un'assegnazione di risorse inferiore a quella risultante dalla ripartizione del Fondo di cui all'articolo 16-bis, comma 1, del decreto-legge 6 luglio 2012, n. 95, convertito, con modificazioni, dalla legge 7 agosto 2012, n. 135, per l'anno 2020, al netto delle variazioni per ciascuna regione dei costi del canone di accesso all'infrastruttura ferroviaria introdotte dalla società Rete ferroviaria italiana Spa di cui al comma 2-bis, nonché delle eventuali decurtazioni applicate ai sensi del comma 2, lettera c), del presente articolo ovvero dell'articolo 9 della legge 5 agosto 2022, n. 118";

c) il comma 6 è sostituito dal seguente:

"6. Ai fini del riparto del Fondo di cui all'articolo 16-bis, comma 1, del decreto-legge 6 luglio 2012, n. 95, convertito, con modificazioni, dalla legge 7 agosto 2012, n. 135, entro il 31 luglio 2023, con decreto del Ministro delle infrastrutture e dei trasporti, adottato di concerto con il Ministro dell'economia e delle finanze, previa intesa in sede di Conferenza unificata di cui all'articolo 8 del decreto legislativo 28 agosto 1997, n. 281, sono definiti gli indicatori per determinare i livelli adeguati di servizio e le modalità di applicazione degli stessi al fine della ripartizione del medesimo Fondo".

(1) *Articolo aggiunto dall'articolo 1, comma 1, della Legge 13 gennaio 2023, n. 6, in sede di conversione.*

Omissis.

CAPO II
Disposizioni in materia di mezzi di pagamento, di incentivi per l'efficientamento energetico, nonché per l'accelerazione delle procedure

8. Misure urgenti in materia di mezzi di pagamento. – 1. Ai soggetti passivi dell'imposta sul valore aggiunto (IVA) obbligati alla memorizzazione e alla trasmissione telematica dei dati dei corrispettivi giornalieri di cui all'articolo 2, comma 1, del decreto legislativo 5 agosto 2015, n. 127, è concesso un contributo per l'adeguamento da effettuarsi nell'anno 2023, per effetto dell'articolo 18, comma 4-bis, del decreto-legge 30 aprile 2022, n. 36, convertito, con modificazioni, dalla legge 29 giugno 2022, n. 79, degli strumenti utilizzati per la predetta memorizzazione e trasmissione telematica, complessivamente pari al 100 per cento della spesa sostenuta, per un massimo di 50 euro per ogni strumento e, in ogni caso, nel limite di spesa di 80 milioni di euro per l'anno 2023. Il contributo è concesso sotto forma di credito d'imposta di pari importo, da utilizzare in compensazione ai sensi dell'articolo 17 del decreto legislativo 9 luglio 1997, n. 241. Al credito d'imposta di cui al presente articolo non si applicano i limiti di cui all'articolo 1, comma 53, della legge 24 dicembre 2007, n. 244, e di cui all'articolo 34 della legge 23 dicembre 2000, n. 388, e il suo utilizzo è consentito a decorrere dalla prima liquidazione periodica dell'imposta sul valore aggiunto successiva al mese in cui è stata registrata la fattura relativa all'adeguamento degli strumenti mediante i quali effettuare la memorizzazione e la trasmissione dei dati dei corrispettivi ed è stato pagato, con modalità tracciabile, il relativo corrispettivo. Con provvedimento del direttore dell'Agenzia delle entrate, da adottarsi entro sessanta giorni dalla data di entrata in vigore del presente decreto, sono definiti le modalità attuative, comprese le modalità per usufruire del credito d'imposta, il regime dei controlli nonché ogni altra disposizione necessaria per il monitoraggio dell'agevolazione e per il rispetto del limite di spesa previsto.(1)

2. Agli oneri derivanti dal comma 1, pari a 80 milioni di euro per l'anno 2023, si provvede ai sensi dell'articolo 15.

(1) *Comma modificato dall'articolo 1, comma 1, della Legge 13 gennaio 2023, n. 6, in sede di conversione.*

9. Modifiche agli incentivi per l'efficientamento energetico. – 1. All'articolo 119 del decreto-legge 19 maggio 2020, n. 34, convertito, con modificazioni, dalla legge 17 luglio 2020, n. 77, sono apportate le seguenti modificazioni:

a) al comma 8-bis:

1) al primo periodo, le parole «*31 dicembre 2023*» sono sostituite dalle seguenti: «*31 dicembre 2022, del 90 per cento per quelle sostenute nell'anno 2023*»(1);

2) al secondo periodo, le parole «*31 dicembre 2022*» sono sostituite dalle seguenti: «*31 marzo 2023*»;

3) dopo il secondo periodo è inserito il seguente: «*Per gli interventi avviati a partire dal 1° gennaio 2023 su unità immobiliari dalle persone fisiche di cui al comma 9, lettera b), la detrazione spetta nella misura del 90 per cento anche per le spese sostenute entro il 31 dicembre 2023, a condizione che il contribuente sia titolare di diritto di proprietà o di diritto reale di godimento sull'unità immobiliare, che la stessa unità immobiliare sia adibita ad abitazione principale e che il contribuente abbia un reddito di riferimento, determinato ai sensi del comma 8-bis.1, non superiore a 15.000 euro.*»;

b) dopo il comma 8-bis è aggiunto il seguente: «*8-bis.1. Ai fini dell'applicazione del comma 8-bis, terzo periodo, il reddito di riferimento è calcolato dividendo la somma dei redditi complessivi posseduti, nell'anno precedente quello di sostenimento della spesa, dal contribuente, dal coniuge del contribuente, dal soggetto legato da unione civile o convivente se presente nel suo nucleo familiare, e dai familiari, diversi dal coniuge o dal soggetto legato da unione civile, di cui all'articolo 12 del testo unico delle imposte sui redditi, di cui al decreto del Presidente della Repubblica 22 dicembre 1986, n. 917, presenti nel suo nucleo familiare, che nell'anno precedente quello di sostenimento della spesa si sono trovati nelle condizioni previste nel comma 2 del medesimo articolo 12, per un numero di parti determinato secondo la Tabella 1-bis, allegata al presente decreto.*»;

c) al comma 8-ter, dopo il primo periodo è aggiunto il seguente: «*Fermo restando quanto previsto dal comma 10-bis, per gli interventi ivi contemplati la detrazione spetta anche per le spese sostenute entro il 31 dicembre 2025 nella misura del 110 per cento.*»;

[*d) dopo la Tabella 1, è inserita la Tabella 1-bis di cui all' Allegato 1 al presente decreto.*](2)

1-bis. Dopo la tabella 1 allegata al decreto-legge 19 maggio 2020, n. 34, convertito, con modificazioni, dalla legge 17 luglio 2020, n. 77, è inserita la tabella 1-bis di cui all'allegato 1 annesso al presente decreto(3).

[2. *Le disposizioni di cui al comma 1, lettera a), numero 1), non si applicano:*

a) agli interventi per i quali, alla data del 25 novembre 2022, risulti effettuata, ai sensi dell'articolo 119, comma 13-ter, del citato decreto-legge n. 34 del 2020, la comunicazione di inizio lavori asseverata (CILA) e, in caso di interventi su edifici condominiali, all'ulteriore condizione che la delibera assembleare che abbia approvato l'esecuzione dei lavori risulti adottata in data antecedente al 25 novembre 2022;

b) agli interventi comportanti la demolizione e la ricostruzione degli edifici, per i quali alla medesima data del 25 novembre 2022, risulti presentata l'istanza per l'acquisizione del titolo abilitativo.](4)

3. Al fine di procedere alla corresponsione di un contributo in favore dei soggetti che si trovano nelle condizioni reddituali di cui all'articolo 119, commi 8-bis e 8-bis.1, del decreto-legge 19 maggio 2020, n. 34, convertito, con modificazioni, dalla legge 17 luglio 2020, n. 77, come modificato dal comma 1 del presente articolo, per gli interventi di cui al suddetto comma 8-bis, primo e terzo periodo, è autorizzata la spesa nell'anno 2023 di 20 milioni di euro. Il contributo di cui al presente comma è erogato dall'Agenzia delle entrate, secondo criteri e modalità determinati con decreto del Ministro dell'economia e delle finanze da adottarsi entro sessanta giorni dalla data di entrata in vigore del presente decreto. Il contributo di cui al presente articolo non concorre alla formazione della base imponibile delle imposte sui redditi(5).

4. Per gli interventi di cui all'articolo 119 del decreto-legge 19 maggio 2020, n. 34, in deroga all'articolo 121, comma 3, terzo periodo, del medesimo decreto-legge, i crediti d'imposta derivanti dalle comunicazioni di cessione o di sconto in fattura inviate all'Agenzia delle entrate entro il 31 ottobre 2022 e non ancora utilizzati[,] possono essere fruiti in 10 rate annuali di pari importo, in luogo dell'originaria rateazione prevista per i predetti crediti, previo invio di una comunicazione all'Agenzia delle entrate da parte del fornitore o del cessionario, da effettuarsi in via telematica, anche avvalendosi dei soggetti previsti dal comma 3 dell'articolo 3 del regolamento di cui al decreto del Presidente della Repubblica 22 luglio 1998, n. 322. La quota di credito d'imposta non utilizzata nell'anno non può essere usufruita negli anni successivi e non può essere richiesta a rimborso. L'Agenzia delle entrate, rispetto a tali operazioni, effettua un monitoraggio dell'andamento delle compensazioni, ai fini della verifica del relativo impatto sui saldi di finanza pubblica e della eventuale adozione da parte del Ministero dell'economia e delle finanze dei provvedimenti previsti ai sensi dell'articolo 17, commi 12-bis, 12-ter e 12-quater, della legge 31 dicembre 2009, n. 196. Con provvedimento del direttore dell'Agenzia delle entrate sono definite le modalità attuative della disposizione di cui al presente comma.

4-bis. All'articolo 121, comma 1, lettere a) e b), del decreto-legge 19 maggio 2020, n. 34, convertito, con modificazioni, dalla legge 17 luglio 2020, n. 77, la parola: "due" è sostituita dalla seguente: "tre"(6).

4-ter. Le disposizioni di cui al comma 4-bis si applicano anche ai crediti d'imposta oggetto di comunicazioni dell'opzione di cessione del credito o dello sconto in fattura inviate all'Agenzia delle entrate in data anteriore a quella di entrata in vigore della legge di conversione del presente decreto(7).

4-quater. La società SACE S.p.A. può concedere le garanzie di cui all'articolo 15 del decreto-legge 17 maggio 2022, n. 50, convertito, con modificazioni, dalla legge 15 luglio 2022, n. 91, alle condizioni, secondo le procedure e nei termini ivi previsti, in favore di banche, di istituzioni finanziarie nazionali e internazionali e degli altri soggetti abilitati all'esercizio del credito in Italia, per finanziamenti sotto qualsiasi forma, strumentali a sopperire alle esigenze di liquidità delle imprese con sede in Italia, rientranti nelle categorie contraddistinte dai codici ATECO 41 e 43 e che realizzano interventi in edilizia di cui all'articolo 119 del decreto-legge 19 maggio 2020, n. 34, convertito, con modificazioni, dalla legge 17 luglio 2020, n. 77. I crediti d'imposta eventualmente maturati dall'impresa alla data del 25 novembre 2022 ai sensi degli articoli 119 e 121 del decreto-legge 19 maggio 2020, n. 34, convertito, con modificazioni, dalla legge 17 luglio 2020, n. 77, possono essere considerati dalla banca o istituzione finanziatrice quale parametro ai fini della valutazione del merito di credito dell'impresa richiedente il finanziamento e della predisposizione delle relative condizioni contrattuali(8).

5. Agli oneri derivanti dal presente articolo, valutati in 8,6 milioni di euro per l'anno 2022, 92,8 milioni di euro per l'anno 2023, 1.066 milioni di euro per l'anno 2024, 1.020,6 milioni di euro per l'anno 2025, 946,1 milioni di euro per l'anno 2026, 1.274,8 milioni di euro per l'anno 2027, 273,4 milioni di euro per l'anno 2028, 118,6 milioni di euro per l'anno 2029, 102,5 milioni di euro per ciascuno degli anni dal 2030 al 2032, 87,1 milioni di euro per l'anno 2033 e 107,3 milioni di euro per l'anno 2034 e pari a 20 milioni di euro per l'anno 2023, si provvede, per 5,8 milioni di euro per l'anno 2022 e 45,8 milioni di euro per l'anno 2034, ai sensi dell'articolo 15 e per i restanti oneri mediante utilizzo di quota parte delle maggiori entrate e delle minori spese derivanti dal comma 1(9).

(1) *Per l'applicazione delle disposizioni di cui al presente numero, vedi l'articolo 1, comma 894, della Legge 29 dicembre 2022, n. 197.*
(2) *Lettera soppressa dall'articolo 1, comma 1, della Legge 13 gennaio 2023, n. 6, in sede di conversione.*
(3) *Comma inserito dall'articolo 1, comma 1, della Legge 13 gennaio 2023, n. 6, in sede di conversione.*
(4) *Comma soppresso dall'articolo 1, comma 1, della Legge 13 gennaio 2023, n. 6, in sede di conversione.*
(5) *Comma modificato dall'articolo 1, comma 1, della Legge 13 gennaio 2023, n. 6, in sede di conversione.*
(6) *Comma inserito dall'articolo 1, comma 1, della Legge 13 gennaio 2023, n. 6, in sede di conversione.*
(7) *Comma inserito dall'articolo 1, comma 1, della Legge 13 gennaio 2023, n. 6, in sede di conversione.*
(8) *Comma inserito dall'articolo 1, comma 1, della Legge 13 gennaio 2023, n. 6, in sede di conversione.*
(9) *Comma modificato dall'articolo 1, comma 1, della Legge 13 gennaio 2023, n. 6, in sede di conversione.*

Omissis.

10. Norme in materia di procedure di affidamento di lavori. – 1. All'articolo 1, comma 1, lettera a), del decreto-legge 18 aprile 2019, n. 32, convertito, con modificazioni, dalla legge 14 giugno 2019, n. 55, dopo le parole «*città metropolitane e i comuni capoluogo di provincia*» sono aggiunte, in fine, le seguenti: «. *L'obbligo di cui al secondo periodo per i comuni non capoluogo di provincia è da intendersi applicabile alle procedure il cui importo è pari o superiore alle soglie di cui all'articolo 1, comma 2, lettera a), del decreto-legge 16 luglio 2020, n. 76, convertito, con modificazioni, dalla legge 11 settembre 2020, n. 120*».

2. Alle stazioni appaltanti destinatarie di finanziamenti del Piano nazionale di ripresa e resilienza (PNRR) o del Piano nazionale per gli investimenti complementari (PNC) che, pur in possesso dei requisiti, non hanno avuto accesso al

fondo di cui all'articolo 26, comma 7, del decreto-legge 17 maggio 2022, n. 50, convertito, con modificazioni, dalla legge 15 luglio 2022, n. 91, e non risultano beneficiarie delle preassegnazioni di cui all'articolo 29 del decreto-legge 23 settembre 2022, n. 144, convertito, con modificazioni, dalla legge 17 novembre 2022, n. 175, e all'articolo 7 del decreto del Presidente del Consiglio dei ministri 28 luglio 2022, pubblicato nella Gazzetta Ufficiale n. 213 del 12 settembre 2022, ma che comunque procedano entro il 31 dicembre 2022 all'avvio delle procedure di affidamento dei lavori ricorrendo a risorse diverse da quelle di cui al comma 6 del citato articolo 26 del decreto-legge n. 50 del 2022 possono essere assegnati contributi, a valere sulle risorse residue disponibili al termine della procedura di assegnazione delle risorse del fondo, finalizzati a fronteggiare gli incrementi di costo derivanti dall'aggiornamento dei prezzari di cui ai commi 2 e 3 del citato articolo 26. Con decreto del Ministero dell'economia e delle finanze, da adottare entro sessanta giorni dalla data di entrata in vigore del presente decreto, sono individuate le modalità di attuazione del presente comma[(1)].

2-bis. All'articolo 1, comma 143, della legge 30 dicembre 2018, n. 145, dopo il terzo periodo è inserito il seguente: "I termini per gli interventi di cui al periodo precedente che scadono tra il 1° luglio 2022 e il 31 dicembre 2022 sono comunque prorogati al 31 marzo 2023, fermi restando in ogni caso le scadenze e gli obblighi previsti dal Piano nazionale di ripresa e resilienza"[(2)].

2-ter. Al fine di salvaguardare le procedure già in corso di attivazione, per gli affidamenti delle opere di cui all'articolo 1, comma 143, della legge n. 145 del 2018, come modificato dal comma 2-bis del presente articolo, sono fatte salve le procedure attuate dai comuni non capoluogo alla data del 31 dicembre 2022 senza l'osservanza delle modalità di cui all'articolo 1, comma 1, lettera a), secondo periodo, del decreto-legge 18 aprile 2019, n. 32, convertito, con modificazioni, dalla legge 14 giugno 2019, n. 55[(3)].

3. Al decreto-legge 31 maggio 2021, n. 77, convertito, con modificazioni, dalla legge 29 luglio 2021 n. 108, sono apportate le seguenti modificazioni:

a) dopo l'articolo 44 è aggiunto il seguente:

«*Art. 44-bis (Semplificazioni delle procedure per la realizzazione degli interventi autostradali di preminente interesse nazionale). - 1. Ai fini della realizzazione degli interventi autostradali di cui all'Allegato IV-bis al presente decreto, prima dell'approvazione ai sensi dell'articolo 27 del codice dei contratti pubblici, di cui al decreto legislativo 18 aprile 2016, n. 50, il progetto definitivo o esecutivo è trasmesso, rispettivamente a cura della stazione appaltante o del concedente, al Ministero delle infrastrutture e dei trasporti per le finalità di cui al comma 2 e al Comitato speciale del Consiglio superiore dei lavori pubblici di cui all'articolo 45 del presente decreto per le finalità di cui al comma 3*[(4)].

2. Il Ministero delle infrastrutture e dei trasporti, entro i successivi quindici giorni dalla data di ricezione del progetto secondo quanto previsto al comma 1, stipula, ove non già sottoscritto, apposito Protocollo d'intesa con le amministrazioni e gli enti territoriali competenti da cui risultino la favorevole valutazione relativa alla realizzazione dell'intervento, alle caratteristiche peculiari dell'opera e ai tempi stimati d'esecuzione, eventuali obblighi a carico delle amministrazioni coinvolte e ulteriori aspetti ritenuti rilevanti in relazione alle circostanze. Tale Protocollo è inviato al Comitato speciale di cui al comma 1, che ne tiene anche conto ai fini dell'espressione del parere secondo quanto previsto dal comma 3[(5)].

3. Il Comitato speciale del Consiglio superiore dei lavori pubblici, entro i successivi quarantacinque giorni dalla data di ricezione del progetto e in deroga a quanto previsto dall'articolo 215 del codice di cui al decreto legislativo 18 aprile 2016, n. 50, procede ad una valutazione ricognitiva sulla completezza del quadro conoscitivo posto a base del progetto, sulla coerenza delle scelte progettuali con le norme vigenti[,] e sulla presenza dei requisiti per garantire la cantierabilità e la manutenibilità delle opere[(6)].

4. Agli interventi valutati ai sensi del comma 3 si applicano, in base allo stato del procedimento di realizzazione dell'intervento, le disposizioni dell'articolo 44, comma 4.»;

b) dopo l'Allegato IV è aggiunto l'Allegato IV-bis di cui all'Allegato 2 al presente decreto.

3-bis. In considerazione della rilevanza nazionale dell'impianto dell'Autodromo di Monza e al fine di fronteggiare i ritardi derivanti dall'eccezionale contingenza energetica ed economica e il conseguente incremento dei prezzi delle materie prime, per gli interventi di ammodernamento relativi all'Autodromo di Monza di cui all'articolo 1, comma 446, della legge 30 dicembre 2021, n. 234, e all'articolo 4, comma 3-ter, del decreto-legge 27 gennaio 2022, n. 4, convertito, con modificazioni, dalla legge 28 marzo 2022, n. 25, in ragione della complessità dei medesimi interventi, è convocata la conferenza di servizi di cui all'articolo 14, comma 3, della legge 7 agosto 1990, n. 241[(7)].

(1) *Comma modificato dall'articolo 1, comma 1, della Legge 13 gennaio 2023, n. 6, in sede di conversione.*
(2) *Comma inserito dall'articolo 1, comma 1, della Legge 13 gennaio 2023, n. 6, in sede di conversione.*
(3) *Comma inserito dall'articolo 1, comma 1, della Legge 13 gennaio 2023, n. 6, in sede di conversione.*
(4) *Comma modificato dall'articolo 1, comma 1, della Legge 13 gennaio 2023, n. 6, in sede di conversione.*
(5) *Comma modificato dall'articolo 1, comma 1, della Legge 13 gennaio 2023, n. 6, in sede di conversione.*
(6) *Comma modificato dall'articolo 1, comma 1, della Legge 13 gennaio 2023, n. 6, in sede di conversione.*
(7) *Comma aggiunto dall'articolo 1, comma 1, della Legge 13 gennaio 2023, n. 6, in sede di conversione.*

Omissis.

CAPO III
Disposizioni finanziarie e finali

11 *bis*. Cessione dei crediti d'imposta per il settore cinematografico [(1)]. – 1. All'articolo 21, comma 4, della legge 14 novembre 2016, n. 220, sono apportate le seguenti modificazioni:

a) al secondo periodo, dopo le parole: "decreto legislativo n. 241 del 1997" sono aggiunte le seguenti: "e rispondono solo per l'eventuale utilizzo del credito d'imposta in modo irregolare o in misura maggiore rispetto al credito d'imposta ricevuto";

b) dopo il terzo periodo sono inseriti i seguenti: "Il recupero dell'importo corrispondente al credito d'imposta indebitamente utilizzato è effettuato nei confronti del soggetto beneficiario, ferma restando, in presenza di concorso nella violazione, oltre all'applicazione dell'articolo 9 del decreto legislativo 18 dicembre 1997, n. 472, anche la responsabilità in solido del cessionario. Si applicano, in quanto compatibili, le disposizioni di cui all'articolo 122-bis del decreto-legge 19 maggio 2020, n. 34, convertito, con modificazioni, dalla legge 17 luglio 2020, n. 77"».

(1) *Articolo inserito dall'articolo 1, comma 1, della Legge 13 gennaio 2023, n. 6, in sede di conversione.*

12. Esenzioni in materia di imposte. – 1. Le disposizioni di cui all'articolo 78, comma 3, del decreto-legge 14 agosto 2020, n. 104, convertito, con modificazioni, dalla legge 13 ottobre 2020, n. 126, in materia di esenzioni dall'imposta municipale propria (IMU) per il settore dello spettacolo, si interpretano nel senso che, per il 2022, la seconda rata dell'IMU di cui all'articolo 1, commi da 738 a 783, della legge 27 dicembre 2019, n. 160, non è dovuta per gli immobili di cui all'articolo 78, comma 1, lettera d), del citato decreto-legge n. 104 del 2020, nel rispetto delle condizioni e dei limiti previsti dal regolamento (UE) n. 1407/2013 della Commissione, del 18 dicembre 2013, relativo all'applicazione degli articoli 107 e 108 del trattato sul funzionamento dell'Unione europea agli aiuti «*de minimis*»(1).

2. La disposizione di cui all'articolo 78, comma 4, del citato decreto-legge n. 104 del 2020 non si applica all'esenzione dal pagamento della seconda rata dell'IMU per il 2022 di cui al comma 1.

3. Nella Tabella di cui all'allegato B al decreto del Presidente della Repubblica 26 ottobre 1972, n. 642, recante gli atti, documenti e registri esenti dall'imposta di bollo in modo assoluto, dopo l'articolo 8-bis è inserito il seguente:

«*Art. 8-ter Domande di contributi, comunque denominati, destinati a favore di soggetti colpiti da eventi calamitosi o eccezionali oggetto di dichiarazione di stato di emergenza effettuata dalla competente autorità, per i quali vi sia un nesso di causalità con l'evento*»(2).

(1) *Comma modificato dall'articolo 1, comma 1, della Legge 13 gennaio 2023, n. 6, in sede di conversione.*
(2) *Capoverso modificato dall'articolo 1, comma 1, della Legge 13 gennaio 2023, n. 6, in sede di conversione.*

Omissis.

14 *bis*. Misure per il rilancio della competitività delle imprese italiane (1)**.** – 1. Al fine di sostenere la promozione della partecipazione di operatori italiani a società ed imprese miste all'estero, all'articolo 4, comma 1, della legge 24 aprile 1990, n. 100, è aggiunto, in fine, il seguente periodo: "Le operazioni di finanziamento di cui al primo periodo sono accordate da soggetti, italiani o esteri, autorizzati all'esercizio dell'attività bancaria e da intermediari finanziari autorizzati ai sensi del testo unico delle leggi in materia bancaria e creditizia, di cui al decreto legislativo 1° settembre 1993, n. 385, nonché da soggetti a cui si applica, ai sensi di disposizioni speciali, il titolo V del medesimo testo unico".

2. Per le finalità di cui al comma 1, si applicano le disposizioni attuative vigenti alla data di entrata in vigore della legge di conversione del presente decreto, contenute nel decreto di cui all'articolo 4, comma 1, della legge 24 aprile 1990, n. 100, e in provvedimenti o atti di qualunque altra natura.

3. Al fine di rafforzare il sistema delle start-up innovative, all'articolo 38, comma 3, del decreto-legge 19 maggio 2020, n. 34, convertito, con modificazioni, dalla legge 17 luglio 2020, n. 77, sono apportate le seguenti modificazioni:

a) al secondo periodo, dopo le parole: "ivi compreso il rapporto di co-investimento tra le risorse di cui al presente comma" sono inserite le seguenti: "destinate agli investimenti iniziali, con le modalità individuate al primo periodo, da effettuare nel capitale di ciascuna start-up innovativa e piccola e media impresa innovativa,";

b) al terzo periodo, le parole: "dei finanziamenti agevolati" sono sostituite dalle seguenti: "degli investimenti iniziali" e le parole: "per singolo investimento" sono soppresse;

c) dopo l'ultimo periodo è aggiunto il seguente: "Con il medesimo decreto di cui al secondo periodo è stabilita, inoltre, nell'ambito delle risorse di cui al presente comma, la quota da destinare agli eventuali investimenti successivi".

(1) *Articolo inserito dall'articolo 1, comma 1, della Legge 13 gennaio 2023, n. 6, in sede di conversione.*

Omissis.

INDICI

INDICE CRONOLOGICO

INDICE ANALITICO

A

INDICI

INDICI

D

G

I

L

S

V

W

PAGINA NOTE

PAGINA NOTE

PAGINA NOTE

1 Registrati gratuitamente su **shop.enneditore.it** nell'area

my Account

2 Entra nella sezione **"la mia libreria"**

3 Attiva il servizio utilizzando la seguente password:

XKH979FFG

Acquistando questo volume hai diritto a:

- **2 mesi** di accesso **gratis** alla rivista telematica di diritto **www.neldiritto.it** (Abbonamento base)